ISBN 978-7-5144-2696-0
9 787514 426960 >
定价：1980.00元

株洲市志

ZHU ZHOU SHI ZHI

株洲市地方志编纂委员会编

方志出版社

图书在版编目（CIP）数据
株洲市志 / 株洲市地方志编纂委员会编.—北京：方志出版社，2017.11
ISBN 978-7-5144-2696-0

Ⅰ.①株… Ⅱ.①株… Ⅲ.①株洲–地方志.Ⅳ.①K296.44
中国版本图书馆CIP数据核字（2017）第279649号

株洲市志

编　　者：株洲市地方志编纂委员会
责任编辑：齐　笑
出 版 人：冀祥德
出 版 者：方志出版社
地址　北京市朝阳区潘家园东里9号（国家方志馆4层）
邮编　100021
网址　http://www.fzph.org
发　　行：方志出版社图书经销中心
电话（010）67110500
经　　销：各地新华书店
印　　刷：株洲美彩印务中心
开　　本：889×1194　　1/16
印　　张：250
字　　数：5118千字
版　　次：2017年11月第1版　　2017年11月第1次印刷
印　　数：0001～5000套
ISBN　978-7-5144-2696-0　　定价：1980.00元

株洲市地方志编纂委员会

（2001.3～2003.4）

主　　任：肖雅瑜
副 主 任：邓德芳　姜玉泉　张昔兰　张　雄　胡辉平
顾　　问：吴占魁　薛厚民　帅伯髦　罗立洲
委　　员：（按姓氏笔画为序）

方以清　文纪可　王志刚　王丽沙　王建之　王建敏　邓岩山
历铁夫　龙水根　龙果然　申国超　李　智　李正刚　李守耕
李学保　李策斌　刘　周　刘益鸿　刘富喜　刘群儒　朱庸靖
何玉东　肖光培　杨宋虎　杨治平　陈建泽　何剑波　苏海清
易文端　罗家博　郭子光　聂方红　夏云华　高起林　袁葶文
谈敬纯　唐群策　黄玉成　黄曙光　盛佑生　彭立地　程绍光
曾炎高　强国跃　廖明贵　翟笃培　熊　高　缪桂芳

（2003.4～2007.4）

名誉主任：肖雅瑜
主　　任：颜石生
副 主 任：赵湘珍　王志刚　陈英霞　张　雄　段桂生

（2007.4～2008.5）

名誉主任：肖雅瑜
主　　任：陈君文
副 主 任：夏文星　王志刚　陈英霞　张　雄　林良才

（2008.5～2013.5）

名誉主任：陈君文
主　　任：王　群
副 主 任：夏文星　王志刚　鲁立彬　张国浩　段桂生

《株洲市志》编纂工作机构人员

株洲市地方志编纂委员会办公室
1999~2017年

主　　任： 李策斌　颜波平　林小军　李一平
副 主 任： 陈德云　李学保　彭立地　王元长　张广核　刘晓亚　金祖远　陈北宏
党组成员： 吴　娜
调 研 员： 王元长　张广核　刘晓亚
副调研员： 段俭哲
副处级纪检员： 刘建军
工作人员（按姓氏笔画为序）：
李良田　刘　艳　肖旭升　严卓著　肖　玲　吴　夏　张　帆　周军伶
范和平　林　静　郑德丽　温民胜　彭俭生　葛秋珍　雷　菡

《株洲市志》编辑部

总　　编： 李一平
主　　编： 陈北宏
副 主 编： 金祖远　吴　娜
版式设计： 吴　夏
编　　辑： 彭立地　邓昭强　高国畔　李承光　吴　夏　林　静　温民胜　雷　菡
编　　务： 刘建军　肖　玲　刘　艳　彭俭生　郑德丽　肖旭升　周军伶　严卓著
张　帆　潘海均　孙　伟　郑　轶

《株洲市志》照片提供

照片选自历年《株洲年鉴》和《株洲辉煌六十年》以及首轮《株洲市志》，株洲市规划局、株洲市档案局、株洲市城建档案馆、株洲市环境保护局、株洲市文体广电新闻出版局、株洲市教育局、株洲市文物局、炎陵县档案史志局、茶陵县档案史志局、攸县档案史志局、醴陵档案史志局，城村、秦世平、钟跃能、段俭哲、俞鸣霞、刘精前、王晚保、曹敬庄、陈瑛、彭雪飞、张湘东，如有遗漏请与编辑部联系。

《株洲市志》终审验收人员

易介南　邓建平　隆清华　杨　帆　李章进　阳雍悦　谭文美

《株洲市志》供稿人员

（按姓氏笔画排序）

丁冬来	丁华良	丁明辉	丁涤勋	万扬纬	习志芳	马　强	马丽娜	马岳健	马宗先
王子勋	王文斌	王书敏	王正鸿	王立知	王礼鹊	王民选	王西之	王在明	王光荣
王志良	王佑明	王启才	王青峰	王建华	王春桃	王　珏	王柏京	王显谈	王剑波
王祖元	王桔青	王家元	王继绥	王新民	毛立金	文三忠	文业良	文兆丰	文　闻
文桂香	文据德	方　舟	尹开梅	尹正义	尹金庭	尹剑峰	邓行厚	邓国良	邓国球
邓金星	邓建军	邓星海	邓昭强	邓清波	双　康	左名学	石　献	石国超	石勇科
石舜卿	龙上臣	龙念军	龙海波	龙斯元	龙碧秋	卢果罗	卢振声	叶正德	叶含书
叶茂森	叶典凤	田仁湘	田丽男	史文华	史治国	付建刚	付建勋	付深根	代泗斌
乐小平	冯光天	冯学辉	冯湘泉	冯磐石	宁　佳	宁舜阶	皮　汭	毕人云	吕　庶
吕宝琪	朱存汉	朱亦德	朱志坚	朱启明	朱学益	朱建良	朱艳珑	朱益发	朱善赓
朱德英	朱燕栖	伍凤萍	任小莉	任直军	任春泉	任继生	向　阳	向可可	危天任
刘　远	刘　杨	刘　岗	刘　胜	刘　辉	刘大元	刘上游	刘天波	刘云辉	刘太平
刘长林	刘凤珍	刘玉玲	刘正坤	刘田春	刘仕凤	刘汉松	刘永东	刘亚南	刘伟志
刘华星	刘华章	刘庆生	刘运俊	刘希山	刘初元	刘松春	刘国和	刘国喜	刘国辉
刘国瑞	刘迪仁	刘忠武	刘建军	刘珊珍	刘适宜	刘亭生	刘恒足	刘祖龙	刘贺南
刘爱明	刘跃辉	刘朝辉	刘善良	刘遂弦	刘登平	刘蒲云	刘煤荒	刘德富	刘鹤松
刘耀文	齐再华	齐　洁	江　慧	汤鹏天	汤燕辉	寻　峰	那雄飞	阳果如	匡舒也
佘意明	严建夫	严隆潜	苏大勇	苏子健	苏先林	苏先林	苏仲明	苏嗣训	杜　文
杜安琪	李　远	李　岗	李　巍	李　懿	李干国	李子健	李元加	李云开	李云福
李正石	李龙芬	李生枝	李永森	李圣尧	李回苟	李　伟	李华国	李纪平	李转发
李国灿	李学保	李建洲	李建新	李孟球	李春荣	李春莲	李春寰	李荣贵	李钢粮
李洛维	李　峰	李竞光	李逵吾	李常伦	李朝晖	李湘莲	李溉德	李富庚	李墨伦
李德孚	李德星	杨开厚	杨见谅	杨乐毅	杨永武	杨民主	杨如平	杨远鹏	杨志平
杨述莲	杨柏林	杨炳炎	杨菊华	杨铭辉	杨喜明	杨德华	杨毅刚	肖　伟	肖长海
肖冬明	肖述玲	肖亮芝	吴成志	吴全生	吴兴光	吴安铁	吴　夏	吴家驹	吴焕章
吴震仙	邱克俭	邱伯军	邱奇俊	何　文	何乐平	何交平	何应焕	何凯明	何彩虹
何舜臣	何衡锋	余伟建	余志汉	邹　凡	邹兰平	邹艳辉	邹捷声	邹　斌	言云松
言少云	言先敏	言克演	言茂连	言淑光	冷金台	汪友元	汪冬梅	汪燕翎	沈时新
沈建斌	沈舒丹	宋年姑	宋健生	宋群志	张　旭	张　峰	张三荀	张于力	张广核
张友盛	张升龙	张文喜	张玉林	张立新	张必成	张再军	张伏秋	张伏泉	张延兴
张观怀	张贡文	张宏鼎	张启荣	张坤元	张国平	张国斌	张明慧	张育东	张　波
张宜俊	张建扬	张星基	张胤龙	张桐歧	张晓南	陈　佳	陈　景	陈广全	陈马元

陈开尧	陈少波	陈长秋	陈文谭	陈北宏	陈必文	陈达专	陈光曙	陈自然	陈述凡
陈贤清	陈金前	陈泽江	陈春回	陈树文	陈剑民	陈剑宝	陈根青	陈铁锤	陈笑鸿
陈陵潭	陈盛章	陈雪华	陈焕中	陈焕章	陈惠明	陈嘉兴	陈慧莎	招殷芳	林 翔
林 静	欧阳伟	欧阳君	欧阳振贤	欧进初	易 通	易子如	易文端	易竹云	易国良
易庚华	易高强	易智维	易斌辉	易新星	易福荣	罗 彪	罗太平	罗友科	罗世平
罗戊生	罗龙川	罗志文	罗志均	罗良贤	罗定宇	罗绍林	罗科文	罗晓红	罗筱玲
罗新华	金 俊	周 平	周 波	周 韩	周一法	周飞清	周孔明	周立刚	周运勇
周张庆	周忠祥	周泽辉	周南洋	周厚屿	周重宇	周亮泉	周炳麟	周宪文	周铁纯
周铁肩	周祥新	周跃成	周彩云	周棠影	周献文	周廉森	周静江	周德勋	郑 任
郑 芳	郑美华	郑理高	郑献芳	单先太	屈 正	孟庆仁	陕维银	赵小芳	赵寿南
赵志才	赵耀湘	胡万斌	胡云水	胡立军	胡汉章	胡寿元	胡丽云	胡湘生	胡耀宗
柳志刚	柳绍蕴	钟开云	钟正文	钟武周	钟学才	钟桂池	钟海尧	钟筱宜	段兰清
段秋华	段素梅	姜梓材	姚欣立	贺运洪	贺柳生	贺晓虎	贺毓浩	秦世平	袁 毅
袁文迪	袁先德	袁多闻	袁志华	袁助力	袁尚军	袁明生	袁信琪	袁艳辉	袁振斌
袁晏松	袁德龙	莫高耀	莫崇荟	夏云华	夏正一	夏连畅	顾以良	晏建立	晏炼辉
晏湘江	钱放吾	钱塞金	倪抗祥	徐运生	徐国梁	徐迪全	徐晓方	殷开国	殷修民
凌云志	凌利辉	凌爱军	高 飞	高国畔	高凯庭	高金鼎	高晓吾	郭 星	郭 燕
郭延龄	郭润阳	唐 唐	唐 璐	唐天锡	唐光凡	唐希圣	唐建军	唐炳成	唐家佐
唐登甲	唐碧元	资儆吏	黄 山	黄 枫	黄 欣	黄 剑	黄 勇	黄 强	黄天亮
黄云和	黄仁友	黄月莲	黄冬媛	黄庆霞	黄昌恒	黄忠惠	黄治平	黄建民	黄经略
黄保元	黄彩明	黄新强	黄 鹰	萧业司	曹 海	曹孔彰	曹奇生	曹和亮	曹宗泽
曹敬庄	龚飞生	龚厚明	龚高煜	盛光裕	盛湘南	崔旭艳	崔志葵	银舜阶	盘润生
康心富	康莲英	梁可文	梁汉秋	梁晓岚	谌宪伟	彭 礼	彭 鹏	彭 曙	彭长华
彭立地	彭雪开	彭刚亮	彭志瑞	彭坚林	彭时若	彭良文	彭泽南	彭顺林	彭剑文
董清华	蒋 龙	蒋 峰	蒋俊文	蒋祖禹	蒋湘洲	蒋新龄	程雅清	傅 皓	傅义生
傅书地	焦玉泉	舒八跃	舒家汉	舒新民	曾小雄	曾庆忠	曾安云	曾纪恕	曾运乾
曾思华	游成全	游法祥	游俊哲	游家桂	谢 华	谢大鸣	谢光辉	谢兴慧	谢建文
谢家定	鄢腊梅	赖淡如	雷江华	雷新仁	腾代均	阙玉阶	褚洪波	蔡湘华	蔡德先
管恒宽	廖三祝	廖太新	廖东礼	廖社庚	廖佳焱	廖函默	廖振化	廖景福	廖瑞年
谭 帅	谭文明	谭正香	谭西云	谭志芳	谭建华	谭炳生	谭赐周	谭湘来	谭滴强
熊 敏	熊小明	熊仕循	熊英杰	樊 圣	樊丽辉	黎 霞	黎明朝	滕 娟	颜秋华
颜秋桦	潘 庆	潘一方	潘志勇	潘季香	潘建平	潘铁军	潘能者	霍 平	戴发源
戴西山	戴仲安	戴度容	戴湘波	戴鉴如	瞿君安				

（因个别单位未提供供稿人员名单，且已无从查询，遗漏之处敬请见谅）

1982年株洲市行政区划图

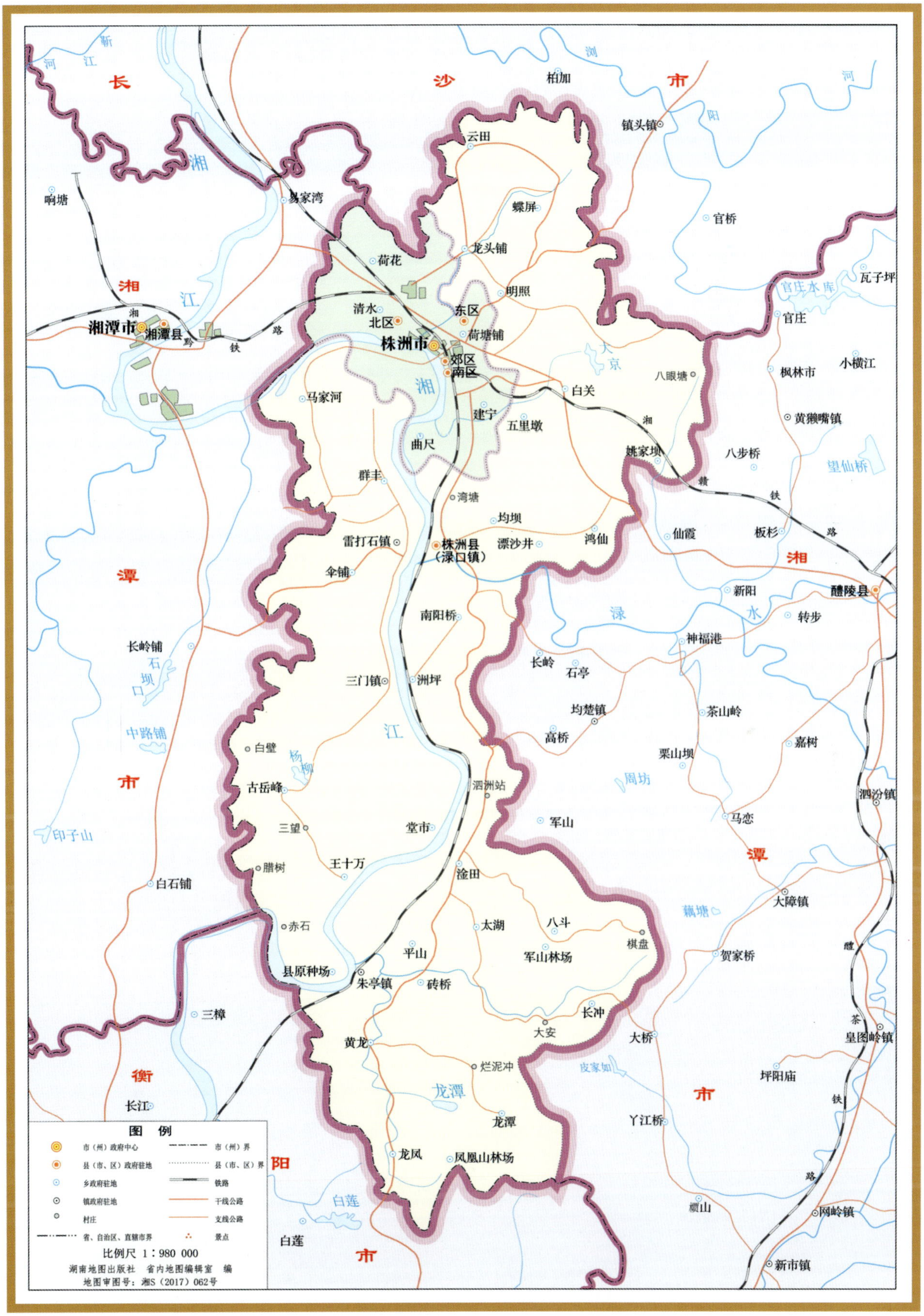

1996年株洲市行政区划图

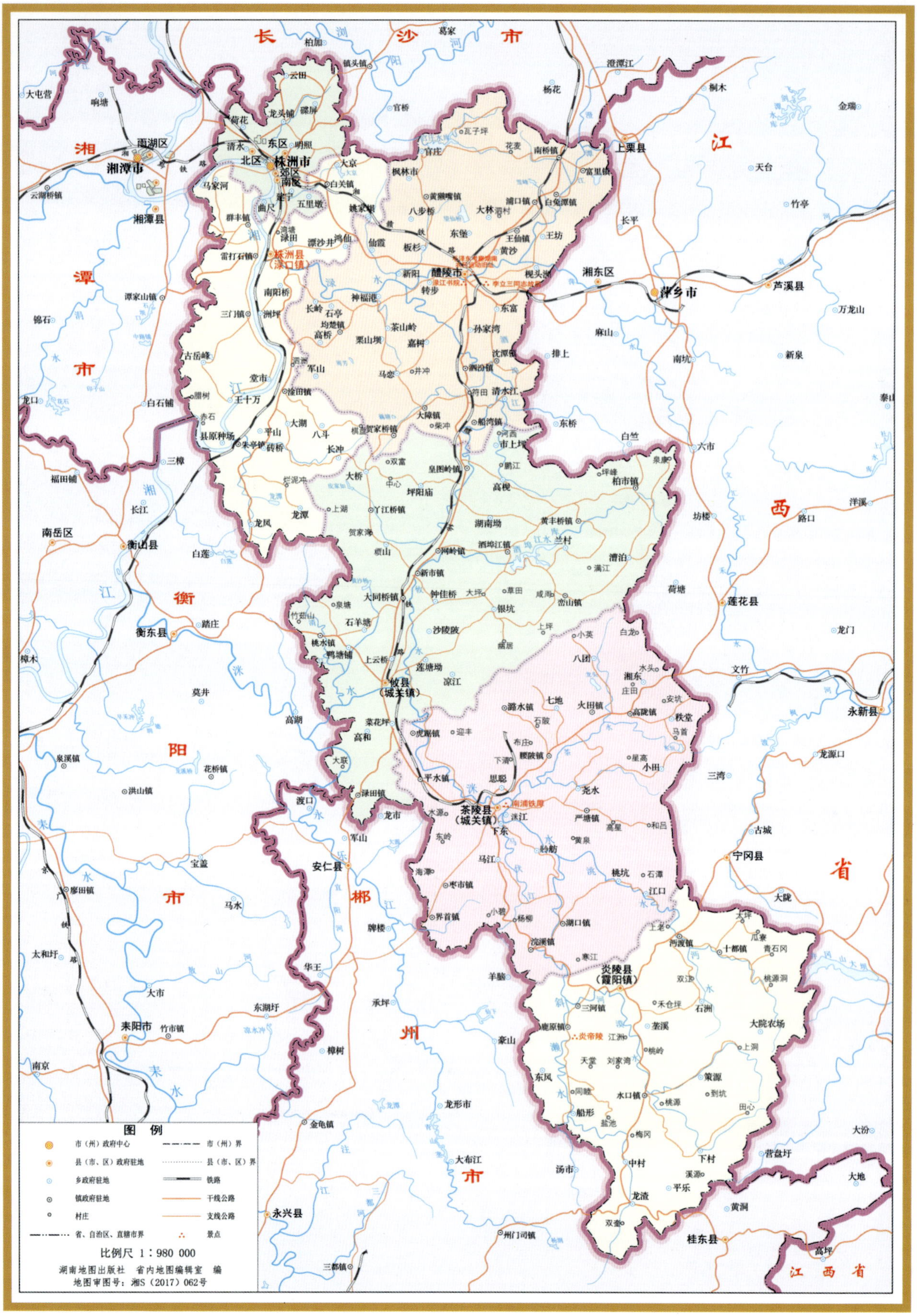

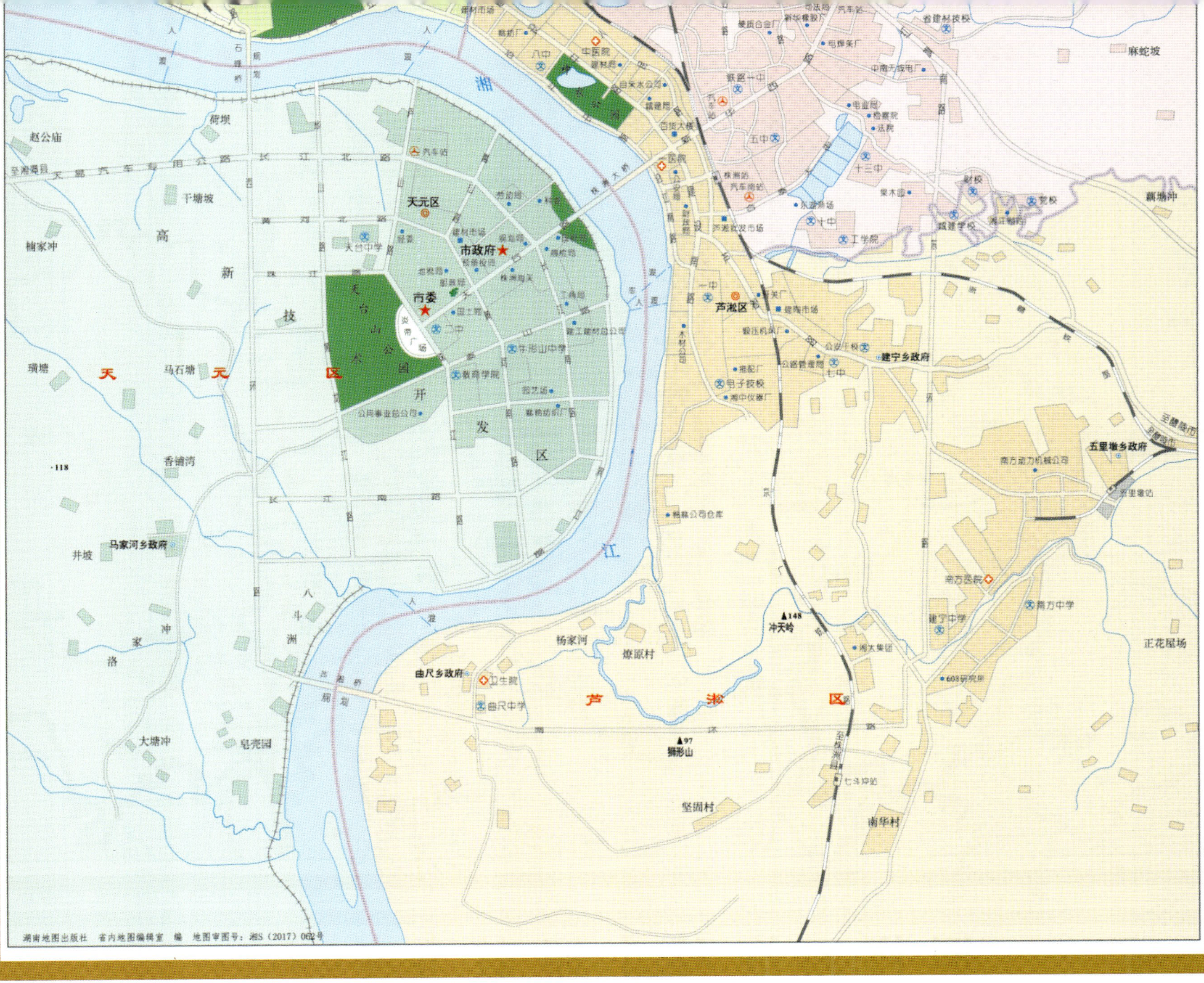

湖南地图出版社 省内地图编辑室 编 地图审图号：湘S（2017）062号

2000年株洲市城区图

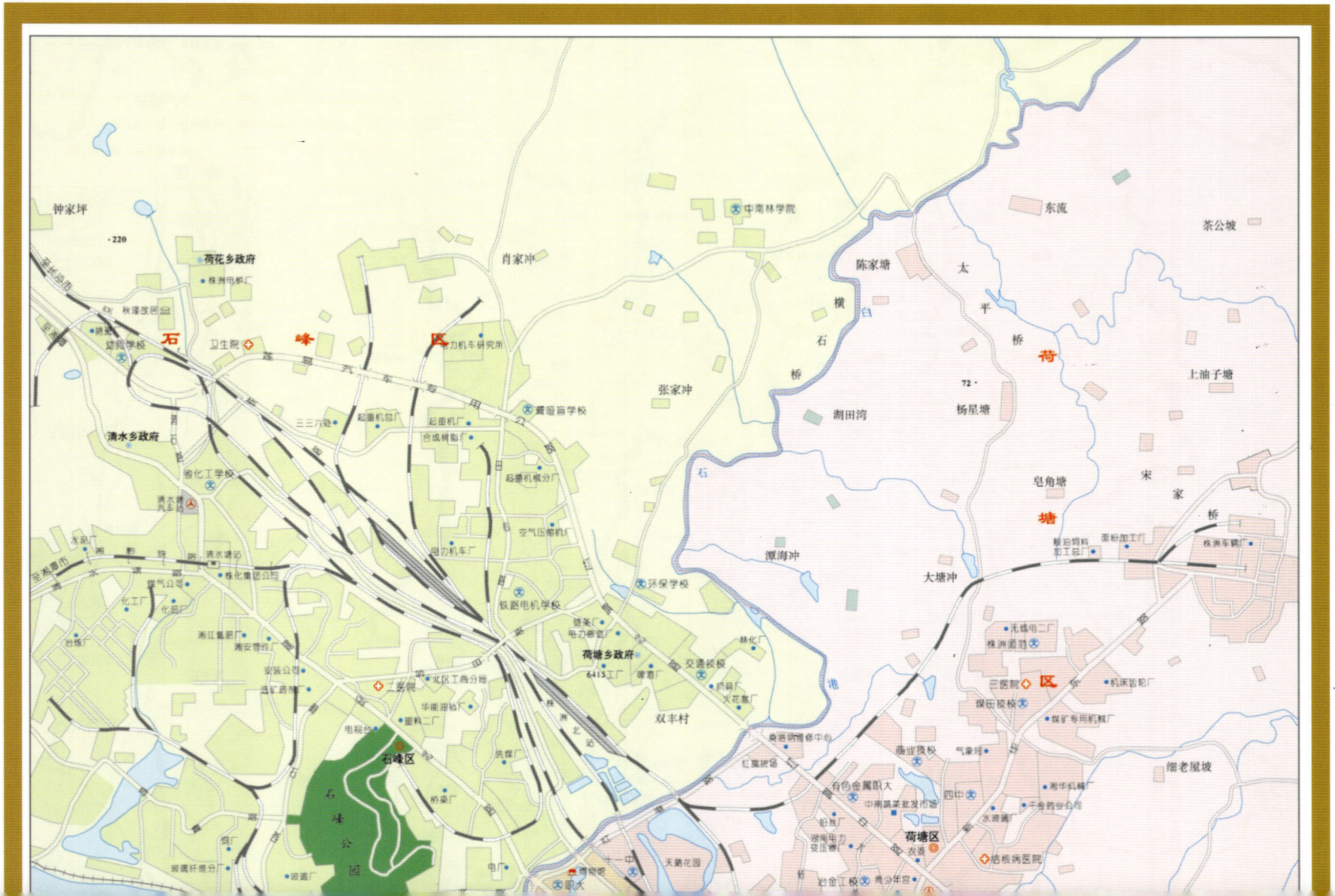

天元区六斗坡旧石器点及出土的石刮削器

茶陵县独岭坳遗址及出土的“株洲第一稻”

株洲县磨山遗址及出土陶器

◎ 历史钩沉

株洲县朱亭镇出土的商代齿纹铜铙

株洲县渌口镇出土的西周云纹铜铙

醴陵市仙霞镇出土的商代象尊

株洲县南洲镇出土的西周兽面纹铜簋

全国重点文物保护单位茶陵南宋古城墙

全国重点文物保护单位沩山醴陵窑

炎陵县明代湘山古塔

全国重点文物保护单位李立三故居

全国重点文物保护单位渌江桥

◎ 历史钩沉

1949年以前株洲旧照

日本飞机轰炸后的株洲

20世纪50年代株洲街景

20世纪80年代株洲市区

20世纪90年代株洲市城区

20世纪50年代新华路

20世纪60年代建设路

20世纪50年代建宁路

20世纪50年代的老街

20世纪80年代建设路

20世纪70年代建设路

20世纪90年代文化路

1955年白石港木桥

◎ 历史钩沉

1960年株洲市邮政局

1960年中国人民银行株洲市支行

1970年株洲市第一中学科教楼

20世纪70年代株洲饭店

1962年株洲百货大楼

20世纪90年代株洲市芦淞服装批发市场

1956年株洲第一水厂

1949年以前株洲火车站

20世纪70年代株洲市第一医院

20世纪70年代株洲鹅颈洲渔场一角

◎ 经济建设

▲中国南车株洲电力机车有限公司厂区

▲株洲电力机车厂生产的
中国第一速电力机车

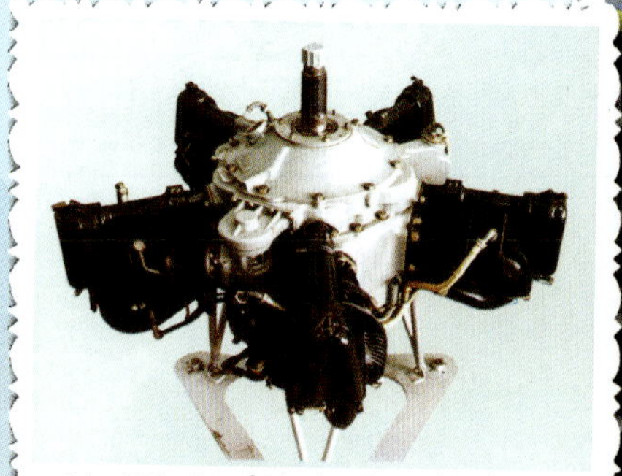

▲中国第一台航空发动机

▲航空发动机装配厂房

▲株洲冶炼集团厂区

▲株冶集团生产的“火炬牌”铅锌锭

▲株洲硬质合金集团生产的“钻石牌”硬质合金产品

▲株硬集团公司国家级硬质合金研发中心

▲株洲车辆厂组装车间

▲株洲车辆厂厂区

▲桥梁厂生产的轨枕

▲株洲桥梁厂厂区

◎ 经济建设

▲ 株洲火车站

▲ 株洲铁路枢纽

▲ 武广高铁株洲西客站

株洲千吨级码头

▲株洲百货大楼

▲株洲服装批发市场

▲株洲电信大楼

◎ 经济建设

▲ 株洲航电枢纽

▲ 国家农产品地理标志——酃县白鹅

▲ 人工林海——株洲县凤凰山

▲炎陵县奈李

▲醴陵为长江流域第一个亩产过吨粮、全国双季稻高产创建示范市。

▲茶陵县烟叶种植基地

○ 城市发展

▲ 2000年中心广场

▲ 2000年长江广场

▲ 2000年红旗广场

▲ 2000年响石广场

▲ 2000年向阳广场

▲株洲大道

▲建设南路

▲新华中路

▲人民北路

▲天台路

○ 城市发展

◀ 石峰公园

▲ 文化园

▲ 神农公园

▼ 株洲大桥

▲ 湘江河西风光带

◀ 神农城

◀ 万丰湖

▲ 株洲方特欢乐世界

○ 城市发展

▲ 湖南华银株洲火力发电公司厂区

▼ 云田变电站

▲ 煤气公司厂区

污水处理厂 ▶

▲株机公司生产的首台18米超级电容储能式现代电车

▼城市出租车

◀公交站台

▼城市公交车

◀城市公共自行车

◎ 社会事业

湖南工业大学

▲ 株洲市第一中学

▼ 株洲市第二中学

职教城

铁路文化宫

体育中心

神农大剧院

◎社会事业

▲ 株洲市中心医院

▲ 《株洲市志》稿评审会议

▼全国首届原创广场舞大会演

▲株洲市第三届大众运动会

▶中小学生阳光运动会

◀工人组歌

◎ 社会事业

湘江边晨练

农家书屋

炎帝广场音乐喷泉

▲ 湘银小区

▲ 群丰镇敬老院

▲ 王塔冲社区

▲ 株洲人的『菜篮子』

◎ 风景名胜

炎陵县炎帝陵祭祀大殿

攸县酒埠江风景区

茶陵县云阳山风景区

芦淞区大京风景区

荷塘区仙庾岭风景区

炎陵县神农谷珠帘瀑布

○ 风景名胜

◀ 炎陵县洣泉书院

▶ 醴陵市渌江书院

▼ 茶陵县洣江书院

▶茶陵县工农兵政府

▲炎陵县叶家祠

▲荷塘区流芳园烈士纪念碑

▲炎陵县红军标语博物馆

○ 风景名胜

▲ 炎陵县龙渣瑶族乡

▼ 亚洲最大跨度的单孔桥—— 炎陵县红星桥

▶ 醴陵市陶瓷艺术城

▲ 攸县白龙溶洞

▲ 天元区古桑洲

▲ 天元区资福寺

▼ 茶陵县云阳寺

▲ 攸县阳升观

◀ 天元区空灵寺

序一

我审读了株洲方志人历经十七年艰苦编修成卷的《株洲市志》稿。读志书是需要耐心和努力的。如同登山，你的付出会让你欣赏到美丽的风景。我在《株洲市志》里欣赏到的当然不是自然风光，而是志书里多方面多层次展现的株洲人民创造美好生活的画卷。掩卷之后，也有了登顶的欣然。《株洲市志》是株洲进入新时代的一个制高点，它给我们提供了宽阔的视野，可以清楚地看清株洲的历史发展方位。知道它是如何走到今天，也知道它会怎样走向未来。

株洲的历史不长，以株洲名志，在有成千上万个成员的志书家族中是一个全新的面孔。株洲是一座新城，但它的土地是古老的，有深厚的文化底蕴和光荣的革命传统。在《株洲市志》的制高点上，我们同样可以或远或近地回望历史纵深。

向远我们可以回望到中华民族的始祖之一神农炎帝的身影，他筚路蓝缕地开创了中华农耕文明，为民治病遍尝百草而中毒身亡，“葬于茶乡之尾”。今日炎黄子孙走近“炎帝神农氏之墓”，还能感觉到自己血液里流淌着他勤劳勇敢的基因。

向近我们可以回望到共和国的缔造者毛泽东亲手点燃“星星之火”的英姿，株洲的土地曾是井冈山革命根据地的重要组成部分。“以农村包围城市”的革命道路就是从这里起步。在共和国鼎盛的今天，中国人的胸中还激荡着“改造中国与世界”的激情。

株洲是带着中华文化的基因和中国革命的激情，在短短的几十年时间里，特别是经历改革开放的过程，从一座七千人的小镇发展成为一座现代化的城市。株洲的巨变是共和国历史的一个缩影。

株洲是社会主义新制度的产物。作为地市一级的行政区，是解放以后才设立的。它是国家实行国民经济第一个五年计划和第二个五年计划重点建设的城市。有了社会主义才有了株洲。它有一个与其他地区不同的出身，一个光荣的出身，它出身于新中国。

株洲是新科技的产物。是铁路建设才有了株洲。株洲是火车拖来的城市，城市的血肉中天生就有科技的精神，那就是“火车头”精神。科技是株洲创新发展的强大引擎。

株洲是移民的新家。国家重点项目的建设吸引了天南海北的建设者聚集株洲。株洲半数以上是外籍人口，不同工厂区都有味道不同的普通话。不同文化的交汇，各种人才的汇集，是株洲不竭创新能力的源泉。

《株洲市志》的出版，正逢中国特色社会主义建设进入新时代。在习近平新时代中国特色社会主义思想的指引下，在中共株洲市委、株洲市人民政府的领导下，在未来“两个一百年”目标的奋斗进程中，株洲人民对美好生活的向往，会得到更全面更充分的满足。

新时代的方志人也面临着方志工作的转型升级，我们要在历史和现实中找到我们方志人的定位。

中华民族一直保持着对自身的追问：我们从哪里来？重视历史，不忘初心，是我们民族的品性。

每个中国人都有青史留名的情结，只有进入了历史，被文字记录下来，他的人生才有意义。没有载入史册的存在是不真实的。

国史、地方志、家谱构成了中华民族数千年历史的完整记录，也给每个中国人提供了进入历史的机会和途径。地方志是中国史册的重要组成部分，唐代开始就是各级政府主持编修地方志，这个传统一直延续到现在。方志是中国独有的文化现象，是我们建立文化自信的一块基石。

新时代如何对地方志进行创造性转换，创新性发展，为社会主义服务，为社会主义核心价值观的建设服务，是我们方志人必需要回答的重要课题。我认为，《株洲市志》是一份合格的答卷，它体现了新方志的人民性，贯穿了社会主义核心价值观，达到了“修志问道、以启未来”的目的。地方志由一项工作转型升级为一项事业，地方志事业要为人民服务，要让地方志走进每个普通人的生活。希望株洲方志人以《株洲市志》编修为起点，新时期做好县志、乡镇志、村志、社区志的编修。让株洲各界人士，包括普通劳动者，他们的业绩，连同他们的名字，一起载入由政府主持编修的志书中。每个株洲人都能在志书中找到自己的位置，满足青史留名的愿望，让地方志充分发挥“彰善引风气”的作用。

是为序。

湖南省地方志编纂委员会党组书记、副主任 易介南

2017.11.27 于麓山下

序二

盛世修志，志载盛世。值此党的十九大胜利召开之际，全市人民十分关注的《株洲市志》，历经十七年编纂，数易其稿，即将公开出版，是一件可喜可贺的文化盛事！全体编纂人员，长年伏案，尽尝艰辛，默默奉献，做出突出贡献，是一种值得肯定的可贵精神！

株洲，历史悠久，人杰地灵，物华天宝，被誉为神农福地、红色摇篮、动力之都、文明之城。远古时期就有先民生息繁衍，有比较发达的原始农业，中华民族的始祖炎帝神农氏的陵寝炎帝陵就在所辖炎陵县。东汉时期即设置建宁县，明清有“四相文章冠两朝”之誉，李东阳、刘三吾、张治、彭维新、谭延闿等历代名人辈出。毛泽东、朱德同志等老一辈无产阶级革命家在这里进行了一系列首创性革命实践，走出了李立三、谭震林、耿飚、左权、杨得志等一大批人民英雄。解放后，创造了新中国工业史上220多项第一，轨道交通、通用航空、新能源汽车等动力产业享誉中外。新的历史时期，先后获得“全国文明城市”“国家卫生城市”“国家园林城市”“国家交通管理模范城市”“全国人居环境范例奖”等众多荣誉。

兴修志之业，载盛世之昌。《株洲市志》共30篇171章，洋洋洒洒500余万字。粗略品读，感觉有四个特点：一是溯本究源，涉猎古今，上起自事物发端，下止于2000年，时间跨度几乎涵盖了整个人类历史。二是横陈百科，包罗万象，记载了古今变异、经济脉络、社会繁昌、文化传承等各方面。三是体例完备，内容翔实，举凡建置沿革、历史人文、山川名胜，揽尽了千年风物。四是略古详今，图文并茂，既有宏观鸟瞰，又有微观探幽。一卷志书在手，株洲历史人文了然于胸，可以说《株洲市志》称得上是地方志书的精品之作，是一部融历史价值、实用价值、收藏价值于一体的传世之作。

治天下者以史为鉴，治郡国者以志为鉴。习近平总书记曾指出：“历史是人类最好的老师。”志书是历史的浓缩，其功在于资治、教化、存史。我们通过学习《株洲市志》，学好株洲历史，进而学习中国历史、中国共产党历史、世界历史，对于推进党和人民事业的发展、实现自我人生的价值，均有极大的意义。

以史为鉴，可以知兴替，可以知得失，可以知未来。学好历史，可以培养历史思维、辩证思维、创新思维，总结历史经验，认清历史趋势，古为今用，推陈出新，汲取了解昨天、把握今天、开创明天的智慧，充分认识中国人民从站起来到富起来再到强起来的艰难曲折，增强中国特色社会主义道路自信、理论自信、制度自信、文化自信，坚定朝着中国特色社会主义道路奋勇前进。

承上旨在启下，继往实为开来。站在新的历史起点，我们必须高举中国特色社会主义伟大旗帜，深入贯彻落实以习近平同志为核心的党中央治国理政的新理念新思想新战略，按照“四个全面”战略布局和“五位一体”总体布局，以五大发展新理念为引领，大力弘扬火车头精神，大力实施“创新驱动、转型升级”总战略，加快建成株洲·中国动力谷、“一带一部”开放发展先行区、老工业城市转型发展示范区、城乡统筹发展幸福区，在全面建成小康社会进程中走在全省前列，在加快推进基本现代化进程中走在全省前列！

我坚信，百年目标，复兴梦想，其时可待，其功可期！

是为序。

中共株洲市委书记
株洲市人大常委会主任　毛腾飞

2017年9月

序三

志者，一域之重典；修志，一方之盛事。《株洲市志》的编纂出版，为人们了解株洲、宣传株洲、建设株洲提供了一部客观、全面、真实的资料性文献，是我市社会发展的一项基础工程，也是我市文化建设和地方志事业发展的一件大事。

众手成志，志载盛世。《株洲市志》自2000年启动以来，在省地方志编纂委员会的关心指导下，市委、市政府高度重视，成立市地方志编纂委员会，组织专门班子，聚集有识之士，秉笔直书，存真求实，横陈百科，数易其稿。整部志书内容上限自事物发端，下限至2000年，共30篇、171章、693节，500余万字，系统记述了株洲的政治、经济、文化、社会等方面的历史及现状，全面展示了株洲从蛮荒莽原到神农福地，从农耕乡邑到动力之都的历史跨越，主次有序而明白晓畅，巨细毕究且本末兼察，是一部独具特色的市情教材和堪存堪鉴的传世之作。借此机会，我谨向为编纂该志倾注心血的全体编纂人员，向关心支持编纂出版工作的各界人士表示衷心的感谢！

株洲“东吐罗霄之云，西接沅潇之气，南聆衡阳之雁，北观洞庭之秋”，千百年来，这方古老而神奇的地域，孕育着壮丽的山川神韵，承载了厚重的历史文化，培育了坚实的发展根基。光耀千秋的炎帝精神，享誉全国的红色摇篮，得天独厚的交通枢纽，特色鲜明的工业重镇，闻名遐迩的宜居新城，在此汇集成灿若星辰的城市印记。当前，我们正全面贯彻落实发展新理念，大力实施“创新驱动、转型升级”战略，全市上下政通人和、经济发展风生水起、城乡面貌日新月异、民生事业蒸蒸日上、社会大局持续稳定。乘着时代的东风，株洲正以继往开来的姿态，昂首阔步走在发展的最前沿。

“治天下者以史为鉴，治郡国者以志为鉴”。循着历史的轨迹逐梦前行，知兴衰荣辱，续文明史章，是我们这一代人义不容辞的使命。我们要以史为鉴、以志资政，在栉风沐雨的不懈奋斗中，在惠及黎民的真抓实干里，为不断发展的经济社会立言，为人民创造的伟业存史，为充满希望的株洲讴歌！

值此《株洲市志》结集付梓之际，有所感言。

是以为序。

中共株洲市委副书记、市人民政府市长　阳卫国
株洲市地方志编纂委员会主任

2017年10月

凡　例

一、本志以马克思列宁主义、毛泽东思想、邓小平理论、“三个代表”重要思想、科学发展观、习近平新时代中国特色社会主义思想为指导，坚持辩证唯物主义和历史唯物主义的立场、观点和方法。严格按照《地方志书质量规定》要求，全面、客观地记述株洲市的自然、政治、经济、文化、社会等方面的历史与现状。

二、本志采用述、志、记、传、图、表、录诸体，以志为主，设篇、章、节、目、子目五个层次。图、表、录根据需要分别附于各专志内。

三、本志记述的上限时间为事物发端，下限至2000年。个别事物为保持其完整性，适当有所下延。

四、本志记述范围以2000年株洲市政区为界。志中称“株洲市”（“全市”或“市”）和“境内”为：1951年7月至1965年3月限指城郊各区；1965年4月至1983年6月限指株洲县和城郊各区；1983年7月至1997年7月限指株洲县、醴陵县（醴陵市）、攸县、茶陵县、酃县（炎陵县）和城郊各区。1997年8月以后限指天元区、芦淞区、荷塘区、石峰区、株洲县、醴陵市、攸县、茶陵县、炎陵县的行政区域。

五、本志按照现代社会分工和科学分类，结合本地实际划分门类，采用语体文，记述体，以类系事，横排竖述。

六、本志历史纪年表述：清代及其以前，各朝代年号括注相应的公元纪年，并省略“公元”和“年”；民国时期中国共产党的活动时间，采用公元纪年；中华人民共和国成立后，一律采用公元纪年。

七、志中称谓首次出现时使用全称，并括注规范简称，重复出现使用简称。一般使用当时称谓，必要时加注现代称谓，常用简称不加注。

八、志中主要数据采用统计部门公布的数据，其他数据均为有关部门提供。

九、本志计量单位，中华人民共和国成立前的使用当时通用计量单位，并比照现行计量单位进行括注；中华人民共和国成立后的均采用国家颁布的法定计量单位，个别面积单位仍保留“亩”。标点符号、数字执行中华人民共和国国家质量监督检验检疫总局、国家标准化管理委员会2011年发布的《标点符号用法》《出版物上数字用法》。

十、入志人物坚持“生不立传”的原则。所载党政机关负责人名录，株洲市建地级市以前部分列到副科（区、镇）级及以上行政实职，建地级市以后列到副县（处）级及以上行政实职，行政机关不列党内和群团组织职务。科技成果以获省部级以上奖项为入志标准。

十一、本志资料主要来源于各市直机关、社会团体、企事业单位及其他组织提供的志稿和史志、档案、年鉴及报刊，资料经核实考证后载入，并经市保密部门审查，符合保密规定。

十二、大事记以编年体为主，部分采用纪事本末体；名称均采用第三人称书写；地名使用以株洲市地名委员会2004年出版的《株洲地名志》所著地名为准；部分地名，按事物发生时称谓记述。

目　　录

第一册

第一篇　建　置

第二篇　自然环境

第三篇　人　口

第四篇　经济综述

第五篇　经济综合管理

第六篇　农　业

第二册

第七篇 工 业

第八篇　商　业

第九篇　财税　金融

第十篇　城市建设

第三册

第十一篇 对外及港澳台贸易

第十二篇　环境保护

第十三篇　交　通

第十四篇　邮政　通信

第十五篇　中共地方组织

第十六篇 人民代表大会

第十七篇 人民政府

第十八篇 人民政协

第十九篇
中国国民党 民主党派和工商联

第二十篇　法　治

第四册

第二十一篇 群众团体

第二十二篇　军　事

第二十三篇 教 育

第二十四篇　科学技术

第二十五篇 文 化

第二十六篇 医疗卫生

第二十七篇　体　育

第二十八篇 新闻媒体

第二十九篇 旅游 宗教

第三十篇　炎帝陵

人　物

附 录

Catalogue

(Volume One)

Part One　Establishment

Part Two　Natural Environment

Part Three Population

Part Four A Summary of Economy

Part Five Comprehensive Economic Management

Part Six Agriculture

(Volume Two)

Part Seven Industry

Part Eight Commerce

Part Nine Finance and Tax · Finance

Part Ten Urban Construction

(Volume Three)

Part Eleven Foreign Trade and Hong Kong, Macao and Taiwan Trade

Part Twelve Environment Protection

Part Thirteen Traffic

Part Fourteen Post and Telecommunications · Communications

Part Fifteen Local Organizations of the Communist Party of China

Part Sixteen The People's Congress

Part Seventeen The People's Government

Part Eighteen People's Political Consultative Conference

Part NineteenThe Kuomintang, Democratic Parties and Association of Industry and Commerce

Part Twenty Rule of Law

(Volume Four)

Part Twenty-one Mass Organizations

Part Twenty-two Military

Part Twenty-three Education

Part Twenty-four Science and Technology

Part Twenty-five Culture

Part Twenty-six Health Care

Part Twenty-seven Sports

Part Twenty-eight News Media

Part Twenty-nine Tourism · Religion

Part Thirty Emperor Yandi Mausoleum

Characters

Appendix

总 述

株洲，位于湖南省东部、湘江下游，南岭山脉至江汉平原的倾斜地段。地理位置为东经112°57′27″～114°07′15″，北纬26°03′05″～28°01′27″。东西最宽处88.75千米，南北最长处219.25千米。东邻江西省萍乡市所辖的湘东区、上栗县、莲花县及吉安市所辖的永新县、井冈山市、遂川县；南连湖南省郴州市所辖的桂东县、永兴县、资兴市；西接郴州市所辖的安仁县、衡阳市所辖的衡东县和湘潭市及所辖的湘潭县；北依长沙市所辖的长沙县、浏阳市。

株洲具有得天独厚的自然环境。地貌以山地为主，总的地势特征为东南高，西北低；最高处海拔2115米，为炎陵县东南的酃峰；最低处为市区西北部湘江之古桑洲，海拔34.6米。境内属中亚热带季风性湿润气候，年平均气温17℃～18℃，气候温暖，四季分明，雨量充沛，无霜期长，光热充足，冬寒期短，适宜水稻五谷杂粮耕作。溪河纵横，均为湘江水系，与渌水、洣水两大支流纵贯全境。林木繁多，林地面积占全市总面积的64.21%，全市森林覆盖率为41.97%，是湖南省重要林区之一。矿产资源丰富，已查明的金属、非金属及能源矿产多达39种。

株洲，古称槠洲，三国吴时始建建宁县，1949年9月前为湘潭县株洲区，次年6月改为株洲镇，直属湘潭县政府，辖区人口近5万人，总面积36平方千米。1951年6月经政务院批准，株洲镇成立县级市；1956年4月升格为地级市；1983年实行市管县体制。至2000年年末，株洲市辖株洲县、醴陵市、攸县、茶陵县、炎陵县、天元区、芦淞区、荷塘区、石峰区9个县市区，辖区总面积11247.6平方千米，其中市内建成区面积63平方千米；全市总人口365.51万人，其中市区人口74.85万人。

重要的区位优势，良好的自然条件，为株洲的经济、社会发展奠定了坚实的物质基础。株洲人民在中共株洲市委、市政府的带领下，抢抓快速发展的大好机遇，使株洲市一跃成为湖南省“一点一线”区域的重要城市。

随着改革的不断深化，对外开放的不断扩大，株洲市国民经济实现了快速协调发展。以1978年和2000年相比，全市社会总产值由28亿元增加到915.51亿元，国内生产总值由14.87亿元增加到308.42亿元，地方财政收入由2.27亿元增加到20.17亿元。到2000年，全市国有及年销售收入500万元以上非国有工业企业经济效益综合指数为91.36%，国有工业企业的经济效益综合指数达到100.1%，全市人均国民生产总值8382元，三次产业比重为16.3：49.7：34，金融机构各项存款余额212.41亿元，城乡居民储蓄存款余额150.6亿元。城市居民恩格尔系数37.8%，全市居民人均可支配收入7270.7元，城市居民生活消费性支出5892.6元，人均居住面积14.63平方米，农民人均可支配性收入2552元，人均生活消费支出2024元，人均居住面积47.85平方米。

一

株洲是中华民族的发源地之一，炎陵县鹿原陂安寝着中华民族始祖炎帝神农氏。据史书载，炎帝开创中国农耕文化，使古老的先民迈进农业文明，为中华民族的繁衍生息奠定了坚实的基础。相传炎帝为民治疾，采药误食断肠草，中毒身亡，“崩葬长沙茶乡之尾”，西汉时已建衣冠冢，唐代有奉祀。宋建陵庙，其后毁建交替。清雍正十一年（1733）方按清制古帝王陵格式修建，形成较为完整的建筑组群。1954年陵庙因香客不慎失火被焚。20世纪80年代中期，人民政府按照“修旧如旧”的原则，重建炎帝陵，中共中央总书记胡耀邦题写了“炎帝神农氏之墓”碑铭。1996年11月，国务院公布炎帝陵为全国爱国主义教育基地。1999年，中共中央总书记江泽民题写了“炎帝陵”字碑。

1999年，按照建设部城市研究院编制的《炎帝陵风景名胜区总体规划》进行新一轮的炎帝陵建设。建设后的总面积111.86平方千米，修葺一新的炎帝陵殿，更加巍峨雄伟，金碧辉煌，成为海内外炎黄子孙寻根问祖的圣地。

除圣陵外，境内民族文化底蕴深厚。在湘东这片土地上，已发现14处新石器时代古文化遗址，其中8处散落在炎帝陵周边的茶陵县、炎陵县。无声的物证，来自于6000多年前的炎帝时代，先祖们在神农氏旗帜下创建的农耕文明，在株洲境内早已形成规模。

先祖们在境内书写的光辉灿烂文化，使这里名气大增，历代名人钟情于此，游览寻访者纷至沓来。文人墨客中，有唐代诗圣杜甫，晚年曾4次经过株洲，2宿空灵岸，留下10首不朽诗篇；诗人杜荀鹤、范成大到过醴陵县地；刘长卿途经株洲县地；骆宾王登临酃县十都婆婆仙，均有诗作。南宋大儒朱熹2次在株讲学，朱亭因他而名；明朝旅行家徐霞客历游茶陵，赞黄雩泉、览灵岩景、登云阳山。特别是明代宰相李东阳立朝50年，倡“以诗文引后进”而成茶陵诗派，饮誉文坛。他的家乡曾是湖南书院最多的地方，且是湖南三大刻印中心之一，东山书院刻印的《梦溪笔谈》成为唯一孤本，现存于国家博物馆。在陶瓷艺术文化方面，清朝光绪年间醴陵聘用书画名人，用高火性釉下颜料在瓷坯上作画，生产出国内前所未有釉下五彩瓷器，并多次获国际博览会金奖。

株洲文场史料光焰照人，而武场名将的挥刀伫立则使这里增色不少。东汉伏波将军马援南征，途经渌口留下英名。唐代名将李靖、尉迟敬德，也曾率军途经此地；唐末黄巢驻军朱亭、淦田。宋朝名将岳飞屯田茶陵，建鄂王城，他当年以枪尖挑禾蔸写的“光泉”二字，赫然镌刻在高陇石壁上。宋代名将文天祥驻军株洲，历时半年。清代征疆大将左宗棠曾在醴陵做教席，掌教渌江书院。

文武之道，令人记忆犹新，血腥战事，易令人心神作痛。元末明初，株洲成为朱元璋、陈友谅两军对阵厮杀的重要战场；明崇祯十六年（1643），太平军重将张献忠率部攻下长沙，分兵取醴陵县，次年，与明将左良玉战于渌口一带。南明永历二年（1648），明将卢鼎、黄朝宣举兵相攻，厮杀于朱亭。同年，明将马进忠与堵胤锡战于湘潭县、株洲，喋血250千米，焚掠民居3月有余。康熙十三年（1674），吴三桂等“三藩”反清，屯兵仓沙埠（今株洲县地），与清兵战于白关、株洲。吴三桂在衡阳称帝后，清兵从江西入湘，与吴三桂战于白关，吴退守株洲，设伏于庆云山，大败清军，原地名因故改称大胜岭（今株洲市芦淞区）。民国7年（1918）4—5月，北军湖南督军张敬尧部与南军刘建藩部辗转战于朱亭、渌口、株洲城区、白关、姚家坝一带；北伐战争期间，1926年6月北伐军第四军先遣队叶挺独立团首战攸县渌田击溃反动军阀谢文炳部，7月再克醴陵泗汾，为北伐军北进打开了通道。

株洲的“山环水异”，滋养着这片土地，风流人物更是流传着别样传奇。唐代慧眼识英雄的名姬红拂女，其墓坐落醴陵西山；民国时期政坛文人茶陵籍人士谭延闿，曾“三主湘政，两任国府主席”；科场骄子攸县籍北宋太学博士彭天益、元集贤院待制冯子振、清翰林院检讨陈梦元等；明清时期，茶陵籍大学士刘三吾、李东阳、张治、彭维新，被誉为“四相文章冠两朝”。尤其是南宋时期境内的书院建造及进士人数名噪一时：宋代湖南建有书院64所，株洲境内就有8所，占全省八分之一；湖南进士及第936人，茶陵就有139名，约占全省15%。辛亥革命以来，在文化艺术、教育科技、医药卫生及经济领域，株洲精英人物还有微生物学家汤飞凡、地理学家傅角今、历史学家黎澍、文学家袁昌英，著名教授、专家刘彦、易鼎新、刘旋天、傅道伸等。

二

株洲是第一、二次国内革命战争时期享有盛名的革命老区。炎陵县、茶陵县是井冈山革命根据地的重要组成部分。毛泽东、刘少奇、朱德、彭德怀、李立三、陈毅、谭震林等，曾在这里领导工人运动、农民运动，建立革命根据地，发展革命力量，进行武装斗争，开展土地革命，建立红色政权，点燃了中国革命的“星星之火”，走出一条“农村包围城市，武装夺取政权”的光辉道路。

大革命时期，境内一批在外求学的进步青年，在“五四”运动的影响下，接受马克思主义，先后加入中国共产党。1921年7月，中国共产党成立，酃县籍何孟雄是全国最早的53名党员之一。1922年7月，中共湘区委员会书记毛泽东先后派中共安源地方执行委员会书记李立三、共产党员朱少连来株洲开展工人运动，发展党员。1923年冬，安源地方执行委员会组建成立境内第一个中共组织——中共株洲转运局支部；1924年9月，又在湘潭县东一区八叠乡（芦淞区曲尺乡燎原村）组建中共八叠乡支部，为境内农村第一个党支部和湖南省农村最早的两个党支部之一。“马日事变”前后，境内工、农运动蓬勃兴起。湘东农民高举反封建、反剥削的旗帜，组织农民协会，向土豪劣绅进行斗争。毛泽东于1927年春亲赴醴陵、株洲等地考察，发表《湖南农民运动考察报告》，对这里的农民运动给予高度评价，称赞“好得很！”。

在关乎中国革命的道路问题上，毛泽东提出了“枪杆子里面出政权”的论断，他在湘赣边界亲自发动和领导著名的秋收起义。1927年8月30日，毛泽东到株洲部署株洲暴动，9月11日爆发醴陵暴动、株洲暴动。10月，毛泽东率领秋收起义部队上井冈山，开展武装割据，创建了井冈山革命根据地。

1927年10月，毛泽东领导秋收起义部队在酃县水口第一次进行连队建党，把中共支部建在连队，并亲自主持红军战士入党仪式，夯实了军队党的建设和政治工作的基础。11 月，遵照毛泽东的指示，工农革命军第二次攻克茶陵县城，创建了井冈山根据地第一个县级红色政权 —— 茶陵县工农兵政府。1928 年 3 月，毛泽东率工农革命军到达酃县中村，抽调部分军队干部同地方干部一起组成工作组，并亲自访贫问苦，宣传和发动群众起来打土豪、分田地，进行井冈山革命根据地的第一次土改 ——“中村插牌分田”。“中村插牌分田”是在没有任何经验可以借鉴的情况下废除封建土地所有制的一次尝试，为以后根据地的土地分配和中国共产党土地政策的完善，进行了有益的探索。4 月，毛泽东在酃县城西亲自指挥“接龙桥战斗”，击溃国民党军一个正规团和一个挨户团，有效地掩护了分几路转移至酃县的湘南起义部队。随后率部赶赴十都接应朱德、陈毅领导的湘南起义部队，在十都，朱、毛两位伟人第一次会面握手，决定两军合并成立中国工农革命军第四军，朱德任军长，毛泽东任党代表。部队进发到江西宁冈砻市召开了隆重的会师大会。朱、毛会师使井冈山革命根据地进入全盛时期，翻开了井冈山根据地斗争和中国革命新的一页。

毛泽东、朱德以井冈山根据地为核心，转战湘赣两省的湘东南、赣西南，建立大片红色区域。他创造“敌进我退，敌驻我扰，敌疲我打，敌退我追”的游击战术，带领湘赣边区军民粉碎了蒋介石发动的 4 次“会剿”。随着根据地影响力的不断扩大，“井冈山”已成为革命人民心中的一面光辉旗帜和“中国革命的摇篮”。

在争取民族解放和民族独立的斗争中，株洲革命烈士数以万计，有记载的烈士就达 11000 多人，如左权、罗学瓒、罗哲、蔡会文、蔡申熙、谭思聪、陈韶、孙筱山、汪先宗、汪起凤等代表人物。同时也涌现出李立三、何孟雄、谭震林、左权、耿飚、杨得志、谭余保、宋时轮等无产阶级革命家、政治家、军事家。产生了 41 位共和国开国将军。

株洲人民在革命战争年代的献身精神和所建立的卓越功勋，已经永远地载入了中国革命的史册。

三

株洲历来交通发达，是连接全国交通线路的重要节点，其经济地缘优势十分明显。

境内古代交通，水路以湘江、洣水、渌水为主，长度 30 千米以上的河流有 19 条，100 千米以上的有 7 条，均属湘江水系，湘江的两大支流渌江和洣水纳溪河流遍醴陵、攸县、茶陵、炎陵等县市。古时，洣江水流量较大，民间有“木排摇摇到长沙”之说。由于长期水运作用，“长江文明”通过支流向山区地带渗透，促进了当地社会的发展与进步。渌水自古有舟楫之便，经株洲县渌口汇入湘江，茶陵、攸县、醴陵的粮食和土特产都集中于此中转，因此，渌口自唐宋以来逐渐发展成一个商业重镇，民谣称其为“小小渌口当湘潭”。湘江株洲段全长 88 千米，自衡东流经株洲县王十万入株洲市境，一路北上，经岳阳城陵矶直达长江。陆路交通虽逊于水道，但株洲是省内唯一承东启西的天然通道，由此进入赣浙。自秦代境内设湘赣驿道开始，经历代更迭，兴废相间。至清代，共有驿道 324 千米，设 48 铺，为陆路邮传、差使、商贸、行军所用。一纵水道（湘江）

一横官道（湘赣驿道），凸显了境内古代交通的区位优势。清光绪二十四年（1898），湘江轮船首航株洲；清光绪三十一年，株（洲）萍（乡）铁路建成通车；民国 17 年（1928），第一班公路汽车客班从醴陵开往皇图岭，现代交通由此发端。民国 25 年（1936），浙赣、粤汉、湘黔三大铁路交会株洲，当时就已成为中国南方最大的铁路交通枢纽。

中华人民共和国成立后，株洲随着社会主义建设的不断发展，交通事业又进入了一个崭新的历史时期。

1959 年，中共株洲市委、市人民政府发出"征服百里湘江，誓夺万担棉粮"的治水令，组织 10 万劳动大军，奋战一个冬春，修建湘江大堤。20 世纪 80 年代初，株洲市政府把突破湘江阻隔和敞开株洲市区进出口道路作为发展经济的战略目标。1986 年，境内第一座跨越湘江特大型公路桥开工；随后，石峰、马家河、朱亭、建宁等特大型公路桥相继建设，结束了境内湘江无桥的历史。1989 年，省内第一条高速公路 —— 莲（花）易（家湾）公路开工，开全省高速公路建设先河。湘江水运株洲段千吨级码头 1998 年投入使用。铁路方面，有沪昆客专、京广高铁、沪昆、京广、醴茶、城际、衡茶吉 7 条铁路从境内穿过。株洲火车站是全国五大客货运输特级站之一。到 2000 年，境内水运以湘江航道为主干线，加之洣水、渌水两河，航运总里程达 558 千米，湘江通航能力 2000 吨级。公路有国道 396.23 千米，公路总里程 3676 千米，特大桥 4 座、大桥 35 座、中桥 101 座、小桥 543 座、互通立交桥 10 座、公路隧道 3 处。与建市初相比，总里程增加了 3385 千米，公路等级质量得到全面提升。形成了境内 7 条高速公路、26 条国省干线公路为主要经络的运输体系。株洲被人们称为"火车拖来的城市"，铁路有国家铁路、地方铁路和铁路专线，共计 812.3 千米，京广、浙赣、湘黔三大干线纵贯南北、横跨东西，以株洲枢纽为中心，链接 5 个方向的铁路和 67 条专用线，形成纵横交错、四通八达的铁路交通网。株洲火车站每天有百余列客货运列车通过，年客运量超千万人次，年货运量逾千万吨，其规模进入全国十大客运站和七大零担货物中转站行列，零担货物中转站居全国第二，是湖南境内 3 个特等站之一。扩建后的株洲枢纽站，使各趟列车在株洲的疏散能力和通过能力大大提高，编解车辆功效达到日均 2 万辆以上，成为江南第一大编组站。

优越的交通区位产生了巨大的洼地效应，成为新城株洲崛起的巨大引擎。

四

工业是株洲的脊梁。东汉初期，醴陵县就有规模较大的陶器作坊。唐代，醴陵县开始生产爆竹，清光绪年间开始出口，被誉为中国的鞭炮之乡。宋末元初，茶陵县已是全省三大印刷中心之一。清咸丰、光绪年间，茶陵县、攸县铁矿石开采和炼铁业比较发达，攸县铁产量居全省产铁县之首。

民国中后期，株洲优越的地理交通优势吸引了国民政府大批要员、有识之士和实业家。民国 25 年（1936），国民政府资源委员会开始规划以建设钢铁、汽车、化工、兵工、机车工厂为主体的株洲工业区。国民政府相关部门、工业公司纷纷来株洲选址，征地建厂。民国 27 年（1938），国民政府资源委员会聘请外国专家到株洲镇考察，声称要将株洲镇建成“东方的鲁尔区”。民国28年（1939），国民政府又派员作过工业株洲的规划。但终因忙于内战剿共，国民政府规划的工业株洲蓝图终成泡影。民国37年（1948）1月12日国民党《中央日报》在《再论工业区的湖南》的社论中自叹：“株洲工业区的倡始，虽远在十年以前，而由于战乱的影响，使田园仍在荒芜，计划仍在纸上。”

中华人民共和国成立之初，株洲工业在十分薄弱的基础上起步，年工业总产值不过58万元，职工只有200多人。当时，株洲镇上仅有1家始建于1936年的机车修理工厂、2个码头、外加几艘私营运输木船外，还有1家小型大米加工厂、几家私营作坊和十几人联合经营的纽扣、陶瓷、酱菜和小铁工厂，白石港、清水塘和董家塅有3个小石灰窑、1家砖瓦窑和2个石料场。

1953年，国家实行国民经济第一个五年计划，株洲被列为全国8个重点新建城市之一，国家安排的重点建设项目株洲就有5项，全国694个限额以上项目安排在株洲的有7项。中共株洲市委、市人民委员会制定“以支援大工业基本建设为中心”的方针，掀起支援国家工业建设、带动城市建设、发展地方工业的高潮。至1957年，全市工业职工人数激增至5.3万人，当年完成工业总产值1.1亿元，比1952年增长3.9倍。三三一厂在边扩建边维修的同时，研制成功中国第一台航空发动机，结束了中国不能制造飞机的历史。中共中央主席、中华人民共和国主席毛泽东亲自致信嘉勉该厂全体职工，称“这在建立我国的飞机制造和增强国防力量上是一个良好的开端”。“一五”计划提前完成，株洲一举成为“江南工业重镇”。

“二五”计划时期，工业发展迅猛，特别是地方工业异军崛起，优先发展了投资少、见效快，大工业建设急需的砖、瓦、灰、砂石等建筑材料行业。一批部、省属骨干企业新建扩建工程相继竣工投产。株洲机车车辆厂于1958年成功制造出中国第一台电力机车，为中国电力机车研发制造谱写了光辉的一页。至“二五”计划末，全市地方骨干企业发展到100多个，初步形成了机械、冶金、化学、建材4个支柱产业，以及市中心、董家塅、清水塘、贺家土、田心、茨菇塘、宋家桥7个工业区的格局。1958年的“大跃进”由于急于求成，造成国民经济比例失调，加之当时苏联政府背信弃义，撕毁援建合同，撤走专家，给重点项目建设带来许多困难。

三年调整时期（1963—1965年），市委、市政府通过认真贯彻执行中共中央的“调整、巩固、充实、提高”八字方针，调整“农、轻、重”比例关系，把工业生产逐步转到以提高质量、效益为中心的轨道上来，工业生产迅速回升。1965年，全市工业总产值4.03亿元（当年价。按1980年不变价换算为48559万元），比1962年增长1.26倍。

1966年开始的“文化大革命”，使株洲的工业生产一度受到严重干扰，生产升降交替。当年完成工业总产值7.17亿元，1968年降到5.47亿元，1970年上升到11.26亿元，1973年上升到15.68亿元，1976年又降至11.95亿元。

1978年，中共十一届三中全会胜利召开，通过拨乱反正，株洲工业在改革开放中迎来新的发展机遇。

三项制度改革 在计划经济体制下，在劳动、人事和工资制度方面，事实上形成了干部任职终身制，职工就业终身制和平均主义分配制度，形象地说就是“铁交椅”“铁饭碗”“铁工资”和“大锅饭”。这种制度，严重制约了企业的发展。1984年10月，中共十二届三中全会作出《关于经济体制改革的决定》之后，市委、市政府下定决心大胆改革，向传统的企业制度发起挑战。1987年7月，国务院正式批准株洲市为全国企业劳动、人事、工资三项制度改革试点城市。继株洲冶炼厂等6家国有企业扩大企业自主权试点和7家市属全民企业进行承包试点之后，企业三项制度改革等举措取得了显著成效。三项制度改革打破了企业多年来形成的平均主义“大锅饭”的僵化制度，从而初步形成企业按效益高低、个人按贡献大小进行分配的基本格局。在进行企业三项制度改革的“七五”计划期间，全市独立核算企业工业总产值平均增长11%，实现利税年均增长4%，全员劳动生产率年均增长6%。此经验受到全国瞩目，仅1988年全国有340个考察团到株洲考察。中央电视台连续5天进行长篇报道。1991年，中共中央总书记江泽民到株洲考察时，评价株洲三项制度改革为国有企业转换经营机制找到了突破口，解决了国企最头疼的“大锅饭”“铁饭碗”的问题，是国企改革的一次成功尝试。

1993年，中共十四届三中全会作出的《关于建立社会主义市场经济体制若干问题的决定》，加快了株洲企业走向市场的进程。

优化资本结构 1993年，株洲市国有企业第一家股份有限公司火炬火花塞公司股票在深交所正式挂牌上市，为株洲企业制度改革拉开了序幕。1994年，株洲市被列为全国18个“优化资本结构，增加强企业实力”试点城市之一，开始按照扶优劣汰，鼓励兼并，规范破产、开展资本营运的模式对国有企业进行战略性调整。市政府综合改革试点工作，提出“整体推进、重点突破、企业为主、城市配套”的工作思路，大中型企业作为优化资本结构的突破口，按照“选准一个产品、扶持一个企业、壮大一个集团、带动一个行业”的要求，突出发展重点行业、重点企业和重点产品。为了集中力量对大集团、优势产业和名优产品的发展给予重点扶持，以低成本扩张的方式，培育和发展南方、国光、湘大三个集团，在政策引导和资金扶持下，通过股份制改造、兼并联合，参股控股、中外合资等途径，初步实现了产权多元化，经营集约化和规模集团化。全市先后建立股份制、股份合作制企业制企业和有限公司1139家，注册资本20亿元，吸收增量资金27.3亿元。1996年，株洲市委召开八届二次全会，提出了“科教先导、开放开发、抓大放小、扶优扶强”的思路和围绕工业“抓大放小”和“三改一加强”的战略思想，在全市开展了全面推进以产权制度改革为主要形式的企业改革，以促进企业转机建制。在“抓大”方面，选择了一批龙头骨干企业，以资产为纽带，以产品为龙头，推动企业联合，组建和壮大了南方摩托车集团、国光集团等8家企业集团；在“放小”方面，加快了中小企业的股份合作制改造的进程，全市股份合作制企业发展到190个。企业破产力度加大，1994年以来，株洲市进入破产程序的企业104家，终结44家。1996年，有93家企业依法进入破产程序，终结33家，完成各种类型兼并8起，盘活存量资产9809万元，重新安置职工2626人。

创新驱动工业 1988年10月，湖南省科委批准在株洲市河西建立株洲高新技术产业开发试验区。

1992 年，试验区晋级为国家级高新技术产业开发区。建区初期，株洲市从税收、土地出让价格、基础设施费用等方面给予高新技术项目以优惠，扶持高新技术产品开发和产业发展。同时，坚持“三不引进，即技术含量低的不引进，污染环境的不引进，不符合国家产业政策的不引进”，走可持续发展的道路。2000 年，株洲高新区开始实行“一区三园两基地”新的产业发展模式，在重点建好河西高新技术产业示范园的同时，建好田心、董家塅两个各具特色的高科技工业园。河西高新技术产业示范园重点建设两个基地，即国家新材料成果转化及产业化基地和国家火炬计划湖南传感技术产业化基地；田心高科技工业园重点发展以轨道电力牵引技术为主的光机电一体化产业；董家塅高科技工业园重点发展以航空技术及航机陆用技术为主的光机电一体化产业和健康食品产业。

一直以来，株洲市十分注重推动企业科技进步。“七五”计划期间，全市共开发新产品 568 项，其中有 50 项填补国内空白，388 项填补省内空白。“八五”期间，全市有 206 种产品被评为省级以上优质产品，其中 9 种获国家金银质奖。到“九五”末期，株洲市高新技术产品产值占工业总产值的 25.8%，实现利税占 33.63%。高新技术产业和高新技术产品产值每年均以 10% 以上的速度增长。全市大中型企业都建立了科研机构，52 家企业建立了技术研发中心，2 家企业建立了博士后工作站。

科技创新工程的开展，加快了传统产业的改造升级，发展壮大了新兴产业。全国有色金属冶炼基地株洲冶炼厂，通过技术改造，“九五”期末铅锌年生产能力达 33 万吨，名列全球第 5 位，产品在国际市场是免检产品。株洲电力机车研究所，在电传动系统集成方面形成了自主开发和持续创新的能力，为“韶山”系列电力机车、“奥星”交流传动电力机车、“中原之星”城际动车组、“中华之星”高速动车组提供了性能优良的电子控制、网络、变流装置，有力地推动了中国轨道交通行业的发展。20 世纪 90 年代末，株洲电力机车厂成功研制生产出时速 200 千米以上“韶 8 型”高速电力机车。该厂累计提供各种型号的电力机车占全国铁路电力机车 70% 的市场份额，成为中国轨道电力机车牵引装备事业的领跑者。株洲硬质合金厂，80 年代初经国家计委批准总投资 14461 万元进行技术改造。20 世纪 90 年代，该厂由建厂初期设计的 7 个品种牌号 502 个型号规格发展到 83 个品种牌号 3.3 万多个型号规格，产品国内市场占有率达 45% 左右，国外销往美、欧、亚等 56 个国家和地区，年均创汇约 2000 万美元。

株洲因工业而生，因工业而立，因工业而兴。2000 年，株洲市完成工业总产值 473.31 亿元，比 1949 年增长 75397 倍，工业总产出 4505072 万元，比 1949 年增长 4113 倍，工业国内生产总值 1349300 万元，比 1949 年增长 3513 倍。

五

株洲是中国农耕文化的发祥地之一，炎帝神农氏曾在这里教民耕种。境内水稻栽培历史长达 5000 多年。醴陵于宋代就有种植双季稻的记载。茶陵是中国唯一用茶命名的县，历史上曾经有过茶叶生产的鼎盛时期。株洲农民在长期的生产实践中创造并积累了丰富的农作物栽培技艺，熟练地掌握了作物的丰产途径。中华人民共和国成立初期，境内实行土地改革，解放农村生产力，同时还开展大规模的农田水利建设、改良土壤、改进生产工具，使农村经济得到较快发展。中共十一届三中全会后，农村率先进行改革，全面推行家庭联产承包责任制，实现了粮食生产连年增产丰收。1985年，为全面提高粮食生产，株洲市拉开创建双季稻亩产过吨粮的吨粮田建设序幕，通过实施农业综合技术措施，进行实现亩产吨粮的探索。1990年，醴陵市3.10万公顷双季稻平均亩产达1024千克，成为长江中下游双季稻区第一个亩产吨粮的县级市。随后，攸县、株洲市郊区、株洲县、茶陵县、炎陵县先后过吨粮。株洲成为全国第一个双季稻成建制亩产过吨粮地级市。2000年，全市完成农业总产值76.19亿元，优质稻种植面积达4.79万公顷，总产36.08万吨。

株洲的林业生产与水稻生产比翼齐飞。中华人民共和国成立后，通过实行森林保护政策，使境内历次遭受破坏的森林资源开始恢复性发展。为实现“山下是粮仓，山上变银行”的目标，株洲市从1964年起大办社队林场，组织集中造林，建设一批以杉木林为主的用材林基地、油茶林基地和果木林基地。株洲县黄龙公社长岭林场是全市最早兴办的社队林场，在中国林科院专家指导下，林场坚持科学造林育林，创造了深挖整地、深埋栽植、深挖抚育的丘陵植杉“三深法”速生丰产造林技术，使昔日的荒山在几年里就披上了绿妆。在长岭林场的示范带动下，20世纪60年代中期到70年代初，株洲县结合知识青年上山下乡安置，社社队队都办起林、茶、果场，开展大规模的治山造林，使株洲县因“人工林海之乡”而闻名中外。1978年1月4日《人民日报》发表《人工林海之乡 —— 株洲县》的报道。慕名前来朱亭林区参观学习的国外嘉宾先后有41个国家和地区共206人，国内有29个省、市、自治区21.99万人。酃县、茶陵、攸县、醴陵亦学习株洲县兴办社队林场经验，开展群众性造林，至1979年，境内共建立大小社队林场1757个。到2000年的50年间，全境累计造林74.94万公顷，封山育林47.12万公顷，“四旁”植树和全民义务植树2.64亿株。全市森林覆盖率达到56.03%，活立木蓄积保有量1437.6万立方米。1995年，株洲市获“全国造林十佳城市”。1998年，炎陵县被评为“全国造林绿化百佳县”。2000年，茶陵县获“全国林业生态建设先进县”。

株洲人不排外，具有开放包容的品格，这也是成为加快株洲经济、社会发展的一个重要内因。改革开放后，随着城市扩容提质步伐加快，株洲的城市功能和城市辐射带能力显著增强，城乡一体化加速推进，株洲成为全省经济最发达的长、株、潭“金三角”的重要一隅，综合经济实力仅次于省会长沙，位列全省第二。20世纪90年代中期，株洲在全国219个地级以上城市综合实力排名中位居第54位。

在第三产业等方面，由于交通发达，环境优越，株洲人民敞开胸怀，与外界紧密融合。新城株洲彰显出的魅力像一块巨大的磁石吸引了全国各地投资者和海外客商前来投资兴业，淘宝聚财，乃至购房定居，株洲的洼地效应进一步彰显出来。商贸、金融、服务业十分活跃。各地投资者和客商把株洲作为投资淘宝的热土，抢滩株洲，设立机构，兴办企业，建立公司，购租门店，经营规模从小到大。机械、机车、车辆、冶金、航空发动机、化工、陶瓷、烟花、轻纺、医药等众多株洲制造的产品远涉重洋，打入全球五大洲近百个国家和地区的市场。2000年，全市社会消费品零售总额完成112亿元，完成进出口总额37037万美元，其中出口30348万美元，出口量占全省总出口量的18.4%，继续稳居全省14个市州第一的位置。

株洲的文化、教育、科技、医疗卫生、计划生育、体育和国防、人防、消防、社团工作等社会事业在全省均处于领先地位。株洲戏剧多次在“文华奖”以及全国“五个一”工程活动中获大奖。株洲是全省最早完成教育达标，最早普及九年义务教育的地州市，又是全省职教工作先进单位。株洲群众体育运动普及率高于全省平均水平，竞技体育涌现出一批国家级顶尖运动员，在国内外重大体育赛事中摘金夺银。

纵观株洲社会经济发展历程，历史证明了：人民，只有人民才是创造历史的源泉和动力；社会制度是发展进程的决定性因素；改革创新，开放融合是当今社会发展的必由之路；当政者的执政能力和执政水平则是对辖区发展产生重要影响的“操盘手”。

明德任责，继往开来。历届中共株洲市委、市政府为株洲打下良好基础，他们勇立改革潮头，大胆尝试，大力推进经济和社会各个领域的改革，实行更加开放的政策。同时，聚集大量资金加快城市供电、供水、供气、交通路网、住房、商业网点和教育、科技、文化、医疗卫生、生态环境等基础设施和市民生活、公益设施建设，将一个全新美丽的株洲呈现在世人面前，株洲变得更加宜居宜业。株洲人民在中共株洲市委、市人民政府的领导下，坚持建设有中国特色社会主义的文化自信、道路自信、理论自信、制度自信，成功获得了国家园林城市、全国科教兴市先进城市、全国人民防空先进城市、全国双拥模范城市、国家卫生城市、全国民族团结进步模范集体、全国社会治安综合治理优秀地市、全国交通管理模范城市、全国文明城市等荣誉称号。

欣逢盛世的株洲人将带着光荣与梦想，瞄准以工业文明为特征的生态宜居城市的目标，大力弘扬火车头精神，为建设实力株洲、智慧株洲、绿色株洲、幸福株洲而奋力前行。株洲必将续写伟大事业的光明前景，迎接更加光辉灿烂的未来。

大 事 记

旧石器时代

20万年前，株洲境内已有了人类活动。天元区三门镇燕子村六斗坡、天元区长江北路、攸县网岭镇船形坡旧石器点，均为旧石器时代人类文化遗存。

新石器时代

7000年前，株洲有了栽培稻谷。茶陵县界首镇火星村独岭坳新石器时代遗址，发现夹有水稻的红烧土。

6000年前，株洲有了比较发达的原始农业。株洲县磨山遗址，是一处文化内涵丰富的大溪文化遗址。

高阳帝（黄帝之孙颛顼）时属渌国，即今渌江之域，为古三苗之南境。

春秋战国

株洲属楚黔中郡。

秦

株洲属湘南县。

西汉

高祖五年（前202）

置茶陵县、攸县，属长沙国。

高后四年（前184）

封长沙相越为醴陵侯。在今醴陵市转步乡古城村建侯城。

元朔四年（前125）

茶陵改侯国。茶陵侯刘欣在火田莲溪（茶陵县地）建茶王城。

太初元年（前104）

废茶陵侯国。复为茶陵县。

西汉末，为防掘坟，将炎帝陵（炎陵县）填平。晋代，陵已恢复。宋乾德五年（967）修葺陵墓，陵侧立庙。明嘉靖三年（1524），拆除原庙，建圣容殿，殿外又建高阁，庙宇始具规模。明万历四十八年（1620）再次修葺，东阁大学士吴道南为此撰文勒碑。清代、民国，庙宇毁修相继。1954年1月22日，因香火酿成火灾，主殿、行礼亭尽毁。“文化大革命”中，幸存建筑群几乎损毁殆尽。1986年省、市拨款重建，1988年11月1日竣工开放。中共中央纪律检查委员会第一书记陈云书主殿横匾，全国政协副主席周培源书行礼亭横匾。1986年4月17日，中共中央总书记胡耀邦为炎帝墓题碑。1993年9月4日，中共中央总书记、国家主席、中央军委主席江泽民题写“炎帝陵”。

东汉

初，醴陵从临湘县划出设县，在侯城旧址建县城。县城附近，有规模较大的陶器作坊。

建武十七年（41）

伏波将军马援率部南征交趾，途中屯宿渌口（株洲县渌口镇）及昭陵滩（株洲县地）。后人为纪其事，将马援在渌口屯兵处取名伏波岭。五代后唐天成二年（927）在伏波岭上建伏波庙，在昭陵滩建马援祠。

建安初年（196—206）

荆州牧刘表派其侄刘磐、中郎将黄忠驻守攸县。

建安十八年（213）

豫章义军攻占醴陵县，遭孙权镇压。

建安二十年（215）

吴、蜀以湘水为界，分荆州。长沙、江夏、桂阳三郡以东属吴。古槠洲隶属长沙郡。

时醴、攸两县与湘江之西湘南县蜀之势力勾结，孙权遂派吕岱攻打叛踞醴陵县的中郎将袁龙，袁被擒处斩，鲁肃平定攸县。吴为“防蜀湘南之渡”设建宁，县治在今株洲城区。

三 国

吴黄武四年（225）

封阳遂乡侯顾雍为醴陵侯。

吴赤乌八年（245）

茶陵县洪水泛滥，200余户被冲走。

西 晋

泰始中（269—271）

建宁县治迁至今株洲县淦田。

永嘉五年（311）

正月，荆湘四五万巴蜀流民起事，推举醴陵县令杜韬为首领，四月攻占长沙，杜韬自称湘州刺史，建兴三年（315）八月，败死。

东 晋

太宁二年（324）

十月，封丹阳尹温峤为建宁公、进号前将军。

元兴二年（403）

封桓尉为醴陵侯。

南北朝

宋泰始元年（465）

追封何迈为建宁侯。

齐建武年间（494—498）

司空张岳，因感东昏侯宝卷昏暴无道，挂冠请休，将全家80余口带到攸县凉江乡，结庐修炼。唐天宝七年（748），玄宗敕令在此建朱阳观（后更名阳升观）。宋太学博士彭天益、明翰林院庶吉士、兵部侍郎王伟先后到此游览题诗。

梁天监元年（502）

封江淹为醴陵侯。

梁天监年间（502—519）

唐仁卿在淦田（株洲县境）建开利寺，唐贞观十五年（641）重修。

梁天监二年（503）

封王进之为建宁公。

梁天监七年（508）

在今株洲县雷搭石镇盘石村空灵岸建空灵寺。1970年被毁，1987年重修。国务院副总理方毅题“空灵岸”匾。全国政协副主席赵朴初题“三圣殿”匾。

梁承圣元年（552）

湘州刺史王琳部将陆纳败衡州刺史于渌口，降营州刺史李洪雅于空灵岸。

陈（557—589）

改攸县为攸水县。

陈光大元年（567）

封淳于量为醴陵公。

隋

开皇九年（589）

茶陵、阴山、攸水、建宁4个县并入湘潭县（县治在今衡东境），隶衡山郡。

大业三年（607）

醴陵县并入长沙县。

隋代，在茶陵县城西云阳山建云阳山寺（后更名云阳仙）。云阳山风景秀丽，溶洞较多，有“古南岳”“亚衡山”之称。宋书法家黄庭坚、元进士李祁、明吏部侍郎刘应峰、清翰林院编修肖锦忠、两广总督谭仲麟先后到此游览题诗。明地理学家徐霞客也慕名来云阳山考察。

唐

唐初，醴陵开始生产爆竹。爆竹由醴陵麻石村人李畋首创。

武德四年（621）

唐开国元勋，卫国公李靖南征，驻军醴陵。相传，李靖南征时，名姬红拂女随行，在醴陵病死，葬城西西山。为守护红拂墓，建靖兴寺。唐代诗人杜荀鹤、翰林院学士韩偓，明兵部尚书王守仁先后到此游览题诗。

于茶陵故城立南云州，复置茶陵县、阴山县、建宁县，属南云州。置新兴、安乐2县（系攸水县析置），隶南云州。醴陵从长沙划出设县。

贞观元年（627）

撤南云州，将建宁、新兴、安乐、阴山、茶陵5个县合并为攸县，属衡州。

贞观年间（627—649）

唐开国元勋、鄂国公尉迟敬德到醴陵县王坊乡太平山时，见风景优美，在此地建屏（平）山寺，名“吴楚古刹”。后，唐宰相房玄龄为寺题碑。

贞观二年（628）

在今株洲市南5千米之湘江西岸凿石浦（天元区地）建庆霞寺。此寺毁于民国。

武周圣历元年（698）

茶陵县从攸县分出。

天宝八年（749）

在洛口（易俗河）设湘潭县，今株洲城区划属湘潭，隶潭州。

天宝十年（751）

长髭旷禅师在攸县黄丰桥乡建宝宁寺，为禅宗南岳、清源两系交往中心。清闽浙总督左宗棠书赠“共法真常”金匾。

佛教传入境内，经过长期的弘扬和传播，曾有佛寺、庵林、阁、刹等618处，佛徒4160多人。其中醴陵云岩寺、攸县宝宁寺、株洲资福寺等都是著名的禅寺，高僧甚多。由无住禅师县晟及其法嗣洞山良价、曹山本寂（洞山良价的弟子）开创和完善的禅宗曹洞宗传播很广，在国内外有影响。南宋时传入日本。

乾元元年（758）

诗人刘长卿贬谪岭南，经空灵岸、小花石，作《花石潭》《石围峰》等诗。

大历四年至五年（769—770）

诗圣杜甫，携眷载舟，先后4次游览湘江，曾宿于庆霞寺，上空灵岸游览，在花石（株洲县王十万乡地）投宿，到晚洲（株洲县王十万乡地）系舟观赏。作有《宿凿石浦》《过津口》《次空灵岸》《宿花石戍》《次晚洲》等诗9首。清乾隆二十四年（1759），湘潭县知县秦嵘募资于凿石浦重修杜甫草堂。清嘉庆九年（1804），邑人胡官锦建杜工亭于空灵寺右侧，并刻杜甫《次空灵岸》诗于石碑。

大和年间（827 — 835）

无住禅师昙晟在醴陵县贺家桥九峰山建云岩寺，为禅宗曹洞宗发源地。

乾符六年（879）

黄巢军攻入湖南，驻军朱亭狮子山及淦田一带。

天复三年（903）

五月，翰林院学士、中书舍人韩偓忤朱全忠外贬，侨居醴陵县年余，为诗甚多。

晚唐，在茶陵县小田乡建雩泉寺（后改名皇雩仙）。南宋孝宗赵昚为谭雪南所呈《里居山水图》作《皇雩仙》诗。寺内存清大学士彭维新所题碑刻2方。

五 代

后梁开平元年（907）

拜湘州刺史马殷为侍中兼中书令，封楚王。殷乃于湘东柞头至朱田铺（芦淞区地）设立5关，以防洪、吉两州敌军入侵。

后晋年间（936 — 947）

朝廷派春官尚书欧阳林启赴炎帝陵领祭后，迁居酃县斜濑。

北 宋

宋初，醴陵县引进占城（越南）旱稻，后又引入晚稻，俗称“番子”。醴陵县始种双季稻。

茶陵县建文庙于狮口山。

酃县在湘山建寺、塔。明翰林院学士刘三吾游湘山并题诗。

南 宋

建炎年间（1127 — 1130）

雍端行任槠州（株洲）酒场官，征收酒税岁常至缗钱20万。

绍兴二年（1132）

岳飞率部追剿曹成，途经茶陵县，屯兵并建鄂王城（茶陵县湖口镇）。过火田，乡民尹彦德以牛酒犒军，岳飞以“当以一经教子”而勉之。岳飞在茶陵县还留有“光泉”题刻。

绍兴五年（1135）

三月，尚书右仆射同中书门下平章事（宰相）兼枢密院事张浚来醴陵县。

绍兴九年（1139）

设茶陵军，领茶陵县。

隆兴元年（1163）

奏斩秦桧的名臣胡铨谪贬衡州，回朝复职，路过株洲，饮于胡氏园，赋诗赠歌妓黎倩。后朱熹见其诗，和诗一首。

乾道三年（1167）

理学家朱熹偕张栻游南岳，往返途经槠州（株洲），在朱亭（株洲县地）歇宿、游历、讲学。十一月十六日从南岳下山，休息2天后，途经4天，二十三日到株洲，张分道长沙。朱经醴陵回家，夜宿株洲。朱熹在《二诗奉酬敬夫赠言并以为别》诗中写到：“泥行复几程，今夕宿槠州。”是槠州（株洲）作为地名最早见之于文字的记载。元代谢一鲁在城隍庙（芦淞区地）旁建分袂亭，欧阳玄题匾。民国7年（1918），凌澍臣捐资建城隍庙，同时扩建此亭。湖南才子雷飞鹏，为亭作联。

乾道九年（1173）

范成大任静江（广西桂林）知府，于二月赴任，途经醴陵县时，写有《题醴陵驿》等诗。诗中有“槠州何日到，鼓枻上沧浪”之句。

淳熙二年（1175）

吕祖谦访朱熹，途经醴陵县讲学于莱山（醴陵市八步桥地）。邑人景其遗徽，建莱山书院。明正德二年（1507），书院移建于县衙后，改名东莱书院。

淳熙年间，茶陵县火田五门村尹姓创办明经书院。

庆元元年至六年（1195—1200）

朱熹弟子钟震，在朱、张讲学故地朱亭龙潭湾建主一书院（后改名龙潭书院）。

开禧元年（1205）

项安世为湖广总领时，路过株洲，作《槠州路口小雨》诗。

嘉定年间（1208—1224）

酃县儒绅尹沂建台山书院。

嘉定四年（1211）

茶陵军析康乐、霞阳、常平3乡置酃县，仍属茶陵军管辖。同年，酃县设学宫。

宝庆三年（1227）

攸县陈寿卿倡建明月桥于今攸、醴、株3县交界处的明月山下，桥长21米。为此，明代李东阳作有《月桥诗序》。

绍定四年（1231）

茶陵军使兼知县刘子迈修筑茶陵城。次年，铸铁犀于城南洣水畔。

淳祐年间（1241—1252）

兴建醴陵县西山书院。

咸淳九年（1273）

文天祥任湖南提刑，常住株洲，历时半年，并在株洲游览作诗。翌年三月去江西抗击元军。

景炎元年（1276）

攸县人吴希奭等响应文天祥勤王的号召，起兵抗元。曾收复攸县、萍乡、醴陵县，终因寡不敌众而失败。

元

元初，茶陵县城为全省3大印刷中心之一。

中统元年（1260）

醴陵县城设急递总铺，明初设上官驿、下官驿。同时，茶陵州设驿站，清康熙元年（1662），改为急递总铺。民国1年（1912），驿站、递铺撤销。

至元十三年（1276）

宋赣州通判与衡山张镗等起兵攻取衡山、湘潭、攸县、醴陵诸县，声称反元复宋。后为元行省兵所灭。

至元十九年（1282）

茶陵由县升为州。

至元二十二年（1285）

茶陵设军事机构“万户府”。

元贞元年（1295）

醴陵县户口增至4万户，攸县户口增至1万户，均由县升为州。

元贞二年（1296）

攸州人谭渊兴建凤山书院。

大德八年（1304）

原南宋进士、官封登仕郎陈仁子，隐居故里茶陵州东山，倾其家资，建东山书院，为元代湖南最大私办书院。

至治元年（1321）

朝廷派大学士阿沙不花谒祭炎帝陵。顺天通判霍卷嵩陪祭，因深爱其间山水，复命后，即辞官携眷定居炎帝陵山下。

天历年间（1328—1330）

改醴陵州为县。

至正十二年（1352）

红巾军将领陈友才率部占醴陵，捣毁官署，摧富济贫，四乡穷苦农民纷起响应。至正二十年（1360）闰五月，红巾军陈友谅称汉帝，派统军元帅驻醴陵县。

至正二十四年（1364）

醴陵县升为州。

元末，战乱杀戮，灾疫夺命，幸存者外出谋生，境内人口大减。

明

洪武元年（1368）

茶陵万户府改茶陵卫。

洪武元年（1368）至三年（1370），明将常遇春部与汉主陈友谅战于朱亭、渌口等地，杀戮甚众。

洪武二年（1369）

醴陵州、攸州改州为县。

洪武四年（1371）

朱元璋遣国史院编修雷燧致祭炎帝陵。明代，有史可查的朝廷告祭15次。

洪武五年（1372）

茶陵由州改县。

永乐四年（1406）

朝廷来湖湘采伐修建皇宫的木材，迫令10万民夫上山伐木。醴陵、湘潭等地百姓困苦不堪，随李法良起义，失败。

永乐七年（1409）

朝廷为建皇宫，在茶陵县、酃县征集民夫到万洋山伐木，三丁抽一，五丁抽二，两县半数人口死亡或外逃。

永乐十五年（1417）

夏，酃县地震，山崩，洪水暴涨。

天顺三年（1459）

醴陵县大旱，自五月至九月不雨，溪涧断流。

成化八年（1472）

翰林院编修李东阳回茶陵县祭祖扫墓，居住18日，并写《茶陵竹枝词》10首。

成化十三年（1477）

九月，酃县地震。

成化十八年（1482）

茶陵县复为州。

成化二十年（1484）

夏，酃县大水，秋大疫。

弘治四年（1491）

酃县地震，房毁。

正德二年（1507）

兵部尚书王守仁谪贬贵阳，行经醴陵县，宿西城泗州寺。越三年，朝廷召还，过醴陵县，仍宿泗州寺，并在泗州寺、靖兴寺讲学，前后有诗。

正德六年（1511）

夏五月，酃县大雨雷电，蛟出山崩。

嘉靖元年（1522）

夏，酃县大水，城圮。水退民多疫。

嘉靖四年（1525）

茶陵州知州夏良胜主修，张治纂修《茶陵州志》。

嘉靖八年（1529）

攸县大水没城廓，民载舟入县治，田庐荡坏。

嘉靖十三年（1534）

四月二十九日夜，酃县雨如倾，平地水高忽丈余，山崩地陷，房屋顷没，人畜漂溺者不胜计。

嘉靖十九年（1540）

攸县、醴陵县大水，漂没民居无数。

嘉靖四十四年（1565）

七月，攸县大水，水没城廓。民载舟入县，田庐漂坏。

隆庆年间（1567 — 1572）

攸县刘伯相于城关镇灵龟峰顶建元帝祠（后更名灵龟寺）。明翰林院检讨易舒浩到此游览并题诗。

隆庆三年（1569）

醴陵县地震。

万历年间（1573 — 1620）

攸县黄丰桥乡严塘村有人开采煤炭。

万历元年（1573）

茶陵州城北堤崩，水涨入城。

万历五年（1577）

六月，攸县、醴陵县雨携黑黍，杵之可食。

万历六年（1578）

攸县大水坏田66.67余公顷，漂民居3000余家。

万历十四年（1586）

四月，攸县凤山下出蛟，坏田66.67余公顷，漂民居3000余家，大饥。

万历十五年（1587）

醴陵县大风，揭巨舟于空中，居民压死甚众。

万历三十八年（1610）

茶陵州大水泛涨，近水城墙倒塌。

崇祯四年（1631）

七月二十九日、八月二十六日，茶陵州地震有声，十月八日又地震。九月，醴陵县地震。

崇祯十年（1637）

正月十一至十八日，地理学家徐霞客考察茶陵州皇雩仙、灵岩、云阳山、秦人古洞、麻叶洞等地。

崇祯十六年（1643）

张献忠部攻克攸县，原在县北凤凰山聚众起义的刘荒保率众加入起义军。同年，攻克茶陵州、酃县，部分农民加入义军。

八月，张献忠率部攻占醴陵县，杀知县赖万耀。

崇祯十七年（1644）

武昌都督左良玉率部由醴陵、浏阳抵长沙攻张献忠部。州县悉遭焚掠。又以小划船载兵由渌口袭湘潭，杀掠最惨，持续10余日，百里之内，音信断绝。

清

清初，茶陵县、攸县开采铁矿。咸丰、光绪年间，私人开采的铁矿和铁厂达60多家。攸县产铁30万担，居全省产铁县之首。

顺治四年（南明永历元年）（1647）

醴陵县霪雨，正月至六月，斗米千钱。株洲三月至五月霪雨不止。攸县六月初一日大水，漂没庐舍人畜无数，是年大饥，民食地菌。

二月，明镇将卢鼎、黄朝宣举兵相攻，战于朱亭。

顺治五年（南明永历二年）（1648）

四月，据守南昌的降清明将金声祖易帜拥戴南明桂王，所部数万自永宁入酃县。夏，向文明、张士举、盖遇时数支军队亦相继“反水”入酃县，10余万人屯驻城乡。九月，长沙镇总徐勇率清军追杀。顺治十一年（1654），清经略总督洪承畴督湘粤赣3省清军会剿，义军退守万洋山，饥饿而至于吞食人肉。时逢久雨，终被镇压。兵锋所向，城无完堞，村遍蓬蒿，酃县仅剩5000余人。

顺治七年（南明永历四年）（1650）

株洲修建码头，商品集散，多赖湘江水运。

顺治八年（1651）

春，清世祖遣侍读学士白允谦致祭炎帝陵。因县内兵乱，兼以疫疾，遂于衡州遥祭。清代，有史可查的朝廷致祭38次。

顺治九年（1652）

攸县三月黄竹开花，七月星陨声如雷，光如白昼。是年大旱，民采竹实充饥。

顺治十八年（1661）

醴陵县大水，漂没民居100所，渌江桥坏。

康熙十三年（1674）

吴三桂陷长沙，分兵驻醴陵县，筑木城，又屯兵渌口对河沧沙埠，联合盘据三关之麻棚兵数万，与清军作战。经多次反复攻占，城栅尽毁，城乡掳掠一空。吴三桂一部设伏株洲，大败清军，后人名其地为大胜岭（株洲市解放街地）。

吴三桂三藩之乱，在株洲大屠杀。清军平三藩之乱又进行大屠杀，到康熙十三年（1674），三藩之乱平，株洲人口稀少，农村土地荒废，居民圈占土地，插草木以为标记，号为标产。

攸县有鸟近百万只从西南而来，散落山村，半属湖雁。

康熙二十七年（1688）

茶陵州生员陈丹书起兵反清，攻克茶陵州、安仁县。后起义失败，陈牺牲。

康熙三十五年（1696）

醴陵县地震。

雍正七年（1729）

广东兴宁移民廖仲威在沩山（醴陵市地）开设瓷厂，生产土瓷，此为醴陵县制瓷之始。

乾隆七年（1742）

酃、醴、攸、茶大水。

乾隆十八年（1753）

醴陵知县管乐在青云山麓朱子祠右侧学宫旧址，创建渌江书院。

乾隆四十九年（1784）

攸县大水，沿江田庐多被冲塌，城中水深丈余。

嘉庆十二年（1807）

四月至七月，茶陵州大旱。

嘉庆十三年（1808）

茶、攸、酃、醴水灾。

嘉庆十四年（1809）

醴、攸、茶、酃大水。

嘉庆十八年（1813）

酃县大雪，平地深数尺。

道光六年（1826）

五月二十六日二更后，醴陵县有白气从东北起，直射西南，光明如昼。六月二十六日，大水，平地顿深丈余，淹死914人，冲坏房屋18448间。同日，攸县大水，淹死501人，冲坏房屋9017间；茶陵州大水，城墙崩裂；酃县大水，城内水深2.33米。

道光八年（1828）

攸县北城外有鸟数万，飞集莲塘，三日不去。

道光十五年（1835）

攸县大旱90天，禾苗只有二三成收成，次年大饥。醴陵县、茶陵州亦大旱。

道光十七年（1837）

左宗棠主持渌江书院。陶澍过醴陵县。

道光二十九年（1849）

七月二十日，醴陵县地震，屋瓦飞堕，越数日复震。

咸丰二年（1852）

五月，醴陵县地震。

七月，太平天国西王萧朝贵数千人从广西入境湖南，由湘东进攻长沙。十九日占攸县，二十日占茶陵州，二十四日占醴陵县。几天后返经攸县向长沙进发，在长沙攻城受挫。驻郴州的天王洪秀全和东王杨秀清率全军北上赴援，八月十五日再克茶陵州，八月二十日在尾追的清军到达前撤出茶陵州，取道攸县，进攻长沙。

咸丰三年（1853）

茶陵州大水。六月，醴陵县霪雨。六月十九日，酃县霪雨如注，平地水深丈。

咸丰五年（1855）

十一月，太平军由江西、湖北入境，何名标一军攻克醴陵县、攸县，转入江西。

株洲设厘金卡，征收商业税。

咸丰八年（1858）

株洲——汉口水运航线开通，株洲商船可直达汉口。

同治八年（1869）

四月二十五日，醴陵县大水，平地水涨五、六尺，坍塌屋宇，冲坏田禾无数。四月，攸县西北乡大水出蛟，漂没庐舍禾稼。

朱亭哥老会起义，烧毁县丞衙署。

同治九年（1870）

三月，酃县七都岩前夜间空际，有光堕地，旋转半时之久。

光绪十一年（1885）

境内共有总铺、铺递54处，其中今株洲市区内有茭冲、龙头、荷塘、朱田4铺。

光绪十四年（1888）

二月十七日卯时，白石港（石峰区地）地震。

光绪二十年（1894）

意大利牧师到醴陵县刘家巷租地建立教堂，传播天主教。

光绪二十一年（1895）

醴陵县大旱，五月至九月旱，早稻所获仅十之三，晚稻通县皆赤，冬初流民出省者万余。攸县大旱87天，禾苗只有二、三成收成，谷价每担一银元。

光绪二十二年（1896）

二月，醴、攸、茶有十分之六地区发生旱灾，后醴陵县又大水。

光绪二十二年至二十四年（1896—1898）

湖南巡抚建立小花石（株洲县华石煤矿前身）、豆田、枫树山3个煤矿分局。

光绪二十三年（1897）

长沙（经株洲）至醴陵到萍乡电信线路动工兴建，翌年竣工。

光绪二十四年（1898）

二月，清廷决定修筑萍（乡）醴（陵）铁路，光绪二十九年（1903）建成通车，光绪三十一年（1905）十一月十六日延至株洲，成为湖南省第一条铁路。

刘佐辑创办醴陵兰谊小学堂于醴陵县清安铺，为湖南省近代小学教育之始。

光绪二十五年（1899）

四月二十四日，攸县大水，冲倒房屋数百栋，淹死人畜无数。茶陵州大水，街道被淹。

光绪二十六年（1900）

四月，鄂湘善后轮船局，首开长沙至株洲客轮。翌年安化茶商梁哺岚，以小火轮开长沙至株洲航班，客货兼营。

光绪二十七年（1901）

八月，清廷诏令全国各州县的书院改设小学堂。次年，湘潭朱亭镇龙潭书院、茶陵洣江书院、攸县东山书院相继改为县立高等小学堂。境内公办小学自此发端。

光绪二十九年（1903）

株洲、醴陵县、渌口开设邮政代办支局。攸县、茶陵州、酃县相继开办邮政支局，收寄和招领信件，以原驿道为步班邮路传递。民国1年（1912），撤销株洲邮政代办支局，成立株洲邮政支局。

朝廷设中路公司，在醴陵县潘家冲、封洞一带开采、冶炼铅锌。

光绪三十年（1904）

三月，茶陵籍人士谭延闿（后任民国国民政府主席）参加开封会试，得第一名，填补湖南在清代200余年无会元的空白。

醴陵县鞭炮1万箱销往香港、新加坡等地，宣统三年（1911）增加到5万箱。

光绪三十一年（1905）

夏，凤凰县人熊希龄（曾任北洋政府国务总理）和醴陵县人文俊铎于醴陵县城北创办瓷业学堂。七月二十五日，组建醴陵瓷业制造公司。十月，醴陵瓷业公司所设瓷厂生产细瓷，湖南省有细瓷从此开始。

同年，醴陵县改渌江高等小学堂为渌江中学堂，为境内近代中学教育之始。

光绪三十二年（1906）

一月始，大雨不止，三、四月雨势更厉，醴、攸洪水泛滥。

十月十九日，萍、浏、醴各路洪江会首领龚春台，率领会众2万余人在醴陵东乡麻石起义，相持月余，屡败清军。十二月，清军镇压义军，义军被杀1万人，民众被杀2万余人。

是年，萍乡煤每日运达株洲960吨左右，汉冶萍公司备有萍福、萍寿等拖轮13艘，驳船144艘，将煤转运武汉，雇用农民600余人担任卸车、转运、装船任务。

是年，在醴陵县城关镇建先农坛（又名神农殿）。

光绪三十四年（1908）

清割湘潭县湘江以东地设株洲厅抚民府，府治位于今樟树坪小学。

株洲开征屠宰税捐。

宣统元年（1909）

湖南瓷业制造公司釉下五彩瓷器获武汉劝业奖进会一等金质奖牌。次年四月，获南京南洋劝业会一等金奖。宣统三年（1911），在意大利都朗博览会获最优奖。民国4年（1915），在巴拿马太平洋万国博览会上获优奖金牌。

七月十一日，粤汉铁路株洲至长沙段开工，宣统二年（910）十二月十九日通车。株洲至朱亭段于民国24年（1935）十月通车。

宣统三年（1911）

二月，孙中山领导的同盟会中部总会总干事谭人凤回湘，在晏家湾（荷塘区地）组织秘密机关，分头联络各界人士，准备响应广州起义。

四月二十日，粤汉铁路株长段1万余名筑路工人结队挺进长沙城游行示威，抗议清廷出卖铁路主权，沿途散发传单，呼喊爱国保路口号，获省城各界响应声援。湖南抚台迫于压力，同意电奏朝廷。此举成为历史上有名的爱国保路运动。

中华民国

民国2年（1913）

茶陵改州为县。同年，醴陵县潘家冲等地铅锌销往国外。

民国3年（1914）

株洲、醴陵县两地邮局始用火车运输邮件。

民国7年（1918）

2月10日，醴陵县地震。

3—6月，南军（零陵镇守使刘建藩）北军（湖南督军张敬尧）混战于茶陵县、攸县、醴陵县、株洲一带，人民深受其害。北军2次纵火烧醴陵县城，杀害民众2万余人，烧房屋1.4万余栋。

民国8年（1919）

6月3日，醴陵县立中学与遵道中等预备学校学生在北门天符庙举行讲习会，声援“五四”运动。遵道学生张策勋历陈国耻，要求全国人民迅即觉醒，咬指血书“勿忘国耻”4字。

民国9年（1920）

长沙士绅粟戡时设仁记公司，在茶陵县瓦子坪、清凉山一带开采钨矿。

民国10年（1921）

3月，攸县没里桥大水，淹死108人。茶陵县大旱，乡民掘观音土充饥。

7月，酃县籍何孟雄在北京加入中国共产党，成为中共最早的党员之一。

由攸县兴贤堂资助出国留学的胡庶华在德国柏林工科大学获铁冶金博士学位，成为得此学位的第一个中国人。

民国11年（1922）

7月，中共湘区委员会书记毛泽东派遣安源支部书记李立三到株洲考察工人队伍状况，随后又派共产党员朱少连来株洲株萍路矿转运局开展工人运动。

9月，毛泽东由李立三、杨开慧陪同到醴陵甲种师范讲习所，传播马克思主义。

12月，意大利神父兰良来株洲传教，在樟树坪(芦淞区地)张家祠堂张应竹家设临时教堂。1948年又在解放街(芦淞区地)修建株洲天主教堂。

同年，攸县县城攸宜医院使用小型内燃发电机发电照明。

民国12年（1923）

1月26日，株洲转运局火车站餐宿处罢工指挥部下令，从26日凌晨起，全体人员停止工作，齐起罢工。卧轨阻止火车通行，罢工历时33天，迫使路局答应工人提出的7项要求。

6月12—20日，株萍铁路中共党组织代表朱少连出席在广州召开的中国共产党第三次全国代表大会，会上当选为中央委员。

8月，中共安源地委派中共党员黄静源到株洲组建株萍路矿工人俱乐部株洲分部，开办工人补习学校。

9月，谭延闿部讨伐赵恒惕，在攸县、醴陵县、株洲作战2个月，勒饷提夫，提用田赋、盐款。

12月，中共株洲转运局支部宣告成立，隶属安源地委领导。书记黄静源，继任书记刘步卿、颜汉林、罗桂林。民国15年（1926）8月，成立中共株洲部委，领导转运局等7个支部，书记谢复初，继任书记谢墩山。

民国13年（1924）

9月，八叠乡（芦淞区曲尺乡）组建湖南农村最早的2个支部之一——中共八叠支部，书记易春庭，继任书记刘得洋、汪起凤。属安源地委领导。

11月，成立中共醴陵县特别支部。后改为中共醴陵地方执委、中共醴陵县委，民国23年（1934）2月遭破坏。民国24年（1935）成立中共浏（阳）醴（陵）湘（潭）委员会，民国25年（1936）10月成立中共攸醴萍县委，民国26年（1937）11月改为中共攸醴萍中心县委，民国28年(1939)11月遭破坏。民国29年(1940)8月恢复中共醴陵县委，民国36年（1937）4月遭破坏。民国38年（1949）5月成立中共醴陵县工委。

民国14年（1925）

4月28日起，攸县大旱150天，许多江河井干涸。夏，醴陵县、株洲大旱，灾民挖观音土充饥。

5月，湘东地区第一个农民协会——八叠农民协会成立。

5月12日，青（岛）沪（上海）惨案湖南雪耻会在长沙成立，湘潭、醴陵同时成立分会。中共醴陵特别支部发动各界抵制洋货，封闭了在醴陵县城和渌口的亚细亚、太古、德士古洋油公司的洋油（煤油）。

10月16日，安源路矿工人俱乐部副主任黄静源被当局杀害。次日，株萍铁路工人石作珍组织30余人，将黄静源烈士遗体连夜运到醴陵县入殓。醴陵县、株洲分别举行追悼大会。20日，灵柩运到长沙，数万民众涌向车站举祭。

12月，驻防醴、攸、茶3县之湘军第九旅旅长何键，为便军事运输，倡修醴攸公路（醴陵至攸县），民国19年（1940）3月竣工通车。民国22—23年（1933—1934）7月，又先后修通攸（县）茶（陵）、茶（陵）界（化垅）、攸（县）安（仁）等公路。民国26年，修通芦淞路。民国28—29年（1939—1940），修通茶（陵）酃（县）公路及炎帝陵支线。

同年，株洲设立警察所。民国29年（1940）2月27日，设株洲警察局。

民国15年（1926）

2月4日，土豪汪孝逵勾结军阀叶开鑫部密杀八叠乡农民运动领袖汪先宗于三门（天元区地）杉木桥。8月21日，八叠乡举行汪先宗追悼大会，1万多人参加。会后举行示威游行，并通电全国。

2月，湘潭县立第五高等小学在株洲正街(芦淞区解放街)成立，是为今株洲市城区最早的一所公立小学。后为避日机轰炸，迁河西藕花乡后改为藕花乡中心学校。

4月，成立中共攸县特别支部。6月14日改为中共攸县地方执委，民国16年（1927）6月22日遭破坏。民国17（1928）年6月，成立中共攸县县委。民国24年（1935）4月，成立中共茶攸莲县委，民国27年（1938）6月自行解散。民国37年（1948）8月，成立中共攸县工委。

6月4日凌晨，北伐军第四军先遣队叶挺独立团与退守渌田（攸县渌田乡）的唐生智部1个营向谢文炳部发起全面进攻，击溃谢军，6月5日，攻占攸县城。

7月10日凌晨3时，叶挺独立团攻克泗汾桥(醴陵市泗汾镇)，当日下午4时30分，占领醴陵县城。12日，醴陵县城召开各界人士欢迎北伐军大会。

7月上旬，成立中共茶陵县支部，8月改为中共茶陵县特别支部。民国16年（1927），成立中共茶陵县特委。民国17年（1928）5月，改为中共茶陵县特别区委。民国19年（1930）3月，改为中共茶陵县委。民国23年(1934)4月，成立中共茶陵县委，7月在转移途中被打散。当月，成立中共茶、安、酃、永县委，民国26年(1937)2月解体。民国29年(1940)恢复中共茶陵县委，民国30年（1941）4月遭破坏。

8月2日，国民革命军第二军副军长鲁涤平、副党代表李富春和第四师师长张辉瓒率部进入茶陵县。县城各界人士在洣江书院操坪举行欢迎大会。

8月，成立中共酃县特别支部，11月改为中共酃县特别区委。民国17年（1928）3月20日，改为中共酃县县委，5月遭破坏，6月上旬重建中共酃县县委。民国18年（1929）1月遭破坏，2月成立中共酃县临时县委。民国19年(1930)2月恢复中共酃县县委。民国22年(1933)7月成立中共酃遂中心县委，民国24年(1935)11月解散。民国38年（1949）6月上旬，成立中共酃县工委。

10月10日，株洲1万余人举行庆祝北伐军胜利大会。

11月1日，成立株洲总工会，随后建立工人纠察队。

民国16年（1927）

1月4日，毛泽东从是日起至2月5日止，实地考察、了解湘潭、湘乡、衡山、醴陵、长沙等5县农民运动。1月27日毛泽东考察醴陵县农民运动，2月3日离开县城到姚家坝（株洲县地），2月4日返回长沙。

2月7日，茶陵、攸县、醴陵3县农民自卫军5000余人，联合讨伐湘东保安纵队司令罗定。罗逃窜湘西。11日，3县各界代表近万人在攸县老街坪集会，庆祝讨罗胜利。

5月28日，省农协秘书长柳直荀在株洲召开军事会议，作出各路工农义勇军进攻长沙的部署。将醴陵县、攸县、茶陵县、株洲、萍乡、安源的工农武装合编为湘东赣西工农义勇军，由潘疆爪、罗学瓒任总指挥，10万农军向长沙进发。因中共中央采用和平方式解决国共分歧，合攻长沙计划未实现，5月31日各路义勇军自动撤退回乡。6月，许克祥部进入醴陵县，几天之内，杀害共产党人和群众1000余人。同日，罗定窜回攸县，月内杀害共产党人和群众723人，捕2300多人，被迫外逃3600余人。

8月中旬，成立中共株洲区委，隶属中共湘潭县委，书记陈永清。民国18年（1929）8月，直属中共湖南省委，书记易万宝。民国19年（1930）改为中共株洲特别区委，书记丁继任，继任书记易灭非。民国20年（1931）改为中共株洲直属区委。民国21年（1932），成立中共长湘区委，民国23年（1934）2月遭破坏。

8月30日，毛泽东从长沙乘火车到株洲，对中共湘潭县东一区区委书记陈永清等作出准备秋收起义指示。

9月8日，中共湖南省委、省行动委员会根据中共中央《闽湘暴动计划决议案》发布秋收起义命令。11日晚醴陵县举行暴动，12日凌晨株洲举行暴动。14日，暴动失败，工农武装被迫转移到乡村坚持斗争。

9月9日，湘赣边界秋收起义爆发，起义军分3路进攻长沙，均受挫。14日，毛泽东在上坪（浏阳地）召开第三团干部会，决定放弃原攻打长沙计划，随即通知各团到浏阳文家市会合，并致信中共湖南省委，要求停止攻打长沙。

10月13日，毛泽东率工农革命军来到酃县水口。

10月15日，中国人民军队的第一个连队党支部在酃县叶家祠宣告诞生。

11月18日，工农革命军第一师第一团攻占茶陵县，在茶陵县城成立茶陵县政府，谭梓生（安徽人）任县长。28日，根据毛泽东指示，撤销茶陵县政府，成立井冈山革命根据地第一个县级工农兵政权——茶陵县工农兵政府。谭震林（攸县人）任主席。

11月，中共党员贺延年、刘迪生在攸县坪阳庙、皇图岭一带发动1000余农民与贺筱凤、杨凤楼在攸县明月大桥一带发动400余农民举行攸北暴动。次年2—4月，遭罗定和湘军第八军吴尚部镇压。

12月26日，毛泽东、毛泽覃、陈伯钧等到达茶陵县城对河中瑶村，次日赶至湖口（茶陵县湖口镇），逮捕叛徒陈皓等人，挽救了工农革命军，茶陵200余人参军。

同年，浏阳人叶东山在株洲创办两谊阁照相馆。

民国17年（1928）

1—2月，醴陵县举行年关暴动，醴陵县农民武装2次进攻醴陵县城，因守军炮火优于农军，攻城失利。

3月9日，刘寅生、周礼在酃县黄挪潭领导农民揭开“三月暴动”序幕。石洲、水口、八都、中村、潘家、霍家、玉江、塘田等地立即响应，参加暴动的农民3000余人。

3月14日，毛泽东率工农革命军第一团在酃县城打垮湘军1个营，第一次占领酃县城。

3月23日，工农革命军第一师和中共酃县县委在中村圩头召开大会，毛泽东在大会上讲话，当场处决2名土豪劣绅。

3月24日，毛泽东在酃县周南学校召开农会骨干会，研究插牌分田。这是井冈山革命根据地最早的土地改革。

4月5日，朱德率部分南昌起义和湘南起义部队攻克茶陵县城。

4月，中共党员徐元清在渌田、陈家铺一带发动1000余人举行攸南暴动。

4月下旬，毛泽东、朱德在酃县十都第一次会见。月底，朱毛部队在沔渡会合。

5月18日，朱德、陈毅率工农红军第二十八团和三十一团一营在茶陵游击队配合下，取得高陇战斗的胜利。

5月，国民革命军对井冈山革命根据地会攻。湘军吴尚部前锋1个团抵酃县。

6月中旬，为打破军事“围剿”，毛泽东、朱德率部佯攻酃县，诱赣敌深入宁冈，回师围歼，获龙源口大捷。

民国18年（1929）

1月，酃县、茶陵县分别被湘赣“剿匪”指挥部和湖南省政府列为“剿匪”区域。

4月，红四军主力返回井冈山。5月中旬，再次南下，先后攻克酃县、桂东，转战湘粤边界。6月中旬，回到湘赣边。

7月19日，茶陵县暴雨，洣江30千米两岸尽成泽国，“铁牛”仅露头部，房屋倒塌500多栋。7月，酃县大水，倒塌房屋1000余栋，淹死100多人。

民国19年（1930）

1月，酃县苏维埃代表大会在石洲乡青石村板石楼下召开，正式成立酃县苏维埃政府。

3月，张云逸率领红七军转战至湘南，克酃县。6月，与李天柱领导的独立一师会师于茶陵县严塘一带。此后红七军转至中央苏区活动。

6月6日，李宗仁部经醴陵县入驻长沙。9日，白崇禧、张发奎为阻鄂军援湘移驻醴陵县。

6月15—25日，茶陵县工农兵代表大会在小田寨下坪召开，正式成立茶陵县苏维埃政府。

8月5日，彭德怀率红三军团从长沙至易家湾，击溃何键部1个团，生擒十五师师长危宿钟，俘获团营长7名，毙敌1200余名，其余全部缴械，旋转移株洲。

9月13日，红一方面军总司令部在解放东街（芦淞区地）协丰长绸布店召开总前委扩大会议——株洲会议，毛泽东、朱德参加会议。会议初步总结了围攻长沙的经验教训，作出回师江西，攻取吉安的决策。

9月17日，中共湘东特委随红军撤出长沙，到达醴陵，在状元洲召开湘东特委会议，毛泽东主持，朱德参加了会议。

9月17日，谭震林、罗炳辉、谭政率红十二军攻克攸县城。攸县革命委员会成立，谭润身任主席，同时成立攸县赤色游击队，周里仁任队长，胡畏任政治委员。下旬，红十二军退出攸县城，攸县革命委员会转移东乡，与攸县工农委员会合并为攸县工农革命委员会，杨中尧任主席，攸县赤色游击队也同时转移到东乡。

10月，攸县工农兵苏维埃政府在漕泊成立。

11月，攸县苏区军民和莲花县群众1000余人举行湘东南总暴动，配合湘东红军独立师在老漕泊歼国民党军1个排，直逼攸县城，与国民党军激战于接官亭。25日，湘东红军独立师北上，在皇图岭击溃攸、醴、衡3县保安团及皇图岭守望队700余人。

民国20年（1931）

4月，湖南航空处飞机站茶陵站在鲤鱼洲兴建机场。民国29年（1930）8月12日，茶陵县政府奉令将机场毁掉。

6月，红军李明瑞、张云逸等部攻克茶陵。

8月，国民党军六十三师师长兼湘东反共清剿司令陈光中率部进犯茶陵苏区，肆行烧杀。

12月5日，红军再克酃县，活捉县长谭仲梅。

冬，江西“富田事变”后，茶陵县苏维埃政府成立肃反委员会，捕杀“AB团”“改组派”。受害人员于1987年平反昭雪。

同年，首办醴陵县至攸县汽车邮路。

民国21年（1932）

5月2日，攸县大水穿垅，灾后鼠疫流行，死者不计其数。

5月24日，红八军、独立十二师、茶陵独立团在茶陵县、莲花等地袭击国民党军4个团、1个营，俘敌800人，攻克茶陵县城。

7月21日．酃县境内国民党封锁区4个所接蒋介石南昌行营命令，加紧对苏区进行经济封锁，根据地内一担稻谷只能换到0.5千克食盐。

10月20日，湘赣军区指挥部向中共中央军委报告称茶陵为拥湘赣边区模范县。

民国22年（1933）

5月6日，红军第八军在茶陵独立团配合下，于九渡冲与国民党军第六十三师及援军第十五师、第十九师激战2天，毙国民党军官兵500余人，其中旅长1人。俘获官兵1000余人，缴获大批军用物资，受到湘赣省委和中共中央军委嘉奖。

9月，国民党对井冈山革命根据地进行第五次“围剿”，王东原师驻酃县。纠集酃县保安团遍筑碉堡，对苏区实行更残酷的军事“围剿”和经济封锁。

同年，湖南省政府和驻湘东国民党军大举架设长途电话和农村电话线路，以茶陵县为轴心，将江西萍乡、莲花和湖南醴陵县、攸县、酃县、桂东、兴宁、安仁、衡山等县互相沟通，并与衡阳、株洲、长沙相连。

民国23年（1934）

5月18日，茶、攸、安、酃4县联立简易师范学校在茶陵县城洣江书院创立，民国30年（1941）入湖南省立第二中学。

8月，红军主力长征，国民党军进入酃县苏区，烧山3040公顷，烧屋2870栋，山火经月不息，困死、烧死2000余人，上百村寨被烧光杀绝，1333.33余公顷良田荒芜。

12月，设株洲镇，隶属湘潭县第二区。民国36年（1947）2月，湘潭县扩乡并镇，株洲镇、白关乡、昭阳乡并为株洲乡，设乡公所。

同年，茶陵县大旱，灾民12万余人。醴陵县、攸县、酃县久晴不雨。

开设湖南省长途电话局工程处株洲营业代办所，后改称湖南省长途电话局株洲营业处，为株洲开办长途电话之始。民国33年（1944）6月，因线路阻塞，营业处停办。

民国24年（1935）

茶陵县种植大蒜666.67公顷，占湖南全省总面积的38%，总产蒜球2500吨，占湖南全省总产的45%。

民国25年（1936）

1月，国民政府铁道部决定修建湘黔铁路，10月1日开工。民国28年（1939）1月通车至蓝田（涟源）。

8月1日，国民政府交通部派程孝刚、茅

以新来田心塅征地66.67公顷，创建株洲机厂（株洲电力机车工厂前身）。直至中华人民共和国成立前夕，仅修理5台蒸汽机车和2辆货车及小批量配件。

11月，军政部派员来董家塅征地365.4公顷，创建军械修理厂，即株洲11兵工厂（南方航空动力机械公司前身）。直至中华人民共和国成立前夕，未造出一枪一弹。

同年，陈盛芳等人集资在醴陵县城东巫家湾创办醴陵电气股份有限公司，引进德国汽轮发电机发电，以2300伏高压输电，全县城有照明灯3000余盏。民国33年（1944），遭日军飞机轰炸，被迫停办。

民国26年（1937）

年初，国民政府利用“庚子赔款”在操坪（芦淞区地）动工兴建株洲发电厂，着手安装1台美制5000千瓦汽轮发电机组。次年10月8日，日机轰炸，厂房被毁，停办。

10月8日，2架日机轰炸浙赣铁路醴陵渌江大桥（阳三石铁桥），掷弹5枚，落旧株萍铁路总局旁，炸死铁路工人3人，乡民死伤10余人，部分房屋被毁。同日，日机6架，首次空袭株洲镇，在株洲机厂筹备处投弹5枚，死伤平民及普工10余人。在董家塅上空投弹3枚，死士兵2人，建筑民工40余名。日军侵华期间，株洲镇被日机轰炸近千次，炸毁房屋12983间，占房屋总数70%。

11月18日，日机轰炸粤汉铁路渌口大桥。

12月，国民政府军事委员会铁道运输司令部会同铁道部在株洲镇设立江南调度总所，负责内迁运输和军运指挥。

株洲机厂安装2台220千瓦蒸汽发电机组。

民国27年（1938）

2月，中共湘赣边特委书记谭余保，茶、攸、莲中心县委书记谭汤池来攸城与攸县县长魏云、国民党县党部书记李仁仙等举行会谈，达成双方合作抗日、攸县县政府释放全部在押政治犯等协议。

4月5日，武昌至广州21次旅客列车进株洲站因扳道工误扳道岔，与一道货车相撞，造成6辆客车脱轨，车上乘客死亡7人、重伤6人。

4月，国民政府资源委员会拟在株洲镇发展工业，派外国专家来株考察，同时在报亭子附近建设几栋汽车制造厂的厂房骨架；在操坪开始建发电厂。抗日战争爆发后，均先后停办。

Δ 株洲镇袁范吾在百井冲创办建宁中学，自任董事长，余传授任主事，陈大榕任校长。民国35年（1946），在株洲镇庆云山建校，计新建校舍300平方米，招初中新生70人。后改为株洲市第一中学。

Δ 渌口镇唐镜云等7人合股创办渌口电灯碾米厂，置20千瓦发电机1台，装灯400～500盏。民国33年（1944），工厂被日军飞机炸毁。

8月31日，18架日机在株洲南、北站投炸弹及燃烧弹100余枚，死30余人，伤40余人，毁民房200余栋，民船8条，站内线路、天桥严重破坏。

10月16日，4批38架日机轮番轰炸株洲镇10次。17日，106架乱机轮番轰炸株洲镇6次。19日，38架在浙赣线株萍段轮番轰炸，死伤大批铁路工人和农民，经济损失惨重。

12月，株洲机厂筹备处与中国汽车制造公司在白石港合建的2台220千瓦蒸汽机开始发电，供应株洲机厂生产、生活用电。年底，工厂开始拆卸设备，装车疏散。民国35年（1946）改用2台德产汽车头发电（功率分别为12、14千瓦）。民国36年（1947），改用3台75千瓦柴油机组发电。

民国 28 年（1939）

2月5日，6架日机轰炸姚家坝，投弹8枚，伤10余人，死6人。

年初，国民政府交通部决定撤销株洲机厂筹备处，令全部机器、员工迁往广西、贵州，设立柳江、全州、黔中3个机厂，成立株洲机厂保管室，负责看守未拆迁之设备。

Δ 永利化工厂复将已征用的农田出佃，按每亩年租光洋4元收取田租。民国29年（1940），增至12元，按春秋两季各交一半，厂方变为大地主，而原有的自耕农和半自耕农成为工厂的佃户。

春，为阻止日本侵略军进犯，攸县奉令征调民工4万多人，将攸醴公路全线路基、桥梁、涵洞破坏。

5月，因战局紧张，为阻日军南侵，奉令拆毁粤汉铁路北段。29日拆至株洲镇，轨料配件南运。南段从广州拆至曲江。至此，粤汉铁路仅有湘潭—株洲—曲江仍维持通车。

民国 29 年（1940）

1月，境内实行按人口分配食盐。

8月，因湘北战局好转，粤汉铁路中段开始修复。

10月，茶、攸、衡、潭金矿工程处成立。

11月29日，6架日机空袭株洲镇，投弹毁房数栋，死伤10余人。

12月，株洲铁路工人冒着生命危险抢运抗日物资。据统计，全年经株洲镇运送军队291万余人，军用物资47万余吨。

民国 30 年（1941）

1月，湖南第二区行政督察专员公署由衡阳迁至茶陵县。

2月，株洲镇中心国民学校成立，校址始设庆云山寺内，因校舍狭小，不足以容纳镇区学生。民国35年（1946），迁旧衙署原县立五高旧址，重建校舍（樟树坪小学前身）。

9月，省政府修复炎帝陵工程竣工。

9月27日，占领长沙的日军经浏阳直下株洲镇，中国军队的军人被杀130余人，由乡绅言伯夔首倡募捐，备棺收殓，丛葬于荷塘铺（荷塘区地）南山，称为“万人堆”，立抗日阵亡将士墓碑。

民国 31 年（1942）

4月2日，湖南省电化教育第二巡回队到茶陵县放映教育电影。

9月，国民政府交通部创办扶轮小学，1949年后改为铁路一小。

11月8日，成立中央气象局茶陵测候所，观测气象，逐日电报中央气象局。

是年，物价飞涨。1—12月，株洲镇猪肉每公斤由5.8元涨至22.8元（法币）。

民国 32 年（1943）

6月10日，日军炸毁粤汉铁路上的渌口铁桥后，15日国民革命军暂二军七、八2师，在渌水以北的渌口、白关铺、横厦桥、关王庙、油铺与日军第六十八师团交战2昼夜。战败后，溃军争木排渡河，流急排散，日军用机枪扫射，死2000人。日军由漂沙井、唐山口、石亭等处渡河，占领昭陵、泗洲。

同年，苏联一架战机在与日军空战中负伤，迫降团溪湖（炎陵县三河乡团溪村），乘员被救护，飞机亦被修好。

民国 33 年（1944）

6月2日，日机轰炸茶陵县城，炸死459人，伤812人，毁房543栋。

6月16日，日本侵略军占领株洲镇。株洲镇沦陷后，铁路员工、搬运工人疏散自谋生路，船员将船只凿沉或拖上岸隐蔽，拒不为敌效力。

6月17日，日军进驻渌口镇，将百姓财物抢劫一空，纵火3天3夜，烧毁从接龙桥至关口的529栋民房，著名古迹湘山寺、天符庙、伏波庙等无一幸存。渌口镇附近的利贞乡，日军屠杀百姓300余人，捉充夫役500余人。

6月18日，醴陵县沦陷。7月10日，日军移驻城外，纵火烧城。日军侵醴期间，全县被日军杀害4652人，伤4229人，烧毁房屋5523栋，掳走稻谷478857石，宰杀耕牛3799头。

6月24日，攸县沦陷。6月26日，盟军飞机轰炸，日军纵火，攸县县城大火延续7天7夜，烧毁店铺、民房900余栋。日军侵攸期间，全县被日军杀害15463人，烧毁房屋1.4万栋，宰杀耕牛2万头，各种经济损失计法币1670多亿元（折谷1670万石）。

7月14日，茶陵县沦陷。

8月29日，日军闯入茶陵县农林村（城郊莞上村）的龙家湖、毛里甲等地，见人就抓、就杀。除当场杀害外，余者用长绳吊绑，分别集中到3口水塘边及河塍、沙滩上，有的被推入水中淹死，有的被刺刀刺死，有的被枪杀而死，短短5天内先后5次集体屠杀村民500人。1200人的村庄竟有897人惨死于日军屠刀之下，47户被杀绝。日军陷境期间，抓到妇女，不论老少，在光天化日之下即进行强奸、轮奸，有的被奸致死，稍有反抗即遭杀害。仅茶陵县云虎乡1个村有31名妇女被强奸，3名妇女被轮奸致死。日军侵茶期间，全县被日军杀害9440人，伤17010人。

9月20—27日，国民军一五〇师1个营在茶陵土桥多次击退向酃县方向进犯的日军。10月中旬，一五〇师、一六一师在狗子岭阻击日军获胜。11月中旬，国民党军第四十四军一六二师在茶陵县中洲伏击日军，毙伤日军100余人、战马70多匹。

民国34年（1945）

1月17日，国民党军第四十四军四一八团与日军在茶陵县八角寨展开争夺战，俘获日军中佐以下官兵15人，击毙70多人，阻止了日军向酃县进犯。

2月28日，国民党军收复茶陵县。

4月14日，4架美机炸白石港铁桥，毙日军8名。8月又炸，毙日军1名，民夫8人。

8月27日，日军撤离攸县。

9月，国民党军九十九军至株洲镇，主持受降工作。日军驻株八十二旅团5个大队及驻醴陵县日军于19日以前全部开至株洲镇。日警备司令贺田所部及日军在株洲镇、易俗河两军用仓库均在24日缴械。

粤汉铁路武昌至衡阳段修复通车。次年7月1日，全线恢复通车。因工程草率，桥梁多属临时木桥，隐患甚多，事故不断发生。

民国35年（1946）

3月11日，复兴银行在株洲镇设立办事处。

5月6日，根据国民政府交通部路字第3285号指令，复建株洲机厂，成立株洲机厂筹备处。8月17日，复建工程动工。

6月19日，浙赣铁路南株（南昌至株洲）段工程处在株洲南站成立。

7月15日，中国银行株洲办事处成立。

7月，株洲镇凌吉元米行老板凌达福将德制篷子汽车引擎改为烧木炭的煤气发电机，发电容量20千瓦，装灯120盏，白天碾米晚上照明，厂址解放街。民国38年（1949）4月，改为30千瓦交流发电机，6月撤走。10月，运回复装发电，1950年10月停办。

民国36年（1947）

1月，湖南省银行株洲办事处开业，交通

银行亦于同年2月6日重建株洲办事处，形成6家金融机构在株洲镇竞相吸收存款局面。至1949年5月，各银行机构全部裁撤。

1月开始，中央资源委员会及其他公司纷纷在株洲筹办工厂，先后有中央电工器材厂、中央化肥公司、华中钢铁厂、华中水泥厂、永利硫酸铔厂和炼焦厂等8家。

4月，株洲机厂筹备处购进3台75千瓦柴油发电机组。7月，筹备在白石港筹建电力车间— 白石港电厂。中华人民共和国成立前夕，除1台被工人保护留下外，其余2台柴油机被国民党撤至广州。中华人民共和国成立后，株洲铁路机车修理工厂对厂房、发电设备进行清理和配套、安装。1950年3月和5月，一、二号汽轮发电机组相继投产。1957年4月，湘中电网扩大，株洲电厂即将投产，白石港电厂2台机组由国家调出分别支援贵州和青海。

6月4日，湘潭县卫生院株洲分院成立。

12月，国民政府内政部致电湖南省政府就株洲民船工会抗日期间作出巨大牺牲传令嘉奖；随后湖南省政府主席王东源亲笔题“民族之光”“忠勇可风”两方匾额，分赠株洲民船工会和箩业职业工会。

民国37年（1948）

1月24日，株洲铁路工人齐集浙赣铁路局株萍管理处请愿，要求改善待遇，与南昌统一标准，限当局3天答复，否则，全体罢工。经谈判，10日内获圆满解决。

2月，国民政府国防部决定重建董家塅第十一兵工厂，并派厂长宋建寅等赴株洲开展工作。

6月20日，美国经济合作局援华技术调查团团长史蒂尔曼等12人乘专车来株洲机厂筹备处巡视。

7月27日，浙赣93次混合列车行驶至醴陵—板杉铺区间908.45公里处颠覆，司机死亡，旅客死亡1人，重伤3人，中断行车54小时56分。

11月17日，株春段（株洲至宜春）铁路工人因物价飞涨，无法生活，300余人齐集浙赣铁路局株洲办事处举行罢工，要求每人借给金圆券200元，食米1担。当局不允。工人扣阻904次列车，迫使当局每人发给薪金1个月、食米贷金180元，于18日罢工结束，恢复行车。

民国38年（1949）

1月22日，浙赣线207次列车驶至板杉铺—姚家坝区间924.7千米处时，发生机车和机车后3节客车脱轨，撞倒民房3间，压死房内居民2人、伤1人，无票旅客死3人，铁路员工重伤1人、轻伤2人，损坏钢轨18根、枕木500根的重大事故。

1月，株洲地下党组织在廖新雨领导下，组织群众开展护厂、护校斗争。

2月，湘潭下摄司电厂至白石港6000伏高压线路投运，并通过白董线向炮弹厂（南方航空动力机械公司）供电，从此，潭株两地开始电力联网。

3月，银元1元兑金圆券100万元。到4月21日，市面拒用金圆券。但国民政府仍以3300元作银洋1元发放军饷。驻株洲镇白崇禧军队以此价向一小贩买货，将小贩逼死，又奸死1个年仅10岁的女孩，引起公愤，罢市抗议。

华中局“三一三〇”指派唐拔（军长）、言乃克（政治部主任）组建中国人民解放军江南地下第四军，并收编株洲会党武装贺光裕、龙绍云组成突击大队，开始活动在长、潭、浏、醴边界的仙庾岭、婆仙岭，后转入王十万一带。

3月19日，交通部警察总局湖南招募组组长、交警第一总队队长张先正，经中共湖南地下党接洽，偕大队长黄盛韩等30余人去醴陵车站，将准备运往台湾的一批美式枪械，计各种枪支8000余件及弹药列车扣留，运往长沙。28日，列车开到株洲时，因大雨铁路被冲毁，停在株洲车站，被长沙绥靖公署二处处长（军统特务）谭纳会同株洲驻军八十八师围攻，即所谓“株洲事件”。后张先正所部22个中队中除有2个中队去台湾以外，其余均先后起义。

4月28日，国民政府联合勤务总司令部兵公署第十一工厂警卫队班长吴赞安率人、枪起义。在潭衡公路遭县警察阻击，吴牺牲，起义失败。

5月27—31日，株洲大水；6月8—15日，又大水；26日，第三次大水。

6月7日，粤汉铁路局命令所属单位成立“应变委员会”，将贮备机车、车辆、轨料、器材限期装车南运广州，企图瘫痪铁路，阻止解放军南下。20日，国民党华中军政长官署驻株洲主参陈铭英电令株洲机厂，将工厂全部机器、材料造册送审。21日，陈来厂督催拆卸机器运往广西。25日，国民党七十一军一团在株洲机厂住宅区高地布防，并派士兵监督工人拆卸机器。30日，株萍段机车司机王天佑获悉株洲办事处主任崔炳廉和机务段长毕金铭奉命将12台美式机车准备运往台湾。为保护财产，王不顾个人安危，连夜把每台机车的制动杆和螺丝及钩销卸走，使12台机车完好地保存下来。

7月21日，袁法鹏策动株萍警务段干警20余人在株洲警察所起义。

7月25日，醴陵县县长萧道柏率文职人员、自卫队、警察队1000余人起义。醴陵县和平解放。8月1日、8月4日，先后成立中共醴陵县委、醴陵县人民政府。

8月3日，中国人民解放军第四十六军一三六师抵达株洲，株洲乡解放。

8月6日，长沙市军管会株洲办事处主任袁福清、湘潭县长杨第甫、书记刘旭等南下人员，先后从浏阳步行到株洲乡，随即成立军管会株洲办事处。中国人民解放军接管小组军事代表廖烈泉率接管小组进驻株洲机厂。

8月8日，湘潭县株洲区人民政府在旧乡公所驻地大胜岭（芦淞区地）正式挂牌。刘真志任区委书记，胡维新任区长。

8月9日，解放渌口。

8月14日，中国人民解放军一三六师进驻攸县县城，攸县解放。9月4日，随军南下工作团一行73人抵达攸县县城。7日，中共攸县县委、县人民政府成立。

8月15日，中国人民解放军第二野战军第十八军五十四师进驻茶陵县城，茶陵县解放。9月9日，成立中共茶陵县委、茶陵县人民政府。

8月23日，在株洲区成立衡阳铁路管理局，后改为株洲运输分局。1958年9月28日，成立株洲地区办事处。

8月26日，株洲区民众与驻株部队4000余人集会，庆祝株洲乡、长沙解放。

8月，中国贸易公司湘潭分公司在株洲区五节街成立。

9月14日，驻攸中国人民解放军派出军队与攸县人民警卫大队围剿盘踞在广寒寨的反动武装邓戈部，俘400余人，缴获长短枪346支。9月25日，又在易家寨围剿其残部，俘160人，缴步枪108支。至此，攸县境内敌对武装基本肃清。

9月15日，株洲人民银行成立，担负起人民币投放市场的任务。办理收兑旧币、银元，禁止金圆券流通，打击金银黑市。1951年5月，成立人民银行株洲市支行。1984年10月，改为人行株洲市分行。

9月18日，建立湘潭县公安局株洲派出所。1950年10月，改为湘潭县公安局株洲公安分局。1951年7月，改为株洲市公安局，归湘潭专署公安处管辖。1956年6月，由省公安厅直接管辖。

9月27日，成立株洲一税务所，隶属湘潭县人民政府税务局管辖。1951年2月7日，株洲一税所升格为湘潭县税务局株洲税务分局。7月1日，株洲税务分局改为株洲市人民政府税务局，属长沙专员公署税务局领导。

中华人民共和国

1949年

10月27日，中国人民解放军第四十六军一三六师四八四团政委崔琳，率领1个加强营，于傍晚解放酃县城。10月29日，成立中共酃县县委、酃县人民政府。

10月28日，四八四团分别从酃县县城和中村两路进抵酃县南乡的水口，在酃县武工队配合下，围歼号称兵力最强、装备最好的湖南省人民反共自卫救国军第一纵队第二支队，俘300多人，缴获枪200余支。

11月7日，株萍铁路渌江大桥修复通车。

11月10日，株洲至衡山间铁路修复通车。

1950年

1月，物价上涨幅度达50%～65%，3月中旬与上年12月相比，批发价格综合指数上升196.4%，其中粮食上升265.1%。株洲区人民政府采取劳资双方议价，严厉处理扰乱市场价格者，适时抛售物资、抽紧银根、禁用银元，实行现金管理、打击投机商人等办法，物价基本得到控制。

株洲人民银行对株洲用电协会（私人合股）发放最大的一笔折实贷款，贷早谷1800石，折人民币8010元。

2月1日，境内邮电局执行全国统一的邮政资费，每封平信收费8分。

2月2日，35千伏输电线路摄白线建成，全长19.77千米。同时，35千伏白石港变电站建成，投入运行。

2月，进行清匪反霸斗争。历时1年，基本上肃清了土匪。同时在码头工会废除封建把头的箩契，保障工人（包括自业箩、租箩、月箩）的工作权利。

3月11日，境内各邮局按照中央关于投递和发行合一的决定，发行报纸。从1953年起，原由新华书店发行的期刊（杂志）转由邮局发行。

3月18日，株洲区废除保甲制度，建立革命政权。

3月，华东工矿部兵工局徐州第三兵工厂迁来株洲区，与原十一兵工厂组建成中南兵工局株洲七一兵工厂。1951年，改名中央兵工总局中南兵工局二八二厂。10月1日，二八二厂迁湘潭，留下部分人员和设备，利用原址改建为航空发动机厂，定名国营331厂。

5月10日，中国百货总公司株洲支公司成立。下设直属门市部（原建设百货商场），为株洲市第一家国有百货商店。

6月，株洲区改为株洲镇，属湘潭县领导。并村建乡，株洲镇辖7个乡街，即1～4街居委会及田心塅、董家塅、石子头3个乡。1951年3月，镇公所改为镇人民政府。

7月3—5日，株洲镇各界人民代表会议在福音堂举行，听取政府工作报告，讨论秋季征粮、工商登记、劳资协议、冬季防火、土地改革、市政规划、公私关系、私商改造、工会组织、失业救济、摊贩整顿、居委会和乡政权建设等工作。

9月1日，中国粮油总公司株洲支公司成立，同时，第一家国有粮店开业。

9月6日，酃茶公路修复工程动工，1951年1月8日竣工并通车。

11月22日，株洲镇开始土地改革运动。至1951年4月结束。

11月，株洲镇142家蛋品私商联合组成联湘股份公司，主营蛋品，兼营生猪，并在长沙、香港、广州设办事处。1951年4月，联湘股份公司与株洲市食品公司实行公私合营，收购蛋品运销广州、香港等地。

12月21日，株洲五金厂成立（株洲锻压机床厂前身）。

1951 年

1月15日，株洲镇第三届人民代表会议召开，就冬防、土改、市政规划等问题进行讨论。

1月，开展镇压反革命运动，分三期进行。1953年5月基本结束。

4月5日，株洲镇所属石子头、董家塅、田心塅乡全部完成查租退押、划分阶级、没收征收、分配等土地改革工作。

4月，省人民政府委派杨第甫、阎善才、吴占魁等负责株洲建市的筹建工作。

4月，株洲抗美援朝分会成立，号召各阶层人民广泛开展增产节约和捐献运动。共捐资165717元，可购买1架飞机、1门大炮，支援抗美援朝。

5月1日，中国人民保险公司株洲支公司成立。

5月13日，株洲邮政局与株洲电信局合并为株洲邮电局。醴陵县、攸县、茶陵县、酃县亦在1951年6月前后完成邮电机构合并。

6月6日，政务院批准株洲设市（县级），属长沙专署。7月1日，株洲市人民政府正式挂牌成立。中共株洲市委亦同时成立，陈继昌任中共株洲市委书记、市人民政府市长。

7月1日，成立中共株洲市委组织部、宣传部。

7月23日，株洲市民主改革委员会成立。至1952年2月，完成对工厂、交通等企业民主改革。

7月，董家塅变电站和35千伏白董线建成受电投入运行，全长10.52千米。

成立株洲市财政经济委员会，由市长兼主任。1956年更名为株洲市财粮贸办公室，1972年成立株洲市财贸办公室，1984年成立株洲市财贸委员会。

8月8日，成立株洲市协商委员会。

8月20日，成立株洲市郊区区公所，辖11个乡。至1952年3月，株洲市郊区分为郊东区、郊北区2个区。1955年2月，2个区又合并，复为株洲市郊区，辖22个乡。1966年1月，国务院批准株洲市郊区为县级区。

8月，邮电部部长朱学范、湖南省人民政府副主席谭余保受中共中央和毛泽东主席委托，率南方革命老根据地访问团到茶陵慰问。

株洲市、醴陵县、攸县、茶陵县、酃县在民兵支队（大队）部的基础上，相继成立人民武装部，列入中国人民解放军序列。

9月26日，以苏宾为组长的第一批苏联专家14人到331厂指导建厂和修理航空发动机。

10月1日，茶陵县桃坑乡吴淞、舲舫乡谭长寿、腰陂乡刘圣苟、火田乡周苟生、严塘乡陈外生作为革命老根据地代表，应邀到北京天安门参观国庆典礼。

10月22日，株洲市人民法庭成立。1952年1月1日，改为株洲市人民法院。1965年9月，成立株洲市中级人民法院，与株洲市人民法院合署办公。

10月25—27日，召开株洲市首届各界人民代表大会第一次会议，会议选举产生出席湖南省第一届二次各界人民代表会议的代表，选举产生市协商委员会委员；听取政府施政工作报告；讨论抗美援朝、民主改革、土改复查、镇压反革命、市镇建设等问题。

11月1日，成立株洲市供销合作总社。1983年12月，成立株洲市供销合作社联合社。

12月7日，成立中共株洲市纪律检查委员会。

年底，株洲市人民政府下设秘书室（后改名办公室）等15个工作机构。

1952年

年初，设中共株洲市委办公室。

1月，醴陵县、攸县、茶陵县、酃县政府在工商界开展以“反行贿、反偷税漏税、反盗窃国家资财、反偷工减料、反盗窃国家经济情报”为内容的“五反”运动。5月结束。

2月1日，组织禁烟毒运动，查出市区烟犯37人、贩毒犯25人、零售3人、吃食场所10家、吸毒者137人。

2月12日，成立“三反”（反贪污、反浪费、反官僚主义）委员会。在全市开展“三反”运动，年底结束。同时，在14个主要私营企业中开展“五反”运动。

3月16日，中央人民政府农业部授予醴陵县李呈桂，攸县王绍启、王开武、吴全式、李立生为1951年度农业丰产劳动模范称号。

4月6日，长沙—湘潭—株洲湘中电网形成，开始电力调度。

5月1日，株洲机车车辆修理工厂炼出中华人民共和国成立后湖南省第一炉钢。

5月15日，株洲市郊区南华、大京乡发现稻蝗虫害，7天后稻蝗扩大到32个乡，水稻受灾面积510.67公顷。

6月7日，酃县山洪暴发，水位超出河床12.7米。全县有10218户3.4万多人受灾。冲毁农作物1200多公顷，倒塌房屋609间，冲毁桥梁276座，淹死14人。

7月，株洲市首次进行工资改革，核定国家机关工作人员工资等级，统一以“工资分”作为工资计算单位。

夏，株洲市开展对农业、手工业、资本主义工商业的社会主义改造，1956年年底基本完成。

8月11日，株洲市土改复查工作开始，10月19日结束。在全市原有水田4461.39公顷的基础上，又查出水田1133.27公顷，是复查前田亩总数的25.4%。

8月26日，株洲市人民武装委员会成立。

9月21—23日，株洲市首届二次各界人民代表会议召开，会议通过了严禁任意摊派、贯彻执行新学制、广泛宣传识字法、深入贯彻新婚姻法等7条决议。

9月27日，株洲市第一台机床“万能铣床”在株洲机车车辆修理工厂试制成功。

10月16日，株洲市农民代表会议召开，作出查田定产确定常年产量的各项问题的决议。

11月7日，中共株洲市委决定：从即日起至12月6日开展“中苏友好月”活动。活动以学习苏联的先进军事科学、生产经验、企业管理、农业集体化经验等为中心。

12月22日，中共株洲市委提出：工作中心由土地改革转移到生产建设。株洲市开始进入以工业为主的大规模经济建设时期。

冬，开始修建宁堤，1953年春完成。

Δ 株洲市与湘潭县共同修建株（洲）易（家湾）公路，为中华人民共和国成立后株洲市修建公路之始。1953 年 10 月竣工通车。

Δ 株洲市城区始建人民中路，1979 年建成。后在原街巷基础上建成人民南路。

Δ 始建沿江南路，1965 年建成。1971 年修建沿江中路，1976 年竣工。

Δ 株洲市政府卫生所扩建为株洲医院，1954 年改为株洲市立一医院。

1953 年

1 月 9 日，中共株洲市委制定建党整党计划，决定有计划地配备力量，扩大党员队伍，加强党员的教育管理。

2 月，成立湘东钨矿，管辖邓阜仙分矿、川口分矿、锡田车间、酃县收砂站 4 个单位。

3 月，株洲市公安局对一贯道、紫霞教、同善社、三期普渡等反动会道门组织予以取缔。

4 月 14 日，中央人民政府政务院批准株洲市为省辖市，仍为县级。

5 月，成立株洲市工商业者联合会。

6 月 1 日，株洲市人民监察委员会成立，17 日，召开首次会议。

6月4日起，攸县大部分地区连续干旱70天，2666.67 公顷农田失收，13333.33 公顷农田减产。

7 月 15 日，成立由株洲市财委、工商、税务、银行等单位组成市粮食收购委员会，负责粮食收购工作。

7 月 1 日零时，株洲市人口普查结果，株洲市有 24432 户 127319 人。

8 月，成立新民主主义青年团株洲市委（后改名共青团株洲市委），并召开第一次团代会。

11 月，株洲市在全国第一次人防工作会议上，被列为全国防御爆破弹重点城市。

12 月，全市共组织互助组 268 个，参加互助组户数 2311 户。

1954 年

年初，株洲市列为全国新建 8 个重点工业城市之一。

1 月 8 日，由株洲市人民政府拨款 3 万元，在株洲南站新建的市首家专业电影院“人民电影院”建成开业。

1 月，中央人民政府政务院决定兴建株洲铁路枢纽工程，为江南第一大铁路枢纽站。1958 年 6 月动工，1959 年一级二场工程竣工投产；1973 年 7 月，株洲北站单项纵列式三级三场工程竣工投产；1976 年 12 月，株洲站新货房工程竣工投产，建筑面积为 95887 平方米，为全国铁路七大零担货物中转站之一。1986 年，决定扩建株洲枢纽，总概算 3.5 亿元，分两个阶段进行，1988 年开工，1992 年 12 月扩建改造工程列为国家重点工程。至 1993 年底，完成投资 3 亿元。

2 月 19 日，中共株洲市委召开工作会议，就湖南省的 5 个重点厂全部建在株洲市进行，研究部署。此后，湖南省第五建筑公司、湖南省工业设备安装公司、湖南省火电安装公司、中国有色冶金三建二公司都在株洲建立基地，株洲市建筑工程公司也相继组建，形成一支数万人的建设大军。

3 月 8 日，经国家计委批准兴建中南硬质合金厂（株洲硬质合金厂前身），1955 年 3 月动工，1958 年 4 月 1 日投产。

4 月 1 日，株洲市中医院正式成立开业。

4 月，株洲市召开首届妇女代表大会，选举产生株洲市民主妇女联合会，后改名株洲市妇女联合会。

6 月，城镇居民粮油实行计划供应。1955 年 11 月 1 日，使用粮票和办理迁居转供手续。

6月26—29日，株洲市首届人民代表大会第一次会议在人民剧院举行，选举出席湖南省首届人民代表大会代表，并选举吴占魁等25人为市人民委员会委员。

6月，株洲市人民武装部改为市兵役局，直属湖南省兵役局领导。

7月16日，市工会首届会员代表大会召开。选举工会执行委员，正式成立株洲市工会联合会，后改名株洲市总工会。

8月25日，中国第一台航空发动机爱姆11型活塞式发动机在331厂试制成功。26日，全厂举行庆祝大会，一致通过向毛泽东主席的致敬电。10月25日，中国共产党中央委员会主席、中华人民共和国主席毛泽东致信第二机械工业部转331厂全体职工，祝贺试制成功第一台爱姆11型航空发动机。

9月9日，马壮昆任中共株洲市委书记。

9月，棉花、棉纱、棉布实行统购统销，发放布票，定量供应。

10月1日，株洲市一水厂筹建及水下围堰工程开工。1956年1月10日，日供水能力1.5万吨的一水厂及配套管网竣工投产。

11月15日，株洲市人民政府计划委员会成立。

同年，修筑建设路，1959年建成，成为贯通株洲市区南北第一条主干道。

1955年

1月，35千伏摄董线架成送电，全长30.2千米。

1月31日，苏联专家一行到株洲市进行城市规划指导。以克林果夫为组长的苏联专家7人，来株洲市帮助株洲电厂进行选址、地质勘测和建厂。

5月16—18日，株洲市第一届人民代表大会第二次会议召开，选举马壮昆为市长。

5月，湖南省文物管理委员会派人在洋屋岭(株洲市芦淞区地)基建工地发掘10座战国墓。出土器物有陶鼎、敦、壶、豆、罐、钵、山纹铜铳、铁片等。

6月上旬，国务院副总理陈云视察株洲机车车辆修理工厂（株洲电力机车厂）。

7月1日。根据国务院命令，株洲市国家干部一律改供给制为薪金制。

农业部在醴陵县召开双季稻经验交流会。

7月，炎帝陵被湖南省人民委员会列为省文物保护单位。

11月10日，株洲市人民防空委员会成立。

11月，中共株洲市委成立对资改造办公室，抽调45名干部组成工作组，分赴各行业开展工作。1956年1月全市城乡15个行业215个工商户、592户小商小贩户全部改造为公私合营企业、合营商店、合作商店或合作小组。

12月，湖南省文物管理委员会派人在株洲市区东北15公里处的龙头铺（石峰区地）烟墩冲，发掘新石器时代遗址，共清理9个灰坑，出土一批石器和陶片。烟墩冲遗址是湖南省发掘早的一处新石器时代遗址，其文化遗址距今约4500年。

同年，茶陵县、酃县共同修建茶(陵)酃(县)公路。

同年，兴建城区第一座公园。1959年10月，命名为“株洲公园”，正式对外开放。1988年，更名为“奔龙公园”。1993年，再次更名为“神农公园”。1995年，被列为株洲市爱国主义教育基地。

1956年

1月10日，经国务院批准，株洲市人民政府更名为株洲市人民委员会。

1月26日，株洲市完成对私营商业的社会主义改造，实行全行业的公私合营。全市2172个手工业者组成44个手工业合作社和合作组。同年，召开市手工业生产合作社联合社第一届社员代表大会，成立了株洲市手工业联社。

2月12日，成立醴陵县瓷业公司。4月，中共中央政治局委员、书记处书记、国务院副总理陈云，在武汉听取湖南省工业厅副厅长、公私合营领导小组副组长杨第甫汇报醴陵瓷业生产情况，建议成立地方国营醴陵瓷业公司，统一领导醴陵瓷业。5月21日，毛泽东主席在广州听取湖南工作汇报，同意试办醴陵瓷业公司的建议。6月25日，醴陵县瓷业公司改组为湖南工业厅醴陵瓷业工业公司，统一领导醴陵陶瓷企业。

3月6日，株洲机车车辆修理工厂制成第一台农用机械——锅驼机。

3月23日，中共株洲市委由原湘潭专署领导改为由中共湖南省委直接领导。

3月24日，成立中共株洲市委统战部。

4月9日，株洲由县级市升为地级市，直属省人民委员会领导。

5月29日至6月4日，中共株洲市第一次代表大会召开，通过关于“全党动员起来，为把株洲建设成为一个社会主义的新兴工业城市而奋斗”的决议，选举马壮昆为中共株洲市委第一书记。

6月26日，出台《株洲市发展地方国民经济12年（1956—1967年）远景规划》。

8月28日，国家建设委员会批准波兰提交的《株洲选煤厂初步设计》。该设计确定株洲选煤厂为年处理180万吨原煤的大型机械化选煤厂。

Δ 成立中共株洲市委政法工作部。1981年11月，成立中共株洲市委政法委员会。

9月，开办株洲铁路运输机械学校，1958年改名株洲铁道学院。1962年，更名为株洲铁路机械学校。

Δ 中共株洲市委批准2个民间职业剧团“艺文湘剧团”和“新民楚剧团”在株洲市登记落户，同时改名为“株洲市湘剧团”和“株洲市花鼓戏剧团”。

10月20日，湘江防洪大堤第一期工程经国家城建总局批准。1955年9月1日破土动工，1956年1月竣工。二期工程于1956年8月开工，12月竣工。

12月1日，兴建株洲冶炼厂，1957年破土动工，1959年局部投产。

12月28—31日，株洲市第二届人民代表大会第一次会议召开，吴占魁当选为市长。

同年，株洲市一水厂建成，日供水量1.5万立方米。

1957年

3月24日，中共中央政治局委员、国务院副总理李先念到株洲市视察。

3月25—29日，中共中央副主席、中华人民共和国副主席、全国人大常务委员会委员长刘少奇及夫人王光美一行在中共湖南省委、省政府负责人陪同下，先后视察湘江机器厂、市机关大院、株洲硬质合金厂、株洲麻纺厂、市自来水公司一水厂等单位，通过调研，提出“自建公助职工住房”的主张在《人民日报》上推广。

3—9月，中共中央书记处书记谭震林，带领工作组到攸县5个农业所开展民主办社试点。

5月4日，中共株洲市委决定在全市范围内分3批4个阶段开展“反对官僚主义、宗派主义和主观主义”为内容的全民整风运动。

7月23日，酃县成立龙渣瑶族乡，为境内

唯一一个少数民族乡。

8月，开展“反右”运动，至次年3月结束。1979年落实政策中，认定株洲市所划右派分子全系错划，并予以改正。

9月28日，株洲电厂第一期工程落成投产，一号机组正式投入运行，并入湘中电网。

10月1日，中共株洲市委机关报《株洲报》创刊。

11月24—26日，共青团中央委员会书记胡耀邦率中南五省团省委书记到株洲市视察工作。

12月6日，中华人民共和国主席刘少奇就国营331厂采取自建公助解决职工住房问题复信郭固邦、王正二人，对该厂的做法予以肯定。

是年，中共中央副主席、国务院副总理陈云视察国营331厂。

是年，成立株洲市工业交通办公室，主管全市工交生产。1962年7月，成立市经济委员会。

1958年

1月1日，株洲市公共汽车运输公司成立并开始营运，市区始通公共汽车。

2月2—5日，中共株洲市第二次代表大会在市人委礼堂举行。在二届一次全会上，马壮昆当选为第一书记。

2月17日，株洲市区与河西轮渡通航。

2月26日，内务部部长谢觉哉、经济学家马寅初到株视察，并到株洲机车车辆工厂参观。

3月24日，湖南省第一台马力最大的万能拖拉机在湘江机器厂（331厂）试制成功。

3月28日，贺家土污水过江管道工程竣工。

4月12日，株洲汽车修理厂试制成功第一辆载重为1吨的三轮汽车，命名为“跃进”牌。

6月1—3日，株洲市第三届人民代表大会第一次会议召开，选举吴占魁为市长。

6月4日，株洲货车厂（株洲车辆厂）筹备处成立。

7月15日。苏联青年先进生产者和科学技术工作者代表团一行7人，在共青团中央常委张继明陪同下，到株洲市进行科学技术交流和友好访问。

7月19日，全市2万余人集会游行示威，强烈反对美英帝国主义侵略黎巴嫩、约旦，声援黎巴嫩、约旦人民的正义斗争。

8月1日，株洲百货商店正式开业。1961年，更名为中心百货商店。1967年，更名为东方红百货商店。1972年，更名为湘江百货商店。1983年。更名为湘江百货大楼。1988年，更名株洲百货大楼。1997年，更名为株洲百货股份有限公司。

8月，驻株洲机车车辆修理厂、331厂、601厂的苏联专家共4人撤走。

9月2日，株洲市区第一个人民公社“株洲机车车辆修理工厂人民公社”成立。

9月5日，撤销乡级建置，设立政社合一的人民公社。9月12日，株洲郊区人民公社正式成立。

9月，醴陵县清水江乡清水高级农业社木工张友秋、团支部书记贺继生等人创造的竹木结构的夹式简易插秧机，经省农业厅鉴定，命名为醴陵简易插秧机，并选送北京参加全国农具展览会，被授予特等奖。

11月7—9日，由团长兼政治指导员霍尔瓦特·龙赛夫率领的匈牙利音乐、芭蕾舞艺术团到株洲市进行友好访问演出。并参观株洲机车车辆工厂。

12月19日，国务院副总理薄一波、邓子恢视察湖南第一苎麻纺织厂、601厂、331厂、玻璃厂、株洲机车车辆修理工厂。

12月20日，中共中央政治局委员、国务院副总理兼国防部部长彭德怀到株洲，视察麻纺厂、601厂、331厂。

12月28日，株洲机车车辆工厂与湘潭电机厂合作生产的第一台国产交流干线电力机车组装完毕，新车命名为韶山型。

12月，株洲至长沙的长途通信线路始装路载波终端机(双方各一端)。结束了自民国23年(1934)开办长途电话业务起20多年间1对线路上只能允许双方各1人通话的历史。

Δ 1958—1965年，先后修通株(洲)渌(口)路、株(洲)醴(陵)路、株(洲)浏(阳)路、酃(县)宁(冈)路、酃(县)中(村)路，实现"县县通公路"。同时修通中(村)曹(里)、醴(陵)老(关)、渌(口)衡(东)、攸(县)衡(山)、酃(县)资(兴)等干线公路，基本形成境内及周边公路网。

1959年

1月16日，长沙县龙头铺人民公社划归株洲市管辖。

1月19日，茶陵县、酃县合并，称茶陵县。

1月20日，隶属湘潭地区的湘潭县五星、卫星、上游、八斗4个公社及红旗公社所辖的伞铺、妙泉、马家河3个大队、雷打石1个镇，划归株洲市管辖。

2月28日至3月1日，中共中央副主席、中华人民共和国副主席、中央军委副主席朱德偕夫人康克清，中华人民共和国副主席董必武，元帅罗荣桓、聂荣臻，大将谭政，上将陈士渠到株洲市视察。

2月，隶属湘潭地区的醴陵县所属的姚家坝公社的长垄、八眼塘、同化、东方冲、桐木冲、竹山、南田桥；渌口公社的双牌、十良、宏夏桥、龙田、蛇头、黄霞、小岭、花园、水口、高面、杨梅、张公岭、油圳、梅仙(半个乡)、渌口镇；石亭公社的南岸、石塘、丰州、洲坪、大观冲、早禾冲、南阳桥、横江石；高桥公社的望东桥、马州上31个大队、1个镇划归株洲市管辖。

3月2—10日，轻工业部在醴陵瓷业公司召开全国陶瓷工业会议，26个省、重镇市、自治区的330名代表出席。

3月6日，撤销中心区和贺家土、清水塘、田心塅、董家塅办事处，设立各区人民委员会和中共区委会。

4月17日，株洲市第一届体育运动会举行，29个单位100余名运动员参赛。

5月6日，波兰统一工人党代表团一行10人在湖南省委书记胡继宗等陪同下到株洲市参观访问。

5月24日，国务院副总理罗瑞卿、国务院办公厅主任童小鹏，视察株洲钢铁厂、长江工具厂、株洲麻纺厂等单位。

5月，湘江暴发洪水，水位高达39米，淹没田土5454.6公顷。

6月9日，国务院副总理陈云到株洲机车车辆工厂视察工作。

6月16日，国务院副总理罗瑞卿到茶陵县视察工作，指出茶陵县要根据山区特点发展油茶、桐油、竹木及家禽、家畜。6月24日，国务院副总理罗瑞卿到株洲市视察公安工作。

6月26日，经湖南省人民委员会批准，株洲市分别设立中心、清水塘、荷塘铺、田心、董家塅、郊区6个市辖区。

6月，中共中央政治局委员、书记处书记、国务院副总理谭震林到醴陵县视察工作，并在全县扩大会议上作有关"大跃进"、人民公社、西藏叛乱等内容的形势报告。

7月25日，株洲市区及郊区朱田铺、雷打

石公社等地区遭受10级大风袭击，持续时间40分钟，降雨量40毫米，并有少许冰雹。

9月8日，于1957年6月2日破土动工的株洲选煤厂举行移交生产开工典礼。波兰采矿动力部部长米特伦加和中国煤炭工业部副部长钟子云、湖南省副省长徐明等在会上致词讲话。

9月，日生产能力24万立方米的株洲市二水厂建成。

10月26日，醴（陵）南（桥）铁路窄轨开工兴建，1960年7月28日试通车。

11月25日，全国中、小型铁合金现场会在株洲市召开。

12月11日，建筑工程部在株洲市召开现场会，介绍株洲玻璃厂高速建厂经验。28日，株洲玻璃厂第一期工程经国家验收委员会验收后正式移交生产。

是年，从长沙、湘潭、醴陵等县划进28个公社扩大株洲市郊区。

是年，开展“反右倾”斗争。分4批在党政机关、学校、厂矿企事业单位、农村基层组织进行，1960年2月结束。

是年，共青团中央第一书记胡耀邦到株洲市视察。

是年，修筑新华路，1981年建成，成为贯通株洲市区东西向的第一条主干道。

1960年

2月，株洲市第一条110千伏高压输电线路—株醴线及第一个110千伏变电站——醴陵变电站建成投入运行。

3月1—5日，中共株洲市第三次代表大会召开。会议通过关于继续深入开展以机械化、半机械化、自动化、半自动化为中心的技术革新和技术革命运动等3个决定。马壮昆当选为中共株洲市委书记。

3月15日，株洲市立第二医院正式开业。

3月11—17日，冶金部和全国重工业工会在湘东钨矿召开全国有色金属矿山采矿、掘进现场促进会，来自24个省、自治区的204个单位的406名代表到会。会议总结湘东钨矿“高风压、小钎头、集中作业、多循环”提高采矿单位面积产量的基本经验。

3月28日至4月5日，攸县新市、酒埠江、上云桥等公社发生松毛虫危害，受害面积4666.67多公顷。出动飞机22架次，飞行24小时14分，喷1%六六六粉剂79460千克，防治面积3540公顷。效果检查，最高死亡率达100%，平均75%。

5月31日，中共中央政治局委员、国务院副总理贺龙到株洲市视察331厂。

5月，全国劳动保护工作会议在株洲市召开。

8月5日，株洲市解放剧院发生爆炸事故，当场死亡3人、伤3人。

8月9日，酃县下村公社突下特大“倒秋雨”，发生百年未见的洪灾。沿河两岸淹田133.33多公顷，其中变成沙洲的66.67多公顷，处于下游的水口、垅溪、城东、三河公社遭到洪水危害。

8月31日，市人民政府于1959年拨款兴建的自动电话投产，成为湖南省继长沙后第二个电话自动化城市。

8月，中共中央总书记、国务院副总理邓小平到株洲市视察601厂。

11月，开始整风整社运动，主要解决“五风”（共产风、浮夸风、强迫命令风、瞎指挥风、干部特殊化风）问题。但过分追究基层干部的责任，238人受到批判或者进“集训班”“特训班”反省交待和劳动改造。

1960—1962年，由于农业生产连续遭受严重灾害，商品供应严重不足，物价大幅度上涨，国民经济和人民生活面临严重困难，出现严重饥荒。株洲市场零售物价1961年比1957年上升41%。1960年5月后对部分糖果、烟酒、饮食实行高价，一般高于正常价格3～4倍，自由市场副食品价格昂贵。随着国民经济形势好转，1962年4季度物价涨势得到控制。

1961年

1月19日，株洲市废除市秤16两制，改用10两制。

2月11—13日，株洲市第四届人民代表大会第一次会议召开。动员全市人民艰苦奋斗，奋发图强，克服暂时困难，渡过灾荒，为夺取1961年新的胜利而斗争。会议选举吴占魁为市长。

3月，中共中央总书记、国务院副总理邓小平和中央书记处候补书记杨尚昆到株洲市视察331厂。

4月11—16日，国务院副总理谭震林在攸县上云桥公社七里坪大队召开社员和干部座谈会，征求对《农村人民公社工作条例(草案)》的意见。

4月23日以来，湘中、湘南连降暴雨，株洲市湘江水位达42.82米，超过39米的警戒水位。5月12日，第二次大水，超过第一次洪峰水位，6月中旬，第三次大水。

4月，境内农村根据中共中央指示精神，发动群众讨论公共食堂问题。年底，所有的公共食堂解散。

6月1日，按原境恢复酃县建制。

7月20日，株洲至渌口3.5万伏高压输电线路竣工送电。渌口高压变电站和由这个站至漂沙井、西塘、南岸、丰收4处电力排灌地区的2条高压输电支线工程也同时竣工，两项输电线路全长45千米。

11月，最高人民检察院检察长张鼎丞到株洲市视察331厂。

是年，全国人大常委会副委员长程潜及陈明仁将军到株洲市视察。

是年，开始第三次商业体制改革，恢复专业公司，开放部分城乡集贸市场，恢复部分个体商贩和合作商店（组）。

1962年

4月，攸县帆船社的“东风二号”客运机帆船由衡山回攸途中，在罗汉矶触礁沉没，死亡66人。

6月27日，成立株洲市农林水办公室，后更名株洲市农村办公室，1983年12月24日，成立株洲市农业委员会。

6月29日，因中旬以来衡山、攸县、酃县、永兴等降暴雨，株洲市区水位自14日起上涨，29日达43.3米，30日上午出现43.39米洪峰。

6月，中共酃县县委根据山区分散的特点，批准采用两种特殊形式的生产责任制，即包产到组的共38个组，包产到户的有113户。

7月，株洲市商业局对紧缺的日用工业品实行凭工分券、购货券购买。市区按照职工工资额的5%发放工分券，全市凭票证供应的商品达50多种，1966年2月，全部取消工分券。

10月7日，越南驻华使馆商务参赞阮筠一行在国家科委有关人员陪同下，到株洲市进行为期4天访问。

11月29日，中共中央委员、共青团中央第一书记兼中共湘潭地委第一书记胡耀邦到醴陵县视察工作，并在全县干部扩大会议上作形势报告。12月2日，胡耀邦到茶陵县检查指导工作，强调茶陵县要抓紧粮食生产。

12月，601厂试制投产的YG6X产品，经国内厂家使用，确认质量超过瑞典王牌产品，从而取代从瑞典进口的 H_1 产品。

是年，株洲市精减职工工作完成中共湖南省委原定指标，共减少职工 26584 人，减少城镇人口 19852 人，减少吃商品粮的 23042 人。

1963 年

1 月 1 日，茶陵公路大桥竣工通车，初名湘赣大桥，后更名茶陵大桥。

2 月 29 日，酃县十都公社皮坑大队发生山火，大火蔓延到井冈山，毁林 1200 多公顷，损失林木 20 多万株。

3 月 4 日，株洲玻璃厂试制成功双玻璃丝包线、染色布、薄布、斜纹布、人字纹布等多种新产品。

3 月 21 日至 7 月上旬，酃县有 106 天未下滴雨，山塘、水库全部枯竭，全县受旱水田达 3733 多公顷，其中因旱缺水未插上秧的 1584 公顷，当年比上年减产 650 万千克。秋后，县人委给灾区核减农业税折粮 92.5 万千克。

3 月 27 日，叶剑英元帅到株洲市视察 331 厂、601 厂。

4 月，撤销株洲市郊区人民委员会，由市农林水办公室直接领导农村各区、社。

中共株洲市委成立社会主义教育运动工作总团和城市、农村 2 个分团，在城市和农村进行社会主义教育运动（“四清”），1964 年 8 月，先后从各条战线抽调干部职工 437 人组成社教工作队，并成立市社教领导小组。1966 年 5 月运动结束。

5 月 10 日，田心机车车辆工厂政治部号召全厂职工向共产党员、一机械车间老工人刘昆学习。7 月 24 日，中共湖南省委、省总工会、团省委联合发出通知，要求在全省职工群众中广泛深入开展学习刘昆活动。

7 月 4 日，华石煤矿 1 号井波煤副巷发生瓦斯爆炸事故，造成死亡 4 人、中毒 15 人，垮塌与冲坏井下巷道 200 余米。

8 月，醴陵县久旱不雨，铁河断流，19600 公顷晚稻受灾。

9 月 22 日，成立株洲市安置城镇人口领导小组和办公室，开展动员有条件的社会青年和闲散劳动力上山下乡。

12 月 7 日，中共中央委员、共青团中央第一书记兼中共湘潭地委第一书记胡耀邦到酃县视察工作。9 日，在县直机关党员干部会上作题为《多为人民做好事》的讲话。

是年，株洲苎麻纺织印染厂在国内首次纺织出 54 支单纱麻的确良。1980 年后，在国内率先纺织出 60 支、72 支、84 支纯麻高支纱薄型织物。

1964 年

1 月 15 日，首都人民大会堂管理处派员到醴陵定购国宴、便宴、高级便饭餐具、茶具、胜利杯等 54 个品种的醴陵釉下五彩瓷，国庆 15 周年国宴全部使用醴陵瓷器。

2 月 1 日，株洲市召开“五反”（反官僚主义、反贪污盗窃、反投机倒把、反铺张浪费、反多吃多占）工作会议，总结第一批“五反”运动的经验，布置第二批开展“五反”运动的工作。

2 月，中国农业银行株洲市支行成立，1989 年 8 月改为农行株洲市中心支行。

5 月 13 日，湖南省人民委员会决定修建醴（陵）浏（阳）铁路（窄轨），11 月 1 日动工，1966 年 7 月 1 日通车。

6 月 16 日，株洲市、郊连续几天降特大暴雨，降雨量达 303.6 毫米，湘江水位达 42.78 米，18 个公社、2788 个生产队受灾，淹没稻田 6569.4 公顷、旱作物 200 公顷，冲坏水库 13 座（全溃 7 座）、坝 344 座、高排渠 4 条、山塘 628 口，冲坏桥梁130座，冲断道路172处，倒塌房屋604间，淹、压死6人、重伤1人。

7月1日，对城市中心区、清水塘区、田心区、董家塅区、荷塘区和郊区8个区场常住人口开展普查，全市130051户、人口587742人。非农业人口190740人，占总人口的32.45%；农业人口397002人，占总人口的67.55%。

7月，株洲北站正式成立（时称田心编组站），为二等站。1966年3月升一等站，1985年7月升特等站。

8月1日，民用航空株洲营业处正式营业。

8月22日，株洲市第一批上山下乡的50多名城市知识青年奔赴农业第一线。

8月27—30日，株洲市第五届人民代表大会第一次会议召开，选举吴占魁为市长。

9月11日，全省第一所半耕半读学校——株洲市农业职业学校成立。

9月14日，株洲市共产主义劳动大学成立并正式招生。后几经变化，直至并入湖南工业大学。

10月19日，越南民主共和国农业部部长杨国政率越南农业考察团一行6人到株洲市进行专业考察。

1965年

1月18日，株洲市第一届贫下中农代表大会召开。

4月2日，中国自行设计、自制设备、自建安装的第一条压延玻璃生产线在株洲玻璃厂建成投产，填补中国玻璃工业一项空白。

4月19日，湖南省内第一次110千伏超高压带电作业在株洲电厂获得成功。

4月30日，国务院第155次全体会议决定，株洲市下置株洲县。7月1日，株洲县人民委员会成立，11月21日，中共株洲县委员会成立。

4月，国务院副总理、中共中央中南局第一书记陶铸由中共湖南省委第一书记张平化陪同到醴陵军山公社考察，肯定军山公社“自觉革命”经验。

5月21日，毛泽东主席在湖南省委书记张平化陪同下重上井冈山途中，到茶陵县。下午4时许，从长沙乘汽车到茶陵县，住宿1晚，当晚阅读《茶陵州志》。第二天上午接见中共茶陵县委有关部门负责同志，并合影留念。随后经江西永新上井冈山。

6月12日，湖南省备战防空现场会在株洲市召开，中共湖南省委书记华国锋主持会议并作重要讲话。

6月27日，全市5万军民畅游湘江、渌水。

9月16日，株洲县群丰公社新文大队汤家冲小学，因房屋倒塌，压死学生11人、伤5人。

是年，关闭市中心区蔬菜自由市场。在徐家桥、钟鼓岭、贺家土设立蔬菜交易所。

1966年

4月1日，株洲选煤厂职工家属刘菊华（集体装卸工）奋不顾身冲上铁路救出在株洲选煤厂专用线上玩耍的3个小孩，被火车压成重伤，左腿致残。

4月，株洲玻璃厂试制成功10～20毫米军工用磨光毛坯玻璃，先后组织11次生产，累计生产14万标箱，满足了国防工业急需，为中国玻璃工业填补一项空白。

5月18日，中共株洲市委发出通知：要求认真学习中共中央“五一六”通知和《解放军报》的《千万不要忘记阶级斗争》《评“三家村”》等社论和文章。29日，市9万群众集会，“文化大革命”运动在株洲市正式开始。

6月15日，湘赣煤田地质会战指挥部在株洲洗煤厂成立，负责湖南、江西两省的煤田地质勘探工作。1969年8月16日，撤销其下属各单位分别下放湖南、江西两省分管。

6月，中共株洲市委向部分厂矿、学校派出工作组，上挂下连批“三家村”“小邓拓”，清理“小五界”（学术界、教育界、新闻界、文艺界和出版界），批资产阶级反动学术权威。

8月24日，中共株洲市委召开株洲市工农兵支持革命学生的革命行动大会。会上，个别人上台，抢夺话筒，制造事端，扰乱会场，制造“八二四”事件。

9月27日，毛泽东思想红卫兵株洲司令部（群众组织）成立。

11月14日，中共株洲市委文化革命接待站成立，负责红卫兵串连接待工作。

12月26日，启用中国共产党株洲市委员会文化革命小组、中共株洲市委文化革命小组办公室来信来访专用章、中共株洲市委文化革命小组办公室步行串连专用章。

12月，历时15年的建设大道北段（原自清路）拉直拓宽。自此，株洲市第一条主干道“建设大道”全线通车。

是年，株洲车辆厂试制完成C65型敞车2辆。

是年，株洲市第四次商业体制改革，批“商品经济”“为消费者服务”，取消集体、个体商业，关闭城乡集贸市场。

1967年

1月23日，《株洲日报》革命造反联合会（群众组织）接管《株洲日报》。

1月24日，株洲市有线广播站被接管。

2月27日，中共株洲市委的一切职能活动和党的组织生活完全停止。

7—9月，株洲市内发生抢枪事件30多起，驻军、公安机关配备的枪支、弹药基本被抢劫。

7月，“工联”（群众组织）进行武装游行至331厂时发生武斗，打死5人。此为株洲市“文化大革命”开始后的第一大武斗流血事件。

7月28日，对政法机关实行军事管制，建立中国人民解放军株洲市公检法军事管制委员会，行使公安、检察、法院职能。

9月，中国人民解放军第四十七军进驻株洲市及市武装部执行“三支两军”任务，市大型武斗基本制止。

10月8日，株洲市“无产阶级革命派斗私批修誓师暨革命工人首届代表会议”闭幕。

11月3日，经湖南省革命委员会筹备小组批准，株洲市革命委员会筹备小组成立，由军队代表、干部代表、群众代表等17人组成，王大举任组长。市委、市人委、市监委同时撤销。

12月，酃县红星大桥竣工通车，是其时湖南省唯一独孔跨径逾100米的大型公路桥。

1968年

1月24日，株洲市革命委员会（简称“市革委会”）成立，统管市党、政、财、文一切大权，王大举任主任。下设政治部、人民保卫部、生产指挥部、办公室。同年12月，成立中共株洲市革命委员会党的核心小组（后改为核心领导小组），开始恢复中共的组织活动。至1973年6月，市革委会3部1室撤销，恢复中共株洲市委，工作机构设组织部、宣传部、办公室。

1月25日，株洲市无产阶级革命派治安总指挥部（群众组织）成立。

2月10日，中央军委批复中国人民解放军第六研究院，批准在株洲市组建航空涡轴发动机研究所。3月20日，该所被正式授予番号“中国人民解放军六〇八研究所”。

3月，第8号干线电力机车在田心机车车辆工厂制成，4月27日，国产电力机车被正式定型为韶山Ⅰ型。

4月5日，湖南省革命委员会筹备小组、解放军6900部队、省军区联合在株洲市召开湖南省大、中、小学校全面落实毛主席最新指示经验交流现场会。华国锋、杨大易、郑波参加会议。

6月22日，建材部、国家科委批文并投资180万元，由株洲玻璃厂、建材科学院、玻璃工业设计院共同承担在株洲玻璃厂进行浮法抛光玻璃中间试验。1970年9月14日，成功生产出中国第一片浮法玻璃。1981年该成果获国家发明二等奖。

7月20日，株洲市革委会组织领导的“三结合”毛泽东思想宣传队进驻原中共株洲市委、市人委机关。

8月14日，株洲铁路第二小学三年级学生戴碧蓉为抢救在株洲车站玩耍的3名儿童，自己被火车压断左脚和左手，成为全国闻名的少年英雄，多次受到毛泽东、周恩来、邓颖超等中央领导的接见与关怀。

8月20日，株洲市革委会、驻株洲部队支左领导小组决定《株洲日报》复刊。

8月27日，株洲市首批工人毛泽东思想宣传队进驻23个单位和学校。

8月28日，株洲市革命大批判指挥部（群众组织）成立。

10月12日，高继唐任市革委会主任。

11月6日，株洲市直属机关38个单位的600余名干部下放到市财贸单位。

11月29日，株洲市1700余名上山下乡知识青年响应毛泽东主席关于“知识青年到农村去，接受贫下中农再教育，很有必要”的号召，奔赴浏阳老区，插队落户。

冬，株洲县、市郊区、醴陵县、茶陵县、攸县、酃县组织大批劳力建设园田化农田，至1978年冬，累计建园田化面积近5.33万公顷。

是年，株洲市区部分工业品重新凭票证供应。1974年，工业品供应逐渐好转，取消凭票供应。

是年，株洲市通用电器厂设计制造国内第一台电脑高压无功自动补偿器。

1969年

2月7日，株洲市革委会组织的农村毛泽东思想宣传队400人开赴农村。

2月28日，全国农业生产资料工作会议在株洲市召开。

5月7日，株洲市革委会“五七”干校成立。

5月，湖南省革命委员会决定修建醴（陵）茶（陵）铁路，1970年11月6日开工，1972年基本竣工，1973年1月11日通车。

8月，株洲市革委会决定从市汽车配件厂至田心机厂北门修建南北第二条主要干道红旗路，全长4400米。后经拉直、改造、扩建，到1977年，红旗中、北路已达6.5千米，路幅宽40米。

9月25日，中国第一台自行设计和全部采用国产材料制造的具有世界先进水平的客货两用韶山Ⅱ型大功率硅整流器电力机车，在田心机车车辆工厂试制成功。机车小时功率为6650马力，最大时速100千米，适用于长陡坡道、多隧道、长隧道的地区运行。

10月30日，株洲磷肥厂试制成功中国第一座生产黄磷的高炉，生产出首批含量高达99.9%以上的优质黄磷。

10月，外交部在茶陵县虎踞茶场开办“五七”干校。

12月1日，实行邮电分设，邮政局受市（县）革命委员会领导，电信局受中国人民解放军市（县）武装部领导。1973年10月，各市（县）邮政局、电信局又合并为邮电局，恢复以上级部门为主和地方政府的双重领导。

是年，株洲苎麻纺织印染厂创制出国内第一流的兰麻梳理新工艺。

1970 年

2月8日，湘江氮肥厂生产出第一批尿素，湖南省革委会副主任华国锋前往祝贺。

3月11日，株洲市革委会生产指挥部决定，投资5万元在渌口湘江兴建汽车轮渡码头，8月竣工。

5月1日，由广州铁路局机务处和株洲水电段联合研制的双塔流动床连续离子交换软水设备在株洲机务段正式投产。填补了中国软水设备的一个空白。

5月15日，萍乡机务段反修型1833号机车，在羊石至五里墩区间935千米处，机车后1～20节车箱脱轨颠覆，报废16节车箱，线路破坏80米，中断行车37小时，货物损失160万元。

5月，株洲市城乡发生腹泻流感，城市有5万多人受到传染，郊区13个场有11000多人发病。

7月8日，经国务院批准，设立株洲市东区、南区、北区3个县级城市区。

7月23—29日，国务院第一机械工业部在株洲市召开水稻插秧机现场经验交流会。

8月5日，株洲市公安局注销“文化大革命”以来非法迁入的城市户口1792户4904人。

8月17日，渌口公路大桥通车。

10月16日，株洲市第一批7名工农兵学员赴京上清华大学。

是年，修建红旗路，1984年建成。

是年，开展打击反革命破坏活动、反对贪污盗窃、反对投机倒把、反对铺张浪费运动。

1971 年

1月，株洲桥梁厂成功试制出预应力钢筋混凝土铁路道岔轨枕，为中国铁路建设填补一项空白。

3—7月，全市开展批陈（伯达）整风运动。

4月8—12日，中共株洲市第四次代表大会召开。会议决定撤销中共株洲市核心领导小组，在市委四届一次全体会议上，高继唐当选为市委书记。

7月31日，参加全国第二次人防工作会议的代表244人来株洲市检查工作。

10月12—14日，株洲市传达学习中共中央有关林彪叛逃的文件。会后，全市开展揭发批判林彪反革命集团及其篡党夺权阴谋活动，历时近1年。

10月27日，中共八届中央委员、中共中央统战部副部长、中国人民解放军上将张经武（酃县沔渡镇人），惨遭迫害，含冤去世。1979年9月27日，中共中央举行追悼会，为其平反昭雪。

1972 年

1月，中南矿冶学院、长沙铁道学院、湖南师范学院、湖南医学院、湖南中医学院、湖南农学院等大专院校在株洲市首次招收工农兵学员。

2月4—9日，大冰冻，最低温度为–11.9℃。

2月22日，广州军区“五七”农药厂除草醚车间联苯醚锅炉爆炸起火，造成死亡5人，伤7人的事故。

3月20日，成立株洲市革委会综合利用办公室，开展“三废”综合利用工作。1972—1977年，投资3870万元，建成“三废”综合利用项目220项。

3月，醴陵县瞿永寿、攸县王海清应邀参加省农科院组织的全省著名农业劳模水稻高产竞赛，瞿永寿所种1.67亩湘矮早4号试验田，早稻亩产510.4千克，名列第一。

5月10日，株洲县渌口镇沙河渡口一渡船发生翻船事故，7人淹死。

5月20日，株洲化工厂氯气车间液氯计量槽发生爆炸，造成2人死亡、40人重伤、300多人中毒事故。

7月20日，撤销株洲市革委会人民保卫部和株洲市公、检、法军管会，恢复株洲市公安局。

10月13日，途经株洲的湘黔铁路全线竣工通车。

是年，经湖南省人民政府批准，株洲市安置城市待业知青1035人到国有商店混岗作业，始有商业归口管理的集体商业。

1973年

4月4日，株洲市区4000多名知识青年奔赴农村，插队落户。

4月5日，株洲市体育馆建成。

4月10日，株洲市雷打石、龙头铺、郊区园艺场等地遭受10级以上暴风和冰雹的袭击，倒塌房屋874间，死11人，伤78人，压死生猪42头，牛4头，供电、通信线路遭严重破坏，损失秧田119.6公顷、种谷13.30万千克、小麦245公顷、油菜363公顷、蔬菜24公顷，直接经济损失100万元以上。

4月21日，南方水稻插秧机对比试验会在株洲县召开。

8月2日，参加全国造林工作会议的北京等14个省、直辖市、自治区代表到株洲市检查工作。

8月5日，株洲市被特邀参加国务院召开的第一次全国环境保护工作会议，株洲市革委会副主任张小辉作为特邀代表出席，并在大会上介绍株洲经验。

9月6日，著名数学家、科学家华罗庚到株洲市指导推广“优选法”。

10月，中共株洲市委召开知识青年上山下乡工作会议，确定“厂社挂钩，实行下乡安置、支农战备、疏散三结合”的安置形式。相继建立480多个知青点，集体安置知识青年28万余人。1978年，知识青年上山下乡运动结束。

11月11日，株洲市自来水公司二水厂3号机900毫米的进水管封盖爆开，水泵房的电机、水泵全部淹没，造成全厂停水24小时，北区范围所属工厂全部停产。

1974年

1月初，茶陵县发生特大冰冻，持续11天，湘东钨矿冻断电线1000多处，倒塌高压电杆76根。

2月3日，中共株洲市委召开深入“批林批孔”动员大会，3.5万余人参加大会。

4月28日，联合国粮农组织前任林业司官员韦斯托比及夫人，到株洲县朱亭区进行参观座谈访问，还参观了株洲县黄龙公社高伏大队早稻机插现场。

5月4日，全国青年足球赛第一阶段株洲赛区比赛分别在市体育馆、湘江机器厂、株洲硬质合金厂、株洲车辆厂、田心机厂举行。

6月12日，《人民日报》以《一个很好的典型》为题，发表株洲市厂社挂钩、集体安置知识青年到社队农、林、茶场的调查报告，并发表短评《大有希望的事业》，推荐株洲市厂社挂钩、集体安置知识青年到社队农、林、茶场的经验。

9月，酃县第一座电视差转台建成，为湖南省第一座县级电视差转台。

1975年

春，株洲市开展整顿各级领导班子，批判资产阶级派性运动。

3月13日，茶陵县湖口公社洣渡大队樟子渡口渡船翻沉，死27人。

4月15日，株洲玻璃厂年产2000吨玻璃纤维生产线建成投产。

4月16日，茶陵县尧水、严塘一带遭11级大风和冰雹的袭击，倒塌房屋329间，死亡3人。

4月30日，全国青年篮球分区赛在株洲市举行。

5月4日，铁道部部长万里到田心机车厂检查贯彻《中共中央关于加强铁路工作的决定》的情况，并在工厂铁一小广场召开的全厂职工大会上讲话。

6月11日，由墨西哥杜兰州社会经济发展顾问曼努埃尔·费郎西斯科·贝依罗·卡罗诺工程师率领的农业青年小组一行10人到株洲市，对株洲市人工造林情况进行参观考察。

8月4日11时至5日8时，攸县普降暴雨，皇图岭、高枧、湖南坳、市上坪、黄丰桥等公社降雨200毫米以上，洪水成灾，死146人，伤355人，冲走耕牛110头，生猪2867头、粮食309万千克，冲倒房屋12059间，毁田3000多公顷，冲垮小Ⅰ型水库1座、小Ⅱ型水库4座、塘坝2359处。

8月4日20时至5日8时，醴陵县普降暴雨，13个公社142个大队967个生产队11459家农户受灾，死伤159人，倒塌房屋2.87万间，9227万公顷农田受灾，损失粮食753.5万千克，毁大小桥梁290余座，垮小Ⅱ型水库1座、山塘河坝767处、渠道1184处。

8月16日，株洲市利用湘氮废水灌溉工程竣工通水。工程建成每小时能利用湘江氮肥厂含氨冷却废水8千多吨，灌溉清水、荷花、龙头铺、云田等6个公社和长沙县团然、跳马2个公社4666.67余公顷农田。

8月19日，国务院副总理王震视察株洲冶炼厂。

8月29日，中共株洲市委、市革委会在工人文化宫隆重举行授予湘江机器厂共产党员、劳动模范李临庄“铁人式工人”光荣称号大会。

9月10日，以瑞典森林服务局局长佛克莱·荣德布为团长的瑞典林业代表团一行10人到株洲市参观访问。

9月，茶陵县、攸县被评为“大寨式”县，株洲县被评为全国农业学大寨先进县，3县县委书记均在全国农业学大寨会议上作了发言和书面发言。

11月6日，挪威农业大学森林操作和技术研究生、国际林业研究联盟主席伊凡尔·萨姆塞特教授来株洲市，参观株洲县黄龙公社长岭林场。

是年，境内各县引进试种杂交水稻近0.67公顷，亩平产量比常规稻高出100～150千克，后逐年扩大种植面积。

1976年

1月17日，株洲市直机关和株洲县、市郊区及部分工矿企业的1200多名干部，组成农业学大寨工作团、工业学大庆工作组奔赴农业、工矿第一线。

3月25日，株洲市“七二一”医科大学成立。

3月28日，中共中央政治局委员、广州军区司令员许世友到株洲市视察湘江机器厂。

3月，全国人大常委会副委员长李井泉、最高人民法院院长江华到茶陵县视察青年电站。

6月，湖南省自行勘测、自行设计、自行施工的全省最大的一座220千伏变电站“株洲白马垄变电站”建成投产。

7月9—12日，茶陵县降大暴雨，县城降雨155.2毫米，洣水洪峰高达97.12米，超过警戒水位2.12米。全县有23个公社（场）、287个大队受灾。

7月13日，1319次货物列车运行至株洲车站南头岔群时第9～25节车脱轨颠覆，死亡3人，重伤3人，货车报废13节，损失金额150万元。

7月14日，茶陵县湖口公社石井大队渡船翻沉，死亡25人。

7月19日，株洲市部分地区遭受暴风雨袭击，倒塌房屋4279间，死6人，伤18人，损失稻谷6.28万千克。

9月11日，株洲市各界人民代表2000余人在文化宫吊唁逝世的毛泽东主席。9月18日，市4万余军民参加毛泽东主席追悼大会。

9月24日，株洲市首批知识青年奔赴西藏，开展援藏工作。

10月5日，联合国粮农组织助理总干事、林业司司长金先生率领6人的林业考察组，到株洲县朱亭林区考察人工林。

10月17日，新西兰林业服务局官员蔡尔滋·霍恩和代理公司经理狄克逊一行3人，参观朱亭林区人工林。

10月20日，株洲市15万军民举行庆祝集会和游行，庆祝华国锋接任中共中央主席、中央军委主席，庆祝粉碎“江青反革命集团”的伟大胜利。

11月25日，农林部组织的14省（区）用材林、油料林基地造林现场会和全国林业调查规划工作会议在株洲市召开。

12月，《红旗》杂志发表《社队办林场是发展林业的一种好形式》，介绍株洲县发展社队林场的经验。

1977年

1月20日，朝鲜建材工业部代表团周莫焕一行4人，到株洲市考察林业生产情况。

1月，株洲湘江汽车轮渡开始营运。

2月1日，株洲市召开15万人大会，掀起工业学大庆高潮。

4月17日，全国羽毛球分区赛在株洲市举行。

5月1日，在株洲市体育广场举行“五一”盛大焰火晚会，4万多群众参加晚会。在散会退场时，发生踩踏事件，死24人，踩伤90多人。

5月8日，日本日中农交协会访华代表团团长加藤照千代、副团长野信夫一行15人参观朱亭林区，考察株洲市林业情况。

6月10日，凌晨3～7时，攸县全县普降暴雨。柏树下、高枧2个公社在4小时内降雨420毫米以上，造成山洪暴发。黄丰桥、高枧等7个公社灾情严重，死亡27人，倒房9292间，冲毁农田4153公顷，黄丰桥老街夷为平地。

7月5日，中共中央政治局委员、国务院副总理陈永贵在湖南省委书记毛致用的陪同下，专程到株洲市视察朱亭林业生产情况。

7月21日，中共株洲市委在市工人文化宫召开揭批“江青反革命集团”罪行大会。

7月，全国南方13省水稻会议在攸县召开。国务院副总理陈永贵、农林部副部长朱荣到会。会前，陈永贵等先后视察了醴陵泉湖大队，攸县皮台、赵家铺2个生产队和桃水、奥林2个大队及攸县氮肥厂。

9月1日，联合国粮农组织“林业支持农业”考察组一行17人到株洲市考察农、林业情况。

9月，全国人大常委会副委员长李井泉视察醴陵县。

11月，湘运13车队一辆汽车在马家坳道口与2584次货运列车相撞，9人死亡，伤13人，车辆报废。

是年，株洲市焊接器材厂试制成功AXT1–2×250履带式二弧焊机，填补国内野外施工焊接设备空白。

1978 年

1 月 8 日，株洲市重点工程项目 —— 白马垄变电所通往株洲冶炼厂的 35 千伏输电线路安装完毕通过验收。

4 月 3 日，国务院副总理王震到株洲市检查军工生产情况。

5 月 24 日，全国人防工程孔口防护现场会在株洲市召开，与会 600 余名代表参观了株洲市人防工程。

6 月 12 日，中共株洲市委召开“百厂会战”工作会议（“百厂会战”是株洲市工业部门各单位把贯彻落实新时期总任务同大力发展社办工业紧密结合起来，城乡结合，工农结合，促进工农业高速发展的农村办“百厂”的大会战）。

10 月 18 日，参加全国第三次人防会议的各大军区司令员由总参副总参谋长杨勇、王尚荣带队到株洲市参观人防工程建设。在全国第三次人防会上，株洲市被授予“人防战备建设先进城市”称号。

10 月 20 日，一机部、煤炭部、省煤炭局率 14 个省、市，32 个科研生产单位的 70 名代表鉴定株洲选煤厂等单位试制的中国第一台 8 立方米的选煤浮选机。该机通过鉴定，正式投产。

12 月 30 日，持续功率为 4350 千瓦、最大速度为每小时 100 千米的韶山Ⅲ型电力机车在田心机车车辆工厂制成。

是年起，株洲市对“反右派”“四清”“反右倾”“文化大革命”4 个政治运动和历史老案进行全面复查，1988 年年底全部完成。对 4 个运动和历史老案共复查 51169 人，平反纠正 31632 人；落实农村基层干部政策和地下党政策共复查 5248 人，纠正 2257 人，恢复党籍 600 人；落实统战政策，为 4478 人正名。

是年，株洲市整流器厂设计制造出国内第一台 DCBHS-3000/250 型大型可控硅整流装置。

1979 年

2 月 13 日，株洲市第三水厂建成通水，日生产能力 50 万立方米。至此，株洲市区日供水能力达到 115 万立方米，居全国大中城市第 7 位。

2 月 22 日，中共株洲市委和市革委会分开办公。

2 月 23 日，株洲市第一所高等学校“湖南省株洲市基础大学”开学。1985 年，更名为株洲大学。1989 年 4 月，更名为株洲工学院。2003 年，扩建合并为湖南工业大学。

2 月 24 — 28 日，中共株洲市第五次代表大会召开。选举周政为中共株洲市委书记。

2 月，全市开展“四类分子”摘帽工作，原受监管的地主、富农、反革命分子、坏分子，经群众评议和县（区）革命委员会批准，全部摘帽，纠正错划错戴。

3 月 11 日，全国羽毛球分区赛在株洲市举行，历时 18 天。

3 月，大幅度提高粮、油、猪、蛋、禽、鱼、木材、棉花等 18 类主要农副产品收购价格。11 月 1 日，提高猪、牛、羊、禽、蛋、蔬菜、水产品、牛奶销价。其中肉食平均提价 37.35%。

4 月 3 日，中共中央政治局委员、国务院副总理王震，国防工办主任洪学智到株洲市视察湘江机器厂、株洲冶炼厂。

4 月 4 日，中共株洲市委召开全市知识青年工作会议，制订出“两三年内逐步安排在乡知青从事有固定工资收入的工作”的措施。

4 月 18 日，株洲冶炼厂、株洲化工厂等市内 27 个单位在省大庆式企业命名表彰大会上被命名为省大庆式企业。

4 月 27 日，全国人大常委会副委员长谭震林到醴陵县视察。

6月20—21日，攸县普降暴雨，山洪暴发，491个大队有472个受灾，冲毁房屋3400多间，2333公顷水稻、600多公顷经济作物失收，冲毁晚稻秧苗453公顷，死7人，伤44人。

6月29日，株洲市第一届归国华侨代表大会召开，选举产生第一届归国华侨联合委员会。

6月，茶陵县农业局技术员尹武荀在尧水发现野生稻，获农牧渔业部科技进步一等奖。

7月23日，联合国粮农组织和开发计划署群众造林考察组一行22人到株洲市考察林业。

8月15日，湖南省人工降雨试验在酃县垄溪公社、城东公社首次进行高炮降雨，共发射炮弹44发，降雨效果一般。

8月22日，中共株洲市委部署全市开展“实践是检验真理的唯一标准”的学习和讨论。

9月6日，6名犯罪嫌疑人在南区武装部仓库盗走轻机枪4挺、冲锋枪5支、自动步枪2支、半自动步枪1支、手榴弹11枚、各种子弹3715发。案发后，全市出动军、警、民兵设立哨卡，连夜堵截搜山，所盗武器弹药全部收缴。

9月14日，以朝鲜政务院事务局副局长金丰振为团长的朝鲜农业科学家代表团一行15人，考察株洲县白关公社万亩杂交水稻。10月，朝鲜《农业报》考察团4人到株洲县白关考察。

10月22日，中共中央政治局候补委员、国务院副总理陈慕华到株洲市视察湘江机器厂、麻纺厂、一医院、醴陵县。

中国金属学会全国铅锌冶炼学术会议在株洲冶炼厂召开。比利时专家斯里先生作专题学术报告。

10月30日，反映株洲市工业建设成就的第一枚邮票发行，面值8分，图案是电力机车。

11月，国务院副总理余秋里到茶陵县视察工作。

是年，醴陵群力瓷厂釉下彩中餐具获国家金质奖章，国光瓷厂中档厚胎餐具获银质奖。

是年，株洲市开始第五次商业体制改革，建立流通体制，恢复发展个体和集体商业。

是年，醴陵城关镇理化瓷厂制成高频炉坩埚，填补国内空白。

1980年

1月4日，全国人大常委会委员、中国音乐家协会主席、著名音乐家吕骥到株洲市视察群众音乐创作和演唱活动情况。

1月22日，由长沙开往广州的403次客车进入株洲站时，车厢起火，烧死旅客22名，4名受伤，1节车厢被烧，餐车受损。

3月12日，中国文联副主席、中国音协副主席、上海音乐学院院长、著名音乐家贺渌汀到株洲市视察音乐工作。

4月，株洲市金属学会副理事长、株洲冶炼厂副总工程师王永清首次代表中国金属学会赴美国参加世界铅、锌学术年会。

4—7月，开展全市技术干部技术职称套改复查，全市属于套改复查范围的有1759名工程技术干部。8—12月，给139名农业技术干部分别确定了新的职称。

5月20日，朱远明任中共株洲市委书记。

8月5日，中南林学院新校址建设正式破土动工。1983年1月1日，中南林学院本部由湖南溆浦县全部迁入株洲办公。

9月1日，株洲市第一家公私合股经营企业“株洲市纸质包装厂”成立。

9月2日，一条为调剂湘中和湘南2个电网负荷的衡阳至株洲220千伏高压输电线路建成投运。

9月20日，田心铁路一中体育教师田大树自己设计制造的伞翼载人滑翔器试飞成功，为中国填补军事和体育训练的一项空白。

10月14日，株洲市航运公司7号自航自卸船，在新市河段船身倾斜沉没，18人落水，4名少女淹死。

11月1日，由中国科协主持的热带丘陵山地建设、生态平衡学术讨论会在株洲市召开。

11月20日，株洲市建设大道北段扩建工程竣工验收，宽由原15米扩到34米。

11月28日至12月7日，中国人民政治协商会议株洲市第一届委员会第一次会议召开。选举郁宝云为政协株洲市第一届委员会主席。

11月30日至12月6日，株洲市第七届人民代表大会第一次会议召开。会议决定撤销市革委会，重新成立市人民政府。大会选举张小辉为株洲市人大常委会主任，吴占魁为株洲市人民政府市长。

11月，株洲市将1969年1月1日至1975年7月31日从部队复员到株洲市的802名复员干部全部改办转业手续。

是年，株洲火花塞厂4115型火花塞、株洲洗煤厂一级精煤、株洲硬质合金厂YT14硬质合金获国家银质奖。

1981年

1月15日，株洲火车站新建主楼投入使用，该楼建筑面积为10032平方米，高20米，是当时中国南方仅次于广州、长沙的大型客站。

3月5—12日，醴陵县举办首届全国陶瓷、鞭炮烟花、蚊香看样定货会，除西藏、台湾外的各省、直辖市、自治区652名代表与会，成交额1900万元。

3月16日，中共株洲市委召开开展“五讲四美”活动、建设社会主义精神文明动员大会，号召全市人民动员起来，发扬新道德、新风尚，做建设社会主义精神文明的先锋。

3月18日，608所研制成功中国第一条面包生产自动线。

3月30日，湖南省煤矿专用机械厂与湖南省煤炭科研所共同研制的中国第一台防爆液压提升绞车通过煤炭部技术鉴定。

4月2日，全国政协副主席王首道到株洲电力机车厂视察。

4月5日，中共中央政治局委员、国务院副总理王震在湖南省省长孙国治陪同下到株洲市视察冶炼厂。

4月8日，国务院副总理万里到株洲市视察工作。

5月1日，国营湘江机器厂向市邮电局办妥用户电报手续，租用株洲—长沙—上海长途电路，成为湖南省第一批，也是株洲首家使用用户电报的单位。

5月，在巴黎召开的第二十五届国际沙眼防治组织大会，授予已故醴陵籍微生物学家、病毒学家汤飞凡防治沙眼金质奖章。1982年，卫生部追授汤飞凡成功分离衣原体科学发明奖。

7月，株洲市、株洲县、市郊区遭受连续40多天的旱灾，山塘、小型水库全部干竭，3个中型水库基本放干，稻田受灾面积36667多公顷，造成水稻减产4250万千克、旱粮1500万千克、棉花1800担，有23个公社、148个大队、1584个生产队，23880户142700人饮水困难。

9月1日，中国第一台多托辊双重杠杆电子皮带秤在株洲电厂研制成功。

10月21日，全国歌词创作座谈会在株洲市召开。

10月，湖南省林科所科技人员在酃县大院农场发现冷杉群落。

11月18日，全国商业科技机械工作会议在株洲市召开。

是年，株洲化工厂氟硅酸钠、株洲麻纺厂36支纯麻布获国家金质奖。

1982年

1月15日，株洲电视台筹备办用50瓦彩色电视差转机，转播湖南电视台节目和不定期试播自办节目。

2月，境内农村开始推行家庭联产承包制。1983年全面实行。

2月，李照明任中共株洲市委书记。

3月2日，经英国劳埃德船级社专家石井干秋先生严格鉴定，株洲市焊接器材厂生产的6种电焊条达到国际先进水平。

3月22日，最高人民法院院长江华由副省长刘亚南陪同到株洲视察。

3月，全国人大常委会副委员长谭震林视察醴陵县、攸县。

4月3日，湖南省人民政府确定酃县桃源洞为全省自然保护区之一，总面积为5040公顷。

5月25日，全国锅炉安装经验交流会在株洲市召开。

6月1日，株洲县部分地区遭受暴风雨和山洪袭击。有35个公社242个大队2024个生产队受灾。受灾农作物5678.8公顷，冲断桥梁31座，各种水利设施240处，倒塌房屋1851间，损坏房屋852间，死10人，伤11人，死耕牛6头，直接经济损失38万余元。

6月16—17日，茶陵县降暴雨220毫米，全县15个公社67个大队812个生产队遭水灾，冲垮小型水库6座，死亡89人。

6月16—18日，攸县连续暴雨，城关西门下水位76.48米，超过警戒水位1.98米，全县死22人，伤62人，冲倒房屋4267栋。

7月1日，市进行第三次人口普查。株洲市（南区、东区、北区、郊区、株洲县）共计211749户903993人，其中市区总人口为385657人。

8月17日，株洲市人民政府发出嘉奖令，嘉奖敢于坚持原则、敢于同坏人坏事和歪风邪气斗争的市钟鼓岭菜市场营业员陈丽君。10月，中共株洲市委作出决定：深入开展向陈丽君学习。11月，株洲市人大常委会决定授予陈丽君“株洲市劳动模范”称号。12月，湖南省第五届人大常委会决定批准省人民政府授予陈丽君“湖南省劳动模范”称号。

9月1日，位于清水塘馒头山的株洲市第一座最大的高地调节水库正式投产。

11月1日，第二次全国钨业科技工作会议在株洲召开。中共中央政治局委员方毅等领导出席会议，并先后视察株洲硬质合金厂、株洲冶炼厂。

是年，株洲冶炼厂精铋、醴陵浦口出口花炮厂星球献宝大型烟花，株洲麻纺厂9.5支6股苎麻线，株洲选矿药剂厂丁黄药获国家银质奖。

1983年

1月26日，组建株洲市武装警察支队。

1月，株洲火花塞厂试制的开式火花塞通过技术鉴定，填补中国火花塞产品的一项空白。

2月，株洲市人民政府决定对市造纸厂、市无线电厂、市内燃机配件厂、市仪表厂、市化工机械厂、市铅丝厂、市酒厂7个市属全民企业实行承包试点。

3月，国务院副总理耿飚回醴陵县，并视察群力瓷厂等单位。

4月19日，全市农村改变人民公社政社合一体制，开始建立乡级政权试点工作。

4月28日，株洲市第三座跨越白石港河的公路桥——红旗桥建成通车。该桥全长65.4米，宽30米，高13.5米，是湖南省内最宽的一座城市桥梁。

4月，株洲市全面整顿“以工代干”工作，至1984年12月全市办理“以工代干”人员转为国家干部8611人。

5月24日，中共中央政治局委员、中央书记处书记、解放军总政治部主任余秋里视察株洲麻纺厂。

5月27日，根据中共中央干部队伍“革命化、年轻化、知识化、专业化”的要求，中共湖南省委调整株洲市级领导班子，孙文盛任中共株洲市委书记，薛厚民任株洲市人民政府市长。

6月，为时近2年的株洲市地名普查工作结束。通过普查，对全市2499个重要地名，按规范化、标准化要求，进行了处理；对64个行政区划、街巷、道路、自然村、人工建筑、企业单位按规定作了更名和命名。

酃县教师马安健在出席第六届全国人民代表大会第一次会议时，向大会递交了关于修复炎帝陵的提案，受到中央和国务院重视，并引起海外侨胞关注。

6月27日，酃县雷雹交错，暴雨成灾，全县16个社镇、156个大队受灾。冲毁农作物3866.67多公顷，减产300多万千克，死21人，伤48人。

7月1日，原属湘潭地区管辖的醴陵县、攸县、茶陵县、酃县划属株洲市管辖。

7月29日，湖南省第一个地（市）级电视台——株洲电视台成立。1984年3月1日，株洲电视台正式定期播出自办节目。

8月起，株洲市开展严厉打击严重刑事犯罪斗争，历时3年，全市治安秩序明显好转。

10月5日，经中央军委批准，株洲市人民武装部改为株洲军分区。同时，撤销株洲警备区。原隶属湘潭军分区的醴陵县、攸县、茶陵县、酃县人民武装部改属株洲军分区管理。

10月11日，全国野生稻资源鉴定会在茶陵县召开。来自华东、华中、华南、西南13个省市的30多名研究人员参加会议。

10月20—27日，政协株洲市第二届委员会及第一次全体会议召开。协商选举杨恺为政协株洲市第二届委员会主席。

10月21—25日，株洲市第八届人大及第一次会议召开。选举吴占魁为市第八届人大常务委员会主任，薛厚民为株洲市人民政府市长。

11月15日，株洲市第一个县广播电台——茶陵县广播电台开播。

11月24日，日本滋贺县友好代表团团长、县知事武村正义先生一行4人，由湖南省人民政府副省长俞海潮陪同到醴陵县参观访问。

11月25日，中国民主同盟株洲市委员会成立。

国务委员、国家经委主任张劲夫在铁道部、纺织部有关负责人及副省长杨汇泉陪同下到市视察，参观株洲电力机车工厂。

11月28日，全国烟花爆竹科技交流会在株洲召开。

12月8日，全国政协常委王光美到醴陵县视察。

12月12日，国务院确定酃县为建设中国式农村电气化试点县之一。1987年1月4日，经国务院水电部核准，认定酃县达到初级农村电气化标准。

12月，成立株洲市农业委员会。

株洲选矿药剂厂夜明珠牌乙硫氮，株洲水泥管厂预应力水泥压力管，株洲硬质合金厂YT05硬质合金、STa固体电容器用钽丝获国家银质奖。

1984 年

1月，株洲市开展核查“三种人”的工作，至1988年基本清查结案。查清“文化大革命”中有严重后果的大事件180起；对全市155个乡镇“文化大革命”中有致死人命、致残人身的主要责任者200多人进行了处理；对350户遗属和7000多名受害者做了善后工作；查清了在“文化大革命”中犯有一般性错误的人的问题。

2月22日，湖南省人民政府授予株洲湘江机器厂工人李临庄“实干四化的尖兵”光荣称号。

2月29日，全市12万青年参加营造200千米“株洲青年林带”植树活动。

外经部批准株洲市为出口商品生产综合基地。

3月10日，中国第一条微型电脑控制的电镀生产线在株洲电力机车工厂通过部级鉴定。

3月31日，中国第一条无垫板辊压石棉中波瓦生产线通过鉴定，在株洲石棉水泥厂投产。

4月10日，全国青年足球联赛株洲分区赛在市体育场拉开序幕，广东、山西、四川、北京、昆明、武汉、湖南、延边8个代表队参赛。

4月12日，湖南省科技体制改革现场会在株洲召开，国家科委副主席赵东范出席大会，会上授予株洲电子研究所“坚持科技改革方向，为推广运用微电脑做出更大贡献”的锦旗。

4月28日，茶陵县小田学校学生寝室失火，烧死学生10人。

Δ 恢复农村乡（镇）建制。

4月，醴陵浦口镇万册图书馆建成开放，是株洲市农村乡镇第一个万册图书馆。

5月25日，株洲电子研究所面向经济建设，对外实行有偿合同制，对内实行课题承包制，经费由国家事业费支出改为经济自立的经验在全国六届人大二次会上得到了充分肯定。

5月26日，中共株洲市委、市政府宣布给全市企业下放11项权力。

Δ 全国青工“五小智慧杯”竞赛评比揭晓，株洲市被评为全国20个优胜城市之一。

Δ 湖南省确定醴陵县为湖南省杂交水稻繁殖制种推广中心，由世界银行贷款12万美元进行扶植。

6月1日，经国务院批准，原属株洲县的龙头铺、明照、蝶屏、云田4个公社和白关公社的关口、新庄、道田、百井、罗塘、五里墩6个大队，划归株洲市郊区管辖。

6月21日，株洲硬质合金厂、醴陵国光瓷厂、株洲玻璃厂、株洲火花塞厂、株洲无线电二厂等6家中央、省属和市属企业被湖南省政府确定为湖南省首批实行厂长负责制的试点单位。

7月5—10日，召开株洲市八届人大二次会议，李文源当选市人大常委会主任。

7月8日，朝鲜劳动党中央委员、矿山部副部长赵昌德率领朝鲜有色金属工业访华团一行12人，到株洲参观访问。

7月30日，曹伯纯任中共株洲市委书记。

8月27日，中国第一辆采用液压传导，内外自动导向串联新技术的35型长大货车在车辆厂研制成功。

8月31日，醴陵县糖果糕点厂生产的渌江牌圆蛋糕获国家银质奖，这是境内食品行业第一个获得的国家质量奖的产品。

9月20日，中国第一条铁道弹条自动化生产线及弹条自动成型机在航空航天部608研究所和株洲桥梁厂研制成功。

9月26日，机械部在茶陵县召开“喷灌自吸泵系列更新研究鉴定会”。茶陵县喷灌厂研制的BP型及BPZ型喷灌系列产品，经鉴定达到国际先进水平。

9月28日，株洲市铜塘湾变电站至南华变电站11万伏高压输电线路工程建成。

10月15日，原株洲市人民银行正式分设为中国人民银行株洲分行、中国工商银行株洲市支行。

10月17日，美国科罗拉多州科学管理董事长斯特劳斯先生应邀到株洲市访问，参观市无线电二厂和十厂，洽谈有关合作事宜。

10月20日，株洲市第一家合资经营企业——中国威利企业有限公司正式成立。乙甲双方为株洲市纸箱厂和香港上海国际贸易公司，合资经营尼龙拉链、再生皮革及包、箱制品项目，总投资额为629.4万元。

10月，酃县林业局科技人员在大院农场第5队海拔1350米处，发现一株古檫树，高30.2米，径围3.77米，枝下高11米，树龄达342年。

株洲硬质合金厂投资880万元在全国首家从瑞士引进技术装备的硬质合金涂层车间竣工投产。

11月16日，湖南省第一支预备役部队——株洲陆军预备役步兵师成立。广州军区司令员尤太忠授军旗并检阅部队。

11月18日，李立三故居在醴陵县正式对外开放。

12月10日，林业部全国高等林业院校林业本科专业论证会在株洲召开。林业部、教育部、湖南省林业厅领导及全国各林业院校、科研单位的专家、教授80多人出席会议。

12月20日，中国南方起重设备联营公司在株洲成立。这是湖南省机械行业第一家厂与厂联合经营的经济实体。

12月27日，株洲市南北主干道红旗路全线竣工验收。

12月28日，白石港铁路复线桥32米双孔钢梁落探就位，至此株田复线全线通车。

12月，中共株洲市委、市政府制订《株洲市经济体制改革实施方案》，正式拉开城市经济体制改革序幕。

Δ 中国第一台完全自行研制的大型试验设备——高速旋转试验器，在航空航天部608所通过国内专家技术鉴定。

Δ 南方航空动力机械公司自行设计研制的湘江-125摩托车发动机投入批量生产，填补中国摩托车系列产品的空白。

1985年

1月1日，湖南省第一个县级电视台——攸县电视台开播。

2月1日，醴陵国光瓷厂率先在全国同行业中实行外贸代理制。

2月3日，株洲市邮电局启用中文汉字译码机，结束了自民国1年（1912）开办电报以来电报通信全靠报务人员凭记忆和翻码书译电的历史。

2月7日，经湖南省民政厅批准，从酃县中村乡划出龙渣、新开、双奎、龙凤4村，成立龙渣瑶族乡。

3月1日，经国务院、中央军委批准，株洲市被列为全国乙类对外开放地区。

4月2日，株洲市第一家专科医院——株洲市骨伤科医院成立。

4月20日，丹麦丹威公司副总裁狄柏一行5人抵达株洲市，为筹办湘丹养猪合资企业进行考察。

4月26日，株洲市杨超尘、张学仁、彭元喜，分别被授予“全国优秀科技工作者”“全国技术革新能手”“全国生产能手”称号，同时获得全国“五一劳动奖章”、湖南省劳动模范称号。

5月9—12日，中共株洲市第六次代表大

会在桥东饭店召开，在六届一次全会上，选举曹伯纯为中共株洲市委书记。

5月14日，原中国人民解放军军事学院政委、全国人大常委会常委段苏权回故乡茶陵县考察。

5月24日，经国务院批准，醴陵撤县设市。

5月25—30日，召开株洲市八届人大三次会议，周吉太当选株洲市人民政府市长。

6月4日，湖南省农业劳动模范瞿永寿应邀赴菲律宾首都马尼拉，参加国际水稻研究所建所25周年庆祝大会。会上宣读了《我的种稻经验和对社会的贡献》学术论文。国际水稻研究所授予他国际“杰出稻农”称号。他是中国受此殊荣的第一位农民。

7月8日，茶陵县20多个乡（镇）陆续召开平反会，宣布1968年追查的所谓“救国军”一案纯属假案，并向受此案牵连的2600多人发放了平反证书。

7月30日，召开株洲市首届技术成果交易会，共征集2564个项目。

8月21—26日，全国农机安全监理工作经验交流会议在株洲召开。

9月8日，株洲籍运动员刘国华在北京举行的国际田径赛中，以64.14米的成绩打破1984年创造的61.64米的女子标枪亚洲纪录。

9月10日，中共株洲市委、市政府召开庆祝第一个教师节暨优秀教师表彰大会，412名优秀教师受到表彰。

9月19日，由株洲电力机车工厂和株洲电力机车研究所制造的韶山Ⅳ型8轴货运电力机车竣工剪彩。该车持速功率为6400千瓦，最大时速100千米。

10月12日，中国科学院蚕桑研究所和湖南省农科院的科技人员，在酃县中村乡道任村发现10株珍贵的桦桑树，最大的一株高25米，径围3.14米，是世界上发现的最大一株桦桑树。

10月17日，国务委员兼国家计委主任宋平一行10人到株洲市视察株洲电力机车厂、株洲硬质合金厂、株洲麻纺厂、株洲南方航空动力机械公司。

11月2日，中央军委在株洲市召开全军预备役部队建设经验交流会。中国人民解放军副总参谋长何其宗、广州军区政委张仲先、省委副书记刘夫生到会。

11月8日，“沪湘杯”全国门球邀请赛在株洲市开幕，来自13个省、市的250余名运动员参加角逐。

11月13日，以日本瑞浪市副市长水野在夫为团长的日本瑞浪市代表团一行25人到醴陵市参观。

12月3日，中顾委副主任王震一行13人在省委书记毛致用等陪同下到株洲视察工作。

12月12日，中国第一台航空燃气轮机机车，在南方航空动力机械公司和哈尔滨铁路局科研所的合作下研制成功。

12月25日，全国政协副主席程子华到株洲市视察工作。

是年，株洲市取消粮食统购制度，改粮食统派购为合同定购。至此，全市执行了32年的粮食统购制度终止。

1986年

1月20日，株洲市煤气、湘江大桥工程正式开工。1988年12月5日，市煤气第一期工程点火烘炉，25日部分送气。1988年12月28日，株洲大桥工程竣工通车。

1月28日，中国国民党革命委员会株洲市委员会成立。

1月31日，株洲市被公安部列为对外国人

开放的地区。

2月15日，中共株洲市委抽调160名整党联络员，深入农村开展整党工作。

2月20—26日，醴陵群力瓷厂为邓小平出访生产礼品瓷釉下五彩挂盘，赠送给英国首相撒切尔夫人、法国总统雅克·希拉克、爱尔兰总理加勒特·菲茨杰拉德。

3月15日，九三学社株洲市委员会成立。

3月19—31日，湖南省飞播造林指挥部派飞机1架，为茶陵县潞水、思聪、七地、腰陂4个乡的23个村及云阳林场飞播马尾松，播种面积7466.67公顷。

4月17日，中共中央总书记胡耀邦题写"炎帝神农氏之墓" 墓碑。

4月22日，株洲第一个由军队序列改为地方建制的醴陵市人民武装部顺利交接完毕。至5月，全市所辖5县市4区人武部全部改为地方建制，级别由正团级改为副县级单位，受地方和上级军事机关双重领导。

4月27日，株洲桥梁工厂试灌国内第一孔40米大跨度钢绞线预应力混凝土梁。12月14日，工厂2孔40米大跨度钢绞线预应力混凝土梁首次运抵衡广复线江村南桥。

4月，南方航空动力机械公司黄道芳研制的宇宙星盘，在第14届日内瓦国际发明展览会上荣获银牌奖。

5月8日，中国农工民主党株洲市委员会成立。

5月17日，中共中央政治局委员、国务委员方毅在省长熊清泉陪同下，视察正在施工的株洲大桥、庆云大厦等重点工程，并为两工程题词。

5月19日，全国政协副主席吕正操在省委副书记刘夫生、省政协副主席周政陪同下，视察株洲电力机车厂，并题词。

5月29日，攸县鸾山乡发现1个巨大的石灰石天然溶洞——白龙洞。洞内四通八达，主洞可通行4吨卡车，长5千米。

6月2—7日，召开株洲市八届人大四次会议，选举李文源任人大常委会主任。

6月14日，株洲硬质合金厂工程师张俊熙等研制的冶金矿山"潜孔钻具"在全国科学授奖大会上荣获国家科学进步奖，张俊熙获一等奖。

6月18日，株洲市区始开展颁发第一代居民身份证工作。

7月，株洲市属国有企业开始实行职工退休费用社会统筹。

9月12日，株洲钢厂并入涟源钢铁厂。

9月，中国铁路系统首次将微机运用于编组站，调度信号处理系统在株洲火车站获得成功。

10月18日，瑞典驻华大使贝里奎斯特、芬兰驻华大使里斯托·于瓦里宁偕夫人到株洲市访问。

10月21日，在武汉召开的全国第三届发明展览会上，南方航空动力机械公司张继恒发明的"逻辑棋"，黄道芳、罗淑元发明的"岁差星盘"获银质奖，601厂陈丕文发明的"电器铜合金"，茶陵县陈雅罗发明的"两用发电机"获铜牌奖。

10月28日，中国民主建国会株洲市委员会成立。

全国人大常委会副委员长廖汉生到株洲市视察。

10月30日，岳阳、邵阳、湘潭、衡阳、长沙、株洲6城市市长在株洲召开"民间圆桌"会议，就6市"新技术成果、新产品交易、开发湘江水资源、互设经贸商口、交流信息资源"等达成协议。

11月3日，中共中央顾问委员会常委王首道视察株洲市。

11月5日，全市劳动合同制退休工人实行社会保险制度。

11月10日，株洲首次实行劳动就业前的技术等级考试，采取择优录取的办法招录新工。

11月12—14日，中共中央书记处书记邓力群视察南方航空动力机械公司、硬质合金厂、麻纺厂、电力机车厂等单位。

11月18日，《株洲日报》报道，在酃县石洲乡干部曾纪祥家发现《神农五谷经》，该经共20页，正文完好。前部分是咒语，后部分为神农炎帝五谷真经。

12月5日，成立株洲市聋哑学校，70余名聋哑儿童进校学习。

12月6日，中国致公党株洲市委员会成立。

12月8日，株洲市合成树脂厂招标揭晓，湘江氮肥厂助理工程师肖礼珍中标，成为省内第一家实行资产经营责任制的厂长。

12月14日，全国城市私房管理工作经验交流会在株洲召开。28个省、直辖市、自治区的代表出席会议。

12月19日，中国南方最大编组站株洲火车站出发场改造工程竣工，该场车道增到24股，每天可增发30多辆列车。

12月，国家重点攻关项目——D35型钳式大型货车在株洲车辆厂研制改造成功。

Δ 酃县林业局科技人员根据龙渣瑶族乡龙凤村村民报告，到该村考察发现国宝银杉173株，最大一株高20.5米，径围121厘米，是中国独有的珍贵树种。

1987年

1月5日，驻株的中央、省属企业参加地方社会养老保险。4月9日，全市临时工实行社会养老保险制度。

1月22日，醴陵市浦口合水村发现一个可容纳上万人的大溶洞——燕子崖。溶洞高10米，宽5米多，洞内全是雪白的钟乳石。

1月23日，株洲国家基准气候站成立。

1月，市公安机关平反冤假错案、落实政策工作结束，对11541起案件全部进行复查，平反纠正8104件，维持原议3437件。

2月5日，国务院批准株洲硬质合金厂为产品出口基地。

4月9—15日，市政协第二届五次会议举行，选举李颖为市政协主席。

5月14日，成立酃县11万伏线路工程指挥部，开始架设11万伏线路工程。线路全长31.98千米，变电站容量1×10000千伏安，至1988年10月建成投产，并入株洲电网运行。

5月28日，经中央军委批准，海军某部845舰命名为株洲舰。

6月29日，民进株洲市委员会正式成立。

7月，株洲市被国务院确定为全国企业劳动、人事、工资制度综合配套改革试点城市之一。

Δ 考古工作者在茶陵县界首镇火星村独岭坳发现面积约600平方米、文化堆积层0.3～0.5米、距今6000～8000年前的村落遗址。该遗址为长江以南最南端的大溪文化遗址。

9月1日，在全国第三届伤残人运动会上，醴陵市张家满获游泳A4级男子400米自由泳、100米仰泳、4×100米混合泳3项第一名。

10月5日，由松户市议会议长涉谷新太郎率领的日本千叶县北方六市议员访华团来株洲市进行访问。访问团参观了株洲苎麻纺织厂、株洲冶炼厂、醴陵陶瓷研究所和群力瓷厂。

10月15日，株洲市被国家人防委授予“全国人防建设平战结合先进城市”称号。

10月27日，醴陵市渌江乡年内完成工业产值1.016亿元，成为省内第一个工业产值上亿元的乡。

11月4日，波兰矿山研究总院及克拉科夫矿业学院教授贝斯特龙等一行7人，到株洲洗煤厂参观。

11月18日，湘江八大风景之一的佛教旅游胜地“空灵岸”（又名“观音岩”）正式对外开放。国务委员方毅、全国政协副主席赵朴初分别为“空灵岸”“三圣殿”题写匾额。

12月17日，“三南”（闽南、赣南、湘南）公路茶陵段破土动工。

1988年

1月5日，国家计委将株洲电厂2台12.5万千瓦发电机扩建工程列入国家“七五”计划。

1月7—14日，株洲市政协召开第三届委员会会议第一次会议，陈满之当选为市政协主席。

1月8日，株洲轴承厂在全省率先实行全员抵押承包。从职工到厂长均向工厂缴纳300～1000元不等的抵押金。

1月8—16日，召开株洲市九届人大第一次会议。李文源当选为市人大主任，周吉太当选为市人民政府市长。

1月18日，南方有色金属化工企业集团公司在株洲冶炼厂成立。它是中国首家以有色冶金和化学工业联合为主体，包括高等院校、科研单位参加的企业集团公司。

1月20日，醴陵市举行历史上最大的迎春烟花晚会，燃放480箱盆花和1700多发礼花弹。副省长陈邦柱和市党政领导以及来自日本、美国、英国的朋友和香港同胞等观看了烟花。

1月24日，株洲市首届劳务交流大会结束。与会者达3万余人，100多家企事业单位挂牌设桌，登记求职者5500余人，2600多人成交获新岗位。

2月6日，中共中央政治局常委、中纪委书记乔石在湖南省委书记毛致用陪同下视察株洲电力机车厂、株洲苎麻纺织印染厂。

Δ 全国人大常委会副委员会长王任重一行14人到株洲市视察。

2月26日，全国财税系统人事工作会议在株洲市召开。

3月20日，中顾委副主任宋任穷到炎帝陵进行视察。同时，视察了酃县桃源洞自然保护区、炎帝陵修复工程和沔渡乡部分专业户。

3月25日，黄道芳、刘建民等40人被授予“株洲市有突出贡献的科技专家”称号。

3月，日本著名书画家米仓大谦，为炎帝陵题写的“祝炎帝陵修复。耕不尽。戊辰仲夏日本国群马县米仓大谦”汉白玉碑竖立在炎帝陵对面的“咏丰台”，并为炎帝陵的修建捐资20万日元。

Δ 株洲市首例人工授精婴儿在市一医院诞生。

4月4日，攸县人民隆重举行中国共产党优秀党员、杰出的无产阶级革命家谭震林陵墓落成暨骨灰安放仪式。杨尚昆、薄一波为陵墓题词。

4月25日，株洲市在全国首次民族团结进步表彰会上，荣获“全国民族团结进步先进单位”称号。

4月26日，株洲市举行首批颁发土地使用证大会，北区响石岭办事处和醴陵市王仙镇72个国营、集体企业，641户城镇居民分别领到国有和集体土地使用证。

5月5日，株洲市首条机动车技术检测线

在市公安局交警支队启用。8 ~ 10分钟可一次检测机动车的烟度、废气等9个项目。

5月19日，中共中央顾问委员会副主任宋任穷视察醴陵市，次日参观炎帝陵。

5月27日，湖南省证券公司株洲证券交易所开业。

Δ 株洲市政府决定从市直机关抽调6人到5县市、郊区担任科技副县市长、副区长。

5月。开始修建天台路，1988年12月建成通车。

6月2日，酃县何孟雄纪念馆对外开放。同日，中顾委委员张平化和省、市1000余人在酃县纪念何孟雄诞辰90周年。

6月10日，日本滋贺县知事稻叶穗一行5人到株洲电力机车厂参观。

6月12日，湖南省第一座超高压500千伏变电站“云田变电站”竣工，15日投入运行。该站建成后，将葛洲坝水电站的强大电力转换后输入湖南电网。

6月15日，中国自行设计制造的最大功率韶山Ⅳ型货运电力机车，在株洲电力机车厂通过国家级技术鉴定。

6月27日，以佐藤走波为团长的中日友好艺术文化协会访华团一行23人到株洲市、醴陵市参观访问。

8月30日，株洲电子仪表工业公司率先在全市试行厂长契约工资制度，公司所属6家企业的厂长与公司正式签订契约工资合同，试行契约工资在全市、全省、全国均属首家。

8月31日，株洲市对全市外商投资企业中方职工、私营企业职工、城镇个体劳动者及其帮工实行养老社会保险。

9月5日，应文化部和中国歌剧研究所邀请，市歌舞剧团前往北京首演现代歌剧《小巷歌声》，该剧获1988年文化部艺术局晋京演出奖。

9月27日，茶陵县腰陂乡木冲村个体鞭炮引线厂，因外人进入车间吸烟引起爆炸起火，烧死11人。

10月1日，株洲市邮电局安装完毕寻呼通信设施并开始放号。

10月3日，以中共株洲市委书记曹伯纯为团长的湖南省赴日农村技术经济结构考察团一行6人，应邀到日本富山县、滋贺县、大阪府、东京都进行为期13天的考察访问。

10月10日，株洲市被确定为全国职工医疗制度改革的6个试点城市之一。

10月16日，醴陵市伤残运动员张家满在韩国举行的第八届世界伤残人奥运会上，以1分26秒88的成绩夺得A4级100米蛙泳银牌。

10月30日，酃县下村乡首次发现红面短尾猴，属国家二类保护动物。红面短尾猴的发现，引起北京大学、瑞典、美国等动物专家的关注，并先后派人到桃源洞自然保护区进行考察。

11月26日，全国人大常委会副委员长倪志福到株洲市视察南方航空动力机械公司、硬质合金厂。

中共中央政治局常委、书记处书记胡启立视察株洲苎麻纺织印染厂、南方航空动力机械公司。

12月16—27日，在北京举行的首届中国食品博览会上，株洲市选送的30个企业72种产品参展，共获5金、13银、22铜奖牌。

12月28日，株洲市城市煤气第一期工程投产送气。

1989年

1月15日，台湾台中县圣贤宫神农大帝庙主任委员林文卿等人，专程来炎帝陵谒祖，赠汉白玉大石狮1对。炎帝陵修复工程指挥部回赠炎帝塑木雕金圣像1尊。

2月18日，株洲市人民政府首次召开全市地方志工作会议，决定当年开始编写《株洲年鉴》，并以此为突破口，全面铺开全市修志工作。

3月7日，湖南省人民政府批准追认醴陵市1926—1927年参加革命，在对敌斗争中牺牲或失踪的529人为革命烈士。

3月22日，湖南省考古研究所确认三门镇燕子村刘家洲组六斗坡发现的旧石器点，距今约20万年，是在湘江流域的河流阶地上发现的第一个旧石器点。

3月24日，全国人大常委会委员长彭真到株洲市视察株洲苎麻麻纺厂、南方航空动力机械公司。

3月30日，中国致公党株洲市委员会成立。

4月，全国人防种植养殖经验交流会在株洲市召开。全国24个省、自治区、直辖市的120多位代表汇集株洲，总参工程部政委刘振堂和国家人防办、广州军区的有关负责人出席会议。

5月25日，茶陵县平水乡三门渡口渡船沉船，船上20人全部落水，10人丧生。

6月28日至7月3日，全市普降暴雨，125个乡、9553个村组受灾，死伤100多人，损失1.2亿元。

7月28日，株洲电力机车厂生产的韶山Ⅳ型6400千瓦8轴货运电力机车获国家科技进步一等奖。

8月7日，农业部将醴陵市杂交早稻育秧技术改造列入农业部丰收计划。

8月8日，国务院总理李鹏和国务委员宋健、邹家华等领导在铁道部部长李森茂的陪同下，在北京环行试验基地登车参观株洲电力机车厂生产的韶山Ⅳ型电力机车。

8月16日，湖南省军区根据中央军委有关决定，受广州军区委托，在株洲市隆重举行授勋仪式，给59名老干部授中国人民解放军功勋荣誉章。

8月19日，株洲市邮电局长途电话正式进入全国自动网。

9月8—9日，联合国粮农组织肯摩博士率国际水稻病虫综合防治会议代表50人在攸县和醴陵市实地考察和座谈，对2县市的水稻病虫综合防治和群众性病虫预报工作给予赞扬。

9月20日，醴陵市运动员张家满在远东及太平洋伤残人运动会上，夺得A4级8个游泳项目的6块金牌、2块纪念牌，成为此次运动会上夺金牌和纪念牌最多的运动员。

12月4日，茶陵县洣江乡双扶花炮厂火药房爆炸，死亡6人，重伤5人，厂房被炸毁。

12月27日，5D轴敞车在株洲车辆工厂研制出第一辆样车。

1990年

3月20—25日，株洲市政协第三届三次会议召开，会议同意陈满之辞去政协主席，选举程兴汉为市政协主席。

5月6日，台湾台南新营市嘉董里长郭友平率领镇安殿信徒进香团一行32人，专程至炎帝陵进行拜谒。

5月26日，株洲摩托车厂正式兼并模具厂，开创集体企业兼并全民企业先例。

5月30日，株洲电力机车研究所研制成功国内第一套东风Ⅵ型内燃机车微机装置。

6月24日，国务院总理李鹏为韶山Ⅳ型电力机车题名“韶山”。

7月1日零时，开始全国第四次人口普查。全市总计有879154户3475742人，其中男1793772人、女1681970人。

7月14—18日，中共株洲市第七次代表大会在株洲宾馆召开。在七届一次全会上，选举周吉太为市委书记。

8月12日，醴陵市白兔潭镇峤岭村金刚组张余佑个体鞭炮作坊发生爆炸事故，毁房9间，死15人，伤5人。

8月20日，株洲至湘潭480路数字微波工程竣工开通。

8月21—22日，株洲市九届人大第四次会议召开，选举周伯华为株洲市人民政府市长。

10月，湖南省吨粮田开发示范领导小组派出联合验收测算组赴醴陵市抽样调查，测算亩产1020千克，确认醴陵市全年双季水稻亩产过吨粮。年末统计，亩产1023千克，成为长江中下游双季稻第一个过吨粮的县市。

11月11日。美国猫科动物专家科勒夫妇由湖南省林业厅森林保护局的专家陪同，到桃源洞自然保护区，对中国华南虎的分布状况、生活习性、生存环境等进行考察。

11月13日，株洲电力机车厂和电力机车研究所联合研制的“七五”重点科技攻关项目韶山Ⅴ型客运电力机车通过国家验收。

11月15—24日，由文化部举办、湖南省文化厅和株洲市政府承办的全国歌剧观摩演出在株洲市举行。中宣部部长、文化部代部长贺敬之，文化部副部长陈昌本等观看了演出，来自全国15个剧团1390名演员共演出15台歌剧，观众总人数达67758人次。

1991年

1月31日，秘鲁共和国参议院副议长胡立安一行4人赴株洲电厂、冶炼厂参观考察。

3月7日，晚9时30分至12时，茶陵县遭受罕见的飓风袭击，瞬间风速达26米/秒，最大风力达11级，风灾波及酃县。两县36个乡（镇）、308个村受灾，倒塌房屋6654间，造成43人死亡，401人受伤，经济损失2619万元。

3月8日，国家人防办主任、总参作战部部长隗福临由广州军区作战部部长蔡家作、湖南省军区副司令员肖求如等陪同赴株洲视察人防工作。

3月11日，湘赣边区经济技术协作区在株洲召开为期2天的首届年会。湖南省省长陈邦柱为会议题词：“加强协作，发展经济，造福人民”；江西省委书记毛致用赠词：“加强经济技术协作，促进湘赣边区繁荣”。

3月12日，中共中央总书记、中央军委主席江泽民在中宣部部长王忍之、农业部部长刘中一、国家计委副主任盛树仁等陪同下赴株洲进行为期2天的视察。先后视察了南方航空动力机械公司、硬质合金厂，并召开部分大型企业负责人会议，对株洲三项制度改革和住房制度改革予以充分肯定。

3月16日，世界卫生组织、联合国儿童基金会计划免疫审评团结束对攸县为期10天的全民审评工作，宣布攸县儿童预防接种卡介苗、脊髓灰质炎、麻疹和百日咳4种疫苗全部接种率达98.1%，超过世界卫生组织提出的85%标准。

4月16日，湖南省首家计划单列紧密型企业集团“株洲化学工业（集团）公司”成立。

4月24日，湖南省首座1000千瓦乡镇电站“酃县水口镇桨村水电站”竣工投产。

4月27日，株洲塑料厂与职工签订劳动合同，成为全省正式实行全员劳动合同化管理企业。此举拉开了株洲市深化劳动、人事、工资三项制度改革的序幕。

5月8日，株洲人民广播电台1000瓦调频立体声广播的天线系统工程在石峰山的电视发射塔上安装调试成功。7月1日，立体声广播以功率98MHZ正式试播，是湖南省地市级电台首座调频立体声广播。

6月6日，全国政协副主席王任重一行在省政协主席刘正陪同下视察酃县、茶陵和醴陵市。参观炎帝陵时提写“炎黄子孙，数典念祖”。

5—7月，境内遭遇有记载以来的最大干旱，连续3月高温无雨，造成水库干涸258座，其中小Ⅰ型水库9座；山塘干涸4.79万口，2191条溪河断流，受旱农作物面积112.8万公顷，全市31240户13.73万人饮水困难。

8月1日，由株洲市债券公司承包发行的株洲南方动力机械公司1000万元债券公开上市交易。此为湖南省内首举。

8月8日，以李翔为团长的国家科委井冈山区科技扶贫团一行7人在酃县历时4天考察，确定酃县9个项目列入国家科委“八五”期间科技扶贫开发项目。

10月19日，为期4天的全国中等城市党报研究会第六届年会在株洲结束，来自全国73家城市党报的负责人123人参加会议，35家城市报社发来贺电。

10月31日，以布莱·亚·里恩总经理为团长的罗马尼亚纺织代表团一行7人到株洲苎麻纺织印染厂考察。

12月14日，国务院批准组建以南方航空动力机械公司为核心的南方动力企业集团。

12月23日，寒潮侵入株洲市，27日全市普降大雪，最大积雪深度为18厘米。29日，株洲市区最低气温为-11.5℃，超过1954年有气象记录以来的历史纪录。

1992年

2月22日，株洲4万门程控电话安装工程开工。

3月7日，全国第一台微机控制电力机车在株洲电力机车厂问世。

5月18日，株洲汽车制造厂生产的“坚盾”牌汽车被选定为首都警车统一车型。

7月14日，株洲冶炼厂生产的铅、锌在英国伦敦金属交易所注册，双双进入国际期货市场。

9月3日，全国政协副主席程思远到株洲视察，并为中国湖南（株洲）国际烟花节题词：烟花传情展新城风貌，改革开放促经济发展。

9月11日，林业部正式批准酃县桃源洞为国家级森林公园。

9月15日，株洲化工集团公司与全国计算机五大经济信息网联机开通，首开湖南省企业与全国信息网联机的纪录。

9月28至10月3日，举办1992中国湖南（株洲）国际烟花节。境外商人200多人，内地代表3000多人与会。内贸成交额20.5亿元，外经签订合同、协议127项，总投资36.68亿元，利用外资3.56亿美元。

10月2日，攸县出土明清妇女服饰。

10月9日，日本滋贺县八日市率团到株洲访问。

11月10日，越南河北经贸团到株洲访问。

11月30日，全国政协委员、文物专家考察炎帝陵，认为炎帝陵应列为全国重点文物保护单位。

12月5日，株洲化工总厂与俄罗斯石化公司合资经营4万吨一步法甲酸项目签约，该项目总投资1.2亿美元，是湖南省第一个与俄合资项目。

12月14日，由西安试飞院和株洲608所共同研制的涡桨九发动机首飞成功，填补中国小功率涡桨发动机的空白。

1993 年

1月6日，境内最后一个无电乡“茶陵县江口乡”正式并入电网通电。

1月30日，浙赣铁路株洲至醴陵区段复线工程动工。

2月18日，湖南省内第一家个体经营法律服务部在株洲市芦淞大市场成立。

3月9日，国家科委授予株洲市河西开发区“国家级高新技术产业开发区”牌匾。

4月18日，中共中央政治局常委、国务院副总理朱镕基一行到株洲视察工作，先后到南方航空动力机械公司、火花塞厂、铁路枢纽工程视察，并召开京九铁路建设座谈会。

5月14日，株洲金蕾干啤荣获曼谷第二届国际名酒博览会金奖。

5月20日，一辆超载中巴车经过醴陵明兰水库时翻入水中，造成17人丧生。

6月2日，法中友好委员会主席魏乐彬到株洲冶炼厂参观考察。

6月10日，株洲市19家企业被列入全国3000家重点污染企业之列。

6月12日，中共中央政治局委员、国务委员李铁映到株洲视察工作。

6月28日，株洲（香港）招商洽谈会在香港开幕。

8月12日，“炎黄杯”世界华人华侨龙舟系列赛在炎帝陵举行祭祖点圣火揭牌仪式。

8月15日，公祭炎帝陵与取火仪式在酃县举行，火种由“杂交水稻之父”——袁隆平点燃。

9月4日，国家主席江泽民为炎帝陵题写了“炎帝陵”陵款。

9月21日，经国家证券监督委员会批准，株洲火炬火花塞股份有限公司向社会公开发行上市股票。

12月9日，化学工业部部长顾秀莲视察株洲化学工业集团公司及其“901工程”选址、株洲轮胎厂、化工部乳胶研究所。

1994 年

1月19日，劳动部部长李伯勇就深化企业三项制度改革问题专程到株洲市考察。

2月23日，株洲市被列为湖南省双季稻田成建制亩产吨粮开发建设试点城市。

2月25日，株洲市被列为全国“优化资本结构、增强企业实力”试点城市。

3月22日，由国家科委火炬计划办公室主持的全国高新技术产业开发区工作研讨会在株洲召开。

4月1日，酃县鲁坑小学被列为联合国教科文组织在中国的复式教学调查点。

4月5日，经国务院批准，酃县正式更名为炎陵县。

4月23日，攸县被农业部列为全国500个产粮大县重点扶持县之一。

5月27日，株洲电厂技改工程首台12.5万千瓦机组并网发电。

6月17日，因连降暴雨，湘江株洲段水位达44.39米，超历史最高水位0.52米，超过警戒水位4米多。境内150个乡镇、12个办事处2219个村（居委会）受灾，45.8万人被洪水围困，共损坏房屋15216间，倒塌房屋12526间，损失粮食62.6万吨。农作物受灾面积12.65万公顷，其中粮食作物9.67万公顷，造成直接经济损失152560万元。

6月22日，中央政治局候补委员、中央书记处书记温家宝率中央工作组到株洲市视察灾情，慰问灾民。

7月3日，全国第一个“以大代小”火电

技术改造项目 —— 株洲电厂技改工程首台机组并网发电，年发电 7.5 亿千瓦时。

7 月 18 日，中共株洲市委七届九次会议作出全面整修湘江、渌江防洪堤的决定。同年 8 月 18 日正式开工。工程按照百年一遇防洪标准，对境内湘江、渌江 154 千米的堤岸进行加宽、加支、加固，形成堤路结合的新防洪堤，提高湘江沿岸的抗洪能力。

10 月 10 日，中共中央政治局委员、书记处书记、中央纪委书记、全国总工会主席尉建行到株洲视察工作。

10 月 10 日，为配合炎帝节，中央电视台推出《中南明珠 —— 株洲》节目，向世界推介株洲。

10 月 13 日，“1994 湖南各界公祭炎帝陵”仪式在炎陵县隆重举行，并为江泽民题写的“炎帝陵”陵款举行揭碑仪式。

10 月 16 日，国家“八五”重点科技攻关项目韶山Ⅷ型准高速大功率电力机车在株洲电力机车厂落成。

10 月 25 日，中国人民解放军原总参谋长、开国上将杨得志（株洲县南阳桥乡人）逝世。

11 月 18 日，株洲市举行李立三诞辰 95 周年纪念活动，李立三的夫人李莎从北京专程赶赴醴陵李立三故居参加纪念活动。

11 月 24 日，株洲电力机车厂研制的新型韶山 6B 国际中标电力机车落成，标志着国产电力机车开始进入国际市场竞争行列。

12 月 28 日，全省第一条里程最长的全封闭、全立交高等级公路 —— 莲易公路白关至易家湾高速公路通车。

1995 年

1 月 1 日，株洲市公开发行纯银质炎帝纪念章。

1 月 16 日，株洲电厂技改工程第二台 125 兆瓦机组顺利完成国家规定的 72 小时试运，宣告全国第一家火电厂“以大代小”技术改造获得成功。

3 月 8 日，株洲市一医院口腔科成功为一名幼儿切除了颈部重达 825 克巨大型淋巴血管瘤。这是湖南省内此类首例成功手术。

4 月 15 日，株洲车辆厂制造的 DJK–140 型架桥机通过国家鉴定验收。该机解决中国铁道桥梁架桥吊梁横移一次到位长达 30 年之久的技术难题。

4 月 22 日，比利时王国埃诺省拉鲁越市市长米歇尔 · 德博克一行到株洲考察，于 23 日与株洲签署友好城市关系协议。

5 月 8 日，株洲钨钼材料厂生产的钨丝首次出口东欧，成为湖南省内第一个产品出口东欧的厂家。

5 月 19 日，由 10 家中央新闻单位组成的“炎帝陵纪行”记者采访团抵达株洲。这是中央新闻单位第一次组团采访炎帝陵。

6 月 17 日，全国政协副主席杨汝岱到株洲视察。

6 月 29 日，来自韩国、印度、埃及、沙特阿拉伯、巴基斯坦等 14 个国家的 22 名专家学者，到株洲市农科所参观考察。

7 月 21 — 26 日，召开中共株洲市第八次党代会，选举程兴汉为市委书记。

8 月 31 日，广州军区副司令员陶伯钧中将率机关工作组一行到株洲警备区、预备役师考察。

9 月 4 日，由《人民日报》、《光明日报》、中央电视台、《中国科协报》等 9 家新闻单位组成的记者采访团来株洲考察科协工作。

10 月 2 日，“1995 株洲市首次各界人士公祭炎帝陵”典礼在炎帝陵举行。

10月19日，全国政协副主席吴学谦到株洲考察。

10月21日，全国第十三次中小城市计划工作交流会在株洲举行。

10月28日，株洲县、醴陵市荣获“全国科技工作先进县（市）”称号。

11月10日，浙赣复线全线开通。该线自杭州向西延伸，经江西到达株洲，浙赣复线的开通，使株洲的运输能力得到大幅度的提升。

11月11日，以台湾作家协会理事长程国强博士为团长的湖南籍台湾作家一行13人到株洲交流。

11月20日，1992年8月动工的国家“八五”重点建设工程——株洲铁路枢纽扩建工程提前竣工，并投入运营。

11月26日，中共中央委员、广州军区副司令员周玉书回乡视察攸县的工作。

12月22日，湖南省内首家专业性法律援助机构——株洲市南区律师法律援助中心成立。

12月25日，全省第一家在市场中建立的党组织——中共株洲市南区个体私营经济工作委员会正式成立。

1996年

1月29日，株洲市荣获省“双拥模范城”称号。

3月12日，株洲市与乌兹别克斯坦共和国纳沃依市缔结为友好城市。

4月4日，中国首台持续功率为900千瓦的脉流牵引电动机在株洲电力机车厂研制成功。

4月6日，全国人大副委员长廖汉生来株洲视察工作。

4月24日，全国政协副主席孙孚凌到株洲市考察工作。

6月19日，国家“八五”重点科技攻关项目——中国第一台AC4000大功率交流传动电力机车在株洲电力机车厂下线。

7月12日，株洲电力机车厂为伊朗生产12台大功率快速客运电力机车，使国产电力机车首次走出国门。

9月2日，株洲冶炼厂生产的热镀锌合金首次出口韩国。

9月21日，中南林学院获硕士学位授予权。

9月26日，中共湖南省委发出开展向株洲电力机车研究所高级工程师王于化学习的决定，新华社在10月18日发表长篇通讯《为铁路现代化献身的人——记铁道部有突出贡献的专家王于化》。

10月1日，株洲籍运动员吉丽雅在首届亚洲体操锦标赛中获2金1银2铜。

11月26日，株洲庆云发展股份有限公司社会公众股25214100股在深交易所挂牌交易。

11月28日，长、株、潭经济区发展首次研讨会在株洲召开。

12月1日，株洲电力机车厂研制的韶山Ⅷ型机车创185千米的国产客车最高时速。

12月23日，炎帝陵升为全国重点文物保护单位。

1997年

1月4日，美国金苹果国际公司总裁彼得·H·安东尼奥先生及合伙人一行3人，到株洲市进行为期2天的工作访问。

1月6日，日本奥希利斯株式会社伊东弘行社长一行3人对株洲市进行为期6天的考察与访问。

1月9日，攸县皇图岭镇被评为全国小城镇建设示范镇。

2月2日，国家“八五”重点科技攻关项目“韶

Ⅷ”通过铁道部科技成果鉴定，主要技术指标达到国际同类产品先进水平。

2月21日，阿拉伯联合酋长国迪拜伊斯兰银行考察团到株洲进行为期5天的考察。

3月10—15日，中共中央政治局委员、国务院副总理吴邦国、邹家华在铁道部部长韩杼滨等陪同下，在北京铁科院环形铁道实验基地视察了株洲电力机车厂生产的韶Ⅷ牵引的提速列车。

3月18日，中南地区最大的轮胎批发市场在株洲开业。

4月27日，公安部追授醴陵市公安局城东警务署城东警务区干警陈正明为全国公安系统二级英雄模范称号。

5月3—13日，株洲市《红藤草》剧组晋京汇报演出。

5月14日，在第二届东亚运动会体操赛中，株洲籍运动员吉丽雅夺得3枚金牌。

5月22日，国家文物局局长张文彬考察炎陵县。

6月5日，醴陵市12名老党员捐资建起湖南省第一个民间革命历史博物馆——醴陵南四区苏维埃革命纪念馆。

6月8日，攸县、茶陵、炎陵出现大暴雨，引起山洪暴发，造成直接经济损失6.33亿元，死亡5人。

7月20日，经国务院批准，市辖区行政区划进行调整，撤销东区、南区、北区、郊区，调整设立荷塘区、芦淞区、石峰区、天元区。株洲县群丰镇、马家河乡划入天元区，调整后的市辖区行政区划从1997年8月1日起实行。

7月22日，中共中央政治局委员、中央书记处书记、国务院副总理吴邦国视察株洲电力机车厂、南方航空动力机械公司、火炬火花塞股份有限公司。

8月18日，京珠干线湘耒高速公路开工典礼在天元区马家河乡金龙茶场举行。

8月18日，株洲市二中物理教师黄国雄应中国物理学会邀请，赴匈牙利参加“国际物理创造教育”学术会议。

9月1—2日，受台风减弱的低气压和冷空气的共同影响，境内出现连续性暴雨和大暴雨天气过程，引起内渍外涝，河水猛涨，造成渌江水位51.68米，湘江水位40.82米。全市109万人受灾，直接经济损失7.94亿元，死亡24人，重伤96人。

9月7—8日，国家防汛抗旱总指挥部办公室副主任张志彤到株洲市察看洪涝灾害情况，指导抗洪救灾。

9月15—16日，广州军区副司令员谭冬生少将率军事装备部和动员部负责人专程到株洲检查指导民兵预备役建设工作。

10月8日，湖南省各界在炎陵县隆重公祭炎帝陵。中共中央政治局委员、国务委员李铁映发来贺信，省长杨正午恭读祭文。

11月3日，广州军区政委史玉孝上将考察株洲警备区和县区人武部以及民兵预备役工作。

11月26日，株洲第一家股份制上市公司火炬火花塞股份有限公司将9724万股中的2500万国有股权转让给新疆德隆国际实业公司，并在深圳证券交易所办理手续。

12月16日，株洲市程控电话装机容量突破20万门，达到20.02万门，使市话普及率达到每百人28.01部，跃居全省各市州首位。

12月21日，在全国219个地级以上城市的综合实力系统评估中，株洲市综合实力居54位，剔除直辖市、省会城市后，居29位，属第二类城市。

1998 年

1月4日，国家“九五”重点工程湘黔线株洲至娄底复线铁路正式开通运营。

1月22日，国家“八五”重点科技项目“超细碳化钨粉及超细硬质合金研究”和“低压真空烧结炉研究”在株洲硬质合金厂通过鉴定，一项达到国际先进水平，一项填补国内空白。

3月5日，国家水稻工程先进表彰大会在醴陵召开。

5月17日，津巴布韦总统办公室主任、国防部长塞法斯·姆西帕一行到株洲访问，并参观南方航空动力机械公司、千金药业公司等企业。

5月20日，中国首部以档案工作为题材的6集电视系列短剧《兰台魂》在株洲开拍。

5月22日，株洲市第二次获“全国科教兴市先进城市”称号。

6月13日，全国人大常委会副委员长蒋正华视察株洲计划生育优质服务试点工作。

6月24日，由株洲电力机车厂生产的韶山Ⅷ型0001号机车，在京广线郑州至漯河区段正线试验中，跑出239.7千米的时速。

7月25日，以教育长矶野宏为团长的日本高岛小学访中团到株洲访问。

9月25日，井冈山湖南5县（平江、茶陵、炎陵、汝城、桂东）科技扶贫会议在株洲召开，科技部副部长韩德乾出席会议。

9月26日，空军副司令员王良旺中将到株洲视察608研究所。

9月27日，中国农业科学院院长、中国工程院院士刘更另率20多名国内著名水稻专家视察“国家水稻工程”醴陵基点工作。

10月19—27日，以副市长欧勒·海贝斯为团长的挪威佛瑞德克斯特市政府代表团到株洲市就环保合作项目进行考察。

10月28日，《炎帝陵》邮票首发式在炎陵县炎帝陵举行。《炎帝陵》特种邮票一套3枚，小全张1枚。

11月5日，第38届国际电工委员会（IEC TC9）年会在株洲电力机车研究所召开，来自英、美、法等10余个国家和地区的20余名专家学者参加会议。

11月9日，《人民日报》、新华社、中央电视台、《经济日报》、《科技日报》等中央新闻媒体组成的“中国科普万里行”采访团抵达株洲，并深入冶炼厂、电力机车厂、南方公司、株洲市第二中等进行采访。

11月10日，在京广线长沙至汨罗段，株洲车辆厂研制的120千米/小时焊接转向架高速试验，以重载最高时速136千米，创中国铁路货车第一速，首次进入世界高速铁路货车领域。

12月26日，被誉为“大力士”的中国功率最大的准高速客运机车韶山Ⅸ型电力机车，在株洲电力机车厂下线。

1999 年

1月22日，中国第一家生产交流传动电力机车和交流传动设备的合资企业——株洲西门子牵引设备有限公司正式成立。

3月19—20日，以挪威王国环境大臣弗耶兰格女士为团长的挪威环境代表团到株洲进行访问。

3月24日，中共中央政治局常委、国务院副总理李岚清视察株洲职业技术学院。

5月16—17日，中国经济发展与社会进步高级研讨会在株洲召开，全国19个省、直辖市、自治区的100余名专家学者参加研讨会。

5月26日，中国首台“子弹头”高速列车在株洲电力机车厂下线。

5月26—28日，原全国人大常委会副委员长、著名社会学家费孝通到株洲市考察。

5月29日，台湾神农宫赴炎帝陵敬香团一行34人专程到炎帝陵拜谒中华民族始祖炎帝神农氏。

7月14日，湖南首家留学生创业园在株洲高新技术产业开发区正式开园。

8月9日，由文化部批准举办的“1999炎帝杯国际书画展”评选结果在株洲揭晓，评出金、银、铜奖73件，优秀奖100件。

8月30日，铁道部“九五”重大科技攻关项目120千米XIK型集装箱快运平车，由株洲车辆厂为主研制成功，并通过运行前全部测试。

9月3日，经中国证监会批准，湖南国光瓷业集团股份有限公司A股股票在上海证券交易所上网发行。

10月13—16日，在新西兰举行的世界轮椅运动会上，株洲籍乒乓球运动员陈伟红夺得女子双打和女子团体2枚金牌，并获级别赛和公开赛2枚银牌。

10月14日，“1999株洲炎帝节稻作农业与炎帝文化暨第三届农业考古国际学术研讨会”在株洲举行。

10月14日，乌兹别克斯坦共和国纳沃依市政府代表团到株洲访问，该市艺术团在市政府礼堂进行到访首场演出。

10月16日，举办“1999湖南省各界公祭炎帝陵”典礼，省长储波恭读祭文。

10月17日，中华炎黄子孙爱国促进会会长程鸿献率海内外炎黄子孙代表在炎帝陵隆重举行中华五千五百年祭祀炎帝陵典礼，程思远发来贺电。

10月18日，长沙、株洲、湘潭三市之间的银行结算方式由异地结算转变为同城结算。

11月18日，株洲市在醴陵召开李立三诞辰100周年纪念大会，《李立三诞辰100周年》纪念邮票同时在醴陵首发。

11月21日，由湖南省陶瓷研究所研制的汽水分离器，安装在中国第一艘试验飞船上。

12月17—19日，全国科教兴市工作会议在株洲召开，科技部副部长韩德乾作工作报告。

12月24日，株洲市被卫生部、中国红十字会授予“全国无偿献血先进城市”称号，是湖南省唯一获此殊荣的地市。

12月29日，位于株洲炎帝广场的20世纪中国最高广播电视钢塔“东方神龙塔”一期工程竣工并投入使用。

2000年

1月14日，湖南省首家实施债转股企业——株洲化工集团有限责任公司在长沙签订债转股框架协议，此举拉开了全省国有企业债转股工作的序幕。

3月18日，全国妇联书记处第一书记顾秀莲就社区服务问题到株洲调研。

3月23日，株洲籍运动员郑波在荷兰、德国羽毛球公开赛上夺得3块金牌。

4月4日，国家旅游局副局长张希钦专程到炎帝陵，与数千群众一起参加龙年祭祖。

4月15日，国务院副总理吴邦国视察株洲冶炼厂、株洲硬质合金厂等有色冶金大型企业。

5月16日，世界银行中国城市发展考察团到株洲考察。

5月29日，南方航空动力机械公司在长沙与中国华融资产管理公司、中国东方资产管理公司正式签订实施债转股协议，转股金额3.0371亿元。

6月1日，《株洲晚报》创刊。

6月7日，全国16市（区）政协第15次横向联系暨经济协作会议在株洲市闭幕。

6月22日，来自11个国家的16位水稻专家到株洲市农科所学习交流杂交水稻的培育和推广技术。

6月22日，株洲工学院与韩国庆北科学大学结成姊妹学校，并举行合作签字仪式。

6月24日，由文化部、中国文联主办的2000年“全国儿童剧优秀剧目展演”活动在炎陵县炎帝陵开幕。

7月7日，湖南省第一家企业博士后科研工作站在株洲硬质合金厂建立。

7月23日，株洲铁路电机学校获准同铁道部工业职工大学合并，成立湖南铁道职业技术学院。

8月29日至9月2日，召开中共株洲市第九次代表大会，选举王汀明为市委书记。

9月3日，中国首台高速交流传动电力机车“蓝箭”在株洲电力机车厂下线，其最高设计时速为305千米。

9月18日，全国第三届志书（史鉴）交流会在株洲召开。

9月21日，“长株潭”经济发展已被列入国家“十五”计划。

10月4日，神农氏药学学术讨论会暨第十届全国药学史本草学术讨论会在株洲召开。

10月5日，举行龙年九九重阳“龙的传人”炎帝陵祭祖大典，中华炎黄文化研究会副会长庄炎林、冯征，国家环保总局副局长祝光耀，国家药品监督管理局副局长任德全出席典礼。

10月10日，中国科学院和中国工程院4名院士和中国药科大学等高校的教授一行13人到株洲考察、讲学。

10月12日，来自挪威、日本等国的8名国际友人获株洲市“荣誉市民”称号和“友谊奖”。

10月28日，蒙古国际商贸促进会主席盖比亚·欧洛乔率经贸考察团到株洲市访问。

11月12日，株洲籍运动员郑波在第五届世界青年羽毛球锦标赛上夺得2项冠军。

第一篇　建　置

第一章　建置沿革

第一节　区　位

株洲位于湖南省东部,湘江下游,北纬26°03′05″～28°01′27″,东经112°57′30″～114°07′15″之间。东接江西省萍乡市、莲花县、永新县、宁冈县、遂川县；南连湖南省衡阳、郴州两市；西接湘潭市；北与长沙毗邻。

株洲古代曾为湘赣两省交通孔道。近现代为中国南方重要的铁路交通枢纽。京广、浙赣、湘黔三大干线纵贯南北，横跨东西。有106国道、莲易高速、潭耒高速公路3条国道穿过境内，有两纵五横省道7条连通省内各地州市。湘江流经株洲长达88千米，可通2000吨级船舶；洣水、渌水两大支流分别自南向北和自东向西注入湘江，丰水季节境内5县市均可通航。

2000年年末，株洲辖区总面积11247.6平方千米，其中市区建成区面积63平方千米。

图1-1　吴建宁县疆域图（清光绪《湘潭县志》）

第二节　历史沿革

先民生息繁衍。据考古发现，株洲县仙井乡黄霞垄磨山，有6000年前属于新石器时代早期的大溪文化遗址，以及叠压其上的4000多年前属于新石器时代晚期的龙山文化遗址。炎陵县的鹿原陂，有中华民族的始祖炎帝神农氏的陵墓。

三国吴设建宁县，属长沙郡，县城在今株洲市区，后迁今株洲县淦田镇。

隋开皇九年（589），隋灭陈，废建宁县。

唐高祖武德四年（621），复置建宁县，属南云州。唐太宗贞观元年（627），将建宁县并入攸县。

民国23年（1934）12月，湘潭县辖10个区，1个直属乡。区以下分10个镇，40个乡。所设株洲镇隶属湘潭县第二区。第二区区公所、株洲镇镇公所驻纪公祠（芦淞区解放街）。

民国 23 年（1934）湘潭县建置区划一览表

表 1-1

新划区名称	所辖乡镇	新划区名称	所辖乡镇
第一区	文华，雨湖，东平，壶山四镇	第二区	株洲镇，白关，清水，昭阳，藕花四乡
第三区	阳溪，云霞，大英，空灵，石洪，忠信六个乡，易俗镇	第四区	黄龙，建宁，韶华三个乡，朱亭，淦田，三门三个镇
第五区	天马，花萼，白碧，晓霞，石门五乡	第六区	碧波，汉城，日华，太平，隐山五个乡
第七区	青山，永庆，石鼓，大安四个乡	第八区	仁惠，乌石，涟南，龙泉四个乡
第九区	云湖，银田，清溪，白衣四个乡，姜畲镇	第十区	黄龙，九华，南谷，仙女，正心五个乡

民国 36 年（1947）2 月，株洲镇和白关乡、昭阳乡合并为株洲乡，直属湘潭县政府。同年 8 月，株洲乡辖 33 保，495 甲，108783 人。

1949 年 8 月 8 日，建立湘潭县株洲区人民政府（区公所），辖株洲、藕灵 2 个乡。境内各县均设区人民政府（区公所）。株洲区公所、株洲乡人民政府驻大胜岭。株洲区所辖株洲集镇面积约 0.5 平方千米，人口 7264 人。1950 年 1 月，株洲区改为第一区。

1950 年 6 月，各县结合土地改革等中心工作，开展民主建政，废除“保甲制”，建立乡级政权。乡的划分，原则上以旧“保”为基础，保大的由 1 保改为 1 乡，保小的由 3 ~ 4 个保合并为 1 乡。乡镇设人民政府。湘潭县下设株洲镇（区级），辖一至四街居民委员会、田心垅乡、董家垅乡、石子头乡，株洲镇公所（后改为株洲镇人民政府）驻殷家祠堂。

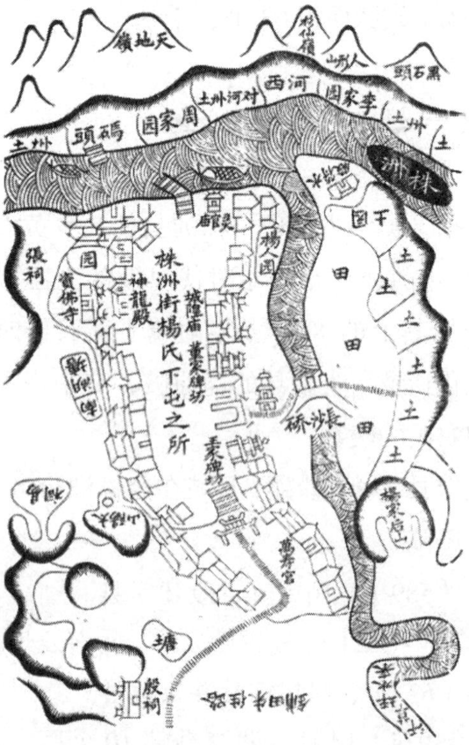

图 1-2 《杨氏族谱》内株洲辅伯市图〔清乾隆四十二年（1777）绘制〕

1951 年 6 月 6 日，经政务院〔51〕政行齐字第 149 号文件批复，湘潭县辖株洲镇升格为株洲市（县级），隶属湖南省人民政府长沙区专员公署。以原株洲镇和湘潭县第一区的太平桥、荷塘、龙洲、大京、白关、百井、南华 7 个乡和荷花乡的 5 个村为其行政区域。湖南省人民政府长沙区专员公署随即决定成立株洲市人民政府，自 7 月 1 日起对外办公。因人事方面的原因，推迟至 7 月 17 日对外办公。株洲市人民政府驻殷家祠堂（原中共株洲市芦淞区区委所在地）。

经政务院 1953 年 4 月 14 日〔53〕政孙字第 68 号批复，株洲市改为省辖市（县级）。株洲市人民政府驻大胜岭，1954 年迁建设大道（株洲军分区），1968 年迁今芦淞区新华西路（株洲大桥东头）。授权湖南省人民政府湘潭区专员公署领导。

1956 年 3 月 23 日，中共湖南省委〔56〕组办字第 13 号通知和 4 月 9 日湖南省人民委员会〔56〕会办秘字第 357 号文件通知，株洲市升格为省辖地级市，由中共湖南省委、湖南省人民委员会直接领导。

附录一：

湖南省人民政府长沙区专员公署令

公元 1951 年 6 月 9 日

民政字第 68 号

事　由：株洲市设市一案已奉中央批准希知照由。

受文者：各县市人民政府、各直属机构、本属各科室。

一、株洲设市一案已奉中央人民政府政务院 1951 年 6 月 6 日政行齐字第一四九号批复批准。

二、兹决定宣布成立株洲市人民政府自 7 月 1 日起正式对外办公，由本署刊发本质印信壹颗，兹随文附发印模一份，希即知照。

专　员：樊雨生

副专员：林　斌

（此为长沙区专员公署 1951 年 6 月 9 日民政字 68 号文抄件）

附录二：

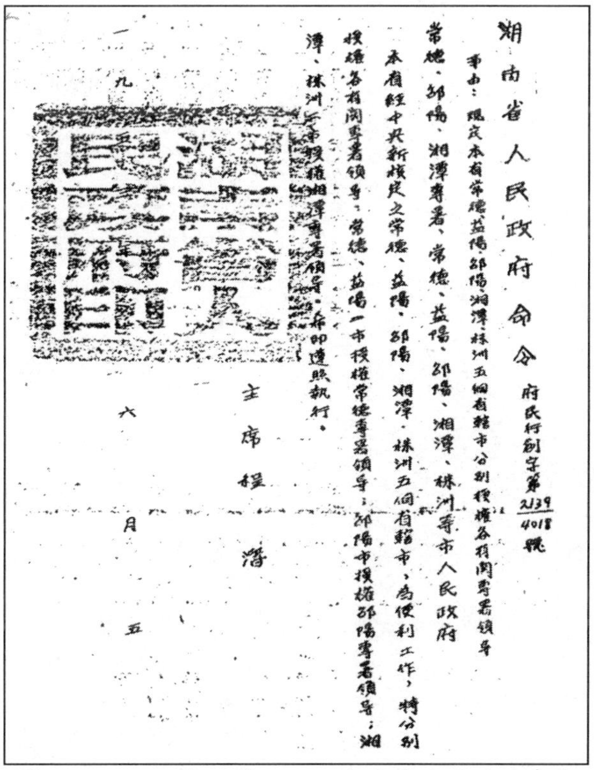

湖南省人民政府命令 府民行钊字第2139/4018號

事由：規定本省常德、益陽、邵陽、湘潭、株洲五個省轄市分別授權各有關專署領导

常德、邵陽、湘潭專署、常德、益陽、邵陽、湘潭、株洲等市人民政府

本省經中央新核定之常德、益陽、邵陽、湘潭、株洲五個省轄市，為便利工作，特分別授權各有關專署領导：常德、益陽一市授權常德專署領导；邵陽市授權邵陽專署領导；湘潭、株洲二市授權湘潭專署領导。希即遵照執行。

主席 程潜

一九 六月五

图 1–3　1953 年 6 月 5 日，湖南省人民政府命令

附录三：

中共湖南省委员会
关于株洲市委由省委直接领导的通知（摘录）

〔56〕组办字第013号

省委决定：株洲市委即由省委直接领导，希各有关部门即办理交接手续，特此通知。

1956年3月23日

附录四：

湖南省人民委员会
关于株洲市人民委员会改由我会直接领导的通知

〔56〕会办秘字第357号

湘潭专署、株洲市人民委员会：

现决定将株洲市人民委员会改由我会直接领导，该会建设、房地、劳动、卫生、商业科，均改为局。希转知各有关部门分别办理交接手续。

湖南省人民委员会

1956年4月9日

第二章 行政区划

1951 年 6 月 6 日，湘潭县株洲镇改设株洲市（县级）。以原株洲镇和湘潭县第一区的太平桥、荷塘、大京、白关、百井、南华、龙洲 7 个乡和荷花乡的 5 个村为其行政区域。株洲市城区划为第一街、第二街、第三街、第四街 4 个居民委员会。同年 8 月 20 日，成立株洲市郊区，辖田心塅、董家塅、石子头、太平桥、荷塘、龙洲、大京、白关、百井、南华、荷花 11 个乡。同年 9 月，株洲市总面积 247.5 平方千米，其中城区面积 1.05 平方千米（东西宽 0.7 千米，南北长 1.5 千米）。总人口 91493 人，其中城区人口 32122 人。

1952 年 3 月，株洲市郊区分为郊东区、郊北区，辖 32 个乡。1953 年 2 月 9 日，株洲市人民政府通知，撤销城区 4 个街居民委员会，成立 4 个街人民代表会办事处。同年 2 月 20 日，株洲市郊东区、郊北区经过调整，共辖 21 个乡。

1954 年 1 月和 3 月，湖南省人民政府湘潭区专员公署批准，先后将湘潭县十五区农营乡划归株洲市郊北区管辖、湘潭县第一农场划归株洲市管辖。

株洲市 1954 年 3 月行政区划一览表

表 1–2

株　洲　市	辖 4 个街人民代表会办事处，株洲市郊东区，株洲市郊北区
株 洲 市 城 区	辖第一街、第二街、第三街、第四街 4 个街人民代表会办事处
株洲市郊东区	辖大京、北塘、白关、曲尺、残梅、云盘、谭家塅、玉泉、五里墩、龙洲、罗塘、朱田 12 个乡
株洲市郊北区	辖井龙、天星桥、田心、明照、石子头、太阳、太平桥、永良、荷花、农营 10 个乡
–	株洲市园艺场（原名“湘潭县第一农场”）

1955 年 1 月 28 日奉湘潭区专员公署批准成立城市办事处，6 月 11 日改为建宁街道办事处。9 月 27 日、12 月 15 日，经呈准湖南省人民委员会湘潭区专员公署转请湖南省人民委员会批准，又分别设立田心、董家塅 2 个街道办事处。1958 年 3 月 10 日，经湖南省人民委员会同意，设立贺家土、清水塘 2 个街道办事处。

1955 年 2 月 22 日，株洲市郊东区、郊北区合并为株洲市郊区，设立株洲市郊区区公所，辖 22 个乡。1956 年 6 月 14 日，撤销株洲市郊区区公所，设立株洲市郊区办事处，辖古大桥、白关铺、宋家桥、田心塅、清水塘 5 个大乡。1957 年 10 月 16 日，经国务院政会字 79 号批复，湘潭县昭山区的长石、响石、白马、清水 4 个乡划归株洲市郊区办事处管辖。

1958 年 9 月 5 日，在人民公社化运动中，中共株洲市郊区区委决定，撤销乡级建置，设立政社合一的人民公社。株洲市郊区所辖 5 个乡合并组成株洲市郊区人民公社。其时，株洲市辖城区 5 个街道办事处和株洲市郊区办事处。

株洲市 1958 年 9 月行政区划一览表

表 1-3

株　洲　市	辖 5 个街道办事处、株洲市郊区办事处
株 洲 市 城 区	辖市区、田心、董家塅、贺家土、清水塘 5 个街道办事处
株洲市郊区办事处	辖株洲市郊区人民公社、株洲市园艺场

1959 年 1 月，中共湖南省委决定，从湘潭县、醴陵县、长沙县划出部分地区归株洲市郊区办事处管辖。其时，株洲市郊区办事处辖三门、雷打石、朱亭、淦田、八斗、渌口、洲坪、姚家坝、朱田铺、龙头铺 10 个人民公社、1 个园艺场。

1959 年 6 月 26 日，经湖南省人民委员会批准，撤销株洲市城区 5 个街道办事处、1 个郊区办事处，分别设立中心、清水塘、荷塘铺、田心、董家塅、郊区 6 个区人民委员会。

1960 年 7 月 23 日，经株洲市人民委员会批准，成立中心、清水塘、荷塘铺、田心、董家塅 5 个城市人民公社，分别与中心、清水塘、荷塘铺、田心、董家塅 5 个区人民委员会合署办公，两块牌子，一套人马。

1961 年 4 月 15 日，经中共株洲市委批准，将株洲市郊区人民委员会管辖的 9 个人民公社、2 个场调整为 28 个人民公社、4 个镇、1 个场。

1961 年 8 月 29 日，中共株洲市委决定，株洲市郊区人民委员会下设 8 个区公所，分别管辖 28 个人民公社、4 个镇、1 个场。

株洲市 1962 年 12 月 30 日行政区划一览表

表 1-4

株洲市城区

区 名	驻 地	分 社	居民委员会	居民小组	农 场	生产队
中心区	学堂冲	4	9	186	4	41
荷塘铺区	晏家湾	3	6	81	5	63
田心区	田心塅	2	10	172	4	38
清水塘区	湘天桥	2	5	145	5	43
董家塅区	董家塅	–	7	124	2	25
合　计		11	37	708	20	210

农村集镇

镇 名	镇人委驻地	居民委员会	居民小组
三门镇	三门	6	26
雷打石镇	雷打石	7	26
渌口镇	渌口	6	46
朱亭镇	朱亭	5	25
合　计		24	123

续表 1–4

农村区社

区 名	公社名称	生产大队	生产队
白关区	白关公社	23	250
	曲尺公社	4	36
	姚家坝公社	19	202
龙头铺区	龙头铺公社	13	131
	云田公社	18	200
	蝶屏公社	20	197
	明照公社	12	158
渌口区	鸿仙公社	14	138
	均坝公社	18	165
	漂沙井公社	10	97
	南阳桥公社	17	175
	洲坪公社	21	197
淦田区	淦田公社	15	135
	长冲公社	12	65
	八斗公社	11	64
	太湖公社	15	126
	平山塘公社	12	103
朱亭区	黄龙公社	19	139
	砖桥公社	12	96
	龙潭公社	11	75
	龙凤公社	12	95
三门区	苍霞公社	31	300
	堂市公社	23	242
古岳峰区	古岳峰公社	21	257
	王十万公社	26	254
雷打石区	马家河公社	15	218
	伞铺公社	19	266
	群丰公社	16	232
	荷花公社	10	110
合 计		469	4723

1963 年 4 月，撤销株洲市郊区人民委员会。原辖各区社由株洲市农林水办公室直接领导。

1964 年 12 月，株洲市总面积 2026 平方千米，其中株洲市城区（含中心、清水塘、董家塅、田心、荷塘铺 5 个区）面积 150 平方千米。

1965年4月30日，经国务院批准，设立株洲县，以株洲市郊区部分地区为其行政区域，隶属株洲市。

附录一：

湖南省人民委员会文件
〔65〕会办秘字第164号
关于设立株洲县的通知

株洲市人民委员会、各专署：

一九六五年四月三十日国务院全体会议第一百五十五次会议通过，设立株洲县。从株洲市的行政区划中划出二十七个公社为株洲县的行政区域，株洲县由株洲市领导。

湖南省人民委员会
1965年5月10日

1966年1月18日，经国务院〔66〕议字3号文批准，设立株洲市郊区（县级）。将原株洲市农林水办公室管辖的2个公社、10个场、1个农科所划归株洲市郊区管辖。

1970年7月8日，经国务院同意，设立株洲市东区（县级）、株洲市南区（县级）、株洲市北区（县级）。同时成立清水、荷塘铺、建宁3个人民公社，隶属株洲市郊区。

附录二：

国务院文件
〔70〕国发文53号
国务院关于湖南省株洲市行政区划问题的批复

湖南省革命委员会：

一九七〇年一月二十日来文收悉。国务院同意株洲市行政区划调整方案，即将株洲市划为东区、北区、南区和成立清水人民公社、荷塘铺人民公社、建宁人民公社，这三个人民公社由市郊区管辖。

中华人民共和国国务院
一九七〇年七月八日

1983年7月，实行市管县体制，经国务院1983年2月8日〔83〕国函字12号文件批准，湘潭地区所属的醴陵县（1985年5月24日改为醴陵市）、攸县、茶陵县、酃县（1994年4月5日改为炎陵县）划归株洲市管辖。

1984年4月6日，经国务院批准，株洲县的龙头铺等4个人民公社、白关公社的关口等6个大队划归株洲市郊区管辖。

1984 年，实行政社分设，农村人民公社改为乡。

1990 年，株洲市总面积 11420 平方千米，总人口 349.57 万人，其中市区人口 57.32 万人。

1997 年 7 月，株洲市辖区进行调整，经国务院批准、湖南省政府批复，将株洲市东区、南区、北区、郊区调整为株洲市荷塘区、芦淞区、石峰区、天元区，并将株洲县管辖的群丰镇和马家河乡划入株洲市天元区。各区在 8 月起正式对外办公。荷塘区辖月塘、茨菇塘、宋家桥 3 个街道，明照、荷塘铺、蝶屏 3 个乡和龙头铺镇的茶园、东流、三搭桥 3 个村。芦淞区辖建设、建宁、董家塅和贺家土等 4 个街道，曲尺、建宁、五里墩 3 个乡。石峰区辖响石岭、清水塘和田心 3 个街道，清水、云田、荷花 3 个乡以及新民、田心、双丰 3 个村。天元区辖群丰镇、马家河乡和郊区的园艺场。

2000 年，株洲市共管辖株洲县、醴陵市、攸县、茶陵县、炎陵县 5 个县（市）和荷塘区、芦淞区、石峰区、天元区 4 个城市区，共 67 个镇、73 个乡、17 个街道办事处、2223 个行政村、345 个居委会。其中城市四区辖 9 个乡、3 个镇、12 个街道办事处、147 个村委会、171 个居委会。辖区总面积 11247.6 平方千米，其中市内建成区面积 63 平方千米；全市总人口 365.51 万人，其中市区人口 74.85 万人。

株洲市 2000 年 12 月行政区划一览表

表 1–5

株洲市	辖荷塘区、芦淞区、石峰区、天元区、株洲县、醴陵市、攸县、茶陵县、炎陵县
荷塘区	辖宋家桥街道办事处、茨姑塘街道办事处、月塘街道办事处、蝶屏乡、荷塘铺乡、明照乡
芦淞区	辖贺家土街道办事处、建设街道办事处、建宁街道办事处、董家塅街道办事处、曲尺乡、建宁乡、五里墩乡、建宁经济开发区
石峰区	辖响石岭街道办事处、清水塘街道办事处、田心街道办事处、龙头铺镇、云田乡、清水乡、荷花乡
天元区	辖泰山路街道办事处、嵩山路街道办事处、群丰镇、马家河镇
株洲县	辖渌口镇、雷打石镇、三门镇、淦田镇、白关镇、古岳峰镇、黄龙镇、龙凤乡、龙潭乡、砖桥乡、平山乡、太湖乡、八斗乡、长冲乡、洲坪乡、南阳桥乡、姚家坝乡、堂市乡、王十万乡、仙井乡、大京乡
醴陵市	辖解放路街道办事处、城东街道办事处、阳三石街道办事处、西山街道办事处、黄泥坳街道办事处、白兔潭镇、南桥镇、富里镇、浦口镇、王仙镇、王坊镇、泗汾镇、沈潭镇、船湾镇、大障镇、贺家桥镇、马恋镇、均楚镇、仙霞镇、黄獭嘴镇、石亭镇、神福港镇、东富镇、茶山岭镇、栗山坝镇、大林乡、东堡乡、黄沙乡、枧头洲乡、孙家湾乡、清水江乡、嘉树乡、转步乡、军山乡、高桥乡、长岭乡、新阳乡、板杉乡、八步桥乡、枫林市乡、官庄乡、渌江乡
攸 县	辖城关镇、鸾山镇、黄丰桥镇、酒埠江镇、网岭镇、皇图岭镇、新市镇、丫江桥镇、渌田镇、桃水镇、柏市镇、上云桥镇、菜花坪镇、大同桥镇、市上坪镇、石羊塘镇、钟佳桥镇、高枧镇、漕泊乡、兰村乡、银坑乡、湖南坳乡、坪阳庙乡、槚山乡、大桥乡、莲塘坳乡、沙陵陂乡、凉江乡、高和乡、鸭塘铺乡
茶陵县	辖城关镇、界首镇、严塘镇、湖口镇、高陇镇、腰陂镇、虎踞镇、潞水镇、浣溪镇、火田镇、枣市镇、平水镇、马江镇、思聪乡、七地乡、秩堂乡、小田乡、尧水乡、舲舫乡、桃坑乡、江口乡、下东乡、洣江乡、八团乡、湘东乡
炎陵县	辖霞阳镇、沔渡镇、水口镇、鹿原镇、十都镇、三河镇、石洲乡、垄溪乡、中村乡、策源乡、平乐乡、下村乡、东风乡、船形乡、龙渣瑶族乡

第一节 株洲市城区

自1951年7月，成立株洲市（县级）后。城区设第一街、第二街、第三街、第四街4个居民委员会。4个街居民委员会共辖居民联组33个，居民联组辖居民小组200个。

1953年2月9日，根据株洲市人民政府民政字第005号通知，撤销株洲市城区4个街居民委员会，成立4个街人民代表会办事处。

第一街人民代表会办事处 辖原第一街居民委员会、原第二街居民委员会和从株洲市郊东区谭家塅乡划来的3个联组。

第二街人民代表会办事处 辖原第三街居民委员会。

第三街人民代表会办事处 辖原第四街居民委员会大部分地区。

第四街人民代表会办事处 辖原第四街居民委员会小部分地区和从株洲市郊北区划来的石塘乡。

1955年，撤销株洲市城区4个街人民代表会办事处，先后组建城市、田心、董家塅3个街道办事处。1958年，增设贺家土、清水塘2个街道办事处。

城市街道办事处 1955年1月28日，经湖南省人民委员会湘潭区专员公署民行字004/159号文件批准，成立株洲市城市街道办事处。同年6月11日改名为株洲市建宁街道办事处。1957年9月6日改名为株洲市市区街道办事处，辖原株洲市城区4个街人民代表会办事处和株洲铁路地区、株洲冶炼厂等地域。

田心街道办事处 1955年9月27日，根据株洲市人民委员会通知，呈准湖南省人民委员会湘潭区专员公署转请湖南省人民委员会批准，设立株洲市田心街道办事处，辖株洲机车车辆修理工厂（株洲电力机车厂前身）、田心火车站、大东门、白石港等地域。

董家塅街道办事处 1955年12月15日，根据株洲市人民委员会通知，呈准湖南省人民委员会湘潭区专员公署转请湖南省人民委员会批准，设立株洲市董家塅街道办事处，辖331厂（南方航空动力机械公司前身）、二工程处、卫门口、茅屋街等地域。

贺家土街道办事处 1958年3月10日，根据湖南省人民委员会会民字第159号复函，经湖南省人民委员会同意，设立株洲市贺家土街道办事处。

清水塘街道办事处 1958年3月10日，根据湖南省人民委员会会民字第159号复函，经湖南省人民委员会同意，设立株洲市清水塘街道办事处。

1959年6月26日，根据湖南省人民委员会会民字第335号文件，撤销市区、田心、董家塅、贺家土、清水塘等5个街道办事处，设立中心、田心，董家塅、清水塘、荷塘铺等5个区，各区分别成立区人民委员会。

中心区 辖南自狮形坡、株洲市第一水厂起，北至白石港株洲市第二水厂，包括株洲选煤厂（株洲洗煤厂前身）、株洲市石料厂（株洲市煤矸石制品厂前身）、田心火车站、油库等，东至株洲铁路地区及桠枝塘以下，包括长江工具厂（株洲硬质合金厂前身）等，西至湘江东岸等地域。

田心区 辖西至铁路边起，经株洲田心机车车辆工厂（株洲电力机车工厂前身）至 303 仓库等地区，包括大东门、株洲田心机车车辆工厂，303 仓库、69 仓库等。

董家塅区 辖桠枝塘以上至五里墩火车站止一带地区，包括卫门口小街、湘江机器厂（南方航空动力机械公司前身）、959 仓库等。

清水塘区 辖南自玻璃厂，东至白马垄火车站，包括株洲冶炼厂、株洲化工厂、株洲市三中等；西至湘江东岸等地域。

荷塘铺区 辖晏家湾、荷塘铺、宋家桥一带地域，包括株洲市电焊条厂、株洲市轴承厂等。

1960年7月23日，根据株洲市人民委员会会办字第010号通知，成立中心、田心、董家塅、清水塘、荷塘铺5个城市人民公社，分别与中心、田心、董家塅、清水塘、荷塘铺5个区人民委员会合署办公，两块牌子，一套人马。

1970 年 7 月 8 日，经国务院同意，株洲市城区设立株洲市东区、株洲市南区、株洲市北区。

东　区 由田心区和荷塘铺区合并而成，其区界东至贺家塅、南至浙赣铁路，西至京广铁路，北至麻塘坳。下设田心、茨姑塘、月塘和宋家桥 4 个街道办事处。

南　区 由中心区的大部分地区和董家塅区合并而成。其区界东至京广和浙赣铁路，南至七斗冲，西至湘江东岸，北至株洲公园正门前的六号马路，下设董家塅、东风（1972 年 11 月 29 日改名为建宁）和建设 3 个街道办事处。

北　区 由清水塘区和中心区的小部分地区合并而成，其区界东至京广铁路，南至株洲公园正门前的六号马路，西至十里冲火车站，北至白马垄火车站，设清水塘、响石岭和白石港（1975 年 12 月 30 日更名为贺家土）3 个街道办事处。

株洲市城区 1974 年 7 月 26 日行政区划一览表

表 1-6

区	街道办事处	居 民 委 员 会
东区	田心办事处	红星、反修、民主、战斗、团结、建设、胜利、解放、革命、反帝
	月塘办事处	南岳岭、烟山、茅屋街、野鸭冲、新月塘、石塘冲、上月塘、秧田嘴
	茨姑塘办事处	永红村、荷叶塘、罗家冲、红卫村、前进村
	宋家桥办事处	黄泥塘、晏家湾、宋家桥、向阳村
南区	建设办事处	堤升街、沿河、钟鼓岭、操坪、何家坳、学堂冲、大塘冲、荷叶塘
	建宁办事处	株董路、杨柳冲、解放街、栗树街、南湖塘街、建宁街、月形山、港口街、渡口
	董家塅办事处	南华、民主、红星、和平、迎新、幸福、友好、言家、茅屋街
北区	白石港办事处	大园、来园、杉木塘、白石港、长塘湾、曹塘坝、金盘岭、大坝街、东风
	清水塘办事处	红色、湘天桥、红星、白马垄、报亭、杨梅塘、清水塘
	响石岭办事处	红旗、电站、万泥塘、立新、霞湾

1974 年 7 月 26 日，根据株洲市革命委员会株革发 71 号通知，统一调整划分居民委员会，城区辖 10 个街道办事处，74 个居民委员会。

1981 年 6 月 28 日，根据株洲市人民政府株政发 84 号文件，株洲市南区建宁街办事处渡口居民委员会划归株洲市郊区管辖。

1990 年 12 月，株洲市城区辖株洲市东区、株洲市南区、株洲市北区，辖 10 个街道办事处，134 个居民委员会。

1997 年 7 月，株洲市辖区进行进行调整，撤销东区、南区、北区、郊区，成立株洲市荷塘区、芦淞区、石峰区和天元区。

荷塘区 位于株洲市城区的东部，面积 159 平方千米，辖蝶屏乡、荷塘铺乡和明照乡 3 个乡，月塘、茨姑塘、宋家桥 3 个街道办事处，有 43 个行政村和 46 个社区居民委员会。

芦淞区 位于株洲市城区的南部，面积 67.3 平方千米，辖建宁、五里墩、曲尺 3 个乡，贺家土、建设、建宁、董家塅 4 个街道办事处，有 19 个行政村和 28 个社区居民委员会，1 个国家级开发区，即董家塅高科技工业园，1 个省级开发区，即建宁开发区。

石峰区 位于株洲市城区的北部，面积 161 平方千米，辖云田乡、清水乡、荷花乡、龙头铺镇，响石岭、田心、清水塘 3 个街道办事处，有 47 个行政村、56 个居民委员会。

天元区 位于株洲市城区的西部，面积 150 平方千米，辖群丰、马家河 2 个镇和嵩山、泰山 2 个街道办事处，有 30 个行政村、8 个农村管理处、10 个居民委员会。

第二节　株洲市郊区

1951 年 8 月 20 日，株洲市人民政府郊区区公所成立，辖 11 个乡，56 个行政村，686 个居民小组。

1952 年 3 月，株洲市郊区划分为株洲市郊东区和株洲市郊北区，共辖 32 个乡。

郊东区 辖 18 个乡：白关、沙田、玉盘、大京、残梅、双竹、玉泉、罗塘、枫溪、曲尺、谭家塅、浏海坪、朱田、五里墩、井湾、龙洲、北塘、南华。

郊北区 辖 14 个乡：永良、新天、太阳、明照、太平桥、天星、泉塘、田心、白石港、仙儒、石塘、石子头、荷花、井龙。

1953 年 2 月 9 日，根据株洲市人民政府民政字第 005 号通知，株洲市郊北区石塘乡和株洲市郊东区谭家塅乡 3 个联组并入株洲市城区。

1953 年 2 月 20 日，根据湖南省人民政府湘潭区专员公署民政总字第 009 号通知批准，株洲市郊东区、株洲市郊北区经过调整，共辖 21 个乡。

郊东区 辖 12 个乡：大京、北塘、白关、曲尺、残梅、云盘、谭家塅、玉泉、五里墩、龙洲、罗塘、朱田。

郊北区 辖 9 个乡：井龙、天星桥、田心、明照、石子头、太阳、太平桥、永良、荷花。

1954 年 1 月，湘潭县十五区农营乡划归株洲市郊北区管辖。1954 年 3 月 31 日，经湖南省人民政府湘潭区专员公署批准，湘潭县第一农场划归株洲市郊区管辖，改名株洲市园艺试验场，同年5月30日，改名为国营株洲市园艺场。

1955年2月22日，经中共株洲市委批准，株洲市郊东区和株洲市郊北区合并为株洲市郊区，设立株洲市郊区区公所。

1956年6月14日，中共株洲市委决定撤销株洲市郊区区公所，设立株洲市郊区办事处。辖古大桥、白关、宋家桥、田心塅和清水塘5个大乡。1958年9月，废乡建社，将5个大乡59个农业生产合作社、2个蔬菜社和1个渔业社合并为株洲市郊区人民公社（后改名为朱田铺人民公社）。

1959年1月，根据中共湖南省委决定，从湘潭县、长沙县、醴陵县划出部分乡镇（公社）归株洲市郊区管辖，共涉及人口79433户341594人、耕地面积36354.6公顷。郊区将所辖地域调整为朱田铺、三门、淦田、朱亭、八斗、雷打石、龙头铺、姚家坝、渌口、洲坪10个公社和1个株洲市园艺场。1960年5月将姚家坝人民公社和朱田铺人民公社合并为白关人民公社。

1959年6月26日，根据湖南省人民委员会335号文件，撤销株洲市郊区办事处，设立株洲市郊区人民委员会。

1961年4月15日，经中共株洲市委批准，将原9个公社、3个场调整为28个公社、4个镇、2个场。

株洲市郊区1961年4月行政区划调整情况一览表

表1–7

原公社（场）名称	新公社（场、镇）名称
白关公社	白关公社、明照公社、姚家坝公社
雷打石公社	马家河公社、群丰公社、伞铺公社、雷打石镇
淦田公社	淦田公社、太湖公社、平山公社
三门公社	堂市公社、苍霞公社、古岳峰公社、王十万公社、三门镇
渌口公社	均坝公社、漂沙井公社、鸿仙公社、渌口镇
朱亭公社	砖桥公社、黄龙公社、龙凤公社、龙潭公社、朱亭镇
洲坪公社	洲坪公社、南阳桥公社
龙头铺公社	蝶屏公社、龙头铺公社、云田公社
八斗林场	八斗公社、长冲公社
湘江公社	湘江公社
荷包农垦场	荷包农垦场
园艺场	园艺场

1961年8月29日，根据中共株洲市委决定郊区下设龙头铺、白关、渌口、淦田、朱亭、三门、古岳峰、雷打石等8个区公所，作为郊区人民委员会的派出机构，管辖28个公社、4个镇和1个场。

1963年4月，撤销株洲市郊区人民委员会，由株洲市农林水办公室直接领导农村各项工作。

1965年4月30日，国务院155次会议通过，成立株洲县，株洲市郊区的黄龙、龙凤、龙潭、砖桥、淦田、平山、太湖、八斗、长冲、洲坪、南阳桥、均坝、漂沙井、白关、姚家坝、鸿仙、龙头铺、蝶屏、云田、明照、群丰、伞铺、马家河、三门、堂市、古岳峰、王十万27个公社和渌口、朱亭、雷打石、三门4个镇以及荷包农垦场、凤凰山林场、群丰茶场、湘江渔业社划归株洲县管辖。

1966年1月18日，经国务院议字〔66〕3号文件批准，设立株洲市郊区（县级）。并将株洲市农林水办公室领导的曲尺、荷花2个公社、10个场和1个农科所划归郊区管辖。

1970年7月8日，国务院国发〔70〕53号文件批准，将5个蔬菜农场和株洲市果树园艺场的部分地区合并为清水、荷塘铺、建宁3个人民公社。

1984年，实行政社分开，人民公社均改为乡。

1984年4月6日，经国务院批准，将株洲县龙头铺、云田、蝶屏、明照4个人民公社及白关人民公社的罗塘、百井、道田、新庄、五里墩、关口6个大队划归株洲市郊区管辖。分别改为：龙头铺、云田、蝶屏、明照4个乡和罗塘、百井、道田、新庄、五里墩、关口6个村。1984年11月28日，以罗塘等6个村的行政区域组建五里墩乡。

1990年年底，株洲市郊区共辖10个乡、2个场、112个村民委员会、5个居民委员会。

1990年底株洲市郊区行政区划一览表

表1-8

乡	村（居）民委员会
城市工作处	红旗路、龙泉、竹山、麻园、渡口共5居民委员会
蝶屏乡	高塘、柏冲、东元冲、樟桥、香草塘、三八、蝶屏、黄陂田、董家冲、黄塘、青草坝、徐家塘、双泉、东山、青草冲、霞山、仙庾岭、帅家塅、菱塘共19村民委员会
明照乡	曹家塘、北塘、明照、亭子前、龙洲、太平桥、新市、桐梓坪、天台、太阳、戴家岭、大丰、道岭、桂花、星星、神冲共16村民委员会
五里墩乡	新庄、罗塘、五里墩、百井冲、道田、关口共6村民委员会
曲尺乡	栗塘、渔业、曲尺、湘江、谭家塅、坚固、燎原共7村民委员会
建宁乡	橘园、朱田铺、黄田、早禾坪、古大桥、南华、龙泉、农兴桥共8村民委员会
荷塘铺乡	荷塘铺、新民、新村、宋家桥、新塘坡、金钩山、田心、双峰共8村民委员会
清水乡	大华、响石、建设、清水、白石港、先锋、湘天桥共7村民委员会
荷花乡	霞湾、白马、九塘、袁家冲、荷花、井龙、毛塘坳、长石、新桥、大冲、横石共11村民委员会
龙头铺乡	茶园塘、鸡嘴山、龙潭寺、三搭桥、郭家塘、烟墩冲、大升、龙头铺、西塘湾、太平寺、交通、东流、兴隆山、农科站共14村民委员会
云田乡	合益、马鞍山、白合、石砚、陶泉、游马山、虾塘、菖塘、朴塘、大岭冲、云田、石山、姜泉、五星、福林、柏水共16村民委员会
园艺场	大坪、渡口、张家园、徐家冲、天台、莲花、东湖、隆兴、新塘、机械化猪场共10个工区
鹅颈洲渔场	–

1996年年末，市郊区辖9乡、1镇、1个城市工作处和1个省级经济开发区，109个村民委员会，9个居民委员会，1902个村民小组，47个居民小组。辖区总面积337平方千米，总人口15.17万人，其中农业人口13.47万人。

1997年5月，经国务院批准、湖南省政府批复，株洲市区进行调整，作为与建市同时设立的郊区，在几经变迁，走过长达46年的历程之后，被撤销。其原辖区域，分别编入荷塘区、芦淞区、石峰区、天元区管辖。

第三节 属县（市）

一 株洲县

1965年4月30日，经国务院第155次全体会议决定，设立株洲县，以株洲市部分行政区域为株洲县行政区域。全县划分为渌口、淦田、朱亭、三门、白关、古岳峰、雷打石、龙头铺8个区和渌口镇（直属镇），共辖27个公社，4个建制镇，4个农、林、渔、茶场。

1967年，将8个区改以序数命名，设置1～8区。1968年1月1日撤区并社，1971年恢复区级机构。

1984年4月，撤销龙头铺区，将其所辖行政区域和白关区白关人民公社所辖部分区域划归株洲市郊区管辖。

1984年，实行政社分设，公社改为乡。

1987年5月，撤销朱亭、淦田、白关、雷打石、渌口和三门6个区级机构。

1990年，全县共有22个乡，即：姚家坝、鸿仙、白关、漂沙井、均坝、南阳桥、洲坪、淦田、平山、八斗、长冲、太湖、砖桥、龙潭、黄龙、龙凤、王十万、古岳峰、堂市、伞铺、群丰、马家河；5个镇，即：渌口、淦田、朱亭、三门、雷打石；362个村委会，4787个村民小组；18个居民委员会，152个居民小组。1993—1998年间，先后有白关、黄龙、群丰和古岳峰等撤乡建镇。

2000年，全县共辖14个乡，即：龙凤、龙潭、砖桥、平山、太湖、长冲、八斗、洲坪、南阳桥、仙井、姚家坝、大京、堂市、王十万；7个镇，即：黄龙、淦田、渌口、白关、雷打石、三门、古岳峰；2个农林场；334个自然行政村和23个居民委员会。辖区总面积1381平方千米，年末总人口44.44万人。

二 醴陵市

东汉初，析临湘地置醴陵县，并从湘南县划入部分地。

三国时，醴陵属吴之荆州长沙郡。

晋代，醴陵隶属荆州长沙郡（后改为湘州）。

南北朝时，醴陵属宋之湘州长沙内史。齐以后属湘州长沙郡。

隋代，属荆州长沙郡（一度改为潭州）。大业三年（607），改临湘县为长沙县，撤醴陵并入长沙，撤建宁并入湘潭。

唐武德四年（621），醴陵从长沙县析出置县。天宝八年（749），将湘江以东之渌口、三门、昭陵等地，渌水下游和县南与攸县毗邻地区划归醴陵。

五代时属潭州。

宋代，属荆湖南路潭州长沙郡。

元代属广行省天临路。元贞元年（1295），升为中州。天历中（1328 — 1330），由州降为县。至正二十四年（1364），又升为州。

明洪武二年（1369），由州改为县，属湖广布政使司潭州（五年改长沙府）。永乐十年（1412）并为 32 都。宜德七年（1432）并为 28 都。景泰三年（1452）并为 24 都。成化八年（1472）改为 25 都。

清初沿袭明制。清康熙三年（1664），隶属湖南省长保道长沙府。清康熙二十一年（1682）按东南西北四乡下设 30 都、108 境。清末，全县划为 15 个自治区。

民国元年（1912），醴陵属湖南省湘江道。民国 7 年（1918）属湘东道。民国 15 年（1926）2 月，全县划为 15 区、131 境。民国 21 年（1932）11 月，全县划为 5 个大区。民国 23 年（1934），5 个大区下辖 49 乡、6 镇。民国 27 年（1938），废除区制，划为 24 乡和醴泉、渌口 2 镇；民国 36 年（1947），全县调整为 15 个乡（镇），190 保，2832 个甲。

1949 年 8 月，醴陵属湖南省长沙专署。全县划为 5 个区。其后，区、乡（镇）设置变化频繁，到 1958 年成立人民公社时，全县先后建立城关、南桥、浦口、王仙、八里坳、泗汾、清水江、大障、茶山岭、高桥、石亭、黄獭嘴、渌口、姚家坝、板杉和桃花 16 个人民公社，下辖 221 个大队，后改为 255 个大队。

1959 年 1 月，将姚家坝、渌口、石亭和高桥 4 个人民公社的 26 个大队以及 3 个大队的部分生产队共 349.3 平方千米的区域划归株洲市郊区管辖。

1961 年复区划社，全县划分为白兔潭、王仙、八里坳，泗汾、大障、茶山岭、均楚、板杉、官庄 9 个区（共辖 40 个人民公社）和城关镇 1 个镇。

1983 年 7 月，醴陵县划归株洲市管辖。

1984 年，实行政社分设，公社改为乡（镇）。

1985 年 5 月 24 日，醴陵县改为醴陵市（县级市）。

1986 年 11 月，撤销区公所，城关镇，设 10 个工作委员会。至 1990 年，全市共设 10 个工作委员会、33 个乡、8 个镇、4 个街道办事处。

1985 — 1998 年间，先后有南桥、船湾、仙霞、东富等乡撤乡建镇。

2000 年，辖 17 个乡，即：黄沙、东堡、大林、枧头洲、孙家湾、清水江、嘉树、转步、高桥、军山、长岭、板杉、八步桥、新阳、枫林市、官庄、渌江；20个镇，即：南桥、富里、白兔潭、浦口、王坊、王仙、东富、泗汾、沈潭、船湾、大障、贺家桥、马恋、神福港、茶山岭、栗山坝、均楚、石亭、仙霞、黄獭嘴；5个街道办事处，即：解放路、城东、阳三石、西山、黄泥坳；680个自然行政村和76个居民委员会。辖区总面积2157.2平方千米，年末总人口98.33万人。

三 攸 县

西汉高祖五年（前202），置长沙国，攸县、容陵县均属长沙国，攸县之名始见于《汉书·地理志下》史籍。陈代，攸县改名攸水县。

隋初，攸水、阴山、建宁、茶陵4县并入湘潭县，属衡山郡。

唐武德四年（621），废湘潭县，置南云州。攸水县分置为安乐、新兴2县，与阴山、建宁、茶陵3县均属南云州，州治设原攸水县治。贞观元年（627），废南云州，将所属5县合并为攸县。

元初，攸县以民至万户升为州，称攸州，属天临路。元元贞元年（1295），全州划分5乡（东江、北江、擢秀、清阳、水平），72里。

明洪武三年（1370），改攸州为攸县，隶属长沙府，洪武五年（1372），将元代的72里并为52里；明永乐二年（1404），又并为44里；明景泰三年（1452），再并为29里、1坊厢。

清顺治十一年（1654），将29里、1坊厢调整为幅员大致均匀的30里，里又称都。

民国初期，废除原来5乡之名，将全县划为1城6镇，即城区、中和镇、春江镇、安西镇、宏翘镇、皇图镇、黄丰桥镇。仍保留30都建制。民国3年（1914），废府设道，攸县属湘江道。民国11年（1922）废道，县直接属省。民国27年（1938），省县之间设“行政督察区”，攸县属湖南省第二行政督察区，专员公署设衡阳。民国36年（1947）再并为12个乡镇，157保。

1949年8月，攸县隶属衡阳专署（1952年改属湘潭专署）。9月，县人民政府将全县划分为6个区，157个乡。1956年，撤区并乡后，全县29个乡、3个镇。1959年9月，相继成立11个人民公社，原有的乡（镇）建制取消。1961年3月，将11个公社和城关镇调整为30个公社。

1983年7月，攸县改属株洲市管辖。1984年2月，公社改乡，生产大队改村，全县共建立28个乡和2个镇。1990年，全县设22个乡、8个镇。

1994—1999年，先后有鸾山、柏树下、菜花坪、石羊塘、高枧、钟佳桥等乡撤乡建镇。

2000年，全县共辖12个乡，即：漕泊、兰村、银坑、湖南坳、坪阳庙、樌山、大桥、莲塘坳、沙陵陂、凉江、高和、鸭塘铺；18个镇，即：鸾山、黄丰桥、柏市、钟佳桥、酒埠江、网岭、皇图岭、市上坪、高枧、丫江桥、新市、大同桥、上云桥、菜花坪、渌田、石羊塘、桃水、城关；359个行政村、23个居民委员会。辖区总面积2664平方千米，年末总人口74.37万人。

四　茶陵县

茶陵，古称茶乡。秦王政二十六年（前 221）置茶陵县，隶长沙郡。西汉高祖五年（前 202）属长沙国。元朔四年（前 125）改为茶陵侯国，系长沙定王之子刘欣的封邑。太初元年（前 104），茶陵侯刘阳（刘欣之孙）死，因其无子承袭，遂废侯国。复置县。

新王莽始建国元年（9），茶陵易名声乡，属荆州填蛮（一作镇蛮）。

东汉建武六年（30），复名茶陵县，隶荆州长沙郡。

随开皇九年（589），茶陵与攸水、阴山、建宁等县并为湘潭县，唐武德四年（621）废湘潭县，茶陵复置县，属南云州（南云州于唐武德四年立，州治设于茶陵故城茶王城，七年废）。贞观元年（627），茶陵并入攸县。圣历元年（698）复县。

宋绍兴九年（1139），茶陵县升为军，分为 7 乡、镇。嘉定四年（1211），析康乐、霞阳、常平 3 乡置酃县，为茶陵军辖县。元初废军，茶陵仍为县。至元十九年（1282），升为州，直属湖南道，后改属衡州路。明洪武五年（1372），废州为县，属长沙府。成化十八年（1482）复为州。

民国 2 年（1913），废州为县，属湖南省湘江道长沙府。

1949 年 9 月，全县划为 5 个行政区，分 1 镇、13 乡。属衡阳专署。1950 年 8 月，调整为 7 区、1 镇，分 139 乡。1952 年 7 月，调整为 10 区，分 260 个乡（街）。同年 11 月，改属湘潭专区。1953 年 4 月，调整为 175 乡、3 个镇。1956 年 5 月，撤区并乡（镇），全县为 2 个镇、27 个乡。1958 年 9 月，建立 10 个人民公社。1959 年 1 月，酃县并入茶陵县，全县分 23 个公社。1961 年 3 月，调整为 39 个公社。同年 6 月，茶陵、酃县分开设县，茶陵县有 24 个公社。1978 年 2 月，增为 25 个公社。

1983 年 7 月，茶陵县改属株洲市管辖。1984 年，改人民公社、生产大队为乡、村。1990 年，全县共设 18 个乡、7 个镇、1 个场；356 个自然村、3679 个村民小组，11 个居民委员会、39 个居民小组。

2000 年，共辖 12 个乡，即：洣江、思聪、下东、七地、八团、湘东、秩堂、小田、尧水、舲舫、桃坑、江口；13 个镇，即：城关、平水、虎踞、腰陂、潞水、火田、高陇、严塘、湖口、浣溪、马江、枣市、界首；1 个农场，359 个行政村，22 个居民委员会。辖区总面积 2500 平方千米。年末总人口 55.75 万人。

五　炎陵县

宋嘉定四年（1211），湖南安抚使曹彦约平定黑风洞（桂东县境内）农民起义后，为加强对边远山区控制，上奏朝廷，析茶陵军康乐、霞阳、常平 3 个乡置酃县。

明初，酃县设 9 里，后增为 11 里。

清顺治十五年（1658），裁为6里。康熙三年（1664）设六都、六十甲。康熙三十五年（1696）改为7里。乾隆三十年（1765），设3乡11都。

民国初期，设4区34团。

1949年10月29日，成立酃县人民政府，隶属衡阳专区。全县划为4个行政区，乡保依旧。

1950年7月，废除保甲制。民国时期的48个保改为48个乡，并建立乡一级人民政权。乡以下设行政组。同年11月，全县调整为5个行政区。1952年，酃县改隶湘南行署，全县又调整为7个区、49个乡。1953年，再调整为141乡，分属7个区。1954年，酃县改隶郴县专署。

1955年1月，经省批准，安仁县的云秋、草坪、大鹏3个乡划入酃县。

1956年5月，撤区并乡，全县由1镇、144乡调整为1镇、20乡。

1958年9月，全县成立13个人民公社，实现“政社合一”，取代乡政权。

1958年12月，中共湖南省委决定，撤销酃县，并入茶陵县。

1961年6月，按原境恢复酃县建制，隶属湘潭专署。

1983年7月，酃县改属株洲市。至1984年4月，全县有1镇、15乡；203个村民委员会、4个居民委员会。

1990年，全县设4个镇、13个乡；203个行政村、10个居民委员会。

1994年5月13日，经民政部批准，酃县改名为炎陵县。

2000年，全县共辖9个乡，即：石洲、垄溪、中村、平乐、下村、策源、东风、船形、龙渣瑶族乡；6个镇，即：霞阳、沔渡、十都、水口、三河、鹿原；202个行政村、11个居民委员会。辖区总面积2030.24平方千米。年末总人口17.63万人。

第三章 区县（市）概况

第一节 市 区

一 株洲市荷塘区

株洲市荷塘区（简称“荷塘区”）建置于1997年8月，位于株洲市区东北部。地处北纬27° 38′ ~ 28° 01′，东经113° 08′ ~ 113° 17′，东界浏阳市，南邻株洲县、芦淞区，西北抵石峰区。区政府设新华东路荷塘铺，区因政府驻地而得名。土地面积159平方千米，其中耕地3.03千公顷。2000年，荷塘区辖3个乡，43个行政村；3个街道办事处，46个居民委员会。年末总人口21.30万人，其中农业人口5.4万人。

辖区内属丘陵地区，为中亚热带季风湿润气候，土地肥沃，雨水充足，气候宜人。无霜期为281天。白石港由北向南流贯辖区西北边缘，境内塘坝沟渠密布，山林植被葱茏，适宜发展高效农业。

荷塘区地处株洲城区东大门。京广、湘黔、浙赣铁路临界交汇；320国道由西向东南连通红旗路干道，斜穿境南，与从东北向西南纵行的新华路主干道交汇于红旗广场，形成纵横城区的主干道路网络；城区内设有株洲汽车站和株洲汽车中心站（红旗广场），每日都有发往周边省、市的长途客车。

2000年，全区国内生产总值66386万元，同比增长9.9%，其中第一产业增加值8741万元，第二产业增加值31822万元，第三产业增加值25823万元。同比分别增长4.4%、10.4%、10.9%；财政总收入9470万元，同比增长9%，其中地方财政收入6068万元，同比增长13%。

区内工业生产实力雄厚，有东南亚最大的硬质合金生产厂家株洲硬质合金厂（601厂）、株洲车辆厂等中央、省属大中型企业20余家、市属骨干企业70余家，年工业总产值约占全市工业总产值的三分之一。主要产品有硬质合金、机车车辆、电焊条、轮胎、电子元件、汽车配件等200多种；区、乡（镇）主要企业达30余家，私营工业企业逾千家，逐步形成了机械、化工、电器、建材、纸质包装等几大支柱行业。主要产品有铝银粉、水泥、红砖、节能电力变压器、车辆配件、氯化锌等50余种，铝银粉等产品已打入国际市场。2000年，全市工业总产值136908万元，同比增长13.6%，全年工业产销率94.6%，工业经济效益综合指数为94.9%。

按照“强工兴贸”和“建场兴贸”的宗旨，区内先后建成了华湘大市场、新华汽车配件大市场、中南蔬菜农副产品批发大市场、汽车交易市场等专业与综合市场，经贸兴旺。2000年，全区已拥有6大专业特色市场，10个农贸市场，16大市场占地面积9.13公顷，营业面积达28970平方米。同年，全区社会商品零售总额为53653万元，同比增长11.3%，招商引资引进外资90.9万元，同比增长 15.1%，社会固定资产投资 6392 万元，同比增长 11.5%。

区内农业生产初步建成了用材林、油茶、竹笋、畜牧、禽蛋、特种养殖等商品生产基地。2000 年，全区农牧渔业总产值 13513 万元，同比增长 5.05%，其中农业产值 6861 万元，牧业产值 5336 万元，渔业产值 698 万元，分别增长 2.62%、7.05%、12.6%；林业产值 618 万元，下降 4.4%。1998 年，省委、省人民政府授牌荷塘区为“小康区”。

区内社会事业发展迅速。2000 年，区内有株洲工学院、湖南有色金属职工大学、省财会学校、省城建学校等大中院校 18 所，普通中学 16 所、普通小学 64 所。区内设有株洲市第三医院、株洲铁路医院、601 职工医院、430 职工医院、北京同济医院株洲分院以及各乡（镇）卫生院。医疗机构发展到 85 个，医护人员 1775 人，病床 1459 张，医疗服务网点遍及城乡。1997 — 2000 年，区科技三项费用支出占区财政总支出的比重持续保持在 1% ~ 1.2%。2000 年，区内拥有科技开发机构 57 个，专业技术人员 3 万余人，其中担任高级科技职务的有 700 多人。全区科技进步贡献率达 49.87%，连年保持在全国“科技先进城区”称号。区文化工作也跨入全省先进行列。

城区基础设施建设发展迅速。至 1997 年，城区街巷道路达 73 条，总长度 98 千米，全部实现了硬化，人均道路面积 6.54 平方米。城区绿化覆盖率达 54%。区内打造的“流芳园”“市青少年宫”等已成为市民休闲的好去处。全区烟尘控制全部达到国家标准，噪声控制达标区面积 12.5 平方千米，占全区总面积 69%；工业废气、废水处理率均达 92% 以上，工业污染实现了达标排放，荷塘区已成为环境优美的宜居城区。

二 株洲市芦淞区

经国务院批准，1997 年 8 月 1 日成立株洲市芦淞区（简称“芦淞区”），位于株洲市区南部，湘江东岸，地处北纬 27° 45′ ~ 27° 52′，东经 113° 07′ ~ 113° 13′。东界株洲县白关镇，南邻渌口镇，西临湘江与天元区隔江相望，北靠石峰区、荷塘区，区政府驻芦淞路，故名。

2000 年，辖贺家土、建设、建宁、董家塅 4 个街道办事处，建宁、五里墩、曲尺乡 3 个乡和 1 个省级开发区（建宁开发区），59 个居委会，19 个行政村。面积 67.3 平方千米，有耕地 810 公顷，常住人口 19.18 万人，流动人口 24 万人。

境内城区地势低平，所辖乡境皆为丘陵区。建宁港由东向西流经城区，汇入湘江；枫溪港亦自东向西横贯所辖三乡汇入湘江；境内土壤肥沃，气候宜人，地处近郊，农业效益高。

辖区为株洲市城区南大门，水陆交通极为便捷。京广、浙赣、湘黔三条铁路干线纵横境内，交汇于城区，城区内有全国客货运特级站 —— 株洲火车站；湘江纵贯境西缘，上溯衡阳，下达长沙、洞庭湖，至长江，并建有湘航株洲千吨级码头；320 国道横穿境东北，S211 线省道纵贯境中，建（宁）曲（尺）公路纵行境西；城区建设路、人民路、沿江路、新华西路、芦淞路、七一路、红港路、车站路、株董路等主干街道纵横成网。境内设有株洲汽车南站。每日客货运车络绎不绝，人流如织。株洲大桥和即将建成的株洲建宁大桥跨越湘江，与西岸天元区紧密相连。

2000年，芦淞区完成国内生产总值12.75亿元，比上年增长11.2%；财政总收入15059万元，比上年增长8.1%；农业增加值0.6亿元，比上年增长5.3%；工业增加值2.81亿元，比上年增长12.8%；第三产业增加值9.34亿元，比上年增长10.9%；农民纯收入3503元，人均增长212元。

芦淞区是株洲市历史最悠久的城区，凭借其交通优势，历来商家云集，市场繁荣。市区80%的商贸集市汇集于区内，成为中南地区最大的集贸市场集散地。芦淞区成立后，区委、区政府利用区位优势，确立"商贸立区"的发展战略，把发展商业当成重中之重。至2000年，区内有各类商品交易市场83家，其中过亿元的9家，商品成交额近80亿元，从业人员约10万余人。以芦淞服装大市场为龙头的"株洲服装大世界"，建设总投资19亿余元，拥有30个市场，占地面积4.1万平方米，经营面积20.4万平方米，个体经营户1万余户，从业人员近3万人，年成交额15.2亿元，成为中国长江以南最大的服装大市场。其商品辐射到中南、华东、西南15个省份的230多个县市。以中南摩托车大市场为龙头的芦淞路摩托车及配件经营1000米长街，年成交额10亿元，成为中国长江以南最大的摩托车市场。2000年，全区社会商品零售总额已达到282699万元，比1999年增长11.9%。商贸已成为芦淞区经济的特色、优势和支柱。

区内驻有南方动力机械公司、南方雅马哈集团公司、湖南湘大集团公司、株洲市苎麻纺织印染厂等中央、省属国有大中型企业14家。以此为依托，带动了境内40余家区街企业、百余家乡镇企业和300余家私营工业企业的蓬勃发展。雅马哈摩托车和唐人神牌系列肉食品驰名全国。2000年，全区工业总产值完成285220万元，比上年增长12.11%。

芦淞区亦为株洲市之金融中心。市农行、建行、工行、城市信用联社、市商业银行总部均集中于辖区内。雄伟壮观的金融大厦显赫地矗立在株洲火车站旁，为株洲的形象建筑之一。

区内农业除粮食生产外，多为服务于城市的高效农副产业。有专业蔬菜基地157公顷，并建立了特种养殖、畜牧水产、油菜等商品生产基地，服务于城市"菜篮子工程"。2000年，全区农林牧副渔业总产值20328万元，比上年增长1%。

芦淞区内城市建设基础设施良好。各条主要街道均按现代化都市标准逐一改造，宽敞亮丽。先后投资3000多万元，建成了全市第一条样板街"七一路"和车站路窗口路、拥军路。市中心广场建筑格外耀眼，表似花园，内若水晶宫，全市最大的商厦株洲百货大楼、市电信大厦、房产大厦相依其左右，互为衬托。辖区北有神农公园，湖光山色，令人陶醉，登顶神农阁，市区美景尽收眼底。区内拥有国宾大酒店等星级宾馆数座；株洲影剧院、千金文化广场等全市最大的文化娱乐场所均设境内。其他综合服务设施配套齐全。

区内文卫科研事业相应发达。驻有著名的科研机构608研究所，技术力量雄厚，多项科研成果获国家、省（部）级奖励。市第一医院、第四医院、市中医院、市妇幼保健院等市级医疗机构均驻境内。区内设有中学9所，小学22所。教育整体水平名列全市前茅。市新华书店亦建于市中心。省中医药学校驻境内高家坳。区文体局创作的歌词《送嫁妆》获省"五个一"工程奖，创办了全省唯一的省级作家培训基地——星期天艺术培训学校。

三 株洲市石峰区

1997 年 8 月 1 日，在株洲市行政区划调整中成立了株洲市石峰区（简称“石峰区”），位于株洲市西北部，地处北纬 27° 51′ ~ 28° 02′,东经 113° 02′ ~ 113° 15′。东界荷塘区、芦淞区，南临湘江与天元区隔江相望，西抵湘潭市，北靠长沙县、浏阳市。区政府驻建设北路。境内石峰山域建有石峰公园，故区以此命名。2000 年，全区总面积 161 平方千米，有耕地 3010 公顷，辖 3 乡 1 镇和 3 个街道办事处，总人口 24.4 万人，其中农村人口 5.6 万。

境内为丘陵地区，属中亚热带季风湿润气候。湘江流经境南；白石港（中、上源谓走沙港）汇集 3 条溪流，自北向南流经境东缘，于白石港汇入湘江。

石峰区地处长、株、潭“金三角”南沿，堪称株洲市的“北大门”。境内水陆交通便利。京广铁路、湘赣铁路交汇于境内，并设有江南最大的铁路编组站、全国重要的物资集散中心 —— 株洲北站。境内还置有田心、白马垄、清水塘火车站，大型工厂均有支线铁路相通。320 国道、京珠高速公路纵横境内，株洲石峰大桥连通湘江南北两岸城区。此外，株长公路、株易公路等干线公路亦通达周边县市。道路交错成网。湘江航运可直达长江，境内设有铜塘湾、白石港 2 个千吨级航运码头。

2000 年，全区国内生产总值 89700 万元，同比增长 12.1%，其中第一、二、三产业增加值分别达到 12699 万元、54948 万元和 22053 万元，同比分别增长 4.4%、14.8% 和 10.3%，完成财政总收入 16154 万元，其中地方一般预算收入达 8764 万元，同比增长 14.2%。

石峰区历为株洲市主要工业区。工业企业多、规模大。不仅是全国著名的冶炼、化工基地和电力机车的摇篮，也是全国有名的炉窑、保险粉、白炭黑、电石生产基地。2000 年，辖区内有乡镇以上企业 200 余家，占全市城区企业总数的 32%。其中中央、省、市企业 78 家，占全市城区同类企业总数的 53%。辖区内有株洲电厂、株洲冶炼厂、株洲电力机车厂、株洲化工厂、株洲桥梁厂等大中型国有工业企业。主要产品为铅、锌、电力机车、电力、化工原料、保险粉等 200 余种。外经贸经济的重点是建材、机车、化工精煤等产品。2000 年，全区完成工业总产值 285220 万元，比上年增长 12.1%。

区内农业种养殖业齐头并进。粮食生产实现了成建制亩产过吨粮。初步建成了蔬菜、食用笋、甲鱼、河蟹、花木、油茶等商品生产基地。拥有全市最大的鱼苗、鱼种孵化场。花木已形成支柱产业，种植面积达 10000 公顷，年销售收入 6500 万元，云田乡被国家林业局、中国花卉协会授予“中国花木之乡”和“全国花卉生产示范基地”，田心、新民蔬菜及荷花笋竹等一批产业化基地初具规模。所辖乡镇全部实现小康，清水乡和龙头铺镇财政收入突破 1000 万元，其中清水乡被评为全省 20 强乡镇之一。2000 年全区完成农林牧渔总产值 20328 万元，比上年增长 1%。区内乡镇企业发展迅速。2000 年，全区共有乡镇企业 170 多个，形成了以化工、建材、机械加工的系列主导产品，当年乡镇企业总产值达 376850 万元，比上年增长 12.2%。1999 — 2000 年。连续两年被评为“湖南省发展乡镇企业先进县（市、区）”。2000 年，全区农民人均纯收入 3539 元。

区委、区政府注重发展第三产业。2000年，区内拥有石峰住宅产品大市场、清水建材陶瓷市场、杉木塘金属材料市场等专业市场以及815、154、962、336等国家重要物资仓库。形成了白石港、响石岭、湘天桥、田心东门4个商贸经济中心。2000年，全区累计实现社会消费品零售总额6.30亿元，是1990年的605倍。当年全区外贸出口额为559万美元，实现利用外资360万美元，“三资”企业主营业务收入20915万元。

精神文明建设不断加强，荣获“湖南省文明建设先进县（市区）”和“湖南省文明城区”称号以及“株洲市讲文明树新风先进城区”称号。教育事业全面推进，“八五”期末，全区学龄儿童入学率、普及率、巩固率均达100%，1994年全区比原计划提前一年完成九年制义务教育的普及工作，成为全国首批“双基”达标县区之一；幼教、特教事业分别获市、国家先进单位。“九五”期间，全面推进“跨世纪教育工程”，通过调整学校布局，教育资源进一步优化，辖区内有大中专院校4所，技工学校5所，普通中学和职业中学4所，小学55所，幼儿园79所，初步形成了幼儿、小学、中学、大中专教育相互协调，社会办学、国家办学相结合的多层次、多项式、多渠道的教育体系。卫生事业蓬勃发展。2000年，区内有1家市级医院和9家职工医院，4个乡镇卫生院，77个中、小型企事业单位卫生院和医务室，共有病床1355张。有卫生技术人员1860人，拥有核磁共振、CT、血液透视仪等先进医疗设备。每千人口卫生技术人员数9人。区乡企业实现2000年工业污染达标排放，辖区环境质量进一步提高。1990年以来，全区共取得各类科研成果200多项。科技对经济的贡献率达60%。1999年顺利通过“全国科技先进城区”达标验收。城乡居民收入增加，人民生活质量不断提高，2000年区属城镇在岗职工平均工资9346元，是1990年的4.6倍。

四　株洲市天元区

株洲市天元区（简称“天元区”）位于株洲市市区西南部，地处北纬27° 42′ ~ 27° 52′，东经112° 59′ ~ 113° 08′。辖区东、北为湘江所环绕，隔江东邻芦淞区、株洲县，北界石峰区、湘潭市，南抵株洲县雷打石镇，西毗湘潭市湘潭县。区人民政府驻黄河北路小湖塘社区。全区总面积150平方千米，有耕地3320公顷。2000年，辖2个街道办事处、2个镇、10个社区居委会、8个农村管理处、30个村委会；总人口9.78万人，其中非农业人口4.06万人。解放初，辖区内原园艺场分属湘潭县藕花乡、藕灵乡。1959年划属株洲市郊区，1965年划归株洲县；1966年园艺场复划入株洲市郊区；1992年2月经湖南省人民政府批准，于园艺场辖区范围成立株洲高新技术产业开发区，同年12月经国务院批准为国家级开发区；1997年株洲市区划调整中，以高新技术产业开发区为基础，从株洲县划入群丰镇、马家河乡（后撤乡建镇），正式成立株洲市天元区。因境内有天台山、园艺场，取“园”之谐音“元”，合名为天元。

境内湘江沿岸多为河谷平原，余皆为低丘陵区，丘岗溪谷交错。小麦港、旗云港、包家港自西向东流入湘江，青龙港由东南向西北亦汇入湘江。区内属中亚热带季风湿润气候，土地肥沃，水利设施良好，宜于耕作；山岗坡地多已开发为杉、油茶、果林及茶园。全区已形成以就近供应城市市场为主，以蔬菜、鸡鸭为支柱产品的较大规模种养业。

境内交通极为便捷。京珠高速公路纵贯境西，天易公路横贯境北，并于月塘与京珠立体相交；株潭公路由北向南纵穿境东；简易公路与主干公路交错成网。湘江环绕东、北境缘，常年无冰冻，上溯衡阳，下行直达长江。

天元区城区系株洲市于20世纪90年代初始建的新城区。从起步开始就按现代化新城区规划高起点、建设高标准、管理高水平的要求实施。至2000年，已建成路宽48～60米的天台路、泰山路、长江路、黄河路等7纵6横主干道网路。街道两侧，高楼林立。2000年投资1500万元对天台路进行美化亮化，使其赢得了全省最美一条街的美誉。株洲大桥、株洲石峰大桥将湘江两岸城区连为一体。高达365米的电视发射塔，直插云霄，矗立于炎帝广场旁；高19.97米的巨型花岗岩神龙炎帝塑像巍然屹立于占地15公顷的炎帝广场中心。区内设有天元超市、五星级华天大酒店及天台山庄、市第二文化宫等购物、食宿娱乐场所。

株洲市委、市政府机关均驻境内。同时亦为国家级株洲高新科技产业开发区所在地。综合经济实力雄厚。2000年，全区完成国内生产总值38071万元，比上年增长8.4%；财政总收入9300万元，比上年增长11.1%，其中地方财政收入5920万元，比上年增长15.2%。区内设有工业、农业、民营三个科技园和留学人员创业园。2000年，区内拥有工业企业140余家，其中高新技术企业75家，外商投资企业60家；开发出各类高新技术产品205项，涌现出钻石系列刀具、石油鹤管、湘瑞塑钢门窗等国内外享有盛名的优质产品。已逐步形成了以电子、电力、新材料以及生物工程等为骨干的高新科技产业新区。2000年，高新技术产业开发区完成工业产值42亿元，比上年增长25%；技工贸总收入47亿元，比上年增长27.03%；出口创汇9500万美元，比上年增长12.39%；实现利税5.8亿元，比上年增长17.89%。全年销售收入过亿元的企业有6家，过1000万元的有27家。区属乡镇企业示范企业初具规模。2000年，工业增加值10470万元，乡镇企业完成增加值28011万元，乡镇企业上缴税金579万元。全区施工企业完成建筑业总产值7472万元，比上年增长15.0%。

区内农业和农村经济较为发达。2000年共完成农林牧副渔总产值18789万元，粮食总产量42411吨，亩产506千克，蔬菜产量40836吨，出栏肉猪6.32万头，出笼家禽267万羽，水产品产量810吨。农民人均纯收入3197元。

第三产业和贸易快速发展。2000年，全区三产业增加值达到12183万元，同比增长13%，个私企业产值比上年增长25.2%，社会消费品零售总额比上年增加11.3%；建筑面积达2万多平方米的天元超市已于2000年年底竣工并投入使用。

境内驻有株洲师范高等专科学校1所、中学7所、小学25所。株洲伤科医院亦驻境内，并设有乡镇卫生院2所。以中华民族始祖炎帝命名的炎帝广场成为全市人民节日庆典、聚会、休闲、娱乐的中心场所。

天元区人杰地灵，著名的湖南农民运动领袖罗哲烈士、早期共产党人罗学瓒均为天元区马家河镇人。由毛泽东亲笔题写碑文的罗哲烈士墓建于马家河镇高塘村，已列为市级文物保护单位。

第二节 县（市）

一 株洲县

株洲县位于湖南省东部，湘江下游。1965年4月经国务院批准由株洲市析置株洲县。东邻醴陵市、攸县，南连衡东县，西接湘潭县，北毗株洲市天元区、芦淞区、荷塘区及浏阳市。地处北纬27° 12′ ~ 27° 53′,东经112° 58′ ~ 113° 21′之间。县人民政府驻渌口镇，位于湘江、渌江交汇处，距株洲市中心仅15千米，历来为兵家征战之战略要地。

县内区划几经变更，至1998年将原辖群丰镇和马家河乡划归市区后，全县总面积1381.3平方千米，耕地面积27425公顷；辖7个镇、14个乡、3个农林场、21个居委会、332个村委会。总人口121905户444920人，为汉族。

县域属湘中丘陵，山陵沃野相间。地势东南高，西北低。主要河流有湘江及其支流渌江。湘江纵贯南北，将县境分为东、西两部；渌江自东向西注入湘江。拥有中型水库3座，小（Ⅰ、Ⅱ）型水库200余座，山、平塘近2万处。丘岗坡度平缓，适于油茶等经济作物培植；河溪两岸为冲积平原和谷地，利于耕作。

全县地处亚热带季风区，气候温和，雨量充沛。年平均气温17.6℃，年均降水量1398毫米。土地肥沃，具备发展高效农业的优越条件，是湖南省重要的商品粮基地。1995年实现全县双季稻亩产过吨粮（按习惯面积计算）。20世纪60—70年代，株洲县曾投入大批劳力挖山造林，兴办社队林场，朱亭林区曾成为享誉国内外的“人工林海”之乡。该县被授予全国林业先进县。全县已初步建成用材林、笋竹林、黑山羊、油茶、蔬菜、禽蛋、网箱养鱼、菜牛、烤烟等十大商品生产基地，农业生产已完成区域化布局。境内蕴藏煤、铁、铅、锌、钨、锰、金砂、矽砂、石灰石等矿产资源。

县境位于长（沙）、株（洲）、潭（湘潭）金三角城市群南缘。京广铁路、京珠高速公路、1815省道纵贯南北，浙赣复线、320国道横穿东西。县委、县政府近年投入巨额资金，加强了县城的改扩建和乡镇小城镇配套建设，其中县城区面积达6平方千米。国家重点项目、装机容量为14万千瓦的湘江株洲航电枢纽工程已正式开工建设。

县今域，系古老文明之地。今太湖乡有西周时期文化遗址。淦田镇尚存东吴建宁县城城基遗址。王十万乡荷包洲为南齐湘西县城。宋朝哲学家、教育家朱熹曾在朱亭讲学。湘江西岸的空灵岸（又名观音岩）依山傍水之古刹，风景别具一格，为潇湘八景之一，曾引唐代诗人杜甫赋诗《次空灵岸》。该县是湘东革命老区。1927年春，毛泽东曾亲临渌口伏波岭考察湖南农民运动。南阳桥乡三旺冲是中国人民解放军原总参谋长开国上将杨得志的故居。县东北隅的婆仙岭，有狮子啸月等八景。近年开发大京水库自然风光，已成为城市居民休闲、度假的好去处。

2000年，全县完成国内生产总产值24.48亿元，按可比价比上年增长9.1%。

全年完成农林牧副渔业总产值10.56亿元，其中农业产值5.62亿元，林牧渔业产值4.93亿元。

全县农田有效灌溉面积达24860公顷，旱涝保收面积22960公顷。农业机械总动力158976千瓦。

全县已形成以渌口、白关、淦田三个工业小区为龙头的建筑材料、机械加工、冶炼、造纸、化工、陶瓷等产业。2000年工业总产值45.94亿元，按可比价计算比上年增长14.02%。

2000年，全县社会消费品零售总额7.82亿元。财政总收入8671万元。年末金融机构各项存款余额10.97亿元，其中居民储蓄余额9.8亿元。城镇居民人均可支配收入5827元。农民人均可支配收入2497元。

全年全社会固定资产投资30452万元。新增电话容量4.08万门，市话入户率84%，95%的村通了程控电话。县城和农村电网改造基本完成，淦田和白关110千伏变电站建成送电。招商引资全年合同利用县外资金1.59亿元，到位资金1.06亿元。

科教文卫协调发展。现有各类全日制学校280所。“两基”教育通过验收达标。成人青壮年非文盲率达99.3%以上，扫盲工作处于全省先进行列。科技对经济发展的贡献率达49.5%，连续三年被评为全国科技先进县。全县广播、电视覆盖率达96%，基本实现广播电视“村村通”。全县共有各类医疗卫生机构225个。农村卫生工作被评为省、市“农村卫生建设先进单位”。

二 醴陵市

醴陵市位于湖南省东部，罗霄山脉北段西沿，东邻江西萍乡，西连株洲县，南接攸县，北界浏阳，紧邻长沙、株洲、湘潭“金三角”经济区。地处北纬27°22′～27°58′，东径113°10′～113°46′之间。市人民政府驻西山。全市总面积2157.2平方千米。地貌以山地、丘岗为主。全境溪河分属渌水、昭陵河和涧江3大水系。全市辖城区管理委员会、5个街道办事处、17个乡、20个镇，678个村、81个居民委员会；总人口983324人，其中非农业人口128694人；有林地12.747万公顷、耕地3.799万公顷。

境内为亚热带季风区，气候温暖，雨量充足。年平均气温17.6℃，年均降雨量1400余毫米，无霜期约290天。是湖南省主要商品粮生产基地。境内矿产资源有金、银、锰、铁、铀、铅、锌、煤、高岭土、莹石、镁等20多种矿藏，非金属层矿尤具工业开采价值。全市培植、发展了粮食、陶瓷、花炮、建材、化工、经济林、蔬菜、水产、草食动物等13大支柱产业。醴陵陶瓷、鞭炮烟花两大传统产品，享誉中外，是全国著名的“瓷城”和“花炮之乡”。

境内浙赣铁路横贯中部33.5千米，醴（陵）茶（陵）铁路直穿境东南31.5千米，醴（陵）浏（阳）铁路（窄轨）穿插东北部34.2千米。主干公路320国道横穿市境中部，106国道纵贯东部南北。

醴陵自西汉初汉高祖四年（前203）封长沙相刘越为醴陵侯算起，醴陵之名已有近2200年。东汉初，醴陵设县，建置史亦有1970年左右，经过历朝历代的兴衰与更替，醴陵积淀了深厚的历史文化底蕴，人文荟萃，名人辈出。唐朝有花炮祖师李畋，宋朝有湖湘学派巨子吴猎。

醴陵是著名的革命老区。革命纪念地和名胜古迹较多。城区先农坛、东富镇的东富寺是毛泽东来醴陵从事革命活动的纪念地；西山有近代民主革命烈士宁太一墓；栗山坝、泗汾、均楚、马恋、军山等乡镇均为土地革命时期醴陵农民军的主要活动地。李立三、左权、朱克靖，全国人大常委会原副委员长耿飚、中国人民解放军开国上将宋时轮等，均出生在醴陵，亦是解放战争时期起义将领程潜、陈明仁等人之故乡。城区内的渌江桥、醴泉井、渌江书院、状元洲、梯云阁、文笔峰、三刀石、红拂墓，王仙镇的三狮洞，贺家桥镇的云岩寺等均系境内重点风景名胜。

自建市以来，醴陵加大市镇基础设施建设投资力度。城区由原来的13.7平方千米，扩建为17平方千米，建制镇数已占乡镇总数的55.6%。

1998年，醴陵进入全省小康县（市）行列。2000年，全市实现国内生产总值55.55亿元，是1990年的5.14倍；完成财政总收入30060万元，是1990年的2.94倍。

醴陵水稻栽培著称国内外，50年代全国著名劳动模范李呈桂和80年代国际杰出稻农瞿永寿均出自于醴陵。1996年，醴陵早稻平均亩产501.2千克，成为全省第一个早稻成建制亩产过千斤的市(县)，当年实现第二步亩产过吨粮（包括旱粮生产在内的粮食占地法定面积亩产达到吨粮）。与此同时，不断加大农业产业结构调整力度，发展优质高效农业。2000年，经济作物播种面积达到27.5万亩；水稻优质率达42.6%；养殖业产值8.47亿元，养殖业占农业总产值的比重达44%。

工业经济民营、私营和个体企业、“三资”企业及中港合资、股份制及股份合作企业迅速发展，形成了多种经济类型并存、以非公有制经济为主的多元化格局。在全部工业总产值中，国有、集体经济比重由1990年的83.2%下降到2000年的26.1%，非公有制经济比重由16.8%上升到73.9%。2000年，全市工业企业达到18169家，其中年销售收入500万元规模以上工业企业发展到126家，内年产值1000万元以上的企业68家。陶瓷和花炮两大支柱产业总产值占全部工业总产值的45%；两大产业实现税收14895.3万元，占工商税收总额的58.6%。年内，生产日用陶瓷53216万件、工业陶瓷11.3499万吨，生产花炮509.64万箱。新开发的炻瓷系列产品发展到13大系列900多种类型，产量逾3亿件，产品90%以上出口。自主开发的高档釉下彩骨质瓷、纳长石质瓷、“超弦生万象”瓷器、自释釉低温陶瓷、杀（抗）菌陶瓷、象牙瓷、玉骨瓷、釉中釉彩瓷、六氟化硫高强电瓷、多种型号电器电瓷、超低温环保型金水和颜料等产品分别达到国际或国内先进水平。

2000年，全市第三产业实现增加值9.1995亿元，按可比价格计算，比1990年增长327.4%。三资企业达21家。完成销售收入22274万元，出口创汇1850万美元。外贸出口连年攀升。全市能够直接进行对外贸易的企业由1990年的6家发展到67家，完成外贸出口总额11671万美元，是1990年的9.2倍。

1991—2000年，全市有26项科研成果获株洲市级奖励，24项获省级奖励，4项获国家级奖励，306项发明创造获国家专利；先后荣获“全国科技工作先进市”“全国科技实力百强县（市）”“全国科技进步先进县（市）”称号。普通教育被评为全省“两基”达标先进单位。全市现有中、小学523所。市人民医院与湖南湘东医院合并为湖南省医学高等专科学校附属湘东医院，优化配置了医疗卫生资源。先后新建、扩建35所乡镇卫生院，有8家农村卫生院达到“一级甲等”医院标准。广播电视覆盖率达到99.7%，实现村村通。

2000年，全市全民所有制单位和城镇集体所有制单位职工平均工资分别达到6798元／人·年，

5076元/人·年，分别是1990年的3.12倍、3.23倍。农民人均纯收入2925元，是1990年的4.5倍。全市金融机构各类存款余额24.89亿元，比1990年增加20.65亿元。城乡居民存款余额20.25亿元，比1990年增加17.23亿元；人均存款达到2059元，是1990年的6.15倍。

三 攸 县

攸县位于湖南省东部，地处湘江流域洣水之滨。东界江西省莲花县，南邻茶陵县、安仁县，西连衡东县、株洲县，北接醴陵市和江西省萍乡市。地处北纬26°46′~27°26′，东经113°09′~113°51′之间。县人民政府驻城关镇北街。今攸县，部分属古阴山县，大部属古攸县。自西汉建制以来，其行政区划历经变迁。县域总面积2664.07平方千米，有耕地43720公顷。辖18个镇、12个乡、47个居委会、499个村委会。总人口205652户750281人，为汉族聚居区，间有少数满、蒙、回、苗、侗、壮、土家、布依等11个兄弟民族。

境内地势东、西环山，由东、西向中倾斜，构成低山丘陵地貌，中部平坦，南北因水势而开阔。

县内溪河密布，大小河溪共有102条，全长1150千米，主要为洣水和渌江两个流域。另于攸水上游筑有酒埠江大型水库1座。并有中型水库2座，小（Ⅰ）型水库14座，小（Ⅱ）型水库144座。

县域主要矿产为煤和铁，稀有金属矿有金、铀、锰、钨等。

攸县属亚热带季风湿润气候，年平均气温17.8℃，年均降雨量约1400毫米左右，无霜期285天左右，有利于双季稻和亚热带作物及林木的种植与生长。

境内醴茶铁路、106国道纵贯南北；与106国道连通之省道1817、1820两线横贯东西，可达衡东、安仁两县。攸水、洣水中下游可通航，总航程达115千米。

攸县是长、株、潭经济区域南部的次中心城市。是全国商品粮生产基地县（出售商品粮占株洲市总量三分之一强）、湖南省瘦肉型生猪生产基地、油茶林建设基地、高效速生丰产林基地和煤炭生产基地。生猪、麻鸭、辣椒等生产采取“公司+农户”的模式已形成产业化。工业生产在原有全国“五小工业”先进示范县的基础上，现已形成矿产采掘、机械冶金、化工、建材等九大主导产业和化肥、农机、饲料、灯泡、机砖、文化纸、生铁等十大支柱产品。

20世纪90年代以后，县委、县政府投资达亿元兴建湘东大市场、南大门市场、宁坪市场等大中型市场，促进了商品流通；同时充分发挥区位优势和市场的辐射作用，改扩建了62个批发大市场，年市场集贸成交额达数亿元，社会商品零售总额达15.37亿元，第三产业增加值达19.91亿元。

全县共有中学42所，小学299所，县职业中专1所。有县医院2所，乡镇医院34所。农村三级卫生服务网络已基本形成。1996年跻身全省10个文明建设先进县（市）行列。

攸县既是一个历史悠久，名胜古迹众多的山乡，又是一个具有光荣革命传统的老根据地。自汉初建县，已有2000余年历史。三国时，老将黄忠曾驻守于此；国内革命战争时期涌现了谭震林、蔡会文、唐有章等一批杰出的无产阶级革命家和革命先驱。革命纪念地有大革命时期湘赣省委旧址、列宁文物纪念馆、兵工厂、革命烈士纪念塔、蔡会文烈士纪念室、中国共产党攸县第一支部遗址、烈士公园等。风景名胜有宝宁寺、阳升观、司空山、灵龟峰、凌云塔、皮佳洞、仙人桥、柏市洞等。今酒埠江水库库区湖光山色，风景怡人，亦是十分难得的休闲度假之好去处。

1993 年，攸县成为湖南省第一个双季稻亩产双千斤县；粮食总产量稳定在 46 万吨左右。通过发展订单农业，优质稻、蔬菜、花茶、藠头、食用油、棉花等订单农业项目发展到 0.67 万公顷。2000 年，经济作物总产值占种植业总产值的 39.8%。生猪年发展稳定在 100 万头以上。造林绿化荣获“全国绿化工作达标县”。到 2000 年，全县年产值或销售总额 100 万以上的农业产业化经营组织已发展到 122 个。

攸县是全省劳务输出大县。2000 年走出家门务工经商的总人数达 12.3 万人，实现劳务收入 10.58 亿元。

2000 年，全县农村社会总产值 139.35 亿元，其中农林牧渔总产值 22.15 亿元，农村非农收入 117.2 亿元。农民人平均收入 2902 元，其中非农收入占 78.6%。1997 年，攸县跨入小康县行列。

2000 年，全县实现工业总产值 54.99 亿元。实现社会消费品零售总额 12.66 亿元。城乡集市贸易成交额 9.15 亿元。全年完成国内生产总值 46.26 亿元，比 1990 年增长 4.8 倍。全县财政总收入 1.55 亿元，其中地方财政收入 1.11 亿元。

近几年来，攸县被列为全国小城镇建设重点县和全国农村城市化试点县之一。2000 年，被列为全省首批农业农村现代化试点县。皇图岭镇被列为首批小城镇建设示范镇。县城城区面积达 13.11 平方千米，比 1995 年扩大了 5.2 平方千米。

“九五”计划期间，攸县累计实施科技项目 187 项，推广引进适用技术成果 72 项，完成专利申请 61 件，全县农村科技对经济增长的贡献份额达到 46.5%，进入了全国科技工作先进县和科普工作先进县行列。1994 年“两基”教育达标，中小学“普九”素质教育实验县通过评估验收。卫生事业稳步发展。有各类卫生机构 72 个，农村合作医疗在 30 个乡镇 502 个村逐步完善。安全用水普及率 98%。农村广播电视获全省农村广播电视事业先进县称号。1996 年开通了多路微波电视，广播人口覆盖率 98%，电视人口覆盖率 97%。

2000 年城乡居民人均可支配收入 5300 元，农民人均可支配收入 2717 元，城乡居民储蓄余额达到 10.64 亿元，比 1990 年增长 4.25 倍。

四　茶陵县

茶陵县位于湖南省东部、湘江支流洣水流域。东界江西省莲花县、永新县、宁冈县，南邻炎陵县，西抵安仁县，北靠攸县。地处东经北纬 26° 30′ ~ 27° 07′，113° 21′ ~ 113° 55′之间。县人民政府驻城关镇炎帝南路。古县城曾设火田镇莲溪村的茶王城，据《元和郡县志》载：“因南临茶山，县以为名。”茶陵县自西汉高祖五年（前 202）置县以来，行政区划历经变迁。1959 年 5 月，茶陵县和酃县并为一县，仍称茶陵县；1961 年 6 月，又将酃县划归原置。1968 年属湘潭地区。1983 年划归株洲市。县域总面积 2500 平方千米。有耕地 28620 公顷。2000 年，辖 13 个镇、11 个乡、19 个居委会、

359个村委会及云阳林场、红色农场。总人口共151686户562060人，均系汉族。

境内地势自东南边境向西北递降，四面环山，中部低坦。境内主要河流为洣水，经攸县、衡东县入湘江。全县山丘占总面积的70%。森林覆盖率约40%。境内修筑有岩口、东坑、龙头三座中型水库和兴家旺等6座小（Ⅰ）型水库以及茶安灌区干渠。

茶陵气候温和，四季分明，属亚热带季风湿润气候。年平均气温17.4℃～18℃，年平均降雨量1500毫米，全年无霜期290天以上，宜于农、林业生产。农业以水稻等粮食作物为主，兼种多种经济作物，其中颇具盛名的“茶陵三宝”——生姜、白芷、大蒜头，远销国内外。山地资源丰富，地面主产松、杉、楠竹、油茶、油桐、茶叶、水果、药材等；地下矿藏以铁、钨、煤为最著，亦有存锡、锑、铅、萤石、石灰石等矿藏。依托丰富的资源优势和地处湘赣两省交通要冲的地理位置，全县已形成化工冶炼、机械铸造、建筑建材，农副产品加工等四大工业支柱产业。省属湘东铁矿、湘东钨矿等中型企业亦驻境内。

茶陵县水陆交通极为便利。醴茶铁路贯穿境西北，终于县内潞水镇；106国道纵贯境西，与向东北通往江西永新、莲花公路和向西南直达安仁的两条主干公路交汇于县城。洣水水系，境内有航道242千米，经过疏浚、可常年通航169千米。境内丰富的水电资源，为茶陵水电开发提供了保障，县内已建青年电站等大小50余个水电站，装机总容量18150千瓦，年发电量逾7000万千瓦时。

茶陵历史上人文荟萃，素有“农勤于耕，士勤于学”之誉。曾出过139名进士、2名状元，明代翰林学士刘三吾，明代吏部尚书、宰相、“茶陵诗派”领袖李东阳，明代大学士张治，清代大学士彭维新，并称“茶陵四大学士”，因而茶陵又有“一州形胜雄三楚”“四相文章冠两朝”之誉。茶陵是井冈山革命根据地六县之一，1927年11月，茶陵建立了中国第一个县级工农兵政权——茶陵县工农兵政府。中华人民共和国成立后，全县追认在册的革命烈士有5301位。共和国成立后健在的100多名茶陵籍老红军，先后有5位被授予中将军衔，20位被授予少将军衔。同时，茶陵又是民国时期国民政府主席、行政院长谭延闿，世界文化名人谭云山的故里。

2000年，茶陵县完成国内生产总值19.55亿元，比上年增长6.8%。农业生产稳步增长。农业总产值达13.25亿元，比上年增长3.5%。粮食总产达33.06万吨。生猪出栏量59.8万头。经济作物面积发展到3.07万公顷，占种植业面积的39%。全县林业用地面积17.47万公顷，比1990年增加了2.40万公顷，森林覆盖率增加了90%。1993年茶陵获“全国长防林工程建设先进县”，2000年获“全国林业生态建设先进县”等荣誉。

2000年，全县有工业企业（含个体工业）3884家，年销售收入500万元以上的工业企业34家，年销售收入1000万元以上的工业企业8家，工业总产值18亿元，比1990年增加了45.73倍。

是年，全县完成财政收入10833.6万元，其中，上划中央“两税”为1994.7万元，地方财政收入8838.9万元。全县银行年末各项存款余额130630万元。第三产业增加值为58276万元。

1990—2000年，共完成社会固定资产投资18.95亿元。先后建成110千伏变电站2座，35千伏变电站6座。1996年，全县消灭了无路、无电村，实现了村村通电、村村通路的目标。2000年，城区面积由1990年的4.14平方千米拓展到6.73平方千米，城市人口由1990年的4.55万人增加到 7 万人。

社会事业协调发展。1997 年，国家教委和省政府分别授予茶陵县“基本普及九年义务教育合格、基本扫除青壮年文盲单位”称号。2000 年，全县全日制学校 331 所。适龄儿童入学率达 99.85%，引进推广各类科技成果 67 项，其中重大星火项目 12 项。“三万亩脐橙基地技术开发”“新型刹车液”列入国家科技项目。卫生工作全面开展了以预防保健、农村改水改厕、健康教育为主要内容的初级卫生保健。1995 年，被省卫生厅授予“初级卫生保健合格县”称号。计划生育工作从 1994 年起连续七年被评为全省先进单位。广播电视综合覆盖率达到 96%。群众体育和竞技体育齐头并进，1990 年被国家体委评为全国第三批体育先进县。

2000 年，全县农民人均纯收入 1409 元，是 1990 年的 3.71 倍。全民所有制单位和城镇集体所有制单位职工平均货币工资达到 7777 元 / 人・年，是 1990 年 844 元 / 人・年的 9.21 倍。城乡居民存款余额 109131 万元，人均存款 1958 元。

五 炎陵县

炎陵县位于湖南省东南部、井冈山西麓、湘江支流洣水上游，株洲市辖区南端。今县境东毗江西省井冈山市、遂川县，南邻桂东县，西抵资兴市、安仁县，北靠茶陵县。地处北纬 26° 03′ ~ 26° 39′，东经 113° 35′ ~ 114° 07′ 之间。县人民政府驻霞阳镇。县域西汉至南朝陈为茶陵县地。隋为湘潭县地。唐复为茶陵县地。南宋绍兴九年（1139）为茶陵军地。嘉定四年（1211）析康乐、霞阳、常平三乡置酃县。明嘉靖《衡州府志》谓“取古酃县为名”（西汉时曾于今衡阳市区东郊置酃县，东晋时废）；清乾隆《酃县志》谓今县城有酃泉，因以为名。后又多次变迁，1959 年与茶陵县合并，1961 年复置酃县属湘潭专区，1968 年属湘潭地区。1983 年后属株洲市。因炎帝陵位于境内，1994 年经国务院批准更名为炎陵县。今县域总面积 2030.24 平方千米，有耕地 11300 公顷；辖 6 个镇、9 个乡和 1 个民族乡、11 个居委会、202 个行政村；总人口 50945 户 176325 人；多为汉族。有瑶族等兄弟民族少量人口，龙渣瑶族乡是株洲市唯一的少数民族乡。

炎陵县地处罗霄山脉中段、湘东山地南部。地势自东南向西北递降。境内山峦起伏，一般海拔 200 ~ 800 米；主要山峰海拔 1000 米以上者有 549 座，其中 1500 米以上者 197 座；海拔最高山峰 2115 米，为湖南省最高峰。境内主要河流为由南向北纵贯境西的斜濑水、从南向北蜿蜒中部的河漠水、斜贯县境东北部的沔水（茶陵境内称“洮水”），均汇注洣水，向北流入茶陵县境。另筑有小（Ⅰ）型水库 4 座。水力资源丰富，蕴藏量达 23 万千瓦。境内气候温和，雨量充沛，年平均气温 17.3℃，年均降雨量 1496.7 毫米，无霜期 169 ~ 292 天，属中亚热带季风湿润气候区。全县气候除受大气环流影响外，境内地形、植被对气候的调节影响也很大。故冬无严寒，夏无酷暑。县内山多田少，为全省八个重点林业县之一。农业产品以水稻为主，兼有大豆、茶叶、蚕桑、柑橘和油料作物。全县山地面积 17.52 万公顷，人均达 1 公顷，森林覆盖率达 82.6%。主要有松、杉、楠竹；林副产品有茶油、棕片、松脂、香菇、木耳、玉兰片、山苍子油、药材等，其中香菇生产有 100 余年历史，

1971 年被列为全国香菇生产基地之一；近年引进新世纪梨，成为炎陵一大特产。境内矿产资源丰富，主要有钨、铀、稀土、萤石、铜、铁、金等 20 余种。

县内交通主要靠公路。106 国道纵贯南北，省道 321 线（炎陵至江西井冈山）、省道 322 线（郴州至炎陵）横穿东西，形成县境内交通主干线。

县域水电资源丰富，全县已开发装机容量 3.9 万千瓦，年发电量 1.95 万千瓦时，为全国第一批农村电气化初级达标县。主要企业有以铁合金为主导产品的冶金业，以水泥、玻纤及其制品为主的建材业，以陶瓷、家具、人造板、造纸为主的轻工业，以萤石、硅石、钨、黄金为主的矿产业和以电石、松香为主的化工业等。

炎陵县为第二次国内革命战争时期井冈山革命根据地中心地区六县之一。有叶家祠、桥头江家、洣泉书院等毛泽东、朱德、陈毅、彭德怀等老一辈无产阶级革命家曾生活、战斗过的革命纪念地。

炎陵秀美富饶，境内群峰逶迤，林海茫茫，飞泉奔流，鸟语花香。与井冈山相邻的桃源洞 10 万亩原始森林神奇莫测，现已列为国家森林公园和自然资源保护区，成为人们旅游、考察、避暑、休闲的宝地。群山中有野生植物 2000 余种，有国家一级保护植物银杉、红豆杉，国家二级保护植物大院冷杉、银杏等，濒危珍贵树种达 40 余种。有野生脊椎动物 299 种，濒危珍贵动物 20 余种。中华民族始祖炎帝神农氏的陵寝坐落在鹿原陂，自唐代就有祭祀，此后香火延绵，一直被炎黄子孙视为寻根祭祖、追思炎帝开拓奉献精神的圣地，被列为国家级重点保护文物，全国爱国主义教育示范基地，国家 AAAA 级旅游景点。

2000 年，全县完成国内生产总值（当年价）78684 万元，比上年增长 5.67%，其中一产业 27326 万元，二产业 19421 万元，三产业 31937 万元。

农业总产值 40658 万元，粮食总产量 114118 吨。生猪 24.3 万头，其中出栏 13.61 万头。出境木材 6.27 万立方米，楠竹 75 万根，竹笋干 2496 吨。

工业总产值 90136 万元，比上年增长 15.57%。其中，国有工业企业 6651 万元，集体工业企业 19827 万元，外商及港澳台企业 548 万元，私营个体经济 63110 万元。年发电量 18433 万千瓦时。

旅游开发力度加大，成功举办了中华世纪龙年九九重阳“龙的传人”炎帝陵祭祖大典，采集传递“中华炎黄圣火”活动暨 2000 年中国株洲炎帝节。全年接待游客 27 万余人次，旅游业综合收入达 4500 万元。

全县全年财政收入 5265 万元。社会消费品零售总额 22715 万元。农民人均纯收入 2026 万元。职工人均工资收入 7349 元。年末城乡居民储蓄款余额 46676 万元。

科教文卫体及其他社会事业协调发展。科教对经济的贡献率 42.3%。全县共有各类全日制学校 98 所。 1996 年，全县九年义务教育“两基”验收合格。全县有各类卫生机构 22 所。年末有线电视入户 18200 户。电视覆盖率 89.95%。文化事业日益繁荣。客家、少数民族文化发扬光大，“火星龙”在全国农民运动会上获特别奖。全县有国家级重点文物保护单位 1 个，省级重点文物保护单位 5 个，市级重点文物保护单位 2 个。

第二篇 自然环境

株洲市位于湖南省东部，湘江下游，罗霄山脉西麓，南岭山脉至江汉平原的倾斜地段。地理坐标介于北纬 26° 03′ 05″ ~ 28° 01′ 27″，东经 112° 57′ 30″ ~ 114° 07′ 15″之间。地幅为东西窄，约 88.75 千米；南北长，约 219.25 千米。

境内地层发育比较齐全，岩浆岩主要为花岗岩侵入体，地质构造具多字型特征。矿产资源丰富，已知矿产 39 种，以煤、铁、钨、锡、铝、锌以及非金属矿产中的石灰岩、高岭土、萤石和硅石等储量较大，各类矿产产地 341 处。

境内属中亚热带季风湿润气候区，气候比较温和，年平均气温 17℃ ~ 18℃；雨量充沛，年降雨量平均在 1348 ~ 1490 毫米之间；光热资源充足。

境内林木繁多，有林地面积 42.51 万公顷，人均 0.136 公顷；森林覆盖率 42%，居全省第 5 位；有林木种源 3 门、106 科、269 属、884 种，其中稀有珍贵树种 70 多种。野生动物也不少。得天独厚的自然资源，是株洲市经济社会发展的物质基础。

第一章 地 质

第一节 地 层

株洲市地层发育较齐全，从元古界冷家溪群、板溪群至古生界、中生界第三系和第四系均有分布。

一 冷家溪群

为株洲市出露最老的地层，分布于株洲县白关、八斗，醴陵市官庄、洪源、潘家冲等地。为浅海相复理石沉积，厚度在 10000 米以上，受区域变质作用，岩石普遍变质。

二 板溪群

分布于株洲市霞湾以北及攸县西部黄沙桥等地，为浅海复理石沉积，厚度 3000 米以上。

三　震旦系

地表仅在攸县东北部出露震旦系下统江口组，为冰川沉积，岩性为灰绿色、黄绿色厚层块状，含砾绢云母板岩夹粉砂质绢云母板岩及紫红色含砾变质层凝灰岩，厚400米以上。

四　寒武系

分布于攸县东北部杜口、攸县茶陵交界的太和仙、芙蓉寨及炎陵县西南部等地。为浅海相碎屑沉积，因受区域变质作用，普遍产生浅变质。分上、中、下3组，总厚度大于4800米。

五　奥陶系

分布于炎陵县笔架峰、船形和茶陵桃源等地，为笔石复理石型碎屑岩相沉积，分上、中、下三统，总厚约3600米。

六　泥盆系

分布广泛，境内各县均有出露，缺失下泥盆统，中、上泥盆统发育较好。主要为海相沉积，古生物化石丰富。中泥盆统分2组，下为跳马涧组，上为棋子桥组。跳马涧组以角度不整合与下伏老地层接触。以滨海相碎屑沉积为主。厚108 ~ 336米。棋子桥组为灰色厚层石灰岩或白云岩、白云质灰岩夹泥灰岩、砂质泥灰岩。产碗足类、珊瑚、层孔虫等化石，厚134 ~ 500米。

上泥盆统各地岩性变化较大。为白云岩、灰岩、泥灰岩、页岩、粉砂岩、砂质页岩、白云质灰岩夹砂岩等，厚183 ~ 435米。

七　石炭系

分布广泛，发育较好。岩关阶厚79 ~ 377米，岩性横向变化较大。株洲县、醴陵市和攸县西部一带，下部为页岩、粉砂岩及泥灰岩，上部为泥灰岩、泥质灰岩等；茶陵县和攸县东部主要为泥灰岩夹页岩；至炎陵县，下部主要为砂质灰岩、硅质灰岩、粉砂岩、泥岩等互层，上部为粉砂质页岩、钙质页岩夹泥灰岩。岩关阶产泡沫内沟珊瑚化石及腕足类化石。

八　二迭系

分布于醴陵、攸县、茶陵，由浅海碳酸岩盐、硅质岩、滨海碎屑岩组成，分上下两统。上统由砂岩、硅质页岩等构成，下统由深灰色厚层灰岩及黑色页岩等构成，其厚度在 60 ～ 800 米之间。

九　三迭系

主要分布于攸县兰村、黄丰桥两向斜核部、醴陵、茶陵零星见及，主要为泥灰岩、泥质灰岩与砂岩，厚 170 ～ 400 米。

十　侏罗系

主要分布于攸县东部酒埠江镇、凉江乡、醴陵市高家田和株洲县渌口等地，下统为石英砂岩、页岩等，厚 386 ～ 537 米；中统为砂砾岩、变质砂岩等，出露厚度大于 1258 米。

十一　白垩系

在各时代底层中分布面积最大，主要发育于株洲盆地、醴 — 攸盆地和茶陵盆地。下白垩统为钙泥质粉砂岩，顶部夹伊丁玄武岩，厚 357 ～ 1003 米。上白垩统为砂岩和泥灰岩，厚 800 ～ 2800 米。

十二　第三系

分布于茶陵西部和株洲县渌口，岩性为粉砂岩泥质岩，厚度大于 332 米。

十三　第四系

成因类型主要有冲积和残坡积。冲积物分布于湘江及其支流两岸，分更新统和全新统。更新统形成河流阶地，全新统为灰褐色亚砂土夹砂砾层。残坡积主要分布于碳酸盐岩和花岗岩区，厚 30 ～ 50 米。

第二节　岩浆岩

境内岩浆岩发育，主要为花岗岩侵入体，其次为各类浅成岩脉、层状玄武岩喷出体。境内许多金属矿产与花岗岩关系甚为密切，如邓阜仙钨矿、垄上钨锡矿分别产于邓阜仙花岗岩体、锡田花岗岩体之中；金竹垄大型铌钽矿为产于邓阜仙花岗岩体中的岩浆矿床；毡帽山和潘家冲两处铅锌矿均为与岩浆活动有关的中温热液矿床，位于明月峰花岗岩体边缘。

一　万洋山花岗岩体

该岩体跨越湘赣两省，雄踞罗霄山脉中段。呈巨大岩基产出，在区内面积达 726 平方千米，分布于炎陵县东部。岩体侵入奥陶系，而在岩体西南部有中泥盆统跳马涧组花岗质碎屑沉积在岩体之上。岩体同位素年龄测定为4.6亿年，属下古生代加里东期侵入体，岩性主要为细粒二云母二长花岗岩。其成因受万洋山花岗岩体控制，且直接产出于本岩体中的矿床有石寮萤石矿、黄上萤石矿、四亩段金矿，以及钨、钼、铜、硅石、钾长石等矿点。

二 东风花岗岩体

位于炎陵县西南，地表分布43平方千米，呈岩株产出，岩性以黑云母二长花岗岩为主，有黑云母花岗岩、黑云母花岗闪长岩等，属加里东期侵入体。

三 宏夏桥、板杉铺花岗闪长岩体

位于株洲县与醴陵市之间宏夏桥至板杉铺一带，总面积420平方千米，平面上成两个近似的圆形，两者之间为宽1千米左右的冷家溪群所分隔。岩性以花岗闪长岩为主，部分为石英二长岩、二长花岗岩。岩体绝大部分侵入冷家溪群内，局部侵入上泥盆统及下石炭统中，在板杉铺岩体东南角新洋桥被上白垩统红层沉积覆盖。岩体侵入时代为古生代海西期。

宏夏桥岩体可分边缘带、过渡带两个相带，板杉铺岩体可分边缘带、过渡带、内部带三个相带。宏夏桥和板杉铺两岩体，从边缘到内部，岩石由细粒渐变为中粒，由较基性渐变为较酸性，具有明显规律。

两岩体风化甚剧，新鲜露头少见，风化壳最深可达50米。与板杉铺岩体有成因关系的矿产主要为高岭土。

四 丫江桥（明月峰）黑云母花岗岩体

位于醴陵市、攸县、株洲县交界地带，出露面积260平方千米。岩体大部侵入冷家溪群中，局部侵入中、上泥盆统内，东南侧网岭等地被下白垩统红层沉积覆盖，属中生代早期（印支期）侵入。岩性主要为灰白色中一细粒斑状黑云母花岗岩，呈岩基产出。

岩体中的岩脉比较发育，主要为电气石石榴石白云母花岗岩脉，伟晶岩脉和石英脉。岩体内的蚀变作用比较普遍，主要有石英岩化、纳长石化、硅化、黄铁矿化等。与成矿作用关系密切，有关的矿床有醴陵市潘家冲中型萤石矿，株洲县毡帽山，大南港和醴陵市潘家冲、封洞等小型铅锌矿铀矿等，以及众多的钨、钼、铜等有色金属矿点。

五 邓阜仙花岗岩体

位于茶陵县东北部，侵入寒武系至二迭系地层中，包括汉背黑云母花岗岩和八团二云母花岗岩两部分。汉背岩体面积130平方千米，属印支期侵入；八团岩体面积41平方千米，侵入汉背岩体之中。

汉背岩体虽有细粒黑云母花岗岩组成的边缘带，但绝大部分是由中细粒斑状黑云母花岗岩组成的过渡带。与岩体有关的矿化有铅锌、钨等。

八团岩体中含钨石英脉发育，钨十分富集，形成重要钨矿床，并有铅锌矿点数处。金竹垄大型铌钽矿亦产于八团岩体与汉背岩体的接触处。

六　锡田黑云母花岗岩体

位于茶陵县东部锡田、高陇镇一带，面积176平方千米。侵入最新地层为上二迭统龙潭组，且被上白垩统红层沉积覆盖，有1.30亿、1.77亿年同位素年龄值，属燕山早期第一阶段侵入。岩体分带明显，从边缘带至内部带，由细粒变为中粒，黑云母斜长石含量逐渐减少，石英钾长石含量逐渐增加。在石仙峰一带有燕山早期第二阶段的二云母花岗岩侵入，面积67平方千米。

岩体内普遍发育有石英脉、含钨石英脉以及花岗伟晶岩脉等，蚀变作用主要为纳长石化、硅化和云英岩化。岩体与钨锡等矿产形成关系至为密切，岩体内部以及接触带附近分布的矿产地有垄上中型钨锡矿、塘前中型萤石矿、花棚里小型铅锌矿、垄上中型透辉石矿，以及10余处钨锡和数处铅锌矿点。

七　下村黑云母花岗岩体

位于湘赣两省交界的炎陵县、桂东等地。本区炎陵县南部分布面积约140平方千米。岩体北端侵入万洋山岩体中，推测属燕山早期第一阶段侵入，岩性主要为灰白色中粒斑状黑云母花岗岩、浅褐色不等粒二云母花岗岩。本岩体有钨锡矿化。

八　杨木港玄武岩、朱亭玄武岩

杨木港玄武岩分布于攸县西部石羊塘乡西北一带，夹于上、下白垩统之间，有1～3层，厚3～5米。朱亭玄武岩位于湘江东岸华石附近，地表见一处露头厚约3米，盖于上三迭统砂页岩之上。

第三节　地质构造

株洲市地处湘东褶断带。褶皱隆起与拗陷形成的构造盆地相间作雁行式排列，构造线方向为北北东 — 南南西，具多字型构造的特征。自北而南，依次为株洲褶陷、官庄高峰隆起、醴攸拗陷、武功山隆起、茶陵拗陷、炎陵县隆起，隆起与拗陷之间以断裂为界。

一 褶 皱

（一）株洲构造盆地

北起龙头铺，南至朱亭，长60余千米，宽10～15千米。为中生代晚期至新生代早期形成的槽地，沉积了白垩系及下第三系红色岩层，厚达2000余米。构造简单，基本呈一长条形不对称向斜，向斜轴走向北北东—南南西。向斜东南翼地层倾向北西，倾角约10～15度，西北翼地层倾向南东，倾角较陡，约20余度。

（二）官庄高峰隆起

位于株洲构造盆地以东，醴攸盆地之西。北起醴陵官庄，南至攸县西北部的高峰山脉，宽30～40千米，长80余千米。隆起带上断裂较发育，规模较大者有茶山岭断裂、黎家桥断裂带，属此隆起带的褶皱有箭杆山复背斜、潘家冲背斜、贺家桥向斜等4个褶皱。褶皱长10～17千米。西南端扬起，东北端开阔，并为白垩系不整合覆盖。

（三）醴攸构造盆地

北起醴陵城，南至攸县渌田，走向北北东，长达120千米，宽10～25千米。盆地内分布白垩系一下第三系红色碎屑岩层，其西侧与前泥盆系及印支期丫江桥花岗岩呈不整合接触，东侧以酒埠江断裂为界。盆地内部构造简单，岩层倾角一般小于20度，褶皱和断裂不发育。

（四）武功山隆起

北起攸县柏树下，南至茶陵县枣市乡，走向北北东，宽15～25千米，区内延伸长90千米。分布元古界至侏罗系及邓阜仙花岗岩体。其西界为酒埠江断裂。东界为茶陵断裂，为一夹于醴攸盆地和茶陵盆地之间的狭长隆起带。

（五）茶陵构造盆地

位于武功山隆起之南东，北起茶陵县高陇镇，南至茶陵县马江乡、界首镇，区内长60千米。西南端延伸至永兴县，总长达140千米。总体走向北北东，宽10～20千米。白垩系至下第三系红层厚达2000余米，构造简单，岩层产状平缓，倾角5～15度，盆地边缘局部可达30度，盆地内部褶皱不发育。

（六）炎陵县隆起

位于茶陵县东南部和炎陵县境内，呈北北东方向展布，北东延至江西，南西延至资兴等地，总长130余千米。区内长80千米，宽40～50千米。分布下古生界浅变质岩和上古生界以及侏罗系等地层，有万洋山岩体、锡田岩体、东风岩体等侵入。

二 断 裂

（一）茶山岭断裂

由醴陵市茶山岭乡、栗山坝乡延至株洲县八斗乡，位于潘家冲背斜之东缘，呈北北东走向，长

50余千米。切割冷家溪群和泥盆系，断层倾向北西，倾角约50度。断层线呈舒缓波状延伸，沿断层两侧，普遍见硅化。

（二）酒埠江断裂

位于攸县酒埠江镇至凉江乡一线，为醴攸盆地之东界，走向北北东，区内长度约70千米。断面倾向北西，倾角40～60度，具正断层形态。北西盘之白垩系底部砾岩缺失，南东盘冷家溪群、古生界及侏罗系遭受强烈挤压，岩石破碎，小褶皱及次级断裂发育，岩石产生动力变质现象，寒武系、侏罗系常有绢云母化，或为千枚岩。局部见硅化及酸性岩脉侵入。酒埠江断裂早期控制了醴攸盆地白垩系的沉积，是一条多期活动的断裂，至第四纪仍有活动之迹象。

（三）茶陵断裂

断层线位于汉背至茶陵县城，构成茶陵盆地西部边界，区内长约60千米，往南西经永兴县、郴县、临武县等县进入广东省境内，湖南省境内总长约250千米。断层走向北北东，倾向北西，倾角60～80度。断裂切割了古生界、中生界地层及印支期花岗岩，并导致茶陵盆地北西翼基本缺失。断裂沿线普遍挤压破碎，片理带和糜棱岩发育。断裂具平移特征，错距达500米。为一条多期活动的区域性大断裂。

（四）睦村（沔渡）断裂

位于炎陵县北东，切割奥陶系和加里东期花岗岩体，长约20千米。断面倾向南东，倾角50～55度。

（五）策源至水口断裂

位于炎陵县南部，呈向西北凸出之弧形，长度约40千米，断层东北段切割泥盆系和万洋山岩体，西南段切割水口向斜东翼，倾向东或南东，倾角55～60度。沿断裂发育宽约20米的硅化破碎带、并穿插石英脉和方解石脉。

第四节　矿产资源

境内矿产资源丰富，已知矿床39种，即燃料矿3种，黑色金属矿2种，有色金属7种，贵重金属2种，稀有金属2种（钽、铌），稀土和放射性矿各1种，非金属矿21种。总计各类矿产地339处。其中大型矿床3处，中型矿床17处，小型矿床88处，矿点231处。3处大型矿床为茶陵县金竹垄铌钽矿、攸县东院石灰岩矿和醴陵市马颈坳高岭土矿。17处中型矿床有铁矿5处，钨、锡矿3处，萤石4处，硅石2处，透辉石、石膏和白云岩各1处。88处小型矿床中，主要为煤矿、铁矿和金属矿，其中煤矿24处，铁矿26处，非金属22处，另有铅锌矿7处，以及钨锡铜金银铀稀土等。

矿产以煤、铁、钨、锡、铅、锌以及非金属矿产中的石灰岩、高岭土、萤石和硅石等较具优势。茶陵垄上透辉石矿为湖南首次发现的透辉石板床，填补了省内空白。

一　燃料矿

境内燃料矿产有煤、油页岩和草炭3种。

煤炭资源较丰富，有无烟煤小型矿床13处，矿点10处；烟煤小型矿床11处，矿点2处。无烟煤、烟煤合计小型矿床24处，矿点12处。现保有煤炭工业储量11743.7万吨。预测储量14180万吨（攸县兰村至黄丰桥11800万吨，茶陵界化垄、严塘、尧水、清水、潞水等地煤矿1600万吨，醴陵大屏山、南桥矿区、瓜壶塘等煤矿780万吨）。现正进行勘探的储量729.8万吨（黄丰桥至兰村煤矿444.2万吨，界化垄等煤矿285.6万吨）。以上三项储量合计26653.5万吨。

无烟煤主要有攸县桃水、黄丰桥、兰村，茶陵界化垄等矿区，现保有工业储量9575.6万吨。攸县桃水矿区为低硫、低一中灰分优质无烟煤，其块煤为生产氮肥的优质原料。黄丰桥、兰村、界化垄和大障等矿区为低硫煤，发热量达6000～8000大卡/千克，均为优质煤。

烟煤主要有醴陵市南桥矿区（铁山坡、炭塘）、石门口矿区，攸县桃水炭山坡煤矿和株洲县华石煤矿等，现保有工业储量2168.1万吨。其油页岩和草炭均产于全新统底部淤泥中，不具工业价值。

二　黑色金属矿

株洲市黑色金属矿有铁矿和锰矿2种。

锰矿仅有矿点7处，含矿层位主要为二迭系当冲组。

铁矿资源主要分布在茶陵和攸县，现保有工业储量15385万吨，在全省占第2位。主要生产矿山为湘东矿务局。年产铁矿石45万吨，约占全省总产45%，20世纪80年代末期，株洲市铁矿石产量最高达到70万吨，在湖南占有显著优势。

铁矿层主要赋存于上泥盆统。矿层一般1～2层，局部地段多达5层。厚度一般0.8～1.5米，最厚达5.23米。矿层品位变化较大，浅部多为自熔性或高碱性矿石，品位较低，矿物成份以磁铁矿为主，品位普遍增高。如茶陵东冲磁铁矿，含铁品位达45.7%～58.5%。

三　有色金属矿

境内有色金属矿有钨、锡、铅、锌、铜、钼、锑7种，以钨、锡、铅、锌较具优势。

（一）钨锡矿

主要分布在茶陵邓阜仙至锡田一带，计有中型矿床3处，小型矿床3处，矿点24处。现保有三氧化钨工业储量12202.3吨，锡金属工业储量6885.5吨。

（二）铅锌矿

有小型矿床7处，矿点31处，成因类型以中温热液型为主。现保有工业储量（铅锌金属量）117444.10吨，其中336吨为湘东钨矿伴生锌储量。预测储量21638吨（毡帽山铅锌矿）。铅锌品位较高，可达1%～5%，常伴生有益组分银等，有较好的开发前景和综合利用价值。

（三）铜、钼、锑矿

有铜矿小型矿床1处，矿点7处；钼矿点和锑矿点各4处。钼矿属中高温热液型，多产于花岗岩体内；锑矿多为低温热液型，多产于灰岩断裂带硅化破碎带中，钼矿和锑矿一般规模小，矿化弱，仅局部较富集。

醴陵市官庄铜矿为株洲市唯一的小型铜矿床，含矿岩系为冷家溪群，与成矿有关的云英岩化细粒花岗岩脉侵入其中，铜平均品位0.6%～0.79%，最高1.3%。保有铜矿工业储量（金属量）10512.03吨。

四 贵重金属矿

（一）金 矿

分岩金（原生金）和砂金2种类型。岩金有小型矿床1处，矿点9处（包括2处金银矿点），以石英脉型为主。砂金矿有矿点30处，主要分布于醴陵市、攸县，多属冲积成因河谷砂金矿，品位一般较低。株洲市现保有金工业储量1121.6千克，其中856.6千克为伴生金，分别赋存于石景冲银矿、栗树坡金银矿、邓阜仙钨矿。

（二）银 矿

有小型矿床和矿点各1处。醴陵市石景冲银矿产于硅化带中，为省内首次发现的具有独立工业价值的银矿床，已探明工业储量145.5吨。栗树坡金银矿探明和保有银工程储量19.16吨。此外，茶陵县大垄、松树山、花棚里3处铅锌矿都伴生银矿，其储量分别为17吨、6.84吨、5.50吨，株洲市合计保有银工业储量194吨。

五 稀有金属、稀土金属、放射性矿产

（一）稀有金属铌钽矿

已发现茶陵县金竹垄大型铌钽矿床1处，探明工业储量（铌钽氧化物）4885吨，属直接产于邓阜仙花岗岩体中的岩浆矿床，有较重要的工业价值。

（二）稀土金属矿

已发现炎陵县黄烟铺小型稀土矿床1处，探明工业储量705吨。属花岗岩风化壳离子吸附型矿床，含稀土金属种类较多，具有一定工业价值。

（三）铀 矿

已发现小型矿床2处，矿点1处。主要为断裂带的中、低温热液矿产。

六　非金属矿

已发现非金属矿产21种，较重要者为高岭土、萤石、石膏、石灰岩和透辉石。

（一）高岭土

高岭土是瓷业最主要的原料，优质高岭土用于造纸和橡胶填料等，应用日趋广泛。境内有高岭土大型矿床1处，小型矿床8处，矿点19处。已探明工业储量2249.3万吨。矿床成因主要有花岗岩风化壳及花岗斑岩、石英斑岩、长英质脉岩，高铝质黏土岩、石英长石砂岩等风化残余矿床。以醴陵境内之花岗斑岩、石英斑岩风化残余矿床规模较大，矿石质量较好。

（二）萤石、重晶石

萤石有中型矿床4处，小型矿床1处，矿点5处，尚保有工业储量（矿物量）136.7万吨。矿体多沿硅化破碎带呈脉状充填。重晶石有小型矿床2处，已探明和保有工业储量（矿物量）9.9万吨。

（三）石膏矿

有中型矿床1处，矿点6处。攸县上云桥中型石膏矿保有工业储量158.3万吨，另表外储量857.6万吨。属产于白垩系红层盆地中的沉积型膏盐矿床，多为纤维状石膏。

（四）石灰岩

有大型矿床1处，小型矿床3处，矿点7处。已探明工业储量8574.99万吨，现尚保有工业储量8484.36万吨。攸县东院大型石灰岩矿含矿地层为中上石炭统壶天群，下石炭统大塘阶，氧化钙品位一般可达50%～55%。矿石质量好，普遍用作水泥原料，部分可作冶金熔剂和电石原料。东院矿区探明工业储量7083.5万吨。

（五）透辉石

有茶陵县垄上透辉石中型矿床1处，已探明工业储量280万吨，产于花岗岩体与碳酸盐岩接触带，为矽卡岩型和角岩型矿床。透辉石品位一般可达65%左右。透辉石是制陶瓷的新兴矿物原料，具有熔点低，节约能源的优点。垄上透辉石矿为近年省内首次发现的透辉石矿床，填补了省内矿种的空白。

除此以外，还有砷、钠长石、大理岩等10余种矿产，工业储量约5000万吨。

第二章 地 貌

株洲市整个地势东南高，西北低。最高点酃峰，海拔标高2115米，酃峰亦为湖南省最高山峰。最低点天元区马家河镇古桑洲，海拔34米，相对高差2081米。

境内地貌结构以山地为主，共4730.17平方千米，占41.96%。岗地、丘陵次之，分别占20.30%、17.07%；平原占16.37%;其余4.30%为水面。

山地主要分布于炎陵县、茶陵北部和攸县东南部，醴陵市、攸县与株洲县交界处，醴陵市北部的官庄等地。境内属罗霄山脉，共分万洋山、八面山、武功山、高峰、箭杆山等支脉。罗霄山脉纵贯湖南和江西两省之间，为湘赣两省的分界山脉，构成湘江水系和赣江水系的分水岭，北起江西铜鼓，南经湖南醴陵，江西萍乡、莲花、宁冈和湖南攸县、茶陵等地，止于湖南炎陵县、桂东、汝城，长400余千米，市境内长约200千米，属罗霄山脉中段，主要分布于炎陵县、茶陵和攸县，面积约4600平方千米。

万洋山位于炎陵县东部大院、策源至下村一带，走向北东，向北东延至江西永新，总长80余千米，炎陵县境内长50千米，分布面积约1300平方千米。山地海拔一般超过500米，其中约800平方千米面积海拔超过800米。山峰海拔多超过1500米。

八面山支脉分布于炎陵县东南部和西部，面积约270平方千米。八面山山地海拔一般超过500米，约100平方千米面积海拔超过800米。

武功山位于攸县东部凉江、峦山和茶陵北部潞水、八团一带，走向北东，为攸水和茶水的分水岭，其山脊线为攸县和茶陵的分界。境内长50千米，分布面积1250平方千米。山地海拔一般超过800米。

武功山西南余脉云阳山位于茶陵县城以西，由下古生界砂页岩和石英砾岩等组成，主峰紫微峰海拔963.2米，千岩万壑，森林茂密，远眺层层叠叠，郁郁葱葱，故名“紫微叠翠”，为茶陵县风景区。

高峰山位于攸县西北部与醴陵市、株洲县接壤处，面积共500平方千米。山体走向北北东，长40余千米，由冷家溪群变质岩系和花岗岩等组成。海拔一般300 ~ 500米。

箭杆山分布于醴陵市北部官庄、桃花、洪源等地，与高峰山南北对峙，其间为渌水两岸之岗地丘陵所隔断。箭杆山由冷家溪群变质岩系等组成，分布面积约450平方千米。海拔一般400 ~ 600米。

株洲市白马垄附近有枫树寨（海拔328.4米）、法华岭（299.1米）等山岭，山体多由板溪群和泥盆系组成，其海拔标高一般未超过300米。

株洲市石峰山，由上泥盆统锡矿山组石英砂岩等组成，尖峰岭海拔167.4米，石峰头海拔

162.8 米。

市境中部和北部丘岗连绵，盆谷镶嵌，分布有株洲、醴陵 — 攸县和茶陵三大红层盆地。红层均为白垩系第三系陆相沉积，堆积于燕山期坳陷或断陷盆地中。受构造控制，盆地呈北东 — 南西走向。红色岩层倾角平缓，垂直节理裂隙发育，经湿热气候风化，并受河流切割及散流冲蚀，雕刻成形态奇特的岗丘。这类岗丘海拔一般在 200 米以下，比高常小于 100 米，低于周围其他岩石所构成的低山或高丘，因此呈现“丘陵盆地”地貌景观。

境内的平原主要为河流冲积平原，沿湘江和渌水、洣水两岸成条带状分布，而以湘江和渌水下游比较集中。地面平坦开阔，海拔一般在 80 米以下，地面坡度小于 5 度。

第一节　地貌类型

山地地貌　峰峦起伏，常呈线状延伸，山地走向大致与构造线方向一致。相对高差大于 200 米，地面坡度大于 25 度。分低山、中低山和中山 3 个亚类。低山海拔 300 ~ 500 米；中低山 500 ~ 800 米；中山海拔 800 米以上。主要分布于炎陵县、茶陵北部和东部、攸县东南部及醴陵市北部官庄等地。

山原地貌　海拔大于 800 米，相对高差小于 200 米，台面呈丘岗状起伏，边缘切割深，坡度陡。境内仅有中山原一个亚类，位于炎陵县大院农场，组成岩石为花岗岩。

丘陵地貌　地面波状起伏，坡度 15 ~ 25 度，相对高差 60 ~ 200 米。丘陵常呈孤立状，丘顶浑圆，脉络不明显，地表分割破碎，多溪谷，依地表物质组成，分为红岩、砂页岩、灰岩、花岗岩、变质岩 5 个岩性类型。主要分布于株洲县大京 — 醴陵板杉和茶陵中部。

岗地地貌　地面起伏平缓，切割不强烈，坡度 5 ~ 15 度，相对高差 10 ~ 60 米。分为低岗地和高岗地。低岗地坡度 5 ~ 10 度，相对高差 10 ~ 30 米；高岗地坡度 10 ~ 15 度，相对高差 30 ~ 60 米。低岗地和高岗地按地表物质组成各分为红土、红岩、砂页岩、灰岩、花岗岩、变质岩 6 个岩性类型。岗地位于河流冲积平原的后缘，主要分布于株洲盆地、醴陵 — 攸县盆地和茶陵盆地内部。

平原地貌　地面平坦，相对高差小于 10 米，地面坡度小于 5 度，地表物质以第四纪松散堆积为主。分为 3 个亚类。沿湘江、渌水沿岸及其一级支流发育的划为江河平原。其余划为溪谷平原；攸县东部漕泊石灰岩分布区地面坡度小于 5 度，高差小于 10 米，溶蚀强烈残积物发育地段划为溶蚀平原。

河谷地貌　分布于湘江及其支流渌水、洣水河谷，湘江发育河漫滩和五级阶地。

一级阶地高出河水位约 12 米，阶面平坦，一般宽 300 米左右，最宽处株洲市区河西李家屋场、油铺垄等地宽 1000 余米，由上更新世砾石和黄色亚黏土等组成。

二级阶地高出河水位约 18 米，一般宽 300 ~ 500 米，最宽 1000 米，阶面略有起伏。

三级阶地高出河水位约30米，株洲县渌口镇至株洲市区沿湘江两岸均有分布，尤以西岸最为发育。因受冲沟轻微切割，阶面呈平缓波状起伏。

四级阶地高出河水位35 ~ 40米，因受冲沟切割，阶面呈缓坡状。

五级阶地高出河水位约50米，由下更新世砾石层和绛红色网纹红土组成，因受冲沟切割，阶面已丘陵化，阶地沉积物遭剥蚀破坏，仅于株洲市区河西天台岭等地零星见及。

第二节 地貌分区

采用分析—组合方法。即按各种地貌类型展布规模和组合主从关系，并考虑岩石组成差异，境内地貌分3个大区10个亚区。

一 西北部平岗区（Ⅰ区）

位于株洲市西北部，为全市经济最发达地区，面积2021.53平方千米，其中水面9.24%，平原28.63%，岗地38.41%，丘陵23.33%，低山0.39%，是以岗地和平原占优势的地貌类型区。按地貌形态和岩性差异，西北部平岗区分二个亚区。

（一）湘江、渌江两岸红岩平岗亚区

面积1597.95平方千米，占Ⅰ区面积79.05%，地貌类型组合平原占30.75%，低岗地占21.86%，高岗地占21.66%，丘陵占15.56%，水面占10.17%，属红色岩层组成的平岗为主的亚区。

（二）大京、板杉变质岩、花岗闪长岩丘陵亚区

分布于株洲县大京水库，醴陵市板杉铺、黄獭嘴等地，面积423.58平方千米，占Ⅰ区的20.95%。

西北部平岗区地壳处于稳定和微弱上升时期，地表岩石风化较剧烈。风化带最大深度约60米。流水作用在丘陵区以线状侵蚀为主，在平岗区以面蚀为主。土壤肥沃，偏酸性，富有机质，水、热资源丰富，有利于农业的发展。不利因素为低洼处易发生洪涝灾害，红岩分布区易发生干旱，花岗闪长岩分布区森林植被遭破坏地段水土流失严重。

二 北中部岗丘区（Ⅱ区）

北中部岗丘区分布于株洲县南部朱亭、八斗一线以南各乡，醴陵官庄、茶山岭、军山一线以东各乡，攸县全部，茶陵东坑、湖口、浣溪一线以北各乡，总面积6534.67平方千米，占全市面积的57.97%。为株洲市腹地，这一地区集中了株洲市的大部分耕地。几乎全部的煤、铁、有色金属矿产地。

地貌类型水面4.46%，平原17.98%，岗地22.66%，丘陵19.90%，低山16.36%，中低山13.65%，中山4.99%。属以岗地和丘陵为主的地貌类型区。

北中部岗丘区盆地与山地相间作雁行式排列。呈北东走向。盆地内丘岗相接，平原穿插在树枝状河溪两岸。地面坡度5～15度。海拔一般50～150米，切割密度5～6千米/平方千米。醴陵市官庄乡、高峰等地群山起伏。岭谷相间。攸县东部、茶陵县北部崇山峻岭，属武功山脉，呈北东走向。海拔标高600～1000米，地面坡度大于25度，切割密度6～7千米/平方千米。

三　东南部山地区（Ⅲ区）

位于酃县和茶陵东部东坑水库、小田乡、江口、桃坑乡等地，面积2715.78平方千米，占全市面积的24.10%。

地貌类型水面占0.24%，溪谷平原占3.39%，岗地占1.15%，丘陵占5.59%，低山占14.13%，中低山占26.83%，中山占42.28%，中山原占6.39%，山地合计占89.63%，属以山地为主的地貌类型区。

东南部山地区崇山峻岭，峰峦重叠，山岭连绵，山势雄伟。境内最高峰酃峰即位于其东部。组成岩石主要为花岗岩、浅变质岩和碎屑岩等。海拔一般800～1500米，地形切割强烈，切割深度500～600米，最深950米。山坡陡峻，地面坡度一般大于25度。地表水系发育，河道坡降10‰左右，砾滩、峡谷和深切曲流常见，水力资源丰富。

东南部山地区气候温凉，雨量丰富，土壤肥沃，林木生长繁茂，森林资源丰富，尤其桃源洞自然保护区蕴藏大量珍贵树种和野生动物资源。山地区分布着连片草山，具有发展畜牧业的潜在优势。

第三章　水　文

境内河流属湘江水系。湘江干流自株洲县王十万入境，自南向北，纵贯株洲县和株洲市区，到白祁庙出境，流程 88 千米。境内湘江干流流域面积 1854.66 平方千米，占全市面积 16.5%。主要支流有洣水和渌水。洣水流经炎陵县、茶陵、攸县，流程 197.8 千米，流域面积 6459.24 平方千米，占全市面积的 57.30%；渌水流经醴陵市和株洲县，流程 80 千米，流域面积 2752.90 平方千米，占全市面积24.4%。境内地下水类型有泉水窟、董家塅等5个富水地段，地下水可采资源量每日 10万立方米，5 个富水地段水资源总量约 2 亿立方米。

第一节　江　河

一　湘　江

（一）河　道

湘江源自广西临桂县，境内流程 88 千米，属湘江下游河段，两岸地势较平坦，主要为冲积平原和岗地。

湘江干流自株洲县王十万入株洲市境，折向东南流，约 9 千米至澎波村，南岸有小溪注入，复东流 4 千米到朱亭，纳朱亭港水。朱亭港水分东、南 2 支，于朱亭东 2 千米处汇合，流域面积共 320 平方千米。东支发源于长冲，流经砖桥，长 25 千米；南支发源于龙潭水库，流经黄龙，长 28 千米，河道坡降 5‰。

朱亭以下，湘江又折向西北流，构成向南凸出之河曲。河宽一般 500 ～ 600 米。

湘江继续向北流，约 24 千米经淦田至昭陵，纳龙船港、淦田港、昭陵河诸水。淦田港水发源于八斗，长 16 千米。昭陵河发源于醴陵市马恋，经均楚、高桥进入株洲县，长 35 千米（其中醴陵市 30 千米），河道坡降 2.83 ‰。流域面积 163.7 平方千米（醴陵市境内 123.7 平方千米）。昭陵河上源为周坊水库。

昭陵以下，湘江流向由北折向北西，约8千米至三门，纳颜家港、三门港。颜家港水源自古岳峰，长14千米；三门港水源于古岳峰以北，长15千米。湘江三门河段河宽600 ~ 700米。三门以北5千米，有江心洲，名空洲。长2千米，宽0.3千米。自空洲北行约 6千米至渌口，有渌水合铁河诸水自东来汇。渌口以下，湘江河宽一般700 ~ 800米。

（二）水文特征

1. 水　位　根据株洲水文站1954 — 2000年资料，湘江历年最高水位42.59米（1994年6月18日），历年最低水位 27. 83 米（1966 年 10 月 6 日），最大水位变幅 14.76 米。多年平均水位 32.62 米，高水位多出现于每年 5 — 7 月，低水位多出现于 12 月和 1 月。

2. 径流量　株洲水文站以上湘江集水面积 71979 平方千米。按 1954 — 2000 年 47 年间资料统计，湘江历年年平均流量 802 立方米 / 秒（1963 年）至 2980 立方米 / 秒（1994 年），多年平均流量 1900 立方米 / 秒。历年最大洪峰流量 19900 立方米 / 秒（1994 年 6 月 18 日），在 47 年中，最大洪峰流量值大于 20740 立方米 / 秒的年份有 12 年，小于 8000 立方米 / 秒的有 10 年，其余 25 年最大洪峰流量值为 8000 立方米 / 秒至 15000 立方米 / 秒。最大洪峰流量一般出现于每年 5 — 6 月。湘江历年最枯流量 115 立方米 / 秒（1963 年 9 月 9 日），最枯流量小于 200 立方米 / 秒的年份共 15 年。最枯流量一般出现于每年 12 月和 1 月。湘江年径流量 252.8 亿立方米（1963 年）至 856.7 亿立方米（1970 年），常见值 400 亿 ~ 500 亿立方米。

二　洣水水系

（一）河　道

洣水为湘江第三大支流，其发源地众说不一。《湖南通志》(光绪刊)载“源出桂东县大桂山，北流入酃县境”。《湖南地理志》（1987 年版）称“发源于酃县中村公社枝山脑”。《酃县志》（同治版）则说：“洣水出县南根索岭下”。《茶陵州志》云：“洣水出酃县洣泉”。经实地考察核对，证实为炎陵县与桂东交界处之八面山主峰北麓桂东一侧。源头仅 6 千米入炎陵县境，称斜濑水，穿行崇山峻岭之间。清嘉庆进士尹荣祖有诗赞美：“洣水千岩束，春舟一叶归，波添新雨涨，山峡晚云飞。”“一路滩声接，春潮半夜生，帆从云外出，人在画中行。”

洣水流经炎陵县、茶陵县、攸县，经衡东县洣河口注入湘江。洣水河谷时宽时窄，在炎陵县河西、茶陵县湖口镇等地较开阔，与茶水、攸水等较大支流汇合处河谷尤宽，在穿越武功山 — 云阳林场山地时有峡谷出现。

洣水干流长 300 千米，其中流经炎陵县、茶陵和攸县境内长度分别为 70 千米、98.3 千米、29.5 千米，境内总长 197.8 千米。河道坡降 3.6‰。洣水流域面积 10200 平方千米，其中流经炎陵县、茶陵县、攸县的面积分别为 2030.24 平方千米、2500 平方千米、1929 平方千米。流经境内的面积共 6459.24 平方千米。

洣水主要支流有河漠水、沔水（洮水）、马伏江、岩口水、茶水、攸水和浊江。

洣水另一较大支流永乐江源出资兴，流经安仁于渌田进入攸县，经禾背出境，于衡东草市汇入洣水。永乐江在攸县境内集水面积 138.9 平方千米，流程 9.5 千米。

（二）水文特征

1. 降水量和蒸发量　洣水流域自上游炎陵县至中、下游茶陵、攸县多年平均降水量分别为 1490 毫米、1348 毫米、1441 毫米，山区降水量大于丘陵和平原区。炎陵县、茶陵、攸县多年平均蒸发量分别为 1238 毫米、1502 毫米、1575 毫米。一年之中 7 — 9 月蒸发量最大。

2. 河水含砂量　根据龙家山水文站 1958 — 1960 年资料（1960 年后停测），洣水年平均悬移质含沙量 0.143 ~ 0.408 千克 / 立方米。3 年平均 0.291 千克 / 立方米，年平均输沙率 15.6 ~ 64.5

千克/秒，3年平均43.8千克/秒，年输沙量49.1万～203万吨，3年平均值138万吨。河漠水（仅有炎陵县五里牌站1960年一年资料）平均含沙量0.229千克/立方米，年平均输沙率7.29千克/秒，年输沙量23万吨。

三 渌水水系

渌水属湘江一级支流，自东而西，流经江西省宜春、萍乡及湖南省醴陵、株洲县等地，在株洲县渌口汇入湘江。流域总面积5674平方千米，其中醴陵市1827.9平方千米，攸县735平方千米，株洲县190平方千米，株洲市境内合计2752.9平方千米。渌水干流长203.38千米，其中株洲境域内112.21千米（醴陵98.08千米，株洲县14.13千米）。河道平均坡降0.49‰。

渌江干流发源于江西省扬岐山南麓、宜春市水江乡大塘西北侧山坳，在沧下流入萍乡境。西流经萍乡、醴陵交界处的金鱼石入醴陵境。在双河口汇合支流澄潭江，始称渌水，上游则称萍水。渌江水系有一级支流12条，二级支流24条，三级支流14条。最大支流为铁河与澄潭江。

铁 河 又名汾江、泗汾河，发源于攸县丫江桥观音山南麓。水流方向由南向北，在醴陵神福港镇铁河口汇入渌江。流域面积1730平方千米，全长124.3千米。平均比降0.67‰。

澄潭江 又名白兔潭河，渌水主要支流。发源于江西省万载县黄茅乡金钟湖，流经万载县和浏阳市，在醴浏交界处双江口入境，纳江西上栗县的栗江水。水流方向自北向南。流域总面积1464平方千米，总长118千米，境内长28.8千米。平均比降1.1‰。

渌水其水文特征为中下游醴陵市境内多年平均年降水量1454毫米，地域差异明显。醴陵市北部和西南部山地丘陵年降水量1500～1540毫米，中部和东南部平岗区年降水量1350～1400毫米，渌水支流铁河攸县西北部年降水量为1434～1472毫米。

第二节 地下水

一 地下水类型

（一）松散岩类孔隙水 主要分布于湘江、渌水沿岸和邻近的宽缓冲沟中。基本属潜水，局部地段如株洲市园艺场一带具季节性弱承压性质，共调查泉井138个，泉水最大流量1.694升/秒。合计流量23.3升/秒，占泉水总流量的8.55%。

（二）碳酸盐岩类裂隙溶洞水 市区及附近从北至南均有分布，主要由灰岩、钙质泥岩、泥质灰岩构成含水岩层，共有泉水36处，合计流量60.77升/秒。分覆盖型和埋藏型两种，覆盖型碳酸盐岩裂隙溶洞水主要分布于罗正坝—梅市、田心、董家塅—湾塘等地，一般厚3～8米不等。埋藏型碳酸盐岩裂隙溶洞水主要分布于渌口、雷打石、泉塘坪等地，埋藏深度因地而异，最深261.36米。

（三）碎屑岩孔隙裂隙溶洞水 分布于泉水窟、雷打石和坝湾等地，由砂砾岩段构成含水层，有泉水 27 处，合计流量 118.36 升 / 秒，富水等级以中等为主，局部含水丰富。

（四）基岩裂隙水　主要分布在白马垄、宏夏桥、均坝一带，主要由泥质粉砂岩、砂砾岩、页岩、石英砂岩等构成含水岩层。有泉点 550 处，合计流量 70.04 升 / 秒。

地下水类型划分一览表

表 2–1

类　型	亚　类	分布面积（平方千米）	占总面积（%）
松散岩类孔隙水	–	207.18	18.50
碳酸盐岩类裂隙溶洞水	覆盖型碳酸盐岩裂隙溶洞水	11.12	1.00
	覆盖型碳酸盐岩夹碎屑岩裂隙溶洞水	29.50	2.60
	埋藏型碳酸盐岩裂隙溶洞水	98.50	8.82
	埋藏型碳酸岩夹碎屑岩裂隙溶洞水		
碎屑岩孔隙裂隙溶洞水	–	104.50	9.36
基岩裂隙水	碎屑岩孔隙裂隙水	235.69	21.10
	碎屑岩裂隙水	104.84	9.39
	浅变质岩裂隙水	246.10	22.03
	花岗岩裂隙水	79.54	7.20

二　富水地段水文地质特征

（一）泉水窟 —— 罗正坝富水地段　位于市区西南部，距株洲市高新技术产业开发区约 7 千米，长约 15 千米，宽 1.5 ~ 4 千米，南宽北窄，面积约 32 平方千米。该地下水水质良好，且含水层埋藏较浅，易于开采。

（二）董家塅 —— 湾塘富水地段　位于市区东南部，长约 11.5 千米，宽 0.5 ~ 1 千米，面积约 8 平方千米。该地段地势低洼，属红岩岗地，海拔一般 60 ~ 80 米，有碳酸盐岩碎屑岩溶洞水两种。岩溶水储量丰富，水质较好。全地段可采水量约 14051 立方米 / 日。

（三）雷打石 —— 坝湾富水地段　位于湘江西岸株洲县雷打石镇及其以南地带，长 9 千米，宽 3 千米，面积约 24 平方千米。地势为南高北低，海拔最高点为 124.3 米，最低点 40.86 米。该地段含水丰富，可供开采量 22565 立方米 / 日。

（四）龙头铺 —— 石峰头富水地段　位于株洲市城区往北至龙头铺一带。长约 11.5 千米，宽 2.5 ~ 4 千米，面积约 27 平方千米。该地段为株洲盆地中部隆起的丘岗区，东、西、北侧为红岩岗地，南侧为湘江河谷。全地段可开采水量约 8060 立方米 / 日。

（五）渌口 —— 泉塘坪富水地段　位于株洲县渌口镇及其东南部一带，东西宽 6 千米，南北长 3 ~ 5.5 千米，东西宽 6 千米，面积约 32 平方千米。该地段地势较低洼，海拔一般 60 米，地质构造复杂，地下水随季节变化明显，可供开采水量约 3186 立方米 / 日。

第四章 土 壤

第一节 土壤的形成

株洲市成土母质分为：花岗岩风化物，板页岩风化物，砂岩、砂砾岩风化物，紫色砂、页岩风化物，石灰岩风化物，第四纪红色黏土和河流沉积物7大类型。母质对所形成的土壤质地、理化性状、养分含量、耕作性能、生产性能及肥力特性等都有很大影响。

境内地形复杂，地貌类形多样，致使水热状况的变化不呈水平的地带分布，从而出现了地带性土壤红壤和黄壤的分布；地形还导致土壤垂直分布的差异，在山区，地势由低到高，土壤相应分布着红壤 — 黄壤 — 黄棕壤 — 山地草甸土。

境内属中亚热带季风湿润气候型，具有热量丰富、气温较高、无霜期长、雨量充沛、干湿季节交替明显、水热状况同步等特点，这在很大程度促使株洲土壤有机质分解速度加快。有机质难以累积；由于境内高温多湿，岩石矿物风化强烈，原生矿物彻底分解盐基流失，铁、铝二氧化物相对累积，脱硅富铝作用明显，从而形成了境内有代表性的地带性土壤红壤类型。

第二节 土壤类型与分布

一 土壤类型

株洲市土地总面积为11247.6平方千米，其中土壤资源面积为90.49万公顷，共分9个土类；18个亚类，82个土属，304个土种。

株洲市土壤分类面积统计表

表2–2

土 类	亚 类	土 属	土种（个）	面积（公顷）
水稻土	淹育性水稻土	浅麻沙泥、浅黄泥、浅黄沙泥、浅灰黄泥、浅酸紫泥、中性浅紫泥、浅碱紫泥、浅红黄泥、浅矿毒田、浅灰泥	27	3466.67
	潴育性水稻土	麻沙泥、黄泥田、扁沙泥田、灰黄泥、灰泥、酸紫泥、中性紫泥、碱紫泥、红黄泥、河沙泥、岩渣田、黄沙泥、白鳝泥、矿毒泥	65	108853.33
	漂白性水稻土	白散泥	4	806.67
	潜育性水稻土	青矿毒田、青泥田、冷浸田、烂泥田	20	33173.33

续表 2-2

土类	亚类	土属	土种（个）	面积（公顷）
潮土	河潮土	耕型河潮土	10	3813.33
红壤	红壤	第四纪红土土壤、耕型第四纪红土红壤、耕型花岗岩红土、板页岩红壤、耕型板页岩红土、砂岩红壤、耕型砂岩红土、石灰岩红壤、耕型石灰岩红土	48	345480
	黄红壤	花岗岩黄红壤、耕型花岗岩黄红土、板页岩黄红壤、耕型板页岩黄红土、砂岩黄红壤、耕型砂岩黄红土、石灰岩黄红壤	24	117106.67
	红壤性土	加入性土花岗岩红壤、砂岩红壤性土、板页岩红壤性土、砂岩红壤性土、第四纪红土红壤性土、耕型第四纪红土红壤性土	11	62173.33
黄壤	黄壤	花岗岩黄壤、耕型花岗岩黄土、板页岩黄壤、耕型板页岩黄土、砂岩黄壤、耕型砂岩黄土	25	57666.67
	黄壤性土	板页岩黄壤性土、砂岩黄壤性土、花岗岩黄壤性土	6	6386.67
黄棕壤	暗黄棕壤	花岗岩山地黄棕壤、板页岩山地黄棕壤、砂岩山地黄棕壤、山地生草黄棕壤	21	61806.67
	暗黄棕壤性土	黄棕壤性土	8	2966.67
山地草甸土	山地草甸土	花岗岩山地草甸土、板页岩山地草甸土	2	4400
黑灰色灰土	黑灰色灰土	黑灰色灰土	1	46.67
红色石灰土	红色石灰土	红色石灰土	3	1400
紫色土	酸性紫色土	酸性紫色土、耕型酸性紫色土、酸性紫沙土、耕型酸性紫沙土	11	79580
	中性紫色土	中性紫色土、耕型中性紫色土、中性紫沙土、耕型中性紫沙土	10	12573.33
	石灰性紫色土	石灰性紫色土、耕型石灰性紫色土、石灰性紫沙土、耕型石灰性紫沙土	8	3193.33
合计	18	82	304	904893.34

二 分布状况

（一）水稻土

水稻土在境内广泛分布，山地、丘、岗、平地均有，凡是有灌溉条件，能种植水稻的地方都有水稻土。全市水稻土共有 14.63 万公顷，占全市总土地面积的 13.22%。根据土壤水分在土壤内部的存在状况和运动情况以及水稻土分布的地形位置、发育过程等，境内水稻土分为淹育性水稻土、潴育性水稻土、漂白性水稻土和潜育性水稻土 4 个亚类。

1.淹育性水稻土 发育于各种母质，一般分布在地势较高的山丘、岗地、冲田的中上部，全市共有 3466.67 公顷，占水稻土总面积 2.37%。

2.潴育性水稻土 因水分潴积及干湿交替，使心土层出现潴育层的水稻土称潴育性水稻土。全市共有 10.89 万公顷，占水稻土总面积的 74.41%。在这种地形和排水条件下，土壤水分在土体中干湿交替活动频繁，从而使土壤保持良好的水分状态。

3.漂白性水稻土 发育于各种母质，主要分布在丘岗山地缓坡地带、冲垄交界地段，溪、河、水塘、水港附近。全市共有 806.67 公顷， 占水稻土总面积的 0.5%。

4.潜育性水稻土 系土体大部分长期处于淹水还原条件下发育的水稻土。主要分布于地势低洼、排水困难的地方，如山、丘地区的冲田垄田、坪田较低处；水库、塘脚下也有一定面积分布，全市共有 33173.33 公顷，占水稻土总面积的 22.68%。

（二）红 壤

红壤是境内主要的地带性土壤，发育于各种母岩母质，分布面广，主要在海拔 500 ~ 600 米以下的丘陵、岗地及低山区。全市红壤共有 52.47 万公顷，占全市土地总面积的 47.42%，下分红壤、黄红壤和红壤性土 3 个亚类。

1.红　壤 主要在海拔 350 ~ 400 米以下的丘陵、岗地及低山区，全市共有 34.55 万公顷，占红壤土类总面积的 65.84%。红壤质地一般黏重，土壤呈酸性反应，pH 一般为 4.0 ~ 6.0，养分含量低，有机质含量大部分在 2% 以下，全氮在 0.03 ~ 0.15% 之间，一般低于 0.07%，其他养分如磷、钾等含量也较低，速效磷绝大多数低于 4PPM，速效钾大多数在 50PPM 以下，红壤是境内面积最大的一个土壤类型。

2.黄红壤 黄红壤主要分布在海拔 400 ~ 650 米的低山、高丘区，是红壤亚类向山地黄壤过渡的土壤类型，全市共有 11.71 万公顷，占红壤土类面积的 22.32%。成土母质主要有板、页岩、花岗岩、砂岩及石灰岩等的风化物。黄红壤的土体颜色上黄下红，水分作用不及山地黄壤强，富铝化作用、风化淋溶作用均较红壤为弱，植被生长较好，多为林地。

3.红壤性土 红壤性土是一种发育不完全的幼年土壤。多分布于低山、丘陵、地形破碎、坡度较陡、植物生长稀疏、水土流失较严重的地区，常与红壤、黄红壤组成复区分布，全市共有 6231.33 公顷，占红壤土类总面积的 11.84%。

（三）黄 壤

黄壤土类是境内垂直带谱上的主要土壤类型，主要分布在海拔 650 ~ 1200 米的中低山地区，全市共有黄壤 64053.33 公顷，占全市总土地面积的 7.78%。

（四）黄棕壤

是境内垂直带谱的土壤类型。分布在黄壤之上，山地草甸土之下，在海拔 1200 ~ 1750 米的中山地区。全市共有黄棕壤土类64773.33公顷，占全市总土地面积的5.85%。

（五）山地草甸土

是垂直分布在暗黄棕壤性土之上的一种土壤类型。山地草甸土分布于海拔1750米以上的中山区，全市共有4393.33公顷，占全市土地总面积的0.397%。

（六）紫色土

是一种典型的幼年岩成土，主要分布于属红岩盆地的株洲县、醴陵市、茶陵县、攸县等地，海拔高度一般在300米以下，全市共有紫色土类95346.67公顷，占全市土地总面积的8.62%。

（七）潮　土

发育于近代河流冲积物和湖积物，是受地下水影响的半水成土壤。境内的潮土发育于沔水、洣水、茶水、攸水、渌江和湘江及其支流两岸的河相沉积物上。全市共有潮土3813.33公顷，占全市土地总面积的0.35%。潮土的形成主要受水流的影响，河水夹带泥沙，在低处沉积，逐年抬高。经人工开垦，绝大部分成为旱土，有灌溉条件的则辟为水田。

（八）黑色石灰土

黑色石灰土是发育于石灰岩上的岩性土壤，零星分布于石山顶部、岩隙或谷底的低平处。全市共有黑色石灰土类46.67公顷，占全市总土地面积的0.004%。

（九）红色石灰土

红色石在土分布在丘陵坡地及谷地或剥蚀阶地上，全市共有红色石灰土1400公顷，占全市土地总面积的0.1%。

第五章　气　候

境内属中亚热带季风气候区。由于太阳辐射，大气环流、地理位置以及地形地势诸多因素的共同作用，不但具有明显的季风气候，而且有一定的大陆特征，有气候温和、四季分明的气候特色。表现为春温多变，夏多暑热，秋高气爽，冬少严寒，热量丰富，雨水充沛，旱重于涝。全年平均气温在 17℃ ~ 18℃之间，是湖南省气温较高的地区。夏季日最高气温大于或等于 35℃的高温日数，平均每年 35 ~ 39 天，比素有长江流域 3 大“火炉”之称的重庆、武汉、南京还多 4 ~ 20 天。高温日最多的茶陵县 1963 年达 83 天。日最高气温连续 5 天以上大于或等于 35℃的暑热期，平均每年有 20 ~ 25 天。最多的 1963 年南部达 50 天，北部为 40 天。

境内热量条件十分优越。大于或等于 10℃的积温年平有 5400℃ ~ 5700℃。日平均气温稳定在 10℃以上的天数有 245 ~ 251 天。无霜期年平均 281 ~ 290 天。出现初霜日在 12 月初，出现最早的年份在 10 月下旬末；终霜日一般在 2 月下旬，攸县以南在 2 月中旬。霜期内实际出现霜日平均为 14 ~ 20 天，故作物生长期较长。

全市年降水量平均在 1348 ~ 1490 毫米之间。受季风影响，雨季和旱季明显，4 — 6 月为雨季，7 — 9 月为旱季，旱涝频率较高，平均每 7 年有 4 年出现洪涝，除炎陵县外，大致 10 年有 8 年出现干旱，至于插花性干旱，几乎年年均有发生。

根据气候学上常采用候平均气温低于 10℃为冬，高于 22℃为夏，10℃ ~ 20℃为春、秋来划分四季的标准，全市春季始于 3 月中旬初，5 月中、下旬进入夏季，10 月初入秋，山地炎陵县提早 5 天；11 月下旬中入冬，盆地茶陵县晚 10 天。季节的长短以夏季最长，为 133 ~ 138 天，冬季次之为 95 ~ 105 天，秋季较短为 56 ~ 66 天。市区春季比秋季长 15 天，炎陵县长 5 天。

第一节　温　度

一　气　温

（一）气温分布

株洲市年平均气温为 17.7℃，五县（市）平均气温在 17.4℃ ~ 17.9℃之间，呈中部高南北低的空间分布，季风气候特点明显，四季分明。一年之中，一般 1 月最冷，五县（市）平均气温 5.1℃ ~ 6.1℃，南部气温高于北部；7 月最热，五县（市）平均气温为 27.7℃ ~ 29.7℃，北部气温明显高于南部；气温年较差在 19.0℃ ~ 24.5℃之间。

1. 春温多变　暖湿气流势力逐渐增往北进，气温逐渐回升，所有北方南下的冷空气入侵株洲市，使气温骤降，平均每年有 8 ~ 9 次冷空气过程，出现在 3 — 4 月的冷空气占 85% 左右，多的年份，3 月出现 5 ~ 6 次，致使天气复杂，气温多变，冷暖无常。当冷暖气团在江南交绥时，有时气温急剧上升，升幅可达 10℃左右，有时气温急剧下降，降幅一般为 5℃ ~ 10℃，最大可达 20℃以上，株洲历史上最强寒潮过程出现在株洲市区 1988 年 3 月 14 — 16 日，48 小时内降温达 29.4℃，极端最低气温降至 1℃。4 月、5 月太阳辐射增强，气温上升很快，4 月中旬各地平均气温可达 17.3 ~ 17.7℃，但出现时间南北早晚可相差 2 ~ 4 天。5 月上旬达 20℃以上，南北相差 2 天左右，一般在 5 月下旬中可稳定通过 22℃，但炎陵县较其他各县要晚 5 ~ 7 天。

2. 夏多暑热　夏季太阳高度角最大，太阳辐射很强，气温上升很快，6 月平均气温为 25.4℃ ~ 26.2℃，7 月是一年中平均气温最高的月份，为 27.7℃ ~ 29.7℃。市区最炎热的 7 月（1971 年）、8 月（1963 年）月平均气温达 31.4℃。35℃以上的高温日数 6 月有 2 ~ 3.3 天，7 月有 13.9 ~ 17.4 天，8 月有 8.2 ~ 13 天。且昼夜温差小，倍感暑热。个别年份如 1976 年 7 月和 1980 年 8 月暑热天气较少。

3. 秋高气爽　一般从 9 月份起，开始受北方冷空气影响，气温逐渐下降，平均为 23.5℃ ~ 24.7℃，山区约低 1 ℃左右，降雨日数平均在 30 ~ 40 天之间。10 月份气温下降明显，降温幅度 5℃ ~ 6℃，月平均气温稳定在 20℃以下，11 月全市平均气温为 12.9℃ ~ 13.6℃之间，亦只有 10 天左右的降雨日。秋高气爽，气候宜人。

4. 冬少严寒　入冬后，气温降低，季平均气温在 7.4℃ ~ 8℃之间。由于地处副热带、纬度低、冷气团变性较快，造成的严寒天气不多。一年中最低气温等于或小于 0℃的天数年为 10.5 ~ 18.6 天，日平均气温小于或等于 0℃的天数平均为 1.6 ~ 3.6 天，大多数年份没有出现过日平均气温等于或小于 0℃的严寒期。但个别年份的冬季仍然很寒冷的，如 1969 年 1 月底至 2 月上旬，境内出现过连续 7 ~ 9 天日平均气温低于 0℃以下的低温冰冻天气。

（二）气温变化

1. 气温年变化　其特点主要是冬低、夏高。一年内最冷的 1 月平均气温为 5.1℃ ~ 6.1℃，最热的 7 月平均气温为 27.7℃ ~ 29.7℃。气温年较差比较大，市区一年中最冷月与最热月的气温之差为 24.6℃，醴陵市为 24.2℃，攸县为 24.3℃，茶陵县为 23.2℃；炎陵县因地处山区，海拔较高以及森林植被的影响，气温年较差要比其他县、市小 2℃ ~ 3℃，其差值为 21.6℃。

2. 气温的年际变化　各地趋势基本相似，但变化幅度不同。据 1949 — 2000 年观测资料记载，醴陵市、攸县、株洲市区年际变化较大，在 2℃上下，炎陵县 1.5℃。从 20 世纪 50 年代到 80 年代的温度变化看，以 60 年代（1960 — 1969 年）比历年平均值高 0.2℃ ~ 0.3℃；以 80 年代较低，比平均值低 0.1℃ ~ 0.3℃；50 年代和 70 年代接近历年平均值。

3. 气温日变化　一般每天 6 ~ 7 时前后，出现最低气温，14 ~ 15 时出现最高气温。境内各地日较差一般在 9.7℃ ~ 21.9℃之间，炎陵县山区比平丘地的气温日较差要大 1.5℃。日较差以 6、7 和 8 月最小。

（三）极端气温

1. 极端最高气温　各地历年极端最高气温有 75% 的年份达 38℃以上，其出现的时段，大多在7月、8月，7月占45% ~ 51%，8月占32% ~ 40%，个别年份极值出现在6月下旬或9月初。株洲市区1963年8月27日和9月1日出现历年极端最高气温为40.5℃，醴陵市、攸县1971年7月21日分别出现40.4℃、40℃，茶陵县1963年9月1日出现40℃，炎陵县1988年7月8日出现39.1℃。

2.极端最低气温 株洲市区1967年1月17日为-8℃，醴陵市1972年2月9日-8.2℃，攸县1972年2月9日-11.9℃，茶陵县1972年2月9日-9.9℃，炎陵县1972年2月9日-9.3℃。出现0℃或以下温度最早时段在11月中旬，最晚终止时段，北部在3月中旬，南部在3月上旬。

（四）各级界限气温

全市日平均气温低于0℃的日期，相对集中于每年1月、2月份内，年平均不到5天。

全市日平均气温稳定通过5℃的平均初日在2月下旬，个别年份出现特早或特晚。1965年1月1日茶陵县、炎陵县就稳定通过5℃，1976年境内各地均在3月22日才稳定通过5℃。平均终日多在12月中旬，炎陵县在12月下旬，初终日间隔日数平均为300 ~ 310天。

全市日平均气温稳定通过10℃的日期，平均在3月21—23日。但各年迟早不一，最早的初日，茶陵县1977年2月24日，最晚的初日，市区1955年4月21日，最早最晚可相差40 ~ 55天。其终止日期一般在11月下旬，最早的终日，茶陵县1959年11月8日，最晚的终日，茶陵县1977年12月21日。初终日间隔天数平均246 ~ 251天。

日平均气温稳定高于15℃的平均初日，株洲市区是4月19日，茶陵县4月17日。初日最早的年份可在3月中旬，最迟的年份在5月中旬。终止日期平均在10月底，炎陵县则提前3—4天。其初终日间隔天数，以茶陵县最长为198天，株洲市区最短为192天。

全市日平均气温稳定通过20℃的平均初日多出现在5月13—15日，炎陵县山区稍前1—2天。终日在10月1—4日，炎陵县提前在9月21日。各地初终日间隔天数平均140 ~ 144天，其中茶陵县为146天，株洲市区为139天。

株洲市城区垂直高度1000米内逆温情况一览表

表2-3

季节	开始形成时间	开始消失时间	平均强度	最大强度	平均厚度（米）	最大厚度（米）
冬	17时左右	8 ~ 9时	1.6℃	4.3℃	280	500
春	18时左右	7时左右	1.1℃	3.1℃	200	400
夏	19时左右	6时左右	1.0℃	1.4℃	145	200
秋	17 ~ 18时	8时左右	1.5℃	4.4℃	220	450

（五）近地层垂直气温

气温随高度的上升而逐渐降低，但有时也存在逆温。根据1984—1987年在株洲市区的北区、东区、河西等地选点多次实地考察，近地层垂直高度1000米内出现逆温情况。

株洲市区一年四季均有逆温出现，且多为接地逆温。冬季的辐射逆温厚度较大，秋季次之。冬、春、秋季常出现双层逆温，近地层为辐射逆温，上层为平流逆温或锋面逆温。上层逆温底高均在500米以上，由于不断有冷平流补充，该层逆温有时可整天维持，变化不大，其最大强度出现过5.5℃/100米。这对城市大气污染物的扩散极为不利。

（六）城市“热岛效应”

随着城区的扩大，高层建筑物的增加，影响了太阳辐射和热量收支。城市中的各类污染物排入大气，在城市上空形成了覆盖层，使之保温效应增强。下垫面性质的改变，再加上人工热的作用，使城区下垫面的温度要比市郊高，故近地面空气温度也相应增高，形成一个温暖的“热岛”。据1984—1986年1月、4月、7月、10月在城区株洲电厂、市环保局设点与市气象站同步进行观测，以及1988年8月4—7日以城区的中心广场为观测点，每天10～15时进行每小时1次的气温和湿度考察，城区中心点温度比基准站高0.9℃～2.1℃，平均温度高出1.5℃，这种效应夜间大于白天，晴天大于阴雨天。

二 地 温

（一）地面温度

株洲市年平均地面温度为19.4℃～21.1℃。地温的变化趋势与气温变化趋势基本相似。1—7月各地的地温逐渐上升，8—12月又逐渐下降。全年中1月最低，平均5.9℃～8.4℃，7月最高，平均达33.6℃～35.6℃，8月次高为32.2℃～35.6℃。

地面温度与离地2米高的气温比较，随季节的变换有所差异，一般比气温高2℃～3℃，其中7—9月要高4℃～6℃。

地面温度极端最高值，全市各地都达70℃以上。但年际变幅很大，如市区1960年极端值出现在7月，达72.7℃，而1977年极端值出现在8月只57.1℃，二者相差15℃以上，攸县1961年7月22日出现74.4℃，为该县有记录以来的最高值。地面温度极端最低值各地都在-10℃左右，攸县1962年1月27日曾出现-14.4℃。

（二）地中温度

地中各层深度的温度随时间和季节的变化，也有一定的规律性，主要反映为年变化和日变化。其特点：1.地温振幅随深度减小，即随着深度的增加，地温的年变化越小；2.地温变化位相随深度落后，即随着深度的增加，地温最高值出现的月份越往后；3.地温的年平均值随深度的增加，其变化幅度不大；4.各层深度的温度4—9月逐层递减，即深度越深，温度愈低，10—12月、1—3月为逐层递增，即深度越深，温度愈高。地中温度各层次上下变化幅度，以7月最大，每加深10

厘米可降温 1℃左右，以 3 月和 9 月变化幅度最小，只有 0.1℃ ~ 0.2℃。

第二节 光 照

一 太阳辐射

株洲市的太阳总辐射量年平均在每平方米 4.44×10^9 ~ 4.69×10^9 焦耳，其变化规律是夏季最多，冬季最少，秋季多于春季。最大值出现在 7 月，最小值出现在 1 月。

一年中以 5 — 9 月的太阳辐射较多，每月都达每平方米 4.19×10^8 焦耳以上，尤以 7、8 月最多，达每平方米 5.86×10^8 ~ 6.70×10^8 焦耳， 冬季 12 — 2 月太阳辐射量最少，平均每月只有每平方米 2.09×10^8 焦耳。

株洲市城区受工业污染物影响，其总辐射比市郊少 1%。

二 日照时数

全市年日照时数平均为 1500 ~ 1718 小时。7 月、8 月是一年中日照时数最多的月，一般平均达 200 小时以上，最多的年份 1963 年茶陵县为 336 小时。2 月是一年中最少的月，平均只有 56 ~ 65 小时，最少的年份 1973 年市区 7.8 小时。四季分配 : 以夏季最多，占 40%；春秋次之，分别占 18%、27%；冬季最少占 15%。日照时数的年际变化很大，最多年与最少年之差，一般达 600 小时以上，攸县 1963 年为 2137 小时，而 1960 年只有 1139 小时，相差竟达 998 小时。

三 日照百分率

株洲市全年日照百分率为 34% ~ 39%，各地相差不大，株洲市区 36%，炎陵县较少为 34%。在季节上夏季日照百分率最大，为 52% ~ 55%，炎陵县 47%。春季最小为 24% ~ 26%，就各月而言，2 月只有 18% ~ 20%。

第三节 降 水

一 降水量分布和变化

（一）年降水量地域分布

全市多年平均降水量在 1300 ~ 1500 毫米之间。山区较多，丘盆地区较少。市区年雨量为 1388 毫米，炎陵县为 1490 毫米，茶陵县 1348 毫米。

（二）降水量月、季变化

一年中，夏半年（3 — 8 月）降水量约占全年 70%，冬半年（9 — 2 月）约占全年 30%，雨季、旱季分明。5 月降水量最多，平均达 200 毫米以上，占全年总雨量的 15% ～ 17%。最少月的降水量，一般出现在 12 月，约占全年降水量的 3% ～ 4%。在季节上，以春季最多，占年总降水量的 37% ～ 40%，夏季次之，占 29% ～ 33%，秋、冬两季较少，各占全年的 13% ～ 16%。

（三）降水量年际变化

多雨年与少雨年一般相差达 1 倍以上。市区 1954 年雨量为 1912 毫米，而 1986 年只有 933 毫米；茶陵县 1983 年雨量为 1753 毫米，1963 年只有 799 毫米；炎陵县 1975 年最多 2027 毫米，1963 年最少只 970 毫米。季值的年际变化，市区北部 1954 的 6 — 8 月降水量 839 毫米，1963 年只有 147 毫米，相差 4 倍多。月值的降水年际变化，市区 1954 年 7 月降水量为 447 毫米，1971 年 7 月只有 1.8 毫米，相差 247 倍多。

二　降水变率和保证率

（一）年降水变率

茶陵县较大为 17%，醴陵市较小为 12%，株洲市区为 13%。季节降水变率，以春季较小，一般在 25% ～ 35% 之间，9 — 11 月降水变率为全年最大，一般在 50% ～ 70% 之间。月降水变率，多的年份降水量可达 200 毫米以上，少的年份只有几毫米，甚至滴雨不下。株洲市区 1962 年 10 月有 190 毫米，1979 年 10 月为 0；茶陵县 1957 年 10 月有 213 毫米，1979 年 10 月只有 0.1 毫米。

（二）降水保证率

株洲市年降水量大于 1000 毫米的保证率，醴陵市最大达 100%，茶陵县为 88%，其他均大于 96%。大于 1400 毫米的保证率，炎陵县最大为 57%，茶陵县最小为 42%，其他各地为 48% ～ 56%。大于 1800 毫米的保证率，除炎陵县为 21% 外，株洲市区和醴陵市只出现 1 次为 4%，攸县、茶陵县尚未出现过。大于 2000 毫米的保证率，仅炎陵县为 4%，其他各地均没有出现过。保证率大于或等于 80% 的年降水量，各地都在 1150 ～ 1250 毫米之间，株洲市区为 1220 毫米。

三　降水日

年降水日数各地平均在 160 天左右，最多年份在 180 ～ 192 天，多于洞庭湖区，少于湘南和湘西山区。南北相差可达 30 天，炎陵县最多，平均达 183 天，出现最多的 1975 年为 218 天；株洲市区较少，年平均为 155 天，茶陵县最少的年只有 123 天。

一年中，雨日多集中在 3 — 5 月，平均每月为 17 ～ 19 天，4 月最多，境内各地都有 19 天左右，最少为 9 月，炎陵县为 11 月，仅 8 ～ 9 天。从季节分布看，春季雨日占全年总雨日的 35.1%，冬季占 24.7%，秋季占 18.5%，夏季占 21.7%。

四 降水强度

株洲市的降水强度，6月日平均在12 ~ 15毫米之间。为强度最大月份，1月和12月约4 ~ 5毫米，为全年强度最小月。1983年6月20日茶陵县降水量为271毫米，为日降水量强度最大值。1小时最大降水量，1977年8月29日株洲市区为80毫米，比秋季一般年份的1个月平均降水量还多。10分钟最大降水量，株洲市区28.5毫米，其他各地在20 ~ 25毫米之间。

月最大降水量以6月最大，多在400毫米以上，攸县1962年达590毫米，为全市有气象记录以来的最大值。1月、9月、12月多在110 ~ 150毫米之间。

五 降雪和积雪

株洲市冬季各地均有降雪。一般雪日不多。1954 — 1989年间株洲市区、醴陵市较多，平均每年为7 ~ 9天，茶陵县为5.6天，攸县和炎陵县为6天。多雪年份株洲市区、醴陵市为19 ~ 20天，茶陵县为15天。降雪多集中于1月和2月，株洲市区、醴陵市最早见雪在11月13 — 15日，平均初雪日在12月中旬。茶陵县、攸县平均初雪日在12月下旬末。最晚终雪日平均在3月下旬中期，平均终雪日在2月下旬，炎陵县提前7天，在2月中旬末。

第四节 风和气压

一 风

（一）风 向

境内风向具有明显的季节变化，除静风外，一般以偏北风为主。冬季盛行偏北风，6月下旬开始受季风气候影响渐转偏南风，8月后期又渐渐转偏北风。各地风向受地形影响，株洲市区多为北偏西风，攸县多为北偏东风，醴陵市和茶陵县为西北风，炎陵县除多为东北风外，还盛行西南偏西风。

（二）风 速

境内年平均风速平丘地区为2.2 ~ 2.6米/秒之间，山区炎陵县为1.7米/秒。平均风速较大的月份，市区出现在7月、9月为2.4 ~ 2.6米/秒；茶陵县出现在1 — 3月为3.0 ~ 3.1米/秒；醴陵市则出在3月、4月；攸县出现在7月。2分钟平均最大风速，除炎陵县为16米/秒外，其他各地均在18米/秒以上，茶陵县1962年9月19日出现2分钟平均最大风速24米/秒（相当9级风力），是全市现有纪录的最大值。

二　气　压

全市气压年平均值在 988 ~ 1007 百帕之间。气压的年变化属大陆型，冬季较高，夏季较低。气压的年较差为 19 ~ 23 百帕。从北往南作较有规律的递减，每县平均相差 1 百帕左右。山区炎陵县受海拔高度的制约，气压的年较差随海拔高度的增加而显著减小。株洲市区年较差 22.3 百帕，炎陵县为 19.1 百帕。

气压在一日中，也有规律性的周期变化。一般最高出现在上午 10 时前后，次高出现在 22 时左右，夏季比冬季稍提早。每日最低出现在 16 时左右，次低出现在 4 ~ 5 时，冬季比夏季偏早。

第五节　云和雾

一　云

（一）云　量

全市各地年平均总云量为 7.1 ~ 7.6 成，是全国云量较多的地域之一。炎陵县年平均为 7.6 成，市区为 7.1 成，其他各地在 7.3 ~ 7.5 成，云量年内变化，上半年多于下半年约 1 成半。冬末至夏初为云量最多季节，达 8 成以上，其中炎陵县 7 ~ 8 成，多时达 9 成。夏末秋初大多为 6 ~ 7 成，其中市区 8 月、9 月为 6.2 ~ 6.4 成。云量的日变化在夏季白天午后较多，冬季午夜到清晨最多。

（二）云　状

常年记载最多的云状为高积云、层积云。一年中常出现的低云，冬、春季以碎云、层积云为主；秋季为层积云，其次是碎云和淡积云；夏季多为积云、积雨云等地方性对流云系。云底高度随季节而变化。以夏季最高，冬季最低，在 1 月有 50% ~ 60% 的云出现在 1000 米以下；在 7 月出现 1000 米以下的却不到 20%，相反有 35% ~ 40% 的云出现在 4000 ~ 5000 米以上。

（三）晴、昙、阴日数

全年以茶陵县、株洲市区的晴天日数最多，平均有 42 天左右，炎陵县最少为 23 天左右。昙天平均为 120 ~ 140 天。阴天日数以攸县较多为 216 天，株洲市区最少为 187 天。从各月变化看，晴天日数以 10 — 12 月最多，各地平均都有 5.5 ~ 6.5 天，炎陵县只有 3.5 ~ 4.8 天。阴天则以 3 月份最多，在 20 ~ 22 天之间，攸县以南 3 月和 5 月比 4 月的 20 天还多 1 ~ 2 天。

二　雾

雾日的分布，平丘地少于山地。平丘地一年内约有 11 ~ 17 天的雾日。冬季最多，春季次多，夏季最少，秋季次少。炎陵县全年有60天左右，比全国雾日较多的辽东半岛及江浙沿海多50%。炎陵县测站四周群山环绕，风力微弱，处在洼谷地带，水汽充沛，易形成雾，特别是7—9月雾日最多，平均每月有7～9天，而冬末春初2—3月则最少，平均仅3天左右。茶陵县为全市雾日最少的地域，全年平均只有11天左右，其中6—9月平均每月不足半天，7月更少。

第六节 湿 度

一 水汽压

境内平均水汽压在17.3～17.8百帕之间，年际间的变化幅度不大，在1.0～2.0百帕之间。月平均水汽压以7、8月最大，1月最小。水汽压的大小与气温升降的变化同步。全年中最大值一般也出现在7月、8月，少数年份出现在6月。株洲市区、攸县、茶陵县水汽压最大值都达41百帕以上，而炎陵县、醴陵市为38百帕左右，全年最小值出现在12月，少数年份出现在11月或1月，其最小值在1.5～1.9百帕之间。月平均水汽压的年际变化幅度以茶陵县最大。为4.5百帕，炎陵县较小为2.4百帕，其他各地在3.5～4.5百帕之间。历年11月变化幅度最大，如株洲市区、醴陵市11月的年际变化都在5.5百帕以上。冬季上午8时前后出现最低，午后出现最高，夏季一般在22时达最高值，11时左右达次高；一日中日出时为最低值，午后17时左右为次低值。

二 相对湿度

各地相对湿度年平均在78%～80%之间，山地大于平丘。炎陵县山区较大，年平均83%，茶陵县较小，年平均78%。其季节变化以春季最大，冬季次之，秋季居三，夏季最小。株洲市区春季平均为81%，其中2月、3月最大为82%，夏季最小为76%，其中7月为72%；秋季78%，冬季80%。全年平均月最大值与平均月最小值相差8%～10%，炎陵县差异更小，春夏两季平均只差4%。

境内各地最小相对温度极值多出现在冬季。攸县、茶陵县、炎陵县年极端最小值为10%，株洲市区为11%。醴陵市为14%。

第七节 蒸 发

全市年平均蒸发量在1435毫米左右，以攸县年蒸发量最大，达1575毫米以上，炎陵县最小为1238毫米；株洲市区为1368毫米。四季分配：夏季蒸发量最大，约占全年总蒸发量的40%～46%；冬季最小，只占9%～12%；春、秋季各占21%～26%，以7月最大，1月最小。5—10月各地蒸发量均在100毫米以上，6—9月在150毫米以上，7—8月在200毫米以上，11月至次年8月都在100毫米以下，1—2月除茶陵县在55毫米左右外，其他各地都在50毫米以下。

第六章　野生动植物

第一节　野生植物

历代文人墨客，赞叹境内树多林茂。《刘隋州诗集》载诗人刘长卿称“江枫日摇落”“落日挂峰杉”；杜甫赞“木杂古今树”；范成大誉“人稀山木寿”；明地理学家徐霞客在他的《楚游日记》中记载：茶陵县治西的紫云山“其上隔山竹树一壑”；云阳仙“庵后有大石飞累，驾空透隙，竹树悬缀，极为倩叠”；庵中“竹树蒙茸，索雾成冰，玲珑满树”；秦人岭“路微而石树蒙翳”，“石悬树恋而路绝”，“树益深，上者不能下，下者不复上”。茶陵到攸县间窖里大岭一带“露出层峰峡谷，树色深沉”，“草复翳涧，靡草之下，不辨其孰为石？孰为水？”。

清同治版《攸县志》列木属为23类。民国版《醴陵县志》记载：醴陵的森林植被资源有松、杉、柏、樟、枫、梓、桐、檀、栎等33种；有可以入药的乔木类32种，香木类13种，灌木类68种，常年栽培的有厚朴、杜仲、黄莲、吴茱萸、黄桅子、八角枫、辛荑、枳实、木瓜等。

1951年湖南省林业局、武汉大学、中山大学、南京大学、湖南农学院在炎陵县进行森林资源概况调查：有林地9794公顷，森林覆盖率为82%。1956年省林业厅森林资源抽查：醴陵县的森林覆盖率为32.4%；株洲市为25.8%。1960年省林业厅调查，茶陵县的森林覆盖率为28.8%。1960年省林业厅调查：炎陵县的森林覆盖率为73%；株洲市为14.5%。“四五”计划期间（1971—1975）森林资源调查：森林覆盖率炎陵县67%；茶陵县30%；攸县24.2%；醴陵40.9%；株洲县40.1%；全市合计为43.5%。“六五”计划期间（1981—1985）森林资源调查：森林覆盖率，炎陵县67.1%；茶陵县28.6%；攸县39.9%；醴陵40.3%；株洲县39.86%；株洲市郊区31.8%。株洲市为42.0%，高于全国（12.7%）和湖南省（40.1%）。在湖南省内低于湘西、怀化、零陵和郴州，居湖南省第5位。“八五”计划期间（1991—1995）森林资源调查：全市森林覆盖率达63.39%。据2002年度湖南省森林资源监测中心统计，株洲市共有林用地面积710849.8公顷，森林覆盖率为63.03%。

1984年株洲市林木种源普查资料表明，株洲市共有林木种源3门、106科、296属、884种。2000年，境内植物种类统计：种子植物95个科、680个属、约4600种。

一　蕨类植物门

石松科　石松、石子藤石松。

海金沙科　海金沙。

二 裸子植物门

苏铁科 苏铁。

银杏科 银杏。

松科 银杉、大院冷杉、雪松、铁坚油杉、华山松、湿地松、海南五针松、黄山松、西藏长叶松、马尾松、油松、火炬松、黑松、金钱松、日本落叶松、南方铁杉。

杉科 杉木、日本柳杉、水松、水杉、池杉、落羽杉、秃杉、柳杉。

柏科 柏木、刺柏、侧柏、福建柏、园柏、千头柏、龙柏、塔柏、铺地柏、香柏、日本扁柏、凤尾柏。

罗汉松科 罗汉松、竹柏。

三尖科 三尖杉、篦子三尖杉、粗榧。

红豆杉科 穗花杉、白豆杉、红豆杉、南方红豆杉、香榧。

三 被子植物门

金粟兰科 草珊瑚、宽叶金粟兰、接骨金粟兰。

杨柳科 响叶杨、加拿大杨、钻天杨、小叶杨、毛白杨、垂柳、河柳、银叶柳、旱柳、龙爪柳、四子柳、皂柳、川滇柳。

杨梅科 青杨梅、杨梅。

胡桃科 青钱柳、少叶黄杞、核桃、化香、枫杨。

桦木科 桤木、江南桤木、华南桦、香桦、光皮桦、棘皮桦、剑苞鹅耳枥。

榛科 雷公鹅耳枥、千金榆、多脉鹅耳枥、华榛、刺榛。

壳斗科 板栗、锥栗、茅栗、小红栲、桂林栲、厚皮丝栗，米储、甜储、罗浮栲、栲树、红锥、乌楣栲、苦槠、钩栗、岭南石栎、金毛柯、包石栎、白皮石栎、贵州石栎、华南柯、硬斗石栎、大叶柯，小果石栎、木姜叶柯、石栎、毛枝柯、粗穗柯、滑皮柯、大院石栎、麦穗石栎、袁山石栎、长叶石栎、多变柯、石柯、槲栎、白栎、青冈栎、毛叶曼青冈、黄椆、辽东栎、青椆、多脉青冈、大叶椆子、云山椆、曼青冈、宁岗青冈、麻栎、锐齿槲栎，小叶栎、抱栎、短柄抱栎、栓皮栎，巴东栎、饭甑青冈、水青冈、亮叶水青冈。

榆科 糙叶树、紫弹朴、黄果朴、珊瑚朴、朴树、小叶朴、青檀、山油麻、光叶山油麻、山黄麻、山兴榆、杭州榆、多脉榆、白榆、榔榆、榉树。

桑科 构树、小构构树、柘树、构棘、天仙果、异叶榕、梨果榕、薜荔、竹叶榕、琴叶榕、珍珠莲、无花果、大叶榕、台湾榕、变叶榕、桑树、鸡桑。

荨麻科 水麻、灌木苎麻。

山龙眼科 网脉山龙眼、小果山龙眼。

铁青树科 青皮木、华南青皮木。

檀香科 檀梨。

桑寄生科 毛叶桑寄生、槲寄生、扁枝槲寄生、柃寄生。

蓼科 虎杖。

连香树科 连香树。

毛茛科 山木通、威灵仙、铁线莲、丝瓜花、牡丹。

木通科 木通、三叶木通、白木通、五叶瓜藤。

小蘖科 庐山小蘖、阔叶十大功劳、小叶大功劳、华南十大功劳、南天竹。

大血藤科 大血藤。

防己科 防己、木防己、樟叶木防己、金线吊乌龟。

木兰科 鹅掌楸、凹叶厚朴、厚朴、含笑花、粗柄含笑、深山含笑、金叶含笑、白兰花、火力楠、景烈白兰、阔瓣含笑、绢毛木兰、天女花、紫玉兰、荷花玉兰、白玉兰、宝华玉兰、华中木兰、长叶木兰、木莲、红花木莲、观光木、八角、南五味子、翼梗五味子、毛桃木莲。

八角科 莽草、厚皮香八角。

五味子科 五味子、华中五味子、冷饭团。

番荔枝科 瓜馥木。

樟科 黄肉楠、豺皮黄肉楠、杨子黄肉楠、柳叶黄肉楠、肉桂、川桂、华南樟、毛桂、香桂、细叶香桂、天竺桂、黄樟、猴樟、阴香、长果樟、臭樟、红果钓樟、大叶钓樟、黑壳楠、白胶木、香叶子、乌药、川钓樟、山樟、山胡椒、狭叶山胡椒、香叶树、假桂钓樟、红脉钓樟、江浙钓樟、黄丹木姜子、润楠叶木姜子、红叶木姜子、木姜子、毛叶木姜子、绢毛木姜子、长叶木姜子、清香木樟子、钝叶木姜子、刨花楠、红楠、小果润楠、绒毛润楠、凤凰楠、建润楠、大叶楠、新木姜、鸭公树、南亚新木姜、桢楠、光枝楠、披针叶楠、湘楠、闽楠、白楠、山楠、紫楠、桢楠、擦木、锈叶新木姜、显脉新木姜、大叶新木姜、猴高铁、华南桂。

钟萼木科 钟萼木。

虎耳草科 腊莲绣球、大枝绣球、中国绣球、伞形绣球、绣球、黄常山、溲疏、小齿钻地冈、华鼠刺、圆锥绣球、月月青、西南绣球。

海桐花科 崖花海桐、狭叶海桐、棱果海桐、光叶海桐、海桐。

金缕梅科 大果蜡瓣花、杨梅蚊母树、蚊母树、金缕梅、缺萼、枫香、檵木、红檵木、白克木、蕈树、半枫荷、水丝梨。

蔷薇科 中华绣线梅、野珠兰、木瓜、野山楂、湖北山楂、华中山楂、光叶石楠、小叶石楠、椤木石楠、桃叶石楠、褐毛石楠、绒毛石楠、石楠、杏树、郁李、中华石楠、福建山樱花、桂樱、灰叶稠李、李、桃、梅树、山桃、西南樱桃、樱桃、毛樱桃、大樱桃、腺叶野樱、刺叶樱、红花碧桃、碧桃、蟠桃、粉枝莓、太平莓、寒梅、灰毛泡、灰白毛莓、茅梅、锈毛莓、插田泡、蛇泡儿、乌泡、高粱泡、覆盆子、石斑木、皱叶石斑木、枇杷、棣棠花、苹果、三叶海棠、湖北海棠、揪子、山荆子、毛山荆子、杜梨、沙梨、白梨、麻梨、石灰花揪、江南花揪、毛序花揪、美脉花揪、小果蔷薇、金樱子、多花蔷薇、玫瑰、月季、红果树。

含羞草科 合欢、山槐。

苏木科 翅荚木、龙须藤、湖北羊蹄甲、巨紫荆、肥皂荚、陈氏紫荆、皂荚、云实、垂丝紫荆、紫荆。

蝶形花科 翅荚香槐、香槐、小花香槐、槐树、饿蚂蝗、杭子梢、藤黄檀、藤檀、宜昌木蓝、马棘、胡枝子、美丽胡枝子、大叶胡枝子、多花胡枝子、绿叶胡枝子、截叶铁扫帚、马鞍树、鸡血藤、花榈木、木荚红豆、苦参、紫藤、香花崖豆藤、紫穗槐、刺槐、山蚂蝗、葛藤、锦鸡儿、长脐红豆。

古柯科 东方古柯。

杜仲科 杜仲。

悬铃木科 二球悬铃木（英国梧桐）。

芸香科 香橼、蟹橙、桂橙、温州蜜橘、柚、吴茱萸、楝叶吴茱萸、臭辣树、黄皮、茵芋、石虎、花椒、野花椒、朵椒、樗叶花椒、花椒簕、香椒子、异叶花椒、青椒、枸橘。

苦木科 臭椿、苦木。

楝科 米兰、楝树、小果香椿、香椿、红椿。

大戟科 山麻杆、油桐、木油桐、算盘子、湖北算盘子、重阳木、白背叶、野桐、石岩枫、粗糠柴、蓖麻、山乌桕、白木乌桕。

虎皮楠科 交让木、虎皮楠、牛耳枫。

黄杨科 雀舌黄杨、尖叶黄杨、锦熟黄杨、宿柱三角咪、野扇花。

漆树科 漆树、野漆树、南酸枣、盐肤木、黄连木、木蜡树、红麸杨。

马桑科 马桑。

冬青科 冬青、称星木、香冬青、小果冬青、微果冬青、枸骨冬青、铁冬青、三花冬青、云南冬青、刺叶冬青、山枇杷、狭叶冬青、台湾冬青、毛冬青、亮叶冬青、毛梗冬青、凹叶冬青、落霜红、矮冬青、具柄冬青、榕叶冬青、谷木冬青、厚叶冬青、猫儿刺、满树星。

卫矛科 苦皮藤、南蛇藤、短梗南蛇藤、粉背南蛇藤、角翅卫矛、冬青卫矛、常春卫矛、鸦椿卫矛、扶芳藤、刺果卫矛、丝棉木、栓翅卫矛、金心黄杨、雷公藤、昆明山海棠、三花假卫矛、福建假卫矛。

省沽油科 瘿椒树、利川瘿椒树、野鸦椿、山香圆。

槭树科 五裂槭、毛花槭、紫果槭、红翅槭、青窄槭、中华槭、青皮槭、飞蛾槭、光叶槭、地锦槭、三角槭、糖槭、樟叶槭、鸡爪槭。

七叶树科 七叶树。

无患子科 伞花木、全缘叶栾树、复羽叶栾树、无患子。

清风藤科 多花泡花树、毡毛泡花树、笔罗子、珂楠树、红枝紫、香皮树、清风藤、山青木。

鼠李科 马甲子、毛拐枣、拐枣、枣、长叶冻绿、圆叶鼠李、鼠李、无刺鼠李、酸枣、薄叶鼠李。

葡萄科 葡萄、毛葡萄、三裂叶蛇葡萄、大叶乌蔹莓、乌蔹莓、爬山虎、异叶爬山虎、扁担藤。

杜英科 杜英、华杜英、冬桃、薯豆、亮叶杜英、山杜英、仿栗、猴喜欢。

椴树科 椴树、湘椴、矩圆叶椴、鳞果椴、扁担杆。

锦葵科 木芙蓉、梵天花、木槿、朱槿、庐山芙蓉。

梧桐科 梧桐、梭罗树、两广梭罗树、长柄梭罗树、瑶山梭罗木。

猕猴桃科 猕猴桃、狗枣猕猴桃、毛花杨桃、尖叶猕猴桃、棕毛猕猴桃、京梨猕猴桃。

山茶科 尾叶山茶、野山茶、红花油茶、山茶花、金茶花、茶树、油茶、邹果茶、攸县油茶、尖叶山茶、连蕊茶、柃叶莲蕊茶、越南油茶、栓壳红山茶、宛田红花油茶、普洱茶、广宁油茶、博白大果油茶、小果油茶、大花尖叶油茶、茶梅、毛药红淡、华红淡、亮叶红淡、木荷、银木荷、滇木荷、杨桐、厚叶杨桐、细枝柃、黑柃、红齿柃、翅柃、单耳柃、微毛柃、毛果柃、羊齿柃、褐叶柃、柃木、格药柃、海南大头茶、厚皮香、华南厚皮香、粗毛石笔木、长柄石笔木、大果厚皮香、石笔木、米碎花。

大风子科 刺篱木、山桐子、柞木、长叶柞木、南岭柞木。

旌节花科 中国旌节花、喜马山旌节花。

千屈菜科 紫薇。

柳科 程柳。

瑞香科 荛花、白瑞香、结香、南岭荛、北江荛花、细轴荛花、雪花皮、瑞香。

胡颓子科 铜色叶胡颓子、木半夏、胡颓子、牛奶子。

石榴科 石榴、花石榴。

珙桐科 喜树、珙桐、蓝果树。

八角枫科 八角枫、长毛八角枫、瓜木。

桃金娘科 大叶桉、细叶桉、赤桉、三叶赤桉。

野牡丹科 巨萼柏拉木。

五加科 五加、吴茱萸五加、树五加、棘茎楤木、楤木、树参、变叶树参、穗序鹅掌柴、刺秋、常春藤、通脱木、掌叶梁王茶。

山茱萸科 灯台树、来木、山茱萸、头状四照花、香港四照花、四照花、狭叶四照花、红瑞木、青荚叶、西藏青荚叶、云母树。

山柳科 华东山柳、毛叶山柳、江南山柳、南岭山柳。

杜鹃花科 大白杜鹃、福建杜鹃、云锦杜鹃、鹿角杜鹃、满山红、闹羊花、锦绣杜鹃、猴头杜鹃、杜鹃、长蕊杜鹃、亮毛杜鹃、黄山杜鹃、紫花杜鹃、灯笼花、齿缘吊钟花、丝线吊芙蓉、毛锦杜鹃。

越橘科 滇白珠、白珠树、扁枝越橘、黄背越橘、乌饭树、短尾越橘、米饭花、南烛、狭叶南烛、马醉木、美丽马醉木。

紫金牛科 朱砂根、红凉伞、百两金、紫金牛、西南紫金牛、矮地茶、白花酸藤果、杜茎山、柔弱杜茎山、铁仔、光叶铁仔。

柿树科 乌柿、浙江柿、柿树、野柿、罗浮柿、油柿。

山矾科 腺柄山矾、薄叶山矾、总状山矾、山矾、火灰树、南岭山矾、密花山矾、厚叶灰木、茶条山矾、湖南白檀、光叶山矾、黄牛奶树、枝穗山矾、白檀、海桐山矾、川山矾、波缘山矾、老鼠矢、银色山矾、披针叶山矾、台东山矾。

野茉莉科 赤杨叶、银钟花、小叶白辛树、白辛树、裂叶白辛树、白花龙、垂珠花、老鸹铃、白花树、野茉莉、郁香野茉莉、红皮树、毛萼野茉莉、瑞丽野茉莉、赤皮树、鸦头梨、裂叶野茉莉。

木犀科 流苏树、连翘、金钟花、美国白蜡树、白蜡树、秦岭白蜡树、苦枥木、北清香藤、迎春花、茉莉花、华南小蜡树、女贞、小叶女贞、小蜡树、红柄木犀、木犀、金桂、银桂、月桂、野桂花。

马钱科 醉鱼草。

萝藦科 牛奶菜、夜来香。

夹竹桃科 夹竹桃、水梅。

紫草科 粗糠柴、长花厚壳树、厚壳树。

马鞭草科 珍珠风、华紫珠、野枇杷、白棠子树、长毛紫珠、紫珠、广东紫珠、杜虹花、红紫珠、臭牡丹、大青、广东紫珠、海通、海洲常山、苦梓、豆腐柴、接骨树、黄荆、牡荆。

茄科 枸杞、珊瑚豆。

玄参科 泡桐、紫花泡桐。

紫葳科 凌霄花、楸树、滇楸、梓树。

茜草科 水团花、细叶水团花、馥香滇丁香、枫香树、虎刺、香果树、黄栀子、栀子花、福建粗叶木、榄绿粗叶木、长尾粗叶木、羊角藤、贵州玉叶金花、毛鸡矢藤、香楠、海南山黄皮、山黄皮、白马骨、白皮乌口树、云南粗叶木、密毛乌口树、流苏子、狗骨柴、钩藤、中华木棉树、大叶白纸扇。

忍冬科 糯米条、巴东忍冬、红腺忍冬、贵州忍冬、忍冬、接骨草、桦木荚蒾、南方荚蒾、伞房荚蒾、荚蒾、大叶荚蒾、直角荚蒾、珠花荚蒾、宜昌荚蒾、八仙花、蝴蝶荚蒾、球核荚蒾、坚荚蒾、汤饭树、合轴荚蒾、不秀球、罕禾树（珊瑚树）。

菊科 羊耳菊。

百合科 菝葜、肖菝葜、粉菝葜、小叶菝葜、鞘柄菝葜、土茯苓。

棕榈科 蒲葵、棕竹、棕榈。

禾本科 花孝顺竹、方竹、阔叶箬竹、箬竹、刚竹、斑竹、实心竹、水竹、紫竹、淡竹、毛竹、黄杆竹、苦竹、箭竹。

薯蓣科 粉背薯蓣。

境内森林植被的分布类型，根据 1985 年林业区划，依地貌和植物群落的外部特征、内部结构以及人为活动的影响，全市大致可以划分为 2 大片 12 个类型。

一大片是株洲市郊区、株洲市城区、株洲县、醴陵市、攸县以丘岗为主的地段。其森林植被类型有：

常绿阔叶林 主要为苦槠石栎林。

常绿、落叶阔叶林 主要有香樟白栎林、香樟枫香林。

落叶阔叶林 主要为人工檫木林。

针叶林　主要为杉木油茶混交林，马尾松杉木混交林，马尾松杉木石栎混交林、人工杉木纯林、人工马尾松纯林、人工国外松纯林。

油料水果林　主要有油茶林、油茶杉木松类檫木混交林、柑橘林、乌桕林、油桐林。

竹林　主要有楠竹纯林、楠竹杉木杂木混交林。

二大片是炎陵县、茶陵县以中低山为主的地段，其森林植被类型有：

针叶林　以马尾松为主的分布海拔可达1700米，属天然次生林，混生的阔叶林中，海拔1000米以下有纯林，林下植被主要有紫珠、茅栗、铁芒箕、乌饭、狗骨等；以杉木为主的，分布海拔至1400米，有人工纯林或混交林，林下植被主要有柃木、米砂根、胡枝子、光叶山矾、五节芒、鸭咀草等。

常绿阔叶林　多分布在海拔1000米以下的沟谷地，天然次生林，主要群落类型有短期甜槠木荷林、木荷石栎林、青岗钩栗林等。

常绿、落叶阔叶混交林　分布在海拔1000～1500米之间的山地，主要有红楠亮叶水青冈林、南岭栲软黄红豆林、莩木冬桃等。

常绿阔叶、落叶阔叶混交林　多分布在海拔1500米以下的沟谷、阴坡、群落，有亮叶小青冈银木荷林、铁莩枫香脉青林等。

楠竹林　分布在海拔500～1600米，常伴生少量杉木或阔叶树。

油茶林　多分布在海拔500米以下的阳坡地，伴生少量杉、枳或盐肤木、野漆、野桐、山楂等。

为了有利于保护、研究和合理利用森林植被，株洲市于1983年起在炎陵县建立起桃源洞自然保护区，作为植物和野生动物的基因库。在自然保护区，有木本植物93科265属784种，药用植物189科555属903种，约占全省药用植物2600种的34.73%，食用菌53种，毒菌20种、名贵花卉100余种，仅杜鹃花属就20种、兰花属10种。人们称桃源洞为“春有樱花满树梢，夏有杜鹃遍山坡，秋季霜叶红似火，冬桃结果引嘴馋，四时花果招来客，桃源洞内夸江南”。

第二节　野生动物

株洲地处中亚热带，气候温和，植被繁茂，为野生动物提供了适宜的生存场所。株洲野生动物资源中，对农业有益得动物有265种，属国家级保护得珍稀动物有64种，其中一类保护动物有豹、华南虎、梅花鹿（人工养殖）、东北虎（人工养殖）、灰腹角雉、黄腹角雉、巨蜥、蟒等8种，二类保护动物有猕猴、穿山甲、豺、黑熊、水獭、斑林狸、小灵猫、大灵猫、猞猁、兔狲、金猫、渔猫、麝、河麂、马鹿、水鹿、黄嘴白鹭、小苇（开鸟）、红胸黑雁、白额雁、鸳鸯、鹰、隼、黑琴鸡、红腹角雉、白鹇、原鸡、锦鸡、灰鹤、蓑羽鹤、长脚秧鸡、姬田鸡、棕背田鸡、花田鸡、铜翅水雉、小杓鹬、小青脚鹬、灰燕鸻、绿鸠、皇鸠、斑尾林鸽、鹃鸠、鸦鹃、灰喉针尾雨燕、蓝耳翠鸟、黑胸蜂虎、绿喉蜂虎、白腹黑啄木鸟、阔嘴鸟、地龟、山瑞鳖、大壁虎、大鲵、细痣疣螈、虎纹蛙等56种。

一 鸟类

清嘉庆版《衡州府志》载：酃县土产的鸟类有白鹇鸟、翡翠、雉鹧鸪、鸠、鸽、瞿鸟、谷鸟、黄莺、白鹭、鹰、竹鸡。清嘉庆版《茶陵州志》载：茶陵的鸟类有雉、鹊、鸽、鸠、鸦、鹭、鸬鹚、莺、燕、爵（麻雀）、翡翠、啄木鸟、画眉鸟、布谷鸟、雁、禾鸡、相思鸟。清同治版《酃县志·物产》记载酃县的鸟类有鸡、鹊、鸭、鹅、子规（俗名阳鸟）、鹰、禾鸡、竹鸡、白鹤、鹧鸪、鸽、翠鸟、水鸭、白鹭、斑鸠、布谷、乌鸦、画眉、麻雀、鸬鹚、燕、雁、雉、啄木、鹣、泥鸭。民国版《醴陵县志》记载：在明朝和清朝，醴陵县有锦鸡等鸟类进贡朝廷。

1948年醴陵县鸟类调查发现常见的鸟类有28种。中华人民共和国成立以后，攸县发现的鸟有50多种。常见的有野鸡、野鸭、泥鸭、雁、燕、石燕、竹鸡、麻雀、铁麻雀、斑鸠、红嘴鸟、布谷、八哥（鸲鹆）、画眉、乌春、乌鸦、白头翁、白鹭、鸬鹚、翠鸟、田鸡婆、黄莺、啄木鸟、屎丫鹊、喜鹊、杜鹃、鹰、雀鹰（鹞鹰）、猫头鹰（长耳号鸟）、猴面鹰（草号鸟）等。1982年，茶陵县林业局组织鸟类资源清查，发现的鸟类有麻雀、八哥、喜鹊、家燕、画眉、黑脸噪眉鸟（土画眉）、翡翠（翠鸟）、白头翁、野鸡（环颈雉）、竹鸡（鹌鹑）、山斑鸠、黄鹂（黄莺）、山雀（山麻雀）、柳莺、雀莺（隼）、老鹰（岩鹰）、百劳鸟、白鹭、欧鹭、啄木鸟、猫头鹰、草号鸟（猴面鹰）、黄雀（算命鸟）、乌鸦、乌隼、云雀（百灵鸟）、杜鹊（布谷）、金背斑鸠、山脊乌鸽、野鸭（米鸡）、灰山椒鸡、灰掠鸟（竹雀）、夜莺、绣眼鸟、红脚隼（红腿鹞子）、绶带鸟、大雁、戴胜、苍鹭、鹭鹚（白鹭）、鸬鹚、禾鸡（董鸡）、相凤鸟、锦鸡、凤凰鸟、鹇、长尾鸭、水鸭、红嘴相思鸟、乌眼睛等50余种。1985年株洲市林业局调查统计，株洲市常见的鸟类有小辟鸬、鸬鹚、池鸬、白鹭、野鸭、雁、鹰、雉、竹鸡、锦鸡、环彩鸡、白鹇鸟、苦恶鸟、黄鸡、红骨顶、白骨顶、鹤、凤头麦鸡、省鸟、斑鸠、杜鹃、猫头鹰、草号鸟、夜鹰、翠鸟、三宝鸡、戴胜、啄木鸟、云雀、家燕、鹣鸽、山椒鸟、白头翁、伯劳、黄鼠鸟、八哥、乌鸦、喜鹊、鹊鸲、百古、画眉、相思鸟、黄眉柳莺、绶带鸟、大山雀、暗绿绣眼鸟、麻雀、白腰文鸟、金翅雀、黄胸巫鸟、鼯鼠、麝鼹等。其中属国家一类保护的是黄腹角雉，属国家二类保护的是白鹇鸟，属国家三类保护的是锦鸡、红嘴相思鸟、猫面鹰、鼯鼠、麝鼹等。1989年10月湖南省林业厅森林保护局、湖南师范大学、中南林学院、湖南省林科所、湖南省经济地理所、湖南省生态学会、株洲市林业局、酃县林业局等单位40余位专家、教授综合考察，酃县桃源洞自然保护区共有鸟类13目34科105种。

1992年12月17日，攸县几位林农在山上捉到一只全身乌褐色，前所未见的老鹰，体重5.9千克，翅长73厘米，双翼展开时达2.4米左右。经株洲市野生动物协会鉴定，此鸟叫秃鹫（俗称座山雕）为国家二级保护动物。

二 兽类

境内山丘地域辽阔，气候良好，有利于野生兽类的繁衍生息，20世纪40年代以前，野生兽类品类丰富，数量繁多。据清嘉庆版《衡州府志》载：酃县土产虎、鹿、獐、麂、兔、狸、猿、猴、野猪、凹獭、熊等兽类；清朝康熙七至八年(1668—1669)，酃县境内连遭虎灾，春天愈甚。每日虎伤1～2人；雍正四年（1726），老虎从北门进城伤人，从此北门城门关闭；乾隆七年（1742）秋，一虎伤百人，后汇报衡州，协差把总捕捉杀之。清嘉庆版《茶陵州志》载：茶陵县产獐、麂、兔、鹿、狸、狐、獭、豻、野猪等兽类。清同治版《酃县志·物产》载：酃县有牛、马、犬、猫、虎、豹、豺、獐、麂、鹿、羊、兔、狸、猴、獭、箭猪、野猪、土腧熊；同治九年（1870）秋，有虎出东、南两乡，连伤数人。各村集众御之。旬余遁去。民国21年（1932），一斑虎从茶陵县城东门过河，闯进县城，县政府派兵、击毙抬着游行。民国35年（1946），醴陵县境内多处出现老虎伤人事件。民国36年（1947），茶陵县城北门河边出现猛虎一群（华南虎），咬死1人；继而城郊芜上又发现猛虎10只，向严尧方向奔去。民国37年（1948）7月中旬，茶陵县潞水境内连续发生3起虎噬孩童事件。

20世纪50年代，常有野兽出没乡村农户，危害农作物和农民安全。株洲县现境龙潭乡、黄龙乡、长冲乡、八斗乡等山区老虎出没频繁，黄龙乡刘玉兰曾被老虎咬伤，捉到小虎2只；株洲县凤凰山林场、八斗乡两地曾在同一夜晚，被老虎叨走偷食农家生猪共8头；攸县发现的兽类有虎、豹、狼、野猪、豪猪、黄鼬（黄鼠狼）、水獭、黄斑、田锯子、麂、獐、野猫（猫狗狸）、聋猪（獾）、汤狗、毛香狸、九江狸（五仓虎）、果子狸、穿山甲、野兔、田鼠、家鼠等数十种。1953年，酃县被老虎咬死8人，咬死猪94头，咬死咬伤耕牛21头。为此，醴陵县、攸县、茶陵县、酃县人民政府均发出指示：为保护秋季农作物果实，组织群众打猎；规定凭枪打猎奖粮，酃县规定："打野猪一只，奖谷一斗；打山牛一只，奖谷二斗；打老虎一只，奖谷三斗。"1957年10月19日，酃县召开全县打猎代表大会，到会代表28人，会议统计全县打猎手248人，全年打死老虎12只，豹子12只，山牛163只，野猪280只，獾猪296只，山麂23只，麂子1129只，石羊56只，还有山兔、黄鼠狼、狐狸等2959只，合计消灭野兽4930只。1959年攸县所捕杀的野兽有老虎9只，豹5只，野牛7只，野猪200只，麂400余只，獾100余只，黄鼬1000余只，野兔800余只，水獭30余只，田锯子80余只，野猫300余只，豪猪10余只，穿山甲40余只等。1972年10月，酃县十都公社皮坑大队农民捕得石猫1只，长约0.3米，重4千克。1975年2月22日，茶陵县平水公社水源大队一社员在黄毛岭捕获1只小豹。1982年茶陵县林业局组织野生动物资源清查，发现茶陵县的兽类有豹（金钱豹）、猴、獐、麂、水鹿（野牛、山牛）、云豹、小灵豹、青瑶（花面狸）、黄瑶、狼（豺狗）、狐、野猪、刺猬（獾）、水獭、鱼麦狸、穿山甲、鹿、狸（田狗狸）、猸子、豻、野兔（草兔）、黄鼠狼（黄鼠豺）、野猫、松鼠、蝙蝠、鼹鼠、山鼠、老鼠（家鼠、田鼠）等数十种。在酃县桃源洞自然保护区，1983年湘潭地区林学会与酃县林学会联合考察，发现有野兽8目19科41种。

1985年，株洲市林业局调查统计，株洲市常见的兽类有刺猬、臭鼩、蝙蝠、大蹄蝠、猕猴、穿山甲、华南兔、豹鼠、东方田鼠、中华竹鼠、小家鼠、福家鼠、豪猪、狐猞、狼、豺、黄鼬、青鼬、鼬獾、狗獾、猪獾、水獭、大灵猫、花面狸、虎豹、小灵猫、原猫、野猪、小麂、毛冠鹿、獐等数十种。

1986年3月23日，酃县水口镇浆村农民李福录在仙鹅塘捕捉到一只雌性花金猫，体重5千克。1987年4月9日，酃县水口镇木湾村农民彭杨生在山上捕到1只雌性活云豹，体重9.15千克，后被移送到桃源洞自然保护区饲养。1988年1月，茶陵县八团乡和严塘镇各有1猎民各有捕获云豹1只；是年10月15日，酃县水口镇双山村农民吴文友和戴桂文在码头山捕到一只雄性活云豹，体重8千克。被送到桃源洞自然保护区饲养。随着大部分山地被开发利用，公路、渠道不断延伸，森林、草丛面积减少，生态环境发生变化，野生兽类失去藏身栖息之所，加上人为继续猎捕，农药毒杀，使野兽的数量逐年减少，有些品类已绝迹或濒临灭绝，有的即使偶然发现，也为数很少。同治版《酃县志·物产》中所记载的熊已经灭绝。由于家猫、猫头鹰、呆鹰、黄鼠狼、蛇类等天敌的数量大量减少，家鼠及田鼠迅速繁殖，鼠患甚烈。

株洲市现在属国家保护的野兽，一类的有金钱豹、黑鹿等；二类的有猕猴、水鹿、穿山甲等；三类的有鼯鼠、麝鼹等。

三 爬行类

同治版《酃县志·物产》记载：爬行类野生动物中，介之属有龟、鳖、螺、蚌、穿山甲、蟹、虾、蟆。

据1982年攸县林业局普查，攸县境内爬行类野生动物有龟、鳖、蝮蛇、乌鞘蛇、菜花蛇、青蛇、水蛇、银环蛇、眼镜蛇、蜥蜴、壁虎、河蚌、田螺、石螺、蚯蚓、水蛭等；茶陵县的爬行动物蛇类有乌鞘蛇、蟒蛇、天锦蛇、百花锦蛇、三素锦蛇、黑眉锦蛇、灰鼠蛇、滑鼠蛇、火赤链、光斑游蛇、金环蛇、银环蛇、眼镜蛇、五步蛇、蝮蛇、龟壳花蛇、竹叶青、蝰蛇、泥蛇、水泡蛇、绱水蛇、繁花蛇、纹花蛇、菜花蛇、锯木蛇、狗婆蛇。其他爬行动物有蜥蜴、壁虎、乌龟、鹰嘴龟、鳖（团鱼）类等31种，在酃县桃源洞自然保护区，有爬行类野生动物2目9科39种。

1985年株洲市林业局调查：境内常见的爬行类野生动物有平胸龟、乌龟、鹰嘴龟、鳖甲、土鳖、斑鳖、壁虎、多疣壁、蜥蜴、北草蜥、南草蜥、石龙子、锯木蛇、两头蛇、赤练蛇、黑眉锦蛇、虎斑游蛇、翠青蛇、小头蛇、山溪后棱蛇、滑水蛇、乌鞘蛇、灰鼠蛇、菜花蛇、纹花蛇、渔游蛇、繁花蛇、中国水蛇、金环蛇、银环蛇、眼镜蛇、五步蛇、蝮蛇、竹叶青、烙铁头、狗婆蛇、蕲蛇、乌蛇、夜明砂、蟒蛇、青蛇、水蛇、天锦蛇、百花锦蛇、三素锦蛇、黑眉锦蛇、灰鼠蛇、火赤链蛇、光斑游蛇、龟壳花蛇、蝰蛇、坭泥蛇、水泡蛇、高水蛇、黄眼睛蛇、夺宫、三角帆蚌、褶纹冠蚌、背角无齿蚌、鱼莆背角无齿蚌、咸形背角无齿蚌、舟形无齿蚌，矛形木楔蚌、江西木楔蚌、剑状矛蚌、河蚬、闪蚬、截状楔豆蚬、中国圆田螺、中华圆田螺、胀肚圆田螺、光滑狭田螺、泥钉螺、格氏钉螺、湖北钉螺、赤豆螺、椎实螺、蜗牛、蛞蝓、水蛭、地龙、蜈蚣、蛇蜕、鱿、鳅、鳝、虾、蟹、蚯蚓、穿山甲、虾、蟆等上百种。据1988年醴陵县调查，全县有爬行类野生动物37种，其中蛇类15种。

四 昆 虫

境内昆虫种类繁多，分布范围广泛，以农业昆虫和森林昆虫两大类为主，农田、山地、水域、地上地下、室内室外均有。在农业昆虫和森林昆虫中，大多数影响栽培的农、林植物的生长、产量及产品质量，属害虫之列；少数能捕食寄生农林害虫，属益虫范畴。

（一）农业昆虫

经市县植物保护部门调查，截至1990年年底，境内已发现农业昆虫814种，其中害虫546种，益虫268种。主要害虫：为害水稻的有三化螟、二化螟、稻纵卷叶螟、稻苞虫、稻螟蛉、稻蓟马、褐稻虱、白背飞虱、黑尾叶蝉、白翅叶蝉、稻绿椿、稻蝗等；为害旱粮作物的有玉米螟、高粱条螟、甘薯天蛾、麦蚜、麦叶蜂等；为害纤维作物的有棉铃虫、红铃虫、棉蚜、棉盲椿、苎麻夜蛾、苎麻赤蛱蝶、苎麻黄蛱蝶、苎麻天牛等；为害草木油料作物的有菜蚜、花生蚜、芝麻蚜、潜叶蝇、小菜蛾等；为害果树的有柑橘介壳虫、凤蝶、橘褐天牛、星天牛、柑橘潜叶蛾、柑橘花蕾蛆、梨梢茎蜂、梨星毛虫、桃蚜、桃蛀螟、桃红颈天牛、李小食心虫、枇杷黄毛虫、柿食果虫、枣尺蠖、猕猴桃斑衣、梅卷叶蚜等；为害茶树的有茶毛虫、茶蓑蛾、茶刺蛾、茶籽象甲、茶梢蛾、茶蛀梗虫等；为害蔬菜饲料作物的有菜青虫、小菜蛾、菜螟、黄曲条跳甲、爪蚜等；为害绿肥作物的有端带蓟马、紫云英潜叶蝇、萍灰螟、萍螟、萍摇蚊等；地下害虫有小地老虎、非洲蝼蛄、铜绿丽金龟等；为害贮粮有谷象、谷蠹、锯谷盗、玉米象、绿豆象、蚕豆象、豌豆象、米黑虫、粉斑螟等。主要益虫有：中华螳螂、柜斧、黄衣、赤卒、箭尾蜓、大蜻蜓、紫豆娘、黄足蠼螋、中国虎甲、中华广肩步行虫、中华草蛉、七星瓢虫、稻红瓢虫、异色瓢虫、黑肩绿盲椿、日月猎椿、眼斑芫菁、葡萄黑胡蜂、金毛长腹土蜂等。捕食性天敌昆虫有：稻螟赤眼蜂、稻苞虫、金小蜂、纵卷叶螟绒茧蜂、稻椿小黑卵蜂、稻苞虫管狭颊寄蝇、黏虫侧须寄蝇等。寄生性天敌昆虫有：吐丝结茧的桑蚕、蓖麻蚕及采花酿蜜的中华蜜蜂等。

（二）森林昆虫

据1980年森林病虫和森林害虫天敌资源普查，醴陵、攸县、茶陵、酃县等4县境内有害虫1296种，天敌昆虫88种；株洲县和市郊区境内有害虫542种，天敌昆虫104种。主要害虫：为害杉树的有杉梢小卷蛾、杉茸毒蛾、折带黄毒蛾、粗鞘双条杉天牛、黑翅土白蚁等；为害松树的有马尾松毛虫、马尾松梢小卷蛾、松梢螟、松横坑切梢小蠹、松纵坑切梢小蠹、松褐天牛等；为害檫树的有擦木白轮蚧、擦树透翅蛾等；为害樟树的有樟叶峰、扁刺蛾、茶袋蛾、黑缘彤天牛等；为害泡桐的有黄刺蛾、大袋蛾、铜绿丽金龟等；为害油茶的有油茶尺蠖、油茶红颈天牛、油茶金花虫、茶籽象虫等；为害楠竹的有黄脊竹蝗、斑角庶蝗、竹笋夜蛾、竹笋泉蝇等。主要益虫：有捕食害虫的螳螂、草蛉、蜻蜓、蠼螋、步行虫、胡蜂、泥蜂、猎椿；寄生性天敌昆虫有松毛虫赤眼蜂、油茶尺蠖绒茧蜂、透翅蛾瘤姬蜂、花胸姬蜂、黑带食蚜蝇、蚕饰腹寄蝇等；还有生产白蜡、紫胶等工业原料的白蜡虫、紫胶虫等经济昆虫。

第七章 自然灾害

第一节 生物灾害

一 虫 害

境内为害农作物的害虫已发现有546种，致使作物产量损失严重的有30余种。

清顺治十七年（1660）三月，茶陵州、醴陵县、攸县飞蝗蔽天。康熙四年（1665），醴陵县大旱，秋蝗成灾。咸丰五年（1855）秋，醴陵县螟害最酷。咸丰七年（1857）七月十七日，忽有食禾蚱蜢入攸县境，其数逾万，晚稻俱损；秋，蝗虫先后入醴陵县、攸县、茶陵州、酃县境，“蔽日若云集响成雷”，“所过草木禾稻无有存者”，“竹木叶均被吃殆尽”。咸丰八年（1858），酃县螟虫害稼，成片无收。光绪二十八年（1902），醴陵县、攸县蝗虫大发生，早稻受害损失甚重。光绪三十六年（1910），攸县螟害严重。

民国元年（1912），攸县虫伤禾苗，稻谷只有四五分收成。民国18年（1929），春夏连旱数月，醴陵县、攸县、茶陵县、酃县螟虫、稻苞虫发生普遍，秋收歉薄，入冬即成荒象。民国24年（1935），攸县虫灾，亩田损失毛谷1担。民国25年（1936），茶陵县533.33公顷水稻遭螟灾，损失粮食4000担，是湖南省22个螟害重灾县之一。民国27年（1938），茶陵县水稻遭螟灾，白穗遍田，产量损失40%。民国29年（1940），茶陵县发生以螟虫为主的虫灾，5333.33公顷稻田减收6成以上。民国30年（1941），攸县、醴陵、茶陵螟虫成灾，水稻产量损失分别达10.4%、21. 5%、77.4%。民国31年（1942），醴陵县渌江上游沿河两岸稻田普遭螟害，每亩仅收稻谷20 ~ 30千克；茶陵县、攸县螟虫伤禾，产量损失率分别达8.4%、10.5%。民国32年（1943），醴陵县、攸县、茶陵县螟虫发生面广，粮食损失率分别达13.6%、11.4%、7.3%。民国35年（1946），酃县夏季遭螟害，秋季遭蝗灾。水稻收成歉薄。民国37年（1948）秋，酃县晴雨不定，稻苞虫爆发，各乡报灾，如雪片飞来。农民携带禾虫到县府者，络绎不绝，泣诉颗粒无收，民食堪虞，状甚恐惶，县府派人分赴各乡勘查实况，异常惨重，遍处虫噬禾苗，蠕蠕作声响，虫大有如小指，长1寸许，红头绿身，总计遭受虫害面达70%。

1950年，酃县稻苞虫普遍发生，县政府提出“捉一条虫，保一穗稻”的口号，动员组织农民下田捕捉，仅8月3—5日，全县捉虫2.2吨；醴陵螟虫爆发，全县组织10万余人投入灭螟。1952年，多种害虫大发生。4月，茶段县二区下坊乡等地早稻秧田铁甲虫大爆发，中共茶陵县委书记韩曙光率20余名干部、300余名学生赴下坊乡协助捕捉，7天捉虫10箩担;5月中下旬，株洲市郊区、醴陵县、攸县等5.67万公顷农作物遭蝗害，醴陵县湖下乡、株洲市郊区、董家塅、田心塅等乡稻田丘丘兜兜有蝗虫，攸县凉江乡26.67余公顷水稻被啃光，成灾面积6000公顷；6月下旬，酃县、茶陵县、攸县等地稻苞虫大发生，猖獗地区和丘块演成颗粒无收。1953年，境内水稻负泥虫、螟虫为害较重，稻蝗、稻苞虫局部成灾。1954年，茶陵县164个乡水稻虫伤7800公顷；攸县蝗蝻、二化螟、蛴螬发生面积3.37万公顷，成灾400公顷，损失粮食600吨。1955年，株洲市郊区、茶陵县、酃县、醴陵县等县稻苞虫发生5万公顷，成灾2.67万公顷，蛴螬、螟虫、稻蝗局部成灾。1956年，酃县水稻遭稻飞虱为害，损失粮食750吨；茶陵县1.09万公顷稻田发螟灾，其中2733.33公顷损失1成以上。1958年，醴陵县、株洲市郊区1.27万公顷水稻发生黏虫，成灾面积3533.33公顷。1959年，螟虫、纵卷叶螟、稻飞虱、叶蝉等多种害虫危害水稻，境内早、中、晚稻受害面积9.33万公顷，成灾4.13万公顷，损失粮食3.18万吨；境内3333.33公顷棉地遭地老虎为害，断苗率平均达10%；3600公顷棉地遭棉蚜为害，卷叶株率25%～30%。1960年，株洲市郊区、醴陵县、攸县、酃县螟虫大发生，早稻成灾面积2.33万公顷，晚稻成灾面积3.07万公顷，全年损失粮食2.55万吨。1961年，株洲市郊区、醴陵县水稻螟害8.07万公顷，成灾4.33万公顷，损失粮食1.8万吨。1962年，株洲市郊区、醴陵县、攸县晚稻和一季稻遭螟灾，虫害面积7.27万公顷，损失粮食2.11万吨；酃县8个公社35个大队233.33公顷稻田发生食根金花虫，致使47公顷重插、187公顷补兜。1964年，株洲市郊区、醴陵县、攸县、茶陵县水稻虫伤面积12.07万公顷，以三化螟、二化螟为害一季稻、迟熟中稻和双季晚稻为主，损失粮食3.81万吨。1965年，茶陵县、攸县水稻遭螟害，局部地方螟害枯心率15%～20%、白穗率30%以上。1969年，境内螟虫特大发生，早、中晚稻虫伤面积占90%。损失粮食3.88万吨。1970年，酃县、茶陵县水稻螟害面积5.54万公顷，损失粮食0.8万吨。1971年，酃县2667公顷早稻发生纵卷叶螟，茶陵县螟害水稻4.49万公顷。1972年，酃县早稻飞虱成灾，损失粮食1250吨；醴陵县2.34万公顷晚稻发生稻飞虱，成灾面职1867公顷；茶陵县2.55万公顷水稻遭螟害，其中晚稻螟害田白穗率平均达3.4%。1973年，攸县、醴陵县、株洲县、茶陵、酃县稻纵卷叶螟发生普遍，早稻12.54万公顷受害，成灾1.67万公顷，晚稻9.27万公顷受害，成灾8667公顷；株洲县1400公顷棉花遭棉铃虫为害，损失皮棉25吨。1974年，境内螟虫、飞虱、纵卷叶螟混合大发生，早、中、晚稻螟虫伤害8万公顷，纵卷叶螟发生10.14万公顷，成灾2.54万公顷；稻飞虱发生12.67万公顷，其中6.34万公顷晚稻发生枯秆倒伏，损失粮食2.34万吨。1975年，境内稻纵卷叶螟发生占早稻面积80%，晚稻飞虱爆发，损失粮食1.59万吨，4000公顷棉花遭棉铃虫为害，棉铃被害率5%～7%。1976年，早中晚稻发生纵卷叶螟25万公顷，成灾面积5.67万公顷，晚稻飞虱发生面积12.47万公顷，枯秆倒伏面积2万公顷，损失粮食1.62万吨。1977年，境内7.8万公顷早稻发生纵卷叶螟，成灾面积1.67万公顷；9.34万公顷晚稻发生稻飞虱，成灾2.54万公顷，损失粮食1.44万吨；5334公顷晚稻发生黏虫，成灾2400公顷。1978年，境内早稻普遍发生稻纵卷叶螟，晚稻飞虱爆发，局部地方茶园遭油桐尺蠖为害，其中攸县网岭茶场近134公顷茶树嫩枝被啃光。1979年，境内5.8万公顷早稻受害二化螟；80%的晚稻面积飞虱猖獗，攸县、醴陵县3000公顷晚稻粘虫成灾。1980年，境内早晚稻飞虱大发生，损失粮食1.43万吨；攸县、醴陵县3.43万公顷稻田遭粘虫为害损失粮食1.02万吨；株洲市郊区商品蔬菜基地遭菜蛾等虫伤，损失鲜菜0.35万吨，占总产的10%；2267公顷棉花发生地老虎，成灾334公顷，断苗13%～24%。1981年，株洲县、醴陵县、攸县、茶陵县稻纵卷叶螟发生10.2万公顷，成灾1.14万公顷。1982年，攸县、酃县、醴陵县、株洲县等4县11.67万公顷早稻发生纵卷叶螟，成灾1.40万公顷。1983年，全市早中晚稻发生纵卷叶螟17.67万公顷；发生二化螟15.14万公顷，成灾534公顷，发生飞虱18.14万公顷，成灾734公顷，虫害损失粮食0.63万吨。3134公顷橘园遭锈壁虱为害，平均锈果率达17.9%。1984年，全市二化螟发生17.34万公顷，成灾面积800公顷，黏虫发生9.34万公顷，成灾1400公顷， 虫害损失粮食0.97万吨；1667公顷茶园发生茶毛虫，其中134公顷茶树嫩枝被啃光；4600公顷橘园遭锈壁虱为害，平均锈果率达3.4%，少数橘园高达81%。1985年，1867公顷茶园发生茶毛虫，成灾面积267公顷，损失茶叶20吨；3640公顷橘园遭柑橘潜叶蛾为害，秋梢被害率24%；水稻虫害成灾面积3334公顷，损失粮食0.77万吨。1986年，4200公顷橘园发生柑橘潜叶蛾，夏梢叶被害6.2%～13.5%，秋梢叶被害32%～55%；水稻虫害成灾面积4667公顷，损失粮食0.47万吨。1987年，早中晚稻发生稻飞虱20.07万公顷，成灾2万公顷，损失粮食1.26万吨，黏虫、二化螟局部成灾，损失粮食0.26万吨。4800公顷橘园遭潜叶蛾为害，夏梢被害率32%～49%，秋梢被害39%～65%。1467公顷茶园发生茶毛虫，损失茶叶22吨。1988年，7200公顷橘园发生红蜘蛛，有虫叶率65%～98%，百叶虫量1500～6000头，稻飞虱、二化螟、纵卷叶螟、黏虫等水稻虫害在局部成灾，损失粮食0.68万吨。1989年，3120公顷橘园发生潜叶蛾，夏梢被害75%，秋梢被害81%；934公顷橘园遭花蕾蛆为害，被害花蕾2.7%～30%。纵卷叶螟、二化螟、稻飞虱等水稻虫害在局部成灾，损失粮食0.15万吨。

20世纪90年代，发生较大的有二化螟、稻飞虱、稻纵卷叶螟。稻螟虫每年发生面积在7.74万～23.14万公顷，每年损失粮食606～3102吨，年均1631吨。稻纵卷叶螟一年发生5～6代。早稻大发生的年份有1991年、1993年、1995年、1998年，晚稻大发生的年份有1994年、1996年、1997年、1999年、2000年。1991—2000年，年均发生面积9.34～20.20万公顷，年损失粮食642～4533吨。

二 病 害

境内为害农作物的病害已发现350种，对产量威胁最大的数稻瘟病、纹枯病、矮缩病、小麦赤霉病、红薯瘟病等。

民国15年（1926），醴陵县渌江两岸稻瘟病流行，水稻减收70%。民国23年（1934）、27年（1938）、29年（1940），酃县水稻遭稻瘟病危害而减产。

1955 年，茶陵县 320 公顷棉花发生病灾，损失皮棉 70 吨。1958 年，酃县、茶陵县、醴陵县 3 县 1.8 万公顷早稻发生稻瘟病，成灾 4667 公顷，损失稻谷 1200 吨。1959 年，醴陵县、茶陵县、酃县 1.74 万公顷早稻发生稻瘟病，成灾 0.34 万公顷，发生纹枯病 0.87 万公顷，成灾 0.44 万公顷。1962 年，境内小麦锈病发生 0.54 万公顷，损失粮食 200 吨。1963 年，薯瘟病在株洲市郊区朱亭、雷打石等地流行，损失甚重。1966 年，攸县、茶陵县、酃县局部地区晚稻黄矮病流行成灾，茶陵县发生 1200 公顷，攸县发生 4114 公顷，30% 的面积颗粒无收。酃县发生 1514 公顷，损失粮食 1800 吨。 1968 年，攸县、醴陵县、株洲县、株洲市郊区等地 5334 公顷红薯发生薯瘟病，成灾面积 1334 公顷。1969 年，攸县槚山、丫江桥、鸭塘铺、老君潭等地水稻普遍发生白叶枯病。1970 年，醴陵县、株洲县 2134 公顷红薯发生薯瘟病，损失鲜薯近万吨。1971 年，攸县 3547 公顷水稻流行白叶枯病，损失粮食 1500 吨。 1972 年，株洲县和株洲市郊区 1534 公顷小麦遭赤霉病为害，损失粮食 400 吨；酃县 13 个公社水稻白叶枯病流行，损失粮食 250 吨，还使 750 吨良种感病不能用于大田生产，改作商品粮处理。1973 年，株洲县、醴陵县、攸县 3 县 3467 公顷小麦发生赤霉病，病穗率 20% ~ 57%，损失粮食 800 吨；酃县、茶陵县、醴陵县 3 县 1.40 万公顷早稻发生稻瘟病，损失稻谷 1200 吨。1974 年，境内 2.55 万公顷早稻发生穗颈瘟， 成灾 1.07 万公顷，损失粮食 1.5 万吨。1975 年，攸县、茶陵县、醴陵县等 3 县 4.50 万公顷水稻发生纹枯病，损失粮食 0.7 万吨。茶陵县 6534 公顷晚稻流行黄矮病，损失粮食 0.5 万吨。茶陵县、攸县、株洲县、醴陵县等地 5600 公顷棉花苗期遭病灾，成灾 2000 公顷，病株率 46%，死苗 12%。1976 年，株洲县、酃县、茶陵县、攸县早晚稻发生纹枯病 7.34 万公顷，稻瘟病 2.74 万公顷，损失粮食 0.4 万吨；茶陵县、攸县、株洲县、醴陵县等地 5400 公顷棉花苗病发生，成灾 1667 公顷，发病株 54%，死苗 4%。1977 年，株洲市郊区、株洲县、醴陵县等地早晚稻黄矮病大流行，发病面积 7.54 万公顷，损失粮食 0.7 万吨；株洲县、醴陵县、攸县、茶陵县、酃县等地 1.15 万公顷小麦发生赤霉病，损失粮食 0.3 万吨。

1978 年，酃县、茶陵县、攸县早晚稻发生 5.87 万公顷纹枯病、1.67 万公顷稻瘟病，1.54 万公顷白叶枯病，“三病”损失粮食 0.5 万吨；株洲市郊区、株洲县、醴陵县早晚稻矮缩病大流行，发生面积 9.14 万公顷，成灾面积 1.07 万公顷，损失粮食 0.8 万吨。1979 年，酃县 1854 公顷早稻、2267 公顷晚稻和 3334 公顷一季稻遭穗颈瘟危害，损失粮 食 0.59 万吨；茶陵县 4934 公顷水稻流行白叶枯病；醴陵县 2.87 万公顷早晚稻发生纹枯病，成灾 334 公顷。1980 年，醴陵县 1.25 万公顷晚稻发生黄矮病；攸县、醴陵县、茶陵县 9.34 万公顷早晚稻遭纹枯病为害，株洲县、攸县、茶陵县、醴陵县、酃县 1.54 万公顷油菜发生菌核病，2334 公顷成灾，病株率 10% 以上，损失油菜籽 170 吨；1981 年，境内各县早稻其期间叶稻瘟、穗颈瘟先后大流行，以醴陵县尤为严重，其次是茶陵县、攸县。醴陵县 41 个公社均发生叶稻瘟，677 个大队、8001 个生产队中有 602 个大队、5395 个生产队发病 1.14 万公顷，占早稻面积的 37%。7 月初，有 625 个大队、6199 个生产队发生穗颈瘟 1.87 万公顷，占早稻面积的 61%，发病严重的 172 个大队，2104 个生产队，失收面积1014公顷，损失粮食2.5万吨。境内各县总计叶瘟发生3.63万公顷，穗瘟发生4.54万公顷，其中严重的1.87万公顷，失收的2000公顷，损失粮食4.4万吨。1982年，茶陵县15个公社、74个大队、704个生产队1000公顷晚稻发生细菌性条斑病；酃县稻瘟病发生1.40万公顷，损失粮食0.14万吨；株洲县20个公社水稻白叶枯病流行。

1983年，全市17.07万公顷早中晚稻发生纹枯病，成灾面积占20%，损失粮食0.98万吨，细菌性褐条病发生1万公顷，成灾0.18万公顷。1984年，全市水稻纹枯病发生18.60万公顷，成灾面积2万公顷；稻瘟病发生3.27万公顷，成灾面积800公顷，两病损失粮食1.4万吨；2800公顷橘园受害柑橘炭瘟病。1985年，全市5.84万公顷水稻发生稻瘟病，成灾面积0.22万公顷；17.74万公顷水稻感染纹枯病，两病为害损失粮食2.2万吨，2867公顷橘园流行柑橘炭疽病，病株率70%～100%，病叶率13.7%。1986年纹枯病发生20万公顷，损失粮食0.94万吨；稻瘟病发生5.27万公顷，成灾534公顷，损失粮食0.38万吨；1334公顷茶园发生茶红锈藻病，病枝率在60%以上；1987年，全市21.20万公顷水稻发生纹枯病，成灾1.34万公顷，损失粮食1.27万吨，局部地方稻瘟病、细菌性条斑病成灾，损失粮食0.07万吨。1988年，全市18.67万公顷水稻发生纹枯病，成灾面积1.67万公顷，损失粮食1.34万吨。局部地方稻瘟病、稻粒黑粉病（稻曲病）成灾，损失粮食0.21万吨；2600公顷橘园发生柑橘炭疽病，病株率50%～73%，病叶率3.7%～11.2%。1989年，全市18.40万公顷水稻发生纹枯病，成灾1万公顷，损失粮食1.06万吨；1.64万公顷油菜发生菌核病，成灾0.15万公顷，损失油菜籽250吨；860公顷橘园发生疮痂病，病果率24.8%～27.8%；攸县2667公顷油菜发生病毒病，苗期病株率4.6%，终花期病株达9.8%。1990年，全市21.14万公顷水稻发生纹枯病，成灾面积0.87万公顷，损失粮食1.17万吨，局部地方稻瘟病成灾，损失粮食0.21万吨。

20世纪90年代，纹枯病年年发生，损失粮食占病虫鼠害损失总量的40%以上。1991年，流行高峰期早稻病蔸率30.8%～87%、病株率15.86%～63.7%，晚稻病蔸率40.33%～78.25%、病株率5.69%～32.7%。全年早、中、晚稻发病面积20.37万公顷，损失粮食9610吨，占病虫鼠害损失总量的45.9%。1995年、2000年，全市纹枯病发生面积分别为19.60万公顷和19.84万公顷，损失粮食分别为9405.7吨和7586吨。稻瘟病亦属年年发生，以1992年、1993年最严重，分别损失粮食22187吨和25619吨。

三 鼠 害

境内有褐家鼠、黄毛鼠、黑线姬鼠、小家鼠等害鼠。1960年，酃县中村公社道任大队52.47公顷水稻，有33.34公顷遭鼠害，损失稻谷3成以上。1982年，醴陵县早晚稻秧田，鼠害面积占70%～80%；株洲县1万公顷早稻、0.67万公顷晚稻遭害，损失稻谷1500吨。1984年，全市11.46万公顷水稻受鼠害，损失稻谷1.289万吨。1985年，醴陵市早稻受鼠害株均达2.41%，晚稻受害株达 4.21%; 全市 0.67 万公顷秧田受鼠害，损坏稻种 331 吨；早晚稻本田受鼠害 6.27 万公顷，损失稻谷 0.23 万吨，旱粮和经济作物都受到损失。1986 年，全市农田鼠害面积 9.27 万公顷，成灾 200 公顷，损失粮食 0.55 万吨。1988 年，酃县 3467 公顷晚稻遭鼠害，损失产量 140 吨，抽查 11 个果园，1.5 万株幼龄果树被鼠伤。全市农田鼠害面积 15.60 万公顷，秧田损坏种子 172 吨。本田损失产量 2066 吨。1989 年，全市 16.67 万公顷早中晚稻发生鼠害，损失粮食 1470 吨。1990 年，全市农田鼠害面积 17.20 万公顷，经大力组织防治后，仍损失粮食近 1000 吨。

1991 年、1993 年、1995 年、1996 年，全市鼠害发生面积分别为 7.62 万公顷、10.40 万公顷、9.94 万公顷、10.70 万公顷。1998 — 2000 年，全市每年发生鼠害 6.67 万公顷左右。年均损失粮食 700 吨左右。

第二节　气象灾害

一　大风、冰雹

（一）大　风

境内瞬间风力达 8 级以上的大风一年四季均有出现。年平均 6 — 10 天，茶陵县居多，年平均 10 天，株洲市区 6.5 天，酃县受山地影响，大风日数很少，不足 3 天。大风年际间出现的多少差异很大，最多的年份，茶陵县 1960 年 39 天，少的年份为 2 天；株洲市区最多的年份 1959 为 17 天，最少的年份 1987 年、1989 年各出现 1 天。在季节和地域分布上也很不一致，株洲市区以夏季雷雨大风出现最多，占株洲市区全年大风出现总日数的 42%，春季寒潮大风次之占 35%，冬季最少占 8%；茶陵县以春季出现最多占 46%，冬季占 20%，秋季占 19%，夏季则最少占 15%；酃县春、夏季各占 45%，冬季最少占 3%。大风的强度一般都达 9 级或以上。常造成不同程度的损失。酃县 1963 年 8 月 5 日，瞬间风速每秒达 34 米（相当 12 级风力）为全市历史罕见。

（二）冰　雹

据中华人民共和国成立后资料统计，危害较大的有 1955 年、1957 年、1959 年、1964 年、1965 年、1966 年、1970 年、1973 年、1976 年、1978 年、1979 年、1983 年、1986 年共 13 年。

冰雹的出现具有明显的季节性。多出现在 2 — 4 月间，持续时间短促，影响范围小，降雹时常伴随狂风暴雨。雹的破坏性很大，有时造成的损失相当严重，冰雹的地域分布，由北向南递减，株洲市区一带 1 ~ 2 年一遇，醴陵、攸县一带约 2 ~ 3 年一遇，茶陵、酃县约 3 ~ 4 年一遇。山地多于平丘地。攸县 1980 年 2 月 29 日 16 时左右出现短时雷阵雨，10 级西北大风并伴有鸡蛋大的冰雹，落得地面一片雪白。其最大的冰雹有 7 两（350 克）重，造成人畜伤亡，拔树倒屋，损坏春收作物，为历史罕见，经济损失 50 余万元。

二 寒潮

寒潮是重要的灾害性天气，常带来大风或伴有暴雨、冰雹、冰冻，使人们的生产、生活受到影响，严重时给农作物造成损失。寒潮每年出现的次数、强度和维持时间差异很大。每年平均出现3～4次。酃县1978年出现最多为9次，茶陵县1969年为8次。有寒潮过程影响时，降温幅度以2—3月为最大，1974年2月22日强寒潮，市区48小时降温最大值27.6℃。1969年1月29日强寒潮，酃县48小时降温最大值29.7℃。寒潮维持时间一般3～5天，最短的仅1天，最长可达10余天，甚至半个月以上的低温阴雨天气，对早稻播种育秧极为不利，常可造成严重的烂种烂秧。株洲市1955年以来，因低温阴雨对早稻造成严重威胁的有1956年、1960年、1962年、1965年、1970年、1972年、1976年、1980年、1981年、1982年、1984年、1986年、1988年、1991年、1996年、1999年等年份，尤以1976年和1996年最为突出。醴陵县1976年3月18日至4月12日低温阴雨长达26天，极端最低气温仅3.3℃，平均气温只有10℃，全县平均烂种烂秧超过50%，损失种谷250万千克以上。1996年3月17—29日，连续13天日平均气温低于10℃，受其影响，全市早播推迟，已播的早稻种子65%因受冻烂掉，蔬菜、花卉等均受其害。

三 暴雨洪涝

（一）暴 雨

日降水量大于或等于50毫米称暴雨日。株洲是暴雨较多的地域，其特点是季节性强，降水时间集中，强度大，时间短，来势猛。株洲市平均每年出现3～4天，最多的年份各地均有7～9天。一年中除1月未出现过暴雨外，其余各月都出现过暴雨，但多集中于4—8月，其机率占全年出现暴雨的83%～89%，其中6月是暴雨发生高峰时段，占25%～34%，亦是防汛的关键时段。

暴雨的强度以攸县东部山区量大，次数多。1977年6月9—10日攸县柏树下，日降水量达420毫米，黄丰桥1小时最大达147毫米，为有纪录以来之首。株洲市1964年6月17日降水量为195.7毫米，为1954年后的日最大量。日降水量大于100毫米的大暴雨日约占暴雨总日数的6%～17%，株洲市区占16%。日降水量大于150毫米以上的特大暴雨较少。中华人民共和国建立以来，攸县出现过3次，株洲市区、茶陵县各出现过2次，炎陵县1次。

（二）洪 涝

据史料记载，三国吴大帝赤乌八年（254）至1949年近2000年中，有118年遭受过洪水灾害，其中受灾较严重的有1742年、1826年、1906年、1914年、1926年、1934年共6年。中华人民共和国成立后，株洲特大洪涝有1954年、1962年、1968年、1976年、1978年、1984年、1994年等年份。其中1994年最为严重，这次洪涝持续时间长，水位高，致使全市29人死亡，造成直接经济损失达15亿元。

四　干旱

株洲市1949年以前的史料记载，有101年发生过严重的干旱，中华人民共和国成立51年后的资料统计，夏秋干旱频率炎陵县为30%，市区78%，其他各县市都在80%以上，其中茶陵最高为88%，即10年中有8年以上发生干旱，在干旱年中，大旱以上年份占50%～60%，特大旱年占10%～20%，而且秋旱多于夏旱，重于夏旱。株洲市和茶陵县的秋旱都占旱年的70%～80%，而且大旱年和特大旱年多出现于秋旱年和夏秋连旱年中。秋旱持续时间平均50～60天，攸县1974年最长达93天。夏旱一般平均持续45天，株洲市区1964年最长达59天。酃县因受地形、植被等影响，10年只有3年有秋旱。1986年出现过夏秋连旱。各地一次连旱最长时间大多在2个半月左右，攸县长达3个月；两次连旱最长时间除酃县94天外，其他各地在112天左右。中华人民共和国成立以来旱情严重的年份有1960年、1963年、1966年、1971年、1974年、1978年、1979年、1986年共8年。1979年秋旱连冬旱，各地连旱时间均在120天以上，茶陵县最长达138天，株洲市区124天。有11条河溪干涸，湘江昭陵滩可以徒步过河，60%的中稻因缺水造成减产或失收，株洲市郊区有的地域居民因用水难而迁居。

1998年6月始，攸县、茶陵县遭受大旱。攸县从6月26日断雨，连续62日高温无雨，日蒸发量达12.3毫米，比上年同期多4.6毫米。全县30多个乡镇中晚稻受旱面积达2.05万公顷，占总面积的63.4%，其中泛白开裂0.71万公顷。经济作物受灾1.46万公顷。全县502个村有447个受灾，有40个村18120人饮用水困难。茶陵县遭遇夏秋连旱，全县330个村不同程度受旱。

第三篇　人　口

株洲历史上的人口是随着历代王朝的兴衰，呈起伏状的周期性发展。在新王朝的初期，统治者为维护其统治，大都采取与民休养生息政策，使生产力逐步恢复并有所发展，人口也随之缓慢增长。在历代王朝统治后期，统治阶级又会加重对劳动人民的剥削和压迫，生产力遭到破坏，农民战争、军阀割据战争、民族战争不断爆发蔓延，使人口死亡率上升，出生率下降，人口又迅速减少。

中华人民共和国成立后，境内人口出现快速增长的趋势。大致可以分为 7 个阶段：20 世纪 50 年代为迅速增长阶段，基本特征是急剧降低的死亡率和高自然增长率，1950 — 1958 年年均出生率为 37.25‰，死亡率为 13.77‰（民国后期死亡率为 28‰左右），自然增长率为 23.88‰；50 年代末至 60 年代初为先低谷后高峰阶段，1959 — 1961 年由于国民经济严重困难，人口增长明显降低，3 年人口出生率分别为 24.30‰、22.90‰、11.90‰，1961 年、1962 年连续 2 年出现人口负增长；困难时期结束后，人口又重新快速增长，1963 年出生率为 45.68‰，1964 — 1966 年平均出生率为 38.56‰，1962 — 1966 年，全市共出生 413971 人；70 年代为人口得到控制阶段，计划生育工作于 70 年代中期在全市全面展开，人口增长开始得到控制，1971 — 1978 年全市年平出生率下降到 21.50‰，年均出生人数为 60562 人，比 1962 — 1966 年减少 36.70‰；“六五”期间为得到有效控制时期，计划生育工作广泛深入推进，人口增长得到有效控制，1981 — 1985 年全市年均出生率为 15.56‰，年均出生人数 48590 人，比 1971 — 1978 年平均数减少 24.63‰；1986 — 1992 年，为出生率回升阶段，从 1986 年起全市进入第三次生育高峰，由当年的 15.29‰逐年有所上升，1988 年达到 18.25‰，1990 年达最高值 20.04‰，1991 年略有回落，为 19.24‰，1992 年降至 17.29‰；随着计划生育工作的进一步加强，株洲市从 1993 年开始，人口增长速度减缓，保持在有计划的平稳增长势态，年均人口出生率为 11.52‰，其中 1996 年最高为 13.54‰，1999 年最低为 9.20‰，2000 年达到 10.63‰。株洲市计划生育工作连年被中共湖南省委、省政府评为先进或红旗单位。按 1970 年的生育率推算，1971 — 1990 年全市少生人口 100 万人；按 1990 年的生育率推算，1990 — 1999 年全市少生人口 32.8 万人，为全市经济发展提供了良好的人口环境。

中华人民共和国成立后株洲市的人口状况有 5 个特点：一是人口基数高，增长快。1982 年，全市人口普查总数为 3023983 人，比 1953 年（按现行行政区划，下同）普查时的人口增加 1594099 人，29 年增长 111.48%，年均递增 2.61%；比 1964 年增加 968112 人，18 年增长 47.09%，高于全国同期增长 45.24% 和全省 45.25% 的水平；90 年代有所减缓。1990 — 2000 年，人口仅增长 3.05%。除自然增长外，机械增长因素突出，随同行政区域变更有 2 次大的人口迁入，1959 年划入人口 368333 人，增长 1.5 倍；1983 年南四县划归株洲市管辖，人口比 1982 年增加 2.4 倍，总人口达到 3081226

人。此外，调入人口也较多，仅 1976 — 1987 年就调入 153813 人。二是城市人口增长速度快。株洲市是一个新兴工业城市，城市人口多。1982 年年末，城市人口（含郊区）为 385657 人，比 1964 年增加 164440 人，18 年增长 74.33%。至 2000 年年末，全市城镇人口占全市总人口的 38.20%。三是育龄妇女多。1981 年，全市 15 ～ 49 岁育龄妇女有 749023 人，占总人口的 24.76%，2000 年全市 15 ～ 49 岁育龄妇女增至 1021887 人，占总人口的 28.53%。四是人口性别基本平衡，男性略多于女性。没有管辖南四县时期，株洲城区外地调入人口男性多于女性，性别比例一般在 110 以上（以女性为 100 计算，下同），最高的 1958 年达到 190.7。1983 年南四县划入后，性别比例下降至 107 左右，2000 年为 106.22。五是随着教育、卫生条件的改善和人民生活水平的提高，人口素质、健康水平有较大提高。2000 年，全市 65 岁以上人口占总人口数的 7.66%，比 1982 年提高 3.43 个百分点。

第一章 人口数量变动及分布

第一节 人口数量与人口变动

民国 35 年（1946），株洲镇居民有 1291 户，总人口 5960 人。民国 38 年（1949）1 月，保甲户口统计，株洲乡有 15687 户，人口 108783 人。

中华人民共和国成立后，随着城市建设规模的不断扩大和行政区划的几次调整以及自然增长、外迁入人口等因素，使人口数量增长较快，成为境内人口的主体。1950 年，株洲区有 16125 人；1951 年，株洲市（县级）有 91493 人。1956 年株洲市升格为地级市至 1983 年期间，就有 2 次大的区划调整。其中，1959 年 1 月从湘潭县、醴陵县、长沙县划出部分区域归株洲市管辖，增加人口 341594 人；1983 年，实行市管县体制，原属湘潭地区的醴陵县、攸县、茶陵县、酃县划归株洲市管辖，增加人口 2171982 人。此后境内人口发展较为平稳。到 2000 年 11 月 1 日零时，境内人口为 3581820 人（第五次人口普查数据），比 1990 年的 3495714 人增加了 86106 人。增幅基本符合自然发展规律。

株洲 1950 — 2000 年人口总量统计表

表 3-1

年 份	户 数	人口数	年 份	户 数	人口数
1950	3740	16125	1976	183897	823926
1951	13665	91493	1977	192444	833748
1952	13841	77010	1978	194472	847806
1953	16189	78430	1979	196395	862047
1954	27957	128522	1980	204157	877362
1955	26560	141526	1981	213537	889474

续表 3-1

年 份	户 数	人口数	年 份	户 数	人口数
1956	19487	93821	1982	218682	909244
1957	18240	102393	1983	687835	3081226
1958	21348	173993	1984	712409	3122231
1959	122401	535587	1985	744096	3163693
1960	117699	600199	1986	773280	3218531
1961	121645	561726	1987	818550	3279354
1962	126901	561488	1988	872307	3376709
1963	126098	579726	1989	907489	3440024
1964	133420	599786	1990	935117	3495714
1965	131067	623559	1991	951093	3527123
1966	134003	640597	1992	967260	3551458
1967	134260	671300	1993	965431	3570492
1968	137120	685600	1994	970395	3600652
1969	141340	706700	1995	986894	3625117
1970	152749	730267	1996	971426	3639722
1971	155892	754796	1997	977749	3660394
1972	159174	768145	1998	987138	3678758
1973	162739	781464	1999	1002282	3700892
1974	169267	795345	2000	1020476	3655147
1975	176414	810222	–	–	–

说明：本篇所有数据，从1983年起均含醴陵县（市）、攸县、茶陵县、酃县（炎陵县）

株洲市1958 — 2000年人口变动情况表

表 3-2 单位：人

年 份	出 生	死 亡	迁 入	迁 出
1958	4809	882	102547	47426
1959	15751	4619	61007	50470
1960	17502	15169	82978	68679
1961	9535	9974	26108	50195
1962	22417	6539	22727	37281
1963	26707	5159	12658	14367
1964	24196	5470	12271	9308

续表 3-2

年份	出生	死亡	迁入	迁出
1965	24528	–	19333	13971
1966	22373	4716	13827	14050
1970	20262	4052	21427	17433
1971	17913	5208	25906	15305
1972	17068	5056	16165	12879
1973	16873	4758	13566	12143
1974	16203	5040	16792	14172
1975	16209	4869	19564	16058
1976	13073	4993	19699	14138
1977	12489	4873	16670	14483
1978	12843	4474	23291	17577
1979	13727	4881	30271	24795
1980	12316	4580	23913	16413
1981	14602	4865	22425	19785
1982	16901	4878	20059	12368
1983	48943	19220	44275	39506
1984	46343	18942	62428	49321
1985	47886	18183	74676	63001
1986	50097	17995	83684	61482
1987	52275	18399	109888	84927
1988	58021	18860	89696	50659
1989	64426	20120	75998	62142
1990	69503	21844	71796	64584
1991	46362	20237	63000	58680
1992	40280	20811	74513	68965
1993	30446	20226	98225	87948
1994	35380	20541	79714	67308
1995	33326	20457	68349	57561
1996	33549	21234	64374	57898
1997	34177	20119	75222	68780
1998	34850	21852	61167	53879
1999	33942	20423	78943	69889
2000	38320	24302	86204	83029

第二节 人口分布

1951年，株洲市每平方千米350人。1964年每平方千米312人。其中市区、农村每平方千米分别为1024人和232人。1983年，每平方千米268人，其中市区每平方千米908人（其中，南区每平方千米9886人）。1989年，每平方千米306人（其中，南区每平方千米11584人），比1984年每平方千米增加38人。其中市区每平方千米1312人，较1984年每平方千米增加人口170人。

人口分布在城镇、铁路沿线及主要公路两侧。处于山区的酃县1989年176284人，每平方千米87人，其密度是南区的0.75%，为郊区的20%。

1990年，全市总人口3495714人，平均每平方千米人数为311人，最多的市区每平方千米人数为1342人，最少的酃县每平方千米人数为88人。

1996年株洲市区划调整前，全市总人口为3639722人，平均每平方千米324人。1997年8月1日全市区划调整，撤销东、南、北、郊4个区，调整设立为天元、芦淞、荷塘、石峰区，原株洲县的马家河、群丰划归天元区，全市人口分布也相应调整。至2000年，全市总人口为3581820人（第五次人口普查常住人口），平均每平方千米318人。最多的城区每平方千米人数为1624人，最少的炎陵县每平方千米人数为87人。全市总人口中，居住在城镇的为136.76万人，占总人口的38.16%（即人口城市化水平为38.16%）；居住在乡村的人口为221.42万人，占总人口的61.84%。

株洲市部分年份人口分布、密度情况一览表

表3–3

单位		1951年			1965年			1984年		
		总人口	面积（平方千米）	每平方千米人数	总人口	面积（平方千米）	每平方千米人数	总人口	面积（平方千米）	每平方千米人数
总计		–	–	–	–	–	–	3122231	11262.2	276
市区	小计	89343	255	350	337172	194.2	1736	487806	427	1142
	东区	–	–	–	–	–	–	–	–	–
	南区	–	–	–	–	–	–	–	–	–
	北区	–	–	–	–	–	–	–	–	–
	郊区	–	–	–	–	–	–	–	–	–
株洲县		–	–	–	386387	1726.7	224	453776	1502.17	302
醴陵县		575356	2506.5	230	622815	2157.2	289	849011	2157	394
攸县		370605	2958	125	467218	2958	158	670206	2664.07	252
茶陵县		251742	2500	101	333966	2500	136	498668	2500	199
酃县		90332	1745.09	52	119405	1997.33	60	162764	1997.33	81

续表 3-3

单 位		1989 年			1990 年		
		总人口	面 积	每平方千米人数	总人口	面 积	每平方千米人数
总 计		3440024	11262.2	306	3495714	11262.2	311
市区	小 计	560203	427	1312	573147	427	1342
	东 区	141516	16.45	8603	146521	16.45	8907
	南 区	115027	9.93	11584	116211	9.93	11703
	北 区	130582	17.5	7462	134026	17.5	7658
	郊 区	173078	383	452	176389	383	460
株洲县		490063	1502.17	326	498752	1502.17	332
醴陵县		942608	2157	437	95707	2157	443
攸 县		732301	2664.07	275	738585	2664.07	277
茶陵县		540563	2500	216	551875	2500	220
酃 县		174286	1997.33	87	176284	1997.33	88

续表 3-3

单 位		1996 年			2000 年		
		总人口	面 积	每平方千米人数	总人口	面 积	每平方千米人数
总 计		3639722	11262.2	324	3581820	11262.2	318
市区	小 计	651058	389.34	1672	879996	541.3	1624
	东区（荷塘）	178021	18.2	9781	260835	159	1641
	南区（芦淞）	137510	16.64	8264	226162	67.3	3391
	北区（石峰）	155682	17.5	8896	272258	161	1691
	郊区（天元）	179845	337	534	120741	150	805
株洲县		494328	1500	330	429722	1381	311
醴陵县		998887	2157.2	463	983324	2157.2	456
攸 县		741758	2664	278	679839	2664	255
茶陵县		577519	2500	231	493059	2500	197
炎陵县		176172	2030	87	164807	2030	81

第二章 人口构成

第一节 性别构成

民国 21 年（1932），湘潭县东一区（即株洲所辖行政区）男女分别为 56754 人和 45498 人，分别占总人口的 55.50% 和 44.50%，性别比（以女子人数为 100 计算，男子与女子的比例，下同）为 124.74。抗日战争期间，由于抓夫、逃难、瘟疫、战亡，男少女多性逆转。民国 30 年（1941），株洲镇男性 3822 人，女性 4010 人，性别比为 95.31。民国 36 年（1947），株洲镇男性 42332 人，女性 43075 人，性别比为 98.28。

1950 年，株洲区男女分别占总人口的 50.25% 和 49.75%，性别比 101。1964 年，男女分别占总人口的 53.54% 和 46.46%，性别比 115。1983 年，男女分别占总人口的 51.87% 和 48.13%，性别比 107.8。

1990 年，株洲市男女分别占总人口 51.62％和 48.38％，性别比例为 106.7。1996 年男女分别占总人口的 51.61％和 48.39％，性别比例为 106.67。2000 年，全市男女分别占总人口的 51.51％和 48.49％，性别比例为 106.24。其中，荷塘区性别比为 105.21，芦淞区性别比为 100.44，石峰区性别比为 113.78，天元区性别比为 105.88，株洲县性别比为 108.29，醴陵市性别比为 107.52，攸县性别比为 105.43，茶陵县性别比为 102.75，炎陵县性别比为 105.31。

株洲 1950 — 2000 年人口性别构成一览表

表 3–4 单位：人

年 份	男	占总人口（%）	女	占总人口（%）	性别比（女 =100）
1950	8108	50.25	8027	49.75	101
1951	52142	56.99	39351	43.01	132.5
1952	41927	54.54	35083	45.56	119.5
1953	31949	40.74	46480	59.26	68.7
1954	72532	56.46	55990	43.56	124.5
1955	82018	57.95	59508	42.05	137.8
1956	50756	54.09	43065	45.91	117.9
1957	61133	59.70	41260	40.30	148.2
1958	114136	65.59	59857	34.41	190.7
1959	303732	56.71	231855	43.29	131

续表 3–4

年　份	男	占总人口(%)	女	占总人口(%)	性别比(女=100)
1960	336939	56.14	263260	43.86	128
1961	303229	53.98	258497	46.02	117.3
1962	299942	53.42	261542	46.58	114.8
1963	308186	53.16	271540	46.84	113.5
1964	321226	53.54	278560	46.46	115
t965	334235	56.60	289324	43.40	115
1966	342833	53.52	297764	46.48	116
1969	150605	56.28	116975	43.72	129
1970	391502	53.61	338765	46.39	115.6
1971	405774	53.76	349022	46.24	116.3
1972	411553	53.58	356592	46.42	115.4
1973	417738	53.46	363726	46.54	114.8
1974	425189	52.20	370156	47.80	114.9
1975	431602	53.27	378620	46.73	114
1976	439494	53.34	384432	46.66	114.3
1977	443745	53.22	390003	46.78	113.8
1978	450172	53.10	397634	46.90	113.2
1979	455848	52.88	406199	47.12	112.2
1980	461675	52.62	415687	47.38	111
1981	467774	52.59	421700	47.41	110.9
1982	477314	52.50	431930	47.50	110.5
1983	1598227	51.87	1482999	48.13	107.8
1984	1619426	51.87	1502805	48.13	107.8
1985	1641536	51.89	1522157	48.11	107.9
1986	1671982	51.95	1546549	48.05	108.1
1987	1702588	51.92	1576766	48.08	108
1988	1747310	51.75	1629399	48.25	107.2
1989	1775995	51.63	1664029	48.37	106.7
1990	1804478	51.62	1691236	48.38	106.7
1991	1820556	51.62	1706567	48.38	106.7
1992	1834416	51.65	1717043	48.35	106.84
1993	1841238	51.57	1729254	48.43	106.48
1994	1855705	51.54	1744947	48.46	106.35
1995	1870169	51.69	1754948	48.41	106.57

续表 3-4

年　份	男	占总人口（%）	女	占总人口（%）	性别比（女 =100）
1996	1878616	51.61	1761106	48.39	106.67
1997	1889033	51.61	1771361	48.39	106.64
1998	1896794	51.56	1781964	48.44	106.44
1999	1906344	51.51	1794548	48.49	106.23
2000	1844915	51.51	1736905	48.49	106.22

第二节　年龄构成

依据人口学和国际划分人口年龄标准规定，少年组 0 ~ 14 岁，成年组 15 ~ 65 岁，老年组 65 岁以上。1964 年，全市少年组和老年组分别比 1958 年上升 21.26% 和 1.42%，成年组比 1958 年下降 16.69%。1975 年，城市少年组、老年组分别为 72049 人和 5435 人，分别占总人口的 29.52% 和 2.23%，分别比 1964 年下降 10.54% 和 0.29%；成年组 166508 人，占总人口的 68.24%，比 1964 年上升 10.82%。1982 年，全市少年组比 1964 年下降 24.33%，成年、老年组分别比 1964 年上升 16.63% 和 1.7%。

随着人民物质生活的逐步提高，医疗保健事业不断改善，人口的平均寿命随之延长，老年组开始稳步上升。1982 年，全市人口平均年龄 27.41 岁，比 1964 年的 23.95 岁提高 3.46 岁，年龄中位数为 23.31 岁，比 1964 年的 20.9 岁增加 2.41 岁。1990 年，老年组比 1982 年增加 1.42%。百岁老人 7 人，比 1982 年增长 75%。

2000 年，全市总人口中，0 ~ 14 岁的人口为 73.48 万人，占 20.51%；15 ~ 64 岁的人口为 257.26 万人，占 71.83%；65 岁及以上的人口为 27.44 万人，占 7.66%。其中，百岁及百岁以上有 18 人。同 1990 年第四次人口普查相比，0 ~ 14 岁人口的比重下降 7 个百分点，15 ~ 64 岁人口的比重上升 4.89 个百分点，65 岁及以上人口的比重上升 2.12 个百分点。

株洲市部分年份人口年龄构成一览表

表 3-5　　　　单位：人

年　龄	1964 年		1982 年		1990 年		2000 年	
	人口	占（%）	人口	占（%）	人口	占（%）	人口	占（%）
0 ~ 14 岁	235465	46.06	196438	21.73	96115	27.52	734768	20.38
15 ~ 65 岁	337469	57.42	669362	74.04	233408	66.84	2572644	71.83
65 岁以上	14808	2.52	38197	4.23	19711	5.64	274408	7.66

第三节 民族构成

1959年，全市汉族612409人，占总人口的99.76%；少数民族1500人，占总人口0.24%。1964年，全市少数民族有回族、苗族、满族、侗族、瑶族、蒙古族、彝族、维吾尔族、土家族、朝鲜族、傣族、纳西族、白族、高山族、水族15个，共1138人，占总人口的0.19%。外国人加入中国籍3人。比1959年增多11个民族，计181人，增加0.05%。1982年，全市增加壮族、仫佬族、哈尼族、藏族、布依族、黎族、羌族、土族、锡伯族少数民族，比1964年增加9个，共2620人，占总人口的0.29%，未识别民族1人，外国人加入中国籍2人。少数民族中回族、苗族、满族、壮族1619人，占少数民族人数的61.79%。1990年，全市有31个民族，比1982年新增佤族、畲族、拉祜族、达斡族、布朗族、京族、独龙族7个少数民族，共7427人，占0.21%。未识别民族18人，占0.005%，外国人加入中国籍4人。少数民族中土家族、苗族、壮族、瑶族、满族、侗族共6720人，占少数民族人口总数的90.48%。

2000年，全市总人口中，汉族人口为356.53万人，占99.54%；有43个少数民族，人口为1.65万人，占0.46%。与1990年第四次人口普查相比，少数民族人口增加0.91万人，占总人口的比重增加0.25个百分点。另有12人未识别民族。其中，回族、苗族、壮族、瑶族、土家族、畲族等7个少数民族有1.3万人，占总人口的0.34%。

第四节 文化构成

民国37年（1948），株洲乡有文化的人口占总人口的40.76%，其中受过高、中、初等教育的分别占总人口的0.11%、1.98%和38.67%，文盲、半文盲占总人口的59.34%。

中华人民共和国成立后，人口文化结构迅速改善。1958年，城市小学以上文化程度的人口比民国36年（1947）增长31.34%。其中受过高、中、初等教育的分别比民国36年（1947）增加1.95%、16.89%、12.40%，文盲、半文盲比民国36年（1947）减少37.8%。1964年，城市具有小学文化程度以上的人口较1958年增长2.27%，文盲、半文盲比1958年增加7.42%。1982年，国家致力于提高人民的文化素质，小学文化程度以上人口比1964年增长5.28%，受过高等、中等教育的分别比1964年增长0.83%和24.68%，受过初等教育的和文盲、半文盲分别比1964年下降5.93%和6.72%。

1990年，受过高等教育的比1982年增长13.43%。在业人口中，受过高、中、初等教育的分别为10861人、248170人和216776人，分别占在业人口的2.15%、49.23%和43%。文盲、半文盲28313人，占在业人口5.62%。

各类普通学校在校学生占全市人口的比例，1990年为15.7%，1995年为17.47%，提高1.77个百分点，1996年为18.62%，又比1995年提高1.15个百分点。平均每万人口中的在校学生：普通高等学校的学生，1990年有10.01人，1995年达到17.58人，1996年为17.45人；中等学校的学生，1990年有452.56人，1995年为540.67人，1996年为596.78人；普通小学的学生，1990年有1054.15人，1995年达到1187.75人，1996年为1247.77人。在校学生总数中，普通高等学校学生1990年占0.66%，1995年提高到1.01%，1996年占0.94%；中等学校学生占在校学生总数，1990年为29.84%，1995年为31%，1996年为32.05%；普通小学学生占在校学生总数，1990年为69.50%，1995年为67.99%，1996年为67.01%。

2000年，全市总人口中，接受过小学及以上文化教育的人口为322.87万人，占总人口的比重由1990年的第四次人口普查的76.91%上升到90.14%，增加13.23个百分点。6岁及以上人口中，接受过大学（指大专及以上）教育的13.92万人，占4.1%，比1990年第四次人口普查时提高2.38个百分点；接受过高中（含中专）教育的45.36万人，占13.39%，提高2.8个百分点；接受过初中教育的119.81万人，占35.35%，提高10.24个百分点；接受过小学教育的143.79万人，占42.43%，下降8.43个百分点（以上各种教育程度人口包括各类学校的毕业生、肄业生和在校生）。与1990年第四次人口普查相比，每10万人中拥有各种受教育程度的人数有如下变化：具有大学及以上程度的由1500人上升为3886人；具有高中（含中专）程度的由9225人上升为12664人；具有初中程度的由21878人上升为33450人；具有小学文化程度的由44307人下降为40145人。

在总人口中，文盲、半文盲人口（15岁及以上不识字或识字很少的人）为12.88万人，与1990年第四次人口普查相比，文盲率（文盲人口占15岁及以上人口的比重）由12.39%下降为4.52%，下降7.87个百分点。

第五节　职业构成

1982年，第三次全国人口普查统计：全市在业人口504120人，占总人口的55.44%。在业人口中各类专业技术人员占7.73%；国家机关、党群组织、企事业单位负责人、技术人员占2.49%；办事人员占2.37%；商业工作人员占2.5%；服务性工作人员占3.5%；农、林、牧、渔业劳动者占48.19%；生产、运输工人占32.94%；其他劳动者占0.19%。在业人口中，男性289938人，占在业人口的57.51%，女性214182人，占在业人口的42.49%。1990年，全市在业人口中，有全民所有制职工34.31万人。其中，固定职工26.43万人，合同制职工4.28万人，临时职工和计划外用工3.60万人；职工总数中的女职工11.68万人，占职工总人数的34%，有集体所有制职工11.52万人，其中女职工5.97万人。在全民所有制职工人数中，中央、省、市、县属企业职工25.05万人，事业单位5.15万人，机关单位2.51万人。

2000年，全市各类单位有在岗职工32.57万人，其中国有单位22.69万人，城镇集体单位5.06万人；城镇个体劳动者7.50万人；城镇私营企业从业人员2.58万人；农村社会劳动者147.63万人；其他从业人员1.37万人；离开本单位仍保留劳动关系的职工10.99万人。

株洲市 2000 年各行业人口分布一览表

表 3-6　　单位：人

行　业	总　计	各类专业技术人　员	国家机关党群组织企事业单位负责人	办事人员和有关人员	商业、服务性工作人员	农、林、牧、渔劳动　者	生产工人运输工人和有关人员	不便分类的其他劳动　者
在业人口数合计	184331	11387	2684	4814	19282	111922	34085	157
农、林、牧、渔业	111756	143	25	35	103	111402	46	2
采 掘 业	1874	161	56	43	84	42	1485	3
电气、煤气、自来水的生产和供应业	1340	173	51	111	176	9	820	–
制 造 业	29219	2233	635	1231	2570	178	22313	59
地质勘探、水利管理	201	59	17	21	6	29	68	1
建 筑 业	4740	435	129	121	139	2	3908	6
交通运输、仓储、邮电通信业	5677	264	126	476	1065	140	3603	3
房地产业	273	68	32	59	56	7	51	–
批发、零售贸易和餐饮	13583	394	395	240	12008	55	477	14
社会服务业	3903	253	87	241	2490	32	783	17
教育、文化、艺术、广播电影电视	4326	3713	134	147	214	10	107	1
科学研究、综合技术服务事业	204	94	10	26	18	3	52	1
金融保险业	1166	926	69	103	28	–	39	1
国家机关、政党和群众团体	3662	674	823	1819	135	10	197	4
卫生、体育和社会福利事业	2084	1736	48	66	147	2	85	–
其他行业	323	61	47	75	43	1	51	45

第三章　人口管理

第一节　户籍人口管理

民国初期，湖南省会警察厅规定，每警每周查户口3次。民国36年（1947），《湖南省会警察厅抽查辖区户口实施办法》规定：乡（镇）公所正副户籍主任、户籍干事每月到各保抽查户口，保户籍事务员每10日必巡各甲查询一次户口，如有异动人员应依法填写户籍登记申请书，每半月专报乡、（镇）公所。中华人民共和国成立后，废除保甲制度，建立居民委员会和户报制度，依照国家颁布的户口管理法规，由公安机关进行户口方面的管理工作。

一　城镇户口管理

1950年6月，株洲民主建政，废除户口保甲制度，建立4个街道、3个乡、245个居民小组。株洲派出所依照居民集居情况和街、组自然区划，分段设立8个户籍管区，开展户口登记调查管理、控制特种人口（重点人口）。在株洲居住人员，只要有居住条件，均予以登记为城镇居民常住户口。

1951年，户口登记实行一簿一卡制。居民户口异动需申报登记，由公安派出所登记迁出、迁入、出生、死亡簿册，建立登记表。

1953年，株洲市公安局组建解放街、堤升街、田心、卫门口4个派出所，对户籍管区进行全面调整，以厂矿和居委会为基础，按每个户籍管区250户为原则（单位），分设50个户籍管区。

1958年，实施《中华人民共和国户口登记条例》，各管区户籍民警实行上门办理户口工作制度，开展人口“三知”（知人、知面、知情）、“四熟悉”（熟悉现管分子、重点人口、“三外”人员、五类分子）竞赛活动。对城镇居民实行常住、暂住、出生、死亡、迁出、迁入、变更、更正七项登记制度。

1960年，制定《株洲市户口登记实施细则》，到1963年，对盲目增长的城市人口压缩近4万人回到农村。1977年，对全市农村户口转为城市户口（简称“农转非”）指标控制在非农业人口数的1.5‰以内。

1981年，《户口登记簿》改为一户一页，以街道、巷、居委会装订成册。集体户口以机关、团体、学校、厂矿、企事业单位立户，设置集体单位《户口登记簿》，由派出所管理。从1984年起，“农转非”指标控制在城市人口的2.5‰以内。

1984年，随着城市人口的增长，城区11个派出所设立89个户籍管区，户籍民警人均管理947户。1985年，城区划为129个户籍管区，户籍民警人均管理690户。

1988年，市公安局在南区建设派出所，实行以治安管理为中心，以户口管理为基础的警务制度改革试点。10月，城区13个派出所先后设立警务区53个，扩大了户口管区。

1989年，“农转非”控制指标提高到3‰。1980—1989年间，全市共审批“农转非”16871人。当年，全市推广南区公安分局解放街派出所的经验，全面实行三公开（指标、对象、政策公开）、一监督（群众监督）、二级评议（居委会、办事处）、三榜公布（居委会、办事处评议榜和公安局初审榜）的“农转非”户口审批制度。全年，按照控制指标审批“农转非”482户1981人，审批渔民，征地无地转城1217户4563人。1990年5月，进行户口整顿，城区派出所在135个户管区恢复了管区户籍民警制，人均管理821户。

1992年7月，由市、县政府牵头，分别组织开发办、公安、粮食、房产、银行等部门集中办公，按照“当地需要，当地受益，当地管理，当地有效”的基本原则，至9月末，全市办理“农转非”13563人。1993年5月，根据市人民政府批转《关于试行蓝印户口报告的通知》文件，全年共审批地方城镇户口18658人。其中，市区8055人，5县市10603人。1995年，共审批“农转非”户口1375户1609人，继续办理地方城镇户口3315户3545人。

1999年，根据国务院、省人民政府和省公安厅文件精神，全市户政部门积极做好新生婴儿随父或随母登记常住户口、解决夫妻分居落城市户口、老人投靠子女落城市户口等项工作。对符合文件精神规定的人员，不增加任何限制条件，不收取城市增容费，及时解决上户。全市审批这类户口375户423人。年初，还开展为期40天的办理地方城镇户口优惠月活动，简化手续，费用减半，共审批办理地方城镇户口1063人。同时，还办理征地转城户口1736户3270人和工作调动、毕业分配5749人。

2000年，继续把解决“三投靠”（子女投靠父母、父母投靠子女、夫妻双方互相投靠）工作作为“民心工程”。全年共审批“三投靠”户口3719户4953人，解决了部分群众的实际困难。据统计，全市城市4区常住人口224538户748486人。其中，非农业人口555447人；男性386586人，女性361900人。

二　农村户口管理

1953年，农村户口登记由民政部门负责。1957年，乡镇以农业合作社、生产队为单位管理户口簿册，负责出生、死亡登记，每月由乡镇文书汇总。1958年，以农业生产合作社、人民公社生产大队为单位设立户口簿，合作社文书、大队会计、生产队记工员负责户口登记管理。1982年，建立农村常住人口登记、出生、死亡、迁出、迁入五项管理制度，建立《农村户口登记簿》13.57万户，由派出所管理《户口登记簿》。1986年，颁发居民身份证。

1990年，境内乡镇设专职户口员127名，村级户口协管员2340名，负责户口登记工作。1994年，全市278万农村户口由公安机关接管。通过清理整顿，共查出应落而未落户人口26543人，不应注销而注销户口245人，应注销而未注销户口22659人。发现和纠正项目差错5937处，重登户口779

人，漏登户口 2291 人。

1998 年，根据全市行政区划的调整，重点抓了城市 4 区农村户口城市化管理工作。市区共核查农村户口 43259 户 143825 人。设置村碑 101 块，安订门牌 42292 块，绘制方位图 860 套，配备乡户籍专干 17 名，村户口协管员 134 名，组户口信息员 1280 人。5 县市共有农业人口 2518728 人。

三 暂住人口管理

1951 年，实行临时留客申报制度。1956 年，在城镇居民《户口登记簿》内设立暂住人口登记项。1958 年，以居委会设立暂住户口申请登记站，由街道治安调处委员会（小组）负责办理 1 月以内暂住户口登记、注销工作。1 ~ 3 月以内须由户管区民警批准，超过 3 个月的应向户口登记机关申请延长时间或办理迁移手续。1963 年，建立居民组长、居委会、派出所 3 级暂住人口登记制度。暂住 3 日以内由居民组长登记，3 ~ 7 日由居委会登记，7 日以上由派出所登记，对正常投亲、访友、旅游、就医等暂住超过 3 个月的 16 周岁以上的人，登记为暂住人口，颁发“暂住证”；对到城镇开店、办厂、从事建筑安装、联营运输、服务行业的暂住 3 个月以上的，登记为寄住户口，发给“寄住证”。

1984 年，按照国务院《关于允许农民进入集镇落户问题的通知》建立自理口粮户口。凡要求办理自理口粮到集镇落户的人员，持原住地乡镇人民政府或村民委员会的证明和工商部门营业执照或用工单位证明，向集镇公安派出所申请入户，经审批同意办理户口迁移手续，凭证或自理口粮《准予迁入证明》，发给《自理口粮户口簿》，纳入街道居民小组管理。1989 年，全市登记自理口粮 78 户 181 人。

1988 年，市公安局制订《株洲市城镇暂住人口管理（试行）办法》，设立暂住人口申报站，实行定点挂牌服务。暂住 3 日以上，14 周岁以上的外来人员，对投亲、出差、务工经商等情况者，须履行暂住人口登记。对运输队、建筑队、包工队“三队”人员，用工单位保卫人事部门登记造册或本人直接到所在地申报站，核发“暂住证”。全年选聘 811 名专兼职暂住人口管理员，办理核发“暂住证”29677 人，签发店铺户口簿 620 个。1989 年，全市建立 911 名专兼职户管员队伍，申报站 114 个，申报网点 1604 个，制定了申报、治安承包、清查、奖罚等制度。1990 年第四次全国人口普查户口整顿中，登记各类暂住人口 64305 人，登记率和发证率分别达 95.6% 和 99.4%。

1992 年，为确保“中国湖南（株洲）国际烟花节”安全，全市共组织 11666 人次，开展清查行动 1311 次，清查部位 5539 处，清理暂住人口 81947 人，办理暂住证 79899 人，登记率和发证率分别为 97.5% 和 93.2%，证件年审 28846 人（证），年审率为 84%。由派出所核发“出租户”门牌 5323 块，签订治安承包合同 8762 份，建立档案 4528 卷。1998 年，实施《株洲市暂住人口和房屋出租户管理暂行规定》，确定“五责”（分管领导、责任区民警、专管员、兼职员和协管员职责）、“三制”（登记、查验、检查制度）、“一规”（奖惩规定）。全年共登记暂住人口 85065 人，发“暂住证”72102 人。

2000 年，加大对暂住人口管理力度，对全市暂住人口协管员进行业务知识和工作方法培训，严把暂住人口、出租户登记发证关。全年共登记暂住人口 59448 人，发“暂住证”42033 人。对 3981 户出租户进行清理审查，协助计生部门查验计生证 4 万人，发函调查 6551 人。在暂住人口管理工作中结合“打击拐卖人口”专项斗争，共摸排出被拐卖妇女 46 人、儿童 17 人；拐卖妇女、儿童犯罪嫌疑人 11 人。收容遣送“三无”（无生活来源、无劳动能力、无法定赡养人）人员 2465 人。

四 重点人口管理

清末，视重点人口为“最要留心查察”者，一但发现要“确查禀告上官”。民国 12 年（1923），湘潭县署规定：“犯罪之民，列入另册”“改过之民，列入自新册”。民国 16 年（1927），湘潭县政府规定：参加过农会、共产党等进步组织的人列为重点人口，并由“挨户团”“团防局”“铲共义勇军”予以管控。民国 37 年（1948），对外籍流动人口、非本地过境人口、非现役军人、无身份证件的人口，视为不明分子，列入“另册”，严施控制。

中华人民共和国成立时，为巩固人民民主专政，对抗拒登记、历史上有罪的反动党团骨干、特务、土匪、恶霸、反动会道门头目列入重点人口管理。1950 年 8 月，公安部制定《特种人口管理暂行办法（草案）》，改重点人口为特种人口，分为“政治性”“社会性”两种特种人口。1951 年，株洲市被列为特种人口人员 366 人。

1956 年 3 月，公安部制定《重点人口管理工作暂行规定》，将特种人口改称重点人口。1957 年 11 月又重新修订，明确列管范围。1959 年，将地、富、反、坏、右“五类分子”划为重点管理对象，当年株洲市有“五类分子”6044 人，其中地主 2960 人、富农 1333 人、反革命分子 799 人、坏分子 723 人、右派分子 229 人。

“文化大革命”期间，重点人口对象称“二十一种人”，管理中建立监改小组，表现情况随时记载“监改登记簿”。1966 年，由群众组织遣送 206 名“五类分子”到农村安家落户。

1974 年，在全市派出所开展成年人口的“三知”“四熟悉”活动，掌握全市重点对象 4733 人。

1980 年，公安部修订《重点人口管理工作（试行）规定》，全市掌握 25 岁以下对象 4654 名，根据现实表现情况，每人填写一张“各类人员调查登记表”，作为户籍民警工作的重点对象和备查底册。

1983 年，株洲市各派出所对重点人口进行全面调查，重新审定重点人口 5688 名（城市四区 2516 名），占全市总人数的 1.84‰，收集材料 4540 份，逐人建立重点人口案卷。在严厉打击刑事犯罪斗争中，从重点人口中提供的打击对象 1031 人，占打击处理数的 53%。

1985 年，公安部颁发《重点人口管理工作规定》，将重点人口管理对象分为 6 类 15 种。市公安局经学习研究并结合株洲实际，具体分为 6 类 34 种对象。

1989 年，在重点人口管理上，对年满 16 周岁以上人口实行“人口分层次管理”。第一层次是有重大现实危害的危险分子；第二层次是列管的重点人口；第三层次是历年来受过治安处罚的人员；第四层次是一般了解对象。第一层次人员由公安派出所所长掌握，发现疑点及时查证打击；第二层次人员由警长和户籍民警掌握，逐人填写“人口层次呈报表”，送所长审批和保管。1991年，全市共列管重点人口18847名，建立帮控小组14193个，帮控力量36631名。收集各种材料10余万份，填写“基础工程人员调查登记表”49795张。收集各种项目104万余项，相片31603张，笔迹15007份，建立犯罪人员情况资料卡6303张。户籍民警对重点人口考察率达94.5%，管理措施落实率达93%。1992年2月，根据公安部《关于加强重点人口管理工作的通知》要求，新增8种重点人口对象：有煽动罢工、罢课或策划、参与动乱活动可疑的；坚持资产阶级自由化立场，有秘密串联、成立非法组织，出版非法刊物活动可疑的；有进行反动会道门复辟活动可疑的；有结伙进行黑社会组织活动可疑的；有拐卖妇女儿童可疑或胁迫、容留、教唆妇女卖淫可疑的；有种植毒品原植物、吸食毒品或私设地下烟馆活动可疑的；有卖淫、嫖娼活动可疑的；有制作、贩卖、传播淫秽书刊、画册、照片、音像制品可疑的。全年共列管重点人口16868名，其中新列管的5361名（含新增8种对象626名）。1993年，南方动力机械公司公安处，创办“南方工读学校”，重点加强“两劳”（劳改、劳教）回归无业人员的帮教和就业前技术培训，使“两劳”人员重新回归社会。

2000年5月，根据公安部新颁发的《重点人口管理规定》，重点人口正副卷改为只用一卷，留下信息增删登记表，历次处理的法律文书、讯问、盘问、询问笔录，人户登记审批表，重点人口考察情况登记，本人笔迹、指纹，线索情况登记表，调查证明材料，其他材料等12项内容。全年共列管重点人口14395人，建立帮控小组14367个，成员43101名。

第二节 人口信息管理

一 人口卡片

1956年3月，全国户口工作会议作出了在省直辖市以上的城市建立人口卡片，规定凡居住在城市年满17周岁以上的常住人口均建立人口卡片，但中国人民解放军、正副市长、书记和相当于上述各级的党政干部、重要科学家、高级民主人士以及在押犯人不建立人口卡。人口卡分为“登记卡”和“注销卡”2种，各包括姓名、出生时间、出生地、籍贯、现在住址、迁来本市时间、迁来地址、职业、文化程度、公民证代号等12个项目。

1957年2月，市公安局抽调22名干警在解放街派出所辖区内进行建卡试点。在户口查对时，以居民小组为单位，对17周岁以上常住人口，按人口卡登记项目，逐户、逐人核查。对重点人口、刑满释放、被管制对象、反革命分子4种对象，分别在户口底册和人口卡上作出标记。历时32天，核查12116人，纠正各种差错2127项，建卡10796份。5月，全市组织160多名有文化的社会青年协助派出所投入建卡工作。对30081户168605人的户口进行查对，纠正差错5427项，清理“空挂户”1894人，将城市《公共户口簿》更换为活页户口卡片，农村《户口簿》全部更换为《农村户口登记簿》，改变了以往公共户口和农村户口无专人管理的现象。在整顿清查中，对1536份“查无此人”的积存材料核准982份。6月中旬，全市完成建卡任务，共填写人口卡108861份，由市公安局集中编排，以汉语普通话为标准，将同音姓名按汉语拼音音序排列放置。8月中旬完成编排任务，配备3名管理干部，负责收发、排装、查询人口卡工作。依据工作性质，对各项工作分别制定了检查、统计、销毁、保密、查卡5种制度。单位查询人口卡出示公安保卫部门、人事组织部门的介绍信，个人查卡凭人口卡接待室专用介绍信。1957—1959年，共接待查卡4940人次，配合肃反运动和侦察部门查证犯罪下落及提供有关线索3385次，协助邮电、银行部门查卡1196次，为群众查寻住址359次。

1963年，重新更换人口登记卡片，分姓名、别名、户主姓名及与户主关系、性别、民族、文化、家庭出身、本人成分、出生时间、政治面貌、工作单位、现在住址、迁来时间等14个项目。充实了登记内容，销毁了1957年所建人口卡。

“文化大革命”期间，公安机关瘫痪，人口卡停止使用。

1972年恢复建卡，并扩大建卡范围。对1962年前出生的年满15周岁以上的常住人口以及郊区清水乡、荷塘铺乡、果木园共173572人填制人口卡。同时建立出生、死亡、迁出、迁入、常住、暂住、变更更正7项异动登记制度，步入经常化管理。

1980—1986年，全市共管理人口卡232261份。共办理人口卡异动29.06万人次，接待群众来访、来信、电话查询13005次。

1987年，全市开发微机管理人口基本信息系统，取代人口卡查询。

二 微机管理

1988年4月，境内在完成颁发居民身份证基础上，着手建立人口基本信息微机管理系统。9月，成立株洲市人口基本信息开发应用领导小组，各公安分局、派出所于10月10日前相应建立专门工作班子。

根据《湖南省人口基本信息数据项标准》和业务管理需要，建立市人口基本信息系统。基本信息系统对姓名、性别、民族、出生地、出生日期、住址、婚姻状况、文化程度、服务处所、职业、居民身份证号、发证日期、有效期限、户号、户口性质、与户主关系、迁移变动原因、时间、地址、身份证申领、缴销21个项目予以采集、编码、录入。为保证所采集信息的完整性、准确性，1988年10月16日至1989年3月底，城郊24个派出所对151100居民（集体）户、544780人户口登记项目内容进行核对，将常住人口登记表上的有关项目抄录到“人口基本信息目录编码表”上。同年12月，市公安局抽调300人以派出所为单位，对人口基本信息中的项目，依照有关码本，按规则翻译成代码。人口基本信息录入借助中南林学院、南方航空动力机械公司计算机中心、市工商银行清水塘分理处、株洲车辆厂、苎麻纺织印染厂等10多个单位的43台微机，组织64名技术人员、146名工作人员，对城郊4区544780人、9806000项人口基本信息进行录入，打印出信息清单。通过核对，发现漏录入9768人，重录入2540人，纠正差错10340项，对重录入、漏录入人口信息进行了纠正处理。

1989年5月至11月底，市公安局组织2台微机、30名工作人员对城市东、南、北3区103928户、372737人已录入数据进行了集中验收。按派出所、居委会逐人逐项进行数据值域和有效性检验，共调整录入23057人次、删除30054人次。修改差错15078项次，查出1988年人口年报中重复统计21人，漏统69人。验收后性别、户口关系、户口性质等项目数据准确率达93%，人数准确率达100%。1990年6月开始，集中对郊区已录入数据进行检查验收。同年11月，采用集中管理方式对东、南、北3区已验收数据进行整理。按照检索、管理的需要，分别建立了居民身份证、户号、姓名索引。

1991年，对1989年至1991年6月的市内迁移，所内异动、出生、市外迁入、死亡、迁往外市等6项异动约25万个数据进行处理。1994年，城郊4区19个派出所全部实行用微机办理户口迁出迁入、打印户口和身份证底册，结束境内手工书写人口信息的历史。同时，还开发了人口图像子系统，共输入人口图像扫描35万余人。1995年9月，全市投资60万元，完成了市公安局与各派出所的人口信息二级联网。1998年，加强对5县市派出所人口信息微机管理系统建设和城市4区29个派出所微机更新。全年，将150.50万人口信息录入微机，并利用微机人口信息检索，协助广东省公安厅协查张子强特大犯罪集团成员之一黄毅，受到公安部表彰。

2000年，由财政拨款26万元和自筹资金35.5万元，完成城市4区和攸县的市、县、所三级联网。株洲县、醴陵市新建微机工作站22个。全市有微机管理人口信息的派出所全部解决了居民身份证号编码升位问题，没有微机的所也由县市公安局户政部门负责解决。同时与国防科大、湖南依地公司共同开发了"便民电脑自动办公服务系统"，具有触摸屏浏览、电话语音服务、群众代办查询、暂住人口管理、无底卡制作居民身份证及照片处理、文案操作等六大功能，提高户政工作的科技含量。

三　人口信息统计

中华人民共和国成立后，人口统计工作列入国家统计调查的重要内容。自1950年始，国家每年12月底进行年度人口统计。1950 — 1954年，人口统计工作由民政部门担负。1955年后，由公安机关组织实施。统计内容包括户数、总人口数、男女数、出生、死亡、迁入、迁出、非农业人口数等。按统一的时间，统一的表格和统一的项目，以居（村）民委员会为统计单位，采取常住户口底册、户口簿与人口三对照的办法，逐户逐人核对，列出户口统计底表，掌握自然变动和机械变动情况，做到底数清，情况明，统计有据。各级在自查、互查、抽查的基础上，按级层层验收汇审，确保人口数据的准确可靠性。

1990 — 2000年，全市的人口统计内容包括：户数、总人口数、男女数、出生、死亡、迁入、迁出、非农业人口数等。按统一的时间，统一的表格和统一的项目以居（村）委会为统计单位，遵照《统计法》的有关规定，坚持实事求是，确保各项统计数据的准确。1991年，市区建设、解放、月塘、宋家桥4个派出所开始用计算机进行人口年报统计。系统统计模块具有三大功能：对出生、市外迁入、注销户口、市内迁移等变动信息，分别统计出总人数、男女数，并分类统计出各种变动原因、变动时间、变动地址人员数量。同时将结果存入相应的统计文件中，完成以上内容统计每10万人需时1

分钟。户统计功能，可分别进行户数统计，对户规模为1人户、2人户、3人户等；户性质如家庭户、集体户等情况进行分析。个人情况统计，可分别对每个人的性别、出生日期、职业、行业、文化程度、婚姻状况、民族等进行统计，并对市区人口年龄结构、年龄分段情况、婚姻状况、文化结构、行业、职业、民族分布状况，户性质、户规模、个人户口性质，分区人口、分所人口、居民身份证发证等情况进行综合分析，并将统计分析结果存入统计分析文件。系统完成市区54万人口信息统计分析需时5～6分钟。姓名用汉字字频统计，可对全部信息中姓名用字情况进行统计，得出每一字的使用次数，并存入字频统计文件中，显示各种统计、分析图表。系统可对统计分析结果采用表格和图形显示出来，如人口金字塔，婚姻、职业、行业、民族分布状况，颁发居民身份证等。打印输出统计结果，如公安部人口年报报表，姓名用汉字字频统计表等。系统可以对年满16周岁人员进行排序，并自动生成居民身份证号，打印出身份证底卡。

系统还具有定义数据、查询变动信息系统测试、数据录入、检查数据错误等功能。

1999年，在充分利用人口信息微机管理系统的统计功能的同时，各乡、镇在人口统计前，认真造好“户口统计底表”，再由派出所统一汇总，确保全市人口统计数据的准确性。

第三节 人口普查

一 第一次人口普查

1953年7月第一次人口普查，由市民政、公安、统计部门组成人口普查登记办公室。人口普查和选民登记相结合。选民登记，以人口登记为依据。以1953年6月30日24时为标准时间。调查项目有：姓名、性别、年龄和民族4项。农村按土地登记册及1953年秋征时人口名册，城镇按户口底册，核实人口出生、死亡、婚嫁和迁移变动。经逐户核对，登记结果，株洲市区和郊区总人口为112319人。其中18岁以上人口68322人。

表3-7

株洲市区1953年年末人口数一览表

名 称	总户数	总人口	其 中	
			男	13岁以上人口
总 计	24431	112319	58913	68322
第一街	1262	6906	3944	4229
第二街	1288	5449	3070	3678
第三街	1389	5099	2786	3280
第四街	1596	7021	3861	4425
田心机厂	2191	9924	5374	5959
331 厂	1806	11656	7880	8370
水上派出所	153	594	362	391
郊东区	7522	31814	15943	18309
郊北区	7224	33856	15693	19681

二 第二次人口普查

第二次人口普查标准时间为1964年6月30日24时。同年5月19日，株洲市人口普查领导小组召开第一次会议，会议决定抽调市公安局5人、市统计局2人，粮食、劳动、商业、服务、民政、教育、供销社、计委等各1人，作为市人口普查领导小组办公室专干。

第二次人口普查，城市以派出所、农村以公社（镇）为一级统计单位，所有机关、企业、工厂、学校及人口普查登记统计资料，由辖区内派出所、人民公社、集镇归口汇总。城郊各区普查办公室领导督促派出所、人民公社普查办公室的工作。各派出所、人民公社（镇）人口普查办将辖区内公共户口单位，大队(场)、生产队、户数、人口数，农业人口与非农业人口，常住人口与暂住人口，自由流动人口和携带有迁移证明未落上户口的人口等情况，进行摸底，于6月10日前报市人口普查办。经过1个多月的普查，到7月末结束。此次普查实有人数是587742人，比应有人数差842人，占总人数的4.13‰。城市人口190740人，占总人数的34.05%，比上年末增加5430人。

株洲市1964年6月30日人口数一览表

表3-8

	总户数	总人口	男	女	非农业人口
总　计	130051	587742	313309	274433	190740
市　区	34879	192963	109731	83232	168021
其中：中心区	16994	88529	48925	39604	81403
清水塘区	4926	30744	19222	11522	24569
田心区	4770	26692	14720	11972	23260
董家塅区	4156	23799	13641	10158	20812
荷叶塘区	4033	23199	13223	9976	17977
郊　区	95172	394779	203578	191201	22719
其中：龙头铺	12341	52787	27412	25375	835
白　关	12651	54539	27736	26803	1271
渌　口	17440	72736	37510	35226	7605
雷打石	12601	54206	27896	26310	3323
三　门	9541	38181	19815	18366	2583
朱　亭	10590	41641	21672	19969	3809
淦　田	9500	36773	19077	17696	2169
古岳峰	7943	32804	16949	15855	815
园艺场	2565	11112	5511	5601	309

三　第三次人口普查

第三次全国人口普查的标准时间是1982年7月1日零时。株洲市从1981年5月开始，历时3年零1个月，到1984年6月完成。分准备、普查登记与手工汇总、编码、机器汇总、资料分析5个阶段。

其时，株洲市人口普查范围为南区、东区、北区、郊区和株洲县，共计211749户903993人。1983年醴陵、攸县、茶陵和酃县划归株洲市管辖。这4个县的人口普查由湘潭地区完成，共计456187户2119990人。

1981年5月，株洲市成立人口普查领导小组，市委副书记、市人大常委会主任张小辉任组长。同年7月，设立人口普查领导小组办公室，从市公安局、统计局、民政局、勘测队、标准处等单位抽调18人到办公室工作。1982年4月，工作人员增至32人。下设秘书、宣传、普查和编码4个组。同时，各区和县人口普查领导小组及其办公室相继建立，城市各街道办事处和农村各区社、镇都建立了人口普查办公室，居委会和大队建立人口普查组。据城郊4区和株洲县统计，各级普查机构共配备工作人员2901人。在第三次人口普查前，开展了地址编码和户口整顿、试点作为前期工作准备。

1981年10月开始进行地址编码工作。11月上旬，完成地址编码第一稿，随后所有参加地址编码人员参加全市人口普查试点。通过试点，对地址码第一稿进行逐级核实，纠正差错200多处，并于年底拿出地址编码第二稿。1982年2月底，制定《地址代码手册》第三稿。市人口普查办通过抽查发现一些差错。针对抽查发现的问题，各县、区人口普查办公室人员全部出动，进行全面检查验收。4月，城郊4区和株洲县铅印《地址代码手册》5本，共52个一级码，711个二级码，9285个三级码。经县、区试点，普查登记，资料编码实践检验，没有发现重、漏差错。

1981年9月开始进行户口整顿工作，到1982年5月结束。城郊4区查出1981年漏报人口16人，多报7人，漏报死亡人口111人，纠正户口项目登记差错30448项，处理人户分离605户1737人。市郊和株洲县换发新户口簿77847户，建立农村户口簿135664户。

第三次人口普查，普查员配备每1～2个居民组或生产队配1名，集体户单位不足200人配1名，城郊4区和株洲县共配普查员4757人。登记项目19个，比第二次普查增加10个。通过手工汇总和计算机数据处理，汇总出138种汇总表，编印《第三次人口普查手工汇总资料汇编》，1984年又编印《第三次人口普查机器汇总资料选编》，共撰写第三次人口普查资料分析、预测文章44篇。

按国务院《第三次全国人口普查各阶段工作质量验收标准》，经省人口普查办公室抽样检查，市区、茶陵、株洲县7项质量指标差错率均为零。即：人口数净差率、人口数的工作质量差错率、1981年出生人口差错率、1981年死亡人口差错率、总记录项目差错率、性别项差错率和年龄项差错率均为零，质量达到全优。醴陵县、攸县、酃县的差错率也都低于国家规定的质量控制指标。

表 3-9

株洲市第三次人口普查情况统计表

区 域	总户数			总人口		
	合计	家庭户	集体户	合计	男	女
全市总计	667936	664603	3333	3023983	1564495	1459488
株洲市区	91186	90632	554	385657	207358	178299
株洲县	120563	120130	433	518336	266291	252045
醴陵县	176273	175486	787	822186	427871	394315
攸 县	150153	149548	605	652407	334394	318013
茶陵县	96960	96288	672	487250	246984	240266
酃 县	32801	32519	282	158147	81597	76550

四　第四次人口普查

全国第四次人口普查标准时间是 1990 年 7 月 1 日零时。1989 年 9 月，市政府成立由常务副市长周伯华为组长的 25 人普查领导小组，下设办公室，分业务指导、户口整顿、宣传、行政秘书、数据处理 5 个组，选配专职人员 74 人。各县、市、区和乡、镇、街道办事处也先后组建人口普查领导机构及其工作班子。9 个县、市、区选配专职人员 560 人；174 个乡、镇、街道办事处和公安、司法直属单位则由 1 名行政副职担任人口普查办主任，共配专职人员 1949 人；2583 个村（居）委会选调普查工作人员 5690 人；加上普查员、普查指导员、质量检查员以及基层积极分子，全市有 31000 余名党政干部、工人、教师、离退休人员直接参加人口普查工作。普查人员选调后，抓地址编码，划分普查范围，普查员培训和试点工作。

1990 年 2 — 5 月，先后 3 次召开城郊结合部联席会议，协商普查区和调查小组的划分问题，编排核准一级地址码 174 个，二级地址码 2582 个，三级地址码 10551 个。3 — 5 月，集中时间、集中力量，对城乡户口进行整顿。整顿后增加 2649 户，常住人口增加 29162 人，更正户口项目 343760 项。其中，年龄不符 20760 项，姓名不符 8568 项，性别不符 1284 项，人户分离的 79779 人，登记各类暂住人口 64305 人。

全市选调普查员和普查指导员 20045 人。组织讲师团开展对各县市区业务骨干进行培训。以骨干为“种子”，县、市、区层层培训。培训后进行试点试填工作。

通过自查、互查、复查、议查和组织会审检查，全市发现重登 136 人，漏登 253 人，查出 1989 年 1 月 1 日到 1990 年 3 月 30 日少报出生人数 2438 人，少报死亡人数 2901 人，纠正错误项目 168000 余笔。

市人口普查办根据《人口普查登记质量抽样检查细则》规定，随机抽取 10% 的调查小区，抽查总人数 642636 人，发现总人数重登率 0.01‰，漏登率 0.02‰，重、漏相抵人口数净差率为 0.01‰，低于国家规定 1‰的标准。出生人口差错率为 0.18‰，质量高于 2‰的国家标准。死亡人口差错率为 0.45‰，低于国家规定的 2‰的标准。性别误差率 0.03‰，低于国家规定的 4‰的标准。年龄误差率 2.2‰，低于国家规定的 10‰的标准。总记录项目差错率 0.57‰，低于国家规定的 3‰的标准。90% 的普查资料抽查采取组织抽查组赴县市区实地抽查的形式，市人口普查办抽调 100 名业务尖子，组成 9 个抽查组，按照 25 页普查表抽一页的原则计算抽查质量，结果全市项目差错率仅为 0.41‰，低于国家规定标准。

全市普查表的验收交接工作，按照《人口普查资料装订包装运送和管理细则》，对照地址代码本和交接清单，逐一验收。验收中，发现重大差错 1 处（郊区把 2 个小区的表合装 1 本）、漏编 1 处、重编页码 28 处，斟换、贴补已污损的普查表 380 处。人口普查数据处理平均误差率仅为 0.19‰。1991 年 7 月 25 日，数据报省人口普查办，以无一笔差错的质量通过省级验收。

第四次人口普查，总人口数净差率仅为 0.01‰，总项目差错率仅为 0.57‰，分别低于国家规定不超过 1‰和 3‰的标准。荣获全省第四次人口普查“芙蓉杯”金奖。

株洲市第四次人口普查情况统计表

表 3–10

区　域	总人口	1989 年 7 月 1 日零时至 1990 年 7 月 1 日零时		
		出生率（‰）	死亡率（‰）	自然增长率（‰）
全　市	3475739	24.20	6.91	17.29
东　区	150866	11.96	3.97	7.99
南　区	115357	12.04	5.22	6.82
北　区	138992	13.32	3.89	9.43
郊　区	180038	24.09	6.62	17.47
株洲县	488635	26.11	7.04	19.07
醴陵市	936626	25.64	6.87	18.77
攸　县	733656	26.70	8.04	18.66
茶陵县	555810	25.91	7.25	18.66
酃　县	175759	22.65	7.39	15.26

五　第五次人口普查

第五次全国人口普查，登记标准时间为 2000 年 11 月 1 日零时。《第五次全国人口普查办法》规定：人口普查，采用按常住人口登记的原则。每个人必须在常住地进行登记。一个人只能在一个地方登记。根据省公安厅《第五次人口普查户口整顿实施方案》，市公安局成立领导小组，下设办公室。全市各级公安机关成立领导机构 144 个，抽调培训民警 989 名，工作人员 11314 名。层层动员，逐级签订责任状。耗资 65.6 万元，印刷了“湖南省第五次人口普查户口整顿人户核对表”150 万份，印刷配套使用的“流出人口登记表”“人户分离情况登记表”“暂住人口情况登记表”“户口项目变更登记表”“户口待定情况登记表”“应销未销情况登记”等表格103.9万份。印发《致群众一封公开信》17470张，张贴标语13750张，发通告22440份。召开居、村委会干部、街道积极分子会议492场，有35820人参加了动员会。7—9月，在全市范围内开展户口整顿，实行人口信息、人头、常登表、户口簿、身份证“五对照”，保证入户率为100%，见面率达90%。通过3个月的普查，全市实有1020476户3581820人。

株洲市第五次人口普查情况统计表

表3-11

地 区	总户数	总人口数			总人口数中非农业人口
		合 计	男	女	
全市总计	1020476	3581820	1844915	1736905	909579
荷塘区	84401	260835	133726	127109	160586
石峰区	87201	272258	144904	127354	189052
芦淞区	75246	226162	113331	112831	152883
天元区	35126	120741	62096	58645	49856
株洲县	117604	429723	223416	206307	50551
攸 县	190124	679839	348901	330938	91079
茶陵县	135581	493059	249879	243180	60489
炎陵县	47308	164807	84535	80272	26663
醴陵市	247885	934396	484127	450269	128420

第四章 婚姻家庭

第一节 婚 姻

中华人民共和国成立前，境内婚姻靠的是“父母之命，媒妁之言”，讲的是“门当户对”。要彩礼、索赔赠，富者一夫多妻，贫者终身鳏独。婚姻不自由，男女也不平等。据《醴陵县志》载，当时的婚姻过程是“男女双方家长同意后，互换生辰八字，请算命先生推算，八字相合者则定婚做酒，备三牲酒礼通知女方，谓之报日。结婚之日，新郎新娘入洞房。新郎揭去新娘盖头掩面头巾，方知对方容貌。”对女性而言，特别是清代至民国初期封建旧式婚姻更为苛刻，“三从四德”束缚千万妇女。那时贫苦人家的未成年女孩多被早早嫁出当童养媳，许多人在婆家备受虐待，命运凄惨。男人可以一夫多妻，寡妇再嫁却要遭人唾骂，备受刁难。如酃县玉江村霍九妹，16岁死了丈夫，为摆脱封建婚姻枷锁提出改嫁，遭到当地豪绅和封建势力的极力反对，骂她“不守贞节，淫道婊子”。据《酃县志》载：民国30年（1941），县内寡妇达8017人，占妇女的18.31%。在封建礼教压迫下，妇女成为旧式婚姻的殉葬品。“五四”运动后，由于提倡男女平等、恋爱自由、婚姻自主，反对包办婚姻，在城镇中有较多青年男女享有不同程度的婚姻自主权。但旧式婚姻的影响仍然占据主导地位，特别在农村表现更为突出，早婚现象较为普遍。

1950年颁布《中华人民共和国婚姻法》，1980年颁布新的《中华人民共和国婚姻法》。通过宣传和实践，境内百姓逐渐树立婚姻新道德、新思想、新风尚，剔除旧式婚姻中的糟粕，形成以爱情为基础的婚姻制度，将“婚姻自由”作为婚姻制度中最核心的法律原则和道德准则。

婚姻自主成分增大 在城区，婚姻过程基本上是“恋爱 — 登记 — 结婚”的自主自由形式，中间最多有一个介绍认识的过程。株洲是新兴的工业城市，人口密集，市区女职工约占职工总数的40%。男女共同劳动，接触机会较多、交友面广，自己认识和通过朋友介绍成为最多的婚姻途径，分别占40%左右。年龄愈小，文化程度愈高，自己认识成婚的比例愈高。特别是20多岁的青年人和有大学以上学历的青年，自己认识成婚者占50%左右，另外，还有16%的青年人靠父母及亲戚介绍，父母包办的仅占1%左右。

在农村，由于境内交通便利，农民思想相对较活跃，外出打工者日益增多，这些打工者不仅将各种技术、技能带回家乡，同时也将一些先进的、开放的观念传播到农村。他们认为婚事以交友自主、自愿的好，反对父母包办自己的婚事。75%的青年农民认为自己可以按照自己的意愿决定自己的终身大事。但因交友范围较城市小，信息相对闭塞，青年农民靠父母及亲戚介绍结识配偶仍占多数，约50%；靠朋友介绍的占30%，自己认识成婚的仅占15%左右；其他途径约占3%左右。他们的婚姻过程模式大多数是“求婚—定婚—恋爱—结婚”的半包办半自主的改良形式。

择偶标准 在城市广泛流行着“50年代嫁干部、60年代嫁工人、70年代嫁军人、80年代嫁文凭、90年代嫁富翁”，从一个侧面反映了市民婚姻价值取向的变化。在农村，过去女方择偶，“查人家”主要是查家庭、看家产、挑房子、选长相，最好是“吃商品粮”的。20世纪90年代一次抽样调查结果显示，选择“会经商、会赚钱”的占39%；选择“只要两人感情好，其他没多大关系”的占22.2%，仅有1.4%的农村女性以“力气大、会种田、农活不要妇女操心”作为择偶对象。由此可以看出，城乡婚姻，虽然择偶标准存在差异，但有一点却很一致，条件好与差还是制约着婚姻取向的一个重大因素。

初婚年龄逐渐增大 民国时期，境内受“早栽树，早遮荫，早收媳妇早见孙”的传统观念支配，早婚现象普遍存在，一般男的十六七岁成婚，女的十四五岁出嫁。到1949年，境内妇女结婚年龄在18岁以下的，农村占51.5%，城镇占39.1%。期后，政府积极倡导晚婚晚育。1950年，第一部《婚姻法》规定：男20岁、女18岁始得结婚。1980年，又对结婚年龄作了修改，规定初婚最低年龄为男22岁，女20岁。1981年6月，株洲市政府规定：女23周岁，男25周岁（农村分别低一周岁）以上结婚为晚婚，女方在24周岁以上生育为晚育。在政府的大力倡导下，随着女性的自立和社会地位的提高，早婚越来越少，初婚年龄也在逐年升高。女性追求学业、事业有所成就的人越来越多，晚婚成为普遍现象。尤其是1979年号召“晚婚、晚育”后，许多青年积极响应。1980年，晚婚率达87.41%，其中城区为94.64%，达到有史以来晚婚的最高峰。到1990年，全市平均晚婚率为30.83%，其中城区为88.65%。2000年，第五次人口普查资料显示，当年15～19岁初婚的女性仅33人，其中18岁以下仅3人。20～29岁初婚的女性为17028人。初婚女性在30～39岁的33158人。

追求婚姻与爱情的完美统一 实现爱情与婚姻的完美统一，是两性爱情史上的理想。在中国漫长的封建时代，男女之间的爱情被称为“男女私情”，是“十恶”之“淫”。20世纪50年代后，社会已逐渐从意识形态和法律上为爱情与婚姻的统一创造了条件。从总体上看，20世纪90年代初境内绝大部分家庭处于稳定状态，90%的家庭属于美满型和一般型，纠纷型和破裂型家庭只占10%左右。随着物质生活条件的改善和提高，更进一步突出和唤醒人们对感情生活的追求。青年男女择偶往往倾向于精神的契合，注重知识和能力。家庭内越来越注重各方面知识的学习、情趣的培养、夫妻关系的协调，婚姻的质量大大提高。

离婚率缓慢上升 1982年，全市民政部门准予离婚的夫妻178对，1986年办理离婚登记527对，1988年准予登记离婚的678对。20世纪80年代后期，夫妻的依赖关系比以前有所减弱，商品经济活跃，社会开放度增大，女性的独立性增强，人们的自我选择意向和机会显著增加，婚姻家庭生活更趋开放，社会舆论对离婚的态度逐步宽容，离婚率随之缓慢上升。2000年，全市准予登记离婚的增至1626对，比1988年增长1.4倍。

株洲市第五次人口普查（按10%调查户）人口婚姻状况一览表

表3-12　　　　单位：人

		男	女	合计	占比（%）
15岁及15岁以上人口		132806	126230	259036	100
其中	未　婚	30185	17167	47352	18.3
	初婚有配偶	92674	93575	186249	71.9
	再婚有配偶	3259	3853	7112	2.7
	离　婚	1450	1011	2461	0.95
	丧　偶	5238	10624	15862	6.1

第二节　家　庭

20世纪50年代以前，由于生产力落后及封建宗法思想的影响，普遍以多代同处的大家庭为荣，有的家庭几十口人，亦不分家。据《茶陵县志》载：县人以多代人同居的大家大户为荣，明正德、嘉靖年间（1506 — 1566），十四都（火田乡境）王贯瑶家四世不分居，30余口同居无异言……州守赵以敬尝书“一家仁让”四大字励之。

1949年10月以后，随着封建宗法思想的消亡和生产力水平的提高，多代同居的家庭逐渐减少，家庭平均人口随之减少。在城镇，由于现代化、工业化、都市化造成人口社会性流动，人数众多的大家庭越来越难以维持，加之城市居住条件的限制，父辈与子女之间的差异，几代同居已不现实。境内城市居民家庭结构趋势是由大家庭变为小家庭，主干、联合家庭变为核心家庭（父母与未婚子女组合），但是主干家庭一直保持着相当的规模和数量。父母已变得乐于接受与子女分开居住又便于互相照顾的“分而不离”的关系。随着家庭经济功能的增强，农村家庭结构也发生变化，加速大家庭向核心家庭的分化。农村家庭是生产单位，存在着国家、集体的分配关系，也存在着内部分配关系。传统的兄弟妯娌和老人在一起生活的大家庭，在分配上也存在着吃“大锅饭”的问题，影响家庭成员生产积极性，利益冲突加速大家庭的分解。“树大分杈，儿大分家”已成为境内农村家庭变化的取向。1953年，株洲市（不含南四县）户平均人口为5.21人。

从20世纪70年代中期开始，特别是80年代、90年代，持续开展的计划生育工作，有效控制了人口过快增长的势头，一孩率逐年普及，是家庭规模小型化的根本原因。另外，随着家庭人口寿命延长，致使90年代小型化家庭规模相对稳定。同时，与家庭向小型化发展相适应，境内家庭结构也逐渐向简单化演变，以由两代人口组成的家庭为主，三代同居的户次之。1982年（含南四县）户平均人口4.53人，1990年为3.95人，2000年为3.51人。

株洲市 2000 年家庭户规模一览表

表 3-13 单位：%

地 区	合 计		一人户		二人户		三人户		四人户		五人户	
	户数	百分比	户数	百分比	户数	百分比	户数	百分比	户数	百分比	户数	百分比
合 计	994177	100	76721	7.72	169455	17.04	296713	29.85	239190	24.06	150190	15.11
荷塘区	77775	100	8053	10.35	19991	25.7	31189	40.1	11579	14.89	4858	6025
芦淞区	69093	100	6900	9.99	19405	28.09	28116	40.69	9284	13.44	3908	5.66
石峰区	82435	100	9295	11.28	19279	23.39	34400	41.73	11693	14.18	5363	6.51
天元区	33766	100	2792	8.27	6624	19.62	11940	35.36	6775	20.06	3716	11.01
株洲县	116263	100	7649	6.58	17231	14.82	30316	26.08	31522	27.11	20894	17.97
攸 县	187824	100	12177	6.48	29436	15.67	50406	26.84	51842	27.6	32526	17.32
茶陵县	134929	100	7489	5.55	19584	14.51	36774	27.25	38676	28.66	23823	17.66
炎陵县	46311	100	3526	7.61	8058	17.4	13165	28.43	12605	27.22	6498	14.03
醴陵市	245781	100	18840	7.67	29847	12.14	60407	24.58	65214	26.53	48604	19.78

续表 3-13

地 区	六人户		七人户		八人户		九人户		十人及十人以上	
	户数	百分比	户数	百分比	户数	百分比	户数	百分比	户数	百分比
合 计	42810	4.31	12339	1.24	4189	0.42	1500	0.15	1070	0.11
荷塘区	1393	1.79	392	0.5	160	0.21	69	0.09	91	0.12
芦淞区	1007	1.46	289	0.42	100	0.14	46	0.07	38	0.05
石峰区	1525	1.85	508	0.62	199	0.24	83	0.1	90	0.11
天元区	1243	3.68	344	1.02	137	0.41	63	0.19	132	0.39
株洲县	6221	5.35	1702	1.46	501	0.43	154	0.13	73	0.06
攸 县	8860	4.72	1674	0.89	616	0.33	185	0.1	102	0.05
茶陵县	5529	4.1	1987	1.47	672	0.5	260	0.19	135	0.1
炎陵县	1670	3.61	547	1.18	163	0.35	57	0.12	22	0.05
醴陵市	15362	6.25	4896	1.99	1641	0.67	583	0.24	387	0.16

株洲市 2000 年家庭户类别一览表

表 3–14 单位：%

地 区	合 计		一代户		二代户		三代户		四代户		五代户及五代以上户	
	户数	百分比	户数	百分比	户数	百分比	户数	百分比	户数	百分比	户数	百分比
合 计	994177	100	205772	20.7	547992	55.12	229620	23.1	10777	1.08	16	–
荷塘区	77775	100	25447	32.72	44179	56.8	7959	10.23	190	0.24	–	–
芦淞区	69093	100	24364	35.26	38015	55.02	6578	9.52	135	0.2	1	–
石峰区	82435	100	25206	30.58	47959	58.18	9049	10.98	219	0.27	2	–
天元区	33766	100	8411	24.91	19941	59.06	5227	15.48	187	0.55	–	–
株洲县	116263	100	20344	17.5	65276	56.15	29327	25.22	1314	1.13	2	–
攸 县	187824	100	33971	18.09	97227	51.76	53671	28.58	2952	1.57	3	–
茶陵县	134929	100	20526	15.21	80528	59.68	32658	54.2	1217	0.9	–	–
炎陵县	46311	100	8514	18.38	27359	59.08	10022	21.64	415	0.9	1	–
醴陵市	245781	100	38989	15.86	127508	51.88	75129	30.57	4148	1.69	7	–

第五章 计划生育

1949年以前，境内早婚早育、多生密生现象普遍，人口出生率高。但由于民众生活贫困，缺医少药，婴儿死亡率高，成活率低；加之战乱频繁，饥馑连年，疫病流行，人口死亡率高，自然增长缓慢。有些年份还出现负增长，其中攸县在民国36年（1947）就比民国31年（1942）减少了54520人。

中华人民共和国成立以后，生产发展，经济繁荣，生活改善，健康水平提高，平均寿命延长；人口死亡率下降，生育率上升。20世纪50年代初期，株洲市被列为全国重点建设城市，大批建设者从全国各地汇集株洲，城市人口剧增，年轻人多，生育力强。1957年，全市人口出生率高达52‰，高于上海、武汉、长沙等城市，也高于全国平均水平。

面对过快增长的人口形势，中共株洲市委、株洲市人民委员会于1957年11月成立市计划生育委员会办公室，作出工作规划，提出先城市，后农村，先干部，后群众，先试点，后普及的工作原则，广泛开展节制生育宣传教育。并在工厂、农村、街道办事处开展计划生育试点，在医院设立节制生育门诊指导处。一些育龄夫妇开始实行节育、避孕。

1959—1961年，国民经济出现困难，人口出生率下降，死亡率急剧上升。1960年和1961年，全市人口自然增长率分别为-8.75‰、-8.34‰。计划生育工作自然停顿下来。

1962年，国民经济形势好转，全市出现补偿性生育，出生率回升到37.63‰。1963年继续回升到45.08‰。面对人口猛增的势头，节制生育工作重新开展起来。1964年9月，市计划生育委员会办公室由兼职机构改为市属独立机构，配备专职领导和计生干部。当年，全市人口出生率下降到40.59‰，翌年继续下降到39.97‰。

“文化大革命”期间，计划生育工作受阻，导致1967—1970年的计划生育统计数字为空白。由于前段计划生育工作的基础，人口出生率仍呈下降趋势。

1971年8月，成立株洲市计划生育领导小组，下设办公室，由市卫生局代管，重新开展计划生育工作。计生工作由城市向农村铺开，重点控制多胎。1973年，转入“晚、稀、少”。1979年开始，提倡一对夫妇只生育一个孩子。同年4月，成立株洲市革命委员会计划生育领导小组，由市委副书记刘海波任组长。1980年9月，中共中央、国务院发出《关于控制我国人口增长问题致全体共产党员、共青团员的公开信》，号召一对夫妇只生育一个孩子。全市掀起一对夫妇只生育一个孩子，积极领取《独生子女证》的热潮。同年12月，成立株洲市计划生育办公室，升格为市属独立机构，下设秘书、业务、宣传3个职能科室。

1982年，中共中央把计划生育作为基本国策，各级组织和政府把计划生育工作纳入议事日程，层层建立计划生育责任制，逐级签订人口目标责任书，实行党政主要领导负总责，行使“一票否决权”。1983年12，市计划生育办公室更名为市计划生育委员会。1988年12月，市委决定，市计划生育委员会实行委员制，由宣传、组织、农业、计划、财政等14个部门负责人兼任委员。1990年，《湖南省计划生育条例》颁布实施，全市计划生育工作开始走上依法管理的轨道。同年8月，成立市计划生育领导小组，由市委副书记、市长周伯华任组长。此后，领导小组长均由市长担任。

随着计划生育工作的深入开展，有效地控制了境内人口的过快增长。全市人口出生率和自然增长率分别由1963年的45.08‰和35.83‰下降到1990年的24.03‰和17.72‰。

从1993年开始，境内全面实施“三三金桥工程”，即坚持“三加强”（加强基层基础建设、加强人口计划管理、加强法制管理）、开展“三结合”（计划生育工作与发展经济相结合、与引导农民勤劳致富相结合、与建设文明幸福家庭相结合）、实现“三为主”（宣传教育为主、避孕为主、经常性工作为主），通过开展人口与计划生育工作，架起密切党和群众鱼水关系的“金色桥梁”。1994年9月，将市计划生育委员会改为计生局，同时市人民政府把公安、工商、卫生、民政、城建等部门抓流动人口生育管理的职责，列入计划生育管理工作目标责任书，由各部门负责人分别与市长签订责任状。到1995年，全市人口出生率已连续5年保持在12‰以下，其中后3年基本稳定在10‰左右，接近发达国家的生育水平。同年1月，又将市计生局更名为市计划生育委员会。

1999年，随着《湖南省计划生育条例》的修改，适当地放宽了符合生育二胎条件的生育年龄和间隔时间。2000年，全市计划生育率达到97.66%，多孩率降至0.26%。

第一节　政策法规

一　生　育

（一）晚婚晚育

1950年《中华人民共和国婚姻法》规定：“男20岁，女18岁始得结婚。”1963年12月，中共湖南省委规定：“城市提倡男28岁，女25岁结婚；农村提倡男25岁，女23岁结婚。”全市按此规定开展晚婚工作。1974年6月，中共湖南省委又规定：“提倡农村男25周岁，女23周岁以后结婚。”并要求“城市略高”。1975年12月，中共株洲市委规定：“要求农村男25周岁，女23周岁以后结婚；城市男26周岁，女24周岁以后结婚。”1980年《中华人民共和国婚姻法》作了修改，规定“结婚年龄男不得早于22周岁，女不得早于20周岁”。株洲市提倡晚婚晚育的年龄政策未变。1981年6月，株洲市人民政府规定：“女23周岁、男25周岁（农村分别低1周岁）以上结婚为晚婚，女方在24周岁以上生育为晚育。”1982年5月，湖南省人民政府规定：“晚婚，即按法定婚龄推迟3年以上结婚。晚育，即妇女在24周岁以上生育。”株洲市均按以上规定执行。

自从提倡晚婚晚育以来，城区绝大多数青年能够自觉坚持晚婚晚育。1980—1990年，城市年平均晚婚率在85%以上。农村也有许多青年自觉实行晚婚。1974年，株洲县堂市公社1762名青年中，就有1671人订立了晚婚计划，并张榜公布。1987年，茶陵县平水乡二仙村48名未婚青年订立晚婚晚育合同。该乡党委召开全乡共青团员和青年大会，推广该村的经验，当场就有205名青年订立晚婚合同。

由于旧的婚姻生育观和早婚习俗的影响，农村部分地方不到法定婚龄结婚和非法同居生育现象还比较普遍。据1986年对醴陵市洪源乡的调查，该乡122对新婚夫妇中，未到法定婚龄的就有51对，占41.8%。其中女性结婚年龄最小的13岁。有的女性16岁就已有2个孩子。1990年3月，市计生委组织对5县市郊30个乡中的30个村328个村民小组32975人，进行1989年的生育情况调查，早育率依次是酃县36.36%，攸县34.57%，醴陵市31.73%，郊区28%，茶陵县22.03%，株洲县20.69%。另据1990年全国第四次人口普查数据，1989年全市15～20岁的育龄妇女223407人，一年中已生育的15016人，占67.21%。其中，15岁生一孩的19人；16岁生一孩的110人，生二孩的2人；17岁生一孩的387人，生二孩的20人；18岁生一孩的1298人，生二孩的117人，生三孩的6人；19岁生一孩的3566人，生二孩的570人，生三孩的27人；20岁生一孩的6894人，生二孩的1843人，生三孩的110人，生四孩的2人。

1990年1月，《湖南省计划生育条例》颁布实施，鼓励晚婚、晚育，实行少生、优生，禁止未达到法定婚龄结婚和计划外生育。1992年5月，《株洲市关于制止早婚早育的若干意见》规定："凡不到法定年龄（女方20岁9个月）或已到法定年龄未办理结婚证和准生证而生育的，皆属计划外生育，必须征收计划外生育费。"1993年8月，中共株洲市委、市人民政府在《关于加强计划生育工作的若干规定》中要求："未到法定婚龄结婚怀孕和未婚先孕的对象，必须坚决落实补救措施"，"民政部门必须依法从严把住婚姻登记关，坚决制止早婚和违法婚姻"。2000年人口普查，全市出生一孩2255人，出生率占24.86‰；二孩717人，出生率为7.9‰；三孩及以上为50人，占0.55‰。

（二）控制生育胎次

1963年，湖南省委提出"提倡每对夫妇最好生两个孩子，最多不超过三个"的号召。1974年6月，湖南省委提倡"每对夫妇生育两个孩子、间隔4年以上"的规定。1975年12月规定："每对夫妇不超过两个孩子。"遵照省委规定，全市组织各单位、动员广大育龄夫妇杜绝多胎生育。1976年，城区就有122个单位没有多胎生育，农村多胎生育也逐渐减少。

1979年5月，省革命委员会规定：育龄夫妇生育子女数最好1个，最多2个，间隔一般3年以上。为此，市革命委员会于6月召开"认真学习，广泛宣传，坚决贯彻省革命委员会的规定"动员大会，要求每对育龄夫妇最好生1个、最多生2个孩子，并要求间隔4年以上。会上，湖南省第五工程公司黄金莲、张辉花等41名育龄妇女，向全市育龄妇女发出了为革命只生育1个孩子的倡议书。经过宣传教育，很多育龄夫妇自愿终身只生1个孩子，积极领取独生子女证。7月，市委、市革命委员会召开全市各单位领导和部分育龄夫妇共4000多人参加的自愿终身只生育1个孩子表彰大会。全市3280对自愿终身只生育1个孩子的育龄夫妇胸前佩戴大红花，乘坐彩车，出席这次大会。随后，城市3区分别召开表彰会，对第二批自愿终身只生1个孩子的2200多对育龄夫妇进行表彰和奖励。是年底，城区和株洲县共有12466对育龄夫妇自愿终身只生育1个孩子。

1980年9月，中共中央、国务院发出《关于控制我国人口增长问题致全体共产党员、共青团员的公开信》，号召一对夫妇只生育1个孩子。中共株洲市委随即发出"关于认真学习宣传中央《公开信》

的通知”，要求全市坚持按照中央的要求，一对夫妇只生育1个孩子，严格控制2胎，坚决杜绝多胎。广大育龄夫妇，特别是共产党员、共青团员积极响应中央的号召，自觉坚持一对夫妇只生育1个孩子，踊跃领取独生子女证。1981年2月，南区生育1个孩子的共产党员有1046人，领取独生子女证的1045人，领证率达98.2%；生育1个孩子的共青团员470人，领取独生子女证的462人，领证率达98.3%。

经过多年不懈努力，一对夫妇只生育1个孩子的新风尚已在全市特别是在城区和共产党员中形成，自愿终身只生育1个孩子的育龄夫妇越来越多，独生子女领证率逐步提高。1984年，推广攸县石羊塘试点经验，其试点经验得到省计划生育委员会和国家计划生育委员会的肯定。攸县先后参加全省、全国计划生育政策试点会议，并被确定为全国46个试点县之一。1980—1990年，全市领取独生子女证的育龄夫妇累计达614742对，独生子女领证率由1980年的6.38%提高到1990年的12.06%，城区1980—1990年只生计划外二孩216人，多孩12人，其中，有5年无多孩出生，一孩率绝大多数年份在96%以上。在部分地方农民中，抢生躲生计划外2孩的现象还比较严重。1980—1990年，全市共出生计划外2孩115045人，年平均计划外2孩率20.42%。

1987年6月，执行中共湖南省委、湖南省人民政府规定农村独生女户要求再生1个孩子的，经过批准，可以有计划地安排生育2胎，生育间隔4年以上。结合农村实际，1988年11月把照顾生2胎的条件扩大到农村独女户和少数民族乡。农村生2胎的必须经本人申请、群众评议、村民委员会审查，报乡、镇计划生育办公室批准。经过批准生2胎的育龄夫妇中，约有50%左右生育男孩，从而使他们的生育意愿得到满足，多数人不再生育。但由于受“不孝有三，无后为大”等旧的生育观影响，加之农业生产实行家庭联产承包责任制，农事主要靠体力劳动，且社会福利保障事业尚不发达，存在老无所养的后顾之忧。因此，第2胎仍是生女孩的，还想再生。全市1980—1990年共生多孩46859人，年平均多孩率为8.29%。有的县1990年还高达12.03%。

1994年7月，湖南省人民政府第35号令对生育二孩的条件作了补充规定。1999年，湖南省人民代表大会常务委员会对《条例》进行修改，对生育二孩的生育时间根据实际情况进行了适当放宽，即将原来批准生育第二个孩子生育妇女的年龄由28周岁以上放宽到25周岁以上，生育间隔由4年调整到晚育的可以缩短为2年，生育妇女年龄超过28周岁的可以不受生育间隔的限制。全市严格按此规定执行。自愿终身生育1个孩子的育龄夫妇越来越多，独生子女领证率逐年提高。1980年全市独生子女领证率为6.38%，1990年提高到12.06%，2000年升至31.49%。计划生育率逐年提高。据湖南省人口计划完成情况抽样调查资料，株洲市计划生育率1991年为61.22%，2000年升至97.66%；多孩率1991年为7.40%，2000年降至0.26%。

（三）流动人口计划生育管理

境内对流动人口的计划生育管理起步较早。1986年11月，市人民政府对“农转非”、“半边户”、合同工和流动人口的计划生育管理作出了明确的规定：临时工和临时合同工，由用人单位协同户口所在地的职能部门共同管理，对于其中的计划外怀孕者，双方应主动互相配合做好思想工作。户口在城镇的个体户的计划生育工作由所在居委会为主管理，父母所在单位配合。农村和外地来城镇经营的个体户，由其经营所在地的工商部门监督。寄居户、无粮户人员的计划生育工作由居住所在地单位和居委会管理。任何单位和个人，都不允许收留和藏匿躲生计划外二胎和多胎。

1987年6月，国家计生委、国家工商行政管理总局、中国个体劳动者协会联合下发个体工商户计划生育管理意见。东区工商分局于1988年5月成立了个体工商业计划生育协会，并充分发挥协会的优势，对个体工商户的计划生育实行有效的管理。1988 — 1990年，全区个体工商户的计划生育率达100%，流动人口计划生育持证率达99.90%。

1990年1月颁布实施的《湖南省计划生育条例》明确规定：流动人口的计划生育管理，由户籍地和现居住地的人民政府共同负责。计划生育、公安、工商行政管理等部门应密切配合，共同搞好流动人口的计划生育管理。

1991年5月，市政府组织城市3区分管计划生育工作的副区长和市计生委、公安局、工商部门负责人，赴福州、泉州和厦门等地对流动人口计划生育管理工作进行学习考察，并结合先进地区的经验和株洲的实际情况，制定流动人口计划生育管理办法。9月，《株洲市流动人口和个体工商户计划生育管理暂行规定》出台，要求各级人民政府，对流动人口和个体工商户的计划生育实行综合治理。公安、工商、国土、劳动、人事、卫生、民政、粮食、交通、建委、乡镇企业等管理部门，根据各自的职责，制定出相应管理措施，将流动人口和个体工商户的计划生育工作列入本部门目标管理考核内容。12月，国家《流动人口计划生育管理办法》颁布实施。全市各县市区根据本地的具体情况分别制定了实施细则。1992年起，市人民政府把流动人口计划生育工作纳入各级政府的人口与计划生育目标管理责任书中，流动人口指标与常住户的计划生育工作指标一同下达，年底同样进行考核评估，流动人口中出现违反计划生育行为的同样实行“一票否决”。并在精减机构、压缩编制的情况下，为工商部门增加8个编制，保证每个市场和工商分局有1名计划生育专干负责抓流动人口的计划生育工作。给公安部门增加30个户籍民警编制，协助居委会抓流动人口暂住证的发放和查验计划生育证明。11月，省流动人口计划生育工作经验交流会在株洲召开，并参观了株化集团、市工商局芦淞市场管理处、南区建设办事处等流动人口计划生育典型单位。

1993年8月，市委、市政府下发《关于加强计划生育工作的若干规定》，要求流入株洲市的已婚育龄妇女，必须每个季度进行一次孕情检查。1994年，市政府把公安、工商、卫生、民政、城建等部门抓流动人口计划生育工作的职责，列入计划生育管理工作目标责任书，由市长与部门负责人签订责任状，并对责任目标完成情况进行检查，按责任书进行奖罚。

1996年2月，株洲市成立了流动人口计划生育管理领导小组，由分管计划生育工作的市委副书记和副市长任领导小组的组长、副组长，相关部门主要负责人为成员，进一步明确了相关部门对流动人口计划生育工作的管理职责。12月，国家计划生育委员会在南京召开全国城市计划生育工作经验交流会，株洲市作为湖南省唯一发言代表参加了会议。会上，作了《为流动人口营造“第二故乡”，不断增强我市经济社会发展的活力》的经验介绍。

1995 年 9 月国家计划生育委员会副主任蒋正华、1996 年 4 月国家计划生育委员会常务副主任张维庆、1997 年 1 月国家计划生育委员会副主任张玉芹相继到株洲考察计划生育工作，都对株洲的计划生育工作，特别是流动人口计划生育管理工作给予高度评价。蒋正华在考察结束时表示，株洲市在流动人口计划生育管理方面做了许多卓有成效的工作，许多经验对国家计生委指导全国的工作将产生影响。1998 年 9 月，国家发布《流动人口计划生育工作管理办法》。

1999 年 2 月，进一步完善全市计划生育综合治理责任制，流动人口计划生育管理更趋完善。2000 年 8 月，在全省计划生育综合治理工作会议上，市工商行政管理局、市个体劳动者私营企业协会作了典型发言。

二　奖　励

（一）奖励晚婚晚育

1981 年 6 月，市政府规定："男女双方超过晚婚年龄结婚的，增加婚假 12 天；晚育并领取独生子女证的，增加产假 1 个月，职工工资照发，不影响全勤评奖。"

1982 年 5 月，省政府规定：实行晚婚者，增加婚假 12 天，领取独生子女证的母亲增加产假 1 个月，实行晚育者，再增加产假 1 个月。产假期间，工资照发，不影响全勤评奖、提级、提职和工资晋升。农村社员可比照抵作义务工，或给予适当补贴。

1990 年 1 月，《湖南省计划生育条例》规定：国家工作人员、企业事业单位职工晚婚的，除国家规定的婚假外增加婚假 12 天；晚育的，除国家规定的产假外增加产假 30 天。在产假期间领取独生子女证的，另增加产假 30 天。增加的假期视为出勤，工资、奖金照发。农民晚婚、晚育的，可免去 1 年的义务工。城镇居民晚婚、晚育的，由镇人民政府或街道办事处给予优待。全市统一按此规定执行。1999 年修改的新《条例》中，对晚婚晚育的奖励政策未变。

（二）奖励一对夫妇只生一个孩子

1979 年 6 月，全市执行凡只生 1 个孩子的育龄夫妇，采取有效措施，经本人申请，单位批准，报计划生育办公室备案，发给独生子女证的全民、集体所有制单位干部职工，从发证之日起到子女满 14 周岁止，每年发给奖金 30 ~ 40 元，农村社员奖励工分 400 分。独生子女可优先入托儿所、幼儿园，优先住院医疗，优先照顾招工，优先分配住房。农村按 2 个子女标准分自留地和住宅基地，年老退休、干部职工双方增发退休金 5%（按 100% 发退休金的不另增加）；农村社员年老不能参加劳动时，予以切实照顾，使其生活不低于当地社员平均水平等规定。同年 11 月，市财政局、市计划生育办公室联合发出《关于对领取独生子女证的给予一次性奖励标准的通知》，规定：对申请终身只生 1 个孩子的育龄夫妇，由申请发证的全民、集体所有制单位一方发给一次性奖励 30 元。

1982 年，执行省政府关于独生子女可优先入托、入园、入学、就业和住院，有条件的可由单位负担全部或部分托幼费、学杂费、医疗费等。国家按计划招工、招生时，在同等条件下对独生子女优先照顾。全民所有制和城镇集体所有制单位干部、职工的独生子女，在年满14周岁以内，每年发给独生子女保健费40元。农村社员可享受适当多承包责任田、适当减少承包产量或上缴集体提留、奖励适当的保健费、粮食或劳动工分奖励中的一种。城镇分配住房，应给予适当照顾和优先安排。农村应按2个孩子的标准划给自留地、自留山和住宅基地。独生子女父母年老退休时，全民、集体所有制单位干部、职工双方按退休条例规定加发退休金5%（按100%发退休金的不另增加）。农村社员年老丧失劳动能力，独生子女不在身边的，应与无子女老人一样给予照顾。有条件的社队可试行社员退休劳保制。根据工作、生产情况，凡条件许可的部门和企事业单位，国家职工已领取独生子女证的母亲，少数产后上班有困难的，经本人申请，单位批准，可请假1年，工资按75%支付，粮价补贴和副食品补贴照发、工龄照算。

1990年1月，《湖南省计划生育条例》对优待与奖励独生子女作了明确规定，其中独生子女保健费由原规定每年40元增加到每月不低于5元，其他与上述规定相同。全市统一按《条例》规定执行。1999年修改后的新《条例》对优待与奖励独生子女政策未变。

（三）奖励落实节育措施

1963年12月，全市执行中共湖南省委关于“不论城市和农村，施行节育手术所需医药费用一律免收”政策。男女职工施行节育手术住院和休息期间，工资照发，不影响全勤评奖；农村男女社员因实行节育手术而住院或休息的工分照记等规定。

1974年6月，执行中共湖南省委关于“上环休息2天，重体力劳动者上环后7天内不做重活。取环休息1天。男结扎休息7天，女结扎休息21天。中期终止妊娠休息30天。中期终止妊娠同时结扎休息40天。产后结扎按产假另加7天（农村社员产后结扎休息28天）”的规定。

1982年11月，中共株洲市委办公室规定：“对目前家属已在农村施行了结扎手术的干部、职工，各单位可根据情况给予1周左右的假期，回家照顾安排好生活。”

1990年1月，《湖南省计划生育条例》规定：节育手术费及并发症的治疗费，受术者是国家工作人员、企事业单位职工的，在所在单位医疗费中开支；是农民、城镇居民的，在计划生育经费中开支，受术者在规定的节育手术假期及并发症住院治疗期间，是国家工作人员、企事业单位的，视为出勤，工资、奖金照发；是农民、城镇居民的，由所在地的乡（镇）人民政府或街道办事处给予照顾。因节育手术事故丧失劳动能力或基本丧失劳动能力的，受术者是国家工作人员、企事业单位职工的，由所在单位比照工伤对待；是农民、城镇居民的，由乡（镇）人民政府或街道办事处给予照顾，符合救济条件的给予社会救济。

全市各单位均遵照执行上述规定。以优先安排住房为例：1981年，全市就有6165户独生子女户优先解决住房，株洲水泥机械厂、株洲火花塞厂、株洲电厂、株洲起重设备厂等单位盖了独生子女光荣楼。农村各项奖励也得到落实，攸县1979—1984年共支付独生子女保健费34.7万多元，奖励工分400万分；株洲县1987年2137个独生子女都多分一份责任田、责任山，并发给独生子女保健费40元。

三　处罚

从1963年12月起，全市执行中共湖南省委关于因出生第4个孩子（指实有数）而造成新的生活困难者，公家不再给予福利照顾或救济；凡享受劳保医疗的职工，出生第4个孩子的，其产前检查费、接生费、医药费、住院费一概自理，所生小孩，不再享受半费医疗待遇或参加统筹医疗。从1964年7月1日开始，取消第3胎起的生活用布、用棉补助。

1975年12月，中共株洲市委规定，因盲目生育造成经济困难的一般不给困难补助，也不调整住房。

从1980年1月1日起，执行湖南省革命委员会规定：生第3个孩子者，从出生之日起到14周岁止，征收超生子女费。干部、职工每月征收超生父母工资5%，社员每年征收父母劳动总工分的5%。规定从生第3个孩子出生之日起到10周岁止，粮食定量（农村指基本口粮）按三超粮价计算；还规定，所生第3个孩子，不得享受家属统筹医疗、合作医疗或直系亲属劳保医疗待遇。享受公费劳保医疗的干部，从生第3个孩子起，孕期检查、医药、接生和住院等费用自理，产假按事假处理，不发工资，由此而造成家庭生活困难的不予补助。多子女干部职工不增加住房面积，农村社员不增加住宅基地、自留地。对个别经教育仍不实行计划生育的，一年内男女双方不能参加评先进、评奖。

1980年7月，株洲市革命委员会调整工资办公室和计划生育办公室规定，属下述几种情况之一者，在本次职工升级中，男女双方原则上都不应考虑升级：1978年1月以来生第3胎以上的（包括家属在农村、外地和再婚的）；未婚先孕，坚持生育的；男女一方不符晚婚条件，未按正当手续领取结婚证，婚后无指标生育的；1978年1月以来无指标生育2胎的；原给了生育指标，但后来宣布指标收回后再孕，坚持生育的。

1981年6月，株洲市人民政府规定：无计划生育第2个孩子，从小孩出生之日起至5周岁止，生育第3个孩子，从小孩出生之日起至10周岁止，征收超生子女费。属干部职工，分别征收夫妇双方10%的基本工资，产假不发工资，生育的一切费用自理；男女双方1年内不得参加评奖，并分别影响1次提薪。农村社员，分别征收夫妇双方全年总工分（或相应分配收入）的10%，若继续盲目生育，每再生1个，征收超生子女费递增5%。城乡个体商贩、小手工业者、城镇居民或其他人员，由办事处或公社参照上述规定精神办理。

1982年5月，湖南省人民政府对生育计划外2胎或多胎的制裁进一步作出明确规定：干部职工夫妇双方每月扣罚基本工资10%，从超生小孩出生之日起，无计划生育2胎的扣5年，强行生育3胎的扣10年，如继续强行生育，每超生1个，增扣工资10%。从小孩出生之日起，2年内夫妇双方不得参加评先进、奖励，并影响一次提级、提职和晋升。孕期检查、医药、接生和住院等费用一律自理，产假不发工资，所生子女10周岁以前不享受家属统筹医疗、合作医疗或直系家属劳保医疗待遇。因超生而造成家庭经济和住房困难，不予补助和照顾。超生子女从出生到10周岁，粮食部门不供应国家牌价口粮，只供应三超粮或议价粮。非婚生育除批评教育或纪律处分外，产假停发工资，分娩中一切医疗费用自理，小孩出生1年内，处以父母双方基本工资10%的罚金。农村社员可采取以下3种办法中的一种：超生子女不划给自留田、自留地、自留山；适当增加承包产量或上交集体提留；适当扣罚劳动工分或粮食、现金。城乡从事手工业、商业等个体经营者，由工商行政管理部门适当扣以罚款。全市统一按此执行。

1990年1月，《湖南省计划生育条例》规定：提前生育第2个孩子的，征收计划外生育费200～500元。超生1个孩子的，夫妇双方按下列标准征收计划外生育费：国家工作人员、企事业单位职工按本人年工资的1.5倍；城乡私营企业主、个体工商户按本人上年度纯收入的1.5倍，本人纯收入不到2000元的按2000元计征；城镇居民中的无业人员，按本市（镇）居民上年度人均收入的1.5倍；农民按本村上年度人均纯收入的2倍征收。继续超生的夫妻，按超生第1个孩子征收的金额加倍征收。不足法定婚龄生育第1个孩子的，按超生第1个孩子的规定征收。生育第2个孩子仍不足法定婚龄的，按超生第1个孩子征收的金额加倍征收。是国家工作人员、企业事业单位职工的，给予撤职降职直至开除的行政处分。各县市区的多数单位在执行上述各项处罚规定外，还结合本地区、本单位实际，制定处罚规定。

1990年，全市以《湖南省计划生育条例》和省、市有关规定为依据，深入开展治理生育环境，整顿生育秩序工作，对历年来违反计划生育政策的人和事进行全面清查。对提前生育和超生的夫妇，必须征收计划外生育费，并明确了计划外生育处罚标准。

1999年8月，新《条例》对计划外生育的处罚标准作了适当调整：对计划外怀孕的，责令终止妊娠，可以收取500～3000元的保证金。终止妊娠的，退还保证金；拒不终止妊娠导致计划外生育的，没收保证金。对未领取生育证生育第2个孩子的，处50元以下罚款，对提前生育第2个孩子的，征收500～1000元的计划外生育费。对符合规定生育一个孩子后超生一个孩子的，对夫妻双方按下列标准征收计划外生育费：国家工作人员、企事业单位职工，按本人上年收入的2倍征收；私营企业主，个体工商户，按本人前3年中最高年收入的2倍征收，本人年纯收入不到5000元的，按5000元计征；城镇居民中的无业人员，按本市（镇）居民上年度人均收入的2倍征收；农民按本村上年度人均纯收入的2倍征收。对符合规定生育2个以上孩子后超生1个孩子的，按上述规定标准的1.5倍以下征收计划外生育费；超生2个以上孩子的，按以上标准2～6倍征收计划外生育费。

以上各项规定，全市各县市区和各单位都严格遵照执行。特别是自1990年贯彻执行《条例》以来，全市深入开展治理生育环境，整顿生育秩序活动，对历年来违反计划生育政策的人和事进行全面清查。到1990年年底，全市共清查出1984年以来超生的48000余人，其中干部职工和城镇居民2509人，征收计划外生育费1032万元，给予各种政纪党纪处分的2269人。1999年8月，对1990年以来全市党员干部的超生情况进行了一次全面的清查，共清查出党员、干部计划外生育1896人，计划外生育费已处罚到位1599人，处罚到位率为84.34%；党纪、政纪处分到位876人，处分到位率为46.20%。

第二节 人口计划

一 制定人口计划编制

1973年，人口计划纳入国民经济长远规划。全市人口计划由市计划生育部门编制计划草案，市计委综合，经市人民政府审定后，报省人民政府批准，由市人民政府公布实施。市级人口计划根据省确定的人口规划和本市的实际情况而定，并分解到县市区，县及以下各乡镇根据市下达的人口计划结合本地实际编制人口计划。市计划生育委员会首先编制了“五五”期间人口自然增长年度计划。随后按各个时期国家生育政策和省计生委的要求，相继制定了“六五”“七五”“八五”“九五”“十五”人口计划。人口计划指标分为总人口、出生率、自然增长率、计划生育率、晚育率、避孕节育措施和多孩等指标。

在实施“七五”计划的过程中，经过2年实践，全市人口大大超过原定计划。为此，根据全省人口目标的上调，全市原有人口规划在1987年的基础上进行了适当的调整。从1988年开始，部分县按要求采取自下而上摸清底子，自上而下下达人口计划的办法编制和下达年度计划。1990年1月，全市各地按《湖南省计划生育条例》的规定，实行“准生证”制度。凡符合《条例》的生育规定持“准生证”生育的均为计划内生育。到年底，全市“七五”人口计划完成情况仍不够理想，期末人口总数为347.57万人，人口出生率为22.72‰，比计划高1.35个千分点；自然增长率为17.92‰，比计划高3.55个千分点。其主要原因是当时正处在第三次生育高峰和部分地区计划生育工作有所放松所致。1991年，国家制定了《人口计划管理暂行办法》，对人口计划的指标体系、编制原则、编制、审批和下达程序、计划的实施与检查及奖励与惩罚进行了规范。到1995年年底，全市“八五”人口计划顺利完成，“八五”期间年平均净增人口4.73万人。

“九五”计划期间，人口计划的圆满完成，使全市的人口与计划生育工作实现了从“出生高峰”向“低生育水平”的平稳过渡。育龄妇女的总和生育率已由20世纪90年代初的2.26降到2000年的1.58左右。按照1978年的生育水平推算，整个“九五”期间全市少出生了34.82万人；1979年到2000年全市少出生了100.13万人。按农村一个小孩从出生到成人平均需要抚养费2万元计算，累计为家庭和社会节约抚养费200.26亿元，年均9.1亿元。按人均消费250千克粮食计算，一年就要少消耗粮食2.5亿千克。其次是人口自然增长稳步下降，总人口的增长明显减慢。人口自然增长率实现了从“九五”期初的6.67‰到1998年的4‰，再到2000年的3.69‰的稳步下降。全市总人口增长的速度也显著降低。“九五”期末，全市总人口为381.38万人，5年净增人口10.15万人，比“八五”计划期间(净增23.66万人)减少13.51万人；“九五”计划期间年平均净增人口2.03万人，比“八五”减少2.7万人。1997年6月，株洲市城区被确定为国家第二批优质服务试点单位，城市区按照要求，改“准生证制度”为“生育服务证制度”，2000年，又改为“生殖保健服务手册制度”。同年底，制定了株洲市“十五”人口计划。

表 3-15

株洲市历次五年人口计划完成情况一览表

指　标	计量单位	“七五”计划			“八五”计划			“九五”计划			“十五”计划
		计划	期末实际	实际比计划（%）	计划	期末实际	实际比计划（%）	计划	期末实际	实际比计划（%）	
年末总人口	万人	354.01	347.57	−6.44	387.31	371.23	−16.08	386.60	381.38	−5.22	402.0
出生率	‰	21.37	22.72	1.35	18.72	12.16	−6.56	14.50	10.63	−3.87	12.85
自然增长率	‰	14.37	17.92	3.55	11.46	5.47	−5.99	8.70	3.69	−5.01	5.91
计划生育率	%	80.00	47.82	−32.18	80.00	94.35	14.35	95.00	97.66	2.66	97.00
多孩率	%	5.00	11.66	6.66	4.00	0.50	−3.50	0.50	0.26	−0.24	0.50

二　人口计划管理

1988 年，省人民政府根据抽样调查资料，将各地人口责任目标分解为 9 项指标，采用百分制计分办法，株洲市列全省第 7 位。

1989、1990 年，省人民政府以年末总人口、人口出生率、自然增长率、多孩控制率 4 项指标，作为各地州市人口控制责任目标。根据第四次人口普查和抽样调查，采用百分制记分方法，分地、州、市和城市区及以农业人口为主的县市 3 个层次，进行评估排队。株洲市名列第 4 位。

1991 年开始，省计生委采取抽样调查的方法，对各地、州、市人口计划完成情况进行考核评估。株洲市人民政府正式与各县市区签订人口与计划生育工作目标管理责任书。目标管理的指标有出生率、计划生育率、多孩率、结扎率、上环率、服务站建设个数和流动人口持证率。经过年底考核评估（总分 100 分），攸县以 98.22 分排第一。市委对全年人口计划执行情况进行了通报，给予评估得分 90 分以上的攸县和酃县各奖励 5000 元。株洲市计划生育工作由上年的二类地区进入一类地区，首次被省委、省政府授予“完成人口计划先进单位”称号。

1992 年第一次全面完成人口计划，被省委、省政府授予“完成人口计划红旗单位”称号，攸县以 100 分继续名列第一。1993 年株洲市首次进入全省前 3 名；1994 年列全省考核评估排队第二名；1995 — 1999 年，均被省委、省政府授予“完成人口计划红旗单位”称号。2000 年，经过考核评估，全市 9 个县市区全部荣获株洲市 2000 年度完成人口计划红旗单位光荣称号，株洲市被省委、省政府评为省完成人口计划红旗单位。

第三节　宣传教育

一　宣教内容

1978 年《中华人民共和国宪法》首次将实行计划生育写入国家大法。同年，中共中央发出 69

号文件，株洲市计划生育宣传教育紧紧围绕着宣传新宪法有关计划生育的内容和中共中央 69 号文件精神，在全市各厂矿企事业单位，举办各种类型的学习班、避孕知识讲座、文艺演出，市内各电影院在放电影之前打幻灯片进行宣传。1979 年 6 月，株洲市革命委员会转发省革委会《关于计划生育若干问题的试行规定》，全市计生宣传以“坚持晚、稀、少，提高计生率，提倡晚婚晚育，每对夫妇生育数量最好一个”为主要内容。同年，市革委会在市体育馆召开 4000 人大会，市区 3280 对自愿只生育一个孩子的育龄夫妇，佩戴大红花参加表彰会。

1980 年 9 月 25 日，中共中央就控制人口增长问题发出了《致全体共产党员、共青团员的公开信》，号召每对夫妇只生育一个孩子。中共株洲市委决定在全市共产党员、共青团员和广大干部群众中进行一次对《公开信》的认真学习、宣传教育活动。1981 年 6 月，市人民政府要求各单位联系实际，把《公开信》的内容反复向广大党团员、干部群众进行宣传。1982 年 9 月，对党团员、干部落实《公开信》的情况进行一次检查，表扬一批计划生育做得好的党团员、干部。《株洲日报》发表关于继续大力提倡一对夫妇只生育一个孩子为内容的社论，并报道一批计划生育搞得好的单位和个人的先进事迹。1983 年 8 月，市计生委发出《基本国策宣传提纲》。1984 年 6 月，市委、市人民政府召开全市农村县委书记、县长和县区计生委主任会议，结合农村普遍实行家庭联产承包责任制的新形势，要求计划生育宣传教育以中央文件为指导，做到“合情合理、群众拥护、干部好做工作”，使基本国策深入人心。

1990 年 1 月，《湖南省计划生育条例》颁布实施。全市开展以宣传《条例》为主要内容的宣传月活动。活动印发《条例》80 万份，张贴《条例》布告 2 万份，宣传标语、板报、宣传车、宣传单遍及城市大街小巷、农村乡镇墟场，形成强大的宣传声势。此后计划生育宣传教育围绕以法律为手段，依法规范广大群众的生育行为的主线展开。

1997 年 3 月，市委宣传部、市计生委、市教委、市广电局等 12 家单位联合发出《关于进一步加强我市计划生育宣传教育工作的通知》，从计划生育宣传教育工作的重要性，宣传教育的主要内容，各部门在宣传教育中应负的职责做了明确要求。同年 7 月，市委、市人民政府制定下发《关于在城市区开展计划生育优质服务工作的通知》，提出计划生育宣传教育在“稳定低生育水平，提高人口素质，改善人口结构，促进人的全面发展和家庭的文明幸福”的基础上，以计划生育优质服务为核心的宣传。同时注重以“三个教育”为主题的宣传教育工作，即以倡导晚婚晚育、少生优生、男女平等、生男生女都一样、计划生育丈夫有责和优育优教为主要内容的家庭美德教育；以提高育龄群众自我保健能力，维护育龄妇女合法权益为主要内容的生殖健康教育；以保护环境、预防疾病、降低出生缺陷发生率、提高出生人口素质为主要内容的生命科学教育，为宣传教育的主要内容。

1999 年 7 月，中共株洲市委计划生育领导小组下发《关于广泛开展婚育新风进万家活动的通知》，在全市城乡广泛开展婚育新风进万家活动，明确宣传、计生、教育、党校、卫生、民政、广播电视、文化、共青团、妇联、科协 11 个部门在这项活动中的职责、任务。婚育新风进万家活动与计划生育优质服务宣传教育有机结合，形成新的宣传亮点。

二 宣教方法

（一）舆论宣传

1. 集中宣传 20世纪70年代末，境内城区由计划生育宣传车上街流动宣传，逐步转变为在人口密集的商店、机关前固定点进行宣传。1981年冬，南区在市中心广场举办计划生育黑板报展览，编印计划生育宣传提纲发给来往民众，出动宣传车6辆，此活动持续一周。此后市中心广场成为集中宣传的重要场所。1990年1月，市计生委、市司法局密切配合，城市3区100多个企事业单位协调行动，在中心广场开展集中宣传活动，出动12台宣传车，展出板报500余块，挂横幅标语40多幅，设立咨询台6个，有150多名计生干部和计生技术人员参加，数万名来往民众受到教育。1998年12月，城市4区计生委和80多家企业事业单位在市中心广场宣传国家计生委发布的《流动人口计划生育工作管理办法》。

2. 墟场宣传 20世纪80年代初，计生部门利用农民赶集时候，在墟场宣传计划生育。1984年，攸县皇图岭乡开始利用农村墟场这个阵地，综合口头、文字、图片展览等多种形式开展计划生育宣传。同年4月，市计生委在皇图岭乡召开墟场宣传座谈会，省计生委充分肯定了皇图岭的经验，并向全省推广。1986年2月，市计生委组织了8人的墟场宣传服务队，深入茶陵、酃县农村墟场，运用板报、宣传资料、图片、标本、科普书籍、电影、咨询等形式，开展计划生育宣传活动。共宣传18场次，受教育民众7万余人次。1998年1月，全省“五下乡”活动在株洲县白关镇墟场举办启动式，省、市计生委都作为活动成员单位参加。此后，市计生委每年都利用“五下乡”活动进行宣传，形成“计生墟场”。城市大中型事业企业单位也组织计划生育板报和计生技术人员到农村墟场进行宣传，形成具有株洲特色的城市支援农村计划生育宣传的工作格局。

3. 文艺、影视、报刊宣传 20世纪70年代末，境内开始组织中青年集体观看《节制生育》电影。1979年，株洲市南区共排练计生文艺节目12个，演出21场。市文工团排演了以计划生育为主题的花鼓戏《甜蜜的事业》在全市公演。80年代初，市计生部门购置一批优生优育电视录像片，在市县区轮回放映。1999年9月，全省“生命之光”计划生育文艺汇演，茶陵县文化局、计生委、湘剧团代表株洲市演出荒诞戏剧《土地爷状告送子娘娘》获银奖。

20世纪70年代末，《株洲日报》、株洲广播电台开辟计划生育节目专栏，定期宣传。到80年代末，《株洲日报》、株洲广播电台、株洲电视台对计划生育工作动态和先进典型报道，每年均在100篇以上。1989年3月8日，《株洲日报》头版刊登了《株洲人满为患》的报道，提醒民众增强人口忧患意识。4月，中宣部宣传局局长到株洲考察计划生育宣传工作时，调阅了《株洲日报》的有关文章和报道，并给予高度评价。1996年9月，株洲电视台、株洲人民广播电台、《株洲日报》开设“人口风景线”“人口与计生”“人口天地”等计生专栏。1997年11月，中央电视台《中国人口》专栏在株洲拍摄《家在株洲》专题节目，反映株洲市流动人口计划生育管理与服务。1999年10月，株洲市主办“世界60亿人口日”报告会，城市区进行了计生文艺演出，《株洲日报》配发了《控制人口警钟长鸣》的评论员文章。

4. 知识竞赛、演讲和展览　20 世纪 80 年代初，计划生育图片展览是境内宣传教育的重要方法。1982 年，市计划生育办公室、市文联举办全市计划生育美术、书法作品展览，在市展览馆展出作品 200 多幅，并选送 27 幅展品参加在广州举行的南方 8 省汇展。1984 年 9 月，东区、南区计生委在株洲铁路工人俱乐部举办“遗传与优生展览”，展出图片 500 多幅，畸形胎儿标本 12 个，参观民众 5 万余人。80 年代中期后，以知识竞赛和演讲形式的宣传方式较多。1993 年，开展计划生育丈夫有责知识竞赛，8 万余名男士参加。1999 年 5 — 9 月，芦淞区、天元区开展“婚育新风进万家”演讲赛，形成“千人上讲台，万人受教育”的宣传教育局面。2000 年 7 月，株洲市举行“钻石杯”计划生育法律知识竞赛，全市各县市区的 9 个代表队进行角逐，荷塘区、芦淞区、炎陵县分获一、二、三名。

（二）思想教育

1. 基础知识教育　中共十一届三中全会后，计划生育思想教育注重讲政策、讲道理、讲科学知识的方法，把实行计划生育、控制人口增长，与个人的家庭幸福、与国家民族的命运相联系。70 年代末，市计划生育办公室在“六一”儿童节前组织独生子女家长、幼师、妇幼保健所老师，学习儿童教育、新法育儿等知识。并设立人口与计划生育基础知识教育点，组织青春期未婚青年、已婚育龄妇女、孕妇、产妇、独生子女家长、更年期男女职工学习。1988 年 6 月，市委宣传部、市计生委联合发出通知，在全市广泛深入开展计划生育基础知识系列化教育。1989 年 8 月，东区计生委在开展人口与计划生育基础知识教育活动中，率先与区计生协会联合创办婚育学校，规定凡年满 20 岁的东区公民都要入婚育学校学习人口与计划生育知识。到 1990 年 8 月，全市城乡共建立婚育学校 52 所，成为人口与计划生育基础知识教育的重要载体。1989 年，株洲市编印了《人口与计划生育基础知识读本》，同时编印适合农村人口与计划生育基础知识教育的《简易讲义》《基础知识教育黑板报资料》，发至村以上单位。1996 年 3 月，在城市区开展计划生育健康教育，培训城区计生健康教育宣传员 224 人，并编印《预防意外妊娠》宣传读本。

2. 算账对比教育　1979 年 9 月，市委印发专题材料，对株洲市人口发展趋势、中小学教育发展、劳动力就业安排 3 个方面进行计划生育算账对比教育。1980 年 2 月，在全市计划会议上，就株洲市人口增长与加速资金积累、耕地、口粮、提高科学文化水平、改善人民生活 5 个方面的矛盾，进行算账对比。市计生委编印的《人口与计划生育基础教育读本》中，将株洲市的人口现状、人口密度、年龄构成、农村人口比重与世界、全国、全省进行对比。1998 年，市计生委将改革开放 20 年进行算账对比，结论是：由于实行计划生育，全市少生 87.6 万人，按农村 1 个小孩从出生到成人平均需要抚养费 2 万元计算，累计为家庭和社会节约抚养费 175.2 亿元。

3.“五访五问”　20 世纪 80 年代中期，境内在基层开展“五访五问”活动，各县市区利用元旦、春节前后，组织基层领导、计生干部到群众家中走访。“五访”：即访问只生 1 个孩子后不要求再生育的夫妇，访问计划生育战线上模范人物和积极分子，访问做了节育手术的人员，访问因种种原因而受到处罚的人员，访问新婚夫妇。“五问”：即问寒、问暖、问健康、问家庭情况、问对计生工作的意见。1985 年元旦、春节期间，醴陵县组织县、区、乡（镇）、村各级干部 2439 人，分成 487 个小组，分别对全县 9 区 5 镇 41 个乡开展“五访五问”。攸县组织 120 多名干部深入全县 30 个乡镇进行访问。1986 年，北区发动各单位开展“五访五问”，印制“五访五问”表格 250 张，对各单位进行登记，有干部 4725 人参加访问，共计访问 11738 人次，发放慰问品价值 13171 元。1990 年 1 月，市委、市政府主要领导深入株洲县马家河乡和株洲麻纺厂慰问基层计生干部、节育手术对象、独生子女家庭和五保老人，将全市“五访五问”活动推向高潮。这年，全市有 1000 多名处级以上领导干部参加了该活动。到 80 年代末，“五访五问”活动逐步发展成送温暖活动。

（三）理论教育

1. 人口理论教育 人口理论教育是在境内党校培训各级领导干部时，列为必讲的课程之一。20 世纪 70 年代末，全市各级党校就将人口理论教育纳入党校的教学计划中。从 1978 年开始，市委党校对所举办的各类不同班次开设了人口理论课，从未间断过。90 年代初，株洲市委中心组每年都组织成员学习人口理论课，并形成制度。1997 年，市委、市政府将县级党校开设人口理论课作为各级领导是否重视计划生育工作的考评内容之一，对县级党校进行考核评估。

2. 青春期生理卫生教育和性教育 20 世纪 80 年代，青春期生理卫生教育正式列入全市各中学教学课程。市教委根据国家教育部、卫生部、计划生育委员会联合发出《关于改进和加强中学生生理卫生知识教育的通知》，将生理卫生课列为必修课。市二中、铁路一中在高中学生中开设人口课，使青少年树立起人口意识和正确的婚育观念。1999 年，市教委向市政府递交了人口与计划生育目标管理责任状，首次将中学以上学校开展青春期性教育列为计划生育综合治理目标考核，每年年终对各县市区教育部门进行考核评估。同时，确定城区南方中学、市四中为青春期性教育试点中学。2000 年，编印《青春期性教育讲义》，供教师讲授使用。同年 10 月，在南方中学召开青春期性教育研讨会。

第四节 节育措施

一 药具避孕

1956年，株洲市在城镇推广使用普通橡胶避孕套、子宫帽、避孕油膏、避孕栓等避孕药具。1957年，在城、镇医院、药店设置避孕药具销售点。城区设药具销售点 37 处，是年共销售药具 4.57 万件。1969 年开始使用Ⅰ、Ⅱ号口服避孕片，先在株洲市郊区园艺场渡口工区试点，1970 年普遍推广使用。1972 年增加了Ⅰ、Ⅱ号口服避孕药膜、短效 18 甲、天津探亲片、53 号探亲片、长效避孕片、抗副反应片等。1974 年 4 月，避孕药具由原来自费购买改为免费供应。由于管理工作未能跟上，曾一度出现管理无制度、供应无计划、发放无专人、渠道不畅通的混乱局面，以致药具发放量超过所有育龄夫妇正常用量的三四倍仍不能满足需要，有的单位甚至直接到省、国家计生委要避孕药具，有的还到上海生产厂家直接采购。

1978 年，境内各县区逐步将避孕药具应用于为育龄妇女的避孕节育服务，使用的避孕药具品种增多，口服避孕药有1号、2号、0号，复方短效18甲片、长效18甲片、速效18甲片，甲地孕酮片、天津速效丸、53号抗孕药；外用避孕药具有避孕套、避孕片、避孕膏、避孕针剂。

1982年，株洲市计划生育委员会对避孕药具供应进行改革，实行计划管理，定量发放。要求各县区计划生育委员会确定1名副主任管理药具工作，并配备专、兼职药具管理人员和投药员，设立药具领取、发放、库存账，建立药具计划编报、领取发放、保管使用等4项制度。市郊区和株洲县共建立药具发放站34个、发放点679个。1983年开始，实行避孕药具承包管理责任制，进一步促进了全市药具管理工作。是年秋，株洲市计划生育委员会的领导出席了在桂林召开的全国避孕药具管理工作会议，并在会上介绍了株洲经验。1984年4月，制定《避孕药具经费、责任包干管理试行办法》，从组织领导、工作任务、调拨发放、财会制度、仓库管理等方面规定了具体指标和奖罚办法，株洲市是全国最先实行避孕药具管理工作改革的4个地市之一，推进了全市避孕药具管理工作的深入发展。是年，全市药具使用有效率达到98.6%，其中城区使用药具的12661人，失败的只80人，有效率达到99.37%。是年6月，全省避孕药具管理工作会议在株洲召开。会上，株洲市、株洲市电力机车厂、桥梁厂、苎麻纺织印染厂、市郊区清水乡先锋村等13个单位和个人介绍了经验，与会代表参观了城、乡12个现场。1985年，株洲市出席了在北京召开的全国避孕药具管理工作会议，并介绍了经验。先后有10多个省、直辖市、自治区和全省14个地、市共45批次1000多人到株洲市参观药具管理工作。1986年，株洲市避孕药具管理站被评为全国计划生育先进集体。

1988年开始，在全市实行避孕药具免费供应与自费零售的双重供应渠道。在全市城镇主要商店、药店和医院设立避孕药具零售点。至1990年年底，全市共有避孕药具零售点77个，销售药具15万元。1978—1990年，全市累计使用避孕药具人数492113人。

1991年，境内把药具应用率列入计划生育率的考核指标，下发《关于开展避孕药具整顿工作的意见》，完善乡村两级药具工作网络，规定乡村两级配备药具管理人员并建立药具查访卡制度。使药具使用应用率由1990年的59.55%提高到73.12%。1992年5月，株洲市计生委建立基层药具管理人员上岗培训制度。全年举办计划生育药具专干培训班6期，共培训专干354人。1993年，市郊区、攸县的药具管理工作，根据省计划生育委员会的规范要求完成了达标验收。1994年，省计生委把农村作为药具管理工作的重点，在全省各县市区开展创建药具合格村、合格乡、合格县的活动，市计生委为此而制定《计划生育药具目标管理考核办法》，组织县市区实施。当年，将皮下埋植剂这一新型避孕药具应用于育龄民众，全年使用皮下埋植人数有866人。1995年，省计划生育药具物资站为市计生委和北区计生委配置了价值约4万元的药具仓库仓储设施。1996年全省药具工作检查，株洲市由上年的第六名前进到第二名。1997年，国家计划生育委员会将株洲市城区列入国家计划生育优质服务第二批试点城市，根据市计生委制定的《避孕方法知情选择实施方案》，市计划生育药具管理站在芦淞区、荷塘区和石峰区选择3个企业和1个居委会开展避孕方法知情选择试点工作。

1998年5月，市政府召开常务会议，专题讨论计划生育药具零售市场的管理问题，同意由市计生委、市医药管理局等8个部门联合下发《关于加强计划生育药具零售市场管理的通知》。至年底，全市共清理整顿计划生育药具零售点252家，收缴一批假冒伪劣避孕药具。

1999年，投资60万元，建成建筑面积426平方米的计划生育药具管理站办公楼和药具仓库，药具仓库的管理、设施达到省内地市级一流水平。这年，境内各县市区计生委均确定专人负责计划生育药具零售管理，健全零售服务网络，宣传推介名优特新避孕药具。市药具管理站完成避孕药具销售总额60万元，为上年度销售总额的5倍，紧急避孕药惠婷、毓婷、短效避孕药妈富隆等新型药具的销售量比上一年度增加8倍。湖南省计划生育药具物资站在当年的全省计生药具站长会议上推广了株洲市的经验，先后有省内13个州市和江西省11个州市的计生委领导和药具管理人员来株洲参观学习。当年的全省计划生育药具工作考核评比，株洲市获得第一名。2000年3—4月，对全市大中型医院宣传推介抗早孕药物米非司酮，全年销售米非司酮8000余人份。6—7月，在株洲市城区安装避孕套自动售货机53台。至年底，境内共创建计划生育药具合格村2019个，占全市村级总数88.98%。

二 宫内节育器避孕

1956年，醴陵开始试行金属单环避孕，1963年全市陆续使用。1972年开始使用塑料避孕花，该宫内节育器较金属环脱落率低，但阴道不规则流血多，且放置时间短（3年），故未广泛使用。1978年起，陆续使用“T”“V”形和麻花型宫内节育器。1986年以来，市一医院、市妇幼保健院及部份厂矿医院开始使用“宫型”宫内节育器。1987年12月，北京友谊医院主任医师刘保华来株洲推广荷兰生产的M1宫内节育器，该环脱落、带器妊娠者少，但价格较贵，故城市使用只有3000多例。1990年以后，攸县、醴陵、郊区及其他县逐步推广使用“T”“V”形环等宫内节育器。

放置宫内节育器是一种简便安全有效的节育措施，多年来，境内大力推行已生一孩的育龄妇女放置宫内节育器。1971—2000年，全市共有119.98万人次育龄妇女放置过宫内节育器。

株洲市1971—2000年放置宫内节育器人数统计表

表3-16

年 份	人 数	年 份	人 数	年 份	人 数
1971	29303	1972	28941	1973	56854
1974	28403	1975	57235	1976	44548
1977	51304	1978	46607	1979	42594
1980	46932	1981	34526	1982	44069
1983	53380	1984	30213	1985	25932
1986	46797	1987	44550	1988	42758
1989	37473	1990	55065	1991	62037
1992	52525	1993	36517	1994	28315
1995	27795	1996	31417	1997	31192
1998	27689	1999	26895	2000	27972
—	—	—	—	合 计	1199838

三　独生子女病残儿童医学鉴定

根据中共中央 1982 年关于“第一个孩子属非遗传性残疾，不能成为正常劳动力，可以批准生育二胎”的规定，酃县 1984 年 8 月制定《酃县病残儿鉴定标准及鉴定审批暂行规定》，其他各县亦有类似《规定》，使审批生育第二胎有章可循。1989 年 11 月，湖南省计划生育委员会下发《独生子女病残儿童鉴定标准》，统一省内病残儿童鉴定标准。从 1991 年起，株洲市病残儿鉴定由原县级组织鉴定，改为县级初筛、市级鉴定组鉴定，疑难病例可送省级鉴定。1991 — 2000 年，全市共受理鉴定 1660 例，其中符合病残儿童标准 1124 例，占鉴定人数的 67.71%。

四　不孕不育的诊治

20 世纪 80 年代以前，对不孕不育的诊治尚缺乏专业治疗。1988 年，为满足不孕不育患者生育愿望，市计划生育技术指导站开设了不孕不育专科，聘请郭益逊、吴志成等妇产科专家定期坐诊，开展系统的不孕不育治疗。到 2000 年底，经治愈而怀孕或分娩的已达 300 余人。1996 年开始，各县计划生育服务站也都普遍开展不孕不育的诊治，到 2000 年各县站已治愈而怀孕者达 227 人。

株洲市计划生育（优质服务）领导小组历届主要负责人名录

表 3-17

组　长	副组长	任职起始时间
刘海波	李志远	1979.4（市革委会计划生育领导小组）
	周素珍	
	余清源	
薛厚民	黄道奇	1981.2（市计划生育领导小组）
	李志远	
	余清源	
	赵连富	
薛厚民	黄道奇	1982.4（市计划生育领导小组）
	周敬文	
	余清源	
	赵连富	
周伯华	袁授铭	1990.8（市计划生育领导小组）
	王汀明	
	袁征敏	

续表 3-17

组 长	副组长	任职起始时间
王汀明	肖雅瑜	1995.3（市计划生育领导小组）
	陈登高	
王汀明	张 伦	1997.6（市计划生育优质服务领导小组）
	陈登高	
王汀明	张 伦	1999.4（市计划生育领导小组）
	陈登高	

株洲市计划生育职能机构历任负责人名录

表 3-18

主 任	任职时间	副主任	任职时间
郭远明	1957.11 — 1963.7（兼）	窦文臣	1957.11 — 1963.7（兼）
高荣喜	1963.8 — 1968.11	朱正凡	1963.8 — 1964.9（兼）
汪世德	1971.8 — 1980.12（兼）	姜影霞	1963.8 — 1964.9（兼）
陈 鑫	1983.7 — 1985.2	胡泽芝	1965.5 — 1968.11 1972.8 — 1980.12
杨连登	1986.2 — 1989.9	孔晶潭	1975.10 — 1983.7
张定珠	1989.10 — 1998.3	柳绍蕴	1980.12 — 1983.7
陈英霞	1998.4 — 2000.12	柳名桃	1980.12 — 1993.3
–	–	罗天立	1983.7 — 1991.4
–	–	刘炳兰	1988.10 — 1998
–	–	胡月明	1990.7 — 1993.5
–	–	王淑元	1992.5 — 2000.12
–	–	卓新民	1994.11 — 2000.12
–	–	陈剑义	1996.8 — 1998.8
–	–	王玉生	1998.7 — 2000.12

第四篇 经济综述

1949年10月以前，株洲境内一直以农业经济为主，种植业以粮食为主，养殖业以生猪饲养为主，工业经济仅有少量手工作坊，生产一些农用工具和生活用品。20世纪30年代中后期，随着粤汉铁路、湘赣铁路通过株洲，优越的交通条件使当时的国民政府拟建设株洲工业区，并先后建起了株洲机厂和十一兵工厂，多家工厂开始征地施工。后因连年战火，已建者或停或转，胎动者无法付诸实施。至1949年，仅存株洲机厂、十一兵工厂等企业部分厂房和设施，另有部分手工作坊，工业总产值仅58万元，职工人数不足千人。

1949年10月后，株洲国民经济得到迅速恢复和发展，1950—1953年经济恢复时期，境内农村取得了清匪反霸肃特、减租退押、民主建政斗争的胜利，全面完成土地改革，实现"耕者有其田"，极大地激发了广大农民的生产积极性，农业生产迅速恢复，农民安居乐业。1952年全境粮食播种面积由1949年的17万公顷扩大到20.47万公顷，总产量由1949年的30.23万吨增加到50.45万吨。株洲市区的株洲机厂经修复恢复生产，新增职工2000余人，3年共修理机车车辆688台（辆），制造货车90辆，生产一批U2型万能铣床，并为湖南省炼出第一炉钢水。由51人留守的原"十一兵工厂"更名为"国营331厂"，重新组建后，职工达2560人，陆续生产"八二炮弹"，承修航空发动机，月产炮弹达10万发。1952年修复M-11发动机54台。城区一些小企业、作坊等也陆续恢复生产，同时组建一批地方国营和公私合营的小型企业。先后创办一批国营商业公司，私营商业也有所发展，城乡物资交流活跃。1952年，株洲市社会商品零售总额比1949年增长4.5倍。

1953—1958年，株洲经济在严格的计划调控下发展较快。1953年，国家实施发展国民经济第一个五年计划，株洲市同时被确定为国家重点新建设的8个工业城市之一。"一五"计划期间，国家确定156项重点工程和694个限额以上项目中，有13项安排在株洲市建设。其中，有苏联援建的601厂、331厂、株洲发电厂和波兰援建的株洲选煤厂4项重点建设项目。

根据国家有关政策和株洲市的实际情况，1955年制定《株洲市发展国民经济第一个五年计划（1953—1957）》。"一五"计划期间，株洲市国民经济发展所面临的中心任务是：支援国家限额以上工业项目的基本建设，对农业、手工业、资本主义工商业进行社会主义改造。

"一五"计划得到较好地实施。1956年，全市基本完成三大改造任务。1957年年末，社会主义经济成分由1952年的84%上升到99.8%；基建投资5年累计完成1.82亿元，其中72.5%用于工业建设。601厂、株洲发电厂等限额以上工业企业建成，全部或部分地投入了生产，职工人数达到42725人，比1952年增加23倍；全市工业总产值达到6462万元，比1952年增长3.16倍。计划所确定的各项主要指标大多提前完成。株洲市由1952年城区仅有3万多人口的县级市初步发展成为一座拥有 11 万城市人口的新兴工业城市。全市 98% 的农户加入了农业合作社，农副业生产有了较大的发展，稻谷由 1952 年亩产 239.5 千克提高到 1957 年的 285 千克，农副业总产值由 1952 年的 317.9 万元，增加到 1957 年的 659.5 万元。

1958 年，根据“总路线”精神和株洲的实际情况，市计委制订出“二五”（1958 — 1962 年）计划草案，确定“二五”计划时期国民经济发展以工业生产建设为中心，实行大、中、小企业并举和工农业同时并举的方针。是年，以钢铁产量的高指标为先导的 3 年“大跃进”运动开始。

按照“二五”计划确定的方针，在支援中央、省属大型企业的生产和建设的同时，大力兴办市属中、小型工业企业。1958 年下半年，国家开始实行以“块块为主”的计划管理体制，地方计划管理权限扩大，为株洲市发展中、小型企业提供了有利的条件。1958 — 1960 年，全市国民经济发展迅猛。工业总产值平均每年增长 1 倍多。1960 年，全市工业企业发展到 768 个，建成了钢铁厂、电焊条厂、轴承厂、柴油机厂、塑料厂、锻压机床厂等一大批市属骨干企业，完成工业产值 7.27 亿元。在工业生产的推动下，农业、城市建设、商业、各项社会事业也有长足发展。株洲市区建成区已发展到 27.98 平方千米，城市人口达到 24.2 万人。

然而，“左”的指导思想也严重影响了国民经济的健康发展。这一时期，计划指标的制订根据政治的需要而定，在“大跃进”和“人民公社化”运动中，盲目追求高指标、高速度。1958 年，全市粮食平均亩产量计划定为 800 千克，比上年增加 1 倍。市计委在 6 月份进行的一次调查表明：由于指标定的过高，70% 的市属工业企业对完成上级下达的年度计划感到没有信心。但在政治形势的推动下，自下而上刮起计划执行情况报告虚报浮夸风。各工业企业和农村人民公社争放高产“卫星”。1960 年年初，市人民委员会即宣布提前三年完成“二五”计划，4 月市计委又编制出《株洲市 1960 — 1962 年国民经济建设发展规划纲要（草案）》，提出了“二五”计划期后 3 年“争取进一步跃进”的更高的计划指标。实际上，大部分指标未达到“二五”计划的要求。在大办工业的同时，忽视了国民经济的综合平衡，工业基本建设资金过多地挤占了非生产性建设资金。“全民炼钢”运动和农村的“共产风”所造成的损失和浪费更加剧了全市国内经济比例关系的失调。1960 年，国民经济中存在的问题开始显现出来，财政出现赤字，农业生产滑坡，1960 年市和各县粮食总产量比 1959 年减产近 3 成，只相当于 1949 年或 1951 年的水平。市场供应紧张，人民生活水平急剧下降。人民群众只得以瓜菜及野菜代替粮食充饥，饥饿和营养缺乏引起的水肿病十分普遍，非正常死亡时有发生。

1961 年，株洲市贯彻“调整、巩固、充实、提高”的八字方针，对全市国民经济进行全面调整。按照“国家计划一本账，全国一盘棋”的原则以农、轻、重为序来安排国民经济计划，加强综合平衡；重新恢复直接计划和间接计划相结合的计划管理形式，注意用经济手段调节经济活动；同时，缩短基本建设战线，精简职工，减少城市人口，降低工业增长速度，“关、停、并、转”一批工业企业。至 1962 年，市属工农业总产值中，重工业、轻工业、农业的比例由 1960 年的 51.78 : 29.86 : 18.36 转变为 15.25 : 42.34 : 42.41。计划工作基本上克服了前几年计划上指标过头、战线过长、缺口过大等不切合实际的现象，并坚决从重工业方面转移到农业和轻工业方面来了。国民经济计划成为以农业为基础的综合计划。

1963 — 1965 年，继续贯彻“八字方针”，国民经济和各项社会事业得到较快的恢复和发展。工业总产值平均每年递增 31%，粮食产量平均每年递增 10.30%。1965 年全市工业总产值比 1962 年增长 124%，粮食总产量比 1962 增长 34%，人民生活水平有了一定程度的改善和提高。

1966 年，随着“文化大革命”的迅猛兴起，计划管理工作处于半瘫痪状态，“三五”计划没有正式编制下达，年度计划指标不全，缺少论证，互不衔接，失去了指导作用，加上社会动乱严重，经济建设受到严重影响，全市工业总产值连年较大幅度下降，其他各项建设停滞不前。1969 年才有小幅回升。

“四五”计划（1971 — 1975）虽未正式编制下达，但市计划部门提出了以备战为纲，大力支援国家建设和三线建设以及农业以粮为纲，工业以钢为纲的指导思想。其间，计划管理以集中管理为主，将大部分城镇集体和农村社队企业纳入直接计划管理，对农业生产也采取行政手段加以直接管理，同时还对个体经济和农村社员的自留地加以限制，不承认市场调节的作用。这种管理方式严重地束缚了经济的发展。加上政治运动的干扰，这一时期国民经济发展速度明显下降。工农业总产值递增速度仅为 3%，比“三五”计划时期降低 15.3 个百分点。1975 年主要工业技术经济指标低于 1970 年。

1976 年，株洲市国民经济状况进一步恶化，120 个市属以上企业中，有 62 个企业未完成年计划；粮食产量没有达到计划要求；其他各项主要计划指标均未完成，有的还低于 1975 年的水平。粉碎“江青反革命集团”后，国民经济得到较快地恢复。全市工农业总产值 1977 年比上年增长 23.28%，1978 年又比上年增长 20.90%。但计划的综合平衡工作放松，无计划和半计划现象严重；基建规模过大，投资效果差；轻工业太少，轻重工业比例失调；经济效益低下。

1978 年 12 月，中共十一届三中全会确定了把全党的工作重点转移到以经济建设为中心的轨道上来和全面实施改革开放的方针，经济发展进入了“计划经济为主，市场经济为辅”的新阶段。1979 年，株洲市贯彻中央提出的“调整、改革、整顿、提高”的八字方针，开始对国民经济进行为期 3 年的调整。调整时期国民经济计划的指导思想是：在国家统一计划指导下，以“农轻重”为序，边调整边前进，逐步把突出存在的一些严重问题改变过来，同时努力使经济发展保持一定的增长速度。这一指导思想得到较好的贯彻，国民经济稳步增长，特别是农村实行家庭联产承包责任制以后，农业实现了前所未有的快速发展，全市粮食产量从 1978 年的 127 万吨增加到 1984 年的 162 万吨，年均增长 4.1%。高度集中的计划管理体制得到初步改革，市计委跳出偏重年度计划的框框，把计划工作的重点转移到五年计划的制订和执行上来，同时注重长期发展战略的研究。1981 年，市计委组织编制“六五”计划（1981 — 1985）。1982 年，根据中共十二大提出的“到本世纪末国民生产总值翻两番”的战略目标，制订《株洲市实现“两个倍增”的初步设想》。1983 年，醴陵县、攸县、茶陵县、酃县划归株洲市管辖。“六五”计划经修改后正式下达。同时，注重提高经济效益，首次明确提出把“提高经济效益为中心”作为经济建设的方针，1983 年开始编制年度工业经济效益计划，计划管理的方式也进行了改革，从 1984 年起实行指令性计划、指导性计划和市场调节相结合的计划管理形式。改革开放促进了经济的协调发展，“六五”计划的各项主要指标均实现了预定目标。国民生产总值年均递增 9.20%；国民收入年均递增 8.08%；工业总产值年均递增 9.22%；农业总产值年均递增 9.4%，为建市以来发展最快的时期。但也存在着宏观调控不力，经济发展过热等问题。

中共十二届三中全会后，改革的重点由农村转向城市和工业，实行以计划经济与市场调节相结合的经济发展模式，指令性计划范围逐步缩小，指导性计划和市场调节范围逐步扩大；对实物量的计划管理逐步放松，对价值量的计划管理逐步加强；统配物资的种类和数量逐步减少，市场供应物资逐步增多。在此基础上编制的《株洲市国民经济和社会发展第七个五年计划》明确，为逐步把株洲市建设成为“两地一中心”，即以有色冶金、机械、化工、建材为主的湖南省的重工业基地，全国综合出口商品生产基地，跨省区的物流 — 批零展销 — 金融信息中心打好基础。

“七五”计划（1986 — 1990）期间，株洲市工业改革在全面执行厂长（经理）负责制，扩大企业自主权的基础上，大力开展了企业“劳动、人事、工资”三项制度改革，实行企业员工合同化管理，干部能上能下、职工能进能出、工资能升能降，调动了员工的积极性，推动了企业的发展。改革的经验在全国引起了强烈反响，被国家肯定并全面推介。1990 年年末，“七五”计划全面完成。全市社会总产值达到 77.9 亿元，年均递增 8.54%；国民生产总值达到 31.35 亿元，年均递增 4.38%；国民收入达到 27.16 亿元，年均递增 7.32%；工农业总产值达到 70.60 亿元，超额完成计划的 10.28%，年均递增 7.55%，其中工业总产值年均递增 11.60%，农业总产值递增 2.40%。5 年共完成固定资产投资 24.47 亿元。重工业基础通过技术改造不断增强。综合出口商品基地建设初具规模，外贸出口总值比“六五”计划期间增长 91.20%。交通、邮电通信状况也有较大的改善。

深化改革、扩大开放是 20 世纪 90 年代的中心任务。根据中共十四届三中全会和十五届四中全会制定的《关于建立社会主义市场经济体制的决定》《关于国有企业改革和发展若干重大问题的决定》和邓小平视察南方重要讲话精神，株洲市审时度势，进一步解放思想，转变观念，加大计划工作改革力度，确立“稳定发展第一产业，重点发展第二产业，加快发展第三产业”的产业定位。把深化改革，调整产品和所有制结构，发展第三产业和非公有制经济当作战略任务来抓，尤以调整国有企业所有制结构为重中之重，初步形成了社会主义市场经济的基本框架。

按照上述基调制定“八五”（1991 — 1995）“九五”（1996 — 2000）计划，并圆满完成各项经济任务指标。1995年，全市国民生产总值达到176亿元，比1990年末增长94.1%，完成“八五”计划指标的106.2%，年均增长速度为14.2%（绝对数为现行价，相对数为不变价，下同）。工业总产值和财政收入提前5年实现翻两番的目标。第一、二、三产业结构比例由1990年的28.3：47.1：24.6转变为1995年的21.2：47：31.8，为此前株洲历史上国民经济发展最快的5年。“九五”计划期间，株洲市克服通货紧缩、亚洲金融危机等困难，经济发展基本实现“九五”计划所确立的主要任务。全市国民生产总值年均增长11.1%，财政总收入年均增长7.7%。2000年，三次产业结构调整到16.1：50：33.9，完成工业增加值136亿元，比1995年的70.86亿元增长91.93%。

农作物的调整，重点放在减少粮食作物面积，增加经济作物面积。2000 年，水稻面积 23.07 万公顷，比 1990 年的 27 万公顷减少 3.93 万公顷；经济作物由 1991 年的 5.50 万公顷增加到 2000 年的 6.84 万公顷，接近耕地面积的三分之一。粮食作物种植结构也相应地进行了调整，着重放在改普通稻米为优质稻米。“九五”计划期间，省评三等以上优质稻发展到4.79万公顷，总产36.08万吨。开发饲料和食品加工用粮0.67万公顷、稻田玉米0.67万公顷、糯米及其他杂粮0.34万公顷。农村养殖业也打破了饲养生猪的单一局面，向黑山羊、麻鸭、肉鸡等多元化发展，使养殖业占农业总产值的比重达到43%，非农产值占农村经济的82.9%。

国有企业产权制度改革从20世纪90年代初期开始，至1996年，主要是进行以公司制改造为主要内容的企业产权制度改革，一批国有企业改制为股份有限公司和有限责任公司。1992—1994年，全市先后有15家国有企业完成公司制改造，其中股份有限公司7家。1994年，以进入全国“优化资本结构，增强企业实力”试点城市为契机，对一批资不抵债、无法走出困境的企业实施破产，至1996年，共有36家企业破产，处理债务21亿元。企业破产后以股份制或股份合作制企业形式重组。1997—2000年，实施抓大放小的战略决策，全面落实国家一系列鼓励兼并、规范破产、减员增效、促进职工再就业等政策，进一步推进资产重组、资本营运、职工安置等工作，推出一系列重大改革举措。1997年，推进企业重组，国内大公司来株洲兼并收购了5家大中型困难企业。1998年，探索建立健全国资委、国资公司和企业三个层次的国有资产管理、监督和营运体系，进行“职工持股占控股地位、经营集团持股占控制地位、经营者持股占主导地位”的股权结构调整的改革。1999年，选择5户企业进行授权经营和分散持股的试点。2000年，出台全省第一份有关“两个置换”的企业改制文件。2000年末，对全市近1800多个企业中的345个国有企业(其中中央企业27个，省属企业43个)、1340多个集体企业的所有制结构进行了调整。通过改制、改组、改造，组建企业集团5个，新成立股份有限公司和有限责任公司1139家，注册资本20亿元，吸收增量资本27.3亿元。中外合资企业147家，注册资金2.76亿美元。联合兼并112家，依法破产124家，有15家企业进行了“职工全员持股、经营者持大股”的改制，还有南方公司、株洲化工厂、湘江氮肥厂、株洲玻璃厂4家企业“债转股”，资金9.5亿元。株洲庆云、南方摩托、国光瓷业3家公司的股票成功上市；湘火炬成功配股；海利、深石化等6家外地上市公司来株洲进行资本营运。本地优势企业走出株洲，新办、收购、兼并了20多家企业。

与此同时，推行社会保障体系改革，实施再就业工程，初步形成市场就业机制。10年来累计有5.1万名下岗职工实现再就业，就业率达47%。累计拨付国有企业职工基本生活费1.05亿元，离退休人员养老金3.78亿元，失业保险金6500多万元，养老和失业保险率覆盖面分别达到100%和80%，失业率控制在4%左右。

在对内对外开放方面有新成效。“八五”计划期间，在加强横向经济联合与协作方面做了许多工作，除继续巩固与上海黄浦区、北京宣武区、华南理工大学等12个市区和大中专院校的友好合作关系外，还加入了武汉经济协作区、湘赣边界经济协作区及闽、粤、赣、湘毗邻地区3个经济协作区域的协作组织。10年来，与挪威王国腓特烈斯塔市、乌兹别克斯坦国纳沃依市等5国城市结为友好城市。引进了日本雅马哈、德国西门子、加拿大加普惠3个跨国公司。有15个国家和地区来株洲投资，建立“三资”（在中国境内设立的中外合资企业、中外合作企业、外商独资企业）企业147家，自营出口58家。10年中，引进外资项目近300个，投资总额9亿多美元，实际利用外资6

亿多美元。进出口总额2000年完成3.7亿美元，其中出口3亿美元，比“八五”末分别增长21.2%和19.9%，居全省市、州首位。同时株洲市也走出国门，在异国他乡兴办企业。到2000年，共在海外兴办7家企业，输出技术劳务人员300多人。

随着改革的不断深化，对外开放的不断扩大，全市国民经济实现了快速协调发展。2000年，全市实现国民生产总值308.42亿元，比1990年的31.35亿元增长近10倍，比1995年的176亿元增加132.42亿元，按可比价格计算，年均递增11.1%。经济结构也趋向优化，一、二、三产业分别达到50亿元、153亿元、105亿元。分别增长3.5%、11.7%和10.7%。三次产业结构由1995年的21.4∶47∶31.6，调整到16.1∶50∶33.9。第一产业比重下降了5.3百分点，二、三产业比重分别上升了3和2.3个百分点。“九五”全市累计完成国民生产总值1307亿元，是“八五”计划期间的2.39倍，年均增长12%，其中一、二、三产业分别完成246.16亿元、637.27亿元、423.58亿元，年均分别递增6.5%、13.2%和13.5%。

“八五”“九五”计划期间，全市工业经济完成增加值798.8亿元，“九五”计划期间比“八五”计划期间增长141%。从1998年起，在全省率先实现全部工业、全部国有控股工业、地方国有控股工业3个层面的净盈利。农业生产株洲市于1995年成为全国第一个双季稻成建制过吨粮的地级市。2000年，全市粮食总产量184.05万吨，比1990年增加15.04万吨；农业总产值76.19亿元，比1990年增长6倍多。第三产业增加值年均递增11.8%。

“八五”“九五”计划期间，全市实现社会消费品零售总额1197亿元，财政收入20.17亿元，按可比口径增长7.22%，其中地方一般预算收入12.61亿元，年均递增9.3%，城镇居民人均可支配性收入7270元，年均递增9.9%，农民人均纯收入2689元，年均递增4.79%。继1996年全市国民生产总值实现了比1980年翻两番的目标后，于1998年人均国民生产总值达到7241元（合875美元），又提前2年实现人均国民生产总值比1980年翻两番的目标，人民生活于1999年基本实现总体小康水平。到2000年全市人均国民生产总值8382元，较上年增长10%。

株洲市的改革开放，经济发展取得了很大成就，但由于主观和客观方面的原因，也存在一些值得注意并应着力解决的问题、困难和矛盾。主要表现在：一是工业结构性矛盾还较突出，工业结构，即国有企业比重过重而实力不强，重工业比重过重而效益不好，上游产品比重过重而科技含量不高，高技术产品比重过低，工业经济比较效益偏低的“三重两低”的格局还没有从根本上改变。传统工业部门大、新兴部门小。企业虽有一定数量，但规模较小，家底不厚。按1999年调查统计，1400多家地方企业，平均拥有固定资产只有276万元，流动资产290万元。产业门类齐全，但支柱产业不强，产业链不发达，“拳头”产品不硬，创新品牌不多。二是固定资产投入总量偏小，投资融资渠道不宽，特别是产业投入不足，基础设施还较薄弱。十年来固定资产投资率只有25.32%，大大低于全国35%、全省28%的水平。由于投资不足，经济增长乏力，发展速度不够快，甚至有萎缩现象。1996年以前，全市有6家大型企业进入全国500强，1997年以后，被后来居上者占据。三是新的增长点不多，对外开放度不高，竞争意识不强，吸引外资措施不够有力；高新技术产业、第三产业发展虽快，但前者规模小，产业结构不太理想，高新技术产品不多，竞争力不强；后者构成层次低，大项目不多，科技含量不高，与信息产业和知识产业发展不相适应。四是农业粮食生产发达，但粮猪型农业格局没有突破，农业产业化及农产品深加工发展缓慢，经济效益低，农产品转化增值少，林、牧、副、渔多种经济比较落后，农民增收困难大。五是县域经济与城镇化建设滞后。由于受长期计划经济的影响，城乡分割体制没有完全打破；发达城市与落后农村二元化经济结构没有大的改变，城乡差别、工农剪刀叉依然存在。六是随着改革开放不断深入，利益调整的层次较深，涉及面广，在人民生活水平不断提高的同时，收入出现差距，地区差距、城乡差距的矛盾仍有拉大的趋势。劳动就业还不十分充分，就业压力较大。这些深层次的问题、困难和矛盾，是改革大潮中出现的必然的、正常的现象，但不可掉以轻心，必须有清醒的头脑，认真对待，高度重视，在今后的改革发展中认真加以解决。

第一章　国民经济发展

第一节　第一产业

境内农业，种植以粮食为主，养殖以生猪为主。在中华人民共和国成立以前的漫长岁月，农村经济是自给自足的自然经济，发展缓慢。清末、民国时期，外敌入侵和内战不息，自然灾害频发，农业生产更是损失惨重，农民生活困苦。

中华人民共和国成立初期，株洲地区在中国共产党的领导下，迅速医治了战争创伤，实行了土地改革，消灭了封建剥削制度，解放了农村生产力。同时开展大规模农田水利基本建设、改良土壤、改进生产工具、推广农业机械，对农业进行社会主义改造，农村经济得到较快发展。1957 年，全市农业总产值达到 2.88 亿元，比 1949 年增长 78.7%，年均增长 9.8%；粮食总产量 61.54 万吨，比 1949 年增长 1.02 倍，年均增长 14.6%，增长幅度居全省前列；1957 年生猪饲养量 64.8 万头，比 1949 年增长 140%，年均增长 17.5%，发展速度高于全省平均水平，农民生活明显改善。

20 世纪 50 年代中后期，实行“全党全民办水利”，进行大规模的农田水利建设。至 50 年代末，境内新增蓄、引、提水量 7.01 亿立方米，有效灌溉面积和旱涝保收面积分别增加 1.77 万公顷和 2.93 万公顷，初步形成新型灌溉体系，为农业生产的进一步发展创造了条件。但是，在“大跃进”和人民公社化运动中，出现以高指标、瞎指挥、浮夸风、共产风为主的“左”倾错误，加上连续 3 年严重自然灾害，致使农业生产大幅度下降，农民生活陷入困境。1961 年，全市农业总产值 2.33 亿元，比 1957 年下降 19.3%；粮食总产量 45.46 万吨，比 1957 年减产 25.9%；经济作物播种面积减少，产量降低；生猪饲养量 19.9 万头，其中出栏生猪 5.05 万头，比 1957 年分别下降 69.3%、78.5%，比 1949 年分别下降 27.6%、57.2%。1962 — 1965 年为调整时期，人民公社由大队为基本核算单位改为以生产队为基本核算单位，多方面扩大生产队自主权，农民生产积极性提高，农村经济逐渐复苏。1965 年，农业总产值 3.18 亿元，比 1961 年增长 36.4%；粮食总产量 62.86 万吨，略高于 1957 年，比 1961 年增长 38.28%；经济作物恢复到 1957 年水平；生猪饲养量 78.4 万头，其中出栏 34.2 万头，比 1961 年分别增长 2.9 倍、5.78 倍。

“文化大革命”中，尽管农业生产受到冲击，农村经济仍保持了一定的发展速度。由于农村经济政策稳定，加之生产力水平提高，主要经济指标有所增长。1978 年，全市农业总产值达到 6.23 亿元，比 1965 年增长 96.12%，年均递增 5.31%；粮食生产 1973 年突破 100 万吨大关，1978 年达到 127.16 万吨，比 1965 年增长 1.02 倍，年均递增 5.56%；生猪饲养量 1978 年达 196.16 万头，其中出栏 84.87 万头，比 1964 年分别增长 1.61 倍、1.54 倍，年均增长 10.6%、9.5%。累计人工造林 394.88 万亩。株洲县大办社队林场，营造人工林，形成人工林海，森林覆盖率由 1965 年 14.8% 上升到 1983 年 43.2%，朱亭林区被联合国定为人工林观察点。社队企业获得较大发展，1978 年完成总产值 2.12 亿元。1978 年，农民人均收入 111.90 元，口粮 355 千克。

中共十一届三中全会后，农村改革率先突破。1982 年中央 1 号文件下达后，家庭联产承包责任制在全市全面推开。1984 年全市农村各业全面建立以家庭联产承包为基础，统分结合的双层经营体制，并确定土地延包 15 年不变的基本原则，改革打破了“吃大锅饭”体制，极大地解放了生产力，激发了农民的生产积极性，实现了粮食连年增产丰收。1983 年，全市粮食总产量达到 166 万吨，比 1978 年增加近 40 万吨，1984 年还出现粮食部门“收不下、储不了”的农民“卖粮难”，真正解决了株洲几百万人的温饱问题。1985 年，全市全面取消实行了 30 多年的农产品统派购制度，将农业税由实物税改为现金税，明确允许多种经济成分共同发展。广大农民放开手脚，大力开展多种经营，发展乡镇企业。为促进农村流通市场发展，全市兴建各类农产品市场 240 多个，年成交额 20 亿元以上，农村经济发展进一步提速。至 1990 年，全市农业总产值 10.34 亿元，比 1978 年增长 66.90%，年均增长 5.20%；粮食产量 169.01 万吨，创历史最高水平；生猪饲养量 324.32 万头，比 1978 年增长 65.3%，年均增长 5%；乡镇企业总产值 26.10 亿元，比 1978 年增长 11.6 倍；造林面积 20 公顷；农民人均纯收入 656 元，比 1978 年增加 544 元。创建亩产吨粮市的序幕是 1986 年拉开的。至 1989 年末，全市涌现了 623 个村、21 个乡（镇）成建制亩产过吨粮。1990 年醴陵市 3.10 万公顷双季稻，平均亩产 1024 千克，成为湖南省、长江中下游双季稻第一个亩产吨粮县级市。1991 年，市委、市政府提出“奋战五年，力争实现‘吨粮市’”的目标。到 1992 年，全市吨粮田开发以年增加 10 个乡（镇）、0.27 万 ~ 0.47 万公顷面积的速度推进。1993 年，攸县 2.74 万公顷双季稻亩平产粮 1018 千克，是境内继醴陵之后第二个吨粮县，是全省第一个农村人均纯收入超千元、双季稻亩产过千千克的“双千”县。

1995 年，市委、市政府把吨粮田建设作为首要任务来抓，印发“实施方案”。3 月，市县乡三级层层实行目标管理，开展“万、千、百、十”高产示范竞赛活动（即市、县建万亩，乡镇建千亩，村建百亩，组抓十户）。由于措施得力，当年全市 11.32 万公顷双季稻总产 173.83 万吨，平均亩产 1021.11 千克。经过 10 年奋战，3 年攻坚，终于如期实现全市成建制过吨粮的宏伟目标，成为全国第一个双季稻成建制亩产过吨粮的地级市。其中炎陵县 0.57 万公顷双季稻亩平产粮 1012 千克，成为全省第一个双季稻亩产过吨粮的山区县。

从1996年开始，市委、市政府对全市粮食生产进行了战略性调整：稳定总产，调优品质；压缩普通稻种植面积，提高优质稻比率；稻田扩种春玉米、大豆，满足市场需求，提高种粮效益，以质量占市场，以效益求发展。株洲市农业部门积极引进优质稻品种，进行繁殖和推广，加强对优质稻保优栽培理论和技术的研究，培训科技队伍；粮食部门改进加工技术和经营流通。通过上述工作，为发展株洲优质稻米生产创造了条件。在此基础上，市政府制订“九五”期间开发6.67万公顷优质生产基地计划，并成立班子组织实施。1998年，醴陵、攸县、株洲县被列为全省优质稻开发重点县，醴陵还被列为全省稻田玉米开发重点县（市）。此后，全市优质稻开发以每年1.34万公顷速度增加，2000年全市优质稻种植面积达4.79万公顷，总产36.08万吨，分别占水稻种植面积、总产的20.32%、23.62%，亩产产值提高10%以上。

“九五”计划期间，农业经济结构调整继续取得新的成效，农业产业化逐步推进，乡镇企业进一步发展，农村流通渠道改革和服务体系继续推进，科技进步对农村经济增长的贡献份额不断加大，农村经济发展进一步提速。全市完成农林牧渔业总产值371.65亿元，年均递增5.13%，是“八五”计划期间的2.01倍；累计生产粮食924.06万吨，出栏肉猪1606.63万头，水产品22.08万吨。2000年，全市完成农业总产值76.19亿元，比1990年增长6倍多，粮食总产量184.05万吨，比1990年增加15.04万吨；生猪饲养量512万头，出栏325.52万头，分别比1990年增加187.68万头和252.25万头；完成乡镇企业增加值146亿元，农民年收入2566元。

第二节　第二产业

1949年以前的株洲，工业基础十分薄弱。民国时期，国民政府曾设想把株洲建设成“东方鲁尔区”，曾在株洲四处选址建厂，筹划建设“工业株洲”，但因战乱频仍，各项计划均未能实现。1949年，国民党军队溃逃之际拆走了仅有的2个工厂（株洲机厂和十一兵工厂）主要的工业设施，加上几家手工业作坊，株洲小镇上从事工业生产的职工不到500人，当年的工业产值（不含南四县）仅折合人民币58万元。

1950—1952年国民经济恢复时期，株洲市人民政府对株洲机厂和十一兵工厂进行了更名和改、扩建，生产得到恢复和初步发展。至1952年，株洲市工业固定资产由1949年的3.6万元增加到965万元，完成工业总产值1132万元，分别为1949年的16.6倍和19.5倍。

从1953年起，国家实行国民经济第一个五年计划，把株洲市列为全国8个重点新建设城市之一，国家安排的重点建设项目，株洲市有4项；全国694个限额以上项目安排在株洲市的有7项。中共株洲市委、市人民委员会制定“以支援大工业基本建设为中心”的方针，抓住有利时机，大办建筑材料工业。至1957年，“一五”计划规定的各项经济指标提前完成。5年内完成固定资产投资1.54亿元，新增固定资产1.2亿元。在固定资产投资中，重工业投资占95.5%。全市工业职工人数激增至5.3万人，有5个限额以上项目和一批地方小型企业相继投产，当年完成工业总产值1.1亿元，比1952年增长3.9倍。列入国家计划考核的地方工业产品品种由7种增加到17种。331厂在边扩建边维修的同时，研制成功中国第一台航空发动机，结束了中国不能制造飞机的历史。

"二五"计划前三年，是株洲工业发展最快的一个时期。一批部、省属骨干企业新建扩建工程相继竣工投产。株洲机车车辆厂于1958年成功制造出世界上只有少数几个国家能够生产的中国第一台电力机车；围绕部、省属大企业，积极兴办地方中、小工业企业，建材、钢铁、机械、轻纺工业迅速发展，100多个地方骨干企业相继诞生。1960年，全市工业企业发展到768个，当年完成工业总产值7.27亿元，比1957年增长5.6倍，其中重工业占85%。境内各县亦掀起"全民办工业"热潮，一时间，土炉林立，各类工厂如雨后春笋般涌现。酃县小水电建设也开始起步。

由于"大跃进"急于求成，工业速度发展过快，一批一哄而起的地方企业，资金不足，技术缺乏，产品质量低劣，销路不畅，严重亏损。苏联政府背信弃义，撕毁合同，撤走专家，给重点建设项目造成困难。连续3年遭遇严重自然灾害，农业欠收，生活物资供应紧张，城市居民生活困难，急需加强农业第一线。于是境内在"大跃进"中兴办的地方企业部分下马，一批工人离厂归田，称之为"精简下放"。1962年，工业总产值下跌至2.38亿元，比1960年下降67%。

三年调整时期（1963—1965年），株洲市贯彻中共中央"调整、巩固、充实、提高"方针，消除"大跃进"消极影响，纠正片面追求发展速度的倾向，工业转向提高产品质量、降低成本的轨道，生产回升。至此，株洲市的工业布局初步形成：在地域上，形成7个工业区，占地约40平方千米；在工业门类上，形成机械、冶金、化工、建材、煤炭、电力、纺织、轻工、制药等行业；在产品结构上，全市工业产品4000余种，主要有航空发动机、铁路机车、铁路货车、硬质合金、电解铜、电解铅、氮肥、硫酸、盐酸、烧碱、苎麻织品等，其中航空发动机、电力机车、硬质合金填补国内空白。

"文化大革命"对工业生产产生严重冲击与干扰，减缓了工业发展步伐，10年没有上一个新的大项目，许多老企业停滞不前，不少工人"停产闹革命"，生产秩序混乱，国家计划无法完成，工业经济损失5亿元以上。绝大多数工人和干部一起，坚持"工业学大庆"、职工学"铁人"，坚守岗位，努力生产，与"停产闹革命"的逆流相对抗，工业生产在动乱中缓慢发展。主要表现在：1966—1975年，完成固定资产投资5.5亿元，兴办塑料、电子、化纤、仪表等一批地方工业；合成氨、尿素大批量投产，硅整流元件和装置、可控硅元件、雷达天线反射体、305炮瞄雷达整机、大功率短波天线单端交换开关问世，收音机、电风扇相继投产，电锌、棉纱、搪瓷等新品生产初具规模；境内各县一批"五小"（小钢铁、小煤窑、小化肥、小水电、小五金）工业乘机勃起，奠定乡镇企业发展基础。醴陵县瓷业经过3年下跌后基本平稳发展，烟花鞭炮出口量随国内政治形势变化而起伏。1976年，日用瓷和烟花鞭炮出口量分别为6643万件和9.69万箱，分别为1965年的157%和7.2倍。酃县形成县、社、队多层次办小水电格局。各县社队工业初步建立起采掘、建材、烟花鞭炮、陶瓷、机械、食品、化工、造纸及纸制品、竹木加工等门类比较齐全的工业体系。醴陵县社队工业发展速度快于其他各县，在省内具有举足轻重的地位。"文化大革命"10年中，全市工业生产升降交替。1966年完成工业总产值7.17亿元，1968年降到5.47亿元，1970年上升到11.26亿元，1973年上升到15.68亿元，1976年又降至11.95亿元。

“文化大革命”结束后，全市工人阶级努力把“文化大革命”耽误的时间抢回来，1978 年工业总产值达到 18.6 亿元，比历史上最高的 1973 年净增 2.9 亿元，增长 18.5%。

中共十一届三中全会以后，株洲工业经济进入改革发展的新阶段，前进步伐不断加快。1979 年，全市工业总产值增至 20.70 亿元，在 85 种主要产品中，有 81 种完成了国家计划，21 种进入全国先进行列。

“六五”计划期间，通过认真整顿企业，加强管理，逐步扩大企业自主权，推行经济责任制，促使企业由单纯生产型向生产经营性过渡。进一步调整工业结构和产品结构，实行专业化协作，优先发展轻纺、电子、食品等日用消费品生产，出现工业发展速度与经济效益同步增长的新势头。1981 年，并转 24 个地方企业，压缩 20 种长线产品，拉长 51 种短线产品，产品适销对路。1983 年，醴陵县、茶陵县、攸县、酃县划属株洲市管辖，工业实力进一步增强。当年，经济体制改革重点由农村转向城市，工业战线逐步实行厂长（经理）负责制、承包经营责任制，发展企业横向经济联合，引进先进技术设备，推行现代化管理，开展全面质量管理和创优夺牌活动，狠抓企业经济效益的提高，敦促企业升级，不断完善企业经营机制，取得良好效果。1985 年，全市 100 多家地方企业实行了厂长责任制，大部分国有企业实行了承包经营责任制，当年全市工业总产值完成 34.82 亿元（1980 年不变价。包括所属各县，不含村以下企业），比上年增长 15.2%。5 年内平均增长率为 9.01%，主要工业产品产量，大多提前 1 ~ 2 年达到“六五”计划指标。

第七个五年计划期间，株洲市工业企业围绕深化改革和技术改造，发展横向联合，大力推行工资总额与经济效益挂钩，进一步完善承包经营责任制，实行劳动、人事、工资三项制度改革，促使工业生产朝着“有效益、有水平、有速度、有后劲相统一”的方向协调发展。期内，五三机械厂、中南无线电厂、湘华机械厂、乳胶研究所 4 家“三线”企业迁入株洲市，株洲市工业实力又有所增强。1990 年，全市独立核算工业企业 1350 个。其中：大型企业 21 个，中型企业 35 个；全民所有制企业 238 个，集体所有制企业 1112 个。职工总数共 29.93 万人。全年全市工业总产值完成 51.10 亿元（1980 年不变价），居全省各地市第二位，比 1985 年增长 73.06%。5 年内年均增长率 11.59%，超过“七五”计划指标 3.59 个百分点。全市独立核算企业主要指标完成情况是：产品销售收入 64.15 亿元，年均增长 15.13%；利税总额 7.39 亿元，年均增长 4.17%；定额流动资金年均余额 7.39 亿元，年均增长 21.39%；劳动生产率 16262 元，年均增长 6.6%。全市优质产品产值率达 42.53，在全国 72 个主要工业城市中名列第 7 位。

经过 40 年的建设，株洲市工业形成以机械制造、有色金属冶炼加工、化学工业、建筑材料工业为“四大支柱”，拥有煤炭采选、电力电器、电子仪表、棉麻纺织、塑料皮革、服装针织、橡胶制品、陶瓷搪瓷、造纸印刷、包装器材、食品饮料、烟花鞭炮、文教用品等门类比较齐全的工业体系；形成以大、中型骨干企业为主，以原材料及加工业为辅，以市、县属中小型企业及新兴乡镇（区、街、村）企业为辅的工业格局，成为全省仅次于省会长沙市的工业基地。

20 世纪 90 年代初，市委、市政府在 80 年代后期试点取得成功的基础上，在全市企业全面推行劳动、人事、工资制度改革，建立符合社会主义市场经济的新体制、新机制。至1991年年底，全市91.4%的国企职工和51%的集体企业职工参加这一改革，进一步增强了企业活力，促进了工业生产的发展。继续推进1989年开始的“抓管理、上等级”，全面提高企业素质的升级活动，至1991年年底，全市评选出国家一级企业3家，国家二级企业19家，省级先进企业57家。

1990年，市委、市政府提出“向内看，使内劲，练内功，包管同步，严细结合”的口号，认真开展“质量、品种、效益年活动”，率先在全省推行提高产品一次产出合格率，向质量管理要效益。同时，又全方位动员，打好振兴工业总体战。针对市场销售不畅的严峻形势，成立“供销工作领导小组”，书记、市长、分管副市长，借助报刊、电视发表讲话，调动供销人员积极性，并在深圳举办工业产品展销会，端阳节期间举办“三街一会”等，收到很好的效果。1991年又从市直机关抽调200多名干部组成16支“支帮促”服务队，由17名市级领导带队，采取分片包干，对口帮助的办法，深入企业现场办公，积极为企业排忧解难。同年12月30日，市政府有关部门与8家特种企业正式在投入产出总承包试点合同上签字，拉开了湖南省投入产出承包试点的序幕，俞海潮副省长充分肯定株洲市的做法。1992年，又有9家企业实行投入产出总承包。

1994年，株洲市被列为全国18个“优化资本结构，增强企业实力”试点城市之一，开始按照扶优汰劣原则，鼓励兼并，规范破产，开展资本营运，进行了大规模的国有企业战略性调整工作。1997年，市委、市政府提出“不求所有，只求所在；不求所有，但求所得”的方针，鼓励跨地区、跨行业、跨所有制的并购转让，完成深圳石化集团兼并株洲塑料厂、天津渤海集团兼并株洲轮胎厂、湖南海利集团收购湘江精细化工厂、新疆德隆公司控股火炬火花塞公司等工作，引进了外地资金、先进技术、优秀人才，促进了本地企业做大做强。

从1996年开始，在“抓大放小”方针的指导下，株洲市加大对优势企业、支柱产业的扶持力度。优强企业和支柱产业均取得了长足发展。南方航空动力机械公司、国光瓷业、湘大饲料3大集团已初具规模，分别成为机械制造、瓷器和农业产业化的龙头企业，有色冶金、机械、化工、建材4大支柱产业产值占全市乡及以上工业总产值比重达80%，南方公司、电力机车厂等9家企业的利润占全市利润总额的90%以上。全市已有5家企业年销售收入过5亿元，其中，南方公司、株洲冶炼厂均已超过20亿元。在全国企业500强中，湖南16家，株洲市就占了6家。株洲市大中型企业的迅速发展还被中央多家新闻媒体誉为“株洲现象”，引起了全国各界的广泛关注。

20世纪90年代，株洲市进一步加快乡镇企业的发展。1992年全市乡镇企业总产值登上50亿元台阶，1994年跨越100亿元大关。1996年全市乡镇企业实行了以股份合作为主要形式的产权制度改革，优化了资本结构和经营机制，当年全市乡镇企业总产值达到300亿元。1998年，全市有乡镇企业14.79万家，从业人员68.9万人，比1991年增加30万人，翻了将近一番。完成产值比1991年增长9倍多。2000年，全市乡镇企业完成工业总产值214.17亿元，占全市工业总产值的45%。

市委、市政府十分重视发展高新技术产业，1988年决定在河西创建“新技术产业开发试验区”。

1992年2月经省人民政府批准为省级高新技术产业开发区，同年12月晋升为国家级高新技术产业开发区，规划面积8.8平方千米。市里陆续投资34亿元进行区内基础设施建设，出台优惠政策开展招商引资。至1999年年底，先后有德国、意大利、新加坡、台湾等10多个国家和地区的客商到高新区投资创业，仅“三资”企业就有25家。到2000年末，进区高新技术企业达到127家，产值84.45亿元，实现工业增加值24.76亿元，占规模工业的比重分别为63.46%、39.85%。

通过采取上述一系列改革、开放措施，株洲市工业生产实现了前所未有的稳步快速增长。“八五”计划期间累计完成工业总产值840亿元，年平均递增12.25%。“九五”计划期间，全市累计完成工业总产值637.27亿元，年均递增13%，是“八五”计划期间的2.41倍。2000年，全市完成工业总产值473.31亿元，比1990年的60.26亿元增长6.85倍，比1995年的233.37亿元增长1.03倍。

第三节　第三产业

在计划经济时代，由于受“左”的政策限制，这些行业都是由国家、集体经营，私人不得染指。中共十一届三中全会之后，政策虽然放宽，但受传统的禁锢，私人能不能经商做买卖，搞运输，存在着“姓社”“姓资”的争论，有的人想干而顾虑重重，不敢作为，甚至“噤若寒蝉”。这种状况，严重制约了株洲地区第三产业的发展。改革开放初期，全市的第三产业发展还很落后。统计资料显示，1980年国有集体经营的第三产业增加值只有2.79亿元，占当年全市国民生产总值16.81亿元的16.6%。到1991年虽然达到了16.04亿元，比1980年增长了5.75倍，年均递增11.8%，占国民生产总值61.14亿元的26.23%，但远远落后于发达国家的60%，发展中国家40%以上的水平，也低于全国27.3%的平均水平。

株洲市第三产业的快速发展，是在贯彻1992年6月中共中央、国务院《关于加快发展第三产业的决定》和省委、省政府《关于进一步加快发展第三产业的意见》之后开始的。

1992年7月，市委、市政府召开加快发展第三产业工作会议，指定市计委根据中央和省委文件精神，先行调查研究，摸清情况，编制规划。市计委随即组织力量，经过近4个月的调研，编制《株洲市第三产业发展规划纲要》（简称《纲要》）。《纲要》明确提出了发展目标、指导原则、发展重点和实施《纲要》的相关政策措施。强调围绕以交通运输、邮电通讯、商品流通这“三通”为重点，同时积极发展金融保险、房地产、信息咨询、文化娱乐、旅游休闲、社会服务等产业。同年12月底市政府将《纲要》转发全市组织实施。与此同时，为加强对第三产业发展工作的领导，市委、市政府于年底研究决定，成立由市计委、经委、财办、外经委、科委、建委、教委、国税、地税、工商、劳动、城建、财政、国土、物价、统计、人民银行等部门负责人组成的“株洲市发展第三产业领导小组”，并设立“第三产业办公室”（简称“三产办”），作为发展第三产业管理机构。各县市区也相继成立了“领导小组”和“三产办”，确定专人负责这项工作；市区有40

多家大中型企业成立“第三产业总公司”，负责发展第三产业与剥离工作。1993年初春，市“三产办”根据市委、市政府领导的指示和“领导小组”的安排，参照中央《决定》和省委、省政府文件有关政策精神，研究制定《关于加快第三产业发展若干政策规定》，以市政府名义印发至县市区和市直机关、企事业单位贯彻执行。《规定》在五个方面提出了20多项优惠政策措施，简化工商审批手续，放宽登记条件，放开经营范围；实行鼓励加快发展第三产业优惠税收政策；进一步放宽第三产业价格；坚持谁投资，谁所有，谁受益的原则，提倡国家、集体、个体一起上，内资外资一起上，多渠道、多层次、多形式增加第三产业流动。这些优惠政策的出台，引起各县市区、企事业单位、机关、学校的强烈反响，尤其得到城镇居民特别是待业人员、农村有专业技能农民的欢迎，不少企事业单位、待业人员纷纷要求集体或个体经商做生意，长途运输、餐饮服务、批发零售、信息咨询等业务日益增多，工商部门应接不暇。很快在全市范围内掀起发展第三产业的热潮。当年，全市44个重点基础设施建设项目，第三产业占了25项，投资额占重点工程投资总额的50.5%。这年完成第三产业增加值28.28亿元，比上年增长37.71%，占国民生产总值的31.6%。其增长速度高出全省平均水平21.7个百分点，为全省第一。其中，运输邮电业5.98亿元，增长36%，商业饮食服务业8.96亿元，增长51.43%，金融保险业4.92亿元，增长6.5%，其他服务业6.67亿元，增长64.29%，唯房地产负增长6.42%。

1995年，全市完成第三产业增加值56亿元（现价，下同）比上年增长11%，比1990年增长119.7%，“八五”计划期间年均递增17.39%，高于第一、第二产业发展速度和国民生产总值增长速度。第三产业增加值所占国民生产总值比重由1990年的24.5%上升到1995年的31.6%，提高7个多百分点，使全市产业结构排序由“二、一、三”变成“二、三、一”，实现了历史性的突破。

“九五”计划期间，第三产业由于有“八五”期间的基础，加上改革开放不断深入，工农业产业结构进行了深层次的调整，集贸市场建设与管理不断完善，交通流通优势得到发挥，个体私营非公有制经济得到大力发展，一些厂矿企业随着体制改革，减员、下岗工人增多，兴办服务业积极性高涨，为第三产业发展营造了良好环境而得到快速发展。从1996年开始到2000年，第三产业增加值分别达到61.12亿元、74.96亿元、83.62亿元、93.05亿元、104.80亿元，平均每年以22.3%的幅度递增。10年里，在第三产业增加值的构成中，从行业的增长情况看，大致分为三个层次。第一层次是运输邮电仓储业、商业和教育文艺广播电视业，增加值分别为300.12亿元、241.3亿元和100亿元，共计641.42亿元，占第三产业增加值总数的61%；第二层次为国家政党机关和社会团体、金融保险业、社会服务业、房地产业，分别为90.13亿元、82.55亿元、78.87亿元、61.06亿元，共计312.61亿元，占总数的29.9%；第三层次为其他行业、卫生体育福利业和科学研究综合技术服务业，分别为38.28亿元、35.47亿元、20.10亿元，共计93.85亿元，占总数的9.1%。

第三产业虽然发展迅速，但与全市的整体经济优势比较起来，还不够理想。以后如何进一步优化环境，拓宽发展领域，特别是充分发挥经济潜能优势，如发展旅游业、信息咨询等各种新的服务产业，是值得认真研究解决的。

株洲市 1991—2000 年第三产业增加值构成统计表

表 4-1　　　　单位：万元

类别		1991	1992	1993	1994	1995	1996	1997	1998	1999	2000
第三产业增加值		159449	195166	282778	419367	556357	671208	749609	836263	913191	1027297
第一层次	运输邮电仓储业	35969	43458	68368	103108	142038	179282	217866	244752	267269	300175
	商　业	46911	159449	87886	115012	149968	173603	192204	204638	219617	241359
	教育文艺广播电视业	10024	35969	15847	33822	43254	48739	54958	63071	83601	100062
第二层次	政党机关和社会团体	9160	10743	15201	31029	37791	44947	55679	72190	78017	90132
	金融保险业	32691	41315	51121	56891	76698	84764	68650	73547	76688	82558
	房地产业	9767	10943	14632	22217	30076	36647	48004	50447	57610	61067
	社会服务业	6007	7825	10825	25394	34463	39665	47945	55616	65541	78878
第三层次	卫生体育福利业	3600	4263	5976	13696	17725	20995	23454	26034	30241	35472
	科学研究综合技术业	1675	3544	4420	6706	9140	10009	13212	14863	17136	20100
	其　他	3645	2624	8502	11492	15204	32557	27637	31105	17471	17494

第二章　国民经济结构

1949 — 2000 年，株洲由一个农村小集镇迅速崛起为一个现代化的工业城市，国民经济发展取得了辉煌成就，溯其原因，经济结构调整功不可没。可以说，经济结构每次大的调整，都推动着全市经济发展水平上了新的台阶。

1949 年至 20 世纪 70 年代末，突出发展工业的战略性举措，推动株洲实现由一个农村集镇迅速崛起为中南工业重镇的历史性跨越。“一五”“二五”计划期间，由于株洲得天独厚的地理位置和交通优势，国家选址株洲发展工业。全国 156 项重点工程和 694 个限额以上项目分别有 4 项和 9 项布点株洲，新建 11 家重点骨干工业企业，一举奠定了“工业株洲”的基础。之后，60 年代、70 年代，株洲市围绕大厂办小厂，发展地方工业，使株洲初步形成了冶金、机械、化工、建材为支柱的工业体系。至此，以重工业为突出优势的株洲雄立中南，享誉全国。

1949 年，在全市国内生产总值中，一、二、三次产业的比重为 76.3:5.4 : 19.3，全市工业总产值仅 1095 万元，株洲尚处于典型的农业社会，全市的产业结构是以农业为主的单一落后结构。到“二五”计划末的 1962 年，全市一、二、三次产业比重变化为 46:36.4:17.6，全市工业总产值达到 3.24 亿元，比 1949 年增长 31 倍，13 年间年均递增 30.44%。到 1978 年，三次产业比重进一步变化为 33.7:50:16.3，成“二一三”型结构，全市工业总产值达到 17.63 亿元，比 1949 年增长了 246 倍，年均递增 21%。在工业总产值中，轻重工业产值比为 24:76，国有工业占全部工业的比重为 83.57%。全市国民经济形成了以国有重工业为主导的产业、产品结构。

改革开放以来，全面实施结构调整战略，推动了全市综合经济实力迈上一个新台阶。改革开放以来，尤其是进入 90 年代以来，株洲市在加快经济发展，不断深化改革的同时，针对经济结构不合理，经济素质不高等影响经济发展的主要矛盾，以工业为重点，加快结构调整步伐，促进了全市经济结构的改善和优化，多元、开放的经济发展格局初步形成，产业结构不断向高级化、科学化方向健康发展。

株洲市按照“调大、调高、调优”的原则，积极调整、改造一、二产业，重点加快第三产业的发展，特别是加快了交通、邮电通信、内外贸等行业的发展，所有制结构由单一的公有化体制转变为多种经济成分混合型新体制，个体、私营经济快速发展，农业、工业内部产业结构进行了战略性的调整，国民经济体系总体结构朝着合理的方向发展。到2000年年底，全市三次产业的比重由1978年的33.7 : 50.16 : 16.3改善为18.9 : 49.3 : 31.8，由“二一三”转换为“二三一”型，实现了产业结构的升级。

第一节　所有制结构

株洲市的国民经济结构，在改革开放前有两个显著的“二元化结构”特点：一是城市市区传统工业和农村传统农业的二元化结构；二是单一的工商业公有制和农业集体所有制二元化结构。改革开放以来，在农村打破了单一的集体所有制，实行家庭联产承包与双层经营责任制，到“九五”计划期间，除巩固完善上述责任制外，还完成了土地延长承包30年合同的签订，允许承包户的土地可以继承、转让。同时，加快了国有工商企业的改革调整，打破了国有工商企业一统天下的局面。主要在两个方面进行了历史性的变革。

一 个体经济与私营企业的发展

20世纪50年代至60年代中期，株洲的个体私营经济数量很少。“文化大革命”中把个体工商业者当“资本主义尾巴”割掉，所有个体工商业被全部取消，公有制经济一统天下。中共十一届三中全会以后，开始“解冻”，但由于“姓资”“姓社”的性质问题所困扰，个体经济的发展仍裹足不前。到1983年底，全市才有个体经济13605户，从业人员15029人，注册资金902.7万元。营业额8483万元，商品销售总额7671.5万元，占社会商品零售总额的11.74%。在工业系统结构中，个体私营企业更是凤毛麟角，仍然是国有经济占绝对优势。随着国家和省、市对个体经济政策的不断放宽，并允许私营企业的存在和发展，个私经济发展步伐加快，至1991年年底，全市个体私营经济发展到44734户，从业人员74250人（其中私营企业233户，雇工223806人），注册资金18814万元，总产值34889万元，营业额89375万元。

1993年，市委、市政府根据邓小平视察南方重要讲话和省委、省政府《关于加快发展个体私营经济的决定》的精神，把发展个体私营经济当作大事来抓，成立“株洲市发展个体私营经济领导小组”，并下发《关于加快发展个体私营经济的有关规定》和《关于加快发展个体私营经济的若干意见》，出台一系列促进个体私营经济发展的配套政策。到1996年年底，个体经营户发展到10.54万户，其中私营企业1561家，比1992年增长1.36倍，从业人员达21.53万人，增长1.9倍，注册资金15.03亿元，增长7倍，产值13.03亿元，增长2.73倍，销售额6540.75万元，增长6.3倍，零售总额30.5亿元，占全市零售总额的38%，税收2.15亿元，占市财政收入的13.43%。此后，个私经济继续加快发展，但由于管理与经营户素质等诸方面的原因，出现一些“空壳户”，或经营不规范，或经营手段违法违规等现象。为规范个体经济的发展，在1999—2000年间进行了清理整顿，个体经济户由1999年的12.52万户，骤减到2000年的5.52万户，个体经济户从业人员由24.27万人，骤减到12.76万人。虽然个体经营户与从业人员大大减少了，但通过清理整顿，规范和优化了个体私营经济发展的秩序和环境。为健康有序发展个体私营经济奠定了良好的基础。私营企业由1996年1500多家增加到2000年的1770多家。2000年，全市个体私营经济产值达到12.76亿元。

二 国有企业产权制度改革

1978年，全市只有单一的公有制经济，其中国有企业和集体企业产值分别占83.6%和

16.4%。1992 年 5 月，株洲市开始股份制改革试点，试点企业为 5 家，9 月成立全市第一家规范化的股份制有限公司 — 株洲电力物业股份公司。1993 年，株洲火炬火花塞股份有限公司股票在深交所上市，为全省首批两家股票上市公司之一。至此，以股份制为主要内容的产权制度改革由浅入深，不断向前推进。1994 年，以产权制度改革为重点的“优化资本结构，增强企业实力”的改革，使股份制改革取得新的突破。当年 10 月，全市批准的股份制企业增至 50 家，共有注册资本 4.26 亿元。1997 年全面推行“置换国有（集体）资本，置换职工全民身份”“企业职工全员持股，经营者持大股”等一系列深层次的改革、调整，进一步深化产权制度改革。至 2000 年年底，全市共对 345 个国有企业（其中中央企业 27 个，省属企业 43 个），1000 多个集体企业的所有制结构进行了调整，组建 5 个企业集团、1139 个股份制公司、中外合资企业 147 家，联合兼并 148 家，依法破产 124 家，有 15 家企业进行了“职工全员持股、经营者持大股”的改制，本地优势企业走出株洲创办、收购、兼并企业 20 多家。

第二节　产业结构

一　工业产业结构

株洲是国家“一五”计划期间选定的全国新建设的 8 个重点工业城市之一。“二五”计划期间，株洲市初步形成以重工业为特征的工业体系。工业门类比较齐全，除因资源和政策所限的石油、天然气开采、烟草加工、化学纤维业属空白之外，其他产业几乎涵盖了工业体系各个领域。其中机械、冶金、化工、建材成为株洲工业的四大支柱产业。至 1960 年，全市地方工业企业达到 148 个，中央、省属企业 48 个。工业总产值达 7.27 亿元。工业过快发展，占用了大量的农业劳动力，影响了农业发展。1960 年全市地方工业和手工工业产值占工农业总产值的 81.6%，是 1957 年的 2.65 倍。此外，1960 年轻、重工业产值在工业总产值中的比重为 84.59 ： 15.41，生产资料比 1957 年增长 18.47 倍，而生活资料只增长 3.73 倍；加上 1958 年出现的“左”倾思潮影响，自然灾害严重等因素，国民经济出现严重困难局面。1961 年，为克服困难，株洲市认真贯彻中央“八字方针”，对国民经济进行全面调整，首当其冲的工业，压缩的重点是重工业。为此，决定关、停、并、转、缩退一批工厂企业，精简一批干部职工和非生产人员。至 1962 年，对全市 196 个工业企业先后进行 3 次调整，其中市属企业压缩至 47 个，中央企业保留 16 个，省属企业保留 14 个，工业战线精简职工 2.6 万多人。经过调整，工业结构趋向合理，生产迅速回升，经济效益明显好转。1965 年，全市工业总产值回升到 4.03 亿元，比 1962 年增长 1.26 倍，但轻、重工业的比例仍不合理。1965 年轻工业产值仅占工业总产值 12.03%。“文化大革命”期间，“左”倾错误的干扰使株洲市的工业生产受到严重干扰，工业总产值和利润指标连年下降，部分企业处于停产和半停产状态。但是，由于多数职工坚守工作岗位，勤奋工作，特别是 1975 年邓小平主持工作后采取一系列整顿措施，之后生产形势有所好转。株洲市委、市革委会积极组织“工业学大庆”运动，大力拓展氮肥、电子、农机、塑料、药业五大产业，轻工业投资在全部工业投资中的比例由1970年4.4%提高到1975年的10.71%。1976年，全市轻工业产值在全部工业产值中的比重上升到25.66%。

改革开放以来，工业结构调整的力度不断加大。1979 — 1981年的3年经济调整中，工业调整的重点是大力发展轻纺工业。全市安排地方工业的机动财力和各项贷款总额的50%以上用于发展轻纺工业，对重工企业产品无销路的则进行转产，生产轻纺市场产品。轻纺工业的产值连年大幅增长。1979年全市轻纺工业总产值达2.64亿元，比1978年增长16.6%，1980年又比1979年增长20.3%，1981年比1980年增长23.32%。“六五”期间，全市用于轻工业的投资2.4亿元，占同一时期工业总投资的35.6%，轻工业产值平均每年递增11.4%。至1990年，全市轻工业产值达240617万元，占工业总产值的30.05%，重工业占69.95%。

20世纪90年代，株洲工业经济在快速发展的基础上继续进行产业结构调整，特别是1995年市委、市政府贯彻中央关于实现经济增长方式转变的方针，针对株洲市工业门类齐全，但整体规模小，支柱产业缺乏强有力的支持和经济效益低等情况，按照“有所为，有所不为”的原则，提出“选准一个产品、扶持一个企业，壮大一个集团，带动一个行业”的思路，突出发展重点行业，重点企业和重点产品，提出解决“三重两低”（国有企业比重过重，重工业过重、上游产品比重过重；高新技术产品比重过低，工业经济整体效益偏低）为特征的结构性矛盾。为此，认真组织实施了“以壮大三大集团，培育八大产业群体，发展25种重点产品”为主要内容的调整方案，重点培育发展了南方、国光、湘大三大集团和千金药业、湘火炬两家龙头企业。1999年三大集团和两家龙头企业实现工业增加值7.5亿元，占全市国有及国有控股企业的24.1%。轻工业发展得到较快提升，2000年，轻工业比重在全市规模以上工业增加值中，由1995年的26%提高到36.15%。同年，市发改委对全市33个工业行业中的360个企业工业资产和工业总产值统计指标进行了分析，表明株洲工业结构具有4个层次的特点：

第一层次产业，为交通运输设备制造业、有色金属冶炼及压延加工业、化学原料及化学制品制造业、建材制品业四大行业，是株洲工业的支柱产业，共计185户，其资产比重占全部工业产值的65.93%，产值比重占66.79%。其中，交通运输设备制造业28户，产值比重为25%，居各行业之首；有色金属冶炼及压延加工业19户，产值比重为21.82%；化学原料及化学制品制造业36户，产值比重为12.5%；建材制品（非金属矿物制造业）102户，产值比重为9.42%。

第二层次产业，是食品加工业，电力、蒸汽、热水的生产和供应业，其他制造业、仪器仪表及文化、办公用品，机械制造四大行业，是株洲工业的重要支撑。共计65家，资产比重为13.5%，产值比重为14.34%。其中，食品加工业18户，产值占5.43%；电力、蒸汽、热水的生产及供应业9户，产值占3.84%；其他制造业、仪器仪表业36户，产值占2.89%；文化、办公用品、机械制造业2户，产值占2.19%。

第三层次产业，是电气机械及器材制造业、电子及通信设备制造业等9大行业，是株洲次重点产业，也是极具增长潜力的产业，共计110户，其资产比重为13.52%，产值占13.3%。其中，电气机械及器材制造业21户，产值比重为1.97%；电子及通信设备制造业11户，产值占1.73%；普通机械制造业 20 户，产值占 1.69%；金属制品业 14 户，产值占 1.64%，纺织业 7 户，塑料制品业 13 户，医药制造业 10 户，其产值比重均为 1.36%；饮料制造业 4 户，产值比重为 1.16%；煤炭采选业 10 户，产值比重为 1.03%。

此外，还有黑色，有色金属矿，非金属矿采选业，服装及其他纤维制品制造业，皮革、毛皮、羽绒及其制品业，木材加工及竹、藤、棕、革制品业，造纸及纸制品业，印刷，石油加工及炼焦业，橡胶制品业，武器弹药制造业，煤气、自来水生产供应业等十六大行业，占规模工业产值比重为 5.5%。

从上述特点看，株洲工业产业结构的基本格局，是以交通设备制造、有色金属冶炼、基础化工原料以及玻璃建材四大产业支柱为主体，兼有食品加工、生物医药、电子、电力、蒸汽热水生产供应等为辅的结构形态。原材料等基础加工和部分机械加工业还很有实力；一些传统产业也有一定地位。但就轻重工业的比重而言，重工业显得太“重”，而日用消费品的轻工业，相对偏“轻”。据统计资料显示，轻工业与重工业之比，1990 年为 23.72 : 76.28；1995 年为 20.29 : 79.71；1996 年为 24 : 76；2000 年为 22.27 : 77.73；曾经最低时期达到 10.8 : 89.2（全省为 39 : 61，全国为 44 : 56）。这个结构，反映了株洲重工业城市的本来面目，也反映了轻工业相对偏“轻”的事实。

中华人民共和国成立前夕，株洲工业产品只有 10 余种传统手工业产品，基本没有重工业产品。“一五”期间，为基建服务的工业产品急剧增加，工业产品增加到 20 多种，主要为轻工业产品。“二五”期间，大批重点项目竣工投产，工业产品品种迅速增加。至 1965 年，工业产品达 4000 多种，形成以四大支柱产业为基础，以重工业产品为主体，轻工业产品为辅的新格局。“文化大革命”期间，株洲工业战线广大职工排除“左”的干扰，研制了数十种新产品。1979 — 1990 年，贯彻改革开放的方针，工业产品结构得到合理调整，质量提高，出口产品增多。工业部门围绕国内外市场需要，淘汰一批工艺落后、花色陈旧、档次低、效益差的老产品，开发出适销对路的新产品和更新换代产品。苎麻布、麻纱线、日用瓷、烟花鞭炮、塑料制品、搪瓷制品、卫生纸、玻璃纸、电池、灯泡、药品、饮料等新花色新品种大量涌现，产量产值迅速增加。航空航模发动机、电力机车、全钢铁路货车、硬质合金、铜、铝、铅、锌、火花塞，电焊条、轴承、轴瓦、汽车配件、平板玻璃、压花玻璃、玻璃纤维、夹丝石棉瓦、化工设备、钛白粉、化肥、农药、二氧化硫、草酸、硫酸、烧碱等产品，质量稳定提高，品种增多，形成“拳头”产品，摩托车、自行车、电视机、电子计算机等，也相继开始生产。工业品出口额大幅度增长，占全部出口额 80% 以上。陶瓷、花炮、硬质合金、锌、铜、铅、草酸、苎麻织品、皮革制品、抽绣制品、布鞋等，在国际市场走俏，轻纺工业产品出口量大增，1988 年全市出口产品产值 1.18 亿元中，轻纺工业品占 40% 以上。1979 — 1990 年，全市有 641 种产品被评为国家、省部级优质产品，其中国家金质奖 13 个、银质奖 37 个，部优 114 个、省优 477 个，金、银质奖占全省获奖总数的 30% 多，名列全省第一位。1990 年，全市优质产品产值率 42.53%，在全国 72 个主要工业城市中名列第 7 位。

20 世纪 90 年代，全市工业产品结构得到进一步的调整、优化。传统重化工业不断向高附加值、深加工方向发展，精细化工、冶金产品深加工占重化工业的比重不断增加，以轨道交通装备制造业为代表的先进制造业得到快速发展，轻工产品也得到进一步的发展。全市工业产品有 180 种列入国家考核范围，普遍信誉好、市场占有率高。在国际国内享有盛誉的电锌、硬质合金、电力机车产销居全国首位；电铅、硫酸、铁路机车居全国第二位；销售过亿元的有电力机车等40余种；国内市场占有率超过20%的有15种；技术水平达到国际先进水平的有3种，达到国内先进水平的有17种。但产品结构中有“四多四少”现象。即：一般产品多，名优特产品少；原材料、粗加工、附加值低的上游产品多，制成品、精加工、高附加值的下游产品少；技术档次低、能耗高、生产过程污染大的产品多，有市场优势的名牌产品少；产品种类多，上规模的少。同时，原材料、粗加工与一般产品所占比重偏大。据统计，全市重工业产品中原材料基础工业产品占41.1%；在化工产品中，原材料及粗加工产品占85%；在机械工业产品中，一般产品占80%以上，高新技术高附加值和主机类产品不到18%。

二　农业产业结构

中共十一届三中全会以前，株洲农村的产业结构，在集体所有制的控制下，集中在有限的耕地上，实行单一的粮食耕作，着重解决吃饭问题，挤掉了多种经营和家庭副业。是典型的“粮猪型”经济结构。1978年，农村一、二、三产业的比重为60∶36∶4，农业增产不增收，还出现不少高产贫困队。由于农业内部结构比例失调，二、三产业滞后，商品经济不发达，农村城镇化建设被忽略，因而长期处于落后闭塞状态。

1981年以后，农村推行家庭联产承包责任制，大大调动了农民的积极性。在引导农民加强粮食生产的同时，发展多种经营，市政府和各县从有关部门抽调专家、技术干部3400多人，对全市农业自然资源进行了全面调查，编制了分区经济发展规划，为合理布局粮食生产和二、三产业发展提供依据。1984年春节前，市委召开农村工作会议，结合株洲实际贯彻中央1号文件。市委带头解放思想，提出“八允许”“十鼓励”政策和发展“十小经济”措施。会后，派出6个调查组，深入各县市区调查研究，广泛宣传、发动、引导农户制定“致富规划”，帮助找生产门路，找销售出路，解决“买难卖难”问题，使农村商品经济得到快速发展，产业结构开始发生变动。1985年，全市农村工作会议确定，把发展经济作物、养殖业和乡镇企业作为调整农业产业结构的重点。1992年，各级党委和政府按照市委、市政府提出的“建设高效农业，实现小康目标”的要求，加快了农业结构调整步伐，调减水稻生产面积1万公顷，用于发展棉花、烤烟、“三瓜”（西瓜、梨瓜、香瓜）、辣椒、水果、药材等经济作物，大搞多种经营。还在株洲县杨梅村进行农业综合开发试点，建立三门镇水果综合开发基地，茶陵脐橙基地、虎踞名优特水果基地、大蒜加工和株洲县与醴陵市的黑山羊基地等工程建设。

1993年，市委、市政府再次强调农业结构调整，大力发展乡镇企业，市十届人大常委会第四次会议通过《关于保护乡镇企业合法权益，促进乡镇企业发展的决议》，对重点骨干乡镇企业实行挂牌保护，为乡镇企业发展营造了良好的外部环境。1994年，市委、市政府作出了发展县域经济的战略决策，进一步强调调整农业经济结构，提出“调整三个结构，提高四个比重”的口号，即调整种植业结构，提高经济作物比重；调整农业生产结构，提高养殖业比重；调整农村产业结构，提高二、三产业比重；依靠科技进步，提高科技对整个农村经济发展贡献的比重。1996年，市委、市政府作出了《关于大力发展乡镇企业的决定》，提出为乡镇企业办好10件实事；1997年，又制定乡镇企业大发展、大提高的“八项”措施，建立激励考核机制，每年从财政上拿出100万元作为乡镇企业奖励资金，表彰和奖励那些为发展乡镇企业做出较大贡献的单位、个人和乡镇企业税利大户。

通过一系列的措施，农业产业结构逐步得到优化。10年间，全市实现农业增加值367.32亿元，年均递增13%，生产粮食1771.3万吨，农民人均纯收入达到2689元，比1991年793元增长2.39倍，比1995年1667元增长61.3%。在农村经济快速增长的同时，经济结构也不断优化。1998年，农村社会总产值中二、三产业产值的比重就达到81%，养殖业占农林牧渔总产值的比重达到40.41%。种植业结构由粮、经“二元”结构，逐步向粮食、经济作物、饲料“三元”结构转化，粮、经、饲之比为6.5∶3∶0.5，打破过去专以口粮为主的温饱型结构。产业结构调整中，在乡镇企业里注重发展农产品加工业，到1998年全市发展586家，各地以农产品加工企业为龙头，实行“公司加农户”“农户连基地”“基地连市场”，种、养、加（工），产、供、销，贸、工、农一体化，促进农产品转化增值和农产品升级。仅1998年农产品加工企业总产值达到34.68亿元，占当年全市农村工业总产值的五分之一。涌现了集饲料、养殖、屠宰、冷贮、加工、销售为一体的国家农业产业化龙头企业 — “湘大集团”。据1999年统计，全市农村二、三产业产值占农村社会总产值的83%，一、二、三次产业比重为17∶61∶22。三次产业的排序已由原来的“二、一、三”变为“二、三、一”。农产品商品率达62%，比1978年提高近1倍。到2000年，牧业、渔业商品率分别达到75%和65%。1991 — 2000年，农、林、牧、渔业总产值达到556.29亿元，其中农业产值占51.17%；林业产值占5.27%；牧业产值占39.03%；渔业产值占4.53%。

第三节　固定资产投资结构

固定资产投资，是拉动国民经济增长的主要方式之一。1949 — 1952年，全市全社会固定资产投资仅2038.6万元，其中国有经济1993.6万元，集体经济17万元，个体经济28万元。“一五”计划期间，全市固定资产投资增至19566万元，其中国有经济19364万元，集体经济112万元，个体经济90万元。“二五”计划时期，全市固定资产投资达到60749万元，其中国有经济59922万元，集体经济681万元，个体经济146万元，投资总额较“一五”计划期间增长近2倍。但发展不平衡，1960年达到20451亿元，1961年大幅下降至4714万元，1962年再降至2858万元。三年调整时期开始缓慢回升，1965年达到7353万元。“三五”计划时期，由于受“文化大革命”冲击，除1966年全市国有资产投资达到8524万元外，1967 — 1968年连续两年大幅下降，每年仅4000多万元，1969年回升至6403万元，1970年增至9551万元。“四五”计划期间，固定资产投资总额发展不稳定，1971年曾达到16026万元，之后连年下降，至1975年恢复到10353万元。“五五”计划时期，随着“左”的流毒逐年肃清，全市固定资产投资步入稳定发展的新阶段。1980年为25118万元，达到历史最高水平。5 年间全市累计固定资产投资总额达 81232 万元，其中国有经济 56494 万元，集体经济 12489 万元，个体经济 12249 万元。“六五”计划时期，随着改革开放的全面展开，经济发展提速，固定资产大幅度增长。1985 年达到 71395 万元，5 年总计 220111 万元。“七五”计划时期，全市固定资产投资进一步加速扩大，最高年份达到 122731 万元。其中国有经济 249747 万元，集体经济 97563 万元，个体经济 159272 万元，投资结构也发生较大变化，国有经济投资额不到总额的 50%，个体经济达到 159272 万元，比“六五”计划时期的 76935 万元翻了一番。1991 — 2000 年，随着社会主义市场经济体系的建立和初步发展，全市固定资产投资迈上新的台阶，投资总额为 359.27 亿元，年均增长 20.64%。在投资总额中，国有经济 190.73 亿元，占 53.09%；集体经济 46.3 亿元，占 12.89%；个体经济 73.15 亿元，占 20.36%；其他为 49.09 亿元，占 13.66%。

一 城市基础设施投入

1949 年，株洲镇除 3 条总长 6.3 千米的街道和 16.74 万平方米房屋外，基本上没有其他基础设施。1951 年建市后，开始有计划、有步骤地开展城市基础设施建设，所需资金由国家财政投入。至 1952 年，修筑简易防洪堤 1.57 千米，新建房屋面积 14.10 万平方米。1953 年，株洲市被列入全国第一个五年计划 8 个新建重点工业城市后，城市基础设施建设投资用于电力、煤气、自来水、交通运输及邮电通信等基础设施的有 9661 万元，占基建投资总额的约八分之一。至 1965 年，城区共建成主次干道 46.57 千米，开通公共汽车线路 7 条，购置公交车 22 辆；建设自来水厂两座，日供水能力可达 26 万立方米；城市公园两座，修筑防洪堤 4.22 千米。1953 年修通连接长沙、湘潭全长 23 千米的株易公路。1958 — 1965 年，又先后修通株洲城区至境内各县干线公路 137.4 千米，县乡公路 797.2 千米。1958 — 1960 年，邮电部和株洲市政府拨款 65 万元，修建了建筑面积达 4881.97 平方米的自动电话综合大楼。1960 年市政府拨款 70 万元购进通信设备，使株洲市成为全省第二个实现市话自动化的城市。

“文化大革命”中，城市建设受到很大冲击，基础设施建设投入大幅下降。1966 — 1969 年，电力、煤气、水、交通运输及邮电通信等固定资产投资仅 2588 万元。“文化大革命”10 年间，城区仅增道路 5.3 千米，增公交线路 1 条，国有直管公房仅增加房屋建筑面积 3.79 万平方米。

“文化大革命”结束后，特别是改革开放以后，城市基础设施建设得到高速发展。城市公用事业方面：1979 年日产 50 万立方米的市第三自来水厂建成投产，石峰公园建成；1986 年，建成贯通市区东西的主干道 —— 新华路；1988 年，管道煤气第一期工程建成投产，横跨湘江的株洲大桥建成通车。至 1990 年，株洲城区共有主次干道 27 条，总长 89.94 千米，总面积 143.78 万平方米；防洪堤 6.7 千米，排渍泵站 6 座；自来水厂 3 个，日供水能力 115 万立方米，年产煤气 428.40 万立方米，公共汽车线路 18 条，线路总长 351.90 千米，公共汽车 452 辆，公园 3 座，人均拥有公共绿地面积 2.3 平方米，城区绿化覆盖率 31.2%。仅 1986 — 1990 年，全市电力、煤气及水的生产和供应总的固定资产投资就达 16197 万元。交通方面：公路建设以提高等级为主，至 1990 年，全市公路总里程达 3249 千米，基本实现村村通公路，以 1975 年为基数，二、三级公路增加 67.2 千米，等外公路减少近 200 千米，次高级路面增加 304.7 千米。水路基本清除了湘江主航道的 16 处险滩，建成千吨级泊位码头。铁路方面，建成现代化的特等铁路客运站，株洲北站建成全国第一个中等现代化的编组站，编组能力名列全国第二。邮电方面：1977 — 1981 年，株洲市所属 5 县完成市内电话改制，实现了自动化；1982 年，市城区和醴陵市长途电话进入全国自动网；1990 年，全市市内电话交换机容量和各单位内部使用的交换机容量达 3.05 万部，市内电话机总数达到 22651 部。1984 — 1990 年，全市交通运输、仓储及邮电通信固定投资达到 14685 万元。

1991 — 2000 年，城市基础设施建设力度进一步加大，新增固定资产额度大幅上升。10 年里，全市新增固定资产 277.29 亿元，占投资总额的 77.18%，年均增长 13.36%。“八五”伊始，市委、市政府就强调加强城乡基础设施建设，要求新建、改建一批公路、桥梁、通信、能源等设施。“九五”以来，更是加快了城市建设步伐，确定了以建设“快速环道”为重点的“市政工程”，以防洪排渍为重点的“保安工程”，以经济适用房为重点的“安居工程”，以环卫、治污、绿化为重点的“优化环境工程”，以路灯、灯饰为点缀的“亮丽工程”等五大工程。其间，新建了京珠高速公路株洲段、320 国道醴陵莲塘至易家湾高等级公路等 502.66 千米。其中市区新建公路 43.39 千米；新铺路面 20.79 万平方米；修建包括石峰大桥在内的 8 座永久性公路大桥；改建 106 国道醴陵至茶陵县段、1815 线株洲县境段以及网（岭）酒（埠江）、攸（县）大（坪）公路等 923 千米；修建株洲千吨级泊位集装箱码头及湘江株洲县境至市区的防洪堤 174.7 千米；扩建渡口、南湖塘排渍泵站工程；对酒埠江、官庄、岩口、皮佳如等大中型水库及其灌区渠道进行了加固与防渗漏建设；在市区河西新建第四水厂，新增自来水供水能力 20 万吨 / 日；延伸自来水管 19.8 千米。能源通信方面，投资 22 亿元，用于株洲电厂二期技改工程，新增滴水井等变电站变电设备 88.05 千伏安；对农村电网进行改造，新增 11 万伏输电线路 102 千米；新增长途通讯电缆 1193 千米；长途电话设备 6941 终端；程控电话扩容达 39.8 万余门，在河西天台山修建了以始祖炎帝神农氏塑像为标志的“炎帝广场”及其配套工程 —— 十里长街美化亮化工程。到 2000 年，城市快速环道完成投资 1.09 亿元。此外，在攸县、株洲县新建和扩建国家粮食储备库各 1 处，面积达 10.37 万平方米，库容达 1.8 亿千克。

二　新增生产能力工程投入

1949 年，株洲市工业企业固定资产仅为 2000 万元，年工业总产值仅 58 万元。至 1959 年年末，全市工业行业新增固定资产 965 万元。

“一五”计划期间，株洲成为国家工业重点建设城市之一。基本建设的投资绝大多数用于工业建设。至 1957 年，全市工业企业达到 169 个，5 年内完成投资额 1.5 亿元，工业总产值每年以 31.2% 的速度递增。

“二五”计划期间，工业建设继续扩大，特别是地方工业发展很快。“二五”末期，地方骨干企业达到 100 多个。株洲硬质合金厂、331 厂、田心机车车辆修理工厂、株洲电厂、株洲冶炼厂、株洲化工厂、株洲玻璃厂等一批中央、省属骨干企业的扩建和新建工程相继竣工投产。但由于“左”的影响，急于求成，造成国民经济比例严重失调，加上苏联撤销合同，撤走专家，给重点项目建设造成困难，固定资产的投入产生的效果不佳，“二五”计划期间全市工业总产值仅净增261万元。

1963—1965年，通过贯彻中央“调整、巩固、充实、提高”的方针，关、停、并、转了一些企业，调整了农、轻、重的比例，工业生产明显回升。“文化大革命”中工业生产受到严重冲击，投入也大为减少，工业总产值和利润指标逐年下降。但20世纪70年代中期，株洲市投资兴建了一批电子、纺织、医药企业。工业结构也有所调整，轻工业投资在全部工业投资中的比例由1970年的4.4%提高到1975年的10.71%。

中共十一届三中全会以后，对工业建设的投资力度加大，并开始项目更新改造资金的投入，1978年为1124万元。1981—1990年，全市基本建设投资总额达14.15亿元，项目更新改造资金达20.32亿元，收效非常显著。“六五”计划期间，全市工业固定资产投资额为7.9亿元，主要用于企业的技术改造、产品升级换代、发展优势产品和开发新产品。其间，重点发展日用消费品为主的轻纺产品。淘汰一批工艺落后、档次低、效益差的老产品，开发出一批适销对路的新产品和更新换代产品。5年间，全市工业总产值年平增长率为9.01%，1985年，全市工业总产值达到34.82亿元，比上年增长15.2%。“七五”计划期间，株洲市进一步强化企业的技术改造，投入更新改造的资金达15.20亿元，一批企业进入国际、国内先进行列；生产手段达到现代化水平，共开发新产品568项。1990年，全市新产品产值率由1985年的3.6%增加到8.6%。其间，新增了部分企业，又有五三机械厂、中南无线电厂等数家“三线”企业迁入株洲，全市工业实力有所增强。到1990年，全市乡办及以上工业企业总数达1691个，其中国有企业343个，集体企业达1348个。在国有企业中，有中央企业27个，省属企业43个，市属企业70个，县属企业103个。1990年，全市工业总产值完成51.10亿元，比1985年增长73.06%，5年内平均增长率为11.59%。

1991—2000年，继续新建和改建一批能新增生产能力的工程。“九五”计划期间，固定资产投资项目2514个，其中基本建设1534个，占61.02%；更新改造744个，占29.59%；其他236个，占9.39%。这些新建和更新改造项目主要有：株洲冶炼厂锌10万吨技改工程和锌精矿干炼、焙烧球磨系统改造及二氧化硫系统改造工程；株洲南方热电有限公司热电工程；株洲硬质合金厂老系统改造和钨钼系统深加工技术改造工程；南方航空动力机械公司惠普航空发动机工程；雅马哈公司125M1美式巡航车生产线工程；湘江氮肥厂“四六”合成氨技改工程；唐人神低温肉制品加工工程；湘瑞塑料门窗工程以及陶瓷、高新技术产业区建材、电子工程等等。这些新建更新改造工程建成并相继投产，大大提高了新的生产能力。10年间，全市还新增合成氨11万吨、氮钾肥14.1万吨、化学农药1300吨、硫酸28万吨、啤酒1600吨，汽车轮胎外胎50万条、水泥41.6万吨、中成药840吨等年生产能力。

三　“惠民工程”投入

20世纪50年代初期，株洲市房屋建筑面积为16.24万平方米，其中直管公房2.23万平方米，房屋结构大部分是木架篓织墙体、杉皮或小青瓦屋。人民政府非常关心城市职工、居民的住房问题，挤出有限资金进行住房建设。1949—1952年，城区新增房屋面积14.10万平方米。“一五”计划期间，市政府实施公建、自建公助“两条腿走路”的方针。至1957年，城区征购土地15640亩，新建各类房屋建筑面积103.55万平方米，人均居住面积4.20平方米。“二五”计划期间公房建设发展更快，新增房屋建筑面积189.22万平方米，但重在非住房建设。由于人口增长率超过住宅增长率，1962年，人均居住面积下降至2.96平方米。1963—1965年，房屋建设中加重住宅投资比重，城区新增住宅14.66万平方米。“文化大革命”10年间，城区征用土地615.87公顷，新增房屋建筑面积245.90万平方米，由于资金不足，住宅建设仍然缓慢，住房难的问题没有得到解决。“五五”计划期间，住宅建设的投入加大，5年间新建住宅113.86万平方米，占新增房屋面积的48.52%，住房紧张的局面有所缓解。1980年，市区人均居住面积达到5.30平方米，高出全国城镇人均居住面积的0.30平方米。新建房屋多为砖混结构，居住面积有所改善。“六五”计划期间，市政府将住房建设列为全市重要工程之一，先后新建新华一村、二村、建宁村等7个居民住宅区。其间，住宅投资占全市基建投资总额的21.05%，比“五五”计划期间增长2.33%，新增住宅达195.66万平方米。1985年，城镇人均居住面积增至6.72平方米。“七五”计划期间，实行住房制度改革，推进住宅商品化，房地产开发兴起。5年间，房地产开发单位共征用土地76.33公顷，有偿转让土地39.41公顷。城区新增住宅159.35万平方米。1990年，城镇人均居住面积达到7.96平方米，比全省城镇人均高出0.96平方米，比全国城镇人均高出0.86平方米。房屋结构中钢混、砖混占总面积的72.78%，新建住宅均为楼房，水、电设施配套齐全。“八五”计划期间，固定资产投资在向工业、农业基础设施倾斜的同时，也注意关注民生社会福利事业的建设。首先是通过国家和集体、个人同时并举，发展房地产业。特别是“八五”以来，在建设“安居工程”的思想指导下，加大了房地产建设步伐，有计划、有组织地开展住宅小区建设与旧城改造，从无到有，从少到多，用于房地产开发住宅建设的投资大幅增加。1991—2000年，房地产开发与住宅建设投资总额达109.52亿元，占全市投资总额的30.48%，占新增固定资产的39.59%。高楼园区化已成为市区一道人文景观。到2000年年底，全市完成竣工房地产面积达3860.43万平方米，其中住宅面积3018.32万平方米。通过社会建房、安居工程经济适用房和商品房建设，解决了全市8万多户居民的居住问题。

为方便人民生活，市委、市政府积极发展第三产业，第三产业的投资比重不断提高。20世纪50年代中期，株洲市区有商业网点361个。50年代后期，合并为188个。群众购买不方便。1961年开设部分城乡集贸市场，恢复部分个体商贩和合作商店，情况有所改善。但“文化大革命”中又出现反复，取缔个体商贩，全市仅有56个合作商店，343人。改革开放后，株洲市大力恢复和发展集体、个体商业和经营网点。至1982年，全市有国有商业企业721家，从业人员7654人；集体商业企业达2652家，从业人员11391人；个体商业2762家，从业人员3202人。从1983年起，株洲市贯彻中共中央关于“国营、集体、个体一起上”的方针，国有商业向大中型、骨干企业发展，集体商业向中、小型企业发展，个体商业多为小型、分散经营。全市先后新建、扩建了株洲市供销大厦、庆云大厦、钟鼓岭农贸市场、株洲百货大楼等10余家大型商业企业。至1990年，全市国有零售商业网点有776个，集体商业网点4745个，个体商业24572户，从根本上解决了群众购买不方便的老大难问题。1991—2000年，全市又兴建商业网点181处，修建高、中档宾馆房间951间，为发展旅游事业、接待宾客提供了条件。同时为改善城市公交条件，先后购置高、中档公共汽车471辆。教育与医疗也是与群众密切相关的两大问题。共和国成立后，株洲市对教育和卫生事业的投入不断增加，努力解决“上学难”“就医难”问题。1951年，全市有小学6所，在校小学生6648人。1952年投资兴建4所小学，在校学生增至7885人，工农子弟入学率80%。同年境内中学11所，在校学生5110人。1953—1957年，株洲市中小学教育得到较大发展。中等职业教育开始起步。1957年，全市共有各类学校1662所，其中中专3所，普通中学21所，小学1636所，各类学校在校学生215313人。

中共十一届三中全会后，市政府加大投入，促进教育事业协调发展。1983—1989年，全市中小学及职业学校新建校舍57.93万平方米，改造危房57.93万平方米。1990年，全市有各类学校2751所，其中高等学校2所、中专8所、普通中学266所、农民职业学校18所，技工学校25所，小学2432所，在校学生530297人。1991—2000年，全市又新建各级各类学校校舍12.29万平方米，增添50192个学生座位。其中大、中专生座位6158个，中学生29990个，小学生14044个。

医疗卫生事业方面，1951年境内卫生机构127个，床位151张，卫生技术人员174人。1965年，卫生机构增至542个，床位2971张，卫生技术人员2903人，其中医生1107人。改革开放以来，卫生事业加快发展。至1990年，全市卫生机构达到736个，床位9200张，卫生技术人员11651人，其中医师5572人。1992—1998年，全市投入资金5494万元，从根本上改变了农村医疗卫生机构的落后局面。1998年，全市农村人口饮用清洁水达到95.25%。市直医疗单位筹资1.2亿元，新建住院大楼、门诊综合楼、医技楼等，建筑面积达19万平方米。全市卫生资源总量持续增加，卫生服务网络进一步健全。2000年，全市卫生机构为219个，床位数9807张，卫生技术人员12790人，医师5266人。

四　环境保护投入

株洲建市初期，在编制城市建设总体规划时就考虑到环境保护问题，但随着中央、省、市工业企业在株洲的逐步建成投产，企业排污日益增多，环境保护形势日趋严峻。1971年，着手“三废”的调查和开发利用。1972年成立了综合利用办公室，把“三废”综合利用定为全市治理“三废”污染的一条重要途径和一项重要的经济技术政策。1972—1976年，全市“三废”污染治理和综合利用投资3870万元，建成“三废”综合利用项目220项，综合利用年产值达8870万元，使废水、废气处理和利用率分别达到15%、26%，废渣综合利用率达52%。但同时也暴露了综合利用不能解决所有的污染问题，不能达到全面保护环境的目的。此后，环保工作的重点逐渐转移到环境管理方面，采取“以管促治”的方针，先后制定了22个环境管理办法，并严格贯彻执行国务院关于“新建工业、科研项目，必须把‘三废’治理设施与主体工程同时设计、同时施工、同时投产”的政策，对超标排污的工业企业于1980年起征收超标排污费。

20世纪80年代初，开始环境综合整治，把保护环境放在基本国策的战略地位。自1984年起，环境综合整治规划分别纳入全市国民经济建设和社会发展规划与城市建设总体规划，并被列入有关部门和企业的生产经营计划中。自1989年起，市长、区长、县（市）长分别同上一级政府签订环保目标管理年度责任书。1972—1990年环境保护投资2.70亿元，完成环境科学技术研究项目110多项，建成废水、废气、废渣、噪声污染治理项目共2500多项。至1990年，城区环境污染基本得到控制，大气环境质量相对稳定。

1992年，株洲市开始把环境保护正式列入国民经济和社会发展年度计划。市政府加大环境保护的投入，特别是“九五”伊始，市委、市政府还作出了《关于进一步加强环境保护工作的决定》，指示环保部门一面部署对全市18类小型污染严重的企业进行全面调查摸底，掌握污染情况；另一方面，研究对策，加大投入，加强对污染源的治理与监控。“九五”计划期间，共投资3.05亿元用于环境保护，防治工业污染。5年间完成污染治理项目420多个，其中除污水治理项目外，有废气治理项目177个，固体废物治理项目14个，噪声治理项目19个；新增废气处理能力185万立方米/小时，新增废水处理能力80万吨/天。工业废气、废水处理率都有一定幅度的提高。

为防治污染，从1996年开始，对全市649家企业进行全面调查，凡有排放污染物的企业和单位，实行申报登记的达276家，对其中年产5000吨以下的造纸厂、年产折牛皮3万张以下的制革厂、年产500吨以下的染料厂，以及采用落后方式炼焦、炼铜、炼铅、炼锌、炼汞、炼砷、炼硫、炼矾，生产石棉和放射性产品等“18小”企业，实行关（闭）、取（缔）、停（产）、转（产）等措施。截至2000年，共关闭、取缔污染企业79家、停产68家、转产8家、破产6家。对21家废水、废气、废物严重超标的企业，或加大投入，或研究措施限期治理。株洲电厂过去长期将粉煤灰直接排放到湘江水中，严重污染下游水质，“九五”以来投资近亿元，修建了关山寺灰场，将粉煤灰用管道湿式送到灰场，结束了长达30多年将粉煤灰直接排放到湘江中的历史。为保护水质，继霞湾污水处理厂后又在董家塅修建污水处理厂，日处理污水1.2万吨。城市集中饮用水源水质达标率为96%，工业废水排放达标率68.94%，工业废水处理率达83.04%，工业废气处理率81.81%，均比上年有所提高。

五　科学技术投入

中华人民共和国成立以来，株洲市一直注重科学技术对经济发展的促进作用。“一五”计划时期，国营331厂大胆创新，先后研制成功中国第一台航空发动机、第一台航空模型发动机和第一台摩托车发动机；醴陵陶瓷釉下彩工艺技术有所发展，地质勘探探明了境内煤能储量和煤质牌号；水文工程地质、农业推广良种、改革耕作方法和农机具等方面也取得一批科研成果。

“二五”计划期间，市、县科技机构相继成立，建立以政府为主导的科技事业体系，实施奖励政策，开展群众性的技术革新运动，取得明显成效。许多设备得到改进，工艺得到革新，开发出一批新产品。企业干部、职工还积极提出革新建议，解决技术难题。仅1958年全市职工就提出合理化建议

1417.5万条，实现1191.1万条，替国家节约和创造财富3058.4万元，试制成功新产品600余种。其间，全市先后研制成功国产第一台电力机车、集冲作业高强度采矿法、流态化（沸腾）净化除铜装置；在世界首创人造金红石，并建成第一条人造金红石生产线。科技对农业的支援力度也很大，提高了农业机械化水平，推广了农业生产新技术，促进了农业的发展。

“文化大革命”时期，广大知识分子受到排斥和打击迫害，积极性受到压抑，科技管理机构瘫痪，科技工作无法正常开展。但全市科技人员忍辱负重，在困境中坚守岗位，默默奉献，仍然取得一批重大科研成果。市革委会成立后，恢复设立科技管理机构，召开几次科技工作会议，组织株洲氮肥厂工程建设、电子工业、全市盐浴炉技术等科技大会战，推广应用“优选法”，对全市的经济建设做出了一定的贡献。20世纪70年代，株洲市农林科技业取得新突破。先后试制成功水稻插秧机、手扶拖拉机和人工喷灌机，国家有关部门分别在株洲市和株洲县召开全国和南方插秧机经验交流会。

1978年全国科学大会以后，株洲市委、市政府制定了《株洲市科技工作条例》，全面恢复市、县科技管理机构，加大落实知识分子政策力度，科技人员社会地位得到提高，科研工作积极性空前高涨。1979年3月，市科委组建“一团五网”（即科学技术顾问团、科普活动网、科技情报网、外文科技资料查阅网、大型精密仪器协作网和计量器皿检修网），组织科技弹性队伍，对一些难度较大或系学科交叉的课题施行综合论证和攻关会战。特别是科技经费的投入大幅增加，管理加强，有力地推动了科技的创新和发展。从1990年开始，市科委改革科技“三项费用”（省科委切块经费、省科委戴帽经费、市财政拨款）使用方法，改科技三项费无偿使用为有偿使用，对经济效益好的工业性项目，采取高比例，甚至100%的回收办法，使有偿回收经费金额占年度科技三项费用的1/3左右。科学事业费从1980年起，将原由省财政厅和省科委统一下达，市科委和市财政局共同安排支出改为“预算包干、节约留用、超支不补”的办法，由各级财政局直接安排到各级科委，由科委掌握使用。科技三项经费从1978年的21.6万元增加到1990年的237.3万元，科学事业费由1980年的6.6万元增加到1990年的92.5万元。1978—1990年，全市科技三项经费共1006.75万元，科学事业费424.10万元。此外，国家和省还为株洲几个重点科技项目安排专用经费786万元。1984年开始，市科委协同市工商银行组织科技贷款，当年拨出贷款93万元，支持8个项目的新产品开发。1984—1985年，株洲市作为全国微电子技术推广应用试点城市，获得国家电子振兴办公室科技贷款200万元。1986—1990年为解决“星火计划”项目匹配资金问题，市科委为76项“星火计划”项目向市工商银行等3家银行争取贷款2950万元。

1985年3月，成立株洲市专利办公室，同年4月开始实行专利法。至1990年，全市共提交各类专利申请592件，获授权量340件，15项在国内外举办的发明展览会上获奖。已应用于生产的专利技术和专利申请项目217件，实施率达36.60%。1988年，有22个实施项目年创产值5220.15万元，实现利税735.45万元；另有9个项目转让给省内外其他企业，为国家创产值5839.9万元，实现利税1274.74万元。另有一批专利项目实施后创外汇120万美元。1988年11月至1989年3月，株洲摩托车厂先后申请边三轮摩托车外观设计、幅板组合式车轮等3项专利，试制样本经国家鉴定为国内同类产品领先水平，基本达到已知国外同类产品水平。1989年实现产值8000多万元，实现利税

228万元，获纯利84万元，获省专利技术实施“十佳”称号。

1986年，株洲市开始实施国家科委提出的“星火计划”。1988年，醴陵市被列为省“星火技术密集区”，重点开发和改造传统产业陶瓷和烟花鞭炮。“密集区”内共安排星火项目19项，年创产值4280万元，利税1100万元，创（节）外汇600万美元。至1990年，全市共安排“星火计划”项目86项，其中国家级10项，省级33项；总投资5056万元，其中落实贷款2950万元。1989年“星火计划”项目实现产值1.4亿元，利税4391万元，创（节）外汇1081万美元。

1978—1990年，全市对科技研究和综合科技服务业的固定资产投资累计达8263万元，取得一大批科研成果，获得市级以上奖励的就达1443项，其中国家级121项，省级450项，部级322项，市级550项。80年代以来，株洲市科技成果推广应用工作力度加大。1982年3月，成立市科技成果推广领导小组办公室；1984年；成立市微电脑应用推广领导小组。至1990年年底，全市列入省、市两级推广计划项目共140项，安排经费431.10万元。据抽样调查71项，共投资18338.35万元，新增产值22450.77万元，新增利税14708.66万元。

1991—2000年，各级政府进一步提高了对“科技是第一生产力”的认识，作出“科教兴市”的战略决策，把科技创新作为促进经济增长的主攻方向，加大科技投入，促进了经济的增长。全市61家大中型企业，全部建立技术中心或研发机构，计有国家级工程研究中心1家，国家级技术中心3家，省级技术中心3家。一批重点民营科技企业也建立了技术中心。株洲电力机车厂、株洲硬质合金厂还分别建立企业博士后工作站，有9名博士进站工作。全市有各类专业技术人员16.56万人。科技投入也不断增加。10年里，科技三项经费投入达33.33亿元，承担科研项目1194项，其中国家级158项、省部级509项、市级及计划外527项。取得科研成果627项，其中获国家奖27项，省部级奖340项，市级奖260项。据“八五”计划期间统计，这些获奖项目的科技水平，领先国际或属国际首创的7项，属国际先进水平63项，国内领先或首创的145项，国内先进水平的213项，省部先进的62项。申请专利1923项，批准授予专利450项。仅2000年取得科技成果85项，其中获国家进步奖2项，省部级奖23项；签订各类科技合作咨询等合同72196个，合同金额22.98亿元，实际收取金额9.95亿元；科技创新投产项目新增产值达177.37亿元，新增利税40.67亿元，出口创汇2598万美元、780万法郎和人民币9.1亿元。

第四节　劳动力结构

20世纪50年代初，株洲境内工业薄弱，农民占绝大多数。劳动力农村占绝大多数，且文化水平、技能水平等素质较低。据统计，1949年株洲境内（含南四县）从业人员60余万人，其中农村社会劳动者54.2万人，职工5万人，个体、私营劳动者和其他社会劳动者7000人，文化程度普遍较低，绝大多数为文盲和半文盲。

中华人民共和国成立以后，株洲市人民政府积极开展职工教育、干部教育和农民教育等成人教育，劳动者的文化和专业技术水平不断得到提高。随着经济结构的调整和工业城市的兴建，劳动力的职业结构发生了较大改变，二、三产业的职工队伍迅速扩大，农业劳动力逐步减少。1982 年，全市从业人口 155 万，其中农村社会劳动者 119 万人，职工人数 34.5 万，私营企业个体劳动者 0.8 万人，其他社会劳动者 0.7 万人。在全市 304.30 万人口中，每万人中有大学文化程度的 57 人，高中（含中专）758 人，初中 1705 人，小学 4638 人。随着改革开放和社会主义现代化建设的深入发展，株洲市更加重视知识和人才，各级各类的教育培训力度加大。6 岁以上的人口，特别是从业人员的文化技术素质得到快速提高。1990 年第四次人口普查数据显示：全市总人口 3475742 人，其中男性为 1793772 人，占 51.61%，女性为 1681970 人，占 48.39%。总人口中具有大学专科以上文化程度的 52112 人，中专文化程度的 59814 人，高中文化程度的 260345 人，初中文化的 759323 人，小学文化的 1541156 人。每万人中有大学文化程度的 150 人，比 1982 年提高 163.16%；高中（含中专）921 人，比 1982 年提高到 21.50%；初中文化的 2185 人，比 1982 年提高 28.15%；小学文化的 4434 人，比 1982 年下降 4.4%。总人口中，文盲、半文盲为 309973 人，占总人口的比重为 8.92%。1990 年全市从业人员达 188 万人，其中农村社会劳动者 140.5 万人，职工人数 44.2 万人，个体、私营经济劳动者 2.8 万人，其他社会劳动者 0.5 万人。劳动力的结构进一步优化，其文化、技术素质有较大幅度的提高。

1991 — 2000 年，劳动者的文化、技能水平和从事职业的分布等有了新的变化，结构和综合素质进一步得到优化和提高。据2000年第五次人口普查统计，全市 18 ~ 59 岁的劳动力共有 223.60 万人，其中男劳动力 115.56 万人，占总数的 51.68%；女劳动力 108.04 万人，占 48.32%。从年龄结构上看，青年、中年劳动力占多数。18 ~ 29 岁青年劳动力 66.87 万人，占总数的 29.93%（其中男劳 34.37 万人，女劳 32.50 万人）；30 ~ 39 岁的中年劳动力 73.87 万人，占总数 33.06%（其中男劳 37.85 万人，女劳 36.02 万人）；40 ~ 49 岁的壮年劳动力 50.36 万人，占总数的 22.54%（其中男劳 26.11 万人，女劳 24.25 万人）；50 ~ 59 岁的老年劳动力 32.51 万人，占总数的 14.42%。从文化结构上看，未上过学和未进过扫盲班的女劳占绝大多数；小学文化的女劳亦多于男劳；但初中以上至大学本科、研究生，都是男劳多于女劳。据统计，223.60 万个劳动者中，未上过学的 31513 人，占总劳动力数的 1.41%。其中男劳未上过学的占 22.44%，女劳占 75.56%；只进过扫盲班的 10326 人，占总数的 0.46%。其中男劳占 25.92%，女劳占 74.08%；小学文化 78.90 万人，占总数的 35.29%。其中男劳占 46.44%，女劳占 53.56%；初中文化 90.02 万人，占总数 40.26%。其中男劳占 54.08%，女劳占 45.92%；高中文化的 26.94 万人，占总数的 12.05%。其中男劳占 58.44%，女劳占 41.56%；中专文化 10.83 万人，占总数的 4.85%。其中男劳占 50.65%，女劳占 49.35%；大学专科 8.97 万人，占总数的 4.02%。其中男劳占 59.84%，女劳占 40.26%；大学本科 3.63 万人，占总数的 1.64%。其中男劳占 69.09%，女劳占 30.91%；研究生 1259 人，占总数的 0.05%。其中男劳占 78.24%，女劳占 21.76%。总体上劳动者平均受教育年时逐渐增加。据统计显示：1980 年为 5.9 年；1985 年为 6.6 年；1990 年为 7.2 年；1995 年为 7 年；1998 年为 8.1 年；2000 年为 8.4 年，比 1966 年 4.1 年增加 1 倍多。

从劳动者从业分布情况看，第一产业从业人员逐年减少，第二产业基本持平，第三产业则逐年上升。1949 年，株洲境内 60 万从业人员中，第一产业人员达 54 万，占总数的 90%；第二产业

3.6 万人，占总数的 6%；第三产业 2.4 万人，占总数的 4%。此后直到 20 世纪 70 年代初期，第一产业人员占从业人员总数的比例均在 80% 以上，第二产业约占 13% 左右，第三产业占 5% 左右。1978 年，全市 131.9 万产业人员中，第一产业 101.3 万人，占总数的 76.8%，第二产业 20.6 万人，占 15.6%，第三产业 10 万人，占 7.6%。1985 年，全市从业人员增至 169.60 万人，其中第一产业 111.6 万人，占总人数的 66%，第二产业 36.9 万人，占 21.7%，第三产业 21.1 万人，占 12.3%。据 90 年代有关统计，第一产业从业人员由 1991 年的 109.7 万人减少到 2000 年的 99.4 万人，所占比重由 57.6% 下降至 48.9%，下降 8.7 个百分点；第二产业从业人员，除 1991、1992 年由 46.1 万人增至 53.2 万人以外，1993 — 2000 年基本保持在 49 万 ~ 51 万人之间，比较平稳；第三产业从业人员变化较大，逐年上升，由 1992 年的 33 万人增加到 2000 年的 51.7 万人，比重由 17.2% 升至 25.5%，增加 8.3 个百分点。

第五节　消费结构

中华人民共和国成立以前，株洲城乡居民生活贫困，消费水平低下，消费结构单调。中华人民共和国成立后，随着经济建设的迅速发展，株洲境内城乡生活水平的逐步提高，特别是 1978 年改革开放以后，人民生活发生了巨大变化，消费水平不断提高，消费支出日益增加，消费结构发生了较大的变化。2000 年，全市实现社会消费品零售总额 112 亿元，比 1980 年的 5.25 亿元增长 21.3 倍，比 1990 年 23.29 亿元增长 4.8 倍，比 1995 年 67.1 亿元增长 67%。“九五”计划期间，累计实现社会消费品零售总额 473 亿元，年均增长 10.5%，比“八五”时期翻了一番，消费结构的变化也很明显。不论城市和农村，饮食营养质量都不断提高，肉、禽、鱼、蛋和水果已成为寻常百姓家不可缺少的日常食品。在生活消费中以通讯消费增长最快。2000 年，全市邮政业务总量为 5961.18 万元，比上年增长 37.59%；电信业务总量达 7 亿元，年末电话用户达到 60.67 万户（市区 29.43 万户），增长 67%，全市电话普及率提高到 17%；移动电话 19.32 万户（其中市区 12.90 万户）；计算机互联网用户发展尤其迅速，达到 6.56 万户，增长 11.5 倍。居民消费价格指数为 101.4，上升 2.1 个百分点。

城乡消费结构的变化，是国民经济快速发展的结果。但从消费支出构成情况看，也反映出一些值得思考的问题：一是城乡居民收入差别、贫富差别拉大，农民收入增长缓慢。2000 年，农民人均可支配性收入虽比上年增加 111 元，但从收入构成看，主要是外出打工、经商的农户增长较多，而大多数农户收入增长偏少。在消费支出中，农村居民的食品消费支出就占 50.2%，比城市居民高出 12.3 个百分点；恩格尔系数比城市居民高出 12.4 个百分点。二是城乡市场发展不同步，农村消费品市场偏“冷”。2000 年，县以下社会消费品零售总额仅增长 5.35%，比城市低 7.91 个百分点，所占全市社会消费品零售总额的比重由 1999 年的 28.2% 降至 26.8%，农民人均生活消费总支出仅增长 0.8%。三是随着住房、教育和医疗费用的增长，农民手中有限的购买力将加大分流，这不仅影响消费需求的稳定增长，也将制约农村经济的发展。因此，如何采取措施增加农村投入，加快城镇化建设，改善农民生产生活条件，增加农民收入，仍是经济发展中的重要任务。

一 城市居民的收入与消费

（一）居民收入

民国25年（1936）株洲镇居民人均实际年收入143.63元，其中能直接用于居民消费的生活费支出121.62元。民国37（1948）年下降到89.89元，肉类年消费人均由5.7千克降至4.5千克。1949年10月以后，城市人民生活水平逐步提高。1957年，城市人民的实际人均年收入150.39元。1964年上升到237.93元，能直接用于居民消费的生活费收入216.79元，比1952年分别增长119.30%和116.79%。1978年，居民可支配收入为427.4元，居民消费水平为220元/人。中共十一届三中全会后，株洲市经济建设进入发展的快车道，居民收入也快速增长。

“六五”计划期间，先后几次调整工资，部分行业实行了计件工资，并恢复了奖励制度，职工收入增长较快。1984年职工的月平均工资比1980年增长了35.40%。居民家庭收入人均生活费收入由1980年的35.44元增加到54.34元，增加18.90元，增长53.50%。1990年，城市居民每年可支配收入增至2058元，居民消费水平783元/人。至1998年，全市城市居民人均可支配收入达6239元，比1978年增长13.6倍，年平均递增速度为14.3%，比1952—1978年间平均递增速度快9个百分点。2000年，株洲城市居民人均可支配收入增至7270元。

（二）居民消费结构

随着居民家庭收入的增加，消费水平随之提高，消费结构发生着质的变化。

食品消费方面从单调走向丰盛 1952年，株洲市城市居民人均食品支出仅为65.21元，居民一年的食物主要是粮食176千克，蔬菜192千克，肉食5.5千克，油4千克，营养价值较高的鱼、禽、蛋、奶及干鲜瓜果很难吃到。这种状况一直延续到20世纪70年代末期。80年代中期至90年代，随着收入不断增加，城市居民对食品消费逐步由温饱型向高质、多品种、讲究营养丰富方面发展，主要表现在副食品消费增长高于主食，粮食消费水平逐年下降。1998年，株洲城市居民人均粮食、蔬菜、猪肉的消费量分别比1980年下降了31.8%、10.8%和24.3%。而营养相对丰富的牛羊肉、家禽、奶制品、蛋类、水产类的消费量则分别上升了2倍、7倍、4倍、53.5%和29.5%。休闲类食品如干鲜瓜果、坚果、糕点、糖果的人均消费量达到70.8千克，是1980年的3.1倍多。居民人均食品支出2126.73元，比1952年增长32倍，比1978年增长了8.1倍。食品支出占消费性支出的比重即恩格尔系数为40.8%，而1985年以前，均在50%以上。2000年，城市居民食品支出2227.31元，恩格尔系数下降至37.8%，比1999年下降30.9个百分点。

穿着由低档转向高档 20世纪50年代初期，买布做衣是人们衣着消费的主要方式，而且以手工制作居多。1952年，株洲市居民人均消费布料7.27米，且以棉布为主，成衣消费几乎为零。60年代国民经济遭遇资金困难，棉布消费限量，需凭票购买，并一直延续到改革开放之前。50—70年代，市民服装的颜色由蓝、黑、灰、绿一统天下，中山装、学生装、军便装则是服装款式的霸主。80年代中期，特别是90年代期间，城市居民衣着消费市场空前繁荣，购买不受任何限制，衣着消费无论从质地、款式还是色彩、品种都发生了巨大的变化。从里到外，从头到脚，从低档到高档，从传统到新潮，应有尽有，且花色品种、款式、质地不断更新，极大的满足了人们衣着消费的全方位需要。1998年，各种布料的消费量比1952年下降了6.3米，而成衣的购买量则上升到8.64件，雍容华贵的毛皮大衣，百户居民家庭已拥有58件，潇洒飘逸的长呢外套平均每户有2件多，庄重得体的各式西装，婀娜多姿的各款裙装，宽松随意的各种休闲装更是数不胜数，且质地回到崇尚自然的毛、棉、麻、丝质品上，注重舒适、典雅与保健的完美结合。一季多衣，鞋衣配套成了装扮城市流动风景线的主旋律。

从衣着消费的整体支出来看，1952年，株洲市居民用于商品支出的总额只有95.56元，除去65.21元食品支出，穿、用、住、烧等一切开支仅剩30元，衣着消费可谓少之又少。到1998年，居民一年的衣着支出上升到494.1元，比1981年增长8.2倍，平均每年递增14%，与20世纪50年代初期相比，上涨幅度已毋需计算。2000年，居民人均一年的衣着消费支出上升到515.69元。

贵重耐用消费品显著增加 20世纪50年代，城市居民家庭贵重耐用消费品十分稀少，极少家庭拥有手表、自行车、缝纫机。60—70年代需求量增大，但需凭票限量购买。80年代中期，上述商品基本普及，新产品电风扇、电视机、洗衣机、摩托、电冰箱发展很快。据调查，1984年年底，株洲市百户城市居民家庭拥有自行车113辆，缝纫机78架，电风扇147台，手表304只，洗衣机52台，电冰箱4台，摩托车2辆，电视机94台（其中彩电5台），录音机28台，电唱机7架，照相机8架，与1980年相比，自行车增加95%，电风扇增加1.37倍，电视机增加4.1倍，录音机由平均每百户2台，增加到28台。手表、电唱机、照相机也有较大幅度的增加。尤其是价格较高的电冰箱、摩托车、彩色电视机、洗衣机从无到有，相继进入居民家庭。80年代中期至90年代，高档家用电器设备普及快，换代快。至1990年年末，城市居民每百户拥有彩电73台，比1985年增长3.9倍；冰箱69台，增长7.6倍；电扇283台，洗衣机86台，分别增长45%和45.70%。黑白电视机由1985年85台减少到50台，减少41.20%。随着住房制度改革和人们消费观念转变，每百户已拥有空调1台，家用冷风机2台，电炊具16台，录像机3台。家用电器中热水器、抽油烟机、电子保暖器等新家电正逐步步入居民家庭，成为消费水平提高的重要特征。至1998年，有20%的家庭装上了空调。彩电、冰箱、洗衣机得到了普及。电话发展迅猛，1992年年末还只有5%的家庭使用，到1998年年末进入82%的居民家庭。科技含量高的家用电脑、微波炉、移动电话等新产品迅速进入居民家庭。2000年，全市城市居民家庭设备用品及服务费年支出538.91元，占消费总额的9.1%，交通通信支出521.32元，占8.8%。抽样调查表明：城市百户居民中拥有彩电122台，电冰箱96台，空调35台，家用电脑10台，微波炉14台，移动电话22台，摩托车7台，自行车126辆及其他一些高档家用设施，部分家庭还拥有小汽车。

住房条件改善 20世纪50—70年代末期，株洲市住房建设一直滞后。1949—1977年城市住房投资仅1.1亿元，“住房难”始终是困扰政府和市民的“老大难”问题。至1965年，城市人均居住面积仅3.11平方米，1980年还只有6.34平方米。改革开放、特别是实行住房制度改革后，住宅建设发展很快。1987年城市人均居住面积增至9.19平方米；1996年达到12.67平方米，比1980年翻了一番；2000年继续增至14.63平方米，超过小康水平的住房标准，有的中产家庭更是拥有小别墅。不仅住房面积大幅扩大，居住的条件越来越好。住房装修，50年代还没有这个概念。60—70年代，也不过是墙上刷点涂料，地上刷层油漆而已。随着社会主义经济和建设的蓬勃发展，特别是进入90年代以后，人民的生活水平快速提高，住房建设越来越朝着宽敞、适用、新颖的方向发展，住房装修成了人们消费的新热点。红木地板、全瓷地砖、碰塑涂料、花样吊顶、豪华灯饰以及地毯、挂毯、名画、盆景等把居室装点得富丽堂皇、温馨雅致，就连厨房和厕所也被铮亮的不锈钢灶、台、柜和精致的整套洗漱用品打扮的光彩照人。据抽样调查，1984年60户居民家庭用于房屋及室内装饰的费用仅有190多元，而1998年此项支出人均就有164.52元。住房漂亮了，各项与住房配套的设施也逐步得到健全：到1998年年底，97%的家庭用上了独用自来水，94%的家庭用上方便、干净的气体燃料，61%的家庭安装了淋浴热水器。

文教娱乐消费快速增加　1965年，株洲市城市居民人均娱乐文教服务支出仅为3.95元，1980年增加到48.52元，1985年达到80.34元，1990年猛增至186.67元，2000年达到744.89元，占支出总数的12.6%。主要是改革开放以来，城市居民收入大幅增加，社会观念发生改变，解决温饱问题后，更加重视精神文化生活，求新、求实、求美。如1990年居民户均书报、杂志费支出33.47元，比1985年增长1.14倍；户均学杂费125.12元，比1985年增长57.801%。20世纪90年代，文化娱乐向家庭化发展。据抽样调查，2000年百户居民家庭中，除每户都有彩电外，拥有放碟机38台、录放像机32台、组合音响30套、摄像机3台、照相机38架、电脑10台、钢琴5架。旅游也成为居民文化生活中的新亮点，1997年人均为此支出60余元。此外，化妆品以以往奢侈品变为日用品。解决了温饱的人们，对化妆美容不再吝啬，1998年，株洲市城市居民人均购买化妆品及美容费为40.3元，比1983年的0.53元增加了39.77元，增幅达几十倍。金银珠宝消费在1984年还是空白，1994年人均购买金额达84.21元。90年代前，“打的”一词还是陌生的字眼，自行车为人们主要的代步工具。从90年代初开始，“的士”开始逐步取代自行车，1998年市区就有“的士”2000辆。全市城市居民人均交通费支出达到118.5元，比1980年上涨33倍，其中“的士”费支出由1992年的0元增加到13.5元。

二　农村居民的收入与消费

民国时期，战争频繁，灾荒不断，株洲农村萧条景象日盛。农民大多住的是茅草棚，吃的是杂粮和糠菜，盖的是破棉絮，穿的是补丁衣，经常“禾镰上壁，就没饭吃”。尽管民不聊生，封建地主、军阀、官僚对农民搜刮丝毫不放松，贫雇农秋收后，缴了租，还了债就所剩无几，遇上灾荒年借“高利贷”，许多农户家破人亡，妻离子散。

20世纪50年代初期，在共产党领导下，株洲农村土地改革，占农村人口一半左右的贫农和雇农分得土地、耕牛和农具，农业生产积极性高涨，但由于他们基础薄弱，生活仍较贫困。1953年，全市农业人口平均产粮539.50千克，除上交公粮72.90千克外，人均占有粮食287.50千克，较

1949年增加77千克。

1954年，农民走上集体化道路，农民吃、穿、住、用主要靠集体分配口粮及现金。到1957年，农民生活有较大改善。全市农业人口人均产粮345.70千克，农业社分配社员人均口粮277.60千克，现金28.70元，家庭副业收入增多。

1958—1965年，各县（区）提出“扩大公共积累的速度应该大于社员增加收入和改善生活的速度”，公共积累提留比例提高，再加上生产费用开支过大，分配给社员的下降。加上实现人民公社化后，社员家庭副业被全部取消，更使社员收入减少。口粮方面，由于粮食征购任务增加。1957年，全境完成征购任务0.605亿千克。1960年粮食减产，征购任务却增至0.62亿千克，减产增购，分配给社员的口粮减少。这一时期，公社大办公共食堂，男女老幼到公共食堂吃饭，起初吃敞甑饭，几个月后发现收获的粮食比预计的少，改为按人口分等定量。1960年9月21日，中共株洲市委《关于压低农村口粮标准的紧急指示》指出，丰产地区月人均稻谷不应超过16.80千克口粮，欠收地区人均稻谷应控制在14千克以内。1960年，全市农业人口人均产粮269.70千克，人均口粮仅144.80千克，生活难以为继，水肿病流行，有的因饥饿和营养不良致死，人口下降。在党和人民政府的领导下，各县（区）相继成立渡荒委员会，组织农民开展生产自救。1960年，解散公共食堂，重新给社员分配自留地，允许社员经营家庭副业，农民很快度过了困难。1962年农民从集体分配人均口粮207千克，收入48元，到1965年，农业人口人均生产粮食341.30千克，人均口粮达259.50千克，分别较1960年增加71.6千克，104.70千克。

1966—1978年，农业生产获得较大的发展，农民生活进一步改善。但在1966—1975年期间，因农业生产费用过大，积累超过生产发展速度，人口增长过快和限制家庭副业，农民收入和社会水平没有实现与生产同步增长。1975年较1966年集体总收入增长98%，粮食总产增长74%。可是在此期间生产费用开支增长134%，集体提留增长143%。此外，全市每年还有上千万个公共积累提留以外的劳动积累。全市农业人口人均收入75元，较1966年57.40元，仅增长30.70%，剔除同期物价上涨因素（同期物价指数上升28.30），农民人均实际收入10年只增长2.40%，基本上是原地踏步。社员口粮，1975年为270.70千克，较1965年230千克增长17.70%。地区之间，由于自然条件和经济水平差异，分配给社员的收入和口粮不平衡。1975年，攸县社员农民人均分配83元，口粮286千克，而同年醴陵只有66元，257.50千克。在其他生活消费方面，20世纪70年代中期开始，猪肉供应紧张状况得到缓和，随着油菜种植面积和猪油的增加，食油消费量增加，衣着有了改善，但许多食品还凭票供应，限制了人们的消费。1975—1978年，农业生产进一步发展，使农民人均纯收入有较大幅度增加，1978年，农民人均纯收入111.90元，口粮355千克，年消耗肉食多数县达到10.25千克，农村部分地区出现建房热，单车、手表、缝纫机成为当时农民追求的三大件。

1979—1990年，农业生产保持较高速度发展。1982年下半年起，各县区全面推行家庭联产承包责任制，取消对家庭副业的限制，后又允许农民从事个体工商业经营，生产发展，收入提高。1982年集体分配给社员的收入人均307.50元，口粮357.50千克，基本解决温饱。1990年，全市农民人均产粮609.50千克，完成定购任务160.10千克后，人均占有粮食449.40千克，农民人均纯收入 656 元。部分农户，通过经商办企业带头致富，出现一批万元户甚至 10 万元户。但在同时，由于自然条件、交通、文化的影响，极少数乡村仍较落后，农民生活贫困。

1991 — 2000 年，农村居民的收入与消费进一步提高。2000 年，全市农民人均纯收入 2689 元，比 1999 年增加 111 元。其中工资性收入 963 元，占 35.81%；家庭经营的现金收入 1513 元，占 56.27%；其他收入 213 元，占 7.92%。农村居民人均消费支出 2023.62 元，比 1996 年 1864.16 元增长 8.55%，比 1999 年增长 0.85%。消费支出的结构是：食品消费支出 1015.82 元，占消费支出总数的 50.2%；衣着支出 101.46 元，占 5.01%；居住支出 293 元，占 14.47%；家庭设备用品及服务支出 69.53 元，占 3.44%；医疗保健支出 73.18 元，占 3.6%；交通通信支出 159.62 元，占 7.9%；文教娱乐支出 248.24 元，占 12.27%；其他支出 62.77 元，占 3.1%。农村居民人均居住面积 47.85 平方米，同比增长 5.15 平方米。恩格尔系数为 50.2%，比 1999 年下降 5.6 个百分点。农村居民生活已开始由温饱型向小康型转变。衣着由保暖型、传统型向新潮型、都市型、高档化发展。据 2000 年调查统计，株洲市农村百户居民中拥有电视机 112 台（其中彩电 47 台），电风扇 233.7 台，钟表 248.2 只（其中手表 160.3 只），自行车 130 辆，摩托车 25.2 辆，缝纫机 50 部，洗衣机 34 台，少数富裕农户已有电冰箱、饮水机，少数企业主、煤矿主还有小汽车。

株洲市 1996 — 2000 年农村居民人均支出及 2000 年城市居民人均支出统计表

表 4–2　　　　单位：元

年份 / 金额及占比 / 类别	1996 年		1997 年		1998 年		1999 年		2000 年		2000 年城市居民	
	金额	占比（%）	金额	占比（%）	金额	占比（%）	金额	占比（%）	金额	占比（%）	金额	占比（%）
城乡居民生活消费总支出	1564.5	–	1836.3	–	1989.6	–	2007.2	–	2023.62	–	5892.6	–
食品支出	1026.44	55.06	1045.89	56.95	1078.3	54.19	1120.14	55.8	1015.82	50.2	2227.31	37.9
衣着支出	107.34	5.76	92.94	5.06	85.67	4.31	82.08	4.09	101.46	5.01	515.69	8.75
居住支出	284.09	15.24	217.12	11.82	347.16	7.44	323.21	16.1	293	14.48	773.07	13.2
家庭设备用品及服务支出	80.51	4.31	74.24	4.04	74.99	3.77	74.35	3.7	69.53	3.44	538.91	9.15
医疗支出	68.51	3.65	66.03	3.59	61.48	3.1	68.42	3.4	73.18	3.61	315.39	5.4
交通通信支出	50.42	2.71	61.4	3.3	45.91	2.31	71.05	3.54	159.62	7.9	521.32	8.85
文教娱乐支出	217.11	11.65	234.28	12.7	237.28	11.92	232.62	11.59	248.24	12.27	744.89	12.64
其他支出	30.09	1.62	44.37	2.41	58.96	2.96	35.32	1.76	62.77	3.1	256.02	4.34

株洲市部分年份社会消费品零售总额与构成统计表

表 4–3　　　　单位：万元

年份	社会消费品零售总额	按地区划分						按经济类型划分							
		市	占比（%）	县	占比（%）	县以下	占比（%）	国有经济	占比（%）	集体经济	占比（%）	个体经济	占比（%）	其他	占比（%）
1980	52488	18752	36	12492	2	21224	40.5	25981	49.5	24407	46.5	1200	2.3	900	1.7
1990	232917	133992	57.5	29751	12.8	69174	29.7	87768	37.7	51047	21.9	97280	28.9	26522	11.5
1995	670666	387824	57.8	84484	12.6	198358	29.6	134097	20	106648	15.9	268900	40.1	161021	24
1996	781335	462613	59.2	102983	13.2	215739	27.6	128078	16.4	98262	12.6	347345	44.5	207641	26.5
1997	876029	527755	60.2	106854	12.2	211420	27.6	107707	12.3	87030	9.9	427914	48.8	253378	29
1998	938014	547181	58.3	118996	12.7	271837	29	88890	9.5	91897	9.8	475134	50.7	282093	30
1999	1013152	598843	59.1	128530	12.7	285779	28.2	122407	12.1	97284	9.6	516384	50.9	277077	27.4
2000	1120011	678267	60.6	140675	12.6	301069	26.8	140555	12.5	105657	9.4	565913	50.5	307886	27.6

第三章　国民经济效益

第一节　工业经济效益

1950—1952年，株洲工业经济利润为180万元。

“一五”计划期间，株洲工业在快速发展的同时，参照苏联模式进行企业管理，并根据实际情况不断改进，强化党的领导和民主管理，制定并逐步完善各项规章制度，逐步实行以行业计划为中心的计划管理，开始制定年均先进生产定额、编制生产财务计划，开展经济核算，逐步实行工厂、车间、工段（班组）三级管理，工业经济效益得到平稳发展，5年内共实现利润1521万元。

“二五”计划期间，株洲工业迅猛发展。一批中央、省属骨干企业的扩建和新建工程相继竣工投产。同时，围绕大厂办小厂，100多个地方骨干企业相继诞生。区街工业也发展到200多个。企业的管理进一步加强，开展了群众性的技术革新和技术革命，推行“鞍钢宪法”，经济效益进一步提高。1958—1960年，全市企业共实现利润3.42亿元，相当于“一五”计划期间的22.4倍。

但是，由于受“左”倾错误影响，在大跃进中急于求成，忽视客观条件，工业发展速度过快，造成国民经济比例严重失调，致使工业原材料缺乏，能源供应不足，职工人数急剧增加，一批一哄而起的地方企业资金不足，产品质量低劣，销路滞塞，严重亏损。工业生产从1961年起急剧下跌，经济效益严重滑坡。1963—1965年，株洲贯彻中央“调整、巩固、充实、提高”的方针，关、停、并、转了一些企业，精减了大批职工，调整了“农、轻、重”的比例关系，把工业生产逐步转移到提高产品质量，降低成本为中心的轨道上来。工业生产迅速回升，经济效益明显提高。1965年，全市独立核算工业企业完成利税总额7785万元。

“文化大革命”时期，株洲工业经济受到极“左”思潮的冲击而蒙受严重损失。尤其1966—1968年，产值、利润连年大幅下降。1970年开始进入相对稳定时期，其中1974年的“批林批孔”运动后，1976年的“批邓、反击右倾翻案风”运动出现反复，出现严重滑坡。据市统计局《株洲四十年》一书分析：十年间，株洲工业经济损失约5亿元以上。

1977—1978年，株洲工业生产重新走上正轨，管理恢复正常，并深入开展工业学大庆的群众运动，生产出现恢复性增长。1978年，全市独立核算工业企业完成工业利税总额达到33915万元。

1979年开始，全市贯彻中央“调整、改革、整顿、提高”的方针，大力调整工业结构和产品结构，加快轻工业发展，开发长线产品，拉长短线产品，逐步扩大企业自主权，整顿管理混乱状况，推行全面质量管理，提高了工业生产的水平，经济效益明显上升。1980年，全市独立核算工业企业完成工业利税总额达36728万元。

“六五”计划期间，企业管理逐步向现代化过渡，实行厂长负责制，开展清产核资，在恢复性整顿结束的基础上按照“推行经济责任制，改进劳动组合、财务整顿、领导班子建设、民主管理”5项内容分期分批开展新一轮企业整顿，出现了工业发展速度与经济效益同步增长的好势头。1985年，全市独立核算工业企业完成工业利税总额60780万元。

“七五”计划期间，株洲市工业企业围绕深化改革和技术改造，发展横向联系，大力推行工资总额与经济效益挂钩，进一步完善经营承包责任制，实行劳动、人事、工资三项制度改革，促使工业生产朝着“有效益、有水平、有速度、有后劲相统一”的方向协调发展，激励企业重视效益。其间，大、中型企业普遍推行现代化管理。1986 — 1987年，举行两次现代化管理成果发布会，评出优秀成果23项，获直接经济效益价值2000多万元。质量管理结构日益健全，并形成网络。部分企业还建立了电子计算机管理信息系统，40多家企业实行“厂内银行”制度，“七五”期间，全市共开发新产品568项。1990年，全市工业总产值完成51.1012亿元（1980年不变价），全市优质产品产值率达42.53%，独立核算企业利税总额达7.39亿元，年平均增长4.17%；全员劳动生产率16262元/人，年平均增长6.6%。

“八五”“九五”计划期间，株洲工业经济保持快速发展势头，1991 — 2000年间，全市完成工业总产值2814.75亿元。在工业经济快速增长的同时，工业经济效益因受宏观调控偏紧和剧烈市场竞争及其他因素的影响，一段时期一些企业的效益不理想，甚至亏损严重。尤以“八五”后期更为突出。据1995年9月调查统计，全市1266家工业企业，亏损的达533户，亏损面占42.1%，亏损总额3.42亿元，比1994年增长29.5%。在这些亏损企业中，国有企业138户，占全部国有企业的67.9%，亏损金额2.7亿元，比1994年同期增加27.2%，占亏损总额的79.1%。大中型企业亏损的35家，占大中型企业的64.8%，亏损金额1.97亿元，比上年同期增加12.8%，占全市亏损额的57.7%，净亏2.35亿元，超越临界向负方向发展。由于经济效益低落，致使企业经济条件也日益恶化，出现了“一慢”（资金周转速度慢）、“二多”（信贷资金占用多、产品积压多）、“三高”（高投入、高产出、高亏损）的困难局面。这不仅影响企业自身的生存，也动摇了国有资产的基础，削弱全市工业作为国民经济发展的主导作用，更严重的是影响社会经济持续、快速、健康发展。

面对严峻的形势，株洲市委、市政府把提高经济效益作为全市经济工作的重中之重来抓，并提出“不求所有，但求所在，更求所得”的指导思想，推出企业改革改制、结构调整和强化现代化管理三大举措，推动企业由高投入、高产出、高增长的粗放型经济运行模式向高速、效益同步发展增长方式转变，取得了明显成效。企业经济效益从1996年下半年开始好转。1997年通过在企业中全面推行“全员持股，经营者持大股”的改制，建立股份制企业1139家，注册资金20亿元，吸收增量资本27.3亿元；通过发行股票融资10亿元；转让国有股和法人股收回资金1.2亿元；兼并收购、盘活存量资产6.4亿元。一系列的改革改制，使当年的经济效益明显回升。全市工业经济综合效益指数达到78.99%。其中，国有企业达到79.54%，股份制企业达到128.9%；独立核算工业企业资产负债率为63.18%；实现减亏2669万元，亏损企业面降至34.01%，下降4.37个百分点。同年，市委、市政府积极推动跨地区、跨行业、跨所有制的企业兼并、收购和股权转让。这年下半年引进国内6大家公司，大集团来株洲兼并，收购6个中型企业，盘活资金6.5亿元，引进增量资产2亿元，这些大企业、大集团把他们的新机制、新观念、新管理办法也带进来，使被兼并企业焕发生机。如株洲塑料厂由于机制、管理陈旧，企业连年亏损。1997年累计负债3000多万元。同年11月被深石化兼并后成立的新公司实行新的机制与管理，1998年就一举扭亏为盈。在改革调整中，株洲市制定“以壮大3大集团、培育8大产业群，发展25种重点产品”为主要内容的调整方案，运用各项优惠政策，集中力量对大集团、优势产品和名优产品给予重点扶持，发挥大集团、大企业的带动作用。以低成本扩张手段，重点培育和发展南方、国光、湘大三大集团和千金药业、湘火炬两家龙头企业。1999年三大集团和两家龙头企业实现工业增加值7.5亿元，创税4.5亿元，占全市32%。市委、市政府还依靠科技创新争效益，加快株洲国家级高新技术产业开发区的发展，到2000年形成了“一区三园”的格局，进园企业达163家，其中高新技术企业127家，实现高新技术产值84.45亿元，实现利税11.32亿元，出口创汇0.95亿美元。

全市工业经济效益从1997年开始逐年好转，亏损企业面有所下降，经济综合效益指数逐年提高。到1998年全面实现国有企业、中央、省属国有控股企业、地方国有控股企业三个层面扭亏增盈。1999年，国有企业和年销售500万元以上的非国有工业企业经济效益指数达到95.84%，比1997年提高15.3个百分点，资产保值增值率达到119.12%，比上年提高7.49个百分点，工业企业实现利润5.9亿元，比上年增长20.84%。2000年，工业企业盈亏两抵，实现利润6.1亿元，居全省第二位。

2000年大型企业主要经济效益指标人均利税过万元单位一览表

表4–4

企业名称	总资产贡献率（%）	成本费用利润率（%）	产品销售率（%）	流动资产周转率（次）	资产负债率（%）	资本保值增值率（%）	全员劳动生产率（元/人）	工业经济综合指数（%）	人均利税（元/人）
株洲千金药业股份有限公司	35.77	40.63	91.85	1.15	50.13	137.43	158230	370.19	134528
湖南省株洲电业局	10.46	42.96	368.18	0.69	100	–	76286	300	98317
株洲时代橡塑股份有限公司	20.06	42.53	109.31	1.25	26	120.85	47462	282.05	86772
湖南省株洲电厂	13.71	40.84	100	1.32	79.44	–	40183	252.84	110082
湖南国光瓷业集团股份有限公司	11.47	39.51	91.19	0.53	37.98	110.86	15284	224.18	13427
湖南中成化工有限公司	17.71	10.37	97.94	2.79	65.01	119	106798	204.17	30982
湖南唐人神集团股份有限公司	12.74	5.02	99.1	3.85	62.3	118.69	80243	169.91	41113
湘火炬投资股份有限公司	13.64	10.53	98.88	1.23	53.98	287.62	24006	155.63	32706

续表 4-4

企业名称	总资产贡献率（%）	成本费用利润率（%）	产 品销售率（%）	流动资产周转率（次）	资 产负债率（%）	资本保值增值率（%）	全员劳动生产率（元/人）	工业经济综合指数（%）	人均利税（元/人）
株洲冶炼厂	16.17	6.76	100.01	2.63	81.67	95.57	59263	149.36	53401
湖南湘江药业股份有限公司	12.25	5.95	98.44	1.07	50.8	108.6	34207	116.45	10327
株洲硬质合金厂	11.52	5.23	102	1.51	62.39	77.44	32620	111.37	14462
深石化塑胶集团株洲股份有限公司	8.02	6.07	102.12	1.6	36.35	104.37	26312	109.41	13056
株洲市自来水公司	6.07	7.12	100	1.47	19.06	102.77	23838	106.38	15327
株洲电力机车厂	8.81	3.28	97.35	1.61	51.87	80.77	41729	106	10853
平 均	14.17	19.06	118.31	1.62	55.5	122	54747.3	189.85	47525.21

第二节　农业经济效益

境内农业生产历史悠久。在封建社会里，统治阶级对土地采取掠夺式经营，造成土质贫瘠、水利失修、自然灾害频繁，加上科学技术落后，农业生产水平低，经济效益差，农民生活贫困。

民国时期，农民深受帝国主义、封建主义、官僚资本主义三重压迫，加上连年战争，农业生产更是受到严重损害，农民生活更为困苦。

中华人民共和国成立后，境内农业生产关系发生根本变革，废除了沿袭数千年的封建土地制度，实行土地改革，充分调动了农民的生产积极性，农业经济快速发展，农业经济效益稳步提高，人民生活水平逐步改善。

1950 — 1957 年，农民经过土地改革，走上合作化道路，生产积极性高涨，并通过改善农民生产条件，改革耕作制度，农民劳动生产率、土地生产率得到明显提高。这一时期生产成本较低，农村经济效益较高，粮食生产在全国丰产运动和推广醴陵双季稻增产措施的推动下，实现单季改双季，间作改连作的变革，双季稻尤其是连作双季稻，面积很快扩大，连作双季稻种植最多时占总面积的 64%，粮食单产及增长幅度居全省前列。生猪生产也得到发展，各县相继引进一批国外优良猪种繁殖推广，加之 1957 年国家对生猪收购价格提高 13.9%，同期生产成本基本稳定，农民的养猪收入大幅度增加。乡镇企业大步发展，虽然 50 年代初期基本是手工操作，生产力水平不高，生产效益不佳，但由于农村大部分手工业者参加了农业合作社，成立副业组，分工协作改进了生产工艺，改革了生产工具，提高了生产力水平，经济效益也有所提高。1957 年，各县完成农业净产值 14533 万元（按当年现行价计算），占当年农业总产值的78.6%，较1952年提高了4.3个百分点（1949—1951年无净产值统计数）。与1949年比较，全市每个农业人口平均创造农业产值162.5元，生产粮食345.7千克，饲养生猪0.37头，年均增长2.66%、4.87%、8.36%；每亩耕地提供农业产值105.1元，种植业产值69.6元，年均增长3.02%、2.2%。

1958—1962年，农村全面开展“大跃进”和“人民公社化”运动，由于受“左”倾思想影响，发生了急躁、冒进的失误，刮起“五风”（“一平二调”共产风、浮夸风、瞎指挥风、强迫命令风、干部特殊化风），加之自然灾害影响，农业生产连年减产，经济效益大幅下滑，农民生活困难。1961年，全市农业总产值仅为23287万元，较1957年下降19.30%；经济作物仅占总播种面积的2.1%；生猪饲养量19.9万头，其中出栏5.05万头，较1957年分别下降69.3%和78.5%，社队企业产值1962年仅121万元，仅相当于1954年的6.95%。1963—1965年调整时期，中央提出“调整、巩固、充实、提高”的方针和“大办农业、大办粮食”的决定，各县区调整了农业生产关系，实行以生产队为核算单位，大队对生产队实行劳力、土地、耕牛、农具“四固定”，生产队有了因地种植、制定技术措施、安排农活的自主权，农民的生产积极性提高，农村经济逐步复苏。1965年，农业总产值31756万元，较1961年增长36.40%。粮食总产量62.86万吨，恢复并略超过1957年水平，较1961年增长38.28%。经济作物恢复到1957年的水平。生猪饲养量78.4万头，其中出栏34.2万头，较1961年分别增长2.9倍、5.78倍。

“文化大革命”期间，农业生产受到一定冲击，但由于人民公社“三级所有，队为基础”的体制稳定，“以粮为纲，多种经营，全面发展”的方针比较稳定，人民公社分配政策稳定，即社员投劳、投肥和基本口粮“三结合”的分配政策基本贯彻始终，农民没有“脱产闹革命”，加之生产水平提高，连续多年的兴修水利及其配套建设，水利条件大为改善，农业生产发展平稳，经济效益有所提高，农民生活未受大的影响。

“文化大革命”后开放了一些自由市场，允许农民在完成国家任务后开展粮油议购议销，但是收购价格总是赶不上生产成本的增长幅度，且这一政策落实起来较难，议销数额不大，以致价格和价值相背离的现象难以解决，农村经济效益仍然不佳。农业增产难，增收更难的局面没能根本摆脱。生猪生产在鼓励社员养猪的同时，政府要求大力发展集体养猪，虽然集体养猪发展了，但多数是奉命养猪，经营管理不善，亏本现象普遍。乡镇企业在此期间一度受挫，经历过一哄而起、一哄而散的短暂过程，后经整顿、巩固、提高，大部分企业扭亏为盈，经济效益好转。1978年，各县完成农业净产值50448万元，占当年农业总产值的68.8%，比1956年下降8.2个百分点；每个农业人口平均创造农业产值254.4元，每亩耕地提供农业产值255.7元，社队企业1978年总收入21216万元，获纯利润3220万元，利润率达15.07%。

1979年以后，农村实行改革开放政策，推行家庭联产承包责任制，后又取消农副产品统派购制度，农村经济效益得到提高。1979—1983年，粮食生产推广良种、双季杂交，并狠抓中低产田改造和吨粮田开发，单产迅速增加，种粮效益大为提高。生猪生产各地将大多数集体猪场承包给农户饲养，一改集体猪场亏本的局面。乡镇企业生产迅速扩大，但一部分企业盲目上马，且生产工艺、技术落后，经济效益呈明显下降趋势，后来关、停、并、转一批生产不景气的企业，经济效益有所回升。1983年，粮食亩产达407千克，每100千克稻谷（其中50千克早稻，50千克晚稻）扣除生产成本15.99元，可获纯利12.76元，每50千克生猪扣除含税生产成本60.74元，可获纯利12.47元，乡镇企业总收入37782万元，获纯利润3402万元，利润率9%。1984年起粮食、生猪生产成本增加较多，1985年每50千克稻谷、50千克生猪生产成本分别增为19.44元、88.64元，销售价格分别为38.74元、103.87元，扣除生产成本，利润分别为19.3元、15.23元。到1988年生产成本分别增至48.2元、215.10元，销售价格分别为53.2元、228.30元，扣除生产成本，分别只得利润5元、8.3元。因此，土地生产率虽有较大提高，种粮效益却逐年下降；生猪生产经济效益虽也下降，但由于饲养量增多，农民所得利润较1978年以前仍有较大提高；乡镇企业获得前所未有的发展，纯利润绝对值高速增长，利润率也有所提高。1990年，全市完成农村社会总产值430858万元，完成农业净产值147187万元（1990年现行价格计算），占当年农业总产值的69%，较1978年增长0.2%。全市每个农业人口平均生产粮食609.5千克、生猪1.17头，年均增长1.44%、3.1%；每亩耕地提供农业产值425.1元，种植业产值251.2元，年均增长5.5%、1.33%。乡镇企业完成总收入239981万元，获纯利润21739.8万元，较1978年分别增长11.24倍、6.75倍，利润率为9.06%。

1991—2000年，市委、市政府加大对农村经济的投入，加强农村基础设施建设，平均每年投入将近2亿元资金用于农田水利建设，加高加固修筑147.7千米湘江防洪堤。到2000年，全市140个乡镇和2187个村通了汽车。农田水利有效灌溉面积达到147.1千公顷，旱涝保收面积达到95%以上，农民生产生活条件得到很大的改善，农村经济得到较快的发展。由于农业经济受自然条件制约，发展速度不如城市工业快，增长幅度不如工业经济大，但保持了长期平稳渐进的正常增长水平。10年中虽遭遇过3年洪涝灾害，但只是局部地区受损，没有影响大局，农、林、牧、渔业总产值556.29亿元，平均每年递增14.3%。在农业总产值中，农业产值284.64亿元，占总产值的51.51%；林业产值29.32亿元，占总产值5.27%；牧业产值217.13亿元，占总产值的39.03%；渔业产值25.2亿元，占总产值的4.19%。农民人均纯收入由1991年的793元增加到2000年的2689元，增长2.39倍，年均增长12.87%，比1995年的1677元增长60.34%，比1990年的656元增长3.1倍，比1980年的99元增长26.16倍。

农业经济效益，历来靠种植业和养殖业，其次才是林业和渔业。“八五”以来，在以“建设高效农业”、吨粮田、“小康村”为目标的战略思想指导下，主要靠抓农业产业结构的调整来实现。首先是调整种植业结构，适度减少粮食作物面积，加大科技投入，改良品种，增种优质稻米，以增加粮食产量及其转化增值效益；同时增加经济作物面积以增加多种经营收入。1991年以来，粮食作物面积由270.26千公顷，相继减少到1993年的250.88千公顷，除1996年、1997年略有增加外，到2000年一直保持这个水平。而粮食产量由1992年的160.29万吨逐年上升到年平均185万吨左右，最高的1996年达188.54万吨，最少的2000年也有181.6万吨。粮食产值达110.92亿元。

据“九五”计划期间统计，全市经济作物总产值是7.04亿元。其中油料产值4.12亿元；棉花产值1.52亿元；烟叶产值0.18亿元；麻类、甘蔗、药材等其他经济作物产值1.22亿元。另外还有蔬菜、瓜类产值46.9亿元；茶、桑（蚕）、果产值2.36亿元；青饲料及绿肥等其他农作物产值3.73亿元。这些都比“七五”“八五”计划期间有较大幅度的增长。

养殖业则是由过去饲养单一的生猪，逐步发展到饲养菜牛、奶牛、山羊、鸡（养鸡场）、麻鸭等多种类。1996年5月，株洲市召开养殖业大会，并成立“株洲市养殖业工作领导小组”，号召全市农村要像抓“吨粮田”一样抓好养殖业生产，扩大养殖种类。醴陵市在军山、均楚等10个乡镇实施万羊乡工程；攸县动员12个县直机关对口支持12个乡镇发展养羊业；茶陵县调进3550只种羊，每只羊由政府补贴25元，还从“农行”贷款75万元，帮助困难农户养山羊。炎陵县也调进黑山羊种2000只。市畜牧部门还组织编写《黑山羊饲养技术》资料3000多份，发给饲养农户。并派技术人员到重点乡镇巡回授课120多场次，听课人数达8500多人次。株洲县龙潭乡农民肖冬年经过学习后，借款1万元购回种羊30只，6年时间出栏1140只羊，产值29万元，获纯利17万元，从此告别贫困，走上小康之路。天元区马家河镇仙岭村熊世其、周友根等养鸭专业大户，带动周围农户养鸭，1995年还成立有50多人参加的“养鸭协会”。1997年当地养鸭户达217家。年饲养量在200万羽以上。1999年，茶陵县被确定为湖南省草食动物生产示范县，2000年全县菜牛发展到8.45万头，比1990年增长108.4%。由于人们生活水平的提高，特种养殖业也随之发展起来，1998年全市有梅花鹿、甲鱼、牛蛙等特种养殖品种30多个，总产值1.5亿元，成为养殖业经济新的增长点。

传统的生猪养殖业发展也很快。1991—2000年，全市共饲养生猪4600.67万头，年均递增4.15%；出栏生猪2712.21万头，年均递增5.93%。其中“八五”计划期间饲养1947.5万头，出栏1105.58万头，比“七五”计划期间（1532.86万头和825.81万头）分别增长27.05%和33.87%；“九五”计划期间饲养2653.17万头，出栏1606.63万头，比“八五”计划期间分别增长45.35%和36.23%。10年间，为全社会提供猪、牛、羊肉183万多吨，年均增长8.54%，其中“八五”计划期间提供70万吨，比“七五”计划期间的51.5万吨增长35.92%；“九五”计划期间提供113.3万吨，比“八五”计划期间增长61.86%，比“七五”计划期间增长1.2倍。“九五”计划期间，仅饲养生猪一项，产值达到123.93亿元，饲养家禽产值8.7亿元。所有这些都为满足本市市场供应，改善人民生活，增加农民收入，发挥了重要作用。

林业、渔业经济效益，也实现逐年增长，尤以林业更为显著。随着绿化造林的发展和林业科技水平的提高，全市森林资源综合利用水平也不断提升，林产品已由单一的木材加工逐步发展为拥有氢化松香系列产品、冰片、竹木家具、竹木工艺品、竹木地板、装饰材料、人造板、清水笋、精炼植物油、森林食品等为主的多门类、多品种的林产工业体系。炎陵县打造笋竹加工产业，采取以“公司+农户”的发展形式，带动了全县笋竹产业的发展。2000年加工笋竹4000余吨，加工楠竹200万根，笋竹产业的年产值过亿元，形成食用笋罐头和中冠竹地板两大品牌产品，出口创汇。中冠竹地板还在1997年全省首届林业名特优新产品博览会上获得金奖。1991—2000年，全市林业生产共向国家提供木材174.01万立方米，竹材2350.34万根，竹笋干16952吨，油茶籽32.97万吨，油桐籽5412吨，松脂6239吨，棕片3572吨，板栗7308吨（1994年开始统计），香菇、木耳169.06吨（1995年开始统计）。还有杂木棒、梽木条、竹尾等林产品的开发，增加了农民收入，活跃了城乡市场。

农业经济效益总体上看还是处于一般水平，与高速发展的经济大形势还有一些差距。农村经济仍处于分散、落后的小农经济状况，缺乏规模农业，农副产品大多数是基础原料产品，精加工转化增值率很小，价格低廉，农民创收增收困难，仍未从根本上得到解决。如何加快农业产业化进程，扩大农业规模，发展农村经济，增加农民收入，仍然是以后农村工作的重要任务。

株洲市 1991 — 2000 年农林牧渔产值构成统计表

表 4–5　　单位：万元

年 份	合 计	农 业		林 业		牧 业		渔 业	
		产值金额	占比（%）	产值金额	占比（%）	产值金额	占比（%）	产值金额	占比（%）
1991	232629	129857	60.66	14401	6.19	79710	29.43	8661	3.72
1992	258589	129602	54.56	17217	6.66	101305	34.73	10465	4.05
1993	327375	177287	54.15	19754	6.04	117400	35.86	12934	3.95
1994	429389	238299	55.5	26865	6.26	147951	34.45	16274	3.79
1995	598463	304573	50.89	29386	4.91	243877	40.75	20627	3.45
1996	710116	364708	51.36	30022	4.23	282564	39.79	32822	4.62
1997	749052	367125	49.01	36339	4.85	312450	41.71	33138	4.43
1998	751873	373697	49.72	37291	4.95	303867	40.41	37018	4.92
1999	745106	379157	50.88	40219	5.39	286132	38.42	39598	5.31
2000	760376	382141	50.25	41812	5.49	295998	38.92	40425	5.34
合 计	5562968	2846446	52.7	293306	5.5	2171254	37.45	251962	4.35

第四章　经济体制改革

株洲市经济体制改革办公室成立于1985年5月，与原株洲市人民政府经济研究室合署办公。1986年6月，增设株洲市人民政府经济技术协作办公室，三块牌子，一套人员。1988年单独成立株洲市经济体制改革办公室。机关的主要任务是参与本市国民经济发展战略、经济结构的论证；负责组织、指导全市经济体制改革和试点；总结、推广典型经验；掌握国家、省体改信息；完成市政府交给的其他任务。设秘书科、综合科、调查研究科，定编30人。1987年增设协作技术科。1988年增设改革科。1994年9月市经济体制改革办公室更名为市经济体制改革委员会。同月，市房改办并入市体改委，业务相对独立。1998年增设证券办。2000年，市体改委编制16名，设办公室、综合科、城改科、证券办、农改科，主要担负全市经济体制改革工作的研究、综合、协调、服务。

第一节　劳动、人事、工资制度改革

1987年7月，国务院批准株洲市为全国企业劳动、人事、工资制度综合改革试点城市。至1991年，全市参加三项制度改革的有492家全民企业，22.8万名职工，分别占企业与职工总数的63.8%和91.04%；347家集体企业，5.53万职工，分别占企业与职工总数的26.8%和51%。其主要做法是：第一，建立企业职工制度，改国家用工为企业用工。一是企业全部职工一律通过考试考核、签订劳动合同后才能上岗；二是实行“双辞”制度，打破职工一次分配定终身，推进企业职工的双向选择；三是试行企业职工人数增长同企业发展增长挂钩。第二，打破干部职工终身制，广泛实行聘任制。把企业的干部管理从国家机关管理的模式中解脱出来，取消干部和工人之间的界限，对企业经营者、中层骨干和管理人员层层聘任。据对492家企业统计，有1642名工人走上企业管理岗位，有1811名干部落聘，有302名落聘干部当了工人。第三，打破按人头、年限、等级的工资分配模式，国家、企业、职工之间利益逐步理顺。一是实行工资总额同经济效益挂钩的办法；二是推行计件、定额、岗位、提成等多种工资形式，发挥工资的调节激励机制；三是试行结构工资。1993年底，全市共有839家企业28万名职工参加改革。174家企业13万人实行了全员劳动合同管理，429家企业108113人进行优化劳动组合，妥善安置下岗人员16956人，2000多职工实现了“双向选择”；干部能上能下、能官能民成为共识，有811名原任干部落聘，1624名工人走上了管理岗位。按劳分配为主，效益优先的分配机制得以建立，831家企业27万多人实行“工效挂钩”。1995年实施《劳动法》以来，全员劳动合同制迅速在全市推广，劳务市场、人才市场十分活跃，管理人员聘任制、岗位技能工资制在企业普遍推行。其主要做法是：第一，深化劳动制度改革，建立新的用工制度。以用工制度为重点，试行企业职工制度，改国家用工为企业用工；以理顺劳动关系为目的，推行全员劳动合同化管理；以“双定”工作为基础，开展多种形式的优化组合；以实现“双向”选择为出发点，在企业中实行《企业辞退职工和职工辞退试行办法》；以“三结合”的就业方针为指导，实行竞争就业与安置就业相结合的就业制度。第二，改革企业人事制度，建立干部能上能下的运行机制。改革传统的干部管理模式，建立以企业经济效益为主划分企业类型级别的标准，使企业干部管理从国家机关干部管理的模式中分离出来；在实行企业厂长(经理)负责制的基础上，推行了管理人员的聘任制，废除了干部职务的“终身制”，并对企业的经营者和管理人员实行层层聘任，做到能上能下，打破干部和工人的界限；第三，改革工资制度，建立新的约束机制。在企业中逐步实行“两挂钩、一脱钩”的工资改制办法，着力于改革高度集中的工资管理体制，建立新的工资约束机制；在加强工资宏观调控的前提下实行企业内部工资自主分配；建立起多种工资分配形式和办法，使职工个人的劳动贡献与劳动报酬较好地挂起钩来。

第二节　住房制度改革

1989 年，城镇居民居住的公房开始实行“以息代租”。其方案的基本原则是：按照住房面积计算，一次交款作抵押；房租以息抵销，还房一次退押。具体内容：1. 将新旧住房按结构分为 4 类 7 等，按住房使用面积收取抵押金。2. 凡交纳押金住房，不再收取房租，以押金的利息代替房租。不愿交纳押金的，按新标准直接收取租金。3. 退房还押，违章照罚。4. 合理优惠。对老红军、老干部和“五保户”及特困户分别实行减、缓、免。至 1990 年底，有 7 万余户、300 万平方米新旧住房实行“以息代租”，收回押金 7500 余万元。

1991 年，在全市推行“以息抵租”的房改措施。当年 3 月底前全市 80000 多户，300 多万平方米的公房住宅交纳了抵押金，完成应交抵押金公房住宅面积的 99.4%，收回押金 8500 万元。《人民日报》《工人日报》《经济日报》《半月谈》《新民晚报》《城乡建设》等 10 多家新闻单位宣传报道了株洲住房制度改革情况。当年，市辖四县一市的住房制度改革也全面铺开。通过住房制度改革，加速了住宅建设，全市 1991 年共给 101 家单位发放住房建设贷款 5954 万元，新建住宅 6169 户，33 万多平方米。

1993 年株洲市人民政府批准实施《株洲市出售公有住宅实施办法》，拉开了以住房商品化为主要内容的第二房改序幕。1995 年年初，株洲市出台《株洲市深化城镇住房制度改革实施方案》，从第二季度开始，全面推行住房公积金制度，稳步出售住房，提高租金等改革措施，截至 1995 年年底，收集住房公积金 1752 万元，出售公房 40801 套，共计面积 2559039 平方米，住房租金由原来的平均每平方米 0.22 元提高到 0.7 元。

第三节　企业经营体制改革

一　承包经营

第一轮承包　1987年对全市市级预算内73户工业企业实行了“包死基数、确保上缴、超收多留、欠收自补”的第一轮经营承包责任制，并签订承包合同。其中68户1989年年底承包期满。

第二轮承包　1989年11月在总结和完善第一轮承包的基础上对68户企业签订新的为期3年的合同，并明确三条原则：一是经营者要相对稳定；二是承包基数的确定既要保证财政收入的稳定增长，又要保证企业的发展后劲；三是承包内容更为具体，坚持“三保一推”。在承包方式上，对市场变化较大，承包基数难以核准的企业，采取基数内比例上缴，超基数部分上缴比例减半的形式，有13户；对经济效益稳定增长，但技改任务重的企业，采取递增包干，超收全留的形式，有47户；对增长有潜力但市场难以预测的，采取基数包干，超收分成的形式，有5户；对政策性亏损企业采取“亏损包干、超亏不补、减亏全留”的形式，有3户。

商贸企业按照所有权与经营权分离的原则推行各种形式的承包经营责任制，形成“多种经济形式、多种经营模式、多种流通渠道、经营环节减少”的商品流通格局和“放开经营、放开物价、放开用工、分配放开”的商业经营体系。

第三轮承包　从1992年开始，重点围绕转换企业经营机制，在承包方式上由第二轮的4种增加3种，增加的有“投入产出总承包”“全员风险抵押”等，承包期限也根据情况有所变化，以克服承包中的“短期行为”等弊端。

在推行承包过程中，大部分企业在企业内部广泛推行各种形式的承包，出现了个人竞争承包和集体承包等形式。

从1985年开始，由南方动力机械公司、株洲火花塞厂等企业试行“共保合同制”。20世纪90年代初，全市有396家企业实行“共保合同制”，占全市企业总数的60%，其中 大中型企业54家，占大中型企业总数的96.5%。“共保合同制”是由厂长代表行政，工会主席代表职工，企业党组织作为监证方，为完成企业生产经营和改善职工生活两个基本目标而签订的相互承担责任、义务和权利的内部契约。它克服了原承包合同的不足，丰富了承包内容，共同形成企业双文明建设指标体系。此后，实行承包制企业，原则上都同时实行了“共保合同制”。

二　股份制改革

1984年，市劳动局为解决待业青年的安置问题，由40多家法人单位和部分自然人共同出资兴建起高21层的庆云大厦，组建了全市第一家股份制企业 —— 株洲庆云股份有限公司。

1992年年初，市政府把股份制改造作为深化企业改革、转换企业经营机制的重大举措，开始了股份制改革试点，确立了“坚决试，不求多，务求好”的试点原则。4月，成立了市股份制企业试点联审领导小组，当年列入试点企业18家，审批成立股份制企业13家，总股本金1.3亿元。1993年年底，湘火炬股票在深圳上市，成为湖南首批2家上市公司之一。1996年11月，庆云股票上市，成为全市第2家上市公司。

1998年年末，全市共完成股份制和股份合作制企业改制420家，其中国有工业企业25家，募集增量资本近18亿元，盘活存量资本13.5亿元。

1999年，市政府召开了股份制企业座谈会，国光瓷业股票在上交所上市，使全市直接上市公司达4家。全市61家大中型工业企业已改制29家，改制面达48%。

2000年，有4家国企、8家集体企业进行了“两个置换”改制。新组建股份有限公司7家。国光瓷业转让2700万股国有股权，引进战略投资者。

三　完善双层经营体制

20世纪80年代，株洲农村乡村集体企业发展很快，至1990年，所辖6县（市）区有2100个村兴办了各种集体企业，占村总数的95.3%，兴办的企业数达5818个，总收入6.53亿元，实现利润4561.3万元，村平2.17万元，高出全省平均数1倍，居全省之冠。攸县的股份合作制经济发展引起全国注目。

20世纪90年代以来，乡村集体企业在乡村两级政权组织经营下，企业失去了乡镇企业先天优势，变成了产权不清、机制不活、政企不分、承包者负盈不负亏，致使企业无活力，竞争力不强，有的企业甚至资不抵债，濒临破产。因此企业产权制度改革迫在眉睫。从1996年起，市政府对乡村企业实行全面改制，成立了市改制领导小组；进行了为期2个月的乡镇企业百厂调查；在市委党校举办了为期5天的改制学习班；在郊区召开了乡镇企业产权制度改革现场经验交流会。到1997年底，全市已有4800多家乡村集体企业实行了产权制度改革，占乡村集体企业70%，其中，改为股份合作企业的1500多家，组建企业集团的15家，股份制的2家，破产重组1家，共募集股金4亿多元。

第四节　医疗制度改革

自1988年株洲市被列为全国医疗制度改革试点城市以来，全市本着“保证医疗，克服浪费”和“医疗费用由国家、单位、个人三方面合理负担”的原则，主要推行“一包双挂钩”和“一包三挂钩”两种形式。

“一包双挂钩”：即全年医疗费指标包干到人，节余、超支与单位或个人挂钩。挂钩系数主要以工龄衡量，对门诊费按不同工龄分开档次确定包干系数，超支按比例分摊，对住院费用报销也原则参照工龄分开档次，少的报销85%，多的报销100%。

“一包三挂钩”：即全年医疗费指标包干到单位，并落实到个人，节余有奖，超支与财政、单位、个人挂钩。具体办法是：在职职工医疗费标准年初按人均标准下拨单位包干使用，单位将年费用指标参照工龄同步核实到人，在定额内节余奖给个人 60%，超支与财政、单位、个人挂钩，个人最多自负 30%，最少自负 5%；指定病例另行处理。

随后，医疗改革在实践中进一步深入，部分企业采取门诊费用一次包死，节余全部归己，并直接将包干费用发放到个人，超支部分再按比例分摊的形式由单位、个人按合理比例负担。

1998 年年底，株洲市被国务院确定为全国城镇职工基本医疗保险制度改革试点城市。1999 年 8 月，市政府颁布《株洲市城镇职工基本医疗保险试行办法》及《实施细则》，城镇职工基本医疗保险制度开始实施。2000 年 10 月，全市城区个人账户全部启用医保 IC 卡，实现了个人账户刷卡计算机联网管理。

截至 2000 年年底，全市已初步建立以基本医疗保险为主体，大病医疗互助、企业补充医疗保险，公务员医疗补助为辅助的多层次医疗保障体系。全市医疗保险参保人数 17.4 万人，定点医疗机构 58 家，定点零售药店 7 家，基金实现了平稳运行。

第五节　实行多项保险

农村社会养老保险　1991 年 11 月，株洲市被列为全国农村社会养老保险连片试验区。在试点阶段将保费标准设立为 2 元／月、4 元／月、10 元／月等多个档位，在进入全面推广阶段后，改为每份 100 元 / 年。投保者投保金额越高，投保年限越长，则在日后领取的养老保险金额越多。至 2000 年年底，全市共有 21.37 万农村人口参加了社会养老保险，累计纯保费收入 2785.02 万元。

企业职工基本养老保险　1993 年 3 月起，株洲市对全民和集体所有制单位退休费用的统筹比例为：单位缴纳部分由工资总额的 18% 提高到 22%，个人缴纳部分由每人每月 3 元提高到 5 元。1995 年 3 月，全市正式建立了社会统筹和个人账户相结合的制度，开始为参保人员建立个人账户。1998 年，全市企业养老保险费用由全额结算、差额拨付转变为全额收缴、全额拨付。1999 年，养老保险实行收支两条线管理，养老保险费纳入财政社会保障基金专户。到 2000 年，全市非公有制组织参保单位发展到 200 多家，破产改制企业续保职工和灵活从业人员投保突破 1 万人。同年 10 月，市本级 57844 名离退休人员的基本养老金全部实行委托银行代发。实行社会化发放后，株洲市逐步过渡到全额征缴，社保经办机构委托银行直接发放。

机关事业单位养老保险　1996 年 6 月，全市机关事业单位养老保险正式启动。是年，9 个县 (市) 区相继成立了机关事业单位养老保险经办机构，全市参保单位 1187 家，参保人员 54880 人。

失业保险及生育息工统筹　1986 年，全市率先在全省启动实施失业保险制度。从 1991 年开始，经市政府批准，先后从失业保险基金的生产自救金中借给企业 2427.6 万元，解决了一批困难企业的资金周转难题。1998 年至 2000 年，全市从失业保险基金中共调剂“三三制”资金 9517 万元，用于解决国有企业下岗职工基本生活和缴纳社保金。1998 年 8 月 31 日，市政府发布《企业女职工弹性工作制试行办法》，实行女职工生育期间息工制度。至2000年年底，全市失业保险参保单位1785家，参保人数 31 万人，其中，市本级参保单位 718 家，参保人数 22.53 万人。

工伤保险 1996 年以前，全市企业职工工伤善后处理一直执行政务院 1951 年 2 月颁发的《中华人民共和国劳动保险条例》。1996 年 5 月 10 日，市政府发布《株洲市企业职工工伤保险试行办法》，同年 5 月 1 日起施行，在全省率先实行了工伤保险制度。至 2000 年，参保单位 208 家，参保人数 92352 人。

第六节 城市改革试点

1993 年年底，国家经贸委计划选择 10 个城市进行“优化资本结构，增强企业实力”的改革试点，中共株洲市委、市人民政府果断决策，加入试点城市行列，当时，全国共有 39 个城市要求进行试点，竞争十分激烈。

1994 年 2 月初，经国家九部委协调小组和调研小组共同商议，株洲市被确定为 18 个试点城市之一。2 月 25 — 26 日，国家经贸委在北京召开全国综合配套改革试点城市第一次工作会议，研究如何制定试点实施方案，并提出“破产、补充、剥离、轻装”为实施方案的主要内容。

根据全国第一次试点城市工作会议精神，株洲市政府成立试点工作领导小组，3 月 3 日，召开了株洲市综合配套改革试点城市工作领导小组第一次会议。3 月 17 日，株洲市政府向湖南省政府、国家经贸委呈报综合试点方案。当年 3 月和 8 月，湖南省政府和国家经贸委等 9 部委先后作出批复。4 月 28 日，株洲市政府批准试点领导小组《关于国有企业产权制度改革的试行意见》等 9 个规范性文件，标志着株洲市综合配套改革试点工作全面铺开。

按照扶优汰劣原则，鼓励兼并，规范破产，开展资本营运，1994 年下半年起，全市进行了大规模的国有企业战略性调整。8 月，株洲市酿酒厂由于经营管理不善，连年亏损，被迫宣布破产，成为全市第一家破产企业。次年 6 月，株洲市电池厂对其进行收购。此后，全市共有 100 多家资不抵债、扭亏无望的企业宣告破产，共实现 140 多起企业兼并，核销银行呆坏账 2 亿多元，盘活资产 10 亿多元。1997 年，株洲市委、市政府提出“不求所有，只求所在；不求所有，但求所得”，鼓励跨地区、跨行业、跨所有制的并购转让，完成深圳石化集团兼并株洲塑料厂、天津渤海集团兼并株洲轮胎厂；湖南海利集团收购湘江精细化工厂、新疆德隆公司控股火花塞公司、厦门万事红集团控股株洲庆云等。引进外地资金、技术和人才，促进了本地企业机制和观念的转变。

1999 年，开始国有资产授权经营，先后对国光瓷业、千金药业、唐人神等股份制企业开展国有资产授权经营试点，确立授权经营目标考核指标，签订《国有资产授权经营责任书》。

2000 年，开始企业“两个置换”工作，4 家国有企业、8 家集体企业进行了“两个置换”改制，新组建股份有限公司 7 家。全市向国家申报了 5 家企业破产预案。

第五篇　经济综合管理

第一章　计　划

20 世纪 50 年代前，境内经济和社会发展基本上处于无政府主导的自然生长状态。

1950 年 10 月，株洲区对所属企事业单位的货币收支实行计划管理。1951 年 7 月开始，株洲市人民政府通过制订和组织执行计划，对国民经济发展实施管理，工作由市政府财政经济委员会（简称“财经委”）负责。当年，市政府建设科制定《株洲市 1951 年冬耕生产计划纲要》，首次对农业生产进行计划管理；在工业方面，先后组建了制酱厂、面粉厂、油脂厂、印刷厂、米厂、肥料厂等一批地方国营和公私合营的小型企业。年末，株洲市政府编制了全市 1952 年粮食供应计划上报长沙专区。

1952 年，株洲市政府组织编制工农业生产年度计划和农业生产五年计划及交通五年计划，组建一批职工消费社、生产社、供销社，对有利于国计民生的私营企业、手工业采取发放贷款、加工订货等方式进行扶植。同年，市财经委内设统计组。

国民经济建设第一个五年计划（简称“一五”计划）期间（1953 — 1957），株洲市对国民经济和社会发展实施全面的计划管理。是年，湘潭专署对株洲市正式下达有关工业生产、基本建设、国营、合作商业、农业生产和农村互助组织发展、财政金融、文化教育事业、私营工商业及个体手工业等方面的年度计划指标。

1953 年 9 月，市财经委开始组织编制《1954 年度株洲市国民经济发展计划》，这是株洲市编制系统的年度国民经济计划的开端。是年，株洲市被确定为国家第一期重点新建设的 8 个工业城市之一，开始进行大规模的工业基本建设。“一五”计划期间，国家确定限额以上的 694 个大、中型工业建设项目中，有 13 项安排在株洲市建设。

1954 年 9 月，计划统计组从市财经委中分离出来，改设株洲市政府计划统计科。11 月，株洲市政府设立计划委员会，以计划统计科为其办事机构。

1955 年，制订《株洲市发展国民经济第一个五年计划（1953 — 1957）》，其中心任务是支援国家限额以上工业项目的基本建设，对农业、手工业、资本主义工商业进行社会主义改造（简称“三大改造”）。

“一五”计划所确定的各项主要指标大多提前完成。1956 年，全市基本完成三大改造任务。到 1957 年年末，社会主义经济成分由 1952 年的 48% 上升到 99.80%；601 厂、株洲发电厂等新建限额以上工业企业建成，并全部或部分投入了生产。株洲市初步发展成为一座新兴的工业城市，计划管理工作制度也在计划的实施中逐步形成。1956年7月，市政府计划委员会与计划统计科分离，改称株洲市计划委员会（简称“市计委”）。

1958年，根据鼓足干劲、力争上游、多快好省地建设社会主义的“总路线”精神，市计委制订出“二五”计划草案，确定“二五”计划时期国民经济发展以工业生产建设为中心，实行大、中、小企业并举和工农业同时并举的方针。是年，以钢铁产量的高指标为先导的3年“大跃进”运动开始。

按照“二五”计划确定的方针，在支援中央、省属大型企业的生产和建设的同时，大力兴办市属中、小型工业企业。1958年下半年，国家开始实行以“块块为主”的计划管理体制，地方计划管理权限扩大，为株洲市发展中、小型企业提供了有利的条件。1958—1960年，全市国民经济发展出现高潮，工业总产值平均每年增长1倍多。1960年，全市工业企业发展到768个，建成钢铁厂、电焊条厂、轴承厂、柴油机厂、轮胎厂、塑料厂、锻压机床厂、织布厂、水泥厂、电池厂等一大批市属骨干企业，为国民经济的进一步发展打下了坚实的基础。

然而，“左”的指导思想也严重影响了经济计划的制定和国民经济的健康发展。这一时期，计划指标的制订根据政治的需要而定，盲目追求高指标、高速度。1958年，全市粮食平均亩产量计划订为800千克，比上年增加1倍。市计委在6月份进行的一次调查表明：由于指标定得过高，70%的市属工业企业对完成上级下达的年度计划感到没有信心。但在政治形势的推动下，自下而上刮起计划执行情况虚报浮夸风，各工业企业和农村人民公社争放高产“卫星”。1960年年初，株洲市人民委员会即宣布提前3年完成“二五”计划。4月，市计委又编制出《株洲市1960—1962年国民经济建设发展规划纲要（草案）》，提出“二五”计划期后3年“争取进一步跃进”的更高的计划指标。实际上，大部份指标未达到“二五”计划的要求。在计划管理形式上，对各种经济成份均实行单一的直接计划，不加区别地搞“一平二调”（即分配上搞平均主义，对劳动力、物资搞无偿调拨）。在计划管理手段上，无视经济手段的作用，大搞行政命令式管理，限制了多种经济成份的积极作用。在大办工业的同时，还忽视国民经济的综合平衡，工业基本建设资金过多地挤占非生产性建设资金。“全民炼钢”运动和农村的“共产风”（无偿调用）所造成的损失和浪费，造成了全市国民经济比例关系的失调。1960年，国民经济中存在的问题开始显现出来：财政出现赤字，农业生产滑坡，市场供应紧张，人民生活水平急剧下降。为解决供需矛盾，各级政府和商业部门印发了名目繁多的票证，粮票、食用油票、布票、肉票、豆制品票、香烟票、煤票、糖票等相继面世。使用票证范围之广、品种之多、时间之长都是前所未有的。凭票、限量、排队供应，成为当时株洲物资供应的一大特征。

1961年，贯彻“调整、巩固、充实、提高”的八字方针，对全市国民经济进行全面调整。按照“国家计划一本账，全国一盘棋”的原则，以农、轻、重为序安排国民经济计划，加强综合平衡；重新恢复直接计划与间接计划相结合的计划管理形式，注意用经济手段调节经济活动；同时，缩短基本建设战线，精减职工，减少城市人口，降低工业增长速度，“关、停、并、转”一批工业企业。至1962年，株洲市属工农业总产值中，重工业、轻工业、农业的比例由1960年的51.78：29.86：18.36转变为15.25：42.34：42.41。基本上克服前几年计划上指标过头、战线过长、缺口过大等不切实际的现象，并坚决从重工业方面转移到农业和轻工业方面来了，使国民经济计划成为以农业为基础的综合计划。

1963 — 1965 年，继续贯彻“八字方针”，国民经济和各项社会事业得到较快的恢复和发展。株洲市工业总产值平均每年递增 31%，粮食产量平均每年递增 10.30%。1965 年，工业总产值比 1962 年增长 124%，粮食总产量比 1962 年增长 34%。人民生活水平有了较大程度的改善和提高。

1965 年 6 月，市计委编制《株洲市发展国民经济第三个五年规划纲要（初稿）》（1966 — 1970 年），确定以工业生产建设为中心，支持中央、省属企业建设投产为“三五”计划期间发展国民经济的主要任务。

1966 年，“文化大革命”开始，计划管理机构被削弱，计划管理工作处于半瘫痪状态，“三五”计划没有正式编制下达。1968 年 6 月，市计委被撤销，在株洲市革委会生产指挥部内设立经济计划组。1967 年和 1968 年的年度计划指标不全，缺少论证、互不衔接，失去了指导作用。全市工业总产值 1967 年比 1966 年下降 14.10%，1968 年又比 1967 年下降 11.06%。1969 年，国民经济随着政治形势的逐步稳定而有所回升，年度计划编制、实施开始恢复正常。1972 年 9 月，成立株洲市革委会计划委员会。

“四五”计划只提出一些初步设想，亦未正式编制下达。其间，计划管理以集中管理为主，将大部分城镇集体经济和农村社队企业纳入直接计划管理，对农业生产也采取行政手段加以直接管理，同时还对个体经济和农村社员的自留地加以限制，不承认市场调节作用，这种管理方式严重地束缚了经济的发展。加上政治运动的干扰，这一时期国民经济发展速度明显下降。工农业总产值递增速度仅为 3%，比“三五”计划时期降低 15.3 个百分点。

1976 年，市计委提出“五五”计划设想，没有编制“五五”计划。是年，株洲市国民经济状况进一步恶化，120 个市属以上企业中，有 62 个企业未完成年计划；粮食产量没有达到计划要求；其他各项主要计划指标均未完成，有的还低于 1975 年的水平。

粉碎“江青反革命集团”后，国民经济得到较快地恢复。全市工农业总产值 1977 年比上年增长 23.28%，1978 年又比上年增长 20.90%。但计划的综合平衡工作放松，无计划和半计划现象严重；基建规模过大，投资效果差；轻工业太少，轻重工业比例失调，经济效益低下。

1979 年，贯彻“调整、改革、整顿、提高”的八字方针，开始对国民经济进行为期 3 年的调整。即在国家统一计划指导下，以“农轻重”为序，边调整边前进，逐步把突出存在的一些严重问题改变过来，同时努力使经济发展保持一定的增长速度。这一指导思想得到较好的贯彻，国民经济稳步增长，高度集中的计划管理体制得到初步改革。1980 年 12 月，市革委会计划委员会恢复为市计划委员会。

“六五”计划时期（1981 — 1985），在中共十一届三中全会精神指导下，计划管理工作实行一系列重大改革，跳出偏重年度计划的框框，把计划工作的重点转移到五年计划的制订和执行上来，并注重对长期发展战略的研究。其间，贯彻改革开放的方针、政策，经济建设以提高经济效益为中心，取得较快发展。各项主要计划指标均实现预订目标。国民生产总值年均递增 9.20%；国民收入年均递增8.08%；工业总产值年均递增9.22%；农业总产值年均递增9.4%。但也存在着宏观调控不力，经济发展过热等问题。

1986年，株洲市人民代表大会批准并颁发《株洲市国民经济和社会发展第七个五年计划（1986—1990年）》。其战略思想是，逐步把株洲市建设成为“两地一中心”，即以有色冶金、机械、化工、建材为主的湖南省的重工业基地，全国综合出口商品生产基地，跨省区的物流—商品批零展销—金融信息中心打好基础。

“七五”计划时期，计划体制改革进一步深化。指令性计划范围逐步缩小，指导性计划和市场调节范围逐步扩大；对实物量的计划管理逐步放松，对价值量的计划管理逐步加强；统配物资的种类和数量逐步减少，市场供应物资逐年增多。1990年年末，株洲市完成“七五”计划。全市社会总产值达到77.9亿元，年均递增8.54%；国民生产总值达到31.35亿元，年均递增4.38%；国民收入达到27.16亿元，年均递增7.32%；工农业总产值达到70.60亿元，超额完成计划的10.28%，年均递增7.55%，其中工业总产值年均递增11.60%，农业总产值年均递增2.40%。5年共完成固定资产投资28.4亿元，新增固定资产24.47亿元。重工业基础通过技术改造不断增强。综合出口商品基地建设初具规模，外贸出口总值比“六五”计划期间增长91.20%。交通、邮电通讯状况也有较大的改善。

1991年3月，株洲市第九届人民代表大会审议，作出《关于株洲市国民经济和社会发展十年规划与“八五”计划的决议》。由于当时对形势认识有限，计划指标偏低。1992年11月，根据中共十四大精神以及省、市人民政府的要求，市计委又组织力量重新编制《株洲市十年规划和“八五”计划调整意见》。明确全市20世纪90年代经济发展的战略思想是：逐步实现6个战略转移。即中心城市由较为单一的生产型功能向综合性功能转移；生产系统由生产初级产品为主向深度加工和综合利用转移；管理方法由粗放型经营为主向集约型经营为主转移；经济建设由外延速度型为主向内涵效益型转移；经济联系由局部开放向全方位开放转移；第三产业的发展，利用交通优势，向物流、贸易、金融、信息中心转移。把株洲建设成中国南方有色冶金、机电、化工、建材为主体的重工业基地；以苎麻制品、陶瓷、烟花鞭炮、医药及农副土特产品为重点的出口商品基地和仓储—商品批零展销—金融信息中心（简称“两地一中心”）。计划到20世纪末，使株洲市国民生产总值（按1980年不变价计算）达到67.6亿元，比1980年的16.9亿元翻两番；工农业总产值达到145亿元，比1980年的28.3亿元翻2.3番；年末人口控制在412万以内；粮食总产量达到180万吨；人民物质文化生活水平达到小康；人均国民生产总值按1980年汇率达到800～1000美元。为实现上述目标，规划中提出了大力发展农业、加强工业技术改造和发展企业集团、完善投资环境、大力发展第三产业和科技教育事业等8项措施。

“八五”计划期间（1991—1995），认真贯彻“抓住机遇，深化改革，扩大开放，促进发展，保持稳定”的方针，紧紧围绕富民强市的主题，全市国民经济和社会事业得到持续、稳定的发展，各项主要经济指标均超过计划指标。国民生产总值年均递增14.1%，工业总产值年均增速比调整前计划目标增速高出5.26个百分点；农林牧渔总产值则是调整前计划指标的1.87倍，其中粮食产量年均增长1.91%；人民生活显著改善，城市居民收入比“七五”期末增长1.7倍，农村居民收入增长1.56倍，是全市国民经济发展最快的时期之一。

1996年2月，编制出《株洲市国民经济和社会发展“九五”计划和2010年远景目标纲要（草案）》。其总体思路是：紧紧围绕经济建设这个中心，坚持实行“两个根本性转变”，以改革开放开路，以富民强市为目标，全面贯彻落实“市策”（农业安市、企业富市、商贸活市、科教兴市、依法治市），继续实施“两地一中心”战略，进一步促进株洲由较为单一的工业性城市向以重工业基地、出口商品生产基地和商贸金融信息中心为基本特征的多功能综合性城市转移和发展，把株洲建设成为中南地区重要的经济中心。总体战略目标是：2000年国民经济主要指标在“八五”期末的基础上翻一番，人民生活达到小康水平，到2010年基本实现工业现代化、农业产业化、城乡一体化，为在2030年基本实现社会主义现代化打好基础。

“九五”计划期间（1996—2000），是体制改革、结构调整进行全面实施阶段，计划执行效果明显。国民生产总值年平均递增11.98%，工业总产值年均递增15.7%；固定资产投资年均递增9.94%，农林牧渔总产值年均递增5.13%，其中粮食产量年均递增1.80%；人民生活水平不断提高，城市居民年人均收入比“八五”期末增长50%，农村居民人均纯收入增长（比1995年年末）60.35%。

第一节 计划内容

从1951年开始，株洲市国民经济和社会发展实施计划管理，管理内容从农业生产计划开始，逐渐扩展到包括工业、农业、交通运输、邮电、固定资产投资、物质分配、国内商业、外经、外贸、财政、金融、科技、文化、教育、卫生、体育、民政、劳动工资、人口、国土、环境保护、城市建设、人民生活等经济、科技、社会发展的各个方面。改革开放以后，又增加了技术引进、外资利用、第三产业、节约能源、“农转非”、旅游、商品房建设、以工代赈等内容。最多的1992年列入统筹计划的达23个大项，数百个小项。随着改革开放的深入发展，社会主义市场经济体制的建立，市场调节作用日益扩大，过去计划经济时代沿袭下来的“指令性”计划逐年减少。大项统筹计划1993年减为19项，1995年减为16项，1996年减为13项，到1999年减为10项。减少的项目有的全由市场调节，有的改为“指导性”计划。

一 农业计划

1951年，株洲市政府颁发《株洲市1951年冬耕生产计划纲要》，对农业实行计划管理，指标有稻谷和棉花的平均亩产、稻谷总产量。1952年，下达第一个年度农业生产计划，内容包括工作方针、任务要求和必要措施，提出了水稻、棉花、杂粮、麻、油料作物等的种植面积、平均单产、总产量，冬种作物、良种推广、绿肥面积、造林面积和株数、家禽饲养量等任务指标。1953—1957年，农业计划管理的主要指标包括水稻播种面积、总产量、平均亩产量（分双季稻和一季稻）、蔬菜面积、总产量、每亩平均产量、互助合作发展情况（包括农业生产合作社数、蔬菜生产合作社数、常年互助组数、组织起来户占总农户的百分比数，参加农业蔬菜生产户占总农户百分比数等12个指标）。1958年，农业计划管理的范围扩大，计划名称改为农林、水利计划，内容包括主要农作物生产计划，茶叶、柑橘生产计划，牲畜饲养头数计划，农田、水利工程及灌溉面积计划，林业计划、渔业生产计划等6个方面，其指标达40多个。1959年开始下达农业总产值指标。1960年，农业计划指标进一步增多。在1958年的基础上增加年末耕地面积，当年利用耕地总面积、机耕总面积、拖拉机数、拖拉机服务站、气象台站数、主要林产品产量等7个指标。1961年，农业计划仅对耕地总面积、粮食作物产量、经济作物种植面积、蔬菜面积、产量商品率、饲料、大豆面积、产量，生猪饲养量、鲜鱼出水量、家禽喂养量下达了指标，林业、农业机械化及农田水利均未安排计划。

1963年恢复林业生产计划。1965年增加了反映农民生活水平的每个农村人口纯收入指标。1966年，农业计划指标减至7个：粮食总产量、农副业总产值、棉花播种面积、产量、存栏生猪、水产品产量、社员纯收入。1970年，首次下达农副产品收购计划和农田水利基本建设计划，但收购计划只有生猪收购1个指标。农田水利基建指标包括投资额、主要器材分配量。1975年后，农业计划管理指标逐年增加，林业计划由仅有植树指标发展到植树、砍伐、上调3个指标。1977年，在农业总产值指标中首次分列了社队企业产值指标。是年，社队企业产值计划4200万元，占农业总产值的31.8%。1982年，农业计划除对社队企业下达总产值指标外，还安排主要产品计划。1986年，农业计划增列了配（混）合饲料生产量指标。1987年农业计划强化了价值指标，并将指标进行了分类：农业产值，分农业总产值，农业净产值；农业主要产品产量，产品主要有粮食、经济作物、畜牧水产品、肉类产品、造林、育苗等；农村社会总产值，分农业总产值、农村工副业总产值、农业运输总产值、农村建筑业总产值、农村商业总产值；乡镇企业总收入、总产值；农村人均纯收入等。1988年起，编制全市化肥、农药、农膜供需平衡计划和分配计划。1989年，农业计划管理增加以工代赈内容，以帮助贫困地区脱贫致富，是年安排210万元资金用中低档工业品以工代赈在酃县修筑下营公路。1990年起，酃县、茶陵县正式列入全省以工代赈项目县，当年又安排投资359万元用于新修平虎路和人畜饮水、水土保持工程。1990年，农业生产计划更名为农村经济计划，下达的指标有农业总产值、粮食播种面积、总产量，其他经济作物播种面积、产量，年末生猪存栏、出栏数，肉类总产量、水产品产量、造林面积、乡镇企业总产值、乡镇工业总产量、主要农业生产资料冬储数量、主要农作物冬种面积、覆盖率等13个。是年下达农村能源计划，主要指标有：省柴灶、沼气等的个数、薪炭林面积、小水电、微型水电发展。

1992年，“农村经济计划”又改称“指导性农村经济计划”。“八五”期间的农村经济指导性计划，主要围绕建设吨粮田、“千元山”“万元户”“小康村”为目标安排各项计划指标。1991年和1992年两年的农村经济列入指导性计划的有23项指标，即粮食（包括旱粮）、油料（油菜籽）、棉花、烤烟、桑园及蚕茧、果园及水果、茶园及茶叶、菜地的面积、产量；生猪饲养量、肉猪出栏、年末存栏、大牲畜（牛、马、驴）、羊及家禽存栏（笼），肉类总产量，水产品总产量；造林、封山育林、育苗、迹地更新面积；乡镇企业总产值（其中工业总产值）、农业总产值、农村人均纯收入等。1993 年，减少果园、桑园、茶园、封山育林、迹地更新、育苗 6 项，增加兴修水利有效灌溉面积和经济作物面积 2 项。

1994 — 2000 年，株洲市农村经济指导性计划一直保持 5 大项 10 小项，即农业增加值；农业总产值；主要农产品的粮食、棉花、油料、茶叶、水果面积和产量及水产品产量，肉类总产量，经济作物和造林合格面积；乡镇企业总产值（其中工业总产值）；农村人均纯收入。在其他计划中也有农村经济计划的内容，如“节约能源计划”就含有小型水电、微型水电、省柴灶、薪炭林、沼气池等建设指标。

二 工业计划

1952 年 1 月，株洲市财经委遵照长沙专署工矿管理处的通知，组织株洲制酱厂、米厂、油脂厂、企业公司、面粉厂、印刷厂 6 家企业编制年度工业生产计划。

1953 年、1954 年，市财经委分别对工业企业下达生产财务计划，指标有各主要企业的产值及大酱、酱油产量。1955 年，工业生产计划内容包括工业总产值、工业商品产值、工业产品产量等计划，计划范围为地方国营、公私合营及合作社营工业。1956 年，工业总产值计划项目分现代工业、工场手工业、生产资料生产、消费资料生产、大型工业、小型工业；新增工业劳动计划、工业产品成本计划、私营工业总产值计划和私营工业产品产量计划。

1958 年，为促进市属工业的发展，工业计划新增市属工业新产品计划。至年末，全市共试制新产品 546 种（含部、省在株企业新产品）。是年，为适应“大跃进”需要，市计委下达了《株洲市地方工业及手工业跃进计划》，分一、二、三本账下达工业总产值计划。1959 年，中央下放计划管理权限，中央、省属在株企业产值列入市计划管理指标内。是年，计划管理的主要产品达 30 种，其中电力、煤炭、矿石、钢、铁等重工业产品占计划产品数的 50%。1960 — 1962 年，工业计划只下达总产值和主要产品产量指标。1962 年，株洲市地方工业产品产量计划分部、省、市三个层次管理，有 62 种产品列入国家计划。

1963 — 1966 年，工业计划注重经济效益指标，新增产品质量、产品成本、主要原材料消耗、劳动生产率、地方企业成本降低率等指标。

1967 — 1968 年，地方工业计划仅下达产值与主要产品产量指标。1967 年计划安排产品品种达 262 种，随后计划品种数量有所下降。1969 年工业计划中恢复新产品试制项目，安排试制新产品 20 种，并新增工业节能指标。

1971 年，工业计划安排的主要产品品种增至 586 种。在经济效益指标中，增加流动资金占用指标。是年，编制军工动员产品生产计划和军工专用产品计划。1972 年，工业经济效益指标逐步完善，下达产品品种、产量、成本、利润、质量、劳动生产率、原材料消耗 7 项技术经济指标。是年计划产品产量的品种增至 882 种。新产品试制被列入科学试验计划。1976 年，进行柴油机、拖拉机生产会战，柴油机、拖拉机主机配件和维修配件扩散到农村社队企业生产，产品纳入计划管理。列入计划产品品种数达969种之多，为建市至1976年期间的最高水平。此后至1980年，各年度工业计划均下达了工业产值、产品产量、质量、原材料、燃料、电力消耗、成本、资金占用率、劳动生产率等指标。

进入20世纪80年代，工业计划的内容没有大的变更。随着经济体制改革的进行，计划管理范围逐渐缩小，计划指标也逐年减少。计划安排产品品种1980年为499种，1981年为405种。1981 — 1984年，工业经济效益计划只下达产品质量和原材料、电力消耗指标。劳动生产率指标列入劳动工资计划。

1986年，本着“大的方面管住管好，小的方面放开放活”的精神，全市工业产品品种计划数为361种，其中纳入湖南省计划的321种，株洲市增列的40种。是年，编制了较为详细的工业经济效益计划。计划分行业、分产品规定了产品质量、综合能耗、原材料消耗、成本降低、资金利税率、产品出口率、单项产品产值、产品成本、技术进步比率、新产品开发及投产、优质产品率等经济效益指标。新编小煤窑改造、安全措施计划和地县乡镇煤矿生产资源勘探计划，具体内容有建设起止年限、规模、煤种、探明储量、提交地质报告等。

1988年，根据简化年度计划的原则，计划安排产品数降至189种，较1987年减少47%。1989年，工业计划新增工业重点产品保产目标计划，内容有保产目标（产品产量、产值、利税）、生产条件（电力、煤炭、燃料油、主要原材料、外汇需要）；出口机电产品生产计划，指标为产品产量、出口地。

1990年，地方工业生产计划仅下达工业总产值、产品产量2项指标。计划安排的产品品种为180种。是年还下达了混、配合饲料产量计划和其他饲料产品产量计划。出口机电产品生产计划中新增销售收入和创汇收入2个指标。

“八五”和“九五”计划期间（1991 — 2000年），株洲市编制工业经济计划每年均有不同侧重点，主要是强调治理整顿，深化改革；把工作重点放在调整结构、提高经济效益和素质上；对工业产品产量的安排，着眼于保市场畅销和名优产品，保留平销产品，削减滞销和积压产品，把发展重点放在有色金属、基础化工原料、机械制造、新型建筑材料4大支柱产业上；注重速度、结构、质量和效益的同步发展。把调整优化结构与发展高新技术结合起来，着力发展高新技术，提高技术进步。在评价考核工业生产指标时，淡化总产值指标，强调经济效益指标。

“八五”和“九五”计划期间，工业经济计划的范围、项目、产品种类，除1991年比1990年增加10种外，其余年份都在逐年减少。1991年，地方工业生产主要指标有工业总产值、乡及乡以上工业总产值、村以下工业总产值和冶金、机械、电子工业、纺织工业、一轻工业、二轻工业、食品工业、煤炭工业、化学工业、建材工业、森林和电力工业等13个行业183种产品。当年国家、省、市对支农产品、能源、原材料、轻纺、机电和出口创汇的产品，实行“双保”政策，重点倾斜。市计委管理的工业产品，由1990年的180种，增加到190种（主要增列军用面包车、雷达天线等13种），减少了电力测氡仪、电枢检验仪、减速机3种。

1992年和1993年的工业生产计划，是两年合编的“滚动计划”（即在编制当年年度计划的同时，编制下年的“框架计划”）与“框架计划”（主要提出宏观调控目标，重大宏观决策意向以及部分重点建设指标）。除工业总产值（其中分乡以上企业、中央企业、省属企业、市属企业、县属企业、村办及村以下企业总产值；乡以上企业中又分全民工业、集体工业和轻工业与重工业总产值）、工业净产值、销售收入（增长 12%）、资金利税率（比 1991 年提高 2 个百分点）、全员劳动生产率（增长 5%）、综合能耗降低率（3%）、流动资金周转天数（加速 5 天）等指标。市计委管理的工业产品减少到 144 种。

1994 年的地方工业生产、经济效益计划，试安排“工业增加值”指标，工业产品产量计划，主要由企业根据市场需求来制定。市计委只安排 38 种工业产品计划，其中湖南省计委安排 18 种，株洲市安排的 20 种产品主要是重点产品和新产品。工业增加值与工业效益计划属指导性计划。

1995 年的工业经济计划，增加了区街工业总产值、工业增加值、工业经济效益、工业综合能耗及节能量等指标，均属指导性计划。工业产品计划，亦由各企业根据市场需求自行制定，按国家规定，改“计划”为“预期总量”。市计委安排 29 类 35 种产品，其中湖南省计委的“预期计划”17 种。

从 1996 年起，强调以经济效益为中心，抓大放小，企业改造、改制、改组，转换经营机制，加强管理。各项指标年年减少，除安排工业总产值、工业增加值等几项常规指标外，新增国有企业亏损面下降率（3% ~ 5%）、亏损金额下降数（10% ~ 12%）及完成技改投资额、竣工投产项目等指标，工业产品预期计划，安排在 27 类和 18 类之间，产品在 30 种至 25 种之间。1990 — 2000 年，工业产品预期计划只安排 16 种，其他根据市场需求自行安排。

三　交通运输、邮电计划

1952 年，株洲市编制交通五年计划，主要内容是公路和码头建设。1955 年 5 月，编制《株洲市货物运输及搬运计划表式及说明》上报湘潭专署，随后，据此表式按季按月编制货运计划及平衡方案。是年 10 月，编制市第 1 个年度交通运输计划（1956 年度），内容包括航运、公路运输和交通建设。其主要指标有货运量（含航运、公路运输）、货物周转量、旅客运输量（含航运、公路运输）、旅客周转量、交通建设投资及主要项目。1957 年 5 月，首次下达邮电业务总收入指标。1958 年，交通运输计划增加了港口装卸量与周转量指标。从 1959 年起，没有再下达年度邮电计划指标。1960 年，货运量、装卸量指标分国家计划、跃进计划、调整计划 3 次下达。1963 年对人力、兽力车运输量和成本下达了计划。

1967 年，单独编制城市公交计划，下达客运量和总行驶里程 2 个指标。此计划仅编 1 年，后重新并入交通运输计划。至 1968 年，交通运输计划一直单独编制下达。1969 年，交通运输计划与工业生产计划合并，以工业生产、交通运输计划形式编制下达，主要指标有货运量、货物周转量、客运量、旅客周转量、货物装卸量。其后，管理内容多年没变。

1990 年，交通运输计划指标有货运量（含陆运、水运）、货物周转量、客运量（含陆运、水运）、旅客周转量 4 项指标。

1991 — 2000 年，交通运输计划与往年没有变化，只是邮电通信计划的指标，有邮电业务总量，其中分邮政业务总量和电信业务总量和市话、农话、移动通信等指标。

四 商业计划

1954年，株洲市财经委首次分季编制商品流转销售计划，下达社会商品流转总额和零售额（即实际购买力）指标。同时对资本主义商业下达改造计划。9月，下达棉布收购、供应计划。1955年，商品销售计划包括工业企业单位的商品销售计划和其他国营企业购销计划，指标有购进总值和销售总值。1956、1957年，增编农副产品采购计划和工业品收购调拨计划，指标有收购、调拨品种、数量和价值等。1957年10月，下达居民货币支出计划。指标有购买商品、文化生活服务、义务纳税及其他、购买公债、汇往外地等项支出和支出总计。此项计划仅编制1年。

1958年，市计委将属于商业的各项计划汇总称为商业计划，下达社会购买力匡算、社会商品零售额计划和主要工业品、农副产品收购计划。计划收购的品种有：生猪、猪鬃、鲜蛋、鲜鱼、牛皮、杂皮、山羊板皮、油菜籽、粮食、蔬菜、苎麻、茶叶、棕片、废铜、皮鞋、袜子、棉布等。指标有品种、数量、价格和收购总值等。1960年，下达商品流转计划，指标有期初库存、国内纯购进、调入、加工回收、国内纯销售、出口、调出、加工付出、期末库存等的价值。零售总额分食品、衣物、日用品、文教卫用品、燃料、农业生产资料6类下达计划数字。1961年，改购买力匡算为下达社会商品购买力计划，分货币收入总额和货币支出总额2大指标，2大指标下分别列出1项收入和8项支出。1964年起，增编零售商业计划，包括零售额计划和对零售企业主要商品批发计划。是年，计划收购的主要工农业产品有食用植物油、生猪、鲜鱼、家禽、蔬菜、土纸、土陶土瓷、鞭炮、饮料酒、棉布、塑料制品、布面胶鞋等。

1966年后，集体商业转为国营商业，个体商业和城市集贸市场被取缔，形成了单一的商业格局。商业计划内容没有大的变化，只是将社会商品购买力计划改回社会购买力匡算。收购计划除下达收购品种、数量外，还分商业、粮食、服务、供销社及其他部门下达收购值指标。1972年，除下达商品收购与纯销售计划指标外，还对战略物资的储备作了要求。是年，对当归、甘草等资源紧张的医药商品，计划采取措施控制供应，保证配方，限制用于成药生产。同时，计划对汽油、煤油敞开供应，对元钉、铁丝限量供应。此后各年度，商业计划的内容主要是工农业产品的收购、调拨与供应，收购品种也无大的变化。

1979年后，商业计划收购的品种逐年减少，仅对一些主要商品的收购和供应作出安排。1981年，农副产品收购品种有粮食、柑橘、鲜鱼、蔬菜等20种。是年，还下达开剥猪皮及其用盐计划。1982年，商业计划恢复社会商品零售总额计划，并对社会商品购买力同商品可供量平衡进行预算。收购计划仅安排生猪、鲜鱼、柑橘、茶叶、棉花、鲜蛋、蔬菜等品种。

1985年起，市计委不再编制系统的工业产品收购计划，对农副产品取消统派购，实行合同订购。是年，使用地方留成外汇购进一批彩电、冰箱，其销售纳入计划管理。1986—1987年，商业计划包括社会商品购买力平衡计划、主要农副产品收购、调拨计划、社会商品零售额计划和彩色电视机、电冰箱分配计划等内容。1988年起，社会商品购买力计划和彩色电视机、电冰箱分配计划不再编制下达。1989 年，商业计划增加社会商品零售物价点指数控制指标。

1990 年，商业计划内容有社会商品零售额计划、社会商品零售物价总指数上升幅度控制计划、主要商品（粮食、食油、棉花、生猪、化肥等）调拨计划、主要商品（农膜、食糖、肥皂、盐等）分配计划和商业网点建设计划。

从 1991 年起，商业并入“第三产业”。第三产业是 20 世纪 90 年代新增的计划项目。商业计划顺理成章地成为“第三产业发展计划”中的重要内容。

五　固定资产投资计划

（一）计划指标

1952 年 9 月，株洲市财经委向湖南省呈报 1953 年基本建设工程计划，对全市固定资产投资实行计划管理。1953 年，下达城市公用事业计划，指标有投资额及主要建设内容，建设内容包括自来水、下水道、道路、勘测、研究、公园绿地等。同年，株洲市开始大规模工业建设，固定资产投资的绝大部分用于工业建设。1953 — 1957 年，全市工业投资占总投资的 83.10%。1957 年 7 月，首次编制下达了全市基本建设计划，计划内容有包括地方工业建设的新建与扩建，城市公用事业建设及维修，农业水利建设以及交通运输建设，文化、教育、卫生事业建设等。计划对新建株洲机械厂的投资结构进行了安排，并对建成后的职工人数、生产能力、年产值提出了指标。

1958 年，“大跃进”开始，工业冒进，基建规模失控。1961 年后，投资指标中分列设备购置资金。是年，全市固定资产投资比 1960 年减少 77.40%，1962 年继续压缩至 2620 万元，仅为 1960 年的 12.90%。

1963 年，基本建设计划分国家投资和地方自筹资金基本建设 2 部分，计划管理内容增多，包括基建投资额、新增生产能力、新增固定资产、项目建设性质（新建、扩建或改建）、建设内容、建设起止年限、项目设计能力等。1964 年，编制工业技术改造计划。1968 年，增加住宅基建计划，包括投资额、建筑面积、造价等指标。此后，固定资产计划指标没有大的变化。1975 年，新增环境保护设施计划，指标有建设分类、投资、治理“三废”内容、建设年限、材料补助及治理效果等。1978 年，又增加基本建设重点工程项目计划。1981 年，基本建设计划由国家投资基本建设计划、地方全民自筹基本建设计划、集体自筹基本建设计划 3 部分组成。

1982 年，固定资产投资计划管理范围扩大，新增商业网点建设、工交企业更新改造重点措施项目计划。同年 6 月，市政府确定：凡市属单位的固定资产投资，包括基本建设和更新改造措施，不论其资金来自哪个渠道，都要纳入固定资产投资计划。1984 年，基本建设计划管理主要控制投资规模，同时确定一些小型项目、简易建筑物建设和某些项目的维护，不占国家基建计划控制指标。1986 年，下达节能基建项目计划和技术改造限额以上项目计划。其指标包括建设规模、主要建设内容、新增生产能力（或效益）、总投资和节能量。同时编制“七五”计划期间基本建设重点项目前期工程计划和地方工交企业重点技改项目计划，指标有建设规模、前期工作内容、进度、措施内容、总投资额、经济效益（含新增产值、新增利税）。1987年，商品房屋建设列入计划管理，指标有施工面积、竣工面积、竣工率、开发工作量，同时下达商品房屋销售计划，指标有交付商品房屋面积、购买面积（分全民单位、集体单位、个人购买）。1988年，土地开发和使用实行计划管理，下达《株洲市1988年建设用地计划》，指标有使用土地面积（分耕地和非耕地）和用途。1990年，基本建设计划管理指标主要有建设规模、主要建设内容、投资额、新增生产能力（或效益）和土地使用。

在编制1991—2000年全社会固定资产投资计划时，根据“十年规划”的安排，确定“八五”计划期间为125亿元，“九五”计划期间175亿元。其中全民所有制单位为190亿元。

1991—1993年，株洲市固定资产投资发展较快。1991年完成12.55亿元，比1990年9.8亿元增长18.8%；1992年和1993年分别完成18.8亿元和28.17亿元，同比增长49.8%。

由于“八五”前3年固定资产投资过多，基本建设规模过大，一度出现经济过热、物价上涨、通货膨胀，经济效益不佳。因此，在编制固定资产投资计划时的指导原则有所改变，强调继续深化投资体制改革、加强宏观调控、改善投资结构、提高投资效益，同时把抑制通货膨胀作为宏观调控的主要任务，控制投资总量，缩小在建规模；严格项目审批，控制新开工项目；加强对资金源头的管理，特别强调强化投资行为规范管理。基本建设计划和房地产开发投资计划的安排，与整体投资计划相适应，强调加强重点建设，规范自筹投资行为。从1994年开始，不再笼统使用企业基本建设资金和自筹资金概念，将企业基本建设投资资金划为“企业自有资金”和“企业对外筹措资金”。严禁乱发债券、乱收费、乱集资和硬性摊派等方式筹集资金，严禁发放计划外贷款，实行投资许可证制度。通过宏观调控和固定资产投资体制改革，投资总量得到控制，增幅回落。1995年固定资产投资增幅比1994年下降了12.35个百分点，1996年有所上升（45.17亿元），增长24.55%。但1997年只完成34.76亿元，比1996年负增长23.04%。由于固定资产投资调控得当，物价涨幅回落，通货膨胀得到抑制。

1997年后，认真执行“两个根本性转变”（经济体制从传统计划经济向社会主义市场经济转变；经济增长方式从粗放型向集约型转变）的改革，投资重点向工业技改、电力通信、交通运输等基础设施和经济适用房住宅建设倾斜，经济效益明显提高。在编制1998—2000年的固定资产投资计划时，除继续坚持调整投资结构、提高投资效益外，强调加大固定资产投资力度，扩大投资规模，重点加强水利、交通、能源、城乡电网、城市基础设施、环境保护及经济适用房等工程建设。投资计划的预期目标在12%～15%之间，国有投资预期目标在13%左右，集体和个体预期目标保持12%上下。1998年、1999年和2000年全市分别完成固定资产投资39.57亿元、51.98亿元和58.26亿元，分别增长13.84%、31.37%和12.08%。“八五”“九五”累计完成固定资产投资359.27亿元，年均增长20.64%，其中“八五”期完成129.54亿元，“九五”期完成229.74亿元。

从1992年开始，把环境保护计划列入国民经济和社会发展计划。环保计划内容分污染物排放量及治理指标2部分。具体内容包括：城市（城关镇）环境质量控制计划，包括大气总悬浮微粒年日平均值、大气二氧化硫年日平均值、饮用水源水质达标率；污染物排放和治理计划，包括工业废气处理率、工业废水处理率、工业固体废物综合治理率；万元产值污染物排放量，包括万元产值烟尘排放量、万元产值废水排放量、万元产值工业固体废物产生量。其后各年还增加了达标率提高与排放量下降率的指标、治理项目、竣工项目、“三废”综合利用率、污染事故、赔偿金额及粉尘、烟控、噪音区覆盖面积及达标率等指标。

（二）管理权限

1951 — 1957 年，株洲市固定资产投资计划管理权限全部集中于国家和省两级，市计划管理部门仅按照省计委的规定，负责市属固定资产投资计划的综合、汇总和上报，无权审批基建项目。

1958 年，开始拥有部分基建审批权限，市管辖的企、事业单位动用自筹资金进行的基建，由市审批。其他基本建设（包括中央、省属在株单位的基本建设）仍由中央和省审批，市计委转发。1960 年 3 月，市委计划会议提出《对基本建设计划管理的意见》规定：一切基本建设都必须纳入国家计划，市基本建设年度计划，由各主管部门、区人委负责综合本局、区直属全部建设项目，上报市人委、抄送市计委、建委，然后由市审批下达；季度计划亦由各主管局、区人委根据年度计划指标，提出建设计划报市计委，由市计委综合平衡，一次审批下达。凡没有列入市下达年、季度计划的基建项目不论其资金来源如何，必须专案报市计委批准。各局、区人委及所属单位的自筹资金基建项目，由市审批。计划批准后，限额以下项目如需增减建设内容，调整建设规模，推迟工程进度，变更新增能力等，由市计委审定。

基本建设项目审批权限下放，造成地方基建投资迅速增加。1961 年国家压缩基建规模，市里无权审批基建项目。

1963 年，基建管理权限有所松动，省计委等部门确定，城乡人民公社、建筑队及合作商店等集体所有制单个基建项目，其全部投资在 3 万元以下的由市在省下达的控制指标内审批。是年省安排株洲市城乡人民公社集体所有制基建 3 万元以下项目投资计划，由市计委归口审查上报，待省计委批准后下达各有关部门。1964 年 1 月，省补充规定小型乙类 10 万元以下项目由市审批。

自 1967 年开始，固定资产更新和技术改造，省切块安排株洲市投资，由市审批项目和投资，同时市安排一部分投资，由市各主管局和县掌握使用。

1972 年 1 月，株洲市生产指挥部印发《关于加强基本建设管理的通知》，规定所有基建（包括集体自筹资金安排的基建）都必须报市审查，由市报省批准，统一纳入国家基建计划或省计划，市属各部门一律无权批准基建计划。是年起，省分配到市的国家及省财政自筹资金，统一由省审批下达到各建设项目；对地方自筹资金，省下达投资控制指标，市生产指挥部根据控制指标编制建设计划，由市委批准（或审查报省批准）。

1973 年 5 月，湖南省计委《关于自筹资金基本建设管理意见》确定：自筹资金生产性建设项目投资 30 万元以上，非生产性建设 3 万元以上的，报省计委批准，限额以下的项目在省下达的控制指标内由市计委审批，除轻工、商业以外的其他集体所有制单位自筹基建计划，由市审批，所有集体自筹计划均不占国家核定湖南省的自筹指标。省下放企业自筹基建计划，从 1974 年起，改由市管理，并纳入市自筹计划。

1974 年 7 月，株洲市计委重申：自筹资金基本建设的审批权限控制在省、市两级，不再下放，一切基建都必须纳入市计划，市属各区、局、县一律无权批准基建计划。1978年湖南省又确定：国家投资和省财政投资的市属建设项目内部单项工程之间的调整，下放由市计委审批，市属地方固定资产投资审批权限扩大。

1982年6月，株洲市政府批准市计委《关于加强基本建设计划管理的意见》规定：市属基建计划，实行统一计划，综合平衡，分工管理，归口实施的办法；市属企业单位的基建计划由市计委统一管理；行政单位的基建计划由市财政局管理；更新改造的技术措施项目，属工交系统的，由市计委和市经委共同管理；非工交系统的由市计委统一管理。凡市属企、事业单位的自筹建设项目计划任务书，不论投资大小，一律报市计委审核。其中生产性建设项目，投资额超过300万元者，由市计委报省计委审批，总投资额在300万元以下的建设项目计划任务书由市计委审批；属于非生产性建设项目的设计任务书，总投资超过100万元者，由市计委报省计委审批，总投资额在100万元以下的，其计划任务书由市计委审批，初步设计由市建委审批。市属行政单位的非住宅基建项目，投资额超过100万元者，其计划任务书由市财政局报省财政厅审批，总投资额在100万元以下者，计划任务书由市财政局会同市计委审批。市属单位的更新改造和技术改造措施计划，总投资额在100万元以下的计划任务书，工交系统的由市计委和市经委审批，非工交系统的由市计委审批。属于国家和省直接安排的更新改造和技术措施项目，由市计委和经委共同审核上报和转发。市商业网点基建计划，属市财贸系统的由市计委和市财办共同审批，非财贸系统的由市计委审批。市属单位自筹住宅建设计划，经主管部门同意报市计委，由市计委会同市建委审批。市属及市属以下企事业单位的零星基建，其单项工程的建设面积不超过100平方米，单项构筑物不超过1万元，由市各主管局、区、县审批。

从1984年起，省下达的基本建设全部到项目，原基建计划中所列的“切块”投资，市在上报计划需安排到具体项目。自筹资金基建，由省下达投资控制指标，市根据控制指标详细编制自筹项目基建计划，上报省计委平衡下达。同年7月，基本建设管理审批权限继续下放。凡非生产性建设项目，总投资在200万元以下的，生产性建设项目总投资在300万元以下的，其计划任务书由市审批。市自筹基建计划，由市计委在省切块下达的投资规模内审批下达，其计划调整亦由市计委审批。集体企业建设项目的计划任务书和年度计划，一切能自行解决的，由市计委审批。需省支持的由省计委审批。利用外资和技术引进项目计划任务书和年度计划，如原材料、资金市可自行平衡，限额在100万元以下的项目由市计委审批，报省计委备案。市计委根据省计委的通知精神，对市属基本建设管理审批权作了适当下放，确定市、县属全民自筹基建，投资额在5万元以下的零星及不扩大面积的危房拆除重建项目，“三材”自筹，由市直各主管部门或各县区计委审批。集体单位的自筹基建投资在15万元以下的非生产性项目，总投资在50万元以下的生产性项目，由市主管部门及县区计委审批，报市计委备案。各集体单位的危房翻修、拆除重建项目，亦由市各主管部门及各县区计委审批。超过上述投资额度的建设项目，由市计委审批。同年11月，市计委确定：总投资不足50万元的建设项目可不编报计划任务书，50万～300万元之间的建设项目由市计委审批计划任务书。

从1986年起，国家要求严格控制基本建设新开工项目。1989年4月，市计委等部门规定：总投资50万元以下的全民地方自筹基建、城区总投资50万元以下的集体地方自筹基建及总投资在50

万元以下的其他新开工项目，由市计委会同市建委审批。各县、郊区总投资50万元以下集体自筹基建及其他新开工项目，由各县、郊区审批，总投资在50万元以上的新开工项目要分别报省或国家计委批准。同年7月，又规定，市属单位投资在5万～50万元的新开工项目由市计委会同市建委审批。总投资在5万元以下的单项工程及危房拆除重建项目仍由原批准机关审批。各县、区无权批准总投资5万元以上的新开工项目的开工报告。中央、省在株单位的新开工项目按其计划渠道报上级审批。

1993年，将商品房住宅建设计划改为房地产开发建设计划，有资质的房地产开发公司开发建设的商品房投资，要纳入国家、省下达的固定资产投资计划和投资贷款计划。各房地产开发公司，包括中外合资公司的所有项目，都要由市计委、建委协商审批下达年度计划后，方可开工建设。其中投资1亿元以上的项目，送省建委审批后报省计委审批。经国务院、省、市批准的经济开发区房地产开发项目，由市计委、建委在省下达的投资规模内安排。土地利用计划，在保证重点项目用地的前提下，从严控制建设用地的总规模，尽量减少占用耕地，努力保持“两个常数”（人均耕地稳定在0.05公顷以上；人均粮食稳定在450千克以上），合理利用土地资源，促进经济和社会事业健康发展。非农业建设用地计划，属国家指令性计划，所有建设单位征用土地，必须按照国家法律法规办理用地手续。持县以上计划部门批准文件，由土地部门提出，经县以上人民政府批准。未经批准的任何单位和个人不得占用土地搞建设。

六 物资计划

1955年以前，国家统配物资申请的受理和分配由市财经委负责，没有正式的物资部门和物资分配计划。1955年仅有2个单位列入国家统配物资申请单位。是年，物资分配改由市计委负责。1955年9月，编制《株洲市一九五六年度国家统一分配物资供应计划》上报。计划单位有地方国营株洲制酱厂、市搬运处等6家，申请物资为生产和建设用各种统配、部配物资。1956年，纳入计划管理的地方主要物资包括砖、瓦、砂、石、竹、木、土箕以及人民生活用食油、酱、粉等22种。1957年主要物资供需平衡分配计划包括人民消费、工业、手工业生产需要的物资，如各类金属材料、化工原料、工业油料，竹、纱、布、砂等，计划安排的物资系指市场供应部分，均包括各单位已申请的统、部配物资。1958年确定：地方各企事业单位的物资余缺和中央、省属企业经上级内部调整后的剩余物资应报市计委统一平衡调剂；凡统、部配和省管物资（含机械设备），除中央、省企业条条内部调整外，须经市计委同意方可买卖和调剂；商业部门出售的统配和省管物资及废旧物资（含机器设备）为数多者也须经市计委批准。1959年，通过市场收购和供应属于国家统一分配和省主管部门及市统管的工业产品和矿产品纳入市计划分配，其他各类机械、设备、零配件、仪表、五金工具、交电器材、化工产品及各类生活物资由市商业局和有关主管部门负责经营管理，不再纳入市计划分配。1960年，市直属企事业单位生产经营维修、基建所需的统配物资、设备由各省级归口厅、局编报申请计划，其余的由市计委编报。是年全民办工业运动达到高潮，原材料供应出现困难。市计委将能综合利用的废料、废气、废水、废渣纳入统一分配，对口定点供应。1965年，市计委下达的年度物资分配计划中有钢材、有色金属、生铁、轻化工产品、焦炭等19种物资，另行下达分配计划的物资有煤炭、石油产品、木材、楠竹、水泥、玻璃等，同时规定工业用糖、油、纱、布、生产维修用的统配机电产品和各种废旧金属和橡胶由市计委主管分配。1967年，因省分配关系改变，原由市计委主管分配的玻璃、轮胎、炸药、麻袋、铸铁管5种物资划归市物资局主管分配。是年年度物资分配计划安排木材、楠竹、生铁、钢材、有色金属、化工产品等18种原材料。其他纳入计划管理的物资有煤炭、焦炭、石油、水泥、机电产品。1968年，汽车纳入计划分配。1969年，首次编制回收废钢铁计划，将省属企事业单位以及市属企事业单位的废钢铁回收纳入市计划管理。1970年又下达废钢铁上交、分配计划指标，同时确定废有色金属纳入市计划统一平衡分配。并下达主要物资节约计划。1971年，中央企业和中央下放企业，省属企业和省下放企业的物资供应纳入市计划由地方供应。1972年，改回原供应关系。1975年下达钢材与铜材利用库存指标。1976年下达动员内部资源指标。

20世纪80年代，社队企业发展迅速，其生产用国家统配物资逐步纳入计划分配。1983年，纳入计划管理分配的主要物资有钢材、木材、楠竹、生铁、焦炭、有色金属、硫酸、硝酸、烧碱、纯碱、橡胶等，其他物资如工业用糖、油、纱等不再纳入市计划分配，由市场供应渠道供应。1984年底，楠竹、木材不再进行计划分配。1985年，市计委《关于整顿和加强物资管理的意见》明确指出，省计划分配的资源，地方安排生产的产品和市协作物资资源，必须纳入计划统一分配，未经批准，不得动用。同时确定自产资源和协作资源有钢材、生铁、水泥、焦炭、纯碱、烧碱、废金属、非统配木材、汽车、石油成品油等。是年，市计划管理的物资有24种。随着生产资料市场的开放，市计划分配的物资越来越少。1988年，废旧金属不再列入市计划管理。1990年市计划分配的物资有钢材、生铁、焦炭、铜、铝、锌、锡、铜材、铝材、硫酸、烧碱、纯碱、橡胶、轮胎、汽车、石油成品油等17种。

1991年，随着改革开放的深入发展，计划分配物资减少。1992年，大部分物资形成市场调节为主的资源配置格局。1993—2000年，主要计划物资价格全部放开，湖南省安排株洲市物资订货计划仅有少数几项，比如爆炸物资仍实行指令性计划。

七　财政金融计划

1950年10月，株洲区对所属企、事业单位的货币收支实行计划管理，即各单位编制其货币收支计划报区审批，并按审批后的计划严格执行。如因特殊情况有超过批准计划之收付时，须提出追补计划，其编送审核程序同正式计划；各单位如无计划，虽有结存亦不得支用，收入超过计划时随时交存银行，并说明超收原因。

1953年，株洲市开始实行省辖市一级财政预算管理，编制第一个年度财政收支计划，收入分各项税收、企业收入、其他收入等，支出只下达总数。1955年，财政支出分列经济建设费、行政管理费、其他支出3项。是年，开征农业税并纳入财政收入计划内。1957年，财政收入计划增加债款收入项目，支出增加总预备费项目。此间，市属单位向银行贷款需市计委审批，并由市财政局统一借贷。

1960年，市计委编制综合财政计划，按预算内、预算外详细分列收入与支出项目，收入项目有各项税收及附加费、企业及事业单位收入、劳保福利基金、其他收入、上级财政补助收入、上级增拨信贷资金收入、上年结余；支出项目有经济建设支出、社会文教支出、行政管理支出、其他支出、总预备费、上解支出、增拨信贷资金支出。至1967年，财政计划管理内容没有大的变化。1968年起，增编市级机动财力支出计划。是年，支出计划设收入、支出、结余3个指标。支出重点是突出毛泽东形像、“文化大革命”经费、城市公用事业、支援农业、支援工业。1969年，支出项目有基本建设、城市公用事业、行政事业费、“文化大革命”经费、支援工业、支援农业、支援财贸、防汛抗旱灭虫。以后各年度的支出项目由当年的情况而定。

1970年，株洲市下达财政预算收入计划，未安排预算外收入指标。1971年，下达财政收支计划，中央、省下放企业收入纳入市财政收入计划内。1972年，财政收入计划部分按湖南省下达计划数、争取数和市计划数3个指标数下达。收入项目为国家预算（含企业收入、工商税收、农业税、其他收入）和市机动财力2大部分；支出项目有基本建设、流动资金、支援农业、城市维护、文教卫生事业、行政经费、战备经费、其他支出。并按市直主管部门和区分别下达预算支出指标。1976年，财政收支计划包括财政预算收支计划、地方机动财力支出计划和城市维护3项附加支出计划。预算支出项目增至15项。此后，仅在年度国民经济计划安排中下达地方财政收入指标。

1981年，财政计划中收入指标分企业收入、工商税及盐税、农业税、其他收入4项，支出指标未列项，并增加认购国库券和中央财政借款2个内容。是年，机动财力支出按部门分别下达计划。1982年，财政收入指标中，企业收入项目进行了细分，列有工业企业、交通企业、农机企业、其他企业、商业企业、供销社、煤炭差价补贴、农林企业等项收入。同时，下达县、郊财政体制分成计划，分别列出株洲县、郊区收入总指标和包干支出指标。

1983年，新划入的醴陵县、攸县、茶陵县、酃县财政纳入市计划管理。是年试编综合财政信贷收支计划，收入、支出指标均分列预算内、银行信贷和预算外收入与支出。预算内收入项目有企业收入、各项税收、国外借贷收入、其他收入、财政集中的基本折旧基金、上级财政补助收入；银行信贷项目有各项存款、银行自有资金、财政增拨银行信贷资金；预算外收入项目有地方财政掌握资金、行政事业单位掌握资金、国营企业提留的各项奖金、县以上大集体企业税后利润、国外借贷、上级主管部门拨入资金、其他等。另在收入与支出指标中增列平衡差额项目。支出项目有基本建设拨款、更新改造资金、增加流动资金、经济建设事业费、支农支出、科教文卫事业费、行政管理费、援外支出、职工福利和奖金支出、国外借款还本付息、其他支出、机动金、上解支出。1984年，在编制综合财政信贷收支计划的同时，下达财政计划，并新增税收计划，国家能源交通重点建设基金计划和工商企业流动资金周转计划。

1985年后，市计委没有再编制综合财政信贷计划，只是在年度国民经济和社会发展计划安排时下达地方财政总收入、总支出指标。1990年，新增收贷计划。

1991—1996年，财政（地方财政预算）收入、对外贸易进出口总额、社会消费品零售总额、社会商品零售价格指数、居民消费价格指数、各项金融存款、贷款余额等指标，是每年全市国民经济和社会事业发展计划综合指标的重要组成部分，而不叫财贸经济计划。有关财贸方面的对外贸易出口收购计划、主要商品收购调拨（流转）计划、主要物资分配计划、自有外汇引进技术和利用外资计划、自有外汇进口主要物资设备计划等分别列入年度计划，到“九五”后期将这些计划统称为“财贸经济计划”。

“九五”后期的财贸经济计划，是在下达计划的同时，详尽地提出完成计划的指导性措施。财政收入逐年增长，1998 年比 1997 年增长 13.4%，2000 年比 1998 年增长 10%。从 1991 年起，金融业并入“第三产业”，属“第三产业发展计划”中的重要内容。

八 对外经济贸易计划

20 世纪 50 年代，对外经济贸易由国家和省实行统一计划管理，其内容是出口商品的收购和技术、设备的引进。

1960 — 1978 年，市计委在商品销售计划中仅列出出口商品收购指标计划，技术、物资（设备）进口、利用外资、外汇收支计划仍由国家和省实行计划管理。1963 年，出口商品的主要品种是大米、生猪、蔬菜、水果、猪鬃、猪肠衣、皮革等农副土畜产品。1966 年，收购品种扩展到帆布衣箱、劳保手套、皮鞋等轻工产品。随后，收购品种和数量逐年减少，1969 年开始回升。1972 年，市计委下达商品外贸购销计划，增加收购总额指标。1973 年，计划易名为对外贸易收购计划，收购品种主要增加工矿产品，有压花玻璃、平板玻璃、氟硅酸钠、钛白粉、麻的确良、床单、苎麻布、电焊机、锻压设备、硬质合金和钻头等。1974 年起，外贸收购计划不再分列收购品种和数量，而按产品类别下达收购额和收购总额 2 个指标，产品类别分为：粮油食品、土畜产品、轻工业产品、纺织品、化工医药、机械五金、矿产 7 类。

1979 年，除下达外贸收购计划外，还审查市属单位的技术和物资（设备）进口，平衡后报湖南省审批。是年，国务院规定实行地方出口商品外汇留成办法。从 1983 年起，凡需要动用地方留成外汇从国外进口物资（设备）的企、事业单位，必须在上年度的 11 月底以前编报年度计划，在 1 月 15 日和 7 月下旬以前分别编报春、秋广交会具体进口计划。1983 年，株洲市首次编制秋交会和对东欧、苏联等国家机电产品进口计划，内容有进口产品的型号、规格、性能、价格、进口国和外汇额度。从 1984 年起，各年度均分数批下达进口计划。

1985 年，株洲市开始编制年度利用外资计划，内容仅吸收国外直接投资 1 项。1986 年，利用外资计划内容增至计划利用外资、吸收国外直接投资项目和利用外资开展工作项目 3 项。此后，对外经济贸易计划均包含对外贸易收购、进口、利用外资等内容。1989 年，新增技术引进和引进项目计划内容，指标有总投资额、技术（项目）内容、总用汇额和年度用汇计划。

1990 年，株洲市对外经济贸易计划内容扩展到对外贸易收购、进口、技术引进项目、利用外资和综合外汇收支 5 个部分。其内容分别是：对外贸易收购计划包括市经贸公司出口承包计划（指标有出口创汇总值基数、分列创汇、收汇基数现汇、上缴中央外汇额度现汇、地方政府留成外汇现汇）、自营出口企业计划（指标有出口总值）和外贸商品收购计划（指标有主要出口商品供货量和收购量），进口计划指标有项目及数量、进口计划额（分列企业留成外汇、调剂外汇、借用外资、借用国内外汇贷款）；利用外资计划指标有国外政府贷款补偿贸易、吸收国外直接投资，计划下列利用国外贷款项目计划（内容有建设内容、起止年限、总投资、利用国外贷款批准数、累计完成投资、年度计划投资额）和吸收外商直接投资、补偿贸易项目计划（内容有投资方式、行业、总投资及其构成、累计完成投资及其构成、年度计划投资及其构成）；综合外汇收支计划指标有：当年收入（分出口收汇留成、其他出口收入、非贸易外汇留成、其他非贸易收入、借用外资、吸收外商直接投资、国内外汇结算收入、购入调剂外汇、黄金、白银分成外汇、借用国内外汇贷款等项）、当年支出（分进口、非贸易支出、偿还借用外资本息、外商收回直接投资及分红、国内外汇结算支出、卖出调剂外汇、偿还国内外汇贷款本息等项）、当年收支差额、上年末外汇结存和年末外汇结存等。

1991 年以后，有关对外贸易出口收购计划，自有外汇引进技术和利用外资计划，自有外汇进口主要物资设备计划等，均列入“财贸经济计划”，后并入“财政金融计划”。“八五”计划期间对外贸易出口商品有粮油、土畜产品、轻工、纺织、机械、五矿（铅、锌、铜、钨、钼）、化工、医保、机械设备等 14 大类 90 多个品种。技术引进计划的内容有生产能力及经济效益（产值、利税、创汇）、引进国别、项目总投资、总用汇、累计完成成交额、资金来源等。利用外资计划项目，强调符合国家产业政策；以生产出口产品为主，或能生产替代进口产品，为国家节约外汇；高新技术水平增高，建成速度快，效益好。

九　科学技术发展计划

1960年2月，中共株洲市第三次“党代会”第一次审议并通过《株洲市1960年科学技术发展规划》，计划安排科研项目 1454 项，其中尖端项目 147 项，重大项目 454 项，主要项目 853 项。还提出《株洲市 1960 — 1962 年科学技术发展规划纲要》，规划确定的科研内容包括工业、农业、基建、交通、邮电、医药卫生、基础理论、尖端科学技术以及物资资源的综合利用等方面。

1963 年，市计委下达科学研究事业计划，内容包括科研人员结构和科研项目、经费安排。科研内容除工农业基础项目外，还首次安排了控制生育、消灭冲田鼠害及扩种绿肥等项目。

1966 年，株洲市科学技术计划管理工作中断。1969 年恢复，计划易名为科学实验计划，分批下达新产品试制计划，中间试验计划和科研计划。1970 — 1975 年，科学实验计划包括新产品试制项目、技术推广项目、综合利用项目、科研项目和中间试验项目等。此间，农业方面重点研究水稻杂交优势利用，提高粮食单产，研制农田机械，试制高效低毒的新农药和除草剂；工业方面重点研究工业机械化、自动化和提高劳动生产率；卫生方面重点开展常见病、多发病、职业病的防治研究，探索癌症的起因、早期诊断和治疗方法以及避孕药物的研制。从 1976 年起，计划名称又恢复为科学技术发展计划。

从 1979 年起，株洲市科技计划对每个科技项目的起止年限、承担单位、主管部门、经费等都作出具体安排。是年，编制了《株洲市 1980 — 1981 年科研项目计划》。

1983 年，市科技计划新增科技成果推广项目。1984 年，计划新上的科技项目，都需要填报计划任务书、技术分析可行性论证程序，方可纳入年度计划；同时，科技三项费用拨款改为贷款，是年，株洲市被确定为全国微机推广 4 个试点城市之一，开始微机的开发应用。

1985 年，科技计划增加科技合作开发项目内容。1986 年，增加“星火计划”内容。是年，计划安排星火计划 23 项、应用研究计划 20 项、成果推广计划 6 项、微机开发应用计划 30 项等。1989 年，增加“火炬计划”。

1990 年，株洲市增加“巨龙计划”内容。是年共安排各类科技计划 84 项，其中科研计划 38 项、工业性试验和合作项目 4 项，“星火计划”10 项，成果推广计划 25 项，“巨龙计划”7 项。研究重点放在科技兴农和推动企业技术进步上。

“八五”前期，株洲市科技发展计划主要是农业两系法杂交育种和优质米基地开发、配套技术研究和工业发展、节约能源、微电子技术、化工新产品、机电一体化的开发与研究。“八五”后期和“九五”前期，充分利用计划与市场，推进经济一体化，发挥科技推动经济和社会发展的作用，把星火科技计划示范放在重要位置。“九五”后期，科技计划突出企业高新技术及其产品的研究与开发，用高新技术改造传统产业，促进企业产品结构调整和产品升级换代，提高经济效益；重点培育新的经济增长点，培育龙头企业和产品，推进产业化进程；加强农业科学技术的研究与开发，促进产、供、销一体化，产、研、学相结合，形成支柱产业，推动传统农业向现代农业转化。

20 世纪 90 年代，株洲市每年科技发展规划的研究项目大都在 80 ~ 200 个之间，最少的 1993 年，预安排项目 38 个。科技研究计划项目，主要有科技攻关、工业性实验、科技合作三大类，同时还有科技成果推广应用项目，科研计划中有星火计划、火炬计划、巨龙计划。这些计划，除市科委自行安排的项目外，还有国家安排的科研项目，也有湖南省科委安排的项目。

十　文化、广播电视事业计划

1955 年，市计委在年度国民经济计划中首次列出株洲市文化事业发展计划指标，主要包括人民电影院、解放剧院、和平剧院的放映场次和观众人数。

1957 年，编制广播事业计划。是年，文化事业计划包括市行政部门兴办的文化事业和其他部门、群众团体、私营及民办的文化事业。全市电影院、剧场、文化馆、文化宫、新华书店、广播台站等建设均纳入计划管理范围，并新增电影院上座率等指标。1958 年，城市电影放映队、农村文化馆建设开始纳入计划管理。1960 年，文化事业计划下达电影院、电影放映队、剧场、剧团、文化馆、群众艺术馆、游艺场、图书馆等数量指标。广播事业计划指标有农村人民公社广播站数和喇叭数。1961 — 1964 年，计划重点是挖掘潜力，提高剧场、影院上座率。1964 年，农村电影放映队数列入计划管理。

1966年，文化事业和广播事业计划的编制工作中断。1969年，市文化馆被撤销，图书馆关闭。

1973年，文化事业计划恢复，内容与1960年基本相同。1980年，增加出版、文物保护等内容，包括电影院、放映队、其他放映单位、剧场、剧团、艺术学校、文化馆（站）等的数量和电影、戏剧演出收入等8个指标。随着电视逐渐普及，广播事业计划改称为广播电视事业计划，指标有实验天线铁塔、广播专用线、广播喇叭、实验发射设备等数量指标。1983年，文化、广播电视事业计划的指标为电影放映单位、剧场、艺术表演团体、文化馆、农村文化站、图书馆、出版报纸印张、广播发展和电视覆盖率等。1984年，广播电视事业计划增列调频广播总功率和有线广播专用线长度2个指标。1985年，文化事业计划增加摄制故事片数、博物馆数2个指标。1986年，广播电视事业计划增加地方中波无线广播、电视广播、调频广播的台架数和功率、有线广播喇叭数、入户率、有线广播线路以及县、乡广播台站数、机房改造、设备改造、各种训练班期数等内容。此后各年度，广播电视事业计划内容基本相同。1990年，文化事业计划包括摄制故事片、电影放映单位、剧（场）院、艺术表演团体、文化馆、群众艺术馆、文化站、文物保护、博物馆（纪念馆）、图书馆、中等艺术学校等的数量指标。

20世纪90年代，文化、广播电视事业计划强调增加对精神文明建设的投入，满足人民群众日益增长的精神文化生活的需要。各项计划内容繁多，发展效果亦可佳。

十一　卫生事业计划

1954年，株洲市卫生事业开始纳入计划管理。是年年底，市立一医院建成开业，设病床100张，分内、外、妇等科。1955年，开始编制卫生事业计划，设卫生机构数、病床数、医务人员数和管理人员数等指标。1956年，编制“一五”计划综合发展规划，分年度下达病床数和人均拥有病床数2项指标。至1957年，卫生事业计划管理的范围扩展到卫生行政部门、市属企（事）业单位、群众团体等设立的医疗卫生机构和私营卫生机构。卫生机构数指标下列综合医院、中医院、卫生所、妇幼保健院（站）、防疫站等的个数。1958年，卫生事业计划增加病床使用率指标。1960年，计划指标增加到医院床位数、专科防治所数、卫生防疫站数、妇幼保健所数、卫生研究机构数、疾病治疗人数、血吸虫病治疗人数、钩虫病治疗人数、血丝虫病治疗人数、公社卫生院病床数等10个。1963年，计划又增加综合医院病床利用率、综合性医院治愈率、疗养院床位数3个指标。1964—1966年，计划的主要内容是职工、干部疗养院（所）的建设、疗养院病床的发展和综合医院病床利用率、治愈率。1968年，合作医疗单位数和赤脚医生人数纳入计划管理。此后至1979年，株洲市没有单独下达卫生事业计划，只是在个别年度的国民经济计划中提到有关卫生事业计划的内容。

1980年，株洲市重新下达卫生事业计划，指标有医院床位总数、门诊部数、卫生防疫站数、妇幼保健站数、药品检验所数、医学科研机构数、赤脚医生人数、实行合作医疗大队数、专业卫生人员数、新法接生率等10个。1983年赤脚医生人数、实行合作医疗大队数、新法接生率等3个指标未列入计划。1987—1988年，卫生事业计划下达指标数为建市以来最高数，达15项，比1980年增加的指标有疗养院床位数、计划免疫接种人数、节育手术例次、在职专业卫生人员培训数和专科防治所数等。原实行合作医疗大队数指标易名为设有卫生机构村数。1989 年，卫生事业计划指标减少到 6 个，即医院病床数、疗养院（所）床位数、门诊部（所）数、专业卫生人员数、乡村医生数和设有卫生机构的村数等。1990 年，指标比 1989 年又有所增加，增设卫生防疫站数、妇幼防治所数、专科防治所数和药品检验所数等 4 个指标。

"八五"计划期间，编制卫生事业计划强调贯彻预防为主的方针，加强农村医疗保健，积极开展城乡爱国卫生运动；实施农村初级卫生保健，抓好县、乡卫生机构建设；加强对传染病、地方病、职业病的防治工作，改善农村医疗卫生落后状况。"九五"期间，强调加快农村医疗预防保健网建设，每年完成 20 万人左右的饮用水水改任务，整顿城市医疗秩序，解决全市肿瘤患者看病难、住院难的矛盾等。计划内容有市、县、乡医院（工矿、私人）、诊所、疗养院、门诊部、防疫站、病床数、妇幼保健站（所）、药品检验所（室）、专业卫生人员数、私人开业、卫生技术人员数及预计增加数。

十二　体育事业计划

1955 年，株洲市始编体育事业计划。1957 年，体育事业计划包括市政府及各机关、企业、学校、团体设立的体育设施的建设和举办全市性体育活动等内容。1958 — 1966 年，市区先后按计划建成了儿童游泳池、竞赛游泳池和跳水池各 1 个；体育场 1 个，带看台的灯光球场 1 个和射击场 1 个。1966 年后，体育事业计划的编制工作中断。

1973 年，体育事业计划恢复，计划筹建市体育馆。此后各年度，体育事业计划的主要内容是体育设施建设。1983 年，体育事业计划内容扩大，指标有县以上运动竞赛会举办的次数、参加运动人员数、训练总人数、从事体育事业人数、体育场地数、体校及其在校学生数等。此后，计划内容没有变化。1990 年，计划增加优秀运动员人数、体育中学在校学生数、重点业余体校在校学生数、专职教练人数等指标。

1991 — 2000 年，计划增加精神文明建设方面的投入，加强基础设施建设，完善管理体制，改善服务条件，全面提高服务水平和综合效益，满足人民群众日益增长的健身需要。2000 年，全市有等级运动员 306 人，等级裁判员 41 人，聘任教练员 36 人，达到国家体育锻炼标准的有 89.11 万人，有体育场地 93 处，举办县以上运动会 11 次，参加人数达到 2.3 万多人。

十三　劳动工资计划

1951 年建株洲市后即开始对劳动工资实行计划管理。至 1952 年，计划主要解决民国时期遗留下来的失业问题。

1953 年，株洲市发布《关于统一调配劳动力的暂行规定》，要求一切国营、地方国营、合作社营施工单位进行基建工程需招用临时工时，都必须做出详细计划，劳动计划重点是建筑单位新增劳动力计划。1955 年 11 月，要求全市各单位在编排年度工资计划后，编报工资增长使用基金计划，计划内容有使用项目、工作对象与工作面、使用基金等。1956 年 1 月，基建劳动力计划，要求各单位申请调配劳动力计划前，须将工程项目、施工地点、结构性质、建筑面积等内容，并根据施工进度，分工种、技术条件、工期、人数等按季、月报送劳动力需要计划。1957 年 3 月，对劳动力计划管理范围重新进行了规定，由过去单纯对基本建设临时用工管理，扩大到所有单位均须按季、月报送本单位在册工人增减变动情况和劳动力平衡计划。

1958 年，株洲劳动力需要量大增，计划控制放松。1959 年，劳动工资计划对工资总额、人均工资、工业企业劳动生产率、人均劳动生产值等指标提出控制数字。是年，首次编制学徒培训计划，计划采取师带徒、技校和训练班等形式培训学徒。12 月，国家计委和劳动部发出通知，确定劳动计划包括劳动生产率计划、职工人数计划、工资计划、技术工人培养计划及社会劳动资源的使用等 5 个部分，主要指标有劳动生产率、职工年末人数、职工年平均人数、技术工人培养人数、工资总额。

1960 年，劳动工资计划的范围包括除铁道交通系统及电工技工分校以外的所有单位。

1961 年，劳动工资计划管理加强。职工人数计划包括年末人数、年平均人数和新增职工人数。全民所有制单位招收职工，须报请省劳动计划部门下达计划指标，集体所有制单位招收职工，须报市计委下达计划指标，职工工资计划包括职工工资总额和职工年平均工资 2 个指标。劳动人事部门对全市机关、企、事业单位、党派团体普遍实行工资基金管理，对各单位工资表逐月审批。1967 年，计划确定固定工按上年度末实际到达人数控制，对统一分配的大、中专和技校毕业生以及归国华侨、复工复职、退伍军人其劳动计划按实到数增加计划。工资总额计划，按年末实有人数，按实际工资水平进行控制，各部门之间自行调动或外地调入的职工，其指标自行解决。对临时工、合同工、轮换工，要求一律在指定的城镇非农业人口需要就业的人员中招收，在农村只能经批准招收轮换工。1968 年，劳动工资计划要求各单位必须减少非生产人员，不断提高劳动生产率。一律不准自行招人，不准乱发奖金和福利费，严格控制职工人数和工资总额。1969 — 1972 年，各年度未下达劳动工资计划，新增劳动力较多。

1973 年，恢复劳动工资计划。规定计划安排的职工年末到达人数（包括跨年度使用的临时工在内）和工资总额，任何单位均不得超过。同时要求对现有职工进行精简，季节性、临时性生产岗位使用的临时工，也由市计委统一安排。

1978 年，劳动工资计划除安排职工人数和工资总额 2 个指标外，恢复了全员劳动生产率指标。1979 — 1984 年，劳动计划强化劳动生产率指标，对计划安排的职工人数和工资总额要求从严掌握，各单位不得突破计划。1984 年，劳动工资计划要求把劳动生产率和其他经济效益指标结合起来考核，作为奖金管理的主要考核指标。同年计划对计划外用工下达控制数。5 月，市政府批转《关于我市劳动工资计划工作分工意见的报告》，确定从 1985 年起，全市劳动工资计划改由市计委与劳动局共同下达。1987 年劳动工资计划包括职工人数计划、劳动生产率计划、工资总额计划 3 个大项。

1988年6月，经国家批准，在市、县(市)属单位开展劳动计划体制改革试点。改革内容为，实行职工人数增加与生产发展挂钩。企业有权根据市劳动工资计划的范围确定是否增人。实现挂钩后，初步解决计划与实际脱节的问题，劳动力的增长与生产的发展保持了大体适应的水平。1990年，劳动工资计划的指标有全民所有制单位职工总人数、工资总额、新增劳动力等。

"八五"以来，特别是"九五"计划期间，随着改革开放的深入，企业转换经营机制，改制、改组、改造，下岗职工增多，尤其是国有小型企业下岗职工占全部国有企业下岗职工四分之三，加上农村实行联产承包制以后，涌现大批剩余劳动力，而全市的劳动力市场容量不足，就业压力很大。因此，市计委在编制劳动工资计划时，根据形势发展变化的不同特点，作出相应的安排。

"八五"初期，待(失)业情况尚不突出，就业形势比较平稳，编制计划只强调严格控制全民所有制单位人数和工资总额，严格控制从农村招工、招干和使用农村临时工。劳动工资计划主要有城镇登记失业率、地方国有机关事业单位人数、全部职工工资总额、职工平均工资等指标。

"八五"后期和"九五"前期，计划内容与以往相同。但随着改革开放的深入，企业转换经营机制，部分职工因改制、改组而下岗待业，这期间的劳动工资计划，强调积极进行工资制度改革，建立以间接手段为主的宏观调控体系，搞好劳动力综合平衡；帮助企业落实用工自主权，培育和发展劳动力市场，使劳动力资源通过市场机制实现与其他生产要素市场合理配置，进一步重视对全社会人力资源的开发和利用。同时，强调发展第三产业，发展多种就业形式，创造条件，接纳更多的城镇劳动力就业；积极引导农村劳动力向非农业领域进行有序流动；运用经济手段，调整就业结构，逐步形成用人单位和劳动者双向选择，并建立多层次的就业机制和社会保障体系。

"九五"后期，企业改制进入扫尾阶段，下岗职工增多，就业压力增大，形势十分严峻。据1998年底的统计，全市城镇登记失业人员有1.7万人，累计下岗职工为11.2万人，其中实现再就业的6.8万人，待业达4.4万人之多，加上新增下岗和待业人员，就业安置任务十分艰巨。因此，在安排劳动工资计划时，着重强调解决就业问题的根本出路在于发展经济，增加新的就业岗位。调整产业结构，适当发展和扶持劳动密集型产业，鼓励和支持就业潜力较大的行业优先发展。采取发展"利润型"企业和发展"就业型"企业同时并举的方针；把握好小型企业改革的定位和原则，根据装备、产品、技术条件，一部分企业可改制为"利润型"企业，一部分小型企业改制定位于"就业型"企业，避免陷入减人增利，把矛盾推向社会的误区，同时强调通过技能培训、小额贷款帮助的政策支持，拓宽家庭手工业、个体工商业和社区服务业的发展，鼓励个人发挥自谋职业的能力。加强对失业下岗职工的宏观调控，协调好经济结构调整与扩大再就业两大目标的关系。有序地安排下岗分流的规模与速度，把握下岗节奏，避免在短期集中下岗现象，保持社会稳定。抓好劳动者素质教育，以就学替代和推行劳动预备制度，发展中、高等职业技术教育，延缓部分新增劳动力就业。加大农业投入，逐步实现农业结构优化和产业化，把农村剩余劳动力在乡镇就近消化。合理控制农村劳动力向大中城市转移的节奏。正确引导农村劳动力合理有序流动，避免因人口盲目流动造成城镇就业矛盾进一步加剧。

十四 人口计划

1958年，株洲市首次编制《株洲人口发展计划》，下达城市人口和郊区人口数2个指标。1964年，在城镇计划生育控制指标中分市、区、四镇、近郊区，下达总人数、净增人数、人口净增率3个指标。1966年，人口计划仅有人口出生率1个指标。1967—1970年，未编制人口计划。

1971年，株洲市人口计划主要下达生育控制指标，即出生率控制指标。1974年，改出生率指标为人口自然增长率指标。1977年后，计划生育工作加强，人口计划的指标增加到出生率、自然增长率、晚婚率、节育率、计划生育率5个。

进入20世纪80年代，人口计划管理得到重视和加强，各年度均下达人口计划，指标在1977年的基础上增设年末总人数和一胎率、多胎率等。1990年，人口计划下达年末总人口、出生率、人口自然增长率和人均粮食占有量4个指标。是年，首次将“农转非”（农业户籍转为非农业生产户籍）纳入计划管理，下达了“农转非”人口控制计划，对城镇职工家属、国家征地转户、向农村招工、落实政策等类型的“农转非”人口提出控制指标。

1991年后，贯彻落实国家《关于加强计划生育工作，严格控制人口增长的决定》，严格控制不符合政策的二胎生育和早婚早育、杜绝多胎生育、堵塞超计划生育真空；改变农村计划生育落后状况，将总人口、出生率、自然增长率、计划生育率、多孩控制率、多孩育龄夫妇结扎率工作指标，具体安排到乡、村（办事处、居委会）。从1992年开始，将普通大、专院校按国家政策和计划从农村招生与军队干部随军家属的“农转非”计划从省计委安排纳入地方管理。由于采取人口控制计划，使人口出生率、自然增长率逐年下降，计划生育率逐年提高。1991年人口出生率为19.24‰，自然增长率为11.82‰。2000年，人口出生率10.63‰，自然增长率3.69‰。

十五 第三产业发展计划

第三产业是20世纪90年代新增的计划内容。境内第三产业比较滞后。1980年完成第三产业增加值只有4.6亿元，在国民生产总值的比重中，仅占16.7%。到1991年虽然达到15.94亿元，比1980年增长了2.47倍，年均增长11.8%，占国民生产总值的比重也上升到25.8%，但还远远落后于发达国家的60%以上和发展中国家40%以上的水平，也低于全国27.3%的平均水平。特别是农村的第三产业更落后于城市第三产业的发展，使城乡差别有扩大的趋势。落后的第三产业，严重制约着株洲经济的全面发展。从1991年起，第三产业发展计划（或第三产业增加值计划）列入市计委的年度计划，1992年和1997年又分别制定《株洲市第三产业发展规划纲要》（简称《规划纲要》）和《株洲市第三产业“九五”发展计划和2010年规划纲要》（简称《计划纲要》）。1993年9月，株洲市政府从市计委、财委、工商、税务等部门抽调干部，组成“第三产业普查办公室”，对1991—1993年的第三产业情况进行全面普查摸底，为发展第三产业制定政策提供依据。

《计划纲要》的目标是：从1990年算起，到2000年第三产业增加值年均增长22%；按1990年不变价计算，到1995年第三产业增加值达到33亿元（实际1995年达到55.6亿元），2000年达到80亿元；占国民生产总值的比重，1995年达到32%，2000年达到45%以上；第三产业从业人员由1990年的30万人发展到1995年的51万人，2000年发展到75万人。就业人数占全社会劳动者总数的比重，1995年达到25%，2000年达到35%。《规划纲要》的目标是：第三产业增加值在1995年55.6亿元的基础上到2000年达到113亿元，年均递增15%，2010年达到384亿元，年均递增13%。第三产业增加值占国民生产总值的比重，2000年达到35%，比1995年提高4.4个百分点；2010年达到45%，比2000年提高10个百分点。从业人数2000年达到70万人，年均递增8.3%，净增23万人；2010年达到100万人，增加30万人。分别占全市从业人员总数的35%和45%。

第三产业的计划项目有商品流通业、交通运输邮电通信业、金融保险业、房地产业、农林牧渔服务业、地质勘探、水利管理业、社会服务业、卫生、体育、社会福利业、教育、文化、广播、电影电视业、科技研究和综合技术服务业、国家党政机关社会团体等。要求在发展商品流通业时，注重市场建设，包括消费品市场、生产资料市场、集贸市场以及金融证券、人才、劳务、技术、产权、信息、房地产、建筑工程、交通运输等生产要素市场建设。强调加强城乡基础设施建设，搞好城市道路、园林绿化、旅游景点、休闲娱乐、环境保护和水、电、气等基础设施；同时要抓铁、公、水路建设。强调发展信息产业，建成株洲地区网络节点站，同时发展法律、会计、统计、审计、工程、工艺、经济等咨询服务行业。强调推动大中小企业自身发展第三产业，拓宽发展第三产业的领域。

1991—2000年，株洲市累计完成第三产业增加值584.89亿元，占国民生产总值（1854.32亿元）的32%，其中“九五”期为423.58亿元，比“八五”期的161.31亿元增长1.63倍；从业人员51.7万人，占全部从业人员的25.5%。

十六 教育、技工学校招生计划

“八五”计划以来，株洲市增设教育计划和技工学校招生计划。到1998年，株洲有株洲工学院（本科、专业）、株洲教育学院、株洲电视大学等5所高校；有株洲师范、攸县师范、省中医药学校等10所中等专业学校。还有株洲中级技校、株洲市火花塞厂技校、醴陵技校等18所技工学校。

教育计划的原则是按照建立社会主义市场经济体制的要求，在保证教育事业发展与办学条件基本平衡的基础上普及基础教育，大力推进中等专业教育的发展，探索发展高等教育的新路子。在实现计划的措施上，强调贯彻执行《义务教育法》，加快九年制教育的普及步伐，切实普及小学教育，防止继续产生文盲。政府、社会、家长通力合作，做到保证适龄儿童入学，逐步提高教育普及程度；充实和改善办学条件，加强师资队伍建设，使“应试教育”逐步向“素质教育”转变。

中等职业技术教育要加强宏观管理和规划，提高办学效益和教育质量，有计划地扩大培养数量，走“产校结合”“校企结合”的道路。强调职业技术教育的针对性和实用性，突出中专学校在职业技术教育中的主导地位和骨干作用。各中等专业学校招生主要是提高工业专科招生比例，扩大指导性计划（全市按招生总数5%浮动数予以安排），增加定向生。高等教育强调高校自主权，实行指令性计划和指导性计划招生。适当增加工科类专业，适当压缩文科，扩大定向招生比例，严格控制委培、自费生招生数量。为使招生与就业相结合，强调编制生源计划时就要考虑毕业生去向。强调动员社会各方面力量，积极兴办多种形式、多种层次、多种规格的成人教育，坚持“以岗位职业培训为重点，业余学习为主”的办学方针，压缩学历教育规模，使之规范化、制度化。成人教育计划不允许招收社会青年和应届高中毕业生（电大除外），并要根据本地区人才需求，做好经费、户粮关系、生源、就业安置等衔接平衡工作。技工学校招生，强调面向社会、确保国家重点行业、技术复杂和生产急需专业、工种的需要，尽量避免设置重复工种。同时强调要积极开展横向联合办学，充分发挥各校优势，扬长避短，努力提高办学质量。“八五”以来，5所高校和中等专业学校、技工学校招生数量都没有固定数额，成人学校、普通高中、初中、小学和聋哑特殊学校都安排了招生计划。

十七　以工代赈计划

以工代赈（以务工代替赈济）计划，是国家为加速改变老、少、边、穷地区落后面貌，在扶贫工作上采取的重要措施。株洲以工代赈工作是1989年10月在酃县试点后全面铺开的。工作的前4年，经历了中低档工业品以工代赈、工业品以工代赈、粮食以工代赈、粮食和工业品以工代赈4个阶段。1992年结束工业品以工代赈以后，1993年继续实行粮食以工代赈，并开始江河治理以工代赈。

以工代赈包括扶贫、赈灾2个方面，株洲市、县市区均成立以工代赈办公室。“八五”计划期间，炎陵县和茶陵县被列入全国、全省贫困县，享受贫困县特有的扶贫政策所给的优惠待遇。其间，中央和省无偿下拨的“以工代赈”资金较多。1989 — 2000年，共投入以工代赈资金4003.1万元。“九五”计划之初，炎陵、茶陵2县摘了贫困县的“帽子”，不再享受扶贫政策的待遇。但市计委仍每年列出以工代赈计划，2000年还编制《株洲市以工代赈十五规划》。“八五”以来的以工代赈计划内容涉及到交通、水利、农业、邮电、商业等诸多方面，有修建和改建公路、修建小型水电站，中小型水库及水库加固除险、渠道防渗漏、修筑防洪堤、航道整治以及人畜饮水工程、低产农田改造、退耕还林、种果营林、畜牧养殖等。编制年度计划和“十五”计划的原则，重点放在扶贫和改造湘江沿线排渍机埠上，力争继续将炎陵、茶陵2县向省申报列入省定贫困县扶贫行列。采取三个方面的措施：第一，帮助贫困地区培植支柱产业，发展县域经济，防止返贫现象，除炎陵、茶陵2县外，攸县、醴陵市、株洲县一些山区、库区也有少数贫困村落，经过几年努力，虽已脱贫，但一遇天灾人祸或其他原因，又有返贫现象。“九五”计划期间，上述3县市的一些山区、库区出现返贫人口达2万多人，严重影响扶贫成果的巩固。市计委根据中共株洲市委、市政府作出的《加快县域经济发展的决定》，强调帮助2个贫困县发展支柱产业，发展县域经济。如炎陵县发展“新世纪梨”和笋竹两用林；茶陵县发展以脐橙为主的名特优水果和松脂加工产业。第二，帮助贫困乡村贫困人口脱贫致富。“九五”末期，全市农村人口年人均纯收入在625元以下的还有7.6万人，其中炎陵县

3.2 万人，茶陵县 2.1 万人，两县合计 5.3 万人，占 69.7%，占两县 66.4 万人的 8%；两县有 6.65 万人年人均纯收入低于 800 元，有 8.65 万人年人均纯收入在 800 ~ 1000 元，有 14.3 万人年人均纯收入在 1000 ~ 1200 元。两县在 207 个人均纯收入低于 1200 元以下的行政村中，尚有 14 个村未通公路，124 个村未通广播，42 个村无学校，70 个村人畜饮水困难，35 个村人均耕地面积不足 0.03 公顷。据此，计划强调，通过以工代赈工作，向省里争项目、资金，帮助这些地区修建公路、兴修水利、发展养殖、种植业，退耕还林，兴建邮电通讯、商业网点等基础设施，改善生产生活条件，帮助脱贫致富。第三，抓好湘江沿线的排渍机埠更新改造和防洪堤建设。株洲市地处湘江中游，湘水流经全境 89 千米，沿江防洪堤段较长，由于排渍机埠大多建于 20 世纪六七十年代，年久失修，设备陈旧老化，土建工程下沉开裂，效能衰弱；有的因水患为害，堤岸溃损。因此，安排新建和改造一批排渍机埠，修建加固防洪堤已成为重要之举，以防止或减少水患灾害带来损失。

实施以工代赈计划以来取得了良好的经济效益和社会效益。11 年中，株洲市新建和改造 4 条公路长 152.3 千米；修筑 6 座桥梁长 660 多米，解决 6 个乡镇 20 多个村 14 万多群众的“行路难”问题；兴建 1 座小水电站，装机容量 320 千瓦；修建 105.3 千米灌溉渠道，38 座山塘、小型水库和 19 处人畜饮水工程，解决了 4.6 万人、1.35 万牲畜饮水困难；治理 13 千米小流域；改造 0.69 万公顷低产田，新增农田 0.21 万公顷；建设排涝泵站 31 座排涝面积 1 万公顷。以工代赈的工程建设，大大改善了 2 个贫困老区的生产生活条件。广大群众称赞这些工程“扶贫扶到了点子上、治穷治到了根子上”。茶陵县潞水乡碣石村 1200 多人，一到秋旱仅靠一根 20 毫米粗的塑料管子从山上引流滴泉水饮用。1992 年利用以工代赈资金，发动群众，在 500 多米高的悬岩峭壁上开凿出一条 2.4 千米长的盘山引水渠道，将水引到各家各户。

第二节　计划管理形式

1950 年，粮食、食品、百货 3 个国营商业企业所经营的重要生产资料，由国家进行直接计划管理。

“一五”计划期间，株洲市在开展大规模工业基本建设和城市建设的同时，对农业、手工业、私营资本主义工商业进行社会主义改造，不同的经济成份实行不同的计划管理形式。城市建设工程项目及国家核定的限额以上的工业建设项目，均由国家实行直接计划管理。国营 331 工厂、株洲机车车辆修理工厂、601 厂、株洲发电厂等在“一五”计划期间扩建、改建和新建的中央、省属工业企业，均由部、省实行直接计划管理，其所需生产资料由其主管部门按国家调拨价有计划地供应，产品由物资部门调拨。地方国营工业企业由市下达产值计划，但不统筹安排其物资供应和产品销售。对个体农业实行估算性计划，对粮食、食用植物油、棉花等实行统购和派购。1956 年，实现合作化后，对农业合作社实行间接计划管理；对手工业合作社（组）、公私合营工商业处于改造过程中的私营工商业，市政府采取“加工订货、统购包销、经营代销”等经济手段，实行间接计划管理。国营商业各公司，集体所有制性质的供销合作社和消费合作社，其销售额、农副产品采购和主要商品的调、销、存，均由市纳入直接计划管理。教育、文化、卫生等各项社会事业亦均由市统筹安排。

1958年，工商之间取消经济合同，改为以产定购。集体所有制被视作全民所有制，进行无偿调拨。农村人民公社成立后，对公社社员生活实行“供给制”，农民在生产队举办的公共食堂里统一开餐。计划管理形式趋于单一的直接计划管理，限制了各种非全民经济成分的活力，国营经济亦受到行政部门严格的控制。1960年，株洲麻纺厂接管了碳酸钙厂的制绳车间，利用次麻生产麻绳，但是原料不足。为使麻绳生产不致中断，该厂动用了次麻17.82吨、丁级及丙级麻28.54吨进行生产。此事被发现后，省有关部门责成市计委同市轻工局等部门进行调查，认定工厂这种作法是错误的。

1962年，市计委制定“关于改进计划工作的意见”，重申国家对全民所有制的企业和事业单位实行直接计划，对集体所有制的农业和手工业实行间接计划；并规定对农村人民公社只下达农副产品的收购计划，不下达生产计划。对农业生产的指导主要通过有关政策、国营商业和供销合作社同人民公社基本核算单位的购销合同以及工业支援农业的各项措施来实现。

1967—1969年，计划管理工作受到“文化大革命”运动的干扰。但直接计划与间接计划相结合的计划管理形式并未改变。

1969年后，株洲市虽未明确提出取消直接计划和间接计划相结合的计划管理形式，但实际上，不论是全民所有制还是集体所有制的工商企业，一律采取直接计划管理形式。农业生产计划亦采取行政命令方式下达，指标层层加码，范围不断扩大，甚至蔬菜种植也下达品种计划。南区竹器社是一家街道集体企业，亦由计划部门实行直接计划管理。1972年，市计委给该社下达品种计划21种，计5.45万件。所需主要原材料楠竹大部分由市计委安排计划供应。但该社没有完全按计划安排生产和销售。1—10月，该社实际生产的产品有69种，2.6万余件。但计划内产品仅生产19种，8800余件。其中交商业部门收购供应市场的只有11种，6720件，其余产品均由企业按自定价格销售。未列入生产计划的基建用竹跳板由于加工容易、产值大、利润高，该社便大量生产；而计划安排生产的筷篮、菜篮、谷箩等产品没有生产，面筛、包筛、纱罩、小凳、小拖车则极少生产，使市场脱销。市计委对此作了专题调查，认为竹器社利大大干、利小小干、无利不干，不按计划组织生产和销售。市革委会接到这一调查报告后，即责成南区革委会对竹器社的问题进行严肃处理。

20世纪70年代，株洲市地方工业产品计划无所不包，连香干、筷子、苍蝇拍这样的产品都纳入市计划。列入计划的工业产品大多数年份都在800种以上，其中1976年高达969种。中央、省属工业的原材料供应由企业上级主管部门下达计划指标，产品由主管部门调拨或商业部门收购。地方全民工业企业则由市组织原材料的供应和产品收购或调拨。集体工业企业所需原材料由市计委视情况下达部分计划供应指标，其余则由市计委或企业主管部门与市内大、中型企业协商购买其多余物资、边角余料，或由集体企业自找门路解决。市计委安排生产的产品一律由市有关物资、商业部门组织签订合同，予以收购。1976年开始，对农村社队企业从生产到财务结算，实行按行业归口管理，或采取召开产销平衡会议，签订合同的办法，将其分别纳入计划。其生产所需的原材料，属农具修制、农机修理以及计划安排的轻工市场产品生产的，在省分给市的物资中安排，或由市计委及其主管部门采取其他办法解决。单一的直接计划管理形式造成了计划供应与市场需要脱节。70年代，株洲商业系统几乎每年都有价值数十万元的地方产品因质量问题或销路问题而积压、报废。

1979年，贯彻中共中央十一届三中全会精神，改革农业经济体制。农业计划只下达到区、县一级，并规定不允许无偿占用生产队的劳动力、资金、产品和物资；只有农副产品的收购计划为直接计划，通过经营部门与农民签订收购合同来落实计划。农民在完成合同规定的农副产品收购任务后，再留出集体积累的一部分，其余均可自主支配。这种计划管理形式调动了农民的积极性，促进了农业生产的迅速发展。随后，对工业和商业计划管理形式也进行了初步改革，主要是打破工业产品由商业统购包销的工商产销计划衔接体制，发展多种商业流通渠道，对少数工业产品的销售不再纳入计划，由企业自行销售。

1984年，株洲市按照“简政放权”的要求和以计划经济为主、市场调节为辅，大的方面管住、小的方面放活的改革原则，制定《关于计划工作改革的意见（初稿）》，开始实行指令性计划、指导性计划和国家计划指导下的市场调节3种计划管理形式。对农业生产实行指导性计划，市管指标由41项减少到21项；对粮食、棉花、油料、烤烟、苎麻、生猪、蔬菜、鲜鱼、一二类药材等关系国计民生的大宗产品的收购、调拨，按数量、品种、质量规定指令性指标，超指标部分可以自由购销。对主要工业产品的社会总产量实行指导性计划；根据“统一计划、分级管理”的原则，纳入工业生产计划的产品由415种减少到310种；由市直接安排计划的煤炭、焦炭、生铁、钢材、水泥、烧碱等产品，其所需主要原材料由市衔接，产品由市调拨，超产部分可自销；企业完不成计划的要扣回相应部分的原材料指标，并要罚款，罚款由利润留成资金支付；凡企业增加生产能力需由省、市平衡产、供、销和原材料、能源的项目，须报市计委审批或转报省计委。对全民单位基本建设投资规模下达指令性计划，按计划进行控制。物资分配计划，根据省计委安排的资源和株洲市可能安排的资源，按照农、轻、重的次序和保证重点、照顾一般的原则，采取切块的办法，将应由株洲市供应的中央、省、市工业生产任务所需物资和农业、农机具生产维修、畜牧水产、市场（供应）、乡镇工业、维修、技措、复员转退军人安置、中小学维修等方面所需物资，一次安排到县、区、局等主管部门，由主管部门根据计划落实到所属各单位；市计委安排的基本建设计划和与市经委共同审批的技术措施项目，所需“三材”（钢材、木材、水泥），除特殊情况外，一般随同基建与技措计划一次安排到主管部门；生产、维修、基建、技措所需物资不足部分利用市场调节，弥补计划分配的不足。市计委安排的废金属回收上交计划为指令性计划，须保证完成；未完成计划的单位不得自销，否则每少交1吨，扣其分配钢材指标1吨。商业计划方面，对社会商品零售额实行指导性计划，对粮食、油脂油料、生猪、棉花、烤烟、苎麻、牛皮、鲜鱼、蔬菜、二类中药材等实行计划收购；对工业品，株洲市只对石油成品油、市场用煤、化肥、农药及按规定应管的其他品种实行计划管理。对大学和中专招生数下达指令性计划；其他文化、教育、卫生事业计划，如普通中小学、技校、职业学校、医院病床、电影、出版、广播、电视、体育等计划，由市计委与各有关部门进行平衡，并负责上报下达。

1985年，株洲市国家统配物资的种类进一步减少，分配的重点是保证国家指令性生产计划的需要。对农业、农业机械、轻工业、市场供应以及地方基本建设、技术改造、维修等其他方面的需要，一般保持1984年的计划分配基数。不足部分，除自有资源外，均通过市场调节或用自有外汇进口解决。钢材供应，凡国家指令性计划安排的产品，只满足需要量的90%；省安排指令性计划部分只满足需要量的75%；指导性计划部分只满足需要量的16%。市冶金机械局所属企业的指令性计划和指导性计划产品，其计划分配的钢材仅能满足需要的49%，其余51%是企业自行解决的。是年，纳入市工业生产计划的产品属指令性计划的42种，属半指令性计划的45种，属指导性计划的258种。对生猪取消派购，可自由上市交易。对集体林区取消统购，开放木材市场。对木材砍伐实行指令性计划。对粮食、棉花取消派购，改为合同订购。对蔬菜、烟叶、苎麻、药材全部取消派购。1986年，工业生产计划的产品分列省管产品和市管产品2类，其中省管产品为321种，市管40种。

1987年，计划体制改革，实行现行生产尽量放开，基本建设相对集中；实物量管理尽量放开，价值量管理相对集中；对内经济活动有控制地放开，对外经济活动相对集中的原则。进一步缩小工业生产指令性计划范围，扩大和完善指导性计划管理。省管的指令性计划产品减少到9种，半指令性计划产品减少到35种，对平板玻璃、水泥设备等产品不再下达指令性计划。工业生产指令性计划所需要的主要条件，由下达计划的主管单位负责平衡衔接。继续减少统配物资种类和数量，钢材分配指标在1986年的基础上减少16.70%。对市轮胎厂的轮胎生产采取以销定产，按销售合同拨料，取消废钢铁上调任务，不再下达废钢铁回收计划，各个企业生产所需要的废钢铁自行解决。对全社会固定资产投资规模均纳入计划管理，分不同情况，实行指令性计划和指导性计划。

1988年，株洲市进一步改革计划管理办法，纳入市工业生产计划的产品品种降至189种，其余下放给县、区、局、公司管理。市计委管理的计划产品包括省计委下达的全部产品，省厅（局）下达计划产品中的名优产品、拳头产品、出口产品以及有发展前途的产品。市属产品中市计委只管支农产品，与人民生活密切相关的产品。市计委下放管理的品种仍视同市计划，计划渠道不变，原材料供应渠道不变。在此基础上，市计委又将所下达的指导性计划，除少数关系国计民生的主要产品外，均改为建议数，产品价格可以随行就市，高进高出，免受指导性计划调价幅度的限制。将对企业下达指令性劳动工资计划，改为与工业总产值增长速度和经济效益挂勾的办法。

1989年，株洲市在经济领域实行“治理、整顿”方针，指令性计划工业产品又从1988年的4种上升至48种，半指令性计划11种。

1990年，株洲市农业经济仍实行指导性计划，通过物资分配、政策性措施的倾斜促进农业内部经济结构的调整，促进计划目标的实现。工业加强计划的严肃性，国家、省、市下达的指令性计划和上调计划的产品46种，要求各企业必须保证完成。并对部分重点骨干企业实行“双保”政策，即对支农产品、能源、原材料等生产企业实行重点倾斜，国家保原材料，企业保上交。生产、建设、维修用原材料仅有很少部分纳入指令性计划分配，不足部分通过市场自行解决或市计委利用一些条件组织资源进行适当补助。基本建设规模实行严格的指令性计划控制，不得突破。社会事业各项计划除大中专毕业生分配、“农转非”实行指令性计划外，其余均实行指导性计划。

“八五”以后，市计委编制国民经济和社会事业发展计划的形式，基本沿袭了以前的惯例，有长期规划、中期规划、专项规（计）划、年度计划等多种形式。

第三节 计划编制与执行

一 长期计划

1956年年初，株洲市农业和手工业基本实现了由个体所有变为集体所有，工业生产建设蓬勃兴起，城市规模基本形成。开始制定全市国民经济和社会事业长远发展规划即长期计划。至2000年，围绕各个时期的政治形势和经济发展情况，共编制8个规划期10年以上的综合性长期计划和多个专项长期规划。

（一）株洲市1956—1967年发展国民经济远景规划

1956年2月，根据中共中央提出的《一九五六年到一九六七年全国农业发展纲要》精神和湖南省委、湘潭地委指示，株洲市制订《株洲市1956年至1967年以发展工业建设为中心的全面规划纲要（草案）》，提出1956—1967年株洲城市规模、工业基本建设、工农业生产、交通运输、财政贸易、文教卫生以及人民文化、物质生活等方面的发展方向。《规划纲要（草案）》获市第一届人民代表大会第三次会议通过。据此，市计委于6月编制全市第一个长期计划《株洲市1956—1967年发展国民经济远景规划》。其他各部门亦分别编制财经、手工业改造、农业发展、文化事业、教育、农村卫生、卫生事业、国民教育事业8个专项长期规划。

该远景规划确定的任务，是以集中力量完成株洲地区的工业建设为中心，加强城市建设，以适应工业建设的需要；继续完成对农业、手工业、私营工商业的社会主义改造；相应地发展地方工业，扩建与新建若干中小型工厂；郊区农业应增产稻谷，发展蔬菜，开展多种经营，增加农民收入；相应地发展地方交通运输事业、大力加强城乡物资供应，逐步提高城乡人民物质文化生活水平。

主要奋斗目标是：到1967年，粮食亩产由1955年的350千克上升为750千克，总产量由23234.5吨上升为62367.8吨。生猪饲养量由20144头发展到20万头，耕牛由2097头发展到4000头。地方工业围绕为大工业和城市建设服务，发展建材、食品、机械维修工业，总产值由1955年的112.5万元上升为1967年的3390.1万元。主要产品产量：石料5万立方米，河沙6万立方米，普通铸铁2900吨，高级铸铁1160吨，石灰2.64万吨，自来水10958.4万吨，均增长50%以上。手工业供销生产合作社组数由1955年的36个合并为20个，从业人员由1934人上升到4632人，总产值由173.1万元提高到2611.1万元，增长14.08倍。交通货运量由1955年的62.4万吨上升到1440.7万吨，周转量由599.7万吨千米上升为72450.7万吨千米，实现港埠作业全部机械化、自动化，运输汽车化；道路总长度达到262千米，并在1963年修建白石港桥。邮电总收入由1955年的23.4万元上升到239.8万元；电话交换机容量由300门上升到6400门，全部生产队、公共娱乐场所都有电话相通；农村社、乡实行乡邮员制度，做到乡乡通邮路。12年城市建设计划投资3553.9万元，维修费244.2万元，事业费200.1万元，主要用于保证工业生产和提供较好的劳动条件，主要项目有扩建第一水厂，新建第二水厂、建设排水工程，修建道路137.38千米等。社会购买力由1955年的1757.9万元上升到15377.8万元；社会产品零售总额增长7.76倍，粮食、食油、猪肉、棉布等13种主要商品零售额都增长30%以上；商业从业人员由1938人增加到6098人，计划建设综合商店、仓库等设施14.08万平方米。教育事业的重点是抓好基础教育。幼儿园由1955年的4所发展到85所，入园幼儿由270人增至8500人；小学由73所发展到100所；中学由2所发展到20所，学生由820人增加到38170人。工农业余教育计划自1956年起5年内扫除农民中的文盲，并在此基础上使绝大多数职工和干部、城市劳动人民达到高中毕业水平。文化事业方面，计划新建文化宫、艺术馆、博物馆和一批影剧院，郊区农村实现社社有俱乐部、图书馆、业余剧团。体育事业着重加强场馆建设，普及群众体育运动。广播事业重点放在农村，要求到1967年，农村家家户户听到喇叭声。卫生事业贯彻“预防为主”的方针，计划5～7年内消灭痢疾、疟疾、伤寒、乙型脑炎和白喉等流行病，新建一批医院、卫生保健所、妇幼保健所。职工年工资由1955年实际的447元上升到914元，郊区农民人均纯收入由56元提高到557元。

（二）株洲市1963—1972年10年规划

1963年4月，着手编制1963—1972年株洲市发展国民经济的10年规划。确定计划的内容包括15个方面：农业、农业技术改造、工业、交通、国内商业、对外贸易、文教卫生、科研、城市住宅和公用事业、基本建设、建筑安装、劳动工资、成本和流通费用、综合财政、主要物资和设备平衡计划。5月，市计委提出工业长期规划提纲，10年农业规划参考指标、10年人口发展初步规划。7月，正式制定出《株洲市1963—1972年农业生产10年规划》。这一规划总结了“二五”建设取得的成绩和积累的经验，对农业生产主要方面的发展速度、农业生产的内部比例关系、农业机械化、电气化规模、增加生产的技术措施和城乡人民的生活等方面进行了全面规划。但其他行业规划和全市总体发展规划没有编制出来。是年12月，市委召开的三级干部会议又提出《株洲市1964年至1975年农业生产规划（草案）》，对耕地面积、粮食总产量、畜牧水产、蔬菜水果生产、食用植物油生产等提出了具体指标。

（三）建设株洲的1971年至1980年10年规划

1972年6月，为配合实现中共湖南省委提出的“十年建成工业省”的目标，组织制订《关于建设株洲的十年规划（讨论稿）》。规划确定10年建设株洲的指导思想是：贯彻执行“鼓足干劲，力争上游，多快好省地建设社会主义”的总路线和“以农业为基础，工业为主导”的发展国民经济的总方针，以路线为纲，深入开展“工业学大庆”“农业学大寨”的群众运动。坚持自力更生，艰苦奋斗的精神，在全省统一规划指导下，抓好国家安排在株洲市的生产建设的同时，积极发展地方工业；坚持“以钢为纲”，大搞综合利用，建立以原材料基础工业为重点，轻工业相应发展，机械工业巩固提高，工业内部的原材料与加工业配套能力较强的地方工业；坚持“以粮为纲，全面发展”，实现农业机械化，把农业搞上去，建立高产稳定的农业，把工农业生产提高到一个新水平，为十年建成工业省作出较大的贡献。

主要奋斗目标是：工业基本实现市、县工农业生产对钢铁的数量需要和部分品种自给；机械工业要保证实现农业机械化的需要；工业内部大搞技术革新，实现自动化、半自动化程度达70%左右。

农业到1977年基本实现机械化，使农林牧副渔的主要作业机械化水平达到70%以上，运输实现车子化，车子轴承化。主要指标有：1980年地方工业总产值达6亿元，比1970年增长1倍；农业总产值达1.6亿元，增长1倍多。全市工农业总产值达22亿元，比1970年翻一番。粮食亩产实现跨双《纲要》（即亩产800千克），总产量4.2亿千克，工业各项技术经济指标达到国内同行业先进水平。人口自然增长率城市控制在10‰以下，农村控制在15‰以下。对交通、文教、卫生、财贸事业提出了相应的发展要求。规划对实现上述奋斗目标提出了具体措施。

（四）株洲市1976—1985年10年规划

1974年年底，市计委组织全市各行业、各企事业单位及所辖县、郊编制各自的发展规划。1975年6月，市计委转发株洲市钢铁厂"依靠工人阶级制订远景规划"的经验材料给全市各单位编制长远规划时参考。同时，以《建设社会主义新农村要有一个长远打算》为题印发了株洲县洲坪公社洪龙大队编制长远规划的调查材料。是年，由于政治运动的影响，未能编出全市发展国民经济10年规划。1978年10月，市计委编制出《株洲市1979—1985年发展国民经济规划（草案）》，提出了全市国民经济发展到1985年的主要目标和实现目标采取的主要措施。1979年2月，中共株洲市第五次代表大会提出《株洲市1979—1985年发展国民经济的意见（草案）》，确定到1985年全市发展国民经济的奋斗目标：全市工农业总产值达到44.5亿元，其中农副业产值4.5亿元，工业总产值40亿元。7年间，农业平均每年递增17%，工业递增16.60%。在全市工业总产值中，地方工业所占比重由1978年的36.80%，提高到50%；轻工业所占比重由1978年的15%，提高到25%左右，集体所有工业由1978年的9.70%提高到25%左右。工业生产主要产品产量：到1985年棉麻化纤纱9万件，微型电子计算机1000台，特钢3吨，原煤20万吨，手扶拖拉机2万台，化肥12万吨，水泥25万吨，玻璃钢制品2000吨，地方交通货运量563万吨。粮食亩产800千克，总产4亿千克；社队企业产值达到3亿元，占人民公社三级经济收入的70%，基本实现公社工业化。全市财政收入达到4.5亿元，外贸收购总值4亿元。县、郊农民从集体分配的纯收入由1978年的90元，提高到150元左右。全市每年修建住宅15万平方米，使城市居民人均居住面积达5平方米。《意见》同时还对全市基本建设、科学技术、教育、文化、卫生等方面提出了规划。

（五）株洲市1981—1990年10年规划

1980年3月，成立长远规划领导小组，组织编制株洲市1981—1990年国民经济发展10年规划。7月，在搜集整理建市30年来工业、农业、基建、财贸、文教卫生、劳动工资等方面的统计资料，总结30年经济建设的主要成就和经验教训，并对全市主要行业的发展重点和重点建设项目进行研究和调查的基础上，提出发展国民经济10年规划的初步设想，初步确定发展的主攻方向和奋斗目标"六五"计划期间，农业总产值年均递增6%，工业总产值递增7%，工农业总产值合计递增6.90%；1985年工农业总产值达25.8亿元，其中工业总产值23.95亿元，农业总产值1.85亿元。"七五"计划期间，农业总产值年均递增5%，工业总产值递增6%，工农业总产值递增6%，1990年工农业总产值34.5亿元，其中工业总产值32亿元，农业总产值2.5亿元。国民生产总值达15.5亿元，递增5.9%，全市人均1551元。规划"六五"计划期间建成中心广场；新建2个煤气发生站，使20%的居民用上煤气。“七五”计划建设3个煤气发生站，使60%的居民用上煤气；争取修建株洲湘江大桥。1990年，城市人口居住面积达7平方米，县、郊社员人均收入由1979年的120元增加到200元。

1982年3月，对初步设想进行修改。改过去编制计划从重工业开始为首先考虑消费品生产，改过去围绕政治口号来规划发展要求为以需要来安排计划；过去的问题是经济效益差、生产水平低、人民生活改善少，此次以消费品生产为主，并以此作为战略方针考虑。修改后编制的《株洲市第六个五年计划和“七五”计划轮廓设想》对全市工农业生产、能源、财政贸易、基本建设、教育、卫生、文化、广播、体育、计划生育、劳动就业、科学技术发展等方面进行了全面规划。规划提出的工业总产值指标比原规划降低30%左右，农业总产值指标降低25%左右。规划确定基本建设投资走向主要放在对现有企业的技术改造和生产建设、市政建设、农业、文教卫生、节能、环保等方面；能源建设，“六五”计划建立热处理中心网，筹建全市电镀、铸造、锻造中心、农村发展沼气、小水电、薪炭林；教育事业农村维持10年教育，城市逐步实行12年教育，发展成人教育；科技发展抓好科技新成果的推广应用，抓好科技队伍建设、科技情报工作和科协、科普工作。

同年5月，编制呈报《株洲市“六五”“七五”期专门人才的需要和培养计划》，计划10年需高等学校培养的人才3700人，中等学校人才398人。

（六）株洲市1981—2000年20年长远规划

1982年11月，提出《株洲市实现“两个倍增”的初步设想汇报提纲（1981—2000年）》。确定全市到2000年发展的战略目标，并对实现这一目标的可能性进行了说明。随后草拟《株洲市实现“两个倍增”的初步设想》，并经市政府审阅，印发给各部门讨论修改。

1984年3月，市长远规划办公室成立。决定采用系统工程方法编制全市1981—2000年国民经济和社会发展规划。12月，市政府与省科协签订《技术咨询协议书》，共同承担“株洲市经济、科技、社会与城市建设规划”的课题研究。并从各方聘请、抽调272人参加规划工作(其中专家咨询组39人)，举办系统工程讲习班，由省咨询组专家讲授系统工程的基本原理和方法。1985年8月，市长远规划办初步编写出《株洲市1986—1990年经济、社会、科技发展战略报告》，9月，市政府组织有关部门、企事业单位对发展战略进行了讨论。经进一步修改完善，1986年2月，市长远规划办公室与省系统工程学会共同编制出《1986—2000年株洲市经济、科技、社会发展规划系统工程研究》。《系统工程研究》分研究报告、数据资料和模型方法程序3个部分。共整理出1200多份统计资料，收集原始数据约2000万个，写出诊断报告50份，约60万字，战略开发报告45份，约50万字，在系统诊断、系统开发、系统评价和系统预测的基础上编制到2000年的全市综合发展规划和10个行业的主要发展规划。《发展规划》指导思想是：以党的十二大制定的战略目标以及中央关于体制改革“三个决定”和“‘七五’计划建议”的精神为指南。以体制改革为动力，以提高社会、经济、环境效益为前提，以科学技术为依靠，以发展商品生产为中心，以改善人民生活为目的，立足株洲，面向全省、全国和世界，对内多层次搞活，对外全方位放开，扬长补短，合理布局，城乡结合，加强横向联系，以大厂带小厂，工业带农业，城市带农村，走出一条经济、科技、社会相互协调，持续发展的新路子，实现社会经济与生态环境的良性循环，将株洲市建设成为“政治安定、经济繁荣、道德高尚、文化发达、环境优美、生活富裕”的现代化中心城市。总体目标是：到2000年，使株洲市成为中国南方的“两地一中心”，即以有色冶金、化工、建材和铁路运输为主体的重工业基地；综合出口产品生产基地；跨省区的物流 — 商品批零展销 — 金融信息中心。在不断提高经济效益的前提下，力争工农业总产值提前2.5 ~ 3年翻两番，即1997年或1998年达到114亿元，人均国民收入超过2100元，人均消费水平超过800元，提早进入小康生活水平。其主要指标是：经济，到2000年全市工农业总产值为139亿元，为1980年的4.9倍，翻2.3番，年均递增8.26%，其中农业总产值年均递增6.63%，达25亿元；工业总产值年均递增8.70%，达114亿元；“农轻重”产值的比重由1984年的22.5 ：21 ：56.5调整为18 ：30 ：52。社会总产值达172亿元，为1980年的5.2倍，年均递增8.60%。国民生产总值为95亿元，年均递增9%，人均国民生产总值达2600元。国民收入为76.95亿元，年均递增9.10%，人均国民收入达2120元。地方财政收入达10.81亿元，年均递增8.50%。社会商品零售总额达49.83亿元，年均递增10.50%。外贸收购总额为9.12亿元，年均递增12.50%。全市社会劳动生产率达3887元，年均递增7.50%。万元工业产值综合能耗由1984年的8.31吨标煤，下降到5.72吨标煤。科技，科技人员总数，由1984年的50938人到2000年达到19.10万人，年均递增8.60%，其中自然科学人数达10.31万人，年均递增8%，社会科学人数达87.86万人，年均递增9.30%。技术进步在经济增长中的作用由1984年的30%左右，到2000年提高到60%，达到发达国家80年代初的水平。社会事业，到2000年，全市人口控制在365万人以内，市区人口控制在65万人以内，人口城市化水平达40%。全市第一、二、三产业就业人数的比例由1984年的66.8 ：19.7 ：13.5改变为46 ：24 ：30。市区人均居住面积由1984年的5.5平方米，增加到9平方米，达到当时国内城市先进水平。1990年城市普及九年制义务教育，2000年全市普及九年制义务教育。专业卫生人员由1984年的11704人，到2000年增至18800人；病床总数由1984年的7780张，到2000年增加到11500张。森林覆盖率到2000年达到50%以上，城市人均占有公共绿地为9平方米。

1986年4月，《发展规划系统工程研究》通过省科委组织的技术鉴定。1988年获市科技进步二等奖。1989年获省“区域综合发展规划优秀成果一等奖”和“科技进步二等奖”。

（七）株洲市国民经济和社会发展10年规划与“八五”计划

1991年年初，编制《株洲市国民经济和社会发展十年规划与“八五”计划》。经市第九届人民代表大会审议通过。1992年11月，根据省计划委员会《关于调整十年规划和“八五”计划的通知》和中共十四大精神以及省、市人民政府经济发展需要更快更好地跃上新台阶的要求，株洲市重新编制了《株洲市十年规划和“八五”计划调整意见》。

经济总量调整目标：20世纪90年代要求国民生产总值年均递增达到15.8%。其中“八五”末达到118亿元（1990年不变价，下同），“九五”末达到248亿元。以1980年为基数，到2000年翻2.9番。工业总产值年递增速度由原计划的6.5%调整为19%；农业总产值递增速度由3%调整到5%。第三产业增加值年递增要达到22.8%；乡镇企业产值年递增要达到40%。

经济结构调整目标：加速调整提高第一产业，大力改造振兴第二产业，加快发展第三产业。到20世纪末，稳定国民生产总值中第二产业48%的比重；第三产业比重由1990年的23%提高到

40%；第一产业比重则由 29% 下降到 12%。

经济效益调整目标：到 20 世纪末，农产品商品率由 1990 年的 50% 提高到 65% 以上，优质品率由 60% 提高到 70% 以上，独立核算工业企业销售收入利税率由 1990 年的 11.52% 提高到 22%；全部资金利税率由 13.6% 提高到 26.5%；定额流动资金周转天数由 90 天缩短至 58 天。

全社会固定资产投资规模：由“八五”期的 48 亿元调整为 125 亿元，“九五”期内计划投资总规模为 175 亿元。在 10 年累计固定资产投资 300 亿元中，全民所有制单位规模占 190 亿元。

其他对科技进步、外经外贸、人民生活水平等目标的调整，都有所提高。

1991 — 1995 年的“八五”计划期间，全市累计实际完成国民生产总值 547.42 亿元，年均递增 14.1%，比“七五”计划期间高出 10.1 个百分点，是原计划 1995 年达到 45.3 亿元的 12.1 倍，是调整后计划 1995 年达到 118 亿元的 4.64 倍。其中一、二、三产业分别年均增长 7%、16.38% 和 17.1%，是株洲市国民经济发展最快的时期之一。5 年中，工业总产值年均增速比调整后计划目标增速高出 6.26 个百分点；农林牧渔总产值则是调整后计划目标的 1.87 倍。其中粮食产量年均增长 1.91%，1995 年 11.32 万公顷双季稻总产量达到 173.83 万吨，平均亩产 1024.1 千克，成为全国第一个成建制亩产过吨粮的地级市。

“八五”计划期间，累计完成固定资产投资 129.53 亿元，年均递增 25.91%，累计完成新增固定资产投资 99.87 亿元，年均递增 17.39%，基础设施建设、交通邮电都有较大的发展。株洲千吨级码头、320 高等级公路、株洲铁路枢纽工程，都在“八五”计划期间相继建成投产；还新建通车公路 100 千米；移动电话与无线寻呼从无到有迅速发展，电话普及率由 1990 年的 6.5 部 / 千人，上升到 1995 年的 45 部 / 千人，电话号码连续 2 次升位。科技事业取得新成就，科技进步对经济增长的贡献率达 42%，比“七五”期提高 15 个百分点，并荣获全国“科技兴市”先进城市称号。财政收入大幅增长，“八五”计划期间，累计完成财政收入 47.78 亿元，年均增长 23.87%，比“七五”期增长 95.78%。人民生活显著改善，城市居民生活收入，人均达到 4847 元，比 1990 年增长 1.7 倍；农村居民人均纯收入达到 1677 元，比 1990 年增长 1.56 倍，全市已有 50% 的城市居民、30% 的农村居民过上小康生活。

（八）株洲市国民经济和社会发展“九五”计划和 2010 年远景目标纲要（草案）

1994 年年初，国家和省计划委员会相继部署编制“九五”计划和 2010 年远景规划的工作。市人民政府于同年 2 月 22 日成立株洲市长期规划领导小组和长期规划办公室，并成立工交、农业、外经外贸、财金、城建、科技、文教卫、劳动 8 个“系统规划组”。1996 年 2 月，正式编制出《株洲市国民经济和社会发展“九五”计划和 2010 年远景目标纲要（草案）》，并经市十届人民代表大会审议通过实施。

总体战略目标：2000 年国民经济主要指标在“八五”末的基础上翻一番，人民生活达到小康水平，到 2010 年基本实现工业现代化、农业产业化、城乡一体化，为提前 20 年在 2030 年基本实现社会主义现代化打好基础。

具体目标：国民生产总值（按 1995 年价格计算，下同）2000 年由 1995 年的 176 亿元增加到

324亿元，年均递增13%；2010年达到840亿元，年均递增12%。工业总产值，2000年由1995年275亿元增加到553亿元，年均递增15%；2010年达到2050亿元，年均递增14%。农业总产值，2000年由1995年59.85亿元增加到80亿元，年均递增6%；2010年达到143亿元，年均递增6%。乡镇企业总产值，1995年155亿元，2000年达到533亿元，年均递增28%。2000年至2010年每年递增20%。粮食总产量稳定在人均400千克以上。社会消费品零售总额，1995年68亿元，2000年达到149亿元，年均递增17%，2010年达到600亿元，年均递增15%。进出口总额，1995年2.37亿美元，2000年达到5亿美元，年均增长16.1%；2010年达到20亿美元，年均递增15%。第三产业增加值，1995年56亿元，2000年达到113亿元，年均递增15%，占国民生产总值的比重为35%；2010年达到384亿元，年均增长13%，占国民生产总值比重为45%。财政收入，1995年为13.95亿元，2000年达到25.7亿元，年均增长13%；2010年达到79.5亿元，年均递增12%。农村人均纯收入，1995年1677元，2000年达到3400元，2000—2010年，扣除物价因素平均年递增5%。城镇居民人均生活费收入：1995年4847元，到2000年达到8200元。2000～2010年扣除物价因素，年均递增4.5%。社会商品零售物价总水平保持低于全省平均水平。年末全市总人口：1995年364.5万人，其中城市人口65万人，2000年分别达到389.5万人和80万人；2010年分别达到420.3万人和100万人。

在制定总体目标的同时，对"九五"计划期间农业的经济作物、牧业的生猪、山羊的饲养以及水利、道路、电力、电话建设、工业的效益、技术装备水平、发展重点、重点产品以及外贸、科技、教育等方面都提出了具体指标与要求。

"九五"计划期间，是体制改革、结构调整、"两个置换"进入全面实施阶段，随着改革、调整的不断深入与顺利进行，经济环境不断优化，整个国民经济和社会发展步入了良性循环的快车道，"九五"计划的执行比较顺利，效果也很显著。

1996—2000年，共完成国民生产总值1306.9亿元，平均每年递增11.98%，比"八五"期547.42亿元，增长138.74%，其中第一产业增加值年均递增6.5%；第二产业增加值年均递增13.2%；第三产业增加值年均递增13.56%。农业、工业、固定资产投资、财政、科技等各个方面都得到同步发展。5年累计完成农林牧渔总产值371.65亿元，年均递增5.13%，比"八五"计划期间增长101.28%；五年累计生产粮食924.06万吨，年均增长1.81%，比"八五"期增长9.06%。"九五"计划期间，工业总产值实现年均递增15.7%，是"八五"期间的2.36倍；工业增加值实现年均递增13.44%，是"八五"期间的2.41倍；建筑业增加值年均递增12.9%，是"八五"期间的1.98倍。其主要工业产品产量也大都超计划完成任务。累计完成固定资产投资229.73亿元，年均递增9.94%，比"八五"期增长77.36%。其中国有经济和城乡集体完成投资分别是"八五"期间的1.45倍和3.12倍；新增固定资产年均递增37.8%，比"八五"期间增长77.64%。5年累计完成财政收入93.42亿元，财政支出74.79亿元，比"八五"期间分别增长95%和112%。5年间，实现社会消费品零售总额473亿元，年均递增10.5%，比"八五"期间翻了一番；进出口总额共达14.8亿美元，年均递增21.2%，其中出口年均递增19.9%，比"八五"期间翻了一番。"九五"计划期间科技项目获奖684个，其中获国家级奖励的79个、部省级奖励的233个，市级奖励的372个。

随着经济发展、社会进步，人民生活水平不断提高，到2000年年末，城市居民人均生活费收入达到7270.7元，比1995年增长50%，农村居民人均纯收入达到2689元，比1995年增长60.35%。

“九五”计划的执行结果，不仅实现预期计划，而且顺利实现第二步战略目标。继1996年全市国民生产总值实现比1980年翻两番的目标之后，又于1998年人均国民生产总值达7241元（折合875美元），提前两年实现了人均国民生产总值比1980年翻两番的目标。到2000年人均国民生产总值达8382元。农村小康综合评分均超过90分，全市已初步进入小康。

二　中期计划

1952年，制订出第一个单项五年计划《株洲市农业生产五年计划（1952—1956年）》。计划对水稻、棉花、杂粮、麻、油类作物、冬种作物、绿肥的生产以及良种推广、群众选种等方面规定了分年度数量指标。10月，又制订出《株洲市交通五年计划（1953—1957年）》，分年度列出计划期内拟建、改建的公路和码头名称及所需费用。

1955年5月，编制《株洲市发展国民经济第一个五年计划（1953—1957年）》（草案）。计划包括工业、商业、农业、文教卫生、财政5个部分。8月，对这一《草案》进行修订，并下发至全市各有关部门和基层计划单位执行。计划确定，“一五”计划时期的主要任务是：在国家总路线方针、政策、计划指导下，结合本市具体情况，以支援基本建设为中心，进一步发展工农业生产，作好物资供应，巩固社会主义经济成份的领导地位，并逐步进行对农业、手工业、私营资本主义工商业的社会主义改造。

计划提出的主要指标：到1957年，地方工业总产值122.72万元，较1952年下降0.10%；手工业产值达到155.53万元，增长93.88%。农业生产合作社达到170个，互助组820个，参加组织的农户占总农户数的84.99%，较1952年增长9.5倍；稻谷总产量达到25570.75吨，增长26%，蔬菜总产量达12827吨。全社会商品流转额达到5095.18万元，较1952年增长2.3倍。其中社会商品零售流转额达到3020万元，较1952年增长1.94倍。在公私比重上，采取市场新增购买力基本上全部由国营、合作经济掌握，私营经济营业额的绝对值在1954年的水平上稍有增长的原则。在总营业额中，1952年国营占25.35%，合作社营占12.48%，公私合营占2.66%，私营占59.51%，至1957年，依次为70.23%、11.57%、2.23%、15.97%。财政收入达到1995.02万元，比1952年增长9.24倍；财政支出1051.47万元，比1952年增长10.63倍。1957年，全市初级小学计划达到45所，高级小学达到12所，学生总数达到15467人，较1952年增长78.21%；教职员工554人，较1954年增加65.72%；1955年开办幼儿教学至1957年共招生140人，出园20人。新建剧院、文化站、体育场各1个，新建卫生所、妇幼保健站各2个，病床达到140张。

1956年2月，制订《株洲市城市公用事业基本建设与维护工程第一个五年计划》，计划“一五”计划期间投资542.87万元，其中国家计委核定投资为463.66万元，分别用于自来水工程、下水道、道路、公园绿地、勘察、防洪措施及其他项目。

1956 年 2 月，市委作出争取 4 年完成五年计划的决定。3 月，市一届人大三次会议通过了这一决定。会后，各部门分别编制出争取 4 年完成五年计划的全面规划，将原订 1956 年度各项计划指标数作出了调整。

“一五”计划得到较好的执行，1956 年全市即已完成三大改造任务。至 1957 年，4 项经济建设指标和社会发展指标均完成或超额完成计划目标。郊区组成 162 个高级农业生产合作社，入社农户占农户总数的 98%；全市 95% 的手工业者走上了合作化道路，私营工商业实行了全行业公私合营；社会主义经济成分所占的比重由 1952 年的 48% 上升到 99.80%，私营经济成分则由 52% 降至 0.20%。

5 年间基建投资累计完成 1.82 亿元，1957 年比 1952 年增长 6.9 倍，平均每年递增 51%；投资总额中，72.50% 用于工业建设，10.60% 用于住宅建设，3.70% 用于发展文教卫生事业；新增固定资产 1.47 亿元，其中工业固定资产占 69.57%，新建房屋竣工面积 82.8 万平方米，其中厂房 14.3 万平方米，住宅 35.1 万平方米，仓库 10.1 万平方米。601 厂、株洲发电厂等几个限额以上工业企业于 1957 年建成并全部或部分投入生产。地方工业增加了木工、机砖、石料、机械修配等 8 个企业。城市公用事业投资实际完成 512.8 万元，为计划的 111%。新建了第一自来水厂。铺设自来水管 20.44 千米，下水管 10.97 千米。修建各种道路 18 条，总长 23.08 千米。新修防洪大堤 2 处，共长 6.19 千米。5 年国家共向郊区贷款 80 万元，兴修水利工程 8029 处，增加灌溉面积 958.27 公顷，在严重自然灾害面前保证了主要农作物增产增收。1957 年，全市工业总产值达到 6463 万元，比 1952 年增长 3.16 倍，平均每年递增 33%。其中地方工业达到 689.5 万元，为计划的 5.62 倍。主要产品品种由 7 种增至 17 种，粮食总产量达到 25550 吨，蔬菜种植面积达到 118.87 公顷。1957 年农副业总产值比 1952 年增长 70.30%。市内货物搬运量达到 94.7 万吨，比 1952 年增长 5.9 倍，累计完成五年计划的 125.30%；周转量达到 142.8 万吨千米，增长 11 倍，完成五年计划的 118.80%；航运总量达 15.8 万吨，完成五年计划的 130.80%。周转量达 544 万吨千米，完成五年计划的 151.20%。邮电业务收入 115 万元，比 1952 年增长 2.7 倍，完成五年计划的 111%，邮电机构由 3 个增至 14 个。商业机构由 25 个发展到 54 个，1957 年全社会商品零售额达 3657 万元，比 1952 年增长 2.58 倍。提前一年半完成计划。全市职工达到 42725 人，比 1952 年增加 23 倍。人均工资每年递增 8%。农民人均购买力达到 47 元，比 1952 年增长 27%。新建电影院 1 个，剧院 2 个，俱乐部 6 个，文化馆 6 个，普通中学 3 所，中等专业学校 2 所，工人技校 1 所；新增小学 17 所，幼儿园 4 个。新建中、西医院、防疫站各 1 所，病床达到 120 张，医务人员增至 1000 余名。

至此，株洲市由 1952 年的一个城区仅有 3 万多人口的县级市初步发展成为一个拥有 11 万城市人口的省辖新型工业城市。

1957 年 7 月，着手第二个五年计划（1958 — 1962 年）的编制工作。翌年 6 月，制定出《株洲市 1958 年至 1962 年社会主义建设四十条纲要（草案）》及各项“二五”计划草案。《纲要（草案）》提出：一个史无前例，波澜壮阔的全面大跃进高潮，业已在株洲快速地开展，现在的问题，已经不是株洲能不能建成新型工业城市的问题，而是在株洲已经基本形成工业城市的基础上，如何在党的鼓足干劲，力争上游，多快好省地建设社会主义总路线照耀下，一心一德，加大干劲，加大措施，加速社会主义建设，以更快的速度提前完成或超额完成第二个五年计划的任务。在“二五”计划期内，总的口号是：2年实现40条，4年完成五年计划，5年建成工业城市。总的方针任务是：以工业生产建设为中心，在优先保证大工业发展的前提下，执行大中小同时并举的方针，大力支援发展农业；继续完成经济战线、政治思想战线上的社会主义革命。积极开展和实现社会主义技术革命和文化革命，促进国民经济、文化建设事业全面发展；在保证发展生产的基础上，逐步改善人民生活。

《纲要》及“计划草案”所确定的主要目标有：

工业方面，优先保证氮肥厂、化工厂、冶炼厂、货车厂、选煤厂等大工厂如期或提前建成；优先保证先期建成的各个大工厂生产。地方工业的发展方向主要是围绕大工业发展，逐步建立机械工业和化学工业体系，新建地方工业项目256个。5年内工业基建投资70345万元，比“一五”计划期增长3倍，其中国家工业投资40200万元，地方工业投资30145万元，到1962年工业总产值达到20.62亿元，比1957年增长30.9倍。其中中央、省属国营工业总产值10.6亿元；地方工业总产值10.02亿元，比1957年增长82.8倍，手工业产值1962年达到1890万元，，比1957年增长92.50%。

农副业总产值1962年达到5422万元，比1957年增长3.61倍；粮食总产量13.72万吨，比1957年增长3.88倍；平均亩产1962年跃进到1503.5千克，比1957年增长4.4倍。

汽车货运量达到61万吨，为1957年的3.78倍；货物周转量213.5万吨千米，为1957年的2.78倍。邮电总收入100万元，为1957年的2.78倍。

社会商品购买力达10782万元，比1957年增长1.95倍。5年内地方财政支出41963万元，收入36729万元。

5年内完成城市建设投资1960万元。城市人口达35万人，职工人数达15万人，职工平均工资比1957年增长20% ~ 25%。

5年内成立株洲科学研究所，建成工学院。工厂、农村公社、场建立技术夜校，要求全市职工、干部均精通一门科学知识，全市人民人人懂科学，大胆设想、大胆创造、大胆发明。

教育方面，要求1年内普及中、小学，2年内扫除文盲。群众体育活动，做到社社有体协，队队有体协小组；主要体育项目3年出健将。5 ~ 10年赶上世界水平。文化事业，做到社社有俱乐部、图书馆、剧团。卫生事业，1年内消灭疟疾、伤寒，2年内消灭白喉、痢疾、麻疹、乙型脑炎等病的传染流行；至1960年，城市每千人中有1个医生，拥有6张病床。人口净增率控制在2%。

“二五”计划实施至1959年末，地方工业得到较快的发展。1960年1月1日，《人民日报》发表社论，宣布中国已提前3年完成第二个五年计划的主要指标。为实现国民经济更大、更好、更全面的跃进，市计委于2月编制“二五”计划期后3年（1960 — 1962年）国民经济发展规划草案。其主要指标是：到1962年，工业总产值达到40亿 ~ 50亿元，较1959年增长754% ~ 968%，年平均增长100% ~ 115.40%。其中，地方工业总产值15亿 ~ 18亿元，增长1418% ~ 1721%。农副业总产值达2亿元，增长122%。主要工业产品产量分别增长607% ~ 2517%。粮食总产量增长128%，达40万吨；亩产量达1000 ~ 1250千克。生猪达200万头。货运总量达2565万吨。社会商品零售额 2.26 亿元，增长 126%，财政总收入 4.96 亿元，增长 75.90%。全市总人口达到 81 万人，其中职工 17 万人。劳动生产率达 4 万元／人·年。

这一规划编制出来后不久，国家即对经济进行调整，规划没有执行。

1960 年 2 月，市第三次党代会提出了第三个五年计划（1963 — 1967 年）发展国民经济的初步设想，确定主要经济发展指标是：到 1967 年全市工业总产值 80 亿 ~ 100 亿元，其中市属工业 40 亿 ~ 43 亿元，全市工业产品品种 1.5 万 ~ 2 万种；农副业总产值 5 亿元，粮食总产量 7.5 亿千克，单产 1500 千克／亩，生猪 500 万头。货运总量 5185 万吨。5 年基建投资总额 32 亿元；社会商品零售额 4.64 亿元；财政总收入 10 亿元。全市人口 100 万人，其中城市人口 65 万人，职工 25 万人；在校学生 31.6 万人，医院病床 3450 张。

1962 年 1 月，市计委编制《株洲市发展国民经济七年规划（1963 — 1969 年）(草案)》，确定了 7 年内全市发展国民经济的基本任务，对城市规模、工业发展水平、农副业生产、地方工业生产、财政贸易、金融、文教卫生、交通运输、邮电、城市公用事业等方面提出了具体目标。1964 年 8 月，又提出《株洲市发展国民经济规划初步意见（1964 — 1970 年）》。翌年 6 月，市计委编制出《株洲市发展国民经济第三个五年计划纲要 (初稿)》。《纲要》全面回顾了“一五”“二五”计划时期和三年经济调整时期所取得的各项成就，确定株洲市“三五”时期（1966 — 1970 年）发展国民经济的主要任务是“以工业生产建设为中心，积极配合和支持中央、省属企业按既定规模迅速建成投产；地方工业着重加强化肥、农药、农机、市场日用工业品以及为大工业服务的零配件和辅助材料的生产，加强综合利用、成龙配套工作，向小而精、专业化方向发展；农业以稳产高产为目标，以水、肥、土、机为基础，重点建设好 3.07 万公顷旱涝保收、稳产高产的基本农田和菜、肉、鱼、果、奶 5 大副食基地；同时加强城市建设，积极做好商业工作，相应地发展文教卫生事业，不断改善和提高人民群众的物质、文化生活水平。到 1970 年，全市工业总产值达 8 亿元，其中地方工业 2.85 亿元，比 1964 年增长 4.05 倍，主要产品品种达 153 种。农副业总产值达 1 亿元，其中农业生产商品总值达 4700 多万元，占总产值的 44%，粮食总产量达 2.5 亿千克，农村社员平均口粮 280 ~ 312.5 千克，纯收入 120 ~ 150 元，比 1965 年提高 1 倍。社会商品购买力达 11623 万元，比 1964 年增长 46.10%。随后市计委陆续提出《株洲市城市建设第三个五年规划设想（草案）》《株洲市农业机械化五年规划（草案）》《株洲市地方工业、交通运输第三个五年规划的设想（讨论稿）》《株洲市 1966 — 1970 年地方财政收入规划的初步意见说明》等专项规划设想。

由于“文化大革命”运动的影响，“三五”计划纲要（初稿）所确定的任务及目标均未能付诸实施。

1970 年 8 月，向省呈报《株洲市“四五”国民经济发展规划初步设想》，规划包括农业生产、工业交通生产、基本建设、劳动力需要、“十小”工业发展等计划建设。《初步设想》确定的指导思想是贯彻执行“备战、备荒、为人民”的战略方针，以战备为纲，大力支援国家建设和三线建设；以粮为纲，大力发展农业；以钢为纲，狠抓基础工业。加强交通运输建设；安排好轻工市场，努力发展电子新技术，赶超国外先进水平。1971 年 3 月编制《第四个五年计划期间全市工农业生产规划初步设想》，确定的奋斗目标是：“四个实现”，即厂厂成大庆，县、郊成昔阳，社队成大寨；农业机械化；工厂一厂顶几厂，主要产品的质量赶上或超过国内外先进水平；城市无闲人，工厂无闲物。“四个自给”，即粮食、猪肉自给，穿的、用的基本自给，工矿配件基本自给，地方工业的主要原材料基本自给。“一个提供”，即能提供成套、成批的动员线生产的常规武器。具体指标有：到1975年，工业总产值25亿元，年均递增23.40%；农业总产值1.2亿元，年均递增10%，粮食总产量3.8亿千克～4.3亿千克，亩产700千克～800千克；农村社员人均纯收入100元以上。主要工业产品产量：煤10万吨，铁1万吨，钢3万吨。

“四五”（1971—1975年）计划未正式编制。这一时期，国内政治运动不断，规划初步设想没有得到实现，国民经济发展受到严重影响。

1976年4月，市计划会议提出《第五个五年计划（1976—1980年）》的初步设想。计划1980年全市工农业总产值22.5亿元，比1975年增长90%，其中工业总产值20亿元，年均递增13.30%，轻工业产值2亿元以上，比1975年翻一番，市属企业产值6亿元：农业总产值2.5亿元，年均递增20.10%，社队企业总产值1亿元以上，粮食1.5亿千克，平均亩产800千克，力争1978年基本实现农业机械化。交通运输、邮电、商业服务等发展至1980年，达到全部农村生产大队通车，港口吞吐能力200万吨，地方货运量400万吨，实现市、县长途电话载波化、自动化，电报通信传真化。人口净增率：城郊降到5‰、农村7‰。《初步设想》还对科技和文教卫生事业进行了规划。10月，市计委与建委还提出向省汇报的《株洲市“五五”期间环境保护规划》，规划的主要内容是治理工业废气、废水、废渣的污染。

1977年3月，市委向省委报送《株洲市工业学大庆，普及大庆式企业规划（初稿）》，规划到1980年有75%的企业基本上达到大庆式企业的6条标准，工业总产值比1976年翻一番，年均递增12%左右。地方机械、电子工业配套达80%以上，轻工市场产品的自给率由1977年的20%提高到40%以上。全市工业年上缴国家税收、利润5亿元左右。10月，市计委编制《轻工、区街工业1978—1980年规划》。规划1980年，轻工业总产值达4.2亿元，比1976年增长1.6倍。轻工业、区街工业（包括县镇）总产值达3.13亿元，其中轻工产品2.56亿元，占87.60%，比1976年实际增长2.23倍，轻工产品品种达1560种，比1976年增长50%。1978年1月计划会议，对“五五”后3年的经济发展提出了设想。1978—1980年，重点把农业和支农工业，电、煤、钢铁、水泥、有色金属等基础工业抓上来，把株洲市初步建设成为以工业为中心，工农业齐发展，重工业为主体，轻工业齐备，大企业为骨干，大中小并举，城镇工业与公社工业化并举，各行各业协调发展的城市。但没有提出具体指标。

“五五”计划期间，各项规划均没有得到较好的执行，期末经济发展没有实现预期的设想。1979—1980年，国民经济得到了较快的发展。

1978年，市计委开始“六五”计划（1981—1985年）的编制工作。是年7月，制订《株洲市发展国民经济1981—1985年规划（草案）》（送审稿），提出“六五”计划期间全市发展国民经济的指导思想和主要奋斗目标，并对工业、农业、交通邮电、城市建设、财贸、科学技术、文化教育、卫生事业等方面作出了具体规划。

1982年3月，编制《株洲市第六个五年计划和“七五”规划轮廓设想》（草案）。翌年，对原订“六五”计划草案进行修改，于1983年12月编制《株洲市国民经济和社会发展第六个五年计划修订草案（1981—1985年）》。计划确定“六五”时期的基本任务是：在国家统一计划的指导下，以提高经济效益为中心，继续贯彻执行“调整、改革、整顿、提高”的方针。从市管县的新情况出发，城乡协力，充分利用现有基础和资源条件，依靠科学技术的进步和管理水平的提高，加强经济信息的研究、预测工作，把经济进一步搞活，以求得各项事业的稳步发展，开创经济建设的新局面。主要经济技术指标是：到1985年，工业总产值达到25.85亿元，1984年与1985年2年平均递增5%；其中地方工业总产值达到12亿元，5年平均递增5%。在工业总产值中轻工业产值为7.39亿元，占28.59%，后两年平均增长5.5%。农业总产值达到9.5亿元，年均递增4%。社会商品零售额达到10.1亿元，年均递增7.7%；财政收入达到27522万元，年均递增1.30%；固定资产投资总规模41445.7万元（其中基本建设投资20085.7万元，占48.46%；技术改造投资21360万元，占51.54%），重点用于农业（15.64%），轻纺、文教卫生（12.86%），城建（14.74%）和住宅（32.80%）等方面。

“六五”计划期间，坚持“对内搞活，对外开放”的方针，在农村全面推行了各种形式的家庭联产承包责任制；在城市，围绕搞活企业这个中心，进行了一系列的改革。“六五”计划得到了较好执行，全市国民经济实现了稳定协调发展。1985年，全市工农业总产值达到43.99亿元，年均递增9.16%，为计划递增速度的1.83倍，其中农业总产值年均递增9.40%，是建市以来农业发展最快时期。各主要工农业产品产量大多提前1～2年达到“六五”计划指标。粮食平均每年生产154.18万吨，比“五五”计划期间平均产量增长25.92%；原煤产量由102.15万吨增至147.09万吨，年均递增7.56%；钢由22680吨增至50200吨，年均递增17.22%；10种有色金属由13.04万吨增至15.73万吨，年均递增3.82%；塑料制品由6640吨增至14864吨，年均递增17.49%；发电量由11.43亿千瓦时增至12.50亿千瓦时，年均递增1.81%；平板玻璃由151万箱增至226万箱，年均递增8.40%；电力机车由40台增至100台，年均递增20.11%；水泥由19.89万吨增至150.08万吨，年均递增13.33%。5年共完成固定资产投资11.95亿元，年均递增18.06%，新增固定资产90228万元，年均递增18.57%。房屋竣工面积累计达317.35万平方米，年均递增6.69%，其中住房191.9万平方米，年均递增2.65%。用于轻工业投资2.4亿元，占同一时期工业总投资的35.60%；全市轻工业产值平均每年递增11.40%，占全市工业总产值的比重由1980年的23.30%上升到25.8%。株洲电力机车厂、株洲玻璃厂、株洲苎麻纺织印染厂、株洲化工厂、醴陵电瓷厂、株洲硬质合金厂等一批骨干企业经过技术改造后，生产能力扩大0.2～1倍以上。1985年，地方财政收入达到3.37亿元，为计划的122.50%，年均递增5.62%。资金利税率达到21.25%，比1980年提高2.33个百分点：全员劳动生产率达到12554元/人，比1980年提高23.77%；万元总产值综合能耗比1980年降低25.60%。5年间，全市共取得省以上科技进步奖228项。1985年，全市拥有各类学校2757所，在校学生535683人。其中高等学校2所，在校学生2397人，比1980年增长4.86倍；中等专业学校8所，在校学生5989人，卫生事业机构比1980年增加135个，病床增加2737张，专业卫生技术人员增加39.28%。全市职工人数比1980年增长24.73%，职工平均工资增长45.43%；农民人均纯收入460.1元，扣除物价上涨因素，城乡人民的实际生活水平得到了较大提高。

1984年3月，向省呈报“七五”（1986—1990年）生产建设主要指标建议数字。9月，在总结过去经济建设经验、分析经济和社会发展现状的基础上，草拟《株洲市国民经济和社会发展第七个五年计划（1986—1990年）》征求意见稿，提出“七五”国民经济和社会发展的指导思想和主要奋斗目标，并分农业、工业（含森工、交通运输、能源节约）、财政贸易、固定资产投资、城市建设、教育、文化、卫生、体育广播电视、人口、劳动工资、科学技术等方面提出了具体计划指标和实现计划的主要措施。10月，召开“七五”计划咨询论证会，请受聘人士对征求意见稿进行审阅和论证。修改补充后，于翌年12月提交市委第六届二次全体（扩大）会议讨论。1986年6月，市八届人大四次会议原则批准《株洲市国民经济和社会发展第七个五年计划（1986—1990年）》。计划分基本条件、战略思想、目标和重点，具体安排，主要措施4个部分。

计划确定“七五”计划期间的战略思想是：立足株洲，扬长避短，全方位开放，多层次搞活，为逐步把株洲市建设成为“两地一中心”，即以有色冶金、机械、化工、建材为主的湖南省的重工业基地，全国综合出口商品生产基地，跨省区的物流—商品批零展销—金融信息中心打好基础。在指导思想上坚持的原则是：把改革放在首位，建立起能把宏观控制和微观搞活有机结合起来的充满生机和活力的地区经济管理体制；讲求速度和效益的统一，调整和优化产业结构，改善生态环境，发展第三产业，增强城市的吸引力和辐射力；依靠教育和科技，加强智力开发和人才培养，开发新产品和新兴行业；注重精神文明，在发展生产的基础上，不断改善人民生活。主要战略目标：到1990年，全市国民生产总值达到38.1亿元，年均递增8.50%；全市社会总产值达到75.96亿元，年均递增8%；工农业总产值达到63.5亿元，年均递增7.80%，其中工业总产值51.2亿元，递增8%，农业总产值12.3亿元，递增6%；社会商品零售总额达到21.7亿元，年均递增11.80%；地方财政收入达到4.62亿元，递增6.50%；第三产业产值达到8.8亿元，递增10.26%，科技进步因素在经济发展中的作用达到35%以上；农村人均纯收入达到600元以上；全市总人口控制在338万人以内，其中城市达到57万人左右。主要工农业产品产量，粮食总产量达到17亿千克，原煤160万吨，钢6万吨，钢材10万吨，生铁3万吨，焦炭5万吨，纱4100吨，平板玻璃300万标箱，水泥46万吨，尿素16万吨，水电48490万千瓦时。

“七五”计划期间，全市各行各业围绕“七五”计划提出的战略思想、目标和重点，坚持以经济建设为中心，集中力量发展社会生产力。在农村，进一步稳定和完善家庭联产承包制，推行义务工、积累工制度，试行和推广合作股份经济以及“两田制”，逐步建立和健全了农村社会化服务体系。在城市，紧紧围绕搞活企业，制订了一系列的政策和措施，坚持完善厂长（经理）负责制，推行承包经营责任制，劳动合同制，率先进行企业劳动、人事、工资三项制度改革。在流通领域，进一步完善了购销政策，改革了批发制度和外贸体制，发展商品市场，外贸出口渠道拓宽，城乡购销两旺，“七五”计划圆满完成。

5年间，全市累计完成工农业总产值302.47亿元，比“六五”计划增长11.50%；累计完成商品零售总额108.11亿元，比“六五”计划增长17.08%；外贸出口总值累计完成15.35亿元，增长

91.20%；累计批准利用外资项目22个，利用外资2170万美元；地方财政收入累计完成23.62亿元，比“六五”计划增长66.70%；全市共完成固定资产投资28.4亿元，增长132.60%，新增固定资产24.47亿元，株洲湘江大桥、醴陵市渌江大桥、市煤气工程一期工程、庆云大厦、筷子篓水电站、葛—常—株50万伏变电线路等10项重点工程建成并投入使用；全市共有346家企业进行835项技术改造和技术引进，累计完成投资总额16.5亿元，比“六五”计划增长2倍，株洲火花塞厂、株洲烧碱厂、株洲轴承厂、株洲保险粉厂等20项投资在1000万元以上的地方重点项目，全部完成预订计划，实现竣工投产；五三机械厂、九一八厂、湘华机械厂、乳胶研究所等一批企事业单位先后从“三线”迁入株洲。5年累计开发新产品568项，实现产值达15.14亿元，利税5854万元；全市共取得各级各类重大科技成果奖393项，科技进步因素在整个经济增长中所占的比重平均为45%，比“六五”计划平均提高15个百分点，高于全国和全省的平均水平；全市各级财政对教育的投资累计达3亿多元；累计完成城市维护建设投资14605万元，修建了天台路，扩建和改造了文化路、新华东路、月塘北路、清水路等10多条城市道路。

1990年，全市社会总产值达到77.90亿元，比1985年增长50.67%；国民生产总值达到31.35亿元，比1985年增长23.91%；工农业总产值达70.6亿元，比1985年增长60.45%，超过计划10.28%；其中工业总产值60.26亿元，年均递增11.6%，农业总产值年均增2.4%；粮食总产量达169万吨，创历史最高水平；原煤产量完成计划的1.54倍；钢产量完成计划的2.24倍；地方财政收入完成5.5亿元，超额22.85%完成计划；全市工业企业发展到1691个，其中县以上工业企业554个；优质产品产值率达到43.06%；基本建设投资规模得到有效控制；市场物价明显回落；城区已基本普及九年制义务教育，职业技术教育体系已初步形成；城乡居民健康水平、生活水平得到提高，城市居民人均生活费实际收入达到1774.34万元，人均居住面积达到7平方米，比1985年分别增长94.30%和20.30%，农村人均收入达到656元，增长42.61%。

1991—2000年，中、长期计划是混合编制的，“八五”“九五”计划的执行情况，在“长期计划”中已记述。

三　年度计划

1952年，株洲市开始制定年度工农业生产计划。工业生产计划由各市属企业分别编制，经市财经委审核，汇总后报长沙专署。农业生产计划则由市政府建设科制定并下发。

1953年，编制地方工业、基本建设、商业购销、财政金融等专项计划。经湘潭专署批准后下达执行。是年，全市工业总产值完成计划的98.33%，基本建设投资完成计划的93%。

1953年9月，编制的1954年度计划是株洲市第一个系统的国民经济计划，其编制程序为“一上一下”，即计划草案先上报湘潭专署审批，后正式下达。

1955—1957年，计划编制程序逐年变化：1955年为“两上两下”，即各基层计划单位根据市财经委颁发的计划表格填报计划建议数值，市财经委制定并下发计划控制数字，各基层计划单位根据计划控制数字逐级编制上报计划草案，最后由湘潭专署下达正式计划指标；1956年度改为“两下一上”，不再要求上报建议数字，计划控制数字改由湘潭专署下达；1957年仍为“两下一上”，但计划控制数字改由省计委下达，正式计划指标改由省人委下达。

这3个年度的国民经济计划均根据“集中主要力量支援国家重点工程为中心的基本建设，搞好城市建设，发展地方工业，加强对资本主义工商业和手工业进行社会主义改造，同时以合作社为中心发展郊区农业生产”这一指导思想制订。计划执行情况较好。地方工业总产值1955年完成年计划的98.46%，比上年增长1.8倍；1956年完成年计划的110.99%，比上年增长2.9倍；1957年完成年计划的113%，比上年增长52.82%。新建木工厂、机砖厂、石料厂、机械厂、修配厂等8个企业。粮食生产连续3年获得丰收，总产量分别为21909吨、23269.5吨、25550吨。固定资产投资1955年完成1036.45万元，1956年完成4486.5万元，1957年完成6868.4万元，分别为计划的91.81%、96.51%、103%。1953年全市有互助组268个，1954年发展到918个，并发展了3个蔬菜社。1955年年底全市组建了201个农业合作社。入社农户达到10842户，占总农户的84.90%。私营工商业到1955年改造了648户，占总户数的80.30%。到1956年1月20日，全部完成了资本主义工商业的社会主义改造，全市各种经济成分的主要经济活动均纳入国家计划轨道。

1958年计划草案于1957年11月制订，经全市党员代表大会和人民代表大会审议后，上报省计委。1958年1月对原计划进行了修改并予以下达，修改后的计划所确定的基本任务是：以基本建设，工业生产为中心，大力发展农业生产，促进国民经济的普遍高涨。主要计划指标的增长幅度大大高于原定计划，与1957年计划执行结果相比，基本建设投资增长30%，工业总产值增长80%，粮食总产量增长达40%。在“大跃进”运动的推动下，市计委于3月编制出《株洲市地方工业及手工业跃进计划》，地方工业产值由原定的912.4万元提高到2724.1万元，增加197.50%。年内各项计划均作了多次修改。其中工业计划修改达11次之多。部分计划指标还建立了“三本账”：第一本账是国家计划，第二本账是保证计划（即“跃进计划”），第三本账是争取计划。修改后的地方工业总产值国家计划为4068万元，保证计划为5710万元，争取计划为7764万元。是年，地方工业生产发展很快，产值较1957年增长1.6倍；但也仅为保证计划的73%。片面追求高增长速度给国家经济发展带来了不良的影响。下半年，全市兴建127个土法或洋法水泥厂，9—11月之间，全市建成13个小型炼钢、铸钢、轧钢的工厂或车间。这些小厂由于规模小，技术条件不成熟，造成大量人力、物力、财力的浪费，严重影响了农业生产。

1959年和1960年的年度计划更加脱离实际，盲目追求高指标。1960年工业总产值除下达“跃进计划”外，还提出了“看涨计划”等脱离实际的浮夸计划。后者比前者高40%，而年末实际完成的工业总产值仅为“看涨计划”的34.80%。3年“大跃进”期间，年度计划均以支援大工业企业建设和发展市办工业企业为中心任务。全市工业总产值1958年完成23204万元，1959年完成50212万元，1960年完成63000万元。基本建设投资1958年完成13789万元，比1957年增长69%，为“一五”计划时期总投资的71.20%；1959年完成18684万元；1960年完成20339万元，其中工业投资16872万元，占83%。601厂、株洲洗煤厂、株洲玻璃厂、株洲苎麻纺织厂、株洲化工厂等一大批大中型企业相继建成投产。市属地方工业围绕为中央、省属大中型企业服务，利用大厂技术，设备，边角余料兴办一大批骨干企业。但是，由于在计划管理上忽视综合平衡，盲目追求生产建设的“大跃进”，导致国民经济的畸形发展。1960 年与 1957 年相比，全市工业总产值增长 6.5 倍，而农业总产值反而减少 26.07%，粮食总产量减少 27.30%，农副业总产值在市属工农业总产值中所占的比重大大缩小，轻重工业比重由 44.2 ：55.8 变为 11.6 ：88.4，农业和轻工业生产下降，工业生产的低效率，使国民经济运行发生困难，人民生活水平急剧下降。

1961 年，国民经济进行全面调整。1961 — 1965 年，制定 5 个带调整性的年度计划。

1961 — 1962年，国民经济计划的指导思想是从缩短3个战线，减轻3个负担，加强3个方面入手，把发展农业生产放在突出地位来发展国民经济。首先缩短了重工业、基本建设、文教3个战线。1962年，全市完成基本建设投资额1822万元，比上年减少52.90%，建设项目共68个，其中当年建成并交付使用的21个。大多数重工业产品的生产计划指标降低30%以上，生铁、钢材、水泥等11种产品计划全部取消。市属89个工业企业通过关停并转，调整为42个。全市工业总产值完成22481.63万元，为计划的104.60%，比1960年下降69.20%。其次，减轻了城市人口、粮食、财政3个负担。1962年财政支出702万元，比上年减少37.87%；城市人口1961年减少23792人，1962年又减少33797人(其中2年减少全民职工48370人)，与此相应减少统销粮食1000万千克，工资总额1000多万元。2年中，农业劳动力增加1.05万人，农业基本建设投资额达372万元，比1958年至1960年的总和高出2.42倍。1962年粮食总产量计划1.06亿千克，实际完成了1.02亿千克，为计划的96%，比1961年增长9.94%，比1960年增长11.43%。农业总产值在市属工农业总产值中占比重由1960年的18.36%提高到1962年的42.41%。工业内部生产资料与生活资料之比由1960年的44.22：55.78调整为1962年的32.53：67.47。国民经济由1960年的重、轻、农的次序转变为农、轻、重的次序。计划工作基本上克服了3年“大跃进”期间的“指标过头，战线过长，缺口过大”的现象。

1963 — 1965 年，国民经济计划的指导思想是贯彻以农业为基础，工业为主导的发展国民经济的方针，按农、轻、重的次序，把发展农业集体经济放在首位。年度计划的编制程序仍为“两下一上”。

1963 年，农业在遭受特大旱灾情况下，维持了 1962 年的水平。1964 年农业总产值比 1962 年增长 27.04%。1965 年又比 1964 年增长 9.14%，完成年计划的 106.84%，粮食总产量 1964 年比 1962 年增长 28.42%，为计划的 113%；1965 年又比 1964 年增长 4.38%，为计划的 105%，比历史上最好的 1958 年还增产 1.02%。工业生产和各项事业也得到了很大的发展，1965 年全部工业总产值完成 50385 万元，超额 21.60% 完成国家计划，比 1962 年增长 1.24 倍。社会商品零售总额完成 8400 万元，比 1964 年增长 5.60%。社员口粮平均水平达到 250 千克，人均纯收入 50 元，接近 1957 年的水平。

1966 年，国民经济计划执行情况较好，手工业总产值完成 71665 万元，比 1965 年增长 47.58%；农业总产值完成 4800 万元，比 1965 年增长 18.20%；粮食总产量达到 1.695 亿千克，超额 13.02% 完成计划，比 1965 年增长 9.70%；农民人均纯收入达到 64.5 元，是株洲建市以来最高的一年，比 1957 年高 13.16%。

1967 年，“文化大革命”进入高潮，正常生产建设秩序被破坏，国民经济计划的制定和实施受到冲击，年度国民经济计划仅以草案形式下发。1968 年，政治形势和经济秩序更为混乱。年初，全市未能编制出系统的国民经济计划。为组织全市工业生产，按季度下达全市工业生产计划。9 月，正式下达工农业生产的主要计划指标。1967 年，全市工业总产值比 1966 年下降 14.10%，1968 年又比 1967 年下降 11.06%。农业生产受政治运动影响较小，1967 年全市完成农副业总产值 5200 万元，比 1966 年增长 8.30%。

1969 年，计划的编制和实施工作恢复正常，全市工业总产值比 1966 年增长 3.79%。1970 年，全市工农业生产取得较大幅度的增长，工业总产值完成 9.89 亿元，比上年增长 53%；农业总产值完成 7438 万元，比上年增长 1.30%；粮食总产量达到 195160 吨，比上年增长 12.52%，财政收入提前 106 天完成年计划，比上年增长 63%。计划编制和下达的程序是：市在上年四季度编制出建议计划，上报省计划部门；待省下达计划草案后，召开全市计划会议，讨论并下发全市计划草案；再根据省下达的正式计划对原计划草案进行修订。20 世纪 70 年代，年度计划均按这一程序制订。

1971 — 1973 年，开展“工业学大庆”“农业学大寨”运动，计划的指导思想是：农业尽快实现机械化，工业主要产品质量赶上或超过国内外先进水平。一批大、中型企业技术改造项目逐步完成，工农业生产取得了较大幅度的增长。全市工业总产值 1971 年完成 11.12 亿元，虽然没有完成 12 亿元的计划，但比上年增长 14.70%，1972 年完成 12.15 亿元，超额 1.24% 完成年计划，比 1971 年增长 9.15%。1973 年完成 13.63 亿元，超额 4.85% 完成年计划，比 1972 年增长 12.18%，全市农业总产值 1971 年比 1970 年增长 16.84%，1972 年比 1971 年增长 10.21%，1973 年有所下降，比 1972 年减少 8.76%，粮食总产量 1971 年比 1970 年增长 16.53%，达到 22.74 万吨，超额 6.80% 完成年计划；1972 年比 1971 年增长 6.40%，超额 1.97% 完成年计划；1973 年比 1972 年下降 2.68%，但总产量仍达 23.71 万吨。基本建设投资 1971 年比 1970 年增长 16.90%。1972 年比 1971 年增长 17.90%，1973 年有所下降。基本建设投资增长与工农业生产的发展基本上相适应。计划生育工作成效显著，全市人口自然增长率 1971 年比 1970 年下降 5.30%，1972 年比 1971 年下降 1.77%，1973 年全市人口出生率比 1972 年下降了 0.44%，因死亡率下降，自然增长率回升 0.03%。

1974 — 1976 年，全市国民经济再次遭到严重破坏。工业总产值连续 3 年没有完成计划。3 年分别只完成计划的 60%、87.50%、79.56%，共欠产值 11 亿元，减少国家利税收入达 4.8 亿多元。1975 年与 1970 年相比，全员劳动生产率降低 9.48%，实现利润总额降低 23.70%，可比产品成本（据 48 个品种统计）上升 3.48%，主要产品质量（据 32 个指标统计）下降的有 21 种，占 65.62%；主要物质消耗（据 30 个指标检查）增加的有 15 种，占 50%；每百元产值占用流动资金提高 10.53%。全民所有制企业亏损金额 1973 年为 340 万元，1974 年增至 1500 万元，1976 年增至 2300 万元。基本建设投资 3 年分别只完成年计划的 60%、81.20%、85.15%。农业生产基本上停留在 1972 年的水平上。部分市场商品短缺，1974 年，商业零售总额比 1973 年下降 18%。1976 年，在市场 30 种主要产品中，有 16 种销售下降，17 种库存下降，18 种经常脱销或供应偏紧。肥皂、牙膏、电池、灯泡、火柴等日用品也经常脱销。

1977 — 1978 年，全市国民经济得到较快的恢复。这两年国民经济计划的指导思想是：坚持以阶级斗争为纲，坚持党的基本路线，坚持社会主义建设总路线，坚持“以农业为基础，工业为主导”的方针，按农、轻、重的次序安排国民经济计划，认真贯彻执行“抓纲治国”的战略决策，深入开展工业学大庆，农业学大寨群众运动，坚决把林彪、江青反革命集团干扰破坏所造成的损失尽快夺回来。全市工业总产值1977年完成计划的113.40%，1978年完成计划的122.31%，年均递增速度达20%以上。工业经济效益得到提高。1977年，全民企业实现利润比上年增长105.80%，62.76%的产品质量有所提高，70.67%的产品的原材料消耗降低，可比产品成本降低8.40%，每百元产值占用资金好于上年水平。农副业总产值1977年比1976年增长4.58%，1978年比1977年增长12.78%。粮食总产量稳定中略有增长，1978年粮食总产量比1976年增长5.53%，比1977年增长4.65%。地方财政收入1977年比上年增长30.50%，1978年比上年增长25.80%，社会商品零售总额两年分别比上年增长4.32%、10%。基本建设规模较大，1978年基本建设投资完成6890万元，比1977年增长52.10%，比1976年增长43.10%，大大超过了工农业生产增长速度。

1979年，发展国民经济的指导思想开始从“以阶级斗争为纲”到“以经济建设为中心”的历史性重大转折。1979—1981年3年调整期间，国民经济计划的重点是加快农业发展和工业产品升级换代，主攻轻纺、电力和原材料基础工业，安排好与人民生活直接有关的生产性建设和城市建设。总的要求是在国家统一计划指导下，以农、轻、重为次序，边调整边前进，逐步把突出存在一些严重问题改变过来。同时努力使经济发展保持一定的增长速度。国民经济的主要指标计划是：全市农副业总产值（不包括社办企业）3年平均递增15.60%，工业总产值平均递增10.60%，其中轻工业增长21%，重工业增长7.40%；外贸收购总值年均递增29.20%，到1981年，轻工业产值占全市工业产值的比重由1979年的15.70%提高到21.90%，地方工业产值比重由38.90%提高到42.80%，地方工业中轻工业产值比重由41.50%提高到50%。城市人均居住面积达5平方米以上。3年中株洲市国民经济实现了在调整中稳定增长。全市工业总产值连续3年超额完成了年计划，3年分别完成年计划的121.12%、102.25%、121.25%。特别是轻纺工业得到较大的发展，轻工业产值占全市工业总产值的比重逐年提高，1979年为16.60%，1980年为20.36%，1981年为23.32%。农业总产值1979年比1978年增长8.39%，1980年比1979年增长8.22%，3年粮食总产量分别比1978年增长10.26%、13.23%、3.98%。社队企业产值占三级经济总收入比重逐年提高，1979年为37.20%，1980年为43.30%，1981年为46.60%，基本建设投资3年中有2年比上年减少，与人民生活直接相关的非生产建设和城市建设比重加大。1979—1981年，全市住宅竣工面积7.71万平方米。社会商品零售总额3年分别增长17.90%、12.59%、10.86%，人民生活得到了显著的改善。

1982年，计划编制下达程序基本上与70年代相同，但市政府在下达正式的国民经济和社会发展计划之前，须将计划草案提交市人民代表大会审议并获得其批准。

1982—1983年，国民经济年度计划安排的指导思想是进一步调整。调整工农业内部生产结构，调整固定资产的投资方向，加快能源、交通等重点建设，组织科技攻关，有重点、有步骤地对现有企业进行技术改造，把改善人民的物质、文化生活，特别是对改善中年知识分子的生活和工作条件放在重要位置。在计划安排上吸取了过去搞高指标的教训，强调讲求经济效益。全市工业总产值计划1982年比1981年增长了4%，1983年比1982年增长4.80%，农业总产值计划2年分别增长10%、4.57%。基本建设投资规模2年均计划在6500万元左右；社会商品零售总额2年分别增长6.10%、7.20%；人口自然增长率2年分别为12‰、11‰。这两年计划执行情况均较好。全市工业总产值1982年比1981年增长8.35%，1983年比1982年增长7.64%。1983年市属全民预算内企业实现利润和上缴利润分别比上年增长了55%和22.80%，定额流动资金周转天数由上年的134.1天下降到109.8天，全员劳动生产率提高7.16%。农业总产值年均递增8.27%，粮食总产量年均递增10.85%。基本建设投资增长速度与工农业生产增长速度基本上相适应，年平均投资额为8072.27万元，比前3年的年平均投资额上升9.70%。人口自然增长率1982年为12.60‰，1983年为10.50‰。1983年7月，实行以市带县的管理体制。1984年，国民经济和社会发展计划的指导思想是：继续贯彻经济调整的“八字方针”，全面提高经济效益，严格控制基建规模，集中财力、物力保证重点建设，进一步调整经济结构，协调比例关系，推动株洲市经济建设和其他各项事业健康发展。全市工农业总产值计划33.82亿元，比1983年增长4.90%。其中工业总产值24.62亿元，增长5%；农业总产值9.2亿元，增长4.55%。是年，株洲市贯彻执行对内搞活经济，对外实行开放的方针，进一步健全完善农村的经济承包责任制，加快城市经济体制改革的步伐，国民经济和社会事业取得较快发展。全市完成工农业总产值38.11亿元，比1983年增长13.32%，其中工业总产值增长13.54%，农业总产值增长12.70%。社会商品零售总额比上年增长13.60%。基本建设投资增长幅度过大，达到48.34%，引起财力和物力的紧张。

1985年国民经济和社会发展计划的指导思想是进一步开放搞活。计划的具体任务是：提高产品质量和经济效益，确保工交生产持续增长；调整农村经济结构，走农业、工业、商业、运输业、建筑业、服务行业综合发展的道路；控制基建规模，执行以技术改造和改建、扩建为主的方针，发展内外贸易，活跃城乡市场，加强智力开发，发展文教卫生和科技事业。全市工农业总产值计划比1984年增长9.30%，其中工业总产值增长10%，农业总产值增长8%。基本建设计划重点保证农业、交通、能源和教育建设，优先安排收尾投产，社会急需而经济效益好的续建项目。计划执行的结果是：全市工农业总产值达到了44亿元，超过10.84%完成计划，其中工业总产值增长17.86%，农业总产值增长6.70%。轻工业产值达到7.96亿元，占工业总产值的25.80%。全民所有制工业企业全员劳动生产率比上年增长10.40%，万元产值综合能耗降低11%。外贸收购总值增长12.70%。农村人均纯收入达到460元。基本建设投资增长50.05%。社会商品零售总额增长31.17%。基建规模的过快增长和社会需求的急剧膨胀，使国民经济发展处于不稳定状况。

1986 — 1988年，国民经济和社会发展年度计划的指导思想是：坚持改革、坚持实事求是地把整个经济工作的重点放在提高经济效益上，以改革对改革，以开放对开放，努力实现国民经济稳定协调发展。全市工农业产值计划增长速度分别为9.50%、7.50%、8%。工业生产坚持以提高经济效益为中心，合理调整产品结构，突出能源、短缺原材料、支农产品、出口产品和市场紧俏消费品的生产。农业生产要求调整内部结构以及整个农村经济结构，建立农村社会化的服务体系。基本建设投资重点是农业、能源、交通和短线生产资料、科教等方面的建设。优先保证重点项目，提高投资效益。3 年中，株洲市贯彻执行“巩固、消化、补充、改善”的方针，不断完善各种形式的经济承包制，全市经济建设持续发展，城乡市场繁荣，人民生活继续改善。全市工农业总产值连续 3 年超额完成年计划，3 年分别完成计划的 122.53%、101.53%、105.55%。工业生产在能源、原材料紧张的情况下取得了持续稳定的发展。工业总产值分别比上年增长 14.28%、12.62%、14.34%。1986 年全市考核的 57 种产品产量上升的有 32 种，占 60.38%，万元产值综合能耗降低了 3.51%，产品质量提高率为 87.50%。1987 年全市检查的 70 种产品中产量上升的占 62.90%，万元产值综合能耗降低 5.88%，产品质量提高率为 88.90%。1988 年全市列入市计划的 189 种地方工业产品，完成年计划的占 67.72%，能源消耗稳定降低率为 82.50%，原材料消耗稳定降低率为 90%，产品质量稳定提高率达 91.16%。但农业总产值连续 3 年没有完成计划，3 年分别完成计划的 94.20%、94.30%、97.90%。粮食总产量连续 3 年没有达到 1985 年的水平。固定资产投资规模得到一定控制，增长速度减慢，但规模过大的状况没有根本改变，固定资产投资增长速度分别为 31.40%、15.30%、13.93%，超过了财力物力的承受能力。人民生活显著改善，城市居民人均生活费收入分别比上年增长 15.58%、14.50%、27.63%。农民人均纯收入 1986 年为 486 元，1987 年为 525.7 元，1988 年为 613 元。但物价上涨幅度过大，3 年物价分别比上年上涨 7.15%、11.72%、27.3%。计划生育工作有所放松，人口自然增长率 3 年分别为 10.06‰、10.43‰、11.33‰，给株洲市经济和社会发展增加很大压力。

1989 — 1990 年，株洲市国民经济和社会发展计划的指导思想是：一切从稳定政治、稳定经济、稳定社会出发，加强宏观调控，压缩社会总需求。大力发展农业，调整产业结构，保证重点、挖掘潜力、讲求效益，促进国民经济持续稳定、协调发展。工农业总产值计划 1989 年比 1988 年增长 8.20%。1990 年比 1989 年增长 5.40%。固定资产投资总规模 1989 年计划 18009 万元，为 1988 年的 26.92%；1990 年计划 24816 万元，为 1988 年的 37.09%。重点安排能源、交通、农业、重要原材料、教育以及扫尾、续建等方面的项目。科技计划的重点放在科技兴农和推动企业技术进步上。

计划执行的结果是：工农业总产值 1989 年完成计划的 100.20%，1990 年完成 100.41%，农业总产值连续 2 年达到 10 亿元。粮食总产量 1990 年达到 169 万吨，创历史最高水平。工业生产克服资金紧缺、能源短缺、市场疲软等困难持续增长。工业总产值 1989 年比 1988 年增长 9.10%，1990 年比 1989 年增长 6.47%，都超额完成了年计划。产品质量稳定提高率 1989 年为 91%，1990 年为 93.38%，优质产品产值率 1989 年为 38%，1990 年为 43.06%。2 年共完成固定资产投资 10.725 亿元，年平均投资额比 1988 年下降 19.84%。全市社会商品零售总额 1989 年比上年增长 9.19%，1990 年比 1989 年增长 1.82%。城乡居民储蓄 1988 年末为 9.32 亿元，1989 年为 13.5 亿元，1990 年增长到 19 亿元。社会商品零售物价总指数连续 2 年大幅度回落，1989 年上涨 18.30%，比 1988 年回落 9 个百分点，1990 年又比 1989 年回落 19.2 个百分点，达到计划要求。1989 年城市居民人均生活费收入为 1689.81 元，1990 年达到 1774.3 元，扣除物价上涨因素的影响，分别比上年净增 2.19%、4.45%。农民人均纯收入由 1988 年的 613 元增加到 1990 年的 656 元，各项社会事业得到协调发展，但计划执行中也存在一些问题：农业后劲不足，防洪抗旱能力减弱，“靠天吃饭”的局面没有明显改善；市场疲软，经济运行不畅，“三角债”严重困扰企业生产发展。1989 年全市地方企业有 34 家停产半停产，停产半停产职工占企业职工总数 2%；1990 年，全市 124 户预算内全民工业，有 52 户亏损，亏损金额达 4112 万元，实现利税 1.54 亿元，比 1989 年减少 45%。全市人口增长 1989 年超过计划 4.4 个百分点，1990 年超过计划 5 个百分点。

20 世纪 90 年代，随着计划经济向社会主义市场经济过渡与社会主义市场经济体制的建立，年度计划的内容也随之发生变化，计划的范围与种类逐年减少，过去一些常规的指令性计划，或由市场调节不再列入计划范畴，或改为指导性计划。"八五"初期的年度计划，还承袭了计划经济的体例，内容比较全面详细；"九五"计划期间的年度计划，不论是计划的范围还是项目的种类都相对地逐年减少。其主要内容有：计划的指导思想、各项各类的计划指标，包括国民生产总值（国民生产总值、国民收入），农业、工业、第三产业、乡镇企业总产值或增加值。农林牧渔业中的粮食、油料、棉花及其他经济作物的面积、产量，生猪饲养量、肉猪出栏、年末存栏、肉类总产量、水产品总产量、造林、育林、育苗、迹地更新面积。工业资金利税率、全员劳动生产率、流动资金周转天数，建筑业及房地产竣工面积。固定资产投资总额、社会消费品零售总额、外贸收购总值、进出口及创汇总额、技术引进、利用外资、预算内地方财政收入。环境保护中烟、尘、噪控面积。社会商品零售物价涨幅指数。科技、教育、文化、民政、人口自然增长率、计划生育率、城镇居民人均生活费收入，农村居民人均纯收入等指标（或控制指标）任务以及完成计划的措施和要求。

1991 年是"八五"计划的第一年，国民经济和社会发展计划的指导思想是：认真贯彻中央关于经济调整的各项方针，继续抓好治理整顿，深化农村经济体制改革，完善农村双层经营责任制（统一经营和联产承包经营责任制，简称"统分结合"）；调整工业结构，启动市场，提高效益，促进国民经济持续、稳定、协调发展。全年国民经济和社会发展的主要宏观调控目标是：国民生产总值 60 亿元，比上年预计增长（简称"预增"）9%；国民收入 46 亿元，预增 7%；农业总产值 10.6 亿元，预增 3%；工业总产值 63.87 亿元，预增 6%。其中乡及乡以上工业总产值 54 亿元，预增 5.7%，村以下 9.55 亿元，预增 10%。粮食总产量 170 万吨，乡镇企业总产值 27.1 亿元，预增 13%。

1991 年，全市完成国民生产总值 61.1 亿元，比上年增长 10.36%，完成工业总产值 97.9 亿元，为年计划的 153.28%，比上年增长 10.25%；农业总产值 23.26 亿元，比上年增长 9.02%：固定资产投资增长 30.11%，新增固定资产增长 7.81%；社会消费品零售总额增长 23.1%；财政收入增长 13.16%。人口自然增长率 11.82‰。

从 1992 年起，开始试编 2 年"滚动计划"，在编制当年年度计划的同时，编制下年的"框架计划"。1992 年和 1993 年的株洲市国民经济和社会发展计划，是在滚动计划思想指导下和 1991 年经济增长缓慢、经济效益不佳以及全面启动企业改革、结构调整的情况下编制的。这两年编制计划的指导思想是：认真贯彻落实中共十四大精神，坚持以经济建设为中心，进一步解放思想，深化改革，扩大开放，狠抓企业经营机制转换和科技进步，继续以调整结构、提高效益为重点，积极培育和发展市场经济体系，大力发展第三产业，促进国民经济加速发展。1992 年与 1993 年的国民经济和社会发展宏观计划的调控目标：国民生产总值 1992 年为 65.06 亿元，比 1990 年预增 6.5%；1993 年为 80.7 亿元，比 1992 年预增 12%。农业总产值 1992 年为 25.9 亿元，预增 4%；1993 年为 27 亿元，预增5%。乡镇企业1992年为37.6亿元，预增20%；1993年为61亿元，预增40%。工业总产值1992年108.5亿元，预增7%；1993年为134亿元，预增15.5%。工业资金利税率，均比上年提高2.5个百分点，全员劳动生产率分别提高4%和5%，工业流动资金周转天数分别比上年缩短五天和六天。社会消费品零售总额1992年为36.2亿元，1993年为46.7亿元，分别预增15%和18%。外贸出口收购总额1992年3亿元，1993年8亿元，分别预增9%和12%。地方财政收入1992年为6.54亿元，1993年为7.15亿元，分别预增7%和10%。农村人均纯收入1992年达到854元，比上年增加50元，1993年达到925元，增加71元。社会商品零售价格指数升幅控制在6%以内和保持全省平均水平。人口自然增长率1992年控制在13.5‰，1993年控制在11.82‰以内。农业产品产量计划安排，粮食总产量1992年为160万吨，比上年减少7.83万吨，1993年为150万吨，比上年减少10万吨。其他生猪饲养量、存栏、水产品产量以及造林、育苗、育林等也都提出了具体指标。

1992年和1993年是企业体制改革、结构调整进入全面开展阶段，在中共十四大和邓小平南方讲话精神的鼓舞下，进一步解放思想，加快改革开放的步伐，使国民经济呈现出较快的发展势头，各项计划指标，除1992年因春冻水果严重减产、两年的社会商品零售价格指数升幅超过控制指标外，其他大都完成良好。国民生产总值，1992年完成74.61亿元，1993年完成99.52亿元，分别为年计划的160.8%和123%，比上年分别增长22.11%和33.4%。工业总产值，1992年完成119.6亿元，1993年完成168.04亿元，分别为年计划的110.23%和125.4%，比上年分别增长22.17%和40.5%；农业总产值，1992年完成25.86亿元，1993年完成32.74亿元，分别为年计划的99.85%和121.26%；第三产业增加值分别增长22.4%和44.8%；地方财政收入分别为年计划的99.39%和114.24%，分别增长6.3%和32%；投资总额分别增长67.95%和44.68%；社会商品零售总额分别增长20.95%和20.7%；城镇居民人均生活费收入分别增长19.05%和36.1%；农村居民人均纯收入分别增长7.69%和17.3%，人口自然增长率两年均略有下降。1993年对外开放、利用外资取得突破性进展，全年新批各类“三资”企业85家，为年计划的106.25%，投资总额1.39亿美元，合同利用外资4665.8万美元，外资到位1810.96万美元；出口商品供货总额达9.8亿元，增长30%。这两年经济运行中的主要问题是：部分企业经济效益下降，物价涨幅偏高，经济横向发展不够平衡，地区之间、行业之间、工农之间、城乡之间差距拉大。

1994年是优化资本结构，增强企业实力，改革深入发展的一年，国民经济和社会发展计划的指导思想是：认真贯彻落实中共十四届三中全会和全国全省计划会议精神，进一步解放思想，深化改革，扩大开放，加强宏观调控，优化产业结构，提高经济效益，保持国民经济持续、快速、健康发展，促进经济和社会协调发展。宏观计划调控目标是：国民生产总值90.6亿元，比上年预增12%；第三产业增加值(现价)29.3亿元，预增22%；工业总产值168亿元，预增16.6%；农业总产值28亿元，预增5.1%；乡镇企业总产值105亿元，预增40%；粮食总产量150万吨；社会消费品零售总额53.8亿元，预增20%；外贸商品收购总值13亿元，预增18%；地方财政收入按同比体制与口径预增10%；农民人均纯收入1132元，预增130元；商品零售物价总水平上涨幅度控制在10%左右；人口自然增长率保持上年水平；计划生育率预期93.9%。

当年市委、市政府按照中央“抓住机遇，深化改革，扩大开放，促进发展，保持稳定”的总方针，全面落实“农业安市、企业富市，商贸活市，科教兴市，依法治市”的市策，较好地完成了年度计划，国民生产总值完成136.23亿元，为年计划的150.36%，增长12.52%，其中一、二、三产业增加值分别增长4.93%、14.17%和16.01%，增速均高于全国平均水平。完成农林牧渔总产值42.94亿元，为年计划的153.36%，增长4.5%。粮食总产量达到167.48万吨，为年计划的116.5%，增长4.4%；肉类总产量增长10.81%；出栏生猪增长10.34%；水产品产量增长3.09%。

1994年农业产业结构有所调整，非农行业大幅增加，全年非农行业产值达95.91亿元，增长53.33%，其中工业增长95.92%，建筑业增长57.11%，运输业增长98.18%，批发零售贸易和餐饮业增长50.04%。全年完成工业总产值221.61亿元，增长24.67%，其中乡及乡以上工业总产值增长14.23%。这年经济效益控制了继续下滑，开始向回升方向转化。工业经济效益综合指数为86.59%，比上年上升了3个百分点。固定资产投资得到控制，完成投资总额33.75亿元，增长19.81%，增幅减少24.37个百分点，投资效益也开始缓慢回升。株洲火车站扩建改造工程竣工投入使用；全省第一条全封闭、全立交高等级公路——320国道白关铺至易家湾段建成通车；株洲电厂扩建、株洲玻璃厂浮法玻璃等重点工程按计划完成。社会消费品零售总额完成年计划的99.31%，增长29.21%，扣除物价因素，增长5.48%。市场物价涨幅较高，商品零售物价水平比上年上升22.5%，大大超过计划控制指标。职工生活费用价格上升23.7%，食品类上升37.1%。其中鲜菜上升48%，肉、蛋上升31.8%；服装鞋帽类上升18.6%，纺织品类上升20.7%，书报杂志类上升56.1%。对外贸易蓬勃发展，1994年出口商品总额达到16.79亿元，为年计划的129.15%，增长85.3%，出口创汇创历史新高。全市自营出口创汇769万美元，比上年增长4.83倍，“三资”企业（系中外合资、外商独资，中外合作）出口创汇1450万美元，增长2.94倍，自营生产企业出口创汇1.37亿美元，增长56%。招商引资也上了新台阶，全年新批“三资”企业55家，总投资2.2亿美元，增长58%，利用外资6767万美元，增长45.08%，实际使用外资2986万美元，增长46.3%。完成财政收入为年预算的106.74%，比上年增长35.41%。金融系统，通过加强宏观调控，优化信贷结构，集中资金支援经济建设取得新成绩，年末金融系统存款余额87.9亿元，比年初增加24.4亿元，增长37.25%。贷款余额80.6亿元，比年初增加14.7亿元，增长16.2%。城乡居民生活有新的改善，城市居民人均生活费收入3957元，增长31.8%，扣除物价因素，实际增长6.58%。农民人均纯收入1306元，净增304元。年末人口360.27万人，人口出生率、自然增长率都比上年有所下降，计划生育率达到97.29%。

1995年是“八五”计划的最后一年，为全面完成“八五”各项计划目标，这年国民经济和社会发展计划的指导思想是：认真贯彻落实中央经济工作会议、全国全省计划会议和市委七届十次（扩大）会议精神，进一步处理好改革、发展与稳定的关系，紧紧围绕富民强市这个主题，认真落实“市策”，以平抑物价为中心，深化改革，扩大开放，加强宏观调控，优化产业结构，努力提高经济效益和质量，促进国民经济持续、快速、稳定、健康发展和社会全面进步。宏观计划调控目标是：国民生产总值166.8亿元，预增13%（按1990年不变价94.4亿元）；第三产业增加值52.4亿元，预增18%；工业总产值279亿元（按不变价为209亿元），预增17%，其中乡以上工业总产值205亿元，预增12%，乡以下工业总产值预增31%；农业总产值48亿元（按不变价为29.24亿元），预增5%；乡镇企业总产值152.6亿元，预增35%；粮食总产量稳定在168万吨；社会消费品零售总额65亿元，预增22.6%；财政收入13亿元，预增12%；出口创汇预增25.9%；农民人均纯收入预增190元；物价涨幅不超过全省平均水平；人口自然增长率控制在7‰以内。

1995年，全市紧紧抓住经济建设这个中心，克服困难，使国民经济保持了继续增长势头，各项主要指标完成良好。国民生产总值完成175.96亿元，为年计划的105.49%，比上年增长11.9%；第三产业增加值增长11%；工业总产值完成年计划的98.57%，增长17%；其中乡及乡以上工业为年计划的102.40%，增长10.09%；完成农业总产值为年计划的124.68%，增长7.87%；乡镇企业总产值完成年计划的101.57%，增长39.67%；完成固定资产投资增长3.5%；社会消费品零售总额完成年计划的104.66%，增长28.3%；出口创汇2.1亿美元，为年计划的105%，增长36.68%；财政收入完成年计划的107.30%，增长19.91%；城市居民人均生活费收入比上年增加890元，农村人均纯收入比上年增加371元，社会商品零售价格指数115.3%，实现控制目标；年末人口总数为364.5万人，自然增长率5.47‰，低于省下达的控制指标。

1995年国民经济运行情况总体是好的，但也存在一些不容忽视的问题：经济结构和增长方式严重制约着经济的健康发展，管理体制上的一些深层次矛盾相当突出；物价涨幅仍然偏高，进一步降低物价上涨幅度的任务相当艰巨；农业基础脆弱，抵抗自然灾害能力不强；工业经济效益不理想，企业亏损面达三分之一；对外开放力度不大，经济外向度低，投资环境亟须改善；资金不足，宏观环境偏紧，相当一部分企业因资金不足，处于停产或半停产状态。

1996年是“九五”计划的第一年。全市国民经济和社会发展计划安排的指导思想是：认真贯彻落实中央经济工作会议、全国全省计划工作会议和市委工作会议精神，加大解放思想力度，加快改革开放步伐，加强宏观调控手段，抢抓发展机遇、优化产业结构、积极推进两个根本性转变，努力提高经济效益和质量，促进国民经济持续、快速、健康发展和社会全面进步。

1996年计划目标是：国民生产总值206亿元，比上年预增12%；第三产业增加值68亿元，预增13%；农业总产值67.6亿元，预增6%；乡镇企业总产值208亿元，预增35%；粮食总产量稳定在180万吨。工业总产值243.7亿元，预增17%；社会消费品零售总额82亿元，预增20.6%；社会固定资产投资40亿元；财政收入15.6亿元；出口创汇2.4亿美元；农民人均纯收入比上年增加300元以上；物价上涨幅度不超过全省平均水平，控制在10%左右。人口自然增长率控制在7‰以内。

这一年，全市加快改革开放和经济建设步伐，国民经济保持较好的增长态势，宏观经济运行质量有所提高，综合经济实力继续增强，主要经济和社会发展指标如期完成或超过预定目标。完成国民生产总值214.7亿元，为年计划的104.22%，比上年增长13.53%。其中第一产业增长8.3%；第二产业增长14.4%；第三产业完成计划的98.82%，增长16%。到年末，全市提前两年实现国民生产总值比1980年翻两番的战略目标。全年实现农林牧渔总产值为计划的105.04%，增长10.24%，实现了两位数增长的历史性突破。主要农产品全面丰收，粮食总产量达188.54万吨，比上年增加2.75

万吨。棉花增长1.13倍，油料增长11.45%。肉类总产量增长17.24%；肉猪出栏增长11.16%；年末生猪存栏增长5.77%；水产品增长16.06%；完成工业总产值319.69亿元，为年计划的131.18%，增长31.19%；固定资产投资增长24.54%。其中技术改造投资增长60.9%；社会消费品零售总额完成年计划的95.28%，比上年增长16.5%；商品零售价格总水平比上年增长4.5%；居民消费价格总水平上涨6.5%，涨幅分别比上年回落了10.8和11.5个百分点。全年进出口总额2.82亿美元，其中出口创汇2.46亿美元，为年计划的102.5%，增长17.6%。工业企业自营出口创汇1.84亿美元，增长20.6%，进口0.36亿美元，增长30.1%。财政收入完成年计划的103.2%，增长14.28%；计划生育率达95.25%，比上年提高0.9个百分点，年末人口365.43万人。人口自然增长率、出生率、死亡率均低于省里的年控制数。

人民生活继续得到改善。据抽样调查，城市居民人均生活费收入4861.11元，增长0.29%；农村人均纯收入2089元，增加412元，增长24.57%，职工平均工资5830元，增长3.53%。

由于改革开放深入发展，结构调整取得预期效果，经济效益逐渐好转。1997年至2000年的国民经济和社会发展计划的总体思路、计划项目与重点同过去相比有所调整，预期目标较为接近实际，方向更加明确，措施更为有力。这4年的年度计划总体思路是：高举邓小平理论伟大旗帜，全面贯彻落实中共十五大和十五届三中全会精神，进一步推进改革开放，加快两个根本性转变；进一步扩大内需和结构调整，开拓市场；坚持“面向社会争地位，面向全局争贡献，面向市场争发展”的工作方针，以变求活，重点突破，固本强身；突出科技创新，不断提高经济运行的总体素质和效益；加强宏观经济监控、预测分析，提出预见性、指导性和可行性意见，积极当好参谋，搞好协调，努力实现全市经济适度快速增长和社会稳定进步，为株洲跨世纪的发展奠定坚实基础。

根据中共株洲市委、市政府提出的高于全国水平，不低于“一点一线”平均水平的原则，安排4年的计划指标，国民生产总值增长速度1997 — 1999年为10% ~ 11%，2000年为10%；第一产业增速分别为6%和3.5%；第二产业增速分别为12%和11.5%；第三产业增速同为13%；固定资产投资增速分别为13%和12%；社会消费品零售总额增速分别为12%和10%；进出口总额分别为6%和10%；地方财政收入增速分别为9% ~ 10%和8.5%；城镇居民人均生活费收入增速分别为5%和6%；农村居民人均纯收入增速分别为8%和5.6%；人口自然增长率到2000年控制在7‰以内。

据统计，株洲市国民生产总值的增长1997年为11.5%，1998年为8.8%，1999年为9.5%，2000年为9.7%；第一产业增加值的增长分别为3.9%，1.19%，2.9%和3.4%；第二产业增加值增长分别为14.9%，12.35%，11.3%和11%；第三产业增加值增长分别为10.7%，11.56%，10.3%和10.7%；农业总产值增长分别为3.23%，0.38%，3.29%和3.7%；工业总产值增长分别为21.77%、13.73%、7.44%和9.78%；工业增加值增长分别为15.4%，12.5%，5.7%和10.49%；城市居民人均生活费收入增长分别为2.32%、3.55%、7.68%和9.8%，恩格尔系数1998年为40.1%，1999年为38.7%，下降了2.1个百分点，2000年为37.8%，又下降0.9个百分点；农村居民人均纯收入分别为2285元，2431元，2566元，2689元，分别增长9.38%、6.4%、5.6%和4.8%。2000年人口自然增长率为3.69‰，比“八五”期末低1.78个千分点。

株洲市计划委员会历任负责人名录

表 5–1

主　　任	任职时间	副 主 任	任职时间
马壮昆（兼）	1955.12 – 1956.6	刘恒胜(兼)	1955.12 – 1956.6
吴占魁（兼）	1957.10 – 1960.2	贾纯银	1957.7 – 1968.11
			1973.7 – 1983.7
刘恒胜（兼）	1960.2 – 1968.11	唐国健	1957.7 – 1962.8
刘玉堂	1972.10 – 1973.7	吕庆云	1958.8 – 1968.11
张小辉（兼）	1973.7 – 1973.10	戴让安	1959.9 – 1966.4
			1974.6 – 1981.1
邢连兴（兼）	1973.10 – 1981.4	欧阳凡	1962.6 – 1968.11
			1973.7 – 1980.12
李凤森	1981.4 – 1983.7	王　全	1966.4 – 1968.11
			1972.10 – 1973.10
董志武	1983.7 – 1991.11	李凤森	1972.10 – 1981.4
肖石仙	1991.11 – 1996.8	邢连兴	1973.7 – 1973.10
方以清	1996.8 – 2000.12	王云岫	1973.7 – 1983.7
–	–	姚福荣	1974.7 – 1976.10
–	–	邹松柏	1974.11 – 1981.12
–	–	马际恒	1976.1 – 1978.8
–	–	刘福生	1976.1 – 1978.8
–	–	杨载美	1976.1 – 1978.5
–	–	蒋锡畴	1976.1 – 1983.7
–	–	任　谦	1976.1 – 1978.5
–	–	孙永庆	1978.12 – 1983.7
–	–	冯树藩	1980.1 – 1983.7
–	–	董志武	1981.9 – 1983.7
–	–	肖石仙	1982.3 – 1991.11
–	–	欧耘文	1983.7 – 1998.4
–	–	姚先恕	1987.5 – 1993.5
–	–	蔡德先	1991.12 – 1995.12
–	–	肖光国	1994.10 – 2000.12
–	–	叶国存	1992.4 – 1994.10
–	–	何剑波	1995.12 – 1997.7
–	–	袁伏乔	1995.12 – 2000.12
–	–	张益群	1997.12 – 1998.4
–	–	黄建初	1998.4 – 2000.12

第二章　统　计

1949年，境内统计工作处在萌芽阶段。由株洲镇秘书兼办日常统计，搜集估算填报农业、工业生产报表。1950年，除作好日常统计工作外，还配合工业部门完成国家的工业普查任务。

1951年7月，株洲市财政经济委员会配备2名专职统计员，负责全市统计工作。

1954年9月，株洲市人民委员会（简称“市人委”）设计划统计科，建立农业、工业和商业统计制度。按月、季、年搜集整理上报定期报表；对部分职工家庭收支和市场价格进行重点调查，试算职工生活费用指数；为市党、政领导提供了有数字、有情况、有分析的报告；还编印了《株洲市1954年国民经济统计资料》。

1956年10月，市人委设统计科，除完成日常统计任务外，还接管基本建设投资和施工企业统计。同时继续清理非法报表，建立健全统计制度；开展市郊农民家庭典型调查，私营工商业、手工业合作社、社会购买力、农副产品生产、城市职工住宅等项调查；并组织基层统计人员进行业务培训，经验交流，统计竞赛等。

1958年8月，市人委统计科撤销，人员并到市计委各有关科室。1960年5月成立市计委统计局，1962年10月，撤销市计委统计局，成立市统计局，直属市政府领导，归口计委战线管理。1958 — 1962年，综合统计人员贯彻执行国家统计局《关于与党的中心相结合，与群众生产运动相结合，切实为当前政治斗争服务》的方针，担负既定的统计任务。接管劳动工资和物资统计；进一步健全统计制度，建立农业生产进度统计，工业生产日报、5日报和旬报，工业企业卡片；试行工业生产综合一套表；工业产值、产量和职工人数指标1号上报，比省规定的期限提前3天；补编1957年地方工业产品不变价格；完成国家对物资生产部门的机械化程度调查和重点企业基本情况调查；撰写统计分析报告24篇；编印《株洲市1952 — 1957年农业统计资料》和《1949 — 1958年株洲市国民经济统计资料》。

1963 — 1968年，株洲市统计局贯彻执行中共中央、国务院《关于加强统计工作的决定》和国务院颁发的《统计工作试行条例》，克服统计工作“多、乱、差”，在清理精简统计报表的基础上，将农业生产进度报表、工业生产日报、5日报、旬报等移交给业务部门。按月、季、年完成工业、农业、商业、物价、物资、劳动工资、基本建设投资和施工企业的定期统计任务；核实1958 — 1960年农业产量及产值、工业产量及产值、社会商品零售额、基本建设投资和施工工作量、人口、劳动工资等主要统计数字；建立综合统计，创办《统计资料》刊物，刊登分析文章；配合市公安部门完成全国第二次人口普查；对城市职工家庭采用“随机抽样”，抽选40户家庭作为常年调查户；编印《1957 — 1962年株洲市国民经济统计资料》。1963 — 1966年，分年整理编印国民经济统计资料；协同城市建设局和株洲硬质合金厂办了工业、基本建设和劳动工资专业统计人员学习班；组织统计业务竞赛，评选全市统计先进单位和个人。

1969 年 8 月，株洲市革委会生产指挥部经济计划组设统计组，有 5 人负责农、工、商、基建投资定期统计。1972 年 9 月，市计委成立统计组，1973 年 9 月改为统计科。进入 20 世纪 70 年代，市统计工作除完成定期统计报表外，还按月计算国营工业企业 8 大经济指标（产值、产量、质量、消耗、劳效、成本、资金、利润）的综合完成率，并对完成程度进行分析。创办《统计快报》；建立《领导手册》。借调基层统计人员，对 1967 — 1975 年的资料进行系统地搜集、整理、核实、估算和补充，编印《1965 — 1975 年株洲市国民经济统计资料》和《1976 — 1977 年国民经济统计资料》。组织基层单位统计人员进行业务交流。树立市自来水公司、冶建二公司和株洲百货公司为全市统计工作红旗单位。为此，曾 2 次出席全国统计会议介绍经验，省内外一些单位亦先后来株洲市参观学习。

1979 年 4 月，恢复株洲市统计局。市、县、区、乡政府及业务主管部门和基层企、事业单位的统计机构和人员都有所加强，基本形成纵横交错的统计网络。对在岗统计人员进行政治特别是法纪和业务教育，举办各种统计业务和岗位技术培训班，使 4632 名统计人员基本具备完成有关统计工作的能力。为保证统计工作顺利进行，坚持"依法治统"，认真贯彻执行《中华人民共和国统计法》《中华人民共和国统计法实施细则》《湖南省统计管理条例》；加强统计建设，向着"统计指标体系完整化、统计分类目录标准化、统计调查工作标准化、统计基础工作规范化、统计计算和数据传输技术现代化、统计服务工作优质化"的目标前进。

1983 年，随着行政区划的变更，将醴陵县、攸县、茶陵县和酃县都纳入了株洲市填报范围；为完善统计指标体系，根据国家统计局要求从劳动局接管了劳动工资统计；恢复了城市居民生活调查和市场物价调查；开展了农村农民家庭经济收支情况调查。其他产业统计的指标也逐年有所补充。

1986 — 1990 年，株洲市统计局在保证质量的前提下，按时或提前报出各项统计报表。如工业统计月报，恢复月后 1 日上报，在省内一直处于领先地位；及时完成国家布置的第三、四次人口普查，第二次工业普查，房屋普查，钢材普查和投入产出抽样调查的任务。因质量好，报送及时，分别受到国家和省的表彰。第四次人口普查、投入产出抽样调查分别获得国家奖杯和奖牌。株洲市全社会投入产出表的编制，作为市科研项目，获得市科技进步三等奖。在完成各项调查统计任务的基础上，深入基层，调查研究，充分发挥统计的信息、咨询、监督职能。其间共撰写统计分析报告 915 篇，部分被国家和省、市有关部门领导及部门采用，为国家宏观调控和经济决策发挥了作用。为扩大信息来源，同全国 100 个城市建立资料交换关系；每年 5 月，同国内 37 个中等城市进行会议交流。为加强统计法制，分专业建立和整顿统计工作。每年 8、9 月，组织力量检查，及时纠正错报和漏报，处理虚报、瞒报、伪造和篡改统计资料的违法行为，确保统计资料的准确性。

每年上报的统计资料，再行加工、整理和编印国民经济及社会发展统计资料，将一些主要指标在《株洲日报》刊出，发表公报。为配合宣传中华人民共和国建设成就，将各年整理的历史资料，按可比口径，调整、加工，编印株洲市《1949 — 1978 年国民经济及社会发展情况》和《株洲四十年》。组织主要统计骨干，参与编制株洲市长期规划，采取调查、补充、调整和核实的措施，系统地整理编印《1949 — 1984 年国民经济及社会发展研究》。

1991—2000年，是株洲市统计工作快速发展的10年。据不完全统计，10年间共培训统计员、统计师、工农商等各行各业的兼职统计人员21870人次；印发统计期刊531期；撰写分析材料和论文1484篇，有144篇被中央刊物及省、市机关刊物采用。10年中，各专业统计项目或专题调查项目有工业、农业、经济、交通、投资、物资、商业、财务、人口普查、综合、法规、社会、物价、教育、劳资、科技、人口、培训、外经、贸易、信息、政务、国民经济核算、办公室等29个方面，有76次被评为全省第一或者全省先进；市统计局有2年被评为市“双文明单位”和“先进单位”，4次被评为全省第一名或省先进单位。2000年，全面完成国家和湖南省统计局布置的各项统计报表任务，做到及时上报，数据质量达到要求，统计结果符合实际情况。在全省22个专项业务考核中，有20项名列全省先进，综合考核夺得全省第一名。年末，株洲市统计局有行政编制人员31人，事业编制人数26人；所辖9个县市区有专业统计人员115人；全市150个乡镇统计站配备专职综合统计人员112人，统计站专兼职人员1337人；部门、企业等统计人员1万余人。形成一个覆盖全市各业的统计网络。

第一节　统计调查

一　定期统计报表

（一）农业统计

1950年，株洲镇由秘书兼管农业统计。1951年至1954年9月，株洲市财政经济委员会负责管理和填报农业统计报表。表种有：农田水利修复与灌溉情况，荒地开垦，农具拥有量，灾害情况，农作物收获面积及产量（分夏、秋二次统计）。搜集资料方法则是采取干部深入村、组，会同熟悉情况的老农座谈估算。1954年9月，株洲市人民委员会计划统计科，根据上级布置，制定农业统计定期报表制度，布置到郊东、郊北区管理和填报。填表表种及内容有：农业户数、人口；耕地面积，主要农作物播种、收获面积、亩产、总产量；牲畜头数，果实、蚕茧生产量；农业生产合作社及互助组发展情况；水利灌溉工程及灌溉面积等。1955年，株洲市撤销郊东、郊北区，设立市郊区。郊区无统计人员，市统计部门将统计报表直接布置到乡，并增加了按规模大小分组的农业生产合作社和新式农具2个指标。1956年，市统计部门开始按1952年不变价格计算农业总产值。

1958—1960年，市统计部门建立农业生产进度统计，虽然“浮夸风”盛行，但统计人员严格把关，统计数字还是基本准确的。如1958年粮食产量，区社上报20万吨，经市统计部门核实，实际上报13.5万吨。

1965年，统计报表进行精简。农业统计年报有：人民公社组织，耕地面积，农作物实际产量，蚕茧、茶叶生产情况，牲畜头数，主要农业生产机具设备拥有量6种表，由株洲县和市郊区填报。

1966—1969年，由于统计力量薄弱，农业统计年报只保留人民公社基本情况，农作物实际产量，林业及畜牧水产品产量3个表。1970年6个表，即农业基本情况，耕地面积，农作物实际产量，牲畜头数，茶叶、水果、水产、蚕茧、莲藕产量和林业生产情况。1975年，农业统计年报增加到12个表。

1983年，株洲市统计局根据湖南省统计局指示，制发农业净产值和农业物质消耗计算表。农业净产值开始用生产法计算，内分种植、林、牧、副、渔5业。由于区划变更，1983年农业统计年报，增加了醴陵县、攸县、茶陵和酃县的资料。

1984年，株洲市统计局增加农村专业户和新经济联合体情况表。将农、林、水、农机、畜牧统计分别改由业务主管部门综合上报省厅局，抄送市统计局。对主要农产品产量，统计采用定期报表与抽样调查相结合，核实统计数据。

1985年，农业统计年报，增加了固定资产结构与商品产值计算表。将村（队）及村（队）以下办工业总产值从农业总产值中扣除，归入工业总产值。农业总产值中的副业产值，只包括采集、捕猎产值和以农业为主的农户兼营手工业产值。同年，对1978～1984年分县资料进行同一口径的调整。

1990年，株洲市统计局将统计和业务部门制发的报表进行清理，去掉重复或不适用的，制定农村经济统计“一套表”。通过各县市郊发至乡镇统计站管理、填报县市郊数字经微机录入，在上报软盘的同时，打印成资料，满足各部门、各单位的需要。

1991—1992年，农业统计报表正式实施农村经济统计“一套表”制度。主要表种有：农村基层组织情况、农村劳动力资源和实有劳动力构成、耕地面积、农业机械化年末拥有量、主要农业机械按所有制分组、农业机械化项目水平、农村电气化和农业化学化情况、农业水利化情况、有效灌溉面积增减变化情况、农作物播种面积和产量、蚕茧、茶叶和水果情况、林业生产情况、畜牧业主要产品产量、主要畜牧年末存栏情况、水产品总产量、水产养殖面积和产量、农村自然灾害情况统计、农村现价社会总产值、农业总产值、农业总产值商品产值计算表、农业商品产值。还有农村经济收入和效益、农村固定资产投资、乡镇企业总产值、县市社会基本情况、乡镇社会基本情况等报表。

1993—1994年，农业统计报表调换表号，部分报表实行合并并增减了指标。农村基层组织情况增加了“自来水受益村数”“通汽车村数”“通电话村数”3个指标；农村劳动力资源和实有劳动力构成改名为“农村劳动力资源及主要行业分布”；耕地面积；农业机械化年末拥有量取消主要农业机械按所有制分组，农业机械化项目水平两种表；农村电气化和农业化学化情况改名为“农业主要能源及物资消耗”；农业水利化情况改名为“农田水利建设情况”；取消有效灌溉面积增减变化情况；农作物播种面积和产量，农业主要产品产量生产情况；蚕茧、茶叶和水果情况删减了蚕茧产量和桑叶产量2个指标；林业生产情况；畜牧业主要产品产量；主要畜牧年末存栏情况；水产品总产量合并了水产养殖面积和产量；农村自然灾害情况统计；农村现价社会总产值删减了“农业总产值”和“农村在城里办企业全部产值”等7个指标后改名为“农村非农行业总产值”；农业总产值改名“农林畜牧渔业总产值”，开始有了大农业与小农业之分；商品产值计算表、农业商品产值改名为“农林畜牧渔业商品产值”。

1995—1996年，农业统计再次更换各种报表表号，并引入农林牧渔业增加值的概念，增加了农林牧渔业增加值和农林牧渔业中间消耗计算表。

1997—2000年，由于区划调整，市郊区撤销，设立4个区。农业统计的上报单位由1996年前的市郊区、南4县和株洲县6个增加到现在的4区4县1市（醴陵市）共9个单位。

（二）工业统计

1949年，株洲镇由秘书搜集和填报工业统计资料。1951年7月1日，株洲市财政经济委员会承办工业统计工作。

1954年9月，市人民委员会设计划统计科。根据省政府颁发的“地方国营、公私合营工业统计报表暂行办法”，同业务主管部门制发工业统计报表制度，并进行了分工。计划统计科分管上报的国营、地方国营（包括合作社营）及以后的公私合营工业的定期报表，有企业基本情况（包括企业资金与利润、总产值、基本建设投资）、主要产品产量、总产值及商品产值、职工人数及工资、固定资产、动力及运输设备、主要物资及电力收支7个表。手工业管理科分管上报的手工业生产合作社工业报表，有手工业社生产情况主要指标和主要产品产量。工商科分管上报的私营工业报表，有私营工业企业一览表，总产值、资本额及营业额，主要商品产销情况，职工人数及工资，主要生产设备，主要原材料燃料消费情况和年末资产情况7个表。

1955年，国营、地方国营及公私合营工业企业增报金属切削机床及锻压设备，企业职工及文教福利设施、产品收入与库存3个表。手工业生产合作社增报主要原材料与收支结存，机器设备2个表。以上报表由市统计科负责综合。

1956年，市人委统计科管理报送全部工业统计资料，包括国营、地方国营、公私合营工业，手工业及私营工业统计报表。1957年，工业企业增报主要经济指标，工业企业机械化和半机械化程度表。手工业生产合作社增报手工业总产值和主要新产品试制情况。1958年，市统计部门为中心工作服务，建立进度统计，如日报、5日报、旬报和月度预报。统计人员上班炼钢铁，下班做报表。为防止数据遗漏，制发了“工业产值及产量”综合一套表。1959年，工业企业试行卡片制度。1961年，市统计局补充编制株洲市地方产品“1957年不变价格”。

1962年，市统计局将直接汇总的市属及其以下工业企业的报表改由各主管局负责，综合报市统计局。由于加强对中央、省属企业的统计协调，使工业总产值、产品产量及职工人数3个指标均在月后1日报出，比省统计局规定的时间提前3天。

1967—1969年工业统计年报仅有工业总产值、主要产品产量2张表。

1970年，向基层布置并综合上报的年报，有工业企业概况，主要产品产量及总产值，主要技术经济指标、新产品试制、主要财务指标、机床及锻压设备、主要专用设备、动力设备、主要产品产量分月表9种表。

1973年，株洲市计委统计组研究制发8项经济效益指标（包括综合率）及统计综合考核方法。对促进企业开展社会主义劳动竞赛和提高管理水平起到一定作用，在全国统计会议上进行交流。

1974年，恢复月后1日内报出总产值、主要产品产量及职工人数工业月快报，并附有简要的文字分析。比省规定的上报期提前3天。为此，在省统计会议上介绍经验。

1985—1987年，株洲市连续3年荣获全省工业统计评比第一名。1987年工业统计综合月报及年报，改用微机录入，上报软盘。1988年10月，市统计局在国家统计局召开的座谈会上，介绍“狠抓基础建设，不断提高统计工作水平”的经验。

1990 年，工业企业统计报表有：工业企业基本情况、总产值、净产值、主要财务成本指标、职工人数、主要产品产量、主要经济技术指标、主要产品生产能力、主要专业生产设备、金属切削机床锻压设备、动力设备、大中型工业企业实物量指标（卡片），外资和华侨港澳投资经营工业企业基本情况（卡片）等，表式由国家统计局统一制定。市统计局印刷发放，并搜集整理，综合上报。

1991 年，工业企业统计报表有：“工业企业基本情况”“总产值(90 年价和当年价)、净产值”“主要财务成本指标”“主要产品产量及生产能力”“主要产品质量”“主要工业产品原材料、燃料、动力消耗”“主要工业产品单位成本”等，表式由国家统计局统一制定。市统计局印刷发放，各企业分别向主管工业局、县市区统计局报送，经市统计局进行数据处理，综合上报。

1992 年，工业企业统计报表在 1991 年报表的基础上取消“主要产品产量及生产能力”“主要产品质量”“主要工业产品单位成本”等，增加独立核算工业企业主要经济指标和销售产值、工业增加值等指标。

1995 年，工业企业统计报表恢复生产能力统计。1996 年，工业企业统计报表又取消生产能力统计。

1998 — 2000 年，工业统计报表口径由过去的乡及乡以上改为国有及年销售收入 500 万元以上工业企业。工业企业统计报表与 1996 年表式相同。

（三）交通运输邮电通信统计

1953 年，株洲市开始公路运输统计。主要内容有交通运输工具拥有量，客、货运量，客、货运输周转量及搬运装卸量。同时建立航运统计。主要内容有交通运输工具拥有量，航运里程，其中常年通航里程及航道情况。

1961 年，市统计局接管交通运输统计。制发了年报，表种有机关、企业和人民公社现代化运输工具数，及非现代化运输工具数；人民公社专业运输队货物运输量；重点企、事业单位货物运输量；载货汽车技术状况和运用情况。装卸搬运统计，有交通工具数、搬运货物运输量及装卸量。

1967 — 1969 年，交通运输统计中断。

1970 年，市交通局恢复交通运输及装卸搬运统计。1981 年，市统计局会同交通部门，联合下文对非交通系统自有载货汽车运输量及运载工具情况进行年终统计。直到 1990 年，每年联合调查统计一次。

1991 年，交通运输统计报表有：全市民用车辆拥有量、全社会货物运输量和交通运输企业基本情况。由市交通局归口统计，经市统计局审核后上报省统计局。1993 年，交通运输统计报表增加民用运输船舶拥有量表。

1996 年，增加邮电通信业基本情况表，由市邮政局、市电信局统计，并报市统计局。

1999 — 2000 年，市统计局只需要向省统计局报送由市公安局交警支队统计的全市民用车辆拥有量。

（四）商业统计

1951 年 9 月，株洲市各国营公司、合作社、邮电（报刊发行）等部门的商业统计，均由各上级业务主管部门布置和管理。私营商业采用调查方法搜集资料。1954 年，市人委计划统计科建立商业统计报表制度。并对市区内私营商业及饮食业开始实行定期统计报表制度。统计年报由市计统科会同工商科、工商联和税务局搜集整理，综合上报。报表有社会商品零售额、社会商品零售量和农副产品收购量。1955 年，建立按系统报送月、季、半年、年报制度。在社会商品零售总额中，按国营、供销合作社、国家资本主义商业和私营商业经济类型进行统计。1957 年，将社会商品零售额的国家资本主义指标改为公私合营及合作社商业指标。1959 年，取消了按经济类型分组，采用分对象、行业、商业类型统计。1960 年，增设社会商品购销调存总值表和商业机构及人员数表，布置到商业、粮食、医药和书店，由市统计部门综合上报。1962 年，在社会商品零售额表上，增加经济类型分类，并按平价、议价、高价和市价的分类指标进行统计。1964 年精简社会商品购销调存总值表。1965 年将社会商品零售总额表中按价格分类去掉。1966 年，中断商业机构及人员数表，社会商品零售额年报以电讯快报代替。

1975 年在社会商品零售总额中增补县和县以下 2 个指标。1977 年恢复社会商品零售量统计。1978 年，增设工业部门商品零售额和零售量报表。1979 年恢复商业机构和人员数统计。1980 年，恢复社会商品购销调存总值表和农副产品收购总额及数量表。1981 — 1989 年，商业统计报表基本不变，但其中商品零售量表上增补了许多品名。

1990 年商业报表有商业机构和人员、社会商品零售总额、社会商品零售量、社会农副产品收购和调出、商品购销调存总值、社会商品购销调存量、商业企业经济效益及财务主要指标。市统计局除填报以上报表外，还对社会购买力进行了平衡计算。

1991 — 2000 年，批发零售住宿餐饮业统计基层报表内容包括单位基本情况调查表，限额以上批发和零售业商品购进、销售、库存总额；限额以上批发和零售业企业财务状况；限额以上连锁零售业经营情况；限额以上连锁零售业门店及配送中心分布情况；限额以下批发和零售业企业、星级以外住宿业、限额以下餐饮业样本单位基本情况；限额以上批发和零售业劳动情况；限额以上批发和零售业企业固定资产投资情况；主要能源消费情况表；星级住宿业和限额以上餐饮业经营情况；星级住宿业和限额以上餐饮业企业财务状况；限额以上连锁住宿业和餐饮业经营情况；限额以上住宿业和餐饮业门店及配送中心分布情况；星级住宿业和限额以上餐饮业劳动情况；星级住宿业和限额以上餐饮业固定资产投资情况；亿元以上商品交易市场；商品交易市场调查表；重点批发和零售企业商品销售、库存情况；重点批发零售贸易企业主要经济指标。表式由国家统计局统一制定。期中各表的指标有相应的修订和增减。报表由市统计局印刷发放，限额以上的批发零售住宿餐饮企业单位直接报送市统计局，限额以下的批发零售住宿餐饮企业由市统计局采取抽样调查的原则选取样本，由样本单位报送市统计局，以上报表数据由市统计局审核汇总后，直接报省统计局。

（五）建筑和固定资产投资统计

1951 年 7 月，株洲市人民政府建设科负责基本建设进度统计。1954 年，市计划统计科协同建设科建立基本建设投资统计制度，建设科负责投资和施工统计，除报上级主管部门外，还报市人委计划统计科。

1956年，基本建设投资和施工单位统计划归市统计科。设有基本建设投资和施工企业统计报表8种，即投资和工程项目、新增固定资产和生产能力（或效益）、建筑安装企业基本情况、承包工作量、房屋建筑面积、职工人数及工资、主要建筑机械等。1957年，新增第一个五年计划期间基本建设征用土地利用表。1958年，基本建设投资和施工企业统计并入计委，由有关科室设专职统计。统计报表作了调整，充实指标内容。增加按构成、按用途分列投资额；按行业分列新增固定资产和资金来源，建筑材料、燃料、消耗和结存等资料。

1962年，由市统计局负责基本建设统计工作，建立健全基建统计制度。增报了县级施工单位概况，集体所有制基本建设情况和停建工程维护费使用情况。12月，建立停建项目卡片。

1965年，基本建设统计年报作了大的调整，指标体系亦精简。只保留按管理系统、行业种类、用途及建设性质分列的投资和新增固定资产、新增能力（或效益）、施工和竣工的房屋建筑面积与价值等5种表。并对计划外基建项目进行清理。

1966—1978年，基本建设投资只填报基本建设完成情况一览表、新增生产能力（或效益）2种表。施工企业统计由业务主管部门管理，综合上报，同时抄报市统计部门。

1979年增设挖潜、革新、改造项目一览表。并对在建项目进行6查，即查项目、规模、投资、工期、材料消耗和效果。

1981年，将基本建设投资统计改名为“全社会固定资产投资统计”。全面建立固定资产投资统计制度。对原基本建设统计范围、指标分类标准、计算方法、口径等，作了调整。建立全民固定资产投资、更新改造措施投资、城镇集体固定资产投资、城镇私人建房等12种表。并对1981年停建、缓建和实际停工项目进行清查。1982年，增加农村人民公社固定资产投资和农村私人建房情况2个表。1984年，基建年报中增加投资包干形式指标；全民更新改造措施年报中增加技术引进项目和完成投资额指标。

1986年，将全民所有制基本建设、更新改造和城镇集体固定资产投资合并成一套表，采用电子计算机汇总，报送软盘。

1987年，新增固定资产投资财务拨款和贷款及其资金来源项目。

1990年，固定资产投资统计包括：基本建设投资、更新改造投资、全民所有制单位其他固定资产投资、城镇集体所有制单位固定资产投资、城镇和工矿区私人建房情况、商品房屋建设投资和农村固定资产投资情况。综合上报年报表，有项目、建设规模及新增生产能力（或效益）、全民所有制单位零星固定资产投资、城镇和工矿区私人建房情况、基建大中型项目、限额以上更改项目和农村固定资产投资情况等表。施工企业统计，由市统计局接管，综合上报。表式为：施工企业基本情况表。

1991—2000年，建筑业统计报表有：建筑业企业生产情况、建筑业企业财务状况。由全市建筑企业直接报送各级政府统计局，经市统计局汇总后上报省统计局。同期，固定资产投资统计基层报表有：固定资产投资统计基层标准表、固定资产投资项目一览表，城镇和工矿区私人建房表，全社会固定资产投资表，表式由国家统计局统一制定。其中固定资产投资统计基层标准表中的指标作了相应的修订和增减。报表由市统计局印刷发放，固定资产投资统计基层标准表、固定资产投资项目一览表由有建设项目的机关、事业、企业单位直接报送市统计局，城镇和工矿区私人建房由各级规划部门报送同级政府统计局，全社会固定资产投资表由市统计局汇总以上报表数据后填写，直接报湖南省统计局。

（六）房地产开发企业统计

房地产开发企业统计始于1991年，包含在固定资产投资统计中，没有单设统计报表。1991—1995年，房地产开发企业填报固定资产投资统计基层标准表、固定资产投资项目一览表报送各级政府统计局。

1996年，国家统计局为房地产开发企业统计专门设计了房地产开发统计报表，主要表种有房地产开发企业（单位）投资、资金和土地情况，房地产开发企业（单位）施工、销售和空置情况。房地产开发企业不再填报固定资产投资统计报表，报送范围和报送渠道仍维持不变。

（七）物价统计

1953年，株洲市财经委通过重点调查，初步计算市场零售物价指数和职工生活费指数。1954年，市计划统计科建立了职工家计调查。1957年，市统计科根据职工家庭调查和商业部门提供的资料，计算零售物价及职工生活费用指数（国营、合作社营、牌价部分）。1958年，商业物价统计划到计委财贸科，仍按时统计上报。1962年，增加高价商品价格指数和集市贸易零售商品价格指数。1963—1965年，计算零售物价、服务性支出价格指数和零售平价、服务性支出价格指数。1966年，增加鲜菜和主要商品零售混合平均价格。报表资料由商业部门提供，统计部门综合上报。同年，减少零售平价、服务性支出价格指数。1982年，计算职工生活费用价格总指数，并分别计算零售商品牌价指数、议价指数和服务性行业价格指数；鲜菜收购牌价升降指标和集市贸易价格升降指标。计算资料依据，一部分由商业各公司按月提供，另一部分采用抽样23个点的调查资料，其中调查15个商店、2个职工食堂，则实行月报制度。6个集贸市场都采取上午10点或下午3：30的一次采价调查，平均计算商品价格。1984年9月，物价统计由城市社会经济调查队承担。扩大物价调查范围，调查商店增至25个，2个职工食堂和6个市场。1989年，将直接调查的商店增至55个。

（八）物资和能源统计

1955—1959年，物资和能源统计由市统计部门各专业统计科负责，汇总上报。

1960年，株洲市始设物资能源统计专业，制定物资能源统计报表制度，布置到全民和集体企、事业单位执行。年报表有：物资消耗与库存、生产用主要物资使用方向、工业企业产品销售与库存、原材料消耗与库存、机电设备（产品）库存使用情况、生产用物资按国民经济部门分组消耗量等10种表，并分别按全民、集体、事业单位综合上报。1964年，精简了报表，物资统计表式有机电设备（产品）使用、库存情况、生产用主要物资使用方向和生产用物资按国民经济部门分组消耗量，将全民、集体及事业单位合成一张表。1966—1971年，物资统计报表仅留物资消耗与库存1个表。1972年恢复到1965年的2个表。1980年，年报有全民所有制单位生产用主要物资收支与库存，全民所有制基建用主要物资收支与库存，生产用主要物资使用方向，集体所有制单位主要物资消耗与库存，新机电设备（产品）库存与使用情况 5 个表。1981 年，增加物资消耗与库存总值和产品销售库存总值 2 个表。1983 年，增加物资供应机构总产值、净产值表。1987 年，取消物资供应机构总产值、净产值表，增加物资供销机构物资购、销、存总值表。1990 年，市统计局接管了能源统计，负责布置能源统计报表，并综合上报。报表有全民所有制单位能源消耗与库存、集体所有制单位能源消耗与库存、生产用主要能源按国民经济行业分组消耗、重点工业企业能源消耗分组等 4 个表。物资统计年报有，产品销售与库存、产品销售与库存总值、全民所有制单位原材料消耗与库存、集体所有制单位原材料消耗与库存、生产用主要物资使用方向、生产用主要原材料按国民经济行业分组消耗、物资消耗与库存总值、新机电设备（产品）库存情况、供销机构物资购、销、存总值等 8 个表，并分表综合上报。

1991 年，增加重点工业企业主要产品单耗表，取消物资消耗与库存总值表。1992 年增加物资供销经营情况表、物资供销机构、人员表、物资购进、销售、库存总值表、供销机构物资购、销、存总值表、物资供销购进、销售和库存表；取消乡村企业能源及主要物资能耗表、产品销售与库存表、产品销售与库存总值表。1993 年取消物资统计，主要报表有全市主要工业企业能源消耗量表。1994 年增加全市能源消耗与库存表、主要能源行业分组消耗量、主要原材料消耗与库存表等。1995 年取消全市工业企业能耗消耗表等。1996 年增加能源加工转换表、主要能源调入调出情况表。1997 年增加主要工业产品产量能耗与综合能耗表。1999 — 2000 年能源统计报表并入工业统计中，主要报表有重点工业企业能源消耗表、工业企业能源购进、消耗与库存表、主要调入调出情况表、主要能源按行业分组消耗量表等。

（九）劳动工资统计

1956 年，株洲市工业、运输业、商业和建筑业等物资生产部门开始建立劳动工资专业统计，计有全民所有制单位全部职工人数与工资月报；职工工资总额构成情况季报；固定职工增减变动情况半年报和职工人数与工资总额汇总年报。并同市劳动局共同综合上报。1957 年，劳动工资年报有国民经济各部门职工人数、工资总额及平均工资统计年报表，指标有年末实有在册人数，年平均人数、工资总额和平均工资等。按国民经济 9 大部门和 30 个小部门分组，在各部门下按经济成份分国营、地方国营、公私合营和合作社营。由各部门各单位的人事干部或统计、会计人员填报。并由市统计部门和劳动部门联合汇总上报。1958 年，增加企业劳保福利情况表。1959 年，劳动工资报表由计委各专业科室的统计人员分别搜集整理，综合上报省统计局专业处。年报增加工业、建筑安装企业的职工劳动生产率表；企业服务人员与其他人员年末人数表。1960 年，市计委统计局管理劳动工资统计，年报进行调整和补充，有国民经济各部门的职工人数和工资福利，职工人数增减情况综合表，劳动力资源分配综合表，城乡人民公社劳动力分配表，城乡人民公社工业基建交通职工人数及工资综合表，各部门属不独立核算工业企业职工人数综合表等 14 个表。1963 年，市统计局负责管理劳动工资统计，增加城乡集体及个体劳动者按部门分的年末人数和各部门工程、农林技术人员情况表。

1966 — 1971 年，劳动工资统计年报仅留职工人数与工资 2 个表，由市统计局负责综合上报。1972 年，劳动工资报表改由市劳动局承担。在市统计部门指导下，完善劳动工资统计报表制度。年报有职工工人数与工资、职工增减情况、工业及施工单位劳动生产率、城镇集体劳动者人数与工资和工业、施工、交通运输、邮电等企业的职工分类等表。这个制度执行至1980年。

1981年，劳动工资统计报表进行调整和充实，年报有全民单位职工人数与工资，并按部门进行分类，全民单位固定职工增减变动情况，职工工资总额构成，职工劳保福利费用构成，城镇集体单位职工人数与工资，城镇集体单位职工劳保福利费用，城镇集体单位职工增减变动等8个表。1983年，劳动工资统计收归市统计部门负责上报，报表比上年增加全民独立核算工业企业职工人数、工资与劳动生产率。将城镇集体单位职工人数与工资，劳保福利费用，职工增减变动3个表合并，改为城镇集体单位职工人数、工资和个体劳动者人数及城镇集体工业企业职工人数劳动生产率2个表。增设合同制职工增减变动情况，恢复城镇集体单位职工增减变动，增加县区级以上主管部门直属、城镇集体工业企业职工人数和劳动生产率表。1985年，增加城镇集体所有制单位全部职工劳保福利费用构成情况表和各种合营、华侨（或港澳工商业者经营）、外资经营单位职工人数、工资劳保福利费用表；减少全民独立核算工业企业职工人数、劳动生产率和县区级及其以上主管部门直属城镇集体工业企业职工人数、劳动生产率2个表。1986年，劳动工资统计报表进行电子计算机超级汇总，报送软盘。1988年，增加全民、集体职工工资总额与劳保福利以外的其他收入2个表。1990年，劳动工资年报表包括：全民所有制单位职工人数与工资及其补充资料；全民企业工业、建筑业职工和工资总额分类及补充资料；固定和合同职工增减变动、职工工资总额构成；城镇集体所有制单位职工人数与工资及其补充资料；集体企业工业、建筑业职工与工资总额分类，职工增减变动情况；职工工资总额构成；其他各种所有制单位职工人数与工资、工业企业职工人数、职工工资总额构成；城镇个体劳动者人数，全民所有制工业、建筑业职工年龄、工龄、文化程度和政治情况，城乡劳动力资源与分配等17个表。1990年12月下旬，成立劳动工资统计年报联合审核办公室，对全市各单位的劳动工资进行审核，内容有企业行业划分与国家有关部门的新规定是否相符，年报指标填报是否齐全，计算口径范围和计算单位是否符合规定，主要指标与台账记录是否吻合，职工工资总额与工资基金管理手册的记录是否一致；工资支付是否符合有关财务制度和现金管理制度的要求。通过检查，堵塞了漏报，提高了报表质量，加强了统计监督。

1993年，劳动工资统计取消了“固定职工、合同制职工、临时职工和计划外用工”等指标；将“全民所有制单位”改为“国有经济单位”。1994年，增加“企业破产、停产、半停产及职工停工待工、工资发放情况表”和“企业富余人员情况表”。1997年，增加“下岗职工年末人数”及“下岗职工生活费”等指标，取消了“企业破产、停产、半停产及职工停工待工、工资发放情况表”和“企业富余人员情况表”。1998年，将“下岗职工”指标改为“离开单位保留劳动关系的职工”；取消了按劳动岗位分组的指标统计（包括工人和学徒、工程技术人员、管理人员、其他人员等）。2000年，取消了企业在岗职工福利费用情况统计（包括集体福利设施及集体福利事业补贴、医疗卫生费、文体宣传费及其他指标）。

（十）人口统计

1951年7月，株洲市民政部门负责建立户口管理制度，搜集整理上报统计资料。1962年，由公安部门对户口进行整顿，重新建立户口管理制度。各公安派出所配备专职户籍干警，管理辖区内人口异动情况，负责人口统计工作（农村原为乡镇秘书、村会计管理人口异动登记）。人口统计年报有人口及其变动、城镇人员及其变动、非农业人口增减。其统计报表由公安部门制发，逐级搜集整理，综合上报，同时报送市统计部门。

1990年后，人口统计年报改由市统计部门负责搜集，整理上报。市辖各县市区的人口报表仍利用公安部门的资料整理填报。全市报表种类和各项数字和公安部门一致。

（十一）社会统计

1951年，株洲市的文化、教育、卫生、民政、政法、财政、金融、邮电等社会统计，都由各主管部门负责布置，搜集整理上报。同时抄送市统计部门。市统计部门根据各业务部门资料进行综合平衡，分析研究，并按年整理统计年鉴，发布统计公报。

1986年，市统计局将社会统计历年资料进行系统汇编，油印成册，发至省内各地市，受到好评。

进入20世纪90年代，更加重视社会统计工作。不仅加强了对文化、教育、卫生、民政、政法、财政、金融、邮电等部门的数据、资料的统计、整理、归档工作，还多次组织专、兼职统计人员的培训、职称的评定，提高社会统计人员的业务素质。组织动员530多名社会统计工作人员参加“统计证”培训班，系统地学习统计法和统计业务基础知识；组织400多名有统计职称的人员参加继续教育学习；组织2000多名统计人员参加统计年报和定期报表培训班。同时，局机关还经常组织专业人员深入到基层社会单位进行统计监督审查，帮助建立、健全统计原始记录和统计台账，完善内部统计工作管理制度，理顺统计工作关系，为全市统计工作均衡发展打好了基础。

（十二）综合平衡统计

1962年10月，株洲市统计局设立综合统计。主要承担统计资料的收集和整理加工；汇编统计年鉴；发布国民经济和社会发展统计公报；编印领导手册以及负责全国中等城市和省内地、州、市的统计资料交换等工作。1966年综合统计工作中断。1980年恢复综合统计。从1981年起，逐年进行小集镇统计。1982年，建立综合平衡统计制度，并对株洲县小集镇1980—1981年的情况进行调查、审核、抄转报省。1983年，增加醴陵县、攸县、茶陵县和酃县小集镇统计资料，并综合报省。除了完成上述任务外，还开展农轻重、消费和积累、生产和建设之间比例关系的研究，加强对地区之间的经济联系及地区内物资、财政、信贷、生活资料、劳动力、三类物资、地方材料、运输能力等方面的综合分析。

1984年，市统计局对县和郊区开始布置综合平衡统计年报，有社会总产值和国民收入生产消费与积累，居民消费水平，城市基本情况等表。1985年，增加国民生产总值2个表，小集镇基本情况表。1986年增加国内生产总值（按分配法计算）构成项目表。1989年增加按支出法计算国民生产总值表。

1991—2000年，一直坚持每年编辑出版《统计年鉴》，每月编发国民经济发展主要指标卡片；编印专门的调查分析文章《统计资料》，供市委、市政府领导参考。比如1991年就编印《统计资料》197期，被有关单位采用160期。其中《我市农户种植早杂兴趣不高》等6篇文章被新华社和中央人民广播电台、中央电视台采用。10年共编印《统计资料》531期，调查分析文章和论文1484篇。不定期地发布统计公报。并与全省13个地市、全国39个中等城市建立了月、季资料交换关系，与近百个城市有不定期的资料往来，及时利用交换资料进行分析对比，取长补短。

二 专项普查

（一）人口普查

1953年，第一次人口普查，以株洲市民政部门为主，以1953年6月30日24时为标准时间，调查项目有姓名、性别、年龄和民族4项。1964年，第二次人口普查，以株洲市公安局为主，市统计局参加，组成普查办公室。从6月开始，到7月末结束。以1964年6月30日24时为标准时间。调查项目有姓名、年龄、文化程度、本人成份、民族和职业等7项。1982年，第三次人口普查，由株洲市政府办公室牵头，市公安、统计、经委、计委等组成普查办公室，先由公安部门进行门牌户口整顿。普查标准时间为1982年7月1日零时，普查项目有：姓名、与户主关系，常住人口的户口登记状况、婚姻状况，妇女生育子女数和现存活子女数，1981年育龄妇女生育状况，户的类别，住址、编号，1981年出生人数、死亡人数，有常住户口已外出一年以上的人数等共19项。1990年，第四次人口普查，由株洲市政府牵头，以统计部门为主，公安、计划生育委员会等部门参加组成办公室。以1990年7月1日零时为标准时间。每户登记6个项目。每人登记15个项目。通过准备，普查员培训，入户摸底、登记，全面复查，抽样检验，编码，数据微机处理等阶段，汇总出市级表422种，县级表81种。第四次人口普查起于1989年9月，历时2年半完成任务。参加者3.1万人。普查质量指标：总人口数净差率为0.01‰，总项目差错率为0.57‰。分别优于国家规定的1‰和3‰的质量标准，名列全省第一，荣获全省第四次人口普查“芙蓉杯”金奖。2000年，第五次人口普查，株洲市政府牵头，组织统计、计生、公安、宣传等23个部门负责人为成员的人口普查领导小组，从市统计局抽调14名业务骨干组成普查办公室。第五次人口普查从2000年11月1日零时起至11月15日，全市3万多名人口普查员统一行动，完成第五次人口普查登记工作，差错率大大低于国家质量控制标准。

（二）工业普查

1950年4月，株洲进行第一次工业普查。株洲镇根据湘潭县财委的布置，对田心机车修理厂、董家塅兵工厂、株洲纽扣加工厂、株洲大米加工厂等6个企业的概况、动力、生产及运输设备、主要原料、材料、燃料、地基、厂房建筑物及工场、职工人数、工作时间及工资、产品等方面的情况进行普查。1985年，第二次工业普查。基层表式有：全民所有制独立核算的工业企业填报“甲表”，指标360个；县以上集体所有制独立核算的工业企业填报“乙表”，指标182个；城市街道和农村乡办工业企业填报“丙表”，指标75个；中外合营与“独资”工业企业填报“外资表”，指标75个。这些指标涉及企业党、政、工、人、财、物、产、供、销9个方面。全面反映企业规模、结构、技术装备、职工素质、分配关系及经济效益的情况。普查年限定为1980、1984和1985三年，并以1985年为重点，普查标准时间为1985年12月31日。这次普查，1207个乡以上独立核算的工业企业单位，上报省、国务院工业普查办公室的普查表2449份，数据418万笔，经省电子计算机数据处理，一次成功。综合数据差错率为0.7‰，低于国家规定20‰的质量标准。1986年6月至9月完成手工汇总表13种、3500多张，在规定时间内报送。并编印《株洲市工业企业概况》、《株洲市工业普查资料汇编》、《工业普查成果分析文选》(2册)、《株洲市工业普查工作经验选编》，以及300多卷档案资料等，历时3年结束。徐定柳、楚赋琦被评为国家级先进个人。1995年，第三次工业普查。第三次工业普查是一次重大的国情国力调查。8月，市政府办公室发出了《关于认真做好第三次全市工业普查工作的通知》，各县市区及大中型工业企业认真执行普查精神，培训普查人员1.2万多人。1996年，株洲完成第三次工业普查工作，荣获国家级先进荣誉。

(三)房屋普查

1986年，株洲市进行首次房屋普查。这次普查以房产局为主，市统计局派人参加，有关局配合，组成普查办公室，普查对象是株洲市区范围内全部房屋(包括私房)。普查内容有：建筑面积、住宅套数、房屋结构、数量、用途、建成年份、使用土地面积、产权性质、居住状况、完好程度等。普查标准时间为1985年12月31日。这次普查采取勘测、丈量的方法，历经1年时间。

株洲市1985年市区房屋普查情况一览表

表5-2

项目 \ 单位（万平方米）	市区	房管部门直管	全民单位自管	集体单位自管	私有产	其他产
合计	1146.17	42.64	948.83	107.67	44.99	0.04
其中：钢结构	7.78	–	7.10	0.08	–	–
混合结构	87.56	36.79	565.73	69.77	3.27	–
砖木结构	33.69	4.82	282.98	30.88	18.17	0.04
在总计中：平房	415.72	2.41	328.83	48.83	35.65	–
4～6层	351.36	30.60	294.61	25.93	0.24	–
在总计中：1949年前	16.74	3.18	71.20	0.55	5.85	0.04
20世纪50年代	171.40	0.89	159.16	4.11	3.23	–
20世纪80年代	378.10	19.25	300.57	47.38	10.89	–
在总计中：住宅	485.89	37.89	377.55	26.13	44.31	–
按房屋居住面积人均(平方米)	6.72	7.89	6.32	6.48	10.91	–

普查表明：无房户3354户，其中暂住非住宅房2065户，不便户2038户，拥挤户4699户

株洲市1991—2000年城市居民人均居住面积一览表

表5-3　　单位：平方米/人

年份	1991	1992	1993	1994	1995	1996	1997	1998	1999	2000
居住面积	10.57	10.57	10.66	11.13	11.70	12.67	13.05	13.27	13.72	14.6

株洲市 1991 — 2000 年农村居民人均居住面积一览表

表 5-4　　单位：平方米 / 人

年　份	1991	1992	1993	1994	1995	1996	1997	1998	1999	2000
居住面积	35.4	36.8	33.8	32.3	34.7	38.8	38.7	40.6	42.7	47.9

（四）钢材普查

1988 年 10 月，由株洲市计委、统计局、物资局联合组成办公室，对全民所有制的生产、建设和物资供应单位 1987 年和 1988 年 1 — 9 月份的钢材消费和库存进行调查。历时 2 个月，普查 75 个市直属企业，110 个县 (市) 属企业，经汇总、计算机数据处理。普查结果：市县属全民企业 1987 年年初库存钢材 24968 吨。消费 51213 吨，其中生产消费 43786 吨，基建消费 7427 吨，年末库存 27208 吨。1988 年 1 至 9 月消费 42646 吨，其中生产消费 26217 吨，基建消费 6429 吨。库存 21218 吨。

（五）第三产业普查

1993 年 9 月，根据国务院和省政府的统一部署，株洲市政府成立“株洲市第三产业普查协调领导小组”。从统计局、计委、财委、工商、税务等单位抽调人员组成第三产业普查办公室，具体组织对 1991 年、1992 年、1993 年全市第三产业开展普查。通过普查摸底、填表、审表、复核和手工汇总， 12 月中旬向省“三普”办报出 1991 年、1992 年及 1993 年上半年第三产业基本情况和数据资料。

（六）农业普查

按照国务院的统一部署，从 1997 年 1 月 1 日起，全市一万多名农业普查人员走村入户，经过半个多月的努力，圆满完成了入户登记工作，经国家农业普查专家抽查，准确率达 99%，高于国家标准。从 1997 年 4 月份开始，市统计局抽选 20 名农普数据处理技术员，实行两班倒制，日夜奋战，提前 3 个月完成了近 4 亿个数据的录入任务。经农普专家验收，差错率仅为 0.621‰，远远低于国家 1‰ 的标准。市统计局被国家“农普办”授予“全国第一次农业普查工作先进单位”称号。

三　抽样调查

（一）城市住户调查

1957 年，株洲市统计部门对 17 户老职工家庭进行调查，包括住户的 1936 年、1952 年和 1956 年的经济收支、购买食品、生活日用品及非食品支出等情况。7 月，在国家机关、工业、基建、商业、教育等部门抽选出 51 户作为常年记账户。1962 年选出 40 户作为常年记账户。1964 年 8 月，市统计局会同市总工会、劳动局、商业局和人民银行，从这些单位抽调 14 人对市内 1007 个家庭户进行一次性调查，在这次调查的基础上，随机抽选 60 户为常年记账户，并聘请 3 名家计调查员，负责辅导、搜集、整理上报，直至 1968 年中断。

1980年8月，由市统计局牵头，和市总工会、劳动局、一、二商业局、人民银行等单位的抽调人员组成办公室。随机抽选1050户进行调查。调查内容有：家庭人口、就业人数、经济收支、一年固定工资收入、房屋居住面积等情况，采取由居委会协助，到户登记，并将资料送到职工所在单位复核。历时2个月完成。并抽选60户作为常年记账户，固定3人，深入到户辅导，按月搜集、整理上报。

1984年9月，株洲市城市社会经济抽样调查队接管此项工作。用微机汇总，报送软盘。1985年，调查员由3人增到5人，调查户由60户增到100户；直到1990年末。调查表式有月、季、半年和年报。年报有城市住房基本情况、现金收支、消费支出、居住情况、不同收入水平家庭综合情况、实物收入调查表和居民家庭成员基本情况一览表7种表式。

株洲市1991—2000年城镇居民消费水平调查一览表

表5-5　　单位：元/人

年　份	1991	1992	1993	1994	1995	1996	1997	1998	1999	2000
消费水平	1657	2025	2670	3841	4593	4693	4719	5208	5426	5893

（二）农村住户调查

1957年8月，株洲市统计部门对市郊区19户农民家庭进行典型调查。请老农回顾1936年、1952年和1956年的家庭经济收支和外购商品的情况，藉以推算农民的社会购买力。1984年，湖南省农村抽样调查队在株洲市抽选醴陵县、攸县为定点调查县，2县各抽选100户农业家庭，进行常年记账，定点观察。每县有6名调查员，走访辅导，搜集整理，汇总上报，同时抄报株洲市统计局。市统计局认为此项资料，缺乏代表性。1985年初，扩至市郊区、株洲县、茶陵县和酃县。

根据县郊不同规模，在郊区抽选乡、村、组（队）各5个，每组（队）有10家调查户（以下各县抽选乡、村、组户数同），计50户。株洲县60户；茶陵县60户；酃县50户，加上醴陵县和攸县的200户，共抽选420户为定点定时记账户。根据调查户数多少，配备调查员，郊区配1名，株洲县、茶陵县、酃县各3名，负责对家庭户的业务辅导、搜集、整理、汇总上报调查资料。1989年酃县又增加50户。全市共有47个调查网点，470家农调户。

株洲市农经调查队负责报表的印制、指标体系、调查方法、管理制度、业务培训等工作的组织领导，对各县、郊区报送的调查资料，审核查正，综合上报。并藉以推算株洲市农村经济发展和农民生产经营及其生活状况。1990年，农村住房调查的报表及指标有：农村住户，人口、经营耕地、山地、水面、生产性固定资产、房屋情况75个指标；种植、林业、动物饲养业生产情况43个指标；出售农、林、畜、家禽、小动物和鱼虾等产品60个指标；粮食收、支平衡表31个指标；总收入和纯收入表35个指标；总支出表55个指标；现金收支平衡112个指标；购买衣着、文化、日用品、建筑材料、生产资料情况142个指标；主要实物消费量和耐用物品拥有量38个指标；其他报表2个33个指标；基本情况卡片17个指标。

株洲市部分年份农民家庭生活收支变化情况一览表

表 5-6 单位：元

年　份	1936	1949	1952	1957	1985	1990	1995	2000
人均年纯收入	65	56	87	125	460	656	1677	2689
人均年生活费支出	62	55	88	114	390	607	1626	2024

（三）个体商业调查

1988 — 1990 年，株洲市统计局对持有工商营业执照，有固定经营场地、单独核算的个体商业户开展抽样调查。其内容有个体商业户的基本情况，个体商业户的商品购、销、存总额和主要商品购、销、存数量以及市场情况。调查范围定在市荷塘、芦淞、石峰 3 区。按个体商业户经营类别所占各区总户数的比重，根据营业额大小排队，按随机等距抽样，共抽出 60 户作为基本调查户，由个体商业户逐日记账，日记账主要记载当日分商品购、销总额和主要商品购、销数量。月末汇总编制月报、半年报和年报。月报表式有：商品购、销、存总额表 8 个指标，商品购、销、存数量表 21 个指标。年报在月报的基础上增加个体商业户基本情况(半年报同)表。同期在茶陵县也抽选了50户进行调查，藉以推算株洲市城乡社会商品零售额和个体商业发展情况。

（四）投入产出调查

1983 年，为满足湖南省统计局试编 1985 年投入产出表的需要，株洲市抽选出 92 个企、事业单位进行调查，由市统计局综合统计，负责布置、搜集、审核抄转上报。历时 2 个月完成。

1988 年 3 月，为编制 1987 年株洲市投入产出表，以市统计局为主，成立市投入产出调查办公室，从各有关部门、单位抽调 20 名统计师和会计师进行工作。在全市企事业、国家机关、社会团体中，抽样选出 252 个单位，调查 1987 年经济活动情况。这次调查涉及到有关单位的人、财、物、产、供、销各方面的资料。具体作法是：第一步召开单位领导和统计、经济、会计师会议；第二步分行业、类型举办单位会计、统计人员学习班；第三步搞填报试点；第四步深入基层，检查指导。历时 2 个月，完成全部基层调查表的搜集和审核工作，并按照省投入产出办公室的抽样要求，从中取出 92 个单位，将资料复抄上报。对全市工业总产值、净产值、固定资产投资额和物资消耗进行了系统分解，悉数上报。调查表式有：价值构成表、物资调入调出表、非独立核算机构调查表、差旅费分解表、会议费分解表、流通费用分解表 6 个表。这次调查，经湖南省投入产出办公室评比，并报国务院全国投入产出办公室批准，株洲市投入产出办公室获国家级奖牌，吕宝琪和刘建新均获国家级先进工作者称号。

（五）1% 人口抽样调查

1987 年，湖南省按整群随机抽样，对全省人口抽出 1% 进行调查，株洲市北区、攸县、酃县被选中。株洲市和各县区成立调查指挥组，下设数据处理指挥小组和数据处理小组。抽调并培训调查人员。这次调查历时半年完成，调查表格有 1987 年全国人口抽样调查表和死亡人口登记表。调查内容有 26 项：按人填报有 17 项，包括姓名、与户主关系、性别、年龄、文化程度、民族、职业、行业、户口登记状况、在本地居住时间、最近一次从何地迁来、迁移原因、不在人口状况、婚姻状况、初婚年龄、生育和存活子女总数、育龄妇女1986年1月1日至1987年6月30日生育状况。按户填报的9项，有户别、编号、人口数、本户1986年上半年及下半年出生和死亡人数、本户1987年上半年出生和死亡人数。死亡登记表有9项，包括本户编号、姓名、性别、民族、出生时间、死亡时间、文化程度、死亡时的婚姻状况、死者生前从事的主要职业。经过登记汇审，被调查县区各抽取30%样本，采取交叉全面检查，误差率为：攸县0.03%，北区0.11%，酃县0.27%，均低于国家规定的2%，全部合格。

根据《国务院办公厅关于进行1995年全国1%人口抽样调查的通知》的要求和全国人口抽样调查办公室的统一部署，湖南省按整群随机抽样，对全省人口抽出1%进行调查，市和各县市区成立了1%人口抽样调查领导小组和办事机构，抽调并培训调查人员。本次调查表格有1995年全国人口抽样调查表和死亡人口登记表。调查内容25项，其中按人填报的有17项，包括姓名、与户主关系、性别、年龄、文化程度、民族、职业、行业、户口登记状况、在本地居住时间、最近一次从何地迁来，迁移时间、迁移原因、婚姻状况、初婚年龄、生育和存活子女总数、育龄妇女1994年10月1日至1995年9月30日生育状况。按户填报的8项，包括户别、户编号、本户人数、本户常住人口数、本户户籍人口中外出半年以上人数、暂住本户，户口在外乡、镇街道，离开户口登记地不满半年的人数、本户1994年10月1日至1995年9月30日出生人口、本户1994年10月1日至1995年9月30日死亡人口等项目。1995年8—10月，市统计局与县市区统计部门联动，完成了320多万人的普查表登记、汇总、审核工作，及时上报调查表。

（六）物价调查

1982年11月，株洲市统计局在市区296个基层商店中选取18个零售商店、2个集贸市场、2个职工食堂作为物价调查点，选定443种牌价、议价、市价商品作为调查商品。1983年3月正式开始调查，5月份首次利用抽样调查资料计算出株洲市零售物价指数和服务性收费指数。1985年物价调查点由18个增至28个，计算方式由手工改为微机汇总。调查工作一直采用定期月报和年报制度。1989—1990年年末，株洲市城调队和物价局协助市政府对市一商局、二商局、粮食局、供销社、工商局、蔬菜办、医药局、交通局、卫生局9个部门的物价执行情况实行分部门考核。

（七）国民财产调查

1991年，为摸清株洲市国民财产的规模和结构，为编制“八五”计划进行经济决策提供可靠依据，市统计局会同市财政局、市保险公司在全市范围内开展国民财产一次性调查。调查时点为1990年12月31日。内容为全市辖区内所有全民、集体及其他各种所有制企、事业单位和城、乡居民拥有的固定资产及流动资产（居民个人所拥有的除固定资产和流动资产外，还包括家庭耐用消费品价值）。根据市国民财产行业分布特点，将调查汇总单位分为城市4区；市区内的中央企事业，省属企事业，市区各主管局，市区内国家机关、社会团体，各县、市5类，将经济性质相同，业务范围相近的汇总单位的调查人员组成各组。市区先后举办了5期培训班，培训调查员368人。各县市区培训调查员达1100人。采用全面调查与抽样调查相结合，取得所需资料；建立健全国民财产台账。对1500

户城镇居民家庭进行抽样调查验证，实行“三审一查”（单位负责人一审、部门二审、专家三审，重点抽查一批单位考察报表与实际是否一致），于6月24日结束。调查证实1990年末株洲国民财产总数为263亿元，其中流动资产64亿元。按地区分布：株洲市城区为116亿元、郊区10亿元、醴陵市43亿元、株洲县23亿元、攸县33亿元、茶陵县22亿元，酃县15亿元。这次国民财产调查表，经湖南省国民财产调查办公室集中汇审，以数据真实、逻辑无误一次通过，并获湖南省三等奖。

（八）城市儿童抽样调查

1992年，遵照国家和湖南省统计局的统一布署，市统计局在市区抽样1000户居民，对1997年6月1日零时出生的儿童出生、死亡、生长发育、计划免疫、接受教育等基本情况进行调查。用3个月时间完成了任务。这是株洲市第一次综合性儿童情况调查，获湖南省二等奖。

第二节　统计整理与公布

一　统计资料整理

1953年，株洲市财政经济委员会统计部门根据所掌握的定期统计报表和多种调查资料，整理编印《1950—1952年历史资料》（油印本）。内容包括农业、工业、商业、财政收支、银行、保险、税收、社会统计、公私合营企业9个部分，共72页。1955年11月，市人委计划统计科编制油印《株洲市1954年国民经济统计资料》。1956年，将1955年第一次经济调查资料整理油印。1957年，市人委统计科编制油印《1952—1956年国民经济统计资料提要》。

1958年，市计委农业统计会同市农村工作办公室，对历年农业发展资料进行调补核实，并统一口径，编制油印《株洲市1952—1957年农村统计资料》。1959年，市计委统计人员以现有统计资料为基础，加以补充，对新划入单位进行调查，编制铅印《1949—1958年株洲市国民经济统计资料》。内容包括综合、工业、基本建设、农业、交通邮电、商业、财政金融、文教卫生、人民生活9大部分，还新增参考资料，内列有工业产品产量、产值、投资额、社会商品零售额，社会商品购买力、人口、自然资源等，以便与省内外有关城市和国外比较。此项资料共156页，印刷400份。

1963年，市统计局根据以往历史资料，历年年报及一次性调查所取得的统计资料，按行政区划变动口径，整理编印《1957—1962年株洲市国民经济发展情况统计资料》，共181页，铅印100本。从1963—1967年，坚持每年将国民经济统计年报及有关部门的统计资料整理汇编成年度国民经济统计资料，每年铅印100～150本。

1973年和1974年，市统计局分年编制铅印株洲市国民经济统计资料，分别为351个和417个版面。1976年下半年，借调部分基层统计人员，对1965—1975年残缺不全的统计资料进行调整补充，铅印《1967—1975年株洲市国民经济统计资料》，计有405页。

1978年，市统计局整理铅印《1976—1977年株洲市国民经济统计资料》，计150页。1980年铅印《1978—1979年株洲市国民经济统计资料》。

为了迎接国庆30周年，1979年6月，根据历年历史资料汇编，按可比口径，进行调整，铅印《1949—1978年株洲市国民经济简要统计资料》，计99页，铅印150册。

1982年，整理铅印《1980—1981年株洲市国民经济统计资料》，计359页。

1983年，原湘潭专署所辖醴陵县、攸县、茶陵县和酃县，移交株洲市管辖，市统计局根据移交部份资料，深入各县调查所得的补充资料，进行系统整理，汇编印发《县国民经济和社会发展情况》。同年整理铅印《1982年株洲市国民经济统计资料》。

1984年，市统计局参与编制株洲市长期规划，动员各方面统计骨干，采取座谈、回忆、科学推断等方式，整理编制铅印《1949—1984年国民经济及社会发展研究》第3分册统计数字资料。1984—1987年，各年分别整理铅印国民经济统计资料，并增加社会发展统计资料篇幅，内容和指标逐步完善，页数由486页增加到752页。又将原株洲市国民经济统计资料改名为株洲市国民经济和社会发展统计资料。1987年12月，铅印《株洲市工业普查资料汇编》，117个表788个版面。

1989年，整理《1988年株洲市国民经济和社会发展统计资料》计1042页，铅印250本。同年，整编油印《株洲市1987年投入产出表的编制与应用研究》。主要内容：1987年投入产出表，直接消耗系数，完全消耗系数，投入产出编制及应用课题介绍，株洲市投入产出表编制及应用研究与有关地市同类项目对比情况介绍，课题技术报告，应用单位效益证明书和工作报告。为宣传中华人民共和国建国及株洲市建市40年成就，同年8月，编印《株洲四十年》，由文、图、表、照片4种形式组成，包括照片20余幅，文字93万字及统计表。

二 统计资料公布

1954年，月度资料公布是通过市统计部门汇编的《国民经济月报》，分送市党政领导，还反馈到市有关业务主管部门。1955年，季度、半年度统计资料公布，是通过市委办公室主办的内部简报发表。到1966年中止。1980年，主要国民经济统计资料由株洲广播电台广播公布。从1984年起，每年在株洲日报发表市国民经济和社会发展情况公报。1987—1988年，还以市政府名义，举行统计资料新闻发布会。

1991年，编印《1990年株洲统计年鉴》(1990年统计资料)，这是株洲市分年编印年度历史资料的重大改进，内容包括综合平衡、农业、工交、物资、能源、固定资产投资，财贸、社会、劳动、工资、城乡家计调查、物价及小城镇基本情况共10个部分。在编辑体制、内容结构及指标数据等方面，都与以前出版的统计资料保持着连贯性。同年6月，《株洲经济》从市第四次人口普查办公室的人口普查成果分析文章350多篇中精选出21篇刊载“人口普查专辑”。向湖南省人口普查办推荐11篇，采用9篇；其中一篇刊载在《湖南统计》第三期上。8月28日，《湖南人口报》还为株洲市发了专版。《人口学报》《中国老区报》《中国人口报》也转载了株洲市3篇分析文章。

1991年以后，统计资料的公布，继续沿袭按月编发国民经济发展主要指标卡片；按年编印《统计年鉴》，定期或不定期地编印调查分析材料《统计资料》，到2000年共约编发530多期。

1992年，编辑出版《统计年鉴》，编印调查分析文章169篇，每月编制国民经济发展主要指标卡片。

1993年7月6日，受市政府委托，市统计局举办了首次经济形势新闻发布会。市统计局负责人对全市上半年经济运行状况进行了全面分析，阐述了经济发展中存在的利弊条件和值得注意的问题。市直各委、办等综合部门负责人，株洲市及省驻市媒体记者参加了发布会。同年12月，再次举办了“株洲市经济形势新闻发布会”。

1994年11月，在《株洲年鉴》发布《株洲市统计局关于1993年国民经济和社会发展的统计公报》。包括农业、工业和建筑业、固定资产投资、交通运输邮电和城市公用事业、国内商业和市场物价、对外经济和旅游业、财政金融保险、科学教育文化卫生体育、职工队伍、人民生活和人口10个方面。全面发挥了统计的“信息、监督和咨询”整体功能，为党、政领导和社会各界提供了丰富的反映国民经济和社会发展的统计数据。7月，出版发行了《1994年株洲统计年鉴》。1998年，分别建立了1980年、1990年、1995年、1997年国民经济和社会发展情况的统计信息综合数据库。统计信息资料从报表存档转到计算机光盘存储，方便了统计资料的查询使用。直到2000年，株洲市统计资料利用各种形式进行公布，从未间断。

第三节　统计分析与预测

一　统计分析

1954年，株洲市计划统计科以检查计划执行情况为主，同时进行少量的综合分析和专题分析。1956年，市人委统计科加强对工业、基建、商业经营情况的研究，按月提出计划执行情况的分析报告。年末，根据全市国民经济计划执行结果撰写分析报告。1957年，除按月、季、年对国民经济计划完成情况进行分析报告外，还增写了综合分析报告6篇，专题分析4篇。

1958年，市计委各科室统计人员，除完成定期统计任务外，不定期开展统计分析工作，如《1958年国民经济计划执行情况的检查报告》和《1958年学校勤工俭学情况》。1960年，写了《九年来株洲市工业生产发展情况》，这篇分析报告，在肯定成绩的基础上，指出了问题，分析其产生的原因，并提出改进意见。1962年《统计资料》创刊，统计分析报告开始铅印。1964年写的《光辉灿烂的十五年》，展示株洲市各项建设事业的巨大成绩，为中共株洲市委采用。1965年，撰写分析报告41篇，以《株洲调查统计资料》刊出。其中《我市上半年工业生产赶超先进水平成绩显著》和《上半年我市工业生产四大指标与全国有关兄弟单位比较》，对反骄破满、克服故步自封起到有益的作用；围绕市场情况，撰写了《对地方工业产供销情况的分析》《商业部门几项主要指标与外市比较》；根据全市部分产品质量不高和物耗偏高的情况，撰写了《部分产品质量下降和原材料消耗偏高的简要情况》。

1967年，撰写了《1966年市场情况的基本分析》。1968—1972年，统计力量削弱，统计分析工作停顿。1973年，创办《统计快报》刊物，主要刊登所编写的进度分析，专题分析和调查报告。截至1975年上半年，共编发《统计快报》12期，其中《从历史最好水平看当前的差距》，从厂用电率、电石耗电、电铅耗直流电等方面，指出工业生产中存在的问题，并分析了原因，提出建议。中共株洲市委书记高继唐批转有关部门研办，国务院生产指挥组将此文章，通过资料汇编，发往全国主要城市参考。

1979年下半年，撰写了《株洲市工业现状及其存在问题》等篇。1980年，提供分析报告40篇。如反映市国民经济通过调整已取得初步成效，撰写了《1979年我市工业总产值完成情况的分析》；针对市内轻纺工业比较落后情况，向领导提供《从贵阳市轻纺工业发展情况看我市轻纺工业的差距和方向》；围绕全市人民生活改善情况，撰写了《从我市六十户职工家庭调查看城市人民费用情况》；为了分析职工家庭生活水平、消费结构、拥有耐用消费品以及物价调整对职工生活的影响，撰写了《当前市场情况分析》。

1981—1985年，市统计局抓住经济、社会的"焦点""难点""热点"，共写出统计分析报告320篇。由1981年的53篇增加到1985年的129篇。

1986—1990年，株洲市统计局以服务和监督为宗旨，开展统计分析。共提供分析报告555篇（未包括城市调查队的分析报告）。被国家统计局和省市各级领导机关，以及报刊、杂志、电台、电视台采用，采用率由1986年的25%，上升到1990年的55%。其中如1987年撰写的《在引进项目中应吸取的几点教训》获得省优秀论文奖；1988年撰写《一个值得重视的问题——脑力与体力劳动报酬倒挂》被中央办公厅采用；1989年撰写《我市农村部分老干部生活陷入困境》，先后被中央人民广播电台、省政府办公厅《呈阅件》采用，荣获全省优秀统计分析二等奖，省农经队和市委调研室一等奖。《我市企业工资制度改革试点初见成效》亦获省优秀论文奖。1990年，《论我市批发企业的困境及对策》《当前工业产品积压较为严重》《我市五个企业就有一个亏损》被评为省优秀统计分析文章，并获二、三等奖。《女工弹性面面观》登在《湖南劳动》刊物1期上。为加强横向对比分析，组织编写全国《三十八个中等城市的概况》《三十八城市的生产能力与规模》等，并同这些城市和省内各个地市建立了资料交换关系，整理分析比较，找出差距，有针对性提供给领导参考。1988年，对全市国民经济发展和投入产出情况进行研究，编写《我市分行业投入产出比重情况》和《我市生产和生活比例关系》。

1991—2000年，对统计分析材料的要求更高，必须有真实、可靠的统计资料进行分析。因此，市统计局着力抓统计数据质量的提高。

1991年12月，为摸清全市国民财产的规模和结构，给编制"八五"计划进行经济决策提供可靠依据，市统计局会同有关部门在全市城乡开展为期半年的国民财产一次性调查。写出了有数据、有事实、有分析、有主见的调查分析材料和调查报告，经湖南省国民财产调查办公室集中汇审，以数据真实可靠，分析逻辑无误，有重要参考价值，一次通过，并获湖南省三等奖。

1994年，充分发挥统计数据的潜在作用，全年共撰写反映国民经济运行状况及社会热点、难点的统计调查分析资料59期，有52期被市委、市政府和媒体采用。同时，各单位、各部门的统计人员积极撰写统计调查分析文章400多篇，大力宣传国庆45周年社会经济发展成就。在农村，利用统计资料为依据，评选出"农村综合经济十强"乡镇和"乡镇工业企业十强"单位。

1996年，共撰写有份量的统计调查分析报告85篇，绝大多数被市委、市政府和新闻媒体采用。《我市工业企业流通资金为何紧张》一文被国务院办公厅采用编发。"八五"发展成绩的系列分析取得丰硕成果，促进了社会公众对株洲市改革开放成果的了解。1997 — 2000 年，市统计局撰写各类调查分析报告 436 篇，大多数被中央、省、市决策部门和新闻单位采用，为各级党政领导宏观把握经济运行情况提供科学的参考依据。其中，1999 年撰写的《人口素质不容忽视 —— 我市农村学生辍学调查》一文被国务院办公厅编发，李岚清副总理对该文作了重要批示。

二　统计预测

1956 年，株洲市统计部门根据市领导关心的生产和基建进度问题，按月进行计划完成情况预测。首先，月中深入基层调查，摸清情况；其次，以上、中旬完成数据同上月、去年同期实际比较，估算出下旬可能完成程度，从而推断全月完成程度。一般在每月下旬作出月度预测，在每季季末作出季度预测；在 6 月末作出上半年预测；在 11 月，作出全年计划完成情况预测，预测同实际数误差在（±）3% 以内。

1957 年，开始对国民经济各部门计划完成情况进行预测，这项工作一直延续到 1966 年。1967 年中断。

1979 年恢复统计预测。不仅按月、季、年对国民经济主要指标完成情况进行预测，还从统计的角度进行长期预测。1982 年，对株洲市 2000 年的国民收入；工农业总产值增长的程度，人民生活达到小康水平，以及人口发展的前景，都进行过预测，并提出了预测报告。

1988 年，市统计局编制《1987 年国民经济投入产出表》及其直接消耗系数和完全消耗系数。运用线性、回归、经济模型等方法，对株洲市经济和社会发展的规模、水平、速度及其经济效益作了统计分析，为以后统计预测和编制中长期规划提供科学依据。

1991 年后的统计资料分析和预测，以及 1990 年年末的“国民财产调查”分析资料，为市计委编制“1991 — 2000 年株洲市国民经济和社会发展十年规划与‘八五’计划”起到重要的参考作用。

株洲市统计局历任负责人名录

表 5-7

局　长	任职时间	副 局 长	任职时间
易理法	1962.6 — 1963.7	黄岳强	1960.2 — 1962.6
石　磊	1983.8 — 1984.7	易理法	1963.7 — 1968.11
袁萼文	1989.3 — 2000.12	吕宝琪	1979.4 — 1993.8
–	–	周广有	1980.2 — 1982.6
–	–	赵再卿	1982.3 — 1983.8
–	–	王擎先	1982.6 — 1983.8
–	–	徐定柳	1983.8 — 1995.11
–	–	楚赋奇	1989.3 — 2000.12
–	–	信长华（女）	1998.12 — 2000.12
–	–	李启明	1998.4 — 2000.12

第三章 物 价

民国时期（1912—1949），株洲镇由镇公所及各同业公会管理和协调物价。

1950年6月，株洲镇人民政府设立工商股，主管物价工作。1951年7月，市人民政府设立工商科，其职能仍包括全市物价管理。1957年，按湖南省人民委员会规定，市人民委员会财贸办公室统一管理全市物价。1958年5月，市计划委员会设立财贸物价科，定编专职物价干部3人，负责全市综合物价管理。1962年7月，成立株洲市物价委员会，隶属于市人民委员会直接领导；另设有14名兼职委员。物价委员会下设办公室，与市计划委员会财贸物价科合署办公，受市物价委员会和市计委双重领导。

1967年8月20日，中共中央发出《进一步实行节约闹革命，控制社会集团购买力，加强资金、物资和物价管理的若干规定》之后，物价处于冻结状态，市物价委员会也基本停止工作。此后，物价管理任务由市革命委员会生产指挥部担任。1973年，市革命委员会生产指挥部撤销。成立市革命委员会计划委员会，行使物价管理职权。

1978年11月，恢复市物价委员会，另设7名委员。市计委财贸物价科为物价委员会的办事机构。1979年7月，市物价委员会办公室同市计划委员会财贸物价科合署办公。设农产品、工业品、市场物价管理3个小组。

1980年6月，撤销市计划委员会财贸物价科。全市物价管理工作由市物价委员会办公室承担。

1983年7月，在原市物价委员会办公室的基础上成立物价局，管理全市物价工作。同年，醴陵县、攸县、茶陵县、酃县划归株洲市管辖。至此，连同株洲县和城郊4区，物价部门的业务均由市物价局负责管理。1984年4月，成立市职工义务物价监督领导小组，并设立市职工义务物价监督总站，在清水塘、田心、茨菇塘等地设立10个分站，分别从株洲电力机车厂、硬质合金厂等11个企业挑选60名退休职工和在职人员担任第一批职工义务物价监督员。

1990年，市物价局对机关和直属机构作适当调整，调整后设办公室、工业品价格科、农产品价格科、收费管理科、价格信息科、市物价检查所、市工农产品成本调查队、价格调节基金办公室。1991年，成立株洲市价格事务所，为市物价局所属科级事业单位。1993年，分别成立株洲石油价格监督检查站、市公路运输行业价格监督检查站、市医药价格监督检查站、市林业价格监督检查站，形成了物价监督网络。

第一节 价格管理

一 管理权限

民国26年（1937）全面抗战爆发后，生产下降，消耗增加，物资匮乏，物价急剧上涨。为稳定战时经济，安定社会秩序，民国27年（1938）10月6日国民政府发布命令，对粮、棉、油、丝、麻、金、银、铜、铁、砖、瓦等47种商品价格进行严格管制。民国28年（1939），湘潭县成立以县长为首的评价委员会，对粮食、燃料、纱布、建筑材料、文具、纸张和其他日用必需品价格实行最高限价。民国31年（1942）10月，国民政府行政院规定："县以县政府负管理物价之责，必要时由省政府在县设立物价专管机构。"在此期间，物价管理权集中于各级政府，采取发布行政命令管制物价、评议物价和实行最高限价等手段直接控制市场物价。

1950年9月，株洲镇市场的粮食、花纱布、食盐价格由省商业厅掌握。1951年7月建市后，株洲物价管理受湘潭专区领导，市人民委员会工商科主管全市物价工作，市场商品的具体价格一般由各部门和专业公司制定。是年8月，全省第三届三次贸易会议决定，将省商业厅掌握价格的品种范围扩大到棉花、谷米、食油、木材、苎麻、烟叶、桐油、茶叶、棉纱、棉布、食盐、煤油、汽油、燃煤14种。1953年10月，湘潭专区财经委员会下达《关于国营贸易合作社商业系统经营商品价格掌握权限及下达方法的规定》，据此，株洲市场茶油、菜油及菜籽、芝麻及麻油、枯饼、废铜、花生、棉油及棉籽、煤油、食盐和蚕豆、黄豆、高粱等商品价格分别由湘潭专区供销合作社和粮食局掌握。是年11月，对粮食、油脂、油料实行计划收购和计划供应（简称统购统销）；翌年，对棉花也实行统购统销。粮、棉、布等重要商品由市内各国营商业统一经营管理，其购销价格根据国家统一规定执行。物价管理逐步向"统一领导，分级管理"的模式演变。

1956年4月，株洲市改由湖南省人民委员会直接领导，有关价格掌握权限随行政隶属关系的变更直接由湖南省下达。1958年11月，中央和湖南省相继下放部分物价管理权限，中央由过去管411种改为只管21种主要商品收购价格或销售价格；湖南省人委和省各部门由过去管519种改为只管200种商品价格。是年12月，株洲市人民委员会制定《株洲市市场物价分工管理办法及商品价格分工管理目录》，市人委掌握全市物价总水平、各种商品比价、差价和作价原则，由市计划委员会具体领导和管理全市物价工作。将农产品、日用工业消费品、工农业生产资料等465种商品价格列入管价目录。其中，湖南省各厅（局）掌握70种商品价格，市计委和有关部门掌握395种商品价格。同时，还对地方工业品价格管理作了具体规定，本市生产的165种产品，纳入省各厅（局）掌握的29种，由市计划委员会掌握的136种。翌年3月，市人委会发出"加强当前市场物价管理工作"的指示，规定生产部门不得自行定价。

1959年9月，市人委重新修订《株洲市市场物价分工管理办法》和《株洲市统一管价的产品目录》，明确了各级物价管理权限。市人委掌握全市物价总水平，确定属市管的工农业产品地区差价、批零差价和工商之间作价原则，具体管理一部分非省管的主要工农业产品购销价格；指定计划委员会为物价办事机构，行使全市物价综合管理权。有关重大价格问题，由市计划委员会审查提出意见，报市人委批准实施；省、市人委管理以外的工农业产品购销价格由市级各主管局（科）管理；省、市人委和各主管局（科）根据分工权限所确定的商品购销价格，各部门、各企业和人民公社必须遵照执行；省人委管理价格的商品，除规定的标准规格外，其他规格品种主要的由市计划委员会管理，一般的由市级各主管局管理；修理行业、服务行业、公用事业和医疗收费及人力、畜力、运输力资标准，由市级各主管局（科）提出具体定价方案，市计划委员会审查批准。至此，株洲市将688种商品销售价格和398种地方工业品出厂价格分别列入分工管理目录。在地方工业品中，属中央管价品种95种，省管价品种31种，市人委和有关部门管价272种。同时，明确规定市内地方工业品出厂价格管理权限和审批制度；凡属中央和省定价产品，坚决执行中央和省规定价格，执行中确有困难的，企业提出具体成本资料及建议价格，市主管局提出初审意见，报市人委审查同意后，上报省人委批准执行。各人民公社和生产企业一律不得自行定价。市属企业生产的产品，除中央和省定价的产品外，主要产品由市计委定价，一般产品和手工业品由各主管局和区人委定价。中央和省属企业生产的产品，除中央和省统一定价以外的一切产品，由市计委定价。市管产品价格由各主管局归口管理的，其出厂价格的调整，由各主管局与商业部门或使用单位协商后调整，报市计委备查。

1962年1月，市人委在新制订的《市场物价分工管理办法暂行规定（草案）》中，对物价管理权限作修订和补充，规定凡属省管价格的主要工业品、手工业品和农副产品中的一、二类物资和三类物资中的主要产品，由省主管部门负责制定价格，市级各主管局负责检查督促贯彻执行。其他三类物资及次小工业、手工业产品暂按经营业务分工范围由国营专业批发公司负责定价，不属专业公司经营的品种，由区以上有关行政管理部门负责定价。城市各区修理修补行业、服务业和公共事业收费标准或水平，由市人委负责管理和核定，主管局安排具体价格或收费标准。凡属省、市、区管理的产品价格，不论城乡地区的生产企业和零售商店均无权定价调价。至此，株洲市将717种商品购销价格列入市场物价分工管理目录，其中省人委掌握38种，省各厅（局）掌握213种，市人委和各主管局掌握466种。

1964年8月，境内物价管理权限作了较大调整，市物价委员会负责全市物价统一管理和综合平衡，负责对中央和省管以外的地方工业品和手工业品的出厂价格和供应价格、农副产品收购价格、消费品和农业生产资料的销售价格的审查批准。同时，根据中央和省规定的各种比价、差价原则和价格控制幅度，安排本市的具体价格，掌握全市各种服务、修理行业的作价原则，仲裁工商、农商之间的价格矛盾和确定毗邻地区价格衔接的原则。各主管部门负责对归口管理范围的产品（商品）价格及各种收费标准进行管理，各种价格和收费标准的制定或调整，均应送市物价委员会同意后分别上报。市人委对市重工业局、轻化工局、手工业局、交通局、卫生局、文化局、教育局、商业局、服务局、粮食局、工商行政管理局和市供销合作社12个部门的物价管理权限作了明确规定。株洲市150种农副产品收购价格，属中央管价的52种，属省管价的57种，属市管价的41种；169种地方工业品出厂价格，属中央管价的76种，属省管价的46种，属市管价的47种；451种各类商品市场销售价格，属中央管价的168种，属省管价的190种，属市管价的93种。

“文化大革命”期间，中央强调对物价的严格控制和集中统一领导。1973年2月，湖南省革委会颁发《统一管理价格的产品（商品）目录》，将大部分商品价格管理权集中到中央和省，地（市）县定价、调价权很少，企业根本无权定价。1978年1月，国务院《关于当前市场物价问题的通知》强调：“加强物价的统一领导，物价大权归中央，任何地方和部门都要维护全国统一规定的计划价格，不得改变。属于地方管理的价格，应当在中央统一制定的方针政策指导下，由地方各级分级管理。”

价格管理权限高度集中，生产经营难于按照客观经济规律适时调整产品（商品）价格，价格背离价值的现象越来越多。

中共十一届三中全会后，各级物价委员会相继恢复，物价管理工作重新步入正轨。

1979 年 8 月，株洲市首先对集成电路、硅半导体分离器件、电容器、电阻器、电位器出厂价实行浮动价格，以国家统一定价为最高限价，其下浮幅度为 30% ~ 50% 不等，生产经营电子产品的企业开始有定价权。次年 1 月，将实行浮动价格的品种扩大到机床、空压机、汽车配件、电焊机、电焊条等 25 类。同时还对部分轻纺产品、农机产品实行浮动价格。此后，实行浮动价格的品种范围越来越多，浮动形式也由开始的以国家规定的出厂价为最高限价，在一定幅度内向下浮动，逐步发展到以国家规定的价格为中准价在一定幅度内上下浮动。上下浮动幅度一般为 15% ~ 20%。

1980 年 1 月，株洲市三类农副产品除蜂蜜、红花草籽、席草芦苇、蓖麻（油）籽和山苍子油 6 种由湖南省管价外，其余全部实行议购议销，价格放开。1981 年 7 月，按湖南省物价委员会对三类百货、文化用品采取“点名留”的办法，除皮鞋、民用剪刀、民用锁、胶木扣、布伞、钢丝发夹、塑料雨衣、帽子、搪瓷杂件、铝杂件、学生作业本、墨水、油印机、复写纸、誊写蜡纸、打字蜡纸、晒图纸、篮球、排球、足球、计算机、打字机 22 种继续由国家统一管价外，其余厂销价格一律下放给生产企业和当地商业批发企业协商订价。1982 年 9 月和 1983 年 9 月，按照国务院和省政府的统一部署，先后 2 次点名放开针棉织品、百货、文化用品、五金、交电、日用杂品、小食品、小药品 8 大类 510 种小商品价格。由于分期分批放开部分商品价格，使企业能按照市场供求变化及时调整不合理价格，增添企业活力。1983 年，还先后下放 83 类小医药、小医疗器械、小医药试剂品价格管理权限。11 月，对中药材收购价格管理权限作出规定，除中央和省管理价格的二类 33 种外，市物价局和药材公司管 16 种收购价格，其余地产三类药材下放由县管价。

1984 年 5 月，取消蔬菜统购包销体制。确定对 30 个品种实行统一管价，由市物价局制定年度价格水平，蔬菜公司掌握具体价格。同月，对饮食价格管理权限作调整，市物价局管全市饮食分类毛利率水平；市二商业局具体管理馒头、包子、免码粉、肉丝粉、免码面、肉丝面、油条、米饭等 11 个大众化饮食品价格，其余品种均由市饮食服务公司和基层饮食店根据规定的毛利率自行定价。10 月，放宽商业企业物价管理权限。12 月，进一步放开省产中成药价格管理权限，除省管 18 种和市管 25 种厂销价格外，其余价格全部放开，实行工商业企业协商定价。同年，对农机产品价格管理权限也作较大调整，除中央管价 53 种和省管价 14 种外，其余全部放开价格，取消价外和亏损补贴，实行企业定价。日用三类小商品价格全部放开，由企业自行定价。允许企业自销超产的工业生产资料，在不高于国家定价 20% 的幅度内，由企业自行定价或供需双方协商定价。到 1984 年年底，实行浮动价格的品种包括纺织、针织、百货、文化、五金、交电、化工、日杂、食品 9 类 113 种。135 种日用工业消费品，属国务院和国务院主管部门管价的 82 种，属省物价局和省厅（局）、业务主管部门管价的 21 种，属市物价局和有关主管部门管价的 32 种。至此，物价管理初步形成国家定价、国家指导价和市场调节价相结合管理模式。

1985 年 1 月，境内取消工业生产资料直销部分不高于国家定价 20% 的限制，允许企业根据市场情况自行制定价格，实行国家定价和市场调节价并存的“双轨制”价格。是年3月，取消实行30多年的农产品统派购制度，除合同定购的粮、棉、油和国营林场统配木材继续实行国家定价外，其余农副产品价格一律放开，实行市场调节价。同年工业消费品价格进一步放开，5月份放开省产缝纫机、国产手表、怀表、手表零件、收音机、电风扇、排风扇价格，实行企业定价；6月，进一步放开糖果、糕点等食品价格，除奶粉、奶糕2个品种由市物价局管价外，其余全部实行市场调节价。是年5月，还下放部分经营性收费，除中央和省管理的各种收费外，市物价局和各主管部门管23种，其余全部放开，由企业自定收费标准。12月，开始对已放开的中药材、计划外重要生产资料和部分鲜活副食品实行最高限价。翌年6月，市物价局、工商局、物资局联合成立计划外重要工业生产资料价格协调小组，规定计划外重要生产资料必须进入市物资贸易中心交易，执行规定的挂牌价格。此后，对放开品种的物价管理权限又有所控制。

1986年9月，放开自行车、黑白电视机、电冰箱、洗衣机、收录机、80支（含80支）以上纯棉纱及其织物、中长纤维布7种商品价格，由企业根据生产成本、市场变化自行定价。11月，放开部分建材价格，除中央管的大水泥、大玻璃、玻璃纤维及其制品、石棉水泥瓦、石棉纺制品和湖南省管统配水泥、水泥压力管、水泥电杆、卫生陶瓷、铸铁管和市管的水泥厂计内水泥价格外，其余产品价格全部放开，由企业自行定价。是年，省物价局还将省产的18种中成药管价权下放到地市，市管理43种中成药厂销价格。157种化学药品、医疗器械价格分别由中央管76种，省管81种，其余为市县两级管理。

1987年12月，株洲市印发《省、市工业消费品及收费管价目录》。其中，国务院有关部门管价的日用工业品有食糖、食盐、卷烟等42种；湖南省物价局和有关部门管价的日用工业品有普通灯泡、肥皂、洗衣粉等51种，收费项目有中小学学杂费等14种；市物价局管价的有市产啤酒、奶粉、原汁酱油、玛铁零件、干电池、学生作业本、铁锅7种。1988年4月，理顺猪肉、鲜蛋、蔬菜、食糖4种主要食品价格，进一步放开国营猪肉、蔬菜价格，实行市场调节，改暗补为明补，给市区居民每人每年发放差价补贴18.40元。同时，调整副食和饮食价格管理权限，饮食由过去市管的11个品种改为8个品种；冷饮由过去管5个品种改为管牛奶雪糕、绿豆雪糕2个品种。其余副食和饮食价格全部放开，由企业自行定价。是年7月，放开精中华、红双喜、精牡丹、云烟、玉溪、阿诗玛、红塔山、恭贺新喜、红山茶、大重九、石林、茶花、黄人参13种名烟和茅台酒、董酒、五粮液、郎酒、泸州特曲、全兴大曲、剑南春、古井贡酒、洋河大曲、双沟大曲、山西汾酒、西凤酒、特制黄鹤楼13种名酒价格。12月，对议价粮油实行差率管理，品种有籼（粳）稻、籼（粳）米、小麦、面粉、面条、玉米、大豆和茶油、菜油、棉油10个品种。年底，中共中央提出“治理经济环境，整顿经济秩序，全面深化改革”的方针。此后，物价管理权限开始收紧，并对计划外生产资料价格进行整顿，实行计内计外价格“缩距并轨”，对已放开的重要商品实行指导管理，采取最高限价和调价前申报制度等措施控制物价总水平。到1990年，实行国家管价的有：计划内生产资料和计划外实行指导价格的金属材料、石油、煤炭、化工材料（硫酸、硝酸、盐酸，纯碱、烧碱、轮胎、草酸、漂白粉等），农业生产资料（农药、农膜、化肥）；日用工业品有针纺织品、百货、文化用品、五金交电、食品等103种，农副产品有合同订购的粮、棉、油、烤烟、茶叶和国营林场木材等；各种事业和经营性收费有邮电、中小学学杂费、市内公共汽车票价、公园门票、电影戏剧票价和医疗卫生、装卸搬运、国营理发（男女普发）、宾馆、旅社、招待所床位等收费项目。

1991年，为增强企业活力，株洲市采取了10项价格管理措施，放开碳酸钡、硅酸、油泵电机、铁锅、电池和粮油等118个品种价格，实行企业定价。取消黑白电视机、铝壶等15种日用工业品和茅台酒、双沟酒等13种名酒以及成衣服装、毛巾等差率控制和提价申报制度，实行市场调节。1992年，省物价局将省管商品价格，除有上调任务的产品价格和对全省有重大影响的商品价格继续由省管理外，其他下放由市管理；对行政事业性收费中的一些地域性公益事业性收费，包括中小学学杂费、市内公共汽车票价、自来水费标准、管道煤气和液化气价格、宏观调控下的房地产价格，下放给市管理。株洲市在调整这些收费标准时应报省备案。是年，根据省物价局《关于进一步扩大企业定价权的通知》，株洲市除放开72种省管工业生产资料价格，54种（类）省管工业消费品价格，以及放开衣絮棉、议价粮油销售价格和饲料厂销价格外；还进一步下放市管价权限，放开粉煤、啤酒、鲜奶、豆制品、馒头、包子、肉丝粉等30种商品价格，放开理发、一寸黑白照相等非商品收费；同时，旅社（宾馆、招待所）床位收费，允许企业在现行收费标准基础上视情况自行上浮30%。是年3月，国家物价局、国家烟草专卖局放开了卷烟三级批发和零售价格，实行市场调节，放开价格的产品有氢氧化钾、氯酸钠、立德粉等40种。取消计划外生产资料全国统一最高出厂价或销售限价，实行限价产品的差率、利润率控制办法，将碳铵、磷肥、氯化铵、硝酸铵、混配肥等小化肥价格放开，由企业自主定价。8月，放开城镇居民生活用煤和国营猪肉价格。继4月提高统销粮油价格后，11月放开了统销粮油价格。同时，为推进全民所有制工业企业转换经营机制，国家物价局还颁布了价格管理目录，属国家及有关部门管价的共12类89个品种，属省管价的5类16个品种，放开由企业定价的13个品种。同时，取消了焊接钢管、镀锌板和平板玻璃、水泥等一批双轨制价格，与市场实行并轨。

1993年，根据湖南省物价局部署，株洲改革电影票价管理办法。放开消防车、消防器材和民用载重汽车及底盘等产销价格，实行市场调节。轻工产品按新的管价目录管理：属国家及其有关部门管价的9类22个品种，如盐、避孕药具、大中专教材、乙烯、金银产品等；属省级管价的有金银饰品、出版印刷、重要药品3大类。是年，国家计划委员会明确：各级政府物价部门是房地产价格的主管机关。省物价局、省财政厅、省高级人民法院、省人民检察院等10部门联合发文明确：各级物价部门是所辖行政区域内赃物、罚没物、过期无主物、纠纷财物价值估定的主管部门。

从1994年5月开始，为遏制市场物价过快上涨，市政府决定对粮食、食用植物油、日用消费品、民用燃料、服务价格等22种商品和服务实行价格监审，并根据不同的品种实行国家管价、差率控制、提价备案、调价申报等措施。

2000年，为推进明码标价工作，株洲市重点抓了一条街、一个专业市场、一个电信企业、一个旅游景点、一所医院的“五个一”明码标价示范工程。9月，在全市农村实行涉农收费公示制，做到乡镇一级有总公示，村和部门有分公示，交通要道和集市有重点公示。年底，全市乡镇总公示和部门分公示基本完成，村分公示完成了80%左右。

二　政策措施

民国29年（1940）9月，国民政府颁布《非常时期评定物价及取缔投机操纵办法》，饬令地方主管官署，会同当地有关机关商会或经营日用必需品之同业公会，设立评价委员会，办理日用必需品评价事宜。民国32年（1943）1月14日，湘潭县政府令转全县各同业公会理事长，在公共体育场举行宣誓："誓以至诚，绝对奉行政府加强物价管制一切法令，严守核定价格，决不囤积居奇，非法牟利，如违背誓言，愿受政府最严厉之处分"。翌日，株洲镇公所召集全镇党政商学各团体机关及驻军商讨物价管制办法，将米油盐布等日用必需品价格核列成表分发公布，令全镇执行。同时成立株洲镇物价工资运费评价委员会。据查，此次管制物价，举步艰难，镇民阻力很大。因附近各小市尚未遵照上令实施限价，故株洲镇限价而各地价格仍较昔日增加，以致蔬菜、鲜鱼、粮米、菜油、肥猪及各类土产物资均不输入株洲镇，形成罢市状态和闭盘停售。

抗日战争胜利后，物价继续飞涨。民国37年（1948）2月，株洲镇按照湘潭县政府指令，对稻谷、大米、小麦、面粉、食盐、食油、棉花、棉纱、棉布、煤炭、木炭等商品价格实施管制措施，打击囤积居奇。同年8月19日，国民政府实行币制改革，同时还颁布《整顿财政及加强管制经济办法》，降物价、工资冻结在8月19日水平上。为执行"8·19"限价令，湘潭县政府成立了经济管理委员会，在9月4日下令限各工厂、商店于9月8日前，将"8·19"价格列表报县政府。但各商店、工厂以货源多系长沙购进，价格高低必须以进货成本为基础，以及湘潭与京、沪等地在币制改革以前银元与法币的比价差距较大，若执行限价，不仅不能获得丝毫利润，而且无法继续维持经营为由，迟迟不报，价格继续上涨。是年10月24日，湖南省政府被迫宣布取消谷米限价，代之以议价；30日，又宣布取消一切百货用品限价。翌日，国民政府通令全国取消限价。株洲镇物价，同全国一样，呈几何级数暴涨。

1949年11月，株洲区按照全国统一部署，国营商业部门按低于市价5%～10%的牌价向市场大量抛售粮食、棉纱、棉布、食盐等生活必需品，以打击囤积居奇，平抑市场物价，使持续12年的物价飞涨局面，在1950年6月基本得到控制。是年11月，株洲镇人民政府作出关于加强市场和物价管理的规定，指出凡有下列情形之一者予以取缔：超出政府批准业务范围而从事其他物资经营者；囤积拒售有关人民生活生产必需物资者；买空卖空投机操纵，希图暴利者；故意抬高价格，抢购或出售物资及散布谣言引起物价波动者。

株洲建市后，人口激增，市场日趋繁荣。由于国营商业贸易占市场比重还很薄弱，平抑市场物价的任务十分艰巨。加之市区私商（主要是蛋行和木商行）游资很多，经常进行投机活动，扰乱市场和物价。市人民政府采取措施，一方面吸收游资投入有利于国计民生事业，创办公私合营企业，发展生产；另一方面大力组织供销，保障人民生活必需品供应，平抑市场物价。1951年9月，株洲市国营贸易公司和各专业公司，按牌价大量供应大米、面粉、食油、食盐、食糖、肉食等主要副食品。年底，市人民政府发出关于认真做好年关物价工作的指示："凡国营贸易有牌价的商品价格，则市价一律向牌价靠拢；凡国营贸易未挂牌价而又为广大人民所必需的商品价格，保证不涨价。各单位在商品价格调整时，要立即用黑板报、大字报在街头巷尾张贴或通过文化馆向群众广播。同时组织各行业开展市场物价监督检查。”

1952 年，全国掀起的对资本主义工商业进行社会主义改造，私营经营者情绪低落，劳资关系较为紧张，大多抱着拖垮关门的态度。市人民政府针对这种情况，认真贯彻中南军政委员会颁布的《活跃初级市场的六项措施》，取消布和土纱的联购包销，允许私商经营小土特产，把在国营经济领导下，团结私商，调整公私关系作为稳定市场和物价的一条重要政策。这期间，物价工作的基本任务是继续保持市场物价的基本稳定，利用价格杠杆，贯彻对资本主义工商业的利用、限制和改造。同时，还按照“城城微利，城乡合理”的原则，运用各种差价限制私营工商业的发展，使私营工商业逐步纳入国家资本主义的轨道。

1953 年，国家逐步采取了对物价进行集中管理的措施。株洲市人民政府针对国家粮食供应日益紧张，私商囤积居奇，长途贩运，哄抬物价，扰乱市场等情况，对粮、棉、油、布实行统一由国营商业经营，价格按国家规定牌价统一管理。还大幅度提高了粮食、红毛茶、猪、鱼、蛋、蚕丝、土丝、湘莲、土糖等主要农副产品收购牌价。是年 8 月，株洲市成立粮食市场交易所，对粮食交易价格管理作了明确规定。11 月，株洲市实行对粮食、油脂、油料实行计划收购和计划供应（简称“统购统销”），价格由国家统一制定。

1955 年 3 月，全国发行新的人民币。为提高新币信用，巩固市场秩序，稳定物价，株洲市人委组织国营公司、合作社、工会等力量进行市场物价检查，推行明码实价。规定凡关系国计民生的主要商品价格和私营商业中已纳入国家资本主义形式的行业和商店的商品价格，必须一律服从国营牌价；尚未纳入国家资本主义范畴的行业或商店的某些次小商品价格，牌市差价大的，应当加以管理；差价小的，暂不硬性管理。

1956 年，国民经济获得空前发展和全面繁荣。私营工商业社会主义改造工作基本完成，个体手工业社和农业初级社由低级社向高级社过渡，国家机关工作人员工资由“供给制”改为“工薪制”，职工工资提高较多，社会购买力迅速增加。加之增加农业投放等诸因素，使生产资料和日用工业消费品需求猛增，市场物价出现不稳定。市人委根据国务院和省人委指示，于当年 7 月实施暂时冻结物价。

1958 年，按照全国物价工作会议确定的方针，株洲市根据物价管理权限，制定《株洲市物价分工管理办法》，对部分商品价格进行调整。是年，对农药、农业机械、日用工业品采取降价和最高限价；对农副产品实行保护价等措施，支持农业生产发展，保障人民生活。并将“严格执行分等论价、优质优价、劣质低价，促进有利于生产和消费合理价格政策的形成”列入了《1958 — 1962 年株洲市社会主义建设 14 条纲要》。但由于“大跃进”和全国性自然灾害等因素影响，致使从 1959 年上半年开始，普遍出现生产下降，市场供应紧张，物价猛涨的局面。在此后的 3 年中，市场供求矛盾更为突出。为稳定局势，市人委从 1959 年开始，先后采取多种措施，加强物价管理，对部分供应不足的主要消费品实行定量供应。是年 1 月，对猪肉实行定量凭证后，陆续对日用工业消费品、食品、农副产品实行凭证、凭票、凭券供应，到1962年上半年，全市实行凭证票凭券定量供应的商品达60余种，各种票证达23种之多。实行凭证凭票定量供应的商品占市场供应量比重为：日用工业品43%，食品80%。商品计划供应缓解了供求矛盾。同时，规定对粮食、棉布、针棉织品、絮棉、食盐、鞋子、食油、蔬菜、火柴、煤油、西药、酱油、食糖（糕点）、文具、纸张、搪瓷（橡胶）制品、房租（水、电）18类生活必需品价格必须稳定在1958年的水平上，不许变动。并对部分糖果、糕点、针织品和自行车、钟表、进口卷烟、菜肴、名酒、茶叶、砂糖等商品本着“卖得出，顶得住”的原则实行高价政策，敞开供应，回笼货币。实行高价政策的商品占市场供应额的24%。还大幅度地提高农副产品收购价格，降低农业生产资料供应价格，缩小工农产品剪刀差。1962年下半年，市场供求矛盾有所缓和，但牌市差价仍然很大，投机倒把活动猖獗，市场物价混乱。同年8月，市委决定改进农副产品采购办法，减少派购品种，除粮、油、猪、蛋、茶5种商品实行换购外，其他一律取消派购。对统派购物资继续采取对口奖售办法，提高奖售标准和换购比例。完成统派购任务后的农副产品，允许自由销售，价格按集贸市场管理。改进商品供应办法，除粮、油、布、盐、菜、肉、烟7种商品外，一律取消凭票凭证定量供应；减少高价商品种类，适当降低针棉织品、钟表、糕点、酒、自行车价格。对人民生活必需品的供应，采取价格补贴措施，保障人民基本生活。对完成国家收购任务后剩余的农产品，实行议价收购，以高价对高价，打击投机倒把，逐步压低自由市场价格。同时，建立和加强贸易行栈，控制集市价格。

1963年，贯彻“继续稳定市场，稳定物价”的方针，对农副产品收购采取“截近补远、抽肥补瘦、以大带小”的办法，先后将棉花、兰花草籽、蓖麻油、废橡胶、蛋、土纸、土硝、蒜球、木炭、中药材等156种农产品收购价格，进行了有升有限的调整。是年3月，市人委决定，在继续对粮、棉、油、猪、鱼等农副产品实行奖售与换购的同时，扩大对苎麻、烤烟、晒烟、土糖等收购奖售，奖售的物资主要有化肥、原粮、棉布等。这些措施，使株洲市场供应渐趋正常，集市贸易价格逐渐降低。到1964年，平价商品稳中有降，敞开供应；高价商品大部退出市场，集市贸易价格除粮、油等少数品种外，基本与牌价持平。鉴于市场情况好转，市人委决定从8月1日起，除粮、油、猪外，其他农副产品停止议价收购。同时，在全市开展审价工作，整顿工农产品价格和各项收费标准，彻底纠正价格错乱现象，恢复物价工作正常秩序，建立高度集中统一的物价管理体制。

1965年1月19日，中共中央、国务院发出关于调整当前市场物价的决定，把城镇粮食统销价格提高到同统购价格持平，对收入低的职工发给粮价补贴；适当提高煤炭的市场销售价格；在不影响棉布市场销售价格总水平条件下，提高某些低档布价格，降低某些高档布价格，同时合理调整棉布地区差价，采取有力措施限制集市粮食价格，争取接近计划价格，适当降低农业生产资料价格。是年5月，调低棉纱、棉布价格；9月，调低呢绒价格；12月，调低棉毛衫裤、绒衣裤、汗衫、背心、床单、袜子6类针织品价格。翌年8月，提高了粮食统购统销价格，实行全省一价。粮食统销价格提高后，给低收入职工以适当增加补贴。1966年在继续稳定物价的基础上，还适时调整了44类大百货和文化用品价格；对150种西药实行全国统一价格；对食盐、汽油、煤油、柴油实行最高限价。

1972年2月，湖南省生产指挥组发出关于加强物价管理工作的通知，要求在“基本不动，个别调整”的原则下，对柴油、机械等支农产品和某些农副产品及不合理的工业产品价格作必要的调整，开展审价工作，严格物价纪律，健全物价机构，充实物价人员。是年4月，株洲市按国家统一安排调整了部分工农业产品价格。翌年又调整了油料、棉花、药材、蚕茧、干椒、蒜球、苎麻、生漆、棕片、黄麻、茶叶、晒烟等部分农副产品价格。

1977年5月，市革委会作出《肃清‘四人帮’恶劣影响，加强物价管理》的决定。把“以阶级斗争为纲，坚持党的基本路线，坚持发展经济，保障供给，稳定市场，稳定物价”作为物价工作方针。着手恢复和健全物价工作规章制度。1978年1月，市按照国务院和省计委指标，针对部分企业在扭亏增盈中弄虚作假，超越规定权限，擅自提高产品价格，转移亏损等错误做法，采取整顿物价措施，刹住随意变动价格歪风。同时规定有关消费品及其原材料的价格和饮食、服务行业、电影剧票等收费标准，不论何种原因，都要稳住，不得调整。要求加强物价的统一领导，物价大权归中央，任何地方和部门都要维护全国统一规定的计划价格，不得自行改变。属于地方管理的价格，应当在中央统一制定的方针政策指导下，实行分级管理。要坚持计划价格，反对自由价格。贯彻按质论价原则，对以次充好，掺杂使假，短斤少两的，要坚决制止，巧立名目，改头换面，换个牌子就涨价的，要坚决纠正。

中共十一届三中全会后，随着“调整、改革、整顿、提高”和“对外开放，对内搞活”方针的贯彻执行，物价工作在指导思想上转移到以经济建设为中心的轨道。次年初，国务院提出物价工作在今后一个时期要走“调放结合，以调为主，逐步理顺”的路子，实行“同一市场，同一商品，同一价格”的规定。按照规定，株洲市在1979年大幅度提高了粮食、油脂油料、棉花、生猪、茶叶、木材等18类主要农副产品收购价格。平均提价幅度为21.6%，全市提价总额为686.3万元，平均每个农民提价受益11.84元，高出全省平均11元的水平。是年11月，又提高猪肉、牛肉、羊肉、禽、蛋、蔬菜、水产品、牛奶8种主要副食品和以8种副食品为主要原料的消费品的销售价格。同时发给职工每月5元副食品价格补贴。

1980年，株洲市因提高8种副食品价格而引起涨价风。4月三类农副产品开展议购议销和9月增大议购议销范围，先后在市区刮起了涨价风波。11月20日，株洲市委、市革委就加强物价管理、稳定市场物价发出通知，规定凡1979年11月以后自行提高规定的25类商品价格和收费标准的，不管任何理由，在接到通知后，都要退回原价，并保证质量。拒不执行者，要给予纪律处分。所有计划价格的商品，国家政府规定该亏的要亏，该补的要补，该优待的要优待，不准以任何借口变动价格。突出抓好蔬菜价格稳定，要把零售价格降到上年同期水平，并决定从1981年起将蔬菜价格补贴纳入市财政计划。

1981年，按照国务院《关于严格控制物价，整顿议价的通知》和陈云提出的“关于目前对国营企业产品、集体企业产品的价格，至少要冻结半年”的指示，市人民政府迅速落实，组织生活必须品供应。规定定量供应的商品，要保证供应，不准随意提价、变相涨价和转嫁负担。对一、二类农副产品要坚持计划收购，不准擅自提价、自行规定超购加价和价外补贴。未完成统派购任务以前，不准开展议购议销。规定木材、棉花无论完成统购统销任务与否，都不允许议购议销和变相议购议销。

主要农副产品议购议销价格，要执行省物委规定的最高限价不得突破。是年12月，取消烤烟、桐油、松脂现行加价、补贴和平议合价；生漆由三类改为二类，不搞议购议销。

1982年1月，国务院《关于坚决稳定市场物价的通知》，规定“凡由国家规定牌价的工农业商品，在全国各地的零售价格，一律执行国家的规定，不得提高；各种议价商品零售价格，只能降低，不许提高；一、二类日用工业品不准搞议价；一、二类农副产品，非经国务院批准，任何地区和部门，都不准自行提价或变相提价，在完成国家收购任务之前，不许议价成交或上集市出售。”株洲市遵照执行。是年8月，国务院颁布《物价管理暂行条例》，规定了国家对物价工作实行统一领导、分级管理的原则，按照商品对国计民生影响的大小不同，分别采取国家定价、国家规定范围内的企业定价和集市贸易价。国家定价是主要形式，具体规定了物价管理职权的划分、产品价格和收费标准的管理、物价监督检查、奖励和惩罚措施等。从而使物价管理纳入法制建设的轨道。这一年，株洲市市场物价保持基本稳定，人民生活必需品价格稳中有降。翌年1月，株洲市贯彻国务院决定，降低化学纤维织品价格和提高棉纺织品价格。并采取措施严格控制其他商品价格变动，做好宣传教育和解释，保证市场供应等措施，使这次调价按规定时间、内容、范围步调一致。解决了国内纺织品价格长期以来的比价不合理状况。是年，在价格改革的方针上也逐步转向“放调结合，以放为主”。

1985年，价格改革步伐加快。从年初起，株洲市将粮、棉、油统购价和超购加价改为合同定购价，此后分别放开生猪、鲜蛋、苎麻、黄麻、中药材、集体林区木材等价格。由于上述改革措施出台，集市肉、禽、蛋、菜和水产品、副食品价格普遍上涨，自3月份以后零售物价指数一直呈2位数上升，到8月份上升幅度达到17.1%。加之前几年各种价格调放措施连年出台，旧的价格体系已被打破，新的价格关系尚未形成；各种比价仍然存在着不合理状况；各种物价制度尚不健全等，以致出现“轮番涨价”“搭车涨价”“商品搞旅游、价格滚雪球”等不正常现象。有的市民抱怨地说：“前门没有后门有，平价没有高价有。”株洲市区和株洲县渌口镇自上年12月至1月上旬出现抢购风，抢购物品涉及到日用工业消费品、粮食、食油和副食品等。为安定人民生活，稳定市场物价，市人民政府决定从1月8日起对猪肉实行凭票供应。同时，还动员全市各部门协同作战，发展生产，增加货源。保障供给，重点稳住粮食、食油、猪肉、食糖、食盐、蔬菜和肥皂等生活必需品价格，并决定对已放开的国营猪肉、蔬菜价格继续采取指导限价，实行财政补贴。为稳定元旦、春节市场，对集贸市场猪肉、牛肉、羊肉、母鸡、鸡蛋、鲜鱼6个品种采取限价措施。时际春节，市区羊肉供应紧张，限价失控，价格陡然由每500克1.5元上升到3元，市物价局立即采取紧急限价，使暴涨势头得以控制。

1987年，株洲城乡市场繁荣，购销两旺。但在经济活动中违法行为也明显增加，不少无证商贩和个体工商户不遵守国家规定，套购紧俏商品，倒买倒卖，哄抬物价；有些国营、集体企业以擅自提价、变相涨价等违法手段牟取暴利。物价问题又成为人们议论和关注的“热点”问题。市物价部门根据国家、省市有关精神，多次采取措施强化物价管理。其中坚决稳住“菜篮子”价格，重点抓好猪肉、蔬菜等主要副食品价格的稳定，对国营猪肉继续实行限价，鲜肉每500克1.6元，冻肉1.4元，不得突破。严格控制生产资料价格上涨。计划内生产资料，必须执行国家规定的价格。对计划外重要工业生产资料实行价格挂牌和协调指导。计划外农业生产资料，本市生产的农膜、磷肥、复合肥、碳铵，实行提价前申报制度；外地调入的实行差率控制。加强对日用工业品价格的管理和指导。国家定价的商品，严格执行规定的价格。实行浮动价格的商品；不得突破规定的浮动幅度。对已放开价格的少数商品实行提价前申报制度。加强对各种收费的清理整顿，坚决刹住乱涨价、滥收费歪风。同时会同财政、审计部门成立市行政事业性收费清理整顿办公室，开展全面清理整顿。但由于国家宏观失控、全面涨价的势头形成，企业要求涨价的呼声很高，措施的效果不很明显。是年，省政府规定株洲市零售物价指数上升幅度控制在5.5%以内，执行结果达到11.2%，超过了5.7个百分点，仅次于长沙，居省辖6市第2位。

1988年4月，株洲市放开4种食品价格，7月放开13种名烟名酒价格，加重了稳定物价的难度。据统计资料，当年市场零售物价总指数上升幅度达到27.3%，居省辖6市之首位。市人大代表、市政协委员对物价问题纷纷提出议案和提案，要求市政府迅速采取措施，平抑市场物价。是年10月，市政府批转市物价局关于稳定市场物价的报告，要求突出抓好人民生活必需品价格稳定，千方百计稳住“菜篮子”价格。对猪肉实行“保冻放鲜”措施，规定冻肉每500克不得超过2.8元，继续实行财政补贴。对外调生猪，实行收取价格调节基金的办法控制外流。要求国营蔬菜供应量不得少于市场需求量的50%。对已放开的少数日用工业消费品继续实行提价前申报制度。同时在全市开展价格管理权限清理，制止和纠正物价越权行为。

1989年，贯彻中共十三届三中全会提出的“治理经济环境，整顿经济秩序”方针，在物价管理上采取强化控制、治理整顿等措施，严格控制物价总水平上涨。年初，扩大对已放开价格商品实行提价前申报范围。8月，针对同一产品实行地区内外两种价格的不正常情况，开展了清理整顿“易地涨价”工作。为使物价涨幅势头得到控制，是年，在湖南省内率先试行“增加供给、调控物价”目标控制责任制，将物价指数控制目标和增加有效供给指标分解到一商业局、二商业局和供销社等11个部门，并与市政府签订目标控制责任状。市政府成立了“增加供给、调控物价”领导小组，在市物价局设立了办公室。为完善这一制度，经湖南省政府批准，从12月起株洲市实行了价格调节基金制度，按规定标准比例在市区工商企业、个体户、事业单位征集价格调节基金，用于支持发展“菜篮子工程”和副食品的价格补贴。截至1990年年底，共征集资金315万元。为平抑市场物价起到了积极作用。是年，对猪肉继续实行限价，冻肉每500克由2.8元降为2.6元。为加强企业物价管理，促进企业价格行为制度化、规范化，同年底株洲市实行了企业定价许可证制度。到翌年年底，全市共举办企业物价员培训班46期，培训物价员1560人，核发企业定价许可证1909个。

1990年，因市场疲软，企业经济效益滑坡。是年6月，株洲市贯彻省政府“摆脱经济困境的17条措施”，运用价格杠杆支持企业摆脱困境，先后取消了对已放开价格的黑白电视机、自行车、电冰箱、洗衣机、照相机、录音机及成衣服装差率控制和申报制度；调整部分日用工业品和生产资料的经营差率，扩大部分商品的中小城市地区差价。同时，还采取禁止乱收费，对粮食和生猪实行最低保护价等措施，保护农民和企业利益。

1991年，经过治理整顿，宏观经济环境得到进一步改善，但牵动零售物价指数上升的因素仍然不少。按照“既要稳定物价，又要振兴经济”的指导思想，一手抓控制，将零售物价总指数控制在6%以内；一手抓调整，先后适当调整了小水电价格、专项尿素价格，中小学学杂费，以及与能源、运输和基础原材料提价后受影响的后续产品、相关产品价格。同时，对行政事业性收费和农资、木材、药品、农村电力、自来水等垄断性行业价格进行整顿。为进一步增强企业，特别是国营大中型企业活力，采取继续放开部分商品价格、扩大企业定价权、改进日用工业消费品价格管理办法、取消提价申报品种、缩小差率控制范围等10项措施。

1992年，为理顺价格关系、逐步向市场经济靠拢，出台一系列价格结构性调整措施。从增加国民经济发展后劲出发，先后提高了铁路、公路运输价格和电力价格；从调整产品结构、优化资源配置出发，较大幅度地提高了煤炭、石油价格和计内冶金、石化产品价格；从调整经济利益关系出发，适当提高了自来水价格和专项尿素、磷肥价格；从促进第三产业发展出发，适时调高了医疗收费、教育收费和部分旅馆、招待所床位收费以及市内公共汽车票价等。同时，还采取先调后放的形式，平稳地理顺了粮油价格关系，取消了原油、成品油、钢材、生铁、铜、铝、锌、锡、镍、纯碱、烧碱等计外生产资料最高出厂或销售限价。先后制定了进一步扩大企业定价权措施和14条落实企业定价权的配套措施。

1993年，重点是调整重要基础工业产品和第三产业收费价格。从优化配置资源，增强基础工业发展后劲出发，较大幅度地提高了电网电价、计内高价成品油和铜、锌系列产品及食盐等价格；从发展交通运输和邮电通讯事业，搞活商品流通，促进市场经济发展出发，适时调高了公路客货运输价格、铁路装卸搬运费率、铁路专用线收费、港口港务和邮电资费，以及市内公共汽车、中巴车价格等。并从引导市场、引导消费出发，先后4次调整黄金首饰价格。

1994年，抑制通货膨胀、保持市场物价基本稳定成为物价部门的主要任务和目标。是年，境内商品零售价格平均上涨22.5%，居民消费品价格平均上涨23.7%，虽低于全省平均涨幅24.5%和25.3%的水平，但由于粮、油、肉、菜等食品价格高、上升快，仍给群众生活带来较大影响。为抑制市场物价的过快上涨，2月市物价局制定了稳定市场物价的6条措施，7月份市政府又推出10条稳价措施，并在全市实行分级包干、分片负责的市场物价管理责任制。同时，严格价格管理制度，控制调价措施出台，从3月份起一律停止市管价格和收费的调整。对省管价的铜、铝、锌、汽车、水泥、烧碱、纯碱、黄磷8种产品出厂价格实行提价申报制度，对铜、铝、锌、汽车、水泥、煤气6个产品在流通领域实行了差率控制，并定期对其生产、经营企业进行审价。尿素、磷肥、钾肥、硫铵、氯化钾、复合肥、电力用煤等实行提价备案制度。为了维护消费者的合法利益，8月，市人民政府发布实施《株洲市反价格欺诈和牟取暴利的规定》。

1995年，为控制物价过快上涨，继续实行物价涨幅目标控制责任制，市政府明确要求，市长和县市长对物价控制目标负总责。各县、市对主要生活必需品和农资价格实行控制责任制，并将湖南省下达的15%的物价涨幅控制目标分解到各有关部门和县、市，实行指数控制。全市有粮食、供销、一商、二商、卫生、教育、蔬菜、物价、统计、工商10个部门和攸县政府与市政府签订了物价控制目标责任状，并将物价涨幅控制目标完成情况，作为考核各级、各部门政绩的重要指标。同时继续实施对居民生活必需品价格监审监测制度。7月，对城区销售的鲜猪肉实行零售最高限价；9月，国营商业限价销售冻肉。为强化对市场物价的管理，制定了《株洲市肉菜鱼蛋价格管理办法》，在市区16个集贸市场设立物价监督岗，负责限价、指导价的落实和价格、违法行为的处理，在市物价局成立“报价中心”。为贯彻省政府年内不准出台新的涨价措施规定，除按省和国家统一安排调整自来水和铁路客运票价外，市里仅调整了煤气价格，其他市管价格和收费一律停止调整。在全市实行了建筑行业收费卡制度，制定了《株洲市商品房价格管理暂行办法》，对市区宾馆、招待所和餐饮业进行评等定级。有效地规范了市场秩序和价格行为。

1996年，全市继续实行物价涨幅目标控制责任制。10月，经市政府领导批准成立了“株洲市价格调控服务部”，在市食品城设立了价格调控服务窗口。加强对22种居民生活必需品的价格监审，采取限价指导、差率控制、提价申报和调价备案等措施，扼制价格过快上涨。根据全省物价要求，除按省统一安排调整了食盐、电力、公路客运、铁路货运、化肥、粮食、成品油和邮电价格外，市管价格一律未作调整。4月份，市政府成立“清费”工作领导小组，共清理各种收费文件94个，取消23项收费，对全市涉及企业和个体工商户的行政事业性收费实行减半收取。对餐饮业逐步按评定的等级实施规范化价格管理和监督，以制止价格暴利行为。到年底，市级共对64家餐饮业评定等级。

1997年，为支持基础产业和公用事业的超前发展，增强经济发展后劲，株洲市调整了电力、自来水、邮电等价格，缓解了基础产业和公用事业同其他产业的价格矛盾。6月，为规范耐用生活消费品修理业的价格，维护消费者利益，市物价局、工商局、电业局、供销社、一商局、二商局、消费者委员会联合制定《株洲市耐用生活消费品修理业收费管理办法实施细则》。针对农村电价紊乱现象，确定在全市实行“四统一”的农村电价管理办法，改变了过去分县批价、县际之间价格高低不一的做法。继续加大“清费减负”力度，取消行政事业性收费项目48项，更改服务性收费项目8项。在农村、个体工商户、私营企业中分别推行“农民负担卡”“株洲市个体工商户私营企业税外费负担卡”制度，被收费对象可以对不属负担卡范围、又没有合法文件的收费一律拒缴。

1998年，在物价持续走低甚至出现负增长的情况下，主要任务是促进价格总水平的合理回升。在物价政策上，对高通胀时期采取的一些价格限制措施进行了清理，取消白糖、肥皂、牙膏、奶粉的提价申报制度；取消居民用煤气超基本用量加价及电力建设基金、空调加价电费；降低电力贴费（增容费）、电话初装费（入网费）、餐饮业毛利率；停止执行企业和非生产性单位超计划用电烧水、取暖的加价措施；放开小氮肥厂尿素出厂价格。下半年，重点整顿电价，城市、农村居民生活用电每千瓦时分别降低0.0192元和0.049元。停止自行出台的电力建设资金、电网改造资金、电力扶贫资金、变电站集资等各种名目的加价收费，对农村到户电价实行最高限价，使农电平均价格由过去的每千瓦时0.82元降至0.777元，为此后3年内实现城乡“同网同价”打好了基础。在清费治乱减负方面，撤销76个收费项目，调整了11个项目的收费标准。

1999年，为优化经济发展环境，加大清费减负力度，株洲市共取消行政事业性收费项目167个，服务性收费项目94个；注销行政事业性收费许可证112个，服务性收费许可证43个。9月，湖南省政府取消了进城落户人口增容费、机动车辆城市道路建设增容费等15个收费项目。同时，对限制、压抑消费的政策进行了清理，取消一批限制、压抑消费的政策。按上级规定取消了0.30元／度的经营性照明用电加价和0.016元／度的重点工程建设资金。在放开小化肥的价格后，对大化肥实行政府指导价，在流通领域实行差率控制，改变了过去统得过死的局面，活跃了农资市场。进一步降低了餐饮业的毛利率。经过一系列的刺激措施，物价降幅趋缓，消费趋于活跃，连续2年下降的物价总水平出现止跌回稳。

2000年，运用价格杠杆，刺激消费需求。在电价方面，继续搞好农村电网改造，积极推行“同网同价”，其中城市4区基本实现“同网同价”。降低了电话初装费，城市由原1000元/门降至500元/门，农村由原800元/门降至400元/门；分5次降低了378个品种规格的药品价格；调整供电贴费标准，降价幅度平均达50%左右，并明确规定在城乡电网改造过程中新增的用电用量，免征一切贴费或增容费。在国际原油产量及进口减少，导至原油市场价格大幅度上涨的情况下，先后7次调高石油销售价格，其中90#汽油由2.32元/公升调整为3.63元/公升，上涨幅度30.6%；0#柴油由2.34元/公升调整为3.55元/公升，上涨幅度为51.7%。

附：物价计量信得过活动

1985年4月，全市物价工作会议决定，在市东区进行物价计量信得过活动（简称“双信”活动）试点。从6月份开始到9月底，有5个零售商店被东区人民政府授予“物价计量信得过”单位，挂上了“双信”红匾。

1986年1月，全市普遍开展“双信”竞赛活动，并由市财委、市物价局、计量处等12个部门组成领导小组。到年底，市区有791个企业，5县市有1391个企业参加了“双信”活动，先后进行17次授牌表彰大会，81个企业获市、县市区人民政府授予的“双信”红匾，9个企业被评为“双信”先进单位。此后，这一活动被列为常年性工作，由参赛企业提出申请，各级“双信”领导小组不定期进行检查验收。参赛范围也由国营、集体企业逐渐发展到个体商贩。

1987年5月，茶陵县城关镇一个体商店因屡次违价，被挂“物价计量信不过”蓝匾，责令限期改正，为全市首例。此后，在市区和所辖县市也陆续出现过被挂“蓝匾”单位，但为数不多。

1988年6月，市“双信”领导小组组织对已挂“红匾”的单位进行抽查，发现茶陵县、酃县、攸县和市郊区等有5家商业企业不合格。为此，市“双信”领导小组通报全市，限期改正。并部署全市对已挂“双信红匾”的单位进行全面检查整顿，对不合格的摘掉“红匾”，以保证“双信红匾”信誉。至次年9月，市区有28家经验收合格保持“双信红匾”，18家检查符合标准被授予“双信红匾”，3家不合格的企业被摘掉“双信红匾”。

1990年4月，湖南省组织“双信”优胜单位评先活动，株洲市百货大楼荣获此殊荣。株洲市预混合浓缩饲料厂和醴陵市百货大楼分别被评为先进单位。到年底，全市有219家企业先后被授予“物价计量信得过”红匾，11个单位先后被取消“双信红匾”。

1991年，全市220个“双信红匾”单位中有6家单位被评为最佳单位。1993年，根据市场发展变化的实际，对“双信”评定标准进行了修改和完善。按照高标准要求，先后取消了一些单位的“双信”红匾。至1995年授予和保留“双信”红匾单位仅37个。

1996年后，把“双信”活动同帮助指导规范价格行为、强化诚信经营服务理念结合起来，促进“双信”活动的持续展开。1999年，13家单位因检查不合格或经营转向等原因被摘掉“双信”红匾，2家被评为“双信”红匾单位。2000年，全市有“双信”红匾单位35家。

三　监督检查

日本侵华战争爆发后，境内商品奇缺，物价暴涨，民不聊生。为执行国民政府颁布的“非常时期取缔日用重要物品囤积居奇办法”和“对市场物价、运价、工资实施限价”的命令，民国32年（1943）2月24日，株洲镇成立限价检查分队，担负对本镇和临近白关乡、昭阳乡、藕花乡及株洲河西等乡镇的物价检查。并设立告密箱，严惩不遵限价交易者。是年，湘潭县政府饬令全县，“凡有违反限价法令者，买卖双方均依军法惩处。并奖励各业自行检举者，以宏实效”。民国36年（1947）2月，株洲镇公所奉行湘潭县政府指令，对随意涨价者进行管制。各商店一律公布价目，倘有黑市买卖，一经查出，按囤积居奇论处。

1949年年底和1950年，根据中共中央和政务院关于制止物价猛涨的指示，株洲区开展以打击投机倒把、囤积居奇为主要对象的物价监督检查。在此期间，物价监督检查主要是面向市场，检查与消费者直接见面的零售物价。1953年8月，株洲市政府工商科发文，对联湘公司在三门变相抬价收购鲜蛋进行处理，责令该公司作出深刻检讨，并印发悔过书1000份，以儆效尤。1954年8月，广东顺德商贩黄润德私刻“顺德沙乡第一互助组”公章，来株套购大批马铃薯，提高物价，牟取暴利，被株洲市人民法院依法判处有期徒刑6个月。是年，株洲市组成有市监委、工商科、银行和省百货公司等单位参加的物价联合检查组，对市场物价进行为期2个月的全面检查，检查976种商品，纠正错价140种。查处的主要问题是同质异价、劣质高价、擅自制定牌价和地区差价，以及调价不按规定时间等。

1955年，对各种形式的国家资本主义商店建立商品价格、品质规格检查制度。是年，全市各行业工会普遍建立价格检查组织。同年8月，市人民法院以违反经营、偷工减料、抽走资本、拖欠税收、抬高物价、牟取暴利为由，判处商人陆松山有期徒刑3年，强迫劳动改造。此后，随着物价管理权限的高度集中，监督检查主要是运用审价等形式，检查和纠正错价、乱价、迟调、漏调行为。

1958年12月1日，市人民委员会颁布的《关于市场物价分工管理办法》，规定每年由市计委组织全市对物价进行一次全面检查。

1959年下半年后，株洲市场商品供求开始紧张。此后，物资短缺，市场紊乱，物价大幅度上涨。投机倒把猖獗，欺行霸市、哄抬物价现象时有发生。1961年，开展了以取缔无证商贩、打击投机倒把为主要内容的全市性市场整顿。这次整顿后，集市贸易价格一般下降20%，个别蔬菜品种还低于国营牌价。1962年3月，市人民委员会部署，在全市开展市场物价大检查，检查范围包括商业、服务业、手工业、修补、房租、水电、文化娱乐、医疗卫生、公共交通等部门和行业的价格或收费标准。

检查时间从3月中旬开始至8月20日结束。纠正和处理了大批错价、乱价行为，为抑制市场物价猛涨起到了积极作用。

1963—1965年，贯彻中央“调整、巩固、充实、提高”的方针，在发展工农业生产的基础上，继续稳定市场，稳定物价。物价监督检查主要是开展以部门或行业为主每年一次的价格审查和整顿，审查整顿的主要内容是，掺杂使假，以次充好，短尺少秤；抬级抬价、压级压价、平进议出；制造混乱、混水摸鱼、利用价格贪污；迟调漏调、乱调不调；随意定价；巧立名目、抬高价格；内外勾结、投机倒把；泄漏调价机密，擅自下放价格管理权限；偷工减料、谎报成本；乱降价、职工内部私分等10个方面。1965年9月，商业局、服务局、供销社3个系统18个批发公司开展审价工作。仅对供销社系统的8个基层社183个价格执行单位统计，共审价格和收费标准77306个，发生错价4495个，差错率为5.8%。

1967年7月，执行国务院关于加强市场物价管理的通知，物价监督检查主要是督促冻结物价措施的落实。同月，市一商业局、二商业局和供销社等系统开展了物价检查和整顿，分别成立了以部门主要领导为首的物价检查、整顿领导小组和物价专职人员、职工代表相结合的检查整顿班子。检查整顿的重点是猪肉、蛋品、鱼类、家禽、烟酒、糖果、酱醋等副食品销售价格和粮、棉、油等农副产品收购价格，以及主要农业生产资料供应价格等。此后，物价监督检查工作随着冻结物价而停止。

1978年11月，恢复市物价委员会，物价监督检查重新步入正轨。中共十一届三中全会以后，全国逐步推行经济体制和价格体制改革，经济体制改革打破“大锅饭”，职工奖励和企业盈利挂钩，少数企业为扭亏增盈，增发奖金擅自涨价行为逐渐增多，物价监督检查的任务也随之增大。市革委会针对一些单位和企业擅自提价和变相涨价的情况，开展市场物价整顿，规定要坚持计划价格，反对自由价格。对抬级抬价，压级压价的，要严肃处理；对损公肥私、低价自销、调价私分的，要坚决制止；对利用价格搞贪污盗窃、投机倒把的，要坚决打击。

1979年3月和11月，先后提高部分农副产品收购价格和猪肉等8种副食品销售价格。这2次调价措施出台，市场物价曾出现波动。一些单位和部门乘机搭车涨价、变相涨价等相继出现。为刹住乱涨价之风，是年采取了一系列监督措施。6月，在全市开展物价大检查。10月，由市物价委员会、市计委、市革委办等11个部门和单位组成的物价检查组，对贯彻执行调价措施出台前后市场物价情况进行监督检查。11月，市革委会又组织市政协、工会、共青团、妇联、城市各区和各有关部门共126人参加的物价检查团，分10路，对全市肉食、副食、饮食、蔬菜、粮食等行业，进行为期25天的物价大检查，共检查32218种商品价格，发现并纠正各种错价乱价813种。此后，类似的物价大检查每年要进行1～2次。

1980年6月，市物价委员会制订的《物价管理奖惩试行办法》，对各级物价部门监督检查范围和变相提价、擅自提价的定性、惩罚作出具体规定。是年11月后，贯彻执行《湖南省物价管理暂行条例（试行草案）》，自此，物价监督检查形成行政手段、经济手段和法律手段相结合的新格局。

1981年1月，市物价委员会统一颁发“物价检查证”，实行亮证检查。9月，市财办、市物价委员会组织工商局、二商业局、供销社、粮食局等部门对全市饮食、副食、肉食、蔬菜、食杂果品、粮食等行业的国营、集体、区街商店等169个零售门市部进行物价检查，共检查饮食成品328种，差错率为29.1%；拆零商品246种，差错率为54.4%；度量衡量器791件，失准率为24%。这次检查，点名通报表扬了董家墩迎新豆腐店等8家执行物价纪律好的单位，批评了7家有严重物价违纪问题的单位。

1982年9月，市人民政府组织大规模的物价监督检查，由市人大、政协、物委、财办、工商等部门抽调人员，成立了29个专业检查组，共检查了410个单位26462个商品价格和收费项目，发现和纠正错价475个，错价率为1.8%；检查度量衡器具1975件，失准的327件，失准率为15.56%。1983年7月，按照国务院和省政府部署，开展以制止生产资料乱涨价和向建设单位乱摊派费用的"刹两风"大检查。市政府成立"刹两风"领导小组，从市直机关20个部门抽调人员组成生产资料、基建项目、生活资料3个检查组。全市各局、区、县成立检查小组88个，731人参加了这一活动。从7月中旬到8月底，共清出生产资料乱涨价，多收价款293.9万元，向建设单位多收费用12.92万元。

随着经济体制改革的深入，价格形式由单一的国家定价逐渐演变为国家定价、国家指导价和市场调节价相并存的格局。随着企业作为相对独立的商品生产经营者的地位日趋明朗，其短期行为倾向加剧。乱涨价乱收费行为多样，隐蔽呈蔓延趋势，物价监督检查的任务日趋繁重，仅靠几次物价大检查已难以遏制。1984年4月，株洲市各级物价检查所应形势之需相继成立，物价监督检查逐渐向专业化队伍过渡。9月，市物价检查所组织全市有562人参加的市场物价检查，为期10天，共检查1151个单位74966个商品价格，纠正错价1132价次，重点立案查处26起。

1985年，价格改革的步伐逐渐加快。多条渠道、多种经营形式、多种经济成分和多种价格形式的形成，价格领域的违法行为也随之增多。为制止各种乱涨价行为，市物价局贯彻市政府关于坚决制止赌博性销售的指示，在6月份开展以整顿彩色电视机、洗衣机、电冰箱、名牌自行车和缝纫机、纯毛呢绒和计划内重要工农业生产资料价格、非商品收费为重点的市场物价整顿，7月份进行了烟草价格检查整顿。是年10月，根据国务院部署，开展了税收、财务、物价大检查（简称"三大检查"）。市政府成立物价大检查办公室，各县市区、部门共成立28个检查领导小组（办公室），组织47个专门检查队伍，3283人投入这次检查活动。从10月4日开始，至次年2月底结束。全市4429个单位开展了自查自纠活动。市各级物价检查组对1416个单位进行了抽查，共检查商品价格15.5万价次，错价3000价次，经济制裁总额为186.41万元。一批重大价格违法案件受到处理。此后，在每年的第4季度进行一次"三大检查"，作为制度被沿袭下来。为使物价检查工作规范化和制度化，市物价局对各级物价检查所的职权范围、任务分工、案件处理、罚没款收缴等都作了具体规定。同时，实行了监督检查统一立案制度。

1987年5月，株洲市针对市场物价出现的频繁波动和一些"官倒""私倒"利用生产资料价格"双轨制"进行的倒买倒卖的非法行动，决定开展生产资料价格清理整顿。设立价格违法行为举报电话，在市区设立20个监督检举箱。为督促对集贸市场鲜活副食品限价的实施，实行早晚市场检查制度。是年9月，《中华人民共和国价格管理条例》颁布，物价管理和监督检查走上了依法治价的轨道。

1988年，境内各种节日检查、专业检查和物价大检查接二连三，未曾间断。3—4月，进行为期2个月的农业生产资料大检查。4月，开展以人民生活必需品为重点的突击性检查。10月，开展进行一年一度的“三大检查”。是年，物价检查范围包括生产资料和与生活必需品的价格与收费标准32类，涉及生产企业和商业企业的各种价格行为，重点是越权制定调整商品价格和收费标准、转手倒卖重要工农业生产资料、将计划内产品转为计划外高价销售、将平价供应城镇居民的商品转为议价销售、行业组织或企业之间商定垄断价格等行为。全市共查处各种价格违法案件6654起，经济制裁总额达329.70万元。

1989年5月，市物价局建立了价格违法案件举报中心，制定《价格违法案件举报工作暂行规定》。1990年4月，开展了以检查化肥、农药、农膜为重点内容的农资价格整顿；6月，整顿煤炭生产、运输、经营、销售和收费秩序；8月，开展全市电业行业价格大检查。全年共查处各种价格违法行为8523起，经济制裁总额226.16万元。

1991年，以整顿价格秩序为重点，先后清理整顿了行政事业性收费和农村电力价格，开展了农资价格、市内中巴票价专项检查和食用油、粮食及石化产品价格跟踪检查，联合工商、税务、公安等部门对个体旅店、饮食店实行综合治理。1992年，市场物价检查重点抓住节日、调放措施出台前后和“菜篮子”价格3个关键，专项检查突出农资价格和行政事业、经营服务收费3个主题，行业检查突出铁路和医疗卫生、教育系统收费3个重点。同时，加强对落实企业定价权的督促。全年查处各类价格违法案件501起，实行经济制裁121.3万元。

1993年，重点开展了城乡居民反映强烈的行政事业性收费和交通运价、邮电收费检查。查出各类价格违法行为和案件6169起，实行经济制裁172万元。

1994—1995年，围绕扼制通货膨胀、物价过快上涨开展物价监督检查。重点检查粮、油、肉、菜等人民生活必需品和城市客运、农资、医疗卫生、教育等社会普遍关心的价格问题。1994年4月、10月，国务院2次部署物价大检查，市政府成立物价大检查领导小组，并先后抽调142人、125人分别组成43个、46个检查组。1995年3月，交通、交警、城建、工商和技术监督部门联合行动，整治交通运价秩序，查处各种价格违法车辆900多台次；6月，集中30余名检查人员，采取下查一级办法，对平抑市场粮、灾销粮、水库移民粮和国家专储粮的供应和价格执行情况进行检查，查处违法金额45.5万元。在职业中专收费检查中，督促学校清退多收学杂费353万元。是年查处各类价格违法案件375起，实行经济制裁408万元。

1996年，围绕整顿市场价格秩序，开展以农资、医药、电力为重点的行业价格检查。3月中旬，抽调40多人组成9个组，对35个化肥生产和经营企业进行抽查，查处价格违法案件14起。5月，市县两级抽调60多人组成10个检查组，对全市医药行业价格进行全面整顿，查处价格违法案件60起。10～11月，集中力量对全市电力行业价格进行专项检查，查处价格违法案件6起。全年共查处价格违法案件246起，实行经济制裁325.3万元。1997年，为减轻农民负担，全市抽调26人组成7个组，对建委、国土系统收费情况进行检查，查处价格违法29起，实行经济制裁138.9万元。

1998年后，市场价格秩序逐步好转，市场物价基本稳定。监督检查工作以优化经济发展环境为主题，检查重点由商品价格转为行政事业单位乱收费，由消费品价格转为服务行业乱涨价等行为。当年重点对医疗收费、教育收费和税务系统收费开展专项检查。检查20多家医疗单位，查出价格违法金额400多万元；在教育收费中，纠正擅自收取集资建校费、课外活动费、扩校费、民兵训练费等一批乱收费行为。1999年，重点开展了交通、电力行业收费和药品价格检查。通过行业收费检查，各县均停止了公路车辆建勤费的征收。2000年，重点开展了农民建房收费和电信资费检查。全年共查处价格违法案件278起，实行经济制裁318.1万元。

株洲市1984—2000年物价检查情况统计表

表5-8

年　份	查处违法案件数	经济制裁总额(万元)
1984	91	18.14
1985	984	186.41
1986	1349	162.21
1987	2389	272.51
1988	6654	329.70
1989	1197	476.48
1990	8523	226.16
1991	4320	200.89
1992	501	121.30
1993	6169	172.00
1994	1176	182.26
1995	375	408.00
1996	246	325.30
1997	581	572.05
1998	857	–
1999	1285	323.60
2000	278	318.10

第二节　价格水平

民国7年（1918），军阀混战，火车无法通行，市面金融混乱，价格起伏不定。民国12—13年（1923—1924），市场价格是：稻谷每50千克1.6元~1.7元（银元），白竹布每米0.33元，食盐每千克0.26元。民国20年（1931）10月，稻谷每50千克5元~5.6元，盐每千克0.332元。从民国元年（1912）至民国20年（1931），农产品价格指数上涨了141.1%。全面抗战爆发后，常遭日机轰炸，商店外迁，物资匮乏，市场萧条，货币贬值，物价上涨。民国31年（1942），物价涨势加快，1—12月，茶油每千克由5.8元涨至22.8元（法币），食盐每千克由9.156元涨至27.5元，猪肉每千克由4.8元涨至25.6元，肥皂每块由1.8元涨至9.3元，煤炭每50千克由

17.2 元涨至 75 元。面对日益加剧的物价涨势，民国 32 年（1943）1 月，湘潭县政府在株洲镇成立了镇物价工资运费评价委员会，推行限价，实行物价管制，但效果甚微，商贩仍竞相抬价。自 1 月份限价至年底，米谷价格上涨 1.25 倍，食盐涨 2.6 倍，猪肉涨 3.58 倍，茶油涨 2.96 倍，块煤涨 3.79 倍，土官布涨 1 倍。民国 33 年（1944），株洲镇沦陷，市场更加萧条。

抗战胜利后，商户陆续迁回株洲，商业有所恢复。但内战又起，社会经济濒临崩溃。国民政府靠大量发行货币来弥补战争带来的巨大财政赤字，以致通货恶性膨胀，物价飞涨。到民国 37 年（1948）8 月，中等大米每斗（7.5 千克）已涨至 301 万元，猪肉每千克涨至 244 万元，茶油每千克涨至 292 万元。8 月 19 日，不得不宣布取消法币，发行金圆券。金圆券 1 元兑换法币 300 万元，但此举并未扭转物价暴涨局面。民国 38 年（1949）2 月，金圆券币值狂贬，5 月底，已彻底失去信用。从民国 37 年（1948）9 月至 38 年（1949）6 月的 10 个月时间，中等大米价格每斗由 1.60 元涨至 27500 万元，猪肉由每千克 1.34 元涨至 12000 万元，茶油每千克由 1.50 元涨至 15000 万元，盐每千克由 0.36 元涨至 6400 万元，阴丹士林布每尺由 0.85 元涨至 9000 万元，肥皂每块由 0.25 元涨至 2000 万元。

1949 年 8 月，由于战争创伤，物资严重短缺，私人资本又占有绝对优势，部分投机商人囤积居奇，加之国家财力紧，货币发行过量，因此市场物价仍不稳定。从 1949 年 8 月至 1950 年 4 月，市场出现了 3 次大的涨价风潮。第一次是 1949 年 9 月中旬，由于人民币信用尚未确立，银元黑市交易仍很普遍，在银行发行大面额钞票之际，引起市场物价波动。9 月 20 日与 9 月初价格相比，布匹上涨 22.86%，食盐上涨 28.89%；第二次是 1949 年 10 月底，受上海、汉口等地涨价风波及至 11 月 26 日形成高峰，27 日后开始下跌，这次价格涨幅较大，11 月上旬大米涨 66%，银元黑市价格由 11 月 1 日 1 个银元兑换人民币 2.8 元涨至 26 日的 8.7 元。第三次是 1950 年 1 月开始至 3 月中旬为最高峰，3 月中旬与上年 12 月相比的批发价格综合指数上升 196.4%，其中粮食上升 265.1%，花纱布上升 133.2%，副食品上升 167.9%，日用品上升 86.7%，燃料上升 126.4%。1950 年 4 月后，政府采取的抽紧银根，实行现金管理、发行公债，回笼货币，打击投机奸商及国营贸易公司大量抛售物资等措施，收到预期效果。市场物价很快稳定下来，至 7 月份，牌市差价已渐趋一致，城乡物资交流亦呈繁荣景象。朝鲜战争爆发初期，市场物价曾一度有所混乱，但由于国营贸易公司牌价稳定，牵制了私商过高抬价。并随着中国人民志愿军入朝参战而很快稳定下来，未形成全面涨价之势。1950 年 3 季度，株洲市场零售物价总指数比 1949 年同期仅上升 28.43%。从此结束了连续 12 年的通货膨胀。

1951 — 1952 年，随着国营专业公司掌握的物资增多，调节市场物价能力增强，主要商品价格有升有降，市场物价相对稳定。1952 年比 1950 年社会商品零售物价总指数上升 9.95%。

1953 — 1957 年，国民经济第一个五年计划时期，价格水平在国家计划控制下呈平稳上升之势；1957 年与 1952 年相比，市场零售价格总水平上升了 13.23%。1954 年，株洲大规模基本建设开始，市区人口激增，部分商品供不应求，特别是蔬菜供应更为紧张，12 月份蔬菜价格比上年同期高 81.67%。1955 年 3 月 1 日起，发行新版人民币。根据商业部指示，在新币发行期间任何商品价格均不许提高。同时，为配合新币发行，对部分价格偏高、供过于求的商品实行降价。5 月份后，商品价格调整恢复正常。1956 年上半年，部分商品的批零差率扩大了 2% ~ 3%，致使价格水平略有上升。

7月30日后，根据国务院指示，在工资改革期间价格一律冻结，至12月底物价解冻。是年，在职工工资增加了17.31%，购买力增长较大的情况下，市场零售价格总水平仅比1955年上升1.1%，职工生活得到改善。1957年年初，商品价格调整频繁，仅一季度有1763种商品价格进行了调整，其中，调高1203种，调低560种，调整后前零售物价总水平比1956年四季度上升2.04%，其中副食品价格上升11.9%。同时，还调整了9种农副产品的购销价格，除鲜蛋价格略有降低外，生猪收购价提高19.17%，猪肉销售价提高10%，茶油收购价提高25.84%，零售价提高22.5%。为防止物价上涨过大，市人委于7月18日规定年内工农产品价格稳定在7月份水平上不作调整，下半年的市场物价基本趋于平稳。全年市场零售价格总水平比上年上升2.21%。

1958年"大跃进"开始后，价格管理上出现了忽视价格规律、"从政治影响出发，不计价格高低"、盲目降低部分商品价格的情况，致使零售价格总水平较上年下降0.34%。1959年，由于大规模基本建设的需要，一些小型生产工具和防护用品供不应求，价格大幅度上涨，28种防护用品价格提高幅度一般在27%左右，高的在1倍以上。土法上马，大炼钢铁使木炭价格每50千克由5.2元涨至12元。地方工业品则由于设备不齐、技术力量薄弱、生产不正常，成本高，价格提高幅度很大，21种机械产品平均提价44%，9种建材平均提价31.85%。进入4季度后，猪肉、蛋品、食糖、肥皂等消费品已明显短缺，时有脱销。自由市场价格普遍上涨，高于国家牌价。鸡蛋国营零售牌价每千克1.24元，自由市场1.44元，鲜草鱼牌价1元，自由市场1.4元。

1960—1962年，境内农业生产连续遭受自然灾害，商品供应严重不足，物价大幅上涨，市场零售价格总水平1961年与1957年相比上升41.1%。1960年农业产值较1958年下降24%，粮食供应严重不足，生猪也因饲料短缺大量死亡，自由市场副食品价格昂贵。为回笼货币，缓解供求矛盾，5月份后对部分糖果、烟酒、饮食等实行了高价政策，敞开供应，其价格一般高于正常定价的3～4倍，同时提高了稻谷、花生、茶油等农产品收购价格，提价幅度2%～5%。是年，社会商品零售物价总指数比上年上升12.02%。1961年，农业继续受灾减产，工业生产大幅度滑坡，供求矛盾进一步拉大。下半年物价管理权限放宽后，工农产品价格普遍上涨，市日杂公司经营的116种地方工业产品，有67种提高了出厂价格，平均提价幅度24%，零售价格亦相应提高20.8%；30种主要农副产品收购价格平均提高35.34%。一些次小农副土特产品提价幅度更大。农药、化肥、农机销售价格则降低34.5%。是年，社会商品零售物价总指数比1960年上升25.87%，其中高价商品影响总指数上升12.9%，集市贸易影响总指数上升9.8%。由于职工人均工资仅比上年增4.8%，扣除物价上涨因素，居民生活水平下降较大。1962年，市场形势有所有好转。一季度物价水平比上年四季度上升7.84%，涨势已得到控制。二季度后集市贸易价格开始下降，高价商品价格也开始调低。全年市场零售价格总水平比上年降低5.5%，高价商品价格下降12.96%，集市贸易价格下降52%。集市贸易价格与国家牌价的差距缩小，猪肉由7倍缩小到2.5倍，鲜鱼由5倍缩小到2.5倍，鲜蛋由5倍缩小到2倍。

1963年，随着国民经济形势的逐步好转，商品供求矛盾有所缓和，凭证凭票供应商品减少，集市价格和牌价差距进一步缩小，物价水平下降，全年社会商品零售物价总指数比1962年降低14.72%。其中，平价商品降低3.16%，高价商品降低24.13%，集市贸易价格降低51.73%。50种商品的牌市差价由年初的127.27%回落到11月末的30%。由于价格下降，市区每一居民全年减少生活费用支出19.8元。1964年，价格水平继续回落，到1965年国民经济全面恢复，集市商品除粮油价格仍偏高外，其余均已恢复正常价格水平。实行高价供应的商品大部分恢复了平价。

1966—1976年，由于价格管理上的高度集中和严格控制，商品价格只是个别调整并且有升有降，各年度市场零售价格总水平变化很小，波动幅度均在1%以内。1976年比1966年社会商品零售物价总指数仅上升0.37%。

1977年，价格很少变动，只调整芝麻、棉籽等几个品种的购销价格，降低了国产手表价格。1978年调价增多，先后提高了大豆、棉花、茶油、桐油和部分土特产品的收购价格和汗衫、背心、毛巾等少数几种商品的零售价格，降低了绸缎、半导体收音机、部分农具和农药销售价格。社会商品零售价格总水平比上年略有上升。

1979年，开始以调为主的价格改革，至1984年这段时期，国家侧重对许多不合理的商品价格进行有升有降的调整，市场物价水平有所波动但幅度不大，除1980年涨幅为6.3%以外，其余各年均在2.5%以下。1979年3月，大幅度提高粮、油、猪、蛋、禽、鱼、木材、棉花等18类主要农副产品收购价格。粮食统购价格提高20%，超购加价提高40%，茶油提高9.26%，菜油提高23.5%，生猪提高24.96%，棉花提高15%。同年11月，国家统一部署提高猪、牛、羊、禽、蛋、蔬菜、水产品、牛奶等8类副食品销售价。市区因蔬菜、牛奶价格较高，未作调整，其他6类副食品及相关的549个规格品种销售价格平均提高19.07%。其中肉食255种，平均提价37.37%；水产品61种，平均提价41.02%；糕点100种，平均提价8.73%；饮食品33种，平均提价24.61%。副食品销售价格提高后，为不影响城镇居民生活水平下降，国家对职工每人每月发给5元副食品价格补贴。是年，日用工业品销售价格基本稳定。衣着类、日用品类和文化用品类价格水平比上年略有上升，医药类比上年下降0.93%。1980年，只对少数极不合理的价格进行了调整。1—9月，市区共调整商品价格441个，其中提价140个，平均提高15.58%；降价的301个，平均降低7.75%。全年社会商品零售物价总指数，由于上年度副食品调价翘尾巴影响比上年上升6.8%。1981年1—3季度，集市粮油、蔬菜、肉食、水产价格比上年同期平均下降0.86%。11月8日，降低涤棉布、中长纤维织物价格，提高烟酒价格，市区涤棉布和中长纤维织物平均销价降低13.01%，烟酒提价27.97%。全年社会商品零售物价总指数比上年上升1.78%。1982年，大的价格调整项目较少，市场物价总水平较为平稳，社会商品零售物价总指数仅上升0.56%，但集市贸易价格明显上涨，上半年集市贸易价格较上年同期升15%，牌市差价由32.2%扩大至41.4%，互相抬价抢购农产品现象比较严重。全年集市贸易价格指数上涨了6.85%。1983年1月，国家大幅度降低化纤织品价格，适当提高棉纺织品价格。化纤织品平均降价20.4%，棉纺织品提价12.2%。同时降低了手表、彩色电视机、闹钟、布胶鞋、照相胶卷、铱金笔零售价格。是年农村实行经营承包责任制及农副产品收购政策逐步放宽后，集市贸易和议购议销的比重进一步扩大。国家牌价和集市价格差距日益拉大，鲜菜牌市差价由上年的51.5%扩大到57%，水产品由39.48%扩到大91.01%，肉禽蛋由13.27%扩大到19.84%。1984年，出现“卖粮难”，集市粮价下跌24.2%。蔬菜生产也有较大增长，购销价格稳中有降，30个骨干品种购销价格比上年下降 4.47% ~ 6.84%；猪肉、蛋品价格基本平稳。全年零售价格总水平较上年上升 1.6%。

1985 — 1986 年，价格改革进入以放为主阶段。1985 年，农副产品取消了统派购制度，除粮、油、棉花、烤烟改按合同定购，执行统一定价外，猪、蛋、水产品、蔬菜、中药材、木材等全部实行了议购议销，价格随行就市。生产资料价格也取消计划外自销部分不得高于国家定价 20% 的限制，实行计划价格与市场价格并存的“双轨制”。由于基本建设投资和消费基金增长过快，市场供求矛盾较大，致使价格改革措施出台后，市场物价水平迅速上涨。生猪取消派购，放开价格后，收购价格比放开前上涨 70% 左右。鲜猪肉国营销价每千克由 2.6 元涨至 3.6 ~ 4 元；其他副食品价格也在肉价的推动下上涨较大。生产资料实行“双轨制”后，因供求缺口较大，计内供应只能满足 45% 左右，计划货源也严重不足，使计外生产资料价格大幅度上涨。计划外 Φ6.5 毫米线材每吨由 660 元涨至 1800 ~ 1900 元，最高达 2000 多元，生铁由 340 元涨至 670 元。全年市区社会商品零售物价总指数比上年上升 12.2%，副食品价格较上年上升 25.1%，其中蔬菜上升 31.3%，肉、禽、蛋上升 26.9%，水产品上升 41.8%，对少数工资收入低赡养人口多的职工家庭在生活上带来了一些困难。但全市平均职工生活费用收入较上年增长 24.92%，高于物价上涨幅度 12.75%，居民实际生活水平仍有所提高。1986 年，对价格的调整控制较严，只理顺了小化肥、农用柴油、汽油、一级公路客运票价、水泥、铁锅、电池、牛奶、奶粉、理发等突出不合理价格。9 月，按省统一部署，放开自行车、黑白电视机、电冰箱、洗衣机、收录机和 80 支以上纯棉纱及织物、中长纤维布 7 种商品价格后，自行车全面涨价，零售价格平均提高 21.59%，永久、凤凰、飞鸽 3 种名牌车平均提高 32.66%，进口电冰箱价格上升 14.7%，全年社会商品零售价格总水平比上年上升 5.9%。

1987 年 4 月后，市场物价出现大幅度上涨势头。4 月份蔬菜生产受灾，集市贸易鲜菜价格比上年同期上升 45.4%。5 月份，92 种主要食品有 66 种比上年同期不同程度地涨了价。112 种日用工业品中，价格上涨的 30 种；生产资料价格再度因供求紧张而上涨，计内烧碱、生铁、钢材和部分有色金属价格提高后，计外价格随之上升。放开商品的价格也不断上升，国家定价商品乱涨价现象已十分严重，各种名目的收费增多，且标准越来越高。是年，市区社会商品零售物价总指数上涨幅度再次突破 2 位数，比上年上升 11.2%。

1988 年，国家急于闯过价格改革关，价格改革项目出台较多。4 月份，放开了国营猪肉、蔬菜价格，提高食糖价格，放开名酒价格后，又先后提高了农药、农膜、肥皂、彩电、药品、纸张、水泥、洗衣粉、理发、公共汽车票价等 24 种商品价格和收费标准。由于宏观经济比例失调，价格出台时机选择不当，市场物价全面上涨，秩序混乱。居民担心物价上涨，抢购高档耐用消费品、名牌商品和日用生活必需品现象十分普遍。生产资料供求矛盾十分尖锐，计外价格迅猛上涨，计内外差价达 1 ~ 2 倍以上，一些单位和个人乘机抬价，“官倒”“私倒”等就地转手倒卖紧俏物资，有的货物未动，但已几经转手，价格倍增。国营猪肉、蔬菜价格放开后，肉菜价格全为集市左右，集市贸易鲜猪肉价格由每千克 4 元涨至 7 月份的 7.2 元，生猪收购价格每 50 千克最高时涨至 240 元。其他食品价格平均上涨 41% 左右。7 月份，13 种名酒价格放开后，茅台酒每瓶由放开前的 20 元涨至年底 200 元，其他牌号名酒价格涨幅均在2倍以上。是年，市区社会商品零售物价总指数比上年上涨27.3%，为1951年以来物价涨幅最大的一年。其中，鲜菜上涨38.4%，肉禽蛋上涨43.1%，水产品上涨39.8%，省产洗衣粉上涨70%，茶叶上涨33.6%，鲜果上涨40.1%，棉布上涨27.6%，中药材上涨127.2%，建筑材料上涨33.8%，集市贸易价格指数比上年上升43.4%。

1989年，贯彻国务院“治理经济环境、整顿经济秩序”的方针后，放慢了经济发展速度，市场物价由涨转落。上半年价格水平继续呈上涨之势。议价菜油、茶油因上年生产减产，6月份价格分别比上年同期上涨32%、34.3%，棉花收购价提高11.82%，影响针棉织品价格上涨8% ~ 15%，带动了呢绒、涤棉布等针纺织品价格上升，使上半年衣着类价格水平比上年同期上升22.73%；议价稻谷价格每50千克涨至50元，比上年涨17.6%。农业生产资料价格继续大幅攀升，尿素和碳铵综合平均销价分别上涨30.2%和42.2%，农药中杀虫霜销价上涨28.6%，甲铵磷上涨33.3%。下半年随着治理整顿措施的落实，市场供求矛盾开始缓和，市人民政府也加强了对物价的调控力度，使物价涨势得到有效控制，并呈逐月下降之势，价格总水平至11月份已基本与上年底持平。

1990年市场物价继续回落，居民对物价上涨的恐惧心理完全消除。在买涨不买跌的心理影响下，由抢购商品转为储币待购，市场即期消费不足，从生产资料到生活资料均出现了不同程度的滞呆现象，给价格改革创造了宽松的环境。是年，按照国务院“既要稳定物价，又要振兴经济”的方针，先后调整了货运价格、邮政资费、生活用煤、自来水、洗衣粉、公共汽车票价、奶粉、肥皂、针织品等122种国家管价的商品价格和收费标准，提价的35种，降价的27种。由于调价时对市场形势认识不足，定价过高，使食糖、针纺织品、肥皂、洗衣粉等商品调价不到位。是年，市区社会商品零售物价总指数比上年下降0.9%，为价格改革以来首次出现负增长。1991年，为增强企业活力和市场竞争力，先后出台部分提价、放开、治乱措施，市场物价依然平稳。社会商品零售物价指数为103.3%，比省下达的涨幅控制指标6%低2.7个百分点。蔬菜价格总水平比上年仅上升4.4%，肉蛋禽价格总水平比上年降2.8%，水产品价格总水平比上年降2%。

1992年，顺应社会主义市场经济发展，价格改革迈出重大步伐。由于社会需求持续增长，市场物价大幅上涨。全市社会商品零售物价总指数为110.6%，其中粮食价格上涨7.3个百分点。食品类价格比上年上涨16.6%，其中粮食价格上涨70.7%，蔬菜价格上涨10.8%，肉禽蛋价格上涨9.4%，水产品价格上涨6.6%；药及医疗用品类价格比上年上涨12.1%，其中中药价格上涨28.7%；服务类各项目价格比上年上涨18.5%，其中房租上涨7.2%、交通费上涨11%、文娱费上涨39.2%。

1994年，放开统配煤价格，大幅度提高粮食购销价格和油菜子、棉花、烤烟收购价格等新改革措施出台和1992年下半年以来调放措施的滞后影响，以及遭受百年未遇的特大洪灾影响，市场物价大幅攀升。市场物价上涨呈现起点高、涨幅大、涨价面广等特点，全年商品零售价格涨幅达22.5%，居民消费价格涨幅为23.7%，列入商品零售价格总指数统计的14类商品有12类品种都大幅度上涨；列入居民消费价格总指数统计的8类品种上涨37.1%，占零售价格总涨幅55%左右。物价大幅度上涨给人民群众，尤其是低收入者带来了较大影响。

1995年，为抑制通货膨胀，控制物价过快上涨，强化宏观调控，控制新的涨价措施出台，实行市场物价涨幅目标控制责任制等一系列措施，并取得了“价格总水平涨幅明显低于上年”和“商品零售价格涨幅控制在全省平均涨幅以下的效果”。是年市场物价逐月回落，到12月份社会商品零售价格总指数回落至104%，居民生活消费总指数回落108.6%，分别比1月份回落20.3和18.4个百分点。全市商品零售价格涨幅为15.3%，居民消费价格涨幅为18%。1996年，市场物价涨幅大幅回落。全市零售商品价格指数为104.6%，较上年回落10.7个百分点，消费价格指数为107.1%。食品价格变动频繁，总体大幅回落。全年晚稻米价格一直维持在每千克2.4 ~ 2.7元之间，平均为每千克2.552元，较上年的2.51元仅上涨0.4%；蔬菜，上半年由于气候影响产量下降，菜价急骤攀升，菜价平均涨幅为15.3%，最高（4月）为31.3%，下半年气候适宜，加之调控措施到位，菜价下滑，平均降幅为13.5%，最大降幅（11月）为22.3%。上半年猪肉价格一直维持在每千克13元以内，8月份实行定点屠宰后，肉价最高涨到每千克20元左右，由于政府调控和监管终以每千克15元的平均价格维持到年末，年均肉价上涨8.3%。家禽价格年均为每千克17.497元，较上年上涨10.7%。鲜蛋价格较上年上涨12.6%。鲜果市场货源充足，平均价格趋于下降，苹果、梨、橘子分别较上年下降12.4%、18%、4.5%。日用工业品价格持续保持平稳，服装、鞋帽、纺织品、化装品、日用品、家用电器类价格上涨2.4% ~ 0.3%。首饰类价格出现负增长0.3%。居住、教育等服务收费价格仍节节攀高。据百户居民调查，全年户平均学杂费支出为1088元，较上年增长18.3%。居住类价格指数一直维持在113%的水平，其中水、电、燃料价格上涨23.6%。

1997年，市场运行平稳，价格有升有降。市场价格走势：一是零售商品价格下降，非商品消费价格上升。调查297个零售商品中，有81个品种下降，下降幅度在20%以上的有8个品种，10%以上的有25个。非商品消费价格涨幅在55%以上的有2类，25%以上的有3类，10%以上的有5类。医疗保健服务价格较上年上涨55.8%，邮电上涨110%。二是鲜活主食商品价格下降，再制品副食品价格上升。粮食价格较上年下降7.5%、蔬菜下降5%、水产品下降2.6%，干果、干菜价格较上年上涨4.1%、4.4%，调味品、糖果、糕点、烟酒分别上涨1.7%、7.6%、4.8%、7.9%。三是电子电器价格下降，洗涤美容品价格上升。家用电器价格较上年下降4.4%，机电产品下降3.3%。其中彩电、冰箱、录放机、洗衣机等价格下降10%以上，化妆品、洗涤品价格则上涨3.7% ~ 6.8%。四是衣着居住商品价格下降，教育保健商品价格上升。中药及药材平均价格较上年上涨5%。衣着居住等消费品价格大面积较大幅度回落，城市消费价格涨幅为2.5%，回落4个百分点。

1998 — 1999年，市场物价走势低落，持续负增长。1998年，市物价局对住房、电、粮价和一些收费作了新的规范，实行最高限价管理，使物价的宏观调控达到预期目标，全市零售物价指数为96.9%，消费指数为99.6%，分别比上年下降3.9和4.4个百分点。1999年全市商品零售价格比上年下降2.5%左右，居民消费价格比上年下降0.5%。

2000年，围绕启动消费、扩大内需、促进市场价格总水平合理回升的原则，实施价格“拉动工程”，加强价格监测成本调查工作，加大价格调节基金的征收力度，促使居民消费价格合理回升，全市居民消费价格指数比上年回升了1.4个百分点。

第三节 商品差价和比价

一 商品差价

（一）进销差价

1951年年初，株洲国营商业根据全国第二次物价会议确定的原则，开始按照进货费用、经营费、利息、损耗、税金的大小掌握粮食、棉布等几种主要商品的进销差价。随着国营商业经营商品增加，对进销差价管理的品种范围逐渐扩大。

1955年7月，贯彻湖南省第五次物价会议精神，进销差价按商品供求状况，关系国计民生大小及对私营工商业社会主义改造政策等具体情况制定。供求平衡的商品利润适中，供不应求的商品利润稍大，主要工业品的进销差价以不超过25%为限。对国营商业掌握全部货源的商品，其进销差价以有合理利润为原则制定。掌握大部分货源的商品，根据对私营工商业利用、限制、改造政策，进销差价适中；掌握货源小的商品，从限制私营商业出发，进销差价从紧掌握。对关系国计民生十分重要的商品，进销差价打紧，一般商品可安排适当利润。1956年，对私营工商业社会主义改造基本完成后，进销差价主要依据商品与国计民生关系大小及供求状况确定。

1957—1958年，部分农副产品收购价格提高幅度较大，为保持市场物价稳定，销售价少提或不提，购销差价缩小。1959年，市商业局确定生猪、禽蛋及部分土产品的购销差率7.8%～10%。1960年，粮食、食油收购价格提高后，而销价未动，稻谷、食油、黄豆、绿豆等粮油品种购销价格开始出现倒挂。

1958—1959年，地方工业品生产成本较高，为扶植生产企业，以提高出厂价格。到1960年，市百货公司经营的135种地方工业品进销差率平均仅2.52%，1961年降低为2.4%，1962年才恢复至7%～12%的正常水平。

1964年，农业生产资料进销差价的掌握幅度为：市内生产市内销售的，由基层零售单位直接进货，只加批零差，不加进销差。调出市外的进销差率3%～10%，从外地调入的进销差率7%～10%。同年，对农副产品购销差价的掌握原则也作了修改和重申：生产资料和主要生活资料商业经营以保本或有微利为原则，一般生活资料的购销差价不超过2%的正常利润。并区别三类农副产品及统派购产品等不同情况制定了一些主要品种的购销差率：棉花（皮棉至衣花）20%，苎麻、棕片12%，柑橘、蒜球16%，黄花、干椒14%，生姜18%，晒烟55%（含工商税40.4%）。其他土特产品一般在7%～12%之间。

1966—1978年，制定进销差价的原则未作大的变动，进销差率只作了个别调整，其中稻谷1966年起执行购销同价，菜油从1971年起购销价格倒挂3.5%，茶油购销差率1971年起由26.53%缩小为3.3%，1978年购销价格倒挂13.89%。

1979年3月后，根据国家统一部署大幅度提高了一些主要农副产品收购价格，粮、油、肉、蛋、鱼、禽、蔬菜等一些主要副食品销售价格未作同步调整，购销差价缩小，甚至倒挂，经营亏损增加。11月份，8种副食品销售价格提高后，大部分品种购销售差价恢复到调价前水平，有的还略有提高。但粮食、食油销售价格仍未调整，购销倒挂幅度拉大。其中稻谷倒挂17.75%，茶油倒挂21.2%。

1980年后，随着价格改革深入，除实行国家定价、国家指导价的商品进销差价仍由国家掌控外，其他商品进销差价均由经营者视市场供求情况自行确定。至1990年，粮食、食油购销价格倒挂幅度继续扩大，稻谷由1984年的17.75%，扩大至57.10%；茶油由1985年39.37%，扩大到60.43%。其他商品进销差价呈扩大趋势，中药材1986年为12%，1990年为15%；化工产品1981年为4.2%，1990年为10%；日用瓷器1990年由5%扩大为7%；针纺织品进销差率在8% ~ 15%之间；五金产品中铁丝1988年为15%，1990年为16%；糖果、糕点进销差率3% ~ 5%。

1991年，化工产品产地批发进销差率由10%调为12%。1992年，国营医药商业经营的生物制品进销差率为12%。1992年后，价格形成机制发生根本转变，除极少数国家和省管价的商品（产品）外，商品（产品）定价权全部放给企业，由企业根据市场供求情况，按照进得进、销得出的原则自主定价，不受差率控制。1994年，从稳定市场物价出发，对部分放开商品实行差率控制。白沙糖进销差率为18%，肥皂25% ~ 29%，洗衣粉22% ~ 26%，牙膏18% ~ 22%，奶粉17%。1998年，取消了白糖、肥皂、牙膏、洗衣粉、奶粉的差率控制。

（二）地区差价

1950 — 1952年，株洲市区国营商业经营的工业品主要从长沙购进，其销售价格按长沙牌价加运杂费制定，一般较长沙牌价高2% ~ 5%，地区差价偏大，私商有利可图，故联合从产地直接采购商品，使国营商业批发业务发展受到影响。

1953年8月，为限制批发商，中央将“产、运、销”三方兼顾的地区差价掌握原则改为“城城微利，城乡合理”政策，据此将株洲市区商品与长沙的地区差价缩小到2%以下。同年11月，对地区差价区别商品类别与市场类别进行安排。商品类别按关系国计民生大小及国营商业掌握货源情况分为三类：第一类为关系国计民生和市场有重大影响的商品，地区差价的掌握以私商不能在城城之间贩运为原则，不加或稍加地区差价利润；第二类为关系国计民生较大，且国家掌握大部分批发业务的商品，其地区差价以使私商无利或微利为原则确定；其余为第三类商品，其地区差价以维持私商经营为原则。市场也分为三类：距产地较近、交通方便、私商习惯到产地进货的为第一类市场，其地区差价不计利润；距产地较远但交通方便的集散地，私商从产地进货也从当地进货的为第二类市场，计算地区差价以“微利略紧”为原则；距产地较远、交通不便，私商不易到产地进货的地区，为第三类市场，计算地区差价时，以有利于私商在当地进货为原则。据此株洲市区直接从产地进货的地区差价由11%缩小到4% ~ 7%，并按省统一安排，取消了白布、食盐、火柴、药品等几十种商品的地区差价，从而限制了私商经营批发业务，国营批发商业迅速占领了批发市场，逐步将私商的零售价格纳入了国家牌价管理。

1956年，株洲市对私营工商业社会主义改造完成后，国家批发机构延伸至农村集镇，并开始掌握市郊各集镇的城乡地区差价。城乡差价按距市区进货点7.5 ~ 37.5千米及以上、以下划为三个价区，分别加实际运杂费和不超过 1.5% 的综合差率制定。1958 年后，城乡差价缩小，一般只保持了运杂费的差额。1963 年 7 月，农村短途运价提高后，城乡差价更显偏紧，影响了城乡物资交流。为此，市物价委员会恢复并扩大了工业品的城乡差价，市郊区划 4 个价区，距市区进货点 2.5 ~ 10 千米的地区为一价区，10 ~ 20 千米的地区为二价区，20 ~ 30 千米的地区为三价区，30 千米以上的地区为四价区。并将工业品分为 4 类：一类为纺织品、医药；二类为百货、针织品；三类为文化用品和副食品；其他为四类商品。根据不同商品类别和价格区分别制定综合差率和运杂费定额标准。综合差率：一类商品一价区为 0.5%，四价区为 1.1%；二类商品一价区为 0.7%，四价区为 1.3%；三类商品一价区为 0.9%，四价区为 1.5%；四类商品一价区为 1.1%，四价区为 1.7%。

1965 年，株洲市工业品城城差价除劳保用品、文化用品、日用百货及针棉织品中的毛巾、毛毯仍与长沙保持了 1% 左右的差价外，其余均与长沙执行同价。

1966 年 8 月，为改变历史上形成的农副产品越是边远山区，收购价格越低的状况，市物价委员会、市供销社改变过去三类农副产品按销地市场层层扣减流通费用和利润作价，即“倒剥皮”的收购作价办法，实行先确定与农民直接见面的合理收购价，然后根据不同品种的具体情况，自下而上加地区差价制定调拨价格，对一般零星分散的次小产品则取消县以下地区差价。是年，根据中共中央、国务院为加快内地建设，促进边远地区工农业生产发展，逐步缩小三大差别所确定的“在沿海城市提价而在内地、农村降价，不能打击地方工业，不妨碍各地工业品交流”的缩小工业品地区差价的原则，市物价局将百货、针织、纺织、文化、五金交电等 44 类商品的地区差价制定原则，由原来按商品流通费用加商业利润改为只加费用，不计利润制定。并具体规定地区差价中的大中城城区差价加经营费再加运杂费，中小城城区差价和城乡差价只加运杂费，不加经营费。此后又分期分批缩小或取消了一些商品的地区差价。至 1976 年，日用工业品中实行全国、全省统一价格的占零售额的三分之二。针织品、纺织品、主要百货商品、18 类学生用品等也取消了城乡差价。粮油、中药材、棉花、生猪、苎麻等 24 类主要农副产品和大部分生产资料，也先后实行了全国、全省或全县统一价格。1977 — 1978 年，又相继对机电产品、化工产品、主要农机产品实行全国统一销售价格，大豆实行全省统一收购价格。由于缩小或取消了地区差价，商业系统内部调拨采取倒扣作价的办法，但不少商品经营仍然亏损，挫伤了经营部门组织商品流通的积极性，使一些商品特别是小商品经常脱销。

1979 年，价格改革开始后，商品地区差价逐步恢复。1980 年 8 月，中药材取消了全省统一销售价，实行分产区和销区分别作价。此后，其他实行全国、全省或全市（县）一价的商品也逐渐恢复了地区差价。至 1990 年，仅有合同定购的稻谷、小麦、玉米、油脂、油料、棉花等少数几种农产品收购仍执行全省一价。

1981 年 7 月，湖南省物价委员会将三类百货文化商品的地区差价下放由二级批发站和市、县批发公司，按产地或进货地批发价加实际运杂费，再加省规定的综合差率灵活掌握。1983 年后，三类小商品和大部分放开由企业定价的商品地区差价，不再受国家规定的差率限制，由企业自主确定，并允许在同一市场、同一时间、同一商品的价格有高有低。实行固定价格和浮动价格的商品，地区差价仍分别由各级物价部门和业务主管部门管理，地区差价水平在货运价格提高、税费增加等因素影响商业流通费用上升的情况下。经过 1984 年、1988 年 2 次调整后，至 1990 年基本合理。

1991 年，化工产品销地批发综合差率为：省外 8%，省内 7%；农膜产销综合差率为 10%，煤炭综合差率为 10%。1994 年，化肥省、县两级综合差率为 10%，县、乡两级为 8.5%；1994 年，铜综合差率为 6%、铝 6%、锌 6%、汽车（国家统一定价外）8%、水泥 10%、煤炭 15%。1995 年后，随着市场经济运行机制的逐步完善，商品流通走向市场化，加之运输业的空前发展，并形成铁路、公路、水路和航空立体物流网络，地区与地区之间差价大幅缩小或自然消失。

（三）批零差价

中华人民共和国成立初期，株洲市国营贸易公司即开始掌握主要商品的批发和零售价格。为发展国营商业，扩大零售业务，平抑市场物价，对批零差价控制较紧，布匹批零差价 5% ~ 6%，百货 7% ~ 8%。

1950 年 7 月，根据中央财经委员会关于在调整公私关系时要允许私商存在的指示，批零差价有所扩大，棉布平均为 12.3%，百货 6% ~ 15%。

1952 年，根据湘潭专区物价会议精神，从有利于私商开展零售业务出发，批零差价的掌握以国营商业计算的为标准，并照顾私商经营，使之有适当利润。据此，由国家统一掌握的粮油、布匹、针棉织品、百货文化用品、食糖等 19 类商品的批零差价平均扩大 2% 左右。

1954 年，为加快对私营零售商业的社会主义改造，批零差价以使大多数零售商能基本维持生活为原则制订。市区除个别商品批零差价略有缩小外，其他仍执行 1952 年省统一规定的批零差率。其中，白布 8% ~ 10%、色布 12% ~ 15%、食糖 12% ~ 17%、食盐 11% ~ 13%、卷烟 12% ~ 17%、文具 13% ~ 18%、日用百货 12% ~ 17%、搪瓷制品 12% ~ 17%、西药 10% ~ 15%。

1955 — 1967 年，株洲市区批零差价按省统一部署，先后经过 8 次较大调整，后逐渐固定下来。1967 年，各类商品的批零差率是：布匹、针棉织品 12% ~ 15%，44 类百货文化商品大部分在 14% ~ 15% 之间，五金商品 12% ~ 15%，交电商品大部分为 13% ~ 15%；副食品中奶制品 12%，食糖 15%，糖果、糕点 16%、卷烟、白酒 10%；食盐 12%，煤油 15%，日用陶瓷 14%，铁锅 15%，铁、竹、木制品 12%；医药类 15% ~ 18%；化工商品 16%。1976 年，对三类小百货、小文化商品批零差率合并为 3 个档次：即帽子、披风为 14%，玻璃制品、眼镜为 20%，其他三类小商品为 16%。其他商品批零差价至 1980 年均未作变动。

1981 — 1982 年，在下放三类小商品定价权的同时，三类小商品批零差价的管理也作出相应松动，规定一部分价值小、损耗大、拆零出售的商品由经营企业参照过去规定的批零差率灵活掌握，但以不超过 40% 为限。1985 年后，放开由企业定价的商品批零差价，除少数主要品种如自行车、黑白电视机、成衣服装等，在价格上涨较大时由国家适当控制外，其他商品的批零差价由企业自主制定；国家管价的商品批零差率，除日用瓷等少数品种批零差价有所扩大外，至 1990 年，其他商品的批零差价未作变动。

1991 年，煤炭批零差率为省辖市不超过 24%，其他城镇不超过 20%。1991 年后，除少数重要生产资料和食盐外，其余商品价格逐步放开，随行就市。商品批零差率亦由经营者根据市场需求变化情况自行确定。1992年，国营医药商业经营的生物制品批零差价率为10%。1994年，白沙糖批零差价率为20%，肥皂17%，洗衣粉18%，牙膏18%，奶粉16%。1995年，食盐批零差价率由16%扩大到22%，菜油批零差价率为8%。1996年，汽油、柴油批零差价率为6%。至2000年未作调整。

（四）季节差价

工业品季节差价 1987年，湖南省产啤酒实行季节差价，1988年啤酒销售形势较好，取消季节差价。1989年6月起，恢复实行季节差价。株洲产金蕾啤酒出厂价格淡旺季差价37.2%，零售价格淡旺季差价36.4%；1990年5月，市物价局规定啤酒旺季时间为4月15日至10月15日，其他时间为淡季，同时降低了旺季零售价格，淡旺季差价缩小为12.7%。

碳铵随着生产发展、库存增多，为有利于生产和流通，从1980年起，实行季节差价，2—8月为旺季，其他时间为淡季。淡旺季差价，出厂价为6.67%，零售价为12.5%。1983年，碳铵出厂价格取消季节差价，销售价格淡旺季每吨差价10元，季节差价率6%左右。1987年后，碳铵价格由县管理，季节差价从有利于储备出发，一般只安排出厂季节差价，9月至次年2月为淡季，3—8月为旺季，销售实行全年一价。

农产品季节差价 株洲市蔬菜自1954年国营商业经营后，季节差价由蔬菜公司在年度计划价格水平内以有利均衡上市为原则，灵活掌握，具体品种上市初期和落市期高于旺产期。1972—1974年，一度取消了部分品种的季节差价。1975年，恢复正常季节差价。1984年，蔬菜价格放开后，季节差价主要通过市场自发调节，各品种、各年度淡旺季差价不一，起落较大。20世纪90年代，随着蔬菜生产的发展，不少品种上市季节提前，蔬菜产销淡旺季差异缩小，季节差价幅度不大。

鲜蛋季节差价一般以4—5月为旺季。1953年，国营商业经营鲜蛋后至1957年，每年季节差价调整4～8次，淡旺季差价5%～15%。1958—1962年，取消季节差价。1963年恢复，是年季节差价调整6次，淡旺季差价10%。1969年，根据湖南省统一规定，鲜蛋季节差价每年只作一次调整，淡季价格比旺季价格高8.08%，年底又取消季节差价，至1979年恢复。1979—1984年，鲜蛋季节差价一般安排在20%左右。1985年，购销价格放开后，鲜蛋季节差价随市场供求情况而定。

1956年，鲜鱼购销价格分淡旺季安排，淡季为7—9月，旺季为10月至次年1月，淡旺季差价15%～20%。1957—1959年，淡旺季差价缩小至4%～10%。1960—1961年，由于自然灾害，全年执行一价。1962年恢复季节差价，旺季价格低于淡季5.22%。1967—1979年，取消季节差价。1980后逐步恢复，季节差价一般在10%～30%。

1991年后，商品价格以市场供求调节为主。由于多渠道、少环节的市场化流通机制的形成与完善，商品季节差价逐步缩小。至2000年，政府价格主管部门没有出台有关商品季节差价政策规定。

二　商品比价

（一）农产品内部比价

民国26年（1937）6月，大米每斗交换猪肉1.21千克，换鸡蛋3个。抗日战争爆发后，市场物价波动很大，商品比价变化无常。民国31年（1942）1月，大米每斗可交换猪肉4.27千克、鸡蛋91个，10月肉蛋价格上涨，每斗大米只能换回猪肉1.23千克、鸡蛋41个。至中华人民共和国成立前夕，因恶性通货膨胀，民国政府发行的金圆券、银圆券等纸币相继失去信用，商品交换多以银元充当媒介，或按历史形成的“担谷十斤肉”“担谷十斤油”“毛鸡肉价”等比价关系以物易物。

20世纪50年代初期，株洲国营商业根据中央和湖南省人民政府指示制定了棉粮等商品比价。1951年，鉴于湖南境内棉花短缺而粮食有余，为鼓励植棉，长沙专署工商科将棉粮比价提高到1∶10，保证1千克棉花可换10千克米。至1952年，株洲棉花每50千克可换回稻谷1241.67千克，比正常比价高出1倍左右。随着粮食价格的提高，粮棉比价逐步恢复正常。

1957年2月，根据国务院指示，开始以粮食为中心，安排各种农产品比价。并规定粮食与其他农产品比价的制定，必须根据国民经济计划的要求，有利于促进粮食和其他农产品有计划按比例地发展。此后至1980年，农产品之间的比价关系相对稳定。

1980年后，由市场调节的农产品价格上升较快，其价格提高幅度远远大于仍由国家定价的粮、棉、油合同定购价格的提高幅度。粮、棉、油交换其他农副产品的数量下降，致使农民种植粮、棉、油的积极性受到影响。1990年与1966年比，每50千克稻谷交换棉花减少32.5%，交换蔬菜减少34.7%，交换生猪减少27.6%，交换木材减少81.85%。

1991年，猪肉、棉花、茶油与大米的比价分别为1∶15、1∶11、1∶88。1992年，粮食价格全面放开，农产品内部比价差大幅缩小。1995年与1991年比，每50千克大米交换茶油增加75%，交换棉花增加89%，交换猪肉增加158%。1996年后，农产品价格相对平稳。2000年，猪肉、棉花、茶油与大米的比价分别为1∶5.9、1∶6.3、1∶7.3。

（二）工农产品交换比价

民国26年（1937）6月，大米每斗交换食盐1.7千克，食糖1.45千克，白布7.25尺，肥皂9.67块。民国31年（1942）10月，大米每斗只能换回食盐0.9千克，食糖1.15千克，白布5.63尺，肥皂5.63块。民国33—34年（1944—1945），株洲沦陷期间，盐价昂贵，1担谷只能换盐0.5～1千克。

中华人民共和国成立后，中共中央和国务院为了促进农业生产，逐步提高农民生活水平，采取了提高农产品价格，稳定甚至降低工业品价格的政策，逐步缩小历史上形成的不合理的工农产品价格“剪刀差”。1966年与1950年相比，稻谷收购价格提高131.71%、棉花提高133.38%、生猪提高83.27%，同一时期的食盐零售价仅提高3.33%。食糖、棉布、煤油零售价格则分别降低了27.45%、10.34%、25.99%。

“文化大革命”期间，农产品中棉花、禽蛋、油料、木材等收购价格有所提高，并改变了农产品收购价格递远递减的作价办法；工业品中则大幅度降低了农业生产资料、食盐、药品、机械、电子等商品价格，并分期分批缩小日用工业品的地区差价，使工农产品价格“剪刀差”继续有所缩小。

中共十一届三中全会后，为解决农产品、原材料等基础产品价格偏低、加工工业品价格偏高的不合理商品比价体系，从1979年3月起大幅度提高18种农副产品收购价格，此后至1984年按照国家统一部署，着重调整一些不合理的商品价格，从而使各种商品之间的比价关系有了较大的改善。农产品交换工业品的数量继续增加。

1987年后，由于出现通货膨胀现象，工业品价格全面上涨，而仍由国家定价的合同定购粮、棉、油等农产品价格提高幅度相对较小，致使工农产品价格“剪刀差”有所扩大，出现了“比价复归”现象。1990年，稻谷交换食盐比1985年减少40%、棉布减少40.83%、肥皂减少40.56%、尿素减少12.39%、敌敌畏减少56.69%。

1991年，大米与尿素、食盐比价为1∶1.8∶1.2，大米、猪肉与尿素比价为1∶10∶1，鸡蛋与食盐比价为10∶1。1992 — 1994年，粮、油、肉等农产品价格较大幅度上涨，致使工农产品价格“剪刀差”大为缩小。1995年与1991年比，每50千克大米交换尿素增加20%，交换食盐、肥皂增加140%，猪肉交换尿素增加20%，棉花交换尿素增加70%，鸡蛋与肥皂、食盐交换比例基本未变。1996年后，工农产品价格均有所下降。至2000年，工农产品交换比价总体上与1995年相当。

第四节　主要商品价格

一　农副产品

（一）粮　食

民国12年（1923），株洲新粮上市时，中等稻谷每石1.6 ~ 1.7元（银元），民国20年（1931）涨至5 ~ 5.6元。抗日战争期间，法币贬值，至民国32年（1943）年底，大米价格较抗战前上涨了12.93倍。民国37年（1948）8月，中等大米每斗涨至301万元（法币）。是年9月改换币制，中等大米每斗值金圆券1.6元。随后金圆券飞速贬值。至民国38年（1949）6月，大米每斗值金圆券2.75亿元。

1949年10月下旬，受沪、汉等地涨价风波及粮价猛涨，至次年3月中旬达最高峰，二机米每50千克批发价17.3元。经国营贸易公司从外地调入大批粮食，低于市场价抛售。3月下旬，大米零售价跌至每50千克13.40元。1951年后，粮价继续下跌，至1952年，籼稻收购价每50千克5 ~ 5.35元，二机米销价每50千克8.5元。

1953年11月，粮食实行统购统销。次年9月，株洲市区中等籼稻每50千克统购价5.90元，统销价6.35元；中等大米统购价8.35元，统销价9.10元。1958年，中等籼稻统购价调整为6.40元，统销价与统购价持平，大米统销价未作变动。

1959年后，由于连年遭受自然灾害，粮食大幅度减产，价格上涨。至1961年，株洲中等籼稻统购价调高到 8.40 元，统销价未作调整。但集市粮价高得惊人，1962 年 11 月中等稻谷价格每 50 千克 43 ~ 45 元，大米每 50 千克 63 ~ 65 元。1963 年，农村集市米价回落到每 50 千克 25 元左右，1964 年市场粮食价格基本恢复正常。1965 年 4 月，提高城镇粮食统销价格，中等大米每 50 千克调为 12.2 元。8 月，中等籼稻统购价提高到 8.6 元，并对超购部分加价 12%。1966 年新粮上市起，中等籼稻统购价提高到 9.50 元，同时取消 12%的超购加价；8 月，相应将大米统销价格每 50 千克提高到 14.2 元。此后至 1992 年，城镇居民定量口粮销价未作调整，返销农村粮食 1979 年后执行购销同价。

从 1971 年起，株洲市对超购粮按统购价格加价 30%。

1979 年 5 月，稻谷统购价格由 9.5 元调整为 11.55 元，超购部分加价 50%。是年 12 月，中等籼稻议购价每 50 千克 19 元。1980 年，稻谷议购价格稍有上升。1983 年，粮食丰收，议购价格调低为 18 元。1985 年，粮食改统购为合同定购，合同定购粮食按“倒三七”比例作价，即 30%按原统购价、70%按原超购加价，中等籼稻比例收购价每 50 千克 15.59 元，低于上年统购、超购、议购 3 种价格平均 15.61 元的水平，影响农民种粮的积极性。1987 年 4 月起，中等籼稻合同定购价每 50 千克调整为 17.09 元，议购价每 50 千克 28 元。1988 年，议购粮价格上涨，12 月籼稻议购最高限价每 50 千克 34 元。1989 年 4 月，籼稻合同定购价每 50 千克 42 元，大米议销价每 50 千克 75 元。1990 年，合同定购价未作调整，籼稻议购价每 50 千克 36 元，大米议销价每 50 千克 65 元。

1991 年 5 月，提高居民统销价格，标一晚籼米由每 50 千克 15.10 提高到 29 元，特制晚籼米由 16 元提高到 31 元。1992 年 11 月，全面放开粮食价格，取消城镇居民定量粮平价供应和农村粮食统定销平价供应。次年 1 月，取消国家粮定购任务和对农民“三挂钩”物资平价供应，价格随行就市。1993 年，早稻收购价格最高达到每 50 千克 75 元，晚稻收购价格最高达到每 50 千克 130 元。1994 年，为稳定市场粮食价格实行限价措施，并抛售国家专储粮食。国家专储粮标二早籼米零售价格每 50 千克（下同）不超过 65 元，标一早籼米不超过 70 元，标二晚籼米不超过 80 元，标一晚籼米不超过 84 元。市场最高零售限价为：标一早籼米每 50 千克 100 元，中籼米每 50 千克 110 元，晚籼米每 50 千克 120 元。1995 年，中等早籼稻合同定购价格每 50 千克 51 元（含价外补贴 6 元），中等中籼稻 54 元（含价外补贴 4 元），晚稻 61 元。1996 — 1997 年，合同定购粮食价格为：中等早籼稻每 50 千克 65 元，中籼稻 68 元，晚籼稻 72 元，优质早籼稻 75 元，优质晚籼稻 78 元。2000 年，稻谷收购价格回落到每 50 千克 45 ~ 56 元之间，市场大米零售价格为每 50 千克 100 元左右。

（二）油脂油料

20 世纪 50 年代初，市场食用植物油价格波动较大。1951 年，株洲国营公司参与食油经营并制订牌价后，价格逐渐稳定。1952 年 8 月，中等茶油每 50 千克批发价 43 元，零售价 46 元，集市价 48 元；菜油每 50 千克批发价 35 元，零售价 38 元，集市价 40 元。1953 年 1 月，茶油零售牌价降至每 50 千克 37.5 元。

1954 年 6 月，实行统购统销，市区茶油每 50 千克统购价 42 元，统销价 57 元；菜油统购价 37 元，统销价 52 元；油菜籽、茶籽每 50 千克统购价分别为 11.9 元、7.6 元。1955 — 1956 年，油脂油料购销售价格有所提高。1957 年 8 月，又作了较大幅度调整，茶油每 50 千克统购价提高到 56 元，统销价提高到 76 元；菜油统购价提高到 51.5 元，统销价提高到 63 元。1959 年后，由于自然灾害影响，食油供应紧张，为鼓励生产，1961 年 2 次提高油脂油料购销价格，茶油每 50 千克统购价提高到 73 元，统销价提高到 93 元；菜油统购价提高到 74 元，统销价提高到 81 元；茶籽、油菜籽统购价分别提高到 17.20 元、24 元。1962 年 7 月，粮食市场放开后，集市菜油价格涨至每 50 千克 280 元以上。1964 年 5 月，市区菜油统销价由每 50 千克 81 元调至 82 元，茶油每 50 千克 93 元，执行到 1991 年未作调整。

1965 年 9 月，每 50 千克茶油议销价已降至 120 元，菜油 110 元，基本恢复正常水平。1971 年 5 月，提高油脂油料统购价格，茶油每 50 千克调为 90 元，菜油 85 元，油菜籽 28 元，茶籽 19 元。同时对超购部分加价 20%，10 月份加价幅度调为 30%。

1978 年，茶油每 50 千克统购价提高到 108 元。1979 年 5 月起，再次提高油脂油料统购价格，茶油提高到 118 元，菜油 106 元，油菜籽 33 元，茶籽 25 元，同时对超购部分加价 50%。1982 年，油脂油料收购改为 40% 按统购价、60% 按超购价作价，调整后比例收购价茶油每 50 千克 153.49 元，茶籽 32.5 元，菜油 136.8 元，油菜籽 42.9 元。1985 年，取消食油统购改为合同定购。1986 年后，除茶油、菜油、茶籽、油菜籽外，其他食用油脂油料价格逐步放开由市场调节。1988 年，茶油定购价由 153.4 元提高到 177 元，价外另补贴 15 元；菜油提高到 148.4 元；油菜籽收购价提高到 50 元。1989 年，定购任务内茶油、菜油改为 70% 按平价、30% 按议价计算。是年，议购议销价格继续上涨，综合平均收购价格每 50 千克茶油涨至 235 元，菜油 207.40 元。1990 年，合同定购价未作变动，但议购价上升，每 50 千克茶油 235 元，菜油 214.8 元；议销价比上年略有下降，茶油 340 元，菜油 254 元。

1991 年 5 月，提高居民统销油价格，茶油由每 50 千克 88 元提高到 265 元，一级菜籽油每 50 千克由 90 元提高到 254 元。1992 年 11 月，全面放开食用油价格，取消城镇居民定量油平价供应，价格随行就市。1994 年，对市场菜油实行最高限价，精菜油一级每 50 千克 490 元，二级 475 元。市场茶油平均每千克 11.49 元，菜油二级平均每千克 8.47 元。1995 年，对国营粮油店经营的菜油实行差率控制。从省内调入的菜油按产地出厂价每千克加 0.5 元作为销地批发价，再加批零差率 8% 制定零售价；从省外调入的菜油按调出地实际批发价加实际运杂费、合理运输损耗和进销差率 3%，再加批零差率 8% 制定零售价。1997 — 2000 年，市场茶油二级价格稳定在每千克 17 元左右，菜油二级价格稳定在每千克 10 元左右。

（三）生猪及猪肉

1951 年 3 — 6 月，株洲市场带骨猪肉每千克零售价 0.72 元，12 月涨至 1.12 元。1952 年年初，株洲市公私合营牲畜进出口公司成立，开始制定生猪收购价格，每 50 千克毛重收购价 21 元，猪肉零售价每千克 0.80 元左右。1953 年 4 月份起，市区生猪收购价由省统一管理，每 50 千克收购价提高到 26 元；带骨猪肉每千克零售价调为 1.16 元。

1954 年 8 月，国家将生猪列为二类农副产品，实行派购，收购价调为每 50 千克 32 元，猪肉零售价每千克调为 1.20 元。1957 年 3 月，生猪收购价格提高到每 50 千克 40.5 元，猪肉零售价每千克提高到 1.32 元。1958 年，开始出售无骨鲜肉，每千克零售价 1.42 元，带骨鲜肉保持原价每千克 1.32 元。1961 年，由于连续 2 年自然灾害，猪肉供应十分紧张，加上私人养猪受到限制，生猪生产较上年减少 77%，黑市肉价每千克高达 18 元。为刺激生猪生产，是年 5 月，生猪收购价提高到每 50 千克 50.4 元，带骨猪肉零售价提高到每千克 1. 60 元。1962 年，供销社开展生猪自营业务，实行议购议销，1963 年 1 月生猪议购价每 50 千克 170 元，猪肉议销价每千克 6.40 元。至 1964 年，随着生猪生产恢复，议购议销价已基本与牌价一致，议购议销业务也随之停止。1965 — 1978 年，生猪购销价格未作调整。1979 年 4 月，生猪收购价每 50 千克提高到 63 元，11 月带骨猪肉每千克零售价提高到 2.10 元。1980 年起生猪完成派购任务后，允许议购议销，其价格随市场物价总水平有所上升，至 1984 年底集市无骨肉价格每千克涨至 2.60 元左右。

1985 年 1 月，取消生猪派购，3 月国营猪肉销价放开，市内生猪大量外销，购销价格开始大幅度上涨。5 月，每 50 千克收购价涨至 120 元以上，集市无骨鲜肉每千克涨至 3.60 元，国营肉店无骨鲜肉涨至 3.20 元。10 月，市政府采取对国营肉食经营仍由财政给予差价补贴和实行生猪购销指导价，价格有所回落。1986 年，生猪购销价格相对稳定，收购价每 50 千克 90 元左右，猪肉零售价每千克 3.2 ~ 3.6 元。1987 年，因饲料涨价，养猪收益减少，生产下降，下半年肉价再次上涨，8 月份市区钟鼓岭等集市猪肉价格每千克涨至 4 元左右。1988 年 4 月，再次放开鲜肉销价，冻肉价格仍由物价部门管理。集市猪肉年底每千克涨至 6 元以上。1989 年，生猪生产继续减少。9 月份，生猪收购价每 50 千克涨至 200 元，最高达 220 元。集市肉价每千克涨至 6.69 元，最高达 7.60 元。10 月份以后，生猪收购价开始回落。至 1990 年，生猪每 50 千克收购价 162 元，猪肉每千克零售价国营 6 元，集市 6.44 元，国营冻肉价格每千克 5.2 元。

1992 年，粮食价格放开，猪饲料价格上涨，养猪成本大幅增加，市场生猪、猪肉价格看涨。1993 年，市场生猪价格每 50 千克 220 元，猪肉价格涨至每千克 13 元。1994 年，市场生猪价格每 50 千克 325 元，猪肉最高价格达每千克 17 元。为控制市场猪肉价格迅猛上涨势头，市政府对市场猪肉价格采取临时最高限价措施。1996 年，无骨鲜猪肉最高限价为每千克 15 元。从 1997 年开始，市场生猪、猪肉价格稳中有降。至 2000 年，市场生猪平均价格稳定在每 50 千克 280 ~ 300 元之间，猪肉价格稳定在每千克 13 ~ 14 元的水平。

（四）鲜　蛋

1951 年 7 月，株洲市区鲜蛋每千个 63.35 元，11 月降为 36.29 元。1953 — 1957 年，购销价格呈上升趋势，鲜鸡蛋每 50 千克年平均收购价由 1953 年的 37.44 元上升至 1957 年的 47.37 元，零售价上升到 1957 年的 57.85 元。1959 年，市区鸡蛋每 50 千克收购价调为 63 元，零售价调为 75 元。

1961 年 3 月，蛋品实行派购，同时提高鲜蛋购销价格，鲜鸡蛋每 50 千克收购价提高到 85 元，零售价提高到 100 元。由于供应紧张，集市价格每千克涨至 8 元以上。1963 年后，鲜蛋价格回落，至 1965 年鲜鸡蛋每 50 千克年平均收购价降至 65.13 元，零售价降至 74.79 元。1966 — 1978 年，鲜蛋购销售价格变化不大，鸡蛋每 50 千克收购价 67 ~ 70 元，零售价 78 ~ 82 元。

1979 年 3 月，鲜鸡蛋每 50 千克收购价调为 91 元，零售价调为 114 元。1985 年 1 月，鲜蛋取消派购，实行议购议销。是年，鲜鸡蛋年平均零售价每 50 千克涨至 145 元。1987 年下半年，鲜蛋价格开始大幅度上涨，至 1988 年 10 月，鸡蛋每 50 千克零售价涨至 320 元。1989 年，鲜蛋价格有所回落。1990 年，价格变化不大，集市鸡蛋每 50 千克平均零售价 300 元。1991 — 1992 年，市场鲜鸡蛋价格稳定在每千克 6.4 元左右，鲜鸭蛋价格稳定在每千克 5.2 元左右。1993 年，因饲料涨价，加之城镇居民收入增加，鲜蛋价格上扬。1995 年，市场鲜鸡蛋价格每千克高达 9 元，鲜鸭蛋价格每千克高达 8.4 元。由于北方鲜蛋大量进入本地市场，1996 年鲜蛋价格开始回落。至 2000 年，市场鲜鸡蛋平均价格每千克 5.8 元，鲜鸭蛋平均价格每千克 5 元。淡旺季鲜蛋差价 0.8 ～ 1 元之间。

（五）蔬　菜

1951 年 7 月株洲建市后，市区人口迅速增加，而蔬菜生产发展较慢，供应日趋紧张，价格呈上升势头。市区蔬菜每 100 千克综合平均零售价由 1952 年的 7.30 元，上升到 1954 年的 10.90 元。1956 年市蔬菜公司成立，至 1959 年蔬菜购销价格变化不大，每 100 千克零售价 10 元左右。1960 年后，由于自然灾害影响，蔬菜供应严重不足。集市蔬菜价格大幅度上涨，1961 年鲜菜综合平均价格比 1957 年上涨 1.6 倍，比上年上涨 64.14%，白菜每千克零售价最高时达 0.6 元，萝卜 1 元以上。到 1962 年下半年，生产供销形势有所好转，同时采取购销牌价倒挂补贴等措施，价格趋向回落。全年集市鲜菜零售价格比上年下降 13.25%。1963 年，蔬菜供应基本恢复正常，价格迅速回落，牌市差价缩小，每 100 千克蔬菜平均价格降至 8.12 元，比上年下降 55.5%。1966 — 1978 年，蔬菜购销价格变化较小，每 100 千克收购价 7.20 ～ 8.36 元，零售价 9.28 ～ 10.47 元。1979 年，其他农副产品提价后，影响菜价略有上升。从 1980 年起，蔬菜价格只管主要品种和年度价格总水平，细小品种价格逐步放开，由于政府增加了对国营蔬菜的价格补贴，至 1984 年，蔬菜购销价格仍较为平稳。1985 年，蔬菜取消派购，除冬瓜、包菜、白菜、萝卜等 12 个大棚菜价格仍由市物价局会同有关部门管理外，其他品种购销价格全部放开。由于取消派购，国营菜店经营困难，购销数量减少，加上其他副食品涨价的带动，是年蔬菜零售价格水平较上年上涨 51.76%。此后，蔬菜购销价格逐年上涨。至 1988 年，蔬菜每 100 千克零售价格涨至 32.40 元。1989 年 1 — 8 月，蔬菜平均价格比上年同期上升 11.7%，9 月份后开始回落。1990 年，市场情况好转，价格较为平稳。全年蔬菜价格指数较上年下降 1.4%。每 100 千克收购价 29.02 元，零售价 31.36 元。

随着城市规模扩大，农民种菜成本增加，1991 年开始蔬菜价格逐年上涨。1992 年、1993 年，市场蔬菜价格涨幅分别为 10.8%、32%。1994 年 6 月，受百年一遇的洪水影响，近郊蔬菜基地灾情严重，市场蔬菜价格飙升。青椒平均价格每千克 2.58 元，豆角 2.24 元，黄瓜 1.99 元，冬瓜 1.02 元，空心菜 1.05 元，比上年上涨 60% ～ 80%。为稳定市场蔬菜价格，安定人民生活，市政府对冬瓜、豆角、蕹菜等大棚蔬菜采取临时最高限价和挂牌价格指导管理措施，并动用价格调节基金从外地调进蔬菜，平抑市场菜价。1996 — 2000 年，因大面积推广科技种菜和中南农副产品蔬菜批发大市场建成使用，市区市场蔬菜供应充足，价格保持相对平稳。

（六）棉 花

1949年12月，市场衣絮棉每50千克批发价41.31元，1950年涨至128元。1951年1月，棉花（标准级皮棉，下同）收购牌价每50千克调整为90元。1953年，衣絮棉供求矛盾缓和，价格回落，9月份株洲市人民政府工商科核定市区衣絮棉每千克零售价1.88元。

从1954年9月起，棉花实行统购统销，禁止自由贸易。市区每50千克统购价为81.5元，衣絮棉销价按收购价加20% ~ 25%的差率制定。1963年10月，棉花每50千克收购价由81.5元调为市区90元，郊区89元。1965年9月，株洲市郊、株洲县棉花收购价格统一调整为每50千克96.6元。1969年，棉花收购执行全省统一价格，标准级收购价每50千克提高到102元，1972年又提高到104.8元。1978年、1979年2次提高收购价格，每50千克提高到132.5元，超购棉花另加价30%。1980年，棉花收购价格再次提高10%。1983年，六级衣花零售价格由1963年的每千克2.10元调整为2.40元，棉被由2.50元调整为3.06元。

1984年，统购棉花实行"正四六"比例计价，即40%按超购加价，60%按统购价，比例收购价每50千克163.36元。1985年取消棉花统购，实行合同定购。1987年，每50千克合同定购价调为167.67元。1988年又提高到200元。1989年，一级衣花零售价每千克提高到9.58元，棉被提高到10.54元。棉花收购价格上升至每50千克236元。1990年，棉花购销价格又作了较大幅度提高，新棉上市起每50千克棉花收购价提高到300元，一级衣花每千克零售价调为12.8元，棉被调为14.18元。

1993年，新棉上市，标准级皮辊棉收购价格由每50千克300元调整为330元。1994年，产地县标准皮辊棉供应价格5月之前为329.45元、之后为328.02元，产地二级站分别为334.45元和333.02元。从1995年9月起，大幅调高棉花收购价格，标准级皮辊棉收购价格每50千克提高到700元，此收购价一直维持到2000年。1996年，棉花供应价格由政府定价改为政府指导价格，标准级皮辊棉供应中准价格每50千克一级站885元，二级站861元，其他等级按规定的等级差率计算，浮动幅度上下不超过4%，至2000年未作变动。

（七）茶 叶

1950年，株洲市场中等茶叶每50千克收购价为24.57元，1953年提高到68元左右。1954年，茶叶实行派购，平均收购价提高4.4%。1956年，市区茶叶3等11级红毛茶每50千克收购价提高到74元，炒青毛茶提高到73元，烘青毛茶提高到69元。1958年、1962年2次提高茶叶收购价格，3等11级红毛茶收购价格提高到78.8元。1967年4月，3等11级红毛茶每50千克收购价格调为102元，炒青毛茶99元，烘青毛茶97元。1969年、1970年2次简化茶叶收购等级，合并后等级按原等级中的最高价计算，茶叶收购价格水平略有上升。1979年，茶叶收购分为6级12等，以4级8等为标准级价格，提高中高档茶叶收购价格，大幅度降低等外茶价格。炒青毛茶标准级收购价格每50千克提高到112元。1983年，炒青毛茶与烘青毛茶执行同一价格。1985年，茶叶取消派购，实行议购议销，由市物价局、外经委、供销社联合下达指导价格。此后茶叶收购价格逐年上涨。至1987年茶叶综合平均收购价涨至231.08元，1989年又涨至302.8元。1989年，为制止茶叶价格上涨，省物价局规定，标准级收购最高限价绿毛茶为每50千克213元、烘青茶216元、红毛茶238元，实际混合平均收购价260.39元，较上年略有下降。1990年，茶叶收购指导价格调整为：标准品每50千克，湖红毛茶、湘炒青毛茶168元，湘红毛茶238元。实际混合平均收购价286.75元。

茶叶销售价格，市区每千克标准级炒青茶零售价格，1956年2.46元，1958年2.77元，1962—1978年3.23元，1979年3.80元，1980—1984年涨至6元左右。1985年后，销售价格放开，每千克茶叶混合平均零售价格当年即涨至7元，1987年13.50元，1988年20.14元。1989年略有下降，每千克为15.04元，1990年又涨至23.10元。1991—1993年，市场茶叶价格基本稳定。1994年，因生产、加工成本费用增加，茶叶价格有所上涨，市区盒装标准级炒青茶零售价格每千克36元左右。1997—2000年，由于各种饮料、矿泉水大量上市，茶叶价格稳中有降。

（八）木 材

民国25年（1936），株洲市场杉条木每两银码（约3立方米左右）价格为20元（银元），枋桐木7元左右。

1949年8月，杉原木销售价格每两银码34～49元。1950年10月，因土地改革停止砍伐，木材供不应求，每两银码价格涨至50～70元。1953年，木材收购改用立方米计价，杉原木每立方米收购价17～19元。1959年，朱亭、淦田木材收购点杉原条（径级12～16厘米）收购价为27.8元，杉原木（径级12～22厘米，长4～5米）收购价为32.6元。1962年，株洲市区杉原条每立方米收购价调整为陆运48.9元，水运41.2元；杉原木每立方米收购价陆运47元，水运40元。1972年12月，株洲市执行全省统一规定的销售价格，杉原条每立方米销售价54元，杉原木每立方米销售价68元。每立方米混合平均收购价格杉原条47.19元，杉原木49.71元。1979年3月，木材收购价格提高40%左右，市区杉原木每立方米收购价72.8元，销售价91元；杉原条每立方米收购价65.6元，销售价82元。1981年，木材收购价格再次较大幅度提高，市区木材销售价格相应调整为每立方米杉原条93元，杉原木113元。1984年，杉原条每立方米销价调为125元。

1985年，南方集体林区木材价格放开后，由于基本建设投资过热，木材供不应求，价格直线上升。市区木材购销价格，1985年杉原木每立方米收购价涨至250元左右，销售价350元。1989年，杉原木每立方米收购价涨至1010元，销售价1247元。1990年，木材市场供过于求，杉原木每立方米收购价降至824元，销售价1095元，杉原条每立方米收购价536元，销售价600元左右。

1993年，市场木材价格有所回升。1994年、1995年市场松原木混等平均价格分别为每立方米877.67元、880.50元，杉原木混等平均价格分别为每立方米903.58元、1003.50元。随着人们生态环保意识的增加和钢、铝、塑钢门窗的应用，市场木材需求量逐步减少，价格逐年下跌。至2000年，市场木材混合零售价格每立方米在680元左右。

二 日用工业消费品

（一）棉 布

民国32年（1943），湘潭县政府平价委员会规定白官布每尺68.3元（法币），阴丹士林布每尺 86.1 元。民国 37 年（1948）8 月，湘潭县经济管制委员会核定：龙头细布每尺 0.348 元（金圆券），青洋布每尺 14.6 元，阴丹士林布每尺 0.806 元，学生蓝布每尺 0.714 元，卡叽布每尺 0.714 元，特卧单布每疋 23.31 元。

中华人民共和国成立后，株洲市场棉布由国营贸易公司经营，开始制定牌价。1951 年，百货公司棉布牌价：龙头细布每疋 32.3 元，阴丹士林布每疋 43.9 元。至 1957 年，棉布价格变动较多，但升降幅度不大。

1958 年，湖南省商业厅改变棉布作价办法，零售价下降 3% 左右。此时株洲市区开始生产蚊帐布、白市布等。1959 年，株洲市计委核定市棉织厂生产的白市布出厂价每百米 75 元。零售价每米 0.885 元。1965 年 5 月，棉布产、销价格作了适当调整，白市布出厂价每百米调为 70.50 元，零售价每米调为 0.81 元。1966 — 1982 年，棉花 3 次提高价格，棉布价格一直未作调整，生产、经营企业发生亏损。1983 年 1 月，按照国家统一布置，棉布销售价平均每米提高 0.30 元。市织布厂生产的白市布出厂价由每百米 70.50 元调为 87.50 元，零售价由每米 0.81 元调为 1.05 元。至 1988 年，棉布价格基本没有变化。

1989 年，棉花供应价提高，工费成本上升，加上整个市场通货膨胀，棉布市场出现了乱价情况。1990 年 2 月，根据国家统一布置，整顿并适当调整了棉布价格，湖南省内产品在国家调价基础上再加 2%。11 月，再次调整棉布价格，株洲市产白市布出厂价每百米调为 388.05 元，零售价调为每米 5.03 元，外地产品根据产地调整后的价格作了相应调整。因这次价格调整是在市场疲软的条件下进行的，大多数品种实际销售价格还未能达到国家调整的价格水平，市一商业局系统当年达到调整后价格水平的品种只占调价品种的 9.9%。

1993 — 1996 年，棉花收购、供应价格逐年提高，棉布价格亦有所回升。1997 年，白市布市场零售价格每米 7.5 元左右。受混纺、麻织布料冲击，加上成衣制品市场日益繁荣，棉布走销不畅。至 2000 年，棉布一直处于低价位，白市布市场零售价格每米 7 元。

（二）电风扇

1956 年，董家塅五金制品厂（后易名株洲电扇总厂）生产 CC1400 毫米铝壳吊风扇，株洲市物委核定每台临时出厂价 205 元，批发价 225.50 元，零售价 248.05 元。经 1967 年、1969 年、1972 年 3 次调整，出厂价格降为每台 165 元，批发价降为 181.50 元，零售价降为 206 元。1979 年，新产 405 毫米四档琴键式摇头台风扇，每台出厂价 161 元。1980 年，CC1400 毫米铝壳吊风扇出厂价调为每台 158 元，405 毫米四档琴键式摇头台风扇出厂价格调为 151 元。1981 年 405 毫米四档琴键式台风扇每台出厂价调为 135 元，零售价调为 166 元。1982 年，市电风扇总厂生产 900 毫米家用吊扇，市物委核定每台出厂价 87 元，零售价 97.40 元。1983 年以后，电风扇市场竞争激烈，外地产品纷纷降价。株洲产 900 毫米带调速器吊扇，每台批发价降为 76 元，零售价降为 85 元，其他规格电风扇逐渐被淘汰。1985 年，放开电风扇价格，随行就市，价格变化不大。1988 — 1989 年，因原材料涨价，电风扇产、销价格上涨，900 毫米带调速器吊风扇批、零价格每台分别由 1987 年 77.10 元和 86.40 元，提高到 1989 年 119 元和 133 元。1990 年，受市场影响，批、零价格分别下降为每台 114

元和 127.7 元。

1991 年，电风扇价格有所上扬，钻石牌 300 毫米台式电风扇市场零售价格每台 150 元。1995 年，高档豪华型立式电风扇市场零售价格每台 185 ～ 220 元，普通型台式电风扇市场零售价格每台 160 ～ 190 元。1996 年后，受空调机的冲击，电风扇价格逐渐回落。2000 年，钻石牌 300 毫米台式电风扇市场零售价格每台 120 元，高档豪华型立式电风扇市场零售价格每台 190 元左右，普通型台式电风扇市场零售价格每台 110 元左右。

（三）圆钉、铁丝

1966年,株洲市铅丝厂生产的50毫米圆钉每吨出厂价1109元,批发价1200元,零售价每千克1.37 元；Φ4 毫米热搪镀锌铁丝每吨出厂价 920 元，批发价 1080 元，零售价每千克 1.23 元。1980 年，圆钉出厂价调为每吨 1250 元，零售价调为每千克 1.43 元。1985 年，圆钉、铁丝实行浮动价格，上下浮动幅度 15%，计划外组织原材料生产的圆钉、铁丝按国家统一规定价格加原材料差价制定产销价格。1988 年 9 月起，商业带料加工的圆钉、铁丝出厂价改按原材料平均供应价加加工费制定，50 毫米圆钉每吨加工费 650 元，Φ4 毫米热搪镀锌铁丝每吨加工费 620 元，不再实行浮动价格。企业计划外组织原材料生产的圆钉、铁丝由工商协商定价。1990 年，调整圆钉、铁丝加工费标准，圆钉每吨加工费调为 760 元，热搪铁丝每吨加工费调为 730 元。商业实行计划内外综合平均销售价格，50 毫米圆钉批发价每吨 2390 元，零售价每千克 2.73 元，Φ4 毫米热搪镀锌铁丝批发价每吨 2240 元，零售价每千克 2.55 元。

1991 年，圆钉、铁丝价格放开，随行就市。1992 — 1995 年，因钢材涨价，圆钉、铁丝价格大幅上涨。市场圆钉、铁丝最高零售价格分别达每吨 3950 元、3800 元。1996 年，由于基建投资规模紧缩，圆钉、铁丝价格开始回落。至 2000 年，市场圆钉平均零售价格每吨 2890 元，铁丝平均零售价格每吨 2640 元。

（四）自行车

1962 年，株洲市场安排销高价自行车，上海凤凰 28-11 型男车每辆零售价 195 元。1965 年，自行车退出高价商品范围。1966 年，凤凰 28-11 型男车零售价调为每辆 141 元。直到 20 世纪 80 年代初，自行车价格没有大变化。1982 年，湘华机械厂迁入株洲市区，生产松鹤牌 660 毫米 80 黑色自行车，每辆出厂价 163 元，1983 年调为 160 元。1984 年自行车市场饱和，除凤凰、永久、飞鸽等名牌外，其他牌号自行车实行浮动价格，上下浮动幅度 15%。1986 年 9 月起，自行车价格放开，市场价格大幅度上涨，660 毫米凤凰自行车每辆批发价涨至 251 元，零售价涨至 294 元。1988 年，因钢材涨价，自行车产销价格急剧上升。1989 年，湖南省物价局对省产自行车实行提价申报制度。1990 年，本地产松鹤 660 毫米 80 黑色自行车出厂价每辆 180 元，零售价每辆 216 元；上海产 660 毫米凤凰自行车每辆批发价 272.20 元，零售价 310 元。

1991 — 1993 年，市场自行车价格平稳。1994 — 1995 年，因原材料价格上涨，自行车零售价格略有上升。1996 年，凤凰 610 毫米自行车市场平均零售价格每辆 270 元，松鹤 84 型自行车市场平均零售价格每辆 220 元。随着摩托车进入平常百姓家，以及助力车、山地车上市，普通型自行车价格大幅度下滑。1998 年，凤凰 610 毫米自行车市场平均零售价格每辆 250 元，其他牌型自行车零售价格每辆 200 元左右。2000 年，山地自行车豪华型市场零售价格每辆 900 元左右，中低档市场零售价格每辆 450 元左右。

（五）电视机

1975 年，上海飞跃牌 35 厘米黑白电视机株洲市区零售价每台 420 元，进口 35 厘米电视机每台 526 ~ 560 元。20 世纪 80 年代初，株洲已开始销售彩色电视机，黑白电视机价格逐年下降。1980 年，40 厘米国产显象管装黑白电视机零售价每台由 700 元降为 550 元，进口显像管装 56 厘米彩色电视机每台零售价定为 2200 元。1983 年，株洲市无线电二厂生产的明星牌 35 厘米黑白电视机每台出厂价 374 元，零售价 415 元。是年，省商业厅下达彩色电视机价格，51 厘米各种牌号株洲零售价每台由 2040 元调为 1560 元。1986 年，黑白电视机价格下降，35 厘米明星牌黑白电视机每台出厂价下降到 344 元，零售价下降到 395 元。1987 年，彩色电视机乱涨价现象严重，47 厘米韶峰彩色电视机每台零售价达 2400 ~ 2600 元。1988 年 6 月，湖南省物价局对彩色电视机制订上浮价格。一般机型 51 厘米由 1500 元上浮到 1900 元，另加功能、牌誉差价。同年 12 月，又对彩电实行价格申报制度。1989 年，国家对彩色电视机实行专营管理。专营价格包括零售价，特别消费税和国产化发展基金，即以 1988 年上浮的零售价为基价，加特别消费税，35 厘米每台 400 元，47 厘米及以上规格每台 600 元，再加国产化发展基金，35 厘米每台 100 元，47 厘米及以上规格每台 300 元。1990 年，黑白电视机广泛进入农村市场，价格稳中有升，35 厘米明星牌黑白电视机每台零售价由 450 元上升到 510 元。彩色电视机市场出现了激烈的降价竞销局面。为尽量避免企业间削价倾销造成过多经济损失，市财委责成市物价局、一商业局牵头组成价格协调小组，对彩色电视机实行价格协调制度。12 月，协调小组下达第一批彩电最低限价：韶峰 47 厘米卧式每台 1890 元，51 厘米 51–2 立式 2180 元；上海 56 厘米 256–1A 每台 2650 元，日立 53 厘米 2177 型方平遥控每台 3900 元。一般低于国家定价 20% 以上。

1991 年，上海产金星牌 C452–21 平面直角彩电市场零售价格为每台 2715 元，厦门产厦华牌 YT–5103DA20 彩电市场零售价格为每台 2900 元，南京产熊猫牌 3640–47 彩电市场零售价格为每台 2640 元。1992 年，彩电实行统一协调价格。1993 — 1996 年，市场彩电价格保持基本稳定。乐华 51 厘米 5188 型彩电零售协调价格为每台 2350 元，厦华 64 厘米 6698 型彩电每台 4580 元，熊猫 54 厘米 933 型彩电每台 2580 元，长虹 63 厘米 2588 型彩电每台 5350 元。

1997 年，彩电由企业自主定价销售。市场零售价格开始滑落。2000 年，普通型 51 厘米彩电市场零售价格跌至 900 ~ 1450 元，比 1991 年下降 2000 多元。新型 64 厘米、54 厘米品牌彩电市场零售价格每台 3500 元、2700 元左右。

（六）电　池

1959 年，市电池厂生产大丰收牌 1 号电池，每万支出厂价 1825 元，零售价每对 0.44 元。1960 年，生产金鸡牌 1 号（R20 型）防潮电池，出厂价每万支 1542 元，零售价每对 0.48 元。1963 年，金鸡牌 1 号电池出厂价提高到每万支 1750 元，零售价提高到每对 0.51 元。1976 年，新生产金鸡牌 5 号（R6 型）电池临时出厂价每万支 1280 元，零售价每对 0.30 元。直到 1985 年，电池价格未作调整。1986

年，因原材料大幅度涨价，成本提高，1号电池出厂价由原每万支提高到2042元，零售价每对提高到0.58元。1988年11月，允许电池价格在规定价格基础上上浮20%。1989年10月，市物价局调整金鸡牌电池价格，1号电池出厂价每万支调为4543元，零售价每对调为1.10元；5号电池出厂价每万支调为2100元，零售价每对调为0.53元。1992年，电池价格放开，由企业自主定价销售。1993—1997年，金鸡牌1号电池市场零售价格由每对1.1元涨至3元，5号电池由每对0.53元涨至2元。因受市场价格竞争的影响，金鸡牌电池零售价格至2000年没有上调。

（七）搪瓷制品

1957—1961年，株洲市场长沙产36厘米搪瓷花面盆每个批发价4.16元，零售价4.83元；10厘米一等搪瓷全白口杯每个批发价0.84元，零售价0.97元。1966年，调整搪瓷制品销售价格，36厘米搪瓷花面盆每个批发价调为3.08元，零售价调为3.54元，10厘米一等搪瓷全白口杯每个批发价调为0.64元，零售价调为0.74元。1978年，株洲市北区搪瓷厂（后改为株洲市搪瓷厂）投产，生产的36厘米德胜双花面盆每个出厂价2.33元，零售价3.04元；10厘米花盖口杯每个出厂价0.98元，零售价1.29元。1984年，改变搪瓷制品作价办法，湖南省只管面盆、口杯两大类标准品的中准价和浮动幅度。面盆以36厘米德胜全白为标准品，每个出厂价1.94元，产地零售价2.53元；口杯以10厘米机制人民式全白为标准品，每个出厂价0.65元，产地零售价为0.85元。浮动幅度上浮不超过10%，下浮不限。经1987年、1988年2次调整，面盆标准品出厂价每个调为3.50元，批发价调为3.92元，零售价调为4.51元，口杯标准品出厂价每个调为1.25元，批发价调为1.40元，零售价调为1.61元。1991年，日用搪瓷制品价格随行就市，面盆36厘米标准品市场零售价格涨至每个15元，口杯10厘米标准品市场零售价格涨至每个4.5元。1994年、1995年，日用搪瓷制品价格受原材料涨价因素拉动持续向上。至2000年，面盆36厘米标准品市场零售价格每个28元，口杯10厘米标准品市场零售价格每个8.5元。

（八）肥　皂

1950—1951年，株洲市场上海产菜花牌肥皂每条0.107～0.16元。1957—1962年，销售长沙马头肥皂，每条批发价0.28元，零售价0.32元。1963年，批发价调为每条0.385元，零售价调为每条0.45元。1966年，将每条批发价调为0.342元、零售价调为0.39元后，执行到1985年未作变动。1986年，因省产肥皂调整出厂价格，株洲市区马头肥皂每条批发价调为0.403元，零售价调为0.46元。1988年、1990年，连续调整省产肥皂价格，株洲市区马头肥皂每条批发价格调为0.812元，零售价调为0.93元。1991年，马头肥皂市场零售价格为每条0.72元。1993—1995年，受市场牵引，肥皂价格逐步爬升。2000年，马头牌肥皂市场批发价格每条1.2元，零售价格每条1.4元，比1991年上涨94%。

（九）纸　张

民国37年（1948）8月，湘潭县政府将纸张列为管价范围，官堆纸每担（50千克）40.11元（金圆券），白有光纸每令25.2元。

中华人民共和国成立后，纸张由国家管价。1951年，东北新闻纸株洲销售价每令34.1元。1964年，渌口造纸厂生产的32克有光纸执行全省统一价格，每吨出厂价1580元，批发价每令17.90元，零售价每张0.04元。1966年，国家降低纸张价格，32克有光纸每吨出厂价降为1250元，批发价每令19.90元，零售价每张0.045元。1978年，因木材等主要原材料涨价，国家提高了纸张价格。32克有光纸每吨出厂价调为1450元，批发价每令调为21.70元，零售价每张调为0.05元。1987年，32克有光纸每吨出厂价调为1820元，并允许企业上浮10%，下浮不限。是年，商业批发价每令51.70元，零售价每张0.12元。1988年、1990年，先后2次调整纸张价格后，32克有光纸中准出厂价调为每吨3570元，批发价调为每令101.41元，零售价每张调为0.235元。

1991年，邮封纸、瓦楞纸、静电复印纸、晒图纸等部分纸张放开，由企业自主定价销售。是年，白令纸市场零售价格每张0.05元。受原材料涨价因素影响，1992—1996年纸张价格翻了两番。至2000年，纸张市场零售价格比1991年上涨250%～300%。白令纸市场零售价格每张0.3元。

（十）学生作业本

学生作业本由国家管价。教育部门安排的学生作业本采取厂校挂钩、对口供应，商业部门只负责市场零售部分。1959—1969年，32开20页作业本，零售价每本0.06元。1970年每本调为0.07元，执行到1984年未变。因纸张涨价，1985年、1987年、1988年先后调为每本0.09元、0.11元、0.16元。1992—1995年，先后2次调整学生作业本价格。小学生作业本市场零售均价为每万本2650元。1997—1998年，因部分小纸厂关闭，学生作业本价格上扬。阅读、算术作业本36×25和25×25市场零售价格分别为每本0.4元、0.45元，作文本25×25市场零售价格为每本0.8元，物理、数学、英语作业本25×25市场零售价格为每本0.6元。至2000年，学生作业本价格没有变动。

（十一）食　盐

民国1年（1912），淮盐每担价7元（银元），民国20年（1931）上升为14元；民国30年（1941），每担盐价涨至200元（法币）。民国33年（1944）沦陷期间，盐价涨到"担谷斤盐""担柴两盐"。民国35年（1946），盐价涨至每担5万元（法币）。民国38年（1949）8月，食盐价格上涨至每担395.28万元（银圆券），甚至有价无市。

中华人民共和国成立后，人民政府改革了盐税，为合理调整盐价提供了基础。1950年，株洲镇食盐零售价为每千克0.30元。1952—1956年间，盐价稳中有降，零售价大致为每千克0.26～0.28元。1957年，随盐税提高，食盐批发价由每吨246元调为284元，零售价由每千克0.28元调为0.31元。1958年，为减轻少数民族地区和边远山区人民生活负担，食盐执行城乡最高零售限价每千克0.38元。1966年，最高限价降为每千克0.34元。1978年，国家再次降低食盐价格，最高限价降为每千克0.30元。1986年，为调动零售单位经营积极性，解决群众"买盐难"的问题，湖南省物价局决定在原零售价格基础上将食盐批零差率由12%扩大为16%。株洲市将小塑袋装（1千克）每包由0.34元调为0.38元。1988年，全省恢复地区差价。株洲市、郊属一价区，每千克散盐零售价0.30元。1989年11月起，全省统一调整食盐价格，株洲市、郊属二价区，每千克批发价由0.246元调为0.448元，零售价每千克散装由0.30元调为0.54元，千克装塑料袋包装每包由0.38元调为0.62元。1995年，市区加碘防伪新包装食盐零售价格调为每袋（0.5千克）0.6元。批零差率由16%扩大到22%。2000年，市区加碘防伪包装食盐零售价格调至每袋1元。

（十二）食 糖

民国32年（1943），湘潭县政府下达平价商品价格。西白糖每千克6.72元（法币）。民国37年（1948），湘潭县政府核定中白糖每担（50千克）43.89元（金圆券）。

中华人民共和国成立后，食糖由国家统一管价。1960年，国营商业经营的一级白砂糖每千克零售价2.04元。1951年8月调为1.48元，1963年调为1.68元。1965年，为扩大食糖销售，将食糖零售价格平均降低9%，白砂糖每千克由1.68元调为1.48元。1988年4月，民用定量供应的白砂糖零售价由每千克1.48元调为2.08元，定量以外白砂糖、机制赤糖和专项进口原糖的销售价，由经营单位按实际进价加合理运杂费和10%综合差率制定批发价，按批零差率15%制定零售价格。其他品种价格全部放开。1990年，调整民用食糖销售价格，株洲市区一级白砂糖每千克批发价3.07元，零售价3.50元。

1992—1996年，食糖市场价格有所上涨。白砂糖一级市场零售价格每千克3.6～3.8元。1997年，食糖市场价格持续走低。白砂糖一级市场零售价格每千克2.8元左右。1998年，省物价局制定食糖及糖料指导价格，1998—1999年，制糖期甘蔗白砂糖每吨含税中准出厂价格为：优级3800元，一级3700元，二级3650元，企业可上下浮动10%；商业批发价格由商业批发企业以实际出厂价格为基础，加实际运杂费和合理经营成本作为最低价格，并以此作为界定是否构成低价倾销的重要依据。2000年，食糖市场价格回升，白砂糖一级市场零售价格每千克3.2～3.4元。

（十三）饮食品

民国32年（1943），湘潭县政府下达饮食品价格，法肉面每份1.80元（法币），免码面每份1.5元。民国37年（1948），湘潭县政府核定肉丝面每份0.23元（金圆券），大包子每个0.052元。

1952年，株洲市政府工商科核定饮食价格，肉丝面每份（100克）0.18元，肉丝粉每份（100克）0.15元，大包子每个（50克）0.05元，馒头每个（50克）0.03元。1956年，肉丝面每份调为0.20元，馒头每个调为0.025元。1979年，猪、蛋、鱼、禽收购和销售价格提高后，饮食价格作了相应调整，肉丝面每份调为0.24元，大包子每个调为0.06元。1985年取消猪、蛋、鱼、禽派购任务，价格放开后，饮食品价格再次调整。肉丝面每份调为0.28元，肉丝粉每份调为0.27元，大包子每个调为0.10元。因改革开放后的农产品价格连年上涨，1988年饮食品再次提价，肉丝面每份提为0.64元，肉丝粉每份提为0.62元。1991年，热饮综合毛利率由35%调整为最高不得突破40%，其中大众化饮食品控制在36%以内。馒头价格每个0.08元，大肉包子每个0.16元，肉丝粉每份0.66元。1992年，因粮食统销价格提高，馒头、大肉包子、肉丝粉价格分别提高0.02元、0.02元和0.04元。如顾客无粮票、按每50克2分钱标准收取平议差价。是年11月，统销粮油价格放开后，馒头、大肉包子、肉丝粉等粮食制品价格随行就市。1994年，对饮食行业实行等级管理，特级、一级、二级、三级、四级的毛利率分别为55%、45%、40%、35%、30%。饮食企业可在规定的毛利率基础上浮动，但上浮不得超过10%。1996年，市场馒头价格每个0.2元，大肉包子每个0.3元，肉丝粉每份1.5元。1998年，粮食执行顺价销售政策，市场粮食价格明显回升。馒头、大肉包子、肉丝粉价格分别上涨了0.1元、

0.2 元、0.5 元。2000 年，取消餐饮业毛利率控制，实行市场调节，饮食品价格基本平稳。

（十四）铁　锅

1959 年，株洲市五金电机厂生产的铁锅每吨出厂价 505.44 元，73 厘米中锅零售价每口 5.49 元。1962 年，降低铁锅出厂价格，大锅每吨由 630 元调为 468 元，中锅由每吨 700 元调为 520 元，小锅由每吨 840 元调为 572 元，73 厘米中锅调整后的零售价为每口 4.53 元。1963 年，铁锅以中锅为标准每吨由 520 元调为 400 元，73 厘米中锅零售价调为每口 3.48 元。此后铁锅价格比较稳定。1972 年，株洲市生产指挥部同意姚家坝锅厂铁锅临时出厂价高于湖南省订价格 20%，同时取消原有价格补贴。1980 年，因焦炭提价，市物价委员会调整了铁锅价格，出厂价提高 10.36%，零售价格提高 17.2%，73 厘米中锅每口调为 4.08 元。1983 年，取消市场用铁优待价，中锅出厂价调为每吨 520 元，73 厘米中锅零售价调为每口 4.66 元。1984 年因生铁、焦炭提价，铁锅出厂价标准品由每吨 520 元调为 600 元，并允许生产企业上下浮动 10%。1986 年、1988 年和 1989 年，中锅每吨出厂价先后调为 748 元、1050 元、1350 元，生产企业上浮不超过 10%，下浮不限。73 厘米中锅零售价相继调为 6.49 元、7.26 元、13.95 元。1991 年，铁锅价格放开，随行就市。1992 — 1995 年，因钢材涨价，铁锅价格有所上扬，73 厘米中锅市场零售价格每口 15 元左右。受钢精锅、铝锅的冲击，1996 — 2000 年市场铁锅销售不畅，价格稳中有降。居民家用小铁锅市场价格每口 10 元左右。

（十五）日用瓷器

民国 32 年（1943），湘潭县政府将日用瓷器列为评价商品。“良大”每筒 2.16 元。

1950 年和 1958 年，雷打石瓷厂、白马垄瓷厂先后投产。至 20 世纪 60 年代初，瓷器价格调整频繁，1957 年、1958 年、1960 年和 1961 年相继 4 次提价，一等白胎三锅大每筒出厂价由 2.19 元提到 4.29 元，批发价由 2.75 元提到 5.38 元，零售价由 3.36 元提到 6.56 元。1964 年起，瓷器价格开始下降。到 1972 年，一等白胎三锅大每筒出厂价降至 1.39 元，批发价降至 1.50 元，零售价降至 1.70 元。1974 年以后，瓷器价格陆续回升。至 1984 年，一等白胎三锅大每筒出厂价 1.74 元，批发价 1.87 元，零售价 2.15 元。1985 年起，内销瓷器实行浮动价格，上浮幅度为 20%。1986 年后，燃料、原料涨价使瓷器生产成本不断上升，1988 年瓷器价格再次大幅度调整。至 1990 年，一等白胎三锅大每筒出厂价 2.49 元，批发价 2.68 元，零售价 3.23 元。

1991 年后，在市场消费品涨价的牵引下日用瓷器逐年爬高。1995 年，白瓷普通饭碗市场零售均价每个 1 元左右，金边贴花饭碗市场零售均价每个 1.5 元左右。随着人民生活水准提高，白瓷普通饭、菜碗渐退市场。细瓷贴花金边饭、菜碗成为市场主体，其价格看涨。2000 年，细瓷贴花金边饭、菜碗市场零售均价每个 2 元、2.5 元。

（十六）药　品

民国 37 年（1948），湘潭县政府核定全县药品价格，济众水每瓶 0.084 元（金圆券），小儿安每包 0.42 元，万金油每盒 0.367 元。

中华人民共和国成立后，药品价格由国家管理，并实行低价政策。1950 年起西药实行全国统一价格，1965 年中成药实行全国一价。1981 年后恢复药品地区差价，实行分级定价。

1950—1982年，为保障人民群众身体健康，使其有病吃得起药，药品价格逐年下降。1958年、1966年和1971年，株洲市制药厂、株洲市中药厂、湘江制药厂先后投产，主要生产土霉素、妇科千金片、盐酸吗啉双胍、舒胆通、眩晕停等药品，产、销价格按国家和湖南省统一规定执行。1983年、1984年相继放开部分小药品价格，市场价格开始回升。1987年后，因原材料涨价，药品价格较大幅度上涨。

1991年，部分化学药品价格有升有降。1993年，甲强龙针等10个进口量小的药，不再实行全国统一平衡价格，由各口岸地经营企业按规定制定销售价格。交沙霉素片等18个品种自4月起，实行新的全国平衡销售价格，进口人血白蛋白针25%、50毫升每瓶平均零售价470元，瑞士产菌必治针1克每支平均零售价150元。1996年2月，对部分药品、生物制品价格进行了有升有降的调整，青霉素针剂由每支0.51元调为0.62元，6氨基乙酸针2克×10毫升价格由每盒2.95元调为4.2元，头孢6号胶囊0.25克×24粒价格由每盒47.9元降为35.2元。羟氨苄胶囊0.25克×10粒价格由每板15.7元降为9.6元。1998年，降低了部分西药价格。2000年，先后5次降低了378个品种规格药品价格。

三 生产资料

（一）农业生产资料

1. 农 肥 民国时期（1912—1949），农业生产主要施用人畜粪、草木灰、枯饼及石灰等。一般均属自产自销，自由交易，双方协议价格。民国32年（1943），湘潭县政府将部分农肥价格列为平价范围，棉枯每担31.2元（法币），菜枯每担55.20元。

中华人民共和国成立后，农村逐步推广使用化肥，价格由国家统一管理。20世纪50—60年代初，农业生产所需化肥全赖外地货源（含进口）供给，价格相对偏高。1954年，硫酸铵每吨销售价396元，1955年调为416元。1957年，农业开始使用尿素，销售价格每吨660元。1963年起，株洲市陆续生产化肥。是年11月，杉木塘化工厂生产钙镁磷肥，含有效磷14%，每吨出厂价110元，含有效磷20%以上的每吨146元，为有利于农村推广应用，销售价格不分批零每吨80元。1964年，株洲化工厂生产过磷酸钙，每吨出厂价98.92元，销售执行全省统一价120元。1967年1月，硫酸铵零售价每吨由330元调为300元，尿素每吨由600元调为500元，氯化铵每吨由330元调为300元。1969年，株洲化工厂尿素投产，出厂价每吨400元，销售执行全省统一零售价每吨500元。1970—1983年，化肥出厂价格：过磷酸钙每吨86～87元，钙镁磷肥每吨100～115元，尿素每吨350～360元；零售价格：过磷酸钙每吨117元，钙镁磷肥每吨120元，尿素每吨450元，硫酸铵每吨270元。1984—1990年，除与粮、棉、菜挂钩的尿素、钾肥和复合肥销售价格比较稳定外，其他化肥价格变动频繁。1990年，钙镁磷肥出厂价平均每吨213.58元，零售价每吨242元；过磷酸钙出厂价平均每吨149元，零售价每吨169元；尿素出厂价平均每吨651.58元，计内零售价“挂钩肥”每吨550元，计外综合价每吨890元；钾肥零售价每吨460元；复合肥每吨平均出厂价

391.75 元，零售价每吨 418 元。

1991 年，计外尿素（含氮 45%以上）市场零售均价为每吨 1100 元，计内“挂钩肥”销售价格为每吨 550 元。普通过磷酸钙四级品带编织袋装，株洲化工厂的出厂价每吨 200 元，其他厂的出厂价每吨 210 元。钙镁磷肥四级品带编织袋装出厂价每吨 230 元。1992 年，碳铵、磷肥、氯化铵、硝酸铵、混合肥等小化肥，由企业自主定价销售。1993 年，集资尿素销售价格为每吨 1000 元，计外尿素销售价格为每吨 1200 元，统配专项尿素价格为每吨 800 元，复合肥每吨 800 元，钾肥每吨 660 元。1994 年，尿素、钾肥、复合肥销售价格实行综合差率作价，省、县两级综合差率为 10%，县、基两级综合差率为 8.5%。1995 年，市管小化肥出厂价实行浮动价格，视市场供求情况上下浮动 10% ~ 15%。市农资公司经营的统配尿素零售价每吨 1446 元，氯化钾零售价每吨 1232 元，计外尿素零售价最高达 2300 元。1996 年，小化肥销售价格实行差率管理。1997 年，碳铵出厂价实行最高限价，每吨 520 元。1999 年，化肥批发环节的经营差率控制在 12%以内，零售价格放开。湘江氮肥厂尿素中准出厂价格每吨 1400 元，复混肥每吨 800 元。株化集团有限责任公司生产的磷肥（普通过磷酸钙）中准出厂价格每吨 290 元。2000 年，市场化肥价格比 1995 年下降 15% ~ 20%。

2.农　药　20 世纪 50 年代，境内化学农药价格很高。1952 年，可湿性六六六粉每吨销售价格 3400 元，农民施用很少，多采取土法配制农药。至 60 年代初，国内农药生产虽有较大发展，但仍因价格过高，境内使用较少。为支援农业生产，扩大农药销售，1960 — 1982 年农药价格多次调低。25% 滴滴涕乳剂销售价由 1960 年每吨 3355 元降为 1982 年 1300 元；50% 敌百虫销售价由 1962 年每吨 6480 元降为 1982 年 1700 元。45% ~ 50%1605 乳剂销售价格由 1964 年每吨 16000 元降为 1982 年 6160 元。1983 年起，因原料、燃料价格上涨，农药生产成本上升，尽管实行薄利多销原则，但价格仍有上升。1984 年 3 月起，将甲胺磷等 10 种农药由全省统一销售价改为分县按出厂价加合理运杂费和 11% 的综合费率定价，株洲市、郊甲胺磷销售价由每吨 6160 元调为 6440 元。1986 年 10 月，农药销售价格全部按出厂价（或进货价）加合理运费和 13% 综合差率作价。随着产地出厂价格变化，株洲销售价格逐年提高。至 1990 年，农药市场销售价 80% 敌敌畏每吨 17910 元，40% 乐果乳剂每吨 16240 元，18% 杀虫霜每吨 5290 元，50% 甲铵磷每吨 16700 元，杀虫脒每吨 5620 元。1991 年，甲胺磷 0.5 千克玻璃瓶装市场零售价格每吨 1600 元，克瘟散乳剂 0.5 玻璃瓶装市场零售价格每吨 18600 元。1993 年，80% 敌敌畏市场零售价格每吨 14560 元。1994 年，株洲农药厂生产 10% 杀虫霜剂出厂价每吨 3600 元。10% 草甘磷水剂每吨 7000 元。25% 单甲脒水剂每吨 10500 元。1995 年，市农资公司 80% 甲铵磷零售价格每吨 20240 元，80% 敌敌畏零售价格每吨 21547 元，18% 杀虫霜零售价格每吨 4837 元。农药出厂价格允许生产企业在省定价格的基础上，视市场供求上下浮动 10% ~ 15%。1996 — 2000 年，农药价格持续回落。

3.农　膜　20 世纪 50 — 60 年代初，聚氯乙烯塑料薄膜主要作为日用小商品销售，由百货商店经营。1963 年，批发价每吨 3960 元，零售价每米 0.87 元。1965 年，塑料薄膜开始用于农业生产，是年湖南省产聚氯乙烯农膜出厂价按成本制定，每吨 2610 元，株洲市销售价每吨 2714 元。1966 年，国家对农膜实行优待政策，销售价每吨降为 2450 元。1976 年，农膜改用高压聚氯乙烯作原料，省定出厂价格每吨5100元，销售价每吨4000元。1980年11月，农膜销售价格每吨由4000元调为3400元。1987年后因原料涨价，生产成本提高，市场供应紧张，销售价格持续上升。1987年每吨4200元，1988年每吨6470元，1989年每吨8140元。1990年，市场供求矛盾开始缓和，销售价格回落到7380元。1991年，计外农膜零售价格每吨7930元，聚乙烯地膜零售价格每吨8110元。1992年，计内农膜出厂价每吨6600元，地膜出厂价格每吨7000元，微膜出厂价格每吨7900元。1994年，农膜取消计内计外两种价格，实行统一的国家指导价，流通环节实行差率控制，产销综合差率为10%，具体销售价格按实际出厂价格（外省按进价）加运杂费和综合差率制定。农膜价格并轨后，市场价格上扬。1995年，农膜零售价格每吨13320元，地膜零售价格每吨10750元。1997年，农膜地膜实行差率控制。1998—2000年，市场农、地膜价格在每吨11500元左右波动。

4.打稻机 1965年，株洲市从津市、邵阳等地组织零件组装T–737丰收打稻机，市物委核定出厂价格每台88.10元，零售价89.76元。1966年，株洲县生产打稻机，出厂价降为每台73元，零售价降为75.8元，1967年，出厂价格每台调为78元，零售价调为82.68元。1982年，因木材、楠竹、桐油、生铁等原材料涨价，T–737打稻机产销价格在1967年的基础上进行调整，出厂价由每台78元调为120元，零售价每台由82.68元调为127.2元。1984年后，先后3次调整打稻机价格，出厂价格由每台120元调为280.6元，零售价格由127.2元调为310元。20世纪90年代初期开始，农民自行改制、制作柴油动力打稻机和电力动力打稻机。动力打稻机制作成本高低不一，人力打稻机价格随行就市。

（二）工业生产资料

1.钢 材 1959年，株洲钢厂建成投产。投产初期钢材因生产成本较高，难以执行国家统一定价，由地方制定临时出厂价格，Φ12～Φ16小型圆钢每吨1200元，Φ6.5线材没有形成规模，价格不定型，一般每吨1200元左右。20世纪60年代，株洲钢厂生产不稳定，生产的少量钢材，执行国家统一调拨价格，线材每吨470元，小型圆钢每吨450元，工厂亏损由财政负担。1970年，正式恢复生产仍执行国家统一调拨价格，但生产成本仍然很高，企业长期亏损。1971年，小型圆钢平均出厂价为每吨555元，生产成本每吨1094.2元，扣除税收等因素，每吨亏损539.2元。1983年8月起，株洲钢厂生产的钢材在统一规定的价格基础上加20%作为地方临时出厂价格。是年小型圆钢平均出厂价格每吨667.58元，线材平均出厂价格每吨726.99元。1985—1990年，株洲钢厂计内生产任务不到总产量的10%，主要实行市场调节，平均出厂价格最高年份1989年，小型圆钢每吨1344元，线材为1454.50元。1990年，钢材出厂价格有所回落，小型圆钢平均出厂价格每吨1246元，线材平均出厂价格每吨1383.74元。

20世纪50年代，钢材供应价格按湖南省物资局的调拨价加产地至入库前的实际运杂费和2%管理费制定。1959年，Φ6.5毫米线材每吨415元，1962年调整管理费率实行定额运杂费后，Φ6.5毫米线材供应价上升为每吨430元。1965—1979年，Φ6.5毫米线材价格逐年上升到每吨620元，1984年又上升到每吨680元。1985年，钢材实行计划内外“双轨制”价格。1986年，钢材市场价格一年高过一年。至1990年，Φ6.5毫米线材计内供应价每吨1462元，计外由1989年每吨2100

元左右回落到1700元左右。1991年，优质碳结钢普通线材Φ6.5毫米55号及以下钢号，出厂价由每吨1480元调至1540元，镀锌焊条1寸镇静钢I类每吨由1950元调为2130元，热轧钢带Φ2.0 ~ Φ4.01毫米出厂价格为每吨由1560元降为1490元，冷轧薄板1.5毫米镇静钢出厂价格由2370元降为2220元。1992年，市场钢材价格回升，Φ6.5毫米线材市场价格每吨2126元，碳结圆钢Φ17 ~ Φ18毫米每吨2869元，螺纹钢Φ15 ~ Φ25毫米每吨2190元。1993年，市场钢材价格大幅上涨，Φ6.5毫米线材价格每吨3396元，碳结圆钢Φ17 ~ Φ18毫米每吨4717元，螺纹钢Φ18 ~ Φ25毫米每吨3617元。1994年，市场钢材价格开始回落。1995 — 2000年，Φ6.5毫米线材市场价格在每吨2100 ~ 2600元，其他类型普通钢材价格稳定在每吨1800 ~ 2400元之间。

2. 铜、铅、锌 1959年，株洲冶炼厂投产，电解铜、电解铅等产品执行国家计委、冶金部统一定价。是年平均出厂价为一级电解铜每吨4921.20元，一级电解铅每吨2110.69元。1960 — 1984年年初，铜、铅、锌出厂价格变化不大，一级电解铜每吨为5425.97 ~ 5500元，一级电解铅每吨为2099.62 ~ 2130元，一级电解锌从1968年投产后每吨价格1767.53 ~ 1930元。

1984年，计外自销的铜、铅、锌出厂价格允许高于国家统一定价的20%。1985年取消20%的上浮限制，价格随行就市。是年，国家调拨价一级电解铜每吨5775元，一级电解铅每吨2130元，一级电解锌每吨2180.92元。1988年，国家2次提高有色金属价格后，计内电解铜每吨8230.01元，电解铅2833.86元，电解锌3326.25元。对计外铜、锌实行最高限价，电解铜最高出厂限价每吨15420元，电解锌每吨6940元。

从1990年9月起，国家制定铜、铅、锌全国统一临时价格，一级电解铜临时出厂价每吨9700元，一级电解铅每吨3550元，一级电解锌每吨4950元。计外电解铜、电解锌继续实行最高限价，电解铜最高出厂限价每吨16500元，电解锌最高出厂限价每吨6940元。

1993年，由于原材料价格上涨，计内铜、锌系列产品出厂价格上调，电解铜出厂价每吨由13000元调到18000元，锌锭出厂价由每吨6400元调到7700元。1994年，电解铜市场价格每吨18379元，铅每吨15306元。1996年，铜、铅、锌价格开始回落。2000年，铜市场均价每吨18000元，铅市场均价每吨16500元，锌市场均价每吨10900元。

3. 电力机车 1958年，由株洲电力机车厂制造出中国第一台干线电力机车 —— 韶山1型电力机车，出厂价格定为每台205万元，1976年调为125万元。1983年，第二代电力机车 —— 韶山3型电力机车问世，1984年核定出厂价每台145万元。同年韶山1型电力机车出厂价调为每台116.2万元。1986年韶山4型货运电力机车研制成功，1987年韶山3型电力机车出厂价格调为每台150万元。1988年，核定韶山4型电力机车出厂价每台329万元，韶山1型电力机车停止生产。1990年，在原材料大幅度涨价的情况下，将韶山3型电力机车出厂价提高为每台178万元，韶山4型电力机车出厂价提高为每台390万元。由于电力机车科技含量逐步增加，价格也逐步攀升。1997年，韶山3型电力机车每台出厂价403万元，韶山4型电力机车869万元，韶山8型电力机车706万元。1999年，韶山3型电力机车出厂价432万元，韶山8型电力机车798万元。2000年，韶山4型电力机车每台出厂价904万元，韶山8型电力机车793万元，韶山6B型电力机车561万元。

4. 电焊条 1958年，株洲市电焊条厂投产，但多年产品不定型。1959年，生产421型电焊条，出厂价每吨2099.43元，426型电焊条出厂价每吨2157.07元。1962年，改产342型电焊条，出厂价每吨2126.92元。1963年改产425型电焊条，出厂价每吨2092.8元。1964年，425型电焊条出厂价每吨1903.03元，结422AΦ4毫米电焊条，出厂价每吨1900元。1965年，开始以生产结422Φ3.2毫米电焊条为主，是年省物价委员会核定出厂价每吨2000元，经1968年、1969年和1981年3次调整后每吨降低为1500元。1985年，生产资料实行"双轨制"价格后，出厂价格回升为每吨1950元，此后逐年上升。至1990年，结422Φ3.2毫米电焊条每吨出厂价达2950元。1991年后，电焊条价格放开，价格随行就市。2000年，结422Φ3.2毫米电焊条出厂价格稳在每吨3000元左右。

5. 电焊机 1958年，株洲主要产Bx3-500电焊机。1959年，湖南省物委核定出厂价每台1850元。1962年，新产Bx3-300电焊机，每台出厂价格定为1410元。1964年、1965年2次调低电焊机价格后，B3-300电焊机每台1405元，Bx3-500电焊机每台1645元。1966年，新产Ax-320电焊机，每台出厂价格定为2700元。20世纪70—80年代初，电焊机出厂价格比较稳定。1983年后，因原材料价格上涨，电焊机价格逐年提高。至1990年，电焊机出厂价比投产初期价格高出1倍多。Bx3-300电焊机每台2970元，Bx3-500电焊机每台3200元，Ax-320电焊机每台5120元。1991年后，电焊机价格随行就市。具体价格由供需双方议定。Bx3-300型、Ax-320型电焊机价格基本维持原有水平。

6. 水 泥 1954年，株洲市场五羊牌水泥批发价每吨86元，零售价96元。1958年，株洲水泥厂生产的325标号水泥试销价每吨120元。1960年，市计委核定的临时出厂价为每吨108元，1964年、1965年和1966年，先后调整为80元、70元和62元。虽然连年降低，但仍高于当时省定每吨55元的统一出厂价格。1980年，由于原料、燃料涨价，水泥价格开始回升。325标号出厂价由每吨62元调为65元。1982年，水泥供应紧张，价格急剧上涨，销往省外的地方小水泥价格涨至每吨110～115元。1988年，市计内325标号水泥出厂价每吨108元。1989年以后，市产水泥取消调拨计划，价格随行就市，1990年市水泥厂水泥综合平均出厂价格每吨153.77元。1991年，水泥价格略有上升。普通425标号水泥市场平均价格每吨172元。1993年水泥价格大幅上涨，普通425标号水泥市场平均价格每吨300元，1994—1996年，水泥价格维持在每吨250元左右，1997—2000年，水泥价格在每吨200～230元。

7. 玻 璃 1959年，株洲玻璃厂建成投产，3毫米平板玻璃出厂价每重量箱13.39元。1960—1978年，出厂价格保持在每重量箱8.37～10.92元。因纯碱等原材料涨价，1983年国务院批准调整平板玻璃价格，3毫米平板玻璃出厂价格二类一级每重量箱26.01元，二类二级重量箱15.61元；三类一级每重量箱26.01元，三类二级每重量箱23.41元。是年平均出厂价每重量箱17.74元。1987年起，平板玻璃实行浮动价格，上下浮动幅度为15%，加上后几年平板玻璃市场供求偏紧，价格大幅度上升，1989年3毫米平板玻璃平均出厂价格每重量箱38.88元。1990年，国家再次调整平板玻璃价格，3毫米平板玻璃出厂价格二类一等调为每重量箱36元，二类特选调整为每重量箱46.30元。但因市场开始疲软，当年实际平均出厂价格每重量箱为39.07元。1991年，平板玻璃3毫米一级品平均每平方米6.48元。1992年8月，玻璃价格放开，由企业自主定价销售。平板玻璃3毫米一级品市场最低价格每平方米6元，最高价格每平方米12元。1993—1995年，由于建筑投资规模扩大，玻璃走俏，价格居高不下。平板玻璃3毫米一级品市场价格每平方米16.4～17.4元。1995年，玻璃价格开始回落。2000年，平板玻璃毫米一级品市场价格稳在每平方米8～10元。

8. 砖　瓦　1955年，株洲市场红砖每万块479元，一级青平瓦每万片2240元。1956年，霞湾砖瓦厂建成投产初期，砖瓦出厂价参照市场价格执行。1959年，执行湖南省定价格，一级电机砖每万块300元，二级电机砖243元；一级红平瓦每万片850元，一级青平瓦每万片1150元。1964—1967年，1次调高、3次调低电机砖瓦价格。1971年，又恢复到1959年价格水平。1979年，市砖瓦厂转产，郊区砖瓦厂继续生产电机砖瓦，一级红砖每万块450元，二级红砖每万块390元；红平瓦每万片1250元，青平瓦每万片1350元。1985年，砖瓦全面实行浮动价格，并规定以当时出厂价为基础，上浮不超过15%，下浮不限。1986年以后，砖瓦价格全部放开，市场价格连年上涨，是年每万块红砖600～700元。1988年，红砖每万块价格达1000～1100元，1990年每万块回落到900元左右。1991—1995年红砖价格逐年攀升，每万块红砖最高价格达1700元。1996年红砖价格开始回落。2000年，每万块红砖市场价格稳定在1200元左右。房屋建筑多为平顶水泥屋面，市场平瓦价格基本维持在20世纪80年代末水平上。

9. 纯　碱　20世纪50年代中期，纯碱销售价格每吨586元。1958年，株洲玻璃厂投产后，纯碱成为株洲工业重要生产资料。从60年代起，纯碱由物资部门经营，一级纯碱每吨476元，1980年调为548元。1986年，实行计划内外2种价格；计内供应价每吨660元，市场调节价每吨1000元左右。1990年，国家调整化工产品价格，计内纯碱供应价调为每吨960元，厂、销对口直拨价每吨870元；市场调节价略低于计内供应价，每吨约900元左右。1992年，纯碱价格实行计内计外并轨，允许生产企业视市场供求情况上下浮动，上浮幅度不超过10%，下浮幅度不限。1993年，纯碱一级品市场价格平均为1300元。1996年，纯碱价格回落。1997—2000年，纯碱价格基本平稳，每吨价格维持在800～900元的水平。

10. 烧　碱　1959年，株洲化工厂生产的固碱平均出厂价每吨588.01元。20世纪60—70年代，烧碱出厂价格相对稳定。1960—1964年，每吨516～541.70元；1965—1979年，每吨在555元左右，1980年起开始回升，至1984年每吨达578.84元。1985年，实行计划内外2种价格后，计外烧碱出厂价格大幅度上涨。至1987年，平均出厂价每吨661.23元。1988年，调整计内价格，缩小了烧碱计划内外价差，平均出厂价每吨1097.77元，1989年涨至1560.23元。1990年，再次提高化工产品价格，并对计外烧碱实行最高限价，99.5%烧碱统一出厂价格每吨2100元，计外最高限价为3030元，实际平均出厂价格每吨2138元。1991年，烧碱平均价格为每吨1932元。1992年，烧碱市场平均价格大幅上涨，市场平均价格达每吨2285元。1995年，烧碱市场平均价格为每吨3051元。1996—1998年，市场烧碱价格逐年回落。2000年，烧碱市场平均价格为每吨2100元左右。

11. 钛白粉　1961年，湘中化工厂（原碳酸钙厂）生产的电焊条用钛白粉，核定每吨临时出厂价8300元，1964年调为4800元，1971年再降为3600元。1976年，新增油漆用钛白粉，核定每吨出厂价4200元。1980年，新增搪瓷用钛白粉，出厂价每吨为3536.75元。至1985年，钛白粉价格比较稳定。1986年，钛白粉市场转俏，价格上涨，焊条用钛白粉每吨3850.98元。1988年，省订钛白粉临时出厂价：焊条用每吨5000元，搪瓷用5100元，油漆用6500元。由于原材料价格继续上涨，至1990年钛白粉实际平均出厂价格为：焊条用每吨7073元，搪瓷用每吨7094元，油漆用每吨10075元。1991年，钛白粉价格实行市场调节。1993—1995年，钛白粉市场价格略有上升：焊条用均价为每吨8500元，搪瓷用均价为每吨8700元，油漆用均价为每吨11000元。1997—2000年，市场钛白粉价格基本平稳。

12. 硫　酸　1965年，由商业部门从外地调入的92.5%硫酸，每吨代理调拨价为255元，零售价440元。1966年，株洲化工厂开始生产硫酸，100%硫酸出厂价格每吨151.43元，1967年降为每吨124.66元，1968—1982年价格稳定在每吨120元左右。1983年，化工原料吃紧，硫酸价格上涨到140.31元，1984年每吨涨到182.40元，1985—1987年，回落为每吨170元左右，1989年又上涨到每吨192.38元，1990年每吨涨到196元。由于化工原料价格上涨，1991年硫酸市场价格平均涨至每吨315元，1993年每吨涨至538元。1995年，市场硫酸供不应求，价格继续飞涨。硫酸市场价格平均销售价格高达每吨1024元。1997—2000年，硫酸价格逐年回落。

13. 煤　炭　1951年，株洲市政府工商科核定青山块煤每吨批发价28元，零售价30元；青山统煤每吨批发价21元，零售价23.60元。1952年，青山统煤零售价每吨调为24元。1957年，市区生活用煤零售价调为每吨25.58元。从1963年起，煤炭代理调拨价按进货价加运杂费再加6.5%综合率制定，市场用煤零售价仍执行每吨25.58元。1967年，市场用煤批发价调为每吨26元，零售价调为每吨31元，执行到1989年。1990年，煤炭代理调拨综合费率计内调为8%，计外按10%执行。按照“新账不欠，老账不还”的原则，市场民用煤零售价由每吨31元提高到52元，藕煤每吨33元提高到56元。

1958年，桃水、华石等地方煤矿相继投产。桃水煤矿生产的14级无烟煤每吨矿价18元，华石烟煤统货矿价19.50元。1965年，华石煤矿烟煤矿价按甲、乙、丙块3个等级分别定为每吨17元、11元、28元，此后逐年降低。1979年，全省统一调整地方煤炭矿价，华石10级气肥煤由10元调为11元，桃水14级无烟煤由每吨18元调为25.50元。1984年，国家改变煤炭计价办法，计内14级无烟煤每吨调为38.30元，23级烟煤调为每吨21.20元；超产煤炭由煤矿与用户协商定价。1989年，计内14级无烟煤每吨调为65.11元，23级烟煤调为每吨36.04元，计外自销的地方小煤窑矿价在1984年基础上不超过100%。1990年，无烟煤和计内烟煤矿价基本未动，计外烟煤矿价在1984年基础上不超过130%。

1991年，煤炭价格按照“合理计费、合理盈利”的原则，由煤炭购进价格、运杂费、定额损耗和综合差率制定。定额损耗为2.85%，综合差率最高为10%。1992年，居民生活用煤价格放开，蜂窝煤价格由每100千克11元涨至13.4元，原煤价格由每千克10.2元上涨到12元。1995年，烟煤市场平均价格为每吨200元，无烟煤每吨220元。2000年，烟煤市场平均价格为每吨190元左右，无烟煤为每吨210元左右。

14. 煤　气　1992年2月，市煤气工程竣工投产，价格由政府定价。居民生活用气每立方米0.35

元，生活福利用气（指公用食堂等）每立方米0.5元，营业性用气每立方米0.7元。1992年，为弥补煤气公司亏损，居民生活用气调为每立方米0.5元，公共事业用气调为每立方米0.8元，营业性用气每立方米1元。1995年，居民生活用气（50立方米内）价格提到每立方米0.7元，月超过50立方米部分每立方米1元；机关事业单位及企业职工食堂用气价格提到每立方米1.4元；营业性用气价格提到每立方米1.8元。1998年，煤气价格再次作调整，每立方米分别提高到0.9元、1.5元和2元。

15. 成品石油　民国37年（1948）8月，湘潭县政府核定美孚牌煤油每千克1.1元（金圆券）。

1949年，株洲所需石油由长沙分公司供应，执行长沙批、零价格。66号汽油每吨批发价1430元，零售价1573元；灯用煤油批发价每吨1130元，零售价每千克1.24元；0号柴油每吨批发价806元，零售价887元。此后，石油价格逐年下降。到1952年66号汽油每吨批发价降到838元，零售价降到922元；灯用煤油批发价降到595元，零售价降到655元。1953年，石油作了有升有降的调整，66号汽油每吨批发价调为896元，零售价调为986元；灯用煤油每吨批发价调为842元，零售价调为每千克0.94元；0号柴油每吨批发价调为494元，零售价调为543元。1956年，国家开始对农用柴油实行优惠价格，按当地牌价每吨优惠20元。1962年，株洲成立石油批发部，担负石油供应业务。1963年，调整农用柴油优惠标准，排灌用柴油每吨优惠50元，田间作业用柴油按批发价优惠24%。翌年，农用柴油不分田间作业与非田间作业，每吨优惠90元。1965年，较大幅度地降低了石油供应价格，66号汽油批发价由每吨896元降为745元，零售价由每吨986元降为820元；灯用煤油批发价由每吨842元降为796元，零售价由每千克0.94元降为0.876元；0号柴油批发价由每吨494元降为474元，零售价由每吨543元降为521元。1972年，农用柴油每吨优惠额提高到130元。至1982年，取消农用柴油优惠价格。1983年开始供应部分计内高价石油，70号汽油每吨批发价988元，灯用煤油每吨932元，0号柴油每吨783元。1984年提高平价0号柴油价格，每吨批发价调为520元，零售价调为572元。其他品种未作调整，执行至1990年未变。

1991年，0号柴油平均零售价格为每吨1537元，70号汽油平均零售价格为每吨1535元。1992年，成品油取消限价后，市场汽油最高零售价格每吨突破4000元。1993年，因柴油价格由省物价局统一审定，农用柴油市区批发价每吨690元，攸县批发价每吨710元，茶陵、炎陵县批发价每吨720元。0号柴油市场平均价每吨为2312元，70号汽油市场均价每吨2841元。1995—1998年，0号柴油市场价格每吨在2100～2600元之间波动，70号汽油市场价格每吨在2300～2800元之间变动。1999年，70号汽油由90号汽油替代。2000年，0号柴油市场均价每吨3400元，90号汽油市场均价为每吨3700元。

第五节　经营性和事业性收费

一　经营性收费

（一）交通运价

1. 城镇搬运装卸　民国29年（1940），株洲箩业职业工会制定“力价章程”，力价标准按每个力（南杂、百货每30千克为一个力，煤炭每50千克为一个力）基本运距（250米）内收费0.04元（银元）。

中华人民共和国成立以后，城镇搬运装卸价格由市交通、物价部门管理。1952年年底，株洲市人民政府颁布《株洲市搬运暂行规定》，制定了运价标准。按货物搬运难易和价值大小等因素划分4个等级，四等货物250米内人力搬运价每吨1.175元。从1954年起，株洲开始大规模工业建设，货物运量剧增。为有利于支援工业建设，是年10月市人委将搬运价降低47.58%。为简化计算手续，1965年10月有升有降地调整了市内搬运装卸价格。此后，市内装卸搬运价格基本保持稳定。1986年后，随着市场物价上涨，城镇搬运装卸价格先后两度调整。1990年，普通货物基本运距（250米）内每吨人力搬运2.35元，板车运输1.40元，汽车运输0.70元，装（卸）汽车1.05～1.10元，上（下）码头1.70元。1991年，铁路部分装卸费率调整：整车一般货物装卸费为每吨1.2～1.8元，笨重货物装卸费为每吨2～6.5元。1995年，地方港口码头机械（人工）装卸费为运距（50米）每吨最高5元、最低2.6元，火车、汽车机械（人工）装卸费为运距（50米）每吨最高5元、最低2元。1997年6月，装卸费再次作调整。汽车装卸费标准为：普通货物每吨2.2～2.4元，特种货物每吨3～5.2元，笨重货物每吨5.2～17元。计时作业装卸费标准为：汽车每车吨每小时10～30元。人力每小时3～4元，机械每车吨每小时14～30元。人力普通货物搬运（30米以内）每吨1.4～1.6元，特种货物搬运每吨1.8～3元，笨重货物搬运每吨3～10元。汽车运输普通货物每吨千米1.5元，特种货物每吨千米1.8元，笨重货物根据远近每吨千米1.8～3.4元。至2000年，搬运装卸费未作调整。

2.公路客货运输 1949年11月，湖南省公路局规定公路运价标准：客运每人千米0.026元，货运每吨千米0.208元。1950—1952年，公路运价每年调整1次，至1953年客运每人千米调为0.033元，货运按线路分为3个等级，每吨千米一级线路0.28元，二级线路0.294元，三级线路0.308元。此后公路运价基本稳定。1966年1月，客运票价调整为每人千米0.03元；货运按货物分为4个等级，每吨千米一等货0.30元，二等0.26元，三等0.23元，四等0.21元。对农用物资实行八折优待。1967年，客运每人千米调为0.025元，货运不分等级，每吨千米调为0.20元，短途（24千米以内）运输另加吨次附加费每吨0.20元。1988年3月，公路客货运价格按路级核定，客运普通票价每人千米一级路0.0255元，二级路0.0294元，三级路0.034元；普通货物运价每吨千米一级路0.19元，二级路0.22元，三级路0.26元。1989年12月，调整公路客运票价，普通客车每人千米一级线路调为0.035元，二级线路调为0.043元，三级线路调为0.052元。1992年12月，因油料价格上涨，公路普通货物运价每吨千米调为0.46元，特种货物运价每吨千米调为0.6元。为疏导城乡客流，适当缓解油价上涨增加成本的影响，春节前后40天期间，公路客运票价上浮20%。1995年，地方公路普通货运平均价格为每吨千米0.6元，特种货物平均价格为每吨千米0.9元；地方公路客运平均价格每人千米0.071元。春运期间，地方公路客运票价上浮25%。1996年，公路客运价格除旅客包车运输价格实行市场调节外，其他类别旅客运输价格实行指导价管理。跨省路旅客运输仍实行对等计价的原则。货运价格除军运、抢险救灾，以及化肥、煤碳、磷矿石、食盐、粮食等重点物资普通整车运价由省管理外，其他货物运价实行市场调节价格。客运价格省到地、州、市所在地线路每人千米中性价 0.07 元，其他每人千米 0.08 元，允许上浮最高不超过 20%；当日 20 点以后发车，次日 5 点前到达的夜班车，可上浮 40%。货运价格：煤碳、磷矿石、食盐、粮食等重点货物整车中准价每吨千米 0.5 元，浮动幅度最高不超过 50%，军运、抢险救灾、化肥整车运价执行中准价，只准下浮，不准上浮。至 2000 年，公路客货运输价格未变。

3.水路运输　民国时期，水上木帆船运输，无统一运价标准，客货运收费均由船主与客商当面议价。1953 年 8 月，省交通厅按照“保本、低利、多运”的原则，制定了湖南省内河轮、帆船客货运价标准：轮船客运株洲至湘潭、长沙为每人千米 0.01 元；货运分为 10 个等级，并以十等货物为 100%（基价），九等为 110%，八等为 121%，七等为 133%，六等为 146%，五等为 161%，四等为 177%，三等为 195%，二等为 214%，一等为 236%。株洲至长沙之间的湘江轮船十等货运价上行每吨 3.44 元，下行每吨 2.55 元；帆船十等货每吨基价 2.35 元，运行每吨千米上行 0.0188 元，下行 0.0131 元。1965 年 12 月，湖南省物价委员会和省交通厅联合颁发帆船运价标准。货运分为 15 个等级，以十五等货物每吨起点价上行 0.94 元，下行 0.935 元为基价，1 千米以远按原标准依次递加。株洲至长沙 84 千米，每吨下行全程运价 3.457 元，上行 3.904 元。1977 年以后，先后 3 次调整水运价格。至 1990 年，客运票价国营船舶每人千米运行价 0.03 元，市、县集体船舶每人千米 0.05 元，起码计费里程为 5 千米，停泊基价不分国营、集体均按每票次 0.30 元；货运价格按货物分为 10 等，一等货物国营船舶一般河流不分上、下行吨千米 0.0305 元，市、县集体船舶上行 0.045 元，下行 0.04 元。停泊基价，国营船舶每吨 2.5 元，集体船舶每吨 3.4 元。1995 年，地方水运客运价格为每人千米 0.028 ~ 0.035 元，货运价格为每吨千米 0.25 ~ 0.35 元。由于铁路、公路客货运输的长足发展，水路客货运输市场受到制约，至 2000 年，地方水路客货运价一直低走不振。

（二）服务性收费

1.旅社、宾馆　民国 32 年（1943），湘潭县政府在第三期平价表规定旅馆收费标准：乙种房间每人每天 5 元（法币）。民国 37 年（1948）8 月，湘潭县政府核定特级旅馆收费（包伙食）每人每天 1.648 元（金圆券），甲级每人每天 0.63 元。

1950 — 1954 年，旅馆客栈收费一般为 0.3 ~ 1 元之间。1955 年，株洲市政府工商科核定株洲饭店房价普通铺位每人每天 0.5 元，双人间 0.80 元，单人间 1.2 元，特级房间 2 元。1957 年，调整旅社部分房间收费标准：特级单人间由每人每天 2 元调为 2.30 元，普通单人间由 0.8 ~ 1.2 元调为 0.9 ~ 1.40 元。从 20 世纪 70 年代开始，旅社收费档次逐步拉开。1977 年，核定桥东饭店试行收费标准，特级单人套间每人每天 10 元，普通单人套间 5 ~ 7 元，双人套间 4 ~ 6 元。80 年代高档次旅社、宾馆在株洲兴起。1985 年，株洲宾馆收费标准核定为：单人双套间每人每天 40 元，单人套间 28 元，双人套间 15 元，三人套间 10 元。1987 年，株洲庆云大厦客房收费标准核定为：高档单人客房每人每天 50 元，高档双人客房 30 元，中档双人客房 25 元。1990 年，市物价局对各类旅社、招待所、宾馆客房收费标准进行调整。普通单人间每人每天收费 12 元，中档单人间 20 元；株洲宾馆单人双套间每人每天80元，单人套间50元，双人套间25元；庆云大厦高档单人客房每人每天100元，高档套间150元，高级豪华套间200元。1991年，旅社、招待所低档房最低每人每天6元，最高15元；宾馆中档房价每人每天50～80元，高档房价100～150元。庆云大厦高档双人、单人间价格为每人每天120元，高档套房价格为180元，豪华套房价格为250元。

1992—1995年，宾馆倍增，客房档次攀高，房价大幅提升。普通型房间价格每天每间60～80元，标准房价格120～180元，高档房价格240～280元，豪华套房350元以上。为促进旅馆业搞活，允许其在核定的房价基础上，根据客源、季节变化上下浮动。浮动幅度为：涉外定点宾馆为30%，其余25%，在全国性的大型商品交易会、展销会、订货会以及全国有一定影响的旅游活动期间为50%。1996年以后，受客源量的制约，房价下浮难以反弹。2000年，客房中等价格为每天每间120元左右。

2.理　发　民国31年（1942），湘潭县理发职业工会发布城镇理发价目：甲级剪发每人次0.14元（法币），乙级每人次0.12元，丙级每人次0.10元。1949—1955年，境内普通男女理发每人次0.20元。1956年调整为：西式头每人次0.45元，平头每人次0.35元。1972年，理发收费标准调为男发一级店每人次0.35元，二级店0.30元。1979年，市计委调整理发收费标准：普通男发调为每人次0.40元，女发0.45元。1985年，调为男发0.60元，女发0.65元。从1988年起，国家只管男女普理发价格，男发每人次0.90元，女发1元。执行到1990年未变。1991年，考虑理发成本费用增加，理发收费标准调整为：男发每人次1.5元，女发1.7元，少幼发、老年剃须每人次1元。1992年，理发收费放开，实行市场调节。1993年，男发收费每人每次2～3元，女发2.5～3元。1996—2000年，男发收费每人每次4～5元，女发5～6元。

二　事业性收费

（一）邮电资费

1.邮　政　清同治六年（1867），一般信函每件（重1英两为限）收白银0.4两。宣统二年（1910）每件（20克为限）收银元3分。民国21年（1932）收银元6分，民国29年（1940）改收法币8分。

中华人民共和国成立初期，一般信函每件0.03元。1950年2月起，调为每件0.08元，同年3月调为每件0.10元，5月又降回到0.08元。随后40年未作调整。1990年7月，对邮政资费进行调整。调整后一般信函每件（20克为限）本埠0.10元，外埠0.20元；明信片每件本埠0.10元，外埠0.15元；印刷品每件（100克为限）本埠0.04元，外埠0.08元。1993年3月，恢复邮政建设费，并适当提高收费标准，包裹、快件、特快传递、机要文件收费每件0.3元，平常邮件中印刷品（20克以下）收费每件0.2元。1994年9月，考虑人民币汇率变动，国际邮件收费标准作调整，信函（20克以下）由每件1.5元调为2.2元，印刷品（20克以下）由每件1元调为1.5元，小包（100克以下）由每件3.5元调为5.2元。1996年10月，国际及港澳地区包裹收寄资费平均提高24%。同年12月，为缓解邮政电信价格矛盾，邮政收费作有升有降调整，将国内平信（20克以下）由本埠每件0.1元、外埠每件 0.2 元调为一律 0.5 元，印刷品（100 克以下）每件调为 0.3 元，挂号信每件调为 1 元，邮政快件每件调为 2 元，特快专递（超重 200 克）每件调为 20 元，每超 200 克加收 6 元，不足 200 克按 200 克计收费。1999 年 9 月，为缓解邮政亏损矛盾，平信（20 克以下）收费每件本埠调为 0.6 元，外埠调为 0.8 元，印刷品（100 克以下）每件本埠调为 0.3 元，外埠调为 0.6 元，挂号信每件调为 2 元，包裹、特快专递收费未作变动。同时取消邮政附加费。

2. 长途电话　1957 年，株洲市长途电话按不同距离划为 18 级，每分钟基价最低为 0.15 元，最高为 8.40 元。1958 年，邮电部调整长途电话等级距离，降低收费标准，由原 18 级调为 13 级，每分钟基价第一级为 0.15 元，第二级为 0.30 元，从第三至第十三级，每进一级，收费标准增加 0.30 元。1985 年，长途电话按原十三级，第一级基价降为 0.05 元，第二级为 0.10 元，第三级起，每进一级，收费标准提高 0.10 元。1987 年 9 月起，长途电话收费等级由十三级调为十二级，即起价由 0.05 元调为 0.10 元，从第二级起，每进一级价格提高 0.10 元。1992 年，长途直拨电话使用费由每月固定 10 元改为每次 0.3 元。1993 年，长途电话按话费 40% 标准收取邮电建设费。1994 年 9 月，国际长途电话作大幅度调整。如按计费距离段由每次 1.1 元调为 1.65 元，5 元调为 7.5 元，56 元调为 84.75 元，调幅约为 50% ~ 70%。1996 年，简化长途电话计费等级，由现行十二级调为：湖南省内通话每分钟 0.8 元，湖南省外 800 千米以内 1.12 元，800 千米以上 1.40 元（均含邮电建设附加费）。湖南省内通话国际及港澳台话费一律降低 30%。同时取消长途电话有权使用户使用费。1999 年，国际长途电话资费作重大调整。从中国大陆打往其他国家和地区的国际电话费全部调为每分钟 12 元（低于 12 元的，按原标准收费），大陆打往台湾地区每分钟由 8.1 元降为 5 元，内地打往港澳地区每分钟为 5 元。是年 4 月，电话附加费降低，湖南省内长途电话费为每分钟 0.72 元，湖南省外 800 千米以内 0.96 元，800 千米以上为 1.2 元。

3. 移动电话　自 20 世纪 80 年代后期开始，境内移动电话逐步普及。90 年代初期，移动电话入网初装费每户为 6000 元，基本通话费每户每月 150 元，本业务区内通话费每分钟 0.5 元。1994 年，移动电话入网初装费降为每户 5000 元，基本通话费降为 50 元；本业务区内通话费每分钟降为 0.4 元（双向收费），拨长话加收长话费。1995 年 5 月，省物价局、邮电局重新制定本地区电话网通话资费标准，移动电话在本地网内通话每分钟收费 0.4 元（双向收费），另加收 20% 的邮电建设费即每分钟 0.48 元。随着电信业的发展，移动电话费用降低。1999 年，联通公司移动电话费下浮 20%，月租费为每月 40 元，本业务区通话费为每分钟 0.32 元。移动电话漫游费仍为每分钟 0.6 元。至 2000 年，移动电话资费未作调整。

（二）医疗收费

1950 年，株洲镇设立卫生所，收费标准未作统一规定。1953 年，在原镇卫生所基础上建立株洲市立医院，收费标准执行中南军政委员会颁发的《医院诊所暂行收费标准》，门诊挂号初诊、复诊均为 0.05 元，急诊 0.10 元；住院每人每日 0.30 ~ 0.50 元，各种普通化验每项每次 0.3 ~ 0.5 元，最高不超过 1 元。1960 — 1979 年，先后对医疗收费标准进行了 5 次有升有降的调整。1982 年 5 月起，株洲市试行公、私 2 种医疗收费标准。私费仍执行 1979 年省物价委员会、省卫生厅颁发的医疗收费标准。公费按医疗成本收费，挂号费：初诊在私费基础上每人次加 0.10 元，复诊中、西医均按每人每次 0.20 元；住院费：普通床每人每日 2 元，简单床每人每日 1 元；三大常规化验费、接生费、体检费等按私费标准执行。1986 年，物价局、省卫生厅、省财政厅全面提高医疗收费标准，基本达到成本水平。1990 年，在清理整顿医疗收费的同时，提高了住院床位费标准，其他按原规定不变。1993 年，因医用氧气价格提高，临床医用氧的医疗收费标准作相应调整：氧气吸入治疗成人每人每小时 2 ~ 3 元，儿童每人每小时 1.6 ~ 2 元，高频吸氧治疗每人每小时 5 元，高压氧治疗每人次 20 ~ 35 元。1997 年 10 月，市物价局、卫生局核定市一医院、二医院、中医院新住院大楼病床收费标准。市一医院第二住院大楼病床收费标准为：普通病房 4 人间每床每日 10 元，三人间 15 元，二人间 25 元，产科病房三人间 25 元，二人间 35 元，单人温馨间 100 元。2000 年，医疗收费水平基本维持原定标准未变。

（三）学杂费

民国33年（1944），建宁中学开办初中班，按国民政府公立中学收费标准，每人每期学费40元（法币），俸米 5 市斗，图书、卫生、体育、实验等费用 360 元，杂费 60 元。次年，每人每期学费调为 50 元，图书、卫生、体育、实验等费用调为 800 元，杂费调为 200 元。民国 35 年（1946），每人每期学费降为 20 元，图书、卫生、体育、实验等费用和杂费 2 项均调为 2500 元。民国 36 — 37 年（1943 — 1948），取消俸米，学费不变，图书、体育、卫生、实验等费调为 250 万元，杂费 2 万元。民国 38 年（1949），学费停收，图书、体育、卫生、实验及杂费等折收食米 3 斗 5 升。

从 1950 年 3 月起，全省统一公立学校收费标准。1951 年，省政府规定中、小学免征学费，每人每期征收（按折实储存单位）杂费 2 元，代收课本、图书、体育、卫生、实验等费 20 元，主副食费 90 元。1952 年，统一按人民币征收学费，高中 2 元，初中 1.50 元；杂费初、高中均为 0.6 元，代收食米 105 千克，副食费 10 元，课本、图书、卫生、体育等费用 4.8 元。对家境贫困的学生减免学费（减免面 15%）。1953 年起，中、小学学费免征，至 1964 年下学期杂费进行了多次有升有降的调整后，小学 1 ~ 3 年级每人每期征收杂费 1.50 元，代收费 1.50 元；4 ~ 5 年级每人每期征收杂费 2 元，代收费 2 元；初中征收杂费 3 元，代收费 2.5 元；高中征收杂费 3.5 元，代收费 2.5 元。1965 年上学期至 1979 年上学期，学杂费未作调整。1979 年下学期，调整中、小学收费标准：小学 1 ~ 3 年级每人每期征收杂费 2 元，各种代收费 2.5 元，4 ~ 5 年级每人每期征收杂费 2.5 元，各种代收费 3 元；初中每人每期征收杂费 4 元，各种代收费 5 元；高中每人每期征收杂费 5 元，各种代收费 5 元。1987 年起，为提高教学质量，学校教学仪器、设备和书籍课本增加，加上各种代收费用平均提高了 2 倍以上。1988 年上学期起，提高中、小学杂费标准：小学 1 ~ 4 年级每人每期征收 5 元，5 ~ 6 年级征收 6 元；初中征收 8 元；高中征收 10 元，并对高中学生恢复征收学费每人每期 20 元。1989 — 1990 年，征收费用未作调整，代收部分连续提高，学生经济负担加重。至 1990 年下学期，每人每期最高收费，市区小学 25.7 元，初中 47.70 元，高中 79.50 元。1991 年，对中小学收费标准进行调整，最高学杂费收费标准为：市区小学每生 34.35 元，初中每生 71.25 元，高中每生 109.55 元。1993 — 1995 年，中小学学杂费逐步攀升。1997 年春季，市区中小学最高收费标准为：小学每生 129 元，初中每生207元，普高每生417元，职高每生488元。1998年，市区秋季中小学收费标准调至小学每生193元，初中每生263元，高中每生657元。2000年，市区春季中小学最高收费标准为：小学每生210.45元，初中每生215元，高中每生687.55元。

（四）房租、水、电费

1.公房租金 1955年12月，株洲市人委颁布房屋租金命令，公房月基本租金按墙、地、顶、门窗分别计算分值，每一分值人民币0.001元，一等房每平方米0.24元，营业用房在此基础上增加20%。1957年，根据“以租养房”的原则，基本房租安排为上等结构每平方米0.22元，中等结构0.17元，较差的结构0.078元。1959年，按上述3种结构分别调整为0.30元、0.20元、0.13元。1965年，公房住宅租金改按3等6级（即混合结构2级、砖木结构3级、简单结构1级），月基本租金按使用面积每平方米一级混合结构标准层0.15元，一级砖木结构标准层0.12元，简易结构0.08元。1976年，降低住宅租金，每平方米月租金一级混合结构降为0.13元，一级砖木结构降为0.10元，简单结构未动。1986年，改革非住宅公房管理办法，提高月租金标准，砖木结构一级每平方米调为1.82元，二级调为1.54元，三级调为1.4元；简单结构一级0.98元，二级调为0.70元，三级调为0.49元。并对临街商业用房租金实行承租双方面议，随行就市。1991 — 1994年，公房租金逐年提高。1995年，公房住宿租金最高每平方米每月2.15元，最低0.4元；非住宅租金最高每平方米/月50元，最低2.8元。1996年，摊位门面租金每平方米每月90 ~ 110元。1998 ~ 2000年，公房住宅以及摊位、门面租金基本保持不变。

2.自来水 1956年，株洲市第一自来水厂开始供应居民生活用水。投产初期产量低，单位成本高，株洲市人委核定每吨水价为0.20元。1962年，经湖南省计委同意生产用水价定为每吨0.09元。1965年2月，生产用水每吨调为0.16元，生活用水每吨调为0.18元。是年6月，市物委将生活用水价降为每吨0.15元，生产用水降为每吨0.09元。为降低支农产品成本，1970年市生产指挥部决定将湘江氮肥厂和合成氨厂生产用水每吨调为0.04元。1975年，按省计委通知，生活用水由每吨0.15元降为0.10元。1985年，湘江氮肥厂尿素生产用水每吨调为0.06元。1988年，市政府决定将各种生产经营性用水分别在原基础上提价0.05元。是年，经湖南省物价局批准，湘氮支农产品用水为每吨0.08元。1990年，又将生活用水在原基础上提价0.05元。各类自来水价格分别为：生活用水每吨0.15元，生产经营性用过滤水每吨0.20元，沉淀水每吨0.14元，湘氮支农产品用水每吨0.08元。1992年6月，自来水费标准作适当调整。工业用水调为每吨0.30元（化肥、农药生产用水每吨0.16元），居民生活用水每吨0.2元，价外征收10%的城市公用事业附加费。1994年、1995年2次提高自来水费，平均每吨提高0.2元，并为解决新建水厂所需资金，在水费外征收建水资金每吨0.1元。1999年10月，再次提高自来水费，居民生活用水每吨由0.73元调到0.82元，经营性用水每吨由1.32元调到1.54元，工业用过滤水每吨由0.88元调到0.98元，工业用沉淀水每吨由0.759元调到0.859元，特种行业用水每吨为3.26元。

3.电　价 民国36年（1947），每千瓦时照明电价5000元（法币），动力电价4000元。民国37年（1948），每千瓦时照明电价高达10.5万元，动力电价高达8.7万元。民国38年（1949）

的电价几乎每月数价。是年4月，电价改用银元计收，每千瓦时照明电和动力电均为0.09元。

中华人民共和国成立初期，株洲由湘潭下摄司电厂供电。1951年，照明用电每千瓦时0.25元，非工业动力用电每千瓦时0.20元，普通工业用电每千瓦时0.125元。1953年10月起，变压器50千伏安以上，设备容量50千瓦以上用户按大工业用电收费，电费总额按基本电价加电度电价计收。其中，基本电价按设备容量计收每千千瓦5.33元，按变压器计收每千伏安7.5元，按用户最大需用量计收每千伏安10.7元；电度电价每千瓦时0.08元。

从1961年3月起，株洲执行全国统一电价，非工业、普通工业用电分3级标准计价，1千伏以下每千瓦时0.11元，1 ~ 10千伏0.108元，37千伏以上0.105元。大工业电度电价1千伏以下每千瓦时0.065元，1 ~ 10千伏0.063元，35千伏以上0.06元，其余与原电网电价基本一致。1965年，全国统一调整电价，各类电价在原标准基础上普遍降低。1976年，大工业用电上户起点改为320千伏以上，电价标准不变。1985年，株洲对工业用电试行峰谷分时电价，高峰时电价大工业按正常时170%，普通工业按正常时150%，低谷时按正常时60%。因计量技术不过关，1990年停止执行峰谷分时电价，各类电价仍按1969年标准执行。

1994年，电力价格提高。不满1千伏居民生活用电价每千瓦时0.25元，非居民照明电价0.403元，非工业、普通工业电价0.325元。1995年，根据国务院贷款新建电站执行新电价的政策规定，对电力价格作适当调整。不满1千伏居民生活用电、非居民照明电、非工业、普通工业用电价格（含代征款项）每千瓦时0.3285元、0.3377元、0.4487元。1997年，为补偿燃料、运输价格上涨对电力成本的影响，从4月起，对电力价格再次作出调整，同时三峡工程建设基金征收标准由每千瓦时7厘提高到1.3分。从1999年1月起，征收重点电力工程建设投资资金，经营性照明电价加价，市区平均用电每千瓦时0.325元，农村不分价区每千瓦时降低0.016元。2000年，湖南省物价局、电力工业局调整了省电网销售价格，不满1千伏居民生活用电价每千瓦时0.503元，非居民照明用电价0.760元，非工业、普通工业用电价0.553元。

（五）市内公共汽车票价

1958年，株洲市公共汽车公司成立，相继开通株洲市中心区（火车站）至清水塘、宋家桥、田心、董家塅4条客运线路。株洲市人委核定每人千米票价0.028元，火车站至清水塘全程票价0.23元。1963年，每人千米票价提高到0.0289元，火车站至清水塘全程票价相应调为0.28元。1966年，公共汽车每人千米票价降为0.023元，火车站至清水塘全程票价调为0.20元。1971年、1977年先后2次调低公共汽车票价，每人千米降为0.0155元，火车站至清水塘全程票价降为0.15元。1988年7月起，市内公共汽车票价在原基础上每段提高0.05元，起点票价由0.05元调为0.10元，火车站至清水塘全程票价为0.20元。1990年，市内公共汽车共有16条营运线路，每人千米票价由0.0155元调为0.0345元，市区起点价由0.10元调为0.20元，火车站至清水塘全程价由0.20元调为0.30元。1992年，市内公共汽车票价实行分段计价和一票价制。小型公共汽车起价0.4元，大型公共汽车起价0.2元，县郊八路分2段，全程票价0.8元封顶，市区三路分2段，全程票价0.3元。1993年5月，市内公共汽车由原0.3元、0.4元起价，0.1元进制，全程票价由分段进制的0.4元、0.5元调整为0.4元、

0.5元一票制，市内中巴车起价标准由0.6元调整为0.8元。1993年7月，重新制定出租车汽车收费标准：一、二、三类、微型车起租价分别为10元、8元、6元，超过3千米每千米租价为1.8元、1.6元、1.4元、1元。1995年3月，部分线路公共汽车开始实行无人售票。为便零钞找兑，一、二、四、五、九、十六路无人售票车票价由0.4元一票制调为0.5元一票制。1996—1997年，公共汽车2次调整价格，市内无人售票大客车、中巴车票价调为1元一票制，跨线车调为1.5元一票制。特困企业职工和学生按票价优惠20%。1997年，出租车由4类改为3类，起租千米由3千米改为2千米，起租价分别调为6元、5元、4元，超过起租千米，每千米租价分别为1.8元、1.4元、1元，超过10千米部分，加收回程放空费50%，夜间23点至次日凌晨5点加价20%。顾客每等侯5分钟收费1元，等候超过1小时，按每小时20元标准收费。2000年，市内公共汽车、出租汽车价格没有调整。

株洲市物价委员会、物价局历任负责人名录

表5-9

机构名称	主任（局长）	任职时间	副主任（副局长）	任职时间
市物价委员会	刘恒胜	1962.7—1978.11（兼）	贾纯银	1962.7—1980.4(兼）
	邢连兴	1978.11—1981.2（兼）	马金琢	1962.7—1983.7(兼）
	王雨海	1981.2—1983.7（兼）	杨载美	1978.11—1980.4(兼）
	–	–	方 俭	1978.11—1980.4(兼）
	–	–	王 全	1978.11—1980.4(兼）
	–	–	滕中民	1980.4—1981.2(兼）
	–	–	冯树藩	1980.4—1983.7(兼）
	–	–	高化民	1981.2—1983.7(兼）
	–	–	李 路	1981.10—1983.7(兼）
	–	–	黄云和	1983.7—1997.6
市物价局	邹松柏	1985.2—1993.5	曾德祥	1983.7—1999.8
	易春霖	1993.5—2000.9	曾令国	1991.10—2000.12
	肖光培	2000.9—2000.12	龙松林	1999.10—2000.12
	–	–	刘海清	2000.9—2000.12

第四章 工商行政管理

1950年6月，株洲镇公所设工商股。1951年7月，株洲市人民政府设工商科，配备2人。1955年5月，工商科改为商业科，兼管工商行政管理工作。1958年4月，成立株洲市市场管理工作委员会，设办公室，配备5人，隶属市计委领导。其任务是加强市场管理。城市各区也于1959年设立相应机构，各配专干1人。1961年9月，市一商局设工商行政管理科，配备2人，同时成立市工商行政管理委员会取代市场管理委员会。1963年1月，成立市工商行政管理局，配备30人，设2科1室。其职能是进行工商企业登记、商标注册、市场管理、打击投机倒把、对小商小贩进行社会主义改造。“文化大革命”初期，市工商管理机构瘫痪、被撤销。1969年9月，成立市财税工商管理处，设工商组负责工商行政管理工作。1971年2月，工商组分离并入市商业局。同年12月，将市打击投机倒把办公室改为市工商行政管理办公室，与市商业局工商组合署办公。1974年10月，撤销市工商行政管理办公室，成立株洲市革命委员会工商行政管理局，配备16人，设2科1室。1980年12月，株洲市革命委员会工商行政管理局改为株洲市工商行政管理局。此后，随着国家经济改革的不断深入和国内外形势的发展变化，市工商行政管理体制和内设机构多次变动，职能不断扩展。1999年，市、县两级工商局上划省工商局垂直管理。2000年，全市工商行政管理系统完成人员分流，市工商局设13个下属机构，机关内设24个职能科室，机关干部170人。

第一节 私营工商业改造

一 复工复业

20世纪40年代末，国民政府强制推行“币制改革”，征收自卫税、慰劳捐、绥靖税，境内私营工商业歇业停业、抽资外迁、破产倒闭者甚多。1949年7月，株洲镇工商业590户，歇业、停业、倒闭、疏散出走233户，仅存357户；醴陵县60多个瓷业行栈、216座粗细瓷窑全部停产、停业；攸县梅城原有工商业24个行业、517户，只剩下19个行业、362户；茶陵县原有冶炼铁业公司9户、攸县25户，此时茶陵县只剩1户、攸县只剩12户，2县生铁产量比原来下降70%。

从1949年9月开始，工商行政管理机构着手扶助私营工商业复工复业；指派干部深入工商界，召开商民联谊会议，报告全国胜利形势；贯彻“公私兼顾、劳资两利、城乡互助、内外交流”政策；整顿商会组织，帮助各重点行业恢复业务，以点带面推动各行各业；新建立的国营贸易公司从外埠调运大批物资，供应人民急需，收购茶油、茶叶等农副产品，打开土产销路，带动私商小贩恢复经营。银行发放贷款，用人民币取代银元，帮助私营工商业解决经营资金困难。国营商业选择粮食、布匹等重点行业，向私营工商业加工订货，“定产包销”。这些措施使私营工商业迅速恢复和发展起来。株洲镇私营工商户，1950年年初恢复到420户，1950年末增到798户，资金总额86.63万元。其中以粮食、木材、运输、纽扣、蛋品、生猪恢复发展最快。1949年冬，国营贸易公司用银行贷款31.47万元，委托200多家私商经营代购粮食业务，获利稻谷近万担。1949年10月，纽扣业只有20户121人，12月发展到112户224人，资金由8万元激增到19万元。蛋品业得到银行14万元贷款，当年出口总额181万元。醴陵县贸易公司使用银行贷款50万元换购土瓷、鞭炮，省商业厅分配1万元收购土布，使瓷业、鞭炮、土布三行业近400户很快恢复经营，其中210多座粗细瓷窑不到2个月全部恢复生产。1950年1月，攸县工商户由原来的300户恢复到531户。茶陵工商户1150户，比1949年7月增加56%。酃县县城工商户达260户，也增加50%。

二　打击私商投机

1949年10月底，长沙涨价风刮到株洲集镇，很快波及醴陵县、攸县、茶陵县、酃县，酿成第一次涨价风潮。1950年4月，因上年普遍遭灾，粮、棉、油欠收，正值荒月来临，粮食上市不旺，而各机关、部队、团体均需采购粮食，学校限以大米交纳学膳费，居民普遍存有“重货轻币”心理，也争相储粮，投机粮商乘机大肆抢购囤积，哄抬粮价，爆发第二次涨价风潮。醴陵渌口、攸县城关的米价5月比1月涨了5倍。粮价暴涨引起百货腾贵，棉花、棉纱、布匹、茶油等各类生活必需品一般涨价1～2倍。

工商部门根据中央人民政府政务院颁布的《关于统一国家财政经济工作的决定》精神，运用经济手段，打击涨价风。组织国营公司和供销社大量调拨、抛销物资、回笼货币、抑制物价、打击投机。株洲镇从湘潭调拨大批粮食，指定国营粮食销售组和私营米行向市民按平价供应口粮。醴陵县除调拨大批粮食抛售外，还组织调拨抛售大批棉纱、棉布、食糖、百货、工业器材等重要物资。攸县、茶陵县食盐被投机商人垄断，价格昂贵，国营贸易公司从衡阳调拨2000多担供应市场。各国营公司还在农村增设购销站，委托代售点，直接向农民供应所需物资。这样，各地扭转了“有钱无市”的状况，物价普遍下降，与5月份涨势高峰比较，株洲镇降39%，醴陵县渌口降37%，攸县城关降26%。

工商部门进一步运用行政强制手段，打击商业投机活动。包括管理行商，处理钱庄，整顿牙行(为买卖双方说合交易，抽收佣金的商行。亦指同业组织)，建立粮食交易所，限制投机粮商等。境内共有600多户行商，其中一部分利用物资紧缺和物价波动进行投机，而税收和工商登记管理上又是“空档”。根据1950年颁发的《中南区行商管理暂行办法》，限令行商申请登记，核定经营范围、经营方式、领取许可证，使行市的户数、资金、经营项目和购销走向完全置于人民政府监督之下，限制其投机活动。其时境内有钱庄30多户，其中资本较雄厚的株洲镇有2户、醴陵6户、攸县4户、茶陵5户，还有黑市钱庄进行“地下”活动。这些钱庄既进行金融投机，又进行商业投机。各县限令所有钱庄、银铺，在限期内办理登记，指导它们朝有利于国计民生的方向转业经营。对令出不随者，轻则罚款，重则没收金银，给予严惩。境内共有200多户官牙行，还有数以千计的私牙和经纪，从事商业投机活动。各县组织市场服务部，指导有经营能力的改行为号，转业经营。1950年3月，株洲集镇，醴陵县渌口、泗汾、大障，攸县皇图岭、新市、梅城，茶陵县、酃县城关等均先后成立粮食交易所。通令凡大宗粮食交易必须在交易所成交；任何单位和个人采购粮食，须经登记核准，方可起运；严禁粮商场外交易；禁止买空卖空、期货辗转、造谣哄价、欺骗瞒哄、投机倒把等不法行为。否则，分别给予没收、罚款、补税及其他严厉处分。

三　转行转业、联营、合营

最早转业的行业是牙行、钱铺、金银首饰业、纸扎业、香烛业。这些行业按照转业方针（由不合群众需要的行业转向有利国计民生的行业，由商业转向工业，由手工业转向机械工业，由私人资本主义经济转向国家资本主义经济），大都转向加工、化工、机械制造、山货、印染等工商行业。为提高私营工商业者的经营能力，各县有计划地指导各行各业联营。联营的组织形式有联产联销、联购分销、联产分销、联购联销、分产联销5种。

以上联营的工商户，占工商总户34%。

醴陵县200多户瓷业联营后，尽力开展远销，产品由积压转为供不应求，经营总值大幅度增长。攸县12家私营铁厂、200多家纸槽分产联销，建立梅城、皇图岭、长沙3个联销处，产品远销全国10多个省，“攸饼铁”“湘攸纸”声誉大振，久销不衰。

株洲市1952年12月工商业联营组织情况一览表

表5-10

行　业	户　数	联营形式	资　金（元）
屠　行	42	联购联销	920
运输业	6	联　　运	3000
棉布业	11	联购分销	5000
胪陈业	41	联购分销	24030
书纸业	10	联购分销	2000
蛋　业	111	联购联销	90000
纺织业	5	联购联销	3000
白铁业	6	分产联销	400
丝烟业	40	联购分销	2000

四　改造批发商

1953 年上半年，境内市场出现新的问题。国营商业退出部分市场，有些商品货源短缺，供不应求，私商又随机辗转批发，抬价倒卖；有些接受加工订货的私营工厂将紧俏商品故意延期交货，抛放市场牟取高利，引起价格波动；国营商业提高批发起点，压缩经营商品，批发市场比重日见下降，对市场领导作用严重削弱，整个市场经济出现公降私长的局面。是年 8 月，株洲市贯彻“留（下来）、转（出去）、包（起来）、挤（掉）”的方针：粮食掌握百分之百，不准私人经营；棉花掌握 90%，禁止私商到产地收购，只许去散花地小量贩运；取缔棉纱业私商，棉纱由国家直接分配到工厂；排挤棉布、百货私人批发商，私商必须服从国营牌价；国营控制主要土特产品；非国家加工订货的私营工业，禁止自由采购原料；猪、蛋、烟、皮革计划收购，私商不能直接插手经营；缩小城乡批零差价，降低批发起点；停止对棉布、百货等主要行业批发商贷款、押汇；恢复课征批发商营业税；被排除的批发商引导转向工业。同年 11 月 23 日，全国实行粮食统购统销。株洲及醴陵、攸县、茶陵、酃县等县 100 多户粮商全部由国营取代，批发商转业，零售商改为国营代销，粮食自由市场消失。随后，又对油料、生猪、蛋品、烟、皮革等主要农副产品实行计划收购，不准私商插手经营。粮食和主要工业原料实行统购统销、计划收购，排挤这一范围内的私营批发商，同时严格实行行政管理，控制其他工农业产品的货源，从各方面促成国有企业对主要商品批发的控制，推动私营批发商自愿转业或被吸收到国营商业。

1954 年年底，境内主要商业行业的粮食、油料、棉布、食盐、瓷业、煤、猪肉、颜料、生铁、土纸等 10 个批发商全部被国营取代，百货、土产、胪陈、国药的批发商也绝大多数被挤掉，剩下的只是些小土产和次小百货批发商，经营国营未统包的次小商品，拾遗补缺。到 1955 年年底，所有私营批发商全部排除、替代，实现批发商业国有化。

五　工商业改造

（一）加工订货

1949 年冬开始，国家机关、国营经济向私营工业、手工业订货，提供全部或部分原料、半成品，委托加工，以保障军民急需供给。1953 年，境内工商部门组织劳、资、公（国、合单位）三方成立订货加工领导小组，统一分配各行业加工订货任务。规定“凡 2000 万元以上的加工订货，均需报经工商部门批准，统一分配”“订货合同经批准发给审定书，方为有效”“否则，按情节轻重分别给以赔偿损失、罚款等处理”。1954 年，各县加工订货和统购包销的产值占私营工业总产值 80% 以上，株洲市的粮食业、蛋业，醴陵的粗细瓷业，攸县、茶陵的生铁、土纸均为 100%。

（二）经销、代销、批购零销

1954 — 1955 年，私营批发商被排挤、替代，私营零售商普遍转向国营进货，私营工业、手工业也依靠国营商业的收购和包销。私营工商业生产、经营日渐困难，大量从业人员生活难以维持。

株洲市从1954年春开始，根据中央对私营工商业“维持面广，都有饭吃，饱而不好”的安排政策，把所有零售商按行业归口到国营专业公司和供销社管理，分别安排为经销、代销、批购零销户，各归口单位逐户按成员多少供给可以维持基本生活的货源。1955年年底，全市私营零售商15个行业、807户，安排棉布业为代销，屠宰、煤炭业为经销，百货、南杂、卷烟、胪陈等行业为批购零销。

（三）公私合营

1951年4月，原私营联湘公司110多户股东筹集资金12万元，组建第一家公私合营企业株洲牲畜公司。同年1月，筹建公私合营土产购销处，资金8000元。年底又组建公私合营新新纽扣厂，资金7000元，联懋牲畜购销处，资金1.5万元。1952年2月，筹建全市最大的一家公私合营企业株洲企业股份有限公司，共有资金17.6万元，其中公股3万元，从业人员118人，直属3厂2部5个经营单位，当年经营总值276万元，获纯利润8.17万元。

1955年11月，对私改造步伐加快。株洲及各县根据城乡分工原则，县城的对私改造由国营专业公司归口负责，农村由供销合作社担负，两方面同时进行，工业、商业、小商小贩、手工业齐头并进。整个私改工作按照宣传发动、申请批准、清产核资、经济改组4个阶段进行。全部工商户分别不同情况划为3种类型纳入不同改造形式：一是资金较多，有固定铺面，经营的主要商品属统派购物资的，直接过渡到国营；二是占有较多资金，雇有店员，有固定铺面、厂房、商号的，列为公私合营对象；三是小商贩引导向社会主义合作经济发展，分门别类组成合作商店、合作小组。各县从1955年12月开始试点，到次年2月基本完成。1956年1月20日，中共株洲市委书记马壮昆在工人俱乐部向举行庆祝游行大会的5000多名群众庄严宣布：全市社会主义改造取得伟大胜利!11月25日，醴陵县长牛青山在万人庆祝大会上宣布：全部行业实现公私合营。2月，攸县、茶陵、酃县也相继宣告对私改造结束。

各行业批准公私合营，均由公股代表、私股代表和职工代表组成公私合营工作委员会，做好清产核资、定股定息、人事安排各项工作。

1956年底，境内对私营工商业社会主义改造全部完成。私营工业、手工业、商业全部纳入国家统一计划的经济体系，形成社会主义计划经济统一市场。

株洲市和各县1956年私营工商业改造结果一览表

表5–11　　　单位：户

县市名称	总户数	过渡国营	公私合营	合作商店	合作小组	停业转行
株洲市	807	85	464	3	166	89
醴陵县	2160	238	919	444	440	119
攸　县	1203	221	764	156	58	4
茶陵县	966	149	172	180	145	225
酃　县	596	68	137	152	66	173
合　计	5732	761	2456	935	875	610

第二节 工商企业登记管理

一 登 记

（一）内资工商企业登记

清代，境内工商企业一般由行帮组织进行登记。行帮由商家铺户的商人依同籍或同业设立。凡开设商号，须向同业公会申请入会，纳费请牌，得到同业公认后方可开业。清康熙五十九年(1794)，茶陵县沿洣水、沔水两岸的江口、坑口、湖口、浣溪、堤洲、嘉土、黄堂等集市的竹木商人设埠，创建木商同业公会；到光绪年间有会员2590户。

民国时期，国民政府仍沿用以商治商办法，由商会管理同业公会。各县商会设会长1人，副会长1～2人，委员若干人，均由选举产生，任期3年，不享受薪俸待遇。商会建立后，工商企业发展迅速。到民国6年（1917），株洲注册牙行50户，醴陵24户，攸县19户，茶陵31户，酃县2户。

民国26年（1937），国民政府颁布《商业登记法》，规定商业企业统一分为16大行业，凡属16个行业的商号，资本在300元以上的，须向当地政府申请登记注册，注册事项为商号名称、营业资本、主体人或合伙人姓名住址，核准登记后发给登记书，以适当形式向社会公告。中华人民共和国成立前夕，醴陵工商企业达1211户，从业人员2825人；攸县531户，从业人员1200人，牙行经纪上百户，牙商达1000余人；茶陵净商业1150户，从业人员2500余人，牙行141家，其中城内27家，小市镇114家；酃县工商企业260户，从业人员420人。

中华人民共和国成立后，各级工商行政管理部门负责工商企业登记、管理工作。1950年7月，境内贯彻中南区《企业登记暂行办法》及施行细则，成立工商企业普查登记委员会，对境内工商企业重新进行全面登记。登记范围包括开业、歇业、停业、登记事项、登记程序、变更登记、特种行业登记及登记证的核发等，以了解工商业实况，保护工商业正当发展，取缔投机钻营，建立新民主主义经济秩序。

此次工商企业普查登记，结合改造旧行业公会，重新划分行业、筹建工商联合会、调整公私关系、救济失业工人、恢复和发展国民经济等同时进行。按照省人民政府统一部署，于年底完成普查登记。其结果是：株洲镇798户（工业、手工业250户，商业548户），资金30万元。镇内企业有22个行业，其中蛋业122户，织染业12户，运输业7户，屠宰业42户，旅馆业60户，百货业48户，粮食业37户，缝纫业40户，纽扣业160户（马家河56户），胪陈业33户，烟业40户，五金业31户，包面业14户，书纸刻字印刷业18户，油漆业8户，瓷业9户，棉布业14户，豆腐业11户，煤炭业11户，国药业17户，还有篾业等其他行业64户。醴陵县1636户（工业、手工业892户，商业744户），资金88万元，从业人员4303人；攸县1357户（工业、手工业750户，商业607户），资金71万元，从业人员2972人；茶陵县726户（工业、手工业240户，商业486户）；酃县365户（工业、手工业56户，商业309户）。

1956年，完成对资本主义工商业和手工业的社会主义改造，社会主义统一市场基本建立，国营、公私合营2种类型企业的登记作用不复存在，到1962年，工商企业登记管理工作基本停止。

1963年1月，成立株洲市工商行政管理局。依照国务院《工商企业登记管理试行办法》和《湖南省工商企业登记管理暂行办法》的规定，又对全市工商企业进行全面普查登记。市人委成立工商企业普查登记领导小组，以工商部门为主，抽调干部组成办公室，试点取得经验后全面铺开。

这次普查登记从8月份开始，历时近1年，基本澄清生产、流通领域工商企业状况：株洲市有国营企业217户，分支机构201个；集体企业585户，分支机构241个；个体工商户3045户。醴陵国营企业103户，分支机构262个；集体企业837户，分支机构67个；个体工商户470户。攸县国营企业173户，分支机构18个；集体企业457户，分支机构246个；个体工商户146户。茶陵国营企业134户，集体企业350户；个体工商户260户。酃县国营企业98户，集体企业270户，个体工商户96户。

1966年"文化大革命"中，工商行政管理机构撤并，工商企业登记管理工作基本停止，1979年后，恢复正常。

1980年4月，株洲市革委会根据国家经委、国家农委、国家工商行政管理总局《关于开展工业企业普查登记的通知》精神，成立工业企业普查登记领导小组，下设办公室，由市经委、社队企业局、工商局抽调干部组成，负责组织协调日常业务和技术指导。

这次普查登记，经过企业填报普查登记表、企业基本情况数据资料整理、统计汇总、核发营业执照，于次年4月基本结束。全市有工业企业864家，从业人员12.65万人，资金总额11.49亿元。其中国营企业112家，集体企业752家；大型企业9家，中型企业6家，小型企业849家。

1980年6月，株洲市、县调整国民经济，整顿施工队伍，对全民所有制和城镇的集体所有制施工企业进行普查登记、资质审查、核发营业执照。12月，又部署对农村社队建筑队进行普查登记、核发营业执照。经普查登记，全市有施工企业58家，从业人员25768人，资金总额7982.84万元。

1981年8月，株洲市人民政府成立商业企业普查登记领导小组，对商业性企业进行全面登记，核发营业执照。此次登记，全市共有商业企业600户，分支机构1200个，从业人员17965人，资金总额18568.71万元。

是时，结合商业普查登记对交通运输企业进行全面登记，核发营业执照。交通运输企业市区登记发照31户，分支机构43个。其中，公路货运9户，公路客运7户；水路货运13户，水路客运5户；装卸8户，其他1户。

1983年，株洲市及市辖各县工商局为适应城乡经济体制改革形势，建立、完善工商企业正规化登记管理制度，及时办理工商企业登记注册和变更、注销手续，并向社会公告。

1989年，株洲市及各县、区工商局贯彻《中华人民共和国企业法人登记管理条例》和国家工商总局《关于做好企业法人登记注册和换发证照的通知》，从年初开始，分批更换营业执照，于11月底结束。换证中，对企业名称、经营范围、经营方式、经济性质、注册资金等重新审核。为防止企业申报注册资金不实，委托各级会计师、审计事务所验资。然后依照《条例》规定：凡具有独立的组织机构；固定职工8人以上；独立经营管理的财产，即企业对其经营管理的财产享有占有权、使用权、收益权和依法处分的权利；能独立承担民事责任的企业换发全国统一的《企业法人营业执照》，不符合上述条件的营业单位及法人企业所属的分支机构换发《营业执照》。企业换证后，原营业执照正、副本及所有公章由工商部门收回销毁。至年底，全市办理换证、注册登记企业11872户。其中全民所有制企业2914户，集体所有制企业8839户，联营企业119户；法人企业5061户，非法人企业6811户。

1991年，市工商行政管理系统放宽登记条件，支持企业在政策法规允许范围内开展生产经营，引导企业登记朝着规范化、标准化、程序化方向发展。全年市局登记机关共为企业法人下设的分支机构办理《企业法人营业执照》85个，办理变更登记455户，批准64户区县企业冠市企业名称，核准86家企业开展一次性经营。到年末，全市共有企业13495户，其中企业法人4889户，营业单位（含分支机构）8600户；新开业企业1985户，变更3740户，注销1283户；市区共有企业2284户，其中企业法人802户，营业单位1482户。

1992年，市工商局为促进公有制企业发展，制定《贯彻落实〈全民所有制工业企业转换经营机制条例〉的若干措施》，支持大中型企业改革后勤体制，支持企业合并、兼并和横向联系。全年，促成13家企业兼并，盘活原值1756万元的固定资产，安排1950名职工重新就业；支持组建企业集团公司5个，促进企业群体优势和综合功能的形成；准许68家营业单位转为法人企业；支持3家国营企业实行股份制改革；支持党政机关转变职能兴办经济实体418个。对申请登记有限责任公司、领取企业法人营业执照的，在注册资金方面适当放宽，对生产型公司注册资金不得少于30万元的，放宽到20万元；以批发业务为主的商业性公司注册资金不得少于50万元的，放宽到30万元；以零售业务为主的商业性公司注册资金不得少于30万元的，放宽到20万元。放宽字号名称登记，全年县市区企业冠株洲市名的有350家。至年底，全市注册登记的国有、集体企业16265户，从业人员52.4万人，注册资金56.5亿元。

1994年，全市新注册法人1218户，其中根据《公司法》登记注册的有限责任公司32户，办理营业执照1526户，注销1705户。1995年7月1日《中华人民共和国公司法》和《公司登记管理条例》正式实施，对新设立公司严格按《公司法》规定办理。全年全市新登记企业1170户，其中企业法人219户，营业单位951户，新发展有限责任公司87户。

1996年，根据市政府"抓大放小"、组建企业集团、营造"航空母舰"的思路，全年共登记注册企业集团28个。1997年，制定《支持企业改组、改制、改造，促进企业体制、经营机制转变的几项具体规定》，引导企业建立起符合自身发展特点的企业制度。全年新登记开业企业1148户，其中国有企业246户，集体企业341户，股份制企业468户，股份合作制企业88户；办理变更登记3200户，注销企业2292户。

1998年，市工商局为方便企业办事，提高工作效率，开办企业登记代理事务所，5个月内接待企业咨询2000余户次，为企业代办营业执照130件。至年底，全市有企业15494户，其中公司企业 419 户，股份合作制企业 101 户。企业户数有所减少，股份合作制、股份制企业发展迅速。1999 年全市新办企业 926 户，办理注销登记 1239 户，支持国有企业进行公司化改建、改组、改造 201 户。2000 年，新办企业 539 户，办理党政机关与所办经济实体脱钩手续 145 户。至年末全市共有企业 13559 户，注册资本 133.22 亿元；其中改制企业 185 户，高新技术企业 11 户，投资公司和担保公司 9 户。

（二）外商投资企业登记

1985 年 4 月，境内第一家中外（日本）合资企业“株洲国际苎麻纺织有限公司”成立。至 1991 年年底，全市共有外商投资企业 14 家。1992 年新登记注册 66 家。

1993 年以前，境内外商投资企业需要到湖南省工商行政管理局进行登记注册。同年 3 月，市工商局设立外商投资企业登记管理科，7 月正式代表国家工商总局办理境内外商投资企业登记、注册、颁发营业执照。当年登记注册 90 户，其中合资企业 76 户、合作企业 9 户、独资企业 5 户，注册资本 11740 万美元。当年开业的 49 户，生产经营状况好的有 15 户。年末，全市共有外商投资企业 168 户，注册资本 17725 万美元，其中中方认缴 10209 万美元，外方认缴 7516 万美元；实际到位资金 9460 万美元，其中中方 6222 万美元，外方 3238 万美元；累计欠缴 4858 万美元，其中中方 1997 万美元，外方 2861 万美元。

1994 年，全市外资企业增幅呈下降趋势，新登记外资企业仅 42 户，较上年减少 48 户，其中合资企业 28 户、合作企业 4 户、独资企业 10 户，注册资本 4436 万美元，其中外方应出资 3012 万美元。至年底，全市实有外资企业 197 户，其中中外合资经营企业 163 户，中外合作经营企业 20 户，外商独资经营企业 14 户。经营行业为工业 130 户、农林牧渔业 5 户、建筑业 5 户、交通运输业 5 户、饮食服务业 13 户、房地产和居民服务业 23 户、文化娱乐业 12 户、其他 4 户；分别来自 15 个国家和地区，其中中国香港地区 138 户、中国台湾地区 19 户、马来西亚 8 户、美国 6 户、加拿大和日本各 5 户、其他 16 户；投资总额 38557 万美元，注册资本 26837 万美元。中国香港泰星发展有限公司与株洲市电子产品销售公司合资兴办的湖南星洲实业发展有限公司，由合资变更为港商独资企业，总投资由 4200 万元人民币增加到 1.5 亿元人民币，注册资本由 3000 万元人民币增加到 5000 万元人民币，不到一年时间就将 33 层高的“泰之岛酒店”矗立在株洲市区。

1995 — 2000 年，注册登记的外商投资企业没有大的起伏，除 1996 年增加 32 户外，其余各年均不超过 20 户，最少的 1997 年为 11 户。6 年里全市共注册登记外商投资企业 109 户，其中 2000 年注册登记 15 户。其间，部分外商投资企业变更、撤销。至 2000 年年底，全市共有外商投资企业 131 户，注册资本 27644.4 万美元。

二 管 理

清代，行帮、同业公会管理工商企业一般立有条规，凡新开商号要与同业老店保持一定间隔距离，茶陵的竹木行、杂货行须上隔 7 家下隔 8 家，攸县的米行上下都须隔 10 家，醴陵的瓷器行、鞭炮行左右均须隔5家以上。企业不得违犯，犯者必罚，有罚钱、罚酒、罚戏，也可钱酒、钱戏、酒戏并罚，重者革逐出业。清宣统元年（1909），潭邑株洲箩行，有箩夫103人，境内客商、铺户的各种货物上岸下河（湘江）均归箩行挑送，东至白关铺。箩行发布10条条规，规定箩夫上船挑货毋许拥挤争先；为客商、店号挑运货物交卸清楚；黑夜毋许挑起货物；起货不许重挑挟力以多报少；力资归公平分不得私自瞒昧；毋许凶殴强词夺理等。一切犯者，轻则歇业受罚，重则烧箩革退永不覆埠。

民国时期，政府直接管理特种行业。境内的典铺须请部贴设立，银铺、钱铺须禀官府立案才能设立；矿产开采、冶炼一律呈劝业道转呈农工商部核准。尤以牙行管理之严，牙行须请“牙贴”才能设立，国民政府刚建立即颁发《牙贴章程》，清理清政府牙行管理积弊，由财政司核发牙贴，后改为省财政厅核发。民国19年（1930），依据《湖南牙贴章程》规定，对牙贴实行5年一换，牙税每年分2次交纳。民国27年（1938），牙贴改为1年一换，牙税每年一次交清，增发露天牙贴，牙行经营范围不得超过5个品种，并按七条禁令管理牙贴：即1贴只许1行，不准另设分行分栈；牙贴不准转卖或租借出顶；不得兼营介绍买卖贴内未经指载之货物；已经到埠货物不得阻止货客投往他行；不得强迫直接买卖之客货投行纳用；未到埠货物不得派遣行夥出埠拉客。凡违犯禁令者，经客户或同行检举告发，处银币30～300元罚款。

中华人民共和国成立后，各级工商行政管理机关依照国家在各个时期制定的法规，对工商企业进行监督管理。1950年，境内所辖工商企业一律废除国民政府核发的营业证，重新登记核发。企业不得用相同或类似于中华人民共和国国名、人民领袖姓名（别名、译名）、机关法令名称或外国国名、外文作为公司、厂、店名称申请登记；在一个地区（省、市、县）经营同业者，不得有相同的企业名称。特许行业须先领得特许证：营造业、水电业、采矿炼矿业凭建设机关特许证；诊所、医院、镶牙、药房、制药、理发、浴室、糖果食品、清凉饮料凭卫生机关特许证；银行、钱庄、保险、信托凭金融机关特许证；刻字、印刷、照相、旅栈凭公安机关特许证；茶楼、酒楼凭公安、卫生机关特许证；戏院、影院、舞厅凭文化、公安机关特许证。并依照省人民政府《处理违犯工商业登记之临时罚则》规定，全面检查工商企业，对拒绝工商登记，或在登记中逃匿物资、隐瞒资金；或买卖、借让、涂改、顶替营业证，超越经营范围；或擅自开业、停业、歇业、废业；或故意歪曲法令，造谣滋事破坏登记者，视其情节轻重，给予批评教育、停业整顿、坦白悔过、登报悔过、勒令停业、罚款等处罚。

1953年，市政府工商科会同市工商业联合委员会，对全市工商企业普遍进行检查，重新复核已登记企业的注册资金。全市798户工商企业实有资金为185.83亿元，比申报登记资金增105.83亿元，分别进行调整。查出在普查登记中未换营业证的企业21户，无证经营户5户。

1963年10月，市工商局、公安局、税务局、中国人民银行株洲市支行，配合全市工商企业普查登记，建立联合管理工商企业制度；凡未经当地工商登记主管机关核准登记以及未经批准开业、转业的任何工商企业和个体工商户，公安部门不予批准刻制公章，税务部门视为临时工商企业征收临时商业税，银行撤销其存款、贷款户或不予开户和建立信贷关系，工商部门按违反工商企业登记管理法规，视其情节，给予批评、书面检讨、罚款、没收利润、限期停业、吊销证照等处罚。

1964年后，市工商局严格企业经营范围管理。配合公安部门管理特种行业。石油、汽车、钢材、铜及铜材、铝及铝材、锌、锡、生铁、废铜、废铝、废钢铁、纯碱、烧碱、煤炭、尿素、钾肥、粮、棉、油等579种重要生产、生活资料及紧俏耐用消费品，实行专营，统一经营，统一管理。无权经营的企业，一律不许插手经营，违者视其情节以投机倒把论处。旅馆、旅栈、旧货、古玩、寄卖、印刷、刻字、照相、剧院、影院、舞厅、茶楼、酒楼、无线电修理等30多个行业列为特种行业。凡经营特种行业业务的企业，不论专营、兼营，都按特种行业登记管理。特种行业由国营（包括供销社）企业经营，国营顾及不到的可由集体经营。农村社、队，城镇街道企业只许开设自行车、钟表、照相机、收音机修理店和废品代购店，偏远山区社队可在当地开设客栈、伙铺，其余特种行业一概不许开办。

1979年，市工商局对全市工商企业状况进行摸底调查，全市1513户工商企业，有证的1482户，占97.80%。其中，114户特种行业企业，除37户属暂不发证户外，有证户75户，占97.30%。

1980年，市工商局对全市工业企业、施工企业、商业企业、交通运输企业进行普查登记。到1982年，全市所有工商企业全部换发全国统一的《营业执照》，并逐户建立企业专用登记档案。

1983年后，对企业实行年检年审制度。每年一季度，所有企业均填写企业年检报告书，提交上年度结算资金平衡表及营业执照正、副本和公章，到当地工商行政管理局办理年检年审。企业拒不年检年审者，视其情节给予罚款等处罚。从次年起，逐步放开企业登记名称、经营范围和特种行业管理。凡经上一级主管单位批准的企业自命名称均认可，习惯上以行政建制名称命名的不强求全名全称，县以下企业命名可不把乡、镇、村名称都挂上。除石油、汽车、钢材、铜及铜材、铝及铝材、生铁、纯碱、烧碱、尿素、农用塑料薄膜及500标号以上水泥等24种重要生产资料，仍属专营、统一管理外，其余品种所有企业均可核准经营。除旅店、刻字、印刷、废旧回收、无线电修理业外，申请经营其他特种行业者，直接由工商部门核发营业执照。同时，实行检查与监督、处理与建制相结合的管理办法对企业进行监督管理。是年，从宣传《工商企业登记管理条例》入手，共检查企业6812户，依法对其中53户涂改《营业执照》和122户无证经营小煤窑给予罚款处罚。

1985年12月，市、县、区人民政府遵照中共中央、国务院《关于严禁党政机关和党政干部经商、办企业的决定》，成立以主管副市长或副县（区）长为组长的清理整顿公司领导小组，下设办公室，对所属公司全面进行清理整顿。次年，全市各类公司、中心由于放宽登记条件，由1983年228户猛增到965户，增长3.2倍。其中，党政机关开办的公司、企业73户，占公司总数8%。一些公司名不符实，倒买倒卖重要生产资料和紧俏消费品，行贿受贿，偷税漏税，投机诈骗等。清查重点是1984年1月后开办的737户，这些公司（中心）虚报注册资金25510万元。其中，无资金、无场地、无设备、无从业人员的“四无”公司65户，占8.90%。整顿后，保留237户，占32.16%；变更登记不称公司的201户，占27.27%；限期整改5户；注销、吊销营业执照204户，占39.89%。党政机关开办的公司（企业）脱钩33户，移交1户，停办注销39户。

1987年，市工商局制定《关于进一步完善企业登记管理制度的几项具体规定》，加强企业监督管理。凡县（区）境内企业须挂市名的一律报市工商局核准备案。对新办企业坚持把好受理审查、实地考察、核准发照、回访验照“四关”。全年全市新办企业1712户，实地考察1466户，80%的企业属第三产业；变更企业名称826户，80%的企业名称由小变大；准许22户特需企业挂两块牌子。是年，全市检查企业10821户，835户有违法行为，对其中647户给予罚款处罚。

1988年，市工商局为企业改革创造宽松环境。全年核准县（区）139户企业挂市名；给380户企业办理扩大经营范围；批准36户企业挂两块牌子；在450户企业内设立协管员；组织各县市区工商局督促9456户企业按照国家建立企业登记档案的标准，补充企业登记档案资料11200份，基本达到1户1档1卡片；在对企业进行年检年审的基础上，不定期检查工商企业13865户，其中1235户违反《工商企业登记管理条例》受到处罚。是年10月，市、县市区政府贯彻中共中央、国务院《关于清理整顿公司的决定》，成立以市政府主管领导任组长的清理整顿公司领导小组，制定清理整顿方案，分步部署清理整顿工作。市、县市区工商局抽调干部职工146人，分成45个调查组，对1987年开办的公司（中心）290户和党政机关开办的企业76户进行全面调查。翌年，根据《决定》规定，将1986年1月后开办的公司（中心）和党政机关开办的企业列入清理整顿范围，全面铺开清理整顿工作。并会同税务部门清理名集体实个体或私营企业1256户。其中，变更为个体或私营企业710户，注销546户。清理整顿公司涉及部分党政机关和一批党政干部，压力、阻力较大，清理整顿进展缓慢，1990年4月基本结束。全市列入清理整顿的公司（中心）有933户，专门从事物资、商业、外贸等流通领域的公司占92.30%。其中，全民所有制公司351户，集体所有制公司458户，联营公司14户；党政机关开办的公司、企业140户，占公司总数14.57%，党政机关干部在公司、企业任专职或兼职的202人（市直机关155人），动用预算外资金1050万元，行政事业费300万元，专项拨款1881万元，银行贷款1356万元，及自筹资金、集资、借款等共计6448万元。经清理整顿，符合公司开办条件并继续保留公司名称的642户，占68.81%，合并降格变更公司名称的122户，撤销停办的169户。党政机关开办的公司中停办32户，与党政机关彻底脱钩的企业108户，在企业任专职或兼职的党政干部75人与公司脱钩回原机关工作，127人辞去党政机关职务，转入企业编制。在清理整顿公司过程中，立案查处公司148户，依法收缴罚没款264万元，上交国家财政。其中64户倒卖钢材5386吨，有色金属（铝锭、铜材、铅、锌、锡等）1506吨，汽车82辆，彩色电视机333台等重要生产资料和紧俏消费品。非法经营额50万元以上的34户，牟取非法利润10万元以上的6户。

1990年，贯彻“治理整顿”方针，清理整顿批发企业1673户，取消362户批发资格，占33.65%。按照国家工商总局关于在全国实行工商企业经营范围统一使用规范化用语的规定，重新调整2141户企业的经营范围。8月，市工商局组织23人，赴县市区对企业进行查访。是年，全市共检查企业7302户，补充档案资料19497份，643户企业因违反工商企业登记管理法规受到处罚。王十万建筑工程公司为骗取企业升级，将《企业法人营业执照》内注册资金74.87万元，涂改为206.97万元，并复印上报，被罚款1000元。

1991年，根据国务院关于搞活大中型企业的12条措施和省工商局17条措施，市工商局分层次召开有企业主管部门、企业法定代表人及有关部门负责人参加的座谈会，广泛征求意见，制定出《株洲市工商行政管理局关于支持搞活企业、搞活流通的若干措施》，共27条，确定将企业登记管理工作的重心从登记发证转移到监督管理上来，加强对企业的日常监管。

1992年，为避免干扰企业正常经营活动，市工商局对企业监督管理实行“两不准”“四不查”：即不准交叉检查，不准重复检查；没有举报的不查，符合“四开放”（经营、价格、分配、用工）政策的不查，有利于新的运行机制建立的不查，有利于当地改革开放政策的不查。1994年，市工商部门对“名集体实个体”进行清理，全市共清理出名不符实的企业456户。

1995年，强化企业年检手段，对18287户企业进行年检，年检率为94%。年检采取电脑输入与人工登记2条线同时进行，年检工作的准确度提高。年检中全市共查处擅自变更住所等违法违章企业487户，罚款12万余元；清理出“三无”（无资金、无场地、无机构）企业886户，注销340户，吊销执照546户。1996年，加大市场主体规范力度，对原有有限责任公司和股份有限公司进行重新登记，对不按规定参加年检、抽逃资金、擅自刻制印章等违反工商行政管理法规的226户企业予以严肃处理，注销600多户“三无”企业及“名集体实个体”企业，对农资经营单位进行全面清理。1997年，查处违反企业登记管理法律法规的企业1700多户，吊销营业执照1100余户。1999年查处违章违法企业567户，罚款44多万元，吊销企业营业执照1242户，清理“名集体实个体”企业169户；清理整顿印刷企业300多户，取缔非法印刷厂9户；规范粮食加工、经营企业209户。

2000年，整顿危爆行业和文化娱乐行业，对醴陵市6075户生产烟花鞭炮的单位和个人、攸县260多个小煤窑进行重点清查，取缔33家无证经营的网吧和舞厅。查处各类企业违章违法案件461起，罚没入库资金69万元。

外商投资企业的管理始于1993年7月，市工商局对辖区内外商投资企业监督管理的重点是检查企业生产经营和出资情况，督促企业及时办理换证和有关变更登记手续。

1994年，市工商局对全市164户外资企业实行首次年检，参检率为91%，注册资本到位率为53%，其中中方到位率为61%、外方到位率为43%。对7家外方长期不出资、合作无诚意的企业予以注销，对10家不按期出资的企业责令限期出资。对不按期办理年检年审手续、擅自改变登记事项和设立分支机构、超范围经营、营业执照过期等29户予以处罚。对新办企业进行考查回访，保护合法经营，查处违法经营。1995年，查处外资企业违法违章行为26起，注销18户，吊销营业执照15户。

1997年1—4月，由市招商局、工商局、经委、财政局、国税局、地税局、外汇管理局6个部门组成联合年检组，对全市外商投资企业进行集中年检。年检时对每户参检企业进行集体审议，集体作出结论。对境内各县市外资企业实行分别上门年检。1999年，市工商局鼓励和引导外商投资境内农业、制造业、交通运输业、水利电力等高新技术产业和基础设施项目，引导外资参与国有企业改造、改组和产品升级换代建设，全年共为外商和企业提供咨询262人次，参与11个项目的立项前期论证。

第三节 集贸市场管理和建设

一 市场管理

清乾隆、嘉庆、道光时期，境内集市贸易发展较快，攸县人口稠密的凤岭、慈峰山、小集、新市、黄丰桥等集市是适应当时产品交换需要而发展起来的。到清末，攸县集市有31处，茶陵县32处，醴陵县42处，酃县19处。

民国初期，随着农业的发展、森林资源的开发和矿产挖掘，商品交换增多，水陆交通改善，农村墟场相继增多。攸县增加20余处，茶陵增加35处，醴陵增加42处，酃县增加16处。攸县的皇图岭成为湘东有名的“万人墟场”，主要商品有稻谷、辣椒、茶叶、花生等行销中南诸省。境内还出现具有地方特色的专业市场，如“瓷市”“牛市”“狗市”“米市”“茶市”等。古称“牛市”的茶陵界首墟场，旺季上市耕牛每场达五六百头。

民国33年（1944），日军入侵湘东，集市多毁于战火，许多墟场变成废墟，生意萧条，物价猛涨。

抗战胜利后市场逐渐恢复，但随着内战的爆发，开始出现通货膨胀，物价飞涨。市场商品交换使用银元，“一块光洋一斤盐，两块光洋一担谷”，民不聊生，市场冷落。

民国37年（1948），醴陵县有城关、渌口、王仙、白兔潭、浦口市、枧头洲、泗汾、船湾、姚家坝、神福港、石亭、昭陵、黄獭嘴13处集市；攸县有城关、皇图岭、渌田、小集、新市5处集市；茶陵县有城关、舲舫、界首、湖口、平水、虎踞、腰陂、东山、高垅、彭家祠、坑口11处集市；酃县有城关、塘田、王家渡、船形、霍家、山口、潘家、水口、中村、沔渡、下村、十都、黄堂13处集市；还有株洲镇、马家河、白关铺、三门、朱亭、淦田6处集市。

1951年，各地成立物资交流指导委员会，加强土特产品收购交流。在农村交通便利而经济集中的中心集镇，利用农民赶集习惯举办物资交易会，进一步促进物资交流，活跃初级市场。是年，株洲的生猪、鲜蛋、盐蛋、纽扣、蛋篓、箩筐、粮食、细糠、煤炭、木材等出现空前的交易盛况。

1952年，“五反”运动后，城乡物资交流不畅，集市贸易冷淡。10月，株洲市举办首届物资交流大会，上海、天津、山东、浙江、江西、湖北、贵州和湖南省长沙、湘潭、邵阳、零陵等省市和地区62个单位，20万人参加交易，成交总额达216万元。11月，贯彻中南军政委员会《关于活跃初级市场的六项措施》，组成城市生产委员会，派出工作组，深入各行业，通过银行贷款，国营、合营企业加工订货，改进劳资关系等一系列工作。与此同时，遵照省市财经会议决定，清除人为障碍，执行内地贸易自由政策，改革牙纪陈规陋习，除杂铜、牛皮、木材外，其他商品不得有任何限制，取缔垄断操纵，强买强卖，暗牌扣价等非法行为，市场情况迅速好转。到1953年，株洲市城乡市场普遍繁荣活跃，出现淡季不淡、旺季更旺、农副土产品供不应求的情况。是年1—9月，各种经济成份营业额为1393.39亿元（旧币），比1952年同期增长78.30%，比1951年同期增长56.80%。

1953年后，国家建立统一的社会主义经济体系，市场管理工作重点是限制统购派购物资上市。

是年 11 月，粮食实行统购统销，油料、棉花统购，生猪派购，各种农副产品统一收购，农村农副产品完全置于供销社控制之下。1954 年，加紧对资本主义工商业实行利用、限制、改造，棉布、屠宰、煤炭等行业转行转业，私商的经营范围受到限制，市场交易范围日趋缩小，集贸市场逐渐削弱。

1957 年 1 月，省人委颁发《放宽农村市场管理的暂行办法》，规定部分农副产品在国家收购任务完成后，准许自由收购及运销，集市贸易又趋活跃。是月 7 日，株洲市成立交易所，加强市场管理，沟通城乡物资交流，当年共组织 8199 户交易，成交总额 37.54 万元。

1958 年"大跃进"，实现"人民公社"化，市场管理工作一切从维护集中统一出发，集市贸易经历一段较长的曲折道路。3 月 19 日，中共株洲市委、市人委指示：加强市场管理，取消蔬菜自由市场，取缔黑户经营。28 日，市人委颁发"市场管理暂行办法"，强调国家统购统销的物资：粮食、油料、棉花，国家向农业社和农民分配的统购任务，农业社和农民必须保证完成，其他任何单位和个人一律不得采购和贩运，流入本市的统购统销物资，也由国家指定单位收购，农业社和农民在完成统购任务后所留用部分如需出售时，也只能卖给国家指定的收购部门，一律不得携带出市。4 月 29 日，成立市场管理委员会，通令农副产品及蔬菜由国营商业独家经营，取消自由市场，取缔小贩经营，商品供应紧张，经常出现排长队现象。一些机关、工厂在国营商店买不到蔬菜，只好直接与农民挂钩采购。到 1959 年上半年，各地不仅肉食、副食品供应困难，连蔬菜、野果、小鱼虾之类也难买到，各种小日用杂品，如碗、钵、盆、桶、竹器、扫把等都脱销。是年 5 月，攸县一些地方的集市逐渐恢复，县有关部门在皇图岭搞集市贸易试点，是全省恢复最早的集市。皇图岭墟场周围社队发动生产队、公共食堂大种蔬菜，组织铁、木、篾等工匠生产各种日用小家具，发动社员利用工休、假日扎扫把、编斗笠、织竹篮，上山采集野果、土药、棕叶、杂竹，下水捞鱼虾、捉泥鳅。各社队在发展主业生产和安排好集体副业的同时，还拨给社员自留地，安排社员个人搞副业的时间，并实行谁卖谁得的政策，以调动社员积极性。《新湖南报》1959 年 7 月 7 日《皇图岭墟场一日》报道："在恢复墟场 48 天后的 6 月 26 日，这个场上就不仅有公共食堂送来的大担黄瓜、茄子、辣椒、豆角，还有社员个人出卖的刷把、扫把、草鞋、草扇、小鱼虾、田螺、蚌壳等物品，而且还有鸡、鸭、鸡鸭蛋、鸡笼、鱼篓、干莱等社员家庭副业产品。这天上市的品种达到 230 多个。"同年 9 月，市各级政府允许和鼓励社员种好自留地和经营家庭副业，组织货源，有领导、有计划地开放集市贸易。进入 1960 年，株洲市已恢复开放集市 36 处（大多为老墟场），开场 187 场次，赶集 11 万人次，成交额 22 万元（其中国营占 82%，集市占 11%，社员个人占 7%）。上市产品由 30 多种增加到 400 多种。新增肉、蛋、鱼等 30 多种 1.5 万多千克，每日上市蔬菜 10 多种 1 万多千克，柴草 5.5 万多千克，手工业品 14000 多件。

1960 年 12 月，株洲市委作出恢复农村集市贸易，活跃农村经济的决定。提出继续贯彻主要商品从严，次要商品从宽的原则；规定市郊区各公社或集镇、城市各区、每个集市每月贸易为 2 次，每次 1 天，与生产队社员休假日期相结合，确定各生产队休假日为集市日期，并将原蔬菜交易市场改为市区大型集市市场。

1961 年 10 月，对上市物资和经营活动严加管理。凡是有集市贸易的地方都必须立即建立健全市场管理委员会组织和成立信托行栈，派得力骨干，加强领导；对国家统购统销的一类物资，决不允许进入集市；国家定购的二类物资20种，除没有定购任务和已经完成交售任务的外，一律不准进入集市；三类物资坚决开放，但集体单位的三类物资，只许进入行栈，不允许进入集市，社员个人在集市上只能出售自己所生产的和三类物资，不得贩买贩卖，弃农经商，更不容许投机倒把；除竹、木、草、棕、陶制品外，所有工业品都不许进入集市；机关、团体、学校、企业等单位，未经市场管理机构批准，不准到集市上采购，不许用挂勾和协作名义，用工厂产品和其他物资换取农副产品；生产队和社员必须在附近的集市上出售产品，可以参加短途运销，但不允许长途贩运，弃农经商；不论公社、大队、生产队都不得将国家统购、统一收购的一、二类物资化整为零、化公为私，进入行栈出售和交换；手工业合作社（组）在国家订购的二类物资未完成任务前，不得以产品换取原材料、食品和农副产品。此后，各公社均先后成立市场管理委员会，配备2～3个专职干部管理市场。到1962年年末，株洲城乡有45处集市，17个行栈。

1963年，对集市贸易采取“加强管理，缩小范围，逐步代替，区别对待，因地制宜”的方针，取缔私商长途贩运、转手批发，取缔无证商贩，严禁在职从商，弃农经商。群众自带物品不准超出允许限额，如粮食限7.5千克，食油限1千克，花生仁限1.5千克，农产品总限额15元，超过者作贩运处理。是年4月，成立株洲市市场整顿领导小组，由正、副市长任正、副组长，有财贸办公室、计委、经委、工商、税务、公安、劳动、商业、服务、粮食、供销、银行、交通、手工业等15个单位的负责人参加，办公室从各部门抽调干部31人组成综合、调研处理、经济代替3个小组和1个重点区的工作队。城市各区及农村4镇也成立相应机构，共配备专职干部134人，以市中心区、渌口镇为重点，全面整顿城乡集贸市场。整顿后，全市集市贸易范围日趋缩小，一季度平均上市品种为371种，四季度只有174种。是年下半年，集市成交额387.82万元，占社会商品零售总额2.68%。1964年集市贸易额又降为206.57万元，比1963年减少46.70%。

1965年6月，市中心区关闭蔬菜自由市场，在徐家桥、钟鼓岭、贺家土试办3个蔬菜交易所。集市贸易成交总额再次降至79.10万元，比1964年减61.70%。是年，各区、镇取缔长途贩运，打击转手贩卖，严禁弃农经商，限制农村“四坊”（油、磨、粉、豆腐坊）、“五匠”（铁、木、篾、泥、石匠），在白马垄、姚家坝、朱亭、新货房等主要交通要道，设立关卡检查外运物资。

1966年，集市贸易和农民家庭的正当副业再次受到限制，对农民自产自销的农副产品强制执行牌价，连肥猪、猪肉上市和出县贩运耕牛、果品也视为违法。1968—1976年，先后4次通令关闭城市自由市场，重申农村社队（农场）集体生产的农副产品和社员个人生产的农副产品，一律不准在市场上自由出售、不准游街串巷叫卖，只能交国营商业部门收购；干部、职工、居民群众不准在自由市场购买农副产品和其他物资。市内到处出现排长队购物现象。集市关了明的，出了暗的，有的农民送菜到居民宿舍或在干部、职工回家路上交易，有的职工利用节假日甚至早上骑自行车或乘汽车到15千米外的渌口、龙头铺等集镇买蔬菜和小水产等。

1974年10月，株洲市革委会成立整顿市场领导小组。从10月25日起，取缔城市自由市场；放手发动群众管市场，在街道办事处、管区建立群众市管小组；从财贸口抽调一批人员管市场，城市民兵协助工商部门管市场；商业部门做好物资收购工作，搞好市场安排和物资供应。是年6月，在北区召开市场管理现场会，总结、推广北区红色居委会发动群众管市场的经验。会后，城市3区建立区市场管理委员会；街道办事处以派出所所长为首，组织有工商、公安、民兵、车站、商业、农业及有关厂矿企业单位负责人参加的市管领导小组；居委会以退休老工人、街道积极分子为骨干组成一支502人的市场管理队伍，分成流动、固定、把关、突击4个小组，明确分工，任务到人，每日巡逻值勤。集市关闭后，对猪肉、粮油、花生等重要农副产品，及时查封，就地收购，就地安排，情节严重的予以没收；单车、手表、缝纫机、肥皂、火柴等商品，没有正当手续，不准出市。还在清水塘、株董路增设检查站，对外运物资进行把关堵卡。

1976年5月，市民兵指挥部、市工商行政管理局发布“关于加强市场管理、坚决取缔城市自由市场通告”。凡农村社、队（农场）集体生产的农副产品和社员个人生产的农副产品，一律不准在市场自由出售，不准游街串巷叫卖，只能交国营商业部门收购；干部、职工、居民群众要自觉遵守市场管理规定，不得在自由市场购买农副产品和其他物资；国家机关、团体、厂矿、部队、学校等集体单位，不得擅自到农村社、队和墟场采购农副产品，也不准以“协作”为名以物易物。

1978年5月，建立近郊集市贸易点12个，实行“一定四管”（定点，管人、管物、管价、管秩序），雇请26个市管员专职管理，上市品种以小量蔬菜及小水产为主，每天上市的蔬菜约3万多斤，尚有鸡、鸭、蛋、小鱼虾、小水果、日杂等40多种。设点后，取消多年形成的徐家桥、贺家土、钟鼓岭、长途汽车站等10处自由贸易点。

中共十一届三中全会后，集市贸易管理进入新的历史时期。1979年年初，增设8个早市贸易点，开放城市集市贸易，得到各工厂企业支持。南方航空动力机械公司、株洲冶炼厂、湘江氮肥厂等单位主动帮助贸易点搭棚，出资9000多元，株洲化工厂把一个汽车库让出来改作贸易点的交易棚。是年，市区恢复徐家桥、堤升街、磨子塘、株董路织布厂右侧、董家塅南华、月塘、茨菇塘、荷叶塘、晏家湾、杉木塘、响石岭、清水塘、铜塘湾、化工厂生活区、氮肥厂、湘天桥等农副产品市场。年底，全市共有农副产品市场27个，生猪交易所18个，集市贸易成交额上升到1216.80万元。

1980年，进一步放宽政策，发展城镇个体商贩从事转手贩卖，允许国营农、副、渔场履行收购合同后多余产品上市，允许国营、集体企业的计划外和国家不收购的工业品上市，允许机关、部队、企事业单位到农村市场采购商品。当年，市区新增集市1个，将21个早市划出12个为日日场，全市城乡集市共51个，市区集市贸易成交额激增到2193万元，较1979年增长80.20%。

1983年7月，市管辖区扩大，全市城乡集贸市场增至180个。其中农村156个，城镇24个。同年7月，加强市场整顿管理，取缔无证商贩458户，没收不合格衡器413件，处理不服管理、窝赃销赃、欺行霸市等“钉子户”109户，查处短斤少两、以次充好、掺杂使假等经营作风恶劣的561人次，补办卫生许可证1800多份，拆除阻碍交通、影响市容的违章摊棚5个，补交偷漏税款5000余元、管理费3000多元。年底，开展创“五好市场”（组织管理好、宣传政策好、服务质量好、清洁卫生好、市场秩序好）和“六好市管员”（坚持学习好、执行政策好、礼貌服务好、遵纪守法好、团结互助好、守职尽责好）的评比竞赛活动，促进集市精神文明建设，市场秩序明显好转，管理和服务水平有所提高。

1987 年 5 月，组织集贸市场开展“最佳信息点”竞赛活动。攸县皇图岭市场是湖南省内 5 大集市之一，注意发布行情，搞好服务，吸引各地商贾，每逢集日有 10 个省、20 多个市、县的商贩来场交易，销售本地的西瓜、辣椒、鲜鱼等农产品，引进短缺商品。全市共发出各种行情价格信息 5600 多份，沟通生产、经营和消费三者之间的信息联系。全市 35 个骨干市场进行“整顿市场秩序，打击不法商贩，开展‘三信一优’活动（质量、计量、卫生信得过和优质服务）”，查处违法违章案件。全年依法逮捕 5 人，送劳动教养 13 人，给予其他处罚 20 多人，取缔无证经营 1100 多人，对 500 多家符合办证条件的个体户及时核发营业执照。开展“三信一优”活动，给市场经营户发放胸章式营业证、商品信誉卡，建立健全个体档案和各项规章制度，评选“信得过摊位”。钟鼓岭市场、芦淞路市场、醴陵新市场评为全省文明集市。全年集市成交总额 35079.42 万元，比上年增长 32.97%，占社会商品零售总额 21.7%，市场税收上升到月平 239 万元，比 1986 年增长 32.8%。

1988 年，全市评选“信得过摊位”206 个，国家级文明集市 1 个，省级文明集市 8 个，市级文明集市 14 个，县级文明集市 48 个。同年 12 月，开展依法治市活动，成立整顿市场领导小组，组织 3500 多人，重点抓集贸市场整顿，查处违法违章行为 13115 起，罚没金额 9.86 万元。其中短斤少两 5870 起，掺杂使假 758 起，打架斗殴 344 起，哄抬物价 79 起，欺行霸市 289 起，无证经营 2848 户，共检验衡器 2000 多次，检查秤 18.52 万杆。钟鼓岭市场成立全市第一家市场公安执勤室。

1989 年，各级工商部门重点加强节日市场整顿，搞好节日市场值班，结合爱国卫生月、市容市貌检查、食品卫生检查，加强市场整顿和管理。南区工商局检查服装专业市场，收缴并烧毁进口旧西服 3000 多件。是年，全市纠正乱设卡、乱收费、乱罚款现象，撤除公路沿线 8 个检查站，保证商品正常流通。城乡集市贸易成交总额 59265 万元，比上年增长 14.88%，占社会商品零售总额 25%。

1991 年，市工商局针对市场交易中的违法违章行为全面加强整顿，城郊 4 区全年共进行市场整顿 234 次，调解场内纠纷 2707 起，抓获偷盗 533 起，挽回经济损失 5.73 万元，取缔无证经营 4996 户，对欺行霸市者给予处罚 2882 人次。攸县工商局集中打击网岭、城关等市场的“地霸”。醴陵、茶陵、株洲县工商局对市场上违法经营、拒绝管理、拒交管理费的“钉子户”进行严肃处理，市场秩序明显好转，全市共创建省级文明集市 7 个，市级文明集市 27 个。

1992 年 7 月，由市政府牵头，成立“株洲服装大世界管理委员会”，将 12 家服装、布匹市场纳入统一规划、统一管理；建立治安中队，协调解决各市场之间、个体工商户与管委会成员单位之间的矛盾纠纷；统一市场标志，统一进行广告宣传，统一研究解决摊位转让问题，促进了市场繁荣和发展。是年，全市有 4 个市场年成交额过亿元。钟鼓岭、芦淞路、皇图岭 3 个市场被评为全国文明集体，有 31 个市场被评为市级文明集体。8 月，国家工商总局局长刘敏学到株洲检查指导工作，对株洲的市场管理工作给予充分肯定。

1994 年 8 — 9 月，市工商局在全市 12 个重点农贸市场开展“打击短斤少两、掺杂使假”的专项整治。在钟鼓岭等重点农贸市场实行工商行政管理干部坐岗，为消费者复秤，发现短斤少两的按

“少一罚十”处罚。全年查处肉类注水、掺杂使假等商品1163.5千克，收缴不合格商品1236.5千克，查处短斤少两491人次，收缴不合格衡器412杆，复秤合格率由原来的75%提高到96%以上，制止在市场打架斗殴事件49起82人次，破获市场中的偷扒抢劫案件17件，抓获犯罪分子27人，查处欺行霸市的“市霸”117人，收审26人，治安处罚47人，送劳动教养3人，罚款7459元。调解治安纠纷87起，有效地维护了市场治安秩序。在全省文明城市大检查中，株洲集贸市场管理名列全省第一。

1995年，《湖南省城乡集贸市场管理条例》颁布实施。市工商局以贯彻执行《条例》为契机，开展打击肉类注水的专项整治活动，与畜牧水产、法院、公安等部门协调执法，共查处注水肉类近2万千克，对不法商贩罚款5万余元；在全市大中型集贸市场全面实行工商干部上岗复秤，查处短斤少两行为18000多起，收缴不合格衡器5800多件，为消费者挽回经济损失6700多元；查处欺行霸市的不法分子59人，与政法部门联手在市场召开宣判大会。同时，在全市城乡集贸市场深入开展创文明摊店竞赛活动，定期评比信得过摊位，加强集贸市场的划行归市、悬证经营、明码标价管理，市场经营趋于规范化。有4个市场被评为国家文明市场，有7个市场被评为省级文明市场，41个市场被评为市级文明市场。同年10月，全国第四届工业品批发市场联络会在株洲召开，来自全国44个会员单位200余名代表参加了大会。

1996年，市工商局加大集贸市场监管力度，对肉类注水、制售假冒伪劣商品、短斤少两、欺行霸市等违法违章行为和市场卫生脏、乱、差现象进行整治；引导市场业户改进经营作风，自觉经营名优专新产品，抵制假冒伪劣商品；每周对市区16个大中型集贸市场进行全面检查一次，严格按目标管理要求进行考核评分，考核结果与评奖评先进挂钩。是年6月，根据国务院和省政府有关通知精神，市工商局成立市场管办脱钩工作领导小组，对全市市场管办脱钩工作进行统一领导。市城区设立市场服务中心，芦淞、钟鼓岭、徐家桥、湘天桥等市场分别设立市场服务部；各县市相应设立市场服务中心。全市核准市场服务机构人员编制55人。10月12日，全市市场管办分离工作通过国家工商总局验收，脱钩后市场仍由工商行政管理部门代管。

1997年，市工商局提出集贸市场管理“七有六无”的要求。“七有”是市场经常有干部值班，有良好的经济秩序，有洁净的经营和购物环境，有干部或市管员坐岗复秤，有政策、商品价格和信息宣传栏，有便于群众监督市场管理工作的举报箱，有干部及时处理市场内发生的各种矛盾和问题；“六无”是无注水肉类和灌砂禽类，无短斤少两现象，无假冒伪劣商品，无欺行霸市、强买强卖行为，无乱摆乱丢脏物现象，无不准上市销售的商品。市场管理人员分组出动，天天检查，管理工作进一步到位。钟鼓岭市场围绕管好市场、搞活流通、繁荣经济，深入开展创建文明市场活动，走出了一条“大胆开拓、严格管理、真诚服务、争创一流”的路子，社会效益和经济效益逐年提高，先后获得省、全国文明市场和市“双文明建设”先进单位等荣誉，被树为全市的样板市场。

1998年，市工商局在全市集贸市场开展以打击销售母猪肉、病死猪肉、注水肉类和短斤少两为内容的市场专项整治活动。全年共查处市场违法违章行为4212起，其中查处强买强卖行为146起，掺杂使假行为361起，短斤少两行为2012起，收缴不合格衡器5000杆，没收注水肉类7150千克。

调解市场纠纷3546起，制止打架斗殴550起。改革市场监管方式，由驻场制向巡查制转变，变被动管理为主动管理，变静态管理为动态管理。芦淞区分局率先全面推行市场巡查制，组建巡查队，制止、查处各类市场违法违章行为356起，调解交易纠纷86起；该市场还全面实行“统一开门关门时间、统一收费标准、统一悬证经营、统一明码标价、统一货物摆放”的“五统一”制度，实行商场化管理，收到较好的效果。钟鼓岭市场率先全面推行电子秤，在市场一、二楼统一安装了150台双面弹簧电子称，规范经营者的计量行为。钟鼓岭市场、芦淞市场均被省消费者委员会授予“全省诚信单位”称号。1999年，市工商局成立“房屋柜台租赁市场管理办公室”，为芦淞、钟鼓岭、南大门、结谷门、物资商贸市场内及周围区域的房屋、柜台办理租赁手续。芦淞市场分局在所辖芦东、结谷门等服装市场收缴销毁进口旧服装4万余件，制止违反消防安全规定的行为2400余次。

2000年，市区工商管理部门出动执法人员2000余人次，车辆200多台次，清理违章占道摊担2300多个，取缔马路交易13处，查处违法违章案件51起，吊销营业执照29户，对影响规划尚未脱钩的工商局自办市场350个摊位予以拆除。同年8月，市场服务中心所属原工商行政管理部门自办市场及人员、财务与工商行政管理机关完全脱钩，分开运作。全市脱钩市场共70个，面积37.78万平方米。脱钩市场的资产和债务通过国资和审计部门审核。

二　市场建设

1978年前，境内集贸市场，除少数有简陋设施和固定场地外，绝大多数是利用街头巷尾、路边、桥头、商店门前作为交易场地，亦有肩挑手提，沿街叫卖者。农村小集镇，一般按农历一个月有3～6场的赶集（墟场）。互相买卖农、副、土特产品和日常用品。

1979年，市区20个近郊农副产品市场，以市革委会颁发布告形式确定市场经营场地。当年4个建了场棚，面积有480多平方米，设有肉砧47个，公平秤8台，竖立名牌、宣传牌、农副产品分类示意牌30多块。北区采取公建与民建“两条腿”走路办法，8个市场中3个建起了场棚。

1981年，新建、改建市场场棚1436平方米。购置竹板、竹椅、衡器出租，增设寄存商品、代换零钞、介绍住宿等各种服务项目。电力机车厂筹资2万元，建成2个钢梁棚顶的农贸市场，面积411.60平方米。

1982年，市工商局会同公安、城建等部门进行实地调查，听取消费者意见。城区16个市场规定场地9250平方米，扩建市场2个，新建1个，面积815平方米，建水泥坐凳80米、鱼池4个、售货台23平方米。田心东门农贸市场新建寄存室83平方米。湘天桥农贸市场添置被褥、竹床、蚊帐、垫被等，服务间安装水电设施，为外来贩运户住宿和商品寄存提供方便。

1984年，改建钟鼓岭集贸市场，市财政投资13万元，工商部门自筹资金5万元。茶陵兴建城关集市贸易中心市场，资金由财政拨款、银行贷款和工商部门自筹解决等方式。一些企事业单位帮助建好场地和场棚，交工商部门管理和使用，董家塅市场就是南方动力机械公司负责建设的；东区晏家湾市场是企业支援材料、工商部门负责建设和管理的。是年，全市新建市场26个，增加场地 6.59 万平方米，新盖场棚 2.12 万平方米，投资 73 万元，其中城市 33 万元、农村 40 万元，比上年增加 34.08 万元。

1985 年，市政府颁发加强市场建设专项文件，副市长李颖带领财委、工商等部门负责人赴县市，解决市场建设投资 273 万元，划出场地 3.73 公顷。南区新建徐家桥综合市场和芦淞路工业品市场，投资 100 万元。芦淞路市场从 10 月 4 日动工到 10 月 29 日竣工，建成 1060 平方米钢架顶棚式工业品市场。攸县、醴陵、南区、北区、东区新辟市场 9 处，株洲县、酃县、市郊区还改建或扩建市场 24 个，面积 1.58 万平方米。

1986 年，各地采取多种办法，新建、改建、扩建城乡集贸市场 23 个，投资 697 万元，新增场地 7.44 万平方米，新增场棚 1.85 万平方米，全市城乡集市场地由原来 32.19 万平方米增加到 51.80 万平方米，场棚由原来 5.44 万平方米增加到 8.5 万平方米。酃县采取城镇市场国家建，乡村市场大家建的办法，实行“公建民助，民建公助”的原则，解决山区资金不足和集市建设急需的矛盾，投资 14 万元，新建城关、中村、山口等市场，面积 5351 平方米。醴陵市投资 87 万元，个体工商户集资 90 万元，征地 2.67 公顷，新建综合性的“湘东市场”。

1987 年 5 月，市人大常委会组织部分委员对城区集市进行视察，召开专题例会，市政府领导带领有关部门负责人到各县市现场办公，对严重堵塞交通急需搬迁的 12 个马路市场逐个落实资金、场地、责任人和搬迁时间，年内全部搬迁完毕。是年，市场建设投资 1226 万元，其中财政拨款 253 万元。新建、扩建、改建市场 37 个，新建场地面积 6.04 万平方米，新增场棚面积 3.19 万平方米，新建货台货架 2451 平方米。

1989 年，国家控制基建规模、紧缩银根，但市场建设仍顺利进行。南区钟鼓岭市场原有面积仅 1800 平方米，占用街道经营，严重超负荷运转。经多方筹资 1100 万元，3 月正式动工， 10 月 10 日建成一、二楼，年底完成 11.50 万平方米的主体工程。北区筹资 500 万元，改造湘天桥市场，征地 0.8 公顷，建成建筑面积 11730 平方米的全市第一家庭院连贯式综合市场。南区筹资近 600 万元，在 12 月建成全市第一座面积 7000 平方米，摊位达 800 余个仿古式大型服装批发专业市场 — 芦淞大市场，彻底改变了昔日以路为市，露天经营状况。茶陵县投资 56 万元，在城西新建 2000 平方米的农贸市场。是年，全年新建、扩建、改建各类市场 29 个，总投资 3955 万元。其中改建、扩建市场 15 个，新增面积 6100 平方米；新建市场 14 个，新增面积 61313 平方米。此外，还追回被侵占场地 4 个，计 460 平方米；解决长期纠纷的市场产权 5 个，计 1156 平方米。当年底，全市共有各类市场 230 个，总面积 69.33 万平方米，覆盖面积 15.10 万平方米，覆盖率 22.50%。初步形成以城市为中心，以县城为支点，以农村为依托，开放式、多元化、网络型的市场体系。

1990 年 8 月 30 日，南区钟鼓岭市场正式开业，这座楼层式综合市场共 7 层，是全市最大的室内综合市场，也是全省大型室内综合市场之一。全年新建、扩建、改建各类市场 20 个，总投资额 6919 万元。

1991 年，全市新建集贸市场 12 个，改扩建市场 18 个，市场建设投资 573 万元。年末全市共有集贸市场 244 个，其中综合农贸市场 226 个、日用工业品市场 12 个、其他市场 6 个，市场总面积

74 万平方米。集市年成交额 10.38 亿元。

1992 年，市政府重申市场建设“谁投资，谁受益，统一管理”的原则，并规定新建市场减免税费。全市各级工商部门积极主动扶持引导市场建设，促其朝着社会化方向发展，改变了工商部门建市场的格局。全市行政机关、事业单位等多家单位投资 1296 万元，兴建市场 36 个，面积 14.3 万平方米，分别占全市市场个数和面积的 13.58% 和 16.10%。醴陵市将濒临关闭的湘东蔬菜市场改造成药材市场后，引进 183 户经营中药材和 20 余户从事餐饮业的个体户，日成交额达 8 万元左右。全市还新建、扩建棚顶市场 29940 平方米，增加售货台（架）3518 个。是年 4 月，国家工商总局曹天玷副局长到株洲考察服装市场和钟鼓岭综合市场，即兴题词“商贾云集，城市之花”。

1993 年，全市市场建设投资 1.07 亿元，新增市场 40 个，新增市场面积 36 万平方米。株洲服装大世界内新建和扩建市场 4 个，新增摊位 1800 余个。改建和新建株洲中南摩托车大市场、株洲建筑装饰材料大市场、株洲建材大市场、株洲木材大市场等一批有特色的专业市场。市区服装专业市场一统天下的格局开始被打破，一批老市场得到改造，市辖各县搬迁了多处马路市场。

1994 年，全市共投资 5339 万元，对 35 个集贸市场设施进行维修和改造；投资 2600 万元新建醴陵工业品市场，新增营业面积 1 万平方米；投资 1600 万元改扩建徐家桥市场，增加营业面积 1.6 万平方米，改善了徐家桥一带卫生环境和交通状况；投资 800 万元改造芦淞市场，新增营业面积 2000 平方米，并率先在该市场内安装扶手电梯和中央空调，改善市场购物环境。

1995 — 1997 年，全市共投入市场建设改造资金 4.56 亿元，新建和改扩建市场 68 个。至 1997 年年底，全市共有商品交易市场 311 个，总面积达 152.4 万平方米。年成交额 63.5 亿元，占社会商品零售总额的 40%，农副产品年成交 5.6 亿千克。投资超过 1000 万元的市场有 20 家，其中攸县的攸州商城集贸商城投资 2200 万元，占地面积 1.35 公顷，建筑面积 24 万平方米，设置摊位 1345 个。

1998 年，注重加强各市场的消防投入，芦淞大市场、南大门等市场增加消防投资 500 多万元，更新和维修消防设施，每个摊位配发灭火器，拆除 200 多个影响消防安全的摊位，预防火灾发生。此后 2 年，市场建设有所降温，先前建成的市场中有的开始出现有场无市的“空壳”现象，有特色具竞争力的市场得以巩固发展。

第四节　个体工商业管理

一　登记发证

1949 年 7 月，株洲集镇个体工商业户 357 户，经营风味小吃、糖果烟酒、日用百货、蔬菜食杂及修鞋、整伞、补锅、打铁等行业。在火车站至徐家桥一带摆摊设点，街畔销售，有的还采取肩挑叫卖、走村串乡，既修又卖等流动服务形式。但个体工商业者大都本小利微，收入不稳定，常因资金短缺、无经营场地、无货源等原因而歇业或废业。

1949 年 10 月以后，人民政府鼓励并扶植城镇个体工商业恢复、发展，一些因战乱而陷于瘫痪的小商小贩、小手工业者陆续复工复业。1949年12月，株洲镇首次进行个体工商业者登记发证工作，给351户个体工商业者核发营业执照。1950年10月，个体工商户发展到544户，拥有资金681万元（旧币）。1952年，开展“五反”运动，不少个体工商业者歇业。据1953年统计，摊贩仅存344户。1953年，市委、市政府组织个体工商业走合作化道路，对个体手工业采取“加工”“订货”“包销”和贷款等形式加以扶持。1954—1956年，随着私营工商业的社会主义改造，全市手工业全部参加到手工业生产合作社（组），个体商业绝大部分参加到所属行业的合作商店、合作小组。分别由市商业局、供销合作社归口管理。1958年，市手工业生产合作社过渡到国营或集体所有制工厂，合作商店、合作小组升级为国营或供销合作社商店。

1961—1962年，贯彻“调整、巩固、充实、提高”方针，对城市小商贩恢复登记发证工作。通过登记发证的个体商贩909人。这些商贩的来源，除国营、公私合营企业调整出来的217人外，其余均为社会闲散人员及家庭辅助劳力。国营企业调整出来的小商贩，绝大部分组成合作商店、合作小组，以取代国营商业过去分布的小型网点。

1963年，城市进行“社会主义思想教育”，对个体工商户登记发证有所控制。对于个体工商业，凡从事常年性或季节性经营，均需办理严格的申请登记手续，填写“领取营业执照申请书”，并经归口行业主管部门审批、签署意见后，工商部门核发营业执照。特殊行业（包括刻字、修理钟表、旅社、饮食、副食等）分别经公安或卫生防疫部门认可，发给特殊营业证或卫生许可证方可营业。

1964年，市工商局根据“统筹兼顾，适当安排”的方针，通过登记发证，发展商贩1558人（城市五区1181人，郊区377人），其中合作商店56个343人，合作小组36个146人，个体商贩1069人。安排零售固定网点213个，流动货担（车）937副（部），组织他们对国营、合作社营商业未经营的次小土产品，通过城乡串联、短途购销等方式，进行拾遗补缺，满足市场需要。

1966—1976年“文化大革命”期间，个体工商业登记发证管理工作中止。

1979年，恢复个体工商业登记发证。登记发证对象限于市场有需要，城镇有户口，本人有一定经营能力的人，允许其从事个体手工业、服务业、修理业。次年放宽申请发证条件和经营范围，允许个体工商户经营农副产品和三类工业品零销及饮食、副食、修补、服务等行业。

1981—1983年，放宽对二类工业品限制，有维修条件的可经营耐用消费品，农村边远地区综合经营。有条件的个体工商户，允许批零兼营，允许使用机动车船从事长途运销。1983年6月底，个体工商户发展到1672户1940人，拥有资金85.70万元，营业额达654.50万元。同年7月，实行市管县，年末统计，全市个体工商业有13605户15029人，拥有资金达902.70万元，营业额3483万元。其中商品零售总额7671.50万元，占全市社会商品零售总额11.74%。

1984年，市工商局制定《关于发展个体工商业户若干补充规定》，从“思想上松绑，政策上放宽”，大力发展个体工商业。登记发证工作注重改善行业结构，使其趋向合理。年底，全市拥有个体工商户24141户，从业人员31696人，比1983年分别增长77.40%和110.90%。合作经营组织415户，从业人员4446人，比1983年增加20%。

1985年始，贯彻“国营、集体、个体一齐上”的方针，登记发证工作出现新的面貌。当年，发证个体工商户达31392户，从业人员44095人，比上年度，分别增长30%和39%；合作经营组织727户，从业人员9173人，比上年度分别增长76%和106%；个体商业网点增加30%，行业结构日趋合理；还有来自外省外县的1590户，2100多名农民进城务工、经商、办服务业。

1986年，个体工商户行业结构出现显著变化。九大行业中，手工业发展速度较快，比上年度的户数、人数分别增长27%和36%。酃县、茶陵县、株洲县和郊区根据当地民众需要，重点发展一批贩运户、运输户。醴陵市、攸县和城市3区根据城镇民众"修理难""做衣难"等问题，积极引导，重点发展第三产业。

1988年，根据中共十三大提出的"对于城乡合作经济、个体经济和私营经济，都要继续鼓励它们发展"的精神，境内各级工商部门通过改善工作，加强管理，搞好服务，支持和扶植个体工商业发展。年底，个体工商业发展到43505户67287人，占全市总人口1.99%，比1987年分别增长9.10%和13.20%。拥有资金达10131万元，比1987年增长23.09%。工业总产值达38436万元，比1987年增长1.90%，占全市工业总产值的7.47%。营业总额达59440万元，比1987年增长55.50%。其中社会商品零售额36812万元，占全市商品零售额17.06%，比1987年增长27.43%。工商管理费349.50万元，比1987年增长73.70%。上缴税金3.59亿元，比1987年增长40.40%，占全市工商税收7.69%。城乡个体经济迅速发展，以雇佣劳动关系为基础的私营企业也不断涌现。当年，私营企业97户，其中城郊4区32户，5县市65户；按行业划分，工业和手工业75户，商业10户，修理业4户，建筑业8户。这些企业共有股东663人，其中退休退职人员77人，进城农民541人，社会闲散人员和城镇待业青年75人，雇工2530人。私营企业占有生产经营场地共62739平方米，拥有资金1337.91万元，其中固定资金780.10万元，流动资金557.81万元，自筹资金717.50万元，占资金总额的53.70%；股份集资278.60万元，占资金总额的20.90%；银行贷款340.20万元，占资金总额的25.40%。当年向国家纳税104.70万元。

1989年冬至1990年春，受市场疲软影响，个体经营户数、人数一度下降。各级工商行政管理部门积极引导，调整行业结构，鼓励个体工商户扩大再生产，支持私营企业向科技型、生产型和外向型发展。至1990年底，个体工商户和私营企业发展到41881户，从业人员71262人，其中私营企业233户，雇工3806人。总户数和总人数分别比1989年增长7.90%和3.70%；自有资金17180万元（私营占2675万元），比1989年增长5.60%；总产值35694万元（私营占2509万元），比1989年增长9.20%；营业额76186万元（私营占2803万元），比1989年增长27.50%。

1992年，市工商局下发《个体私营经济发展意见》，从生产经营方式、范围、注册资金、字号名称等方面放宽政策。离退休人员，党政机关、企事业单位的富余人员，停薪留职人员，单位同意从事第二职业的人员都可从事个体经营。个体工商户可以以多种方式经营已开放经营的商品。至年底，全市个体工商户发展到49146户，从业人员79014人，注册资金19940万元，私营企业349户，雇工4134人，注册资金4516万元。

1994年，境内个体私营经济由小本经营向大规模、高档次方向发展，行业结构趋向优化，由单一的商贸型向生产型、科技型和外向型发展，个体从事科技的户数、人数和资金分别是上年的

6.3 倍、5.8 倍和 5.4 倍；私营科技户增长 4.5 倍，注册资金增长 12.3 倍。12 月底，注册登记的个体工商户 78180 户，从业人员 14.42 万人，注册资金 62256 万元；私营企业 1180 户 19234 人，注册资金 30873 万元。

1995 年，进一步放开经营范围、简化办证手续。成立公司是不少私营企业发展选择的形式。当年新注册 295 家私营企业中公司占 194 家，比上年增长 45.4%。私营企业户平均注册资本达到 30.85 万元，注册资本超 100 万元的有 48 家，超 500 万元的有 11 家，超 1000 万元的有 3 家。经营范围扩展到机械、冶金、化工、电子、光学、工业陶瓷、建筑材料、医药、保健、房地产、广告、信息咨询以及新技术、新工艺、新材料的开发应用等多种行业和领域。

1996 年，对原有私营公司进行清理与规范，取缔“无照”、清理“挂靠”，对不合格的予以公告注销，对符合条件的予以重新登记，全市规范后的私营有限公司有 303 家。12 月底，个体工商户 10.38 万户，从业人员 18.58 万人，注册资金 93425 万元；私营企业 1561 户 29487 人，注册资金 56918 万元。

1997 年，拓宽登记领域，扶植新兴行业发展。攸县工商局举办水泥预制业岗前培训班，32 名业主获得县建设局颁发的结业证，工商部门依法核发《营业执照》。醴陵市工商局对从事营运的 3000 多台农用运输车辆纳入登记管理，该行业的持证率接近 100%。市个体运输管理处成立水上工商管理所，将湘江水域株洲市区段从事客货运输、沙石采捞与营销以及水上餐饮、体育、娱乐业的个私经营者纳入登记管理。年底全市个体工商户 11.48 万户，从业人员 22.55 万人，注册资金 12.13 亿元；私营企业 1630 户，从业人员 28234 人，注册资金 73502 万元，其中超 500 万元的有 11 户。

1998 — 1999 年，市工商局对下岗职工放宽登记条件，实行登记备案制度，允许下岗职工从事个体经济时，先备案试产、试营，然后注册登记。严格执行前置审批制度，按规定核定经营范围，规范登记行为。同时对运输、卫生、房屋柜台租赁、文化娱乐、农村特种种养业等行业进行全面登记。1999 年 12 月底，全市个体工商户 12.52 万户、从业人员 26.25 万人；私营企业 1865 户、从业人员 32260 人。

2000 年，市工商局以“两个整顿”为主线，通过年检和换证，加强登记管理规范化；同时下发《关于认真做好个私经济统计工作的通知》，通过换证摸清底子。规范后，个体私营总户数为 56981 户（其中私营企业 1777 户），注册资金 21.3 亿元，从业数 16.54 万人。

二　监督检查

1965 年，贯彻执行“政治统率业务”和“利用、限制、改造”的方针，加强商贩管理和整顿。同年 4 月，市工商局、服务局、供销合作社抽调专干 12 人组成工作组，分赴中心区求谷糖副食品、饮食 2 个合作商店，渌口镇和平胪陈和利民饮食 2 个合作商店进行整顿试点。通过试点，端正对“改造”的认识，整顿经营作风，清理财产，核定资金，摸清人员底子。在此基础上，压缩商店成员 6 人，占 4 个试点合作商店总人数 1.30%。5 月，中共株洲市委、市人委在城市 5 区开展群众性整顿市场、清理整顿个体商贩的运动。对一贯不服从管理，从事投机倒把的违法户，进行打击处理。对有其他生活来源者，动员停业。这次清理压缩个体商贩116人，占商贩总数的33.50%，取缔无证商贩10人。对合作商店、合作小组和个体商贩规定：不准超过规定的经营范围、不准经营批发业务、不准超过规定的地区范围进行业务活动、不准增设经营活动地点、不准任意增加人员、不准违反国家价格政策、不经批准不准到集市和外地采购的“七不准”政策。这次清理整顿后，全市仅存商贩740人，较1964年减少36%。全市城镇合作商店、合作小组和个体商贩零售总额280万元，比1964年下降5.10%。小商小贩营业总额占国营、供销合作社零售总额的比重由1964年占6.50%下降到4.84%。

1966—1976年“文化大革命”期间，个体工商业被当作“资本主义尾巴”割掉，市区仅存视同个体的合作商店11个，门市部37处，员工421人。

进入20世纪80年代，随着“开放、搞活”政策的实施，个体工商业逐渐发展壮大，有利于生产流通和人民生活。由于管理没有跟上，个体工商业经营作风成为突出问题。各级工商行政管理机关每年组织对个体工商户进行3～4次检查。通过检查，对欺行霸市、强买强卖、掺杂使假、侮辱顾客等不文明行为及时处理。同时进行经常性的法制、道德教育，开展文明经商竞赛活动。

1985年8—10月，市工商局在个体劳动者协会（简称个协）配合下，对个体工商户进行经营作风大检查。共检查17150户，合格14494户，占84.40%；不合格2656户，其中一般违章806户，严重违法24户。检查衡器21247件，合格20231件，占95.20%，不合格责成修理的916件，没收169件。清理无证经营户350户。对未按规定办证的，补办手续。补办卫生许可证260个，税务登记证450个；对未按政策纳税、交费的，共补税54400元，补费12600元，对违章经营的问题较大的给予罚款，全市共罚款3770元；在检查中，发现出售霉变商品当场销毁，折合金额2800余元。

1986年，对个体工商户经营作风再次进行大检查。共检24437户，检查面达90.80%。重点抽检衡器、量具17385户，其中合格16199件，占检查数93.20%，不合格1122件，占检查数6.45%，273件被没收，占检查数1.57%。查出无证经营1192户，违法13户，违章1845户，掺杂使假86户，抬高物价85户，出售霉变商品178户，销毁霉烂变质商品折价2102元；有66户停业整顿，16户吊销营业执照，259户补办税务登记证，234户补办卫生许可证；94户补纳税款8999元，1990户补交管理费25018元，878户罚款14209元。

1988年，市工商局和市“个协”组织制定《株洲市个体工商户经营守则》，印刷4万多份发到个体工商户，张贴店堂，作为群众监督的依据。同时，设立个体经营监督箱116个，形成检查监督网络，查出无证经营2115户，掺杂使假41户，擅抬物价128户，出售霉变商品245户，其他违章违法358户，给予罚款3785元，吊销执照18户，停业整顿135户，补办税务证、卫生许可证143户，补收管理费3.8万元。

1989年4月，市工商局与公安、交通等部门配合，对城市4区的个体出租车辆进行检查，共检查315辆，对违章违法的91户，进行政策法规教育，并罚款1620元。

1990年9—11月，市工商局贯彻市政府《关于整顿市场秩序，加强对个体和私营企业的监督管理的通知》，开展大整顿、大清理活动。全市检查个体、私营企业 32401 户，处理违章违法户 7737 户，取缔无证经营 2553 户，批评教育 2658 人，罚款 60782 元，没收财物折价 10712 元，吊销 25 户营业执照，移交司法部门处理 3 人，补收管理费 12.30 万元，补交税收 78.80 万元。收缴衡器 963 件、黄色书刊及非法出版物 147 本、非法印刷品 2370 张、进口香烟 589 包。销毁处理自制、冒牌、霉变香烟 2570 包，变质食品 117 千克，变质酒 1827 瓶。抢救国家二级保护动物猴面鹰 23 只，查处掺杂使假棉絮 500 多床和售假钾胺磷等农药 820 千克。

1991 年，查处违章违法经营 3564 户，重点清查个体餐馆、旅社、发廊、美容室、废旧物资收购点（店）1739 户。其中责令停业整顿 177 户，吊销营业执照 58 户，警告 393 户，移送司法机关处理 175 人，补收税款 59 万元，补收个体管理费 33 万元，对其中符合条件的 1493 户限期补办营业执照。1992 年，取缔无证经营 4981 户，补办营业执照 2917 户。查处违章违法 4297 户，罚款 10.4 万元，补税 22.3 万元，追补管理费 22.7 万元。吊销营业执照 27 家，移交司法机关处理 18 人。

1993 年年初，市工商局成立“株洲市个体运输管理办公室”，负责对个体运输户登记和监督管理。6 月，对市区中巴车进行清查，检查个体客运户 146 户，对其中有违章违法行为的 20 户作出罚款和补交管理费的处理，个体运输秩序明显好转。当年年检时，个体工商户应检 55121 户，实检 53107 户，年检验证率为 96.35%；私营企业应检 537 户，实检 530 户，年检验证率为 98.7%。年检中查出一批违章违法经营户，停业整顿 8 户，吊销营业执照 14 户，取缔无证经营 692 户，罚款 265 户，合计金额达 2.04 万元，查处假集体户 405 户。

1999 年，工商行政管理体制发生重大改革，工商行政管理机关对个体私营经济工作由引导发展和监督管理双重任务，逐步转移到对个体私营经济实施登记管理和经营行为监督管理上来；对个体私营经济管理基本实现“管理规范标准化、管理内容制度化、管理过程系统化、管理责任目标化、管理行为公开化、绩效评定定量化”。

2000 年，工商行政部门对境内经营主体档案进行全面清理。醴陵市工商局重点清理烟花鞭炮生产经营户，攸县重点清理小煤矿，城区重点清理娱乐场所、饮食、副食、燃料等涉及人身安全的重点行业。通过清理补办前置审批文书 6153 份。同时规范日常监督管理，立案查处经营中的假冒伪劣，走私贩私、不正当竞争等违法行为。全系统共查处各类个私经营案件 623 件，罚款 234.5 万元。

第五节　经济合同管理

清代，民间契约流行，官府以“税契”形式管理契约。民国时期，以契约为主，契约、合同并存，由商会管理。共和国成立后，彻底废除契约，人们在经济交往活动中，开始实行合同制度，由政府工商行政管理机关监督管理。1953 — 1976 年，由于国家实行统一的计划经济，工商行政管理机关尚未设立经济合同管理专门机构。1978 年后，统一的计划经济向市场经济过渡转轨，企业推向市场，经济合同被广泛运用。工商行政管理部门设立经济合同管理专门机构，严格经济合同监督管理。

一 鉴 证

1979年，境内工商部门开始鉴证经济合同工作。当年鉴证合同113份，金额469万元。1981年，鉴证蔬菜、鲜鱼、西瓜、柑橘购销合同127份，金额1187万元，仅占全市商业、外贸、供销、国药全年购进总额9%。

1982年，实施《经济合同法》，企业生产经营活动中签订经济合同增多，主动要求工商部门鉴证。是年鉴证经济合同1043份，为上年的8.2倍。

1984年，鉴证经济合同开始收取鉴证费，收取标准是：购销、订货、建筑安装工程承包合同，收取价款或工程造价的万分之二；加工承揽、建筑工程勘查设计、技术承包及其他经济合同，收取千分之一。最高不超过3000元，最低为2元，由合同双方当事人各承担一半。当年，鉴证经济合同2373份，金额1.82亿元。4月，醴陵县工商局开展以农商合同为重点的“签约鉴证月”活动，鉴证经济合同1193份，金额6307.63万元。其中农商合同570份，金额245.20万元。

1985年，鉴证经济合同实行严格审查制度。全市仅鉴证经济合同230份，金额16123万元。

1987年8月，境内各级工商部门贯彻省工商局《经济合同鉴证实施办法》，除国家和省政府规定必须鉴证的经济合同外，均实行自愿鉴证原则，并实行分级管理，即合同金额在500万元以上者由省工商局鉴证；50万～500万元由市工商局鉴证；50万元以下者由县级工商局鉴证。当年，全市鉴证经济合同369份，金额3264万元。

1990年，市政府转发计委、建委、建行、工商局《关于加强建筑安装工程承包合同管理规定的报告》，凡签订建筑、安装工程承包合同，必须经工商行政管理机关鉴证。是年，鉴证建筑、安装工程承包合同94份，金额6245.67万元。并将房屋、柜台租赁合同列为鉴证重点，纳入鉴证管理轨道，全年鉴证房屋、柜台租赁合同2390份，占全市鉴证合同总数79.64%。其中南区分局鉴证柜台租赁合同816份，占全市27.10%。

1991年，市工商行政管理部门加强对科技合同、建筑安装合同、房屋租赁合同的鉴证工作，共鉴证合同3749份，比上年增长24.9%，金额25879.34万元。其中房屋租赁合同3275份，建筑安装承包合同170份。

1992—1993年，鉴证各类合同15818份，合同金额65860万元。在鉴证中共审查出不合格合同587份，合同金额1040万元，避免可能造成损失的合同90份，金额452万元。

1994年，鉴于城区各类服装市场集中、柜台摊位多的特点，对芦淞大市场周围的服装、布匹市场租赁合同实行全面鉴证，合同鉴证业务进一步拓展。全年共鉴证各类经济合同7248份，合同金额19437万元，其中建设工程承包合同鉴证有所减少，主要原因是房地产开发热降温。

1995年，继续加强经济合同鉴证，规范合同当事人的签约行为，共办理各类经济合同鉴证7384份，合同金额21539万元；其中鉴证房屋、门面、柜台租赁合同7268份，占全年鉴证总数的98%。

1998—2000年，鉴证经济合同21337份，合同金额18.53亿元，其中2000年鉴证经济合同

6136份，合同金额9.88亿元。

二　检查引导

1979年3月，市工商局对全市经济合同状况进行调查摸底，确定郊区田心大队与田心蔬菜商店、市电扇厂与市五金交电公司为农商、工商合同试点单位，组织辅导签订、鉴证合同72份，金额3065万元，履约率达94.80%。次年，开展工商、农商经济合同试点。

1981年，广泛推行经济合同制。次年，召开全市推行经济合同制经验交流会，推广红卫电机厂、肉食水产公司、郊区荷塘铺公社田心大队等单位实行经济合同制的经验。对工商、轻纺、蔬菜等购销合同履约情况进行专项调查。

1984年，市工商局统一印制《签订经济合同法定代表证明书》《法定代表授权签订经济合同证明书》《委托代订经济合同证明书》（简称“三证”），发给全市企业实行。要求企业依法签订履行合同，依法追究违约责任，依法解决合同纠纷。

1985年，各级工商局共检查948个企业6921份合同，金额2.54亿元。其中，攸县组织91人次深入乡村企业，检查288个单位所签订的合同，使这些企业免受经济损失63.40万余元。1986年，组织对全市经济合同进行大检查。在企业自检自查基础上，抽查686家企业。在1985年签订的12.82万份合同中，履约好的12.43万份，占96.93%，未履约的3900份，占3.07%。其中，发生违约纠纷3321份，金额1.66亿元；无效合同552份；违法合同56份。是年，为使企业经济合同管理制度化、规范化，在株洲苎麻纺织印染厂进行试点，指导制订各项制度，使企业经济合同管理有法可依、有章可循。株洲县供销社规定合同管理人员和业务人员，实行先培训后上岗的原则，签订经济合同一律使用“三证”。硬质合金厂严格合同管理制度，全年签订经济合同，履约率达98%。

1987年，深化城市经济体制改革，企业实行承包和租赁经营，市工商部门指导企业与承包、租赁者签订承包或租赁经营合同。年内，全市工交系统130家预算内企业，有126家实行承包经营，占96.92%。湘江氮肥厂、化工厂、玻璃厂、酿酒厂、渌口造纸厂实行招标承包经营，45家大、中型国营商业企业全部实行承包经营。1988年上半年，二商局系统229家国营小型企业有134家实行租赁经营，其中集体租赁经营的企业有114家，占租赁经营企业85%；个人或合伙租赁经营的企业20家，占租赁经营企业15%。

1989年，各级工商部门贯彻“治理、整顿”方针，以查处违法合同为重点，强化经济合同监督管理，对签订假经济合同，或倒卖经济合同，或利用经济合同买空卖空、转包渔利、非法转让、行贿受贿及其他危害国家利益的案件立案查处。是年，检查2896个企业签订58554份经济合同，立案查处违法合同98件，收缴罚没款59万元。

1990年，推行经济合同示范文本制度，对经济合同实行规范化管理。同时举办43期经济合同管理人员培训班，培训企业法定代表人、合同管理员2751名。

1991年，市工商局经济合同管理部门共检查企业经济合同36663份，总金额1684.61万元。全年办案202起，查处违法合同12件，合同金额86.09万元，为企业避免经济损失1153.11万元。1992年，检查人员走访企业796家，检查经济合同28211份，合同金额98406.03万元，纠正条款不清、责任不明、措辞容易产生歧义、条款显失公平的经济合同1644份，金额501.51万元。提供合同法律咨询1781次，识破合同诈骗行为为48起，使当事人避免损失1128万元。

1993—1995年，检查经济合同58944份，金额28.05亿元。1996—1998年，全市通过检查经济合同，查处违法合同案件100起。其中，1996年涉案金额239万元，1998年涉案金额300多万元。

1999年，检查经济合同13450份，对20多家管理不善的企业提出整改意见，促进企业合同自律，提高合同履约率。2000年，检查经济合同5806份，帮助企业修正和规范合同140份，使企业避免经济损失360万元，查处违法合同案件53起，罚没25.5万元。

三 确认无效合同

1983年，境内开始确认无效经济合同工作，当年确认无效合同18份。是年4月，一个自称钟春生的人，冒充“甘肃省玉门油田2132厂供销科长”，用伪造公章与醴陵县制鞋厂、醴陵县皮件厂、醴陵县建国服装厂等4个单位，签订35万件（双）服装、皮鞋购销合同，金额76.81万元。上列单位的负责人，对找上门的“大户”“科长”待为上宾。事后，皮件厂厂长为慎重起见，将订立的合同送醴陵县工商局鉴证，经电询玉门市工商局得知“此地无此单位，银行无此账户”后，当即确认为合同无效，终止执行，使76万余元货款免遭损失。

1984年，市工商局将主体不合格，内容不合法，无效代理签订的经济合同确认为无效经济合同，并用终止执行、返回财产、赔偿损失、追缴款物的办法予以处理。是年，全市确认无效经济合同7份，金额47.70万元。1986年，确认无效经济合同679份，金额1135万元，返回财产21万元。

1989年，各级工商局充实合同管理人员，实行目标管理，确认无效经济合同506份，金额2007万元，返回财产9.50万元，赔偿损失1.62万元，追缴款物1.45万元。1990年，确认无效经济合同1451份，金额5084万元，返回财产87.17万元，追缴款物1.01万元。据醴陵市工商局1—6月确认的150份无效经济合同分析，属主体不合格的99份，占60%；内容不合法的35份，占23.30%；无效代理签订的16份，占10.70%。

1991年，发现无效合同42份，合同金额226.25万元。1992年，检查确认无效合同4起，查处经济合同诈骗案件4起，为当事人挽回经济损失43.40万元。

四 “重合同，守信用”活动

1986年，在经济合同检查中，发现96%的企业经济合同管理制度不健全，合同合格率只有41.60%，全市企业被骗走资金1060万元。此事引起市委、市政府、市人大的高度重视和关注。是年10月31日，市八届人大常委会第22次会议在听取和审议市工商局《关于贯彻实施〈经济合同法〉情况的汇报》后，市政府发出《会议纪要》，决定在全市企业开展“重合同，守信用”活动。

1987年，市政府成立以主管副市长为组长的“重合同，守信用”活动领导小组，批转《关于开展“重合同，守信用”活动的报告》及《株洲市“重合同，守信用”单位考核试行办法》。规定“重合同，守信用”单位每年评审一次。评审在市、县市区人民政府领导下，由工商部门牵头，会同财政、税务、审计、物价等经济监督部门组成评审委员会，负责对申报参加“重合同，守信用”单位进行考核、审查、批准等工作。凡被评定为“重合同，守信用”单位的，由政府颁发“重合同，守信用”牌匾和《荣誉证书》，并予公告。下年经考核不合格者则取消其资格。当年，全市申报参加“重合同，守信用”竞赛活动的有279家企业，经考核评审，苎麻纺织印染厂等84家企业被命名为“重合同，守信用”单位。

1989年，各级工商部门经济合同管理人员帮助指导1305家企业，建立完善经济合同管理机构、人员、制度“三落实”，形成经济合同管理网络。醴陵市1111家法人企业，800家达到“三落实”标准，占72%。北区科以上企业131家，达到“三落实”标准的124家，占94.65%。全市申报参加“重合同，守信用”竞赛活动的企业增至490家，合同合格率达91%，履约率达99%，依法追回或索赔达3.2亿元。电力机车厂、湖南陶瓷研究所、株洲苎麻纺织印染厂、选矿药剂厂、百货大楼、郊区农业生产资料公司、株洲县供销社联营总公司、国光瓷厂、攸县地方工业供销公司、茶陵五交化公司、酃县冶炼厂等215家企业被市、县市政府命名为“重合同，守信用”单位，取消8家企业资格。株洲市供销社在“重合同，守信用”竞赛活动中，举办培训班156期，组织317次合同管理专项检查，全系统123个法人企业，有28个被命名为“重合同，守信用”单位，占本系统法人企业的22.76%，占全市“重合同，守信用”单位的13%。

1990年4月，市政府表彰18家“重合同，守信用”先进单位，推广电力机车厂劳动服务公司将合同管理纳入经济目标管理责任制的经验，提出“重合同，守信用”是企业升级、银行优先单位贷款的前提条件。是年7月，市工商局代表湖南省工商系统出席国家工商总局在吉林省柳河县召开的全国“重合同，守信用”活动经验交流会，介绍“抓合力、挖潜力、求活力，努力提高合同管理水平”的经验。

1991年，市工商局为帮助企业搞好经济合同管理，全年举办学习班56期，培训1235人次。为方便企业生产经营，在企业中普遍实行经济合同示范文本制度。经对483家申报企业进行考核评比，评选出100家企业由市政府命名为“重合同、守信用”单位。同时取消上年度24家因管理不善、亏损严重、失去法人地位企业的“重合同、守信用”称号。

1992年，境内工商部门开展多种形式的《经济合同法》颁布10周年纪念活动。市政府下发《经济合同规范化管理办法》，在45家大中型企业实行“授权签订经济合同证明书”制度，指导企业运用经济合同手段，开展市场交易。同年，市政府为减少对企业生产经营活动的干扰，减轻企业压力和负担，提出取消各种荣誉称号的评定活动，“重合同、守信用”活动也被取消。

1994年，恢复“重合同、守信用”单位的评定工作，全市有298家企业被命为名“重合同、守信用”单位。根据外地经验和本地实际，市工商局制定《株洲市企业合同规范化管理办法》，由市政府办发文在全市企业执行。1995年，市工商局对531家申报“重合同、守信用”参评企业逐一进行考核，认定314家企业基本符合条件，经市政府审查，最后评定310家，其中湖南省火电建设公司等23家企业被评为湖南省“重合同、守信用”单位。

1997—1998年，对全市共评选出省、市、县三级“重合同、守信用”单位247家。1997年，市工商部门为企业提供合同法律咨询和资信调查，使企业避免损失400万元。1998年8月，株洲市企业合同管理协会成立，其宗旨是加强合同自律，改善合同管理。

1999年，对22家省级“重合同、守信用”单位进行年审，评选市级“重合同、守信用”企业121家，县级单位158家。

2000年，市工商局开展“合同解忧”工程，确立合同解忧试点单位21家，帮助企业追回合同欠款175万元，协助省工商局年审省级“重合同、守信用”企业20家。

五 调解仲裁

1978年9月，国务院确定工商行政管理部门调解仲裁购销合同、加工订货合同纠纷。1979年7月，市电扇厂（供方）与市五金交电公司（需方）签订各种规格电扇26600台订货合同，规定三季度供方交需方电扇14100台和各自应负的经济责任。9月底，供方只交需方电扇9147台，欠交4953台，金额61.18万元，致使需方调拨合同被注销9147台，减少利润11万余元，需方要求供方赔偿经济损失。市工商局进行调解，按合同规定欠交金额的10%，由供方赔偿需方经济损失61180元，并达成协议。但在《调解书》未下达前，需方擅自扣了供方货款，亦偿付错扣货款的银行利息128.48元。为此《株洲日报》刊登“未能按期交货造成需方损失，市电扇厂按合同承担罚款”的报道，并发表《编者的话》，在全市产生较大影响。

1984年，从市到县区均设立经济合同仲裁委员会，调解仲裁经济合同纠纷。仲裁机关处理合同纠纷，实行调解先行。全年受理经济合同纠纷案46件。其中，调解35件，裁决11件。1985年，市经济合同仲裁委员会为保证办案质量，实行受案审查，立案审批，案件评议，保全审批，结案报告，结案审批等办案制度。全市受理经济合同纠纷案件100件。其中，调解70件，裁决30件。

1987年，市工商局组织对5县市4区农村1986年办结的经济合同纠纷案件进行全面检查，共检查办结案件74件。其中，调解51件，裁决12件，确认无效合同11件。同时还检查鉴证合同473份。同年，市县工商局在农村设立派出仲裁庭，简化办案程序，为农村乡镇企业和个体工商户就地解决合同纠纷，减少经济损失。当年设6个派出仲裁庭，次年增至24个。

1989年，全市设立派出仲裁庭25个。全年办结经济合同案件1172件。其中乡镇企业、个体工商户合同纠纷案1048件，占89%。9—10月，攸县莲塘坳仲裁庭仅用50天时间，办结借款合同纠纷案290件，为银行、信贷部门收回贷款13.37万元。

1990年，城乡借贷合同纠纷突出，全市设立46个派出仲裁庭，办结合同纠纷案8713件，解决争议金额1111万元。其中，银行、信贷部门合同纠纷案8467件，占办结合同纠纷案97.20%，解决争议金额793.93万元，为银行、信贷部门收回贷款437.92万元。

1991年5月，市工商行政管理局受理仲裁案件200起，调解和裁决合同争议金额513.65万元。1992年，办结合同仲裁案件234起，其中调解96起，裁决15起，仲裁确认无效合同18起，撤诉105起。1993年，调解和仲裁合同纠纷75起，解决争议金额600万元。1994年，新的《经济合同法》颁布，仲裁协议正式用法律形式确定下来，全年共审理各类经济合同纠纷案件55起，比上年同期下降36%；解决合同争议金额近4000万元，比上年上升5.67倍。

1995年，根据《中华人民共和国仲裁法》，经济合同仲裁工作从工商行政管理机关分离出来，市、县市区工商行政管理局设立的经济合同仲裁委员会于1995年9月1日终止工作。

六　抵押登记

1996年，依据1995年颁布的《中华人民共和国担保法》规定和国家工商总局有关规定，株洲市工商局开展企业动产和不动产抵押登记工作。当年登记62件，其中不动产抵押登记43件，动产抵押登记19件，主债权金额共计9834万元。

1997年，进一步拓宽不动产抵押登记领域，城市4区工商分局均获得乡（镇）、村厂房等建筑物抵押登记授权，天元区、芦淞区、荷塘区工商分局还获得城市房地产等建筑物抵押登记授权，全年共办理抵押登记91件，金额1.95亿元。

1998—2000年，全市共办理抵押物登记1076件，抵押物价值41.03亿元。其中，2000年办理抵押物登记356件，抵押物价值13.83亿元。

第六节　商标广告管理

一　商标管理

（一）商标注册

民国19年（1930），国民政府修正颁布《商标法》，开始商标注册。民国24年（1935），攸县肖敦泰创办福和股份有限公司，经营“攸饼铁”“湘攸纸”，以“攸饼铁”“湘攸纸”为商标名称，在国民政府商标局核准注册。

中华人民共和国成立后，由工商行政管理部门管理商标。1950年，株洲企业股份有限公司面粉厂在中央私营企业管理局核准注册“星星”牌商标。尔后，由于国家实行计划经济，无须申办商标注册。1963年4月，国务院颁布《商标管理条例》，商标实行全面注册。到1965年，株洲市只有市电池厂、市焊接器材厂、市内燃机配件厂、市酿酒厂、苎麻纺织厂等10家企业，经中央工商行政管理局商标局核准注册商标19件。

1979 年后，商品经济迅速发展，当年全市 46 家企业经国家商标局核准注册商标 52 件。

1983 年，商标实行自愿注册和必须注册（卷烟、人畜用药）两种形式。当年，全市 38 家企业经国家商标局核准注册商标 43 件。尔后，随着商品经济不断发展，申办商标注册者逐渐增多。到 1990 年年末，全市有注册商标 748 件。其中，城区 381 件，株洲县 67 件，醴陵 194 件，攸县 67 件，茶陵 28 件，酃县 11 件。1991 年，全市申报核转商标 750 件，比上年增加 600 件，注册商标共有 850 件。1992 年，核转商标 170 件，批准注册商标 112 件，办理商标使用许可 10 件，商标转让 2 件。至 1993 年年底全市有效注册商标 1020 件。

1995 年 1 月，株洲市首件服务商标 — 株洲庆云发展股份有限公司的服务商标核准注册。全年指导企业申报注册商标 137 件，续展注册商标 60 件，办理注册商标变更 15 件，全市共有有效注册商标 1186 件。1997 年，为企业和个体工商户代办商标申请注册 88 件，代办注册商标续展 25 件。

1998 年，指导企业申请注册商标 127 件，办理商标续展注册 24 件，变更登记 57 件，商标转让 8 件。10 — 11 月，对全市 642 户企业的 871 件注册商标进行验证，核实全市注册商标的数量，考察企业依法使用注册商标的情况。至年末，全市实有有效注册商标为 924 件，拥有注册商标的企业 642 户。

2000 年，指导企业申请商标注册 157 件，全市拥有有效注册商标 1440 件，商标注册企业 1048 户。

（二）商标印制监督

1979 年 4 月，制定商标印制管理办法，实行“印制商标许可证”制度。凡需印制商标及包装装潢的企业，须持主管部门审查同意的正式墨彩画稿图片，到所在地市、县工商行政管理局领取“印制商标许可证”，经指定单位，方可印制，承印单位凭证承办印刷。

1986 年，市工商行政管理局检查 17 家商标印制单位，销毁违章印制商标标识 5000 万张，没收印版 7 块，罚款 3000 元。

1990 年，市工商局对全市印制行业进行调查。将具有印制生产能力和相适应的印制、印染、印铁、烫印、刻字、制版、铸模、晒蚀、冲压、贴花等设备及技术的印制企业指定为商标印制单位。发给《指定商标印制单位证书》，并在《企业法人营业执照》或《营业执照》经营范围栏目内，载明“印制商标”项目。全市有 58 家印刷企业被指定为商标印制单位，其中市区 23 家、株洲县 6 家、醴陵 17 家、攸县 7 家、茶陵 4 家、酃县 1 家。被指定为商标印制的单位在当地工商部门指导下，确定专人管理，建立健全商标印制登记档案、商标标识出入库、废次商标标识销毁等管理制度。

1991 年，市工商局加强商标印制管理，对申请商标印制定点的单位进行考核，给予 72 家企业发放定点许可证。对商标印制定点单位，一年检查 2 次，促使完善管理制度，照章印制。1993 年，按照《商标印制管理办法》，帮助商标印制定点单位建立健全印制商标各项规章制度。至 1994 年，全市共指定印制商标企业 106 户。

1995 年 2 — 3 月，市、县市工商局对辖区内的 111 家指定印制商标企业进行清理整顿，取消 5 家商标印制单位的印制资格，对 104 家符合条件、2 家经过限期整改后符合条件的企业换发《指定印制商标单位证书》。12 月成立打击假冒注册商标、虚假广告违法行为领导小组，对全市商标印制企业进行检查。

1997 年，全市有商标印制企业 133 户，其中印制人用药品和烟草制品商标的企业 14 户。市工商局对商标印制业务管理人员进行培训，通过考试，全市共有 415 名商标印制业务管理人员领取合格证并持证上岗。至 2000 年年末，全市共有商标印制企业 157 户。

（三）保护商标专用权

1979 年，株洲市工商局开展推荐、评选“优质产品”和“著名商标”活动，清理全民、集体企业 176 家，对 62 家企业产品质量进行检查，协助企业设计、修改商标图案 42 件，并建立商标档案。经年终考核、评选推荐，株洲硬质合金厂钻石牌 YT05 硬质合金、市内燃机配件厂工人牌活塞销、冶炼厂火炬牌电锌评为省优质产品，省工商局分别授予“著名商标”证书。

1982 年，市工商局对全市 110 家企业 137 件注册商标，逐件核对商标图样、颜色，检查产品包装装璜，查获企业违法使用 38 件注册商标。其中，修改注册商标图案 2 件，扩大注册商标使用范围的 6 件，去掉株洲市“市”字的注册商标 7 件，改变企业名称的注册商标 21 件，一个企业挂两块牌子的注册商标 2 件，分别作了处理。还有 21 件注册商标企业自行停止使用。

1985 年，市工商局开展打击假冒商标专项斗争。查处冒牌“永久”“凤凰”自行车 2500 辆，冒牌香烟 1 万余条。1987 年，市工商局清理酒类生产企业 45 家，经销单位 760 家，批发企业 172 家。查获无厂名、无厂址酒 34 万瓶，双重商标酒 96 万瓶，假冒、影射商标三个品种，处理 2.5 万瓶，销毁有毒酒 11658 瓶，烧毁违法商标标识 100 万余张。检查 74 家生产、批发、销售乳制品企业的 143 种乳制品，销毁危害人身健康的乳制品 1000 余包（瓶）。在市区举办假冒、伪劣商品展览，参观者达 10 万余人次。硬质合金厂钻石牌系列合金产品畅销全国，远销世界 38 个国家和地区。从 1983 年起，河北省清河、南宫县 31 家企业生产合金产品，冒充钻石牌销往全国 20 多个省、市 10 多个行业。严重损害钻石牌合金产品声誉，侵犯钻石牌商标专用权。在工商局指导下，硬质合金厂组织调查组，赴黑龙江等 10 多个省、市进行查访，对清河、南宫合金生产企业的产品冒充钻石牌商标的违法行为，在《经济参考》和《河北日报》上发表陈述申明。清河县人民检察院对倒卖假冒钻石牌商标标识以投机倒把罪进行查处，收缴冒牌商标标识 8.2 万余张，没收非法所得。清河县工商局没收不法分子非法所得，吊销清河县物资局工业品公司《营业执照》，没收其库存冒牌合金，并处罚款。是年，市工商局与株洲电视台联合摄制 4 集电视连续剧《湘妃命案》，宣传《商标法》，打击制造、销售假冒伪劣商品行为。在全国各地电视台播放。

1990 年年初，市工商局抽调干部职工 180 余人，结合整顿市场，检查企业和个体户 677 家，没收假冒伪劣商品 20 余万件，价值 32 万余元，罚款 3 万余元。攸县工商局将查处的冒牌酒、香烟、劣质罐头、糖果等 30 多种商品，在集贸市场上巡回展览，提高群众识别能力。

1991 年元旦、春节前后，市工商局对全市食品和高档日用生活品进行突击检查。检查经销单位 1030 家，检查各类商品 210 多种，查处商标违章违法案件 164 起，罚没金额 11.03 万元。1992 年，召开企业争创著名商标动员大会，30 家企业参加评选活动，10 件商标获湖南省著名商标称号。

1994年12月，市工商局成立注册商标专用权保护工作领导小组。1997年，全市有22件注册商标被认定为湖南省著名商标，占全省186件著名商标的11.87%，其中市区18件、醴陵3件、攸县1件。全市查处商标违法案件92件，其中侵权案件38件，罚没款共51640元，收缴假冒注册商标标识和侵权商标标识137.8万套。

1998年5月，召开争创株洲市首届知名商标动员大会。6月，开展"保护著名商标，打击侵权假冒"专项打假行动，对重点商标印制企业，重点商场、批发市场进行清理整顿。全市共出动检查人员922人次，车辆117台次，检查企业8231户，查处商标侵权案件46起，罚款8.50万元，收缴并销毁侵权商标标识22.9万张，取缔非法印制商标企业1户，收缴商标印制设备3套。攸县工商局对6户个体工商户经销假冒株洲电焊条股份有限公司"湘江"牌电焊条的违法行为进行处罚。11月，认定株洲市化肥厂"湘珠"、株洲纤维水泥制品厂"虹波"等34件注册商标为株洲市首届知名商标。1999年，认定株洲市金星水泥厂"铁犀"商标和茶陵县制药厂"犀峨"商标为株洲市知名商标。

2000年，培育株洲市面粉公司等8家企业参加著名商标认定、株洲冶炼厂等4家企业争创驰名商标。

二　广告管理

清朝、民国时期，广告先由官府衙门管理，后为警察局、公安局管理。是时，吆喝、声响、招牌、幌子、招贴乃至包装装璜诸形式之广告盛行，成为商品生产经营者招揽顾客、扩大销售之手段。后来出现广告经营者。民国31年（1942），醴陵潘树荣等人为县城泰兴堂药店在渌江桥间设立一块药品广告牌。

20世纪50年代，对霓虹灯、幻灯、招贴传单等经济广告实行收费管理。当时，只有"解放""和平""人民"3家电影院经营少量幻灯广告。1958年7月，新生工程队成立新生广告美术社。为市百货大楼开业制作商品广告橱窗22个，为株易路百货商店绘制商品广告画30多幅。

1980年，《株洲日报》社开始经营少量经济广告。1982年7月，市二轻局租赁营业用房。抽调管理人员、美术工作者8人，成立包装装潢广告公司。

1984年6月，成立株洲市广告管理所，宣传广告对发展商品经济和在市场竞争中的作用，促进广告业的发展。是年，全市有广告公司2家，兼营广告单位15家，从业100人，年营业额80万元。

1985年，株洲市政府颁发《招贴广告管理暂行办法》，在市区统一设置招贴广告45处，灯箱广告343处。随着广告业的迅速发展，出现无证经营广告业。市工商局、市广告管理所查处无证经营广告11件，对8家无证经营灯箱广告的单位和个人，责令停业，给予罚款处理。

1986年，加强户外广告管理，将展销会、订货会、店堂开业、商品销售、经济信息、动物驯化表演、技术培训、办学招生、行医、招聘等招贴广告，列入广告管理范围。规定利用路牌、灯箱、霓虹灯、临街窗橱发布广告的，必须设置在规定位置，严禁制作和张贴虚假广告。是年，市区统一设置招贴广告栏38处，路牌广告53块，护栏广告88块。建立户外广告审查制度，审查户外广告440份，批准张贴5000余张，制止虚假广告112份。对17家广告经营单位，核发“广告经营许可证”。

1989年，株洲市广告经营单位增至50家，为招揽业务，部分广告经营单位发高额回扣，刊登虚假广告。市工商局贯彻治理整顿方针，对全市广告经营单位进行清理整顿，撤销违章违法经营和不具备广告经营资质的单位15家，保留35家，从业465人，营业额370万元。取缔违法游医广告15户，销毁劣质药品520瓶，医疗器材50件，烧毁虚假广告5000余张。协助、指导广告经营单位建立广告登记、证件审查、财务单列、规费缴纳、资料报审、合同管理、报表报送、广告业务员证及收费专用章管理制度。是年，全市设立招贴广告栏214处，路牌广告212块，灯箱广告159个，霓虹灯广告14个。

1990年，市工商局在广告行业中开展“重信誉、创优质”服务活动。市电视台播放《磁力棒》《盾牌汽车》电视广告，注重思想性、政策性、真实性和艺术性相结合，在全国电视台广告评比中，分获二等奖和优秀奖。同时，整顿户外广告，查处违法广告53件，取缔非法行医32人，销毁劣质药品3000瓶，撕毁虚假广告16000余张。

1991年，全市普遍实行广告业务员制度，广告经营单位39家。1992年，全市广告业发展迅速，专业广告公司由上年的4家发展到10家，广告经营单位发展到65家，户外广告形式由4种发展到10种形式。醴陵市在繁华地段开辟广告宣传一条街，26家企业在此发布广告。

1994年，市工商局加强对非广告经营单位的广告管理，下发《关于加强对各类市场摊位招租广告管理的通知》《关于制止新闻媒体单位非广告部门经营广告的通知》《关于印制挂历、台历的通告》等。8月，株洲市广告协会成立。全市广告经营单位发展迅速，至年底达137家，广告从业人员1100人，营业额1647万元。

1995年8月，全市开始实行广告代理制，规定：凡进行广告宣传的广告主（不论市内、市外、省外）必须委托有广告代理权的广告公司代理广告业务，不能直接通过报纸、电视台发布广告。株洲市壹星广告公司等8家专业广告公司当年即取得代理国内各类广告业务资格。市工商局、市广告协会、市电视台联合主办株洲市首届“环洲城”杯《广告法》知识电视大赛。对全市广告经营单位进行年检，注销13户广告经营单位，茶陵县工商局拆除382块乱设置发布的户外广告牌。至年底，全市有广告经营单位135户，广告从业人员1546人，营业额2547万元。

1997年3—4月，株洲市、醴陵市举办广告审查员学习班，106人取得省工商局颁发的“广告审查员证”。5月，在市区对户外广告实施“户外广告登记证”。广告经营单位在市区利用公共或自有场地的建筑物、空间、交通工具设置、绘制、悬挂路牌、霓虹灯、灯箱、条幅、气球、车身、旗帜、招牌、电子显示屏等广告均属户外广告管理范围，必须向株洲市工商局申请登记，领取“户外广告登记证”后方可发布。全年办理“户外广告登记证”80个，办理“印刷广告发布登记证”和“临时性广告经营许可证”84个。查处广告违法违章案件92件，罚没款68765元，责令停止发布广告150次，收缴违法印刷广告37万份，强制或限期拆除无证、违法户外广告127条。

1998年，围绕弘扬抗洪精神、关注希望工程、引导下岗再就业、保护生态环境4个主题，开展公益广告活动。8月，开展印刷品广告专项检查，全市共立案查处印刷品广告违章违法案件30件，处罚金额3万元，收缴违法印刷广告14.8万份。开展广告经营资格检查，对15户未在规定时间内接受广告经营资格检查的单位核销“广告经营许可证”。全年核发“临时性广告经营许可证”68个、“印刷品广告发布登记证”210个、“户外广告登记证”370个。年末，全市有广告经营单位118户，从业人员1272人。广告经营额在经济不景气和广告经营单位减少5户的情况下，仍达到3299万元。

2000年，为纪念《广告法》实施5周年，市工商局组织“树立新风尚，迈向新世纪”为主题的公益广告竞赛活动，结合实施“畅通工程”，加强户外广告的整治，亮丽株洲环境。全年核发户外广告发布登记证685个，印刷品广告发布登记证165个，临时性广告经营证186个，店堂牌匾广告发布登记证1467个。全市共有广告经营单位147家。

第七节 经济监督检查

1949年，株洲工商行政管理部门着手治理金融和粮食市场，监督市场支付一律使用人民币，金银不准计价流通。针对财经未统一，物价波动现状，采取抽紧银根，加强现金管理，发行公债，吸收游资，大量抛售物资，配合征收工商税，组织经济小组查禁银元，重点打击奸商，消除市场破坏因素。

1953年春，私营粮商设点收购、拦路抢购，派人到醴陵城关、姚家坝、渌口、湘潭三门及浏阳普迹等地抬价收购。上海私营新平粮号在姚家坝以超出销售价，用期款期货方式委托当地私商套购大米17.38万千克。鸿坚、裕和等粮号，假借供肥哄骗银行贷款，向国营公司批购油米转售外商。致使粮价暴涨，私营粮商销售大大超过国营粮食公司。一季度私商成交大米占市场总成交量83.90%，国营公司仅占6.19%。工商部门全力以赴，加强粮食市场管理，打击粮食投机，恢复粮食市场，增加粮源；并从水陆交通上控制私商运粮出市，促使粮价平稳。

1954—1956年，国家对粮食、油料等重要物资实行统购统销，严禁私商抬高价格、套购抢购物资，囤积居奇，黑市经营，促进私营工商业社会主义改造。

1963年3月，成立以市长吴占魁、副市长曲钦甲任正副组长的整顿市场、打击投机倒把领导小组，从工商、税务、公安、商业等部门抽调干部31人组成办公室。城乡各区、镇相应成立机构，抽调专干134人。以中心区为重点，以建宁分社堤升街管区为试点，开展打击投机倒把群众运动。经群众检举揭发，查出犯有投机倒把行为的2440户，占个体工商户84.20%。落实定案处理306户，占总数12.50%。其中，长途贩运转手批发166户，开设地下厂店、行栈、放高利贷、雇工剥削13户；黑市经纪、买空卖空、居间牟利、坐地分赃45户；组织投机集团、内外勾结、走私行贿、倒卖国家资财10户；囤积居奇、哄抬物价14户；投机倒卖牲畜1户；投机倒卖国家统购、派购物资和计划分配的工业品39户；倒卖票证、贩卖金银11户；其他7户。到年底，查处投机违章案件3582件，金额10.04万元。其中，没收850件，金额3.2万元；罚款物资794件，金额10.04万元；收购物资1938件、金额49997元。处理物资有大米5335千克、食油1446.5千克、棉花2062.5千克、棉布3270.33米、布票304米、粮票1051千克、茶叶5558.5千克、药材1742.5千克、花生3077千克、桐油 2947.5 千克、烟叶 1452 千克、银元 40 块。

1964 年，查处集体单位内部资本主义和投机倒把行为，共查处投机违法案件 3345 件，其中作罚没处理 1538 件，金额 67417 元。按性质分：长途贩运 866 件，集团性案 37 件，伪造证明 203 件，私包转包工程 25 件，倒卖原材料 72 件，倒卖金银、票证 168 件，由政法机关拘留 21 人。

1972 年，恢复工商行政管理机构，经济监督检查再度开展。是年查获案件 2202 起，定案处理 1807 起。其中投机倒把集团 33 个，地下运输队 10 个，地下厂店 4 个，牟取暴利万元以上的 2 起，千元以上的 11 起，共没收罚款金额 58551 元。收缴钢铁 21.44 吨、煤炭 122 吨、稀有金属 5318 吨、化肥 361.50 吨、农药 6362 千克、粮食 9221 千克、茶油 2329 千克、药材 901 千克、木材 94.44 立方米、手表 12 块、自行车 6 部、胶轮车 39 部、各种机械设备 18 台，依法判刑 6 人。

1977 年，查处内外勾结集团作案，打击集团首犯和新生资产阶级分子。市区查处各类投机倒把案件 2018 起，罚没金额 20.83 万元，作案人员 406 人。其中，劳改、劳教过的人员 5 人，被开除清洗人员 3 人，国家干部职工 60 人，集体单位干部职工 63 人，农村社员 248 人，其他 27 人。倒卖钢材 57 吨、拖拉机 1 台、木材 209 立方米、农药 1520 千克、粮食 10543.5 千克、油脂 2200 千克、油料 517.5 千克、猪肉 4535.5 千克、生猪 335 头、食糖 522 千克，还有蛋品、茶叶、烟叶、自行车、缝纫机、粮票、布票等。

1978 年，工商行政管理部门配合“一批两打”运动，城乡结合，上下配合，组织联防，打击投机倒把斗争。全年查处投机违法案件 1115 起，其中千元至万元以上的大要案 18 起，罚没金额 50007 元。是年，对前段受“左”的干扰处理不当的 25 起错案进行复查纠正，退还罚没款 17600 元。

1980 年，对外交往扩大，旅游事业发展，华侨、港澳同胞回国探亲携带物品管理放宽，走私、倒卖进口物资案件增多。6 月，北区工商所查获中国香港九龙区王明倒卖黄金案，没收人民币 10300 元，港币 1000 元。同年，市区查处走私、倒卖进口物品等违章违法案件 2209 起，比上年增加 1.31 倍，罚没收入 66.62 万元。其中，没收走私进口手表 8085 块，比上年增加 9.73 倍，列全省第一。当年处理案件与往年比，具有不同特点：集团性案件多，大案多，在职人员参与走私贩私案多，内外勾结盗窃倒卖的多，利用出差、采购、探亲访友为名贩运倒卖的多。

1981 年，查处案件 2966 起，罚没金额 63.28 万元。其中，国营集体企事业单位的案件 86 起，比上年增加 50 起；万元以上大案 7 起，比上年增加 2.5 倍，罚没金额 10 万元；倒卖工农业生产资料案件 13 起，比上年增加 85.70%；倒卖金银案件 30 起，没收银元 15549 块、黄金 6.3 两、白银 1470.40 两。

1985 年，境内各地出现就地倒卖牟取暴利违法活动。市、县组成专职办案班子，查处经济领域严重犯罪活动。查处投机违章案 1818 起，罚没金额 475 万元，挽回经济损失 800 多万元。1986 —1987 年，结合清理整顿公司，查处投机违法案件。2 年查处各类案件 2553 起，罚没金额 107.60 万元。

1988 年，强化经济监督检查，市区成立经检大队，城郊 4 区及县市工商局设经检股。经检工作形成独立的专业化队伍。查处各类违章案件 1467 起，比 1987 年增加 257 起。其中投机倒把案件 571 起，违法违章案件 896 起；万元以上案件 51 起；移交司法部门处理 1 起；为受害者追回损失 33.4 万元，罚没入库金额217万元。查处的大要案中，倒卖重要生产资料132起，倒卖钢材930.85吨、铅锭276.46吨、铜384.45吨、煤炭148吨、木材148立方米、化肥404吨。查处假冒名酒2.30万瓶，价值60余万元。还查获各种冒牌伪劣低压电器1.10万件，除全部没收外，并罚款1.70万元。经检大队成立9个月，共查处各类违法违章案件62起，罚没金额31万元。

1989—1990年，全市工商部门查处各类违章违法经济案件2573起，其中大要案件619起，移送司法机关案件16起，罚没金额510.40万元，为企业挽回经济损失242.35万元。

1991年，全市工商行政部门查处投机倒把案件782起，认定追缴额354.5万元，实际入库数192.2万元。市工商局经济检查分局全年办案128起，其中万元以上大案21起，查处倒卖钢材2500吨、有色金属1500吨、化工原料3500吨，为企业挽回经济损失176万元，查处倒卖国库券1.5万元。春节前后，工商管理部门开展打击假冒伪劣商品活动，对市区1030个经销单位进行检查，没收假冒伪劣商品43000余件，折合金额45万多元。攸县、株洲县举办了规模较大的打击假冒伪劣商品巡回展览。

1992年，市工商管理部门重点打击走私贩私、制售假冒伪劣商品、制售非法出版物，全年共办结案件1585起，其中大要案件58起，罚没收入167万元。查处假冒伪劣商品有：酒12.13万瓶，烟1.2万条，自行车1444辆，家用电器3446台，化肥556吨，农药1.683万千克，食品1.882万千克，汽油、柴油36吨，假冒商标标识125万套；查处走私商品有：汽车46辆、录放机262台、空调器材127台，总价值899万元。全市共捣毁制假黑窝60个，没收制假工具129套。为群众举报方便，全市设置举报电话21部，举报箱30个，群众举报的案件，占案件总数的63%。

1993年共办理经济检查案件897起，查处违法金额4096余万元，罚金额256.76万元。其中，打假案件595起，查处假冒劣质商品价值1760万元，处罚金额190万元。主要假冒伪劣商品有：钢材1763吨、鱼粉459吨、化肥2300吨、电扇2300台、电视机85台、散装白酒5.6吨、瓶装酒37000瓶、低压电器140箱共1万余件、农药11吨。查获疯人果9110千克，把危害人体健康的疯人果赶出了株洲市场。

1994年，《反不正当竞争法》颁布实施，市工商局重点解决有奖销售行为和部门垄断两大问题，对醴陵市邮电局安装家用电话时强迫用户购买其自营电话机的不正当竞争行为进行立案查处。全年共查处各类经济违法违章案件1125起(其中大要案件45起)，查处各类商品价值6997.4万元，其中打假价值2063万元，为消费者挽回经济损失1900万元。查处的假劣商品主要有：钢材948.4吨，饲料2458.3吨，化肥421.5吨，农药153吨，电缆电线7110米，自行车529辆，低压电器产品3702件，中成药1945千克，酱油2657千克，燃汽灶具88台，食用油62947千克，烟36560条，酒99.63万瓶，糖果(饼干)1136千克，食盐47700千克，肉食11098千克，种子176.1吨，化装品344盒，电视机112台，录放像机83台，空调2台，手表23只，黄金4000克，银元1234块。查处各类走私案件218起，查获走私汽车115台、摩托车253台，查处走私贩私物品折合人民币2876万元。12月，市工商局组织市区分局举行公开销毁假冒伪劣商品现场会，共销毁假劣商品2580件，价值62.2万元。郊区工商分局、株洲县工商局等单位与卫生部门联合举办销毁假冒伪劣药材、食品、饮料、旧服装、不合格量具等现场会，收到良好的社会效果。

1995年共查处制售假冒商品案件497起，其中大要案件28起，打假案值2740万元；查处走私贩私案件21起，价值800余万元。11月，对全市35个音像制品经销点进行全面清理整顿，收缴盗版录像带4428盒、影碟186张、CD3470张、录音磁带2000余盒。

1996—1997年，共查处各类经济违法违纪案件3199起，案值14724.8万元。1998年1月，市工商局贯彻中央指示精神，严厉打击制售假酒行动，对酒类生产企业进行全面清理整顿，全年共查获假酒7.1万余瓶、饮料17000瓶，捣毁制假窝点41个。春耕期间，在全市开展“发现假农资，立即找工商”的“打假保农工程”，各县市工商局对农资市场进行整治，共查处违法违章经营户867户，查处违章经营的化肥698吨。是年，根据国务院、省政府关于粮食流通体制改革的政策法规精神，市、县市区工商局都成立粮食市场管理领导小组和粮食市场管理办公室，选派专职工作人员与粮食行政管理部门组建粮食巡查队47支，共246人，实行严格的责任制，层层把任务和责任分解落实到人。通过深入基层，及时发现和解决粮食市场管理中存在的问题，清理整顿粮食批发市场和粮食批发企业，审查办理粮食企业准入证和经营许可证930个。对20余户办不到“两证”的企业，取消其经营粮食资格。各县市区工商局和工商所分片包干，对辖区内的个体粮食加工户和经营户逐户核实造册，与之签订不擅自收购粮食的保证书，全市签订保证书1246份。对个体粮食加工户的进货、加工、销售、库存进行全方位的监控，控制私商贩到农民手中收购粮食。全年立案查处无证经营粮食、擅自收购粮食等违法违章行为298起，收缴粮食471.5吨，罚款48.2万元。

1999年，贯彻落实国务院深化粮食流通体制改革决定，重点加强粮食市场监管，在夏粮收购高峰期间，基层工商所投入80%的人力，共查处非法收购粮食案485起，没收粮食808万千克，罚款101.43万元。全系统全年共查处各类违章违法案件2400多起，其中大要案122起，违法金额12183.4万元，罚没入库580.43万元。查处假冒伪劣商品案件507起，案值4527万元，端掉制假窝点45个。查处不正当交易案件16起，案值301万元。市公平交易分局（原经济检查分局）对市电信企业强行代收电话机维修费用及液化气经销商销售液化气短斤少两行为予以查处。

2000年，共办理各类违法违章案件1745起，其中大要案134起，案值8856.2万元，查获各类物资59种，罚没入库693万元，为受害人挽回经济损失260万元。查处传销案10起，驱散参与人员500多人。收缴淫秽、盗版光盘3万多张，宝贝系列图书42本，关闭无证娱乐场所33家。检查药品经销单位298家、医院45家，查处药品回扣、商业贿赂及无证经营等案件104起。

第八节　消费者权益保护

1993年11月，株洲市消费者委员会成立，归口市工商行政管理局管理。其职责是根据国家法律法规维护消费者的合法权益，代表消费者依法对商品生产、销售和营业性服务进行社会监督，指导合理消费，促进社会主义市场经济健康发展。至1997年年底，境内各县市区和企业共建立消费者委员会11个，在基层工商所、企业、乡镇、街道设咨询投诉站116个。

一　受理投诉

1993年11月，株洲市消费者委员会（简称“市消委”）在筹备期间，受理消费者投诉160件，解决145件，为消费者挽回经济损失17.11万元。

1994年，共受理投诉1502起，解决1457起，解决率为97%，为消费者挽回经济损失71.94万元；提交政府行政部门处理13件，支持消费者向法院起诉2件。市职工大学一位教师投诉“宝石”戒指案，经查证系经销人员以人造玻璃戒指换走宝石戒指。市消委会根据《消费者权益保护法》有关规定，责成经销商除退给消费者910元货款外，再赔偿消费者910元。

1995年，市工商局发布公告向消费者承诺，凡在城区13个重点农贸市场购买了注水肉，工商行政管理机关负责为其索赔。在城区集贸市场设置举报箱和举报电话，受理消费者投诉和举报226起。全年共受理投诉2903起，解决2806起，挽回经济损失269.74万元。

1997年，市消委会参与和组织对社会商品及服务质量进行监督检查，开展“讲诚信、反欺诈”问卷调查活动，处理37件欺诈消费者案件，消费者获得加倍赔偿金额16741元。全市新设立消费者投诉站15个，共受理消费者投诉4494件，解决4435件，使消费者免受经济损失234.4万元。

1998年，全市各级消委会共受理消费者投诉5548件，解决5484件，解决率为98.84%，为消费者挽回损失577.58万元。支持消费者起诉60起，接待消费者来访或咨询13316人次。4月份起，市消费者委员会承担工商系统110社会服务联动工作，配备处警专用车和通讯设备，坚持全天候值班，对消费者投诉件件有答复，事事有回音。至年底，共接受“110”报警服务总台转呼的消费者求助电话85人次，全部快速、及时、圆满解决。

1999年，全市受理消费者投诉4126件，解决4029件，为消费者挽回损失200多万元；其中属欺诈行为加倍赔偿的48件，赔偿金额7170元；支持消费者起诉34件；接待来访咨询10455次。接受110社会联动报警151次，全部及时处理，受到市政府有关部门的表彰，被评为“株洲市‘110’社会服务联动先进单位”。

2000年，境内各级消委会共受理消费者投诉5310件，解决5112件，为消费者挽回经济损失249.2万元。

二　引导消费

1994年，市消委会在全市开展“消费者信得过单位”评选活动，评选出广铁新华商业大楼、株洲百货大楼、庆云商厦、前进百货大楼等4家商业企业为株洲市第一批消费者信得过单位；推荐金蕾啤酒等4种产品为名优商品，其中松鹤牌系列自行车、南方牌摩托车被省消委会推荐为全省名优商品。

1996年，新授予“消费者信得过单位”27家，并对1995年授予的48家“消费者信得过单位”进行年检。

1997年，全市共评选出遵纪守法好、商品(服务)质量好、物价计量好、环境卫生好、经济效益好的3家企业推荐为省级消费者信得过单位，评选出市级消费者信得过单位13家；有3家企业的3种产品被省消委会推荐为名优产品，另有2种产品被市消委会推荐为名优产品。

1998年，市消委会把纪念“3·15”消费者权益保护日活动的地点放在攸县县城，出动宣传车68台次，升放彩球88个，悬挂横幅108条，张贴宣传标语1000余张，发放宣传资料10余万份，现场接受咨询和投诉近万人次。并在《株洲日报》开辟“市场与消费”专栏，攸县、茶陵消委会与当地电视台联合开办“消费广场”专栏节目，宣传消费者权益保护法，披露坑农害农事件10多起，以提高消费者自我保护意识。是年，市消委会授予株洲市高新制冷服务有限公司和炎陵县德发液化气站为“消费者信得过单位”称号；确定“圣得西”服装为市级推荐产品。

1999年，市消委会经考核决定，继续保留株洲市中医院等10家单位“消费者信得过单位”荣誉称号，认定株洲市柳村家具厂等5家单位的产品为市级推荐产品。2000年，市消委会在全市开展“明明白白消费”主题活动。

第九节　行政执法监督

一　执法教育

从1991年起，市工商局注重执法队伍的业务素质教育，促进执法人员依法办事，保证办案质量，做到先办“示范”案件，从示范中学习，从学习中提高。

1993年，《工商行政管理所条例》颁布，市工商局举办工商所长培训班2期，参加培训的所长78名。各县市区工商局选送600多名工商干部参加国家、省、市工商系统组织的研讨班、学习班、培训班，系统学习法律和行政法规。

1994年上半年组织执法人员举办学习《反不正当竞争法》和《消费者权益保护法》学习班8期，有500多人到各分局举办的法学基础理论学习班参加学习；下半年在《公司法》实施前夕举办2期学习班，帮助执法人员准确理解立法意图，尽快熟悉和掌握法律的各项具体规定，提高执法水平。

1995年，组织全局干部职工与全市工商所所长、股长学习《国家赔偿法》和《湖南省城乡集贸市场管理条例》等新的法律法规；还组织系统的法制专干到省内常德市工商局、石门县工商局参观学习办案的各类文书、资料，并到基层工商所学习市场及处罚程序。

1996年10月，《行政处罚法》正式施行。市局采用以会代培方式对全系统法制专干进行短期培训，让其回单位结合本局实际对干部职工进行辅导，分8期对市区的600多名工商干部进行集中培训，逐章逐条进行讲解。

1997年，全市工商系统举办各类培训班，深入学习《行政处罚法》《商标法》《广告法》《反不正当竞争法》《消费者权益保护法》《湖南省合同管理条例》等，组织法律知识考试59场次。同年，市工商局选送17人参加中央党校、省委党校和国家工商总局举办的专业法律法规学习班，学成归来，采取多种形式对本单位干部职工进行法制宣传教育。同时，针对法律文书中存在的问题，组织法制工作人员举办如何审核行政处罚决定书的学习培训，提高审核把关能力。

1998年，重新认定执法主体资格，完善执法证件发放、申领、考核、管理制度，举办持证培训班，对全市工商行政管理系统持有《公平交易检查证》的948人和持有《行政执法证》的293人进行培训考核。

1999年，全系统共举办以《行政复议法》和《合同法》为主要内容的各类培训班50多期（次），参加学习的人员达2600多人次。

2000年，市工商局按国家工商总局制作的60种标准格式的行政处罚文书，统一印刷，统一管理，统一编制文号和统一表达方式，要求执法人员不得继续使用旧式文书，更不得滥用法律文书；并对各基层单位的办案人员进行新文书培训。市局组织全体机关人员对新《产品质量法》《行政诉讼法》进行辅导并进行考试。

二　执法检查

1991年，根据湖南省工商行政管理局《关于执法检查的通知》精神，市工商局对市辖县(市)、区工商所行政执法情况进行检查。11月，省工商局检查组对株洲执法情况进行抽查，肯定株洲在人员配备、专业知识培训、案件审批各项制度较健全，法律文书制作、文书档案整理较为规范；同时也纠正执法存在随意性，如未经局领导批准就擅自冻款等问题。

1992年，市工商局设立行政执法监督电话、举报箱，各工商所先后纠正不合法的行政行为128起。酃县工商局聘请由政法、行政、企业及个体工商户组成的执法监督队伍实行常年监督、举报有奖，并且在《株洲日报》公布监督办法，收到实效。

1993年，由市工商局法制、经检、市场、个体等科室抽人组成执法检查组，集中时间，对各县(市)区工商局(分局)及部分工商所执法情况进行检查，采取现场办公方式，每到一处，听汇报、看案卷，肯定依法行政，指出问题，提出解决方法。

1994年10月，对全局系统11个单位贯彻落实以《反不正当竞争法》和《消费者权益保护法》为重点的行政执法情况进行检查，肯定各单位行政执法水平不断提高，同时对少数案件定性和适用法律不准，办案程序不适当、法律文书不规范等问题进行纠正。

1997年，市局对所属17个单位和部门进行行政执法检查，听取汇报14场，检查案卷123份，查阅大量原始资料和记录，召开8场36人参加的被管理或被处罚对象座谈会。针对执法主体不合格的问题，市局下文规定内设机构不得以自己名义实施行政处罚，不得让市场请的市管员采取撕“小票”的办法实施行政处罚，使该两项相沿成习的不规范行政行为得以纠正。同年，市局组织案卷评析，开展执法讲评，法制科和公平交易分局分别组织案卷交叉评析，参加评析的基层法制专干和经检办案人员抱着对案不对人的态度，既讲成绩，又讲问题，面对面挑毛病、找问题，各抒己见，评议问题的性质，分析问题存在的原因。并邀请市人大和市政府有关部门负责人列席会议进行监督，社会各界对此反响热烈。

1998 年，市局全面建立和推行行政执法责任制，制定《株洲市工商行政管理机关行政执法过错责任追究暂行办法》和《行政执法责任书》，各县市局、区分局单位一把手分别与所属科（所）负责人签订责任状；成立“行政执法考评小组”，推动行政执法责任制，层层落实。

2000 年，行政执法监督检查纳入制度化、规范化、法律化轨道，各县市区分局规定每年进行 2 次执法监督检查，还对办案机构进行不定期抽查。

三 核审和听证

（一）核 审

1994 年，市工商局贯彻国家工商总局 18 号令，关于“工商行政管理局法制机构对本局办案机关查处的行政处罚案件实行横向书面审核”，健全内部制约机制，提高办案质量，开始实施案件内部核审制度。市局当年经检办案 300 余件，由办案机构提交法制机构审核的有 30 余件，占 10%。攸县、茶陵县工商局先于市局施行，办案过程中，实行经办人初审、部门负责人复审、局领导再审的“三堂共审”制度。

1995 年，市工商局制定《关于市场执法几个问题的暂行规定》，对市场违法违章案件管辖、查处程序和工商所在执法中的具体权限与程序进行详细规定。该《暂行规定》实行后，行政案件横向审核制度逐步完善。

1996 年，市工商局法制科对其他业务科室办理的 32 起案件从管辖权、处罚依据、证据、处罚幅度、法律文书逐一进行严格审核把关。全年全市全系统共审核案件 850 件、审核率为 96%。

1998 年，实施国家工商总局 58 号令规定，案件必须进入核审程序。全市工商系统首次实现核审率 100%，全年共办理 500 多件一般程序案件，件件通过核审，其中市局法制科共审核案件 158 件。案件核审中，提出各类建议近 300 条，建议修改或补充调查的 44 件，完全同意办案机构处罚意见的 62 件，办案质量大大提高。

1999 年共核审通过一般程序处罚案件 795 件，其中一次性通过 587 件，补正后通过 108 件，另有 79 件未获通过退回办案机构；核审中提出办案建议 200 多条。办理简易程序案件备案 765 件。

2000 年全市系统立案查处一般程序案件 2076 件，继续保持审核率为 100%；其中市局法制科核审案件 190 件。审核中，严把审核案件的事实关、证据关、定性关、程序关、处罚关、适用法律关和文书关，有的案件多次退回办案机构，要求补正或修正；通过核审的案件，当事人仍有起诉的，无一起败诉。

（二）听 证

1996 年，《中华人民共和国行政处罚法》正式实施，当年 12 月，芦淞区工商分局应一起有奖储蓄不正当竞争案当事人申请举行全省首例听证，1997 年 3 月，茶陵县工商局举行一起串通投标案听证，为全市工商部门第二例听证。市县两级工商法制部门在无先例、无经验、无资料的情况下，勇于实践，大胆探索，使该 2 例听证案件划上圆满句号。此前，市工商局还筹备一起吊销其外资企业《营业执照》的听证会，因当事人放弃权利未正式举行。

1997 年，市工商局为株洲豪仁顿实业有限公司被吊销营业执照一案举行听证，有效维护了当事人的合法权益。

1998 年，市工商局收到听证申请 3 件，前 2 次均因申请人不到场而视为放弃听证权利告终。后一次海联汽车出租车有限公司对市工商局认定其超经营范围一案申请听证，经听证发现违法情节轻微，建议不予处罚，被领导采纳。

1999 年，共收到听证申请 5 件（市局 3 件，天元区分局 1 件，芦淞区分局 1 件），成功举行 5 件。经听证，同意调查人员意见的 4 件，同意当事人意见建议撤销立案的 1 件。

2000 年，共收到听证申请 4 件，听证后，建议维持的 2 件，继续调查补证的 1 件，不予处罚的 1 件。听证时坚持公正、公平、公开的原则，作出的听证结论令人心服口服。

四　行政复议和行政应诉

1991 年 1 月 1 日，《中华人民共和国行政复议条例》正式实施。市工商行政管理局成立行政复议委员会，全年共收到复议申请 28 件，其中 1 件因逾期未予受理。经复议，撤销 2 件，维持 7 件，当事人撤回申请 17 件，发回处罚机关重审 1 件；当事人不服复议决定向人民法院提起行政诉讼的 4 件。

1992 — 1994 年，共受理复议申请 19 件，经复议，结案 15 件。其中维持原处罚决定的 4 件，撤销 4 件，当事人撤回申请 6 件，发回重新审理 1 件。经法院调解当事人双方达成和解撤销 1 件。

1995 年，共收到复议申请 15 件，受理 14 件。经复议，认为原处罚决定事实清楚、证据充分、处罚恰当而予以维持的 3 件，认定原处罚机关处罚中程序不当，复议予以撤销的 1 件，复议申请人有违法事实，但处罚机关具体处罚办法不当，经复议发回重审的 2 件，主动撤回复议申请的 5 件，年内结案 11 件。是年，市工商局协调下属机构为被告的诉讼案 3 件，行政机关撤销原处罚决定，当事人撤回行政诉讼。

1996 年，共受理行政复议申请 12 件，经复议维持原处罚决定的 4 件，当事人主动撤回复议申请的 8 件，协助办案机构进行行政应诉 1 件。市工商局公平交易分局处罚株洲市工业材料贸易总公司经销假鱼粉案，经复议认为处罚合理而给予维持，该公司仍不服起诉至市中级法院，法院认定该公司违法事实清楚，公平交易分局处罚恰当，判决该公司败诉。

1997 — 1998 年，共收到行政复议案件 34 件，受理 29 件 . 经复议维持 6 件，撤销 8 件，当事人撤回申请 14 件，未结案 1 件。

1999 年，受理行政复议申请 13 件，当年办结 12 件，其中维持 5 件，撤销 3 件，当事人撤回申请4件，经复议后的案件无一败诉。全年共发生行政诉讼案23件，行政上诉案件2件，审结17件，其中胜诉3件，败诉6件，当事人撤回起诉12件，当年未结案的2件；2件行政上诉案件，当年结案1件。

2000年，全市共受理行政复议案件12件，当年结案10件，其中维持1件，撤销2件，当事人撤回复议申请7件。

株洲市工商行政管理局历任负责人名录

表5–12

局　　长	任职时间	副 局 长	任职时间
杨冀民	1963.1 — 1964.9	谢龙清	1963.9 — 1968.11
刘风云	1975.6 — 1976.12	张培基	1965.8 — 1968.11
郭殿臣	1978.3 — 1980.8（兼）	洪自平	1975.5 — 1976.5
蔺常喜	1980.8 — 1983.8	乔文明	1975.12 — 1983.8
王树秋	1983.8 — 1986.4	钟　明	1977.8 — 1983.8
陈海林	1986.4 — 1998.4	韩　增	1979.12 — 1986.4
郭子光	1998.4 — 2000.2	刘仕贵	1982.3 — 1983.8
黄玉成	2000.2 — 2012.12	徐特富	1983.8 — 1998.4
–	–	言应麟	1983.8 — 2000.12
–	–	李增寿	1986.4 — 1988.4
–	–	王金江	1988.12 — 1993.5
–	–	孟祥明	1986.4 — 2000.12
–	–	吴湘君	1992.8 — 2000.12
–	–	吉振君	1998.4 — 2000.12
–	–	李国昌	1998.4 — 2000.12

第五章　物资管理

明、清以及民国时期，境内生产者沿袭流传下来的自然经济习惯，生产的产品自储、自用，多余部分自销，所需原材料、工具、设备均自制、自购、自用。

中华人民和国成立后，随着生产建设的恢复和发展，以及社会主义公有制和国民经济计划体制的建立，物资管理和物资供应应运而生。而且在其后一直按照“统筹兼顾，保证重点”的基本原则进行物资分配和供应。1950 — 1952 年，物资分配原则是“先军工后民用，先中央后地方，先重点后一般”。第一个“五年”计划时期，在坚持上述原则的同时，还建立了全国统一物资分配制度，统筹统支，平衡分配。凡属统配部管物资的资源和需要均纳入计划，实行“三统一”，即统一安排基建，所有基建项目均纳入国家计划；统一安排生产，保证主要产品生产任务的完成；统一安排原材料和生产生活资料，主要物资分配，服从和保证国家调拨与收购计划的完成，一般为重点让路。

1951 年 7 月，市财政经济委员会成立，负责全市计划物资的分配和供应。1954 年 11 月由新成立的市计划委员会（简称“市计委”）接管。1955 年 5 月，市政府成立商业科（1956 年改为商业局），负责管理全市“非申请单位”和市场所需生产资料的申请分配与供应以及市属企业生产的部分国家计划分配产品的收购工作。1956 年后，相继成立的市冶金局、机械局等工业交通主管部门分别设立供销经理部等物资供销机构，负责管理所属行业所需的物资申请分配调拨供应和产品销售。1958 年和 1959 年，市计委对物资分配原则分别是“先重点后一般，先中央后地方，先外调后留用”；“先生产后基建，先维修后制造，先市场后其他”。为适应全市生产建设迅速发展的新形势，进一步加强物资管理和供应工作，1958 年 6 月，成立了集物资管理和经营职能于一体的株洲市物资供应局。1960 年 7 月，改为株洲市物资管理局，由供应、经营单位过渡到物资流通管理单位，并分别接管理各工业主管局的供销机构，分别设立相应的公司。1961 年后，市商业局只负责市场需要的少量工业生产工艺资料、建筑材料和石油产品的供应以及管理少量部管物资的申请分配工作。绝大部分计划物资供应由物资部门承担。1961 年，市计委根据国民经济调整，物资工作实行“统一计划，综合平衡，条块结合，分级管理”的要求，将“三先三后”原则具体化为“五先五后”，即“先生产后基建，先采掘后加工，先维修后制造，先配件后主机，先质量后品种数量”。1962 年调为“先重点后一般，先生产后基建，先计内后计外”。1965 年改为“先中央和省任务后地方任务，先计内任务后计外任务，先生产维修后其他”。

“文化大革命”中，物资管理处于混乱状态，但物资分配仍坚持上述基本原则。1972 年，市计委根据“先重点后一般，先生产后基建，先维修后制造，先配件后主机”的原则进行物资分配。1973 年和 1974 年，分别改为“先中央后地方，先重点后一般，先简单再生产后扩大再生产”；“先重点后一般，先生产后基建，先维修后制造”。1976年又改为“先生产后基建，先维修后制造，先配件后主机，先国家后部门”。1978年后重点是满足农业、轻纺、能源、交通、建筑材料等行业需要，实行优先安排，专材专用。同时，市物资局开始承担统筹和管理全市生产资料流通，发展生产资料市场，组织和指导市场物资供应等任务。

1978年12月，中共十一届三中全会提出计划调节与市场调节相结合的原则。通过调整国民经济，压缩基建规模，物资供求开始松动。随着经济体制改革深入发展，物资流通管理体制改革亦有较大突破。承包配套供应、核实供应、定点定量供应、“四代一调”（代购、代销、代加工、代托运，调剂交流）、函电购销、拆零供应、送货上门、现场服务等供应方法和服务方式进一步发展。一个国家调控市场、市场引导企业，一物多价、专业性与非专业性、有形与无形相结合的比较完善的生产资料市场和多种经济成分、多渠道、少环节、开放式的物资流通体制逐步形成。80年代，全市建立了以城市（镇）为依托，商品辐射面广，调节供应灵活的物资贸易中心4个，批发型、零售型、批零兼营型的城乡物资供应网点92个，沟通了城乡物资流通，改变了流通格局。随着企业自主权扩大，企业自销产品逐年增多，工业主管部门的供销经理部相继改为供销公司，非工业主管部门也陆续开设物资供销公司，各种不同性质的生产资料经营单位日益增多。据市区(城、郊4区)1990年统计，经营生产资料的682家，其中全民企业278家，集体企业208家，个体私营企业196家；经营金属材料的25家，机电产品的330家，轻化工材料的98家，建筑材料的186家，其他43家。市物资部门除担负计划物资和市场物资供应任务外，还统筹管理全市生产资料流通，调控物资市场。1990年，全市物资部门及其他供销机构购销物资总值9.86亿元，其中市区物资部门销售物资3.11亿元。1991年，市物资局组建了全市第一个综合性的、有形与无形市场相结合的国营生产资料市场，把物资企业、各供销公司、生产企业引进市场内，以展销产品、洽谈交易。这一做法，得到省市领导及国家物资部的充分肯定。同时，物资流通采取计划分配和市场供应两种形式，计划价与市场价两种价格。1987年，市计委计划管理物资为22种，实行计划价格，其他物资实行市场价格，可以上下浮动。1988年，物资划分为国家指令性计划分配物资、国家合同订购物资、国家组织产需衔接和自由购销物资，市场物资供应量进一步增加。但在日益活跃的流通领域中，价格波动和流通渠道出现混乱。1990年5月，国家开始整顿流通秩序，省工商行政管理局和省物资厅规定对钢材等41种重要生产资料实行归口专营。不久，出现市场疲软，流通不畅，商品积压等现象。为此，市政府成立供销委员会，制订促销政策，调动供销人员积极性，开展物资展销，扩大产品销售，指令性计划进一步缩小，市计委管理的计划分配物资仅16种。

1991年6月28—29日，株洲市政府举办了湘赣边区商品展销会。展销会期间，株洲市各物资经营企业打破部门界限、发挥物资行业的综合优势，同参加展销会的各生产企业和物资企业的代表进行了业务洽谈、购销串换、调剂余缺、交流信息等活动。展销会上生产资料馆的物资交易成绩显著。两天参展人数达1869人次，签订购销合同396份，成交物资3.5万吨，成交金额1.24亿元，为市政府下达任务的五倍多。由市物资局邀请参加会议的江西萍乡、宜春地区的70多个单位，带来7000多吨物资资源，签订购销合同54份，实现成交总量2544吨，成交金额765万元。

20世纪90年代，社会主义市场经济发展迅速，物资流通逐步市场化（仅有少数特种物资继续实行计划分配）。1991年，湖南省物资厅在株洲市进行物资流通体制改革试点。

1994年，株洲市人民政府发布《株洲市关于直属经济主管局（办）转为经济实体若干问题的规定》和1994年9月16日“中共株洲市委、株洲市人民政府关于印发《株洲市党政机构改革方案的实施意见》的通知”两个文件发出后，市物资局即成建制地转为株洲市物资总公司，成为经济实体。原隶属于市物资局的金属材料、机电设备、化轻材料、建筑材料、金属回收、生产资料、物资贸易、物资协作等业务公司，都成为独立核算、自主经营、自负盈亏、自我约束、利益共享、风险共担的股份制有限责任公司，成为生产企业与客户之间的纽带和桥梁。1995年，全面取消了计划物资的经营和管理，先后有建材、协作公司和物资贸易中心组建了股份合作制的责任公司。大力开展多种经营，扩销售，夺市场，千方百计扭亏控亏。但成效仍不够理想。全年全局系统累计完成销售收入33155.4万元，比上年下降11.50%，累计亏损2495.7万元，比上年增亏25.1%。

1996年，市物资总公司通过围绕盘活存量资产，采取联合股份合作、租赁、承包经营等形式，实现了资产流动和重组，带动了企业的制度创新。发动职工入股组建了9个有限责任公司，入股职工占职工总数的70%以上，入股资金400万元，当年实现收入5424万元，保住了费用并略有节余。1997年市物资系统实行股份合作，承包经营等改革，总公司开展下岗分流，减员增效，强化管理。全年物资系统累计完成销售收入28382万元，比上年略有增长，其中市总公司完成19044万元，亏损基本得到控制。1998年全市物资系统继续深化改革，采取酬效挂钩、代理联销等措施，全年完成销售收入26051万元，其中市总公司完成20100万元，比上年增长10%，减亏447万元。其中市金属材料公司转体转制后收入比上年增加1661万元。1999年全市物资系统完成销售收入31286万元，其中市总公司完成22916万元，比上年增长10%，减亏545万元，市生产资料服务总公司成为市物资系统近几年来第一个扭亏增盈的市属企业。2000年，全市物资系统完成销售收入28926万元，其中市总公司完成22790万元。

第一节　物资管理体制

一　分配体制

从1950年起，国家对重要物资管理实行在大区间进行平衡调度。当年调度的物资有煤炭、钢材、木材、水泥、纯碱、机床、杂铜、麻袋8种。1951年扩大为33种，1952年为55种。在此期间，国家接管的株洲机车车辆工厂（株洲电力机车工厂前身）、331厂（南方航空动力机械公司前身），生产建设所需物资由中南区财政经济委员会直接管理调配。株洲市财政经济委员会负责市内地方国营和公私合营企业、私营及个体手工业原材料的统筹安排。

1953年，国民经济第一个五年建设计划开始实施，物资工作面临新的形势。此时国家将各类生产资料划分为国家统一分配物资（简称“统配”或“一类物资”）、中央各主管部门分配物资（简称“部管”或“二类物资”)、地方管理物资(又称“三类物资”),并制订了分级管理目录。1953年,统配、部管物资为277种,1957年增加到532种。在物资管理上,实行统筹统支;在物资分配上,根据多种经济成分并存的情况,采取直接计划和间接计划两种分配方式,将各种所有制生产企业的产、供、销纳入国家统一计划。对具备一定规模、生产相对稳定、有条件参与订货的国营企业(含地方国营企业)和一部分公私合营企业列为“申请单位”,实行直接计划,其余集体、公私合营、私营企业和手工业、农业单位列为“非申请单位”,实行间接计划。“一五”计划期间,国家安排在株洲市的9个重点建设项目和9个限额以上建设项目以及3家省属企业、4家市属企业被列为“申请单位”,其所需的统配、部管物资按企业隶属关系和行业归口分别向中央及省、市主管部门申请分配。省无主管部门的非行业归口单位和行政单位,由市计划委员会(1955年前为市财经委员会)负责申请分配。对不具备申请单位条件的3家公私合营企业、8家合作企业和22家个体手工业以及农业列为“非申请单位”(包括城乡居民需要的市场物资),其统配、部管物资由商业部门按商业渠道提报申请计划,实行计划订货、委托加工、收购包销等间接分配方式。随着社会主义改造任务逐步完成和经济建设的全面展开,“申请单位”的范围逐年扩大,“非申请单位”的范围逐步缩小,计划与市场相结合的分配体系逐步演变成单一的直接计划分配体系和计划调拨制度,逐步取消市场物资供应,国家计划分配物资也逐年增多。

1958年,中共中央决定进行旨在扩大地方权限的经济管理体制改革和物资体制改革,大批中央、省属企业下放地方管理,物资管理权限也随之下放到地方,全国统一分配物资减少到132种,地方管理物资大大增加。在资源管理上,从1959年一季度起,改为在全国统一计划下,以地区管理和地区平衡为主的物资调拨制度(简称“地区平衡”)。按照“地区平衡”的分配原则和湖南省有关物资计划管理的若干规定,中央各部在株洲市的单位(包括株洲机车厂、货车厂、331厂)和市属单位需要中央和省平衡分配的物资,由市计委负责编制计划,向省计委申请分配;在株洲市的省属单位需要的中央和省平衡分配的物资,由省各主管厅、局负责编制计划,向省计委申请分配;公私合营工业企业、商业企业、个体手工业社组及市属区以下机关、团体、学校等需要的物资,由市商业部门负责编报计划,由省商业局(厅)向省计委申请分配。以上单位所需地方管理的物资,由市计委负责平衡分配。由于物资分配权下放过多过急,物资供需矛盾加剧,加之调度不灵,1959年第二季度这个分配办法即停止执行。下放的物资分配权陆续上收,对主要物资实行“归口安排,统一下达,分户记帐,分头订货(厅局订货),地方调剂”(俗称“一竿子插到底”)的分配办法。即将部分按行业归口分配的物资由国家各有关部直接下达到省各厅局,由省厅局再分配到市各局,这类物资有25种,由14个部门归口安排。为此,株洲市人民委员会制订了《关于统配和省统一管理的物资设备分配、供应、管理分工的补充规定》。对于统配、部管物资,凡国家规定“一竿子插到底”的行业所需要的,由省各归口厅局直接按条条分配下达市各局,再由各局分配给所属企业;凡未按行业归口的,则根据省计委下达株洲市的分配指标,由市计委平衡分配(其中建筑材料、化工产品分别由市基建局、化工局提出分配意见,报市计委审查平衡后下达分配指标);市场供应部分,由市商业局向省商业厅申请分配。凡市属企业生产的统配、部管物资,由市各归口局归口编制平衡分配和调拨计划,报市计委审核。需要由省主管部门平衡分配的物资，中央和省在株洲市的机械、冶金、基建、铁路、电力、化工等行业的单位分别向省有关主管厅局申请分配，其他单位向市计委申请分配；市属单位由市归口局汇总向省主管厅统一申请，并会同市计委根据省分配指标进行分配。实行“一竿子插到底”的分配办法，增加了国家平衡分配物资的种类，1959年二季度，统配、部管物资增加到270种，使有限物资得到较合理的使用。但此法也存在缺陷，特别是削弱了地方综合平衡、统一管理和统一调剂的作用。故只实行了一个季度(一部分物资的分配以后仍沿用这一办法)，仍恢复按行业归口申请分配办法。

1960年3月，市计委制订《株洲市1960年度统一分配物资、设备申请、分配、订货、供应的规定》，规定了物资分配渠道：市属单位向市主管部门申报计划，由市主管部门汇总报市计委，市计委审核汇总编制全市物资申请计划，上报省有关委局；省分配指标下达后，市计委再进行综合平衡，制订分局分区分用途的分配计划下达。中央和省在株洲市的单位所需主要物资按行业归口直接向其主管部门申请分配。市计委还制订《1960年统一分配物资、设备目录》，共计物资、设备558种。其中，市计委主管平衡分配的464种。同年5月，中共中央批转国家经委《关于加强物资供应工作和建立物资管理机构的请示报告》，实行“集中统一管理生产资料的销售和供应”的方针和“统一领导下的分级管理”的物资管理体制。据此，市物资局先后接管了各工业局的物资供销机构，分别成立了冶金建材、机电农机、轻工化工、交流调剂等专业公司，各县也相应建立了物资管理经营机构，初步形成了全市统一的物资管理和供销网络。

1962年，株洲市执行集中统一，全面管理的物资工作方针，并根据“统一计划、综合平衡、条块结合、分级管理”的原则，对市属单位需要的物资实行三级管理，即统配物资由市计委根据省下达的分配指标平衡分配；通用的部管物资由市物资部门平衡分配，专用的部管物资由各工业主管部门平衡分配；地管物资(主要是重要三类物资)由市三类物资管理部门进行产需衔接。当年，全市在建的185个单位，大部分属非申请单位，其所需计划物资由各主管部门审查汇总，编制申请计划，报市计委审查平衡后，由市商业部门向省商业部门申请分配，并组织供应。是年统配、部管物资达498种。

1963年，取消归口安排，实行按隶属关系申请分配。但机电产品仍实行归口安排，非归口单位按隶属关系申请分配。物资资源管理改“差额调拨”为“统筹统支与地区平衡相结合”。中央、省属企业所需一、二类物资按隶属关系向其主管部门申请分配，市属企业所需一类物资向市计委申请分配，二、三类物资向市物资部门申请分配。此时，随着国家对一、二类物资管理目录与直接分配物资范围和申请单位扩大，绝大部分物资实行单一计划调拨，非申请单位和间接计划的商业渠道日益缩小直至被取消，计划与市场相结合的供应体系变成单一的直接计划渠道。是年，株洲市制订了三类物资分工经营目录，对三类物资实行计划管理。同年，统配、部管物资为516种，湖南省统一分配的物资为524种。1965年，统配、部管物资增加到592种，湖南省统一分配物资为610种。

1963—1966年，在对物资管理继续实行集中统一方针和按隶属关系申请分配办法的同时，再局部进行了调整：市场所需的物资由市商业局、物资局统一归口管理，分别向市计委和省有关厅局申请，由市计委根据省下达指标平衡分配；房屋维修所需的统配、部管物资实行归口申请安排；基本建设所需物资，株洲市自筹项目，由湖南省直接把指标分到市计委；国家投资、省拨款和行业自筹项目，则按行业由省有关厅局归口安排。

“文化大革命”初期，物资分配体制被打乱，物资工作处于以供代管的混乱状态。1970 年，中共中央对物资计划体制改革的重点是扩大地方物资管理权限，实行“在国家统一计划下，地区平衡、差额调拨、品种调剂、保证上缴”的办法（简称“地区包干”）。株洲市于 1973 年进行“地区包干”的试点。但实际上 1970 — 1976 年，株洲市统配、部管物资的管理仍采取“统筹统支”的办法，按企业、事业单位的隶属关系申请分配。

从 1977 年开始，国家对物资工作进行调整。在分配体制上，调整分配目录，实行中央和地方二级管理，调整地区平衡、差额调拨办法。1978 年，改统配物资的“地区平衡”为由国家计委统一平衡分配，国家物资总局统一管理调拨物资的办法。是年，统配、部管物资由 1972 年的 217 种增加到 689 种，1979 年统配、部管物资达到 791 种。

1978 年 12 月，中共中央十一届三中全会提出计划调节与市场调节相结合的原则。通过调整国民经济、压缩基本建设的规模，物资供求出现了松动，对一部分供过于求的计划分配物资不再下达分配指标，而实行有组织的敞开订货。从 1980 年起，放开机电产品、有色金属、钢材、化工、建材等物资的管理，国家分配管理的 100 种一、二类机电产品，除汽车、发电机组、锅炉等 7 种外，全部敞开订货；有色金属除铜、铝、铅、锌等 7 种实行计划分配外，其余按需供应；9 种化工、火工产品，有浓硫酸、轮胎等 4 种敞开订货；钢材除薄板、线材、焊管等几种紧俏品种按计划分配外，其余品种只下达分配总量，以需方要求的品种规格与供方单位自由协商订货。1982 年，市冶金系统 20 多家钢材用量大的单位，提出申请的仅 6 个单位 600 余吨计划。通过市场直接订货大量增加，进货渠道逐步扩大，物资流通活跃，逐步形成了开放型的生产资料市场。从 1985 年起，国家计划分配物资的品种和数量开始大幅度缩减，到 1987 年，国家统一分配和管理的物资已从 1981 年的 256 种减少到 27 种，国务院所属各部门计划分配的物资也从 1981 年的 581 种减少到 320 种。市计委主管分配的计划物资为 22 种，其余的计划物资由市物资部门和有关主管局管理。物资部门主管的部管物资也陆续放开。1990 年，株洲市物资计划管理部门对物资管理实行“三结合”。即，必要的集中和适当的分散相结合，计划的严肃性和市场的灵活性相结合，统一计划和分级管理相结合。做到大的方面管住管好，小的方面放开搞活。有组织、有计划的株洲市物资市场进一步开放。市计委只对一些重要的生产资料实行计划管理，由市计委主管分配的计划物资仅剩下 16 种，市物资部门主管的物资已敞开供应，并且进一步发展钢材市场，搞活机电产品、化工轻工产品和建筑材料的市场贸易。在大部分物资进入生产资料市场的情况下，市物资计划管理部门在搞好计划物资分配调拨的同时，加强市场宏观调控，逐步实行由市场调节物资的供需和流向，用市场物资补充计划物资。

从 1991 年省物资厅在株洲市进行物资流通体制改革综合试点，市物资局于 3 月份制定了以探索物资配送新路子，建立物资配送中心和扩大、完善生产资料市场开始，到 20 世纪末，物资直接计划分配和集中管理的体制（除少数重要物资和特种物资，如民爆、化工、电线电缆等需要编制申报计划和分配外）逐步地、有条不紊地退出了历史舞台。

二　供销体制

1949年9月，湘潭县贸易公司株洲支公司成立，实行生产生活资料一揽子经营。1952年有百货、煤建、土产三个公司分别经营玻璃、水泥、金属材料等生产资料。当时，株洲的7家国营和公私合营企业，295家私营和个体手工业生产所需物资主要由商业部门通过市场供应。是年，社会商品零售额中，生产资料销售29.5万元，占总额的3.13%。在株洲的中央、省属企业所需要的主要物资由其主管部门直接供应。株洲市属企业所生产的产品主要是砖、瓦、灰、沙石等地方建筑材料和五金、建筑配件，由市商业部门经销或企业自销。

1953—1957年，根据国家对主要生产资料实行分级分工管理的原则，对统配、部管物资实行直接计划和间接计划两种分配形式，形成计划供应和市场供应两种供应体系，并采取国家调拨价和市场牌价两种价格制度。申请单位中在株洲市的中央和省属企业需要的物资由中央和省主管部门供销机构负责调拨，产品亦由其组织销售；省无主管部门的非行业归口的申请单位由市计委负责申请分配，由市商业部门根据分配指标按国拨价供应。申请单位中的市属企业需要的直接计划分配物资由市工业主管部门负责调拨，产品由其供销机构组织销售。非申请单位和市场需要的物资，市商业部门提报计划（市里生产的物资采取加工订货、统购包销等形式），由市五金、交电、百货、煤建等公司以间接分配方式和市场牌价，排队控制供应。总的供应原则是：对进口难、存量少、国防和生产必需的一类物资，随到随售；进口不难的二类物资，按牌价配售给企业，市场物价波动时则投放市场，稳定物价；进口易、存量多或国内生产的三类物资，敞开供应。计划内基本建设物资基本上是谁投资谁筹集。砖、瓦、灰、沙、石等地方建筑材料由市就地生产、供应。"一五"计划期间，全市先后兴办红砖厂60多家、瓦厂1家、石灰厂3家、砂石厂2家，共生产砖2.16亿块、瓦2896万片。这种统筹统支的物资分配、供应方式，基本上适应当时生产建设的需要。据统计，1954年市商业部门供应物资金额为336万元，1957年供应的计划物资有钢材976吨、生铁1290吨、水泥4998吨。市商业部门市场供应的物资有金属材料3472万元、机电设备193万元、化工产品37万元。地方产品由市商业部门与公私合营、私营工业企业和手工业联社建立业务联系，组织产、供、销，采取加工订货收购包销等方式进行产品采购和销售。

1958年，地方工业迅速发展。在物资供销体制上，逐渐取消了市场供应部分，原来计划供应和市场供应的两个体系演变为单一的直接计划供应体系。物资的需求量和调拨供应量大增，市商业部门无法承担兼营生产资料的繁重任务。为加强物资计划管理，搞好供应工作，根据中共湖南省委《关于确定地、州、市成为物资统一计划分配的一级管理单位的决定》，6月成立市物资供应局，并与有关部门进行经营业务分工：物资部门负责金属材料、化工材料、通用机电设备、耐火材料和部分建筑材料的计划调拨与供应；商业部门负责煤炭、木材、楠竹、石油产品、小五金配件、民用化工原料和市场所需水泥、玻璃等产品的计划调拨、采购、供应；基建部门负责生产和基建用水泥、部分建筑材料的计划调拨和供应；各工业主管部门负责专用设备、专用产品的调拨供应和销售。当时，物资部门只担负一部分统配、部管物资的调拨供应工作。1958 年市物资部门调进物资 6782 吨，供应物资 6055 吨，其中钢材 3467 吨，铸铁 2112 吨，机电设备 733 台。其他大部分物资仍由商业、基建和各工业主管部门进行调拨和供应。

1959 年第一季度，按照“地区平衡”的物资调拨制度，实行分地区预拨订货，打乱了原有的供需关系，中断了正常的物资供应，造成经济秩序的混乱。因此，第二季度国家即采取分部门按行业“一竿子插到底”的物资分配方式和“统一下达，分户记账，厅局订货，省里调剂”的订货办法。由此，株洲市的物资供应形成了新的渠道：(1) 属于国家统一分配物资，实行按行业归口分配的，在株洲的中央和省属企业由省主管厅局负责订货和供应，市属企业由市各主管局组织订货和供应；未按行业归口分配的，市外调入部分由市物资部门组织订货和供应，其中，耐火材料、化工产品和市内生产部分物资由市主管局组织订货供应；市场需要的物资由市商业部门负责订货供应。(2) 不属于国家统一分配的一般物资如交电器材、电工仪表、量具刀具等，由国家第一机械工业部长沙销售站和省市商业部门实行交叉经营和供应，即一机部经营管理的产品，中央在市企业的需要，由长沙销售站直接供应；省在市的机械、冶金、煤炭、化工、交通、电力、轻工、邮电等企业需要，由省主管厅局向长沙销售站统一申请，组织供应。其他部门、单位的需要，由市商业部门根据商业厅拨给的货源组织供应。省商业厅经营管理的产品：中央、省在市企业的需要，由省商业厅指定经营机构直接供应；市属单位及市场的需要，由市商业部门按省商业厅分配货源组织供应。不属于国家统一分配的其他机械产品，原则上就地生产或采购，由市商业部门组织就地供应。

1960 年，株洲市统一分配的物资有 558 种，分别由有关单位负责订货和供应，其中市商业局 28 种，物资局 299 种，化工局 138 种，轻工局 44 种，冶金局 18 种，其他局 31 种。市属单位的物资供应分工是：在各局分得的指标中，属于归口行业的物资，由各局直接向省主管局订货、组织供应；属于地区指标，由市物资局组织订货和供应。为了统一组织供销工作，市物资局和各工业局驻长沙的办事机构、供销人员合并办公，统一设立了株洲市人民委员会长沙办事处。同年 5 月，株洲市对物资供销实行集中统一管理，市物资局先后接管市冶金局冶金供销公司、市机械局供销经理部、市农机局农业机械经理部、市轻化工局供销经理部，分别成立株洲市物资管理局冶金建材公司、机电农机公司、轻化工材料公司、调剂交流公司；同时，接替市商业局一部分生产资料经营业务，扩大了金属材料、机电设备、轻工化工材料、建筑材料的经营管理范围，实行专业经营，并开展代购、代销、代加工、代托运和物资调剂业务。各工业局的供销科只管所属单位计划物资的归口申请分配，不管物资经营。商业部门除交叉经营某些物资外，主要生产资料逐步移交物资部门经营。同时，各县也相继建立了物资管理和经营机构。从此，初步形成了全市统一的物资管理和供销网络。

1961 年，株洲市试行一些地方企业由中央各部直供办法，生产和主要物资供应指标由中央主管部下达，财务、资金、劳动和企业管理由地方负责，株洲冶炼厂、湘东钨矿、醴陵电瓷厂等于 1962 年被列为直供单位。

1962 年 5 月，根据中共中央批准国家经委《关于在物资工作贯彻执行集中统一方针，实行全面管理的初步方案》，株洲市试行“四统一”：即统一销售。市属工厂生产的国家统一分配物资和三类物资，由物资部门按供货合同统一组织销售，对订货后暂分配不出去的和超计划的产品由物资部门统一收购，统一供应。市属企事业所需国家统一分配物资，由物资部门按分配计划和指标到局、实物到厂的供应原则，统一组织供应。对需要量大的物资，组织产需见面，对口定点直达供应。中央、省属企业由主管部门划转分配指标，物资部门就地就近供应。其中 331 厂、田心机车厂、株洲冶炼厂等企业和地质勘探部门所需一、二类物资由中央主管部门直接供应；统一订货。市属单位需要的一、二、三类物资，均由物资部门统一订货；统一管理中转仓库。10 月成立株洲市物资储运公司，对市工交部门物资仓库按照“物资盘点，按质论价，财产转移，指标归原主”“统一管理，分户记账，货归原主，随用随提，只出不进”的办法，转交物资部门管理，对其他部门中转仓库，实行统一制度，统一检查，统一报表，统一手续费标准，逐步过渡到物资部门统一管理。

同年，株洲市将三类物资纳入计划管理，实行“统一管理，分工经营，逐级平衡，就近供应”的办法。同年 8 月，株洲市三类物资公司成立，并通过对株洲化工厂、株洲塑料厂等全市主要企业和经营单位产、供、销情况调查，于 1963 年编制《株洲市三类物资分工经营目录》，对纳入计划的 5882 种三类物资分工由九个部门经营管理，如工业生产用三类物资由物资部门经营，生活资料由商业系统经营，农副产品及加工产品由供销社系统经营，其中，市物资局经营 1886 种；市商业局经营 2454 种；市供销社经营 666 种；其他部门经营 876 种。市属企业生产三类物资所需的统配原材料，由市计委分配调拨，其他原材料由市物资部门组织供应。1964 年，株洲市三类物资管理领导小组成立，制订了《株洲市三类物资供应管理办法》。实行每季度召开一次有生产企业和经营单位参加的计划申请平衡订货会，衔接产需，调剂余缺，安排供应。是年，参加计划申请平衡订货会议的单位有 97 个，签订 3229 个品种、6622 个规格的合同。对需要量大、生产稳定的三类物资，实行固定协作、定点供应。是年，市物资局组织 7 个经营公司与田心机车厂、601 厂、株洲麻纺厂等 22 个企业建立长期固定的供需关系，固定供需物资 858 个品种、1525 个规格。市商业部门对全市主要企业所需该部门管理的三类物资逐步实行定点供应。1965 年供应金额达 1326 万元，满足率为 85%，交电商品的满足率达 95%。

1963 年取消直供和按行业归口安排，实行分区供应。下半年在株洲的 9 家省属企业所需金属材料划给株洲供应。1964 年株洲化工厂、株洲电厂、株洲冶炼厂、株洲麻纺厂等 13 个省属企业所需二类机电产品由株洲供应。是年 3 月，国家物资总局局长袁宝华到湖南考察物资工作，并专程到株洲以半个月时间深入工厂和物资企业，了解企业对物资供应和物资体制改革的意见。同年 5 月，国家物资总局在《关于湖南省物资管理工作调查报告》中提出“按经济区划，用经济办法就地就近组织物资供应”，其供应指标按隶属关系由其主管部门划转。1965 年 2 月，按照物资合理流转的原则，全省划分为 7 个经济区，其中，株洲为一个经济区，其供应的范围扩大到湘潭专区所辖的醴陵、茶陵、攸县、酃县和在株洲及以上 4 县境内的 10 个中央企业、18 个省属单位（1966 年 3 月调整为 20 个中央企业、37 个省属企业）。中央、省属单位的物资供应指标由省各专业公司划转，经济区各支公司组织供应。醴陵、茶陵、攸县、酃县的物资供应指标由湘潭专区物资局划转给株洲各公司组织供应。市属企业则根据市计委分配的指标组织供应。为了搞好物资供应，在市区设立金属、机电、农机3个前站后库的物资供应站，在醴陵县设立以中转物资为主的综合供应站。各支公司还组织服务队，深入企业，送货上门。同时，国家物资总局对全国物资系统的人权、财权、物权实行直接管理(简称“三垂直”)，市物资部门6个专业公司分别与省公司对口，更名为株洲支公司。

1968年，按经济区划组织物资供应和“三垂直”的管理办法废止，恢复按行政区划组织物资供应。同年9月，市物资管理局撤销。1969年6月原金属、机电、轻化、建材、服务5个专业公司合并成立株洲市物资供应公司，全市物资工作进入了“以供代管”的特殊时期，物资供应仍沿用原有办法照常进行。1972年，统配、部管和中央下放省管物资，指标由省主管厅局和市计委分配，实物由市物资经营部门统一组织供应。主要金属材料、机电产品分片设库供应。省物资局在全省设立5个直属综合供应仓库，在株洲的中央、省属企业所需的金属材料、机电产品由长沙综合供应仓库直接供应，市属企业所需的金属材料和机电产品由市物资部门供应。1974年，物资供应办法进行改革，统配、部管物资由物资部门统一订货，统一组织供应，各使用物资的生产建设单位和企业主管部门不经营实物。市属企业担负中央和省安排生产任务所需原材料也统一由物资部门供应。1971 — 1978年，市物资部门组织供应钢材11.31万吨、生铁14496吨、有色金属2444吨、机床312台、电动机3349千瓦/8305台、烧碱1873吨、纯碱4311吨、硫酸3420吨、轮胎30386套、水泥18.89万吨、玻璃12.41万标箱。但由于主要物资统得过多，管得过死，加之按行政区划组织流通造成的藩篱，使得物资流通受到诸多限制，流通渠道狭窄，以至物资资源短缺，不能满足生产建设的需要。

1979年，湖南省物资局在全省物资系统内实行“两统一”（即资金由省统一核算，物资由省统一调拨）的物资管理体制（1985年1月取消）。物资实行物资部门和生产企业两级库存。生产企业的专用物资由工业主管部门统一归口管理，组织供应；属于株洲市支配的物资，由物资部门统一设库，统一经营。是年，国家计划分配的物资达791种，对这些计划分配物资除了建筑材料、钢材、有色金属中的玻璃、水泥、线材、锡、镀锌管等短缺物资外，多数统配物资和全部部管物资缩小计划分配，敞开订货，灵活供应。对铜、铅、铝、锌4种有色金属的小额用料发放流通票，实行凭票供应。市物资部门还协助工业部门查定核实原材料的消耗定额，进行定额管理，对主要物资实行核销供应。轮胎全部实行不下指标，以旧换新，以废换新，按需核实供应。对产品对路、质量优、消耗低、效益好的企业，实行择优供应，保证其原材料的需要。6月，市物资部门从全市78个一类企业中，选择市起重设备厂、矿山工具总厂、电焊条厂、电厂等8个单位，签订包供协议。对农业、轻纺工业、重点建设项目和生产短线产品的企业，实行重点安排，优先供应。1981年，市物资部门组织计划短线物资钢材5736吨、锌锭110吨、平板玻璃200标箱、增塑剂、尿素、纯碱2300吨，支援市重点生产建设单位。同时，继续坚持对那些需要稳定、需要量大的物资，组织产需双方签订供货合同，实行物资直达到厂和定点定量供应；对一些重点建设项目，与生产建设单位签订合同，对所需原材料、设备实行承包、配套供应。

1981年5月，国家经委、计委等10个部门发出《关于扩权工作实施暂行办法》后，在株洲市的中央、省属和市属企业开始自销产品。凡企业分成的产品、计划外超产的产品、试制的新产品、购销部门不收购的产品和库存积压的产品，工业主管部门的供销机构和生产企业均可自行销售，从而增加了市场物资供应量，生产资料市场开始活跃起来。1984 年 5 月，国务院发布《关于进一步扩大国营工业企业自主权的暂行规定》后，企业自销产品进一步扩大，自销量逐年增加。1985 年，全市工业企业（包括中央企业和地方企业）自销产品金额达 13 亿 1515 万元，占全部产品销售的 39%。企业选购自销物资的自主权也随之扩大。工业企业销售部门、工业主管部门供销公司开始经营其他生产资料，同时其他一些单位及个体户也进入生产资料市场，经营生产资料的单位不断增加，物资部门独家经营生产资料的局面被打破。市物资部门在计划分配物资不断减少、市场调节比重日益扩大的形势下，利用自身物资基础雄厚、流通渠道广、经验丰富、信息灵通等优势，发展物资市场，开展市场调节。先后建立了综合性的物资贸易中心和机电、化工、建材、汽车贸易中心及钢材市场。1985 年，物资贸易中心组织 2226.8 吨钢材、894 吨有色金属、15 辆汽车等供应市场。市物资部门还开展跨地区、跨行业、形式多样地横向经济联合，参加遍及 20 个省、市、自治区的各种综合性、专业性的大小联合体 22 个。在省内，与 8 地市的物资企业建立物资协作联网；在省外，参加了 39 个城市的金属材料协作网、61 个城市的化轻公司联席会、19 个地市公司机电产品联营会、30 个城市物资贸易中心联网、54 个大中城市建筑材料信息情报网。同时，与市内外企业广泛开展联购联销和补偿贸易，建立稳定的资源和销售基地。通过联合、协作，增加了株洲市市场供应物资的品种和数量，扩大了地方产品的销售市场和销售量。1987 年购销总额由 1984 年的 2.86 亿元增加到 6.69 亿元。

1987 年，除汽车、钢材、硫酸、硝酸、烧碱、纯碱、火工产品等仍按计划供应外，其他物资全部进入市场流通。物资市场出现了既活跃又混乱的局面，各种非法经营活动不时发生。1989 年，国家开始全面治理整顿物资流通秩序，重新规定汽车、钢材、生铁、有色金属、硫酸、烧碱等 41 种重要生产资料由物资经营部门、工业主管部门的供销机构，部分工业企业及其他经过审批的单位经营。根据国务院《关于加强钢材市场管理的决定》，市人民政府成立清理整顿钢材经营单位领导小组，由工商、物资部门组成办事机构，对全市 212 家钢材经营单位进行清理整顿，最后，审批有钢材经营资格的单位只有 87 家。同年 9 月，市物资局、工商行政管理局、物价局、税务局联合组成株洲市钢材市场管理委员会，颁发了《株洲市钢材市场管理办法》，对钢材市场进行统一管理和监督。

1990 年，株洲市市区经营生产资料的单位达 682 家，其中物资部门 12 家，生产企业 244 家，工业主管局供销公司 13 家，其他部门及外地驻株洲市经营机构 217 家，个体工商户 196 家。同年 6 月，市工商、物资部门联合对全市 519 家经营重要工业品生产资料的单位（包括木材、石油、煤炭等经营单位）进行审查，对不符合条件的单位取消其经营资格，取缔不法经营。审查后批准继续经营的有 203 家，其中流通部门 139 家，生产企业 55 家，外地驻株洲市企业 9 家。同年，市政府转发了市物资局制订的《株洲市物资供销行业暂行规定》，对全市物资行业实行统筹规划，保证生产资料市场的健康发展，增强物资部门宏观调控能力。作为物资流通主渠道的物资部门，1990年购进各类物资41727.3万元，销售45955.8万元。其中，市物资局直属公司供应钢材21389吨，生铁1462吨，有色金属160吨，纯碱892吨，烧碱7471吨，橡胶376吨，水泥32680吨；全年共推销地方产品金额达3298.8万元；与省内外14家企业建立了联营联销关系；组织召开有500多名从事生产流通的中央、省、市属企业和县、区代表参加的物资交易会，成交额1091.5万元。

同年，市物资部门组建全市第一个综合性的、有形与无形相结合的具备批零兼营、综合服务、信息交流等多种功能的生产资料市场，逐步将县(市)物资部门、各供销公司、生产企业引进场内，展销产品、看样订货、洽淡交易。市政府对市场给予优惠政策。

20世纪90年代，市场经济快速发展，全面取消计划物资的经营和管理，而物资系统沿袭了几十年的供销体制面临资金紧缺，购销滑波，亏损严重的情势，从上到下，有领导、有计划、有步骤地进行物资流通体制改革，成建制地转为经济实体。

第二节　物资计划

一　计划的分级管理

1950年，国家对重要生产资料在大区之间进行平衡调度。从1953年开始，与“统一计划，分级管理、实行直接计划与间接计划相结合”的集中统一经济管理体制相适应，将各类生产资料按其在国民经济中的重要程度和产销特点，划分为三种类型：即国家统一分配物资、中央各部门统一分配物资、地方管理物资，又称为统配、部管、地管物资，或甲类、乙类、丙类物资，一类、二类、三类物资。

第一个“五年计划”开始，株洲市对物资实行分级分工管理，计划内申请的统一分配物资由市计委管理，市场供应物资由市商业部门负责。20世纪60年代后，全市物资计划进一步实行“统一计划，分级管理”，按照统配、部管、地管三大类分别采取市管（市计委）、局管和公司管的三级管理形式。统配物资为市管物资，每年由市计委统一申请和平衡分配；部管产品为市物资局管理物资，原则上由市各有关专业物资公司组织申请，提出平衡分配方案，报市物资局审定后实施，其中紧缺物资由市物资局平衡；地管产品为市各专业公司管理物资，完全由市各专业公司分别组织订货和供应。1965年，物资系统人、财、物实行“三垂直”管理体制后，统配物资的申请分配计划由经济区物资局参与市计委制订，市计委负责上报下达，并具体掌握机动统配物资的安排和使用。二、三类物资由各专业公司进行分配。“文化大革命”中“三垂直”被取消，物资计划仍按原管理办法进行。1980年，省计委针对物资市场日趋活跃、国家指令性计划分配物资的种类和比重大大缩减的情况，将历年来把物资划分为统配、部管、地管的管理模式，改为将物资划分为计划分配物资、物资部门经销物资、生产企业自销物资三大类。此后原来计划分配物资大部分改为由物资部门经营和生产企业自销，市计委只对极少数统配物资直接进行计划管理。

二　申报计划

物资申请的前提，是生产产品和基建项目是否纳入中央或省、市国民经济发展计划。原则上纳入哪一级计划，就向哪一级申请物资。市生产企业所需物资申请量，按产品产量计划数和实际消耗定额（或先进定额、以往实际消耗水平）计算；基建项目由建设单位根据中央或省、市有关部门批准的基建项目、投资额和设计方案，按"万元定额"或"平方米定额"计算物资需要量；其他方面如农业、维修、技措所需物资则按历年平均消耗水平加当年增长比例计算申请量。

物资计划的编制，一般经过基层申报、分类汇总、综合平衡、编制上报等步骤。20 世纪 50 年代末 60 年代初，各基层企事业单位所需统配物资，由各主管部门汇总，按规定时间和要求向市计委申请；无主管部门的市属非行业归口单位和行政单位，由市物资局负责综合申请；市场零星需要由市商业局综合申请。市计委在各主管部门申请计划基础上，综合平衡，向省申请。自 1963 年开始，省计委管理的统配物资由市计委编制申请计划，由各主管局、区、县计委汇总向市计委申报。在市的中央、省属企业所需成批的统、部配物资按其隶属关系直接向中央各部门和省各厅局申报，所需地方平衡分配物资及零星统、部配物资则直接向市计委申报，并抄送市物资局。市属企事业单位所需二、三类物资分别向市物资局和有关专业公司申报。而后，部管物资由市物资局分类汇总、综合平衡，编制申报计划，经市计委审定后上报；三类物资由各有关专业公司汇总，编制申报计划上报省有关专业物资公司。

1980年后，有组织有计划的物资市场逐步建立，企业自主权扩大，统配物资除主要原材料设备外，其余一、二、三类物资均不执行申报制度。从 1987 年起，除民爆、电线电缆、化工等极少数物资外，其他主要物资也不再编制申报计划，但要编制综合物资计划。

三　平衡分配

国家计划物资分配，一般由市计委根据省计委分配给本市指标和全市自有地方资源情况（含按规定留成、超产分成、自己组织原材料加工生产等），以及所属分配范围的申请需要数量，进行清理、审核、汇总，将物资资源和需要综合平衡，根据物资分配政策和原则，按物资使用方向和用途，切块分配，编制物资平衡计划，然后再按申请单位（使用单位或地区）进行具体分配（指明什么物资，分给谁，分多少），编制分配计划。平衡分配计划编制后报市委、市人委审批，再按年度（或半年）下达给市属各局（公司）、区、县，由局、区、县分解到基层，实行指标到局、实物到厂。在平衡分配时，如资源量与需要量相吻合，则供求平衡，需要全部满足；如差额较大，则根据"三先三后"的原则进行分配。"先"者，全部满足或按比例多给分配；"后"者，则按比例少分或不分。同时，市计委和物资部门还尽量做到物资供需在实物量和时间上平衡，在各局、县、区和各环节间平衡。60 年代始，一般每年进行二次平衡分配。为保证生产建设正常进行，对通用原材料设备，在每年年底前市计委根据省预拨指标和各物资专业公司库存资源情况，参考当年实际消耗水平，对下一个计划年度物资作一次预拨分配。在全市国民经济和社会发展计划正式确定后，根据上级分配的实际数量，结合全市的资源与需要以及生产建设进度，在当年第二季度对全年物资指标作一次正式分配，按照预拨数量多扣少补。对上级零星划拨指标，除专材专用或"戴帽"下达外，均纳入二次平衡分配之内，但对省计委戴帽下达的指标，以及专用材料、设备的平衡分配或专项分配实行"戴帽"下达，不受两次分配的限制。

二、三类物资的平衡分配，一般由市物资局和各物资专业公司组织实施。常年性生产耗用的辅助原材料和零配件，由各专业公司向用户分配控制数，用户凭分配计划，向有关专业公司订货要货，对专用原材料和零配件，则实行订货直达或一次性分配。

计划内生产任务，中央、省安排的生产任务分别由中央和省分配物资，市安排的生产任务，由市分配物资。

基本建设项目，谁投资谁给物资。市安排项目，市计委在年度分配计划中列出专项。1958 年前由市基建局（基建办公室）直接掌握使用，1959 — 1976 年，由市建设委员会按季按基建项目安排。非标准设备制作所需钢材和有色金属，市物资局核实按季度调拨。1977 — 1979 年，由市计委物资科按季度和项目分配，1980 年后由市物资局分季逐项安排。国家和省计划内基建项目，物资分配采取"戴帽"下达。市属单位经计委批准的自筹基建项目，原则上自筹物资，市根据物资资源情况给予补助。

维修所需物资，按隶属关系分给各局、区、县统筹安排。

科研、技措、新产品试制等方面所需物资，切块由市有关委、办、局根据具体项目核实供应。

市属单位生产归口产品所需物资，由中央和省各归口主管部门按条条下达分配指标。商业部门加工小五金，外贸部门生产出口产品和包装品，轻工部门生产轻工、机械产品，电子部门生产电子产品，以及生产军工产品所需物资，分别由省商业厅、外贸局、轻工业厅、机械工业厅、电子局和国防工业办公室直接分配。

为保证生产建设正常进行，市计委和物资局根据物资资源落实情况，分别按季、半年或全年下达分配计划。建筑材料生产季节性强，每季分配一次，跨季作废；金属材料、化工产品每半年分配一次，主要机电产品按年分配。均按年算账，跨年作废。

物资分配计划按物资申请渠道逐级下达到基层单位，需用单位接到分配指标后，即可提报明细需要货单或订货卡片，准备参加订货。

四 供需衔接

（一）全国集中订货

1953 — 1958 年，统配、部管物资由中央主管销售部门每年召开两次全国性订货会，株洲市由生产主管部门组织有关生产企业参加。1959 年以后，由物资部门统一组织有关物资专业公司，和重点需用单位加入湖南省需方代表团参加订货。

全国集中订货规模大、时间长、效果差。1959 年，国家试行全国按 6 个大区分片召开订货会。但因打乱了原有供需关系，产需衔接困难，故第二季度即改为分类集中订货，订货会也由衔接产需的主要形式逐步过渡为辅助形式。

金属材料 20 世纪 60 年代后，钢材、有色金属主要采取定点定量供应和地区订货办法。不能定点定量和超出地区订货范围的，由冶金部、国家物资总局每年组织两次有控制的全国集中订货会，衔接产需。市金属公司负责中转和小额供应部分的订货。生铁、炉料实行通信订货。

化工原料 地方企业生产和需要的化工产品，全部由市轻化公司代替企业订进订出。中央、省属企业除直供单位和专用产品外，也由市轻化公司统一订货供应。火工产品由省化工公司组织调拨。

建筑材料 水泥、玻璃、油毡等实行通信订货。

机电产品 从 1962 年起，除电动双梁吊、电力电缆、风机等品种规格复杂，继续召开会议由双方直接协商订货外，其他产品均不实行集中订货。分别采取：用于主机配套，需要量大而且稳定的企业，实行定点供应；大型专用设备由供需双方按生产和分配计划直接协商订货；标准定型的通用产品如机床等，由产区机电一级站或省机电公司统一订货，市里需要由省公司中转供应；二类机电产品由机电一级站组织订货和销售，实行系统内部划拨；工矿配件，1965 年起，有 32 种设备、590 种配件实行集中订货，62 种配件实行直接订货，就近供应。这一时期订货主要由中南一级站和省公司负责。

1964 年，全国进行订货改革，逐步取消全国综合订货会。1970 年前，每年召开两次生产供应会，代替订货会。当时，物资管理工作混乱，物资供应紧张，许多基层单位纷纷派人与会，进行场外交易，使会议失控。因此，从 1970 年起，实行全国在同一时期，分别在不同地区召开不同产品的分类订货会。此办法比较切合实际，故一直沿用。此外，生产厂家也单独或联合组织全国性或地域性单项订货，邀请需方代表参加。同时，许多地区物资部门也组织订货会。物资订货呈现灵活多样的活跃局面。

（二）省内统一订货

1962 年，在全国订货会之前，湖南省物资局或省专业公司每年要组织二次全省性统一订货会，其任务，一是为参加全国订货会作订货资料等准备工作，二是对省内生产的一、二类物资，除留出上调或外调部分外，先在省内进行平衡订货，力求在会上搞好产需衔接。需方代表由市物资局按分配名额组织代表团，参加订货会。1971 年后，标准通用产品和一般原材料，由湖南省物资专业公司归口召开订货会，市各专业公司派人参加订货，在省公司统一订货的合同数量之内，有的当场实行合同分割，有的由省公司统一进货后再按分配计划调拨。此办法沿用至 20 世纪 90 年代初。

（三）市三类物资订货

1962 年，成立市三类物资公司，对全市三类物资实行“统一管理，分工经营，逐级平衡，就近供应”。该公司及尔后的三类物资科，负责制订三类物资目录和三类物资资源与需要计划，对短缺的三类物资进行综合平衡，并组织全市三类物资固定协作、定点供应、衔接产需。至于具体经营则由市物资局、商业局、供销社有关专业公司负责。1962 — 1966 年，全市每年组织三、四次三类物资平衡订货会。

组织产需双方直接订货。对于紧缺的三类物资，则督促专业公司组织资源，或由市计委安排原材料组织地方生产。1966年后，取消对三类物资的全面管理，不再组织专门订货，其业务由有关专业公司负责，订货也合并到部管物资一起进行。

物资产需衔接的主要形式是订货会，此外还有定点供应、直接调拨等形式。中央、省属企业所需国家分配物资按隶属关系由其上级主管部门进行产需衔接；市属企业承担中央和省下达的生产计划和归口产品，由各主管部和各厅局直接组织有关生产企业进行产需衔接；市属企业中需要原材料品种单一、数量大的单位，按产品生产计划核实需要物资，由需用单位直接与供货单位签订合同，定点直达。除此之外的所有中转物资，都由市各物资专业公司统一签订订货合同。

五　供应计划

1955年9月，株洲市人委首次正式编制《株洲市一九五六年度国家统一分配物资供应计划》，并一直坚持。20世纪50年代，国家计划分配物资供应计划由市计委编制，市场供应的一、二类物资供应计划由市商业部门编制。1960年，市物资局各专业公司成立后，供应计划由各专业公司进行编制。

供应计划分年度计划、季度计划和月计划，一般采用表格形式，供内部掌握使用。供应计划执行过程中出现的物资缺口，采取每年一次或多次临时向物资分配部门申请增拨计划指标，或由专业公司、生产企业组织计划外物资，或组织有关单位调剂串换、加工协作等方式进行弥补。

第三节　物资资源

一　计划内物资

（一）上级分配物资

1983年前，市物资部门供应的黑色和有色金属、硫酸、烧碱、纯碱、橡胶、轮胎、炸药、机床、电机、汽车、导线、水泥、玻璃、油毡等，基本上由国家统一分配。全市工农业生产、维修、基本建设所需的统配物资，由市计委责成市物资局按品种规格分类汇总，落实全市需要量，结合库存和资源情况，向湖南省编报申请计划，然后参加一年两次的国家物资局和各主管部召开的全国订货会和省订货会，由市计委、市物资部门每年按省分配的指标进行分配。在一般情况下，国家订货会订到的物资仅是申请计划数的70%～80%，紧俏物资的缺口更大。有时物资缺口过大，严重影响生产建设，市计委或市物资局即向省申请增拨指标。所有物资资源在20世纪60年代以前，大部分从国家各部直属厂矿和外省平衡调入；60年代后，省、市物资资源增多，由本省平衡调入的比重逐渐增大。

金属材料　20世纪从50年代末起，重轨、大型型钢来自鞍山钢铁厂，其他型钢来自包头钢铁厂，优质钢来自上海钢铁厂，薄板来自武汉钢铁厂，中厚板、优板来自太原钢铁厂，特类钢来自重庆钢铁厂，各种进口钢材由湖南省直接调拨。1958年后，湘潭钢铁厂、涟源钢铁厂、株洲钢厂相继投产，线材、圆钢、螺纹钢大部分由省平衡从以上钢铁厂调入，生铁主要来自湘潭钢铁厂、株洲钢厂、冷水江铁厂。有色金属大部分来自本省，其中有株洲冶炼厂生产的铜、铅、锌，常宁水口山矿生产的铅、锌，铝锭主要来自湘乡铝厂、贵州铝厂、郑州铝厂等。黑色和有色金属材料通过国家和省平衡调拨。1956年，市商业部门调入黑色金属及制材总值12.3万元，其中型钢38吨、黑铁皮3吨、镀锌铁皮26吨、优钢10.2吨；有色金属及制材2.8万元。1965年，市物资部门调入钢材3668吨，生铁1050吨，铜、铅、锌27.8吨，钢材、铝材、铅材15.1吨。1973年，调入钢材15778吨，生铁3700吨，有色金属299.2吨。1980年，调入钢材17961吨，生铁2125吨，有色金属474吨。1985年，调入钢材28128吨，生铁2979吨，有色金属681.2吨。1990年，调入钢材17367吨，生铁2437吨，铜、铅、锌等634吨。90年代，计划内物资调入范围逐步缩小，调入数量逐年减少。

机电设备　普通机床如C–168、C–680、立式铣床、普通磨床、B565牛头刨床，由地方加工调拨供应；名优机床分别从北京、天津、沈阳、大连等机床厂调入。工业轴承主要从哈尔滨、瓦房店、洛阳和株洲轴承厂进货。电焊机和电焊条主要来自株洲市电焊机厂、电焊条厂。电工产品主要从本市和湘潭、长沙、衡阳等地调入，少部分从省外调入。二类机械主要从上海电动工具厂、上海砂轮机厂、呼和浩特机床附件厂、烟台机床附件厂和株洲市机床附件厂、市内燃机配件厂等调入。工具磨具绝大部分从外地进货，名优产品主要从成都量具刀具厂、哈尔滨量具刀具厂、郑州砂轮机厂等调进，株洲市工量具厂亦供应少量的刀具量具。

1956年，市商业部门调入橡皮绝缘线和花线4546卷、漆包线和纱包线701.7千克、轴承146套、汽车8辆、发电机27千瓦/2台、电焊条25720千克、各类工具3245件。1960年调入各类电机设备1976台件，工具及附件21224件。市物资部门1971—1984年，共调入各类机床295台、工业泵1307台、交流电动机102221千瓦/19906台、变压器36930千伏安/318台、电焊条5166吨、轴承234.28万套、风机318台。1984年后，除机床、电力电缆、汽车等属计划调拨外，其余各类机电设备都由市场供应。20世纪50—60年代，所销各种汽车以国外进口车居多。70年代以后，汽车货车主要是调进长春第一汽车制造厂的解放牌、十堰第二汽车制造厂的东风牌、南京汽车制造厂的跃进牌、沈阳汽车制造厂的金杯牌、天津汽车制造公司的雁牌、湖南汽车制造厂的湘江牌；工具车、微型车来自江西、天津、柳州汽车制造厂；小车调进量少，主要是北京吉普和上海轿车。1990年，仅有一部分汽车属计划调拨，其余均由市场调节。是年，调入计划内汽车65辆。

化工原料　1958—1962年，株洲化工厂、株洲轮胎厂、市橡胶厂、市新城化工厂等化工企业相继投产。株洲化工厂生产的化工原料由省平衡调度，市杉木塘化工厂、新城化工厂、联碱厂、烧碱厂等市属企业产品由市平衡调度。株洲市需要的硫酸、烧碱、纯碱主要从株洲化工厂、市联碱厂、市烧碱厂凭计划调入，少部分从大连化工厂、天津碱厂、冷水江碱厂等外地企业调入。其他化工原料主要从株洲化工厂、市杉木塘化工厂、新城化工厂等调入。轮胎在20世纪50年代主要从上海、广州等轮胎厂调入。60年代后，一部分大规格轮胎从湖南橡胶厂调入，小规格轮胎从株洲轮胎厂调入。

1956年，市商业部门调入轮胎125套。1958年调入烧碱155.34吨、纯碱35 34吨、漂白粉7.15、硫磺粉10.53吨。1959年，市物资部门调入各类化工原材料2461吨，其中硫酸189吨、烧碱168吨、纯碱456吨、硝酸19吨；调入橡胶41吨、胶带1278米、传动带1132米。1971—1984年，共调入硫酸4891吨、烧碱3292吨、纯碱13512吨、炸药2388吨、橡胶10327吨、电石5698吨、轮胎70408套。1984年后，除硫酸、烧碱、纯碱、橡胶等少数品种仍属计划调度外，其余均由市场调节。1990年，市物资部门调入计划内纯碱892吨、烧碱747吨、橡胶376吨。20世纪90年代，计划内化工原料调入逐步减少，直至市场经济取代。

建筑材料 20世纪50年代，水泥主要从湖北武汉、黄石调入，平板玻璃从秦皇岛玻璃厂调入。50年代末，株洲玻璃厂、株洲市水泥厂相继投产，所产玻璃由湖南省平衡调拨，水泥主要由市计划调拨。其后，市所需水泥分别由市水泥厂和湖南湘乡水泥厂、冷水江水泥厂、黎家坪水泥厂、新化水泥厂、邵阳水泥厂调入。玻璃主要由株洲玻璃厂、洛阳玻璃厂按计划调拨。油毡从全国平衡调入，主要有武汉大桥牌油毡、北京油毡和长沙丁字湾油毡。石棉瓦及其他建筑材料主要在省、市内平衡调拨。

1954年，市商业部门调入水泥230吨、玻璃2708标箱。1959年调入建筑材料14621吨，其中水泥1345吨、平板玻璃2757标箱、石棉制品29吨。市物资部门1971—1984年共调入水泥41.59万吨、玻璃21.15万标箱、石棉瓦59.39万张、油毡35.16万卷。1984年后，建筑材料中仅水泥属计划调拨，余均属市场供应。1990年，调入计划内水泥3268吨。1991—2000年，计划内水泥调入进一步减少。

（二）地方生产物资

1956年前，株洲市地方产品仅有少量五金器材及建筑材料，1956年，收购地方产品金额为6.78万元，占全省地方产品收购总额的1.54%。此后，地方产品逐步增多，但纳入计划内购销却从80年代起逐步减少，直至全部放开。

金属材料 1958年，中共中央提出“工业以钢为纲”的口号，株洲市掀起“大办钢铁”运动。年产铁3万吨、钢3万吨、钢材6万吨的株洲钢铁厂投产。同时，株洲机车修理厂、株洲硬质合金厂、株洲航空技校、市机械厂等25个单位也新建28个炼钢炉，抽调万余名工人参加炼钢。是年，共计产钢8038吨，全部由市收购、调拨，其中包括大量废钢铁送株洲钢厂的回炉钢。1961年，国民经济调整，市属钢铁生产企业停产。株洲钢铁厂投产3年多，共生产铁3.49万吨、钢锭1.37万吨、钢材1.14万吨，全部由市收购调拨。但其中报废损失达801万元。1962年，市重工业局筹建市东风冶炼厂，采用土法回收粗铅、粗铜等有色金属。1956年，人造金红石试制成功，至1970年，共生产人造金红石1152吨、付产品钛铁1800吨。产品由市收购调拨。1970年，株洲钢厂重建投产。到1979年，共生产铸造铁14148吨、钢锭28095吨、钢材67755吨。生铁、钢锭在完成省上调任务后，由市计划调拨，钢材全部由省调拨。1979年后，该厂生铁停止生产。1980年市金属压延厂铜压延加工项目投产，年生产能力为600吨紫、黄铜板。1982年生产紫铜85吨。1974—1983年，全市地方生产钢材纳入市计划分配的13833吨。1984年起，因行政区划变更，酒埠江钢铁厂、攸县东风铁厂的产品由株洲市调拨。1985年开始，市地产铁、钢、钢材，一部分上交省调拨，一部分由市计划调拨。完成调拨任务后的资源，由各生产企业自销，且自销量逐年增加。到1990年，共生产生铁11.36万吨、钢32.54万吨、钢材30.76万吨，由市计划调拨的约占1/10。其中1987年到1990年，纳入市计划分配的钢材为11474吨。

1953—1977年，全市回收废钢铁17.87万吨。按照“先利用，后回收”的原则，挑选出旧次钢材、农用工具铁30%左右（年约3000吨），供应市轻工业、手工业和乡镇企业，所余由省计划调拨。1953—1963年，全市回收废旧有色金属1071吨，由中央和省计划平衡分配调拨。1964—1977年，回收废旧有色金属1837吨，按照“杂铜90%交省、10%留地方，废铝、铅80%交省、20%留地方，废锌、锡70%交省、30%留地方”比例分成，共上交废铜、铝、铅、锡1470吨，市计划安排367吨。1978—1986年，全市回收废钢铁24.75万吨，废有色金属4983吨，其中上交中央、省18.7万吨，市计划安排65483吨。1987年起，取消废旧金属回收上交任务，开放废旧金属市场。市利用回收废旧金属开展经营和串换。到1990年共回收废旧金属55859吨，串换钢材20500吨。

机电设备　1953—1957年，市属机械工业企业主要生产五金基建器材，并开始生产机床、空气锤、手摇钻等。以上产品或与基建单位签订加工合同，或由市商业部门收购。1958—1964年，市属25家企业生产C613、C625、C165车床、牛头刨床、台式钻床、空气锤、轴承、焊条、焊机、电动机、机床附件、紧固件等170多种机电产品，共生产各类机床1361台，空气锤152台，轴承11.73万套、焊条3352吨，焊机2100台供应全市。20世纪70年代，机电产品和配件需要量日益增加，而省分配的产品不能满足需要，一些产品每年的分配量只占需要量的15%～30%。为此，市里一方面加速发展机械工业，加快机电产品的生产和试制；一方面，市物资部门与有关部门互相配合，统一安排，有针对性的扶持市属企业。先后扶植市轴承厂、空压机厂、开关厂、东风电器厂、无线电五厂、机床附件厂、乙炔发生器厂、机械厂等，发展短线产品和机电产品加工。1970—1980年，在扩大原有产品的基础上，又相继生产了立式钻床、立式精镗床、立式双轴镗床、剪板机、桥式起重机、门式起重机、电碳制品、筛分设备等新产品。共生产立式钻床515台，立式精镗床537台、剪板机70台、起重机72台、电炉456台、交流发电机80台、机床附件33670件，标准紧固件8363.47万件。市物资部门由市机电设备公司主管机电产品加工，仅1971年、1973年、1975年就组织加工电机2397台、轴承51818套、工业泵219台、焊机216台、工具15万件。1974年，市机电公司扶植市机床附件厂试制抓卡盘（机床附件）大会战，次年试制成功，试产30台。1978年产量达1349台。1980年后，机电市场逐步放开，市属企业生产的机电产品由企业自销。市场供应的机电产品品种数量逐年增加，需用单位在本市或外地市场自由选购。1991—2000年，纳入计划分配的化工原材料更少。

化工原材料　1958年，市碳酸钙厂投产，是年生产轻质碳酸钙32.25万吨，到1980年，共生产64154吨，由市物资部门收购调拨。1965年，市新城化工厂一氯醋酸投产，是年生产56.7吨。1966年，市碳酸钙厂投产钛白粉，市杉木塘化工厂投产磷酸，市有机化工厂投产草酸，是年生产量分别为2吨、27吨、606.43吨。到1980年，累计生产一氯醋酸5536吨、钛白粉4725吨、磷酸3529吨、草酸12523吨。产品由市物资部门收购调拨。1969年，市合成树脂厂投产电石，是年生产1532.1吨。市烧碱厂1970年投产乙二醇，当年生产7.5吨，1972年投产烧碱、盐酸，是年产量分别为409.29吨、377.7吨。1979年市合成氨厂纯碱投产，当年生产1128吨。电石生产因电力缺乏，成本过高，一直很不正常，于1980年停产。到1980年，市属企业累计生产电石15502吨、乙二醇954吨、盐酸13264吨、烧碱3370吨、纯碱8480吨。以上产品均由市物资部门收购调拨。1980年后，市属化工企业生产的几种重要产品由市计划调拨，其他产品逐渐放开，少部分由市物资部门收购，大部分由企业自销。1981—1990年，全市地方化工产品纳入计划分配的有烧碱12198吨、纯碱10555吨。

建筑材料 1958年，株洲市开展全民大办原材料生产运动，各行各业大搞水泥生产，全市共建水泥厂、车间43个、土窑27个，并建起了耐火材料厂。是年生产水泥9600吨、耐火材料(砖)160万块，产品由市收购调拨，改变了第一个“五年计划”期间，每年基本建设所需10万多吨水泥均由国家调拨的局面。1959年，市第一、第二水泥厂等14个市属建材企业和株洲玻璃厂、铁道部株洲桥梁厂、株洲水泥管厂、株洲纤维水泥制品厂等相继投产。是年，全市生产水泥13277吨，由市收购调拨。所产玻璃、水泥管、水泥桥梁、水泥电杆、石棉瓦等由省分配调拨。1961年，市建材工业进行调整，14个市属建材企业调整为4个。1965年，株洲建材企业发展到12个，生产玻璃、水泥、水泥制品、石棉制品、非金属矿、砖、瓦、灰、沙、石等7大类20多种产品。1958—1965年，全市生产水泥10.46万吨，除市第二水泥厂（1961年改为市水泥厂）所产水泥由省计划调拨外，其余均由市平衡安排，市基建局收购调拨。1970年，在市物资部门扶植下，日产油毡20～30卷的市油毡厂投产。到1978年，株洲市建材企业年产水泥31.1万吨、平板玻璃150万重量箱、玻璃纤维纱1000吨、预制水管18千米、水泥电杆5000根、石棉水泥瓦200万张、油毡4000卷。其中水泥、油毡由市建材局收购调拨，其余由省平衡分配调拨。20世纪80年代，株洲市建筑材料新品种进一步增加。1980年市新型材料厂试产石膏装饰板，市煤矸石厂生产保温材料珍珠岩，是年产量分别为6306平方米、837立方米。同时，装饰胶合板、塑料地板砖、玻璃马赛克等装饰材料和涂料亦相继投产，产品由市物资部门收购调拨。1980年后，建筑材料经营逐步放开。产品除一部分由市物资部门销售外，其余由企业自销。到1984年，除水泥、玻璃外，其他建筑材料全部进入市场销售。1990年，全市有大小水泥厂44个，年产水泥50.97万吨，除县属以上企业有一部分水泥由市计划调拨外，其余进入市场营销。是年株洲玻璃厂生产平板玻璃254.85万重量箱，其他玻璃324.03万平方米，在完成省计划调拨任务后，全部自销。此后，计划调拨的水泥、玻璃继续减少，直至全部进入市场销售。

二 计划外物资

20世纪50年代以来，采取调剂、协作、联营等办法，千方百计组织计划外物资，弥补国家计划分配不足。1970—1990年，市物资部门共组织生铁77863吨、钢材23534吨、铜4657吨、铝

1167 吨、铅 19083 吨、锌 32162 吨、硫酸 470 吨、烧碱 4041 吨、纯碱 9039 吨、橡胶 3632 吨、水泥 10543 吨。1990 — 2000 年，由于市场进一步放开，物资管理部门体制、机构改革异动，有关情况和数据未作综合统计。

（一）协作串换

1956 年，基建物资紧张。基建部门和商业部门四处串换资源，到年底调剂串换钢材 408 吨、钢管 72.5 吨、水泥 1882 吨。1958 年，对多余和暂时不用的物资组织调剂串换，计钢材 73 吨、生铁 20 吨、铜 2 吨、耐火砖 8000 块、电动机 12 台、机床 20 台、电力设备 17 台。是年，市土产公司协作串换钢材 10 吨、烧碱 10 吨、盐酸 25 吨、氯化钙 400 吨、车床 4 台、电动台钻 53 台、高压开关 500 个、量具刀具 2000 件、轮胎 38 套等。

1959 年，国家分配市属企业的物资仅占全年所需物资的 28%。全市通过对内清仓挖潜、对外调剂串换，自力更生解决完成全年生产任务所需物资的 72%。其中，清仓挖潜解决钢材 120 吨、生铁 5800 吨；调剂串换组织生铁 898 吨、钢材 842 吨、化工原料 50 吨和一些机电设备。下半年通过协作协进（“调换”的意思，下同）化工原料 250 吨，使地方工业产值比 1958 年提高 160%。1960 年后，把组织计划外物资作为抓好物资资源的一项重工作。市计委按季度给各部门下达组织计外物资任务。仅 1960 年一季度，就下达组织计外钢材 478 吨、生铁 260 吨、有色金属 49 吨、硫酸 70 吨、橡胶 6 吨、电动机 380 台、设备 123 台的任务。上半年各部门共组织黑色金属 645 吨，有色金属 92 吨，机电设备 405 台，分别为省拨指标的 186%、11.5 倍、9.6 倍。市物资部门全年组织黑色金属 1087 吨、有色金属 107 吨、化工原料 1153 吨、水泥 2120 吨、机电设备 746 台、工具及配件 19969 件。是年，市政府还召开了八次全市物资平衡调剂会，成交金额 1547 万元，成交主要物资有钢材 5122 吨、生铁 1914 吨、有色金属 129 吨、化工原料 5691 吨、设备 1039 台、工具及配件 53370 件。

1962 年，市委批准成立物资调剂公司，负责全市的物资调剂串换。市物资局各专业公司成立后，也通过召开物资调剂会，向外地传递物资调出调入资料信息，建立调余补缺登记簿，开展柜台调剂和下厂调剂等方法把“死”物变活物。1964 年 3 月，市物资局组织 25 个企业进行固定协作试点工作，协作品种 858 种，规格 1525 个。下半年全局推广固定协作、定点供应工作。1962 — 1965 年，市物资部门通过参加物资交流调剂会和求援串换，组织计划外钢材 2708 吨、有色金属 230 吨、生铁 1273 吨。计划外组织的金属材料为同期进货总量的 39.80%；化工原料 527 吨、轮胎 324 套、麻袋 21300 条、三角带 25764 条，占同期轻化工原料进货总值的 13.3%；还有水泥 2812 吨、玻璃 1502 标箱、油毡 2670 卷、机电设备 436 台、轴承 9432 套。

1971 — 1978 年，市金属材料公司与在本市的株洲电力机车厂、株洲冶炼厂、株洲车辆厂、株洲桥梁厂、株洲化工厂、省建五公司等 20 多家中央、省属企业建立调剂串换金属材料的业务关系。1979 年 6 月，成立有 83 个单位参加的株洲市金属材料调剂串换协作网；与本市中央、省属企业以品种调剂、指标互供、互代订货、年终结算、按月召开调度会议等方法，每年互相协作串换金属材料 4000 多吨。1971 — 1979 年，市物资部门通过协作串换，组织计划外钢材 37807 吨、生铁 15964 吨、化工原料 2206 吨、轮胎 2795 套、水泥 9334 吨、玻璃 5496 标箱、石棉瓦 5679 张、油毡 50898 卷。

1984 年，钢材市场开放，计划外钢材和其他金属材料主要以市场营销方式进行交易。机电产品、化工原料、建筑材料绝大部分实行市场调节，市物资部门通过市场组织物资资源。对仍属计划分配物资，采取多渠道、多形式组织计划外资源给予补充。是年，组织计外生铁 727 吨、钢材 7693 吨、铜 26 吨、铝 123 吨、烧碱 241 吨、纯碱 130 吨、平板玻璃 2600 标箱、裸铝线 72 吨、汽车 72 辆。

1989 年，国家计划分配物资继续减少，全市各部门积极组织计划外物资，其中市物资部门组织计划外物资价值 2.7 亿元，占物资总销售额的 70%。1959 — 1990 年，市物资部门调剂串换物资总额约 3.88 亿元。1990 年，全市共组织计划外钢材 3000 吨、化工产品 6200 吨、玻璃 10000 重量箱、水泥 2000 吨。

此外，株洲市物资协作办公室自 1975 年成立至 1990 年，除组织全市企业直接进行物资协作和外运审批外，还通过本身结算协进物资 6705 万元，协出物资 6577 万元。株洲金属材料小额供应站，自 1969 年成立至 1990 年，共支援株洲市钢材 7.2 万吨。中国金属材料株洲供应站自 1979 年成立至 1990 年，支援株洲市钢材 3 万吨。

市物资部门和各主管局、各生产企业的物资供销机构也广泛开展物资协作，为株洲市生产建设解决了一些急需物资。

（二）收购加工

收 购 1954 年，加工收购生产资料 8964 元。1959 年，市五金机械公司开展原材料收购群众运动，全年共收购产品 79 种，计金额 440 万元。其中钢材 80.2 吨、生熟铁 110 吨、紫铜 4.95 吨、无缝钢管 1.23 吨、矽钢片 3.84 吨、胶管 10.26 万米、电焊条 91.3 吨、轴承 16000 套、烧碱 8.4 吨、盐酸 541 吨、碳酸钙 966 吨。20 世纪 60 年代开始，市物资部门为弥补物资资源不足，大力收购地方生产的机电、化工、建材产品。1960 — 1980 年，共计收购 5600 万元。同时积极清理超储积压的机电产品，并修复配套，加工改制。仅 1963 年，市机电公司收购呆滞积压，并经修复配套、加工改制的机电设备价值达 11.49 万元。主要物资有研磨锻压设备 9 台、风机 8 台、交流发电机 24 千瓦 /4 台、交流电动机 485.4 千瓦 /17 台、变压器 100 千伏安 /2 台、金属切削机床 3 台、电线电缆 10.18 吨、轴承 2569 套。

加 工 在物资资源不足的情况下，市物资部门积极接受客户委托，代办或承揽用原材料加工成产品、半成品、改制和工艺性的加工协作。1962 — 1987 年，市生产资料服务公司承揽加工业务 4394 万元。其中，纯碱 582.8 吨、轮胎 1305 套、电机 51818 台、焊条 356 吨、轴承 76800 套、机床 134 台、机床配件 4500 件、水泥 2120 吨、石棉瓦 5778 张、油毡 15408 套。同时，市物资企业积极将原材料委托生产企业加工所需要的产品。1984 — 1987 年，市生产资料服务公司和物资贸易中心就组织原材料加工钢材、有色金属等 11000 吨。

（三）工物联营

1980 年后，各生产企业的自销权逐年扩大，自销品种、数量逐年增加，市物资部门积极拓宽资源渠道，开展工物联营。1980 年，市化轻公司与醴陵橡胶厂建立三角带联营联销业务。1984 年，市金属公司与株洲钢厂、柳州钢厂、贵阳钢厂、首都钢厂、成都无缝钢管厂建立联营关系，保证中厚板、薄钢板、花纹板、优钢、无缝钢管等钢材的需要。1985年，株洲物资贸易中心与市酒埠江钢铁厂签订协议，贸易中心向钢厂提供200万元资金，钢厂在1985年、1986年供应贸易中心圆钢3340吨。1987年9月，市机设备公司与天津汽车工业公司联销雁牌汽车。1990年，市金属回收公司与湘潭钢铁厂、涟源钢铁厂、邯郸钢厂、株洲钢厂等厂家开展废钢串换协作，共协进钢材1321吨。

（四）增产节约

增加生产 为解决生产建设的原材料不足，1957年，在全市大搞原材料生产，1958年7月，成立株洲市原材料生产办公室，在全市开展全民大办原材料生产群众运动。1959年，通过增产原材料解决生铁650吨、钢材842吨、水泥11000吨、车床70台、发电机49台、电动机337台。其后在20世纪60—80年代，市委、市政府也一直重视原材料生产，通过增加生产弥补物资资源的不足。

厉行节约 1953年，全市开展增产节约运动，要求各生产建设单位从挖潜中求增产，从节约中找材料。1957—1978年，市计委每年发出有关节约物资的文件，且始终抓住不放。1958年，要求各种主要物资节约10%～20%，并在物资供应时从分配指标中扣除。其后，在各年物资资源分配时，都分别要求主要物资节约5%～20%，并取得了明显成效。据不完全统计，1957年节约物资2865万元；1959年节约钢材9120吨、生铁5800吨；1960年节约钢材2456吨、生铁1972吨、水泥2886吨；1975年市属企业节约钢材500吨，有色金属8吨，硫酸、烧碱、纯碱132吨，水泥2000吨。

降低消耗 第一个“五年”计划期间，市计委开始制订主要物资消耗定额。1961年，市物资局与市统计局进行消耗定额调查；1962年修订和下达主要物资消耗定额。1963年，市计委对37项物资消耗定额进行检查，与1962年相比，下降的19项，稳定的12项，升高的6项，因降低消耗全市节约792万元。1—9月，34个市属企业可比产品总成本比1962年同期下降11.58%。1972年，市要求各企业分别降低物资消耗5%～10%；凡没有消耗定额的企业和产品，都要制订消耗定额，并落实到班、组和产品；凡有考核产品单耗的企业每月定期考核。1973年，对29个企业的25种产品主要消耗物资，按分配供应体制进行考核。1978年重新审定消耗定额，并在此基础上认真总结经验，建立健全规章制度和原始记录，改变某些单位领料无制度，消耗无定额的现象；消耗定额凡未达到历史最好水平的要认真整改，限期达到。1979年，市物资部门协助生产部门查定消耗定额，根据查定结果，实行择优供应和物资核销制度。是年，株洲硬质合金厂狠抓消耗定额管理，全年共节约220万元，其中有钢材246吨，有色金属9吨。

清仓利库 自第一个“五年”计划开始，株洲市把清仓利库作为缓解物资资源短缺的一项重要措施。除经常抓以外，还进行了几次较大规模的清仓查库或清仓核资。据1957年、1959年、1960年、1962年、1964年、1966年、1971年、1975年、1979年共9年的不完全统计，共清出仓库积压超储物资3.33亿元，其中钢材14482吨、生铁14973吨、有色金属4500吨、机电设备4627台（件）、工具21万件、轴承48216套。

此外，从20世纪70年代始，每年分配物资时，都把利用库存作为一项专门指标下达给有关单位。凡能利用的物资不予供应。1979年，要求先利库后排产订货。自己不能利用的报上级主管部门纳入物资分配计划。金属材料订货必须事先填报基层主要原材料品种、规格的实际库存数量，否则不得参加订货。据1974—1979年统计，共下达利库指标钢材8800吨、铜材39吨、有色金属160吨。

综合利用 20世纪50年代以来，全市在生产建设中广泛开展物资综合利用。采取合理用材、定量节约、合理下料、精心剪裁、大材大用、小材小用、缺材代用、多次重用，对废旧物资进行修复、配套、改制、加工、充分利用。在保证产品产量和质量的前提下，改革产品设计，简化产品结构，降低产品重量，提高原材料利用率。1958年，全市实现综合利用合理化建议1430万件，节约物资价值2024万元。1960年，长江冶炼厂开展“八分材料十分产品”活动，综合利用原材料49种，代用33种，节约34种，价值1367万元，是年，全市综合利用“三废”（废渣、废水、废气），实行分区定点、对口供应。仅市地方工业企业就利用“三废”生产300多种新产品。1962年，全市利用“三废”提炼铜、铝40多吨，金、银等贵重金属价值30多万元。市轻化工材料公司从1976年开始实行汽车轮胎以旧换新，回收利用，进行轮胎翻新，并扶植有关部门在1978年建成轮胎翻新厂。1976—1985年，共翻新轮胎52000条，轮胎翻新后，每条行驶里程可由原来4万千米增至7万千米，共可增加行程15.6亿千米，节约橡胶670多吨、新胎39000条。市建材公司为解决玻璃、石棉橡胶板资源不足，从1979年开始，实行玻璃划片、石棉橡胶板加工套裁，以提高物资利用率，缓解物资资源不足。1979—1987年，划片平板玻璃10378平方米、压花玻璃11031平方米，利用率分别达到70%～90%。套裁石棉橡胶板10013千克。

第四节 物资供应

中华人民共和国成立时，株洲市地方工业十分薄弱，生产建设需要的少量物资主要由商业部门通过市场渠道供应，或由生产企业自行购销。中央、省属企业需要物资由其主管部门实行完全的保供制。

“一五”计划时期，随着生产建设的发展，所需物资逐渐增多。“申请单位”的计划分配物资由工业主管部门的物资供销机构供应，非申请单位和市场需要物资由商业部门供应。1958年后，全市地方单位所需统配物资由市物资部门供应，中央、省属企业按隶属关系由中央各部和省厅局直接供应。1978年改革开放以后，生产资料的供应逐步放开。20世纪90年代，绝大多数物资实行市场调剂。

一 供应方法

（一）直达供应

从1961年起，市物资部门对一些生产稳定、产品定型、方向明确、需要量大的原材料、大件设备和专用物资，不经过物资部门中转，由生产企业直达需要企业。货款双方直接结算，物资部门只代签订合同，并监督执行。凡省外订货，有条件直达的，物资部门均与企业签订直达合同。省产一、二类物资，从有利生产出发，简化手续，大部分机电产品、化工原材料和部分建筑材料、金属材料实行产需见面，对口定点、直达供应。1963年直达物资价值48万元，占年销售总额8.70%，其中金属材料和建筑材料1089吨，轻化材料248吨。其后，直达物资逐年增多。1964年直达10716吨，为企业节省运杂费和管理费15.9万元。1977年，轻化材料公司订货24964吨，直达20860吨，占总量的89%。该公司1961—1990年，直达物资15.6万吨，占订货总数的85%。市金属公司1964—1987年，直达金属材料1.2万吨。

（二）中转供应

对企业所需少量零星物资，市物资部门根据分配指标与生产企业统一签订供需合同，集中进货；需用单位则就地就近、多批次、小批量从物资部门进货。通过中转供应物资，一般占物资供应总量的25%～30%。

按分配指标供应　这是计划供应的基本形式。市物资部门按需用单位隶属关系和分配指标组织供应。

1953—1957年，株洲开始进行基本建设，“申请单位”生产建设所需的一、二类物资，分别由中央各部、省各主管厅局和市按计划供应。1958年，生产建设进一步发展，对统一分配物资需求急剧增加。是年，市物资供应局成立，负责全市的计划物资供应。至年底，供应各种计划物资6055吨。1959年，全市以生产建设为中心，进一步加强对物资的计划管理和供应。全年共供应市属单位各种计划物资21727吨，与1958年相比，增长比例为生铁280%、钢材289%、铜342%、铝77%、锌38%、铅150%、水泥156%、硫酸430%、纯碱380%、烧碱290%、橡胶180%。为加强地方“小、土、群”技术设备，供应机床143台、电动机452台、变压器35台、发电机38台、钢铁、煤炭生产配套设备329吨、轻工生产配套设备45台，使市属工业企业生产能力比1958年提高160%。

20世纪60年代，随着物资管理体制三次改革，计划物资供应的范围和数量日益扩大。1965年，按分配指标供应的钢材8692吨、生铁2050吨、有色金属2426吨、水泥13300吨、平板玻璃2850标箱、烧碱373吨、纯碱351吨、硫酸235吨、橡胶157吨、机器设备151台。

1990年，按指标供应钢材17367吨、有色金属1634吨、烧碱3560吨、纯碱2470吨、硫酸6640吨、橡胶1960吨。总的趋势是20世纪60年代后，计划指标的绝对量和占总供应量的比例逐步上升；80年代则逐渐缩小。如钢材1978年总供量为18095吨，按分配指标供应量为总供应量的85.90%；1990年，总供应量为65424吨，按指标供应量仅占总供应量的26.40%。

网点、门市供应　20世纪50年代初，生产建设和民用生产资料由商业部门通过门市供应。

1954年，市商业部门对非申请单位和市场供应物资，组织有关行业定期报送需要计划，根据计划组织货源或加工订货，使门市供应基本纳入有计划有组织的轨道。1958年市商业局设立生产资料专店，是年供应工业品生产资料1663万元，比1957年增长165%。

1960年，市各物资专业公司成立后，一、二类物资由物资部门统一经营。1964年，市金属、建材、机电、农机等公司为减少中间环节、方便用户，实行站库合一、前站后库，分别设立专业供应站，采取边看边买货，随开票随提货的方法进行门市供应。同时在醴陵县设立以中转物资为主的综合供应站。1977年市轻化材料公司设立支农门市部。20世纪70年代末又逐步在农村建立供应站，至1982年，供应网点已达37个。1982年，门市网点供应额623万元，占市物资部门销售总额的11.70%。其后，门市、网点进一步发展，到1990年，全市城乡网点92个（其中贸易中心4个）。其销售额1985—1990年约占销售总额的15%～18%。在门市、网点供应中，大力开展一条龙服务和拆零供应。按用户需要，实行金属材料零割零锯、化工产品分斤破两、水泥分袋零卖、玻璃划片供应。

核实供应 它是物资计划供应的一种形式。市物资部门对分配的一般维修、科研等小量零星用料和某些资源紧张的物资，根据用户的短期用料计划，核实需要，组织供应。20世纪50年代，对部分一、二类物资实行“排队控制供应”。60年代，市物资部门组织力量对全市重点企业的物资需求情况进行调查，建立145个企业的物资供应档案，对零星需用物资，按需要核实供应。1963年，农村大旱，市物资部门派出24名职工分三路调查旱情，根据实际需要，为46个大队供应抗旱物资428种，包括动力设备、电动机、水泵、变压器、钢材、生铁、有色金属、水泥、主要农机配件等。其中，电动机59台、水泵104台、钢材452吨、水泥1050吨、主要农机配件26404件。1971年起，对计划物资普遍实行核实供应。1972年，市物资部门要分配一批石棉瓦，事先到20多个申请单位核实，尔后进行供应。市磷肥厂锅炉爆炸后申请供应14吨钢板，市金属公司到厂里核实后供应5.3吨。1973年，市物资部门对省、市重点生产建设单位派“常驻代表”，了解情况，核实需要，组织供应。1979年，市物资部门协助生产部门查定企业消耗定额，逐步对主要物资核销供应。1985年后，对计划供应和省内供应不足的物资如钢材、生铁、有色金属、机器设备、水泥、玻璃等进行控制供应。

凭证凭票供应 1965年，市机电设备公司根据资源和用户的实际消耗情况，确定其需要量，发给购货证，用户提报需要计划，凭证随时购买。20世纪70年代，金属材料按计划分配指标，对用量较大单位实行分户发证立卡，逐次记载，年终结算，凭证供应。1978年，市金属材料公司采取定人定点分片包干进行调查，做到对企业的生产计划、消耗定额、物资需要、物资库存、超储积压、物资缺口“六个有底”，在此基础上实行凭证供应。是年，对铜、铝、铅、锌等有色金属按分配指标或核实数量，向用户发放供应票，用户凭票向公司购货，不受供货周期限制。从1976年起，汽车轮胎实行以废旧换新。1979年，市轻化材料公司组织10人专门班子，集中两个月对233个有车单位的6961辆汽车进行普查，为25658条轮胎打火印，对确实需要更换的轮胎及时给予更新，对废、旧轮胎实行统一收旧、统一翻新、统一供应。是年，全市机动车比上年增加485辆，而新胎供应量却减少300套。1980年，普遍对用胎单位发给轮胎供应证，凭证供应。

承包配套供应 在基建材料供应上，1954年建立市建筑器材厂，1956年成立市建筑材料公司，对一些重点建设单位所需砖、瓦、石灰等地产建筑材料组织承包供应。从20世纪60年代起，市物资部门对一些重点用料单位所需生产建设物资实行承包配套，及时齐备地供应。1980年开展以包干为主要内容的配套供应和成套供应。方法有两种：一是由市物资部门对某些重点企业需要物资部门供应的物资进行综合配套承包。二是由各物资专业公司承包。市化轻材料公司对化工原料的主料和辅料，均按比例配套，主料按计划指标，辅料按实际需要组织供应。

择优供应　20世纪60年代以来，市物资部门对一些产品适销对路、质优价廉、消耗低、效益好的企业优先保证其原材料供应。1979年，市金属材料公司从全市78个一类企业中选择了起重设备厂、矿山工具总厂、电焊条厂、汽车配件厂、工具厂、水泥管厂、电厂、白铁制品厂8个单位签订优先供应协议。由于保证了原材料供应，这些单位都超额完成了年度生产计划任务。

定点供应　1962年，全市三类物资纳入计划管理，市物资部门根据"生产稳定、大宗大量、质量稳定、产品定型、用于生产、就近就地"和"统一计划、分级管理、纳入计划、安排生产"的原则，组织生产企业与需要企业，生产企业与经营部门、需要部门与经营部门建立对口定点、固定协作关系，实行"定点定量"或"定点不定量"的协作供应。1964年，有44个生产企业与70个市内外需要企业建立定点协作关系，签订合同166份，物资品种407个，规格961个，金额208万元。有22个生产企业与7个市经营公司建立长期固定供需关系，品种858个、规格1525个。1965年，有46个生产企业与30个需要企业建立产需定点关系，还有24个需要企业与12个经营公司建立供需定点关系， 16个生产企业与3个经营公司建立产供定点关系。同年，机电设备、轻化工、建筑材料和金属材料等公司也实行定点对口供应。定点协作逐步由点到面全面开展。1979年，固定协作进一步发展。凡定点定量供应企业不参加订货，由物资部门代订代供。

划转供应　1959年，中央、省属部分企业物资计划和供应下放到株洲市。1964年，湖南省实行按经济区划组织供应，部分中央、省属企业和湘潭专区管辖的醴陵、攸县、茶陵、酃县所需一、二、三类物资，由省物资专业公司和湘潭专区物资主管分配部门将原由其分配、供应的企业和县的物资分配指标划转给市物资部门就地就近供应，并根据需要和可能，在品种、规格上进行调剂串换，尽量满足用户需要。"文化大革命"后，划转指标逐渐减少，1990年，仅有少量划转指标。

敞开供应　20世纪60年代和70年代，对长线和超储积压物资，按用户需要敞开供应。1978年年底，机电二、三类产品除电焊条外，全部敞开供应。实行大件、成批和专用物资预约订货，对口供应；小件不报计划，随时供应。1979年，建筑材料除水泥、玻璃，轻化工材料除橡胶、轮胎、纯碱、固碱、硝酸钠、亚硝酸钠、尿素等少数品种外，全部敞开；金属材料中的有色三材、合金刀片也敞开供应。1984年，钢材进入市场交易。

代销、展销　20世纪50年代曾对清仓积压超储物资进行展销。1961年，市生产资料服务公司成立后，代销、展销一直是其主要任务之一。1980年，全国100多种二类机电产品敞开订货，实行浮动价格。市机电设备公司为适应市场调节需要，开展代销业务，先后代销物资350多种、金额195万元，占公司年销售的17.70%。市其他物资专业公司也先后与84个单位建立了代销关系，代销品种 200 多个，规格 602 个、金额 371 万元，占这些单位销售总额的 5.40%。同时，还积极组织地方产品展销。市机电设备公司 1980 年后，相继为市玻璃纤维总厂、月塘机械厂等 50 多个工厂展销电机、焊条、交流电器等 60 多种物资。

直 拨 中转物资供应主要是库拨。库拨供应材料约占供应总量 60% ~ 70%。此外，就是就港就站直拨，省仓库直拨，生产厂直拨。直拨物资指标由专业公司掌握，货款由公司结算，从而减少中间环节，加速物资周转，节省开支、降低费用。1960 年来，市物资部门大力抓好直拨工作（60 年代初大部分化工原材料由省公司直拨）。据 1980 — 1987 年统计，直拨钢材 55593 吨、化工原材料 4564 吨、水泥 11.74 万吨。中转物资供应，一般以需用单位自己提货为主，物资部门也积极送货上门。

此外，1964 年至 20 世纪 70 年代，市物资部门还组织服务队，上门服务，解决生产中需要的急难物资和具体困难。1973 年，又对重点生产建设单位，派“常驻代表”，了解需要，组织供应。

第五节　物资仓储

一　仓库建设

民国初期，株洲几乎没有物资储备。物资仓库很少，且设施简陋，仅在湘江河岸有一些露天木材堆栈，在 12 家私营煤店和 16 家南货店分别有少量的煤炭、石油（煤油）储备。抗日战争前，外商在渌口建有一个 200 多平方米的油库。董家塅炮弹厂经过 1936 年和 1948 年的 2 次建设，到 1948 年时，有几处约 3500 平方米的正式库房和临时库房与 1.5 千米进厂铁路。株洲机厂在 1938 年建有一栋面积为 1878.6 平方米的材料仓库，1947 年复建时，建成了水泥库，机器设备库和材料库三栋简易仓库以及 6.73 千米的进厂铁路。永利化工厂 1947 年建成一栋仓库。

中华人民共和国成立后，随着生产建设的发展，株洲物资仓库的建设开始起步。株洲兵工厂（南方航空动力机械公司前身）1950 年 5 月，修建了三栋临时物资仓库，1956 年，该厂有仓库 8028 平方米。株洲机厂 1950 年后，也增加了大五金库、电料库、油库、有色金属库、水管配件库、建材库、杂品库。市区工业企业 1950 年仅有物资仓库 7923 平方米，1957 年达到 8.34 万平方米。

1958 年后，物资仓库的建设进一步发展。1958 年度，工业企业新峻工的物资仓库面积达 3.33 万平方米，到 1966 年年末，全市工业企业物资仓库面积达 21.9 万平方米。相继成立的工业、城建、交通等局也设有仓库，负责系统内物资中转，但正规库房少，大多数为代用库房和临时性货棚。1962 年，根据中共中央“集中统一”的物资工作方针，实行由物资部门统一管理中转仓库。到 1963 年，除手工业管理局外，其他工业主管局的中转仓库即逐步取消。20 世纪 70 年代后，由于物资管理体制变化，各工业主管局又陆续恢复了中转仓库。

1958 年 6 月，株洲市物资供应局成立。同年底，投资 2.5 万元在市东区罗家冲首建一栋 820 平方米的机电仓库。1959 — 1965 年，物资部门采取新建、购买、租借、划拨等办法，解决仓库缺乏困难，扩大物资储存能力。1961 年，购买市手工业联社 288 平方米的职工食堂和解放西街 317 平方米的神皇庙，维修改造为简易仓库。1962 年，在钟鼓岭新建简易货棚 495 平方米，租借株洲钢厂、市港务处铜塘湾仓库和雷打石石灰厂火工库共 4722 平方米，国家物资总局武汉储运公司株洲仓库移交简易库房和货棚 317 平方米。1965 年，新建 2 栋面积为 4291 平方米的水泥库和金属库；省物资储运公司划拨株洲田心仓库 1906 平方米；中国人民解放军 3850 部队转让桠枝塘简易房屋，经维修改造为临时货棚 432 平方米。到 1965 年年底，市物资部门有仓库和货棚 8017 平方米，库区占地面积 9.51 万平方米。1966 — 1978 年，市物资部门的仓库建设进一步发展，先后建成化轻、建材机电、生产服务、金属仓库。到 1978 年年底，共新建仓库 1.31 万平方米。1979 年后，新建金属回收仓库，增建建材仓库和机电仓库，改建火工仓库，扩建金属材料货坪。

全市各工业企业十分重视仓库建设，基本上做到仓库建设与生产建设同步，适应了生产建设需要。1981 年 5 月，国家经委、国家计委等 10 个部门作出企业在一定范围内有权自销产品的规定后，企业自销产品范围不断扩大，数量逐年增加。由此，企业原材料、设备和成品的储存量也相应增加，对仓库建设提出了新的要求，企业的物资仓库建设进入新的时期。1982 年，工业企业新增仓库面积 4.67 万平方米，到 1987 年，全市工业企业共有仓库 58.95 万平方米。

1990 年度，全市工业企业又新增仓库 2.21 万平方米。到年末，全市工业企业共有物资仓库 67.13 万平方米；物资部门 (含市辖各县、市物资部门) 共有仓库 15 处，库房 103 栋，面积 61622 平方米，货坪 87097 平方米，库区总占地面积 26.06 万平方米；各工业主管部门供销公司有库房 1.65 万平方米，货坪 2.54 万平方米。全市各工业企业和物资部门基本上根据自身生产发展和物资储存的要求，建立了布局合理、门类齐全、设备比较完善、储运便利的物资仓库。

二　公共及国家储备仓库

（一）物资部门仓库

株洲市物资企业的仓库是根据以城市为中心、保证物资合理流向、满足生产企业需要、就近就地组织供应的原则，与工业布局和产销情况相适应，结合工业城市规划，按物资种类进行分布，实行一个种类、一个库群。1990 年底，市物资局直属公司有仓库 43 栋，建筑面积 32549 平方米 (库容量 26 万吨)，货坪 66175 平方米，库区占地面积 19.92 万平方米，储存物资 5400 种，年吞吐量 35 万吨。其中，化工轻工仓库 6665 平方米，金属材料仓库 6486 平方米，机电设备仓库 6680 平方米，建筑材料仓库 5854 平方米，金属回收仓库 1224 平方米等。

市辖各县 (市) 物资部门也分别设有机电、化轻、建材、金属等仓库。1990 年，醴陵市物资部门有库房 12 栋，建筑面积 5600 平方米；攸县物资部门有库房 19 栋，建筑面积 6649 平方米；茶陵县物资部门有库房 13 栋，建筑面积 5059 平方米；株洲县物资部门有库房 6 栋，建筑面积 2575 平方米，酃县物资部门有库房 10 栋，建筑面积 9190 平方米。

（二）国家储备仓库

株洲市还有湖南省储备局336处和154处2个国家储备仓库，主要储存用于备战备荒的国家储备物资。

（三）清仓利库

20世纪50年代末，随着生产建设的发展，物资供需矛盾突出，大量物资紧缺，同时，亦有产品在仓库积压，不能物尽其用。为充分利用社会库存物资，1959年6月，中共株洲市委决定在全市企业开展查清物资，弄清家底，挖掘物资潜力、变死物为活物的增产节约活动。全市组织2万多人，清查了156个单位，共清出积压物资2210万元，其中，钢材2560吨、生铁7230吨、有色金属189吨、设备1210台、工具21万件。株洲选煤厂1800多名职工利用假日清出枕木128立方米、重轨28吨、钢材10多吨、废料20多吨。对清理出来的积压、多余物资进行了调剂和处理，金额达1500万元。同时，还结合清仓查库，全市共组织了7次物资交流会，交流物资总值478万元，其中钢材2088吨、生铁438吨、有色金属123吨、化工原料188吨、建筑材料340吨、设备654台、工具35486件。株洲玻璃厂制造玻璃压延器缺乏工字钢，市铁合金厂从积压物资中调出24吨，使国内第1台压延器提前制成；而玻璃厂调出150吨水泥给铁合金厂，保证了该厂冷却系统上马，产量提高30%。

1960年，根椐中共湖南省委关于清仓工作指示，成立市物资清理委员会，把清查仓库的范围扩大到市区所有的工业、交通、商业等部门的仓库、堆栈、车站码头，以至机关、学校等单位。凡属原材料、燃料、设备器材等生产资料，全面进行清理。全市共建立了160个清仓机构，组织近10万人投入清仓运动，共清出钢材3614吨、生铁4242吨、水泥2484吨、轴承14109套、电动机664台、轮胎89套等。对清理出来的物资实行“边清边调边用”，共调剂钢材678吨、有色金属15吨、化工原料839吨、轴承4074套。1962年，全市共清理出物资约2.43亿元，挖出多余物资7494万元。同年7月，成立市清仓物资收购办公室，由物资、商业和企业主管部门负责收购市内各中央、省属、市属企事业及机关、团体、车站码头等单位清理出来的呆滞物资和无主物资。到1964年年底，仅物资部门就收购了78个单位的清仓积压物资801万元，通过有计划安排利用、加工改制、调剂补充等办法处理481万元，为企业处理了积压、搞活了资金，但物资部门却增加超储库存，积压了资金。

1964年年初，市物资部门全面开展清仓核资工作，成立处理积压物资领导小组，组织86人的专业队伍，清理出积压物资723万元，处理了317万元。1966年年初，在全市工交企业中开展“查材料、查设备、查资金”的“三查”节约活动，全市有112个工交单位600余人参加“三查”。到4月份共清查出积压物资699.49万元，其中钢材691吨、有色金属31.54吨、生铁343吨、设备1771台（套）。对清查出来的积压物资，采取纳入正常供应计划，冲减物资分配指标；在工程设计、建设时，充分合理利用；带样到厂试验，尽量替代利用；组织轻工、手工业部门当面看货，选购利用；组织加工改制，修复配套利用；组织全市性的物资交流会，调剂利用等办法，共处理525.8万元，其中，加工改制、修复配套物资价值324万元。

“文化大革命”开始后，工业企业生产不正常，物资流通不畅，长线物资积压日趋严重。1969

年，全国开展增产节约、清仓核资运动，市成立清仓节约办公室，在全市工交企业和物资、商业、供销等部门全面开展清仓查库活动，要求“各企业仓库要做到月小清、季中清、年终一大清”。至1972年，全市共清出积压物资4196万元，按照“边清理、边利用”的原则，共处理利用物资3100万元，占总积压物资的73.80%。为加快积压物资处理，1974年后，市计委每年在下达物资分配计划时，都下达了利用库存物资指标，促进企业充分利用库存物资，降低物资消耗，挖掘物资潜力。

1979年，为贯彻国务院颁发的《全国清产核资试行办法(草案)》，市成立清产核资领导小组，在全市范围内全面开展清仓查库、清产核资工作。为大力压缩和利用库存资源，市计委逐个核算各部门各企业的库存定额，同时，召开十余次全市性的调度调剂会，调剂利用库存钢材1700多吨。市物资部门在清仓查库中清理出超储积压物资423万元，处理了100万元。到1980年年底，全市共清查533个单位，处理利用超储积压物资2385万元，占超储积压物资总数的75%。通过清产核资，摸清了家底，减少了流动资金占用，加速了资金周转，为国家减少财产损失141.6万元。株洲桥梁厂通过清产核资，共处理利用积压物资62.34万元，获得铁道部“清仓利库”一等奖。

1982年6月，根据国务院颁发的《关于库存机电产品报废处理的决定》，成立市库存机电产品报废处理领导小组和办公室，负责全民企事业单位库存机电产品、钢材的报废、削价处理工作。全市有报废任务的单位成立相应的机构，组织有领导、技术人员（财务、供销人员）、工人（保管员）参加的“三结合”技术鉴定小组。对1980年年底以前，清仓查库中清理出来的库存积压机电产品和钢材进行清理鉴定，确认不能使用的，由各单位造册登记，报主管部门会同市报废办、财政、银行进行审批。对批准报废的物资，先由教育部门作教具选用，再由申报单位作生产原料使用，剩余的由物资回收部门回收。自1982年6月至1983年年底，全市（包括醴陵、茶陵、攸县、酃县和株洲县）有库存机电产品和钢材报废、降价处理的全民企业146个，其中市属企业76个、县属企业70个。报废原值1836万元，占上述单位1980年年底机电产品和钢材库存的29.32%。全市报废、降价净损失1707万元，其中，市属企业1282万元，占75.10%；县属企业425万元，占24.90%。在报废处理中，市教育部门选用99万元，市金属回收公司收购1515万元。

1989年，因产业结构调整、流通不畅、市场疲软、资金紧张，全市各工业企业不同程度地存在着产品积压现象。到年底，全市县以上企业产品库存总额达6亿元，地方工业企业中有34个停产、半停产，占企业总数的1.34%。为此，1990年，市政府制定搞活销售的有关政策，成立供销工作领导小组和供销委员会，发出“致全市供销人员的一封公开信”，努力扩大地方产品销售，减少企业产品库存积压。市政府于同年2月在深圳举办工业产品展销会、5月举行工业物资洽谈会，8月举办市辖5县市商业供销部门产品订货会，总计成交金额35106万元。仅市区物资部门全年就推销地方产品1400多万元。为提高企业经济效益，全市工业企业和物资部门把清仓利库列为经常性工作，及时根据生产和流通需要，核定物资库存定额，调整库存物资结构，积极推销产品，处理积压物资，减少长线物资库存、保证紧缺物资必要储备。

株洲市物资局（总公司）历任负责人名录

表 5-13

局　长	任职时间	副局长	任职时间
吕庆云	1958.6 — 1965.6	肖玉华	1958.6 — 1968.10
傅学珍	1969.10 — 1983.8	宁怀成	1960.2 — 1962.3
石　磊	1984.8 — 1994.8	张乃庆	1960.7 — 1964.12
叶国存（总经理）	1994.9 — 2000.12	赵云峰	1972.6 — 1979.5
–	–	周辛林	1964.9 — 1968.10
–	–	谢龙清	1969.6 — 1969.10
–	–	郭来书	1969.10 — 1975.6
–	–	张思华	1969.10 — 1978.7
–	–	蒋极宦	1973.9 — 1979.5
–	–	金行厚	1978.9 — 1980.12
–	–	宾公仲	1978.7 — 1983.8
–	–	李昌明	1978.7 — 1983.8
–	–	窦汝修	1978.7 — 1992.2
–	–	叶国存	1983.8 — 1994.9
–	–	王化孚	1984.8 — 1989.3
–	–	欧国亮	1990.5 — 1994.9 1994.10 — 2000.12（副总经理）
–	–	屈再花	1992.3 — 1994.9 1994.10 — 2000.12（副总经理）
–	–	朱继明	1997.6 — 2000.12（副总经理）

第六章　国土资源管理

1951 年 7 月，株洲市人民政府内设房地产管理科，负责全市建设用地征用、房屋拆迁工作。1956 年 4 月，建立株洲市房地产管理局（简称“市房地产局”），内设土地征用科，负责土地征用工作。1958 年 2 月，房地产局撤销，人员并入城市基建局（简称“市城建局”），与该局营建管理科合并成立规划管理科，负责土地审批和土地征用工作。1964 年，市房地产局恢复，土地征用、房屋拆迁及居民安置工作又转由该局土地征用科负责。1967 年，株洲市革命委员会成立，土地征用、房屋拆迁业务由革命委员会基建组公用事业所主管。1969 年，转由株洲市“五七”干校基建组公用事业公司公用事务所主管。1970 年，株洲市城建局恢复，土地征用、房屋拆迁工作改为市城建局负责管理。1978 年 3 月，市房地产局再次恢复，土地征用、房屋拆迁工作仍由市房地产局土地管理科管理。

1979 年 12 月，设立株洲市规划委员会办公室，其办事机构为市规划管理处，负责建设用地的管理工作。1984 年撤销规划处，原规划管理人员并入市城建局。

1984 年 12 月经市人民政府批准，成立株洲市土地征用、房屋拆迁办公室，统一承办市区的建设用地征用和房屋拆迁工作，并担负所辖县（市）征地拆迁的业务指导。1985 年 9 月，成立株洲市规划办公室，内设三科一室（综合科、规划管理科、村镇规划管理科、规划设计室），由规划管理科负责建设用地的审批和管理。农村及郊区的土地管理由设在市农业局的土地管理站负责。

1986 年 11 月 27 日，为加强对全市国土资源的调查规划、综合开发和集中统一管理，市政府将土地征用、房屋拆迁办公室和株洲市农业区划委员会办公室合并，成立株洲市国土管理局（简称“市国土局”），为市政府直属机构。是年 9 月，经过调整，成立株洲市土地征用事务所，为市国土局的直属单位。原土地征用科更名为城乡建设用地管理科。市辖株洲县、攸县、酃县、茶陵县、醴陵市和郊区、东区、南区、北区也相继成立了县（市、区）国土管理局，县（市）和郊区国土管理局也设立了土地征用事务所、土地监察大队等相应的事业机构。150 个乡（镇）建立了土地管理站或办公室（1990 年统一定名“土地管理所”）。

1991 — 2000 年，随着株洲市土地使用制度和土地管理体制改革的不断加强和完善，确立“五统一”（对建设用地统一规划、统一征地、统一开发、统一出让、统一管理）、“两直管一双管”（市对城区、县对乡镇垂直管理，市对县国土局和中共县委、县政府双重领导）体制，确保了全市耕地总量动态平衡。特别是在合理用地、保护耕地、实现耕地总量动态平衡、规范土地市场、盘活土地存量、实行土地使用制度、强化土地管理体制、土地执法监察和加强地籍管理、测绘管理及企业改制、改组中的土地资产管理等方面做了卓有成效的工作。先后荣获土地管理、土地开发复垦、土地详查、农业区划、土地管理宣传、土地管理信访、土地管理档案、土地监察、土地管理信息系统、建设用地管理等全国先进单位称号。炎陵县和醴陵市长岭乡被评为全国“三无县”和“三无乡”。

第一节 地籍管理

一 特殊土地租赁管理

1957年2月5日，株洲市人民委员会制定《株洲市特殊土地租赁试行办法》，办法规定各企业、机关单位和个人使用国有特殊土地时，均需向房地产公司立约承租。国有特殊土地包括烧砖制瓦取土基地、石渣和片石开取地、专作蓄鱼使用的池塘、街坊内尚未作建筑使用的空地、堆栈（煤栈、集材场、沙子卵石堆放地等）、晒坪、酱园、工棚基地等临时使用的土地。烧砖制瓦取土基地，石渣、片石开取地按其总产量（销售价格）的1%计租；鱼塘按市内地租标准最低等级的50%计租；各种堆栈、工棚基地概按其地区屋基租金标准计租。在租赁期间，因国家建设需要收回时，由市房地产公司先期通知，取消租约。办法试行到1957年年底，全市共清理出特殊土地面积71.51万平方米，当年收取特殊土地租金6.25万元。鉴于株洲市砖厂、石料厂等单位在本单位征购的土地内烧砖取土拒绝向市房地产公司缴纳特殊土地租金，株洲市人民委员会对原试行办法进行了补充修正，于1960年2月2日颁布《株洲市特殊土地租金管理暂行办法》，特殊土地所包括的范围有所扩大，烧砖制瓦取土基地、片石、碎石、石灰石、白云石、石英石及其他矿物开采地按其总产量（销售价格）的1%计租；堆栈、煤栈、集材场、晒坪、酱园工棚基地、空地，按每平方米月租一分计租；鱼塘按每平方米月租五厘计租；挖煤、开采铁矿石等按总产值（销售价格）的5‰计租。依据国家建设征用土地办法的规定征购的土地作临时性使用或半永久性建筑使用时，均需向市房地产公司立约承租。用地单位征购的土地，未使用或不需要使用，又未按照国家建设征用土地办法和湖南省国家建设征用土地实施办法的规定交还给当地人民委员会或者私自转让给其他单位作烧砖制瓦、搭工棚、堆材料等临时性使用时均需按规定缴纳特殊土地租金。为了随时检查和收回闲置的土地，促进其合理使用，特殊土地一律使用临时划拨方式。特殊土地的清理和征租，克服了少数单位“土地私有”的观念，对城市国有土地的权属管理和节约用地起到了一定的作用。1959年，市区特殊土地面积达600万平方米，1963年下降到285万平方米。

二 建设用地的核定、清退和非农业用地清查

株洲市从1951年7月建市起到1962年，国家基本建设征用土地，普遍存在着计划过大、早征晚用、多征少用和征而不用的现象，浪费了大量的耕地。已征用的土地大都没有经过清理备案，界限不清，使用十分混乱，附近村民和单位之间争田夺地的现象不断发生。为了加强土地管理，支援农业生产，株洲市委1962年7月底成立清理土地工作组，在城市5区开展土地清退工作。各单位已征购而暂时未用的土地一律无偿借给当地生产队耕种，征购单位以后因基建需要时则无偿收回；已征购的土

地因计划变更而不使用或不全部使用的土地，由当地人委拨给当地生产队耕种，因搞机关生产经批准购买和租用的土地在作物收获后退回原生产队；借用和无偿占有的土地一律无偿退还给原生产队，种植了作物的，连同作物一起还给生产队；在生产队山地上所开的荒土按生荒 3 年，熟荒 5 年的规定期限使用，期满后由生产队无偿收回。工作组在市区内共清理 138 个单位，查出应清退的土地面积 481.95 平方米，其中征而未用的 265.30 万平方米，租用的 112.52 万平方米，借用的 29.66 万平方米，无偿占有的 4.87 万平方米，购买的 42.67 万平方米，开荒的 26.93 万平方米。到 8 月底，全市共实际清退土地 373.25 万平方米。到 1963 年年底，全市共清理 242 个单位，核定单位建设用地面积 763.63 万平方米，清退土地 629.27 万平方米。

经过特殊土地的清理，建设用地的核定、清退，株洲市基本建设过程中浪费土地的情况有所缓解，但由于没有统一的土地管理机构，城乡非农业建设乱占耕地，滥用土地的问题依然普遍存在，特别是中共十一届三中全会以后，由于城市基本建设迅速发展，乡镇企业异军突起，建新房的城乡居民户数聚增，乱占耕地，滥用土地的现象愈来愈严重。1965 — 1986年，全市（包括株洲县、醴陵市、攸县、茶陵县和酃县）平均每年减少耕地389公顷，接近于一个中等乡的耕地面积，农业人口平均耕地由1965年的0.09公顷减少到1986年的0.06公顷。根据中共中央、国务院《关于加强土地管理、制止乱占耕地的通知》精神，1987年4月，株洲市国土管理部门着手组织专业清查队伍，开展非农业用地的清查，查处和制止非法占有土地的行为，为国家征收土地使用税和土地使用费提供依据。清查范围：国家、集体单位建设用地；个人建房用地和专业户的非农业用地。同年6 — 7月，株洲市国土管理局与北区、株洲县人民政府配合，分别在北区响石岭办事处和株洲市洲坪乡进行非农业用地清查试点。响石岭办事处土地总面积600万平方米，大小单位139个。据其中73个单位清查结果统计，73个单位土地总面积543.08万平方米，清查出各类违法占地面积91.74万平方米，占土地总面积16.89%。1987年8月，清查工作在全市范围内铺开，株洲市国土局集中全部力量组成清查办公室，对全市非农业用地清查进行组织和技术指导，并直接负责航空航天部南方动力机械公司等15个单位用地的清查。各县（市、区）、乡（镇）人民政府都以国土管理部门为主成立清查办公室和专业清查队伍，负责本行政区域内的非农业用地清查。国家、集体单位用地的清查，采用本单位自清自查和当地清查办公室派员作技术指导相结合的办法进行。一般分四个步骤进行：定界，根据批准征用范围在1：2000的地形上圈划红线，根据本单位实际用地范围圈划蓝线；绘制平面现状图；查对有关历史资料；由清查办公室组织相邻单位评审，确认土地权属，签订协议。个人宅基地的清查，农村以行政村为单位，城市以街道办事处为单位，逐户进行丈量，将清查内容张榜公布，听取群众意见，核实丈量结果。

1987 年 8 月，株洲市国土局批转《洲坪乡清查非农业用地中若干问题的处理意见》和《北区清查非农业用地试点中若干问题的处理意见》，各县（市、区）清查办公室都参照执行。在这两个意见中，对于各类违法占地，区别时间界限，依照政策法规，分别规定了处理的办法。处理国家、集体单位未征占用国有、集体所有土地的三个时间界限是：1982 年 5 月国务院《国家建设征用土地条例》发布前，1982 年 6 月至 1986 年 12 月和 1987 年 1 月《中华人民共和国土地管理法》实施后；

处理未按规定办理审批手续的城镇居民宅基地的三个时间界限是：1983年5月国务院《城镇个人建造住宅管理办法》发布前，1983年6月至1986年12月和1987年1月《中华人民共和国土地管理法》实施后；处理未按规定办理审批手续的农村居民宅基地的四个时间界限是：1984年4月《湖南省村镇建房用地管理实施办法》发布前，1984年5月至1986年2月，1986年3月中共中央、国务院《关于加强土地管理、制止乱占耕地的通知》发布后至1986年12月和1987年1月《中华人民共和国土地管理法》实施后。

这次非农业用地清查，全市发动3万多人，清查出全市共有非农业用地面积3.19亿平方米，其中国家、集体单位建设用地面积1.47亿平方米，占非农业用地总面积46.08%；乡镇企业用地面积0.17亿平方米，占5.33%；城乡居民宅基地面积1.55亿平方米，占48.59%。1982年以后，国家、集体单位建设用地面积1012.98万平方米，其中违法占地面积80.07万平方米，占7.90%；乡镇企业用地面积384.62万平方米，其中违法占地面积150.81万平方米，占39.21%；城乡居民建房12.55万户，用地面积2688.81万平方米，其中违法占地面积296.15万平方米，占11.02%。截至1988年2月，株洲市国土管理部门处理635起国家、集体单位违法占地案件，罚款29.28万元，收回耕地9公顷，处理违法占地建房的居民2.14万户，罚款98.13万元，拆除房屋911间，收回耕地23.39公顷。

三　土地调查

在省国土管理局的统一部署下，株洲市国土管理局从1988年4月开始分期分批组织各县（市）、郊区国土管理部门进行土地详查，其内容包括土地的地类调查和土地的权属调查。土地利用的分类以全国农业区划委员会制定的《土地利用现状调查技术规程》为基础，一级八类：耕地、园地、林地、牧草地、城镇村及工矿用地、交通用地、水域、未利用土地。土地权属调查时，调查人员与相邻双方委派的指界人员必须同时到达现场指界，填写《土地权属界线认定书》或者《土地权属界线协议书》《土地权属界线争议原由书》。株洲市国土管理局于1989年5月、6月和1990年4月分别在醴陵市、株洲市郊区、酃县召集相邻县（市、区）国土管理部门的负责同志举行土地详查协作座谈会，调解清除接边工作中出现的矛盾和纠纷，保证了土地权属边界调查的顺利进行。

到1990年年底，株洲县作为湖南省第一批详查单位和株洲市详查试点单位，土地详查工作已全部结束，并通过湖南省国土管理局的检查验收；湖南省第二批详查单位醴陵市、攸县和株洲市郊区已完成详查作业；湖南省第三批详查单位酃县和第四批详查单位茶陵县详查外业尚在进行之中。

20世纪90年代，市国土局主要围绕土地利用现状和地籍、土地条件开展调查。1992年，株洲市完成了非农用地清查，查清了非农用地情况。1994年，株洲市完成土地利用现状调查，即：全市土地总面积112.62万公顷，其中耕地20.30万公顷，园地1.28万公顷，林地66.28万公顷，牧草地0.25万公顷，城镇村庄及工矿用地6.28万公顷，交通用地0.78万公顷，水域6.37万公顷，未利用土地10.78万公顷。1996年，完成土地详查后续工作，对土地详查后土地变化进行调查统计，该系列成果获国家土地管理局优秀科技成果二等奖，株洲市国土管理局荣获全国土地利用现状调查先进单位。1997年后，根据国家土地管理局和省国土测绘管理局的规定，建立了年度土地变更调查制度，开展了土地利用现状变更调查，于翌年10月31日为调查基准日统计上报，截至2000年10月31日，全市土地利用情况是：耕地20.75万公顷，园地1.72万公顷，林地66.32万公顷，牧草地0.25万公顷，城镇村庄及工矿用地0.68万公顷，交通用地0.92万公顷，水域6.32万公顷，未利用土地9.41万公顷。

1997年，在非农用地清查的基础上，株洲市根据省国土测绘管理局要求，为加快城镇地籍调查步伐，查清城镇土地情况，全面开展城镇地籍调查。1999年6月，完成5个县（市）及市区城关镇以上城镇地籍调查，全市共调查57533宗地，土地利用情况是：商业用地390.56公顷，工业仓储用地2486.16公顷，市政用地1010.64公顷，公共建筑用地890.74公顷，住宅用地1753.27公顷，交通用地1138.00公顷，特殊用地74.11公顷，水域用地763.7公顷，农用地1120.9公顷，其他用地1301.81公顷。其中市区共调查20066宗地，土地利用情况是：商业用地203.29公顷，工业仓储用地1924.15公顷，市政用地764.87公顷，公共建筑用地542.58公顷，住宅用地1013.08公顷，交通用地660.36公顷，特殊用地49.81公顷，水域用地422.95公顷，农用地57.52公顷，其他用地414.46公顷。2000年开始，通过对建设用地进行竣工验收测量、日常变更地籍调查和变更土地登记，及时更新土地图件和数据，为编制国民经济和社会发展计划、编制土地利用总体规划、编制城市规划、土地管理、城市建设及相关部门等提供了准确、现实的图件和数据成果。

四　土地登记发证

1988年4月，株洲市国土管理局在非农业用地清查的基础上开始对依法使用国有土地的单位或个人颁发“国有土地使用证”；对依法使用农村集体土地进行非农业建设的单位和个人颁发“集体土地建设用地使用证”。土地使用单位在规定期限内以宗地为单位填报土地登记申请书，国土管理部门进行权属、界址和面积审查，在达到“权属合法、界址清楚、面积准确”三条标准之后，将认定的单位用地至界址及面积填写到“土地使用权核定征询单”上，发至用地单位，用地单位无异议即批准登记。城乡个人建房用地登记发证的审批，以非农业用地清查的资料为依据，张榜公布，若无异议，即批准登记。

依法使用国家和集体所有土地的单位、个人经批准登记后，由县级或县级以上国土管理部门填发土地使用证。城镇居民建房共同使用一宗地的，按各自所占建筑面积的比例分摊，予以发证。1983年5月国务院《国家建设征用土地条例》发布后，一户占有2处以上（含2处）宅基地的暂发一处。临时用地，同样颁发土地使用证书，在使用证上注明临时使用性质和使用期限。因国家建设需要，经国土管理部门批准划拨的国有土地，自批准之日起划出单位或个人的土地使用权终止，原发的土地使用证由国土管理部门收回。1988年全市颁发了土地使用证232670本，其中国有土地使用建设用地使用证7453本，集体土地使用建设用地使用证225217本。全市城乡应申报登记发证的单位和个人共用地682040宗，全部申报，城乡发证率达到75.1%。

为确保地籍资料的准确性和真实性，株洲市国土管理局于1988年11月，印发《开展土地权属变更登记工作的通知》，并制定了土地权属变更登记的暂行规定。1990年5月颁发了《株洲土地变更登记实施办法》，用地单位和个人在土地使用权及土地的主要用途发生变更的时候，应到当地国土管理部门办理变更手续，换发新的土地证书，否则，其用地视为非法用地。

到1990年年底，全市共发放土地使用证书64.12万本，其中"国有土地使用证"1.65万本，《集体土地建设用地使用证》62.47万本。

1992年，根据国家土地管理局和省国土管理局的要求，株洲市全面完成非农业用地清查发证工作，发证率达95%。在此基础上，开展了日常地籍管理和土地变更登记发证工作。1994年，全市开始对集体土地所有权进行登记发证（1999年后，对未申请集体土地所有权登记发证的，如需征地的，优先办理土地登记，明确土地权属）。1995年10月，株洲市国土管理局为配合株洲市实施房改公房发放"国有土地使用证"工作，下发《关于株洲市实施房改的公房发放国有土地使用证有关事项的通知》（株国土（籍）字第12号文件），启动房改发证工作，截至2000年年末，共发证3.7万本。1998年10月，为进一步加强土地登记管理，规范土地登记，株洲市人民政府颁布了《株洲市土地登记实施细则》。2000年4月，在建立市区城镇地籍管理信息系统的基础上，全面实现了土地登记计算机管理。

为完善土地登记制度，保障土地权利人的合法权益。从1997年起，开展土地证书查验（年检）工作，到1999年，市区共完成查验单位房2927本、私房36924本土地证书。

五　土地权属管理

土地权属管理是地籍管理的核心，中心环节是土地权属审核，包括土地所有权和使用权的确定及变更。1987年，株洲市国土管理局成立后，为规范地籍管理，明确土地权属，在全市范围内开展了土地清查发证工作。截止到1994年年底，全市完成151个乡（镇）2237个村土地利用现状调查，确定了土地类别和土地所有权，并落实到每个村、每个图斑。1995年又在全市范围内开展了土地变更调查，编辑出版《株洲市土地利用现状调查报告集》《株洲市土地利用现状调查数字集》《株洲市土地资源》（该系列成果获"国家土地管理局优秀成果二等奖"，株洲市土地管理局因此荣获"全国土地利用现状调查先进单位"）。1997年4月到1999年12月，完成5个县（市）及株洲市区城关镇以上城镇地籍调查，共调查57533宗地，确定了各宗土地的所有权和使用权。通过土地变更调查和变更土地登记，及时对土地权属进行变更。

1999年，配合企业改制和建设用地征用转用报批，依法对改制企业土地处置、土地使用权转让等出具土地权属证明法律文书，核定了土地权属、用途和面积。

土地权属管理的难点是争议调处。国土部门本着"尊重历史、注重现实、有利团结、有利生产、依法调处"的原则，及时调处土地权属争议。20世纪90年代以来，调处土地权属争议1539起。如1996年株洲市北区苗圃与郊区清水乡湘天桥村、大华村土地权属争议；2000年株洲硬质合金厂与株洲市荷塘区新塘坡村土地权属争议及株洲电力机车工厂与株洲空压机制造厂土地权属争议等。

六　土地测绘

随着株洲城市建设的发展，1982 年航测的 1∶2000 地形已不能满足经济发展、城市建设和土地管理等工作的需要。1993 年 10 月，株洲市完成了地籍测量 GPS 控制网测量，布点 108 个，为地形测量、地籍测量奠定基础，该成果获国家土地管理局地籍调查成果一等奖。1996 年 10 月，株洲市完成规划区 130 平方千米 1∶500 地形图测量，制图 2661 幅，同年，株洲市人民政府办公室下发《关于统一使用新测 1∶500 地形图的通知》正式使用新测地形图。1999 年 6 月，株洲市完成了建成区 68.17 平方千米 1∶500 地籍图测量，制图 1671 幅。1999 年建立城镇地籍数据库、城镇地籍发证系统。2000 年 6 月，株洲市完成市区 24.8 平方千米地形修测和 30.5 平方千米地形图补测。

七　地价管理

为推动土地使用制度改革，1992 年 8 月，根据《中华人民共和国城镇国有土地使用权出让和转让暂行条例》（国务院第 55 号令）、《中华人民共和国城镇国有土地管理法实施条例》和国家土地管理局颁布的《划拨土地使用权管理暂行办法》的规定，株洲市国土管理局与有关部门共同拟定《株洲市国有土地等级暂行划分范围》和《株洲市国有土地出让价格表》，并以政府文件形式向社会公布。

1994 年，株洲市土地估价事务所成立。1995 年 10 月，完成株洲市城区 100 平方千米基准地价评估，并向社会公布；1996 年，株洲市 5 个县（市）全部完成城关镇以上城镇基准地价评估，并及时向社会公布。1998 年 5 月，完成株洲市城区 100 平方千米基准地价更新，并向社会公布；1999 年，株洲市 5 个县（市）全部完成城关镇以上城镇基准地价更新及建制镇基准地价评估，并及时向社会公布。

第二节　土地利用管理

一　土地资源

株洲市待开发土地资源具有面积大、分布广、资源类型多样、成块面积少、海拔高度低和坡度较缓 5 个特点。据株洲市国土管理部门 1988 年调查，全市共有待开发土地资源 19.82 万公顷，占全市土地总面积的 17.58%。按资源类型分：荒坡隙地 19.29 万公顷，占待开发土地资源总面积的 97.32%；农村废弃地 1840 公顷，占待开发土地总面积 0.93%；工矿废弃地 900 公顷，占 0.45%；河湖洲滩地 1894 公顷，占 0.96%；荒水面 666.67 公顷，占 0.34%。按地块大小分：3.34 公顷以上（含 3.34 公顷）的 6436 块，共 12.94 万公顷，占待开发土地资源总面积 65.28%。按海拔高度分：50

米以下的有 127 公顷，占待开发土地资源总面积 0.06%；500 ~ 800 米（含 800 米）的有 2.14 万公顷，占 10.78%。

株洲市国土管理部门在调查过程中，根据待开发土地的自然地理和社会经济技术条件，参照海拔高度、坡度情况，对待开发土地资源进行了生产适应性评价，全市待开发土地资源总面积中，可开垦为耕地的 1.17 万公顷，占 5.91%，其中可开为水田的 0.47 万公顷，旱地 0.70 万公顷；可开垦为园地的 1.03 万公顷，占 5.17%；可开垦为林地的 16.08 万公顷，占 80.97%；可开垦为牧草地的有 0.65 万公顷，占 3.28%；可开垦为养殖水面的 680 公顷，占 0.34%；可开垦为建设用地的 3887 公顷，占 1.96%；其他 4694 公顷，占 2.37%。

二　土地利用总体规划

1993 年 8 月 26 日，株洲市人民政府根据国务院《关于转发国家土地管理局关于开展土地利用总体规划工作报告的通知》《关于在全国开展划定基本农田保护区工作的通知》和湖南省人民政府部署，决定在全市开展土地利用总体规划、县级农业区域综合开发总体规划和划定基本农田保护区（简称“两规一划”）工作。规划基础年为 1990 年，规划期为 1991 — 2000 年，展望年为 2020 年。该项工作以土地利用总体规划为主，市、县两级都成立领导小组，领导小组下设办公室（办公地点在市、县国土管理局）。县、乡两级规划 1994 年 10 月全部验收完毕。市级规划于 1994 年 12 月通过省级鉴定。全市共形成文字报告 437 份 671 万字，绘制图件 526 幅，汇总数据 76.62 万个。市级规划主要成果有：株洲市土地利用总体规划报告及其说明、技术总结、工作总结以及基本农田保护区规划、农业区域综合开发总体规划；20 个部门用地预测和规划；7 个专题研究。规划作了大量的基础调查和土地利用宏观调控的研究，为各级政府和部门领导提供了合理开发利用土地、农业区域综合开发的决策参考依据。1995 年 6 月，株洲市人民政府报请湖南省人民政府审批实施。由于国家经济发展战略对土地管理基本要求的变化，这轮土地利用总体规划，上级人民政府一直未予审批。

1997 年 4 月，中共中央、国务院发出《关于进一步加强土地管理，切实保护耕地的通知》，要求全国“各级政府要按照提高土地利用率，占用耕地与开发、复垦挂钩的原则，以保护耕地为重点，认真做好土地利用总体规划的编制、修订和实施工作”。原国家土地管理局和湖南省人民政府对土地利用总体规划修编工作进行了具体部署。9 月，株洲市人民政府下发《关于认真做好土地利用总体规划修编工作的通知》，对全市土地利用总体规划修编工作进行了全面部署。本次规划修编以 1996 年为基础年，1997 — 2010 年为规划期，2030 年为展望年。规划修编的指导思想、总体目标和基本原则要求对农业用地和非农业用地实行用途管制，占有耕地与开发复垦挂钩，实现耕地总量动态平衡，建立土地供求引导机制和制约机制。市级规划成果规划文本、说明、图件（株洲市土地利用现状图、株洲市土地利用总体规划图、株洲市城市建设用地规模规划图）、7 个专题、20 个部门规划，1998 年 12 月通过省级评审。1999 年 9 月，经国务院批准，国土资源部批复同意株洲市人民政府报送的《株洲市土地利用总体规划实施办法》。县、乡两级规划 1999 年 12 月分别经湖南省人民政府、株洲市人民政府批准同意实施（县城关镇土地利用总体规划由湖南省人民政府批准实施）。市级规划安排规划期内建设用地总量为 15293 公顷。其中建设占用耕地总量控制在 4866 公顷以内，生态建设所需、灾毁减少耕地 1887 公顷。土地整理和开发复垦补充耕地 6821 公顷，增减相抵，净增耕地 68 公顷。全市共划定基本农田保护区面积 178794 公顷，保护率 86.18%。株洲市城市建设用地规划面积为 90 平方千米。土地利用总体规划的实施，为全市各级人民政府实行土地用途管制，制定土地利用年度计划，审核城镇建设用地规模，预审建设项目用地，审批农用地转用和建设项目用地提供了规范、科学的依据。

三 保护耕地

株洲市国土管理部门，认真贯彻落实《土地管理法》和基本国策，通过严把用地审批关、划定基本农田保护区、推行基本农田保护责任制和占用基本农田许可证制度等措施，切实加强对耕地的保护。市国土管理局在每年初及时将建设占用耕地计划指标分解下达到各县（市、区），列为当地政府和国土部门工作实绩考核的重要内容，对耕地保护实施目标管理。凡年度用地占用耕地突破计划指标的，实行工作目标管理考核“一票否决”。1993 — 1994 年，全市“两规一划”工作中，将全市所有耕地分别划为一、二、三级 3 个级别的基本农田保护区，分轻重缓急，全面保护起来。1995 年 11 月，株洲市人民政府发布《株洲市基本农田保护法》，实行非农建设占用基本农田许可证制度，规定经批准占用基本农田的非农建设项目，用地单位应按照“占多少，造多少”的原则，在 6 个月内开垦与所占基本农田数量和质量相当的耕地。没有条件开垦或开垦的耕地不符合要求的，需向国土行政主管部门缴纳占用基本农田造地费。按保护等级和等次，基本农田造地费的征收标准为水田 14 ~ 22 元 / 平方米，旱土 9 ~ 17 元 / 平方米。

1996 年，茶陵县在耕地保护目标管理的实践工作中，总结出了“五级五长”责任制先进经验，即市长与县长、县长与乡长、乡长与村长、村长与组长、组长与家长，层层签订耕地保护管理责任状，责任具体落实到人，效果很好，在全市范围内得到全面推广。同年，因国家重点工程京珠高速公路株洲段开工，全年建设占用耕地达到 254.93 公顷。1997 年 4 月，国家开始冻结非农建设项目占用耕地的审批。1997 — 1999 年 3 年里，全市各项重点建设项目经过特批，占用耕地分别为 96.6 公顷、59.13 公顷、32 公顷。随着新《土地管理法》和全市各级土地利用总体规划批准实施，占用耕地的审批解冻，2000 年建设占用耕地恢复到 102.87 公顷的水平。1991 — 2000 年，全市每年建设占用耕地基本在 100 公顷左右，各级没有出现建设占用耕地突破计划指标的情况。

四 土地开发

从 1988 年开始，株洲市各级人民政府将土地开发纳入社会经济发展计划，株洲市国土管理局每年年初会同市计委、市农委、市财政局联合编制农用地开发指导性计划，下达到各县（市）、郊区，各县（市）、郊区根据建设用地占用和资金拥有情况，将计划指标下达到各乡（镇），各乡（镇）本着因地制宜，先易后难的原则，选择投资少、见效快、易开发、效益高的闲散废弃地和宜农荒地进行开发。为防止盲目开发造成水土流失，各乡镇在开发前期都进行必要的可行性论证和技术设计，达到了经济效益、社会效益和生态效益三者的统一。

1990年10月，株洲市人民政府颁布《株洲市土地开发暂行规定》，规定开发土地的单位或个人，必须持项目开发建议书或可行性研究报告，向所在国土管理部门提出申请，按审批权限报各级人民政府审批。审批权限：耕地3.34公顷以上（含3.34公顷）、园地6.67公顷以上（含6.67公顷），由市人民政府审批；耕地3.34公顷以下、园地6.67公顷以下，由县（市）、郊区人民政府审批。审批获准后方可进行开发。国土管理部门会同有关部门对新开发的土地进行检查验收，登记造册，建立档案。

土地开发所需资金，主要有5种渠道筹集：群众集资；自筹，包括国家机关、企事业单位的有偿和无偿投资；县（市）、郊区耕地占用税留成部分；城镇国有土地使用税留成部分；耕地抛荒费。土地开发所筹集的资金由各级土地开发领导小组办公室管理，经领导小组批准使用。1990年，全市投入土地开发资金达358.44万元，其中各级财政投资71万元，占19.81%；部门投资40.79万元，占11.38%；农民集资155.94万元，占43.50%；其他90.71万元，占25.31%。

为保护土地开发者的合法权益，调动广大群众开发土地的积极性，各级人民政府都制定了开发优惠政策和奖励措施，一般规定：新开发的耕地，5年内不上缴农业税、特产税、提留和定购粮；新开发的园地，受益起头3年不上交农业税、特产税和提留；工矿废弃地复垦还耕后生产的粮食、油料不列抵国家计划供应指标。当地计划部门每年都筹集安排一定数量的化肥、柴油、钢材等，为土地开发提供必要的物资。经过市人民政府批准的开发项目及示范点，在县（市）、郊区给予资金补助的同时，市人民政府给予一定的奖励作为开发资金不足的补充。1990年12月，株洲市人民政府决定对茶陵县湘东乡等成片开发3.34公顷以上耕地的35个先进单位给予奖励，奖金共计28.2万元；各县（市）、郊区获得园地开发奖金1万元，共计6万元。

土地开发的经营管理本着有利于发展壮大集体经济，有利于实现规模开发，规模经营，有利于调动广大群众的积极性，有利于提高开发效益的4个原则，允许各地从实际出发，选用不同的开发和经营方式。1988—1989年，以个体开发，分户经营的形式居多。1988年初，攸县上云桥乡大清塘村鼓励农民个体开发，规定谁开发，谁种植，谁受益，5年内不上交提留，农业税和定购粮，激发了农民开发土地的积极性，1年内就开发了农用地33.34公顷，全村单户开发0.34公顷以上的有25户，苏家场组村民刘德运自投资金3000元，租用推土机，雇用劳力开发旱土0.67公顷，其中0.34公顷种植西瓜，当年纯收入3500元。在大清塘村的影响下，上云桥乡先后有8个村进行了农用地开发，2年内全乡共开发农用地133.34公顷。1989年冬到1990年春，攸县网岭镇新坡村在5个月时间内开垦荒山55.67公顷，其中水田6.87公顷、园地6.67公顷、造林42.13公顷。新开水田种早稻和西瓜、花生、黄豆等获纯利2万余元。

从1990年开始注重集体开发，规模经营。1990年全市年内开发耕地691.13公顷、园地999.80公顷，其中连片开发耕地3.34公顷以上的有35处共245.87公顷，连片开发园地6.67公顷以上的有28处360公顷。茶陵县湘东乡政府1990年年初颁布了《湘东乡土地开发暂行办法》，具体规定土地开发的措施和优惠奖励办法，成立乡土地开发指挥部，制定规划，花费资金9万余元，组织村民有计划地垦复水毁农田，1年内开发水毁农田24公顷。

1988—1990年，全市共开发农用地5074公顷，其中耕地1866.80公顷，园地3206.54公顷，完成省下达农用地开发计划的217.43%。同期内耕地总减损量为1731.13公顷（建设用地占有332.33公顷，灾害损毁205.40公顷，农业结构调整减少1193.40公顷），开垦耕地总量比耕地总减损量多135.67公顷。1992年，株洲市国土管理局被评为全国土地开发复垦先进单位。

1997年，株洲市开发复垦农用地1873.05公顷，开发复垦耕地面积冲抵减少的耕地面积净增耕地面积15.48公顷。首次实现全市耕地面积总量动态平衡。随后，1998年、1999年连续2年实现全市耕地面积总量动态平衡。特别是1999年新《土地管理法》实施耕地补偿制度后，市国土管理局成立土地整理中心，市区用地单位和土地整理中心以委托开垦的方式实现耕地的占补平衡。全市每年开发整理新增耕地面积266.67～333.34公顷，抵减建设占用耕地、农业结构调整占用耕地和自然灾害损毁减少耕地后，全市基本实现了耕地面积总量动态平衡。

第三节　建设用地管理

一　用地计划

1987年，对国家建设用地、乡镇村建设用地和城乡居民个人建房用地严格实行计划管理，并采取如下措施：编制年度三项用地计划，从每年的9月、10月开始，着手制订下年度的总用地计划，并将计划报省国土管理局。省国土管理局审批下达的年度用地计划指标再分解到各县（市）和郊区。对各县（市）、郊区的建设用地情况进行监督，并根据各县（市）、郊区的国民经济建设任务的大小，对原计划作适当的调整，并对建设用地计划的执行情况进行检查。

1994年，为加强建设用地全程管理和计划管理，更好地发挥土地供应计划的宏观调控作用，召开了全市建设用地计划管理工作会议。建立了土地利用总体规划与年度用地计划相衔接与反馈机制，按土地利用总体规划编制年度用地计划，并通过年度用地计划的执行情况来检验和修正土地利用总体规划，使之更符合实际；并辅之以土地使用权出让计划和土地开发计划等。株洲市1990—1998年（因1999年新《土地管理法》实施后，取消建设用地计划，实行农用地转用计划），全市计划建设用地4549.25公顷，其中计划建设占用耕地1905.91公顷；实际建设用地3306.0652公顷，其中建设占用耕地1197.9101公顷；节约建设用地计划1243.1848公顷，其中节约建设占用耕地707.9999公顷，2项计划指标均未突破。

株洲市 1990 — 2000 年用地计划执行情况一览表

表 5–14　　　　单位：公顷

年　份	用地计划数	其中耕地	实际用地数	其中耕地
1990	640	260	272.33	80.40
1991	571	275	219.93	73.47
1992	463.33	249.99	396.3613	155.69
1993	633.33	286.66	682.7739	322.2701
1994	683.33	308.67	236.766	78.82
1995	300	146.67	229.33	74.31
1996	108.26	33.92	532.24	257.27
1997	467	190	331.18	96.587
1998	683	155	404.26	59.11
1999	–	–	61.86	33.05
2000	–	–	144.31	61.44
合 计	4549.25	1905.91	3512.2352	1292.4001

说明：1. 1993 年指标突破的主要原因是国家重点工程浙赣铁路和 320 国道及 106 国道拓宽共占用土 314.24 公顷；
2. 1996 年建设用地包含五宗国家一类建设（京珠高速公路）用地，面积 339.5 公顷，其中耕地 188.29 公顷，不占年度指标；
3. 1999 年新《土地管理法》实施后，取消建设用地计划，实行农用转用计划

二　土地审批

中华人民共和国成立后，境内各级政府对建设用地实行了审批管理。1952 年 9 月，株洲市人民政府就发出“凡建设使用公私土地者，应先拟具详细计划及图表申请本府批准”的指示。1953 年 8 月，株洲市人民政府发出《关于株洲市建设使用土地暂行实施细则的公告》，规定：“需用土地之申请使用土地时，必须按照中央颁发之基本建设暂行办法，提出已经批准之计划任务书，连同所需土地面积、地点及有关自然条件等说明，经市人民政府同意后，会同有关方面与当地区、乡人民政府进行实地查勘，再按照申请书所规定的内容详细填载，连同附件一并送市府审查”。1964 年 12 月，株洲市人民政府发出《关于国家建设征用土地审批和应注意事项的通知》，规定：“征用土地在 10 亩以下，迁移居民不足 5 户的概由株洲市城市建设局建设委员会批准，征用土地 10 亩以下和迁移居民 5 户以上的一律由株洲市城市建设局城市建设委员会审查，报湖南省人民委员会核批。基建单位报批基建征用土地时应送交征用土地申请书、基建工程批准书、总平面布置图及其他有关证明文件。兴建易燃和有毒品仓库、厂房时，应有公安、卫生等有关部门的意见。基建单位都要切实遵守中央和省、市的有关政策法令和规定，本着节约用地原则，尽量利用空地、荒地和劣地，尽量不拆民房，不占农田，未办好土地报批手续和领得施工许可执照之前，任何单位不得擅自圈地施工。城

市建设局（成立房地局后则由房地局）应经常对基建征用土地的情况和迁移群众的居住、生产情况，进行监督检查，发现问题及时予以纠正。房地管理局应按规定于每年2月和7月将征地情况和问题及时报城市建设局城市建设委员会审查后报省民政厅。”

1988年11月，国家土地管理局下发了《关于国家建设用地审批工作暂行规定》。1990年5月，株洲市国土管理局根据上述文件精神和湖南省的有关规定，结合株洲实际，制定《株洲市建设用地审批实施办法》，对国家建设用地、乡（镇）村集体建设用地、城乡居民建房用地、农业建设用地、临时用地等都作了详尽的规定：一个建设项目需用菜地20亩、水田30亩、耕地50亩、总用地100亩者，必须报省国土管理局参加选址定点和初步设计审查，由湖南省人民政府审批。株洲市国土管理局代表株洲市人民政府有权审批占用耕地5亩以下，其他土地15亩以下的建设项目用地，同时有权参与占用菜地、水田10亩，耕地20亩，总用地30亩的建设项目的选址和初步设计审查。县（市）国土管理局代表县（市）人民政府有权审批占用耕地2亩以下，其他土地10亩以下的建设项目的用地。

国家建设用地的申报审批必备资料，包括项目审批计划、资金落实的证明材料，设计单位编制的扩初设计、平面布置图和二千分之一的地形图。然后，向规划部门申请定点，划定调查红线图。最后，经过国土部门全面审查，缴纳完各种税（费）后，国土管理部门核发“建设用地审批单”和“建设用地执照”。

城镇非农业户居民建房用地的审批条件和程序是：本人申请，所在居委会、办事处或单位出具证明、房产部门进行审查后，由规划部门审定地点，规划区范围内由市国土局审批，规划区范围外的集体土地由郊区国土管理局审批。市区每户不超过60平方米，城郊偏僻地区和其他地区不超过80平方米，使用农村集体土地的，按国家建设征用补偿标准缴纳各项补偿补助费给农村集体经济单位。使用国有土地的，视土地类别不同情况，每平方米缴纳30～50元给国土管理局。

乡镇村企事业单位建设用地申报审批的规定是：按国家建设用地的审批程序和权限办理手续。使用集体土地，要按规定付给青苗补偿费和80%的土地补偿费；不支付安置补偿费，但要妥善安置农民的生产与生活。国家不减免农业税和粮食定购任务，不增加粮食销售指标，由乡、村自行调剂解决。村民个人办企业使用集体土地，各项补偿、补助费按国家征地补偿标准办理。

村民建房用地的审批程序是：先由本人申请—村民大会通过—村委会审查—乡（镇）、县（市）人民政府批准（占用荒山荒地的由乡（镇）人民政府批准；占用耕地的由乡（镇）人民政府审查，报县（市）人民政府批准；株洲市郊区村民在市规划区内建房，由市规划部门定点，市国土管理局批准）—乡（镇）土地管理员放线。村民建房的用地标准是：占用耕地的每户80～120平方米，占用非耕地每户100～200平方米。

1991年1月，国务院发布《中华人民共和国土地管理法实施条例》，1992年，湖南省第七届人民代表大会第五次会议通过并发布《湖南省土地管理实施办法》，对各类建设用地的审批权限重新作了明确规定。株洲市依此执行。各类建设用地呈报、审批的具体要求和程序，基本上与1990年5月发布的《株洲市建设用地审批实施办法》相同。

1993年，为加强建设用地，实行对城镇土地的统一管理，株洲市人民政府常务会议讨论通过，并颁布了《株洲市城镇土地实行统一管理的暂行规定》，该《规定》的颁布实施，得到国家土地管理局和省国土管理局认同。1993年6月，湖南省土地使用制度改革工作会议向全省推广了株洲市实施建设用地“五统一”的经验。翌年，株洲市国土管理局被国家土地管理局评选为全国建设用地管理先进单位。

1994年，株洲市国土管理局积极贯彻省委文件和省国土管理局工作会议精神，推广浏阳市大瑶和炎陵县龙井开发区经验，把“以地生财，加快小城镇建设”作为工作重点，印发了《关于“以地生财”加快小城镇建设的实施意见》，并列入年度工作目标管理。全市以地生财，用土地收益投入小城镇基础建设资金达1000多万元。同年5月，株洲市国土管理局印发《株洲市关于个人在城镇规划区内建设用地的管理规定》，并规定按“五统一”要求以出让方式供地，停止行政划拨个人住宅和经营性用地，特别是对城市居民分散建房的审批一律停止。

1997年，为贯彻落实中央文件和《中共中央、国务院关于进一步加强土地管理切实保护耕地的通知》以及国家土地局、国家计委颁发的《冻结非农建设项目占用耕地的规定》精神，市委、市政府印发《关于全面开展非农业建设用地清查工作方案》《株洲市关于开展非农业建设用地清查的通知》和《关于进一步加强土地管理切实保护耕地的实施意见》，对全市1991年以来的各类非农业建设用地进行全面清查，冻结非农业建设用地占用耕地的审批，并规定对农地和非农地实行严格的用途管制。同年6月28日，国家土地管理局局长邹玉川代表国务院到株洲检查贯彻落实中央文件情况，对株洲市国土管理工作作了充分肯定。

1999年1月，国家新《土地管理法》颁布实施。新《土地管理法》规定用地审批由原来的分级限额审批变为土地用途管制，并将土地分为农用地、建设用地、未利用土地三大类，取消乡级人民政府土地管理审批的职能，严格限制农用地转为建设用地，控制建设用地总量，对耕地实行特殊保护，上收征用土地的审批权限，建设征用土地须报省以上人民政府批准。建设占用土地涉及农用地转为建设用地的，还须办理农用地转用审批手续。

为加强大中城市建设用地管理，株洲市土地利用总体规划被列为国务院制定审批城市之一，其编制的《土地利用总体规划》由国务院批准。在株洲市土地利用总体规划确定的城市建设用地范围内，为实施规划而将农用地转为建设用地的，同样由国务院批准。

1999年4月，根据新《土地管理法》的规定，株洲市人民政府办公室印发《株洲市土地利用总体规划实施办法》和《株洲市建设用地报批及审批暂行办法》，其审批权限如下：报国务院审批的建设项目用地。为实施城市规划占用市土地利用总体规划确定的株洲市城市建设用地区内的农用地；占用基本农田的；征用基本农田以外的耕地超过35公顷，其他土地超过70公顷的；省人民政府批准的道路、管线工程和大型基础设施建设项目以及国务院批准的建设项目。报省人民政府审批的建设项目用地。征用基本农田以外的耕地不超过35公顷，其他土地不超过70公顷的；占用已批准农用地转用和国有建设用地以及未利用地超过2公顷的；征用市、县（市）、乡（镇）土地利用总体规划确定的建设用地区内农用地的（含县市人民政府所在地的镇内，进行乡镇、村建设占用农用地的）；部分改变建设用地使用用途2公顷以上。市人民政府审批的建设项目用地。占用已批准农用地转用和国有建设用地以及未利用地2公顷以内的；乡（镇）、村建设（除县市人民政府所在地的镇）在省、市分解下达的年度农用地转用限额指标内，使用土地利用总体规划确定的建设用地区内农用地的；部分改变土地建设用地使用用途2公顷以下的。县（市）人民政府审批的建设项目用地。乡镇建设使用集体非农用地的、已批准农用地转用、国有建设用地以及未利用地0.667公顷以内的；部分改变建设用地使用用途0.667公顷以内的。

三　征地拆迁

20世纪50年代初，国家没有制定建设用地征地拆迁房屋的统一政策，各建设单位直接与被征地者打交道，补偿标准不一致，同时，补偿的方式也不尽相同，一般是折价补偿，也有进行实物补偿的，即用大米作补偿，如对农作物红薯每亩补偿大米175千克。这种不统一的做法，引起了社会上不少的矛盾和纠纷。根据这种状况，1953年3月，市政府转发了省政府《关于征购土地拆迁补偿暂行标准的函》。1954年2月，市政府第32次政务会议讨论通过了《株洲市征购土地房屋补偿事项的暂行规定》。规定共145条，较详细地规定了全市建设用地征地拆迁的原则和办法。同年5月15日，市政府又发布《征用土地、拆迁房屋补偿的补充规定》。12月，经湖南省人民政府批准，将国家、省制定的关于征用土地的法令和市人民政府相关规定汇集在一起，出版《株洲市建设征用土地工作手册》，发至全市各厂矿企业等有关单位执行。1965年株洲市人民政府开始调整拆迁工作的有关规定，由株洲市基本建设委员会起草《关于株洲市建设用地的安置补偿规定》（修正草案），1966年3月报省政府审批实施。这个《草案》，总结了10来年的经验，纠正了补偿标准偏高偏低现象。

1984年10月，市政府下发《关于印发〈株洲市国家建设征地补偿标准〉的通知》；1985年4月，市政府下发了《印发〈株洲市国家建设拆迁城镇私房收购价格和拆迁农村房屋补偿标准〉的通知》；1986年3月，市政府下发了《关于颁布〈株洲市国家建设征地转户安置暂行办法〉的通知》，同年5月18日，市政府转发省征地拆迁办《关于城镇郊区无地少地农民经批准转户后集体财产和剩余土地的处理意见》。1988年4月下发《关于调整部分拆迁补偿价格的通知》。为使株洲市的征地拆迁有一套稳定的、科学的、系统的政策，市国土局组织力量起草《株洲市土地管理若干规定》《株洲市国家建设征地补偿办法》《株洲市国家建设征地转户安置办法》《株洲市征购拆迁房屋补偿安置办法》4个文件交市政府审批，市政府于1989年1月予以颁发。1993年，市政府对部分条款进行修改补充，提高安置补偿费40%，并取消了以前的“以劳平耕地带劳”的做法，鼓励人们自谋职业。

1999年1月，新《土地管理法》颁布实施，国务院出台《土地管理法实施细则》，规定征地安置补偿费由原来的10倍提高到15倍。根据新《土地管理法》和《土地管理法实施细则》的规定，2000年，株洲市颁发文件，提高株洲市各类土地的年产值，对征地剩余劳动力一律实行付费安置；房屋拆迁也由过去的重建安置改为货币安置、产权兑换等方式安置拆迁户。

1991—2000年，全市共征用土地751.962公顷，拆迁房屋单位558个，个人1522户，面积达301383.77平方米，安置转户人员5436人。

株洲市 1953 — 2000 年征地拆迁情况一览表

表 5–15

年　份	征地（公顷）	拆迁房屋（户）	转城安置（人）
1953 — 1955	485.82	314	1369
1956 — 1957	800	900	1315
1958 — 1963	2533.33	2544	–
1972 — 1976	450.41	700	–
1977	17.31	149	–
1978	77.31	700	–
1979	135.47	–	–
1980	–	–	–
1981	66.60	–	–
1982	65.60	–	
1983	61.41	–	–
1984	101.30	–	–
1985	189.09	–	–
1986	125.75	–	–
1987	489.33	–	–
1988	335	–	–
1989	216	–	–
1990	56.67	110	–
1991	185.67	330	–
1992	58.41	–	–
1993	90	–	–
1994	52.17	535	994
1995	49.03	3	847
1996	47.32	63	482
1997	38.42	114	770
1998	64.79	123	949
1999	48.36	103	509
2000	117.82	251	885

第四节 地产管理

中华人民共和国成立后，在相当长的时期内，实行国有土地无偿划拨使用，并且不允许土地买卖、出租、抵押，土地市场不复存在。中共十一届三中全会以后，随着改革开放的发展，特别是土地使用制度的改革，土地市场逐渐建立起来。1990 年，国务院发布《中华人民共和国城镇国有土地使用权出让和转让暂行条例》，土地使用制度改革在全国大部分城镇铺开，土地市场开始建立。

1992 年，株洲市在全省率先出台《加强行政划拨土地使用权转让、出租、抵押管理的办法》《城镇国有土地使用权出让、转让办法》和基准地价，并在河西高新技术产业开发区首次出让土地。到 1997 年，河西高新技术产业开发区共出让土地 111.13 公顷，合同出让金 23332.8 万元，除去成本全部投入河西高新技术产业开发区内道路建设，有效地改善了河西高新技术产业开发区的投资环境。各级政府利用新征集体土地收益进行滚动开发，促进开发区建设和小城镇建设，兴办 7 个开发区。全市小城镇建设共出让土地 167.2 公顷，合同出让金 28055.8 万元，除开征地成本，基本上用于基础设施建设。

1993 年 7 月，市政府常务会议讨论通过并颁布《株洲市城镇土地实行统一管理的暂行规定》，明确规定：城镇规划区范围内的土地，由市、县（市）人民政府按城市（镇）总体规划的要求，实行“统一规划、统一征地拆迁、统一开放、出让和统一管理”，市、县（市）土地管理部门负责“五统一”日常工作。在全省率先推行了建设用地“五统一”管理。同年 12 月 23 日，炎陵县城敲响了全市国有土地拍卖的第一声锣，紧接着 12 月 28 日，醴陵市也开始实行土地拍卖。炎陵县拍卖国有土地 5 宗，面积 630 平方米，成交最高价 317 元 / 平方米，平均地价 272.6 元 / 平方米，成交总金额 17.17 万元；醴陵市拍卖国有土地 11 宗，面积 6672.7 平方米，成交最高价 828 元 / 平方米，平均地价 502.5 元 / 平方米，成交总金额 335.28 万元，受让对象为单位 6 宗、个人 10 宗。既突破了单一协议出让方式，又突破了出让对象只有国有、集体单位而无个人的格局，实现了株洲市土地使用制度改革的重大突破。

1994 年，株洲市土地使用制度改革全面推进。同年 6 月，为满足土地市场的需求，经市政府批准，对株洲市城区新华东路向阳村商贸居住开发小区的国有土地使用权进行公开拍卖。这次拍卖的土地 24 宗，共计 12000 多平方米，是株洲城区国有土地使用权首期拍卖，成交 22 宗，占应拍卖地块的 91.6%，平均成交价 443.8 元 / 平方米，拍卖成交最高价 618 元 / 平方米，总成交额 352 万元，开湖南省城市国有土地使用权拍卖之先河。随后，各县（市）结合小城镇建设，土地出让方式由协议出让全面向招标、拍卖方式转变。

1995 年，《城市房地产管理法》颁布实施，土地市场开始步入规范的运行轨道。同年 4 月，株洲市召开首次土地使用制度改革工作会议，传达贯彻全国、全省土地制度改革工作会议精神。推出并实现土地供应“双轨”变“单轨”的突破，在全省率先实现土地供应方式由“双轨”向“单轨”

的转变（即所有建设用地一律实行出让）。随着全市地价体系、中介服务机构的建立，一个统一、公开、公平、规范的土地市场基本形成。按照国家土地定级、估价两个规程，在科学评估地价的基础上，市政府第一次正式公布城区基准地价。1996年，国土、财政、物价三家联合发文，制订了土地有偿使用的具体收费标准。同年10月25日，株洲城区国有土地使用权第二期拍卖 — 株洲市渔场私人住宅国有土地使用权拍卖，成交14宗，面积2201.14多平方米。参加竞买土地31人，宗地竞争应价次数最多的达29次，平均成交价742.6元/平方米，拍卖成交最高价920元/平方米，总成交额163.45万元。

1998年5月，根据城区经济发展和土地质量的变化。市政府公布了株洲市城区基准地价更新成果。同年，出台了《株洲市城镇土地有偿使用若干规定》和《株洲市企业改制、改组中土地使用权管理暂行办法》。把土地使用制度改革与企业改革结合起来，以“地改”促“企改”，从而使土地有偿使用管理工作得到进一步拓展。

1993年后，株洲市国土管理局积极深化土地使用制度改革，坚持“五统一”土地管理，充分利用土地级差效益，以地生财。在市政府旧城改造指挥部的统一管理下，以土地级差效益进行旧城改造，将株洲市旧城改造范围内的原行政划拨土地收回，统一出让，不用政府拿钱，而以旧城改造的土地收益进行旧城改造，做到拆迁一片，出让一片，改造一片，开发建设一片。截至1997年年底，已完成6条主干道，10余个商贸、住宅项目的旧城改造任务。利用9513万元土地收益，拓宽取直新华东路向阳村地段288米和修建向阳村拍卖地块内道路、延伸建设南路270米、改造解放东路、西街和芦淞区李家坪2号、3号、4号地块，兴建建宁小食城、芦淞区综合楼、木材公司综合楼、嘉星综合楼、华盛商贸、金元大厦及中南最大的鞋帽商城 — 星通商厦和株洲最大的地下停车场等。以土地收益拓宽拉直栗树街、建宁街，拉直解放西街200多米，为老城区10多个改造项目拆除旧房5.4万平方米，拆除市直管公房334户，建筑面积15360平方米，在政府未投入一分钱的情况下，市直管公房的面积被扩大到21710平方米，增加8350平方米，达到以旧换新，面积扩大的效果，使直管公房保值增值，改善了拆迁户的居住条件，调整了旧城区人口居住分布密度，缓解了交通拥挤的矛盾。

1998年，市政府出台《株洲市企业改制、改组中土地使用权管理暂行办法》和《株洲市城镇土地有偿使用若干规定》，把土地使用制度改革与企业改革结合起来。1999年新《土地管理法》的颁布与实施，使土地有偿使用从单一的出让方式向出让、租赁、作价出资（入股）等多种方式转变。2000年6月，市政府又出台《株洲市国有商业企业产权制度改革实施细则》。通过对国企改革处置土地资产进行大胆探索，截至2000年年末，已为市区90家国有企业改制改组盘活资产约19亿元；利用土地资产合资、联营，引进外资27.7亿元；利用土地抵押贷款56.4亿元；市区17家破产企业利用土地资产1.9亿元，妥善安置企业职工1.2万人。如南方公司先后引进的南雅、南减等合资项目，引进外资8000多万美元，以土地作价7000多万元，占中方投资总额的18%。原烧碱厂通过企业破产、重组、兼并、上市等一系列改革，盘活土地资产1570万元，安置企业职工908人。

从1992年土地有偿使用至2000年，全市共出让土地815公顷，成交合同出让金16亿多元；利用土地收益在河西建成10多平方千米的现代化新城；改造了180多公顷的旧城区域，建成了芦淞服装、鞋帽批发专业市场群等一大批商业网点；推动了产业结构调整；盘活了企业存量土地资产。

第五节　法规监察

一　法规宣传

1987—1990年，全市共举办土地管理的法律法规学习班4030期，培训骨干33902人，举办广播电视讲座2736期次，派出宣传车500余台次，印发资料178000多册，书写标语279700余幅，出快报、黑板报3282期。1988年，在全市国土管理系统500余名干部职工中开展了普法竞赛，又在全市广大农村组织开展百万农民普及法律知识竞赛，省里抽查考试的1700余名农民，平均成绩87.5分。据省、市人大当年组织的普法检查，在《中华人民共和国森林法》《中华人民共和国环保法》《中华人民共和国土地管理法》等9部法规中，《中华人民共和国土地管理法》的普及率位居首位，成人知法率达90%以上。

1990年6月，“全国土地管理政策法规工作会议”在株洲召开。国家土地管理局局长王先进、湖南省副省长卓康宁以及各省、自治区、直辖市和计划单列市土地管理部门领导出席会议。

1991年，国务院确定每年6月25日为全国土地日。同时，湖南省委组织部、省国土管理局由此把每年的6月份作为国土宣传月。在宣传月期间，市、县两级一般都开设了领导电视讲话或电视专题讲座，或开设广播专题节目直接回答听众有关国土管理知识的提问；全市设街头宣传咨询点80多个，散发宣传资料10余万份，并运用板报、横幅、标语和宣传车等方式广泛进行宣传。1996年，为纪念《土地管理法》颁布10周年，开展舆论宣传。《中国土地报》《湖南经济报》、湖南电视台、《中国老区报》等新闻媒体都以显著位置报道了株洲市十年国土管理成就；由市国土局编制、株洲电视台摄制的专题电视片《希望的田野——株洲市保护耕地纪实》先后2次在株洲电视台播出；《株洲日报》专门为该法颁布10周年配发了评论员文章。同年，市国土局与市教委联合组织开展了以“土地——我们生存的根基”为主题的全市中小学生征文竞赛活动。全市共收到征文694篇。其中1篇获省二等奖，2篇获省三等奖。1998年，为配合新《土地管理法》的学习贯彻，举办全市新《土地管理法》知识竞赛活动。1999年，市国土部门就搞好土地配置、推进国企改革，组织新华社、《湖南日报》、湖南经视台等新闻单位对株洲市几年来国土管理在支持国企改革、盘活土地资产方面的探索与成功经验进行了报道。新华社《国内动态清样》推介了株洲的经验后引起高层领导的关注。随后新华社向全国新闻单位发通稿，新华社湖南分社、《湖南内参》《湖南日报》、湖南经视台等都作了深度报道。同年7—8月，市国土局联合市广播电台在市委礼堂举办“土地的魅力”专题文艺晚会。2000年6月，选送大型舞蹈《神奇的土地》

参加全省国土资源系统“潇湘热土”文艺会演，获表演三等奖；6月24日晚，在炎帝广场举办了一场以“保护耕地 —— 为了美好的明天”为主题的广场文艺演出活动，共有2万多群众观看了演出。

多种渠道、多种形式的法制宣传教育，扩大了土地管理政策法规的教育面。据统计，全市土地管理法律法规成人教育面达95%。1994年市国土管理局被分别评为全国、全省土地管理系统和全市宣传工作先进单位。

市国土局还结合“二五”“三五”普法开展经常性的法制宣传和法制教育活动。及时制定普法规划及年度普法计划。保证普法经费，配齐规定的专业普法教材和宣传资料。10年间，仅市本级订购各类普法教材15000余册，编印下发《土地管理法规汇编（1990 — 2000年）》教材及宣传资料21万余件册；订购下发宣传单4万多张，印制发放土地管理法塑料宣传板1000多块。1996年以来，仅市局用于普法教育的专项经费就达30多万元。积极参加市普法办和上级主管部门组织的法律培训和普法培训40多人次，市局参加省、国家级培训300人次。市局组织各类法制培训班68场次，参加培训的人员达600人次。

二　土地监察

为加强土地监察，1987年市国土局成立法规监察科，所辖县（市）、郊区亦成立法规监察股，醴陵和茶陵还成立了土地监察队。全市152个乡（镇）都配有土地管理员，2229个自然村都配有土地监察信息员，从而形成了市、县（市、区）、乡（镇）、村四级土地监察网络。

监察网络形成后，查处大量土地违法案件。1987年6月至1988年3月，全市进行的非农业用地清查，共查出1982年以来的历史遗留的违法占地案件32435起，其中个人31303起，国家、集体单位1135起，处理21999处，共罚款127.41万元，拆房914间，退耕还田23.39公顷，收回耕地135亩，补发用地手续10569起，给4人以党纪政纪处分，2人以刑事处分。1988年，在继续处理非农业用地清查遗留案件的同时，全市还查出违法占地案件661起，当年处理568起，共拆房151间，退耕还田2.84公顷，补办用地手续568起。1989年，全市共查出违法占地案件189起，处理167起，拆房81间，罚款16.8万元。同年7月，基于人民群众对一些干部利用职权违章违纪营建私房反映强烈，中共株洲市委、市人民政府发出文件，对干部在城镇营建私房中的违章违纪问题提出清理和处理意见，解决了清理工作中使用土地中的一些技术性问题，使全市的清理干部建房工作得以顺利进行。

在查处违法占地案件的同时，还针对当时农村中出现淘金、挖煤、烧窑热，乱占良田比较突出的情况，依法对全市农村的临时用地进行清查，共清理出4800余宗未经审批的淘金、采煤、烧砖窑等临时用地，查封1200余处，补办手续3500余起，复耕750余处，退耕还田20多公顷，复垦废弃地80多公顷。

1990年，以市国土局为主，从纪检等部门抽调人员组成专门清理班子，开展对全市越权批地的清理检查、督促工作。全市共清理出越权批地案件627起，当年处理558起，共罚款31654元，拆房517平方米，退地还耕3.78公顷，给3人以党纪处分。越权批地的查处，对维护全市土地管理新秩序起到了重要推动作用。这年，全市其他土地违法案件大幅度下降，发生63起，比上年度下降67%。拆房14栋，罚款39412元。

1990—1992年，全市乡村开展“三无一增”（无违法批地、无违法管地、无违法占地和耕地面积有增无减）竞赛活动，全市151个乡镇，1990年54个达标，1991年92个达标。1992年，为强化土地执法监察，市国土管理部门与市中级人民法院联合成立“株洲市中级人民法院法规执法室”，专门行使土地行政案件执法职能。随后又与人大、法院、监察机关联合执法，进一步规范了土地执法工作。

1992年，在全市开展土地管理“三无”乡（镇）活动。酃县“三无”乡（镇）达标。当年，全市达标率为53%、1993年为76%、1994年达到100%。1995年，炎陵县和醴陵市长岭乡被评为全国“三无县”和“三无乡”。

1993年，为贯彻国务院《关于严格禁止乱占滥用耕地的紧急通知》和省政府有关文件精神，采取“摘、压、撤、并”等方法，对各类开发区进行全面清理、整顿。全市11个乡（镇）一级的开发区全部撤销，县级以上开发区由11个撤并为7个，规划总面积由2885.66公顷压缩为1949公顷，耕地压缩434公顷。通过清理，使少数地方一度出现的乱占滥用耕地的现象得到抑制。

1994年，为配合湘江防洪大堤征地拆迁，市国土管理局与规划局联合执法，强行拆除了湘江东、西两岸上百处、上万平方米的违章建筑，确保了湘江防洪大堤顺利征地拆迁。

1996年，成立株洲市土地执法监察大队，各县（市）、区亦相继成立执法监察队。全市土地执法监察专职人员达503人（其中市本级51人），聘请村级土地监察协查员2274名、组级土地监察信息员25022名，市、县（市）、乡（镇）、村、组五级监察网络基本形成；市、县两级国土管理部门还与法院行政审判庭建立行政审批联络处（室），并联合下发《关于对几种违法用地行为的处理办法》，有力地遏制了土地违法行为的发生。

1997年，圆满完成对全市非农业建设用地的清查和冻结审批耕地工作，按照株洲市人民政府《关于全面开展非农业建设用地清查工作方案》和《株洲市关于开展非农业建设用地清查的通知》精神，以106国道两旁和各级开发区建设用地为重点，对全市1991年以来的各类非农业用地进行全面清检。摸清近5年全市非农业建设实际用地71649宗、2548公顷的家底，查处一批土地违法案件，收回324.6公顷闲置土地，推动了土地执法的全面开展，得到国务院检查组的好评。

1998年，根据省政府办公厅《关于开展创建土地执法模范县活动的通知》精神，以创建“执法模范县”活动为契机，狠抓“三无”乡（镇）竞赛活动，全市143个乡（镇），已有124个进入“三无”乡（镇）行列，达标率86.7%。截至2000年，全市先后有炎陵县、茶陵县和醴陵市进入“土地执法模范县”行列。

2000年，省国土资源厅将株洲市作为全省土地执法监察动态试点单位。为此，株洲市制定了动态巡查责任制，建立与公安“110”联动的国土“110”，划定巡查区域，确定了巡查重点。对各县（市）国土资源局和市直属各分局土地执法监察动态巡查工作实行目标管理，每年与各县（市）国土资源局和市局各分局签订《土地执法监察动态巡查目标责任状》，并实行奖惩措施。

1990—2000年，全市共查处土地违法案件16929起，其中国有583起、集体652起、个人15694起，占地面积498.468万平方米；其中国有48.77万平方米、集体321.279万平方米、个人128.479万平方米。收取罚没款1499.53万元，收回土地面积1201.35万平方米，拆除违法建筑物占地面积32.806万平方米，退耕还田83.8万平方米，行政处分100人，刑事处分1人。查处矿产违法案件1183起，其中无证开采691起，越界开采151起，非法买卖出租矿产资源24起，未办理变更延续登记手续21起，拒缴矿产资源补偿费296件。

株洲市国土管理局历任负责人名录

表5–16

局　长	任职时间	副局长	任职时间
王守志	1987.5—1993.3	宫岳嵩	1987.2—1996.5
贺　捷	1993.3—2000.12	胡开富	1987.2—2000.12
–	–	徐清祥	1988.5—1998.8
–	–	贺　捷	1991.11—1993.3
–	–	刘玉平	1997.6—2000.12
–	–	程国权	1997.6—2000.12

第七章　审计监督

1930年年初，茶陵县苏维埃政府设的12个部委中就有审计委员会，该委员会建立由下到上的预算、决算报表审计制度，开展以消灭私吞公款为主要任务的审计监督工作。后因工农红军撤出苏区，茶陵县苏维埃政府的审计机构自行终止。

民国时期有审计机构，但株洲无审计。

1951年7月以后，株洲市财政局负责有关财务单位（项目）的财政、财务监督和审查工作。

1983年7月，成立株洲市审计局，专门负责对本级人民政府各部门、下级人民政府、国家金融机构、全民所有制企业事业单位及其他有国家资产单位的财政、财务收支的真实、合法、效益进行审计监督。当年，市审计局在株洲市无线电四厂进行审计试点。1984年，根据“边组建、边工作”的方针，在筹建县、郊审计局的同时，开始对市属工业、商贸企业、行政事业单位的审计。通过对82个单位（项目）的审计，查出违反财经纪律金额（以下简称违纪金额）672万元，上缴财政61万元。1985年，审计监督内容由法纪审计扩展到财务收支和财政决算审计。全年共审计183个单位（项目），查出违纪金额1862万元，上缴财政465万元。1986年，审计工作贯彻“抓重点、打基础”的方针，对重点企业、专项资金等项目的财务收支进行审计监督；开展对厂长（经理）离任审计；配合农村整党，开展乡财政财务审计；控制基建投资规模，开展自筹基建项目审计等。审计366个单位（项目），查出违纪金额2794.4万元，上缴财政791万元。1988年，全市审计机关按照中国共产党第十三次代表大会提出的“加强决策咨询和调节、监督、审计、信息部门，转变综合部门的工作方式，提高政府对宏观经济活动的调节控制能力”的要求，重点查处弄虚作假、钻改革空子，挖走国家财政资金；制止乱集资、乱摊派等侵犯企业合法经济权益；查处生产建设、流通领域中严重损失浪费；查处行政机关挪用资金搞非生产性开支和铺张浪费。审计598个单位（项目），查出违纪金额2772万元，上缴财政406万元。酃县审计局、株洲市审计事务所被评为全省审计系统先进单位。1989年，贯彻实施《中华人民共和国审计条例》，配合治理整顿，重点开展对固定资产投资停缓建项目的跟踪审计，承包经营责任审计，以及参与清理整顿流通领域中撤并公司的审计。审计728个单位（项目），查出违纪金额2753万元，上缴财政430万元。酃县审计局被中共湖南省委、湖南省人民政府授予“湖南省文明建设先进单位”；酃县审计局、茶陵县审计局、株洲市郊区审计局和市审计局财政金融审计科被评为全省审计系统先进单位。是年，株洲市东、南、北3个区人民政府先后成立了审计局。至此，境内县以上人民政府全部设立了审计机关。

至1990年年底，全市审计2960个项目，查出损失浪费1112万元，纠正违纪金额4.56亿元，促进增收节支3547万元，查出万元以上贪污贿赂案9件；全市累计完成各项审计查证、签证、鉴证和咨询项目5797个。

1991 — 1993 年，是全市审计工作发展相对缓慢的阶段，面对改革开放新的历史时期，全市审计工作的发展思路、工作重点、审计手段与形势的要求相对滞后，同时，社会上出现的“经济要上，审计要让”，以及“全民经商”观念的冲击，一部分审计干部对审计工作的前途持悲观态度，一定程度上影响到审计事业的发展。审计业务工作基本沿袭前几年的工作思路，主要开展工商企业承包经营审计、行政事业单位定期审计、财政决算审计、基本建设项目审计、专项资金审计等内容。3 年里，全市审计机关仅完成审计项目 285 个，查出违纪金额 9461 万元，处理上缴财政 775 万元，明显存在审计执法偏松，审计处理偏宽，违纪金额入库比例偏低的问题。

1994 — 2000 年，随着《中华人民共和国审计法》的颁布实施，全市审计工作进入一个新的发展阶段。1995 年 12 月，《湖南省预算执行情况审计监督实施办法》出台，株洲市在全省率先将集体经济组织纳入了国家审计机关的审计监督范围；同年炎陵县审计局在全省率先开展了本级预算执行情况审计，引起了强烈反响。1996 年，全市推行同级预算执行情况审计，并逐步成为审计工作的主题和重心。1998 年，株洲市在全省率先建立专项资金年度审计制度，审计业务工作得到全面发展，逐步形成以财政审计为龙头，金融保险审计、行政事业审计、专项资金审计、固定资产投资审计、企业审计和审计调查全面展开的审计工作发展模式。1999 年，根据国家审计署、财政部的规定，全市完成审计师事务所与审计局脱钩改制工作，社会审计成为行业管理的独立中介组织。内部审计事业实行行业协会管理，在计划经济体制下建立的“国家审计为主导、内部审计为基础、社会审计为补充”的“一体两翼”审计管理体系，为 3 个独立的审计体系所取代。到 2000 年年底，全市共有市、县两级审计机关 10 个，审计人员 192 名，拥有中高级职称的 123 人；有内审机构 167 个，工作人员 578 人，其中专职内审人员 497 人。从 1994 年到 2000 年，全市审计机关共完成审计项目 2213 个，查出违纪违规金额 17.14 亿元，处理上缴财政 5491 万元。

第一节　审计法规的宣传与实施

审计制度是国家民主法制的重要体现，是监督国民经济健康发展的重要保障。株洲审计机关自成立以来，始终把建立完善的审计法律法规体系以及严格执行审计法律法规当作头等大事来抓，全面实现审计工作法制化、制度化、规范化。

从 1983 年开始，境内审计机关陆续组建起来，其法律法规的普及与宣传工作显得尤为重要。对内，为增强审计人员法制意识和法制观念，提高法律知识水平、政策水平和审计执法水平，1991 年、1996 年省审计厅（局）先后制定“二五”“三五”普法教育实施计划，全市审计机关据此做出相应的年度普法计划，多次举办审计法制工作骨干培训班，组织普法经验交流会，在全市举行审计法律法规知识竞赛，组织审计人员参加各级政府普法办举办的普法知识考试，接受普法主管机关的考核验收。境内各级审计机关均成立普法领导小组，开展审计法规的专题培训、辅导讲座以及审计法律法规运用现场观摩等活动，促使审计人员能深刻理解和熟练运用法律规范。同时，还有计划、有组织地面向社会开展关于《审计工作的暂行规定》《审计条例》《审计法》和《中国审计规范》《审计法实施条例》宣传普及活动。特别是1994年《审计法》宣传活动，是迄今全市层次最高、覆盖面最广、影响最大的一次审计法制宣传活动，市县区各级政府召开宣传动员大会10次，参会人员达2377人。全市各级审计机关利用多形式开展《审计法》的宣传，发放宣传资料12400份，设立《审计法》咨询服务点29个等，在全市引起较大反响。对内、对外的审计法制宣传普及活动，增强了审计人员依法行政的自觉性和全民审计意识，扩大了审计监督的影响力。1995年，市人民政府颁布《株洲市集体经济组织审计办法》。全市各级审计机关总结出一套比较完整的审计工作程序、方法、规程、细则和标准，制定了适合审计工作实际的审计质量控制制度，全面实行审计复议审理制，审计项目质量分层负责制、重大审计项目集体审议制等多层次的审计执法质量控制制度，形成一个严谨、具体的从审计立项到审计处理全过程控制系统，促使审计执法管理日趋科学，操作逐步规范，审计执法管理步入正轨，审计执法质量显著提高。至此，全市以《宪法》为根本，以《审计法》为核心，以不同层次法规规章为内容的审计法律法规体系已基本形成。

随着《行政复议条例》《国家赔偿法》《行政处罚法》的先后出台，审计机关主动运用外部监督机制促进提高审计执法质量，将审计执法纳入了社会公众尤其是司法机关再监督的范围。从1991年起，对审计结论的复议、行政应诉工作成为各级审计机关法制工作的重要组成部分，至2000年，全市各级审计机关未发生一起行政复议变更审计决定和行政诉讼败诉的行为，维护了审计机关的权威。当年，加强对内审机构的指导，分2批组织26人参加审计署举办的内审培训班，攸县、株洲县等审计机构举办了内审培训班，进一步推动了内审工作的发展。

第二节 审计对象

根据《中华人民共和国宪法》规定："审计机关对国家的财政金融机构和企业事业组织的财务收支，进行审计监督。"在上级审计机关的统一布置下，1984年6月，市审计局组织醴陵县、攸县、茶陵县、酃县、株洲县及郊区审计机关，按行政隶属关系和财政财务管理体制对各自的审计监督对象进行摸底调查。通过摸底调查，综合统计全市应列为审计监督对象的单位有1679个，其中财政税务单位49个，工业交通企业350个，商业、粮食、外贸、物资企业420个，建筑安装、城市公用企业22个，运用世界银行、亚洲开发银行贷款项目9个，农业、林业、水利企业170个，行政事业单位659个。按级别划分，属于县、区的审计监督对象有1266个，属于市本级的有413个。在市本级的审计监督对象中，有财政税务单位14个，工业交通企业82个，商业、粮食、外贸、物资企业138个，城市公用企业1个，农业、林业、水利企业12个，行政事业单位166个。

1986年7月，审计署组织全国审计机关开展第一次审计监督对象调查。按照审计署的要求，市审计局组织所辖市、县（区）审计局，对全市国有企业、事业组织和行政机关进行调查。调查统计，全市的审计监督对象2037个，其中财政税务单位167个，金融保险机构29个，工业交通企业224个，商业、粮食、供销及物资企业544个，城市公用、建筑安装企业10个，文化、教育、卫生企业22个，农业、林业、水利企业69个，行政事业单位972个。按级别划分：属于县、区的审计监督对象1559个，市本级的478个。在市本级的审计监督对象中，财政税务单位14个，金融保险机构6个，工业交通企业97个，商业、粮食、供销及物资企业186个；城市公用、建筑安装企业3个，文化、教育、卫生企业4个，农业、林业、水利企业8个，行政事业单位160个。

1989年，市审计局组成审计组，对株洲县、攸县、茶陵县和市供销社、农资公司、农药厂等14个单位采取抽样调查的方法，对农资专营情况进行审计调查。同时，还对市属19户重点工业企业第一轮承包经营情况进行审计。

1991年,针对社会经济活动中的"热点"问题实施审计监督,主要是针对社会经济活动中的"三乱"（乱摊派、乱收费、乱罚款）问题进行审计，先后对45家行政事业单位和8家工业企业进行审计。1992年开始，审计对象增加了破产企业的物资、账目等项目审计。

1996年，按照《审计法》和湖南省人民政府57号令要求，首次全面开展本级财政预算执行情况审计，共审计和调查278个预算执行单位。

1999年,全面推行专项基金年度审计制度,全年共安排94个专项基金项目进行审计。到2000年,全市共完成审计项目435个。

第三节　审计内容

一　财政税收和预算、决算审计

株洲市审计局成立后，在财政审计方面，主要是对下一级人民政府的财政收支决算进行审计监督。审计对象是：株洲县、醴陵县、攸县、茶陵县、酃县、东区、南区、北区、郊区的财政决算。

1985年2月，根据湖南省审计局、湖南省财政厅《关于对部分县（市）1984年度财政决算进行审计的通知》精神，市审计局和市财政局共同组成审计组，对攸县1984年度财政决算进行了试审。审计发现：该县1984年度预算总支出突破预算指标125.36万元，超预算9%；在行政事业单位资金管理上采取以拨代报方法，导致虚列支出11.03万元。对此，市审计局要求该县加强预算管理，积极组织收入，纠正以拨代报问题。1986年，市审计局对茶陵县1985年度的财政决算进行审计，查出应列未列收入62.44万元和以拨作支26.78万元等问题，并进行了处理。为了进一步加强财政审计力量，扩大审计监督面，1986年底，市审计局增设财政金融审计科，专门负责对各县（市）区财政决算的真实性、合法性进行审计监督。此后，财政决算审计成为市审计局一项重要的经常性的审计监督工作。到1989年底止，市辖9个县市区共36个年度财政决算，市审计局审计12个，审计面达33.3%。查出违纪金额783.20万元，处理上缴财政334.42万元，处理调整账务金额297.29万元，减少财政拨款和补贴6.57万元。主要违纪问题有：应列未列和挤占财政收入183.30万元；虚列财政支出123.20万元；部门和单位截留坐支罚没收入35.56万元；欠交能源交通重点建设基金和预算调节基金44万元。通过审计，为进一步促进财政部门和税务部门科学理财、聚财和用财，加强财政管理，严格执行财经纪律，加强和改进宏观调控，以及为政府全面了解和掌握财政经济活动情况提供了可靠资料。

1990 年，市审计局改以往单纯直接审计财政和税务部门为直接对县（市）区政府的财政决算进行全面审计。同年 1 月，市审计局对攸县 1989 年度的财政决算进行同步审计，使审计由事后监督向事中监督推进，提高了审计监督的时效性和针对性。在这次审计中，查出违纪金额 95.70 万元，其中县财政违规退库 15.04 万元，基层部门和单位截留、坐支罚没收入 35.56 万元，县财政预算外资金收入应缴未缴能源交通重点建设基金和预算调节基金 16.69 万元。通过审计，遏制了违纪行为，保证了财政决算的真实性。同年 3 月，在对醴陵市 1989 年度的财政决算审计中，查出应列未列预算收入 61.93 万元，以拨作支虚列财政支出 24.72 万元，财政预算外收入应承缴能源交通重点建设基金和预算调节基金 10.74 万元，以及越权减免税收等问题。审计查出的问题，引起市人民政府和上级审计机关的高度重视，湖南省审计局在 1990 年第 24 期《湖南审计简报》上，以《株洲市审计局从宏观调控高度探索财税审计路子取得好的成效》为题，向全省各地推介了这一经验。

在审计各县（市）区财政决算的同时，还先后对株洲县、酃县、醴陵县、攸县、茶陵县、郊区等税务局及其部分基层税务所的税收征管、减免和集贸市场个体税收分成等情况进行了专门审计，查出因税收征管不力导致偷、漏、欠税较多；违规越权减免税收；税务部门扩大范围多提税收分成和代征代扣手续费等问题。1990 年 5 月，在对酃县 1989 年度税收的审计中发现：该县存在税源结构较为单一，税收征管不力，企业欠税现象严重。抽查 19 户企业，共欠税 641.67 万元，占当年入库税金的 39.83%；税务部门违规越权减免税收 12.9 万元。审计对越权减免税收行为作出罚款处理，同时要求该县税务部门严格依法征税，积极催收欠税，加强税收征管和税源建设。

进入 20 世纪 90 年代，株洲市审计局对各县市的财政决算审计均以收入和赤字审计为主。各县（市、区）审计局对各乡镇的财政决算审计也得到普遍开展。

1991 年，市审计局对株洲县、茶陵县和醴陵市 1990 年度财政决算以及税收情况进行了审计，查出违纪违规金额 4736 万元，处理上缴财政 39 万元。查出的主要问题有：预算单位应缴未缴预算收入、将应缴上级收入缴入地方金库、将非集贸市场税转入集贸市场税收以扩大提成基数、税务部门违规退库、财政部门挪用和滞留灾社减免、虚列支出、部门挤占挪用专项资金、擅自扩大补贴发放范围等。审计结束后，市审计局作出审计决定，责成上述县政府和有关部门及时缴纳应缴收入、严格使用专项资金、及时归还侵占挪用资金、停止执行扩大补贴发放范围、财政支出严格按银行支出数列报，违规退库的收入全额补征入库，审计决定得到落实。同年，各县（市、区）审计局共开展乡镇财政决算审计 23 个，查出挤占上级收入、截留挪用专项资金等问题。

1992 — 1995 年，市审计局积极探索，改进财政审计方法，把审计财政财务收支的合法性与分析收支结构的效益性结合起来，重点审计收支结构的效益性和税收征管情况。其间，先后对酃县、茶陵县、攸县、醴陵市、株洲县和郊区人民政府 1991 — 1994 年度的财政决算以及税收情况进行审计，查出将省级收入解入县库、应解未解预算收入、以拨作支、虚列支出，以及行政事业单位违规发放误餐补贴和超发防寒费等问题。审计决定除责成各县政府和相关单位认真纠正外，还对有关违纪违规行为给予处罚。1992 年，对攸县各项周转金管理使用、税收征管、集贸市场个体税收分成及各项手续费计提使用情况进行了审计，并抽查4个乡（镇）财税所、14个行政事业单位及24家工商企业，发现该县减免税偏松，当年共减免产品税、增值税、营业税215户，仅抽查其中142户，减免金额即达720万元，占该县当年“三税”入库额的26%。针对此种情况，市审计局对全市范围内的税收减免情况进行了审计调查，提出一个引起政府及有关部门重视的调查报告，对促进税收征管起到积极推动作用。

1996—2000年，由于城市区划调整和区财政管理体制的改变，市审计局对下级政府的财政决算审计扩大到城市四区，同时由于预算执行审计的全面开展，市审计局对下级政府的财政决算审计方法作了改变，实行“上审下”与“同级审”相结合的办法，同时，对各县（市、区）政府的财政决算实行“两年一审，一审两年”的制度，审计的内容也从重点关注财经纪律执行向财政收支的真实性、合法性和效益性转变。其间，先后对炎陵县、茶陵县、攸县、醴陵市、株洲县、荷塘区、芦淞区、石峰区和天元区人民政府1995—1999年度的财政决算进行全面审计，查出的主要问题有：将上级收入划入本级；采取分散方式，隐瞒截留转移财政收入；行政性收费未纳入预算管理，自行安排使用；罚没收入征收乏力，且未及时上缴；虚列预算收入和支出，导致财政收支不实；财政部门对专项资金拨付后监督不力，致使有些单位对财政拨入的专项资金没有做到专款专用，挤占挪用专项资金；年初安排预算支出和超收支出时，有的未落实到预算单位，导致部分“结转下年支出”无单位、无项目、无资金来源，不符合结转支出条件等，市审计局根据法律法规的规定都作出了相应的处理和处罚。与此同时，组织各县（市、区）审计机关对部分乡镇1995—1999年度的财政决算进行了审计，查出的主要问题有：有的乡镇在完成年度财政收入计划后，将该收的税收不收，或将已收的税收、罚没款等隐匿在有关单位财务账上不入库；突破上级财政划定的预算支出范围，安排税务部门正常事业经费，而且所占比例较大；专款被挤占挪用情况较为严重；不按规定征税，普遍存在属地方财政收入的税种积极征收，属县级以上的税种则少征或不征的现象，部分存在买税卖税现象；财政管理较乱，账账、账实不符现象普遍。审计分析存在问题的原因后，从加强乡镇财政管理、严肃财经纪律、严格依法征税、发挥乡镇财政职能作用等方面提出意见和建议，得到采纳。

1996年，根据审计署、中国人民银行、监察部的通知和省审计厅的统一部署，市审计局组织全市审计机关对1995年至1996年6月预算外资金和财政周转金管理使用情况进行审计和审计调查。审计分两个阶段进行，第一阶段对1995年财政部门预算外资金和财政周转金进行审计；第二阶段对1996年1—6月部分行政事业单位预算外资金和财政周转金进行审计调查。审计查出预算外资金管理使用上存在的问题有：部分预算外资金未纳入财政专户管理，存在资金体外循环的现象；预算外资金反映不实，有的直接以收抵支，有的挂在往来账上，有的账外设账；会计核算不规范，没有建立统一的账户体系，账务记载混乱；少数单位内控制度不全，票据使用混乱；部分预算外资金使用不合规，用于列支福利费、考勤奖、加班费等；未按规定缴纳“两金”。审计查出财政周转金管理使用上存在的问题有：违规从金融机构和其他单位拆借资金扩充财政周转金；资金沉淀严重，逾期率高，市本级财政周转金逾期率达65%；部分县区周转金由财政局内设机构分散管理，违反“五统一”管理的规定。审计人员分析产生问题的主客观原因后，提出加强预算外资金和财政周转金管理的五条意见和建议，得到领导机关采纳。

同年，市县两级审计机关根据《审计法》和《湖南省预算执行情况审计监督实施办法》全面开展对本级人民政府财政预算执行情况的审计监督。同年也是开展同级财政预算执行情况审计（以下简称“同级审”）的第一年。为此，市政府成立市财政预算执行情况审计领导小组，统一领导全市财政预算执行情况审计工作。通过对本级财政、税务部门以及组成本级预算的政府部门（含直属单位和事业单位）、本级预算内企业、本级财政有偿使用资金、预算外资金和基金的管理部门的全面审计，查出违纪违规金额5776万元，其中，隐瞒截留转移收入1755万元，违规退库53万元，挤挖上级收入73万元，预算内转预算外223万元，违规办理预算拨款39万元，虚列预算支出50万元，应缴未缴预算收入605万元，其他财政收支违纪3640万元。审计处理后增加财政收入2238万元，减少财政支出51万元，罚款26.97万元。提交审计工作报告和信息37篇，其中被地方党政领导批示的有2篇，上级审计机关采用的有12篇，新闻单位采用的有2篇；建议纠正地方、部门不当规定的意见有78条。“同级审”结束后，市县两级审计机关受政府委托，首次向本级人大常委会报告了本级预算执行和其他财政收支的审计工作情况，在社会上引起较大反响。

1997年，全市审计机关采用“从账户入手、下审一级”的审计方法，注重从源头揭露一些深层次问题，加大对本级财政预算执行情况的审计力度，促进“同级审”向高、深、全发展。全市共审计预算执行单位73个，查出违纪金额4235万元，审计处理应减少财政支出70万元，应增加财政收入995万元，应减少财政拨款71万元。根据“同级审”的安排，同时对计委系统进行全面审计，对全市40个行政事业单位1996年度的预算内外经费收支情况进行了审计调查。全市预算执行审计共查出违纪违规金额4235万元，其中隐瞒截留转移收入397万元，违规退库62万元，挤挖上级收入563万元，预算内转预算外174万元，违规调整预算1146万元，虚列财政支出390万元，应缴未缴预算收入1009万元，其他财政收支违纪2465万元，审计处理决定：增加财政收入995万元，减少财政支出70万元，减少财政拨款71万元，罚款56.88万元。提交审计工作报告和信息41篇，其中被地方党政领导批示的有11篇，上级审计机关采用的有9篇，新闻单位采用的有6篇；建议纠正地方、部门不当规定的意见40条。

1998年，预算执行审计重点揭露预算执行单位在资金分配、管理和使用中存在的损失浪费和奢侈现象，促进、提高资金使用效果。全市共对24个预算执行单位进行了审计，查出违规行为金额1982万元，其中违规调整预算600万元，少征预算收入49万元，挤挖上级预算71万元，隐瞒转移预算收入70万元，延解占压财政库款126万元，应缴未缴预算收入390万元，挪用预算资金255万元，违规办理预算款项141万元，审计处理决定：应缴财政269万元，减少财政支出55万元，处理上缴财政269万元。全市审计机关在本年度的预算执行情况审计中，围绕促进经济发展和保障社会稳定的热点问题，对社会保险基金（简称“社保基金”）、城市维护建设资金、三大检查入库情况和国债办的经营管理情况进行了审计，揭露了社保基金欠缴严重，主管部门挤占挪用社保基金、多提基金管理费和管理费支用不合理；查出了株洲市建委的50万元城建资金被银行经办人员长期挪用的（从1996年6月起到1998年审计发现时止）重大问题；揭露了三大检查成果反映不实、成本过高和三查办开支不够规范的问题；查出了炎陵县财政局国债办非法经营金融业务的问题。同时，审计机关狠抓了审计决定和审计建议的落实，促进了被审计单位认真进行整改。芦淞区政府根据审计查实的情况，收回历年滞留在区财政局机关的各项资金270万元，解决了多年遗留下来的集资清退问题；株洲县财政局根据审计建议，撤销各股室开设的8个账户，并制定《规范财政性资金的若干规定》；茶陵县政府通过审计后，为加强经费管理，制定了《茶陵县行政事业单位开支管理办法》，芦淞区财政局收回下放给财政信用服务部的开支审批权，撤销4个银行账户，更换预算主办会计。由于同级审做了大量卓有成效的工作，市县两级人大、政府都很满意，市人大在审议市审计局代表市政府作的《审计工作报告》后，以会议纪要形式发表审议意见："会议认为，审计工作报告内容翔实，比较客观公正，不仅肯定了财政经济工作的成绩，也指出了存在的问题，对进一步加强和改进财政管理提出了中肯的意见和建议。会议对审计部门的辛勤工作和严谨务实的作风给予了充分肯定。"

1999年，在预算执行情况审计中重点揭露预算执行中不真实、不合法、不规范等问题，促进严格执行《预算法》。通过对27个单位（部门）的审计，查出违规行为金额5526万元，其中决定处理处罚金额956万元，指明要求纠正金额4570万元。查出的主要问题有：少征预算收入7万元，挤挖上级预算收入643万元，隐瞒转移预算51万元，违规退库323万元，应缴未缴预算收入1738万元，挪用预算资金85万元，虚列支出1153万元，违规办理财政结算793万元。审计中揭露了预算执行过程中存在的问题，并依法作出了处理，上交财政956万元，减少财政支出7万元，增加财政结余106万元。市政府领导在政府常务会议上充分肯定了当年的审计工作，指出"审计工作细致扎实，反映情况客观公正，政策法律掌握准确，提出建议切实可行"。

2000年，预算执行情况审计重点揭露预算执行中不真实、不合法、不规范等问题，保障财政收支数字的真实、可靠，促进严格执行预算法，依法规范预算管理，同时以维护国家政令统一，依法规范政府财政行为为目标，揭露乱开政策口子，擅自减免国家税收，挖挤和违规使用上级财政专项资金等问题，促进依法管理财政。通过对44个单位（部门）的审计，查出违规行为金额5802万元，其中决定处理处罚金额643万元；指明要求纠正金额5159万元；查出的主要问题有违规调整预算334万元，违规减免缓缴预算收入104万元，少征预算收入6万元，挤挖上级预算收入109万元，违规退库24万元，应缴未缴预算收入291万元，挪用预算资金135万元，违规办理预算拨款22万元，虚列支出407万元，违规办理财政结算200万元。审计中揭露了预算执行过程中存在的问题，并依法作出了处理，上缴财政643万元。市本级预算执行情况审计，重点审计了1999年财政收入的真实性和合法性，同时还对财政信托投资公司的财务收支、打击涉税犯罪机关和税务机关的税收征管及财务收支、教育经费及其他专项资金征、管、用等情况进行了审计，查出应缴未缴预算收入93.64万元，应缴未缴政府调节基金6.47万元，财政委托贷款多收原开发区资金管理部利息50.04万元，多列支市广播电视网络中心所得税返还款76.92万元，违规将财政资金拨付给预算学会124.7万元，挤占挪用专项资金154.6万元，外借的商业网点建设资金有304.72万元难以收回，水利资金中有3060万元地方配套资金未到位。市人大和市政府根据审计建议，责成市财政局等预算部门和单位认真整改，落实审计建议，进一步加强财政管理。

二 金融信贷审计

审计机关对金融（含保险）企业的财务收支和信贷计划执行情况依法进行审计监督。按照湖南省审计局授权，株洲市审计局金融信贷审计的主要对象是：中国人民银行株洲分行、中国工商银行株洲市支行、中国银行株洲支行、中国农业银行株洲市中心支行、中国建设银行株洲市中心支行、中国人民保险公司株洲市中心支公司、株洲市外汇管理局和辖区内金融信托投资机构。

1985 年 6 月，根据湖南省审计局《关于对农业银行 1984 年财务决算进行审计的通知》精神，市审计局对中国农业银行株洲市中心支行 1984 年财务决算进行审计，查出该行虚提和多提应付利息 22.52 万元，以及将节余费用 2.32 万元转入专用基金存款户等问题，审计决定将全部违纪金额上缴中央财政。1986 年，对中国工商银行株洲市支行信托部 1985 年的信托业务和财务收支进行审计，查出手续费和业务咨询费共计 10.89 万元未按规定列收入，以及在吸收的存款中有财政性存款 42.87 万元等问题。审计决定，少列收入分别调增 1986 年营业收入和非营业收入，占用的财政性资金不得支付利息，限定在 1986 年内转到有关银行账户内。9 月，对中国工商银行株洲市支行车站路办事处 1985 年至 1986 年上半年的工业流动资金贷款情况进行审计调查，发现贷款的增长速度超过了生产和效益的增长速度。据对 62 户工业企业调查统计，1986 年上半年贷款比上年同期增长 34%，而生产产值只增长 15%，利润只增长 6%，贷款增长率分别比产值和利润增长率高出 19 个和 29 个百分点。造成这一现象的主要原因是，未严格按照“以销定贷、择优扶持”的原则发放贷款，信贷管理不严，以及个别单位存在转贷资金所致。

1989 年 5 月，对中国工商银行株洲市支行 1988 年至 1989 年一季度的信贷资金情况进行审计调查，发现该行 1988 年年末存款余额为 9.36 亿元，贷款余额为 14.19 亿元，年末占用其他资金 6117 万元，信贷资金紧缺，支付能力下降。其主要原因是，非正常贷款占用资金过多和存款上升缓慢，信贷资金来源相对减少。1988 年年末，该行基建、技改贷款达 2.66 亿元，各种风险、逾期、呆滞贷款达 3676.26 万元；年末存款余额比上年增长 9%，而贷款余额则比上年增长 12.8%，企业存款实际比上年下降 2.4%。针对存在问题，审计提出扩大储蓄存款、提高资金使用效率、加强贷款管理与监督等 5 条建议。《湖南审计简报》1989 年第 37 期转载了这个调查报告。6 月，对中国人民银行株洲分行 1988 年到 1989 年 5 月的财务收支进行审计，肯定了该行在国家控制通货膨胀、紧缩银根的情况下，千方百计盘活资金，缓解本地区资金供需矛盾，促进经济发展和提高自身经济效益等方面所取得的成绩，同时查出该行挤占成本费用 5.38 万元，外汇调剂结存汇差及利息收入 73.46 万元未入利润总额等问题，审计依法作出上缴财政 50.27 万元的处理。

1990 年 7 月，市审计局对中国建设银行株洲市中心支行及所属 10 个部、公司的财务收支与信贷计划执行情况进行审计，查出该行及所属单位少列收入 5.53 万元，挤占成本费用 16.63 万元；中心支行工会从各支行、公司发展基金中收赞助款 17.49 万元用于给职工发放钱物和活动经费；非正常贷款达 6888.74 万元（占贷款余额的 18.8%）；城北支行将更新改造贷款 200 万元转存到房地产信贷部等。市审计局对应列未列收入、挤占成本费用和中心支行工会乱收赞助款作出收缴和罚款处理；责成城北支行纠正将更新改造贷款转存到房地产信贷部的做法，并建议对有关责任人给予行政处分；对非正常贷款多的问题提出加强信贷管理，抓紧清收逾期、呆滞贷款的要求。同年 7 月，市审计局还对中国农业银行株洲市中心支行及醴陵、攸县 2 个支行 1989 年至 1990 年上半年的农业信贷资金的投向、使用效果进行审计调查。调查发现该行 1989 年农业贷款存在一些问题：一是贷款投放上没有体现“向农业倾斜”的产业政策，全年累计发放的一般农业贷款仅占贷款总额的 4.1%，投放在种养业上的贷款仅占一般农业贷款的 8%。同年，信用社一般农业贷款只占贷款总额的 36.6%，而企业贷款则占 48.5%。二是农业贷款和农副产品收购资金贷款被挤占挪用，醴陵市和攸县两个支行挪用一般农业贷款的 14% 用于乡镇企业贷款。三是预购定金、农副产品收购资金不到位。1989 年投放的粮食预购定金贷款仅占合同收购所需资金的 6.8%。四是非正常贷款比重大，影响农业投入的增加。1989 年年末，该行非正常贷款占贷款总额的 17%，其中呆滞贷款占非正常贷款的 43.7%。针对这些问题，审计提出调整贷款结构，加强资金管理，坚持专款专用和清理呆滞、逾期贷款等建议。在 1985 年至 1990 年的审计中，共查出违纪金额 435.75 万元，处理上缴财政 197.96 万元，已入库 162.06 万元，处理调整账务 104.88 万元，追还侵占挪用资金 11.88 万元。发现的主要问题有：少报或隐瞒收入 105.98 万元；挤占成本费用 78.32 万元；虚列支出 30.82 万元；挪用信贷资金 20 万元；虚提和多提利息 22.56 万元等。

从 1990 年起，全市审计机关根据国家审计署的授权，对全市中国人民银行、国家各专业银行、保险公司实行年度审计制度。审计内容从财务收支审计为主逐步发展到信贷计划执行审计、固定资产贷款管理审计，1994 年起转为以资产负债和损益审计为主。

1991 — 1992 年，全面开展对市人民银行、工商银行、建设银行、中国银行、农业银行 5 家分行和保险公司财务收支审计，查出的主要问题有：乱计成本费用，隐瞒截留收入，挪用信贷资金搞基建，漏缴少缴各种税金，弄虚作假乱发钱物，利用“贴水”变相提高利率吸纳存款，私设“小金库”等，处理上缴财政 45.39 万元。1991 年，根据国家审计署的统一安排，对株洲市农业银行系统 1990 年底自有资金总量及信贷资金项目的管理使用情况进行了审计调查，并针对调查中发现的信贷业务基础工作不完善、贷款审批手续不健全、贷款担保不落实、贷款存在较大潜在风险等问题，提出了完善信贷基础工作、强化信贷管理、加强监督检查、防范信贷风险等审计建议，得到农业银行采纳。

1993 年，根据国务院“关于清理金融部门信贷资金”的精神，全市组成 40 个审计组，对全市五大银行系统 1992 年度及 1993 年上半年的信贷资金进行专项清理。审计总额达 191 亿元，查出违纪违规金额 20.21 亿元。查出的主要问题有：超规模或绕规模发放贷款，以流动资金贷款名义发放固定资产贷款，超范围、超利率标准拆借资金，挪用信贷资金投入到股市，利用“贴水”变相提高利率吸收存款，将公存款转入储蓄存款以扩大信贷规模，信贷质量差、呆滞贷款和逾期贷款比例大，坏账准备金提取不足，少计或多计收入导致盈亏不实，乱挤乱摊成本费用，少缴漏缴各种税金等。

自 1995 年起，根据《审计法》的规定，国家审计署对国有银行审计实行一年一次授权地方审计机关审计的办法，自此，全市审计机关对国家商业银行和保险公司的审计量减少，同时地方金融和非银行金融机构列入审计范围。1996 — 2000 年，共审计 98 家国有银行和农村、城市信用社，查出违纪金额 2633 万元，上缴财政 255 万元。

三　行政事业财务审计

1984 — 1985 年，行政事业单位财务审计，主要采取就地审计的方式。两年共对 28 家行政事业单位进行审计，查出各类违纪金额 27.97 万元。1986 年，市审计局学习和运用湖北省襄樊市“报送审计”（即被审计单位定期将会计凭证、账簿、报表送审计机关审计的一种审计方法）经验，选择市食品工业办、市科委、市环保局等 26 家一级预算管理单位进行定期报送审计试点，审计覆盖率为 48.3%。1987 年 3 月，株洲市人民政府办公室转发《市审计局关于对全市行政、事业单位实行定期审计制度的报告》。文件规定：“凡由市级财政核拨经费和补助经费的行政事业单位及其预算外单位，其预算内外开支，均属定期审计的范围。主要审计财政财务收支的真实准确性，合规合法性，经济有效性和内部控制制度是否健全等，重点审计有无挤占挪用行政经费、事业费和专项经费，有无钻改革空子，挖走国家资财为小团体和个人谋利问题。”同时，市审计局制定《定期审计单位考核记分评比办法》，对被审计的行政事业单位财务管理、会计工作进行考评。定期审计制度建立起来后，同年，市审计局审计一级预算单位 33 个，审计覆盖率达 65.6%，查出违纪金额 19.52 万元，1988 年，定期审计从审计一级预算单位向二、三级预算单位延伸，审计方式以报送审计为主，就地审计为辅。同年，市审计局审计市属一级预算单位 58 个，审计覆盖率为 94%，查出违纪金额 59.53 万元。在开展定期报送审计的同时，还对一些单位进行就地审计。如 1988 年，市审计局对市中医院 1987 年财务收支进行审计，查出该院滥发钱物 13.13 万元，多提职工福利费 2500 元，从业务支出中列支各种摊派、赞助费 2600 元等问题。对此分别作出补征奖金税和调账处理。1989 年，市审计局进一步充实了行政事业定期审计的力量，将一部分主管局划由相关审计科分工审计，并委托部门内部审计机构审计二、三级预算单位。当年共审计一级预算单位 38 个，二、三级预算单位 60 个，其中委托部门内部审计机构审计 32 个。查出违纪金额 356.9 万元，处理上缴财政 28.2 万元。1990 年，定期审计扩展到 74 个一级预算单位，6 个二级预算单位，并委托部门内部审计机构审计二、三级预算单位 20 个，查出违纪金额 62.3 万元，处理上缴财政 4.91 万元。通过审计，有 10 个行政事业单位被评为财会工作合格（先进）单位，促进了机关财务管理和廉政建设。同年，对株洲市教师进修学院 1989 年度财务收支情况进行就地审计。查出该院虚列和转移教育经费 50.77 万元，违控购买商品 5.12 万元，超发钱物 3.33 万元等问题，分别按规定作出处理。与此同时，市审计局还对市区内 6 所小学的集资情况和 23 个单位执行控制社会集团购买力规定的情况进行审计调查。1984 — 1990 年年底，市审计局先后对市直各行政事业单位的财务收支进行了 362 项次审计，查出各类违纪金额 1011.13 万元，应上缴财政 75.09 万元，已上缴财政 57.18 万元。罚款 10.29 万元，核减财政拨款 2.68 万元，追还被侵占挪用资金 159.45 万元。

进入20世纪90年代后，全市审计机关对市县区党政群司法机关和文教、科研、卫生、体育、民政、广播电视等部门及所属单位的行政经费、事业经费、专项资金、预算外收支等全面进行审计监督，审计的内容以财务收支审计为主并逐步扩展到专项资金，审计方式以定期审计结合专项审计和审计调查。1991—2000年，全市审计机关共审计行政事业单位1339个，查出违纪违规金额29363万元，处理上缴财政2246万元。

1991年，市审计局对市物价局、市工商局等4个市属行政事业单位进行审计。4月，茶陵、攸县、醴陵等地遭受大风灾和水灾，8—10月，市审计局联合市监察局、市民政局对全市救灾款物发放情况进行了专项审计，通过实地查看灾情、走访受灾群众、核对款物发放名册等方式，共对五县（市）政府、73个乡镇和122个村发放救灾款物的情况进行了审计，走访受灾户246户，查出攸县、茶陵县存在挪用救灾款、救灾款物发放不及时、用救灾款抵扣欠款、救灾款物管理不够完善等问题，向市委、市政府提出《关于全市救灾款物发放情况的审计综合报告》，引起中共株洲市委、市政府的高度重视，市委书记、市长分别听取汇报和作出批示。同年6月，对株洲市档案局1990年财政收支进行审计，查出“小金库”一个，收入7.46万元；弄虚作假，严重违反财经纪律1.38万元，作出审计处理决定，责成局级领导应退赔50%，科级干部应退赔20%，一般干部应退赔10%，共计0.84万元，对主管财务领导处以1个月基本工资的罚款，建议有关部门给予政纪处分，对单位行政领导处以1个月基本工资的罚款，共计处理上缴财政1.34万元。

1992—1993年，市审计局共对株洲日报社、株洲电视台等11个市属行政事业单位进行审计，查出违纪违规金额49万元，处理上缴财政4.5万元。

1994年，市审计局对市公安局等9个市属行政事业单位进行审计。2月，对株洲日报社1993年度广告费收支情况进行审计，查出该报社以退广告费名义，开红字发票冲减广告收入，在刊登广告单位购买物资计11.14万元；转移广告收入1.2万元至工会；刊登广告不开发票，在刊登广告单位以物资抵广告费24.45万元；收入不入账15.19万元；违反控购25.08万元；偷漏税金4.7万元。审计处理决定在责成改正的同时，并对该报社处以罚款15.6万元上缴市财政。7月至9月，根据湖南省审计厅统一安排，对株洲市交警系统和株洲市公安系统1992年度、1993年度财务收支进行了行业审计，查出株洲市交警支队欠交固定资产投资方向调节税53.29万元，欠缴能源交通重点建设基金及预算调节基金150.3万元，将正常收入转入劳动服务公司117.49万元，收入不入财务账7.3万元，违控购买商品11.96万元，收取赞助费22.74万元，决定处以罚款12.95万元上缴市财政；查出株洲市公安系统欠缴固定资产投资方向调节税26.09万元，购违控商品19.19万元，将正常收入转入工会、劳动服务公司17.83万元，收取赞助费44万元，决定处以罚款3.78万元上缴市财政。

1995年3—5月，对株洲教育学院及劳动服务公司、天骄实业公司财务收支进行了审计，查出的主要问题有：教育学院扩建办欠劳动服务公司工程款累计33.38万元，学院用土地、宿舍作抵押担保，为劳服公司、天骄公司贷款230万元，原劳服公司私设小钱柜26.62万元，原劳服公司漏缴建筑税12.67万元和欠缴代扣税1.65万元，都依法作出相应处理，并提出7条建议。

1996年，市审计局对市公安局、市交警支队、市司法局、市人民检察院等21个市属行政事业单位进行了审计。是年4月，在对株洲市司法局1995年度财务收支的审计中，查出的主要问题有：行政性收费收入15.55万元未上缴市财政，未实行收支两条线管理；转移预算内资金到食堂1.7万元，用于弥补食堂亏损；公款转储2.9万元；函授站的收支未入单位财务账；扣回的水电费列往来；提前作支出64.7万元转作“其他暂存”；预算外收入3.2万元未按预算外资金管理。审计决定，责成上缴应缴收入，调整账务，并处以罚款1.7万元上缴市财政。8月，对株洲市宾馆1995年度财务收支情况进行审计，查出的主要问题有：应列未列收入31.51万元，未办控购手续购专控商品30.34万元，挤占费用29.82万元，出借银行账户，领取现金47.53万元，以及超规定工资基金计划支出、跨年度提取费用、接待费超支等。审计决定，责成补缴营业税及附加1.73万元，处以罚款3.34万元上缴市财政。这年2月至3月，对市公安局、市交警支队、市民政局、市教委、市科委、市劳动局、市公证处、市劳动就业管理处、市环保职业中专、市教育装备所等10个单位1995年度行政经费开支、应缴预算收入及预算外收入情况进行审计调查。调查总金额9363.5万元，其中财政预算拨款开支2272.36万元，应缴预算收入4187.32万元，预算外收入2903.82万元。发现的主要问题有：行政经费支出的苦乐不均现象比较突出，单位人均经费最高的为最低的5.7倍；公费医疗经费超支严重，且财政拨款轻重不一；行政性收入、罚没收入没有严格执行“收支两条线”制度，年末欠缴余额243.1万元；预算外收入的管理严重失控，全部预算外收入没有在财政进行专户储存，实行收支两条线管理，仅市交警支队就漏征“两金”7.21万元；财务核算没有严格按照会计制度办，账务设置不全，科目使用混乱，会计科目使用不当，报表口径不一等现象普遍存在。针对发现的问题，提出了加强收入来源清查、完善公费医疗制度改革、加强预算管理、加强财务培训等5条审计建议，得到了有关部门的采纳。

1997年，对株洲市计划委员会等23个市属行政事业单位1996年度财务收支进行审计。是年2月至3月，对株洲市计划委员会1996年度财务收支进行审计，查出的主要问题有：收入未纳入单位财务统一核算465.9万元，挪用以工代赈专用基金利息收入7.16万元购买小汽车，自行放贷40万元，门面租金收入等5.86万元直接列入工会，芦淞市场柜台租金收入未计缴税金。审计决定，处以罚款1.43万元上缴市财政。6月至10月，对株洲市教育委员会、株洲市一中、株洲市二中、株洲市四中、株洲市十中、株洲市十一中、株洲师范学校、株洲工业中专学校、株洲幼儿园职业学校等1996年度普教经费情况进行了专项审计，查出的主要问题有：挤占挪用教育经费260.76万元，转移预算收入31.8万元，乱收费23.71万元，漏交税费4.06万元，公款转储5.7万元，共计处理上缴财政43.2万元。同时提出了清退乱收的费用、严格执行收费政策、切实加强财务管理、追回被挤占挪用的教育资金等5条审计建议，得到了采纳。

1998年，对市公安局等12个市属行政事业单位进行审计。4—7月，对全市各级司法行政机关及其所属单位1997年度的财政财务收支情况进行行业审计，共审计36个单位，其中司法行政机关10个，法律中介组织17个，公证机关3个，劳教所1个。审计总金额1226.94万元，查出违纪违规金额133.74万元，查出的主要问题有：应缴未缴财政收入33.16万元，占违纪违规金额的24.79%；隐瞒截留收入12.78万元，占违纪违规金额的9.56%；乱收费4.1万元，占违纪违规金额的3.07%；违控购物14.34万元，占违纪违规金额的10.72%；私设“小金库”12.52万元；滥发钱物7.98万元，占违纪违规金额的5.97%；违反廉政纪律的金额1.8万元；漏缴税费5.4万元，以及财务管理基础工作较为薄弱等。提出强化财政、财经法规意识，规范法律中介组织的财务管理和会计核算，克服单位短期行为，建立和健全一套符合司法行政行业单位实际情况、且具有较强的操作性和约束力的制度，司法行政主管部门加强对下属单位的指导和监督的审计建议，得到了采纳。从是年起，根据株洲市人民政府《关于当前审计工作几个问题的通知》精神，对行政事业单位的审计，从侧重合法性审计阶段开始向真实性、合法性和有效性相结合的阶段发展，专项资金年度审计制度的建立，使全市行政事业财务收支审计与专项资金年度审计相结合，行政事业审计的内容不断深化和扩展。同年3月，市审计局对教育经费、环保资金等28项专项资金进行审计，查出的主要问题有：应征未征专项资金，隐瞒截留应上缴收入，挤占挪用专项资金，专项资金使用效果不佳，应缴未缴财政专户储存等，有力地促进了专项资金的管理和效益的提高。

1999年，对市物价局、市教育委员会等28个行政事业单位进行审计。1月，对市物价局1998年度财务收支及价格调节基金管理使用情况进行审计，查出市物价局机关将下属单位上缴的管理费转入工会账户，漏提漏缴营业税及附加，违规购置专控商品，坐支、滞留应上缴财政旅馆增容费收入，应列未列固定资产等问题，责成该局上缴应缴财政的收入8.35万元，并处以罚款1.28万元上缴财政；同时查出市价调办价调基金管理、使用中存在无拨款、借款计划使用价调基金38.19万元，超范围使用价调专项补贴资金10.75万元，超规定提取奖励基金8.73万元等问题，责成全面清理催收三年以上应收账款及所欠交有偿使用占用费，并处以罚款1万元上缴财政。2月，对株洲市教育委员会1998年度市本级教育费附加及机关财务收支进行了审计，查出的主要问题有：超范围使用城市教育附加40万元，未实行财政专户储存和收支两条线管理10.32万元，违规购买空调6.2万元，市教师奖励基金会未使用财政部门统一印制或监制的收款收据收费7万元并未实行财政专户储存和收支两条线管理，以及市“教工之家”应缴未缴企业所得税等，处以罚款5.8万元缴财政。当年全市审计机关对价格调节基金、教育经费、环保资金等23项专项资金（基金）进行了审计。1—6月，根据国家审计署的统一安排，全市审计机关对全市住房资金的归集、管理、使用情况进行了审计，共查出违纪违规金额1.18亿元，应上缴财政49.23万元，移交检察院案件1件。查出的主要问题有：超范围使用住房资金1.05亿元，其中市本级7138.50万元，各县（市、区）3331.87万元；违反房改政策，违规出具资信证明，获存贷利差收入65.3万元；醴陵市违反规定，将房改单位使用本单位的售房款（用于建房）作贷款办理达352万元，获取利息收入8.1万元；弄虚作假，搞假委托，给住房资金带来潜在风险，金额130万元；以贷款利息收入抵冲购办公用房款45.21万元；抵债物品未按合法程序进行评估就抵偿贷款，财务上作固定资产处理37.61万元；住房资金利息收入不入单位财务账，私设小金库19.44万元；公款私存，贪污私分存款“贴水”0.87万元；住房资金不按规定存入专业银行460万元，单位截留挪用住房资金137.1万元等。同时，查出各级房改办截留房改经费13万元，房屋出租收入、银行借款不入单位财务账156.62万元，漏缴税款28.57万元，开假发票套取现金4.95万元，截留应上缴财政规费收入11.82万元，账外固定资产188.62万元等问题。审计机关都依法进行了处理，同时提出了对住房资金实行年审，并在新闻媒体上公布审计结果，使群众了解住房资金的归集、使用、管理情况及存在的问题，使住房资金处于全市人民的监督之下；严格按照湖南省人民政府办公厅《关于加强政策性住房资金管理的通知》精神管好、用好政策性住房资金；房改机构应单独设置；对住房资金贷款情况进行一次全面、认真的清理，对愈期的贷款，特别是贷给个人及私营企业的贷款要组织专人催收，采取切实可行的措施予以收回，以保证住房资金的安全和完整；严格按照国家规定的范围发放住房资金贷款，自觉维护国家金融秩序，并按规定收取利息等审计建议，引起了各级政府的重视。

2000年，市审计局对32个行政事业单位进行审计。2月，对市国家安全局1998 — 1999年度财务收支进行审计，查出该局未提未缴固定资产投资方向调节税20.03万元，未提未缴劳保基金38.87万元，违规购买专项商品6.08万元，办公楼基建超计划投资58.19万元等问题。审计决定责成该局向有关部门申报并办理有关手续，补缴调控基金0.61万元上缴市财政。5 — 7月，全市审计机关对株洲市工商局系统1998 — 1999年度财务收支情况进行全面审计，共审计单位13个，抽查工商所41个，审计总金额72068万元，查出各类违反财经法规金额4221.79万元。查出的主要问题有：拖欠、截留应缴预算收入14.67万元；拖欠、截留应缴财政专户款323.69万元，其中拖欠、截留应缴财政专户行政性收费319.3万元；隐瞒收入231.87万元；乱收费、乱摊派412.61万元；挤占挪用专项资金233.58万元；收入不入法定账目143.27万元；漏缴营业税及其附加等税费共计787.51万元；违规发放电话补贴、奖金等36.8万元；虚列支出161万元；违规在城区系统职工内部集资3次共计1804万元等。审计处理，在责成及时补缴应缴财政收入、追回被挤占挪用资金、尽快清退内部集资、停止乱收费行为的同时，共处以罚款102.43万元上缴财政。同时提出加强财务管理，提高财务人员的素质，严格执行收支两条线管理的政策；加紧进行体制改革，进一步深化管理；制定完善的财务核算方法和会计制度；加强纳税意识等审计建议。当年，全市审计机关共对教育经费等21项专项资金（基金）进行年度审计，共查出违纪违规金额7421万元，处理上缴财政123万元，追回被侵占挪用资金2234万元。1 — 4月，根据省审计厅统一安排，全市审计机关对1999年度全市教育经费投入、使用、管理及效益情况和教育主管部门执行本级政府预算以及专项资金、专项基金、周转金和预算外资金的情况进行审计。审计教育主管部门10个，抽查中小学校20所、产业办7个。参审人员45人，审计资金总额63413.3万元，查出违纪违规金额952.84万元，其中财政652.4万元，主管部门219.72万元，学校80.72万元。查出的主要问题有：教育经费投入占财政支出未达到政策规定的比例，全市1999年度共少投入教育经费9801.74万元；按政策规定征收用于教育的税费不能足额负担征收到位，全市教育费附加少征4488.5万元；教育经费缺口较大，财政预算资金难以到位；挤占转移教育事业费64.34万元；应作预算外收入的均列往来账款329.66万元；违规收费现象普遍存在；教育基金管理不严，违规抵贷和借出教育基金63.24万元等。审计决定，处罚款96.32万元上缴财政，同时提出坚决贯彻实施《教育法》和有关政策规定，逐步增加教育的投入，确保教育经费及时足额到位；加强农村教育事业附加征收力度，切实解决征收比例不足，征收不到位，征收后拨付不到位等问题；坚决纠正随学生代征农村教育费附加的作法，减轻学生负担；加强监督管理，杜绝乱收费行为；加强财务管理，严格执行财政专户储存及收支两条线管理政策；严格禁止挤占教育事业费和教育费附加开支，使教育经费真正用在教育事业上；狠抓校办“三产”企业，促进勤工俭学的发展，增加勤工俭学收入，弥补教育经费不足等审计建议，得到了市人民政府采纳。

四 企业审计

审计机关依法对国有工业、交通、商业、粮食、外贸、物资、建筑安装和农林水等企业的财务收支及其经济活动进行审计监督。根据1986年第二次审计对象调查，全市共有市属国有企业289户被列为市审计局的审计对象。1983 — 1990年，共审计236个单位（项目），查出违纪金额6043.59万元，上缴财政978.26万元，调整账务1454.31万元，审计中发现重大违纪单位6个，违纪金额达1370.21万元，移送司法部门处理1人。

此间，中央、省属在株企业和市属企业建立内审机构43个，审计921个项目，纠正违纪金额1884.38万元，查出损失浪费443.68万元，促进增收节支1755.29万元，查出万元以上贿赂贪污案5个，给予有关责任人党纪、政纪处分12人，移送司法机关处理19人。市审计事务所受企业委托完成审计项目131个，查出违纪金额314万元。

20世纪90年代，企业审计仍是全市审计机关的监督重点，其审计范围包括市、县、区所属工业、交通、商业、物资、农业、建筑业等企业及上级审计机关授权的中央和省属在株企业。审计的内容和方式主要有财务收支审计、承包经营审计、经济责任审计、专项审计和审计调查，并逐步由财务收支审计为主向承包经营审计和经济责任审计为主发展。1993年，新《会计制度》实施后，逐步发展到资产负债损益审计。从1995年开始，市属企业普遍进行改革改制，至2000年年底，全市市属企业绝大部分改制完成，审计机关企业审计对象大为减少，审计机关的主要审计任务由企业审计转向财政资金审计。1990 — 2000年，全市共审计各类企业198个（次），查出违纪金额4566万元，收缴财政1122万元。

（一）财务收支审计

1983年10月，对株洲市无线电四厂的财务收支进行审计试点，查出该厂乱挤乱摊生产成本，账外材料未按规定处理等金额89万多元。在对无线电四厂进行处理的同时，向上级审计机关和市人民政府报送《关于在市无线电四厂进行审计试点的情况汇报》。市政府于1984年2月批转这个汇报，指出：“现将市审计局的汇报材料转发给各个企业和有关部门，望结合自己的情况，解决类似报告中存在的一些问题。同时希望刚成立的审计部门加强学习，努力工作，扩大试点成果，更好地发挥审计工作对经济建设的监督和促进作用。”

1984年，市审计局对27个企业进行财务收支审计，查出违纪金额61.82万元，处理上缴财政19.58万元。如在对株洲市无线电二厂1981 — 1983年电视机的生产、经营审计中，发现该厂1979年底至1983年5月，先后给有关领导、关系户和厂内职工免费或低价提供电视机896台，工厂损失13万元。其中，以试看等名义送给20多个部门和单位电视机158台；以优惠价（低于厂销价）

给近百名领导干部和关系户提供电视机 171 台；一名干部拿 5 台未办理财务结算手续；给洪江、衡阳等五交化公司代销电视机 84 台，货款长期未收回；给全厂职工每人分配 1 台每台仅收价款 50 元。审计决定：对分给职工和关系户的电视机按规定作价，限于 1984 年底收回余款；以低价销售的按物价部门核定价补收价款；对试看试销的和长期代销的电视机，组织专人进行清理。审计决定在社会上引起了强烈反响，市政府对审计查处的问题非常重视，并要求被审计单位认真落实审计决定。

1985 年，市审计局对 10 个企业的财务收支进行审计，查出违纪金额 383.07 万元，处理上缴财政 202.14 万元。5 月，对市煤炭公司 1984 年度的财务收支进行审计，查出乱挤乱摊费用 16.45 万元，处理上缴财政 7.85 万元。同月，对株洲化工厂 1984 — 1985 年 4 月的财务收支进行审计，查出挤占生产成本 75.01 万元，作全额上缴财政处理。8 月，对株洲玻璃厂 1984 — 1985 年 8 月的财务收支进行审计，查出乱提专用基金 39.74 万元，作全额上缴财政处理。10 月，对株洲工艺品进出口公司 1984 — 1985 年 10 月的财务收支进行审计，查出该公司以当年利润提前还贷 37.26 万元，乱挤乱摊成本 13.10 万元，随意削价报损 2.61 万元，干部职工集资办商场私分红利 4900 元，动用流动资金购汽车 10 万元，占用下属集体商场资金购旅行车 9.7 万元；该公司所属光华商场漏缴所得税 23.69 万元；倒买倒卖钢材 25 吨牟利 9700 元等问题。审计结果呈报湖南省审计局，对其违纪问题作出了收缴财政 60.14 万元和调整账务的处理。

1986 年 4 — 10 月，对市物资局及所属 7 个公司进行审计，查出截留收入 44.21 万元，挤占成本费用 13.22 万元，未及时结转待处理财产盘盈 14.21 万元；应缴未缴税利 23.71 万元，滥发钱物 5.91 万元。此外，还查出平转议非法获利 25.67 万元和多收管理费等违反物价政策问题。市审计局决定，对滥发钱物的问题，责成局级干部全部退回，科级干部退回 50%。其他问题也按规定进行厂处理。7 月，对株洲市五金矿产进出口公司进行审计，发现该公司采用开假发票的手段隐瞒收入 7.21 万元。9 月，对株洲市五交化采购供应站进行审计，查出该公司收入不入账、私设"小金库"和私分钱物 5.44 万元。审计对查出的问题都依法作出了处理。

1987 — 1990 年，市审计局对 94 户市属企业的财务收支进行审计，查出违纪金额 2803.61 万元，处理上缴财政 300.20 万元。

从 1983 年 10 月到 1990 年年底，市审计局共对 144 个单位（项目）进行了财务收支审计，其中工交企业 63 个，商粮贸企业 64 个；建安和城市公用企业 14 个；农林水企业 12 个。查出违纪金额 4393.96 万元，上缴财政 884.70 万元，调整账务 1454.31 万元。

（二）承包经营审计

1988 年，市审计局根据国务院发布的《全民所有制工业企业承包经营责任制暂行条例》和国家审计署《关于全民所有制工业企业承包经营责任审计的若干规定》，国营工业企业开展以资产、债权债务、盈亏是否真实；承包经营目标的实现情况及企业经营者的经济责任；国有资产的维护和增值；专项基金的提取和使用，遵守财经纪律，维护企业合法权益等为内容的承包经营审计。市人民政府要求全市国营商业企业和集体企业参照执行。是年 1 月，对株洲市塑料厂 1987 年度承包经营情况进行审计，在审查主要经济指标完成情况的同时，还检查其遵守财经纪律的情况，查处并收缴该厂欠缴的能源交通重点建设基金1.05万元。同年4—10月，先后对株洲市轮胎厂、株洲市玻璃厂、醴陵电瓷厂、株洲市链条厂1987年度的承包经营情况进行审计，在核实承包合同完成情况的同时，重点核实承包企业的盈亏，查出乱挤乱摊成本、少提和不提折旧而虚增利润等违纪金额37.71万元。其中，株洲市轮胎厂少提折旧和模具费12.38万元，株洲市玻璃厂乱挤乱摊成本12.63万元。审计按政策规定分别作出了处理。1989年，在开展承包经营审计的同时，市审计局还对19户市属工业企业第一轮承包经营情况进行了审计调查。调查发现：19户企业主要经济指标呈良性循环的趋势，工业总产值平均每年增长9.48%，销售收入平均每年增长28.07%，利润平均每年增长23.5%，上缴利润平均每年增长4.1%。企业普遍增强了四个意识：一是投资意识，19户企业1988年共新增固定资产7743.41万元，增值率为15%，其中，增值率在20%以上的企业有6家。大部分企业都将全部折旧基金和60%～70%的企业留利投入了扩大再生产，企业后劲明显增强。二是市场意识，19户企业1988年共开发出新产品30余种，实现工业总产值近亿元。三是管理意识，19户企业进一步完善内部管理，划小核算单位，建立和完善内部银行，逐步实现由内部的供给制向商品制转化。四是政策意识，经济违纪行为和违纪金额逐年下降。据其中8户企业统计，违纪金额年平均减少73%。但是，调查中也发现，承包经营存在一些问题，主要是：部分企业管理不善，核算不实，账账、账实不符和虚列成本；企业内部控制制度不健全，财产物资管理混乱；重经营轻管理，少数承包者存在短期行为，包盈不包亏，有3户企业将1988年没有完成合同规定的上缴利润，作“挂账欠缴”。针对上述情况，审计局向株洲市人民政府提交《承包增效益，完善靠管理》的调查报告，市长周吉太作了“坚持改革，完善承包”的重要批示。《株洲日报》1989年12月29日头版全文发表调查报告和周吉太市长的批示。

1988—1989年，市审计局先后对市建设百货商场、市五交化采购供应站、市纺织品采购供应站等6家国营大中型商业企业的承包经营情况进行了审计，在确认这6家企业按合同要求完成承包期主要经济指标的同时，查出违纪金额332.76万元，处理上缴财政126.67万元，处理调整账务192.73万元。对集体企业的经营承包审计，市审计局委托市审计事务所实施。到1990年年底，市审计事务所共审计承包（租赁）经营集体企业13家，核实盈亏、审查承包（租赁）合同完成情况，帮助企业纠正了财务管理和经营管理方面存在的问题。

1990—1994年，企业审计主要以企业承包经营责任审计形式出现。1990年，是市内企业第一轮承包终结，第二轮承包开始的一年。至1991年，市审计局共对40个承包经营终结的单位进行经济责任审计，该项审计涉及面最广、审计事项最多、审计时间跨度最长。经审计，全面完成承包经营合同目标的企业22户，基本完成的9户，未完成的9户。这次审计，既是第一轮承包经营的事后审计，又是第二轮承包经营的事前审计；不仅对第一轮承包者任期经济责任作出公正评价，为组织部门对企业领导人的奖惩、任免提供依据，而且为第二轮承包者澄清了家底、为发包方和承包方确定承包基数提供了依据。1991—1992年，全市审计机关共进行企业经营责任审计315家，其中承包经营255家，其他责任制60家。经审计完成合同的209家，未完成合同的106家，审计后有42家终止合同；虚盈企业53家，虚亏企业58家；违纪金额1613万元，收缴财政71万元。1991

年 1 月，市审计局对醴陵电瓷厂厂长 1985 — 1990 年任职期间的经济责任进行审计，重点审计其承包合同执行及其结果、资产的完整、技术改造资产增值、财经纪律执行及盈亏真实性，查出少计利润 8.9 万元，少摊材料成本差异 2.23 万元，多提折旧和大修基金，往来长期未清理等问题，同时查出该厂一车间将工厂搭火费、劳务费 5.4 万元作为车间“小金库”使用。审计决定责成调整账务，罚款 2.7 万元上缴市财政，同时责成工厂纪委认真清查一车间“小金库”的问题。

从 1993 年起，承包经营责任制逐步为股份制、投入产出总承包、任期目标管理等形式所取代。因此，承包经营经济责任审计逐步减少。至 1995 年，市属企业普遍改制，承包经营责任审计终止。

（三）厂长（经理）离任审计

1986 年 9 月，国务院颁布的《全民所有制工业企业厂长工作条例》规定：“厂长离任前，企业主管机关（或会同干部管理机关）可以提请审计机关对厂长进行经济责任审计评议。”同月，株洲市人民政府制定《株洲市国营企业厂长（经理）离任时经济责任审计办法》。据此，市审计局从 1987 年开始，逐步开展厂长（经理）离任责任制审计工作。

1987 年 3 月，市审计局对株洲市柴油机厂厂长 1984 — 1986 年的任期经济责任进行审计。审计查明，该厂长在任职期间工作任劳任怨，做了大量工作，取得一定成绩，但由于对 S195 柴油机持续滞销行情缺乏分析，决策失误，造成产值下降，企业由盈转亏，主要经济指标都没有完成的被动局面。同时，查出 1986 年盈亏不实，少报亏损 25.44 万元，潜亏 68.72 万元，乱挤乱摊成本 15.94 万元。同时，审计作出了客观公正的评价。市政府决定由市财政局于当年 8 月底前给该厂补助 23.75 万元。

1990 年 4 月，根据市一商业局的申请，对株洲市纺织品采购供应站经理 1987 — 1989 年任职期间的经济责任进行审计。审计查明，该经理任期内上缴承包利润 112.7 万元，新增固定资产 143 万元，除 1989 年利润完成不好，用 1988 年留利 15.8 万元抵缴承包任务外，其余主要经济指标均已完成。但是，由于管理上的漏洞，在任期内发生纺织批发部会计朱某某贪污公款 67 万元，造成直接经济损失 51.49 万元的经济大案；仓库保管员许某、黄某贪污，造成经济损失 1.58 万元的经济案件。该站还因违反财经纪律被收缴违纪资金 6.5 万元；企业专用基金亏空 58.31 万元。通过开展厂长（经理）离任经济责任审计，客观地反映了企业经营、财务状况，分清经济责任，为厂长（经理）离接任作出经济鉴证，为有关部门任用干部提供参考。到 1990 年年底止，共对 10 名厂长（经理）进行离任前的经济责任审计，查出违纪金额 76.56 万元，上缴财政 6.65 万元。

1991 年 3 月，对株洲市棉纺厂厂长任期（1988 — 1990 年）经济责任及该厂财务收支进行审计，查出该厂少转材料成本差异贷款 9.1 万元，少转销售成本 9.55 万元，多提职工福利 4.22 万元，原棉升值中有 17 万元调增专用基金，乱挤摊成本 4.58 万元，厂招待所收入 0.9 万元年末未结转，维棉纱和粘胶纱共 35.28 万元有账无物，降价、报废物资价值 41.7 万元，报废产成品 11.44 万元。根据《国营工业企业成本管理条例》和国务院《财政违法行为处罚处分条例》的规定，市审计局对上述问题作出了调整账务并处以罚款上缴市财政的处理。

（四）经济效益审计

为帮助企业找出薄弱环节，建立健全内部控制制度，挖掘内部潜力，提高经济效益，1984 —

1990年，市审计局先后对市棉纺厂、株洲石棉水泥制品厂等6家企业进行经济效益审计，找出影响企业效益的不利因素和问题，有针对性地提出解决问题、提高经济效益的建议和意见。在此期间，针对企业普遍存在的问题，结合当时的经济工作，开展16项审计调查。1986年12月，为促进增产节约、增收节支运动的广泛开展，对市食杂果品公司进行审计调查。调查发现：该公司在1985年、1986年两年内，因管理不善造成商品霉变金额达79.32万元，占当时库存商品资金的23%，实际亏损31.78万元。次年3月，中共株洲市委办公室第81期信息、株洲市财委文件转发了这次审计调查情况，要求财贸各单位对照检查，深入开展“双增双节”。《湖南日报》在4月6日头版头条刊登《株洲市食杂果品公司管理不善商品霉变浪费惊人》的报道，并配发《怎能如此对待国家财产》的调查和《责任心到哪里去了》的短评。该公司主管部门对有关责任人进行了处理。1988年的《市属工业企业产成品资金占用情况调查》，1989年的《株洲市26家工业企业福利基金提取和使用情况调查》和《农资专营情况调查》，均受到株洲市人民政府、湖南省审计局的高度重视，并在有关杂志和参阅件上转发、采用，为领导和上级部门进行宏观决策提供了参考。

1991—1992年，全市审计机关为帮助企业扭亏增盈，与24家企业建立联系点，进行经济效益延伸审计，有针对性地提出建议200余条，被采纳100余条，直接和间接产生效益800万元，挽回经济损失402万元。

1993年以后，审计机关对粮食、农业生产资料、邮电、交通、石油、粮油进出口、烟草、棉麻等行业进行了审计，促进国有企业提高整体营运质量效益。1995年对农业生产资料系统的审计，不仅对全市农资公司的资产负债损益作出审计评价，查处财务收支和农资价格方面违纪金额约10万元，更主要的是就加强农资商品价格监控，改善企业经营管理，健全财务制度等方面提出整改建议，从而制止了农资乱涨价，减轻了农民负担。

1994年，围绕促进两个根本转变，积极开展对国有企业和各种专项资金的审计监督，与此相应形成了以审查财务收支真实性为基础达到真实、合法、效益统一的审计方法，坚持以核实企业资产负债损益的真实性合法性为基础，向其内控制度、经济效益延伸，企业审计全面转向资产负债损益审计上来，深入揭露了企业资产负债不实，潜亏面大，国有资产流失严重的问题。

五　专项资金审计和审计调查

专项资金是有专门用途的资金，关系到国计民生。国家历来对专项资金的管理、使用效益都有严格的规定。全市审计机关在专项资金审计中，突出了对数额不大、对国民经济影响大的专项资金的审计监督。20世纪80年代审计的专项资金主要是外资运用项目、教育经费、城市维护建设资金、科技三项费用、支农扶贫资金等。90年代增加了农业综合开发资金、农业扶贫资金、扶持粮棉大县专项贷款、国土资金、公路养路费、环保资金、电力建设资金、救灾募捐款物等一系列专项资金。1998年，政府规定：审计机关对国土资金、水利资金、社保基金、价格调节基金等关系国计民生的28项专项基金（资金）从1999年起实行每年必检，率先在全省建立专项资金（基金）年度审计制度。

（一）基本建设财务审计

1985年，根据湖南省审计局的安排，市审计局对株洲玻璃厂扩建项目进行审计，查出该项目漏缴建筑税291万元，审计依法要求企业及时办理补缴手续。1986年，市审计局成立基建审计科，充实加强了基建审计力量。1986—1990年，先后对34个基本建设项目进行财务审计，对32个停缓建项目开展跟踪审计，查出违纪金额1639.31万元，处理上缴财政318.13万元，减少财政拨款19.12万元，促进增收节支205万元。

在基建项目审计中，市审计局重点对基建项目资金来源不当、基建规模超计划、欠缴建筑税和技改项目效益差、损失浪费严重等问题进行查处。1986年6月，市审计局对全市1986年地方安排的41个自筹基建项目进行审计调查，发现资金来源不正当的项目有6个，占14.6%，金额达233万元，占总金额的12.2%。同年查出株洲化工厂“杀草丹”基建工程漏缴建筑税40.28万元。1987年，市审计局查出株洲化工厂无基建项目计划，挪用生产资金415万元兴建职工宿舍、老干活动楼和招待所。对此审计作出责令其立即停建的决定。1989年，市审计局对市煤气公司煤气工程在建项目进行审计，发现该项目投资超概算644.73万元，超支率为71.3%，超计划投资487.51万元。对此，审计依法作出了严肃处理，为控制基本建设规模，促进宏观调控发挥了作用。在开展基建项目财务审计的同时，市审计局还对全市停缓建的34个基建项目进行跟踪审计，经审计核定，不属于停缓建和重列的项目有2个，已停建的28个，应停建未停建的4个。审计决定应停而未停的项目立即停止施工。年底，审计决定全部落实。1990年，市审计局对株洲市化工厂“杀草丹”和“铅烟气制酸”工程进行审计，发现这两项工程共投入资金8546万元，由于工艺技术不过关，项目建成后，不能正式投产，其中铅烟气制酸工程因工艺设计方案选择失误，造成直接经济损失达718万元。市审计局及时将这一情况向湖南省审计局作了汇报，湖南省在建项目审计检查小组以“株化技改投资8000万元，几年无效益”为题，向国家审计署、国家计委、国务院清理项目办和化工部作书面汇报，引起了湖南省、株洲市领导的重视。同年继续对32家停缓建项目进行跟踪审计，未发现应停未停和擅自开工复工现象。从1990年开始，根据国家审计署、国家计委《关于开展基本建设项目开工前审计的联合通知》，市审计局对自筹基建项目实行开工前审计，当年对全市89个新开工项目的资金来源情况进行审计，保证基本建设项目资金来源的合法性，并压缩不合理投资679.15万元。

1984—1990年，先后审计34个基建项目的财务收支，查出违纪金额1639.31万元，处理上缴财政318.13万元，减少财政拨款19.12万元，促进增收节支205万元。

1995年，市审计局首次对全市建筑行业劳保基金进行审计，查出违纪金额2132万元，上缴财政31.19万元。1999年，市审计局再一次对该项劳保基金收支情况进行审计，发现到1998年年底止，建设项目累计欠缴劳保基金1200万元；市劳保办借出劳保基金320.70万元用于城市基础设施建设和企业流动资金借款。审计建议：加大力度狠抓报建时的源头征收劳保基金；坚决清缴以前年度欠缴的劳保基金；尽快收回借出的劳保基金。2000年跟踪检查，借出的320.70万元劳保基金已收回。

（二）外资运用项目审计

1985—1990年，市审计局分别对铁道部株洲电力机车工厂、株洲市种子公司、株洲市无线电七厂、株洲市起重机厂、株洲化工厂、株洲市教师进修学院等6个单位利用世界银行贷款和南方航空动力机械公司利用亚洲开发银行贷款、株洲汽车齿轮厂引进项目进行审计，审计18个单位（项目），查出违纪金额6.8万元。通过审计，查处并纠正贷款计划不落实、设备不配套、配套资金不到位、项目进展缓慢等问题，促进了项目财务管理和效益的发挥。株洲市种子公司从1986年开始取得世界银行贷款15万美元，安排配套资金64万元人民币，实施种子项目。市审计局从1987年开始，连续4年对该项目进行年审，查出项目贷款计划不落实、配套资金缺口大等问题，并建议株洲市人民政府和有关部门适当考虑解决资金缺口问题。1988年项目正式开始启动，利用贷款建立繁殖制种基地1600亩，改良常规稻种，建设了生产、办公、生活等配套设施，利润逐年上升，1989年种子销售收入和利润都达到历史最高水平，创造了良好的经济效益和社会效益。1987年，株洲市无线电七厂向世界银行贷款73万美元，引进国外关键设备和先进技术，开发生产声表面波滤波器。1988年至1990年，市审计局对该项目进行了年审，审计结果表明，该厂利用世界银行贷款引进设备是比较成功的，1988年关键设备已引进，并开始声表面波滤波器批量生产，年产量200万只，实现销售利润221万元，一跃成为国家二级企业。但由于该厂对声表面波滤波器的市场预测不准，致使还贷能力不足。为此，审计建议中国投资银行湖南省分行协助延长世界银行贷款还贷期限，帮助企业渡过难关。1989年，对南方航空动力机械公司利用亚洲开发银行贷款开发南方－125系列摩托车项目进行审计，发现该项目工程进展缓慢，引进设备闲置，影响效益发挥。审计提出加快项目进度的意见，被企业采纳。同年，市审计局对株洲汽车齿轮厂利用亚洲开发银行贷款引进美国设备生产汽车螺伞齿轮项目进行审计，发现该项目的实施慢于计划进度，且有部分贷款不落实，审计提出加强项目管理，尽快落实贷款计划的建议，被采纳。1990年，再次审计时发现，该项目设备全部到货，并已投入生产，投产后生产的6种螺伞齿轮全部检验合格，产品打入国际市场，为企业增添了活力。

（三）教育经费审计

1985年，市审计局审计6个教育单位，查出违纪金额5.46万元。审计中查出的主要问题有：市二中挤占教育经费1.79万元兴建宿舍、私设“小金库”7400元，市十一中挪用集资款2万元借给校办工厂、虚列支出1.4万元，以及一些学校提高收费标准多收费9000元等等。1990年，市审计局对市一中、二中、三中、四中、五中、八中、十中及市教学仪器站、市校办工业公司、市轻工职校等11个单位的教育经费收支情况进行审计。审计结果表明：株洲市1989年各级财政安排教育事业费6833万元，比上年增长17.14%；教育附加费征收1863.5万元，比上年增长39.39%；社会捐资、集资1283.2万元。教育经费投入的大幅度增长，促进了教育事业的发展。但审计中也发现一些违纪问题，其金额达141.8万元。其中挤占挪用教育经费24.6万元，虚列支出、转移资金、隐瞒收入81.2万元，私设“小金库”9.1万元，违控购物5.1万元，其他违纪金额11.2万元。对此，审计作出了严肃处理，收缴财政1.3万元，要求被挤占挪用的资金限期归还。

1994年，对全市教育主管部门和中小学的审计，查出中小学乱收费、有关单位挤占挪用教育经费等违纪金额4529万元。审计提出应按规定增加投入，采取措施足额收缴教育费附加，增强教育自我发展能力，加强财务管理和收费管理等建议。

（四）城市维护建设资金审计

1987年，市审计局对株洲市环保局、株洲市城建局、株洲市房地产公司、株洲市自来水公司的城市维护建设资金进行审计，发现城市维护建设资金在征收上存在漏缴和擅自抵扣现象，在管理和使用方面存在挤占和挪用问题。如株洲市环保局、株洲市煤气工程窜挥部、株洲湘江大桥指挥部等单位占用城市维护资金31.85万元购小车4辆，挪用城市维护资金193.68万元搞基建，扩大开支标准挤占城市维护建设资金3.46万元。审计建议，株洲市建委、财政局和税务部门加强对城市建设资金的监督，确保资金的专款专用。1989年，市审计局对株洲市市政工程维护处1988年度城市维护资金的使用情况进行审计，发现挤占城市维护资金9000元，滥发奖金1.51万元，并按规定作出了处理。同年5月，市审计局对全市1986年、1987年环保资金的征收、管理和使用进行全面审计，发现株洲市环保局挤占挪用环保补助资金44.4万元，用环保补助资金发补贴、实物3900元，将预算内的排污费收入8.89万元转到预算外。对此，审计依法进行处理。

（五）科技三项费用审计

1989年，市审计局根据湖南省审计局、湖南省科委的安排，对1988年度全市科技三项费用（即科学研究费、中间试验费、新产品试制费）进行审计，通过对139个项目的审计和审计调查，发现按计划进度完成的科技三项费用项目131项，占94.2%；开发新产品74项，新增产值6527.54万元，新增税利1976.4万元，创外汇165万美元，为我市科技事业发展作出了贡献。但在审计中也发现一些问题：一是资金使用分散，1988年全市安排落实资金的项目165个，其中5万元以上的3个，1～5万元的36个，1万元以下的119个。1988年，给酃县科委科技三项费用5500元，安排22个项目，平均每个项目只有250元。二是效益欠佳，在审计调查的139个项目中，效益好的只有12项，占8.6%。三是挤占挪用严重，经审计查出各类有问题资金28.2万元。株洲县科委1988年动用科技三项费用归还科技开发中心基建借款3000元，支付县科委汽车修理款9000元，市农科所挤占科技事业费1.89万元。四是在具体项目中，科技三项费用没按规定使用，市级6个项目的经费支出中，差旅费开支就占26.6%。对此，审计提出科技三项经费应建立、健全专款专用、专户管理、专项核算，并严格建立申报项目的审查、论证和评估制度。

（六）支农扶贫资金审计

农业是关系国民经济全局的基础产业，20世纪80年代中期以来对各种农业专项资金的审计监督成为专项资金审计的重中之重。1988年，市审计局组织株洲县、攸县、茶陵县、酃县审计局，对各县1986年、1987年扶贫支农资金进行审计。通过对15个主管局14个乡镇、12个乡镇企业、2个水库、27个资金项目的审计，查出违纪金额106.1万元，其中挤占挪用扶贫支农资金71.7万元，贪污私分950元，其他违纪34.30万元。还查出工程项目因投放不准、资金管理不善造成损失浪费90.8万元，呆滞未用5.1万元。

1990年，开始对国家立项的农业综合开发资金进行审计，至1992年第一期农业开发资金审计结束，审计88个单位，审计金额9744.81万元，占投资总额59.3%，查出违纪金额247.84万元，归还原资金渠道213.40万元。基本做法是“四个结合”：抓点与带面结合、账面审计与实地考察结合、监督与服务结合、一次审计与连续跟踪审计结合。1993年以后，全市审计机关相继多次对农业扶贫资金、农业资金总体投入、农业综合开发资金、部分城市国土有偿使用及耕地占用税、财政支农周转金、扶持粮棉大县专项贷款、国土资金、林业“一金两费”、洞庭湖以工代赈资金等实施了审计监督，查处违纪金额6689万元，按照政策法规规定，审计作出了归还原资金渠道的处理，为农业和农村经济实现两个根本性转变，促进农业向产业化方向迈进做出了重要贡献。

1994—1998年，连续对全市救灾募捐款物进行跟踪审计，审计人员不畏艰辛，深入灾区对救灾募捐款物实施全过程的审计监督，为恢复灾区经济，创造安定团结的社会环境作出了积极贡献。1998年，全市审计机关对本级粮食系统67个单位至1996年年底止的财务收支情况和粮食亏损挂账情况进行全面审计，共查出违纪金额576万元，上缴财政279.1万元。其中查出市粮食局截留收入挂往来账190.60万元，少报利润直接转入专用基金150.46万元，合计违纪金额341.06万元；收缴财政150.46万元。通过审计，摸清了全市粮食系统的家底，为市、县政府加强粮食系统财务管理及购销管理，推行粮食体制改革提供了依据。

（七）对被清理整顿公司的审计

1988年3月，中共中央、国务院作出清理整顿公司的决定，市审计局为此开展对被清理公司的财务收支的审计工作。通过对28个公司的审计，查出违纪金额90.54万元，处理上缴财政44.9万元。揭露部分公司存在的政企不分；超越经营范围，就地倒卖重要生产资料；滥发钱物、损失浪费等问题，为国家挽回经济损失70万元，并提出审计意见，撤销22个公司。在对市物资局所属物资开发公司审计中，查出该公司倒卖铅锌等重要生产资料，从中牟利35.3万元。同时还查出市广播电视器材公司批发部主任王某某从市物资局开发公司套购锌锭并加价转手倒卖，从中牟利1.73万元的问题。审计决定，没收市物资开发公司非法所得，对王某某的问题，移交司法机关处理。在对市税务局光明贸易公司进行重点清查时，查出该公司业务员合伙贪污2万元以及滥发钱物6.63万元等问题，审计依法作出了移送纪检部门和罚款的处理。

株洲市1984—2000年审计情况统计表

表5-17　　金额单位：万元

年 份	审计内容	审计项目数（个）	查出违纪金额	上缴财政金额
1984		82	672.00	61.00
其中：	财政决算审计	–	–	–
	金融信贷审计	5	13.00	–
	企业审计	45	195.82	59.58
	行政事业财务审计	24	384.36	1.42
	其他专项审计	8	78.82	–
1985		183	1862.00	465.00

续表 5–17

年 份	审计内容	审计项目数（个）	查出违纪金额	上缴财政金额
其中：	财政决算审计	2	69.00	25.00
	金融信贷审计	8	141.61	27.26
	企业审计	68	893.90	396.26
	行政事业财务审计	102	294.78	–
	其他专项审计	3	462.71	16.48
1986		366	2794.00	791.00
其中：	财政决算审计	26	230.80	80.80
	金融信贷审计	5	105.60	0.10
	企业审计	132	1978	657.10
	行政事业财务审计	166	273.70	21.50
	其他专项审计	37	205.90	31.50
1987		418	3641.00	613.00
其中：	财政决算审计	12	213.00	42.00
	金融信贷审计	7	174.86	69.50
	企业审计	102	1436.6	301.84
	行政事业财务审计	271	888.82	91.63
	其他专项审计	26	927.72	108.03
1988		598	2772.00	406.00
其中：	财政决算审计	39	229.79	34.19
	金融信贷审计	12	60.32	35.78
	企业审计	204	1930.63	275.50
	行政事业财务审计	274	292.05	19.10
	其他专项审计	69	259.21	41.43
1989		728	2753.00	430.00
其中：	财政决算审计	39	221.50	33.00
	金融信贷审计	6	93.00	54.00
	企业审计	248	1483.90	223.70
	行政事业财务审计	284	488.26	33.55
	其他专项审计	151	466.34	85.75
1990		817	4936.00	619.00

续表 5-17

年 份	审计内容	审计项目数（个）	查出违纪金额	上缴财政金额
其中：	财政决算审计	88	487.21	221.85
	金融信贷审计	13	367.57	40.15
	企业审计	191	2252.91	177.12
	行政事业财务审计	453	422.61	30.00
	其他专项审计	72	1405.70	149.88
1991 — 1993		285	9461.00	775.00
其中：	工商业企承包经营审计	–	–	–
	行政事业单位定期审计	–	–	–
	财政决算审计	–	–	–
	基本建设项目审计	–	–	–
	专项资金审计	–	–	–
1994 — 2000		2213	171364.00	5491.00
其中：	工商业企承包经营审计	–	–	–
	行政事业单位定期审计	–	–	–
	财政决算审计	–	–	–
	基本建设项目审计	–	–	–
	专项资金审计	–	–	–
总 计		5690	200255.00	9651.00

株洲市审计局历任负责人名录

表 5-18

局　长	任职时间	副 局 长	任职时间
黄晋湘	1983.7 — 1993.3	曾振先	1983.7 — 1986.3
邱祖成	1993.3 — 1998.3	周启贵	1983.7 — 1992.2
高起林	1998.3 — 2000.12	李忠革	1986.4 — 1999.5
–	–	刘云成	1988.7 — 2000.12
–	–	刘　华	1996.4 — 2000.12
–	–	杨长云	1999.5 — 2000.12
–	–	阎敬堂	2000.8 — 2000.12

第八章　质量技术监督

中华人民共和国成立前，株洲境内小型厂矿、手工作坊有着悠久的历史。在矿业、陶瓷、烟花鞭炮、造纸等产品中，曾有久负盛名的茶陵“土纸”、醴陵的釉下五彩瓷器闻名于世。在民国政府期间，株洲仅留下2个工厂，对标准、计量、质量的管理，仅有脆弱的度量衡管理。

中华人民共和国成立后，境内的质量技术监督工作经历了“粗放管理 — 步入正规 — 现代化管理”的过程。

1959年，株洲市标准化工作由市科委主管。1961年7月，株洲市人委会为改变历史沿袭下来的“计量单位混杂，量值纷乱”的状况，批准成立株洲市计量管理处，归口株洲市科委领导，业务由湖南省计量局指导，主要是规范全市的计量单位制度和量值的统一，并组织开展与国计民生密切相关的计量检定、指导和有关计量部门的协调。同年，境内醴陵县设计量检定所。

1963年，茶陵县、攸县设计量管理所，酃县设计量检定站。是年，市劳动局始对市内电气、起重、锅炉等特殊工种的工人进行培训。

1965年，市计量处因市科委管理标准化的职能划入改称市标准计量处。

1972年，市标准计量处在市东区野鸭冲“鬼坡”（荷塘区育才路55号）划地0.67公顷拓基新建，建筑面积包括办公、试验及配套用房共1458平方米，次年1月迁新址办公。

“文化大革命”期间，因受“计量可有可无论”的影响，茶、酃、攸三县的计量机构被撤销（醴陵县于1962年撤销）。市标准计量处先后划归市机械局、市南区管理，后改由市生产指挥部领导。1975年，株洲县成立标准计量管理所。境内醴、攸、茶、酃四县计量机构先后得以恢复。

1961 — 1978年，境内“推行米制（即“公制”），改革市制，限制英制”。1962年，市政府发布《关于进一步贯彻执行废除市秤十六两改用十两制的公告》。市标准计量处会同市商业、粮食、手工业、公安、工商等有关部门广泛宣传，对交易用的木杆秤和油酒量提的进行改制。至1963年年底，基本完成市秤每斤16两改每斤10两的任务。

1973年，按照“计量为农业服务”的方针，市标准计量处开展土壤氮磷钾含量和酸碱度测试，为农业合理施肥、改良土壤和改造低产田提供服务。同时，组织湘江机器厂、株洲冶炼厂、市拖拉机配件厂等企业的30多名长度计量人员，开展支农服务。同期，株洲县标准计量所在县内开展磁化水浸种育秧和大田灌溉等试验，取得一定的效果。

1978年，株洲市委、市政府为改变“产品质量差，经济效益低”的状况，组织全市第一个“质量月”活动。市委安排人员对市内111家工厂进行考查，发现完成质量指标的只有46家，有39家产品达不到计划指标。遂组成5个分团58个检查组深入企业检查督战。活动开展后，市内有100种主要产品实现“三超”，产品质量进入全国先进行列的有9个单位12种产品，并涌现出一批“产品（或服务）质量排头兵”单位和个人。是年，按照国务院批转的《关于中药处方用药计量单位改革的报告》，全市中药处方用药计量单位改市制（两、钱）为米制（克、毫克，升、毫升）。株洲县对县内548个医疗、医药单位的1795名医务、药剂人员进行培训。同时，组织供应克制戥秤600支，印发换算表7000份。年末，境内中药计量单位全部改制完毕。

1980年7月，为加强标准化管理工作，株洲市从市标准计量处析出“标准”单独成立了株洲市标准管理处，归口市经委管理，市计量处仍归市科委领导。同期，为贯彻国家《关于加强商业计量管理工作的通知》，会同市工商局、一商局、二商局、轻工局和市供销合作联社联合下发《关于加强商业部门计量管理工作的通知》，商业系统着手建立相应机构，开始检定和加强“秤平、提满、尺码足”的商德教育。

1981年，株洲市政府发布《株洲市标准化和产品质量监督施行办法》，明确市标准处是市政府负责标准化管理和质量监督检验的职能部门，负责对各级标准化机构和质量监督检验机构的业务指导。同年6月，市标准处下设产品质量监督检验所。当年，市标准处对冶金、机械、机电、铁道、建材、化工、医药、纺织、轻工、食品行业的177个企业共537种产品进行调查摸底。其中有390种产品分别执行国家标准、部颁标准和企业标准，占调查总数的72.61%。无标准生产的产品147种。1984年，市标准处、市计量处升格为副局（处）级单位。

1986年7月，正式实施《中华人民共和国计量法》，市政府组织全市性的《计量法》宣传活动，依法推行国家法定计量单位，开展计量检测、计量标准考核、强制检定、计量授权、计量认证、仲裁检定和行政执法等监督管理工作。同年，市标准处更名为株洲市标准管理局，市计量处更名为株洲市计量管理局。

1987年，市劳动局对全市特种工作人员进行统一考试，有1840名起重司机参考，其中1164人取证，104人获厂内机动车驾驶证。次年，全国人大和国家计量行政部门、司法部门组织全国实施《计量法》情况检查评比，株洲市获得湖南省第一名。

1988年12月，七届全国人大常委会第五次会议通过了《中华人民共和国标准化法》，全市采取多种形式进行广泛宣传。市标准局依法依规加强对标准制修订备案、消灭无标生产、标准实施监督、标准宣贯、标准“双采”、标准化信息等进行监督管理和行政执法。至当年，市标准局完成企业标准制修订371个。并从次年起，市区工业企业产品标准累计备案数1019个。

1989年8月，株洲县姚家坝收粮点在收购粮食中，因送、收双方检斤不一，引起收粮点与送粮村民之间的纷争。县政府组织县财委、粮食、计量、物价、司法、公正等部门到现场调解，后经县计量部门派员对双方所用称量的秤作仲裁检定，后又组织人员翻仓复称入库粮食，证实收粮点无“大秤收粮”之嫌，平息了一场“收粮风波”。至2000年，市、县质监部门受理仲裁检定和计量纠纷调解179起。

1979—1990年，株洲在推行全面质量管理中，市经委先后组织TQC（全面质量管理）培训班5407期，受培13.33万人；举办报告会289场，5.08万人到会；有12.17万人领取了TQC统考合格证书。在经注册的4180个QC（质量控制）小组中，有8个被评为国家优秀QC小组，株洲硬质合金厂、株洲洗煤厂被评为全国 QC 活动先进企业。

1990 年，市内有 4 个企业 11 种产品采用国际标准和国外先进标准（简称“双采”），并通过省、市标准局验收发证。此时，全市有 92 种产品获“双采”证书。以后有 56 个企业 160 种产品列入《湖南省企业按国际标准生产产品目录》。株洲硬质合金厂等效采用 ISO 标准起草“硬质合金可转位刀片标准（GB2075-81-80）”，执行该标准后，可降低切削加工刀具成本 53%。当年，株洲在产品质量评优中囊括了全省 5 个金质奖。在企业升级中，南方航空动力机械公司通过国家一级企业评审，株洲冶炼厂、株洲电力机车厂等 19 家企业进入国家二级企业。在企业管理方面，有株洲硬质合金厂、株洲洗煤厂、株洲冶炼厂获国家质量管理奖。在产品实物质量方面，全市产品质量稳定提高率达 93.38%，优质产品产值率达 45.67%，居全国 72 个工业城市的第 7 位。

1991 年，市政府下发《关于进一步加强质量管理工作的意见》，明确提出“质量是株洲的生命”。随后，“质量兴业”“质量兴企”成为诸多行业、企业谋求发展的行动纲领。至此，株洲产品共获金质奖 17 个，银质奖 42 个，部优 114 个，省优 447 个。金、银奖占全省金银总数的 30% 以上，株洲硬质合金厂、株洲冶炼厂正式成为国家一级企业。

1992 年，株洲市贯彻国家技监局《关于当前工业企业计量工作若干意见的通知》精神，停止企业计量定级和考核工作。至此，全市计量定级、升级的企业 597 家，其中一级计量企业 8 家。这 8 家企业在产品评优中，获金奖 10 项，银奖 19 项，部优 34 项。全市 3 家国家一级企业均在其中，其他均为二级企业。至 1993 年，市标准局（处）共为 120 家企业作标准化技术水平考核评定。其中达一级的有南方航空动力机械公司（由国家航空航天部门主持考核）、株洲硬质合金厂（由中国有色总公司主持考核）两家，二级有株洲车辆厂等 23 家，余为三级和四级。计量定升级和标准化水平考核是企业上等和产品评优的必备条件之一。

1994 年 10 月，市标准局、市计量局及市经委质管部门合并，新组建株洲市技术监督局，为正县（处）级单位，由市经委管理，是管理全市质量、标准化、计量工作的职能部门。“八五”计划（1991-1995）期间，市政府“实施名牌战略”，制定“创名牌方案”，强制检定项目有 27 项 48 种。从 1994 年起，株洲创省级以上名牌产品 63 项，2000 年名牌产值占全市工业总产值 40%。

从 1995 年开始，由市技监、工商、法院、检察院、公安、卫生、药政、物价、经委、财委等部门开展声势浩大的联合“打假”行动，到 2000 年，共执法办案 4571 起，捣毁制假售假窝点 153 个，受理投诉举报 7240 次，为消费者和用户挽回经济损失 2176.1 万元。

1998 年，为扩大强制检定的受检率和覆盖面，授权予具备条件且经考核合格的社会计量检定机构承担。有 66 个授权机构承担 18 项 25 种强检任务，年检出量达 1 万多台（件）。到 2000 年，全市强制检定检出计量器具 28 项 49 种 86269 台（件）。

1998 — 2000 年，市、县质监部门抽查制、修、销环节的计量器具 44670 台（件），合格的 43857 台（件）。

1999 年 10 月，为加强质监管理和行政执法力度，市技监局实行省垂直管理，改称湖南省株洲市质量技术监督局。同时，市劳动局承担的锅炉、压力容器、压力管道及电梯、防爆电器等特种设备的安全监察职能及相关的机构划入市质监局。

市质监局情报所（后改称信息管理所）馆藏国际标准与国外先进标准126册，国外地区标准书籍6726本，国家标准单行本24004份，行业标准3800份，湖南省地方标准1670份，株洲市企业标准1019份，国家标准汇编本267册及修订本55册。总计馆藏各类标准、信息资料、标准书籍37665份（册）。累计办理代码证13377个，在境内工商企业中发展条形码成员单位320家。

第一节 质量监督管理

一 质量管理

在国民经济恢复和“一五”计划时期（1953 — 1957），株洲的质量管理跟随企业管理而照搬苏联模式。至1978年，株洲的质量管理仍处于事后把关的模式，主要是靠企业建立生产检验制度进行自检。从1978年全国开展第一个质量月活动开始，株洲市的质量管理才逐步确立起“质量第一”的工作方针，从宏观管理到微观服务，从纵向链接到横向联动，形成社会共治的良好局面。

第一个“质量月”活动期间，中共株洲市委组织人员对111家工厂进行大检查，发现完成质量指标的有46家，有39种产品达不到质量计划指标。遂由5名市委常委带队，组成5个分团58个检查组，深入企业检查督战。株洲拖拉机配件厂等企业，走访用户，广征意见，有的还把不合格产品“背”回厂里。“活动”后，市内100种主要工业产品有35种实现超计划指标、超上年同期水平、超本企业历史水平，产品质量进入全国先进行列的有9个单位12种产品，并涌现出一批“产品（或服务）质量排头兵”单位和个人。

1979年，株洲市在全国率先推行全面质量管理（简称“TQC”），先后组织TQC培训班5407期，有13.33万人参加，举办报告会289场，有5.08万人到会。通过TQC活动的开展，全市有55种产品实现质量升级，株洲洗煤厂洗煤车间、湘江机器厂501车间大二闸管理小组被评为国家全面质量管理优秀小组。

1981年，市政府颁发《株洲市标准管理和质量监督检验办法》，质量监督检验的所、站网络初步形成，并开始蕴育着自己的名牌计划。1986年，株洲电焊条厂生产的“湘江牌”电焊条，再次通过国际“劳氏”鉴定，获得国际造船市场认可，可向任何国家出口。1987年，株洲市召开首届工业产品博览会，全市1200多家企业携产品参展，展出在国内外享有盛誉的名优产品、国内市场紧俏的拳头产品，其中有民众所熟知和喜爱的产品，如醴陵的瓷器、花炮和市内的妇科千金片、虹波牌中波石棉瓦、金鸡牌电池等。

1990年，市政府下发《株洲市严厉惩处假冒伪劣商品责任者的通知》。同时，组织全市企业职工6.77万人参加全国第四期TQC普及考试。在“七五”计划期间（1986 — 1990），全市有12.17万人领取TQC统考合格证书，占职工总数80%以上的达标企业有201个。活动中共建质量控制（简称“QC”）小组10131个，经注册的4180个，其中8个被评为国家优秀QC小组，出席了全国QC

成果发布会。在全国首评的16家QC活动先进企业中，有株洲硬质合金厂、株洲洗煤厂。另有17家企业获部、省级质量管理先进称号。当年，全市QC活动创效4600万元。株洲电力机车厂等19家企业进入国家二级企业，株洲硬质合金厂、株洲洗煤厂、株洲冶炼厂获国家质量管理奖。是年9月11日，南方航空动力机械公司通过国家一级企业评审。同时，市政府选出56家工业企业参与“提高产品一次投入产出合格率”（简称“一次投入产出”）试点，直接创效1524万元。

1991年，国务院下发《关于开展“质量、品种、效益年”活动的通知》，市政府按《通知》要求作出《关于进一步加强质量管理工作的决定》，旗帜鲜明地提出“质量是株洲的生命”。随后，“质量兴业”“质量兴企”成为诸多行业、企业的行动纲领。是年2月，株洲硬质合金厂由国务院正式批准为国家一级企业。5月，株洲市摩托车厂经考核达到国家二级企业标准，是全国劳动服务系统首家步入二级的企业。10月，株洲冶炼厂升为国家一级企业。同年，由市财委、标准局组织十多家商场、商店参加“质量信得过”活动，经考评，株洲百货大楼、副食品大楼、庆云商场获“质量信得过”称号。1992年3月，在中国质量协会第五届理事会暨第九次年会上，株洲冶炼厂被评为首批全国质量效益型企业。1993年，中国企业管理协会、中国企业家协会组织第二届全国企业知名度评选，在评出的100家企业中，南方航空动力机械公司、株洲硬质合金厂入围，是湖南仅有的两家。

1994年，市政府在制定经济发展规划中，着重提出实施名牌战略，确定在“九五”期间要引导企业争创一批有合理经济规模、市场占有率和知名度高的株洲名牌，为株洲经济发展起支柱作用。

1995年，株洲市湘大实业有限公司荣获国家内贸部“金桥奖”，其生产的“骆驼牌”饲料被评为全国名牌饲料。同时，“信得过”活动由商业扩展到工业，全市有“质量、计量信得过”或“质量、物价、计量信得过”的工、商企业各11家，石峰住宅产品大市场、中南摩托车大市场被评为“湖南省购物放心市场”。

1996年年初，全省技监局长会议在株洲召开，株洲“实施名牌战略，争创名厂、名店、名品，以名牌拉动经济增长和产业结构调整”的经验在会上得到推介。同时，市技监局为一商局所属的23家商业企业进行员工培训，指导防假辨假工作。为配合“中国质量万里行湖南行”活动，由市人大牵头，21个部门或单位联合开展“株洲市农产品质量安全行”活动。

1997年，为按国际标准强化企业质量管理，加快株洲的企业质量管理水平和产品质量与国际接轨的进程，对市内重点工业企业开展质量整顿，有110家企业经整顿后验收合格，98家企业由省经贸委、省技监局审查确认达到湖南省质量管理规范要求。为减轻株洲的大气污染，收回19家使用普通立窑、窑径小于2米立窑的水泥生产企业的生产许可证。

1998年，市经委、市技监局联合召开清理整顿酒类产品产销企业会议，对市内数百家白酒生产企业（或酿酒作坊）及2000余家酒品经销店实行生产许可证管理，关闭一批生产条件差、产品质量低的企业（作坊）。1999年，根据国家经贸委关于清理整顿小玻璃、小水泥生产企业的部署，以及省经贸委下达的清理整顿名单，对市内28家入单企业展开清理整顿。同时，鉴于市面上有的干洗店以“假干真湿”坑骗消费者行为，市技监局对市内干洗行业进行大力整顿，从全面检查干洗机制造、销售单位入手，再查干洗店的设备及洗涤过程。查后给5家干洗质量和信誉好的门店悬挂“干洗达标单位”牌匾。同时，帮助服装行业从制定标准入手，督促按标准生产，使其逐步创制“圣得西”“开畅”“光奇”等品牌服装。

2000年，市政府印发《株洲市质量振兴实施计划（2000—2010）》，规定了质量工作的总体思路、目标、任务和保证措施，是指导株洲提高产品质量、工程质量、服务质量的中长期规划。全市有经国家注册的专、兼职质量认证人员10人，先后有以市内大中型企业为主的58家企业通过了质量体系认证。1994—2000年，先后创省名牌产品达到63项，名牌产品产值占全市工业总产值的40%。

按照现代质量管理的要求，株洲市经委、市质监局从推行全面质量开始，对市内的厂长（经理）、质管科长、质管人员及一线工作者进行多层次多内容的培训。据不完全统计，1979—1990年，以“TQC”为主先后共培训13.33万人；1990—1991年，举办GB/T19000-ISO9000标准学习班共培训530人；1992—1998年，以质量认证为主共办学习班10多期，其中1995年组织商业系统有关人员计500人学习“新三包”规定。

二　监督检验

20世纪50年代中期，株洲市属企业均有相应的专业技术检测能力。331厂、田心机厂等少数国营大型企业，设立了质检处（科）和中心实验室，配备了检验员。至80年代初，中央及省属企业逐步建立或完善了检验机构和检测手段。一般按企业内第一线生产工人的5%～10%，配备质检技术人员和检验工，对厂原辅材料、产品过程各工序的半成品及成品出厂全过程检验，并开展自检、互检、专检三结合，市内大部分企业形成了自身检验系统。但部分区以下企业检验设备及人员非常薄弱，难以保证出厂产品的质量。

1981年，市标准处与市内有关主管局协商利用社会上现有的检验力量，纳入或建立市级质量监督检验站，承接447个厂（店）、302种产（商）品的监检任务。年内各监检站对市内的工业磷酸、草酸、收音机、床单、电池、副食、药品等180种产品进行检验共2752批次。同年6月，设立株洲市产品质量监督检验所（简称“市产检所”）。1984年9月，批准成立株洲市工程监督站。1987年，将市食品质量监督检验站改建于市食品研究所内。12月，建立市级饲料产品质量监督站。1988年9月和12月，建立株洲县产检所和市级塑料产品质量监督检验站。次年2月批准建立醴陵市产检所。1989年2月，市标准局、市产检所筹建水泥实验室和开展混凝土预制板检测。同年3月和6月分别在株洲县渌口、茶陵县城关举办预制空心板检测学习班，培训各预制场（厂）负责人及市（县）产检所检验人员。学习班结束后，市产检所分组在市区、郊区各预制场（厂）检测预制板达62批次。1989年12月，攸县产品质量监督检验所成立。

1990年，产检所拥有检验面积398平方米，仪器设备及实验室器具29台（套）。编印了《质量管理手册》（第一版），所内业务检验工作按手册运行。同年10月，株洲市标准局授权原化工、饲料、电器3个产品质量监督站为产品质量监督授权站。1991年6月，市产检所的水泥、砖、瓦、混凝土预制件，机械零件几何尺寸等检验项目通过省级计量认证。筹建并开展眼镜项目的检测。

1992年5月，市产检所实行“量化”管理并开始食品检验，同时筹建电器室。10月，市标准局、市公安局联合发文批准在醴陵成立烟花炮竹质量监督授权站。至此，已形成了株洲市以市产检所为主的全市产品质量监督网络。

表5-19

株洲市产品质量监督检验机构一览表

名　称	建立时间	备　注
市化工产品质量监督检验站	1981年3月2日	1996年4月撤
市药品质量监督检验站	1981年4月13日	1990年10月撤
市食品质量监督检验站	1981年6月5日	1990年10月撤
市产品质量监督检验所	1981年6月13日	–
市电器产品质量监督检验一站	1981年8月22日	–
市橡胶产品质量监督检验站	1981年8月20日	1990年10月撤
市工程质量监督站	1984年9月	–
市饲料产品质量监督检验站	1987年12月10日	–
市塑料产品质量监督检验站	1988年12月26日	1993年撤，1995年恢复，后又撤
株洲县产品质量监督检验所	1988年9月26日	–
醴陵市产品质量监督检验所	1989年2月	–
攸县产品质量监督检验所	1989年12月	–
炎陵县产品质量监督检验所	1997年4月	–
茶陵县电器产品质量检验所	1997年5月16日	–
市电瓷电器产品质量监督检验授权站	1990年11月30日	–
市烟花爆竹质量监督检验授权站	1992年10月27日	–

说明：1.1987年，市食品质量监督检验站改设食品研究所；

2.1990年10月，市化工、饲料、电器分别改为质量监督检验授权站

1995年年初，市产检所经改造，拥有试验室面积1600平方米，其中恒温实验室面积90平方米，仪器设备共263台（件）。完善综合分析、食品、电器、建材等检验项目。同时，编制《质量管理手册》（第二版），对检验人员和对外业务人员进行培训。1996年4月，市产检所更名为株洲市产品质量监督检验中心（简称“质监中心”），为全额拨款科技事业单位。

1997年3月，市质检中心开始筹备石油产品项目检验。9月，省技术监督局授权市质检中心承检食品、饲料、矿产品、化肥、农药、有机无机化工品及日用化产品、建材、皮鞋、眼镜、五金制品、家电通用安全性能、金银饰品（含量和纯度）、电线电缆（部分）项目。2000年，市质监中心通过了省质监局认证评审处的计量认证复查。2000年年底，市质监中心恢复市产商品质量监督检验所名称。

（一）农产品监督检验

民国30年（1941），湖南省政府颁发的《防治积谷虫实施细则》，规定："新谷入库存前，粮食之水分量应在13.5%以下，色泽以鲜情而无臭味为准；夹杂物，以不含砂为准；干度，用手砻之无碎末或牙咬之有脆声。"其"手砻牙咬"在市场内维系15年之久。

20世纪50年代后期，境内市场内粮食检验开始使用米温计、铁杆插样器和干湿度计，油浴式水分化验器简易仪器测验粮温、空气湿度和谷物水分等。1958年9月，粮食部颁发油料、油品检验标准，市粮食局建立检验机构，对检验人员进行业务技术培训，划分检验人员业务范围，制订操作规程。70年代起，境内采用较精密的机械电子科学仪器，除检验粮温、水分，还可测出糙率、含杂率、含碎率、油脂、酸价、杂质等。80年代，粮情测验仪器更趋先进，如电子测温、测氧仪，水分测定仪，各种分析天平等先进仪器已在大型粮库配备。1981年6月，市标准处、市工商局、市卫生局、市医药局四单位联合颁发《关于将市卫生防疫站纳入全市质量监督检验网》的通知，市级食品质量监督站成立。是年，该站抽样检验了市粮食储运公司调进的一批原粮中磷化锌、磷化铅的含量，又抽检了市粮食三仓库的黄豆及市售花生、玉米等农产品的黄曲霉素B1。1995年后，市产品质量监督检验所受理农贸市场管理部门送检的注水猪肉水分测定样品达10个。1999年，市质监中心开发陈化粮检验项目，至2000年，已检验陈化粮110多批次。2000年6月，在中南蔬菜批发市场设立蔬菜残留农药检测室，配备2名专业检验人员，使用C1-1型残留农药测定仪，按国家标准、湖南省无公害蔬菜地方标准快速检验入场蔬菜质量。每月检验蔬菜达300批次。对检出残留农药超标的蔬菜不准入市销售。

（二）食品、工业（商）品监督检验

1982年，共监检产品62批次，批次合格率为84.13%，加上湖南省计划处的监检项目，全市共检验产品155种，并对申报部优产品进行质量验证检验。1983年2月，市计委、市经委联合下达株洲市1983年产品质量监督检验计划项目，以加强产品质量监督，促进企业不断提高产品质量和经济效益。至年底，实际监检113家企业，监检产品330批次，有238批次合格，批次合格率为72.12%。1984年，监检1130家企业的140批次产品，136批次合格，批次合格率攀升至97.34%。

1985年3月，国家颁布《产品质量监督试行办法》。当年，全市监检176家企业，监检产品240批次，236批次合格，批次合格率为98.33%，其中食品合格率为97.92%。1986年，实际监检127家企业，293批次产品，合格批次274，批次合格率为93.52%。并根据《全国产品质量仲裁检验暂行规定》进行仲裁检验3项，涉及金额10.3万元。1987年，监督检验企业214家，监检产品258种，检验264批次，合格批次216，因流通领域乳制品合格率低，总体批次合格率为81.8%。

1988年，监督抽样产品205项334批次，合格的有167项，279批次，批次合格率为83.5%，检查了219家企业和销售单位的500个产（商）品，其中复合肥全部不合格，食品合格率为57%，水泥合格率为77.8%，饲料合格率为12%。下半年开展联合打击无证及假冒劣质低压电器，查扣不合格产品 1235 件，标值 8 万余元，16 家销售单位受到处理，全年受理质量仲裁 6 项，涉及金额 56.38 万元，挽回经济损失 35.14 万元，为创优夺牌检测或抽样 45 次，审查报优材料 171 套，鉴定材料 40 套（份）。

1989 年，质量监督划分生产领域监督与市场流通领域监督，年内检查企业 294 家，监检产品 487 批次，合格 382 批次，批次合格率为 78%，其中以涉及人身健康财产安全的低压电器、药品、食品、建材为监督重点，根据省标准局布置，又对化肥、洗衣粉、塑料电线等产品进行统一的检查（统检），化肥合格率为 33.3%，洗衣粉为 42.8%，塑料电线为 40%。对存在质量问题的单位进行通报，制订限期整改措施，在对市场商品进行抽样中主要抽查了洗衣粉、电热毯、眼镜和麦乳精等商品在 34 家商店共取样 696 件，经检查合格率分别为 0%，33.7%、50%。同时在工商、卫生等部门配合下，查处假冒伪劣商品 494 种，标值金额 103.93 万元，涉及 1884 个单位，区别不同情况作出了相应处理。

1990 年，省标准局下达株洲市监检计划为 1850 家，实际完成 2850 家，为年计划的 143%，检查了 3002 批次，批次合格率为 59.6%；县市完成 2256 家企业 2383 批次，涉及商品标值 1366 万元，其中市内 791.3 万元，县市 574.7 万元；销毁没收伪劣商品 20.11 万件，其中市区 15.89 万件，各县市共 4.22 万件；涉及标准金额 213.74 万元，其中市区 156.45 万元，各县市 57.29 万元；全市共依法罚款 5.6 万元，受理仲裁检验 39 起，涉及金额 124.52 万元，为用户单位或个人挽回损失 107.8 万元。

1991 年，省标准局下达株洲市企业监检计划 900 家，实际完成 923 家，计划监检 1400 批次，实际完成 1586 批次，合格 1303 批次，合格率为 82.5%；监检商品 3001 批次，合格的 2230 批次，批次合格率为 74.3%；受理仲裁检验 23 起，涉及金额 137.7 万元，为用户单位挽回经济损失 105 万元，接待群众来访投诉 62 件，涉及金额 213 万元，处理 58 件，挽回经济损失 2.02 万元。

1992 年，对生产企业监检 1091 家，为省下达计划的 104%，合格率为 80.29%；市场商品质量监检 1412 家，为省下达计划的 100.9%；监督检验商品 2368 批次，合格 1758 批次，批次合格率为 53.79%，查出不合格商品的标值 700.58 万元；受理投诉 191 起，涉及金额 52.69 万元。

1993 年，共监检产品 1276 批次，不合格生产厂家（店）共 272 家，查处伪劣商品涉及价值 536 万元，销毁伪劣商品标值 79.2 万元，罚没款 55.2 万元。1994 年，抽查产品 1030 批次，抽查商品 9733 批次，经销企业 345 家，查出不合格商品涉及标值 59.17 万元，现场处罚 238 起，罚没款 100.34 万元，为用户挽回经济损失 40 万元。

1995 年，市产检所对生产领域定期监检 428 批次，委托检验 68 次，出具检验报告 1621 份。1996 年，监检产（商）品 1438 批次，委托检验 282 次，市法院委托检验 5 次，该产品标准验证检验 20 次，市技监局委托监检 65 批次，出具检验报告 1810 份，全市共抽检产品生产企业 1637 家，检验产品 1916 批次，检查商业企业 1596 家，商品 3523 批次，其中市技监局抽查生产企业 337 家，产品 791 批次，市监检 65 批次，出具检验报告 1810 份。

1997 年，共完成 12 大类 44 种产（商）品监督检验 1873 批次，受理委托检验 313 次。1998 年 1 ~ 11 月，完成产品检验 1534 批次，为计划 100%，其中检验 1296 批次，委检 238 项，检验费 213.34 万元，市值达156.45万元，各县市56.9万元，全部共依法罚款14.8万元，其中市区罚款5.6万元，受理仲裁检验39起，涉及金额124.52万元，为用户单位或个人挽回经济损失107.8万元，其中市局受理17起仲裁检验，涉及金额91.98万元，全部挽回了损失。

1999年，市产检所共监检产（商）品2329批次，为年计划的106%，市工程质量监督站委检样品增加，达到1582项。2000年，完成监检500批次，其中生产领域180批次，流通领域320批次，委托检验1200次。

三 打假治劣

整顿和规范市场经济秩序是党中央、国务院从经济和社会发展全局的高度作出的重大战略决策，也是质量技术监督部门的重要职责。1981年8月，市内各食品糕点厂拟在中秋节前生产月饼5000担（1担=50千克），至8月20日，已试产1000担。为向消费者负责，市标准处会同市卫生局和食品监检站对6个生产单位抽取26种样品检验，合格率仅为61.5%，其中一家糕点厂生产的广式五仁月饼每克含细菌总数11200个，为国家卫生指标的14.93倍。对此，市标准处与食品监检站责令生产不合格月饼的厂家立即停产整顿，将致病菌超标的月饼及原料立即存封、报废。

1982年年初，市果树园艺场在一无产品标准，二无注册商标，三无卫生许可证的情况下，生产汽酒3000瓶，同时非法使用广西北海市的“康寿汽酒”及“汽啤”商标，擅自销售。市标准处会同工商局、卫生局和食品监检站到该场检查，经抽样化验，所使用的苏打为工业苏打，汽酒内有胶状沉淀物，并使用人工色素。市标准局等四单位联合作出停产整顿，罚款500元的处理决定。但该场不服，2次书面上告至市政府。市标准处顶住压力，据理力争。后经中央电视台的关注和播报，得到市政府的支持。湖南省标准局和国家标准局为此批转了“处理决定”，《人民日报》、《工人日报》、湖南电台、《湖南日报》、《株洲日报》相继作了报导。这一典型事例对全市食品、冷饮、饮食等行业震动很大。

1987年5月开始，市标准局对市场乳制品进行一次规模较大的质量监督抽检，涉及全国15个省、市的143种乳制品，经抽样化验其中的44种，只有7种合格，合格率仅为15.9%。7月，市标准局与市经委、市工商局、市卫生局下发《关于对不合格乳制品处理决定的通知》，销毁不合格乳制品1057件，对经销不合格乳制品商店罚款共5044元。

1990年，市政府召开专题会议决定，由市标准局、市工商局、市公安局、市卫生局等8个单位组成联合调查组，集中40名检查人员，分成3个小组，分别对城市三区共检查154个公司、商店，查获伪劣商品标值155.35万元，没收销毁伪劣商品7.89万件（标值10.35万元），罚款1.35万元。

1992年在全国“质量万里行”活动中，市标准局集中5天时间在全市范围内打假扫劣，共没收假冒伪劣皮鞋等伪劣商品500余件，捣毁制作劣质皮鞋的窝点4个。为净化旅游鞋市场，突击检查市区旅游鞋经销单位36家，查处销售假冒真皮旅游鞋商户14家。同时对高家坳个体皮鞋生产者突击检查，收缴劣质皮鞋3000多双。

1993年，市标准局发文要求株洲十大商场及部分专业市场尽快尽好地处理消费者投诉，各大商场业务主管经理现场处理了消费者投诉168起，处理用户索赔12起，为用户挽回损失11.2万元。是年12月，市标准局根据国家强制性标准《机动车运行安全技术条件》对“汽车挡风玻璃必须使用钢化玻璃或夹层玻璃，禁止使用普通热弯玻璃”的规定。与市公安局联合下发《关于严格控制普通热弯汽车挡风玻璃生产与装配使用的通知》，对全市生产挡风玻璃厂家进行监督检查，查封6家生产企业和4家装配点。

1994年4月，株洲发生因使用假冒“美孚”高级润滑机油导致百万元设备毁坏事故，市标准局共查15个销售假冒“美孚”高级润滑油单位，没收一批假冒“美孚”机油，并对销售假冒“美孚”机油的公司进行立案查处，移交市检察院追究其主要负责人的法律责任。另据市内某单位举报，市标准局查处由湖北某物质开发公司销售的2台北京20205型越野车，经北京生产厂和有关专家鉴定纯属假冒，市标准局予以没收，并通报了湖北咸宁地区技监局。在对全市经销“双喜”牌高压锅单位的检查中，在市某建材生产用品公司查获广西压力锅厂生产的各种型号高压锅954个，其产品外包装全部冒用沈阳高压锅厂所有标识，市标准局将其冒用认证标志的情况通报沈阳市有关单位及湖南省技监局。

1995年，市技监局抓住社会关注与市民关心的热点、难点问题，查获注水猪、羊肉78.5吨、劣质钢筋320吨、不合格复混肥230吨、不合格稻种1.8万余千克。同时在衡阳中药厂、广州味精厂的配合下，查处经销假冒古汉养生精和双桥味精的违法行为。1996年，市技监局结合办理市政协委员提案，对市内经销输液镀锌管的单位进行全面清查，查获劣质镀锌管46吨，并与市建委联合行文禁止在住宅建设中使用不合格镀锌管，以解部分市民“喝锈水”之苦。同时在有奖募捐兑奖物资中查获劣质毛巾12.5万条、杂牌自行车500辆，总值89万多元。为保护享誉国内外的北京同仁堂“国公酒”，市技监局、市检察院、市电视台组织“专项打假”，在市内查获假“国公酒”194件另185瓶，收缴制假用标签、瓶盖10万余件。同仁堂集团公司为表感激，派员专程到市技监局，市检察院赠送“打假卫士”锦旗。市技监局了解到攸县当年有380多家饲料经销单位，经销鱼龙混杂的各种饲料，农民反映猪因吃了某些假劣饲料有的不长，有的拉稀，遂将假劣饲料挫伤农民养猪积极性的情况上报党中央书记处，且进入“内参”件。攸县技监局闻信后立即组织饲料专项打假，端掉菜花坪、皇图岭等地一批制假售假窝点。

1997年4月，市技监局经对株洲18项名牌产品调查，竟然有16项受到假冒侵害，遂与市公安局、市千金药业有限公司组成联合打假组赶赴广东省潮阳市，在当地有关部门配合下一举收缴假冒“妇科千金片”2.96万件，货值190.97万元，制假设备7台，没收用于造假的药品与内外包装物14.25万件。同时与市公安局、火炬火花塞股份有限公司赴浙江绍兴查获当地生产假冒“火炬火花塞”的3个窝点。

1998年山西朔州假酒案发后，市技监局组织40多名执法执检人员分乘11台车辆，遍查宾馆、酒楼、饭店、城乡供销社、酿酒作坊和散装白酒销售点，没收各类假酒4963瓶，端掉制造假酒和劣质酒的窝点4个，销毁假冒名酒包装物2000余套。同年3月15日，市技监局开通“质量3·15”（后改“8315”）投诉电话，当年受诉1738人次，处理1653人次，为用户和消费者挽回直接经济损失89.6万元。针对外地不合格玻璃倾入境内的情况，查获不合格玻璃与违禁生产的“再生”玻璃5万多平方米，货值35万元。在“1998质量月”活动中，对部分工业原材料、救灾物资、涉农物质重点监查，查获假冒伪劣商品货值69.7万元。

1999年，市、县技监局落实国家总局和省局部署的“三查三保”和“五个一批”的战略任务。时值震惊全国的江西赣南毒猪油案发，市技监局在市公安局的配合下，对食用油产销单位进行地毯式检查，查获不合格桶装食用油108桶，总重2.05万千克，货值20余万元。对种子、化肥、农机配件进行全面监查，查获不合格种子6000千克，过期变质农药500千克，还请洛阳拖拉机厂派专家来株联手打假，查出假劣农机产品及配件503件。查封不合格钢材300吨和水泥208.75吨，封存过期油漆1000桶，查获不合格防水卷材1700平方米和劣质电线390卷，以及不合格冷、热镀锌管2790根，还对在销的不锈钢管材和新型建材进行监督检查。

2000年，针对制假销假出现团伙作案、高科技作案、内外勾结作案的新情况，市政府召开全市打假联合行动动员大会，制定打假联合行动的“实施方案”。市质监局在市区查石油液化气充装、经销单位11家，有8家存在残液过多和气量不足的现象。株洲县质监局查16家充气销气单位，有13家少量，平均少量达25%（实际充装量10.5～13.9千克），遂对其中严重违法的2家依法进行处罚。同年，按“源头打假”要求，继续开展钢材专项打假，对11家地条钢生产企业和6家无证生产带肋钢筋的企业依法处罚，对6家小型轧钢厂和21个建筑工地生产、使用的建筑钢材进行监督检查，共查获不合格钢材500吨。茶陵县质监局在县法院、县公安局的配合下，查处钢材产、销违法案件8起，查获不合格钢材近千吨。是年，市、县质监局联动，集中检查医用氧气质量，查获冒充医用氧的工业氧气1.1万瓶。市质监局在市区5家医院查出禁止回收使用的Ⅱ型和无型输液瓶39.5万个，价值27.47万元。市质监局还查处农资制假售假案件100多起，查获假冒伪劣农资标值671.16万元，其中有不合格化肥2000多吨；查获某公司销售的劣质硫酸钾铵1020吨，标值48万元；查封湖南省某公司生产、经销无生产许可证的“艾农”牌烟草专用肥102吨。为进一步贯彻中央农村工作会议精神，市、县组织打假下乡行动，在乡镇设咨询投诉点16个和举报电话6台，接待咨询1200多人次，现场处理投诉65起。3个月内出动执法人员1392人次，检查商户320多家，抽样检验80多批次，查获不合格钙镁磷硅肥、钾肥120吨和掺杂饲料酵母50吨，捣毁非法组装农用喷雾器的窝点一个。

食品打假以熟肉制品、乳制品、饮料、饮用水、食品包装物、海产品等为重点。尤其是对多数人喜当早餐食品的米粉严加监督，查制粉企业（作坊）26家，其中有16家在粉中添加甲醛、吊白块等有害物质，主料为发黄发暗的陈化粮。按湖南省地方标准“湿米粉”进行抽样检验，多数大肠杆菌超标。市质监局对此作出责令停产和没收原料的处理，并与市消费者协会一起，扶植富尔得、喻家坪等几家初具规模、设备先进、卫生达标、粉质精良的品牌粉厂，以“放心米粉”供应市场。

自 1995 年起，市质监局把办理市政协委员提案与依法行政结合起来，据对不完全统计，到 2000 年市质监局共办案 4571 起，立案查处 1574 起，捣毁制假售假窝点 153 个，受理投诉举报 7240 次，为消费者和用户挽回直接经济损失 2176.10 万元。在依法作出行政处罚中，曾产生多起行政复议或行政诉讼，均维持原处罚决定。

第二节　标准监督管理

一　标准管理

（一）企业标准制、修订与备案

1953 年，331 厂等开始引用苏联标准。自此，市内陆续开展标准化工作。1965 年，市标准计量处开始贯彻国家基础标准和国家标准化方针政策，市内部分行业开始制订企业标准。1980 年 5 月，市标准处开始主管指导企业标准制、修订工作。

1980 年 7 月，市经委下发文件，要求对全市产品标准进行清查摸底。1981 年 1 — 6 月，市标准处对冶金、机械、机电、铁道、建材、化工、医药、纺织、轻工、食品 9 个行业的 177 个企业共 537 种产品进行调查摸底，执行国家标准的 104 种，执行部标准的 199 种，制定执行了企业标准的 87 种。无标准生产的产品 147 种。按国家、部、企业标准生产的产品共 390 种，占调查产品总数 72.61%。市标准处通过调查、摸底、协调，逐年编制全市制修订年度计划。对应制标的产品名称、主管部门、负责起草单位、主要协作单位、完成时间等提出要求，汇总项目报市计委，由计委、经委联合下达项目计划给市各相关局、公司、企业执行。

1986 年 5 月，市标准处制定了制、修订株洲市企业标准，批准发布暂行规定，县（市）企业标准制、修订统一归口市标准处。

株洲市 1979 — 1988 年制定、修订企业标准情况一览表

表 5-20　　单位：个

年 份	制 定	修 订	合 计	废 止	年末标准累计数
1979 — 1980	20	–	20	4	16
1981	32	–	32	–	48
1982	43	1	44	–	92
1983	21	1	23	–	114
1984	69	–	69	–	183
1985	74	–	74	–	257
1986	31	6	37	5	289
1987	70	12	82	8	363
1988	33	–	33	25	371

1989年4月，《中华人民共和国标准化法》发布施行，市标准局停止编制市级标准制、修订计划，停止审查批准发布市级企业标准，转而受理企业产品标准制定中的技术咨询审查和编号备案。

1990年7月，市标准局发出《关于清理整顿株洲市地方企业标准的紧急通知》，对1980年以来经市标准局（处）审查批准发布的371个市级企业标准分系统、分单位逐一进行清理，已完成废止或转为企业产品标准并进行备案的有164个，新备案11个，到年底有175个。1991年，有87个标准交企业转换后备案，有10个上交省局（厅）备案，有40个下放县市标准计量局备案。1989—1994年，市标准局受理企业产品标准备案数为498个（内含原371个市级企业标准转换数），并依法公告。

1994年，市标准、计量、质量单位合并，组建市技术监督局，至年底市技术监督局受理企业产品标准备案56个。至1996年年底，全年受理备案数87个，1997年备案数42个，1998年备案数46个，1999年146个，2000年144个，提高了市内工业产品标准的覆盖率。自1989年4月《中华人民共和国标准化法》发布至2000年，全市城区工业企业产品标准备案数1019个，全部依法公告。

株洲市获省部级奖标准一览表

表5–21

序号	单位名称	标准名称或代号	标准起草人	获奖情况
1	株洲苎麻纺织印染厂	苎麻纱、线、胚布标准 FJ522–524–82	许符节、吴晓玲、龚珍（沪九厂）	1985年获纺织工业部标准三等奖
2	株洲硬质合金厂	冷墩模用硬质合金毛培 GB3611–83	黄义章、钟明扬	1986年获省科技进步三等奖
3	株洲市渌口无线电厂	低压化学气相淀积设备企业湘 Q/ZS238–85	张家实	1986年获省科技进步三等奖
4	株洲硬质合金厂湖南师范学院	冶金产品化学分析允许差测定方法	两个单位共同起草	1985年获冶金部部级科技进步三等级
5	株洲硬质合金厂	钼化学分析方法	–	1987年获省标准局优秀标准二等奖

（二）消灭无标生产

1986年4月，国务院发布《工业产品质量责任条例》，其中规定“没有产品质量标准，未经质量检验机构检验的产品，不准生产和销售”。1987年，株洲市标准处印发《关于进一步报核、检查无标产品的通知》，对1986年以来仍无标准生产的45种产品，结合对市内企业进行《条例》检查，由企业和市标准处制订发布了企业标准。

1987年7月，市内各主管局、公司、工交办，开始对本系统的有关企业进行排查，向市标准处填报了产品标准情况统计表，促使相关企业加快了制标的步伐，无标生产的现象得到了初步的控制。至1989年年底，全市工农业产品标准覆盖率达84.3%。1992年，市标准局对328家企业的170种产品进行抽查，其中无标产品16种，占抽查产品9.4%。嗣后，该16种无标产品补制了企业标准。

1995年，国家技术监督局开展消灭无标生产试点县的部署。1997年10月，湖南省技术监督局发文《关于确定我省开展消灭无标生产县工作目标计划的通知》，决定全省以3年完成国家技术监督局要求80%以上的县消灭无标生产。从1998年起，湖南省将炎陵县、茶陵县列入第一年验收，株洲县列入第二年验收，攸县、醴陵市列入第三年验收。1997年3月，炎陵县申请承担全国第三批开展消灭无标生产试点县。株洲市技监局将“消无”县（市）三年计划略作调整后，县（市）内消灭无标生产县的工作展开。

炎陵县于1998年5月、株洲县于1999年9月、茶陵县于1999年底、攸县于2000年底、醴陵市于2001年7月分别通过了国家委托的省（市）验收组考核评审，取得《消灭无标生产县（市）验收合格证》。

（三）标准实施监督

1962年国务院发布《工农业产品和工程建设技术管理办法》，1979年又发布《中华人民共和国标准化管理条例》。1981年，市标准处（局）开展对标准实施监督。

1989年，《中华人民共和国标准化法》开始实施，对标准的实施监督成为标准化工作重要任务之一，并将国家标准与行业标准划分强制性标准和推荐性标准。对国家与行业所通用的强制性产品标准，如“食品标签通用标准”“日用安全火柴”“饮料标签”“化妆品标签”“烟花爆竹”“信封”“工业产品使用说明书总则”“种子标签”“产品标识、标注规定”“水泥”和湖南省地方强制性标准“综合布线验收”等标准的实施监督逐步展开。

1990年，对全市实施“食品标签通用标准”进行监督，检查11个生产企业和7家商店共475种食品标签，合格的只有6种，合格率为1.25%。市内印刷的标签133种中合格率仅为0.7%，检查41家生产、经销单位的酱油、白醋、饮料、酱菜等8类产品的标签，无一家合格，有的厂家竟将酱油的保质期标为390天，超过标准规定时间的2倍多。针对如此低的合格率，加大对《食品标签通用标准》的宣传力度和查处力度。年内，市内分4次共检查273家经销企业的571个品种的3380件食品标签，合格率上升至45.6%。但问题仍很突出，有的对执行《食品标签通用标准》维护自身利益和消费者利益的意义不明确、有的将产品生产日期往后标、产销单位合伙更改出厂日期等，欺骗消费者。针对不同情况，予以区别处理。

1991年，市标准局对《食品标签通知标准》的监督检查，全年对116个食品生产企业、801家食品经销企业的5类2827种食品标准进行检查，生产企业的合格率为80.85%，经销企业的合格率为71.27%；对“烟花爆竹”系列的标准实施监督，对全市境内62家生产企业进行检查，绝大多数被检单位贯彻实施了国家标准；对“日用安全火柴”的标准实施情况进行监检，2次对全市596个经销、批发企业进行了检查，确认绝大数经销企业执行国家标准。

1992年，继续对《食品标签通用标准》实施监督检查，全市43家食品企业、360家食品经销企业接受监督检查，生产企业合格率为90.2%，经销企业合格率84.6%，合格率有了明显的提高；对全市11家生产、经销紧固件贯彻新国标的实施情况进行监督。1993年，在连续4年对《食品标签通用标准》的实施监督后，市标准局改大规模检查为既监督又提供咨询服务，检查不同类型、不同规模的食品企业和10家重点印刷食品标签的印刷企业，又对15家不同类型的食品生产企业进行检查，有180多种不合要求的标签及时帮助改正。1994年6月起，湖南省实行产品标准实施证书制度。

1995年6月，市技术监督局发《关于执行湖南省产品标准实施证书管理规定》，规定凡在境内生产、在国内销售产品的企业，必须持有标准实施证书。为此，市技术监督局在要求企业的产品标准备案的同时，均须登记在标准实施证上，以便企业接受产品质量监督和标准实施监督。1995—2000年，共计为市内各企业发放《湖南省产品标准实施证书》437本。同年7月，市技监局继续对全市20家食品和首次对饲料生产企业的2类176种食品标签和饲料标签进行现场监督，合格的44种，不合格的达133种，合格率为25.1%。对没有进行审查、认证的标签限期补办手续，使标签合格率上升到85%。为贯彻《查处食品标签违法行为规定》，在经销企业自查4500余个标签中，抽查了14家食品经销企业的160个标签，合格率为42%。从11月下旬开始，对食品标签组织全市性的监督检查，依据《查处规定》，对不合格的食品标签单位进行申戒。同时，市技术监督局对全市的信封生产企业和经销企业以及邮电营业所进行监督检查，共抽查生产企业44家，邮电营业窗口12家，销售商店14家，首次抽检合格率为9.5%。通过整改，复查时合格率上升为81%。

1996年，检查了22个信封生产企业，对其中6个企业的产品进行抽样检查，符合标准的信封有所提高；对全市64个经销汽车制动液的企业进行了检查，情况较好；对53个生产经营食品企业食品标签进行了检查，国有主渠道的食品标签名册合格率为85%，其他76%；对全市生产经销槟榔的104家单位进行了检查，促进39个生产槟榔的企业办理了标签认可证。

1997年1月，省技术监督局下发《湖南省1997年度标准实施监督检查目录》，有5项国家强制性标准列入实施监督计划。市技监局对食品标签、化妆品标签、种子标签和电子行业产品标准实施情况进行标准实施监督，检查140余种产品，食品标签合格率为85%，化妆品标签合格率由检查前的36%提高到检查整改后的87%，水稻种子标签合格率达90%，电子系统产品标签覆盖率达到85.7%。

1999年，加强对槟榔、食品标签和桶装纯净水生产、经销企业的检查，不合格的标签100余个，发出技术监督整改通知书30份。年底，依据湖南省强制性标准DB/117.1–1998《综合布线验收标准》对湘火炬公司的综合大楼的综合布线工程实施监督、检测验收。2000年，市质监局上年发布《饲料标签》新标准，而企业过去已印刷的老标签库存量较大，为减少企业经济损失，同意市境内饲料企业的旧标签可报同级质量技术监督局审批，再报省质量技监局统一公告，在湖南省限期使用。

二 标准化工作

（一）宣传与培训

1976年7月，市标准计量处在渌口召开全市宣贯《机械制图》和《表面形状、位置公差》两项国标计量测试技术经验交流会，有81个单位共132人参加。

1981年4月，市标准处举办《公差配合》与《形位公差》两项新国标宣贯会，有63个单位派人参加，为市内工业局（公司）和企业培训了75名技术骨干。1982年2月，市标准处举办GB1.1–1.3–81系列标准（1号标准），即《标准编写的基本规定》《标准出版印刷规定》《产品标准编写规定》宣贯学习班，培训了56个单位56名标准化人员。1986年，市标准处与市冶金机械局、市汽车工业公司联合举办《机械制图》《表面粗糙度》《普通螺纹》及《计数抽样》4项新国际宣传贯彻班，有108人参加。

1987年，国家对1号标准作修订，市标准局于1988年4月在军分区招待所召开2期宣贯会。同年，国家发布实施《食品标签通用标准》GB7718–87，市标准局与市食品办、市工商局联合在市食品厂召开会议，进行宣传贯彻，全市食品系统企业参加。

1989年3月，市标准局、市产检所在渌口举办混凝土预制构件标准及检测方法培训班，参加学习的有45个单位的学员，其中23名为预制场（厂）正、副场（厂）长，主要学习了预制构件基本理论、技术参数，并到现场对预制构件空心板实物示范检测。同年6月，在茶陵县开办了第二期培训班。

1990年2月，市标准局与市二轻局、市乡镇企业局、市公安局联合发文《关于贯彻实施烟花爆竹新国标的紧急通知》，学习贯彻国家强制性标准《烟花爆竹安全与质量》《烟花爆竹计数检查抽样规则》《烟花爆竹劳动安全技术规程》，有30个企业37人参加，为日后烟花爆竹生产安全大检查打下了基础。同年，市标准局举办两期《质量管理质量保证》系列国家标准（GB / T10300.1–GB/T10300.5–88）宣贯班，全市共有144个单位派员参加，并颁发了结业证书。同年5 — 6月，市标准局与市财委举办了三期《食品标签通用标准和伪劣商品鉴别》学习班，共有105名商业企业经理、114名业务人员参加学习。10月，举办GBT9704–88《国家公文格式》《发文稿底的格式》《文书案卷档案格式》标准宣贯学习班，有78个党政机关、人民团体、部队单位派人参加。

从1991年4月开始，市标准局代码办举办企业、事业社团、统一代码标识制度研讨会结合办理代码证进行。至1993年，共举办35期。同年，对全市10家重点印刷标签企业负责人进行宣传贯彻《食品标签通用标准》，从源头上解决对食品标签标准的认识。1992年5月，与饲料办联合在酃县举办GB10648《饲料标志》国家标准学习班，有16个饲料生产企业参加培训。

1993年3 — 4月，与市外经委联合举办《质量管理与质量保证》系列标准GB/T19000–ISO9000宣传贯彻会，有105人参加。同年7月，与株洲市“三电”办联合在酃县举办《三相异步电动机经济运行》国家标准宣贯会。1994年，举办国家标准GB/T1.1–1993《标准编写的基本规定》、GB/T1.22–1993《引用标准的规定》宣贯会，有38个单位、45人参加。同年，市标准局与市邮电局联合在株洲县渌口举办《信封》国家标准宣贯会。

1996年，市技监局结合全市53家生产经销食品的企业食品标签检查，先办班宣贯《食品标签通用标准》。1999年，国家技监局对原《饲料标志》国家标准进行修订，并确定《饲料标签》为国家强制性标准。2000年4月，市技监局与市饲料办在攸县召开新标准宣贯会，参加会议的有30人。

自1995年至2000年期间，市技监局配合当年的工作特点，还适时举办了《查处食品标签违法行为规定》《信封》《量和单位》《化妆品标签》《插头插座》《种子标签》《产品标识标注规定》

《家用和类似用途插头插座》《工业产品使用说明书总则》《企业标准化工作指南》及湖南省地方标准《综合布线验收标准》等标准宣贯会，共1367人次参加。

（二）工业企业标准化及其评定

1962年12月，国务院发布《工农业产品和工程建设技术标准管理办法》。“文化大革命”期间，标准化工作受到冲击和破坏。1976年10月，结束了标准化工作举步维艰的局面，标准化管理工作开始得到逐步加强。1979年7月，国务院批准颁布《中华人民共和国标准化管理条例》，加快了株洲市工业企业标准化事业的进程。

1981年5月，市标准处选择12个单位召开企业标准化第一次座谈会，同时继续编印《标准化简报》。1981年6月，市标准局制定了《株洲市标准化“六五”计划》，提出逐步建立全市标准化工作网，重点产品标准化系数要求达到80%以上，到1985年消灭无标生产的目标。同年11月，国家标准总局发《工业企业标准化工作管理办法（试行）》，明确工业企业标准化是企业管理的组成部分，是企业实现科学管理的基础。

1984年4月，市政府召开第三次全市标准化工作会议。随后，株洲市企业开展标准化工作全面整顿，根据《企业标准化整顿验收评分细则》对企业标准化进行整顿验收。至1986年，对申报省优的81家企业进行标准化整顿验收结束，获90分的有3家，80分以上的22家，60～79分的17家，60分以下的39家。1987年4月，株洲市下发《关于企业升级中认真推行全面质量管理，做好企业计量定级和标准整顿验收评分的通知》，规定了升国家特级、一级、二级、先进级、预备级企业与企业标准整顿验收对应分数线，特级95分以上，一级95分，二级90分，先进级85，预备级80分。同年秋，企业标准化整顿改称为企业标准化水平考核评定，为配合企业上等级，特制定了《株洲市企业标准化水平考核办法》《企业标准化考核评分办法》《企业标准化水平考核具体内容》3个规范性文件。是年，对25家企业进行了标准化水平考核，其中得80分以上合格的有13家。嗣后，编制了1988年企业升级计划，其中44家企业需升级。自1984年到1988年年底，全市有63家企业的标准化水平达到四级以上，占全市企业总数的5.2%。随着企业升级及企业标准化水平考核的开展，一部分中小企业基层标准化机构也相继成立。

1989年，随着《中华人民共和国标准化法》和国家《企业标准化管理办法》的颁布施行，全市已有74家企事业单位通过标准化水平考核，其中二级15家、三级36家、四级23家。

1991年6月，国家技术监督局颁发《企业标准化水平考核暂行规定》。1992年5月，在酃县召开了两期《企业产品标准备案暨企业标准水平考核评定、复查研讨会》，着重讨论了标准化的考核复查工作。截至1993年年底，全市共有120家企业通过了四级以上标准化水平考核评定，获得《湖南工业企业标准化水平评定》证书。南方航空动力机械公司、株洲硬质合金厂二家为一级标准化水平单位，株洲市车辆厂等23家为二级，醴陵星火瓷厂等51家为三级，株洲机床齿轮厂等44家为四级。

1993年后，随着企业转换经营机制，企业上等级、企业标准化水平考核评定由企业自行申请。

1995年，市内各企业标准化工作仍不断完善。市自来水公司从1988年通过了二级标准化水平评定后，继续完善公司内标准化工作。至1995年，该公司有技术标准、水质标准、工艺标准等12大类211项，管理标准系统有25大类243项，工作标准系统有19大类348项，共有标准802项。

（三）农业标准化

1956年，粮食部规定试行19个粮食品种的检验质量标准。是年6月，株洲县马家河、黄龙、三门、古岳峰、淦田等粮食仓库达到“四无粮仓”（无虫、无霉、无鼠雀、无事故）标准。1957年，经省粮食局鉴定，株洲市首次成为“四无粮仓”市。1964年，茶陵县开始执行水稻种子标准。1976年，酃县、株洲县开始抓农作物种子标准化，株洲县制定早稻“湘Q/ZS4–78”原丰早种子标准。1978年，种子标准早稻有矮脚南特、珍珠矮、湘矮早、广陆矮等，晚稻有农垦20、农垦58、芝麻稻等。1987年，“湘Q/ZS4–78”原丰稻种子标准废止。1990年，株洲县内早稻执行威优系列：6号、35号、46号、48号、64号、1126号、华联2号；晚稻执行威优系列：6号、46号、64号；湘早籼系列：4号、6号、8号；蔬菜执行四川大蒜、甘蓝（包菜）1号、湘优（油菜）5号、10号，秦优2号等种子标准。同时，县内农村和粮食加工部门执行湖南省《水稻优质品种》《优质稻生产技术规范》《优质大米》等系列标准。

1992年6月，市标准局出台1992年农业标准化工作方案，并将市种子公司优质米基地株洲县三门镇月形村作为株洲市农业标准化工作试点。1993年后，农业标准化工作未能按原定工作方案开展总结、检查、验收。试点效果不佳，中途停顿。

1997年8月，全省农业标准化工作会议后，株洲市把农业标准化作为实施科教兴农战略，实现农业增长方式，促进“两高一优”农业发展的重要措施。开展吨粮田建设及种子和栽培技术规程的贯彻实施，畜牧业防疫和生猪品改，宣林荒山绿化中的种苗及栽培技术的推广应用，烟草定级等农业标准化工作。其中，吨粮田的栽培模式“标准化成果”获得国家“丰收计划”一等奖。全市农业各条战线在实际工作中多是围绕推广应用标准化形式而开展。1998年4月，株洲市政府成立了以分管农业工作的副市长为组长的市农业标准化工作领导小组，并发布《关于推进农业标准化工作实施意见》，就全市农业标准化工作的具体部署以及制定适合市情特点的农业标准化项目规划和年度计划作出了明确的规定和要求。随后，各县市也相继成立了以主管农业副县市长为组长的农业标准化领导小组，以推动全市农业标准化工作。同年5月，国家质量技术监督局将株洲县轻质大棚蔬菜列入全国高产优质高效农业标准化示范区计划（第二批）项目。市蔬菜办、株洲县技术监督局在株洲县白关、南阳桥、均坝、姚家坝等4个乡镇进行标准化试点，试点面积达66公顷，其中《大棚辣椒秋、冬季栽培技术规程》通过市农业标准化专家委员会的评审，成为全市第一个正式发布的地方农业标准。

1999年，通过发布《农产品种植规程标准》。2000年4月，召开全市标准化工作会议，将标准化工作重心向农业标准化倾斜，并制定了3年农业标准化项目滚动计划，还完成了《油茶林更新改造技术规程》《千头集约猪场技术规程》2项市级农业标准。同年12月，株洲县的农业标准化试点项目“轻质大棚蔬菜”通过了国家质量技术监督局的国家级验收。

（四）新产品标准化审查

1990 年 1 月，市标准局与市经委、市科委根据《中华人民共和国标准化管理条例》要求，联合下发《关于研制新产品、改造老产品和进行技术改造进行标准化审查的规定》。此后，市内新产品研制标准化审查工作，通过企业产品标准审定会，新产品技术鉴定会，和对研制过程中执行国家六项基础标准的情况进行标准化审查。市标准局先后对相关企业提交的 16 份产品技术鉴定资料进行了标准化审查。

1989 — 1991 年，市标准局先后为市矿筛厂等 3 家企业进行了产品图样审查，为株洲市二汽运共 20 家企业的技术图纸、设计文件、工艺文件进行了标准化审查，在对株洲市郊区农机厂等 30 家企业的标准化审查过程中，提出改进工艺、完善工艺装备和检测手段具体建议。

1993 年 9 月，市标准局对株洲特种传动轴厂新开发的 6 种汽车传动轴总成进行了图纸、技术文件标准化审查，出具了标准化审查报告。1995 年 10 月后，市技监局通过派员参加技术鉴定等形式，对市内研制的新产品进行标准化审查。随着企业转换经营机制，市内新产品标准化审查工作与企业产品标准制、修订、备案，产品生产许可证发放等工作结合进行。

三　采用国际和国外先进标准

20 世纪 50 年代初，331 厂根据苏联援建工程及生产技术的需要，引用苏联 OCT 标准。

1981 年 3 月，市火花塞厂向市标准处申请“火花塞的部分型式尺寸采用国际标准 ISO1919–78，以便于国际国内通用”，并附南京火花塞研究所《关于询问部标准与国际标准有关问题的复函》。1984 年 4 月，市标准处批复同意了该厂的申请。

1982 年 9 月，市标准处编制《株洲市 1983 年企业标准制、修订计划项目》，要求企业按照国家经委、科委、国家标准局《采用国际标准管理办法（试行）》，把产品质量通过分析研究、分不同程度，参照国际标准和国内先进标准，并参照纳入我国的国家标准、部标准或企业产品标准中贯彻执行。

1984 年 3 月，国家标准局正式颁发《采用国际标准管理办法》，加快株洲市内企业采用国际和国外先进标准（简称“双采”）的步伐。1987 年，市标准局重点检查 13 家企业的 30 项产品，认可 22 个“双采”产品。株洲车辆厂 C62A（N）型全钢敞车 RD2 型车轴，在未采用国际标准前，曾发生连续断轴 7 根的事故，自采用苏联 OCT780–77、美国标准 AARM–101–77 标准后质量明显提高，未发生过事故。1988 年，株洲市“双采”经过验收的产品有 36 项。株洲电焊条厂择用英国劳氏船级社的 1R 船规标准后，有结 422、结 506 等 6 种焊条的技术标准均达到劳氏 1R 船规标准最高级，经该船级社鉴定，这 6 种焊条质量均达到了国际水平。株洲冶炼厂坚持质量管理向国际高标准看齐，把 58 种中间的质量内控指标，按“双采”标准分解成 2738 个子项标准，确保优质品率 100%，全厂有 11 种主要产品被认证为“双采”，产品的优质率 3 年保持 100%，产品在 20 多个国家和地区获质量免检权。到 1989 年 12 月底，株洲市“双采”产品已达到 81 项。据省标准局对全省“双采”统计，至 1991 年年底，株洲市“双采”项目已有 139 项。

1992年，全市有11项产品获“双采”证书，并对1988年以前的部分“双采”产品进行复查换证。

1993年，市标准局与市经委联合编制《全市采用国际标准和国外先进标准产品3年滚动规划》，制定出“八五”后三年50项（不含中央、省属企业）主要产品“双采”滚动计划，当年实现20项“双采”目标，力争到“八五”计划末期有50%以上的产品实现“双采”。

1996年6月，根据国家技监局《采用国际标准产品标志办法实施细则（试行）》和《湖南省采标产品认可和标志备案管理办法》，市技术监督局要求市内列入《湖南省企业按国际标准生产产品目录》的56个企业160项产品，包括在1991年年底前“双采”的139项，进行型式试验合格后颁发新证。至年底，全市已有60项完成采标认可、采标换证、采标标志备案。1997年，市内企业“采标”产品换证9个，认可2个，备案2个。1998年，有8个水泥生产企业产品获“采标”认可。1999年，全市“采标”工作重心转向县市、乡镇和个私企业，当年完成了圣得西等服装企业“采标”标志备案的产品7个，“采标”认可7项。2000年，市内“采标”产品3项。

四　标准化信息

（一）全国统一代码标识

1989年，国务院决定在全国建立党政机关、企业、事业单位和社会团体统一代码标识制度。1993年2月，株洲市成立了由市标准、市编委、市工商、市民政等单位组成的市代码标识领导小组，市标准局与市编委共同举办统一代码标识学习班35期，开展办理市内单位代码证。至年底，共办理统一代码标识证书3000多个，5县市共发代码证2781个。1994年10月，市技监局设立代码中心。1995年5月，株洲市代码工作通过了省技术监督局验收，成为全省第一个代码工作合格地市。至2000年，市区除一些企业注销外，累计办证达13377个。其中，2000年共办理代码证2696个，换证1281个，年检2075个。

（二）商品条形码

1992年5月，市标准局开始举办条形码技术培训工作，随后市内几家印刷企业起步印刷商品条形码。市标准局对印刷条码的企业开始资格认证。1994年10月，市技术监督局成立代码中心。并对市内印刷条形码的印刷厂进行条形码印刷资格评审工作。1996年，发展条形码单位8家，1997年又增加条形码系统成员单位8家。

1998年，发展条码系统成员单位6家，并协助省技监局对超过2年、4年的株洲市营养研究所等17家条码系统成员单位进行年审。至此，市内有条码系统成员单位32家。

1999年，随着超市、自选、量贩商场纷纷兴起，市技术监督情报所引导各生产企业申办条形码。全年新发展条形码系统成员单位23家，续展4家，年底全市共有条码系统成员单位60家。同年，又对3家印刷厂的承印条码资格进行了复审，对国光股份有限公司外贸印刷厂的条码承印资格进行了验收。

2000年，新发展条码系统成员单位20家。10月，组织对各商业企业经销的商品条码进行检查，受理企业申请中国商品条码系统成员，办理条码系统成员单位69家。至此，株洲市境内共有印刷条码资格单位27家，使用条码系统成员工商企业320家。

第三节 计量监督管理

一 计量单位制

境内计量制度源远流长，应时而变。清末民国期间，外侮内乱，时局动荡，政府虽有权度律令，但困于施行，境内多制混杂，量值奇出。

1949—1950年，境内粮食计量改容量单位石、斗、升为重量单位担、斤。1959年，株洲市内改每斤16两的旧制秤为每斤10两的新制秤。1962年2月，市政府发布《关于进一步贯彻执行废除市秤十六两改用十两制的公告》，规定："凡交易上所使用的秤和油酒液体量器，必须遵照国家规定，一律使用十两秤制，不能以十六两市秤在交易上使用。"

1977年5月，国务院发布《中华人民共和国计量管理条例（试行）》，明确"我国基本计量制度是米制（即'公制'），逐步改革市制，限制英制"。7月，国务院批转国家标准计量局等四部门《关于中药处方用药计量单位改革的请示报告》。翌年7月，市科委、市卫生局、市一商局、市供销社、市标准计量处联合召开"中药处方用药计量单位改革"会议，决定从9月1日起全市中药计量改市制（两、钱）为米制（克、毫克；升、毫升）。株洲县对县内548个医疗、医药单位的1795名医务、药剂人员进行培训。为防药量药价差错，株洲县一医院某药剂员背熟两百多种常用中药改制后的换算价格，淦田公社一年近七旬的老医师将《换算表》压在玻璃板下和贴在出诊箱上备忘。有的农村医疗站一改过去对自采自制药"凭手抓"的习惯。至9月中旬，株洲县中药计量改制基本结束，市区和境内其他各县亦按规定期限完成。

1984年5月，市政府召开宣传贯彻国务院发布的《关于在我国统一实行法定计量单位的命令》会议，要求各地、各部门、各组织和个人遵照采用在米制基础上发展起来的国际单位制。9月，全省市制改制现场会在株洲县召开。年底，施行压力仪器仪表计量单位改制，改千克力每平方厘米（kgf/cm^2）、毫米水柱（mmH_2O）、毫米汞柱(mmHg）为帕斯卡（Pa）。

1985年9月，国家颁布《计量法》，明确"国际单位制计量单位和国家选定的其他计量单位，为国家法定计量单位"。1986年，全市国营、集体商店和有证个体商贩普遍采用千克秤、米尺、升（毫升）容器。参加"物价、计量信得过"（简称"双信"）活动的单位和市东区120个商业单位全部改制完毕。1987年，市计量局与市广播电视局共同纠正宣传报道中使用法定单位的读写错误。与市卫生、医药管理部门改血压计（表）计量单位毫米汞柱（mmHg）为千帕斯卡（kPa）。与商业主管部门改液体量提按克（g）、千克（kg）标注为升（1）、毫升（m1）。1988年，市计量局与市人民银行规定，黄金、白银及饰品的生产、加工、销售必须使用法定计量单位毫克（mg）、克（g）、千克（kg）、吨（t），除外贸结算须用盎司外，一律不得使用英制盎司及市制、司码制的斤、两、钱、分、厘等非法定单位，同时规定成色的纯度用百分比（%），暂允使用俗称开（K）。

1989年9月至1990年6月，市推行法定单位领导小组对县、区政府和市委、市人大、市政府、市政协4大家的办公室，以及市直机关、人民团体、新闻出版等54家单位进行检查验收，均达到合格标准。验收中抽查计量标准器具335台（件），改制率100%；抽查工作计量器具14076台（件），改制率98.2%。五县市共抽查报刊、公文、统计报表2346份，差错率2.13%；抽查技术资料183份，差错率4.37%。市内861台（件）标准计量器具全部改制，应改制的10.79万台（件）工作计量器具已改10.21万台（件），改制率94.6%。其中，醴陵市统计应改1785.7万（本、张、个）标签、票证、报表已改97.2%。7月，湖南省推行法定单位验收组赴株检查验收，评定92.8分，认可株洲市历经6年努力基本上完成向法定计量单位过渡。

1991年，株洲县被列为全国土地面积计量单位改革14个试点县之一。1992年1月，株洲县政府开始部署对农田土地面积计量单位进行改革（改“亩”为“公顷”）工作，并选择均坝和渌口为试点乡镇。1993年8月，省计量局、省国土局、省农业厅派员对株洲县“土地面积计量单位改革”进行验收。翌年，株洲县被国家计量局授予“全国实施法定计量单位先进集体”称号。

1996年，规定销售散装啤酒一律使用法定单位1（升），禁止用“扎”等非法定单位。

1998年，市技监局、市广电局联合下发《关于检查全市广播电台、电视台贯彻法定计量单位的通知》，对市、县市电台、电视台1—6月在新闻、科技报道、生活服务类专题、广告节目等使用法定单位的情况组织自查和检查。2000年，全市把推行法定单位的检查面扩大到大、中、小学教材和新华书店上架书籍。至此，境内推行法定单位从语言、文字、标签到量仪器具基本上采用法定计量单位。但由于我国的法定计量单位名称、符号繁多，换算复杂，涉范宽广，几千年来的习俗难改和执法者查处乏力，以及使用者计量法律意识淡薄等原因，仍有使用法定单位不到位、不准确、不规范的现象。

二　工业计量

1951年，国营331厂组建中央试验室和高温仪表室，株洲铁路工厂建立中心试验室。1958年，331厂设第六区域计量站，负责中南地区军工企业的计量检定。1961年，株洲硬质合金厂、株洲冶炼厂、株洲汽车齿轮厂、株洲市自来水公司相继建立计量机构。“文化大革命”前期，全国“砸计量机构，砍计量制度”的妖风波及株洲，境内“计量可有可无论”盛行，使企业计量管理受挫，计量器具失准、失修较为普遍。1972年，国家重提“工业学大庆”，计量管理得以恢复。1975年，市工交办增设企业管理科，恢复和健全包括计量在内的企业基础工作。1976年，田心机厂等单位的计量技术人员组成计量科技交流队，获科技成果32项46件。

1979年，转发省“两委一办”《批转省计量局加强厂矿计量工作的意见》，市内各工业主管部门要求所属企业建立健全计量机构，充实计量人员，配备仪器设备，解决房屋条件。1980年，国家经委、国家科委、国家计量局联合颁布《全国厂矿企业计量管理实施办法》，全市开展企业计量“五查”整顿活动。在当年的全省第二次厂矿计量工作会议上，株洲冶炼厂等9家企业被评为全省计量工作红旗单位。

1981年，企业抓管理，扫浮财，组织围歼跑、冒、滴、漏和消灭“煤糊涂”“油糊涂”“假账真算”活动，开展能源计量和热平衡测试工作。株洲化工厂在当年工业产值超计划的情况下，节水450万吨，节电88万千瓦时，共节能耗170多万元。1982年，市政府批转了《关于进一步加强厂矿计量工作的报告》，市内工业主管部门和厂矿企业把计量整顿作为企业全面整顿的内容。

1983年，全市有123个厂矿建立计量机构，共配计量人员1630人。市内48家大中型企业根据《关于国营工业企业全面整顿中对计量工作的要求（试行）》和《湖南省国营工业企业计量整顿验收标准（试行）》开展计量整顿，株洲玻璃厂是全省14个计量整顿试点单位之一。1984年，市计量处分两批对市内企业进行计量“五查”整顿验收。同年，国家计量局颁发《工业企业计量工作定级、升级办法（试行）》，企业计量整顿转向企业计量工作定级、升级。翌年，株洲冶炼厂被评为全省首家（全国第二家）一级计量单位。

1987年，株洲市下发《关于企业升级工作中认真推行全面质量管理，做好企业计量定级升级和标准化整顿验收的通知》，规定申报国家特级企业必须取得一级计量合格证，申报国家一级和二级企业必须取得二级计量合格证，申报省先进企业和省预备级企业（市先进企业）必须取得三级计量合格证。是年，对市内122家计量定级企业进行抽样调查，其中50家企业共计量创效953.35万元。据统计，1980—1990年全市获国家金质奖产品有13项，8家一级计量单位占有10项，在37项“银质奖”中占19项，114项“部优”中占34项。

1992年，贯彻国家技监局《关于当前工业企业计量工作若干意见的通知》精神，停止企业计量定级和考核工作，企业计量工作依照《计量法》进行自主管理和自我约束。至此，全市经计量定级，升级的企业共597家，其中一级计量企业8家，二级95家，三级307家，计量验收187家，到期复查225家，能源计量验收49家。

1995年，开展“企业计量检测体系评估标准”达标试点工作，对二十三冶二公司等11家企业进行计量技术评估。翌年，在小型企业和乡镇企业中开展“计量合格确认”。

1998年，株洲冶炼厂、株洲硬质合金厂、株洲电力机车厂、株洲汽车齿轮厂4家企业获得国家质监局颁发的《企业完善计量检测体系合格证书》，占全省获证企业的44%。株洲电力机车厂在完善计量检测体系中，编制《计量管理手册》和《计量检测体系程序文件》，将近3万台（件）设备纳入确认保证计划，对生产工艺过程中的关键设备进行分门别类管理。

2000年，开展“企业计量合格确认”工作，引导企业提高产品质量和节能降耗。全市先后有8家企业执行“GB/T19022.1（ISO10012-1)质量体系标准”，并经考核评审获《完善计量检测体系合格证书》。

三　商业计量

株洲是商业古镇，“市中成贾，必以度量”。1961年株洲市建立计量管理行政机构，全市度量衡器由粗放管理步入正规。翌年，市计量处采取周期检验加日常抽查的办法，使度量衡器合格率逐年上升。“文化大革命”期间，商业计量管理废弛，商用计量器具失准失修与商品短斤少两比较严重。1974年前的几年中，株洲县三门粮站在粮食入库中，因衡器失准就发生计量纠纷12起。1976年，朱亭粮站拨稻谷6140吨给大米厂加工，因厂、站检斤不一等原因短少60多吨。

1979年，贯彻国家《关于加强商业计量管理工作的通知》精神，市工商局、一商局、二商局、轻工局、标准计量处和市供销合作社联合下发《关于加强我市商业部门计量管理工作的通知》，计量与商、供、粮部门制定《株洲市商业、供销、粮食系统计量管理实施办法》，进一步加强对全市的商业计量管理。1980年，市计量处深入商店和集市检查衡器，抓检定和加强“秤平、提满、尺码足”的商德教育，明令禁用绳纽、藤盘等杂乱秤。

1981年，市政府发布《关于加强度量衡器管理的公告》，落实市人大685号提案（建议），对肉食、副食、蔬菜、综合等商业门店在用计量器具进行检查。同年，株洲县开展度量衡器管理评比活动月，评选出县直属粮站第一粮店为当年“计量信得过”单位，县供销社等38家为计量先进单位。国家计量总局将株洲县开展“度量衡器评比活动月”的情况摘转各地政府计量部门参阅。

1980—1982年，市蔬菜公司、市供销社开展系统内度量衡器自查，市肉食公司抓整章建制，市粮食局抓内部衡检。株洲县粮食局设衡器检修“一站四点”，培训10名衡器检修员按“一包、二检、三结合”办法对全县9个粮站、18个粮店、6个加工厂、36个粮油保管点在用的305台磅秤实行责任检修，在每年征粮入库前检毕待用，确保年进出约20万吨粮食检斤无误。

1985年《计量法》颁布后，市物价、计量部门组织全市商业部门开展“双信”活动。1991年，株洲百货大楼被评为“全国商业计量先进单位”，市副食品大楼、南区粮站、供销大厦和钟鼓岭农贸市场被评为省“商贸计量先进单位”。

1992年，市粮食局建立计量检测站，在授权范围内执行巡检。1993年，市计量、工商、一商、二商、供销联合发文贯彻国家颁布的《零售商品称重计量监督规定》，商业计量管理由主要管计量器具转向既管器具又管诚实准确测量。1994年，株洲百货大楼被评为全国“双信”先进单位。

1996年，组织“双信”检查和复查，全市有46家单位获得或保持“双信”红牌，有4家被摘牌。同年，整顿成品油市场计量管理，有13个燃油加油站申报参加“计量信得过”活动，9家被评为“计量信得过加油站”。后“计量信得过”活动扩展到黄金首饰业，攸县有3家黄金珠宝店获“计量信得过”牌匾。

1997年，贯彻落实《定量包装商品计量监督规定》，市技监局与商业主管部门组织商品产、销单位对定量包装商品和预置量商品的净含量先自查，后统一抽查。1999年，承办市政协《液化气按消耗净重计价》的提案，对瓶装石油液化气经营站（点）的充装量进行监督检查。2000年，对112家单位经销的394批次商品进行商品量监督检查。

四　农业计量测试

1974年，为响应国家计量总局提出的“计量为农业服务”的工作方向，市计量处派员到南京学习土肥测试，购买测试药品和测试箱，开展土壤氮磷钾含量和酸碱度测试，为农业合理施肥、改良土壤和改造低产田提供依据。1975 年，酃县标准计量所抽调 2 人下乡作土肥测试尝试。1976 年，株洲县标准计量所选“有收无收冒算计”的丞丘进行冷浸田改造，通过测试泥温，分析土壤，抽沟别浸，补足基肥，使常年亩产不过 50 千克的丞丘突增到 708.5 千克，市计量处和株洲县科委称此为“计量辟新路、低产变高产”。

1977 年，组织湘江机器厂、株洲冶炼厂、市拖拉机配件厂等单位的 30 多名长度计量人员，分 4 个小组到 9 个农机厂开展支农服务，有的队员背着平板、研磨器等，步行几千米上门检修。是年冬，株洲县标准计量所到群丰公社胜塘大队新屋队进行磁化水浸种育秧和大田灌溉试验，获增产一成以上效果。

1979 年，省计量局将株洲县标准计量所编写的《磁水器制作与应用》印发到省内市（地、州）、县计量局（处、所），介绍磁化水浸种育秧有发芽率高、秧苗壮、分蘖稍高、返青快、穗粒多等效果。《湖南日报》报道了株洲县应用磁化水浸种、灌溉的情况。1980 年，在株洲县渌口镇召开全国磁化水试验研究工作会议，参加会议的有内蒙古、广东等 11 个省、直辖市、自治区的计量部门负责人和北京大学、中国农业科学院等 8 所大专院校的科教人员，以及县级计量机构、工厂、医院的代表共 60 余人。随后，县计量局继续对磁化水应用作扩大性试验，获 1980 年“全市推广新技术成果奖”。后因增产因素的多样性、磁化机理的复杂性和制作、检测的准确性等原因，渐停推广。

1982 年，株洲县开展“一查四定”的农电整顿，县计量局组织人员对伞铺公社民用电能表实行上户检定，当年检表 1400 多块，为用电农户解决因电表不准造成交费不公，以及送检误工等问题。后下乡检表延续多年。

1993 年，市委下发《关于扶植乡镇企业有关问题的通知》，市、县政府计量部门为助农业升温，对化肥、农药等农用物资开展计量监督检查。

1999 年，贯彻国家质监局和农业部联合下发的《关于加强农业和农村计量监督管理工作的通知》，市、县质监局加强对农业生产资料购销和农副产品收购的计量监督；加强对定量包装农资产品的日常监督检查；加强对农村电网改造中的计量检定和监管；严厉打击农村集市短斤少两、坑农害农行为。

2000 年，市、县质监部门为“三农”服务，结合市内实施城乡同网同价的农电改造，对电线电缆的长度、绝缘层厚度、导线线径及计费用电表进行监督检查。炎陵县质监督局派员赴三河镇太坑村解决“电损大、电费高”的问题，经对总表和 120 多块分表检定校准，电价由每千瓦时 1.05 元降到 0.68 元。同时，炎陵县质监局应县农网建设改造指挥部委托，检定单相电能表 15953 块。

五 计量监督

（一）计量器具管理

清末，境内朱亭设佑生和秤号。民国 26 年（1937），划一衡器，酃县引攸县、南昌秤工制造新制杆秤。民国 31 年（1942），醴陵县阳三石设第一行政督察区度量衡器厂。1949 年，株洲镇度量衡器制、修成为手工业行业之一。同年酃县城关西街组建衡器生产组。1952年，茶陵县建立公私合营度量衡制造厂，制造竹木尺和木杆秤。

1964年，市人委会颁发《株洲市计量管理实施细则》，规定“凡制造、修理湖南省计量管理局和市计量处所公布的计量管理目录内的计量器具的厂、社、组和个人，必须先报经市计量处根据其技术水平、生产设备条件审查合格”。其时，木杆秤、竹木尺和油、酒量提等简易计量器具多属自制自销，其他计量仪器仪表主要由五金交电和机电设备公司经销。

1980年，市计量处对正在试制“DD–28型”电度表的株洲电表厂、市人民电表厂、市柴油机厂、市红卫电机厂发文，明示“须经技术鉴定合格后，方准投入生产”，并在试制期内派员驻厂监检。

1985年，醴陵秤工彭某某契合“大秤吊猪”的非法需求，蓄意将所制木杆秤的秤星分度拉长，经查由他制销的15台吊猪秤均不合格，醴陵市标准计量所依法对其作出“罚款500元，没收所制不合格秤，责令印检讨书500份和吊销《技术考核合格证》半年”的处理。

1992年，继续整顿市区木杆秤制修摊点，封堵不合格秤的源头，与市总工会组建杆秤检定监督站，选聘多名计量检定监管员，确保集市中制造、销售、使用的杆秤合格。同时，会同市工商局对11个集市的40名秤工进行全面清查，吊销16名违规秤工的制、修“许可证”，取缔5个制造“坑人秤”窝点，没收不合格计量器具534件。对合法经营的秤工统一编号、定地营业。

1995年，市技监局下发《关于计量器具制造修理许可证复查换证的通知》，试行计量器具选型、销售、检定、安装、调试“一条龙”服务。同时，加强对进口、生产、销售英制计量器具的监督管理。从1998年1月1日起，各加油站停止使用20世纪70年代制造的“海狮”“海岛”牌加油机，以促机械式加油机向电脑加油机的过渡。明令市内城镇商店和城乡集贸市场固定摊位淘汰秆秤，使用电子秤、双面显示弹簧度盘秤和其他性能稳定、显示清晰、不易作弊的计量器具。同时，市地税、技监部门推广出租车税控计价器。

1999年，根据国家税务总局和国家质监局联合下发的《关于加油机安装税控装置和使用税控加油机有关问题的通知》要求，市内各加油站对现役加油机加装税控计量器，新设加油站须用税控加油机。同期，市技监局对全市销售、使用进口计量器具的单位依法进行监督检查。是年，全市有持制造计量器具许可证的单位和个体工商户44家，持修理许可证的56家。除制、修简易计量器具外，还有高压电流互感器、自动量热仪、智能多路流量仪、核子秤智能仪、机车轴端转速传感器、电子汽车衡等。1998—2000年，市、县质监部门抽查制、修、销环节的计量产品44670台（件），合格的43857台（件），合格率为98.18%。

（二）计量标准器管理

民国31年（1942），醴陵据《中华民国权度标准方案》颁制标准器，置于田粮管理处和乡镇公所。攸县各乡镇配计量标本器。茶陵县政府工商科设置1斤为16两的标准砝码。民国35年（1946），醴陵向南京全国度量衡局购砝码、尺、斛、斗等检定标准器。

1961年，市区有长度、电学、热学、力学4类24项60台（件）计量标准器。1963年，市计量处拟增标准器22项73台（件）。1964年，市人委颁发的《计量管理细则》规定：“各种计量单位的市级标准，由市计量处负责建立。各厂矿、企业、科研单位所建立的计量标准，均须按规定的检定周期，送上级计量机关以高一级的标准检定合格，方许向下传递。”

1986年，省计量局在株进行社会公用计量标准、部门和企业、事业单位最高计量标准（分称“社公标”“最高标”，合称“两标”）考核试点，改建标“批准制”为“考核制”，侧重要求建标单位的计量标准设备配套齐全、具有正常工作的环境条件、计量检定人员有相应的计量检定证件和具有完善的管理制度。1988年，全市经考核合格的“社公标”222台（件），“最高标”490台（件）。1985—1988年，由市计量局直接考核的计量标准器404台（件）。1992年，计量标准器始按新的计量技术规范命名、编号，为实现微机管理作准备。

1993年，市计量测试所建立出租车计价器检定装置、心脑电图机检定装置2项标准。翌年，市衡器所建加油机容量检定装置，市测试所建眼镜片、屈光度标准器组，以及示波波器、冲击试验机检定装置，均经上一级考核合格。

1995年，为落实《株洲市“九五”期间建标计划》，拟新建或完善12项35台（件）计量标准器，经对全市量传体系进行调整、提高，全市法定检定机构有“社公标”129台（件），其中主标96台（件）、次标33台（件），125个部门和企业、事业单位计量机构有“最高标”779台（件）。

1995—1999年，市技监局共对107台（件）“社公标”和125个企、事业单位的“最高标”进行考核或复查。

（三）强制检定

1985年，市、县政府计量行政部门根据《计量法》规定，始对“两标”以及用于贸易结算、安全防护、医疗卫生、环境监测方面列入强制检定目录的工作计量器具实行强制检定（简称“强检”），组织人员逐部门、逐单位和逐乡逐村进行全面调查，摸清计量器具数量及分布情况。1986年，汇总全市有41项71种38.91万台（件）强检工作器，同时发布全市第一批强检目录24项55种，境内可强制检定的项、种覆盖率分别为58.5%、77.5%。

1987年，根据国家计量局发布的《强制检定工作计量器具管理办法》和强检《明细目录》，制定《株洲市强制检定1987年实施计划和三年总体规划》，省计量局将“规划”转发省内地、州、市计量部门参照，后报市政府批准执行。

1987—1989年，对油品计量器具（加油机、油品容量器、油类流量计）组织强检申报，共完成强检32.8万台（件），占在用强检工作器具总数83%。

1991年，市计量局与市石油公司拟联合组建油品计量站，负责对市交通、石油、能源、化工、冶炼、储备等行业配置的40多座大型立式或卧式油罐、50多辆汽车油罐车、80多台燃油加油机，以及近千块油类计量仪表实行强制检定；与市气象局联合对测定气象数据的温度计、湿度计（表）、气压表、风速表等40多种气象用计量器具进行调查摸底，并安排强制检定。

1994年，市计量测试所会同市卫生局医械站对市区31家医疗单位的计量仪器实施强检；对全市28家眼镜店的验光镜片等落实强检申报并实行首检；对市内100个加油站的222台加油机实施强检。

1995年，市技监局新增医用X光机、超声波诊断仪（B超）、电话计费器、医用激光源、电脑加油机、定量包装机和定量灌装机等检定项目。同时，制定《“九五”期间强检覆盖项目和建标规划》，拟强检项目达27项48种，并清理公布市、县“强检目录”，核准全市强检项目、种类区域覆盖能力。

2000年，启动“光明工程”，规范眼镜行业的产、配、销行为。市质监局派员到株洲工学院和株洲实验中学现场检测大、中学生配戴的眼镜105副，其中有68副因光学中心水平互差、垂直偏差、水平偏差、屈光度偏差超规定被判为不合格，合格率仅32.5%。是年，全市共检28项49种86269台（件）强检工作器，其中市本级19项31种65928台（件），县级合计22项39种20341台（件）。通过对“两标”执行强检，使全市124台（件）“社公标”和758台（件）“最高标”处于合格有效状态。

（四）计量授权

1962年，市计量处组织田心机厂、株洲冶炼厂、省工业设备安装公司等10家工业企业开展51项计量协作检定。1982年，授权建立肉食、蔬菜、供销、医疗器械等6个行业计量站。

1985年后，根据《计量法》和《计量法实施细则》规定，对专业性强、量大面广的强制检定和其他检定、测试任务依法授权。1988年，有66个授权机构承担18项25种强检任务。1989年，贯彻国家技监局发布的《计量授权管理办法》，进一步明确“根据需要、统筹规划、经济合理、就地就近、方便生产、利于管理”的授权原则，对市区的授权机构进行规范、调整。省计量局授权长沙铁路分局株铁车辆、电务、工务、水电段承担轨距尺等5项6种对内强检任务。

1993年，市计量局采取“重新申报，全面清理，调整布局，总体提高”的办法，按“组织机构、标准与配套设备、检定人员、环境条件、技术资料、规章制度”等8个方面，对市区44家计量授权机构进行全面检查。是年，省计量局公布对1987年以来的省级授权机构清理整顿，确定保留授权机构12个，其中有株洲市自来水公司的D80 ~ 300毫米水表检定和中南无线电厂的电感电容测量仪等3项检定、测试。市计量局授权市石油公司承担立式计量罐等5项强检任务；授权航空航天部第六区域计量站承担部分计量器具普检普修任务；与市医疗器械管理维修站签订X光机、B超机、心脑监护仪等联检协议。

1994年，同意市石油公司解除燃油加油机检定的授权项目，维持立式计量罐等4项区域性授权。至此，全市有区域授权机构21个，授权对内执行强检的机构24个，并在《株洲日报》予以公布。

1996年，省科委、省技监局认定一批科技成果鉴定机构，株洲的可燃气体检测仪检定站、第六区域计量站、湖南烟花鞭炮醴陵授权站、湖南省化学试剂产品质量监督检验授权站、湖南省齿轮产品监督站被列其内。1997年，省技监局对全省地、州、市法定计量检定机构进行考核和强检达标验收，株洲被列为“授权”必查的两市之一。检查认定株洲有43个计量授权单位，承担41项共10多万台（件）计量器具检定任务。

2000年，全市有授权的法定计量技术机构6个，单项授权机构41个。单项授权主要承担粘度计、密度计、血压计、压力表、煤气表、水表、电能表、液体流量表、光学经纬仪、可燃气体检测报警器等检定、测试任务。另有区域性或系统性授权机构 12 个。

（五）计量认证

1987 年，按照《产品质量检验机构计量认证管理办法》，挂靠在株洲硬质合金厂分析测试中心的湖南省有色加工材质量监督授权站通过省级认可。次年，该站升为中国有色金属工业总公司的硬质合金产品质量监督检测站，通过国家级计量认证，主要承担硬质合金和有色加工材的化学成份、气体元素、物理力学性能、金相组织、无损探伤等测试项目。

1990 年，国家技监局发布《产品质量检验机构计量认证技术考核规范》（JJG1021-90），次年继发《对已取得计量认证合格证书的检测机构进行监督检查的若干规定》，将产品质量检验机构和测试实验室统称为检测机构。1991 年，株洲市产品质量监督检验所通过初始认证。

1992 年，全市有 51 家为社会提供公证数据的检测机构获得计量认证合格证书，其中由省级以上计量行政部门直接考核的有烟花鞭炮、有色材、电瓷、齿轮、地质岩矿、岩土、非金属矿、塑料、化学试剂、机动车安全技术等检测机构。市、县级有产品质量、环境监测、卫生防疫、药品检验、建材、化工、土肥测试、能源监测等检测机构。同年，《株洲日报》载《株洲市计量管理局计量认证公告》，批准的计量认证机构有 43 家，次年增至 57 家。

1997 — 1999 年，荷塘区环境监测站、株洲市勘测设计院工程地质岩土实验室、株洲市房屋面积公正计量站、喻家坪轨道衡公正计量站、株洲市公路管理局中心试验室等 50 家检测机构通过计量认证考核或到期复查。

第四节　特种设备监督管理

1956 年，株洲的特种设备安全监察职能首先从属于市劳动行政部门。1963 年，随着株洲经济的发展，特种设备日益增多，株洲市正式开始特种设备安全监察工作。2000 年 9 月，其职能由市劳动行政部门划转至市质量技术监督部门管理。

一　特种设备作业人员培训、发证

1963 年 7 月，市劳动局开始对从事电气、起重、锅炉等特殊工种的工人，须进行专业培训，经考试合格后，才能允许操作。特种设备作业人员培训工作自此开始。“文化大革命”开始后，这项工作暂停。

1972 — 1976 年，市劳动局组织编写了起重工安全培训教材。1980 年 9 月，市劳动局举办了 2 期起重工学习班，共为企业培训起重安全技术骨干 70 多人。1983 年，对各种起重机械司机和起重工采取由企业自己培训、命题，送劳动局审查备案，考试后将成绩报告劳动部门经审定合格后统一发证。

1986 年 4 月，市劳动局发出《关于对普通焊工、场内运输司机进行考试发证的通知》。12 月 9 日，为贯彻《湖南省七种特种作业人员安全技术管理暂行规定》，成立了株洲市特种作业人员考核委员会，下设电工、起重、厂内运输等5个专业组。1987年10月，组织全市特种作业人员进行统一考试，有起重司机1840人参加，其中1164人取证，104人取得厂内机动车驾驶证。1989年，举办2期起重机械管理人员学习班，1期电梯维修人员学习班。

1990年，在做好现有特种设备作业人员考核发证扫尾工作的同时，对各类取证人员进行全面复审。自此，特种设备各特种作业人员培训、考核发证工作走上正轨。至2000年9月，全市起重机械作业人员已取证的达4560人，厂内机动车辆司机2120人，电梯司机450人。

二　特种设备安全监察注册、发证

由于企业管理、效益以及监察处罚力度不大等原因，特种设备各使用单位在执行设备定期检验方面严重欠缺，电梯、起重机械定检率都在50%以下。据不完全统计，1983年至2000年9月，全市共发生电梯事故6起，造成6人死亡；起重机械事故（包括建筑提升机）36起，死亡35人；厂内机动车辆事故5起，死亡5人。

1983年3月，市劳动局下发《加强对提升机械安全管理的通知》，对用电动葫芦作动力，有固定提升口，作两层或两层以上垂直起吊的提升机械进行安全整顿，经整顿验收合格后，由市劳动局发给使用许可证。此系株洲市特种设备安全监察、注册、发证工作的开始。1986年8月，市劳动局下发《进一步贯彻〈工业企业厂内运输安全规程〉的通知》，对运输装载设备建立年检年审发照制度，无照不准行驶。

1986年10月，市劳动局内设立市劳动保护检测站，主要检测在用起重机械、厂内机动车辆和极少量的货梯。1989年，对市内在用电梯、起重机械实行办理使用许可证制度，全市第一家获起重机械使用证的是株洲电力机车厂。

1991年，劳动部颁发《起重机械安全监察规定》，对起重机械的设计、制造、安装、修理、使用、监检以及违反有关规定的处罚作出规定。株洲市加强了起重设备和电梯的检验工作。随着电梯、厂内机动车辆的增多，事故不断增加。1995年，劳动部颁布《关于进一步加强电梯安全管理工作的通知》和《厂内机动车辆安全管理规定》。同年，省劳动厅制定《湖南省起重机械安全监察规定》实施细则和《湖南省起重机械制造、安装、修理和检验单位安全认证办法》。

1995—1996年，劳动部、省劳动厅相继出台有关特种设备的安全监察管理的法规性文件，给市特种设备安全监察机构提供了更加有效的、切实可行的法规保障，同时也进一步规范了监察部门以及使用单位的行为。株洲市根据当时形势以及相关的法规，制定了株洲市起重机械、电梯办证办法。同时，对厂内机动车辆重新提出了办理牌照和年审的要求，并于1996年年初正式实施。至2000年9月，全市已有362台电梯办理了注册登记使用证（48台报停），2097台起重机械办理了注册登记证，1063台厂内机动车辆办理了牌照和行驶证，注册登记率都在90%以上。

三 特种设备普查

随着株洲经济持续快速的发展，在用特种设备的数量迅猛增加，应用范围不断扩大，但部分企业安全意识不强，法制观念淡薄，在用设备未按规定及时申报注册登记和定期检验，致使在用设备底数不清，安全状况不明，事故隐患增加等问题十分严重。为确保在用设备的安全运行，有效控制和降低事故率，自2000年开始，在全市范围内组织开展在用设备普查登记工作。为确保锅容管特普查整治工作如期完成，市政府办下发《关于对锅炉、压力容器、压力管道及特种设备开展以普查登记为重点的整顿治理工作的通知》。同时，成立了市锅容管特登记工作领导小组，由市质监、安委、经委、建设、工商、物价、财政、公安、卫生、乡镇企业等为成员单位。为使普查工作顺利推进，在加强宣传的同时，还举办普查登记培训班，共培训普查人员123人。市普查办将8200多台设备资料经过审核后输入微机，建立总台账，设置地级锅容管特设备数据库，其中特种设备有3766台（电梯358台，起重机械2742台，厂内机动车辆612台，游艺机和游乐设施54台）。通过普查发现有1300余台设备存在大小不同的隐患，市质监局即时督促有关单位予以整改落实，并随后进行全面整治。

株洲市计量管理局（处）历任负责人名录

表5-22

局（处）长	任职时间
凌继坤	1985.4 — 1994.10

株洲市标准管理局（处）历任负责人名录

表5-23

局（处）长	任职时间
郭起斌	1980.6 — 1982.9
邓伯强	1984.10 — 1994.10

株洲市质量技术监督局历任负责人名录

表5-24

局　长	任职时间	副局长	任职时间
唐国凡	1994.10 — 2000.12	凌继坤	1994.10 — 1997.6
–	–	邓伯强	1994.10 — 1998.7
–	–	邵　敏	1997.7 — 2000.12
–	–	王艳雁	2000.9 — 2000.12
–	–	金伟奇	2000.9 — 2000.12
–	–	汤岳庆	2000.9 — 2000.12

第六篇　农　业

第一章　农业综述

株洲市地处罗霄山脉西侧，南岭山脉至江汉平原的倾斜过渡地带，属亚热带季风性湿润气候。地貌类型多样，土地肥沃，适种性广，生物资源种类多。全年气候温和，雨量充沛，热量丰富，四季分明，严寒期短，无霜期长达 281 ~ 291 天。年降水量 1338.6 ~ 1486.8 毫米。境内水资源丰富，水资源总量 94.31 亿立方米，为全国人均水资源的 1.14 倍。发展农业具有较好的自然条件，是湖南农业稳产高产地区之一。但境内也有少数地域土壤、水利、日照、地貌状况较差，春寒、夏涝、秋旱等灾害性天气时有发生。

境内农业生产历史悠久，从炎帝神农氏"耒耨之利，以教天下"开始，水稻栽培历史长达 5000 余年。境内农业历来以水稻种植和生猪生产为主，经济作物、林、牧、渔各业也有较好的基础。双季稻在宋初即有，醴陵则是省内重要产区。据民国 26 年（1937）调查，醴陵双季稻占该县水稻总面积的 90%，名列湖南省前茅，输出粮食曾居全省各县之首。经济作物在宋代已较为发达，当时国税之农桑、丝绢之税，醴陵、攸县、茶陵占全省的 9.4%。茶陵"三宝"（大蒜、生姜、白芷）在明清和民国时期远销国内外。攸县、醴陵的辣椒，民国时期外销出口。但因生产条件、自然灾害等因素制约，生产极不稳定。民国 29 年（1940），醴陵、茶陵、攸县、酃县皮棉产量共 5467 担，仅占湖南省总产的 1.5%。民国 37 年（1948），4 县烟叶、桐油、茶油、清茶产量分别为 17051 担、3956 担、55345 担、530 担，只占湖南省总产量的 1.91%、0.69%、8.97%、0.17%。东汉时养猪业就较为发达，清咸丰年间（1851 — 1861 年），有大量肥猪向外地输出。全省"民国时期猪的主要产地在……醴陵、攸县……等 40 多个县"。人工造林也开始较早，明清时期移苗造林。民国时期，政府提倡植树造林，主要以植油桐、油茶为主，荒山造林多。抗战期间，农业遭受损失，生产衰落。民国 37 年（1948），醴陵、攸县、茶陵、酃县分别荒芜田地 8%、2.4%、4%、3.4%；损失耕牛分别为 10.5%、4%、20.4%、17.5%；损失生猪分别为 28%、52.2%、50%、67.4%；损失森林达到总面积的 4%、13.7%、10%、21.3%。1949 年，境内粮食播种面积 17 万公顷，总产量 30.32 万吨。饲养生猪 27.5 万头。农业总产值 16138 万元，其中种植业 11229 万元，林业 904 万元，牧业 2784 万元，副业 1089 万元，渔业 132 万元。

中华人民共和国成立后，境内生产力得到解放，农村经济得到全面发展，农民生活显著改善，农业生产走上了健康发展轨道。

1950 — 1952 年，农民经过了土地改革，生产积极性普遍高涨，积极投入到爱国丰产运动。1953 — 1957 年，通过开展互助合作运动，完成对农业和手工业的社会主义改造，生产关系基本适应了生产力的发展，农业实现了前所未有的发展。1957 年，全市农业总产值达 28848 万元，较 1949 年增长 78.8%，年均增长 9.8%；粮食总产量达 61.54 万吨，增长 1.03 倍，年均增长 14.6%，增长幅度居全省前列；生猪饲养量 64.8 万头，增长 140%，年均增长 17.5%，发展速度高于全省平均水平；副业总产值 2006 万元，较 1949 年增长 84.2%，年均增长 10.5%。经济作物播种面积增加，1959 年达 1.55 万公顷，较 1949 年增加 0.69 万公顷。1949 — 1957 年，全市累计人工造林 5.95 万公顷。

1958 — 1965 年期间，经历了以“大跃进”为旗帜刮起的“五风”（“一平二调”共产风、浮夸风、生产瞎指挥风、强迫命令风、干部作风特殊化风）的短暂过程和各级认真纠正“五风”的过程，经历了 1960 — 1962 年“三年国民经济困难时期”和恢复时期。1961 年，全市农业总产值为 23287 万元，较 1957 年下降 19.30%。粮食总产量为 45456.5 万千克，较 1957 年减产 25.90%，其中醴陵减产最严重，达 35.60%。经济作物在 1961 年、1962 年播种面积仅占总播种面积的 2.10%、2.76%，且产量很低。生猪 1961 年饲养量 19.9 万头，其中出栏 5.05 万头，较 1957 年分别下降 69.30%、78.50%，较 1949 年减少 7.6 万头、6.75 万头，分别下降 27.60%、57.2%。社队企业产值 1962 年下降到 121 万元，仅相当于 1954 年的 6.95%。1963 — 1965 年调整时期，在中共中央提出“调整、巩固、充实、提高”的方针和作出“大办农业、大办粮食”的决定后，各县、区实行以生产队为基本核算单位，大队对生产队实行劳力、土地、耕牛、农具“四固定”，生产队有了因地种植、安排农活的自主权，农民的生产积极性提高，农村经济逐步复苏。1965 年，农业总产值 31756 万元，较 1961 年增长 36.40%。粮食总产量 62.86 万吨，恢复并略超过 1957 年的水平，较 1961 年增长 38.28%。经济作物恢复到 1957 年的水平。生猪饲养量 78.4 万头，其中出栏 34.2 万头，较 1961 年分别增长 2.9 倍、5.78 倍。

1966 — 1976 年“文化大革命”时期，农业生产受到一定冲击，但由于当时人民公社“三级所有，队为基础”的体制稳定，“以粮为纲，多种经营，全面发展”的方针比较稳定，人民公社分配政策稳定，即社员投劳、投肥和基本口粮“三结合”的分配政策基本贯彻始终，农民没有“脱产闹革命”，加之生产力水平提高，连续多年的兴修水利及其配套建设，水利条件大为改善，所以没有造成灾难性后果。“文化大革命”结束后，各项工作开始恢复正常，农业生产更趋稳定发展。1978 年比 1965 年全市旱涝保收面积增加 59.51%，化肥供应量增加 8 倍，绿肥播种面积上升 31.3 个百分点，达到水田面积的 67.82%。在实现矮秆良种化以后几年时间，杂交晚稻推广到 8.11 万公顷，占晚稻面积的 63.25%。1978 年，全市农业总产值达 62281 万元，较 1965 年增长 96.12%，年递增 5.31%；粮食生产达 127.16 万吨，较 1965 年增长 1.02 倍，年递增 5.56%；生猪饲养量达 196.16 万头，其中出栏 84.87 万头，较 1965 年分别增长 161%、154%，年均增长 10.60%、9.50%；此间林业生产累计人工造林 26.33 万公顷。株洲县通过学习大寨人“艰苦奋斗、自力更生”的精神，大办社队林场，营造人工林，使森林覆盖率由 1965 年的 14.80% 上升到 1983 年的 43.20%。1973 年以后，迎来了 41 个国家的林业官员和专家学者来株参观考察，朱亭林区被联合国定为人工林观察点。社队企业也获得了大的发展，1978年完成总产值21216万元，比3年前增长1.62倍。

1982年，农村实行家庭联产承包责任制，调动了广大农民勤劳致富的积极性。粮食连续增产，畜禽鱼蛋迅速发展，乡镇企业异军突起，农村经济出现了空前活跃的局面。1990年，全市农业总产值10.342亿元（按1980不变价计算），较1978年增长66.90%，年均增长5.20%，比1949年增长5.4倍，年均增长4.63%。粮食生产，1983年全市水稻亩产跨“双纲”，首次实现晚稻单产、总产双超早稻。1990年，全市粮食总产169.01万吨。经济作物播种面积达2.76万公顷，占总播种面积的7.10%。1981—1990年，全市累计造林20.01万公顷，掀起了消灭宜林荒山的“灭荒”高潮。生猪饲养量1990年达324.32万头，较1978年增长65.3%，年均增长5%。1990年，全市共完成乡镇企业总产值23.99亿元，较1978年增长11.6倍。

1991—2000年，稳定完善土地承包关系，延长土地承包期。各地鼓励农村经济逐渐向种田能手集中，鼓励农民向土地投资，进行山地开发，开展多种经营；大力开展减轻农民负担工作，严格规范农村的各种收费；加快农村社会化服务体系建设；努力提高农业科技水平；积极调整农业内部的经济结构和农村产业结构，大力推进农村产业化、农村工业化、农村城镇化，加快全面小康建设，农村经济总量得到较大增加。2000年，全市农业总产值达到76.04亿元，年均递增5.35%；农业增加值达到50.46亿元，年均递增5.5%；乡镇企业实现增加值81.7亿元，总产值占全市GDP的四分之一；粮食播种面积25.09万公顷，总产量181.6万吨，比1949年的30.32万吨增长4.9倍，每亩平均产量482千克，比1949年的119千克增长3倍，单位面积产量居全省第一位。继1995年率先在全国建成双季稻成建制过吨粮的地级市后，连续5年巩固了吨粮成果。农业人口人均耕地不足1亩的株洲市，不仅解决了农民自身吃饭的问题，每年还提供商品粮14万~15万吨，成为国家商品粮生产基地。全市经济作物播种面积达到6.87万公顷，比1949年的增长38.6倍，总产值达到11.87亿元，按可比价计算，比1949年增长1107倍。醴陵、攸县是全省5大干椒生产基地之一，每年出口的干椒为国家换回外汇100万~250万美元。茶陵的大蒜球和白玉蒜米罐头畅销国内外市场，白玉蒜米罐头在广交会上获东南亚国家的赞誉，并获省优质农产品证书。石峰区云田乡的花卉生产基地被誉为“中国花木之乡”。期间还研制开发出“神农剑”“翠云峰”“观音岩”等毛尖茶和“春晓牌”茉莉花茶、“慈峰”有机茶等省优、国优名茶。至2000年，先后有炎陵县的早熟蜜橘、柰李、新世纪雪晶梨，茶陵县的脐橙、椪柑，株洲县的黄花梨等，先后在湖南省鉴评会上获金奖。生猪饲养量达到512万头，比1949年增长18倍，其中出栏325.52万头，比1949年增长26倍。5个县、市都成为瘦肉型生猪生产基地。全市年外销生猪达180万头，占出栏猪总数55%。生猪出口检疫合格率保持在99%以上，居全省第一。全市存栏羊30.33万只、存栏牛25万头、存笼家禽2880万羽、水产品产量5.23万吨，与1949年相比，存栏羊增长30.7倍，存栏牛增长2.14倍，存笼家禽增长28.2倍，水产品产量增长42倍。畜牧水产品中除传统大宗产品外，还有肉鸽、乌鸡、樱桃鸭、山黄鸡、甲鱼、牛蛙、螃蟹、鳝鱼、蛇等特种养殖产品。牧业、渔业产品的商品率分别达到75%和65%。畜牧水产业总产值约占农业产值的一半。不仅增加了农民的收入，也增加了市场供给，丰富了市民的餐桌。

表 6-1

株洲市部分年份农业增长情况一览表

年 份	农 业 总产值 （万元）	粮 食 总产量 （万吨）	乡镇企业 总 收 入 （万元）	生 猪 饲养量 （万头）	人造林 面 积 （公顷）	农民人均 纯 收 入 （ 元 ）
1949	16138	30.32	–	27.46	593.34	49
1957	28848	61.54	–	64.81	12166.67	–
1961	23287	45.46	–	19.93	1780	–
1965	31756	62.86	–	78.38	24773.34	55
1970	43413	83.20	–	113.14	14093.34	68
1975	59258	109.10	8097	172.81	19073.34	75
1978	62281	127.16	21216	196.16	18320	99
1983	81893	166.43	37782	210.86	10480	274
1985	91124	163.97	97377	265.27	25006.67	460.1
1988	97896	163.28	224756	313.34	19140	586
1990	103420	169.01	239981	324.32	25806.67	656
1993	–	160.29	–	–	–	867
1995	–	185.79	–	–	–	1677
1998	–	184.83	–		–	2431
2000	760378	181.60	–	–	–	2689

第一节　生产力水平和生产关系

一　生产力水平

（一）劳动力状况

劳动力是农业经济的主要生产力，也是历史上徭役和兵役的重要来源。1988 年 6 月，株洲文物考古工作者在三门镇燕子村发现六斗坡遗址，采集到 1 件打制的生产工具 —— 刮削器，地层地质年代距今约 20 万年。可以说，20 万年前境内就有远古先民步入了以简单的采集捕猎为主要特征的原始农业社会。据史料记载，秦始皇统一中国时，境内约有人口 1.2 万人，由于生活条件差，人均寿命不足 50 岁，其中 16 岁以上的劳动力约 0.4 万人。

境内自西汉到清初，由于战乱不断，人口繁殖很慢，劳动力增长缓慢。西汉时代，境内约有人口 5 万人，劳动力 2.3 万人；元代，境内约有人口 40 万人，劳动力 21 万人；明代，由于战争，境内人口大幅减少，仅有 17 万人，劳动力不足 5 万人；经过康乾盛世，到 1816 年，境内人口大幅增加，共有人口约 100 万人，劳动力突破 50 万人；进入民国后，虽以多子为荣，“多子多福”思想盛行，但因兵祸连连，人口一直徘徊在 100 万人左右，劳动力徘徊在 50 万人左右。1949 年，境内乡村人口为 124.62 万人，农业劳动力 61.06 万人。

中华人民共和国成立之后，社会稳定，经济发展，加上受“人多力量大”思想影响，境内人口迅速增加，据2000年的《株洲统计年鉴》载，1999年人口达281.83万人，劳动力147.69万人。1949—1999年50年时间，人口年均增长1.65%，劳动力年均增长1.78%。

1949年以前，由于社会不稳定，生活条件差，农业劳动力的素质也较差，文盲和半文盲占总人口的比例达59.34%。中华人民共和国成立之后，各级政府狠抓扫盲教育，劳动力的文化结构迅速改善。1958年，文盲、半文盲率降低到21.54%。1982年，国家加快提高人民的文化素质，小学文化程度以上人口比例比1949年前增长38.8%，文盲、半文盲下降到15.08%。1990年，文盲、半文盲率进一步下降到3.75%，全市15～40周岁的青壮年人口中，文盲、半文盲仅剩29036人，基本完成扫盲任务。不仅如此，为使大多数青壮年农民具有中等以上文化技术水平，各级政府将农村扫盲教育同农民学习文化技术与脱贫致富结合起来，动员大量农民参加文化夜校、农校、农业广播电视学校等各类学校学习，结合生产需要，讲授应用农业科学技术，促进农业劳动力素质提高。一些单位还不定期印发刊物，在放电影前加映科教短片，举办农业科技讲座，提高了农民科技文化水平。1964年茶陵县从浙江请来一批农民技术员，指导当地科学种田。同年10月11日，湖南省第一所半耕半读学校“株洲市农业职业学校”开学。1975年，茶陵创办“五七”大学，培训农民技术员。到1984年，全市农村基本形成县、乡、村三级办学网络。1990年有农民中专1所、农业广播电视学校7所、乡镇农民文化技术学校151所，其中办得较好的有攸县农民中专和农业广播电视学校。攸县农民中专累计招生1198人，毕业637人；农业广播电视学校10年间累计招生5989人，毕业后有187人被录用为国家干部，36人担任乡镇领导职务，208人担任村干部，58人获得技术职称。

除市、县举办的中专性质的农民学校以外，遍布乡镇的乡村农民技术学校，对普及农业科技知识、提高劳动力素质方面，也发挥着重要作用。仅1984年一年时间，全市各县、市农委、科委、教育局联合，协助乡镇共举办农、科、教三结合的乡农校79所，参加学习的9730人。1986年，乡农校增加到130所，1987年上升到142所，到1990年全市100%的乡镇都办有农校。其中株洲县洲坪乡农校利用湘江水资源，举办网箱养鱼实用技术培训班，在湘江推广网箱107口，平均每箱产鲜鱼1300千克，成为全省第一批采用网箱养鱼技术的示范乡镇。

1949—2000年，全市共有181项农业科研成果获国家、省、市三级奖励。醴陵农民瞿永寿，自20世纪50年代开始钻研水稻栽培技术，不断总结经验，1968年他在试验田里创出亩产700千克的产量，其经验被国际水稻专家誉为“瞿氏水稻栽培法”，1985年瞿永寿应邀到菲律宾参加国际水稻研究所成立25周年大会，被授予“国际杰出稻农”称号，是中国唯一获此殊荣的农民，2次被评为湖南省劳模，22项成果获得省、市奖励。1989年，联合国粮农组织率50多位专家到攸县、醴陵考察座谈，对两县的水稻栽培与管理工作给予高度赞赏。

1999年后，境内乡村二级有条件的地方开设远程教育站，利用电脑网络对农民进行教育，农业劳动力素质有了进一步的提高。据市农业部门统计，2000年，全市农业劳动力平均受教育年限为6.79年，小学以上文化程度的达94.5%，文盲及半文盲仅占2.5%，有6万多人参加了农业部门的绿色证书培训。

（二）生产工具

境内农业生产工具，经历了从旧石器时代到新石器时代，进而到现代农机具时代的漫长发展过程。

1.原始社会的生产工具 新石器时代，株洲农业生产工具主要为石器和竹木器，已发现的新石器时代遗址有14处，其中一处为茶陵县的独岭坳遗址，一处为株洲县的磨山遗址。这些遗址跨越时间从距今7000年到商代早期，时间跨度3500年。从已发掘和调查的文物考古实物资料可知，新石器时代的生产工具主要有打制的薄刮削器、小尖状雕刻器、磨制的石斧、石凿、石锛、石铲、砺石、石刀、锉形器和尖木器等。距今5000～6000年，炎帝神农氏“始作耒耜，教民耕作；弦木为弧，剡木为矢；作陶为器，冶制斤斧；盖宇造房，安居乐业”，株洲开始由渔猎时代向文明的农耕时代过渡。同时，还发现陶器及捕猎用的网坠等。

2.奴隶社会的生产工具 进入到奴隶社会，即公元前1046年至公元前221年，从已发现的上百处古文化遗址发掘结果看，境内已经有生产工具和生活用具，还有手工业和捕猎工具。

农业生产工具 主要有打制的刮削器、砍砸器，磨制的石锛、石斧、石凿、石锄、耕田器、石铲和砺石。

生活用具 主要有觚、鼎、壶等铜器，釜、鬶、鼎、罐、壶、锛、碗、杯、盆、缸和瓮等陶器。

手工业工具 有纺织用的陶纺轮、斧、刀、篾刀等。制陶手法由手制、慢轮发展到快轮。

捕猎工具 主要有磨制石箭镞、网坠等。

3.封建社会的生产工具 进入封建社会，境内出现了一些新式农业生产工具。

生产工具 已出现的铁锸、铁镢、铁刀和锄、耙。

生活用具 已出现铜镜、灯、砖、盏、碟、坛、铁炙炉和支架、虎子等。

手工业工具 出现了铁钉、钱范、陶拍、剪刀、锥、匣锛、纺轮、碓房和仓等。

度量衡器 出现了铜权和陶权。

货 币 出现了半两、货泉、货币和铜钱等。

捕 猎 已出现长矛等捕猎工具。

饲养业 出现了围堰池塘、猪圈、鸡埘等专用工具。

在漫长的封建社会，境内的农业生产工具更新缓慢。直到民国末年，农村基本沿用传统的铁、木、竹等人力畜力工具：犁、耙、蒲滚、锄头、龙骨水车、筒车、土车等。当时民间有一首顺口溜称：“牛拉犁耙人荷锄，筒车上水慢悠悠；手禾镰，木扮桶，独轮车子转悠悠”。农业机具以请匠人加工为主，基本没有定型产品，引进的也极少。1946年，茶陵县出现20马力的煤气机和碾米机，1947年攸县出现抽水柴油机组。到1949年，只有攸县、茶陵各有1台小型柴油机抽水机组，茶陵界首镇、株洲镇解放街一带有6台碾米机械，农机总动力为20千瓦。当时，株洲镇（含董家塅乡、田心乡、晏家湾乡）2081户农户，合计拥有灌溉用水车1648部，锄头、犁、耙等耕锄农具8141把，风车、磨子、推子等加工农具2951部，手车1749部，板车12部。

4.中华人民共和国成立后的生产工具 中华人民共和国成立以后，境内由于工业生产的迅猛发展，农机具更新速度不断加快。

20世纪50年代初，为迅速恢复和发展农业生产，境内广大农民一方面积极增补和改良旧式农具，一方面开始发展农业机械。1952年，开始引进人力打稻机、喷雾器等半机械化工具，基本上属于国家投资，政府直接经营。1955 年，醴陵推广 55 型改良水田犁 5.5 万部，取代旧式生坯犁。到 1957 年，境内农机总动力为 2110 千瓦，各类农机具总量发展到 153.5 万件，大多数以排灌机械为主。

1958 年，农业机械实行“民办公助”，株洲、醴陵引进 18 台进口轮式拖拉机，建立了省内最早的国营醴陵拖拉机站。同时，引导农民开展农具改良运动，醴陵研制成功“简易插秧机”“刨丝切片机”“螺旋切茶机”并在全国开始推广。涌现了皇图岭等全省农具改革红旗单位。1959 年，毛泽东主席发出“农业的根本出路在于机械化”的指示，境内各地大力发展农机事业。到 1959 年年底，农机总动力为 9335 千瓦，2 年增长 3.42 倍。1968 年开始，境内开始尝试农业机械化道路，逐步推广改良犁、水田铁叶蒲滚等新式农具以及 T–737 型人力打稻机、压缩式人力喷雾器等半机械化农具。同时，在湘江、渌江、洣江、攸水等沿河两岸大力发展排灌机械，开始在山区发展水轮泵和农副产品加工机具。1969 年，全市农机总动力为 4.22 万千瓦，2 年增长 3.52 倍。

从此时开始，各县坚持自力更生，大办农业机械化，大力发展拖拉机、机滚船、机耕船等，其中拖拉机在完成机耕作业的同时，还成为农村的主要运输工具。株洲县在 1973 年成为全国南方水稻插秧机对比试验会现场，茶陵在 1976 年成为全国自力更生办机械化的先进典型，攸县在 1978 年被国家定为全盘机械化试点县。1979 年，全市农机总动力为 33.10 万千瓦，为 1969 年的 6.84 倍，粮、棉、油、加工和脱粒、植保基本上实现了机械化和半机械化。

农村实行家庭联产承包经营责任制后，农民个人开始购置先进的农机具。原集体所有的农业机械，也大部分被承包或转卖给个体农户经营。1984 年，茶陵县喷灌机械厂生产的 BP 型及 BP2 型喷灌系列产品，经机械部鉴定达到国际先进水平。1989 年，株洲市农机技术推广站研制出具有国内先进水平、填补省内空白的稻种破胸催芽机。1990 年 7 月 20 日，醴陵在县原种场进行了从人工浸种催芽、耕田、插秧到收割、脱粒的水稻生产全程机械化作业示范表演。1990 年，全市农机总动力为 81.70 万千瓦，农机具总量 195.24 万台（套），粮、棉、油、饲料等农副产品加工及农村运输、植保、水稻脱粒已基本实现机械化和半机械化，水田机械化程度达 56.28%。

1991 — 2000 年，一个以社会化服务、集团化经营为主要特征的新型农机发展模式在株洲逐渐形成，各类集团承包、股份合作等形式的社会服务组织快速增加，各类关键农机新技术、新机具逐步得到推广应用。到 2000 年，全市农机总动力为 110.48 万千瓦，全年完成机耕面积 19.62 万公顷，水田机械化程度达 81.2%；机电排灌面积 7.95 万公顷，机械植保面积 6.77 万公顷，机械脱粒面积 1.6 万公顷，农机运输作业量 7.86 亿吨千米。农民梦寐以求改变“面朝黄土背朝天”和实现“点灯不用油，耕田不用牛”的时代已经或正在成为现实。

（三）劳动对象

劳动对象是人类一切社会生产不可缺少的重要因素。耕地是农业生产的基本资料，是农民劳作的主要对象。

境内最早发现的栽培水稻始于 1987 年在茶陵县独岭坳遗址发掘的新石器时代（大塘文化），时间距今约 7000 年，是神农时期先民活动的产物。

新石器时代晚期，境内开始使用石制农业生产工具种植五谷（稻、粱、黍、麦、菽）。到商

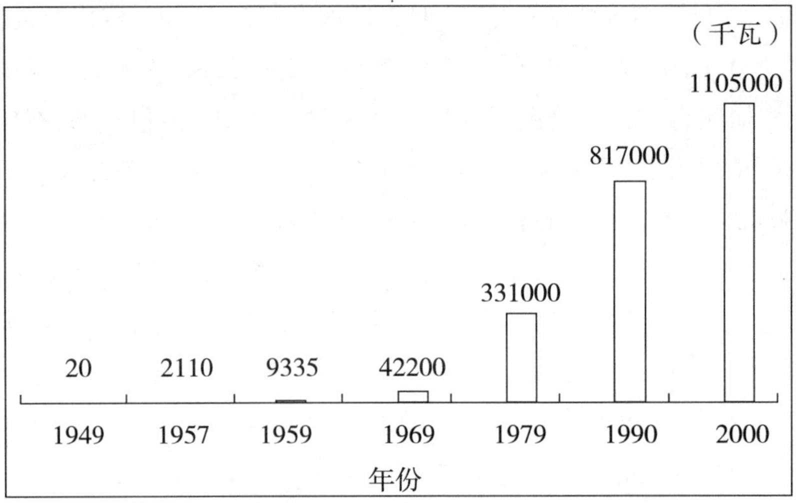

图 6–1　株洲市部分年份农业机械增长示意图

周，采用铜制耒耜耕种。战国时期，开始使用铁铜合金制造犁、耙等农具犁耙土地，地力大为提高，有利农作物生长。秦末战争，境内农业遭到严重摧残，到汉武帝时，朝廷奖励垦荒，并贷牛、贷种，扶助农耕，推行畜禽粪肥田。东汉时期，农民始修水利，修建了一批塘、陂、堰，开始提江河水灌溉农田。魏晋南北朝时期，农民开始试种良种水稻，如占城稻、红米冬粘等品种。到宋仁宗（1023 — 1063）时，醴陵、茶陵开始种植双季稻。明朝时，水田面积扩大，在宣德七年到万历九年（1432 — 1581）的150年中，茶陵县水稻面积由1.81万公顷扩大到2.55万公顷。明清时期，株洲耕作水平发展较快，开始有粮外销。但清末到民国时期，军阀混战加上天灾危害，粮食生产严重滑坡，有的农民丧失土地无以为生，有的只好外出乞讨逃荒；有的农民涌入城市，成为外资工厂的廉价劳动力。1949年，株洲境内土地耕种面积为20.24万公顷，稻谷总产37.26万吨，每亩单产123千克。

中华人民共和国成立后，人民政府大力发展农业生产，土地产出率迅速提高。1950 — 1957 年，各级政府重点抓良种推广，精耕细作，单季改双季，间作改连作，增施肥料，土法治虫，农业生产得到迅速恢复和发展。1957 年，全市耕作面积 24.68 万公顷，稻谷总产 56.73 万吨，亩产 153 千克。其间，1955 年农业部在醴陵召开了全国双季稻经验交流会。

1958 年后，盲目推行“一早百早”“高密度栽植”，搞“一刀切”，加上严重的自然灾害，农业生产出现滑坡。经过 1963 — 1965 年 3 年调整，注重因地制宜，引进矮秆良种，扩大双季稻面积，广施化肥，农业生产开始恢复生机。1966 年，全市水稻总产 68.2 万吨，亩产 190 千克，其中醴陵亩产过 424 千克，居全省领先水平。

1967 — 1976 年，大力开展“田园化”和冬修水利运动，努力改善生产条件，推广高秆品种改矮秆品种，实行合理密植。1976 年，境内耕作面积 26.06 万公顷，稻谷总产 104.71 万吨，亩产 268 千克。同年各县引进杂交水稻，亩产提高 100 ~ 150 千克，到 1977 年，推广杂交晚稻 8.40 万公顷，占晚稻面积的 65%，亩产增长 13%，土地产出率大幅度提高。

1978 年以后，全市杂交晚稻占水稻播种面积的 70% 以上。1983 年，全市粮食总产量 163.05 万吨。

1984 — 1990 年，市县各级政府积极加强农业基础设施建设，开展商品粮基地建设，加大科技兴农的力度。1990 年，全市水稻播种面积 25.65 万公顷，总产 165.45 万吨，亩产 430 千克。

1990年以后，中共株洲市委、市政府加大了吨粮田建设力度，推行“以常规早稻 — 杂交晚稻为主，以双季杂交稻为重点，以油菜 — 双季稻、麦类 — 双季稻、蔬菜 — 双季稻相匹配”的种植模式。当年，试点工作队进驻株洲县杨梅村，在市内首次实施水稻“双杂”满负荷配套栽培技术，使该村当年双季稻亩产达 1069.5 千克，比上年亩产增加 135 千克。

从 1996 年开始，株洲市委、市政府对粮食生产进行战略性调整，即：稳定总产，调优品质；压缩普通稻种植面积，提高优质稻比率；部分稻田扩种春玉米和大豆，提高种粮效益。1998 年，市委、市政府又制定 6.67 万公顷优质稻生产基地开发建设计划，争取国家和省专项投入 1.2 亿元，在 50 个乡镇建成大型优质稻专用基地。并争取国家农业综合开发项目投入 2.7 亿元，改造中低产田 3.30 万公顷，新增粮食生产能力 5.1 万吨。同时，积极采用新科技新方法，改革耕作制度，从一季稻改为双季稻，进而到“稻 — 稻 — 麦，稻 — 稻 — 油，稻 — 稻 — 肥，稻 — 稻 — 菜，水旱耕作”的三熟制，复种指数由 1949 年的 1.5 上升到 2.3，三熟制面积由 1949 年的 5% 上升到 2000 年的 43%。通过各项综合措施，全市年粮食生产能力可达 240 万吨。

（四）农业科技

据史料记载：“宋仁宗遣使船海，买旱稻万石于占城，醴陵县有吏‘合授民种’，于是地不必热带，田不必膏腴，皆岁可二熟矣”。并有一些耕作技术以民谚的方式一代一代流传，“两土不和，作年好禾”“会作的作一坵，不会作的作一洲”“下肥不如勤换种”“桐子开花才下种”等等。但操作技术，主要靠世代相承和亲朋互传的民间交流方式传播，一般都受自然条件和文化水平的制约，技术进步极为缓慢。清代农民开始注重选种，并相互交换，以获取粮食丰收。民国时期境内水稻品种统计有 75 种，但农业由知事总揽，无机构推广，传播范围不广。有组织地对农业进行科学研究，始于民国时期。民国政府先后设立了一些农业研究机构。民国 19 年（1930），醴陵县政府设立林务处，宣传、组织植树造林，提倡择地、选种、播种、育种、翻土、施肥、除虫 7 条科学植桐措施。民国 26 年（1937），茶陵县创办私立“汇文学校”教授先进农业技术。民国 29 年（1940），成立湘省农业改进所攸县工作站，并办有辛巳林场和罗星州苗圃。

民国 31 年（1942），酃县、茶陵县、攸县、醴陵县相继成立县农业推广所，开始有组织地推广农田耕作、病虫防治技术。湘米改进委员会曾两次派员来境调查粮食情况，并派员担任农业技术推广员。后由于财力困难，各县农业推广所于民国 35 年（1946）撤销。民国时期的农技推广虽有机构，但人员少，一般每县只有一两名，且存在时间均不长，以至 1949 年，境内水稻病虫害甚烈，而无机构与人员开展防治病虫工作；水灾甚猛，以至“悉数沦为泽国”，因无一从事水利工作的技术人员。农业机具基本无定型新产品。

1. 科技机构和网络　从 1949 年起，人民政府把迅速恢复生产和发展生产、改善农业生产条件摆在重要位置，国家鼓励农民垦地种粮、饲养生猪、大搞农田基本建设，并先后发出了“水利是农业的命脉”“农业的根本出路在于机械化”的指示，农业科技队伍相应发展。1953 年，醴陵县、攸县、茶陵县建立了县农业技术指导站，专门从事农业技术推广工作。1954年，开始设立区农技站。1955年，省农业厅在醴陵县建立以新式畜力农具试验示范与推广为主的农业技术推广站。1956年，市人民政府设立副业科，有水产专业人员4名。1958年，各县先后建立了农业科学研究所，同时建立了株洲市水产试验场，攸县、茶陵县鱼苗鱼种场，同年还成立了株洲市农业机械研究所，醴陵县、攸县、茶陵县成立了农具研究所。是年年底，市境有水利机构5个，职工50名，其中工程技术人员33人，县、区两级农业技术推广网络初具雏形。

1958—1972年，农业科研网络建设几经曲折。在“大跃进”运动中，片面强调人的主观能动作用，不重视科学、不重视技术，技术人员几乎全被抽调兴修水利、大炼钢铁，区、乡农技站都被撤销。1962年，精简机构，农业机构和农技干部又被精简。当年，郊区农具研究所、拖拉机站、机修站合并成株洲市拖拉机站。株洲市农业科学研究所在极端困难的情况下，费尽周折于该年成立。1964年，区、片农业技术站相继恢复，并有所发展，技术人员成倍增长，1972年达到254人，其中不乏一些专业技术工作行家。株洲县植保站长曾寿山（后为高级农艺师、县农委副主任）长期从事农业植保技术工作，业务技术精湛，经验丰富，病虫测报准确及时，防治措施及时有效，他还经常跟随市、县领导下乡指导病虫防治，是公认的植保专家。

1973—1982年，农业科技网络得到快速发展，全省学习华容县经验，建立四级农科网，畜牧、林业、农机、水利科研机构也得到了恢复和建立。1973—1974年，各县农村人民公社全部建立了农科站和兽医站。从1975年起，各县大多数大队建立了农科队，生产队建立了农科组。是年，各县建立了林业科学研究所，攸县还成立了油茶科学研究所。1976年每个公社均配备了水利员1人。至1978年，境内四级农科网体系基本建成。1980年2月，又成立了株洲市农业机械研究所，隶属市农机局。1982年，全市农业科技人员达618名（不含农民技术员）。

1983年以后，农村实行财政包干，大部分公社只留一个农科员，绝大部分大队农科队、生产队农科组被撤销，农技推广工作因经费不足出现滑坡。1986年，市人民政府召开农技服务体系工作会议，明确对农技服务体系的一些优惠政策，农技工作得以改善。1985年，筹建市林业科学研究所。1990年，全市有农业科技和农业技术推广人员13448名（含专职农民技术人员），其中农业8756人，林业1198人，畜牧业1744人，水利790人，农机860人。

1990年，株洲市根据《中共湖南省委、湖南省人民政府关于实行农科教结合，加速农业振兴的决定》精神，成立了市农科教结合工作协调领导小组，领导小组先在市教委设立办公室，后将办公室改设市农业委员会，配了2名专职干部，市财政每年安排了必要的配套工作经费。农业、科技、教育三部门紧密配合，各司其职，主要从事农村人才培训和技术推广、示范。全市9个县（市）、区也相继成立了相应工作机构。与此同时，乡镇农科教网络逐步建立。到2000年，全市140个乡镇有136个建立了农科教中心，县乡两级有管理人员345人、专职教师417人、兼职教师1532人，建设和完善科研、示范、生产基地353.34多公顷。农业科研机构和推广机构进一步健全，到2000年，市（县）、区两级共建立各类农业科研机构13个、农技推广机构和服务实体2339个。

2.推广普及　1949年以后，农业科学技术主要是围绕粮食高产，推广普及“良种良制良法”，增加农、林、牧业产品。

1950 — 1957 年，围绕发展双季稻，实行单季改双季、间作改连作、推广选育优良品种、培育壮秧、合理管水施肥、适度密植、除虫除稗等项农业技术，市、县农业技术推广部门，通过试验示范，提出“六改”，即改劣种为良种，改品种熟期单一为早、中、迟熟品种合理搭配，改水育秧为湿润秧田育秧，改随手稀植为划行合理密植，改深灌为勤灌和浅灌，改冬泡田为冬种绿肥，并将使用化肥农药作为提高粮食产量的一项主要技术。1957 年，境内种植双季稻 8.48 万公顷，占稻田总面积的 55.31%，其中连作双季稻 5.69 万公顷，占双季稻田总面积的 67.04%。实现了粮食生产第一次飞跃。畜牧业在这时期引进约克、大约克、巴克夏、苏大百等公猪与本地两头黑猪杂交，进行杂交优势利用，各县生猪饲养量激增。是年，酃县、攸县、茶陵、醴陵共饲养生猪 64.8 万头，较 1950 年增长 1.4 倍。

1958 — 1967 年，农业技术推广普及工作前期经历挫折，不注重科学，欲速不达，加之遭受自然灾害，粮食大减产。为了解决吃饭问题，探索粮食增产技术，市、县着重开展研究与推广水稻品种高秆改矮秆技术，并普遍推广通气秧田、薄膜育秧、种子消毒处理、高温破胸、适温催芽等整套育秧技术，同时对插秧密度、行距、水浆管理特别是落水晒田、需肥规律等进行一系列的研究和示范。与此同时，为加速良种繁育，提纯复壮种子，建立起良种繁殖体系，各县建立了良种场，采用三级留种，留种田推行单本繁殖。掀起农机具改革运动，推广新式农具，改良旧式农具。至 1967 年，境内粮食产量大幅度上升，实现了粮食生产的第二次大飞跃。是年总产粮食 68.14 万吨。

1968 — 1983 年，市境总结出“小兜密植”栽培法，“前期重壮秧，中期重促根，后期重控水”管理法。1970 年起开展杂交水稻优势利用研究，1971 年市农科所参与全省水稻“三系”（不育系、保持系、恢复系）的选育和配组。市县多次派出农业科技人员赴海南、湛江、广西宾阳等地进行不育系繁殖和制种，并于 1976 年开始大面积推广杂交晚稻，使水稻生产出现新的突破，杂交晚稻比常规晚稻 每亩增产 50 ~ 100 千克。与此同时，各县广泛开展场地育秧、小苗带土移栽、宽窄行栽培、扯秧留苗、花培育种等栽培技术的研究与推广。实现了粮食生产第三次大的飞跃。1983 年，粮食产量达到 166.43 万吨。这期间，境内广泛推广以丘陵植杉“三深法”为主的一系列营林技术，有力地促进了林业生产的大发展。

1984 — 1990 年，主要开展杂交水蹈的高产、优质、多抗和“吨粮田”开发科研项目的研究和推广。1984 年，在普及杂交晚稻的情况下，开展对杂交早稻的研究、试种，取得突破。全市种植杂交早稻 1.77 万公顷。随后开展优质早稻种的考察引进和选育。从 1988 年起，农业技术的研究、推广主要围绕“吨粮田”配套措施进行。1990 年，醴陵率先在全省实现“吨粮田”县（市）。这一时期畜牧业推广生猪人工授精技术，攸县每年推广都在 1 万头以上。配合饲料养猪新技术也得到普及，促进了生猪生产的大发展和瘦肉型猪的大增加。“吨鱼塘”建设和网箱养鱼成效显著。农业机械数量大幅度增加，并朝着小型、多用、廉价、适用方向发展，水田耕整机、背叶式人工喷雾器，人力打稻机、拖拉机等普及推广。这一时期水稻生产共有 22 项科研成果获省市奖励，畜牧兽医有 8 项科研成果获省市奖励，水产品有 15 项、林业有 127 项、水利有 9 项科技成果获国家、省、市级奖励。

到 2000 年全市形成以市、县农技部门为龙头，以乡镇农技推广站为骨干，以村农科组为基础，以示范户和专业协会为辐射点的“四级一户”农技服务网站，培养发展科技示范户近4万户。全市科技入户率达98%，使科技成果转化为生产力。1988年承担国家农牧渔业部丰收计划项目以来，全市共获国家农牧渔业部丰收奖14项、省农业丰收奖44项、市农业丰收奖127项，完成和超额完成国家、省、市农业丰收项目191个。20世纪80年代以来，全市主要推广了杂交稻制种技术、水稻规范化栽培技术、旱育秧技术、测土配方施肥技术、病虫综合防治技术、优质稻栽培技术、“吨粮田”开发技术、“双低”油菜、棉花规范化栽培、高山雪晶梨栽培、瘦肉型生猪养殖、特种水产养殖等数十项种养技术措施。1995年7月，中国工程院院士、“杂交水稻之父”袁隆平来市农科所考察水稻两系亚种间组合，对该所培育的安湘S/株173、安湘S/株210、安农810S/株201等亚种间杂交早稻强组合给出很高的评价，称实现了他“多年梦寐以求的……设想”。1995年，株洲市成功建成全国第一个成建制双季稻亩产吨粮地级市。当年10月23日，《农民日报》头版头条刊登：“株洲建成我国第一个吨粮市，所属四县一市一区均通过国家级验收。”1996年1月4日，由市农业局等12个单位承担的“株洲市双季稻田成建制亩产过吨粮技术”项目通过省级鉴定，由省级有关专家、教授组成的鉴委会认为：项目居国内同类推广项目的领先水平。后经省农业厅推荐申报，同年8月获全国农牧渔业丰收奖一等奖。是年1月5日，《人民日报》海外版、《湖南日报》头版头条、1月9日《湖南农村报》头版头条、4月14日《人民日报》头版均专题刊登了株洲市成为全国第一个吨粮地级市的消息。1月22日，中共湖南省委、湖南省人民政府就株洲市建成成建制过吨粮地级市专门发来贺信。

1996年，市人民政府制订“九五”计划期间开发3.34万公顷优质稻生产基地计划，同年，醴陵、攸县、株洲县被列入全省优质稻开发重点县。2000年，全市优质稻种植面积达4.79万公顷，总产36.08万吨，分别占水稻种植面积、总产的20.32%、23.62%。经济作物实行优化品种，区域布局，开发特色产业，创品牌。2000年，全市良种茶园面积由1991年的146.67公顷扩大到1113.34公顷，占茶园总面积的53.87%；蔬菜、果用瓜、油菜等经济作物良种覆盖率达87%以上。2000年，全市科技进步对农村经济增长的贡献率由1978年的27%提高到51%。

株洲市主要农业科技成果汇总表

表6-2

编号	获奖年度	获奖成果名称	获奖等次	获奖单位
01	1970	70型人力插秧机	省科技成果四等奖	株洲县
02	1973	人力动力氨水深施器	省科学大会奖	株洲县
03	1975	湘农-32型饲料粉碎机	省科学大会奖	醴陵县
04	1976	湘农100-80浅水泵	省科学大会奖	攸　县
05	1978	3CP-型喷灌机组	全国科学大会成果奖	茶陵县
06	1978	湘农-55、10型机耕船	省科学大会奖	醴陵县
07	1976	6mt-55动力弹花机	省科学大会奖	茶陵县
08	1979	850型动力打稻机	湘潭地区科技成果二等奖	攸县、醴陵县
09	1980	湘喷10、12型喷灌机组	省科技成果三等奖奖	茶陵县

续表 6-2

编号	获奖年度	获奖成果名称	获奖等次	获奖单位
10	1982	湘江 67/62 型轧滚	省科技成果四等奖奖	茶陵县
11	1982	BX100–15 离心泵	省科技成果四等奖	醴陵县
12	1983	BX–45 型水泵	国家经委金龙杯奖	茶陵县
13	1989	水稻增产机械化综合技术	农牧渔业部丰收三等奖	株洲市
14	1997	水稻生产机械化植保承包技术	省农业科技二等奖、市科技进步三等奖	株洲市、农机局
15	1986	生猪的经济杂交利用	市科技进步一等奖	攸　县
16	1988	生猪人工受精技术	农业部科技进步一等奖	攸　县
17	1988	“柏胜”牌饲料复合添加剂研制与应用	市科技进步二等奖	茶陵县
18	1989	节粮型网箱养鱼	市科技进步一等奖	株洲县
19	1999	猪瘟免疫程序改革技术推广	市丰收计划一等奖	茶陵县
20	1993	灾害性天气预报专家系统	省气象局科技进步二等奖	株洲市气象台
21	1996	水压厌氧过滤沼气	省科技进步四等奖	株洲市农村能源
22	1982	高铅薄壁炉心芯	市科技进步二等奖	醴陵县
23	1984	一步法合成龙脑（冰片）	林业部科技成果一等奖	市林化厂
24	1979	油茶速生丰产技术	湘潭地区科学大会一等奖	攸　县
25	1982	松香连续氢化技术	林业部科技成果一等奖	市林化厂
26	1982	杉木速生丰产营林技术	全国林业科技推广奖	株 洲 县
27	1982	杉木“三深”法造林技术	市科技推广一等奖	株 洲 县
28	1982	国外松引种造林技术	市科技推广三等奖	株 洲 县
29	1986	国宝银杉人工育苗技术	市科技推广四等奖	酃县
30	1978	株洲长白苦瓜的选育	市科学大会荣誉奖	市农科所
31	1978	稀土微肥的应用研究	市科学大会荣誉奖	市农科所
32	1979	杂交水稻的推广	市科技进步推广一等奖	市农科所
33	1981	强力米寿番茄的推广	市科技进步推广三等奖	市农科所
34	1981	HD–1 微生物农药推广	市科技进步推广三等奖	市农科所
35	1981	青杂无号黄芽白推广	市科技进步推广二等奖	市农科所
36	1981	早稻湘矮 9 号推广	市科技进步推广一等奖	市农科所
37	1981	潜育化水稻土的改良	市科技进步推广一等奖	市农科所
38	1985	津研 2 号、4 号黄瓜的推广	市科技进步推广三等奖	市农科所
39	1985	沈阳快菜的引进与推广	市科技进步推广三等奖	市农科所
40	1984	威优 35、64 新组合的推广	市科技进步推广一等奖	市农科所
41	1986	伏优 6 号辣椒的系统选育	市科技进步成果二等奖	市农科所
42	1987	株杂 1 号甘蓝的选育	市科技进步三 等 奖	市农科所
43	1987	28–2 豆角的推广	市科技进步推广三等奖	市农科所

续表 6-2

编号	获奖年度	获 奖 成 果 名 称	获奖等次	获奖单位
44	1987	丹麦长白公猪与长嘉 F3 母猪杂交组合应用	市科技进步推广四等奖	市农科所
45	1988	晋菜 3 号大白菜的推广	市科技进步推广四等奖	市农科所
46	1989	黄瓜霜霉病预测预报方法	市科技进步成果二等奖、省科技进步三 等 奖	市农科所
47	1990	巨峰葡萄的引种推广	市科技推广二等奖	市农科所
48	1990	甲霜灵防治大白菜	省科技进步推广四等奖	市农科所
49	1991	城郊蔬菜综合丰产技术推广	省丰收计划二等奖	市农科所
50	1991	冬瓜综合丰产栽培	市丰收计划二等奖	市农科所
51	1994	株洲长白苦瓜亩产超万斤	省、市丰收计划高产奖	市农科所
52	1994	旱土西瓜高产栽培技术推广	市丰收计划二等 奖	市农科所
53	1994	中 86–44 的引进与推广	市科技进步一等奖	市农科所
54	1995	湘早籼 7 号的选育与推广	国家科技进步三等奖	市农科所
55	1996	湘早籼 13 号的选育与应用	省科技进步二等奖	市农科所
56	1997	草莓高产栽培技术推广	市科技推广二等奖	市农科所
57	1998	美洲斑蝇发生规律及防治技术研究	省科技进步四等奖	市农科所
58	1999	湘早籼 23 号的选育与推广	市科技推广一 等 奖	市农科所
59	2000	辣椒反季节栽培技术规程	市科技进步四等奖	市农科所
60	2000	湘早籼 23 号的选育与推广	省科技进步四等奖	市农科所
61	1996	株洲市双季稻田成建制亩产过吨粮技术	全国农牧渔业丰收奖一等奖	市农业局
62	1993	节粮型网箱养鱼高产技术推广	市丰收计划一等奖	市畜牧局
63	1992	草食性鱼类综合增产技术推广	市丰收计划一等奖	攸县水产站
64	1992	万亩双季杂交稻高产栽培技术推广	市丰收计划一等奖	醴陵市东富农技站
65	1991	双季杂交稻高产配套技术	市丰收计划一等奖	市、县粮作站
66	1993	威优 46 大面积制种高产技术推广	市丰收计划一等奖	攸县种子公司
67	1994	60 万亩水稻丰产栽培技术推广	市丰收计划一等奖	市、县粮油站
68	1994	猪瘟免疫程序改革技术推广	市丰收计划一等奖	茶陵畜牧局
69	1995	早稻新品种浙 733、中 86–44 的推广	市丰收计划一等奖	市、县 粮油站
70	1996	株洲市双季稻田成建制亩产吨粮技术	市丰收计划特等奖	市农业局
71	1996	株洲市农户规模养猪综合技术推广	市丰收计划一等奖	市、县畜牧局
72	1997	株洲县水稻生产机械化植保集团承包技术	市丰收计划一等奖	株洲县农机站
73	1997	醴陵市地方优质肉鸡高效快速养殖技术	市丰收计划一等奖	醴陵市畜牧局
74	1998	株洲市人平出栏一头猪	市丰收计划特等奖	市、县畜牧局
75	1998	水稻旱育秧栽培技术推广	市丰收计划一等奖	市、县农技站
76	1998	商品瘦肉型猪饲养配套增产技术推广	市丰收计划一等奖	茶陵畜牧局
77	1999	2 县 26 个乡镇反季节蔬菜栽培技术推广	市丰收计划一等奖	市农科所农技站

二 生产关系

（一）封建土地制度

封建社会时期，境内各阶层土地占有量不平衡，少数地主、富农占有大量土地。民国初期，军阀混战，军费剧增，赋税奇重，往往一年征收多次，或预征多次。民国1—8年（1912—1919），境内田赋增加7倍以上，以致自耕农、半自耕农无以为生，变卖、抛荒土地，土地占有不平衡现象加剧。民国16年（1927），国民政府颁布“二五减租”令，后又颁布土地法，以“耕者有其田”为基本国策，改革土地法令，平均地权，但终因未能触动封建阶级基础，农民没有组织起来，地方封建势力阻挠或地方政府敷衍从事而收效甚微。抗日战争胜利后，国民政府再颁“二五减租”命令，境内各县开展宣传并有所行动，据当时醴陵县政府向省汇报，实行者达99%，土地占有较军阀战乱时期差别缩小，至民国35年（1946），境内土地占有的情况是：自耕农25%，半自耕农35%，佃农23%，地主17%。三年解放战争时期，国民党政府对其统治区加剧剥削，抽丁抓夫，境内各阶层土地占有再次出现新的不平衡，至1949年，境内占人口4.67%的地主占有27.7%的耕地，占总人口51.6%的贫雇农只占有11.2%的耕地。南部各县土地占有不平衡性尤重，其中攸县占全县总人口8.5%的地主、富农占有44.05%的耕地；茶陵县占全县总人口7.57%的地主、富农占有48.49%的耕地，有的大地主几乎垄断当地全部土地。

封建土地制度带来残酷的经济剥削。境内地主剥削农民的主要方式有地租、雇工和高利贷等。

1.地 租 是境内地主剥削农民的一种最普遍的手段。即地主将所占有土地租给农民耕种，佃农交纳地租，地主收租剥削。地租一般收取实物，钱租者仅3.6%。实物纳租方式有三：一为不定额租，即田地在一定租额的基础上，地主视年景好坏，丰歉程度，验谷后再与佃农商定加租或减租。实行这一纳租方式的占94%。但地主贪得无厌，往往是加租多减租少。二为定额租，即无论丰歉均按一定租额交纳地租，其时农业“靠天吃饭”，佃农承担风险甚大，故实行这一方式的仅占0.2%，且租约额定产量往往高于实际产量，实际地租比额定租率更高。三为分租制，即产品按言定之成数分配，占2.2%。地租租额按田土好坏亦不同，民国35年（1946），境内水田租额高的达产量的57%，比全省平均高58%，低的也有38%，旱土高租额达产量的42%，比全省平均略低，低的为18%。

2.雇 工 是境内地主以及富农剥削农民的又一常见手段。雇工有长工、短工两种。长工长期被地主雇用，短工又有零工、月工之分，为临时性雇用。强壮劳动力一般年工钱给谷12～18石，月工钱给谷1～2石，日给米2～3升。地主对待雇工往往像奴隶一样使唤。对童工、女工更是刁难，还常常不给工钱或是所给极少，只能糊口。

3.高利贷 是境内地主剥削农民的另一种残酷手段。地主贷粮贷钱给农民，一般都是高额利息。春借钱，秋还谷，利息由30%到加番不等，借钱月息由10%到加番不等，往往本息合计，利滚利，越滚越多，名曰“驴打滚”或“滚雪球”。更有一种放新谷的形式，利息奇高，夏荒时粮价上涨，债主将谷折成钱借出，秋后粮价下跌，债主将本息按市价折成谷收回，利息有的高达本钱四五倍，越是荒年，利息越高，一些地主从而暴发，不少农民因此倾家荡产。

（二）土地改革

1927年4月，中国共产党领导的醴陵南四区、西一区的大部分、西二区和北二区的少部分地方，由苏维埃政权组织农民进行土地改革，实行“耕者有其田”。1928年3月，毛泽东在酃县中村领导农民“插牌分田”。1929年至1931年秋，在苏区红色政权领导下，酃县、茶陵县大部分及攸县东部开展土地革命，没收地主土豪田地及祠会公田，红军家属和贫雇农分得好田。但红军长征后，大量土地仍然回到地主手中。在此前后，国民政府也曾颁布过《土地法》、“二五减租”法令，境内虽有行动，但未触动政治根基，过后又复原，未能达到平均地权的目的。

1950年春夏，境内开展减租退押、清匪反霸，在此基础上，全面开展土地改革运动。境内土地改革按照中国共产党中央委员会“依靠贫农雇农，团结中农，中立富农，有步骤、有区别地消灭封建剥削制度，发展农业生产”的总路线和总政策，根据湖南省土地改革部署，以乡为单位分期分批进行。第一批从1950年9月开始至1951年1月结束，第二批从1951年1月下旬开始至1951年2月底结束，第三批从1951年3月开始至1951年4月结束，少数偏远乡至1952年4月结束。

境内土地改革运动，首先培训并派出土改工作队，访贫问苦，扎根串联，由点到面地开展，接着组织各种力量，运用多种形式，开展广泛深入的宣传教育，明确土地改革的重要意义、政策法令和实施办法；建立乡村贫雇农主席团（组），发动贫苦农民诉苦，开展反霸斗争，在政治上摧垮地主阶级势力，形成以贫雇农为依靠对象的运动力量；然后按照政策划分阶级成分，没收地主耕地、山林、财产，征收富农出租的土地，以乡为单位基本平均分配到人，张榜公布。在土地改革过程中，部分乡村由于没有充分发动群众，有的农民怕“变天”，不敢斗地主，加上少数顽固地主的抵抗，出现了“和平土改”现象，但得到及时纠正；有的地方土改干部急于求成，早期出现过“左”的言行，扩大了打击面，经发现后即被制止，土改运动健康发展。

经过土地改革，彻底废除了几千年的封建土地制度，土地占有达到大体平衡。从占有耕地来看，贫雇农由土改前的人均0.33亩上升到1.48亩，接近农村总人口的平均水平；富农由3.63亩下降到1.98亩；地主由8.89亩下降到1.11亩。实现了“耕者有其田”。地主也分得了一份土地，为他们自食其力、重新做人提供了主要生产资料。生产力得到解放，加上紧接着掀起的“爱国丰产”运动，农民的生产积极性得到空前高涨，农业生产获得大发展。土地改革后，1952年又分批进行了土改复查，主要是查田、查阶级，并颁发土地证和房屋所有证，土地改革获得成功。

株洲市土地改革前后各阶层占有土地状况一览表

表6-3

阶层	户数	人口		土改前占有耕地			土改后占有土地		
		数量	占总人口（%）	数量（公顷）	占总耕地(%)	人均耕地（亩）	数量（公顷）	占总耕地（%）	人均耕地（亩）
地主	11522	58430	4.67	34629	27.67	3.89	4327	3.40	1.11
富农	6158	37363	2.98	9048	7.23	3.63	4928	3.87	1.98

续表 6-3

阶层	户数	人口		土改前占有耕地			土改后占有土地		
		数量	占总人口（%）	数量（公顷）	占总耕地(%)	人均耕地（亩）	数量（公顷）	占总耕地（%）	人均耕地（亩）
中农	88197	426685	34.08	33864	27.06	1.19	46489	36.52	1.63
贫雇农	163808	645579	51.56	14001	11.19	0.33	63559	49.93	1.48
其他	25140	84129	6.72	3680	2.94	0.66	4922	3.87	0.88
公田	–	–	–	29918	23.91	–	3073	2.41	–
合计	294825	1252186	–	125140	–	–	127298	–	1.52

（三）农业合作化

经过土地改革，广大农民在自己的土地上耕耘收获，生活不断改善。但是，也有少数农民因缺乏劳动力、资金或农具，困难仍然很大，有的变卖土地房屋，农村开始出现贫富两极分化现象。在这一情况下，中共中央和毛泽东主席以及地方各级党委号召农民组织起来，在人民政府的扶持下，相互帮助，合作生产，走社会主义道路。从 1951 年春至 1957 年冬，以互助组和农业生产合作社为主的两种合作组织形式相继出现，成为当时农村政治、经济的基础和主体，农业生产由单干进入合作化时期。

1. 互助组　1951 年春，醴陵县第一区（南桥乡潼塘村）陈可友、第九区（高桥乡黄田村）唐花香等率领串联农民组成互助组，他们合理安排劳动力和工具，互相帮助，自愿互利，在当地政府的支持帮助下，显示出互助合作解决困难、发展生产的优越性。随后，各地临时（季节性）互助组相继出现，并逐渐发展为常年互助组。1952 年年底，境内互助组发展的到 9176 个，其中常年互助组 791 个，临时互助组 8385 个，参加互助组的农户占全境农户总数的 20.1%。1953 — 1954 年，互助组迅速增加，到 1954 年年底，发展到 27078 个，参加农户占总农户数的 55%。1955 年，互助组规模进一步扩大，其中有的已转为农业生产合作社，有互助组 24809 个，较 1954 年略减，但参加农户增加，占农户总数的 70%。1955 年后，互助组因全部发展为农业生产合作社而消失。

2. 农业生产合作社（简称“农业社”）　在互助组的基础上产生形成，经历了由初级到高级的过程。

初级农业社，是根据“自愿互利，典型示范，国家帮助”的原则逐步发展起来的。境内最早试办的初级农业社是 1953 年春醴陵第九区唐花香农业社和攸县第五区刘长庚农业社。其后，各地相继总结推广办社典型经验，培训建社骨干，为大规模建社作准备，有组织地开展建社工作。到 1955 年，建成初级农业社 1256 个，入社农户占总农户数的 6%。1956 年，所有互助组转并为初级农业社，入社农户占总农户数的 80% 以上。初级农业社主要生产资料仍归社员私有，土地随人入社，耕牛、农具私有公用，按价付酬，生产经营由集体统一调度，实行评工记分。收入按入社土地和劳动工分比例分配。

高级农业社，从 1956 年春开始试办，经过一系列准备工作，在初级社的基础上于 1956 年秋掀起扩社、并社和转社高潮，只用不到 2 个月时间，农业社就实现了由初级向高级形式转变。至 1957

年，已建成社会主义性质的高级农业社 1788 个，入社农户 334732 户，占农户总数的 98%。高级农业社，主要生产资料归集体所有，土地无偿归社公有，取消土地报酬，社员只留小块自留地，耕牛、农具等折价归社公有，由集体统一安排使用，耕作计划、劳动力、财务、分配等制度化，生产上实行分生产队（社内划分的生产组织）定额包干责任制，收入分配上按劳取酬，对缺劳户则予以照顾，保障基本生活。高级农业社建成后，有效地解决了一些个人无力解决的生产生活难题，积极兴修水利、道路，对推广良种和推广双季稻起到了良好促进作用。但有的社因规模过大，管理不善，也有当年没有实现增产增收的。

从 1949 年冬至 1957 年冬，以土地改革、互助合作运动为中心的社会变革，消灭了数千年来的封建剥削制度，建立起社会主义集体公有制度，调动了广大农民的生产积极性，从而促进了农村生产力的发展，使株洲农村发生了深刻变化。1957 年与 1949 年比较，粮食总产量增长了 71%，播种面积由 17 万公顷增加到 23.51 万公顷，按播种面积每亩产量由 119 千克提高到 147.50 千克；油料、水果大幅度增长，生猪、家禽、水产品总量成倍增长，农业总产值增长 78.76%。

3. 人民公社　1958 年 9 月，境内贯彻中共中央“关于在农村建立人民公社问题的决议”精神，以高级农业社为基础，打破乡界、社界，不到 1 个月，全境 1788 个高级农业社，合并为 58 个人民公社，入社农户 99% 以上。高速实现人民公社化，由于缺乏相应的管理经验，1961 年调整人民公社体制，缩小社队范围，将 58 个公社调整为 138 个公社、2273 个大队、20077 个生产队，其后至恢复乡（镇）村建制前，公社、大队变化甚小，仅生产队有所划小，1982 年增加到 2.68 万个。

人民公社实行“政社合一”体制。将原高级农业合作社的生产资料和公共积累无偿转为公社所有，起初按公社统一核算，1959 年春改按大队核算。人民公社强调“一大二公”，劳动力由公社统一调配，产品实行统一分配，办公共食堂，一般一个生产队建一个公共食堂，吃饭不要钱，劳动力按月发给工资，推行“组织军事化，行动战斗化，生活集体化”，出现“一平二调”的共产风、浮夸风、生产瞎指挥风、强迫命令风和干部特殊化风的“五风”现象，农村生产力遭到破坏，加上自然灾害，粮食连续 3 年减产，农民生活十分困苦，出现水肿病流行、非正常死亡增多、人口下降等现象。1960 年冬，开展以纠正“五风”为内容的整风整社运动，对一些“左”的做法予以纠正；1961 年春，调整公社体制，划小社队范围，取消供给制，停办公共食堂，清理退赔平调物资，夏秋间又将土地、劳力、耕牛、农具固定到生产队（简称“四固定”）；1962 年以后，人民公社实行“三级所有，队为基础”的管理体制，主要生产资料归公社、大队、生产队三级集体所有，以生产队为核算单位，保证生产队有因地种植权、决定生产措施权、组织安排劳力权、分配权等“四权”，恢复和修订劳动定额包干管理制度，重新划给社员自留地，允许经营少量家庭副业，实行基本口粮和投劳、投肥相结合（简称“三结合”）的按劳分配政策，同时对“五保户”“四属户”和困难户予以照顾。这一体制从 1962 年起连续沿袭 20 年左右，期间虽有一些小的调整，但总体上被固定下来。

从 1964 年起，先后 3 年开展“社会主义教育运动”，同时开展“农业学大寨”运动。20 世纪 60 年代后期和 70 年代，全境农村掀起学大寨热潮，坚持政治挂帅、思想领先原则，发扬自力更生、艰苦奋斗的精神，提倡爱国家、爱集体的共产主义风格，充分运用集体力量，大搞农田水利基本建设，平整土地，建设高标准的田园化农田，简称“大寨田”。开展大规模治山造林运动，为农业发展打下了良好的基础。茶陵、攸县被评为“大寨式”县，株洲县被评为学大寨先进县。其间，曾强调“以阶级斗争为纲”，提出小生产是产生资本主义的温床，限制发展多种经营和集市贸易，在一定程度上影响了农民的生产积极性。

实行人民公社化，使农村社队集体经济得以萌芽、发展，公共积累增加；“文化大革命”以前，实行包工包产，注意将农民个人的积极性与集体经济的优越性结合起来，较好地解决“统”与“分”的关系，促进了生产发展；“文化大革命”期间，由于过分强调集体统一功能，实行高度计划经济，缺乏市场调剂，虽然“农业学大寨”运动改善了生产条件，但存在着劳动过程中“做多做少一个样”的平均主义现象，按劳付酬的政策被打了折扣，造成实际上的分配不公，而且生产单一，生活长期得不到多大改善，限制了农民的生产积极性和创造性，故随着农村经济体制改革的深化，人民公社体制，已不适应改革的形势，1984 年实行政社分设。

三 农村经济体制改革

1978 年 12 月，中共十一届三中全会后，境内在坚持公有制的基础上，以提高生产力水平，发展农村经济为中心，开展了一系列农村经济体制改革。

（一）推行家庭联产承包责任制

1979 年，随着党的工作重点向经济建设转移，农业生产开始从定额记工计酬转向联系产量计酬，把劳动成果直接与个人所得挂钩，当年全境约 50% 的生产队实行分组作业，将耕地、耕牛、农具等承包到组；到 1981 年，90% 以上的生产队推行了分组联产承包责任制。年底，联产承包办法迅速向家庭发展。1982 年，全境全面推行家庭联产承包责任制，将田土划分到户承包。1984 年，进一步稳定、完善，将田土承包期由原来的 1 ~ 3 年延长到一定 15 年不变；承包范围亦由粮食为主的种植业扩大到林业、养殖业、乡村企业等各业，并不断规范承包合同、稳定承包关系，消除农民顾虑。

家庭联产承包责任制坚持土地公有，所有权与经营权分离。在生产经营上，以家庭承包为主，其经营项目（除国家禁止者外）、生产计划、产品销售等农户均有充分的自主权，而一些宜于统一经营的项目则仍然由集体统一组织经营，如兴修水利、公益事业等，故家庭联产承包责任制实质上是一种以家庭经营为基础的“统、分”结合的双层经营体制。在分配上，其特点是“保证国家的，留足集体的，其余都是农民自己的”，应上缴的任务粮、农业税、集体提留等，按承包耕地或人口落实到户，由承包户上缴，其余收入归农户，自负盈亏。实行家庭联产承包责任制后，农民有了生产经营自主权，分配上亦克服了平均主义，充分体现“多劳多得”的社会主义分配原则，调动了农民的生产积极性。1983 年，全市粮食总产量创历史最高纪录。同时，一批生产专业户、重点户脱颖而出。1989 年，境内开始逐步完善乡镇承包合同管理机构。到 1990 年年底，全市应签订土地承包合同 66.15 万份，实际签订 63.57 万份，合同到位率为 96%。但农村承包合同管理仍欠规范，据对株洲县的调查，全县责任田调整 1 年一动的约占 30%，2 — 3 年一动的占 60%，导致每年的承包合同纠纷达 200 余起，农民在承包耕地上烧瓦做砖占用耕地 76.07 公顷，加剧了耕地的分割和碎化，影响了农民对土地投入的积极性。1992 年 5 月，为稳定完善农村承包合同，株洲市举办了乡镇承包合同管理培训班，全市 69 名乡镇干部领到了证书，成为全市首批农村承包合同仲裁员。

1993 年，中共中央下发文件，规定在原土地承包合同到期后再延长 30 年不变。鼓励农民向土地投资，向山地开发，开展多种经营。1998 年，全市大多数农户承包土地 15 年的期限已到，中共株洲市委、市政府下发《关于进一步稳定和完善农村土地承包关系的通知》，境内正式开展第二轮延长土地承包期的工作。对于开发性耕地，种植多年生作物或开发性项目的仍由承包者继续承包，荒山、荒地、荒滩、荒水等“四荒”地的承包，坚持原承包合同不变，承包期可延长至 50 年以上。土地延长承包期后，实行“增人不增地，减人不减地”。延长土地承包期给农民“吃了长效定心丸”，避免了承包土地频繁调整和农民只注重用地不注重养地的弊病，有利于鼓励农民向土地投资，增加生产。到 2000 年，全市农村土地延包工作全部到位，2233 个村签订承包合同 76 万份。其中承包期在 5 年以下的有 116 个村，在 5 — 14 年的有 63 个村，在 15 — 29 年的 288 个村，在 30 年及以上的村 1766 个。全市 8.85 万公顷责任田，按人承包的为 8.79 万公顷，按劳承包的 100 公顷，招标承包的 473.34 公顷。

（二）取消统派购制度

1984 年前，主要农产品的流通主渠道是国家统购统销，非主要农产品则由供销社一家收购，专业公司经营，市场关闭，流通不畅。在农民有了生产经营自主权后，产品越来越丰富，改革购销体制、建立农副产品市场体系显得尤为迫切。1985 年后，按国家政策，对粮、油、棉改统购为合同订购，合同订购以内的价格由国家确定，以外的可以按市场价格自由交易。对生猪、鲜蛋、鱼、禽取消派购，实行自由上市，自由交易。对木材，集体林区取消统购，实行议购代销，国营林场按 1984 年任务减半统购。与此同时，逐步提高乃至开放农副产品价格。由于当时没有提高和放开生产资料价格，这一改革措施给农民带来巨大好处，1985 年，全市农民纯收入人均增加 118 元，增加量相当于 1979 年的人均纯收入。

从 1993 年 1 月 1 日起，国家宣布取消对农民的合同订购任务，粮食价格随行就市，其后又多次提高粮食收购价格。1998 年，实行按保护价敞开收购农民余粮，保护农民种粮积极性，稳定了全市粮食生产，乡村干部逐步从繁重的催交“公粮”任务中解脱出来。

（三）允许农民进城务工、办厂、经商

随着改革的深入，政策的放开，农村出现了大量剩余劳动力和越来越丰富的农副产品，计划经济又不能满足城市对劳动力、农副产品的需求。1985 年贯彻中共中央提出“敞开城门，欢迎农民进城”的号召，允许农民基建队伍进城，承包基建工程，农村基建队伍源源不断地进入城市。农民还由进城销售农副产品、搞修理、服务业乃至办店、经商、办厂，城乡分割的堤坝受到一次又一次的冲击而开始崩塌，促进了城市、集镇农贸市场和集贸市场的建设，农村商品经济因此迅速发展，农副产品商品率由 1978 年的 30% 提高到 1985 年以后的 50% 以上，粮猪型的产业结构向粮食、乡镇企业、生猪、经济作物的多元型结构调整，农村劳动力亦随之向二、三产业转移。

1992年，国家加大了改革开放力度，广东、浙江、江苏、福建、上海等沿海地区对劳务的需求十分巨大，市内的建筑、房产、交通运输及商贸、餐饮等服务行业蓬勃发展，为农民工进城务工提供了大量工作岗位。是年年末，境内在市以外务工的农民达到7.8万人，在市区务工的农民7.4万人，在县城务工的农民8.7万人，农民进城务工的总人数达到23.9万人。

1994年，国家大力发展社会主义市场经济，劳务市场进一步扩大，全市进城务工的农民达到34.8万人，比1992年净增10.9万人。到2000年，全市外出务工的劳动力达到41.96万人，其中在广州、深圳、东莞、温州、厦门、宁波、上海、北京等外省市务工的达26万人，占外出劳务人数的65%。外出务工劳务总收入近30亿元。“攸县的士”成为珠江三角洲的品牌，从业的士人员接近3万人，深圳8000多台的士中，攸县人包租或自购的达5000多辆，主导了深圳的的士运营。市内建筑工地、不少服务行业的员工都由农民唱主角，并涌现了一批小“老板”。

（四）两田制

1987年以后，茶陵、攸县、株洲县一些乡村，将承包耕地划分为“责任田”和“口粮田”（简称“两田”），口粮田用于解决口粮，按人口承包，占承包耕地的50% ~ 60%；责任田用于发展商品生产，按劳动力承包，占承包耕地的30% ~ 40%。鼓励种田能手多包。实行“两田制”对解决人口异动引起的承包地调整矛盾、扩大经营规模有一定作用。

1987年，株洲县有6个村民小组试行“两田制”，耕地面积46.67公顷，其中口粮田面积20公顷，责任田面积26.67公顷。到1990年，“两田制”迅速在株洲县及茶陵、攸县和郊区推广，涉及村民小组6886个，耕地面积4.33万公顷，其中口粮田面积1.89万公顷，责任田面积2.44万公顷。1991年“两田制”面积有所减小，有5045个村民小组约2.81万公顷实施“两田制”，其中口粮田2.26万公顷，责任田0.55万公顷。1995年，有835个 村实施“两田制”，耕地面积5.99万公顷，其中口粮田0.27万公顷，责任田3.35万公顷。

随着“两田制”试行范围的扩大，部分乡村出现了一些偏激做法，有的乡村任意扩大责任田范围，然后高价发包，多收承包费；有的搞行政命令，不顾群众利益，引起干群矛盾。1996年，中央下发文件，提出在全国范围内废除“两田制”。1997年，株洲市开始对“两田制”政策加以整顿，对实行“动账不动地”形式的“两田制”，无论是口粮田还是责任田，都必须承包到户，并明确30年不变。是年，“两田制”在境内销声匿迹。

（五）两工制

农村实行家庭联产承包责任制以后，一些地方由于集体统一功能发挥不够，农田水利建设一度抓得不紧。1986年恢复和建立“积累工”“义务工”制度（简称“两工制”），一般每个农村劳力每年投工15 ~ 20个，用于水利、造林等事业，奖超罚少，找补工资。

（六）股份合作经济

20世纪80年代初，攸县农村较先出现，后迅速扩展到各县、市、郊区。农村集体、个人采取土地、资金、劳力、技术等多形式多层次入股的办法发展经济实体，主要是合股兴办企业。股份合作经济由各入股者共同经营，自负盈亏，按股分配。股份合作经济有利于吸收农村闲散资金、剩余劳力，既能使入股者关心与自身利益密切相关的股份经济，又能利用合股优势扩大生产规模。

（七）完善林业生产责任制

1985年，实行责任山、自留山统归农户所有的“两山并一山”后，部分乡村农户伐木毁林严重，造林积极性不高。林业生产发展缓慢，以林业为支柱性产业的酃县于1990年进行完善林业生产责任制，用1个月的时间在全县范围内实行了“四权在集体，坚持五统一”的林业经营体制（即山权、林权、砍伐权、销售权在村组，实行统一管护、造林、采伐、销售、分配等），改山林家庭承包为集体统一经营。

（八）发展村组集体经济

村组集体经济萌芽于20世纪50年代末，经过60—70年代发展，至80年代初形成一定基础，但推行家庭承包时，组营经济基本分光，村级经济停滞不前。1987年后，村组集体经济重新受到重视，一方面进一步完善农村双层经营体制，强化集体经营层次；另一方面，市、县两级连年从机关和大中型企业抽调人员下乡进村，帮助发展村办企业，制定一系列发展村组经济的优惠政策，攸县还采取组留公田的办法发展组营经济，村组集体经济由此再度迅速发展。1990年，全市村平村级收入35.47万元，村平利润2.47万元，比全省平均高一倍多。醴陵市有3个村的村级经济总收入超过1000万元。村组集体经济的发展壮大，对增强统一功能、劳动农户共同富裕，起到重要作用。同时，鼓励发展个体经济。

（九）农村合作基金会

农村合作基金会是由乡村集体经济组织和农户，按照自愿、互利、有偿使用以及坚持资金所有权及其相应的收益权不变的原则建立起来的社区性资金互相合作组织，其不设金库，不搞存贷，不跨社区吸纳资金，其宗旨是为农业服务，为农民服务，为农村发展服务。

1985年，炎陵县龙溪乡建立农村合作经济互助会，以原有集体积累资金为主要来源，采取“入股自愿，按股分红，利润返回，互助互惠”的办会办法。1987年，攸县皇图岭镇建立农村金融服务社，以该镇经营管理站自身积累资金0.6万元为起本资金。1988年，境内有1个乡镇金融合作社，2个乡镇合作基金会，1个村级合作基金会，自有资金发展到122.12万元，融资总额为525万元，当年实现利润12.75万元。

1990年，中共中央文件提出“农民试办合作基金会等内部融资组织，开展集体资金的内部融通工作，符合国家有关规定，……要继续做好巩固、发展和提高工作”。农村合作基金会开始在境内迅速发展。当年发展到75个，其中乡镇级11个，村级64个，集中在攸县73个，炎陵县2个。当年筹集可融通资金388万元，投放资金533万元，其中种植业232万元，养殖业54万元，工业145万元，其他102万元，当年实现利润40万元。

为促进农村合作基金会健康发展，中央、省、市下发一系列文件予以扶持。1993年，境内乡镇合作基金会发展到80多个，超过乡镇总数的一半以上，融资总额突破1亿元，攸县还建立了县合作基金联合会。1995年，乡村两级合作基金会达682家，融资总额5.7亿元。1997年，农村合作基金会开始降温，当年有441个乡村合作基金会，融资总额达到9.5亿元，逾期款和沉淀款也达1.3亿元。

农村合作基金会的建立，为实行家庭联产承包经营制后管好、用好集体资金，盘活农民个人手中资金，解决农民贷款难问题，缓解农民发展商品生产资金不足，起到了一定的积极作用。但是，基金会发展迅猛，逐渐出现管理失控现象，不少基金会偏离了办会宗旨，以盈利为目的，跨区域办理存贷款业务，不仅与农村信用社抢业务争顾客，并沉积了大量的金融风险，成为影响农村稳定的隐患。1999 年年底，全市共有农村合作基金会 764 个，其中县联会 3 个，乡镇基金会 82 个，村基金会 46 个，村代办站 637 个，专职工作人员 420 人，基金会融资总额为 6.50 亿元，贷款余额为 4.21 亿元。是年，农村合作基金会根据上级指示精神开始清盘整顿。截至 2000 年 9 月底，境内已收回合作基金欠款 3.39 亿 元，占应收欠款的 80.5%；加上市财政向省政府申请再贷款资金 1.65 亿元，累计兑付农户股金 4.92 亿元。经过主管部门正式登记审核的 85 个县、乡合作基金会，有 33 个被清理关闭，有 52 个被并入当地农村信用社。其余的合作基金会在清盘兑付后自行解散。

（十）乡镇企业改制

1996 年 5 月，对全市 102 个乡村集体企业进行调查，发现大多数乡村企业难以适应市场经济的发展要求，陷入了“厂长负盈，企业负亏，银行负债，政府负责”的怪圈，政企不分、产权不清、机制不活、效益不佳的问题十分突出，严重影响了乡镇企业的发展。

面对这一问题，市委、市政府决定以产权制度改革作为加快乡镇企业发展的突破口。1997 年 6 月，全省首家乡镇股份公司湖南锦云实业股份有限公司成立，当年与国有企业联营合作兴办电石厂、摩托车配件厂、铸钢厂、齿轮厂等骨干企业，兴建了美泉工业小区。市委、市政府及时召开现场经验交流会，坚持因企业制宜，形式不拘一格，稳妥推进。原则上对新办乡（镇）村集体企业按股份合作制形式组建有限责任公司、股份有限公司或企业集团，一般的企业实行股份合作制改造，“小微亏”企业实行租赁、拍卖、联合、兼并等。到 2000 年，全市有 4900 多个乡村集体企业实行了产权制度和经营方式变革，占全市乡（镇）村企业的 90%。通过募股、拍卖、租赁、抵押等途径，5 年内募集了 8 亿多元资金，弥补了企业发展资金的不足；企业存量资产得以盘活，资本结构得以优化，资产闲置率下降了 8 个百分点，95% 的改制企业实现盈利，并走上了良性循环发展轨道。通过改制，企业真正成了“自主经营、自负盈亏、自我发展、自我约束”的市场经济主体。据对改革后的 50 户较大规模乡镇企业的调查，改制后销售收入比改制前翻了两番，利润增长 3 倍，税金增长 3.5 倍。

（十一）减轻农民负担

农村实行家庭联产承包经营责任制后，原由集体负担的农村各种税费全部转嫁到农民身上，农民在上缴农业税和规定的乡村统筹提留后，在农村的各部门从各自的利益出发，趁机打着各种旗号向农民乱收费，县、乡、村也借兴办公益事业和基本建设之名向农民乱摊派、乱集资，农民负担重一直成为困扰各级党委和农民的严重社会问题。1990 年 8 月，株洲市人民政府成立了减轻农民负担领导小组，各县市郊也设立了相应机构，具体负责农民负担监督管理工作。当年，对全市 27 个乡、393 个村、46.9 万农户进行调查统计：1989 年，农民负担总额为 2.27 亿元，人均 83.15 元。其中，乡村统筹提留和部门收费人均 43.45 元，占上年人均纯收入的 7.4%，超过国务院规定的 5% 的标准。当年就组织清理涉及农民负担的收费文件 95 份。1991 年 12 月，国务院发布实施《农民承担费用和劳务管理条例》，明令规范了农民的各项负担，各级各部门不准以任何名义加重农民负担。从 1992 年开始，全市减轻农民负担工作成效显著，农民负担的乡村统筹提留保持在占上年人均纯收入的 3% 以内，比国务院规定低 2% 多。全市组织清理了 181 份收费文件，明令取消了 54 个收费项目，坚决查处了一批涉农负担案件，遏制了向农民乱收费、乱摊派、乱集资现象，维护了农民的合法权益，株洲市是全省唯一没有发生过涉农负担恶性案件和涉农负担群体性事件的地州市。1993 年，湖南省人民政府又颁布《湖南省〈农民承担费用和劳务管理条例〉实施细则》，农民负担监督管理逐步走上法制化轨道。株洲市每年 3 月开展减轻农民负担宣传月活动，实行领导负责制、部门责任制、工作考评一票否决制、《农民负担卡》制度、农民负担预算制度。株洲的经验受到省委、省政府的表彰。省农村工作办公室发文向全省推荐株洲经验。1996 年 1 月 31 日，《人民日报》以《株洲下力气防止农民负担反弹》为题，报道了株洲农民负担监督管理工作。2000 年，境内乡村统筹提留额 2.3 亿元，人均 85.2 元，占上年农民人均纯收入的 3.3%。农民积累工和义务工 1437 万个，劳均 8.5 个。

第二节 经济状况

一 经济结构

1949 年以前，境内农村经济属粮猪型结构。1949 年农业总产值为 16138 万元（按 1980 年不变价，下同）。其中以粮食生产为主的种植业占农业总产值的 69.5%，以生猪生产为主的牧业占 17.3%，林业、副业、渔业所占比重分别为 5.6%、6.8%、0.8%。这种“粮猪型”结构在 1949 年以前相对稳定，变幅不大。

1950 — 1957 年，这一时期各地较为注意各业的比例关系，农业继土地改革后逐步走上合作化道路，劳动生产率普遍提高，政府鼓励农民从事多种经营，并建立国营林场、苗圃，制定丰产措施，发展林业、渔业，农业结构朝协调、合理的方向发展。1957 年种植业产值占农业总产值的 67%，较 1949 年下降 2.5 个百分点，林业、副业、渔业分别占 8.7%、7.0%、1.8%，较 1949 年分别上升 3.1、0.2、1.0 个百分点，牧业占 16.3%，较 1949 年下降 1 个百分点。

1958 — 1965 年，其间经历了“大跃进”和国民经济三年困难时期，人民公社曾在“大跃进”旗帜下调动了大批劳动力从事非农业生产，虽然工副业在前 3 年所占农业总产值比重分别高达 13%、14.7%、14.8%，但是效益不佳，并没有显示结构优势，农业生产却因缺少劳动力和劳动者积极性不高，再加上连年严重的自然灾害，造成严重缺粮。为解决粮食问题，各地贯彻“大办农业，大办粮食”的指示精神，大力扩种粮食作物，以致顾不上发展多种经营，加剧了农业结构的单一化。1962 年，种植业产值占农业总产值的 72.6%，为 1949 年以后的最高值。1962 年开始，境内对农业结构进行调整。中共株洲市委、株洲市人民委员会对所辖区发出《关于执行“中共中央、国务院关于发展农村副业生产的决定”的指示》指出：“对于社员家庭副业，鼓励和帮助它继续发展，应该认识到这是社会主义的不可缺少的补充部分。”当时属湘潭地区的境内各县也都恢复了社员的自留地和家庭副业，鼓励农民以“私养为主”饲养生猪，家庭副业得到发展，农业结构不协调状态得到改观。1965年，种植业产值占农业总产值的66.5%，较1962年下降6.1个百分点，林业、牧业占7.6%、13.7%，分别上升2.6个、4.2个百分点，副业、渔业占10.9%、1.3%，分别下降0.1、0.6个百分点。

1978年以前，由于农民温饱问题没有解决，各级各地区在贯彻《全国农业发展纲要》（即40条）时，依然过于片面突出粮食生产，农业结构无较大变化。“文化大革命”期间，把社员家庭副业当作资本主义进行批判，限制私人养猪、养鸡鸭，集体副业也同集体“资本主义”挂钩，这种纯而又纯的经济，导致农民收入是“稻谷加稻草，年终要倒找”。1978年，种植业产值占农业总产值的69.5%，林业占5.3%，牧业占16.7%，副业占7.6%（不含村及村以下企业产值），渔业占0.9%。这说明1949—1978年的30年间，农业生产虽有发展，但产业结构不合理的问题长期存在。

1979年，中共十一届三中全会以后，株洲农村广泛推行家庭联产承包责任制，调动了农民的生产积极性，粮食产量大幅度提高，为农业结构调整打下了较好的基础。1982年，中共湖南省委、省人民政府强调要按照农、林、牧、副、渔全面发展的要求，建立合理的产业结构。株洲市按照这一要求不断进行结构调整，取消集体林区木材统购，开放木材市场，建立健全林业生产责任制；大力扶持生猪、畜禽生产，取消生猪、鲜鱼、家禽派购，放开其价格，允许自由流通；鼓励和支持农户发展庭院经济，开展多种经营；提倡市场导向，讲求经济效益。1990年，全市种植业产值占农业总产值的比重由1978年69.5%下降到59.2%，为历史最低值。林、牧、副业（剔除村以下工业产值）、渔四业比重分别为5%、24.9%、8.2%、2.7%，合计比重为40.8%，较1978年上升10.3个百分点。同时，农村的改革开放还带来了第一产业与第二、三产业的全面发展。1978年，全市完成农业总产值62281万元，乡镇企业总收入21355万元，1984年，全市农村社会总产值为169593.3万元（均按当年现行价格计算），其中农业总产值101253万元，占59.7%；农村工业总产值37005.7万元，占21.8%；建筑业总产值19294.7万元，占11.3%；运输业总产值5520.2万元，占3.2%；商业、服务业总产值6519.7万元，占3.84%。1987年，全市农村社会总产值283889万元，其中农业总产值占49.8%；工、商、运输、建筑、服务五业合计产值占50.2%，实现了第二、三产业总产值超过农业总产值。1990年，全市完成农村社会总产值430858万元，其中农业总产值占49.5%，工、商、运输、建筑、服务五业合计产值占50.5%，从而改变了过去大农业经济结构单一的格局，初步形成了以粮食、乡镇企业、生猪、经济作物为主的四大支柱的经济格局。

二、三产业中乡镇企业发展速度进一步加快。1984年，中央4号文件给乡镇企业发展带来了新的机遇。1985年，全市乡镇企业总产值首次超过了农业总产值。此后，一、两年一大步，1990年总产值为25.8亿元，1992年上了50亿元的台阶，1994年跨过100亿元的台阶，1996年突破300亿元，1998年达到486.63亿元。2000年，按照新的统计口径计算，境内乡镇企业增加值完成81.7亿元，占全市国内生产总值（GDP）的四分之一，缴纳税金3.58亿元，占全市农村税收总和的三分之二，其中缴纳税金过千万元的乡镇9个，过百万元的企业35家；完成出口交货值12.03亿元，占全市出口交货值的49.06%；安排劳动力就业70.09万人，发放职工工资37.7亿元。

同时，全市还规划建设了龙头铺、白关、群丰、浦口、王仙、白兔潭、网岭、桃水、潞水、沔渡、谭家塅、美泉、大丰、淦田、三门、船湾、南桥、黄丰桥、龙下、鹿原20个市级乡镇工业小区，初步形成了陶瓷、烟花、鞭炮、建筑建材、冶炼、化工、机械加工等支柱产业。株洲兴隆化工实业有限公司的白炭黑产品被评为全国名牌产品，7家企业被农业部授予全国大中型企业，其中湖南锦云实业有限公司、醴陵市通达路桥等5家企业产值超过亿元，还有39家企业获得自营进出口权。其中湖南华联瓷业有限公司、白兔潭出口花炮厂等5家企业出口创汇额超过5000万元。

经济结构的改变加快了县域经济的发展。1990年全市县域经济总量为28.99亿元，1993年为47.58亿元，1995年为83亿元，1998年为133亿元，2000年为153.78亿元。10年时间，县域经济总量增长了124.79亿元，年均增长18.15%；县域GDP占全市GDP总量的比例基本稳定在50%左右。

境内第一、二、三产业产值的比例已由27.3：47.8：24.9演变为1995年的21.2：47：31.8，进而优化到2000年的16.3：62.5：21.2，二、三产业的比重10年间上升了11个百分点。农业内部，种植业、养殖业、林业产值之比为50：44.3：5.7，养殖业比重比1990年上升12.4个百分点。在种植业中，以粮为主的传统格局被逐渐打破，改变了过去“稻谷加稻草”的单一格局，经济作物得以较快发展，基本形成了油茶、水果、蔬菜等20项主要产品，粮食、经济作物之间产值之比由1990年的2.33：1改变为1.34：1。

二 农民生活

封建社会，土地高度集中。清乾隆十三年（1748），湖南巡抚杨锡绂向朝廷报告：“一邑之中，有田者什一，无田者什九。”封建地主阶级“坐拥一县之地”，但自己并不耕种，而是出租给农民，坐收地租利，“役农夫、尽地利，而安然食税衣租者也”，无地、少地农民深受封建地主阶级的压迫和剥削，生活十分贫困。道光二十九年（1849）五月十二日，湖南巡抚布政使万贡珍上奏朝廷，要求平粜粮食济民奏摺中说“……现值青黄不接之时，各属粮价增昂……赤贫户饿死者众多”。

民国时期，战争频繁，灾荒不断，农村萧条景象日盛。《中华民国经济史》载：“……田野荒芜，人畜流离，器具谷种之类，存者盖鲜。”农民大多住的茅草棚，吃的是杂粮和糠菜，盖的是破棉絮，穿的是补丁衣服，经常“禾镰上壁，就没饭吃”。民国10年（1921），“茶陵大饥，山民掘观音土充饥，多致死”。民国32年（1943），攸县“各乡水稻遭受螟灾甚烈，经考察早稻受害程度达30%，晚稻受害程度达60%，损失奇重……死人无数”。湘灾救济会民国29年（1940）的《灾情报告》记载：“醴陵、攸县、茶陵等十余县洪水为灾，悉沦泽国，禾苗尽淹，秋收岌岌可虞，情势已濒绝望，灾黎载道数达百万以上……”。在正常年景的民国37年（1948），攸县沙陵陂农民中的108户贫农，常年吃上3餐干饭的只有8户，占总户数的7.4%，90%以上的农户大部分日子是一粥一饭，半干半稀。尽管民不聊生，封建地主、军阀、官僚对农民搜刮丝毫不放松，贫雇农秋收后，缴了租，还了债就所剩无几，遇上灾荒年借“高利贷”，许多农户家破人亡，妻离子散。到1949年，境内农民人均年收入只有49元。

20世纪50年代初期，农村土地改革，占农村人口一半左右的贫农和雇农分得了土地、耕牛和农具，农业生产积极性高涨，但由于基础薄弱，农民生活仍旧贫困。1950 年春荒时，茶陵县缺粮人口达 3.6 万人，占全县人口的 14.9%，后来通过政府发放贷款和救济粮，并组织农民生产自救，才战胜春荒。1953 年，全市农业人口平均产粮 359.5 千克，除上交公粮 72.9 千克外，人均占有粮食 287.5 千克，较 1949 年增加 77 千克。

1954 年，农民已走上集体化道路，吃、穿、住、用主要靠集体分配口粮及现金，据 1956 年对株洲市古大桥乡龙营蔬菜社 407 户调查，每户社员从集体分配口粮 980 千克，人均 245 千克；分配收入 244 元，人均 47.53 元，占人均纯收入的 65.4%（其余主要为社员副业收入）。各农业社对烈士军属予以优惠，对鳏、寡、孤、独的老小实行“五保”，对困难户平时照顾出工、帮助搞好家庭副业，对不能维持一般生活水平的，由公益金给予照顾，吃不到一般口粮标准的在分配口粮时给予照顾。到 1957 年，农民生活有较大的改善。全市农业人口人均产粮 345.7 千克，农业社分配社员人均口粮 277.6 千克，现金 28.7 元，家庭副业收入增多。

1958 — 1965 年，各县（区）提出“扩大公共积累的速度应该大于社员收入和改善生活速度”，使得公共积累提留比例提高，再加上生产费用开支过大，分配给社员的比例下降。株洲市古大桥乡营龙蔬菜社 1956 年集体提留比例占 7.58%，1958 年、1959 年增加到 15.01% 和 17.93%，1959 年社员人均分配收入只有 25.4 元，加上实现人民公社化后，社员家庭副业被全部取消，更使社员收入减少。口粮方面，由于粮食征购任务增加，1957 年全境完成征购任务 12089.5 万千克，1960 年粮食减产，征购任务却增至 12379 万千克，减产增购，分配给社员的口粮减少。这一时期，公社大办公共食堂，邻居老小共吃一锅饭，起初吃敞甑饭，几个月后发现收获的粮食比预计的少，改为按人口分等定量。1960 年 9 月，中共株洲市委对所辖区发出《关于压低农村口粮标准的紧急指示》指出，丰产地区月人均稻谷应不超过 16.8 千克口粮，歉收地区月人均稻谷应控制在 14 千克以内。1960 年，全市农业人口人均产粮 269.7 千克，人均口粮仅 144.8 千克，生活难以为继，水肿病流行，有的因饥饿或营养不良致死，人口下降。在中国共产党和人民政府领导下，各县、区相继成立了度荒委员会，组织农民开展生产自救。1961 年，解散公共食堂，重新给社员分配自留地，允许社员经营家庭副业，农民生活困难状况开始扭转。1962 年，农民从集体分配人均口粮 207 千克，较 1960 年增加 62.2 千克，人均纯收入 48 元。1965 年，农业人口人均生产粮食 341.3 千克，人均口粮达 259.5 千克，较 1960 年增加 114.7 千克。

1966 — 1978 年，农业生产获得了较大发展，农民生活进一步改善。但在 1966 — 1975 年期间，因农业生产费用过大，积累过高，人口增长过快和限制家庭副业，农民的收入增长缓慢。1975 年较 1966 年集体总收入增长 98%，粮食总产值增长 74%，但同期生产费用支出增长 134%，集体提留增长 143%。此外，全市每年还有上千万个公共积累提留以外的劳动积累。1975 年，全市农业人口人均收入 75 元，较 1966 年的 57.4 元仅增长 30.7%，剔除同期物价上涨因素（同期物价指数上升 28.3），农民人均实际收入 10 年只增长 2.4%，基本上是原地踏步。社员口粮，1975 年为 270.7 千克，较 1965 年的 230 千克增长 17.7%。地区之间，由于自然条件和经营水平差异，分配给社员的收入和口粮不平衡。1975 年，攸县农民人均分配收入 83 元，人均口粮 286 千克，而同年醴陵农民人均分配收入只有66元，口粮257.5千克。在其他生活消费方面，从20世纪70年代中期开始，猪肉供应紧张状况得到缓解，随着油菜种植面积和猪油的增加，食用油消费量增加，1978年，农民人均纯收入111.9元，口粮355千克，年消费肉食多数县人均10.25千克，部分地区出现建房热，农民居住拥挤、房屋破旧的现象加快改变，自行车、手表、缝纫机成为当时农民追求的三大生活用品。

1979—1982年，农业生产保持较高的速度发展。从1981年下半年起，境内各县、区全面推行家庭联产承包责任制，取消了对家庭副业的限制，后又允许农民从事个体工商业经营，生产迅速发展，收入大幅度提高。1982年，集体分配给社员的收入人均307.5元，口粮357.5千克，朝基本解决温饱问题迈出了一大步。1990年，全市农民人均产粮609.5千克，完成定购任务160.1千克后，人均占有粮食457.1千克，农民人均纯收入656元。部分农户，通过经商办企业带头致富，出现了一批万元户甚至十万元户。但在同时，由于自然条件、交通、文化的影响，极少数乡村仍然较为落后。

食物消费 境内农民的主要粮食消费量逐步增加，1990年与1982年比较，农民人均年消费动植物油由6.8千克上升为7.5千克，猪牛羊肉由14.4千克上升到14.8千克，家禽由1.11千克上升到2.1千克，蛋类由1.4千克上升到2.6千克，鱼虾类由2.3千克上升到2.5千克，糖果糕点由0.3千克上升到2.3千克。

居住条件 据对全国农村长期固定观察点株洲县东塘村的调查，1978年有住房91栋，户平0.61栋；1984年138栋，户平0.95栋；1990年有住房185栋，户平1.03栋，人均建筑面积23.3平方米。从房屋造价原值看：每平方米造价在100元以上的有17栋，占总数的9%；80～100元的1栋，占0.5%；60～80元的有4栋，占2.2%；40～60元的有3栋，占1.7%；40元以下的有160栋，占86.6%。从材料构成看，混凝土结构的2899平方米，占总面积的16.3%；砖木结构的1242平方米，占总面积的7%；土木结构的13605平方米，占总面积的76.6%。

衣 着 农民衣着较以前大为改观，许多农民衣着不仅要求质量高，而且讲究色调雅、花型美、式样新。1990年与1982年比较，全市农民人均年购买棉布由2.06米降到0.4米，中高标化纤布由零上升到1.6米，呢料由0.02米增加到0.1米，毛线及毛线织物由0.06千克增加到0.1千克，皮鞋由0.06双增加到0.1双。

日用品 1990年，农村经济情况较好的农民，开始追求新的三大件:彩电、冰箱、洗衣机。据统计，全市农村住户每百户拥有自行车133.4辆，缝纫机37.4架，钟48.5只，手表209.8只，电风扇76.6台，洗衣机5.1台，电冰箱0.4台，摩托车0.4台，大型家具636.8件，收音机20台，电视机47.9台，收录机20台，这12种耐用品达1258台（件），较1982年增加820台（件）。

1991年后，境内全面调整农村产业结构，发展高效农业，农产品商品率提高，加上农产品价格提高，国家实行稳定粮食价格政策、减轻农民负担等一系列惠民政策，农业比较效益增加，农民收入大幅度增长。1995年全市农民人均纯收入1677元，比1990年增长1.56倍，年平均增长31%，高于全省农民人均纯收入20.4个百分点，高于全国农民人均纯收入8.8个百分点，居全省前列。

2000年，境内农民人均纯收入2689元，高于全省农民人均纯收入22.8个百分点，按可比口径计算比1949年增长49.6倍。全市农村实现了村村通电；村村通公路，并正向乡乡通油路目标迈进；

全部乡镇和70%的村通程控电话，电话入户率达25%；9个县市区都建立了有线电视双向传播网络，广播电视覆盖率达90%以上；所有的乡镇、村有农民娱乐场所，小集镇有歌厅或卡拉OK厅；乡村普遍开办了托儿所、幼儿园，所有学龄儿童均就近入学，享受九年义务教育；90%以上的农户都能饮上清洁卫生水，国营和合作医疗、个体诊所分布各乡村，极大地方便了农民就医，农民的疾病大大减少；90%以上的农户住上了砖瓦房；通过狠抓扶贫攻坚、减轻农民负担等工作，农民贫困面大大缩小，农民贫困人口由“八七”扶贫攻坚开始时的20万人下降到2000年的1.5万人。到2000年为止，全市共有7个县市区、109个乡镇、1780个行政村分别被省、市、县授予小康县市区、小康乡镇、小康村称号，分别占县市区总数的77.78%，占乡镇总数的77.86%，占村总数的79.64%。农民人均生活费支出2024元，其中食品消费支出1016元，衣着支出101元，居住消费支出293元，家庭设备用品及服务支出70元，医疗保险支出73元，文教娱乐用品支出248元，其他支出223元。平均每百户拥有电视机111.5台、洗衣机34.3台、电冰箱18.1台、电风扇233.7台、照相机3.3台、摩托车25.2台。农民人均住房面积47.85平方米，钢筋混凝土结构户平均面积达25.83平方米。

第三节　农业区划

境内农业区划，分为县级和市级区划两个阶段。1979年冬至1983年10月，为县级农业区划阶段，株洲县、醴陵县、攸县、茶陵县、酃县和株洲市郊区，用3年时间，以县（郊）为单位，先后组织多部门、多学科的科技人员3412名，深入调查研究，查清农业资源“家底”，找出地域分布规律，提出区域农业的发展方向和途径。1983年10月至1986年10月，在县级农业区划的基础上，又用3年时间进行市级农业区划。组织市直有关部门的数百名科技骨干，进行补充调查和研究，并根据全市发展城郊农业的特点和要求，增加农村经济、集镇建设、矿产资源开发等新的研究内容。研究项目扩大到23个专题，其中综合农业区划、土地资源测算、农业地貌和地质矿产等4项由株洲市农业区划委员会办公室负责；土壤区划、粮油作物区划、经济作物区划、林业区划、水资源及水利区划、水土保持区划、畜牧资源及区划、水产资源调查及区划、农业气候资源调查及区划、农业环境调查及区划、蔬菜生产及区划、乡镇企业及区划、农业机械化区划、农村能源调查及区划、农村科技教育调查、小城镇建设调查、交通区划、农村商业调查、农村经济调查等19项，则按照“业务归口，任务到局”的办法，分别由市农业、科技、建设、供销、蔬菜办等13个相关职能部门承担。1986年10月，市级农业区划研究通过省、市专家评审鉴定，认为具有省内先进水平。市级农业区划研究资料，由市农业区划委员会办公室汇集，分别编为《株洲市农业区划报告集》《株洲市农业区划数据集》《株洲市农业区划图集》，于1989年8月正式出版。

一　综合农业分区

株洲市位于湖南东部，地理坐标介于北纬26°03′05″~28°01′27″，东经112°57′30″~114°07′15″之间，

南北长219千米，东西宽88.75千米，土地面积为11271.98平方千米（区划土地面积为航片测算面积，与习惯面积略有出入，下同），占全省总面积5.32%。市域地貌类型多样，土壤种类多，适种性广，光、热、雨量充足，生物、矿产资源丰富，经济地理位置优越，交通便利，劳力充足，技术装备和基础设施都较好，是湖南省发展农业的一块宝地。

市农业区划委员会，根据自然条件和社会经济条件的相对一致性，农业的基本特征和发展方向的相对一致性，农业的主要问题、建设途径的相对一致性，以及保持乡一级行政界限的完整性等原则，全市分为三个综合区，即西北部平丘城郊综合农业区，中部平冈粮、油、养殖、经济作物区，东南部中山中低山林、粮、牧、矿产区。

（一）西北部平丘城郊综合农业区

该区包括株洲县和郊区的全部，醴陵的大部分（具体范围见附表），共59个乡、9个镇、11个农林场、所，土地面积29.99万公顷，占全市土地总面积的29.56%；耕地6.95万公顷，占全市耕地面积的36.37%；总人口153.06万人，占全市总人口的49.02%，其中农业人口106.01万人，占全市农业人口的41.88%；农业人口人均耕地0.065公顷。

该区地貌以丘陵和平原为主，水热资源丰富，紧靠城市，交通方便，厂矿密集，农村二、三产业发达，蔬菜、经济作物和副食品生产有一定基础，但环境污染严重。

该区农业发展方向是：农、林、牧、副、渔协调发展，工、商、运输、建材、服务业综合开发，按合理的生产、销售半径，大力发展菜、猪、鱼、禽、蛋、奶、果和花卉生产，积极发展瓷器、烟花鞭炮、食品、建材和为城市大工业配套的工业和建筑业，开拓服务、旅游等第三产业，尽快将本区建成发达的城郊综合农业区。

（二）中部平冈粮、油、养殖、经济作物区

该区包括醴陵市一部分、攸县一部分、茶陵县一部分及市直部分单位，共40个乡、10个镇、12个农、林场（矿、库），土地面积37.71万公顷，占全市总面积的33.46%；耕地8.91万公顷，占全市耕地面积的46.62%；总人口120.15万人，占全市总人口的38.43%，其中农业人口110.22万人，占全市农业人口的43.54%，农业人口人均耕地0.081公顷。

该区以冈地、平原为主要地貌特征，地势平坦，光热充足，粮、猪和经济作物优势突出，宜林山丘面积大，发展经济林的潜力大，农村小集镇发展快，二、三产业有一定基础，但由于植被覆盖率低，水土流失严重。

该区农业发展方向是：大力发展粮、猪生产，建立优质米、商品粮、瘦肉型猪商品生产基地，经营好油菜、油茶，积极发展鱼、禽、蛋、瓜、果、茶叶和其他经济作物，立足加工增产，发展食品、饲料工业以及建材、运输等二、三产业，全面振兴本区经济。

（三）东南部中山中低山林、粮、牧、矿产区

该区包括攸县一部分、茶陵一部分、酃县全部和一个市直单位，共32个乡、3个镇、7个农林场（矿）所，土地面积41.69万公顷，占全市土地总面积的36.98%；耕地4.25万公顷，占全市耕地面积的17.01%；总人口39.01万人，占全市总人口的12.49%，其中农业人口36.90万人，占全市农业人口的 14.58%，农业人口人均耕地 0.088 公顷。

该区以山地为主要地貌特征，山地面积大，林地、草场多，矿产、水能资源丰富，但耕地条件差、单产低，农村经济结构比较单一。

该区农业发展方向是：以林为主，农、林、牧结合，稳定发展粮食生产，综合开发山区，积极开展富有山区特色的多种经营，重点发展用材林，因地制宜种植木本粮、油和其他经济林，同时发展牛、羊、兔等草食畜禽，大力开发水能资源，发展农林副产品加工、采矿等乡镇工业和交通运输业，壮大山区经济。

株洲市综合农业区划分区情况一览表

表 6–4

农业区名称	编号	分　区　范　围
西北部平丘城郊综合农业区	Ⅰ	株洲县、郊区的全部，醴陵市部分：瓦子坪、官庄、桃花、洪源、枫林市、小横江、南桥、富里、黄獭嘴、大林、八步桥、仙霞、板杉、东堡、黄沙、王坊、新阳、渌江、枧头洲、长岭、石亭、神福港、转步、军山、贺家桥乡，白兔潭、浦口、王仙、城关镇；市直：农科所、果木园、渔场、水科所、林科所、官庄水库。共 59 个乡、9 个镇、11 个农林场所
中部平冈粮、油、养殖、经济作物区	Ⅱ	醴陵市部分：茶山岭、嘉树、孙家湾、栗山坝、沈潭、马恋、大障、清水江、船湾、东富、高桥、均楚乡，泗汾镇、苗圃；攸县部分：大桥、坪阳庙、市上坪、丫江桥、高枧、槚山、湖南坳、大同桥、石羊塘、钟佳桥、鸭塘铺、沙陵陂、莲塘坳、上云桥、菜花坪、高和、渌田乡，城关、皇图岭、网岭、新市、酒埠江、桃水镇；茶陵部分：虎踞、平水、火田、腰陂、思聪、洣江、尧水、下东、枣市、马江、舲舫乡、高陇、城关、界首镇，以及红色农场、长岭茶场、下东示范农场、湖塘渔场；省、市直：网岭园艺场、洣江茶场、湘东铁矿、湘东化工机械厂、酒埠江水库、新市农场、鸟水垄农场。共 40 个乡、10 个镇、12 个农、林、场（矿、库）
东南部中山中低山林、粮、牧、矿产区	Ⅲ	攸县部分：柏树下、黄丰桥、兰村、漕泊、峦山、银坑、凉江乡和黄丰桥林场；茶陵县部分：八团、潞水、七地、湘东、秩堂、小田、桃坑、江口、浣溪乡，严塘、湖口镇以及云阳林场；酃县全部；市直：湘东钨矿。共 32 个乡、3 个镇、7 个农、林、场（矿）所

二　专业（项）分区

（一）农业地貌分区

境内地势由东南向西北倾斜，地貌形态复杂，类型多样。主要地貌类型相对集中，但又交叉重复出现。山地集中分布在东南部，丘陵、冈地以中部和西北部为多，平原沿江河两岸分布。其组合比例：平原（含水域）23.86 万公顷，占土地总面积 21.17%；冈地 22.15 万公顷，占 19.65%；丘陵 19.40 万公顷，占 17.21%；山地（含山原）47.32 万公顷，占 41.97%。根据地貌分区原则和市域地貌特点，境内地貌分为3个一级区9个亚区。

西北部平冈区 包括渌江两岸平冈亚区；大京、板杉变质岩丘陵亚区。

北中部冈丘区 包括官庄高峰变质岩中低山、低山亚区；醴攸盆地红岩冈平亚区；耙齿岭、云阳林场砂页岩、变质岩中山、中低山亚区；茶永盆地红岩冈丘亚区。

东南部山地区 包括大院农场花岗岩丘状中山原亚区；小田、平乐花岗岩变质岩中山亚区；城东、船形砂页岩盆谷丘平亚区。

（二）土壤利用分区

据1980年土壤普查，境内有10个土类，22个亚类，90个土属，299个土种。其中：红壤52.47万公顷，主要分布在海拔600 ~ 650米以下的丘陵、冈地和低山区；水稻土14.63万公顷，是境内主要耕作土壤；紫色土9.54万公顷，醴陵、攸县、株洲县均有分布；山地黄壤6.41万公顷，分布在海拔650 ~ 1200米的中山、中低山区；黄棕壤6.48万公顷，分布在海拔1200 ~ 1750米的中山区；山地草甸土0.44万公顷，分布在酃县海拔1950米以上的中山区；潮土0.31万公顷，分布于湘江及支流两岸；菜园土0.095万公顷，分布于城镇附近；红色石灰土和黑色石灰土0.144万公顷，各县市和郊区均有零星分布。市内土壤有机质和全氮含量较高，而全钾、全磷含量普遍不足。水田土壤中，潜育化面积占27.20%，耕作层在10厘米以内的面积占1.40%。土壤中pH值小于5.5的面积占66.20%，质地黏重的面积占16.29%。全市土壤分为3大区8个亚区。

北部平、冈、丘红壤红黄泥、麻沙泥改土培肥区 包括湘江沿岸平、冈红壤红黄泥改土培肥亚区；北部的中部冈地、丘陵红壤麻沙泥水土保持培肥亚区；醴陵东北部红壤黄泥田封山育林培肥亚区。

中部低山、平、冈红壤红黄泥、紫泥田封山育林培肥改良区 包括中部中、低山红壤黄泥田封山育林培肥亚区；醴、攸、茶平冈紫色土水土保持培肥亚区。

南部山地黄壤、黄红壤封山育林培肥区 包括攸茶东部中低山山地黄壤、黄红壤黄泥田封山育林培肥亚区；沔水、河漠流域中低山山地黄壤、黄红壤黄泥田适地适树培肥亚区；酃县东南部中低山山地黄壤、黄棕壤、冷浸田封山育林排泉撇浸改良亚区。

（三）林业分区

境内属中亚热带常绿阔叶林区。1984年林业区划调查，境内主要树种资源有106科296属884种，主要为壳斗科、樟科、木兰科、金缕梅科、冬青科、山矾科和松柏类。主要用材林有杉木、马尾松、檫木、樟树、楠木、泡桐等，主要木本淀粉树种有板栗、苦槠、柿子、锥栗、枣树等，主要木本油料树种有油茶、油桐、乌桕、山苍子等，主要药用植物有厚朴、杜仲、黄栀子等。全市林地面积72.89万公顷，其中有林地46.42万公顷，占林地总面积63.68%；疏林地7.74万公顷，占10.61%；灌木林地6.41万公顷，占8.76%；未成林地1.55万公顷，占2.13%；荒山荒地10.77万公顷，占14.5%。在有林地中，用材林22.45万公顷，占有林地面积的48.37%；经济林16.97万公顷，占36.55%；防护林1.17万公顷，占2.52%；特种用途林0.412万公顷，占0.89%；薪炭林1.79万公顷，占3.84%；竹林3.63万公顷，占7.83%。用材林集中分布于酃县、茶陵县山区，活立木蓄积量约占境内总蓄积量的三分之二。树种以杉木面积最大，松树次之，阔叶树最少。经济林主要分布于醴陵、株洲和攸县，经济林面积占境内经济林总面积的74%。全市分为3个林业区：西北部中低山低山丘陵经济林、薪炭林区；中部丘冈平原经济林、水土保持林区；南部中山中低山用材林、水源涵养林区。

（四）水利分区

据1956—1979年的有关资料统计，境内多年平均降水量为1506毫米，产水量169.75亿立方米，径流深819.88毫米，径流系数为0.55，地表径流总量为94.31亿立方米（含浅层地下水）。地下水主要是岩溶水和裂隙水，地下水动储量为18.70亿立方米/年，渗入补给深为167毫米。全市水能理论蕴藏量为83.87万千瓦，可开发利用的56.71万千瓦，年发电量可达19.85亿千瓦时。全市分为4个水利区：湘江沿岸冈、平地提蓄灌溉及防洪排涝区；中部丘、冈、平地大中小型联合灌溉区；中南部山丘盆地中小型联合灌溉区；东南山地源水引、蓄、提灌溉及水能开发区。

（五）粮油作物分区

1984年调查，全市主要粮油作物有471个品种（品系），其中水稻品种316个（籼稻243个、粳稻17个、糯稻17个、杂交稻39个），红薯114个、玉米及高粱6个、大豆6个、杂豆7个、大麦小麦7个、油菜9个、花生6个。粮油作物内部结构单一，稻谷生产优势突出，历年水稻面积占粮食作物用地面积的87.3%～92.2%。在水稻生产中又以双季稻占绝对优势。旱粮作物以红薯为主，油料作物以油菜占绝对优势，其次是花生、芝麻等。全市分为3个粮油作物区：西北部城郊冈、平、丘双季稻、冬作综合利用区，包括西北部冈、平、丘双季稻冬作综合利用亚区，株洲县南部山地单双季稻、旱粮、冬作亚区和醴陵北山地单双季稻、旱粮、冬作亚区；中部醴攸盆地双季稻、油、豆、冬作主要商品粮油区；东南山地单双季稻、冬作主体生产区。

（六）主要经济作物分区

1.果　树　桃、李、梨、柿、枇杷、葡萄、枣、板栗等多种果树在全市范围内可广泛栽植。根据湖南省气象台和湖南省园艺所提出的温州蜜柑和甜橙的避冻区划，炎陵县、茶陵、株洲县、醴陵和郊区为温州蜜柑适栽区，攸县为温州蜜柑次适栽区。果树的布局，炎陵县以柰李、芙蓉李和杨梅为主，以天平园艺场、沔渡、城东、大院乡（场）为基地，向四周扩展；茶陵县以柑橘和枣为主，柑橘以红色农场和火田、马江、界首、下东、七地、严塘等乡、镇为基地，向四周扩展，枣以枣市乡为中心向四周扩展；醴陵以柑橘、葡萄、青梅、枇杷为主，以东部丘陵为中心向西、西北、西南方向扩展；株洲县和郊区以柑橘、葡萄、桃、李为主，柑橘以渌江、白关为中心扩展，葡萄、桃、李以龙头铺为中心扩展。

2.茶　叶　茶叶生产基地布局，茶陵县的平水、虎踞、马江乡和长岭、洣江茶场；攸县的酒埠江、皇图岭、莲塘坳等乡镇和网岭茶场；醴陵的大障、船湾、清水江、沈潭、八步桥、黄獭嘴、枫林市等乡镇，株洲县的白关、鸿仙、姚家坝等乡镇。

3.苎　麻　苎麻生产基地布局是，茶陵县的虎踞镇、平水乡、潞水乡、七地乡、腰陂乡和秩堂乡；攸县的酒埠江到菜花坪渠道两侧；株洲县的均坝乡、南阳桥乡、洲坪乡。

4.生　姜　茶陵的平水乡、虎踞乡和潞水乡为传统产区；攸县的市上坪乡、坪阳庙乡、莲塘坳乡和凉江乡是其重点扩展产区。

5.大　蒜　茶陵的思聪乡、平水乡、虎踞乡、腰陂乡、下东乡和城关镇是传统产区。

6.辣　椒　醴陵的大障乡、贺家桥乡、船湾乡、马恋乡、茶山岭乡；攸县的皇图岭、大桥乡、菜花坪乡等，为集中连片的传统产区。

（七）蔬菜分区

1984年调查，全市蔬菜品种有23科，64个种，185个品种。据1984年对前4年以来全市30个主要品种的上市量统计，白菜比重最大，其次为大白菜、甘蓝、冬瓜、莴苣。1984年年末，全市有商品菜地704公顷，其中常年菜地624公顷，占商品菜地总数的88.6%，主要分布在株洲市及醴陵近郊；二线菜地80公顷，占11.4%，主要分布于株洲县的白关乡、均坝乡和马家河乡等地。

（八）畜牧业分区

境内饲养的畜禽种类有3纲6目7科10属49个品种。1984年，全市畜禽数量折合成黄牛单位后为68.81万单位，其中生猪占70.48%，牛占25.47%，家禽占3.70%，羊占0.27%，马、骡占0.06%；驴占0.02%。1980年调查，境内有各类草地面积36.11万公顷，其中山地草甸草场占6.48%，山地灌丛草场占6.65%，蔬菜类草场占30.50%，林间类草场占44.76，农林间隙地草场占11.61%。境内分为3个畜牧业经济区：北部城郊平冈鲜活畜禽商品区；中西部丘陵、平冈畜禽重点养殖区；东南丘陵、中山、中低山草食动物发展区。

（九）水产分区

1984年水产区划调查，全市鱼类有7目15科66属121种，可养殖水面1.42万公顷，其中池塘1.01万公顷，占可养殖水面的71.11%；水库0.394万公顷，占27.76%；其他水面0.016万公顷，占1.13%。境内分为3个渔业区：北部平冈城郊精养高产区；中西部冈丘塘库渔业重点发展区；东南部中山、中低山地塘库稻田养殖区。

（十）农村能源分区

境内农村能源资源主要有薪柴、沼气、水电和煤炭。据1984年调查统计，按不同林种面积计算产柴量，全市一年可产薪柴50.48万吨，平均每户0.89吨；以牲畜粪便、人粪和作物秸秆等沼气的主要原料计算，全市一年可产沼气4.36亿立方米，户均773.36立方米。煤炭资源和可供发电的水能资源都较丰富。

农村能源消费包括生活用能和生产用能。1984年，境内农村生活用能折合标准煤为128.74万吨，其中薪柴占39.61%，原煤占37.23%，农作物秸秆占22.15%，其他占1.01%。境内农业生产用能折合标准煤37.48万吨，其中原煤占77.98%，焦煤占3.53%，柴油占9.87%，汽油占2.29%，电占5.09%，其他占1.24%。区划中，为便于指导和规划农村能源建设，全市分为2个农村能源区：北部、中西部平丘沼气、薪柴、煤炭、大电网供电区；东南部山地水电、煤炭、薪柴区。

（十一）水土保持分区

1982年调查，全市有水土流失面积2171.98平方千米（折合21.72万公顷），占土地总面积的19.27%。平均侵蚀模数为每年每平方千米3465吨，年流失土壤总量752.49万吨，年流失的有机质15.65万吨，年流失全氮、全磷、全钾总量8.07万吨。水土流失的主要特点：以水蚀为主，夹有少量的重力侵蚀；侵蚀速度大于治理速度，流失面积扩大；侵蚀地域分布相对集中。株洲县的马家河乡、鸿仙乡、漂沙井乡，郊区的龙头铺乡、云田乡，醴陵的板杉区，攸县沙河流域的槚山乡、平阳庙乡、丫江乡和大桥乡，茶陵县的马江流域和严塘乡，酃县的东河流域和三河乡是水土流失的严重地区。水土流失主要发生在人口密度较大，植被较差的花岗岩、紫色页岩、第四纪红土的冈地和低丘地带。境内分为5个水土保持区：西北部冈平中度水土流失区；东北山丘冈轻度水土流失区；中部丘冈中度水土流失区；中南部山丘盆地强度水土流失区；东南部山地微度水土流失区。

（十二）农业环境分区

1984年农业环境调查，境内农业环境包括大气、水质、土壤和生物均受到不同程度的污染。大气质量状况是：市区及近郊大气污染属严重污染区，其中清水塘工业区为极严重污染区；醴陵市属重度污染区，株洲县属轻度污染，其他各县为比较清洁的地区。区域水域状况：市区和郊区的污染属严重污染，醴陵市属重度污染，株洲县和攸县属中度污染，茶陵县和酃县属清洁水质。土壤质量状况：境内被工业“三废”污染的土壤近万亩，其中郊区267公顷，茶陵县180公顷，醴陵市67公顷，攸县54公顷，株洲县40公顷。主要污染物是重金属元素。

全市分为4个农业环境区：北部平、丘工业区，按其污染程度和污染差异，又划分为五个亚区：即清水塘化工、冶炼区，董家塅动力机械工业区，荷塘铺冶金、机械工业区，园艺场蔬菜区和龙头铺、五里墩、荷花、曲尺水稻经济作物区；东北部丘、冈陶瓷工业区；中西部平、冈农工商综合发展区；南部山地森林区。

（一）株洲市农村工作办公室机构及领导名录

表6–5

机构名称	职务	姓名	任职年月
市人民委员会农业科（1955.9—1956.6）	科长	张善敏	1955.9—1956.6
市人民委员会农林水利科（1956.6—1961.9）	科长	张善敏	1956.6—1961.9
市人民委员会农林水办公室（1962.6—1966.6）	主任、党组书记	陈文玉	1962.6—1966.6
	副主任、党组副书记	刘宏达	1962.6—1966.6
	副主任、党组副书记	蒋成林	1962.6—1966.6
	副主任、党组副书记	张善敏	1962.6—1964.8
	党组成员	李连启	1962.6—1964.8
市抓革命促生产指挥部农业组（1967.3—1968.1）	组长	滕景林	1967.4—1968.1
	副组长	蒋成林	1967.3—1968.1
	副组长	栾宗友	1967.3—1968.1
	副组长	粟仁科	1967.11—1968.1
市革命委员会生产指挥部农业组（1968.1—1970.11）	组长	滕景林	1968.1—1970.10
	副组长	蒋成林	1968.1—1968.12
	副组长	栾宗友	1968.1—1968.12
	副组长	粟仁科	1968.1—1968.12

续表 6–5

机构名称	职 务	姓 名	任职年月
	副组长	张绍轩	1969.1 — 1970.10
	副组长	张万应	1969.1 — 1970.10
市革命委员会农林水利局（1970.11 — 1973.9）	局长、党组书记	王兴武	1970.11 — 1973.9
	副局长	谢天俊	1970.11 — 1973.9
	副局长	邓伯台	1970.11 — 1973.9
	副局长	徐绍荣	1970.11 — 1973.9
市革命委员会农村办公室（1973.9 — 1980.12）	主 任	刘玉堂	1973.9 — 1973.11
	主 任	刘宏达	1973.11 — 1976.11
	主任、党组书记	周敬文（兼）	1979.2 — 1980.12
	副主任	张绍轩	1973.11 — 1980.12
	副主任	蒋成林	1973.11 — 1980.12
	党组成员	袁 方	1978.9 — 1980.12
	副主任	王兴武	1973.11 — 1980.12
	副主任	张善敏	1974.7 — 1980.12
	副主任、党组副书记	郭增臣	1977.12 — 1980.12
市农村办公室（1980.12 — 1983.12）	主任、党组书记	周敬文（兼）	1980.12 — 1983.9
	副主任	张绍轩	1980.12 — 1983.9
	副主任	蒋成林	1980.12 — 1982.10
	党组成员	袁 方	1980.12 — 1983.5
	副主任	王兴武	1980.12 — 1983.9
	副主任	张善敏	1980.12 — 1983.5
	副主任、党组副书记	郭增臣	1980.12 — 1981.12
市农业委员会（1983.12 — 1994.9）	主任、党组书记	黄秉东	1983.9 — 1985.5
	副主任、党组成员	邹云亨	1983.9 — 1988.3
	副主任、党组成员	王兴武	1983.9 — 1986.12
	委员、党组成员	张绍轩	1983.9 — 1986.12
	委 员	颜家兰	1983.9 — 1984.12
	委 员	张纪云	1983.12 — 1993.10
	主任、战线党委书记	陈登高	1985.12 — 1993.3
	副主任、战线党委成员	李甲顺	1985.12 — 1988.11
	副主任、战线党委成员	廖蔚钦	1985.12 — 1993.3
	副主任、战线党委成员	杨道德	1985.12 — 1994.9
	委 员	宋声长	1985.12 — 1991.4
	委 员	赵寿南	1991.6 — 1994.10
	纪检组长、战线党委成员	王美芝	1991.6 — 1994.9
	副主任、战线党委成员	邓昭强	1991.8 — 1994.9
	副主任	何友三	1992.8 — 1994.9

续表 6-5

机 构 名 称	职　务	姓　名	任职年月
市农村工作办公室（1994.9 — 2001.12）	主　任	李博文	1994.10 — 1998.4
	副主任	黄振朴	1994.10 — 1999.9
	副主任	杨道德	1994.10 — 1995.4
	副主任	邓昭强	1994.10 — 1998.4
	副主任	何友三	1994.10 — 1995.4
	纪检组长	王美芝	1994.9 — 2001.1
	副主任	王建之	1995.4 — 1999.2
	副主任	刘四华	1995.4 — 2001.8
	副主任	罗　伟	1996.4 — 1997.8
	主　任	李甲顺	1998.4 — 2000.11
	主　任	罗家博	2000.11 — 2001.12
	调研员（正处级）	邓昭强	1998.4 — 2001.12

说明：1．1957 年起，市人民委员会农林水利科与郊区办事处合署办公，两块牌子一套人马；

2．1961 年 9 月至 1962 年 6 月，曾撤销市人民委员会农林水利科，改设株洲市人民委员会农村办事处，因处于 3 年困难时期，该处未正式办公；

3．1966 年 6 月至 1967 年 3 月，曾撤销市人民委员会农林水办公室，其工作职能由市人民委员会办公室承担

（二）中共株洲市委农村工作部机构及领导名录

表 6-6

机 构 名 称	职　务	姓　名	任职年月
市委农村工作部（1953 — 1956.6）	代理负责人	李守绪	1953 — 1955.6
	部　长	陈文玉	1955.6 — 1956.6
市委农村办公室（1959.12 — 1961.9）	主　任	陈文玉（兼）	1959.12 — 1961.9
市委农村工作委员会（1961.9 — 1965.6）	书　记	刘伯坚（兼）	1962.1 — 1965.6
	副书记	陈文玉（兼）	1962.1 — 1965.6
	副书记	刘宏达	1962.1 — 1965.6
	副书记	童杰安	1962.1 — 1965.6
	副书记	张绍轩	1962.1 — 1965.6
	副书记	邢广义	1962.6 — 1965.6
	副书记	汪桂秋	1962.1 — 1965.6
市委农村政治部（1965.6 — 1967.11）	副主任	栾宗友	1965.6 — 1967.11
	副主任	张绍轩	1965.6 — 1967.11
	副主任	邢广义	1965.6 — 1967.11

续表 6–6

机构名称	职务	姓名	任职年月
市委农村工作部（1984.2 — 1988.7）（1994.9 — 2001.12）	部 长	黄秉东	1984.2 — 1985.5
	副部长	杨连登	1984.5 — 1986.12
	部 长	栾宗友（兼）	1985.5 — 1985.12
	部 长	陈登高	1985.12 — 1993.3
	副部长	廖蔚钦	1985.12 — 1988.7
	部 长	李博文	1993.4 — 1998.4
	副部长	黄振朴	1994.9 — 1999.9
	副部长	杨道德	1994.9 — 1995.4
	副部长	邓昭强	1994.9 — 1998.4
	副部长	王建之	1995.4 — 1999.2
	副部长	刘四华	1995.4 — 2001.8
	副部长	罗 伟	1996.4 — 1997.8
	部 长	李甲顺	1998.4 — 2000.10
	部 长	罗家博	2000.10 — 2001.12

说明：1. 1956 年 6 月至 1959 年 12 月，市委农村工作部撤销，其职能并入中共株洲市郊区委员会；
2. 1967 年 11 月起，因文化大革命导致地方党委瘫痪，市委农村政治部亦不存在；
3. 1988 年 7 月撤销市委农村工作部，直至 1994 年 9 月恢复该部；
4. 市委农村工作部存续前后两段期间，分别与市农业委员会、市委农村工作办公室合署办公，两块牌子，一套人马

（三）归口市农村工作办公室领导和管理的机构及领导名录

表 6–7

机构名称	职务	姓名	任职年月
市农村合作经济管理处（1996 年 4 月升格）	主任（副处级）	刘国光	1997.12 — 2000.12
中央农业广播电视学校株洲分校（1996 年 4 月升格）	校长（副处级）	张白杨	1997.12 — 2000.12
市农业综合开发办公室（1997 年 8 月升格）	主任（副处级）	冯新琪	1998.4 — 2000.12

（四）株洲市农业局历任负责人名录

表 6–8

机构名称	领导人职务	姓名	任职年月
株洲市人民委员会农业科（1955.9 — 1956.6）	科 长	张善敏	1955.9 — 1958.5
	副科长	陈怀礼	1955.9 — 1958.5

续表 6–8

机构名称	领导人职务	姓　名	任职年月
株洲市人民委员会农林科并入市郊区办事处（1956.6 — 1961.9）	（两块牌子一套班子）	–	–
株洲市人民委员会农村办事处（1961.9 — 1962.6）	（过渡期，未实施）	–	–
株洲市人民委员会农林水办公室农业科（1962.6 — 1964.5）	科　长	蔺常禧	1962.2 — 1964.5
	副科长	唐玉斌	1962.6 — 1964.5
	副科长	肖桂复	1962.6 — 1964.4
株洲市农林局（1964.5 — 1968.10）	局　长	童杰安	1964.5 — 1968.10
	副局长	谢天俊	1964.5 — 1965.9
	副局长	刘东元	1964.5 — 1968.10
	副局长	蔺常禧	1964.5 — 1968.10
	副局长	赖　彰	1964.5 — 1968.10
株洲市农业服务站革命委员会（1969.12 — 1970.11）	主　任	邢广义	1969.12 — 1970.11
	副主任	徐绍荣	1969.12 — 1970.11
	副主任	邓伯台	1969.12 — 1970.11
株洲市革命委员会农林水利局（1970.11 — 1973.9）	局　长	王兴武	1970.11 — 1973.9
	副局长	谢天俊	1970.11 — 1973.9
	副局长	邓伯台	1970.11 — 1973.9
	副局长	徐向荣	1970.11 — 1973.9
株洲市革命委员会农村办公室农业科（1973.9 — 1979.9）	科　长	王兴武（兼）	1973.9 — 1979.9
	科　长	吴安民	1977.12 — 1979.9
	副科长	李熙俊	1978.2 — 1979.9
株洲市农业水电局（1979.9 — 1983.7）	局　长	王兴武	1979.9 — 1983.7
	副局长	王大碧	1979.9 — 1983.7
	副局长	吴安民	1979.9 — 1983.7
	副局长	赖翰文	1979.9 — 1983.7
株洲市农业局（1983.7 — 2000.12）	局　长	刘定中	1983.7 — 1984.5
	副局长	王大碧	1983.7 — 1993.8
	副局长	樊校星	1983.7 — 1991.6
	副局长	吴安民	1984.7 — 1987.12
	局　长	陈登高	1984.12 — 1985.12
	局　长	陶维善 *	1985.12 — 1990.3
	副局长	潘季香	1986.10 — 1995.6
	局　长	邹云享	1988.3 — 2000.11

续表 6–8

机 构 名 称	领导人职务	姓 名	任职年月
	副局长	苏孟顺	1991.7 — 1996.3
	副局长	陈泽江	1992.3 — 2000.11
	副局长	李逵吾	1995.4 — 2000.12
	副局长	胡里仁	1995.4 — 2000.12
	副局长	付安然	1997.12 — 1998.3
	副局长	周真明	2000.6 — 2000.12
	局 长	汤少云	2000.11 — 2000.12

*陶维善：1987 年 8 月至 1989 年 12 月派往莱索托王国援助，回国后于 1990 年 3 月调任市政府秘书长

（五）株洲市林业局历任负责人名录

表 6–9

机 构 名 称	领导人职务	姓 名	任职年月
市林业园林委员会办公室、市绿化委员会办公室（1980.2 — 1983.6）	主 任	张绍轩（兼）	1980.6 — 1983.7
	副主任	于景昆	1982.3 — 1983.7
	副主任	马子林	1980.2 — 1983.7
	副主任	袁汉民	1980.2 — 1983.7
	副主任	王功祥	1980.2 — 1983.7
市林业局（1983.8 — 2000.12 ）	副局长	王功祥	1983.7 — 1992.3
	副局长	董凯辉	1983.7 — 1993.4
	副局长	吴文玲	1984.6 — 1998.4
	局 长	张启福	1987.11 — 1990.1
	局 长	李博文	1990.1 — 1993.3
	副局长	黄丰生	1991.7 — 2000.12
	副局长	张发源	1992.3 — 1993.3
	局 长	张发源	1993.3 — 1997.11
	副局长	张祖诒	1994.4 — 1998.4
	副局长	肖渊泉	1994.4 — 1995.4
	副局长	唐铁成	1995.4 — 2000.12
	局 长	何龙彪	1997.11 — 2000.12
	副局长	唐 萍	1999.7 — 2000.12

说明：市林业局的前身为 1956 年 6 月设立的市人民委员会农林水利科。其后，至 1980 年 3 月，其工作职能分别相继由市人民委员会农林办公室、市抓革命促生产指挥部农业组、市革命委员会生产指挥部农业组、市革命委员会农林水利局、市革命委员会农村办公室相关业务科室承担

1980 年 3 月，成立株洲市林业园林委员会办公室，负责全市林业园林绿化工作。1982 年 3 月，成立株洲市绿化委员会办公室，同时撤销市林业园林委员会办公室。1983 年 8 月，随着行政区划的改变和实行市管县体制，实行城乡林业园林分制，成立株洲市林业局

（六）株洲市畜牧水产局历任负责人名录

表 6–10

机构名称	职务	姓名	任职年月
市畜牧水产蔬菜局	局长	魏增秀	1964.6—1968
	副局长	冯士珍	1964.6—1968
	副局长	邓伯台	1964.6—1968
市革委副食品生产局	局长	蒋成林（兼）	1978.9—1979.12
	副局长	邓伯台	1978.9—1979.12
	副局长	邓志勤	1978.9—1979.12
市副食品生产局	局长	谢天俊	1979.12—1983.7
	副局长	邓伯台	1981.10—1983.7
	副局长	邓志勤	1979.12—1983.7
	副局长	陶维善	1981.7—1983.7
	副局长	冯士珍	1981.11—1983.7
市畜牧水产局	局长	谢天俊	1983.7—1985.11
	副局长	郭劲军	1983.7—1985.11
	副局长	李学瑜	1983.7—2000.12
	副局长	陶维善	1983.7—1985.11
	副局长	邓伯台	1983.7—1985.11
	副局长	邓志勤	1983.7—1985.11
	局长	郭劲军	1985.12—1988.10
	副局长	张发源	1985.12—1992.3
	局长	李甲顺	1988.11—1993.3
	副局长	严建夫	1991.6—2000.12
	局长	廖蔚钦	1993.3—1998.3
	副局长	李尊和	1996.1—2000.12
	副局长	周继昌	1995.5—2000.12
	局长	付安然	1998.3—2000.12

*（株洲市乡镇企业局机构沿革和领导成员名录因已在第七章“乡镇企业”中做了介绍，此处不再重复）

说明：20 世纪 50～60 年代初，畜牧水产工作归属株洲市人民委员会农业科。1962 年 6 月，市人民委员会农林水办公室设畜牧科，1964 年 5 月撤销，其工作职能划归同时成立的畜牧水产蔬菜局畜牧科、水产科。1968 年该局撤销，业务归口市生产指挥部农业组。1973 年 9 月，市革命委员会农村办公室设畜牧水产蔬菜科。1978 年 9 月，市革命委员会设副食品生产局，1980 年改为市副食品生产局，1983 年 7 月改为株洲市畜牧水产局

（七）株洲市水利水电局历任负责人名录

表 6-11

机 构 名 称	领导人职务	姓 名	任职年月
市水利机电排灌局（1964.6 — 1966.6）	局　长	张善敏	1964.6 — 1966.6
	副局长	庄先普	1964.6 — 1966.6
	副局长	王兴武	1964.6 — 1966.6
市水利水电局（1983.7 — 2000.12）	局　长	宋声长	1983.7 — 1986.2
	副局长	赖翰文	1983.7 — 1995.4
	副局长	刘春林	1983.7 — 1988.3
	副局长	李博文	1983.9 — 1985.12
	副局长	陈　炜	1986.1 — 1991.6
	党组书记	彭泽民	1985.12 — 1988.3
	局　长	刘春林	1988.3 — 1994.4
	局　长	蒋孔湘	1994.4 — 2000.12
	副局长	肖渊泉	1995.4 — 2000.12
	副局长	李建华	1994.4 — 2000.12
	副局长	朱建波	1994.4 — 2000.12

说明：株洲市水利水电工作，1951.7 — 1955.9 由市人民政府建设科负责；1955.9 — 1958.5 由市农业科负责；1958.5 — 1959.9 由市郊区农业部水利科负责；1959.9 — 1962.6 由市郊区农村水利局负责；1962.6 — 1964.5 由市农林水办公室负责；1968 — 1969 年由市革委会农业组负责；1970 — 1971 年由市革委会农业服务站负责；1972 — 1973.9 由市革委会农林水利局负责；1973.9 — 1979.9 由市革委会农村办公室负责；1979.9 — 1980.12 由市革委会农业水利局负责；1980.12 — 1983.7 由市农业水电局负责

（八）株洲市农业机械管理局历任负责人名录

表 6-12

机 构 名 称	领导人职务	姓 名	任职年月
市人委农业机械工业局	书　记	邢广义	1959.12 — 1962.4
	副局长	庄先普	1959.12 — 1962.4
	副局长	张文友	1960.1 — 1961.10
	局　长	徐绍荣	1974.10 — 1983.7
	副局长	张　瑛	1977.9 — 1983.7
	副局长	于振江	1980.9 — 1983.7
	副局长	余松华	1980.9 — 1983.7
市农业机械管理局	局　长	吴安民	1985.6 — 1995.12
	副局长	卢　炜	1987.10 — 2000.12
	副局长	李伯谦	1987.10 — 1995.12
	副局长	杨道德	1995.5 — 1995.12

续表 6–12

机构名称	领导人职务	姓名	任职年月
	副局长	陈思龙	1995.5 — 2000.12
	局　长	杨道德	1995.12 — 2000.12
	副局长	文武生	1995.12 — 2000.12

说明：株洲市农业机械管理：1951 年株洲市人民委员会建设科负责；1958 年由市人民委员会建设科、农业科、农林水办公室代管或兼管；1959 年 12 月，成立株洲市农业机械工业局；1960 年 12 月，市农业机械工业局与市机械工业局合并办公；1962 年 4 月，将市农业机械工业局、市机械工业局和市冶金煤炭局合并为株洲市重工业局，农机管理工作仍归农业口代管；1961 年 12 月，株洲市人民政府决定将郊区拖拉机站、农机修理厂、农具研究所和白关公社拖拉机站等 4 个单位合并为株洲市农业机器拖拉机站，与市抽水机站组成株洲市农业机械管理站，管理全市的排灌机械和拖拉机及农机具，归口市农水办管理。农、水分开成立市农业局和水电局后，市农业机械管理站也相继分开，拖拉机归农业局管理，排灌机械归水电局管理；1974 年 10 月，成立株洲市革命委员会农业机械管理局，市革命委员会工交办公室下设的农业机械化办公室同时撤销；1979 年 12 月，株洲市农业机械管理局与株洲拖拉机内燃机分公司合署办公，两块牌子，一套人马；1983 年 12 月，撤销株洲市农业机械管理局，其工作任务归市农业局接管；1987 年 3 月，株洲市编制委员会同意将市农业机械管理站由原归口农业局管理改为归口市农委管理；1987 年 7 月，株洲市农业机械管理站更名为株洲市农业机械管理局；1991 年 3 月，恢复株洲市农业机械管理局原机构级别（正处级）

（九）株洲市气象局历任负责人名录

表 6–13

机构名称	领导人职务	姓名	任职年月
市水文气象站	站　长	陈紫馀	1954.1 — 1956.7
	站　长	郑家定	1956.8 — 1957.3
	站　长	李国清	1957.4 — 1958.8
市气象服务站（1962年起）	站　长	易寿东	1958.9 — 1964.3
	站　长	朱章琪	1962.7 — 1964.3
	站　长	向开能	1964.11 — 1965.7
	副站长	郑树功	1965.11 — 1971.4
	站长（军代表）	孙国远	1971.5 — 1974.3
市气象局	局　长	汪桂秋	1974.3 — 1983.9
	副局长	史家全	1974.3 — 1983.9
	局　长	李少初	1983.9 — 1990.4
	副局长	张治平	1983.9 — 1990.4
	局　长	张治平	1990.8 — 1997.4
	副局长	刘署秋	1990.8 — 1992.3
	副局长	周益辉	1986.8 — 1992.2
	副局长	陈显佳	1992.3 — 2000.12
	副局长	易湘文	1992.3 — 1997.4
	局　长	易湘文	1997.4 — 2000.12
	副局长	陈学邑	1997.4 — 2000.12

第二章　农田水利

1949年，境内各种水利设施约6万余处，小Ⅱ型水库仅有3座，山平塘5.34万口，河坝4225座，蓄引提水量3.96亿立方米，有效灌溉面积8.41万公顷，旱涝保收面积1.95万公顷。有效灌溉面积和旱涝保收面积分别占耕地面积的67.77%和15.68%。

1949—2000年，株洲人民在中国共产党和人民政府的领导下，坚持自力更生、艰苦奋斗，走出了一条统一规划，国家投资和集体筹资相结合，农民投工，管、用结合的水利建设路子，兴建了一批又一批水利水电工程，为境内农业丰收奠定了基础。50多年来，国家共投入水利水电建设资金4.4亿元，群众投工8.47亿个，完成土石方7.8亿立方。截至2000年，全市拥有大型水库2座，中型水库13座，小Ⅰ型水库62座，小Ⅱ型水库810座，山平塘9.76万口，堤防656.7千米，水闸103座。基本形成以塘坝为基础，大中型水库为骨干，机电排灌为补充，蓄引提结合和“长藤结瓜”的新型灌溉体系。全市蓄引提水量达17.49亿立方米，有效灌溉面积15万公顷，旱涝保收面积13.34万公顷。

第一节　蓄、引水工程

一　塘坝建设

历史上，水塘是境内农业生产的主要蓄水设施。明万历九年（1581），醴陵县有塘3816.47公顷，农田与水塘面积之比为10：1；茶陵县有塘2051.4公顷，其中灌田的塘1575.2公顷，占水田面积的8%。历经200余年，水塘时有兴废。至清光绪年间，湘抚俞廉三提出原有塘荒废不举者可改种杂粮，以致废塘为田之风大炽，民国仍未止息。到民国中后期，水塘失修，淤塞现象普遍。1949年11月，全国第一次水利会议要求各地“兴修水利。防止水旱灾害，达到大量发展生产的目的”。翻身后的农民，生产热情空前高涨，积极投入以修塘为主的兴修水利运动。从1950年起，各县普遍组织修建塘坝委员会，领导群众修旧建新。茶陵县三区石溪乡冲里屋村村长谭富里，带领全村40多个劳力，从1950年冬至1951年，新建幼头、虎形2口塘和栗木坝。并修整、加高山塘3口，增加蓄、引水量2万立方米，1951年天旱，早稻保收9公顷，并试种双季晚稻2.34公顷获丰收。年底，谭富里被中南军政委员会授予水利劳动模范称号。

随着农村土地改革的完成和农业合作化的兴起，耕作制度不断改变，农业用水不断增加。为确保丰收，1952年，中南军政委员会发布“农业十大政策”，要求各地以最大力量挖塘建坝。根据这一指示，境内各区、乡政府及村设立了塘坝委员会。这一时期，农村水利建设实行“以塘坝为主，自力更生为主”的建设方针，突出小塘小坝修整、新建。1954年冬，各地普遍新建模范塘，修整塘坝 1.08 万口，平均每年新建 0.13 万口。同期，新建小Ⅰ型水库 3 座、小Ⅱ型水库 63 座。累计完成劳动工日 602.2 万个，土石方 617.4 万立方米，蓄引提水量 5.89 万立方米。有效灌溉面积达到 9.95 万公顷，旱涝保收面积 4.86 万公顷。

醴陵县人民政府贷谷 6.75 万千克，组织农民按照“谁受益，谁负担，按劳出工，按亩派费，借工还工”的原则，将荒芜的山平塘整修加固，到 1957 年，醴陵全县有山平塘 16773 处，坝 785 座；攸县 1951 — 1955 年共整修和恢复山平塘 4948 口，兴建 12 口模范塘，这些大小山塘的修建都以民办为主；茶陵县组织成立修建塘坝委员会 230 个，到 1957 年年底，全县有水塘 15773 口，其中，1950 — 1957 年新建塘坝 2896 口，比 1949 年增加 20%，蓄水量达 3169 万立方米；酃县以整修为主，恢复所有塘坝功能，到 1953 年，全县整修山平塘 514 口，其中兴建 117 口，蓄水 46 万立方米。至 1959 年，境内共新建河坝 4472 座，与山平塘一样在农田灌溉和抗旱中挥发了重要作用。

“大跃进”期间，部分地方出现“重大轻小”的倾向，忽视塘坝建设，甚至废塘还田，其后 3 年困难时期水利建设投入不足。1963 年，境内遭受特大旱灾，粮食严重减产。1964 年，县、公社、大队三级从大旱大减中吸取教训，组织群众开展“浅塘深挖、矮塘加高、漏塘整修、废塘变活、无塘兴建”的“五塘”建设，至 1966 年年底，全境山平塘总数达 8.95 万口，成为丘陵地区赖以抗旱的主要水利设施。

20 世纪 70 年代，在建设“大寨田”过程中，有的社队废除田园中的塘，片面追求稻田面积，又出现“废塘还田”现象，山平塘一度减少。醴陵县 1967 — 1978 年，减少山平塘 4946 口，其中 1974 — 1978 年，34 个公社废弃的山平塘有 553 口，减少蓄水面积 93.62 公顷，减少蓄水量 116.98 万立方米。攸县、茶陵、株洲县以及酒埠江灌区也有类似情况。1979 年后，废塘风被制止，已废塘又逐步恢复。1983 年，醴陵县人民政府规定：凡新建或加高一口山塘，增加有效蓄水量 1 万立方米的奖人民币 300 元；增加有效水量 2 万立方米的奖 600 元，并责成官庄、酒埠江两个灌区管理局，对增加水量，为灌区节约用水的，在水费计收上予以优惠。至 1986 年，新建和恢复山塘 3200 口，每年平均增加 400 口。1990 年年底，境内山平塘总数为 9.73 万口，为 1949 年的 1.82 倍。

20 世纪 90 年代，随着城市面积的不断扩大和开发区建设，境内山平塘数量有所下降。1997 年，市委、市政府提出“水利工程无隐患，山塘渠道全防渗，防洪大堤要达标”的目标，在 2 ~ 3 年内，对全市有灌溉任务的山平塘进行混凝土高标准防渗，提高灌溉效益，确保防汛安全。至 1998 年，株洲县新增防渗山塘 6216 口，使该县 1.7 万余口全部实现防渗，山塘蓄水由 1.4 亿立方米增加到 1.8 亿立方米，增加蓄水 4000 多万立方米，提高抗旱能力 15 ~ 20 天。2000 年，境内拥有山平塘 9.76 万余口，蓄水量 4.2 亿立方米，占全市各类蓄水工程蓄水量的 38%。

二　水库建设

1949 年以前，境内有醴陵县清水江乡洛塘、郊区的白马塘和清水乡干旱大塘 3 座小Ⅱ型水库，均为土坝，坝高 5 ~ 6 米，每座灌田 20 ~ 26.67 公顷。

20世纪50年代初，先后修建了茶陵县石窝塘水库、株洲县太湖水库、酃县岩穴水库、醴陵县四和水库。1955年10月，攸县动工修建老虎岩水库。

1958年，“大跃进”浪潮席卷全国，全境掀起声势浩大的水利建设。按照“全党动手、全民动员、大办水利”的方针，采取“生活集体化，组织军事化，行动战斗化”大兵团作战的方式进行大规模的水利建设。先后有攸县的酒埠江、黄沙桥水库及醴陵官庄、荷田、雪峰山、望仙桥水库，株洲县的大京、龙潭水库，茶陵县的茶安、岩口水库等一大批大中型水库动工兴建。这一时期，小型水利工程建设也在迅速发展。1958 — 1966年，全境共完成劳动工日9843.58万个，完成工程量9142.96万立方米，国家投资7974.21万元，蓄引提水量从1957年的5.57亿立方米增加到1966年的12.17亿立方米，有效灌溉面积13.02万公顷，比1958年前增加灌溉面积1.75万公顷，旱涝保收面积达7.97万公顷，比1958年前增加2.50万公顷。这一时期，兴建了攸县酒埠江水库和醴陵官庄水库2座大型水库，中型水库9座，小Ⅰ型水库34座，小Ⅱ型水库217座。攸县酒埠江水库工程1958年9月动工，于1960年2月24日竣工，参加工程建设达2万余人。施工期间，中共中央书记处书记谭震林和中共湖南省委书记胡继宗曾亲临工地视察，国务院副总理罗瑞卿、农业部部长廖鲁言等领导也曾到工地视察。枢纽工程由主坝、副坝、电站、溢洪道、非常溢洪道、船闸等组成。正常水位时水库库容2.53亿立方米，灌溉醴陵、攸县3.34余万公顷农田。电站安装3台3000千瓦水轮发电机组，总装机容量9000千瓦，是一座以灌溉为主，发电通航，综合利用的大型水利工程。醴陵市官庄水库亦在1958年夏开始，采取“边施工、边设计”的办法上马。1964年7月和这年冬季，共青团中央第一书记兼湘潭地委第一书记的胡耀邦，先后2次视察官庄水库建设工程。官庄水库工程累计完成土石方193万立方米，砌石3.9万立方米，砼与钢筋砼2.4万立方米，投入劳动工日376.6万个。设计灌溉面积1.41万公顷，实际灌溉醴陵、浏阳两县农田1.14万公顷，1965年输水受益。

在“农业学大寨”运动的推动下，境内大搞农田基本建设。1965 — 1968年，攸县兴建酒埠江北干渠，株洲县杨柳水库、上游水库、大京水库配套。1970 — 1971年，攸县兴建酒埠江东干渠；1970年8月，茶陵县兴建龙头灌区，1973年9月茶陵开始兴建东坑水库；1973年12月，醴陵兴建藕圹水库，1975年兴建周芳水库。其间，醴陵还修建了官庄、荷田灌区，茶陵还修建了茶安灌区，大中型水库灌区配套相继建成。到1976年，境内共修建中型水库5座，小Ⅰ型水库10座，小Ⅱ型水库98座，处理病险水库54座。

十一届三中全会以后，新建水库速度放缓，到1986年的近十年间，全市共新建水库81座，其中5座小Ⅰ型，余为小Ⅱ型。1987年，提出对新建小型水库实行以奖代补的政策，再次掀起全市水库建设热潮。有的县还出现了农民个人建水库。攸县上云桥乡清塘村苏家场组农民刘德文，3个月建成一座库容11万立方米的小Ⅱ型水库。接着，该村又有3户农民兴修了3座小Ⅱ型水库。攸县石羊塘乡上田村新屋组村民胡运生，采取与村里签订承包养殖合同的办法，自己出钱出力，兴建了一座蓄水12万立方米、灌田18公顷的小Ⅱ型水库。

1992年，总结推广茶陵县“两工制”（积累工、义务工）经验，依靠群众兴修水利，鼓励各地运用劳动积累工兴修水利。至2000年，境内共有大型水库2座，中型水库13座，小Ⅰ型水库62座，小Ⅱ型水库810座。

三 病险水利工程除险加固

境内大、中、小型水库有887座，其中土石坝占99.1 %；塘坝9.76万处。在这些工程中，有一大批是20世纪50—60年代兴建的，由于当时急于求成和财力、物力不足，不少工程未按基建程序进行，设计、施工均存在一些问题，后期管理又没有跟上，致使病、险问题突出。有的地方随意打乱水系，拦河作坝，裁弯取直，盲目改道，设计考虑不周，土建工程质量差，不少工程修了垮，垮了修，年复一年，水利变水害。在1978—1983年对全市水库进行三查三定工作中，发现50%的土石坝工程存在问题，引起各级水利部门对水库保安的重视，把水利工程的除险加固工作列入重要议题。

茶陵县东坑水库是一座中型水库，由于工程仓促上马，且要求1年完成，在设计与施工中，对在坝左侧山坡断层带岩层裂隙水浸入坝体的问题未有效解决，以及填坝土料粘性过重，摩擦系数小等问题，致使大坝建成后左坝段出现2次滑坡。为修复水库大坝主体工程，1982年10月，茶陵县分3批进行修复，动用民工9300余人，将大坝主体工程修复。

酒埠江灌区工程是20世纪50—70年代逐步修建和完善的大型水利工程，受当时条件和经济实力限制，工程设计标准低，施工质量差，配套不齐。经30多年运行，多数建筑物老化，土渠严重渗漏达114千米，占总长的50.1%，穿孔、垮塌现象频发，干渠发生决堤事故达12起，造成直接经济损失达200多万元。据1991年灌区工程老化损坏调查，总长227.4千米的干渠中，存在垮塌隐患的渠道有11.6千米，经常受到冲击、淤塞的渠道有35.8千米。渠道水利用系数逐年下降，据实测，灌区渠系水利用系数下降到0.43。从20世纪90年代开始，国家、省、市、县及灌区加大对灌区工程的改造投入。

醴陵官庄水库是在边勘测、边设计、边施工情况下建设的，工程投入使用后，一直带病运行，且经过多年运行磨损和长期风雨剥蚀，工程老化，渗漏严重。1992年，经水利部、国家防总、水利部大坝安全管理中心、长江水利委员会、湖南省水利厅专家现场论证，确定为重点病险水库。同年6月，水利部将官庄水库列入全国第二批重点病险水库治理项目。

1993年，省政府在农村工作会议上提出：到1995年基本上对所有的病险水库要进行初步治理，2000年基本上消灭病险水库的目标。为贯彻执行“不把病险水库带入21世纪”的重大决策，株洲市从1997年开始，连续3年对病险水库进行了加固处理。

全市共有病险水库277座，其中大型2座（鉴定为三类坝），中型10座（鉴定为三类坝的有6座），小型265座（初定险坝的141座）。

1997—1999年，全市共治理大型水库1座，中型水库9座，小型水库141座（完成加固68座）。共计投资5426万元，其中中央投资740万元，省投资1161万元，市、县配套投入3525万元。完成土石方57.3万立方米，干浆砌石9.3万立方米，砼4.9万立方米。经过治理，有效地降低了水库大坝失事风险，且新增和改善灌溉面积1.38万公顷。

株洲市大、中型水库基本情况一览表

表 6–14

水库名称	所在地		所在河流	兴建时间（年）	集雨面积（平方千米）		设计洪水位（米）	总库容（万立方米）	设计灌溉面积（公顷）
	县市	乡镇			本身	外引			
酒埠江	攸县	酒埠江	渌水支流攸水	1958	625.00	–	165.48	25310	34667
官庄	醴陵市	官庄	浏阳河涧江	1958	201.00	–	124.38	11917	14113
荷田	醴陵市	富田	渌江二级支流	1958	17.00	–	98.75	1240	2334
雪峰山	醴陵市	浦口	渌江二级支流	1958	16.75	–	141.18	1280	1540
望仙桥	醴陵市	东堡	渌江一级支流	1958	17.02	–	78.80	1670	1800
藕塘	醴陵市	贺家桥	渌江二级支流	1973	2.10	48.10	147.96	1132	1600
周坊	醴陵市	均楚	湘江一级支流	1975	25.06	–	130.38	1726	3200
黄沙桥	攸县	大同桥	渌水支流	1957	55.60	–	121.88	1050	1994
皮佳如	攸县	丫江桥	沙河	1958	11.38	4.51	199.34	1165	1554
东坑	茶陵县	小田	渌水支流高垄河	1973	13.50	98.35	276.12	1280	2654
岩口	茶陵县	严塘	渌水支流欧江	1966	48.50	–	223.19	1690	4934
龙头	茶陵县	火田	渌水支流洲陂河	1970	2.30	58.30	213.39	854	2834
大京	株洲县	白关	湘江支流枫溪港	1958	19.42	–	93.40	1328	2167
杨柳	株洲县	三门	湘江支流颜家港	1959	7.00	8.66	74.80	1092	2400
龙潭	株洲县	黄龙	湘江支流黄龙河	1958	101.00	–	84.71	1573	2427

第二节　堤垸工程

一　防洪堤闸

境内最早的筑堤是天元区群丰镇的包家港堤，建于民国 27 年（1938），堤长 80 米，高 6 米，保护面积 12 余公顷。随后马家河、霞湾等地亦修筑防洪堤段。1949 年，境内湘江段共有防洪堤 9 段，长 10 千米，保护面积 267 余公顷。因土地私有，堤段各自为政，堤身矮小单薄，防洪能力低。1954 年洪水暴发，马家河段堤溃口 37 处，淹田 200 余公顷，冲倒房屋 17 栋，损失 498 万元，市区低洼的建宁街、堤升街、南湖塘、贺家土、白石港一带的菜土、农田均被淹没。中共株洲市委把治水作为城市建设的一项重要内容，是年冬起，从月形山至奔龙山，永利水塔至白石港，再沿白石港南岸直上杨家老屋，修建新建防洪大堤 6000 米。

1959 年年初，从湘潭、醴陵、长沙县划入 8 个公社，归市郊区管辖，耕地面积扩大到 4.07 万公顷，沿江大水田增加到 0.8 万公顷，占耕地面积的 19.67%。同年夏，市委决心根治大水田。是年冬，组织 10 万劳力大搞堤防建设，至 1960 年春，新建湘、渌两江防洪大堤 114 千米、大小水闸 103 座。

但新堤没能挡住凶猛洪水的冲击。1961 年 6 月暴雨，湘江防洪大堤多处溃漫，3867 公顷农田受淹，损失严重。是年冬，从城区部分大中型企业抽调一批工人支援冬修水利。至 1962 年春，4.1 万人上阵，历时半年，完成土石方 170 万立方米。其中，渌口区南阳桥公社的南岸堤、淦田区的淦田堤、淦田水闸、平山堤、王十万公社的龙船港水闸的整修，由城市工厂单位承包建成。堤闸工程修复，提高了防洪能力。经过 1962 年、1968 年、1976 年的洪水考验，总体情况是好的，但株洲县的朱亭、平山、淦田、南岸、均坝、王十万、龙船港、堂市、三门、马家河、郊区的曲尺、霞湾等堤仍多处出现险情，甚至溃漫失事。1976 年秋，市水利部门组成两个测量小组，配合株洲县和郊区水利部门，对湘、渌江防洪大堤进行全面测量，按 1976 年株洲最高洪水位（43.87 米），超高 1.5 米、堤顶宽 5 ~ 6 米的要求，组织干部群众对防洪大堤全面加高培厚。整修后，多数堤垸高程超 20 年一遇洪水位（43.50 米）1 米，堤顶宽由原来的 2 ~ 3 米加宽到 5 ~ 7 米。

1990 年，全市共有防洪大堤 145.39 千米，近 300 张水泥薄壳闸门，保护耕地面积 6767 公顷，保护人口 21.25 万人。

株洲县三门堤是全市保护面积在万亩以上的中型堤垸。该堤位于湘江西岸，南与堂市乡湖塘接界、北与雷打石镇盘石村接界，集雨面积 98.7 平方千米、堤垸保护面积 974 公顷，其中耕地 767 公顷。垸内受益有三门镇 14 个村、1.05 万人，大堤全长 6140 米。1959 年冬，三门人民公社组织近万人修堤建闸，计 3 孔，每孔净宽 3 米、净高 8 米（分两层），设计流量 114 立方米 / 秒。1968 年因木闸门失事，淹田 534 公顷，1979 年将木门改为水泥薄壳闸门。全市近 300 张木闸门经过几十年，已全部改为水泥薄壳门，大大降低了维修费用，提高了闸门的使用年限。

1994 年 6 月 18 日，株洲遭遇了百年不遇的特大洪水，湘江水位达 44.59 米，超警戒水位 5.59 米，洪峰流量达 20200 立方米 / 秒，有 201 处防洪大堤出现险情，有 16 处防洪大堤决口，长度 5400 多米，洪灾造成损失达 15 亿元。灾后，市委、市政府组织全市人民投入抗洪救灾，重建家园。为彻底根治水患，保护城市和人民生民财产安全，市委决定用 2 年时间全面整修湘、渌江防洪大堤。1994 年 7 月 18 日，中共株洲市委七届九次会议作出《关于全面整修湘、渌江防洪大堤的决定》，并成立湘江防洪工程建设总指挥部，下设河东、河西、郊区、株洲县、醴陵市 5 个指挥部。8 月 18 日正式开工。全市有 280 多个县级单位，1800 多个基层单位，城区 30 万职工居民，株洲县、醴陵市、郊区 50 万农民投入修建防洪大堤。经过 2 年的艰苦努力，1996 年 4 月工程全部竣工，整个湘、渌江大堤均按照防洪标准进行了全面整修加固、加高、加厚。其中，市区段的 29.4 千米防洪大堤按一百年一遇的防洪标准，堤顶宽 12 米，最宽处达 20 米，农村段 120 多千米的大堤达到了 50 年一遇或 20 年一遇的防洪标准。共完成土石方 1000 万立方米，投工 3000 多万个，总投资达 5 亿元，其中株洲市区段投资达 2.8 亿元。

1998 年，全国发生特大洪灾后，国家加大水利等基础设施投入。当年，株洲市获国家专项投资 3236 万元整治湘江河堤。整个工程包括白石港堤段、霞湾大堤、曲尺大堤、马家河大堤、群丰、堂市、湖塘、淦田堤，全长 16 千米，完成土石方 104 万立方米，于 1999 年 6 月竣工。经过综合整治后的株洲湘江堤段提高了堤防标准，有效保护了全市人民生命财产、厂矿企业和交通干线的安全。

二　撇洪排渍设施

1959年冬至1960年，建成全市第一条撇洪渠——漂沙井撇洪渠，渠长6.04千米，撇洪面积86平方千米，漂沙井公社的高泉、黄霞、王竹、漂沙井、梅仙、晓岭6个大队受益，使这个公社的内渍面积从107公顷减少至20公顷。雨季结束后，撇洪渠内的节制闸关闭又可蓄水灌田，撇洪渠成为灌溉渠，可灌溉漂沙井、黄霞、王竹等4个大队的120公顷农田。

1968年冬，马家河公社集中全社14个大队的劳力，新建万丰撇洪渠，全长5560米，撇洪面积27.50平方千米，排除了万丰、高塘2个大队114公顷农田的内渍之患。随后又建成万丰排渍站，使2个大队实现旱涝保收，高产稳产。

1970—1980年期间，沿江两岸重点是治理内渍。采取集中力量打歼灭战的办法，建有株洲县马家河公社的中路、栗雨、南塘，群丰公社的旗方、七〇、合花，雷打石镇的胜利，堂市公社的黄竹港，淦田公社的淦田，市郊区的陈浦港、韶溪港等撇洪渠和排渍站。到1990年，全市共建成撇洪渠67条，全长15.20千米。新建电力排渍站90处105台，装机3827千瓦，电力排渍面积2387公顷。共治理内渍面积6020公顷。

1991—2000年，各地对排渍设施进行疏通、整修加固、除漏防渗，加强设备维修保养，确保其在排涝排渍中的作用。

第三节　提水工程

1949年前，溪河两岸提水灌溉主要是以人畜为动力的手车、脚车、孔明车和利用水力提水的筒车，并建有固定车水码头、牛车棚和筒车坝等工程。利用机械设备提水始于20世纪40年代末，50年代后获得大发展，并由以机械提水排灌为主逐渐转向以电力排灌为主。

一　机灌和电灌

民国36年（1947），攸县宏翘市人刘泰阶，从武汉带回1台美制哈力7.5马力柴油机和1台水泵，安装在网岭镇的里旺洲抽水灌溉，灌田14余公顷。1949年9月，茶陵县前街傅林生、陈甫新购回美式直径8英寸单级水泵1台，配单缸20马力柴油机作动力，1950年春旱，县建设科动员傅、陈将机器搬至一区茶华乡樟树村抗旱，抽水7昼夜，使27公顷田按时插上早稻，群众誉为“水龙”。

20世纪50年代初期，机械排灌在境内开始发展。1950年，省抽水机站派技术人员带20马力煤气机2台，支援醴陵县泗汾乡的湾塘、枧上2个村抗旱。1951年夏，省抽水机总站拨给醴陵县抽水机15台，并培训机手16名，当时投放十二区梅仙乡范家洲农业社（株洲县漂沙井乡漂沙井村）1台“谊松”汽车发动机改装的20马力煤气机，并派技工帮助安装，扬程18米，周围十几里远的农民都前来观看，口中“啧啧”称奇。

同年，省抽水机总站分给株洲市2台抽水机，安装在董家塅、田心抗旱，共灌田30公顷。

1952年，株洲市分别在枫溪港安装抽水机1台、洲坪乡杨家咀安装“福特”25马力煤气机1台，灌田30.34公顷。1952年，省抽水机总站在醴陵县成立分站。1953年，采用国家投资，包田灌溉的办法，抽水12120小时，灌田483.27公顷，大旱之年得丰收。同年，攸县从省抽水机总站借得20马力的柴油机1台，安装在网岭乡丹塘村临时抗旱，围观农民数百人，欢欣鼓舞，放鞭炮庆贺。1954年，省水利厅确定丘陵区以醴陵县为发展机械排灌的重点县，由试点示范到全面推广，机械排灌得以迅速发展。这年，醴陵县购置20～40马力柴油机40台，由国家投资在渌江、铁河流域建机埠，定点安装。到1957年，境内排灌设备保有量达到116台、2110千瓦，当年灌溉面积为6800公顷。

1958年，市郊区白关公社白关大队铁路冲和郎下冲生产队同时建起10千瓦和7.5千瓦电力抽水机台，共灌田2.34公顷，是株洲市农田电力灌溉之始。随后，醴陵、攸县等地建成一批电动排灌机埠。但这一时期仍以机械排灌为主，至1961年，境内排灌机械保有量达到669台、9780千瓦，可灌田7860公顷。

1962年，株洲市在贯彻国务院关于“农田排灌机械应以调整巩固为主”精神的同时，利用靠近电网的有利条件，在郊区发展电力灌溉，漂沙井公社的漂沙井机埠、洲坪公社的江边村机埠、淦田公社的烟棚子机埠、南阳桥公社的铁埠滩机埠、均坝公社的松岗机埠相继建成，5处机埠的提灌面积为534余公顷。

1963年大旱。同年冬开始以湖区为重点的电力排灌建设。1966年，境内机电排灌设备达到1669台、3.76万千瓦，可灌溉面积3.94万公顷，其中电力排灌设备保有量为543台、1.68万千瓦，可灌溉面积2.17万公顷。

1967年以后，酒埠江、官庄等大中型灌区渠系配套设施逐步完善，高压输电线路延伸到边远地区和部分山区，据官庄、酒埠江、东坑、岩石、龙头共5座水库统计，利用渠道发电设计装机21台、3625千瓦，实际装机23台2665千瓦。

从1970年起，株洲县、市郊区在沿江两岸新建电力排渍站，解决丰雨季节内渍问题。至1980年，县、区共建起排渍站36处，装机44台，装机容量2585千瓦，排渍面积为2192公顷，共计耗资100多万元，其中国家投资43.70万元。

20世纪70年代末80年代初，株洲县还建成双江口中型电灌站。该站分两级提水，总扬程63米，是境内扬程最高的电灌站。

1981年，境内排灌机械保有量共计7985台85600千瓦，排灌面积4.29万公顷。

1981年以后，农村实行家庭联产承包责任制，一些农户也联户发展小型电灌工程。到1990年年底，全市机电排灌保有量达12.01万千瓦，其中电力排灌75880千瓦，机械排灌44260千瓦。机电排灌面积6.12万公顷，其中电力排灌5.79万公顷，机械排灌0.99万公顷。

1990年，全市电力排灌机埠投入运行总量3185处、3291台、66085千瓦，总提水量2.59亿立方米，用电量 3236 万千瓦时，受益面积 4.33 万公顷，其中灌溉 4.39 万公顷，排渍 0.24 万公顷。20 世纪 90 年代，机电排灌拥有量和灌溉面积无较大变化。

二 水轮泵站

1957 年，酃县引进水轮泵 6 台，安装在 6 处农村灌溉农田，使 67 余公顷农田受益，其中十都乡良田村的 1 台最先安装使用，灌田 15.34 公顷，历 33 年之后仍在运转。

20 世纪 60 年代后，水轮泵站在境内各县逐渐建立。1964 年，市、县相继成立水轮泵推广领导机构，提出“大打水轮泵歼灭战”，资金、技术、劳力、物资都得到安排，泵站建设迅速发展。至 1972 年，建成水轮泵站 521 处、装机 563 台，灌田 2007 公顷。1973 年以后，由于泵站的建筑标准低，经受不住洪水的冲刷；部分泵站的建站选点中忽视必需的水头和过流量等条件，以致旱季河水干枯，水轮泵发挥不了作用；因建水库、河坝，上游的水轮泵遭回水淹没，下游的则因流量减少使水轮泵不能运转。所以，不少水轮泵站被小水电站或电力排灌站所取代。

1974 — 1977 年，攸县兴建苏州坝水轮泵发电站。该站以提水灌溉为主，兼顾发电、通航，安装 80–8 型水轮泵 11 台，灌田 1534 公顷，是境内唯一灌田 667 公顷以上的水轮泵站。

到 1990 年，境内有水轮泵站 71 处，装机 111 台，其中 10–20 型 12 台，30 型的 15 台，40 型的 39 台，60 型的 23 台，80 型的 19 台，100 型 2 台。提灌面积 1.95 万公顷。总提水量 2030 万立方米，受益面积 0.35 万公顷。

20 世纪 90 年代，水轮泵站建设发展放缓。1997 年，在醴陵官庄灌区节水灌溉工程中，新建 1 座 4 × 200 千瓦水轮泵站，缓解了灌区农田灌溉用水矛盾。

三 喷 灌

1975 年，株洲县姚家坝公社姚家坝大队使用 2 台移动式喷灌设备，对柑橘进行喷灌。1978 年，醴陵县在新阳公社的陈家湾大队和均楚公社的殷家冲大队试点，至次年，发展喷灌工程 25 处。同一时期，茶陵、攸县等地亦先后建立喷灌站，其中，攸县新市人民公社油茶场喷灌站，喷灌面积达 54 公顷。

1980 年，喷灌建设重点转向商品生产基地，由水电部门与供销社共同组织指导喷灌工程建设。同年，醴陵县新建喷灌工程 65 处，喷灌面积 348.27 公顷。1981 年增加到 111 处，受益面积 571 公顷。到 1993 年，全市喷灌面积达到 3240 公顷，受益作物主要是柑橘、茶叶等经济作物。喷灌建设国家投资 238.78 万元，贷款 146.91 万元，自筹资金 159.07 万元。

由于喷灌工程投资大（含水源建设），农民负担重。喷灌工程又多数是移动式，使用麻烦，影响了喷灌的发展。1984 年后，逐渐废弃。至 1989 年，攸县、株洲县、市郊区的喷灌已全部停用。20 世纪 90 年代，全市喷灌面积有 454 公顷，只有醴陵市、茶陵县、炎陵县在部分使用。

第四节　水利管理

民国时期，水利设施规模较小，均系民间修建，民间有塘会、坝会等群众性组织，自我维持。少数水利设施由业主独家修建，自营自管。20 世纪 50 年代后，逐步形成以群众管理为基础，专业管理与群众管理相结合的分级管理和民主管理制度。乡政府均建有建管合一的水利委员会，负责全乡的水利工作。1954 年农业合作化后，农业社建立管水小组。1958 年人民公社时期，大队设管水小组，生产队设管水员。小Ⅱ型水库、机械排灌站、电力排灌站、水轮泵站确定专人管理。湖区堤闸一般以堤垸或水闸为单位成立修防委员会或管理委员会。1963 年大旱后，攸县酒埠江灌区、黄沙桥水库、醴陵官庄、荷田、雪峰山、望仙桥水库，株洲县上游、大京、杨柳水库等大、中型骨干水利设施相继续建、配套，大小水利设施都确定专人管理或兼管。太湖、月形水库等重点小Ⅱ型以上水利工程成立管理所。酒埠江、官庄 2 座大型水库成立管理局，配备专职管理人员。

20 世纪 60 年代后，上了型号的水库均成立了管理所，配备了专职管理人员。70 年代初期，茶陵县茶安灌区茶陵支干渠代表大会指定的《管理规章》对民主管理制度作了进一步发展，灌区设代表大会和管理委员会，下设灌区管理所，公社设管理站，大队设行水组，生产队配备看水员，这一经验在县内中小型灌区得到推广。在这一基础上，各县重点小Ⅱ型以上的水利管理单位都建立健全了灌区代表大会、灌区管委会等群众性管理组织。为加强基层水利管理工作，各公社都配备了专职水利员，每人每年补助 800 ~ 1000 元，经费从各县市区每年的水利事业费中支出。

20 世纪 80 年代后，农村实行经济体制改革，按照“谁建、谁有、谁管、谁受益”的原则，实行分级管理，全市近 600 处的大中型水利工程都建立了相应的管理机构，并配备专职管理人员负责工程维修保护，执行供水计划和防洪调度命令，开展综合经营，搞好经营管理。

1985 年，根据湖南省计委、劳动人事厅、公安局、粮食厅、水利厅精神，全市有 900 名水管员全部转为城镇户口，国家供应商品粮。1986 — 1990 年全市有 125 个乡镇相继建立水管站。

为加强基层水利水电工程管理和建设，合理利用水资源，1987 年，市人民政府发布《株洲市乡镇水利水电管理站组织管理办法》，明确了乡水管站的职责、管理工作制度等。

按照湖南省人民政府发布的《湖南省水利水电工程管理办法》规定，全市大中型水电工程由所在受益区县以上水电部门负责管理，小型水电工程由所在乡（镇）负责管理，跨行政区域的水电工程由上一级水利部门或其委托单位负责管理，逐步实施依法治水、依法管水，使水利更好地为农业生产服务。

一　工程管理

据历代县志记载，境内修建较大塘陂堰坝时，一般留有公田或在受益田中刈“坝禾”（管理人员按受益面积额定刈禾），或按田亩征收水费、水谷，以其作管理养护开支。这种办法一直延续到

20世纪50年代初期。1954年，醴陵县四和水库按最高额不超过常年产量的5%，将受益划分为岸田、垅田、漕田3等收取水费，岸田多收，垅田次之，漕田再次。

20世纪50年代，工程维修养护，一般由管理单位负责，其中塘坝的管理维修列为看水员的职责之一，多采用包工的形式，由看水员负责经常的管理维修。岁修由受益田派工派费解决。放水期间如遇渠道发生塌方影响通水，则由乡、村出面组织劳力突击抢修。重点工程及其灌区附属建筑物的维护费用，则在小型农田水利事业费中补助解决。

20世纪60年代以后，小型工程的岁修费用仍由自筹资金解决或水利事业费给予补助；但对重点工程除险加固或铁路沿线保安工程，由有关部门投资，并优先解决。中型以上工程、枢纽，多由专业队负责。渠道维修一般按受益面积分段包干，由所在地受益单位与管理所订立合同，维修的费用和器材，由管理所统一验收结账，灌区统一负担；再则按受益田亩抽调劳动力组织常年维修专业队，由管理所统一领导，并适当给予伙食补助，由生产队记工分，其维修费用和器材，概由管理所统筹安排。同时，各县均制定水费征收办法。“文化大革命”期间，征收水费制度被打乱，水费停收；70年代初，重新制定水费标准，但普遍偏低，有的甚至不收，拖欠水费现象严重，致使一些病险工程的除险加固和更新改造难以进行。

农村实行家庭联产承包责任制后，枢纽工程的维修养护仍由管理单位负责。岁修和抢修由受益乡村筹工、筹钱、筹粮。渠道维修有的按受益比例划段包干到村、组；有的实行专业承包或就近承包到组、到户。国家对重点工程的枢纽部分，灌区内的主要附属建筑物的岁修，仍在小型农田水利事业费或岁修费中补助解决。各种小型水利设施，明确谁受益、谁维修。

境内的水利工程多为土石坝工程，“病害”较为突出。1973年，对全市已建各类水利设施，开展查工程建设和投资使用、查工程安全、查工程效益、查综合利用、查管理现状，定任务、定措施、定计划、定体制的“五查四定”工作。通过查定，从1975年起，把水库保安列入水利年度工作重点，先后对官庄、酒埠江、大京、上游、黄沙桥、荷田等200多座水库进行加固处理，提高了防洪保安标准。

1973年，醴陵县藕塘水库因蓄水超过安全水位，酿成晴天垮坝，给下游造成了严重损失。醴陵县水利部门以此教训为契机，以防洪保安为重点，加宽加深加固116座水库的溢洪道，并结合将其中的42座大坝加高培厚，43座加做了防渗斜墙，36座做了倒滤层，25座加做了块石护坡，4座的函管进行了灌浆加固，36座加做了草皮护坡。对所有水库、河坝，又补测了坝址地形图、大坝及输水设施和溢洪道的断面图、集雨面积图、库容曲线图、灌区布置图等。1976年，水利电力部《水利通讯增刊》介绍了醴陵县以防洪保安为重点的工程管理经验。

1981年，水利部部署对各类水利工程进行“查安全、定标准，查效益、定措施，查综合经营、定发展计划”的“三查三定”，指定查定的8座中型水库，有大京、杨柳、望仙桥、荷田4座达到部颁“七八”标准，雪峰山、上游、黄沙桥、岩口4座达到部颁“六四”标准。

境内水利工程建设，经过50年的努力，已积累形成固定资产20多亿元，在确保农业用水灌溉的情况下，各地积极开展多种经营，综合利用，发展水利经济产业，开辟增收渠道，促进了水利事业发展。

二 用水管理

1949年前，醴陵、攸县、茶陵等地用水管理办法是：共管共饮水工程用水，均经协议订立文书契约，分户收执为据，或规定“专人放水，同干同湿”；或在塘的涵洞旁竖立标尺，按分或按时按刻分水；或按田亩多少设分水口分水；或在陂坝面设固定的分水堰，按量分水。一些较大规模的工程，将协议条文刻石立碑，昭示后代。土地买卖也需在文契上注明某设施的饮注，否则，“买田不买水”，日后就没有引水灌田的权利。由于对灌溉水权的重视，一些水利设施，管理维护使用较好。但大多数水利设施，特别是一些规模较大，涉及面较广的设施，管理使用权为富豪绅士所把持，存在着“水权私有、以邻为壑、用水不均、纠纷迭起”的弊端。民国27年（1938）5月，攸县新市为大漠陂改道与槐塘曾、文、易三姓械斗，新市周傲癫当场毙命，重伤13人，警察局派兵弹压。

中华人民共和国成立后，随着农村土地改革而相应变革了水利私有制。1950年2月，醴陵县各界人民代表会议作出在全县推广“一把锄头放水”的决议。推举有经验的老农，既负责放水，又负责工程管理养护。

1955年冬，醴陵县四和水库在灌溉管理工作中，打破原有水权界限，按水系统一规划，合理调整灌区，实行合作用水，坚持一把锄头放水，制定行水秩序与公约，受益240公顷田全面丰收，被评为全国灌溉管理先进单位，受到国务院嘉奖。

1956年7月，水利部和省水利厅总结推广四和水库的“六先六后”（先用活水，后用死水；先用低水，后用高水；先灌高田，后灌低田；先灌远田，后灌近田；先灌胎禾，后灌扁草；先灌干田，后灌湿田）的用水经验。1958年8月，水电部在醴陵县召开全国塘坝管理及水利灌溉管理座谈会，推广醴陵经验，17个省市的243名代表出席。罗马尼亚3名灌溉专家，苏联乌兹别克加盟共和国水利部部长也曾于1956年专程到醴陵考察用水管理。

1958年冬，高级农业合作社转为人民公社，水利建设上先后出现超流域引水和长藤结瓜的新型灌溉系统。1964年，株洲县三门公社月形水库（小Ⅱ型）在学习和推广千金水库经验时，一手抓渠系配套，渠道标准，引水灌库，长藤结瓜，增加蓄引水量；一手抓科学管水，计划用水，使水库蓄水量由78万立方米增加到96万立方米；灌溉面积由134公顷扩大到247公顷。1965年全省水利管理现场会议在株洲召开，月形水库被评为湖南省农田基本建设的先进集体，被誉为“千金之花”，所长刘炳坤作为全省水利战线的先进代表，出席1965年北京国庆观礼。

酃县采取“三包五定”的管理办法，即包工程养护、包蓄水保水、包抗旱天数，定工程、定人员、定田亩、定工分、定奖罚。醴陵县雪峰山水库在用水管理上总结的“四结合”（蓄、引、提相结合，上下游相结合，专职管理与群众管理相结合，灌溉用水与工程维修配套相结合）、“五统一”（统一领导、统一水权、统一规划、统一负担、统一维修）的办法，调动了管好工程用好水的积极性。灌区内在灌溉用水上，实行“寸水返青，浅水分蘖，圆脚晒田，活水壮苞，干湿壮籽，跑马黄熟”的用水方法，并采取看天、看地、看苗情用水，使之达到节约用水、促使水稻早熟高产的目的。

1980年，水库供水超过设计灌溉面积的26%。

农村实行家庭联产承包责任制后，不少地方在用水管理上存在“各顾各”、“吃大锅饭”、用“大锅水”现象，有的地方千把锄头下垅放水，管水、用水没有严格的制度，用水时你争我抢，维修时你推我望。为加强用水管理，市人民政府1987年2月发布了《株洲市水利工程水费标准、计收和使用管理实施细则》，指出“凡水利工程都应实行有偿供水，贯彻“谁受益，谁负担的原则”。1988年，全市各类水利工程实收水费314万元，比以往有所增加，但水费收入不能满足管理人员的开支，工程的日常维修很困难。鉴于此状，1990年起提倡按供水成本计收水费，并积极推行农业水费以实物计价的办法。同时市人民政府又批准了市水电局、市粮食局《关于水利工程农业水费恢复收稻谷和按谷计价的报告》，进一步促进计划节约用水，科学用水。到2000年底，市小Ⅰ型以上工程应收水费2329万元，实收2139万元，实收率为92%，茶陵县收缴率达100%。

三　河道管理

20世纪60年代以来，由于湘江河道被一些单位和个人任意设障，缩小河床断面，严重阻碍行洪。株洲市防洪抗旱指挥部调查，市区有5.8千米防洪大堤，堤上建有房屋242处25957平方米，各种建筑材料占地3000多平方米，堤上堆放垃圾、废料、杂物等多达5.65万立方米，堤坡种菜31383平方米，各类码头14处，侵占河道面积8500平方米。

1986年9月，成立株洲市河道管理站。同年，株洲县、醴陵市、郊区、茶陵、酃县先后成立河道管理机构或确定专人管理，开展日常工作。

1987年，市水利局在水文部门协作下，制定《株洲市城市段湘江干流洪道规划》，规划依据省定的防洪标准和株洲水文站34年的实测资料，进行了20年一遇、50年一遇的洪水频率计算，核定应管辖的洪道范围。

株洲市河道管理范围，是指湘江及其支流（洣水、渌水、涧江、昭陵江）流经株洲市的河段，共长472.9千米，其中湘江南起株洲县三障树，北至天元区的马家河，全长108千米，流经市区长9.8千米（枫溪港至霞湾港）。

1988年11月，株洲市河道防洪管理站制作273块钢筋砼界碑，按市政府批准的管理范围埋设长久性标志，同时在市区建宁、白石港码头醒目的地段设有长久性宣传碑22块。实行了河道划界和立碑保护。

1989年6月，市人民政府发布《株洲市关于实施河道监理的公告》，使河道管理逐步走向法制化管理。1994年以来，境内的湘江、渌江、洣江及所有河道，由所在行政区域的河道行政主管机关实施管理，其中株洲市城区范围内的湘江河道由株洲市河道行政主管机关实施管理，在河道管理范围内禁止弃置矿渣、石渣、煤灰、泥土、垃圾等，禁止堆放、倾倒、掩埋、排放污染水体的物体，在堤防和护堤地，禁止建屋、打井、挖窑等。并成立了河道采砂经营管理联合办，对河道范围内的采砂经营等活动统一规范管理。1998年7月发布《关于严禁向湘江、河港及城乡结合部倾倒垃圾的通知》。1999 年 8 月又发布《关于对湘江株洲段河道进行综合整治的通知》。全市河道管理步入规范化、法制化轨道。市、县结合水利建设对湘江、洣江和渌江进行了整顿和疏浚，2000 年，共对湘江河道进行了 16 次集中整顿，对在河道内乱挖、乱建的违法现象进行了整治，共取缔非法淘金和采砂船 40 余条，查处乱建、乱倒事件 18 起，整顿沙石码头 10 个，清除阻碍行洪物 98348 立方米，疏浚湘江河流段 2 千米。

第五节　防汛抗旱

一　防　汛

1953 年 5 月，株洲市成立防汛抗旱生产联合指挥部，负责指挥全市的防汛抗旱工作。境内每年的 4 — 9 月为汛期，汛期到来前，各防汛单位要做好工程检查加固、物资储备以及防汛抢险队伍准备工作。

1958 年，制定防汛纪律和奖惩办法。主要内容是：防汛抢险期间，任何单位和个人，不得临阵退缩；实行“以防为主，全力抢险”的方针，做到有人出人，有物出物；防汛工作实行统一指挥，分工负责，实行防汛岗位责任制；在防汛抢险工作中，成绩显著者，给予表彰或奖励；对于玩忽职守，或在防汛抢险期间临阵脱逃，或挪用、盗窃、贪污防汛或救灾物资，阻碍防汛工作者，视情节和后果给予处罚。

20 世纪 60 年代初，市防汛抗旱生产联合指挥部更名为株洲市防汛抗旱指挥部。每遇大的灾害来临，市委、市政府主要领导都分头深入灾区一线，指挥、调度，并组织恢复生产。各县市区亦设立防汛指挥部（组）。各堤垸也成立相应机构，组织以基干民兵和预备役师为基础的防汛抢险队伍。防汛抢险任务落实到人。各堤垸自筹河沙、卵石，省、市防汛指挥部每年分配防汛经费和专用物资。

20 世纪 70 年代末 80 年代初，市防汛指挥部在株洲县水电局、朱亭、淦田、昭陵、三门、郊区霞湾等堤防委员会以及大京、五一水库设置了无线电对讲机，后因质量问题而终止使用。

境内是暴雨较多的地域，其特点是季节性强，降雨时间集中，强度大，时间短，来势猛，多集中在 4 — 8 月，出现几率占全年的 83% ~ 89%，是防汛的关键时段。1949 — 2000 年，境内有 15 年发生水灾，分别是：1950 年、1954 年、1962 年、1964 年、1967 年、1968 年、1975 年、1976 年、1977 年、1982 年、1983 年、1994 年、1995 年、1998 年、1999 年。

1975 年 8 月，受台风影响，株洲县、醴陵县、攸县暴雨成灾（称“75·8”暴雨），沿河地区一片汪洋，淹死 32 人、伤残 127 人。中共湖南省委与株洲市委、湘潭地委抽调 100 余名机关干部和 100 余名医务人员到灾区开展救灾工作。各县成立救灾生产指挥部，深入 43 个重点大队，帮助恢复生产和建设居民新村。

1976 年，株洲县、茶陵县部分山区出现暴雨，湘江 3 次超过警戒水位。株洲县、市郊区组织常备队 1.5 万人，预备队 2 万人，紧急加固抢修险情严重的堤段，确保全线堤垸安全，使内渍面积降至 274 公顷。7 月 9 — 12 日，茶陵县连降暴雨，80% 的公社、大队受灾，死 20 人。茶陵县组织 327 名机关干部赴社队抗洪，组织 231 名医务人员给灾民免费治病。当年，国家返销粮食 1035 吨、发放救济款 30 万元，次年又发放救济款 19 万元。7 月上旬，湘江上游持续降雨，13 日，湘江第三次出现历史最高洪水位 43.87 米，超警戒水位 4.87 米。中共株洲市委先后召开常委会部署抗洪抢险。各有关单位均建立抗洪抢险机构，坚持日夜值班。各行各业在人力、物力、财力上做到有求必应。各大型厂矿企业实行厂社挂钩，对口支援，抗灾救灾。株洲县组织 7500 名社员，将杨梅水闸至渌江大桥的防洪大堤普遍加高 1 米，培厚 1.5 米，提高抗洪能力。市郊区霞湾大堤 3 次出险，2000 多米长的防洪堤有 8 处滑坡和开裂，荷花公社动员 1200 名社员挑灯夜战。湘江氮肥厂、株洲化工厂、株洲冶炼厂、水泥管厂、广州军区五七农药厂等工厂共派出 2000 多名工人支援霞湾堤抢险。331 厂等城区 28 个厂矿企业，组织 5000 多人的防汛抢险突击队，抽调 30 多台汽车，自带工具、干粮、医务人员，开赴县、郊防汛抢险工地，和社员一道奋力抢险。防汛抗洪一结束，层层召开动员大会，部署恢复生产，重建家园。

1994 年 6 月，炎陵、茶陵、攸县、醴陵普降暴雨，平均降雨量为常年的 4 倍以上；同时，湘江上游的衡阳、零陵、郴州等地也普降大到暴雨，为往年同期降雨量的 3.4 倍，致使湘江水位陡涨。6 月 18 日 12 时，水位达 44.59 米，超过历年最高水位。19 日凌晨 2 时 35 分，河西大堤易家港发生决口长达 100 多米，使河西一片汪洋，株洲遭遇百年不遇的大洪水。灾情发生后，党中央、国务院、省委、省政府领导非常重视，中共中央政治局候补委员、书记处书记温家宝，6 月 22 日亲临株洲视察，指导抗洪救灾；省委、省政府主要领导都亲临一线指挥和与广大军民一起参加抗洪抢险。经全市军民奋战，把灾情损失降到了最低。

湘江株洲站 1954 — 2000 年水位特征值一览表

表 6–15

年 份	最高水位		最低水位		年 份	最高水位		最低水位	
	水位（米）	时 间	水位（米）	时 间		水位（米）	时 间	水位（米）	时 间
1954	43.34	6.30	30.39	12.3	1966	38.73	7.12	29.82	10.6
1955	39.87	5.30	30.39	1.24	1967	37.65	5.8	30.36	1.11
1956	42.03	6.1	30.19	12.16	1968	43.83	6.28	30.58	1.22
1957	39.98	4.24	30.25	1.9	1969	38.82	8.12	30.63	12.31
1958	39.96	5.10	30.15	12.24	1970	41.83	5.1	30.55	1.8
1959	40.79	6.22	30.20	1.1	1971	38.09	5.31	30.11	12.23
1960	40.85	5.16	30.55	2.25	1972	40.00	5.9	30.08	1.27
1961	42.88	4.23、6.15	30.68	2.4	1973	40.42	8.17	30.73	12.31
1962	43.39	6.30	30.75	2.25	1974	38.74	7.21	30.33	1.13
1963	36.67	4.24	30.15	11.8	1975	42.67	5.14	30.79	1.20
1964	42.78	6.25	30.33	12.31	1976	43.87	7.13	30.66	2.18
1965	39.65	5.1	30.17	2.3	1977	39.74	6.30	30.50	12.19

续表 6-15

年 份	最高水位		最低水位		年 份	最高水位		最低水位	
	水位(米)	时 间	水位(米)	时 间		水位(米)	时 间	水位(米)	时 间
1978	43.24	5.20	30.20	12.29	1990	38.43	6.3	29.96	9.7
1979	40.16	6.22	29.95	12.27	1991	37.98	3.31	30.13	10.5
1980	41.40	5.10	30.07	1.11	1992	42.79	7.8	29.85	11.29
1981	39.13	6.7	30.31	1.28	1993	41.14	7.5	30.14	2.13
1982	43.67	6.19	30.53	2.1	1994	44.59	6.18	30.62	1.11
1983	41.75	6.22	30.18	12.20	1995	40.72	7.1	30.05	9.24
1984	42.37	6.3	30.38	12.29	1996	40.77	8.4	30.19	11.30
1985	39.04	5.31	30.38	12.9	1997	40.82	9.4	30.13	1.6
1986	38.06	6.24	29.93	10.4	1998	42.95	3.10	29.50	11.13
1987	36.47	4.8	29.89	2.16	1999	41.22	5.28	29.54	1.1
1988	37.65	4.13	29.92	12.3	2000	38.97	10.24	30.24	12.29
1989	41.18	7.9	29.94	12.21	–	–	–	–	–

二 抗 旱

根据《湖南省干旱分区图》，株洲县、攸县、茶陵县属重旱区，醴陵属中旱区，酃县属轻旱区。

1949 — 1990 年，境内发生大旱的年份有 1950 年、1951 年、1953 年、1956 年、1957 年、1959 年、1960 年、1963 年、1965 年、1971 年、1972 年、1978 年、1981 年、1985 年。其中 1963 年为特大干旱年，1981 年、1985 年为大干旱年。

1963 年，是境内近百年最严重的旱灾年。从 5 月上旬持续到 9 月末下过透雨，加上先年冬旱，从而出现了历史上罕见的春旱接冬旱、春旱连夏旱、夏旱又连秋旱的四季连旱，境内受旱面积11.26万公顷，成灾面积 7.42 万公顷。7 月，中共株洲市委、株洲市人民委员会，湘潭地委、行署都作出抗旱紧急部署，全力抓抗旱，并组织工作组分赴抗旱第一线。区、社、大队干部采取层层包干，抗旱到底的责任制。对旱情不同的地区分别提出不同的要求：有水源的田施足肥料，精耕细作，防治虫灾，实现超产；水源不足，中等受旱的田，保证不干死禾苗，加紧追肥，搞好田间管理，争取超产；因受旱严重减产和失收的田，保重点，先保中稻，后保晚稻，中稻保产，晚稻保苗，并做好改种准备。

为利用好湘江、渌江水源，发挥机电排灌和其他提水工具的效能，临时培训机手 201 名，从工厂抽调技工 30 多名，修好抽水机 189 台 2740 千瓦，安装 33 台 1024 千瓦，配套 75 台 1723 千瓦。通过供销部门买回杂木 20 多万根，修好龙骨水车 8300 部。同时对湘、渌江两岸的机埠进行合理布局，全市投入抗旱机械 376 台 6161.80 千瓦，机械运转率达 95.5% 以上。投入水车 15790 部。机电提灌确保 0.85 万公顷农田免灾，占受旱面积的 33%。

一方受灾，八方支援。全市 22 个大型厂矿企业，从人力、物力上支援抗旱，抽出电动机 27 台，柴油机 3 台，水泵 20 台，水管 1100 米。601 厂组织支农抗旱工作组，挽救水稻面积 75 公顷，蔬菜 3.34 余公顷。该厂十四车间主动给生产队放水抗旱，架电线，支援水泵，确保了荷花公社霞湾和新塘 2 个大队 25.34 公顷水稻丰收。这一年，市园艺场还实现了大旱大丰收。

1981 年夏，株洲县、市郊区久晴不雨，旱情严重，1100 多个生产队人、畜饮水发生困难。市委、市政府要求城乡全面动员，抗旱保丰收。全市投入抗旱劳力 10.4 万人，出动水车 3101 条，内燃机 2785 台 20074 千瓦，电动机 2457 台 35731.80 千瓦，水桶 8.32 万担，打井淘涵 6919 个，架枧 31.37 千米，开挖和清理渠道 466.75 千米，共耗资 300.23 万元，挽救粮食作物 7667 公顷。

1985 年大旱，市政府召开抗旱会议作出抗旱部署。市财政挤出 17 万元支援抗旱，市供电部门压工业用电保农业抗旱，为抗旱用电让路。市涉农部门抽调大批干部深入各县农村，帮助抗旱。到 9 月中旬，全市共投入抗旱劳力 39 万多人，出动水车 2.23 万部，电灌机 5150 台 5.67 万千瓦、燃油抽水机 6155 台，水桶 2.37 万担，其他提水工具 4.14 万件，打井淘涵 1600 个，架枧 52.93 千米，开挖清理渠道 1315.60 千米，避免损失粮食作物 18087 公顷，挽救粮食 8600 万千克。共耗抗旱经费 1043 万元，其中省、市、县财政 119 万元，社队自筹 876 万元，银行信贷 48 万元。抗旱用电 4281 万千瓦时。

1998 年，攸县遭受了历史上少见的大旱灾，从 6 月 26 日断雨后，连续 62 日高温无雨，日蒸发量达 12.3 毫米，比上年同期多 4.6 毫米。全县 30 多个乡镇，中晚稻受旱面积达 20514 公顷，占总面积的 63.4%，其中泛白开裂 7114 公顷，经济作物受灾 14534 公顷。全县 502 个村有 447 个村受灾，有 40 个村 225 个组 18120 人饮用水困难。到 8 月 25 日止，全县塘、库蓄水仅有 1.62 亿立方米，占总蓄水量 5.19 亿立方米的 31.3%，21835 口山塘有 13830 口干涸，117 条溪流有 59 条断流。面对严重的旱情，全县上下提出“一切围绕抗旱，一切服从抗旱，一切服务抗旱”，42 名县级领导分赴各乡，组织指导抗旱救灾工作。采取压上游保下游、压鱼塘保禾苗、压工业用水保农业用水等措施，加强宏观调控和协调配合。全县共投入抗旱资金 1800 多万元，新挖、修复渠道 168 条 128 千米，启动小型机排 10500 台件，电排 7620 台件，架设水枧 8725 米，拦河筑坝 134 座。实现有效灌溉面积 42467 公顷，其中旱涝保收面积 38600 公顷，没有出现粮食减产、绝收等现象。

同年 6 月，茶陵县也遇到夏秋连旱，全县 330 个村不同程度受旱。特别是湖口、浣溪、舲舫、界首、马江、洣江、下东、枣市、桃坑等乡镇旱情尤为严重。全县坚持统一灌溉调度、统一用水原则、统一管水办法、统一灌溉纪律的“四个统一”。中型水库和小型水库灌溉均由县抗旱指挥部集中统一调度。坚持“先活水后死水，先下游后上游，先贯通后分流，先重灾后轻灾，先水田后旱田”的用水原则，实现一把锄头管水，保证了大旱 3 个月基本没断水。

第六节 小水电

境内地形多样，雨量充沛，溪河众多，水能资源丰富，水能资源理论蕴藏量 82.16 万千瓦，初步规划可开发资源为 62.42 万千瓦。

1951 年夏秋，攸县人民电厂职工尹旭升调任银坑高楼人民铁厂厂长，从攸县桃水煤矿调去 3 千瓦直流发电机 1 台，指导木工罗延生仿照旧式水碾的水轮，制作一个木质转轮，利用山溪水的落差冲动，用皮带带动发电机发电，安装 50 ~ 60 盏 110 伏灯泡，供矿井和厂区照明。这是湘东地区最早的农村小水电站，比永顺县王村电站早 2 年投产。该站运转至 1954 年，因高楼人民铁厂停办而废弃。

1956 年，在茶陵籍老红军、省水利厅副厅长刘宗舜的倡导和支持下，省水利厅投资 26 万元，在茶陵修建石陂拦河坝灌溉渠道，利用跌水修建马加、东山两级电站。马加电站水头 6.5 米，安装木制轴流式水轮机 1 台，发电机容量 48 千瓦；东山电站水头 17 米，安装仿苏两击式水轮机 1 台，发电机容量 64 千瓦。两电站于 1957 年 5 月投运发电，由一条 10 千米长的 6 千伏两线一地制线路送电至茶陵县城关。1957 年，醴陵县在均楚妙山咀修建水电站，安装自制木质轴流式水轮机 1 台，配带 12 千瓦发电机，于 1958 年投产。该工程由省水利厅拨款 0.4 万元，县财政拨款 0.3 万元，农业社自筹 1.5 万元建成。

1958 年，工农业生产"大跃进"，小水电站建设开始全面铺开。当年 4 月，酃县开工修建湘山寺电站，动员县城机关干部、工人、教员、学生、居民和周围的农民参加义务劳动，完成 1500 米引水渠的土石方任务。该站装机容量 124 千瓦，于 1959 年元月投产发电。至 1961 年，酃县又先后建成了坎头、安坑 2 处小水电站。醴陵县人民委员会于 1959 年提出"自筹资金、自制设备、自学技术，敢想、敢说、敢干，多样化、简易化、普及化"的三自、三敢、三化口号，在全县铺开了涧江、新阳、大土、船湾、清水江、麻石、石湾、菊花山、泗汾等小水电工程建设，总装机容量 261 千瓦。同年，市郊区建成淦田蟠龙电站，装机 10 千瓦。1959 — 1961 年，攸县先后修建了酒埠江、黄沙垅、渌田 3 处电站。这些小水电站，除酃县坎头电站是用实验水轮泵发电外，其余均采用木质水轮机，大都因规划设计不合理、河坝冲毁、木制水轮机损坏等原因而很快报废，只有少数几处运行时间较长。1960 年 3 月，以灌溉为主的酒埠江水库坝后配套电站 — 酒埠江水电站第一台机组发电，6 月，3 台机组安装完毕，并入湘中电网运行，并向攸县城关、网岭、皇图岭等地供电。到 1963 年年底，各县存在的电站有株洲蟠龙、醴陵妙山咀、清水江，茶陵马加、东山，酃县湘山寺，攸县酒埠江 7 处，总装机容量 9306 千瓦。

1964 — 1966 年，各县相继成立水轮泵推广领导机构，大打"水轮泵歼灭战"。由于水轮泵结构简单，安装方便，价格便宜，既可以抽水，又可以发电，因而使用水轮泵的农村小水电站迅速发展。茶陵八团公社白石、大龙 2 个大队，1964 年自筹资金修建 2 座小水电站，装机 32 千瓦，白天水轮泵带动碾米机等农副产品加工机械生产，晚上发电供农户照明，在山区开始实现"点灯不用油，舂米不用碓"。攸县从 1965 年开始推广水轮泵，至 1967 年建成小水电站 49 处，装机 432 千瓦；酃县 1966 — 1970 年共建成水轮泵发电站 67 处，装机 1508 千瓦。其他各县也建成一批水轮泵发电站。

1965 年 9 月，攸县农业机械厂研制"湘攸 -32"型小型轴流式水轮机成功，很快在各县推广。另外，还从外地购进一批小型水轮发电机组。至 1971 年，先后建成了酃县城关（湘山寺电站改址扩建工程）、水口公社牛牯潭电站（后改为水口镇电站）、河东电站、醴陵明兰电站、株洲县龙潭水库高涵电站等几处单机 124 千瓦以上的水电站。醴陵县渌江公社组织公社农机厂自制 ZD760-1M-120 水轮机建成姜湾电站，总装机 750 千瓦，1972 年投产。至年底，株洲县、醴陵、攸县、茶陵、酃县共建成小水电站 235 处，装机 245 台，总容量 13800 千瓦。一大批世代相传用油灯甚至是烧松节、竹片照明的农户用上了电灯，有线广播等文化宣传设施在乡村开始普及，山区农民开始使用电力进行农副产品加工。

1972 年，酃县水电局技术干部陈远超等人，针对水轮泵和当时生产的水轮机不能适用山区水源小、水头高的问题，在该县十都公社梅中大队试用一台旧的6BA-12型水泵反转带3千瓦发电成功，即在全县推广。至1973年，共建成这种小电站11处，总装机76.1千瓦。是年7月，湘潭地区计划委员会编印《科技资料》专辑进行介绍，在境内推广。

20世纪70年代初，工农业生产迅速发展，用电需求增大，全省缺电，各地开始筹办以解决县、社工农业生产用电为主要目的的骨干电站。1975年，中共湖南省委提出“积极发展小水电，谁建、谁管、归谁所有”“依靠群众，自力更生，地、县、社、队四级办电”“国家给予适当补助，银行提供专项贷款”等小水电建设政策后，小水电建设进入高潮。1973—1980年，酃县、茶陵、攸县、醴陵、株洲县5县建成了水口、青年、苏洲坝、阳升观、石亭、渌口6座单机500千瓦及以上的县办电站，设计总装机4.122万千瓦，实达2.96万千瓦，总投资4138.04万元，其中国家投资2193.37万元，贷款458万元，县自筹1538.87万元。同期5县有53个公社办起66处社办电站，装机1.87万千瓦，总投资2241.57万元，其中国家拨款420.49万元，占18.76%，其余靠贷款和自筹。酃县16个公社有12个公社耗资680.8万元建社办电站12处，总装机6105千瓦。攸县29个公社有18个公社建社办电站29处，装机容量7335千瓦，总投资901.7万元。酃县大院农场和茶陵县红色农场也筹集资金66万元建电站3处，装机容量410千瓦。大队、生产队也掀起大办小水电站的热潮，酃县南流、晓东、苍背，攸县仙棋、工农、辽下、向阳等装机100千瓦以上队办电站，就是70年代后期到80年代初建成投产的。一些大中型水库、灌区，也利用自身的水力资源修建电站。1973年，酒埠江管理局利用渠道跌水建成网岭电站后，又于1975年和1978年相继建成档木塘、枫树塘电站，3座电站总装机1325千瓦，年发电量450余万千瓦时，总投资92.5万元，其中国家投资48万元。1973年4月，官庄水库动工修建坝后电站，装机1260千瓦，总投资89.52万元，其中国家投资70.52万元，于1979年竣工投产。茶陵东坑、岩口，醴陵的藕塘、周坊、望仙桥等5处县管中型水库也建起7处电站，总装机2625千瓦。至1982年年底，境内有小水电站473处，装机7.31万千瓦，年发电量24205.92万千瓦时。2182个大队，通电的1815个，其中主要由小水电供电的755个；24469个生产队，有电队17735个，主要由小水电供电的6918个。在一些大电网未覆盖的地区，逐步形成了地方小电网。酃县在水口电站投产后，形成了与大电网一点并网的比较完整的县电网。1982年全县总装机1.92万千瓦，人均拥有装机容量120瓦，年发电量8832万千瓦时，人均拥有550余千瓦时。全县高低压线路总长1763千米。茶陵东塘、火田、红色农场、八团、江口，攸县峦山、银坑、黄丰桥、兰村、漕泊、柏树下等11个公社（场）也形成了自发自供的地方小电网。其中火田、银坑、黄丰桥小电网的社队电站装机容量均在1000千瓦左右，峦山公社电网的社队电站装机2265千瓦。1981年，该社筹集资金修建容量1800千伏安的35千伏变电站，作为全社的配电枢纽，并与国家电网一点并网。

从1983年起，改变电力管理体制，国家对小水电基建工程拨款改为贷款，银行贷款利率提高，小水电上网电价偏低等多种因素的影响，在国家电网供电的地区，小水电发展速度减慢。除水利部门为解决水利工程管理经费不足，修建了荷田、淇田、大京、皇玉仙4处县管理水利工程所属的电站外，没有建其他容量较大的小水电站。仅对一些原有的小水电站进行工程配套、更新改造。但在小水电自发自供地区和一些缺电死角，小水电及其输配电网络仍然稳步发展。

酃县 1983 年列入全国 100 个农村电气化试点县。当年 11 月开工，修建筷子篓水库电站和水口增容工程，总装机 9000 千瓦，总投资 1302 万元，其中贷款 781 万元，自筹 521 万元。1986 年 11 月，该县在全省率先达到农村初级电气化县标准。1987 年，县林场管理站组织 3 个国营林场集资 178 万元，动工修建甲水电站，装机 600 千瓦。1988 年，水口乡与林业部门联营修建浆村电站，装机 1200 千瓦，总投资 375 万元。同年，县铁合金公司引进香港中腾实业有限公司 100 万美元，并自筹部分资金修建木湾电站，装机 2400 千瓦。出现了县、乡、各行业共同办电的新形势。同时还出现了户办和联户办电站。1983 年，垄溪乡农民周良平用楠竹做水管，用水泵代替水轮机，建成 1 千瓦的小水电站，除自己用电外，还免费供 1 户邻居用电。1986 年，中村乡罗浮江村 23 户联办电站，装机 40 千瓦，解决 3 个村民小组照明、电炊和农副产品加工用电。沔渡乡瑞口村黄升平，1988 年办起一处装机 75 千瓦的小电站，并入沔渡乡电网运行。1989 年，该县建成水口至深坑 110 千伏线路和深坑 110 千伏变电站，总投资 400 多万元。使全县电网布局更趋合理。至 1990 年，全县装机容量突破 3 万千瓦，年发电量达 12342 万千瓦时。

攸县银坑、峦山、漕泊 3 个小水电自发自供的乡电网，1984 — 1990 年先后建成洲上、八福垅、老棚里等 6 处电站，总装机 1070 千瓦。银坑乡、黄丰桥乡分别于 1985 年 7 月和 1987 年 4 月建成 10 千伏开关站，作为乡内配电枢纽，并于大电网一点并网。1989 年，峦山乡与漕泊乡组成跨乡电网。1990 年，黄丰桥乡与兰村乡组成跨乡电网。

茶陵江口乡扩建了华里电站，1990 年并入酃县沔渡乡电网。

各县的一些缺电死角，微型水轮发电机组得到了较快的发展。至 1990 年，酃县先后安装 0.75 ~ 12 千瓦的微型机组 133 处；茶陵县共安装 307 台，装机容量 390.5 千瓦，解决 6 个乡镇、950 户、3887 人的照明等生活用电；醴陵共安装 354 台，容量 304.67 千瓦，解决 8 个乡、45 个村、1459 户农民照明、看电视用电，还解决部分农副产品加工和农田抽水抗旱的动力。1990 年，农业部在醴陵市召开全国微型水力发电研讨会，对醴陵微型水力发电给予较高的评价。

20 世纪 80 年代后，国家开始重视中型水电站的开发，能源部、水利部都安排专项资金支持地方中型水电站建设，湖南省也推行“新电新价”等政策，鼓励地方骨干水电站的开发。茶陵从 1988 年筹建洮水电站，株洲市人民政府把洮水电站作为支援农业升温的重点项目，当年市财政拨款 40 万元作为前期工程经费。1990 年年底，工程进行初步设计。

1998 年，国家开展“改造农村电网”，改革乡镇农电管理体制，实现城乡用电同网同价的工作。湖南省采取“一省两贷”的模式实施农网“两改一同价”工作。炎陵县被纳入水利系统实施农网建设与改造，第一期农网改造完成投资 3512 万元，实施 36 个乡镇农网改造，完成 53 个村的改造任务，修建了霞阳 35 千伏变电站和小江 35 千伏变电站，建成 35 千伏线路 50 千米，10 千伏线路 145 千米。实现了供电企业与发电企业分开经营，独立核算。炎陵县再次被列为全国“十五”计划期间建设的 400 个农村电气化县。

2000 年年底，全市小水电装机达 416 处 594 台，总容量 8.83 万千瓦。地方小水电拥有 110 千伏变电站 1 处 2 台，容量 3 万千伏安，110 千伏线路 32 千米，35 千伏变电站 4 处 5 台，总容量 1.695 万千伏安，拥有高压线路 1251 千米、低压线路 3422 千米。小水电固定资产总额达 2.15 亿元。

第三章 种植业

境内水、土、光、热资源丰富，是湖南种植业稳产高产地区之一。种植的农作物有粮、棉、油、麻、烟、茶、菜、果、药以及绿肥、饲料、花卉等10余类270余种，以水稻种植为主。1949年，以粮食为主体的种植业产值为1.61亿元（按1980年不变价，下同），占农业总产值的69.5%。粮食亩产（按播种面积平均亩产，下同）116千克，人均（含城乡人口，下同）占有粮食243千克，人均占有棉花（皮棉）、油料和水果分别为0.14千克、1.89千克和0.56千克。属低产、低效、低水平的传统种植业。

1950—1957年，由于实行土地改革和耕作制度改革，组织农业合作化，开展爱国丰产运动，推广劳模增产经验，调动了农民生产积极性，挖掘了土地潜力，生产力得到解放，促进了农业生产的发展。到1956年，水稻基本实现单季改双季，并推动间作改连作的变革。1957年，粮食总产和亩产分别达到61.54万吨和144千克，比1949年分别增长59%和24%。以油菜为主的油料作物以及经济作物大多（除棉花种植面积下降外）有较大幅度增加。种植业产值1.89亿元，占农业总产值的67%，比1949年增长55%。每个劳动力生产粮食、油料和水果，分别达到1041千克、6.69千克和2.45千克，人均占有粮食、油料、水果分别达到310千克、2千克和0.73千克。

1958—1969年，境内农业生产起伏较大，呈曲折发展状态。1958年，在上年反资反右的基础上，全面组织生产大跃进，境内大力扩种双季稻，推广良种，大积土杂肥，这些措施总体上是积极的，早稻生产来势较好。由于求快心切，提出“超英赶美”“跑步进入共产主义”以及“反右倾、鼓干劲”，大放“高产”卫星等不切实际的口号，随之而来的大办农业、大炼钢铁、大办水泥、大兴水利等，众多的高指标、大任务，在政社合一的人民公社统一指挥下，带来共产风、浮夸风、瞎指挥风、强迫命令风与干部特殊化风（统称“五风”），造成财力和人力资源的浪费，挫伤了农民的积极性。加之接着出现的自然灾害，导致1960—1962年的粮油作物总产下降，低于1957年的水平，亩产低于1949年的水平。经济作物的总产、亩产多低于1957年的水平。1961年，人均占有粮、油分别为234千克、0.92千克，低于1949年的人均水平。经过3年的恢复调整，全面贯彻毛泽东主席提出的“水、肥、土、种、密、保、管、工”农业“八字宪法”，到1965年，人均占有粮、油、棉产量和整个种植业产值，才恢复到1957年的水平。1966年，粮、油、棉亩产均有较大幅度增长，其中醴陵县水稻全年亩产首次达到农业发展《纲要》指标（按全年亩产计为400千克）。

1967—1969年，正值“文化大革命”运动高潮，生产指挥系统一度失灵，农业技术推广工作削弱，粮食作物产量徘徊。1969年粮食总产、单产低于1966年的水平，茶、果种植面积虽有所扩大，但产量显著下降。由于人口的增加，人均占有粮、油分别为300千克、2千克，略低于1957年的人均水平。

1970—1978年，党政机关恢复指挥职能，掀起“农业学大寨”高潮，大搞农田基本建设，推动粮、棉过《纲要》，水稻实现高秆改矮秆的变革，化肥用量增加。1970年，粮食单季亩产突破200千克。至1976年，粮食播种面积亩产达到258千克（稻谷全年亩产达520千克），比1969年增产44%；油菜面积达到1.14余万公顷，总产6453吨，分别比1969年增加1.4倍和2倍，亩产提高到37千克；棉、麻、烟面积与总产均有较大幅度提高。集体茶、果、桑园虽然面积发展很快，但由于管理跟不上，大多数果园经济效益不佳。同时，又搞大割"资本主义"尾巴，使农户房前屋后栽种的果树被大量砍掉，致使水果产量下降。1976年，种植业产值为3.74亿元，占农业总产值的64%，比1969年增长45%。由于粮、油作物较大幅度的增产，基本上缓解了粮油紧缺矛盾，但随着人口的大量增加，人均占有粮、油分别为391千克和2.29千克。其后2年粮食生产增幅不大，尚未解决群众的温饱问题。

1978年中共十一届三中全会以后，全面清除"左"的错误。农村推行家庭联产承包责任制，农民的生产积极性大大提高。农技推广体系建设和农业技术推广全面加强，特别是杂交水稻的普及和化肥用量的增加，推动了粮食生产高速增长。1983年，境内粮食亩产突破400千克，居全省第二位，总产达到166.43万吨。粮食由长期不足转为相对过剩，加上生产队的储备粮卖给粮食部门，导致农民卖粮难和粮价下跌，使以后几年粮食生产出现徘徊局面。境内除少数贫困地区外，农村基本解决了温饱问题。

1986年，境内开始实施吨粮田开发（即双季稻按习惯统计面积亩产1吨粮），并不断摸索总结出一套"双季稻吨粮田"建设与栽培技术，使双季杂交稻田面积进一步扩大。

1990年，早、中、晚杂交稻达14.90万公顷，双季稻全年平均亩产881千克，全市过吨粮面积6.15万公顷，占双季稻面积的49.4%，均居全国首位；粮食总产达到169万吨。其中醴陵市双季稻亩产成为长江中下游双季稻区第一个过吨粮的县（市）。油菜面积与产量亦创历史最高水平，其他作物种植面积有增有减，但亩产均有较大增长。

1990年，种植业产值达6.11亿元，占农业总产值的59%，与全省平均比例相当。每个农业劳动力平均生产粮、油、果分别达到2023千克、26.27千克和23.53千克，全市人均占有粮、油、果分别达到484千克、6.38千克、5.63千克。

1991—1995年，境内全面贯彻国家关于农业农村工作的一系列政策，在粮食生产上，提出"奋战五年，力争实现吨粮市"的目标。5年中，在种植面积逐年调减的情况下，连续5年粮食总产保持稳中有增，亩产位居全省第一。1993年，攸县成为继醴陵之后境内第二个吨粮县，全省第一个"双千县"（双季稻亩产过千斤，农村人均纯收入过千元）。1994年，市郊区成为湖南省城市郊区第一个双季稻亩产吨粮区。1995年，炎陵县、茶陵县、株洲县同步跨入吨粮县行列。其中，炎陵县成为全省山区第一个双季稻亩产吨粮县。至此，全市11.32万公顷双季稻平均亩产1021千克，如期实现了全市成建制亩产过吨粮的目标，成为全国第一个双季稻亩产过吨粮的地级市。到1995年，全市经济作物种植面积扩大到6.36万公顷，种植业总产值30.45亿元，人均占有粮食515.7千克、油料7.8千克。

从1996年开始，境内进行种植业内部结构调整，粮食作物以稳定生产、调优品种、提高效益、促进增收为原则，适当压缩早籼稻种植面积，提高优质稻比率。是年夏，制定5年内开发3.34万公顷优质稻生产基地计划，醴陵、攸县、株洲县被列入全省优质稻开发重点县。醴陵还被列入全省稻田玉米开发重点县。此后，全市优质稻开发以每年1.34万公顷的速度递增。2000年，全市优质稻种植面积达4.79万公顷、总产36.08万吨，分别占水稻种植面积、总产的20.32%和23.62%；种植业总产值达38.21亿元；人均占有粮食、油料、水果分别达到490.8千克、9千克和9.3千克。

株洲市部分年份种植业生产情况一览表

表6–16　　单位：面积（播种面积）万公顷、总产万吨、产值万元

年份		粮食作物	其中	经济作物	果茶桑园	种植业产值（1980年不变价）
			稻谷			
1949	面积	22.27	20.24	1.58	0.079	12242
	总产量	38.82	37.26	–	–	–
1957	面积	22.48	24.68	2.20	0.150	18926
	总产量	61.54	56.73	–	–	–
1961	面积	26.66	22.63	1.70	0.198	17254
	总产量	45.34	40.96	–	–	–
1966	面积	27.33	23.85	2.35	0.410	23978
	总产量	73.99	68.14	–	–	–
1969	面积	27.26	24.66	2.025	0.526	25789
	总产量	73.17	66.64	–	–	–
1976	面积	28.47	26.06	3.17	1.159	37359
	总产量	110.31	104.71	–	–	–
1983	面积	27.24	26.06	3.27	1.096	55495
	总产量	166.43	163.05	–	–	–
1990	面积	27.14	25.65	4.74	1.043	61100
	总产量	169.01	165.45	–	–	–
1991	面积	27.03	25.31	5.50	1.160	133488
	总产量	167.83	163.57	–	–	–
1992	面积	26.05	24.27	6.19	0.827	133639
	总产量	165.83	161.29	–	–	–
1993	面积	25.09	23.33	5.49	1.260	148725
	总产量	160.31	155.68	–	–	–
1994	面积	25.16	23.40	5.67	1.513	152743
	总产量	167.48	162.17	–	–	–
1995	面积	25.30	23.57	6.36	1.653	159942
	总产量	185.54	180.48	–	–	–

续表 6-16

年份		粮食作物	其中 稻谷	经济作物	果茶桑园	种植业产值（1980 年不变价）
1996	面 积	25.34	23.61	6.54	1.753	168310
	总产量	188.54	182.5	–	–	–
1997	面 积	25.33	23.53	7.45	1.993	174585
	总产量	182.87	176.15	–	–	–
1998	面 积	24.99	23.07	6.82	1.926	–
	总产量	184.58	176.82	–	–	–
1999	面 积	25.25	23.18	6.81	1.953	–
	总产量	186.22	178.03	–	–	–
2000	面 积	25.10	23.07	6.85	2.040	–
	总产量	181.6	173.34	–	–	–

第一节 水 稻

一 面积、产量

宋代以前，境内水稻生产为单季稻。宋仁宗（1023 — 1063）时，醴陵、茶陵等地开始种植双季稻，但单季稻面积仍为大宗。明朝水田面积扩大，宣德七年至万历九年（1432 — 1581）的 150 年中，茶陵县水田面积由 18127 公顷扩大到 25527 公顷。明末清初，水稻生产发展较快，有谷米外销。清末至民国时期，天灾战乱，稻谷生产景况日下，灾年即感不足，讨米逃荒者甚多。

民国时期，醴陵、茶陵丰年有稻谷输出，灾年则不足。攸县田多人少，每年有大量谷米出境，粮商号称“攸百万”（年输出谷米百万担），平均输出谷米 2 万 ~ 3 万吨，丰年可达 5 万吨。酃县常年谷米不足本县之需，除东乡依靠宁冈之米，南乡依靠资兴之米外，贫苦之家，多以杂粮充饥。

1949 年，境内水稻播种面积 20.24 万公顷，稻谷总产 37.26 万吨，分别占粮食作物播种面积、产量的 90.72%、95.98%，亩产（按播种面积计算，下同）123 千克。

1950 — 1957 年，重点抓良种推广，精耕细作，单季改双季，间作改连作，增施肥料，土法治虫等措施，1956 年贯彻《全国农业发展纲要草案》，水稻生产得到迅速恢复和发展。1957 年，境内水稻播种面积 24.68 万公顷，稻谷总产 56.73 万吨，分别占粮食作物面积、产量的 86.68%、92.18%，亩产 153 千克，虽高于 1949 年 30 千克，但低于全省当年平均亩产 17.5 千克。

1958 年，水稻生产曾推行“一早百早”“高度密植”，搞一刀切，加上自然灾害等原因，导致 1960 — 1961 年全境粮食单产低于 1949 年的水平，1962 年稍有好转，但 1963 年特大旱灾，粮食单产落入 1949 年以来的最低谷。经过 1963 — 1965 年 3 年调整，在生产措施上注重因地制宜，引进矮秆品种，扩大双季稻和氮、磷肥施用面积，水稻生产恢复生机。1966 年，亩产 190 千克，与全省亩产持平。总产比1957年增长20.11%，单位面积产量提高24.18%。是年，醴陵水稻面积3.21万公顷，稻谷总产20.41吨，全年水稻亩产424.40千克，首次跨《纲要》，居全省领先水平。

1967—1976年，开展“农业学大寨”运动。广大农民经过3年困难时期的深刻教训，对稻谷生产不敢有半点放松，但1967—1969年“文化大革命”初期，曾一度使市、县农业部门指挥失灵。1968年绝大多数的农业技术干部进“干校”，农技推广工作困难，1968年、1969年水稻减产。1970年党政机关恢复职能，在全国“学大寨，赶昔阳”、全省“学落塔，学野鸡坪”的号召下，大力开展“田园化”和冬修水利运动，努力改善农业生产条件，在生产措施上推广高杆品种改矮秆品种，稀植改合理密植；增施氮、磷肥。特别是1970年后，醴陵、攸县、茶陵氮肥厂相继建成投产，缓解了氮肥供需矛盾，全市氮肥用量成倍增加；加上水利条件的改善，旱涝保收面积的增加和四级农科网、植保队伍的健全，水稻生产除1974年因稻瘟病和三化螟严重造成减产外，其他年份均有较大幅度的增产。1970年，郊区水稻全年亩产415千克，过了《纲要》。1971年，株洲县、攸县水稻全年亩产分别为445.10千克、413.90千克，过了《纲要》；醴陵县全年水稻亩产509.40千克，亩产突破千斤关。1976年，境内水稻播种面积26.07万公顷，稻谷总产104.71万吨，按播种面积计算，亩产268千克，比全省高14.45个百分点，比1966年面积、总产、亩产分别增长9.27%、53.69%、41.05%。1977年，推广杂交晚稻8.40余万公顷，占晚稻面积的65%，亩产提高13.1%，使晚稻总产第一次超过早稻总产。

农村实行家庭联产承包责任制后，调动了广大农民的生产积极性；农技推广网络逐步健全和完善，科技入户率提高。在水稻生产上，积极调整品种布局，早稻中、迟熟品种占80%以上，杂交晚稻面积70%以上，水稻生产高速度发展。1982年，境内水稻播种面积、稻谷总产分别占粮食作物面积的95.49%、97.63%，亩产372千克，比1977年增长36.01%，年平均增长6.0%。醴陵水稻3.15万公顷，总产稻谷41.12万吨，全年亩产869.20千克，跨“双纲”（800千克）。1983年，全市水稻13.44万公顷，总产稻谷163.05万吨，亩产808.88千克，并首次实现晚稻单产、总产双超早稻。实现全市水稻亩产跨“双纲”。

1984—1990年，境内积极争取国家以工补农资金和商品粮基地建设资金，加强农业基础设施建设，开发吨粮田，加大粮食生产技术措施。由于历来对稻谷生产重产量轻质量，稻谷外销缺乏竞争力。粮食丰收后，一段时间受“卖粮难”的困扰，粮价下跌，加上同期生产资料涨价，种粮效益下降，农民种粮积极性受到伤害，投入减少，水稻播种面积减少，导致1984—1989年出现徘徊局面。6年间，全市水稻年均播种面积25.56万公顷，年均稻谷总产158.21万吨，亩产412.80千克。

1990年，全市围绕吨粮田开发，设立“科技兴农”奖，抓“丰收计划”的实施，水稻生产打破徘徊局面。全市水稻播种面积25.65万公顷，总产165.45万吨，亩产430千克，居湖南省首位。有31个乡镇双季稻田成建制过吨粮。成建制过吨粮的村984个，占全市总村数的42.89%。双季稻田过吨粮面积6.15万公顷，占双季稻田面积的49.44%。醴陵市1987—1990年，共投资1391.80万元，用于水利、土壤、种子、肥料等基础建设，1990年3.10万公顷双季稻田，平均亩产1024千克。

同年，国际杰出稻农、全国农业劳模瞿永寿，在他家乡醴陵沈潭乡组织万亩水稻丰产示范片。

经醴陵市农业局、统计局等单位验收，示范片双季稻田面积774公顷，总产1.26万吨，亩产1082千克，比醴陵双季稻田平均亩产增58千克，增长5.66%。

20世纪90年代，市委、市政府把开发吨粮田、实现双季稻田成建制亩产过吨粮列为市“八五”计划期间农村工作首要任务。境内各地充分利用国家商品粮基地建设的契机，完善水利设施，改造中低产田，引进和选育良种，组装配套高产技术，并制定调动广大农业科技人员和农民积极性的鼓励政策。1992年，全市水稻种植面积24.27万公顷，总产163.29万吨，亩产443千克。种植面积比1986年减少4.97%，总产却增加3.05%，亩产提高8.13%。1993年，攸县2.74万公顷双季稻，总产41.78万吨，亩产1016.2千克，比1992年面积减少8.58%，总产增长2.33%，亩产提升11.88%，当年攸县成为湖南省第一个“双千”县（即双季稻田亩产过千斤，农民人均纯收入过千元）。1994年，市郊区种植双季稻5327公顷，总产8.23万吨，亩产1029.6千克，比1993年总产增加18.25%，亩产增加17.94%，成为湖南省城郊型第一个双季稻亩产过吨粮县区。1995年，炎陵县种植双季稻5720公顷，总产8.68万吨，亩产1021千克，比1994年面积减少5.44%，总产增加12.87%，亩产提高19.02%，成为全省山区第一个双季稻亩产过吨粮县。同年，全市早中晚稻种植面积23.58万公顷，总产180.48万吨，亩产510.40千克，比1990年面积减少8.11%，总产增加9.08%，亩产提升18.69%，其中双季稻11.32万公顷，平均亩产1012千克，获得全国第一个成建制亩产过吨粮地级市称号。

1996年开始，境内利用国家粮食自给工程、商品粮基地续建、粮食水稻种子加工中心等资金，建设高标准农田，水稻生产由求高产过吨粮向高产优质高效方向发展。1996年7月，全市制定了“九五”期间开发百万亩优质稻生产建设规划，经国家、省内专家教授可行性论证后修订为3.34万公顷优质稻基地开发计划。1997年，攸县、醴陵、株洲县被列为全省优质稻开发重点县。从此，全市优质水稻生产步入上规模、上档次的发展轨道。1998年，全市优质稻种植面积分别占早稻、中稻、晚稻面积的9.64%、18.19%、7.76%。2000年，优质稻种植面积由1997年的1227公顷扩大到47907公顷，总产36.08万吨，占全年水稻总产的23.62%。其中早稻优质稻2.55万公顷，总产18.64万吨，亩产487.8千克；晚稻优质稻2.11万公顷，总产16.5万吨，亩产522.4千克。

1991—2000年，全市杂交中稻、晚稻面积达到90%以上，累计推广杂交早稻21.13万公顷，为20世纪80年代的3.45倍；示范种植两系杂交稻近0.67万公顷。10年间年均种植水稻23.63万公顷，总产171万吨，亩产482千克，与80年代相比，年均面积减少2.02万公顷，减少7.91%；亩产提高69千克，增长16.71%，总产增加11.83万吨，增长7.43%。

二 稻田耕作制度

境内受地形、气候、灌溉农业科技等诸多条件的影响，水稻生产形成了多种形式的耕作制度。

（一）单季稻

民国时期，酃县属单季稻区，茶陵县、攸县、醴陵县属单、双季稻混栽区。

1949年，境内单季稻种植面积7.14万公顷，占稻田面积52.01%。

1950年后，各级人民政府把增加复种指数、提高土地利用率，列入农业生产的重点。至1959年，单季稻种植面积减至5.89万公顷，占稻田面积41.26%。

1965年后，随着矮秆品种的推广普及，水利条件的改善，科学种田水平的提高，单季稻面积剧减。1971年，境内单季稻减至1.50万公顷，占稻田面积的11.02%，比1964年下降28.63个百分点。此后，单季稻主要集中在酃县，其他各县有少量种植。1990年，境内仅有单季稻0.76万公顷，占稻田面积5.75%。其中，酃县占63.85%。

20世纪90年代初，晚稻品种（组合）单位面积产量开始超过早稻，粮食相对过剩，加之农民进城务工人数逐年增多，一些不适合种植双季稻的山区及经济活跃区的农民便改双季为单季，采用一熟制耕作模式，单季稻田面积又逐渐扩大。1991年，全境单季稻总面积0.67万公顷，占稻田面积4.69%，1993年、1996年分别扩大到0.86万公顷、0.92万公顷。2000年，全市单季稻面积扩大到1.15万公顷，占稻田总面积的8.18%。

（二）两熟制

以双季稻为多，有间作和连作2种。醴陵是湖南最早种植双季稻的地区。清道光、咸丰年间，醴陵双季稻种植面积占水稻面积的90%以上，成为湖南种植双季稻的中心，故有“学种醴陵、购种而催工……彼行而此效焉”之说。因螟虫为害，旱灾频繁，产量不稳定，逐渐改连作为间作。

民国31年（1942），湘潭县政府在白关、昭关两乡（白关镇一带）种植双季间作稻142公顷，获得成功，后因日寇侵犯，未能推广。

1951年，醴陵李呈桂种植间作双季稻0.075公顷，全年亩产657千克，居全国第一，引起各级领导的重视。李呈桂被授予省特等劳动模范、全国农业劳动模范。次年，省农林厅总结他种植双季稻的经验，编印成册，在全省广泛宣传推广。当年，境内种植双季稻（间作）7.72万公顷，占稻田面积53.52%；平均亩产335千克。

1954年，农业部提出“单季改双季、间作改连作”。次年7月中旬，组织皖、鄂、川、黔、桂、湘等省的农业劳动模范、科技工作者及农业行政领导135人到醴陵参观，推动了“单季改双季、间作改连作”的发展。为使醴陵经验在全省推广，受省农业厅委托，1956年醴陵县农林水利局派技术干部和农民技术员270余人，分赴湘西、郴州、邵阳和常德地区传授双季稻栽培技术。

1957年，境内种植双季稻8.48万公顷，占稻田面积的55.31%。其中连作双季稻5.69万公顷，占双季稻面积的67.04%，至1959年，全市基本实现双季稻间作改连作。

在推广双季稻、间作改连作的过程中，少数地方抱着“同是一块天，同是一块地，别人能种双季稻，咱们也能种双季稻”的思想，忽视温、光、水资源等客观条件，盲目扩种双季稻，加上旱灾影响，造成双季稻减产。1961—1964年，一些地方又将连作双季稻恢复为间作双季稻。

1965年后，随着矮秆良种的推广和水利条件的改善，连作双季稻比重扩大，1967年达10.07万公顷，占稻田面积75.48%。

至1972年，全境双季稻12.28万公顷，占稻田面积92.51%。尔后，双季稻面积稳定占稻田面积 90% 以上。

至 1990 年，全市种植双季稻 12.94 万公顷，占稻田面积 94.25%，占水田总面积 90.33%，超过全省平均水平。

1991 年以后，由于晚稻单位面积产量增幅较大，粮食市场相对过剩，加之粮食比较效益低等诸多因素影响，两熟制种植出现波动。1991 年全市双季稻种植面积下降到 4.67 万公顷，占稻田面积的 40.03%，1994 年回升到 7.81 万公顷，占稻田面积的 51.89%，2000 年又下降到 6.35 万公顷，占稻田面积的 45%。

稻田两熟制形式还有：油菜 — 稻、麦类 — 稻、蔬菜 — 稻、玉米 — 稻、大蒜 — 晚稻、稻 — 薯、稻 — 豆、烤烟 — 晚稻、果用瓜（蔬菜）— 晚稻、花生 — 晚稻、席草 — 晚稻、早稻 — 秋薯。

（三）三熟制

境内三熟制，以双季稻田复种冬季作物为主。清末、民国时期有少量种植。1950 年后，冬闲改冬种，两熟改三熟，耕地复种指数提高。20 世纪 50 年代复种指数为 189.27%，60 年代为 209.72%，70 年代为 248.3%，80 年代为 231.04%。1990 年，全市耕地复种指数 240.15%。三熟制主要类型有：双季稻 — 绿肥，双季稻 — 油菜，双季稻 — 麦，双季稻 — 冬菜或饲料，果用瓜（以西瓜为主）— 晚稻 — 绿肥或油菜。此外，稻 — 薯 — 绿肥，稻 — 薯 — 油菜，稻 — 薯 — 大、小麦，稻 — 秋豆 — 绿肥（或油菜、或冬菜），席草 — 晚稻 — 绿肥（或油菜、或冬菜），大豆（间玉米）— 晚稻 — 绿肥或油菜，花生 — 晚稻 — 绿肥或油菜等多种三熟制形式亦有。

20 世纪 90 年代，由于前述诸多原因使三熟制种植面积逐年下降。1991 年，全市稻田三熟制种植面积 7.06 万公顷，占水田面积的 49.39%；1997 年，稻田三熟制种植面积 6.52 万公顷，占水田面积的 46.13%;2000 年，三熟制种植面积 5.36 万公顷，仅占水田总面积的 37.98%。在三熟制作物中，双季稻 — 绿肥、双季稻 — 油菜占主要部分，分别占三熟制面积的 46.11%、38.38%。其他依次是，双季稻 — 冬菜或饲料占 12.3%，果用瓜 — 晚稻 — 绿肥（或油菜）占 2.5%，麦类 — 双季稻所占比例不足 1%。

（四）水旱轮作

株洲素有水旱轮作的习惯。水旱轮作有利于改良土壤理化性状，培肥地力，减少杂草，主要有两种形式：

1. 年内水旱轮作　有大豆（玉米）— 晚稻、大蒜 — 晚稻、稻 — 薯、稻 — 豆、烤烟 — 晚稻、果用瓜（蔬菜）— 晚稻、稻 — 稻 — 油菜等。这种在年内两熟、三熟中安排一季旱作，一季或两季水稻的水旱轮作制，20 世纪 50 — 60 年代，占水田面积 38.35%；70 年代，占水田面积 33.68%；80 年代占水田面积 34.54%。1979 — 1981 年株洲县太湖公社清塘大队在滂泥田实行豆 — 稻轮作，改良了土壤理化性状，培肥了地力。

20 世纪 90 年代，年内水旱连作有果用瓜（春菜）— 晚稻、玉米（大豆）— 晚稻、大蒜 — 晚稻、烤烟 — 晚稻、早稻 — 秋薯等。这种在年内两熟中安排一季旱作一季水稻的水旱轮作制，1991 年占水田面积 2.3%，1995 年占 6.9%，2000 年占 13.8%。

2.年际水旱轮作 有花生 — 双季稻、棉花 — 双季稻、辣椒 — 双季稻、烟叶 — 双季稻、生姜 — 双季稻等年际水旱轮作。有 1 年或多年水稻 1 年旱作或多年旱作的 2 年一轮或多年一轮；有 2 年 6 季多种组合的轮作，如稻 — 稻 — 绿肥与稻 — 稻 — 油菜（或麦类、蔬菜）轮作。辣椒、烟叶、生姜连年种植原地，瘟蔸严重，一般 2 ～ 3 年轮换一次。

20 世纪 70 年代前，主要是稻、棉、烟等的年际轮作。至 90 年代，主要是瓜、辣椒、花生、生姜、大蒜、大豆等年际轮作。

三 栽培技术

20 世纪 50 年代前，水稻栽培技术父传子继，世代承袭。50 年代后，在继承传统栽培经验基础上，总结推广劳模高产经验，学习、引进外地经验，改革品种搭配，改革育秧技术，推行合理密植，科学施肥、灌溉等技术，依次完成了单季改双季、间作改连作、高秆改矮秆、常规改杂交的四改进程，大幅提高了单位面积产量。

（一）品种布局

境内农民在长期的生产实践中，就早、晚稻品种搭配，插秧季节与高产的关系，总结了“春争日、夏争时”“晚稻抢暑”（连作晚稻在大暑前插秧）、“晚禾不过秋、过秋九不收”等经验。

1952 年以前，属地方品种种植时期。早稻以红脚早、六十工早、蓝脚早等早熟品种为主，种植面积占 80% 以上。一般在 7 月 16 日前后成熟。间作晚稻以铁板粘、湖北早、三日齐、桂花早、野禾种等为主。连作晚稻以番子、红米冬粘、白米冬粘等为主。这些高杆品种不耐肥，经济性状差，产量不高，一般早、晚稻单季亩产 120 ～ 150 千克。

1955 年后，连作双季稻面积扩大，早稻推广南特号等，其成熟期比红脚早迟 5 ～ 7 天；晚稻推广浙场九号、老来青、松场 261 等生育期长的迟熟品种，季节矛盾开始出现。1959 年，郊区种植早稻 1.65 万公顷，其中南特号占 51.24%，红脚早占 37.67%，蓝脚早占 10.9%，其他品种占 0.19%。晚稻 1.86 万公顷，其中浙场九号占 13.1%，老来青、10509 等迟熟晚粳品种占 27.80%；番子占 19.86%，红、白米冬粘占 17.63%，其他品种占 20.61%。早稻亩产 135 千克，比 1952 年亩增 27.5 千克，晚稻因迟插亩产 125 千克，比 1952 年亩减 35 千克。1960 — 1964 年，有的年份浙场九号因迟插减产，因而推广抗寒性较强的老来青、10509、松场 261 等晚粳品种种植。

1965 年，市农科所种植矮脚南特号 2.30 亩，经郊区农林水办公室等部门验收，平均亩产 476.50 千克。1966 年，株洲县种植矮脚南特号、二九矮、广场矮、矮南早一号、青小金早、珍珠矮等矮秆品种面积 1.21 万公顷，占早稻面积 37.61%。验收矮脚南特号 3.36 公顷，平均亩产 457.80 千克。其中，南阳桥公社南岸大队横屋生产队 0.392 公顷，亩产 514.60 千克，创早稻一季亩产过千斤的高产典型。该县晚稻种植农垦五八 1.54 万公顷，占晚稻面积 70.94%，一般亩产 200 千克左右。白关公社白关大队下铺生产队 5.80 公顷，平均亩产 360 千克，比晚籼品种增产 29.03%。1967 年，醴陵县 21 个生产单位调查统计，早稻 154.60 公顷，其中矮秆品种 115.73 公顷，占 74.86%，亩产 323 千克，比 38.87 公顷高秆品种亩增 88 千克、增幅 39.11%。经过试种、示范，20 世纪 70 年代初基本实现水稻品种矮秆化，但同时推广农垦五八、广秋 15 号与早稻迟熟品种矮脚南特号、珍珠矮、广矮 3784 等，季节矛盾依然存在，有 20% ~ 30% 的晚稻在 7 月底至立秋初才能插下，影响晚稻产量。

1977 — 1990 年，早稻以常规稻为主，中、晚稻以杂交水稻为主。其中 1977 — 1980 年，以湘矮早九号为主的迟熟品种占早稻面积的 54.62%，杂交晚稻占晚稻面积的 64.62%，连续 4 年早、晚稻获得增产。1981 年，早稻稻瘟病大流行，占早稻面积 59.09% 的湘矮早九号感病严重，早稻亩均减产 28.50 千克，比上年减产 7.34%。早稻迟熟品种“当家”，季节矛盾突出，杂交晚稻增产优势得不到充分发挥。1981 年，酃县、茶陵、攸县、醴陵 4 县晚稻超龄拔节秧面积 2.28 万公顷，占晚稻面积的 22.82%；未能安全齐穗面积为 0.97 万公顷，占晚稻面积的 9.86%，晚稻比上年亩减 25 千克，减幅 7.81%。

1983年，全市早稻早、中、迟熟比例为18.8：64.3：16.9，早稻亩产412.50千克，比上年亩增7.28%。晚稻中，杂交稻占70.7%，晚籼占21.5%，倒种春及糯稻占7.8%，晚稻亩产427千克，比上年亩增17.15%。全市早稻早、中、迟熟品种搭配与杂交晚稻早、中、迟熟组合配套，趋于合理。同年，醴陵县佘溪大队、攸县谭家垅大队在湖南省杂优中心和省农业厅粮油生产局的支持下，开展双季杂交稻配套高产栽培示范，示范面积8.03公顷，早稻亩产535.10千克，晚稻亩产536.70千克，全年亩产过吨粮。1985年后，全市把“双杂”配套高产栽培作为“吨粮田”开发的一条重要途径，种植面积逐年增加，1990年达2.304万公顷，占早稻面积的19.30%；全年双季杂交稻面积共达14.90万公顷，占全省杂交稻6.1%，居全省前列。配套栽培亩产过吨粮的几率为86.48%，比“早常配晚杂”栽培亩产过吨粮几率增加50.13个百分点，亩均增产2.07%。

20世纪90年代，全市早稻年均常规稻与杂交稻种植面积比例为8：2；早稻常规的早熟、中熟、迟熟品种种植面积比例为1：6：3；中稻年均杂交稻与常规稻种植面积比为8.7：1.3；晚稻年均杂交稻与常规稻种植面积比例为9.2：0.8。1991 — 1992年，早稻常规稻以浙辐802、嘉籼758、湘早籼6号、四云二号、7307、衡早籼2号、湘早籼7号等为主，平均亩产399千克；晚稻杂交稻以威优6号、威优64、汕优64、汕优桂33、汕优44为主，平均亩产476千克。1993 — 2000年，浙辐802、嘉籼758、湘早籼6号、四云二号、7307等常规早稻品种被淘汰，引进选用浙733、中86-44、中优早81、中鉴100、湘早籼13号、14号、20号、23号等新的高产品种，亩产482千克，比1991 — 1992年增产21.13%；晚稻杂交稻淘汰了威优6号，缩减汕优64、威优64等种植面积，选用推广威优46、汕优46、汕优桂99、汕优63、威优77、汕优晚3、新香优80等新组合，年均亩产532千克，比1991 — 1992年增产11.76%。

（二）育 秧

境内农民种植早、中、晚稻，采取育秧移植，注重秧苗素质，有“秧好半年禾”“会作作一丘，不会作作一洲”“十成收九成秧”之说。早稻多选择背风向阳，土质肥沃，排灌方便的田作秧田；晚稻多选择草籽留种田、油菜田、蔬菜田作秧田。通过犁、耙、耖、横、溜、拖楼梯等工序，结合施底肥，把秧田整得泥活肥匀，开厢作畦，以等播种。

1.播种期 20世纪50年代初，早稻沿袭“早稻不吃‘清明’水”“二月（农历）清明莫抢前，三月（农历）‘清明’莫在后”“懵懵懂懂，清明下种”的习惯确定播种期。1955年，推行3月下旬末播种，比往年提早7～8天。1958年后，出现生产瞎指挥，推行“一早百早，越早越好”，早稻一般改在“春分”播种，有的则在“春分”前6～8天播种，导致1959—1960年种谷烂了一批又一批。1960年，攸县不完全统计烂种谷850吨。1962年，市郊区1.54万公顷早稻，烂种谷250吨。1967年至70年代末推广“浸种时间看十年，播种时间看当前”和抢住“冷尾暖头”分期分批播种的经验，于3月下旬、3月底、4月初分批播完。1980—1981年，各县市郊、农业区划后，根据水稻生长临界温度的要求，从当地气温稳定通过10℃～12℃的80%保证率之时（3月26日左右）确定为早稻播种适合期，符合株洲的气象规律，辅之以保温育秧措施，克服了过去常烂种、补种现象。

晚稻有“二禾（有的地方称‘亚禾’，即间作晚稻）不吃‘谷雨’水，番子（连作晚稻）不吃‘夏至’水”的农谚。70年代前，间作晚稻“清明”后、“谷雨”前播种；连作晚稻“芒种”后、“夏至”前播种。70年代开始，晚稻播种期依据安全齐穗期温度指标和品种生育长短来确定。常规晚稻的安全齐穗温度指标为20℃的80%的保证率为9月23日前后。杂交晚稻的安全齐穗温度指标为23℃以上，等于或大于23℃的80%的保证率为9月15日前后。晚稻播种期则根据这一下限温度指标和该品种生育期推算确定。“倒种春”品种在7月10前后播种。山区则提早2～3天。

中稻多在“谷雨”或“立夏”边播种。一般杂交中稻播种期在4月上中旬。

2.种子处理 1952年前，农民采用清水选种、浸种。1952年开始推广泥水、盐水选种。1955年推广粳稻时，采用2%福尔马林消毒。以后又提倡赛力散、西力生等汞制剂农药消毒，但使用不广，后因其毒性残留量大而禁用。同时推广石灰水消毒，后因发现其影响种谷发芽停用。20世纪70年代曾推广“401”“402”浸种消毒，但使用面不大。1988年后，推广强氯精（TCCA）浸种消毒，对水稻恶苗病、细菌性条斑病防治效果较好。

3.浸种催芽 水稻育秧一般习惯播芽谷，用箩筐或扮桶湿法保温催芽。1952年，醴陵县全国农业劳模邓光晋改冷煤灰为热煤灰催芽，具有来热快、出芽快、不易烧苞、根芽粗壮整齐等优点。1953年，省农业厅总结推广这一经验。但此法不适宜大量种谷的催芽，因而农业合作化后未能继续推广。1966年，推广全国农业劳模田启发（湖南南县人）“高温破胸、适温催芽”经验，同时引进推广浙江省“两开一凉”或“三开一凉”（两份或三分开水掺一份凉水，水温控制在60℃左右）预热种子的催芽方法，很快普及。20世纪70年代，还先后推广温室催芽、地窖催芽、生物能催芽（利用猪、牛栏粪草发酵产生的热能催芽）等方法，对提高种子发芽率、防止烂种起到较好的效果，但花工费时，未能坚持。80年代，农村实行家庭联产承包责任制后，家家种田，户户浸种催芽，以扮桶、箩筐、煤灰等传统催芽方法为主。1989年，株洲县、醴陵市、攸县试用稻种破胸催芽机催芽，获得成功。1990年后，全市共推广破胸催芽机334台，催早稻谷种691.12吨，其发芽率比普通催芽法一般高10%左右。晚稻采用活水少浸多洗多露催芽，有效提高了种子发芽率。

4.育秧方式 传统育秧方式是育水秧。每亩播种量250～300千克，多的达500千克以上，秧龄15～18天，秧苗株高10多厘米，称之为“嫩秧”，秧苗瘦如松针。从20世纪50年代初起，育秧方式不断改革，早、晚稻采取不同的育秧方式。

早稻育秧 1951年推广合式秧田，每亩播种量150～200千克。方法由撒播改为分厢播种，灌溉由漫灌改为沟灌，当年合式秧田面积达70%以上。1957年推广湿润秧田（三叶前只保持湿润）。一般亩播80～100千克。20世纪60年代初，湿润育秧法得到普及。1964年，郊区白关、古大桥、龙头铺等地早稻试用农膜覆盖保温育秧，成秧率达93.17%，比露地育秧高22.5%。因其成本较高，一直推而不广。1965年后，在湿润秧田的基础上，推广浙江农民泥浆落谷加覆盖物的育秧经验，此法成为当时主要的育秧方式。1972年，开始推广温室育秧。1976年达早稻秧田面积的40%。1975年，推广攸县王海清通气秧田育秧经验，采取干耕、干整、干平、干播、泥浆落谷、细砂、草子（或青苔）覆盖，称“四干、三保险”育秧。一般亩播75千克左右，成秧率较湿润育秧高15%左右。当年通气秧田占早稻秧田30%以上，其中攸县占71.11%。温室育秧、通气秧田育秧，花工多，成本高。1982年后，农民极少采用。地膜育秧始于1981年，其成本只及农膜育秧的四分之一左右。1982年，境内地膜育秧共28.67公顷，效果很好。1990年，全市“两膜”育秧3734公顷，占早稻秧田面积的30%，其他以湿润秧为主。1992年，引进早稻耐寒旱育秧技术并进行土壤酸度调控。1993年，引进塑料软盘育(抛)秧技术，这是育(抛)秧方式上重大突破。经多点示范，1997年开始大面积推广。2000年，全市早稻塑料软盘育秧移栽面积占早稻总面积34.7%。

晚稻育秧 普遍以水防高温培育秧苗，称水秧。间作晚稻一般亩播种10～15千克，秧龄30～45天。连作晚稻播种量随品种和秧龄的不同而异，一般亩播25～30千克，多的达50千克以上，秧龄30～50天。20世纪50年代中期，推广水旱秧。70年代末80年代初，在推广杂交稻的同时，攸县农业部门总结研究出“三秧”（水秧、旱秧、寄秧）配套技术，获1980年度湘潭地区科技成果一等奖、湖南省科技成果三等奖。醴陵县农业部门总结旱秧抛寄两段育秧技术。两项育秧技术均被省农业厅在全省推广。1989年后，普遍推行秧苗移密补稀、杂交水稻喷施多效唑，单株分蘖达4～6个，节省用种量。

5.秧田管理 20世纪50—60年代，秧田基肥以人畜粪草和土杂肥为主，追肥以草木灰、人尿为主。60年代中期起增施磷肥作基肥，追肥改用氮肥为主。80年代初推广“适氮高磷钾，以有机肥为主”的全层施肥法。早稻秧苗二叶一心前水不上厢面，三叶后灌遮泥水，遇寒潮或暴雨来临前灌深水护秧，久冷初晴缓排水防青枯死苗。二叶至三叶期追施“断奶肥”，每亩尿窖灰75～100千克或尿素2.50～3千克；四叶期施壮苗肥，每亩尿素2～3千克；移栽前5～6天施“送嫁肥”，每亩尿素3～4千克。同时，进行秧田除稗草和病虫害防治。晚稻育水秧，前期防高湿灼芽，厢面不渍水，保持湿润。杂交晚稻二叶一心时进行移密补稀。其他管理与早稻秧田同。

20世纪90年代，围绕培育壮秧、育好秧，全市浸种催芽、播种期、育秧方式、秧田管理等方面进行了探索和改进。

（三）插 秧

境内少部分农民早有划行插秧的习惯，20世纪50年代中期，全省开始推广醴陵用划行器划行插架子禾的经验。但传统的插秧方法主要是插随手禾，稀而不齐。多数农民受“稀禾结大谷，密禾冒得谷”“禾密穗子短”等思想支配，间作株行距插到45厘米或50厘米，连作稻株行距插到33厘米或36厘米。1952年，推广合理密植，间作稻改为40×40厘米、36×36厘米为主，连作改为26.40×26.40厘米、23×23厘米为主。1956年，醴陵县农场用南特号作密度试验：株行距27×27厘米、23×23厘米、20×20厘米，亩产量依次为343.60千克、369.60千克、397.50千克。1958—1960年，片面追求高密度，株行距有13.20×16.50厘米、9.90×16.50厘米、9.90×9.90厘米、6.60×9.90厘米，甚至“挨挨寸”。高杆品种过分密植，通风透光受阻，结果倒伏减产。1961年，纠正插秧过密的错误。嗣后总结推广早熟品种较密、迟熟品种较稀、瘦田较密、肥田较稀等因地制宜合理密植的经验。随着矮秆品种的推广普及，双季稻连作化，插植规格趋于稳定：早稻早熟品种株行距9.90×19.80厘米、13.20×16.50厘米为主，中、迟熟品种13.20×20厘米为主。20世纪70年代初、中期，曾推广过宽窄行和宽行窄株插植规格，因操作不便推而不广。而且，还先后使用过人力插秧机和动力插秧机插秧，其功效比人工插秧提高若干倍，且减轻了劳动强度。但插秧机易漏蔸、伤禾、漂秧、翻蔸等，赶不上手工插秧的质量。同时插秧机成本高、利用率低，对秧苗质量要求严格，不易维修，除少数试验点采用外，大面积生产未能推广，仍以划行器划行，手工插秧为主。在一些地方曾经推广过“插秧架”插秧和拉绳分厢插秧。但到1982年，农村实行家庭联产承包责任制后，多数农民不再使用划行器。由于他们已经从合理密植中尝到了甜头，凭手感经验插秧密度基本上保持在下列水平：杂交晚稻株行距13.20×20厘米、16.50×20厘米、20×20厘米，常规晚稻株行距16.50×20厘米、13.20×20厘米。

1993—1995年，部分县、区、乡政府求规划整齐，恢复划行器插架子禾和拉绳分厢插秧方法。1995年早稻多点示范塑料软盘育秧抛秧。移栽工效为手插5～10倍，劳动强度小。1997年4月，为推广普及这一技术，在株洲县三门镇月形村田头实施早稻抛秧示范，后各县积极办点，早稻手插秧面积逐年减少，抛秧移栽面积上升。2000年，境内早稻抛秧移栽面积3494公顷，占早稻面积34.7%。中、晚稻仍以手插为主。

（四）水肥管理

1.管　水　境内农民素有“有收无收在于水，多收少收在于肥”“禾晒扁草、越晒越好”“禾打苞、水齐腰”等管水经验。1949年以前，水利条件差，禾苗生长期间，除中耕灌浅水和成熟期排水干田外，较多的是高塞田坝蓄深水，只进不出，一丘水灌到头。20世纪50年代推广“浅灌勤灌，湿润灌溉”。60年代改“串排串灌”为“排灌分家，各立门户”，改“浅、深、浅”为“浅、晒、活（前水不见后水的间歇灌溉）”。70年代后，针对“水是禾的命，又是禾的病”和水稻各生育期生理需水特点，普遍推广“寸水返青、浅水分蘖、中耕露田、适时晒田（杂交稻以露为主）、湿润壮苞（孕穗）、干湿壮籽、严防脱水过早”的管水方法，沿用至今。1966年，推广开“丰产沟”的沟浸湿润灌溉技术，后发展为起垄栽培。起垄栽培主要是针对一些“翻秋田”与冷浸潜育化稻田，采取开沟起垄的手段，降低地下水位，提高泥温，促使禾苗早生快长，从而达到高产的目的。1990年，全市起垄栽培2754公顷，比对照亩增30.30千克，增幅9.6%。

全市自开发建设吨粮田起，农田水利设施逐步完善，田间排灌渠系得到整修和配套。1993—2000年，双季稻区实现了需水能灌，有渍能排。在稻田管水上，基本做到了分蘖期浅灌结合露田，以湿润为主促分蘖；分蘖末期间隙灌溉以露田为主争壮苗；孕穗开花期保持水层促大穗；灌浆结实期以湿润跑水为主养根保叶争壮籽。改变了 20 世纪 80 年代中后期存在的前期灌水过深，中期晒田过重，后期脱水过早的弊端。

2.施 肥 民国时期，稻田施肥以有机肥为主。民国 27 年（1938）《湖南省粮食调查》载："攸县稻谷生产肥料费用的百分比为绿肥 4.2%，畜肥 19.8%，人粪尿 45.6%，石灰 16.4%，枯饼 1.8%，草木灰 5.1%，堆肥 6.9%，其他 0.1%，肥料自给率为 83.7%。"民国 37 年（1948）《湖南省志·茶陵生计志》载："农田施肥，除以人畜粪及草木灰外，异以石灰杀灭虫害，而滋促作物生长"。醴陵县农业部门调查：1949 年全县水稻平均每亩施用绿肥 600 千克，人畜粪 375 千克，凼肥 500 千克，稻草 100 千克，草木灰 50 千克，折合每亩施纯氮 6.40 千克，五氧化二磷 3 千克，氯化钾 10.60 千克。其中 70% 作基肥，30% 作追肥，追肥以插安蔸肥的方法为主，安蔸肥一般于插秧后 5 ~ 7 天，用手把制成的灰肥一撮撮地插于距禾蔸 6 ~ 7 厘米处的泥中。20 世纪 50 年代，曾推广过插安蔸灰，但灰源有限，加之费力费时，未能坚持，被化肥撒施取代。农民采取"看禾施肥""分期施肥"等方法为禾苗追肥。60 年代后期，化肥供应量增加，开始推广"攻前、控中、补尾"施肥法，达到"一轰而起"的要求。有机肥、磷肥全部作基肥。氮素化肥 60% ~ 70% 作基肥。追肥的施用，采用早施重施分蘖肥，早稻插后 7 天左右，晚稻插后 4 ~ 5 天内结合第一次中耕，每亩追施硫铵 10 ~ 12.50 千克或碳铵 12.50 ~ 15 千克促分蘖。70 年代，氮素化肥大量施用，出现了"喜死人的禾苗，气死人的谷"的现象。醴陵县全国农业劳模瞿永寿从实践中总结出"前重施、中空补、后轻巧"的施肥方法。一般基肥占 60% 左右，分蘖肥占 20% 左右。中期一般不施氮肥，结合晒田，使叶色由浓退淡、促根深扎，秆粗。晒田复水后，用 20% 左右的肥料作壮苞、壮籽肥，使禾苗达到"前期轰得起，中期控得住，后期不早衰"的正常长势和长相。瞿永寿的施肥方法很快在全省推广，并沿用至今。1972 年 3 月，瞿永寿应邀参加湖南农科院组织的全省著名农业劳模水稻高产竞赛。他所种的 1.67 亩湘矮早四号实验田，早稻亩产 510.40 千克，名列第一。70 年代改氮肥（主要是碳铵、氯化铵）面施为深施，同时推广根外施肥，沿用至今。

1984 年，推广"氮调"技术（以调控土壤供氮指标为主的施肥法），至 1986 年共推广 3.26 万公顷，比对照田亩均节省纯氮 2.80 千克，增产 25 千克，增产率为 6.74%，获 1987 年株洲市科技进步二等奖，湖南省科学技术进步四等奖。

1986 年，推广"测土配方"施肥法（根据水稻需肥特点，土壤供肥特性及废料效应而确定施肥量。以产定氮，测土施磷钾），至 1990 年，全市累计推广 40.37 万公顷，占同期水稻面积的 31.63%。杂交稻需钾量大，化学钾肥供不应求，成为 20 世纪 80 年代施肥一大缺陷。

20 世纪 90 年代，全市稻田施肥水平提高。主要是化肥施用量和品种增加，除氮、磷、钾三大要素化肥外，大批量调入和市县建厂生产复合肥、混配肥。2000 年，亩平使用量由 1990 年的 123.9 千克提高到 153.6 千克。在施肥方法上普及了 80 年代探索的测土配方施肥法、缺素补素施肥法及 70 年代探索的叶面追肥法。从 1997 年开始，全市推广由醴陵市农业局和湖南农业大学在国家水稻工程醴陵基点经连续 3 年试验创造的"一次性全层"施肥法，2000 年，全市推广面积达 8.47 万公顷。

（五）中 耕

农民素用脚踩中耕，有“田要过脚板，土要过铁板”“禾踩三道，米谷发爆”“禾过三道脚，米粒不缺角”等农谚。并且还讲究中耕时的天气，“天晴踩田，胜过一道粪”。20世纪50年代中期，推广中耕器。尔后，随着插秧密度的加大和间作改连作面积的扩大而停止。1966年，浙江农民传入用手中耕的经验，适合矮秆连作密植，很快普及了“丢掉踩田棍，用手中耕”的方法，加快了中耕速度，工效较脚踩田快两倍以上。1982年以后，早稻用手中耕者较多，晚稻用脚踩田者居多，又重新检起踩田棍。早、晚稻一般中耕1～2次，与追肥同时进行。少数使用除草剂者，则免中耕。

四　吨粮田开发与建设

开发吨粮田，实现年度双季稻亩产过吨粮，是境内继双季稻亩产1970年过《纲要》、1975年过千斤、1983年过《双纲》后，于20世纪80年代中期提出的又一新的技术经济指标。1986年，株洲市成立了吨粮田开发示范领导机构。

1986—1988年，全市组织187个农技推广单位，每个单位确定1～2个村为主要实验基点，参照市农业局制定的15种吨粮田种植方案。经连续3年的试验和示范，筛选出“以常规稻—杂交晚稻为主，以双季杂交稻为重点，以油菜—双季稻、麦类—双季稻、蔬菜—双季稻相匹配”的5种适合境内推广应用吨粮田种植模式。

1989—1990年，全市农业局系统坚持每年选派200余名农技干部驻村办点，年办千亩以上的双季稻过吨粮示范点186个，百亩以上示范点70～90个，示范面积1.67万公顷左右。1989年，全市双季稻亩产过吨粮田面积由1986年的3.11万公顷上升到5.03万公顷，涌现出了623个村、21个乡镇成建制亩产过吨粮。1990年，全市双季稻亩产过吨粮面积达6.15万公顷，成建制过吨粮的村984个、乡镇32个。其中醴陵市3.10万公顷双季稻，平均亩产1024千克，成为株洲市、湖南省、长江中下游双季稻区第一个亩产吨粮县级市。

1993年，中共株洲市委、市人民政府提出：力争实现吨粮市的目标。成立吨粮田领导小组，陈登高任组长。当年，根据吨粮田建设的势头，全市双季稻吨粮田面积由1991年的54%提高到68%，成建制过吨粮乡镇由49个增加到65个。其中攸县2.74万公顷双季稻平均亩产1018千克，继醴陵之后成为全市第二个吨粮田县、全省第一个“双千县”（双季稻亩产千千克，农村人均收入过千元）。

1994年2月，株洲获准列为全省吨粮田开发重点市。年内，双季稻吨粮田开发面积由1993年的7.65万公顷扩大到8.40万公顷，占双季稻田面积的74.8%，提高6.8个百分点，成建制过吨粮乡镇73个，比上年增加8个。其中郊区5.34万公顷双季稻，亩产1029千克，成为市内第三个吨粮县（区），省内城郊型第一个吨粮区。

1995年，市、县、乡三级把吨粮田建设列为年内农村经济工作首要任务，层层实行目标管理，开展“万、千、百、十”高产高效示范竞赛活动（即市、县办万亩，乡（镇）办千亩，村办百亩，组抓十户）。年内，除醴陵、攸县、郊区3个吨粮县区继续巩固外，株洲县、茶陵县、炎陵县同步跨入吨粮县行列。其中炎陵县5720公顷双季稻平均亩产1012千克，成为湖南省山区第一个双季稻田亩产吨粮县。全市10.72万公顷早稻，亩产483.5千克，11.93万公顷晚稻，亩产535千克。全市11.32万公顷双季稻平均亩产1021千克，如期实现了全市成建制过吨粮的宏伟目标，成为全国第一个吨粮地级市。

株洲市开发吨粮田、创建吨粮市，揭示了稻田生产潜力，提高了稻田综合生产能力，其技术含量居国内同类推广项目的领先水平，先后获市科技进步一等奖、国家科技进步三等奖和省人民政府的嘉奖。

第二节　旱粮、油料

一　旱　粮

境内旱粮生产以红薯为主，大豆、麦类次之，玉米、高粱、荞麦、蚕豆、豌豆等亦有种植。

1949年，旱粮种植面积3.03万公顷，总产（折稻谷，下同）1.56万吨。分别占粮食作物种植面积、产量的9.1%、4.02%，平均亩产51千克。

20世纪50年代，旱粮生产发展较快。1959年，旱粮种植面积4.19万公顷，总产6.82万吨，分别占粮食作物的15.56%、11.53%，亩产108千克。

20世纪60年代，年均种植旱粮3.71万公顷，年均总产4.65万吨，分别占粮食作物的13.50%、7.61%，亩产84千克。比50年代平均种植面积、总产分别增长11.20%、21.23%，单产虽不及1959年，但与50年代平均水平数持平。从60年代中、后期起，双季稻面积扩大，秋薯、秋豆面积减少，旱粮种植面积下降，亩产提高。

20世纪70年代，境内年均种植旱粮2.21万公顷，年均总产5.04万吨，分别占粮食作物种植面积的7.86%、4.71%；平均亩产152千克。比60年代种植面积减少40.47%，总产量增加8.35%，单产提高80.95%。1983 — 1989年，全市年均种植旱粮1.36万公顷，年均总产3.40万吨，分别占粮食作物的5.01%、2.18%；平均亩产167千克。1990年，全市种植旱粮1.49万公顷，总产3.56吨，平均亩产159千克。

20世纪90年代，全市年均种植旱粮1.83万公顷，年均总产量6.30万吨，分别占粮食作物的7.18%、3.56%，年均亩产230千克。2000年，全市旱粮种植面积2.03万公顷，总产8.26万吨，亩产272千克。其中红薯、大豆、玉米面积分别占41.43%、20.29%、19.05%，产量分别占47.70%、13.93%、24.58%。

（一）薯　类

境内薯类主要为红薯（蕃薯），其种植面积、产量仅次于水稻，属第二大粮食作物，栽培历史有200年以上。清乾隆三十年（1765）《酃县志》载：“薯有红、白两种，贫民以之作饭”，故有“红薯半年粮”之说。

民国时期，各县大量种植红薯。民国21年（1932），酃县产薯25.97万担（合12985.40吨）；民国24年（1935），攸县产薯10.24万担（合5118吨）；民国27年（1938），茶陵产薯45.88万担（合22938.90吨）。

1952年，境内种植红薯1.61万公顷，总产（按5千克红薯折1千克稻谷计算，下同）2.28万吨，分别占旱粮作物的58.46%、80.56%，亩产94千克。此后，红薯生产迅速发展。至1959年，种植面积增加到2.67万公顷，总产5.61万吨，分别占旱粮作物的63.63%、82.26%；亩产140千克。种植面积、总产、单产比1952年分别增加65.73%、145.05%、48.94%。

1960年旱灾，红薯种植面积、单产、总产均大幅度下降，面积1.66万公顷、总产1.9万吨、亩产80千克。

20世纪60年代中、后期起，境内水利条件改善，双季稻田面积扩大。红薯面积减少，单产提高。1976年，种植红薯1.01万公顷，总产3.98万吨，分别占旱粮作物的43.92%、71.03%；亩产251.70千克。与1959年比较，种植面积减少60.51%，总产减少24.19%，单产增加92.28%。此后，种植面积常年稳定在0.84万公顷左右，总产2.78万吨左右。1990年，全市种植红薯0.85万公顷，总产2.38万吨，亩产194.80千克。

红薯分夏薯、秋薯两种。夏薯多种于旱土。秋薯种于缺水田，待早稻收获后，剪夏薯苗栽插，产量不及夏薯高，作种用则优于夏薯。红薯一般在“春分”到“清明”间下种，每亩苗床下种900 ~ 1000千克，可插大田1.34公顷左右。1955年以前，采用露地育苗。1956年，醴陵洪源、桃花等山区农民用猪牛粪草等热性肥料平铺50 ~ 70厘米厚，上铺15 ~ 20厘米的肥沃细土，细土上再盖10厘米左右的糠壳或煤灰，然后排种，方法简便，出苗提早，称之为温床育苗。尔后普遍推广。温床主要有牛粪草温床、火坑温床、火坑蒸汽温床、土温室等。后三种育苗耗燃料多，薯苗质量差，20世纪60年代末基本停用。70年代后期，推广过薯苗越冬育苗，红薯下蛋等栽培技术，因操作不便，收效甚微。1982年农村家庭联产承包以后，多数农户采用农（地）膜覆盖育苗，苗深30厘米左右时，剪苗栽插。

1990年，境内种植夏薯0.55万公顷，总产折稻谷1.62万吨，分别占红薯的67.24%、67.90%。

20世纪90年代，年均种植红薯0.90万公顷，其中夏薯占80%以上，年均总产3.64万吨，亩产270千克。其中，2000年，全市种植红薯0.84万公顷，总产3.94万吨，亩产313千克，与1990年相比，面积增加3.11%，总产增加65.55%，亩产提高61.34%。

此外，常年种植马铃薯200 ~ 333.34公顷，除少数山区作粮食食用，多数作蔬菜食用。1990年全市种植306.67公顷，总产635吨。20世纪90年代，常年种植马铃薯654 ~ 800公顷，年产1500 ~ 3400吨。2000年全市种植马铃薯800公顷，总产3475吨，比1990年面积扩大494公顷，总产增加2822吨，增加3.32倍。

（二）豆 类

境内豆类生产以大豆为主，蚕豆、豌豆、绿豆次之，饭豆、赤豆、豇豆等亦有少量栽培。

1.大　豆　栽培历史2000年以上，栽培季节有春栽和秋栽两种。春大豆多种于旱土、田梗边及空坪隙地。秋大豆则种于缺水田，秋大豆中有禾根豆和泥豆之分，以禾根豆居多。清同治版《攸县志》载："攸邑东山田人，三四月莳稻后，就田滕栽豆，禾熟同敛，第所收无多。唯东北转西，平原旷野，及正西阴山港内，于立秋前后播种禾根下，经霜乃收。"据民国2—36年（1913—1947）《申报年鉴》《中农月刊》以及立法院统计局民国20年（1931）调查情况统计：醴陵、攸县、茶陵、酃县常年共播种大豆1.19万公顷，总产1.44万吨。

1949年，境内播种大豆5134公顷，总产1600吨，亩产21千克。

20世纪50年代，播种面积升降交替，亩产大幅度提高。1959年达到亩平55千克，为1949年的1.62倍。

随着双季稻种植面积的扩大，大豆种植面积下降。20世纪60年代，境内年均播种大豆2847公顷，年均总产2380吨，亩产56千克。70年代，年均播种面积2214公顷，年均总产3240吨，亩产98千克。80年代，常年播种面积3227公顷，年均总产5820吨，主要集中在攸县、茶陵，两县播种面积、总产均占全市60%以上。

1990年，全市播种大豆3434公顷，总产6076吨。其中茶陵县播种面积、产量分别占35.53%、31.58%，攸县占27.20%、30.38%。20世纪90年代，年均种植大豆4000公顷，年均总产0.98万吨。其中1991年种植3160公顷，总产0.58万吨，为最少年份；1998年种植4654公顷，总产1.21万吨，为最多年份。

2.蚕豆、豌豆　明代以前就栽种蚕、豌豆，栽培历史在500年以上。民国21年（1932）《湖南年鉴》载：茶陵县种植蚕豆1334公顷，总产2万担（合1000吨），居湖南省第4位。醴陵县种植蚕豆134公顷，产量3000担（合150吨），豌豆产量1000担（合50吨）。民国30年（1941）《湘政五年统计》载：民国28年（1939），酃县蚕豆产量766担（合38.80吨）。民国29年（1940），播种209公顷，产量2196担（合109.80吨）。民国35年（1946），攸县政府建设科统计，全县种蚕豆537公顷，豌豆674公顷。

20世纪50年代，境内常年种植蚕、豌豆0.34万公顷，年均总产1839.28吨，亩产36.40千克。60年代，常年播种5160公顷，年均总产1970.62吨，亩产25.50千克。其中攸县面积、产量各占43.48%、43.91%；茶陵县各占40.17%、36.46%。

20世纪70年代，常年种植面积1414公顷，年均总产1405.88吨。80年代。全市常年种植面积947公顷，年均产量896吨。其中，茶陵县占播种面积的43.76%，占产量的42.54%，属主产地区。1986年，茶陵县大粒蚕豆被评为湖南省优质农产品。1990年，全市种植蚕、豌豆1280公顷，产量1243吨。

豌豆栽培一般占蚕、豌豆面积30%～40%，多种于旱土中。部分蚕豆种于土壤松散的稻田中，大部分种于旱土中。目前，种植蚕豆、豌豆之目的，以鲜豆当菜肴为主，小部分作果品，未有以之当粮食者。20世纪90年代，常年种植蚕、豌豆1400公顷左右，年均产量0.22万吨。其中，1991年1280公顷，产量0.13万吨，为最少年份；2000年1460公顷，产量0.32万吨，为最多年份。

3.绿 豆 民国时期，酃县常年产量 8 ~ 10 吨，茶陵县 40 ~ 50 吨，醴陵县 100 吨左右。

20 世纪 50 — 70 年代，境内常年种植 427 公顷，总产 310 吨左右。80 年代，常年种植 200 公顷，总产 277 吨。其中，1985 年 254 公顷，产量 385 吨，为最多；1987 年 160 公顷，产量 212 吨，为最少。

1990 年，全市播种 154 公顷，总产 240 吨，全市人均占有量仅 0.07 千克。

20 世纪 90 年代，绿豆、豇豆等种植面积不等，种植 400 ~ 1267 公顷之间，产量 0.07 万 ~ 0.36 万吨。

（三）麦 类

境内麦类分冬小麦、冬大麦两种，冬小麦占 90% 左右。一般于 11 月上、中旬播种，翌年 5 月上、中旬收获。

1.冬小麦 是仅次于水稻、红薯的第三大粮食作物。民国 24 年（1935），《中国实业志》载："民国时期，酃县常年栽培小麦 267 公顷，产量 6320 担。"民国 31 年（1942），《湖南省粮食增产 31 年 3 月份工作报告》中载："攸县种小麦 68 公顷。"民国 34 年（1945），茶陵种植小麦 117 公顷，总产 1310 担（合 65.50 吨）。醴陵民国时期常年产量 200 吨。

20 世纪 50 年代，沿袭传统的种植方式，以地方品种为主，多种于零星旱土，耕作粗放，苗稀穗少，产量较低。全境年均小麦播种面积 3540 公顷，年均总产 2000 吨，亩产 38 千克。其中醴陵小麦面积、产量分别占全市的 53.87%、51.75%。此后，引进新品种，改进栽培技术，增施肥料，推广稻 — 稻 — 麦三熟制，种植面积扩大，单产提高，出现三次高峰。1960 — 1964 年，粮食不足，各级政府号召大种小麦，出现第一次高峰。全市年均小麦种植面积 7867 公顷，年均总产 3400 吨，亩产 28.80 千克。其中醴陵种植面积、产量分别占境内 52.71%、56.63%；株洲市郊区（含现株洲县）分别各占全境的 27.12%、31.45%。1965 年开始推广稻 — 稻 — 麦三熟制，1967 年小麦生产出现第二个高峰，播种面积达 10787 公顷，总产 8100 吨。1968 年后，种植面积大幅度下降。1975 — 1977 年，各级政府遵照毛泽东关于"人民公社一定要把小麦种好"的指示精神，大力推广稻 — 稻 — 麦三熟制，开展县与县、公社与公社、大队与大队的竞赛活动，小麦生产出现第三个高峰。年均播种面积 8894 公顷，年均总产 8235.10 吨，亩产 61.70 千克。主要种植雅安早、阿二矮、阿波、阿夫、繁六、友谊麦、扬麦三号、万雅二号等适合三熟制栽培的品种。攸县王海清经过多年稻 — 稻 — 麦三熟制高产栽培试验，1976 年，他的 0.091 公顷试验田，麦子亩产 177.70 千克，早稻亩产 614.90 千克，晚稻亩产 688.30 千克，全年亩产 1534.90 千克。醴陵县渌江公社泉湖大队 1970 年稻田种麦子 2.07 公顷，亩产 55 千克。尔后，该大队组织全大队干部 4 次到桃源县庄家桥等先进单位学习，1973 年大队农科组 0.11 公顷麦子高产试验田，亩产 230 千克，至 1976 年全大队稻田种麦 47.37 公顷，占水田面积的 65.7%，亩产 151 千克，多次受到省农业厅和湘潭地区农业局的表彰。1978 年后，小麦生产大幅度下降，至 80 年代，境内常年播种面积 80 公顷，产量 180 吨。其中 1981 — 1984 年，酃县、茶陵县、攸县小麦生产基本绝迹。1985 — 1988 年，境内小麦面积分别为 54 公顷、60 公顷、60 公顷、47 公顷，产量分别为 90 吨、68 吨、79 吨、52 吨。80 年代中、后期，推广密点播综合丰产栽培技术（穴距 10 厘米，行距 20 厘米，每穴播种 7 ~ 8 粒，出苗 6 ~ 7 根，形成"田中密，穴内稀”，分布均匀的群体结构），单产提高。茶陵马江乡红旗村 1989 年 11.29 公顷麦子，全采用这种栽培技术，翌年春收麦子 38.89 吨，亩产 229.70 千克（最高丘块亩产 255 千克），比上年单产提高 38.7%。1990 年全市种植小麦 100 公顷，总产 132 吨，亩产 88 千克。小麦生产起伏大，根本原因是气候不宜，小麦生长后期正遇上南方多雨季节，高温高湿，赤霉病严重，结实率低，千粒重小，单产低，品质差，经济效益不高，加上影响早稻及时插秧、农民难于接受等诸多原因所致。

2.冬大麦　大麦生育期较小麦短，不影响早稻春插，又可作接荒口粮，民国时期即有少数农户种植。1950 年后，境内常年播种 134 ~ 200 公顷，年均产量 80 ~ 150 吨。20 世纪 80 年代后期，全市麦类生产以大麦为主，约占麦类面积的 65%，主要用于饲料加工业。1990 年全市播种大麦 207 公顷，总产 364 吨，分别占麦类的 67.39%、73.39%；亩均产 117.40 千克。

20 世纪 90 年代，大小麦种植面积逐年减少，1991 — 1992 年，全市年种植 600 公顷，总产 1020 吨。1993 — 2000 年，年种植 114 公顷左右，总产 250 吨左右。2000 年，全市麦类种植面积不足 67 公顷，总产不到 120 吨。

（四）玉米、高粱

玉米、高粱各地有零星种植，主要在山区。民国时期，境内常年种植玉米 1467 公顷，年均产量 6500 吨左右。常年种植高粱 1960 公顷，年均产量 3800 吨左右。以酃县种植较多，常年种植面积均在 667 公顷左右。

20 世纪 50 — 60 年代，境内常年种植玉米 200 公顷、高粱 367 公顷左右，年均产量分别为 210 吨、365 吨左右。1966 年，攸县新市良种场试种玉米双交种，亩产 447 千克，一季亩产过《纲要》，但因价格低而未能推广。

20 世纪 70 年代，推广杂交玉米、杂交高粱与红薯、大豆等间（套）种，单产提高。1972 年，攸县新市原种场、石羊塘、大同桥、丫江桥等地，进行杂交高粱丰产示范栽培，一季亩产 400 千克，比常规高粱增产 5 ~ 7 成。1974 — 1979 年，境内年均种植玉米 147 公顷、高粱 200 公顷，年均产量依次为 300 吨、400 吨左右，单产均突破百千克。

20 世纪 80 年代，随着饲料加工业的发展，玉米生产有所发展。全市常年播种玉米 413 公顷（醴陵占面积的 70% 左右），产量 1202 吨，亩均 194 千克。其中最多的 1988 年面积 793 公顷，产量 2637 吨；最少的 1984 年面积 313 公顷，产量 1065 吨。同期全市种植高粱 74 公顷，年均总产量 367.50 吨，亩产 334 千克。面积以 1985 年 113 公顷、产量以 1988 年 755 吨为最多。1984 年，醴陵市大林乡春播高粱 48 公顷，产量 154.80 吨；蓄再生秋高粱，产量 109.80 吨，全年总产 263.88 吨，亩产 366.50 千克。全乡高粱总收入 22.32 万元（其中高粱收入 7.92 万元，出售粟扫帚收入 14.4 万元），人均收入 19.95 元。因杂交高粱食味不佳、去壳难，以及消耗地力多、经济效益不如种玉米等原因，推而不广。1986 年，茶陵县马江乡红旗村郭二苟等在稻田试种春玉米 — 晚稻秧 — 杂交晚稻 0.47 公顷，平均亩产玉米 463.40 千克。1987 年扩大到 12 公顷，玉米亩产 456.50 千克，提高了晚稻专用秧田利用率。

1990 年，全市种玉米 973 公顷，总产 2611 吨。其中，醴陵市占面积的 87.67%，占产量的

90.08%。是年，全市种植高粱60公顷，产量123吨，单产137千克。

1991—1996年，除茶陵县推广春玉米—晚稻秧—杂交晚稻种植模式，安排少量水田种玉米外，其他县均零星植于旱地，常年播种800公顷左右，总产2500吨左右。1997年开始，醴陵市实行稻田耕作制度改革，并被湖南省列为稻田玉米生产示范基地，攸县大力推广西瓜、花生间种玉米，全市玉米种植面积逐年扩大，加上稻田玉米选用高产、优质良种实行地膜覆盖，总产、单产大幅度提高。1997年、1998年全市玉米种植面积由1996年的800公顷分别上升到1333公顷、2780公顷，总产由1996年的0.36万吨分别增加到0.64万吨、1.69万吨。1999—2000年，全市年均种植玉米3880公顷，年均总产2.05万吨，亩产352千克。其中醴陵占总面积的49.66%、占总产量的80.0%。

20世纪90年代，高粱常年种植133公顷左右，总产450吨左右。2000年，全市种植高粱150公顷，总产472吨，亩产210千克。

二　油料作物

草本油料作物生产以油菜为多，花生、芝麻次之，向日葵、蓖麻有少量种植。

（一）油　菜

油菜（古名“芸苔”）生产历史悠久，南宋诗人杨万里客寓攸县新市徐公店时赋诗：“篱落疏疏一径深，树头花落未成荫，儿童急走追黄蝶，飞入菜花无处寻。”

清朝末期至20世纪30年代，酃县、茶陵、攸县、醴陵各县都是本省油菜主产县之一。民国31年（1942），全省9个产油20万担以上的县，其中攸县3.88万公顷，总产菜籽48.3万担，仅次于武冈、湘阴，居第3位，茶陵1.50万公顷，总产22.08万担，酃县也在10万担以上，醴陵接近10万担。民国33年（1944），湖南省政府颁发《湖南增产油菜贷款办法》，筹款1000万元贷放粤汉、湘桂路沿线17个县。其中，醴陵县65万元，攸县40万元。规定贷款户必须种油菜1亩，收籽榨油。民国37年（1948），境内种植油菜3913公顷，次年总产菜籽1232吨，亩产21千克。其中，攸县占总种植面积的43.05%，占总产的43.45%。

中华人民共和国成立后，人民政府有计划地组织油菜生产。采取计划种植和计划收购，农业、供销部门供应种子，组织高产示范等增产措施，种植面积扩大，产量增加，出现五次高峰：

20世纪50年代，油菜主要推广农家白菜型品种。1955年，从四川引进甘蓝型油菜品种“胜利油菜”，1957年又引进甘蓝型油菜品种“七星剑”，开始了由白菜型、芥菜型油菜向甘蓝型油菜过渡。1956—1957年度，共种油菜7500公顷，产籽2478吨，亩产22千克；种植面积、总产比1949年分别增加92.16%、1.01倍，出现第一次高峰。其中攸县种植面积、产量各占总量的42.60%、43.64%。

1960—1961年。因生产指挥失误和自然灾害等影响，油菜种植面积、产量均跌入低谷。本年度种植3400公顷，产籽806吨，亩产16千克。20世纪60年代，先后引进甘蓝型油菜品种“胜利222”“白果”“川油2号”等。1964年，市郊区调进“胜利油菜”籽3.33吨。1964—1965年，出现第二次高峰。种植油菜9033公顷，产籽2815吨，亩产22千克。攸县皇图岭农科站选用甘蓝型油菜品种“慈油1号”等，采取适时早播，育苗移栽，协调油菜与早稻、晚稻生育期重叠的矛盾，取得成功，为稻—稻—油菜三熟制的发展闯出了新路。1966—1969年，农村劳力集中搞农田基本建设，油菜生产再次出现低谷。1969年，油菜面积下降到4800公顷，产籽2138吨，但亩产过30千克。

20世纪70年代初，普及推广甘蓝型油菜品种。油菜栽培改点播为育苗移栽；改稀植为合理密植；改春发为冬、春双发，年前搭好丰产苗架；增施肥料，及时防治病虫害，促进了油菜单位面积产量的提高。1970年，湖南省从四川引进“矮架早”，首先在攸县等县种植。1971年，调整油脂收购价格，油菜收购价由每50千克72.35元提高到85元，促进了油菜生产。1971—1972年，境内种植油菜1.14万公顷，产籽6750吨，亩产40千克；分别比前一个年度增加1.29倍、1.64倍和14.49%，出现第三个高峰。

1975—1979年，各级革命委员会组织大搞稻—稻—油三熟制，油菜生产出现第四个高峰。其中1978—1979年，种植油菜2.21万公顷，总产13650吨。株洲县涌现亩产过50千克以上的乡镇（场）12个，亩产75千克以上的大队15个，亩产100千克以上的生产队22个。市果木场五队0.08公顷丰产田，产菜籽249.90千克，亩产210千克，创境内油菜党委民间产量最高纪录。攸县获湖南省油菜生产先进单位称号。

1974年前后，各地相继引进、推广“湘油”2号、3号、4号、5号，“华油2号”“东胜14号”等，逐步取代了生育期较长的“胜利油菜”。1976年从湖南省农科院引进杂交油菜“湘矮AX142-3”“湘矮AX花叶子”试种。1977年冬至1978年春，湘潭地区在茶陵县七地公社巨田大队制种“湘矮AX意选159-16”“5708AX意选159-16”两组合16.07公顷，共收杂交油菜种籽5212千克，1978年冬分布在酃县、茶陵县、攸县、醴陵县种植，面积达2667余公顷。经过1976年—1981年6年试种，杂交油菜增产效果不明显，未能普及推广。1978—1981年，株洲县、市郊区共推广“湘油5号”1.036万公顷，占同期油菜总面积的92.28%，获1981年株洲市科技成果二等奖。同期推广的还有“矮架早”“71～39”等品种。

1982年后，油菜籽收购价格采取“倒四六”加价（即改原规定统购任务中50%的加价六成、原价四成为加价四成、原价六成），实际收购价下降，且收购量封顶，油菜生产大幅度下滑。

1984年，市农业局从怀化地区农科所引进“怀油819”（湘油10号），1989年全市推广7033公顷，占油菜总面积的42.7%。1986年引进“双低”（低芥酸、低硫代葡萄甙）油菜品种“湘油11号”、杂交油菜“秦油2号”，试种推广。1989年引进“怀油4号”“滁油3号”“86-359”等试种，一般比“湘油10号”增产10%左右。

1989—1990年度，株洲市以株长公路、320、106国道沿线37个乡（镇）作为开发冬季农业生产的重点，油菜生产出现第五次高峰。全市种植油菜2.38万公顷，总产18696吨，亩产52千克；面积、总产比1983年分别增长48.48%、53.17%；比高产的1979年面积、总产分别增长7.6%、45.08%。其中甘蓝型油菜品种面积1.82万公顷，占总面积的76.5%；亩产57.50千克，比白菜型油菜品种亩产高20.04%；育苗移栽面积1.68万公顷，占总面积的70.46%，比上年增加7.7个百分点。该年度，攸县油菜面积1.06万公顷，总产7902吨，分别占全市的44.63%、40.12%，居全市第一位，是全省生产油菜10万亩以上的主产县之一。

1991年，全市油菜面积由1984年的1.43万公顷上升到2.72万公顷，涌现出了攸县、茶陵县两个种植面积过6667公顷的县，8个667公顷乡（镇）,130个连片种植过20公顷的村，310户人均生产菜籽过100千克的农家。醴陵市孙家湾乡龙虎村巫绍清种植的0.08公顷"湘油10号"，亩产达165千克，创株洲油菜亩产最高纪录。年内推广"湘油10号"2.07万公顷，占油菜种植面积的89%；推广"湘油5号"2333公顷；还引进示范了"杂交8号""秦油2号""滁油3号"等良种。当年，全市油菜总产2.24万吨，亩产55千克。1992年，种植面积2.74万公顷，总产2.26万吨。1993—1995年，油菜生产出现滑坡，1996年起又迅速恢复。1996年、1997年油菜种植面积由1995年的2.28万公顷分别扩大到2.68万公顷、2.77万公顷，总产由2.10万吨分别上升到2.36万吨、2.71万吨，亩产由51千克分别提升到58.7千克、65.3千克。

（二）花 生

花生主要用作副食原料、果品或菜肴，也用于榨油。茶陵、攸县为主产县。民国20年（1931），《农业杂志》（湖南全省农产调查纪要）载："昔以产自茶陵者为优，以其粒小而味香，故有'茶陵子'之名。"

1949年，境内种植花生1321公顷，其中茶陵占47.73%、攸县占41.39%；总产干果1634.8吨，其中茶陵占52.03%、攸县占35.09%。

20世纪50年代，郊区花生生产迅速发展，1952年还只种2.34公顷，1959年达到393.34公顷，总产581.50吨。

20世纪60年代，境内花生种植面积减少，单位面积产量提高。年均种植1266.34公顷，比1959年减少885.87公顷；年均产干果1562.80吨，亩产82.30千克。

20世纪70年代，种植面积稳定在1334公顷左右，亩产75千克左右，其中1974年亩产达到103.70千克。

1983年后，随着商品经济的发展，花生生产有所发展。1990年，全市种花生2180公顷，总产3451吨，创历史最好水平。

20世纪90年代，随着销售渠道的拓宽，境内花生生产发展态势看好。1993年全市种植面积上升到3100公顷，总产4704吨。1996年，种植面积达3680公顷，总产7301吨。1998年种植4030公顷，总产11271吨。2000年种植面积达4630公顷，总产10628吨，比1991年面积、总产分别增加69.06%、44.26%，亩产153.3千克，比80年代亩产最高的1985年121.5千克增加31.8千克。

花生主要产区是：酃县三河、鹿原、霞阳等乡镇；茶陵县湖口、浣溪、腰陂、马江等乡镇；攸县皇图岭、高枧、市上坪、坪阳庙、湖南坳、鸭塘铺等乡镇；醴陵市黄沙洲、渔潭洲等。主要品种：20世纪60年代前，主要种植本地品种及红安直立小子、宁乡直立小子、湘潭小子。70—80年代，主要推广芙蓉花生、粤油551-116、粤选58、新旱城、海花1号、湘花生2号等。

（三）芝　麻

清同治版《酃县志》载："县内芝麻有黄、白、黑三种，一般只作副食品之配料，不用于榨油。"

民国时期，酃县常年芝麻栽培面积为67公顷，产量75吨；茶陵常年栽培134公顷，产量65.10吨；醴陵常年产量25吨。

1949年，境内芝麻栽培面积357.27公顷，总产153.29吨。其中：茶陵占总面积45.42%，占产量的46.05%；攸县占总面积的49.45%，占产量的51.86%。

20世纪50年代，境内年均种植芝麻566.66公顷，总产257.39吨。其中1959年面积815.80公顷，总产416.06吨，均系1949—1990年间面积、产量最高年。

1961—1965年，生产相对稳定，年均种植面积622.17公顷，总产292.94吨。自1966年起，生产显著下降，至20世纪70年代，年均种植面积194.54公顷、总产155.04吨，分别为50年代年均面积、产量的34.33%、60.24%。

1983年，全市栽培186.67公顷，总产114.80吨。

1987年，全市仅栽培26.27公顷，产量19吨。1988年，生产回升。1990年，全市栽培160公顷，产量104吨。

芝麻连片种植少，大多间种于棉花、蔬菜、黄豆、花生等作物中，管理粗放，无施肥习惯，品种无甚改进，故发展慢，产量低。20世纪90年代亦如此。

第三节　经济作物

一　水　果

境内水果生产品种较多。清康熙年间，酃县已有桃、李、梅、杨梅、银杏、香圆、柚、柿、梨等。民国时期，均坝的杨梅（株洲县渌口镇杨梅村）一带，桃、李、梅、杨梅、枇杷等最高年产达400吨。醴陵、攸县出产的柑橘鲜果成批销往湘潭、衡阳、武汉、广州等地。1949年，醴、攸、茶三县共有水果面积321公顷，总产849吨。

中华人民共和国成立后，境内水果生产发展较快。1957年，水果面积457.33公顷，总产1453吨。1958年以后，引进良种水果，开辟荒山兴建集体果园。至1972年，种植面积扩大到1337公顷，总产1681吨。1973年以后，建立柑橘生产基地。到1981年，水果种植面积发展到5980公顷，总产4538吨，其中柑橘5327公顷，总产2830吨。1982年以后，在发展集体果园的同时，加快了农户庭院果园发展步伐。到1990年，全市水果种植面积达7287，总产19659吨；农户庭院果园达16万余个，栽种果树200余万株。

1991年12月下旬至1992年1月，境内先后遭遇低温、暴雪、霜冻，造成市区、株洲县、醴陵、攸县橘园几乎全毁，茶陵县、炎陵县柑橘叶片全部卷筒、黄枯或青枯，1～2年生枝条冻伤或冻死。1992年年底统计，全市果树面积仅存5727公顷，总产6406吨。

从1993年开始，重视丘岗山地开发，积极引进适应本地果树良种，调整果类结构，推广优质丰产栽培技术。1995年，全市果树面积13500公顷，水果总产20164吨。2000年，全市果树面积累计18234公顷，水果总产34315吨，与1990年相比，面积扩大1.5倍，总产增加0.75倍。在果类结构中，柑橘与时鲜水果种植面积比由8∶2调整为6.5∶3.5，名优特水果产量由23%提高到68%。

（一）柑　橘

清同治年间，酃县已栽种柑橘。清光绪年间，醴陵县神福港、泗汾等地种植南橘、大红袍20余公顷。民国5年（1916），攸县大和引种甜橙。1949年，醴、攸、茶三县柑橘总产498.50吨。

20世纪50年代，柑橘生产以农户零星种植为主。50年代末，农村集体兴办“花果山”，集中成片种植柑橘。市郊区柑橘种植面积扩大到66.67公顷，但以后大多数被毁。1963年，醴、攸、茶、酃柑橘总产下降至597.80吨。

1964年后，先后引进温州蜜柑、甜橙、椪柑和柚等。至1966年，种植面积达180公顷，总产1548吨。

20世纪60年代末70年代初，由于粮食紧缺而强调粮食生产，放松了对柑橘的管理；加之1969年、1972年攸县等地遭两次大的冰冻，全市柑橘总产1969年降至196吨，1972年仅47.65吨。

1973年，中共株洲市委、市革命委员会作出《兴建集中连片柑橘生产基地，大力发展柑橘生产的决定》，明确规定：凡公社、大队两级较大面积集中连片建立的柑橘园，两三年内面积在6.67公顷以上，经验收成活率在95%以上的，由市财政分三年每亩补助20元。1973—1979年，部分公社、大队因地制宜，先后建立社、队两级橘园172个，由市财政补助人民币103万元。

1978年，株洲县被确定为湖南省12个、全国100个柑橘商品生产基地之一。与此同时，醴、攸、茶、酃也于1974年起大规模发展柑橘生产。至1981年，境内柑橘种植面积5327公顷，总产2830吨。因为绝大部分橘园抵御自然灾害能力弱，加之部分橘园规模偏大，管理不善，柑橘产量上不来。另外，品种单一，温州蜜柑占90%以上，中熟的尾张品系又占温州蜜柑的80%以上，成熟期过于集中，给运输、销售造成困难。

1982年后，集体橘园实行生产责任制。橘园的培管有所改善，20世纪70年代栽培的柑橘逐渐挂果，产量、质量及经济效益同步提高，至1983年，全市4687公顷柑橘总产6050吨。1989年，在省优质水果评选会上，酃县早熟温州蜜橘宫川、迟熟柑橘椪柑被评为优质水果；在农业部举办的全国优质水果评选会上，酃县中熟温州蜜橘尾张获优质水果称号。同期，在加快农户庭院果园发展步伐的同时，着力调整品种结构，先后引进、示范、推广早熟、特早熟温州蜜橘及椪柑、脐橙、哈姆林甜橙、冰糖橙等良种。为支持老革命根据地茶陵县柑橘生产的发展，1983年10月，中央、省、市农业部门和茶陵县组织干部23人，对茶陵县红色农场开发建设万亩橘园进行实地考察和可行性论证，确定1984—1989年第一期工程开发建设橘园267公顷，实际完成134公顷。1990年，全市柑橘种植面积发展到6327公顷，总产达17350吨。

从1992年开始，先后从省内外引进了早熟、特早熟的温州蜜柑、椪柑、脐橙、哈姆林甜橙、琯溪蜜柚、玉环柚、沙田柚等良种，着力调整品种结构。1993年，市财政拨专款200万元，重点创办

9 个丘岗山地开发示范样板，发展以柑橘为主的水果生产。1994 年，连续 4 年由农业银行每年提供贷款 1000 万元，市财政承担贴息 100 万元，鼓励集体和农户对冻毁橘园进行恢复，到 1995 年，全市柑橘面积由 1993 年的 4534 公顷恢复到 7727 公顷，总产由 9940 吨提高到 16074 吨。1997 年，全市柑橘种植面积达 9040 公顷，产橘 28319 吨。茶陵县所产"神农"牌脐橙，形色俱佳，可溶性固形物堪与国外同类名牌水果媲美，1997 — 1999 年连续 3 年在湖南省名优水果评比中获金质奖。炎陵县从浙江引进玉环柚苗 1 万多株，多点试种获成功，相继又引进沙田柚、琯溪蜜柚等，并加大小核平蒂椪柑等适宜品种的推广。1999 年，炎陵县拥有柑橘面积 1826 公顷，其中温州蜜橘 1209 公顷、椪柑 451.60 公顷、甜橙 87 公顷、柚 58 公顷、金柑 21 公顷，基地面积占 47%，改变了 20 世纪 80 年代柑橘品种单一局面。

2000 年，全市柑橘种植面积 10400 公顷，总产 27190 吨，温州蜜柑、椪柑、甜橙、柚、金柑均占一定份额。

（二）桃、李

1.桃 各地均有零星种植。1958 年，醴陵县、酃县产桃 23.10 吨。多为毛桃和夏至桃。20 世纪 60 年代，引进良种水蜜桃、蟠桃。1965 年，株洲县种桃面积 17 公顷，1972 年扩大到 221 公顷，总产 500 吨。70 年代中后期，因品种单一，集中成熟上市，虽丰产而销售困难，经济效益低，从而部分桃园被毁，改种其他作物。1983 年，全市桃子总产降至 330 吨。80 年代中后期，引进春蕾桃、早花露桃、雨花露桃、锦绣桃、迎庆桃等，产量逐渐增加。1990 年，全市桃子总产 763 吨，比 1983 年增加 1.3 倍。1991 年，全市种植面积 407 公顷，总产 890 吨。1992 年后，先后引进推广早花露、春蕾雨花露、华光、红玉、红美丽等良种，产量逐年增加。1993 年总产 1388 吨，1995 年总产 1425 吨，1997 年总产 1561 吨。2000 年，全市种桃面积 820 公顷，总产 1090 吨。

2.李 民国时期，渌口、均坝等地出产牛心李，个大、味甜、青皮红肉，被称之为"牛滦心"，最高年产 3 吨。醴、攸、茶、酃零星种植有麦李、石灰李等品种。1953 年，郊区种有李树 10 公顷。1964 年，国营酃县天平园艺场从福建省南平县引进柰李、芙蓉李接穗，进行嫁接繁育试种。李子生产一直处于自发状况，发展缓慢，1985 年，全市李子总产 195 吨。1986 年后，境内推广种植柰李。柰李果形大，风味浓，皮薄肉厚核小，清香爽口。其 8 月成熟时期，正值柑橘等其他水果尚未上市的淡季，能大大缓解水果市场紧张状况。加之柰李适应性广，栽培管理比较容易，从而发展迅速。到 1990 年，全市共栽柰李 43 万余株，按每亩 40 株计算，折合面积约 717 公顷。1990 年 7 月，在省首届时鲜水果鉴评及生产座谈会上，酃县柰李品质被评为李子组第一名。当年，全市李子产量 501 吨，比 1985 年增加 1.6 倍。20 世纪 90 年代，在加大推广柰李的同时，先后引进推广大紫、蜜思、早美丽、圣玫瑰、奥德罗达、黑宝石等布朗李，实行基地生产，产量和品质逐年提高。炎陵县自 1993 年开始，把柰李生产列为县内水果产业支柱之一，1995 年柰李面积达 833 公顷，总产 382 吨；1997 年面积达到 905 公顷，总产 2196 吨。畅销深圳、广东、长沙等大中城市。在炎陵县的影响带动下，全市李子生产发展较快。1993 年，全市种植面积 1040 公顷，总产 1131 吨。1997 年面积、总产分别达到 1480 公顷、3780 吨。2000 年全市种植面积 1954 公顷，总产 3594 吨。

（三）葡　萄

民国时期，醴陵县已引入牛奶葡萄、白玉葡萄、班瑰香葡萄、龙眼葡萄等栽种。1961 年，郊区引进保尔加尔、明泯斯卡等 5 个保加利亚葡萄品种枝条，在国营荷苞洲农垦场扦插繁育葡萄苗 0.87 公顷，7 万余株。1965 年，郊区种植葡萄 1.6 公顷。20 世纪 70 年代，株洲县引进酿酒葡萄品种北醇栽植，因无加工设备而中断。至 80 年代初，境内仍只有少数农户在庭院栽种少量本地葡萄，颗粒小，产量低，品质差，自食为主。1982 年，市农业局从湖南农学院引进巨峰系列、白香蕉、康拜尔早等 8 个葡萄品种，在株洲县南阳桥公社建佐湾大队试种 0.1 公顷。1985 年，产葡萄 400 千克。此后，全市大量引进大粒鲜食巨峰群葡萄良种，推广葡萄早期丰产栽培技术，组织郊区、株洲县、醴陵市靠近公路、铁路及工矿区的农户栽种葡萄。1985 — 1990 年，全市引进巨峰群葡萄品种 30 余个，苗木 40 余万株；建立葡萄母本园和苗圃 10 个，面积 4.54 公顷，繁育苗木 20 多万株；结合进行观测，确定表现优质、丰产的巨峰、黑奥林、龙宝、红瑞宝、红富士、先锋等为葡萄主栽品种。1990 年，全市葡萄种植面积 227 公顷，总产 179 吨。

20 世纪 90 年代，主要推广藤稔葡萄。1991 年全市种植面积 240 公顷，总产 225 吨。1993 年葡萄大丰收，总产达 404 吨。受气候和病害等因素的影响，2000 年全市葡萄种植面积减少到 80 公顷，总产 207 吨。

二　茶　叶

（一）面积、产量

境内种茶历史悠久。唐朝陆羽《茶经》载：“茶陵者，所谓陵谷生茶焉。”明代，茶陵是湖南省茶叶主产区之一。李时珍《本草纲目》中述：“楚之茶，则有湖南之白露……湘南之宝庆、茶陵……皆产茶有名者。”清末至民国时期，醴陵茶叶生产较为兴旺，其他各县均趋衰落。

民国版《醴陵县志》载：“清光绪年间，红茶为大宗产品，远销于外，岁可二万担。”民国 22 年（1933），醴陵县植茶 2000 公顷，总产 500 吨。1949 年，境内仅存茶园 460 公顷，但单产提高，总产 213 吨，亩产 30.87 千克。

20 世纪 50 年代，茶叶生产迅速恢复发展。1958 年，醴陵县茶园面积发展到 854 公顷，茶叶总产 502 吨，成为全国 83 个年产茶过 500 吨的县之一。1960 年，境内茶园面积扩大到 1934 公顷，茶叶总产 910 吨。

20 世纪 60 年代初，因自然灾害，粮食紧缺，农村集中人力、物力、财力发展粮食生产，茶园一度荒芜。1963 年，茶园面积减少到 1400 公顷，总产减至 460 吨。1964 年，株洲市人民委员会号召以生产队为单位，在 2 ~ 3 年内，开荒种茶 3 ~ 5 亩，以解决吃茶问题。1968 年，茶园发展到 3834 公顷。

20 世纪 60 年代末 70 年代初，利用荒山开发建设一批集中连片、具有一定规模的新茶园，茶叶生产飞速发展。曲尺、荷花、古岳峰、王十万、马家河、白关、黄獭嘴、枫林市、渌江、醴陵城关，酒埠江、莲塘坳、湖南坳、老君潭、虎踞、平水、下东、马江、潞水、三河、河西、水口、沔渡等公社先后建立社队茶场。1977 年，茶园面积发展到 6600 公顷，茶叶总产 1709 吨，其中茶陵县产茶 675 吨。1978 年，茶陵县被农牧渔业部规划为全国 100 个年产茶叶 2500 吨基地县之一。

20 世纪 80 年代，由于茶叶滞销，价格偏低，经济效益差。集体茶园有的改种其他的作物，有的荒废。1983 — 1990 年，全市茶园面积平均每年减少 336.20 公顷。1990 年，全市有茶园 3047 公顷，由于面积较大的骨干茶场配管较好，单位面积产量提高，总产 2184 吨，亩产 47.8 千克，亩平产值 334.5 元。

20 世纪 90 年代，先后引进推广福鼎大豪、福鼎大白福福云 6 号、白毫早、龙井 13、乌龙早、龙井长叶等品种。从 1991 年开始，对立地条件差的茶园进行改种，利用省茶改费和市丘岗山地开发扶植经费引进优良茶苗，建设高标准茶园。到 1995 年年底，全市茶园面积由 1991 年 2834 公顷调整为 2300 公顷，良种茶面积由 147 公顷发展到 478 公顷，茶叶总产 1519 吨，其中绿茶、红茶、红碎茶分别占 87.82%、2.92%、9.26%。

1996 年后，积极引进推广良种，改造更新老茶园，重点加工绿茶，扩大地方特色的茉莉花茶，调整茶类结构，改进工艺流程，研制中、高档名优茶。2000 年，全市茶园面积 2067 公顷，其中白毫早、福鼎大毫、龙井 43、乌牛早、龙井长叶等优质茶面积占 55.7%。总产茶叶 1247 吨，其中“神农剑”毛尖、“翠云峰”毛尖、“观音岩”毛尖、“慈峰”牌有机茶等省优、国优茶及“春晓”牌茉莉花茶等地方特色茶产量占总产量的 60% 以上，产品畅销无积压。采摘面积平均亩产 58.9 千克，亩产值 1520 元。与 1990 年相比，亩产提高 23.22%，亩产值增加 354.6%。

（二）栽培技术

20 世纪 50 年代前，茶树为丛栽稀植，每亩 120 ~ 250 株。茶园不垦复，茶树不剪修，不施肥。60 年代，新建茶园采取开沟撩壕，等高条栽密植。1964 年，王十万公社长源大队采用短穗扦插技术繁育茶苗 3100 株。次年，此法在株洲县和市郊区推广，共繁育出茶苗 241 万株，缓解了茶苗紧张状况。70 年代后，提倡因地制宜，合理布局，建立高标准茶园。茶园实行深挖基土，种植绿肥，改良土壤，重施底肥。并推广基肥与追肥结合、氮肥与磷钾肥结合、有机肥与化肥结合、根肥与叶面肥结合的施肥方法，实行科学管理。推广茶树剪修技术，采用药剂及时防治病虫害，结合修剪、挖伏土、除杂草，基本控制了茶毛虫、茶刺蛾、茶云纹枯病、茶炭疽等主要病虫害。将旧式老化茶园补植缺蔸，增加密度，改造成为等高密植茶园。将低产茶园深翻改土、增施有机肥，改造成为高产稳产茶园。1982 — 1990 年，共改造低产茶园 132 个，面积 940 公顷。1990 年，茶叶平均亩产由 1981 年的 19 千克提高到 47.8 千克。1991 — 1994 年，建茶叶良种母本园 5 个，年出茶苗 100 万株。1993 — 2000 年，共改造中低产茶园 1113 公顷，新扩高标准茶园 480 公顷。2000 年，茶叶平均亩产提高到 58.9 千克。

（三）茶叶采制

境内以产绿茶为主、红茶为次的红绿茶区。传统是“谷雨”过后，茶树新梢长到一芽四、五叶时才开园采茶，一年采 3 ~ 4 批鲜叶。概用手摘，采摘时一把捋，一扫光。20 世纪 60 年代以后，茶园开采时间提前，“清明”过后即开始采茶。逐年推广“分批、多次、留叶采”的合理采摘技术，最多的一年采摘鲜叶30余次。春茶采摘一芽二、三叶，夏、秋茶以一芽二叶为主，同等嫩度对夹叶及时采摘。提倡采养结合，鲜叶质量提高。

旧法制茶均系手工操作。中华人民共和国成立后，逐渐推广机械制茶。1958年，酃县塘田公社试用揉茶机。20世纪60年代境内曾大力推广，醴陵县原定为商业部主管的38套茶叶收购之一“湘烘青”样茶的制作地。70年代后，茶叶加工机械化、半机械化程度提高。绿茶加工，机制炒青代替手工细青，提倡细茶精制、粗茶细制、老茶制好。同时。由单一加工生产绿毛茶转为初、精制联合加工。适当发展花茶。1974年，攸县窨制出成品花茶。1975年茶、攸、醴3县发展红碎茶加工。1977年后，株洲县开始茶叶初、精制联合加工，年产花茶150余吨。1978年，茶陵县被确定为湖南省红碎茶基地县。80年代中期，株洲县、醴陵市、攸县建立用茉莉花茶窨制花茶生产基地。1990年，全市产茉莉花茶280余吨。红茶加工，室内萎凋槽代替日光萎凋，冷发酵代替热酵，机械干燥代替日光干燥。是年，全市红碎茶产量达680余吨，占茶叶总产量的30%以上。

1993—1997年，每年5月举办一次评茶活动，鼓励茶场和科技人员开发名优茶。至2000年，先后研制并获得省级认定的有“神农剑”毛尖、“翠云峰”毛尖、“观音岩”毛尖、“春晓”茉莉花、“慈峰”毛尖5个名优茶。

三　辣椒、大蒜、生姜

（一）辣　椒

辣椒适种性强。醴陵、攸县干辣椒著称于世。民国时期，醴陵干椒出口到锡兰（斯里兰卡）、新加坡等国。1949年，攸县种植辣椒534公顷，亩产干椒85千克，总产680吨。

中华人民共和国成立后，人民政府建立辣椒生产基地，组织收购、出口。1959年，醴陵、攸县种植辣椒达1613.33公顷，总产干椒2689吨，国家收购727吨，出口447吨。

20世纪60年代初，辣椒生产下降。其中1962年，醴、攸仅种植辣椒168公顷，总产干椒140吨，面积和总产均为60年代最低水平。

1972年以后，醴陵、攸县相继恢复和新建一批生产基地，辣椒种植面积扩大到1008.47公顷，总产干椒1866吨，国家收购1653吨。1983年，全市种植辣椒2834公顷，总产干椒4580吨，国家收购1130吨，出口1083吨。此后，辣椒种植面积稳定在0.34～0.40公顷之间，总产干椒稳定在5000～7000吨之间。其中1987年，全市种植辣椒4280公顷，总产干椒7018吨。1990年，全市种植辣椒4007公顷，亩产干椒106千克，总产6395吨。醴陵、攸县同为湖南省五大干椒生产基地之一。

20世纪90年代，境内鲜食椒与干椒进一步分离，种植面积逐年扩大。城镇郊区鲜食椒基地推广地膜覆盖、棚室栽培，上市时间比露地传统栽培提早1个月，亩产提高30%左右。干椒生产实现了区域化布局、规模化生产的格局。干椒主产区在攸县皇图岭、坪阳庙、网岭、大同桥、菜花坪；

醴陵市的大障、贺家桥、船湾、马恋、茶山；茶陵县的平水、虎踞等3县（市）的25个乡镇。全市辣椒种植面积：1993年4527公顷，1996年4734公顷，1999年6327公顷。全市10年平均种植4633公顷，年均总产7914吨。攸县皇图岭镇成为全市、全省辣椒交易的主要集散地。

传统栽培品种有牛角椒、朝天椒、五爪椒、灯笼椒等。以牛角椒最多，果实鲜红明亮，肉厚籽少，果皮光滑，被誉为"玻璃椒"。20世纪80年代初，攸县皇图岭镇民办辣椒研究所经过普查广选，从牛角椒中系统选育出"皇椒一号"良种，不但成熟早，且外形、肉质、产量均优于和高于牛角椒。全国共有27个省（直辖市、自治区）引种，并以色红、味浓、个大的特征被国际市场誉为"中国皇椒"。

（二）大 蒜

境内大蒜，以茶陵最为有名，是茶陵"三宝"之一，虎踞、平水、潞水、思聪、城关等乡镇为茶陵大蒜的集中产地。茶陵大蒜皮紫肉白、球紧瓣大、味辣香浓。民国24年（1935），茶陵种植大蒜667公顷，占全省种植面积的38%；总产蒜球2500吨，占全省产量的45%。种植面积和产量均居全省首位。

20世纪50年代，茶陵年均种蒜510公顷，亩产蒜球158千克，总产1210吨，多与水稻连作，实行稻—蒜或芋、蒜两熟制。

从20世纪60年代起，因水稻全面推行双季稻，大蒜球价格又偏低，种蒜面积大减。直到70年代末，境内大蒜种植面积，多的一年为400公顷，少时只有134公顷。

20世纪80年代，农村种植业结构开始调整，大蒜球价格回升，多采用大蒜—晚稻、大蒜—棉花两熟制生产，发展较快。1985—1989年，全市种植面积均在667公顷以上，其中1988年多达1187公顷。1990年，全市种植大蒜1080公顷，亩产蒜球182千克，总产2950吨。

1992年、1993年，全市种植大蒜分别为1640公顷、1680公顷。1994—1998年，全市年种植在1680～2347公顷之间，产蒜球4500～6400吨。1999年达4433公顷，总产蒜球12967吨，亩产195千克，与1990年相比，种植面积扩大3倍，蒜球总产增加4.4倍，亩产提高7.14%。

（三）生 姜

生姜以茶陵、攸县所产品质最好，尤以茶陵姜块大、芽壮、辣味烈、香味浓。两县生姜，清代即销往湖北等地。民国期间，担谷担姜。茶陵常年种植面积达96公顷。1949年，攸县、茶陵种植生姜237公顷，亩产538千克，总产1910吨。

中华人民共和国成立后，生姜生产、价格波动较大。1951年，攸、茶两县种植生姜307公顷，总产2335吨。1961年，醴、攸、茶3县共种植101公顷，总产869.10吨。1978年，境内种植生姜430公顷，总产3836.40吨。1981年，茶陵生姜价格每百千克由1980年的32元猛跌为16元。1982年，境内生姜种植面积下降为256公顷，总产4064.35吨。以后生姜售价回升。从1985年起，全市种植面积稳定在533公顷以上。其中1985年833公顷，亩产1266千克，总产15820吨。1989年亩产达到1267千克，居全省首位。1990年，全市种植560公顷，亩产923千克，总产7754吨。20世纪90年代，全市年均种植生姜1254公顷，年均总产20130吨。其中，1996—1998年种植1693～1760公顷。1999年2113公顷，总产37240吨，亩产1174千克，与1990年相比，面积增加2.77倍，总产增加3.8倍，亩产提高27.19%。茶陵的虎踞、平水、潞水、思聪，攸县的市上坪、坪阳庙、贾山、莲塘坳、凉江等乡（镇）为生姜主要生产地。品质以茶陵所产为优，与茶陵大蒜齐名，被誉为茶陵“三宝”之一。

四 果用瓜

果用瓜主要是西瓜，其次香瓜和梨瓜，境内各县均有种植。西瓜主产攸县、株洲县、醴陵市。香瓜以醴陵南桥、白兔潭、王仙、黄沙等乡镇为集中产地。梨瓜以醴陵板杉、新阳、株洲县姚家坝等乡镇所产较为有名。

20世纪50年代，果用瓜以旱土种植为主，攸县每年的种植面积都在200公顷左右，总产在2200～3000吨之间。市郊区、醴陵县、茶陵县、酃县则种植较少。

20世纪60年代末，果用瓜生产逐渐发展，香瓜、梨瓜种植较多，亩产在1000～1500千克之间。

20世纪70年代末80年代初。果用瓜转为以稻田种植为主，与晚稻连作，既提高了果用瓜的单产和质量，又能提高晚稻产量，以西瓜为主的果用瓜生产得到迅速发展。由于种植果用瓜的经济效益提高，良种、营养钵（土）育苗移栽、薄膜覆盖等先进技术，也容易推广和普及。1983年，株洲县长冲乡、八斗乡还利用山地春季气温回升慢、昼夜温差大的特点，于5月底6月初试种晚西瓜，到8月下旬9月上旬成熟上市。此后，这两个乡年种西瓜都在67公顷以上，年总产西瓜在1500吨以上。据1984年统计，全市有123个乡（镇）种植了果用瓜，面积达1423.47公顷，总产32272.70吨。1985年后，全市果用瓜种植面积稳定在2333公顷以上，其中西瓜种植面积占80%以上。1988年果用瓜面积达3313公顷。1990年，全市种植果用瓜3047公顷，总产59472吨，亩产1301千克。

1991年，全市种植果用瓜3167公顷，总产61988吨，亩产1305千克。1997年果用瓜扩大到4553公顷，其中西瓜面积4153公顷，占总面积的91.21%。攸县、株洲县、醴陵市西瓜面积分别占全市面积的36.14%、25.06%、21.45%。醴陵20世纪90年代逐步形成的以白兔潭镇为中心的香瓜生产区，所产香瓜属薄皮甜瓜类的地方良种，其特点是皮色金黄，肉质细嫩，味甜香浓，口感好。1994—2000年，年种植207～433公顷，一般亩产2500千克，最高亩产5000千克以上。株洲县姚家坝乡自1997年引进青玉甜瓜试种，亩产2000～3000千克，果皮浅绿白，肉质脆嫩，投放市场深受消费者喜欢，1998年后种植面积逐年扩大，1999年达300公顷。2000年，全市种植果用瓜4700公顷，总产13.8万吨，平均亩产1645.8千克。

西瓜品种，20世纪70年代以蜜梅、蜜宝、太和为主。80年代，则被耐湿抗病、丰产优质的杂交瓜湘蜜、浙蜜、蜜桂、新橙等所取代。醴陵县农业局和攸县科委采用分离保纯亲本、调整花期、人工授粉等技术措施，1984年试制杂交西瓜种子，获得成功后，至1990年，累计制种面积为9.34公顷，共制新橙、浙蜜等杂交西瓜种子1750千克。90年代，全市西瓜主要推广蜜桂、特大新红宝、湘杂3号等有籽西瓜品种和雪峰无籽304、蜜红、蜜黄、花皮无籽等品种。

五 桑、棉、麻

（一）桑 蚕

宋代，攸县、茶陵、酃县均属湖南省14个蚕桑主产县之一。宋朝国税中农桑、丝绢之税，规定每年要缴纳夏税丝、农桑丝1284.50千克，占湖南省缴纳总额的9.44%。明嘉靖元年（1522），茶陵开始制土绢。清光绪二十一年（1895）醴陵引入湖桑种植。民国24年（1935），攸县栽桑40公顷、桑叶产量120吨，600农户养蚕，鲜蚕产量18.75吨，产丝1545千克，居湖南省第三位。民国后期，境内蚕桑生产衰落。至1949年，仅攸县有成片桑园8.07公顷，产蚕茧7.45吨。

1964年，人民政府号召开展群众性植桑养蚕活动，并加强技术指导，桑园培管水平提高，蚕桑生产得到恢复和发展。1966年，株、醴、攸、茶产蚕茧25.11吨。

20世纪70—80年代初，丘陵山区推广湖桑，饲养改良蚕，建立蚕桑基地，生产发展迅速。至1977年，桑园面积扩大到1333公顷，蚕茧产量93.20吨。1978年，茶陵被列为省14个重点产茧县之一。1981年，酃县成为省内18个重点产茧县之一，当年境内蚕茧总产达222.25吨。

1982年后，因蚕茧收购价格偏低，栽桑养蚕经济效益差，加之桑场生产责任制不完善，大面积桑园相继被毁，蚕桑生产逐年下降。至1990年，全市桑园面积仅剩94公顷，为1977年的7%，蚕茧总产84吨，为1981年的38%。酃县三河、中村、水口、东风、城东、塘田、河西及茶陵舲舫等地，尚有小量成片桑园。

1991—2000年，蚕桑生产起伏较大。1991年，植桑产茧89吨，1995年植桑787公顷，蚕茧产量444.3吨。1999年桑园面积降至213公顷，蚕茧减至165吨。2000年，仅有炎陵县、天元区古桑洲尚存小片桑园用于养蚕。

（二）棉 花

清宣统二年（1910）调查，攸县、茶陵产棉较多，醴陵次之，酃县最少，多植于旱土。民国时期，推广爱字棉、德字棉、斯字棉等长绒棉良种。民国21年（1932），茶陵植棉2334公顷。民国33年（1944），攸县植棉1082公顷。抗日战争结束后，外地棉花输入，植棉面积减少。1949年，境内种植棉花2354公顷，亩产6千克，总产218吨。

20世纪50年代，人民政府提高棉花收购价，减轻棉田农业税，发放棉花生产贷款，保证棉区口粮，加强技术指导，棉花生产得到发展。1959年，境内棉花3467公顷，亩产14.90千克，总产775吨。

20世纪60年代初，因遭自然灾害，粮食减产，棉花生产受到影响。1962年，种植面积减至667公顷，总产71吨。

1964年后，本着合理布局、适当集中的原则，建立一批商品棉生产基地，推广洞庭一号、岱字棉等棉花良种和密、矮、早栽培技术，棉花种植面积扩大，产量增加。

1966年，株洲县南阳公社南岸大队利用稻田种棉花32.40公顷，总产27945千克，亩产57.50千克。1967年，境内种棉5957公顷，为历年最高值。1969年，南岸大队南岸生产队种棉花1.67公顷，亩产95.50千克；其中0.1公顷丰产丘块亩产达151.50千克。1970—1978年，境内种棉花面积达到

4667公顷以上。其中1974年，种棉花达5813公顷，亩产35.40千克，总产3087吨，为历史上棉花总产最多的年份。

1978年后，湖南省调整棉区布局，减少丘陵分散区棉花种植面积。同时，由于粮食价格提高，棉粮比价偏低，棉花种植面积逐年缩小。至1983年，种植棉花减至647公顷，总产388吨。

20世纪80年代后期，全市推广湘棉十号、泗棉二号等棉花良种，集中种植在茶陵和株洲县土质肥沃、灌溉便利、有种棉习惯、栽培水平较高的地区，棉花亩产突破50千克。1990年，全市种棉493公顷，亩产55.30千克，总产409吨。

20世纪90年代，株洲棉花生产恢复性发展，推广泗棉1号、2号，引进杂交棉湘杂棉1号。1991年，全市种植棉花1513公顷。1996年达2653公顷。1997年3月，市成立优质杂交棉工程领导小组，落实购销政策，鼓励农民种棉，加强技术指导，当年全市植棉3953公顷，其中杂交棉占22%，总产4470吨。1998年扩大到4160公顷，杂交棉占26.4%，总产4920吨，亩产皮棉78.8千克，与1990年相比，面积增加7.4倍，总产增加11.03倍，亩产提高44.25%。后因棉价下降，种植面积减少。2000年减至1320公顷，总产1556吨。

（三）麻

1.苎　麻　明代，茶陵已种苎麻。清代《植物名图实考》称：“苎麻精者无逾比，居人服之，商贾不可能也。湖南则浏阳、湘乡、攸县、茶陵、醴陵皆麻乡。”民国时期，醴陵和攸县苎麻常年产量均为50吨，茶陵200吨。1949年，境内苎麻种植面积358公顷，亩产55千克，总产293吨。1952年，境内种植苎麻402公顷，总产881吨。1954年，茶陵被列为湖南省16个年产苎麻250吨以上的重点县之一。1959年，境内苎麻种植面积发展到858.4公顷，总产876吨。1963年，因自然灾害种植面积减至451公顷，总产363吨。1964年，人民政府号召发展苎麻生产，境内苎麻种植面积扩大到1146公顷，总产508吨。此后，因强调粮食和棉花生产，苎麻生产不断下降。至1984年，全市种植面积减至234公顷，总产429吨。1985年，苎麻市场一时走俏，价格上涨。全市应用苎麻切芽快速繁殖技术，推广湘苎二号苎麻良种。生产飞速发展。1987年，种植面积达1467公顷，比1984年增加4.3倍，总产1975吨，比1984年增加4.1倍。1988年后，苎麻市场疲软，麻价每千克由17元跌至3元。全市麻田多数改种，至1990年，种植面积减至234公顷，亩产123千克，总产429吨。1991—1997年，全市平均年种植苎麻380公顷，年均总产751吨，亩平144.9千克。其中，1995年总产1630吨为最多。2000年全市种植苎麻400公顷，总产831吨。

2.黄麻、红麻　民国时期种植甚少。1949年，茶陵黄麻种植面积2.07公顷，亩产79千克，总产2.45吨。1959年，境内黄麻种植面积扩大到589.80公顷，总产1015.35吨。20世纪60年代，维持在13～27公顷。自1974年始，醴陵，攸县引进红麻，攸县被确定为省“三麻”（苎麻、黄麻、红麻）生产基地之一，种植黄麻、红麻达439公顷，总产275.40吨。1975年，醴、攸黄麻、红麻种植面积扩大到1120.47公顷，亩产50千克，总产845吨。后因黄麻、红麻收割沤制工序繁杂，经济效益欠佳，面积萎缩。至1985年，全市仅攸县种植黄麻、红麻1.80公顷，亩产185千克，总产5吨，1986年后停止种植。

六 其 他

境内经济作物较有名的还有烟叶、药材、席草、茶用香花、黄花菜、湘莲、甘蔗、荸荠、凉薯、百合、魔芋、蓝靛、甜菜等。

烟　叶　有土烟和烤烟两种，土烟生产历史悠久，烟叶主要供自吸，烟杆、烟蔸在化学农药入境前是重要的农用杀虫乐；烤烟是20世纪60年代后引种的，主产攸县、茶陵。1992年、1993年，全市种植1200公顷，总产3698吨。1994年后，常年种植267 ~ 533公顷，总产500 ~ 800吨。

药　材　则以茶陵白芷久负盛名，厚朴、西芎、雪花皮、五倍子、石耳等其他药材种植达100多种。

席　草　在株洲县、醴陵县、攸县均有种植，以攸县较为集中，品种多为本地细叶草和三角草，引进品种为龙须草，宁波草及日本良种榻榻米等。年种植134 ~ 533公顷，总产0.21 ~ 0.9万吨。1999年，席草亩产1135千克。2000年，全市种植席草270公顷，总产4117吨。

茶用香花　品种有木兰、夏兰、山茶、茉莉、鱼兰、瑞兰等，主要产地集中在攸县，每到开花季节，鲜花成片，花香四溢。花香所窨制的花茶出口英、美等多个国家和地区。茉莉花在株洲、醴陵、攸县均有种植，以攸县较为集中。1993年，攸县农业局湘东花茶场建成投产，发动农户扩种茉莉花，在菜花坪镇潭州、谭桥村建茉莉花基地88公顷，总产鲜花337.92吨，投产后与长沙茶厂合作加工，从1999年起与湖南省茶叶果品总公司联合开发茉莉花香茶产品。1993 — 2000年每年联合加工茶叶150 ~ 250吨。2000年，攸县茉莉花种植面积200公顷，总产鲜花1050吨。

黄花菜　品种有荆子花、茶子花、白花等，以株洲县、醴陵、攸县种植较为集中。种植最多时为1986年，达到220公顷，总产113吨。

湘　莲　除酃县外，其他各县、郊均有种植，但数量不多，主要产地有茶陵的下东，洣江等乡。

甘　蔗　20世纪50年代后期引进试种的，1959年最多种植389公顷，总产9106.25吨，后因滞销，与粮棉争地等原因，种植面积逐渐减少。

藠　头　攸县20世纪70 — 80年代有零星种植。1998年，攸县政府发动农民扩种藠头，在大同桥镇新塘、善化2村，连片建藠头生产示范基地84公顷，平均亩产1520千克，总产1900吨。1999年，攸县上云桥、新市等10个乡镇建基地，种植面积584公顷。2000年达到800公顷，总产1.8万吨，加工盐渍藠头0.9万吨，全部出口外销。

荸　荠　株洲、醴陵、攸县零星种植，年种植在200公顷左右，总产4800吨左右。

第四节　蔬　菜

一 基 地

（一）市区常年基地

1951年建市后，市区常年蔬菜基地随着城市建设的发展而相应发展。1952年，蔬菜基地面积6.8

公顷，以河洲沙土为主，布局分散，粮菜混作，年产量245吨，亩产平均2402千克，城区人均6.9千克，城区人口吃菜主要依靠单位、居民自给性生产解决。1954年，市人民委员会在河西大坪、渡口、张家园，河东田心、石子头、古大桥确定蔬菜基地79公顷，实行就地生产、就近供应。基地总产量3933吨，亩产平均3337千克，城区人均62.7千克。以后，逐年调整，至1957年初步完善围绕城市中心及大型工厂比较集中连片的蔬菜基地布局，相应地形成市园艺场、清水塘、田心、宋家桥、荷塘铺、董家塅6个蔬菜生产区。1958年，常年蔬菜基地面积270.20公顷，总产量为19629吨，亩产平均4858千克，城区人均131千克。20世纪50年代末期，菜区社、队绝大多数达到蔬菜种植专业化，蔬菜基地有计划地发展。1959年面积达到971.80公顷，城区人均菜地6.8厘。由于单产低，上市蔬菜不能满足需要。郊区蔬菜社、队和水稻区的社员，利用自留地种植蔬菜，产品自由销售。1960—1962年，粮食减产，口粮标准降低，要求增加蔬菜供应量。1960年，蔬菜基地扩大到1448公顷，比1952年增长211.94倍，城区人均菜地8.4厘。基地延伸到马家河、龙头铺、白关、渌口、洲坪、朱亭等社镇。新扩菜区肥料少，栽培技术跟不上，单位面积产量低。1961年，总产36294吨，亩产平均降到1671千克，比1958年减少3187千克。菜农收入受到影响。1962年，在认真分析蔬菜生产上的高指标、面积大、单产低、群众积极性不高等原因后，市委、市人民委员会作出“调整蔬菜面积，缩短生产战线，集中领导、劳力，提高单产……”的决策，连续2年进行大幅度调整。1963年调整为514公顷。由于正值国民经济调整时期，城市人口“下放”，单位、个人开展自给性的蔬菜生产，为基地面积减少奠定了基础，使蔬菜供应局面得以稳定。1964—1970年，面积稳定在380～514公顷之间。1969年，基地面积缩减到380公顷，总产量为15802吨，亩产平均2772千克，城区人均79千克。1971年，城市人口增加，基地面积经过9年的多次缩减后再次扩大，当年扩大到540公顷，城区人均菜地3.5厘。1972—1980年期间，为补充城市建设征用的菜地，在建宁、清水、荷塘铺公社和市园艺场的18个大队（工区）新辟蔬菜基地，以销定产逐年调整，保持产销基本平衡，面积保持在540～642公顷之间，城区人均菜地3.3～3.5厘。从1980年开始，城市建设征用郊区菜地增多，加上部分多年种菜的老基地被城市工业废弃物污染，改作其他用途。基地由近向远发展，新扩面积到了曲尺、五里墩、荷花等社、队（工区）。1983年，基地面积再次突破万亩大关，达到681公顷。1981—1990年，面积保持在634～920公顷之间，城区人均菜地3.1～3.4厘。1990年，蔬菜基地面积为705公顷，总产量67088吨，亩产平均5948千克，城区人均208千克。

1991年，蔬菜价格及经营已逐步放开，生产蔬菜的菜农完全依据市场需求自主进行蔬菜生产。是年，市区共投入蔬菜生产土地920公顷，年产鲜菜8208万千克。基本维持了市场菜价的稳定。1993年，市管蔬菜基地面积较上年增加78.47公顷，达到1020公顷，人均菜地面积为3.3厘，略低于上年3.4厘的水平。当年市区生产蔬菜7335.5万千克，加上外地调入的蔬菜，市区当年蔬菜供应量达到8157.8万千克，日人均菜量达0.9千克，创历史新高。1994年，株洲遭遇到百年一遇的特大洪灾，株洲市的蔬菜生产遭受重创。短短数天，滔滔洪水迅速淹没了全市980公顷菜地，导致6000多万千克夏菜绝收，市场蔬菜供应量剧降，蔬菜价格一路猛涨，个别蔬菜的价格甚至飙涨了3倍，普通蔬菜涨幅在40%以上。洪灾期间，国营蔬菜系统从武汉、常德、津市等地调运150万千克，以平价投放市场，菜价又回落到灾前的水平。1995年起，株洲市开始进行蔬菜产、供、销体制改革，由“保基地面积、保骨干品种，开放市场”到“保基地面积，全面开放价格和品种”。调动了菜农发展蔬菜生产的积极性，促进了蔬菜生产的全面发展，蔬菜亩产也由改革前的3000多千克，增加到1994年的6000多千克。满足了不同层次消费者对蔬菜的不同消费需求。1995—1997年，株洲市加大“菜篮子”工程的建设规模和速度，1995年当年即完成新扩蔬菜基地137公顷，新建反季节蔬菜栽培基地139公顷，市区全年生产蔬菜为11690万千克。1997年年末，市区建成蔬菜基地达1100公顷，销售蔬菜1.2亿千克。其中，市区国营菜店全年销售总量达1046万千克，市区蔬菜供应充足，淡季不淡，市民普遍感到满意。

（二）二线基地

1956年，城市基本建设规模扩大，城市人口增多，蔬菜消费量相应增加，单一的近郊常年基地，生产的季节性与供应上的均衡性矛盾表现突出。因此，着手建立辅助基地，生产“淡季”上市的品种。

1964年，开始增设半年菜种植计划，郊区各社（场）利用稻田间歇期和旱土种植半年菜，年计划面积一般80～134公顷，主要种植迟熟大白菜、迟熟甘蓝、马铃薯等，作为度淡季的补充菜。郊区人民委员会每年下达种植计划，当年落实品种、面积难度大，执行情况不理想，一般年份47～53公顷，少时只有27～34公顷。为城市蔬菜供应增加的菜源，只能起到补充作用。

20世纪70年代末，停止半年菜种植计划，改为在株洲县建立基地，实行以粮换菜办法。

1981年，在株洲县马家河公社的古桑洲、栗雨大队，王十万公社的挽洲大队，八斗公社的棋盘大队，三门公社的湖坪大队，白关公社的沙堤、白关大队建立二线基地，实行以粮换菜，合同收购，合同外的产品菜农自行销售。

20世纪80年代中期，二线基地由近郊向株洲县发展，面积达到82公顷，1990年二线基地215公顷。其中株洲县135公顷，攸县33.50公顷，茶陵县33.50公顷，酃县13公顷，总产量1.5万吨。

执行以粮换菜政策，劳动者经济上受益，生产积极性得到了提高。种菜收入高于种粮收入，为基地的开辟、稳定、发展注入了活力；生产计划以销为依据，确定数量指标，品种种植以淡季需要为目标，产品销路畅通，成为补充淡季的主要菜源之一。

1997年4月，占地6.67余公顷，一期投资2400万元的中南蔬菜农副产品批发大市场，在市区红旗中路建成开业。当年的交易品种即达30余种，日平均交易量达20万千克。1998年，交易品种增加到50余种，日交易量增加到30万千克，最高日交易量达46万千克。中南蔬菜农副产品批发大市场凭借其区位和交通优势，近至株洲周边地区，远至豫、粤、桂、滇、鲁、赣等18省的蔬菜进入交易，在1.1亿千克（1998年统计数）年交易量的支撑下，成为中部地区重要的蔬菜集散地，1998年10月被农业部授予“农业部鲜活农产品中心批发市场”。中南蔬菜农副产品批发大市场的兴建，打通了蔬菜销售渠道，带动了蔬菜产业链的发展。特别是大棚反季节蔬菜生产技术的推广，调动了农民种蔬菜的积极性。原作为市区常年蔬菜生产基地补充部分的“二线基地”概念，发生了变化，蔬菜已成为农民增收的一项重要产业和县域经济的重要组成部分。1999年，境内蔬菜播种面积达3.34万公顷，年产蔬菜9.6亿千克，平均亩产1920千克，年产值9.3亿元。2000年，蔬菜总产值已占到农业总产值的24%，成为种植业中除粮食以外的第二大支柱产业。

二　品　种

株洲市主要蔬菜，按植物学分类有21科、63种、248个品种。蘑菇科：蘑菇；光柄菇科：草菇；光茸菌科：香菇；侧耳科：平菇、凤尾菇；木耳科：黑木耳；银耳科：白木耳；禾本科：竹笋、茭白；泽泻科：茨菇；天南星科：芋；百合科：黄花菜、石刁柏、洋葱、大蒜、大葱、葱、韭菜、藠头；姜科：姜；藜科：叶用菾菜、菠菜；苋科：苋菜；莲科：莲藕；十字花科：萝卜、灰萝卜、甘蓝类、小白菜、大白菜、芥菜；豆科：凉薯、菜豆、豌豆、蚕豆、豇豆、刀豆、毛豆、扁豆；锦葵科：冬寒菜；伞形科：芹菜、水芹、芫荽、胡萝卜；旋花科：蕹菜、白薯；茄科：马铃薯、茄子、蕃茄、辣椒；葫芦科：黄瓜、菜瓜、南瓜、笋瓜、西葫芦、冬瓜、瓠瓜、丝瓜、苦瓜；菊科：莴苣、茼蒿、菊芋、木耳菜；唇形科：紫苏。

（一）传统品种

1949年，株洲镇种植的蔬菜，种类约40个，主要有：萝卜、南瓜、白菜。其次是辣椒、茄子、莴苣、芹菜、红菜、蕹菜、苋菜、木耳菜、冬寒菜、排菜、菠菜、茼蒿、葱、叶用菾菜，黄花菜、胡萝卜、薯蓣、莲藕、生姜、菊蓣、芋头、洋葱、冬瓜、黄瓜、丝瓜、苦瓜、瓠瓜、豇豆、扁豆、毛豆、豌豆、菜豆、芫荽、紫苏等。

株洲境内传统蔬菜品种一览表

表6–17

类　别	品种个数（个）	主 栽 品 种	少量栽培品种
根菜类	4	细颈萝卜、红皮胡萝卜	黄皮胡萝卜、大头菜
白菜类	7	高脚白、湘潭白、矮脚白、迟白菜、白叶迟白菜、四月白、湘潭红菜	
芥菜类	4	板叶青、细叶排菜	大叶排菜、雪里蕻
绿叶菜类	25	白叶莴苣、尖叶莴苣、青梗芹菜、青叶冬寒菜、糯米冬寒菜、尖叶菠菜、圆叶菠菜、芦蕹、红花蕹菜、白花蕹菜、青梗藤蕹、柳叶苋、蝴蝶苋、铜钱苋	红叶莴苣、大叶茼蒿、木耳菜、青梗叶用菾菜、白梗叶用菾菜、红竹叶苋、细柳叶苋、红柳叶苋、懒人苋、细叶茼蒿、端阳迟叶用菜
茄果类	7	醴陵牛角椒、紫荷包茄	大华辣椒、矮树早辣椒、黄辣椒、白茄子、霞湾小辣椒

续表 6–17

类 别	品种个数（个）	主 栽 品 种	少量栽培品种
瓜 类	16	白黄瓜、本地瓠瓜、肉丝瓜、龙泉冬瓜、笋瓜、双月青皮冬瓜、白苦瓜、沙堤白丝瓜	甑盆南瓜、柿饼南瓜、磨盘南瓜、土南瓜、粉皮冬瓜、线丝瓜、本地苦瓜、青皮冬瓜
豆 类	12	白云豆、花红东豇	白冬豇、白花扁豆、红花扁豆、肉扁豆、矮刀豆、红花刀豆、白花刀豆、蚕豆、豌豆、毛豆
薯芋类	9	青荷芋、红荷水芋、黄心姜	红荷芋、鸡婆芋、雪芋、脚板薯、牛腿薯、菊薯
水生菜类	6	莲藕、茭白、柳叶水芹、大叶水芹、细叶水芹	茨菇
葱蒜香辛菜类	12	韭菜、款叶韭菜、芦茅大蒜、茶陵大蒜、子葱、香葱、木荞菜、红皮洋葱、芫荽	红紫苏、白紫苏、观音紫苏
多年生菜 类	2	竹 笋	毛竹笋
食用菌类	1	香 菇	
合 计	105	56	49

在长期生产实践中，菜农以原有品种为基础，不断选种留种，形成传统。清水塘的肉丝瓜、建宁的黄皮笋瓜、龙泉的冬瓜、市园艺场的紫荷包茄、田心的菊芋、曲尺的细叶韭菜、白石港的大牛角椒、马家河栗雨的细颈萝卜大面积栽培。2000 年，共有传统品种 106 个，占品种总数的 42.74%，其中主要栽培品种 57 个，占传统品种数的 53.77%。在主栽品种中，栽培年代久，品质优良，在生产供应中发挥重要作用的有：白黄瓜、龙泉冬瓜、细颈萝卜、醴陵牛角椒、茶陵大蒜、黄心姜、香菇。

（二）引入品种

20 世纪 50 年代中期，境内开始引进外地优良品种。1954 — 1960 年，引进 40 个品种，16 个成为主栽品种。1955 年，从浙江引进浙大长萝卜，亩产 4000 ~ 5000 千克，历年种植面积在 54 ~ 67 公顷，因品质差，后种植面积逐渐减少。西葫芦、油冬白、花椰菜、球茎甘蓝、结球甘蓝等品种引进后，单位面积产量高，栽培面积逐步扩大，特别是西葫芦引入后，成为“夏淡”上市的主要品种之一，历年种植面积 20 ~ 27 公顷，亩产 1500 千克左右。

1961 — 1970 年，引进品种 33 个，13 个成为主栽品种。以黄苗甘蓝、鸡心甘蓝、大叶带头青、细叶带头青、油罐茄、伏地尖辣椒、21 号牛角椒、矮生菜豆、白皮菜瓜、花皮菜瓜，栽培面积较大。黄苗甘蓝、鸡心甘蓝 4 — 5 月出园，是渡“夏淡”的骨干品种。油罐茄、伏地尖辣椒、21 号牛角椒引进后，改变了辣椒、茄子品种单调、产量低的状况。1970 年，引进青麻叶大白菜，抗病、耐寒、亩产 3000 ~ 4000 千克，面积逐步扩大。1979 年栽培面积达 54.2 公顷。

1971 — 1980 年，引进品种 30 个，16 个成为主栽品种，青杂五号大白菜、湘早茄、强力米寿番茄，黄狼南瓜、津研系统黄瓜、花皮西葫芦、京丰一号甘蓝、晚丰甘蓝、红嘴燕豇豆等，推广面积较大，丰产性较好。

1975 年，从江西引进丰收一号豇豆，未经品比、试种，直接用于大田生产，迟熟品种作早熟栽培，只长苗，不开花，当年种植 15 公顷，全部无收，折算损失 3 万多元。1976 年，从中国农科院蔬菜研究所引进强力米寿番茄，果型大、品质好、产量高，亩产 4000 ~ 5000 千克。1977 年，从湖南省园艺研究所引进湘早茄（杂交一代品种），早熟、高产，成为 20 世纪 80 年代当家品种，亩产 3000 ~ 4000 千克，最高亩产达 5000 千克。1979 年，引进青杂五号大白菜，中熟、耐热、耐肥、抗病、适应性强、株型整齐、结球紧实，亩产 4000 ~ 5000 千克，最高亩产 6000 千克，历年栽培面积 47 ~ 87 公顷，占大白菜栽培面积 43% ~ 64%，获市科技进步推广二等奖。从天津市蔬菜科学研究所引进的津研二号、四号黄瓜，有耐热、耐肥、抗霜霉病和白粉病的优点。二号黄瓜亩产 3000 ~ 4000 千克；四号黄瓜亩产 1500 ~ 2000 千克，同时还可以秋栽获得高产。经市农科所品比试验，比白黄瓜亩产高 20% ~ 60%，1980 年从北京市引进晚丰甘蓝，比本地大平头甘蓝产量高 30% ~ 40%，球型大，整齐，出园一致，是度春淡的主要品种之一。

1981 — 1990 年，引进品种 33 个，主要是白菜类及瓜类、食用菌类、甘蓝类、绿叶菜类、豆类等。成为主栽品种的有沈阳快菜大白菜、晋菜三号大白菜、夏光甘蓝、之豇 28-2 豇豆、西宁菜豆、凤尾菇、平菇、黑木耳、香菇等 12 种。20 世纪 80 年代初，城区人防工事，县市郊集镇的一些单位和个人，人工栽培凤尾菇，年栽培面积 3.6 万 ~ 12.50 万平方米，年产鲜菇 90 ~ 1200 吨。后由平菇代替凤尾菇成为主栽品种，栽培面积 19.40 万 ~ 20.40 万平方米，年产鲜菇 980 ~ 1800 吨。1982 年从长沙引进之豇 28-2 豇豆，经试种表现早熟、高产、优质，1984 — 1986 年种植 224.46 公顷，平均每年种植 74.82 公顷，占豇豆播种面积的 74% ~ 78.9%，亩产 1900 千克，比原主栽品种红嘴燕增产 111.11%，春、夏、秋三季均可播种，6 — 10 月采收，有效地解决了豇豆单产低，产品供不应求的矛盾。同期从山西省农科院引进晋菜三号大白菜，比青杂五号大白菜耐寒、抗病、增产，亩产 4500 千克，已成为大白菜的当家品种，1986 — 1988 年推广 264 公顷，平均每年 89 公顷，占大白菜栽培面积的 59.69%。

（三）选育品种

1. 常规育种　常规育种起步于 1963 年，先后育成瓜类、茄果类新品种。其中品质好，产量高，栽培面积大的有：

株洲长白苦瓜　该品种是市农科所周金生从地方品种白苦瓜中系统选育而成的。1963 年发现清水塘公社建设大队小冲生产队的苦瓜生长良好。从中选择了优异单株进行系统选育，经 6 代单株选择育成株洲长白苦瓜，瓜长条形，长 50 ~ 80 厘米，一般瓜重 0.60 千克，最大瓜重 1.50 千克，瓜皮白色，肉厚籽少，苦味少，品质好，中熟，采收期可达 120 天（6 — 9 月）。6 月上旬始收，比白苦瓜成熟期早 10 天，单产高 50% ~ 100%。1988 — 1990 年平均每年栽培 11.20 公顷，亩产 2000 ~ 2500 千克，最高亩产达 3232.50 千克。被省内邵阳市、冷水江市、吉首市以及湖北、四川、江苏、山西等省的大中城市引种。

后基冲冬瓜　是株洲县均坝乡后基冲村农民黄长胜等人长期选择而育成的优良品种。晚熟，果大，青皮，单瓜重 30 ～ 40 千克，最重达 83.50 千克，亩产 7500 ～ 10000 千克，最高亩产达到 20071 千克，7 — 10 月上旬出园，是渡“秋淡”的主要品种之一。20 世纪 70 年代前，农民用自留地种植，自产自食，并逐步从后基冲向周围的社、镇扩散。1980 年株洲市在株洲县实施以粮换菜，推广后基冲冬瓜。1981 年，市蔬菜公司在白关公社白关大队东村组指导试种获得成功，到 1984 年，发展到沙堤、残梅、白关 3 个大队，种植面积 7.67 公顷，平均亩产 6955.50 千克，合同收购 80 万千克。1990 年株洲县种植后基冲冬瓜发展到 30.81 公顷，亩产 9047.50 千克，总产 418.18 万千克，合同收购 327.41 万千克，使“秋淡”菜市丰满，菜价得到平抑。该品种被北京、上海、广东、湖北、四川、河南、广西、江苏 18 个省市以及湖南省邵阳、娄底、湘西自治州等地区引种。

皇椒一号辣椒　是攸县皇图岭辣椒研究所（民办）农民谢恩如、骆和平等人于 1980 — 1984 年间，从醴陵牛角椒系统选育而成。果实长大，成熟后果皮鲜红，干制透明，故有“玻璃椒”之称，亩产干椒 350 千克左右，比原品种增产 30 ～ 40%，年栽培面积 1334 公顷以上。

株椒一号辣椒　是株洲市农科所朱志恒、张俊奇等人，1982 年从 21 号牛角椒中选择单株，经 6 年 7 代系统选育而成。从定植到采收约 50 天，6 月初始收，7 月为采收盛期，10 月底罢园，果实牛角形，单果重 21 克，青果绿色，比 21 号牛角椒成熟期早 7 ～ 10 天，亩产 2000 ～ 2500 千克，最高亩产 4258 千克。

株豇二号　市农科所蔬菜室 1991 年选育而成，株高 200 ～ 280 厘米，分枝力弱，生长势中等，表现早熟、高产。

株茄一号　市蔬菜研究所 1995 年选配的早熟组合。株高 100 厘米左右，果实粗棒形，单果重 280 ～ 300 克，最大单果重 450 克以上。果皮紫红而光滑，食味佳，定株植至始采集期 44 天左右，盛采期 6 月下旬。生长势强，抗病性好，一般亩产 4000 千克左右。

2.杂交育种　1961 年，株洲市农技总站，利用浙大长萝卜与湘乡萝卜杂交，配制组合，工作进行了 3 年，未能得到稳定的杂交组合。20 世纪 70 年代末期，市农科所、郊区蔬菜技术推广站，又开始杂种优势利用工作，从北京、上海、长沙等地引进亲本配制组合，选育新品种，在生产中应用。1978 年引进湘早茄的亲本苏州牛角茄与北京六叶茄，配制少量杂交一代种籽，用于生产试种。杂交一代种子制种获得成功后，湘早茄杂交种子产量逐年增加，除供应本地外，还有剩余种子外调。湘早茄种植面积占茄子栽培总面积的 80% 以上。同年引进京丰一号甘蓝、晚丰甘蓝，比本地常规品种平头甘蓝增产 30% ～ 40%。引进的杂交亲本黑叶小平头、黑平头黄苗、西安大平头，繁殖亲本，配制杂交一代种籽用于生产。1979 年，市农科所龚高煜、谭金莲、李佐杰等人从本地中平头甘蓝中选择优异的自交系，与引进的黑平头自交不亲和系配组，经 5 代选配育成株杂一号甘蓝，亩产 5000 千克左右，最高亩产 6049.70 千克，结球整齐，外叶少，净菜率 75.98%。该项研究成果获株洲市科技进步三等奖。是年，郊区蔬菜技术推广站张家华、王一中用荷包茄、油罐茄与九龙长茄，浙大长萝卜与徐州大红萝卜配制杂交组合，杂交后代已小面积生产。1981 年，市农科所引进矮杂一号白菜，双亲 156 大白菜。1982 — 1986 年，郊区蔬菜技术推广站殷石岩分别利用南京红

粳雄性不育两用系 × 南京白梗自交不亲和系，小青口雄性不育系 × 小青口自交不亲和系，配制杂交一代种籽，在生产中应用。

湘椒 13 号 株洲市蔬菜研究所于 1995 年选配而成的早熟微辣型杂交辣椒组合。株高 51.5 厘米，株幅 51.5×50 厘米，抗病性较强。果实粗牛角形，平均单果重 24.2 克，1996 — 1998 年省区试早期平均亩产 676.5 千克，比对照湘椒 1 号增产 16.25%，平均亩产 1746.1 千克，比对照增产 22.04%，从定期到采收约 35 天。

株杂一号冬瓜 株洲市蔬菜研究所于 1997 年选育而成的杂交冬瓜组合。植株蔓生，生长势和分枝性强，早熟，始采期较青杂一号冬瓜早 6 天。单果重 8 千克左右，一般亩产 5800 千克，对冬瓜疫病、病毒病有较强抗性。

株丝瓜一号 市蔬菜研究所于 2000 年选配成功的杂交丝瓜组合。一般亩产 4000 千克，挂果早，比城郊种植的肉丝瓜提早 7 天左右上市。田间表现抗病力强，耐热、耐寒、但忌北风。植株蔓生，分枝性强，单果重 300 ~ 500 克，果实肉质鲜嫩。

株茄二号 市蔬菜研究所于 2000 年选配成功的杂交茄子组合。一般亩产 2800 千克左右，田间表现抗青枯病和早衰。株高 90 厘米左右，开展度 77×69 厘米，主茎紫色，花淡紫色。果呈卵圆形，果皮紫黑色，果肉淡绿色，品质细嫩，单果重 200 ~ 250 克。

株豇三号 市蔬菜研究所于 2000 年经系统选育而成的豇豆品种。一般亩产 1500 ~ 1800 千克，耐肥耐热，植株蔓生，生长势强，主蔓长 4 ~ 5 米，分枝 2 ~ 3 个，主、侧蔓均结荚，花冠浅蓝紫色，嫩荚首尾均匀，荚长 70 ~ 80 厘米，横径 1 厘米左右，单荚重 30 ~ 40 克；长圆条形，绿色白色；种子肾形，茶褐色。从播种到嫩荚采收 50 天左右。

株椒四号 市蔬菜研究所 2000 年选配成功的杂交辣椒组合。株高 40 ~ 50 厘米，株幅 45 ~ 50 厘米，主枝 7 ~ 8 叶开始分杈，90% 以上的单株门椒都能座果，果呈牛角形，单果重 45 克左右，中度辣味。春季露地栽培从移栽到采收只有一个月左右，比同类品种提早采收 4 ~ 5 天。一般亩产 3500 千克左右，是一个适宜春季早熟栽培和秋季大棚栽培的组合。

三 栽培技术

蔬菜依农事季节变化适时裸土栽培，由古代延续到近代，这种栽培制度和栽培技术存在茬口集中、出园集中的弊端，不适应均衡上市的需要。20 世纪 50 年代起，设施栽培萌芽，1958 年，市园艺场建土墙稻草温床 12 个。1954 年改土墙为红砖墙，稻草覆盖为玻璃覆盖。1958 年，市园艺场、建宁乡、荷塘铺乡、清水乡新建温室 10 幢 66 间，面积 1153 平方米，一定程度上解决了裸土栽培受制于季节的问题。从 70 年开始，推广发展温室、温床、塑料棚、塑料薄膜地面覆盖、塑料遮阳网覆盖等新技术。1977 — 1982 年，国家投资 67.67 万元发展蔬菜喷灌机具 239 台件，有固定式、半固定式、机压移动式和手持喷灌四种，喷灌面积 301 公顷。在市园艺场、市农科所和建宁、清水、荷塘铺、曲尺公社组织实施。因操作不便，又受到水、电制约，水点大，造成土地结板，1983 年全部停止使用。从 80 年代初开始，塑料薄膜覆盖用于大田生产。塑料薄膜覆盖栽培能提早或延迟出园，是达到均衡上市的一种有效的栽培技术，尤以塑料薄膜地面覆盖栽培效益好，已大面积用于生产。

（一）塑料棚覆盖栽培

1975 年，聘请武汉技术人员 2 人，在建宁公社龙泉大队传授塑料棚栽培技术，栽培品种有番茄、黄瓜、辣椒，番茄亩产达到 5500 千克。因竹架坚固性差，经不住风雨袭击，修复花工多，管理繁琐，成本高，产品价格高，销售不畅，历时 2 年，中止使用。1985 年，郊区蔬菜技术推广站组织实施塑料大棚栽培利用试验，参加单位有荷塘铺乡、建宁乡 5 个棚，面积 0.17 公顷，平均亩产 10225 千克，亩产值 2281 元，其中荷塘铺乡产量最高，亩产量为 13639 千克，亩产值 5838 元。品种安排是 3 — 6 月栽培黄瓜，7 — 8 月栽培豇豆，9 — 11 月栽培叶类菜。1989 年，学习湖北沙市经验，购制竹架塑料棚 448 个，面积 4.40 公顷，用于黄瓜、辣椒、蕹菜、苋菜、茄子、豇豆栽培。此法比塑料薄膜地面覆盖栽培，一般可提早出园 5 天。因栽培技术不过关，经济效益不理想，1990 年冬继续利用的棚只有 78 个，利用率 17.41%。

（二）塑料薄膜地面覆盖栽培

1981 年秋，市农科所利用普通农用薄膜进行大白菜地面覆盖栽培试验，结果比不盖膜的增产幅度 1.2% ~ 41.7%，还具有保肥、保温、防杂草、土壤疏松、不易结板等作用。1982 年，郊区蔬菜技术推广站开展薄膜地面覆盖栽培示范：精细耕作，土粒大小均匀，畦面平整成龟背形，晴天盖膜，膜紧贴地面，按品种进行不同密度移栽，定植后，用土压紧定植口。市园艺场、建宁、荷塘铺等 5 个公社（场）35 个生产队，覆盖面积 4.48 公顷，主要用于早春黄瓜、豇豆、辣椒、茄子等作物。1985 年发展到秋季覆盖栽培大白菜，1987 年覆盖种类由 5 个增加到 14 个，主要是黄瓜、辣椒、茄子、豇豆等。

薄膜覆盖栽培比裸土栽培增产 18% ~ 70.5%，增值 25% ~ 80.29%，其中以马铃薯、黄瓜、豇豆效益最高。本地白黄瓜一般亩产可增产 500 千克，增值 150 元，豇豆最高亩产 3027.80 千克，比裸土栽培增加产量 79.5%，增值 80.29%。1990 年，全市蔬菜大棚实有量突破了 1 万座，小型拱棚达 5.4 万座，地膜覆盖 1414 公顷，遮阳棚达 75 万平方米，当年大棚蔬菜总产量达 1211.5 万千克。

1992 — 1993 年，境内在蔬菜科技推广上有了新发展。1992 年，“蔬菜地膜覆盖栽培技术”“82-6-3 辣椒”二个蔬菜科研项目分别获得“株洲市科技进步三等奖”。在科学种菜上，政府继续加大推广力度。1993 年，推广“豇豆综合丰产技术”达 262.40 公顷，豇豆平均亩产达 2836.8 千克，比传统栽培方法平均每亩增产 863 千克。

1995 — 1997 年，境内不断加大对“菜篮子”的科技含量的投入，菜农普遍增强了学习和使用新品种、新技术的意愿。1996 年，全市建成蔬菜大棚达 3000 座，小拱式菜棚 3.85 万座，地膜覆盖 403 公顷，遮阳网达 46 万平方米。在新庄、团山二地还建起了连片的、超大型的反季节辣椒大棚二片（每片都是百棚以上的连片）。生产的反季节辣椒平均单株产量0.5千克，株洲当年生产反季节辣椒达10万千克。1996年的春节，株洲人第一次品尝到了本地产的反季节辣椒。这些大规模的菜田基本建设保证了“菜篮子”的稳产高产。1998年开展“十点千棚（即：确定十个蔬菜大棚反季节栽培点、每个点的大棚数须连片100座以上）的竞赛活动，当年新建棚1500座、小拱棚1.5万座、地膜覆盖134公顷。当年大棚蔬菜总产量达1463万千克，总产值4682万元，较露地栽培增产565万千克，菜农增收1638万元。棚栽品种由过去的辣椒、茄子和黄瓜3种，扩展到可栽培苋菜、蕹菜、豆角、丝瓜、番茄、木耳菜、西葫芦等十余个品种，栽培技术向“一季多茬”“多品种套作”的方向发展。

蔬菜大棚的迅猛发展，促进了蔬菜生产向工业化、产业化方向发展。1999年，全市蔬菜加工企业发展到34家，年蔬菜加工能力达7500多吨，产值达8000万元。由这些企业生产的辣椒酱、五味刀豆、酸豆角、糖姜片、红薯干等十多个蔬菜深加工产品畅销浙、粤、赣及长沙、南京、广州等省、市。

以地膜覆盖、塑料拱棚、遮阳网、轻质大棚为主体的现代栽培技术，给境内蔬菜生产带来了根本性的变化。2000年3月，株洲天元区隆兴蔬菜园在2700平方米的大棚里安装了先进的“微滴灌系统”。4月，株洲蔬菜科研所投资200万元，从西班牙引进计算机控制的“智能温室大棚”，成功栽培出“圣女樱桃番茄”、美国“蜜世界甜瓜”及日本“京水菜”等新奇蔬菜。株洲蔬菜技术推广应用的成果，引起了省、农业部的重视，当年5月，由中国园艺学会长江蔬菜协会召集的“2000长江流域蔬菜设施栽培经验交流会”在株洲召开。来自16个省份56个城市88个单位的121名代表出席会议，并参观了株洲市新庄村大棚栽培基地、南阳桥乡的省重点蔬菜基地及株洲市蔬菜科研所。

第五节 土壤与肥料

一 农业土地资源

1949年年底，境内共有耕地12.41万公顷。1952年增加到13.81万公顷。人民政府鼓励开荒，酃、茶、攸3县耕地继续增加。至1957年，3县合计比1952年增加2.39万公顷。1958年“大跃进”中，大修水利、公路工程，占去大量耕地，1959年实有耕地17.54万公顷，比1957年稍有减少。20世纪60年代，各县继续开荒造地，但因各项建设用地增加，耕地仍呈递减趋势。70年代，在农业学大寨运动中大力开荒造田，新垦地增多，茶陵县1973—1978年，共垦荒扩地1285公顷；另外，各项建设占用耕地也相应增加，增减两抵，耕地继续减少。1983年，全市有耕地16.53万公顷，人均0.065公顷。以后，除建设占地外，退耕还林，退耕改牧，因灾废弃等原因，促使耕地进一步减少。1990年，全市有耕地16.22万公顷，比1959年减少1.32万公顷，其中水田14.29万公顷，旱土1.93万公顷，农业人均耕地0.058公顷。

随着国家基本建设，小城镇建设的加速，以及农民住房条件的改善等占用了部分耕地，到2000年，全市实有耕地为13.83万公顷，其中水田11.30万公顷，旱地2.53万公顷，农业人均耕地0.05公顷，比1990年减少0.008公顷，1993—1996年，全市着力丘岗山地开发，园地面积逐年扩大，2000年年末，全市园地面积由1990年的1.06万公顷增加到2.04万公顷。

境内后备耕地资源比较丰富，据农业自然资源调查，境内尚有待开发土地资源19.82万公顷，占全市总面积的17.58%，可开垦为耕地的有1.17万公顷，可开垦为园地的有1.03万公顷；农村废弃地可开垦为耕地的有1440公顷，可开垦为园地的有74公顷；工矿废弃地可开垦为耕地的有20公顷，可开垦为园地94公顷；河洲滩地可开垦为耕地的有187公顷，可开垦为园地的有107公顷。

二 土壤改良与利用

清嘉庆版《醴陵县志》载："稻田必于先年冬牛犁水浸，来年经久不凋，两收之田常水浸不犁。"民国时期，民间已熟知"土宜"的原则，并一直袭用泥田掺沙、沙田掺泥，冷浸田施石灰，改冬浸田为绿肥田等改土培肥办法。1949年后，以治山、治水、改土培肥为主的农田基本建设持续开展。

（一）土壤普查

1959年8月至1960年5月，各县（郊）先后进行第一次土壤普查。这次普查以耕地土壤为重点，历时一年多，普查耕地17.55万公顷，以县为单位，绘制了土壤分布地图、地质分布图，编写了土壤志。

从1978年开始，动员3154人进行第二次土壤普查。历时6年，共挖剖面14万多个，取回分层土样3384个，农化分析样8909个，地块分析样5.4万个，对74万多个土壤样品进行了有机质、全量氮、磷、钾机械分析，盐基代换等项目分析，汇集各项数据75万多个，绘制各种比例图幅7577张。编写土壤普查报告6份，专题材料12份，县级《土壤志》6部，同时还编写了《株洲市土壤》一书。这次土壤普查总面积110.66万公顷，按《湖南省第二次土壤普查分类暂行方案》的规定和母岩母质、地形、气候、植被、时间及人类活动等成土因素所引起的土壤内在性质和外在条件的变化，将土壤分为10个土类、22个亚类、90个土属、299个土种。其中用于种植业的耕作土壤，划分为水稻土、菜园土、潮土、红壤、紫色土等土类，包括淹育性、潴育性、潜育性、渗育性、矿毒性水稻土亚类；河潮土、新菜园土、红壤、黄红壤、红壤性土、酸性紫色土、中性紫色土、石灰性紫色土等旱作土亚类。

据土壤普查统计，全市水田平均养分含量为：有机质3.57%，全氮0.18%，碱解氮141ppm，速效磷10ppm，速效钾74ppm。土壤养分含量除不同母岩母质、不同土壤类型之间的差异外，还因耕作水平、植被和地形等不同，土壤肥力也有地域差异。如全市水稻土有机质含量在2%～4%之间的占68.45%，其中株洲县占88%，而酃县仅占44.47%；碱解氮含量较丰富，全市大于120ppm的占56.60%，其中攸县和市郊大于120ppm的分别占86.60%、70%；速效磷的含量较缺乏，全市小于10ppm的占43%，其中攸县尤为缺乏，占55.8%；速效钾的含量均少，全市小于50ppm的占43.90%，其中茶陵最为突出，占74.9%。

据第二次土壤普查统计，境内低产田土（含非耕田）主要有以下几个类型：

1.潜育型 潜育化稻田3.98万公顷，占水田面积的27.17%，一般分布在山涧峡谷和丘陵盆地地势低洼处，由于土壤长期积水，地下水位很高，全层或60厘米内出现青泥层，有强亚铁反应，厚度超过10厘米。

2.耕层浅薄型 田耕作层在10厘米以内的有2094公顷，占水田面积的1.43%。一般分布在山岗及地势较高的地方，以及沿江河两岸的部分滩田。

3.重粘重砂型 重砂田160公顷，重粘田3380公顷，分别占水田总面积的0.11%、2.31%。

4.偏酸偏碱型 偏酸（$pH<5.5$）的稻田有33447公顷，占水稻田总面积的22.86%；偏碱性（$pH>7.5$）的稻田有5287公顷，占水稻田总面积的3.6%。

5.缺素型 20世纪70年代后，有机肥用量减少，偏施化肥，加之复种指数增加，引起土壤养分失调，使作物呈现明显的缺素症状，影响作物生长发育。据农化分析，有缺磷稻田83287公顷，缺钾稻田80447公顷，磷、钾均缺的稻田39353公顷。此外，部分土壤中不同程度地缺硼、钼、锌等微量元素。

6.矿毒型 主要是工矿区的“三废”（废水、废气、废渣）和化肥、农药施量过多而污染的土壤734公顷，其中严重污染的334公顷，多分布在茶陵、醴陵、攸县和市郊区。

7.水土流失型 面积为23.46万公顷，占土地总面积的21.2%，多分布在植被缺乏或稀疏的山坡地，以片蚀为多，不但造成耕地冲刷或淤积，也危害水利、交通、工矿诸多方面。

（二）土壤改良

中华人民共和国成立后，人民政府将改造低产田作为发展农业生产的基础建设来抓，发动农民对冷浸深脚泥田，重粘、重砂田，采取开沟排渍，冬耕晒坯冻垡，“客土”等改良措施，使土壤的耕性与生产性能得到逐步改善。醴陵白兔潭罗家冲邓光晋在土改时全家分得水田0.313公顷，其中0.133公顷多冷浸滂眼田，只能作一季稻，常年产量150～200千克。邓在冷浸滂眼田里打桩拦泥挖井，添石铺土，降低地下水位，排除地表水，将一季稻改种双季稻。1952年，早稻亩产292.50千克，晚稻亩产293千克，全年产量比1951年增长65%，因而邓光晋被湖南省授予特等农业劳动模范称号。

茶陵县人民委员会1952年提出“赚冬钱不如犁冬田”，发动农民搞冬耕。1955年后，又采取黏土掺沙、沙土掺泥、发展绿肥、增施有机肥等办法，每年改良浅沙泥田和死黄泥田200～334公顷。

1958年10月13日《人民日报》发表深耕改土的社论后，各地推广双轮双铧犁、绳索牵引犁等农具，掀起深耕改土热潮。同年12月，酃县组织大批劳力，投入深耕改土群众运动。茶陵推广改良犁，逐年加深耕作层3～5厘米。1952—1958年，每年深耕面积达0.67万～1.27万公顷，大大改变了以往浅耕的状况，这次深耕改土运动，因没有做到因土制宜，提倡普遍深耕33厘米以上，结果打乱了土层，耕作层难以熟化，降低了土壤肥力而停止。

1958—1959年，醴陵发动群众将小丘改为大丘，弯丘改为直丘，削高填低，田划方，渠修直，平整土地3267公顷。同期，攸县亦平整土地1220公顷，出现5块百亩大丘。

20世纪60年代中期70年代初，各地掀起大搞农田基本建设，以改土治水为中心，实行山、水、田、林、路综合治理，从“土”字入手，大搞土地平整，大搞田园化，大力改造低产田。1964年，攸县在山区、丘陵区全面推行以开围山圳为主的“开三沟”(围山沟、灌水沟、排水沟)、“排三水”（黄沙水、冷浸水、地下水）的改良低产田运动，使1.67万公顷低产田得以基本改良。1972年组织8万多劳力，平整土地8267公顷，改良低产田3334公顷，建设田园化农田1734公顷。1973年，成立“三治”（治山、治水、治土）总指挥部，投入劳力16万人，开山造田780公顷。至1979年，共建成田园化稻田3.74万公顷。

1978—1990年，各县贯彻工程措施与生物措施相结合的方针，采用开沟排潜，增施磷、钾肥，调整施肥结构和调整作物布局等措施，改造低产田。从1986年起，醴陵把“要有吨粮产，先造吨粮田”作为对农业投入的重点，着重抓治水、改土、培肥三项农田基本建设，使6000多公顷低产田产量显著提高，为双季稻吨粮田开发，打下基础。

1986—1990年，全市以改土培肥为重点开发吨粮田，累计改造中低产田4.72万公顷，国家投入改造工程材料费446.50万元。至1990年，全市共开发吨粮田6.60万公顷，占稻田面积46.1%，占全省稻田的9.5%，居全省首位。

为逐步提升中低产田档次，建成旱涝保收、稳产高产吨粮田，1990年开始，把改造中低产田列为双季稻田成建制过吨粮的重要措施，与农田水利建设、商品粮基地建设紧密结合，把工程改造与生物技术措施应用相结合，在治渍改土、综合治理潜育性稻田的同时，推广测土配方施肥、缺素补素、起垄栽培、稻田改制等新技术，提高稻田综合生产能力。为掌握土壤肥力动态，指导科学施肥，当年全市在不同地形设立了63个稻田土壤自然监测点，形成土壤肥力监测网络。1992年，对1.60万公顷中低产田实施改造，其中工程改造0.19万公顷，水旱轮作1万公顷；1993年，投资337.08万元，投工241.9万个，对0.17万公顷低产田实施起垄栽培，在0.27万公顷中低产田内开排水明沟10.65万米，砌暗沟1195米；1994年，全市投资274万元，对1.43万公顷中低产田实施改造，其中工程改造0.12万公顷，起垄栽培0.28万公顷，水旱轮作0.7万公顷，稻萍渔0.086万公顷，缺素补素0.451万公顷；1995年，投资144万元，投工5.63万个，对0.15万公顷低产田开排渍沟2.32万米，挖土石方2.55万立方米、石砌0.74万立方米，起垄栽培0.49万公顷，水旱轮作0.47万公顷。同年投资123.5万元，对旱土和园地进行改造，受益面积0.13万公顷。1991—1995年，通过工程和生物措施，全市中低产田每年以近0.67万公顷的建设上升为高中产田，低产田每年以0.07万～0.20万公顷缩减。1995年，全市吨粮田面积达11.32万公顷，占水稻面积的79%。

1996—2000年，境内水稻生产由求高产过吨粮转向巩固吨粮成果，既抓中低产田改造，又抓高标准农田基本建设。1997年，投资185万元，投工15.7万个，对0.17万公顷中低产田进行再改造。1999年，把改造中低产田、建立高标准农田列入全市农业八大工程之一。是年，利用国家粮食自给工程，农业综合开发项目资金及乡村自筹共826万元，对0.59万公顷中低产田进行工程改造。醴陵市按“田埂田基硬化、排灌设施化、环境无污染、产品优质无公害”的标准在富里、神福港、板杉等乡村建高标准农田800公顷。2000年，改造中低产田、建高标准农田由醴陵推广到株洲县、攸县、茶陵县。当年，全市建高标准农田1494公顷，株洲农田改造步入新阶段。

三 肥 料

（一）农家肥

农民种地，素以人畜粪尿、厮肥、凼肥、堆肥、陈砖肥、灰肥（草木灰、火土灰、煤灰）等农家肥为主。

20世纪50年代，在大力发展绿肥生产的同时，人民政府发动群众掀起积肥运动，号召“勤积肥、多积肥、多增产”。醴陵总结农民群众的“四勤八有”（勤扫、勤垫、勤出、勤烧；牛有栏、猪有圈、灰有屋、粪有池、人有厕所、鸡鸭有埘、四季有粪凼、田里有绿肥）的积肥保肥经验，被农业部在全国推广。1957年，酃县推广“四勤八有”经验，采取经常性与突击性积肥相结合的办法，开展“十积”（积草皮、积土灰、积腐烂落叶、积老壁泥、积煤炭灰、积地皮泥、积牛猪栏粪、积岩洞陈土灰、积淤泥、积小便桶底泥）、“七清”（天井清、阴沟清、鸡鸭埘清、屋前屋后屋侧清、老粪坑清、沟泥糊清、道路草清）、“一拾”（拾野粪）、“三烧”（烧石灰、烧冬茅灰、烧竹子灰）运动，水田施肥量比1952年多3成。凼肥是农家肥的重要组成部分，它是采用杂草、垃圾、落叶、山青、山蔓泥、秸秆等作原料，加入一定的人畜粪，在稻田或住宅近旁作凼沤制而成的一种肥料。境内农民很早以来就有沤制凼肥的习惯。

20世纪60年代，农家肥在农作物肥料中仍占重要地位。1961年，据攸县农水局调查：当地农民积肥制肥方法有沤、烧、填、垫、堆。1963年，境内继续推广“四勤八有”积制肥料经验，抓住收（家肥）、烧（火土灰、草木灰）、沤（家凼、田凼）、刈（刹青）、扫（垃圾、落叶、扬灰尘）、垫（猪牛栏）、积（土杂肥）、铲（草皮）、换（陈砖）、清（污水、污泥）、捡（野粪）11个方面，积制各种肥料，进一步提高施肥水平。

20世纪70年代，化肥用量成倍增加，农家肥用量逐年减少。

20世纪80年代，为保护植被，减少水土流失，禁止铲除草皮、烧火土灰，积制堆肥和凼肥的原料短缺，加之化肥供应继续好转，国家对农业生产资料实行补贴优惠，价格便宜，且施用方便，土杂肥用量进一步减少。1990年，全市亩均施用农家肥不足10担。

农民还有稻草还田和油菜杆还田作肥料的习惯。稻草还田是将早稻鲜草铡为数段或将干草烧成灰撒于田中，再行翻耕，当作基肥。油菜杆还田主要是在油菜花黄或结果未熟时将其全犁入泥中作绿肥；其次是将收获后的油菜秆撒田，然后翻耕。1975年后，随着杂交稻面积的扩大，多钾素的需求量增大，稻草还田的面积逐步增加。1990年全市推广稻草还田面积7.43万公顷，油菜秆还田0.62万公顷。20世纪90年代，在山丘区及城镇郊区菜农中仍保留有家凼，每年出肥数次，直接送往稻田、菜地作基肥或追肥。

随着农村家庭联产承包责任制的推行和养殖业的发展，农户自行积肥，农家肥相应增多，但有的农户认为化肥省事，忽视了对农家肥的收集。

（二）绿 肥

清末到民国时期，就有栽培草子（紫云英）的习惯，一般于“秋分”后“寒露”前播种，实行“三花”（红花、满园花、腊菜花）混播，来年盛花期至初见荚时犁翻于泥底，沤成有机肥。种 1 亩绿肥（紫云英），如亩产鲜草 2000 ～ 2500 千克，其养分相当于 15 ～ 19 千克尿素、15 ～ 20 千克过磷酸钙、10 ～ 15 千克钾肥，且含有丰富的有机质，因此，绿肥是早稻的主要肥源之一。醴陵种植绿肥历史悠久，较为普遍，1949 年该县种植 1.57 万公顷，约占水田面积的 40%。其他各县则种植较少。

1954 年，市人民政府要求“扩种绿肥，解决肥料不足，为 1955 年丰产创造条件”。市郊区当年种植绿肥 2167 公顷，占水田面积的 31.6%。1957 年扩大面积到 3253 公顷，占水田面积的 49.7%。

1961 年，绿肥种植普遍减少，酃、茶、攸、醴 4 县绿肥总面积 1.87 万公顷，比 1959 年减少 48.2%，仅占水田面积的 13.5%。20 世纪 60 年代后期逐渐恢复。到 1969 年，4 县绿肥种植面积达 6.77 万公顷，占水田面积的 52.25%。

20 世纪 70 年代，绿肥生产进入鼎盛时期，境内平均每年种植 10.61 万公顷，1974 年达 11.55 万公顷，占水田面积的 77.91%，鲜草亩产平均 2000 千克以上。

20 世纪 80 年代以后，化肥用量增多，绿肥种植面积由 1980 年的 9.45 万公顷，减少到 1988 年的 3.48 万公顷。加之连作水稻，绿肥鲜草产量下降，土壤理化性能变差。这一年，国务院发出《关于重视和加强有机肥料工作的指示》，市人民政府将发展冬季绿肥生产当做一季作物来抓。1989 年，全市共调进草子种 1000 多吨，各级财政用于补贴和奖励资金达 110 多万元，冬种绿肥面积 5.01 万公顷，占水田面积 35%。

1990 年 8 月，市人民政府召开农村“三冬”工作会议，继续推广种植绿肥，市农业部门抓了北起郊区云田乡，南至酃县城东乡，包括 36 个乡（镇）、耕地面积 5.43 万公顷的冬种作物样板示范片。当年，全市播种绿肥面积 5.70 万公顷，占水田面积的 39.59%。

20 世纪 90 年代，年均种植绿肥 2.91 万公顷，比 70、80 年代分别缩减 51.81%、72.15%，一般鲜草亩产 800 千克左右，只相当 70 年代三分之一多。其中 2000 年，全市种植面积由 1991 年的 5.10 万公顷缩减到 1.21 万公顷，比 1949 年少种 0.55 万公顷。

（三）化　肥

民国 14 年（1925），外商首次将肥田粉（硫酸亚）输入醴陵等地。民国 35 年（1946），联合国将救济化肥分给攸县 240 吨，施用面积 3834 公顷，增产约 20%。民国 36 年（1947），茶陵首次施用硫酸铵 51 吨，施用面积约 334 公顷，因缺乏技术指导，部分施用效果不佳。

中华人民共和国成立后，20 世纪 50 年代开始推广氮肥、试用磷肥；60 年代扩大氮肥施用量并推广磷肥；70 年代扩大氮、磷肥施用量并开始推广钾肥；80 年代氮、磷、钾配合施用，并开始推广微肥。90 年代，推广复合混肥。

1. 氮、磷、钾肥 1952 — 1953 年，醴、攸、酃共施用硫酸铵 98.35 吨。1956 年，攸县开始施用磷素化肥。1957 年，酃县开始使用尿素。1959 年，酃、茶、攸、醴 4 县共施用化肥 7456 吨。其中以硫酸铵为主的氮素化肥 6160 吨，耕地亩均施 3.05 千克，折纯氮量 0.11 千克。

1962 年，酃县在坎坪农场的水稻和油菜试用过磷酸钙。1963 年，市郊区引进过磷酸钙 180.50

吨；次年引进钙镁磷肥 45 吨。试验结果表明：追施钙镁磷肥的 12 公顷冬播作物，比未施用的增产 30% ~ 50%。1965 年后，磷肥在各县得到普遍推广。1969 年，境内耕地亩均施磷肥 23.80 千克，折纯磷量 2.90 千克；亩均施氮肥 6.90 千克，折纯氮量 0.80 千克。

1972 年，醴陵投放窖灰钾肥 103 吨，株洲县、攸县、茶陵县共调进氮化钾 55 吨。1976 年后，由于杂交水稻的推广，土壤需钾量增大。1979 年，境内施用钾素化肥 12330 吨，耕地亩均 5 千克，折纯钾量 2.30 千克。钾肥投放最多的是 1982 年，亩均施用量最多的株洲县达到 13.31 千克，施用量最少的酃县也达 4.30 千克。由于 20 世纪 80 年代土杂肥、草木灰等有机肥料用量减少，有机态钾肥也相应减少，化学钾肥供不应求；特别是因杂交水稻种植面积不断扩大，需钾量增加，造成土壤钾素连年降低。为协调氮、磷、钾比例，从 80 年代初采用“两改两增”（改进肥料结构、增施磷钾肥；改进施肥方法，增施中、后期肥料）施肥法。1983 年起推广氮素调控技术，1986 — 1990 年，全市普遍推广测土配方施肥，5 年中测土配方施肥面积达 400 余万公顷，其中 1990 年为 8.63 万公顷，占全省测土配方施肥面积 7.54%，居全省前列。是年，全市投入氮肥 19.16 万吨，磷肥 8.47 万吨，钾肥 2.51 万吨。

1991 年，全市施用化肥 72728 吨（按折纯量计，下同）；1994 年，全市施用化肥 84124 吨，1995 年、1996 年分别达到 90055 吨、93782 吨。1991 — 2000 年，年均使用化肥 83100 吨，比 80 年代年均使用量增加 5719 吨，增长 6.88%。其中氮肥 47630 吨、磷肥 10260 吨、钾肥 13535 吨，分别占化肥总量的 57.31%、12.35%、16.29%。

2.微　肥　20 世纪 70 年代开始试用微量元素肥料，在土壤严重缺素或对稀土、微肥反映敏感的作物上，效果较好。施用较多的有稀土、锌肥、硼肥、钼肥，此外，还有卅烷醇、石油助长剂等。

市农科所经过 5 年试验，于 1977 年正式用万分之一至万分之二的硝酸稀土浸泡杂交晚稻种 16 个小时，浸泡后的种子发芽率比清水浸泡的对照种提高 4% ~ 21%；用万分之一至万分之五的硝酸稀土溶液喷施水稻，受喷水稻增产率达 4.1% ~ 9.75%。酃县农业局用 550ppm 钼酸铵溶液喷施齐穗期晚稻，其晚稻成熟期提前 3 天，且比未喷稻增产 15.1%。此后，境内还用稀土作稻田基肥，喷施柑橘、茶叶等，施后作物产量均有提高，品质改善。1978 年与 1979 年株洲县用卅烷醇石油助长剂等兑水喷施抽穗期水稻，有不同程度的效应。后该县还用硼砂、硼酸施于油菜，油菜产量提高，此法后在较大范围内推广。1983 年，市土肥站用硫酸锌施于缺锌稻田 6.67 公顷（每亩 1 千克）。施用后僵苗生长转为正常，当年早稻亩均产量比上年增加 75 千克。1990 年，全市水稻施锌肥 490 公顷，施用总量为 200 千克，施稀土 1840 公顷，施用总量为 1825 千克；施硼肥 134 公顷，施用总量为 200 千克。

1996 年，醴陵引进硅锰肥 120 吨，安排在黄獭咀乡试用。1997 年，全市调进硅锰肥 3000 吨，推广面积 2000 公顷。锌肥、硅锰肥主要用于水稻，硼肥主要用于油菜，钼肥主要用于花生、大豆作物。20 世纪 90 年代，全市累计推广微肥面积 94.40 万公顷，其中水稻 27.21 万公顷、油菜 13.69 万公顷、棉花 0.38 万公顷、大豆 1.83 万公顷、柑桔 1.86 万公顷、其他作物 4.44 万公顷；锌肥 30.60 万公顷、硼肥 16.27 万公顷、钼肥 2 万公顷、硅锰肥 0.54 万公顷，累计增加经济效益 6609 万元。

3.复合肥 20世纪80年代初期，境内引进、试用复合肥，中后期开始推广，但推广面积不大。90年代，除从外地购入外，辖县农业局先后设立配肥站，为测土配方施肥提供复合混肥。1992年，攸县配肥站试产复合混肥470吨，多点试用。1994年，攸县将配肥站改建为年产万吨的复混肥厂，所产“攸州牌”配方肥在1996年、1997年被省农业厅评为“湖南农民满意肥”。除辖县农业局办配肥厂外，醴陵东富乡、攸县渌田镇等乡镇农技站相继办起年产1000～3000吨的配肥厂，为当地推广服务。复合混肥因其肥素齐全，施肥节省工时而备受欢迎。从1991年开始，全市复混肥年施用量逐年上升，成为90年代农用化肥推广应用的重点。1991年1.31万吨，1993年2.26万吨，1996年3万吨，2000年达3.57万吨。

1991—2000年，按复合混肥实物量计算，全市累计使用27.63万吨，占农用化肥总量的8.71%。

（四）其他肥料

其他农作物肥料还有石灰、饼肥、菌肥、腐植酸类肥、土化肥等多种，尤以石灰、饼肥施用历史悠久，施用面广。饼肥有菜籽饼、茶籽饼、棉籽饼、桐子饼等，一般作精肥施用。随着饲料工业的兴起，菜子饼、棉籽饼多成为饲料加工的原料，耕地中施用量有所减少。石灰作中和稻田酸性，灭害杀虫，助秧苗生长之用。20世纪50年代，每亩施用量达到50千克。70年代后，随着化肥用量的增加，特别是第二次土壤普查后，提出碱性稻田停施石灰，石灰用量大为减少。土化肥是现代化工厂生产的化肥不足和农民购买力低下时的产物，主要品种有熔融磷肥和钾钙肥等，随着化肥生产的发展和农民购买率的提高，土化肥生产即止，历时只有两三年。

20世纪90年代，境内传统饼肥年使用量有2.8万～4.2万吨，此外，还引进、试验、示范推广了多种菌肥、生态液肥等。1991—1992年，推广增产菌，1993年引进推广喷施宝、丰收宝等，其中喷施宝推广面积13.34余万公顷；1994年引进示范高美斯腐殖酸液肥，1995年引进推广谷粒饱35万吨，施用面积5.87万公顷；1998年试验示范肥力高；1999年醴陵、株洲县引进试用植物动力2003、海鸟肥、有机无机复混肥等。

第六节 植物保护

一 病虫的发生与防治

（一）病虫种类

1.水稻病虫 清代至民国时期，水稻病虫有稻蝗、稻螟虫（俗称钻心虫）、扯包皮（稻包虫）、打屁虫（稻蟒象）、背屎虫（负泥虫）、车蔸虫（食根金花虫）、丝茅瘟（稻瘟病）等，危害最大的是稻蝗和稻螟虫。清顺治十七年（1660）三月，茶陵飞蝗蔽天。清咸丰七年（1857）秋，蝗虫先后入醴陵、攸县、茶陵、酃县，所过处草木禾稻尽被食光，遗种遍野。民国25年（1936），湖南第一农事试验场调查认定，螟虫为茶陵水稻第一大害虫，当年成灾534公顷，损失稻谷4000担，为湖南省22个螟虫重灾县之一。民国27年（1938），茶陵螟害损失水稻40%。民国

30 — 32 年（1941 — 1943）间，螟虫给醴陵、攸县、茶陵造成重大损失， 减产分别为民国 30 年（1941）21.5%、10.4%、77.4%；民国 31 年（1942）14.7%、10.5%、8.4%；民国 32 年（1943）13.6%、11.4%、7.3%。

中华人民共和国成立后，先后出现水稻害虫 70 种，主要有三化螟、二化螟、稻飞虱、稻纵卷叶螟、白翅叶蝉、稻蝗、稻螟蛉、稻眼蝶、黑尾叶蝉、稻绿蝽、稻水象甲、稻包虫、稻蓟马、粘虫、大螟等。病害 24 种，主要有稻纹枯病、稻瘟病、黄矮病、青矮病、白枯叶病，其次是胡麻斑病、稻粒黑粉病、稻曲病、稻细菌性褐条病、细菌性条斑病。

20 世纪 50 年代主要是二化螟、稻蝗、稻包虫、胡麻斑病危害，局部地区有稻瘟病、稻飞虱发生。1952 年，蝗灾严重，5 月 17 日醴陵湖下乡发现稻蝗，半月后，稻蝗蔓延到 431 个乡，受灾面积近 4667 公顷，严重的湖下乡水稻蔸蔸受害；市郊区 32 个乡，乡乡遭蝗害，水稻成灾面积 507 公顷；攸县 2.34 万公顷作物遭蝗害，成灾面积 800 公顷，其中凉江乡 27 公顷水稻被蝗啃光。1957 — 1959 年，酃县早稻稻飞虱危害，每年损失稻谷 750 吨以上。1958 — 1961 年，酃县双季晚稻螟害，白穗率分别达到 15%、20%、10%、50%。

20 世纪 60 年代，稻蝗被控制，二化螟减少，三化螟成为水稻主要害虫，稻飞虱、稻叶蝉、稻瘟病危害加剧，白叶枯病局部发生，矮缩病首次发现并蔓延成灾。1964 年，酃县、茶陵、攸县水稻矮缩病局部成灾。1966 年，3 县成灾面积达到 6827 公顷，其中攸县发病面积 4114 公顷中，有 30% 颗粒无收。酃县发病面积占晚稻播种面积的 53%，致使晚稻平均亩产由 1963 年的 135 千克下降到 47 千克，每亩减产 88 千克。

20 世纪 70 年代主要是 4 虫 4 病，即：螟虫、稻飞虱、白翅叶蝉、稻纵卷叶螟、纹枯病、稻瘟病、黄矮病、白叶枯病。1971 年，攸县 3487 公顷水稻白叶枯病成灾，损失稻谷 1500 吨。1972 年，酃县 1820 公顷水稻发生白叶枯病，损失稻谷 250 吨，还使 750 吨水稻良种因感染此病而不能再做种籽使用。1974 年，茶陵、攸县、醴陵早稻稻瘟病发病面积 1.94 万公顷，其中攸县发病面积占早稻种植面积的 24%，损失稻谷 5000 吨。1976 — 1978 年，黄矮病大流行，1976 年茶陵因此病损失稻谷万吨以上。1977 年、1978 年两年，株洲县早稻黄矮病流行，该县古岳峰公社 1978 年杂交稻制种 67 公顷，亩收仅 4.50 千克。

20 世纪 80 年代主要是三虫二病，即二化螟、稻飞虱、稻纵卷叶螟、纹枯病、稻瘟病。1981 年，醴陵稻瘟病流行，早稻失收面积 1014 公顷；醴陵、株洲县、茶陵、攸县合计发病面积 4.67 余万公顷，损失稻谷 4.3 万吨。1985 年，全市稻瘟病大流行，发病面积占早稻种植面积的 57.8%，损失稻谷 1.4 万吨。1983 — 1986 年，全市纹枯病累计发病面积 73.58 万公顷，占水稻播种面积的 72.3%，累计损失稻谷 36653 吨，年均发病面积 18.39 万公顷，年均损失稻谷 9163 吨。1990 年，全市 16.07 万公顷水稻发生稻纵卷叶螟，损失稻谷 973 吨；21.17 万公顷水稻发生纹枯病，发病面积占播种面积 82.6%。经多次防治，仍损失稻谷 11711 吨，占全年水稻病虫总损失的 67.5%。

20 世纪 90 年代，为害较重、发生面积较大的病虫有三虫二病，即二化螟、稻飞虱、稻纵卷叶螟、纹枯病、稻瘟病。纹枯病，年年发生，损失粮食占病虫害损失总量 40% 以上。1991 年，流行高峰期早稻病蔸率 30.8% ~ 87%，病株率 15.86% ~ 63.7%，病情指数 5.69 ~ 15.86；晚稻病蔸率 40.33% ~ 78.25%，病株率 5.69% ~ 32.7%，病情指数 5.68 ~ 12.2。全年早、中、晚稻发病面积 20.16 万公顷，损失粮食 9610 吨，占病虫鼠害损失总量的 45.9%。1995 年，全市纹枯病发生面积 19.60 万公顷，损失粮食 9405.7 吨，占病虫鼠害损失总量的 50.26%。2000 年，全市早、中、晚稻发病面积 19.84 万公顷，早稻病蔸率 26.8% ~ 43.2%，病株率 8.53% ~ 29.4%，病情指数 0.8 ~ 11.1；晚稻病蔸率 28.3% ~ 51.6%，病株率 11.7% ~ 36.5%，病情指数 4.2 ~ 12.9，全年损失稻谷 7586 吨。稻瘟病，亦属年年发生。其中 1992 年、1993 年属全市大发生年，分别损失粮食 22187 吨、25619 吨，其余 8 年属局部地区发生，每年发病面积：叶稻瘟 0.63 万 ~ 1.68 万公顷，穗稻瘟 0.44 万 ~ 1.40 万公顷；每年损失粮食 592 ~ 3768 吨。稻飞虱，在 1991 年、1993 年、1994 年、1995 年、1997 年全市大面积发生，分别达 19.06 万、13.32 万、18.34 万、15.48 万、18.14 万公顷，其中枯秆倒伏面积分别达 314、187、207、314、167 公顷，损失粮食分别达 5616 吨、3049 吨、4541 吨、2114 吨、2469 吨。1992 年、1996 年、1998 — 2000 年，局部地区发生，每年发生面积 40 万 ~ 80 万公顷，损失粮食 700 ~ 1800 吨。稻螟虫，90 年代灯下诱蛾统计，二化螟、大螟、三化螟分别占总诱蛾量的 70%、25%、5%。10 年间，每年发生面积 7.74 万 ~ 23.14 万公顷，年均 15.05 万公顷，每年损失粮食 606 万 ~ 3102 万吨，年均 1631 吨。稻纵卷叶螟，一年发生 5 ~ 6 代。早稻大发生年份有 1991 年、1993 年、1995 年、1998 年，晚稻大发生的年份有 1994 年、1996 年、1997 年、1999 年、2000 年。1991 — 2000 年，年均发生面积 9.34 万 ~ 20.20 万公顷，年损失粮食 642 ~ 4533 吨。1999 年全市发生 11.87 万公顷，1 ~ 4 代卷叶虫率分别达 0.31%、4.3%、4.96%、0.57%。其他病虫，1991 年，醴陵市 288.53 万公顷早稻秧田发生恶苗病，其中 32.64 公顷秧田病株达 50%，81.57 公顷秧田病株 20% ~ 50%；攸县 1.04 万公顷晚稻发生稻粒黑粉病、稻曲病，损失粮食 162 吨。1991 年，全市 537.8 公顷稻田发生细菌性条斑病，损失粮食 16 吨；1994 年，6867 公顷稻田发生细菌性条斑病，损失粮食 2277 吨；1995 年有 1.78 万公顷，1996 年有 0.64 万公顷，2000 年有 0.41 万公顷发生此病。

2.小麦病虫 小麦病虫有赤霉病、锈病、纹枯病、散黑穗病、白粉病、麦蚜、粘虫、麦叶蜂等。20 世纪 50 年代以散黑穗病、锈病为主。60 年代，经过选种换种和种子处理，基本上控制了散黑穗病的危害，但锈病仍较严重。70 年代，通过品种更换，锈病危害减轻，赤霉病上升为主要病害。1972 年春，市郊区和株洲县种植的 1534 公顷小麦，普遍发病，麦粒呈褐色霉烂变质，损失粮食 400 吨。1973 — 1978 年间，醴陵、攸县、茶陵、酃县赤霉病年发生面积 0.44 万 ~ 1.14 万公顷，占小麦种植面积的 87% ~ 94.5%，年损失粮食 1230 ~ 2750 吨。以后随着稻田种麦面积减少，淘汰感病品种，病害损失减轻。

3.红薯病虫 主要有红薯黑斑病、红薯瘟病、红薯卷叶蛾、青铜金龟子、红薯小象鼻虫、红薯天蛾、红薯龟甲等，其中红薯瘟病、红薯小象鼻虫危害严重。1961 年，市郊区、醴陵、攸县等从广东引进白皮薯种、薯苗，同时带进薯瘟病，自此零星发生，后扩散到各县。1963 年，市郊区雷打石、朱亭等地薯瘟病大流行。1968 — 1981 年，醴陵、攸县的红薯主产地年年大发生，其中醴陵小横江公社

1970年因薯瘟危害，减产鲜薯1000吨。后引进抗薯瘟品种，取代抗性弱的品种，发病面积逐渐减少。1979年，茶陵县枣市公社40%的红薯发生小象鼻虫，一般减产10%～15%。20世纪80年代中期起，采取综合防治措施，发生量减少。

4.玉米病虫 主要有玉米螟、黏虫、大螟、玉米干腐病、玉米小斑病等。其中玉米螟分布广，危害较重。

5.高粱病虫 主要有高粱炭疽病、高粱紫斑病、高粱穗螟、高粱条螟、高粱蚜等。以高粱穗螟、高粱条螟等发生危害较普遍。

6.大豆病虫 主要以大豆食心虫、豆荚螟、大豆纹枯病发生普遍，危害较重。

7.棉花病虫 主要虫害有地老虎、棉蚜虫、盲蝽象、棉铃虫、红蜘蛛、金刚钻、卷叶虫、棉叶蝉、斜纹叶蛾、棉造桥虫、蜗牛等。主要病害有立枯病、炭疽病、红叶茎枯病、其次是轮纹斑病、角斑病。

8.油菜病虫 已查明油菜病虫20多种，以油菜菌核病、油菜霜霉病、菜蚜、菜青虫、猿叶虫发生普遍，油菜病毒病、白粉病、潜叶病、菜螟等次之。

9.苎麻病虫 常见的有苎麻夜蛾、黄蝴蝶、赤蝴蝶、苎麻天牛、金龟子、白纹羽病、根腐病等，以苎麻夜蛾、蝴蝶发生较为普遍。

10.绿肥病虫 已查明的20多种，其中以萍螟、萍瘟病、紫云英菌核病、蓟马、潜叶蝇发生较普遍。

11.茶树病虫 境内危害茶树的病虫共有87种，主要有茶毛虫、茶蓑蛾、茶刺蛾、蚧壳虫、茶籽象甲、茶柱梗虫、茶蚕、茶梢蛾、茶枝镰蛾、茶红颈天牛、茶尺蠖、茶二叉蚜、小绿叶蝉、黑翅大白蚁、茶云纹叶枯病、茶芽枯病、茶烟煤病等。

12.柑橘病虫 已发现病虫59种，其中以柑橘红蜘蛛、锈壁虱、蚧壳虫、潜叶蛾、柑橘天牛（星天牛和褐天牛）、柑橘粉虱、柑橘蚜虫、花蕾蛆和疮痂病、炭疽病等，危害较重。

13.桃树病虫 主要有桃褐腐病、桃流胶病、桃细菌性穿孔病、桃蛀螟、桃小食心虫、桃蚜等，以桃蛀螟、桃蚜、桃流胶病危害较重。

14.梨树病虫 主要以梨轮纹病、梨星毛虫、梨小食心虫、梨梢茎峰、梨蚜危害较重。

15.葡萄病虫 主要以葡萄黑痘病、葡萄褐斑病、二星叶蝉危害较重。

16.蔬菜病虫 全市已发现的蔬菜病害73种，害虫26种。这些病害、虫害混合发生，危害严重。主要病害，瓜类有：霜霉病、枯萎病、疫病、炭疽病、细菌性角斑病、白粉病；茄果类有：青枯病、病毒病、炭疽病、白绢病、褐纹病；十字花科有：霜霉病、软腐病、炭疽病；豆类有：根腐病、锈病。主要害虫有菜蚜、菜青虫、小菜蛾、菜螟、小地老虎、烟青虫、豇豆荚螟、猿叶虫、茶黄螨、瓜绢螟、美洲斑潜蝇、黄守瓜等。

（二）病虫防治

1.人工防治 清咸丰七年（1857）秋，蝗虫先后入醴陵、攸县、茶陵、酃县，醴陵、攸县等知县下令四乡掘地取种，围捕幼蝻，蝗害被除。攸县知县德均、醴陵知县崔斌受到朝廷奖励。

民国时期，除粮仓防治害虫开始试用药粉外，田间治虫以人工捕捉为主。民国31年（1942），各县分别成立农业推广所，承担水稻病虫防治技术的指导。当年攸县农业推广所拟具《稻田螟虫冬季简易防除法》，翻印数千份，颁发各乡、保。主要方法有摘卵块、捕螟蛾、拔枯心苗等。民国32年（1943），省粮食生产总督导团指定醴陵等县为秧田治虫示范区，并派专业督导团及专业指导员11人，会同醴陵县政府推行治螟教育，编印《春季预防虫灾插图》和春季治螟法等宣传资料。具体防治方法有：稻田冬季灌水、烧毁稻蔸、提早春耕、提早播种、秧田捉虫、拔除被害稻株、春分前烧完稻草、铲除田埂杂草等。民国36年（1947），攸县、茶陵和酃县分别成立治螟委员会，各乡组建治螟队。攸县政府将全县划分4个防治区，每区委派1名技术指导员。当年，攸县、茶陵、醴陵防治螟虫面积0.84万公顷。

20世纪50年代，仍以人工防治为主。防，主要是推行齐泥割稻，施行“三光”即冬季拔光稻蔸，除光八边（田、塘、沟、山、圳、路、屋、土）、烧光病虫秸秆、杂草，以捣毁病虫栖息繁殖场所。此法实行时间较长，后因发现不利于水土保持，而不再全面提倡。治，主要是人工捕杀。1951年夏季治虫期间，市郊区和攸县组织8.6万多人下田捉虫。1952年，多种水稻害虫先后大发生。4月，茶陵县二区下坊乡早稻秧田铁甲虫爆发，茶陵县委组织干部、群众捕捉，7天捉虫20箩筐。5月中下旬，稻蝗在市郊区、醴陵、攸县突发蔓延，市、区、县分别成立灭蝗指挥机构，醴陵和市郊区共组织35万多人参加捕捉。6月，攸县、酃县稻苞虫、稻纵卷叶螟、蝗虫等多种水稻病虫同时大发生，两县政府组织数十万人下田捕捉，减轻灾情。50年代末，人工捕捉方法渐少使用。

2.灯光诱杀　1952年4月，攸县和市郊区在秧田四周点油灯4.4万盏诱杀螟蛾，累计诱杀螟蛾59万只。1962年，三化螟3、4代成虫盛发期间，市郊区开展“万家灯光灭螟蛾”，田间每晚点诱蛾灯8万余盏，诱蛾面积30万亩。市党政领导和农业技术干部，分头深入农村，检查督导，现场指挥，《株洲日报》以“点燃十万诱蛾灯，连成百里不夜城”为题报道这一盛况。从1971年开始，各地诱蛾灯具先后增加交流电、支流电、黑光灯及普通电灯。黑光灯能诱杀70多种害虫，一盏黑光灯的诱杀能力相当于190盏油灯。市县财政及基层生产单位先后投资250余万元用于架设电线，安装黑光灯。1972年、1974年、1975年，株洲县晚稻田间每晚点诱蛾灯数分别达5.67万盏、20万盏、23.05万盏，其中黑光灯盏数分别为2000盏、4700盏、1万盏。推广黑光灯、油灯诱杀害虫收到一定效果。但同时也诱杀了害虫的天敌。1980年后，不再提倡灯光诱杀。

3.土农药　1950—1954年，醴陵全面实行插烟茎治螟，并渐次推广到其他地区、县。1954年，攸县七区普安乡农民用闹羊花、尽江子等熬制土农药防治稻飞虱、稻叶蝉等害虫，防治效果达40%～60%。1956年，酃县一些农民用茶枯饼浸泡液拌茶油洒施，或用烟叶、烟茎、黄药等混合碾成粉末点蔸，防治水稻害虫。1958年夏，各县贯彻“土洋结合，以土为主”的植保方针，组织农业科技人员和老农上山采集有毒植物，创办土农药厂，熬制土农药，解决化学农药供不应求和农业生产合作社资金困难。5—7月，酃县230个农业生产合作社，先后创办土农药厂1011个，生产土农药1790吨，用于防治水稻害虫2434公顷。土农药的大量生产和使用延续到20世纪70年代末。生产土农药的原料主要有雷公藤、博落回、辣蓼、苦楝、硫黄等50余种。1980年后，化学农药基本满足需要，土农药逐渐减少。

4.化学农药　1951年春，攸县二区文明乡和县农场试用氯矽酸钠拌棉籽防治地老虎。1952年，省农林厅无偿配给各地农业部门少量六六六、砒酸钙、砒酸铅等化学农药，用于防治水稻和棉花病虫，因技术未普及，防治效果不佳。1953 — 1954 年，少数互助组和农业生产合作社在水稻上继续使用。1954 年 7 月省定醴陵为使用六六六粉防治晚稻螟虫示范县，由农林部、省农业厅、醴陵县农林水利局等单位，组成药剂治螟联合工作组，省拨可湿性六六六粉 729 千克、喷雾器 50 具，以国营泗汾农场为中心，在 46.67 公顷稻田进行试验示范，获得成效。连作晚稻田喷药比不喷药的白穗率少 2.08%，间作晚稻田喷药比不喷药的白穗率低 0.58%。1955 年，农业部、省农业厅、醴陵县农林水利局等单位派员组成联合治螟工作组，进驻白兔潭场溪农业社，在群众插烟茎治螟的启示下，创造用六六六粉拌黄土（或灰）点蔸治螟的“毒土法”，既能主治稻螟虫，又兼治稻蟒象、稻苞虫等，节省农药，操作简单，防治效果好。此法后在全国推广，并传播到国外，美国施多福化学公司称：“毒土法是中国一大发明。”1956 年，华中农业科学研究所、省农业厅、醴陵县农林水利局等单位组成联合工作组，确定醴陵县白兔潭、富里、南桥为中心的 27 个农业生产合作社，2360 公顷稻田为防止螟虫示范区。区内根据螟虫及卵块在田间呈非均衡分布的特点，在省内首次提出并推广药剂挑治螟害团，不普遍施药的省工、省药治螟法。此法后在全省推广，使用至今。同年，省农业厅无偿分配一批农药器械给各县的区农技站，由区农技站设立喷雾器租用站，方便农民，为推广化学农药防治创造条件。年内，各县（区）药剂防治面积占害虫发生面积的 40% ~ 48%，为各种防治总面积的 62% ~ 67%。1957 — 1958 年，化学农药用于水稻、棉花等作物防治病虫面积成倍增加，农药种类增加到 10 余种。随着农药品种的增加，使用面积扩大，螟害损失率下降，稻蟒象、稻苞虫等基本被控制。20 世纪 60 — 70 年代，使用化学农药成为防治作物病虫的主要手段，农药施用量逐年增加，每亩耕地农药投放量由 1960 年的 0.35 千克上升到 1969 年的 2.48 千克，到 1979 年提高到 5.92 千克。农药以氯制剂为主，其中六六六、滴滴涕占农药总量的 80% ~ 90%。自 80 年代始，禁止使用六六六、滴滴涕等高毒高残留农药，逐步推广有机磷、有机氮、氨基甲酸酯等高效低残留化学农药，实行科学配方、病虫兼治等技术措施。1982 年后，随着有效成分含量高的乳剂农药取代有效成分含量较低的粉剂农药，农药年度施用量呈下降趋势。1990 年，全市农药使用总量由 1981 年的 18710 吨减至 2934 吨，下降 84.32%，每亩施用量只有 1.21 千克。化学农药的推广使用，对控制作物病虫发生，保证农业丰收起了积极作用。但长期单一使用，尤其是大量使用高残留氯制剂农药，造成了杀伤自然天敌并使害虫产生抗性再度猖獗、污染农产品、增加生产成本等不良后果。90 年代，各地减少施药量，尽量做到安全用药。

5.综合防治 针对化学农药防治存在的问题，攸县农业局植保站经过十几年的驻点观察，1976 年推广以农业防治为基础，积极开展生物防治，搞好人工物理防治，安全、合理、巧施化学农药的病虫综合防治方案，并在上云桥公社七里坪大队进行试验示范。农业防治重点是选用适合当地的高产抗病虫品种，合理布局作物，合理施肥，科学管水，实施种子消毒，“三光”治虫、处理带病稻草等。人工物理防治主要是推广打捞浪渣、齐泥割稻、器械捕捉等。生物防治重点是稻田养鸭治虫，推广杀螟杆菌、青虫菌、井冈霉素等微生物农药，保护、利用稻田蜘蛛、青蛙等天敌灭虫。药剂防治，引进推广有机磷、有机氯、氨基甲酸脂类等高效低毒低残留化学农药，取代高残留氯制剂农药，改过去一虫一病单独施药为突出防治主要病虫，兼治其他。调整防治指标，选用对口农药，改革施药技术等，尽量减少施药面积和次数。1978 — 1980 年，各县相继创办水稻病虫综合防治试验示范区。攸县上云桥公社七里坪大队自 1980 年起，连续多年被列为全省病虫综合防治示范样板，并被指定承担开展协调简化综防措施研究，为境内各地及全省大面积推广提供了经验。在各县综防试验示范区的影响带动下，1981 年、1982 黏、1983 年水稻病虫综防面积分别达 0.47 万、1.94 万、3.34 万公顷。1984 年，市、县、乡、村 4 级共同创办 10 万公顷水稻病虫综防示范样板，实施防治对象综合、防治措施优化组合，控制病虫危害损失。经抽样验收，实施综防措施的稻田比纯化学农药防治的对照田，均获得亩产稻谷增加、田间害虫天敌数量增加、农药用量下降、病虫损失和环境污染减轻等综合效益。此后，全市每年水稻病虫实施综防的面积都在 13.34 万公顷以上。并对茶园、果园、菜园病虫进行综合治理试验。1989 年 9 月 8 日，联合国粮农组织肯摩博士率参加在长沙召开的国际水稻病虫综防会议的 12 名代表专程赴醴陵、攸县进行为期 3 天的参观考察，随同的还有国内植保专家、教授和农业行政负责人。参观考察人员对两县（市）水稻病虫综合防治和群众性预测报给予肯定。1990 年，作物病虫综合防治技术推广到全市 150 个乡（镇）1828 个村，实施面积达 4.36 万公顷，占全省综防面积的 2.46%，共节约农药成本开支 366 万元，节省防治用工 267 万个，病虫损失率控制在经济允许范围内。1991 — 2000 年，市植保部门根据各地农作物病虫发生的实际情况，提出以农田生态系统为基础，从生态学、经济学、环境保护学的理论观点出发，大力推广抗病虫品种及健康高产栽培技术，充分发挥“品种抗、栽培防、药剂治”的综合作用。各地还积极推广稻田养鸭治虫，果园养鸡治虫，保护利用稻田蜘蛛等害虫天敌，以虫治虫，都获得较好效果。针对农村青壮劳力转入第二、三产业，种田户对农作物病虫情况不清，防治误时，用药不当，浪费农药及农药中毒现象呈上升趋势，1995 年，株洲县植保、农机部门联手，成立机防队，开展疏导机械化植保集团承包，实施统防统治，较好地达到了减少药量、安全用药、降低成本、提高防效的目的，后在全市推广。并由水稻扩展到棉花、果茶园实行植保承包。从 1997 年开始，市县植保部门与粮油、经作、蔬菜部门联合，探索无公害水稻、水果、茶叶、蔬菜栽培，积累了一些经验。

二　鼠兽、杂草防治

（一）农田鼠害防治

农田害鼠有褐家鼠、黄毛鼠、黑线姬鼠、黄胸鼠、小家鼠等 10 余种。市郊区、攸县及醴陵西部、中部以黄毛鼠、黑线姬鼠为主；醴陵南部、攸县及茶陵西北部、中部以黄毛鼠、褐家鼠为主；茶陵县东南部、炎陵县双季稻区和单双混栽区以褐家鼠、黑线姬鼠为主，山区和单季稻区则以褐家鼠、黄毛鼠为主。

1960 年，酃县中村公社道任大队 52.47 公顷水稻有 33.34 公顷遭鼠害，稻谷损失三成。但当时境内发生面积不大。20 世纪 70 年代后期，鼠害密度加大，对生产构成威胁，开始实施磷化锌毒鼠措施。1982 年，株洲县 1 万公顷早稻和 0.67 万公顷晚稻遭鼠害，损失稻谷 1500 吨。同年，醴陵早晚稻秧田鼠害面积达70%～80%。1986年，全市农田鼠害面积达15.63万公顷，其中早、中、晚稻秧田发生2.20万公顷，占秧田总面积的84.6%，损坏杂交组合稻种127吨，价值734万元；早、中、晚稻大田发生13.42万公顷，占三季稻田总面积的52.4%，成灾面积0.3万公顷，损失稻谷2066吨，价值95万元。

为消灭鼠害，各地根据鼠类活动规律、作物易受害期及鼠类天敌控制等因素，以突击性灭鼠为主，结合经常性灭鼠，每年3月、6月、10月安排突击灭鼠，城乡居民统一时间，一起行动，户户投药，联防联治；药剂灭鼠与器械、人工捕捉相结合，以药剂灭鼠为主，药剂灭鼠面积占灭鼠总面积的70%～95%；使用药剂，由以磷化锌为主，到陆续推广敌鼠钠盐、溴敌隆、敌杀鼠、灭鼠优等，并以敌鼠钠盐为主。

1989年，全市16.69万公顷农田遭鼠害，经大力组织防治，仍损失粮食1473吨。1990年，农田鼠害面积达到17.93万公顷次，全市出动114万人次灭鼠，投放各种毒鼠药754千克，配制毒饵300吨，施药防治面积12.94万公顷，使作物鼠害损失减少，当年仅损失粮食822吨。

1991—2000年间，全市每年进行3次统一行动，突击农田灭鼠。据统计，1991年、1993年、1995年、1996年全市鼠害发生面积分别为7.61万、10.40万、9.94万、10.7万公顷，防治面积分别为8.26万，10.87万、11.19万、12.84万公顷，挽回粮食损失分别为3830吨、2850吨、2408、3720吨；1998—2000年全市发生鼠害6.67万公顷左右，防治8万公顷左右，挽回粮食损失2800吨，年损失在700吨左右，基本上控制了农田鼠害。1995年全市组织敌鼠钠盐249.5千克、溴敌隆262千克，其他125千克，制成稻谷毒饵后投放早稻秧田0.58万公顷，农田5.6万公顷，旱土1.06万公顷，河堤、公路旁等隙地0.52万公顷。

（二）兽害防治

各县山区有野猪、山牛、野兔、豪猪等野生动物，严重威胁山旁的水稻和旱地中的红薯、玉米等作物，尤以炎陵县为盛。民国32年（1943）酃县农业推广所报告称："野猪山牛及其他野兽异常繁殖……一切杂粮有种无收者随处可见。"1950—1957年，酃县被野猪等危害的农作物600公顷，其中1950年、1957年分别损失稻谷113吨、63吨，其他杂粮损失甚于水稻。

为防治兽害，山区除组织狩猎队打猎外，还有守夜敲梆驱赶野兽和张弩、设陷阱捕捉兽等办法。

20世纪60年代，随着山区公路、渠道的不断延伸，山地被开发利用逐年增多，森林及草丛面积减少，野兽失去藏身栖息之所，加上20世纪50—60年代初期的大量捕猎，以及化学农药毒杀，使野兽数量大减，有些兽种已绝迹或濒临绝迹，兽害减轻，捕猎逐渐被禁止，一些被捕杀的对象则变成保护对象。

（三）农田杂草及其防治

境内农田杂草种类较多，20世纪80年代中期调查，发现有80科353种，其中水田杂草有稗、牛毛毡、鸭舌草、瓜皮草、水马齿、异型莎草等97种，旱地杂草175种，水旱兼有杂草81种。看麦娘、繁缕、稻搓草、鹅观草、雀舌草、早熟禾等为油菜、麦类等春收作物地主要杂草；白茅、马唐、金色狗尾草、小飞蓬、小旋花、鸡眼草、酢浆草、春蓼、狗牙根、香附子、狼尾草、扛板归等为果园主要杂草。这些草中有恶性杂草 23 种，一般为害的杂草 120 余种。

农田杂草的防治，主要结合农事活动采用翻耕整地、松土中耕、种子精选、拔除等人工方法。20 世纪 60 年代中期，试用化学除草剂，70 年代开始推广。由于购买除草剂成本高以及使用技术未过关等原因，化学除草面积不大。1986 年，全市农田化学除草面积 1514 公顷，1987 年达 8820 公顷，1990 年扩大为 20560 公顷。

20 世纪 90 年代，所用除草剂品种由 80 年代 20 余种增加到 30 多种，其中草甘磷、庄稼汉、田草净、秧田清、杀稗王、克无踪、除草霸、乐草隆、丁草胺等为要推广品种。1991 年，稻田化学除草面积由 1988 年的 1.38 万公顷增加到 2.30 万公顷；1995 年，全市早稻化学除草 7.25 万公顷，占早稻面积的 67.5%，晚稻化学除草 5.80 万公顷，占晚稻面积的 48.6%；1996 年后，化学除草面积逐年扩大，并由稻田扩大到油菜地、茶园、果园、麻地等。1998 年、1999 年，化学除草面积分别达到 15.64 万公顷次、17.89 万公顷次；2000 年，化学除草面积上升到 21.25 万公顷次，其中稻田 16.86 万公顷，油菜地 1.58 万公顷，果园 1.87 万公顷，茶园 0.94 万公顷。

除化学除草外，推广地膜覆盖栽培，抑制了杂草生长，省去中耕除草工序。1991 — 2000 年十年间，境内玉米、蔬菜、花生等作物地膜覆盖栽培面积累计 6.53 万公顷，按一季作物中耕除草 3 个工日计，共节省人工除草工日 293.8 万个。

三　预测预报

1949 年后，各县先后建立农作物病虫预测预报站，各站按照农业部、省农业厅制定的农作物病虫预测预报方法，结合当地实际开展工作，并以县预报站为基地，大力培训预报专业人员和农民植保员，逐步形成县有专业站，区、乡有预测点，基层生产单位有植保员的农作物病虫预测预报网。

（一）预报组织

1954 年春，醴陵率先在泗汾农场（当时称醴陵县农场）设置诱蛾预测灯，开展水稻螟虫虫情观察。1955 年，醴陵县农林水利局在泗汾农场内设水稻虫情观察站，为湖南全省仅有的两个县级水稻虫情观察站之一。1956 年，为配合由华中农业科学研究所、省农业厅、醴陵县农林水利局等单位组成联合治螟工作组开展治螟试验示范工作，醴陵县水稻虫情站由泗汾迁址白兔潭，虫情观察员由原来的 1 人增至 4 人，并更名为汆溪虫情预报站（后称醴陵县白兔潭农作物病虫预测站）。攸县、茶陵、酃县也先后设立虫情观察点，安装诱蛾观察灯，按照全国水稻螟虫预测预报试行办法进行工作。1957 年，各县虫情观察站（点）改名为县农作物病虫预测预报站。测报工作贯彻“四化”（群众化、综合化、准确化、简要化）、“三结合”（测报、防治、研究三结合）的原则，专业性预报队伍及群众性队伍发展较快，到 1960 年春，4 县均初步形成县有病虫预测预报站，公社有预报点，大队和生产队有植保员的病虫预测预报网。

郊区测报工作起步较晚。1960 年 3 月由曾寿山在白关铺创办病虫测报点，开始市郊区（含株洲县）农作物病虫害的田间系统调查和诱蛾灯下的观察记载工作。1963年春，在白关铺测报点的基础上，成立市农作物病虫测报站，另在6个区农技站所在地各设1个病情虫情观察点，组成市郊区农作物病虫预测预报网。

“文化大革命”开始后，病虫预测预报工作在一段时间内停止。1970年，县测报站开始正常工作，专职测报力量逐步得到加强，公社和大队病虫情联系点相继设立。株洲县、醴陵、攸县和酃县测报站因测报力量较强，自1973年起，连续多年被选定为全省重点联系站。至1978年，各县测报站专职人员分别比1970年增加4 ~ 7人。

市县农业部门在开展粮油作物病虫测报工作的同时，增设机构和人员，加强经济作物病虫测报工作。继攸县设立经济作物病虫测报站、醴陵设立棉花病虫测报站（该站后撤销）后，1984年5月，醴陵、茶陵和酃县分别设立经济作物病虫测报站，株洲县和郊区在县（区）植保植检站内明确专司经济作物病虫测报和面上防治指导的技术干部，使病虫测报工作从粮油作物扩展到经济作物服务，病、虫、鼠、草害全面预测预报的新阶段。5月18日，《湖南科技报》刊发《适应发展商品生产的需要，株洲市初步建成经济作物病虫预报网》专稿，向省内外介绍。至1984年9月，全市专业病虫测报站发展到9个，专职干部34人，并建立区、乡一级的测报联系点50多个，柑橘、茶树、辣椒、茉莉花等病虫定期观察点40余个。形成县有专业站，区、乡有联系点，大宗经济作物有病虫定期观察点的测报体系和网点。后因机构撤并、体制变动及事业经费短缺等原因，到1990年，全市农作物病虫测报站保留6个，专职干部25人。

1996年以后，市辖9个县（市）区实有专业测报站5个，专职测报干部15名。片、乡一级的测报联系点13个，承担全市水稻主要病虫害的预测预报工作。

（二）病虫测报

1.测报工作制度 20世纪50年代中后期，各县在基层生产单位设立虫情联络员，制定定期报告虫情制度。1965年攸县多地设点，摸索群众性测报办法，通过多年的实践和验证，1972年制定了“多地设点、统一调查、综合分析、集体发报、因地制宜、分片指导”的群众测报制度，把专业病虫测报与群众性测报有机地结合起来。1973年，分别在县(区)内选定部分区农技站、公社农科站作为县病虫情观察点。县测报站、重点联系的区农技站和公社农科站选定部分大队或生产队作为病虫情观察点，基本上做到统一调查内容、统一记载表格、统一调查方法、统一规定测报汇报制度，采用电话、印发病虫情报和电报3种形式发布病虫情报。从1980年起，醴陵、株洲县、攸县等县病虫测报站采用密码电报，病虫信息传递加快。1984年，市、县农业局建立农作物病虫测报工作岗位责任制。从此，县病虫测报站和县选定的部分区（片）农技站、乡农科站的病虫观察记录、发报验证、汇报联系、资料档案管理和考核奖惩等形成制度化，并保证了专业测报人员的相对稳定。

2.测报内容和对象 20世纪50年代中期对农作物病虫开展预测预报以后，经过多年工作，病虫预报内容由单一预报水稻病虫发展到预报棉花、小麦、油菜、蔬菜、柑橘、茶树、茉莉花、绿肥等10多种作物的病虫。测报对象由螟虫扩大到稻飞虱、稻纵卷叶螟、稻叶蝉、棉铃虫、棉红蜘蛛、茶毛虫、柑橘花蕾蛆、柑橘蚧壳虫、菜青虫、黏虫、稻瘟病、稻纹枯病、稻白叶枯病、小麦赤霉病、油菜菌核病、绿肥菌核病等 30 多种病虫以及鼠、杂草和害虫天敌。

3.测报方法　20 时间 50 年代中期，主要采取设诱蛾灯的方式观察虫情，50 年代末期以后，各级测报站（点）都设立了观察区和系统调查田。观察区范围，一般 20 公顷或 67 公顷，定期调查记载病虫发生期、发生量、危害程度，还结合观察记载耕作制度、品种布局和气象资料。70 年代以后，每年 4 月，根据系统调查冬后病虫基数，以及气象、耕作制度等情况，预测全年病虫发生趋势，即长期预测。在指导防治上，按照全年病虫发展趋势预报，加强短期预报，以主要病虫为主要对象，调查发育进度和发生量，结合观察气象因素及自然天敌控害系数，确定防治适期、防治对象田和需要施药次数。直到 90 年代仍一直沿用这个方法。测报形式主要通过病虫测报站编印的《病虫情报》《病虫警报》或电台、电视台、地方报纸等新闻媒体播发，指导农民开展防治。

1954 — 1990年的37年间,5个县级病虫测报站系统整理了20年以上的历史测报资料数据,其中，攸县病虫测报站李磊整理了 34 年的系统调查资料数据，各县级病虫测报站都建立了一病一虫一档的资料档案。从 20 世纪 80 年代初期起，市县植保站坚持在年底对年度印发的病虫情报、试验示范总结等进行资料汇编。病虫测报资料的整理和资料档案的建立，对分析掌握病虫变化特点，提高预测病虫准确率，有着重要的价值。

四　植物检疫

（一）检疫对象

1956 年至 1990 年间，境内先后开展 5 次较大规模的植物检疫对象普查，共发现 14 种检疫对象。

第一次是 1957 — 1958 年，醴陵、攸县、茶陵 3 县派兼职检疫员参加湘潭专区组织的专业队，酃县派员参加郴州专区组织的专业队，就全省检疫对象在县内情况进行调查，发现有水稻白叶枯病、柑橘溃疡病、桑蟥、小麦线虫病、蚕豆象、豌豆象、兔丝子、十字花科根肿病、马铃薯块茎蛾、柑橘吹棉蚧等检疫对象。分布情况如下：

水稻白叶枯病：攸县、醴陵；

柑橘溃疡病：攸县；

十字花科根肿病：攸县、市郊区；

蚕豆象：醴陵、攸县、茶陵；

豌豆象：醴陵、攸县、茶陵；

桑　蟥：攸县；

小麦线虫病：醴陵、攸县；

马铃薯块茎蛾：醴陵、攸县、酃县。

第二次是 1964 年。市农林局派员到郊区，湘潭专区农业局派员到醴陵、攸县、茶陵和酃县，与县农业局的农技人员组成调查组进行调查。结果如下：

水稻白叶枯病：市郊区、醴陵、攸县、酃县；

红薯瘟：醴陵、市郊区；

红薯黑斑病：醴陵、市郊区、攸县；

柑橘溃疡病：攸县；

桑　蟥：攸县、酃县；

马铃薯块茎蛾：醴陵、攸县、酃县。

第三次是 1975 — 1976 年，各县（区）分别就全省所定 12 种检疫对象在县内的发生和分布进行调查，结果如下：

水稻白叶枯病：酃县、茶陵、攸县、醴陵、株洲县、市郊区：

水稻细菌性条斑病：酃县；

红薯瘟：酃县、攸县、株洲县、市郊区；

柑橘溃疡病：攸县、茶陵；

毒　麦：株洲县。

第四次是 1979 — 1981 年，各县对各自种苗繁育基地检疫对象分布情况和各公社检疫对象发生、分布、变化情况进行调查，并分别编写了以公社为单位的《植物检疫对象分布名单》，初步划分了危险性病虫发生区和保护区。从 1982 年起，市县植保植检站和有关单位，已将其作为种子、苗木调运检疫、检验的依据。

水稻白叶枯病发生区：酃县沔渡、塘田、三河等 8 个公社；茶陵浣溪、严塘、下东等 28 个公社；攸县皇图岭、湖南坳、坪阳庙等 24 个公社；醴陵白兔潭、清水江、神福港等 16 个公社；株洲县漂沙井、王十万、姚家坝等 20 个公社；市郊区曲尺公社。

水稻细菌性条斑病发生区：酃县三河公社；攸县鸭塘铺、老君潭公社；茶陵枣市、下东、界首等 16 个公社（场）。

红薯瘟病发生区：醴陵洪源、南桥、小横江、桃花等 41 个公社；攸县皇图岭、坪阳庙、湖南坳等 30 个公社；株洲县龙凤、龙潭、砖桥等 32 个公社（场），市郊区荷花、曲尺两个公社和市园艺场。

柑橘溃疡发生区：攸县上云桥、菜花坪、高和等 6 个公社，茶陵枣市、界首等 4 个公社。

毒麦发生区：株洲县均坝、南阳桥、姚家坝等 7 个公社。

第五次是 1987 — 1990 年，由市农业局统一组织，以县（市、区）为单位对豚草进行调查。经联系 4 年大范围调查和复查，均未发现豚草。

1991 — 2000 年调查，株洲境内有植检对象共 9 种，其发生分布情况如下：

水稻细菌性条斑病：1991 年有炎陵、茶陵、攸县、株洲县的 23 个乡（场）发生；1995 年有炎陵、茶陵、攸县、株洲县、醴陵市的 83 个乡（镇）发生；1996 年有株洲县、醴陵、攸县、茶陵、炎陵县的 66 个乡（镇）发生；1997 年有株洲县、醴陵、攸县、茶陵、炎陵县的 68 个乡（镇）发生；1998 年有株洲县、醴陵、攸县、炎陵县的 48 个乡（镇）发生；1999 年有株洲县、醴陵、攸县、炎陵县的 39 个乡（镇）发生；2000 年有株洲县、醴陵、攸县、茶陵、炎陵县的 52 个乡（镇）发生。

柑橘溃疡病：1991 年有茶陵、株洲县的 4 个乡（镇）发生；1997 年有炎陵、茶陵、攸县的 7 个乡（镇）发生；1998 年有炎陵、茶陵、株洲县的 9 个乡（镇）发生；1999 年有炎陵、茶陵、株洲县的 9 个乡（镇）发生；2000 年有炎陵县的 2 个乡（镇）发生。

棉花枯萎病：1991 年有茶陵县 1 个乡发生。

红薯小象甲：1991 年在茶陵县枣市、马江、界首等 3 个乡（镇）发生。

红薯瘟：1991 年在醴陵官庄、瓦子坪等 2 个乡发生。

毒　麦：1998 年在株洲县渌口镇发生。

美洲斑潜蝇：1996 年在市郊区首次发现，1997 年普查，境内有天元、石峰、芦淞、荷塘 4 区，株洲县、醴陵、攸县、茶陵的 4 县（市）共 31 个乡（镇）发生；1998 年扩大到 62 个乡（镇）；1999 年控制到 39 个乡（镇）；2000 年普查，全市 4 县、1 市、4 区共有 51 个乡（镇）发现美洲斑潜蝇，主要危害蔬菜等作物。

（二）检疫工作的开展

1983 年国务院颁发《植物检疫条例》及湖南省制定《植物检疫条例实施办法》后，全市检疫工作全面展开。凡生产种子、苗木的单位和个人，产品收获或出圃前，均须申报检疫，产地凭检疫合格证，方能在全市城乡市场销售；凭合格证换签检疫证书，方能调往外地。从外地调进的种子、苗木及繁殖材料的单位和个人，在调进前向对方提出检疫要求书，调进时持调出地的有效检验证书，经复查签后方能销售。不履行上述检验制度者属违章调运。醴陵组建了市、区、乡三级检疫体系，拟定了“履行植物检疫手续规程”“兼职检疫员职责规程”“处理违章事件规程”“植检费管理使用规程”等具体细则。醴陵全面开展植检工作的具体作法和经验为市辖各县（区）所仿效，得到省和国家主管部门的赞扬和肯定，多次在全省专业会议上介绍，并被全国植保总站汇进《1987 年全国植物检疫站长会议文件和经验材料选编》之中。1991 — 2000 年，株洲每年组织 1 ~ 2 次植物检疫对象调查，掌握了植检对象的发生和分布情况，采取措施，控制了水稻细菌性条斑病、棉花枯萎病、柑橘溃疡病的扩散和危害。对内种苗调运检疫已成为经常性工作，杜绝或避免了一些植检对象的传入危害和传出扩散，保护了农业生产安全。

对内植物检疫　1991 — 2000 年，每年对市县杂交水稻制种，繁育基地进行 2 ~ 3 次产地检疫，对外市调入、本市调出种苗进行检疫。1991 年，检疫出市水稻种子 39 批、683.6 吨，橘苗 15 批、8.77 万株，桃李苗 8 批、14.9 万株，检疫外地调入稻种 15 批、174 吨，柑橘苗 5 批、10.2 万株，桃李苗 5 批、3.7 万株。1996 年，对全市 1226.67 公顷水稻种子基地进行了 2 次产地检疫，1995 年，对 1653.33 公顷杂交水稻制种、繁育基地进行了检疫。检疫外出调入稻种 8 批、157 吨，橘苗 3 批、13 万株，桃李苗 4 批、12.69 万株，其他 6 批、11.23 万株。

检验对象的防治　1991 — 2000 年，市县对种苗基地检疫中查出凡发生检疫对象的，根据发生情况及时提出了处理意见，并督促落实。对调入调出的种苗，一经发现检疫对象随地销毁或处理。为控制美洲斑潜蝇的为害，1996 — 1998 年，市植保部门组织相关单位对其发生规律、药剂筛选、综合防治进行共同攻关，找到了万灵、爱福丁等几种对其防效较好的药剂和浓度及较佳防治时间。

第四章　养殖业

第一节　畜禽养殖

一　家　畜

境内家畜以猪为主，牛、羊次之；马、骡、驴、兔甚少。狗普遍饲养，主要用于看家护院，兼有肉食之用。猫少数农户饲养，用于捕鼠。

（一）猪

1. 饲养规模　境内是湖南生猪重点产区之一。东汉时期，养猪业就较为发达。清咸丰年间（1851 — 1861 年）即开始有肥猪向外地输出。民国 22 年（1933），醴陵、攸县、茶陵、酃县共养猪 67.20 万头，其中醴陵 43 万头，居全省第 5 位。当年外销 6.1 万头，远达粤、桂、鄂、赣等省。日寇侵华期间，养猪业受到严重影响。到 1949 年，养猪总数仅 27.46 万头，比民国 22 年（1933）下降 59.14%。

20 世纪 50 年代初，生猪生产迅速恢复。1950 — 1953 年，生猪饲养量以每年递增 13.48% 的速度发展，其中 1953 年养猪达到 45.80 万头，比 1949 年增长 66.79%。1954 年后，执行“私养公助”的方针和指令性生猪派购政策，养猪平稳发展。1957 年，国家调整生猪收购价格，将肥猪收购价提高 13.90%，养猪达到 64.81 万头，比 1956 年增长 31.54%。1958 年又猛增到 94.24 万头，比 1957 年增长 45.41%。

1958 年秋，实现人民公社化，养猪业开始执行“公私并举，以集体饲养为主”的方针。1959 年，境内各县、区响应中共湖南省委关于“大种大养”的号召，掀起大建“万头猪场”“千头猪场”的群众运动，社队集体猪场达 8000 多个。但由于这种养猪形式与生产力发展水平不相适应，加上三年国民经济困难时期，粮食欠收，饲料不足，以及科学养猪和科学管理水平低等因素，饲养量连续 3 年下降。当年生猪饲养量为 68.81 万头，比 1958 年下降 26.98%；1960 年减少到 40.91 万头，比 1959 年下降 40.55%；至 1961 年，仅养猪 19.9 万头，又比 1960 年减少 51.36%，降到 1949 年后的最低点。因此，集体猪场于 1961 年年底基本解散。

1962 年后，改为“私养为主”，并开始执行对养猪户划拨饲料地和补助饲料粮的办法，国家收购肥猪奖售粮食、布票（指标），饲养量又迅速回升，到 1967 年，上升到 99.95 万头，超过 1958 年的水平，其中出栏 42.32 万头，接近 1958 年的水平；存栏 57.63 万头，比 1958 年增加 12.65%；当年生猪出栏率为 80.70%，比全省平均水平高 3.49 个百分点。株洲县和市郊区出栏率为 113.4%，居全省各地州市之首。1968 年，生猪饲养量首次突破 100 万头，达到 113.70 万头，比 1967 年增长 13.76%。

20世纪70年代初，在“农业学大寨”运动中，各县在继续鼓励社员养猪的同时，又发展集体养猪。1974年，醴陵、攸县、茶陵、株洲县和市郊区年末集体存栏生猪16.15万头，占年末存栏总数的17.75%。1976年，醴陵、茶陵、酃县、株洲县和市郊区共有集体猪场13583个，境内年末集体猪场存栏生猪28.35万头，占年末存栏总数的28.65%。株洲县南阳桥公社建佐湾大队第五生产队，1975—1977年集体养猪由4头发展到381头，占全队生猪饲养量的62%，其中交售国家173头，毛重14272.50千克，户均285千克，人均63.50千克，商品率达到95.60%，出栏率高达171%，成为全县集体养猪先进单位。1978年1月，中共株洲市委和省畜牧办总结该队高速发展集体养猪经验，市委决定在全市农村推广，要求全市办成100个建佐湾五队式的集体猪场。2月，中共湖南省委批转了中共株洲市委《关于认真总结推广建佐湾五队高速发展集体养猪经验的报告》，在全省开展学赶建佐湾五队的活动。到年底，省内外前往该队参观学习的达2.5万人次。境内各县、区采取分任务定指标的办法，再次掀起大办集体猪场的高潮，1978年，集体猪场达到1.4万个，年末集体猪场存栏生猪23.38万头，占整个存栏猪的21%。这一期间，尽管有的集体猪场是奉命办的“挂名猪场”，但仍坚持公养私养并举的方针，生猪生产获得较大发展，当年，生猪饲养达196.16万头，比1968年增长72.52%，10年年均递增5.6%。其中1974年一年增加34万头。

1979年，私人养猪量增多，集体养猪量下降，全年生猪饲养量首次突破200万头，达到202.73万头。1982年，在集体猪场效益不佳和家庭联产承包责任制的影响下，集体猪场几乎全部解散，养猪专业户、重点户相继出现。株洲县群丰乡新塘村农民刘春华，当年养猪60多头，其中出栏肉猪40多头。1983年，他进一步扩大规模，年饲养量上升到130多头，其中出栏肉猪90多头，重5000多千克。这一年，他还向国家交售粮食7000多千克，交售西瓜8000多千克，全年盈利1万多元，当地群众称他为“刘四万”。后被选为第六届全国人大代表、省劳动模范。

1985年，取消持续32年之久的生猪派购政策，开放肉食市场，产品多渠道销售，开始形成国营、集体、个体一齐上的生猪生产、经营格局。1985—1989年，市郊区、攸县、醴陵、株洲县和茶陵县先后被列为全省瘦肉型猪生产基地县，其中攸县还同时被农牧渔业部列为全国瘦肉型猪生产基地县，累计投资530多万元，开展良种繁育、疫病防治，饲料加工三大体系建设，进一步促进了生猪生产的发展。1988年，全市生猪饲养量首次突破300万头，达到313.34万头。1989年，全市销往广东等地的活大猪70万头，居全省第一位。1990年全市生猪饲养量达到324.32万头，其中出栏肉猪173.27万头，年末存栏151.05万头。

20世纪90年代，肉类产品需求量不断增加。境内生猪饲养量1998年猛增到564.89万头，比1990年增长74%，年均递增7.2%。

1991年以来，境内继续抓好瘦肉型生猪基地建设，重点是品种改良、配合饲料推广、疫病防治三大体系建设。随着市场经济的发展，1992—1994年养猪生产出现第一个高峰。据攸县调查，1992年农民养1头猪可获纯利80.5元。1993年据对全市68户抽样调查，出栏肉猪148头，头平盈利91元。存栏母猪21头，每头母猪纯收入1130元。农民养猪积极性空前高涨，养猪专业户达2308户。运往广东等沿海地区活大猪数量增加，当年达到104.34万头，占出栏猪的48%。

据 1994 年 9 月 19 日《羊城晚报》报道：9 月 14 日至 16 日，从外地进广东的活大猪计 492 车，其中攸县 77 车，占 15%。

1994 年下半年到 1995 年，由于饲料价格大幅上扬，养猪效益下降 50% 左右。为平抑饲料价格、保护生猪生产，农业部、粮食部调拨一批专储玉米，湖南省拨给株洲市 8000 吨，指标分配到各饲料厂加工成配合饲料，低价销售给专业户，保护了生猪生产。1996 — 1997 年是养猪生产的又一个高峰期。市、县、乡各级政府为增加农民收入，把生猪饲养当成大事来抓。1996 年，全市出栏肉猪 301.20 万头，出栏数首次突破 300 万头，实现全市按农业人口人均出栏 1 头猪的目标。1997 年境内养猪专业户达 9855 户，其间有 2000 多名在外务工农民回乡从事养殖业。销往外地肉猪达 150 万头。茶陵县下东乡金星村龙秋华初中毕业后从事养猪，到 2000 年，他饲养良种母猪近 600 头，生产仔猪近万头，出栏肉猪 7000 多头。十年间共出栏肉猪 3 万多头，创产值 2240 万元，获利 410 万元，上交国家税费 76.8 万元，解决就业人员 16 人。他先后被评为省、市劳动模范，2 次当选湖南省人大代表。在专业大户的带动下，涌现出一批养殖小区。1997 年，养猪过 10 万头的乡镇有 6 个，过万头的村 44 个。形成区域连片的新格局。攸县大同桥乡的新塘村，全村 192 户，其中规模养猪户 148 户，年出栏 1000 头以上的 5 户，500 头以上的 21 户，100 ~ 500 头的 30 户，30 ~ 100 头的 92 户，成为全市养猪第一村。

在市场经济发展中，顺势产生一批民营企业，形成“公司 + 农户”的生产模式。1999 年，炎陵县神风饲料公司走出单纯销售饲料的狭小空间，闯出“公司 + 农户 + 市场”发展生猪生产的新路。2000 年，与农户签订养猪回收合同 2100 户，出栏肉猪 4 万头。既解决了农户养殖的后顾之忧，又为饲料销售打开了渠道。

株洲唐人神集团通过“争创名牌立市场，引进外资上规模，兼并联合集团化，体制创新增活力，做大做强走世界”的历程，发展成为有 35 家子公司，销售区域 15 个省份，总资产 5.6 亿元，年销售收入 16 亿元的综合农业产业化集团，全国饲料行业 100 强排名第 2 位，全国肉类行业 50 强排名第 11 位。

1998 年以后，生猪市场竞争更为激烈，河南、湖北、江西等省的优质瘦肉型猪也挤向广东等沿海市场，全市生猪外销量减少。卖猪难直接影响到生猪生产的发展，生猪生产出现负增长。2000 年，生猪存栏 210.69 万头，出栏 323.42 万头。

2.主要品种

（1）本地品种 主要是两头黑猪。属湘潭砂子岭猪的一个地方类群，境内各县均有分布。该猪属脂肉兼用型，体型中等；外貌特征是头部、臀部毛色全黑，其余部位毛色全白，耳下垂，腰背微凹，腹部较大，头型有“寿”字头和“狮子”头之分；具有早熟易肥、耐粗饲、母性好、繁殖力强的优点。公猪 5 月龄性成熟，即可开始配种，利用年限 2 ~ 4 年。母猪 106 天性成熟，发情周期为 20.4 天，妊娠期平均为 115.8 天，利用年限为 6 ~ 9 年。肥猪在以粗饲料为主的饲养条件下，8 ~ 10 个月龄体重可达 60 ~ 70 千克。两头黑猪是境内历来养猪的当家品种，1980 年有两头黑母猪 36484 头，占当年母猪总数的 66.70%，公猪 179 头。20 世纪 80 年代后，在开展猪的杂交优势利用和品种改良工作中，通过不同杂交组合的对比与筛选，证明两头黑猪是一个最优的杂交母本品种，因而成为境内生猪品种改良的主要杂交母本。为保证该品种的纯度和来源，1986 年后，茶陵和攸县部分山区乡建立了两头黑猪保种区。

（2）引进品种 良种猪的引进，开始于 1953 年，分国外和国内两类。

国外品种 有大约克夏、中约克夏、巴克夏、苏联大白、克米洛夫、丹麦长白、汉普夏、杜洛克等 8 个品种。1953 年至 20 世纪 70 年代末，脂肉兼用型的中约克夏深受农民欢迎，因而引入最多，肉用型的长白猪和大约克夏猪等，由于对饲料条件要求高，受到一定限制。80 年代以后，随着人们生活水平的提高和食物结构的改善，国内猪肉市场“挑瘦剔肥”现象日益显露，同时国际市场要求更加严格。为适应国内外市场需要，引进品种转向以丹麦长白、大约克夏、杜洛克、汉普夏等瘦肉型猪种为主，而脂肉兼用型的中约克夏等极少引进。

国内品种 主要有大围子猪、宁乡猪、砂子岭猪、嘉兴猪、湖北白猪、湘白 I 系猪 6 个品种。1985 年以后，湖北白猪、砂子岭猪和湘白 I 系猪，成为商品瘦肉型猪生产基地县重要的杂交母本，其他品种很少引进而逐渐减少。

（3）杂交品种 公猪为大约克、杜洛克、长白猪、中约克，这些都是从国外引进的品种。母猪为本地沙子岭猪、杂白母猪。20 世纪 90 年代中后期，中约克公猪因所配种后代体型不好、脂肪过高而被淘汰，沙子岭母猪也只是边远山区饲养。专业大户（场）饲养的母猪是清一色的长大杂或大长杂母猪，公猪一般为杜洛克。所饲养的商品猪为杜长大或杜大长三元杂交猪。一般农户饲养的为大本杂或长本杂三元杂交猪，以瘦肉型猪为当家品种。

20 世纪 90 年代初期，生猪人工授精比较普遍，1992 年境内有生猪人工授精站（点）33 个，人工授精 4.6 万头次。90 年代后期，生猪配种以本交为主。

3.饲养方法 传统养猪方法，以农民世世代代摸索总结的“喂猪有巧，栏干食饱”和吊架子育肥法、养猪积肥等为基本内容。

栏 干 是猪舍要勤打扫，保持干净。农户养猪以舍养为主，猪舍一般为茅屋顶、土砖墙、泥土或三合土地面结构。食槽有三种，一是木制凹形长条食槽；二是木制圆形食盆，有的还在盆中设立圆筒，以防小猪吃食时踏入食盆弄脏饲料；三是石制凹形长条食槽。茶陵部分地方有放敞猪的习惯，长期不关，任猪自由行走，除个别农户赶猪入栏过夜外，大都让猪在室外露宿。

食 饱 一般是以蔬菜的下脚叶、农作物的藤、蔓、瓜果及野生饲料等青粗饲料为主，洗净、切碎，拌些许精料，加水煮熟，调和为猪潲，每日喂食 2 ~ 3 次。

育 肥 普遍采取吊架子的方法，猪长到 20 千克时，减少精料，多喂青、粗饲料，使其“长架子”，长到 60 千克左右，开始催肥，逐渐加喂米糠、麦皮、碎米、红薯、南瓜等精料，同时减少猪的运动，以利体内脂肪沉积，待至 85 ~ 100 千克时出栏或宰杀，饲养期 8 ~ 10 个月，有的甚至长达 1 年以上。

20 世纪 50 年代后期，开始引进和摸索新的饲养方法。在喂食习惯上，改熟食为生食。1957 —1959 年，郊区一些集体猪场开始试用生饲料喂猪，但由于喂熟食的习惯根深蒂固，仍推而不广。60 年代末到 70 年代，掀起集体养猪热，为节省人力和燃料，降低成本，采用糖化发酵饲料喂猪或青、粗、精料不经锅煮直接喂猪，在集体猪场中得到推广，少数养猪较多的农户，也开始实行。1969年6月和9月，株洲市先后组织干部、社员参观学习“中曲”“庆曲”发酵饲料养猪经验；层层举办生产队正副队长、妇女队长、饲养员学习班；利用各种会议，宣传糖化发酵饲料养猪的好处。株洲县、郊区47个公社（场、镇）、466个大队、4553个生产队，只用3～5天时间，就将“庆曲”“中曲”发酵饲料养猪推广到520个猪场、8000农户。当年6月，省畜牧部门在株洲召开了全省推广糖化饲料养猪现场会。1970年2月，糖化饲料养猪推广面达到71%的生产队，居全省第一位。尔后，各县也迅速普及，直到70年代末才逐渐减少。80年代以后，随着饲料工业的兴起，养猪一般不再采取糖化发酵的方法，而是采用商品配合饲料或自制混合饲料直接投喂，改变了长期喂熟食的习惯。

在养猪饲料上，改单一饲料为配（混）合饲料。1979年，学习耒阳配合饲料养猪的经验，先后在株洲县、郊区的15个集体猪场和10多户农户中，用自制的配合饲料，进行养猪试验，获得满意效果，揭开了株洲配（混）合饲料养猪的历史。到1989年，全市有27.58万户农户使用配（混）合饲料，养猪103.34万头。由于配合饲料的广泛使用，1989年全市出栏肉猪172.61万头，比推广配合饲料前的1979年增长89.41%。

在生猪育肥上，改“吊架子”育肥法为“一条龙”育肥法，即从仔猪断奶后到催肥期，始终保持均衡的营养水平进行饲养。“一条龙”育肥法比“吊架子”育肥法饲养周期缩短一半，肉猪出栏一般只需4～6个月。

此外，20世纪80年代以后，还推广了“复合添加剂”“仔猪提早补料”“肥猪适时出栏”等新法饲养技术。

20世纪90年代，生猪养殖重点户、专业户普遍使用配、混合饲料喂猪，一律生食，配、混合饲料推广面达到90%以上。从1992年起，推广良种瘦肉型猪生产系列技术。该技术将生猪生产分为配种怀孕期、产仔哺乳期、仔猪保育期、幼中猪育成期与大猪肥育期5个阶段。根据各阶段生猪生产发育特点、营养需要及对外界条件要求，供应全价饲料进行分阶段饲养管理。同时推广仔猪早期断奶和母猪限位栏、母猪限位产仔栏、仔猪高床保育栏，还有仔猪保温箱、自动饮水器、漏粪地板等设施设备。养猪专业户饲养水平有较大提高。仔猪4～5周龄断奶，经产母猪年产仔2.2～2.3胎。商品猪5～6月龄出栏，出栏体重90～110千克，肉料比1：2.8～1：3。

（二）牛

境内养牛历史悠久。1976年攸县钟家桥出土的东汉墓内，即有陶牛模型。在农业机械化尚不发达的年代，牛主要用于耕作。

1.饲养规模 历代政府对养牛十分重视。清代，凡贩卖及宰杀耕牛者必治罪。民国以来，政府亦采取保护和奖励繁殖耕牛措施。民国22年（1933），醴陵、攸县、茶陵和酃县共养牛5.25万头。日军侵华期间，醴陵、攸县、茶陵3县损失耕牛3.57万头，占全省损失耕牛总数的21.58%。民国36年（1947）9月，茶陵县政府规定：“以耕牛为我国农村基本动力，一律不准宰杀，如经查出或告发，各乡、保长及辖区警察所长，均受连带处分。”民国37年（1948）的《醴陵县志》也有“政府严禁屠宰及贩运出口”的记载。1949年，境内耕牛存栏7.95万头。

1950 年，各县相继采取保护和发展耕牛的政策。规定耕牛除年龄在 13 岁以上，不能服役，或因伤残不能医好者外，一律禁止宰杀；符合宰杀标准的，需经区以上人民政府批准；耕牛出境须持有区以上人民政府证件。1951 年，开展耕牛保险，并从县到乡层层成立护牛委员会。同年冬，开展冬季护牛运动。尔后形成习惯。1952 年起，各县开始发放耕牛贷款，帮助缺牛户解决购牛资金困难。攸县 1952 — 1953 年间，共帮助缺牛户从外地购回耕牛 8453 头。1954 年，境内耕牛存栏数达 10.37 万头，比 1949 年增加 2.42 万头，年均递增率为 5.46%；劳役牛均负担耕地由 1949 年的 1.90 公顷，下降到 1.75 公顷，牛力紧张的状况有所缓解。

1955 年后，耕牛全部折价入社。以后人民公社把耕牛作为生产资料归生产大队所有，固定由生产队使用，并提出一些保护耕牛办法，境内养牛量连续 4 年增长，1959 年耕牛存栏达到 11.97 万头，年均递增 5.24%。

从 1960 年起，因干旱严重，人缺粮食，牛缺草料，养牛数量连续 2 年急剧减少。1961 年，耕牛存栏 9.25 万头，比 1959 年减少 2.72 万头，下降 22.72%。

1962 年，耕牛所有权由大队下放到生产队。1964 年 6 月，湖南省委发出《关于发展耕牛问题的通知》，各县执行繁殖小牛的奖励政策，即繁殖水牛每头奖 10 元，繁殖黄牛每头奖 6 元。1966 年 1 月，湖南省农业厅又发出《奖励耕牛繁殖政策坚决兑现》的文件，将繁殖小牛的奖励办法，改为小牛开教时看牛评价，按小牛价 25% ~ 50% 奖给饲养员，同时还规定饲养公牛的报酬办法。养牛业从 1964 年起持续增长。到 1969 年，存栏数达到 14.28 万头，5 年净增 3.75 万头，年均递增率为 6.28%。

1970 年，拖拉机发展步伐加快，耕牛饲养长期进入徘徊阶段。当年养牛 13.47 万头，比上年下降 5.68%。1972 年以后，农村推行“大寨工”，发展耕牛的奖励办法不兑现，饲养员养多养少、养好养坏一个样，使农民养牛积极性低落。1981 年，农村开始推行家庭联产承包责任制，但耕牛仍属集体所有，90% 以上的牛吃“轮供”，由几户轮流饲养，此法延续到 1983 年，造成养牛好坏无人管，配种繁殖无人抓的状况。1984 年以后，农业生产责任制逐步完善，耕牛作价到户，归私人所有。随着农业机械化的步伐加快，农民逐步改变了养牛单一役用的观念，认识到牛同时又是一种商品，发展养牛特别是养菜牛和奶牛也是加快致富步伐的一条重要途径。1984 年 5 月，醴陵孙家湾 4 户村民，自筹资金 1.49 万元，购进黑白花奶牛 8 头，办起了境内第一个民办奶牛场，当年产鲜奶 1500 千克，收入 7560 元，获纯利 2560 元。1986 年，境内有养牛专业户、重点户 136 户，养牛 558 头。1987 年 8 月，国家和地方投资 13 万元，在茶陵县枣市乡西岭草场，开始兴建境内第一个菜牛基地。到 1990 年，共改良草山 428.53 公顷，养牛 314 头，获得纯利 9.78 万元，养牛农户户均收入 376 元，占农户家庭收入的 30%。由于牛的商品作用增加，农民养牛的商品意识增强，全市牛的出栏量由 1986 年的 6500 头，增加到 1990 年的 1.124 万头，年均递增 14.67%。1990 年，全市存栏牛 14.65 万头，比 1949 年净增 6.7 万头，增长 84.28%，年均递增 1.5%。

随着机耕面积的不断扩大，耕牛饲养呈下降趋势，适宜机耕的平原地区不少乡镇出现无牛组。但专作肉用的菜牛比重却有所提高。2000 年存栏牛 18.06 万头，其中黄牛 12.41 万头，水牛 5.65 万头。

山区黄牛多为肉用。茶陵县农民历来有养牛习惯，1999 年被确立为湖南省草食动物生产示范县，该县政府把草食动物列为县五大支柱产业之一。2000 年，全县有牛 8.45 万头，存栏牛比 1949 年增长 2.42 倍，比 1990 年增长 108.4%，涌现出一批发展养牛生产的典型。该县八团乡 14 个村充分利用各类草场资源，大力发展菜牛生产。2000 年，全乡菜牛饲养量 3519 头，户平 2.25 头。该乡麦庄村 84 户，有 74 户养牛，户均 7.9 头，人均 1.8 头。

20 世纪 90 年代，集体奶牛场因亏损陆续解散，而一些农民开始饲养奶牛。醴陵市农民唐运春在芦淞区五里墩养奶牛 20 多头，供应 331 厂鲜奶，并由此而发家致富。市区和各县城附近，还有 10 多户养奶牛供应鲜奶。但由于喝鲜奶的人不多，限制了奶牛的发展。1998 年，荷塘区宾蔚在全国各地考察后，决心饲养奶牛。他从江西金牛集团调回奶牛 50 头，并与之技术合作，成立了英雄乳业公司，生产袋装、杯装鲜奶供应市场。

2.饲养品种

（1）本地水牛 属滨湖水牛类群。公牛平均体高 125.16 厘米，体重 367.50 千克；母牛平均体高 121.90 厘米，体重 335.18 千克。毛色以青灰或深灰色为多，白色较少。身躯结实，四肢粗壮，役力较强，使役 8 小时，成年公牛可犁板田 3 ~ 4 亩，母牛为 2 ~ 3 亩。使役年限可达 15 ~ 18 年。一般公牛 2 岁、母牛岁半后即性成熟，初配年龄公牛 3 岁、母牛 2 岁以上。母牛发情周期为 20 天，每次发情持续 2 ~ 3 天，妊娠期为 320 天左右。1952 年，境内水牛有 1.88 万头，仅占耕牛总数的 20.60%，主要集中在醴陵。20 世纪 60 年代后，为适应大面积种植绿肥和扩种双季稻，水牛饲养量不断增多，到 1981 年，水牛增至 6.95 万头，占耕牛总数的 52.18%。1984 年后，随着牛的役用进一步下降，农民养牛的主要品种转向个体小、耗料少的黄牛，而水牛的饲养量逐渐减少。

（2）本地黄牛 属湘南黄牛。该牛毛色棕黄居多，部分为黑褐色，个体矮小，成年公牛平均体高 108.98 厘米，体重 225.90 千克，成年母牛平均体高 103.37 厘米，体重 207.55 千克。四肢强健，蹄质结实，善爬山，适应性强，宜于山区牧养。役力不及本地水牛，使役 8 小时，一般每头阉公牛每天可耕田 1.50 ~ 2.50 亩，母牛为 1 ~ 1.50 亩。阉公牛使役年限为 15 ~ 20 年，母牛为 10 ~ 12 年。公牛 1 ~ 1.5 岁、母牛 1.5 岁后性成熟。母牛初配年龄为 2 岁以上，发情周期为 21 天左右，妊娠期为 285 天左右，多为 3 年 2 胎，终身产犊 8 ~ 10 头。

（3）引进品种 国外引进品种主要有爱西牛、贡西牛、荷兰牛、摩拉牛、辛拉本牛、海福特牛、西门塔尔牛、婆罗夫特牛、圣提牛、格特迪斯牛等 10 个品种。国内品种主要有黑白花奶牛、秦川牛、三河牛、延边牛、南阳牛等 5 个品种。1952 年 4 月，醴陵种公牛改良配种站引进爱西牛、贡西牛、荷兰牛各 1 头，与当地母牛进行杂交。1957 年该站又率先使用人工授精技术。1964 年后，攸县、茶陵以及株洲县也陆续引进国内外优良牛种，开展牛的品种改良。1976 年推广使用牛冷冻精液人工授精技术后，基本停止了到外地直接引种的做法。

1996 年，为了改良品种，组织有关人员到新宁县参观学习牛冷精配种技术，在茶陵县高陇镇和攸县高枧乡试点。杂交牛初生重 30 千克左右，比本地牛增加 30% 以上，具有明显的优势。1998 年，醴陵市先后 3 次从河南调进西本杂黄牛 70 多头，采取舍养和放养、舍饲养相结合的方法，因增重未达预期效果，年底全部出栏。

3.饲养方法

农村养牛均以放牧为主，春耕过后到11月间为放牧期。在冬季饲喂干稻草，适当补充棉饼、稻谷等精饲料。在缺少牧地的丘陵区，多采用牵牧或喂坐栏牛的形式。除牵放外，还有放棚牛、放会牛、放野牛3种形式。放棚牛即以自然村落为单位，组成牛棚由专人放牧，傍晚收棚各自牵回饲养，炎陵县、茶陵、攸县部分地区采用此形式。放会牛即白天养牛户把牛集中在一起，由各户轮流放牧或共同出谷雇人放牧，这种形式以醴陵为多。放野牛即在晚秋作物收获后，牛放山上，任其自由，无人看管夜晚也不收回，直到翌年春耕时再找回来，这种形式在炎陵县和茶陵部分山区所见。20世纪90年代，境内组织技术干部到北京、山东参观氨化稻草养牛，各县均进行过试验，但因效果不佳而终。

（三）羊

养羊有明显的地域差异。醴陵人喜食羊肉，养羊数远远多于其他各县。民国22年（1933）统计，醴陵有养羊户3300户，养羊1.32万只，当年县内销售6600只。1949年，境内存栏羊6300只，其中醴陵5800只，占92.06%。

1957年、1958年，境内养羊数分别达到1万只和1.26万只。1961年下降到7900只。

1962—1964年，由于较好地贯彻“公私并养”“两条腿走路”的饲养方针，境内养羊3年存栏量分别达到1.67万、2.44万和3.04万只。1964年比1961年净增2.25万只，年均递增率达到56.70%。

1963—1979年的17年中，境内存栏羊除前5年达到2万多只外（1964年3.04万只），其余12年在1.35万～1.96万只之间徘徊。

1980年6月以后，各县区贯彻省政府《关于大力发展草食牲畜的布告》精神，取消对农民家庭养羊的限制，养羊业发展步伐加快。1981年，市副食品生产局从陕西引进奶山羊487只，放在郊区曲尺公社的4个大队饲养。翌年，发展奶山羊重点户120户。到1986年，全市山羊饲养量3.67万只，其中出栏1.5万只，年末存栏2.17万只；有养羊专业户、重点户175户，饲养量5515只，户均饲养31.50只。1987年以后，随着农村商品经济的迅速发展，全市各级政府注重调整畜牧业内部结构，把农民饲养积极性和资金投入引向节粮型的山羊、家禽等项生产，采取优惠提供资金、贷款，帮助养羊户调运种羊，加强技术指导和技术咨询等措施，使山羊生产高速发展。到1990年，境内山羊饲养量达到6.83万只，其中年内出栏2.77万只，年末存栏3.06万只；醴陵为3.76万只，占64.49%。同年，全市共有养羊专业户105户，饲养山羊4188只，户平39.89只，其中出栏1534只，户均14.60只。

湘东黑山羊是湖南地方良种，醴陵市、株洲县是其主产区之一。是一个肉皮兼用，具有性成熟早，繁殖性能好，适应性强和肉质细嫩而味美等特点，既耐酷热又耐严寒，在终年不加精料的粗放饲养条件下，12月龄体重可达20千克以上。20世纪90年代黑山羊发展较快，特别是1996年后发展更快。1996年存栏22.38万头，出栏14.74万头，分别比1990年增长631%、454%。2000年，存栏30.33万头，出栏27.33万头，分别比1990年增长891%、890%。10年间存栏和出栏年平均递增25.8%。醴陵市在军山、官庄、黄獭嘴、板杉等10个乡实施万羊乡工程。金融部门发放贷款36.8万元，重点扶持养羊20头以上的专业户483户。很少养羊的攸县动员12个县直机关对口支持12个乡养羊。茶陵县有关部门调进种羊3550头，每头补助25元。还从农行贷款75万元，帮助贫困户养羊。炎陵县也调进种羊2000多头。醴陵市官庄乡和株洲县龙潭乡被誉为“黑山羊之乡”。为加快山羊品种改良步伐，醴陵调进雷州黑山羊，2000年又调进承德黑山羊，分配到重点乡镇以改良品种。传统的养羊业开始向专业化、商品化方向发展。2000年，全市养羊57.66万头，其中出栏27.33万头，有养羊专业户2326户。

（四）兔

民国时期，醴陵、茶陵两县有饲养肉兔习惯，其余各县极少饲养。20世纪50年代以来，境内出现了2次养兔高潮，其余年份饲养不多。

第一次是1957—1958年，境内大量引进安哥拉长毛兔，进行繁殖。1957年，攸县首先引进1095只，当年发展到3300只。1958年，攸县和其他各县、市郊相继引进长毛兔和肉兔，发展到约11万只，其中茶陵4.8万只，居首位。由于一哄而起，缺乏科学饲养管理方法，没有正常的兔毛收购渠道，养兔无利可图，养兔高潮一落千丈，至1962年，养兔最多的茶陵也只存笼147只。

第二次是1978—1982年，各县、区贯彻国务院办公室关于《发展毛兔大有可为》的参阅文件精神，执行公养私养并举，以私养为主，以发展毛兔为主的方针，再次掀起养兔高潮。1978年，株洲市先后3次引进毛兔4800只，放到株洲县和市郊区饲养，翌年发展到1.1万只，并办集体兔场135个，生产兔毛550多千克；茶陵从江苏、浙江等地引进8142只日本大耳兔，当年兴办兔场365个，发展养兔1.15万只。同年，国家外贸部投资90万元，在茶陵兴建一个容量100吨的冷冻兔肉厂。1980年6月，市成立发展长毛兔领导小组，提出1981年一户一兔，1982年一人一兔的发展目标（这一计划没有实现）。1980年8月，茶陵冷冻兔肉厂第一期工程竣工，因该县当年养兔下降，无兔可冻。1981年，国际市场兔毛价格上涨，特级兔毛国内每千克收购价达到60多元，调动了农民养兔积极性。此后，醴陵、攸县、茶陵又引进毛兔11395只，大量繁殖饲养。1982年年底，养兔达到8.71万只，生产兔毛1000多千克。1983年，国际市场兔毛滞销，每千克特级兔毛收购价格下降到30多元，因而养兔又急转直下，大批母兔被宰杀和淘汰，年底存笼兔下降到5900只。1984年以后，尽管国际兔毛行情好转，但农民心有余悸，一直不敢饲养。1990年，全市仅存笼兔1100只，其中毛兔100只。

20世纪90年代，有少数农户饲养皮肉兼用型的本地家兔。2000年，全市养兔1.49万只。本地市场销售的肉兔多为山林捕猎的野兔和外地运来的腊兔。

二　家　禽

境内农民自古就有饲养家禽习惯。清顺治十六年(1659)《攸县志》记载：“立夏日民间食鸭蛋并相馈饷，此俗他处绝少，惟邺中记云寒食日俗皆画鸭子相饷，寒食日与立夏日相去不远或其遗意。”清同治十二年(1873)《酃县志》也有“祥风飞岩，群鹅集坂”的记述。民国22年（1933）统计，境内养禽345万羽，占湖南养禽总数的5%以上，其中养鹅约占全省总数的60%。后因战乱频繁，民无宁日，境内养禽业受到严重破坏。至 1949 年，境内仅存笼家禽 98.54 万羽，比民国 22 年（1933）净减 246.46 万羽，下降幅度为 71.44%。

1950 — 1957 年间，人民政府大力鼓励农民发展家禽生产，并适当调整禽、蛋收购价格，农民饲养家禽的积极性高涨。1956 年，境内存笼家禽达到 385.48 万羽，1957 年上升到 404.17 万羽，比 1949 年净增 305.63 万羽，年均递增 19.29%。

1958 年人民公社化后，各县区大办集体养鸡场、孵化场，把私人养的鸡收到集体鸡场，搞所谓“千鸡场”“万鸡场”运动，并限制或禁止社员家庭养鸡养鸭。由于缺乏物质基础和科学饲养管理经验，加上 3 年国民经济困难，结果不仅集体养禽上不去，而且社员家庭养禽积极性也极度低落，养禽业连年大幅度下降。1958 年，家禽存笼 288.92 万羽，比 1957 年减少 115.25 万羽，下降 28.52%，到 1960 年仅存笼 131.77 万羽。1961 年虽略有增长，也只存笼 163 万羽。

1962 年，恢复私养为主，家禽生产开始回升，后又受到“文化大革命”的干扰，对农民家庭养禽加以限制，有的甚至把农户养禽当作资本主义进行批判，抑制了发展家禽生产的积极性。1972 年后虽采取一些加快发展的措施，但未能从根本上解决家禽饲养停滞不前的状态。1962 — 1971 年，家禽存笼数徘徊在 233.82 万 ~ 268.04 万羽之间；1972 — 1978 年，在 291.42 万 ~ 387.38 万羽之间徘徊。

1979 — 1990 年，执行发展专业户、重点户大养与发展农民家庭多养并重的方针，采取推广良种、推广配（混）合饲料及其他科学养禽技术等措施，境内家禽饲养出现了新的局面。12 年中，除有 4 年家禽存笼量下降外，其余年份都有较大幅度增长。1983 年，家禽存笼达到 430.37 万羽。1986 年，市政府决定兴建株洲市养鸡厂，建设规模为年饲养蛋鸡 20 万羽，产蛋 250 万千克。1988 年上半年，工程建设全面铺开。至 1990 年 12 月，该厂共饲养父母代种鸡 5100 羽，商品代蛋鸡 1.08 万羽，孵化鸡苗 16 万羽，生产鲜蛋 2.12 万千克，销售种蛋 4 万枚，创收 33.60 万元。1990 年，全市家禽饲养量 1153.91 万羽，其中年内出笼 518.06 万羽，年末存笼 635.85 万羽，与 1985 年比较，饲养量净增 210.08 万羽，出笼净增 141.23 万羽，存笼净增 68.85 万羽，年均递增率分别为 4.10%、6.57% 和 2.32%。当年，还推广配（混）合饲料养禽 22.38 万羽，发展养禽专业户 2874 户，其中养鸡专业户 192 户、养鸭专业户 2675 户、养鹅专业户 7 户。

2000 年，境内家禽饲养量达到 2741.57 万羽，全年出笼家禽 1797.51 万羽，年末存笼家禽 944.06 万羽，比 1990 年分别增长 140%、200%、69%。养禽专业户 7085 户，肉鸡、蛋鸭、肉鸭以专业户饲养为主。蛋鸡则是农户分散饲养。养禽商品值达 1.47 亿元，占牧业商品产值的 6%。

（一）鸡

境内家禽饲养业里，养鸡占的比重较大，民国 22 年（1933）境内养鸡 195.80 万羽，占家禽总数的 56.75%。

传统鸡种主要有本地鸡和湘黄鸡两种。本地鸡属蛋肉兼用品种，体型有大、中、小三个类型，以中型居多，毛色不一，以白、黄、黑者多，均为单冠，成年公鸡体重 2 ~ 2.50 千克，母鸡 1.50 ~ 2 千克。母鸡开产日龄为 180 ~ 230 天，年产蛋 100 ~ 120 枚。湘黄鸡又叫三黄鸡，羽毛、皮肤和脚均为黄色。亦属蛋肉兼用型，具有体型小、体质结实、成熟早、肉味鲜美的特点，是主要出口鸡种，在港澳市场上享有很高声誉。成年公鸡体重2千克左右，母鸡1.50千克左右，母鸡开产日龄为210天，年产蛋100 ~ 150枚，蛋重40 ~ 50克。

20世纪50年代，境内各县区开始引进国内外优良鸡种，先后有澳洲黑鸡、洛岛红鸡、九斤黄鸡、芦花鸡、来航鸡、星杂-288、白洛克、西赛什、红布罗、罗斯鸡、海布罗、长沙黄、AA鸡13个品种。

农户养鸡，以放养为主。一般任其在房前屋后自由觅食，夜晚关入埘内，早晚适当补喂稻谷、碎米等精料。大都蓄留母鸡产蛋，并有养老母鸡的习惯，一只母鸡利用2 ~ 3年。公鸡养至250克左右进行阉割，育肥后上市出售或留作食用。有的地方还在冬季将阉鸡关入小暗室或鸡埘内，喂以油炒饭和细糠，进行催肥。每年春、秋两季为孵化时期，多以抱窝母鸡自然孵化，每窝孵种蛋10 ~ 20枚。

20世纪80年代后，境内出现的养鸡专业户、重点户和集体、国营鸡场，采取较为先进的饲养管理方法。养鸡专业户、重点户一般多利用空闲房屋或杂屋改造扩建成鸡舍，并配有食槽、水槽、产蛋箱等简易设备；实行垫料平养，高床竹网平养或笼养。一般蛋鸡按育雏、育成、产蛋三个阶段，肉鸡按雏鸡、大鸡两个阶段，喂以不同的饲料，进行分阶段饲养。饲养肉鸡采用全进全出制(同时进雏，同时出笼)，一年可出笼4 ~ 5批；鸡苗由县市区畜牧部门提供或到外地采购。集体鸡场鸡舍条件稍优于专业户、重点户。国营养鸡场一般规模较大，鸡舍为砖木结构，采光充足，通风良好；有防暑降温、防寒保暖设备，自动送料、饮水系统和诊断化验、消毒等设施；全部使用全价配合饲料，并严格按照肉鸡、蛋鸡的不同生长阶段，进行分段饲养；一般都配有电孵机数台，除自繁自养外，还可向社会提供鸡苗。一个饲养员可负担4000 ~ 5000羽鸡的饲养管理工作。1990年，全市鸡存笼548.67万羽，占家禽存栏总数的86.29%。

1991年，醴陵市组织推广“农户肉鸡集约饲养技术”，举办100多农户参加的学习班。同时建立技术服务中心，组织鸡苗、饲料、药械供应。株洲市肉鸡场和株洲市养鸡厂也向农户供应鸡苗。为适应市场对土鸡的需求，醴陵市又推行地方土鸡快速养殖技术，沈潭、清水江、泗汾出现了一批土鸡孵化户，年孵化近百万羽。此外，芦淞区曲尺乡、天元区马家河乡也是有名的肉鸡养殖小区。醴陵泗汾镇五百档村250户847人，养鸡500羽以上8户，5000羽以上3户，全村1996年饲养地方肉仔鸡10.08万羽，产值124.36万元，人均1086元。2000年，醴陵专业户出笼肉鸡454万羽，占境内总出笼的75%。

1996年，株洲县马家河乡成立养鸡协会，会员565户，分布15个村，3年来共出笼肉鸡165万羽，产值2450万元，创利润750万元，会员户平1.28万元。

肉鸡饲养多采用掷料地面平养，艾维茵肉鸡分育雏、育肥两个阶段饲养管理，育雏期3周，喂小鸡全价料；育成期3 ~ 4周，喂中鸡料，全日光照，自由饮水，体重达2.5千克上市。肉料比1：2。

株洲市养鸡厂曾组织海赛克斯蛋鸡推广，株洲县均坝乡杨梅村曾养蛋鸡5000羽。市养鸡厂因为气候炎热、管理不善、北方鸡蛋冲击等原因，生产连年亏损，至2000年完全停产。

（二）鸭

养鸭占境内家禽饲养业的第二位。攸县是“攸县麻鸭”的原产地，饲养极为普遍，且历史悠久。早在1700多年前的东汉时期，麻鸭就是攸县农家饲养的家禽品种。许多农户以养鸭为生，或开鸭店，销售雏鸭；或赶群鸭沿醴陵、株洲、湘潭、长沙一带游牧；或到长沙、湘潭、汉寿、南县等地开设鸭店并传授技术。县境鸭塘铺、鸭店里等地名，也因盛产麻鸭而得名。与攸县毗邻的醴陵，历史上养鸭亦多。民国22年（1933）统计，攸县养鸭75万羽，醴陵65.80万羽。攸县麻鸭在国内享有盛誉，1976 — 1979年间，攸县麻鸭(雏鸭)行销湖南省30多个县、市和粤、鄂、赣、陕、新、吉、浙、黔8个省区，年销售量达到166万羽。1981年7月，中央新闻电影制片厂拍摄了《攸县麻鸭》的科教片。1984年2月，攸县麻鸭又被列为湖南省地方良种，载入《湖南省家禽品种志和品种图谱》。攸县麻鸭属蛋用型地方鸭种，具有体型小、生长快、成熟早、产蛋多、适应能力强等特点。全身羽毛黄褐色与黑色相间，形成麻色，故称麻鸭。攸县麻鸭一般70 ~ 75日龄全身长满羽毛，90日龄公鸭为1120克，母鸭为1180克，120日龄公、母鸭均为1240克，随后体重相对稳定。春水鸭最早开产日龄为84天，秋水鸭最早开产日龄为90天左右。母鸭一般利用3 ~ 4年，群养鸭每羽年产蛋10 ~ 13千克，饲养条件好的可达13 ~ 15千克；年产蛋数每羽为200 ~ 250枚，高的可达310枚。一年中，3 — 5月为产蛋盛期，8月和10 — 11月为产蛋次盛期，产蛋数占年产蛋量的比重，产蛋盛期为51.50%，次盛期为22%。在产蛋盛期末和淡季，或者在群鸭换羽期间，采取加强营养或者人工强制换羽等措施，可以提高蛋重和蛋产量。为保护攸县麻鸭这一地方良种资源，提高本品种的纯度，攸县科委和畜牧、肉食、外贸部门，于1981年将新市镇和大同桥乡划为“攸县麻鸭保护区”，并在攸县鱼苗鱼种场建立鸭舍，开展原种繁殖。由于水稻密植技术的普及，后又推广联产承包责任制，养鸭受到严重制约。攸县畜牧水产局和株洲市畜牧水产局，分别于1984年和1988年开展麻鸭圈养试验，改野外放牧为关棚饲养，改小群饲养为大棚饲养，改单一饲料为配(混)合饲料，试验均获成功。试验结果：每羽母鸭年产蛋251枚，重15.59千克，料蛋比3.32：1，羽均年获纯利10元左右，其经济指标都远远高于传统放牧养鸭。1989年上半年，在全市农村和厂矿企业单位中推广这一养鸭新技术，养鸭10.20万羽，下半年因饲料涨价，圈养鸭数量下降到7.5万羽。1990年，境内养鸭179.31万羽，其中出笼101.93万羽，存笼77.38万羽。分别占饲养、出笼、存笼家禽总量的15.54%、19.68%、12.17%。20世纪90年代，攸县有鸭孵化店30多个，孵鸭200万 ~ 300万羽，除本省销售外，还销往广东、贵州、江西、新疆、吉林等地。县内常年存产蛋鸭30万羽。麻鸭饲养集中在攸水流域，形成了石羊塘乡明塘村、新市镇的新中村、莲塘坳乡的拓合村、大同桥乡荷岭村，还有醴陵市长岭乡、神福港乡等养殖小区。

境内从20世纪50年代开始引进外地良种鸭。先后引进北京鸭、苏淮鸭、绍兴鸭、临武鸭、番鸭、康贝尔鸭、樱桃谷鸭7个品种。这些品种都能适应本地饲养环境，具有较高的饲养价值，但迄今饲养量极少。70年代，攸县曾引进苏淮鸭、临武鸭、北京鸭与攸县麻鸭混养杂交，后代较攸县麻鸭个体加大，产蛋性能下降。境内肉鸭品种有北京鸭、樱桃谷鸭、番鸭、本地麻鸭的公鸭和产蛋后淘汰母鸭。其饲养方法各有不同。樱桃谷鸭和北京鸭农户专业饲养少则100多羽，多则数百羽、几千羽。舍内平养，外有运动场和浴水池(塘)。1 ~ 2周龄为保温育雏期，饲以小鸭全价料，补充少量青饲料，日喂6次。2周龄后为育肥期，饲喂中鸭全价料，少量青料，日喂4次。从1

日龄开始试水，以后每日放水1～2次。整个饲养期采用全日光照，或前期24小时光照，后期自然光照。至7周龄，体重达到2.5千克上市，肉料比1：2.5，全进全出，分批常年饲养。株洲县马家河乡仙岭村为中心的樱桃谷鸭饲养较为集中。1995年，该地成立有50多人参加的养鸭协会，大量饲养肉鸭，并开展鸭苗、饲料销售服务。到1997年，该乡有217户养鸭，养鸭1000羽以上31户、2000羽以上6户。肉鸭一般45 ～ 50天就可出笼上市，年饲养量200万羽以上。本地麻鸭作肉鸭一般是公鸭，当年起伏上市，再次是淘汰的产蛋母鸭。番鸭饲养也比较普遍，为农户自繁自养，一般养几只到十几只。以米糠、稻谷、菜叶为食，户外放养，饲养5 ～ 7个月出笼，体重2～3千克。2000年，醴陵市王坊镇2户养鸭专业户就饲养番鸭1000多羽。

（三）鹅

境内养鹅不如饲养鸡、鸭普遍。民国时期，养鹅以酃县、醴陵居多。据民国 22 年（1933）《中国实业志·湖南》记载，醴陵养鹅 8.4 万羽，占全省养鹅总数的 59.56%，其中年内外销 8500 羽，是湖南省内唯一有鹅外销的县。

中华人民共和国成立以后，养鹅范围由酃县、醴陵扩大到其他各县，但长期只有少数农户零星散养，发展缓慢。境内本地鹅为炎陵县白鹅，主要产于炎陵县沔水流域的沔渡、十都等地。1978 年 9 月，湖南省开展全省畜禽品种资源调查，发现这一品种。1982 年 9 月，全国水禽考察组对酃县白鹅进行考察，认为“酃县白鹅遗传素质好，经济价值高，有发展前途”，1984 年被列为湖南省地方良种，载入《湖南省家畜家禽品种志和品种图谱》。

炎陵县（原酃县）白鹅属小型肉用鹅种，体躯宽而深，近似于短圆柱体，全身羽毛雪白，成年公鹅头部有明显肉瘤，平均体重 4.25 千克，成年母鹅肉瘤不发达，平均体重 4.10 千克。小鹅初生体重为 78.66 克，60 日龄可长到 2.73 千克，90 日龄可长到 3.67 千克。90 日龄以后生长速度减慢，转为脂肪蓄积阶段。该品种性成熟期为 160 天左右，母鹅年均产蛋 45 ～ 48 枚，少数达 84 枚，均重 142.56 克。产蛋、孵化集中在每年 10 月至次年 4 月间，母鹅每产蛋 12 ～ 14 枚，即抱窝孵化，如不孵化，就巢 15 ～ 20 天左右自行醒抱，然后恢复产蛋。炎陵县白鹅是湖南省地方良种，因炎陵县是山区，单季稻多，山间田垅遍布溪流，一年中鹅有较长时间在田间和溪流中放牧。

炎陵县白鹅有较高的屠宰率及良好的屠体品质。实测成年 (6 月龄) 公鹅 5 只，平均半净膛屠宰率为 84.15%，全净膛屠宰率为 78.14%；测定母鹅 10 只，平均半净膛屠宰率为 83.95%，全净膛屠宰率为 75.68%。

外来鹅种主要有苏杭白鹅和狮头鹅 2 种。其中苏杭白鹅在民国时期，醴陵县就已普遍饲养。

20 世纪 80 年代中期以后，随着农村产业结构的调整和商品经济的发展，境内鹅的饲养量有所增加。1990 年，达 20.91 万羽，其中出笼 11.22 万羽，存笼 9.69 万羽，分别占境内家禽饲养、出笼、存笼量的 1.74%、1.98% 和 1.52%。

1992 年炎陵县成立白鹅开发领导小组，并建立县种鹅场和 4 个饲养 2000 羽白鹅的养殖场。但未能坚持下来。因受地域限制，加之母鹅产蛋低，繁殖不快，长期以来只是部分农户饲养，发展缓慢。

1997 年，醴陵市船湾镇四和村一专业户最多养鹅 200 只。到 2000 年，境内饲养鹅 188 万只。

第二节　水产养殖

境内有可养鱼水面 1.54 万公顷，有湘江、渌江、洣江等天然捕捞水面 1.31 万公顷，有鱼类 121 种，隶属于 7 目 15 科 66 属，其中鲤科鱼类 86 种，占 71%。

1949 — 1953 年，省水产主管部门提出“恢复群众性渔业，发展国营水产企、事业”的方针，境内鱼产量由 1199.50 吨上升到 1834.50 吨，年均递增 11.21%。1954 年，产鱼 1209.50 吨，比上年下降 34.07%。1955 年以后，各县认真执行“以养为主，养捕并举”方针，渔业生产大幅度增长。到 1959 年，鱼产量达到 4829.90 吨，比 1955 年增长 1.28 倍，年均递增 22.84%。1960 — 1962 年，干旱严重，鱼产量连续 3 年下降。1963 — 1965 年，产量有所恢复。1966 — 1977 年，片面强调粮食生产，忽视渔业，鱼产量徘徊在 3000 ~ 4000 多吨之间。1978 年后，通过建立健全水面承包责任制，推广渔业先进技术，加强渔政管理，放开鱼货市场，渔业发展明显加快。1990 年，全市放养水面 1.35 万公顷，比 1977 年增长 20.61%，水面利用率 94.97%；水产品产量 23566 吨，比 1977 年增长 4.27 倍，年均递增 13.63%；渔业总产值 9555 万元，占农业总产值的 3.96%。以养鱼为主的水产业已经成为农业生产中的重要组成部分。养鱼专业化程度逐年提高，1999 年养鱼 334 公顷以上有 8 户、100 亩以上的 201 户、3.34 公顷以上的 1850 户。出水鱼中优质鱼比重增加，当年粗鳞鱼和优质鱼占 50% 以上，提高了养鱼的经济效益。20 世纪 90 年代后期兴起的休闲垂钓渔业，又促进了城郊渔业的发展。2000 年，境内放养水面 1.39 万公顷，产鲜鱼 5.23 万吨，十年间鱼产量增长 114%，年递增 7.9%；水产品产值 39597.6 万元，占畜牧水产总值 11%，占农业总产值的 5%。

一　品　种

境内人工养殖的鱼类有 20 多种，主要有草鱼、鲢鱼、鳙鱼、青鱼、鲤鱼、鲫鱼、鳊鱼、细鳞斜颌鲴、黄尾密鲴等。20 世纪 90 年代从外地引进胡子鲶、杂交鲤、湘云鲫、彭泽鲫、斑点叉尾鮰、淡水白鲳、巴西鲷、罗非鱼、麦瑞加拉鲮鱼等新品种饲养。其中罗非鱼、淡水白鲳、麦瑞加拉鲮鱼在境内养殖取得较好的效果。淡水白鲳是湖南省首次引进养殖，并与湖南师大生物系开展了淡水白鲳人工繁殖、鱼苗培育和池塘养殖研究。野生品种有 60 多个。由于水质污染，加上滥捕滥炸，湘江中原有盛产的鳡、鳍、鳜鱼、中华倒刺鲃 等 10 多种鱼很难捕到，其余野生品种主要有鲤、鲫、鳅、鳝、中华鳊、翘嘴鲌、乌鳢、鳑、虾等。

二　鱼苗、鱼种繁育

早在清代，沿江渔民就已掌握了江河结筏捞卵、密箱孵苗技术。民国初期，鱼苗生产盛极一时，有“南岳八月的香火，朱亭五月的渔火”之说。日军侵华期间，鱼苗生产萎缩。

20世纪50年代后，江河捞苗业迅速恢复和发展。在生产工具方面，创造了竹捞子、一坝连挡捞、自动捞鱼苗器、简易鱼苗分类箱等；在捞苗操作方面，采取牌弶放正、捞子和尾箱放正、水口对正、防风暴、防洪水、防浪渣、防病害、勤试水不漏江、勤移档找好埠头、勤取苗不积压、勤洗网去污泥、勤检查防意外等办法；在鱼孵化方面，摸索了每捞一河水便将鱼子箱用沸水消毒，除野去污，及时分箱，适当稀囤，视天气冷暖进行鱼箱换水等经验。1956年，江河捞苗量达到1200多万尾。

1957年，株洲市郊区成立鱼苗产销管理委员会。1960年4月，以郊区人民委员会及其副业部，会同市交通局、商业局、粮食局、鱼种场、株洲车站、市木材公司、雷打石公社、三门公社等单位成立市鱼苗鱼种产运销管理委员会，负责安排运销和物资计划、鱼苗调配、技术革新，督促协助各公社、渔场完成产销任务，作好鱼苗鱼种产销平衡和市场管理工作，其经营形式，主要有大队经营、大队与生产队联合经营、生产队自行经营3种。组成季节性捞苗生产专业队，实行“三包一奖”（包工、包产、包费用、超产奖励）和“五定”（定埠头、定产量产值、定劳动工分、定费用、定工具保管）的办法。1965年，江河捞苗产量达到12867万尾，是1956年的10倍多。1965年后逐渐减少。

1960年5月，水产技术人员在醴陵古城渔场进行人工繁殖试验，先后催产鲢鱼、鳙鱼孵苗成功。1963年，攸县城关、新市两渔场获得草鱼人工繁殖成功。1965年，攸县城关渔场发现性腺成熟的鲢、鳙、草鱼，经药物催情后，都能在静水中产卵。1970年夏，攸县新市渔场孵出青鱼苗。1973年，醴陵县瓦子塘渔场孵出细鳞斜颌鲴鱼苗和鳊鱼苗。1974年，攸县城关渔场孵出银鲴鱼苗，1978年又孵出园吻鲴鱼苗。至此，境内鱼苗人工孵化工作由小规模试验阶段步入多品种大规模生产阶段。1990年，全市孵化场点52个；孵化设备由麻布孵箱、孵化瓶、孵化缸发展到孵化环道和孵化槽；孵化品种由单一的鲢鱼发展到十几个品种；鱼苗孵化量由首次的几十尾，增加到5.897亿尾，不仅满足了境内渔业生产的需要，而且还销往江西、福建等地。

境内的酒埠江、官庄、上游、五一、龙头等大中型水库及湘江、洣水等水系能自然繁殖鲤、鲫鱼和其他野生鱼类，但青、草、鲢、鳙和罗非鱼、大板鲫、彭泽鲫等引进品种均需人工孵化。仅醴陵市人工鱼苗繁殖场就由1991年的32个增加到1995年的40个，年产鱼苗4亿尾左右。随着休闲垂钓渔业的发展，鲤、鲫、青、草鱼放养面积随之扩大，钓鱼季节还要从湘阴、沅江、安乡、洪湖等地购进上述垂钓鱼种饲养。

三　鱼类养殖

（一）池塘养鱼

境内池塘养鱼，历来是农村一项重要副业，据民国31年（1942）《湖南经济年鉴》载，攸县养鱼户占总农户的21.70%。1949年，境内池塘养殖水面3200公顷，鲜鱼产量976吨，亩均产量仅为20.30千克。

1952年，贯彻省人民委员会“开展池塘养鱼”的指示，发放渔业贷款，支持养鱼生产。1953年，利用池塘养鱼水面 3540 公顷，鲜鱼产量 1518 吨，亩均产量 28.60 千克。

1954年后，通过合作化运动，池塘作股入社，水面经营形式是集体所有，社员包养。管理上采取“四定”（定塘、定产、定成本、定报酬）和“三包一奖”（包产量、包成本、包报酬、超产奖励减产处罚）等责任制形式。1955 年推广“三消”（池塘消毒、水面消毒、鱼种消毒）、“四定”（饲料定质、定量、定时、定位）生产技术。1956 年推广“八字精养法”，即水（包括水源、水质、水深等，必须适合鱼类生活和生长要求）、种（要有数量充足、规格合适、体质健壮的优良鱼种）、饵（供应饲养鱼类充足的营养成份较完全的饲料）、混（实行不同种类、不同年龄与规格鱼类的混养）、密（合理密养）、轮（轮捕轮放，在饲养过程中始终保持池塘鱼类较合理的密度）、防（做好鱼类病害防治）、管（实行精细的科学的池塘管理）。1958 年，池塘养鱼水面达到 5987 公顷，产鲜鱼 4847 吨，亩均产量达到 54 千克。当年醴陵古城农业社池塘养鱼亩产达到 340 千克。

1958 年人民公社化后，养殖条件较好的池塘归公社和大队放养；条件差的小塘，在不影响大集体生产的原则下，公共食堂可自养自食；社员一律不准私自放养。曾出现池塘只放不养，甚至荒塘现象，养鱼面积和产量明显下降。1962 年，放养水面 4993 公顷，鲜鱼产量 1988 吨，亩均产鱼降到 26.50 千克。后经 3 年调整，把公社和大队原来统得过死的池塘，重又划归生产队和社员放养；建立恢复养鱼责任制度；在生产技术上进行鱼池规格化建设，实行鱼池“五改”即：半年塘（鱼塘抗洪能力差，一般要到夏季洪水过后的 6 月中旬开始养鱼）改全年塘，小塘改大塘（3 ~ 10 亩），浅塘改深塘（水深 2.50 米左右），死水塘改活水塘，瘦水塘改肥水塘（修渠道、架渡槽、引用城市生活污水养鱼）。渔业生产得以恢复。1965 年，养鱼水面 8980 公顷，鲜鱼产量 2782 吨。

1966 — 1976 年“文化大革命”中，原来分给社员的池塘又收归集体。年均放养水面 9127 公顷，养殖产量在 3000 吨左右。

1980 年，推行以产计酬和“五定”（定塘、定劳力、定鱼种、定产量、定报酬和奖金）责任制。以后，又提倡“家庭联产承包”“大包干”“包产到户、到劳”“联合经营”等多种形式的责任制。1982 年，中共中央和湖南省人民政府发出“加快淡水渔业发展”的指示，要求国营、集体、个人一齐上，利用一切能养鱼的水面，落实渔业生产责任制。1985 年 3 月，水产品全部划为三类产品，一律不派购，价格全部放开，实行市场调节，有力地促进了池塘养鱼的高速发展。当年，放养池塘水面 9153 公顷，产鱼 15634 吨，亩产达到 114 千克。

随着生产的发展和社会需求的增长，池塘养殖种类也不断增多，池塘中除传统饲养的草、青、鲢、鳙、鲤、鳊、鲴、鲫等鱼类外，还相继推广了团头鲂、罗非鱼、胡子鲶、银鲫、白鲫和鲤的杂交种 —— 光鲤、荷元鲤、岳鲤，以及露斯塔野鲮、淡水白鲳等新品种。

1986 — 1988 年，境内开展池塘养鱼万亩片高产竞赛活动，参赛面积 2907 公顷，平均亩产量由 1985 年的 114 千克，提高至 1988 年的 141.50 千克。1990 年，池塘养殖面积达到 8920 公顷，产量 2.08 万吨，平均亩产达到 156 千克，池塘养殖产量占水产品总产量的 88.30%。

1991 年后，各地相继完善养鱼承包责任制，一般采取公开招标，承包期 2 ~ 3 年。也有的采取人塘（田塘）结合，轮流放养。大部分乡镇结合农田水利建设，对池塘进行清淤加深，塘坝水泥护坡，改善养鱼条件，调动了农户养鱼的积极性。在推广“八字精养法”的同时，重点推广多品种规格混合密养、轮捕轮放、综合防治鱼病、配合饲料养鱼和大面积投放化肥养鱼的办法。与此同时，城郊商品鱼基地因城市带来的污染，鱼多异味，产量下降。有的被城市建设征用，池塘养殖面积逐渐减少。随着人们生活水平的提高，钓鱼成为城市节假日重要的休闲活动，至2000年，全市经营垂钓的有300多户，池塘水面187余公顷。

（二）水库养鱼

1955年，醴陵船湾四和水库投放鱼种养鱼，当年受益。1958—1959年，境内水库面积猛增，为发展水库养鱼创造了条件。这一时期，在养殖方面，因为鲢、鳙鱼人工繁殖成功，可以做到就地繁殖，就地放养；在捕捞方面，推广使用“赶、拦、刺、张”联合渔法；在拦鱼防逃方面，采用特制尼龙拦网，解决了溢洪逃鱼问题。同时，各类水库的所有权、管理权、使用权、经营权得到落实，大、中型水库、小Ⅰ型水库都办起了渔场和专业队，部分水库还建起了人工繁殖基地。郊区大京水库采取自孵、自捞、自育、自养的办法，解决鱼种不足的困难；实行库下建池、建鱼泊，作为培养鱼种基地。到1966年，境内水库养鱼面积达到2987公顷。

1967—1978年，水库渔业无人管理，一些水库停止放养，大多数水库是粗放养殖，产量不高。

1979年，明确大、中型水库渔业由水利部门归口管理，水产技术部门负责技术指导。1981年后，水库渔业逐步完善责任制，同时，还发展围栏和网箱养鱼，大、中型水库实行增殖、养殖相结合。1990年，共有712座水库养鱼，养鱼水面3800公顷，亩产鲜鱼10千克左右。养鱼品种除青、草、鲢、鳙四大家鱼外，细鳞斜颌鲴是主要品种。为提高鲜鱼产量，水产科技人员推出鱼、猪、鸭结合的渔牧结合生态养殖，并列入全市农业丰收计划项目。1998年，境内生态养殖水面3193公顷。1999年，生态养殖增加到3313公顷，其中鱼猪结合1420公顷、鱼禽结合580公顷、鱼猪禽结合853公顷；养猪7.8万头，养鸭2.8万羽，产鱼1.01万吨。生态养鱼产值1亿多元。

（三）稻田养鱼

稻田养鱼在炎陵县、茶陵、攸县、醴陵有较久的历史。民国21年（1932），醴陵忠爱乡第三保（黄獭嘴镇社冲居委会）傅家湾的傅福来利用稻田培育鱼种，每亩产20～25厘米的草鱼种200多尾，双季稻收谷250千克。

中华人民共和国成立后，稻田养鱼作为一种传统的养鱼方式，仍保留下来。1952年5月，湖南省农林厅发出《关于开展池塘、稻田养鱼、富裕农村经济的指示》，各县积级发展稻田养鱼。1959年，茶陵、攸县、醴陵利用稻田养鱼233公顷左右。20世纪60年代后，随着农田耕作制度的改革，农药的大量施用以及人为因素的影响，稻田养鱼进入下降阶段。

1978年后，实行谁放谁收，全市稻田养鱼开始恢复。1983年，境内稻田养鱼293公顷，产鲜鱼40.10吨；1984年养鱼827公顷，产鱼153.30吨。1985年，发展到最高峰，养鱼稻田达到4053公顷，产鱼462吨。之后，稻田养鱼面积一直稳定在2000公顷左右。

在20世纪90年代农业产业结构调整中，部分农户利用水源方便、地势低洼的稻田改挖为鱼池。1996年，茶陵县浣溪乡东流村有稻田养鱼132户，占总农户的73%，养鱼面积3.08公顷，人均收入164元。1998年，湖南省把模式化稻田养鱼列为全省12项农业工程之一。株洲市试点面积67公顷。试点之一的株洲县姚家坝乡石庄村稻田养鱼65户，建成万亩稻田养鱼示范片。该县仙井乡黄霞垄村，在27公顷连片稻田里开挖深1.5米标准鱼池20个，实行稻鱼共生，获得稻鱼双丰收。1999年，醴陵市东富镇新兰村有4组42户在4.21公顷稻田里挖鱼池49个，当年培育鱼种157万尾，总收入1.62万元，户平385元。稻田养鱼为大面积池塘养鱼特别是垂钓提供了优良鱼种。

（四）网箱养鱼

网箱养鱼是用尼龙线编织成鱼网，一般每口28平方米，深2米，用竹子、油桶扎排固定于水库、池塘或江河之中，进行人工养殖，是一种充分利用水体、高密度的科学养鱼方法。

1.池塘网箱养鱼 1979年7月，市副食品生产局邓伯台、朱焕文，市渔场李学瑜等，在市渔场哑湖设置2口聚乙稀网箱，网箱规格4×7×2米，进行莫桑比克罗非鱼饲养试验。共投放5 ~ 8.50厘米的罗非鱼种2.27万尾，重81千克。饲养48天后，出箱2.17万尾，重846.80千克，净增重765.80千克，用去混合饲料1713千克，饵饲料系数2.23。此为境内最早的池塘网箱养鱼。1980年，在国营渔场和集体渔场大面积推广网箱养鱼，培训技术骨干380名，推广到26个单位，共计网箱342口，面积0.96公顷。其中成鱼箱0.91公顷，产鲜鱼（以罗非鱼为主）110吨，平增亩产8076千克；鱼种箱0.05公顷，培育草、鲢、鳙鱼种4.69万尾。市水产研究所的5口网箱，面积140平方米，共产罗非鱼5384千克，折合亩产2.56吨，创当年网箱养鱼单产最高纪录。1983年后，政府和有关部门取消了网箱养鱼的优惠政策；加上国营和集体渔场网箱养鱼责任制不健全，经营成果与生产者利益联系不紧密；网箱养鱼饵料以投喂精料为主，效益不高，池塘网箱养鱼日渐减少。1990年，仅剩市渔场0.07公顷网箱囤放罗非鱼。

2.江河水库网箱养鱼 1979年，株洲县水产技术人员和株洲县白沙洲渔业队，在湘江回流湾投置4×7×2米网箱4口，培育草鱼、罗非鱼、鲢鳙鱼种试验。其中培育草鱼种箱2口，放8 ~ 10厘米的草鱼种2650尾，饲养78天后，产16.50 ~ 20厘米规格的草鱼种1921尾，成活率72.50%。另两口网箱因为没有解决好饵料问题，饲养效益不理想。1980年，确定以养殖草鱼为主，用上年培育的鱼种养殖成鱼，2口成鱼箱，面积76平方米，经137天饲养，产鱼1039千克，除去各种成本，盈利213元。1981 — 1986年，累计在湘江投放网箱141口，面积0.39公顷，其中成鱼箱103口，产鱼42吨；鱼种箱38口，培育草鱼种7.6万尾。这段时间，网箱养鱼发展速度不快，但单箱产量较高。1987年7月，市委、市人民政府召开湘江网箱养鱼专题会议，把开发湘江网箱养鱼纳入政府议事日程；株洲县在沿江8个乡镇聘请专职渔技员负责；银行、信用社优先安排网箱养鱼项目贷款；水产部门提供技术、苗种、网箱器材、肥料、种子等服务。1988年，境内网箱养鱼发展到1.57公顷，为1986年前总和的4倍。当年12月，株洲市召开网箱养鱼会议，对开发湘江、渌江、洣水和大、中型水库网箱养鱼进行部署，落实网箱养鱼优惠政策，凡江河新发展1口网箱(28平方米)，贴息贷款300元，水库新发展1口网箱，贴息贷款400元。株洲县洲坪乡丰洲渔业组，地处湘江河洲，34户共投放网箱101口，其中成鱼箱73口，鱼种箱28口，共产鲜鱼57.50吨，培育鱼种5.6万尾，总产值40.10万元，纯收入（含工资)37.30万元，箱平纯收入3693元。1990年境内网箱养鱼

3公顷，占全省总面积的15.60%；产鱼507吨，占全省网箱产量的32%。是年，以县为单位参加全省网箱养鱼高产竞赛，株洲县、醴陵、茶陵分别取得湖南省前三名。20世纪90年代前3年，是境内发展网箱养鱼的兴旺时期。1991年，放置网箱3.40公顷，产鱼593吨，单产、总产均列全省第一。1993年，推广网箱6.87公顷，比上年增长24.6%，其中成鱼网箱5.77公顷，产鱼1242吨，单产居全省第一。鱼种网箱1.13公顷，培育鱼种93.1万尾。1998年，株洲县杨柳水库实施高密度、小体积机械化网箱养鱼，投放鱼用配合饲料，以养殖斑点叉尾鱼回为主。90年代中期开始，网箱养鱼因投入成本较高等原因，网箱放置逐年减少。

四 捕 捞

捕捞生产，主要是在湘江、渌江、洣水等水域。民国28年（1939），株洲镇、白关乡、建宁镇共有渔船82条，渔民252人，捕捞产量93.5吨，平均年单船产量1140千克，捕捞产量占鲜鱼出水总量的20%左右。民国32年（1943）秋，渔民周炳荣，联合同业，依法组织湘潭县渔会。民国37年（1948），霞湾、白石港、枫溪港、新市一带共有渔民1048人，渔船240条，渔会会员240人。1951年10月，渔民肖治安等依法组织株洲市渔业工会筹备委员会。次年8月更名为株洲市渔民协会，共有会员160人。1955年春，株洲市成立第一个由9户渔民组成的渔业互助组。1956年合作化后，成立渔业社，有渔户79户，有捕鱼船82条。1959年9月，沿湘江几个公社的6个生产队渔民组成郊区渔业人民公社。同年12月，改名为株洲市郊区湘江人民公社，共有4个捕捞大队，19个生产队，专业渔民355户，1652人，渔船276条。20世纪50—60年代初期，年平均捕捞产量在400～500吨左右，最高产量的1965年，达到762吨。60年代末期，在"有水就有鱼""增船就增产"的思想指导下，盲目增船，加之渔业生产秩序混乱，炸鱼、毒鱼、电鱼现象及其他有害渔具渔法泛滥，拦河筑坝，工业废水污染，鱼类资源遭到很大破坏，捕捞产量逐年下降，渔民专靠捕捞已不能生存，专业渔民的数量也大大减少。1972年，全市有专业渔民捕捞大队1个，生产队3个，渔民168户，619人，渔船126条。1972—1982年，境内每年捕捞产量只有120～200吨左右。80年代后，加强了渔政管理，江河实施人工放流，保护水产资源，捕捞产量有所回升，1983—1990年，每年捕捞产量在350～400吨左右。1989年，国家将专业渔民一次性转为城镇居民户口，供应居民定量粮，渔民由当地乡、镇管理。90年代后，因为境内各水系污染渐多，生态环境日益恶化，加之滥捕滥炸，鱼获量不足以维持生活。在江河捕鱼的除少数原渔民外，多为沿河一带的农民和城市闲散人员，捕捞产量逐年减少。

境内所用渔具主要有网、罾、钓钩3大类。网有拖网、撒网、毫网、刺网、张网、拦网、拉网、赶网等多种，罾有攀罾、定罾、赶罾等，钓钩类有挂钩、手钓、团鱼车子钓、鳝钓等，各种渔具根据不同的情况，用不同方式使用。此外，还有葫芦呕子、拖捞、鱼叉、夹钳等捕鱼工具，亦有用炸药炸鱼，茶枯或其他剧毒农药毒鱼、电力捕鱼等捕鱼办法，但炸鱼和电力捕鱼易损坏鱼类资源；毒鱼不仅破坏资源，还污染水域，所获鱼也带毒性，这3种办法都在禁止使用之列。池塘捕鱼多用围网，少数手网。水库未清基平底，较难捕捞。大中型水库多采用赶、拦、刺、张、挂等网具联合作业，除底层鱼外，捕捞率可达80%左右。

五 渔政管理

民国30年（1941），湘潭县政府因感江河鱼类资源日渐减少，影响渔民生计，转发国民政府农林部《保护淡水鱼类产卵区亲鱼、鱼卵，鱼苗暂行办法》，以禁止鱼苗汛期内采捕怀卵亲鱼。此为境内最早颁布的保护鱼类资源法规。

20世纪50—60年代，湖南省颁布了《渔业暂行条例》《渔船渔具登记管理办法》《江河水产资源管理试行办法》。株洲市人民委员会也先后发出《关于发展和维护渔业生产的布告》和《关于严禁在江河中炸鱼、毒鱼、电捕鱼的通知》。

20世纪60年代末，各级水产、渔政机构和人员被裁撤，生产处于无政府状态，秩序混乱。酷渔滥捕，竭泽而渔，有害渔具渔法盛行，毒鱼、炸鱼、电鱼、偷鱼现象严重。1971年，株洲县发生炸鱼事件80多起。攸县酒埠江水库自1972年起县人民政府曾2次召开库区群众代表大会，5次印发通知、通告，与当地公安、社队干部一起，处理数十起炸、毒、电、偷鱼案件，但每年仍有数十条个体鱼船和周围数百张罾网在库内捕鱼，因而只得从1981年起停止投放鱼种。

1979年，国务院颁布《水产资源繁殖保护条例》，1980年2月湖南省又颁布《湖南省水产资源繁殖保护实施细则》，规定对鲤、草、鲶、鲢、鳙、青、鳊、鲂等经济鱼类，沼虾、中华绒螯蟹、三角帆蚌、龟、鳖、大鲵等经济水生动物以及湘莲等经济水生植物进行重点保护；规定了中速囊网、三层刺网、丝网、流刺网、稀大网的网目和长度；实行渔业许可证制度；严禁毒鱼、炸鱼、抢鱼的不法行为，禁止在天然水域使用电力捕鱼。1981年5月，株洲市成立城郊江河水产资源管理委员会。1985年株洲县成立渔政管理站。1986年7月，国家颁布首部《渔业法》，1988年7月，湖南省颁布《湖南省渔业条例》，渔业生产步入以法治渔、以法兴渔阶段。株洲市于1989年12月成立渔政管理站，逐步形成一支渔政管理专业队伍。到1990年，全市共有市、县渔政管理机构6个，渔政人员32人，渔政监督船3艘、快艇1艘，所有渔政管理人员均由国家统一配备着装。

20世纪90年代，渔业秩序比较混乱，电鱼、炸鱼、偷鱼现象较为普遍。1995年，全市有专职渔政执法人员24人，株洲县配备了渔政执法船1艘。其后，株洲市、县在118千米长的湘江河段上每周开展1次清河行动，年航程在4000千米以上。1998年，开展打击电力捕鱼专项行动，株洲市全力出击，处理渔政案件178起，没收电鱼机381台套，取缔生产、销售电鱼机生产厂家（店）10个，收缴电鱼船110条、炸药77千克、雷管118枚，罚款8000元，行政拘留10人。因湘江入冬后水位下降严重，为保护鱼类资源，当年市人民政府下发《关于近期严禁在湘江捕鱼的通告》，是境内第一次在湘江实行短期禁鱼。在抓打击治理的同时，努力加大《渔业法》的宣传力度，利用验证、河面清查、组织禁鱼等机会，进行法规宣传、培训，受训达672人次。通过宣传，1999年全市共接到87人次上门举报，216人次电话举报，有140人次租船或开船领航协助渔政执法。是年，市执法部门购置了冲锋舟、汽车、对讲机等执法工具，强化了执法手段。

第三节　特种养殖

蜜　蜂　境内养蜂有中华蜜蜂和意蜂两个品种，多为坐地性养蜂，出境转地方养蜂者少见。养蜂较多的有茶陵、攸县、炎陵县山区。坐地养蜂都采用改良式蜂箱，每年春季和初冬前后蜜源丰富期间进行采蜜和繁殖分箱。

民国15年（1926）以前，乡村农户养蜂，以中华蜜蜂为主，大都悬方桶于檐下，以为盛衰与家运一致，一任自然，岁取蜜5～10千克不等。此法养蜂，取蜜时常将巢脾割下，往往损及蛹或蜂王而招致全群覆没。后来人们将桶式蜂箱改为方格叠式蜂箱，取蜜时不伤子脾，箱均产蜜量可提高到10～20千克。民国19年（1930），醴陵邓光里从外地购回意大利蜂种，依新法饲养。由3群发展到30余群，只2年就全部死亡，当时认为，本地蜜源不宜于意蜂。

1949—1959年，各县加强对养蜂生产的扶植和领导，兴办一批集体、个体养蜂场，并陆续引进意蜂，扩大生产，使养蜂业迅速发展。1957年养蜂4741箱，1958年达到8033箱，1959年虽有下降，但仍达6706箱。

1960—1976年，由于国民经济困难和“文化大革命”的冲击，把私人养蜂当作“资本主义尾巴”加以限制，加上中蜂囊状幼虫病危害，养蜂生产长期处于低潮。17年中，除1963年、1971年、1975年、1976年，分别达到3900箱、3296箱、4239箱、3137箱外，其余年份均在1000～2000多箱之间徘徊。

1977年，执行“大力发展集体养蜂的同时，允许和鼓励社员家庭养蜂”以及大力发展专业户、重点户养蜂的方针，使养蜂生产迅速恢复和发展。当年境内养蜂6385箱，比上年增长1.04倍。1983年，国家将蜂蜜由二类农副产品改为三类农副产品，取消计划收购，实行多渠道、少环节流通，再度提高农民养蜂积极性，当年养蜂9517箱，并出现养蜂专业户。1984年，境内养蜂达到11430箱。1990年，攸县被定为“全国山桂花蜂蜜商品生产基地县”，成立“蜂业管理站”，开展蜜源植物普查工作。同时，醴陵、茶陵也成立蜂业管理站，制定建设养蜂基地县的规划与措施，加强对养蜂生产的管理和服务。当年养蜂达到20962箱，每箱可产蜜30～40千克；养蜂专业户发展到112户，养蜂数达到5831箱。

1997年，茶陵县下东乡陈建国养蜂20箱，箱平产蜜103.5千克、产王浆1.075千克。山桂花蜜是蜜之珍品。由于蜂蜜及蜂产品具有滋补防病和抗癌作用，蜂蜜价格稳中有升。2000年，全市养蜂22096箱，比1990年增长5.4%。

随着人们生活水平的逐步提高，特种养殖业得到迅猛发展。1993年，除养蜂外，全市特种养殖有牛蛙、甲鱼、美国王鸽、鹌鹑、七彩山鸡、乌骨鸡、肉狗、蛇、泥鳅、黄鳝、海狸鼠、福寿螺、河蟹、龙虾、金鱼、蝎、梅花鹿等24个品种。养殖户1600多个，年产值超过3000万元。1995年7月，株洲市从农业切块经费中安排85万元支持特种养殖生产，滚动使用。其间，畜牧水产部门选派专业人员下乡服务，组织专项技术培训，并引导城市下岗职工到乡下租用场地从事特种养殖业。1996年，株洲电力机车厂与雷打石镇砖桥村联营，投资500万元，兴建养甲鱼为主的特种养殖场。2000年，全市特种养殖品种增加到30多个，年产值1.5亿元。

甲 鱼 野生甲鱼历来由人们捕捉食用。20世纪80年代末，因传有强身、防病、治癌作用而食用量增多，价格昂贵。90年代初开始，出现人工饲养。开始养甲鱼的人多为过去捕甲鱼者，株洲县均坝乡杨梅村张建民1991年起将捕来甲鱼存塘饲养。养甲鱼致富者不在少数，醴陵市新阳乡湖潭村鱼形组匡先农1993年甲鱼产值达5万多元，1994年带动全组养甲鱼，甲鱼池面积1.38公顷，年出售甲鱼3500多只，年末存池1000多千克，合计收入23万元，户平9200元。炎陵县沔渡乡长江村叶春庭养甲鱼0.29公顷，1996年纯收入15万元，号称甲鱼第一大户。1996年夏，在炎陵快子篓水库钓到一只4.8千克重的甲鱼王。1996年境内甲鱼养殖户1024户。90年代后期，因人工饲养增加，甲鱼价格趋于平和，市场价每千克60 ~ 80元。

美国青蛙（牛蛙） 牛蛙因生长快、个体大、肉质鲜美而成为桌上佳肴。从蝌蚪到成蛙只需饲养8个月可达200克以上，继而上市。1996年，茶陵县平水乡狮江村一组3个村民联合养牛蛙，每人收入超万元。醴陵八步桥乡养蛙户120户，蛙池6.67余公顷，形成了一定规模的养殖基地。1996年全市有养蛙户456户，田垅里随意可发现用尼龙布围起来的养蛙池。攸县永佳南方特养场1997年产蛙2000千克，提供蝌蚪10万尾。养牛蛙最有名气的是醴陵市八步桥乡孙家村王大丰，1994年他与2户村民共养牛蛙0.1公顷，放养幼蛙16000只，生产商品蛙2361千克，亩平1188千克，总收入5.89万元，纯收入2.75万元，户平9180元。1996年11月底，王大丰产成品蛙3500千克，亩均2187千克，总收入7.08万元。

乌骨鸡 乌骨鸡以皮肤、骨骼为乌色而得名，是从本地鸡选育出来的，原境内有零星饲养。1995年后，乌骨鸡价格高于本地鸡，出现了乌骨鸡饲养专业户。境内多从江西泰和引进种苗，按肉鸡饲养方式饲养，5月龄体重达1千克左右出售。株洲县漂沙井乡晓岭村朱继春1989年从江苏引乌鸡30只，几年来出售乌鸡苗3万只。该村有15户养乌鸡。该县洲坪乡荷塘村袁伟1994 — 2000年还自行育种，名为湘波乌骨鸡，出售种鸡400多羽。1997年，境内有养乌鸡专业户570户。1999年，因价格下降，其养殖户减少。

肉 鸽 境内饲养的为美国王鸽。1993年，醴陵渌江乡和八步桥乡由农户建立美国王鸽养殖场。株洲市科委在原肉联厂租屋办了种鸽场。1997年，株洲县古岳峰乡唐清娥联合13户养肉鸽。省、市妇联在乡村开展妇女双学双比千元大嫂竞赛，推动了养鸽业的发展，养肉鸽户达1128户。

鹌 鹑 20世纪90年代引进饲养，因市场销量小，价格波动大，发展不快。鹌鹑蛋有“动物人参”的美誉，有专业户饲养鹌鹑产蛋供应市场。天元区张家园工区一带养殖较多。在市、县城郊还有七彩山鸡、珍珠鸡、孔雀、火鸡少量饲养。

肉 狗 1991年以前，境内没有饲养肉狗专供出售的专业户。1992年后相继有肉狗饲养者。1993年石峰区龙头铺镇凌建高养肉狗108只，出售78只，盈利5000多元。1997年，株洲县鸿仙乡晏小毛出栏肉狗107只，存栏121只，创产值4.79万元。市兽医防检站也在基地养狗78只，但因病多大部分死亡。农户养肉狗因死亡率高而逐渐少有人饲养。狗仍以农户散养为主，全市20万只左右。

蛇 1994年，醴陵市船湾镇下岭村胡运发建蛇池5个，面积1200多平方米，全年出售蛇1000多千克，养蛇收入3万多元。茶陵县高陇镇星峰村欧阳亚非从部队转业后未去县城工作，自费4000

元到江西、长沙学习养蛇技术，把家院变成了蛇场。1996年出售活蛇194千克，存蛇450千克，获利2万多元。养蛇必须吃活食，如青蛙、老鼠等，饲料难以办到又易逃亡，后饲养者减少。

梅花鹿 20世纪70年代早期，株洲县政府出资，派人从吉林购梅花鹿10余头，空运回株，在长冲公社建起了境内第一个养鹿场，采割鹿茸并酿造鹿茸酒，长冲鹿茸酒曾一度成为招待客人餐桌上的美酒。1997年，醴陵市王坊镇灌冲村石岭组退休教师许明生，从吉林购回梅花鹿16头。9月，有3头母鹿产仔、2头公鹿割茸3.15千克，产值近2万元。此后，醴陵、攸县、株洲县陆续有人饲养。

河蟹、罗氏沼虾 20世纪90年代陆续有人引进饲养，但都未上规模。2000年，由市、荷塘区两级政府投资60万元，在荷塘区明照乡宋家桥村将6.67公顷稻田改为鱼池，投放河蟹8万只、虾苗210万只，由于多种原因，未取得预期效果。

第四节 疫病防治

一 疫病种类

（一）畜 病

1949年以前，境内畜病繁多，无法确诊和分类，只能在畜别之后加一“瘟”字，统称之为牛瘟、猪瘟等等，流行广泛，危害严重。中华人民共和国成立后，畜病防治事业迅速发展，一些危害严重的疫病，得到了有效控制或有效防治。1949—1988年，主要牲畜传染病有21种，其中人畜共患病有炭疽、布氏杆菌病和狂犬病等；猪病13种，即猪瘟、猪肺疫、猪丹毒、仔猪副伤寒、猪姜片吸虫病、流行性感冒、仔猪白痢、猪喘气病、仔猪水肿病、仔猪黄痢、仔猪红痢、链球菌病和流行性腹泻等；牛病2种，即牛出败和流行热等；羊病1种，即羊布氏杆菌病；兔病1种，即兔出败。牲畜主要寄生虫病有7种，即牛肝片吸虫病、牛虱、猪蛔虫病、猪姜片吸虫病、猪弓型虫病、兔疥癣病、兔球虫病等。牲畜中毒病有3类，即饲料中毒、药物中毒和农药中毒，还有内科、外科、产科等方面的普通病数十种。20世纪90年代，养殖业大发展，专业户成倍增加，防疫显得更加重要。生猪防疫重点是猪瘟、五号病、猪丹毒、猪肺疫、仔猪副伤寒、猪链球菌病、伪狂犬病、细小病毒病、仔猪白痢等；牛危害较大的是五号病、牛炭疽；羊主要有五号病、羊块疫、传染性胸膜肺炎。猪、牛、羊偶蹄兽动物的五号病常年都有发生，危害极大。

（二）禽 病

禽病历来流行甚广。1949—1988年，境内发生主要禽病10种，其中传染病7种，即鸡新城疫、禽霍乱、禽痘、小鹅瘟、雏白痢、鸭瘟、鸡马立克氏病；寄生虫病2种，即鸡球虫病和鹅裂口线虫病；药物中毒病1种，即鸡驱虫药中毒。由于家禽数量多而分散、防疫难度大、密度低，加上养禽农户往往忽视防疫，每年死亡损失相当严重。20世纪90年代，禽病主要是鸡瘟、鸭瘟、小鹅瘟和禽霍乱。

（三）鱼 病

1949年后，境内查明养殖鱼类的主要病害有37种。其中青、草鱼病5种，即病毒性出血病、细菌性烂鳃病、肠炎病、赤皮病、尾柄病；鲢、鳙鱼病3种，即打印病，白皮病，爆发性鲢、鳙鱼出血病；鲤、鲫鱼病5种，即竖鳞病、疖疮病、孢子虫病、中华许氏绦虫病、嗜子宫线虫病；各类鱼苗、鱼种疾病3种，即白头白嘴病、车轮虫病、指环虫病；鱼类共患病害5种，即水霉病、小瓜虫病、中华鱼蚤病、锚头鱼蚤病、鲺病；其他病害16种，即气泡病、弯体病、跑马病、萎瘪病、中毒病、泛池以及鸬鹚、红嘴鸥、翠鸟、苍鹭、水蜈蚣、鳖、水蛇、蛙、蚌、水獭对鱼类的危害。

二 防治机构、队伍

1949年，境内无兽医组织，只有民间兽医147人，大都擅长阉割，不精医术，会医的也只有针灸和中草药等手段，一旦疫病流行，往往给畜牧生产带来严重损失。

1951年4月，酃县18名民间兽医，组成“酃县中兽医小组”，是境内最早的基层兽医组织。1952年，部分民间兽医开始组织带有合作性质的家畜保育站和兽医联合诊所。1953年起，醴陵、茶陵和株洲市先后成立畜牧兽医工作协会，把更多的民间兽医组织起来。到1957年，共建立民间兽医组织99个，其中兽医协会3个、区分会15个，医疗小组8个，乡家畜保育站及联合兽医诊所73个，有组织的兽医562人。1958年人民公社化后，撤销各种民间兽医组织，成立公社家畜防治站。1963年9月以后，以公社为单位，开始成立畜牧兽医站。到1965年，建立公社畜牧兽医站130个，共有畜牧兽医1001人，实行“单独核算，自负盈亏”，人员报酬采取固定工资加奖励的办法。以后，尽管体制发生变化，但以公社(乡、镇)为单位的组织形式基本稳定。

1980年，对全省公社兽医站兽医实行定编，境内153个公社畜牧兽医站，定编1224人。实行由县业务主管部门和人民公社双层领导，以县为主的管理体制。1985年，又将1980年定编兽医人员纳入县办大集体劳动计划管理，转为城镇户口和吃商品粮。到1990年，除市、县两级兽医防疫检疫机构外，全市共有乡镇畜牧兽医站152个，兽医1447人，其中兽医师57人，助理兽医师649人，兽医技术员518人。1996年，对乡镇兽医站进行“定人员、定编制、定经费”。但因经费不能落实，“三定”未能最后落实到位。

1985—1997年，境内养殖业大发展，兽医人员业务增多，收入增加，生活安定，是乡镇兽医站发展的黄金时期。20世纪90年代，乡镇兽医站有固定资产3000多万元，流动资金700多万元。综合服务收入每年800多万元。1997年1月，湖南省兽医卫生工作会议在攸县召开。与会代表参观了攸县和茶陵的6个乡镇兽医站。90年代后期，有80个农职校和中专毕业生自愿到乡镇兽医站工作。

三 防治措施

(一)猪病防治

1.猪 瘟 流行已久，一年四季发病，各地均有发生，但以水陆交通要道、集贸墟场、肉食加工站（点）周围乡村多发，该病迄今尚无有效药物可治，唯有大面积、高密度地注射猪瘟疫苗，进行防疫。猪瘟防疫注射，始于1952年，先后使用生物淋苗、兔化弱毒苗、三联苗、乳兔化弱毒冻干苗、成兔组织苗，牛睾丸细胞弱毒冻干苗以及高免血清等7种生物药品。20世纪50—60年代初，每年进行一次（5月）防疫注射，免疫密度10%左右，发病率为3.10%。60年代中期起到70年代改为春秋两季防疫（3月和9月），免疫密度50%～60%，发病率分别为4%和1%。80年代以后，开展猪瘟免疫程序改革，实行春季普注，月月补针、市场补注和仔猪窝边注射，免疫密度提高到85%以上，发病率下降至0.60%以下。

2.猪丹毒 农民称为“鬼打印”和“打火印”，其危害程度仅次于猪瘟。20世纪50年代极为严重，常呈地方性爆发，每年发病死猪上万头。如1953年，醴陵白兔潭、大障等7个区27个乡的14028头存栏猪中，发病5799头，死亡4995头，发病率和病死率高达41.30%和86.14%。到1957年，境内因该病死亡生猪仍达21224头，发病率为3.20%。50年代末到80年代初，各县应用猪丹毒、猪肺疫二联苗及三联苗进行大面积预防接种，并提倡“白猪栏化”（用石灰水进行栏舍消毒）和加强药物治疗，收到良好效果。据1980年抽样调查，境内猪丹毒发病率仅为0.48%。1982—2000年，停止使用三联苗，免疫密度下降，发病率回升到1%左右，但多为零星散发，不构成严重威胁，一旦发病，立即治疗，均可迅速治愈，死亡率较低。

3.猪肺疫 该病主要通过市场交易和肉食供应传播流行，各地均有发生，以气温变化较大和气温较高的5月、8月、9月三个月多发，单一感染只要治疗及时，容易治愈，但并发猪瘟时则致死率高。1949—1954年，猪肺疫发病率为1.40%～2.90%，死亡率为0.48%～1.50%。从1955年起，应用猪肺疫菌苗防疫注射，并使用抗菌素类药物治疗，猪肺疫的发生和流行逐步得到控制，1975年以后，发病率降到了1%以下。20世纪80年代，由于防疫经费不足，猪肺疫的免疫密度下降，但通过采取加强交通检疫和市场肉食检疫等措施，猪肺疫的发生仍然得到有效控制。1990年全市猪肺疫发病27939头，死亡5431头，发病率、死亡率分别为0.86%和0.17%。90年代，由于防疫措施不断加强，发病率和死亡率逐步降低。

4.仔猪副伤寒 一年四季都发，冬春季节发病数约占全年发病数的80%，主要危害1～4月龄的仔猪，多散发，有时呈地方性流行，常与猪瘟合并感染。1949年后，历年都有发生。20世纪50年代至60年代，危害严重，发病率为1.50%～2.82%，其中1961年高达6.70%。60年代末到90年代，通过仔猪副伤寒菌苗防疫注射，加强饲养管理，做好防疫消毒，发病率已下降到1%以下。但由于防疫注射面不广，仔猪副伤寒仍是生猪生产的严重威胁，每年还有2万头左右的仔猪发病，死亡4000～8000头。

5.猪姜片吸虫病 猪姜片吸虫病是境内生猪的主要寄生虫病。姜片吸虫的中间缩主扁卷螺分布广泛，因而在20世纪50—70年代推广水生饲料生喂期间，流行较为严重。1970年，有38个社（镇）、198个大队的20180头猪发病、死亡268头，发病率、死亡率分别为1.78%和0.02%。80年代以后，随着配（混）合饲料的推广普及和驱虫新药（7505）的广泛应用，猪姜片吸虫的感染率下降。90年代，全市畜禽疫病普查，抽查生猪152头，阳性率为4.60%，且逐年降低。

（二）牛病防治

1.牛 瘟 1949年以前，茶陵、酃县曾有牛瘟发生，危害大。民国18年（1929），茶陵又暴发牛瘟。民国32年（1943）2月，茶陵五常乡爆发牛瘟，历时数月，乡间兽医，不能防治，坐视其死而不能救，耕牛死亡过半。1950—1951年，各县连续2年进行防疫注射，到2000年，均未发生过牛瘟。

2.牛出败 此病多呈散发，有时呈地方性爆发，是危害耕牛的主要传染病之一。20世纪50年代开展牛出败菌苗的防疫注射，时断时续，效果不佳，曾出现三次多发期，第一次是1950—1957年，发病牛360头，死亡210头，第二次是1969年，发病116头，死亡74头。第三次是1980—1990年，每年发病100～200多头，死亡50～100多头不等。至2000年，仍有间歇性零星发生。

3.牛炭疽 炭疽病曾呈点状散发。1949—1983年的35年中，有8个年份(1949年、1953年、1954年、1956年、1957年、1959年、1982年、1983年)、21个乡（公社）、62个村（大队）发生牛炭疽，共计病牛101头，死亡68头，并感染26人，死亡5人。1984—2000年，未发此病。

（三）禽病防治

1.鸡新城疫 是发生最普遍、死亡率最高的一种传染病，泛称“鸡瘟”。1949年，发病11.13万羽，死鸡11.02万羽，发病率和死亡率均为7.10%。1952年以后，开展鸡新城疫免疫接种，到1959年，发病率和死亡率分别下降到2.50%（发病15.67万羽、死亡15.16万羽）。1960—1976年，先有国家经济暂时困难的影响，后有“文化大革命”的干扰，鸡新城疫免疫接种工作削弱，有的县甚至停顿，导致此病又泛滥成灾。17年间，免疫密度只有14.60%～26.30%，而发病率、死亡率分别达到3.60%～8.70%和3.50%～8.60%。其中1968年流行最为严重，发病27.28万羽，死鸡26.70万羽。1977—1982年，免疫密度徘徊在24.30%～28.10%之间，发病率、死亡率仍然达到3.90%～5.20%和3.70%～5.10%。1983年以后，兽医防疫部门加强了免疫接种工作，同时多数农户提高了认识，除主动要求兽医人员上门接种外，有的还自购疫苗进行免疫，鸡新城疫免疫密度有了大幅度提高。1983年，免疫接种数达到133.47万羽，免疫密度34.80%，比1982年提高8.50个百分点。1984年，境内接种313.80万羽，免疫密度达到49.60%。1987年，接种355.40万羽，免役密度达57.80%。1990年，接种798万羽，免疫密度为60.30%。由于防疫密度提高，上述年份全市鸡新城疫的发病率和死亡率均控制在5%以内。20世纪90年代，随着防疫密度逐年提高，发病率和死亡率有所下降，但群死现象也时有发生。

2.禽出败 又名禽霍乱，发病、死亡率仅次于鸡新城疫。此病发病季节不明显，但以3—5月和8—11月多发；鸡发病居多，且常并发鸡新城，鸭次之；集镇附近，交通要道沿线和平原区多发，山区少发。1949—1953年流行严重，发病率高达5%～8.10%，死亡率为3.4%～5.70%，每年发病12万羽左右，死禽8万多羽。1954年以后，发病率、死亡率分别下降到2.10%～4.30%和1.20%～3.30%。从1964年起，开始使用氢氧化铝弱毒菌苗进行防疫注射，免疫保护率低，接种后仍不保险。历年防疫密度都在4%以下。其治疗方法是：一旦发生疫情，及早应用长效磺胺、土霉素等抗菌素类药物，可获得良好效果。

3.鸭 瘟 鸭瘟仅发于鸭，以盛产麻鸭的攸县多发。发病季节，主要为秋、冬季，其中9—11

月为发病高峰期。1963年后，开展鸭瘟疫苗防疫注射，密度达到70%以上，发病率和死亡率分别控制在1%以内，到1988年，仅有零星散发。

4.小鹅瘟 是由小鹅瘟病毒引起的一种雏鹅急性、败血性传染病。1982年5月，始发于酃县十都乡南流村鹅场，发病雏鹅60羽，死亡54羽，经广东佛山兽医专科学校确诊为小鹅瘟。从此，该病在酃县不断扩散，威胁白鹅生产发展。1983年，扩散到该县4乡4村，发病120羽，死亡80羽。1984年急剧上升，流行范围扩大到6乡8村，发病450羽，死亡280羽，发病率、死亡率分别为0.31%和0.19%。酃县畜牧部门于1984年9月开始，采用广东小鹅瘟疫苗和小鹅瘟血清，进行免疫接种和紧急预防，收到明显效果。到1988年，仅发病150羽、死亡110羽，发病率、死亡率分别下降到0.10%和0.07%。由于预防措施坚持不力，1990年又大幅度上升，共发病2200羽，死亡800羽，发病率和死亡率分别上升到1.40%和0.50%。此后，加强防疫，发病率和死亡率逐步下降。其他各县市区尚未发生过小鹅瘟。

（四）鱼病防治

1949年以前，境内防治鱼病方面积累了一些经验。例如用博落回（俗称“号筒”）浸出汁液杀灭鱼虱；用苦楝树皮，辣蓼草治疗草鱼松鳞症（赤皮病）和黑脑症（烂鳃病）；用黄泥调水再加人尿，解救鱼类因缺氧引起的泛池等。但这些经验未能全面推广。20世纪50年代初，推广硫酸铜和硫酸亚铁合剂治疗鱼类寄生虫病。50年代末推广醴陵县中草药防治鱼病技术。60年代后，采用生石灰、漂白粉清塘消毒；在生产管理上，采用“四消”（鱼种消毒、饵料消毒、食场消毒、工具消毒）、“四定”（饵料投放实行定质、定量、定时、定位）等措施，减少了疾病的发生。70年代后，推广“三磺素”（磺胺咪、磺胺噻唑、大黄）和“浮性鱼药饵”治疗草鱼“三病”（赤皮、烂鳃、肠炎）。1978年，又从省水产科学研究所引进草鱼出血病组织浆疫苗注射技术，效果良好。

1.出血病 各县皆有发生，以6月下旬至9月底，水温25℃～30℃时为发病流行季节。2～6厘米夏花草鱼即可感染，以6～10厘米的当年鱼种多发而严重。1足龄以上的草鱼亦可发生。当年草鱼种死亡率一般在30%～50%，甚至高达60%～80%。该病尚无特效治疗药物，主要防治办法是采用灭活疫苗，进行腹腔免疫注射，或用弱毒疫苗进行浸泡免疫。经注射或浸泡后的草鱼种，其免疫期可达14个月以上。

2.肠炎病 又称“烂肠瘟”，草、青鱼易发，对1冬龄以上的草鱼危害最为严重，常与烂鳃、赤皮病并发，死亡率可达90%以上。流行季节为4—9月。采用内服和外用药物相结合的办法进行治疗，有较好疗效。外用药一般用1ppm的漂白粉全池遍洒。内服药为磺胺胍，6天为一个疗程，每50千克鱼第一天用药5克，第2～6天每天2.50克。

3.烂鳃病 又称“黑脑症”，此病草、青、鲢、鳙、鲤、金鱼以及其他一些鱼都可发生，主要危害草鱼，是当年草鱼种和成鱼的严重病害之一。4—10月为流行季节，水温20℃～30℃，为流行高峰，15℃以下一般少见。病原体是鱼害粘球菌。防治方法采用漂白粉全池遍洒，使池水成1ppm的浓度，或用五倍子全池遍洒，使池水成1～4ppm的浓度。

4.赤皮病　又称松鳞症。是草、青鱼的主要疾病之一。因放养及扦捕造成鱼体受伤而引起，一年四季均可发病。病原体为荧光假单包菌。防治方法：鱼种在扦捕、搬运、放养过程中，防止鱼体受伤，治疗时体内外同时用药，体内给鱼口服磺胺噻唑，连续投喂 6 天，每天 1 次，第 1 天用药量按吃食鱼体重每 50 千克用药 5 克，2 ～ 6 天用药量减半，体外用药为全池遍洒漂白粉 (1ppm) 或五倍子（2 ～ 4ppm）。

5.打印病　是鲢、鳙鱼的主要病之一。鱼种、成鱼、亲鱼普遍易感，发病严重的鱼池感染率可达 80% 以上。一年四季都发，但以夏秋两季常见，严重影响鱼种和成鱼的生长及亲鱼的催情产卵。病原体为点状产气单孢菌。防治方法：注意池水洁净，避免寄生虫的侵袭，勿使鱼体受伤。用 20ppm 的呋喃唑酮溶液浸洗，或用 1ppm 漂白粉全池遍洒。

6.水霉病　又称白毛病。各种饲养鱼类，从鱼卵至成鱼都可感染。一般在扦捕或运输中，鱼体受伤后引起。病原体为真菌中的水霉或棉霉。防治方法：鱼池用生石灰彻底清塘消毒，在捕捞、搬运时，勿使鱼体受伤，放养前用 1 ／ 1.5 万的孔雀石绿溶液浸洗 3 ～ 5 分钟。

四　检　疫

为控制疫病传播和人畜安全，境内开展产地检疫、交通检疫、市场检疫，确保市场肉品卫生。1985 年，国务院颁布《家畜家禽防疫条例》，检疫有了法律依据。从 1998 年 1 月 1 日起，国务院颁布实施《中华人民共和国动物防疫法》。株洲市组织 7 台车，为期 8 天，行程 936 千米，到境内 47 个乡镇、120 个村、2100 个村民小组宣传《动物防疫法》。全市有兽医卫生监督员 52 人、检疫员 458 人。对 141 个农贸市场、18 个定点屠宰场、5 个交通检疫站都严格检疫。2000 年检疫活大猪 248 万头、仔猪 160 万头、白肉 70 万头（具）、家禽 163 万羽，消毒车辆 10700 台次，检出病猪 0.42 万头，全部进行焚烧或高温消毒处理。

1996 年，境内启动生猪定点屠宰工作。按照“定点屠宰，集中检疫，统一纳税，分散经营”的方针，全市设定点屠宰场 14 个，其中市区 9 个，各县城 1 个，以杜绝注水肉和病死猪肉上市，让人们吃上“放心肉”。20 世纪 90 年代后期，在猪饲料及饮水中添加“瘦肉精”、激素、安眠镇静药的现象时有发生，危害食用人群身体健康。同期，境内各县市都设有兽药监察所，对兽药店进行清理整顿，规范进药渠道，杜绝假劣兽药流入境内。从 2000 年起，境内对生产、销售、使用“瘦肉精”等违禁药物的单位和饲养户进行严厉打击，对兽药店、饲料店、养殖大户进行地毯式排查，并采集尿样 112 个进行化验。1990 — 2000 年，境内没收假劣兽药 1012 件，取缔无证经营 110 户，罚款 5.13 万元。

1997 年，市内白石港水域发现了人畜共患的血吸虫病。经普查，有荷塘、石峰两区 17 个村为疫区。根据分工，畜牧部门负责家畜血防工作。从 1998 年起，每年对疫区内的牛、羊逐户、逐头进行检查、采血或粪检，对阳性牛羊或疑似者用吡喹酮治疗。到 2000 年，共普查牛羊 2100 头次，给牛、羊服药 1450 头次，基本控制了疫情，牛羊血吸虫阳性检出率逐年降低。

第五章　林　业

明、清时期，境内古树参天，林木繁茂，禽鸟时鸣，虎豹昼行。朝廷提倡培育苗木，植树造林。地方制订乡规民约，保护森林。木材市场活跃。民国时期，湖南省设3个林务局，醴陵属第一林务局，攸县、茶陵县、酃县属第二林务局，县置林务专员办公处。境内兴办苗圃5个，面积2.27公顷；林场7个，面积50.13公顷。人工造林以油桐、油茶为主。民国5年（1916），醴、攸、茶3县由湖南省甲种农业学校分配林科毕业生各1名。

中国共产党领导工农红军建立井冈山革命根据地时期，酃县、茶陵、攸县成立工农苏维埃政权。1928年12月，苏维埃政府颁布了《井冈山土地法》，农民分得山林，改变了有山者不造林，有劳无山没处造林的状况。1932年3月16日，中华苏维埃共和国临时中央政府常委会通过《对植树运动的决议》，提倡植树造林。同年8月1日，湘赣省苏维埃召开第二次代表大会，通过《土地法执行条例》，动员群众植树造林。1933年3月上旬，中共酃县县委转发湘赣省委指示，规定高山远山种松竹，阴山矮山种茶杉，路边河边栽柳树，黄土荒山都绿化。

20世纪50年代初，境内贯彻“护林为主，重点造林”的方针，着手林业生产建设。实行“谁种谁有，伙种伙有，村种村有”政策，建立育林基金制度，对造林给予经济扶持。1950—1957年，造林5.93万公顷；采集林木种子173.20吨；育苗208公顷；封山育林1.68万公顷；幼林抚育1.34万公顷。

第一个“五年”计划期间，造林育林由个体农户经营逐步转为农（林）业生产合作社经营，生产规模扩大。此间，境内生产木材43.83万立方米；竹材647万根。为保护森林资源，防止乱砍滥伐，规定木商进山采伐、收购、运输木材需经林业部门批准，发给采伐证、收购证和运输证，并在木材出口集中地醴陵、株洲设立木材检查站，株洲设立木材交易所，木材买卖均在交易所内进行。木竹经销由私商经营为主逐步过渡到国营为主，在完成对资本主义工商业的社会主义改造后，全部由国家经营。1954年年初，株洲木工厂建成投产，并于1957年4月由省建筑工程局建筑器材制造公司移交株洲市工业部门领导。

1958—1960年，林业生产一度出现违背客观规律、忽视科学造林的问题，提出“四季造林”，3年造林6.38万公顷，比前8年多造4507公顷，但重造轻管，保存率低。这期间，大办公共食堂、大办钢铁、大办水利、大办交通，都滥伐森林。3年采伐木材66万立方米，楠竹796.02万根，分别比前8年多砍22.17万立方米和149.02万根。醴陵大林公社原为产材区，1958年秋末冬初，每天有千人上山砍树烧炭，林木被砍去50%以上。醴陵原为湖南88个产材县之一，森林资源几经破坏以后，变成严重的缺材县。

1961—1963年，贯彻中共中央“调整、巩固、充实、提高”的方针，纠正“五风”错误，实行“国造国有、社造社有、队造队有，社员住宅前后的零星树和自留山植树归个人所有”的政策，3年造林1.50

万公顷，“四旁”植树 1130.64 万株。木材生产计划进行调整，3 年采伐木材 32.93 万立方米，采伐楠竹 198.45 万根。

1964 — 1978 年，林业生产以基地建设为主，共造林 29.04 万公顷 (飞机播种造林 1.57 万公顷)，其中：用材林 19.68 万公顷，经济林 7.53 万公顷，防护林 2060 公顷，四旁植树 6810.42 万株。生产木材 165.01 万立方米，采伐楠竹 1350.99 万根。

1980 年，成立株洲市林业委员会，下设办公室。1982 年，改绿化办。1983 年 7 月，成立株洲市林业局，县林业机构也逐步健全。林业生产经营体制更趋合理。全市开展稳定山林权属，划定自留山，确定林业责任制和山林定权发证的工作，调动了群众造林营林积极性。林业生产建设进入国家、集体、个人一起上的新局面。全市国营林场 8 个，经营面积 4.95 万公顷；乡镇集体林场 1063 个，经营面积 9.15 万公顷；股份制林场 51 个，经营面积 2.67 万公顷。1988 年，中共株洲市委、市人民政府提出“五年消灭宜林荒山，十年绿化株洲”的宏伟目标。经过 4 年的奋战，全市荒山造林 10.20 万公顷 (其中飞机播种造林 2 万公顷)，封山育林已成林 2.34 万公顷，采伐迹地更新造林 1.73 万公顷。后经省林业厅和林业部检查验收，宜林荒山造林率酃县 99.92%、攸县 99.96%、茶陵县 99.96%、醴陵市 99.79%、株洲县 99.97%、郊区 99.91%。

林业生产、经营、管护、科研、林产加工体系日趋完善。1990 年，全市有 61 个国营林业单位，国营林场 3 个，国营苗圃 6 个，林业科研所 7 个，林业院校 2 所，市属木材公司、林化厂、林化产品供应站、林业汽车运输公司、贮木场各 1 个。此外，村办集体林场、林业专业户、重点户、联合体，已成为株洲林业建设和发展的一支新的骨干力量。全市拥有用材林基地乡 53 个，楠竹基地乡 5 个，油茶基地乡 48 个，有专业护林人员 810 人，兼职护林人员 2839 人，设护林防火瞭望台 26 座，开辟防火线 590 千米，修防火林道 2075 千米，架设通信线路 390 千米。全市普遍进行了森林病虫害普查，建立森林病虫害测报站。

从 1991 年开始，境内启动世界银行贷款造林工程，到 1998 年，共完成世行造林 1.46 万公顷，年均世行造林 1827 公顷。长江中下游防护林工程从 1991 年在茶陵县实施，6 年中茶陵县共完成长防工程人工造林 4867 公顷。

到 2000 年的十年间，境内共造林 7.91 万公顷，其中国有造林面积 6467 公顷、集体造林 6.15 万公顷、非公造林 1.18 万公顷。采伐活立木 408 万立方米，生产木材 285 万立方米，采伐大径竹材 4369 万株。

第一节　森林资源

战国时期，醴陵一带森林很多，栖息着老虎和野象。南朝时，攸县的皇图岭和株洲的朱亭一带多松树和柏树。宋代，株洲一带则槠树很多，故有范成大“槠州何日到”的诗句。现今的株洲即由“槠州”演绎而成。株洲、醴陵一带的夹道松不仅数量多，生长良好、挺拔，而且人工栽植的名胜、古木亦多。

明代地理学家徐霞客于明崇祯九年（1636）冬到茶陵和攸县考察，在《楚游日记》中记载当时的情景："层峰夹谷，树色深沉""盖前之攀枝悬坠者，藉树；而兜衣挂履，亦树。得涧而树梢为开，既而涧复生草……"说明当时境内山区林木密茂，杂草丛生，行人难以通过，原生植被完好。清光绪十五年（1889），御祭官到酃县祭祀神农炎帝，见境内山高林茂，流水潺潺，触景生情，写诗一首，诗云："千峰夹水一舟行，雪浪银涛树杪生，花发不知春早暮，人归常畏虎狰狞。"清同治十年（1871）版《茶陵州志》载：云阳山、五峰山、泰和山、百丈山、青台山等处"其阴多木"。"千年泉洒落，万壑树参天"。

境内森林资源从清代开始遭到破坏。战争给森林带来灾难，太平天国农民起义军几进茶陵县、攸县、醴陵县攻击清军，反过来清兵又围剿太平军，双方既以森林作为天然屏障掩护自己，又用烧山之法清除对方，致使大片森林被焚毁。森林火灾的发生，烧掉不少林木。后闽粤赣之民，迁入境内山区，利其土美，结庐山上，垦种食粮，森林遭毁。加之病虫害危及森林，使成片林木死于病害和虫嘴之下。

民国时期，木商云集林区，滥伐林木。战乱之中，森林惨遭焚烧。生态环境失调，森林病虫害增多，使森林资源减少，出现大面积荒山。中华人民共和国成立前夕，攸县有林地面积为 8.78 万公顷，荒山荒地却达 9.27 万公顷。据湖南省农业改进所民国 29 年（1940）调查，醴陵、攸县、茶陵、酃县共有山林面积 66.46 万公顷，其中有林地面积 39.78 万公顷，宜林地面积 26.68 万公顷。

一　森林面积、蓄积量

（一）面　积

中华人民共和国成立后，省、地（市）、县先后进行 4 次森林资源普查。第一次是 20 世纪 50 年代末，查明醴陵、茶陵、酃县 3 县共有林地面积 50.70 万公顷。第二次于 70 年代中期进行（简称"四五"期调查），查明境内 5 县共有林地面积 74.31 万公顷。

1983 — 1986 年，进行第三次普查（简称"六五"期调查），境内共有林地面积为 72.41 万公顷，占全市总面积 64.21%。林地中，有林地面积 42.51 万公顷，占 58.40%；疏林地 4.94 万公顷，占 6.83%；灌木林 4.83 万公顷，占 6.67%；未成林造林地 1.69 万公顷，占 2.33%；无林地 18.35 万公顷（荒山 12.82 万公顷，迹地 0.47 万公顷，灌丛地 5.06 万公顷），占 25.46%。有林地面积中，用材林 20.53 万公顷，占 48.29%；防护林 0.92 万公顷，占 2.16%；薪炭林 1.41 万公顷，占 3.32%；特用林 0.40 万公顷，占 0.94%；经济林 15.82 万公顷，占 37.22%；竹林 3.43 万公顷，占 8.07%。用材林以杉木面积最大，有 11.47 万公顷，占 55.88%；松类面积 6.41 万公顷，占 31.22%；阔叶林面积 2.65 万公顷，占 12.90%。柏木 6 公顷。龄组面积结构是：幼龄林 9.66 万公顷，占 47.07%；中龄林 5.48 万公顷，占 26.69%；近、成、过熟林 5.39 万公顷，占 26.24%；柏木林全部是幼林。林地和森林面积"六五"期比"四五"期减少，森林覆盖率 41.97%，高于全国 12.70% 和全省 40.12% 水平，居本省第 6 位。

1990 — 1995 年，进行第四次森林资源二类调查（简称"八五"调查）。查明境内共有林地面积

境内第二、三次普查林地和森林面积变化对照一览表

表 6-18

单位：万公顷

项　目	“四五”期	“六五”期	增 减 量	
			数 量	%
林　地	74.31	72.41	–1.90	–2.55
有林地	43.81	42.51	–1.30	–2.97
用材林	24.15	20.53	–3.62	–15.01
经济林	16.18	15.82	–0.36	–2.22
竹　林	3.46	3.43	–0.03	–0.70
疏　林	9.84	4.94	–4.90	–49.78
灌木林地	5.18	4.83	–0.35	–6.83
无林地	13.93	18.44	+4.51	+32.40
森林覆盖率（%）	43.52	41.97	–1.55	–

为 71.49 万公顷，占全市总面积的 63.39%。林地中：有林地面积 50.78 万公顷，占 71.05%；疏林地 4.48 万公顷，占 6.26%；灌木林地 5.66 万公顷，占 7.92%；未成林造林地 4.98 万公顷，占 6.96%；无林地 5.58 万公顷，占 7.81%，苗圃地 68 公顷。有林地面积中：用材林 27.98 万公顷，占 55.11%；防护林 1.77 万公顷，占 3.48%；薪炭林 2.11 万公顷，占 4.16%；特用林 0.69 万公顷，占 1.36%；经济林 14.28 万公顷，占 28.11%；竹林 3.95 万公顷，占 7.78%。林分面积中以杉木面积最大，有 13.45 万公顷，占 41.32%；松类面积 10.94 万公顷，占 33.58%；阔叶林面积 8.17 万公顷，占 25.10%；柏木 12 公顷。龄组面积结构是：幼龄林 16.85 万公顷，占 51.75%；中龄林 7.91 万公顷，占 24.29%；近、成、过熟林 7.80 万公顷，占 27.87%。森林覆盖率 50.8%，高于全国 12.7% 和全省 50.79% 的水平。

（二）蓄积量

20 世纪 50 年代末至 90 年代初，境内进行了 4 次森林资源普查，其活立木蓄积量分别是：第一次，醴陵、攸县、茶陵、酃县 4 县共有 1529.40 万立方米。第二次，境内 5 县共有 1009.88 万立方米。第三次，境内共有 1026.05 万立方米，楠竹 6662.15 万株。林分蓄积量 891.56 万立方米，占总蓄积量 86.89%；疏林蓄积 98.86 万立方米，占总蓄积量 9.64%；散生木蓄积 20.41 万立方米，占总蓄积量 1.99%。“四旁”树蓄积 15.23 万立方米，占总蓄积量 1.48%。在林分蓄积中，用材林 806.70 万立方米，占 90.48%；防护林 61.12 万立方米，占 6.86%；薪炭林 5700 立方米，占 0.06%；特用林 23.17 万立方米，占 2.60%。

1950 — 1990 年，境内交售国家木材 512.91 万立方米，年均 12.82 万立方米；竹材 4466.30 万根，年均 111.66 万根。除上交国家外，地方用材更多，立木蓄积量减少。攸县林业局统计，从 1950 年至 1984 年，全县共消耗木材 140 万立方米，年均 4 万立方米左右。其中：建房、家具、用具、农具消耗木材在 50 万立方米以上。棺木用材不下于 12 万立方米。采煤用坑木 10 万立方米。此外，县办造纸厂、瓷厂和农村兴修水利、架设农电农话线路、炼生铁与民用木炭等消耗木材近 20 万立方米。

1996 年，第四次森林资源普查，境内共有活立木蓄积量 1245.91 万立方米；楠竹 7651 万株；四旁植树蓄积 36.96 万立方米。1991 — 2000 年，共采伐活立木 408 万立方米，生产木材 285 万立方米。采伐大径竹材 4369 万株。

总体分析，据树干解析资料测算，境内森林蓄积平均年生长率为 5.17%，按第四次普查计算，活立木年均生长总量为 64.42 万立方米。而省林业厅依照国家《森林法》，规定年采伐量不得大于年生长量的标准，年均下达株洲市木材采伐量在 40 万立方米左右，出材 28 万立方米左右。既为国家经济建设提供了大量木材，又达到了青山常在、永续利用的目的。

二 树 种

（一）树种资源

清代至民国时期，各县乔木有松、柏、枫、槐、楝、椿、桑、柘、棕、杉、柞、乌柏、槠、蜡、柳、杨、栗、樟、檀、梓、梧桐、泡桐、油桐、榆、皂荚、梅、桃、杏、李、梨、杨梅、枣、石榴、柿、橘、栎、银杏等。

20 世纪 50 年代后引进树种有 17 科 47 种，主要的是松科、杉科、杨柳科、山茶科、蔷薇科 5 科。松科有湿地松、火炬松、雪松、华山松、黑松、金钱松、云南松、日本落叶松、海南五针松、西藏长叶松、油松；杉科有池杉、落雨杉、秃杉、水杉、日本柳杉、柳杉；杨柳科有响叶杨、加拿大杨、钻天杨、小叶杨、毛白杨、垂柳；山茶科有金花茶、普洱茶、宛田红花油茶、广宁油茶、博白大果油茶；蔷薇科有杏树、白氏稠李、郁李、大平梅、寒梅、江南花秋等。

1985 年普查，境内共有乔木、灌木树种 106 科、269 属、884 种。分壳斗科、樟科、木兰科、金缕梅科、冬青科、山矾科、蔷薇科和杉、松、柏（科）类。主要用材林树种有杉木、马尾松、梓树、樟树、楠木、桐树、泡桐等；主要木本淀粉树种有板栗、苦槠、柿子、锥栗、枣树；主要木本油料有油茶、油桐、乌柏、山苍子等。主要的药用植物有厚朴、杜仲、黄栀子等。

全市有稀有珍贵树种 70 多种，主要分布在炎陵、茶陵县境内。其中属于国家一级保护树种有银杉；二级保护树种有大院冷杉、钟萼木、长瓣短树茶、篦子三尖杉、香果树、位花木、杜仲、福建柏、巴東木莲、银杏、鹅掌楸；三级保护树种有穗花杉、闽楠、华榛、白辛树、银钟花、南方铁杉、厚朴、凹叶厚朴、红生木莲、银鹊树、红椿、天师栗。

（二）树种分布

垂直分布 海拔 600 米以下为杉、松、油茶林带，600 ~ 1000 米为常绿针阔混交林带，1000 ~ 1500 米为常绿落叶针阔混交林带，1500 ~ 1800 米为矮林灌丛带，1800 米以上为山顶草丛带。炎陵县在海拔 350 ~ 1000 米之间，是多树种，复层、多类型的常绿阔叶林区。主要树种有壳斗科的常绿树种，如栲属的甜槠栲、钩栗、大叶椆；石栎属的石栎、岭南石柯；樟科樟属的樟树、猴樟、川桂；润楠属的红楠、润楠；山茶科木荷属的木荷、厚皮香属的厚皮香、华南厚皮香等。混生一些落叶阔叶树种枫香、拟赤杨，形成常绿阔叶与落叶阔叶混交林，因常绿树种多，外貌常绿。同时，大量的杉木、马尾松与常绿阔叶林带嵌镶分布。海拔 800 ~ 1300 米的中山山地，如钟萼木、毛红椿、华椿、银钟花、伞花木、青钱都、深山含笑等，落叶树种甚多。海拔 1300 ~ 1600 米的高山地带，落叶阔叶树种有较强的耐寒、耐阴特性，如水青冈、光叶水青冈、蓝果、五裂槭、木姜子等。混生有耐寒性的冬青，苦槠等常绿树种。常绿针叶树种有大院冷杉、南方铁杉、福建柏和黄山松等。

森林植被分布 根据地貌和植物群落的外部特征、内部结构和人为活动的影响，境内大致可分为 2 大片、12 个类型。一大片是城郊、株洲县、醴陵、攸县以丘陵为主的地段，分 6 个类型。二大片是炎陵、茶陵以中低山为主的地段，也分 6 个类型。

（三）主要树种

1. 杉 境内杉木良种比较好的品种类型有芒杉、油杉、青枝杉（青刺杉）、线杉。共有杉木林面积 11.47 万公顷，活立木蓄积 513.71 万立方米。过熟杉木林分布在炎陵县的青石冈林场、桃源洞自然保护区，沔渡、十都、石洲、垅溪、水口、策源、下村、中村、船形、城东、平乐等乡镇和大院农场。炎陵县过熟杉木林面积 0.37 万公顷，蓄积量 34.69 万立方米。茶陵县桃坑乡等山区乡有过熟杉木林面积 0.37 万公顷，蓄积量 34.81 万立方米。境内有径级 38 厘米以上的特大杉木 2.62 万株，只占杉林近、成、过熟林的 0.10%。蓄积量 3.13 万立方米，占 1.3%，平均每株 1.2 立方米。

2. 松 松林主要有马尾松、火炬松、湿地松，还有少量的金钱松、黄山松、华山松、粤松、华南松等。马尾松俗名松树、青松、刺松等，生长快、造林更新容易。既是优良的用材树种，又是园林绿化的优美风景树种之一。马尾松是亚热带原始常绿阔叶林遭受破坏后最早出现先锋树种之一，生长条件要求不高，除盐碱地和水地外，都能生存，还具有天然下种、飞子成林的特点，自古以来，主要以“天然更新”来扩大松林资源。20 世纪 50 — 60 年代，马尾松是境内丘陵红壤的主要造林树种。70 年代以后，开始引进湿地松、火炬松和少量的粤松、金钱松、黄山松、华山松、华南五针松。1986 年松林面积 8.09 万公顷，蓄积量 136.75 万立方米，过熟松林面积 1.10 万公顷，蓄积量 17.41 万立方米。用材林中过熟松林 196 公顷，蓄积量 1.67 万立方米。

3. 檫 檫林（梓木）分布境内各县市区。茶陵二仙林场在五峰山，从山谷至海拔 750 米处，不分坡度坡向到处散生着小块檫木。炎陵县海拔 1300 ~ 1500 米的大院、小院、绵羊垄、和平坳、水牛湖、桥头、牛屎坪一带的山腰以下的沟谷两侧，檫木呈团状分布，较为普遍；一般胸径 70 ~ 80 厘米，树龄在 400 年以上。位于武功山下面的攸县漕泊、鸾山一带，海拔 500 ~ 600 米的东坡山地，有一片多属萌芽更新的次生林，面积 13.34 余公顷。混生有少量杉木、樟树、马尾松等，林相整齐，类似纯林外貌。但在茶陵的平水、八团，攸县的兰村、黄丰桥、柏树下，炎陵县的城东、策源，株洲县的长冲、八斗，醴陵的军山等地，因人为活动频繁，干扰严重，多数为散生状态。

4. 竹 清同治版《茶陵州志》“物产篇”载：竹木之属有楠竹、苦竹、紫竹、黄竹、笙竹。清同治版《攸县志》“物产篇”载：竹属九类：即楠竹、苦竹、黄竹、斑竹、水竹、方竹、实心竹、淡竹、凤尾竹。据 1982 年农业区划调查，境内竹林主要有楠竹、水竹、方竹、实心竹、紫竹、箭竹、苦竹、黄竹、斑竹、凤尾竹、罗汉竹、黄金间碧玉、观音竹、花竹、刚竹、丛竹、猫竹、黑竹、青皮竹等 20 种。据“六五”森林资源清查，境内有竹林面积 3.43 万公顷，立竹蓄积 6662.15 万株，其中楠竹基地面积 1.11 万公顷，立竹蓄积 3968.42 万株。

楠竹主要分布在炎陵县十都、石洲、龙溪、策源、下村、大院农场、桃源洞自然保护区，茶陵的桃坑、江口、八团、湖口、七地、火田、湘东，攸县的鸾山、凉江、银坑、湖南坳、高枧，醴陵市北部与西部两片中低山区、冈地，株洲县的八斗、长冲等 23 个乡（镇）场、片。

水竹分布在茶陵高陇一带和攸县柏市、黄丰桥、鸾山等乡，竹子的竹节长，纤维细，光亮平滑，柔软坚韧，可制凉席。

方竹分布在炎陵县大院、桃源洞自然保护区，茶陵八团乡泰和仙，株洲县的龙潭乡，攸县的黄丰桥天宝岩，是一种杆高、节长、皮青通直的观赏竹。

实心竹分布在炎陵县大院、桃源洞自然保护区，茶陵泰和仙，竹杆实重、肉质坚硬、弹性强。

紫竹因竹杆呈紫色而得名，分布在炎陵县的城东吉利、山垅等地，农舍门前屋后均有栽培，茶陵的江口、华里、利民一带山谷，攸县的丫江桥、莲塘坳、银坑、黄丰桥亦有分布。

苦竹、箭竹分布在炎陵县石洲、青石、策源，攸县的鸾山、黄丰桥、柏市、银坑、酒埠江、莲塘坳等，块状分布于残林以及散生于醴陵的山坡中。质坚而细密，编织用具颇佳，苦竹笋有苦味，不能食用。

斑竹、凤尾竹、青皮竹、黑竹分布于醴陵的山坡和庭前屋后的四旁隙地，供观赏和加工小型农具、家具、工艺品以及包装品等。

罗汉竹分布于炎陵县下村、策源。

观音竹分布于茶陵七地乡麦源村朱家莞组，其竹杆矮多叶，丛生形似“观音座莲”。

黄金间碧玉，分布于炎陵县平乐乡新山村，列为重点保护植物。

花竹分布于茶陵的高陇，大小与楠竹相似，竹杆上呈黄、绿、灰白、棕红等色，直条花纹平行相间，宽窄不一，有似黄色带，有的似绿色绒条，有的形若银丝，具有较好的观赏价值。

刚竹分布于攸县黄丰桥、鸾山、银坑乡，杆能作毛笔杆、算盘杆、筷子及小巧鸟笼等。

丛竹、凤尾竹、斑竹、实心竹等攸县略有分布，但数量不多。

猫竹，醴陵山坡有少量散生。

5.油 茶 又名茶子树，山茶属植物，共有 100 多种，境内主要是普通油茶为主，还有攸县油茶、小叶油茶、软枝油茶（普通油茶的变种）、栓壳红山茶、尖叶油茶、红花油茶、尾叶山茶、广宁红花油茶、博白大果、南岭山茶、九嶷山红花油茶等 12 个品种。普通油茶按果实成熟季节分为“寒露子”与“霜降子”两种。寒露子（珍珠子）群体分布少，常与其他品种混生。霜降子占境内油茶总面积的 80%。始花成果期较迟，果实在霜降节前后成熟。树冠较大，丰产性能好，产油率一般每 50 千克茶籽可获茶油 25 千克左右。1981 年油茶种源考察，以霜降红桃类型产量较高，盛果期长，适应性广，宜于推广。

据“六五”森林资源清查，境内油茶总面积 14.74 万公顷，主要有寒露子和霜降子。其中，醴陵 4 万公顷，是全国第一批油茶之乡。攸县 2.67 万公顷，是第二批油茶之乡。酃县 1.93 万公顷，占林业用地面积的 12%。全县 16 个乡（镇）203 个村均有分布。茶陵 1.71 万公顷，主要是普通油茶，分秋分子、寒露子、霜降子、立冬子4个品种，其中霜降子占全县总面积的85%。境内油茶面积在0.07万～0.14万公顷的乡镇有49个，0.14万～0.20万公顷的乡镇31个，0.27万公顷以上的乡镇4个。其中，株洲县洲坪乡0.28万公顷，攸县坪阳庙乡0.29万公顷、桃水镇0.40万公顷，茶陵县严塘镇0.34万公顷。

栓壳红山茶，是茶陵县林业科学研究所吴才智于1974年在严塘公社高星大队泉水井首次发现，成片面积30.80公顷，计1.85万株，当时称“茶陵红花油茶”。该品种叶肥、花艳、果大、皮厚。呈栓壳组织，种籽含油率40.7%，比普通油茶高50%，油质好，既是值得推广的油茶品种，又可作庭园观赏树，经广州中山大学生物系教授张宏达和湖南师范大学生物系教授李丙炎鉴定，定名“栓壳红山茶”，后发现江口、桃坑也有零星分布。

攸县油茶，当地人称“野茶子”，集中野生于上云桥乡的江南乌坳、青塘一带，面积约200公顷。它与怪尾松、栎类、普通油茶混生。县境南起渌田、北至皇图岭的黄土冈丘地区亦有少量分布。但长期以来，没有引起人们重视，作薪炭林世代砍伐，以致树龄老化，树型矮化，结果很少。1960年，取样送省粮油研究所化验，结论为一种良好食油，并经中国林业科学研究院胡先啸教授命名为“攸县油茶”，列为国家二级重点保护树种。目前全国已有18个省份引种，还有少量输送到越南、尼泊尔等国。

红花油茶，果大皮厚，结实率低，散生于攸县柏市、漕泊的丛山峻岭中。由于经济效益不高，生长慢，无成片栽培。

软枝油茶，系普通油茶变种。20世纪70年代末，攸县油茶研究所从广西引进栽培面积2.67公顷。

1996年，市人民政府授予攸县桃水镇、株洲县洲坪乡、醴陵市栗山坝乡为全市“油茶之乡”称号。境内茶油加工主要是以乡村山榨坊为主，全市有大小榨坊376个，年加工茶油毛油1万～1.2万吨。1995年，茶陵县在腰坡镇建成境内第一个“好恰”牌山茶油精炼厂，年精炼茶油5000余吨。1991—2000年，境内产茶油10.1万吨，年均1.01万吨，平均亩产5千克。

（四）古树名木

根据湖南省林业厅1981年《关于开展古木调查的通知》中规定：古木为250年以上者，大树为胸径1.5米以上者。

境内调查有古木大树18科、38种、190株。马尾松49株，枫香31株，樟树37株，银杏17株，皂荚13株，杉木3株，黄檀3株，女贞2株，银木荷2株，光皮桦2株，罗汉松2株，檫木2株，还有27个树种只有1株的。按科分，松科53株，樟科45株，金缕梅科32株，银杏科17株，云实科13株，壳斗科4株，杉科3株，蝶形花科4株，木犀科3株，山茶科2株，桦木科2株，马鞭草科2株，罗汉松科2株，桑科2株，木兰科1株，茶科1株，榛科1株，红豆杉科1株，漆树科1株，大戟科1株。古木38个种中，属于国家一级保护的银杉1株；二级保护18株：银杏17株，大院冷杉1株；三级保护3种4株：檫木2株，南方红豆杉1株，桢楠1株。

市林业局1985年林木种源调查，酃县桃源洞自然保护区以及各县有以钟萼木、南方铁衫、青钱柳、景烈白兰、红花木莲、香榧等为主要建群树种的植物群落达6处，面积20公顷左右。桃源洞自然保护区方圆120平方千米林区内，有属于国家保护的珍贵树种钟萼木、银杏、大院冷杉、伯乐树等10个。属于省级保护树种有巨紫荆、缺萼枫香、天狮果、三尖杉等16个。酃县水口乡双山村有一片以大果马蹄荷、蕈树、水丝栗、金叶白兰、兰果等乡土树种组成的常绿阔叶林与落叶阔叶林混交次生林。酃县策源乡、铁瓦仙有一片保存完好、面积33.34公顷以上的天然次生林，树种60科、350种，有珍贵树：南方铁杉、华榛、香果树、红花木莲、巴东木莲。茶陵江口乡春风村湘赣边界处，有一片天然次生林，林相整齐，未经樵采，其中有半枫荷、银木荷、黄桐、山拐枣、含笑、木莲、山核桃、猴欢喜等分布较多，组成树种不少于300种。茶陵严塘镇高星村青石岩海拔700米处发现成片分布的红花油茶林，面积30.80公顷，每年11月开花，翌年三月落花、结果，花冠直径10厘米，花色红艳，果大如拳头，籽榨油可食，出油率比普通油茶高50%，既是优美的园林绿化树，又是良好的食用油料树种。醴陵王仙乡店湾村发现胸径16厘米以上的景烈白兰（学名“乐昌含笑”）树500多株，成片分布一处2公顷，最大的一株胸径88.20厘米，高31.50米，景烈白兰生长快，四季长青，树形优美，适应性强，是一种优美四旁绿化树种。醴陵东堡、茶山、转步、嘉树4个乡，先后共发现红檵木44株，其中30多株分布在东堡乡大塘村，为了保护物种基因，已有30多株移栽醴陵苗圃，作为繁殖母本，大量扦插，株洲市拟定为市花。

根据湖南省绿化委员会、省林业厅《关于在全省开展古树名木调查建档工作的通知》中规定：古树为100年以上的大树，名木为珍稀名贵、具有重要历史价值、重要纪念意义的树木。

境内调查有古树名木42科、75属、97种，4364株。其中300年以上古树名木21科、30属、33种，352株。古树名木97个种中，属于国家一级保护的有银杉1株；二级保护80株，其中银杏79株、大院冷杉1株；三级保护150株，其中罗汉松13株、乐昌含笑109株、南方铁杉11株、钩栗16株、水青冈1株。

攸县黄丰桥镇广寒村石背组有6株树龄达1200年的珍稀南方红豆杉群，其中最大一株胸径100厘米，高18米，冠幅16米。银坑乡枧头村下屋组树山坪有16株树龄达310年、在地球上同纬度唯一一块闽楠古木林。

株洲市古树名木名录

（500年以上）

表6–19

序号	科	属	种	学 名	株数	树龄（年）	胸径（厘米）	树高（米）	分布地点
1	银杏	银 杏	银 杏	Ginkgobitoba1	1	612	100	25	炎陵县十都乡洋溪村白果树下组陈屋
2	银杏	银 杏	银 杏	Ginkgobi1oba1	1	500	140	30	炎陵县石洲乡青石村下茶坪组
3	樟	樟	樟 树	CinnamomumCamphora (1.)Pres1	1	520	316	27	炎陵县三河乡星光村林家组林家
4	樟	樟	樟 树	CinnamomumCamphora (1.)Pres1	1	500	180	21	茶陵县江口乡春枫村庙坳组

续表 6-19

序号	科	属	种	学 名	株数	树龄（年）	胸径（厘米）	树高（米）	分布地点
5	银 杏	银 杏	银 杏	Ginkgobitoba1	1	670	120	30	茶陵县枣市乡海潭村明月庵
6	银 杏	银 杏	银 杏	Ginkgobitoba1	1	550	150	17	茶陵县平水镇石朱村塘必湖组戏台下
7	银 杏	银 杏	银 杏	Ginkgobi1oba1	1	500	130	20	茶陵县桃坑乡下乐村石禾冲组石禾冲
8	银 杏	银 杏	银 杏	Ginkgobi1oba1	2	960	96	19	攸县城关镇联西村文龙组
9	罗汉松	罗汉松	罗汉松	Podocarpusmacrophy11us (Thunb)D.Don	2	500	31	12	攸县城关镇联星村茶园组
10	樟	樟	樟 树	CinnamomumCamphora (1.)Pres1	1	1100	207	15	攸县城关镇永佳村陈家组
11	壳 斗	苦 槠	苦 槠	CastanopsisSc1erophy11a Schottky	1	640	162	25	攸县鸾山镇庙下村庙下组庙里
12	蔷 薇	石 楠	椤 木 石 楠	Phofiniadavidsoniaerehd	1	600	156	25	攸县鸾山镇皮佳村严塘组庙下
13	银 杏	银 杏	银 杏	Ginkgobitoba1	1	800	210	42	攸县漕泊乡漕联村白石组杏树下
14	红豆杉	红豆杉	南 方 红豆杉	Taxusmairei(1emeeet1evi) S.Y.Hu	1	500	104	43	攸县漕泊乡漕联村白石组王观球屋后
15	银 杏	银 杏	银 杏	Ginkgobitoba1	1	800	152	25	攸县兰村晓署村邓家芳组日头子树下
16	壳 斗	栎	青冈栎	Cyc1oba1anopsisg1auca (Thunb.)Oerst	1	500	154	35	攸县兰村石联村彭家湾组右禁山
17	银 杏	银 杏	银 杏	Ginkgobi1oba1	1	500	127	22	攸县黄丰桥镇大丰村张家屋组七树下
18	红豆杉	红豆杉	南 方 红豆杉	Taxusmairei(1emeeet1evi) S.Y.Hu	1	500	127	18	攸县黄丰桥镇大丰村殿上组观里
19	红豆杉	红豆杉	南 方 红豆杉	Taxusmairei(1emeeet1evi) S.Y.Hu	1	500	100	18	攸县黄丰桥镇广寒村石背组庙前
20	樟	樟	沉水樟	Cinnamomummicranthum	1	640	160	30	攸县黄丰桥镇乌井村宝宁寺组宝宁寺
21	樟	楠	闽 楠	Phoebeboumei	1	600	121	18	攸县柏市乡风塔村花木楼次树下
22	樟	樟	樟 树	CinnamomumCamphora(1.) Pres1	1	640	160	25	攸县柏市乡库前村井边组下庙
23	红豆杉	红豆杉	南 方 红豆杉	Taxusmairei(1emeeet1evi) S.Y.Hu	1	1000	194	25	攸县柏市乡温水村文家岭组龙王庙
24	樟	樟	樟 树	CinnamomumCamphora(1.) Pres1	1	640	160	32	攸县柏市乡石桥村坳上组坳上
25	樟	樟	樟 树	CinnamomumCamphora(1.) Pres1	1	1000	200	15	攸县网岭镇北坪村厂铺组厂铺

续表 6-19

序号	科	属	种	学 名	株数	树龄（年）	胸径（厘米）	树高（米）	分布地点
26	银 杏	银 杏	银 杏	Ginkgobi1oba1	1	750	75	20	攸县网岭镇良江桥村龙塘庵组龙塘庵
27	樟	樟	樟 树	CinnamomumCamphora(1.) Pres1	1	790	158	20	攸县网岭镇里塘村小三塘组小三塘
28	樟	樟	樟 树	CinnamomumCamphora(1.) Pres1	1	650	130	20	攸县网岭镇良江桥村风冲组石家场
29	罗汉松	罗汉松	罗汉松	Podocarpusmacrophy11us (Thunb)D.Don	1	625	81	12	攸县网岭镇西塘冲村西塘庵
30	樟	樟	樟 树	CinnamomumCamphora(1.) Pres1	1	550	165	20	攸县皇图岭镇攸县二中
31	樟	樟	樟 树	CinnamomumCamphora(1.) Pres1	1	700	180	22	攸县皇图岭镇皇新村新屋组湾里
32	樟	樟	樟 树	CinnamomumCamphora(1.) Pres1	1	620	160	23	攸县皇图岭镇笔田村湖冲组湖冲
33	红豆杉	红豆杉	南 方红豆杉	Taxusmairei(1emeeet1evi) S.Y.Hu	1	500	100	21	攸县高枧乡山关村南山岭组下水口山
34	红豆杉	红豆杉	南 方红豆杉	Taxusmairei(1emeeet1evi) S.Y.Hu	1	500	90	24	攸县高枧乡山关村谭家组谭先云屋角上
35	樟	樟	樟 树	CinnamomumCamphora(1.) Pres1	1	550	175	20	攸县高枧乡方春村唐家山组玖塘弦
36	樟	樟	樟 树	CinnamomumCamphora(1.) Pres1	1	500	180	18	攸县坪阳庙乡联盟村中洲组棕树江
37	樟	樟	樟 树	CinnamomumCamphora(1.) Pres1	1	500	170	21	攸县坪阳庙乡坪台村杏花组杏家坪
38	樟	樟	樟 树	CinnamomumCamphora(1.) Pres1	1	1000	260	21	攸县丫江桥乡双江村卢下组卢下
39	樟	樟	樟 树	CinnamomumCamphora(1.) Pres1	1	500	150	13	攸县丫江桥乡严湖村湾里组倒冲口
40	樟	樟	樟 树	CinnamomumCamphora(1.) Pres1	1	510	155	15	攸县贾山乡株形村株形岭组庙前
41	樟	樟	樟 树	CinnamomumCamphora(1.) Pres1	1	500	150	13	攸县贾山乡坪田村倒木冲组
42	樟	樟	樟 树	CinnamomumCamphora(1.) Pres1	1	530	160	18	攸县贾山乡贺家湾村贺家湾组坡上
43	樟	樟	樟 树	CinnamomumCamphora(1.) Pres1	1	700	176	19	攸县大桥乡塘陂村下湾组象形
44	樟	樟	樟 树	CinnamomumCamphora(1.) Pres1	1	780	196	23	攸县大桥乡中华村下湾组新屋
45	樟	樟	樟 树	CinnamomumCamphora(1.) Pres1	1	510	154	15	攸县凉江乡沈和村下尹家组下尹家
46	罗汉松	罗汉松	罗汉松	Podocarpusmacrophy11us (Thunb)D.Don	1	630	51	9	攸县凉江乡中江村吴家场组

续表 6–19

序号	科	属	种	学 名	株数	树龄（年）	胸径（厘米）	树高（米）	分布地点
47	樟	樟	樟 树	CinnamomumCamphora(1.) Pres1	1	610	184	16	攸县莲塘坳乡柘合村拓桑组樟树下
48	樟	樟	樟 树	CinnamomumCamphora(1.) Pres1	1	500	150	18	攸县莲塘坳乡巨西村上屋组仓下
49	樟	樟	樟 树	CinnamomumCamphora(1.) Pres1	1	580	175	15	攸县莲塘坳乡巨中村陈家组陈家
50	樟	樟	樟 树	CinnamomumCamphora(1.) Pres1	1	500	130	26	攸县钟佳桥白竹村新屋组新屋
51	樟	樟	樟 树	CinnamomumCamphora(1.) Pres1	1	780	156	18	攸县桃水镇盘塘村古路山组古路山
52	银 杏	银 杏	银 杏	GinkgObi1oba1	1	1500	300	22	攸县桃水镇湾田村台上组台上
53	樟	樟	樟 树	CinnamomumCamphora(1.) Pres1	1	680	170	15	攸县石羊塘乡金坑村金湾组泉水井
54	樟	樟	樟 树	CinnamomumCamphora(1.) Pres1	1	500	150	17	攸县石羊塘乡老屋垅村周家场组
55	樟	樟	樟 树	CinnamomumCamphora(1.) Pres1	1	800	360	18	攸县石羊塘乡老屋垅村王家坪组王家坪
56	樟	樟	樟 树	CinnamomumCamphora(1.) Prest	1	500	150	22	攸县渌田乡五丰村塘老湾组福王庙
57	樟	樟	樟 树	CinnamomurnCamphora(1.) Pres1	1	500	150	16	攸县高和乡高联村水计下组下屋场
58	樟	樟	樟 树	CinnamomumCamphora(1.) Pres1	1	550	167	22	攸县高和乡高塘村沙坪对面组屋场边
59	樟	樟	樟 树	CinnamomumCamphora(1.) Pres1	1	700	270	21	攸县菜花坪乡流塘村老屋组屋场边
60	樟	樟	樟 树	CinnamomumCampttora(1.) Pres1	1	700	180	25	攸县菜花坪乡谭洲村老屋组屋场边
61	樟	樟	樟 树	CinnamomumCamphora(1.) Pres1	1	520	157	23	攸县菜花坪乡苏洲村塘弦组屋场边
62	樟	樟	樟 树	CinnamomumCamphora(1.) Pres1	1	700	180	29	攸县菜花坪乡苏洲村余里巷组屋场边
63	银 杏	银 杏	银 杏	Ginkgobi1oba1	1	600	110	19	攸县菜花坪乡谭桥村吴家园组屋场边
64	银 杏	银 杏	银 杏	Ginkgobi1oba1	1	500	100	14	醴陵市栗山坝乡上茶村谭甲组
65	樟	樟	樟 树	CinnamomumCamphora(1.) Pres1	1	500	130	13	醴陵市茶山乡双滂村许家塘组供销社
66	金缕梅	枫 香	枫 香	1iquidambarformosanaHance	1	550	110	16	醴陵市转步乡长寿桥村烂塘组
67	金缕梅	枫 香	枫 香	1iquidambarformosanaHance	1	600	120	22	醴陵市转步乡转步村排山组

续表 6-19

序号	科	属	种	学 名	株数	树龄（年）	胸径（厘米）	树高（米）	分布地点
68	樟	樟	樟 树	CinnamomumCamphora(1.) Pres1	1	600	110	15	醴陵市官庄乡小阳坑村雁林寺组
69	樟	樟	少花桂	C.paucif1orumNees	1	600	44	19	醴陵市浦口镇卫星村牛冲组牛冲屋
70	金缕梅	枫 香	枫 香	1iquidambarformosanaHance	1	1050	116	40	醴陵市南桥乡洪源村吴家屋塘组屋后背
71	金缕梅	枫 香	枫 香	1iquidambarformosanaHance	1	600	110	20	醴陵市南桥乡高峰村王家排组
72	樟	樟	樟 树	CinnamomumCamphora(1.) Pres1	2	700	102	25	醴陵市南桥乡裕民村易家组
73	樟	樟	樟 树	CinnamomumCamphora(1.) Pres1	1	1000	230	22	醴陵市南桥乡裕民村易家组
74	樟	樟	樟 树	CinnamomumCamphora(1.) Pres1	1	800	202	26	醴陵市南桥乡裕民村易家组
75	樟	樟	樟 树	CinnamomumCamphora(1.) Pres1	1	1000	210	22	醴陵市南桥乡裕民村易家组
76	樟	樟	樟 树	CinnamomumCamphora(1.) Pres1	1	1000	220	25	醴陵市南桥乡裕民村易家组
77	樟	樟	樟 树	CinnamomumCamphora(1.) Pres1	1	500	180	20	醴陵市南桥乡裕民村易家组
78	樟	樟	樟 树	CinnamomumCamphora(1.) Pres1	1	600	190	22	醴陵市南桥乡潼塘村永忠组
79	樟	樟	樟 树	CinnamomumCamphora(1.) Pres1	1	600	130	20	醴陵市南桥乡江塘村先锋组
80	樟	樟	樟 树	CinnamomumCamphora(1.) Pres1	1	1650	160	25	醴陵市南桥乡将塘村河泉组海云河
81	金缕梅	枫 香	枫 香	1iquidambarformosanaHance	1	500	160	24	醴陵市南桥乡白果村1组观音庙右角
82	木兰科	含 笑	乐 昌 含 笑	Miche1iachapensis	1	500	100	11	醴陵市南桥乡白果村失鼓坡组失鼓坡
83	金缕梅	枫 香	枫 香	1iquidambarformosanaHance	1	500	120	25	醴陵市南桥乡上西村庙背组
84	樟	樟	樟 树	CinnamomumCamphora(1.) Pres1	1	500	150	16	醴陵市南桥乡石溪村大平组二神庙前
85	樟	樟	樟 树	CinnamomumCamphora(1.) Pres1	1	500	200	22	醴陵市南桥乡株树村6组
86	樟	樟	樟 树	CinnamomumCamphora(1.) Pres1	1	1000	180	21	醴陵市南桥乡太平村全新组
87	柏	柏 木	柏 木	CupressusfunebrisEnd1	1	700	87	18	醴陵市南桥乡主村8组
88	樟	樟	樟 树	CinnamomumCamphora(1.) Pres1	2	800	150	17	醴陵市南桥乡清水村樊家山组

续表 6-19

序号	科	属	种	学 名	株数	树龄（年）	胸径（厘米）	树高（米）	分布地点
89	樟	樟	樟 树	CinnamomumCamphora(1.)Pres1	1	500	120	16	醴陵市南桥乡塔下村新屋组
90	樟	樟	樟 树	CinnamomumCamphora(1.)Pres1	1	1000	180	21	醴陵市南桥乡太平村3组彭家屋右
91	樟	樟	樟 树	CinnamomumCamphora(1.)Pres1	1	500	120	20	醴陵市南桥乡石笋村庙下组大王庙左后
92	樟	樟	樟 树	CinnamomumCamphora(1.)Pres1	1	600	160	26	醴陵市南桥乡南桥村26组
93	樟	樟	樟 树	CinnamomumCamphora(1.)Pres1	1	800	100	17	醴陵市富里乡双江村庙山组
94	樟	樟	樟 树	CinnamomumCamphora(1,)Pres1	1	500	190	22	醴陵市富里乡双江村盆形组谢家祠后面
95	柏	柏 木	柏 木	CupressusfunebrisEnd1	1	1000	71	18	醴陵市富里乡丰泉村14组匡龙安坪右
96	金缕梅	枫 香	枫 香	1iquidambarformosanaHance	1	1000	150	28	醴陵市富里乡丰泉村14组匡龙安坪左
97	蔷 薇	石 楠	椤 木 石 楠	Photiniadavidsoniaerehd	1	500	55	10	醴陵市富里乡丰泉村14组匡龙安坪左
98	蔷 薇	石 楠	椤 木 石 楠	Photiniadavidsoniaerehd	1	500	80	10	醴陵市富里乡丰泉村14组牛形岭
99	壳 斗	栗	锥 栗	Castaneahenryi(Skan)Rehd.etWi1s	1	500	90	15	醴陵市富里乡利民村沙塘坳组沙塘坳上
100	樟	樟	樟 树	CinnamomumCamphora(1.)Pres1	1	500	120	12	醴陵市富里乡利民村沙塘组
101	樟	樟	樟 树	CinnamomumCamphora(1.)Pres1	2	1000	100	16	醴陵市富里乡华埠村9组梓祠庙
102	樟	樟	樟 树	CinnamomumCamphora(1.)Pres1	1	1000	192	24	醴陵市贺家桥乡妙泉村妙泉组福王庙
103	樟	樟	樟 树	CinnamomumCamphora(1.)Pres1	1	500	170	15	醴陵市船湾乡船湾村珠山组
104	樟	樟	樟 树	CinnamomumCamphora(1.)Pres1	1	600	110	16	醴陵市船湾乡肥株村上屋组
105	樟	樟	樟 树	CinnamomumCamphora(1.)Pres1	2	600	118	28	醴陵市沈潭乡新华村马头坡组
106	樟	樟	樟 树	CinnamomumCamphora(1.)Pres1	1	500	100	25	醴陵市沈潭乡新华村庙全组
107	银 杏	银 杏	银 杏	Ginkgobi1oba1	1	1500	117	10	醴陵市沈潭乡上公坪村大屋组
108	罗汉松	罗汉松	罗汉松	Podocarpusmacrophy11us(Thunb)D.Don	1	1500	108	9	醴陵市沈潭乡上公坪村大屋组
109	樟	樟	樟 树	CinnamomumCamphora(1.)Pres1	1	1500	197	14	醴陵市沈潭乡上公坪村大屋组

续表 6-19

序号	科	属	种	学 名	株数	树龄（年）	胸径（厘米）	树高（米）	分布地点
110	壳 斗	苦 槠	苦 槠	CastanopsisSc1erophy1ta Schottky	1	1000	85	8	醴陵市沈潭乡上公坪村大屋组
111	樟	樟	樟 树	CinnamomumCamphora(1.) Pres1	1	650	204	23	醴陵市泗汾镇茂田村新建组观音阁侧
112	樟	樟	樟 树	CinnamomumCamphora(1.) Pres1	1	600	200	46	醴陵市泗汾镇排岭村樟葵组枫树坝
113	樟	樟	樟 树	CinnamomumCamphora(1.) Pres1	1	1000	140	35	醴陵市马恋乡唐村朝阳组朝阳
114	樟	樟	樟 树	CinnamomumCamphora(1.) Pres1	1	1000	150	26	醴陵市马恋乡马恋村塘家组西塘
115	樟	樟	樟 树	CinnamomumCamphora(1.) Pres1	1	1000	140	25	醴陵市马恋乡塘村石湾组西塘
116	樟	樟	樟 树	CinnamomumCamphora(1.) Prest	2	600	159	19	醴陵市马恋乡巷前村双桥组河边
117	樟	樟	樟 树	CinnamomumCamphora(1.) Pres1	2	500	140	25	醴陵市大障乡白果村青连组满山岭
118	樟	樟	樟 树	CinnamomumCamphora(1.) Pres1	1	500	240	25	醴陵市大障乡麦田村仓屋组麦田小学
119	樟	樟	樟 树	CinnamomumCamphora(1.) Pres1	2	500	110	26	醴陵市大障乡麦田村荷花组荷花
120	木兰科	含 笑	乐 昌 含 笑	Michehac1iapensis	2	500	80	12	醴陵市王仙镇庙湾村凌家组
121	樟	樟	樟 树	CinnamomumCamphora(1.) Pres1	3	600	101	13	醴陵市城区渌江书院
122	樟	樟	樟 树	CinnamomumCamphora(1.) Pres1	1	600	130	20	醴陵市城区人民医院
123	樟	樟	樟 树	CinnamomumCamphora(1.) Pres1	1	650	110	15	醴陵市板杉乡株树下村科建组
124	樟	樟	樟 树	CinnamomumCamphora(1.) Pres1	1	600	120	25	醴陵市板杉乡株树下村科建组
125	樟	樟	樟 树	CinnamomumCamphora(1.) Pres1	1	600	120	28	醴陵市板杉乡横塘基村老屋组
126	樟	樟	樟 树	CinnamomumCamphora(1.) Pres1	1	800	100	13	醴陵市高桥乡黄龙村菜元洲组菜元洲
127	樟	樟	樟 树	CinnamomumCamphora(1.) Pres1	2	550	169	22	株洲县三门镇东风水库
128	蝶形花	槐	槐 树	Sophorajaponica1	1	650	108	11	株洲县王十万乡王十万村老街
129	漆 树	酸 枣	酸 枣	Choerospondiasaxi11aris (Roxb.)BurttetHi11	1	520	104	12	株洲县王十万乡银牌小冲组马颈坳
130	金缕梅	枫 香	枫 香	1iquidambarformosanaHance	1	520	140	22	株洲县龙风乡天石村邓家湾组邓家湾

续表 6–19

序号	科	属	种	学 名	株数	树龄（年）	胸径（厘米）	树高（米）	分布地点
131	樟	樟	樟 树	CinnamomumCamphora(1.) Pres1	1	800	217	18	株洲县平山乡红石村樟树组樟树码头
132	樟	樟	樟 树	CinnamomumCamphora(1.) Pres1	1	500	185	21	株洲县黄龙乡朱亭招待所
133	樟	樟	樟 树	CinnamomumCamphora(1.) Pres1	2	950	220	14	株洲县仙井乡油圳村完小
134	樟	樟	樟 树	CinnamomumCamphora(1.) Pres1	1	500	210	40	芦淞区曲尺乡湘江村二组樟树湾
135	樟	樟	樟 树	CinnamomumCamphora(1.) Pres1	1	500	180	30	芦淞区五里墩乡白井村船上湾组小学

第二节 造林育林

一 采种育苗

（一）采 种

已知境内培养苗木始于清代。清乾隆二十六年（1761），茶陵县下十一都胡家冲（虎踞乡三星村）农民胡发十家，自己采种，培育杉、松苗木，代代相传，誉称“茶陵苗”。清同治年间（1862—1874年），该县下十一都庙下（平水乡茅坪村）陈常章培育杉、松苗木。醴陵亦有采种育苗农户。他们所产苗木除销于本地外，还销于湘中、湘南和省外。民国时期，政府号召造林，提倡采种育苗，兴办苗圃，据《湖南林业》记载，民国25年（1936），醴、攸、茶、酃4县办苗圃5个，面积1.6公顷。20世纪30年代，酃县区办苗圃4个，面积0.8公顷。年产杉苗4万株，油桐苗4.5万株。在清代和民国时期，一般山区营造杉、松、桐、竹采用萌芽更新、封禁飞子、直播和插条等办法，实生苗造林很少。

1950年5月，中央人民政府政务院发布《关于全国林业工作指示》，要求大量采种育苗。20世纪50年代初，各县发动群众采种，利用训练班等各种形式培训采种骨干，传授采种技术，进山采种。

随着农村社会主义改造的完成，群众性造林活动广泛开展，种子供求矛盾突出。1957年，提倡自采、自育、自造的“三自”方针，各县采集各类林木种子51.55吨。1958年，号召“人人采种，社社育苗”，采种120.30吨。由于未注意科学采种，所采种子质量低劣，浪费大，不少母树受损。加之“大办钢铁”“大办公共食堂”，成片母树遭毁，使以后几年采种源大为减少。据1961—1962年统计，年平均采种量仅24.88吨。1963年后，建立种子基地，组织采种专业队，实行奖售政策，采种量又开始回升。开展杉木林基地造林后，省林业厅提出“林木种子生产专业化、质量标准化、造林良种化”。1965年，株洲县每年从会同、黔阳调进杉种1.5～2.5吨，多至6吨。从邵阳、新宁、广西调进马尾松种子每年0.5吨左右。20世纪60年代，各县从外地引进47个树种，其中大面积推广杉、檫、马尾松、火炬松、湿地松等。攸县林业局由湘西购进板栗种子50吨，培养育苗技术人员29人，在全县推广板栗育苗。1975年，攸县林科所营建千亩杉木嫁接种子园和油茶嫁接采穗圃。1984—1985年，市林业局开展种源普查，汇编《株洲市林木种源普查资料》，选出5个主要用材树种的优良林分67块，计511.34公顷，其中杉木262.27公顷、马尾松95.87公顷、檫树68.60公顷、湿地松81.80共青、火炬松2.80公顷；选出杉、马尾松、檫、湿地松和火炬松优良单株97株；确定优良散生母树7975株。1989年，境内先后营建16个种子园，面积175.14公顷，采穗圃46.67公顷，母树林440公顷。攸县林科所杉木良种基地74.94公顷，年产种量1吨。

20世纪90年代初，在攸县林科所新建杉木1.5代种子园，面积40公顷，1998年开始产种，到2000年种子园生产杉木良种3吨多。1991年，在攸县新市油茶场扩建油茶优良无性系采穗圃4公顷，境内油茶优良无性系采穗面积达40余公顷，选育246个优良无性系，通过试验，保留了57个抗性强、产量高、出油率高的优良无性系新品种（茶陵166、茶陵7386、株建2号、桂4、茶陵7503、羊古脑等），每年能生产优良无性系接穗1.5亿只。1994—1995年，还新建杉木优良无性系、红枣等采穗圃面积近13.34公顷。境内每年采集木兰科以乐昌含笑、红花木莲为主绿化树种子6吨左右。醴陵市王仙镇每年可采收乐昌含笑种子3吨左右。2000年，乐昌含笑种子每千克达1600元。

株洲市1950—2000年林木种子采集量统计表

表6-20　　　　单位：吨

年 份	数 量	年 份	数 量	年 份	数 量
1950	8.1	1967	50.45	1984	38.1
1951	9.1	1968	47.0	1985	64.9
1952	12.65	1969	30.95	1986	35.0
1953	11.4	1970	66.05	1987	29.95
1954	13.75	1971	33.55	1988	20.85
1955	25.25	1972	37.35	1989	32.2
1956	41.4	1973	60.05	1990	35.0
1957	51.55	1974	26.15	1991	13.5
1958	120.3	1975	60.10	1992	15.0
1959	73.35	1976	24.65	1993	14.3
1960	20.1	1977	82.05	1994	15.8
1961	16.15	1978	26.4	1995	14.8
1962	33.6	1979	34.0	1996	15.5
1963	77.55	1980	29.85	1997	14.5
1964	34.8	1981	26.8	1998	16.5
1965	41.05	1982	34.35	1999	16
1966	60.85	1983	48.05	2000	17.5

（二）育　苗

20世纪50年代初，为满足人工造林苗木，各县采取国营和私人育苗并举，国营育苗5.34公顷左右，私人育苗29.94公顷。1950年，茶陵原种场培育马尾松苗0.2公顷。1952年，原种场和汇文农校育苗2公顷。1953年，醴陵有1150户农民私人育苗，面积26.27公顷。1955年，《中国林业》杂志介绍该县建立育苗辅导网，发展民营苗圃的经验。当时育苗树种主要是：马尾松、油桐、油茶、桢楠、檫树、扁柏、樟树、女贞、杉等。

随着农业合作化的发展，集体苗圃应运而生。1954年，醴陵瞿立丙农业生产合作社建立苗圃。此时，政府对集体苗圃在种子、肥料和资金上给予支持，还按每亩苗圃年3元的标准发给生活补贴，使集体苗圃大量发展。1957年，境内农业社、农林社有集体苗圃85.60公顷，1960年发展到628.07公顷。1964年开始大办杉木林基地，公社、大队、生产队层层育苗，当年苗圃面积1167.13公顷。

1966年，国营、集体苗圃1494.07公顷。其中国营苗圃4个，107公顷。私人苗圃，随着农业合作化和人民公社化的实现，逐步消失。

20世纪70年代前期，省林业部门强调把"自采、自育、自造"的采种、育苗、造林方针，落实到县、社、队、林场、城镇和有条件的机关、部队、厂矿、学校，做到那一级造林那一级育苗，那里造林那里育苗，造什么林育什么苗。1974年，社、队场集体苗圃2726.80公顷，占同期育苗总面积的90%。

20世纪80年代，除国营苗圃稍增加外，各地认真开展林业"三定"（稳定山林权属、划定自留山、确定林业生产责任制）工作，中断20多年的私人苗圃再次出现，且获得较大发展，茶陵平水乡农民大办私人苗圃，1984年全乡育苗收入超过万元的有4户，该乡黄石村68户人家，有65户办私人苗圃，育苗收入15万多元。乡林场36户职工，有35户办家庭苗圃。苗木销往广西、广东、福建、湖北等省和省内11个县。1985年，境内育苗专业、重点户发展到726户，育苗121.14公顷，占全市育苗面积的55%。

1990年，全市国营、集体、个体苗圃共育苗224.07公顷，苗木花卉除满足市内需要外，部分销往外地。

20世纪90年代，境内林木育苗科技含量不断提高，由过去的分散粗放型提高为规模集约型育苗。茶陵、攸县林木育苗大户达20余户，石峰区云田乡苗木培育大户达100户左右。市林科所在90年代末，培育了桉树等珍稀树种苗木200万株。茶陵县苗圃、市林科所采用大棚容器育苗形式，每年培育桉树、湿地松、马尾松、刨花楠等树种容器苗木200万～300万株，改冬春造林为四季造林，提高了造林成活率。1999年，市林科所采用楠竹实生苗育苗2.27公顷，比楠竹母竹造林每亩降低成本200～300元，提高了成活率，为楠竹产业化发展提供了大量苗木资源。

境内2000年国有苗圃基本情况一览表

表6-21　　单位：公顷

苗圃名称	圃　址	建圃年份	管辖面积	可育苗面积
炎陵县碧江苗圃	炎陵县霞阳镇	1963	25.20	6.67
茶陵县二铺苗圃	茶陵县下东乡	1956	58.80	6.67
攸县苗圃	攸县菜花坪乡	1964	21.07	10
醴陵市苗圃	醴陵市高桥乡蚂蝗冲	1965	30.54	10
株洲县苗圃	株洲县黄垅乡高升村	1972	40	4.67
荷塘区苗圃	荷塘区荷塘铺乡	1981	6	0.67
合　计	-	-	81.60	38.68

境内 1950 — 2000 年林木育苗统计表

表 6-22　　单位：公顷

年 份	育苗面积	年 份	育苗面积	年 份	育苗面积
1950	1.54	1967	240.80	1984	191.80
1951	3.47	1968	115.94	1985	220
1952	15.27	1969	47.07	1986	150.80
1953	23.93	1970	154.27	1987	206.54
1954	17.80	1971	262.07	1988	196.14
1955	18.14	1972	248.74	1989	216.40
1956	41.07	1973	284.47	1990	224.07
1957	85.60	1974	289.40	1991	280
1958	171.14	1975	340	1992	320
1959	193.47	1976	279.80	1993	373.34
1960	56.67	1977	305.34	1994	486.67
1961	32.47	1978	192.27	1995	546.67
1962	42.47	1979	171.60	1996	620
1963	61.54	1980	181.94	1997	693.34
1964	172.14	1981	167.27	1998	820
1965	230.47	1982	170.27	1999	966.67
1966	219.94	1983	174.94	2000	1040

二　营　造

明清以前，境内河流两岸已栽植护堤林；驿道两侧栽植夹道树；寺庙、祠院、学堂等营造环境林；房前屋后培植风景林。树种多系枫、樟、柏、松，均以野生苗木移栽。明代，明令百姓广栽桑、枣、柿、栗、胡桃等经济林。茶陵枣市，当时各家各户都种植枣树，代代相传，至今 300 多年。清光绪二十四年（1898），湖南巡抚陈为发布告示，劝民垦种荒山，号召百姓利用荒山植树，茶陵、攸县山区，入迁移民垦荒种植油茶、松、杉，采用直播、播条方式种植。

民国时期，政府提倡造林和培养实生苗木，颁布造林法规，规定植树节。当时以种植油桐、油茶为多。

民国 29 年（1940），湖南省农业改进所对醴、攸、茶、酃 4 县调查：共种植油桐面积 1960 公顷；油茶面积 24727 公顷。但荒山人工造林甚少，仍是“松树靠飞籽，杉树靠蔸子，楠竹靠鞭子”。

中华人民共和国成立后，植树造林、绿化祖国作为社会主义农业建设的一项重要内容，造林规模不断扩大。

1950 — 1952 年，境内山林以私有、个体经营为主，造林面积小，技术要求不高，酃、茶、攸、醴 4 县 3 年造林 6580 公顷。

第一个“五年”计划期间，土地改革已经完成，山林权属划清，农业合作化运动中，贯彻“谁种谁有、伙种伙有、村种村有”的政策。1953 年 2 月，发布《湖南省荒山造林暂行办法》，提出“自采（种）、自育（苗）、自造（林）”方针，作出“大量营造以松、杉为主的用材林，重点营造水源林和防护林，适当培育特用经济林”的安排，决定酃县、茶陵为“一五”计划期间的造杉重点县，醴陵为造松重点县，攸县为造油茶林重点县。醴陵、攸县进行造林试点。1955 年，茶陵、攸县设造林指导站，从会同县聘请植杉技术员进行技术指导。至 1955 年的 6 年中，私人造林占同期造林面积的 98%。至 1957 年，4 县累计造林 52714 公顷，其中用材林 37500 公顷，经济林 13440 公顷，防护林 414 公顷，其他林 1360 公顷。茶陵五区由义乡（浣溪镇由义村），两年造林 260 公顷，封山 200 公顷，培育油茶 253.34 公顷，90% 以上的山地郁郁葱葱，林业部授予该乡林业先进单位称号。

1958 年“大跃进”和人民公社化运动中，提出过一些过急的口号和过高指标，造林一阵风，造后无人管。结果“一日青、二日黄、三日进灶堂”。至 1963 年，6 年累计造林 78827 公顷，保存率不到三分之一。

1964 年，中共湖南省委发出“重点营造杉木林”的指示，开始进行杉木林基地建设。基地造林坚持“自力更生为主，国家适当扶助”政策。造林当年和连续 3 年幼林抚育期间，每亩国家补贴 7 元。湖南省人民委员会规定，基地造林，必须坚持适地适树的原则。境内采用集体整地，专业队实生苗造林。实行包栽、包抚育、包成林，分段检查验收，记工付酬的责任制。基地造林速度加快，质量提高。

株洲县 1965 年建县以后，大抓基地造林。黄龙公社长岭林场职工，住茶亭，睡地铺、坐石板；王十万公社梅冲大队林场搭个小茅棚作为场部，他们自带工具、肥料，白手起家办林场。采取专业队伍和群众运动相结合的办法，本着农忙务农、农闲务林的原则，抓住春节前后，早稻插秧上岸，“双抢”（抢收早稻、抢插晚稻）结束 3 个农闲时期，组织林业大会战，然后由专业队常年管护。会战期间，县委、区委、公社党委、大队支委和生产队长“五委”上山，与群众一道挖山、整地、造林。并制订了“一、二、七比例分成”的林木收入分配办法。经过连续几年苦干，昔日荒山秃岭，变为中外闻名的人工林海。1973 年 8 月，参加全国造林工作会议的 296 名代表，参观朱亭杉木林基地。1974 年，全国农业展览馆林业馆的刊头照，展出株洲县朱亭杉木林基地一幅人工林照片，并在前言写道：“朱亭杉木林基地的革命实践，为我国南方营造社会主义大林树立了榜样。”展览期间，放映了北京电视台在株洲县拍摄的《荒山变林海》记实片。1974 年，中共中央政治局委员、国务院副总理陈永贵在中共湖南省委第一书记毛致用陪同下视察株洲林业，农林部副部长梁昌武和国务院知青办主任于驰，来株洲县调查社队林场情况。于驰写下了：“祖国绿化哪最优？劝君南下看株洲”的诗句。联合国粮农组织把朱亭林区定为人工林观察点。1975 年 9 月，中共株洲县委书记栾宗友出席“全国农业学大寨”会议，作书面发言。同年 12 月 5 日，中共中央第一副主席华国锋在“国际友人赞株洲林业”的内参件上给中共湖南省委批示：“社队办林场的经验注意总结推广，在全省取得更大的成绩。”1976 年 11 月，农林部在株洲县召开南方 14 省（市、区）用材林、油茶林造林现场会，12 月出刊的《红旗》杂志，发表株洲县发展社队林场的调查报告，称“社队林场是发展林业的一种好形式”。1978 年 1 月 4 日，《人民日报》发表《人工林海之乡 —— 株洲县》的新闻报道。同年 3 月，农业出版社出版《七分山的希望》一书，介绍株洲县发展社会主义林业的经验。1985 年出版的《当代中国丛书·林业卷》中，把株洲县列为造林绿化先进典型。先后有 41 个国家和地区，206 名外国朋友和全国 29 个省份 21.99

万人前来参观考察株洲县人工造林。

大办杉木林基地造林的同时，楠竹、油茶、生漆基地造林也有较大的发展。1965年，以县为单位，根据山脉、河流走向，资源分布和流向，采取跨区跨乡集中联片的方法，选择酃县的十都公社，茶陵江口、桃坑公社，攸县银坑公社，株洲县八斗、长冲等6个公社、51个大队、379个生产队为楠竹基地，造竹林609公顷。株洲县八斗公社东村大队，建楠竹基地前只有楠竹267公顷，1974年发展到334多公顷，蓄积量由30万根增加到70万根，亩平由70根增加到145根。油茶基地发展到67个，造油茶林面积7634公顷。1978年，攸县采取“全垦撩壕、水平梯土、表土填底、施放基肥、壮苗移栽、合理密植、粮林间作、种肥埋青、修枝整形、淘汰劣株、防虫灭病、喷水抗旱”的先进技术，在新市公社高标准营造油茶林647公顷。

至1980年的17年时间，境内人工造林33.21万公顷，其中用材林基地造林7.70万公顷。加上飞机播种造林1.57万公顷，共计造林34.78万公顷。其中国营林场人工造林3.90万公顷。

从1982年起，境内基地造林推行合同制，由无偿投资改为有偿投资，改1年验收为3年验收。到1986年，用材林基地造林3.62万公顷，其中速生丰产林1.61万公顷，油茶林基地造油茶林0.94万公顷，薪炭林也有较大发展，还出现了大量的造林专业户和林业经济联合体。1989年，全市有造林专业户1390户，造林3240公顷，有联合体200余个，造林3287公顷。

个体造林形式主要有自留山造林、庭院造林和农户承包造林三种。在林业“三定”中，划给农户自留山面积29.80万公顷，占山地总面积40.1%。茶陵划定自留山5.72万公顷，户平1.15公顷，自留山原有林木按材积，六成归集体，四成归个人；新增林木材积，按一比九或二比八比例分成，承包者得大头。

1981—1989年，全市自留山造林面积5.13万公顷，占已划自留山面积的17.2%，占全市同期造林总面积的33.61%。

庭院造林也发展很快。全市69.63万农户中，1985年有34.82万农户在房前屋后培育林木，庭院林业正由过去的天然风景林转变为具有园林景观的人工林，由自给自足的小水果生产转化为向社会提供多种花卉、果、药的商品生产。1987年，茶陵4061户农户办起家庭果园，面积340公顷，严塘镇垅上村三组69户有41户发展家庭果园，户平71株。株洲县黄龙乡天上坪村农民利用房前屋后、空坪隙地栽种蜜橘3700多株，桃李1400多株，葡萄110架，其他水果2000株，形成了庭院水果基地。1989年该村共收水果7.72万千克，收入8万多元，人均80元。是年，该县3.65万户实现了庭院收入超千元，40户超万元。

1971年，境内开始飞机播种造林，在北起八面山，南至鹫峰仙的湘赣边界及酃桂（东）、酃资（兴）边界的酃县境内试播，播种马尾松面积4920公顷。1972年，又飞播造林10807公顷。据1983年抽样调查，该县1971年和1972年飞播造林，保存率为57%，即8967公顷。

1983年恢复飞播造林，茶陵、攸县、醴陵、株洲县先后成立飞播指挥部。10月，选定醴陵大林区播区为试点，培训茶、攸、醴林业局技术员为飞播骨干。1984年1月，在醴陵召开省、地（市）、县飞播指挥长会议，参观了大林播区林地清理。同年成立株洲市飞机播种造林指挥部。是年春，醴陵大林、东堡两乡连片飞播马尾松 4400 公顷（有效面积 3534 公顷）。1988 年抽样检查，大林播区 81 个样方中，有苗的 63 个，无苗的 18 个，最少每亩 50 株，最多每亩 1950 株，平均每亩保存 422 株，一年生苗平均高 9 厘米，最高 18 厘米。1989 年、1990 年对攸县、醴陵、茶陵和株洲县的播区抽样调查，攸县丫江桥播区保存率 87.04%，醴陵大林播区保存率 88.5%、王仙播区保存率 94%；茶陵腰陂播区保存率 96.2%；株洲县龙潭播区保存率 86.79%、长冲播区保存率 90%。

1990 年统计，境内人工造林累计 67.03 万公顷。其中，用材林 44.63 万公顷，经济林 15.02 万公顷，防护林 0.93 万公顷，薪炭林 4.07 万公顷，其他林 2.38 万公顷，四旁植树 2.1 亿株。人工造林保存面积 32.37 万公顷，保存率为 48.29%，“四旁”植树保存 8389.45 万株。在此期间，有 9 个年度进行飞播造林，即 1971 — 1972 年，1984 — 1990 年，播区面积共 10.11 万公顷，播种面积 8.58 万公顷，有效面积 7.07 万 公顷。

1988 年 9 月，株洲市委、市政府作出关于“五年消灭宜林荒山，十年绿化株洲”的决定。通过 5 年努力，全市如期实现了灭荒目标。1989 — 1993 年，全市投工 540 万个，集资 2960 万元，造林 9.52 万公顷，造林最多的 1991 年，全年造林 2.59 万公顷。1993 年炎陵县评为全国世行造林优秀工程项目县，1995 年株洲市荣获“全国造林绿化十佳城市”，1996 年攸县评为“全国世行造林全优工程项目县”，1998 年炎陵县荣获“全国造林绿化百佳县”。

境内各级妇联等社会组织积极投身造林绿化事业，5 年间，各级妇联共建“三八”绿色基地 807 个，造林 0.22 万公顷。炎陵县曾年海 1991 年造林 134 公顷，开创了境内非公规模造林的先河，并由此获得了全国绿化劳模的光荣称号。

1994 年 4 月，株洲市市长王汀明代表市政府与省政府签订全面绿化责任状。随后，市政府与各县市郊签订全面绿化责任状。1995 年 10 月，市委、市政府作出“关于全面绿化株洲，建设高效林业”的决定。1996 年 11 月，省政府派出工作组，对株洲市全面绿化进行检查验收。各项验收指标为：森林覆盖率为 53.9%，林业用地绿化率为 98.12%，村庄绿化覆盖率为 35.82%，城区（县城）绿化覆盖率为 31.44%，建制镇绿化覆盖率为 29.13%，庭院绿化覆盖率为 43.1%，国道省道绿化总里程 569 千米，绿化率为 90.7%，四级以上县乡道绿化总里程 983.5 千米，绿化率为 86.12%，河流绿化总长度 952.1 千米，绿化率为 92.88%，大中型水库 15 座，绿化率为 98.6%，株洲市区人均公共绿地 5.03 平方米，市区绿化覆盖率为 36.58%。

1990 — 2000 年，境内共实施三期油茶低改工程，第一期（1990 — 1992 年）完成 6000 公顷，完成国家投资和市级配套资金 527.6 万元；第二期（1993 — 1995 年）完成 2667 公顷，完成投资 313 万元；第三期（1996 — 2000 年）完成 2134 公顷，完成投资 2057 万元。在国家工程的示范带动下，油茶主产区林农掀起了油茶垦复、抚育高潮。据统计，1990 — 2000 年，完成高标准油茶垦复 4 万公顷，一般低改 6.67 万公顷，使全市油茶产量由亩产茶油 3 千克左右提高到 5 千克左右。1996 年，市政府授予攸县桃水镇、醴陵市栗山坝乡、株洲县洲坪乡为“油茶之乡”称号。

从 1991 年起，境内先后在四县开始启动世行贷款造林工程，到 1998 年，完成世行造林 1.46 万公顷，其中 1991 年完成 867 公顷，1992 年 1934 公顷，1993 年 3134 公顷，1994 年 1800 公顷，1995 年 1600 公顷，1996 年 1867 公顷，1997 年 2267 公顷，1998 年 1134 公顷。长江中下游防护林工程从1991年开始在茶陵县实施，当年完成造林1334公顷，截至1996年，茶陵县共完成长防工程人工造林4867公顷。

全面实现绿化达标以后，境内林业工作重心转移到建设高效林业上来，重点发展名特优经济林、工业原料林、培育杉木大径材、推广优良新品种、新品系。1991—2000年，境内累计营造经济林15667公顷，其中板栗2400公顷，桃、李534公顷，柑橘2067公顷。楠竹在境内分布近6.67万公顷，占有林地面积的十分之一。

株洲市1950—2000年造林统计表

表6-23　　单位：万公顷

年份	造林面积	其中		年份	造林面积	其中	
		国有	集体、非公			国有	集体、非公
1950	0.06	–	–	1976	2.03	0.05	1.98
1951	0.15	–	–	1977	2.02	0.04	1.98
1952	0.45	–	–	1978	1.83	0.07	1.76
1953	0.88	–	–	1979	1.02	0.12	0.90
1954	0.67	–	–	1980	1.32	0.24	1.08
1955	0.87	–	–	1981	1.43	0.22	1.21
1956	1.62	–	–	1982	0.95	0.06	0.89
1957	1.22	0.04	1.18	1983	1.05	0.04	1.01
1958	2.41	0.09	2.32	1984	1.73	0.09	1.64
1959	2.68	0.17	2.51	1985	2.50	0.09	2.41
1960	1.29	0.12	1.17	1986	3.12	0.14	2.98
1961	0.18	0.02	0.16	1987	2.09	0.11	1.98
1962	0.54	0.03	0.52	1988	1.91	0.12	1.79
1963	0.78	0.04	0.74	1989	2.64	0.08	2.56
1964	1.56	0.10	1.47	1990	2.58	0.14	2.44
1965	2.48	0.18	2.30	1991	2.59	0.12	2.47
1966	2.60	0.31	2.29	1992	1.54	0.07	1.47
1967	1.89	0.31	1.58	1993	1.13	0.07	1.06
1968	1.06	0.24	0.82	1994	0.62	0.06	0.56
1969	1.15	0.25	0.90	1995	0.67	0.07	0.06
1970	1.41	0.22	1.19	1996	0.42	0.06	0.36
1971	2.44	0.78	1.66	1997	0.35	0.06	0.29
1972	3.43	0.44	2.99	1998	0.19	0.05	0.14
1973	2.67	0.20	2.47	1999	0.18	0.05	0.13
1974	2.40	0.13	2.27	2000	0.22	0.05	0.17
1975	1.91	0.22	1.69	合计	74.93	5.76	69.17

三　林木抚育

中华人民共和国成立前，施行除草、松土、培蔸、除萌等抚育幼林，以房边地角的果树和零星树木为主，对用材林的抚育多限于打枝除萌，砍去影响树木生长的灌木丛。

随着人工造林的发展和扩大，各级人民政府十分重视幼林抚育。1951 年，茶陵县人民政府指示区、乡干部抓好幼林抚育，当年抚育林木 40 公顷。1953 年，酃县沿潭村叶明成实行粮油套种，提供了以耕代抚的经验。1955 年 7 月，该县人民委员会发出"关于恢复和发展油茶生产的布告"，他们采取穴垦、带垦、全垦、砍山作勘、轮垦等方法，垦覆油茶 1397 公顷。至 1959 年，境内当年抚育林木突破 6667 公顷，经抚育的经济林大多产量明显提高。

从 1964 年起，对人工林进行造林、抚育验收，合格者给予经济补助。杉木林要连续抚育 3 年才验收，促进了幼林抚育，1965 年突破 6667 公顷，比上年翻一番，1971 年突破 3.34 万公顷，达 3.77 万公顷，比上年增加 1.03 倍。到 1974 年经过连续 3 年造林高潮后，抚育面积突破 6.67 万公顷，达 7.20 万公顷，成为最高年份。

林木抚育，逐步由幼林发展到成林，由浅抚发展到深抚，由杉木林发展到油茶、楠竹。1978 年，酃县垦覆油茶 6587 公顷，茶陵"全垦深挖，平整园田、陡坡梯带、险坡鱼鳞坑"垦覆油茶 4800 公顷。醴陵垦覆油茶 1.49 万公顷。

1979 年，酃县垦覆楠竹 567 公顷，茶陵垦覆 1047 公顷，株洲县垦覆 5334 公顷。至 1979 年，境内林木抚育累计 37.82 万公顷。至 1990 年，全市林木抚育作业面积 72.11 万公顷。

1991 — 2000 年，境内共计完成幼林抚育面积 22.74 万公顷，间伐面积 2.67 万公顷。

四　封山育林

自宋以后，由封禁寺庙林、氏族公有林发展到名胜古迹风景林、水土保持林、水源涵养林、防护林等几种，均属全封形式。至明、清时期，各地相继出现了封山育林的禁碑、禁令、禁条和乡规民约。酃县民间，乡规民约，禁条森严。如 87 公顷的炎陵山，历代王朝御封了管山人员，为长期封山林地。民国时期，改由炎帝寺和尚管山，他们每天巡山护林。同时，设在炎陵山上的康乐高小也参与管山，由校长和事务员负责主事。学校规定如有人盗伐了山中的林木，初次不责不罚，令其写出保证书，若此后另有人乱砍了炎陵山树木，学校首先找他承担责任。酃县三河乡大坑村廖家有一块 1.34 余公顷的"人形砻禁山"，禁山立字六条，均极森严，其中一条："凡违禁损坏林木，如系廖姓人丁，不罚银钱，罚入祖堂受鞭责（打屁股），轻者鞭 20 ~ 50，重者责以百板。"该山的林木，均长成古木大树，马尾松围径 2 米以上，最大的株径围 3.16 米，高约 30 米，至今尚有一株灌木"七叶荆"径围 1.75 米，高 17 米，与乔木无异，实为当今稀有。因古林的涵水作用，山间一处瀑布，即使在大旱之年仍清泉如故。

清朝末期，禁山禁盗，发展到民约加国法，进行官、民合治，提出了“长治久安”的口号。光绪三十三年（1907）三月二十四日，酃县正堂批准八都（下村乡）成立禁山禁盗会，立禁山禁盗石碑，建立“都规”，题为“遵守永禁”，石刻碑文1300字，碑文计开禁八条，其中第一条是禁盗伐：“盗伐松、杉、桐、茶、竹林、雪花皮等项，如系初犯，小则由团保及会内绅老议罚，大则送究惩，若系再犯，虽所盗甚微，送县拔入自新所习艺。”自禁之后，八都境内，盗伐匿迹。

民国时期，继承发展历代封山育林经验，普遍建立禁山会、林业公会、护林协会等封山育林组织；张贴封山布告，树立禁碑；实行死封、活封的封山制度，定期封禁和开放，规章严厉。犯禁者罚款或罚酒席，对封山育林起了作用。

中华人民共和国成立后，人民政府实行有计划的封山育林。“一五”计划期间，境内封山育林面积0.68万公顷。各县为加强封山育林管理，普遍成立护林机构，有的乡成立护林委员会、护林专业队，制订乡规民约和奖罚制度，推进封山育林的发展。1956—1957年，境内封山育林1.40万公顷，出现了醴陵大林桥等封山育林先进单位。1958年“大跃进”和“人民公社”化运动中，有的地方一度把封山育林作为一种“懒汉懦夫”的落后生产方式予以废止。

1961年7月，省人民委员会发布《关于确定林权，保护山林，积极发展林业生产的布告》，以保幼林生长，加速绿化。1964年，在兴办杉木林基地的同时，提倡封山育林与封山护林相结合。“造、封、管”并举，用“全封、半封、轮封”等方法，境内每年封山面积稳定在0.67万公顷左右。株洲县平山公社山林面积0.14万公顷，长期坚持封育结合，砍柴留树，青山常在，永续利用。白关公社芭蕉大队，1965年开始封山育林，办法是：根据山林距村庄远近，采用全封、半封和轮封；划定农户砍柴地点和范围，指定埋坟、放牧等特殊用地；进行封禁、补植和补播、发挥“飞子”、萌蘖和诱鞭作用；及时挖山垦覆，修枝整形和成林间伐；砍柴留树：即留主砍杂、留匀砍密、留单砍丛、留大砍小、留直砍弯、留壮砍衰、留肥砍拙。该大队坚持封山育林16年，形成了以马尾松和山毛榉为主的大片针阔叶次生混交林和人工林114公顷，立木蓄积5100立方米，楠竹20万根，森林覆盖率由26%上升到77%。

1981年，酃、茶、攸、醴、株洲县封山育林7.56万公顷。1985年，株洲市抽调技术干部20人，摸清封山育林潜力。据统计，境内有疏林地4.94万公顷，灌木林4.83万公顷，具有天然飞籽自然萌芽能力的荒山迹地0.47万公顷，三项合计10.24万公顷，占境内林业用地14.14%，这些林地规划为封山育林地。

至1990年，境内封山育林累计22.05万公顷。由于农村经济体制多变，制度执行不力，或烧柴困难，有的封而不严，封山育林累计成林面积仅为5.72万公顷，保存面积1.72万公顷，蓄积量为154.20万立方米。

为保护森林资源、防止人畜毁坏、危害、增强森林生态功能，从1991年开始，境内实行大规模的封山育林、封山护林。到2000年年底，境内新封面积达到50.38万公顷，平均每年新封5万公顷以上；累计封山育林面积112.57万公顷。茶陵县借助长江中下游防护林工程，先后建立了以水源涵养林、水土保持林等为主的岩口、浣溪、湖口等封育林场。

第三节　森林保护

一　病虫害防治

（一）虫害种类及危害

境内有森林害虫16目113科1296种，害虫天敌6目23科88种。其中主要的虫害有25种，分别是马尾松毛虫、黄脊竹蝗、星天牛、松毛虫、松梢螟、松白蚁、小蠹虫、铜绿丽金龟子、杉梢小卷叶蛾、雀茸毒蛾、象甲虫、木蠹蛾、竹小蜂、竹笋夜蛾、杉木黄化病、杉木叶枯病、杉松苗木立枯病、刚竹毒蛾、竹缕舟蛾、双条杉天牛、栗瘿蜂、油茶尺蛾、桤木叶甲桑天牛、光肩星天牛、橙斑星天牛等。

1951年5月，醴陵石亭、长岭、高桥、均楚、神福港以及茶陵、攸县部分地区的1.14余万公顷松林发生松毛虫危害。

1956年5月，醴陵船湾、清水江、沈潭、大障、八里坳、孙家湾、板杉等地0.74万公顷松林发生松毛虫危害。

1958年4月，株洲市共发生松毛虫危害松林面积2万公顷，动员2万余人以上上山捕杀。

1959年4—5月，醴陵10个公社，90个大队的1万公顷松林受害，共出动3.6万人捕捉。泗汾公社龙山大队烂塘食堂（孙家湾乡龙虎湾村樟树组）因松毛虫污染饮水而被迫搬迁。

1973年5月，富里、南桥两个公社10个大队24个生产队有267公顷油茶林遭油茶尺蠖危害。

1979年5月，醴陵爆发油茶烟霉病，发生面积1万余公顷，均楚、高桥、军山、长岭、石亭、神福港等公社受灾严重。

除以上常发性有害生物造成较大范围的危害之外，还有一些偶发性有害生物造成一定范围的危害，主要有：兔丝子（无根藤）：分布地点有嘉树乡嘉树村，大障镇东江村，贺家桥镇潘家圩村，西山办事处江源村，王仙镇马桥村等地。零星分布，危害程度较轻。发生面积从1平方米到十几平方米不等。

巴天酸模：全市均有分布，多见农田、水圳以及部分林地。主要危害幼林。

平车前、苍耳、狗尾草、槲寄生植物均有零星分布，以危害幼林为主。

萧氏松茎象：主要危害国外松。发生地点在水口山林场、贺家桥镇寺冲村，发生面积20公顷，危害程度中等，有弱势树致死现象。

（二）虫害防治

1950—1983年，境内森林虫害发生面积21.19万公顷，防治11.84万公顷。1984—1990年，森林虫害发生面积8.75万公顷，防治7.28万公顷，每隔3～5年发生一次虫灾。1991—2000年，每年发生面积在0.67万公顷左右，累计发生面积7.09万公顷，防治5.24万公顷，其中无公害防治3.55万公顷。

1.松毛虫防治 民国版《醴陵县志·食货志》载："清康熙五十九年（1720），醴陵县境内发生松毛虫危害。"民国时期，《修农》月刊、《湘农》月刊及《长沙国民日报》对松毛虫危害的发生及危害情况均有记载："民国4年（1915），攸县皇图岭一带松毛虫危害甚烈，松树针叶全被食光。""民国8年（1919）至9年（1920）间，酃县王家渡发生大面积松毛虫危害。"1958年，酃、茶、攸、醴4县暴发松毛虫，受害面积3.84万公顷。松树针叶被食殆尽，一片焦枯，宛如被火烧过。虫口密度一般每株300～500条，多眷3000～4000条。土里、路上、田里、房子里，到处是虫，农民不敢赤脚走路。攸县人民委员会动员10万群众上山捕杀松毛虫，喷药44吨，防治面积3040公顷。1960年，攸县新市、酒埠江、上云桥等公社发生松毛虫危害，受害面积4667余公顷。为此抽调5000个劳力，上山捕杀松毛虫。同时在上云桥的脑头岭修成600×500米的临时机场，利用飞机喷药杀虫。从3月28日至4月5日，出机22架次，飞行24小时14分，喷1%六六六粉剂79.46吨，防治面积3540公顷，效果检查：最高死亡率达100%，平均75%。飞机支农，工效比人工喷药提高300倍。1969年，茶陵云阳林场利用白僵菌杀松毛虫，派员赴浏阳学习白僵菌生产技术，学成后建年产250～350千克白僵菌车间。所产白僵菌，防效率在85%以上。1977年，株洲县及株洲市郊区发生松毛虫危害，面积3467公顷。用速灭杀丁+食盐+水杀虫，杀虫效果93%。1984年夏，茶陵云阳林场和下东、思聪两乡2667公顷马尾松林遭受松毛虫危害。4月18日到20日，云阳林场发动群众1100多人次，捉松毛虫4428千克，过捉面积40多公顷，7月1日至6日，采用飞机治虫，出机17架次，飞行29小时，防治2900公顷，松毛虫死亡率80%～90%。1988年，茶陵云阳林场和附近乡村及湖口镇发生松毛虫危害，8月20日至9月20日，出机24架次，飞行41小时，防治3667公顷，松毛虫死亡率86.10%。人工喷射高效低毒的甲胺磷，松毛虫死亡率达100%。1986年—1990年全市累计，松毛虫发生面积2.38万公顷，防治1.26万公顷。1991—2000年，累计发生马尾松毛虫面积1.60万公顷，危害程度中等以上为0.34万公顷，主要分布在醴陵市水口山林场、南桥镇林场、仙霞镇、板杉乡，攸县桃坑乡、高枧乡，茶陵县云阳林场、腰坡镇、尧水镇等地。

2.竹蝗防治 清代《茶陵古今纪事》、民国《醴陵县志》都记载："清顺治十七年（1660）三月，飞蝗蔽天""清咸丰七年(1857)秋收后，飞蝗满天，竹、木叶多被噬光。"民国时期《湖南省通志》"祥异"之二载："清咸丰七年(1857)秋，长沙、醴陵、攸县、酃县……等十七州县。飞蝗蔽天，当时已经秋收，竹、木叶均被啮食殆尽，由于各地人民大力烧捕飞蝗，挖掘卵块。各州县挖掘卵块百数十万不等，得以迅速捕灭，次年残存卵块孵化，蝻子出现，亦经大力捕灭，未造成灾。"民国36年（1947）攸县莲塘坳乡发生竹蝗危害，由于没有及时进行防治，以致蔓延成灾。1954年，攸县廖公、凉江两乡竹林发生竹蝗，从4月22日起，在97公顷竹林内，于早上露水未干前喷射可湿性六六六200倍液，或撒0.5%六六六粉，杀灭土跳蝻，有效率在90%以上。1955年，攸县成立治蝗指挥部，下设4个专业队，配有专用药械，常年进行防治。20世纪60年代末70年初，攸县林业局谭渊明试验用土炮装上杀虫药剂，对着发生竹蝗危害的竹林轰打，每炮杀伤面积约0.14公顷（由于成本太高，未被推广）。1977—1986年，株洲县八斗乡竹蝗危害，受害面积累计2667公顷，蔓延至醴陵军山公社，受害竹林220公顷。1987年，攸县为使农户掌握竹蝗习性，提高防治效果，3月份以前，分片举办竹蝗防治技术培训班，培训村、组技术骨干700多人，印发资料1000余份，聘请14名有经验、懂技术、地方熟、责任心强的人担任测报员，深入村、组传授技术，带领群众上山调查竹蝗产卵情况，在竹林集中的32个村的4667公顷竹林里，查出产卵地并消灭卵块4657处。是年，株洲县出动劳力1500余个诱杀竹蝗，投放尿草把10.22万只，诱杀竹蝗17350千克，虫口密度由原来的每平方米20只降到每平方米不到1只。茶陵七地、八团、湘东、桃坑、江口等乡发生竹蝗，采用甲敌粉撒粉、甲胺磷喷杀和烟剂熏杀，防治面积143.34公顷，竹蝗死亡率在96%以上。1986—1990年竹蝗发生面积分别为1.02万、1.22万、1.03万、0.21万、0.22万公顷；防治面积分别为0.97万、1.18万、0.96万、0.17万、0.23万公顷。1991—2000年，累计发生黄脊竹蝗面积1.40万公顷，其中危害程度严重的0.2万公顷，主要发生在株洲县八斗乡、龙潭乡，醴陵市均楚镇、官庄乡，攸县银坑、高枧、峦山镇，炎陵县十都、石洲镇。

3.白　蚁　1919—1920年间，酃县王家渡发生大面积虫害，油茶以白蚁危害为最。人们无法对其进行防治。20世纪60年代末70年代初，境内均有发生，危害杉木。采用“看危害迹象追挖蚁巢”的方法防治，挖出蚁王大者长8厘米，粗2厘米，蚁巢大的堆放起来有0.05立方米。到70年代中期，株洲县群丰林场科研组长钱新武等人，对白蚁的生活习性进行观察研究后，改用“找分群孔挖巢、压烟”的灭蚁新方法，提高工效2～3倍，其点火压烟灭蚁器获得湖南省科技进步奖。1987年，株洲市贮木场从外地购进一批云杉材。堆放在沿江南路3号院内，木材受到白蚁危害，附近宿舍门窗亦遭啃食，市科技情报所，用灭蚁灵粉剂诱杀，白蚁被消灭。

4.油茶尺蠖　1973—1976年，醴陵富里、南桥两公社10个大队27个生产队，连续4年油茶林发生油茶尺蠖，危害面积累计267多公顷，每株平均有幼虫80～100条，最多一株达400条，树叶全被吃光呈火烧状。1976年8月，醴陵县林业局工作组带动力喷雾器一部，人力喷雾器20部，农药2500千克，与湖南省农学院林学系80多名师生一道，到虫区上山防治，油茶尺蠖得以消灭。

5.檫木透翅蛾　1979年在茶陵二仙林场发生。1981年酃县发生面积达67余公顷。

6.檫木白轮蚧　过去只在山区少量发生，随着丘陵区大面积推广人工纯林后，白轮蚧成为丘陵区檫木的主要害虫。1979年，醴陵、攸县、株洲县开始发生，用乐果或乐果和敌敌畏混合药剂喷杀，效果在95%以上。

（三）病害防治

1955年，攸县苗圃发生杉苗尖枯病，采取拔除病株和喷射药物的方法治病。次年，采取选择土质疏松、肥沃、深厚、结构好、水源足、排水方便和日照短、地下水位适当的地方作苗圃地，施足基肥，土壤和种子消毒，改良土壤等措施防治。1960年调查，酃、茶、攸、醴4县发现杉木黄化病、杉木立枯病、油茶炭疽病、樟寄生等病害。杉木病害防治措施是：营造以杉木为主的用材林基地；对已经发生黄化病的幼林，采取深挖抚育，追施肥料，促进杉木生长，提高抗病力；对于黄化病发生严重林分，及时进行林分改造；对生长好的中龄林林分，进行喷药。

1974年，湘潭地区林科所推广攸县和茶陵用山苍子叶果原汁加水20倍，挂于果枝上的方法，或者用30%的石灰水+5%草木灰+1%赛力散+2%茶枯水喷洒，防治油茶炭疽病，效果在90%以上。1974 — 1978 年，茶陵二仙林场余链铮等人与中南林学院等单位合作。发现油茶抗病优树 175 株，不发生油茶炭疽病等病害，选优树培育苗木造林。1979 年，醴陵、株洲县油茶烟霉病大发生，危害油茶 17 万余亩，林业部门工作人员到重灾区和当地农民一道使用一般浓度的石硫合剂，或者用醴陵县林业局李修梅研制的“六合剂”，毒杀引发烟霉病的蚧壳虫，有效率均在 90% 以上，两县普遍推广。

1980 年 8 月，醴陵桃花公社林场 94 多公顷檫木林全部发生叶斑病，被害植株叶片失绿变黄，继而早落，远看如过火烧。

1981 年森林病害普查，酃、茶、攸、醴 4 县有病害 120 种。株洲县、株洲市郊区有病害 55 种。杉木、马尾松、油茶、檫木 4 个树种的主要病害是杉木黄化病、杉木炭疽病、松树叶枯病、油茶炭疽病、油茶烟霉病、檫木叶斑病、檫木日灼病。

1982 年，市制定《森林植物检疫试行办法》。1986 年 6 月 26 日实行森林植物检疫。同年 9 月 24 日至 10 月 24 日，组织 8 名森林植物检疫员，对森林植物检疫对象进行产地检疫调查，境内设调查点 82 个，总面积 144.60 公顷，林木、苗木 9642 株，树种有湿地松、火炬松、檫木、泡桐、枣树、杨树、板栗、楠竹等寄生林木 11 种，发现检疫对象有泡桐丛枝病、枣疯病、板栗疫病。1986 — 1990 年，森林病害发生面积 9427 公顷，防治面积 40 公顷。1989 — 1990 年，对森林植物进行检疫，林木种子 57.73 吨，苗木 1438.16 万株，木材 11 万立方米，竹材 77.18 万根，花卉 5500 株。

二　森林防火

森林火灾的起因主要有两大类：一是生产性用火，包括烧荒、烧灰、烧田坎，焚山造林、烧牧场、烧窑、烧隔离带、火车喷漏、机车喷火等。二是非生产性用火，包括野外吸烟、取暖做饭、上坟烧纸、燃放鞭炮、烧山驱兽、小孩玩火、痴呆弄火、家火上山、电线、雷击引起等。

1950 — 1983 年，境内共发生森林火灾 1520 起，烧毁山林 4.52 万公顷。1984 — 1990 年，发生森林火灾 687 起，烧毁山林 3714 公顷。几次大的火灾是：1955 年 12 月 3 — 7 日，茶陵严尧乡发生一起山林火灾，烧毁山林面积 2638 公顷。1966 年 2 月 6 日，酃县大院农场几名青年故意纵火 7 处，烧毁山林 734 公顷。1975 年 12 月 9 日，酃县策源公社上洞大队石禾坪生产队肖才清烧自留地引起山火，历时 2 天多，烧毁山林 1227 公顷。1987 年 2 月 3 日，株洲县长冲乡牛背岭林场发生山火，烧毁山林 44 公顷，直接经济损失 18 万余元。1990 — 2000 年，境内共发生森林火警火灾 346 起，过火面积 2235.8 公顷，受害森林面积 1855.3 公顷，烧毁林木蓄积 15294 立方米，幼林 78.5 万株。在 346 起火警火灾中，属烧荒、烧灰、烧田坎、炼山造林等生产性用火引起的占 36.6%，属上坟烧纸、燃放鞭炮、野外吸烟、乱丢烟蒂、小孩玩火、痴呆傻弄火等非生产性用火引起的占 54.4%，其他野外用火引起的占 9%。

（一）火灾预防

从 1950 年起至 1986 年，攸县颁布森林防火布告 35 次，设立森林防火牌 5000 多块，写宣传标语及黑板宣传栏 1.5 万余条处。茶陵于 1952 年 12 月 28 — 31 日召开全县森林防火代表会议，开展护林防火宣传教育月，利用幻灯、彩色宣传画、文娱、黑板报、报告会等形式，教育群众护林防火。该县江口公社春风大队有快板式宣传标语“森林防火，极端重要，山里作业，防丢火苗”。1963 年 3 月，省人民委员会颁布《森林保护条例》的实施（试行）办法，确定每年 9 月至次年 4 月为森林防火期。自 1987 年大兴安岭特大森林火灾发生后至 1988 年年底，市政府就森林防火 3 次发出紧急通知，2 次召开电话会议，防火办公室编写简报 4 期，铅印《森林防火条例》1 万余册、《家家防火，人人防火》小册子 9.9 万份，张贴标语 2 万张，重申“六不烧”规定，强化野外火源管理。1989 年，森林防火期间，出动宣传车 210 台次，电视、电影宣传 82 场次，张贴防火标语 4 万多条，林区制作长久性防火牌 8000 余块；10 月 6 日，《株洲日报》刊登“严格控制火源，杜绝森林火灾”专版，并增印 5.8 万份，发至境内各县、乡、村、组。1990 年森林防火期间，对重点地区实行戒严。酃县当年印制有关森林防火年画 1.5 万张，发至各乡镇、工矿、林场、村、组及机关干部，做到森林防火，家喻户晓，人人皆知。先后制定和完善了火源管理制度和森林防火预案，坚决执行防火期“六不烧”“七严禁”制度。

1991 年 11 月，召开全市森林防火工作会议，要求深入开展森林防火宣传教育，加强火源管理和各项制度的落实，加强森林防火体系建设，坚持 24 小时值班制度，预防和控制森林火灾的发生。1992 年 3 月，市人民政府在《关于切实抓好当前农村几项主要工作的紧急通知》中，强调要扎实抓好森林防火工作，把森林防火工作列入政府的议事日程。1993 年 9 月，实行对森林防火工作行政领导负责制。每年通过气象台常年发布森林火险等级预报，在防火关键时期，通过电视台播放森林防火通告，并组织专门力量对林区的重点部位检查。1998 年，全市在重点乡、镇、场、重点林区村开展以“稳定林区秩序，保护森林资源和预防森林火灾”为主要内容的安全文明林区创建活动。到 2000 年年末，有近 80 个单位被市、县综治委授予安全文明林区，这些单位基本实现了无森林火灾的发生。

（二）防火设施

1964 年 10 月，酃县水口山林场建成第一座森林防火瞭望台。截至 1978 年，攸县建立森林防火瞭望台 4 座。到 1984 年 8 月，境内共设立森林防火瞭望台 26 座，开防火线 590 千米，修建防火林道 2075 千米，架设电话机通信设备 16 套、通信线路 390 千米，添置森林防火车 3 辆。1988 — 1990 年，省财政拨款 34.24 万元，各县市郊自筹资金 80.20 万元，购置森林防火车 6 台，新建、维修瞭望台 10 座，修防火线 1025 千米，修防火林道 1122 千米，防火林带 183 千米，并为瞭望台工作人员添置被子、毯子、棉大衣、望远镜等物品。酃县和茶陵云阳林场实现无线电网络联通，配置基地台 9 个、车载台 4 个、手持对讲机 90 多部。

1990 年后，各地森林防火设施得到进一步改善和加强，先后购置专用望远镜 4 台、风力灭火机 13 台、油锯 5 台，新购、更新森林防火指挥车 7 辆，安装专用程控电话 17 台，新修防火林道 1740 千米，营造以木荷为主要树种的生物防火林带 237 千米，新立永久性森林防火宣传栏、牌 2276 块。1999 年年底，市林业局投资 4 万元购置了林火卫星监测终端设备，并与国家和省森林防火林火卫星监测联网。

（三）火灾案件查处

1986 — 1990 年，境内发生森林火灾 624 起，立案 606 起，查明火源 590 起，处罚 440 人，其中拘留 8 人，判刑 4 人。1990 — 2000 年，境内各级林业部门和森林公安机关（防火办）共立案查处森林火灾案件 294 起，查明火因 274 起，处理 274 起，处罚 273 人，其中追究刑事责任的 32 人。

三 制止乱砍滥伐

《茶陵州志・杂志》记："明永乐七年（1409）起，民夫伐木，万阳山户之死与逃者及半。"清同治版《攸县志》载：清嘉庆年间，福建、广东、广西农民涌到攸县百里深山，结庐山上，毁林开荒，山林破坏严重。民国版《醴陵县志・食货志》载："醴陵山国也，曩者，干霄之木，郁然成林……数十年来，人烟日密，取求不时……"民国 15 年（1926），攸县鸾山刘鼎安、刘炳安兄弟在株洲开设"楚材木行"和据木厂，每年将鸾山境内杉木林大肆砍伐，运往株洲，牟取暴利，从不造林。抗战时期，长沙沦陷，国民党湖南省政府拟迁酃县炎陵山，在山上修筑工事，建造大批临时性住舍，伐木砍树，致使炎陵山参天古木惨遭破坏。民国版《醴陵县志・食货志》记载："抗战以来，又复滥施斧斤，山户愤然，遂不惜尽所有而伐之……合抱之木，百不存一；常美之山，多秃而童。"民国 37 年（1948）《湖南省志各县生计志稿》中述："茶陵县历来天然森林居多……。惜自敌寇陷境以后，各处森林，多被焚烧滥伐，损失不少，濯濯童山，随处皆是。"

1950 — 1957 年，农村实行土地改革和合作化。山林权属接连发生两次变革，不法地主与商人明砍滥伐，贫苦农民卖树买粮，使得乱砍滥伐时有发生。株洲县砖桥乡一农民怕油茶林转社队归公，在自己的山里砍掉 300 多株烧成木炭卖掉。攸县新市到丫江桥 15 千米范围内，原是完好的马尾松林，不到 2 年，基本砍光。"文化大革命"期间，林业机构一度瘫痪，林政秩序混乱，重现乱批乱砍，毁林开荒。1980 年，推广"温室育秧"，木材需要量大增，当年一个县就要砍伐数万立方米计划外木材，多的县砍到 8 万立方米。1984 年冬至 1985 年春，株洲县姚家坝乡杨家桥村将 47 公顷杉木中幼林全部砍光。

1986 年 1 月，茶陵部分村民，进入桃坑、江口盗伐木材，经过桃坑木材检查站时，集群冲关，每次冲关木材数量为 100 ~ 300 块木排（每排约 1 ~ 2 立方米）。1988 年，酃县、安仁边界部分乡村农民成群结队上山到东风、船形乡盗伐滥伐林木，每天人数上千，毁林面积 3334 公顷，木材由肩运发展到长龙车阵。

为制止乱砍滥伐，各级政府采取措施，保护山林。

（一）护林法规

同治版《攸县志》记载：清嘉庆十五年（1810），攸县县令裘行恕颁布护林告示，晓谕民众毁林十害，育林十利，控制毁林开荒，其中有"已开者不复禁山，未开者即多种树，断不令再行开垦，为此渐次挽救，设法护卫”。

民国时期，国民政府在民国3年（1914）、21年（1932）、34年（1945）三次公布《森林法》，均规定：“于森林窃取其主副产物者，为森林窃盗，处一年以下有期徒刑、拘役或赃额二倍以下罚金。”民国23年（1934）2月，湖南省公布《湖南强制造林暂行规程》中第五条规定：“各林区居民，因保护森林之必要，应设立林业公会。”民国37年（1948）《湖南省志各县生计志稿》记述：“酃县乡村禁山公约极严。”《农民经济调查录》第三册《森林调查篇》资料：“茶陵县交通较便之地，皆有禁伐之例，违者罚钱。”

1984年公布《中华人民共和国森林法》。1985年实行采伐限额，境内每年木材采伐量控制在15万立方米左右。1985年11月1日，市人大常委会作出“关于进一步贯彻《森林法》，保护森林资源，加速发展林业生产的决定”。市人民政府1987年制定《株洲市县级领导林业目标责任制》。1989年作出“五年消灭宜林荒山，十年绿化株洲”的决定。乡规民约，民间很多、很严。郊区明照乡林场护林公约：“凡盗窃树木、楠竹的，收取进山费100元，每根罚款10～60元，并退回赃物，砍1栽10(先交押金后栽树，每株1元)。”“破坏幼苗，每株罚款50元，盗窃竹笋，每只罚款10元。”20世纪90年代后，国家加大林业立法力度，众多法律法规相继实施，为保护森林资源和野生动植物资源提供有力的法律武器，使森林资源能够得到更有效的保护。

（二）明确山林权属

土地改革前，绝大部分山林为地主豪绅所有，属农民的很少，属国有的更少，所有者以地契为证。土地改革后，山林归农民所有，发土地证。1956—1957年建立农（林）业生产高级合作社，农民除留少量自留山外，全部折价入社，由农（林）业社集体经营。

1958年建立人民公社，山林全部归公社所有。山林权属被打乱。1961年春，调整社队规模，人民公社将土地（包括山林）、劳力、耕牛、农具“四固定”到生产队，发给山林所有证书，统一经营管理；划给社员一定数量的自留山，发给自留山证。1981年3月，国家颁布《关于保护森林发展林业若干问题的决定》，要求稳定山权、林权、落实林业生产责任制，不论国家，集体所有的山林树木，社员各户所有的林木和使用的林地，还是部门、单位的林木，均由所在县人民政府发给《山林权证》和《社员自留山使用证》。同年，株洲市成立“三定”领导小组和办事机构。攸县、醴陵、株洲县和郊区将证发到社员各户，茶陵、酃县则只发到生产队（1985年再下发到社员各户）。至1983年，定权发证的山林面积合计70万公顷，占山林总面积的94%。1984年，“三定”领导小组和办事机构撤销。1989年9月，成立株洲市国有林定权发证领导小组和办公室，各县市郊也相应建立办事机构，开展工作。到1990年7月底，全市29个国营林业单位发证面积6.17万公顷，其中山林权5.89万公顷、林权0.28万公顷。20世纪90年代，全市以林权证作为确权依据，对尚未发放林权证者，则参照合作化时的“四固定”或土地改革后所发的土地证。

（三）调处山林纠纷

农业合作化后，山林纠纷很少，纵有个别纠纷，由上一级出面调处，容易解决。联产承包责任制建立以来，由于利益关系，山林纠纷时常出现，老问题解决了，新问题又产生，波及范围广，损失大。

1984 — 1988 年，全市发生山林纠纷 890 起，调处 350 起，法院处理 440 起。1989 年 7 月，株洲市成立由林业、公安、司法、民政等部门参加的调处山林纠纷领导小组，下设办公室。随后，各县市郊人民政府均设立相应机构。1989 年调处山林纠纷 53 起，调处面积 1400 公顷。1990 年，调处山林权属纠纷 142 起，总面积 2800 公顷。其中：国有林边界纠纷 78 起，面积为 1394 公顷。20 世纪 90 年代，由于经济快速发展，修公路、铁路、城市扩建和消灭宜林荒山等因素，林地经济价值迅速增值，山林纠纷大幅度上扬。1991 — 2000 年全市发生山林纠纷 1747 起，调处 1702 起，面积 4934 公顷。

（四）整顿木材市场

1985 年木材开放以来，株洲市对木材经营、加工单位和木竹市场，进行过四次清理整顿。第一次是在 1987 年，全市清理木材经营单位（包括个人）1614 个，整顿木材市场 59 个，通过清理整顿，注销不符合条件的营业执照 526 个，取缔无证经营木材店户 941 家，关闭木材市场 40 处。攸县还对长期从事木材投机倒把、欺行霸市、垄断市场、坑害农民利益的 32 个“树霸”的重者作判刑处理；第二次是在 1988 年 12 月底至 1989 年，关闭木材市场 28 个，取缔不合格的经营、加工单位 123 个；明确在株洲市内，酃县、茶陵、攸县三县以林业部门木材经营单位一家进山收购。以国营木材公司、国营林场经营木材为主体，发挥林业部门作为木材经营、加工单位的主渠道作用。清理整顿后，境内经营、加工单位为 157 家，木材市场为 25 个；第三次是在 1990 年，对全市 213 个经营、加工单位进行一次全面清理和整顿，并核发木材经营、加工许可证，全市有经营、加工单位 178 个；第四次为 1995 — 1996 年，吊销木材经营、加工许可证 28 家，处理违法经营、加工户 46 人次，没收木材 350 立方米，罚没 36 万余元。至 1997 年，境内有 47 个林业站，27 个木材检查站。境内木材经营、加工单位随市场放开而逐年增加，到 2000 年共有 978 家，其中经营单位 586 家、加工单位 392 家。

第四节　木材采伐

中华人民共和国成立前，各县均产木材，以杉木为主，有少量枕木、坑木等木材加工业。木材采伐一般由“山客”向林主圈购青山，雇人采伐，也有山主自己雇工采伐。酃县、茶陵、攸县，盛产杉木。据《茶陵州志》记载：明永乐二年（1404），“朝廷建皇宫，征集民夫到万阳山伐木，三丁抽一，五丁抽二”。清末，私营木商发展很快。民国初年，酃县河漠水、斜濑水、沔水三河流域，有潘金明、廖文志等一批木商，年采木材 1250 两码（每两码折合 1.4 立方米），1932 年产杉木 3.72 万两码。茶陵江口、桃坑、堤洲、县城等地，有陈耀、新生、同心等木行，都是买青山，雇工坐山伐木。民国初期，茶陵每年出口木材 2.5 万两码。

1950 — 1953 年，国家开始组织木材生产，设立酃县炎陵林业所、茶陵林业所，重点收购酃县、茶陵、攸县木材。1951 年 8 月，政务院发出《关于节约木材的指示》，各县人民政府根据《指示》，清理滥伐林木，打击破坏森林的犯罪行为，攸县人民政府规定：“已达到采伐期的林木，经专、县批准，始可采伐。”“领取砍伐证，凭证砍伐，不得多砍乱砍。”1953年7月，省森林工业局在酃县设立洣水采购站，管辖洣水流域各县所产木材，收购酃县、茶陵、攸县、安仁、衡山5县林农采制的木材。从此，国家经营木材生产由市场收购转变为组织采伐和直接采伐。据酃县、茶陵、攸县统计，当年采伐木材11万立方米、竹材80.33万根。同年森工部门组织采伐队，进入酃县木弯、茶陵高陇等林区采伐。

1954年，酃、茶、攸3县先后成立森林工业局。贯彻省提出的“重点采伐，集中收购，普遍订约”的方针，森林工业部门人员深入林区乡、村与林农订立木材收购合同，帮助搞好木材生产，完成合同交售任务。农民组织互助组与合作社，后又发展为高级社，山林入社后，由高级农业合作社管护和经营，木材生产发展为集体安排劳力采伐，森工部门与农业合作社签订收购合同。当时的采伐方针是：“控制过伐林区，合理经营一般林区，积极有重点的开发偏远林区。”同年酃县列为全省3个偏远重点林区之一，茶陵为重点林区，攸县列为一般林区，醴陵列为过伐林区。1953年，酃县划为全省25个主要林区县之一，1956年列为全省开发偏远林区3个重点县之一，1963年列为全省9个重点林区县。1950—1957年，境内共计采伐木材75.11万立方米、竹材796.82万根。

1958年建立国营采伐场，木材采伐开始以采伐场为主。在原采伐队基础上，酃县、茶陵、攸县成立8个国营采伐场，有职工2307人。酃县木湾采伐场向根贵等人，斧、锯并用，伐直径50厘米以上的大树，每个工采伐0.80立方米。当时社、队和国营采伐场一起上，木材采伐搞“大兵团”作战。酃县1958—1960年3年砍树60多万立方米，其中1.7万立方米运不出，20%烂在山上，上交国家仅20.30万立方米，超额滥伐38万多立方米。茶陵开发吕川山，烂在山上的木材1000多立方米，该县的万宝（桃坑、江口乡）、卫国（湖口、浣溪乡）2个公社，1958年烧木炭、劈薪柴，把河边、路边的风景林、水土保持林、防护林大部砍掉。攸县集中1800多个劳力，在漕泊林区砍伐1.23万立方米，运了1年多时间，只运出9000立方米。株洲县在长冲人形山、虎形山（时属湘潭县）所采坑木、枕木等800立方米，不符合国家质量标准。

1961年，境内木材生产计划由上年的15.20万立方米调整为6.34万立方米，竹材由70.62万根调整到28.18万根。在3年调整时期生产木材26.02万立方米，竹材107.16万根，比“大跃进”时期，减少34.5%～60.5%。并规定产材社、队完成任务以外的木材、楠竹，可以在社、队之间互通有无，等价交换。国营采伐场经过整顿定型，8个采伐场工人由2307人减少到1049人，采伐任务由10.80万立方米减少到3.70万立方米，占当年采伐量的24.3%。在调整期间，负责社、队木材采伐的收购站，由9个增至11个，承担收购所伐木竹。

1966—1976年，随着木材任务的逐年增加，粮林争季节、争劳力的矛盾突出。有的社队开始兴办集体采育场，或是组织季节性的专业队，从事木材采伐与运输。由于“一平二调”严重，所砍木材的林价（山价）大都被公社、大队占有，生产队所得极少，木材统购统销收购价格又偏低，年均木材综合收购价每立方米23～30元，林农收入甚少，以致10年只生产木材130.94万立方米，竹材1216.43万根，年均13.09万立方米和121.64万根，其中有5年没有完成国家计划。

1977年后，木材采伐量增加，社队集体采育场发展到54个，专业采伐劳力1076人，成为伐木的主力。1980年，境内生产木材16.99万立方米、竹材127.04万根。

1981年以后，农村实行家庭联产承包责任制，山林定权发证，责任山承包到户，自留山分户经营，社队采育场解散，季节性和临时性的专业队也基本消失。山林承包到户后，木材生产分户进行，木材、竹材采伐按指令性计划由县、市木材公司经营，组织力量，深入到村、组、户签订收购合同，或组织联合采伐，定点收购，统一结算，分户记账，分户付款，既解决了农民“卖木难”，又减轻了收购站结算付款的工作量。1982—1984年如数完成了木、竹生产任务。

从1985年起，集体林区取消木材统购，开放木材市场，允许林农和集体的木材自由上市，实行议购议销。从此，木材改为限额采伐。市年采伐量15万立方米，市人民政府给各县、市、郊下达砍伐指标，县市郊再分配到乡、村、组，根据下达采伐指标，由林业部门发采伐证。1985—1990年，市人民政府下达限额采伐指标91.06万立方米，实际采伐91.67万立方米。其中各县、市木材公司采购54.19万立方米，占总量的59.11%，国营林场自产自销16.15万立方米，占总量的17.60%，乡镇企业自购自销21.33万立方米，占总量23.19%。

1950—2000年，境内为国家提供木材920.91万立方米，竹材8835.30万根。

第五节　营林体制

一　国　营

民国29年（1940），醴陵县政府平桥乡划定一小范围的山林作为国有林，建立一小型国营林场，以植桐为主。民国30年（1941），又在白兔潭、阳三石相继建立益农果树种苗场、集义农场，均以培育果树苗木为主。茶陵县在城隍庙、三角坪建立茶陵县农林场，面积14.67公顷。民国32—37年（1943—1948），攸县政府将枫仙乡白茅洲（菜花坪乡）临时飞机场的3.34公顷荒地辟为“伯陵”桑园，将马鞍乡蔡家坳的8公顷荒山辟为“中正”林场，在城西河罗星洲的公有荒地上兴办“攸兴”农场，内辟林木苗圃1.34公顷。茶陵县在鲤鱼洲成立“忠党”林场。酃县将炎陵山炎帝陵周围87公顷山林划为国有林。

中华人民共和国成立后，各地人民政府接收全部国营林场和苗圃。几经合并、更名、撤销、设立等变更。

1952年，《湖南省土地改革中山林处理实施办法》规定，大树林、大竹山、大果园、大茶山、大茶籽山、大桐山、大桑田、大荒山等收归国有。还有属于防风、防砂、防洪、护路、护堤、护岸、保护水源、军事航行、卫生等及名胜古迹、风景区之山林，不论大小都收归国有。土地改革后，国有山林面积增加，酃县有2.6万公顷，占山林总面积的15.8%，茶陵的江口、桃坑、湖口一带有大片国有林16处，仅在湖口青呈的国有林就有357公顷。

1954年，根据林业部关于稳步发展国营林场的意见，按照地区有大片或在县属区内距离较近，连片万亩以上，便于经营管理的国有林、公有林或荒山，规划为国营林场的原则，建立“国营湖南省茶陵油茶场”，山林面积为1167公顷，为全省兴办最早的6个国营林场之一。

1955—1956年，为贯彻中共湖南省委关于“积极保护现有森林，迅速扩大国有林比例”的方针，建立酃县水口森林经营所，攸县柏市、上龙森林经营所，醴陵水口山森林经营所，共辖山林面积1.13万公顷。

1958年，森林经营所均改为国营林场，建场程序发生变化：由原来县呈报省审批后建场，变为由各县自批自建，由原来限于在国有山林、公有山林上建场的，采取由群众赠送、国家与社队斟换、国家收买和集体转全民等多种办法建场，国营林场迅速发展。酃县建立梨树洲、青石、城东等7个国营林场；茶陵建立云阳林场，攸县建立广黄、漕泊、严湖、廖公(1968年改名为幽居林场)4个国营林场；株洲郊区建立凤凰山、军山2个国营林场(均属株洲县)。由于林场的经营管理办法不完善，尤其是农户的划入，造成林场山林纠纷多，劳力流失，技术缺乏，财务管理混乱，造林质量不高。

1959年年初，采取划入的农户下放给人民公社的办法进行调整，林场规模减小。1960年，建立国营醴陵彰仙岭林场。

1963年，中共湖南省委对国营林场进行归口定型，将部分适宜发展林业的农牧场定型为林场。此后，国营林场的规模基本稳定。为适应总体开发建设，1975年8月，将酃县水口山林场、五里牌林场、青石林场合并成立“国营酃县青石冈林场”，原有3个国营林场改为分场，列为全国9个国营林场开发试点单位之一；1978年7月，将攸县广黄、柏市、漕泊、上龙、幽居、严湖6个国营林场合并，成立“国营攸县黄丰桥林场”，原有6个国营林场改为分场。

在1981年以后的山林定权发证过程中，划出部分国有山林给集体。至1990年年底，株洲市有8个国营林场、29个国营林业单位，国有林总面积为5.38万公顷，其中有山权林权的5.06万公顷，仅有林权的0.32万公顷。1991年，按活立木蓄积、社会总产值、产品销售收入、利润总额和固定资产原值等5项指标计算，青石冈、黄丰桥、云阳林场被林业部选入全国国有林场500强。

1997年7月，省人民政府将炎陵县青石冈、桃源洞，茶陵县云阳，攸县黄丰桥，醴陵市水口山、樟仙岭，株洲县凤凰山、军山等8个林场确定为全省177个行业管理国有林场。到2000年，8个国有林场职工总数达2143人，代管集体行政村2个(凤凰山、樟仙岭)；经营总面积4.87万公顷，占全市土地总面积的4.3%；有林地面积3.82万公顷，占全市有林地面积的6.3%；拥有活立木总蓄积量290.81万立方米，占全市总蓄积量20.6%；林木年生长量17.29万立方米，年资源消耗量9.89万立方米，年净增长量7.4万立方米；经济总收入3205万元，上缴国家税费448万元；固定资产（原值）3676.2万元，林木资产7946.7万元。国有林场已成为境内主要的森林资源后备基地，在保护和改善生态环境方面起着不可替代的作用。

1992年，依托国有林场建立起来的森林公园，其旅游休闲价值远远大于森林木材生产价值。到2000年，境内已拥有国家级森林公园1个，即炎陵县桃源洞森林公园，总面积0.83万公顷；省级森林公园2个，即茶陵县云阳森林公园，炎陵县湘山森林公园，总面积0.97万公顷。各森林公园森林覆盖率均在94%以上。据2000年年底统计，全市森林公园累计完成各类投资1.25亿元，累计接待游客已逾 160 万人次，直接营业收入 140 多万元，旅游收入 1890 余万元。

二 集 体

1949 年以前，祠堂、庙宇、寺院、教堂、学校、团体、孤儿院、养老院、医院、育婴院、救济院、宗族祭祀、桥会、茶会、义渡、路会等都占有一定数量的山林，纯作地方公益事业之用，属县、区、乡、村公有。境内约占山林面积的 20%。

民国 24 — 25 年（1935 — 1936），各区都选定 6.67 ~ 10 公顷山林建立模范林场。民国 30 — 32 年（1941 — 1943），各乡、保均成立林场，面积在 1 ~ 3.34 公顷之间，种植油桐等树。

1952 年，省人民委员会规定，原属县、区、乡、村公有山林，仍归县、区、乡、村公有。对开荒会酿成水土流失的荒山，亦划归乡、村公有，作为当地人民封禁育林或共同采樵及畜牧场所。

20 世纪 50 年代，随着农业合作化运动的发展而建立的集体林场得到发展和巩固，成为发展林业生产、保护森林资源的重要基地和主要组织形式，成为县乡财政收入的主要来源之一。

1955 年，境内第一个林业生产合作社醴陵县泉水乡第一初级林业生产合作社成立，有山林 504 公顷，其中油茶林 100 公顷，杂木林 200 公顷，松杉林 204 公顷。许多山区农业社均以泉水乡林业生产合作社为榜样，逐渐建立林业专业队管理农业社的山林。1956 年，农业合作社由初级向高级发展，将农民私有的山林折价入社，归集体所有，维护“零星树木，自留山、自留园”归社员私有。

1958 年，各县农村实现人民公社化，山林由高级农业合作社所有变为人民公社所有。社员的自留树、自留山和房前屋后的零星树木也收归集体，有少数国有山林也变为集体，由人民公社“集中统一”经营，致使集体所有制的山林占山林总面积的 90% 以上。省林业厅在第十次全省林业现场会上提出“全党动手，全民动员，社社办林场，联社办林场，乡乡办林场，秋季实现全省林场化”的口号，推动林场的建立，至 1959 年，形成了社社有林场，队队有林场，规模大小不等。这期间，采伐木材的山价款全部或大部分归县或公社，林农未得或得之很少，林业生产打破山林权界，群众育林护林积极性受到挫伤。1960 年春，集体林场分别采取由社队统一核算回队分配或林场单独核算，自负盈亏两种形式。是年冬，调整国民经济，结合农村整风整社运动，对社队林场进行调整，将生产队无力或不愿解决场员收入分配的林场进行压缩。

1961 年，人民公社将土地（包括山林、劳力、耕牛、农具）实行“四固定”，处理解决山林权属问题，将国有山林归国有并长期包给所在生产队经营管理，在土地改革中，划归乡管的公有山林归公社所有，原属高级社所有的山林划归大队，坟地周围、自留地边、房前屋后等零星树木归社员个人，定山林权属。

1964 年推行巩固和发展林场的“定劳力、定领导、定山权、定计划、定分配办法、定劳动管理、定财务管理、定制度”的“八定”措施，采取“大兵团整地、专业队造林”和“基地建林场、林场管基地”的办法，实行“以林为主，多种经营，以短养长，长短结合”，坚持“林木收益，按比例分配”、在林场职工中实行“多劳多得，参加当年分配”等政策。株洲县黄龙公社林场在长岭办起第一个杉木林基地。1967 年，株洲县的公社林场发展到 16 个，大队林场 63 个，专业人员 743 人，经营管理新林 0.94 万公顷；酃县、茶陵、攸县、醴陵集体林场合计 224 个，专业人员 1230 人，经营面积 2.58 万公顷。

1970 年，大办社队林场被列入市、县工作议程，肯定黄龙公社的造林经验和“一二七比例分成”（林木收入按山权队一成、公社或大队林场二成、按劳分配七成）政策，接着又组织 4 万多人次到黄龙等地参观学习。1973 年，株洲县调动全县 3000 劳力，用 1 年半时间，县社联营在牛背岭营造用材林 667 公顷，改造油茶残林 267 公顷，垦覆楠竹 174 公顷。同时实行厂社挂勾，集体安置城市知识青年到社、队林场。株洲县在林场建起知青点 427 个，集中安置知识青年 2.1 万人的经验轰动全国。在社队林场经验的推动下，相继办起了茶场、果木场、油茶场，都获得了好的效果，受到各方关注。1977 年，中共湖南省委转发株洲县委“办好油茶场，发展油茶生产”的经验，并在全省推广。

到 1979 年，株洲县、郊建立杉木林基地 28 处、成立社队用材林场 217 个，楠竹基地 2 处、楠竹林场 8 个，油茶基地 20 处、油茶林场 41 个，茶果基地 10 处、茶场 173 个、果场 154 个，从事社、队林果茶场专业人员 1.50 万人，培育管理用材林 2.56 万公顷，栽培垦覆油茶林 2 万公顷，种植茶叶 0.19 万公顷，新栽果木 0.23 万公顷；酃县、茶陵、攸县、醴陵合计建立各种基地 116 个，各种林场 1164 个，专业人员 1.43 万人，经营管理面积 7.44 万公顷。

1981 年推行家庭联产承包责任制后，林业进行以稳定山权林权，划定自留山，确定林业生产责任制为内容的林业“三定”工作。1985 年，境内共有乡办林场 133 个，村办林场 984 个，专业劳力 8571 人，经营面积 9.02 万公顷；用材林基地 53 个，造林面积 11.19 万公顷。

林场坚持“以林为主，多种经营，以短养长，长短结合”的经营方针。场员生产实行小段包工、定额计酬、专业承包、联产计酬、分户大包干等形式。林木收益按山权、林场、投劳一、二、七或一、三、六比例分成，也有采取将投山、投劳、投资折成股份实行场队联营按股分红的，攸县还发行“投多少资，若干年以后还多少木材”的“投资还木证券”“联产造林入股证”，凭证分红受益。营造培育一亩新林算作 1 股，按 4 个生产阶段分别计算，其中营造阶段占 0.2 股，抚育 3 年占 0.3 股，管理 20 年占 0.4 股，砍伐占 0.1 股，把每年完成的造林、抚育、管理面积折成股数，再按当年劳动工分分股到人，填入各人的股份证。

1990 年，境内共有乡办林场 141 个，村办林场 884 个，专业劳力 3.18 万人，经营面积 9.17 万公顷；用材林基地 53 个，造林面积 14.01 万公顷。到 2000 年，境内集体林地总面积 80694.5 公顷，占全市林地的 71.56%，其中有林地 501841.6 公顷，占全市有林地面积的 68.8%。

三　个　体

民国前，境内山林绝大部分属私人所有，只有少部分属集体和国有。少部分山林名虽属祠堂、庙宇、寺院、教堂、学校、团体，实为当地豪绅掌握，农民占有山林很少。1950 年抽样调查，中华人民共和国成立前，茶陵江口乡封建山主占有的山林为90%，农民仅占有10%；攸县网岭乡有山地面积0.41万公顷，占总面积的56.3%，其中0.31万公顷属于土豪和宗族公产，占75%，中贫农0.10万公顷，占25%；鸾山大土豪刘鼎安、刘炳安兄弟，占据鸾山乡全部山林的一半以上。占有较多山林的何友会、刘海潮、唐巨元3人在茶陵分别办起宏造、恕潮、力行3个私立农场，合计面积69.87公顷，其中林业用地65.87公顷。

1950—1952年土地改革中，没收地主、封建山主的全部山林和征收富农、林业经营者出租的山林，分配给无山和少山的贫农、雇农。自此，山林权属发生根本变化，私有山林由封建地主阶级所有转变为农民个人所有，人民群众成为山林的主人。土地改革后，酃县船形乡的山林面积，地主只占4%，公益山（包括国有林）占8%，农民占88%；全县范围内，农民占有山林面积为80%。在1952—1955年互助合作初期，农民虽然以“山林入股分红”经营，建立一些林场，但仍保持山林私有性质。

1956—1957年“高级农业合作社”时期，山林绝大部分“折价入社”归集体所有，只有房前屋后、土边、塘边、田边、坟边等少量的零星树木和小块柴山归社员私人所有。其时，2%的偏远高山、人烟稀少的地方有少数的单干户没有入社，土地山林仍属私有。1958年“人民公社化”之后，全部私有山林（包括单干户）、树木都无偿收归人民公社所有，零星树木被毁。

1962年农村经济恢复时期，社员房前屋后的零星树木和少量的“自留山”的所有权得到恢复，同年9月统计，酃县社员自留山和零星树木共计914公顷，户平0.03公顷。

“文化大革命”运动中，零星树木和自留山被当作“资本主义尾巴”来割，私有山林和个体林场不复存在。

1981年后，实行家庭联产承包林业生产责任制，并划定社员自留山，山林权仍归集体，经营权属农户。境内共划定自留山29.80万余公顷。

林业实行生产责任制后，林业经济由过去单一的公有转为以公为主、多种经营形式并存，个体林场迅速发展，育苗专业户和造林专业户不断涌现，庭院林业空前兴旺。1982年，茶陵桃坑乡郧坑大队林春潮，承包15.34公顷责任山办林场。郊区云田乡4404户，有3894户栽有果树，占总户数的93%，其中50株以上的有1059户，100株以上的有403户，1990年家庭果园产柑橘达100余万千克，该乡的虾塘村290户，户户栽有果树，户平78株，户均年产水果500千克，人均水果收入125元。

1990年，茶陵有育苗专业户250户，育苗面积占全县育苗总面积的47%；有造林专业户469户，造林面积占全县造林总面积的30%。株洲县有400多户林茶果等庭院林业生产收入超过万元，有3600多户超过1000元，全县林茶果庭院林业收入占家庭总收入的比重达45%。市郊区3万多农户中有85.6%的农户拥有规模不等的庭院林业，在房前屋后栽有果树户平30.4株。至此，全市山林个体所有制，在酃、茶、攸、醴山区主要以个体林场表现出来；在郊区、株洲县、醴陵市的丘陵区，则主要以庭院林业发展起来。

随着农村经济体制改革的深入，以个体为基础的林业联合体也应运而生。1983年春，茶陵严塘公社井夹大队陈彭义联合12户社员，租种高星大队明月池3.4公顷荒山(两地往返约15千米)育苗，议定统一计划、统一播种、统一销售、统一核算，分户承包的“四统一包”责任制，苗木收入户平2000元；是年冬又联合10户远征“百文潭”承包67公顷荒山造林。1990年，全市共有林业生产联合体200余个。

在产权清晰、责任明确的前提下，境内坚持将山权和林权分离，支持、鼓励和引导单位、个人通过租赁、承包等多种形式投资林业，非公有制林业迎来了可喜的发展局面，到2000年，全市个体林总面积247123.2公顷，占21.9%，个体有林地157561.5公顷，占全市有林地面积21.6%。

第六节　林产工业

一　锯　材

境内手工锯材历史悠久，而工厂化生产，始于清光绪三十二年（1906），锯匠唐春和带着一把锯子、一把斧头，来株洲港口街，租地搭棚，办起锯木厂，称和记木号。清宣统一年（1909），又在港口街买地、建房，改称唐春和木号，有固定工20余人，临时工一两百人，还在长沙、资兴、耒阳、湘潭等处设分厂。锯工实行计件工资，由于管理有方，规模发展很快，在南京、武汉和柳州设经营机构。规模之大，范围之广，均为全省之冠。民国15年（1926），攸县刘鼎安、刘炳安兄弟，在株洲开设楚材木行，内设锯木厂。民国后期，兰肇祺等在沿港街7号开办株洲锯木厂，使用圆锯机制材，动力45匹马力；盛杰蒸在塘尾坝建新华锯木厂，圆锯机动力16匹马力。

1950年，株洲煤建分公司在高工塘建国营株洲制材厂，职工41人，圆锯机2台，年产锯材8400立方米。

1952年11月，湖南省建筑器材制造公司在株洲四眼塘（沿江南路）附近建株洲木工厂。1954年初投产，内设制材车间，职工145人，当年完成锯材2.06万立方米。1956年，制材车间有职工170人，完成锯材3.28万立方米。车间主要设备，有带锯机5台，圆锯机5台。1959年，株洲制材厂撤销，人员并入株洲木工厂。这时该厂按行业归口，由林业部领导。1968 — 1975年间，株洲木工厂制材车间生产设备不断进行更新改造，实现原木出河，原木进车间，成材运输和检尺分等生产“一条龙”流水作业。锯材生产机械化程度，由40%提高到95%，年生产能力由2万立方米增至2.8万立方米。1977年后，在行业竞赛中曾一次获全省第一名，两次获第二名，一次获第三名。1979年获全国锯材厂际竞赛第三名。1985年后，木材市场放开，生产一再下降。1990年，生产锯材3509立方米。

全市30多家大、中型企业设有锯材车间（厂），这些车间（厂）一般配有带锯和圆锯设备，为本企业生产生活服务。1990年加工能力为5万立方米，一般不承担对外加工任务。木材市场开放后，有些个体户购置设备，雇请锯工，为单位或居民加工零星木材。1990年，市区共有37家，分散在东、南、北和郊区。当年，林业系统有带锯机19台。市区锯材设备生产总能力为8.5万立方米，实际加工量仅2万立方米。

到1997年，全市有46家木材锯材加工厂（点），以国有木材公司、国有林场为主体，加工木材锯材能力达6万立方米。个体、民营竹木加工锯材规模不断扩大。2000年，市区有木材锯材加工点297家，分散市区及主要木材市场，加工数不限，经营比较灵活，方便快捷。是年，林业系统有带锯15台，市区锯材设备总能力5万立方米，实际加工量仅为1.2万立方米。

二 人造板材

（一）胶合板

1977年，茶陵严塘公社自筹资金20万元，建年产1000立方米的胶合板厂，用血胶作胶合剂，生产幅面915×915毫米，三、五层两种胶合板，经检验达到国家三类胶合板质量标准。1978年，产胶合板700立方米，获利润15.5万元。1980年，茶陵竹木制品厂开始生产胶合板、缝纫机台板、绘图板等。严塘公社胶合板厂至1982年共生产胶合板3796立方米，消耗原木9500立方米，因原材料和辅助材料未列国家计划而停止生产。1983年，酃县造纸厂设异形胶合板车间，生产礼堂、剧院坐椅的坐板和靠背板。1984年11月，胶合板车间由造纸厂划出，称酃县人造板厂。生产1830×915毫米三、五、七、九、十一层胶合板和异形胶合板。年生产规模1000立方米。1985年，产各类胶合板110立方米，只相当于设计能力的11%。1987年，酃县人造板厂和茶陵县竹木制品厂共产胶合板647.20立方米，均为建厂后最高产量。此后进口胶合板进入城乡市场，影响本地产品销路，致使产量下降，1990年，全市共产胶合板107立方米，比1988年减产277立方米。

1993年年底，中南林学院在石峰区龙头铺镇筹建竹胶板试验厂，总投资1220万元，建成年生产复合高强度竹胶板4000立方米生产线。1994年3月正式生产营运，生产复合高强度竹胶板1100立方米，实现产值605万元，利税82万元。1999年，攸县个体户刘新华等人在攸县峦山投资建成竹胶板生产线，年生产能力为8000立方米，每年生产竹胶板1800立方米，实现产值600余万元，利税73万元。2000年，炎陵在策源乡、茶陵县在腰陂镇分别建成4000立方米竹胶板生产线。2000年，境内竹胶板生产能力达2万立方米，生产竹胶板1.43万立方米。

（二）纤维板

1959年，株洲木工厂建成年产720立方米的纤维板车间，日产量0.50～0.80立方米，板面1220×610毫米，质量符合国家三等品标准，每立方米成本高达640元。后湖南省森林工业局拨款6万元，对车间主要设备进行改造，并组织人员到上海、南京、武汉等地参观学习。请北京木材厂技术人员来厂指导，1963年11月生产出二级品。在此基础上，通过设备调整，配成2条流水线，使年生产能力扩大到1200立方米。1965年，产量达473立方米，所产纤维板合格率达到89.84%，一、二等品率达41.71%，每立方米成本下降至417.83元。1970年生产1209立方米，首次超过设计能力。每立方米成本降至311.59元。1973年产量1326立方米，合格率达到98.62%。1978年产量达到1530立方米，合格率98.03%。1979年，干法生产纤维板代替碱法，只生产1194立方米，电耗煤耗下降，单位产品成本降至每立方米283.15元。

其后，湖南省林业厅投资355万元对株洲木工厂纤维板车间进行改造，将碱法生产改为干法生产，1979年5月试车投产。1980年，国家经济委员会拨给株洲木工厂技术改造费100万元，进行中密度纤维板中间试验。1982年12月，林业部、国家物资总局对"中密度纤维板中间试验"进行鉴定，与会专家认定该项中间试验成功，容重、静弯曲强度、内胶合强度、吸水率、厚度膨胀等质量指标均达要求，板面平滑、颜色均匀，这一成果，填补了国内人造板工业一项空白。决定生产规模由0.5万立方米扩大为1万立方米。1984年，国家经委安排150万元，重点改造中密度纤维板生产工艺和设备，使能生产6～18毫米厚的中密度板，通过改造，产品结构均匀，合格率提高。1990年，开始规模化生产，生产纤维板2213立方米，相当于设计能力的22%，产品合格率为81.50%。1993年又投入企改资金100万元扩产达标，年生产能力达1万立方米。1997年，公司中密度纤维板荣获全省首届林博会银奖。但由于公司整套生产线设备不配套，产量达不到设计要求，产品质量赶不上进口纤维板，销路不畅，企业连年亏损。到2000年中密度纤维板生产经营处于停顿状态。

（三）其他板材

1.刨花板 1971年，株洲木工厂用家具车间刨花，以血胶为胶合剂，经过刨花筛选、干燥、施胶、成型、热压、齐边等工序，生产幅面为610×1220毫米刨花板，因产量低，质量较差，1975年停产，5年共生产刨花板1110立方米。

2.细木工板 1969年，株洲木工厂将短木小料锯制成厚度均匀的薄板，涂上血胶，拼好板坯，经热压机压制成细木工板，作家具、床板、门页等。1975年停产，6年生产细木工板1346立方米。1998年，株洲木材公司家具车间、株洲市金兴木业有限公司等企业采用环保胶拼板坯，经热压、刨光制成细木工板，作家具、装修材料，受到市场的青睐。2000年，境内生产细木工板1.27万立方米。

3.木丝板 1955年，株洲木工厂以树头树尾作原料，通过刨丝机刨丝、搅拌(加水泥、水玻璃)、铺模、预压、烘干和养护等工序生产木丝板。产品具有良好的隔音、隔热、耐潮等特点。纤维板车间投产后，因原材料不足，加之产品未列入国家计划，1964年停产，10年共生产木丝板1.95万立方米。

4.贴面板 1992年，株洲县个体户在芦淞区建成境内首家胶合板贴面生产车间，采取冷压贴面，年生产贴面板100万张，当年实现利税60余万元，1994年通过技术改造实行热压贴面，扩大了生产规模，年生产热压贴面板300万张，到20世纪90年代末，由于市场竞争激烈，产量逐年下降。2000年，生产贴面板120万张。

5.木地板 1992年，株洲市木材公司综合木工厂以杉木、樟木、枫木为原料，生产木地板，制成坯板、开槽刨光，制木地板装饰材料，当年实现产值120万元。到2000年，境内以木（竹）加工木地板的经营户达213家，生产加工各类木地板86万平方米。

三 松 香

根据“六五”森林资源清查，境内用材松林有6.4万公顷，立木蓄积量105万立方米。1975年开始引进国外松（湿地松、火炬松）。“八五”森林资源调查，有松林面积10.94万公顷，其中国外松2.65万公顷，为境内发展采脂和松香生产创造了条件。

（一）采 脂

民国时期，醴陵、攸县、茶陵、酃县就采用上升法采脂，即在松树离地30～60厘米处将粗皮刮去，留营养带约6～10厘米，用刮刀沿树干由下向上环割，松脂顺沟流下，每天向上连续割一次，割沟宽约2厘米，松脂逐渐层层加厚，凝固成块附于树身，一般每年清明节至白露节期间采割，有的作照明用，有的则卖给松蜡户。

1953年后，推广苏联下降法采脂。即在松树离地垂直高2～2.5米处挨次向下采割，割到离地20厘米为止，下挂塑料套袋装松脂。一般每年清明节开始采脂，霜降节停止，每株采脂树1年可割90刀，下降法采脂比上升法采脂，质量好，产量多。1958年开始，酃县、茶陵县、攸县有计划地采用下降法采脂。

1958—1962年，松脂由地区森工部门统一经营管理，由计划部门将采脂任务分配到社、队，在采脂集中的地方，设收购站，由县森工部门领导，所收购松脂交对口松脂厂。为了鼓励农民采脂，政府对松脂生产实行奖售原粮、布票、胶鞋等指标。

1963—1966年，松脂生产与收购业务改由松脂厂经营管理。湖南省三门松脂厂在零陵、衡阳、湘潭、常德4地区设点收购和指导采割松脂。1966年后，松脂生产业务改为县木材公司经营管理，三门松脂厂在各县所设松脂站移交当地县木材公司。1972年，省革命委员会生产组规定，每吨松脂奖原粮35千克，棉布票6.66米。1979年，规定每吨松脂奖原粮40千克，化肥指标50千克，棉布票6.66米，并规定年产松脂400吨以上的公社和超产500吨的县，奖励载重汽车指标1辆。1980年，又规定：每吨松脂奖售原粮100千克，化肥指标150千克，奖励棉布票不变，并规定以上年交售松脂实数为基数，每增产1吨，奖给公社40元，用经济手段刺激采脂工作。当年，茶陵火田公社，采脂70吨，比上年超产30吨，公社领取奖金1200元，培植费700元，自行车指标2部。

政府对松脂收购实行奖售政策后，酃县、茶陵、攸县到1984年止，共收购2.75万吨，奖售原粮指标127.75万千克，化肥指标134.20万千克，棉布票12.63万米，还有自行车、胶鞋指标。1985年后，随着木材市场放开，市、县木材公司职能转变，松脂生产无专门机构管理，松脂松香生产办公室和各项奖售政策自行消失。全境松脂产量下降。1990年，仅收购松脂574吨，相当于1984年产量的三分之一。

1996—1999年，炎陵县、茶陵县、攸县专门成立了松树采脂管理办公室，由林业部门对符合条件的松树山场进行统一规划，办理山场采脂手续，按照《松树采脂技术规程》进行采脂。并规定先采脂后采伐松木，使采脂量逐年上升。2000年，境内采脂1927吨。1958—2000年，境内共采脂43172吨。其中（1991—2000年），马尾松采脂3932吨、国外松（湿地松）采脂11697吨。

（二）松香生产

1958年，湖南省三门松脂厂建成投产，用蒸汽法生产普通松香，年生产能力3000吨，当年产量1318吨，为设计能力的43.9%，优级品率79.1%。三年经济困难时期，松脂收购量下降，企业职工下放，产量锐减。1960—1962年，松香产量分别为565吨、379吨、102吨。1963年回升，1965年达2342吨，优级品率为89.32%。同年8月，省内松香生产进行厂际检查，该厂松香质量：软化点（环球法）81℃，酸价170.9mg·KOH/g，不皂化物3.5%，杂质0.014%，高于林业部颁布的松香质量标准，经省行业评比，名列第一。

1966年生产松香2403吨、优级品率达95.3%；1970年产量2643吨，优级品率为80.0%，每吨松香成本565.75元，利润26.82元。由于零陵、常德、湘潭等地区县办松脂厂的发展，三门松脂厂原料来源减少，1971年后松香产量下降。1974年10月，酃县在城郊鸭公潭建化工厂，进行松脂加工，年生产能力500吨。1975年，茶陵化工厂新建松脂加工车间，年生产能力500吨，两厂生产方式均为直接火滴水法。是年，酃县化工厂产松香150吨，茶陵化工厂产松香206.6吨。1977年，酃县化工厂产松香129吨，优级品率71%；茶陵化工厂产松香544吨；三门松脂厂（株洲林化厂）产松香95吨，优级品率为32.8%、每吨成本721.57元，亏损71.79元，以致停止松脂加工。1981年，酃县化工厂产松香528吨，优级品率81%，每吨利润130元；茶陵化工厂产松香809.97吨，优级品率80.2%，每吨利润14.8元。1983年，酃县化工厂产松香706吨、优级品率40%，每吨利润100元；茶陵县化工厂产松香535.6吨、每吨利润5.76元。1985年后，林农采脂收入不高，松脂产量逐年下降、松香产量随之减少。1990年，酃县化工厂收购松脂472吨，产松香358吨，实现工业总产值123万元，16年累计生产松香6672吨；茶陵县化工厂收购松脂68吨，生产松香50.65吨，实现工业总产值50.58万元，16年共产松香700.5吨。

1993—1995年，株洲县砖桥乡、醴陵市泗汾镇、攸县菜花坪镇相继建成1000吨松香生产加工私营企业，主要采取土法生产，以国外松（湿地松）采脂为原料，加工工业生产一、二级松香和部分黑松香。90年代，由于马尾松遭大量采伐，马尾松采脂逐年大幅下降。炎陵化工厂、茶陵县林化厂松香加工能力逐步下降，至20世纪90年代末，松香生产加工处于停顿状态。炎陵县化工厂于1997年实行承包经营，1997—2000年生产松香387吨，实现工业产值136万元。1997年茶陵林化厂停产，同年茶陵火田乡引进私营企业兴办松香加工，3月投产，当年生产加工松香270吨，实现产值86万元，利税21万元。至2000年，该企业共生产加工松香1080吨，实现工业产值412万元。1991—2000年，境内共生产加工松香2766吨。

（三）氢化松香

1976年，株洲林化厂与中国林业科学研究院林产化学工业研究所合作，建立连续式固定床年产100吨氢化松香中间试验车间。1979年8月，试车成功。经10个月试验，取得氢化松香试验有关参数。

1980年6月，中间试验完成，产品质量达到美国赫克莱斯公司同类产品质量标准。

1980年9月，林业部科技局，在株洲市召开氢化松香中间试验鉴定会，肯定中试成果。当年株洲林化厂试生产氢化松香29.42吨，每吨成本4579.18元，利润15.94元，产品出口日本10吨。1981年获湖南省科技成果二等奖。1982年获林业部科技成果一等奖。1983年获国家经委优秀新产品“金龙奖”。1985年，获国家科技进步二等奖，当年生产氢化松香99吨，每吨成本2397.78元，利润414.27元。1986年产量达105吨，超过设计能力。据市场调查氢化松香在国内有171家科研、生产单位使用，国内需要量约800吨，外贸出口约800吨。1987年8月，株洲林化厂在株洲市红旗北路田心征地8.67余公顷，与中国林科院南京林化所和中土畜进出口公司合作，新建氢化松香生产线，加工生产氢化松香，企业于1988年投产。

由成建华等为制订氢化松香湖南省地方标准提出初稿。经省标准局、林业厅组织有关专家评定，湖南省标准局发布“氢化松香”湖南省地方标准，从1987年12月10日实施，并成为部颁标准，1991年为国家标准。

1991—1994年，由于原材料连续涨价，株洲林化厂连年亏损。为扭亏，该厂于1991—1993年引进南京林化所研制的食用级氢化松甘油酯和工业级氢化松香甘油酯技术，进行氢化松香深度加工，同时并对氢化松香生产线进行技术改造，使氢化松香年生产能力达到2000吨。在1997年全省首届林博会上，氢化松香系列产品获林博会产品金奖。1999年由于企业多年亏损，由中土蓄进出口公司和林化厂职工组建株洲松本林化有限责任公司，对原株洲林化厂进行托管经营。2000年，生产氢化松香1780吨，当年实现工业产值2230万元，实现利润187万元。20世纪90年代，株洲林化厂共生产氢化松香7376吨，共出口氢化松香5860吨，出口创汇673万美元。

四 松节油

1958年，湖南省三门松脂厂生产松节油280吨，优级品率达62%，每吨成本601.54元，利润14.88元。1960—1962年，产量下降，成本增加，连续亏损。1963年，产量达64吨，成本下降，亏损减少。1965年，产量达519吨，优级品率65.80%，扭亏为盈。1970年后，松脂收购量减少，产量下降，但优级品率提高。1975年，生产125吨，优级品率78.20%，单位成本1093元，利润7.16元。是年，酃县、茶陵县两厂投产，当年产松节油分别为30吨和36.49吨。1977年，三门松脂厂仅产松节油15吨，优级品率下降为69.18%，从此停止松脂加工。1958—1977年，该厂共产松节油5441吨。1983年，酃县化工厂和茶陵县化工厂共产松节油189.76吨。1985年后，松脂收购量下降，松节油产量随之减少。1990年，酃县化工厂和茶陵县化工厂共产松节油69.7吨，每吨成本超过2000元，企业经济效益不高，两厂实现利税合计9.45万元。

1991年，境内有炎陵县化工厂、茶陵县林化厂共生产松节油320吨，优级品率65%。随着马尾松资源采脂的逐年下降松节油产量不断减产，到20世纪90年代末，国外松逐步进入采脂期，松节油产量又逐年上升。1991—2000年，境内共产松节油2312吨。

五 冰 片

1959年，湖南省林业厅为充分利用三门松脂厂自产松节油，投资20万元在该厂建年产15吨的冰片车间。1970年，决定将冰片车间产量扩大为60吨。1971年建成投产。当年生产冰片32吨，合格率达100%，单位成本14276.35元、利润2236.25元，质量稳定，产量逐年增加，消耗减少。1973年后，产品出口斯里兰卡，泰国、印度尼西亚、法国、瑞士、丹麦等国。1980年，产量达55吨，首次突破设计能力。每吨成本15786.4元，利润3379元。产品被评为湖南省优产品。1982年评为部优产品。1983年，产量达82.86吨，每吨成本14758.10元，利润达4027元。1984年，从广州化学研究所引进一步法合成龙脑（冰片）新技术，水合成反应代替老工艺的酯化反应和皂化反应，省去草酸等化工原料，无废气、废水产生。1986年改造完成，试车投产，虽产品质量比原来高，但催化剂价高，使用周期不理想，故未大批生产。1987年10月至1988年5月，进一步进行技术改造，将年产60吨生产规模的冰片车间扩大为250吨，1988年，产量达248吨，创历史最好水平。1990年，产量105吨，成本44180.0元，亏损2472元。

1991年产冰片750吨，每吨冰片耗松节油3.6吨，液线3.29吨，溶剂汽油0.75吨，草酸0.68吨，单位成本45085元，亏损2643元。1992年以后，由于原材料价格不断上扬，冰片生产处于亏损状态，冰片产量每况愈下。至2000年，由于国内冰片市场的供求变化，冰片十分畅销。年初，株洲林化厂由株洲松本林化有限责任公司托管后，投入资金100万元，对冰片分厂进行技术改造，同年生产冰片280吨，创历史最好水平，实现工业产值1560万元，创利润180万元。

六 活性炭

1972年，株洲木工厂以锯木屑为原料，采用炭化，活化制得粉状活性炭，年生产能力150吨，当年生产16吨，达到林业部颁布的粉状活性炭标准，质量稳定，产量不断增加。1975年产量达105吨，1978年，产量达166吨，超过设计能力10%。产量增加后，本厂锯木屑满足不了活性炭生产需要，该厂到全市各木材加工单位定购锯木屑，提高了木材综合利用率。1984年，产量为109吨。1985年该厂引进板式家具生产流水线，拆除活性炭车间，建新车间，自此从江西等地购进活性炭半成品（化炭品），经过处理后转销上海、西安等地。1990年，加工活性炭43吨。1972—1990年，共生产活性炭1441吨。

专 记

桃源洞自然保护区

桃源洞自然保护区位于炎陵县十都镇境内，东毗邻江西井冈山，南接桂东八面山，西、北相连武功山，地处湘赣边缘罗霄山脉中段万洋山。万木笼葱，百鸟啁啾，桃红柳绿，四季果香。山径小桥伴清溪，僻静茅舍隐林中。

1981年，湘潭地区林学会，组织25人，对桃源洞进行科学考察。1982年7月9日，湖南省人民政府批准，将桃源洞列为省级自然保护区。

1988年10月至1989年7月，省林业厅、中南林学院、湖南师大、省林科所、省经济地理研究所与市、县30名专家对桃源洞进行地质、地貌、地理、动物、植物、微生物、昆虫、药材、自然景观、社会经济等综合性科学考察，总面积0.51万公顷，其中核心区0.33万公顷，实验区0.22万公顷，活立木蓄积量16.25万立方米，森林覆盖率90%。保护区界于海拔550～1884米之间，海拔1000米以上的山峰18座，最高峰即万洋山主峰江西坳，海拔1884米。成土母质为花岗岩和沙质板岩。属亚热带季风湿润气候，年平均温度13.9℃，最冷月（1月）平均温度3.1℃，最热月（7月）平均温度23.5℃。年降雨量2109毫米，相对湿度78%～83%，平均雾日170.7天，日照时数1262.8小时，无霜期195天左右。在桃源洞珠帘瀑布处负离子含量高达64626个/立方厘米，是国内外迄今已经测试过的地方空气负离子浓度含量最高的区域。

林场内山峦重叠，地势险峻，森林茂盛，物种多样。据调查统计，有维管束植物215科896属2019种，其中种子植物176科808属1804种。中草药植物有189科，555属，903种，占全省药用植物(2600种)的34.73%。食用菌52种，毒菌20种。

属国家重点保护珍稀濒危野生植物74种，其中一级保护野生植物有银杏、银杉、南方红豆杉、大院冷杉、钟萼木、莼菜6种；二级保护野生植物有福建柏、樟树、闽楠、花榈木、厚朴、毛红椿、红椿、喜树、香果树、黄皮树、榉树、南方铁杉、穗花杉、黄莲、八角莲、杜仲、华榛、青檀、银鹊树、银钟花、夜大豆、金荞麦等68种，还有兰科植物45种。为湖南省植物资源最丰富的地区之一。林场内有陆生野生动物4纲25目70科212种，属国家重点保护珍稀濒危野生动物29种，其中一级保护野生动物有云豹、金钱豹、华南虎、黄腹角雉4种；二级保护野生动物有藏酋猴、穿山甲、水獭、大灵猫、青鼬、小灵猫、金猫、豺、獐、水鹿、苏门羚、凤头坚隼、松雀鹰等25种。

第六章　乡镇企业

境内乡镇企业源于农村的家庭手工业、商品服务业和各种作坊、工场。1949年秋，人民政府迅速组织群众恢复生产。当年8月8日，醴陵瓷业复工促进会成立，下设8个分会。9月中旬，该县95家粗、细瓷厂，2386名工人复工。12月，醴陵城关瓷厂、土瓷窑、编烧业、织布业等6个行业、736户手工业者恢复生产。其时，各县的手工作坊、工场、厂店亦陆续复工。

1954年，境内一些初级农业合作社，将手工业者或有某种专长的人员组织起来，成立副业队，从事铁木业、榨油、豆腐、制酱、石灰、煤炭等生产。其生产方式为作坊式生产，人数一般3～5人，多者不过十来人，统称为手工业社，是初期的社队企业。其时，从事工、副业生产总人数约5.8万人，工、副业生产值1740万元，占工农业总产值的十分之一，占工业产值的四分之一。

1958年，境内农村实行人民公社化，农业社的各类企业统一收归公社所有，称为公社企业。同时在“全面大跃进”和“大办工业”的口号下，又陆续新办一批企业。在“全民大炼钢铁”群众运动中，各地以小煤窑对小高炉的“兵对兵”方式，采取边报矿、边探、边采的模式，组织大兵团作战，开采小露天、小平硐、小斜井式小煤窑，土焦炉遍地开花。株洲市就有乡镇小煤窑1200多个，产量21万多吨。铁矿石的开采也一哄而起，达到了空前的规模，从业人员达2100多人，产量15万多吨。砖、瓦、陶瓷、鞭炮都有一定的发展。社队企业总数达6000余家。到1959年，仅醴陵县企业产值就达1314万元，成为第一个过千万元的县。这一时期，社队企业虽有较快发展，但由于“大跃进”当中“五风”的影响，这些企业主要是不顾客观条件，一哄而起兴办的，忽视了经济效益，基础差，技术、设备落后，产品质量低，浪费了人力、财力。

20世纪60年代初，农业歉收，粮食奇缺，各级强调集中劳力从事粮食生产。1961年，贯彻“调整、巩固、充实、提高”的“八字方针”，境内大批社队企业下马，所剩无几。1962年，社队企业产值下降到121万元，仅相当于1954年的6.95%。当年，人民公社实行“三级所有，队为基础”的管理体制，公社企业按规模划归公社、大队、生产队三级所有，统称为社队企业。

1965年，中共湖南省委发出《关于举办公社、大队企业的意见》，社队企业开始受到重视，在政策上给予扶持，规定社队举办的直接为农业生产服务的企业，不征所得税；社队榨油、粮食加工、轧花、弹花和砖瓦等10个行业的企业，停征2年所得税；其他工业、手工业、运输业、饮食服务业的税收均适当减免，从而，社队企业得到恢复和发展。“文化大革命”期间，由于“左”的思潮干扰，有的社队企业被当作资本主义批判，生产经营受到限制，社队企业处于不稳定的状态。1966年，毛泽东的“五七”指示信中指出：“公社农民以农为主（包括林、牧、副、渔）……在有条件的时候，也要由集体办些小工厂。”为社队企业干部壮了胆，撑了腰。加之城市一些国营企业“停产闹革命”，市场小商品奇缺，给社队企业产品占领市场提供了机遇，使社队企业得到了发展。1968年，茶陵虎踞公社利用本地盛产生姜开办烤姜厂，因陋就简，土法上马，将生姜摊在煤炉塔上烤，当年生产烤姜7.5万千克，纯利3.7万元。第二年该厂扩大再生产，兴办种养业、农副产品加工业、采掘业等59个企业，获得了良好的经济效益，国家扶持加本身积累，购买汽车2辆、大拖3台、手拖10台、脱粒排灌机械580台件，架设高压线25千米，兴修水利工程30处、电力排灌站11处，彻底改变了“生产靠贷款，吃饭靠返销”的后进局面。中共湖南省委书记张平化到该社视察，《人民日报》报道了该社自力更生发展社队企业的经验。

1971年6月，湖南省委发文将发展社队企业作为实现农业机械化、建设工业省的一项重要措施，促进了社队企业的发展。

1975年12月，株洲市革命委员会社队企业局成立，市委副书记、市革命委员会副主任吴占魁兼任局长。作为新兴工业城市，株洲把城市支援农村、工业支援农业作为发展社队企业的重要举措，采取“厂社挂钩，对口支援”的办法，城市厂矿企业对口支援的社队，给予资金、技术、设备等方面的支援，帮助农村发展社队企业。在知识青年上山下乡活动中，城市企业把本单位知识青年送到支农对口社队进行安置，帮助支持社队企业的发展。到1975年，境内社队企业发展到7064家，从业人员10.26万人，实现总收入8097万元，总产值6467万元，利润1317万元，税金348万元，社队企业人均年收入789元。其中，醴陵县社队企业人均年收入达到955元，社队企业收入占农村三级总收入16%。

株洲市“厂社挂钩”安排下乡知识青年，发展农村经济的路子，得到中央的肯定和推广。中共株洲市委、市革命委员会进一步号召和组织城市大厂帮一社、小厂帮一队，对口支援农村。1972—1977年，城区有400多个企事业、机关单位与株洲县和市郊区400多个大队对口挂钩，多方面给予不同程度的支援和帮助。1975年，省革命委员会确定给予新办的社队企业免征2年所得税的优惠政策，鼓励大办企业。各县形成大办“五小”工业（小煤窑、小钢铁、小化肥、小水电、小水泥）的高潮，并创造出了因陋就简、土法上马，“农”字当头，“滚雪球”“不搞等、靠、要，坚持干、闯、造”“从山上取来，河里捞来，地下挖来”，大厂带小厂，老厂带新厂，一厂带多厂等兴办社队企业的经验。

1978年，市委号召开展支农“百厂运动”。通过动员、号召和参观学习，城市厂矿企业积极帮助社队办厂，把适合农村办的小厂下放给社队，把在外市加工的零部件收回安排到市内挂钩的社队企业生产，腾出多余的设备和库存原材料支援社队企业。其间，株洲县在城区支持下，新办社队企业200个，新增产值2200多万元。并涌现出株洲冶炼、市汽车配件厂等一批支农先进单位。到1979年，全市社队企业总收入达到23646万元，比1975年增长1.7倍；上缴国家税金999万元，比1975年增长1.6倍；从业人员145929人，比1975年增加3.7万人。

1980年，贯彻国民经济“调整、整顿、充实、提高”的方针，各地因地制宜，扬长避短，以种养业为基础，以消费品生产和服务行业为重点，稳步发展建材、建筑业，对老企业挖潜改造，少关、停，多并、转。经过3年的调整、整顿，关、停、并、转172个企业，整顿了500多家企业。发展速度虽有所放缓，但企业基础、素质和经济效益不断提高。1983年，社队企业总收入达到3.78亿元，比1979年增长50%，平均每年增长10%，上缴国家税金0.27亿元，比1979年增长1.7倍。

1984年，农村人民公社改为乡、镇，社队企业随之更名为乡镇企业。在改革开放形势推动下，境内乡镇企业出现了乡（镇）办、村办、组办、联办、户办“五个轮子”一齐转的新局面，经营范围由过去的“一种、二养、三加工”向“农、林、牧、副、渔、工、商、运（输）、建（筑）、服（服务行业）”全方位的格局发展。

1985年，城市企业向乡镇企业提供技术项目250多项，输送人才800多人，扩散产品180多个，支援资金450多万元，兴办联营企业230多个，乡镇企业新增收入9000多万元。当年，境内乡镇企业数达到46784个，从业人员26.90万人，实现利税1.56亿元，总产值达到9.75亿元，第一次实现了乡镇企业总产值超过农业总产值。到1988年，乡镇企业从业人员达到34.5万人，实现总收入22.48亿元。

这一时期，是改革开放以来乡镇企业发展最快的时期，年平均增长速度达42.91%。特别是个体私营企业，得到迅猛发展。

1989—1991年，国家治理经济环境，整顿经济秩序，在国家压基建、降速度、抑消费、紧银根等一系列宏观调控下，境内部分乡镇企业资金严重不足，银行、信用社只收不贷，加上电力供应紧张，使部分企业处于停产和半停产状态。据醴陵市360个乡办企业的调查，半停产114个，占30%；全停产的15个，占4%。2456个村办企业，半停产1427个，占51%。为此，狠抓乡镇企业的结构调整，3年关停831个能耗高、资金占用大且周转慢、经济效益差的企业，其中乡办企业58个，村办企业253个，联户、个体企业520个，并转了235个原材料紧缺、产品不对路的企业。为全面改善和抓好企业管理，全面提高企业素质，对年产值50万元以上的乡村工业企业，进行全面规划，在醴陵均楚电瓷厂进行试点，制定了3年升级达标的具体措施。1990年，境内有龙头铺汽车配件厂、兴隆水玻璃厂等10家乡镇企业被评定为省预备级企业。1991年，境内乡镇企业有1656人参加全国TGC考试，有1645人合格，20个企业通过农业部全面质量管理达标验收，开发新产品30个，有110个企业基础管理工作达标，80个企业会计达标。当年完成总收入30.7亿元，比1988年增长36.4%，平均每年增长10.9%。这一时期，虽保持了一定的增长速度，但经济效益低下，亏损面增加。煤炭、水泥、红砖、茶叶、内销陶瓷等产品严重积压。全市乡镇企业11种主要产品，有7种下降，其中内销陶瓷下降39.9%。

从1992年起，市人民政府对各县市区建立了目标责任制，对完成和超额完成责任目标的给予奖励。从1993年起，市委、市政府每年拿出40万~100万元作为兑现政策的奖金，调动各级、各部门抓乡镇企业的积极性。当年乡镇企业总产值达73.57亿元，比上年增长65.3%。市郊区乡镇企业总产值首次突破10亿元，总产值11.8878亿元。全市有20个乡镇产值过亿元。醴陵市渌江乡拥有各类企业2943个，完成乡镇企业总产值5.1436亿元，成为破5亿元大关的乡，该乡还涌现了境内第一个亿元村泉湖村，全村企业总产值1.0191亿元。

1993—1996年，境内先后从城市企事业单位共抽调3869个工程技术人员和管理干部，在乡镇企业建立了865个支帮点，共引进项目786个，合资办企业72个，创办、领办和承包企业676个，引进资金1.87亿元，新增产值55.9亿元，新增利税5.16亿元，为乡镇企业的发展提供了有力支持。

1995年，全市乡镇企业快速发展，乡镇企业总产值151.63亿元，比上年增长37.4%。全市乡镇企业总产值过亿元乡镇达到57个。醴陵市乡镇企业总产值突破50亿元。株洲市被省人民政府授予“乡镇企业目标考核先进单位”。

从1996年起，株洲市对乡村集体企业实行全面改制。乡村集体企业，特别是集体骨干企业，在乡村两级政权组织多年经营下，使这些企业失去了乡镇企业先天的优势，变成了产权不清，机制不活，政企不分，承包者负盈不负亏，致使企业无活力，负担沉重，竞争力不强，发展不快，有的甚至资不抵债、濒临破产。10月，市委在郊区召开了乡镇企业产权制度改革现场经验交流会，总结推广郊区改制经验。到1997年年底，全市已有4800多家乡村集体企业实行了产权制度改革，占乡村集体企业70%，其中改为股份合作企业的1500多家，组建企业集团的15家，股份制的2家，破产重组的1家，共募集股金4亿多元。到1998年，乡镇企业发展到14.79万个，从业人员达到68.9万人，总产值达到316.3亿元，上缴国家税金3.87亿元。这一时期，可以称得上是乡镇企业的鼎盛时期，但也存在不可忽视的问题：主要是企业盲目发展，存在着重速度、轻效益，重发展、轻管理。很多地方发展企业一哄而起，不顾环境污染和安全生产，不顾产品质量和投资效益，给环境、安全、资金和资源造成了严重问题。攸县、茶陵县的小煤窑、小铁矿、小铁厂、小锡矿、小锡厂，多的时候2000多家，乱采乱挖，造成资源浪费、水土流失。小煤窑、小铁矿、小鞭炮厂安全隐患大，安全事故不断。

1999年，乡镇企业面对亚洲金融危机、国家产业政策调整、市场有效需求不足及竞争加剧等各种因素，市委、市政府加大产业结构调整，改进目标考核办法，加强科技队伍建设，关停“十八”小企业和整顿花炮企业，大力发展“三外”企业，改善经济环境。对浪费能源、资源和造成环境污染的小企业给予关闭。先后关停了小水泥厂24家、小造纸厂15家、小煤窑400多家和一些小冶炼厂、小化工厂，特别是对全市的传统产业烟花鞭炮，全面开展整顿，对不符合安全条件的一律关闭。原1000多家大小鞭炮厂，只保留150家，其余的给予关闭或重建。

2000年，全市乡镇企业13.8万家，完成总产值393.65亿元，占农村社会总产值83.81%，占全市国内生产总值51%，其中完成工业总产值214.17亿元，占全市工业总产值45%。出口创汇企业176家，外贸出口交货值11.8亿元，占全市出口交货值25%。乡镇企业职工270万人，占农村总劳力25.45%。全年职工工资总额40.76亿元，按农村人口平均每人1480元，占当年人均纯收入的55%；完成税收5.1亿元，占全市税收的25%。企业规模扩大，年营业收入过5亿元的乡镇30个，过亿元的村6个，年销售收入过500万元的工业规模企业达到167家，其中过1000万元的62家，过亿元的4家。

第一节 经营层次

一 乡（镇）办企业

1950—1952年的三年经济恢复时期，一些乡开始试办工厂，攸县大沧乡人民政府利用没收地主经营的锅厂陈旧设备，办起大众锅厂。

农业合作化运动中，一些乡先后因地制宜地兴办竹木加工厂、农具厂、陶瓷厂、编炮厂、土硝厂、土纸厂、建筑队等集体企业。农村实现人民公社化后，一方面，公社将原农业社兴办的各种合作社(组)无偿收归公社，成为公社企业，由其副业部管理；另一方面，按照“农、林、牧、副、渔全面发展，工、农、商、学、兵互相结合”的方针，掀起全面大跃进，“大炼钢铁”“大办煤炭”“全党办工业、全民办工业”，又新办了一批公社企业，但是，这些靠“一平二调”或一窝蜂兴办的企业，基础差、设备简陋、技术落后、管理跟不上、产品质量普遍不高，市场狭窄，一些企业还要调工分到生产队参加分配，成为生产队的经济包袱。

1960年下半年，粮食紧缺，贯彻中共中央“大办农业、大办粮食”的方针，劳动力集中到农业第一线。1961年，贯彻“调整、巩固、充实、提高”的方针，大批公社企业下马，另一些则退回到大队、生产队去搞亦工亦农。1962年，提出公社搞“清水衙门”，社办企业进一步减少，每个县只剩寥寥数家。

经过1963—1965年三年调整，社办企业在新的条件下复苏，办起一些“种、养、加”企业，着手兴办初具规模的工厂。1964年2月，醴陵浦口公社自力更生办起第一个社办鞭炮厂，他们抽调2名大队干部担任书记、厂长，公社拿出垫底资金30元，借区供销社的空房作车间，土法上马生产传统的黑药鞭炮，选调67名职工，自带生产工具，头3个月缓发工资，用“细水快流”办法，解决流动资金困难，工厂每天将产品交日杂门市部销售，随即购回原材料，280多名厂外人员，既务工，又务农。第二年选拔生产能手刘明山担任鞭炮厂党支部书记、厂长，这一年实现产值37万元，发放工资8.3万元，提取企业基金0.59万元，上交国家税金1.45万元，实现利润2.88万元。后该厂成为全省第一家产值过千万元的乡镇企业。经过20世纪60年代后期和70年代前期的稳步发展，到1975年，境内有社办企业995家，职工37860人，企业总收入4791万元，总产值4081万元。但地域分布差异很大，社办企业较为发达的醴陵有企业295家，职工13566人，总收入2029万元，总产值1941万元，而酃县仅有企业60家，职工1618人，总收入87.08万元，总产值77万元。有社办企业10个以上的公社（镇）有：株洲县的黄龙、洲坪、均坝、鸿仙，醴陵的白兔潭、浦口、王仙、东富、渌江、马恋，攸县的鸾山、皇图岭、湖南坳、莲塘坳，茶陵的火田、七地、思聪、虎踞、舲舫、城关镇。社办企业总收入过50万元的社（镇）有：株洲县的黄龙、朱亭、洲坪、白关、鸿仙、姚家坝、堂市，醴陵的南桥、富里、白兔潭、浦口、王坊、王仙、渌江、孙家湾、马恋、板杉，攸县的鸾山、漕泊、网岭、桃水，茶陵的腰陂、虎踞、城关。1979年，境内社（镇）办企业发展到1413家，从业人员67199人；企业收入1.41亿元，总产值首次超过亿元。

20世纪80年代初，贯彻改革开放政策，社办企业利用自己“船小调头快”的优势，运用灵活的生产经营手段，依附城市、依附大中型工矿企业，发展短线产品，迅速壮大自己，扩大生产规模。株洲县均坝公社有色铸件福利厂在湘江机器厂支援下，生产能力扩大13倍，年产值由20万元增至280万元。该乡美术瓷厂在邮电部通信元件厂支持下转产邮电瓷，年产值由11万元增至120万元。株洲县在城市工矿企业支持下，兴办企业22家，新增产值1228.20万元。1985年，境内乡办企业

1517家，职工88352人，总收入3.99亿元，总产值4.15亿元，企业个数、职工人数、总收入、总产值分别比1975年增加522家、50492人、2.81亿元、3.14亿元。

1986年后，大批乡办企业进行较大规模的技术改造。这一年，乡（镇）办企业通过改、扩、建，新增生产能力1322万元，产值过100万元的乡（镇）办企业由上年的88家增至113家，其中过500万元的7家，醴陵浦口出口花炮厂达到1502万元。1987年后，乡（镇）办企业生产能力急剧扩大，至1988年，两年共新增生产能力1.14亿元，总收入净增2.28亿元。

1990年，全市有乡（镇）办企业1288家，职工10.33万人，总收入7.31亿元，总产值7.62亿元。其中醴陵有企业362家，职工47782人，企业总收入2.82亿元，总产值3.12亿元。在全市各乡（镇）中，总产值和总收入超过2000万元的乡（镇）36个，其中醴陵渌江乡总产值1.64亿元，总收入1.58亿元，上缴税金973万元，三项指标在全市各乡（镇）中均为最高额。其次为郊区清水乡，总产值7285万元，总收入7356万元，上缴税金303万元。产值、收入过5000万元的还有市郊区荷塘铺乡、建宁乡、明照乡、龙头铺乡，醴陵白兔潭乡、南桥乡、王坊乡等7个乡（镇）。

1992年，全市乡（镇）办企业1274个，总产值12.12亿元；1993年，乡（镇）办企业1401个，总产值18.12亿元；随着市场经济发展，乡（镇）办企业进行改制，集体企业多数改为股份合作制企业。1994年，乡（镇）办企业1376个，总产值27.25亿元；1997年，乡（镇）办企业1334个，总产值64.30亿元。2000年，乡（镇）办企业统计口径改为与村办、组办企业并轨统计，统称“集体企业”。

二　村办企业

1962年调整人民公社体制，实行“三级所有，队为基础”，公社下放了一部分规模较小的企业转为大队企业。

20世纪60年代中期，队办企业开始恢复和发展。1966年1月，酃县三河乡深坑大队集中劳力开垦沙滩荒土，办起果园，种植柑橘4.4公顷，安排33个专业劳力，5年后挂果受益，橘园越办越好，人们赞扬说：“深坑有个好果园，公益开支有来源，干部办事有干劲，小学生读书不交钱，电表电线集体装，自来水送到灶门前”。60年代中后期和70年代前期，在“厂社挂钩”安排城镇下乡知识青年过程中，在城镇厂矿企业和机关团体的对口支援下，知青点都建在大队，当时株洲县和市郊区的队办企业得到大量发展。醴陵的烟花鞭炮和陶瓷生产，以及攸县的“五小”工业也发展很快。1975年，境内有队办企业6069家，从业人员65726人，总收入4306万元，总产值2406万元。其中醴陵2357家、从业人数23541人，总收入2517万元、总产值1333万元，均居各县区之首。

1976年后，政治稳定，政策放开，队办企业获得进一步发展，尤其在“百厂运动”期间，株洲县和郊区都兴建了大批队办企业，企业规模亦有扩大。醴陵和攸县在调整中关闭了2000多家原材料无来源、产品无销路的队办企业。1978年，境内队办企业减少到3903家，但从业人数、总收入、总产值均呈增长趋势。经过短暂休整，队办企业再度进入发展时期。1979 年，达到 5176 家，从业人数 78730 人，总收入 9550 万元，总产值 7563 万元，除企业数少于 1975 年外，其他 3 项指标分别比 1975 年增长 19.79%、21.73%、14.34%。

20 世纪 80 年代，恢复乡村建制，队办企业改称村办企业。前期村办企业总量呈下降趋势，中期以后缓慢发展，企业规模不断扩大，总收入和总产值增长速度加快。郊区龙头铺乡兴隆村，1985 年以前没有村办企业，这一年，中南林学院在此征地建校，6 万多元征地费，该村用来办起兴隆水玻璃厂。由于质量好，信誉高，至 1989 年全厂 95 名职工，完成产值 443 万元，总收入 537 万元，年人均完成产值 4.67 万元，完成总收入 5.65 万元，创全市村办企业最高劳动生产率。1989 年，全市村办企业总收入过 300 万元的村有 23 个，其中总收入、总产值双过千万元的村有醴陵渌江乡泉湖村（产值 3541 万元）、南桥乡潼塘村（产值 1320 万元）。

1990 年，境内共有村办企业 6033 家，拥有固定资产原值 1.84 亿元（净值 1.44 亿元），从业人数 9.41 万人，实现总收入 6.71 亿元，完成总产值 6.90 亿元。

境内村办企业，工业类企业的发展速度较快，且比重大。1990 年与 1985 年比较，村办企业总收入增长 1.19 倍，而工业增长 1.33 倍，农业增长 1.48 倍，建筑业增长 1.34 倍。按上述三业总收入占村办企业总收入的比重，工业由 69.15% 上升到 73.68%，增长 4.53 个百分点，农业由 6.94% 上升到 7.86%，增长 0.92 个百分点，建筑业由 7.46% 上升到 7.99%，增长 0.53 个百分点。

1992 年，全市村办企业为 6258 家，总产值 10.56 亿元；1993 年，村办企业达 6674 家，总产值 15.52 亿元。1994 年，村办企业 6554 家；1995 年，村办企业 6289 家；2000 年，乡镇企业中的集体企业并轨统计，统称为“集体企业”。这一年，全市乡镇企业中集体企业为 6472 个，企业增加值 31.15 亿元。

三 联办企业

1980年，市长吴占魁在社队企业工作会议上提出“社队企业要走联合的道路”，号召全市各部门、各单位有钱出钱、有力出力、有物资出物资、有技术出技术，与社队企业合伙经营，把社队企业搞活，联办企业由此而生。是年，株洲县伞铺公社布塘大队农民，3 户一联，5 户一组，自愿互利办起了 8 个红砖厂、18 个瓦厂、4 个焦厂、2 个食品加工厂等 32 个联户企业，从业人员 225 人，年底收入 20 多万元。此后，中共株洲市委、市人民政府制定了城市支援农村、工业支援农业的一系列措施，促进乡镇企业走联合经营的道路，促进城乡经济一体化。乡镇企业一直具有优势的醴陵提出越过行业界限、越过所有制界限，靠拢国营大厂、靠拢大专院校、靠拢经济发达地区、靠拢经济特区，联销、联营、联合，努力寻求合作伙伴，从合作中发展自己。1983 — 1985 年，该县有 252 个乡镇企业与清华大学、湖南大学及省内外 300 多个单位建立联办和协作关系，引进资金 1000 多万元，设备 250 多台（套），引进和聘请技术人员 685 人。该县渌江乡五里牌村工艺美术瓷厂与省陶瓷研究所联营，由研究所派出 6 名工程师到厂当技术顾问，对职工进行全员培训，并着重从造型、彩绘、焙烧等主要生产环节上进行传帮带，使该村办小厂技术水平迅速提高，生产的“七品芝麻官”工艺瓷获全国旅游产品金杯奖，“米老鼠”工艺瓷获“省优质产品”称号。

在改革开放政策推动下，“厂社挂钩”开办社队企业的形式在发展过程中有的变成对口协作，对口协作又发展为互利互惠的全方位联营。1985年，市人民政府召开城乡协作交流会，次年，又召开全市横向联合办乡镇企业的会议，把城市工业年产值在300万元以上的企业，按指导性计划分配对口乡镇，扶植乡镇企业。当年，株洲冶炼厂与茶陵办起4家联营企业，该县城关镇漆包线厂与株洲冶炼厂联营后，由株洲冶炼厂提供漆包线厂生产所需铜材，漆包线厂当年利润倍增。

市内乡镇联办企业，按其联办对象，有与国营企业联办、与城市集体企业联办、与科研、教学单位联办和乡镇企业之间的联办等多种；从联办内容分，有生产联营、购销联营、资金联营、技术联营等多种。1986年，各县市区向市有关管理部门申报联办企业63家。

20世纪80年代后期，乡镇企业中出现了股份制企业，企业引进入股资金，或由企业内部职工以集资的形式入股。1989年，这种股份制联办企业全市2100多家，当年入股资金4500多万元，缓解了企业资金困难，使企业在市场疲软的形势下继续保持稳步发展的势头。

1990年，境内有联办企业54家（职工入股的联办企业未统计在联办企业中），其中与国营企事业、科研、教学单位联办的38家，与城镇集体企业联营的3家，乡镇企业之间联营的12家；生产联营的16家、产销联营的10家、资金联营的24家、技术联营的2家。

四 个体企业

1949年以前，农村很多一家一户经营的企业，主要是与群众生活息息相关的各类商店、伙铺、榨坊、豆腐坊、屠坊、织染坊等，遍布农村。20世纪50年代初期，党和政府对个体企业非常重视，大力扶植，促其发展。农业合作化运动中，提倡走“共同富裕”的集体化道路，这种个体企业有的归农业社集体经营而成为社队企业，多数因受到各种条件的限制而关闭。人民公社化后，不准私人办企业，个体企业由此消失。中共十一届三中全会后，鼓励社员广辟门道，发挥特长、经营致富，个体企业逐渐复苏。1979年7月，株洲县均坝公社子规大队茶园洲生产队女社员张凤姣，在渌口电站对面公路，办起个体小吃部，设备简陋，仅1桌4凳1案1炉，每天供应油条、米粉等品种，月收入200多元。类似这种个体户，随着政策的放开，如雨后春笋，迅速发展。80年代，个体经济上升到社会主义经济必要补充的地位，国家采取优惠政策，个体企业急剧发展。1983年，醴陵对个体（企业）提出“四少四多”的原则：多支持，少干预；多服务，少插手；多协调，少设卡；多教育，少惩罚。促进了个体企业发展。当年，该市船湾公社社员凌建军自筹资金创办海燕服装厂，当年产值6.56万元。次年7月，渌江乡石子岭村农民邹湘衡自筹资金创办“凤凰工艺美术瓷厂”，雇请职工40人，连年取得良好效益。1985年，全市农村个体企业3.88万家，从业人员8.06万人，年总收入2.69亿元。

个体企业开办初期，多为小型加工业、商业服务业、交通运输业，以后很快扩展经营领域，尤以获利丰厚的经销商和采掘业令人瞩目。在办企业的形式上，开始多为个体形式，以后又发展到联户企业，股份制企业等多种形式。1986年，境内产值过100万元的个体企业就有3家。

1990年，全市有农村个体企业6.64万家，从业人员14.47万人，固定资产原值2.13亿元。自有流动资金1.15亿元，总收入12.44亿元，缴纳税金4301万元，发放工资或工资性支出1.84亿元，为解决农村劳力出路，致富农民，发展农村经济起了好的作用。

20世纪90年代，境内农村个体企业在国家、省市县政策的支持鼓励下，迅速成长，从业人员迅速增加，为农村解决农民就业开辟了新的途径。醴陵市的个体私营企业，在1991年有2.26万家，总产值5.91亿元；到1996年则发展到4.20万家，总产值66.12亿元。2000年，结合“两整顿”要求，对全市个体户进行清查，清除一些空壳个体户，并且个体户在办证时又增加了前置条件，影响了部分个体户办证，因此造成统计数量骤减。该年统计显示，各县市区有个体经营户5.52万家，从业人员12.76万人。

第二节 行业构成

20世纪70年代以前的社队企业，生产经营是“为农业生产服务”，即“一种二养三加工”，意为农、林、茶、果场等种植企业，畜、禽、水产养殖企业，农产品加工企业。70年代中期以后，其经营范围逐渐放宽。80年代以后，经营范围包括工业、农业、建筑业、交通运输业、商业、服务业等。

一 工业企业

境内乡镇工业企业源自依托本地资源的采掘业、资源和传统技艺结合的加工业、厂社挂钩扩散产品机械加工业。主要门类有：采掘业、花炮业、陶瓷工业、建筑材料工业、机械工业及农副产品加工、食品、化工、造纸及纸制品、竹木加工、冶金、金属制品等。20世纪50—70年代，乡镇工业企业在计划经济框架内发展受到一定制约。随着改革开放的进行，乡镇工业企业迅速发展，占据乡镇企业的半壁江山。1986—1990年，乡镇工业总产值累计51.67亿元，占乡镇企业总产值的52.71%。1990年，境内有乡镇工业企业2.73万个，从业人员20.05万人，总收入14.59亿元，占乡镇企业总收入的58.53%；总产值15.48亿元，占全市工业总产值的20.8%。2000年，乡镇工业企业达到5.14万个，从业人员36.61万人，总产值达336.94亿元，占乡镇企业总产值的53.58%。

（一）采掘业

主要是铁矿石和煤炭开采，其次是瓷泥、石灰石、石料、黏土的开采。此外，铅、锌、石膏、大理石等其他矿亦有少量开采。

铁矿石和煤炭的开采集中在茶陵、攸县境内，其他县亦有煤炭开采，其开采量远不及茶陵、攸县。1949年，境内小煤窑合计产煤约23万吨，其中21万多吨产自攸县。1958年“大跃进”期间，境内大炼钢铁，铁矿石和煤炭的采掘达到空前规模，小煤窑、采矿场比比皆是，小高炉炼钢铁遍地开花。3年自然灾害时期，各级集中力量抓粮食生产，采掘业萎缩。20世纪70年代，国家提倡发展“五小工业”。1973年，中共中央提出“大打矿山之仗”，改变北煤南运局面，境内乡镇小煤窑迅速发展。1975年，攸县、茶陵、酃县合计产煤16.94万吨，其中攸县11.57万吨。80年代，国家进一步放宽政策，采掘业出现了乡镇、村、组、个人一齐上的局面。1980年，境内乡村煤窑产煤56.21万吨。1985年，全市乡（镇）、村两级煤炭开采业168家，从业人员8716人，采煤122.41万吨；黑色金属、有色金属采选业73家，从业人员3833人，乡镇采掘铁矿石合计28.87万吨。80年代后期，采选业继续发展。1990年，乡（镇）、村两级采选企业达558家，从业人员20854人，工业总产值9356万元（1980年不变价）。90年代以后，因小煤窑开采安全事故多，国家要求严格控制乱采乱挖，隐患较多的小煤窑陆续关闭，乡镇企业小煤窑发展受到一定制约，生产起伏不定。

瓷泥开采以醴陵居多。石灰石、石料、黏土的开采各县均较普遍。

（二）花炮工业

主要集中在醴陵。醴陵花炮生产历史悠久，知名度与浏阳花炮齐名，在国内乃至世界有着举足轻重的地位。据《湖南农业合作资料》第12期介绍：“浦口镇的……鞭炮生产，历史可上溯到明朝末年，至今已有300年”据民国《醴陵县志·工商》记载：“民国10年（1921）春，县境奇荒，各乡饥民纷往他乡就食，唯东三区（含浦口全境）以业鞭炮之故，无一人逃荒。”可见鞭炮生产在当时的浦口经济中占有重要地位。20世纪30年代初，在浦口老街出现了邓象仁经营的“露香生”“振昌隆”鞭炮庄，他们将收购来的鞭炮贴上“飞马牌”彩印商标销往广州和香港，继之便有潘先恢的“永庆英”、孔管云的“和生德”等几个鞭炮庄，庄主雇员从事收购，并派人驻广州、香港等地，经营出口海外的销售业务。1949年，醴陵和平解放时，浦口尚存鞭炮工场82个。在中华人民共和国成立后的一段时间内，花炮被视为“迷信品”而限制生产，发展缓慢。在50年代末期的“全民办工业”热潮中，社队两级集体办厂，花炮生产获得一定发展。60年代初，一些农户也一哄而起搞鞭炮生产。此间，少数生产厂家偷工减料，掺杂使假，生产出不少假鞭炮和劣质品，销往湖北等地，醴陵鞭炮声誉受损。县供销社将劣质鞭炮低价收购销毁。对原已收进的3722箱劣质品分别降为次品或销毁。1963年春，中共醴陵县委书记李哲在全县三级干部扩大会上提出，尽快把醴陵办成鞭炮城。1964年，县人民委员会成立花炮生产办公室，重新制定质量标准，规定不准个体生产经营，产品由县日杂公司统一收购和销售。从此，产品质量提高，名誉逐渐恢复。1966年，全县先后有浦口、王仙、富里、南桥、白兔潭、王坊、黄沙、新阳、官庄、八里坳等公社及其所属大部分大队办起了花炮厂。70年代，大障、洪源、军山、泉湖、蛇青及县立第二中学先后开办炮料纸厂。至1979年，全县炮料纸自给有余，结束了炮料纸全赖外地调入的历史。1981年，全县33个社镇办厂181家，在职职工1.90万人，加上厂外加工的8.25万人，共有从业人员10.15万人。当年产值3767.90万元，占全县社队企业总产值的32.10%，生产各种规格的花炮91种，产量35.70万箱，其中出口21.30万箱。80年代，其他县区也兴起花炮生产，但生产规模小、资金困难、效益不佳。1986年，境内共有乡、村两级花炮企业505家，职工6.02

万人，生产花炮 103.07 万箱，工业总产值（1980 年不变价）1.65 亿元。其中醴陵 418 家，职工 5.01 万人，占该市乡、村企业总人数的 51%；加上厂外加工人员 8.87 万人，合计从业人员 13.65 万人，占该市农业人口的 17.80%，生产花炮 96.52 万箱，占该市花炮总产量的 80.90%；其中出口 35.18 万箱，占该市出口总数的 66.72%，占该市乡村企业花炮产量的 38.34%。完成总产值 1.53 亿元，占该市乡、村企业总产值的 42.48%，占工农业总产值的 16.55%。实现利润 534.36 万元，占该市乡、村企业总利润的 30.41%，纳税 1756.10 万元，占该市乡、村企业纳税总额的 59.94%。80 年代后期，在激烈的市场竞争中，境内乡镇花炮生产企业有的倒闭、有的扩大，乡、村两级企业数量、人数都有大幅度减少，但产量除 1988 年受通货膨胀的影响，产品价格上涨幅度跟不上原材料涨价速度，有较大幅度下降外，其他年份均有较大幅度增长。1990 年，境内乡、村两级花炮生产企业 308 家，企业职工 4.42 万人，生产花炮 147.84 万箱，完成总产值 1.91 亿元（1980 年不变价）。其中醴陵 259 家，职工 7284 人，生产花炮 142.67 万箱，完成总产值 1.78 亿元。当年向国外出口产品的厂家有南桥出口花炮厂、富里出口花炮厂、富里出口花炮一厂、富里出口花炮二厂、白兔潭花炮一厂、白兔潭花炮二厂、浦口出口花炮厂、王坊出口花炮厂、黄沙花炮二厂、王仙出口花炮厂、东堡花炮一厂等 11 家工厂，均属于醴陵市。1991 — 1993 年，醴陵市的乡村花炮发证生产企业由 218 家增至 280 家，从业人员 3.85 万人增至 4.36 万人，产量由 161.5 万箱增至 183.3 万箱。出口由 54 万箱减至 28 万箱，总产值由 3.12 亿元增至 3.52 亿元，占醴陵花炮工业总产值的比例由 79.3% 上升至 84.4%。1994 年，进入结构调整时期，加之全国许多城市禁燃鞭炮，使境内花炮工业发展缓慢，当年醴陵乡镇企业生产花炮 191 万箱，其中出口 71 万箱。1995 年生产 163.1 万箱，出口 78 万箱。1996 年后，为乡镇企业转型时期，摒弃花炮产业是“夕阳产业”的思维，醴陵乡镇企业规模不断扩大和升级。到 2000 年，生产企业达到 225 家，从业人员 4.95 万人，产量达到 491.4 万箱。

（三）陶瓷工业

陶瓷工业是醴陵的一张地方名片。民国 29 — 31 年（1940 — 1942），全县有粗瓷厂 138 家，细瓷厂 112 家，共有技工 8300 人，年产日用瓷由 4700 余万件增至 7100 万件，销往湘、粤、桂、鄂、豫、陕、川、黔诸省和中国香港地区及南洋各国。后因战乱，产业下滑严重。至 1949 年，仅剩 7 家瓷厂勉强维持生产。20 世纪 50 年代初期，县人民政府用发放贷款、收购产品等方法，帮助恢复生产，至 1952 年，先后有 360 户私营瓷厂开工复工。1954 年春，渌江乡创办渌江陶瓷总厂，生产日用瓷、特种瓷、工艺美术瓷。1961 年，黄沙公社组建瓷厂，是人民公社化后创办的第一家社办瓷厂。接着，东堡、大林、渌江 3 个公社相继组建瓷厂。70 年代，醴陵社队企业的瓷器生产，由驻县省属国营企业采取下放产品，帮技术、帮管理、帮设备、帮资金的“一放四帮”办法进行扶植，投资 13.60 万元，支援各种生产设备 46 台件，扩散产品 51 种，帮助培训技术人员 315 人，地方财政投资和发放无息贷款 49.50 万元，信用社贷款 120 万元。这些措施，使社队陶瓷生产获得长足发展。1971 年 4 月，渌江出口瓷厂和大林、东堡、板杉、新阳、仙霞、前进、胜利瓷厂被湘潭地区定为出口瓷厂。

1973年，全县社队陶瓷厂发展到79家，年产值465.22万元。70年代，市郊区、株洲县、攸县亦办起少许社队瓷厂。1979年，境内瓷器产量4779万件，其中醴陵4650万件；社队陶瓷工业实现产值1452万元，其中醴陵1378万元。80年代，生产厂家增多，各企业着力进行技术改造，提高生产能力，加快产品品种更新换代，提高竞争能力，由过去单一生产粗瓷，发展到生产中瓷、细瓷，由日用粗瓷发展到日用细瓷、工业瓷、建筑瓷、卫生瓷、电瓷、工艺美术瓷、高彩瓷、纺织瓷和特种专用瓷等共计1000余种。茶山坩埚厂生产的碳硫分析专用坩埚，性能稳定，分析精度高，抽滤速度快，被评为国优产品，参与国际市场竞争，在国际市场占了一席之地。仙霞瓷厂生产的76 ~ 50矩鞍环型瓷质填料，黄沙瓷厂生产的50 ~ 25矩鞍环型瓷质填科，仙霞瓷厂生产的双龙满花首饰盒，渌江出口瓷厂生产的釉下六头鸟鸣酒具，渌江出口工艺瓷厂生产的坐式摇扇七品芝麻官，五里牌村工艺美术瓷厂生产的立式电动摇头七品芝麻官和女排夺魁、观音坐莲，均获部优产品称号。渌江出口瓷厂开发生产的花插、茶具、餐具等系列产品，远销美国、加拿大、捷克斯洛伐克等国家。1990年，境内乡镇企业生产瓷器4913万件，其中醴陵4499万件；生产陶器460万件，其中醴陵426万件，当年向国外出口产品的企业有嘉树陶瓷厂、渌江出口瓷厂、老龙井国兴瓷厂，上述3个厂均属醴陵市。90年代，醴陵陶瓷工艺制作更加精细，产品更加行销，陶瓷生产愈发兴旺。1993年与1991年相比，醴陵乡镇工业企业中，陶瓷企业由269家增至283家，从业由1.28万人增至2.10万人，总产值由2.43亿元增至3.4亿元，2年平均增长18.4%。主要产品产量：日用瓷由4503万件增至1.04亿件，出口由467万件增至1025万件，2年平均增长48%;工业瓷由1.15万吨增至1.2万吨，2年平均增长2.2%;电瓷由5800吨增至1.2万吨，2年平均增长43.8%。1996 — 2000年，随着乡镇企业改革转型，一大批乡办、村办集体企业进行租赁、兼并、拍卖，转为个体私营或股份合作制经营，激发了企业内在活力。醴陵陶瓷企业由291家增至315家，从业人员由3.94万人增至5.5万人，总产值由20.16亿元增至35.1亿元。日用瓷由1.8亿件增至3.11亿件，其中出口由5043万件增至1.56亿件；工业瓷由5.7万吨增至6.92万吨；电瓷生产行业抓住国家对农村电网改造的机遇，扩大生产，产量由2.1万吨增至3.7万吨。

（四）建筑材料工业

乡镇生产的建筑材料有水泥、石灰、砖瓦、沙石、水泥制品、保温材料、装饰材料、防水材料、耐火材料等上千个品种。各县区均有水泥和砖瓦生产；石灰生产以株洲县雷打石一带历史悠久，名气最大；保温、防水材料以醴陵厂家云集，市场广阔。20世纪50年代以前，以采石、烧石灰、烧砖瓦为主。1951年，市区田心、五里墩等地多家采石场，从业人员300多人，至1956年，共采石4万余吨，供应城市建筑需要。石灰生产除满足境内农业、建筑需要外，还大量支援洞庭湖区农业生产。砖瓦烧制，50年代以前以青砖瓦为主，主要用于农村住宅建筑。随着株洲城市工业和市政建设的发展，红砖、机瓦生产厂家蜂起，尤以近郊办厂早，厂家多。60年代，专业生产红砖红瓦的有12家。株洲县、醴陵、攸县、茶陵、酃县的红砖红瓦生产多兴起于70年代。1972年，株洲县堂市公社建成水泥厂，拉开了境内乡镇企业水泥生产的序幕，也是湖南省第二家社队水泥生产企业。随后，市郊区、醴陵、攸县、茶陵多家社队水泥厂相继建成。1979年，社队两级水泥厂生产水泥4.93万吨。1980年，酃县河西水泥厂建成投产，各县区均有了社队水泥生产企业。1981年，水泥总产量猛增到10.83万吨，比1979年增加1.20倍。80年代，各地土建工程规模扩大，标准提高，促进了建材生产发展，除水泥、石灰、红砖、水泥制品、建筑卫生陶瓷、沙石产量大幅度增加外，防水、保温材料和装饰材料生产大规模展开。其生产厂家大多集中在醴陵农村，产品品种有石膏装饰板、人造大理石、塑料油膏、纤维瓦等共计600个以上，除市内销售外，还销往江苏、湖北、浙江、新疆、上海、福州、北京等地。1990年，境内乡、村两级建材工业企业有499家，从业人员1.67万人，完成工业总产值1.16亿元（1980年不变价，下同）。其中：水泥厂29家，从业人员4717人，产值1830万元；水泥预制件生产企业173家，从业人员2245人，产值2644万元；砖瓦生产企业101家，从业人员3637人，产值1208万元；建筑石料加工企业24家，从业人员791人，产值399万元；轻质建材生产企业20家，从业人员1044人，产值1198万元；建筑卫生陶瓷生产企业14家，从业人员1717人，产值1594万元，其他企业138家，从业人员2506人。1991—2000年，建筑材料工业随城市的发展和需求增加而进一步提速，产销两旺。

（五）机械工业

乡镇企业中的机械工业，是在铸造业和农具修制业的基础上发展起来的。早在清同治年间（1862—1884年），攸县槚山一带，即有锅厂生产铁锅等铸造品，产品光滑耐用，行销县内及醴陵、衡山、萍乡等地。民国时期，攸县城关镇、皇图岭、大漠观（网岭）、官田和茶陵尧水、火田、界首等地开设铸造厂，生产鼎锅以及犁头、犁壁等农具配件。其他各县农具修制业亦与农业生产的发展相适应。1956年，郊区五里墩乡农机厂生产打稻机、水泵管。1958年人民公社化，将各类手工业生产合作社收归公社，公社农机厂应运而生。20世纪60年代，城市厂矿企业加强对社队企业的支援，社队机械工业装备得到改善，除生产外，还承接城市厂矿企业机械加工任务。70年代，农村建设县、社、队三级农机修造网，要求做到小修不出队、大修不出社，于是农具厂、农机站、农机修造厂大量涌现。1975年，社队机械工业较为薄弱的酃县也办起了塘田、河西、城关、水口等公社农机修配厂。1978年，境内142个社镇，有121个办起了机械工业企业，当年完成总产值2621万元，其中机械工业较为发达的市郊区完成774万元，较为薄弱的酃县完成69万元。次年，机械工业总产值猛增到3348万元。80年代，行业竞争日趋激烈。国家开放生产资料市场，很多产品由卖方市场转变为买方市场，新产品不断涌现，使得同一产品使用寿命缩短，有的产品问世不久便被新产品挤出市场，以农机为主的社队机械工业，原先布点过多，自身技术落后，一度陷入困境。1980年，产值降为2231万元。1981年再降为1977万元。经过短暂退却之后，各企业面对现实，多方寻找出路，加强技术改造，引进技术人才；突破为农业生产服务为农副产品加工服务的局限，放开手脚，开辟城市市场和大工业联姻，在广泛的市场上展开竞争。1990年，境内有163家乡镇机械工业，从业人员6246人，产值8962万元。其中市郊区乡镇机械工业企业80家，从业人员3272人，产值6160万元。90年代，境内乡镇机械工业随着市场的变化而变化，总体起伏不大。

二　农业企业

20 世纪 50 年代中期，境内各地农业生产合作社开展多种经营，纷纷办起林、果、茶、药材场等种植企业。实现公社化后，这些种植企业，分别成为社办企业或队办企业。1977 年，市郊区和株洲县共有种植企业 1129 个，从业人员 1.5 万人，收入 243.54 万元。1979 年，企业减少到 526 个，从业人员 9200 人，收入 504 万元。80 年代后，随着知识青年招工回城，有的场分散给村民经营，或个人承包经营。1985 年，境内有乡镇种植企业 1467 个，从业人员 1.46 万人，总收入 2274 万元，总产值 2764 万元。

养殖业以猪为大宗，兼有蚕、鱼、蜂和鸡、鸭、鹅等。农业合作化时期，各地农业社试办猪场，开始集体养猪，人民公社化前期，养猪场大量发展。由于饲料、技术、设施、管理等方面不适应集体大规模养猪的要求，大部分养猪场效益不佳，不久即随着粮食紧缺和解散公共食堂而不能为继。“文化大革命”时期，为了发展集体养殖业，曾采用过限制私人养殖的办法，由“两条腿”变成“一条腿”走路，养殖业更加发展不起来。1977 年，市郊区和株洲县共有养殖企业 567 个，从业人员 2340 人，收入 146 万元。1979 年，企业减少到 165 个，从业人员 1865 人，收入 191 万元。20 世纪 80 年代后，政策放开，私人养殖业大量发展，出现以养猪为主的多种饲养专业户，集体养殖业保持着较低水平。1985 年，全市有乡村两级养殖场 197 家，从业人员 1631 人，总收入 467 万元，主要产品是猪和鱼，数量都不大，当年出栏猪 6751 头，产鲜鱼 1320 吨，另有少量蚕茧等。此后，集体养殖业逐步被私人养殖业取代。

1986 — 1990 年间，全市乡(镇)村种养企业数稳定在 1600 ~ 1800 个之间，从业人数在 1.5 万 ~ 1.7 万人左右。1990 年，实现纯利润 767 万元，年末固定资产净值 1662 万元。

1991 — 2000 年，乡镇农业企业呈稳步发展态势。在管理形势上，原为乡村集体企业均转包给个体经营或联合经营。1992 年，境内农业企业 1744 个，从业人员 1.53 万人，总收入 8396 万元。1993 年，境内农业企业增加到 1978 个，从业人数 1.51 万人，总收入 1.05 亿元。1994 年，农业企业 2192 个，从业人数 1.43 万人，总产值 1.97 亿元。1997 年，农业企业 2350 个，从业人数 2.37 万人，总产值 8.83 亿元。2000 年，农业企业合计 2050 个，从业人数 2.43 万人，总产值 11.94 亿元，总产值增加 11.10 亿元，增长 1.32 倍。

三　建筑企业

20 世纪 50 年代前期，农业社允许散居农村的泥、木、漆匠外出做工，为社队建筑业的兴起准备了人员和技术条件。1958 年，社队成立副业队，进城承揽土建业务。60 年代初期，国家大量压缩基建，农村泥木匠不能再进城施工，城市大批建筑工人被精简下放回农村。1963 年后，农村泥木匠和下放回乡的建筑工人成立社队建筑队，成立最早的有鸿仙、马家河、蝶屏、白关、伞铺、群丰、漂沙井、雷打石 8 个公社建筑队，这些建筑队都有固定机构和管理人员，职工临时招集。60 年代中期至 70 年代初，城市基建任务增加，为社队建筑业的发展创造了有利条件。1970 年，市郊区 5 个公社和园艺场的 6 个房屋维修队合并，组成株洲市郊区建筑工程队。在此期间，株洲市农村建筑队由 8 个增至 19 个，因其农忙务农，农闲进城施工，称为亦工亦农服务队。1972 — 1973 年间，农民进城做工被当作“资本主义自发势力”加以种种限制，社队建筑队伍被大量砍掉。以后，适应基建事业发展的需要，农村建筑队又趋发展，1975 年，社队建筑队通过批准承认的有 68 家，建筑总收入 619 万元。1977 年 8 月，市建委批准市郊区荷塘铺、园艺场和株洲县明照、群丰 4 个建筑队进城独立承包工程。

20 世纪 80 年代以来，城镇土建工程大规模展开，城市不断放开农村建筑队进城的限制，直至“打开城门，欢迎农民进城”，促使社队（乡镇）建筑业大规模发展。株洲县靠近市区，进城承揽业务具有先天优势，其乡镇建筑队伍规模、总收入、总产值在全市各县区中独占鳌头。1990 年，境内有乡镇建筑企业 2625 家，从业人员 5.16 万人，企业收入 2.98 亿元，产值 3.75 亿元（当年价），其中株洲县有企业 895 家、职工 1.71 万人、总收入 9770 万元、总产值 1.39 亿元（当年价），都占全县三分之一以上。乡镇建筑企业当年竣工工程面积（不含非工程项目的小建筑）46.35 万平方米，上缴利税 1524.32 万元，农民建筑队伍的浩荡大军涌进城市，很快成了城镇建筑业的同盟军乃至主力军。不仅数量多，质量也很快跟了上来。1986 — 1990 年，境内 29 个乡镇建筑公司（队）获 66 项全优工程，其中 1986 年 5 项，1987 年 14 项，1988 年 12 项，1989 年 13 项，1990 年 22 项，建筑质量不断提高。

20 世纪 90 年代，随着国家建设规模不断扩大，乡镇建筑业总体上保持平稳较快的发展速度。除个别年份企业个数和从业人数有所减少之外，总产值一直保持较大幅度的增长。1992 年，境内乡镇有建筑企业 4382 家，从业人数 5.9 万人，总收入 5.91 亿元。1993 年，企业个数增至 7086 个，从业人数增加到 7.98 万人，总产值达 14.93 亿元。1994 年，乡镇建筑企业 5813 个，从业人数 8.62 万人，总产值 19.05 亿元。2000 年，境内乡镇建筑企业 10219 个，从业人数 11.44 万人，总产值 89.88 亿元，与 1990 年比较，企业个数增加 7594 个，从业人数增加 62822 人，总产值增加 86.14 亿元，增长 23 倍。乡镇建筑企业中，有集体企业 331 个，其余均为私人、个体企业。

四　交通运输企业

扁担、箩筐一直是境内农村历代使用的运输工具，后出现手推土车、人拉木船。中华人民共和国成立后，农村开始用板车，接着发展为胶轮板车、钢丝胶轮板车等运输工具。1958 年，醴陵清水江公社因上报粮食产量高，国务院奖励该社 1 辆汽车，成为境内第一辆农用汽车。干部群众，如获至宝，争相围观。1959 年，省冶金厅调拨 1 辆“嘎嘶 -51 型”货车给攸县酒埠江公社钢铁联合企业。1963 年，湘东钨矿拼装 1 辆解放牌汽车给茶陵城关镇（城关人民公社）。20 世纪 60 年代，醴陵板杉公社夏坪大队首购第一台手扶拖拉机。接着，各公社农机站先后购回一批轮式拖拉机和手扶拖拉机，配备5吨或3吨拖车，手扶拖拉机配备1吨或0.75吨拖箱。农忙从事机耕，农闲从事运输。1972年，醴陵浦口、王仙、大障3个公社购置三轮农用汽车投入营运，株洲农村始有社队专业营运车。加上这时农村已有少量汽车、拖拉机、木船等运输工具投入运输，顺应了农村运输业发展。但这期间，农村生产、生活物资以及产品运出，运输能力远不能满足需要。特别是70年代运氨水，运量大、时间紧，票证过期作废，为运一车氨水，社、队干部四处奔波，请求汽运公司或对口支农单位帮忙。运氨水要排长队，大部分司机为了支农，苦而无怨，也有司机不想吃这个苦，借故推辞，社、队干部急得如热锅上的蚂蚁，司机则身价倍增，“汽车叫唧唧，进门鱼肉鸡”的顺口溜广为流传。公社和大队干部下决心求购汽车，70年代后期以来，社、队汽车、拖拉机等交通运输工具大量增加。农村实行联产承包责任制以后，更呈增长之势。1983年，醴陵渌江、东富等公社个体运输户购回13辆小四轮投入营运。到1985年，乡镇交通运输业已发展到9758个，其中个体户14户。80年代后期，集体运输企业大量减少，个体交通运输户急剧增加。1990年，境内有乡镇交通运输企业18385个，其中个体户占98%；总收入2.90亿元，其中个体户占91.24%。全市乡镇交通运输企业有各种汽车3566辆，其中客车263辆，定位5749个；货车3303辆，运输能力1.31万吨；参运的各种拖拉机15379台、19.30万马力；各种船只921艘，运输能力5288吨，成为株洲城乡一支运输大军。

1992年，境内乡镇交通运输企业（含个体户，下同）19708个，从业人数29215人，总收入4.83亿元。1993年，乡镇企业交通运输业20597个，从业人数32923人，总产值8.89亿元。1994年，乡镇交通运输企业24182个，从业人数34163人，总产值13.23亿元。2000年，境内乡镇企业交通运输企业31810个，从业人数53172人，总产值67.32亿元，与1992年比较，企业个数增加12101个，从业人数增加23957人，总产值增加62.48亿元，增长12.9倍。其中，私人、个体企业31718个，集体企业仅有92个。

五　商业服务业

境内农村的商业、饮食业、服务业，经过20世纪50年代社会主义改造，基本过渡为合作企业。农村社、队也不从事商业和服务业经营活动，包括不出售自己的农副产品，只有基层供销社兴办的少数服务网点。网点不足一直延续到70年代末期。80年代，在国家改革开放政策推动下，社队企业经营范围扩大，集体和个体商业、饮食业、服务业迅速发展。1980年春夏，茶陵高陇镇首先办起商店、冰棒厂、饭店、旅社等。继而湖口镇又办起境内社队企业第一个供销经理部。1985年，境内乡镇商业、饮食业、服务业网点达到12801个，从业人员23648人，当年完成总收入1.85亿元，占乡镇企业总收入的18.97%。80年代后期，商业、饮食业、服务业持续发展。1990年，网点增加到24014个，其中商业14350个、饮食业2884个、服务业6065个；全部网点中，私营网点占90%以上，从业人数44181人，其中商业23620人，饮食业7316人、服务业13245人。总收入5.22亿元，其中商业4亿元，饮食业5748万元，服务业6409万元。上述三业总收入占乡镇企业总收入的

19.71%，仅次于乡镇工业。

另外，还有一些农民批发商，挤入大中城市批发市场，进行服装、鞋帽等批发、零售业务，三尺柜台里面坐着农民批发商，他们往往拥有数万元乃至数十万元资本。也有在城市办厂开店，有一定规模的农民企业家，他们的经营都未纳入乡镇企业范畴。

1991 — 2000 年，商业、服务业大量发展，1992 年，境内农村商业、服务业个数 31627 个，从业人数 58913 人，总收入 9.46 亿元。2000 年，乡镇商业、服务业增加到 58791 个，从业人数 12.27 万人，总产值 106.46 亿元。与 1992 年比较，总产值增加 97 亿元，增长 10.25 倍。在乡镇商业服务网点中，集体企业仅有 450 个，私人、个体企业达 58341 个，占总数的 99.20%。按业务类别分，商品流通业 45151 个，从业人数 89158 人，总产值 75.64 亿元；旅游饮食服务业 13640 个，从业人数 33522 人，总产值 30.81 亿元，约占乡镇商业服务业总产值的三分之一。

第三节　乡镇企业改制

1996 年，境内乡镇企业开始改制，主要是推行以股份合作制为主要形式的产权制度改革。当年 5 月，株洲市委、市政府组织相关部门对境内 102 个乡村集体企业进行调查，其结果表明：大多数的乡村企业难以适应市场经济的发展要求，陷入了“厂长负盈，企业负亏，银行负债，政府负责”的怪圈，政企不分，产权不清、机制不活、效益不佳等问题十分突出。面对这一形势，市委、市政府决定以产权制度改革作为加快乡镇企业发展的突破口，迅速成立了由市委书记任组长、分管副书记和分管副市长任副组长的乡镇企业产权制度改革领导小组，统一领导全市乡镇企业产权制度改革，实行分级负责。

对乡镇企业产权制度的改革，坚持先点后面，分批稳妥推进的方式，选择了一批不同行业、不同条件的乡村集体企业进行试点，在市委党校培训了 260 多名产权制度改革骨干，组成专业班子进驻试点企业，指导和帮助企业进行清产核资、评估资产、界定产权、设置股权、招募股金、协调矛盾，树立了一批产权制度改革的典型。1997 年 6 月，通过推行产权制度改革，全省首家乡镇企业股份公司湖南锦云实业股份有限公司成立，董事长、总经理黄根深自动辞去云田乡党委书记职务，成为率先下海经营企业的乡镇领导，当年与国有企业联营合作兴办了电石厂、摩托车配件厂、铸钢厂、齿轮厂等企业，兴建了美泉工业小区。在此基础上，及时总结经验，推介典型。在改革形式上不搞“一刀切”，新办乡村集体企业按股份合作制形式组建，原有乡村集体企业中具有规模和效益的企业组建有限责任公司、股份有限公司或企业集团，一般的企业实行股份合作制改造，“小微亏”企业实行租赁、拍卖、联合、兼并等。在产权量化中，把企业资产全部落实到自然人身上，实现产权股份化、股份人格化；在乡办企业进行股份合作改造中不设集体股，鼓励骨干持大股；在资产评估中不逃废债务，确保产权制度改革质量。及时解决难题，对乡镇企业改制中出现的疑难问题，及时召集体改、财政、税务、银行、工商、乡镇企业等相关部门进行协调，妥善加以解决，确保企业改制顺利进行。

经过几年的努力和探索，境内乡镇企业产权制度改革取得了明显实效。到2000年，境内有4900多个乡村集体企业实行了产权制度和经营方式变革。通过募股、拍卖、租赁抵押等途径，5年内募集了8亿多元资金，有效地弥补了企业发展资金的不足；企业存量资产得以盘活，资本结构得以优化，资产闲置下降了8个百分点，95%的改制企业实现盈利，并走上了良性循环的发展道路。企业真正成了“自主经营、自负盈亏、自我发展、自我约束”的市场经济主体。据市乡镇企业局对改制后50户较大规模乡镇企业的调查，企业改制后销售收入比改制前翻了两番，利润增长3倍，税金增长3.5倍。

第七章　气象事业

1954年1月，在株洲市水文站内设气象观测站，隶属于湖南省水利电力厅水文总站湘潭分站领导。1957年3月，改为株洲流量站。同年7月，归由株洲市地方政府领导。1959年1月，原株洲流量站改称株洲市水文站，划归株洲市农业局领导。随着农业合作化的兴起，气象部门进一步重视为农业生产服务。同时，按照“专专有台，县县有站，社社有哨，队队有组”的气象服务网建设原则，先后建立了株洲县、醴陵、茶陵、攸县、酃县5个气象站，在城市和农村建立了百余个气象哨，为气象服务的开展和气象科学知识的普及打下了基础。其时，气象业务主要是地面气象观测、气候资料、天气预报。1959年，推广云南省镇雄县气象站的补充天气预报经验，株洲市相继正式开展单站补充订正天气预报业务。1962年7月，市气象工作从株洲市水文站分出，正式建立株洲市气象服务站。

其间，气象部门提出“以生产服务为纲，以农业服务为重点”的气象工作方针，广泛开展县气象站补充天气预报和农业气象预报、情报服务，进一步打开了为经济建设服务，特别是为农业生产服务的局面。通过贯彻国民经济“调整、巩固、充实、提高”的方针，境内气象台站网和专业队伍得到了巩固。由于业务指导思想受“左”的错误和形而上学的影响，错误地提出天气预报工作“以土为主”“以群为主”“以小为主”的技术原则，把现代科学技术与群众经验对立起来，贬低知识分子和现代气象科学技术的作用，挫伤了气象人员的积极性，延误了气象事业的发展。

“文化大革命”期间，气象部门受到冲击，科技人员遭受打击迫害，多数老技术骨干被迫离开气象工作岗位，给气象事业带来严重损失。1969年1月，市气象服务站下放由株洲市革命委员会领导。1970年9月，气象工作实行以军队为主的管理体制，业务由湖南省气象局领导，政治思想、党团建设由株洲市武装部领导。1973年8月，体制归为株洲市革命委员会建制，由市农办领导。1974年1月，成立株洲市气象局，下设气象台，开展大图天气预报。

1976年，气象事业也同其他事业一样开始复苏。株洲市气象局站址由原来南区南湖塘月形山搬迁到东区荷塘铺朝阳山。1978年12月后，气象工作重点逐渐转移到服务经济建设上来。1980年10月，撤销市气象台，保留株洲市气象局。从1981年9月起，实行以湖南省气象局为主与株洲市人民政府双重领导的管理体制。

1982年1月，株洲市气象部门贯彻“积极推进气象科学技术现代化，提高灾害性天气的监测预报能力，准确及时地为经济建设和国防建设服务，以农业服务为重点，不断提高服务的经济效益”的气象工作方针，气象工作出现了新的局面。

1983年6月，株洲市气象局更名为株洲市气象台。1984年1月，原湘潭地区所属的醴陵、攸县、茶陵、酃县4县气象工作划归株洲市气象台领导。同年7月，市气象台又更名为株洲市气象局。1991年4月，撤销株洲县气象局，其气象服务由市气象局承担。至2000年，境内有株洲市、醴陵市、攸县、茶陵、炎陵县5个气象局，干部职工107人，其中技术干部84人，工程师和高级工程师27人。

第一节 科技装备与开发

建站初期，基本气象业务主要有地面气象观测、气候资料、天气预报。仪器设备简陋，既不配套，又很陈旧。当时主要有温度表、气压表、雨量筒，蒸发皿、百叶箱和德、苏、英造的自记仪器，只能进行一般地面观测任务。20世纪50年代后期开始，大部分仪器逐步更新为国产配套设备。70年代，地面测风仪器改造为电接风向风速器。80年代，通讯设备有了较大发展，市、县气象局都配备了电传打字和传真接收设备。1986年1月，建成株洲国家基准气候站，除了进行常规地面观测外，还担负了为军航、民航服务的航空气象预报、危险天气预报发布任务。

天气预报从1958年开始的单站补充订正预报，逐步走向客观化、定量化、模式化。中共十一届三中全会特别是“八五”计划以来，随着科学技术，特别是计算机技术的飞速发展，境内的气象现代化建设随之发生了显著的变化。在技术装备上，从1983年开始，全市各台站投入大量资金，先后装备了无线传真接收机、无线电传、计算机等设备；1986年，建立甚高频通信网络；1990年，建立气象警报电台；1993年，建成地级实时业务系统，开通了与省气象台的远程通信；1994年，建立市县单边带通信网，提高了信息传递速度和质量；1995年年底，县级计算机终端站全部建成，开通了市县计算机网络传输；1996年，投资百万元的“卫星气象综合业务应用系统”上马，1997年建成并投入业务运行。通信设备的改善，大大地提高了各台站天气监测和预报联防能力，较好地发挥了市台技术指导中心和人工降雨指挥中心的作用。气象警报系统使气象服务深入到工业、农业、交通、商业、保险等国民经济各个领域。特别是“八五”中期，利用先进的计算机网络技术，市台的微机通过专线与省台联网，县局通过程控拨号与市台联网。省、地、县三级业务系统的使用，取代了传统的手工抄报、手工填图和手工制作报表，大大提高了工作效率。在软件建设方面，市气象局自行开发使用的“网络气象资料自动传输系统”和“全省气象预报服务系统”等软件达到省内先进水平，并推广应用于全省各地市局气象业务系统之中。市气象台研制开发的“灾害性天气预报专家系统”，1993年获得湖南省气象局科技进步二等奖。

1997年，随着“卫星气象综合业务应用系统”工程的建成和使用，境内气象部门着手转变天气预报作业方式，从传统的手工作业方式转变到人机交互处理的作业方式，逐步减少纸质天气图，使预报员从重复劳动、手工作业中解放出来，有更多的时间、精力去分析预报信息，提高预报准确率，做好预报服务。1998年，市气象台着手进行“天气预报值班系统”各子系统的研制工作。1999年10月，“集成研讨系统”完成业务试运行，2000年正式投入使用。该子系统首次实现了预报员由计算机自动提交值班日记、自动提交预报结论，实现了预报评分的自动化和网络化。极大地优化了预报业务流程，改进了预报作业方式，使作业方式逐步转移到预报会商系统、集成研讨系统和MICAPS人机交互工作站为主的工作平台上来。

在建立并不断优化预报业务流程的同时，也加强了数值预报产品及其释用技术的研究和开发，于1998年先后完成了“株洲及临近城市未来七天逐日滚动系统”“基于T106数值预报释用系统”，1999年完成了“分县多要素一周逐日滚动预报系统”，2000年完成了“概率天气预报制作系统”。这一系列应用软件的研制成功并投入业务使用，提高了市台综合运用数值预报产品等各种信息资料的能力和多种预报方法综合集成水平，使天气预报逐步向客观、定量和自动化发展。

随着气象现代化技术水平不断提高，各项业务质量稳步上升，测报错情率由过去的千分之几降低到千分之零点几，甚至无台站错。预报准确率大大提高，寒潮、大风等灾害性天气预报准确率达到80%以上，一般降水和暴雨预报准确率由过去的百分之几提高到50%以上。每年春播、汛期旱涝趋势、5月低温、寒露风等关键性天气预报基本准确。

第二节 服务功能

株洲市气象服务，紧密围绕以经济建设为中心，农业服务为重点，公益服务为主体，搞好决策服务。除天气预报、气象警报、资料情报、气候区划成果应用、气候评价等常规服务外，还开展了农业气象产量预报、气象科技扶贫和高炮人工增雨服务。

1991年茶陵的“3·7”风灾，茶陵县气象局在作出准确预报后，及时向县政府汇报，并通过电视台发出警报，不仅减少了人员伤亡，而且减少经济损失约170万元。1994年，境内发生百年不遇的特大洪涝灾害，在抗洪抢险最为紧急，湘江水位居高不下时刻，市气象台人员和设备昼夜工作，两次转折性天气预报的成功，使市领导和防汛指挥部有效地组织抢险队伍投入到灾情和险情最严重的地区，最大限度地减少了灾害造成的损失。1998年，株洲市气候异常，3月6—8日出现了有记录以来最强和最早的春汛，境内湘江水位达到42.95米，超过警戒水位1.95米，是本地有气象记录以来3月份最高的洪峰；6月中、下旬又发生了长时间的洪涝灾害，其中市区北部出现了有记录以来最严重的内渍；6月27日，官庄水库出现了建库以来最大降雨和最大入库流量，形式较为严峻。大灾面前，全市气象部门实行24小时值班，严密监测天气变化，及时提供准确的中、短期预报和实时情报。此间，各台站向市、县党政部门专题汇报20余次，发布预报300份，制作电视专题服务片5部，汛期预报准确率达100%，为防汛工作提供了重要的决策依据。为此，中共湖南省委、省人民政府授予株洲市气象局“抗洪救灾先进集体”荣誉称号。2000年9月1—2日，受13号台风影响，境内自南向北普降暴雨，部分地区出现大暴雨、特大暴雨。攸县西部乡镇16小时平均降雨200毫米以上，城区14小时降雨230毫米。对这一天气过程，市气象台和各县气象局均提前2天发布了暴雨预报，分别向当地党政领导、防汛办、水库电站等部门进行通报，并通过电视等媒体发布“暴雨天气警报”，为地方领导指挥防灾救灾工作提供了气象保障。在作好公益气象服务和决策服务的同时，市气象部门还多次为地方各种大型社会活动、节假日、城市建设和重点工程建设等开展气象保障服务。

气象科技扶贫、科技兴农。20世纪80年代，开始农业气象观测和粮食作物产量预报。在醴陵市、茶陵县建立了二级农气观测站，开展水稻、油菜、大蒜等作物的农业气象观测，积累第一手资料，为境内农业产业结构调整、农业气候区划等提供了气象依据。同时，市气象部门还开展人工影响天气工作，运用现代科学技术为局部地区增加降水、减少冰雹、减少霜冻等。特别是高炮人工增雨，在抗旱、蓄水发电等方面提供了有效服务。70年代末80年代初，境内气象部门组成专业队伍，用3年时间，完成了市、县两级的农业气候资源调查和区划工作，为市、县两级政府的整个“农业区划”提供了重要气象依据，为农业耕作制度的改革和结构调整提供了科学依据。酃县气象局高级工程师王竹茂运用农业气候区划成果，适时调整农业产业结构，利用山地小气候资源优势，发展旱地农业，建立水果基地，他主持在该县城东乡石子坝村湾里组的荒地里，开发连片柑橘和小水果基地近百亩，并套种西瓜等经济作物，使该组人均收入比上年增加了41%，取得了显著的经济效益和社会效益。1991年，此项成果获国家气象局科技扶贫三等奖。

1985年以前，气象服务主要以公益服务为主，随着改革开放的深入，这种服务方式已远远不能适应经济建设和社会发展的需要，也限制了气象部门自身的发展。为了改变这一状况，1985年3月，国务院发出“为了使气象工作能更好地适应各行各业企事业单位和个人发展商品经济的需要，气象部门在继续做好无偿公益服务的同时，要逐步推行有偿专业服务”的指示精神，打破了气象部门长期处于封闭或半封闭状态，打开了走向社会的大门。境内气象产业项目由当初单一的专业气象服务，发展到现在的电视天气预报广告、避雷装置设施检测安装、“121”天气预报自动答询、专业气象服务和气球广告服务等，有效地弥补了气象事业经费的不足。

“八五”期间，以基本气象事业为依托的气象有偿专业服务和以高新技术产业为重点的综合经营，取得了显著的效益。市气象局和醴陵市气象局建立的气象警报服务系统，几年来服务领域不断拓宽。市气象局的气象警报用户从十几家发展到100多家。醴陵市气象局的气象警报网发展到了乡村一级。利用天气预报电视背景创收，已成为气象部门对外服务的一个重要窗口和创收的重要手段。醴陵市气象局的天气预报上了省电视台，成为全省第一家县级市上省级电视台的单位。1992年，还开辟空中气球广告服务，且在竞争激烈的市场中站稳脚步，服务效益一年一个台阶。

2000年，随着《中华人民共和国气象法》的颁布实施，境内气象事业走向了依法管理阶段，气象部门也由内部管理逐步面向社会管理。市、县市气象局防雷装置检测中心，开展对可能遭受雷击的建筑物、构筑物和其他设施安装的雷电灾害防护装置的检测工作。

第七篇　工　业

株洲境内，物产丰富，有煤、铁、钨、锡、铝、锌、铀、瓷泥、大理石等40余种矿藏和丰富的森林资源。各地一些小型厂矿、家庭手工业作坊很早就发展起来，并在历史的长河中时兴时衰。清末，境内泥木、织染、造纸、采炼、陶瓷、竹篾等手工行业已达20余个。19世纪末20世纪初，随着近代资本主义工商业的发展，外地客商入境创办工厂、矿场和加工作坊，同时也带动了本地官商投资兴办小型工矿企业。其时，颇具规模的有小花石协和煤矿公司、雷打石石灰矿、醴陵细瓷工场、茶陵邓阜山钨矿和龙头、贝水铁矿等。大批城镇居民和失去土地的农民进入资本家、地主开办的小型厂矿、作坊做工；有的自办单一生产的家庭手工作坊；还有的从事运输、当店员、打零工等，以谋生路。

民国初期，株洲镇有铁木、制酱、打米、烟丝、银饰、制扣、豆腐加工、钟表修理等私人开设的前店后厂式手工作坊，小本经营。随着境内铁路建设的发展，株洲镇的地理、经济地位发生重大变化。民国25年（1936）前后，粤汉、浙赣、湘黔铁路先后建成通车，均途经株洲镇一带。株洲镇及周边地区优越的交通条件和丰富的自然资源，引起了国民政府及大批有识之士和实业家的关注，有意在株洲兴办现代工业。民国25年（1936），国民政府资源委员会开始规划以钢铁、汽车、化工、兵工、机车等工厂为主体的株洲工业区。当年，交通部在田心车站北（荷塘区境域）征地，建设株洲机厂；军政部在董家塅（芦淞区境域）兴建第十一兵工厂；中国汽车制造公司选定报亭子（石峰区境域）为厂址建设中国汽车总厂，设想建成“株洲汽车城”。民国26年（1937），由中国汽车制造公司与株洲机厂合作，在操坪（芦淞区境域）建发电厂，开始发电。民国27年（1938），永利化学工业股份有限公司在贺家土（芦淞区境域）征地，筹建水泥、玻璃、硫酸铔和炼焦厂，设想建设“株洲化工城”。由于铁路通车，多家工厂建设同时开工，各地营造厂商及建筑队伍数万人汇集株洲镇，围绕株洲机厂、第十一兵工厂2家工厂施工，出现了田心、卫门口2个新的集镇，形成以株洲南站为中心，以粤汉铁路为纽带，长达14千米的带状工业区，在建区（已征购土地开始施工的部分）面积约10平方千米。这是株洲继1千多年前作为古建宁县城后进入的又一个兴盛时期。

“卢沟桥事变”后，日军不断南侵，株洲镇刚刚起步的工厂，有的外迁，有的停建。为阻止日军深入，铁路设施也被迫全部拆毁。但有识之士并未放弃工业株洲的理想。民国27年（1938），国民政府资源委员会聘请外国专家到株洲镇考察，声称要将株洲镇建成“东方的鲁尔区”。民国28年（1939），国民政府又派员作过工业株洲的规划。抗日战争胜利后，株洲镇各行各业破败凋零，一蹶不振，少数几家工厂虽力图复兴，但举步维艰，国民政府规划的工业株洲蓝图终成泡影，湖南省政府技术小组于民国36年（1947）拟定的株洲工业区建设计划也无法实施。民国37年（1948）

1月12日《中央日报》在《再论工业区的湖南》的社论中慨叹："株洲工业区的倡始，虽远在十年以前，而由于战乱的影响，使田园仍在荒芜，计划仍在纸上。"

1949年，国民党军队在溃逃之前，强令重建后部分投产的株洲机厂和第十一兵工厂拆迁，主要设备尽被运走，工业固定资产仅3.6万元，年工业产值58万元（当年价，按1980年不变价格换算为752万元。此后至1990年，工业产值均按1980年不变价格统计），从业人员465人，加上几家手工业作坊，株洲镇从事工业生产的工人不到500人。

中华人民共和国成立后，在国民经济三年恢复时期，株洲人民积极恢复和发展工业经济。至1952年年末，全市新增固定资产965万元，完成工业总产值2625万元，实现利润180万元。

1953年，国家开始实施第一个"五年"计划，株洲凭借其独特的地理区位优势，被列为全国8个新建的重点工业城市之一。前苏联援助中国的156项重点项目有4项即331厂（南方航空动力机械公司）、601厂（株洲硬质合金厂）、电厂和波兰援建的选煤厂安排在株洲建设。469个限额以上的项目中，安排在株洲建设的有田心机厂（株洲电力机车厂）、株洲车辆厂、株洲冶炼厂、株洲化工厂等7个项目。为完成国家重点工业的建厂任务和吸引更多的工厂来株洲建设，中共株洲市委、市政府提出全市一切工作以支援国家工业建设为中心，要求全市各行各业树立"工业建设第一，城市建设第一"的指导思想，号召全市人民以满腔的政治热情支援国家工业建设。为争取更多的建设项目，市委书记、市长等主要领导经常到湖南省政府、国务院各部委汇报情况，了解信息，争取项目，并派专人在北京负责联络工作。在建设过程中，从工厂选址到征地以及厂区的布局等方面，尽量满足工厂的设计要求。同时，市委、市政府抽调干部组成工作组，从各方面进行帮助。又把各建设工厂的给水工程投资和地方筹集的资金集中起来，统建株洲一、二水厂，帮助耗电大、连续生产性强的工厂架设专用输电线路，及时做到"三通一平"（水通、电通、路通和场地平整），并修通一条从木工厂至白石港全长6.25千米的湘江防洪大堤，又将沿建宁港的防洪堤加高加固。同时，将响石岭打通，逐步建成一条宽34米、长10千米的建设大道，方便办厂单位，为以后大小工程上马创造良好的条件。继而，来自北京、天津、沈阳、鞍山、武汉、长沙、衡阳、湘潭等地数万人的施工队伍云集株洲市。湖南省第五建筑工程公司、中国有色冶金三建二公司、湖南省工业设备安装公司、湖南省电业局火电安装公司先后来株洲落户，帮助株洲建设。至1957年，全市工业企业达169个，职工人数增至76900人；工业总产值每年以33%的速度递增，达到1.12亿元，其中地方工业为690万元，分别比1952年增长3.9倍和3.5倍。5年内完成投资额1.5亿元，为1952年的7.9倍。5年内全市工业企业共实现利润1521万元，提前完成"一五"计划。同时又完成了对私营工业和手工业的社会主义改造，为株洲工业的发展奠定了良好的基础。国营331厂生产出新中国第一台航空发动机，成为株洲工业史上的骄傲。

第二个"五年"计划期间（1958—1962年），株洲工业迅猛发展。至1959年，331厂、株洲电厂、株洲机车车辆修理工厂（株洲电力机车厂）、株洲玻璃厂、株洲轨枕厂（株洲桥梁厂）、株洲冶炼厂、株洲洗煤厂、株洲化工厂、株洲车辆厂、株洲苎麻纺织厂、株洲硬质合金厂等一批中央、省属骨干企业的扩建和新建工程相继竣工投产。株洲机车车辆修理厂于1958年成功制造出中国第一台韶山Ⅰ型电力机车。株洲苎麻纺织厂在国内首次实现苎麻纺织大机器工业化生产，改变了几千年来妇女手工纺织的历史。这 11 家大中型企业奠定了株洲工业厚实的基础。至 1960 年，在地方工业迅速发展的同时，上述中央、省属企业的产值仍占全市工业总产值的 83.88%。其间，株洲实施“以大厂带小厂”战略，积极兴办中、小型地方企业。建材、钢铁、煤炭、机械、轻纺工业得到迅猛发展。株洲钢厂、锻压机床厂、电焊条厂、塑料厂、电池厂、轮胎厂、织布厂、水泥厂等 100 余个地方骨干企业相继建成投产，区街工业企业也发展到 236 个。初步形成南区董家塅，北区清水塘、贺家土，东区田心塅、茨菇塘、宋家桥和市中心区等工业小区。1960 年，全市工业企业增至 768 个，工业总产值达 7.27 亿元，比 1957 年增长 5.5 倍。株洲市地方工业总产值达 1.17 亿元，占全市工业总产值的 16.12%。

由于“大跃进”急于求成，忽视客观条件，使一批地方工业企业严重亏损。同时，由于苏联政府背信弃义，撕毁合同，撤走专家，给重点项目的建设造成困难。1962 年，工业企业减少至 517 个，工业总产值下跌至 2.38 亿元。工业战线精减职工 2.6 万人。

三年调整时期（1963 — 1965 年），中共株洲市委、市人民政府遵照“调整、巩固、充实、提高”方针，关、停、并、转一些企业，消除“大跃进”的消极影响，工业生产迅速回升。1966 年，工业企业为 554 个，工业总产值回升至 7.17 亿元，比 1962 年增长 2 倍。至此，株洲工业已初具规模：在地域布局上，形成了 7 个工业区，占地约 40 平方千米；在工业门类上，拥有冶金、机械、化工、建材、电力、轻工、纺织等行业；在产品结构上，出产了 4000 多种产品，从而基本形成了以大中型骨干企业为主、地方中小工业为辅的工业格局，初步建成了具有一定规模和技术水平的工业体系，奠定了株洲在全省乃至全国的工业地位。

第三个“五年”计划（1966 — 1970 年）、第四个“五年”计划期间（1971 — 1975 年），由于“文化大革命”的严重干扰，株洲工业生产进入曲折发展期。1967 — 1968 年，产值、利润连续 2 年下降。从 1969 年开始工业生产有一定发展。至 1973 年，全市工业企业增加到 867 个，工业总产值增加到 15.68 亿元。1974 年，开展“批林批孔”运动，工业总产值再次下跌到 10.08 亿元。1966 — 1975 年，基建投资 4.3 亿元，兴办了塑料、电子、化纤、仪表等一批地方企业，总产值平均增速为 4.4%。1975 年，中央狠抓各项工作的整顿。株洲市贯彻中央精神，以铁道部部长万里视察田心机厂为契机，开展“整班批派”斗争，推动了工业生产的发展。当年全市完成工业总产值 13.04 亿元，比 1974 年增加近 3 亿元。1976 年，全国开展“反击右倾翻案风”运动，再次干扰了株洲的工业生产，全年全市工业总产值比 1975 年减少 1.72 亿元。1977 — 1978 年，由于粉碎了“江青反革命集团”，“左”倾错误得到有效纠正，株洲工业生产恢复正常，企业管理逐步加强，工业学大庆运动深入开展，多数企业产值、利润同步增长。1978 年，完成工业总产值 14.66 亿元。

中共十一届三中全会以后，全党工作重心转移到经济建设上来。国家根据经济发展的客观规律和社会主义初级阶段的基本国情，开始逐步改变原来的高度集中的计划经济体制。株洲市遵照“改革开放”的总方针，坚持以搞活企业，改革经济体制为重点，逐步扩大企业自主权，不断推行和完善承包经营责任制，进行领导体制、分配体制、劳动体制等配套改革，加强横向经济联合，提高企业素质，加快了工业发展，株洲工业生产进入快速、稳定发展的阶段。

1979 — 1982年，市委、市政府贯彻落实中共十一届三中全会精神，积极实施“调整、改革、巩固、提高”的新八字方针，进行“简政放权、党政分开”的领导体制改革，理顺企业党政工三者关系，逐步实行厂长（经理）负责制，不断扩大企业自主权，调整工业和产品结构，实行专业化合作，优先发展轻纺、电子、食品等消费品生产，压缩长线产品，拉长短线产品，大力开展企业整顿，提高企业管理水平。株洲工业在调整、改革中稳步发展。4年里，全市工业总产值每年递增2亿元左右，1982年达到17.9亿元，工业企业增至523个，职工16.27万人。工业发展所形成的生产能力及工业产品，尤其是一些重要产品产量或技术水平，在全省及全国占有重要地位。株洲电力机车厂和株洲电力机车研究所研发生产的电力机车不断升级，全国闻名；国营331厂已发展成为中国小型航空发动机的研发、生产基地；株洲硬质合金厂生产的硬质合金，其产量曾占全国的80%以上；株洲冶炼厂曾列为全国三大铅、锌冶炼企业之一；株洲化工厂是中南地区最大的基本化工产品生产基地；株洲玻璃厂生产规模曾居全国四大家之一；株洲电厂、洗煤厂、麻纺厂等大中型国有企业在全国有一定影响。

1983年，醴陵县、攸县、茶陵县、酃县划归株洲市管辖，株洲步入发挥工业城市中心的作用日渐显现。醴陵的陶瓷、烟花传统工业，攸县的煤炭、化工机械工业，茶陵的采矿业，酃县的小水电等，进一步加强和完善了株洲的工业体系。4县1983年工业总产值达到4.53亿元。1984 — 1985年，工业企业改革进一步深化。先后有100多家企业实行了厂长负责制，大部分全民企业实行了承包经营责任制，充分调动了职工的生产积极性，增强了企业自我积累、自我改造和自我发展的能力，促进了企业由单纯生产型向生产经营型的转变。1985年，全市工业总产值完成34.82亿元，比上年增长15.2%。“六五”计划期内，工业总产值年平均增长率为9.01%，固定资产投资额为7.19亿元，主要用于企业的技术改造，产品的升级换代、发展优势产品和开发新产品。

第七个“五年”计划期间（1986 — 1990年），株洲市工业企业围绕深化改革和技术改造，发展横向联系。至1988年，全市共建立各种经济联合体426个。1987年开始，株洲市作为国务院确定的全国两个试点城市之一，开展了企业“劳动、人事、工资”三项制度改革，形成了“干部能上能下、职工能进能出、工资能升能降”的机制，有效地增强了企业活力，推动了企业生产经营的发展，在全国产生重大影响。其间，五三机械厂、中南无线电厂、湘华机械厂、乳胶研究所4家“三线”企业迁入株洲，株洲工业实力又有所增强。到1990年，全市独立核算工业企业1350个。其中，大型企业21个，中型企业35个；全民所有制企业238个，集体所有制企业1112个。职工总数共29.93万人。全市工业总产值完成51.10亿元，居全省各地市第二位，比1985年增长73.06%。5年内平均增长率为11.59%。

第八个“五年”计划期间（1991 — 1995年），株洲市以邓小平视察南方重要讲话精神和中共十四大精神为指针，适应计划经济向市场经济的转变，向现代化工业进军。以公司制改造为主要内容的产权制度改革进入“整体推进，重点突破”的阶段。全市工业企业进一步转换企业经营机制，着力调整产品结构，实行投入产出总承包，改革用工制度，推行岗位技能工资，鼓励企业间兼并，推动企业股票上市、优化资本结构，全面贯彻落实“择优扶强、助难解困”的发展方针，工业实力进一步增强。其间，全市有6家企业进入全国500强之列。1991年，全市优质产品产值率达46%，有65个产品获省优，3种产品获国优银奖，开发新产品80项，新产品产值率8.7%。1992年，有74家企业实行全员劳动合同化管理，有116家企业申请试行岗位技能工资改革，有9家企业实行投入产出总承包。至1994年，全市已组建股份制企业49家，其中当年组建17家，注册资本4.26亿元。“八五”计划期间，国家开始实行社会主义市场经济，原有计划经济体制下形成的工业企业很难适应市场经济的发展。1995年，全市独立核算工业企业1469个，其中亏损企业517个，亏损额达39682万元。当年，全市实施“再就业工程”，分流安置企业富余人员1.7万人。年末，全市独立核算工业企业拥有固定资产净值75.88亿元，比1990年增加1.34倍，并逐步向以机械、电力生产和供应、建筑材料、交通运输设备制造和有色冶金加工为主体的行业集中。当年上述五大行业占全市工业总产值的比重达61%，比1990年上升9个百分点。1995年，全市有工业企业1847个，完成工业总产值134.28亿元（1990年不变价），独立核算工业企业经济效益综合指数为92.47%，完成工业增加值72.75亿元，是1991年的2.77倍。

第九个“五年”计划期间（1996—2000年），全市工业战线实施“抓大放小”的战略决策，在资产重组、资本运营等方面按照一年一主题，整体推进企业改革，全面落实以增强企业实力、提高企业效益和妥善安置职工的各项措施。1996年，有93家企业依法进入破产程序，终结33家，完成各种类型兼并8起，盘活存量资产9809万元，重新安置职工2626人。股份合作企业发展到190个。1997年，全市有8家企业成立股份有限公司。至年底，全市股份制企业已有1139家，注册资本20亿元。同时，企业资本运营有重大突破，企业通过发行股票上市直接融资，大中型企业间和跨地区的企业兼并不断。1999年，在调整产业结构中，突出技术创新，产业升级和结构优化，确定株洲冶炼厂等20家企业为全市科技创新试点企业，开始国有资产授权经营。先后对国光瓷业、千金药业、唐人神肉制品等股份制企业进行国有资产授权经营试点。确立授权经营目标考核指标，签订《国有资产授权经营责任书》。推行多种工资收入分配，部分企业实行岗位薪级工资和经营者年薪制。2000年，全市完成全部工业总产值473.31亿元，比1995年增长2.52倍。完成工业增加值135.92亿元，产销率为97.93%。当年，全市国有及国有控股大中型工业企业45个，其中亏损企业16个，亏损额3.30亿元。全市累计有4.71万名国有企业下岗职工实现再就业，再就业率为48%。“九五”计划期间，全市累计完成工业增加值564.37亿元，年均增长13.1%，是“八五”计划期间的1.92倍。科技进步对经济增长的贡献率达51.8%，52家企业建立了技术开发中心，2家企业建立了博士后工作站，高新区“一区三园两基地”（河西高新技术产业示范园、田心高科技工业园、董家塅高科技工业园、国家新材料成果转化及产业化基地和国家火炬计划湖南传感技术产业化基地）的发展模式开始形成。

经过50年的建设，株洲工业已形成以机械制造、有色金属冶炼加工、化学工业、建筑材料工业、电力生产和供应为支柱，拥有煤炭采选、电器电子、麻棉纺织、塑料皮革、服装针织、橡胶制品、陶瓷搪瓷、造纸印刷、包装器材、食品饮料、烟花鞭炮等门类比较齐全的工业体系。形成以大中型骨干企业为主，以原材料及加工工业、高新技术产业为主，以市、县属中小型地方企业、新兴的乡镇（区、街、村）企业及非公企业为辅的工业格局。其间，株洲工业创造出中国工业史上100多个第一，填补了许多国内空白。株洲已由一个县属小镇发展成为湖南省乃至全国的重要工业基地，被誉为“镶嵌在祖国江南大地的一颗明珠”。

第一章　工业综述

第一节　工业布局

1950年1月15日，株洲镇第三届各界人民代表大会通过新城区规划，株洲机厂和十一兵工厂分别在田心、董家塅重建。

1954年初，株洲市被列为国家“一五”计划时期新建8个重点建设城市之一，国家13个重点项目被安排在株洲市兴建。市建设委员会会同市计划委员会、城建局等部门组成专门机构，并与国家交通、冶金等12个部、委多方研究、磋商，历时8个月，提出50余个备选方案。1954年末，国家计委、建委及中央有关部、局组成联合工作组以及克拉夫丘克等5名苏联专家，抵株洲市实地考察，确定了以第八方案为基础的规划蓝图，方案确定的城市性质和规模为：“由几个工人村组成的重工业小城市，近期（1960年）人口规模6万人，远期10万人。用地规模22平方千米”。确定工业整体布局形式为：白石港以北工业区，包括田心机车修理厂一带；晏家湾工业区，中南硬质合金厂一带；董家塅工业区，331厂一带；加上市中心区，形成“三区一中心”的工业城市结构。

1956年，株洲冶炼厂在清水塘地段选址建厂。同年，株洲化工厂紧靠株洲冶炼厂定址兴建。翌年，株洲塑料厂选定在化工厂东建厂，以冶炼、化工为主的清水塘工业区开始形成。至1957年，白石港工业区初具规模。湖南第一苎麻纺织厂在白石港内兴建。株洲轨枕厂（株洲桥梁厂）也选在杉木塘建厂。1958年4月，铁道部株洲车辆厂最终选定在宋家桥建厂。东起宋家桥、西抵荷塘铺、晏家湾形成以机械工业为主的工业区。

随着大工业项目的继续增加和大批地方工业兴起，原有的城市规划被迅速突破。按原规划建在城市边缘的株洲电厂、株洲洗煤厂、中南硬质合金厂，很快变成处于城市中心位置。1962年，在湖南省规划院工作组配合下，重新编制出第二个城市总体规划。规划确定：株洲市城市的性质为“以化工、冶炼、机械、建材、电力为主的重工业城市”；工业布局向团组式结构发展；工业发展地域主要是在晏家湾、田心塅和白马垄一带。

至1966年，株洲市已基本形成7个工业小区。其中：清水塘以化工、冶炼、建材工业为主，白石港以发电、洗煤、桥梁、纺织工业为主，田心塅以机械工业为主，晏家湾以硬质合金、橡胶、医药、机械工业为主，董家塅以航空、轻工、食品工业为主，宋家桥以机械工业为主，白马垄以陶瓷工业为主。7个工业小区占地约40平方千米，形成以全民所有制大型企业为骨干，以地方工业和为大工业服务的中小型企业群为辅的工业格局。

“文化大革命”期间，工业建设发展停滞，除少数续建、扩建项目外，工业布局基本维持原状。

中共十一届三中全会以后，株洲市工业更趋兴旺。一些新兴工业企业相继建成，工业布局随之出现变化。至1982年，白石港工业区与清水塘工业区已连成一片，宋家桥工业区与晏家湾工业区也连成一片。2个工业片与董家塅、田心塅和市中心，形成“四片一中心”布局。

1982年，经湖南省政府批准的株洲市总体规划确定：城市性质为“铁路交通枢纽和以冶金、机械、化工、建材为主，相应发展轻纺工业的工业城市”，确定4片工业区的发展方向是：清水塘—白石港工业片，以冶金、化学工业为主；宋家桥—晏家湾工业片，以现有工业为基础发展电子仪表、轻工和支农工业；田心塅工业片，主要发展机械工业；董家塅工业片发展国防工业。

1983年，原属湘潭地区的醴陵县、攸县、茶陵县、酃县划属株洲市管辖，株洲市重工业城市的中心地位和主导作用，得以充分发挥。自此，开始建立合理的乡镇工业体系和城乡交流的经济网络。至1985年，全市乡以上企业已发展至1360个，其中市区占30.4%，5县市共占69.6%。

1991年，湖南省人民政府批准株洲市第四次城市总体规划修编方案，确定株洲市为湖南省的重要工业基地，是以机械、冶金、化工、建材为基础，电子、轻纺、医药等工业门类齐全的开放型的现代化工业城市，工业用地占城市建设总用地的30%以下。1992年，株洲高新技术产业开发区在河西成立，规划面积35平方千米。1997年经国务院批准，撤销城区东、南、北、郊4个区，设立天元、芦淞、荷塘、石峰4个新区，工业布局随之发生变化。2000年，国家科技部批准株洲高新区调整为高新技术产业开发区及河西高新技术产业示范园、田心高科技工业园、董家塅高科技工业园“一区三园两基地”的新格局。

第二节　工业结构

一　所有制结构

1949年8月以后，原属国民政府的株洲机厂和十一兵工厂更名为株洲铁路工厂、七一兵工厂（后改称331厂），成为株洲市最早的2家全民所有制企业。当年，3种经济成分在工业总产值中的比重，全民企业占24.7%，私营企业占33%，手工业占42.3%。1951—1952年，相继组建起地方国营制酱厂、机米厂、印刷厂、肥料厂和2个公私合营企业，非国有、集体工业企业法人增加到23个。逐渐形成了全民所有制、国家资本主义、私营资本主义、集体所有制和个体手工业5种经济成分并存的所有制结构。

株洲市被列为全国重点新建设工业城市之后，一批国家重点工业项目相继在株洲市兴建。1956年，完成对手工业的改造。1957年，全市共有工业企业169个，其中全民企业17个（中央企业4个、省属企业4个、市属企业9个），集体企业149个，公私合营企业3个。工业总产值中，全民企业占88.52%，集体企业占8.99%，公私合营企业占2.49%。

自1958年始，公有制经济向单一化、国有化方向发展，集体所有制企业逐步升级，一批小集体企业逐渐转为大集体，一些大集体企业转为全民企业。私营企业则由限制到取消，逐渐形成“以全民企业为主，集体企业为辅”的所有制结构。1961年，全市工业企业已发展至403个，其中全民企业117个、集体企业286个。在全民企业中，有中央企业14个，省属企业16个，市属企业87个，职工总数为51691人。1962—1965年3年调整期间，对产品重复、基础薄弱的企业，实行“关、停、并、转”。至1965年，全市企业调整为219个，其中全民企业90个，集体企业129个。20世纪60年代末70年代初，为安置回城知青和城市待业者，兴办一批集体企业和“五七”工厂。1975年，集体企业又达285个，比1970年增加近100个。

中共十一届三中全会后，株洲市工业所有制结构，逐渐由单一的公有制向多种所有制转化，积极扶持乡镇企业和个体企业的发展，并允许私营企业的存在。引进外资企业，允许不同所有制企业实行多种形式的联营或兼并，以作为社会主义经济的补充和完善。1982年，株洲市区及株洲县全民所有制工业企业总产值15.82亿元，集体所有制工业企业总产值2.09亿元，城镇个体工业产值6274万元。

1983年，醴陵县、攸县、茶陵县、酃县划属株洲市后，集体所有制企业比重有所增加。1985年，全市乡办及以上工业企业总数达1360个，其中全民企业321个，集体企业1039个。在1985年工业总产值中，全民企业占78.27%，集体企业占21.73%。

“七五”计划期间，全市工业持续、稳定、协调发展，企业数量增加。1990年，全市乡办及以上工业企业达1691个，职工人数为299285人。其中全民企业343个，职工为182687人；集体企业1348个，职工为116598人；在全民企业中，有中央企业27个，省属企业43个，市属企业170个，县属企业103个。此外，还有中外合资企业2个，私营企业1个。

“八五”计划期间，株洲工业企业所有制结构有较大变化，非国有、集体工业发展较快，企业总数增加了61个。其中联营企业1个，股份制企业5个，外商投资企业15个，港、澳、台地区投资企业40个。

“九五”计划期间，工业企业所有制结构更加多元化。2000年，株洲国有企业133个，其中中央企业16个，地方企业117个；集体企业减少到129个；联营企业3个；有限责任公司47个；股份有限公司15个；私营企业26个；港、澳、台商投资企业19个；外商投资企业11个。年末，全市独立核算工业企业职工人数为201170人。其中国有企业职工为76079人，占总人数的37.82%；非国有企业职工为125091人，占总数的62.18%；在全市工业总产值1684165万元（不变价）中，国有企业有662200万元占39.32%，非国有企业占60.68%。

二 产业结构

1949年，株洲集镇只有13个私营工场和245户手工业户。在工农业总产值中，工业占2.4%，手工业占75.2%。1951年，只有手工业和机械修造业。1952年，工业总产值升至1569.43万元。其中重工业1147.1万元，轻工业（含手工业）422.23万元，分别占73.1%和26.9%。

1953年后，株洲电厂等13个重点企业相继在株洲市兴建。“一五”计划期间，重工业投资达

14220万元，占工业投资的95.5%。农、轻、重基本建设投资比例为1∶63.87∶1354.31；1957年，全市重工业产值6489万元，轻工业产值4668万元。为株洲形成重工业城市奠定了基础。

1958年，5个国家重点工业项目竣工投产，其余项目陆续建成投产，钢厂、水泥厂等80余个地方企业也相继投产。其时，全市工业已拥有冶金、机械、化工、建材、电力、轻工、纺织等工业门类，初步形成以重工业为主的产业结构，工业总产值已占全市工农业总产值的78.16%。

1961年，全市工农业之间的比例关系，由1960年的93.38∶6.62变为80.02∶19.98。地方重工业在市属工农业总产值中所占的比例，由1960年的51.8%，调整为15.25%，轻工业所占的比例由29.6%调整为42.32%，使重、轻、农的比例次序，转变为农、轻、重，渐趋合理。由于中央、省属大工业在全市工业中比重较大，故重工业仍在全市工农业中居于主导地位。"二五"计划期间，农、轻、重基本建设投资比例为1∶2.1∶33.56。

1965—1978年，株洲市兴建一批电子、纺织、医药等地方工业。1975年，轻工业投资占工业投资比例由1970年的0.4%提高到10.71%。此期，区街轻工业发展较快，轻工业产值在全市工业总产值中的比重，1976年已提高至20.46%，超过全省平均20%的水平。期内，重工业继续完成续建和扩建项目20余个。至此，全市工业生产总能力达18亿元。由于历年来国家工业固定资产投资大部分用于国家重点项目，而这些项目皆分布于冶金、机械、化工、建材等产业中，并迅速形成生产能力，于是这四大产业便成为株洲市工业的四大支柱和主体。1978年，四大产业的工业总产值已占全市工业总产值的67.74%。

中共十一届三中全会以后，株洲市工业发展战略的主攻方向是：把轻纺工业搞上去，进一步增强电子工业实力。"六五"计划前期，轻纺、电子系统完成技术改造项目137个，占技改项目总数的38.9%，完成技改措施投资8456万元，占工业技改措施投资的40.5%。工业结构有所改观。

1983年，醴陵、攸县、茶陵、酃县划属株洲市后，工业企业增多，轻、重工业的比重亦发生变化。年末，全市乡办及以上工业企业增至1271个，其中重工业产值17.5亿元，占72.3%，轻工业产值6.7亿元，占27.7%。产业结构状况是：冶金工业32家，产值4.17亿元；机械工业274家，产值5.6亿元；建材工业219家，产值1.95亿元；电力工业56家，产值0.6亿元；造纸工业37家，产值0.22亿元；皮革工业15家，产值0.19亿元；煤炭工业45家，产值0.82亿元；森林工业55家，产值0.97亿元；文教用品制造业41家，产值0.18亿元；缝纫工业28家，产值0.16亿元；饲料工业5家，产值394万元；其他工业464家，产值1.95亿元。

"六五"计划期间，固定资产投资重点又转向冶金、机械、化工、建材四大支柱产业。期内有69978万元投入四大支柱产业，占同期全市固定资产投资额的85%。在1985年，四大支柱产业产值约占全市工业产值的75%。

"七五"计划期间，工业技术进步推动了企业的发展，境内一批企业进入国际、国内的先进行列，生产手段达到现代化水平。1990年，全市工业已发展至34个工业门类，形成较为完整的工业体系。在全市乡办以上工业企业总产值中，重工业产值占74%，轻工业占26%，轻、重工业的比例约1∶3。

经过"八五"计划期间的调整产品结构，择优扶强，以及"九五"计划期间的产业升级和结构优化，工业产业结构变化较大。到2000年末，轻工业企业比"八五"初期减少630家，工业总产值增加了 10.4 亿元，总产值占全部工业总产值的 36.41%。重工业企业减少 617 家，工业总产值增加 69 亿元，总产值占全部工业总产值的 63.59%。其中煤炭采选企业由 1991 年的 43 家减少到 10 家，工业总产值由 1991 年 20885 万元减少到 9531 万元；黑色金属采选企业由 1991 年的 17 家减少到 2 家，工业总产值由 4965 万元减少到 1905 万元；交通运输设备制造企业由 1991 年的 78 家减少到 28 家，工业总产值由 16.28 亿元增加到 45.62 亿元；有色金属冶炼及压延加工企业由 1991 年的 31 家减少到 19 家，工业总产值由 15.52 亿元增加到 33.26 亿元；化工企业由 1991 年的 81 家减少到 36 家，工业总产值由 11.28 亿元增加到 23.36 亿元；医药企业由 1991 年的 14 家减少到 10 家，工业总产值由 8121 万元增加到 28577 万元。2000 年年末，市工业占三次产业比重，由“八五”期末 47% 提升到 49.7%，轻、重比为 22.27 : 77.73。

株洲市 1991 年工业企业产业结构状况一览表

表 7-1

单位：万元（1990 年不变价）

企业门类	企业个数	工业总产值	企业门类	企业个数	工业总产值
煤炭采选企业	43	20886	石油加工企业	1	8
黑色金属矿采选企业	17	4965	炼焦、煤气及煤制品	7	2414
有色金属矿采选企业	20	6535	化工企业	81	112840
建筑材料及其他非金属矿采选企业	38	3126	医药工业企业	14	8121
			橡胶制品企业	20	19228
木材及竹材企业	30	2961	塑料制品企业	48	14302
自来水生产和供应业	8	7293	建筑材料及其他非金属矿物制品企业	302	87922
食品制造企业	155	35450			
饮料制造企业	39	4181	黑色金属冶炼及压延加工企业	13	18387
饲料工业企业	19	5383			
纺织工业企业	32	20038	有色金属冶炼及压延加工企业	31	155165
缝纫企业	32	2319			
皮革、毛皮及制品业	17	5344	金属制品企业	63	21117
木材加工及竹藤制品	53	3485	机械工业企业	141	57631
家具制品企业	24	2602	交通运输设备制造业	78	162801
造纸企业	36	7730	电气机械制造业	50	24858
纸制品企业	36	6226	电子及通信设备制造	15	13999
印刷企业	38	6320	仪器仪表及其他计量器具制造企业	4	139
文体用品制造业	17	1464			
工艺美术品制造业	89	25627	生活用品及其他产品工业企业	23	1306
电力生产企业	50	9273			

三 产品结构

1949年以前，境内工业产品以手工业品为主。茶陵的手工造纸久负盛名。醴陵釉下彩瓷曾先后在国际博览会上获一等奖、一等金奖、最优奖和金牌奖。主要矿产有铁、钨精矿、铅锌矿、煤矿等。传统手工业产品主要有：铁木农具、砖瓦灰石、日用陶瓷、烟花鞭炮、服装鞋帽、土布织染、棕绳雨伞、竹藤制品、手工造纸及印刷产品、纽扣等。

“一五”计划期间，为基建服务的工业产品产量急剧增加。轻工业产品也有所增加，新增产品有氧气、水泥、工业用水、植物油料及螺丝螺帽、垫圈、道钉等小五金产品共22种。

“二五”计划期间，大批企业陆续竣工投产，产品品种迅速增加。1958年工业产品已发展为1100多种，1959年又猛增至4000余种。主要有：航空发动机、铁路机车、货车、硬质合金、钨钼材料、电解铜、电解铅、生铁、钢锭、钢材、矽铁、动力机械、金属切削机床、化工设备、冶金矿山设备、焊接器材、轴承、电瓷、手扶拖拉机、喷灌机、碾米机、柴油机、玻璃、水泥、混凝土预制构件、耐火材料、氮肥、农药、硫酸、盐酸、烧碱、选矿药剂、苎麻纺织品、饮料食品、机制纸及包装器材、日用塑料等。结束了境内以手工业品占主导地位的传统格局，形成以机械制造、冶金、化工、建材四大支柱产业的基础工业产品为主体、以轻工业产品为辅的新格局。

“文化大革命”期间，开发研制并生产出一批重要新产品。1970年，合成氨、尿素大批量投产。1970—1975年，硅整流元件和装置、可控硅元件、雷达天线反射体、305炮瞄雷达整机、大功率短波天线单端交换开关以及收音机、电风扇等电子工业产品相继投产，期内电锌、轮胎、棉纱、搪瓷等新产品亦初具规模。

“六五”计划期间，发展日用消费品为主的轻纺产品，苎麻布、麻纱线、日用瓷、烟花鞭炮、日用塑料、搪瓷制品、卫生纸、玻璃纸以及电池、灯泡、药品、饮料等新花色新品种层出不穷，产量产值迅速增加。与此同时，航空航模发动机、电力机车、全钢铁路货车、硬质合金、铜、铅、锌、火花塞、电焊条、轴承、轴瓦、汽车配件、平板玻璃、压花玻璃、玻璃纤维、夹丝石棉瓦、化工设备、钛白粉、化肥、农药、二氧化疏、草酸、硫酸、烧碱等产品，通过“创优质、上水平、夺名牌”活动，质量稳步提高，品种增多，形成“拳头”产品。摩托车、自行车、电视机、电子计算机等，也相继开始在境内生产。

“七五”计划期间，全市共开发新产品568项，其中有50项填补了国内空白，388项填补了省内空白。1990年，全市新产品产值率已由1985年的3.6%增到8.6%。全市优质产品产值率达到42.53%。

“八五”计划期间，一大批国有企业在市场经济中焕发出新的生机与活力，有206种产品被评为省级以上优质产品，其中9种获国家金银质奖。新产品产值率由1990年的8.6%增加到1995年的17%，优质产品产值率居全国80个重点工业城市第三位。进入20世纪90年代以来，株洲市积极发展高新技术产业，到“九五”末期，株洲市高新技术产品产值占工业总产值的25.8%，实现利税占33.63%。高新技术产业和高新技术产品产值每年均以10%以上的速度增长。“九五”末期，境内由于工业门类较为齐全，工业产品多达数千种，列入国家考核的就有180种。其中，电锌、硬质合金、电力机车产销居全国首位，电铅、硫酸、铁路机车居全国第二位；销售过亿元的有电力机车等40余个工业产品，国内市场占有率超过20%的有15种；技术水平达到国际先进水平的有3种，达到国内先进水平的有17种。但产品结构中有“四多四少”现象。即：一般产品多，名优特产品少；原材料、粗加工、附加值低的上游产品多，制成品、精加工、高附加值的下游产品少；技术档次低、能耗高、生产过程污染大的产品多，有市场优势的名牌产品少；产品种类多，上规模的少。同时，原材料、粗加工与一般产品所占比重偏大。据统计，全市重工业产品中原材料基础工业产品占41.1%；在化工产品中，原材料及粗加工产品占85%；在机械工业产品中，一般产品占80%以上，高新技术高附加值和主机类产品不到18%。

第三节　工业管理

一　管理机构

1951年，株洲市政府设立工商科，管理工商业。1954年，工业归口市财委管理。其后，随着大规模工业基本建设的开始，成立工业科、交通科、手工业管理科，对工交企业实行归口管理。1957年成立株洲市人民委员会工业交通办公室，主管全市工交生产。1958年，市人委决定成立株洲市重工业局、株洲市轻工业局、株洲市化学工业局、株洲市交通局，以加强管理。同年10月，中共株洲市委决定由市委工业部对全市工交生产实行统一领导和指挥，市人委工交办公室随之撤销。

1959年5月，市重工业局分成株洲市冶金煤炭工业局和株洲市机械工业局，同时成立株洲市农业机械局。1960年年底，将轻工、化工、手工业3个工业局合并为轻化工业局。1961年9月，恢复手工业联社并重新组建手工业局。1962年4月，将冶金煤炭、机械、农机3个工业局合并为重工业局。同年7月，中共株洲市委将工业管理指挥权交还政府，继而成立株洲市经济委员会（简称“市经委”）。1966年6月，手工业局更名为二轻工业局。

1968年11月，市经委及所属各局均被撤销，工业管理陷于瘫痪状态。嗣后，株洲市革命委员会生产指挥部下设工业组、交通运输组。1969年7月，成立株洲市工业公司革命委员会。1970年11月，市工业公司撤销，重新组建冶金机械局、轻工业局、化学燃料工业局。1971年，设立交通局和邮电局。1972年12月，市革委会决定撤销生产指挥部，成立工业交通办公室。1975年12月，工业交通办公室与市计划委员会合并办公。1975—1976年，相继成立株洲市电子仪表局和株洲市社队企业局。

1978年2月，市革委会成立工交办公室，与计划委员会分开办公。同年8月，成立经济委员会。1978—1979年，对二级机构进行调整，按行业归口组建成陶瓷玻璃、皮革塑料、五金电器、建筑材料、纺织、轻工6个工业公司，这些公司仍行使行政管理职能，同时成立电子仪表工业局和电业局。1980年11月，冶金局改为冶金机械局，化工局改为化工燃料局，陶玻公司与轻工公司并为轻工局，五金电器公司与皮革塑料公司合并为株洲市二轻工业局，市手工业联社与株洲市二轻工业局合署办公。纺织公司改为纺织局，成立医药局。1981 年，建筑材料公司改成建筑材料工业局。1983 年 8 月，化学燃料局分成化学工业局和煤炭工业局。年底，电子仪表局改为公司，医药局改为药材公司，1984 年电子仪表公司改为电子仪表局，社队企业局改名乡镇企业局。1985 年，成立株洲市医药总公司。其后，又组建成包装工业公司、食品工业公司。至此，株洲市工业管理机构的调整和改革暂告一段落，出现相对稳定的局面。

1990 年，株洲市经委归口管理的工交系统的部门和单位有：冶金机械工业局、煤炭工业局、建材工业局、电子工业局、化学工业局、轻工业局、二轻工业局、纺织工业局、交通局、邮电局、电业局、标准局 12 个局，以及包装工业公司、食品工业办公室、医药总公司、醴陵瓷业总公司、株洲市汽车工业公司、株化企业集团公司 6 个公司和株洲市节能服务中心站。

1994 年 9 月，在机构改革中，株洲市一轻、二轻、煤炭、纺织、建材、医药、食品、包装等 11 个工业主管局（办）成建制转为经济实体，不再承担行政管理和对企业实施管理的职能。保留冶金机械、化学工业、电子工业 3 个工业主管局。

1997 年 6 月，株洲市煤炭行业管理办公室和株洲市矿产资源管理局办公室合并组成株洲市地矿资源管理局，同时加挂株洲市煤炭工业总公司牌子，对全市地矿资源、地质环境、地质勘查和煤炭行业进行管理。2000 年 8 月，在原市医药管理局基础上，将市卫生局的药检所和药政科职能合并，组建市药品监督管理局。至 2000 年年底，株洲市经委仍归口管理各工业主管局（办）和公司。株洲市地方工业归口各工业主管局管理。

二　管理体制

"一五"计划时期，主要是学习推广苏联的管理方法，实行国家集中统一领导，企业的一切经营活动均纳入国家计划，采取行政命令手段管理企业。高度统一集中、排斥市场经济、党政不分、政企不分的计划经济管理体制逐步形成。中央、省属企业分别由中央、省的主管部门管理。株洲市工业主管部门主要负责市属地方企业的管理。主管部门对企业实行人员统一调配、财务统负盈亏、物资统一分配、计划统一安排，生产统一调度、产品统购包销，对企业内部的日常生产经营活动也直接干预、指挥。

1958 — 1961 年，中共株洲市委工业部曾一度取代政府职能，直接管理工业，负责制订全市工业生产、工作计划，安排各时期的生产和政治活动，强化党的"一元化"领导。1962 年，中共株洲市委将工业管理交市经委负责。

"文化大革命"期间，无政府主义泛滥，管理机构瘫痪或被削弱。

从 1979 年开始，工业管理体制逐步向与有计划的商品经济相适应的方向过渡。自 1980 年始，简政放权，党政分开。党委"还权于政"，工业管理由政府工业主管部门分级负责。1983 年，工业主管部门对企业的领导和管理，由直接的微观管理转向间接的宏观调控。

从 1985 年起，全市工业管理部门改革机构、简政放权，实行目标管理。各工业局和公司向市经委和政府递交责任书，经委按目标责任定期检查，年终总结，奖罚兑现。企业实行厂长任期目标管理，由厂长向主管部门签订“任期目标责任书”，分年度具体化。责任书规定厂长任期内经济责任以及国家、企业和个人的利益分配，奖罚兑现。强化厂长责任，并使之契约化。

1984 — 1988 年，全民企业在机构设置、人事调配、生产经营、产品销售、自有资金使用、工资奖励、职工奖惩等方面扩大自主权。政府及其经济管理部门权力下放，由直接控制企业转向间接控制。计划部门减少指令性计划。1987 年与 1978 年相比，指令性计划由 600 多种减至 24 种，统配物资由 357 种减为 22 种。财政、金融部门对全民企业由统负盈亏改为自负盈亏。建设投资除国家重点项目外，由行政拨款改为银行贷款。产品除国家重点产品外，均由统购包销改为企业自销。外贸部门也对少数企业下放了出口经营权。1987 年，全市全民企业实行承包经营责任制，企业留利较 1986 年增加近 800 万元，企业自我积累、自我改造和自我发展能力得到增强。

1987 — 1988 年，市政府先后在株洲化工厂和湘江氮肥厂进行大中型企业招标承包试点，引入竞争机制，推动企业经营机制改革，调动经营者和职工积极性，给企业注入新的生机。株洲化工厂实行招标承包后，1988 年完成工业总产值 14813 万元，实现利润 3019 万元，分别较上年增长 8.45% 和 46.4%。湘江氮肥厂招标承包后，产值、利润分别比上年增长 9.4% 和 17.1%，主要产品产量创历史最高纪录。中共中央办公厅《综合与摘报》、省委《摘报与交流》《湖南日报》等刊物，均载文介绍其经验。

1988 年，推行工资总额与经济效益挂钩，激励企业重视效益、促进生产、增加有效供给。市属预算内企业工业总产值比上年增长 15.08%，销售收入比上年增长 33.4%。全部挂钩单位实现利润比上年增长 22.86%，超过历史最好水平。

从 1985 年开始，工业管理体制由单纯的行政纵向管理，趋向发展多种形式的横向经济联合。企业冲破地区、行业、城乡之间的传统模式，自愿结合，参加以大中型企业为主体、以名优产品为“龙头”的横向经济联系，形成大联小、优联劣、城联乡、内联外的经济网络。年内，95 家企业实行各种形式的联合，协作扩散产品 370 余种。

1991 年，市政府决定株洲火花塞厂、株洲轴承总厂、株洲汽车制造总厂、株洲化工总厂、株洲玻璃厂、株洲轮胎厂、株洲纤维水泥制品厂、株洲市制药厂 8 家企业实行投入产出总承包试点，承包期限为 1992 — 2000 年。确定承包原则为控定基数，递增包干，确保上缴，超收全留或分成，欠收自补，工效挂钩；对承包试点企业在承包期内按国有资产增值，利税统算，递增包干、利润超收全留，按年实行税收效益目标管理，欠收自补的形式上缴国家利税；承包基数原则上以承包前 3 年的实际上缴利税平均水平为准，年递增比为 8% 以上，并且对承包企业实行一系列优惠政策。

1992 年年初，下放企业领导干部管理权限。市委、市政府任免市管企业的党政正职，副职中的党群领导由市委组织部直接任免，行政副职（含三总师）由厂长（经理）任免。之后，又明确厂长（经理）在任命行政副职时，需经市委组织部考察推荐。此外，为协调党政关系，改进企业党政主要领导的设置形成，即大中型企业党政主要领导一般分设，条件具备的也可以一人担任，小型企业原则上党政领导实行“一肩挑”。

1993 年，株洲市开始试行企业股份制改造。1994 年，株洲成为全国第一批“优化资本结构，增强企业实力”的试点城市，加快企业产权制度改革，建立现代企业制度，强化国有资产的管理和监督。1995 年，企业自主权进一步扩大，自营出口企业不断增加，由上年的 14 家增加到 18 家。醴陵港鹏实业公司成为全省首个获国家批准的自营出口私营企业。

“九五”计划期间，国有企业改革实施“抓大放小”“三改一加强”、鼓励兼并、规范破产、下岗分流、减员增效和再就业工程。同时，在降低资产负债率，减轻企业负担，分离企业办社会职能等方面，采取了一系列措施。1996 年，着眼于整体搞活国有企业，大力推进破产重组，兼并联合。1997 年，组织跨地区的资本运营，推进企业体制机制转变，并落实增盈扭亏责任制，重奖有贡献的企业领导人。1998 年，探索建立国资委、国资公司和企业三级国有资产管理体系，实施企业职工全员持股和经营集团与经营者持大股的股权结构调整和期股探索，推进产权制度改革。至年末，株洲市共完成股份制和股份合作制企业改制 420 家。1999 年，市政府制订了《关于企业体制创新的若干意见》，进行国有资产“授权经营，交叉持股”的探索和科技创新体系的建立。2000 年，株洲市以国有企业产权改革为中心，全面推行国有中小企业“置换国有（集体）资本，改变职工全民（固定）身份”“企业职工全员持股，经营者和高技术人员持大股”、建立现代企业六项制度改革措施。全市纳入建制考核的 20 户地方国有大中型企业，16 户通过规范改制初步建立了现代企业制度。

三　企业管理

“一五”计划期间，工业企业管理照搬苏联经验，实行厂长全面负责的“一长制”。1956 年，根据中共中央决定，工业企业的领导体制由“一长制”改为党委领导下的厂长负责制。1957 年开始实行党委领导下的职工代表大会制，强化党的领导和民主管理。同时企业内部管理和制度也相应得到加强。“大跃进”期间，企业管理制度大部分被废止。株洲机车修理工厂 147 项制度，被破或不破自流的有 102 项。有章不循或无章可循的现象相当普遍。

1959 — 1960 年，“鞍钢宪法”强调政治挂帅，大搞群众运动，开展技术革新和技术革命，实行干部参加劳动，工人参加管理，改革不合理的规章制度，领导干部、技术人员和工人相结合。以“工作细则”取代了原有的制度。

从 1961 年起，按照“工业七十条”，改章建制，逐步建立生产、技术、财务、劳资、生活福利等基本管理制度。自 1964 年始，开展“工业学大庆”运动，各企业纷纷制订规划，付诸实施。“文化大革命”开始后，“工业七十条”受到批判，管理制度被诬为“管、卡、压”“束缚人的精神枷锁”，干部下放劳动，管理机构被砍掉，管理陷于混乱。

1972 年，重提“工业学大庆”，企业管理有所恢复。1976 年，株洲市轴承厂、株洲车辆厂成为学大庆的“两面红旗”。

1977 年，全市工交企业按照“工业三十条”的要求，开始恢复性整顿，同时展开清产核资工作，整顿初见成效，企业管理有所加强。1979 年，一批企业将工时、质量、消耗、出勤、安全、文明生产等指标分解，落实到车间、班组，定期考核，采用“算奖法”，奖励超额劳动。渌口内燃机配件厂、市烧碱厂率先推广使用“费用券”“成本票”，把经济核算落到车间班组。列入全市第一批整顿的2429个生产班组，有1611个实行了经济核算。1979年，开始推行全面质量管理，至年底已有55种产品实现升级，其中有26种产品由合格升为一级品。至此，企业管理逐渐走上正轨。

1980年,实行党委领导下的厂长负责制,生产组织指挥由厂长全权负责,生产技术由总工程师负责，财务由总会计师负责。管理系统日趋健全，各项规章制度和原始记录完善。从1981年起，对1968—1980年期间进厂的初高中毕业文化程度的40岁以下职工，进行文化和技术补课，全面提高职工素质。

1981年，恢复性整顿结束。经过3年清产核资，摸清了企业资产状况，清理出超储积压物资7400多万元，株洲市被评为全省清产核资先进单位。同年，成立株洲市企业管理协会，至1982年协会会员已发展到496人。

1982—1985年，按照“推行经济责任制，改进劳动组合，财务整顿，领导班子建设，民主管理”5项内容，分批分期整顿。至1985年9月，列入规划的124个预算内企业，全部完成整顿工作任务，整顿面达预算内企业的98%，名列全省第二位。

1984年，开始试行厂长（经理）负责制。至1985年，117个地方全民企业实行厂长（经理）负责制，占总数86.3%。同年，市经委、企协对企业干部实行现代化管理培训，举行应知应会考试，推广现代管理知识，7160人取得培训合格证。“六五”时期的“双补”，全市有8.3万人分别达到高、初中文化补课要求，累计合格率为92%；有8.37万人达到初级技术补课要求，累计合格率为93%，2项合格率均超过中央文件规定的85%的目标。期内，株洲市内燃机配件厂率先在全市举办中级技术培训班。在1986年全省职工教育工作会议上，该厂介绍了办学经验。

1986年，大、中型企业推行现代化管理，涌现出株洲化工厂、湘江氮肥厂、株洲麻纺厂、株洲电力机车厂、株洲车辆厂等一批先进单位。1986—1987年，举办2次现代化管理成果发布会，评出优秀成果23项，获直接经济效益价值2000多万元。质量管理机构日益健全和完善，至1988年，全市建立QC小组10131个，其中235个获省优秀QC小组称号；2个企业获国家级质量管理先进单位称号，17个获部、省级质量管理先进单位称号。

1987年，部分企业开始推广应用计算机辅助企业管理，共有计算机88台，应用于劳动、工资、档案的管理。株洲冶炼厂、湘江氮肥厂、株洲电力机车厂、株洲硬质合金厂等单位建立了管理信息系统。当年，株洲冶炼厂率先进入国家二级企业行列。同年，开展企业劳动、人事、工资三项制度改革，在24个大、中型全民企业试点，翌年扩至764家全民和集体企业，成为全国2个三项制度改革试点城市之一。改革的主要成就有四个方面：一是突破传统的企业干部管理模式，废除干部终身制，打破干部工人界限。企业经营者择优聘用干部。414家全民企业改革后，干部招聘面达82.4%，中层干部减少28.5%；1200多名干部落聘，占干部总数的5.56%；工人受聘走上管理岗位1052人，占聘用干部总数的5.5%。二是突破工人一次分配定终身的制度。414家全民企业，劳动优化组合职工占71%。155个全民企业，通过考核择优上岗的职工占68.6%。三是突破低工资、多就业、统配统包旧格局，形成竞争就业新局面。210家企业改革后，15346人实行厂内待业，4012人通过社会调节重新就业。四是突破按年限座级、拿等级工资旧模式。工资总额与经济效益挂钩，职工收益按生产成绩浮动，企业承包者实行契约工资，拉开分配上的差距，更好地体现按劳分配。1989 年 7 月，株洲市企业三项制度改革经验，编纂成《为有源头活水来》一书，由新华出版社出版发行。

“七五”计划期间，职工教育成为企业管理的重要组成部分。全市每年全员培训率均保持在 35% 以上，每年有 10 余万人次参加政治、文化、技术、业务培训。5 年共培训初级工 8 万人，中级工 4.1 万人，高级工 320 人，初步改变了职工队伍技术等级结构。

1990 年，株洲市开展“企业管理年”活动，选择 56 家企业作为推行“定置管理和提高一次投入产出合格率活动”的试点，对生产现场管理好的和现场脏、乱、差的企业进行“曝光”，对企业实行升降级制度。当年，全市有 3 家企业通过国家一级企业评审，有 4 家企业进入国家二级企业，19 家企业进入省先进级，25 家企业进入省预备级，企业升级复查合格率达 83%。株洲硬质合金厂、株洲洗煤厂、株洲冶炼厂获国家质量管理奖。

1991 年，株洲市政府提出“质量是株洲的生命”的指导思想，在全市开展“质量、品种、效益年”活动，以加快企业技术改造，调整企业产品结构。至年底，全市共开发新产品 65 项，新产品产值率达到 8.56%。全市落实技改项目 65 个，落实技改资金 1.5 亿元。同时，培育优质产品，提高产品质量，全市重点工业产品质量稳定提高率为 92.54%，优质产品产值率达到 45.67%。当年有 65 种产品获省优，3 种产品获国优银奖。全市 217 个全民企业中，已有国家标准 292 个，行业标准 2471 个，地方标准 93 个，企业标准 6561 个。企业内部劳动、人事、工资制度改革继续深化。1992 年，湖南省人民政府在株召开企业三项制度改革经验交流会，株洲企业的三项制度改革经验在全省得到推广。1995 年，全市工资宏观调控机制初步建立，进一步理顺了企业工资分配关系。

1996 年，企业内部学习和推广邯钢经验，采取“成本倒算法”，降低成本，提高产品质量。随后，企业开展 ISO9000、ISO9001 质量管理体系认证工作，为产品进入国际市场获取通行证。

1999 年，株洲市发布年度工资指导线制度，有 1150 家企业纳入工资指导线范围，调控面达 95%。40 多家大、中型企业实行岗位薪级工资制或类似办法，2 家企业实行集体协商工资制试点，26 家国有、集体和改制企业实行经营者年薪制。同年，市政府对加快建立现代企业制度进行重点动员，一些企业组建为有限责任公司。全市直接上市的股份公司达到 4 家。全市 61 家大中型工业企业，改制 29 家，改制面达 48%。2000 年，新组建股份有限公司 7 家，4 家国有企业，8 家集体企业进行了置换国有资本、改变职工身份的“两个置换”改制。

株洲市部分年份工业总产值（当年价）一览表

表 7-2　　单位：万元

年份	全部工业总产值	经济类型				在总计中	
		国有	集体	个体	其他类型	轻工业	重工业
1949	1095	32	1063	–	–	932	163
1952	3785	2781	1004	–	–	1775	2010

续表 7-2

年 份	全部工业总产值	经济类型				在总计中	
		国有	集体	个体	其他类型	轻工业	重工业
1965	66145	63363	2782	–	–	7958	58187
1970	110394	105045	5349	–	–	19304	91090
1978	176304	147332	28972	–	–	41553	134751
1980	214567	173675	40892	–	–	60036	154531
1990	888112	627319	159319	43927	57547	240617	647495
1995	2333718	1203606	591538	358219	180355	669833	1663885
1998	4013236	1249803	1278646	1193088	291699	1386974	2626262
1999	4311561	1377490	842831	1543118	548122	1534290	2777271
2000	4733090	1610458	745152	1826776	550704	1723271	3009819

株洲市经济委员会（工交办）历任负责人名录

表 7-3

主任		副主任	
姓 名	任职时间	姓 名	任职时间
张小辉	1957.7 — 1958.10（兼） 1962.7 — 1968.10（兼）	周继耀	1957.7 — 1958.10
邢连兴	1972.12 — 1973.10	王云岫	1962.7 — 1968.10
何尚文	1978.6 — 1978.8 1978.6 — 1983.8（兼）	龙启濂	1962.7 — 1968.10
李峻起	1983.8 — 1985.4	赵清涛	1962.9 — 1968.10
廖铁生	1985.7 — 1992.6	任惠民	1962.9 — 1968.10
唐国凡	1992.6 — 1994.9	张靖华	1962.9 — 1968.10
张 伟	1994.9 — 1997.6	贾玉林	1966.4 — 1983.8
李正刚	1997.6 — 2000.12	蒋锡畴	1973.11 — 1975.12
–	–	任 谦	1973.11 — 1986.10

续表 7–3

主　任		副 主 任	
姓　名	任职时间	姓　名	任职时间
–	–	马际恒	1973.11 — 1979.10
–	–	刘福生	1973.11 — 1975.12
–	–	罗志均	1974.6 — 1975.12
–	–	刘然璞	1978.6 — 1983.8
–	–	蒋　劲	1978.6 — 1985.4
–	–	杨　恺	1979.6 — 1983.8
–	–	周伯华	1981.7 — 1983.8
–	–	李峻起	1981.7 — 1983.4
–	–	易锡林	1981.12 — 1983.8
–	–	谢　尼	1983.8 — 1985.4
–	–	蔡崇来	1983.8 — 1985.4
–	–	刘炳凡	1983.8 — 1985.4
–	–	彭　德	1985.4 — 1992.7
–	–	唐国凡	1985.4 — 1992.6
–	–	谢德一	1986.3 — 1992.6
–	–	廖仁礼	1991.4 — 1995.8
–	–	邓年高	1991.4 — 1995.8
–	–	易运昌	1992.3 — 1997.6
–	–	毛传中	1993.4 — 2000.12
–	–	雷新仁	1995.8 — 2000.12
–	–	袁章伦	1995.8 — 2000.12
–	–	张汉华	1997.7 — 1998.5
–	–	黄　杰	1998.12 — 2000.12

第二章 机械工业

清光绪三十一年（1905），株萍铁路通车，境内各地陆续购进脚踏弹花机、圆盘印刷机、缝纫机、手摇压面机等小型机械设备。次年从日本引进瓷业生产用的脚踏辘轳。民国4年（1915），醴陵县谢国财开办谢义盛机械修理店。随后醴陵石门口煤矿建立机械修理房。醴陵、茶陵2县建有私营造船厂近30家，从业者约300人。1930年，攸县苏维埃政府在漕泊乡开办苏维埃兵工厂，制造梭镖、大刀、雷火枪、土炮，兼修枪支。民国25年（1936）8月，创建株洲机厂（株洲电力机车工厂前身）筹备处，拉开境内现代机械工业序幕。同年11月，兴建国民政府第十一兵工厂（南方航空动力机械公司前身）。抗日战争爆发后，部分工厂遭到破坏。抗战胜利后，有近10家公、私机械工厂得以逐渐恢复。国民党挑起全面内战后，株洲工业日益衰落，第十一兵工厂未生产出一枪一弹，株洲机厂到中华人民共和国成立前夕也仅修理了5台蒸汽机和2辆货车及小批量配件。

1949年8月6日，株洲机厂改名株洲铁路工厂。第十一兵工厂改称株洲兵工厂，1951年易名国营331厂。1954年，331厂试制出第一台国产航空发动机，1956年生产出双轮双铧犁、打谷机。改装出第一辆株洲牌公共汽车。“一五”计划期间，地方机械工业开始发展。到1957年，株洲机械工业已初具规模，拥有企业67个，工业总产值3814万元。

1958年，株洲机车车辆工厂（株洲电力机车厂）生产出中国第一台电力机车。大工业支援地方机械工业建设，新建、扩建一批通用机械厂，把一些修配厂、社合并，升格为市、县属通用机械或农机具厂。年末，株洲市机械工业企业发展到122个，1960年猛增到194个，职工增加到63427人，工业总产值达到24737万元，产品170多种。金属切削机床、锻压设备、高压开关、焊机、焊条、轴承、机床配件、打谷机及农机配件等产品，销往全国。

1960年，机械工业实行调整，株洲市区关、停、并、转17个企业，1962年企业减到72个，工业总产值下降到6877万元，比1960年下降73.2%，1963年开始新的发展，至1965年企业增加34个。“文化大革命”开始后，一些工厂“停产闹革命”，生产大幅度下降。但广大职工坚持“抓革命，促生产”机械工业还有一些发展。开发出韶Ⅱ型电力机车、轿式吊车390型分配式高压油泵、液压马达、湘江牌4吨载重汽车、手扶拖拉机、柴油机等新产品。新建一批全民和集体机械企业，大批区、街、社、队机械修配厂亦应运而生。境内机械工业逐步发展形成铁路、航空、汽车、矿山、机床、模具、起重、电工、仪表、基础件、通用、商业、农业、陶瓷、船舶等20多个机械行业。1975年，企业增加到167个。

1979年后，调整基建投资方向，新建五金电器、拖拉机内燃、汽车制造3个专业公司；组建矿山机械配件、起重设备等2个总厂。停办株洲市电影机修配厂、株洲市机引农具厂、市农业机械厂、市锅炉厂、市电炉厂、市金属改制厂、市二机床厂、市一机床厂、市精密铸造厂、市工具厂等企业，停止滞销的打夯机、拖拉机等产品的生产，压缩（或转产）耗材多效益低的车床、铸钢件等产品，扩大适销对路的火花塞、摩托车、电焊条、电焊机、轴承、轴瓦、链条等产品，重点开发桥吊、汽车齿轮、全焊式不锈钢钢管、筛板、筛篮等一批替代进口产品。经过调整，机械工业再现生机。1983年生产开始回升，1985年工业总产值达到79264万元，创历史新高。1986年、1987年，生产持续发展，总产值分别比上年递增22%、22.2%。1988—1990年，国家基建压缩到位，机械工业生产任务不足，困难重重。各企业坚决贯彻《中共中央关于进一步治理整顿和深化改革的决定》，加速企业结构调整。1988年9月，中国南方动力机械集团公司成立。巩固株洲链条总厂，发展株洲轴承总厂，组建株洲汽车制造厂，将株洲市仪表厂并入株洲轴承总厂、株洲市模具厂并入株洲市摩托车厂、株洲市标准件厂并入株洲火花塞厂，株洲市金属材料厂按《破产法》予以解散。与此同时，外引内联，增强企业经济技术实力。株洲电力机车工厂从世界银行引进巨额贷款；南方航空动力机械公司从苏联引进811号机微量、稀有和稀土元素分析技术；株洲汽车齿轮厂从德国引进PISZ80吨立式拉床、PSHA2500拉刀磨床；株洲火花塞厂从联邦德国引进等静压成型和镍包铜中心电极生产线；株洲电焊条厂从联邦德国引进CO_2气体保护焊丝成套设备和生产技术；株洲轴承总厂从日本引进“黑字还流”混合贷款，并与中国香港西堤轴承工业有限公司以及湖南省机械开发公司、中国汽车进出口公司合资成立珠海经济特区CITY珠海轴承工业有限公司。经过调整、引进，机械工业向高质量、高水平、高效益方向发展。1990年，境内机械工业产品获得国家金质奖的4项，银质奖10项，部优奖32项，省优奖73项，优质产品产值率达45%以上。1980—1990年，先后有航模发动机、燃气轮系列、BP运盐敞车、高铬磨球、电路印刷板、火花塞、摩托车、自行车、柴油机、电炉、高压电瓷、轴承、焊条、链条、汽车齿轮和矿山、化工、农业机械以及随整机配套出口的机床齿轮、轴瓦等90余种产品，出口到60多个国家和地区，创汇额达6817.84万元。企业素质全面提高。到1990年，已有南方航空动力机械公司率先在全省机械行业进入国有一级企业，株洲电力机车工厂、株洲车辆工厂、株洲火花塞厂、株洲电焊条厂、醴陵陶瓷机械厂、株洲轴承总厂、株洲市摩托车厂进入国家二级企业，湘东化工机械厂、株洲市机床齿轮厂等10个工厂进入省级先进企业。至1990年，全市机械工业共有11个大行业，35个小行业，有285家企业；机械工业总产值176834万元，居株洲市工业四大支柱产业之首，占株洲市工业总产值的34.6%，占全省机械工业总产值的21.7%。1950—1990年年均增长16.51%，高于全市工业16.45%的平均增长水平。

20世纪90年代，境内机械工业在改革中求发展，南方航空动力机械公司、株洲电力机车厂、株洲车辆厂、株洲汽车齿轮厂、湘东化工机械厂、水泥机械厂、白云电冰箱厂等一批中央、省属企业得到发展和壮大。南方航空动力机械公司加强产品与市场的开发，1992年，民品摩托车整车产量超过10万台。1993年，株洲车辆厂进入中国百家最大运输制造企业行列，名列第55位。株洲电力机车厂先后成功研制出韶山3型、4型、6型、8型、9型等多型号电力机车，1996年又成功研制出国内第一台交流传动力机车（AC4000），部分产品批量出口国际市场。市属企业株洲火花塞厂不断拓宽融资渠道，1993年改制成为境内首家股份制企业，是湖南省首批2家上市公司之一。2000年，全市普通机械制造企业192家，专用设备制造企业102家，交通运输设备制造企业124家，武器弹药制造企业1家，电气机械及器材制造企业73家，电子及通信设备制造企业24家，仪器仪表及文化、办公用机械制造企业3家。

第一节 运输设备机械

一 铁路运输设备

（一）蒸汽机车

民国38年（1949）1月，株洲机厂承修平汉路之损坏机车，共3批5台。1949年8月23日，人民解放军中南军区运输指挥部接管工厂，在短短3个月内，修理东风7型1159号蒸汽机车1台，修复客、货车辆一批。1952年修机车82台，3年累计修车164台。从1960年开始，以修理苏联菲德型蒸汽机车为主，推行机车解体，导板十字头平行作业和车架拉线三大作业过程，实行专业化工段。从1963年3月开始，菲德型蒸汽机车修理实行平行作业。在冷加工方面推行戚墅堰机车车辆修理厂车工庄铭耕先进工作法；90%的车床推行苏联车工科列索夫车刀法；刨床推行强力切屑及“尼却诺夫刨刀法”等。大型机车在厂日数由29天缩短为18.9天，一般型机车由22.5天缩短为19.3天。1966年，修理机车已达246台，为1958年的2.09倍。1967年，受“文化大革命”冲击，仅修机车137台。1968—1970年，年平均修理机车虽有231.7台，但质量下降，2次试运台数占46.8%，厂外返工台数占28.4%。1972—1973年，生产又呈现发展趋势，2年均完成年修250台蒸汽机车任务。1974年开展“批林批孔”运动，当年仅修理蒸汽机车90台。1975年1月，蒸汽机车修理月计划18台，实际只完成2台。铁道部部长万里到厂检查贯彻《中共中央关于加强铁路工作的决定》执行情况，整顿了领导班子，结束了连续16个月完不成国家生产计划的局面。5月、6月的产量超过前4个月的总和。这一年，修理蒸汽机车260台，创最高纪录。1978年10月，工厂提前2个月完成蒸汽机车全年修理任务。到1978年，工厂承担了中南、西北、华东、华北等13个铁路局的主型蒸汽机车修理，共计5033台次。从1979年起，停止修理蒸汽机车。

（二）电力机车

1. 韶山1型 1958年8月，株洲机车车辆工厂与国产电力机车联合设计处试制H60型电力机车车体、转向架等机械部分。11月18日，车体、转向架等机械部分全部组装完毕，送湘潭电机厂总体组装。12月28日国产第一台干线电力机车组装完成。填补了中国铁路电气化牵引的空白。1960年1月，机车的调整试验工作基本结束。同年5月，在国内第一条电气化铁路运输干线宝鸡至秦岭间作牵引运行试验。1961年8月，参加宝成铁路宝鸡至凤州电气化区段通车典礼，正式牵引运行。第一台试制样车技术型号定为6Y1型，命名为“韶山型”。1959年10月，由该厂按第一台车的设计图纸试制2号电力机车。1960年1月底开工，3月14日制造完工。

1960年3月，株洲机车车辆工厂、株洲电力机车研究所、大同机车厂、湘潭电机厂组成联合设计组，共同完成韶山型3号电力机车的改进设计工作，2季度投入生产，1961年4月组装完成。

1966 年 5 月，在株洲电力机车研究所和北京变压器厂的支持下，将硅半导体整流机组装在 4 号电力机车上，大大提高了机车的运行可靠性。1966 年，开始 7 号机车试制，与株洲电力机车研究所联合成立设计与工艺组，落实了机车 30 余项较大改进项目。在生产 8 号电力机车时，将试生产过程中获得成熟经验的改造项目，定为机车改造重点项目。1968 年 3 月，改造工作完成，电力机车命名为韶山 1 型（SS1 型，以下类推），取消 6Y1 字样。

1970 年 5 月，电力机车试车线正式通车。1971 年，从 61 号机车开始，采用过渡硅机组和励磁调压器系统的全他励电阻制动等，完成 SS1 电力机车第二次重大技术改造。1976 年，在 131 号机车上采用硅二极管转换的调压开关调压、单相全波整流电路，控制电路采用可控硅相控方式的 110 伏恒压电源等，完成了第三次重大技术改造。

1980 年，对机车设计图纸进行全面整理，报铁道部审批。从同年 221 号车起，一律按部批图纸生产。至此，SS1 型电力机车即正式定型。1987 年，机车生产量达到年产 112 台。其主要的操作和技术维护性能已超过同类型的苏联 H60 型电力机车。至 1988 年止，共生产 826 台，创产值 11.89 亿元。1989 年停止生产。

2. 韶山 2 型　1966 年，株洲田心机车车辆工厂和株洲电力机车研究所共同进行 SS2 型电力机车研制。1969 年 9 月，在沈阳变压器厂、沈阳低压开关厂、西安整流器厂和湘潭电机厂等 20 多个单位的协助下，顺利完成研制任务。1971 年，应用大功率晶闸管和电子技术，实现相控无级调压。1973 年 9 月，进行第二次重大技术改造，改造重点为采用他励牵引电机等。1975 年，完成电子控制系统的调整试验等 5 项重大试验，证明机车启动加速快、操作简便、采用他励牵引电机有较硬的转矩特性，有较好的抑制空转能力。但由于个别主要部件的生产、工艺、材料不配套，1982 年在确认该车已完成样机试验验证后，这台样机停止使用，并在同年报废。

3. 韶山 3 型　1977 年，株洲田心机车车辆工厂和电力机车研究所组成 SS3 型机车联合设计组，共完成设计图纸 4274 张，1978 年 10 月开工试生产。1979 年 3 月出厂。8 月，改变主变压器主、辅绕组结构，增大二系橡胶旁承刚度，加装横向液压减震器，加强了空转保护装置，机车有关技术改造项目已基本符合质量性能要求。自 1980 年 7 月到 1982 年 11 月，经 6 次小定修、1 次大定修，完成了试验和牵引运行考核，其各主要部件技术状态基本良好，1982 年 12 月通过了铁道部主持的技术鉴定。1983 年，扩大试制了 2 号、3 号车。1984 年按照铁道部鉴定意见，对转向架一系悬挂改为独立悬挂取消均衡梁结构。1985 年开始小批量生产。1986 年，批量生产 21 台机车，创产值 3738 万元。1980 — 1987 年，先后完成年产 100 台和 120 台电力机车技术改造方案。1989 年生产 160 台。

SS3 型机车作为客、货两用电力机车，功率大、起动平稳、能很好地发挥牵引、制动性能，牵引功率比 SS1 型电力机车增大 14.5%，电制动功率增大 25%，综合技术性能与 20 世纪 80 年代初国际同类型产品接近。1985 年获国家科技进步二等奖，1987 年获湖南省优质产品，1988 年获铁道部优质产品称号，1990 年获全国优质产品称号并获得金质奖。1989 年，取代 SS1 型电力机车，成为工厂主型生产机车。

4. 韶山 4 型　1981 年，国家科委与株洲电力机车工厂和株洲电力机车研究所开始研制 SS4 型

6400千瓦8轴货运电力机车。1983年，国家经委投资472万元，研制SS4型第2号、3号电力机车。至1984年8月完成机车施工设计，1985年9月完成1号样机试制。1986年2—4月，完成SS4型2、3号机车的改进设计。1988年6月，通过国家级技术鉴定："SS4型电机车是当时功率最大的国产电力机车，填补了中国电力机车系列型谱中的空白。该型机车适用于主要繁忙干线，山区和晋煤外运等重要铁路。机车牵引、制动性能优良、粘着利用充分，机车功率和功率因数较高，其性能指标达到了国际上80年代相控电力机车的先进水平"。1989年，SS4型电力机车荣获国家科技进步一等奖。10月开始投入批量生产。

5.8K型 1985年3月，中国机械进出口总公司（简称"CMC"）向以法国阿尔斯通公司为代表的西欧6大公司组成的50赫兹集团（简称"FCG"），订购150台8K型电力机车。合同规定，在中国制造该型号的电力机车及其零部件，中方将获得有关技术。据此，双方签订了技术转让合同和中方参与合作生产8K149号和8K150号2台电力机车合同。株洲电力机车工厂、株洲电力机车研究所为中方参与合同的执行单位。1987年10月，合作生产开始。1988年10月，完成6项主要高压电器共32台产品的制造和试验任务。1989年，4月完成4节车体的生产，8月完成16台牵引电动机的制造和试验，9月27日完成8K149号机车组装试验，10月17日完成8K150号机车组装试验。经FCG及铁道部机务局检查验收，并经FCG确认以上产品均系按照FCG技术条件、制造工艺和质量水平所生产，颁发了技术转让制造证书。

6.韶山5型 1987年3月，由株洲电力机车工厂牵头，会同株洲电力机车研究所，并吸收四方车辆研究所、铁道部科学研究院参加协作。研制SS5型客运电力机车。1987年6月，完成方案设计。1990年，2台样机试制工作全面开始，分别于9月21日和10月25日制成，于年底前完成厂内调整及例行试验。

7.韶山6型 1986年11月，铁道部决定由株洲电力机车工厂在SS3型机车的基础上，消化吸收引进的8K型机车的相控调压、功率因数补偿（AFP）及防空转滑等先进技术，进行大功率硅元件及电子插件制造工艺等的研制，取名为SS3B型电力机车。1988年，铁道部决定SS3B型电力机车定名为SS6型电力机车。同年10—12月，株洲电力机车工厂与株洲电力机车研究所合作进行方案设计。12月15日，在株洲市召开SS6型电力机车方案设计讨论会，19日参加国际招标，并中标。1990年4月6—8日，在株洲电力机车工厂举行SS6机车技术设计审查会。按照用户意见，6月份完成SS6机车施工设计修改。1991年6月，完成样机试制并投入批量生产，当年完成53台生产任务。该机车为铁路干线客货运机车，功率4800千瓦，最高时速100千米。

8.韶山6B型 1992年，株洲电力机车厂根据铁道部科技司的要求，开始研制SS6B型电力机车。1993年2月，该厂在郑宝铁路电气化工程的国际招标中中标。该机车的编号为SS6型1000系列电力机车，是继SS6型电力机车之后中国又一种替代进口的电力机车。其主要特点是：采用仿8K车受电弓，仿6K避雷器及新型空调装置，法国FRB公司进口的冷压线簧接插件、传感器以及日立公司改进设计的中压牵引电动机等。1994年12月，SS6B型电力机车样机制成。至2000年年末，该型机车共生产87台。

9. 重载货运电力机车　1992 年，株洲电力机车厂对 SS4 型机车的质重进行改进，在原机型基础上增加部分功率因数补偿功能，采用加馈电阻制动和主电路三段顺序控制方式、推拉式低斜牵引装置，将车体、主变压器、总体等进行重新设计。1993 年 6 月，机车制成并投入生产。至 2000 年年末，累计生产 387 台。SS4 改进型电力机车较全面地消化吸收了引进机车的先进技术，大量采用了韶山系列机车中成熟可靠的电气设备和部件。

1995 年，该厂研制开发 SS4B 型电力机车。12 月 15 日，第一台 SS4B 型电力机车落车。其特点是：机车牵引电机采用该厂与日立公司联合设计生产的 ZD114 型牵引电机，机车电子控制部分采用微机控制技术，具有双机重联控制功能，可在一个司机室对 2 台及 2 台以上机车进行控制。到 2000 年年末，共计生产 32 台。

1997 年 12 月，该厂开发 SS4C 型电力机车样机 2 台。这是在 SS4 改进型机车基础上研制出的又一新型干线重载 8 轴货运机车，由于轴重提高，该机车粘着性能相应改善，机车牵引力提高。

10. 韶山 8 型　1993 年 11 月，株洲电力机车厂和株洲电力机车研究所共同承担了国家“八五”计划期间重点科技攻关项目 SS8 型准高速客运电力机车研制。1994 年 10 月，第一台样车落车。1995 年 8 月，2 台 SS8 型电力机车在韶关至郴州区段进行 18 万千米运行考核试验。1997 年 2 月，通过铁道部科技成果鉴定，并投入批量生产。1998 年 6 月 24 日，该型机车在京广线郑州至漯河区段试验中创造了 240 千米 / 时的中国机车新时速。1999 年，该型机车获国家科技进步二等奖、铁道部科技进步特等奖。至 2000 年年末，共生产 SS8 型机车 232 台，成为中国电气化线路提速的主型机车。

11. 韶山 9 型　1998 年，株洲电力机车厂为适应中国铁路提速需要，研制能在长大坡道牵引大编组、车速达 160 千米 / 时，用于主干线的客运电力机车。同年 12 月，SS9 型客运电力机车顺利落车。该型机车吸收了 SS6B、SS8 型机车成熟技术和先进电子技术，结合 6 轴准高速车特色设计而成。1999 年 1 月，SS9 型电力机车样车在京广线运行考核，并不间断承担干线客运任务。8 月，该型机车在北京环行线进行整车试验，达到设计任务书要求。机车功率（持续制）4800 千瓦，最大功率 5400 千瓦，持续制牵引力 169 千牛，最高速度 170 千米 / 时。

12.TM1 型电力机车　1995 年 7 月，株洲电力机车厂与中国万宝工程公司签订了向伊朗提供 12 台电动车组动力车的合同，总价值为 2375 万美元。该厂以原有的 SS5、SS8 型机车为基础，研制成功 TM1 型电力机车。1997 年 8 — 9 月，在伊朗专家参与下，按照 IEC 标准，逐项对 TM1 型 1 号机车进行试验，对 8 号机车做牵引与制动特性测试，结果表明 TM1 型机车完全满足合同要求。同年 12 月，该厂举行出口伊朗 TM1 型电力机车竣工典礼。该批电力机车组用于伊朗首都德黑兰到卫星城卡拉杰之间约 42 千米线路的城郊旅客运输。

13.AC4000 交流传动电力机车　1991 年，株洲电力机车厂和株洲电力机车研究所共同承担的 AC4000 交流传动干线电力机车研制项目。1992 年 12 月，铁道部在株洲召开原型机车技术设计审查会，1995 年该机车投产试制。1996 年 6 月，制成样车 2 台。AC4000 型机车的诞生，实现了中国电力机车从直流传动、交直传动到交流传动的新的里程碑。该型机车是在 1000 千瓦交流传动系统地面试验的基础上，结合中国传统电力机车的成熟技术与结构特点，根据交流传动电力机车的特殊性，吸收国外交流电力机车的先进技术制成的，从而打破了发达国家在制作交流传动电力机车上的技术垄断。

14.DDJ1 动力车 1997 年，株洲电力机车厂承担了“九五”国家科技项目（攻关）— 研制 200 千米 / 时电动旅客列车组中其动力车及动力车与控制车之间信息传输与控制的研制任务。1998 年 5 月，该厂设计方案通过了铁道部的技术设计审查。1999 年 5 月，中国首列商用型高速电动车组制成，7 月份在北京环形铁道试验线通过了综合性能试验。DDJ1 动力车总体上以 SS8 型和 TM1 型机车为基础，吸收和提高高速机车运行的先进技术，该车最大运行速度为 200 千米 / 时，起动牵引力 190 千牛，持续牵引力 112 千牛。

15.DJ1 型高速交流传动客运电力机车 1999 年，株洲电力机车厂根据铁道部科技研究开发项目要求，研制 DJ1 型 4 轴高速交流传动客运电力机车，该车主要用于干线上牵引 160 千米 / 时准高速旅客列车和客运专线，高速线上双机重联牵引 200 千米 / 时过境旅客列车。2000 年 6 月，该厂制成 2 台样车，并通过了北京环行线安全评估试验和西南交通大学高速整车滚动试验。该机车的主要特点是：采用交流传动，与国内现有机车相比，其轴重最轻、单轴功率最大、机车功率最大、运行速度最快、恒功范围最宽，是可覆盖普速、准高速和高速运行的通用性机车。

16.DJJ1 型（蓝箭）交流传动电动车组 2000 年，株洲电力机车厂专门为广深线运输需求研制开发 200 千米 / 时高速动车组，主要承担其动力车及控制车司机室和列车控制电气设备研制任务。同年 9 月，第一台“蓝箭”交流传动电动车组动力车竣工。12 月，由此动力车牵引的动力组通过了环行线和广深线安全评估试验，最高速度达到 236 千米 / 时。

（三）铁路专用电机、电器

1. 内燃机车电机 1965 年，田心机车车辆工厂研制东风型 200 马力（ND 型）电传动内燃机车配套电机组，每节份内燃机车配套电机组包括 ZQDR-204 型牵引电动机 6 台，ZQFR-1350 型牵引发电机 1 台，ZQF-12 型辅助发电机与 ZQ1R-8 型励磁机组成的双机组 1 台。1964 年完成产品设计，10 月投入试制。12 月完成 ZQDR-204 型牵引电动机的试制试验，其余电机陆续在 1965 年完成，并批量生产。到 1974 年共生产 ZQDR-204 型牵引电动机 2636 台，ZQFR-1350 型牵引发动机 479 台。1970 年，为铁道部四方机车车辆工厂生产的东方红液力传动内燃机制造 ZQF-23 型启动励磁双机组电机，该产品于 1983 年分别获得铁道部及湖南省优质产品称号，至 1990 年共生产 1794 台。

1971 年，与株洲电力机车研究所、永济电机厂、大连热力机车研究所研制东风 4 型 4000 马力电传动内燃机车成套电机组。每节份东风 4 型成套电机包括：6 台 ZQDR-410 型牵引电动机、1 台 ZQFR-3000 型同步发电机、1 台 ZQF-80 型启动发电机和 1 台 ZQ1 45 型同步牵引励磁机。1973 年完成第一套电机组的设计试制，并批量生产。同时，将电机组扩散到铁道部永济电机厂、南口机车车辆配件工厂进行生产。1973 — 1985 年共生产 ZQDR-410 型牵引电动机 1576 台，ZQFR-3000 型同步发电机 257 台，ZQF-80 型启动发电机 265 台，ZQ1-45 型同步牵引励磁机 321 台。1985 年，该成套电机组改由铁道部永济电机厂生产。

1984 年，铁道部工程指挥部株洲机械厂完成东风 4 型内燃机车 ZQDR-410 型 6 台牵引电动机一体化改造修理。1985 年，进行内燃机车路用电机的试修工作。同年，完成大修 ZQDR-410 型牵引电动机 6 台任务。1986 年，投资 1085 万元，扩建部分生产车间，至 1990 年累计修理 ZQDR-410 型牵引电动机 910 台。1986 年株洲电机厂在常州电机厂及戚墅堰工厂协助下试修 2 台 ZQFR-3000 型主发电机。至 1990 年，累计共修理了 98 台。1986 年，试制 KFT-1 型客车感应子发电机，年产 1300 台。1987 年后小批量生产。

1986 年，与株洲电力机车研究所共同研制出 ZD-303 型压缩机直流电动机，年生产能力 1000 台，当年制成 2 台样机，1987 年小批量生产，1990 年批量生产，当年生产 40 台。1988 年，与株洲电力机车研究所共同研制 ZD-902 型直流电动机，年生产能力为 1000 台。

2. 电力机车牵引电动机　1968 年，田心机车车辆工厂试制 ZQ65-1 型牵引电动机，1972 年初步定型。1979 年大批量生产，1985 年获省优，次年获部优。

1966 年，田心机车车辆工厂与株洲电力机车研究所联合设计出用于 SS2 型电力机车的 ZQ800 型牵引电动机。1968 年试制 6 台，因受当时原材料供应影响未投入批量生产。

1976 年，田心机车车辆工厂研制直流牵引电力机车 ZQDR-410Z 型牵引电动机，1978 年试制成功，产 8 台，性能良好。

1977 年 12 月，田心机车车辆工厂与株洲电力机车研究所为 SS3 型电力机车设计 ZQ800-1 型牵引电动机，同年 12 月完成 6 台牵引电机试制并装车。

1982 年，株洲电力机车工厂、株洲电力机车研究所研制 DZ-105 型牵引电动机。1985 年完成试制并装车。1988 年 12 月，随装配的 SS4 机车获国家科技进步一等奖。次年小批量生产。

1985 年，株洲电力机车工厂与法国阿尔斯通公司合作生产 8K 机车用 TA0649D 型牵引电动机。1987 年 9 月至 1988 年 3 月进行试制。1989 年 8 月，TA0649D 型牵引电动机 16 台的合作生产任务全部完成，达到阿尔斯通公司的设计及工艺要求，该公司向工厂发给了产品技术转让制造证书。

1988 年，株洲电力机车工厂完成用于 SS5 型电力机车的 ZD-107 型全悬挂电空心轴式牵引电动机的施工设计。1989 年开始工装、模具的制造及样机生产，1990 年 8 月下旬装车，10 月完成第 2 台份牵引电动机 4 台装车，2 台供作型式试验的样机也于 10 月下旬完成。

1991 年，株洲电力机车厂生产 ZQ800-1 牵引电机获国优称号，当年完成 SS3 型电机 366 台，SS4 型电机 284 台、23 千瓦电机 37 台。1992 年，该厂电机产量创历史最高水平，完成 SS4 型电机 348 台，SS3 型电机 809 台、SS6B 型电机 12 台、SS4 型改进型电机 16 台。1993 年，该厂完成 SS8 型机车 ZD107 改进型牵引电机，SS6B 型机车 HS14263-02R 牵引电机试制，再次改造完善电机工艺生产线。1994 年，该厂引进日本日立 HS14263-02R 型脉流牵引电动机技术，并与日立公司联合设计，完全按日立工艺技术标准试制成功 ZD114 型脉流牵引电动机，是作为 SS6B、SS4B 型电力机车配套用的简统化牵引电动机。该型电机换向性能好，无火花区宽度较大，达到了与日立公司产品相同的基本技术参数。至 2000 年，累计生产 840 台。

1995 年下半年，株洲电力机车厂成功研制出用于 SS8 型、SS9 型准高速客运电力机车的 ZD115 型脉流牵引电机。该型电机功率大，恒功速比大，电机的刷架系统参考了法国 8K 型机车电机刷架结构，同时吸取了苏联 8G 型机车电机刷架系统的先进技术，其换向器综合了法国和日本牵引电机制造工艺的特点，保证了换向器的结构稳定性能。至 2000 年年底，累计生产 926 台。

1999 年，株洲电力机车厂先后研制用于驱动 DDJ1 型 200 千米 / 时电动旅客列车组动力车的 ZD118 型脉流牵引电动机和 JD110 型异步牵引电动机。至 2000 年年末，各生产 4 台。

2000 年，株洲电力机车厂研制首台完全拥有自主知识产权的 JD116 大功率变频交流异步牵引电动机，主要为“蓝箭”200 千米 / 时交流传动电动车组动力车和该厂研制开发的新一代 250 千米 / 时以下交流干线电力机车提供牵引动力。JD116 异步牵引电动机性能优良，已生产 28 台。同年，该厂用于动力分散型交流传动电动车组设计的 JD117 型异步牵引电动机也研制成功，生产样机 1 台。

3. 电力机车电器 1964 年，田心机车车辆工厂试制 QKT1-2D 型调压开关，安装于 SS1 型 4 号电力机车上，技术状态良好。1965 年年初，与株洲电力机车研究所研制适用于 SS2 型电力机车的高压侧调压开关，次年 5 月试制成功，装于韶山 2 型电力机车上。1969 年，生产电力机车配套电器和屏柜，制造第一台 QKT1-2D 型调压开关，从此韶山型电力机车调压开关均自行生产。1971 年，试制由 QKT1-2D 型调压开关改进的 TKT12100/2040 型调压开关，装于 SS1 型电力机车第 51 号车上，从 SS1 型第 61 号电力机车开始全部装用这种调压开关。1972 年春，制作级间调压线路改进后的 QKT3 型调压开关。装于 SS1 型第 32 号电力机车上。1978 年，试制适用于 SS3 型电力机车的 TKT3-3300/2220 型调压开关。

1969 年，株洲电力机车研究所试制成功 TDZ1-200/25 型空气断路器，1973 年转交田心机车车辆工厂生产，安装于 SS3 型机车上。1986 年，株洲电力机车工厂和株洲电力机车研究所生产 4 台 DBTF30K250（300MVA）型空气断路器，获得西欧 FCG 颁发的产品技术转让制造证书，装在 8K140 和 8K150 号电力机车上。1989 年，在 DBTF30K250 型空气断路器的基础上，将断路器的灭弧系统和主阀结构移植到 TDZ1-200/25 型空气断路器上，试制成功 TDZ1A-200/25 型空气断路器，装于 SS5 型机车上。

1973 年夏，田心机车车辆工厂生产 TKG3-500/1500 型转换开关装在 SS1 型电力机车上，1978 年列为电器产品中唯一“信得过”产品，1985 年获省优和部优称号。1985 年试制生产了 TKH4 型转换开关装于 SS4 型机车上。1988 年与瑞士 BBC 公司合作生产 4 台 BWT30、08R3 型牵引制动选择开关和 4 台 BWT30、08R10 型反向开关，由西欧 FCG 颁发了技术转让、制造证书，1989 年装于 8K149 号和 8K150 号电力机车上。1989 年试制成功 TKH7 和 TKH7A 型转换开关，装于 SS5 型电力机车上。

1963 — 1964 年，田心机车车辆工厂试制 M7 型双臂受电弓。1964 — 1965 年，又自行设计试制成 TSG1-600/25 型单臂受电弓，装在 SS1 型及 SS3 型电力机车上。1985 年，试制 TSG2-630/25 型单臂受电弓，装在 SS4 型电力机车上，1989 年批量生产并装于 SS5 型电力机车上。

1968 年，田心机车车辆工厂与株洲电力机车研究所联合试制适用于 SS1 型电力机车的 TZZ2 型制动电阻柜，1977 年转至厂劳动服务公司机械厂生产。1978 年，与株洲电力机车研究所研制 TZZ4 型制动电阻柜。由厂劳动服务公司机械厂生产，1983 年小批量生产，1986 年获湖南省优质产品称号，

1989 年获劳动部优质产品称号，1990 年获国优金奖。1984 年，研制 TZZ5 型制动电阻柜，由厂劳动服务公司机械厂生产，装于 SS4 型电力机车上，至 1990 年止，累计已生产 46 台。1990 年，研制 TZZ7 型制动电阻柜，由厂劳动服务公司机械厂生产，装在 SS6 型电力机车上。1990 年，研制 TZZ6 型制动电阻柜，由厂劳动服务公司机械厂生产，装在 SS5 型电力机车上。

4. 铁路电器　1970 年 9 月，田心机车车辆工厂为电力机车生产配套，完成第一台 JDFP-5600/25 型主变压器的试制，至 1972 年共计生产 10 台，1973 年转由长沙变压器厂生产。

1978 年，研制适用于 SS3 型电力机车的 TBQ3-7000/25 型额定容量 7000 千伏安主变压器和 TXP3 型平波电抗器 1983 年批量生产。

1979 年，试制 JDFP-6300/25 型主变压器和 TXP1 型平波电抗器，变压器后改型为 BQI-6300/25 型。1980 年批量生产。至 1988 年，共生产 TBQ1-6300/25 型主变压器 598 台；TXP1 型平波电抗器 1220 台。

1985 年，研制适用于 SS4 型电力机车的 TBQ4-4760/25 型额定容量 4760 千伏安的主变压器及 TXP4 型平波电抗器，1989 年小批量生产。

1990 年，试制适用于 SS5 型机车 TBQ5-5525/25 型额定容量 5687 千伏安主变压器。1983 年和 1987 年 TXP1 型平波电抗器、TBQ3-7000/25 型主变压器先后分别获得湖南省优质产品称号。

1992 年，株洲时代集团研制的 GT0 辅助变流器、配套 SS7 型，获得国家科技进步一等奖。

到 2000 年，株洲电力机车厂完成主机电器生产 135 台份，其中：SS8 机车 61 台，SS6B 机车 57 台，SS4 改机车 17 台。配套主机变压器 SS860 台、SS6B 57 台、SS4 改 22 台、SS3B 15 台、DJ 机车 2 台、DJJ1 一台。

1995 年，株洲时代集团研制的 1JK-93 列车运行监控装置问世，先后在 14 个铁路局 100 多个机务段的 10000 多台电力和内燃机车上使用，对防止列车事故发生有极为重要的作用。1998 年，该所又开始研制新一代 1KJ2000 列车运行监控装置。

2000 年 9 月，自主研制的 GT0 水冷牵引变压器，配套“奥星”号电力机车获得成功，填补了国内空白。

（四）铁路货车

1. 货车修理　1949 年 8 — 10 月，株洲机厂修理货车 14 辆，支援人民解放军南下。随后，对工厂全面扩建，初步形成生产能力。1953 年，货车修理 393 辆。1953 — 1957 年，共修理货车 2904 辆。1961 — 1965 年，共修理货车 5363 辆。

1962 年 2 月 15 日，株洲车辆厂第一辆大修敞车交验出厂，当年修车 195 辆。1963 年，修车 580 辆，完成工业总产值 332 万元，工厂开始扭转亏损，向国家上缴利润。1960 — 1965 年，共修理货车 1641 辆，完成工业总产值 1453.5 万元。1966 年，工厂开始制造货车，货车修理任务大幅度减少。到 1975 年，仅修理和改造货车 104 辆。1975 年 10 月，铁道部开展全路机车车辆整修大会战，工厂全力以赴，1976 年 1 — 9 月共修理货车 11 种车型 1718 辆，10 月又转为新造。1977 年 4 月，铁道部组织“百日修车大会战”，该厂接受修车 500 辆的任务，4 — 6 月共修理货车 600 辆，后又继续修车至 9 月底，共修理 4 种车型 1615 辆。1980 年后，造车任务繁重，但应各厂矿要求，仍修理少量货车。

2.货车制造　1952年，株洲机车车辆修理工厂生产30吨棚车90辆。1958年，新造X6型敞车220辆。1959年新造C50型敞车。1960年停产X6型敞车，增加C13型。至1961年，累计新造货车2333辆。根据铁道部“先修后造，以修为主”方针，1961年停止制造。

1966年下半年，株洲车辆厂先后试制2辆C16型低边无门全钢敞车、2辆C65型全钢敞车，当年新造货车22辆，产值52万元。1968年，工厂按年产4000辆规模配套扩建。1971年，改进主产品C65型全钢敞车设计，定名为C62型全钢敞车。1981年1月，新造货车由C62型全部过渡C62A型全钢敞车，实现车辆滚动轴承化，产品质量达国内先进水平。RD2型车轴于1985年获国家金质奖。1983年4月，试制10辆耐候钢C62A型全钢敞车，1986年改名为C62A（N）型全钢敞车。接着，还先后试制和生产了K16型95吨矿石漏斗车、CF高边无门敞车、D17型150吨落下孔车、D35型钳夹式货车、铺轨机、架桥机以及T90型90吨铁块车、K19型60吨石灰石漏斗车、5D轴全钢敞车等新产品。1988年，新造货车已达年产388辆，工业总产值2.25亿元（1990年不变价），全员劳动生产率为人均24587元，成为国内多品种同时生产和制造水平较高的专业货车生产厂。2000年，该厂完成新产品鉴定4项、授予专利2项，年实际生产能力达6000辆。

C62型全钢敞车　1966年，试制C65型全钢敞车2台。车辆载重65吨，自重19.3吨，容积75立方米，采用转8A型转向架。1967—1971年，共生产7845辆。1971年3月，载重改为60吨，容积改为68.8立方米，自重改为18.9吨，采用8型转向架，定名为C62型全钢敞车，试制32辆。经送铁道部观摩鉴定，该型图纸被铁道部定为部批图。1977年12月，侧柱与侧梁的连接由焊接改为铆接，侧梁由200槽钢改为240槽钢。1978—1980年，共生产6742辆。

C62A型全钢敞车　从1981年1月起，转产C62A型全钢敞车。该车载重60吨，自重21.7吨，容积71.6立方米，采用转8A型转向架。1984年9月获湖南省优质产品称号，1985年12月获铁道部优质产品称号。1983年4月，试制10辆耐候钢C62A型全钢敞车，厂修期由5年延长为8年，车辆自重为22.3吨，1986年改名为C62A（N）型钢敞车并投入批量生产，1988年获国家优质产品银质奖。

C16型全钢敞车　1966年，设计C16型低边无门全钢敞车，载重65吨，自重18.2吨，容积49.04立方米，系组成专业编组的专用货车，用于机械化装车，由翻车机卸货。1973年，进行增强结构的改进设计。1982年，转向架改为滚动轴承转8A型，该型货车累计生产了709辆。

CF型全钢敞车　1967年，为提供煤矿、电厂运输原煤、水洗煤等散装货物并用翻车机卸车的专用车辆，设计CF型高边无门全钢敞车，该车载重60吨，自重20.6吨，容积68立方米，采用新转8A型转向架。

C65型全钢敞车　1968年，为坦赞铁路线研制的C65型全钢敞车，载重50吨，自重17吨，容积61.5立方米，转向架采用YT2型，制动装置采用CK型空气制动装置。1971年2月，单一空气制动改为真空与空气双制动。1971年年底，连接由焊接改为铆接。1970—1975年，C65型全钢敞车生产401辆。

T90型全钢敞车　1982年，试制T90型全钢敞车。载重90吨，自重31.5吨，容积21.58立方米。

采用3个转8A型转向架，3个支点，轴式2–2–2，比通常车辆多1个支点，不增加轴重，提高车辆载重。1983年初送天津铁厂运用。1986年获国家经委优秀新产品奖。

5D轴全钢敞车 1989年，研制5D轴全钢敞车。车辆载重68吨，自重24.6吨，容积71.6立方米。该车在C62A型全钢敞车基础上，在底架下部增加1根轴，达到不增加轴重而增加载重8吨以上效果。运载能力提高13.3%。

运盐全钢敞车 1990年，博茨瓦纳铁路确认101辆运盐敞车由株洲车辆厂中标，当年制造30辆，创外汇23.2万美元。

C76A型浴盆式运煤专用敞车 1997年2月，株洲车辆厂开发研制重载单元列车C76A型浴盆式运煤专用敞车。1998年1月，完成样机试制，并通过铁科院主持的样机静强度试验、动力学试验及线路冲击试验。同年6月，铁道部中铁建设开发中心正式向该厂订购100辆浴盆式敞车，年底全部交付使用。C76A型浴盆式运煤专用敞车与拔车机、自动列车定位机、三车翻车机配套使用，可实现不摘钩自动翻卸，在设计中属国内率先采用无中梁的单浴盆式底架结构，具有容积大、自重轻、重心低等特点。1998年，该结构获得国家专利局实用新型专利证书。

长大货车 1969年，试制D17型150吨落下孔车，解决了长、大货物运输问题。1978年，与四方车辆研究所、铁道科学研究院研制D35型钳夹式货车，车辆载重280吨，自重207.5吨，轴数24根，轴重20.3吨。该车采用内外导向、液压侧移、液压起升与称重，液压承载旁承等国外长大货物车新技术，并在此基础上增加了能随着通过曲线的不同而自动转换和叠加使用的内外导向串联装置，增加了超限运行的手段和大大提高充分利用限界的能力，属国内首创。该车还备有一种装货附件——凹底架，以装运某些不宜钳夹的货物。1985年获国家科技进步二等奖，1986年获国优银质奖。

漏斗车 1967年，株洲车辆厂与四方车辆研究所协作研制成功K16型95吨矿石漏斗车。该车由车体部份和2个3轴转向架构成，车体总体布局、开闭机构、制动装置及转向架等，符合酒泉到其矿山18‰连续长大坡道运输及其贮矿槽卸货的需要。1983年，为镇江船山矿装运石灰制造K19型60吨石灰石漏斗车。1984年获湖南省优秀新产品奖。1986年，为涟源钢铁厂内部装运热生铁块设计制造自卸式60吨铁块漏斗车2辆。1989年，为酒泉钢铁公司在原K16型95吨矿石漏斗车基础上改进设计K16A型矿石漏斗车，车辆载重93吨，自重33吨，容积45立方米。1997年2月，株洲车辆厂在香港地铁新修线路铺渣和现有线路维修工程车辆—道渣漏斗车项目国际招标中中标，6月完成了设计和相关资料审查，8月开始样车试制。1998年元月，样车送香港地铁调试交验，3月又生产3辆送至交验。该车具有新型的卸渣机构，采用德国诺尔空气自动系统、密结式车钩，经有关部门鉴定整车性能达到国际先进水平。

D26型260T大凹底平车 1997年3月，车辆厂生产的D25型长大平车通过了铁路机车车辆总公司的技术鉴定。同时铁道部科技司对该厂受上海电机厂委托开发研制的D26型260吨凹底平车设计方案进行了审查，11月完成了第一辆车试制。1998年1月，该车首次装运总量217吨300兆瓦发电机定子，由上海顺利抵达云南曲靖，行程2800余千米，车辆运行情况良好。同年4月，D26型260吨凹底平车通过铁道部技术鉴定。该车采用折角结构，液压旁承等先进技术，具有载重大、自重系数较小、曲线及道岔通过性能好、运行速度高等特点，主要适用于运输电力、冶金、重型机械、化工等行业重型、超限货物。该车 1999 年获得铁道部科技进步二等奖、湖南省科技进步三等奖。

转 K3 型转向架　1997 年，株洲车辆厂根据铁道部 97J16–120km/n 快速新型集装箱专用平车的研制要求，承担该平车焊接构架式转 K3 型转向架的研制。1998 年 4 月，转 K3 型转向架设计方案通过了铁道部科技司组织的审查，10 月完成样机试制工作，并送至北京二七车辆厂落车，进行转向架参数优化试验台滚振试验和 2 次线路动力学试验，11 月在京广线长沙至汨罗段高速试验中，2 辆分别载重 50 吨、60 吨的 120km/n 焊接构架式活Ⅱ型集装箱快运平车运行时速达 136 千米，创当时国内铁路货车的最高时速。1999 年 1 月，在同一区段的干线试验中，时速达 140 千米，又创中国铁路货车新的最高速纪录。

罐　车　湘东化工机械厂于 1985 年研制液化石油气铁路运输罐车，1986 年批量生产，1987、1989 年分别获湖南省优质产品和化工部优质产品称号。

1995 年 3 — 6 月，株洲车辆厂先后开发完成酸碱类罐车 C11、C11A 型，轻油类罐车 C60 型及粘油类罐车 C17 型的设计工作，当年生产 160 辆交付使用。1999 年 10 月，该厂为降低轻油类罐车的重心高度，改善车辆的运行品质，实施新型低重心轻油罐车研制工作。2000 年 4 月，完成 C70X 型样车试制，铁道部科技司评审专家组评价其性能均优于西安、济南车辆厂生产的 C73、C70B 型产品。

（五）铺轨机　架桥机

铺轨机　1970 年，株洲车辆厂与武汉工程机械厂研制胜利型铺轨机。投入运用后，容易脱轨。后由株洲车辆厂进行改造。改造后不仅有良好的铺轨性能，而且运行安全可靠，1978 年荣获全国科学大会科技成果奖。

架桥机　燎原型架桥机系广州铁路局和株洲车辆厂共同设计制造的一种性能良好的架桥机，该机具有架桥跨度大、运行稳定可靠，使用方便等特点，1978 年获铁道部科学大会科技成果奖，1985 年 4 月申请发明专利证书。1994 年，株洲车辆厂承接京九铁路建设工程用机 DJK–140 型架桥机制造任务。该机由铁道建筑研究设计院设计，1995 年 4 月该厂完成整机制造交验出厂，先后在安庆、贵溪等地架桥铺轨，经各种考验证明该机设计合理、质量优良，实现了架桥机史上的三大突破。一是架桥时吊梁可横移一次落位，二是隧道口架桥，三是转场运输时可不解体、不限速，属当时国内最先进的架桥机。该机投入京九铁路建设后，被国务院发展研究中心入选《中华之最》，该厂成为国内第一家可以制造架桥机整机的企业。1999 年 12 月，PC20 型铺轨架桥机在株洲车辆厂车城实业总公司制造成功。

二　航空发动机

1951 年 10 月 1 日，根据毛泽东主席批示的航空工业建设规划，决定中国首批兴建六大航空厂家，其中包括国营 331 厂，1984 年 4 月该厂易名南方航空动力机械公司（简称“南方公司”）。

1954 年 8 月 16 日，中国第一台航空发动机在 331 厂试制成功。随后，中国第一台涡轮螺旋桨发动机、第一台航机改型的工业燃气轮机、第一台涡轮轴发动机、第一台新型农林飞机发动机、第一台航空模型发动机相继在该厂诞生，所产的5个系列13种25型航空发动机中，有11项次获国家、部、省优质产品称号，内供空军、海军和民航系统，外销11个国家和地区。

（一）修 理

1951年10月29日，331厂承修首批M–11航空发动机。原有的炮弹生产线，已不适应航空产品的需要，修理飞机"心脏"，步履维艰。工厂从改造8千余平方米的砖木结构厂房入手，利用92台老式设备起步，在边学习、边生产、边基建中，当年修复M–11发动机54台，获重工业部奖励。1952年，修复M–11发动机165台，制造AK–50空气压缩机92台。1953年，该厂列入国家"一五"计划的156个重点建设项目之一，由修理转为制造。至1954年4月，累计修复575台。该机567种零件、组件中，已陆续试制成功232种。通过修理和试制零件的实践，为制造M–11发动机打下基础。

20世纪60—90年代，该厂在研制生产航空发动机新产品和开发民用产品的同时，继续承接修理各种型号的航空发动机，包括大修、维修、改装、排故等业务，其中90年代累计修复437台，主要型号有WJ6型、WJ6G1型、WZ8型等。

（二）制 造

1.活塞式发动机 1954年年初，331厂按苏联M–11航空发动机图纸仿制50号机。二机部油江副局长率工作组驻厂督战。以苏宾为组长的14名苏联专家到厂，担任技术指导。仿制任务时间紧，困难大。湖南省委书记周小舟，亲临解决难题。1320种工装，如期如数地满足了试制任务的需要。器材设备方面的100项"缺口"，找遍国内，均无货源。苏联顾问莫洛斯托夫主动挂电话，向苏联航空工业部供应局求援，不到1个月，这批材料如质如量到厂。锻铸车间工人冒着酷热和炉旁的高温，赶制毛坯；劳动模范马佑清7次改进工具；劳动模范吴荣保改进机匣的加工法，使班产量由3件提高到8件，质量100%；劳动模范张茂荣改进干分气轴的操作，单件工时由90分钟缩短到20分钟，质量优良。7月29日，3台发动机总装完成。通过鉴定，其性能符合苏联技术资料要求，可保证第一次入厂定检之前的使用寿命为200小时，能作为空军、海军用于教练机，可以成批生产。8月26日，3000多名职工代表集会庆祝50号机试制成功，发电报向毛泽东主席报喜，并收到中央及省、地、市等14个党政军领导机关的贺信、贺电和锦旗，国家鉴定委员会颁授奖金8万元。10月25日，毛泽东主席向该厂职工复信祝贺勉励："第二机械工业部转国营331厂全体职工同志们：八月二十八日报告阅悉。祝贺你们试制第一批爱姆–11型航空发动机成功的胜利，这在建立我国的飞机制造业和增强国防力量上都是一个良好的开端。希望你们继续努力，在苏联专家的指导下，进一步地掌握技术和提高质量，保证完成正式生产的任务。"10月下旬，克里文秋科等16位苏联专家进厂，指导50号机成批生产。当年制造16台，修复210台次，超额80%完成任务。1957年，50号发动机随配套飞机停产而停产，累计生产499台，修理业务延续到1975年，累计修复4003台次。

1956年9月，该厂按苏联A111–62发动机仿制670机。1957年1月，以高洛彼洛金柯为首的7位苏联专家到厂指导。1957年12月，首台机样制成。1958年，成批生产。1959年3月1日，国

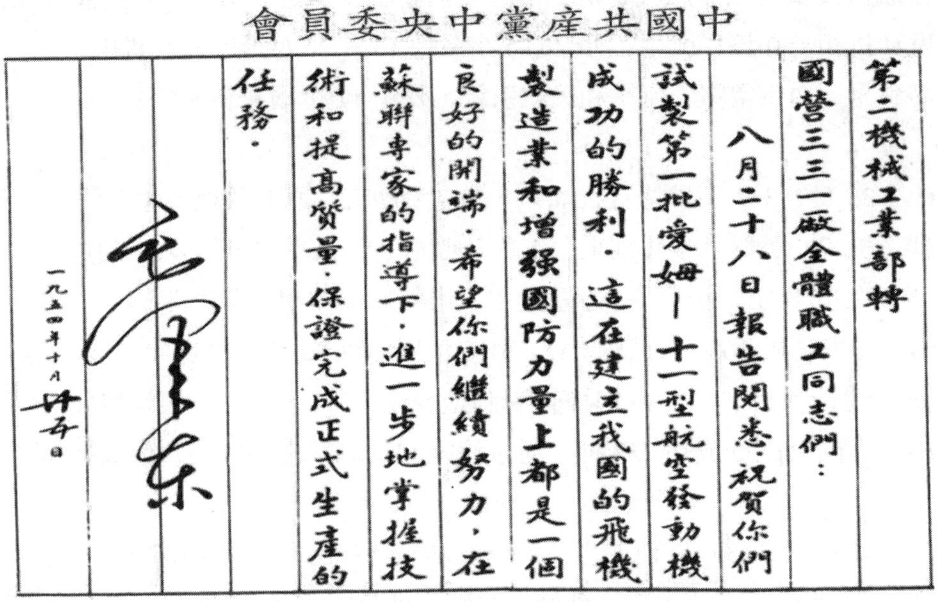

中國共產黨中央委員會

第二機械工業部轉

國營三三一廠全體職工同志們：

八月二十八日報告閱悉，祝賀你們試製第一批愛姆—十一型航空發動機成功的勝利。這在建立我國的飛機製造業和增强國防力量上都是一個良好的開端。希望你們繼續努力，在蘇聯專家的指導下，進一步地掌握技術和提高質量，保證完成正式生產的任務。

毛泽东

一九五四年十月廿五日

图 7–1　1954 年 10 月 25 日，毛泽东主席给国营 331 厂的复信

家副主席朱德到厂视察，观看 670 号机后题词嘉勉。该机又名活塞 –5、54 号机，为小型多用途飞机的动力装置，用于运 –5、里 –2 飞机。1977 年 6 月，经航空工业部审定为优质产品。至 1983 年，共出产 2673 台。

1960 年 8 月初，该厂根据苏联 AN–14 发动机资料仿制 604 机。其时，苏联专家因其政府毁约而突然撤离，许诺的援助同时断绝，试制工程困难剧增。604 号机又名活塞 –6 发动机，用于“红专 502”教练机，体积小、重量轻、功率大，是空军训练各种爬升、俯冲和特技动作的急需飞机。是国家航空工业“重中之重、急中之急”的项目。工厂响应中央号召，召开誓师大会，突破外国封锁，于 1962 年 4 月 28 日试制成功 604 号机。6 月 4 日，获准成批生产，累计生产 700 台。1965 年 12 月被 604–1 发动机取代。

1963 年 2 月，以 604 号机为基础，改型设计活塞 –6 甲（代号为 604–1）。发动机功率由 162 千瓦提高到 199 千瓦，起飞功率由 191 千瓦增升到 210 千瓦。10 月，活塞 –6 甲制成。1964 年，再经改进，最大平飞时速增加 10 千米，爬高时间缩短 30%，实用升限增加 1000 多米，垂直飞行和特技飞行的性能大为改善。1965 年 12 月，获准设计定型和批量生产。1979 年 9 月，被航空工业部评为优质产品。至 1983 年共生产 3451 台。

1966 年 5 月，该厂以活塞 –6 甲发动机为基础，加装废气涡轮增压器，改型设计制造为活塞 –6 乙，当年试制成功，升高高度可至 3500 米。

1964 年，该厂将活塞 –6 发动机改型设计为活塞 –6 丙。1967 年，制出样机。1970 年，该发动机多次随 701 和延安 2 号飞机试飞，运转正常，性能达到预期效果。年底，转济南生产。

1975 年，将活塞 –6 甲提高转速，增加减速齿轮强度，发动机起飞功率提高到 220 千瓦。1980 年 8 月经试车考核，获得成功。

1977 年，该厂以活塞 6 丁发动机为基础，改型设计为活塞 –6 戊。起飞功率由 220 千瓦增加到 275 千瓦，1980 年投入生产。

1988 年 3 月，南方公司以活塞 –6 甲发动机为基础，改型设计活塞 –6K。1990 年 8 月装机试飞，起飞功率由原机的 191 千瓦增至 298 千瓦。可替代农林 –5、运 –11B 飞机的进口发动机，填补了国内空白。

2.涡轮发动机 1958 年，331 厂按属世界先进机种的苏联爱尔德九勃发动机仿制 811 号机。苏联专家尼亚列斯柯夫接受延聘 3 个月，指导生产准备。当年除夕之夜，整机试车合格，创造了中国高速度试制航空发动机的范例。试制期间，党和国家领导人朱德、董必武、罗荣桓、聂荣臻与谭政大将、陈士榘上将到厂视察，并题词勉励。1961 年 3 月，中央书记处总书记邓小平、中央办公厅主任杨尚昆观看该机，并详细询问性能、特点和生产情况。1962 年下半年，811 号机转往其他厂生产。

1965 年 9 月，该厂试制中国第一台涡轮螺旋桨发动机，定名涡桨 –5（又名 773 号机）。10 月，首台涡桨 –5 发动机顺利通过 100 小时试车考核。1967 年，涡桨 –5 的资料、成品、半成品，以及工装、机样，一并移交到一二〇厂。

1967 年 12 月，该厂从四一〇厂接过毛坯和工装，试制 910 号机（涡扇 –6）。该机系国家第一次自行设计的涡扇发动机。试制中，第六研究院变更设计方案，改作大中型运输机和远程轰炸机动力装置，910 号机随机变易为 910 甲型发动机。1970 年 6 月，制成 3 台机样，进入长期试车阶段。1973 年，910 甲转入四一〇厂继续试制。

1969 年 7 月，该厂与西安四三〇厂试制涡桨 –6（WJ–6）涡轮螺旋桨发动机，起飞功率为 3900 轴马力，系国家最大的军用运输飞机的动力装置。1970 年 8 月，第一台机样进入试车考核，1977 年 1 月，获准设计定型和转入批量生产。1978 年获全国科学大会奖，1980 年被授予国防工业科学技术进步一等奖，同年获国家科技成果二等奖。1982 年，装有涡桨 –6 的伊尔 –18 飞机从西安飞往上海途中，因歹徒劫机而导致盘旋时间过长，另 3 台进口的发动机断冲不能工作，幸有涡桨 –6 保持正常运转而避免坠机，得到民航局的盛赞。1983 年 1 月，完成涡桨 –6 的涡桨部分改型设计。飞机能在任何一台发动机停车或损坏的情况下，正常起飞着陆。发动机寿命由起初的 300 小时逐渐延到 3000 小时。1988 年，涡桨 –6 在空军组织的运 –8 飞机上飞拉萨，效果良好，其高原、高空性能以及低温高原起动能力，符合高原恶劣气候航线的需要，其工艺技术居国内先进水平。

1969 年秋，该厂为水轰 –5 飞机设计制造吹气增升发动机，定名升发 –5。1971 年 11 月，制出首台样机，台架试车正在进行时，水轰 –5 飞机设计方案改变，试制随之终止，样机赠送北京航空学院。1970 年 5 月，该厂与西北工业大学联合改型设计小型涡轮螺旋桨发动机。功率为 405 千瓦，用作井冈山 –4 运输机动力装置，定名为涡桨 –7 发动机。9 月，3 台样机送往五一二厂，9 月 30 日，进行首次装机试飞，随即投入小批量生产。1971 年 12 月，涡桨 –7 随井冈山 –4 飞机终止生产而停产，样机转交西北工业大学。

1980 年 10 月，该厂试制涡轴 –8 涡轮轴发动机，系国家引进法国透博梅卡公司阿赫耶制造许可权的产品，是 20 世纪 80 年代世界先进水平的发动机。1985 年，试制成功，质量与寿命，与阿赫耶平齐，其工艺技术达到国际先进水平，部分元件远销法国。1991 年 3 月，中共中央总书记江泽民视察时，到总装车间观看了涡轴 -8 发动机组装作业。该厂通过涡轴 -8 试制，填补中国涡轮式直升飞机动力的一项空白。同年 10 月，该机获得国家银质奖。

3.航模发动机 1955 年，331 厂设计成功中国第一台航空模型发动机，命名为“和平 15 号”，其制造工艺与航空发动机相近。至 1958 年累计生产 1.7 万台。1959 年，因航空发动机新产品任务繁重而停产。1960 年 5 月 31 日，国务院副总理兼国家体育运动委员会主任贺龙到厂视察，指示恢复航模生产，航模车间开始筹建、设计和生产出 5 毫升、10 毫升 2 种航模发动机。1966 年，共生产 2 种航模发动机 3000 台。11 月，10 毫升发动机交国家体委生产，其资料和工装一并移交，5 毫升发动机停产。

1978 年，该厂试制 2.5 毫升级航模发动机。1979 年 6 月，样机试制成功，性能达到进口型机水平，商标注册为三叶牌。当年生产 550 台。1980 年 10 月，被湖南省、航空工业部同时评为优质产品，并参加去美国的巡回展览。1981 年 9 月，该厂征集运动员意见，找出影响转速的 39 个因素，做出有针对性改进，每分钟转速突破 3 万次大关。1984 年获国家优质产品银牌奖，1986 年获国家金牌奖。

1979 年，该厂试制 10 毫升级航模发动机，1980 年试制成功。首次投产 20 台。1981 年，被湖南省、航空工业部同时评为优质产品，获得国家质量银质奖。1986 年获得国家质量奖金质奖。

1982 年，该厂研制成功三叶牌 3.5 毫升级航模发动机。该机 1984 年被评为湖南省、航空工业部优质产品，1986 年获得国家质量奖金质奖。

1982 年，该厂研制成功三叶牌 15 毫升级航模发动机。1984 年，同时被湖南省和航空工业部评为优质产品，质量居全国之首，在世界航模制造领域居领先水平，并到美国、葡萄牙、阿根廷等国家博览会上展出。1986 年，将一条生产线迁往深圳，建立南安联合企业开发公司，延续了三叶牌航模发动机生产优势，销往美国、英国、法国、挪威、南非、澳大利亚等十几个国家和地区。

三 汽车及配件

（一）汽车修理

民国 17 年（1928），湖南省第一汽车路局在醴陵县阳三石设立汽车站，同时建立汽车修理室，备有车务、机务人员和汽车修理技工。民国 21 年（1932），汽车修理室扩建为甲等修理分厂；在攸县洣江南岸设立丙等分厂；在茶陵设立修理室。民国 25 年（1936），增设攸北汽车修理分厂。1949 年，醴陵县、攸县各站由衡阳总站派驻车组，随车组设立汽车保养站。1956 年冬，株洲市运输公司组建汽车修理所，主修汽车，兼修板车。1958 年年初，创办株洲汽车修理厂，以修理和拼装汽车为主，至 1960 年修车 636 辆，自制汽车配件 4.29 万件。1958 年 6 月，成立地方国营株洲机械厂，8 — 12 月中、小修车 198 台（次），新制拖车 10 余台。1959 年，株洲市汽车运输公司成立，该厂并入公司，改为汽车保修厂。

1961 年，组建市汽车运输公司保养场和市汽车修配厂，担负市内汽车大、中修任务。

1968年，成立湘赣煤田地质会战指挥部汽车修配厂。1974年后停止修车，改产煤矿专用机械。

1975年11月，株洲市晏家湾一带的几家个体户，由区革委会组织并投资兴办株洲市汽车大修厂，承接修车业务，具有年大中修车40台的能力，后改由株洲市包装公司美术印刷厂管理。

1977年，株洲市汽车修配厂停止修车业务，该厂部分修理工和设备调入市汽车运输公司保养场。1978年7月，保养场改为株洲市第一汽车运输公司汽车修理厂，对外承接汽车修理业务。同年，株洲市第二汽车运输公司各维修班合并成立汽车修理厂，当年拼装汽车及大中修车31台。

1979年12月，组建市汽车修理厂。

中共十一届三中全会以后，随着改革开放的不断深入和交通运输业的发展，境内汽车维修业发展得到快速发展。各企、事业单位所属的汽车修理厂，主要有湘宁进口汽车修理厂、湖南省建五公司汽车大修厂、湖南省工业设备安装公司动力部等。此外，私人修车业也日益增多。1987年，株洲市属修理厂有市汽车修配厂、湘运醴陵汽修厂、市一汽运公司汽修厂、市二汽运公司汽修厂4家。1988年5月，株洲市人民政府颁布《株洲市汽车维修办法》，8月成立株洲市汽车维修管理办公室，市辖5县市亦相应设立汽车维修管理机构，对全市汽车维修行业进行审查登记。

境内汽车修理业随着汽车拥有量逐年增长而日趋繁荣。1990年，全市从事汽车修理的厂（店）共666户，其中：市、郊205户、株洲县42户、醴陵市156户、攸县200户、茶陵县37户、酃县26户。

1991 — 2000年，境内公路运输事业得到空前发展。1993年12月，湖南株洲汽车运输总公司组建株洲汽车修理厂，1994年5月，公司全面推行经营机制改革，各客车、货运分公司的修理车间（班组）更名为汽车修理厂，产生出株洲客运分公司修理厂、株洲零担运输（后改称为石峰客运）分公司修理厂、醴陵客运分公司修理厂、醴陵货运分公司修理厂、攸县客运分公司修理厂、茶陵客运分公司修理厂、炎陵客运分公司修理厂。1995年10月，株洲市交通技校创办进口汽车修理厂，对外承接国产和进口小汽车保养业务。1996年11月，湖南株洲运输集团成立，将原湘运醴陵修理厂改为醴陵汽车修理有限责任公司，株洲市第一汽车运输公司汽车修理厂改为株洲运输集团汽车修理有限责任公司。1999年9月，株洲旅游客运分公司在市区汽车南站组建汽车修理厂。同年12月，炎陵货运分公司下设汽车修理厂。至2000年年末，全市拥有客车（含小汽车）16806台、货车19637台。从事汽车修理的厂（店）发展至746户，其中国有30户、集体132户、个体私营584户。

（二）零部件生产

1. 驱动桥齿轮及轴　1959年，株洲汽车齿轮厂制造盆齿、角齿。1965年，因质量达不到国家技术要求而停产。1971年，投资230万元，购进奥林肯弧齿铣齿机设备，恢复盆、角齿生产，年产量达20万件。20世纪80年代，盆、角齿生产以国产解放牌（CA-10）及黄河牌（JN-150）为主。还为湘江牌（HQ-140）、湖南牌（HN-150）及长沙-130配套生产盆、角齿及其他驱动桥齿轮与轴。1981年，开发生产东风牌（EQ-140）盆、角齿。1988年，从美国引进成套格里森弧齿轮加工设备及周期式、箱式、渗碳生产线，与原有进口、国产设备相配，组成39台弧齿铣齿机的加工车间，年生产盆、角齿能力达10万套以上，成为国内大批量生产盆、角齿的厂家之一。1988 — 1989年，开发了日本五十铃型（T×D40、T×D50）5150、5149、254汽车盆、角齿，批量出口泰国等东南亚地区，1989年实现外汇收入35.09万元。1990年，试制美国SS公司的5703、3482、3484汽车盆、角齿，经美商来厂认定合格，批量生产。同年，还试制出英国MF公司的拖拉机盆、角齿样品。1990年，共生产13种车型的盆、角齿，产量达6.29万套。

1964年，株洲汽车齿轮厂批量生产吉斯–155主、被动齿轮，第一批产品解决了北京市无轨电车公司因缺乏吉斯–155主、被动齿轮而造成大量车辆停驶的困难局面。20世纪60年代，以生产解放牌（CA–10）主、被动齿轮为主。20世纪70年代开发黄河牌（JN–150）及罗曼（ROMAN）主、被动齿轮。

1959年，株洲汽车齿轮厂生产侧齿轮（半轴齿轮）、小齿轮（行星齿轮），当年生产16件，1961年生产解放牌（CA–10）侧、小齿轮。20世纪70年代中期，建立了侧、小齿生产线。

1960年，株洲汽车齿轮厂主要生产解放牌（CA–10）半轴。20世纪60年代初、中期，该厂生产华沙、伏尔加、T110等援外产品。1970年后，开发黄河（JN–150）、东风（EQ–140）、贝利（GBC）等半轴产品，形成了半轴生产线，年生产能力达5万件。

1969年，株洲市汽车车桥厂试制湘江–140驱动桥壳零部件。1970年批量生产。1976年，该厂成为驱动桥壳专业生产厂，并成为中国汽车工业总公司成员厂。1986年，工厂的主要产品之一的东风牌EQ–140驱动桥壳获湖南省优秀产品证书。1990年该厂并入株洲汽车制造厂。

1995年3月，“株齿”牌汽车驱动桥主、从动圆锥齿轮被授予株洲市名牌产品称号。同年12月，该产品被授予湖南省名牌产品称号。20世纪90年代，株洲汽车齿轮厂还开发了大量的中型汽车和工程机械驱动桥螺伞齿轮。主要有：CA–141后桥螺伞齿、EQ–140高原型后桥螺伞齿、EQ–145后桥螺伞齿及厦门、柳州等地工程机械用螺伞齿。10年生产各类汽车齿轮、轴配件等年均80余万件。

2. 变速器齿轮及轴 1961年，株洲汽车齿轮厂试制变速器齿轮及轴。1970年，生产全部（CA–10）几种变型车型的全部齿轮及轴，产量达9.58万件。至1980年，该厂共生产变速器齿轮及轴324万件，其中解放牌（CA–10）与黄河牌（TN–150）产品占总量的96%，黄河牌（TN–150）变速器齿轮及轴产品产量当时居全国第一位。1981年12月，TN–150变速器齿轮及轴被评为省优质产品，产值占21.06%。1981年，开发东风（EQ–140）变速器齿轮及轴，成为拳头产品。1985年被评为湖南省优秀新产品及优质产品，1989年获部优称号。1982年，开发罗曼变速器齿轮，产品达到原车质量，成为国内独家产品。1990年，生产9个品种16万件，具备生产重、中、轻、微各类车型的汽车变速器齿轮及车轴的能力，产品广销全国。

1995年3月，EQ–140变速器齿轮和轴被国家机械部评为优等品。1996年，“株齿牌”EQ–140中长汽车变速器齿轮及轴、EQ–140汽车驱动桥主、从动圆锥齿轮被中国名牌商品委员会评为1996—1997年度全国名牌商品。

3. 发动机齿轮和轮边减速器齿轮 1983年7月，经国务院批准引进奥地利斯太尔公司重型汽车制造技术，株洲汽车齿轮厂承担其中的WD–615发动机齿轮和轮边减速器齿轮试制任务。1990年，WD–615发动机齿轮和轮边减速器齿轮均批量投产。1992年，生产的斯太尔发动机齿轮、轮边减速器齿轮、直伞齿轮、分动器总成、取力器总成等产品全部通过国产化鉴定，进入批量生产。

4. 传动轴总成 1968 年，株洲市汽车修配厂试制成功解放牌（CA-10）传动轴总成。1980 年 10 月，试制东风（EQ-140）传动轴总成，成为湖南第一家生产东风传动轴总成的厂家。1979 — 1988 年，开发北京 BJ 系列 4 种车型传动轴总成，还先后开发 CPCD、NJ、WS 等 11 种车型的传动轴总成，其中 W50、ZM440、AR0244 是进口车，为替代进口传动轴总成而生产的。

1982 年，CA-10、EQ-140 传动轴总成获湖南省优质产品证书。1983 年 11 月， CA-10、EQ-140 传动轴总成又获机械电子工业部优秀新产品证书。1984 年，该厂成为中国汽车工业总公司定点生产汽车传动轴的专业厂，综合技术经济指标在全国 25 家专业生产厂中，名列第二。1985 年，加入东风汽车工业联营公司。工厂生产的传动轴总成，除轴管、十字轴和轴承由协作厂提供外，其余零部件均能全部生产，计有各类传动轴 4 个系列，20 多种车型，122 个品种。产品除主要用于配套外，尚有 30% 的产品销往国内维修市场。

5. 变速器总成 1969 年 9 月，湖南省第一辆湘江牌（HQ-140）4 吨载重汽车在株洲市机床厂组装试车，株洲汽车齿轮厂为该车提供变速器总成及驱动桥齿轮。翌年，试制解放牌（CA-10）变速器总成，并投入批量生产，成为 20 世纪 70 年代的主要产品。此外，还批量生产过湖南牌 HN-150 型变速器总成。1986 — 1990 年，株洲汽车齿轮厂开发铃木微型车变速器总成，1989 年批量生产，使铃木总成国产化率达到 100%。1989 年，EQ-140 变速器总成年组装能力达 10 万台份。20 世纪 90 年代，该厂先后实施中客变速箱、铃木变速箱及 6T53 变速箱等技术改造项目。1995 年 1 月，开发适应东风和解放车型的 ZQC6T53 六档变速箱，其齿轮和轴借鉴“日野”技术，连接、操纵和与整车匹配按不同车型进行系列设计，同年 6 月研制出第一台样机，通过省机械局、国家机械部鉴定，认定该产品设计先进，性能优良，在国内居领先地位。1997 年，国家科学技术委员会评定 6T53 变速器为国家级新产品，1998 年评为“湖南省名牌产品”。

同期，试制成功微型变速器。从 1991 年 6 月 ZQC4T05 变速器通过省机械厅新产品鉴定至 1997 年，产量达到 34501 台，已形成 4 万台的生产能力。1997 年 10 月，“株齿”牌 ZQC4T05 汽车变速器总成，获湖南省经贸委、省技术监督局产品质量奖，1998 年该产品被评为“湖南省名牌产品”。1998 年 12 月，该厂开发 ZQC6T58 变速器，适用于 8-10 米豪华客车。2000 年 9 月，开发 ZQC6T75 变速器，适用 6 ~ 8 吨客货车，2000 年制成的 ZQC6T53/D 后横置变速器，是具有自主知识产权唯一 A 类产品。该厂 10 年累计生产各类变速器总成近 25 万台份。

6. 分动器总成和取力器总成 1988 年，株洲汽车齿轮厂试制 VG-1200 分动器总成，1989 年生产 100 台份。同年 10 月试制出徐水 ZC-1800 分动器总成。1990 年，完成斯太尔 V50-073 和 V50-075 两种取力器总成的试制并批量投产，年产量 6.78 万件。斯太尔产品的引进与消化，促进了工厂工艺水平的提高。1993 年 11 月，被列为斯太尔引进项目中甲类件的关键总成部件 VG1200 分动器，通过重汽公司组织的国产化鉴定，并形成批量生产能力。1994 年 3 月，斯太尔 VG1200 分动器、1700DS5B 变速器获湖南省“优秀新产品”称号。1998 年 6 月，该厂斯太尔分动箱技改项目通过国家经贸委委托中国重汽集团进行的论证与验收。

1998 年，该厂配合中国重汽集团公司主持的 10 吨级军用越野车开发研制的 ZQC2000 分动箱产品通过省部级验收，该产品具有输入扭距大、承载能力强以及外形尺寸小，结构简单、性能稳定、使用方便等特点，产品设计达到国际先进水平。

7. 燃油箱 1966年，株洲市汽车油箱厂试制解放牌汽车燃油箱，1971年，经设备改造，生产逐步走向半机械化，年生产3700件。1972年，试制成功第一件符合国家标准的燃油箱，形成批量生产。1974年，开发北京牌（BJ-212）主、副汽油箱产品。1982年1月，开发EQ-140燃油箱产品。1985年，生产JN-150柴油箱，并开发出柴油箱系列产品。1989年2月，开发EQ-131和CA-141汽车燃油箱，当年产量5.13万件。

8. 汽车灯镜及电器 1998年6月，湘火炬投资股份有限公司的汽车车灯车镜项目开工，新增全套汽车灯镜生产的技术设备，产品销往北美市场。首批成品10月开始装箱外运，当年出口创汇404万加元。2000年，公司自主设计开发灯具品种38个、后视镜品种24个，年生产能力1000万套，产品销往美国、加拿大并与国内主机厂及维修市场配套。同时，开发B22跑马灯、两芯镁耐灯等灯饰项目，经欧洲安全认证机构检测正式获得CE认证。

2000年5月，湘火炬投资股份公司开发汽车点火线圈、高压线等汽车电器产品，成为该公司新的利润增长点。

9. 火花塞 1960年12月，株洲市郊区渌口瓷厂改建为全国农机配套、维修用火花塞专业生产厂“渌口内燃机配件厂”。1963年，成功试制出14-11-1型火花塞，定名“长征牌”。1964年，又试制成功14-1、18-14-1型火花塞。1965年正式投产，当年仅生产5.29万只。1974年，该厂火花塞产品采用“火炬牌”商标。1976年，试制8710高能半导体航空火花塞。1977年，研制1700℃高温推板式电隧道窑，替代倒焰园窑釉烧。1978年，将绝缘体与中心电极的组装由高温水泥冷凝胶装改为导电玻璃密封胶装，将绝缘体与铁壳装配由一次机械冷铆改为先冷铆后热铆边新工艺。1978年，生产能力达到400万只，产品品种由6种增加到18种。1979年，成立株洲火花塞研究所，研制热值测定机、自动碰焊机等60多台（套）专用设备。其中，热值测定机填补了国内空白，获农机部科学技术成果二等奖，自动碰焊机获国家专利，还试制高能半导体火花塞、突出型火花塞、BJ212型汽车出口配套用415、414型火花塞。1980年，渌口内燃机配件厂易名株洲火花塞厂。

1980年，该厂集中人力、资金对火花塞生产进行技术改造，当年生产火花塞637.6万只，创产值675.3万元。4115型火花塞荣获国家银质奖。1981年，开发P41310J、Y41310J等6个新产品，产量734.16万只。1983年，T4135J、T4195J型火花塞获湖南省优质产品奖，411系列火花塞获机械工业部优质产品奖。1985年，技术改造工程投产，当年火花塞产量比改造前的1981年增长77%，工业总产值增长76.4%，利润增长75%，4114型火花塞产品获国家银质奖。1986年，在株洲市红旗北路建立新厂区，引进联邦德国、英国、美国等公司的镍包铜中心电极制造技术及关键设备和等静压磨削成型机、高温隧道窑。1988年，火花塞产量达到1752.8万只，工业总产值达到2387.62万元，工厂被机械电子工业部批准为国家二级企业。1988年8月，引进美国贝克莱窑炉公司火花塞绝缘体高温烧成隧道窑，1990年投入使用，至年底，累计共素烧火花塞瓷件绝缘体1212.8万只，与原倒焰窑相比，合格率由60% ~ 85%提高到95%，油耗由0.64吨/万只，降低到0.27吨

/万只。被美国称为关键零部件的火花塞烧成喷嘴也由该厂自行研制出来。该厂成为中国火花塞生产第二大厂家，产品远销美国、德国等国家，为国内同行业之首。

1993年，该厂改组为股份制企业，其“湘火炬”股份在深圳交易所上市，是湖南省最早的2个上市公司之一。

“八五”计划期间，该公司经过实施“扩大火花塞出口技术改造”项目，生产的“火炬”牌火花塞销量创中国第一，年生产能力由3000万只扩大到4500万只。其间，火花塞的新品种试制有50种通过鉴定，新产品产值达到5248.73万元。1991年10月，具有抑制无线电干扰功能的新技术、环保型产品电阻型火花塞的电阻料配方试验成功。1992年7月，从德国引进的镍包铜中心电极生产线实现批量生产。同年4月，该公司正式被上海大众汽车有限公司和上海易初摩托车有限公司确定为配套定点厂家。1993年，出口火花塞600多万只，成为中国火花塞出口数量最多、创汇最多的企业。

该公司在“八五”一期的技术改造中购买了美国通用汽车公司AC公司（现名DE1PHI公司）的全套火花塞制造技术和AC商标使用许可证，年生产火花塞能力由4500万只扩大到6000万只，产品品种拓展到4个系列400多个品种，并开发了一批电阻型、小六角、锥座等高附加值的火花塞新产品及AC火花塞等共计18项。1996年12月，该公司通过ISO9002的质量认证，并通过美DE1PHI公司质量认可，允许使用AC公司商标并进入GM的世界销售网络。

1998年4月，该公司加入美国汽车零部件协会（APAA），成为该协会在中国的7个会员之一，当年11月“火炬”牌火花塞首批96万只成品发往北美。1999年8月，该公司火花塞获得中国汽车产品认证委员会质量体系认证中心颁发的QS–9000第三方注册证书，在国内同行业中率先通过国际质量标准认证，使火花塞产品质量保证体系与国际一流水平接轨。2000年，该公司研制成功铂金火花塞，并投入小批试制，成为唯一拥有火花塞核心技术标志的产品。

10.机械密封件 1984年，株洲火花塞厂投资兴建机械密封车间，专业生产汽车内燃机冷却水封。至1990年，已具有年生产水封20万套生产规模。产品品种只有A型和B型、13系列和17系列共6种型号的产品，主机配套厂只有二汽、北泵、天泵、萍内和西峡等厂家。20世纪90年代后，C型开始取代B型和A型产品。1990年，开发康明斯水封（C16A）和488水封（C16B）。1996年12月，C16型整体式不锈钢水封通过省级鉴定。1997年11月，轻车用C12型水封于通过机械工业部的鉴定。1998年，湘火炬投资股份公司投入近200万元进行技术改造，包括研磨、干压、装配3大配套项目，并引进装配线和行动检测设备、制瓷工艺淘汰原来的热压铸改为干压，改进瓷环研磨设备。改造后生产能力提高了5%，达到200万套，产品合格率提高15%，成本下降10%。已能生产富康、一汽捷达、桑塔纳、依维柯型号水封40多种，与全国所有主要水泵生产厂家配套，部分水封已随水泵出口到美国、加拿大及东南亚等国。

11.其他产品 1957年10月，国营331厂试制65马力的长江－46吉普车发动机。1959年，建立吉普车发动机专业生产线。1963年，将全部技术资料转往南京三零七厂。

1967年，株洲市搬运合作社（株洲第二汽车运输公司）铸造吊耳吊环。1968年，生产汽车玛钢配件。70年代产品由单一的玛钢悬挂件，发展为东风、解放、851挂车3个系列123个品种的汽车配件，北京212吉普、长江摩托车钢圈、电瓶等产品。1984年9月，株洲牌J851挂车钢板弹簧、支座吊耳产品获省优产品称号。1985年5月，J851支架参加全国公路交通工业品展览会，被评为优秀展品奖。1971年—1990年共生产汽车配件290.18万件。

1972年，株洲市轴瓦厂开发汽车发动机轴瓦，年生产能力100万件。

1973年，株洲市装卸合作社（株洲第三汽车运输公司），试制东风、解放2个系列中心支架。1975年，试制东风、解放、851挂车3个型号的轮壳。1977年，又生产东风、解放、851挂车3个系列刹车蹄铁和东风、解放手制动总成。

1980年，第一汽车运输公司生产“三销”（钢板销、转向销、活塞销），为株洲市交通配件厂年产轮胎螺丝、骑马螺丝30万件。

（三）整车制造

民国25年（1936），中国国民党中央委员宋子文、曾养甫发起，湖南省建设厅投资，合办中国汽车制造股份有限公司。规划总厂建在株洲镇报亭子（石峰区清水塘），制造货运汽车和公共汽车，后因全面抗战爆发，迁往香港。抗战胜利后，国民政府又派员到株洲镇，仍在报亭子一带筹建汽车制造厂，仅建2栋房子就销声匿迹了。

1956年，株洲市机械厂利用美式雪佛兰牌旧货车，拼装2辆公共汽车，定名为“株洲”牌。1958年4月，株洲汽车修理厂在缺图纸又无技术人员的情况下，试制1辆载重为0.5吨的飞跃牌三轮车，1960年又制成1辆“支农一号”载重货车。3年累计拼装、改装各种客货车84辆。

1958年“五一”前夕，331厂装试车间刘珏和一些摩托车爱好者，设计制成中国第一辆微型汽车，由于不具备生产条件，未能投产。

从1966年开始，市汽车修配厂陆续组装载重2吨的轻型货车近50辆。

1969年，株洲市交通工具厂制成柴油三轮车，载重1吨，时速15千米以内。因制作简陋、驱动设备及转向不灵活、行驶不安全而停产。1970年，试制小四轮柴油汽车。是年冬，获悉武汉市汽修厂采用普通立铣自制工艺装备生产盆、角齿轮的信息，组织技术员赴武汉汽修厂学习，并取回一套图纸。至1975年，共生产185辆，1976年停产。1978年，株洲市第二汽车运输公司生产工程车（又名翻斗车，后定名为株洲牌工程车）。到1982年共生产511辆，1983年停止生产。1984年，株洲市摩托车厂试制NF110微型载重汽车，1985年试制20辆。

1986年，市汽车车桥厂在组装MS-140型4.5吨载重汽车停产后，生产ZQ-120型柴油农用车。1987年4月底，签订供货合同达1000多辆。因生产能力不足，工厂遂与衡阳有色冶金汽车修配厂联合生产“名山”牌ZQ-120型柴油农用车，到年底已形成年产700辆的生产能力。当年生产农用运输车572辆，全部售出。1988年2月，工厂更名为株洲农用运输车制造厂，与吉林工业大学合办株洲市农用运输车制造总厂。同年4月，农用运输车制造总厂与株洲市汽车传动轴厂、市汽车油箱厂联营生产农用运输车。6月，试制成功ZQ-330型农用自卸车，当年获省技术开发优秀项目奖，1989年生产ZQ-120农用车和ZQ-330农用自卸车1300辆，创产值2139.47万元。

1988年9月，株洲市汽车传动轴厂与湖南大学机械系汽车教研室共同开发轻型运钞车。1989

年4月，与市汽车油箱厂联合生产。当年生产17辆，产值93万元。1990年，先后开发出4个车型，形成坚盾牌轻型系列专用汽车，主要有ZQG5030XYG运钞车、ZQG5030XGA公安车、ZQG5030XST森林监察车、ZQG1030XH厢式货车和ZQG1030SP双排座货车等5种。

1990年6月，株洲市汽车传动轴厂、市汽车车桥厂、市汽车油箱厂和市第四汽车配件厂组成株洲汽车制造厂，继续生产农用运输车和轻型改装车。1991年，株洲汽车制造厂主要产品“名山”牌农用运输车，年实际生产能力达到3000台，“坚盾”牌轻型改装车年生产能力1000台，其中“名山”牌农用车获全国质量评比十佳“飞马”奖。1993年5月，该厂划归中国重型汽车集团公司管理，1995年元月正式成为中重集团的直属企业。重汽集团相继投入2000多万资金支持该厂发展生产。由于产品技术含量低，缺乏市场竞争力，生产经营状况逐年滑坡。1993—1999年，该厂轻型改装车累计只生产834台。1995—1999年，农用车累计只生产742台。从1995—2000年，汽车配件仅生产23万件。从1997年开始，株洲汽车制造厂处于停产半停产状态，2000年12月该厂被列入重汽集团破产企业。

四　摩托车

1957年10月，331厂试制成功长江750摩托车发动机，1958年开始批量生产。至1960年年末，共生产3960台。1962年改扩建长江750专业生产线，1965年产量达2504台。1976年，该厂所属集体企业综合工厂（1979年改称株洲市摩托车厂）利用长江750发动机生产出20辆XJ750Z“湘江”牌正三轮摩托车。次年，试制成功“天鹅”牌正三轮摩托车。1982年，生产湘江750摩托车1480辆，市场供不应求。1986年，该型摩托车被航空工业部和湖南省评为优质产品。从1988年起，正三轮摩托车逐渐被边三轮摩托车所取代而逐年减产。

首台XJ750B-2全摇架边三轮摩托车于1980年在市摩托车厂问世。1987年开始批量生产。1988年，产车5234辆，产值4419.34万元。1989年，该车分获航空工业部、劳动部及湖南省优质产品证书，全国摩托车新产品与科技新成果“骏马奖”、国家银质产品奖，整车结构获3项国家专利。

两轮摩托车试制于1982年，由南方航空动力机械公司承担，发动机为进口产品。随后推出国产化的“南方125”摩托车。1984年获准批量投产。1988年，生产线建成，有各种高精设备1177台，总投资为3307.5万元，综合能力为年产发动机5万台，关键零部件10万台，整车2万辆。1989—1990年，以南方125为基础的后继车型，相继制成投产。包括南方125警用车、南方125-3型、南方125-Z等和南雅125摩托车。其中南雅125摩托车符合中日技术合作规定及国家标准要求，南方125-3型摩托车及其发动机，获得国家计委、科委、经委、国防科工委联合授予的“金奖”。南方125-Z摩托车被选定为十一届亚洲运动会专用车。两轮摩托车行销国内30个省、直辖市、自治区，外销18个国家和地区。

1990年，南方航空动力机械公司（含所属市摩托车厂）生产的摩托车发动机有5种18个型号，累计生产36.85万台；摩托车有33个型号，累计生产25765辆。其中3项产品获国家银奖、4项获新产品“骏马奖”、10项获新产品“金龙奖”、11项被评为省、部、国家优质产品。

20世纪90年代，南方航空动力机械公司进行高起点、大规模的技术改造，以科技进步为依托，不断强化自主研发能力。逐步形成了从50毫升至750毫升9种排量40多个品种的“南方”系列车族。1996年，成功研制了125毫升和100毫升四冲程发动机。南方125摩托车相继在全国七运会、八运会（NF50）等十多次全国大型体育运动会上作了精彩表演，展现其创新能力和综合技术实力。在连续几年里，相继投入近6亿元进行技术改造、技术引进和技术合作，建成了具有国内一流水平的计算机辅助设计和制造系统、摩托车检测中心。建成了具有国际先进水平的国家“双加工程”重点项目4条摩托车发动机柔性生产线，增强了摩托车工业自我发展的能力。

1997年4月，中国南方航空动力机械公司作为独家发起人，成立南方摩托股份有限公司。公司收购了南方航空动力机械公司持有的株洲南方雅马哈摩托车有限公司44.23%的股权。截至1999年年底，公司股本39780万股，其中法人股占65.81%；总资产21.45亿元，净资产13.55亿元。公司开发制造的50～250毫升高中低档骑、坐式摩托车产品，覆盖全国30个省、直辖市、自治区，并出口近20个国家。公司成立3年里，共生产销售各种型号的摩托车40万辆。2000年，累计出口南方摩托整车33108辆、发动机1600台，在非洲、南美洲、东南亚、欧洲等地的国际市场份额逐渐增大。

第二节　工业专用设备制造

一　化工设备

1965年，市轻化工业局组建轻化工维修队，次年维修队改为株洲市化工机械厂，生产化工设备维修配件，并试制少量非标设备。

20世纪70年代初，南京化工机械厂部分搬迁至攸县，由国家投资5744万元，兴建湘东化工机械厂。当年，即生产出湖南小氮肥厂家急需的活塞杆、活塞等备品配件246.6吨。次年，又试制成功SO_2风机2套，受到化工部设备制造局的电报嘉奖。以后，又试制成功具有国内先进水平的薄壁轴瓦、球铁阀座、铸铝镁合金联轴节、九波膨胀节等，引进大化肥装置的备品配件以及102JT汽轮机、Φ37米刮泥机等产品。到1980年，湘东化工机械厂完成基建投资5448万元。在试生产的8年期间，共创工业总产值4541万元，产品产量10041吨，化工设备7023吨。

20世纪80年代初，湘化机厂新开发高压容器、Φ2260螺旋炉篦、大型工业泵，并配合湖南省小氮肥厂改造，将制造高压容器作为生产重点。从1986年起，生产以大化肥装置和引进设备国产化为主，先后开发黄磷过滤器、铁路罐车、静电除尘器、阳极保护浓酸冷却器、多层热套高压容器、合成塔内件、102C第一废热锅炉等18种新产品。1981—1989年，该厂先后投资1305.5万元，改造项目252项。

20世纪90年代，湘化机依靠科技进步，不断开发新品。1991年，开发30万吨/年全合成氨装置第一废锅炉管束、Φ1000毫米铜洗塔和甲醇塔等7个新产品。同时推广应用高合金HI材料焊接工艺试验、双丝埋弧自动工艺试验等 8 项新工艺、新技术。1992 年 10 月，该厂为泰国制造的 6 台 1200EIB-3.2 大型水泵顺利通过检验，发往泰国曼谷。1994 年，该厂开发了水煤浆槽车、栏污栅等 4 项新产品。向泰国、越南、巴基斯坦等国家和中国台湾地区出口产品 427 吨，产值达 1128.3 万元。1995 年，该厂完成 6 项新产品开发，其中耐磨管道、裂化炉管等铸件产品在能源建设和石油等行业有较大市场，开发的 Φ1400 毫米甲醇合成塔内件用于资江氮肥厂，产醇率达到国内先进水平。1996 年，该厂完成煤焦油加氢反应器、甲醇反应器、Φ18 米刮泥机等新产品制造计划。

其间，市化工机械厂被列入全国化工机械配件协作网点单位，生产环形阀片和网状阀片，成为市属专业生产化工配件的厂家；株洲石油储存站所属制桶厂，研制并成批生产液态石油产品装卸机械“鹤管”；湖南省株洲煤矿机械厂批量生产氮肥造气设备“挤压式煤棒成型机”；醴陵县机器厂小批量生产 WC150/200 型箱式微滤机。1970 年，市化工机械厂由维修转向阀片和非标设备制造，生产压缩机配件环形阀片 4500 片。1977 年，试制网状阀片，当年生产 1000 片。至 1978 年，形成环形阀片 18 万片，网状阀片 5000 片的生产能力，产品销往贵州、湖北、江西等省。1991 年，株洲化工机械厂生产非标化工设备 517 吨，生产阀片 13.6 万片，从业人员 315 人。2000 年，生产化工设备 152.3 吨，亏损 99 万元。

中石化销售公司株洲制桶厂于 1978 年研制的 78DG100 型火车油罐车装卸鹤管（简称“78 型火车鹤管”），1980 年批量生产，同年 9 月获商业部科技三等奖。1984 年 10 月，经改进，定名 84 型火车鹤管，国家授予专利证书。该厂还试制成水平式手动汽车发油鹤管，产品独占国内全部市场。

湖南省株洲煤矿机械厂 1989 年试制成挤压式煤棒成型机，在国内处于先进水平，获得了国家专利。

株洲煤矿机械厂 1990 年生产的 ZMJ20- Ⅲ型挤压式煤棒成型机获得国家专利，到 1999 年累计生产 160 台套。2000 年，该厂研制成功 ZMJ30 型煤棒成型机，当年生产 40 台套，产品性能优良。

二　矿山设备

（一）钎　头

1964 年，株洲市工具量具厂（后更名湘江风动工具厂、东方工具厂）试制成功一字型硬质合金钎头，并向国内市场售出 3 万只，成为中南地区第一家钎头生产工厂。1979 年，与武汉地质学院研制马蹄型、斜假刃型、厚刃型、十字型等 5 种新型钎头。1987 年，马蹄型钎头被湖南省评为优质产品。自此，东方工具厂的硬质合金钎头形成有普通、马蹄、鸭嘴、斜假刃、一字型、十字型、X 型、柱齿型等 7 种型号 49 种规格的系列化产品。成为全国硬质合金钎头品种规格最齐全的厂家，畅销国内 300 多家矿山企业，远销东南亚、非洲、欧洲、澳洲等 20 多个国家和地区。

1991 — 1994 年，株洲市东方工具厂投入近 100 万元，建成球齿钎头数控生产线，利用经济型数控系统改造传统车、铣床 24 台套，同期新建热处理车间投入运行，新增各类设备 60 台套，形成年生产钎头 100 万件的生产能力，钎头产品品种发展到 8 大类 451 种，其中新开发的中 89 球齿钎头系列产品124种。1999—2000年，该厂进行产品结构调整，淘汰普一字钎头，改进马蹄型钎头，新产品由40、由43小球齿钎头批量生产。

湖南省株洲煤矿机械厂自1973年以来，所产凿岩钎头有一字型、马蹄型、左旋圆弧槽型、柱齿弧槽型等7种，年生产能力30万只。其中，左旋圆弧槽型一字钎头，评为煤炭部优秀新产品。1980年，转向生产矿用防爆液压绞车为主。钎头生产稳定在20万～25万只之间。1991—2000年，累计生产175万只。

（二）钻 头

1975年，湘江风动工具厂与长沙矿山研究院合作，研制替代进口的SF型矿用三牙轮钻头，1976年批量生产。1977年，研制出分体式310毫米矿用三牙轮钻头，1979年5月获冶金工业部科技成果二等奖。同年，该厂应泰国伟丰公司要求，研制Φ171水井钢齿牙轮钻头。成为中国第一家出口牙轮钻头的厂家。

1983年，该厂试制矿山掘进中巷道支护用的锚杆钻头，达到国外同类产品先进水平。同期试制的GZ型组合刮削钻头，获省科技进步三等奖。1984年，研制为4万吨级大型露天矿井开采用的VXT3-250型牙轮钻头，具有国内先进水平，并获省优秀新产品称号、省科技成果三等奖、机电工业部4万吨级大型露天矿成套设备研制特等奖。产品畅销国内，出口比利时、摩洛哥、扎伊尔等国家。"七五"计划期间，生产能力由2000台扩大到5000台。1990年，市东方工具厂已具备生产软岩、中软岩、中硬岩、硬岩、极硬岩的各类岩层钻头的综合能力。产品规格从118到300毫米的镶硬质合金齿和钢齿2大系列12个型号35种，年产三牙轮钻头5000台和各种异型钻头10万件，成为机电工业部第二装备司唯一定点生产矿山穿孔钻具的专业生产厂家。先后有13种规格的牙轮钻头出口泰国、澳大利亚、东南亚等国家，创汇近150万美元。累计生产2.1万台，创产值1350万元，实现利税229.5万元。

1992年11月，市东方工具厂技改项目竣工验收，新建异型钻具车间投入运行，牙轮钻头高精加工工序实现了数控数显化，工效提高4倍，形成年生产三牙轮钻头5000台和各类异型钻具近10万件的生产能力。此后该厂新开发的牙轮钻头系列化直径产品，最小的Φ118型和最大的Φ380型牙轮钻头，被列为国家3000万吨级露天矿成套设备的配套产品。1993年，该厂应日本客商要求，研制开发成功F31、F34挖路齿系列产品，填补了国内空白，出口到日本、美国、韩国、新加坡等地。1994年，出口量达6.38万件。1996年，该厂又研制成功F51-54挖路铲系列产品，与澳大利亚客商签订了月出口900只的合同，年创汇20万美元。1998年，该厂新产品Φ200系列牙轮钻头、Φ42重型钻头批量生产投放市场。2000年，试制出6台牙轮钻头KZ83-250新产品样品投放市场。至2000年，每年产品出口澳大利亚达100万元以上，最高年份出口量达200万元。

湖南省株洲煤矿机械厂，1975—2000年，生产电煤钻头150.76万只，在主要销售省内煤炭系统基础上，扩销到国内22个省、自治区。2000年，该厂产品通过ISO9001质量体系认证。

（三）筛分及振动筛设备

1964年7月，株洲市表带厂为株洲洗煤厂试制不锈钢筛板。1965年7月，试制成功中国第一块不锈钢波纹穿条筛板。1966年5月，工厂改名为市筛网厂。1967—1970年，产品由筛板发展到筛篮、筛网。1971年5月，市矿筛厂为柘溪水电站基建工程试制10台双层双轴2570型振动筛，图纸由上海冶金矿山厂提供，当年生产8台，次年生产2台，满足了柘溪基建工程的急需。1972年，为湖南省维尼纶厂基建工程提供5台急需用的单双层振动筛。1977年9月，市矿筛厂试制大型离心脱水机，填补中国矿山机械产品一项空白。一机部决定，交洛阳矿山机械厂生产。

1980年1月，市矿筛厂研制成功国产首台自动转焊机，开发全焊式不锈钢筛板、筛篮、全焊式不锈钢井下筛管。同年，与胜利油田孤岛指挥部地质工程研究所签订研制替代进口不锈钢焊接筛管。翌年6月批量生产。1985年，筛管获国家科技进步二等奖。采用焊接新工艺试制的新型WZ1-100焊接筛篮，1984年获湖南省科技成果二等奖。

1981年，该厂批量生产不锈钢焊接氮肥筛网。至此，株洲生产的矿山筛分设备配件，逐步形成系列化。同年，与洛阳矿山机械厂合作，试制2YK1545圆振动筛，次年7月转交别厂生产。

1991年5月，株洲市矿筛厂更名为湖南筛分设备厂。产品仍以矿山配件为主，包括不锈钢筛板、筛篮、井下筛管、氮肥筛篮等，1990—2000年，生产矿山配件1666.83吨，生产各种类型振动筛383台。至2000年年末，该厂处于停产、半停产状态。

（四）液压绞车

1979年，株洲煤炭汽车配件厂在湖南、上海煤炭研究所和上海中华造船厂等单位的协作与支持下，试制成功国产第一台BY1.2/1B型矿用防爆液压绞车。1984年5月，获煤炭部科技进步一等奖，国家经委优秀新产品"金龙"奖。1983年，研制BYT1.6型绞车，同年批量生产。产品有普通型、加宽型、双筒型、双马达型等4种规格、6个品种。1986年，试制JKY20/1.5B型液压绞车，与国际20世纪80年代中期先进的同类产品相似，1989年投入批量生产。

1991—2000年，株洲煤矿机械厂生产的防曝液压提升机和液压提升绞车，在国内一直保持96%以上的市场占有率。10年累计生产197台。该厂先后新开发研制成JTY1.2B型、JTY1.6B型、JKT2.0B型、JKY2.5B型等4大系列28个品种的产品，均通过省部级技术鉴定。其中JKY2.0B型液压提升机被列为国家级新产品；JKY2.5B型液压提升机1997年获"国家重点新产品"项目奖，并列入替代进口和承担出口创汇新产品。

（五）液压马达

1979年，株洲煤炭专用机械厂与湖南省煤炭研究所合作，研制与液压绞车配套的液压马达，年生产能力300台。1990年6月，通过省级鉴定，获准单台对外销售。1990年8月，航空航天工业部订购2台，用于卫星发射架。1993年，液压马达通过瑞典国际液中心检验，其性能达到世界著名的赫格隆公司MA系列液压马达同等水平，1995年获湖南省"科技进步二等奖"，1998年通过国家船检取得船用许可证。1999年8月，省经委主持召开"内曲线液压马达国产化"项目可行性论证会，有关专家一致通过并建议实施本项目，同年12月，国家经贸委批准确定该项目为国家重大技术装备国产化创新研究项目。1991—2000年，该厂累计生产液压马达333台，创产值1261万元，销售收入1125万元。

三 陶瓷设备

1957年，醴陵陶瓷行业，自制旋坯机、粗坯机、施釉机等设备。1958年，兴建湖南省醴陵陶瓷机械厂，生产陶瓷机械配件，当年产量195吨。20世纪60年代初，该厂除生产陶瓷配件外，还生产6种简易小型机械。从1970年开始，该厂进行技术改扩工程，年生产能力由原来388吨扩大到529.75吨。先后开发0.1吨球磨机、活塞直径62毫米的单缸隔膜泵、TC1T25榨泥机、TC1C140炼泥机，4R3214型雷蒙粉碎机、榨泥机的传动装置和1吨球磨机的离合装置。1979年，研制TC2G100×100深杯双头滚压机，TC3G系列干燥机。以后又开发TC1F1466×1800半吨球磨机精坯流水线、90×180双缸泥浆隔膜泵。1983年，研制自循环喷砂雕刻机组，工效提高10倍以上，填补了国内空白。同年还研制400×100单头滚压机，其中1.5吨球磨机和链式干燥机成为80年代的主导产品。

随着市场对陶瓷机械需求量增大，一批乡镇机械企业纷纷转产陶瓷机械及配件。东风机械厂生产各种油喷嘴，嘉树乡机械厂生产双缸隔膜泵和压滤机，马恋乡机械厂转产陶机配件，渌江乡泉湖机械厂生产陶瓷制泥设备，五里牌机械厂生产隧道窑专用机械和电瓷附件，醴陵陶瓷机械厂附属工厂生产立式搅拌机及陶机配件。农机二厂改名瓷城机械厂，转产摩擦压力机，以后又生产马赛克模具墙地砖模具等10余种建筑陶瓷机械产品，以及喷油机、0.5吨球磨机、225型双头滚压成型机、204型精坯机等7种陶瓷设备。

1985—1990年，醴陵陶瓷机械厂进行第二次技术改造，年生产能力由1100吨扩大到2000吨。1985年、1988年，TC2G250×75转盘机被评为省优、部优产品，1990年获全国轻工博览会铜牌奖。207型双刀旋坯机，填补了国内空白，替代了进口产品。改型后的207-1B滚压成型机，3次被评为省优产品，2次评为部优产品并获轻工首届博览会银奖，远销中国香港地区、泰国。TC8Q125双缸隔膜泵、1800毫米×2100毫米1.5吨球磨机，均于1985年、1988年两度获省优，其中球磨机1989年获部优。1990年，醴陵陶瓷机械厂的省优、部优产品产值率达到75.2%。总产量达1959.4吨，占全国陶机总量的9.9%，成为国家轻工部9家定点生产陶瓷机械的专业骨干企业之一。

“八五”计划时期，醴陵兼制陶瓷机械的工厂又有增加。醴陵市电机厂研制自动排渣泥浆磁选机，1988年生产销售170台。醴陵市机器厂生产SWZS-100型不锈钢振动筛，填补了省内空白。1990年，醴陵市成为全国陶瓷机械重要产区，专业生产厂共有10家，其中：国营2家、集体企业8家，产品有45个品种，总产量4288吨。

1991—1995年，陶瓷机械企业增加到11家，各种机械加工设备700多台（件），能生产制泥成型、精坯、烘干、施釉、装烧、彩饰各工序所需的各种陶瓷机械设备主要有抽浆机、球磨机、搅拌机、练泥机、榨泥机、磁选机、注浆机、可塑压力成型机、液压成型机、链式烘干机、精坯机、施釉机、窑车、多孔窑推板机、镶金机和单头、双头滚压成型机、电瓷成型机、磨瓷机、分切机、打眼机、修坯机等40多个品种，60多种不同规格的产品。

1991年，湖南省醴陵陶瓷机械厂进行三期技术改造，高档瓷成型联动生产线投产。到1996年，共生产TC2G250×75转盘成型机、175–C双头滚压成型机、TC3G链式干燥机等142台（套）。开发了磨擦压力机、5 ~ 8吨球磨机、变量柱塞泵、六工位棒头成型机、208成型机等产品。产品销国内主要陶瓷产区和越南、阿尔及利亚、印尼等国家。从1997年起，产品市场饱和。再开发C型成型机，250.1真空练泥机、75/650减速机、20吨球磨机、120吨磨擦压力机、环保型快速干燥机、变频数单刀滚压机、微波快速干燥机、可塑型压力成型机等10余种产品，由于产品订单不足，企业连年亏损。

醴陵市瓷城机械厂，主要生产M–60T磨擦压力机、离心式施釉机、链式釉板干泥机、球磨机、试产成功300吨全自动压砖机等产品。1991 — 1995年，共生产60吨磨擦压力机538台。从1994年起，醴陵市东风机械厂转产电瓷机械设备，有棒型电瓷成型机、仿形电瓷成型机、电瓷旋坯机、分切机、打眼机、磨瓷机、抗弯拉力试验机、电瓷拉力试验机、电瓷切磨机、电瓷套管卷纸机、双工位全自动数控修坯机等18种生产电瓷的机械设备，产品销往山东、山西、陕西、河北等省。1990 — 1997年，醴陵市电机厂共生产自动排渣泥浆磁选机426台。

四 建材设备

1958年，成立株洲市建筑机械修制厂，修理建材和建筑机械设备，1967年并入株洲市粉煤灰制品厂。

1964年，株洲市灰渣砖厂自制轮碾机，技术居国内先进水平。1967年，该厂与湖南省建材机械厂合作，试制履带振动瓦机，用其生产水泥灰渣瓦。1971年，自制出3台圆盘砖机。1973年，生产班产7000块砖坯的杠杆砖机，先后共生产杠杆砖机50台。1978年与市电子研究所合作，制成200吨液压砖机，以后又自己设计制造60吨液压砖机，2年后即停止使用，市灰渣砖厂机修车间还生产搅拌机、破碎机、运输机。

1961年，湖南省工业设备安装公司第一加工厂开始生产小型简易球磨机，1965年更名株洲铸铁管厂。1972年，批量生产直径1.2米 ×4.5米和直径1.5米 ×5.7米规格的球磨机。1975年，新建水泥机械生产线，生产直径1.5米 ×5.7米球磨机。1977年，改名株洲水泥机械厂，1982年试生产出2台直径1.83米 ×6.1米球磨机，1985年7月批量生产。1987年，完成直径2.2米 ×6.5米新型球磨机样机试制，属国内首创。

20世纪80年代以来，株洲水泥机械厂开发生产各种建材机械，有直径1.5米 ×12米、1.2米 ×10米规格的烘干机、2.2米 ×12 ~ 14米回转式烘干机、脉冲袋式收尘器、旋风收尘器、扩散式旋风收尘器、包顶压力袖袋收尘器、H1型250和300斗式提升机、B400×20米链斗输送机、B630×62.22米链斗输送机、直径2米 ×22米单筒冷却机、直径1.5米 ×15米和直径2.2米 ×22米选粉机、直径1.5米高效旋风选粉机、直径1.8米、3米、3.5米3种规格的选粉机、直径1.6米、2.2米、2.5米、2.8米、3.2米5种规格的成球机。

1982年，株洲水泥机械厂试制6台直径1.7米 ×6.5米机械立窑，1983年试制直径2.5米 ×10

米机械立窑、直径 2.2 米 ×8 米机械立窑，1985 年试制直径 2.8 米 ×10 米塔式机械立窑，1989 年设计直径 3 米 ×10 米机械立窑。填补了湖南省的空白。1985 年直径 1.7 米 ×6.5 米和 2.2 米 ×8 米塔式立窑获湖南省优秀新产品奖，1986 年获省科技进步三等奖。同年，该厂试制直径 2.5 米 ×40 米回转窑、直径 1.6 米 ×36 米回转窑、直径 1.6 米 ×32 米干法中空回转窑。1987 年，与省建材研究设计院和华中水泥厂承担华中水泥厂立筒预热器试制任务。1989 年 7 月试制出 2 套筒预热器。填补了国内空白。

1990 年，株洲市水泥机械厂开发生产年产 15 万吨水泥预热器窑生产线整套设备。包括直径 3 米 ×48 米回转窑、1Y36I–II 立筒预热器、直径 3 米 ×30 米单筒冷却机、直径 2.2 米 ×3 米煤磨、直径 2.4 米 ×14 米烘干机、直径 2.4 米 ×7 米、直径 2.4 米 ×8 米、直径 2.4 米 ×10 米管磨机、直径 4.5 米 ×25 米增湿塔、直径 3 米 ×11 米机立窑等产品。至 1996 年已为全国各省提供了 10 多条水泥设备生产线。此间，该厂相继开发生产直径 4 米离心选粉机、中 3.6 米普通成球机和 3.6 米预加水成球机，为石灰厂开发生产了日产 90 吨的机械化石灰立窑。1997 年，该厂通过中国建材质量体系认证中心严格审核，获得 ISO9001 质量体系认证书。1998 年，该厂开发生产中直径 3.2 米 ×12 米高塔尖大抓爪机立窑，使立窑形成年产 10 万 ~ 12 万吨的生产能力。2000 年 2 月，该厂制造完成第一套水泥机械设备出口。

五　环保设备

（一）消声器

1993 年 4 月，株洲市内燃机配件厂支持市弹簧厂开发研制新产品 —— C50 式摩托车消声器，与市摩托车厂达成供销协议，成为新开发的 50 型女式摩托车配套产品。同年 7 月，经有关部门检测鉴定，产品达到国内同行先进水平，填补省内空白，年底投入批量生产，月产量 3000 件。1998 年，产品销路不畅，至 2000 年停产。

（二）臭氧水生成机

2000 年 5 月，株洲湘火炬环保科技有限责任公司与中国原子能科学院工业应用研究所合作生产臭氧水生成机，6 月完成臭氧水生成机修建改造任务，7 月生产 10000 台臭氧水生成机，投放市场。

第三节　农用机械制造

一　动力机械

（一）手扶拖拉机

1958 年 3 月，湖南省内第一台“湘江 – 22”小型万能手扶拖拉机在 331 厂试制成功。

20 世纪 60 年代末 70 年代初，株洲市拖拉机配件厂、醴陵县农机一厂等先后试制成功工农 –5 型、

212农-7型、工农-12型、红旗-12型小四轮、湘潭-15型小四轮等手扶拖拉机品种。累计生产104台，因资金材料短缺而转产。同期，株洲市东区田心机械厂试制成工农-12型手扶拖拉机。1971年，市拖拉机厂、市柴油机厂为主机厂，另由市机引农具厂、田心配件厂、田心大队机械厂、曲尺机械厂等14个协作厂共同组成工农-12型手扶拖拉机联合生产线,分散加工零部件,集中组装出厂。1977年，形成年产3000台生产能力，在省内生产规模仅次于衡阳拖拉机厂。1978年下半年，将工农-12型改型为国家定型的东风-12型手扶拖拉机。1979年，全厂有9条机械加工流水线、1条装配作业流水线、1条铸造生产流水线、1条磷化油漆流水线，已基本实现生产流水线作业化，机械和夹模具化。工厂已发展成较为正规的中型手扶拖拉机制造厂。已具备年产东风-12型手扶拖拉机5000台的生产能力。1982年，并入株洲起重设备厂，结束了株洲手扶拖拉机生产的历史。

（二）柴油机

1969年，株洲市农业机械厂试制190瓦柴油机。1970年，小批量生产。翌年工厂更名为株洲柴油机厂。1974年扩建，规模达到年产190瓦柴油机7000台生产能力。1978年，改产为东风-12型手扶拖拉机配套的S195柴油机，获第一机械工业部“节能机”称号和湖南省优质产品称号，并获一机部发放的生产许可证。

1982年秋，在S195型柴油机的基础上，将缸径由95扩大到100毫米，仅更换9个零件，使该机功率达到14马力，2000转/分，油耗185克/马力小时，定名为SK1100型，当年即出口创汇。1984年，该厂加入国内几个大型柴油机厂共同组成的研制S1100型柴油机联合体，生产S1100型柴油机。1988年，与上海内燃机厂研究所合作，在S195型机基础上，开发ZH1105WG型柴油机，填补了湖南省单缸柴油机采用直喷燃机室的空白。

株洲市生产的“万里”牌各型柴油机内销国内18个省、市、自治区，外销巴基斯坦等8个亚非国家和地区，连续3年年平均创汇100万美元，累计创汇达450万美元。

1993年12月，市柴油机厂研制的新产品ZH1105WGA型柴油机通过省级鉴定，并投入批量生产。该新产品是在原ZH1105WG型柴油机的基础上，采用加大冲程和提高转速，改进直喷燃烧室结构而开发的变型产品，投放市场后深受用户欢迎。至2000年年底，共生产46584台。

1995年，该厂生产的柴油机产品对“农用单缸机采用先进直喷燃烧技术”产品换代改造，同时充分继承涡流系统的成熟工艺，新产品ZH1105WGA样机经国家内燃机检测中心考核，可靠性达到优等水平。当年生产柴油机21581台，完成销售收入4082万元。1996年8月，经湖南省经委评核，该厂晋升为中二规模的动力生产企业。同年，该厂研制成功气缸直径为110毫米的直喷式ZH1110型柴油机，并通过了省级鉴定，当年即投入批量生产和销售，至2000年年底，该机生产5456台。

1999年8月，该厂生产的主机产品柴油机由万里动力有限公司租赁承办经营。2000年6月，由于市场和经营等原因陷入停产状态。

（三）喷灌机

1968年，醴陵县机械厂与省农业机械研究所共同研制成功人工降雨机（喷灌机），1969年转产。

1970年，茶陵县农机一厂与省农机研究所合作，研制成功8Y50型人工降雨机，取名湘喷-70型。1976年研制3/5CP-3型喷灌机样机，1977年通过省级鉴定，1978年获全国科技大会奖。1978年，与省农机研究所合作，研制成功10、12型喷灌机。1980年，与省农机研究所合作，按照BX65-58Z自吸泵的原理，对50BPZ-40自吸泵进行改进，研制成功BX50-45、BX65-58等2种新型自吸泵，1983年获国家经委颁发的“金龙杯”奖。1982年，与省农机研究所合作，研制自吸泵内混外流道球阀自动开关装置，使水泵效率和自吸能力均有较大提高。工厂提供的17种喷灌泵均被国家选定为优秀水力模型，占全国优秀水力模型总数的70%。1984年，以上系列喷灌泵列为机械工业节能产品推广项目，授予“喷灌泵系列更新、改进三等奖”。1985—1987年，承担IB泵（单级离心泵）研制，80-50-25等3种单级离心泵水力模型通过部级鉴定，被评为国家优秀水力模型。

（四）耕整机

1984年，市拖拉机配件厂与省汝城机械厂联合生产湘南-3型耕整机。此后，对湘南-3型耕整机进行改型研制，试制成功“ZZ-4型”水旱两用耕整机。

二　拖内配件

（一）电热塞

1970年，渌口内燃机配件厂试制704电热塞，年产量仅几百只。1986年，研制IA55-12V、IA55-24V、2B106-12V3种型号电热塞。形成年生产能力30万只。

（二）活塞销

1960年，株洲市滚珠轴承厂先后试制120型、C115型和2105型煤气机车活塞销，1961年批量生产。工厂改名市内燃机配件厂。到1963年，共计生产活塞销16.1万件。1966年，活塞销品种由5种增加到12种。1970年，与西安交通大学、上海第一汽车附件厂等7个单位，连续8年进行研究和试验，使活塞销单面渗碳工艺改为双面渗碳工艺，获国家机械委1987年科学技术成果奖。

1978—1980年，经技术改造，工厂年生产能力达到270万件。1981年12月，90、X105系列活塞销获农机部优质产品证书。1985年，经上海内燃机研究所检查合格，并通过TOCT619-79国际标准验收。1987年90、X105系列活塞销经国家复评合格，获国家机械委优质产品证书。产品品种有67个机型、100多种规格。销往全国30个省、直辖市、自治区的18家主机厂和160家农业机械维修站、415家农机公司。

20世纪90年代初，对活塞销生产工艺进行重大改进，产品毛坯成型采用冷挤压工艺取代车钻工艺，材料利用率从45%提高到80%。1997年，下料工艺由带锯下料代替车床下料，费用降低40%，生产效率提高80%，材料利用率再次提高4%。1998年9月，该厂破产重组，被湘火炬投资股份有限公司安置性整体收购，成立株洲火炬活塞销制造有限责任公司。重组后，对活塞销生产进行技术改造，形成年产400万件活塞销生产能力，实际年产量从1990年的170万件提高到2000年的 245 万件，产品结构从农机销为主转向到技术含量高的车用销及工程机械销。1999 年，活塞销产品通过 ISO9002 质量认证。

（三）轴 瓦

1961 年 6 月，株洲市农业机械修配厂试制铜铅合金轴瓦，包括引进机型Ⅱ T-54/75、ET-25 型轴瓦及国内产品 1115-15HP120 型煤气机轴瓦，填补省内空白。1963 年，农业机械修配厂轴瓦生产部分划出，合并到下马的株洲钢厂，定名为株洲市轴瓦厂，主要生产轴瓦。同年 9 月，试制东方红 -54 铜铅合金轴瓦。1965 年，产量达到 5 万多片。1966 年，研制成功用离心浇注法生产出巴氏合金轴瓦新产品。1968 年，将轴瓦生产部分迁至响石岭，工厂仍定名株洲市轴瓦厂。1970 — 1972 年，建起简易铝基合金轴瓦生产线和其他配套设施，轴瓦产量进一步提高。1983 年，190、175F-1、X105、S195 连杆轴瓦产量获湖南省优质产品奖。1986 年，190、175F-1、X105、S195、6105Q 连杆轴瓦获湖南省优质产品奖。1988 — 1989 年，建成汽车轴瓦生产线，新增生产能力 100 万片、产值 150 万元以上。1989 年，175F-1、95、6105Q 主轴瓦获湖南省优质产品奖。产品销售全国 60 多家主机厂、500 多个农机维修站，远销美国和东南亚各国。

从 1991 年起，该厂所有产品均采用国际标准，标准覆盖率为 100%，经省质监站检查合格率为 100%，稳定提高率为 100%。1996 年 10 月，该厂试制成功 S195 主轴瓦。2000 年，试制成功 160F 超小型柴油机轴瓦，投入批量生产，成为该厂的主导产品，填补省内空白。2000 年，该厂成功采用无料头剪切下料，自行设计卷料自动送给剪切模工艺，平均降低材料成本 3%，此工艺为国内首创。

（四）AK-10 曲轴总成

1963 年，株洲市电机厂转产为河南洛阳第一拖拉机厂生产的东方红 -54 型拖拉机配套的易耗件 AK-10 曲轴总成，填补省内空白。1964 年 3 月，工厂改名为市拖拉机配件厂，当年生产 AK-10 曲轴总成 7028 台。1984 年，工厂实现技术革新 19 项，其中锻件瞬时温度测定技术及装置填补了国内空白，1987 年获中国发明协会铜牌奖，交通部科学技术成果三等奖。AK-10 曲轴总成于 1981 年、1984 年、1987 年、1990 年连续被评为湖南省优质产品。为全国同行业 10 多个生产厂家同类产品唯一获省优称号产品。到 1990 年，共销售 60 多万台。产品销往全国，占全国同类产品总产量 31.82%。1992 — 2000 年，该厂连续亏损而相继停产。

（五）油泵油嘴

1970 年秋，攸县农机二厂试制为小四轮拖拉机配套的新 1105 型柴油机油泵油嘴，12 月投产。1972 年，改产 175 型油泵油嘴。1977 年，油泵油嘴生产部分从农机二厂分出，单独成立攸县油泵油嘴厂。1978 年试制 175- Ⅱ、S195、165F 型 3 种油泵油嘴新品种，形成年产油泵油嘴各 3 万套生产能力。1987 年，175 型油泵油嘴获湖南省优质产品奖。该厂成为湖南省定点专业厂家。

（六）弹 簧

1964 年，株洲市内燃机配件厂设立株洲市弹簧车间，生产“工人”牌各类弹簧，主要与农机、汽车、矿山机械、机床、电器等产品配套。1990 年弹簧产量 112 万件，创产值 40 万元。1992 年，弹簧产量达 230 万件，实现产值 111 万元。1994 年，弹簧年产量 430 万件，总产值 320 万元。1996

年 4 月，该厂与原株洲市内燃机配件厂正式分离，更名为株洲市弹簧消声器厂，年实际生产能力为 500 万件。由于市场疲软与资金困难等原因，2000 年该厂处于停产状态。

第四节 金属加工机械生产

一 金属切削机床

1956年3月，株洲市红旗机床厂试制C617型车床。1958年7月，331厂六车间试制C618普通车床。1958 — 1961 年，市新生机床厂生产 C625 车床 165 台、B663 型牛头刨床 116 台、C613 车床 180 台。20 世纪 60 年代末 70 年代初，市动力机械厂、市机床维修厂、市东区机械厂和田心机车工厂技工学校都生产过一批 C618 型普通车床。

1964 年，市劳动局工人技术学校实习工厂生产出 Z512-2 型台式钻床，1969 年，市技校实习工厂更名为株洲市第二机床厂。同年，试制 Z535 型立式钻床。1975 年，试制 T716 型立式精镗床。1985 年生产 GT2130 型立式双轴镗床，达到国内同类产品水平，填补国内空白。

二 锻压设备

1951 年 12 月，兴建株洲市锻压机床厂。1959 年 1 月，更名株洲市机械修配厂，试制 C41-150 型空气锤，1960 年批量生产。1968 年，该厂分为市锻压机床厂、机床配件厂、机床维修厂 3 个厂，市锻压机床厂专门制造空气锤。1971 年，市锻压机床厂生产的 C41-65 型空气锤，试出口 2 台，此后每年均有出口任务，遂成为湖南省出口空气锤的独家企业。其产量占全国总产量55%以上。1981 年，C41-65 型空气锤被评为湖南省优质产品，1982 年经全国摩擦压力机、空气锤行业质量检查组检查，该产品荣获全国同行业第二名。

1980 年，市锻压机床厂试制 C41-40 型空气锤，1986 年，改型号为 C41-40A 型，填补省内空白。同年，市锻压机床厂试制 C41-75B 型空气锤，填补省内空白。1987 年，被评为省优产品。

1979 年，市锻压机床厂试制 Q11-6×2500 型剪板机，年销售 70 台左右。1979 年年底，试制 Q11-3×1800 型剪板机，1988 年停止生产，共销售 320 余台。1979 年，开发 QA11-3×2000A 型剪板机，填补省内空白。1980 年，生产 Q11-13×2500 型剪板机，年产 100 台左右，1987 年改为 Q11-3×2500A 型。1983 年 3 月，试制 QG11-6×2500B 型剪板机。达到同期德国同类产品水平。1987 年，与甘肃天水锻压机床厂联合设计 Q12Y-16×3200 型剪板机，与当年试制的 Q11-4×2000B 型剪板机，均填补了省内空白。QG11-6×2500 型和 Q11-13×2500 型剪板机销往澳大利亚、孟加拉、墨西哥等国家。

20 世纪 80 年代末期，市锻压机床厂压缩空气锤生产，扩大大型剪板机生产。1991 年，开发 QC12Y-16×2500 大型液压剪板机和 GQ-20 自动坡口机等产品，通过省级鉴定。1992 年 12 月，该厂生产的 C41–150 空气锤和 QC12Y–16×2500 剪板机获得机械工业部和国家进出口商品检验局颁发的“出口机电产品质量许可证”，同时完成 QC12Y–20×2500 数显液压摆式板机的研制，并通过省级鉴定。1993 年，完成 QC12Y–12×4000 剪板机和 WC67Y–100/3200 板料折弯机的试制，其中 QC12Y–12×4000 剪板机于同年 11 月份通过省级鉴定。1994 年，该厂开发液压板料折弯机系列产品，试制成功 WD67Y–63/2500 型液压板料折弯机，通过省级鉴定，达到国内先进水平，填补省内空白。1995 年，该厂在对 Q113–3×2000 型剪板机和坡口机等 5 种老产品提高质量和性能的同时，又开发了 Q11–8×2500B 型剪板机和 GQ–12 多功能坡口机 2 个新产品。

1996 年，该厂完成 2 条开卷校平鼓的生产研制和 12×2500A 深喉口机械剪板机、Q12Y–16×3200B 深喉口液压剪板机的开发生产。1997 年，研制成功 ZS–TK44–3×1300A 数控开卷、校平、剪切、落料自动生产线和 S–T44–3×1600 开卷、校平、剪切、落料生产线，同年 9 月通过省级鉴定。其中 ZS–TK44–3×1300A 自动生产线，采用美国称尔摩根公司的电机和数控装置、德国公司的光控系统、日本公司的集成电路，是集机械、电器、液压、数控、光控于一体的高科技产品，填补了国内空白，它的定长精度达到国际水平。1998 — 1999 年，该厂先后开发成功 3 条开卷、校平、剪切、落料生产线。2000 年 5 月，该厂开发的 Q35Y–20 联合冲剪机、QC12Y–6×3200 剪板机、WD67Y–63/3200 和 67Y–160/4000 板料折弯机等产品全部通过省级鉴定。1990 — 2000 年，该厂生产空气锤 1092 台、剪板机 1627 台、折弯机 121 台、开卷线 9 条。8 大系列产品覆盖全国，远销美国、马来西亚等 40 多个国家和地区，年出口额 200 多万元。

三　机床附件

1968 年，市清水塘机修厂试制轻型 4 号回转顶尖，1969 年 9 月更名为市北区机修厂。1971 年，生产回转顶尖 3318 只，产值 28.25 万元。1975 年，该厂试制 Φ250 ~ Φ400 四爪单动卡盘，形成月产卡盘 100 台生产能力，1981 年停产。1975 年，工厂更名为株洲市机床附件厂。1984 年，年生产回转顶尖能力已达 2.5 万只，1987 年获省优产品称号。市机床附件厂主要生产“中方”牌 2–5# 回转顶尖，年生产能力达 3 万只。1991 年，回转顶尖市场疲软，产品滞销，当年仅生产回转顶尖 10324 只。1993 — 1994 年，市场有所好转，年均生产回转顶尖 15000 只。1995 年后回转顶尖生产又呈下降趋势，2000 年回转顶尖仅生产 1503 只。

第五节　通用机械设备制造

一　起重设备

（一）桥式起重机

1970 年，株洲市机床厂（1974 年更名市起重设备厂，1987 年更名株洲起重机厂）试制双梁吊钩桥式起重机。1971年生产5台，1973年生产21台，成为中南地区第一家桥式起重机专业生产厂。1975年，形成年产100台能力，当年生产桥式起重机47台，行车配件10.33吨。1979年，产品整机性能和精度项目合格率100%，主要零件主要项次合格率97.90%，居全国同行业厂第一位，同年第一机械工业部授予优秀产品称号。1980年11月，10吨双梁吊钩桥式起重机被评为湖南省优质产品。1981年，全国同行业质量检查中，该厂产品质量仍保持行业第一。1983年，年生产能力由2000吨扩大到近4000吨。当年生产桥式起重机146台，2597.61吨。产品规格由50吨发展到64吨。1985年，生产减速机，具有年产减速机2000台的综合能力。1986年，工厂开发绝缘吊、抓斗和电磁两用吊等新产品4种。20世纪80年代末，经过“七五”计划期间技术改造，已达到年产桥式起重机200台、6600吨的生产能力。该厂占全国双梁桥式起重机年总产量5.86%，占全国同行业企业年产桥式起重机6.02%，居全国第三位。1990年产137台，3610.1吨。

1992—1994年，该厂投资320.5万元新建钢材预处理生产线，1994年建成投入使用。其间，该厂开发桥式起重机新产品有100吨、160吨、200吨双梁吊钩桥式起重机；5～32吨系列防爆桥式起重机；5～20吨系列无线遥控桥式起重机；5～20吨系列绝缘桥式起重机。1995年，机械工业部对该厂5～50吨通用桥式起重机颁发生产许可证，为全国起重机行业双梁桥吊第一发证单位。1996年，经国家起重运输机械质量监督检验中心对通用桥式起重机抽样检查，评定该厂产品为一等品。1991—2000年，累计生产各类双梁桥吊1124台。

（二）门式起重机

1975年，株洲起重设备厂开发门式起重机，填补中南地区该机械产品空白，遂成为中南地区首家生产门式起重机厂家，1977年被吸收为全国门式起重机行业组成员厂。1979年生产23台，1047.9吨。品种由5吨增加到10吨、20吨的1型吊钩门吊、C型吊钩门吊和吊钩、抓斗电磁二用、三用门吊等9种。产品质量、整机精度和性能合格率达100%，主要零件主要项次合格率为88.8%。1980年，工厂被机械工业部定为全国门式起重机生产2个专业工厂之一。经“六五”计划后3年技术改造，生产能力进一步扩大，开发了抓斗带煤斗门吊和高低腿箱型装卸桥等新产品。1984年生产33台，1816吨，分别为全国年产量的15.24%和11.79%。1985年，开发电磁门吊、电磁和抓斗两用门吊、电磁和吊钩两用门吊等新品种9种，规格由30吨发展到50吨。1985年，5～20吨门式起重机系列产品被评为湖南省优质产品，并为中日合资的兖石铁路工程制造替代进口门式起重机7台。1987年，生产43台，占全国总产量的12.28%，仅次于大连起重机器厂。1989年，5～20吨门式起重机系列产品被国家机电部评为优质产品。

1993—1994年，该厂与北京起重运输机械研究所联合开发40吨轨道式集装箱门式起重机，生产30台。1994—1998年，相继开发生产16吨、2×40吨、2×50吨、2×80吨水电站专用双梁门式起重机43台。2000年，该厂通过ISO9000质量体系认证。

（三）多功能机组

1995年6月，株洲起重机厂更名为株洲起重机实业有限责任公司。1997年，该公司与贵阳铝镁设计研究院联合开发PTM电解铝多功能机组。该产品系有色金属行业电解铝环保工程的关键设备，科技含量高，要求实现机械、电器、液压、气动一体化操作，在国内处于领先技术水平。1998年6月，第一台多功能机组进行整车试车，经设计单位、用户单位验收合格，当年生产2台。2000年，投入批量生产，当年生产11台，销住河南、山西等地，年实际生产各型多功能机组的能力超过50台，国内市场占有率达60%。

二 空气压缩机

1970年10月，东区田心五金加工厂（株洲轴承总厂的前身）试制2V–0.42/7型空压机2台。1971年，工厂更名为株洲市东区空气压缩机厂，后又改名株洲市空气压缩机厂，成为省内第一家生产微型空压机的厂家。20世纪70年代，工厂先后开发了2V–0.3/7、3W–0.9/7、2V–0.6/7和2V–6/8–1机型空压机，并形成生产能力，还为湘潭电机厂100吨电机轮载重车配套生产2Z–0.53/7型空压机。1983—1985年，微型空压机年产达到1500台，品种发展为15种。1984年，与华中工学院联合研制2V–0.6/7–C、2V–0.3/7–C空压机，1985年被评为湖南省优质产品，同时2V–0.3/7–C、8W–0.53/12.5型空压机通过部级验收，成为全国生产微小型空压机的主要厂家之一。1988年，用国产通用设备生产冰箱压缩机，获1988年省优秀产品称号，但由于缺乏资金未正式投产。1990年6月，与株洲电力机车工厂签订了联营协议，生产SS4、SS6型电力机车制动用空压机和其他配套产品，当年生产制动用空压机25台。

还生产“九牛”牌0.1～6立方米系列17个品种空压机和0.3～6立方米系列8个品种柴油机驱动空压机。1991年12月，该厂取得国家新颁发的空压机生产许可证，当年生产各类型空压机1553台，1993年生产2034台，创工厂历史最好水平。从1994年开始，由于对主导产品的技术更新改造投入不足，设备陈旧、工艺落后、导致产品缺乏市场竞争力，生产经营出现亏损，1996年8月工厂宣告破产。

三 抓 斗

1976年，田心配件厂转产抓斗。20世纪70年代末，工厂专生产抓斗，遂更名为株洲市抓具厂。

20世纪80年代末，开发生产原木抓斗和其他系列抓斗，品种由10多种增加到50余种，抓斗生产规模、产品产量、工业总产值、销售收入、上交利税和产品市场占有率，均居全国同行业首位。1990年，已发展到能生产5～20吨单绳、双绳、四绳、电动、悬挂、耙集、六瓣、原木等各种规格的抓斗，产品行销全国，市场占有率为40%。当年生产抓斗427台，1307.6吨。

1991年，市抓具厂生产的V45抓斗经省级鉴定达到一等品，被评为省优质产品。同年开发新产品V147四绳抓斗。1992年，在原普通四绳抓斗的基础上，同时制成“七九”系列和“派拿”系列抓斗。1993年，该厂同天津钢管公司研制成八瓣液压抓斗，打破国外对液压抓斗的生产垄断，填补国内空白。1994 — 1998 年，该厂先后开发制成悬挂、六瓣、电动、双绳、单绳、甘蔗抓斗。1999 年，又开发成功环保用四瓣液压垃圾抓斗，同时圆钢夹具、撑剪式水下抓斗等新型抓斗，并投入生产。该厂年生产各类抓斗能力在 300 ~ 500 台。

四 轴 承

1958 年 6 月，株洲轴承厂筹建处生产出滚珠轴承，这是湖南省轴承生产的开端。是年 8 月正式投产，定名为株洲市滚珠轴承厂，生产农机轴承。1960 年，工厂形成生产 10 万套轴承的能力，当年实际生产 7.22 万套，创产值 148.3 万元。1961 年，停产轴承，转产农机配件。

1969 年冬，由纽扣、钢笔、钢火、五金 4 个生产合作社合并组成的株洲市第三机械厂，开始试制 7204 圆锥轴承。1970 年月，第三机械厂更名为株洲轴承厂。通过 20 世纪 70 年代中后期技术改造，年生产能力达 100 万套。

1980 年，株洲轴承厂试制 180203 密封轴承。1981 年，生产的 203、80203、180203、206 四个品种共 21 万套轴承，出口东南亚及欧美市场，创汇 11.5 万美元。1982 年，生产轴承 100 万套，其中密封轴承 66 万套，出口 64 万套，被评为湖南省优质产品。1983 — 1985 年，投资为 180 万元，进行技术改造，开发低噪音轴承。1985 年 12 月，“珍珠”牌单列向心球轴承 203ZI 获国家银质奖章。同年，工厂获株洲市首批国家二级计量单位证书，成为全国电机行业的定点配套厂。产品远销美国、意大利、澳大利亚、加拿大、秘鲁、阿根廷及东南亚等国家和地区，成为国家机械委轴承行业 63 家重点企业之一。

1986 年，该厂与广东省中联国际租赁有限公司签订租赁事项意向书。项目总投资为 450 万元，于 1988 年底前完成并投产，到 1989 年末已出口轴承 164.3 万套，创汇 151 万美元。1989 — 1990 年，利用日本政府“黑字还流”混合货款从日本引进热处理自动线、波纹度仪，从英国引进装备自动线等设备，建立轴承出口基地。与此同时，先后试制 6303-2RS、6305-2RS、W6305、99502H、6203-5/8、滚轮轴承 1F104-13、1H-104-S 等产品，优化 203、202 轴承，改进 203、204 密封槽的结构。新设备的投产，使产品车加工一等品率由原来的 40% ~ 50% 提高到 100%，成品一等品率由原来的 50% 左右提高到 93% ~ 95%，出口量逐年上升。

1990 年，株洲轴承厂生产各种轴承 501 万套，其中密封轴承 245.5 万套。同时，相继完成轴承机加工生产线、热处理车间的新建，生产能力由原来的 400 万套上升为 1200 万套，工厂跃居国家大二类企业。1992 年，该厂研制的新结构密封轴承 6200 系列、6300 系列产品通过省新产品鉴定，陆续投入批量生产。1993 — 1995 年，又相继开发了 6000 系列、1600 系列及 6200 系列、6300 系列中外径小于中 150 毫米的其他轴承品种及非标轴承产品，使轴承品种扩大到 150 个。1996 年，着手开发汽车轮毂轴承、汽车压缩机轴承、汽车张紧轮轴承、汽车转向器轴承零件及一些非标品种，年产量达到 100 万套（件）。同年 6 月，该厂产品通过中国进出口质量认证中心 ISO9002 国际质量体系认证，经国家轴承质量监督检验中心多次检测，该厂轴承产品振动水平能批量达到 Z1、Z3 组水平。截至 2000 年，该厂生产的轴承品种达到 311 个，年总产量 733 万套。其中汽车轮毂轴承和低噪音轴承被列入2000年国家新技术产品目录。作为拳头产品的低噪音电机轴承和双列角接触球轴承，出口到美国、日本、欧洲和东南亚等国家和地区。2000 年，该厂年生产能力达到 1200 万套，包括生产外径 Φ150 毫米以内的深沟球轴承和双列角接触球轴承中的标准轴承，以及各种英制、非标、特种轴承。

五 链 条

1966 年年初，田心五金厂试制短节距精密滚子链、板式链、标准套筒滚子链和 16A 专用链条。10 月，更名为株洲市链条厂，成为中南地区第一家工业链条生产企业。1969 年，生产出 150 吨、49 个种规格、21 个品种的链条产品。1970 年，自制成轧辊式铆焊机，提高工效 20 倍。当年生产 337.71 吨，比上年提高 82.8%。1982 年，成立株洲市链条总厂，下设链条、链轮 2 个分厂，开发 5 个系列 15 个规格的新产品，其中大部分是国家重点工程及引进设备的配套产品。1985 年，在全国同行业评比中，该厂的市场占有量、人均销售合同、全员劳动生产率、产品抗拉性能 4 项指标均列榜首。1990 年初，为顺德容声电冰箱厂开发冰箱预装拐弯自动线、工装板立体回收冰箱预装输送线、为宝钢总厂开发外轴承滚轮重载输送链 P=200 ～ 450 毫米、重载驼峰输送链 P=450 ～ 500 毫米、重载轴承滚轮板坯输送链 P=500 ～ 630 毫米。其“双鱼”牌注册商标链条有滚子链、弯板滚子链、输送链、平顶链、电焊环链和链轮等 3 大系列 42 个品种、560 个规格，链条规格节距为 12.7 ～ 900 毫米。其链条生产能力，在全国链条厂家中为第三位，是华南地区最大的链条生产厂家。产品用户遍及国内及出口美国、巴西、意大利、新加坡等 11 个国家和地区。与主机配套的产品销往澳大利亚、智利、印尼、乌干达等 24 个国家。

1992 — 1994 年，株洲市链条厂新建热处理、装配、输送机分厂 3 栋厂房，同时对热处理生产线设备进行改造，生产规模进一步扩大，年生产能力达到8500吨。1995年以后，该厂积极开发新产品，根据市场需求成立输送设备分厂，主要制造各种输送线设备，包括汽车组装线、电冰箱组装线的整体设计、制造和安装调试，先后为长沙、岳阳、广西、二汽等制造较大输送设备 58 台套。1991 — 2000 年，株洲市链条总厂产品规格达 1000 余种，累计生产链条 9961.98 吨、链轮 776.48 吨、环链 2227.51 吨，输送设备线 732.65 吨。产品销往国内及日本、美国、俄罗斯、越南等国家。2000 年，工厂执行 ISO9001 质量保证体系标准，为产品进入国际市场打下基础。

六 机床齿轮

1964 年，株洲市机械厂（株洲市锻压机床厂）建成小规模的机床齿轮生产线，初步具备圆柱齿轮、直齿锥齿轮、花键轴生产能力。先后为一机部工矿配件处提供 C618、C620-1、C630 车床，X61、X62 铣床，B665、B690 刨床等齿轮维修配件。1966 年，齿轮生产从市机械厂分出另建株洲市机床配件厂。1969—1972年，该厂生产机床维修配件、100毫米高炮和305雷达成套中小模数齿轮、蜗轮副，为市拖拉机厂和耒阳插秧机厂提供配套齿轮。1974年，为一机部提供Y54A6级精密分度蜗轮副和镗床、铣床齿轮。1978年后，为广州机床厂承制C6132A车床整机配套齿轮。1984年，为湖北机床厂配套的C6149A车床床头箱齿轮获湖南省优质产品称号。1987年，兴建重载齿轮生产、配套基地，试制SS1、SS3型电力机车齿轮，1990年批量生产，当年完成电力机车齿轮120台套，销售收入870万元，实现利税300万元。同年，工厂研制大功率6400千瓦SS6、SS4型电力机车齿轮，并投入批量生产，同时着手试制东风6型内燃机车齿轮。生产为从日本引进的罗茨鼓风机配套的精密齿轮，填补国内空白。

1991年3月，该厂试制成功SS4、SS5型电力机车传动齿轮。1993年10月，铁道部中国铁路机车车辆工业总公司向该厂颁发“铁路机车车辆配件定点生产厂”证书，确认该厂具备生产铁路机车齿轮的资格。当年工业产值首次突破2000万元。1994年，该厂制成SS4B型电力机车传动齿轮。当年工业产值达2348万元，创历史新高。1995年，试制成东风4型内燃机车传动齿轮。1996—1997年，先后制成SS8型准高速和SS7型提速电力机车以及SS7K型电力机车传动齿轮。1998年，被铁道部确定为配件定点生产厂，并颁发“铁路机车配件生产许可证书”。1999年，该厂制成空心轮对轴准高速电力机车传动齿轮。同年11月，该厂实施ISO9002质量标准。2000年，该厂生产民、机齿轮10万余件、铁路机车齿轮300台（套）。同年6月，通过了ISO9002质量体系认证。

七 紧固件

1961年，株洲市钢铁厂转产紧固件。1962年2月，长沙标准件二厂并入该厂，成立标准件车间，当年生产紧固件螺钉、螺母35.33吨。1965年，株洲渌口内燃机配件厂生产紧固件，1968年10月成立标准件车间，1980年停产，累计生产紧固件35925.7万件。1967—1968年，株洲市链条厂在生产链条的同时，生产紧固件61.62万件。1970年9月，建成株洲市标准件厂，生产双螺栓和木螺钉。1971年1月，株洲市钢铁厂标准件车间设备、配件并入株洲市标准件厂。同年，市标准件厂生产GB5螺栓，1973年，生产GB21和GV30、M10、M12六角螺栓，至年底生产六角螺栓405.23万件。1974—1979年，品种由原来的5个发展到20多个，形成年产紧固件4000万件的生产能力。1981年，购买了火花塞厂标准件车间的全部设备、备件、工装和模具，增添M8～M12光螺栓短规格产品，使生产能力增加了3500万件。1990年12月，市标准件厂并入株洲火花塞厂。

八 仪 表

1966年，株洲市仪表厂成立，主要生产军用仪表指北针，产品有80式军用指北针、Y/JZB97型军用指北针。年实际生产能力4万只。1989年10月，仪表厂并入株洲市轴承总厂，80式军用指北针一度停止生产。1994 年 10 月，市仪表厂从市轴承总厂中分离出来，重新组建恢复 80 式军用指北针生产线。1995 — 1998 年，生产 80 式军用指北针 2.68 万只，产值达 325.5 万元。1997 年 5 月，研制成功 97 型军用指北针并投入批量生产。1999 — 2000 年，以 Y/JZB97 型指北针为主导产品，共生产 4.11 万只。

九　刀模量具

1985 年，湖南省湘华机械厂迁建株洲市，同时吸收合并株洲市工具厂。1993 年 10 月，湘华机械厂整体搬迁结束，生产自行车、刀模量具、军工产品三大类系列。1991 — 2000 年，该厂生产的三面刃铣刀、硬质合金机夹刀具、各种标准和非标准锯片铣刀、焊接刀具、各类标准或非标准锯片、焊接刀具、孔型刀具、螺丝刀具、机夹和弹性刀具、白钢刀等产品，行销全国 20 余个省、市，其"株工"牌外贸刀具在国际上也获得良好声誉。2000 年，该厂刀模量具年生产能力为 100 万件，年产值达 800 万元。

第六节　电器机械制造

一　工业电机

（一）交流发电机

1965 年，株洲市电机厂生产 10 千瓦硅整流发电机、26 千瓦交流发电机，试制 125 千瓦交流发电机。1978 年，电机厂并入市焊接器材厂后，停止生产。

1966 年，湖南省电力机械厂试制 12 千瓦水轮发电机组，至 1972 年累计生产 80 余台，后转零陵水电设备厂生产。1969 年，试制 630 千瓦水轮发电机组，至 1979 年终止生产，累计生产 28 台。1975 年，试制 300 千瓦地热发电机，填补国内空白。1978 年，试制 500 千瓦发电机。

1989 年，湘东电机厂制造 1.5 千瓦交流发电机，并与本厂产品 165 瓦柴油机配套，开发 5G14 柴油发电机组，形成年产 5000 台能力。曾生产 WT–26 千瓦交流发电机。

（二）涡轮螺旋桨 –6 型航空发动机改型机

1975 年，南方航空动力机械公司将涡轮螺旋桨 –6 型航空发动机改制为工业燃汽轮机。1977 年，将燃料改为天然气，试制涡发 –6B 型机。1980 年，上述 2 种产品获国防工业科学技术进步一等奖，1990 年在全国军转民高技术出口产品展览会上获得银质奖。1980 年，改型为涡动 –64A 型铁道机车牵引动力设备。

（三）凝汽式高速 –102JT 汽轮机

1980 年，湘东化工机械厂试制中国第一台凝汽式高速汽轮机 –102JT 汽轮机，经化工部空负荷试车鉴定合格，达到国外同类产品水平。1982 年，该机获化工部科技成果二等奖和化工部、湖南省优质产品称号。1986 年，在研制成功凝汽式高速汽轮机 -102JT 汽轮机的基础上，为解决辽河、沧州大化肥厂引进装置的急需，研制成功锅炉给水装置 -104JT 汽轮机。

1991 — 2000 年，湘东化工机械厂为鄂尔多斯联合化工厂、四川美丰等企业生产 102JA、102JB 等汽轮机 48 台。

（四）电动机

1958 年，株洲市电器修配厂更名株洲市电机厂，生产 2.8、5、7 千瓦等 A 型系列电动机。同年，市微型电机厂建厂，生产 JOB-45-0.125 千瓦等油泵电动机。1963 年，市电机厂、市微型电机厂并入市拖拉机配件厂，停止电动机生产。

1966 年，醴陵机电公司试制生产 JO 型电机 314 台，1970 年从机电公司分出，成立醴陵电机厂。翌年，开发出 JO_2 系列和 JW90 分马力电动机等新品种。1991 — 1995 年，生产分马力电机 3911 台、交流电机 6.14 万千瓦。1996 年 10 月，改为股份合作制企业。

1972 年，攸县城关印染厂和攸县农机厂铸造车间合并而成的攸县电机厂建成投产。年内，生产 JO42-4、10 千瓦电动机 10 台。1973 年，增加 2.8、5.5、0.125 千瓦 3 个油泵电机品种，年产量上升到 68 台。1974 年，停止油泵电机生产，开发 JO2-51-4-5.5 千瓦电动机。1975 年，开发 JO2-51-4-7.5 千瓦电动机和单相 1.3、2.2 千瓦电动机。生产 14 千瓦电动机。

1987 年，攸县电机厂和湘东汽车配件厂合并，更名为株洲市湘东电机厂。是年，开发单相电源（220 伏）的 Y1X 系列高效节能双值电容单相异步电动机，填补国内空白，获得湖南省优秀新产品奖，产品畅销全国 10 余个省市、80 余个单位。至 1990 年，累计生产 36665 台，完成工业产值 1432.46 万元。1993 年，该厂生产 Y 系列电机 6 万千瓦。由于市场变化，企业历史包袱沉重，1997 年工厂停产，2000 年 10 月破产。

二　工业电炉

（一）熔炼金属炉

1973 年，株洲电炉厂试制 HGX-0.5T 三湘炼钢电弧炉，1974 年生产 8 台。翌年，研制 HX-0.5T 电弧炉。1976 年，试制 HX1-1.5T 电弧炉。1985 年，将 HX-3T 型电弧炉改型为 HX1-3T 型。1986 — 1988 年，出口孟加拉国 1.5T 电弧炉 6 台套、5T 电弧炉 2 台套，创外汇 64 万美元。1990 年，开发 HX1-10T 电弧炉。株洲电炉厂生产的熔炼金属炉除炼钢电弧炉外，还相继生产有芯和无芯工频感应炉、三相矿热炉等 4 大系列、30 余种规格的产品。

（二）工业电阻炉

1973 年，株洲电炉厂试制 X-45 千瓦箱式电阻炉。1976 — 1978 年，开发出 DM-35-6、RJJ-36-6、RJJ-75-6 浴盐电阻炉以及 KJJ-36 井式电阻炉。1979 年，研制 KJJ-36-6、RJJ-75-6 井式回火炉，DM-35-9、DM-75-8、DM-35-13 盐溶炉。1980 年，开发 ZRJ-100-9 台车式电阻炉，RJK-45-9、RJX-30-9、RTX-75-9、RJX-60-9、RJX-25-13 箱式电阻炉，RJJ-36-6、RJJ-24-

6、RJJ-40-9 井式电阻炉，RJ-35-9T、RJJ-60-9 气体渗碳炉以及 DM-35-8、DM-75-6 盐浴炉。1981 — 1983 年，开发 1200℃箱式电阻炉系列产品和 950℃滴滴控式气体渗碳炉系列产品，还根据用户不同的需要和某些特殊要求，设计制造各种非标准电阻炉 20 余种，基本形成电阻炉产品系列。1985 年，对盐浴炉采用埋入式电极技术，使盐液温度均匀。是年，与湖南大学合作联合研制以微机为主体的热处理用电阻炉温度控制装置，节能 17%。

1990 年，该厂先后制造 RX3-950℃、1200℃、1350℃ 3 个系列箱式电阻炉、RJ2-650℃、950℃两个系列井式电阻炉、RQ3-T 系列滴式气体渗碳炉、RT2 系列台车式电阻炉、DM 系列埋入式盐液电阻炉等 9 大系列 64 个品种以及坩埚熔化电阻炉系列、传送带式加热炉、电热鼓风炉、油浴炉、硝盐炉、台车式效炉、石英析晶炉等 30 余种非标准电阻炉产品。2000 年，生产工业用电炉 25 台。

三　互感器、避雷器

（一）互感器

1978 年，醴陵电瓷厂试制 1B-220 型电流互感器，是年生产 27 台。1981 年，研制 220 千伏重污秽地区用电流互感器，获省机械工业厅重大科技成果三等奖。1983 年，开发 1C1WD-220（W）型和 1CWB-220（W）型等电流互感器产品。1984 年，研制 1CWB-220（W）型大电流、高精度电流互感器。1987 年，试制 110 千伏 5 绕组电流互感器。产品符合新国际 B1205-81（电流互感器）要求，达到国内同类产品先进水平。1988 年，研制 220 千伏大电流、高精度、多变化、带压力释放装置的互感器，获省机械工业厅科技进步三等奖。至此，该厂开发 110 千伏电流互感器 31 个品种、220 千伏电流互感器 14 个品种。1988 年和 1989 年 220 千伏电流互感器质量 22 次名列全国第二位。110 千伏电流互感器均名列榜首。至 1990 年，醴陵电瓷厂共生产电流互感器 3084 台，成为国内高压电流互感器生产的主要厂家。

1993 年，醴陵电瓷厂成立研制的 110 ~ 220 千伏油浸电容式穿墙套管与电流互感器组合电器，获得国家专利证书。1994 年，该厂生产的大电流互感器被电力工业部推荐为重点生产企业。“火炬”牌 1CWB-110K 型电流互感器被评为省优产品。1995 年，湖南电力电瓷电器厂成功研制了 110 ~ 220 千伏测量保护共用线圈电流互感器、35 千伏氧化锌避雷器及 220 千伏电容式套管。其中，110 ~ 220 千伏测量保护共用线圈电流互感器，满足了国内 110 ~ 220 千伏无人值班变电站综合自动化对 CT 的要求，填补国内空白。1996 年，又成功开发 35 千伏倒置式电流互感器、110 千伏穿墙套管和 220 千伏变压器套管。

1997 年，中国超高压输变电公司派员到醴陵电瓷厂，对即将运抵三峡电站的大电流 220 千伏电流互感器进行监测检查，产品一次性通过验收。1998 年，220 千伏大电流互感器，用于玉贤和三峡大型水电工程。湖南电力电瓷电器厂开发生产的 1BT-35 和 BT-220 两种暂态特性互感器，顺利通过国家高压电器质量检测中心型式试验，主要性能参数达国际同类产品先进水平。2000 年，湖南醴陵火炬电瓷电气有限公司，有6项新产品通过部、省级鉴定。其中，通过部级鉴定的有110KVSF6气体绝缘电流互感器、220千伏具有暂态特性电流互感器、1B9–220V（2×600/5）型电流互感器、1B7–110型电流互感器、1B9–220V（2×1250/5）型电流互感器。湖南电力电瓷电器厂有110千伏、220千伏SF6气体绝缘电流互感器、220千伏组合式光学电力互感器，通过国家电力公司和国家机械工业局的联合鉴定。

（二）避雷器

1958年，醴陵电瓷厂建成避雷器生产车间。1966年年底，生产FS1–0.5千伏、FS1–10千伏两种配电型普通阀式避雷器。1970年，研制替换产品FS3–10。1971—1973年，制造电站型（FZ）系列产品。1981年，FS3–10、FZ–35在第一届全国避雷器行业质量评比中，被评为优等品。至1990年，各种型号普通阀式避雷器累计生产27万余支。2000年，湖南醴陵火炬电瓷电气有限公司生产的110千伏交流无间隙氧化锌避雷器，通过国家电力公司和国家机械工业局的联合鉴定。

四　车用绝缘陶瓷

20世纪80年代末，株洲火花塞厂成立特种陶瓷研究所，主要从事95氧化铝陶瓷的设计、研究与生产经营，后开发的电力机车用绝缘子，至1990年销售额达到20万元。同年，该所开始小批量试制电储存器顶部振打绝缘子。1995年年初，正式批量生产出顶部振打锥式绝缘子。1993—1996年，销售额从30万元增至200万元。其间，相继开发了侧部振打绝缘子、泥浆泵用陶瓷柱塞、刚玉球磨坛、50瓷绝缘瓷套、导电铜杆、特种耐火材料等，至2000年销售收入达400万元。2000年6月，特种陶瓷技改耐磨陶瓷项目启动，并建立了有色制料系统工艺，使湘火炬投资股份公司在特种陶瓷研发上具备开发和生产氧化铝、氧化硅、碳化硅等新型耐磨陶瓷制品的能力。

五　电碳制品

1972年，南区棉毯厂转产电碳制品，改名南区电碳厂。1976年，工厂产品品种由汽车电刷逐步形成生产黑色、有色两大类、10个型号、上百种规格的电刷。1978年，定名为株洲市电碳厂。1984年5月，引进奥地利鲁道夫工厂的电刷设备直线磨床，使工厂成为中南地区唯一具有毛坯制造加工电刷成品能力的企业。主要产品有电机用电刷，碳—石墨机械密封材料和柔性石墨材料等电碳制品。其中，D172电化石墨电刷、J164金属石墨电刷、M11ZH碳墨石密封材料先后被评为湖南省优质产品。形成综合年产250吨生产能力，产品销往20多个省、市自治区。1991年，该厂开发研制的D313电机用电刷、S78电机用电刷、D3741G/D371F机车牵引电刷等3个类型4个品牌的电碳制品通过了省级技术鉴定。其中D313电刷是为适应国内钢铁工业引进高速线材精轧电机的需要而研制的，该产品具有电阻率高、滑动性能好、使用寿命长等特点，产品性能指标接近国际同类产品水平，属国内首创，结束了从联邦德国、英国、美国等国家进口电刷的历史。

1993年10月，从上海电机技术研究所采购动态实验机投入使用，使产品加工精度及检测手段达到国际电工产品标准。1998年，该厂确定以铁路机车电刷为支柱产品。1999年12月，该厂的机电产品扩散申请获铁道部机车产品验收部门批准，机车牵引电刷正式进军铁路市场。主要产品为D、J系列两大类，被华南、华中、西南、西北等60多个机务段及高性能机车使用，铁路电刷产品占工厂总产量的40%～50%。2000年，市电碳厂完成改制，成立株洲新方圆电碳有限公司。同年，该公司“ZT”牌电机用电刷广泛应用于铁路、汽车运输等领域。

六　镀层铜带

从1989年10月开始，株洲市机床附件厂投资20多万元购置镀锡铜带生产设备。1990年3月，建成建成镀锡铜带生产线，同年7月试制成1.5吨锡铈合金铜带，当年生产3.46吨，经国家电子工业部专用材料质量监督检测中心测试，其技术性能指标符合国家标准，镀层厚度、结合力、可焊性、抗腐性等指标，达到20世纪80年代中期国际同类产品水平。1990年11月，湖南省科委颁发了科学技术成果鉴定证书，国家科委将此产品项目列入1990年火炬计划，填补国内空白。1991年，复锡铈铜带产品投入批量生产，1994年达到27.11吨。

1994年8月，该厂复镍异型铜带生产线投入批量生产，当年生产17.33吨，又一次填补了国内空白，缓解了国内电子行业发展急需基本材料的矛盾，完全替代此前的进口同类产品。1998年，该厂新上镀银生产线项目，将原镀锡生产线改造为镀锡、镍、银一线三用生产线，电镀能力大幅提高。1999—2000年，该厂局部镀银铜带尚未形成批量生产。2000年，该厂生产镀层铜带266吨，年实际生产能力350吨，国内市场占有率约为50%。

第七节　焊接器材生产

一　电焊条

1957年12月，筹建株洲市电焊条厂。1958年5月末，试制油浸式交流弧焊机。1959年1月，工厂更名为株洲市焊接器材厂，除生产电焊条、电焊机外，还烧制水玻璃，以解决焊条生产用粘结剂来源。1962年，焊条年产量迅速跃升至1013吨，一机部确定该厂为全国5个焊条定点生产专业厂之一。1964—1966年，购进大批材料、设备，焊条生产得到迅猛发展，年产量从1964年的2110吨，迅速跃升到1965年的7375吨，1966年高达14650吨，成为株洲市地方企业“龙头”，被誉为株洲市的“摇钱树”。1968年，建成有色焊接材料生产车间，年产锡化黄铜焊丝40吨，填补了中、西南地区有色焊接生产的空白。1983年，株洲焊接器材厂分为电焊条厂和电焊机厂。

1985年，株洲电焊条厂兴建气保焊丝生产基地。1989年，产品H08mn2Si（A）和H08mn2Si分别通过省级、部级鉴定，质量达到国家标准和国际先进水平。1987年，与市郊区荷塘铺乡兴办有色焊接材料分厂，年生产能力1000吨以上，成为中国中、西南地区最大的有色焊接材料生产基地。1988年，年产焊条25004吨，当年完成工业总产值5031.6万元，利润954.78万元，进入全国250家资金利税率最佳企业行列，资金利税率达70.74%，排国家金属制品行业第6名。同时进入中国行业50家最大经营规模工业企业行列，位于金属制品行业第15位。至1990年，株洲电焊条厂累计生产电焊条30.91万吨，醴陵市电焊条厂生产1965万吨。焊条品种100多个、规格270多个，有色焊接材料品种54个、规格101个。“湘江”牌焊条6项次获得省优、部优。同时，结422等5种焊条及2个CO_2保焊丝产品均一次性通过国家船检局和英国劳埃德船级社检查认可。认可级别均达最高级，质量已达到国际先进水平。1990年，主导产品结422焊条、结506焊条在全国电焊条行业质量评比中分别荣获优等品和一等品。同年3月，湖南省机械工业厅在该厂设立焊接材料质量监督测试中心站，6月国家船舶检验局正式颁发CO_2气体保护焊丝的船用产品型合格证书。产品不但畅销全国，而且出口东南亚各国，出口总量达1759吨。

1992年1月，湖南省机械厅组织省内外专家和有关用户单位代表，鉴定株洲电焊条厂结422铁粉焊条达到国内先进水平，可替代进口产品；D256焊条达到国外同类产品先进水平，填补国内一项空白，可替代进口产品使用。同年6月，经全国焊接协会对国内28个生产厂家调查评价，该厂生产的电焊条质量被列为前三名。

1993年9月。株洲市电焊条厂更名为株洲电焊条总厂。同年，该厂与北京农业机械化科学研究所合作开发自动控制焊条涂料成套生产线技改项目开工建设。1995年，建成投产后年产焊条涂料1万吨，可供生产焊条5万吨，除满足该厂焊条生产要求外，同时向沿海地区、东南亚及中东地区提供优质的干药粉涂料。同年，该厂无酸去锈生产新工艺全面投入使用，工艺突破每年节约近百吨硫酸消耗。1994年，该厂安装新型自动配粉生产线，使配粉精度由过去的98%提高到99.99%。1995年，其“湘江”牌E4303酸性碳钢焊条获湖南省名牌产品称号。1996年，该厂改造4条普通焊条生产线，产品评定一等品率由原来的36%提高到65%，且每吨焊条产品能耗下降30元。

1997年8月，株洲电焊条总厂改制，成立株洲电焊条股份有限公司。当年开始实施6项技术改造工程，共投入2500万元。

二 电焊机

1983年，市焊接器材厂改组设立市电焊机厂。到1990年，该厂相继研制开发的BXQ7-60汽油机驱动中频焊机、DN7-6×100钢筋网状多点焊机、CA-141汽车后围总成多点焊机、KD-8、KD-10控制箱、DN5-160微机控制悬挂式汽动点焊机、ZX3-400硅硫焊机、DN-160、200悬挂式气动点焊机、ZX5-400可控硅焊机、NBC-315二氧化碳气体保护焊机及ZH2040XGCC型越野焊接工程车等，均获得部、省、市科技成果奖和国家级新产品奖。年平均产量3655台，最高年产达5000余台。至1990年，焊接机械累计生产41678台。产品已销往全国30个省、市以及巴基斯坦、孟加拉、斯里兰卡等17个国家和中国香港、澳门地区。成为中国重要的焊接机械生产基地。

20 世纪 90 年代，在计划经济向市场经济转变的形势下，该厂在 1991 — 1993 年里生产、销售还呈兴旺景象，1991 年生产焊机 3200 台、1992 年生产焊机 3628 台、1993 年生产焊机 3880 台。从 1994 年开始滑坡，仅生产焊机 1967 台，其原因是生产设备老化、技改不力、新产品新项目开发缓慢，销售经营比较保守，不能适应市场形势发展，加之管理不善，导致生产滑坡。1998 年，该厂生产焊机仅 504 台，2000 年生产焊机 458 台。

株洲市机械工业局历任负责人名录

表 7–4

局　长	任职时间	副局长	任职时间
赵书空	1959.5 — 1959.12	邢连兴	1959.5 — 1959.12
邢连兴	1959.12 — 1962.4	杜福林	1959.5 — 1959.12
–	–	张文友	1959.5 — 1960.1
–	–	杜　微	1959.12 — 1962.4
–	–	高荣喜	1960.7 — 1962.4

株洲市冶金机械工业局历任负责人名录

表 7–5

局　长	任职时间	副局长	任职时间
马际恒	1970.11 — 1973	张瑞亭	1970.11 — 1981
龙启廉	1973 — 1983.8	杜为民	1970.11 — 1975
罗信芩	1984.7 — 2000.7	葛忠贵	1973 — 1981
裴晋平	2000.7 — 2000.12	赵　昇	1973 — 1983.8
–	–	罗汉民	1973 — 1978
–	–	赵家斌	1974 — 1983.8
–	–	李守银	1976.10 — 1983.8
–	–	周继耀	1976.10 — 1982
–	–	王连友	1976.10 — 1983.8
–	–	曹金城	1980.12 — 1983.8
–	–	罗信芩	1980.12 — 1984.7
–	–	朱言饮	1980.12 — 1983.8
–	–	张跃国	1980.12 — 1983.8
–	–	刘万金	1983.8 — 1991.8
–	–	张　勇	1983.8 — 1993.10
–	–	赵湘珍	1986.8 — 1991.6
–	–	汤声涛	1989.5 — 1990.10
–	–	甘明清	1991.11 — 2000.12
–	–	柏笑雄	1991.6 — 1993.7
–	–	王金江	1993.5 — 1994.12
–	–	周兴伟	1993.11 — 1995.8
–	–	何绍爱	1994.12 — 2000.12
–	–	易鑫文	1996.4 — 2000.12

第三章　冶金工业

第一节　金属冶炼

一　有色金属

（一）锌

1956年，株洲冶炼厂锌冶炼系统在清水塘破土动工。1961年，适逢国民经济调整，工程缓建。1964年开始续建。1967年，第一期工程建成投产，当年产电锌152.73吨。1968年，产电锌8082.95吨，为国家正式下达电锌生产计划8000吨的101.04%。

锌系统二期工程于1972年基本建成。10月，冶金工业部指示，株洲冶炼厂锌生产系统通过一段生产实践，要形成10万吨的规模。工厂通过核算，发现只能达到9.3万吨。因此，提出了《关于电锌生产10万吨的填平补齐》报告。1973年1月，冶金工业部批准该厂报告，并投资472.24万元。工厂经过填平补齐，于1978年达到年生产电锌10万吨。1978年2月，该厂试产一级电锌。原设计产品为二级电锌，但由于设备、工艺诸原因生产出的二级品电锌极少，三级品甚多。经过认真分析和研究，坚持边试验、边摸索、边生产，逐步掌握生产工艺流程及技术要求，应用了多年来生产实践中取得的净化操作“六点一线”（“六点”是：上清液合理调整流量；一次加辞粉去铜镉，根据流量大小，上清液含杂质程度等适量加锌粉；沸腾槽放底渣根据作业情况适时排放；一次压滤机难压滤或出现跑浑，及时要求浸出工序把住质量关，并纠正过去按压滤速度去调整一次除铜镉流量的方法，改为增减压滤机开动台数来解决；二次除钴时应避免有铜镉渣进罐；二次压滤要求不跑浑或侧边跑液。“一线”是：点点把关成一线）和电解操作“三关七不准”（槽上岗位把好三关：导电关，极板关，检查关；槽下七不准是：不准有弯板、不平整板上槽，不准有导电片发黑板上槽，不准有带锌或弯角板上槽，不准有带酸板上槽，不准有绝缘套掉落板上槽，不准有导电头松动板上槽，不准有未处理的新板上槽）的经验，严格控制技术参数，首次生产出一级电锌44.97吨，纯度为99.99%。

同年，工厂为武汉钢铁公司1.7米轧机工程试产热镀锌合金新产品，以取代从联邦德国进口的同类产品，质量超过了联邦德国进口产品，从而填补了国内的空白。热镀锌合金产品先后获湖南省科学大会奖、国家科学技术进步奖、国优金质奖，并获冶金工业部优质产品称号。

1984年8月，工厂开始试制特级锌，主成分锌不得低于99.995%，杂质含量总和不得高于0.005%，国内尚无先例。苏联产的主成分锌为99.96%；日本的为99.997%，为当时世界先进水平。该厂以总工程师为首的攻关小组，决定应用湿法生产，制定了严格的工艺规程，工程技术人员跟班监督工艺和进行技术指导，于9月9日试产出主成分锌在99.996%以上的特级锌。该厂共产55批1650吨，从而跻身于国际先进行列。

1985年，该厂利用电锌停产检修期间，推广应用锌冷却新工艺，建成新型锌液冷却塔。这一改造项目的一期工程获得了国家经委颁发的“引进技术改造现有企业全优奖”。此后，这项科研成果在整个锌生产系统全面推广，年节省能源折合标准煤17983吨，创经济价值223万元。当年，电锌荣获“国家质量金质奖。”

1989年，工厂以优质增效益，以优质求生存、求发展。产品质量经国家、湖南省检查中心多次抽查，抽查合格率连续6年保持100%符合国家标准。据广东省进出品商品检验局来函反映，该厂“火炬”牌锌锭出口日本、美国、西欧、澳大利亚等国家和中国香港地区，只要凭原始质检合格证，可不用抽样化验可直接填证出口。同年7月，该厂应邀参加北京首届国际博览会，送展产品受到20多个国家和地区客商的青睐，美国METAND国际公司称“愿从贵方（株洲冶炼厂），购买更多的产品”。日本、西欧等地客商指名要订该厂生产的产品。经博览会组织委员会评选，该厂参展的电锌和热镀锌合金产品被评为金奖。1990年，该厂继续扩大电锌生产能力，筹集资金4000多万元，对锌生产系统进行技术改造，一期工程于年底全面铺开。

1992年7月8日，株洲冶炼厂“火炬”牌电锌在英国伦敦金属交易所（1ME）注册，从此工厂主导产品锌可在国际市场进行期货交易。

1992年年底，锌第二期技术改造基本完成，电锌生产达到年产12万吨的能力。

1993年锌系统技改进入第三期，当年完成技改投资10213万元。主要项目：4[#]挥发窑系统、氧化锌球磨、一配改造、冷焙砂仓、油库、在线分析检验、35千伏主控室、220千伏变电站等技改项目。

1994年，工厂继续对锌系统技改投资14749万元，锌电解四系列、氧化锌过滤、氧化锌浸出、2[#]干燥窑、2[#]新液冷却塔、矿粉过滤等主要技改项目顺利完成，同时为兴建10万吨/年电锌技改项目开展了一些前期工作。

1994年，工厂申请加入了国际铅锌组织（IIZRO），并购买了GAIFAN（锌基稀土）合金许可证，从此株冶生产的锌合金产品可在国际市场上销售。

1993—1994年，株洲冶炼厂共生产锌锭19.78万吨，其中热镀锌合金2.41万吨，铸造锌合金0.84万吨，电池锌饼0.49万吨。锌锭一级品率达100%。

1995年2月，工厂4台沸腾炉同时生产，开创了工厂大型窑炉和重要及关键设备不留备用的先河，为锌I系统持续优质高产提供了重要保证。当年生产锌锭14.43万吨。

1995年，工厂完成技改投资25699万元，主要技改项目有锌I系统第三期技改的完善、锌浸出渣过滤及排风机改造、锌铸型及锌粉改造、二回水改造和新建10万吨锌Ⅱ系统技改扩工程项目。

1995年11月，工厂锌稀土合金首批出口国际市场。12月工厂计量通过全国首批执行ISO9002标准的确认。

1996年，工厂完成技改投资63683万元，不仅完成了锌I系统第三期技改项目，使锌I系统达到年产15万吨的生产能力，而且完成了锌Ⅱ系统（年产10万吨）技改扩工程。该工程自1994年5

月开工，1996年4月下旬一次投产成功，不到两年的时间，完成总投资8亿元，使工厂电锌年生产能力达到25万吨，铜铅锌年生产能力达到33万吨，年自产硫酸能力18万吨，实现了工厂“一厂变两厂”的目标。当年产锌17.72万吨。

1996年12月，中国有色金属工业总公司专家委员会对工厂锌Ⅱ系统验收鉴定指出：“株冶十万吨电锌过程检测和控制现代化”达到国际先进水平。该系统采用了I/A集散系统和T3000计算机系统，4000多台套检测和控制仪表相配合，通过对焙烧、浸出、净液、电解及制酸等流程实施计算机控制，是国内第一家采用计算机系统监控湿法炼锌过程的生产系统。

1996年12月，锌系统通过ISO9002质量体系认证。

1997年围绕10万吨锌Ⅱ系统技改扩工程收尾及达产达标投资1700万元，完成了喻家坪调车场运量的铁路增容改造和氧化锌多膛炉系统的改扩建，增建了第三台多膛炉。1998年，又投资2800万元，安排了Ⅱ系统改扩建，硫酸整改、5#沸腾炉稳定运行在内的整改项目47项。通过一系列整改，使锌Ⅱ系统的产能稳步上升，仅用两年时间就基本达到了设计能力。锌Ⅰ、Ⅱ系统1997年生产电锌24.27万吨，1998年生产电锌24.89万吨。

1997年7月，锌产品在国际期货市场交易中发生了严重的“期货问题”。实施过程中，由于工厂主要负责人对风险估计不够，违反规定，对进出口公司经理无限授权，使其集资金调度、合同签署、指令发布、印鉴控制等诸多权力于一身，过度地进行期货投机，造成大量空头期货。1997年6月29日和7月20日，由进出口公司经理违规操作，私自以进出口公司名义进行期货投机的数量达25.6万吨，大大超过株冶全年锌产量，且寸头主要集中在7—9月三个月，使国际投机基金有机可乘，进行针对性挤压，工厂难以交仓和平仓，造成亏损1.598亿美元，折合人民币为13.22亿元。

1999—2000年，锌系统通过有效的技术攻关，设备、工艺得到不断更新和改进，促进锌Ⅱ系统达产达标，确保了电锌产量不断提高。1999年电锌产量达26.35万吨，2000年电锌产量达27.9万吨，创建厂以来历史最高水平。

（二）铅

1957年9月，株洲冶炼厂铅冶炼系统破土动工。1959年，建成铅电解主体厂房和铅熔炼、铅烧结及亚洲最高的133米烟囱。1959年4月试生产，未产出合格电铅。5月，以卡巴琴为首的苏联专家来工厂对关键工艺进行指导，采用解决阳极泥污染析出铅等15项措施，试制成功。当年产电铅4527吨，电铅二级品率达22.79%，三级品率达49.7%。

由于边基建边生产，原料供应不上，工艺出现问题，以致电铅质量差。1964年，主攻产品质量关，厂长下班组从小指标抓起，烧煤工探索出“薄煤薄渣、打白不打黑、打低不打高，勤添少加”的烧火法；对铅反射炉采取合理配料，高温熔炼，适当延长加角沉淀时间等措施，保证正常生产。老工人出身的车间主任郑少凡亲自烧火，工段长刘福建、老工人于洪良掌握操作，使浮渣率下降到7%。再通过加木粉保温，增加压渣次数等措施，浮渣率下降到5.8%，超过国内同行业先进水平。采取电解液净化，均匀补充新酸，适当延长制酸时间，以法奥立特塑料代换铜质设备，选用品位较高及含铜少的矽石粉制作新酸，合理停开电解槽等措施，改进生产工艺，使产品质量得到提高，电铅一级品率由1960年的1.56%，提高到99.44%，各项技术经济指标创最好水平。当年产电铅11291吨，比1960年产量增长2.6%。

1966年3月，冶金工业部下达扩建任务，电铅年产能力由2万吨扩大至5万吨。1967年动工，1971年6月投产。1972年产电铅35605吨，1973年产42142吨，一级品率达99.71%，列全国同行榜首，当年，该厂被评为湖南省“工业学大庆”先进单位。

1980年，投资29万元，建成一条阴级生产联动线，铅电解的阴阳极生产全部实现了机械化。生产一片阴极片只需8.6秒钟，提高电流效率1.5%，增加年产电铅900吨。随后，采用微电脑对阴阳极生产实行程序控制，设备的机械化和自动水平提高到一个新阶段，提高生产工效约5倍。同年7月，澳大利亚“康辛里·奥廷团”（CRA）企业集团访华团来该厂考察，称赞株洲冶炼厂“技术过硬”，与澳大利亚皮里港铅厂“门当户对”。当年，电铅产量达5.08万吨，各种技术经济指标及能源消耗已逼近和达到国际水平。电铅分别被冶金工业部、湖南省评为优质产品。

1982年，资金紧张，市场疲软，电铅滞销。该厂制定“以产品求发展、以质量求生存、以节约降成本、以服务争用户”的经营方针，在上海有色产品贸易中心建立信息专线，与全国35个同行企业、中国有色金属工业总公司科技情报中心、新华社建立信息联系，先后组织11批技术、供销人员23人次，走访16个省市、200多厂家，征求用户意见，拓宽市场，推销产品；两次组织以厂领导为主的国外市场调查组，先后走访美国、澳大利亚、加拿大、联邦德国、比利时等国家和中国香港地区，收集市场信息，摸清产品在国际市场上的情况，疏通了销售渠道。另一方面电铅生产“找米下锅”，积极收购和组织货源，以弥补原料的短缺，适时组织扩大生产。生产出质量过得硬，用户放得心的电铅产品，消化涨价因素，困难之年，增产增收。当年，产电铅5.22万吨，实现利润3817万元。

1985年，工厂积极开发新产品。为国内电缆厂家引进的连续挤压电缆设备而研制的新型电缆护套铅合金，产品质量超过从英国进口的同类产品。郑州电缆厂使用该厂铅基合金产品所生产的电缆产品获得国际金鹰奖；沈阳电缆厂使用该厂铅基合金产品所生产的电缆产品获国家银质奖。由于新产品增加，工厂纯利润增加41.15万元，并且为国家减少进口电铅2300吨，当年节约外汇90万美元。全年产电铅59173吨，比1980年增长16.4%。

1988年，为了扩大电铅生产规模，改造铅冶炼生产环境，提高综合回收率，工厂筹集资金7000万元对铅冶炼系统进行技术改造。经过改造，铅冶炼系统焕然一新，笨重的操作由电脑控制所代替；老式传送带被进口斗式链板所替代，全方位彩色电视机监视着铅烧结系统的全过程，先进的收尘配套设施遍布各个岗位。1990年，电铅产量一举突破历史最好水平，产电铅65238吨，创产值43301万元，实现利税1.14亿元。当年，电铅荣获国家金质奖。为提高电铅在世界金属界知名度，长期在国际市场占有一席之地，该厂向英国伦敦金属交易所提出注册申请，经日本、欧共体用户推荐通过试用、评审，英国伦敦金属交易所于1991年6月向全世界郑重宣布：株洲冶炼厂电铅正式注册。从此株洲冶炼厂生产的电铅产品进入了国际有色金属期货市场，开拓了国际化经营之路。

1992年，株洲冶炼厂在抓好主导产品电铅生产的同时，着力开发深加工产品，试验成功生产了PCA、PCB、PCC三种规格的铅钙合金产品，并出口日本，获得较好的经济效益。

1993 — 1994 年，株洲冶炼厂铅冶炼原材料供应紧张，原料品位成分含量波动大，给生产带来较大冲击。分厂充分发挥自身优势，挖掘生产内在潜力，采取种种措施，实行不停产掏糟，确保了生产稳定发展。1993 年产电铅 7.45 万吨，出口铅 2.89 万吨；1994 年生产电铅 7.15 万吨。与此同时，分厂着力加强产品结构调整，加速新产品研制开发，在总结近年开发铅基合金经验的基础上，根据国内外用户的需要，开发出 PCD、PCE、PCG、PCK1、PCKV 等 6 种新牌号铅钙合金，成为生产发展新的增长点，两年共生产铅钙合金 3296 吨，增创产值 3500 万元。

1995 年，株洲冶炼厂铅冶炼系统完成“火炬”牌电铅在东南亚一些国家商标注册工作，派人到日本等地推销产品，并与国外银行达成预付货款 6000 万美元的协议，缓解了工厂生产流动资金短缺的矛盾，有力地促进了生产持续稳定发展。铅粗炼分厂总结出“抓两头、促中间”的生产管理方法，改进现场技术条件，解决了困扰生产的高锌铅精矿处理难题，全年处理高锌铅矿达 10700 吨，粗铅首次突破 6 万吨大关；铅精炼分厂及时改造合金生产炉，改进铸造模具，扩大铅合金生产能力，满足国内外用户订货需要，全年完成电铅 7.88 万吨，其中铅钙合金 3914 吨，产品一级品率达 100%。

1996 年，铅冶炼系统通过“缩短加板”“不停产检修”等一系列生产组织措施的改进，起到了增效降耗效果，生产稳定发展，全年产电铅 8.93 万吨，深加工产品铅钙合金 5061 吨，产品一级品率稳定在 100%。

1997 年，铅冶炼系统为缓解生产资金紧张，积极开展学邯钢降成本活动，立足内部挖潜，深入开展双增双节活动，铅粗炼分厂狠抓材料定额消耗，对修旧利废工作实行目标管理，全年节约定额材料费用 34 万元，修旧利废创利 36 万元；铅精炼分厂按四年来的最低成本指标从严确立成本费用额度，对成本实行科学管理，使电铅、铅钙合金、电缆护套铅单位成本分别比目标降低 92 元、124 元、57 元，实现了可控费用下降，节约总额达到 155.78 万元，学邯钢降成本活动成效显著，促进了生产的发展，当年产电铅 7.53 万吨。

1998 年，铅冶炼系统在采用高电流试验取得成功的基础上，将电解电流由 700 安培升高到 7200 安培，主要采取措施四项：一是提高铅阳极板主品位，使阳极板含 Pb ≥ 98.3%；二是狠抓阳极板物规与化学成份控制，加强阳极板中 Sb、Bi、As 等成分的比例控制；三是加强洗液铅酸浓度控制，使洗液铅离子浓度在 120 克 / 吨以上；四是严格控制游离酸浓度在 80 克 / 吨以上。通过上述措施使高电流生产铅离子浓度稳定在 80 ~ 90 克 / 吨之间，确保了电解不掉极，产品质量一级品率稳定在 100%。与此同时，积极开展科技创新，开发 D21、D23、PCS、PCH、PCM、CVP、CVPA、CVN、FPC、ZPC10 个新型号铅钙合金，并总结摸索出低温搅法、间接洗铸法、整批返溶法、相对波动范围新理念，“三法一理念”较好地解决了铅合金生产中出现的问题，使铅钙合金生产一次合格率由初期的 88.2% 提高到 96.61%，两年共生产铅钙合金 9800.86 吨，创利 413 万元。1998 年生产电铅 8.35 万吨。

1999 — 2000 年，铅冶炼系统继续加大科技创新力度，促进生产稳定发展。针对凡口矿停止供应带来矿原料结构发生重大变化，在生产造成困境的情况下，积极组织攻关，较好地解决了对新原料的适应性问题，同时将闲置的铅精矿干燥窑改造成氧化锌浸出渣干燥窑，对烧结焙烧工艺革新、鼓风炉熔炼制度优化、铅电解采用高电流生产、铸型机提速等工艺技术创新及改造，有力地促进了铅产品的稳定增长。1999 年产电铅 9.5 万吨，2000 年产电铅 10 万吨。

（三）铜

1. 铜冶炼 1958 年株洲冶炼厂兴建铜电解精炼车间，当年 7 月破土动工。11 月 25 日，利用已建成铅浮渣反射炉熔炼黄杂铜，每生产 1 吨阴极铜耗煤达 1000 多千克，渣含铜高达 10.30%。截至 12 月 25 日，共炼 8 炉，处理黄杂铜 247.4 吨，试产出阴极铜 101.27 吨。

1959 年年初，铜火法电解厂房建成，原铅浮渣反射炉停用，新建铜反射炉投入使用。当年，共处理废旧杂铜 4100 吨，产电铜 2427 吨，创产值 2341 万元。

1965 年 7 — 9 月，将原 10 平方米反射炉改为 8.4 平方米和 4 平方米反射炉各 1 台，并吸收昆明冶炼厂镁铁烧结炉的经验，并将铜反射炉改 3 次进料熔化为 2 次进料熔化；铸型溜槽由 2 眼改为 3 眼流入模中，并采用铜模浇铸和铜电解采用酸泵喷水代替人工冲洗残极上的阴极泥等操作方法，基本实现机械化操作。各项经济技术指标大幅度提高，14 个指标中有 1 2 个超过投产以来的最好水平。铜电解电流效益由 1959 年的 83.92%，提高到 96.42%；铜电解回收率由 1959 年的 99.10%，提高到 99.9%，电铜产品单位成本由 1959 年的每吨 5560.86 元，降到 5005.24 元，下降 8.91%。全年产电铜 4446 吨，电铜质量一级品率达 100%，提前 18 天完成国家计划。

1967 年，该厂对转炉直接吹炼高砷锑冰铜固定料工艺展开试验。试验多次，仍未成功。嗣后采取直接吹炼固定燃料，终于成功。每炉吹炼时间为 9 ~ 10 小时，铜直收率达 85%，回收率达 98.5%，砷锑烟灰通过布袋收尘收集，每年可从铅锌冶炼副产物料中回收 800 ~ 1000 吨电铜。此工艺为国内首创，标志着该厂电铜冶炼技术已居国内同行业先进水平。

1973 年，该厂自制安装了 1 台桥式悬臂进料机，进料操作实现了机械化，节约进料劳动力 18 人，缩短炉时 2 小时；年节约燃料 166 吨，价值 1 万多元。将电铜出槽人工翻板改为圆盘翻机翻板。从根本上消除了铜火法生产的繁重体力劳动。

1978 年，产电铜 7002 吨，电铜被评为湖南省优质产品，工厂获“全国铜电解社会主义劳动竞赛先进集体”称号。

1980 年年初，铜电解厂房拆除大修。6 月竣工，新厂房建筑面积 4237.95 平方米，增添 19.5 米跨度 5 吨桥式双梁吊车 1 台；电解槽为 1 米 ×11.7 米 ×1.2 米钢筋混凝土槽 100 个，辉绿岩槽 15 个，花岗岩槽 5 个。新建 2 号鼓风炉，替代 1 号鼓风炉，成为国内同行业较为先进的铜电解生产系统。

1982 年，粗铜每吨提价 90 元，使电铜单位产品利润每吨下降 94 元，预计全年减少利润 20 多万元。为了走出困境，工厂积极拓宽货源，组织原料进厂，同时，建立经济责任制，调动职工积极性，促进生产发展。全年产电铜 8951 吨，创利润 3817 万元。当年电铜被评为冶金工业部优质产品。

1986 年，铜反射炉检修，全国劳动模范、铜反射炉工段长易铁鑫用冷水淋湿全身，披 2 块湿麻袋，操起 1 把 18 磅锤子，顶着 100 多摄氏度的高温，带领工人飞速爬进了炉膛。拆炉获得成功。反射炉检修“冷炉”由 7 天改成了 3 天。易铁鑫创造的反射炉提高炉龄新操作法，使炉龄由 120 炉延长到 220 炉。当年，电铜产量首次突破 1 万吨设计能力，产电铜 11069 吨。

1990年，由联合国海外发展署出资，美国BNF公司帮助援建的铜反射炉重油燃烧过程控制正式投入运行，实现了铜反射炉进料、升温、氧化、熔化、造渣、还原、出铜、脱硫8个冶炼阶段中重油燃烧过程的计算机连续控制，节油率达到13% ~ 15%，年节约费用13.6万元。次年4月，联合国能源统计专家参观了铜反射炉计算机控制室，并对控制结果表示赞赏。

1993年，株洲冶炼厂铜冶炼系统发挥自身优势，挖掘生产内在潜力，克服原料供应不平衡给生产带来的困难，积极改善生产工艺条件，在火法厂房内增建一台6.5吨转炉，7月25日投入生产。新转炉建成后，粗铜年生产能力增加1500吨以上。当年生产电铜9991吨。

1994年7月4—15日，对原0.5平方米鼓风炉进行改扩，新建的鼓风炉封口横切面积由0.5平方米增大为0.785平方米，前床增大到3.36平方米，增加炉缸座车、卷扬机拉平板车出铜、双冷式烟道，对换热器及各部件也进行了较大改进，从而新鼓风炉日处理量可达40吨以上，日产浓缩冰铜18吨以上，提高了综合回收各种含铜物料的能力，确保了电铜的稳定提高。1994年电铜产量达10155.64吨。

1995—1996年，铜冶炼系统继续走科技创新之路，加强技术改造和新技术的推广应用。1995年8月，将铜电解紫铜板作种板改为钛种板，结束了铜系统30多年用紫铜板生产始极片的工艺。钛种板具有使用寿命长、耐腐蚀、产出的始极片表面光滑、弹性好、成片率高等特点。从此生产的电铜板周边整齐，表面质量优于原紫铜板作种板生产的电铜板。工艺上还取消了原电铜板烘烤工艺，每年节电2万元；取消了中性隔离剂，不仅每年节省费用2.68万元，而且作业场地干净、清洁、不再打滑，消除了安全隐患。从1995年11月开始，进行铜阳极泥处理取消回转窑，直接浸出脱铜工业性试验，至1996年4月试验取得圆满成功，5月9日正式采用新工艺。新工艺不仅能保证铜阳极泥达到质量标准，一次合格率有较大提高，而且每年节约煤气160万立方米，价值21.6万元，节约回转窑运转用电12万千瓦时，价值4.08万元。两年共生产电铜19143.88吨。

1997—1998年，市场铜价低迷。受其影响，株冶铜冶炼系统生产作了适当调整，集中力量抓好粗铜生产，同时侧重向科技和管理要效益，进行技术创新。拆除原铜反射炉，新建一台60吨精炼反射炉，烟道换热器更换成GGPH-W5型换热器，重油喷嘴采用BH300专利产品。投产后，取得较好的效果，升温快、重油燃烧安全、节油明显、缩短炉时，对提高产量发挥了突出作用，同时购置三台586型计算机，使生产经营管理、工艺和技术管理、信息处理等上了一个新台阶。通过学邯钢、降成本活动，两年中减亏343.16万元。两年共生产电铜13465.46吨。

1999—2000年，株洲冶炼厂深化改革，实施资产重组，对炼铜分厂实行“模拟法人”机制，较大程度扩大了分厂自主经营权，将分厂推入到市场经济的大潮中去拼搏，经受市场竞争的考验。炼铜分厂在铜市场依然不景气的情况下，采取各种强化措施，促进生产的稳定提高。1999年生产阴极铜7403.62吨，实现盈利58万元，达到扭亏为盈的目标，2000年产阴极铜8149.89吨。1999年10月，株洲冶炼厂生产的“火炬”牌标准阴极铜成功地在上海交易所注册。

2.铜压延　1979年3月，株洲市有色金属压延厂经市场调查和预测分析，铜压延加工项目向市财政局贷40万元，改建厂房购置设备。10月，设备安装，单体试车，形成年生产能力600吨，产品为紫铜板、黄铜板。1980年投产试轧。1981年，紫铜板小批量生产，当年产3.7吨。次年产85吨，创产值 57.46 万元。

1985 年，生产铜锌合金黄铜板系列投放市场，当年产 11 吨。1989 年，株洲市有色金属压延厂为扩大黄铜生产规模，投资 110 万元进行技术改造，新建一栋熔炼车间（984.96 平方米），购置两台半连续浇铸机，1991 年后又先后投资 61 万元，修建汽车车库、高压配电间、购置 630 千伏安变压器、高低压配电屏、电缆地沟等设备。半连续浇铸机 1990 年试生产后，由于没有资金购进原材料维持正常生产，致使浇铸机、新建车间一直闲置。工厂依旧靠 2 台 300 千克低屏电炉熔化及剪板机、轧机等陈旧设备搞来料加工。由于工艺水平低、工装设备陈旧，产品成材率仅在 54% 左右。1992 年生产铜板 405.57 吨，1993 年生产铜材 407.6 吨，1994 年生产铜材 159.15 吨，1995 年后无力再组织生产而全面停产。至 1996 年年初工厂亏损 280 万元，共负债 951 万元，资产负债率达 140%。1996 年 6 月 14 日，株洲市中级人民法院受理该厂破产申请并宣告株洲市有色金属压延厂破产还债，1998 年 3 月 22 日破产程序终结。

（四）硬质合金

20 世纪 50 年代，中南硬质合金厂（株洲硬质合金厂）在株洲市区走马塘地段崛起，首开中国硬质合金工业之先河。工厂于 1953 年筹建，1954 年破土动工，1958 年 4 月 1 日竣工验收，并正式投产。工厂总投资 5022 万元，占地面积 83 万平方米，建筑工程总面积 10.3 万平方米，固定资产原值 3819.9 万元，设备总重量 2111 吨，职工总人数 2428 人。全厂 65 个工程项目全部达到优等质量。4 个主要生产车间 78 项主要设备负荷试车全部合格。

1958 年，硬质合金产量便突破原设计能力年产 500 吨的水平，达 755.6 吨，取得良好的社会经济效益。产品共 11 个牌号、1392 个型号规格，产品合格率达 98.1%，为全国 27 个省、市和中央 17 个部、局，提供了国产“钻石”牌硬质台金，缓解了国民经济各部门对硬质合金的迫切需求而又单纯依赖进口的矛盾。当年，完成工业总产值 7828 万元，销售收入 6388.4 万元，全员劳动生产率年人均 20550 元，实现利税总额 3889.5 万元。一年收回全厂工业建设项目的全部投资。

1959 年，在“大跃进”浪潮的推动下，工厂党委提出“大战一年半，职工红又专；产量跃四倍，成本减一半；质量一顶二，品种新又全；一厂当十厂，英雄今朝看”的设想。发动群众大干快上，硬质合金年产量达到 1902.2 吨，为设计能力的 3.8 倍。产品牌号 12 个，型号 566 个，工业总产值为 13233.4 万元，销售收入 11976.7 万元，产品合格率达到 99.13%，职工总人数上升到 4280 人，全员劳动生产率达到 32190 元，实现利税总额为 12550.78 万元。

1960 年，生产再度大搞产值翻番，连续组织 25 旬“旬旬高”的生产竞赛。结果，硬质合金产量虽然上升到 2111.8 吨，为设计能力的 4.2 倍，而由于原材料供应严重不足，工厂被迫匆忙采用“水代酒精”“铁镍代钴”进行生产，致使半成品杂质上升，合格率普遍下降。造成硬质合金不耐磨、脆性大、掉刃尖，表面氧化裂纹，光洁度差，毛刺多，弯曲大等严重缺陷，仅据武汉、长沙、南京、常州等 12 个地区复查结果，一次性报废合金就达 310 余吨；工厂内部进行清产核资，清理出物资报亏报损浪费达 708 万元。从 1961 年开始，硬质合金生产跌入了低谷，连续 4 年产量逐年下降，1961 年 875.9 吨，1962 年 525.1 吨，1963 年 450.1 吨，1964 年 331.9 吨。

自1961年始，工厂贯彻"调整、巩固、充实、提高"的八字方针，抓住提高产品质量这个中心环节，停止水代酒精、铁镍代钴，整顿工艺纪律，严格工艺制度，建立产品自检、互检、抽检、专检制度，产品质量逐渐回升。

"文化大革命"中，生产秩序被打乱，设备"带病"运转，劳动纪律松驰，生产效率低下，产品质量下降。

中共十一届三中全会以后，株洲硬质合金厂把"产品高质量、经济高效益，管理高效率，技术高水平"作为工厂的奋斗目标，强调弘扬"五过硬"（思想过硬，团结奋进；技术过硬，精益求精；质量过硬，世界水平；服务过硬，周到热情；管理过硬，勇攀高峰）的"钻石精神"。瞄准国际市场，依靠科技进步，开发深加工产品，实现由生产型向生产经营型、由封闭型向外向开放型的战略转移，使工厂沿着持续、稳定、协调发展的轨道运行。

1982年，厂长王君笃提出株洲硬质合金厂不与国内同行争饭吃，要到国际市场上比高低。实行"一头向外，一头延伸"和"两步宏图"的发展战略。对内发展深度加工，提高产品精度，扩大品种系列，对外参与竞争，占领国际市场。选择可乐满厂为赶超对象，走引进改造的道路，把起点放在国际20世纪70年代末80年代初的水平上，按国际标准（ISO）组织生产，一个《以赶超世界先进水平为目标，搞好企业技术引进改造》的可行性报告正式出台。得到了国家副主席王震、全国人大常委会副委员长荣毅仁和国家科委主任方毅的支持，1981年正式开始筹备，1983年10月国家计委以计原字（1983）1590号文件批准株洲硬质合金厂技术改造可行性研究报告，改造总投资为14461万元。1982年6项辅助配套工程破土动工，1986年5月全面投产。锅炉房蒸汽供应量由原来每小时23吨增到69.5吨。中心试验室新增检测项目34个，分析检测质量和精度普遍提高。湿法车间建成由仲钨酸铵制取蓝钨年产1000吨的生产线，金属实收率由过去的87%提高到93%，每年节约钨精矿150吨，价值200万元，产品获国家金奖，萃取新工艺获国家科学技术进步一等奖。制粉车间的工艺更加合理，提高了自动化程度和产品精度。

涂层车间建成投产，年产涂层产品60吨，涂层刀片与普通刀片相比，使用寿命高出1～5倍，切削速度高20%～30%以上，经过"单层""双层""三层"的涂层产品，更具有高硬、耐磨、抗腐的优异性能。填补中国涂层技术的空白，提高了企业竞争能力。从瑞典引进的300吨硬质合金生产线1985年8月破土动工，1986年10月安装调试，1988年10月竣工投产。新增合金牌号28个，品种、型号249个。至1990年，累计生产423.86吨，完成工业总产值10567.55万元，实现利税1031万元，销往美国、苏联、罗马尼亚、英国、法国等30多个国家和地区，出口量占总产量的60%，创汇1200万美元，人均达2.7万美元，300吨硬质合金生产线的技术水平、装备水平、产品质量、竞争能力都达到了国际20世纪80年代先进水平。标志着中国硬质合金生产进入了一个新的发展时期。株洲硬质合金厂技术改造的成功之后，王君笃获得了全国"五一劳动奖章"、湖南省特级劳动模范、"全国立志改革者"等荣誉称号，被誉为扑向国际市场的"出山虎"。

1986年12月30日，国务院批准株洲硬质合金厂为出口基地企业。1987年成立了进出口公司，王君笃厂长兼任公司总经理。工厂有权同外商直接谈判、签约、结汇，成为国内同行业中第一家拥有外贸自主权的企业。工厂把销售点扩展到了美国、瑞典、日本、联邦德国等国家和中国香港地区。常驻美国、瑞典、日本的商务代表都是选派工厂的高级科技人员，在国外做起了生意。统计表明，外销量年平均增长20%，产品销售到56个国家和地区，累计创汇1.4亿美元，工厂连续几年都被评为湖南省出口创汇的先进企业。

与此同时，工厂在深圳、海南、天津、大连等地建立双边和多边的联营项目14个。

株洲硬质合金厂注重引进技术的消化、吸收、创新。300吨硬质合金生产线的73种主要原辅材料有63种实现国产化，国产化率占86.30%，在消化吸收引进的25个牌号的基础上，成功地开发了8个新牌号、98个新产品。

"七五"计划期间，中国钢铁工业从国外引进21条高速线材轧机生产线，每年需消耗硬质合金辊环100吨左右。若全部进口，每年国家将付出外汇1320万美元。为了尽快实现引进线上零部件的国产化，株洲硬质合金厂研制成功2个系列7个牌号的高速线材辊环，其性能与瑞典、联邦德国、卢森堡等国外同类生产品相当，取代了进口，节约了外汇。硬质合金圆盘切刀也是20世纪80年代开发的新产品，70%的产品销往日本、联邦德国、中国香港等地。1985—1990年，株洲硬质合金厂投入新技术开发基金934.15万元，开发新产品60余种，新产品产值达24353万元，利润4453万元。工厂还投入120万元，组建了硬质合金深度加工生产线。1986—1990年，这条生产线先后开发了硬质合金磨轮、大压缸、顶锤和钢结异型模具等20多种深加工产品，创产值1991万元，实现利税300万元，为总投资的2.5倍。

株洲硬质合金厂的产品质量稳定提高率连续10年保持100%，有3项产品获国家金质奖，8项产品获国家银质奖，21项产品获部优，18项产品获省优；硬质合金优质品产值率达到71.59%，达到国际先进水平的产值率为58.11%，超过国家一级企业的考核标准。

株洲硬质合金厂1990年硬质合金产量2014吨，比1985年增长18.7%。投产以来，累计生产硬质合金5.18万吨。品种由设计的7个牌号、502个型号规格，发展到83个牌号、3.3万多个型号规格。产品广泛用于冶金、机械、地质、煤炭、石油、化工、电子、轻纺以及国防军工企业，国内市场占有率达45%左右。销往美国、法国、日本、加拿大、东南亚等56个国家和地区，年均创汇约2000万美元。

"八五"计划期间，株洲硬质合金厂融资2.38亿元，实施一系列技术创新工程。一是瞄准世界先进水平，对硬质合金老系统进行改造，新建成细碳化钨生产线、大制品分厂，完成了锅炉房、制冷站、钴冶炼系统、钽铌湿法冶炼系统、110千伏安电网升压等技改项目。二是引进资金和技术，进行硬质合金深加工技术改造，新建整体硬质合金孔加工刀具生产线、异型刀具生产线和硬质合金高精度模具加工生产线。新增深加工能力127吨。此外还累计投资6200万元，完成更新改造项目40余个。"九五"计划期间，工厂形成了以技术中心为主体，各生产分厂开发实验室为辅，相关高校、研究院所为合作伙伴的科研开发格局。新产品不断涌现，有高精度、高性能可转位刀片、热处理顶锤、热处理球齿、大顶锤等4项产品列为国家级新产品开发项目，超细碳化钨等8项列为省级新产品开发项目。得益于技术创新，2000年工厂硬质合金产量达到2660吨，品种由最初的7个牌号、

502个型号规格，发展到128个牌号、33000个型号规格。产品广泛应用于冶金、机械、地质、矿山、石化、电子、轻纺及国防军工等行业，国内市场占有率在35%左右。产品销往近70个国家和地区，国外用户发展至近300家，年进出口总额逾8000万美元。

1.钨钴合金 钨钴合金是硬质合金生产中数量最大、应用范围最广的一类。株洲硬质合金厂1958年投产的，有矿山工具和切削刀片共6个牌号、709个型号，产量为417.6吨。

1960年，该厂的技术人员和工人针对前苏联设汁的棱形制粒机成粒效果差的缺点，试制成功了倾斜式圆筒制粒机，班产量由每3人600千克提高到1人1000千克，取消了压团、打碎等强体力劳动的工序，成粒完全，粉末粒子的压制性的成型性得以改善。实现了混胶—震动过筛—圆筒制粒一条连续生产线。1984年，美国专家鲁迪教授仿制我国两台“中国制粒机”投入使用，效果更佳。

1961年11月，修复了一直未能投产的苏联提供的200吨热压机，在全国首次生产出15立升硬质合金球磨筒。该产品1964年获国家科技奖。

1963年，用硬质合金生产了拉制钨丝的拉丝模，及非标准产品拉管模、引伸模，全部替代了钢制拉伸模具，实现模具硬质台金化，为国家节约了大量钢材，使用寿命提高10倍以上。

1963年以前，中国所有面粉加工厂及粮食机械加工的磨辊，是从瑞典进口的H1合金，每片价格高达24元，国家要花费大量外汇。株洲硬质合金厂技术员张荆门、杨超尘接受冶金工业部科研攻关课题。在研究中，发现YG6台金的抗冲击性能能满足加工要求，通过细化晶粒改变了合金内部组织，制出了中国第一个细颗粒牌号YG6x，其硬度（HRA）提高1.4倍，使用性能达到瑞典H1合金的水平，从此取代了H1合金。

1971—1973年，该厂在国际上首次用等静压制方法成型，经连续立式炉中烧结出1.5立方米的整体球磨筒，其外径偏差仅0.2毫米，而热压焊接法每生产一个产品要消耗7套石墨模具，等静压方法模具则可连续使用，生产成本成倍降低。

株洲硬质合金厂1972年开始研制YG105矿用硬质合金。用高纯三氧化钨高温还原成粗钨粉，再与碳黑直接混合进行高温碳化，掺入一定的碳化钽，得到具有较高抗击度、强度和耐磨性通用性较好的粗晶粒合金。YG105的Φ40毫米十字钎头，与瑞典法盖斯特同类产品在相同条件下穿孔比较，平均进尺高26.7米，单位径耗低0.0079毫米，使用寿命在坚硬岗位中均可达到150 ~ 180米。

冶金工业部下达以石蜡代替橡胶作硬质合金成型剂的重点攻关项目。中国蜡资源丰富，价格低廉，便于使用喷雾干燥，脱蜡后无残物，有利于提高产品质量，成本降低3倍多。

1974年开始研制PW-1900型喷雾干燥设备。该装置由电加热、干燥、回收三个系统组成。整个过程在密闭系统中进行，有利于提高原料实收、回收率，且自动化程度高，劳动强度低。使原蒸汽干燥、圆筒制粒工艺的9道工序缩短为4道工序，生产周期缩短一半，实收率提高4%，回收率提高0.8%。酒精96%以上得以回收，生产定员减少30%，这项成果获1980年冶金工业部和湖南省科技成果三等奖。研制了75 ~ 110千瓦钟罩式脱蜡炉、制造行星真空干燥、混合器。

为适应钛合金、耐高温合金、冷硬铸铁等材料的切削加工，克服现有YGX、YG6X的韧性及耐磨性的结合不足，1977年研制出WC-Co系细晶粒硬质合金。YGRM刀具的加工光度比YG8高一级，使用寿命提高 2 ~ 5 倍，加工钛合金、高温镍基合金，达到美国 K68、日本 G10E 的水平，加工冷硬铸铁轧辊达到外国 H1P、GCD315 的水平，节约刀具 50% 以上。

1982 — 1987 年，还研制出用于生产人造金刚石的高温、高压的 YG1103 硬质合金大压缸。取代了地质部、核工业部从瑞典引进的 CG35 的 Φ40 毫米内孔的硬质合金压缸，每年为国家节约 13 万美元，压缸的抗塑性变形能力和使用寿命均达到瑞典的 CG35 水平。

至 1990 年，累计产钨钴硬质合金 12570 吨，其中 YG20C 冷镦冲模、YG8 拉制模获国家优质产品银质奖，YG8 顶锤、YG6 热压密封环、YK25 凿岩用台金、YK20 矿用合金、YG8 刀片、YGHC 球齿、YH11C 矿用合金、YG8N 刀片获有色金属工业总公司优质产品奖，获湖南省优质产品奖的有 YG8 刀片、YG15 搓板扇形板、YG8 热压引伸模、YK50 矿用合金等。

1993 年，株洲硬质合金厂为提高钨钴合金的产品质量，改善生产环境，工厂将旧式送风系统进行改造为新式集中送风系统。此外，逐步将氢气烧结炉更换成大型 GCA 真空烧结炉。由于先进设备的应用，基本上淘汰原橡胶工艺，采用工厂自行研制的新成型剂 SBS 工艺，产品质量得到提升。

1991 — 2000 年，工厂钨钴合金分厂共开发 YGIIG-N、YK030、YK15、YK15.6 四种新产品，并投入大批量生产。10 年间合计生产钨钴硬质合金 9626.7 吨，其中新产品 845.6 吨。

2. 钨钴钛合金　1958 年，株洲硬质合金厂投产生产了 YE、YT14、YT15、YT30 四个牌号，共 44 种型号的钨钴钛合金 216.6 吨。1960 年为洛阳轴承厂试制出不重磨可转位刀片，断屑槽直接成型，可消除刀磨的缺陷和影响，减少了焊接工艺，节约了刀杆钢材，比焊接刀片的使用寿命提高 10 倍以上，在洛阳轴承厂第一条轴承自动生产线上应用至今。

1960 年生产的 8 个牌号中有 5 个是铁镍代钴的合金，由于铁、镍固有的特性不如钴，导致成品的使用质量低劣，造成巨大浪费。1964 年，研制出添加钽（铌）钴钛钴钽（铌）四元通用硬质合金，并形成产品系列。

1978 年，钨钴钛合金用石蜡作成型剂，采用真空脱蜡，真空烧结的新工艺。

1979 年，试制成功钨钴钛（钽系）超细晶粒通用硬质合金 YH1、YH2、YH3。满足了航空工业和轧辊行业的需要。用 YH1 加工斯贝发动机用英国 N901 材料耐用度为美国 895 刀片的 1.33 倍。加工高碳高铬耐用部件，以往只能磨削，需 360 ~ 420 分钟，改用 YH2 可以车削带磨，只需 37 分钟。这一系列的产品，1983 年获湖南省科技成果三等奖，冶金工业部四等奖，国家经济委员会优秀新产品奖和湖南省优质产品奖。

1979 — 1981 年，研制成功韧性高、耐磨性好、抗热震、抗热裂、抗氧化、抗塑性、变形能力强的专用铣削牌号 YTM30 和 YTS25，填补国内铣削牌号的空白。在武钢冷轧薄板厂引进线上，原只能用联邦德国 P35 刀片和 800℃热状态饱削低碳钢焊缝，每个价 56 美元。改用 YTM30 合金，使用寿命为 1000 ~ 1500 次 / 片，每片仅人民币 9.52 元。

1990 年，钨钴钛硬质合金共生产 464 吨。其中 YTM30、YTS25、YH1、YH2、YH3、YW4，在 1983 年全国首届新产品展览会上获国家优秀新产品证书并被评为国际先进水平产品。YT14 刀片、YT65 刀片、YT5 刀片获国家优质产品银质奖。YW1 和 Y1W653、YT15 刀片获有色总公司优质产品奖，获湖南省优质产品的有硬质合金可转位刀片和可转位铣刀片。

1995年，株洲硬质合金厂钨钴钛合金车间从三分厂分离出来，直属工厂。针对YT合金脆性问题，成立了YT合金脆性攻关小组进行攻关，通过改进碳化工艺，改造脱蜡炉，同时在各工序中严格真空和氢气两条生产线生产工艺，产品内在质量得到较大提高，较好地解决了YT合金的脆性问题。

1996年，工厂加大钨钴钛新产品开发力度，增添开发设备，补充科研人员。在稳定枪钻、圆盘切刀、水槽刀、英格索尔系列机夹刀等原有新产品市场的基础上，开发生产出长条薄片和螺旋刀毛坯等新产品。

1998年，研制出YT5N新产品，至1999年该产品成批生产，满足了市场用户的需要。2000年，钨钴钛合金产量达577.6吨，工业总产值9015.6万元。

3.铸造碳化钨 1958年，株洲硬质合金厂生产供石油工业钻具工作面堆焊用管状铸造碳化钨YZ2、YZ3、YZ4、YZ5共4个品种118.9吨。由于产量迅速增加，设备和工艺不能满足生产发展的需要。该厂进行了一系列改革：扩大熔炼炉管和铸口，增大舟皿，改用薄壁炭管，改变变压器接线圈数。从而使铸造碳化钨产量比设计能力提高6倍，熔炼合格率由60%提高到90%。

1962年，采用电磨破碎，提高了破碎颗粒的合格率。同年，将铸造碳化钨堆焊应用范围，逐步推广到对制糖厂蔗刀，岩石破碎机配件，截煤机齿、麻花钻头、牙轮钻头爪背的镶焊，铲斗刃、刮板、推土机零件，拖拉机履带面，脱谷机拉齿、犁刀、铲齿、切蔗刀、水泥螺旋粉碎机齿等各类需要耐磨而又无需机械加工的易损零件及部件的镶制。

1963年，株洲硬质合金厂向罗马尼亚出口一批铸造碳化钨，其中15吨管状碳化钨外观生锈，罗方要求索赔。工厂对管状碳化钨锈蚀的原因进行了多方面的研究，发现其锈蚀的主要原因是钢带法兰工艺不全造成的，经过试验取消了法兰工艺，采用亚硝酸二环乙胺气相缓蚀剂防锈纸包装，并改造包装方法，从而杜绝了产品锈蚀，使产品内在质量和外观颗粒形状都超过国外同类产品水平。

1979年，采用挤压法，仿钨钴合金挤压工艺进行试验，生产出YZ–D80碳化钨电焊条。

铸造碳化钨分别于1982年、1988年获湖南省和中国有色金属工业总公司优质产品奖，1989年获国家金质奖。

1995年，株洲硬质合金厂为满足国际市场对铸造碳化钨日益增长的需求，工厂投资20万元，对铸造碳化钨生产线进行填平补齐，将生产能力扩大到180吨，当年生产铸造碳化钨180.51吨，其中出口105.11吨。

为解决120目以下细颗粒铸造碳化钨含铁量高的难题，1995年车间在认真总结以往降铁经验的基础上，形成了一套层层设防的降铁工艺，并严格工艺纪律，取得了突出的成效，当年生产120目以下细颗粒铸造碳化钨67.7吨，一次铁含量合格率达到90%，最终产品无一起铁含量超标问题，保证了外销的质量要求。

4.钢结合金 钢结硬质合金是国外20世纪50年代出现的一种可加工、可热处理的新型工具材料。株洲硬质合金厂1964年开始研制钢结合金。1966年，研制成功碳化钛基的TH7合金，与对应的YT30相比切削系数由1.2升至3.7。ST60具有优异的耐热性和抗腐蚀性，但不可热处理。为弥补这一缺陷，1967 年研制出 ST60 奥氏体不锈耐热硬质合金，利用粉末冶金法生产了用于制造冲压模具的 GT35 硬质合金。哈尔滨汽轮机厂用 GT35 制成加工铜镍合金的钻头，每个可加工 800 个孔，比钢钻头加工 20 个孔提高工效 40 倍。

钢结硬质合金既具有接近陶瓷的耐磨性，又具有 YT 类硬质合金的韧性。1969 年对 YTH12 合金除 Y10MC、Nbc 研制 YN10，其比重只有 YT30 的 2/3，切削速度提高 30% 以上，焊接合格率提高 20% ~ 31.5%。与瑞典同期产品 FO2 相比，强度提高 0.5，硬度由 70 提高到 110 ~ 125。还研制出高铬马氏体不锈钢基 R5 钢结合金，具有特殊的回火二次硬化效应，硬度高，抗氧化，可加工，适于作耐磨耐腐蚀材料。

1974 年，株洲硬质合金厂在国际上率先发现了钢结合金的另一重要性能 — 可锻性，可进行罩模锻和自由锻，改变材料的几何形状，组织结构，提高物理机构性能。通过实验，总结出镶模、拨长、弯曲、冲孔等制造方法。解决了粉末冶金方法难以生产形状复杂，尺寸变化大异型毛坯的难题。用于制造导航陀螺马达的 GT35（锻造）钢结硬质合金，满足了用户提出的每分钟起动次数 5000 次的要求，使用到 7.58 万次以上，达到国际先进水平。成功地完成了中国洲际导弹、水底发射导弹及试验通讯卫星的发射任务。用 GT35 钢结硬质合金用于制作异型耐火材料模具具有耐磨性好，使用寿命长、砖坯质量高、大量节约钢材和加工工时，降低生产成本和显著提高劳动效率等优点。仅仅模具成型一项，每块砖可节约成本 95% 以上，以 GT35 对照变质铸铁制造模具，使用寿命提高 200 ~ 500 倍以上，若全国 50% 的耐火砖使用 GT 模具，可总计节约模具用钢材 8000 吨，折合人民币 2.5 亿 ~ 3 亿元。

钢结产品的应用范围已由单一的冷压模发展到量具、耐腐蚀零件、量卡具、刀具、矿山工具、电机电器、无线电和国防尖端产品上。全国各省（除台湾省外）均有应用。为中国硬质合金工业产品填补了空白。

5.涂层合金　1972 年，株洲硬质合金厂采用气相沉积法，分别采用氮化钛基、碳化钛基作气态物质，先后选择 YN1、Y1W2、YT5 和 YGD、YGC 作基体，试制成 3 种适宜钢件切削加工的 CN15、CN25、CN3 和 2 种适于铸铁和有色金属加工的涂层合金 CN16、CN26。解决了硬质合金韧性与耐磨性不相匹配的矛盾。切削碳钢、淬火钢、回火钢时，切削进度可提高 20% ~ 30% 以上，寿命比基体合金提高 3 倍以上，降低切削力 15% ~ 25%。与被加工材料的亲和力小，可降低刀尖切削温度，提高切削速度和走刀量，又可阻止刀具与工件材料间的扩散，防止焙焊和积屑瘤的形成，提高光洁度和精度，使之具有比硬质合金基体更硬、抗侧面磨损、抗月牙洼磨损更好的优良性能。

1982 年，从瑞典引进了先进的涂层工艺和设备，结合工厂多年生产、研究经验，进行消化吸收，1983 年建成占地面积 3360 平方米的年产量达 60 吨的涂层车间，1984 年 11 月正式验收投产。这项工程 1986 年获有色长沙公司科技进步三等奖。

6.顶锤、轧辊　株洲硬质合金厂随着市场经济的发展，结合国内外用户的需求，加大产品结构的调整。1993 年决定着力发展顶棒轧辊等大制品，投资 250 万元将 202 车间 50 吨顶锤的生产能力扩大到 300 吨的生产能力。1994 年生产顶锤 182.55 吨。

1994年，203车间加快Φ481毫米YG8A新材质大顶锤研制步伐，生产工艺日臻成熟和完善，产品性能进一步提高。经湖南省冶金材料研究所超硬材料室检验考察认为，Φ81毫米YG8A新材质大顶锤性能良好，平均使用寿命为4133次。1994年生产该顶锤3.8吨。

1994年，207车间首次用热压法生产出外径为Φ288毫米的两种特大硬质合金高线轧辊，单重分别为63千克和48千克，全年共生产150只，产量4.8吨。该产品满足了天津钢厂、湘潭钢铁公司等用户进口线轧机对单重在60千克上下大轧辊的需要，为工厂扩大轧辊生产，提高轧辊市场占有率走出一条新路。

1995年，采用课题承包的办法，成功研制出直径为105毫米的特大顶锤，并为陕西咸阳超硬材料设备股份有限公司提供了15个Φ105毫米特大顶锤。

1996年，工厂成立大制品车间，3月开始研制直径为116毫米的特大顶锤，5月底该攻关组为用户提供了首批两组12个这种特大顶锤。此外，工厂立足市场，开发出YG15Φ151／Φ139×96、YG15Φ100×100、YG15Φ100×80×40等系列大型产品。新开发的大顶锤市场占有率接近90%。2000年，新建顶锤精加工专线，使精加工产能和产品质量上了一个新台阶，并研制出Φ175毫米的特大顶锤，为人造金钢石行业的发展，起到积极的推动作用。

2000年底，工厂采用新技术新工艺，淘汰了高能耗热压工艺，将热压生产的Φ260–Φ480毫米大轧辊及大异型产品全部改用模压生产工艺（冷压）。同时开发出Y1系列新材质顶锤、复合轧辊、大型耐磨零件、新型压缸、新工艺特大两面顶、Y1040.2经济型产品，满足了市场需要。

至2000年，工厂大制品产品市场占有率在30%以上，客户达200余家，技术水平和生产能力居全国领先水平，并享有大制品产品六项之最：最大六面顶，Φ175毫米、38千克；最大压缸，Φ280毫米，125千克；最大两面顶，Φ205毫米，75千克；最大整体刀杆，Φ80毫米，55.8千克；最大轧辊，Φ365毫米，105千克；最大密封环Φ480毫米，25千克。此外，新开发的单重118千克大压缸、75千克大两面顶填补了国内空白，替代了进口产品。

（五）钨　钼

钨、钼冶炼加工工业是在株洲硬质合金厂1958年投产，株洲钨钼材料厂1972年建成之后，逐步发展起来的新兴产业。1960年，株洲硬质合金厂生产能力钨粉达2300吨，钨材及钨制品250吨，钼材及钼制品250吨；株洲钨钼材料年产钨酸100吨，仲钨酸铵700吨，钨、钼条30吨，钨丝2亿米，钼丝1亿米。产品品种由单纯的工业纯钨、钼条发展到多系列的钨、钼制品，包括：丝、条、棒、片、板、杆、带、箔、管、复合材料、喷管、坩埚、舟皿、模具等200多个规格牌号。产品已广泛应用于全国29个省、市、自治区数千家宇航、航空、原子能、电子、电力、冶金、化工等部门的工业企业。1960年以后还先后出口美国、日本、加拿大、联邦德国等国家和中国香港、台湾等地区。仅株洲钨钼材料厂1979—1988年即累计出口创汇3456.64万美元。

20世纪90年代初期，株洲硬质合金厂钨钼深加工产品的产量和质量及新品种在市场上显露锋芒，并占据重要位置。1992年4月至1994年9月，工厂筹集资金30万元，使钨钼制品深加工线顺利投产。1994年加工钨钼棒材943.75千克。

1994 年，工厂投入科研经费和专项资金 140 万元，进行铈钨条新产品和钨铝条新产品开发。先后完成掺杂锅、真空干燥机等 6 台（套）设备的采购和安装调试，建成一条年产 20 吨铈钨的生产线。1995 年，生产铈钨坯条、杆材 10.972 吨，获利润 43 万元。同时建成一条钨铝粗杆年产 40 吨的生产线，其产品性能达到日本钨公司 W31 钨条标准，丝材达到国家一级标准，1995 年生产出合格的钨铝合金 683 千克。此外，锆钨电极材料也研制成功，并获国家有色金属总公司科研成果四等奖。

1996 年，工厂坚持科技进步、技术创新，努力开发新产品取得显著成绩。完成了低品位钼精矿氧压煮工艺攻关，解决了高压釜只能生产高品位钼精矿的难题，填补了国家空白，成果获国家有色金属总公司二等奖；完成了钨钼异型大制品开发；完成了市场急需的钨流口，取代铂金流口及大钨管、特大钼顶头等新产品，重达 120 千克 / 只的特大钼顶头。随着工厂科技创新，新产品的不断涌现，株洲硬质合金厂生产能力逐步增长，到 2000 年，钨钼产品年产量突破 600 吨，各种钨钼品种百余种。

1. 仲钨酸铵、三氧化钨　株洲硬质合金厂于 1958 年投产时，以黑钨精矿为原料，用传统的苏打烧结法生产仲钨酸铵及三氧化钨。1965 年，研究成功酸法处理的钨精矿制取仲钨酸铵的整体工艺，总回收率达 92.75%，比烧结法提高 2% ~ 2.5%，纯度提高 5%。

1970 年，用酸法处理自钨精矿工艺改造的氨净化工序投产。

1975 — 1976 年，开展黑钨精矿碱压煮 — 萃取 — 结晶（蒸发）生产仲钨酸铵和蓝色氧化钨获得成功，此种高纯仲钨酸铵密闭煅烧后直接制成蓝色氧化钨和三氧化钨。仲钨酸铵纯度高于 99.95%，金属回收率提高 4%。

1988 年 9 月，回转窑“退役”，钨精矿的湿法冶炼结束了苏打烧结工艺，全都为压煮 — 萃取新工艺所取代。仲钨酸铵生产能力达到年产 3500 吨，产品纯度在 99.99% 以上，1985 年获国家金质奖。为提高硬质合金质量提供了优质原料，满足了工厂 300 吨硬质合金引进线的要求。1985 — 1990 年，出口仲钨酸铵 5182 吨，创外汇 3109 万美元。

株洲钨钼材料厂于 1976 年，采用阴离子交换法代替苏打烧结法，这项工艺 1978 年获湖南省科技大会奖。1981 年，将煮钨过程的蒸汽加热改为电加热，提高了分解率；将干式球磨改为湿式球磨，使球化作业连续化，提高了实收率。1981 年，投资 100 万元进行技术改造，形成年产仲钨酸铵 700 吨的能力，90% 以上的产品供外销，该产品先后获湖南省优质产品、轻工业部优质产品及首届北京国际博览会银质奖，国家银质奖。

2. 钨　粉　株洲硬质合金厂于 1958 年在国内率先生产出工业纯钨粉。1966 年试制成功火箭喷管喉衬用的喷镀钨粉 -FWP-1。1970 年用高温还原工艺，试制成中颗粒钨粉。1979 年采用蓝色氧化钨生产出超细钨粉。其中 FW-1 高纯钨粉，1982 年获湖南省和冶金工业部优质产品称号；1990 年获国家金质奖。1990 年，生产钨粉共 9 个粒度等级，4 种纯度品位，年产达 2300 多吨。1983 年 1 月，对钡钨阴极专用钨粉进行课题攻关，通过重氧化还原和等离球化控制钨粉粒形，分级控制粒度组成，专用钨粉发射性能提高了 1 倍，性能稳定，化学纯度达 99.97%，费氏平均粒度为 6 ~ 8μ，球化率达 70% ~ 90%，达到国际同类钨粉的先进水平。1987 年获中国有色金属工业总公司科学技术进步三等奖。

1984年，株洲硬质合金厂与兵器工业部803厂协作进行“三七”工程穿甲弹高比重合金用钨粉试验。使用该钨粉加工的钨合金棒达到具有高密度、高强度、优良的塑性及刚性和良好的加工性能要求。803厂用这种钨粉生产穿甲弹，全部符合要求，正式定型生产，为国家节约了巨额外汇。工厂通过完善工艺标准和操作标准，1987年建成国内唯一的年产500吨“三七”工程高比重合金专用钨粉生产线。

3.钨深度加工产品 钨深度加工产品包括钨丝、钨杆、钨板、钨粒、氙灯阳极等。株洲钨钼材料厂于1982年9月，从日本东芝浦电气公司引进技术与设备，1984年12月投产，形成年产5吨钨杆、3000万米钨丝的生产能力。其中W31钨丝年产量达2亿米，质量符合日本JIS标准，是1986年湖南省的优质产品，1987年轻工业部的优质产品。

株洲硬质合金厂于1979年10月，进行粉冶态超高压球形氙灯阳极研究。1980年采用非压力加工，直接粉末冶金方法生产钨粉制成的阳极纯度达99.97%，无高温溅射、挥发及早期发黑现象。阳极以成品供货，不需机械加工，每只节约成本6元。灯泡平均寿命达1000小时以上，比轻工部标准提高134小时。1983年7月氙灯阳极通过有色总公司鉴定。获湖南省优质产品、冶金工业部优质产品称号。1988年获国家银质奖。至1990年，氙灯阳极生产已形成0.5 ~ 7.5千瓦的产品系列，年生产能力达到5万支，国内市场占有量达90%以上。

4.钼　粉 株洲硬质合金厂于1958—1962年用土法生产优质钼酸铵和钼制品。1963年，钼生产线进行改建，投入正常生产。1981年，开发了钼喷镀粉生产。1986年，改用新工艺，每处理100千克工业纯钼粉，可获35千克钼喷镀粉，筛上物经加工还可获得60千克工业纯钼粉，降低了原辅材料的消耗。

5.高温钼丝 株洲硬质合金厂于1979年和上海钢铁研究所联合研制，采用钼掺杂工艺，在仲钼酸铵或二氧化钼中掺杂微量元素，经过加工处理，成功地试制出具有优良性能的新型电光源材料——电真空照明灯泡工业用高温钼丝。先后在汽车、溴钨灯、碘弧灯、1500瓦长弧氙灯、高压汞灯、高压钠灯等灯泡作电极引出线及灯丝支架，提高灯丝抗弯曲性能5 ~ 6倍。汽车卤钨灯报废率由13%以上降到1%，经上海六家制灯厂使用证明，降低了灯泡生产的损耗和成本，提高了合格率和产品质量，年节约价值达数十万元。1981年12月高温钼丝通过技术鉴定。1983年，添置部份加工设备和丝材检测仪器。1984年4月建成1条高温钼丝生产线，当年生产高温钼丝285.5千克，获利润14275元，获冶金工业部科技成果四等奖、湖南省科技成果二等奖。1990年，高温钼丝生产线扩大规模，具备年产8吨丝材的生产能力。

6.粉冶态钼合金顶头 1966年冶金工业部钢铁研究总院和株洲硬质合金厂开展了粉冶态钼合金顶头的试验研究。1972年研制TZM和TZC2类粉冶态钼合金顶头，1974年研制挤压加工顶头，1975年进行扩大试验并批量生产。1980年4月，粉冶态钼合金顶头通过国家冶金工业部鉴定，1981年获国家冶金工业部优质产品和湖南省优质产品称号，1984年获国家银质奖，并获得国家发明奖。1984年，添置设备，形成年产30吨钼顶头的生产能力。1985年，该厂成功地研制出TZC牌号的钼顶头并投入批量生产，产品规格从试制时的3种，发展到15种。

（六）钽 铌

株洲硬质合金厂于1958年2月，决定新建钽铌冶炼车间。设计规模为年处理钽、铌矿150吨，年产钽、铌15吨（其中钽5吨、铌10吨）。

1960年，用咸煮法试生产出钽、铌氧化物27.17吨。经鉴定，质量符合部颁标准，工艺流程合理，批准转入批量生产。1960年10月，钽、铌冶炼车间建成投产，耗资314万元。到20世纪80年代末，钽铌生产由车间发展成为专业化分厂。职工总人数达642人，全员劳动生产率1990年达到人均5万元，居全国钽铌行业之首。拥有固定资产原值2292.7万元，各类设备676台，年生产能力达100吨。产品销售收入达10307万元，创利税2293.75万元。累计生产钽铌产品605吨，其中出口56.7吨，创汇300万美元。产品由原设计3个牌号、5个品种发展到20个牌号、117个不同品种规格，从单一的生产钽粉、钽条、铌条发展到能生产多种比容的电容器钽粉、电容器铌粉、钽锭、钽基合金、铌基合金、碳化钽及其钽铌固溶体、铌酸锂单晶、铌铁、碳化铌及钽铌线、管、棒、片等异型材。为中国火箭、导弹、卫星、航空工业、原子能工业、冶金工业、电子工业、海底电缆、现代通讯、石油深井探测、医学等尖端技术、高科技领域，提供了优质的原料和材料。钽铌专业化分厂已成为国内5大钽铌生产骨干企业之一，也是中国有色金属工业总公司钽铌生产、科研和出口基地。

1990年，经国家有色工业总公司稀土局批准，同意株洲硬质合金厂钽铌湿法冶炼技术改造实施方案，投资645万元，1990年开工，1993年竣工，改造项目主要是萃取过程自动控制，纯水生产自动控制。1995年后，原十四车间研究解决了湿法产品氟钽酸钾的碳含量问题，提升了这一初级产品的质量，使这一产品的出口量从无到有，1999年达到80吨。钽铌火法冶炼部分的产量由于开发了新产品的钽条，钽产量由1995年的5吨，猛增到25吨。

1.钽铌氧化物 株洲硬质合金厂钽铌分厂钽铌氧化物生产，用碱法生产1年零4个月，因金属实收率、回收率不高，被迫停产。1963年，用氢氟酸分解制备原液，采用环已酮作有机萃取剂进行钽铌分离试验，效果不佳，也未用于生产。1964年5月，用磷酸三脂作萃取剂分离钽铌成功，连续生产6年，仍不理想。1969年9月，在长沙矿冶研究所的协同下，研制出一种新型胺类萃取剂，用于生产，缩短工艺流程，省去了2道工序，提高了设备利用率，提高了金属回收率1%，改善了劳动条件。1969年3月，采用仲辛萃取分离钽铌新工艺，产品质量进一步提高，独石电容器用五氧化二铌产量由1980年0.8吨上升到1989年12.5吨，该产品获1990年中国有色金属工业总公司优质产品称号。

2.钽 粉 株洲硬质合金厂钽铌分厂于1961年在试验中摸索，将氟化系熔盐电解改为氧化系熔盐电解，解决了钽粉中硅含量高的问题。1963年生产出纯度99.99%的电容器用高纯金属钽粉。1964年，将电解粉氢化磨碎至350目后，钽粉比容由1800～2300微法·伏/克提高到2800～3200微法·伏/克。获首次国家科技成果奖。1968年，采用“金属陶瓷过滤混合装料钠还原法”，取代了“熔盐电解法”，钽粉比容达3500微法·伏/克，产量提高62%，金属实收率达到80%，回收率达到94%。1968年5月，进行直接过滤混合装料钠热还原制取金属钽粉试验，1972年，批量生产出高比重钽粉。1973年12月，北京有色金属研究院和株洲硬质合金厂钽铌分厂一道，共同进行“金属陶瓷过滤混合装料钠热还原工艺”试验，使“钠热还原法”制取金属钽粉工艺取得了新的进展。钽粉实收率上升到94%，回收率上升到96%以上。1978年，开展“氟钽酸钾搅拌钠还原”的试验研究，获得成功。1980年3月，投入生产金属回收提高4%以上，产品质量好，生产成本降低7%。氧含量小于1500ppm，原粉比容可达4300微法·伏/克，最高可达8000微法·伏/克，1分钟测试漏电流小于8×10^4微安/微法·伏，实收率达94%以上，回收率达96%以上，产品粒度均匀，使用性能接近国外同类产品先进水平。1978年，参加全国“关键军工材料联合攻关”，进行制取球团化粉试验研究。同年，摸索出高温热处理钠还原粉新工艺（称“BT工艺”）和重熔法处理钠还原钽粉新工艺（称“AT工艺”）。AT工艺生产的40～63的钽粉，各项性能指标良好。BT工艺生产的32～40伏的钽粉与联邦德国670钽粉质量水平相当。采用BT工艺、AT工艺和电子轰击的方法，分别制得的3500微法·伏/克、40伏2800微法·伏/克、63伏2300微法·伏/克三种规格的钽粉，达到电容器军工器材质量要求。1982年，BT工艺生产的钽粉获得湖南省和国家冶金工业部优质产品称号，成为国内第一个钽粉部优产品。

1984—1986年，开展碳还原—高温烧结和碳还原—电子轰击法制取电容器用高压钽粉，具有纯度高、击穿电压高、漏电流低的特点，而且钽粉用量可节省50%以上，按年产2000万支计算，可节约钽粉3吨，价值达300万元，满足了国内用户的要求。1987年11月，由中国有色金属工业总公司长沙公司进行了技术鉴定，产品性能和技术指标达到了80年代末联邦德国670钽粉和美国NRC公司QR-12钽粉水平。1986年，高比容钽粉获有色金属总公司优质产品称号。

1991年，工厂研制开发63伏3500微法·伏/克高压高比容电容器用钽粉，1993年通过了由中国有色金属工业总公司组织的成果鉴定，该产品的研制成功，填补了国内电容器用钽粉品种系列中的空白，产品质量稳定，性能可与美国的QR-12高压钽粉相比美，且比容较QR-12钽粉高，其应用比容与法国的900Hc高钽粉相比，耐压性能比900Hc钽粉高。产品深受用户的好评，订货量逐年增加，成为了工厂的重要产品之一。

为扩大电容电器钽粉生产能力，1995年工厂投资87万元，购置桂林电器科学研究所设计的100千克高真空金属炉。1996工厂对钽粉生产线进行局部技术改造，主要是钠还原炉加热功率的增大、自动控温和温度显示、放钠系统的加热和计量控制等。技改后，钽粉生产能力达到20吨/年。

3.碳化钽（碳化铌）和钽铌固溶体 株洲硬质合金厂钽铌分厂于1963年试制碳化铌，1979年采用真空碳化工艺生产高纯碳化铌。1966年试制碳化钽，1974年对外供货。1979年，采用锡选法分离钽铌电容器阳极块工艺，使废钽块作为原料替代了部分五氧化二钽生产碳化钽。1986年，进一步扩大碳化钽的生产能力，年产量由10吨扩大到20吨。

1988年，株洲硬质合金厂总厂从瑞典引进的300吨硬质合金生产线建成投产。为实现原料国产化，选定了一次氢气碳化、二次真空碳化新工艺，研制出2种比例的碳化钽（碳化铌）固溶体和3种规格的碳化钛—碳化钨复式碳化物。经瑞曲山特维克公司检测，质量达到技术标准并形成生产能力。钽铌固溶体和复式碳化物的研制和生产线相继建成，保证了工厂硬质合金引进生产的需要，替代了进口原料，实现了原料国产化。新生产线生产出来的硬质合金产品，达到国际20世纪80年代的水平。

4.钽　材　株洲硬质合金厂钽铌分厂钽材生产线于1978年4月投产，仅能生产钽棒和钽丝，1979年增加钽板和钽片等产品生产。1979年，该厂采取粉末冶金法研制成功电容器用钽丝，经鉴定，全面性能已达到日本真空株式会社钽丝的主要性能指标和实测水平，满足了国内生产固体电解质电容器的要求。Φ0.6毫米STa固溶体电容器用钽丝，1980年被评为国家冶金工业优质产品，1983年又获得国家优质产品银质奖。

1983年，在原工艺中，增加了对钽丝表面进行电化学抛光、机械旋转磨削抛光等工序，提高了产品表面光洁度和抗脆性能，使钽丝的电性能、抗氧脆性能、力学性能、表面质量等技术指标接近或到达联邦德国HCS公司同类产品的实测水平，液体钽电容器漏液现象，已大大减少，结束了液体钽丝长期依赖进口的历史。

1986年，生产出Φ0.25毫米、Φ0.3毫米的细钽丝，1990年研制出Φ0.1、Φ0.15、Φ0.2毫米的细钽丝，并形成700千克的年生产能力，满足了国内特殊用户的需要。

但随着市场需求变化，作为钽电容器生产的主要原材料之一的钽丝，不论数量、品种、质量都提出更高的要求，特别是对其调直性能要求更高，而国产钽丝还不能满足这种高性能要求。工厂为解决这一问题，钽铌研究所于1993年组织产品质量攻关，经过一年多的努力，完成原料和模具的选择、产品烧结、阳极氧化、拉伸、酸洗及热处理等关键工序的工艺条件实验，细钽丝的表面质量及调直性能均有了很大提高。1993年，为用户提供100余千克合格产品，1994年该产品已转入批量生产，全年销售量达260多千克，大部分取代了进口钽丝，扩大了产品在国内市场的占有量。

1995年，一台由工厂钽铌研究所设计开发的立式钽丝连续退火炉安装调试完毕，投入生产后，提高效益3倍，节约了氢气，降低了能耗，生产成本下降，经济效益提高显著。1995年根据市场需要，成功地开发出钽片尼龙喷丝头。1996年，工厂对钽材生产线进行技术改造，购置一台125千瓦真空垂熔烧结炉和一台孔型轧机，改造后钽材生产能力达到5吨/年。

5.铌酸锂单晶　1971年，株洲硬质舍金厂钽铌分厂拉制出Φ20×50毫米铌酸锂单晶。20世纪80年代，单晶生产线进行了技术改造，产品批量投放市场。

用铌酸锂单晶试制的滤波器S1M-37-b与日本三洋使用的滤波器比较，技术指标超过日本同类产品。1986年10月拉制出直径76毫米的大直径单晶，其晶体的压、弹性能均达到国内同行水平。

随着市场扩大，铌酸锂单晶生产线不断扩充和完善。拉晶炉由1台增加到4台，采用模拟浮称拉晶操作法，还添置抛光机4台。建立磨片、抛光工序，形成抛光片2万平方厘米的生产能力。1985年，产品先后获得湖南省优质产品和中国有色金属工业总公司优质产品称号。

6.铌　粉　株洲硬质合金厂1961试制出铌粉，1965年开始工业性生产可生产4大类十几个牌号的铌粉。同年相继用间接还原法、自身还原法、直接还原法开展电容器铌粉的研制，1970年形成生产线。1969年12月，进行了以五氧化二铌、五氧化二钽、石墨粉为原料，采用碳热还原法研制钽铌合金粉。1972年完成了电容器用钽铌合金粉的设计定型和生产定型，生产出的钽铌合金粉电性能优于铌，接近钽，1984年通过国家鉴定。

7.铌　条　1962年年底，株洲硬质合金厂用二段碳热真空还原法首次制取金属铌条。为提高铌条质量和生产效率，从1964年开始，该厂先后采用二段快带升温还原法替代北京有色冶金研究院提供的五段还原法；采用往碳化料中掺添加剂解决烧结中出现的“夹心”“裂纹”问题；用二次还原取代一次还原工艺，解决铌条碳、氧不均匀的问题，铌条致密、无裂纹、强度高，合格率由60%提高到98%。1979年，还将铌条在氢化炉内氢化改为在还原炉内降温冷却氢化，改长坩埚为短坩埚，提高氢化效率和质量，产量增加。产品获1984年湖南省优质产品称号，1986年上升为中国有色金属工业总公司优质产品。

1985年后，开始采用粉末冶金工艺，添加不同元素，先后制取铌钽、铌钨、铌锆等铌基合金条，填补国内空白，满足国防工业和尖端科技所需。

1988年，该厂自行设计的电子轰击炉投产后，增加了铌锭、铌基合金锭等产品，产品质量也得到提高。为宇航工业“回收卫星用标记铌合金天线”的研制，提供了关键性的材料。

株洲钽铌冶炼及加工工业的发展史，已载入《当代中国有色金属工业》难熔金属加工工业的史册。

（七）金　银

1.冶　炼　株洲冶炼厂铜、铅、锌原料中，含金、银等金属。1959年上半年，在80平方米简易棚房内建有0.7平方米反射炉及0.5平方米分银炉各1座，进行提取金、银的试验。当年产电金6.55千克，电银450千克。

1960年2月，金银电解厂房施工，4月竣工投产，当年，产电银264.8吨，电金95.98千克。

1963—1964年，该厂申请贷款，改进生产设备及流程。工艺流程由原来9道工序改为6道工序，使金的回收率提高7.17%，银的冶炼回收率稳定在99%～99.3%之间；同时，还对金、银熔炼进行了10炉的技术测定与分析，探索合适的配料比，技术条件和操作方法，提高了金、银生产回收量。1978年，金的产量428.54千克，银的产量72.38吨。

1979年以来，该厂就组织科技力量攻关，采用从锌浸出渣中浮选回收的银精矿，经焙烧、浸出、还原沉淀工艺生产白银，获得了成功。工艺为世界首创，填补了国内空白，获得国家科技进步奖，此项成果每年创利润200多万元。1984年，电金、电银分别获冶金工业部优质产品称号。1990年，株洲冶炼厂黄金产量占湖南省同期产量的50%；电银产量占湖南省总产量的99%以上，占全国总产量的13.08%。1959—1990年，株洲冶炼厂累计生产电金13565千克，电银2139吨，累计创产值20.64亿元。

株洲冶炼厂稀贵金属冶炼系统用1#银转炉冶炼回收银。由于1#银转炉扒出的结炉干渣含高熔点杂质，在采用“冲天炉”处理时，存在单炉处理量少、时间长、耗焦多、劳动强度大、环境污染重等缺点。针对这些问题，1993年组织技术攻关，改进工艺，在炉内加入一定量的黄铁矿，调整配料比，适当提高炉温，克服了原来冶炼中的这些缺点，成功处理了积存的干渣，较好地回收金26.4千克、银2.645吨，价值581.4万元。1993—1994年，从总厂生产锌铅铜各种废渣中，回收金1616.30千克、银291.71吨。

1996年，在银冶炼回收中，改造了原收尘系统，由武汉环境保护研究院设计，改造后的收尘系统，去掉了原有的旋风收尘器及部分粉尘沉降斗，增加 1# 炉焖烧及冲渣时所产生的烟气不进入布袋收尘器，加大了烟气管道直径，管道风速 18 米 / 秒，过滤面积由原 27 平方米增加到 460 平方米，清灰能力增强，布袋压差 1200 帕，全系统实行微机监测和控制，改造后收尘效果良好，每年可多收集烟气中有价金属粉尘 90 吨，克服了原系统岗位操作条件差、低空污染严重、有价金属粉尘大量损失的缺点。1995 — 1996 年，共生产电金 1461.75 千克，电银 316.74 吨。1996 年银电解 QC（质量控制）小组荣获全国优秀质量管理小组称号。

株洲冶炼厂随着锌系统技改扩的成功，锌铅铜产量大幅提高，稀贵金属综合回收任务也逐步加大，为此银回收系统加大了技术改造，1997 — 1998 年银电解槽采用缩距加板调整生产工艺，在原电解槽中各增加阴阳极片一块，同极距缩短 150 毫米，电流升至 500 ~ 700 安，每年电银产量增加 30 吨以上，同时对银铸型中频电炉进行技术改造，对原年产 150 吨银铸型中频电炉线路进行改变，将原电热电容柜上的补偿电容与负载线圈由并联方法改为串、并联方法，提高中频电压至 1500 伏，提高熔化输出功率至 95 千瓦左右，改造后的熔化时间由原 45 分钟缩短到 20 分钟，不仅提高了产量，而且每年节电 6.5 万千瓦时，节水 2000 吨，同时还提高了产品的物理规程，满足了电银高产稳产的需要。1997 — 1998 年，2 年共生产电金 1615.8 千克，电银 353.72 吨。1997 年，电银产量 190.95 吨，超历史最好水平，在全国同行业中首次排第一。1998 年，银电解班被评为全国质量信得过班组。

1999 年银锭分别在英国伦敦金银协会、伦敦金属交易所注册。

1999 — 2000 年，稀贵冶炼系统根据铅产量逐年提高和外购阳极泥增长，扩大金银生产量，对原生产能力 150 吨进行技术改造，银转炉实行增容，生产厂房扩大近一倍，同时组织对银锭模具三次质量攻关和工艺技术的完善，较好地解决生产大锭电银生产中的问题，形成批量生产能力，1999 年生产出口大锭银 72 吨，2000 年出口 82 吨，电银大锭出口不仅打开了一条销售渠道，而且经济效益较国内销售的常规小锭提高 10% 左右。1999 年，生产电金 603.76 千克，电银 192.03 吨；2000 年，产电金 502.51 千克，电银 224.44 吨，并电银获湖南省名牌产品称号。

2.岩金矿开采 岩金矿主要分布在醴陵市境内，在该市官庄乡的桃花、瓦子坪、小横江以及南桥镇洪源和黄獭嘴镇一带，金矿点有 26 处，洪源金矿含金地质体可分为石英脉型和构造蚀变岩型，矿床面积 9 平方千米，品位为 0.1 ~ 14.85 克 / 吨，最高可达 43.18 克 / 吨。1986 年 10 月，湖南省地质矿产厅设立“醴陵市矿产资源开发管理办公室”。1992 年 5 月，省矿产厅将机构移交醴陵市，1994 年 12 月，醴陵市矿产资源开发管理办公室与醴陵市黄金生产管理办公室合并，成立醴陵市地质矿产局，下设黄金工业公司。

1988 年 5 月，洪源石溪农民开始私自采金。随后，桃花、瓦子坪相继出现采金狂潮。一时，醴陵、浏阳、萍乡等地一万余众涌向石溪、光明、明兰和桃花。采用氧化钠选冶、尾砂。1992 — 1994 年，该市政府采取引进资金和自筹资金相结合的办法，引导走集约、规范之路，实行一井一牌，挂牌生产，新发证 18 家，换证 12 家。

1995 年，澳大利亚灿荣公司投资 2700 万元，与醴陵市地矿局合作，开办湖南醴陵金鹰矿业有限公司；深圳鹏邦实业发展公司与当地小矿合伙，组建湖南醴陵金鹏金矿。1997 年，金鹏金矿因开采无利，鹏邦实业发展公司退出。光明村136户村民合作经营，投资1400万元，成立金明金矿。石溪村村民接着合作开办金宏金矿。明兰村村民集资合办成立金星金矿。该市月采金1000千克左右，年产值8000余万元，仅金宏金矿一家，售给国家黄金24万克。当年，人民银行收兑黄金49.74万克。

2000年5月，醴陵市黄金工业公司与金民金矿合伙，投资100多万元，运去机械8集装箱，派去技术人员30人，在加纳国西部塔库地区合作开办金矿，成为醴陵在国外唯一注册公司——中加黄金信远公司。

2000年，醴陵市南桥金宏金矿实现利润4924万元，列株洲利润总额20强企业第7位。

（八）人造金红石

1963年7月至1965年2月，株洲电焊条厂与长沙矿冶研究院合作，成立“人造金红石”研制攻关小组，利用钛铁矿研制出取代天然金红石的人造金红石。1965年3月，株洲电焊条厂与株洲市东风冶炼厂合作，在株洲市东风冶炼厂进行电热法人造金红石的扩大试验，试制出131吨合格产品，通过鉴定，被认定为国内首创。其生产成本仅为进口金红石的75%；产品质量完全可替代进口金红石。

1970年，株洲市东风冶炼厂兴建1500千伏安3吨电炉2座，年生产能力2500吨，副产品钛铁1800吨。当年，完成工业总产值260.05万元，生产人造金红石1152吨，创利润27.5万元。

1974年，采用澳大利亚的还原锈蚀法新工艺，用原煤代电作热源，通过还原和锈蚀2个工序达到钛铁分离，使三氧化钛富集，试制人造金红石获得成功，每吨产品电耗降至500千瓦时左右。此项成果先后获冶金工业部重大科技成果三等奖、湖南省科学大会奖。1979年，兴建年产2000吨人造金红石生产车间，1980年年底试车，1981年投产。产品主要供天津电焊条厂制造出口焊条。1984年，人造金红石被评为湖南省优质产品。1990年，完成工业总产值420万元，利润总额38万元，生产人造金红石2157吨。

进入20世纪90年代以后，株洲市东风冶炼厂深层次的矛盾逐步显露出来。突出的是产品单一，主导产品金红石在市场经济中缺乏竞争力。电热法和还原锈蚀法生产金红石生产设备较简单，工艺也不复杂。加之80年代金红石的生产企业不断涌现，加上国内天然金红石矿的被发现和开采，天然金红石投放市场后，其价格和质量得到焊条行业的认同。东风冶炼厂成立以来缺少对生产装备、工艺技术的更新改造，设备陈旧故障多，工艺落后生产能力低，原辅材料价格上涨，产品成本高。在激烈的市场中丧失了竞争能力，产品逐年萎缩。1991年，产金红石1536.34吨，实现利润5.2元，1992年产金红石2167.13吨，实现利润1.21万元，1993年产金红1715.74吨，实现利润3.08万元，1994年生产金红石1229.46吨，实现利润1.04万元，1995年生产金红石764.9吨，利润为零，1996年产金红石223.89吨，亏损128.6万元。到1996年下半年，工厂全面停产。株洲市东风冶炼厂1962年到1996年，累计生产人造金红石41920.46吨。

二　黑色金属

茶陵县、攸县境内多铁矿。明洪武年间，炼铁业发达，是长沙府主要产铁县。洪武十四年（1381）

朝廷在茶陵县设冶铁所，是全国14个冶铁所之一。

清咸丰、光绪年间，茶陵县炼铁厂多时达17家，年产铁6万担（每担50千克）。攸县最多时达48家，丰年可产铁30万担，居全省5个产铁县之首。“攸饼铁”俗称毛铁，含硫磷低，是锻制刀斧、农具的上好材料，享誉省内外。

民国初期，“洋铁”充斥市场，两县铁厂多数倒闭，年产量下降到3000吨左右。第一次世界大战爆发后，民族工业获得短暂发展机会，两县炼铁业又有所恢复，年产量回升到1万吨左右。民国32年（1943），日本侵略军犯湘，茶陵县、攸县沦陷，铁厂全部停业，直到抗日战争胜利以后，才陆续恢复。40年代末期，时局动荡，又有一批铁厂停业。茶陵县只剩下“德大”“崇顺”2家，攸县有“合泰昌”“恒泰昌”“光裕”“祥和”“福和”“畅和”“吉和”“群和”“公和”“铧记”“湘记”等12家，但都处于半停业状态。1949年，产铁2000余吨。

1950年，茶陵县在辉山创建利民铁厂；1951年，攸县在高楼创建人民铁厂；1952年，茶陵县又将大台、农元、下王江3个乡农会集资办的民政铁厂接管并改为人民铁厂，攸县新建东边铁厂。这几个铁厂规模较小，以木炭为燃料，用本地矿石在敞口式标炉内冶炼饼铁，年产量600吨左右，经济效益尚好。1953年，经过技术改造，用小高炉取代了土标炉，配以管式热风炉、电动鼓风机，改冷风操作为热风操作，年产量提高到2000余吨。

1958年，贯彻“工业以钢为纲”的方针，组建株洲第一钢厂，选用株洲田心机车车辆修理工厂在白石港闲置的发电厂作厂房，从市内6家国营大厂借调部分技术力量，7个昼夜就突击安装好一台3吨化铁炉和一台吨半侧吹转炉，于7月1日炼出第一炉钢水，向中国共产党成立37周年献礼。9月，掀起“全民大办钢铁”的群众运动，株洲第二钢铁厂在铜塘湾破土动工，年底炼铁车间正式投产。湖南铁合金厂株洲分厂，亦在白石港兴建。醴陵县也在这时兴建产量2万吨的米筛冲铁厂，田心机车车辆修理厂、430厂、331厂、601厂、省建五公司、省安装公司、市机械厂、248技校等25个单位，也动员起来，建转炉28座，抽出1000多工人，投入炼钢。茶、攸、醴3县和郊区，共建起土炼铁炉2000多座，投入炼铁的劳力达2万余人。城市各行各业都为钢铁让路，机关、学校、商业组成的3000多人的运铁民兵师，肩挑步行，从攸县将生铁运回株洲市，保证各炼钢厂生铁的供应。这场大炼钢铁的群众运动，匆忙上阵，劳民伤财，历时3～4个月，炼钢8038吨，大量废品，送到株洲钢铁厂回炉。1959年，所有炼铁土炉及非专业钢铁企业停止生产，株洲第一钢厂、第二钢铁厂并为株洲钢铁厂。

茶陵县、攸县、醴陵县3个县及株洲市区的钢铁工业，1960年有职工1.2万余人，固定资产2200余万元，达到年产铁10万吨、钢3万吨、钢材6万吨、铁合金1.5万吨的生产能力。

1961年，国民经济调整中，钢铁企业全部停产。茶陵县利民铁厂、攸县酒埠江铁厂、东边铁厂、醴陵县米筛冲铁厂、株洲钢铁厂5个单位，自投产到关停，累计产铁25.6万吨，钢锭1.4万吨，钢材1.14万吨，财产报废1500多万元，企业亏损2000多万元。

1962—1971年，钢铁工业复苏。攸县东边铁厂1962年恢复生产，当年产铁600吨，以后9年，年保持2300吨水平。酒埠江铁厂1966年恢复生产，1970年成为年产铁1万吨、钢1.5万吨、钢材

2万吨的小钢联。1970年，株洲钢铁厂以株洲化工厂硫酸渣为原料，采用回转窑新工艺，投资966万元兴建炼钢、炼铁系统投产。1971年，醴陵县又投资76万元新建年产4000吨的醴陵铁厂。但这批复产和新建企业，长期处在严重亏损的困境中。醴陵铁厂投产只1年半时间，产铁2600吨，亏损达86万元，1973年被迫关门。酒埠江钢铁厂1970年至1980年，累计产铁88711吨，钢39967吨，钢材38271吨，亏损2841万元，平均每年亏258万元。新建的株洲钢铁厂到1980年的10年间，累计产铁12219吨，钢28104吨，钢材110149吨，到1979年扭亏为盈止，8年连续亏损1981万元。

1981—1990年，钢铁生产提高，经济效益好转。东边铁厂于1982年新建水泥生产线，以弥补铁的亏损，使企业扭亏为盈。酒埠江钢铁厂，炼铁、炼钢、轧材能力分别提高到3万吨、6万吨、5万吨，至1990年，累计产铁13.83万吨，钢9.686万吨，钢材8.33万吨，亏损936万元，产量比前10年翻了1番，亏损减少了2/3。株洲钢厂1986年与涟源钢铁厂实行横向经济联合，加快了企业发展。联营后的7年间，钢和钢材的实际产量翻了1番，生产能力达到钢10万吨，钢材17万吨，连续6年利税以每年50%递增，累计创利税7474万元，迈入株洲市产值超亿元的利税大户行列。

（一）铁

1.小高炉炼铁　攸县东边铁厂于1952年建成一座5立方米敞口式土高炉，就地采矿，用水炭冶炼饼铁，木制鼓风机靠水力传动，条件非常简陋，职工30多人，每天产铁2.5吨左右。1953年新增7.5立方米小高炉一座，配有管式热炉，日产量达到8.5吨。到1960年，每年产量均保持在1500吨的水平。这段时期，工厂已发展到职工近100人，固定资产3万元，年利润都在10万元以上。1959、1960两年，利润都达到20万元。

1960年，在国民经济调整中，暂时停产。1962年，经攸县政府决定，从酒埠江铁厂调来160名职工恢复生产，到1978年累计产铁59912吨，每年平均为3700吨。这时职工已增至223人，固定资产增至75万元，经济效益却比20世纪50年代大大下降，除受到“文化大革命”影响、劳动生产率低之外，改用焦炭、白煤炼铁，比用木炭成本增加是其重要原因。

1978年，工厂建成50千瓦的水力发电站，改善了供电条件，将7.5立方米高炉改造成13立方米，产量虽有所提高，效益却每况愈下，因此不能满负荷生产。到1981年，4年累计产铁14579吨，平均每年3645吨，共亏损40万元。由于经济亏损的压力，于1982年停止炼铁，新上一条水泥生产线，将炼铁职工减少到45人。1985年，工厂效益好转，又恢复季节性的生产，以水泥弥补炼铁的亏损，至1990年，6年产铁5300吨，平均年产880吨。

攸县官田铁厂搬迁至酒埠江后，改名酒埠江铁厂，1960年3月投产，有职工3481人，固定资产224万元。5座小高炉，总容积74立方米，当年产铁23255吨。在大办钢铁的年代，只重产值产量，不计生产成本，管理不善，浪费大，生铁每吨成本高达264元，超出国家规定销售价100多元，生产时间不到1年，亏损132万元。

1961年7月，工厂在国民经济调整中下马，职工大部分下放农村，留下600多人转产拉丝制钉等小五金产品。

1966年，攸县人民政府决定，将下放的部分职工收回作合同制工人，恢复一座22立方米高炉的生产，燃料以木炭为主，辅以白煤。复产后，工厂吸取过去的经验教训，加强管理，充分依靠职工群众，挖掘企业内部潜力。至1969年，累计产铁12087吨，盈利3万余元。

1970年，工厂由湘潭专署接管，进行技术改造成为小钢联。为解决高炉技术落后的状况，投资200万元，新建50立方米高炉一座，将原有小高炉淘汰。高炉的技术装备和操作条件，较以前大有提高。用D260立方米/分透平机取代罗茨风机，用考贝式热风炉取代管式热风炉，还增加了布袋除尘器，快装锅炉、铸铁机等辅助设施。1973年投产，当年产铁11636吨。因受“文化大革命”的干扰，工人纪律松弛，操作又不熟练，生产故障较多，生铁单位成本在300元以上，出现了生产越多亏损越大的被动局面。至1980年，累计产铁68362吨，年平均8545吨，亏损1191.5万元，平均每年亏108.3万元。

从1981年开始，工厂在缺焦少电的情况下维持生产，至1983年的3年中，只生产127天，年产量下降到3000吨。1984年，情况有所好转，生产160天，产量回升到日产1.3吨。1985年生产9个月，摘掉了连续15年的亏损帽子，盈利30万元。此后，为解决焦炭不足问题，采取了搭配6%～10%白煤的措施。但由于各种原材料价格上涨，生铁成本逐年上升，由1985年的358元上升到1990年的780元，1990年的铁产量达20318吨。

1991年9月初，酒埠江钢铁厂炼铁高炉炉底烧穿停产大修，当年产铁19756吨。1992年年初，工厂资金紧缺的矛盾一直没有缓解，焦炭、矿石等原材料进厂面临极大困难，到3月下旬才恢复生产，全年生产生铁27753吨。1993年，是酒埠江钢铁厂历史上最兴旺的一年，钢材市场供不应求，销售极旺，全年钢材无积压，而且资金回笼快，经济效益有较大改观。这为高炉炼铁组织原材料进厂提供了资金保证，全年产铁34931吨，创建厂历史上最高纪录。进入1994年后，工厂开始出现新的危机，经济效益滑坡，炼铁不能满负荷组织生产，当年只产生铁29495吨。1995年，工厂资金进一步紧缺，但为保证炼钢生产，工厂挤出70万元资金，对高炉进行一次大修，5月启动生产，8月又停产，到11月恢复生产，当年生铁产量为9599吨。1996年1—5月，产生铁14469吨，7月停产。

2.回转窑炼铁　1965年，株洲市轴瓦厂进行以株洲化工厂硫酸渣作原料炼铁的试验，获得了用硫酸渣生产出铁矿球团的方法。1967年，建成日处理70吨硫酸渣中间试验系统，继续进行半工业生产试验，也获得成功。冶金部拨款320万元资助株洲钢厂兴建原料准备、链篦机回转窑焙烧、有色金属回收、电炉炼铁、电炉炼钢等生产系统，总投资996万元，总建筑面积10036平方米，1969年底竣工。

由于株洲化工厂改变了硫铁矿的来源，硫酸渣的金属含量起了变化，特别是改为水冲渣后，硫酸渣含水量大大超过了原设计低于5%的要求，致使这套系统无法正常投产，1970年被迫转为专门为冶金部作科研试验之用。1979年，因能源紧张，无法保证试验项目煤、电供应，试验终止，铁也由此停产。

（二）钢

1.电炉炼钢　株洲钢厂炼钢车间在硫酸渣综合利用工程中配套建成，有1800千伏安炉盖开出式1X3型电炉2台。炼铁系统因故不能投产，改走废铁炼钢之路，产量只能达到1万吨。1970年投产后，由湖南省计委安排，专门生产45号炭结钢浇注8寸锭型供涟源钢铁厂轧制管材。因电力紧张至1979年9年间，整月停产时间有48个月，累计产钢锭28095吨，累计亏损1981万元。1981年，学习沈阳重型机器厂、大连第三轧钢厂经验，用电炉冶炼浇注100平方毫米小锭一火成材工艺。1982年，市政府拨给技改经费80万元，工厂添制一台5吨电炉，配备4000千伏安变压器，采用KSD双电机自动调节机构和扩大炉壳直径等措施，增加电炉强度．改善电器性能。新电炉于1984年4月投产，生产能力达到3万吨/年。电炉投产后，工厂努力攻克100平方毫米小锭浇注、100平方毫米双锭钢锭模铸造工艺和100平方毫米一火成材轧制等一系列技术难关，当年产钢8649吨，实现利税256万元。1986年，运用与广东江门物资局补偿贸易的方式，集资新建5吨电炉，变压器为4000千伏安，炉壳直径3600毫米。新2#炉于1987年3月投产。新建150立方米/小时制氧机3台，对1#、2#电炉实行富氧炼钢。新建装机2000千伏安、11万/6千伏高压变电站1座，使炼钢能力达到6万吨/年。1988年底，又新建第二炼钢车间。1983—1989年，炼钢技术改造和固定资产投资合计2046.75万元，产钢能力从1万吨增加到10万吨，每吨钢投资227元。由于钢的增加，1983年起，工厂利税每年平均以50%速度递增，由1983年的163万元上升到1989年的2096万元。

1991年，株洲钢厂作为全国企业改革试点单位，实行了三项制度改革，干部能上能下，工资能高能低，职工能进能出。还实行了工效挂钩、利税递增包干、超交利税返回的政策，开创出一个公有制优越性得到发挥、职工主人翁积极性高涨、经济效益大幅度增长的新局面。当年生产普通小型钢材3.97吨、优质钢材0.16吨、线材8.95吨。工厂实现工业总产值14265万元，销售收入18254万元，利税1.12万元。11月，中共株洲市委、市人民政府作出决定，号召全市企业向株洲钢厂学习。

1992—1993年，株洲钢厂各项经济指标持续增长。1992年，经国家统计局工业交通统计司、《管理世界》中国企业评价中心评选，该厂被列入全国最大500家工业企业（按利税总额排序）第400位；在中国500家最佳经济效益工业企业中排列第214位。1993年，在“中国效益500佳”中名列黑色金属加工业第3位；在湖南经济效益工业企业100强中列第12位。

1993年，株洲钢厂投资620万元，与香港客商、广东省中山市三角镇合股办起了宝华轧钢厂，由该厂负责厂房设计、设备制作安装及日常经营管理，最高日产钢材293吨。当年，株洲钢厂还在技术、资金等方面扶持湖北省荆州钢厂和攸县酒埠江钢厂，使这两家企业迅速扭亏为盈。

1994年，钢材市场急剧变化。由于多种原因，株洲钢厂陷入半停产状态，1998年全面停产，累计亏损已超过2亿元，企业总资产2.2亿元，总负债2.87亿元，资产负债率达130%。1997年，经全国企业兼并破产和职工再就业工作领导小组批准，下达株洲钢厂破产项目计划而实施破产。

2.转炉炼钢 酒埠江钢铁厂采用转炉炼钢生产工艺，用本厂生铁经化铁炉2次溶化，掺入合金在转炉内吹炼成钢。1970年，投资100万元建成年产钢1.5万吨的炼钢车间，主要设备为一台1.5吨的空气侧吹转炉和一座5吨化铁炉。试生产1个月，炼出普炭镇静钢251吨，合格率只达到75%，每吨钢的生铁消耗达2700千克，单位成本为1060元。因效益低下停产整顿。1971年年初，健全管理制度，将底吹冲天化铁炉改成高炉式活动冲天炉，改进转炉炉身和风眼，取得效果。这年产钢3274吨，合格率达到84.5%，生铁消耗降至1700千克，成本降至651元。1972年，主攻炉龄关，炉龄由上年的平均21.5炉提高到39.6炉。1986年，引进国内纯氧顶吹转炉炼钢新技术，投资800万元，新增2吨的纯氧顶吹转炉2台，还配套建成有2台300立方米/时制氧机的制氧站，使炼钢能力提高了一倍。1990年，又投资150万元，新增一座8吨热风化铁炉，使转炉的潜力得以充分发挥，年产能力6万吨。自1985年以来，压电限产，每年产钢1万吨左右，无法摆脱亏损局面。

1991年，酒埠江钢铁厂炼钢车间，通过不断完善生产工艺和对操作人员的培训，使操作人员对氧气顶吹转炉炼钢新技术逐步掌握和熟悉，炼钢产量不断提高，到11月份，最高日产达146吨。全年生产钢锭18800吨。1992年，将原用塞棒浇钢改为滑动浇钢，提高了钢锭质量；引进烟台化铁炉除瘤新技术，缩短了除瘤时间，提高了钢锭产量，当年产钢锭35720吨。1993年，在全国工业生产高速发展及工厂1992年钢材销售无积压的大好形势下，从年初开始，满负荷生产，年产钢锭45.10万吨，创酒钢历史上最高纪录。1994年，酒钢厂由于自身实力所限，市场销售无竞争力，产品积压严重，加之技改资金投入过大，挤占了大量生产用资金，造成资金不断紧张，生产陷入困境，全年产钢锭30969吨。1995年，生产形势进一步恶化，全年炼钢不足4个月，只产钢锭9264吨。1996年1—5月，产钢锭12147吨，7月停产。

（三）钢压延

1. 1万吨轧机 1958年，株洲钢厂建成的万吨轧钢车间，有Φ250×4横列式轧钢机1套，投产3年时间，轧出12～16毫米圆条材9434吨。1961年，工厂下马，封存保管。1970年，启封检修投产。由于钢坯数量所限，至1977年的7年间，平均每年轧材6253吨。1978年以后，从外厂争取坯源，至1982年的5年间，平均每年轧材1.12万吨。1982年以后，工厂主要生产线材，这个车间仍靠调拨湘钢短次坯为原料进行生产，至1990年，平均每年轧材5334吨。

2. 5万吨轧机 1972年，株洲钢厂新建轧钢车间，车间选用武汉钢铁设计院设计的年产5万吨小型材车间通用图纸。轧机为Φ400×2和Φ300×5横列式2套，半机械化操作。因设备、资金问题，直到1979年6月，才正式投产。4季度，接受冶金部16毫米条材加工任务，使工厂扭转连续9年亏损局面。1980年，市场条材滞销，冶金部只有线材的加工任务，而这个车间的轧机又不具备轧线材的条件。因此，新上线材轧机。1981年投产，当年产6.5毫米线材35132吨。1981—1984年，每年平均产线材2.73万吨，坯源来自四川省攀枝花钢铁公司。1984年以后，株洲钢厂炼钢车间投产，为这个车间解决部分坯料，同时从上海宝山钢铁公司购进一部份商品坯，基本满足轧机生产需要。1985—1990年，每年平均轧材4.24万吨，最高的1990年，为5.88万吨。品种以8毫米盘条为主。这个品种自被评为省优之后，畅销于广东、福建沿海市场。

3. 12万吨轧机 1989年，株洲钢厂将1979年特钢改建中新建的未投产的锻钢车间改造成年产12万吨线材车间。采用半连续式—复二重联轧生产技术，将原5万吨车间的Φ280×5复二重线材轧机搬迁，新增Φ500×1三辊式、Φ400×4二辊式、Φ300×6复二重式轧机各1套。产品品种为6.5毫米、8毫米的盘条和8毫米、10毫米的螺纹盘条。工程总投资1200万元。1990年年初动工，10月竣工交付试车，11月转入正常生产，12月产量达到7828吨。新线材车间投产后，5万吨轧钢车间转产条材。

4. 4 万吨轧机 酒埠江钢铁厂于1970年利用原人民铁厂的翻砂车间改建成压延车间。从武汉买回30年代制造的开口式Φ310×5轧机1套，年设计能力为1万吨，当年9月试车，轧制Φ16毫米条材。这套轧机技术落后，全靠手工喂钢穿梭操作。

1980年，将Φ310轧机去掉3个机架，留下2个机架作开坯和粗轧之用，新增Φ310轧机去掉2架，将第5架更换为短应力线轧机，年生产能力提高到4万吨。品种由单一手Φ16毫米增加Φ14、Φ12、Φ10毫米3种。1987—1990年，年平均轧材10105吨。1990年为15075吨。

1991年，酒埠江钢铁厂针对一轧车间二火成材消耗高，成材率低的状况，着手一火成材的改造，经过10个月的不断完善和生产组织的强化，得到很大的提高，最高日产达到137吨，与此同时，6月份成功轧制筑路用Φ6普碳螺纹钢，扩大了销售渠道，减少了圆钢的积压，全年产钢材17621吨

1992年，工厂抓住全国各行各业快速发展的势头和钢材市场供不应求的大好机遇，注入技改资金489万元，对二轧进行技术改造和组建三轧车间，分别于6月和10月设备安装到位顺利投产，不仅增加了钢材产量和品种，而且解决了一轧车间的中废和短尺轧材不能在二轧三轧轧制成材的问题，使钢锭成材率大大提高，由原来年产3万吨上升到年产6万吨。当年生产钢材33139吨，全部销售一空，创年销售收入4547万元。

1993年，是酒埠江钢铁厂黄金之年。轧钢车间在上年生产、效益取得较好成绩的基础上，春节不休息，班组开展生产竞赛，班产量不断刷新，全年产钢材38514吨，创年销售收入5248万元，全厂实现年利税2670万元，年利润2025万元，经济技术指标均创历史最高纪录，经济效益在全国小型钢铁企业排名由130位上升到前5位。与此同时，工厂为上10万吨钢项目注入1595万元进行技改和研制开发20Mnsi螺纹钢。

1994年，酒埠江钢铁厂根据年产20万吨钢的发展规划，在资金贷款不到位的情况下，投入1124万元开始征地及基建工作。4月，20Mnsi螺纹钢经国家冶金工业部按生产许可证条件检查验收合格，颁发生产许可证，结束了酒埠江钢铁厂长期来只能生产圆钢的历史。4月一轧车间安装了Φ400轧机并试轧成功，标志着年产10万吨钢的规模已经达到。下半年，因受国家宏观政策调控和进口钢材的冲击，钢材市场各类钢材品种充足，开始进入买方市场。酒埠江钢铁厂钢材库存积压不断增加，销售逐步步入低谷，加之技改资金投入过快过大，挤占了大量生产资金，原工行计划的800万技改贷款被取消，产品销售资金不能及时回厂，电力部门追缴所欠电费甚至停电，给维持正常生产带来极大困难。当年生产钢材31465吨。

1995年，酒埠江钢铁厂生产资金进一步紧缺，产品销售步入低谷。经工厂多方努力，5月轧材车间启动，8月中旬停产，到11月底又恢复生产，全年生产钢材8076吨，钢材销售收入1516万元，工厂出现严重亏损。1996年，在钢材市场产品过剩的情况下，1—5月只产钢材10615吨。

（四）铁合金

1958年，湖南铁合金厂在白石港筹建株洲分厂。安装5台400千伏安矿热电炉，年生产铁合金能力1.5万吨。1960年投产，产铁合金9806吨，完成工业总产值832万元。品种有硅铁（45%～75%）、炭素锰铁、矽钙合金、钨铁、钼铁5种。1961年，因钢铁下马而停产。

酃县农业机械厂于1983年承包县三河乡生产电石的650千伏安矿热电炉1台，试产硅铁。1985年，新建一个年产铁合金3000吨的车间。1986年1月投产，产硅铁443吨，符合冶金部GB2272–80标准。工厂更名为酃县铁合金厂。1987年，产硅铁950吨，创利税61.26万元。1年基本收回了投资。1990年，根据市场的变化改产锰铁，共产75%的锰铁和17%的硅铁1264吨。

1989年2月，酃县组建国营冶炼电化生产企业集团铁合金公司。由县铁合金一厂（原酃县机械厂）、县冶炼厂（原酃县电石厂）、县铁合金厂（原木湾竹木工艺厂）更名为酃县铁合金公司一、二、三厂。公司年设计生产能力为8000吨，总资产1245万元，在册职工570人。1991年完成工业总产值715、89万元，销售收入509.59万元，上缴税金63.91万元。

1991—2000年，炎陵县实施"以林养水，以水发电，以电兴工"的发展战略，以小水电为依托，有7家企业主要生产铁合金产品。县、乡两级拥有大小矿热炉16座，锌、银粉电炉2座。年铁合金生产能力可达2万吨，主要铁合金产品有工业硅、硅铁、硅铬、硅锰、锰铁、铬铁、高碳铬铁、高铬球和锌、银粉等。

1996年11月，由炎陵县铁合金厂牵头，以"金宇"牌工业硅为品牌（该企业工业硅于1991年1月获中国有色工业总公司优质产品证书，出口免检），整体重组已破产的原铁合金一、二、三厂为炎陵县金宇集团公司。公司重组后拥有固定资产4000万元，在册职工560人，形成炎陵县内首家规模企业。1997年完成产值3458万元，销售收入2759万元，上缴税金167万元。1998年10月5日，该公司经国家对外贸易合作部批准，获炎陵县首家自营进出口经营权。

茶陵县龙下灌区管理局曾在1985—1986年，投资280万元，建成茶陵县铁合金厂，该厂至1989年，生产硅铁1283.57吨。2001年，茶陵县铁合金厂学习和借鉴祁阳冶炼厂、桃江猛矿的先进经验，对原来的工艺和配方进行了调整，使产品产量和质量得以提高，耗电下降，这一年该厂完成工业产值达977万元，上缴税金50.42万元。

第二节 金属采矿

一 铅锌矿

醴陵市铅、锌、萤石矿矿区以潘家冲为中心，东起天华台，西接上吊桥，南联封洞，北接周家坊，南北走向15千米，东西走向2千米，总面积约30平方千米。清光绪二十九年（1903），清朝廷开设中路公司，在醴陵县潘家冲、封洞一带采矿冶炼铅锌，规模很小，年得铅锌金属10吨左右，因经营亏本，只持续3年就停办了。民国2年（1913），德国资本家亚玛斯获开采权，设"致大公司"，在土王坪、栗山坝、潘家冲一带设棚采矿，雇工300多人，配有钻机、柴油发电机、水泵等机械，采、选、冶炼一条龙生产。民国6年（1917）停办，产品设备运回德国。后由国内资本家接办，改名华昌公司，因资金不足，产品滞销，民国9年（1920）倒闭。民国10年（1921），原醴陵县渌口镇唐寅宾到矿区经营山林，雇工10多人清理收集坑口的萤石，于民国27年（1938）运往长沙销售，商人李富荣发现萤石中有铅锌，于民国28年（1939）5月到矿区找唐协商合伙开矿，经省建设厅备案，以10万元法币购买采掘权，设建湘公司于昭陵，在潘家冲、封洞2处设棚，采选冶炼综合经营，民国33年（1944）日本犯湘时停办。民国35年（1946）冬，醴陵县殷德尧等人，集稻谷62担作资金，在昭陵创办震亚化工厂，专营铅锌冶炼。建湘公司复业，与震亚化工厂签订铅锌原矿供应合同，设8个工棚采选矿石。中华人民共和国成立前夕，2个公司均歇业。纵横几十平方千米的矿区，被挖得千疮百孔，仅留下2间木屋、8个茅棚和100余名待业矿工。

1950年，起义人员蒋静逸（原国民政府湖南省财政厅厅长），邀集旅港商人，以1200担稻谷承顶了震亚化工厂全部资产，经醴陵县人民政府批准，创办震湘化工厂，招工130多人，继续经营铅锌冶炼，仍由建湘公司供应原矿。1951年6月，蒋响应政府号召，走公私合营道路，由县政府机关生产委员会投股3万元，建湘公司投股1万元，震亚化工厂投股1.5万元重新组成“公私合营醴陵铅锌矿公司”。1952年，产铅锌金属253吨，萤石（粗矿）1000吨，创产值46万元。1953年，改名地方国营醴陵铅锌矿产公司。

1954年，矿山自筹资金70万元，修通了潘家冲至昭陵全长28千米的简易公路。1956年改名地方国营醴陵铅锌矿。

1958年“大跃进”中，压掘进，增采矿，采富丢贫，兴建当日处理100吨矿量的机选厂，生产直线上升。当年产铅锌金属1789吨，完成工业总产值194万元，实现利润51.6万元。1960年铅锌金属产量上升到2231吨，总产值304万元，利润108.5万元。“大跃进”的短期行为，破坏了正常生产采掘比例，1961年下半年出现无矿可采的危机，这年工业总产值下降到77万元。1962年，矿山由国家冶金工业部接管，改名潘家冲铅锌矿。实行“采掘并举、掘进先行、贫富兼采、难易兼采”的办法，至1964年工业总产值回升到211.4万元。1964年，部投资100万元，新架设从皇图岭至湖家田27.1千米的3.5万伏高压线路。1965年，建成日处理300吨矿量的机选厂，30万立方米的尾砂坝，日提升800吨百米深盲竖井，电机车牵引机械装岩平巷运输线以及机修、运输等生产辅助设施，矿山面貌大为改观。

“四五”计划（1971—1975年）时期，矿山完成井下通风、供风、供水、供电、运输、排水6大系统的配套技术改造，自建勘探队，新组建封洞工区，建成年万吨萤石精矿选厂，新建日处理300吨矿量的机选厂投产。经技术攻关使铅回收率提高到95.8%，锌回收率达到92.9%，比以前提高20%以上。采矿工班效率年平12.8吨，掘进工班效率年平0.41米，跨入了同行先进行列。

“五五”计划（1976—1980年）时期，建成2条机械化掘进线，形成年产15万吨矿量的生产能力。改进了凿岩台车，革新了增压泵、爬罐打天井、吊罐打竖井等技术，创造了独巷月掘进328米，工班效率1米和7天打完50米深天井，1个采场月采矿万吨的新纪录。萤石选厂经过2次技术改造，精矿产量大大提高，产品打入了国际市场，销往美国、加拿大、联邦德国、日本、苏联，年创汇40万~60万美元，多次被评为省、市外贸出口创汇先进单位。“五五”计划时期，累计产铅锌金属量13295吨，萤石28114吨，创工业总产值2142万元，实现利润169万元，与“四五”计划时期比较，分别增长19.7%、350%、53%和21倍。

“六五”“七五”计划（1981 — 1990）时期，矿山面对资源渐减，采矿不断向深部延伸，品位下降，亏损连年增加等不利条件，进行劳动、人事、工资制度的改革，开展“创效益、上等级”活动，实现铜综合回收。加强外矿收购，开辟外矿加工，弥补自产不足。矿办勘探队在石景冲、长坝冲发现一个含银量较高的铅锌矿脉群。1987 年，成立石景冲工区，银矿开发于 1988 年列入国家计划，投资 1050 万元，全长 3966 米的潘石运输大巷于 1990 年 10 月贯通，日处理 150 吨矿量的银、铅、锌综合选厂计划于 1992 年建成投产。

1991 年，潘家冲铅锌矿产铅 1871 吨、产锌 4688 吨，产值 1898 万元，亏损 280 万元。1992 — 1993 年，产铅 1206 吨，年产 603 吨；产锌 3512 吨，年产 1756 吨。产值 1500 万元，年产 750 万元。潘家冲铅锌矿产品主要为铅精矿、锌精矿、氟石粉及综合回收银铜，矿山生产能力为年处理原矿 10 万吨。该矿自 1956 年成立至 1993 年，累计为国家生产铅金属 4.4 万吨，白银 27.2 吨，氟石粉 18.4 万吨。因矿山资源逐年枯竭，品位低，1993 年出现生产性亏损。当年 9 月，经中国有色金属总公司批准停产，井下实施“储量封存、设备撤除、停止排水”。至 2000 年底，该矿账面资产总额为 1809.3 万元，负债总额为 3018.9 万元，全矿累计亏损 1642 万元，资产负债率达 107.46%。2001 年，经全国企业兼并破产和职工再就业工作领导小组批准，列为关闭破产的资源枯竭矿山。

（二）钨 矿

民国 9 年（1920），长沙士绅粟戡时以年租 240 元（银元）承租茶陵县瓦子坪、清凉山，设仁记公司，开采矿，当年产钨砂 25 吨，获利甚厚。此后，又有龙秉刚、周玉成 2 人相继开设振兴、两益公司，在铜锣山、禾桐坪开辟新采场。到民国 25 年（1936），经营钨砂的公司已增至 8 家，采区扩大到仙女山、茶园山、摇杖拐一带，聚集的矿工达 800 余人。各钨业公司由“棚头”组织临时矿工几人、十几人一伙，沿矿脉搭棚，用钢钎、铁锤、木桶、竹筛等简单工具，开窿挖矿。矿商从“棚头”手中收购钨砂，每担银元 12 元左右，销售出去每吨可获纯利 200 ~ 600 元不等。民国 33 年（1944）夏，茶陵县沦陷，各公司停业。抗日战争胜利后，只有仁记、振兴、阜民、厚丰 4 家公司复业。民国 38 年（1949）4 月，中国人民解放军渡过长江，各公司停业离山，据国民政府资源委员会湖南分处历史档案记载：从民国 9 年（1920）到民国 38 年（1949），共出产钨矿 1500 余矿。虽经 29 年开采，只采了矿脉露头部分。

1950 年年初，中国有色金属管理局湖南分局汝城工作站派人来邓阜仙矿区，召集民工 200 多人，以民窿（矿工自愿组合的生产形式）方式恢复生产，国家收购钨砂，所得自行分配，当年产高锡钨 35 吨。1951 年 8 月，成立茶湘管理处。1953 年，茶湘管理处与衡湘管理处合并组成湘东钨矿。“一五”计划（1953 — 1957 年）时期，国家投资 672 万元，建有 80 吨 / 日、250 吨 / 日机选厂各 1 座，100 立方米 / 时压风站，1200 千瓦的发电厂、12 千米进厂公路以及供电、供水、供风、运输等设施，总计建筑面积 4.17 万平方米（其中民用建筑 2.8 万平方米），形成日采矿 350 吨，年采矿 11.5 万吨矿量的生产能力，实现由手工开采到机械化开采的转变。1957 年年末，全矿职工 2207 人，固定资产 796.73 万元。期内，累计完成工业总产值 2541 万元，产钨精矿 2715 吨，上缴利润 938 万元（等于全部投资的 139.6%），提前 16 个月完成“一五”计划主要指标。1957 年与 1952 年比较，产值增长 1.6

倍，全员劳动生产率增长3.1倍。

在“大跃进”中，很多井下工人，三天三夜不出窿，奋战在采场，连续创造8天、4天采完1个采场的高强度采矿全国新纪录，得到冶金部的表扬，迎来了全国有色矿山采矿掘进现场会在该矿召开。选矿工人自力更生，将80吨/日、250吨/日的2个机选厂扩建成250吨/日、800吨/日的规模，又把719窿口的手选厂改为80吨/日的机选厂。钨精矿产量1957年100吨、1958年132.5吨、1959年191吨、1960年208吨；铜产量1958年158.5吨、1959年209.6吨、1960年247.8吨。利润大幅度上升，1958年529.4万元、1959年806万元、1960年1037万元，分别为1957年的1.4倍、2.6倍、3.7倍。1958年，获省冶金局、中国重工业工会“金马奖”。1959年，矿山被评为全国矿山先进单位，并出席全国群英会。

“大跃进”期间，盲目追求高指标、高产量，压缩掘进，增加采矿，采富丢贫，打乱了正常的生产秩序和管理秩序，导致1960年后，生产急剧下降的被动局面。1961年，完成工业总产值964万元，等于前3年平均数的36.8%，比1957年还减少33.6%；钨、铜产量比前3年平均减少52.4%和69%，比1957年减少28%和37.3%。经过连续3年调整，到1963年，三级矿量的保有量才达到部颁标准的要求，生产管理走向正常，产品产量恢复到1957年水平。

1964—1966年，新装配了2条掘进线，1条吊罐天井线，2条平巷运输线，实现了井下装岩、运输机械化，减轻了工人的劳动强度，掘进掌子面工效提高66.7%，每工班达到0.45米，进入全国先进行列。实现重选半自动化，粗、中、细粒跳汰机排自动化，使重选回收率由86%提高到91%～93%；精选部分，消灭了老三级品，全部达到新标二级（其中16%为一级）。3年完成工业总产值5019万元，比前3年提高23.5%，实现利润1731万元，为前3年的3.6倍，效益居全国各钨矿之首。

1966年，“文化大革命”开始，由于该矿地处边远山区，交通不便，外界影响传播较慢，当年生产未受到影响。1967年春，受上海“一月风暴”的袭击，一派群众组织进行夺权，各级组织濒于瘫痪，领导干部绝大多数被批判斗争、靠边站，生产管理出现一片混乱。1968年，“矿革命委员会”成立，但因两派争权，互相对立，形不成权威，到1969年矿山仍处在无政府状态中。这3年工业总产值比前3年减少一半，少产钨精矿2400吨，铜精矿500吨，利润减少900多万元。

1970年，湘潭地区革命委员会派毛泽东思想宣传队进驻该矿，经过2年多时间的整顿，消除了派性，实行大联合，恢复党的各级组织，“解放干部”，健全各级领导班子，使生产和工作逐步走向正常。1973年，通过扩建改造，年采选综合能力达到35万吨，完成工业总产值1286万元，实现利润413万元，达到了正常年水平。1974年“批林批孔”运动，又把经2年多建立起来的新局面搅乱，工业总产值又下降30%，利润比上年少257万元。1975年，矿山党委大胆地抓了整顿工作，又使生产有所回升，这年钨精矿、铜精矿分别比上年增长23%和14.2%。1976年“批邓反右倾翻案风”运动又使矿山陷入混乱之中，这年钨、铜产量分别比上年下降30.4%和27.8%，仅实现利润38.4万元。“文化大革命”期间，生产受影响，矿山建设停滞不前。

进入20世纪80年代，矿床接近枯竭。由于地下采掘时间长，采空区大，地压活动加剧，南组矿脉东部地面开裂，山体有滑坡危险，估计滑体在400万立方米以上，严重威胁主要生产区和职工居住区安全。冶金工业部、省冶金局8次组织专家到现场调查研究，最后提出迁出危险区建筑物及生产设施的建议。1981年开始搬迁。1982年，调出1000名职工。这年6月18日出现罕见暴雨和山洪，造成山崩、地陷222处，土石达100多万立方米，选矿厂房倒塌，设备材料冲走，矿区至古城公路中断7天、生活用水断流3天，43栋住宅被冲垮，停产达一年半之久，直接经济损失120多万元。上级拨搬迁费876年万元，完成了一级危险区的搬迁工作。

1984年，全面开展企业整顿工作，生产出现新的转机。这年钨精矿产量406吨，铜75吨，完成工业总产值658万元，企业亏损161.7万元，比计划减亏28.1%。矿山逐步由采选为主转为冶炼为主。矿山冶炼厂经1982年扩建，三氧化钨生产能力由30吨扩大到120吨，1986年上升到150吨，是国内首家采用难选低度钨细泥生产三氧化钨的厂家。

“七五”计划期间，面对矿山资源枯竭、产量下降、负担加重、经济亏损的局面，矿党委提出了“采矿、选矿保产，水冶机电翻番，三年扭亏为盈，建设文明矿山”的奋斗目标，在各个领域进行改革，完善经济责任制，实行队组为单位的工资、津贴全浮动。1986年，着重加强矿山冶炼建设，投资180万元，进行扩建，三氧化钨形成年产300吨能力。工业总产值超额完成24%，减亏120万元。1988年，进一步深化改革，精简科室机构，科室由30个精减到19个，科以上干部由85人减到60人，管理人员由219人减到177人。进一步完善经济责任制，这年减亏68万元。1989年，由于各项原材料价格上涨，虽经努力，亏损上升到219万元。

1992年，茶陵有钨矿采选企业11个，其中部属1个、县属1个，余为乡、村企业，共产钨精矿473吨，其中湘东钨矿生产占54.12%。

湘东钨矿是中国有色金属工业总公司长沙公司所属的中型企业，包括采掘工区4个和选矿厂、冶炼厂、机修厂各1个。矿区核定面积4.1平方千米。1992年有职工1891人，生产钨精矿256吨、铜精矿103吨、锡精矿17吨、蓝钨20吨，产值1812万元。自建矿至1992年，共产钨精矿45218吨，铜精矿15305吨，锡精矿2500吨，三氧化钨1970吨。因资源枯竭，亏损严重。2000年，该矿被全国企业兼并破产和职工再就业工作领导小组批准列为破产企业。

（三）铁　矿

明末清初，茶陵县、攸县开始开采铁矿。民国22—28年（1933—1939），是铁业兴盛时期，茶陵县的雷垅里、潞水、七地、火田，攸县的酒埠江、官田、高楼、峦山、银坑等地的山主，开窿设棚，靠手工打眼放炮，锄挖肩挑采矿，以每吨价一元五角银洋销给铁厂。这些民间小矿，规模都很小，而且随炼铁厂时兴时废。

中华人民共和国成立后，茶陵县、攸县都办起了铁厂，各厂都附设矿山，自行采矿。1958年，在全国性的“大办钢铁”高潮中，境内各县掀起群众炼铁运动，随之一批小铁矿应运而生。醴陵县在盐山、米筛冲、石里浦、南桥、枫林、浦口、石桥铺采矿炼铁；株洲县的南阳桥、洲坪、堂市、马家河，由株洲钢铁厂建矿。这些铁矿，有的只持续几个月，少数的有几年，都因钢铁厂下马而关闭。只有茶陵县平水、七地、思聪，攸县银坑、凉江、漕泊、柏树下等由乡政府复办，年生产能力都不到1万吨。

1969年6月，湖南省革命委员会作出开发湘东铁矿的决定。湘东铁矿包括茶陵县境内的清水、潞水、排前、雷垅里4个矿区，初勘总储量约为4000万吨，设计年开采能力为130万吨。1970年7月，建立湘东铁矿建设指挥部，组织设计院、科研院、勘探队、井巷建筑安装公司等31个单位，汇集干部、技术人员、工人3000多人，加上4700多名民工，开展矿山建设会战。10月，清水、潞水2矿破土施工，年底醴茶铁路开始建设。1971年5月，排前、雷垅里2个矿和清水选厂也相继开工。1973年3月，醴茶铁路正式通车。7月，撤销指挥部，正式成立湘东铁矿矿务局。年底清、潞2矿第一期工程竣工，形成年采矿50万吨，破碎加工80万吨的生产能力。由于矿山建设采取了“边设计、边补勘、边施工”的形式，排前矿区在建设中发现原勘探水文地质资料不详，经过补探坑道放水试验查明，矿层上下盘为岩溶含水层，东西为洣河流径，与地下水构成水力系统，最大涌水量每小时3755立方米。因排水费用高，井巷工程被迫停建。1970—1973年，共完成井巷掘进量33935米，基建剥离量785550立方米，工民建筑99739平方米，总投资5866万元（铁路除外）。1974年，湘东铁矿投产，固定资产3136万元，职工3772人。1974—1976年，受政治运动影响，生产时高时低，加之矿石含磷偏高，各炼铁厂只能作地矿使用，产品不能销往省外，造成产、销失衡少产矿石28万吨，直接经济损失达574万元。3年累计产铁矿石（原矿）64.3万吨，创产值1289万元，企业亏损599万元。

1977—1979年，矿山生产正常发展。雷垅里10万吨采矿筛分工程，正式投产。清水矿区进行170中段深部工程开拓，机选厂增建处理10毫米粉矿10万吨梯形跳汰选矿工程。

1980年改定产包销为以销定产，实行亏损包干，减亏分成。矿务局对内实行经济责任制，对外开辟省外市场，以销促产。这年8大指标全面超额完成，达到历史最好水平，吨矿成本降至21元，省下达的135万元亏损包干指标，实际亏22.46万元，减亏112万元，是建矿以来效益最好的一年。1981年，进一步完善企业内部的经济责任制，实行计分计奖、单项奖、计件工资、工期包干、联产计酬等措施。生产保持了上年的好水平，亏损降至17.23万元。1982—1983年，矿山连续遭遇历史罕见的洪灾，造成采场冒顶、巷道塌方、车场冲垮、房屋倒塌，直接经济损失60余万元。全矿职工，抗灾夺高产，比上2年增产矿石7870吨。

“六五”计划期间，是湘东铁矿经营效益较好的5年，产量与“五五”计划期间相比，增产26.5万吨，亏损减少397万元。

“七五”计划时期，湘东铁矿面临资源渐减，露采量少，原材料价格上涨，成本增高等不利因素。为求得企业的生存和发展，逐步减少自产矿量，增加民采矿的收购，使年产量保持在40万吨的水平。以运保产，以产促销，根据用户需要调整产品结构。对雷垅里选矿工程进行了改造，扩建重选厂，进行15万吨生产规模的配套建设，开发自熔性矿。将原机修车间改造成冶金机械厂，利用清水矿的部分厂房，改建成金属制品厂，开发铸造、拉丝、制钉、机械加工等项目，面向社会服务。在深圳南山、长头岭开办了2个石料采场，在长沙开设了湘冶、五洲2个商场，在茶陵县城开办了湘东二汽技术服务部。在矿区兴建10个猪、鸡、鱼饲养场，形成以矿为主，工采养相结合的多种经营体系。到1990年年底，14项指标，9项达到国家二级企业标准。5年中铁矿石产量年平达到44.7万吨。1988—1990年做到盈亏持平。

1991年，湘东铁矿矿务局在抓好铁矿石生产的同时，进一步完善承包经营责任制，全面推行目标管理，积极开展"双增双节"活动，努力开发新产品，雷垅里铁矿半自熔性粉矿试生产取得成功，投资576万元兴建了湘东金属制品厂，预应力钢丝生产试产成功，形成了5000吨制品生产能力。全年矿务局产铁成品矿（干）38.62万吨，其中块矿23.67万吨，粉矿14.95万吨。

1992年，矿务局投入268.5万元，进行焊接材料开发研制工作和焊条厂建设，开展多种经营取得较好的效益。当年深圳南山石料场上交矿务局350万元，比上年增长159.26%，长岭石料场上交75万元，比上年增长114.29%，其他服务性行业创收50万元。全年产铁矿石（干）33.32万吨，其中块矿14.81万吨，粉矿18.51万吨，上缴利税99.2万元，在消化各种减利因素300万元的情况下，实际亏损280万元。

1992年7月，由于半自熔性粉矿没有用户，雷垅里铁矿闭矿停产。

1993年，湘东铁矿矿务局完成焊接器材厂的建设，普焊生产线一次投产成功，9月份焊条产品通过省级鉴定，开始批量生产。金属制品厂年产达6136吨后，再行投入676万元，完成续建工程建设，当年矿务局多种经营产值达到3900万元，占矿务局总产值的63%，多种经营收入达到1500万元，安排员工达1000人，矿务局以矿为主过渡到矿石生产与多种经营并举，提前2年实现"八五"多种经营发展规划。当年完成铁成品矿（干）33.25万吨，完成销售收入6363万元，实现税金277.2万元，创利润100万元，建矿23年来首次扭亏为盈。

1994年，针对铁矿石品位越来越低的状况，矿务局千方百计组织质量攻关，提高产品质量，确保产品的销路。与此同时，完成金属产品厂续建工程建设，新增5000吨生产能力，使金属制品生产能力达到1万吨。11月份焊接材料顺利通过了船检，自行开发研制的节能高效冷风热风冲天炉于10月14日被国家经贸委等部委30余名专家联合推荐为优质节能产品。当年生产铁成品矿（干）24.40万吨。1995年10月，清水铁矿因资源枯竭闭矿停产。

1996年，湘东矿务局面临困难越来越大，铁矿石品位进一步降低，开采日渐困难，生产处于停产半停产状况。全年产铁成品矿（干）17.08万吨，其中块矿9.19万吨，粉矿7.89万吨，全矿全年亏损1409.3万元。

1997—2000年，湘东矿务局面临的困境进一步恶化，矿产资源进一步枯竭，生产用资金难以为继，多种经营开发的产品也难以生产经营，经济纠纷不断发生，司法清欠任务日渐加重。4年间累计产铁成品矿（干）46.47万吨，其中块矿26.51万吨，粉矿19.96万吨。

2000年3月，省矿产资源委员会正式批复该局最后一个铁矿潞水铁矿闭矿，这标志着湘东铁矿矿务局开采铁矿历史的终结。

第四章 化学工业

明、清时期，酃县民间常以老墙土熬制硝盐食用，熬制白硝供作火药原料。民国29年(1940)前后，醴陵县城有硝厂6家。1956年，兴建湖南化工厂和湖南磷肥厂。翌年，将两厂合并，定名株洲化工厂。1957年，筹建省内首家大型尿素生产企业——株洲氮肥厂。1958年，在“大跃进”中，株洲地方化工企业蓬勃兴起，先后建成市属的株洲橡胶厂（株洲轮胎厂）、株洲市碳酸钙厂（株洲市湘中化工厂）、株洲市烧碱厂、株洲市有机化工厂、株洲市水玻璃厂、株洲市化工研究所等7家企业。1959年，株洲化工厂第一期氯碱工程建成投产。1965年，第一期化肥工程竣工投产。年生产能力为：烧碱2.25万吨，液氯1万吨，六六六原粉1万吨，聚氯乙烯6000吨，硫酸6万吨，普钙（过磷酸钙）20万吨，钛白粉1000吨。20世纪60年代中期，株洲市农药厂、株洲市化肥厂、广州军区五七农药厂、醴陵氮肥厂、茶陵氮肥厂、攸县氮肥厂相继投产。同期，株洲选矿药剂厂、株洲市合成苯厂、株洲市杉木塘化工厂、株洲市化工助剂厂、株洲市工业橡胶制品厂、株洲市中南化工厂、株洲市新城化工厂等企业亦相继投产。1967年，市橡胶厂试产出“湘江”牌600-16-4米手扶拖拉机轮胎，开创了湖南省生产轮胎的历史。1968年，株洲选矿药剂厂松醇油、丁黄药车间投产，填补了中南地区选矿药剂生产的空白。1970年，株洲氮肥厂一期工程年产合成氨4.5万吨、尿素7.5万吨的氮肥工程投产，开创了湖南省生产尿素的历史，成为国内第三家尿素生产厂。

20世纪70年代，先后建成县属、区属的株洲市化学试剂厂（化工原料厂）、株洲市硫酸铜厂、9763（广州军区五七农药厂）、株洲市橡胶厂、茶陵县氮肥厂、醴陵市橡胶厂、株洲市新华橡胶厂、株洲市保险粉厂（原名化工厂）、茶陵县电石厂、攸县酒埠江化工厂、株洲市湘江橡胶制品厂、株洲市南华橡胶制品厂、株洲市胜利漂白粉厂等化工企业。1979年6月，株洲市磷肥厂（1984年更名为市化工助剂厂）投资112万元转产化工助剂，建成年产橡胶促进剂M500吨的生产装置。

20世纪80年代，各企业争创名优产品，研制新产品，扩大生产能力。全市17家化工企业开拓出口创汇任务。其中株洲化工厂的氟硅酸钠、株洲选矿药剂厂和株洲市有机化工厂的草酸，被列为免检出口产品。1990年，株洲市共有县区以上化工企业36家，主要化工产品150余种。

20世纪90年代，境内化工系统不断深化改革，技改项目不断增加，产品质量日益提高，新产品大量涌现，生产能力进一步扩大。面对激烈的市场竞争，株洲化工厂（化工集团公司）、湘江氮肥厂等大型化工企业和部分中小企业生产保持稳定发展，综合实力不断增加。但部分地方企业在改革中步履艰难，效益下降，亏损严重，以至于出现停产或半停产状态，部分企业通过兼并、联合、重组等方式逐步走出困境，也有部分企业被法院宣布破产。

1991年，株洲化工厂、湘江氮肥厂合并，组建成湖南省第一家紧密型企业集团——湖南省株洲化学工业集团公司，当年就投入了7000余万元的技改资金。1992年，集团公司研制的MAB复方汞触媒填补了国内空白。1998年，株化集团公司已成为中南地区最大的化工原料生产基地，国家大型一类企业。成为全国520家重点扶植的工业企业和省内20家重点发展企业集团之一。湘江氮肥厂亦于1998年与湖南大乘资氮集团有限公司等5家化工企业联合组建湖南金洋实业集团有限公司。株洲选矿药剂厂在“八五”计划期间投入技改资金2887万元，完成16项技改项目，成为黄药和硫氨酯出口生产基地。

2000年，全市独立核算国有控股销售收入500万元以上化工企业有20家，完成工业总产值19.06亿元（当年价），实现销售收入18.91亿元。市属化工系统累计完成工业总产值31194万元，实行销售收入27923万元。其中市属企业完成16999万元，实现销售收入12831万元；县属企业完成14195万元，实现销售收入16431万元。12家市属企业实现优良资产剥离并组建有限公司，实行委托经营的2家，对外、对内部分租赁或承包经营的有4家，破产1家。

第一节 酸、碱、盐生产

一 酸

（一）硫 酸

1957年，株洲化工厂筹建硫酸工程，1961年停建，1964年又恢复建设。1965年，第一期工程建成投产，年生产能力6万吨，当年产6921吨（折100%，下同），翌年产85046吨。1968年3月，第二期工程建成投产，年生产能力6万吨。1972年年底，第三期工程建成投产，年生产能力10万吨。并配合株洲冶炼厂冶炼锌装置的扩建，全部回收锌烟气中的二氧化硫，在原有6万吨制酸装置的基础上又新建了一套年产10万吨的制酸装置，1974年10月建成投产。此外，还设计一个利用株洲冶炼厂铅烟气年产3万吨的制酸装置，因烟气除尘和气体含酸浓度未达要求，未投产。1974年，株洲化工厂产硫酸11.24万吨，仅为设计能力的35.12%。其生产的硫酸有75%、92.5%、98%和发烟硫酸4种规格。此后，对硫酸生产的3个系统分别进行改造。兴建凉水塔，将地下静止熔硫改为立式搅拌熔硫，平底焚硫炉改为罐底炉，用钢材胶防腐管道取代炼锌烟气净化流程中的铅制管道，硫磺炉焚硫由压缩空气雾化改为机械雾化，烟气制酸的干吸塔填料改成瓷质阶梯环。1979年，工厂产硫酸25.62万吨，产品合格率100%，居湖南省第一位。1985年，翡翠牌硫酸被评为化工部优质产品。1987年，兴建用株洲冶炼厂含二氧化硫2.39%～2.791%的铅烟气制酸装置。1990年，株洲生产硫酸21.6万吨，位居湖南省第一位，全国同行业的第四位，产品合格率100%，人均产值16.92万元。

1991年3月，以株洲化工厂、湘江氮肥厂为核心组建成株洲化学工业集团。当年，集团公司生产硫酸21.49万吨。1992年，株洲化学工业集团位列中国500家最大工业企业第271名。1994年，株洲化工集团公司硫酸装置形成“4+1”的运行模式（即：株冶厂开4台炉，株化公司开1台沸腾炉）。

1995年，株化集团公司硫酸产量突破27万吨。1996年1月，湘江氮肥厂不再加入株洲化工集团。1999年3月，株洲化工集团公司与富利香港有限公司合资兴办青上化工（株洲）有限公司，主产品有硫酸钾、氯化钾等相关化肥产品和硫酸、盐酸等化工产品。2000年1月，株洲化工集团公司被列入国家500家重点企业。当年，株洲化工集团公司生产硫酸29.08万吨，年生产能力达到36万吨，完成产值91131万元。其生产的工业硫酸、发烟硫酸获湖南省名牌产品奖。

（二）盐　酸

1959年9月，株洲化工厂盐酸生产装置建成投产，年生产能力3万吨。次年生产盐酸2.2万吨，1962年易地重建，1963年建成投产。为湖南省最大的盐酸生产装置。至1978年，工艺改革全部完成，年生产能力达到1.5万吨。1980年，国内第一台盐酸余热锅炉在该厂投产，为国内首创。1983年盐酸产量、质量居湖南省第一位，获湖南省优质产品称号。1984年，改造第二代余热锅炉，兴建盐酸合成炉，生产规模提高到5万吨/年，副产蒸汽1吨/小时，年底实际产量3.02万吨。1988年，年产盐酸6万吨的扩建工程竣工，当年产6万吨，创历年盐酸生产的最好水平。1990年，拥有日本产100吨合成炉3台，能力为6万吨/年，实际产量6.11万吨。盐酸主要销往省内和广东、江西、浙江等地。另外，株洲市烧碱厂于1970年兴建年产烧碱、盐酸各3000吨的氯碱工程，1972年4月工程竣工投产。1988年7月，在霞湾新区易地重建氯碱工程。设计年产能力为烧碱1万吨、盐酸1.2万吨和液氯6000吨。该工程在1990年8月竣工投产，当年产盐酸8294吨。

1991年，全市生产盐酸5.50万吨。其中，株洲化工集团公司生产4.66万吨、烧碱厂生产8390吨。1992年，株洲市烧碱厂完成0.4万吨盐酸技改工程。1994年6月，市烧碱厂因受洪水影响停产达4个半月，到1997年6月止该厂累计亏损2162万元，资产负债率达145%，同年8月宣布破产。

1995年7月，株洲化工集团公司氯分厂合成盐酸三合一炉代替老式生产工艺，其产品合成盐酸于1999年获省产品质量奖。2000年，株洲化工集团公司生产盐酸6.08万吨。1991—2000年，该集团公司共生产盐酸55.77万吨。

（三）氢氟酸

1970年，株洲化工厂年产氢氟酸100吨的生产装置建成投产。当年产30吨，因原料价格高于1974年停产，1978年又恢复生产。1984年，为满足本厂生产氟利昂的需要，扩大年生产能力到500吨，当年产107吨。1986年，采用湖南醴陵潘家冲的萤石粉，年产量达553吨，为最高生产纪录；除供应本厂生产氟利昂以外，还销往江西、广东等地区108吨，创销售收入73万元，年利润36.81万元。1993年，株洲化工集团公司生产氢氟酸402.8吨，2000年生产氢氟酸608吨。1993—2000年，共生产氢氟酸4823.8吨。

（四）甲　酸

1970年，株洲市有机化工厂年产甲酸500吨的车间建成，当年产甲酸60.8吨，至1980年累计产2301吨。1981年被评为湖南省优质产品。1985年产543.2吨，1988年产702.15吨，1990

年降至426.05吨。1991年，该厂生产甲酸达到959吨，其生产能力1000吨，工厂完成产值2354万元（1990年价）。1995年，该厂生产甲酸1726吨，年生产能力为2500吨，工厂完成产值2570万元。“八五”计划期间，该厂共生产甲酸7239.3吨，完成产值12479万元。由于该厂连年亏损，于1998年9月停产。

（五）草 酸

1958年，兴建长江化工厂，生产草酸。次年2月，该厂移交601厂管理，改称601厂长江化工厂。1963年，601厂长江化工厂更名601厂18车间，年产草酸352吨，质量达到国内先进水平。1964年产338吨，质量达到国际水平。1965年，产1582吨。1967年1月，18车间从601厂划出，单独成立株洲选矿药剂厂。1978年产3006吨，首次突破3000吨的设计能力。1980年获化工部优质产品称号。“七五”计划期间，株洲草酸年生产能力由3000吨扩大到1万吨。1990年，草酸严重滞销，仅产5540吨。1991年，株洲选矿药剂厂生产草酸4155吨，年生产能力1万吨；当年，该厂生产的草酸获部优产品称号。1992年，选矿药剂厂成立草酸分厂，当年生产草酸4223吨。2000年，株洲选矿药剂厂生产草酸3271吨。

1965年，株洲市有机化工厂生产草酸，1971年生产能力为1200吨的草酸车间投产，当年产草酸935.4吨。1983年获国家对外贸易部出口产品“品质优良证书”，次年被评为湖南省优质产品。1990年，产草酸4016.45吨，销售国内及出口日本、美国、联邦德国、印度、东南亚和阿拉伯等10多个国家和地区。1991年，该厂生产草酸2960吨，并获部优产品称号。1991—1996年，市有机化工厂生产草酸共计1.52万吨，由于该厂连年亏损，到1997年底已累计亏损2284万元，资产负债率为137%，趋于破产。

（六）保险粉（连二亚硫酸钠）

1987年6月，株洲市保险粉厂年产1.2万吨甲酸钠法保险粉技术改造扩建工程开工建设，全部工程分三期组织实施，共投资3006万元，新建生产用厂房5800平方米，购装设备484台（套），仪表223台（套）。

该厂投产前，是由技术专家钟存仁带领12位专业人才从重庆来株洲选址建厂，因历史原因，阻力重重，惊动了化工部和四川省领导。在湖南省、株洲市政府的协调下，才使该厂建设、生产得以进行。1991年，该厂生产保险粉6100吨，年生产能力9000吨。当年生产的“金中”牌保险粉获得省优。1993年5月，该厂三期工程全部完工投产，当年生产优质保险粉1.47万吨。年生产能力达1.2万吨。1991年7月起，株洲化工集团公司承包市保险粉厂，承包期为9年半。1998年11月，株化集团、市化肥厂、广东中成化工达成并购协议，由广东中成化工公司控股原株洲市保险粉厂70%的股份，成立湖南中成化工公司。1998年12月，湖南中成化工公司在保险粉成品车间进行M4投料实验，获得满意效果。从1999年1月起，中成化工公司将M4投料作为改进工艺正式用于生产中。2000年，该公司生产的“中成”牌保险粉获“湖南省名牌产品”称号，当年，该公司保险粉年生产能力达8万吨。为世界第二大保险粉生产基地。

二 碱

（一）氢氧化钠（烧碱）

1959 年，株洲化工厂年产烧碱 2.25 万吨的生产装置建成投产，当年仅产烧碱 1300 吨（折 100%，下同），1964 年产 2.38 万吨，超过了设计能力。1966 年，生产固碱 1.29 万吨，超过年产固碱 1 万吨的设计目标。20 世纪 70 年代中期，开发 42% 的液碱。至此，烧碱有 42% 和 30% 液碱及 96% 固碱 3 个品种。经技术改造，具备年产烧碱 7 万吨的能力。1980 年，产烧碱 3.11 万吨。1984 年，与华中师大联合研制金属电解槽涂钌脱钌工艺，后车间自行设计自行配方攻克电解槽涂钌脱钌工艺难题，设备使用周期提高 1 倍，寿命延长 6 ~ 8 年，节约材料费 50 万元。该成果获得省、市科技进步优秀奖。固碱、液碱分别获得部优、省优产品称号。1985 年，扩建年产 10 万吨烧碱工程，1988 年投产，当年产 8.4 万吨。1990 年，产 30% 液碱 7.81 万吨、固碱 2015 吨，居湖南省第一位，居全国第 7 位。

1972 年，株洲市烧碱厂新建年产 3000 吨烧碱工程，当年产 409 吨，此后多年徘徊在 1500 吨左右。1988 年，在霞湾新厂区易地重建氯碱工程，年产能力为烧碱 1 万吨，当年获省优称号。1990 年产烧碱 6436 吨。

1991 年，全市生产烧碱 9.25 万吨，其中株洲化工集团公司生产 8.42 万吨、市烧碱厂生产 8317 吨。1996 年，株化集团引进意大利电解技术，第一批 5 台扩张阳极改性隔膜在该公司烧碱分厂电解车间投入运行。

1992 年，市烧碱厂年产 1.5 万吨烧碱及配套工程投产。翌年，该厂烧碱产量达 1.11 万吨。1996 年 12 月，市烧碱厂实行股份合作制，将 1.5 万吨烧碱生产装置从企业中分离出来，组建株洲市电化厂，当年生产烧碱 1.34 万吨。1997 年 11 月，市烧碱厂破产后重组，成立“株洲湘江精细化工厂”。12 月，湖南化工研究院将其整体兼并。1998 年，该厂成为湖南海利化工股份有限公司的全资子公司，更名为“湖南海利株洲精细化工有限公司”。2000 年 1 月，该公司因氯碱产品市场竞争激烈，效益差，将氯碱系统停产。

1991 — 2000 年，全市共生产烧碱 96.10 万吨，除满足国内需求外，还远销东南亚、欧美等国家和中国香港地区。2000 年，全市生产烧碱 9.68 万吨，主要由株洲化工集团公司生产。

（二）碳酸钠（纯碱）

1971 年，株洲市合成氨厂兴建年产纯碱 1 万吨工程，1979 年 7 月试车投产，当年产 1128 吨，一级品率为 35.4%。1980 年产 7352 吨，至 1980 年，工厂累计亏损 930.5 万元。1985 年 9 月，市合成氨厂被湘江氮肥厂兼并，为下属联碱分厂。是年，纯碱产量为 8532 吨，合格率为 99.91%，一级品率为 23.47%。1986 年，进行年产纯碱 1.5 万吨的配套改造，次年投产，当年产 1.07 万吨。1987 年 9 月，湘江氮肥厂兴建 1 套年产 4 万吨的纯碱工程，1990 年 11 月竣工，原生产装置全部停产。

当年生产纯碱6440吨，一级品率为29.05%。1991年3月，湘江氮肥厂与株洲化工厂合并组成株洲化学工业集团公司。1993年5月，株洲化学工业集团公司投资3000万元建设的年产4万吨纯碱装置，当年产纯碱1.25万吨。1996年1月，湘江氮肥厂脱离株化集团公司。2000年，湘江氮肥厂生产纯碱3.9万吨。1991—2000年，湘江氮肥厂共生产纯碱23.13万吨。

三 盐

（一）硫酸亚铁

硫酸亚铁系钛白粉生产中的副产品。1972年，株洲化工厂产4880吨。至1990年，累计生产7.94万吨。产品销售江西、四川等地。1991—2000年，株洲化工集团公司共生产硫酸亚铁7.62万吨。2000年，株洲化工集团公司生产硫酸亚铁1.84万吨。

1991年，株洲市湘中化工厂生产硫酸亚铁4259吨，单位成本为21元。1993年，该厂生产3689吨，单位成本为142元。由于生产成本过高，1994年后该厂停止生产。

（二）饲料级一水硫酸亚铁

1989年10月，市湘中化工厂利用本厂钛白粉生产中产生的废渣硫酸亚铁（$FeSO_4 \cdot 7H_2O$）开始小试饲料级——水硫酸亚铁，以满足饲料工业添加剂的需求。次年8月，通过湖南省兽药监测所鉴定，获准批量生产，年产能力为600吨，当年生产445.76吨。1991年，该厂生产饲料级——水硫酸亚铁300吨，其中出口180吨。1992年，生产164.4吨，其中出口60吨。1993年后停止生产。

（三）硫酸钠（芒硝元明粉）

1972年，市有机化工厂兴建硫酸钠工程，从草酸生产的铅化废水中回收硫酸钠，设计年产能力为400吨。1977年投产，当年产155.55吨，质量符合HG-520-67二级标准。1980年产198.2吨。1991年，该厂生产芒硝1664.09吨，年末生产能力1500吨。1992年，生产芒硝3409.49吨。1993年，因资金短缺，该厂处于半停产状态。1991—1996年，共生产芒硝1.36万吨。1998年9月停产。

1973年5月，株洲选矿药剂厂建成年产硫酸钠1000吨车间，当年产778吨，1975年产1075吨，1980年产1800吨。20世纪80年代后，每年产量多在1600吨左右。

（四）硫酸铵母液、亚硫酸氢铵

硫酸铵母液系生产液体二氧化硫的副产品。1976年，株洲化工厂生产硫酸铵母液7565.3吨。1984年，利用液硫车间尾气回收装置既生产液体二氧化硫中间母液，又生产亚硫酸氢铵，填补省内空白，获株洲市科技成果三等奖，湖南省科技进步四等奖。当年产亚硫酸氢氨2155吨。1990年，产硫酸铵母液3758吨，亚硫酸氢铵3085吨。1991年，生产硫酸氨母液4254吨、生产亚硫酸氢铵4099吨。1991—2000年，共生产硫酸氨母液33428吨。其中，2000年生产硫酸铵母液3541吨。1991—1995年，共生产亚硫酸氢铵12671吨，1996年停止生产。

（五）氟化钠

1988年，建立攸县精细化工厂，生产氟化钠。当年产90吨，完成产值34万元，产品全部出口，创汇7万美元。1989年，该产品被湖南省商检部门列为出口免检产品。1990年，该厂生产氟化钠540吨，完成产值230万元，人均劳动生产率达7万元，人均创利税1.2万元，出口创汇50万美元。同年，该厂被省列为化工产品出口基地，产品出口美国、日本、澳大利亚、孟加拉、朝鲜等国家和中国香港地区。历年出口1200吨，内销600余吨。1991—2000年，精细化工厂共生产氟化钠2.23万吨，产值8544万元，实现利润368万元。其中，2000年生产氟化钠2351吨，产值881.6万元，利润28.9万元。

（六）氟硅酸钠

氟硅酸钠系生产普通过磷酸钙时的副产品。1965年10月，株洲化工厂年产1200吨的氟硅酸钠工程投产，当年产120吨。次年，被湖南省化工进出口公司列为出口免检产品。远销日本、新加坡等国家和中国香港地区。1966年产1078吨，每吨成本704.63元。1978年获湖南省"信得过"产品称号。1979年，生产1529吨，被评为化工部优质产品，质量优于国际标准，居全国同行业先进水平。产品扩销到美国、联邦德国、澳大利亚等国。1980年获国家银质奖。1990年产937吨，位居湖南省第一位，全国第二位。一级品率100%。至1990年，累计生产2.54万吨，出口2.05万吨，创外汇533.6万美元。1991年，株化集团公司生产氟硅酸钠720吨。1998年后年产量不足百吨，2000年生产氟硅酸钠96吨。1991—2000年，共生产氟硅酸钠3451吨。

（七）氯酸钾

1985年，市新城化工厂建成年产氯酸钾300吨的生产线。同年氯酸钾试制成功，质量符合标准。1990年产227吨，主要销往醴陵、浏阳花炮产地。1991年，产氯酸钾179吨。1993年后因资金短缺该厂处于半停产状态。

（八）次氯酸钠

1979年，株洲化工厂兴建2套氯油尾气回收装置，1980年竣工投产，年生产次氯酸钠能力5000吨。1982年产5596吨，1989年扩建，年生产能力6500吨，当年产6394吨。1990年产5191吨。1991—2000年，株化集团公司共产次氯酸钠5.09万吨。其中，2000年生产次氯酸钠6461吨。产品主要销往省内、湖北、广东、江西等地。

（九）焦锑酸钠

1984年，市化工研究所研制焦锑酸钠。次年建立年产焦锑酸钠50吨的生产装置，当年产5吨。1986年，扩大生产装置，年生产能力达500吨。同年6月，质量达到国内先进水平，荣获省优质产品奖，株洲市科技进步一等奖，湖南省科技进步二等奖，省经委新产品开发优秀奖。当年产57吨，完成产值79.8万元，实现利税22.8万元。1990年再次扩大生产装置，年生产能力扩大到1500吨。1991年，该所生产焦锑酸钠597吨。1996年，该所再次扩大生产能力。1999年，生产焦锑酸钠1000吨。2000年，完成产值1369万元（1990年不变价），亏损61万元。

（十）碳酸钙

1958年，市红星化工厂兴建碳酸钙工程，次年10月试产。1959年3月，该厂更名为株洲市碳酸钙厂，当年生产碳酸钙561.5吨。1963年11月，试制药用碳酸钙实验成功。至1978

年，累计产轻质、日用、药用碳酸钙 6.31 万吨。1979 年，市碳酸钙厂改名为株洲市湘中化工厂，其产品碳酸钙部分全套搬迁，移交给株洲县洲坪公社，仍称株洲市碳酸钙厂，年生产能力 2000 ~ 3000 吨。1985 年，进行技术改造，年生产能力达 1 万吨。同年产 4100 吨，轻质碳酸钙荣获部优产品称号。1990 年，产 5800 吨。1991 年，株洲县洲坪碳酸钙厂生产轻质碳酸钙 4851 吨。1997 年，该厂生产轻质碳酸钙 2841 吨。因经营管理不善，亏损严重，资不抵债，1998 年株洲县洲坪碳酸钙厂依法破产。

1988 年，攸县兴建轻质碳酸钙厂，年生产能力 5000 吨，当年产 10 吨。1990 年产 4000 吨。2000 年，年生产能力达 1 万吨。产品销往广东、广西、云南等省区。

（十一）漂白粉

1963 年，株洲化工厂兴建年产漂白粉 4000 吨的工程，当年产 1910 吨。1978 年停产，累计产 3.84 万吨。

1979 年，成立株洲市漂白粉厂。形成年产漂白粉 4000 吨和氯化钙 1000 吨能力，是 1990 年湖南省最大的漂白粉生产厂家之一。其产品销往南方各省区。1991 年，市漂白粉厂生产漂白粉 2322 吨，年末生产能力 3000 吨。1992 年后停止生产。

（十二）醋酸铅

1969 年 5 月，市新城化工厂接管轻化工校醋酸铅生产设备。年生产能力 150 吨，属省内独家。至 1990 年，累计生产 1971.68 吨。1991 年，生产醋酸铅 111 吨，年末生产能力达 300 吨。1993 年，该厂只生产醋酸铅 19 吨，因资金短缺等原因，自 1993 年起该厂处于半停产状态。

（十三）硅酸钠（水玻璃）

1958 年，市水玻璃厂建成年产硅酸钠 4000 吨的生产线。1976 年，下放给株洲市郊区荷塘铺人民公社经营。因经营不善，亏损 105 万元。90 年代初，市水玻璃厂收回经营权。1991 年，生产硅酸钠 5661 吨，年生产能力 1 万吨。1993 年产量达 8.95 万吨。1991 — 2000 年，年产量保持在 1 万吨左右。

1984 年，株洲市联碱厂（原株洲市合成氨厂）利用联碱部分设备，建成年产硅酸钠 5000 吨的生产装置，当年产 3689 吨。1985 年，株洲市联碱厂被湘江氮肥厂兼并。1986 年，产硅酸钠 6076.86 吨。

1984 年，市郊区兴隆水玻璃厂兴建年产硅酸钠 3200 吨的生产线。次年投产，生产水玻璃 3200 吨，创产值 66 万元，获利 2.2 万元。1987 — 1989 年，增建 3 条水玻璃生产线，年产能力达到 1.18 万吨。1989 年产 1.18 万吨，完成工业产值 536 万元，实现利润 139 万元。1991 年，市兴隆水玻璃厂生产硅酸钠 11578 吨。1993 年，该厂实施全煤气炉扩改工程，硅酸钠年生产能力扩大到 8.5 万吨。翌年，该厂生产硅酸钠 57100 吨。1998 年，株洲市兴隆水玻璃厂更名为株洲市兴隆化工实业有限公司。2000 年，该公司生产硅酸钠 8.46 万吨。1991 — 2000 年，该公司共生产硅酸钠 48.81 万吨，年均产值 6700 万元。

1991 年，株洲市水玻璃厂生产硅酸钠 5661 吨，年生产能力 10000 吨。1993 年，市水玻璃厂生产硅酸钠 8.95 万吨。1994 年后，该厂硅酸钠年产量一直维持在 1 万吨左右。

（十四）白炭黑

白炭黑是利用硅酸钠为原料生产的高科技含量、高附加值的化工产品。1995年，株洲市兴隆水玻璃厂引进国外先进技术，利用本厂生产的硅酸钠为原料开发白炭黑产品。1996年，该厂投资1560万元新建一条全自动白炭黑生产线。当年9月投产，使该厂具有年产白炭黑0.6万吨的生产能力。翌年，该厂生产白炭黑3984吨。1998年，市兴隆水玻璃厂更名为市兴隆化工实业有限公司。当年9月，该公司投资1700万元建设第二条白炭黑生产线。该生产线投产后，该公司白炭黑年生产能力达2万吨。当年，该公司生产白炭黑10429吨。1997—2000年，该公司共生产白炭黑3.44万吨。

（十五）磁性氧化铁

2000年，株洲化工集团公司科研设计院自主开发，生产的磁性氧化铁产品经有关技术部门鉴定，主含量为99.5%。超过99.2%的国家一级标准。硅、钛等杂质含量均低于电子工业部标准，填补了湖南省内空白，成为国内质量最好的磁性氧化铁产品。

第二节　其他无机物生产

一　二氧化钛（钛白粉）

1966年10月，市碳酸钙厂兴建钛白粉生产装置，当年试产出焊条型钛白粉500千克，1970年产80吨。1973年生产涂料钛白粉。1990年产1606吨。1991年产1678吨，年生产能力2000吨。其“晶莹”牌BA01-01钛白粉获省优质产品称号。同年，该厂投资80万元，建成年产500吨钛钡白3020生产线，1992年试生产60吨，产品达到质量标准，填补湖南省内空白。1998年，该厂钛白粉产量为2230吨。2000年8月，该厂改制更名为“株洲晶莹化工责任有限公司”，当年产钛白粉3009吨，年生产能力3500吨。

1972年，株洲化工厂建成全国最大的年产钛白粉2500吨的生产装置。当年产焊条型钛白粉1220吨。1976年，转产B101型涂料钛白粉，当年产162.1吨。1979年，采用三价钛漂白工艺，解决了因铁含量高而引起钛白粉变色发红的质量问题。次年，B101型钛白粉在全国同行业质量评比中名列第一位。1986年，B101型钛白粉被评为湖南省优质产品。1988年，BA01-01型钛白粉被评为国家标样。当年，产涂料钛白粉2215.2吨，完成销售额1430.32万元。同期，投资4757万元，扩建年产金红石型钛白粉4000吨的生产装置。1990年，株化生产涂料钛白粉2460吨，实现销售额2471.06万元，创历史最高纪录，居全国同行业前列，创利税865.55万元，人均利税4.32万元，每吨成本5686.5元，系全国同行业中最低，合格率100%。1991年，株化集团公司生产钛白粉1805吨。同年，其“株化”牌钛白粉获省优。年底，该公司在原有锐钛型钛白粉生产线的基础上投资4757万元，引进年产4000吨金红石钛白粉生产装置。生产的钛白粉白度和消色力均达到日本同类钛白粉标准，各项指标均符合部颁标准，改写了湖南不能生产金红石钛白粉的历史，6个产品型号全部填补省内空白。1998年5月，该公司年产3000吨钛白粉扩改工程投入运行。翌年6月，年产 1 万吨锐钛白粉扩改工程投产。1991 — 2000 年，株洲化工集团公司共生产钛白粉 4.75 万吨。其中，2000 年生产钛白粉 1.14 万吨。

二　液体二氧化硫

1973 年，株洲化工厂筹建年产 1 万吨液体二氧化硫的生产装置，1976 年建成投产，当年产液体二氧化硫 1110.79 吨。1984 年，其“翡翠”牌液体二氧化硫荣获国家经委颁发的银质奖。1990 年产 1.02 万吨，产销量均位居全国之冠。每吨成本为 606.14 元，各项物耗、能耗均达到国内同行业的先进水平。1991 年，株化集团公司生产液体二氧化硫 1.09 万吨，2000 年，生产 8782 吨。1991 — 2000 年，该公司共生产液体二氧化硫 8.63 万吨。

三　液体二氧化碳

1983 年，湘江氮肥厂利用合成氨生产中的二氧化碳提纯生产液体二氧化碳，年产能力为 4000 吨，当年产 817.1 吨，纯度达 99.5%。1990 年产 1939 吨，1991 年生产 2122 吨。1993 年，该厂开始生产食品二氧化碳，当年产 33 吨。1995 年 9 月，该厂投资 180 万元建设的低温食品二氧化碳生产装置投产并生产出合格产品，当年生产液体二氧化碳 4574 吨。1996 年，低温食品二氧化碳装置全面投产，当年生产食品二氧化碳 1702 吨。1991 — 2000 年，湘江氮肥厂共生产液体二氧化碳 4.06 万吨。1993 — 2000 年，共生产食品二氧化碳 9498 吨。

四　碳化钙（电石）

1964 年，湘乡铁合金厂将位于株洲市白石港的株洲铁合金试验厂移交给株洲化工厂管理，改产电石，当年产 2078 吨。1966 年，经技术改造，年产电石能力为 8720 吨，当年产电石 1.05 万吨，产量、质量、物耗均位居湖南省第一位。1980 年，在清水塘厂区内建成 1 台 3600 千伏安年产电石 7000 吨的电石炉。1990 年，株化公司产电石 9157 吨。至 1990 年累计生产电石 20.76 万吨，主要供给本厂生产聚氯乙烯。当年，经国家计委和国家经委批准，年产电石 4.5 万吨的扩建工程开工建设。1991 年，株化集团公司生产电石 0.72 万吨，年生产能力为 1.5 万吨。2000 年，公司生产电石 0.9 万吨。

株洲市还有一批企业生产电石对外销售，主要销往省内、江西、广东等地。1969 年，市合成苯厂建成年产电石 3600 吨的电石车间，当年产 1632 吨。次年产 3588 吨，1980 年停产。1977 年，兴建年产电石 1 万吨的茶陵电石厂。1979 年 10 月试产成功，当年产 255.4 吨。1980 年产电石 2000 吨，实现利润 26.45 万元。1983 年，茶陵电石厂迁往贺家山重建年产电石 3600 吨的装置，次年 3 月投产。1979 年，兴建年产电石 2500 吨的炎陵县电石厂。由于当时生产不配套，原材料石灰供应困难，仅投产 1 年便亏损 30 万元，自建石灰窑后才扭亏转盈。此后，炎陵县小电石生产厂增至 8 家。

1991 年，全市生产电石 1.56 万吨，年生产能力为 2.65 万吨，主要生产厂家有株洲化工集团公司和茶陵化工总厂。1991 — 2000 年，全市共生产电石 26.9 万吨。

五 三氯化磷、三氯氧磷

1989 年 5 月，市新城化工厂研制三氯化磷、三氯氧磷。当年生产三氯化磷 70 吨、三氯氧磷 88 吨。1990 年产三氯化磷 25 吨、三氯氧磷 38 吨。1991 年，该厂生产三氯氧磷 150 吨，年生产能力 300 吨。株洲市农药厂生产 6 吨。1993 年，因资金短缺，2 家工厂先后停产。

六 三氯甲烷（氯仿）

1979 年，株洲化工厂建成年产氯仿 600 吨的装置。1984 年，添置 2 台反应釜，氯仿年生产能力提高到 1400 吨，当年产 1889.9 吨，被评为省优。1988 年再次扩建，设计规模达到年产 5000 吨，1989 年投产，当年产 1954.45 吨。1990 年产 2000 吨。1991 年，株洲化工集团公司生产氯仿 1104 吨，当年获省优称号。1991 — 2000 年，该公司共生产氯仿 2.24 万吨。其中，2000 年生产 2956 吨。

七 氧气、氮气

1959 年 11 月，株洲化工厂每小时制氧 80 立方米的生产装置竣工投产，同时副产氮气。1974 年又增加 1 台每小时 150 立方米的制氧机，制氧能力为每小时 230 立方米。产品主要自用。

1977 年 9 月，湘江氮肥厂投资 51 万元，安装 1 台每小时 150 立方米的制氧生产装置，并副产每小时 660 立方米的氮气。当年制氧气 157.85 千立方米。

1990 年，株洲化工厂与湘江氮肥厂制氧能力共计每小时 380 立方米，氧气产量分别为 1261.33 千立方米和 13476 千立方米，两厂累计氧气产量达 1.31 亿立方米，除部份自用外，外销省内医院和工厂。氮气产量以销定产，共产 44.97 万瓶。

1991 年，湘江氮肥厂生产氧气 13683 千立方米，生产商用氧气 12.94 万瓶。1993 年，该厂生产商用氮气 3836 瓶。1994 年 7 月，该厂自行设计年产 4 万瓶医用氧装置顺利投产，产品含氧量达 99.8%，超过 99.5% 的国家标准。1991 — 2000 年，该厂生产氧气 61608 千立方米，生产商用氧气 111.88 万瓶，生产商用氮气 5.36 万瓶。其中，2000 年该厂生产氧气 730 千立方米、商用氧气 13.72 万瓶、商用氮气 8894 瓶。

八 液 氯

1957 年，株洲化工厂建液氯生产装置，1960 年投产。设计年生产能力为 1.12 万吨，实际年产能力为4000吨。1980年，产1万多吨。1983年，停止生产高纯氯，液氯全部作为商品，以0.5～1吨钢瓶包装销售。1984年获得省优产品称号。同年，对各工序实行全面改造，年生产能力达到2.5万吨，质量进一步提高。纯度99.65%以上，含水0.05%以下。1986年，液氯获部优称号。1988年完成年产3.5万吨的扩建工程，先后安装4台210平方米液化槽，最大生产能力可达5万吨。1990年，生产液氯3.55万吨。1991—2000年，株洲化工集团公司共生产液氯33.43万吨。其中，2000年生产液氯3.10万吨。

1990年，市烧碱厂第四次上液氯生产项目，当年8月，该厂开金属阳极电解槽30台，电流2000A，进行第二次试车，成功产出液氯6.9吨，9月该厂液氯投产成功，日产液氯6吨。1991年，烧碱厂生产液氯4442吨，年生产能力5000吨。1996年，生产液氯7346吨。

九　硫　磺

硫磺系湘江氮肥厂合成氨生产的副产品。1970—1990年，生产纯度为99.6%的硫磺3602吨。1991—2000年，该厂共生产硫磺4318吨。其中，2000年生产401吨。

十　黄　磷

1970年，市杉木塘化工厂建成年产黄磷100吨的生产线，当年产97吨。1978年，该厂增建第2座400千伏安电炉和6个黄磷废水池，1989年黄磷产量由1978年的48吨增至227吨。1991年，杉木塘化工厂生产黄磷421吨，年产能力400吨，产品平均纯度99.95%。自1993年起，该厂连年亏损，1995年仅生产黄磷151吨。1996年，工厂全面停产。1997年9月，该厂宣布破产。

第三节　有机化工产品生产

一　甲　醇

1983年，湘江氮肥厂兴建年产1万吨甲醇装置，1987年2月建成投产，当年产甲醇5861.96吨。1988年获湖南省优质产品称号。翌年扩建，形成年生产能力2万吨。1991年，该厂生产甲醇1.36万吨，其“湘江”牌工业甲醇获省优。1994年6月，该厂的甲醇产品经株洲市标准管理局监督检验，被评为免检产品。1995年1月，该厂甲醇车间精甲醇三期生产装置正式投料试车，使精甲醇年生产能力达5万吨。1997年6月，该厂年产3万吨的甲醇装置投产，使该厂甲醇年产量由5万吨上升到8万吨。1991—2000年，湘江氮肥厂共生产甲醇30.38万吨。其中，2000年生产5.13万吨。

二 甲 醛

1996年5月，湘江氮肥厂2.5万吨甲醛装置投产，当年生产甲醛6720吨。至2000年，该公司共生产甲醛10.02万吨。其中，2000年生产2.59万吨。

三 氯 油

1976年，株洲化工厂安装年产500吨氯油的氯油塔，运行极不正常。1977年，安装年产氯油1500吨的氯油塔，1979年竣工投产。产量质量均达到设计要求，且运行稳定。1984年，又安装年产2400吨氯油的氯油塔。1988—1989年，完成3台小塔改大塔的改造工程。到1989年9月，氯油装置已有5套直径1米×16米高的氯油塔，单塔年产能力为2500吨。1991—2000年，株化集团公司共生产氯油8.07万吨。其中，2000年生产8213吨，年生产能力为1.25万吨。

四 二氟一氯甲烷

1970年，株洲化工厂聚四氟乙烯装置建设的同时，配套建设年产二氟一氯甲烷150吨的装置。同年投产。1984年改造生产装置，生产能力扩大到500吨。1986年，获省优产品称号。1988年，将生产能力扩大到800吨。1989年，原料大幅度涨价，每吨亏2000多元。1990年仅产267吨。1991—2000年，株洲化工集团公司共生产二氟一氯甲烷5110吨。其中，1991年生产434吨、2000年生产428吨。

五 溶解乙炔

1984年，酃县塘田乙炔厂建年生产溶解乙炔2万瓶。1986年8月，株洲化工厂兴建年产溶解乙炔50万标准立方米工程，当年产14.99吨。1989年，产品在湖南省同行业质量检查评比中获第一名。1990年产144.18吨。1991—2000年，株化集团公司共产溶解乙炔144.12万瓶，其中1991年2.59万瓶、2000年16.77万瓶。

六 环氧乙烷

1969年，市杉木塘化工厂安装环氧乙烷生产设备，年生产能力200吨。1970年，乙二醇、乳化剂车间划出迁至北区铜塘湾化工厂，生产产品除满足本厂自用外，还有部分外供。1988—1990年，累计外供环氧乙烷1926.41吨。

1991年，市烧碱厂生产环氧乙烷759吨，年底，该厂投资810万元的环氧乙烷技改项目竣工，使该厂年生产能力达 2400 吨。1993 年，该厂生产环氧乙烷 716 吨。1994 年，该厂受洪水影响停产 4 个半月。1997 年 8 月，株洲市烧碱厂破产。

七　草酸二乙酯

1981 年，市有机化工厂建成年产草酸二乙酯 50 ~ 100 吨的生产车间，当年产草酸二乙酯 1047 吨，填补省内空白。1983 年该产品被评为省优质产品。1984 年产 570.2 吨，一级品率由 78.62% 提高到 100%，产品销往联邦德国、日本、印度、美国。1991 — 1996 年，市有机化工厂共生产草酸二乙酯 3025 吨，年生产能力为 1500 吨。其中，1991 年生产 771 吨、1996 年生产 59 吨。1998 年该厂全面停产。

八　水合肼

1986 年，株洲化工厂建成中南地区首家年产 40% 水合肼 500 吨装置。1989 年，建成年产 80% 水合肼 200 吨的生产装置，交株化劳动服务公司生产。1991 年，生产 40% 水合肼 403 吨，当年 6 月，其 80% 水合肼中试装置试车成功。1998 年，该公司自行研发的年产 5000 吨水合肼扩改工程投产，当年生产 40% 水合肼 1579 吨、80% 水合肼 209 吨。2000 年，株洲化工集团公司生产 40% 水合肼 628 吨，生产 80% 水合肼 1902 吨。1991 — 2000 年，株化集团公司共生产 40% 水合肼 5641 吨；1998 — 2000 年，生产 80% 水合肼 3574 吨。

九　双氰胺

1988 年，茶陵县电石厂年产双氰胺 500 吨的车间投产，当年产量 5.4 吨，填补省内空白。1990 年产 240.6 吨，销售受挫，生产陷入困境。

1991 年，茶陵县电石厂生产双氰胺 339 吨，年生产能力 500 吨，产品平均含量 98.51%。1992 年，该厂生产双氰胺 462 吨，当年该厂改名为湘东化工厂。1993 年生产双氰胺 538 吨，1995 年湘东化工厂生产双氰胺 98 吨，当年该厂破产。

十　氯乙酸

1966 年，市新城化工厂年产氯乙酸 500 吨的车间试车投产，当年产 155.38 吨，创产值 83.43 万元。1978 年扩建，年产能力扩大到 800 吨。1985 年产品获省优称号。1990 年初，新车间移地建成投产，年生产能力 2000 吨，当年产 1200 吨。1991 年，市新城化工厂生产氯乙酸 947 吨，年底该厂投资 120 万元进行的氯乙酸技改项目竣工，新增产量 300 吨。1993 年，因资金短缺，工厂处于半停产状态。

十一　聚氯乙烯树脂

1960年10月，株洲化工厂年产能力6000吨的聚氯乙烯工程建成投产，是全国第一批6个生产厂家之一，当年产83吨。1966年产8541吨，产量为设计能力的142%。1980年产8414吨，内含新产品疏松型聚氯乙烯1570吨。1984年，完成乙炔、冷冻、聚合、合成、干燥、包装等工序的技术改造。年生产能力提高到1.5万吨。1990年，从日本引进的年产2.5万吨聚氯乙烯部分设备生产食品级聚氯乙烯，填补中南五省的一项空白。1990年产1.27万吨，产品合格率达99.65%，其中一级品占90%。位居中南五省第一位，全国同行业第七位。至1990年，累计生产聚氯乙烯21.56万吨。产品内销湖南、广东、广西、江西、湖北等地，外销韩国、新加坡、澳大利亚等11个国家和地区，共出口6000余吨，创汇336万美元。

1991年6月，株化集团公司引进日本聚氯乙烯生产装置生产聚氯乙烯防粘釜剂试验成功，填补国内化工行业防粘釜剂生产的空白，每千克成本160元，为进口品成本的23.9%。7月，该公司引进日本年产2.5万吨的聚合装置，生产聚氯乙烯树脂，产品一级品率由6.6%提高到90%以上，其中食品级卫生树脂占94%，填补省内空白，产品销往东南亚等地区。1992年8月，该公司研制的聚氯乙烯生产用助剂FN-1型防粘釜剂通过省级鉴定，填补省内空白。1991 — 2000年，该公司共生产聚氯乙烯树脂18.78万吨。其中，2000年生产聚氯乙烯树脂2.81万吨。

十二　离子交换树脂

1970年，市碳酸钙厂（1981年更名市湘中化工厂）离子交换树脂车间建成投产，年产能力为400吨。1972年产10.67吨。1974年，201×7强碱性阴离子交换树脂因“三废”问题无法解决而停产，只有001×7强酸性阳离子交换树脂继续生产至1976年，两种树脂产量累计为438.26吨。1982年，001×7强酸性阳离子交换树脂获部优产品称号，1987年又获省优产品称号。1988年进行技术改造，年产能力提高到800吨。1990年产595.97吨。至此，001×7强酸性阳离子交换树脂和201×7强碱性阴离子交换树脂的产量累计为5835吨。1991年，该厂生产离子交换树脂687吨，当年生产的“晶莹”牌001×7阳离子交换树脂获省优。1992年，产量达802吨。由于资金短缺等原因，株洲市湘中化工厂离子交换树脂产量逐年减少。1999年仅生产432吨，2000年生产229吨。

十三　不饱和聚酯树脂

1979年，市合成苯厂（市合成树脂厂前身）年产不饱和聚酯树脂600吨工程竣工试产，填补省内空白。1982年批量生产，当年产131.6吨。1990年为257.1吨。1991年，市合成树脂厂生产不饱和聚酯树脂 89 吨。1991 — 1995 年，该厂共生产不饱和聚酯树脂 1142 吨。1996 年后停止生产。

十四　三聚氰胺树脂

1977 年，市合成树脂厂年产能力为 250 吨三聚氰胺车间建成，次年批量生产 119 吨，1979 年产 226 吨。1980 年，因三聚氰胺售价暴跌，加上主要原料尿素供不应求，造成停产 7 个月，全年共产 75.6 吨。1982 — 1985 年，年产量徘徊在 100 ~ 200 吨之间，4 年共产 607.09 吨。1990 年，产 393.4 吨，创历史最好水平。1991 年，该厂生产三聚氰胺树脂 169 吨。1992 年，因资金短缺等原因停产。

第四节　矿冶化学品生产

一　松醇油

1968 年 7 月，株洲选矿药剂厂年产 1000 吨的松醇油车间建成投产，当年产气泡剂松醇油 84 吨，填补中南地区空白。1973 年，采用优选生产松醇油。当年生产 1640 吨。1981 年开始生产新松醇油，当年产 594 吨。1983 年、1986 年，该产品两次荣获省优质产品奖。1988 年产松醇油、新松醇油 1640 吨，居全国首位，占全国总产量半数以上。1990 年产松醇油、新松醇油 961 吨。1991 — 2000 年，该厂共生产松醇油 5758 吨。其中，1991 年产 1057 吨、2000 年产 431 吨。

二　乙硫氮

1978 年，株洲选矿药剂厂建成年产 100 吨乙硫氮的生产装置，当年产 46 吨，填补中南地区空白。1982 年、1983 年先后获省优、部优称号和国家银质奖。1990 年产 304 吨，优级品率达 100%。1991 — 2000 年，该厂共生产乙硫氮 4847 吨。其中，1991 年产 232 吨、2000 年产 746 吨。

三　黄　药

1968 年 6 月，株洲选矿药剂厂兴建年产黄药 1000 吨的车间建成，当年产干燥丁黄药 12 吨。1969 年开发干燥乙黄药，当年生产 64 吨。1976 年扩建，规模增至年产 2000 吨。1980 年丁黄药、乙黄药的合格率均达 99.9%，平均含量超过部颁一级品标准。其中，丁黄药平均含量位于全国同行之首。1981 年、1982 年丁黄药先后 2 年获省优产品奖和国家银质奖，乙黄药于 1982 年、1983 年获湖南省优和国家有色金属总公司优质产品称号。1983 年扩建改造工程全部竣工，当年产黄药 3335 吨。其中黄药类新品种辛基黄药、成型黄药、杂基黄药、异丙基黄药、异丁基黄药等系列品种陆续面世。

所产的异丁基黄药、异丙基黄药产品质量均达部颁标准。1986年，对近100个项目再度进行了一系列的生产配套改革，使生产规模达到年产黄药5000吨能力。当年生产丁黄药3131.34吨，乙黄药1354.31吨。1988年产黄药4662吨，为全国之冠，占全国总产量50.6%。1989年共生产黄药5510吨，新品黄药产量也由1979年的92吨增至1411吨。1990年产黄药5212吨，内销国内各省区、部分出口欧美。1991年，该厂开始万吨黄药扩建工程，当年生产黄药6132吨。1992年，株洲选矿药剂厂开发出干燥粒状黄药、异丁黄药、异丙黄药等数种黄药系列产品，年底完成了年产4500吨造粒干燥黄药生产线项目，使该厂黄药生产能力达1万吨。1995年，该厂产品“夜明珠”牌丁基纳合成黄药被评为省名牌产品。1996年，该厂与广州有色金属研究院研制开发的Y-89黄药获省科技进步三等奖。2000年，该厂生产黄药7134吨。

四 黑 药

1980年，株洲选矿药剂厂兴建年产25号黑药300吨和丁铵黑药100吨的生产装置，当年生产25号黑药5.6吨，1981年产丁铵黑药15吨。1982年以后，黑药产量在215 ~ 312吨之间。1988年，产黑药系列产品349吨，其中丁铵黑药为226吨，产品合格率为100%，一级品率为81.8%，黑药平均含量为94.99%。1991 — 2000年，选矿药剂厂共生产黑药7080吨。其中，2000年生产创历史新高达818吨。

五 Z－200

1992年6月，株洲选矿药剂厂完成Z-200产品开发，当年生产Z-200产品232吨。到2000年，该厂共计生产Z-200产品3014吨。

六 润滑油添加剂

1993年7月，株洲选矿药剂厂自行研制生产的安达AW-1型高效抗磨节能润滑油添加剂通过省级鉴定，被列为中国有色总公司1994年度重点科技推广项目。8月，该产品获首届中国科学技术博览会金奖。

第五节 试剂、助剂、表面活性剂

一 化学试剂硫酸

1960年，市化工研究所试制化学试剂硫酸，当年产20吨，填补湖南省内空白。1976年，对生产工艺进行改造，在全国率先实现生产试剂硫酸的连续化。1983 年后，多年保持省优产品奖。1990 年产 150 吨，产值 30 万元，实现利税 8 万元。1991 年，生产化学试剂硫酸 83 吨，年生产能力 300 吨。从 1993 年开始,该所因资金短缺处于半停产状态,产量逐年减少,1996 年该所生产化学试剂硫酸 55 吨。

二　化学试剂盐酸

1969 年，市化工研究所试产试剂盐酸获得成功，填补湖南省内空白，当年产 25 吨。1980 —1990 年，该所试剂盐酸年产量由 30 吨增至 90 吨。1991 年，产试剂盐酸 66 吨，年生产能力 200 吨。从 1993 年开始，该所因资金短缺产量逐年减少，1996 年仅 47 吨。

三　橡胶促进剂

1977 年，株洲市磷肥厂开发橡胶促进剂 M。1978 年，该厂因兼产翻新轮胎而更名为株洲市轮胎翻新厂（后更名株洲化工助剂厂）。1979 年 6 月，该厂建成年产 500 吨的橡胶促进剂 M 生产线，未批量生产；同年建成年产 50 吨的橡胶促进剂 DM 生产线。1980 年，工厂生产橡胶促进剂 M269.73 吨、DM66.06 吨，其中出口 70 吨。1984 年，建成年产 200 吨的橡胶促进剂 CZ 生产线，当年产橡胶促进剂 M387.51 吨、DM208.4 吨、CZ55.66 吨，其中 CZ 荣获湖南省优秀新产品奖，M 和 DM 分别被评为部优产品和省优产品。1985 年 5 月，开发橡胶促进剂 TMTD，当年试产橡胶促进剂 TMTD39.2 吨，获湖南省优新产品奖。1988 年，橡胶促进剂 TMTD 产量达 330 吨，完成产值 270 万元，实现利税 137 万元，相当于该项目投资的 3.6 倍，产品销往挪威、日本等国家和中国香港、台湾地区。1989 年，年产 500 吨的橡胶促进剂 NOBS 生产线正式投产，当年生产 250 吨，各项技术经济指标达到国内同行业的先进水平，实现了对橡胶促进剂 CZ 的更新换代。1990 年，橡胶促进剂年生产能力达 2300 吨。1991 年，株洲市化工助剂厂等企业生产橡胶促进剂 1811 吨，其中促进剂 M578 吨、DM242 吨、TMTD378 吨、CZ412 吨、NODS201 吨。当年 2 月，由市烧碱厂、市有机化工厂、市新城化工厂、市化工助剂厂和市农药厂组成株洲化工总厂，同时，这 5 家企业随之成为总厂下设的 5 个分厂。1993 年 10 月，各分厂改用原名称并恢复法人资格。1996 年 8 月，撤销株洲化工总厂机构设置，恢复原 5 个厂在组成总厂前的管理体制和隶属关系。2000 年 9 月，株洲市化工助剂厂进行股份制改革，成立“株洲天成化工有限责任公司”。当年，株洲市化工助剂厂和株洲天成化工有限责任公司共生产橡胶助剂 2863 吨，其中产 M1289 吨、DM384 吨、TMTD429 吨、CZ436 吨、NOBC324 吨。全市橡胶促剂年末生产能力为 4050 吨。

四　表面活性剂

1965 年 5 月，市杉木塘化工厂兴建年产农药乳化剂 200 吨的车间。1969 年 1 月，BY–130 型农药乳化剂试产成功，当年产3吨，填补省内空白。1971年，BY-130型农药乳化剂因老化而停产。1973年，将BY-130型农药乳化剂与十二烷基苯磺酸钙复配，生产混配乳化剂，当年产13.3吨。

1974年5月，市烧碱厂将并入的乳化剂项目进行改造，使年产能力扩大到400吨。当年产32.1吨。1983—1985年，先后研制脂肪醇聚氧乙烯醚、烷基酚聚氧乙烯醚、脂肪酸聚氧乙烯醚3大系列乳化剂。开发出匀染剂平平加-O，渗透剂JFC系列、乳化剂OP系列、柔软剂SG-6、十二烷基苯磺酸钙、氯化胆碱等14个新产品，通过省级鉴定后，先后投产。已形成生产能力的有平平加-O、渗透剂JFC系列、聚乙二醇系列、OP系列、E1系列等。其中渗透剂JFC-2，1984年被评为湖南省优产品。1985年，JFC-2和OP-10获株洲市科技成果三等奖。1990年，销售疲软，生产平平加-O仅35.2吨、OP31.8吨、农药乳化剂357.6吨，总产量比上年下降了70.52%。1991年，株洲市烧碱厂生产平平加—O28吨，生产OP乳化剂29吨。1994年后，产量逐年减少。1996年，生产平平加-O10吨、OP乳化剂11吨。1997年，市烧碱厂破产。

第六节　农药、化肥生产

一　农　药

（一）杀虫双

1980年6月，市农药厂建成年产1000吨的25%杀虫双水剂车间，当年产464.60吨，1986年获省优产品称号。

1981年，9763工厂年产25%杀虫双水剂1000吨的试制车间，当年生产147.08吨。1983年4月，该厂利用原杀虫脒车间设备生产25%杀虫双水剂，1989年获广州军区、湖南省优质产品称号。

1990年，全市生产25%杀虫双水剂8010.61吨，完成产值达4005.31万元，实现利润322.91元，年产能力已达到1.3万吨。产品销往华东、中南、西南各省区。1991年，全市生产杀虫双2063吨。其中，市农药厂生产杀虫双763吨（原药），年生产能力1440吨，9763工厂生产杀虫双1300吨，年生产能力5000吨。当年，市农药厂生产的杀虫双水剂获部优。1994年，株洲市农药厂投资750万元实施年产2万吨18%杀虫双技改项目，该项目采用清华大学和核工业部的微机控制技术，1995年，该项目完工投产，当年生产杀虫双1413吨。1997年，市农药厂对1995年投产的2万吨18%杀虫双产品装置进行工艺革新和技术改造，当年8月份18%杀虫双月产量首次突破1800吨。同年年底，市农药厂以杀虫双深度加工的新产品杀虫单为主体，以该厂控股、职工参股的方式组建“利多有限责任公司”。1999年，市农药厂实施整体转制，由全厂职工参股组建“株洲利多农药化工股份有限责任公司”，当年生产杀虫双2508吨，年生产能力3600吨；生产90%杀虫单524吨，年生产能力1200吨。同年，9763工厂更名为湖南金源农药化工厂，当年生产杀虫双3946吨。

2000年，湖南金源农药化工厂生产杀虫双4532吨；株洲利多农药化工有限责任公司生产杀虫双 2266 吨，生产 90% 杀虫单 674 吨。

（二）单甲脒

1988 年，市农药厂兴建年产 500 吨的 25% 单甲脒车间，当年产 25.89 吨。1990 年产 101.58 吨。1991 年，该厂生产 100% 单甲脒 39 吨，年产能力 125 吨。1993 年，该厂生产 100% 单甲脒 67 吨。1994 年后停止生产。

（三）乐　果

1990 年，市农药厂兴建年产 800 吨乐果，年产 200 吨 95% 精乐果车间，同年产 40% 乐果乳剂 57.73 吨。1991 年，该厂生产 100% 乐果 156 吨，1993 年生产 61 吨。1994 年后乐果停止产生。

（四）灭草丹

1977 年，市农药厂建成年产灭草丹 30 吨的车间，因生产工艺要求 –25℃深冷条件无法达到而未正式投产。1980 年 5 月，扩建成年产灭草丹原油 300 吨的车间。1981 年，产 100% 灭草丹 12.20 吨，50% 灭草丹 12.60 吨。1983 年，获化工部“新产品开发金龙奖”和国家经委“优秀新产品奖”。1984 — 1986 年，灭草丹市场疲软，产品销售困难，只生产 50% 灭草丹 47.50 吨。1990 年，产 100% 灭草丹 23.48 吨、50% 灭草丹 46.80 吨，工业总产值达 70.32 万元（按 1980 年不变价），共创利润 13.95 万元。该厂 1991 年生产 100% 灭草丹 36 吨，1993 年生产 40 吨。1994 年后停止生产灭草丹。

1987 年，株洲化工厂兴建年产 2500 吨灭草丹原油车间，未投产。

（五）草甘膦

1988 年 12 月，市农药厂建成第一期年产 10% 草甘膦 100 吨的车间。1989 年产 5.8 吨，1990 年产 33 吨，因产量低成本高，当年亏损 7.67 万元。1991 年仅生产草甘膦 4 吨。1999 年，该厂投资 500 万元，实施年产 1000 吨草甘膦技改项目，当年生产 151 吨，使草甘膦年生产能力达 950 吨。2000 年，湖南利多农药化工股份有限责任公司（市农药厂前身）生产草甘膦 45 吨。

（六）雕白块

2000 年 1 月，湖南中成化工公司年产 3000 吨雕白块项目通过项目论证，5 月雕白块项目设备安装和工艺配管开始施工，6 月该公司自行研制开发的国内第一套年产 6000 吨的“一步法”雕白块生产工艺试车，其联产品氧化锌已开发出饲料及氧化锌、活性氧化锌等系列产品。同年 8 月，雕白块车间年产出合格料。雕白块生产能力达 6000 吨，氧化锌年生产能力达 5000 吨。

（七）呋喃酚

2000 年 5 月，湖南海利株洲精细化工有限公司年产 1500 吨呋喃酚生产装置完工投料试车，同月 28 日生产出 1600 立升高质量呋喃酚产品，含量为 99%。同年 7 月和 11 月又进行两次停车整改，经过整改醚化反应邻苯二酚转化率有较大提高，精馏部分生产能力提高 80%。至年底，该装置全面转入正常生产。当年，该公司生产呋喃酚 281 吨，出口韩国 9 吨。

（八）邻仲丁基酚

2000 年底，湖南海利株洲精细化工有限公司邻仲技改二期工程竣工，装置生产能力由原年产 750 吨扩大为 1500 吨，一次试车成功，含量达 99.5%，当年生产邻仲丁基酚 745 吨。

（九）六六六原粉

1956年5月，株洲化工厂筹建六六六原粉工程，设计年产能力为1.25万吨。1960年1月试车成功，当年产3410吨。1965年，生产达到设计能力。1979年12月，增加24个六六六原粉合成瓶，蒸馏罐容积由5立方米增大到6立方米，六六六原粉年生产能力达1.8万吨。1980年产2.06万吨。1981年产2.15万吨。1983年3月，按化工部和省石化厅的要求，此项湖南最大的六六六原粉生产装置停产。累计产29.21万吨。

二 化 肥

（一）尿 素

1966年2月，株洲氮肥厂（1970年更名湘江氮肥厂）兴建年产合成氨4.5万吨和尿素7.5万吨的氮肥工程。1970年投产，开湖南省内生产尿素历史，当年产尿素2729吨。1973年产尿素2.44万吨，生产成本每吨为318.49元。1974年1月，第二期年产合成氨4.5万吨、尿素7.5万吨的工程竣工，形成年产合成氨9万吨、尿素15万吨能力。当年，仅产合成氨2.93万吨、尿素5933吨。翌年，产合成氨4.09万吨、尿素1.91万吨。从1970年投产至1977年，仅产尿素11.32万吨，累计亏损2191万元。1977年，加强企业管理，当年产合成氨8.24万吨、尿素3.32万吨。次年，提高循环框架和部分设备标高，解决尿素二期工程未达设计能力的问题，当年尿素产7.58万吨。1979年，攻克尿素甲铵泵容易开裂的难题，使甲铵泵工作时间由1000小时提高到4413小时，获国家科技进步三等奖。1980年，各项工作转入正轨，年产尿素11.61万吨。1982年8月，增建一套年产合成氨3万吨的重油系统和一套每小时3200立方米的空分设备，使合成氨的年产能力达到11万吨。1984年，“湘江牌”尿素获湖南省优质产品称号。翌年产合成氨10.67万吨、尿素15.43万吨，突破设计能力。尿素合格率为99.91%，一级品率达76.21%，并荣获部优产品称号。1986年，对尿素合成塔进行了更新改造，提高氨的转化率5%，年增尿素1.01万吨。1989年，进行第三期尿素工程扩建，使合成氨年生产能力达20万吨、尿素25万吨。1990年6月，研制具有除草和施肥功能的丹醚素（除草尿素）通过化工部技术鉴定，填补国家药肥复合颗粒剂空白，当年生产164.18吨。1990年产尿素12.54万吨，合格率100%，一级品率72.76%。1991年，湘江氮肥厂生产尿素14.22万吨。1992年10月，该厂从日本购进具有世界先进水平的尿素集散系统。1993年12月，该厂25万吨尿素加压变换工程竣工投运。1994年6月，该厂生产的“湘江”牌尿素，在首届中国金榜技术与产品博览会上获金奖。1998年4月，湘江氮肥厂、湖南大乘资氮集团有限公司、浏阳氮肥厂、临湘氮肥厂、岳阳化肥厂5家企业联合设立湖南金洋实业集团有限公司。1999年，湘氮实业公司生产的尿素再次被评为“湖南农民满意肥”。2000年，该公司生产尿素14.13万吨。

1992年11月，攸县氮肥厂投资5000万元的4万吨尿素工程竣工，1995年3月正式投产，当年产尿素2.84万吨。因该厂年产4万吨尿素装置的主要设备已具有6万吨尿素生产能力，为充分发挥该装置的规模效益，1995年5月该厂投资2300万元，实施“四配六”技改工程。1996年，攸县氮肥厂生产尿素 2.14 万吨。1999 年，攸县氮肥厂更名为“湘东化肥厂”，当年生产尿素 5.32 万吨，2000 年生产 6.90 万吨。

（二）合成氨及碳酸氢铵

1966 年 11 月，攸县氮肥厂年产合成氨 3000 吨、碳酸氢铵 1.2 万吨的氮肥工程建成投产，成为省内 83 家化肥会战中第一家建成投产的企业。当年生产合成氨 145 吨、碳酸氢铵 681 吨。此后，醴陵县氮肥厂、茶陵县氮肥厂、酃县氮肥厂年产合成氨3000吨，碳酸氢铵1.2万吨工程先后于1970年、1973 年、1977 年投产。1981 年 7 月，酒埠江氮肥厂（后改名酒埠江化工厂）年产合成氨 5000 吨、碳酸氢铵 2 万吨的工程竣工，次年 3 月正式投产。这是全省化肥会战中最后建成的一个企业，1982 年产合成氨 5431 吨、碳酸氢铵 2.14 万吨，创产值 326.31 万元，实现利润 32.50 万元，是省内第一家投产即达到设计能力的化肥生产企业。

醴陵县氮肥厂经 1983 年扩建，合成氨年生产能力增到 1.2 万吨。攸县氮肥厂 1987 年形成年产合成氨 2 万吨、碳酸氢铵 8 万吨能力，1988 年产合成氨 1.72 万吨、碳酸氢铵 7.20 万吨。茶陵氮肥厂于 1988 年重点改造了合成及变换两个工段，使年产合成氨的能力增至 2 万吨。酃县氮肥厂因连年亏损，于 1983 年 4 月停产。

1991 年，全市生产合成氨 14.52 万吨，年生产能力 20 万吨。其中，湘江氮肥厂生产 9.98 万吨，年生产能力 15 万吨；醴陵市氮肥厂生产 1.2 万吨；攸县氮肥厂生产 1.71 万吨；酒埠江化工厂生产 0.75 万吨；茶陵县氮肥厂生产 0.88 万吨。

1993 年 12 月，湘江氮肥厂投资 1455 万元的 20 万吨合成氨加压变换工程竣工投运，使该厂合成氨系统生产负荷增加了 1 ~ 3 机量。1999 年 9 月，由国家开发银行投资 1.2 亿元实施的国家“双加”技改项目“四六”工程，直径 1.6 米合成塔在湘氮实业公司投入生产运行。

1995 年，茶陵县氮肥厂进行技术配套改造，使该厂年生产能力由 5000 吨扩大到 2 万吨，月产肥 6000 吨，跃上年产碳酸氢铵 5 万吨的台阶。1999 年，攸县氮肥厂更名为“湘东化肥厂”，当年生产合成氨 4.25 万吨。

2000 年，全市生产合成氨 20 万吨，其中湘氮实业公司生产 11.41 万吨、湘东化肥厂生产 4.8 万吨、酒埠江化肥厂生产 1.75 万吨、茶陵县氮肥厂生产 1.97 万吨。

1991 — 2000 年，全市共生产合成氨 188.41 万吨。

（三）氨　水

株洲市合成氨厂是全省83家化肥会战之外，由株洲市自筹资金、自行设计、自行施工、自制设备、自找外援的支农重点项目。1969 年 10 月，市合成氨厂年产 3000 吨合成氨工程投产，当年利用合成氨加工成农用氨水（折氮 21%）790 吨。1981 年转产纯碱。

1970 年 2 月，湘江氮肥厂利用合成氨余量生产氨水，当年产农用氨水 3.95 万吨。1979 年，产农用氨水 4.36 万吨、工业氨水 3027 吨。1983 年停产农用氨水。1984 年产工业氨水 1.01 万吨，1990 年产工业氨水 1.56 万吨。1991 — 2000 年，湘氮实业公司共生产工业氨水 21.87 万吨。其中，2000 年生产 1.88 万吨。

（四）氯化铵（含工业用氯化铵）

1979年7月，市合成氨厂建成年产氯化铵1万吨工程，当年产956吨，合格率100%。1980年产氯化铵7648吨。1987年，年产能力扩大到1.5万吨，当年产氯化铵1.15万吨。

1988年，湘氮劳动服务公司兴建年产工业氯化铵1500吨的生产装置，同年10月建成投产，翌年扩大年产能力到5000吨。1989年获湖南省优质产品称号，内销湖南、江西、广东、广西和福建，外销东南亚、南韩、加拿大和南非。1990年12月，湘江氮肥厂年产4000吨氯化铵的工程竣工。

1991年，全市生产氯化铵的企业主要是湘江氮肥厂和株洲县洲坪化工厂。当年，洲坪化工厂生产工业氯化铵674吨，年生产能力为1000吨；湘江氮肥厂生产的“湘江”牌工业氯化铵获省优。1994年，湘江氮肥厂年生产工业氯化铵747吨。

1992年1月，株洲县洲坪化工厂和株洲县碳酸钙厂合并组建株洲市湘江化工总厂，生产氯化锌、工业氨、轻质钙。是年，株洲县洲坪乡农民在渌口开发区台湾村创办江南化工厂。1997年，江南化工厂迁址株洲县王家洲，更名江南工贸有限公司，增设备30多台套，形成年产工业氯化铵7000吨的生产能力。1998年，株洲县洲坪碳酸钙厂破产。

2000年，湘氮实业公司生产氯化铵4.03万吨，生产工业氯化铵1735吨；江南工贸有限公司生产工业用氯化铵6580吨。1993—2000年，湘氮实业公司共生产氯化铵24.45万吨；1994—2000年，生产工业用氯化铵1.38万吨。

（五）复合肥

醴陵农肥厂早在1955—1961年期间，生产颗粒肥1.55万吨，后在1976—1980年期间，生产腐植酸肥3357吨，后因体制变动而停产。

1985年，湘江氮肥厂与湖南省土壤肥料研究所签订联合开发专用复合肥，采用尿素、氯化铵、普钙和氯化钾混合团粒，生产氮、磷、钾复合肥，设计年产能力为1万吨。1986年4月，正式生产，当年产6739吨。1986年扩建，到1987年形成年产1.5万吨的生产能力，当年产1.03万吨。1990年，复合肥的品种发展到7个，产1.98万吨。1996年1月，湘江氮肥厂年产5万吨新复肥装置一次投料开车成功。10月，该厂成功研制生产出符合国家标准的养份高达45%的高浓度复合肥。1999年9月，湘氮实业公司生产的“湘氮”牌复合肥获湖南省经贸委、省技术监督局“1999年度产品质量奖”。12月，该公司生产的复合肥再次被湖南省农业厅、省工商局评选为“湖南农民满意肥”。1991—2000年，该公司共生产复合肥66.12万吨。其中，2000年生产复合肥15.25万吨。

株洲市化肥厂于1983年5月研制混配氮、磷、钾复合肥，当年产776吨。1985年5月，建成年产5000吨的生产线。同年10月，引进技术和内部挖潜改造，形成年产复合肥1万吨的生产能力。1990年产1.41万吨，超过了设计能力，质量合格率为100%。同年11月，工厂再次扩建，使年产规模达到2万吨。1998年底，市化肥厂与湖南农业大学联合研制开发的“湘珠”牌新型高效专用复混肥，经湖南省科委鉴定认为：该课题的研究居国内领先水平，并在海泡石等天然矿物肥料研究开发利用上居国际先进水平，并相继研制开发10个作物系列、8种不同浓度的新型高效专用肥料，销售量达45万吨，被省工商局评为“农民满意肥”。2000年，市化肥厂改制，成立湖南湘珠化工有限公司，复合肥生产能力达年产35万吨。

（六）普通过磷酸钙

1957年，株洲化工厂兴建磷肥工程。1961年，国家压缩基建规模，工程停建。1963年秋恢复建设。1965年，生产普通过磷酸钙（简称“普钙”）20万吨生产装置投产，当年生产普钙2.7万吨。

1971年，生产普钙20.74万吨，首次达到设计能力。1978年，完成3号风扫磨吸尘系统的改造，使普钙年产能力提高到30万吨，当年产普钙29.38万吨。1983年，与株洲塑料厂一起将40平方米列管式F换热器应用混化生产，解决了浓硫酸稀释冷却及硫酸对铸铁排管酸腐蚀难题，获省科技进步三等奖、国家经委颁发的“金龙奖”。1984年，“晶晶”牌普钙被评为湖南省优质产品。经多年挖潜改造，普钙年生产能力已达36万吨。1990年，普钙产量位居全省第一位，全国第三位。产品近销省内长沙、湘潭、常德等市县，远销湖北、河南、河北、山东、江西、福建、广西等省区。

（七）钙镁磷、硅镁钾

1964年3月，市杉木塘化工厂建成年产钙镁磷3000吨的生产装置，当年产2836吨。1977年，建成8立方米冷风高炉1座，当年产2912吨。1987年，建成18立方米热风高炉1座，年生产能力增至6.5万吨，当年产4.37万吨。

1964年，市磷肥厂建成年产钙镁磷5万吨的生产装置，当年产1.23万吨，成为当时国内最大的以电炉生产磷肥的厂家。1966年，新建和挖潜改造电炉设备，年产能力增至6.5万吨。1970年产5.05万吨。1971年，试产硅镁钾881吨。至1979年，市磷肥厂共生产钙镁磷43.30万吨、硅镁钾2.81万吨。由于焦炭和电力供应紧张，工厂多年连续亏损，于1979年被迫停产。

1991年，全市生产磷肥4.78万吨，年生产能力达到5.2万吨。当年，株化集团公司生产磷肥4.12万吨，年生产能力4.5万吨；市杉木塘化工厂生产磷肥0.66万吨，年生产能力0.7万吨。是年，杉木塘化工厂生产的“穗香”牌钙镁磷肥产品获省优。

1993年开始，杉木塘化工厂连年亏损，1996年，只生产磷肥1485吨。1997年9月，市杉木塘化工厂破产。

1991—2000年，全市共生产磷肥38.93万吨，其中株洲化工集团公司生产36.6万吨。2000年，全市生产磷肥3.07万吨，全部由株化集团公司生产。

第七节　橡胶制品生产

一　轮　胎

1967年，株洲市橡胶厂试制成功6.00-66-4米的湘江牌手扶拖拉机轮胎，为省内首次生产轮胎。1970年，该厂投资45.46万元，形成年产1.5万套综合胎的生产能力。同年，试制9.00-20-10米的载重汽车胎和11.00-20、7.50-20的海绵高射炮轮胎。1970年共生产拖拉机胎、汽车胎 5187 套，军工胎 143 套。1971 年 5 月，市橡胶厂的胶鞋、凉拖胶鞋等项目划出，迁往徐家桥新址生产。生产轮胎等部分仍在原址，并易名为株洲轮胎厂，成为轮胎专业生产厂。1971 —1973 年，重点改造轮胎生产 5 个关键工艺，年产能力达到 3.5 万套。1974 年扩建年产 15 万套轮胎工程，1978 年 8 月竣工并交付投产，为全国 22 家重点轮胎定型企业之一。1979 年产 10.93 万套。1982 年，进行以机代罐的技术改造，具备年产 50 万套轮胎的压延配套能力。1983 年以后，摩托车轮胎 2.25–17 型等 6 种规格的系列产品陆续面世。1985 年产 15.73 万套，1987 年 6.50–16 型载重轮胎系列被评为省优。1988 年产 22.05 万套，工业总产值跨入全市企业的前十名，位居湖南省 100 家大型企业的第 73 位，6.50–16–8PR 型轻载轮胎荣获市科技进步二等奖、湖南科技进步四等奖。开发的 6.00–16–6PR（人花）、6.50–16–8PR（6R）、6.50–16–6PR、8PR（4N）、7.50–16–8PR（6R）、7.00–20–14PR（8N）、5.70–8–4PR（2N）全合成胎面农用系列和 6.00–16–6PR 等 7 个新产品，填补省内空白，其中 5.70–8–4PR（2N）微型农用轮胎填补了国内空白。1990 年，产 35 种规格的轮胎 24.7 万套，产品销往全国各地，出口新加坡及中东地区。1991 年 4 月，该厂试制生产出第一批 900RZ0–14 全钢丝子午胎，填补省内空白，经 5 个试跑点进行实际里程试验，最高里程达 15 万千米，平均里程 11 万千米。是年，该厂生产载重汽车外胎 32.25 万条、载重汽车内胎 22.72 万条。1993 年 3 月，株洲轮胎厂轻型车分厂接受江南机器厂委托试制 5.65–12PR“奥拓”轿车轮胎，经用户装车试验，该产品耐磨、滑行性能好，行驶平稳，各项性能指标达到国内同类产品先进水平。年底，通过省级鉴定，当年新增产值 500 多万元。1995 年 9 月至 1996 年 5 月，株洲轮胎厂投资 1100 万元，实施扩产到 80 万套斜胶轮胎技改项目。1996 年，新增 2.48 万条轮胎产量。同年，株洲轮胎厂投资 658.7 万元的摩托车轮胎技术改造项目开始实施，当年完成投资 100 万元。1996 年 6 月，株洲轮胎厂因资金困难，生产无法运转。1997 年 11 月，天津轮胎橡胶工业有限公司对株洲轮胎厂实施整体兼并，注册为“天津轮胎橡胶工业（株洲）有限公司”。1998 年 2 月，公司启动生产。同年 11 月，公司新产品 900–20–16PR 系列的“路达王”轮胎试制成功。1999 年，该公司生产载重汽车轮胎外胎 30.4 万条、农用轮胎外胎 0.11 万条、载重汽车轮胎内胎 22.06 万条、农用轮胎内胎 0.11 万条、摩托车轮胎外胎 10.67 万条、摩托车轮胎内胎 1.64 万条。2000 年 6 月，天津轮胎橡胶（株洲）有限公司由于资金缺乏，生产难以为继，宣布全面停产。当年，天津轮胎橡胶（株洲）有限公司生产载重汽车外胎 4.24 万条、载重汽车内胎 0.68 万条。

醴陵县橡胶厂于 1971 年试制拖拉机轮胎外胎，1978 年产 2.1 万套，因成本过高，于 1981 年停产。

攸县橡胶厂于 1989 年为南方航空动力机械公司试制摩托车轮胎，年生产能力 5 万套，填补湖南省内空白。1990 年，试制力车轮胎 1000 套，年生产能力 6 万套。1991 年，该厂生产摩托车外胎 3.9 万条，摩托车内胎 4.8 万条，力车外胎 0.9 万条，力车内胎 1.6 万条。

另外，株洲市橡胶厂于 1962 年翻新轮胎 1150 条。1964 年 4 月，将湖南橡胶厂翻新车间并入株洲市橡胶厂，年翻新能力达 2 万条，居全国第三位。1979 年年底，翻新轮胎产品转交株洲市磷肥厂生产。1982 年 2 月，株洲市磷肥厂改为株洲市轮胎翻新厂，并投资 75 万元，使年产翻新轮胎能力达5万条。1983年，因国家能源紧张，部分汽车停驶，翻新轮胎需量降低，市轮胎翻新厂停产翻新轮胎，转产化工助剂。

二　胶　鞋

1962年，株洲市橡胶厂试制凉拖胶鞋，填补湖南省内空白。是年共生产凉拖11.25万双、解放鞋6.26万双。1971年5月，株洲市橡胶厂将原凉拖、胶鞋、杂件等产品划出，迁至徐家桥市包装制品厂处，仍沿用株洲市橡胶厂厂名继续生产。1980年投资82万元，使年产胶鞋能力达到150万双，当年生产布面胶鞋97.23万双，并生产便胶鞋和松紧鞋。1984年，市橡胶厂产胶鞋260万双，供应农村。1990年，组织二次硫化鞋和田径鞋的设计工作，以青少年为消费对象，以城市为消费市场。新产品田径鞋、蓝球鞋、仿军鞋、劳保鞋、牛仔运动鞋、太空鞋、霹雳舞鞋、足球鞋、游乐鞋等200个规格的花色品种相继问世。

1991年，株洲市橡胶厂为提高布面胶鞋质量，投资20万元，增置一条大底出型线，调整原出型车间工艺布局。投产后使胶鞋合格率由97.5%提高到99.8%。胶鞋一等品率由90.63%上升到93.84%。当年生产布面胶鞋3.7万双。1992年，该厂又投资40万元进行花色鞋技改，当年生产胶鞋318.47万双。由于产品老化，市场萎缩，产量逐年减少，1996年生产胶鞋仅14.5万双。同年8月，株洲市橡胶厂破产。

三　橡胶管

1959年，市橡胶厂生产工业用胶管。1960年开发农排胶管、氧气胶管、喷雾胶管、打气胶管、乙炔胶管等系列产品。1969年停产。此后，市工业橡胶制品厂、市郊区湘江橡胶制品厂、市郊区南华橡塑制品厂、攸县橡胶厂相继生产胶管。1990年，全市胶管总产量达37.67万寸米，其中攸县橡胶厂生产35.6万寸米。

1991年，攸县橡胶厂生产编织胶管24.94万寸米、夹布胶管5.47万寸米。1993年，攸县橡胶厂编织胶管生产能力为150万寸米，当年实际生产9.88万标米；夹布管生产能力为20万标米，实际生产31.84万标米；吸水管生产能力30万A米，实际生产6.59万A米。1994年后停产。

四　橡胶带

1959年，市橡胶厂生产三角带256米、平型带853平方米。次年停产。1978年，醴陵橡胶厂兴建年产200万米三角带生产线，1980年投产，当年产46.73万米，1983年获湖南省优产品称号。1987年进行技术改造．年生产能力扩大到1000万米，1989年产753.33万米，占全省5个定点厂总量的50%；外观合格率99.3%，居全省第三位，全国第六位。1990年，建成年产涤纶输送带150万平方米/层生产线，填补了湖南省内空白。同年，株洲市生产胶带企业有醴陵橡胶厂、攸县橡胶厂、株洲市工业橡胶制品厂、株洲市湘江橡胶制品厂、株洲市橡胶厂、株洲市大华橡胶厂、株洲市自力橡胶厂，其中醴陵橡胶厂为专产厂，共产三角带932万米。1991年，醴陵市橡胶厂生产三角带756万A米、运输带21.42万平方米、传动带35.95万平方米，攸县橡胶厂生产三角带213万A米。1994年，攸县橡胶厂停止生产橡胶带。醴陵市橡胶厂改制为醴陵东亚橡胶股份有限公司。

1999年，醴陵东亚橡胶股份有限公司投资200多万元开发的聚脂线绳V带和联组V带投入批量生产。当年，该公司生产输送带17万平方米，传动带18万平方米，三角带724万A米，新增产值366万元。2000年，该公司生产输送带24.19万平方米、传动带18.07万平方米、三角带682.4万A米。

五　橡胶杂件

1959年，市橡胶厂生产密封制品，产胶平板48.3吨、皮鞋胶底1.35万双。从1970年起，生产军工火炮、坦克等橡胶杂件。此后，市南区废胶制品厂（市工业橡胶制品厂前身）、市东区再生胶厂、市轮胎厂、市湘江橡胶制品厂等厂家相继生产橡胶杂件。1984年7月，乳胶研究所迁到株洲市，1988年投产，主要生产10～2500克系列气球、各种乳胶手套、封口密封胶、保护涂料等。

1990年，全市生产橡胶杂件制品单位共有12家。全年共生产球磨机衬胶145.75吨、橡胶电瓶胶壳2.48万套、水泥压力管“O”型密封圈2.91万件、胎面再生胶89.4吨、石膏板橡胶模具5万块、胶平板93.12吨、金属矿山压滤板400块、橡胶鞋底20万双、气象气球11.5万个、其他234.28吨，产品主销省内及邻近各省市，部分销往尼日利亚、菲律宾、泰国等国家和中国香港地区。

1991年，市工业橡胶制品厂生产电屏胶壳1.25万套、橡胶杂件314吨；湘江橡胶厂生产橡胶杂件366吨、球磨机衬板115台。1992年，市工业橡胶制品厂产品打入国际市场，将橡胶杂件、浴缸垫等产品销往联邦德国、中国台湾地区，累计出口产品产值91万元。

1993年，市工业橡胶制品厂开发实心胎、梯形围条（卷）、磨机耐温橡胶衬里、浴缸（池）防滑橡胶（塑）垫等4个新产品，当年通过省级鉴定。其中，磨机耐温橡胶衬里获市科技进步一等奖，浴缸（池）防滑橡胶垫和梯形围条获市科技进步三等奖。

1992年，化工部乳胶工业研究所研制的N-3型封口密封胶、RHJ-89型化铣可剥胶乳涂料以及750克小柄径探空气球3项科研成果通过部级鉴定，1993年投入批量生产。其中，750克小柄径探空气球的研制成功，填补国内空白。1994年2月，该所研制的生物膜避孕套通过部级鉴定，填补国内空白，并获国家专利。当年，乳胶所自行设计制造的胶乳小彩球联动生产线正式投入生产，该生产线# 3彩球月产量可达150多万只，具有同时在一条生产线上生产2种规格彩球的优点。1996年12月，化工部乳胶所更名为“化工部株洲橡胶塑料工业研究设计院”。1998年，该院完成国家“双加”项目丁基橡胶药用瓶塞5万只样品试制，经国家医药监督管理局包装材料检测中心检测，各项指标均合格，并通过省医药局组织的产品鉴定。1999年8月，总投资4900万元，年产5亿只丁基药用瓶塞项目在该院竣工投产，并取得国家医药管理局颁发的生产许可证，项目达产后年产值达6300万元，年利税2100万元。当年，株洲橡胶塑料工业研究设计院由科研事业单位转为科技企业，整体并入中联橡胶（集团）总公司，主要从事医用橡胶制品、胶乳制品、塑料制品、复合材料的研制开发和生产。

1995年，株洲时代橡塑公司研制出以“三明治”式橡胶堆弹簧、橡胶 — 金属复合关节为主体的6大系列、数百种型号产品，用于内燃机车车辆、工矿机车、汽车等领域。其中，橡胶弹簧产品出口北美、东南亚。株洲时代橡塑公司是由株洲电力机车研究所和35名个人共同参股于1994年5月改制组建的股份制公司。主要从事铁路机车用各类橡胶原件的研制。

2000年，市工业橡胶制品厂生产橡胶杂件220. 83吨，亏损40万元。湘江橡胶厂生产橡胶杂件40吨、球磨机衬里940吨，创利税68万元。

第八节 其他化工产品生产

一 氢化松香

1977年，湖南株洲林化厂投资3万元兴建氢化车间，1978年、1979年又分别投资7.8万元和12.8万元购置氢化设备。1980年，该厂生产氢化松香29.4吨，属国内首创。1982年，该厂更名为株洲林化厂，其产品获湖南省科研成果二等奖。1983年，获国家经贸委颁发的新产品“金龙”奖。1987年6月，林业部同意株洲林化厂建设氢化松香分厂，规模为年产1500吨氢化松香，投资1030万元，建筑面积10086平方米。同年8月，该厂在市红旗北路征地5.99公顷。1991年1月，扩建工程完工投产，当年生产氢化松香1000吨。1994年9月，氢化松香产品在北京举办的首届林业名、特、优、新产品博览会上获金奖。当年，该厂生产氢化松香创历史纪录达1374吨。1999年，该厂生产氢化松香达2002.5吨。

二 冰 片

1971年，湖南省株洲林化厂开始批量生产冰片，投入32.2万元进行冰片设备改造，当年生产冰片32吨。1982年，该厂更名为株洲林化厂，逐步转为以生产冰片为主。1984年，该厂投资80万元进行冰片一步法新工艺改革，提高了产品质量，降低了生产成本，其生产的“雪峰”牌冰片质量按中国药典1977年版规定标准控制，1980年获湖南省优质产品证书，1982年获林业部优质产品证书，产品外销日本、东南亚及欧美各国，内销湖北、贵州、江苏、内蒙古等17个省份医药厂家。1999年，该厂生产冰片161.2吨。

三　瓷用颜料

1991年，全市有陶瓷颜料企业14家，主要分布在醴陵境内，主要生产浅绿、水绿、海蓝、桃红、艳黑、釉下白、青松绿、锰红、橘蓝、淡黄、深蓝、蓝绿、大红、西赤等80多个品种，年产各种颜料282吨，年产值3100万元。

1992—1995年，新增颜料企业5家，以湖南省陶瓷研究所生产的颜料品种多、质量好、科技含量高，该所研制生产的釉上方便颜料、低温丝网颜料，填补湖南省内空白，年产量56.7吨。1995年，全市生产颜料358吨，产值3684万元。1996年后增加颜料厂5家，共达23家。全市年产颜料80吨，产值750万元。

四　金　水

1952年，醴陵县制成供实验用金水。1953年，湖南省工业厅试验研究所扩大实验并投产，供全国各地瓷厂使用，结束了国内瓷用金水需从国外进口的历史。1972年，醴陵陶瓷研究所采取以钯代铂研制白金水，于1976年11月研制成功烧后呈银亮光泽的钯金水，并投入使用，1978年获全国科学大会奖。1980年，醴陵陶瓷研究所试制成适用于高级日用玻璃、陶瓷装饰材料的磨光金水，均获当年湖南省重大科技成果三等奖。随后，又研制成无光金水以及用于网印金花纸的"金膏"。1984年，醴陵陶瓷研究所以2种金属元素代替白金水中所需的真金，研制成无黄金钯金水，使内销瓷也可以用金装饰，同年获湖南省科技成果推广三等奖。1985年，省陶瓷研究所研制的含金量10%的金水，比一般金水含金量低1.2%，在全国黄金水质量评比中，名列第一。

1991年，湖南省陶瓷研究所生产黄金水、白金水、磨光金水、无光金水等产品近10万瓶，产值4000万元。1992年12月，该所研制的低含量钯金水获中国博览会金奖。6%、8%的金水获国家科技进步三等奖。1993年后，省陶瓷研究所研制出柠檬金水、玻璃用系列金水，填补国内空白。研制出陶瓷特种金装饰材料11个系列，100多个品种，获2000年湖南省科技进步二等奖。印刷金膏被定为国家级重点新产品。1991—2000年，该所共生产各种金水110余万瓶，其中最高年产13.5万瓶，工业总产值4亿元，年平4000万元。

株洲市化学工业局历任负责人名录

表7–6

单位名称	局　　长	任职时间	副 局 长	任职时间
株洲市轻工业局、化学工业局	方　俭	1958.6—1960.12	杜福林	1958.9—1968.10
	–	–	王成云	1959.3—1961.12
	–	–	王全尧	1959.8—1961.12

续表 7–6

单位名称	局　长	任职时间	副 局 长	任职时间
	–	–	王明东	1959.8 — 1966.5
	–	–	张振发	1960.6 — 1964.11
株洲市轻化工业局	何尚文	1960.12 — 1966.5	彭代仁	1960.12 — 1966.5
	贾玉林	1966.5 — 1968.10	胡湘甫	1961.12 — 1963.8
	–	–	唐建国	1962.8 — 1968.10
株洲市化学燃料工业局	杨翼民	1970.11 — 1974.12	李许森	1970.11 — 1980.3
	周辛林	1974.12 — 1983.8	缪尔贵	1972.5 — 1978.7
	–	–	王东明	1972.5 — 1974.6
	–	–	张文友	1974.12 — 1979.9
	–	–	彭寅生	1978.7 — 1983.8
	–	–	杨庆魁	1978.7 — 1983.8
	–	–	唐建国	1979.1 — 1983.8
	–	–	谢征镇	1979.6 — 1983.8
	–	–	由德林	1979（未到职）
	–	–	吴万良	1982.1 — 1983.8
	–	–	吴万良（主持工作）	1983.8 — 1985.4
	–	–	闫双林	1983.11 — 1985.4
	–	–	钟元模（主持工作）	1985.4 — 1985.12
株洲市化学工业局	钟元模	1985.12 — 1994.12	刘明阳	1985.4 — 1991.6
	申时选	1995.1 — 2000.12	文纪可	1985.4 — 1991.8
	–	–	沈　联	1990.5 — 1994.12
	–	–	李洪军	1991.9 — 1993.3
	–	–	袁文斌	1991.8 — 2000.12
	–	–	谢　龙	1995.1 — 2000.12

第五章　建材工业

在株洲市石峰区龙头铺镇烟墩冲遗址和株洲县仙井乡磨山遗址发掘一批陶器表明，距今4500—7000年，境内先民已掌握制陶技术。茶陵县秩堂乡晓塘村古城堡遗址发掘一批筒瓦，其生产时间在2000多年前。

南宋绍定年间（1228—1233年），将红砂石凿成条状，修建茶陵县城墙，至今仍很坚硬。茶陵县的笔支塔，建于明嘉靖八年（1529），由红砂岩和沉积岩垒砌而成，塔高七级，不蚀不剥。

攸县网岭杨家洲汉墓群，墓砖为青灰色，券顶，饰几何形纹。醴陵市新阳乡大土村窑下湾遗址的几十座砖窑群表明，明洪武年间（1368—1398年）生产砖瓦，系手工操作，土窑焙烧。20世纪20年代，围窑烧制红砖技术从江西萍乡传入醴陵。土砖和粘土多为农民建房墙体材料，还有用狗头石、三合土掺鹅卵石筑墙的。

石灰生产遍及各县（市），历史悠久，明嘉靖年间（1522—1566年），雷打石镇居民就凿石烧灰，雪白细嫩，无杂质。

清雍正初年，醴陵开采瓷泥烧制瓷器。攸县莲塘坳和上云桥，在100多年前就开采石膏。20世纪20年代，王十万有人开采耐火石。

民国6年（1917），设在醴陵的湖南窑业试验场，利用平型小立窑进行生产水泥的试验。

中华人民共和国成立前，境内有一些私人经营的砖瓦窑、石灰窑、采石场，多数是利用农闲烧石灰、制砖瓦、采矿石，均为露天作业，手工操作，土法烧制。到1949年，全境建材工业总产值仅为6.10万元。

1953年，株洲市被列为全国新建的8个工业重点建设城市之一，建材工业应运而生。至1957年，有县属以上建材企业12个，基本保证了全市建设对砖、瓦、灰、砂、石的需要。工业总产值467万元，占全市工业总产值的7.21%，为1949年的76.6倍。

1958年7月，年产4000万块砖的株洲市电机砖厂建成投产，砖瓦生产开始步入半机械化道路。年产1万吨的株洲市石料厂水泥车间和日产12吨水泥的株洲市石灰水泥厂于7月、8月分别投产，结束了境内不生产水泥的历史。接着，年产3.2万吨水泥的株洲市水泥厂动工兴建。为解决建筑材料供不应求状况，中共株洲市委成立原材料生产办公室，大抓水泥生产。一时间，掀起全民办水泥的群众运动，工厂办、农村办、学校办、街道居民也办。至年底，全市有水泥厂（车间）43个，土立窑127座。这一时期，株洲市陶瓷厂、株洲市耐火材料厂、株洲玻璃厂、株洲桥梁厂、株洲水泥管厂、株洲石棉水泥制品厂等先后建成投产，为株洲市建材工业奠定了基础。1960年，全市县以上建材企业达22家，工业总产值2061.24万元，比1957年增长3.4倍。“大跃进”中，有的企业匆忙投产，拼设备，拼劳力，产品质量低下。株洲玻璃厂平板玻璃一级品率仅有6.21%，投产1年零

3个月后，不得不于1960年12月停产。

自1961年起，贯彻“调整、巩固、充实、提高”的方针，压缩基建规模，建筑材料消费量锐减。至1962年，市属14个企业保留市电机砖厂、市石料厂、市石灰厂、市采砂水泥厂等4个企业，直属市基本建设局；市陶瓷厂和株潭瓷厂划属轻工业局；市耐火材料厂划属冶金局；一水泥厂，一、二、三砖厂和建筑机械修制厂撤销，职工由3000多人减至959人。1958年成立的市建材公司也同时撤销。1962年，全市建材工业总产值656万元，仅为1960年的31.5%。

1963年，对建筑材料需求逐步上升，建材销售趋旺，建材工业在调整中复苏，随之走出谷底，恢复发展势头。是年7月采砂水泥厂恢复水泥生产，1964年恢复市水泥厂，当年生产水泥12142吨，首次实现盈利。株洲玻璃厂压延玻璃生产线于1965年3月建成投产，9月停产4年的平板玻璃生产线经填平补齐后恢复生产。株洲桥梁厂1962年停产后，生产工艺经过改进，1965年底恢复生产。当年还开始筹建327厂，生产石英玻璃。这一时期，随着大工业生产的不断扩大，排出的废渣堆积成灾，利用废渣生产建材产品，消除公害，迫在眉睫。1964年，建立株洲市灰渣砖厂，利用湘江氮肥厂的煤渣和株洲化工厂的电石渣生产灰渣砖，年生产能力为1200万块。1965年，建材工业总产值4052万元，占全市工业总产值的8.04%，为1962年的6.2倍。

1967年，“文化大革命”运动波及建材企业，生产处于极不正常状态。1967年与1966年相比，水泥产量下降25%，平板玻璃下降79%，预应力水泥管下降75%，桥梁下降33%。1968年继续下降，全年仅完成工业总产值3010万元，成为60年代发展中出现的第二个低谷。

1969年，基本建设投资增加，建筑材料供应紧张，建材工业呈现发展势头。1970年，各县和少数公社兴建水泥厂，331厂、株洲电厂等7个企业建成水泥厂（车间）。至1971年，全市有水泥厂11个，年产水泥能力9.3万吨。在此期内，投资459万元，扩建灰渣砖厂和1966年建成投产的市煤灰制品厂，灰渣砖和粉煤灰砖的年生产能力由2700万块增至10200万块；同时，投资1619万元，兴建株洲玻璃厂玻璃纤维及制品和玻璃球熔炼制车间；市电机砖厂于1967年试产玻纤布和玻纤漆管。1972年，全市建材工业总产值达7452万元，比1971年净增1000万元，产品产量与1970年相比，平板玻璃达113万重量箱，净增31万重量箱，轨枕1100257根，净增314249根。1974年，遭“批林批孔”运动冲击，生产滑坡。1975年，整顿企业，生产回升，主要产品产量明显增长。1976年，“反击右倾翻案风”运动再次干扰建材生产，主要建材产品产量又下降。1977年和1978年，基本建设投资增加，建材生产进入发展期。1978年，市郊区和市建材厂建水泥厂外，还有5个公社办起水泥厂，水泥生产企业达24家，年产水泥能力31.3万吨，当年实产8.67万吨，创历史高水平。平板玻璃产量突破140万重量箱，创历史最好水平。1980年，全市建材工业总产值首次超亿元，达1.14亿元，占全市工业总产值的7.05%。1981年6月，成立株洲市建筑材料工业局，管理12个建材企业。

“六五”计划（1981—1985年）期间，建材工业抓挖潜、革新、改造。株洲玻璃厂继1980年投资428万元，从日本引进压延辊刻花和镀铬设备及技术后，又投资5223万元扩建一条九机有槽引上法玻璃生产线，新增平板玻璃生产能力136.6万重量箱。株洲石棉水泥制品厂通过革新改造，采用国际上先进的无垫板辊压成型新工艺，建成一条中波瓦生产线，日产量由900片提高到1200片。

市水泥厂通过几年的改造，由年产水泥能力3.2万吨提高到8.8万吨。市平山塘水泥厂、醴陵县、攸县、茶陵县水泥厂均由年产水泥能力几千吨或1万吨提高到2万吨。市建筑材料厂通过改造，年产粉煤灰砖能力由6000万块提高到1亿块。至1985年，全市建材工业企业632个（含乡村企业），完成工业总产值3.32亿元，占全市工业总产值10.46%。与1980年比，水泥增长2倍多，平板玻璃增长70%，夹丝玻璃增长140%，自应力水泥压力管增长2.4倍，预应力水泥压力管增长1.1倍，桥梁增长1倍，砖增长1倍。

“七五”计划（1986—1990年）前3年，工业基建投资规模增加，城乡私人建房增多，对建筑材料需求量不断增长。在“大家办建材”的方针指导下，各行各业办建材，乡镇水泥、砖瓦企业增多。新建水泥企业11个，使全市年产水泥能力达97.45万吨。株洲市水泥厂生产规模由年产8.8万吨扩到15万吨，成为全省水泥十佳企业之一。株洲玻璃厂新九机有槽引上法的平板玻璃生产线于1985年投产后，1986年平板玻璃生产能力达273万重量箱。

1990年，全市县属以上建材企业33个（系统内11个），乡镇建材企业684个。工业总产值4.82亿元，占全市工业总产值9.44%。成为株洲市工业第四大支柱产业。产品有水泥、水泥制品、建筑玻璃、特种玻璃、玻璃纤维、建筑陶瓷、墙体屋面材料、灰砂石、防水材料、装饰装修材料、非金属矿制品、石英玻璃、人工晶体等16大类，数百个品种。

“八五”计划（1991—1995年）期间，全市建材工业继续保持发展势头。1991年5月，株洲玻璃厂兼并了市珍珠岩厂，并投资45万元对其生产线进行技术改造，使其产品质量提高30%，煤耗下降50%。同年，该厂人造压电水晶和无捻粗纱2项新产品填补了省内空白，夹丝玻璃被推荐为全国防火材料。1993年，该厂工业总产值达19526.88万元，利税7181.59万元，成为市属企业第一盈利大户。1994年5月，该厂总投资3.1亿元、年产能力达220万重量箱的浮法玻璃生产线投产，一号九机窑改产蓝色玻璃获得成功，当年该厂工业总产值达2.18亿元，翌年平板玻璃产量达453.92万重量箱，居全国同行业第三位。其间，株洲水泥机械厂等联合开发的“株洲型立筒预热器”，填补了国内空白；市新型建材厂推出的FP系列风机盘管和GP系列散热器填补两项省内空白；市油毡厂建成年产能力50万卷的多功能油毡生产线，产品在国内全部代替传统的纸胎油毡、塑料膏等防水卷材后，每年可为国家节约近10亿元的屋面维修费用；市建筑陶瓷材料总厂引进陶瓷离砖生产线，填补省内又一项空白；1994年10月，株洲水泥管厂与深圳、香港有关公司合资创建株洲华海金属制品有限公司投产，成为境内首家生产预应力高强丝、刻痕钢丝、钢绞丝的合资企业，使年产能力达2000吨。1994年，市建材局在3个企业进行改革试点，对困难企业实行租赁承包、分块搞活及中外合资等改革措施，取得良好成效。全年工业总产值达到4.99亿元，利税8326万元。1995年，在国家进行宏观调控、压缩基本建设的情况下，全市建材工业总产值仍比上年增长12.9%，销售收入增长19.19%。但由于受税费标准提高、原材料涨价、工资提高、技改项目的高息贷款等因素影响，经济效益下降明显，市建材局7个直属预算内企业仅实现利润23万元。同年，攸县建星水泥有限公司建成年产20万吨的水泥生产线，成为全市最大的水泥生产企业；株洲桥梁厂从意大利引进的中国第一条Ⅲ型轨枕生产线，设备达到90年代国际先进水平，形成年产轨枕50万根的能力。“八五”期间，全市推广散装水泥成效显著，推广数量达到52万吨，比“七五”计划期间增加51

万吨。1995 年，墙体改革步伐加快，超轻夹心隔墙板、烧结空心砖问世并开始试生产。

“九五”计划（1995 — 2000 年）期间，全市建材工业在困境中求发展，出现生产下降、效益滑坡的状况。1996 年，市水泥管厂已严重“资不抵债”，负债率达 140%，于 10 月宣布破产。1997 年，市建材局所属 15 个直属企业，工业总产值为 31106.4 万元，比 1996 年下降 13.6%；销售收入 31392 万元，下降 18.24%；亏损 5870 万元。其中，市水泥管厂、市平山塘水泥厂破产重组，市油毡厂、市铸件厂筹建股份合作制企业，市纤维水泥厂加入中国非金属集团公司。1998 年，县和县以上建材工业企业的总产值较 1997 年又下降 6.3%，累计亏损 6569 万元。14 种主要产品中，只有 4 种产量有所增长，其余均有不同程度的下降。当年市建材局 12 个直属企事业单位中，5 个处于停产、半停产状态，下岗职工有 5036 人，占职工总数的 51.3%。在困境中，许多企业采取各种改革措施求发展。市水泥管厂重组为株洲水泥制品有限公司后，安置职工 478 人，当年工业产值 115 万元，回笼资金 210 万元，略有盈利。市平山塘水泥厂破产后，由攸县 15 位农民筹资 100 万元，重组为市第三水泥厂，2 个月就生产出优质水泥 6000 余吨。市水泥厂产品被评为全省水泥产品质量 50 强之一，位列第五位，“石峰”牌水泥被省政府确认为免检产品，“虹波”牌石棉瓦获省质量奖，并开发 4 个新型墙体材料产品，工厂迅速走出了困境。

1999 年，市建材系统生产、经营开始好转。当年全市县及县以上建材企业完成工业总产值 4.65 亿元，工业增加值 1.08 亿元，销售收入 6.11 亿元，分别比上年增长 10%、80% 和 26.5%，平板玻璃产量达 364.07 万重量箱，水泥 143.7 万吨。其中市属国有企业及销售收入 500 万元以上非国有企业盈利 0.11 亿元，实行了扭亏为盈。株洲光明玻璃集团公司采取吸纳非国有资本、盘活存量资产、改造生产线等系列措施，成为全国第二批债转股企业，转股金额 1.7 亿元，扭转了持续 5 年的亏损局面。株洲桥梁厂在开发新产品的同时，不断加强管理和技术改造，当年实现了 5 年来的首次盈利，还先后在福建、广东建立了 4 个分厂。

2000 年，全市共有规模以上水泥生产企业 24 个、规模以下 19 个；规模以上水泥制品和石棉水泥制品企业 6 个、规模以下 379 个；规模以上砖瓦及石灰和轻质建筑材料制造企业 10 个、规模以下 523 个；规模以上玻璃及玻璃制品企业 3 个、规模以下 19 个；规模以上建筑陶瓷企业 1 个、规模以下 4 个；规模以下耐火材料企业 117 个；规模以下矿物纤维及制品企业 5 个。全年，水泥产量 98.11 万吨，石棉水泥瓦 270.38 万平方米，平板玻璃 334.50 万重量箱，油毡油纸 8400 卷，砖 3.25 亿块，耐火材料制品 1366 吨，玻璃纤维纱 2557 吨，玻璃纤维布 479.9 万米。

第一节　水泥及制品生产

一　水　泥

民国 6 年（1917），醴陵县湖南窑业试验场利用平型小立窑进行水泥生产试验，在湖南《实业杂志》第十八期发表《湖南窑业试验场民国六年塞门德试验之报告》。

1958年，全国水泥供应紧张，中共中央提出全党全民办水泥，实行“工业抗旱”。中共湖南省委要求株洲市水泥自给，并上调一部分。在这一形势下，株洲市石料厂率先兴建一座小型土立窑，于6月生产出第一窑普通硅酸盐水泥（普通水泥）。随后，市商业局建立日产12吨水泥的株洲市石灰水泥厂。7月下旬，中共株洲市委成立原材料生产办公室，开展“全民办水泥”的群众运动。10月11日一昼夜，动员2.5万余人，建土窑2300多个。当年共建水泥厂（车间）43个，立窑127座。省基建局投资153万元，在市清水塘兴建年产水泥3.2万吨的生产线，1959年10月建成投产，定名为株洲市第二水泥厂。市石料厂水泥车间改名为市第一水泥厂。当年，全市共产普通水泥1.33万吨。

1960年，压缩基建，一些厂办水泥车间先后停止生产，市属2个水泥企业也处于停产半停产状态。1961年，市一水泥厂与灰渣制品厂合并，定名为市灰渣制品厂，继续生产水泥。市二水泥厂改名为株洲市水泥厂。全年共产水泥8692吨，产值21.04万元，亏损12.21万元。各县小水泥厂全部停产或转产。1962年，市灰渣制品厂（杉木塘化工厂前身）水泥车间转产磷肥，5月市水泥厂与市采砂厂合并，改名为采砂水泥厂，停产水泥。当年全市水泥产量降到4076吨，产值11.83万元，亏损3万元。

20世纪60年代中、后期，城市“深挖洞”，农村“跨纲要”，对水泥的需求量越来越大，水泥生产发展迅速。醴陵县、茶陵县、攸县、酃县，分别于1970、1971年建成水泥厂。平山塘石灰厂、雷打石石灰厂、株洲电厂、株洲麻纺厂、湘东钨矿也相继办起水泥厂（车间），市郊区荷花公社率先办起社办水泥厂。1971年年底，全市有水泥企业11家，年产能力9.3万吨，当年生产水泥3.81万吨，其中市水泥厂生产3.33万吨，产值142.02万元。20世纪60年代，先后增加了矿渣硅酸盐水泥、耐酸水泥、火山灰质硅酸盐水泥、无熟料水泥、粉煤灰硅酸盐水泥等新产品。

1978年，水泥生产出现新的高潮，水泥生产企业达到24家，年产水泥能力31.3万吨，当年实产水泥12.62万吨。

中共十一届三中全会以后，县属以上水泥生产企业，通过技术改造，增加了产量。1979年，株洲市水泥厂将2台普立窑改为对辊卸料简易机窑，成为全国小水泥技术改造的典型。同时对窑房、磨机进行改造，新增1台Φ1.83×6.12米水泥磨，使窑磨配套。1983年，工厂年产水泥能力达6万吨，当年生产水泥6.05万吨。1985年11月，新建1台Φ2.5×10米塔式机立窑，年产水泥能力增加到8.8万吨，熟料游离氧化钙由过去的4.83%下降到2.93%，3天平均强度由27.6兆帕提高到32.7兆帕，7天平均强度由36.7兆帕提高到45.5兆帕，熟料每吨耗标煤比简易机窑下降19千克，9个扬尘点7个达到国家标准。同年，改造扩建到年产15万吨规模。20世纪80年代末，醴陵县、攸县、茶陵县、酃县水泥厂也进行改造，由年产0.7万～1万吨扩大到2万吨，再由2万吨改造到4.4万吨的机立窑水泥。市平山塘水泥厂、株洲县太湖乡、醴陵市马恋乡、攸县黄丰乡3个乡办水泥厂也通过改建达到年产水泥4.4万吨的规模，市郊区明照、醴陵浦口、攸县湖南坳3个乡新建4.4万吨的水泥厂，还有乡或村新建7个水泥厂和1个个体水泥厂（株洲县利荣水泥厂）。1990年年底，全市共有水泥生产企业44家，其中县属以上企业12家、乡办水泥厂24家、乡和国营企业联营的2家、村办5家、个体办1家，年产水泥能力97.15万吨。主要产品是425#普通硅酸盐水泥，占水泥总产量的60%以上。

其他品种的水泥生产量小，且因质量问题或市场需求量少，均已停产。

20 世纪 90 年代，随着城建事业、房产开发、公路建设、农村建房的快速发展，水泥的需求量骤增，石峰区的荷花乡水泥厂、荷塘区的蝶屏乡水泥厂、株洲县朱亭镇水泥厂、茶陵县的金星水泥厂和平水水泥厂等一批新建的乡（镇）办水泥厂纷纷投产。1991 年，全市年产水泥 61.26 万吨。一批老水泥厂通过技术改造，扩大生产。1995 年 12 月，攸县建星水泥工业有限公司投资 980 万元，扩建第二条年产 10 万吨水泥生产线，使年产量达到了 20 万吨的能力。1997 年，由个人合伙筹资 100 万元，对平山塘水泥厂以股份制的形式，重组株洲市第三水泥厂。1998 年，市水泥厂研制成功 525 # 高标号水泥，并批量投产，产品用于 1815 省道、319 国道和京珠高速公路等省、市重点工程。同年，国家规定年产 4.4 万吨以下的水泥厂必须关停并转，株洲县原有的 12 家水泥生产企业只剩下 7 家。导致水泥产量逐年下降。全市 1997 年水泥年产 133.8 吨，1998 年下降为 125.85 万吨，2000 年为 98.11 万吨。2000 年，全市共有水泥生产企业 43 家，其中规模以上企业 24 家、规模以下企业 19 家。

二 水泥制品

“一五”计划（1953 — 1957 年）期间，境内在建筑施工过程中，对一些数量多、体积小的混凝土构件，采取临时抽人、集中预制的办法。

1955 年，市政工程队用土法制作水泥排水管。1957 年和 1958 年，国家共投资 1036.26 万元，兴建铁道部株洲桥梁工厂和湖南省株洲预应力管厂（株洲水泥管厂前身），生产铁路桥梁、轨枕、预应力压力管。1963 年，国家又投资 49 万元，在株洲水泥管厂兴建水泥电杆生产线，生产普通水泥电杆。这一时期，市建筑公司、市政公司先后建立专业化的混凝土预制场，生产房屋预制构件和下水管。1969 年，市航运公司造船厂试制水泥船。

20 世纪 70 年代，乡村建筑业自办混凝土预制场增多，自行生产房屋预制件，场地随建筑工地转移。

中共十一届三中全会后，铁路桥梁由 1 孔 6 米的普通桥梁，发展到跨度 40 米钢绞线预应力梁。1985 年，株洲水泥管厂从瑞典引进一阶段预应力水泥压力管生产线，现代化程度居全国同行业第一位。桥梁、轨枕、水泥管生产都是采用机械化流水作业，关键工序使用电脑控制。水泥压力管和电杆销往广东、广西、江西、湖北、福建等省份。预应力桥梁和轨枕大量用于湘黔、焦枝、枝柳、胶济、浙赣、京秦、大秦、京广等主要铁路干线，还销往东南亚国家和中国香港、澳门地区。株洲桥梁工厂自 1970 年起，先后 10 次共派出 400 多人次到坦桑尼亚、赞比亚、科威特、伊拉克承包桥梁工程和制作混凝土预制件。

1990 年年底，株洲市水泥制品已形成五大类 100 多个规格品种，产品行销全国各地和东南亚国家、中国香港、澳门地区。全市有县属以上水泥制品企业 3 家，乡镇水泥制品企业 173 家，工业总产值 8199.33 万元。

20世纪90年代，境内水泥制品业随着建筑业的发展而发展。2000年年末，全市水泥制品和石棉水泥制品业规模以上企业有6家，规模以下企业379家。其中：水泥制品业规模以上企业4家，规模以下企业60家；砼结构构件制造业规模以上企业1家、规模以下企业245家；石棉水泥制品业规模以上企业1家、规模以下企业49家；其他水泥制品业25家。当年，境内水泥制品业和石棉水泥制品业中的主要工业产品产量为：水泥排水管1.54万吨、水泥电杆4.52万根、桥梁861孔、水泥预制构件341万立方米、石棉水泥瓦270.38万平方米、水泥轨枕26.22万吨、纤维水泥制品162吨。

（一）水泥电杆

铁道部株洲桥梁工厂、株洲水泥管厂相继于1962年和1963年开始生产普通钢筋混凝土电杆。

1965年，株洲水泥管厂利用原有设备，采用冷拔丝绞线试制成功环形预应力水泥电杆。这种电杆比普通钢筋水泥电杆节约钢材65%，提高抗裂性能1倍，成本降低30%，电杆自重减轻15%～20%。1966年4月，株洲水泥管厂经过反复试验，利用Φ12毫米盘圆钢冷拔成Φ5.5毫米钢丝生产电杆，比钢绞线预应力水泥电杆进一步节约钢材3.6%，抗弯强度由部颁标准的B级提高到C级。

株洲桥梁工厂电杆车间投产初期，主要生产7～12米普通电杆。1973年，开始生产预应力电杆，当年生产2.50万根。1979年，开始生产13米、15米、18米预应力拼接电杆，形成系列产品。

株洲县邮电局和茶陵县枣市公社、炎陵县水电试修厂先后生产6～12米的普通混凝土电杆。还有一些公社预制场，曾生产架设广播线和农村照明电线用的方形实心小型电杆。

1979年7月，株洲水泥管厂用直径5毫米高强丝生产预应力电杆，钢材用量在冷拔丝的基础上又节约30%，产量和质量都有较大提高。1982年，株洲桥梁工厂生产的预应力电杆被评为铁道部和湖南省优质产品，电杆除供本省需要外，还远销内蒙古、山东、江苏、广东、长春等10多个省市和近30家铁路局。1990年，全市5个企业生产水泥电杆3.37万根。

20世纪90年代，境内从事水泥电杆生产的厂家除上述5家外，新增了醴陵市电杆厂和茶陵县电力线路器材厂。其生产量为当地所需而定。2000年，全市共生产各类水泥电杆4.52万根。

（二）预应力钢筋混凝土桥梁

1959年3月，株洲桥梁工厂生产出1孔跨度6米的普通钢筋混凝土桥梁，质量符合设计要求。随后又生产出跨度6米、8米、10米、16米、20米普通钢筋混凝土桥梁。1960年3月，试制成功跨度23.8米后张法预应力混凝土梁，6月试制成跨度31.7米预应力混凝土梁。1962年停产。1965年下半年恢复生产，对生产工艺进行较大的改进，1966年生产桥梁110孔。

1982年12月，该厂采用JΦ5钢绞线为预应力加筋，张拉体系采用JM-15锚具和YC-120型千斤顶组成的JΦ5钢绞线束锚固体系，试制出第1孔跨度32米预应力钢绞线梁，1984年获省优秀新产品称号。1986年4月，荷载等级中活载跨度40米钢绞线预应力梁，灌造第1片，5月生产出第2片，8月40米主钢绞线静载合格，当年生产2孔。1987年，开发低高度先张梁，1989年生产出62孔。1990年，该厂已形成生产跨度8～16米先张梁和24～40米后张梁系列产品。当年晋升为国家二级企业。

1991 年，该厂生产钢筋混凝土桥梁 221 孔，生产预应力钢绞线梁 318 孔。全厂完成工业总产值 5976.8 万元。1992 年，在计划经济向市场经济转变中，该厂积极开拓全国铁路、公路建设的市场，承接桥梁生产的任务。1991 — 2000 年十年间，共生产钢筋混凝土桥梁 2817 孔，生产各种规格预应力钢绞线梁 2527 孔。2000 年，生产桥梁 861 孔，完成工业总产值 7830.7 万元，实现利润 422 万元。

（三）水泥轨枕

1959 年 12 月，株洲桥梁工厂采用机组流水法生产出第一根水泥轨枕。1960 年，生产弦Ⅱ –B 型轨枕 24886 根。1965 年突破 50 万根的设计能力，生产 64.5 万根。1972、1973 年连续两年产量突破 110 万根。1974 — 1975 年，进行 2 次工艺改造，将 4 条生产流水线改为 2 条，增设模型输送滚道，灌造工艺设初震与加压震 2 个震动台，兴建 5 层搅拌楼，采用平面横移输送模型工艺，形成配套生产系统。1981 年，试制 J–2 型轨枕。1984 年年底，试制成功 S–2 型轨枕。1987 年 5 月，增设一条宽轨枕生产线，当年生产宽轨枕 38763 根。1990 年，生产轨枕 1070054 根，宽轨枕 13748 根。随着铁路运输事业的不断发展，该厂轨枕产品由单一的普通轨枕逐渐发展为多种规格品种的混凝土轨枕、桥枕、岔枕，主要有Ⅱ 61–B 型、弦Ⅱ 61–A 型、69 型、79 型、J–2 型、S–2 型等。

1991 — 2000 年，株洲桥梁厂逐年加大新产品开发和技术改造力度。轨枕生产引进新型轨枕（Ⅲ型）的制造技术。1994 年 12 月，从意大利引进Ⅲ型轨枕生产设备，1995 年投产。1996 年，该厂又自行设计、自行开发S–2型轨枕的YⅡ–F轨枕生产线，从而解决了钢丝预应力不匀、断丝严重的问题，使静载强度和疲劳强度得到了有效保证。2000年，该厂相继开发了专桥2004D道岔梁、专线3363桥枕。当年，该厂生产水泥轨枕 985119 根（262211 吨），比 1991 年增加 284181 根。

（四）水泥管

1.水泥混凝土排水管 1955 年，株洲市政建筑工程队预制水泥混泥土排水管，有 Φ200 毫米、Φ300 毫米、Φ400 毫米等多种规格。手工操作，人工打铲，自然养护，后改用离心制管工艺，最高月产 500 多米。1960 年，湖南省第五建筑工程公司预应力制管厂（株洲水泥管厂前身）生产无筋混凝土下水管 800 米，1963 年 6 月停产。1981 年 4 月，市建筑制品厂生产排水管，1987 年停产。1989 年，市郊区建筑制品厂生产排水管，年产能力 5.6 万米，1990 年生产 4.53 万米。1999 年，全市生产水泥排水管 9221 吨，2000 年年底全市共产 15392 吨。

2.自应力水泥压力管 1973 年 8 月，株洲水泥管厂试制出承插式自应力水泥压力管，当年生产 3 种规格的压力管 10.1 千米。因使用工厂自行配制的硅酸盐自应力水泥，质量波动范围大，自应力值低，稳定期长，造成后期膨胀，产品合格率仅为 80%。1977 年 4 月，采用石家庄水泥制品厂配制的硫铝酸盐自应力水泥，合格率提高到 98%。

1978 年 10 月，市郊区清水公社兴办株洲市第二水泥管厂，生产 Φ400 毫米以下的自应力水泥压力管，1984 年 9 月被评为湖南省优质产品，1986 年被评为农牧渔业部优质产品。

3.预应力水泥压力管 1960 年，建筑工业部投资 120 万元，扩建株洲水泥管厂。1961 年 6 月，工程停建，1973 年，省基建局投资 65 万元续建预应力水泥压力管车间。1975 年 4 月，制成 Φ800 毫米“湘江牌”一阶段预应力水泥压力管，填补湖南省内水泥制品空白。1979 年获全国行检第二名，

1980年名列全国第一名，1981年评为湖南省优产品，1983年获国家银质奖。一阶段预应力水泥压力管主要有Φ500、Φ600、Φ800、Φ1000、Φ1200毫米5个品种，长度均为5米，工作压力为0.4 ~ 0.8兆帕，产品销往华北、中南、华东10多个省市。1984年，该厂引进瑞典公司一阶段预应力水泥管工艺技术和设备，1986年12月试制出直径1400毫米的压力管，抗渗压力达1.9兆帕，1987年1月正式投产。同年，株洲市第二水泥管厂也开始生产预应力压力管。

（五）石棉水泥瓦

1962年7月，铁道兵后勤部第一成品厂更名株洲石棉水泥制品厂（1987年更名株洲纤维水泥制品厂），建成第一条石棉水泥小波瓦生产线，当年生产小波瓦32797张。1963年，该厂全面系统地建立岗位责任制和工艺规程，当年生产小波瓦45.38万张，完成工业总产值249.61万元，为1962年的14倍，实现利润20万元，产品合格率达92.22%。1972年，石棉水泥中波瓦生产线建成投产，年生产能力达60万张。自1980年开始，相继开发了钢丝网石棉水泥波瓦、石棉水泥平板、无垫板辊压高强石棉水泥中波瓦、无垫板辊压钢丝网石棉水泥中波瓦等新产品，石棉水泥瓦年生产能力260万张，合格率达96% ~ 99%。中波瓦从1981年起、小波瓦从1984年起，连续保持部优产品称号。1989年9月，该厂荣登为国家二级企业，获国家建材局质量管理奖。1990年，该厂被列为全国资金利税率250家最佳企业之一，排名第82位。同年生产石棉水泥瓦248.16万张，居全国首位。产品远销广东、广西、内蒙古等25个省市、自治区。1990年10月，株洲纤维水泥制品厂建成一条流浆法小波生产线。1991年，年产279.64万张，1992年上升到年产313.89万张，1993年310.3万张。1995年，该厂进行技术改造，当年产石棉瓦316.9万张。1996年后，由于市场竞争激烈，石棉瓦用量也相应减少，该厂每年产量仍保持在200万张以上，2000年生产290.58万张。同年，醴陵市引进彩色水泥瓦自动生产线，先后兴办5家小型水泥瓦厂，年生产能力为32万平方米。

第二节　砖瓦灰砂石

一　砖　瓦

醴陵市八步桥乡战国时期凤形坡遗址中，有许多陶片，其完整无缺的陶片为41.5 × 12.5 × 2厘米，为泥质灰陶，饰绳纹。茶陵火田镇汉墓中，有饰几何图案的楔形与方形青砖。醴陵市新阳乡窑下湾砖窑群遗址中的青砖，为44 × 22 × 12厘米，城砖侧印有“长沙府醴陵县提调官典史陈福司史冷恭”，“修作匠王苹（萃）、人户袁□”和“洪武七年八月造”字样。

清道光年间（1821—1850年），醴陵道姑岭生产陶瓦。民国37年（1948），渌口镇“裕记砖瓦厂”开始生产机制砖（手压砖机），并成立醴陵机制砖产业工会，有会员115人。1951年，株洲建筑企业公司在董家墩建立1个红砖厂和1个布瓦厂，年产红砖100多万块，布瓦200多万片，2个厂均于1952年停产。其时，私人砖瓦厂（窑）较多，但规模不大。1953年，湖南省建筑工程局建筑器材制造公司在株洲市设立第三砖厂，有手压砖机58部，职工1192人，当年生产红砖2245.11万块，布瓦431.42万片。1955年10月，砖厂划属省公安厅劳改局，更名为新生第二砖厂，当年生产红砖3209.2万块，布瓦584.6万片。1956年10月，新生第二砖厂改属株洲市工业局领导，更名为株洲市机砖厂（后改名株洲市红砖厂，1962年撤销），有手压砖机163部，下设7个工区，工人近4000人。1957年12月，建成60门轮窑、年产4000万块砖的株洲市电机砖厂（后改名株洲市砖瓦厂）正式投产，主要生产机制黏土砖，砖瓦生产实现半机械化。1958年，湖南省建五公司利用灰渣，采用手工方法生产硅酸盐砌块；1973年又试制成功粉煤灰泡沫砌块。同年，市石料厂利用煤矸石等原材料制成混凝土空心砌块，1975年批量生产。同年，新建的墙体材料厂用3年时间建成2条生产线，于1979年开始批量生产中型空心砌块。1980年由于盲目采用铅锌废渣代替河砂卵石，严重影响砌块质量，所建的一批住宅很快成为危房，至1983年，该厂累计生产31731立方米中型空心砌块后即告终止。

1958年，炎陵县城关砖瓦生产合作社转为地方国营炎陵县红砖厂。境内各县公社也纷纷生产砖瓦，仅茶陵县就有6个公社办起砖瓦厂。1963年株洲市砖瓦厂（1975年改称株洲市墙体材料厂）开始生产红平瓦，次年生产平瓦50.66万片。1964年，建立株洲市灰渣砖厂（1984年更名为株洲市新型建筑材料厂），当年生产灰渣砖27.53万块，1966年新建年产50万片水泥灰渣瓦生产线，1970年扩建后年生产能力达1500万片，20世纪80年代后农民建房改为平顶，灰渣瓦滞销停产。

1966年，建立株洲市煤灰制品厂（1975年更名为株洲市建筑材料厂）。年产粉煤灰砖1500万块。同年年初，株洲市石料厂（1972年改名株洲市煤矸石制品厂），新建煤矸石砖生产线，年产矸石砖能力500万块。1972年，以株洲电厂“五七”工厂为基础，兴建碳化砖厂，1974年建成投产，年产碳化砖能力1500万块，至1979年，共生产3454万块。1980年，购置新设备转产粉煤灰砖不久，后转产水泥。

20世纪60年代末期70年代中期，3个利废砖厂经改造扩建，生产能力不断扩大，年产灰渣砖能力4200万块，水泥灰渣瓦1500万片，煤矸石砖2400万块，粉煤灰砖1亿块。1978年，市电机砖厂因泥源枯竭而转产。70年代末期，建立株洲市墙体材料厂，利用工业废渣生产中型空心砌块，年产能力达4.5万立方米。株洲利用废渣生产建筑材料，曾受到中央、省、市领导好评。1973年9月，市革委会副主任张小辉作为特邀代表在国务院召开的环境保护会议上介绍株洲经验。

20世纪80年代，利用工业废渣生产的砖因质量问题而滞销减产。1981年，因粉煤灰砖材性和质量问题，建筑物出现裂缝，失掉信誉，同时波及灰渣砖。禁止以这些砖建造3层以上楼房，2个砖厂因此滞销减产。市灰渣砖厂1981—1985年生产灰渣砖1.1亿块；1986—1988年每年超过2500万块，1990年仅生产1140.10万块，企业亏损77.6万元。市粉煤灰厂1981年生产能力已达到年产1亿块。由于质量不稳定，粉煤灰砖严重滞销。从1982年起，市计委对其实行限销，年计划产3000万块，用于三层以下建筑。1981—1985年，只生产粉煤灰砖2.33亿块，仅为生产能力的46%，1990年，生产3057.51万块。中型空心砌块因盲目使用株洲冶炼厂铅锌渣代替河沙，致使铅锌渣氧化而崩裂，加上施工吊运机械跟不上，砌块滞销，株洲市墙体材料厂于1982年3月停产。煤矸石砖因矸石供应不足，采用含硫量高的煤矸石制砖，于1988年发生重大质量事故，于1989年转产煤灰粘土烧结砖，工厂也更名为珍珠岩厂，当年生产4979万块，1990年生产1273.66万块。这一时期，乡镇砖瓦企业迅速发展。市郊区霞湾电机厂于1985年兴建一条年产3000万块砖的轮窑生产线，1989年兴建一条年产3000万块砖的隧道窑生产线。同年10月，胶东建材厂以氧化镁和磷镁矿为原料，生产强力磷镁瓦，1990年生产2万片。

1990年年末，株洲市属以上全民和集体砖瓦企业有4家，职工1989人；乡村砖瓦厂101个，职工3637人。共生产砖5.86亿块，瓦3.44亿片。产品有倒焰窑青砖、机制黏土砖、黏土空心砖、灰渣砖、粉煤灰砖、煤矸石砖、碳化砖、粉煤灰黏土烧结砖、建筑砌块、布瓦、黏土平瓦、水泥灰渣瓦、煤矸石平瓦、强力磷镁瓦。

20世纪90年代，随着建筑业的发展，砖瓦企业中部分不符质量要求的纷纷停产，符合质量要求的持续发展。1991年，株洲市生产砖6.49亿块、瓦3.36亿片。1995年，上升到生产砖17.14亿块、瓦3.76亿片。2000年，全市生产砖38.23亿块、瓦10多亿片。

二　灰砂石

境内砂、石料资源丰富。自古以来，人们就利用这一天然材料作为建筑材料。茶陵县严塘、潞水、平水等地发现清朝以前石灰窑遗址300多处。民国初期，田心一带有私人专事石料生产经营的石料场。

中华人民共和国成立后，随着国民经济的快速发展，灰砂石资源得到充分的开发与利用。

1.石　灰　明嘉靖年间（1522—1566年），雷打石凿石烧灰。石灰质量好，颇具名气，从清咸丰到光绪初年（1851—1875年），雷打石石灰窑出现8窑（8家）1公司，有工人3000名左右，年产量80万担。清光绪十八年（1892），沈桂峰在白石港一带办起2座石灰厂。此后，沈桂峰又串联几家在董家塅、清水塘、宋家桥等地相继开办4家石灰厂。民国2年（1913），谭子钦在平山塘地区组织石灰生产，年产量在100担左右。1954年，湘潭县雷打石石灰厂（株洲化工厂雷打石建材厂）扩建，当年产石灰3.5万吨，后继续扩建，年生产能力达5万吨。1956年，平山塘石灰厂（平山塘水泥厂前身），石灰年生产能力由400吨增至2万吨，后继续扩建，年生产能力达4.8万吨。1990年，市建材厂兴建年产6万吨的石灰机立窑。市建材厂和株化雷打石建材厂生产的石灰主要供本厂之用，外销量很小。

1991年，全市年产石灰约42.99万吨，生产厂家分布各县市区，以乡镇集体、私营为主。在市区内，白石港、清水塘、宋家桥、蝶屏、龙头铺等地开办有6家石灰厂；在株洲县境内有洲坪、平山、三门、古岳峰、雷打石、黄龙等地8家石灰厂；醴陵市境内开办有15家石灰厂，年产石灰10万吨；茶陵县境内有平水、秩堂、潞水、枣市、火田、界首、思聪、高垅等地办石灰厂，年产约5万吨；攸县境内办有10多家石灰厂，年产约5万吨。

1992年，全市年产石灰68万吨，1993年下降至52.4万吨。1994年后，农村农田石灰施用量和建筑用石灰均有所减少，石灰生产量逐年降低，部分生产厂家关闭停产。具有一定规模的株化雷打石石灰厂，1991 年成立建材分公司，当年生产石灰 4.40 万吨，2000 年仅生产 2.83 万吨。

2.河砂、卵石　1955 年 3 月，成立株洲市采砂场，年产砂石 8 万吨。1961 年，株洲桥梁工厂在湘江岸边正式建成砂石生产线，形成年产 34 万吨生产能力，当年生产河砂 2655 吨，卵石 8501 吨。1962 年，成立株洲市采砂厂，1964 年生产能力 60 万吨（后年生产能力达 200 万吨）。20 世纪 70 年代后，境内各县城关镇先后设立砂石场或采砂队，各县航运公司和一些预制场，利用富余劳动力组织砂石生产，有的社队亦充分利用砂石资源，就地办场采砂出售。至 1990 年，多数采砂单位实现了一条龙机械化作业。市采砂厂实现采挖、起坡、破碎、分规、入仓全部机械化操作，拥有铜塘湾、朱亭、永利、河西 4 个砂场。其中永利砂场生产规模最大，占整个销售量 80% 以上。工厂有 6 艘挖砂船、8 艘机动船、15 条自卸驳和 17 条甲板船。年生产能力达 200 万吨，产品销往怀化、郴州等地。各县城关镇采砂场砂石生产也基本上实现机械化。

随着城镇建筑业和公路建设的蓬勃发展，河砂、卵石需求量猛增，开采量逐年增加。至 2000 年，市区在湘江采挖砂石的经营户有 79 户，年产销量达 139.82 万吨；株洲县砂石生产企业有 47 家，沿湘江的王十万、朱亭、淦田、堂市、雷打石等乡镇均办有采砂场，拥有采砂船 30 艘，设采砂码头 50 个，年产砂石达 376 万吨；醴陵市沿渌水、昭陵河、涧江等水系建有 52 个采砂场，42 艘机动采砂船长年作业，年产近百万吨；攸县沿洣江、攸水、浊江、清江、永乐江等水系建有 20 多家采砂场；茶陵沿洣江、洮水等水系建有 23 个采石场，年产砂石 30 万吨；炎陵县沿沔水、河漠水、洣江设有采砂场，主要为私营开采。

3.石　料　古代祠堂庙宇的阶基、石级、天井均采用石头砌就。现存建于南宋的茶陵县城墙，全系砂红石垒砌而成；明代建的灵龟寺，其屋基和阶梯均为青片石铺砌。民国 25 年（1936），粤汉铁路通车，路基需大量碎石，田心一带出现私营石料场。1950 年，田心石料场由乡政府接管经营。1951 年 4 月，市郊北区生产部组织力量上田心石子山开采石料，共有 1800 多人，中国人民解放军二十一兵团 3000 余人参加石料加工和运输。1956 年 7 月，在田心洪福寺、白鹤仙等石料场的基础上成立株洲市石料厂，当年产石料 3.11 万立方米。1959 年，办起株洲市第二石料厂。1965 年，市石料厂利用株洲洗煤厂排出的煤矸石试制煤矸石砖，石料产品保留，只有田心 1 个工地生产，当年开采石料 4.66 万立方米。1986 年，田心石料工地资源枯竭而停止开采，此后株洲市所需石料主要靠乡镇石料厂提供。

4.花岗石、大理石板材　1963 年，株洲市石料厂设五里墩麻石工区，加工生产石碾和人行道侧石。1978 年，五里墩麻石工区交株洲县白关公社。1987 年，兴建攸县花岗石大理石厂，当年产量 1000 平方米。工厂生产的花岗石板材有“中国红、石棉红、墨绿、济南青、黑白花”；大理石板材有“梅城红、粉香黄、荷花绿、墨玉、汉白玉、翠绿”等多种花色品种。其中攸县境内的大理石翠绿板材，深受用户喜爱，产品色彩一致，花纹清晰，光泽在 90 度以上，晶莹照人，为墙面装饰和局部镶嵌板材之上品，属国内稀有品种。攸县花岗石大理石厂拥有年产 4000 平方米花岗石板材和 4000 平方米大理石板材的能力，产品除供应株洲市外，还销往桂林、衡阳等地。1990 年，该厂产花岗石板材

2530平方米，大理石板材1200平方米，创产值55万元。1999年，全市大理石板材产量达到2.14万平方米。2000年，全市仅生产大理石板材9840平方米。

第三节 玻璃及玻璃制品

一 玻 璃

1957年6月，国家建委批准在株洲市铜塘湾兴建玻璃厂，并列入建材部“一五”计划（1953—1957年）的重点项目，是中国历史上第一家自行设计、施工、安装的建筑玻璃厂。1959年9月，年产104万重量箱的平板玻璃生产线部分竣工，完成投资2182万元。1960年，生产平板玻璃44.8万重量箱。由于工程不配套，于当年12月停产。在停产期间，共完成填平补齐项目252项，技改项目28项。1965年9月恢复生产，年内生产平板玻璃12.1万重量箱。

压延玻璃生产线原列入株洲玻璃厂第一期工程，生产规模为年产214万平方米，生产压花、夹丝玻璃2个品种。1958年7月动工，后因压缩基建而停建。1964年国家投资679万元，续建压延玻璃生产线。于1965年3月建成投产。这是国内自行设计、自制设备、自己安装的第一条压延玻璃生产线，为中国玻璃工业填补了1项空白。1966年，生产压延玻璃103.9万平方米。当年出口埃塞俄比亚等国5.37万平方米。

1965年，株洲市筹建三二七厂，生产石英玻璃。1966年7月试制红宝石、激光宝石、石英玻璃等产品。

1968年，在株洲玻璃厂进行“浮法玻璃中间试验”。1970年1月，株洲玻璃厂年产10万平方米的钢化玻璃生产线建成投产。试验性生产出6毫米厚浮法玻璃，经改进又生产出3毫米厚的浮法玻璃。1981年，浮法玻璃生产技术通过国家鉴定验收，并获国家创造发明二等奖，株洲玻璃厂是获奖单位之一。

1981年10月，株洲玻璃厂筹建一条年产137万重量箱的九机有槽引上法平板玻璃生产线。1983年6月动工，1985年6月建成投产，耗资5223万元，取得了“建设速度第一，节约投资第一，达产期短第一”的成就。1986年，该厂平板玻璃年产能力达到273万重量箱，实际产量286万重量箱，居全国玻璃行业第3位。

20世纪80年代，压延玻璃生产线引进日本刻花及镀铬设备和下夹丝生产工艺及关键设备，提高压花玻璃产量和质量。1987年延压玻璃产量增加到353万重量箱。1989年，压花玻璃质量获国家银质奖。菱形网夹丝玻璃采用国际标准生产，被评为部优产品，获省科技进步二等奖。

1990年，全市拥有年产273万重量箱平板玻璃生产线2条，年产353万平方米压延玻璃生产线1条，年产10万平方米钢化玻璃生产线1条。

1991年，株洲玻璃厂生产平板玻璃280.02万重量箱。1992年，该厂与武汉科技测绘大学联合开发 SSA 双视功能玻璃，填补国内玻璃生产一项空白。同时，该厂试制成功蓝色玻璃，为玻璃生产增加了新的品种。同年 8 月，经国家计委批准，作为省重点建设项目的浮法玻璃工程动工。1993 年，完成工业总产值 1.95 亿元，实现销售收入 3.2 亿元，实现利润 3518 万元，完成利税 7181.59 万元，成为市属企业中的盈利首户。当年 2 月 28 日，该厂挂牌成立株洲光明实业开发总公司，组建 14 个子公司和 4 个经济实体。

1994 年 5 月，该公司投资 3.1 亿元的浮法玻璃生产线正式投产。该技改工程采用了美国托利多公司的窑炉技术、美国贝利公司的控制系统和国内最先进的氮氢分解新工艺，为国内玻璃生产的第一流技术装备，日熔化能力 400 吨，年产能力为 220 万重量箱。同年 6 月，该厂 1 号九机窑全面生产合格的蓝色平板玻璃。这年，该厂完成工业产值 2.18 亿元，实现销售收入 4.16 亿元，实现利税 6668 万元。12 月，国务院发展研究中心等 3 个部门综合评价：该厂为湖南省最佳经济效益企业之一，排名第 16 位。

1995 年，由于浮法玻璃线投产，使株洲玻璃厂年产平板玻璃 453.92 万重量箱，比上年增长 46.9%，仅次于中国耀华玻璃集团公司、洛阳浮法玻璃集团公司，居全国第 3 位。

1996 年 4 月以后，株洲玻璃厂受诸多因素影响，市场萎缩，产量下滑，年产平板玻璃降至 397.63 万重量箱。1997 — 1998 年持续滑坡，1997 年年产 294.63 万重量箱，1998 年年产 249.05 万重量箱，产品积压，导致企业亏损。

1998 年，株洲玻璃厂组建“株洲光明玻璃集团有限公司”。公司按照建立现代企业制度的要求，吸纳非国有资本，盘活存量资产，多种经济形式并举。1999 年，完成工业总产值 2.53 亿元，全年产平板玻璃 364.06 万重量箱，实现销售收入 2.79 亿元，比上年减亏 7112 万元。

2000 年，株洲光明玻璃集团有限公司年产平板玻璃 334.49 万重量箱，完成工业总产值 2.77 亿元，实现销售收入 3.17 亿元，扭转了亏损局面，实现利润 74 万元。

二　玻璃纤维制品

1959 年，株洲玻璃厂兴建年产 1000 吨玻璃纤维生产系统。为积累经验，1960 年工厂先行组建一条简易玻璃纤维生产线。当年生产 5.36 吨，1963 年停产。生产设备拆卸包装，部分设备转调其他生产厂家。年产 1000 吨玻璃纤维系统工程于 1960 年停建。

1966 年，市砖瓦厂泥源枯竭，逐步转产玻璃纤维。向建材部申请 2 只铂钳锅，购进拉丝机，调进 1511 型织布机等旧设备，又安装 30 多台玻纤生产的专用设备，中碱玻纤制品投入生产。产品为中碱 45 支 /2 纱和 0.15 毫米斜纹布与人字纹中碱布。1971 年，株洲玻璃厂玻璃纤维系统重新设计，建设规模为年产 2000 吨玻璃纤维生产线；投资 120 万元，兴建生产能力为 4500 吨中碱玻璃球熔制工程。2 项工程分别于 1971 年和 1972 年开工，1975 年 4 月玻璃球工程一次试车成功，并于当年投入生产。1973 年 6 月，玻纤部分设备投入试生产。20 世纪 80 年代工厂先后开发玻璃钢模塑料、印花玻璃纤维涂塑料窗纱、过滤布、80 支无碱纱、无捻粗纱等新产品。玻璃钢模塑料、过滤布 2 个产品填补湖南省内空白，印花窗纱和无捻粗纱销往美国。

1978 年 11 月，市砖瓦厂改名株洲玻璃纤维总厂，成为生产玻璃纤维制品的专业厂家。市北区玻纤厂也于 1977 — 1980 年生产玻纤布。1979 年，全市玻璃纤维纱产量 1856.21 吨，玻纤布产量 875.34 万米，玻纤漆管 71.71 万米。

1980 年，玻璃纤维产品逐步被合成纤维所替代。价格下降，全国玻璃纤维产品滞销减产。市北区玻璃纤维厂停产。株洲玻璃厂玻璃纤维产品减产。株洲玻纤总厂坚持“质量以优取胜，价格以廉取胜”的原则，产品畅销 11 个省市。同时自筹资金兴建年产玻纤绝缘漆管 1000 万米的车间。1981 年 10 月，株洲玻璃纤维总厂并入株洲苎麻纺织印染厂，其生产玻纤绝缘漆管的技术人员和设备移交株洲玻璃厂纤维分厂。

1981 年，株洲玻璃厂设立纤维分厂，采取措施，提高产量、质量。1983 年，实现利润 122 万元，创纤维投产以来最好经济效益。

1991 年 2 月，株洲玻璃厂 5 吨的人造压电水晶车间投产，质量达到国内同类产品先进水平，填补了省内一项空白。同年 5 月，株洲玻璃厂兼并市珍珠岩厂，改设为六分厂。自己设计、制作、安装珍珠岩生产线。

20 世纪 90 年代，株洲玻璃厂定型玻璃钢制品生产有 4 个系列，71 个品种，产量 200 吨以上。1999 — 2000 年，全市生产玻璃纤维布 847.76 万平方米。

第四节　建筑陶瓷

1987 年，在茶陵县高陇镇出土东汉晚期古墓，墓基有陶制涵管，每节长 50 毫米。清光绪年间（1875 — 1908 年），醴陵县肖云超从安仁县请来制陶师傅，在仙源桥设厂制作陶瓦。至 1949 年，制作陶瓦和涵管遍及各县，尤其是株洲县仙井、渌口和醴陵市仙霞镇曾盛极一时。1954 年，醴陵陶瓷手工业合作联社，试产玻璃瓦成功，但未批量生产。1958 年，兴建株潭瓷厂和市陶瓷厂，株潭瓷厂曾试制瓷板，醴陵瓷器公司曾生产少量瓷板。1959 年，醴陵县瓷厂生产瓷板和卫生洁具，1962 年经调整后停产。1974 年以后，醴陵城关镇新胜工艺瓷厂率先批量生产釉面瓷板，年产量 10 万 ~ 20 万片。同年醴陵瓷泥矿组织试制卫生洁具成功，投入批量生产。1979 年，醴陵县城关镇烈士塔大队的瓷厂改名醴陵县建筑装饰陶瓷厂，生产釉面砖和马赛克。同年，醴陵瓷泥矿开始生产马赛克，当年产 2585.5 平方米。醴陵阳三石焦厂从 1981 年开始生产釉面砖，当年产 10 万片，质量符合要求，翌年形成年产 75 万片的规模。1982 年，醴陵县城关镇在知青点花炮厂的基础上建起醴陵县建筑陶瓷厂，生产釉面瓷板，花色品种达 187 个。1984 年 5 月，艺术陶瓷釉面砖在南京参加“全国建材科技成果交流交易大会”展出，经审定评比为“优秀项目”，获金质奖牌和荣誉证书。1983 年，醴陵瓷泥矿试制出防潮砖。“六五”计划期间，除醴陵县陶瓷一厂转产建筑陶瓷外，不少的乡村瓷厂也陆续生产建筑陶瓷，醴陵渌江乡泉湖村建立生产建筑陶瓷的专业工厂。1986 年醴陵市建筑陶瓷厂转产。1987 年，阳三石焦厂新建一条隧道窑素烧和一座 24 孔推板窑釉烧。年生产能力达到 1000 万片，名列全省行业评比第二。

1988 年 9 月，醴陵长城彩釉砖厂引进意大利萨克米、西蒂两公司一次烧成年产 100 万平方米彩釉墙地砖自动生产线投产，填补湖南省内空白。当年生产彩釉砖 13.03 万平方米，实现工业总产值 287.52 万元。1989 年，生产彩釉砖 40.06 万平方米，完成工业总产值 949.27 万元，实现利润 21.66 万元。1990 年，由于燃料质低价高，停电频繁，国内配套设备质量差，产量虽达 47 万平方米，但一级品率只有 10.96%。其产品规格有 4 个规格 47 个花色品种。产品销往全国 16 个省市，1989 年出口量占全国彩釉砖出口总量的三分之一强。

1990 年，全市有县属以上建筑陶瓷企业 4 家和醴陵城关镇管辖的醴陵市装饰建筑陶瓷厂，年产能力为墙地彩釉砖 100 万平方米、釉面砖 100 万平方米、马赛克 45 万平方米、防潮砖 100 万片。当年总产值 2494.06 万元。另有乡办建筑陶瓷企业 14 家，当年总产值 1842 万元。

1991 年后，随着广东、福建等建筑卫生瓷大量涌进株洲，使醴陵的建筑卫生瓷销售受阻，产量下降，部分产品相继停产或半停产。1994 年，醴陵市的建筑卫生瓷生产厂家停止生产马赛克。醴陵市陶瓷一厂停止瓷板生产，只生产釉面砖、地面砖、卫生瓷。当年 4 月，长城彩釉砖厂因窑炉掉砖、煤气柜漏气、液压机不制冷，喷雾干燥塔旋风板穿孔等问题全面停产。1995 年 11 月，该厂由国光瓷业集团股份有限公司整体收购，更名“湖南醴陵国光建筑陶瓷有限公司”，年产彩釉砖 120 多万平方米。

2000 年，醴陵市仍有建筑陶瓷企业 12 家，年产各种建筑卫生瓷 230 多万平方米。

第五节　新型建材

一　防水材料

1970 年，贺家土街道办事处白石港居委会筹办油毡厂（后改名株洲市油毡厂），日产油毡 20 ~ 30 卷，后扩建到年产 30 万卷能力。1977 年，开始生产玻璃纤维布油毡。1978 年，两种油毡产量共 5.76 万卷。产品远销贵州、四川等地，少量进入香港地区市场。由于原材料未纳入国家计划，原纸和沥青供应受限，1985 年仅生产 1251 卷。加之原材料价格上涨，生产难以为继，1986 年停产。1989 年恢复生产玻纤油毡。

湖南省建五公司于 1974 年研制成功石灰乳沥青。1984 年，市油毡厂用氧化法生产沥青 527 吨。全市生产的石油沥青有 3 个品种规格，年生产能力 5300 吨。

株洲市油毡厂与中国华能工程技术开发公司联营，新建多功能油毡生产线，1992 年完工并投产，生产规模为年产 1 万吨改性沥青和 50 万卷改性沥青油毡。1994 年因发生重大火灾，损失惨重导致停产。

1991 年，株洲市生产防水材料的厂家有市油毡厂、华能油毡厂、淦田防水油毡厂、淦田防水材料厂，醴陵市有防水材料厂等 51 家企业。全市防水材料总产量约 1 万吨。

株洲县淦田防水油毡厂和淦田防水材料厂是 1990 年创办的乡办集体企业。1994 年，淦田防水油毡厂更名为神力实业公司，当年完成产值 800.8 万元，实现利税 94.1 万元。1996 年，神力实业公司完成产值 2260. 1 万元，被评为株洲市乡镇十强企业。1999 年，"神力"牌油毡获评湖南省"乡镇企业名牌产品"。这年该厂由于忽视新产品开发，老产品 PVC 防水油毡受市场出现的 SBC 新产品制约，生产急剧下降。2000 年，神力实业公司改制成股份制企业，年产油毡油纸 8400 卷，完成产值 780 万元，实现利税 34 万元。

1974 年，醴陵河西防水材料厂生产"瓷城"牌塑料油膏，年生产能力 1000 吨，系当时国内生产建材防水油膏最早、规模最大的企业之一。1978 年 8 月，株洲县淦田公社建立油膏厂，开始生产塑料油膏。同年，醴陵泗汾建材化工厂转产防水塑料油膏。市阳三石焦厂也试产油膏成功。1979 年湘钢农场（在攸县网岭）开始生产油膏，年产 220 ~ 230 吨，销往湖北等地。1982 年，醴陵河西防水材料厂生产的"瓷城"牌塑料油膏获湖南省科研成果推广一等奖，被评为湖南省名优产品。1983 年，醴陵泗汾建材化工厂在全省 14 个重点油膏厂检查中获第一名，产品被评为省优产品，1984 年获农牧渔业部部优产品。至 1985 年底，醴陵塑料油膏生产企业有 52 个，年产量达 22075 吨，还有一些个体户和几户联合的油膏厂。1990 年，醴陵生产塑料油膏 16677.7 吨。

1982 年，醴陵河西防水材料厂试制成功"天衣"牌 PVC 冷粘贴防水柔毡，经湖南省第六建筑工程公司试用证明，该产品施工简便，防水效果好。《湖南日报》《经济参考》《文汇报》都报道了这一成果。1983 年，"天衣"牌柔毡获国家金质奖。1984 年，株洲县淦田防水材料厂采用双滚筒炼胶机生产由湖南大学和衡阳第三塑料厂合作研制的 PVC 单层防水卷材获得成功，年生产能力 4000 吨。

1986 年，市建筑材料厂研制出冷粘贴防水卷材，当年生产 118.99 吨，1987 年形成年生产 1000 吨的生产能力。

1991 年，醴陵市的 51 家防水材料厂共生产油膏 8510 吨、防水卷材 3.6 万卷。1992 年，城区、泗汾、仙霞、新阳等防水材料厂扩大规模，针对市场所需研制和开发新型建材产品，使品种形成 5 大类 40 多个，其中主要有 PVC 防水柔毡、氯化聚乙烯防水卷材、SFD 改性沥青、防水粉、聚氨脂涂料、PCC 冷胶塑料油膏等。1993 年，醴陵市涌现出帅旗、神州、环宇、广发、湘马、新型、橡胶防水公司等一批防水材料生产的骨干企业，全市生产规模扩大，产量迅速上升，年平均产量增至 1.5 万吨以上。醴陵市防水材料厂生产的"天仙"牌氯化聚乙烯橡胶类防水卷材等产品曾用于京九铁路房屋建设防水等大型工程。醴陵市建筑防水总公司是一家民营企业，该公司的"帅旗"牌商标被评为湖南省著名商标，1997 年生产的 PSQ 防水材料，被选定为毛主席纪念堂屋面修缮材料。醴陵市湘兴防水建材公司下设三个分厂，该公司研制开发生产的 SEP 有胎复合系列防水卷材、SBS 改性沥青防水卷材获国家专利，产品销往广州、上海、广西、新疆、福建等地。2000 年公司年产值达 800 多万元。

二　耐火材料

株洲县王十万、古岳峰一带盛产耐火石，民间很早就开始露天开采，是当地农民一项传统副业。1954 年 4 月，湘潭县财委在石龙寺（位于王十万与古岳峰交界处），办起湘潭县耐火石矿厂（后改名湘潭县耐火石矿），露天开采石坯，年产量约 300 吨。1958 年，境内各县、郊相继办起规模不等的耐火材料厂，采挖耐火泥、石。1959 年 3 月，王十万、古岳峰等区划入株洲市，湘潭县耐火石矿随之更名为株洲市石龙寺耐火石矿，1963 年，矿场交王十万公社处理。

1958 年，在市区杉木塘建起株洲市耐火材料厂，采用手工操作生产耐火砖，因产品质量差，1962 年并入市矿山机械厂。石龙寺耐火石矿开采的耐火石，耐火度达不到要求。1960 年，石龙寺耐火石矿建 50 吨倒焰窑 2 座，当年生产黏土质耐火砖 1399 吨，正品率为 92.25%，耐火黏土砖 1017.85 吨，其中普形砖 642.78 吨，异形砖 375.10 吨，正品率为 94.07%。1963 年迁入市区，更名株洲市耐火材料厂，当年生产耐火黏土砖 2877 吨，产值 22.5 万元。

1970 年，醴陵马恋公社、城关镇烈士塔大队、孙家湾公社，利用当地耐火泥资源，相继兴办耐火材料厂，生产各种平型、异型耐火砖。1977 年 4 月，攸县坪阳庙耐火材料厂投产，生产能力为年产耐火材料 1000 吨。

1978 年，醴陵县马恋硅火泥厂研制生产 GQN–95、GQN–94、GQN–93 系列特种硅质耐火泥浆。1983 年，醴陵市渌江乡泉湖村飞虎利民小组建起醴陵市不定型耐火材料厂，研制成功特种黏土质和高铝质耐火泥浆，1984 年投入批量生产。1986 年，株洲市耐火材料厂试制成功新型黏土质 NF2–40 和高铝质 GF2–70 耐火泥浆，1987 年，醴陵市不定型耐火材料厂的特种黏土质和高铝质耐火泥浆技术鉴定，各项指标均已达到或优于湘 Q/YB1483 ～ 87 标准的要求。在国内居领先地位，具有 20 世纪 80 年代初日本同类产品先进水平。1988 年产品获湖南省优秀新产品称号，1989 年获国家科委颁发的国家科技成果证书。

1984 年 10 月株洲电厂综合利用实验厂生产 PXM–1000 型普通硅酸铝耐火纤维。1985 年 3 月正式投产，年产硅酸铝纤维 300 吨，1986 年因销路不畅停产。1987 年 8 月，酃县城关镇建成新型保温材料厂，当年生产硅酸铝纤维棉 115 吨。1990 年 2 月试制硅酸纤维制品，4 月投产批量生产，全年生产 29.49 吨。市耐火材料厂于 1982 年试制出硅酸铝砖。1985 年，试制 0.8 轻质耐火黏土砖。1990 年株洲市耐火材料厂，生产耐火材材料 7821 吨，产值 142.9 万元，实现利润 1 万元。

20 世纪 90 年代，株洲市耐火材料厂主要生产黏土耐火硅、轻质砖、耐火坭和各种异型耐火砖制品。90 年代中后期，因设备陈旧，工艺落后，在市场经济发展中逐步丧失竞争力，1996 年 6 月，该厂成建制被醴陵国光瓷业股份有限公司兼并后，改建成钢材市场。株洲县耐火材料厂因亏损于 1995 年破产。

醴陵市主要在马恋、栗山坝、孙家湾、沈潭、转步、船湾、东堡等乡镇，办有44家耐火材料厂，生产耐火砖、耐酸砖、异型耐火砖、不定型耐火砖等产品，用于窑炉、烟筒、炼钢炉等建筑。1991年，生产各种耐火材料279.34吨。1992—2000年，年产量稳定在300吨左右，年产值达2000多万元。2000年，境内共生产耐火材料制品1366吨。

三 塑钢门窗

株洲湘瑞塑料建材有限公司，是国家为推广塑钢门窗在全国布点建设的3大样板骨干企业之一。

1993年2月，国家计委、国家经贸委、国家“901”办公室和化工部批准在湖南株洲化工集团建设PVC塑料建材工程。1995年11月，湖南省建委批准初步设计，建设规模为年产PVC异型材6000吨及塑钢门窗10万平方米。同年12月破土动工建设，1996年11月建成投产，1998年3月通过竣工验收。一期工程投资1.2亿元，从奥地利格瑞纳公司和德国克劳斯·马菲公司引进具有国际一流水平的生产设备和技术，从德国威格玛公司引进塑钢门窗组装设备。第二期工程是利用湖南省政府支持的1000万元高新技术引导资金，1999年动工扩建，2000年5月基本完成，使PVC塑料异型材的生产规模从6000吨增到15000吨。1997年，公司还投资250万美元，从韩国引进3条芯层发泡管材生产线，年产6000吨芯层发泡管材，产品质量达到国内领先水平，荣获“湖南省产品质量奖”，并被定为“湖南省名牌产品”。株洲湘瑞塑料建材有限公司的产品除销往湖南、湖北、江西、四川、广东、广西、云南、上海等地市场外，还远销亚洲、非洲、美洲等国家和地区。1997年该公司销售收入为257万元，1998年为1799万元，1999年为5657万元，2000年达6214万元。

四 陶瓷劈离砖

1993年，株洲建筑陶瓷材料总厂（原株洲市建材厂）投资1378万元，从广西柳州引进年产35万平方米的陶瓷劈离砖生产线，1994年8月建成投产。其产品质量及各项物理性能指标达到或超过欧共体指标要求，填补了省内空白。陶瓷劈离砖有红棕、乳白、咖啡、蓝、绿等系列颜色，规格为240×60×11毫米，品种有长条、平面、T型、步级、拐角砖等。该产品具有吸水率低、热稳定性高、抗冻性能好、高强度、耐磨耐酸碱、不变形、不打滑、可牢固粘贴不脱落等特点，是建筑业用于装修的优质材料。

第六节 非金属建材矿

明朝晚期，攸县连塘坳等地已开采石膏。醴陵瓷泥的开采始于清雍正七年（1729）。攸县楣山乡曾家山砷（砒霜）矿点，有露天采矿，深部老窟及废石堆遗址多处，矿脉上部100米范围内几乎采空。20世纪20年代，王十万一带有私人开办的耐火石矿。抗日战争时期，三门镇一带有人开采石膏熬盐。

1947年，攸县柏树下乡在潼源村发现石棉矿，曾进行过小量开采。

“一五”计划期间，非金属建材矿采掘有大规模发展。石灰石矿和石料开采增加，主要烧制石灰，提供石料。1973年，酃县开办萤石矿。1976年，醴陵栗山坝乡开办硅火泥矿，攸县漕泊乡兴办滑石矿，茶陵县火田乡和高垅乡分别建立萤石矿。

中共十一届三中全会后，开采非金属建材矿成为农民致富的渠道之一。不仅乡、村和村民小组组织开采，有的农民一家一户也开采。醴陵的瓷泥，除醴陵瓷泥矿外，其余均为乡镇、村和农民个体开采。2000年，境内已探明和发现的非金属建材矿有：储量为3000万吨的高岭土，主要分布在醴陵；储量为10亿吨的石灰石，主要分布在攸县、茶陵和株洲县；萤石主要分布在炎陵县、茶陵县、醴陵市和株洲县，矿藏量300万吨；石膏矿分布在攸县境内，储量1500万吨；辉绿岩和玄武岩，分布在株洲县、醴陵、攸县，储量1000万吨；花岗石分布在茶陵县和攸县，株洲县和醴陵也有少量储藏，总储量60亿立方米，面积为800万平方米。此外还有白云石、石英砂、耐火石（泥）、石棉、滑石、大理石、玛瑙、重晶石等20多种。

萤　石　20世纪50年代，潘家冲铅锌矿组织人力回收块状萤石。1973年，酃县建立萤石矿，年产能力1万吨。1977年，酃县高垅乡和火田乡，分别设矿开采萤石。1973年7月，潘家冲铅锌矿建成萤石选矿车间，采用浮选工艺，形成年产1万吨萤石精矿粉规模。1978年，茶陵火田乡建成年加工5000吨萤石精粉的矿粉厂。酃县萤石矿于1988年投资275万元，兴建日处理矿石50吨的原矿浮选厂，1989年投产。

高岭土　境内高岭土储量丰富，尤以醴陵为最，纵横50千米范围内有14个矿区、91个矿点，已探明储量有2153万吨，占全省已探明储量的63%。株洲县、攸县、茶陵县、炎陵县有高岭土矿点14个。民国27年（1938），刘谦主修的《醴陵县志》记载：“瓷土为醴邑特产，清雍正年间，有粤人播迁来醴者，始发见于沩山，因瓷制器良佳，自是沩山为瓷业中心区，渐次推广于赤脚岭等处。”湖南省银行经济研究室于民国29年（1940）撰写的《醴陵瓷业调查》云：“醴陵之产瓷始于雍正初年，当时有樊姓者，佚其名，江西南昌人，偶来醴陵，于沩山发现瓷泥，遂于中枫塘购地开设瓷窑。”

中华人民共和国成立前，瓷土开采多由窑户向山主租赁取泥，或由山主雇工开采卖给窑户。凡矿石露出之处，均露天开采，表土覆盖较厚的以窿道开采，锄挖肩挑或木制独轮运输。开采无规则，弃难从易，争挖软矿，未能深入。所采原料，仅为储量的半数，有的不到三分之一。醴陵瓷泥矿所属马颈坳矿区，是全国最大的瓷泥矿。1952年，醴陵县财经管理委员会在王仙组建瓷泥厂。1956年，湖南省工业厅瓷器工业公司将醴陵瓷泥厂和王仙沩山等204个泥、釉、匣联销社（组），改组合并为湖南省瓷泥矿。分别在马颈坳、沩山、老鸦山、大林、长坡、长冲、冷水坑等地设立工区，实行统一管理，计划开采和供应。1964年。选定马颈坳和于冲2个矿区为开采基地。采取分段剥离，机械钻孔，爆破采掘，矿车和小火车运输，实现了机械化开采，平均每人年采矿石300余吨。

1980年，酃县沔渡乡仓背的瓷泥始采掘。1990年后，醴陵市瓷泥矿近200个（含乡村企业），开采点在300处以上。攸县、茶陵县、株洲县均有乡镇开采瓷泥。

石　膏　民国29年（1940），由于日军犯境，江浙盐区的海盐难以输入，湖南盐价陡涨，攸县商人陈觉民等12人，集资6.4万元，在上云桥组织久畴、久大2家膏盐公司开采石膏，并熬制膏盐。年产石膏8万～9万担，熬制膏盐2000担，民国33年（1944）停办。

中华人民共和国成立后，上云桥乡组织劳力开采。1960年由县政府接办，1962年停办。1979年，攸县莲塘坳乡兴办石膏矿，1982年沙陵陂乡也开办石膏矿。1990年，2矿共产石膏1515吨。陶瓷、建材、建筑、冶金铸造工业的迅速发展，对石膏粉的需求数量越来越大。醴陵瓷业总公司投资78.5万元，于1983年建成α、β2条生产线的醴陵石膏粉厂，这是省内第一家专业化熟石膏粉生产企业。

花岗岩 1962年，市郊区五里墩开采花岗石，1978年开始出产。1986年，攸县桃水煤矿和县建筑公司联合建立大理石板材工厂，小批量开采，加工装饰板材。

白云石 白云石在境内各县均有储量。以攸县白云石质好量多。攸县栗山乡、柏树下乡办的2个白云石矿。每矿只有7～8人，露天开采。

滑　石 攸县部分乡镇有滑石矿藏。20世纪60年代中期，攸县漕泊乡和湖南坳乡各办了1个滑石矿，以销定产。1990年共采滑石4000吨，由于乱采乱挖，资源遭到破坏，漕泊乡滑石矿已于1990年年底停采。

1980年，攸县城关镇建起一个矿粉厂，主要采用漕泊乡的滑石加工“灵峰”牌药用滑石粉。

株洲市建筑材料工业局历任负责人名录

表7-7

局　长（经理）	任职时间	副局长（副经理）	任职时间
张克明	1958.11—1960	王华仪	1958.11—1960
唐耀星	1958.10—1960	宋道乾	1960—1962
王华仪	1960—1962.4	伍应舜	1956—1968.10
张振发	1965.6—1968.10	陈传畴	1978.6—1983.8
张炳一	1965.6—1968.10	周运鹏	1978.6—1983.8
李溉德	1978.6—1981.6	沈世乾	1978.12—1983.8
傅定和	1981.6—1983.8	秦德礼	1980.1—1983.8
马传恩	1983.8—1985.4	李溉德	1981.6—1983.8
彭图栋	1985.4—2000.12	彭寅生	1983.8—1992.6
–	–	彭图栋	1983.8—1985.4
–	–	李策斌	1986.4—1990.9
–	–	韦　永	1985.4—2000.12
–	–	何先社	1993.5—2000.12
–	–	李　俊	1993.5—2000.12
–	–	高小毛	1996.4—2000.12
–	–	许建邦	1997.7—1998.5

第六章　煤炭工业

明万历年间（1573 — 1620 年），攸县黄丰桥乡严塘村就有人开采煤炭，茶陵县煤炭在清同治年间即行销市场。清光绪二十二年至二十七年（1896 — 1901），醴陵县产煤 1800 吨，湘潭县小花石煤矿（株洲县华石矿）产煤 2200 吨。

民国 19 年（1930），湖南省建设厅成立石门口煤矿局，为省办四大煤矿之一。因遭日军破坏于民国 33 年（1944）停产。

民国 30 年（1941），黄伯逵等人兴办湘潭县小花石煤矿公司。民国 37 年（1948），因井下失火停办。

1949 年前，境内各县先后有商办或集资煤矿 65 家。1949 年，官办煤矿共产煤 1.7 万吨。其中醴陵县 0.4 万吨、攸县 1.2 万吨、茶陵县 0.03 万吨、酃县 0.07 万吨。

中华人民共和国成立后，人民政府大力发展煤炭工业。株洲市设立专门机构进行管理。20 世纪 50 年代由重工业局、冶金煤炭局管理煤炭生产，60 年代末到 70 年代，由株洲经委工业生产指挥组与化燃局管理。1983 年 10 月，成立株洲市煤炭工业局，管理全市煤炭生产与供销。1994 年 5 月 31 日，属湖南省地质矿产厅的派出机构“株洲市矿产资源开发办公室”与“株洲市煤炭工业局”合并。1997 年 6 月 30 日，组建“株洲市地矿资源管理局”。

三年经济恢复时期（1949 — 1952 年），积极组织煤农恢复煤炭生产，鼓励私人集资入股。1953 — 1954 年，各县完成组织煤炭生产互助组的任务。1954 — 1955 年，从攸县黄丰桥地区成立第一煤炭生产合作社开始，各县相继完成煤炭生产合作化，茶陵县建立岩口地方国营矿。1956 年，醴陵县成立了公私合营洪家冲煤矿（石门塘煤矿前身）。1957 年，攸县、酃县、茶陵县、醴陵县又先后成立了东岳山、玉江、人民、马颈坳等国营矿。境内煤矿总产量由 1949 年的 1.7 万吨提高到 9.7 万吨，增长 5.7 倍，境内煤矿国营矿人均年产量达到 56.7 吨。

1958 年，在“全民大办工业”“支煤保钢”的号召下，境内各县动员数千人上山，日夜奋战，在中厚煤层开山剥岭，大挖露天矿，集中妇女开凿“三八”井、“穆桂英”井。兴办了桃水、华石、石成金、南桥等 13 个国营矿。当年产煤 30.82 万吨。

国民经济调整时期（1963 — 1965 年），境内关停 4 个国营矿。1965 年，实有职工 1120 人，产原煤 13.54 万吨，创工业总产值 128.73 万元，扭转了 1960 年以来连年亏损的局面。

1965 — 1977 年，在中共中央提出扭转北煤南运的有利形势下，国家拨款修建了 200 多千米的高压输电线路，解决了煤矿动力问题；省煤田勘探公司一六五队等 5 个地质勘探队对境内 8 个矿区进行普查和钻探，基本探明境内含煤地层和储量情况；1973 年，醴茶铁路建成通车给主要产煤区的煤炭外运创造了条件。在此期间，国家拨款 1509.2 万元、地（市）拨款 446.31 万元、矿自筹资金 150.5 万元，对桃水、石门口、华石、大障等 10 个国营矿进行矿井建设和技术改造。桃水煤矿年产

1 万余吨的小窑，被改造成年产 12 万吨的矿井；东岳山、马颈坳与大障、吉林桥煤矿将年产 1 万吨左右的井型改造为年产 6 万吨的矿井；其他各矿经改造后产量都增加 2 倍以上。经过改造的矿井在掘进、通风、排水、采煤、运输等主要生产环节上实现了机械化、半机械化。1978 年，境内各县共产煤 107 万吨，首次突破 100 万吨大关，创产值 908.49 万元。因矿井越挖越深，井下排水与运输、提升耗电大，电费越来越多，吨煤成本由 1958 年的 7.71 元提高到 1978 年的 20.25 元，而煤炭售价按国家规定都固定在每吨 16 元左右，因而境内各国营矿总亏损达 135.75 万元。

中共十一届三中全会后，煤炭工业贯彻“调整、改革、整顿、提高”的八字方针，对国营矿山进一步进行改造与整顿，关闭了 6 对能源消耗大、亏损大、地质资源枯竭的矿井，新建与改造了设计为年产量 15 万吨、9 万吨等 5 对国营矿井和 2 对年产量 3 万吨新矿井。与此同时，又将 12 个乡（镇）村办煤矿，改造成设计能力为年产 2 万 ~ 3 万吨井型。到 1990 年，经过技术改造的矿井有 21 对，设计年产能力为 93 万吨，加上 2 对在建矿井，全市设计年产量可达 100 万吨。

1990 年，各国营矿固定资产净值 2000.7 万元（其中市属矿为 1028.80 万元），共产煤 203.12 万吨，创工业总产值 19964.55 万元。株洲煤田勘探公司担负着全省煤炭资源勘探任务。从 20 世纪 50 年代起到 80 年代末，先后提交各类地质报告 53 件，可供煤炭建井的 21 件，提交储量 84 亿吨，获国优、部优、省优的报告 9 件。

1993 年，全市原煤产量达到 265.25 万吨；1994 年完成原煤产量 338.63 万吨，创历史最好水平，其中市属煤矿完成 26.14 万吨、县属煤矿 27.84 万吨、乡镇煤矿产煤 284.65 万吨，完成工业总产值 2853 万元；1995 年，全市原煤产量 347.79 万吨；1996 年产 397 万吨；1997 年产 260.48 万吨。1999 — 2000 年，全市有煤矿山企业 336 家，总设计能力 278.9 万吨，年产原煤在 280 万 ~ 330 万吨之间，煤炭生产主要集中在攸县。2000 年，全市原煤生产 327.73 万吨，产值 4.13 亿元，利润 0.59 亿元，仅攸县就年产原煤 290.18 万吨、占总产量的 88.54%。

第一节 煤炭产地与资源勘探

一 煤炭产地

境内含煤地层有 4 个，即下石炭统测水组、上二叠统龙潭组、上三叠统安源组及三丘田组。其中，以龙潭组为主，次为安源组，三丘田组煤层不发育。

测水组分布在株洲县的南阳桥、平山塘、渌口，醴陵市的马峦巷、南桥西侧，攸县的炭山坡、漕泊、峦山，茶陵县的严塘镇，炎陵县玉江、腊树下等地。测水组含煤 1 ~ 3 层，1 层可采，为不稳定或极不稳定煤层，结构复杂，为高硫高灰无烟煤。

龙潭组分为“南型”和“北型”两种沉积类型。“南型”分布在醴陵市的大障，攸县的桃水、黄丰桥、兰村，茶陵县的清水、界化垅等地。含煤 5 ~ 24 层不等，主要可采煤层 1 ~ 2 层，局部可采 5 ~ 8 层，其他为零星可采或不可采。结构简单，均为无烟煤。“北型”分布在醴陵市的南桥，株洲县的均坝等地。含煤 2 ~ 4 层，其中 2 煤层为主要可采煤层，结构复杂，为高硫高磷的气煤或肥焦煤，少部分为焦煤。

安源组分布在醴陵市的石门口、南桥、潼塘、大屏山，攸县的炭山坡及株洲县的华石等地。含煤 3 ~ 10 层，主要可采 1 层，为不稳定或极不稳定煤层，结构复杂，为高灰分的气煤或气肥煤，局部为焦煤。

二　资源勘探

据文献记载，境内煤炭资源地质调查，始于清同治五年（1866)，至民国 18 年（1929），均为“洋人”所为。嗣后至中华人民共和国成立时，有郭绍仪、刘基磐、粟显俅、田奇璀、王晓青、王竹泉、刘祖彝等地质工作者，先后在醴陵、茶陵、株洲等县进行地质调查，并绘制 1 ： 100000、1 ： 50000、1:10000 的地质图。著《醴陵石门口煤田地质报告》《湖南醴陵石门口煤田》《湖南湘乡一带煤田》《湖南湘潭朱亭、淦田一带煤田地质简报》《湖南湘潭县小花石、楼厦一带侏罗纪煤田地质》《湖南渌口煤田地质》《湖南湘潭小华石煤田》等重要文献。对含煤时代、煤种、煤质及开发经营作了概述，并对煤炭资源量进行了预算。

中华人民共和国成立后，为医治战争创伤，尽快恢复生产，除了大力开展煤田地质调查外，并开始煤田地质勘探。1990 — 2000 年，国家投入的境内地质勘探项目有 30 多个，工作重点逐渐转入煤、黄金及非金属矿勘查，先后发现并查明了攸县黄兰煤矿等一批新的矿产地。

1. 南桥矿区　1949 年 9 — 10 月，江西萍乡煤矿地质勘探队对南桥矿区进行调查，填绘 1:10000 地形图，进行了少量的山地工程和手摇钻工作，对构造、煤系的分布作了初步了解。

从 1956 年春开始，相继有江西一二八队、湖南省煤炭工业局一六五队（简称“一六五队”），湖南省地质局湘潭专署综合地质队（简称“湘潭专署地质队”）、湖南省煤田地质勘探公司第六勘探队（简称“湘煤勘六队”）在区内开展普查及最终勘探，共施工钻孔 145 个，钻探工程量 33089.19 米，浅井 390.1 米，探槽 11303.06 立方米，抽水一孔一层次。先后提交《官寮煤矿概查报告》《湖南醴陵南桥矿区最终地质普查报告》《醴陵仙石煤田普查评价报告》《醴陵王坊煤矿区勘探评价报告补充报告》《湖南醴陵南桥煤矿区地质勘探评价报告》《茶醴煤田南桥矿区潼塘井田地质勘探报告（最终）》《茶醴煤田澄潭江 — 王仙地质勘探普查报告》，共获得储量 2646.8 万吨。

2. 大障矿区　1958 年 5 — 9 月，湘潭专署地质队醴陵普查分队进区踏勘，填绘 1:50000 地形地质图。1959 年 1 月开始勘探，先后由湖南省地质局湘东队（简称“四〇二队”）、湘赣煤田地质会战指挥部一一四队（简称“一一四队”）、湘煤勘六队进区工作，共施工钻孔 58 个，钻探工程量 28138.08 米，探槽 6242.53 立方米，抽水 5 层次。提交《湖南醴陵大障煤矿区地质普查勘探报告》《湖南省醴陵县大障矿区地质普查勘探报告补充报告》《湖南省醴陵县大障矿区地质勘探（最终）报告》《湖南省醴陵县大障矿区二井田详查（最终）地质报告》，共获得储量 2817.6 万吨。

3. 华石矿区　1958 年 8 月，一六五队到华石矿区调查，10 月开始普查勘探。后湖南省煤炭工业局一四〇队（简称“一四〇队”）、四〇二队也在区内工作，共施工钻孔 70 个，钻探工程量 14192.92 米，浅钻 11 个 586.74 米，坑深 85 米，探槽 4800 立方米，抽水 4 孔 4 层次。提交《湖南株洲华石煤矿地质勘探最终报告》《株洲县煤矿普查报告》《湖南省株洲市郊华石矿区地质勘探最终报告（普查）》《株洲县堂市煤矿地质普查报告》，探明储量324.3万吨。

1960年2—6月，一六五队在株洲瑶湖、大塘湖一带普查，施工21孔，钻探工程量3572.55米，提交《株洲市郊瑶湖、大塘湖煤矿地质勘探最终报告》，获储量124.5万吨。

4.桃水矿区　1958年3月，一六五队进区调查，5月开始普查勘探，随后由湖南省冶金局四一二队、湖南省地质局物探队、四一六队在区内开展工作。前后共施工191孔，钻探工程量55397.96米，探槽3158.31立方米，抽水4孔4层次，提交《湖南攸县桃水煤田详细普查综合报告》《攸县桃水煤田1960—1961年地质勘探总结报告》《湖南攸县桃水外围隐伏煤田物探普查报告》《湖南省攸县桃水煤矿区地质勘探报告（泉塘冲、睦田、井田）》《攸县桃水矿区伟田井地质勘探报告》。共获储量2045.2万吨。

从1958年11月起，先后由一六五队、湘潭专区三队、四一六队在炭山坡勘探，共施工钻孔23个，钻探工程量666.92米。提交《湖南攸县炭山坡煤田评价报告》《湖南省攸县炭山坡烟煤矿地质报告》，提交储量478.9万吨。

5.黄丰桥—兰村矿区　1958年，湘潭专署地质队进区调查。1959年，省四〇二队开始勘探，后湘赣煤田会战指挥部地质测量指挥部普查三分队、湘煤勘六队又进行了普查，前后共施工钻孔42个，钻探工程量23604.44米，浅井19.05米，探槽153509.66立方米，先后提交《湖南省攸县黄丰桥煤矿区详细普查报告》《湖南省攸县黄丰桥矿区1∶25000地质测量技术总结》《湖南省黄丰桥勘探区中段南翼普查、北翼找煤地质报告》。共提交储量2244.3万吨。

6.界化垅矿区　1953年，中南第三地质调查所廖士范首次对该区进行调查，对含煤时代及煤系地层作了较细的划分。1958年9月，四〇二队第五分队开始勘探，后来四一六队在区内也进行勘探。共施工钻孔7个，钻探工程量1899.29米，探槽28038.94立方米，茶陵县人民煤矿施工硐探1234.8米。先后提交《湖南茶陵界化垅矿区地质普查报告》《茶陵县界化垅煤矿普查报告》《湖南省茶陵县界化城矿区安泉区段硐探地质报告》，共获储量1598.5万吨。

7.石门口矿区　1958年8月，一六五队进区勘探，后一四〇队、一一四队也进区工作。共施工钻孔28个，钻探工程量9323.1米，浅钻4个250.80米，探槽4825.01米，提交《湖南醴陵石门口矿区地质勘探最终报告》（普查）、《湖南省醴陵石门口区详细勘探（最终）地质报告》。提交储量801.75万吨。

从1959年7月开始，四〇二队在焦冲进行勘探，到1963年4月，共施工钻孔55个，钻探工程量3860.83米，探槽7088立方米。提交《湖南省醴陵县泗汾焦冲煤矿地质普查勘探报告补充报告书》，获储量24.2万吨。

8.霍家矿山　1969年8月，湖南省地质局区测队进区找煤。相继四一六队进区勘探，共施工钻孔36个，钻探工程量7896.41米，先后提交《酃县塞上至庙北陇煤矿普查报告》《酃县炎陵山煤矿地质报告》《酃县霍家矿区炎陵矿段详查地质报告》，获储量407万吨。

9.其　他　1977年8月至1979年，湘煤勘六队在茶陵县枣市乡岩口、株洲县渌口南阳桥及均坝找煤，分别施工4孔1808.94米，8孔4877.06米及1孔182.45米，提交《株洲渌口南阳桥找煤资料》《茶陵岩石普查找煤小结》《株洲均坝找煤资料》。

湘煤物测队重磁队于1966年10月至1968年4月，在醴陵至攸县进行了1：50000的重磁勘探，发现含煤希望区4处235平方千米。1971年8—9月，在株洲县南阳桥进行了1∶25000的重磁勘探。1980年4—11月，在株洲县雷打石进行1∶25000的重磁勘探。

湘煤物测队电法一队于1969年4—6月，在醴陵县大障找煤，对区内的断层进行控制。1971年7月至1972年1月，在株洲县南阳桥进行了1∶25000的电法勘探。1980年8月至1981年9月在雷打石工作，发现红层由西向东逐渐增厚。

湘煤物测队地震二队于1966年7月至1968年4月，在醴陵作1∶25000找煤，发现含煤希望区3处8平方千米。1974年8—11月，在酃县霍家向斜进行了1∶10000的找煤工作，控制了向斜构造，部分煤层露头。

到1988年年底，株洲市所辖各县市累计探明煤炭储量9976.4万吨，保有储量8777.6万吨，其中测水组430万吨，龙潭组5753.8万吨，安源组2593.8万吨；无烟煤6462.2万吨，烟煤2315.4万吨。

至2000年，已探明境内煤炭资源储量2.73亿吨，居全省第四位。主要以无烟煤为主，占总量的94.51%，资源储量集中分布在攸县2.24亿吨，占总量的82.05%，其次为醴陵0.32亿吨，占总量的11.72%，其余各县仅占数百万吨。攸县黄丰桥、兰村等主要煤矿区煤质较好，以低—中灰、低—中硫煤为主，有部分特低硫煤，瓦斯含量较低，水文地质条件较简单，开发技术条件较好。

第二节 矿山建设

清光绪二十二年至二十四年（1896—1898），湖南巡抚筹银122706两，建立小花石、豆田、枫树山3个煤矿分局。共产煤7600吨。因煤质不能炼焦，后相继停办。

民国19年（1930），湖南省建设厅成立石门口煤炭局，投资折合6万银元，开发石门口、石成金2矿场，此后建矿井8对，修筑7.5千米的轻便铁路与浙赣线阳三石车站接轨，民国33年（1944），因日军侵占惨遭破坏而停产。累计产烟煤113.2万吨。

民国30年（1941），黄伯逵等人创办小花石煤矿公司，股金折合1.25万银元，于银宝山开斜井1对，未见煤就被日军侵占。抗日战争胜利后，黄又与湘南煤炭局筹集资金法币2亿元，折合银元2万元，在协和岭掘斜井1对，每日产煤100吨左右。于1949年因井下失火而停办。至民国38年（1949），共产煤3.22万吨。

1949—1953年，境内各县只有煤业互助组利用农闲时沿煤层露头开采的小煤窑与醴陵私营洪家冲煤矿。1954年，茶陵县成立国营岩口煤矿，沿老窑开凿小斜井1对，用手工挖煤，成立1年半，挖煤2000多吨，因煤层薄、地下水大而停产。

1958年，攸县八一公社于泉塘冲开办公社煤矿，1959年由县接管，于何家坡开小斜井1对采煤0.53万吨，在龙家冲开小斜井1对采煤3.4万吨。1962年，由湘潭地区接管成立湘潭地区国营桃水煤矿。泉塘井从1958—1982年，投资近1000万元，经3次技术改造，达到年产15万吨能力；

炭山坡井1971年8月开始基建，耗资338.17万元，1974年投产，设计能力为年产6万吨，1980年由湖南省煤炭厅核定年生产能力为3万吨。1990年生产能力18万吨，有职工1575人，矿区占地面积328.3万平方米，房屋建筑面积42.56万平方米，为境内主要煤炭生产基地。

1958年以来，相继新建与改造了华石煤矿（年产3万吨）、石门塘煤矿（年产10万吨，1980年停办）、黄丰桥煤矿（年产3万吨）、南桥煤矿以及大障、马颈坳、东岳山、吉林桥、人民、清水、玉江与堂市煤矿。

1983年以后，由省、市、县集资655.93万元改造攸县乡（镇）村办环冲、湖南坳、清塘冲、鸭塘铺、艳塘、人形塘、东新煤矿，醴陵市乡（镇）办万冲坡、长塘、焦冲、大众坡、东塘等12对矿井，设计生产能力（除人形塘年产2万吨以外）均为年产3万吨。

1960—1990年，共投资6672.28万元，建立国营煤矿12个，15对矿井（关停煤矿计算在内），加上述12对技改乡、村矿井，设计年生产能力达105万吨，国营煤矿经省煤炭厅核定产量为年产56万吨。这些矿井经过改造后，拥有2.5 ~ 0.5米绞车48台，各类通风机48台，压风机35台，大型高压水泵59台，变压器91台，局扇64台，各类车床78台。

1991年，境内桃水煤矿泉塘冲井及炭山坡井、华石煤矿、攸县吉林桥煤矿，被湖南省煤炭厅命名为省级质量标准化矿井。同年，省煤炭厅批准黄丰桥煤矿矿山硐探，年底完成硐探3960米，形成2个生产水平（+88水平、+45水平），探明储量180万吨。1995年生产出附产煤炭3万余吨。该井具备年产3万吨矿井的建井条件，12月省煤炭厅批准丰龙井技改立项。该矿由于地理位置等原因，有2对生产井。自建矿投产以来原煤生产一直未能达到设计要求，年产量总在3万吨左右徘徊，加之矿井老化，企业的生存与发展面临着非常严峻局面。为解决企业生产与发展的后劲问题，决心建立1对生产骨干井。经过2年的奔走，反复论证后，年设计生产能力6万吨的硐探工程于1992年初正式上马，各项设施基本完善。

1996年7月，桃水煤矿投资480万元，有偿征收了攸县桃水镇睦田煤矿，并于8月20日复产。有偿征收后，该井年产原煤3万吨，每年可完成利润40万元；安置250名劳动力，节约转岗安置费120万元。

1997年，株洲市地矿局成立后，以矿业秩序整顿为重点，以法律为武器，依法办矿，依法管矿的格局开始形成。完善了法制机构建设，加强了有关法律法规的宣传，加大了执法力度，当年全市共关闭非法采金硐井726个，非法煤窑346个。加强了对矿山企业的“三率”考核，发证、年检换证工作和年报统计工作。同时，全面开征矿产资源补偿费，使国家对矿产资源所有权益得到体现。1999年，市地矿资源管理局遵照国务院、省政府的部署，有领导有规划落实责任和措施，在全市坚决关闭、取缔非法和布局不合理煤矿541家，依法处理超深越界煤矿58个。全年压产煤103.78万吨。当年，整顿矿业秩序通过省验收。11月22—25日，以省地矿厅副厅长黄永南为组长的省整顿验收组，到株洲就整顿矿业秩序进行验收，听取市领导汇报、观看了株洲整顿矿业秩序纪实录像片《重拳出击》，又到攸县黄兰矿区、醴陵洪源金矿区作现场检查；对株洲开展矿产资源法律法规宣传教育、严格执法，清理无证开采和乱采滥挖及布局不合理的矿山企业、制定防止反弹措施等，给予充分肯定，认定株洲治理整顿矿业秩序工作成绩显著，矿业秩序已达到标准。

2000年，全市煤炭行业完善了扭亏增盈考核责任制，逐级签订责任状。桃水煤矿、黄丰桥煤矿、清水煤矿、吉林桥煤矿等单位根据各自情况，进行了不同形式的经营体制改革。严格目标成本管理和其他各项基础管理，使吨煤成本连年下降；同时，调整销售策略，转变销售观念，使煤炭产销售率达98%。年内全市共换证572个，换证率为100%，通过联合或合并减少矿山78个，关停、注销采矿许可证44个，调整或重新界定矿区范围200余个，解决各类矿业纠纷180起，追缴补偿费近80万元。按照部、省关于采矿许可证换证验收标准，全市的换证工作达到了部、省验收要求，全面完成了换证工作。根据国务院决定继续关井压产指示，市地矿局下达了关井压产指标，召开了2次关井压产工作会议，对重点产煤县、乡进行了定期督查；实行煤炭准销准运证制度，禁止无经营资格的单位和个人经销煤炭产品，关井的重点对象为：只有采矿许可证而没有生产许可证的单证矿井，停产整顿后仍达不到颁发生产许可证条件的；国有范围内的各类小煤矿；不具备安全生产条件的“八类”矿井，全部予以关闭。全年共关闭非法和布局不合理煤矿46处，圆满完成省厅下达的关井压产任务。2000年，全市共有煤矿336家，产煤327.73万吨。

第三节　煤炭开采

各矿区煤层大部分是急倾斜薄煤层与中厚煤层，地质情况复杂。

一　掘　进

（一）开拓方式

明、清及民国时期，各县均使用土法采煤，多在煤的露头处沿煤进巷，掘一斜井，单水平布置，采高一般1米左右，宽随煤层的厚度而定，开采斜长一般在30 ~ 50米之间。平硐开采一般沿煤斜上，到上定高度起平巷见煤就采，煤尽即停。1954年以来，开拓方式较前有所改进。一般开凿1对斜井或平硐，两井之间根据地形有一定间距，每隔一定间距开凿石门予以贯通，以利通风。全市10个国营煤矿，13对矿井采用斜井开拓的7对，平硐暗斜井开拓的1对，平硐开拓的5对。全市62个年产量5000吨以上的乡（镇）矿和村办矿，用斜井开拓的17对，平硐开拓37对，平硐暗斜井开拓8对，井硐布置与国营煤矿基本相似。

（二）巷道布置

旧式采煤，巷道一般沿煤层布置。1960年后，为解决原煤运输与机械通风问题，基本上将运输大巷与回风大巷、井底车场等主要巷道以及水仓、泵房、井下绞车房等主要硐室布置在煤层底板岩层中。因各矿均属多煤层矿井，故巷道布置多采联合布置方式，将运输大巷设在最下一层底板岩层中，便于集中运输、管理，减少掘进维修工程量，节约支护材料。

（三）掘进工艺、钻眼与爆破

1957年以前，采用八方实心钢钎与手锤打眼，点火放炮，用黑色硝药爆破。从1958年始，采用脚踏打眼机打眼破岩，硝铵炸药与雷管爆破。1965 年以后，各国营矿及多数乡（镇）矿使用压风机压风，风钻凿岩打眼，煤矿专用硝铵炸药爆破，放炮器引爆。各煤矿掘进工作面普遍使用人工装岩，用扒子、土箕将岩石提入矿车。

二 采 煤

华石煤矿在 1949 年前后使用过仓储式采煤方式，其他矿一般采用巷道式采煤，用手镐落煤。20 世纪 50 年代后期少数国营煤矿采用爆破落煤，用陷落式管理顶板。桃水煤矿在建矿初期曾使用过倒台阶，采煤工效高，回收率达 85% 以上，因桃水煤矿煤层系急倾斜型，容易发生伤亡事故，未坚持下来。从 1972 年开始采用水平分层竹簾假顶采煤法，回收率达 90% 左右。华石煤矿曾经使用直线平板型和伪倾斜桎木条捆柔性掩护支架采煤法，安全可靠，既提高煤质又提高了工效，坑木消耗减少 50%，回采率达 85% 以上。顶底板岩石坚硬，煤层又为藕结煤的攸县吉林桥和茶陵清水煤矿采用仓储式采煤方法，回采率达 90% 以上。

三 支 护

20 世纪 50 年代以前，境内煤矿井下支护，一般采用坑木。以木板、荆条、茅草背帮、接顶，做到不空邦、不空顶。支护形状一般是梯形，亦有矩形。支架间距大小视矿井压力而定，压力正常的矿井，支架间距为 0.5 米左右。顶底板压力大的地段，采用密集木材支架或在顶梁中增设垛式顶柱加固。1960 年，桃水煤矿建泉塘冲井采用红砖片石砌旋，抗压强度大，井巷使用寿命长。此后各矿大巷、硐室、石门及主要上、下山均采用此种工艺。70 年代后期，市、县属国营矿，采用较先进的锚喷支护。1988 年，桃水煤矿炭山坡井，在 150 米水平开始试用微增阻金属摩擦支架，排距 0.9 米，柱距 0.8 米，采用三、四排控顶，200 根金属支架反复使用，节约坑木 625 立方米。1990 年，桃水煤矿泉塘冲井采用 U 型钢支架支护，更大的降低了成本，减少巷道维修工程。1991 年，该矿继续在井下采掘大巷采用 U 型钢支架支护，全年共使用 U 型钢支护 1306 架，其中自制 965 架，支护巷道 1160 米，节约坑木 1010 立方米，节约费用 35.85 万元；节约维修用工，减少工资支出 2.97 万元。

四 通风与排水

（一）通 风

清末与民国时期的私营煤矿大都是独眼井，少数矿采用自然通风方式，每到春秋两季，矿井与外界温差降低，自然风减弱，即采用木制手摇风车鼓风，还有用工人拿蒲扇或衣物扇风者。民国 20 — 30 年（1931 — 1941），醴陵煤矿局于石门口、石成金等矿井，使用蒸汽风机抽风。1960 — 1962 年，桃水煤矿泉塘冲井，使用过蒸汽风机，直到 1965 年以后，方采用电动风机抽风，改善了作业环境。但仍有个别矿井采用自然通风，采区辅以局扇（机械）通风。

（二）排　水

民国时期，除官办矿采用蒸汽抽水机排水外，一般矿井用人力排水，用人力肩挑或用虹吸竹筒扯水。1962 年以后，各矿逐步采用煤矿专业用多级泵排水。一般矿井除备有机械设施外，必备水仓 2 个，便于清仓时轮流使用，或雨季涌水量大时急用。

五　井下运输

民国时期，醴陵县石成金煤矿与华石煤矿井是铺设轻轨人推矿运煤外，其余各矿井下运输全靠人力。高岭平硐矿井工人背牵拖箕，四肢着地，匍匐前进，艰难爬行，将煤运至井外。丘陵斜井矿区工人挑运时将前箕抱于胸前，后箕悬吊臀后艰难攀缘巷梯，将煤挑至地面。1959 年，石门塘煤矿在运输大巷铺上木质竹面轨道，将铁皮拖箕装上轴承铁轮，用锅驼机为动力，带动自制土绞车，每次能拖煤 0.5 吨到地面。1962 年后，国营煤矿井下运输大部分为采区运输及大巷运输两个环节。采区运输（包括档头运输），因煤层倾角和采煤方法而异。有自溜运输和人工运输，也有使用电溜子运输的。大巷运输，分段设溜煤眼和临时煤仓，人工扯斗放煤装矿车，采用人力车推或电机车牵引，斜井用电动绞车提升运输。桃水煤矿泉塘冲井原采用 V 型矿桶卸矸，使用劳力多，工人劳动强度大，矸石占地面积广。1988 年改为平地起堆自动卸矸，1991 年又取消该系统中的稳车，改用卡轨器，每年可减少征地 0.27 公顷，节约征地费用 4 万元，节约劳动力 2190 个工日，减少工资支出 2.1 万元。

六　井下照明

1956 年以前，各地采煤一般使用油灯、蜡烛或口咬香火照明。民国 20 年（1931），官办醴陵煤矿局石成金矿区于矿井大巷安装电灯照明。1959 年，茶陵县人民煤矿开始使用土蓄电池矿灯照明。同年，醴陵石成金煤矿工人许业木、朱德恒研制出井下多种照明用途的土矿灯，中央煤炭部曾在此召开会议向全国推广使用。1960 年以后，各矿相继解决矿井供电问题，井底车场等处采用低压防爆日光灯照明，建立充电房，采用蓄电池矿灯。桃水煤矿泉塘冲井井下供电原在 1990 年前采用 380 伏电压，在经过 8 千米长的距离后，电压降到 320 伏，未到达原煤炭部规定的要求，危及矿工安全，影响生产。1991 年，该矿组织工程技术人员攻关，将 380 伏电压升为 660 伏，解决了长期以来该井电器难以启动的难题。

第四节　安全生产

顶板灾害与防治　民国初期，攸县私营环冲煤矿，顶板倒塌，死亡 9 人。民国 30 年（1941），攸县桃水镇清水桥有一个煤窑，冒顶倒塌，3 名井下工人被关在井内，无人抢救，活活饿死在井下。

1971年农历12月28日，华石煤矿一井-90二煤南翼运输大巷拐弯处，被煤车冲撞发生垮塌巷道近10米，工作面13名工人全部被关，生命危在旦夕。矿领导组织职工和矿救护队分三路向里掘进，被关工人由里向外掘进。经过24小时努力，被关的13名工人全部脱险。据10个国营煤矿统计，从1949年到1990年底各国营煤矿冒顶事故死亡72人，占各类事故总死亡人数的39.3%。从1980年到1989年，全市小煤矿各类事故死亡262人，其中顶板事故死亡131人，占50%。为防治顶板事故，采取改进巷道布置工艺，将巷道布置于煤层底部岩石中。改进放顶回柱工具，使用电动绞车回柱放顶；井硐、大巷用料石砌旋。

1991年，市桃水煤矿学习外地经验，在井下采掘大巷采用U型钢支架支护，全年共使用U型钢架1306架，节约坑木1010立方米。

水害及防治　清末，攸县黄丰桥百斗浪有一煤窑，矿井伸向江底，出现透水预兆，报告老板，老板仍不准工人出井，不到1小时矿井穿水，井下47名工人全部淹死。矿主为逃脱责任，把守在井口的坐岸工人也推落井内，封窑潜逃。民国16年（1927），华石沙牌眼煤窑穿水，淹死13人。1982年8月13日12点，攸县黄丰桥乡坑头岭煤矿布搭子工作面老窿穿水，淹没巷道500米，井下工人被水围困，经抢救，到8月15日凌晨4点25分，救出井下作业的工人6名，1人死亡。

1988年3月18日，攸县黄丰桥乡青塘冲煤矿老窿穿水，3人被埋在穿水的上山巷道内，经株洲市煤矿救护队、江西萍乡矿务局救护队多方设法，历时半个月的抢救，尸体仍未拿出来。

为了减少水害的威胁，各地方国营煤矿每年在雨季到来之前，组织人员到矿区地面填洼开沟，疏通积水，以防地表水渗入井下，在井下施工中坚持付巷掘进超前和“有疑必探，先探后掘”的办法，有效减少了煤矿穿水事故。

瓦斯灾害及防治　1963年7月4日，华石煤矿一井-90水平回风付巷因天眼被煤堵塞，造成无风而瓦斯超限，值班长贺枚生带2名工人进入工作面接低照明线路引起火花而发生瓦斯爆炸，祸及2名工人当场被炸死，在组织抢救中有16名干部工人一氧化碳中毒，其中1人死亡。1980年3月10日，醴陵马颈坳煤矿三平硐因高压停电一天没有通风，造成瓦斯超限，电工带电修理电煤钻产生火花而发生瓦斯爆炸，死亡6人，伤2人。1984年9月9日，攸县桃水镇龙家冲村办煤矿因通风不良，瓦斯严重超限，工人维修巷道时打破电灯泡产生火花，引起瓦斯燃烧，被烧伤13人，其中死亡1人，重伤4人。1991年12月23日下午3时25分，攸县桃水镇睦田煤矿-100米井下发生瓦斯爆炸事故，死亡14人，直接经济损失30余万元，是共和国成立后境内煤矿史上最大的一次事故。此次事故是因矿井通风质量差、防爆设备失效、生产布置不合理、矿井瓦斯长时间超限造成的。-100沿煤巷是一个长达数百米的盲巷。事故发生后，经井下现场检查，14台防爆电器，有13台失爆。

防止瓦斯主要是加强通风、降低瓦斯浓度，同时杜绝一切火源。国营煤矿采用机械通风，消灭自然通风。井下电器设备安上防爆装置，以免使用时产生火花。1987年开始，桃水煤矿采用瓦斯遥测仪及美国进口的便携式102型瓦斯检测器等设备，对防治瓦斯事故起了重要作用。

火灾与防治　1949年10月，华石煤矿井下起火，烧死13人，烧毁井下设施，造成煤矿停产。

20世纪50年代末期开始，各矿为杜绝人为火源入井，采取井口检查，严禁携带火柴、打火机入井。

井下采用防爆设备绝缘电缆，防止产生火花。华石煤矿是自然发火矿井，由前进式回采改为大后退式回采，并实行快掘快采，控制发火周期，结常检查及时处理高温火点，封闭火区，采空区及时封闭措施防止起火。

矿尘与防治　20 世纪 50 年代前，煤矿井下作业都是打干眼，矿尘危害极为严重。20 世纪 50 年代后，国营煤矿在岩巷掘进中，全面实行温式凿岩，部分煤矿采用水泡泥，洒水装岩等防尘措施，职工下井强行使用口罩，加强个人保护，以减少尘肺病人的发病率。1990 年 10 月，在全市 10 个国营煤矿测尘，粉尘浓度全部超过国家标准，有砂肺病人 633 人。对患尘肺病工人，采取调离井下工作，安排疗养治病，不能工作的安排休息，一切福利待遇不变。

安全监察　从 20 世纪 50 年代起，境内煤矿主管部门和各国营煤矿均设有安监机构，配有专职安监员 2 ~ 5 名，煤矿有 1 名副矿长专管安全生产，有的工区还配有专职安全区长，采掘队班组均设有 1 名不脱产的安监员，从上到下形成了安全监察网络，产煤多的攸县各重点产煤乡（镇）还设有安监站，配有 3 ~ 4 名安监员，专门负责乡镇小煤矿的安全检查工作。市劳动局专门成立安全监察机构。1991 年，攸县黄丰桥煤矿因安全问题造成直接经济损失达 4 万余元。当年，全市以清理整顿小煤矿为重点，关停并转小煤窑 1107 个，乡镇村办煤矿生产安全基本条件认证工作全面展开。1992 年，黄丰桥煤矿从提高安全意识入手，提出安全也是效益的理念，推行全员安全风险抵押承包，采取工资、金奖与安全直接挂钩 40% 的办法，把安全与个人收入挂钩，逐月进行考核。全年没有出现重伤以上事故，轻伤息工率下降了 90%。

1993 年，全市国营煤矿原煤生产百万吨死亡率为零，创境内煤炭系统 11 年来的最好水平，名列全省 14 个地区安全生产最好的单位，受到省煤炭工业厅的表彰和奖励。当年，全市进行 2 次大安全检查，并对重点矿进行经常性抽查，发现事故苗头 101 次，及时整改率达到 75%。杜绝了死亡事故和控制重伤事故的发生。同时，开展矿井标准化达标活动，根据各煤矿的实际，分别提出达标要求，暂不能达标的矿，开展“五个一”活动；经济条件好的煤矿，添置和更新安全设备，创造和改善安全条件。1994 年，全市已有市、县（市）、区安全监察机构 11 个，专职监察员 27 人。全年发生安全事故 51 起死亡 61 人。1996 年，全市煤炭行业共发生安全事故 43 起，死亡 52 人，其中国有煤矿发生事故 5 起、死亡 5 人。1999 年，全市发生死亡事故 16 起 17 人，比上年减少 10 起少死亡 23 人。2000 年，按照国务院关井压产的指示精神，实行煤炭准销、准运证制度，禁止无证经营资格的单位和个人经营煤炭生产，全年关闭非法和布局不合理煤矿 46 处。

第五节　煤炭加工

一　洗　煤

1930 — 1950 年 21 年间，醴陵县石门口煤矿局与华石煤矿用土法洗煤 120 万吨，供应市场。“一五”计划期间，建立醴陵洗煤厂，仍用土法洗煤。

1954年2月，筹建株洲选煤厂，由波兰设计并供应成套设备。1957年6月开工，1959年9月8日建成。投产时已建成铁路专用线15股道，全长15.67千米。1959—1962年，入选原煤供应严重不足，3年平均入选量为80万吨，仅为设计能力的50%。1965年，入选原煤首次突破100万吨大关，年入选原煤达到129万余吨，精煤产量为81.38万吨。综合灰分由14%降到10%以下，回收率由52%提高到63%以上，创利润530万元。各项技术经济指标进入全国洗煤系统的先进行列。"文化大革命"期间，生产受到严重干扰，产量一度下滑。后经过整顿与整章建制，生产又逐步回升。1978年，产精煤85万余吨，结束了12年徘徊局面，其他各项技术经济指标进入全国同行业先进行列。在全国洗煤厂优质高产"上纲要"社会主义劳动竞争中，首次荣登全国甲级洗煤厂榜首，湖南省革委会授予该厂"大庆式"企业称号。1979—1984年，精煤产量每年平均保持在100万吨以上的水平。3个精煤品种，于1979年9月以后实现全部升级，其中特级精煤，是全国唯一的低灰低硫主焦煤珍品，灰分长期稳定在5%以下，含硫分在0.6%左右，居国际先进水平。原一级精煤于1980年获国家优质产品银质奖，特级精煤于1982年获国家优质产品金质奖，十级精煤获煤炭部优质产品证书。洗煤车间QC小组获全国优秀质量管理小组奖牌。1983年，煤炭工业部授予工厂全面质量管理先进企业殊荣。

1985年，工厂实行经济承包制，强化全面质量管理，产品质量稳定，十级精煤获国家优质产品银质奖。各项经济技术指标，创历史最好水平。当年入选原煤163万吨，产精煤136万吨，精煤综合灰分8.64%，工业总产值完成7706万元，劳动生产率45521元/年人，实现利润1685万元，洗选效率提高到96.49%，洗煤电耗下降到5.82度/吨，浮选油耗0.48千克/吨，国家经委授予"全国节能先进企业"称号。1986年获煤炭部优秀经营管理选煤厂称号，1987年获国家经委授予"全国节能一级企业"称号，1988年在全国同行业中率先跨入国家二级企业行列，并在1989年荣获国家质量管理奖。1990年，国家实行治理整顿方针，加强宏观调控，工厂被列入全国234家重点骨干"双保"企业之一，当年入选原煤184.9万吨，产精煤为148.5万吨。

1992年6月，株洲洗煤厂获湖南省百强企业称号，排名第四。同年7月，经国务院经贸办等6部委对该厂生产规模、固定资产原值、年产量、产值等指标审核，批准株洲洗煤厂为国家大型企业，并颁发证书。1994年9月，总投资350万元、经过10年研究开发的水煤浆工程投产，该项目被列为湖南省"巨龙"计划，设计能力为年产3万吨。1995年，该厂在资金困难的情况下，加强内部管理，实行定量总承包，采取提高精煤产率，降低洗煤成本等措施，全年入洗原煤61.37万吨，产精煤50.48万吨，精煤产率达到82.15%，完成选煤产值5663.41万元。1996年后，由于市场疲软，该厂经济效益下滑，产业注重向三产方向发展。

二 炼 焦

1958年大炼钢铁，急需大量焦炭，攸县、醴陵县、株洲县在生产烟煤的炭山坡、石门塘、焦冲、南桥、玉坊、仙石、瓜壶塘、华石等矿区共建立土焦炉167座，用土法洗煤炼焦。所炼土焦，灰分高、含硫量超限，炼出的钢铁不符合技术要求。到1960年年底，土法炼焦停止。1958年，筹备成立阳三石焦厂，当年产土焦 9645 吨，生产焦油 231 立方米。1966 年建成年产 2 万吨红旗三号焦炉，当年炼焦 1 万吨，供应浏阳古岗磷肥厂作为磷肥造气原料。1972 年，该厂由炼磷肥焦改炼冶金焦，改原煤炼焦为精煤炼焦。将原红旗三号小高炉由 12 孔改为 15 孔，年生产能力提高到 3 万吨。试制特硫焦，获全国科技成果奖。1976 年将特硫焦炼铁列为科技项目，新建 76 型 ×14×1 碳硫炼焦炉 1 组，设计能力为年产 2 万吨，实际年产达到 2.6 万吨，并改造了运煤系统，使炼焦生产从原煤入选、精煤出仓、投炉全部实现机械化，年生产能力达到 5 万吨。从 1972 年到 1979 年该厂共生产冶金用焦 21.89 万吨。1979 年又将另 1 座红旗三号焦炉改造成 76 型硅砖焦炉，并在原有基础上进行部分技术改造，经过改造的小焦炉技术性能属于国内先进水平。

三　生活用煤加工

1954 年，公私合营力行煤行从上海购回手摇煤球机 1 台，每日加工煤球 1 吨。1957 年，市煤建公司又从上海购回电动煤球机与原煤粉碎机各 1 台，日产煤球 15 吨，年产 550 吨左右。至 1964 年，全市共生产煤球 4800 吨。1965 年，市煤建公司各门市部用手工生产藕煤 1647 吨。1968 年，株洲市从北京、天津购进 2 台电动藕煤机和 1 台粉碎机，使藕煤生产由手工逐步转向半机械化，当年生产藕煤 3860 吨，市民使用藕煤普及率达到 25% 左右。1972 年，生产藕煤 16372 吨，藕煤使用普及率占全市住户的 52.3%。1979 年，市区建立了煤栈、田心、茅屋街、430 厂、清水塘、董家塅等地 6 条自动粉煤线，解决各藕煤点粉煤供应问题。1983 年，共生产藕煤 78803 吨，市民及各大单位食堂藕煤使用普及率达到 98%。各县市也建立了机制藕煤生产点，机制藕煤逐步向乡镇发展。1991 年，市煤炭公司为提高藕煤质量，重申了加工藕煤的原料配比、发热量、灰分、水分、粉煤粒度、开挡压力外型内在质量标准，全年藕煤机台质量合格率达到 96.49%。

株洲市煤炭工业局（总公司）、地矿局历任负责人名录

表 7-8

局长（经理）	任职时间	副局长（副经理）	任职时间
闻春深	1985.12 — 2000.11	闻春深	1983.9 — 1985.12
张亚军	2000.11 — 2000.12	王　泽	1983.9 — 1996.4
–	–	罗良贤	1983.9 — 1991.4
–	–	戴湘波	1983.9 — 1991.4
–	–	潘昌树	1983.9 — 1988.3
–	–	杨昌龙	1986.5 — 2000.12
–	–	贺洪波	1990.5 — 2000.12

说明：1994 年 4 月，株洲市煤炭工业局成建制转为经济实体，称为株洲市煤炭工业总公司，并设立煤炭行业管理办公室；1996 年，设立株洲市地矿资源管理局，加挂株洲市煤炭工业总公司牌子

第七章　电子工业

1964 年以前，株洲市区还没有自己的电子工业，仅有 4 处无线电修理店（柜台）和广播器材修理服务部营业。主要从事修理收音机、电唱机、扩大机、喇叭、普通电器和架设广播外线。

1964 年年底，株洲市铸件厂转产无线电器件和构件。1965 年，市电力公司无线电修配门市部转产收音机。1966 年，市人民政府参照锦州市办电子工业的经验，开始着手电子工业的建设工作。1967 年，红、白、激光宝石，硅单晶，2CZ200A 硅元件和石英制品生产起步。1968 年，D-100 电磁式振动台、东方红 501 收音机、GDS-1000/18 型硅整流装置、“441”雷达天线反射体、三极管、湖南省“70・11”工程急需的 3CT-50A 可控硅元件、电容器相继投产。

1970 年，组织全市性的单晶炉、电子元器件、收音机生产大会战。年底，电子工业厂点发展到 23 个，职工 2000 余人。其中，专业厂 6 家（无线电一厂至六厂），兼产 7 家（制镜厂、模具厂、铅丝厂、电焊条厂、株洲化工厂、碳酸钙厂、化工研究所），县镇和区街小厂 10 家。分属冶金机械、化工、轻工、二轻、交通、文教系统和县镇区街。当年，专业厂工业总产值 1024.8 万元，实现利润 364.4 万元，全员劳动生产率 8950 元/人年；产品 25 种，具有年生产收音机 1100 台、军工产品 140 台、半导体元器件 80 万只、硅元件 400 万只、石英玻璃 300 千克的能力，初步形成了从元器件到整机生产的电子工业雏形。

1972 年年底，将 23 个厂点调整为 10 个，使布局趋向合理稳定。重点加强 441、581 雷达天线反射体和 303、305 炮瞄雷达整机成套设备的生产，发展收音机及其配套件、各种系列的硅元件、石英玻璃制品、振动设备、电容器，研制 DDC 工业控制计算机。1975 年，株洲电子产品由 31 种减到 15 种，收音机产量上升到 3.05 万台，实现产值 1517 万元，劳动生产率提高到 14867 元/人年。1975 年 12 月，成立株洲市革命委员会电子工业局，主管电子行业。1976 年，电子工业稳定协调发展，初步形成“五条线”（收音机、钽电容、二极管、三极管、硅元件），工业总产值比 1975 年增长 15%，全员劳动生产率提高 23.4%。1977 年，进一步完善和发展了“五条线”，全面完成 6 项新产品试制计划，其中 CP100-C 一机双频炉，系国内首创。D-1000 电磁式振动台系国内最大推力的振动台。产值、利润、固定资产净值分别比 1976 年增长 33.5%、47.2%、4.6%。1978 年，大力发展高、精、尖项目，微型计算机及其软件开发应用和用于国防的通信、雷达已在省内显示其优势，位列其首；同时创办电子技校，成立电子科技情报站、电子研究所。

1979 — 1980 年，株洲电子研究所在全国率先以课题承包责任制方式，承担横向合同任务，改事业费开支为有偿合同制。把自主权下放到课题组的做法，得到国内科技界的肯定。株洲市无线电一厂与无线电八厂、无线电九厂、株洲市球拍厂、株洲市第五中学组成收音机联合生产线，形成 5 条装配线，建造年产 50 万台收音机的电子大楼；一批新产品，如彩色电视机、黑白电视机、声表面波滤波器件、电容器系列品种相继投产；电子工业总产值共完成 6711.9 万元，比 1977 年和 1978 年 2 年之和增长 43%。

1982 年，中南无线电厂迁至株洲市，成为株洲市电子工业的中坚力量。

1983 — 1987 年，电子工业共完成工业总产值 1.85 亿元，平均年增长速度为 21%，实现利润和利税平均递增率分别为 24%、21.5%，固定资产净值增长 37.5%，流动资金周转天数加速 66%。通过鉴定的新产品 42 项，其中获国优 1 项、部优 4 项、省优 8 项；新产品产值率达 50.3%，优质产品产值率 15.71%；总投资 1283 万元，对 6 项技术进行引进和改造。初步形成电视机、收音机、录音机、计算机、电子元器件、振动设备、石英制品的生产体系。

1988 年，普遍推行各种形式的经济承包责任制和厂长（经理、所长、校长）任期目标责任制，开展目标管理竞赛；实行整体作战和系统管理、民主管理、严细管理、优化管理；依据市场，发展新产品，确定企业走向；吸收外商投资，拓宽营销领地，加快技术进步。年末，11 个市属电子工业企业完成工业产值 1.02 亿元，销售收入 9372.9 万元，实现利税 1266.8 万元，全员劳动生产率 2.33 万元 / 人年。1989 年，面对能源不足、资金紧张、市场疲软等困难，13 个市属电子工业企业采取销售额承包提成、销售点金额全承包的销售大包干，形成全方位的销售网络；实行跨省租赁、跨行业兼并、承包、参股、合资、联体经营。完成工业总产值 1.34 亿元，销售收入 1.18 亿元，实现利税 2787 万元，分别比 1988 年增长 26.4%、23.7%、117%，分别高于全省电子工业平均增长水平。1990 年，合资生产经营取得突破，市无线电一厂、七厂、十厂、中南无线电厂 4 家企业分别与外商签订合资生产电子产品协议，总投资 359 万美元，年产值可达 1820 万美元，创利税 460 万美元。当年，无线电十厂创办的中外合资企业湘怡电子有限公司生产铝电解电容器 8100 万只，产值 1610 万元，创汇 75 万美元。中南无线电厂被评为国家安全级企业，并被国家机电部批准为国家二级企业。局系统实现 2 个技改项目，新增产值 1743.07 万元，利税 123.18 万元；全年开发新产品 7 项，有 4 项获得省优产品称号。全年完成工业总产值 1507 万元。

至 1990 年，株洲市电子工业共辖 17 个企事业单位。主要生产雷达和天线、电子元器件、计算机、通信设备、电子专用材料和设备、其他应用产品等 7 大类，卫星地面接收天线、对讲机、程控交换机、收音机、收录机、电视机、单板机、硅整机、扩散炉、液相外延炉、CVD 设备、电容器、声表面波滤波器、石英制品、高双频电炉、电磁振动台、仪器仪表 40 多种主要产品。有各种电子专用设备、机械加工设备、仪器仪表 2820 台套。电子工业产品共获国家级奖 10 项，部优 10 项，省优 29 项，省科技成果奖、优秀新产品奖、推广奖 50 项。

20 世纪 90 年代，境内电子工业发展较为曲折。1991 — 1993 年，全市电子行业生产规模继续扩大，并保持一定的盈利。3 年中，电子行业投入上亿元资金，引进外资 1201 万美元，建设一批技改和基建项目。其中，1992 年新开工项目和在建项目各有 11 个，当年完成固定资产投资 6520 万元，新增工业产值 1200 万元；1993 年，电子工业局系统完成工业总产值 1.84 亿元，完成销售收入 1.56 亿元，实现利税 836 万元；无线电十厂、湘怡电子有限公司、市通信设备厂、市湘中仪器厂等一批企业，不断加大改革力度，使经济效益得到进一步提升。

1994 — 1998 年，境内电子工业在激烈的市场竞争中艰难前行，生产经营一度下滑，行业亏损严重。1995 年，市局系统企业完成工业总产值 1.85 亿元，净亏损额 714 万元；1997 年，完成工业总产值 1.76 亿元；1998 年，工业总产值下降至 1.52 亿元。其间，无线电十厂采取多项改革措施，按照现代企业制度要求强化管理，拓宽融资渠道，保持了企业持续稳定发展，1998 年首次进入全国电子元件百强企业行列。同时，涌现出市通信设备厂、无线电七厂、华永公司、时代电工厂等一批新的优势企业。市湘中仪器厂与香港依美洋行有限公司合资兴办的湘依汽车电器有限公司，发展迅速，实现人均产值 26.9 万元、人均创利税 4 万元的好效益。

1999 — 2000 年，境内电子行业全面走出困境，实行新的快速发展。1999 年，电子工业局系统工业产值突破 2 亿元，产值、销售收入、工业增加值同比增长 34.9%、27.2%、18.8%，净盈利 280 万元。其发展速度、经济运行质量居全省同行业首位。2000 年，市电子局系统工业总产值、销售收入、工业增加值、实行利润又分别比上年增长 23.3%、29.44%、13.5%、33.54%，再次名列全省各市州第一。年末，全市有规模以上电子及通信设备制造企业 11 家，规模以下的有 13 家。

第一节　通信设备生产

一　雷达天线

1965 年 8 月，株洲市铸件厂试产雷达天线反射体。1966 年 4 月，试制 441 雷达天线；1968 年，试产 581 雷达天线。1969 年，株洲市无线电构件厂（前身为市铸件厂）接产成都 784 厂生产的测高雷达 843 天线，合格率达到 99.5%，被四机部指定为免检产品，1978 年又获“信得过产品”证书。

1982 年，工厂自行将 581 雷达天线改进成 589 雷达天线，质量合格率达 100%, 但仅生产 3 台就停止了生产。至 1990 年，共生产 13 种型号雷达天线 855 台。1993 — 1995 年，重新生产 22 台（包括 6 台维修）589 雷达天线，作为军用产品。因需求量小、资金短缺、技术上没有新的突破，于 1995 年停止生产。

二　卫星地面接收天线

株洲市无线电二厂在生产声像产品中，于 1985 年末与国防科技大学共同开发卫星地面接收站系统，并中标为航天部生产 6 米卫星地面接收天线，后获该部优秀产品奖。至 1990 年共生产 10 万多台，创产值 1000 万元，利税 100 万元。

1991 年 6 月，正值蒙古人民共和国建国 70 周年，按照协议该厂生产的 3.2MVRO 天线共 305 部（价值 25.8 万美元）发往该国，是中国对蒙古国出口机电产品的最大一笔贸易。同年，根据国务院领导向老挝赠送 1 台 6 米地面卫星站的承诺，6 月 6 日该产品启运老挝，9 日顺利开通使用。

1991 — 1995 年，该厂共生产 1.5 米、3 米、3.2 米、3.7 米、4.5 米、6 米等不同规格的卫星天线 2116 台。由于该厂多年从事卫星电视广播地面接收设施生产，技术力量较强。1994 年，在国家组织的质量检测中以中南地区最高分率先通过，被正式列为全国定点生产企业。

三　雷　达

炮瞄雷达　1970 年年初，株洲市无线电构件厂试制 305 炮瞄雷达整机，因所需新材料及规格品种多，采购困难，加之设计不佳，难以装配，使产品夭折在试制阶段。1972 年，市无线电二厂（系市无线电构件厂易名）试制 303 炮瞄雷达，1975 年完成第 1 台样机的总装并进行总体调试。成为中国自行设计的第 1 台晶体管雷达，当年获湖南省科技大会奖。1979 年停止生产。累计生产 6 台。

测速雷达　1978 年，株洲市无线电二厂生产 640–I 型测速雷达。1983 年，获株洲市科技成果推广奖。至 1990 年累计产 22 台。1984 年，该厂研制 640– Ⅱ型测速雷达。次年 5 月，样机送靶场实际检测，各项指标达到设计要求，是中国较为先进的测速仪器，可供火炮群、炮弹科研及生产单位和各军兵种靶场测速之用，不受靶场、武器射角的限制。

四　电　台

CT–1 型机载超短波航空电台　1969 年 10 月，天兴机械厂（中南无线电厂）承接天津无线电厂生产的 CT–1 型机载超短波航空电台。1970 年 5 月试生产出 41 部。1971 年生产 608 部，分别送 3 个机场装机调试成功。1973 年 3 月，四机部批准该厂试制地面电台，工艺定型 20 套。1978 年 11 月被省电子工业局评为“信得过”产品，1979 年获四机部优质产品称号。1986 年，因技术跟不上而停止整机生产。

HT–511 型舰载双频段电台　1977 年，中南无线电厂研制 HT–511 型舰载双频段超短波电台。同年 9 月，1 号、2 号样机试制完成，年底对样机装舰进行调幅摸底性海上试验。针对试验中出现的问题，科技人员反复进行改进。1978 — 1979 年，分别完成 3 号、4 号、5 号、6 号样机的试制工作。1980 年，投入 6 部和 2 套单元的设计定型样机的试制。次年 7 ~ 8 月，进行陆地联机试验。1984 年 8 月全部完成设计定型样机的试制。1986 年 3 月，技术鉴定会认定该电台性能稳定，可小批量生产，为我国海上特高频通信填补了空白。

506A 机载双频段电台　1978 年 4 月，中南无线电厂从天津无线电厂调进 2 套 506A 电台的元器件进行试制。1979 年 10 月，完成 2 部方案样机。1980 年 7 月，从美国购进 30 余种元器件，在原样机的基础上完成具有 AM、ASK、FSK3 种调制方式的样机 3 部。经性能测试，证明 3 种调制方式的通信，均超过视距，话音清晰，机器性能良好。1983 年，6 部设计定型样机投入试制。年末，样机装配调试完成。因天津无线电厂先期研制的 506A 电台已定型投产，致使中南无线电厂产品失去定型和生产的机会。

移动无线电台 1984年3月，中南无线电厂与日本八重洲无线株式会社合作生产400兆赫民用电台。当年，生产950套，售出380套，获利40余万元。

1985年2月，开始400兆赫频率合成式基地台的国产化研制。7月，完成多功能SKD流水生产线设计、安装。9月，该厂就生产技术和工艺设备进行商务谈判。时值国家压缩基本建设，银行贷款基本冻结，原准备向美国购买表面贴装工艺设备的商务合同中止签订。

五 程控电话交换机

1981年，市无线电五厂与北京燕山计算机研究中心联合研制程控电话交换机，其中96KJQ型程控电话交换机于1990年3月通过省级鉴定，5月经国家邮电部检测合格，颁发“进网许可证”。1990年生产1710台。

1991年，该厂推出现代通信终端设备200JK-1型局用程控交换机，10月获省级新产品证书，11月在北京荣获“七五”星火计划成果博览会金奖，分获湖南省和株洲市科技进步三等奖、一等奖。随之，加入邮电部组织的优化设计，列入256机型。该交换机具有组网、等级拨号、汇接，长途直拨计时、计费、打印、统计电话业务量等功能，还能对故障进行自动诊断、声光报警、显示和打印。当年生产13344线，创产值867万元，销售收入561万元，实行利润52万元。湖南、河南、河北、陕西、吉林等省将该机列入“八五”计划期间农林通信设备改造规划。

1993年，该厂先后开发出HJD-88、HJD-256用户交换机，销售势头持续不减。其JK系列程控用户集中器，1993年10月通过生产鉴定，年底就完成工业总产值300万元。为提高产品数量和质量，工厂投资1550万元，进行程控交换机的技术改造，并在郑州、湖南、西安、贵州设立4个办事处。1994年在已开发SK-1型数字程控交换机的基础上，又组织科技人员进行HJD-12000门、IDS-12000门等数字程控交换机的研制。11月底，ISQ-31数字（521线）程控用户交换机获邮电部颁发的入网证。1995年，数字机单元板基本上实现了国产化，材料成本下降40%。1990—1996年，共生产程控交换机16.79万线，销售收入8884万元，创利润1705万元。

由于市场竞争激烈以及受技术规模、货款无法回笼等条件制约，工厂于1996年亏损42万元，年底基本停止该机的生产。2000年，全市生产数字程控交换机279线。

六 电话机

1995年，中南无线电厂投入以无绳电话为代表的产品研制。1996年拿出样机并形成系列，相继开发出2信道、10信道无绳电话、数字录音电话和普通电话，均获得邮电部颁发的进网许可证。该厂无绳电话机的控制部分采用东芝公司微处理器，应用频率合成技术和噪声压缩技术，整机性能稳定可靠、语音清晰、适用范围广。

1996 年 3 月，该厂利用自身技术和现有厂房，新建无绳电话机生产线 2 条。1996 — 1997 年，完成投资 700 万元，形成 30 万台的生产能力。1997 年开始批量生产。由于资金匮乏，缺乏市场竞争能力，于 1999 年停产，累计生产 7 万多台。

七 TCC901 型通信导航指挥车

1996 年，中南无线电厂研制成功 TCC901 型通信导航指挥车。经过多次设计改进，1999 年通过中国人民解放军总参谋部陆航局组织的鉴定，并命名为 TCC901 型。至 2000 年年底生产 40 台。因该产品需求量小，不能形成规模生产，全部售完后停产。

八 文字传真机

1976 年 2 月，中南无线电厂研制 122 文字传真机，当年完成生产样机 11 台。1978 年批量生产，当年产 150 部。1978 年 11 月，获湖南省科技大会奖。1980 年，在上海召开的全国传真机生产经验交流会上，该机质量名列 8 个生产厂家之首。1982 年，生产公安专用传真机。1983 年，送北京电子展览会参展，国务院总理赵紫阳和电子工业部部长江泽民参观中南无线电厂的各种通信产品，并详细询问传真机的生产情况。1986 年，由于受引进的三类机的冲击而停产。

九 通讯网络建设

1996 — 2000 年，株洲市计算机辅助技术和过程控制技术在企业得到广泛的应用，政府上网工程进展较快，多数政府部门已在因特网上建立网页，全市信息基础设施不断完善，数字数据传输网、有线电话网、移动通信网、移动寻呼网、广播电视网的覆盖率和人均占有率居全省之首；信息技术在行业和部门的应用取得重大进展；信息服务业迅速发展，有各类专营兼营信息服务业的机构 500 多家；电子信息产品制造业已走上研制开发新产品并不断扩大规模的道路。

到 2000 年年底，株洲市已建成程控电话网 85 万门，实际电话用户 65 万多户；移动电话用户达 32 万；DDN 专线已有 2000 个物理端口；有线电视普及率达 23.8%，电视人口覆盖率达 93%，广播人口覆盖率达 96%，覆盖全市的光纤同轴混合网（HFC）为湖南省广电网络之冠，可传播 60 套电视节目。全市电子网络产品制造业完成工业总产值 3 亿元，销售收入 1.6 亿元。但软件产业还比较落后，虽然株洲市的千年科技、华通电子技术等 5 家公司先后通过省软件协会的初审，入围软件企业，其软件销售总额还不到 1000 万元，规模小、产品少、资本实力弱，缺乏市场竞争力。

第二节 音像产品生产

一 收录放机

扩大机 1970年，株洲市机电研究所试生产26台“新跃”牌150瓦扩大机。因生产设备简陋，产品质量达不到部颁标准，尚未形成批量生产，即被市场淘汰。1971年，株洲县广播设备修制厂试制275瓦有线广播机，后因市场供过于求，于1973年年底停产。

收录机 1987年，株洲市无线电一厂试制CX-8709双卡收录机，因机内的2个机芯采用国内外先进的机械结构和集成电路，转动灵活，可靠性高。后根据消费者使用要求，在机内装置12个发光2极管更具有新颖、大方、适用的特点。此外，该机不带电源线，音频信号由同一根线传出，然后在音箱中分离。从投产到1990年共生产47.54万台，销售30.47万台。1988年3月，该厂又研制出新一代8801型双卡收录机，其机芯为电脑带机芯。1990年，研制“桔子洲”牌9008型单卡收录机，各项技术指标达到国家CC类标准，当年产66430台。1991年，生产9107系列收录机4783台，创产值153.7万元。因销量逐年锐减，于1992年停产。

录放机 1986年，中南无线电厂试制采用集成电路的1F-182型立体声录放机。10月批量生产1000台，其中500台投放国内市场，500台销往美国。尔后相继在加拿大、芬兰、希腊、阿拉伯联合酋长国、巴林、苏联等国试销。1987年初，将1F-182型改型为1F-182A型袖珍立体声录放音机，日生产能力达到400台，产品一次交验合格率超过90%，MFBF值达到750小时以上，该产品获省优质产品称号。在加压31大气压高压停留7昼夜及31-1大气压减压过程中运转良好，机械和电器性能可靠，所记的电图图形清晰正确，属国内首创，亦属国际罕见。1988年，产21万台，实现销售率为92%，在8月全国第四届录音机质量评比测试中，荣获一等奖，获机械电子工业部优质产品称号。同时，还相继开发了SF-1802型、S1-1808型、S1-183型录放机，形成产品系列。至1990年，该厂累计生产86.94万台，销售79.1万台。1990 — 2000年，该厂袖珍收录放机系列产品，共生产258.71万台，其中2000年产50万台。

二 收音机

1966年3月，株洲市无线电器材厂试制JT-2型晶体管再生来复式收音机20台投放市场。1968年，试制“东方红”牌501型半导体收音机。1970年6月，无线电器材厂一分为二，将硅元件车间改为市无线电三厂，迁址晏家湾；原厂更名市无线电一厂，继续生产收音机。1971年产8036台，占全省总产量的31%。但单台成本上扬，收音机生产实亏4.53万元。1972年，改为“橘子洲”602型标准线路6管收音机，产16496台，产量、质量均列全省前位。1975年产3.05万台。1977年，“橘子洲”牌晶体管收音机由四机部选送参加埃及、叙利亚、科威特、巴林等22国举办的国际展览会和博览会。

此后，2G7 型硅锗混合式晶体管中短波调幅便携式 7 管收音机，J–1 波段台式收音机、63–I 型袖珍收音机相继制成，投放市场。1979 年，由市电子局牵头组织半导体收音机“一条龙”生产联合体，无线电一厂、八厂、九厂、市球拍厂、市第五中学、株洲县均坝乡立塘电镀厂等 8 个单位参加协作，开通 3 条生产装配线。1980 年，市无线电一厂建造 4100 平方米电子大楼及 5 条收音机生产装配线，年产能力为 50 万台。当年产 18 万台。1982 年，产品滞销，商业部门限量收购，虽 2G7 型机单价由 31.5 元降到 25 元，但购买者寥寥无几。当年生产 5.5 万台，仅售出 3 万台，亏损 20.65 万元，被迫停产。

1983 年 3 月，试制“橘子洲”牌 2G7 型单片集成电路收音机。7 月，设计制造出“橘子洲”牌 FA2201 集成电路调频调幅收音机和 3214 型调频调幅 3 波段便携式收音机，因市场日趋饱和，于年底停产。1984 年，研制“橘子洲”牌 2022 型双喇叭 2 波段调幅交直两用单片集成电路收音机，获省优质产品奖和全省收音机评比第一名。由于收音机供大于求，且各种款式新颖的收录音机竞相上市，故销量逐年减少。

至 1987 年，全省 7 家生产厂中 6 家歇业，唯株洲市无线电一厂持续生产。1990 年至 1992 年 3 月，累计生产“橘子洲”2G7 系列收音机 4.2 万台，产值 758.4 万元，销售收入 544.7 万元，亏损 58.9 万元。产品销售以国内市场为主，部分销往东南亚地区，后因工厂转机型较慢，新品开发乏力，市场占有率低，于 1997 年 7 月停产。

此外，中南无线电厂于 1986 年连续推出 3 种型号集成电路收音机，即 WS–154 型单片集成电路微型 FM 收音机、WS–155 型单片集成电路微型 FM 收音机、WS–156 型微型调频调幅集成电路收音机。但生产不稳定，时断时续，至 1996 年共生产 12.53 万台，到年底停产。

三　电视机

1970 年，株洲市无线电厂用外购件组装 2 台 14 吋电子管黑白电视机。随后市湘中仪器厂陆续组装了 280 多台 12 吋电子管黑白电视机。

1980 年，株洲市无线电二厂与四机部三所联合开发 35ZH– Ⅰ型“明星牌”普及型晶体管黑白电视机，10 月生产 6 台样机，11 月建成电视机生产车间。1981 年上半年，完成设计定型样机 60 台和生产定型样机 140 台。1982 年，研制 35ZH– Ⅱ型 44ZH–I 型机，1983 年投产，1984 年获湖南省科学技术成果奖。1985 年产 3 万台。工厂当年投资 260 万元，进行技术改造，新建 4925 平方米电视机生产大楼，并购置扫频仪、示波器、频率机等关键仪器设备，成为湖南省电子系统 17 家重点企业之一。1987 年，开通自动化黑白电视机生产线和彩色、黑白兼容电视机生产线，日产量从 100 台提高到 700 台。同时，该厂与湖南电视机厂联营生产“韶峰”牌 SF–35 厘米黑白电视机。1988 年 7 月，又与成都电视电器联合集团公司达成《关于株洲市无线电二厂加入成都电视电器联合集团公司，并成立株洲分公司协议书》。从此，该厂既生产“明星”“韶峰”牌黑白电视机，又生产“成都”牌彩色电视机、监视机。至 1990 年，累计生产“明星”牌 14 吋黑白电视机 15.7 万台、17 吋 3.5 万台，

"韶峰"牌35厘米黑白电视机6.4万台、31厘米出口机3.73万台、彩色电视机5000台，创总产值1.5亿元。当年10月，电视机市场出现滞销，压库达1.6万台，金额958.54万元，影响了企业的发展。1991—1994年，又相继生产14吋黑白电视机11.81万台。其间1991年5月，出口巴基斯坦3960台，创汇16.97万美元。1997年，该厂破产重组，改为海立思公司和振扬公司，产品结构进行重大调整，电视机停产。

第三节　电子元器件及专用材料设备

一　电子器件

硅器件　1967年，株洲市无线电器材厂试制硅器件ZP（旧称2CZ）-200安。1969年10月，该厂又推出新品KP晶闸管（旧称3CT）-50安器件，湖南省革命委员会和省冶金机械局通电表彰。1972年，开发KP-5安、10安等器件。1973—1976年，采用简易扩散工艺生产，增加硅片厚度，使KP器件电压由900V提高到1400伏，ZP器件电压由1000伏上升到1500伏，并完善1000AZP、KP以下硅器件系列产品规格。同期又投产500安/3000伏高、中电压器件以迅速扩大硅器市场。1978年，KP-1000安/3000伏可控硅器件和ZP-1000安/3000伏整流器件，均获"株洲市科技成果一等奖"。1988年，研制KP-1500安晶闸管，1989年评为省优质产品。1990年，KP-1500安/140伏普通晶闸管获"株洲市科技进步三等奖"。KP-200安获"中国电器工业协会电力电子专业协会三角银奖"。1990—1997年，该厂共生产KP系列普通晶闸管72356只，销量为62293只，合格率达70%，其额定电流从5安培发展到10安培、50安培、200安培、500安培、1000安培、3000安培；ZP系列从5安培发展到50安培、200安培、500安培、3000安培；正反向耐压由200伏特分别发展到2500伏特和3000伏特；KK系列快速晶闸管的最高电压可达1400伏特。1997年之后，由于工厂各车间实行承包制，生产方向和规模有所改变，传统产品停止了生产和销售。

晶体二极管　1970年，市北区响石岭办事处争光半导体厂试制稳压二极管。1971年，更名为北区半导体厂，生产3.2万只。1978年，工厂移交株洲市电子仪表工业局管辖，易名为市无线电七厂。1980年，产82.44万只。1981—1988年，整流二极管因成本高，年产量徘徊在50万～60万只之间。稳压二极管上升为主导产品，但合格率仅70%，且不稳定。1990年，通过稀释硅片清洗液浓度，使原6小时的工序操作滞留时间缩短到2小时，硅单晶片的流失现象得到控制，产品合格率上升到71.5%。当年生产26万只。

晶体三极管　1966年，株洲市新城无线电厂试制省内第一批高频小功率3AC型晶体三极管。1967年产13.5万只，1968年产20.64万只。1970年，制成晶体开关管3AK型8.8万只。12月，该厂易名为市无线电五厂，划归株洲市电子仪表工业局管辖。1981年，其晶体三极管已形成3AG型、3AK型大系列，均属锗PNP型合金扩散型高频小功率管。其中，3AG型有4种型号89个品种，用于收音机和各种高、中频放大电路和振荡电路；3AK型产品有4种型号41个品种规格，主要用于电视机、电子计算机及自动化仪表的开关电路。20 世纪 80 年代初，由于进口大量收音机、电视机，导致国内电子产品受抑，晶体管销量锐减，迫使 3AG 型、3AK 型 2 大产品系列分别于 1986 年和 1987 年停产。

二　电子元件

钽、铌电容器　1970 年 6 月，株洲市工业研究所研制成功钽电容器。1971 年 12 月，将该项成果转让市无线电五厂，翌年 6 月该厂正式投产，当年生产 10 万只。因只生产 CA 型钽电容器，不易配套，加之产品未定型，销路不畅，1973 年停产。1975 年恢复生产。1977 年，制成 CA30 型有极性固体钽电容器和难度较大的低压大容量 CA 型 25V220UF 钽电容器。1978 — 1979 年，相继研制成 CA30 型管状非固体电解质和 CA 型 63V、CA42 型固体电解质钽电容器及 CA70 型无极性固体电解质钽电容器。1981 年 3 月，市无线电五厂钽电容器生产工段与株洲市丙纶厂合并，成立株洲市无线电十厂。1981 — 1983 年，市无线电十厂与北京有色金属研究总院、株洲硬质合金厂，联手研究提高铌粉铌电容器的稳定性取得突破性进展。1984 年，CA 型固体电解质钽电容器评为湖南省优质产品，电子工业部颁发生产许可证。6 月，采用一套应用高比容钽粉制作电解电容器的新工艺，使产品体积缩小四分之一左右。1985 — 1987 年，用高比容钽粉生产钽电容器 100 万只，产品质量稳定提高率 100%。在全国行业评比中，CA 型 25V 系列获单项一等奖，CA42 型获第三名。CA30 型进入省优行列，并取得生产许可证。

1988 年，研制 CA72 型双极性同向引出固体电解质钽电容器。CA30 型产品连年保持省优地位，并与 CA 型产品双获湖南省采用国际标准和国内先进标准生产验收证书。工厂取得电解电容器门类生产许可证。1989 年，研制电力机车用的超大容量 CA30 型非固体电解质钽电容器，规格由 6.3V680UF 提高到 40V3300UF 和 63V2200UF。该厂生产的钽电容器主要有 CA 型、CA42 型固体电解质、CA30 型非固体电解质 3 个品种系列，销往全国 27 个省、市 170 多家企业和科研单位。在全国 23 家专业厂家中，产量位居首位。1990 年，CA 型烧结钽电容器获省“优质产品奖”。

1993 年，市无线电十厂与外商合作，对原有的钽电容器生产线进行嫁接，设计能力年产为 200 万只。1995 年，投入 80 多万元对生产线的关键设备进行更新改造，产量、产品外观及参数指标得到提升。1996 年，该厂开发的片状钽电解电容器，被电子工业部批准立项。在 2000 年信息产业部审批的可行性研究报告中称，该产品的研制开发在国内外处于领先地位，要求建成国内最大的片式电子元件生产基地，此项目已落户株洲高新技术开发区南部工业园。1997 年，该厂还开发生产独石电容，实现销售收入 20 万元。该产品系列在全国 170 多家企业和科研单位使用，其产量在全国 30 多家专业厂家中居首位。至 2000 年年底，相继开发了 CA70 型、CA32 型固体、非固体、无极性固体电解质多品种系列，最高年产 308 万只。1990 — 2000 年，共生产 1855 万只。

铝电解电容器　1989 年 3 月，市无线电十厂与香港怡利企业公司合资成立湘怡电子有限公司，年设计生产铝电解电容器 6000 万只。7 月底开工生产。产品有 CD11、CD71、CD117 型等缩小体积型铝电解电容器，规格从 6.3 ~ 160V、0.1 ~ 4700UF。当年生产 1020 万只。1990 年 8 月，在湖南省铝电解电容器行业集中检测中，产品获优秀成果奖。同年，CD11 型铝电解电容器获“湖南省优质产品”称号，公司被评为“湖南省模范三资企业”。1990 年，生产铝电解电容器 8512 万只，人均产量 121.6 万只，超过原设计能力的 42%，实现产值 1610 万元（1980 年不变价），利润 110 万元。出口铝电解电容器 7115 万只，占总产量 84%，创外汇 75 万美元。同年 11 月，市无线电十厂再度与原外商新办合资企业“深圳康联电子有限公司”，其生产规模近 1 亿只，90% 的产品出口。由于 2 个合资企业注重产品质量，颇受外商青睐。国内市场亦不断拓宽，形成产品供不应求之势，2 个合资企业在全国 100 多家铝电解电容器专业生产厂家中，产量排列第 11 位。

1991 年，湘怡电子有限公司产量达 1.10 亿只，为设计能力的 1.67 倍，产值 2422 万元，创汇 73 万美元。产品销往东南亚及西欧等国家和中国香港、台湾地区。1996 年 7 月，为提高主要材料和部件的自给率，该公司与外商合资生产经营铝电解电容器的正负极引线导针，该项目实现利润 71 万元。当年，全系列产品获全国第三届科技成果质量金奖。1997 年，生产的“湘江”牌铝电解电容器达 1.5 亿只，实现利税 970 万元，被评为湖南省优质产品。1998 年，湘怡电子有限公司新增设备 16 台，同时对老设备进行全面改造，使生产能力由每月 120 万只提高到 200 万只。1998 年，深圳康联电子有限公司开发的音频电容器及 CDF 法拉级铝电容器，被评为广东省重点新产品。1991 —2000 年，该公司共生产铝电解电容器 14.49 亿只，成为全国最大的生产基地之一。

声表面波滤波器 1981 年，株洲市无线电七厂试制黑白电视机用声表面波滤波器。1982 年 3 月，样品送往山东和北京、天津等 18 家电视机生产厂试用，认定结果表明技术指标不逊于日本同类产品，其中插入损耗、带内波动 2 项指标更优。1983 年 9 月，国家授予“优秀新产品金龙奖”，省评为“优质产品”。1985 年产 116.88 万只，产值 467.5 万元，利税 104 万元，居全国同行榜首。同年，与四川大学签订声表面波器件技术合作和技术咨询协议，共同开发电视机用彩色声表面波滤波器（彩色 SAW.TV.IFF）。至 1986 年 10 月，陆续研制出 1BN37、38–1 型、1BN37、38–2 型彩色声表面波滤波器系列产品，其群延时特性与日本同类型器件相媲美。通过采取 CAD 特殊设计和一整套工艺改进，使以铌酸锂作基片生产的彩色声表面波滤波器的技术参数，其可靠性和一致性，超过日本用相同材料生产的同类产品，使中国“以铌代钽”这一重大技术难题终获解决。1987 年 1 月，彩色声表面波滤波器系列产品通过省级技术鉴定和生产定型，同时获国家经委开发优秀成果奖、湖南省优质产品奖。用 1BN37–1 型彩色声表面波滤波器配套生产的“北京牌”18 英寸彩电，在第 18 届捷克斯洛伐克布尔诺国际消费品展览会上荣获金质奖。西安 786 厂选用 1BN38–1 型彩色声表面波滤波器配套的电视机，在全国第一届彩电评比会上获一等奖。辽宁无线电八厂、四川长虹电视机厂、广州广播设备厂选用 S1N37、38–1 型黑白声表面波滤波器配套的电视机在全国第五届评比会上获一等奖。

1988 年，工厂生产黑白、彩色声表面波滤波器 177.53 万只，占湖南省生产总量的 86%。完成产值 894 万元，利税 260 万元。在全国集中检测中，彩色声表面波滤波器获优秀奖，黑白声表面波滤波器获三等奖。

1989 年，1BN38–1 型彩色声表面波滤波器入选“部优产品”，S1N38G 型黑白声表面波滤波器评为“省优产品”。与彩电配套率连续3年领先于国内同行，市无线电七厂晋升为国家二级企业，是全国机电行业中最早进入这一等级的集体企业。

1990年，该厂生产声表面波滤波器183.06万只，年生产能力为350万只，产品除销往全国26个电视机生产厂外，还率先进入国际市场，累计销往美国、加拿大、东南亚等国家和中国香港地区60多万只。1991年，生产207.61万只，销售161.28万只。1992—1998年产销量逐年萎缩，7年间累计生产903.23万只，平均年产129.03万只，销售570.01万只，年平均销售138.57万只，均低于1990年、1991年的产销量。1999—2000年，由于不断调整产品结构，拓展经销网络，赢得了长虹集团、创维集团、TC1集团等电视机厂家的合作和信赖。2年共生产声表面波滤波器835.85万只，实现利润39.42万元。为更新传统产品，1999年该厂开发彩色声表面波滤波器新品种7个，月产量达60万只，为原来月产量的3倍，新产品供货量为143万只，70%的黑色声表面波滤波器出口东南亚地区，扩大了国际市场占有率。是年10月，获电子设备用声表面波滤波器ISO9002质量体系认证证书。2000年，该厂研制“彩表”新品9个，月产量上升至80万只，列居全国同行第二位，销量为100万只。由于历史遗留的严重债务纠纷，工厂2000年10月歇业。当年11月，从株洲市无线电七厂母体中剥离成立“双乐”电子股份有限公司。

陶瓷及其他滤波器 1983年，市无线电七厂试生产6.5兆赫陶瓷滤波器。因材质欠佳和技术不稳定，使产品合格率徘徊在16%左右，1986年停产。1990年，该厂还试制H1F38型电视中频螺旋滤波器和用于集成电路、分立元件电视机图像通道部分的集中参数滤波器的样品。

中周变压器 1970年，市北区装卸队改建为市无线电元件厂，试制中周变压器。1971年投产，型号为TTF-2型，主要为市无线电一厂“梅花”牌收音机配套。当年生产2.65万只。1980年，制成数控自动绕线机，绕线速度加快，批量陡增。1981年，工厂易名市无线电八厂，产量达178.85万只。因“梅花”牌收音机产销不畅，使中周变压器销售困难，于1983年停产。

继电器 1977年上半年，市东风电器厂试制成功JRH型继电器，与常德有线电厂生产的“纵横自动电话交换机”相配套。当年，供货72种规格1万只产品。1979年，国家进行工业调整，致使常德有线电厂对这种配套件的需求量剧减，波及东风电器厂，继电器产量连年下降，1982年停产。

三 电子专用材料

石英制品 1966年，兴建株洲市石英玻璃材料厂（后改名三二七厂）。1967年7月，该厂首批石英玻璃面世。1971年，石英制品产量高达7006千克，产值1111.14万元，上缴利润624.09万元。1972年，完成中国第一只Φ280×250大型石英钟罩的试制任务，经用户使用，质量符合设计标准。1977年，生产石英玻璃5928千克，创产值80.51万元，获利35万元。制成技术难度很大的中国第一只大型石英坩埚，其理化性能和外观质量指标均达到日本株式会社的产品水平，其中纯度指标超过日本同类产品水平。1979年后，市场饱和，价格跌落，生产下降。1990年，三二七厂被株洲化工厂兼并，工厂易名为株洲化工厂石英器材分厂。1991年，株化与湘江氮肥厂合并成立株洲化工集团公司。随之，石英器材分厂又更名为株洲化工集团石英器材分公司。因该公司技术力量匮缺，设备无资更新，致使产品档次依旧，成本居高不下，亏损逐年增加，1992 — 2000 年共亏损 1372 万元。

硅单晶 1966 年 3 月，市无线电器材厂试制生产的硅单晶，11 月转交市三二七厂生产。1969 年组织硅单晶大会战，建成年产 300 千克硅单晶的生产车间。至 1972 年，累计产 325 千克，创产值 40 万元。其后，产品严重积压，于 1973 年停产。

四 电子专用设备

高温扩散炉系列 1977 年，株洲市渌口无线电仪器厂试制 GK–2 扩散炉，当年产 17 台。1978 年，研制 GK–4B 新型高温扩散炉，12 月通过部级鉴定。是年，共生产 GK–2、GK–4、GK–4B 三种高温扩散炉 104 台。1981 年，在四机部组织全国首届高温扩散炉质量评比中名列第二位，被四机部授予“质量奖”，省授予“优质产品称号”，扩散炉标准获“省标准化二等奖”。1982 年，GK–4B 型高温扩散炉获电子工业部优质产品奖。1983 年，产销各种规格型号的扩散炉 120 台。当年，该厂被确定为电子工业部半导体热工专用设备定点生产厂。其后，工厂面向市场积极接产和自行开发高温扩散炉系统。品种规格发展到 32 种，其中接产 1448 所的科研成果 GK–5 高温扩散炉 1985 年获省优产品，1988 年复评保持优品称号。工厂还自行开发 GK–6 型大口径高温扩散炉和旁系产品 DW 型低温炉系列、立式扩散烧结炉系列、快速升降温超高温扩散炉系列（仿国外首家推出），产品在国内市场占有率为 30%。1986 年，研制大口径双温区扩散炉、GK–7 型大口径扩散炉、立卧式真空烧结炉。1987 年，在中国科学院微电子中心指导下，研制 280 型扩散炉系统。至 1990 年，GK 型高温扩散产品系列共有 34 个型号规格，形成系列化、通用化。温度上分别有高、低温炉；结构上有立式、卧式；功能上有低、中、高 3 档。累计产各种型号的产品 1031 台（套）。

20 世纪 90 年代，半导体热加工专用设备处于市场萎缩的淘汰期，国内大部分专用设备厂转产，但市渌口无线电厂始终未放弃。1990 年，该厂与长沙 48 所合作开发“微机控制扩散系统”，产品于当年 6 月通过电子工业部鉴定。1992 — 1993 年共生产 9 台，销售收入 66.77 万元。1994 年该厂独立制造 1 台微机控制扩散系统，收入 32.5 万元，这个系统能避免箱法扩散中烧源的困扰，并具有扩散后表面质量好、缺陷密度小、杂质浓度低、操作方便、运行可靠等优点，适用于固态扩散源扩散等工艺。同年，时代电工厂（市渌口无线电厂）成功地开发出程控扩散炉，该设备采用 PID 数字程序控制，控制精度高，稳定重复性好，操作方便，设备故障率为零。1990 — 2000 年，该厂共生产和改造各种常规高温扩散炉及非标设备 167 台。

液相外延炉系统 1979 年，市渌口无线电仪器厂试制 YW–1 型液相外延炉。1982 年，试制双温区液相外延炉，用户用该设备首次生产出国内第一批新型发光管芯，填补了国内半导体器件生产中的一项空白。1984 年，试制 YW–2 型液相外延炉，为国内激光太阳能电池、微波、红外、发光等外延器件的生产提供了关键母机。还试制 WW–1 型微机零控制外延炉，是国内首次采用微机控制的外延炉。1984 年、1985 年，YW–1 型液相外延设备分别获省和电子工业部优质产品奖，1987 年获“湖南省科技成果推广奖”，1988年该系列产品获“双采”合格证；1989年取得“一级产品”证书。1989年，该厂研制大芯片微机外延系统的炉体，超过20世纪80年代国内同类产品的先进水平，机电部授予“科技成果二等奖”。至1990年，该厂先后开发出7个品种，50台套的外延设备，形成高、中、低3个档次，创产值185万元，实现利税23万元，国内市场占有率达三分之一。1990—2000年，该厂共生产液相外延炉设备2台。

低压化学气相淀积设备系列　1980年，市渌口无线电仪器厂研制1PCVD-1型低压化学气相淀积设备，属国内首创。单台售价仅人民币5万元，约为进口设备价的28%。1982年获上海市科技成果二等奖；1983年获国家经委优秀新产品奖；1984年获电子工业部优质产品奖、湖南省优质产品奖。1985年12月，获“国家产品质量银质奖”，同年创国优。与上海无线电七厂一起完成的PECVD等离子增强化学气相淀积设备获湖南省计量局颁发的“优秀产品标准一等奖”“湖南省重大科技成果二等奖”，1988年获“双采”合格证。至1990年，1PCVD系列设备已发展为11个品种规格（含PECVD），共投放市场68台套，创产值476万元，利税47.6万元。该系列设备主要销售中国华东、西南等地的科研单位和应用大规模集成电路厂家，销量占全国总销量的三分之一。1992年，时代电工厂（市渌口无线电厂）为中科院上海冶金所开发硅脘生产氮化硅薄膜新工艺，促使其低压化学气相淀积设备的升级。1993年，为信息产业部和上海智能仪器厂共生产3台，创销售收入30万元。1995年，采用PID数字程序控制取代原来的PID模拟控制，并对设备的外形结构作了改进，表面处理由喷塑、真空仪表和真空计均改用数字显示，使其外观别致，性能可靠，操作方便。1995年，为信息产业部44所、24所、55所、209所共生产8台，实现销售收入128万元。

五　电　炉

20世纪90年代，时代电工厂相继为上海、成都、天津等市的10多家用户生产30余台链式炉、冷壁炉、锑扩散炉和立卧式烧结炉等设备。还从瑞典引进优质进口炉丝，为进口扩散炉的配套炉体作配件投放市场，其质量和性能可与进口炉体相媲美。至2000年止，为用户提供各种不同口径的优质炉体200余个。

第四节　电子技术推广应用产品

一　可控硅整流装置

1969年，市无线电器材厂，试制CDS-1000/18型可控硅整流装置。1970年，株洲市无线电器材厂的电子产品车间改建成株洲市无线电三厂（又称“市整流器厂”）。1972—1977年，研制KGHS-10000/300型、3000/150型、XGES-6000/825型、KGYS-3000/60型、6000/72型可控硅电力整流装置，均属省内独家产品。1978年10月，KGES-6000/825型可控硅整流器装置通过省级鉴定，同年获株洲市电子工业科技大会一等奖、省科技大会奖。1979 年，研制 KGYS–3000/72 型大功率高精度可控硅稳压装置属国内首创。次年又完成用于锌电解生产的 KGCES–6000/825 型超前相角大功率可控硅整流装置的研制。投入运行后，年节电 178.4 万千瓦时，节约电费 30 余万元，提高功率因素 8%。1982 年，研制 KGBHS–30000/250 型可控硅整流装置，填补国内空白。用于赣州铝厂电解工业生产后，较之原设备全年可节电 340 万千瓦时。该成果列为湖南省十大科技成果之一，1984 年获湖南省和电子工业部科技成果二等奖，1985 年获“国家科技进步二等奖”。1986 年，研制 KHS 型离子膜电化学用大型晶闸管变压整流设备，造价仅为进口价的三分之一，年节电 172 万千瓦时，1988 年 8 月通过化学工业部鉴定。1990 年，KHS 型晶闸管变压整流设备计 60 多台（套）在 15 个省、市 30 多家化工、冶金等企业推广应用。

“九五”计划期间（1991 — 2000 年），该厂为提高机架和外观质量，改用拼板式结构取代易变形的大面积焊接等技术措施。1990 — 1997 年，先后试制并生产出 8 种不同型号的可控硅电力整流装置。

二 串接变换器

1984 年，株洲市无线电一厂研制 CB100 型、CB600 型串接变换器，优于国内同类产品，年生产能力 3 万台。1987 年，被评为“省优质产品”、获“株洲科技成果三等奖”。1988 年 6 月，获国家专利，列为全国节能重点产品。

三 电枢检验仪

1973 年 10 月，上海电动工具研究所研制的 DS–702 型电枢检验仪科研成果，转让株洲市东风电器厂试制生产。1974 年 4 月，样机问世。1975 年，生产 DB–702 型电枢检验仪 26 台。其中 1 台送往广州电气科研所试验，技术性能指标达到设计要求，寻找故障的准确性优于丹麦的同类产品。1986 年后，因市场饱和，产品滞销，年销量仅 1 ~ 2 台。

四 系列电磁振动试验台

1968 年，株洲市机电研究所研制 D–100 电磁振动试验台，当年生产 9 台，产品纳入国家计划。1970 年，市湘中仪器厂（原机电研究所）生产 1 台国内最大推力的 450D 电磁振动试验台。1977 年，试制 D–1000 大型电磁振动试验台。1978 年，该厂生产 20 台 D–100、1 台 D–1000，并试制成 10 台 6 通道振动测振仪。1979 年，首次制成用皮碗形空气弹簧作支承、双磁路、双水内冷，频率为 5 ~ 3000 赫兹，推力为 1 吨，载重 200 千克的 D–1000 振动台，属国内首创，为航空航天事业、科研单位提供了新的共振疲劳试验设备，可取代进口振动台，1980 年生产 10 台。1981 年 5 月，通过省级技术鉴定。1982 — 1984 年，分别获株洲市科技成果一等奖、湖南省科技成果三等奖、湖南省机械厅科技成果三等奖。1982 — 1983 年，推出 DET-10 型 10 千克、DTQ-40Y 两种激振器和 SD-1A 振动自动控制仪。1984 — 1988 年，研制 800×800、工作频率 5 ～ 800 赫兹、载重 200 千克，400×350、工作频率 5 ～ 2000 赫兹两种液压水平台。后以航天工业部上海航天局 801 所计算测试中心验收，前者达国内先进水平，后者是国内首创，达到国外先进水平。

五　高频炉

1972 年，株洲市湘中仪器厂试制 CP8-15（8 千瓦）型小功率高频炉、GP60-CP 型（60 千瓦）型苏式高频炉，当年生产 2 种高频炉 17 台。1973 年，试制出 GP100-C3（100 千瓦）高频炉。当年，生产 3 种型号的高频炉 32 台。翌年，将苏式 GP60-CP 型高频炉改造成 GP60-CP12-1 型高频炉。1976 年 12 月，改进 GP100-C3 型高频炉，由一炉单频改为一炉双频。至 1977 年 7 月，改造好的新型大功率单回路调整高频电子加热设备，CYP100-C 型双频炉在国内率先诞生。1980 年，开发 CYPG60-C 型、CYPG100-C 型 2 种新双频柜，年中 CYPG100-C 型双频柜通过省级技术鉴定。CYP100-C 型双频炉获湖南省科技成果四等奖。1982 年，研制 GP60-H 型、GP100-H 型高频炉焊管机及 100 型、200 型钢管成形机和高频焊管及与之配套的附属设备。1983 年，试制 SP60-WT 型双频感应加热钨杆退火炉。成批生产后，已替代国内 15 家工厂计划申请引进的钨钼材料高频感应退火炉。1984 — 1987 年，研制 CYP200-C 型大功率双频炉和 CP10-15 型高频感应加热小工件淬火炉，成为省内首家产品。其高频感应加热设备已从 8 千瓦发展到 200 千瓦，产品 12 种，为国家节约外汇 576 万美元。

六　无功补偿器

1983 — 1984 年，株洲市通用电器厂根据国家要发展能源、节约能源的总体布置，利用本厂电气技术优势，开发出 SWB-1 型数控无功自动补偿器（简称“数控补偿器”）、DWB-1 型电脑无功自动补偿器（简称“电脑补偿器”）等系列产品。1985 年，研制 DWB-2 型电脑补偿器，当年出厂 748 台，1986 年获省经委优秀新产品奖，1987 年评为省保质产品，同年获国家经委、科委颁发的优秀机械电子产品奖及证书。1988 年，顺利通过国家电子检测中心例行试验，年底荣获机械电子工业部优质产品称号。1990 年，又设计出第三代 DWB-2A 型电脑补偿器，在灵敏度、投切方式、输出方式、输出组路、体积、延时、可控性、稳定性 8 个方面均优于 SWB-1 型、DWB-2 型补偿器。

七　光电速度传感器

1992 年，湖南湘依机车电器有限公司与铁道部株洲电力机车研究所合作研制成 TQG15 型光电速度传感器。1995 年 4 月，开始小批量生产，7 月，送铁道部试验中心进行为期半年的振动、冲击、浪涌及 50 万千米的试验。1996 年 5 月，铁道部技术司、机务局、电务局等单位在株洲电力机车厂召开设备安全会议一致认定，在全国多家工厂生产的同类产品中，湖南湘依铁路机车电器有限公司生产的光速传感器，质量最优。同年 11 月铁道部机务局和计划司的联合通知称，该产品经过测试和运行考核，能够满足《机车轴端光电转速传感器暂行技术条例》的要求，并在机械安装和性能上可与 DF16 型光电速度传感器互换，从而批准 TQG15 型光电速度传感器在全路电力机车新造、大修及机务段技术改造中推广使用。

第五节　电子计算机

一　硬　件

1982 年，株洲市电子研究所研制 CMC-80 微电脑（又称单板、双板机），7 月投入批量生产。1982 年，销售 CMC-80 微电脑 431 台，其中高档机（双板机）290 台，低档机（单板机）141 台。1984 年，CMC-80 微电脑参加全国微机应用成果展览交流会，荣获二等奖。其中 CMC-80 压力温度函数给定器为二机部 232 工厂所引进的人造金刚石压机配套，达到国内先进技术水平，能替代进口设备。1984 年，销售高档机 640 台、低档机 320 台，创销售收入 220 余万元。1985 年，研制 CMC-80A 型、CMC-80B 型、CMC-80C 型、AI 型以及配套产品 CMCP-80 型 16 字 / 行打印机、24 字 / 行打印机。至年底，销售各类微型电脑 800 台，打印机 600 台，销售收入逾 100 万元。次年 1 月，省电子局鉴定称 CMC-80 微电脑“技术先进、性能好、价格优、功能强、操作方便，接口丰富、存贮量大、可靠性高”，处“国内先进水平”。11 月，研制 MC-80JX 银行储蓄利息计算机，旋即在金融系统中普遍使用和向社会各系统推广，主要技术指标达到国内同类产品先进水平。1989 年 11 月，深圳赛格集团公司与株洲市电子局签订为期 5 年租赁市电子研究所的合同并予公证。1989 年，销售 MC-80JX 银行储蓄利息计算机 3064 台，获利 60 多万元。

二　软　件

1975 年，株洲市湘中仪器厂厂办电子研究所（市电子研究所前身）首次运用直接数字数控计算机作软件以指令计算机和数控插床。1976 年、1978 年，为湖南大学机电工厂研制 MXBS-1320 半自动高速外圆磨数控箱、MXBS-8312 简易数控高速半自动凸轮轴磨床，运用 Z80 语言编制程序完成其指令。实现对外圆工件、凸轮轴的切入磨、纵磨、综合磨控制，提高工件精度和速度，并对砂轮磨损进行自动补偿。该成果分别于 1978 年、1979 年获湖南省政府科技大会奖、重大科技成果奖。1979 年，又运用汇编语言编制软件为株洲硬质合金厂研制 XX-16 硬质合金机夹刀具双向液压机检料盘数控箱，实现单机自动化检料和高精度硬质合金机夹刀片压制的控制。1979 年，冶金工业部认定符合国家标准并获湖南省政府科技成果三等奖。1981 年，研制 TRS-80 工资管理系统。1983 年，为株洲市水泥管厂研制一阶段预应力水泥管压力微机控制系统装置，运用 Z80 汇编语言编制的软件，通过计算机实现对压力和时间参数控制。至 1990 年，该所共为 91 项工业过程控制系统和金融管理系统等项目编制软件，创利税 100 多万元。

1982 年，608 研究所研制钛合金整体离心叶轮五座标计算机辅助系统（TICAAM5NC），属国内首创，达到国际同类产品先进水平。1984 年，该所又研制航空燃气涡轮计算机辅助系统（GTCAD），编制的软件有 14 个系统模块，约 3 万条 FOR-TRAN 程序语句的大型工程软件系统。同年，市计划委员会等计算机工程师，运用 2 个高级语言，编制成 435 个软件，该软件服务范围包括：经济预测；办公自动化及市经济数据库设计；市国民经济 26 项主要指标预测；市委机关工资管理、人事管理；市基建项目管理；地方矿产资源数据库管理等。1985 年，长沙铁路分局株洲北站运用 BASIC 语言开发的《调度信息处理系统》，对该站列车进出站、解组、编组、调度、“三场”股道现车跟踪管理，信号、信息的传输、翻译、打印，自动编制调车作业计划及车站 18 点统计报表的编、印，列车出发编组顺序表自动形成等主要功能，获铁道部科技进步一等奖和国家科技进步二等奖。1987 年，湘江氮肥厂运用 DBASE Ⅱ数据库编制微机联网软件，其语句约 30 万条。

株洲市电子工业局历任负责人名录

表 7-9

局　长	任职时间	副 局 长	任职时间
张瑞亭	1980.12 — 1983.7	杜为民	1976.10 — 1986.10
曾雨农	1983.8 — 1984.12	刘生库	1978.1 — 1983.7
龚威武	1985.1 — 1988.6	陈翼鹏	1978.8 — 1983.7
邓乐治	1988.7 — 1991.2	张　勇	1980.12 — 1983.7
陈彰清	1991.3 — 1994.4	贾谊生	1981.6 — 1983.7
陈英霞	1994.4 — 1998.4	曾庆鹏	1982.3 — 1983.7
金倜伟	1998.4 — 2000.12	陈步震	1983.8 — 1988.6
–	–	田丽亚	1983.8 — 1988.6
–	–	章程远	1988.7 — 1994.4
–	–	周俊村	1988.7 — 1996.7
–	–	许志明	1993.11 — 1998.4
–	–	黄丰文	1994.4 — 2000.12
–	–	贺钦廉	1994.4 — 2000.12
–	–	朱志成	1995.9 — 2000.3

第八章 电力工业

民国11年（1922），攸县县城攸宜医院使用小型内燃发电机发电照明。民国26年（1937）12月。株洲机厂（株洲电力机车厂前身）安装2台220千瓦蒸汽发电机组，供生产和生活用电。是年，国民政府曾利用庚子赔款在株洲操坪筹建株洲发电厂，拟安装1台美国产500千瓦汽轮发电机组，因日军飞机轰炸，厂址遭毁，电厂停办。至1949年，境内发电总装机容量约300千瓦。1949年8月由湘潭下摄司发电厂向株洲市区供电。1950年，下摄司电厂至白石港6千伏线路升至35千伏，并在白石港建设株洲市第1座35千伏变电站，降压至6千伏，分别由白石港至田心，白石港至董家塅2条线路送电，供株洲电力机车厂、市区及株洲七一兵工厂，初步形成株洲电网雏形。1954年开始架设湘潭下摄司至董家塅35千伏线路，同年白石港变电站增容至5600千伏安。1955—1957年，市区内增设9条配电线路，售电量2004.11万千瓦时。

1955年，株洲电厂开始建设。1957年9月28日该厂一号机组投产发电，并入湘中电网，结束了株洲没有火力发电的历史。同时，下摄司至白石港至董家塅35千伏线路与株洲电厂联网，株洲电厂至株洲硬质合金厂专用线路架成送电。市区内配电网络改原白石港变电站为株洲电厂直供。1958年，售电量增至6147万千瓦时。

1960—1976年，攸县酒埠江、酃县水口、茶陵县青年等水电站相继建成投产，电网逐渐扩大，陆续架设了株洲市至渌口、渌口至淦田、淦田至华石、醴陵至长沙岭、皇图岭至潘家冲、酒埠江至攸县城关、攸县至茶陵等35千伏线路；建成晏家湾、清水塘、龙头铺、一水厂、鹅颈洲、渌口、淦田、华石、河西、白兔潭、长沙岭、泗汾、大障、黄獭嘴、攸县城关、皇图岭、网岭、高和、茶陵等35千伏变电站；又架设了株洲至湘潭、株洲至醴陵、株洲至永和、醴陵至茶陵、花木桥至茶陵等110千伏高压输电线路；建成醴陵、排前2座110千伏变电站，株洲市35千伏电网基本形成。为接受湖南电网大型水电站送来电力，1976年6月11日白马垄220千伏枢纽变电站建成投运。1978年4月、5月，白马垄变电站第一、二回35千伏出线相继分别送电至株洲冶炼厂、株洲第三自来水厂。1979年架设白冶110千伏线路暂以35千伏运行送至株洲冶炼厂作备用电源。

20世纪80年代，株洲市区相继架设白马垄至梨子坡、白马垄至铜塘湾、铜塘湾至南华、梨子坡至宋家桥110千伏线路和建成梨子坡、铜塘湾、南华、株洲车辆厂、湘江氮肥厂、株洲电力机车厂、株洲钢厂等110千伏变电站，形成株洲市区110千伏环形供电网络。新建攸县网岭、酃县深坑110千伏变电站及高垅、丫江桥35千伏变电站。1984年，经国家计委批准，葛洲坝—常德—株洲500千伏输变电工程项目之一的云田500千伏变电站于1985年8月破土动工。1988年3月17日220千伏设备并网运行，1988年6月15日500千伏设备投入运行，将葛洲坝水电厂的电力直送株洲市，使株洲电力登上国家现有最高电压等级的台阶。该站的规模、电压等级、主变压器容量都是省内最大的，对缓解湖南和株洲的电力紧张局面发挥了重要作用。1990年，株洲市发电总装机容量约29.65万千瓦，其中：株洲电厂14.8万千瓦，小火电2.95万千瓦，其他自备电源2.90万千瓦；小水电站519座，总计装机容量9万千瓦。35千伏以上的变电站49座，总计主变压器容量270万千伏安，居全省之首；35千伏以上输电线路63条，共计1357.52千米；10千伏以下配电线路185条，共计4600千米。年供电量23.17亿千瓦时，售电量22.38亿千瓦时，电力工业固定资产达4.92亿元。

1991—2000年，株洲市电网建设升级改造的力度进一步加大。投入巨资先后新建了株洲冶炼厂220千伏专用变电站、张家园110千伏变电站、周龙坡110千伏开关站、月形山110千伏变电站、醴陵滴水井220千伏变电站、攸县格子塘110千伏变电站、桂花220千伏变电站、醴陵市石子岭110千伏变电站、茶陵县城关镇110千伏变电站、株洲硬质合金厂专用110千伏变电站、美泉110千伏变电站、庆云山110千伏变电站、团山220千伏变电站、东湖110千伏变电站、铁路枢纽110千伏变电站、淦田110千伏变电站及一批110千伏以下输变电站；对白马垄变电站、龙头铺变电站、鹅颈洲变电站、云田变电站等一批变电站进行了升级改造，新增了大量的输电线路，对输、变、配电设备进行更新。1994年，市电业局投入的建设改造资金为1389万元，1995年筹集的建设改造资金2.1亿元。至1997年，株洲电业局已拥有35千伏及以上的变电站43座，其中500千伏1座、220千伏3座、110千伏18座、35千伏的21座，合计主变压器容量305.525万千伏安，无功补偿装置总容量达42.7万千乏，有35千伏及以上配电线路5260.264千米，高低压用户4万余户。云田变电站容量达150万千伏安，进入全国特大型变电站行列。是年，市电力行业完成供电量36.33亿千瓦时，完成销售电量33.65亿千瓦时，用于电网建设的投资1.2亿元。

2000年，株洲市完成供电量40.39亿千瓦时，售电量38.30亿千瓦时，单位售电成本327.98元/千千瓦时，平均电价334.67元/千千瓦时，销售收入达12.82亿元，全员劳动生产率12.64万元/人·年。供电合格率为98.12%，其中A类电压合格率为99.15%，供电系统用户供电可靠率（市中心+市区+城镇）RSI为99.98%，线损率为4.09%。电网建设与改造投资2.94亿元，新建和改建110千伏变电站3座，新建110千伏线路91.50千米；新建10千伏开闭所13座，10千伏线路356.60千米（含电缆109千米）；新增和改造配电变压器232台，完成一户一表改造1.61万户。攸县大塘冲220千伏变电站和团滴220千伏线路建成投运，改善了湘东4县电网结构；110千伏淦田变电站和团淦、渌淦110千伏线路投运，结束了株洲县渌淦华35千伏线路“长藤结瓜”的历史；35千伏醴陵南桥、攸县盘塘和茶陵湖口变电站相继投运，解决了3个站所在地用电长期电压低、线损高的问题。至此，株洲市已形成有火力发电、水力发电、供电、火电建设、送变电建设、电力修造企业齐备的电力工业体系。

第一节　发　电

一　火力发电

民国11年（1922），攸县城关攸宜医院使用小型内燃发电机组发电照明。

民国24年（1935），衡山商人罗宗陶在攸县城关开办电灯公司，因缺乏资金、技术，不到半年，公司倒闭。

民国25年（1936），曾在潭宝公路工程中任工程师的陈盛芳等人集资在醴陵城东巫家湾创办醴陵电气股份有限公司，安装德国沃尔伏工厂制造的135匹马力双气缸汽机1台，配套锅炉1座，80千瓦发电机1台，以2300伏电压送电，主供县城照明，装电灯3000余盏。民国33年（1944），该公司机房、设备遭日军飞机轰炸，被迫停业。

民国26年（1937），国民政府曾利用庚子赔款在操坪筹建株洲发电厂。同年10月8日，厂址遭日军飞机轰炸，停建。同年，株洲机厂（株洲电力机车工厂），安装2台220千瓦蒸汽发电机组，供本厂生产生活用电，开株洲市工业用电之始。由于日军侵犯，民国28年（1939）7月，发电机组迁往广西桂林。

民国27年（1938）4月，渌口镇唐镜云等7人合股创办渌口电灯碾米厂，置20千瓦发电机1台，装灯400～500盏。民国33年（1944）工厂被日军飞机炸毁。

民国35年（1946）7月，株洲镇资本家凌达福开办凌元吉米行，置20千瓦发电机1台发电照明，装灯120盏，1950年1月停办。

民国36年（1947）4月，株洲机厂购进3台75千瓦柴油发电机发电，供工厂生产生活用电，同年7月该厂筹建白石港电厂。6月，醴陵籍国民党军人林咪秋、朱学文、曾杰等集资创办醴陵临时电厂，后改名为在乡军官委员会醴陵分会电灯厂，装灯1000余盏，后又开办光华电厂、新中电厂，3厂总装机55千瓦。

中华人民共和国成立前夕，株洲火力发电装机总容量近300千瓦。

1949年年底，茶陵县人民政府兴办茶陵电厂，利用国民党军队溃退时丢下的1台3千瓦发电机发电照明，1950年扩充设备，装机20千瓦，1951年再次扩充设备，装机60千瓦供县城照明。

1950年5月，酃县城关镇人民政府集资兴办电灯厂，置小型发电机1台，供城关100盏电灯照明，每月包灯1200瓦。1951年该厂并入酃县企业公司，至1956年累计发电14.6万千瓦时。

1950年3月和5月，株洲机厂白石港电厂1、2号汽轮发电机组相继投运发电。安装蒸汽锅炉2台，750千瓦汽轮发电机组2台，500千伏安变压器2台，主供株洲机厂生产和生活用电，并通过白董线向市区供电。年发电量500万～600万千瓦时。

1951年4月，在乡军官委员会醴陵分会电灯厂改名为公私合营醴陵电气企业公司，并修复民国33年被日军飞机炸坏的原醴陵电气股份有限公司开办的电厂。1960年，由于株洲电厂至醴陵110千伏线路竣工送电和酒埠江水电站建成并向醴陵县送电，醴陵县各火力发电厂停办。

由于筹建株洲电厂，1957年4月白石港电厂停发。9月株洲电厂1号6000千瓦汽轮发电机组投运并网，后经几次扩建，1959年该厂装机容量占全省火力发电装机容量的45%，成为湖南省最大的发电厂；至1972年装机9台，总容量达14.8万千瓦，保持湖南省最大的火力发电骨干电厂。

1959年10月，湘江氮肥厂热电站1号6000千瓦汽轮发电机组投运并网，后陆续扩建，至1990年，该站4台机组发电，总容量为27000千瓦。

1974年与1979年，水利电力部分别调列车电业局第26列车电站和第24列车电站迁至株洲发电，总装机容量7500千瓦。

1979 年，株洲市区企事业单位大兴自备电源建设，至 1988 年共装发电机 250 台，总容量为 29900 千瓦。

1990 年，株洲火力发电装机总容量为 21.6 万千瓦，年发电 9.26 亿千瓦时左右。2000 年，株洲火力发电 12.3 亿千瓦时，完成年计划的 127%。

株洲电厂　1952 年开始筹建，是为适应湘中地区工业发展由国家投资兴建的火力发电厂。1955 年，开始分三期建设。第一期工程是国家“一五”计划期间由苏联援建的 156 项重点工程项目之一，发电设备由苏联提供。1957 年 9 月 28 日，株洲发电厂 1 号发电机组投运并网；11 月 9 日，2 号发电机组投运并网，年底一期建设工程竣工。安装 2 台 6000 千瓦汽轮发电机组，总容量 12000 千瓦，占当时湖南省火电装机容量的 16.30%；安装 3 台 35 吨 / 时煤粉锅炉，总蒸发量为 105 吨 / 时；工程投资 2180 万元，其中苏联贷款 222 万卢布。1958 年 3 月，二期扩建工程提前开工，全部采用国产设备，安装 12000 千瓦汽轮发机电组 3 台和 35 吨 / 时、75 吨 / 时煤粉锅炉各 1 台，国家投资 1261 万元，当年完成发电量 7480 万千瓦时，占全省 1958 年火力发电量的 18%，发电标准煤耗率 541 克 / 千瓦时，比全省火力发电平均标准煤耗率 802 克 / 千瓦时低 261 克 / 千瓦时，全员劳动生率为 1.62 万元 / 人·年。1959 年，三期扩建工程开工，安装国产 25000 千瓦汽轮发电机组 4 台和 120 吨 / 时煤粉锅炉 4 台，国家投资 4390 万元。年底，三期扩建工程竣工，3 号、4 号、5 号机组投运并网，全厂总装机容量达到 48000 千瓦，占全省火力发电装机总容量的 45%，成为湖南省最大的火力发电厂。当年发电 1.84 亿千瓦时，占全省发电总量的 24%，发电单位成本为 26.84 元 / 千瓦时，创全省同行业最低水平。与此同时，株洲电厂升压变电站竣工投产，是湖南省第一座火电厂 110 千伏升压变电站，其设备系国内自行制造，采用遥测技术，投产后使株洲发电厂与柘溪水电站联网送电，湖南首次开始大型水电与火电联网供电，互相调补，促进了湘中工业的发展。1960 年，三期扩建工程 6 号机组投运并网，全厂装机容量已达 73000 千瓦，年发电量 3.9 亿千瓦时，占全省火力发电量的 30%，全员劳动生产率 3.24 万元 / 人 · 年，创全省同行业最高纪录。1963 年，三期扩建工程 7 号机组投运并网（为湖南首次采用先进的双水内冷发电机组）。至此，全厂 7 机 7 炉投入运行，装机容量 98000 千瓦。1966 年发电 4.39 亿千瓦时，占全省火力发电量的 34%，发电标准煤耗率 525 克 / 千瓦时，比全省火力发电平均标准耗煤耗率 630 克 / 千瓦时少 105 克 / 千瓦时，全员劳动生产率为 2.20 万元 / 人 · 年。1969 年，三期扩建工程 8 号机组投运并网。1972 年，三期扩建工程竣工，9 号机组投运并网。全厂 9 机 9 炉运行，装机容量 14.8 万千瓦，占全省火电装机容量的 22%，保持湖南最大的火电骨干电厂地位。是年，完成发电量 9.5 亿千瓦时，占全省火力发电总量的 10% 左右，总产值 6198.6 万元，全员劳动生产率 4.09 万元 / 人 · 年，为全省火电企业之首。发电标准煤耗率 590 克 / 千瓦时，比全省火力发电平均标准煤耗率 623 克 / 千瓦时低 33 克 / 千瓦时，厂用电率 9.59%。是建厂历史上各项技术指标完成最好的一年。1983 — 1990 年，该厂年发电量均在 8 亿 ~ 9 亿千瓦时左右，电力生产安全稳定。株洲电厂三期工程竣工投产后，直至 20 世纪 90 年代初一直没有再新增机组。由于机组单机容量小，设备逐步陈旧老化，能耗高，污染严重，固定资产由建设初期的 9500 万元折旧后剩下净值不到 1500 万元，加上历年来的更新改造投资，固定资产净值只有 2260 万元。对株洲电厂进行技术改造势在必行。1982 年，开始启动株洲电厂技改项目，1987 年 12 月 14 日国家计委正式批准立项。1991 年，1 ~ 5 号共 48000 千瓦机组，报经华中电管局批准退役。1992 年 4 月 7 日，经国务院生产办公室批复，株洲电厂成为全国第一个“以大带小”技术改造项目。1992 年 11 月 16 日，株洲电厂第一期技术改造工程正式开工。1994 年 5 月 27 日技改第 1 台机组并网发电，第 2 台机组于 12 月 31 日并网发电，总装机容量扩至 39.8 万千瓦，使株洲电厂由中型企业跨入了国家大二型企业行列。由于一期技改工程由湖南华银电力股份有限公司全额投资，1994 年 6 月在株洲高新技术开发区注册成立湖南华银株洲火力发电公司（简称“株电公司”），株电公司成为湖南华银电力股份有限公司全资子公司。1995 年，原 6 ~ 9 号共 10 万千瓦机组，也办理退役手续，次年底全部停止发电。至此，9 台机组从正式发电到关闭，共计发电 213.89 亿千瓦时，创总资产 15.06 亿元，利税 3.42 亿元。1996 年 1 月，技改 2 号机组通过华中网局基建达标复查验收，成为华中电网第一台基建达部标机组。6 月，电力工业部正式批准株电公司安全生产达部颁标准，跨入全国电力系统达标企业行列。10 月底，2 台 12.5 万千瓦机组通过了电力部火电优质工程检查验收，成为湖南省第一个火电优质工程。1996 年 12 月 26 日，国家经贸委批准株洲电厂二期技改工程立项。1997 年全年发电 13.30 亿千瓦时，创利 1.50 亿元。1998 年，湖南发生特大水灾，电力供应出现供大于求的现象，株电公司抓住 11 月、12 两个月的火力发电黄金季节，超计划发电 1.43 亿千瓦时，供电煤耗 377 克 / 千瓦时，达到全国同类机组一流水平。2000 年，株电公司完成全年发电计划的 129%，实现净利润 1.15 亿元。二期技改工程的可行性报告、开工报告分别于当年的 3 月 24 日、12 月 28 日被国务院、国家经贸委批准，工程继续由湖南华银电力股份有限公司全额投资，由湖南省电力建设总公司承建。株电公司开始拆除老厂机组。

湘江氮肥厂热电站 1958 年 8 月动工兴建的湘江氮肥厂热电站是化工部为解决湘江氮肥厂、株洲化工厂用气用电而兴建的以提供热能为主的一座自备热电站。第一期建设工程共安装 2 台 40 吨 / 时链条锅炉和 1 台 6000 千瓦背压式汽轮发电机组，1959 年 10 月 1 日正式投运。发电机组并入株洲电厂升压站 35 千伏系统运行，为湖南省最大的工厂自备热电站。当年，热电站由株洲化工厂管理。1970 年湘江氮肥厂恢复建设后，热电站仍归湘江氮肥厂管理。1970 年 3 月，第二期扩建工程第 3 号 35 吨 / 时煤粉锅炉、第 2 号 6000 千瓦抽汽凝汽式双水内冷汽轮发电机组投运并网；1973 年 8 月，第三期扩建工程第 4 号 35 吨 / 时煤粉锅炉、第 3 号 3000 千瓦背压式汽轮发电机组投运并网；1976 年 4 月，第四期扩建工程第 5 号 75 吨 / 时煤粉锅炉投产，同时为节约能源，降低消耗，配套兴建了 1 座冷却面积为 2000 平方米、冷却水量为 8500 吨 / 时的自然通风式凉水塔。1985 年 6 月，热电站发电机组改为并入白马垄 — 湘氮 110 千伏系统运行，原 35 千伏系统备用。1986 年 6 月，第五期扩建工程第 6 号 75 吨 / 时媒粉锅炉和第 4 号 12000 千瓦抽汽凝汽式汽轮发电机组投运并网。1990 年，该站有 6 炉 4 机投入运行，发电装机总容量为 27000 千瓦，名列全省自备热电站第二位。到 2000 年，热电站锅炉产气能力 430 吨 / 时，发电装机总容量为 3.90 万千瓦，仍为全省自备热电站第二位。

列车电站 1974 年，水利电力部调列车电业局第 26 列车电站到株洲市，主供株洲钢厂。该列车电站装机 1 台，机组容量 2500 千瓦，年发电量为 1860 万千瓦时。1979 年 7 月，水利电力部调列车电业局第24列车电站到株洲市，主供株洲车辆厂。该列车电站装机2台，单机容量2500千瓦，总容量为5000千瓦，年发电量3800万千瓦时。1983年，24、26列车电站交株洲电业局代管。1984年5月，26列车电站划归株洲钢厂，成为该厂自备电站。1986年7月，第24列车电站迁调长沙重型机器厂。

其　他　20世纪70年代，株洲市区企、事业单位大兴自备电源建设。1971—1982年，全市117家企事业单位建起自备电源，装机213台，总容量34400千瓦。其中，装机500千瓦以上的自备电源点13个，装机32台，合计容量21100千瓦。装机500千瓦以下的自备电源点104个，装机181台，合计容量13400千瓦。1988年，市区130家企业、事业单位保留自备电源，装机250台，总容量29900千瓦，1988年发电353.9万千瓦时，1990年发电683.7万千瓦时。

二　水力发电

境内地形多样，雨量充沛，溪河众多，水能资源丰富，全市水能资源理论蕴藏量达82.16万千瓦。

1951年，攸县高楼人民铁厂利用水轮带动发电机发电，安装50～60盏110伏灯泡，供矿井和厂区照明。1954年，因铁厂停办而废弃。1956年，茶陵县修建石陂拦河坝灌溉渠道，利用跌水修建马加、东山2级电站。马加电站水头6.5米。安装木制轴流式水轮机1台，发电机容量48千瓦，东山电站水头17米，安装仿苏两击式水轮机1台，容量64千瓦。2电站于1957年5月4日投产发电，由一条10千米长的6千伏两线一地制线路送电至茶陵县城关。1957年，醴陵县在均楚妙山嘴修建水电站，安装自制木质轴流式水轮机1台，配带12千瓦发电机，于1958年投产。1958年，小水电建设全面铺开。当年4月，酃县开工修建湘山寺电站，装机容量124千瓦，于1959年1月投产发电。至1961年，又先后建成了坎头、安坑2处小电站。醴陵县于1959年铺开了涧江、新阳、大土、船湾、清水江、麻石、石湾、菊花山、泗汾等小水电工程建设，总装机容量261千瓦。同年，株洲市郊建成淦田蟠龙电站，装机10千瓦。1959—1961年，攸县先后修建了酒埠江人工湖、黄沙坑、渌田3处电站。这些小水电站，大都因为河坝冲毁，木制水轮机损坏等原因而报废。1960年3月，酒埠江水电站第1台机组发电。6月，3台机组安装完毕并入湘中电网运行，并向攸县城关、网岭、皇图岭等地供电。到1963年年底，境内各县有小水电站7处，总装机容量9306千瓦。

1964—1966年，各县相继成立水轮泵推广领导机构，大打“水轮泵歼灭战”。攸县至1967年建成小水电站49处，总装机容量432千瓦，酃县至1970年建成小水电站67处，装机1508千瓦。其他各县也建了一批水轮泵发电站。在水轮泵发电站迅速发展的同时，使用小型水轮机的电站也逐步增多。至1972年年底，株洲县、醴陵县、攸县、茶陵县、酃县共建成小水电站235处，装机245台，总容量1.38万千瓦。

1972年，酃县水电局针对水轮泵和水轮机不能适用于山区水源小，水头高的问题，在该县十都公社梅冲大队试用1台旧的6BA-12型水泵反转带3千瓦发电机成功，即在全县推广。至1973年，共建成这种小水电站11处，总装机容量76.10千瓦。

1973—1980年，酃县、茶陵县、攸县、醴陵县、株洲县5县建成了水口、青年、苏洲坝、阳升观、石亭、路口6座单机500千瓦及以上的县办电站，总装机容量4.12万千瓦，总投资4138.04万元，其中国家投资2193.37万元，贷款458万元，县自筹1538.87万元。此外，5县137个公社中有53个公社办起66处社办电站，装机1.87万千瓦，总投资2241.57万元，其中国家拨款420.49万元，占18.76%，其余靠贷款和自筹。酃县16个公社有12个公社耗资680.8万元建社办电站12处，总装机容量6105千瓦。攸县29个公社有18个公社建社办电站129处，装机容量7335千瓦，总投资901.7万元。酃县大院农场和茶陵红色农场也筹集资金66万元建电站3处，装机容量410千瓦。大队、生产队也掀起大办小水电的热潮。一些大中型水库、灌区，也利用自身的水力资源修建电站。至1982年底止，5县的小水电站达473处，装机7.31万千瓦，年发电量达2.42亿千瓦时；5县2128个大队中，通电的1815个，其中主要由小水电供电的达755个，24469个生产队中有电队为17735个，主要由小水电站供电的达6918个。在一些大电网未覆盖的地区，逐步形成了地方小电网。酃县于1977年水口电站投产后形成了与大电网一点并网的比较完整的县电网，1982年全县总装机容量达1.92万千瓦，人均拥有装机容量120瓦，年发电量8832万千瓦时，人均拥有550余千瓦时，全县高低压线路总长达1763千米。茶陵县东塘、火田、红色农场、八团、江口，攸县峦山、银坑、黄丰桥、兰村、曹泊、柏树下11个公社（场）也形成了自发自供的地方小电网。其中火田、银坑、黄丰桥小电网的社队电站装机容量均在1000千瓦左右，峦山公社电网社队电站装机达2265千瓦。1981年，峦山公社等筹集资金修建容量1800千伏安的35千伏变电站1座，作为全社的配电枢纽，并与国家电网并网。

从1983年起，因小水电基建工程由拨款改为贷款，小水电上网电价偏低，在国家电网供电的地区，小水电发展速度缓慢，在小水电自发自供地区和一些缺电死角，小水电及其输配电网络仍然稳步发展。酃县1983年列入全国100个农村电气化试点县。当年11月开工修建筷子篓水库电站和水口增容工程，总装机9000千瓦，总投资1302万元，其中贷款781万元，自筹521万元。1986年11月，该县在全省率先达到农村初级电气化县标准。1987年，县林场管理站组织3个国营林场集资178万元。动工修建甲水电站，装机600千瓦。1988年，水口乡与林业部门联营修建浆村电站，装机1200千瓦，总投资375万元。同年，县铁合金公司引进上海联合发展公司100万元，并自筹部分资金修建木湾电站，装机2409千瓦。1989年，该县建成水口—深坑110千伏线路和深坑110千伏变电站，总投资400万元，使全县电网布局更趋合理。与此同时，有的农户、村民小组自办电站。至1990年，全县装机容量突破3万千瓦，较1982年增加10820千瓦（不包括1990年尚未正式投产的浆村、木湾3600千瓦）。年发电量达1.23亿千瓦时。各县的缺电死角，微型水轮发电机组得到较快的发展，至1990年，酃县先后安装0.75～12千瓦的微型机组133处；茶陵县从1984年开始推广微型机组，至1990年共安装307台，装机容量390.5千瓦，解决了6个乡镇、950户、3887人的照明等生活用电；醴陵从1983年起拨专款支持微型机组的发展，到1990年，共安装354台，容量304.67千瓦，解决了8个乡、45个村、1459户农民生活用电，还解决了部分农副产品加工和农田抽水抗旱的动力。1990年，农业部在醴陵市召开全国微型水力发电研讨会，对醴陵微型水力发电给予了较高评价。

1990年年底，全市小水电装机达519处，692台，总容量9.03万千瓦。地方小水电拥有110千伏变电站1座，容量1万千伏安，110千伏线路32千米，35千伏变电站3座，总容量1.38万千伏安，35千伏线路178.7千米，10千伏配电变压器2190台，15.47万千伏安。小水电固定资产总额达1.41亿元，年发电量3.17亿千瓦时。

20世纪90年代，国家开始重视中型水电站的开发，湖南省也推行“新电新价”等政策，鼓励地方骨干水电站的开发。茶陵县1988年筹建洮水电站，市政府把洮水电站作为支援农业升温的重点项目，当年拨款40万元，作为前期工程经费。1990年年底，工程进行初步设计，电站装机6.9万千瓦，年发电量1.5亿度。电站可作为炎陵县、茶陵县、攸县和醴陵市的调峰、调枯电源。该电站枯水季节可满负荷发电，对下游龙甲山、黄坪、苏洲坝、干溪等9个梯级电站带来补偿效益，增加梯级保证，由单独运行的18.9万千瓦提高到37.1万千瓦，年发电量由3.88亿千瓦时提高到4.04亿千瓦时。

1998年，国家开展“改造农村电网”，炎陵县被纳入水利系统实施农网建设与改造任务的县，第一期农网改造完成投资3512万元，实施36个乡镇农网改造，完成53个村的改造任务，修建了霞阳35千伏变电站和小江35千伏变电站，建成35千伏线路50千米，10千伏线路145千米。实现了供电企业与发电企业分开经营，独立核算。炎陵县又一次被列为全国“十五”期间建设的400个农村电气化县。

2000年年底，全市小水电装机416处594台，总容量9.04万千瓦。地方小水电拥有110千伏变电站1处2台，容量3万千伏安，110千伏线路32千米，35千伏变电站4处5台，总容量1.695万千伏安，拥有高压线路1251千米、低压线路3422千米。小水电固定资产总额达2.15亿元。

第二节 供 电

一 输配电线路

（一）35千伏线路

1950年，湘潭下摄司电厂（湘潭电厂前身）将该厂至白石港6千伏线路升压为35千伏送电，全长19.77千米。是株洲第一条35千伏线路。1951年，由白石港架设35千伏线路至董家塅中南兵工局株洲七一兵工厂（南方航空动力机械公司前身），全长10.5千米。到1952年4月，长沙、湘潭、株洲3市均有35千伏线路联接，实行统一管理，形成湖南省第一个35千伏电网——长潭株电网。1954年11月，开始兴建湘潭下摄司电厂至株洲董家塅国营331厂（南方航空动力机械公司前身）35千伏输电线路，年底竣工，全长30.2千米，翌年初投入运行。该线路结构在湘中地区首次采用苏联设计的木质杆塔，耐张杆为Aπ型，均采用耐张绝缘子串，不使用拉线，耐雷击水平高，换杆腿不需停电，给设备运行维护带来许多方便。

1957年4月，从株洲电厂架设1条长5.78千米的35千伏线路专送株洲硬质合金厂，同年9月株洲电厂1号机组投产，根据当时株洲地区供电运行方式，将原下摄司至白石港至董家塅和下摄司至董家塅35千伏线路改进株洲电厂，由该厂送株董双回35千伏线路至331厂。至此，株洲市区第一个35千伏供电网开始形成。

20世纪50年代末至70年代中期，一批国家骨干企业和地方中小型企业相继竣工投产，为适应株洲工业的迅速发展，35千伏输电网络也迅速扩展。至1975年年底，以株洲电厂为中心架成35千伏线路达15条。由于株洲电厂35千伏主变压器容量不足，经常处于超负荷状态，限制了株洲地区用电量的发展，供电出现"卡脖子"局面。

1976年，220千伏白马垄变电站投产以后，株洲地区35千伏供电紧张局面有所缓和。1978年，由白马垄变电站至株洲冶炼厂第一条35千伏I回线路架成送电。到1982年，又先后架成4条35千伏线路。株洲市区形成了以株洲电厂和白马垄变电站2个电源为中心的辐射状35千伏输电网络。

为提高株洲市电网的供电能力，满足负荷日益增长的需要，减少重复容量，降低网络损耗，提高电压水平，从1975年开始进行将35千伏供电改为110千伏供电的电网改造。株洲供电所根据国内外经验和本地实际提出了《株洲市1978—1985年高压电网发展规划》，经水利电力部同意试行，市区35千伏输电网络限制发展。至1990年，境内共有35千伏线路48条，总长526.62千米。

20世纪90年代，随着经济改革向纵深发展，工业生产需求电量不断增长，境内35千伏城网已不适应其生产要求，相继将直供株洲冶炼厂、化工厂、氮肥厂、南方航空动力机械公司、电力机车厂、车辆厂、硬质合金厂以及城区直配的81.49千米的35千伏线路升压为110千伏，市区仅剩2条3.35千米的35千伏线路供市三水厂。但株洲县、醴陵、攸县、茶陵县35千伏输电线路略有增加，增加总长度61.75千米。到2000年年底，境内共有35千伏线路32条，总长495.87千米。

（二）110千伏线路

1960年2月，株洲电厂至醴陵县110千伏线路架成送电，全长48.07千米，是境内第一条110千伏输电线路。1959—1960年，先后建成株洲电厂至长沙、株洲电厂至湘潭110千伏线路。1967年，架设株洲电厂至浏阳永和110千伏线路。

1979年，为联接株洲电厂和白马垄变电站2个供电电源，由株长线π接进白马垄变电站，架设110千伏株白线，全长10.55千米。1980年后，城市用电负荷迅速增长，电网供电能力不足的矛盾日益突出，为适应城市发展需要，开始实施以提高电网供电能力，简化电压等级，降低电能损耗，改善电能质量为目标的电网升压改造工程。先后架成白马垄变电站至湘江氮肥厂、白马垄变电站至梨子坡变电站、白马垄变电站至铜塘湾变电站、梨子坡变电站至株洲电力机车厂、铜塘湾变电站经河西至南华变电站、铜塘湾变电站至株洲钢厂、梨子坡变电站至株洲车辆厂、白马垄变电站至株洲化工厂等110千伏线路。株洲市10家用电大户除南方航空动力机械公司和株洲冶炼厂外，全部由35千伏供电改为110千伏直降供电，株洲市区110千伏环网形成东半环有白梨线，西半环有白铜线、铜南线，株洲电厂、白马垄变电站为电源支撑点的环网初具规模。1990年，由株洲电业局管辖的110千伏输电线路共17条，总长328.7千米。

20世纪90年代，境内进一步加大对电网升压改造的步伐，市区10家用电大户除第三水厂外，全部由35千伏供电改为110千伏直降供电。外环自白马垄变经白梨支线至梨子坡变；桂梨线至桂花变；桂月线至月形山变；团月线至团山变；张南线至张家园变；铜张线至铜塘湾变；白铜线至白马垄变，导线均为1GJQ–300型铜芯铝绞线。内半环自白马垄变经白氮清变支线；株清线至株洲电厂；株鹅线至鹅颈洲变；轩鹅线至团山变；团桂线至桂花变，导线亦为1GJQ–300型钢芯铝绞线。

1991年，建成梨变至铁路牵引变梨牵线，改造株烈线接至月形山变、桂花至月形山变110千伏线路。

1992年，升压改建株鹅支线、原烈网线π进110千伏张家园变，形成铜张、张南线，原月烈线π进110千伏石子岭变，后段形成石烈线，前段待接进团山变（即团石线），新建滴石线。

1993年，原攸县蔡家坳厂变支线改接格子塘变；株洲市区于11月底改建梨子坡变—周龙坡变、桂花变—梨子坡变线路、桂龙支线及桂周支线。

1995年，改造株洲电厂—株洲硬质合金厂、株洲电厂—铜塘湾变及团山变—株洲硬质合金厂支线；茶陵县新建网云支线（原网排#210塔T接至110千伏云阳变）。

1996年，220千伏桂花变110千伏出线改造，改建了桂花变—车辆厂、桂花变—周龙坡变、桂花变—龙头铺变3条线路，新建株洲电厂—清水塘变和株洲化工厂（株化线1998年投运）双回共塔线路及株清T接至氮肥厂支线。

1997—1998年，220千伏团山变；110千伏美泉、庆云山和东湖变；株洲铁路110千伏枢纽变相继建成，其配套的110千伏输电线路也随之架设形成：张家园变—庆云山变；桂花变—美泉变、铁路枢纽变；团山变—渌口、南华、南方航空动力机械公司、月形山变；月形山—东湖变；株洲电厂—铁路枢纽变9条线路。

1999—2000年，境内北南2座电气化铁路牵引变建成，北牵变由白马垄变电站配出2个回路110千伏直供，即白牵一回和白牵二回线于1999年1月投运；南牵变位于株洲县淦田镇，原35千伏淦田变容量不够，迁址南移0.8千米新建110千伏淦田变，电源分别从团山变和渌口变架设2条线路提供，形成110千伏团淦、渌淦、淦牵一、二回4条线路，于2000年6月投运。随着城网改造的推进，2年间先后建成团山变—庆云山变、东湖变、鹅颈洲变、杨家岭变以及南华变—南方航空动力机械公司变5条110千伏线路。

至2000年年底，株洲电业局所辖的110千伏输电线路主干线有50条，分支线10条，总长602.04千米。

（三）220千伏线路

1972年开始，建设湘潭至株洲白马垄220千伏输变电工程，1976年竣工（称潭株线），全长20.33千米。同时建成投产的有220千伏金竹山电厂至株洲白马垄变电站线路（称金株线），全长180千米。1980年，建成白马垄变电站至长沙榔梨220千伏线路作为湘中与湘南联网的组成部分，全长34.88千米（称白榔Ⅰ回），1984年，建成白马垄变电站至长沙榔梨至益阳线路（称白榔Ⅱ回），全长72.02千米。

1980年，完成白马垄变电站至衡阳鄗湖变电站220千伏线路工程，全长132.06千米，对湘中、湘南电网的互相调剂、互相补偿、提高电网的经济运行和安全可靠性起了重要作用。

1988年，株洲云田变电站建成后，将原白榔Ⅰ、Ⅱ回线路改由云田出线，称云榔Ⅰ、Ⅱ回，云田变电站与白马垄变电站用2条220千伏线路联络称云白Ⅰ、Ⅱ回线，长度分别为14.52千米和14.14千米。1989年年底，东江水电站至云田变电站线路东云线建成投运，线路自东江经资兴市、永兴县、安仁县、攸县、衡东县、株洲县、醴陵市7县市，至云田变电站全长249.3千米。该线路在东江水电大发时将电送入湘中北，在枯水季节，东江水电发电少时，又可将湘中北电力南送，对确保电网稳定起重要调节作用。线路输送能力达20万千瓦。1990年6月，为解决长沙供电能力不足，从云田变电站出一回220千伏线路至长沙树木岭变电站。至此云田变电站220千伏出线增至6回。

1992年，为解决醴陵市供电能力不足问题，华能电力集团公司投资兴建醴陵市滴水井220千伏变电站，从云田变电站配出一回220千伏线路供滴水井变电站，全长61.57千米。由于生产规模不断增大，原株洲冶炼厂110千伏变远不能满足该厂用电负荷，将110千伏变升压改建为220千伏变，同时将原110千伏白冶线改造成220千伏。为保其电源可靠，1996年又从桂花变出一回线至冶变，即桂冶线。

1994年年底，株洲电厂第一期改扩建工程2台12.5万千瓦机组建成，其配套工程220千伏电厂—白马垄变、云田变的株白线、株云线于1995年初同时建成投运。1996年220千伏桂花变建成，将株云线 π 进桂花变，形成220千伏株桂线和云桂线。

原220千伏东云线于1989年团山变建成改接 π 进团变；2000年攸县大塘冲变建成，又改接 π 进大变后，形成220千伏云团、团大、朝大线（1999年 π 进郴州220千伏朝阳变）

220千伏滴水井变自投运以来，一直是单电源（220千伏云滴线）受电，直至220千伏团山变1998年建成投运，于2000年从团变架设37.33千米线路至滴变。

至2000年年底，株洲电业局所辖的220千伏输电线路有10条，代维护线路3条。总长412.56千米，其中代维线路82.10千米。

（四）500千伏线路

为配合葛洲坝大江电站投产，缓和湖南严重缺电局面，1988年6月，葛洲坝经常德至株洲云田500千伏线路建成投运。全长443. 67千米。该线路第一次在国内使用1Φ500毫米等径预应力混凝土杆，ZB-84新塔型。

（五）配电线路

民国36年（1947），醴陵临时电厂架设电线2千米，以2300伏电压送电，仅供商业照明。民国38年（1949）2月，湘潭下摄司电厂建成1条6千伏线路，经白石港临时变电站供董家塅十一兵工厂（南方航空动力机械公司前身）用电，线路全长30.20千米，使用2.0/7多股裸铜线，木质单杆架设，为株洲市区第一条配电线路。

1952年，下摄司电厂至白石港段升压为35千伏供电，经白石港临时变电站降压后，用6千伏送田心机车修理厂（株洲电力机车工厂），称白田线。仍用6千伏送董家塅，称白董线。在白董线T接一条分支线送建宁闸。是年，市一医院安装2台50千伏安配电变压器，供火车站、市总工会等单位用电。至此，市区配电网络雏形形成。

1957年，株洲电厂建成发电，市区配电线路由白石港变电站改为株洲电厂直配供电。因株洲市电力负荷增长较快，加之国家明确10千伏为配电网络的标准电压，株洲在20世纪50年代末开始兴建10千伏配电线路。1959年，株洲化工厂13#屏送出市区第一条10千伏配电线路，以解决清水塘用电。1965年，晏家湾变电站建成送电后，市区的配电方式就形成了株洲电厂、株洲化工厂13#屏、晏家湾变电站三角供电的局面。较大地减轻了株洲电厂直配线的负担。

1970年以后，境内工业发展迅速，用户和用电量不断增加，由于株洲电厂35千伏主变压器容量不足，加上6千伏线路的供电距离过大，造成电压质量低劣。1975年，由株洲电厂6千伏直供的9块屏共计13条出线，有8条线路设备严重过载或供电范围太宽。株洲电厂至一水厂6千伏线路末端电压过低，需用电而用不到电的用户有36户，需增供电容量6900千伏安。为改变这一状况，先后兴建了清水塘、龙头铺、鹅颈洲等35千伏变电站，新增10千伏配电线路18回。

从1980年开始，市区配电网络建设围绕110千伏直降10千伏 的供电方式，一方面抓35千伏变电站的升压改造，另一方面抓株洲电厂6千伏间隔出线的升压改造工作。1981年，人民路和沿江路由6千伏升压为10千伏，解决了市内部分用户用电负荷紧张、电压水平低的问题，当年减少供电损耗70万千瓦时。1989年4—6月，对红旗路配电线路进行全面改造，将市区最后一条木质电杆线路换成水泥电杆线路。1990年9月，株洲电厂送出的最后2条6千伏线路升压改造成10千伏，至此市区6千伏公用配电系统全部升压改造完毕，有效地改善了供电状况。1990年底，株洲共有配电线路173条，总长4618.99千米，配电变压器3315台，总容量10.58万千伏安，用户专用配电变电器2014台，总容量14.15万千伏安。市区平均最大负荷密度由1981年的5121千瓦/平方千米，上升到5735千瓦/平方千米。

1992年，市河西由株洲县局改为用电管理所直接管理，1997年全部移交完毕。1993年，市区第一个开关站——河西江滨开关站投运。1998年占地面积最小、容量最大、自动化程度最高的110千伏东湖变电站建成投运，其所有10千伏出线均为电缆。2000年10月，株洲电厂6千伏直配线全部拆除，至此市区所有用电客户均由株洲电业局变电站供电。自1999年城市电网改造开始，至2000年年底，建设中路、南路扩建，该地段所有配电线路均改为电缆入地，从而使箱式变压器、电缆分接箱、分断器大规模地得到了运用。

至2000年年底，市区有10千伏架空线路173条，总长1011.54千米，电力电缆208条（段），总长63.38千米，杆塔16582基；配电变压器488台，容量92845千伏安；线路开关222台；开关站17座，电缆分支、分断设备51台。

二 变电站

（一）35千伏变电站

1951年，湘江机械厂为满足本厂用电需求，兴建1座35千伏变电站，安装800千伏安主变压器1台。1952年，湘潭下摄司电厂兴建白石港35千伏变电站，主变容量800千伏安。1957年，株洲电厂建成发电后，该变电站停运。1959年，为解决霞湾砖厂、东风冶炼厂用电，兴建铜塘湾临时变电站，主变容量3200千伏安。1965年，株洲市磷肥厂变电站投运。1973年，磷肥厂变电站移交株洲供电所管理，称铜塘湾变电站，主变2台容量22500千伏安。1970年，清水塘区域工业发展较快，用电负荷急剧增加，株洲化工厂13#屏已无法承担该区域供电。同年7月，市革委会从株洲冶炼厂调拨1台15000千伏安主变压器，兴建清水塘变电站。

20世纪60—80年代，城镇、厂矿和农村35千伏变电站得到了长足的发展，先后改建和新建35千伏变电站32座，主变71台，容量28.49万千伏安，这些变电站在发展城镇、农村配电网络，缩短供电半径，提高电能质量发挥了重要作用。至2000年年底，境内有35千伏公用变电站22座。

株洲境内2000年35千伏变电站一览表

表7-10

站 名	投运时间	主变（台）	容量（千伏安）
洲 坪	1985年9月	1	2500
华 石	1991年5月	2	5000
王十万	1996年11月	1	4000
雷打石	1992年11月	2	8000
泗 汾	1983年10月	2	6400
长沙岭	1978年3月	2	5200
白兔潭	1989年6月	2	6300
黄獭嘴	1980年5月	2	3600
王 仙	1990年9月	2	8000
泉 塘	1991年12月	1	4000
南 桥	2000年1月	1	4000
皇图岭	1987年9月	2	14000
黄丰桥	1993年9月	1	5000
盘 塘	2000年10月	1	4000
高 和	2000年11月	1	4000
丫江桥	1997年12月	1	2500
东 塘	1990年12月	1	5600
月 岭	1992年1月	1	3200
龙山岭	1997年4月	1	4000
腰 陂	1996年9月	1	3150
高 陇	1995年5月	1	2000
湖 口	2000年1月	1	3150

（二）110千伏变电站

1960年2月，为配合110千伏株醴线送电，醴陵烈士塔110千伏变电站投产，安装7500千伏安主变1台。后经7次改建扩建，现具有主变2台，容量51500千伏安。35千伏间隔6个，是醴陵县、攸县、茶陵县、酃县的枢纽变电站。1972—1973年，建成投运的110千伏变电站，有茶陵县排前变电站，主变2台，容量39000千伏安；攸县蔡家坳变电站，主变1台，容量10000千伏安。

1980年后，市区电网开始实施110千伏直降10千伏供电规划，改过去的35千伏供电为主为重点发展110千伏网络。1982年，建成110千伏梨子坡变电站，为株洲市区第一个，也是株洲电业局自行设计、施工安装的第一座110千伏变电站。1985年5月，投运的110千伏铜塘湾变电站，主变选用有载调压变压器，为境内首次采用。1986年9月，建成110千伏南华变电站，从改造到安装投运，只用了2个月的时间，创造了境内电气安装史的最高速度。至1990年，在原35千伏基础上升压改建的110千伏变电站有8座，新建的有4座，共有110千伏变电站15座，主变21台，容量50万千伏安，还在筹建的110千伏安变电站2座。

进入20世纪90年代，随着工农业生产的飞速发展及居民生活质量提高，生产、生活用电需求快速增加，市区和各县35千伏电网已不适应发展需要，全局除逐步将清水塘、龙头铺、鹅颈洲、淦田等35千伏改造升压为110千伏变电站外，还先后建成月形山、张家园、周龙坡、庆云山、美泉、石子岭、云阳、格子塘等110千伏变电站。而随着电网的扩大，各电压等级的变电站逐年新建，变电运行管理存在的问题日益突出。这样，在全国电力行业供电企业中推行变电站无人值班先进技术和运行管理模式已是大势所趋。在此期间，全局对110千伏变电站进行无人值班改造13座，变电站从传统的运行管理改为无人值班运行管理，其目的是为减人增效，提高劳动生产率，挑选出文化层次高、技术好、作风硬的高素质的人员，确保对变电站的安全运行及维护管理，减少人员误操作及人员责任引起的事故。

1998年，株洲被列入国家第二批城市电网建设与改造城市，株洲城市电网投资项目东湖、杨家岭变电站相继建成。其后新建的110千伏变电站均采用室内布置，占地面积小，其中东湖、莲花、杨家岭变电站每站占地仅1000平方米， 110千伏断路器采用六氟化硫断路器，10千伏断路器采用真空断路器，均按无人值班设计。到2000年年底，株洲电业局拥有110千伏公用变电站21座，主变36台，容量1068兆伏安。

株洲境内2000年110千伏变电站一览表

表7-11

站 名	投运时间	主变（台）	容量（千伏安）
排 前	1972年12月	2	17500
烈士塔	1979年12月	2	63000
梨子坡	1982年04月	2	51500
铜塘湾	1985年05月	2	63000
网 岭	1986年08月	2	51500
南 华	1986年09月	2	63000
渌 口	1990年01月	2	51500
清水塘	1990年06月	2	63000
月形山	1991年04月	2	63000

续表 7–11

站 名	投运时间	主变（台）	容量（千伏安）
格子塘	1992 年 12 月	2	63000
张家园	1992 年 12 月	2	63000
龙头铺	1994 年 01 月	2	51500
鹅颈洲	1995 年 01 月	2	63000
云 阳	1995 年 12 月	1	31500
石子岭	1996 年 08 月	1	31500
周龙坡	1997 年 1 月	1	31500
美 泉	1997 年 7 月	1	31500
庆云山	1997 年 9 月	2	63000
东 湖	1998 年 9 月	2	100000
淦 田	2000 年 6 月	1	20000
杨家岭	2000 年 12 月	1	31500

（三）220 千伏变电站

1971 年，省水利电力局对境内工业生产用电作了全面调查。株洲电厂第三期工程竣工发电后，对株洲的供电能力仅 11 万千瓦左右，远远不能满足用电需求。湖南其他地区，在水电大发时尚有调节余量。决定在株洲负荷中心清水塘兴建 220 千伏变电站。选址过程中，考虑清水塘环境污染严重，最后改址在白马垄。1976 年 6 月，白马垄 220 千伏变电站由湖南电力设计院设计，湖南省机电工程局五处施工建成投运。安装 9 万千伏安变压器 1 台，220 千伏进出线间隔 5 回， 110 千伏进出线间隔 5 回，因未安排 35 千伏出线间隔，2 年内株洲未受益。因受地形限制，白马垄变电站 220 千伏和 110 千伏设备采用半高型设置。当时白马垄变电站是省内最大的枢纽变电站，是株洲市第二大电源中心。该站投运以来，经 1980 年、1990 年 2 次扩建，主变增至 3 台，容量达 39 万千伏安。1995 年，与华银公司株洲 12.5 万千瓦机组投产配套的桂花 220 千伏变电站动工兴建，1996 年 7 月投入运行。一期工程中投入主变 1 台，额定容量 15 万千伏安，220 千伏出线 3 回，110 千伏出线 8 回。投产后，为改善东区（荷塘区）电能质量和供电可靠性发挥了作用。1997 年动工修建团山 220 千伏变电站，1998 年 10 月投入运行，一期工程主变 2 台，单台额定容量 12 万千伏安，220 千伏出线 3 回， 110 千伏出线 10 回，解决芦淞区供电电源点少和改善电能质量，并形成了株洲 220 千伏环网。

为改善境内电网结构，解决醴陵市、攸县、茶陵县、酃县等地供电能力不足和电能质量低劣等问题，湖南省电力工业局决定将醴陵滴水井 220 千伏送变电工程列入华能岳阳电厂送出配套工程，批准立项，1990 年动工兴建。

1990 — 2000 年，境内先后建成滴水井、桂花、团山、大塘冲 4 个 220 千伏变电站，总容量达 63 万千伏安，并将白马垄变电站扩容改造为 2 台 18 万千伏安变压器。因此，株洲电网特别是醴陵市、攸县、茶陵县、炎陵县等地供电可靠性大大提高。

株洲境内 2000 年 220 千伏变电站一览表

表 7–12

变电站名称	投运时间	主变（台）	容量（千伏安）
白马垄	1976 年 6 月	2	360000
滴水井	1992 年 5 月	2	240000
桂　花	1996 年 7 月	1	150000
团　山	1998 年 10 月	2	240000
大塘冲	2000 年 9 月	1	120000

（四）500 千伏变电站

1985 年 6 月，水利电力部批准兴建葛洲坝经常德至株洲 500 千伏变电站 1 座，占地 10.93 万平方米，总投资 9941 万元。该站选址在株洲市郊区云田乡，称云田 500 千伏变电站。安装意大利产 25 万千伏安单相主变压器 3 台，主变容量为 75 万千伏安，1988 年 6 月投产送电，使株洲主变容量达 270 万千伏安。云田 500 千伏变电站是省内第一座最大的超高压枢纽变电站，每年从葛洲坝接受整个湖南电网电量的四分之一。自动化监控设备具有全省先进水平。1990 年 1 月，根据湖南电网规划要求，扩建二期工程 220 千伏东云线投产；同年 6 月扩建三期 220 千伏云白Ⅱ回移间隔，云树线送电投产；1992 年 5 月，扩建四期 220 千伏云滴线送电投产。湖南电网以云田变为中心的 220 千伏网架进一步完善。

1994 年根据电力部批准的五强溪电站外送工程包括民丰变（娄底市）至云田变 500 千伏线路一回、增扩法国产 500 千伏一组单相变压器，容量 25 万千伏安 3 台、无功补偿装置容量 ±12 万千伏；引进美国的继电保护装置；完善 500 千伏一次设备主接线二串；完善 220 千伏双母线分段兼旁路母线分段的结线方式；新增 1 条 220 千伏线路 —— 云集线，于 1996 年 8 月全部竣工送电。从此湖南 500 千伏电网形成菱形网架，云田变主变容量 150 万千伏安，220 千伏出线达 9 条。

第三节　用　电

一　工业用电

1949 年以前，境内工业用电负荷很少，工厂除株洲机厂、第十一兵工厂外，全市仅 7 家私营小厂用电。

1950 年，湘潭下摄司电厂至株洲白石港 35 千伏线路架成，由白石港变电站 6 千伏白董线送电至用电大户 331 厂。1953 年，田心机车修理厂已拥有 2 台 750 千瓦发电机组和 2 台 500 千伏安变压器。

此外，较大用电单位有湖南省建筑工程局建材公司株洲木工厂（200 千伏安变压器 1 台）、株洲火车站（100 千伏安变压器 1 台）。1958 年，株洲市已建成的工业企业达 169 个，其中较大企业 38 个，全市工业用电负荷增至 15000 千瓦左右。1959 年，株洲化工厂、株洲冶炼厂、株洲选煤厂等相继投产，全市工业用电负荷达 20000 多千瓦。其后，因大宗工业用户增多而工业用电负荷剧增，市内电力供需矛盾突出，供电部门的用电管理，除负责日常的监察业务外，还增加了调荷节电、负荷调度预计等工作。

20 世纪 60 年代初，随着磷肥厂、麻纺厂、桥梁厂、市二水厂及茶陵湘东钨矿等一大批大、中型厂矿的投产，全市用电总负荷已达 30000 多千瓦，1960 年年用电量达 2.77 亿千瓦时，其中工业用电占 95.85%。经过 60 年代初自然灾害引起的用电量下降后，全市用电自 1965 年开始恢复增长。

1966 — 1970 年间，一些大、中型厂矿生产线的形成促进了工业用电的大幅度增长。此间，12 个大型骨干工厂，用电量成倍增加。株洲硬质合金厂生产负荷由 20 世纪 60 年代初的 4000 ～ 5000 千瓦，增长到平均负荷 10000 千瓦，最高负荷达 18800 千瓦；株洲冶炼厂由刚开始试产的几百千瓦增长到平均负荷 27000 千瓦，最高负荷达 47000 千瓦；株洲化工厂由 60 年代初的平均负荷 5200 千瓦，增长到平均负荷 13000 千瓦，最高负荷达 18000 千瓦。

从 1971 年开始，用电管理部门在市政府和工业企业主管部门的支持下，坚持开展一年一度的大、中用户用电安全大检查和召开全市用电工作会议。

从 1982 年起，针对全市工矿企业都不同程度地被迫担负着对周围乡村、居民转供电的负担，市政府支持供电部门展开了“以整顿、改造城市配电网络为中心，解除转供电源，强化用电管理”的转供电源改造工作。历时 6 年，使境内 65% 的工矿转供用电户改接到了公用供电线路上，很大程度上消除了工矿企业转供电带来的不安全隐患，减轻了企业不合理的能源和电费负担。到 20 世纪 80 年代中期，境内所有高压用户全部配置了高压计量专柜，并统一了低压用户的低压计量专用柜，完善了计量手段。随着经济体制改革的深化，境内用电量增长幅度更大，从 1984 年起，年均增长 11000 多千瓦小时，其中工业用电增长量占增长值的 90%。到 1990 年的 7 年内，共增长了 6.2 亿千瓦时，增长速度比 60 年代和 70 年代分别提高了 20% 和 32%。

1990 年年底，株洲市工业用户已达 482 家，用电装接容量达 50.15 万千瓦，年用电量达 19.61 亿千瓦时，其中专用变压器容量在 1600 千伏安以上的大、中型企业有 63 家。

1991 — 1995 年期间，境内工业用电量增长了 24.9%，其中以大工业用电量为主导，每年大工业用电量均占全社会总用电量的 80% 左右。但大工业用电发展不平衡，作为境内工业支柱的有色与黑色金属冶炼及压延加工业、化学工业、机械工业、建材工业、纺织工业、橡胶和塑料制品业，以及电器、电子设备制造等产业中，有色金属冶炼业和机械工业发展最快，1995 年比 1991 年用电量分别增长了 42% 与 43%；化学工业和建材业次之，1995 年用电量比 1991 年分别增长了 35% 和 32.8%；黑色金属冶炼自 1993 年起一路下滑，1995 年用电量与 1991 年比较下降了 21.4%，原因为国内外市场因素及产业结构因素。

1996 — 2000 年期间，境内电力市场需求呈曲线式发展。5 年间共增加售电量 7.43 亿千瓦时，年均增长率为 4.81%，列全省公司第五位。其中 1998 年增长较低，仅为 2.14%；2000 年又出现恢复性增长，增长率达 7.13%。工业用电仍然是株洲电力市场的重要部分。1995 年，境内工业用电量为 25.52 亿千瓦时，占全社会用电量的 82.66%；2000 年，境内工业用电量为 30. 13 亿千瓦时，占全社会用电量的 78.7%。5 年间增加大工业用电量 4.62 亿千瓦时，年均增长率为 3.62%。在工业用电中，金属冶炼及加工、化纤、石油加工及医药等行业的用电量增长明显，其中金属冶炼业 2000 年的用电量为 12.14 亿千瓦时，占全部工业用电量的 40.3%，比 1995 年增加 5.35 亿千瓦时，占全部工业用电增加电量的 115.98%。其中有色金属冶炼仍保持强劲的增长势头；黑色金属冶炼在经历了 1996 — 1998 年的低谷后，随着改制的深入， 1999 — 2000 年又有了较大幅度的回升；机械工业自 1999 年起用电下降；纺织业在“九五”后 2 年用电有所回升；电器电子设备制造业基本持平；乡村工业用电量有所减少；建筑业 1995 年用电量为 2800 万千瓦时，占全社会用电量的 0.9%，2000 年建筑业用电量为 7500 万千瓦时，占全社会用电量的 1.95%，年均增长率为 33.15%。

二 农业用电

1958 年，株洲市郊区曲尺、明照、建宁 3 个人民公社共 3 台配电变压器供电，主供照明、排灌和碾米。1963 年，株洲县白关、姚家坝人民公社由市内 35 千伏晏家湾变电站引出 10 千伏配电线路供电。此后，株洲农业生产用电发展较快，至 1969 年，农业用电约以每年 15% ~ 18% 的速度递增。1976 年 11 月，株洲供电所派员组织了株洲市第一期农村电工技术培训班，各公社推荐的农电工共 126 人，集中到株洲县白关公社学习，通过考察和选拔，由株洲供电所聘请了第一批人民公社农电员 26 人（市郊区 11 人，县区 15 人），农电员工资由供电部门从供电成本中支付。1979 年，株洲供电所改建制为株洲电业局后，开始了农电整顿工作。经过 3 年的努力，在全市初步建立了电业局 — 人民公社农电站 — 生产大队管电组的 3 级农电管理网，制定了一系列规章制度，坚持按规章制度改造和发展农业用电。至 1982 年年底，株洲市改农村用电包灯制为电度表计量，装表 44400 户，改造农村高低压配电间 162 座，改造农村低压线路 1966 千米，整顿照明户 28600 户。整顿经费由国家投资 19.4 万元，自筹资金 225 万元。1982 年，全市农电员增至 46 人，其中市郊区 17 人，株洲县 29 人。农村电工发展到 627 人，生产队安全员 2945 人。从 1976 年起至 1982 年年底止，全市共培训、考核农村电工 2528 人次。

农村实行生产承包责任制后，原有的以抓农业用电安全为主的农电管理体制，已不适应改革发展的需要，农村用电一度出现管理失调，用电混乱的局面。株洲市根据湖南省电力工业局加强农电管理的精神，帮助用电社队建立农电员和电工包干合同制，把管电岗位制与联产计酬结合起来，于 1982 年对农电员实行固定补贴与浮动补贴相结合的计酬办法，并提出解决生产大队电工工资方案的意见。

1983 年，全市农村开展农村电力“一查四定”（用电大普查和定电力、定电量、定用电时间、定用电单耗），以安全为重点，实行以“线路设备标准化、配电室标准化、触电保安器化、计量装置完善化、用电管理制度化”为内容的“五化”整顿改造，全面推行“农电四项基本要求”（人员机构、用电设备、管理制度、实际效益），以“一查四定”促农电整顿验收和复查工作。经过 1984 — 1985 年的农业用电整顿，特别是在全市推行北星乡“统一管理，分村核算，承认差别，以电养电”的乡农电站集资统一管理试点经验后，境内农业用电管理由单纯的管理过渡到管理和经营相结合转变的完成。1987年年底，境内由电网供电的126个乡镇都建立了电力管理站。统一全市农业用电在乡电管站管理体制下的收费标准，保持了农村电价的统一和乡电管站财务管理的完善。

酃县因系小水电供电，自定电价，农业用电电价低于市郊电价。1988年10月以前，农村照明电每千瓦时1角4分，动力电每千瓦时6分。1988年10月进行调整，农村照明电每千瓦时1角6分，动力电每千瓦时仍为6分。

1991年以前，境内农电管理由市局用电管理科负责，各县局也有相应机构负责。由于农电具有点多、线长、面广的特点，加上农村用电的普及和农村经济的迅速发展，随之出现了关系电、权力电、人情电的“三电”与乱加价、乱摊派、乱收费的“三乱”现象。部分农村电费由村电工承包，直接加重了农民负担，农民反映强烈。1992年年底，市电业局成立农电管理科，各县局与市郊也相应地成立农电总站，专门负责农电管理，并开始整顿农村电价。农村用电价区各有不同，价区最少的是市郊，只定1个价区，1993年生活照明电价定为0.43元/千瓦时。最多的价区是醴陵，有6个价区，其生活照明电价分别为0.43 ~ 0.68元/千瓦时。随着煤炭、燃油、运输的涨价因素，国家目录电价不断上调，境内的农村到户电价也作了相应调整，并坚持电价一年一定。

1995年3月，市政府召开“消灭无电村”会议，决定用3年时间，在全境消灭无电村。历时1年零5个月，投入资金1400多万元，架设10千伏线路319.12千米，安装配电变压器62台，消灭62个无电村，其中醴陵22个、茶陵33个、攸县1个、株洲县2个。

1999年，为加快农村电力体制改革，加强农村电力管理，进一步减轻农民负担，开展了“农电体制改革、农村电网改造、城乡用电同网同价”的“两改一同价”工作。在网改降损和国家目录电价不变的情况下，境内农村电价逐年下调回落。到2000年，境内农村生活照明限价为0.63、0.72、0.78、0.83元四个价区；基本价有0.58、0.63元两种电价。对于已经进行了网改且完成户表改造的市郊区与各县城郊区，实行0.58元/千瓦时；实行了户表改造的其他地区执行0.63元的价格。与1997年相比，每千瓦时下调0.10元。2000年，全市农村生活用电量1.37亿千瓦时，1年内为农民减轻用电负担1370万元。

1999—2000年，全市进行第一期农网改造，共完成投资4.15亿元。新建110千伏变电站2座，改造7座；新建35千伏变电站9座，改造17座，35千伏线路2条；改造调度自动化系统2个。新建10千伏线路713.4千米，改造178.82千米；400伏线路新建2883千米，改造6948千米；新建10千伏变压器1450台，容量831020千伏安，改造1173台，容量714540千伏安，新建改造配电间2428个。此次改造涉及用电村1525个，完成用户表计改造520534户，表改完成率为80.75%。

三　市政及城乡生活用电

民国35年（1946）8月，凌元吉粮行老板凌达福，将1台从德国购进的蓬子车汽车头改为烧木炭的煤气机发电，容量为20千瓦，白天碾米，晚上照明，1950年10月停办。

1950年，湘潭下摄司电厂对株洲镇供电。1951年12月开始，在市区安装路灯，少数居民使用电灯照明。1952 年，市区照明用电量为 16.74 万千瓦时。

随着城区低压电网的发展，路灯和居民照明也由老城区沿建设大道由南向北发展，继而扩大到城市 4 区。至 1955 年底，路灯和居民照明年用电量增至 106.6 万千瓦时，占全市年总用电量的 10.2%。

自 1956 年始，市区有自来水厂、城市排污水泵等市政动力用电以及微量的乡村照明用电。因市政动力用电装机容量小，该年市政及城乡生活用电仅占全市总用电量的 2.1% 左右。

1958 年后，随着工业用水量大幅度上升，市二水厂、三水厂先后建成投产，市政生活用电的动力部分为市政用电的主要组成部分。

20 世纪 70 年代以前，村民照明均采用按灯头计算电度的包灯制，1 个大队才装 1 个电度表。1966 年，株洲农村照明用电户 32 户（1 个大队为 1 户），年用电量 62800 千瓦时。经过 70 年代末和 80 年代的农业用电大发展，到 1986 年，村民用电量已达 1655.4 万千瓦时，是 1966 年的 263 倍。

20 世纪 80 年代中期，家用电器在城市普及和乡村兴起，城乡生活用电迅猛增长，自 1986 年起，全市城乡照明用电负荷每年以 30% 的速度递增。至 1990 年，株洲城乡居民用电散户已达 22100 户，照明与家用电器容量达 23900 千瓦，年用电量达 6748.6 万千瓦时。其中，城市居民用电量为乡村村民用电量的 1.8 倍。与 1986 年相比，乡村村民用电增长了 45%，城市居民用电增长 84%。1980 — 1989 年的 10 年间，株洲市的市政及城乡生活用电量，每年占全市总用电量的 8% 左右，1990 年占全市总用电量的 8.8%。

1991 — 2000 年，城乡居民用电和第三产业用电量增长步伐加快，特别在"两网"改造后，历史上遗留的卡口线路及小容量、高能耗变压器已更换，人口稠密、商业发达的老城区的中低压配网已改造，居民用电实现了"一户一表"，增加了住宅接户线和电表的容量，解决了用电"瓶颈"问题，该类用电量大幅度上升。第三产业用电稳中有增。1995 年第三产业用电量为 1.83 亿千瓦时，占全社会用电量的 5.93%；2000 年第三产业用电量为 2.57 亿千瓦时，占全社会用电量的 6.7%，比 1995 年增加 0.73 亿千瓦时，年均增长率为 8%，增加的用电量占全社会增加电量的 9.87%。到 2000 年，城乡居民用电占全市总用电量的 12.3%，商业、交通、邮电等其他事业占 14.26%。

第四节 电力调度

一 调度网络

（一）株洲地调

1952 年，长沙、湘潭、株洲 35 千伏电网形成后，由湘中电业局调度股实行统一调度。1964 年 7 月，开始筹建地区调度室（简称"株洲地调"）。负责调度株洲市区及醴陵县、攸县、茶陵县、株洲县 35 千伏以下供电网络。管理负荷不到 30000 千瓦。1967 年 2 月，浏阳永和 110 千伏变电站投运，调度区域扩大到浏阳县，调度的电压等级随之升到 110 千伏。1973 年 1 月，安仁县地方性供电网并入系统，地调开始调度第一个小水电站 —— 仙下电站（容量为 3×500 千瓦）；1979 年 5 月 1 日，湖南省电力中心调度所（简称"中调"）将湘江氮肥厂热电站调度权下放，地调开始调度火力发电站；

1979年12月，酃县水口电站升压投运，酃县地方电网110千伏水口支线并入系统，地调的调度区域扩大到醴陵县、攸县、茶陵县、酃县、安仁县、浏阳县、株洲县及株洲市区共7县1市，是株洲地调调度区域最广时期。1980年1月，浏阳县电力划归长沙地调调度，株洲地调区域改为6县1市。1980年，株洲地区调度室将株洲电厂载波室归并，负责调度、远动通讯专业管理。1987年2月，调度室更名为调度管理所。1990年年底，调度对象扩展到59个，管理的电力负荷达30.5万千瓦。1992年，220千伏滴水井、株冶变电站投运，地调开始调度220千伏设备。1998年10月，郴州220千伏朝阳变投运，安仁县划归郴州地调调度，株洲地调区域改为5县1市。2000年年底，境内电网共拥有35千伏及以上变电站50座，35千伏及以上变压器81台，总容量3793.1兆伏安。其中：500千伏变电站1座，变压器6台，总容量1500兆伏安；220千伏变电站5座，变压器8台，总容量1110兆伏安；110千伏变电站21座，变压器36台，总容量1068兆伏安；35千伏变电站23座，变压器31台，总容量115.1兆伏安。35～220千伏线路共95条，总长1510.47千米，其中220千伏线路13条总长412.56千米，110千伏线路50条总长602.04千米，35千伏线路32条总长495.87千米。全局无功调整装置电容器55组，总容量497兆乏；无功静止补偿装置2组，总容量240兆乏。2000年，株洲地调管理的用电负荷达647兆瓦，是成立时的22倍。

（二）县市调度

20世纪70年代初，随着各县电力网络的形成、发展及并入地区网络，加之用电紧张，各县开始指定专人负责调度工作，但未形成调度体系。70年代末，各县供电公司改为供电所后，正式在生产技术部门内设立运行组，具体执行由地调划出的35千伏以下农村电网的调度管理任务，成为县市调度的雏形。80年代，随着株洲电网的不断发展，县市调度管辖的范围也不断扩大。1990年，县级调度正式列为全国五级电力调度之一（国调、网调、省调、地调、县调），县级调度机构正式得到国家承认。1998年5月，境内县市35千伏联络线按产权归属划归县市调调度。2000年，境内县市调度有醴陵市、攸县、茶陵县、炎陵县、株洲县共5个。

二　运行方式

（一）负荷管理及电力平衡

1958年以前，株洲的负荷管理由湘中调度负责。1958年，系统出现110千伏输变电设备，电网供电范围扩大，在当时技术条件下，中调已不能预计每日24小时负荷，加之负荷控制和调整的工作量增大，中调统管负荷已有困难。因此，中调下放部分负荷管理工作。1959年4月，株洲线路工区在用电监察组内，配备1名专职负荷管理员，负责电力负荷的抄报、计算分析、调整控制和预报，填发停电通知。同年9月，为配合株洲市成立的“电力办”开展计划用电工作，设立负荷室以便对外联系，仍隶属于用电监察组。株洲地调成立后，负荷室撤销，其人员和工作任务归并地调。

“文化大革命”初期，负荷管理工作基本停顿。1970年，工农业生产开始回升，电力供需矛盾突出，为保证系统稳定运行，一方面强行压负荷，一方面对市里部分大厂按产量和单质电耗实行电量分配，开展定时间、定负荷、定电力的“三定”工作。1976年以后，由于地区工农业生产的迅速发展和城市人民生活用电比例增大，电力更显不足，给电力平衡带来不少困难。1979 年 6 月，针对当时日负荷不平衡，用电低谷时有近 10000 千瓦左右负荷用不上，造成负荷率低；用电高峰时常因超负荷使株洲电厂主变压器过载出现拉闸限电的情况，株洲地调对各工厂企业周休日进行了调整。1981 年 5 月，株洲地调开始对所辖地方小水电站的有功无功出力和电量实行强制管理，除在丰水期按照系统大水电站和地方小水电站的日最高有功无功安排出力和电量以外，还在全省地调中第一个对地方小水电站的出力曲线作出规定，以提高地区网络的负荷率，减轻系统高峰时期的负担。1982 年，对负荷的管理扩大到对用电量和负荷率的考核，考核指标随计划用电负荷指标一起由“三电”部门下达。1989 年，株洲电业局对超指标用电实行加价和加装电力定量器等措施。1990 年，电网用户因超计划用电，株洲地调限电拉闸 659 次。

1991 — 2000 年，境内电力缺额较大，供需矛盾更加突出。为此，株洲地调加强了负荷控制和调整工作，配备 3 名专业人员和设备，开展计划用电工作。同时，各县市调也配备兼职负荷员，形成三级稳定有序的负荷管理。1990 — 1996 年，境内每年进行的拉闸次数均在 2000 次以上。1996 年后，由于电网建设进程加快，拉闸限电情况得到根本好转。从 1997 年起，湖南省调要求各地调开展负荷预计工作，并进行电量考核，1997 — 2000 年，株洲地调获得奖励电量 654.23 万千瓦时，未进行拉闸限电，保证了工农业生产的持续性和人民生活的稳定。

与此同时，用电负荷的比重也在发生变化，工业用电继续保持龙头地位，城乡居民用电和第三产业用电量增长步伐加快，特别在“两网”改造后，历史上遗留的卡口线路及小容量、高能耗变压器已更换，人口稠密、商业发达的老城区的中低压配网已改造，居民用电实现了“一户一表”，增加了住宅接户线和电表的容量，解决了用电“瓶颈”问题。2000 年，工业用电占全市用电比重的 73.44%，城乡居民用电占 12.3%，商业、交通、邮电等其他事业占 14.26%。

（二）设备计划检修

20 世纪 60 年代，设备没有检修计划，设备需检修由班组提出申请，调度员核发，书面通知用户。1970 年，开始建立完善计划检修制度。1978 年，株洲地调配备专人负责设备检修管理工作。从 1980 年开始，实行按设备管理权限提高设备检修申请的管理办法，并将停电通知登报，以告用户。定期编制设备年、季、月度检修计划。临时停电检修，需提出申请，经过株洲电业局相关负责人签字同意后，方予安排。1990 年度主设备停电检修计划安排 24 次，检修率 100%。全年累计停电检修 147 次，其中计划检修 140 次，计划检修率 95.3%。

1996 年 4 月，《中华人民共和国电力法》颁布施行，同年 9 月《电力供应与使用条例》颁布施行。遵照《电力法》及《电力供应与使用条例》的要求，顺应电力用户对供电服务的呼声，市电业局规定：在月度检修计划的基础上，每周三确定下周停电计划，在周四《株洲日报》上刊登。2000 年 1 — 10 月，共安排计划检修 207 次，累计对外停电 2699 小时。

（三）系统稳定运行

1973 年，酒埠江电站安装低频解列装置 1 套。1985 年，白马垄变电站开始安装低频减载装置。1987 年，株洲电业局就株洲地区系统稳定，作出具体安排，低频、低电压减载轮次和负荷是：基一轮 49 赫 /0.15 秒，19700 千瓦；基二轮 48.5 赫 /0.15 秒，30800 千瓦；基三轮 48 赫 /0.15 秒，44000 千瓦；基四轮 47.5 赫 /0.15 秒，55800 千瓦。特一轮 49 赫 /15 秒，7500 千瓦；特二轮 49 赫 /20 秒，8600 千瓦；特三轮 49 赫 /25 秒，12900 千瓦。株洲地区总共切负荷 17.9 万千瓦。

1988 年，湖南省电力工业局安排的系统稳定措施更改项目全部实施。其中包括白马垄 — 鄙湖线路加装的双高频保护，白马垄 220 千伏母线保护改造，白马垄 — 湘潭线路加装的高频闭锁保 护，白马垄 1 号、2 号、3 号主变压器保护更新，白马垄 220 千伏出线三相跳闸联切白马垄变电站负荷装置。

葛 — 常 — 株 500 千伏送变电工程竣工送电后，株洲成为华中电网枢纽之一，500 千伏线路最大输送功率为 60 万千瓦，电力系统稳定难度也随之增加。为确保系统安全，省电力工业局要求株洲的低频装置在云田变电站 500 千伏输变电设备及白马垄变电站 220 千伏母线、220 千伏线路任何部位一旦出故障，能切除负荷 17 万千瓦。1988 年 2 月，召开株洲市电力系统稳定工作会议，要求由白马垄变电站供电的用户随时做好白马垄变电站切除绝大部分和全部负荷后的一切应急措施。原有低频率继电器不能满足要求，各有关单位更换为 SZH-1 型继电器。

株洲地调每年都制订和执行低频、低压减载方案，以保证电网的稳定运行。至 1990 年，株洲电业局在各变电站和用户中安装低频减载装置 24 套，低频解列装置 9 套，低压减载装置 1 套。

（四）系统无功补偿及电压调整

1983 年以前，在无功补偿装置方面，除白马垄变电站 2 × 25000 千乏调相机和少数用户为改善其功率因数而装设部分并联电容器补偿外，各级电网均未设置任何集中的补偿装置，电网功率因数低，电压合格率低。1976 — 1982 年，全市最高负荷时，功率因数低于 0.85。白马垄变电站 35 千伏母线电压常低于额定电压的 3% ~ 6%，用户端电压常低于额定值的 5%。1984 年，无功补偿问题开始引起重视。先后在各 35 千伏变电站安装电容器补偿装置。1986 年，在网岭 110 千伏变电站安装电容器补偿装置，是境内第一个安装无功补偿装置的 110 千伏变电站。1988 年，在铜塘湾 110 千伏变电站安装 3600 千乏电容器。同年，云田 500 千伏变电站引进 SVC ± 120 兆 乏无功静止补偿装置。1986 — 1990 年年底，电网共加装电力电容器 10.96 兆乏，是“七五”计划前的总和，电网综合电压合格率由 1985 年的 82.1% 上升到 1990 年的 93.96%。线损率由 1985 年的 3.99% 下降到 1990 年年底的 3.41%。至 1990 年，有无功补偿装置 611 台，总容量 16.58 兆乏，电容器投入率由 1986 年的 10%，提高到 86%。

1984 年，株洲电业局对系统无功电压的管理列为系统运行方式的一项工作内容。1986 年，该局制定《无功电压管理制度》。1987 年 5 月，对各级电压监视点的设置及电压合格率统计作了规定，株洲地调每年对主网监测母线电压考核点及二次网监测点，6 ~ 10 千伏母线电压监测点，高压用户电压监视点，城市低压网电压监测点，定期进行统计、分析，根据季节变化情况及用户对电压要求，合理调整变压器运行分接头。电压监测体系初步形成。

到 2000 年，境内共有无功静止补偿装置 2 组，总容量 240 兆乏，市区全部 110 千伏变、县局部分 110 千伏变装设了无功电压自动控制装置。全年，10 千伏电压合格率达到 99.15%，电网综合电压合格率达到 98.51 %，比 1990 年的综合电压合格率提高 4.55 个百分点。

（五）潮流计算及线损管理

1977 年以前，线损率考核因参数核对和理论计算方面存在困难，故难以考核准确。1977 年，株洲供电所请湖南大学师生对此进行了2个多月的调查摸底，分区分线路进行了参数核对和分析计算，得出理论数据，装设关口表计，为线损考核打下了基础。1979年，株洲电业局设立线损专责人，开展线路损失的理论计算，进行网络统计分析。1985年，实现了按地区供损、配损统计线损，开展母线电量不平衡率的分析统计，实现部分站、线的线损分线统计和考核。攸县、茶陵电力局对供电站实行线损率指标考核包干。当年，境内加装计量箱480个，市区19条配电线路实现按线路统计报表，并采用微机进行线损理论计算。在线损管理上做到年年有计算、有分析、有降损措施。1986年，按中调要求，地调将网损管理与目标管理结合，与奖惩挂勾，进一步提高了专业人员降损的积极性。

株洲地调注意从潮流计算中，发现潮流和电压方面的问题，提出降损对策，从而合理确定开、合环方式及开、合点。此外，全网还采取调整主变压器分接头以提高主网电压水平，及时投入退出变压器，减少容量损失；加强主变压器、主要线路的计划性检修，以防丰水期停运削弱网架等办法减少电能损失。同时，开展表计、统计误差监督，纠正线损统计的错、漏现象。1990年，线路损失率为3.41%，比1979年的6%下降了2.59个百分点。

1991—2000年，境内的线损管理实行统一管理、分级负责的体制，成立局线损管理领导小组，由生产、电力营销、农电、稽查、调度、计量等部门组成，定期召开线损管理工作会议，确定线损工作重点和改进措施。株洲地调每年进行线损理论计算，进行网损统计分析，每月进行分线线损统计，开展母线电量不平衡率的分析统计，做到及时发现问题，及时解决问题。

三　继电保护与调度自动化

（一）继电保护

地调成立前，株洲35千伏及以下电压等级的供电网络，主要采用简单的电流、电压保护装置。1959年建成的株洲—娄底110千伏线路采用方向零序电流保护和CH—11型电磁式距离保护。1967年，株醴线在全省首次采用半导体距离保护。随着保护装置的发展，1971年地调恢复继电保护监督工作，由调度员兼管。次年，株洲供电所开始在生技组内设置继电保护定值计算专职人员。至1985年，地调管辖范围内共有继电保护及自动装置361套，其中110千伏以上线路、主变压器、调相机保护及自动装置123套；继电保护及自动装置共动作643次，正确动作632次，不正确动作11次，正确动作率98.29%。

1987年，为配合云田500千伏送电工程受电，对π进云田变电站原榔白Ⅰ、Ⅱ回线保护装置及220千伏旁路开关保护进行改造，将原线路保护屏更换为南京产晶体管“四统一”P×D–05、P×D–29保护屏，将220千伏原有旁路开关保护更换为南京产晶体管“四统一”P×D–29、P×P×D–16保护屏，将白马垄变电站原220千伏母差保护屏更换为JWC–4型母差保护屏。次年，对白马垄—鄱湖220千伏线路加装双高频保护，白马垄—湘潭220千伏线路加装高频闭锁保护，白马垄变电站220千伏保护进行改造，1号、2号、3号主变压器保护进行更新。1990年，地调管辖范围内有各类继电保护及自动装置662套，全年继电保护正确动作率99.03%，重合闸成功率77.84%。

20世纪90年代初，株洲地区110千伏多为辐射形短线路，加上主网保护定值限制，造成距离、零序保护I段伸入下一级甚至几级线路，给运行方式安排及电网的可靠性带来不利影响。随着滴水井、桂花、团山、大塘冲220千伏变电站的投运及110千伏网络改造，境内220千伏及110千伏网络得到加强，新上或改造后的保护大多为微机型保护，且完善了110千伏备用电源自投装置，使得供电可靠性得到提高。

从1995年起，株洲地调进一步健全继电保护专业监督网，完善相关管理制度，加强继电保护设计、选型、审查、定货、安装、调试及验收的全过程管理，确保电网安全、稳定运行。

至2000年年底，全局共有各类继电保护及自动装置1024套，其中微机保护率达到24.5%。2000年，境内继电保护共动作1533次，其中正确动作1528次，正确动作率为99.67%，220千伏及以上系统保护动作104次，正确100次，正确动作率96.15%，110千伏及以下系统保护动作1431次，正确1430次，正确动作率为99.93%，故障录波应评价24次，完好24次，完好率100%。

（二）调度自动化

1970年，中调在株洲电厂安装1套FS-58型有触点远动装置。20世纪70年代中期，由于采用220千伏电压等级，系统大容量设备和发电厂、变电站不断投入运行，中调为了集中精力管好系统主网，将5万千瓦以下发电厂，无重要联络地位的110千伏及以下的线路和变电站下放归各地调管理。地调管理范围扩大，对系统各部位必须集中控制。株洲地调从1976年10月起，开始配置远动专业人员。1978年10月，晏家湾变电站安装1套南京自动化研究所生产的JSY/21对4小远动装置，调度员可以在调度室对该站进行遥控、遥讯和遥测，境内调度自动化自此起步。但由于调度员为单人值班，遥控功能未投入使用。1982年，在白马垄变电站安装WYZ-11型大远动装置。同年3月，实现白马垄变电站供电区功率总加并传送至地调端。1983年4月，地调成立远动班之后，加速了调度自动化工作进程。同年，WYZ-Ⅱ型远动装置在白马垄变电站安装投运。1985年8月，采用济南微电脑咨询服务中心制作的ES-100P型微机远动终端系统，实现了境内电网功率总加，并在调度端微机屏上显示。1987年10月，白马垄变电站远动装置改造，安装从美国引进的PTV微机装置。同年12月，茶陵排前变电站YDZ-2A型16路数传远动装置安装投运，成为第一个安装调度自动化装置的边远变电站。

20世纪90年代初，株洲电网的调度自动化以变电站远动化和远动专用通道建设为主。中调和网调在株洲电网安装了3台SC1801和1台μ4F等引进的微机远动设备。其中白马垄变电站用单板机以CDT规约向地调转发SC1801远动设备的信息。远动通道是以载波和有线通道为主，只有云田变电站是微波通道。

1992年，引进PCS-32调度自动化系统，使株洲调度自动化系统技术起点大幅度提高。随着调度微波大楼的建成，调度自动化机房按VAX-750小型计算机的要求建设，调度自动化主站的条件得到根本改善。1992—1993年，是境内调度自动化快速发展的时期，先后安装了十几台性能稳定的SG-1801远动设备，完成了电网110千伏变电站的远动化工作。

由于PCS-32调度自动化系统核心设备及软件与国内研制的设备及软件配合存在问题，致使整个移植的 PCS–32 调度自动化系统不能稳定运行。1994 年 12 月，选定烟台东方电子公司的 GDZ–1 系统为株洲电网的调度自动化系统主站，形成了 2 台 PC 工控机为前置机、1 台 SUN SPARC 工作站为主机、2 台 SUN SPARC 工作站为调度员工作站、1 台 SUN SPARC 工作站为局长室工作站，系统有 32 个通道，接入了 23 个变电站的 29 台 RTU 的完整的调度自动化系统。为株洲电网的安全运行提供了现代化的监控手段。

1996 年，境内开展变电站无人值班运行，将调度自动化系统的应用提高到一个新的高度。调度自动化系统扩充了变电基地站监视工作站，在 MIS 网上实现了 11 个 X 终端工作站，扩大了调度自动化系统的应用范围。到 1999 年实现了市区 110 千伏变电站的无人值班运行。醴陵、攸县的 35 千伏以上变电站也实现了无人值班运行。

四　电力通信系统

（一）载波通信

境内电力通信的最早雏型是 20 世纪 50 年代初期的湘中供电局下属的有线班，通信方式仅为有线和电台，有线电路是长沙电厂 — 易家湾 — 湘潭电厂（下摄司），为电力专用调度电话通道，电台为防汛和融冰使用。境内最初的通信站是在株洲电厂，仅开通了株洲电厂至长沙树木岭变电站。1959 年，醴陵变电站（烈士塔变）投入运行，引入载波通信系统，形成境内载波通信最早网络。由于境内供电范围向醴陵、攸县、茶陵和株洲县发展，境内通信的重心逐渐转向湘中供电局。1969 年，株洲电厂载波室下放至湘中供电局，境内通信机构成立，时有载波机 4 台，30 门磁石总机。随着排前变电站的投运，境内安装了 ZJ–2 型晶体管载波机。随着醴陵变、排前变、网岭变的投入，境内载波电路也迅速增加。1976 年，白马垄变电站开通了 4 台载波机，其中 2 台对长沙树木岭变，2 台对衡阳酃湖变。使境内与湖南省 220 千伏载波网络开通。90 年代，随着城区 110 千伏变电站投运，地区载波日渐完善，电力载波在保护远切和站间通信方面起到重要作用。2000 年年底，境内运行的载波站有 53 个，载波机总数为 178 台，提供给境内的电力载波通道数量为 58 条，提供给主网的电力载波通道数量为 32 条。

（二）程控交换

1972 年，随着调度室搬迁，境内安装第一台行 30 门磁石行政总机。80 年代初，更换为由常德无线电厂生产的 90 门步进制自动总机。1991 年，更换为上海贝尔公司生产的 400 门程控交换机。1996 年，引进由美中 HARRIS 公司生产的万门 1X20–20 程控交换机，形成地区、县和生产站点三级程控交换网络，并全部采用 DID 方式分别通过模拟中继与电力专用联结，数字中继与邮局公网联结。

（三）数字微波

随着电信技术的不断发展，通信的重点转移到数字微波系统建设。1984 年，京广微波投入运行，设白马垄和淦田 2 个微波站，为国产设备。1986 年，更换为日本 NEC 数字微波设备。1988 年，湖南省第一条 500 千伏线路投运，境内又开通了株 — 常 — 葛数字微波通信电路，设备采用 GTE 进口设备，此时境内通信状况处于省内最先进水平。1988 年，开通白马垄至南华真正属于地区自己的微波电路。1992 年，株洲局调度所自行安装、调试并开通了至滴水井变微波电路，使醴陵局可通过微波电路接入系统。同时通过滴水井微波电路将攸县、茶陵电力局行政中继接至株洲局。1995 年，市区内安装 SR500 一点多址微波系统。1996 年，株洲局又独立设计、安装了至石子岭微波电路，醴陵局通信得到了较大加强。2000 年，境内微波通信站有 9 个，微波 PCM 话路总容量 1200 路，基群配置容量 480（16 个基群），当年微波实际使用的话路达到 132 路左右。一点多址微波站 15 个，传输容量为 60 路，实际使用的话路达到 48 路左右。

（四）光纤通信

城区网络的组成分成南环光纤通信系统、西环光纤通信系统、北环光纤通信系统。1998 年开通了南环 155MSDH 光纤网络，南环光纤通信系统站点 7 个，架设光缆线路 43.91 千米。2000 年，开通了醴局 — 滴水井 — 大塘冲 — 攸县局光纤通信系统，西环、北环光纤通信系统正在规划设计中。

第五节　安全生产

一　安全活动

1952 年，湘中电业局第三线路工区（后更名株洲线路工区）执行长沙市军管会湖南省电气公司制定的《外线技术安全工作规程》，开展无事故者插红旗，发生事故者登记在记录牌上活动。1953 年，第三线路工区遵照燃料工业部第 140、1684 号部令开展反事故活动。1953 — 1955 年，开展季节性安全大检查。1955 — 1957 年，根据 14 种规程要求，建立交接班制度、设备操作监护制、工作票制、检修停电挂携带接地线、悬挂标示警告牌制、运行记录制、设备定期检查制，定期试验制、设备系统图、技术记录簿，配备符合要求的工具备品。1962 年 8 月，株洲发、供电企业认真实行湖南省水利电力厅制定的《贯彻电业安全工作规程四项基本要求》，一直持续到“文化大革命”前。

1965 年 6 月 8 日，株洲电厂创造了自 1963 年 6 月 24 日以来的 714 天连续安全运行纪录。

1966 年“文化大革命”开始后，以反事故斗争为主要内容的安全活动曾一度中断，“安全第一”的方针受到批判，一些长期以来行之有效的规程、制度被说成是对工人的“管、卡、压”，安全生产一度放松，人身伤亡和设备损坏事故频发。

1970 年，贯彻中共中央、国务院关于安全生产 71 号文件后，提高了各级领导干部对抓好安全生产的认识，株洲电力企业的部分规章制度得到恢复。1980 年，把安全与奖励制度结合起来，促进了安全生产。1981 年，株洲电业局制定了《变电站管理制度》《变电站双票管理制度》《线路操作票和工作票管理制度》《倒闸操作管理制度》等一系列安全管理制度。1982 年，株洲电厂和株洲电业局分别制定了人身、设备安全反事故措施计划和电力线路、变电站检修、改造、施工等具体安全措施计划。颁发《关于确保电力线路和变电安全运行的通告》。1984 年，开展创完好设备活动，进一步开展贯彻电业安全工作规程四项基本要求的安全大检查。同年，株洲电厂成为全省发电企业中第二家提前完成全年发电计划和超过300天安全运行纪录的发电厂。

1985年6月，株洲电业局制定《安全生产奖惩办法（试行）》，1987年修订颁发《株洲电业局安全生产奖惩办法实施细则》，除对各单位和个人在安全生产中的功、过进行奖惩外，还设立了“千项操作无差错”和“特殊贡献奖”等奖励内容。株洲电厂创造自1983年12月17日以来的874天连续安全运行纪录。1988年，株洲电业局创连续安全运行306天。1990年12月31日，株洲电业局云田500千伏变电站创造了自1988年3月18日投运以来的1000天安全纪录。

1991年，为在电气设备安装检修、预防性试验和继电保护及自动装置定期校验等工作中，防止发生人身伤亡事故、设备事故，特别是人身触电、高空坠落、误操作、交通伤害事故，制定了《职工安全工作手册》。根据《电业安全工作规程》，编制《株洲电业局“两票三制”管理制度》，修改《株洲电业局安全生产奖惩办法》和各级安全责任制。1992年，省局颁发《防止电气误操作装置管理规定》。市局对各变电站的防误装置运行全面检查和改进，并将其纳入设备评级范围。1993年，再次对《株洲电业局安全生产奖惩办法》进行修改。1994年，执行省局修改的《安全生产奖惩办法》，并针对其界定的14种严重习惯性违章行为，制定相应的《株洲电业局安全生产奖惩办法》。1995年，制定安全生产奋斗目标：“实现五无，力争一少。控制两率，实现三个100天”。五无：无生产性人身死亡重伤群伤事故，无重大设备损坏事故，无特大交通事故，无重大火灾事故，无误操作事故。一少：继电保护“三误”频发性事故减少。两率：送电、变电事故率不超过指标。全年实现三个100天安全期。并重新修订《安全生产奖惩办法》。1996—1997年，安全生产奋斗目标是：“三不、二杜绝、一实现”（不发生生产性人身伤亡事故，不发生主设备损坏事故及大面积停电事故，不发生重大火灾事故及重大交通事故；杜绝误操作、误触电事故，杜绝继电保护事故；实现全年无责任事故创造安全年）。同时，省、市、基层单位层层签订安全目标责任书。1998年，全面落实省公司《违章就下岗的规定》，并界定了23种习惯性违章。从“思想、组织、措施、基础”上做到四到位，并拨出30万元设立株洲电业局“安全周期累进奖”奖励基金。1999—2000年，落实以各级行政一把手为核心的安全生产责任制，强化安全生产保证体系和安全生产监督体系，重点抓住行政一把手、安监员、班组长3个人，突出“保命、保网、保主设备”3个主题，创造稳定的安全局面。

二　电力事故

1952—2000年，发、供电企业共发生人身死亡事故、重大设备事故21次，其中人身死亡事故16次、重大设备事故5次。1958年6月18日，株洲电厂运行人员过失，造成水泵房淹没，引发全厂停电事故，少发电30万千瓦时，设备损坏价值1.7万元。1959年11月18日，株洲电厂运行人员过失，造成3号机励磁机转子烧坏，引发全厂停电事故。1962年2月19日，株洲电厂504开关甩负荷中，由于运行人员处理不当，酿成全厂停电事故。1981年7月21日，株洲电厂1号泵房电缆接地短路爆炸，酿成全厂停电事故。1984年1月27日，株洲电业局白马垄变电站运行人员工作失职，酿成2号调相机加热器起火，烧毁调相机部分部件及调相机室门窗，直接经济损失5.8万元。

第六节 电业管理

一 管理机构

1950年1月，组建株洲营业所，同时设立工程队。1952年8月，株洲营业所改为第三线路工区。1953年7月，湘潭、株洲线路工区合并成立潭株线路工区。1954年8月，供电和用电机构分设，潭株、长沙线路工区所管辖用电业务划出，成立长沙营业所，下设株洲营业站。1957年10月，撤销株洲营业站，改设第三线路工段，隶属于同期成立的长沙电业局供电所。1958年1月，第三线路工段更名为株洲线路工区。1964年4月，在株洲线路工区的基础上组建株洲供电所，隶属湘中供电局。1979年2月，株洲供电所升格为株洲电业局，隶属于湖南省水利电力局。后改属湖南省电力工业局。1983年12月，醴陵、攸县、茶陵供电所由湘潭电业局划归株洲电业局管辖，并分别将醴陵、攸县、茶陵、株洲县供电所改名为电力局。同年，隶属于水利电力部的列车电业局建制撤销，24、26列车电站划归株洲电业局代管。1998年3月，株洲电业局职能部门设8部4室1工会，基层单位设5所1站4县局。

二 “三电”管理

1971年，湖南省久旱无雨，水力发电量大为减少，火力发电不能满足需要，出现严重的电力供需矛盾。株洲市所需最高负荷为12万余千瓦，但省分配只有4万余千瓦。全市约50%的企业处于停产或半停产状态。为组织生产，株洲市委根据湖南省委的要求，着手抓计划用电、节约用电、群众办电（简称“三电”）工作。

1971年下半年至1972年，全市厂矿企业自备发电机组205台，总装机容量为2.07万余千瓦。在电力供应紧张时，每月发电量高达350多万千瓦时。后经调整配套，发电设备装机总容量达到3.8万多千瓦。

1973年3月，市东、南、北3区，市直各工交局及重点厂矿均先后成立三电领导小组，配备专干，中、小厂矿都有主要负责人抓三电工作。1975年2月，株洲市革命委员会正式成立三电领导小组办公室（简称“三电办”）。尔后，各区三电管理机构几经变迁，最终形成清水塘、市中心、荷塘铺、晏家湾、株董路5个线路三电管理小组，作为市三电办的派出机构实行三电管理。

1979年2月，市三电办和株洲电业局在株洲冶炼厂等5家企业取得试点经验的基础上，在全市推广电力“一查四定”（用电量大普查和定电力、定电量、定用电时间、定用电单耗），对城乡915家电力用户进行查、定验收，实行凭证定量供电。到年底共退出多余的变压器67台，容量5.8万千伏安，改大马力拉小车现象的电动机共4200多台，容量2.27万千瓦，通过推广节电新技术，增装电力电容器、安装电度表、改进用电管理等措施，当年全市节电4817万千瓦时，由市考核的42种主要产品，用电单耗下降的有32种，全市负荷率由前一年的93.9%提高到94.4%，功率因数由0.92上升到0.93。

从 1980 年起，三电工作的重点转移到加强管理、推广新技术方面，在坚持按线路安排用户的周休日、规定用户的生产用电班次时间的基础上，又于 1983 年 4 月开始对全市各企业、事业单位全面实行用电包干办法，对用电 1000 千瓦以上的工厂按日考核，按旬结算，对超用电量和超产品单耗电量的单位执行扣还用电指标和按千瓦时加价的规定。1983 年年底，又将用电包干考核对象扩大到所有工业动力用户。

为保证定量供应、计量考核办法的推行，全市自 1982 年起采取在高压用户安装电力定量器的技术手段，至 1990 年，全市共在 258 家高压用户安装电力定量器 264 台，所控制负荷达 17.3 万千瓦，占全部应控制负荷的 72%。

从 1985 年起，市三电办坚持对全市用电户每年全面审核一次用电情况，并发放用电定量证。凡未及时核证使用电力的，均按无计划用电予以处罚，凡超定量的，按超计划用电予以加价处理。

1987 年，市三电办狠抓“树立全民节电意识”工作，由以往抓生活、生产节电宣传深入到抓商业及一切非生产领域的节电宣传。针对电热壶、电炉、空调机、电炊具、电热水器等高耗电设备和器具的出现，市三电办于 1987 年作出使用规定：对直接为生产服务而又必不可少的，予以逐年发证，定点使用；凡可用其他能源代替或超出实际使用需要的不予发证，并且将之封停。非对外营业单位的高耗电设备、器具，逐一审核后予以发证，限时限量使用。如旅馆、舞厅及其他娱乐场所，即使发了用电许可证，也只能在供电情况较好时使用，严重缺电时则贴封条停用。私人家庭安装使用空调必须事先提出申请，属于特殊需要（老干、危重病人等）予以发证，其他不予发证；电炊具、电热设备一律禁用。同时有计划地在职工生活区和单位单身宿舍安装智能电力定量器，防止烧电炉和使用其他高能耗电器设备。

从 1981 年起，市三电办便在全市大力开发、推广节电新技术，充分运用现代化科技搞好节电工作。先后在生产领域开发了串接消声节电器、无功自动补偿装置、电接触膏、电动机节电器、导磁性胶泥等十多种节电产品。此外还在生产用电管理上开发了电度表防窃电装置、高效节能灯具等节电新产品。仅 1990 年，全市就重点推广应用 HY 高效节能灯 6540 盏，导磁性胶泥改造电动机 6000 千瓦，无功耗电力定量器 148 台，智能照明限电器 246 台，声、光控开关 245 个，光控路灯节电器 36 台，淘汰更新、改造高能耗机电设备 2 万千瓦。1981 — 1990 年的 10 年中，全市共节电 3.43 亿千瓦时。

20世纪90年代初、中期，电能依然短缺，计划用电、节约用电仍是“三电”工作的主要内容。1991年，为强化计划用电管理技术，由市经委、电业局联合成立无线负控装置推广应用工作小组，签订1：20，即1个主机、10台双向终端、10台单向终端的负控设备合同。1993年，20台终端投入运行，可监控负荷达18万千瓦。从1994年开始，进行第二期负控系统建设，至1997年3月，新系统及150台终端投入运行，并对原10台双向终端进行了改造。

1997年，电力市场发生变化，逐渐由卖方市场转向买方市场，三电办的管理职能逐渐弱化，主要作为负荷控制用的无线电负荷管理系统作用已过于狭隘，考虑将负控装置用到用电管理上。1998年6月，对21户装有双向终端的用户投入远方抄表，取消人工现场抄表。11月又对100

户实行远方抄表。1999年，新装终端73台，建成1：233的系统。2000年年底，全市远抄用电户233户，其中利用远抄结算电量为190户。全市监控负荷30万千瓦，占市区总负荷的87%，抄表电量占市区总电量的80%。

三 电工管理

1972年，市区内先后办起了清水塘片、响石岭片、杉木塘片、市中心片、铜塘湾片、田心片6个电工技术培训班，讲授电工基础、电机、电力拖动、电子技术等课程，学员达700余人。

1973年，株洲供电所在普遍组织用户电工开展技术培训的同时，在市经委和湘中供电局的支持下，又举办电工实物教学展览，展出3个月，接待来自本市、长沙市、江西萍乡市等省内外代表6000余人次。

1979年10月，株洲市第一届电工管理委员会成立（简称“电管会”）。日常工作归口株洲电业局用电科工业用电监察组负责。随即办理全市电工登记和技术考核工作。同时下发《株洲市电工管理条例》《株洲市电工执照等级考试办法》。并组织编印《电工考试复习提纲》和《电工考试复习提纲参考题解答》资料书，共印3万册，发售本市及外地电工学习。

1979年11月至1980年2月，市电管会组织了第二次全市性电工技术考核。参加考试者3805人，通过理论和实际操作考试，全市共颁发甲级电工执照36本，乙级电工执照850本，丙级电工执照1624本，电工学习执照1304本。

1980年夏，市电管会又组织了全市电气承装承修的集体单位电工技术考核，通过考核，与市工商行政管理局一起，批准考试合格的南区建设水电安装队、红卫电机厂等12家电气安装单位从事电气装修营业。同年冬，对株洲市属农村电工进行技术考核，发放农村电工丙级执照300个。

1981年8月，电管会办公室将1979—1981年连续三届电工考试的试题及解答予以汇集、校核增删，选编成《株洲市电工执照等级考试题解》资料书，印刷30000册，发行23省、市电力和用户单位。

1982年3月，市电管会在全市各用电单位按所属主管局，或按生产性质组建电工联组，以便加强管理。全市共组建电工联组50个。

1979—1990年，市电管会共组织电工执照考试13次（含农电考试3次），考试电工达11271人次。共举办技术培训班52期，其中高级班2期，中级班7期，初级班43期，举办技术讲座24次，共培训人员14500人次。

从20世纪90年代初开始，按能源部口径，非电力系统电气工作人员统称“进网作业电工”。

1992—1994年，每年举办1期“高压运行电工培训班”和“低压检修安装电工培训班”，3年共计培训700余人，经考试合格发证达95%。1995—1999年，每年举办了1期电工培训班，参加培训电工共达600余人，发证电工达90%以上。

2000年，株洲电业局停办进网作业电工培训工作，只对部分急需“电工进网作业许可证”、且具有一定实践经验的电工进行零散考试和发证工作。

株洲电业局历任负责人名录

表 7-13

企业名称	正　职	任职时间	职　称	副　职	任职时间	职　称
第三线路工区（株洲营业站）	魏厚义	1956.3 — 1958.8	段长	陈志诚	1956.3 — 1957.7	副段长
株洲线路工区	张宝生	1957.10 — 1958.9	第一工区长	魏厚义	1957.10 — 1958.1	第二工区长
	刘奎章	1958.9 — 1961.9	工区长	杨　泽	1957.10 — 1960	副工区长
	谭泽民	1962.3 — 1964.4	代工区长	邓荣华	1961.9 — 1964.4	
				潘佩明	1963.7 — 1964.4	
株洲供电所	谭泽民	1964.4 — 1966.5	主任	潘佩明	1966.4 — 1967.11	副主任
				邓荣华	1966.1 — 1966.9	
	魏厚模	1966.5 — 1969.10		曾德荣	1966.5 — 1967.11	
株洲供电所革委会	潘佩明	1967.11 — 1972.10	主任	邓昭存	1967.11 — 1979.2	副主任
				曾德荣	1972.8 — 1979.2	
				潘佩明	1972.10 — 1979.2	
	韩玉峰	1972.10 — 1978.9		田新财	1976.2 — 1979.2	
				梁志钧	1976.5 — 1979.2	
				马艺林	1976.12 — 1979.2	
株洲电业局	董之光	1981.1 — 1983.11		张云生	1978.12 — 1983.11	副局长（1978.12 — 1981.1 主持工作）
	徐成任	1986.8 — 1995.1	局长	马艺林	1978.12 — 1983.11	副局长
	邓　定	1996.11 — 2000.12		潘佩明	1978.12 — 1983.11	
	—	—	—	宋庆祥	1981.1 — 1983.11	
				铁明德	1983.11 — 1986.8	
				夏训异	1983.11 — 1986.8	副局长（1983.11 — 1984.7 主持工作）
				李震云	1983.11 — 1998.3	副局长
				李五明	1984.7 — 1986.8	副局长（主持工作）
				翟铁生	1986.8 — 1989.4	副局长
				杨新渊	1990.9 — 1996.11	
				黄紫祺	1990.9 — 2000.11	
				邓　定	1995.1 — 1996.11	
				陈建平	1995.1 — 2000.12	
				刘学工	1996.11 — 2000.12	
				罗检仔	1996.11 — 2000.12	

第九章 轻工业

第一节 陶瓷制作

在株洲市石峰区龙头铺镇烟墩遗址和株洲县仙井乡黄霞垄村磨山遗址发掘一批陶器，表明在4500 ~ 7000年前，先民已生产陶器。

东汉建武元年至献帝建安二十五年（25 — 220），醴陵新阳乡的王坪、荷塘、楠竹山等地，有较大规模的陶器作坊，烧制碗、罐等10多种陶器。清雍正七年（1729），醴陵县制造粗瓷，光绪三十二年（1906）开始生产细瓷。民国17年（1928），醴陵县先后制成低压电瓷、坩埚和蒸发皿，为湖南烧造工业瓷之始。抗日战争爆发，景德镇瓷器外运受阻，醴陵县瓷业得以短暂发展。民国29 — 31年（1940 — 1942），全县有粗瓷厂138家，细瓷厂112家，共有技工8300余人，年产瓷器由4700万件增至7100万件。产品行销湘、豫、川、陕、粤、黔、桂、鄂等省，并推销到中国香港和南洋群岛。在此期间，雷打石镇瓷业发展较快，成为有名的陶瓷产区。民国33年（1944），日本侵略军攻陷醴陵县，瓷业再受严重摧残，大部厂房、机具被毁，资产损失达法币19.12亿元。民国38年（1949）7月，仅有7家细瓷厂和少数粗瓷厂开工。

1949年7月，醴陵县和平解放后，瓷业得以迅速恢复和发展。1953年，有陶瓷厂360余家，职工6139人，生产日用瓷5813万件，日用陶26万件，电瓷1648吨。1956年7月，成立湖南省工业厅瓷器工业公司，对醴陵瓷业实行集中领导，统一经营。将公私合营企业和手工业生产合作社全部转并为31家国营企业，职工人数共9390余人。将农村粗瓷厂转产细瓷，城区细瓷厂转产日用出口瓷。醴陵逐步发展为全国陶瓷出口基地之一。当年，醴陵县共完成陶瓷总产量10461万件（其中出口瓷216万件），电瓷4777吨。1957年，醴陵县120座阶级窑，全部由烧柴改为烧煤，改变了千多年来用柴烧制陶瓷的传统习惯。改进后的阶级窑，被称作“醴陵窑”，迅速推广到全省各地。随后，进行技术改造，采用“机械制泥，旋坯成型、烘房干燥”新工艺，淘汰了“粉碎靠水椎、成型靠手工、干燥靠太阳”的传统工艺。1958年，株洲与湘潭合办株潭电瓷厂，生产日用细瓷。1964年，瓷器工业公司被撤销，专业配套体系被分割，各厂向“小而全”“大而全”发展。管理体制混乱，生产大幅度下降。1970年后，陆续兴办一批社队瓷厂。1978年后，社队瓷厂发展更快，私营瓷厂相继兴起。1979年，恢复湖南省醴陵瓷器工业公司，使产品结构由单件为主转向以成套为主，国外市场由发展中国家转向欧美等发达国家，产品由低档转向以中高档。1980年，开始生产炻器。1984年，瓷器公司日用瓷产量达8988万件，出口瓷4047万件；对美国出口瓷的数量和创汇总额分别为全国陶瓷对美出口的45.2%和45.6%，在全国各瓷业产区中名列第一位。1990年，醴陵市有各类陶瓷企业315家，职工32689人，产日用陶513万件、日用瓷16535万件、电瓷1.43万吨、工业陶瓷

4060吨。产品内销31个省、直辖市、自治区，出口87个国家和地区。是国内主要的陶瓷生产基地、出口基地和陶瓷产品集散地，被誉为“瓷城”。

1990年，株洲市区有株洲市瓷厂；株洲县有洲坪陶厂、姚家坝陶器厂、普天设备厂、火花塞股份有限公司和鸿仙、漂沙井、三门、雷打石等乡镇的日用陶瓷厂；攸县有攸县瓷厂；茶陵县有恒鑫陶瓷有限公司；炎陵县有湘玉瓷厂。全年，境内日用陶瓷总产量共19460.73万件，其中醴陵市为17048万件。

1991—2000年，境内陶瓷工业企业随着市场经济的发展而发生巨大变革。1991年，醴陵市有陶瓷企业313家，一批国有企业、集体企业相继破产或改制，合资合作企业、承包租赁企业、街道企业、乡镇企业、民营企业、个体企业等得到蓬勃发展。到1997年，醴陵陶瓷企业发展到317家。2000年，为336家，从业人员不断增加。经过变革和调整，企业规模和企业素质得到很大提升，产量与质量明显提高。2000年，全市生产日用陶瓷45135.75万件，工业陶瓷24012吨。

一 陶 器

新石器时代，株洲县仙井乡黄霞垄境内，就烧制彩陶和白陶。株洲市石峰区龙头铺镇烟墩村烧制的碗、钵、盆、罐、壶等，饰有多种花纹图案。

东汉时期，醴陵县生产釜、壶、碗、钵、盆、罐等陶器，纹饰多样，图案清晰。清同治二年（1863），醴陵县南乡道姑岭设厂制陶，品种有甑筒、牛罐、砂罐、油缸、糖缸、水缸、油壶、茶壶、耳钵、饭钵等。光绪年间（1875—1908年），逐步形成以道姑岭、石门口为中心的陶器集中产区和马恋塅为中心的沙罐集中产区，后陆续扩大至仙源桥、王冲、王仙、八步桥等地。

20世纪40年代初，开始生产工业陶。1949年，醴陵县共有陶器厂家69家，工人409人，以生产日用陶为主，年产1万余件。

1952—1959年，醴陵县陶瓷厂、株洲市砖厂、株洲市化工陶瓷厂、株洲县高铝瓷厂、醴陵县耐火耐酸陶瓷厂相继生产脸盆、酒壶、瓦锅、缸、坛、罐等日用陶器，硫酸坛、地下水涵管、酱缸、耐酸水泵、鼓风机、耐酸考克坛、电炉盘、耐火陶管、农药坛、盐酸坛、反应坛、耐酸塔等工业用陶。

20世纪60年代，各县、区、乡、村还兴建了一批小型陶厂，仅醴陵县就有30多家乡村办的陶厂。据1984年统计，年产日用陶440余万件，工业陶151.2万件。

1966年，株潭电瓷厂转产日用精陶。当年，在广州出口商品交易会上，外商首批订货即达50万件。该厂逐渐成为中国第一个长石质精陶出口厂家。主要产品为成套玉兰餐、茶具。1966—1972年，共产精陶约1600万件，其中出口110余万件。后因出口受阻，于1972年转产。

1987年后，醴陵市新增20多种不同花色、不同规格的建筑陶板。1990年，醴陵市产日用品陶373.54万件。

1991—2000年，株洲县境内的洲坪陶厂、姚家坝陶器厂，因规模小在市场经济的发展中缺乏竞争力，先后相继停产。醴陵市境内，日用陶在色釉上提高了一个档次，两面釉均光滑、鲜艳、光彩照人，深受用户青睐。1991年，该市日用陶产421万件，1992年产852万件，后逐年有所下降，原有的粗陶大部分被淘汰；工业陶有硫酸坛、盐酸坛、溴素坛、耐火陶管等10多个产品，20世纪90年代初期年产100多万件，中期以后这类产品大量减少。

二　炻　瓷

炻瓷主要产于醴陵，因其造型和花色独特，适合欧美市场和欧美文化需求。1980年，醴陵县嘉树公社陶瓷厂制成并投产炻器产品，品种分为容器、香炉、花插3类。容器有6方和4方咖啡杯、直桶杯、收口杯、三线啤酒杯；香炉有莲花、手柄、桃心、郁金花、天鹅和带鼎等10多个不同器型；花插有3种器型，9个规格。炻瓷产品胎质细密，气孔率低于陶器，多带色，无半透明性，不含铅毒，热稳定性好，坯体厚实，便于机械洗涤。各种炻瓷以红、黄、绿、蓝、黑等8种色釉装饰，外观典雅，行销美国、加拿大、荷兰和中国香港、澳门地区。1990年，炻瓷产品总产量为165万件。

1991年，醴陵炻瓷产品一改花、鸟、鱼、虫、梅、兰、竹、菊等传统造型花色，不断在品种造型、色釉创新上开发新品，更加适应国际市场的审美取向，逐步发展到炻瓷餐具类、茶具类、咖啡具类等13个系列、900种子类型、1300多种釉色、4000多个品种，产品行销100多个国家和地区。

1994年，醴陵炻瓷生产企业由1990年的1家发展到8家，1996年迅速发展到30家。1998年后，涌现出以华联瓷业为龙头，带动创办的玉茶瓷业、港鹏实业、天博瓷业、泉湘瓷业、华日瓷厂、兴达瓷厂、红旗瓷厂等一批企业，形成一批年产值在1000万元以上的炻瓷生产骨干企业群。嘉树乡在1996年被株洲市人民政府授予“炻瓷之乡”称号，该乡有炻瓷生产企业13家，其中8家年销售收入在500万元以上。全乡年产炻瓷2亿件以上，年工业总产值和销售收入均过2亿元。湖南天博瓷业有限公司年产炻瓷在5000万件左右，是炻瓷生产的后起之秀。2000年，醴陵炻瓷生产企业增至48家，年产量上升到近3亿件，约占全市陶瓷总产量的40%。

三　日用瓷

（一）粗　瓷

清雍正七年（1729），广东兴宁人廖仲威向醴陵县沩山寺僧智慧租赁山采泥，创设瓷厂，制作粗瓷（又称土瓷）。清嘉庆以后，逐渐形成以沩山为中心，纵横数十里的瓷业产区。光绪十八年至光绪末年（1892 — 1908），是醴陵粗瓷生产鼎盛时期，有瓷厂480余家，龙窑200余座，年产粗瓷8000余万件。产品以碗、碟为主，次为壶、杯、酒盏、调羹以及坛、罐、钵、灯台等器物，多以釉下青花装饰，共达100余种。按品种可分为鲜器、良器、可器、寿器、工器、玉器、云器等。

1956年，私营窑厂、窑户经过改造，绝大多数都已转产细瓷，粗瓷生产锐减。20世纪60年代初，为满足农村对日用粗瓷的需求，各县陆续有组织地恢复和发展粗瓷生产。1970年后，陆续兴办一批社队瓷厂。1978年后，社队瓷厂发展更快，私营瓷厂相继兴起。

1981 — 2000年，随着人民生活的改善，大多数农村均逐渐改用细瓷，粗瓷耗用量日益减少。

各较大瓷厂转为细瓷，粗瓷生产渐被细瓷取代。境内仅有攸县丫江桥镇和醴陵市大林乡2个粗瓷厂生产粗瓷，总产量200万件左右。

（二）细　瓷

清光绪三十二年（1906），清朝廷创建湖南瓷业制造公司，采用匣钵盛坯、阶级窑烧成工艺生产细瓷。光绪三十三年至三十四年（1907—1908），瓷业公司研制玛瑙红等5种高火性釉下颜料，聘请书画名人以工笔画为基础，创造出烟墨勾线，分水填色的“双勾填色”特殊技法在瓷坯上作画，采用“三烧制”（两次素烧，一次釉烧），烧制国内前所未有的釉下五彩瓷器，独树一帜，形成醴瓷特色。宣统元年至民国4年（1909—1915），釉下五彩瓷先后赴赛武汉劝业会、南洋劝业会、意大利都朗博览会、巴拿马万国博览会，分别获得一等金质奖、一等奏奖、最优奖、金牌奖。自此，醴瓷风靡于世，声誉日隆，各埠商贩来此运贩者络绎不绝。民国14年（1925），醴陵县细瓷公司增至10家。民国19年（1930），湖南瓷业公司因连年经营失败而倒闭，釉下彩瓷生产中断，名师巧匠流散四方，技艺濒于失传。民国21—24年（1932—1935），尚存的14家细瓷公司，由工人自发组成生产合作社，共有工人2000余人。乡间土瓷窑尚有134家，雇工3700人。抗日战争爆发，景德镇瓷器外运受阻，醴陵县瓷业得以短暂发展。民国32年（1943），醴陵共有细瓷厂家112家，产细瓷约2400万件。产品行销湘、豫、川、陕、粤、黔、佳、鄂等省，并推销到中国香港地区和南洋诸地。民国33年（1944），日本侵略军攻陷醴陵县，瓷业再受严重摧残，大部厂房、机具被毁，资产损失达法币19.12亿元，城区各细瓷厂全部停产。抗战胜利后，逐渐复业。后因爆发内战，许多瓷厂倒闭。民国37—38年（1948—1949），倒闭的细瓷厂就达98家，仅有7家勉强维持，数千工人失业，技工流散，生产衰落。

中华人民共和国成立后，瓷厂开始全面复工。1955年，请来釉下彩老艺人传授技艺，恢复中断多年的釉下彩瓷生产。1955年和1958年，先后成立陶瓷研究所、艺术瓷厂（后更名群力瓷厂），专事釉下彩瓷装饰研究与生产。1957年，将传统的手工勾线，改为皮印印线，将“三烧制”改为“两烧制”（一次素烧，一次釉烧），工效提高数倍。多次为毛泽东、周恩来等国家领导人和人民大会堂、国宾馆提供釉下彩瓷器。自1956年始，大多数农村瓷厂转产细瓷，城区细瓷厂转产日用出口瓷。1957年，醴陵陶瓷研究所研制成功透明釉和薄胎硬质瓷。1975年，陶瓷研究所生产的薄胎酒具和咖啡具等，被誉为“薄如纸、白如玉、明如镜、声如磬”。1964年，醴陵艺术瓷厂设计生产釉下彩蓝海棠中餐具，同年为人民大会堂生产的釉下彩蓝彩餐具，被国际友人誉为“陶瓷艺术的高峰”。1979年9月和1985年6月先后获国家金质奖，1988年获国家出口产品金牌，1989年又获北京首届国际博览会金牌；该厂生产的釉下敦煌白蓝中餐具，造型、花色具有西北地区特色，深受该地区宾馆的喜爱，1984年获省优秀产品奖；该厂生产的“双凤”牌釉下彩茶具，在1988年轻工部出口产品评比会上获金质奖，花瓶系列获银质奖；该厂生产的釉下彩强化瓷填补了国内空白，1989年获全国博览会银质奖。醴陵国光瓷厂研制的釉下彩色边厚胎西餐具，1979年投放市场后，名扬国外，1979年和1985年，2次获国家银质奖。雷打石瓷厂生产的釉下蓝棠中餐具，于1985年获省优产品称号，1986年获全省同行业质量评比三等奖。

从20世纪70年代末开始，釉上贴花日用成套细瓷成为醴陵出口的大宗产品。专门烧制这种产品的有国光、星火、永胜、力生 4 个瓷厂，年出口量为 5000 万 ~ 6000 万件，其内在和外观质量均达到国内先进水平。国光瓷厂生产的 45 头“白玉”西餐具，白度超国际水平，釉面光度 100%，造型既有欧美风格，又有浓郁的东方特色，1980 年获轻工业部优质奖，1984 年获国家银质奖；该厂 TWA 航空餐具，造型大方，足底平稳，适于航空飞行使用，1981 年获省优质产品证书；该厂的传统产品系列罗汉器，先后 4 次被省轻工业厅，省人民政府评为优质产品。永胜瓷厂研制的 45 头“醴陵”牌西餐具，多项质量指标超过或接近世界名牌产品“劳尔蒂克”，1980 年、1981 年先后获省优和部优产品证书，1984 年获国家银质奖。星火瓷厂的系列英碗，1980 年获省优秀产品证书。

株洲市瓷厂主要生产汤盘、平盘等餐具。该厂生产的 15 头六方茶具于 1984 年被评为省优秀新产品；安仕杯、20 头西餐具于 1988 年获轻工业部优秀出口产品铜牌；蓝边 9 寸平盘在 1987 年全国首次名优陶瓷产品展评中，获“消费者满意产品”称号。1991 年，该厂产量达 2000 多万件。后在市场竞争中产量逐年下降，2000 年只产 1500 多万件。

株洲县境内的鸿仙、漂沙井、三门、雷打石 4 家日用瓷生产企业，前 3 家在 1992 年后因缺乏市场竞争力相继停产。1991 年，雷打石瓷厂生产日用瓷 576 万件。1995 年，该厂投资 483 万元新建 3 号隧道窑，新增日用瓷生产能力 1000 万件。1996 年，完成工业总产值 1500 万元，销售收入 1847.2 万元。1997 年 5 月，因产品滞销，负债加重，工厂全面停产。同年 9 月，该厂重新组建，成立雷打石瓷业股份有限公司。

1991 — 2000 年，醴陵的日用瓷生产经过大变革、大调整，实现了大发展。1991 年，生产日用瓷 1.66 亿件，其中出口 5637 万件。国光瓷厂获湖南省著名商标证书，生产的“国光”牌厚胎系列 72 头西餐具和“白玉”牌 45 头西餐具，在北京第二届国际博览会上获金牌。当年，群力瓷厂生产的强化瓷获国家科技进步二等奖。1993 年，湖南省陶瓷研究所生产的纳长石质瓷获中国博览会金奖。1994 年，醴陵市生产日用瓷 3.75 亿件。1995 年，湖南省陶瓷研究所生产的“自释釉低温陶瓷”获德国纽伦堡新思维、新发明、新产品博览会银奖。次年，国光瓷厂生产的“超强”牌（TD 瓷）获湖南省名牌产品证书。1997 年，醴陵仙凤瓷业有限公司有 30 多个品种打入美国、日本市场；港鹏实业有限公司、丰华瓷业、株洲金凤瓷业有限公司等骨干企业日用瓷生产及出口量大幅上升。1998 年，醴陵日用瓷产量上升到 4.02 亿件，其中 1.39 亿件出口。当年，国光集团群力瓷厂完成外交部直接下达的餐具、花瓶、挂盘、花钵等多类产品 28 个品种为礼品瓷的任务。同年 7 月，群力瓷厂生产的 15 头红山茶咖啡具，被选为国家主席江泽民赠送给美国总统克林顿的国家礼品瓷。1999 年，国光瓷业集团开发的新型骨质瓷进入市场。醴陵力生瓷厂研制开发的硅钙复合型一次性餐具，以替代可发性聚苯乙烯板的白色污染，填补了国内空白，2000 年 5 月国家经贸委在昆明召开的新产品鉴定会上，被评为国家级新产品。2000 年，株洲市生产日用陶瓷共 4.51 亿件。

四　工艺美术瓷

从 1959 年开始，陶瓷研究所、群力瓷厂和永胜瓷厂等生产工艺美术瓷。陶瓷研究所和群力瓷厂研制的釉下彩满花瓶，除供展览和各地宾馆陈设外，还远销日本、加拿大、西欧等国家和中国香港地区，被誉为“东方艺术之冠”。群力瓷厂生产釉下彩台灯花瓶、笔峰花瓶、芙蓉花钵、挂盘等，先后获轻工业部优质产品奖和全国旅游产品二等奖。醴陵五里牌工艺美术瓷厂生产的“七品芝麻官”“米老鼠”“卓别林”“女排夺魁”“茶花女”等瓷塑，远销英国、美国、法国、日本等10多个国家。其中，电动摇头“七品芝麻官”获全国旅游产品一等奖，“女排夺魁”等分别获部优和省优产品称号。陶瓷研究所创制的高达1.2米的瓷雕大宫灯，被选为国家珍品。雷打石瓷厂生产的仿古花瓶和香油灯等工艺美术瓷，1980年港商订制的香油灯即达10万件。酃县湘玉瓷厂生产的湘玉瓷，瓷质晶莹细腻，光泽洁白如玉，为国内首创，1989年产17.23万件，由外贸部门包销出口，销往联邦德国、澳大利亚、荷兰、美国及中国香港地区。1990年，全市工艺美术瓷总产量为79.54万件。

1991—2000年，株洲工艺美术瓷的生产在质量上有新的突破。1992年，湖南省陶瓷研究所生产的艺术瓷，在江西景德镇第四届全国陶瓷艺术创作评比会上荣获5枚金牌。同年，该所大型瓷雕“宝塔”获湖南省轻工厅优秀奖。1993年，群力瓷厂送往韶山的特制2支1米高的满花瓶和1994年送给株洲市人民政府2.2米高的大花瓶，被誉为艺术珍品。湖南省陶瓷研究所35件工艺美术陶瓷在参加中国陶瓷工业第五届美术设计作品展评会上，有18件作品入选获奖。1995年，醴陵市工艺美术陶瓷企业开发新产品80件（套），绘制陶瓷艺术作品137件，分别参加上海、北京、郑洲、长沙等地展览，并赴新加坡、日本等国际艺术陶瓷展参展，其中圆肚兰花瓶获上海豫园旅游文化纪念品博展会三等奖。1996年，新画面、新造型釉下彩艺术瓷110件（套）被中南海紫光阁陈设。1997年，国务院办公厅挑选的11件釉下彩精品艺术瓷再次进入中南海紫光阁，首次替代古瓷陈设，视为当代中国陶瓷工艺美术先进水平被收藏。1998年，醴陵的工艺美术瓷参加上海全国第六届陶瓷艺术设计创新评比会上，有8件（套）获奖，为参评单位获奖之首。

茶陵县龙下工业园区的恒鑫陶瓷有限公司，是台湾、香港及深圳冠日公司投资的三资企业。该公司生产的工艺美术瓷，以工艺精细、釉面色彩亮丽、品种多样远销日本、波兰、德国、美国等和中国香港、台湾地区，由省工艺品进出口公司代替出口。2000年，该公司完成工业总产值和销售收入均达到400多万元。

炎陵县出口工艺美术瓷厂生产湘玉瓷，产品有茶具、烟灰缸、圣诞老人、儿童玩具等纪念品，瓷质晶莹细腻，光泽洁白如玉，用电炉烧制而成。1989年曾由外贸部包销出口，年产17.23万件。销往联邦德国、澳大利亚、荷兰、美国及中国香港地区。1991年后，计划经济向市场经济转变，产品销路出现难题，产量下降，工厂因负债而停产。

五　特种陶瓷

特种陶瓷主要用于电力机车、汽车、飞机、电视机、电冰箱、电铬铁、电炒锅、电热器具、环保电器等方面的绝缘陶瓷。在株洲县境内有高铝瓷厂，醴陵市境内主要有湖南省电力电瓷电器厂、醴陵市特种电瓷电器厂、泰鑫瓷业有限公司精细化工厂、宏达化工有限公司高铝工业瓷厂等企业。

1958年，醴陵瓷器公司、陶瓷研究所试制成功耐酸考克、瓷质坩埚等化工瓷。1977年10月，石油部、石油化学研究院确定醴陵城关瓷厂为化学瓷定点生产厂，接受全国40多家石油、冶金企业定货。当年产量达67.17万件。1978年5月，中国机械进出口公司南京分公司确定城关瓷厂为国家化学瓷出口唯一生产基地。同年，城关瓷厂改名为醴陵县理化瓷厂。该厂产品50多个品种，1200多种规格。其中，高频炉坩埚，填补了国内空白，达到了美国莱克公司的质量要求，1980年获湖南省重大科技成果四等奖，1990年产211.14万件，其中出口130.71万件，销往英国，美国、日本、加拿大、伊朗、古巴、印尼、丹麦、新加坡、伊拉克、马来西亚等30多个国家和港澳地区。

1968年，渌江工业瓷厂生产电烙铁发热元件的绝缘体。1971年生产高频瓷，并改厂名为渌江高频瓷厂，所产绝缘瓷件，广泛用于电烙铁、电木梳、电炒锅、电饭煲、电冰箱等家电产品。1985年，试制成功的氧化铝陶瓷管，是高压钠灯管电子元件、熔炉零件及原子能装置中的耐高温、耐腐蚀、高绝缘部件的良好材料，年产量约100万件。该厂生产的高频瓷配件，有滑石质瓷、75A203质瓷和半透明氧化铝陶瓷，共200多个品种，年产300余万件。

20世纪90年代，湖南特种陶瓷厂生产的“精诚”牌耐磨陶瓷衬板的耐磨度相当于锰钢的266倍，是高烙铁的171.5倍，广泛用于电力、化工等行业。2000年，该厂完成工业总产值1650万元。醴陵特种电瓷电器厂生产高铝瓷件有200多种，年产100余吨，年产值600万元，主要用于电力机车电阻柜等配套绝缘瓷件。宏达陶瓷实业公司高铝工业瓷厂生产用于陶瓷化工行业的研磨材料“中铝瓷球”，年产2000吨，产值561.6万元。醴陵市阳东高频瓷厂主要生产各类家用电器绝缘瓷件、纺织瓷件、仪表瓷件等，年产1500万件以上，销往省内、广东、浙江等地。

六 电 瓷

民国17年(1928)，醴陵县开始生产低压电瓷，民国29年(1940)开始生产高压电瓷。至1949年，电瓷品种不到10个，电压等级在7千伏以下。1953年，由生产低压电瓷通讯瓷瓶转为生产35千伏以上的高压线路电瓷为主。1958年，品种增至近100种，并开始出口。1959年，试制成功220千伏充油断路器等13个品种。1966年，试制成功6吨和12吨级悬式绝缘子、35千伏线路瓷模担绝缘子、10千伏鼎足式电缆楼线盒以及110千伏油纸电容式变压器套管等新产品。1970年，制成110千伏电压互感器、熔断器和电缆终端盒。1973年，醴陵电瓷厂成批生产330千伏空气断路器高强度瓷套管，为国内架设第一条330千伏超高压输电线路做出了贡献。同年，渌江电瓷厂制成110千伏耦合电容器。1975年，试制成功220千伏卧式互感瓷套。20世纪80年代，以上工厂又分别制成500千伏短尾油纸电容式变压器瓷套和高强度大爬距悬式绝缘子等新产品，填补国内空白。

1986年年末，醴陵有省属电瓷电器厂1家，株洲市属电瓷厂1家，醴陵市属和乡镇电瓷厂26家。主要产品有线路电瓷、电器、电站电瓷、油纸电容式管套、避雷器、电流互感器等，共有13个系列产品、1000多个型号和规格。其中，渌江电瓷电器厂生产的220千伏电流互感器和XP-16D、XP-21D、XP-30D高强度大爬距盘形旋式绝缘子，均获省科技成果奖。1984年，研制的DC-4型直流超高压线路悬式绝缘子，达到国际先进水平，被评为部级重大科技成果一等奖和国家科技进步二等奖。

醴陵电瓷厂生产的500千伏以下短尾油纸电容式变压器套管等产品，为国内首创。所有电瓷产品都能达到国标、ZEC标准和澳标、英标、美标、法标、德标的要求，行销全国各地及苏联、越南、埃及、澳大利亚、新西兰、联邦德国、比利时、伊朗、伊拉克、墨西哥、智利、加拿大、泰国、印度尼西亚、朝鲜、斯里兰卡、波兰、民主德国和中国香港、澳门等地区。

1985年，醴陵电瓷厂研制成功具有国际先进水平的当代断路器结构的最新产品SF6断路器，打破了日本、法国等少数国家的垄断，结束中国高压输电设备依靠外商供货的历史，每年为国家节约外汇1000万元以上。1986年，醴陵电瓷产量已达23951吨。

1989年，醴陵电瓷厂为适应市场需求，开发研制出20千伏、22千伏、线路柱式瓷绝缘子、ZF–220型六氟化硫全封闭组合电器用瓷套、1CMB–220（W）–ZH型组合式电流互感器及其他11项15种规格的新产品。DWS（W）–63–110千伏少油断路瓷套和BR（1、Q、W）–63–110千伏油浸纸电容式瓷套2项产品获省优质产品证书。1990年，醴陵市生产电瓷1.43万吨。醴陵电瓷厂开发的1CWB–200（W）ZE组合电器用电流互感器，填补湖南省内空白，达到国内先进水平。F6–10避雷器通过国家检测中心的11项试验鉴定，达到国家优等品水平。

1991—1992年，醴陵市共生产电瓷3.71万吨。醴陵电瓷厂研制的美标系列高压针式绝缘子、FA2–363型SF6断路器瓷套和中日合作生产的252KVSF6断路器瓷套，通过省级鉴定，填补湖南省内和国内空白。

1993年，醴陵电瓷厂研制的110–220千伏油浸电容式穿墙套管与电流互感器组合电器，获国家专利证书，成为该厂第一个获国家专利产品。

随着国家电力工业的发展和国际市场对电瓷产品的需求增加，醴陵市的电瓷生产企业由1993年的60家增加到1996年的近百家。1997年，醴陵电瓷电器产量达到3.36万吨。2000年，醴陵火炬电瓷电器有限公司，有6项新产品通过省、部级鉴定。其中，110KVSF6气体绝缘电流互感器、220千伏具有暂态特性电流互感器、1B9–220伏（2×600/5）型电流互感器、1B7–110型电流互感器、1B9–220瓦（2×1250/5）型电流互感器通过部级鉴定。

第二节　烟花鞭炮生产

境内烟花鞭炮主要产自醴陵，其炮竹生产始于唐代，发达于宋末及清乾隆年间。此后，攸县、茶陵县也开始少量生产鞭炮。

民国15—17年（1926—1928），醴陵县城乡鞭炮作坊上千家，年产量10万箱。民国21年（1932），醴陵西门“何盛发”作坊始产烟花，产品16种（此后鞭炮、烟花统称花炮）。抗日战争期间，花炮停产，出口中断。抗战胜利后，略有恢复，年产2万箱左右。20世纪50年代初期，花炮被视为迷信品，生产受到限制，大部分作坊停产。1952年，醴陵县年产花炮仅6000箱。1953年，给花炮恢复名誉，定为喜庆娱乐品，人民政府采取扶植生产的政策，醴陵县当年产2.35万箱，占全省总产量的30%。1954年，成立醴陵县潼塘乡鞭炮厂。1956年，醴陵县城乡500多家作坊相继组成77个鞭炮生产厂（组），由农业社统一安排生产。茶陵县、攸县亦相继成立城关鞭炮生产厂（组）。至此，境内鞭炮生产有较大发展。20世纪60年代初，花炮销量减少，产量锐减，1961年境内产量只有8100箱。随国民经济的恢复，市场销售转旺，1963年醴陵县有鞭炮厂278家，产量近3万箱。但出现偷工减料、粗制滥造现象，还有以煤炭充药料者，致使1.2万箱销不出去。醴陵县经清理整顿，保留鞭炮厂145家，清理伪劣质品，当众销毁或削价销售，供销社为此损失28.26万元。此后，随着鞭炮质量的提高，信誉逐步恢复。1973年，醴陵县花炮产量突破10万箱，1977年产花炮18.04万箱。在此期间，攸县、茶陵县花炮生产亦有较大发展。

中共十一届三中全会后，生产花炮的乡镇企业蓬勃兴起。1982年，醴陵县产花炮52.57万箱，为1977年的3倍。1984年，醴陵市对花炮生产实行归口经营，专业生产，产量超过100万箱。1986年，醴陵市花炮产值1.77亿元，首次超过浏阳8%，居全国第二位，成为全国主要烟花鞭炮生产基地之一。

1991年，醴陵境内有市、乡镇、村办集体花炮生产企业285家，年产花炮201万箱，其中出口68.8万箱，全年完成工业总产值58975万元。1992—1995年，由于国内部分城市禁放烟花鞭炮，导致花炮工业停滞或下降，一批企业相继停业或破产。1995年，只产花炮194.26万箱。1996年，醴陵市成立花炮产业指导小组，重新肯定花炮工业在发展经济中的地位和作用，确定发展花炮工业的方向，大力推行花炮集体企业向股份制、合作制、民营企业转换，启动51家关停企业，当年花炮产量上升到242.5万箱。1997年，醴陵市组织80多家企业分赴河南、安徽等22个省、市、自治区举办花炮订货会，并在14个省、自治区定点供货，拓宽了销售渠道，当年花炮年产量达280万箱。1998年，该市成立花炮总商会，形成自我约束、自我管理、自我发展、自我服务的行业管理体系，加快了花炮工业的发展，年产花炮上升到335.92万箱。1999年，抓住部分城市解除燃放花炮的机遇，拓展国内外市场。在昆明举办的世界园艺博览会、首都国庆50周年庆典、澳门回归庆典、秦皇岛万民乐元宵、云南普洱茶节等40多场庆典焰火晚会活动中，使用醴陵烟花鞭炮，知名度得以提升，当年签订合同4亿元，年产花炮429.17万箱。2000年，醴陵市对花炮工业一手抓整顿，一手抓发展，取缔一批非法生产经营花炮的个体作坊，引导花炮业主投资1.2亿元，新扩改建规模企业360家，实现花炮工业由集体企业向民营企业转变、作坊式企业向规模企业转变、内销型企业向外向型企业转变，有294家花炮企业获得“烟花爆竹企业批准证”，新增生产能力10.22亿元。当年生产花炮509.64万箱，完成工业产值25.34亿元，上缴税金5361.3万元。

同期，株洲县、茶陵县的花炮生产并不顺利。1991年，株洲县境内有烟花鞭炮企业6家，全年工业总产值323万元。1992年，该县增加了一批乡办、村办和个体烟花鞭炮企业，发展到16家。1993年，全县烟花鞭炮产量达2万箱，年产值600多万元。1994年，株洲县烟花原料厂因资金短缺而全面停产。1996年，株洲县烟花原料二厂因历年亏损依法破产。2000年，株洲县的烟花鞭炮企业多数停产停业，只有砖桥、堂市、三门、王十万、姚家坝和长冲等乡镇的烟花鞭炮企业维持生产，全年产量6541箱。1992年，茶陵县有烟花鞭炮企业16家，当年产30525箱，产值396万元。后因销路不畅相继停产。

第三节 塑料制品

1952年年底至1953年，私营联湘蛋业出口贸易公司先后兴办永业、永固、建湘3家塑胶厂，主要生产塑料牙刷柄、胶木纽扣等小商品，1955年初，先后停业。

1958年，兴建株洲塑料厂（后更名市塑料一厂），生产聚苯乙烯梳子、纽扣、碗、碟等。1959年，该厂开始生产胶质电线，并试产电缆料，产品逐渐向工业塑料过渡。1960年，兴建株洲市塑胶制品厂（后更名市塑料二厂）。年底，株洲市塑料制品年综合生产能力达到500吨。

1962—1963年，株洲市塑料制品合作社、株洲市布鞋社、株洲市塑料复制合作工厂生产塑料制品。至此，塑料工业已有5个生产厂家，先后开发聚氯乙烯压延膜、PVC硬板、塑料焊条、塑料阀门、PVC熔融单丝、硬板制品焊接加工等10余种新产品，这些产品大都填补了省内空白，部分为国内率先生产。1965年，株洲市塑料制品年综合生产能力达到5700吨，当年产1389吨，其中聚氯乙烯制品产量占全省总产量的42.8%。

20世纪60年代中后期，市中心区创办建宁塑料厂（后更名日用塑料厂、市塑料三厂），茶陵、醴陵、攸县亦相继成立县办塑料制品厂，主要生产日用小塑料制品、塑料包装袋以及模压毛泽东主席像章。1968—1970年，境内塑料行业大量生产毛主席像章、《毛主席语录》封套，各厂家门庭若市。在此期间，尤其是株洲塑料厂生产的耐酸管、低压聚乙烯层压板，株洲市塑料复制厂生产的风机、水泵填补了省内空白。1970年，株洲市塑料制品总产量达到2925吨。

20世纪70年代，株洲市塑料工业迅速发展壮大。1971年，东区创办红旗塑料厂（市塑料九厂前身）生产日用小塑料制品；1975年，南区机械厂转产塑料凉鞋，更名城南塑料厂（市塑料六厂前身）；北区磁性材料厂转产“塑料王”产品，更名工程塑料厂（市塑料七厂前身）。1979年，株洲市皮革塑料工业公司成立，对株洲塑料工业实行行业管理，并成立了市塑料研究所，接管胶木制品厂（市塑料四厂前身）、田心配件厂（市塑料八厂前身）和北区精密铸造厂（市塑料五厂前身），分别转产塑料盆桶与塑料编织袋。与此同时，攸县塑料厂定点生产农膜，茶陵县塑料厂生产地膜，醴陵县生产花炮塑料底座。经调整后的境内塑料工业，共有14家单位，逐步形成门类齐全、布局较合理的塑料工业体系，试制成功一系列以塑代钢、以塑代木、以塑代贵金属的塑料新产品。塑料二厂试制的聚乙烯网状膜填补国内空白；株洲市布鞋厂的注塑布鞋名列全省第一，进入全国一类产品行列；株洲塑料厂开发的聚全氟乙烯和聚三氟乙烯制品应用于宇航工业，受到中共中央、国务院、中央军委的贺电表扬。当年，株洲市塑料制品年综合生产能力达到1.2万余吨，实际完成6314吨。

20世纪80年代，各厂家先后从国外引进PVC透明片生产线、挤出板生产线、PP圆织袋生产线、吹膜彩印生产线、中空容器生产线、地板砖生产线，先后与国内外有关单位完成科研项目41个，参加国内外学术交流9次。株洲市塑料厂已发展成为轻工部重点骨干企业和湖南省100家重点骨干企业之一，该厂具备年产25000吨塑料制品的能力，主要产品有PVC板、管、模、片、电缆料、氟塑料、注塑料等7大类80多个品种。1981—1985年，全市塑料工业生产每年以14%的速度递增，并连续3年产量跃居全省同行业首位，产品销往全国27个省市及欧、美等20多个国家和地区。1985—1990年，株洲塑料工业获科技成果奖51项，获评部优产品2个、省优产品11个，完成4项国家“七五”科技攻关项目，产量连续6年高居全省地州市榜首。

1991—2000年，全市塑料工业企业改革不断深化。1993年，株洲塑料厂成立中日合资的湖南友华塑料制品公司，1997年12月由深圳石化塑胶股份有限公司兼并。同时还有塑料三厂、塑料五厂等企业被兼并或破产重组，有的整体或部分实行租赁经营。其间，1991年全市塑料制品工业产量为11802吨，1994年在激烈的市场竞争中产量下降至8545吨，1995年后有所回升，1996年产量为12064吨。2000年，全市有规模以上塑料工业企业13家，规模以下企业有62家；塑料制品产量共计20720吨，其中塑料薄膜299吨、塑料板片材15648吨、塑料棒管材1428吨、塑料丝及编织制品1702吨、塑料包装箱及容器23吨、其他塑料制品1620吨。

第四节 革制品与日用搪瓷生产

一 制 革

民国1年（1912），醴陵县周新增在当地自制烟薰革，生产油鞋、木屐。民国29年（1940），茶陵县首善镇2家牛皮加工厂，年产纹皮、料皮千余张。民国38年（1949），攸县县城和皇图岭年产水底皮96担（约牛皮480张）、熟料192担（约牛皮960张）。

1958年，在市区杨柳冲建株洲市制革厂，月产鞣皮鞋面革50张。1963年4月，市制革厂并入株洲市皮鞋生产合作社。1972年，株洲市皮件厂制革车间试产淡黄手套革等产品，至年底产猪皮手套革、翻绒鞋面革、烤底革、二层革1.66万张，1973年产猪皮革4万张。1974年，制革车间从市皮件厂划出，建立株洲市制革厂。1980年，产猪革18万张，猪面服装革获湖南省行业评比第三名。后经扩建，1982年猪革年生产能力达30万张，当年产猪革21.54万张。1985年，开发羊皮服装革，增添设备18台，形成年产猪革50万张的能力。1986年产猪革46.2万张、牛革0.1万张，出口猪皮服装革3万张、手套革5.4万张，全员劳动生产率为全省同行业之冠。猪铬鞣正面服装革获省内同行业评比第一名。工厂被列为湖南省定点生产出口服装革厂家之一。1987年后，研制涂饰、轻漂、水洗、水染、二层、仿古、水磨等6大类35个品种的高档革，并开发出绵羊、山羊皮高档服装革，均形成批量生产。高档服装革产量占皮革总产量的80%以上。1990年，生产出口服装革54.88万张，占皮革总产量的77%。高档山羊服装革获省二轻科技进步二等奖，皮革修补技术获市科技进步三等奖。1991年，市制革厂受原料供应影响，仅生产皮革47.67万张。1992年，产量有所回升，生产60.04万张。1993年，该厂自办中美和中意2家中外合资企业，购进意大利制革设备和日本“真由美”高速制衣机，并建成污水处理站，日处理制革污水800吨。同年6月，经省体改委批准，株洲市制革厂作为股份制企业成立株洲环球皮革股份有限公司，募集资金1890万元，成为湖南省皮革重点出口企业、世界皮革协会会员。当年生产鞣面皮革135.38万张，完成产值5000多万元，实现利润 408 万元。1994 年，该公司再度扩大规模，下设株洲制革厂、湖南三特制革有限公司、湖南兄弟皮革有限公司、深圳宏达皮革制品有限公司、株洲吉莱彩皮业有限公司 5 家皮革生产和加工的企业，年产值达 2 亿元，创汇 2500 万美元。1995 年，该公司生产皮革 122 万张，生产开始下滑。1996 年，因管理不善，市场疲软，产品积压，导致生产急骤下降，部分设备停产，当年仅生产皮革 25.37 万张，1997 年又降至 14.17 万张，企业出现严重亏损，1998 年全面停产，改为租赁经营。

另外，株洲县朱亭镇人民政府在 1993 年 9 月利用肉食站仓库等场地，创办株洲湘江皮革制品厂，1994年生产猪皮革1900平方米，至1996年共生产猪皮革41062平方米。1997年开始亏损，2000年全面停产。

二　革制品

清光绪年间（1875 — 1908 年），醴陵县刘福胜在当地制作朝靴，颇有名气。清末民初，境内各县制作油鞋、木屐和烤底布鞋。

中华人民共和国成立前后，醴陵县、茶陵县、攸县等地有革制品店铺50余户，手工生产油鞋、木屐、皮鞋、烤底布鞋、常汉箱和皮袋（件）等产品。1956 年，株洲市、醴陵县、茶陵县、攸县各自成立皮鞋、皮革制品生产合作社，有社员 74 名，年产皮鞋 1.2 万多双，手提箱 3000 多口，仍生产少量油鞋、木屐。此后，相继开发全皮箱、帆布箱、翻绒皮鞋、手提袋、皮裤带、安全防护带、床垫、工具袋、电工插钳袋、皮手套、粘胶皮鞋、硫化皮鞋、皮服装等产品，手工线绒皮鞋、皮手套、全皮箱、皮服装、人造革背包、帆布袋等相继出口。20 世纪 70 年代，株洲市区有皮鞋厂、皮革制品厂、皮件厂、防护用品厂等革制品厂家，70 年代 10 年累计总产量 522 万双（件）。1987 年后，因款式陈旧，硫化皮鞋停产，皮手套、皮服装出口减少，革制品产销量锐减。1990 年，皮革制品生产厂家有株洲市皮鞋厂、皮革制品厂、皮件厂、防护用品厂，醴陵市制鞋厂、茶陵县皮革制品厂，攸县湘东皮鞋厂，湘汉皮件厂，株洲市郊区建宁皮件厂、云田福利工厂等。产品主要有皮鞋、手提箱、皮手套、皮服装、皮裤带、皮包（袋）、沙发等。90 年代，随着市场经济的发展，境内出现大量乡镇、个体民营制革企业，皮革产品产量大幅增加。2000 年，全市产轻革 33.72 万平方米，革皮服装 84943 件。

（一）皮　鞋

1950 年，株洲镇有靴鞋木屐业 11 户，从业 20 人，生产油鞋、木屐、皮鞋等。1951 年株洲市产皮鞋 300 双，1953 年达到 3000 双。1956 年，株洲市、醴陵县、茶陵县、攸县各自成立皮鞋、皮革制品生产合作社，当年产皮鞋 1.2 万双。尔后，株洲市制鞋厂（原市皮鞋社）生产的手工线缝皮鞋首次出口苏联。1969 年，市皮鞋厂开发硫化皮鞋生产，价廉物美，群众称之“晴雨鞋”，深受消费者欢迎。1971 年，市皮鞋厂经扩建形成年产硫化皮鞋 20 万双能力，其手工皮鞋被湖南省评为一类产品，荣获全省第一名；黏胶女素球带鞋评为二类产品第一名，该厂成为湖南省八大皮鞋生产厂之一。该厂的“飞马”牌皮鞋行销新疆、内蒙古、广东、广西等 13 个省、市。1987 年，硫化皮鞋因销售疲软而终止生产。但手工皮鞋生产有所发展，1987 年产量达 33 万双，创历史最高水平。1988 年，该厂由浙江省兰溪市皮鞋厂租赁经营，开发注塑健美鞋。到 1991 年，株洲市生产皮鞋的厂家有株洲市皮鞋厂、株洲市防护用品厂、醴陵市制鞋厂、攸县湘东皮鞋厂、茶陵县皮件厂、株洲市郊区福利工厂等，年生产能力约50万双。在计划经济向市场经济发展过程中，一批乡镇、区街、个体民营皮鞋生产企业异军突起，厂家日趋增加，尤以江浙一带发展迅猛，各种名牌和价廉皮鞋打入市场，致使境内的皮鞋厂家陷入“少生产少亏，多生产多亏”的怪圈。1992年，株洲市皮鞋厂仅生产皮鞋22406双，之后几年急速下降，1996年仅为3380双，累计亏损90.6万元，被迫停产。醴陵市制鞋厂在1997年因亏损达138万元导致停产，后租赁经营，但民营、个体制鞋企业增多，1999年产皮鞋6.3万双。

（二）皮服装

20世纪50年代末，株洲市防护用品厂（后改名市皮革制品厂）生产航空、摩托车驾驶员工作服。1971年，试产猪翻绒革男式夹克衣。翌年，产猪翻绒革男式夹克衣、长大衣3200件，销往联邦德国，为湖南省首家出口皮服装厂家。后销售转向国内市场，生产民用皮服装，品种花色达15种。猪翻绒童背心获湖南省皮革行业设计“百花奖”；猪翻绒女夹克衣获轻工部优质产品一类第二名；猪面革男夹克服获轻工业部出口产品展览会铜质奖、首届全国轻工博览会铜牌奖。1991年，株洲皮革制品厂生产皮衣1.98万件。1995年上升到6.52万件，是年经国家对外经济合作部批准，同意该厂经营进出口业务。1996年，该厂更名为株洲市皮革制品总厂，当年生产皮衣5.82万件。1998年后，皮服市场萎缩，该厂皮服生产急剧下降，2000年仅生产1771件，次年因严重亏损而停产。同年，全市生产革皮服装8.49万件。

（三）皮箱包

1955年，株洲市皮革生产合作社生产手提箱。此后，试产全皮箱。1966年4月，株洲市手工业联合社将皮件生产从皮鞋生产合作社划出，成立株洲市皮件厂。1973年，该厂生产7400口全皮、帆布箱，全部销往国外。1979—1985年，外贸订货减少，销售市场转向国内。经扩建，形成年产衣箱10万口能力。在此期间，“双龙戏珠”牌全皮箱获湖南省新产品设计一等奖，“仙乐”牌装饰全皮箱获湖南省优质产品奖。1992年，株洲市皮件厂因市场滞销而停产。同年，创办醴陵市兴联箱包有限公司，该公司与醴陵四通箱包公司在1994年箱包工业总产值为772万元，2000年增加至3000万元以上。

（四）皮手套

1963年，株洲市防护用品厂试制出口皮手套。翌年，生产皮手套220打，销往联邦德国。后应外商需求，新增手缝猪面革防护皮手套，获湖南省新产品三等奖。1986年外销87万双，出口合格率达到99.5%。由于皮革涨价，成本增高，产品出口销售发生亏损，从1990年下半年起，出口皮手套基本停产。20世纪90年代，境内有皮手套生产企业4家，年生产能力达120万双。

三 日用搪瓷

1974年，境内日用搪瓷制品脱销，口杯、面盆、汤盆等要凭票证供应。1975年，市北区将清水塘五金厂与向阳化工厂合并，兴建株洲市北区搪瓷厂，靠手工制坯烧出菜碟、茶桶、水桶等5种搪瓷制品，当年完成工业总产值 7.3 万元。1976 年，该厂更名为株洲市搪瓷厂，生产出第一批 36 毫米德胜面盆 7.6 万个，杂件 8.7 万件，耗用铁皮 110 吨。1981 年，经扩建改造该厂形成年耗铁皮 1000 吨的搪瓷制品机械化生产线。产品增为面盆、洗手碗（平底盖盆）、口杯等 3 个系列 10 种规格。1985 年，该厂与上海搪瓷一厂实行横向联合，产品质量迅速提高。1988 年，36 毫米面盆被授予湖南省优秀产品称号。在全国搪瓷行业产品质量评比中，36 毫米面盆和 9 毫米口杯分获第一名和第二名。1990 年，工厂生产能力达年耗铁皮 2000 吨以上。同时，从上海购进具有国内先进水平的口杯成型自动线。当年，搪瓷总制品量 244.8 万个，产品有系列面盆、系列洗手碗、口杯、茶盘、保鲜盒、食品桶、痰盂等 10 多种 50 多种规格，生产规模居全省第二位。30 ～ 36 毫米系列盖盆、14 ～ 20 毫米系列洗手碗销往西非一些国家。1991 年，市搪瓷厂产量 325 万件，完成产值 1301 万元。1992 年 9 月，该厂将产品打入云南市场，3 个月内销出 3 个集装箱的各种搪瓷制品。1993 年，又积极开发边境贸易，在深圳、云南、广西等地的边境区域销售搪瓷制品 91.4 万件，创销售收入 300.2 万元。当年搪瓷制品产量为 364 万件，完成产值 1456 万元。该厂开发的“芙蓉”牌德胜双花面盆被评为 1996 年度株洲市“明星产品”。1997 年日用搪瓷产量高达 1122 万箱，完成产值 4550 万元。从 1998 年开始，由于市场饱和，产量逐年减少。至 2000 年，全厂仅生产日用搪瓷 562 万箱，完成产值 2173 万元，工厂陷入困境。

第五节 造纸与印刷业

一 造 纸

（一）手工纸

清咸丰、同治年间（1851 — 1874 年），攸县山区居民以嫩竹、冬茅、树皮等野生植物纤维为原料，设槽造纸，每槽 4 ～ 6 人，大多是 1 户 1 槽，俗称槽户，也有合伙设槽的作坊和雇工生产的工场。由于沿用传统的手工造纸工艺，故所产纸张统称为“手工纸”，亦称“土纸”。光绪年间（1875 — 1908 年），攸县共有纸槽 300 ～ 400 个。所产官堆、玉版、湘包、毛边等纸，纸质细薄，色泽嫩白，驰名远近。同期，造纸扩展到醴陵县洪源、军山一带，仅洪源乡便有纸槽 40 多个。民国初期，攸县土纸生产遍及漕泊、峦山、兰村、黄丰桥、柏树下、高枧、酒埠江、银坑、凉江等地，从业人员达 1400 多人，年产土纸 4 万担左右（每担约 50 千克）。第二次国内革命战争时期（1927 — 1937 年），由于国民党政府对苏区实行经济封锁，设在区内的纸槽因土纸外运困难而多数停产，攸县土纸降至 1 万担以下。抗日战争爆发后，进口“洋”纸来源断绝，土纸生产一度兴旺。民国 30 — 31 年（1941 — 1942），私营工商者开始投资兴办土纸厂。经国民政府经济部核准登记的有攸县峦山振兴造纸厂、洪修造纸厂股份有限公司、茶陵开明造纸一厂；经湖南省建设厅核准登记的有攸县云溪的洪攸造纸一厂。手工造纸遂由分散的槽户逐渐趋向工厂化。民国 33 年（1944），日本侵略军攻陷攸县、茶陵县，各县的纸槽和纸厂大多停产。抗日战争胜利后，土纸生产有所恢复。其后，由于内战，土纸生产停滞不前。至 1949 年，各县手工造纸恢复不足抗战前的三分之一，产量徘徊在 1 万担左右。

中华人民共和国成立后，生产逐渐复苏。1956 年，一批较大的手工纸厂陆续建成，其中有年产 192 担的攸县公私合营纸厂和年产 352 担的地方国营醴陵纸厂。手工造纸槽户和私营纸厂大多改造成为纸业生产合作社。1957 年后，各县又新建和改组一批厂社。1958 年“大跃进”中，开办一些造纸厂、社，由于一哄而起，仓促上马，资金不足，技术力量薄弱，产品质量低劣，严重亏损。有的转产，有的调整改组，有的被迫停办。从 20 世纪 80 年代起，乡镇手工造纸企业有所增加。1985 年，乡村办的手工纸厂共 22 个。其中，株洲县 4 个、醴陵市 6 个、攸县 7 个、茶陵县 3 个、酃县 2 个。原生产土纸的企业，大多转为生产机制纸。80 年代中期以后，全市土纸年产量徘徊在 1500 吨左右。1990 年，全市产土纸 1675 吨，其中株洲县 870 吨、醴陵市 272 吨、攸县 317 吨、茶陵县 162 吨、其他区域 54 吨。90 年代开始，手工纸生产厂家逐步转为机制纸，但民间仍有部分土纸生产，大多用于祭祀活动。

（二）机制纸

1959 年 3 月，株洲市造纸厂在霞湾建成投产，当年产 115 吨。1960 年，市郊区将原生产手工纸的淦田跃进纸厂迁建到渌口大石围，更名为渌口造纸厂。品种有原色有光纸、黄草纸、黄板纸、包装纸等。1966 年，这 2 个厂产纸 456 吨。“文化大革命”中由于对纸的需求增长，造纸企业相继增加，先后建成投产的有淦田造纸厂、攸县人民造纸厂、炎陵县造纸厂和黄丰桥纸厂、醴陵县造纸厂。品种增加了漂白纸、彩色有光纸、书写纸、仿纸袋纸、瓦楞原纸、卫生纸等，造纸原料由稻草、麦杆、嫩竹、树皮逐步改为以芦苇为主。1978 年，市轻工系统造纸企业已由 1966 年的 3 个增为 5 个，总产量由 1229 吨增为 6363.3 吨。淦田造纸厂经过 1979 年、1984 年、1989 年 3 次改造和扩建，已成为省内最大的出口卫生纸专业生产厂；攸县人民造纸厂经 1982、1988 年 2 次扩建，已形成年产能力 1200 ~ 1500 吨，成为省内唯一的玻璃纸生产厂；酃县造纸厂完成改造后，形成 4000 吨的生产能力。境内造纸厂不仅能生产木浆纸袋纸，亦能生产办公用纸、双面胶版纸等高档用纸。1987 年，轻工系统 5 个纸厂总产 13440 吨。1990 年，全市有轻工系统 5 家纸厂和二轻系统 2 家纸厂，还有 66 家乡村镇造纸厂，主要生产炮料纸、包装纸和其他低档纸类。全市机制纸总产量已达 40340 吨。其中轻工系统产量 11522 吨、二轻系统 4103 吨、乡镇企业 24715 吨。

1991 年，株洲市区内有造纸厂 1 家、株洲县 6 家、醴陵市 41 家、攸县 8 家、茶陵县 5 家、炎陵县 2 家。原有手工生产土纸厂家逐渐转为生产机制纸，具有一定规模的厂家有株洲市造纸厂、淦田造纸厂、渌口造纸厂、攸县人民造纸厂、茶陵县造纸厂、醴陵市造纸厂、炎陵县造纸厂等，年产 4 万多吨。其后，由于造纸污染水源，遂对不符合环保要求的造纸企业进行停产或关闭，其中有株洲市造纸厂、醴陵市二轻造纸厂等 10 多家企业，致使全市年造纸总产在 2 万吨左右。

1996 年后，继续整顿不符合环保要求的造纸厂家，又有一批企业相继关闭或停产，其中醴陵市就有 11 家。受北方大批廉价卫生纸、文化纸南下的市场冲击，境内造纸行业部分厂家出现产品积压，经营亏损，负债加重，被迫停产或破产。株洲县境的渌口造纸厂和淦田造纸厂分别负债 3194 万元、3527 万元，无法维持生产，遂联合组建株洲县纸业有限公司，分别实行整体租赁承包、用工重组，重新启动生产。后仍因销路不畅又停产。1997 年 8 月，渌口造纸厂改为股份制合作企业，更名同兴纸厂，因严重污染湘江于同年 12 月实施破产。淦田造纸厂因资产负债率高达 259.2%，于 1998 年 7 月宣告破产。醴陵市造纸厂于 1997 年停产后，工厂及其设备被拍卖。

20 世纪 90 年代中后期，由于各类用纸的市场需求量加大，一批合资、股份、民营、个体的造纸企业应运而生，加之原有的部分企业在改制后实施技术改造，境内的造纸业仍有所发展，1999 年全市造纸业产量为 20317 吨。2000 年为 24779 吨，其中机制纸产量为 4750 吨、机制纸板 5545 吨。机制纸主要产品有卫生纸、面餐巾纸、玻璃纸、纸袋纸、黄板纸、有光纸、书写纸、凸板纸、炮料纸、瓦楞原纸等十余种。

二　印刷业

北宋祥符年间（1008 — 1016 年），茶陵县就刊行了《图经》。宋末元初，茶陵与潭州、宝庆成为当时湖南三大印刷中心。元大德八年（1304），茶陵进士陈仁子在东山（腰陂镇）创建“东山书院”，常年雇用刻工数十人，刻印的书籍传世和存目的有 13 种 600 余卷。元大德九年所刻沈括《梦溪笔谈》，经数百年流传，流落香港。1965 年 11 月周恩来总理批准购回，仍明洁如新，现珍藏于北京图书馆。前清时期，醴陵县有文光堂、王聚元堂、三让堂、多文堂、老焕文堂等印刷店坊。清末至民国初期，印刷业多由书纸店铺兼营。一般书籍、县志、族谱等均用木刻版印刷；账簿表册、报刊、广告多用石印。光绪三十二年（1906），殷伯翔创办如云纸庄，设木印作坊，为株洲市区最早的印刷作坊。民国 6 年（1917），醴陵文元堂、文光堂始办石印，主要承印本县“市票”（非国家发行的货币）。民国初期，茶陵县有徐文光、文光堂、亚南、元和、下水坊等印刷店、书纸铺，攸县有徐博文书纸印刷局及大隆堂、经国堂、益大昌等印刷作坊，均从事木印、石印业务。民国 17 年（1928），醴陵县《民报》率先采用铅印机印刷。之后，福华长、协和长、湘益等书纸店，亦相继采用铅活字版和机器印刷书刊和浙赣铁路表册，故营业较旺。其时，醴陵县印刷业在湖南仅次于长沙。民国 27 年（1938），攸县私商集资开办“湖湘印务馆”，仅有 1 台铅印机。次年，酃县商会集资开办石印局。至此，印刷业遍及境内各县。抗日战争时期，湖南省办的《开明日报》为防止日军南下骚扰，从长沙迁至茶陵县。茶陵县亦先后创办《茶陵民报》《洣江日报》《自治周刊》《雅言报》等，印刷业盛极一时。民国 31 年（1942），攸县《青年报》采用活字排版，四开平台印刷机印刷。1949 年以前，境内印刷业虽然采用铅字排版、机器印刷，但仍未摆脱繁重的人工劳动。印刷机械均由手摇、脚踏，效率低下。主要业务除少量报刊、课本外，多为账簿表册、学生作业本等零杂件印刷。

20 世纪 50 年代初期，境内各县先后各自建成地方国营印刷厂，但基础薄弱，规模较小。1956 — 1957 年，在社会主义改造中，一些私营、个体印刷店、社并入各厂。1957 — 1959 年，《株洲日报》《醴陵报》《茶陵报》《攸县报》《酃县报》《株洲郊区报》先后创刊，各国营印刷厂遂改为报社印刷厂，实行“以厂养报”。主要业务除印刷报纸外，兼营杂件印刷。随着经济建设的发展，印刷业务不断扩大。1959 年，株洲市印刷厂、株洲县印刷厂相继成立。轻工系统所属印刷厂增为 7 个，仍感供不应求。当时，主要印刷设备仍以圆盘机、方箱机、四开平台机等小型机械为主，只有少量对开平台机。工艺落后，大部分工序仍靠手工作业。为适应市场和生产发展需要，各厂纷纷开展以小改小革为内容的增产节约活动，自制成许多小型专用印刷设备。并陆续将圆盘机、方箱机、平台机的手工续纸改为自动续纸，使印刷工效大幅度提升，劳动强度大为减轻。1960 — 1962 年国民经济调整时期，各县印刷业务骤减，各厂均下放部分职工以求自保，生产一度衰落。1963 年国民经济形势好转，印刷业日渐兴旺，株洲市区先后开办东区月塘印刷厂、北区湘江印刷厂。各大厂矿企业、各部门单位、县区各乡镇，也陆续兴办一批小型印刷厂、所。“文化大革命”中，由于印刷业具有宣传职能，生产未受大的干扰，且略有发展。60 年代末期至 70 年代中期，由于印刷厂家增多，竞争激烈，国营印刷厂的零杂件业务相对减少，促使各主要印刷厂发挥人才、技术、资金优势，另开业务来源，逐步向书刊、彩色包装装潢方向发展。1966 年，株州市东方红印刷厂从株洲日报社分出，1968 年承印毛泽东主席画像。随即逐步扩大彩色商品包装装潢、日历年画等业务。1969 — 1971 年，株洲市印刷厂印刷《毛主席语录》，促进了工厂发展。从 1979 年开始，随着改革开放的不断深入，株洲轻工系统所属印刷厂，实行技术改造，引进先进技术设备，生产规模不断扩大。1981 年，东方红印刷厂更名为株洲市彩色印刷厂，经过技术改造，发展成为以平、凸彩包印刷为主，包括美术设计、照相制版、覆膜等多项业务的综合性印刷企业。同年，醴陵县印刷厂（1987 年改为醴陵市外贸彩色印刷厂）完成凸彩、平彩印刷的成龙配套。1982 年，株洲市印刷厂更新改造设备 40 多台套，其中 401 卧飞凸版印刷机拥有量为全省之最。1988 年又从联邦德国引进具有 80 年代世界先进水平的四色胶印机。茶陵县印刷厂于 80 年代引进先进设备，形成彩印、书刊、塑料等多种印刷业务能力。1988 年年底，中国包装学院株洲美术印刷厂基本建成，其部分设备已达到当时的国际先进水平。采用胶印、凸印、照相、电脑照排，自动化程度较高，年产量可达 9800 万印。1989 年，株洲县印刷厂引进胶印平板轮书刊印刷机，成为境内唯一的专业书刊印刷厂。

1991 — 2000 年，境内印刷企业是以全民企业为骨干、集体企业为主体、私营个体印刷企业为补充的多种经济成份并存的行业格局，基本实现了单色印刷向多色印刷、铅字拣排向电脑照排的转变。1991 年，境内全民印刷企业有 10 家、集体企业 108 家、个体印刷户 46 家。同时，各种打字、复印社也遍布城乡。随着印刷行业的竞争加剧，部分印刷厂家纷纷引进先进技术和设备，以增强实力。1992 年，株洲市印刷厂自筹资金购置 1 台全自动烫金模两用机，大大提高了工效和质量，当年完成产值 1476 万元，创历史新高。1994 年，株洲日报社印刷厂在采用电脑激光照排后，又购置 PJ1287–02 型卷筒胶印机及配套设施，当年 5 月 28 日印出大报、彩报，开全省地市州报之先河。醴陵市印刷厂和醴陵市华艺印刷有限公司、醴陵市江北印刷厂、茶陵县印刷厂等纷纷从瑞典、美国引进丝网印刷自动线、DIP 彩色桌面出版系统、照相制版等设备，以满足用户对图文并茂的质量要求。1996 年后，境内印刷行业中的国有、集体企业绝大部分进行了改制，有的实行股份制，有的破产重组，有的转为租赁经营，而民营和个体印刷企业则不断发展壮大。市印刷厂基本处于停产状态，市彩色印刷厂也因业务不足靠租赁临街门面维持。株洲县印刷厂 1997 年末依法破产。株洲日报社印刷厂因其报纸印刷业务原因，一直保持较好业绩。

由于“三资”、民营、个体印刷业的蓬勃发展，境内的印刷业仍呈上升趋势。2000年，全市单色印刷品达356.62万令，多色印刷品达457.74万对开色令。

第六节 家用电器生产

一 电风扇

1958年，湘江机器厂（南方航空动力机械公司的前身）利用军品边角料，生产1400毫米的吊风扇。因军工任务繁重，1961年初停产。1964年，株洲市湘江电机厂（市电扇总厂前身）试制“湘江”牌吊风扇。1965年，试制新型吊风扇，多项质量指标超过上海“华生”等名牌电扇，当年产741台。1970年，市湘江电机厂更名为株洲市电扇厂，生产规模进一步扩大，当年产吊风扇6647台。1973年，产量上升到1.1万台。1974年，试制400毫米台风扇。当年生产吊、台2种电风扇1.19万多台。1977年，开发400毫米落地座扇和200毫米小型台扇2个新品种。当年年底，生产各种电风扇16415台。1978年，开发300毫米台风扇投入市场，成为抢手货。1979年，株洲市电机修制厂、株洲市金属材料厂改制并入市电扇厂，同时与株洲市制镜厂、市白铁制品厂协作生产，形成电扇生产专业化协作网络，当年产27169台。1981年，产量上升到58738台。20世纪80年代初，市场对电风扇要求量增大，境内的电扇生产企业突增，涉及军工、仪表、医疗器械、电器、机械等行业。市内燃机配件厂、南方航空动力机械公司、市电力机车厂、渌口无线电厂、湘中仪器厂等单位相继开始生产电扇。其中南方公司于1980年生产航空牌FS400毫米台式电风扇，并获部优和省优产品称号。1983年，由于国家对电风扇生产作了适当调整和控制，一些厂家自行停止生产。

1981年，株洲市电扇厂与香港长兴实业公司签订生产出口吊扇机头30万台的协议，通过香港进入海外市场。为适应消费市场对产品需求的变化，该厂调整产品结构，以生产家用吊扇为主。1983年，吊扇产量由总产量的20%上升到93%，台扇生产则削减到7%，并在全国率先研制成1050毫米节能型吊风扇，单台节电量达36%以上，达到国内先进水平。1984年，荣获省优秀新产品称号，轻工业部科技成果二等奖。1985年，生产吊、台电风扇产量达到16.5万台，其中节能吊扇6万台。1988年，1050毫米吊风扇获轻工业部优秀产品称号。由于国内市场供大于求，电扇销售再度转滞，迫使电扇产量锐减，年末产1.15万台，仍有大量压库。1991年，电风扇销售不畅，市电扇总厂生产的11.21万台电风扇大量积压。1992年生产骤减至0.48万台，工厂出现严重亏损。同年11月，该厂被南方公司兼并。至此境内不再生产电风扇。

二 电冰箱

1976年，株洲市医疗器械厂购买北京医疗器械厂“雪花”牌医用电冰箱压缩机、塑料内胆、蒸发器、温控等主要部件，自制外壳和金属制件组装成电冰箱。翌年，试产200立升医用单门电冰箱13台，定名为“芙蓉”牌电冰箱。1979年，该厂更名为市电冰箱厂，并开始自制压缩机组、蒸发器、散热器、外壳加工及数十种零配件，各项指标均符合卫生部颁发的标准，当年产410台，全部由省卫生厅医疗器械工业公司包销。1980年，试制150立升民用电冰箱，后改产100立升电冰箱。1981—1983年，由于受进口电冰箱的冲击，电冰箱滞销，共产电冰箱171台。为扭转困难局面，该厂开发大中型冷藏柜，1983年产554台，实现扭亏为盈。1985年，单门电冰箱销售不畅，改产BYD-185立升双门双温电冰箱，当年仅产2735台。1987年，电冰箱市场销售空前活跃，各地商业部门纷纷来厂求购。为迅速提高产量，满足市场需求，株洲市人民政府组织市仪表厂、市无线电二厂、市白铁制品厂、渌口无线电厂等单位协作生产电冰箱，当年产8050台。是年，新建2000平方米的总装车间，形成年产1万台的能力。由于该厂没有达到一定的生产规模，不具备国家骨干企业规范而限制生产。市人民政府决定将市电冰箱厂并入沅江机械厂，成为沅江机械厂株洲分厂（后改为白云电冰箱厂株洲分厂），由沅江机械厂统一规划进行技术改造，使产能达到20万台的专业厂家。1988年，该厂从美国、丹麦、意大利等国家引进先进设备和检测仪器，完成了电冰箱生产的全面配套装置，当年产1.15万台，并开发165立升双门双温电冰箱。从1989年开始，电冰箱销售由俏转滞，被迫减产。1990年，生产电冰箱5048台。1991年，该厂努力拓展销售渠道，在全国20多个省、直辖市、自治区建立产销关系，产量回升，全年生产电冰箱9738台。1992年，该厂开发的BD-125冷冻箱获得中国兵器部新产品开发二等奖，同时被评为部优、省优产品。1993—1994年，该厂投资30多万元建成电冰箱、冰柜性能电脑测试线，产品质量得到提高，1994年生产电冰箱16500台。1995年，该厂开发BCD-201冰箱、BOT155冷柜等新产品，当年生产冰箱、冷柜17014台。1996—1997年，该厂对产品内部结构作了改进，将原来的铝管蒸发器改为铜管蒸发器，产品质量又得到提高。但是，由于市场竞争加剧，国内各种品牌冰箱相继上市，致使该厂生产急骤滑坡，1997年仅生产冰箱2396台。1998年，该厂因严重亏损而停产。

三 电熨斗

1976年2月，株洲市金属制品厂（1979年改名株洲市电熨斗厂）开发普通型300瓦电熨斗，成为湖南省唯一电熨斗专业生产定点单位。旋即，购置部分主要设备，自制抛光机8台，扩大更新电镀装置，1977年，该厂达到年产电熨斗1万台的能力，当年产9100台。1978年，在全国电熨斗质量评比会上，该厂生产的“亮牌”普通型300瓦电熨斗在同类产品中名列第四。1983年，开发普通型100瓦电熨斗，参加湖南省二轻系统新产品评比，获设计二等奖。当年该厂生产各种型号电熨斗4万台。1985年，研制的YH-1型300瓦远红外线电熨斗，节电率达16%～30%，具有升温快，耗电省，保温好，使用寿命长等优点。同年产各种电熨斗4.3万台。1990年，由于产品销售由包销转为自销，市场亦逐渐转滞，迫使工厂减产，仅产37790台。1991年后，该厂产品滞销积压，产量连年减少，1992 年为 2.3 万台，1994 年仅为 0.11 万台。由于工厂连年减产和亏损，1995 年停产。

四　其他电器

1979 年年初，株洲市城北区湘江电机厂（后改为市洗衣机厂）试制单缸洗衣机，当年试产 18 台，1981 年产 694 台，因外协件过多、单台成本过高，造成亏损，1982 年停止生产。

1984 年，市郊区电热电器厂开始生产电热水壶，当年产 1145 把。由于销售不畅，于 1985 年停产。

1985 年，市郊区南方电器厂外购电热原件，配制护套及小型电器控件，组装“家家乐”牌电热毯。1986 年产 5000 条，产品由 1 个品种发展为 2 个型号 4 种规格。1987 年电热毯开始滞销，当年产 3000 条，积压过半。20 世纪 90 年代，由于产品滞销和受国内其他品牌冲击而停产。

第七节　灯泡、灯具、电池生产

一　灯泡、灯具

1958 年 3 月，建株洲市灯泡厂，1961 年试产白炽照明灯泡 7000 余只，因产品质量差，于次年停产。1970 年，市东区月塘办事处 6 名家庭妇女办起灯泡修制厂，1971 年扩充为株洲市东区灯泡厂，1978 年更名为株洲市灯泡厂，生产 15 瓦、25 瓦石板灯泡。因石板灯泡逐渐被淘汰，于 1982 年停办。1970 年，在攸县竹麻厂灯泡复明小组的基础上组建攸县灯泡厂，试制普通白炽灯泡，当年产 1 万多只。1975 年产 23 万多只。产品有 15 瓦、25 瓦、40 瓦普通白炽泡和 60 瓦、100 瓦充气灯泡。1976 年，开发 150 瓦、200 瓦、300 瓦、1000 瓦等大支光灯泡和 36 伏、11 伏共 6 个规格的低压灯泡，并研制出 3 瓦、8 瓦荧光灯，高压钠灯。1978 年产 208.8 万只，1981 年产 500 万只灯泡，其中农村需求的小功率灯泡占 85% 以上。1983 年，在曙光电子管厂的支援下，建成熔制玻璃的电炉，取代了圆炉，实现从玻璃加料到泡壳成型全过程的自动化。日产泡壳由 3 万只增加到 7.5 万只，年产能力达 1800 万只，当年产 617 万只。1984 年，攸县灯泡厂更名为湖南省湘东灯泡厂。1985 年，40 瓦灯泡获得省优质产品称号，灯具产品获省新优产品银杯奖。次年，10 瓦蘑菇形灯泡获省优质产品银杯奖。1986 年，湘东灯泡厂与北京电光源研究所合作开发出用于医疗、食品等行业的高强度紫外线杀菌灯，质量达到美国伏特阿拉克公司同类产品水平，填补国内 ZS 紫外线光源空白，当年生产 3524 只，1988 年获省优质产品一等奖。同年，又开发研究并投产从低、中、高档到豪华型的系列灯具，计有吸顶灯、壁灯、吊灯、台灯、庭院灯等 138 个品种规格。其中台灯、壁灯获省首届灯协评展会优秀奖。灯泡年生产能力已达到 1600 万只。1987 年，湖南省湘东灯泡（灯具）厂更名为株洲市湘东灯泡（灯具）厂，1990 年该厂产灯泡 1934.48 万只，产品有灯泡、灯罩灯具、特种灯泡等 3 个系列 200 多个品种规格，部分产品出口，成为省内 4 个重点灯泡厂之一。1991 年，株洲市湘东灯泡厂生产灯泡、灯具 23.36 万只，1992 年上升到 28.38 万只。1993 年后，在市场激烈的竞争中逐年减产，严重亏损，

2000年总负债4996万元，次年7月宣布破产。

株洲县三门镇生产玻璃灯饰，素有“玻璃之乡”之称。1991年，该镇原有的几家玻璃灯饰厂因经营管理不善和受龙卷风的袭击，全部停产。1996年，三门镇在广东沿海地区从事玻璃灯饰生产的达2000多人，后部分人员回乡办企业，租赁三门玻璃厂场地兴办五华玻璃厂，当年创产值447.8万元，1997年更名为神龙玻璃有限公司。1998年后相继创办了日月玻璃厂、森林玻璃厂、昌盛玻璃厂、天宏玻璃厂等。2000年，年产玻璃灯饰1630.36吨，产值1850万元，从业职工650人，各种灯具畅销全国各地，30%出口外销。2000年，全市灯泡产量为7301万只。

二 电 池

1958年4月，株洲钢笔口琴厂电池车间试制空气电池。同年12月，该车间并入株洲市味精厂，改名株洲市电池厂，以生产电池为主，兼产淀粉、香料油、碳精棒等多种产品。1959年，该厂生产“大丰收”牌大号半防潮电池115万只。1964年，研制出全防潮“金鸡”牌电池，连续放电时间提高到940分钟，正品率达到94.8%，打破了上海“大无畏”和广州“五羊”牌电池在株洲市场上的垄断地位。当年，电池产量为75万只。在全国电池质量检查中，“金鸡”牌大号电池间歇放电时间高达1348分钟，居全国之冠。1974年，研制五号电池（R6型）并批量生产。1978年，该厂研制出国内第一台电池卷标机，并推广到全国电池行业。1978年，把硬锰矿粉应用于电池生产，获湖南省科学大会奖。1983—1984年，相继增建大号、五号电池生产线各1条。1985年产3960万只。1980—1985年，“金鸡”牌大号电池在全国质量评比中再度夺冠，并获得省优产品称号之后，1981年又在全国电池质量评比中，获一级品总分第一名，并再次获得省优产品证书。1982、1983、1985年连续3次获全国电池一级品总分第一名，并于1984年由轻工业部授予部优产品称号。1987年，该厂增建大号、五号、二号（R14型）生产流水线各1条，年生产能力增至6000万只。1990年，电池总产量5010.19万只，其中大号电池4718.8万只、5号电池279.41万只、2号电池11.91万只。电池销售量占全省的40%，出口交货量为628万只。

1991年，该厂生产电池5200万只。1993年，电池出口东南亚、非洲、欧美等国家和地区3896万只，成为省内电池行业的龙头。1994年，该厂新增大号电池生产线2条，5号电池生产线2条，使电池生产能力达到1亿只。当年生产电池8082万只，其产量和经济效益在省内居同行业榜首。

1995年6月，市电池厂依法收购市酿酒厂，扩大了生产场地和职工人数，当年生产电池8238万只。1996年，市场竞争日趋激烈，省内其他电池生产厂家相继处于停产或半停产状态。而株洲市电池厂继续加强技术改造和开发新工艺，拓展销售渠道，当年生产电池8731万只，创产值3091万元，完成销售收入3280.14万元，上缴税金136.39万元，均创历史最高纪录。

1997年，由于原材料价格上涨，加之假冒“金鸡”牌电池冲击市场、资金紧缺、技改项目不能及时竣工投产，导致该厂产量下降，效益滑坡，全年仅生产电池3935.9万只，亏损达440万元。1998—2000年，生产继续下滑，连年亏损。1998年生产电池2474万只，1999年生产电池1589万只，2000年仅生产电池1401万只。

第八节　时钟、自行车与金属制品

一　时　钟

1979年，株洲市工具厂（后改名株洲市木钟厂）试装木钟，1983年生产“三星”牌木钟10389台。由于花色品种少、外观质量差，产品销售困难。1985年与湘华机械厂合并，转产自行车。

1989年，航空航天部608研究所自筹资金，组建成石英钟厂，当年产“时达特”牌钟7800台。有50多个花色品种，产品销全国各地，在8省48市建立了销售网点。1990年，已形成年产10万台的能力，当年产2万台。1995年，生产石英电子钟84167台。1996年后逐年减产，当年产33200台，1998年产13518台，2000年仅产2079台。

二　自行车

1985年11月，湖南省湘华机械厂迁至株洲市。生产26吋“松鹤”牌轻便自行车。当年产22万辆，质量稳定在国家A级水平，畅销全国26个省市。1988年，形成年产50万辆能力。1989年，生产双梁自行车，首次进入国际市场，出口自行车1.9万辆，创汇60万美元。1990年，产27万辆。产品有高级无链条系列自行车、BMX车、山地车、变速车、折叠车、安琪儿车等先后问世。“松鹤”牌自行车有36个规格品种80多种花色型号，被用户誉为湖南的“小凤凰”，QE84型和男式QE80型、QE81–4型、女式QE81型，分别被评为省优产品、“满意产品”。出口产品共有24个规格品种，50多种花色型号。1991年，出口12万辆、创汇400万美元，出口产品主要销往美国、加拿大、日本、荷兰、朝鲜以及中东、东南业等12个国家和地区。工厂经国务院机电产品办公室和对外经济贸易部批准为扩大出口机电产品企业。同年产自行车30.29万辆，1992年产40.01万辆，ZQ54、2×55、ZE101型自行车荣获省优产品称号。1993年，摩托车大量上市，自行车市场萎缩，该厂产量下降至32.1万辆。1995年，该厂开发助动自行车，研制的TN1401“派克瑞”助动自行车荣获湖南省科技创新金奖。自1994年后，该厂自行车生产连年下降，1997年仅生产1.36万辆，且产品积压，企业严重亏损，1998年停产。

三　金属制品

铜制业在境内出现较早，距今1900多年前就有汉代的青铜镜和青铜鸟啄壶，做工精致。明末清初，铜制业多为挑担串街走巷的游业人员上门修制筒盆、酒具器皿、铜壶、铜锁、箱笼包角、框条、提手等铜件，少数匠人制铜锣、铜钹等供应山乡。清光绪末年，湘乡人氏朱春和在大胜岭（芦淞区解放东街）开设朱春和老铁店，生产铸锅、鼎、炭盆、炉锅等炊具，兼制少量农具。宣统末年，茶陵、攸县有上百人的铸锅场铸造炊具，黑铁业遍及城乡。民国初期，金银首饰业生意兴旺。民国10年(1921)始，制作油灯、酒吊、日用三角灯、鸭嘴灯、各类油壶、漏斗等白铁制品。

中华人民共和国成立后，日用五金制品发展较快。1952年8月，私营建国铁工厂在堤升街（芦淞区人民路）成立，从业人员49名。同年，在解放西街成立公私合营株洲市五金基建器材厂（后更名市五金基建器材制造厂），从业人员近100名。1956年，国家对手工业进行社会主义改造，株洲市日用五金制品行业组成了16个合作生产组织，当年生产各种日用铁制件331吨、普通铸件720吨、铁制农具6457件。1958年"大跃进"中，五金制品行业的集体企业相继过渡为全民企业，改变产品结构，挤掉日用五金制品生产。至年底，仅存五金制品企业7家，造成市场日用小五金供应紧张。1960年，株洲市铅丝厂投产，生产镀锌丝、圆钉等。1961年，恢复和发展手工业生产，五金制品业的社（组）重新归口，重操旧业。是年，五金行业的厂、社、组达47家。1962年，开发台虎钳、家用锁、保险箱、钢锯（条）、阴极网、出口伞杆等数十个品种。此后，先后开发出矿筛、链条、丝攻、板牙、割炬、割嘴、钢直尺、打稻机具、民用表壳、医疗器械、酒精炉、燃气热水器、高压锅、餐桌转盘等产品。1990年，株洲市有小五金制品专业厂28家，40多个品种，年产值平均达2000万元以上。主要产品有铅丝、钨钼、圆钉、木螺钉、铝制品、燃气热水器、阴极网、白铁制品、镀锌丝、镀铜丝、拉链、锯弓、酒精炉等。1991年，市钨钼材料厂完成工业总产值3432万元，实现销售收入3389万元，出口创汇312万美元。1992年后，因国内外市场发生变化，株洲市铅丝厂和株洲市钨钼材料厂遇到原材料价格上涨、产品价格下跌的困境，生产逐年下滑。随着市场经济的发展，境内私营个体小五金迅速崛起，并逐步成为行业的主力军。2000年，全市金属结构制品生产784吨，工业链条1269吨，钢丝4115吨。

第九节　日用杂品制作

一　竹制品

明朝时期，茶陵、攸县山区农民闲暇之余编制竹器。此后，各地相继开设竹器店，生产船篷、谷箩、土箕、烘笼、竹缆绳等产品。中华人民共和国成立初期，株洲镇竹器业发展迅速，1950年有竹器店26户，生产土箕、竹椅、竹床、竹炊具等产品。1953年，成立株洲市竹器生产合作社，当年产土箕、篾折等2.3万件。1958年10月合作社更名为株洲市竹藤制品厂，1960年产40.5万件。20世纪60年代中期，塑料、金属制品逐步取代部分竹制品，竹制品生产逐年衰落。1979年1月，该厂转产胶木、塑料制品，各县竹器生产企业亦纷纷转产。80年代，随着竹木市场的开放，乡办竹器厂及个体竹作业者不断涌现，担负起农村与基建所需竹制品的生产。1988年9月，酃县十都乡与县外贸公司联营兴建竹筷厂，当年生产竹筷413万双，出口美、日、新加坡等国家。90年代，境内的竹器生产有所发展，主要产品多为竹筷、竹凉席、竹地板、竹木家具、竹凳、竹炭等日用品。

二　家　具

（一）木制家具

北宋熙宁九年（1076），茶陵县上三乡（后属炎陵县）生产木制家具。清朝末年，茶陵县初具规模的木作坊有10余家。尔后，逐渐发展至20余家，主要生产汉式、明式、宁波式、新式木制家具，分凳、椅、桌、床、柜、抬、屏7类，其木雕花板床、虎头椅享誉省内。民国期间，木家具业继续发展。中华人民共和国成立前夕，境内各县木作店有130余家，多为圆木作坊，手工操作，主要生产桌、椅、盆桶、床等成品。1953年，湖南省城市建设工程局建立株洲木工厂，主要生产家具，兼产锯材、门窗和包装箱。1954年，该厂产家具3.66万件，其中床、桌等大件1.73万件，成为株洲市家具生产骨干企业。同时，先后成立了株洲市木器生产合作社、株洲市园木生产合作社，还有32户个体作坊，从业人员达236名，年产家具5.2万件。1956年，手工家具作坊全面走上合作化道路，生产有较大发展，年产量提高到86万件。1955—1956年，各县木器业亦先后成立合作社（组）。1958年，株洲市木器生产合作社、株洲市园木生产合作社、株洲市制材厂先后并入株洲木工厂，次年产7.25万件。1959年，株洲市中心区筹建竹木器厂，次年市运输工具厂并入该厂，改名为株洲市群力木工厂。以生产方木家具为主，兼产圆木器。1966年，群力木工厂更名为株洲市木器厂，当年产家具1.61万件、盆桶1.65万个，成为株洲市家具生产专业厂家。从1976年开始，各厂家具产品向板式、组台、多用方向发展。茶陵县竹木工厂建成胶合板生产线，生产绘图饭、缝纫机台板、家具用板、剧场椅板、课桌面板等系列产品。1982年，株洲市木器厂试制的板式高档大衣柜、中档小衣柜参加中南5省木家具评比，均获第二名，并在全省获同行业评比第一名。同年，株洲市木材公司（原木工厂）试制成功中密度纤维板，填补国内空白，并在国内首家使用中密度纤维板生产家具，1983年获全国木材节约代用先进标兵单位称号。1985年4月，株洲市木器厂建成湖南第一条板式家具生产线，年产能力达4000套，达省先进水平。同年6月，酃县木工厂（炎陵县家具厂前身）建成板式家具生产线，在全省产品评比中先后3次获得一等奖。1987年，株洲市木器厂8501板式卧室家具获省科技进步三等奖，“银杏”牌板式套装家具获省优质产品称号。1989年，酃县家具厂生产的办公家具获省优质产品称号。20世纪90年代，木材采伐量受限，木制家具逐渐减少。1999年全市生产木制家具3123件，2000年生产4005件。

（二）竹藤家具

明末清初，境内乡间篾匠编织藤器，产品精致美观、轻巧耐用。1956年，株洲市竹器社（后更名株洲市竹藤厂）生产藤沙发、藤椅。1979年，转产胶木、塑料制品，藤器生产停止。1965年，酃县兴建竹木藤加工厂，当年产藤围椅等133件。1972年酃县又兴建竹木工艺厂、竹器厂。尔后，因产品质次档低，渐趋衰落，至1988年全部停产。

（三）钢家具

1978年，株洲市自行车修配厂组织钢家具试制。翌年，生产钢床、沙发椅等400余件。1981年，钢家具产品调入株洲市木器厂生产。次年，木器厂成为湖南钢木家具生产定点厂。产品有钢木折椅等。因产品样式陈旧、外观粗陋，销路不畅，1983 年停产。

三 民用镜

1955 年，株洲市板车社生产银镜，日产 8 平方米。1959 年 10 月，市轻工业局筹建株洲市制镜组，翌年转为制镜厂，生产低档银粉漆架镜，产量甚微，凭票供应。1962 年，产镜子 47.5 万面。1963 年，开发塑料、镀铬、车边等中、高档民用镜，该厂亦跻身于全省 3 大重点制镜厂行列。1972 年，开发聚乙烯塑料框镜，有月圆、蛋圆、菱形、挂圆等多种式样，颇受市场欢迎。同时增产适销农村的各种镀锌架镜，品种增至 27 个，当年产镜子 80 万面。1982 年 9 月，完成真空镀铝工艺项目，以铝代银，生产铝镜，12 月经省二轻厅组织鉴定，达省内先进水平，2 年后获市科技成果三等奖。1983 年，在全省同行业评比中，200 毫米镀铬长方镜获第一名，150 毫米镀铬月圆镜获第二名。400 × 600 毫米礼品镜获第三名；200 毫米镀铬车边长方镜在全国同行业质量评比中获第五名。20 世纪 90 年代初，境内有株洲市制镜厂、光明玻璃制品厂、湘航株洲站工艺镀膜厂 3 个厂家生产铝镜，拥有制镜专用真空镀铝设备 7 套，年产镜片能力达 65 万平方米，由于受销量制约而逐步停产。

四 眼 镜

1958 年，株洲市钟表社（后更名株洲市钟表厂）光学仪器车间生产劳保眼镜兼制眼镜架与眼镜盒，月产能力达 3000 副，当年产 5900 副。1980 年，以株洲市钟表厂眼镜车间为基础，成立市眼镜厂，1987 年生产眼镜 3.83 万副。后眼镜生产逐步被外来产品所替代。

五 伞

民国年间，醴陵县制伞业发达，行销省内外。抗日战争爆发后，湘乡、湘潭制伞业纷纷迁往攸县。攸县县城从石虎岭到圣帝庙一带布满雨伞铺，从业 230 余人，年产雨伞 5 万 ~ 8 万把。1956 年 12 月，组建株洲市雨布伞供销生产组，月产伞 1300 把。翌年转为雨布伞生产合作社。1958 年更名株洲市中心区群力制伞厂，生产雨布伞。1961 — 1967 年，株洲市各区（镇）相继成立雨具（伞棕）生产（修配）合作社。1961 年产伞 6.64 万把，次年增至 8.79 万把。1978 年，为发展乡镇企业，株洲市制伞厂将产品移交给市郊区建宁乡，该乡组建株洲市建宁制伞厂，开发尼龙伞，年底产伞 9.15 万把。1990 年，株洲市有建宁制伞厂、攸县伞厂 2 个厂家，产伞 13.56 万把。

六 布 鞋

20 世纪 50 年代，在市区手工业合作中，就有布鞋生产组。布鞋式样也由单一的圆口鞋发展到跑鞋、面样三上鞋、舌面镶筋鞋、浅深统棉鞋等，产量由年产 800 双发展到 3000 余双。1956 年有了塑料鞋底以后，布底鞋随之减少。1972 年建立布鞋厂，已不再生产布底鞋，主要生产注塑男、女布鞋。1990 年，该厂生产布鞋 72.11 万双，产品销往省内及广东、广西、江西等省，并有少量出口。随着市场经济的转化，私营企业迅速发展，该厂的产品花色品种跟不上形势，成本居高不下，导致产品产量下降。从 1993 年起连年亏损，1999 年仅生产布鞋 865 双。2000 年，工厂停产。

1991 年，醴陵市的 5 家制鞋企业生产布鞋 5.1 万双，1992 年生产布鞋 6.69 万双，1993 年下降至 1.8 万双，1994 年后，停止布鞋生产。

株洲市轻工业局（总公司）历任负责人名录

表 7–14

局　长	任职时间	副 局 长	任职时间
方　俭	1958.11 — 1960.12	杜福林	1958.9 — 1968.10
何尚文	1960.12 — 1966.5	王成云	1959.3 — 1961.12
贾玉林	1966.5 — 1968.10	王全尧	1959.8 — 1961.12
周辛林	1971.1 — 1972.10	王明东	1959.8 — 1966.5
易锡林	1972.10 — 1981.5	张振发	1960.6 — 1964.11
			1971.1 — 1972.10
			1974.12 — 1981.5
葛忠贵	1981.5 — 1986.3	彭代仁	1960.12 — 1966.5
夏登高	1986.3 — 1996.6	胡湘甫	1961.12 — 1963.8
邓年高	1996.6 — 2000.12	唐国建	1962.8 — 1968.10
–	–	贾玉林	1966.5 — 1969.8
–	–	蔡崇来	1972.7 — 1980.12
–	–	张云龙	1972.10 — 1983.7
–	–	曹奇生	1978.2 — 1981.5
–	–	王守彪	1979.5 — 1981.11
–	–	宋占鳌	1979.6 — 1993.8
–	–	张文友	1979.9 — 1983.7
–	–	李昌道	1980.3 — 1983.7
–	–	王泽民	1981.1 — 1983.7
–	–	唐正锷	1981.1 — 1983.7
–	–	罗汉民	1981.5 — 1988.9

续表 7-14

局　长	任职时间	副局长	任职时间
–	–	夏登高	1983.7 — 1986.3
–	–	刘树人	1987.1 — 1995.5

株洲市二轻工业局（总公司）历任负责人名录

表 7-15

局长（经理）	任职时间	副局长（副经理）	任职时间
–	–	黄国生	1993.5 — 2000.12
–	–	张铁成	1995.5 — 2000.12
赵书空（兼）	1961.9 — 1961.11	王全尧	1960.6 — 1966.6
王明东	1961.11 — 1964.5	彭代仁	1960.6 — 1960.9
刘福生	1964.5 — 1966.4	王明东	1961.9 — 1961.11
			1964.5 — 1966.6
任　谦	1966.4 — 1968.5	张文友	1961.10 — 1964.5
王硕恩	1968.5 — 1968.11	蔡崇来	1961.9 — 1965.5
董之光	1978.11 — 1979.4	侯荣伸	1961.9 — 1964.5
周孝先	1979.4 — 1981.1	徐雅贤	1961.9 — 1966.8
曹金城	1980.12 — 1981.1	张振发	1964.9 — 1964.11
蔡崇来	1981.1 — 1983.7	王硕恩	1964.9 — 1968.5
杨中申	1983.7 — 1986.4	夏富贵	1965.3 — 1968.11
谭敬炎	1986.4 — 1993.3	刘福生	1968.5 — 1968.11
李冠亚	1993.3 — 2000.12	汤声涛	1978.11 — 1988.11
–	–	杨中申	1978.11 — 1983.7
–	–	谢振球	1978.11 — 1981.1
–	–	阴海生	1978.11 — 1983.7
–	–	言谷存	1980.11 — 1983.7
–	–	王景海	1980.11 — 1986.4
–	–	丁铁平	1980.11 — 1983.7
–	–	黄兴有	1983.7 — 1995.6
–	–	周孝先	1981.1 — 1981.11
–	–	曹奇生	1981.11 — 1983.7
–	–	王杨能	1986.4 — 1990.11
–	–	李冠亚	1986.4 — 1993.3
–	–	邓丽芝（女）	1990.10 — 2000.12
–	–	张怀棋	1991.11 — 1997.5
–	–	刘喜林	1997.5 — 2000.12

第十章　纺织工业

宋末元初，棉织物逐渐代替丝绸作为衣被的主料。后醴陵县等地用苎麻织成夏布，被历代列为贡品。民国初期，醴陵县、攸县设厂购机织袜。民国20年（1931），中国工农红军在茶陵县小田、马首一带创办苏区纺织缝纫工厂。民国22年（1933），醴陵县政府第三科建鼎斗纺织厂。此后，乡间织布日增，染业亦兴。抗日战争前，醴陵县染坊达40多个，每坊有染缸20～40口不等，专染青、蓝、花布。民国24年（1935），攸县养蚕、缫丝者达600户，产干丝3094斤。民国30年（1941），醴陵县设民生工厂，产品有葛丝呢、花条布等。此前，境内纺织处于摇车纺纱、踏机织布、踩石缸染、单件缝衣的传统手工技艺阶段。

1956年，株洲市筹建湖南第一苎麻纺织厂（后更名株洲苎麻纺织印染厂），1958年投产，生产苎麻纺织制品。1965年10月，市床单厂采用自动织布机试制床单。1967年4月，市针棉织厂（后更名市织布厂）研制成单针床双梳节舌针经编机，填补省内空白。1987年，市毛巾厂引进无纺针织化纤地毯生产线。同年，市麻棉针织厂试制麻盖棉织布和麻晴针织衫，打入国际市场。至1989年，全市拥有苎麻纺织、棉纺织、色（单）织、针织、丝绸、服装和地毯等纺织技术领域，共取得重大科技成果19项，市以上奖励9项，其中部级奖2项、省级奖5项、市级奖2项；创优质产品16个，其中获国家银质奖3个、部优4个、省优9个；获优秀新产品开发与设计制作奖50个，其中全国优秀新产品开发奖4个、省优秀新产品奖12个、省、市产品设计制作和质量评比奖34个。1990年，株洲苎麻纺织印染厂试制成功60支×60支纯苎麻爽丽纱，填补了国内空白。

从20世纪90年代初开始，境内纺织行业经济效益下滑，产值下降，亏损严重，许多企业处于停产或半停产状态，但仍有部分企业采取改组改制、技术改造、提高产品质量、开发新产品等措施实现扭亏增盈。1991年，全市有4种新产品填补了省内空白，5种产品获省级奖励，工业总产值达到9763.2万元，但亏损1908.1万元。1992年，境内又新增2家中外合资纺织企业。1993年，市床单厂新生产线投产，增强了精加工能力，企业开始逐步走出困境。同年，株洲苎麻纺织印染厂加入省华升苎麻纺织企业集团，成为省属企业。1996年，市毛巾厂、麻棉针织厂、麻棉纺织厂、丝绸厂由于负债严重，先后实施破产重组。当年纺织系统总产值降为3523.23万元，亏损480万元。1997年，市床单厂改制，当年减亏68.79%。通过改组改制，开展生产自救，纺织企业产值开始逐步回升。1998年，纺织系统工业总产值增至5248万元，1999年增至6152.72万元。2000年，全市有规模以上纺织企业7家、服装制造业5家，规模以下纺织企业19家、服装制造业356家。全年共生产各类纱4255吨、毛巾330.39万条、苎麻布及亚麻布593.97万米、服装16.92万件，共完成工业总产值13008.54万元，整体实行了盈利，扭转了长达10年的亏损局面。

第一节 纺 纱

一 麻 纱

境内早在手工棉纺工艺使用之前，采用水浸自然沤渍法将苎麻纤维脱胶，使之变软，然后撕扯成均细的麻丝，以一丝之头搭一丝之尾，再用手指将麻丝捻成细长的麻次（即麻纱）。此种绩麻成纱法，一直沿袭到20世纪60年代。

1958年，湖南第一苎麻纺织厂投产，当年生产32支、38支、9.6支等17个品种的苎麻纱线284.43吨，结束了数千年来手工麻纱的历史。年底，纺织工业部将工厂移交湖南省轻化工厅管理，更名为株洲苎麻纺织厂。投产同期，组建了国内首家苎麻技术研究所，开发和研究苎麻纺织的新技术、新工艺。1962年试纺7.5支苎麻纱，1966年投入批量生产，1980年评为湖南省优质产品。1971年，试纺9.5支苎麻线。同年，采用毛纺针梳机、精梳机、先开梳机、钢丝机、机梳机、再精梳机等工艺，1978年获全国、全省科学大会奖。经扩建，1977年苎麻纱线年产能力达2355吨。1978年，研究苎麻快速脱胶新工艺，1980年获纺织工业部科技成果四等奖，湖南省重大科技成果二等奖，列为全国同行业重点推广项目。1981年，株洲市化纤纺织厂和市玻璃纤维总厂并入该厂。是年，苎麻纱线总产量2759.49吨，其中纯麻纱线1170.01吨。在全国苎麻纺织产品实物质量评比中，36支、7.5支、9.5支6股苎麻线等5个产品由纺织工业部授予优质产品称号。1982年，9.5支6股苎麻纱荣获国家银质奖。1983年，该厂研制苎麻脱胶新工艺、新设备，1989年投产，使煮练、漂白、过酸、压力、水洗、开纤、脱水等苎麻脱胶过程实现机械化，达到国际先进水平。1988年，产纯麻纱2463.33吨，工厂列为全国500家经济效益最好的企业之一。1988—1989年，出口创汇300多万美元。因外销受阻，内销不畅，1990年仅产纯麻纱1386吨。

1985年，市棉纺厂与市苎麻脱胶厂合并，组建株洲市麻棉纺织厂。1986年，株洲市麻棉纺织厂5000长麻纺锭的扩建工程被列为全国轻纺产品招标项目，至1990年总计投入2346万元。由于计划资金和增价资金无法落实，该厂中标项目的5000长麻纺锭设备无力购回，未能投产。1987年，株洲市麻棉纺织厂另一个5000长麻纺锭扩建工程投产，当年产36支、42支纯麻纱12.16吨，1988年产36支、24支纯麻纱135.74吨，1989年，因大批量的转入纯棉和麻棉混纺纱的生产，停止了纯麻产品生产。

此外，1983年后，株洲市苎麻脱胶厂（原株洲市造纸厂）、茶陵县麻纺厂兴建年产1000吨精干麻脱胶工程，株洲县渌口棉麻纺织厂、茶陵县虎距乡、茶陵县平水乡、茶陵县棉织厂兴建年产200吨苎麻脱胶工程，相继生产纯麻纱。

1991年，境内有茶陵县麻纺厂、株洲县渌口棉麻纺织厂、株洲苎麻纺织印染厂生产麻纱线。当年，株洲苎麻纺织印染厂有长麻纺16392锭、气流纺10000头，年生产能力苎麻纱线4000吨，实际生产1464吨。

1992 年，茶陵县麻纺厂因产品销路不畅等原因停产。株洲县渌口棉麻纺织厂于 1991 年利用银行贷款收购 800 多吨苎麻，在 1991 年后全部报废，企业亏损严重，1996 年 5 月该厂依法破产。

1996 年 6 月，由株洲苎麻纺织印染厂和日本五月产业株式会社、中国香港东伟贸易有限公司合资经营 15 年的株洲国际苎麻纺织有限公司合同到期，公司停止生产经营。1998 年，经全国企业兼并破产和职工再就业领导小组审核批准，株洲苎麻纺织印染厂被列为全国减人增效试点企业。1999 年，该厂生产麻纱线 781 吨。2000 年，根据国家纺织压锭要求，该厂压长麻纺锭 4092 枚，当年生产苎麻纱线 1274 吨。

二　混纺纱

1962 年，境内苎麻供应不足，株洲苎麻纺织厂为开辟原料来源，采用 65% 的涤与 35% 的苎麻纤维混纺成 54 支涤麻混纺纱，当年产 175 千克，填补了国内空白。1966 年产 43 吨，并进入国际市场，远销东南亚等地。1967 年，该厂利用 5 级棉与落麻（俗称“下脚料”）各半的比例，纺制 18 ~ 27 支麻棉混纺纱。1973 年，产 18 支棉麻混纺纱 836.94 吨。1977 年，株洲苎麻纺织厂一分厂（原市化学纤维纺织厂）率先采用 25% 的 1 级棉与 75% 的粘胶纤维混纺成 21 支粘棉纱（俗称“棉绸”）获得成功，当年产 107.2 吨，成为抢手货。1978 年，转产腈纶纱，停止粘棉纱生产。1980 年，株洲苎麻纺织厂采用 75% 的精梳麻条与 25% 的未经缩醛化的水溶性聚乙烯醇纤维混合并条，混纺成 45 条麻维纱。织成坯布后，在漂白整理时 2 次退浆，溶化出维纶，成功地试制出 60 支爽丽纱 — 纯麻高支单纱薄型漂白细布，填补了国内空白，1984 年获省科技进步一等奖、市科技进步一等奖，1987 年获国家新产品开发“金龙”奖，次年获国家银质奖。1983 年，60 支 ×60 支爽丽纱批量投产，并打入国际市场，最高年产量达 344 吨。

1981 年，株洲县渌口棉织厂新建 5000 棉纺纱锭投产，全部转产棉麻混纺纱，并更名为株洲渌口棉麻纺织厂。当年产量 133.62 吨。1982 年，株洲市麻棉纺织厂为弥补原棉不足，采用 50% 的棉型维纶与 50% 的原棉混纺生产 21 支维棉混纺纱。因该厂扩大棉麻混纺纱生产，1985 年停止了该产品的生产。

1983 年，株洲苎麻纺织厂一分厂提高 18 支棉麻混纺纱产量，全年产 1368.76 吨。是年 7 月，具有 3 万棉纺纱锭的市棉麻纺织厂试产 18 支混纺纱，当年产量 24.93 吨。1984 年，全市产 18 支棉麻混纺纱 2523.63 吨，其中株洲市麻棉纺织厂 817.50 吨、渌口棉麻纺织厂 396.40 吨、株洲苎麻纺织厂 1309.64 吨，产品远销意大利、美国、日本等国家和中国香港地区。1987 年，该产品在国际市场的销售价格急剧上涨，当年产 3574.46 吨。

1991 年，株洲苎麻纺织印染厂有棉纱纺锭 10752 枚、气流纺 10000 头，当年产棉纱 1428 吨；株洲市麻棉纺织厂有棉纺锭 30000 枚、气流锭 800 头、捻线锭 5160 枚，当年产混纺纱 1770 吨、线 1660 吨；株洲县渌口棉麻纺织厂有棉纺锭 5000 枚、捻线锭 1936 枚，当年产混纺纱 326 吨、线 287 吨。1994 年 4 月，一名港商在株洲开发区开办纱厂，包销株洲麻绵纺织厂的混纺纱。1996 年 12 月，株洲苎麻纺织印染厂投资兴建的 1.1 万平方米的麻棉分厂投产。1999 年 5 月，该厂将年亏损的麻棉分厂整体租赁给浙江超界集团金华公司，年租赁收入 80 万元。

1997 年 9 月，株洲麻棉纺织厂改制重组，成立株洲天源纺织有限责任公司。2000 年，该公司相继投入 1000 多万元进行技术改造，产品由过去单一的麻棉纱向棉涤、纯涤、金属纤维纱、麻腈纱、麻灰纱等多品种方向发展，当年该公司试纺的麻灰纱经省科协组织专家评审，被评为“金桥科技工程”三等奖。当年，该公司生产纱线 4255 吨，拥有环锭纺 50000 枚、纯锭 8740 枚、转杯纺 1000 头，主产“鹤翔”牌 21 英支、32 英支、42 英支精梳纱线；麻棉混纺 7 英支、10 英支、18 英支纱线、气流纺、麻棉混纺 7.5 公支、9.5 公支、24 公支、36 公支纱线以及纯苎麻纱、线等产品。

2000 年，株洲苎麻纺织印染厂压棉纱纺锭 816 枚，当年生产麻棉纱 2900 吨，完成销售收入 6495 万元，创汇 238 万美元，亏损 341 万元。

三 棉 纱

1977 年 12 月，经轻工部批准株洲市建棉纺厂，1979 年 9 月投产，1986 年 7 月更名为株洲麻绵纺织厂，占地 21.85 万平方米。1991 年产值 3925 万元，亏损 1139 万元。生产棉纱 2162 吨。1992 年，株洲麻棉纺织厂技改项目竣工，基本实现了产品由普梳向精梳、低支纱向高支纱的转变。1993 年 6 月起，由于企业困难而停产一年。到 1996 年，株洲麻棉纺织厂累计亏损 8700 万元，累计负债 1.41 亿元，资产负债率 218%。当年 10 月，株洲市中级人民法院宣告该厂破产还债。1997 年 9 月，株洲麻棉纺织厂破产重组，成立株洲天源纺织有限责任公司。1998 年，国家进行产业结构调整，实施纺织压锭改造。该公司压 6120 锭，年底开台 25000 锭。2000 年，该公司筹资 800 余万元，将棉纺 5000 锭进行扩改，气流纺新增 10000 锭。年末，拥有环锭纺 50000 枚、线锭 8740 枚、转杯纺 1000 头。

第二节 织 布

一 麻 织

手工麻布俗称夏布。民国 24 年（1935）中国实业志载：“明末清初，独具风格的醴陵夏布畅销各埠，年可销万筒（即 18 万匹）。”清光绪元年（1875），英国等在汉口大量收购茶叶，因种茶比种麻获利更多，农户多毁麻种茶，醴陵夏布出现衰落。光绪十六年（1890），中国与印度等国发生茶叶竞争，茶商压价收购茶叶，醴陵夏布有所恢复。而后又因国外毛葛、荷兰纺、印度绸参与竞争，日本又苛征入口重税，醴陵夏布产量一降再降。株萍铁路通车后，醴陵县商人直接收购夏布外销，外埠客商也纷纷前来收购，清末盛时年销三四十万匹，值五六十万元，仅醴陵县城内经营夏布者就有数十家。民国 29 年（1940），湖南省政策研究室曾对醴陵、浏阳夏布作过调查，在《湖南经济丛刊》中记述极盛时期年输出常在数百万匹，外销于朝鲜、日本、美国、东南亚等地。后因货币贬值和美国罗布大批输入的影响，夏布年产量降到几千匹。1954 年，人民政府实行奖售收购办法，到 1957 年产量增至 26179 匹。后因机制苎麻产品大量生产，各种合成纤维大量涌现，夏布只限于部分农村做蚊帐和服装厂缝制毛料服装和工艺品的衬料。60年代滞销，沿袭数千年的手工麻织业在境内相继消失。

1958年8月，湖南第一苎麻纺织厂投产，当年产36支×36支纯麻布、10支×10支短麻劳动布等81.2万米，从而开始了境内生产机织麻布的历史。1959年，陆续开发石柳格、稀密格、方格蚊帐布等20余种产品，其中石柳格被评为省优秀新产品。1965年，设计生产60支×60支蝉翼麻纱、48支×48支、36支×36支真麻纱，以及10支3股×10支3股的麻及呢等新产品，年产各类麻布140万米。1977年，扩建和各项配套工程竣工，年产麻布能力达800万米。1978年，产麻布556.13万米，为国内同期麻布产量625万米的79.2%。1979年，试制出竞争力强、盈利高的新产品，直接打入美国市场。1980—1981年，先后设计试制单纱、合股、提花、色织、针织等15个品种95个花色的样品。在全国苎麻织物质量评比中，有5种产品获纺织部优质产品称号，其中36支×36支纯麻漂白布获国家银质奖。1982年，开发84支×84支纯麻布、60支×60支和72支×72支爽丽纱，产纯麻布367.28万米，其中新产品156万米。尔后确定以轻盈、薄质苎麻布为产品设计方向，先后投产103支×82支×119厘米、72支×72支×91.4厘米等高支纯麻布，设计试制提花、色织等30个品种的新产品。1985年，调整产品结构，将混纺布从上年近300万米压缩到35万米，而纯麻布产量增长到791.16万米，创建厂以来年产最高记录。在开发的新产品中，有23个获部、省及全国苎麻调研中心颁发的优秀新产品奖和新产品开发奖，其中60支× 60支爽丽纱1988年获国家银质奖章。1990年，68支×10支爽丽纱荣获国家苎麻产品唯一的金质奖。是年，由于全国麻织规模的急剧扩充，产量大幅度增长，境内麻织工业处境艰难。1991年，该厂生产373.72万米。1994年，该厂生产的60支x 60支纯苎麻爽丽纱布经纺织行业质量检测中心认定，质量达到国际先进水平，经湖南省名牌产品审定委员会审定为湖南省首批名牌产品。1996年，该厂承担了中国纺织科学研究院、中国纺织大学、武汉纺织工业学院协作完成的国家“八五”重点科技攻关项目“苎麻织物高档后整理技术研究”，通过国家鉴定，属国内首创。

此外，市织布厂亦于1981年开始生产纯麻布。1983年，36支×36支纯麻布获省优称号，产12万米，产品全部出口。1987年，将大部分设备投入纯麻布生产，产95.06万米。1988年，株洲市渌口棉麻纺织厂转产纯麻布，当年产14.32万米。1991年4月，株洲渌口棉麻纺织厂研制的苎麻扎染花布系列产品通过由湖南省科委、省外经委、省纺织局等十多家单位组织的鉴定，认定该系列产品吸取我国唐宋时期以来扎染工艺，融实用与欣赏水平为一体，填补省内苎麻纺织产品一项空白。

2000年，全市产苎麻布593.97万米，其中株洲苎麻纺织印染厂生产560.1万米。纯麻布入库一等品率85%，产值1.04亿元，创汇247.93万美元。

二　混纺织、化纤织

（一）混纺织

1963年，株洲苎麻纺织厂在国内首先试织成涤麻混纺布。1968年，试制36支×36支、48支/2×48支/2维纶短纤与苎麻混纺布。1969年，试制麻棉混纺布。1970年，产混纺布273 17万米，其中涤麻布 25.42 万米、麻棉布 247.75 万米。

1980 年，根据国际市场需求增加麻棉布产量，当年产 570.33 万米（内交织布 208 万米）；减少涤麻布生产，当年产量降至 55.65 万米，还调整了 18 支麻棉混纺布幅宽和混比，产品很快打入美国市场。54 支 ×54 支涤麻什色细布（混比为 65:35）获省政府优质产品奖，该产品主要供外贸作绣衣及工艺品用，行销西欧、东南亚市场。1981 年，增加 54 支 ×54 支 ×107 公分涤麻布、40 支 ×40 支 ×102 公分涤麻布、36 支 ×32 支 ×107 公分棉麻交织布、18 支 ×18 支 ×97.8 公分麻棉布等新品种的生产。同时，54 支涤麻什色细布、36 支棉麻交织漂白细布双获纺织部优质产品称号。1985 年，高档纯麻织物畅销，麻棉混纺织物滞销，当年仅产麻棉混纺布 31.79 万米。1988 年，苎麻产品在国际市场上呈现疲软状态，致使产品积压、价格下跌，该厂在减少混纺织产品的同时，稳定高中支麻纱生产，扩大纯麻布产量，开发适销新产品，制成 100 支 ×100 支麻棉双经高档产品，故仍稳定占领国际市场，年出口值为 9389 万元，创汇 1707 万美元。1990 年，36 支 ×32 支棉麻交织布获纺织部优质产品称号，又增加 54 支 /2×24 支 ×129.5 公分棉麻交织布、52 支 /2×24 支 ×123.2 公分粘麻交织布。但混纺产品销售疲软、生产下降、产品积压、效益下滑，当年仅产混纺布 197.39 万米。1991 年，该厂产麻棉布 133.15 万米，有布机 589 台。1998 年 3 月，该厂“雪松”牌商标被湖南省工商行政管理局认定为湖南省著名商标。2000 年，该厂生产麻棉布 33.87 万米。

此外，1971 年以来，株洲县棉织厂（后改名株洲县渌口棉麻纺织厂）、株洲市织布厂、茶陵县棉织厂、攸县床单厂相继生产麻棉混纺布、维棉混纺布、棉混纺布。1987 年，市织布厂出口混纺布 142.6 万米，其中仿毛方格呢于 1988 年获省优称号、1987 年获市优称号。1991 年，市织布厂生产棉混纺布 33 万米、有布机 172 台。1995 年，因连年亏损停产。

（二）化纤织

1960 年，株洲市棉纺织厂（株洲市织布厂前身）以玻璃纱为原料生产玻璃布，当年产 1.71 万米。1964 年停产。1979 年开始生产粘纤平布（棉绸），因市场需求变化于 1984 年停产。1981 年，开发出纯涤纶和中长涤粘 2 个化纤新产品。纯涤纶产品是 150 旦 ×150 旦涤纶华达（斜纹），织成再染色。涤粘产品是 38 支 /2×32 支 /2 中长涤粘呢，其中又分为色织（纱染色再织）、染色（织成布再染色）和色织后套色等不同品种，均为幅宽 140 ~ 145 公分中厚织物，具有仿毛感强和穿着挺括的风格，是制作秋冬服装适宜的面料，涤粘纺毛方格呢获 1987 年纺织部优质产品奖。

1969 年，株洲市弹纺厂（1974 年改名株洲市化纤厂）以自纺的 21 支氯纶纱为原料，生产氯纶布 5.51 万米，因经不起熨烫、不吸湿、难染色于 1971 年停产。1978 年，转产自纺 21 支粘胶纱为原料的粘纤平布，后为保持产品刚柔适度的性能，改用粘棉混纺纱为原料，以穿着凉爽、柔软、透气及色牢度好而畅销。当年产 13.98 万米。1979 年因织机调出而停产。

1976 年，株洲县棉织厂生产棉绸，当年产 43.28 万米，1978 年产 102.95 万米。因市场需求变化，于 1982 年停产。

1980 年，株洲苎麻纺织厂试制成涤粘异经隐条呢、涤粘半线中长呢 2 个新产品投入市场，填补省内空白。

1990年，全市累计生产化纤织物1263.16万米，其中玻璃布26.44万米、氯纶布15.43万米、粘纤平布1082.46万米、纯涤纶59.01万米、中长涤粘呢79.82万米。1991年，用细旦纤维织造的柔软仿绸产品“西西里”，获省仿绸产品二等奖。

三　棉　织

1967年，株洲市针棉织厂试产21S和32S全棉彩条经编布，由于“文化大革命”的冲击，年底试制工作终止。

1987年，株洲市麻棉针织厂生产纯棉针织布（单面用21S棉纱、双面用32S棉纱），当年产针织坯布80吨，经香港外销。1988年产150吨，1990年生产100吨。

1991年，全市有纯棉布生产企业8家，生产纯棉布64万米。其中，株洲县朱亭织布厂生产20万米，醴陵市织布厂生产15万米，攸县染织厂生产6万米，攸县床单厂生产9万米，茶陵棉织厂生产9万米，炎陵县织布厂生产3万米，株洲县渌口棉麻纺织厂生产1万米，株洲市织布厂生产1万米。全市有自动棉布织机562台、染缸5台、高温高压染色机8台、布夹丝光机1台、热定型机1台。株洲市织布厂到1997年资产负债率达133%。

四　丝　织

（一）缫　丝

1000多年前，湘东农村家庭已经出现植桑养蚕、缫丝织绢。鸦片战争后，生丝出口剧增，促进了境内缫丝业发展。据民国24年（1935）《中国实业志》载，在湖南省产茧丝的11个县中，攸县年产鲜茧375担，丝1547千克，列第四位。

从1966年起，攸县老君潭、鸭塘铺、石羊塘一带，茶陵县洣水沿岸的湖口、浣溪、舲舫、洣江一带及醴陵沿渌江、株洲县沿湘江一些地方，先后办起一批集体蚕桑场。

1977年7月，茶陵县舲舫丝绸厂正式投产。1977—1979年，每年产白厂丝1吨。1984年，经技术改造产5吨。

1985年，攸县筹建的酒埠江丝绸厂当年产白厂丝1041千克。1985年全市缫丝能力增至20吨，当年实生产白厂丝6吨多。

1990年，境内纺织行业效益普遍滑坡，但缫丝业却属例外。当年全市白厂丝产量为8.7吨，实现产值216.5万元，年上交税利12.3万元，年利润13.7万元。

1991年，全市桑蚕丝产量11吨，主要生产厂家是茶陵舲舫丝绸厂，到1995年，全市桑蚕丝产量仅1吨。天元区古桑洲农户多有养蚕习惯，多用蚕丝制成丝被出售。

（二）丝　绸

宋代，攸县、茶陵县农家就有手工织绢，明代有所发展，清代渐衰，民国时期更加衰落。

1978年6月，株洲市人民服装厂以2台仿制的铁木织机开始生产软缎被面，当年产近1000条。同年，茶陵舲舫丝厂试生产以20/22D厂丝为原料的影条绫，当年产2.5万米。1980年，攸县酒埠江丝绸厂投产。

1980年6月，株洲市机引农具厂改为株洲市丝绸厂，当年产软缎被面667条，翌年产量提高到9917条。1982年，该厂形成年产40万米丝织品的生产能力，当年产软缎被面2.37万条、羽纱3.46万米、涤弹绸（200克/米的涤纶丝织物）24.86万米。1987年后，由于化纤织物大量进口，蚕丝价格上涨3～4倍，产品滞销，当年丝织品总产量由上年的67.57万米降至28.9万米，该厂出现亏损。1988年，开发华尔夫（300克/米涤丝厚型织物）、高丽珠（涤纶丝作经、棉纱作纬）2个新产品投放市场，高丽珠当年获省行业优秀产品奖，是年织物总产最为64.5万米，实现产值399.14万元。

1989—1990年，茶陵舲舫丝绸厂、攸县酒埠江丝绸厂的丝织机基本停止生产，2个厂仅生产软缎被面8837条。株洲市丝绸厂开发出摩尔登、摩星呢、佳丽丁3个新产品推向市场。摩尔登1990年获纺织部“七五”计划新产品开发二等奖，湖南省行业纺毛产品一等奖。摩星呢1990年也获省行业优质产品奖。1990年该厂新产品共生产20.23万米，占本年织物总产量的36%。

1991年，全市丝织品年生产能力为32万米。当年，全市丝织品产量28.54万米，主要由茶陵县舲舫丝绸厂和株洲市丝绸厂生产。茶陵县舲舫丝绸厂完成产值246万元（1990年不变价），株洲市丝绸厂完成产值253万元。是年，株洲市丝绸厂生产的华锦摩尔登产品获省优。1992年，因化纤市场不景气，株洲市丝绸厂停止化纤丝绸产品生产。1994年，株洲市丝绸厂30台丝织机由浙江人承租进行丝织品生产。1995年，全市丝织品产量32万米。1991—1995年，全市共生产丝织品86.71万米。由于连年亏损，1996年11月，株洲市丝绸厂破产。

五 针 织

1983年，株洲市织布厂建立针织车间，试织出一批涤纶针织布和针织衫，但未批量生产，1986年针织车间的人员、设备并入麻棉针织厂。

1987年11月，株洲国际苎麻纺织有限公司（株洲苎麻纺织印染厂、日车五同产业株式会社、中国香港东伟贸易有限公司合资经营）建成针织车间，纬编布年产能力为150吨，当年产24Nm/1苎麻针织布34吨、48Nm/2兰麻针织布11吨。1988年，株洲苎麻纺织印染厂兴建具有年产300吨苎麻针织布生产能力的针织车间。1989年，外销中断，针织布严重积压，1990年仅生产24Nm/1麻针织布4.3吨。

1991年，株洲市麻棉针织厂完成产值1131万元（1990年不变价），亏损24万元，从业人员168人，有台车12台，直径30吋及以上大圆纬编机6台，热定型机1台，年生产能力针织服装10万打。1992年，该厂投资260万元引进电脑绣花机等设备39台套。因资金等方面原因，1993年全面停产，到1995年累计亏损460万元。1996年8月，该厂依法破产。1997年5月，该厂破产后重组，成立股份合作企业，更名为株洲中兴针织服装厂。

1992年，由香港港华贸易公司、广东省天河毛织厂、茶陵县宏发贸易公司投资创办的华凌针织厂，是茶陵第一家“三资”企业，总投资600万元用于技改，主要生产羊毛衫系列产品，产品以出口为主、内销为辅，主要销往美国、欧盟各国、日本、泰国等10多个国家和中国香港地区，内销产品“丽莎米娜”和“易行”牌系列针织衫、羊毛衫在国内主要大中城市建立了连锁店销售，有各类专业设备842台套，年创利税80万元。

第三节　服装制作

清末以前，境内服装全靠手工缝制。清宣统三年至民国9年（1911 — 1920），美商德胜公司在境内兜售缝纫机，实行了服装加工从手工向机制的逐步过渡。但民间裁缝常随身携以一尺五寸见方布包束裁剪、量尺、烙铁、缝针等工具，应雇登门做工，早出晚归，仍以手工缝制，一直沿袭到中华人民共和国成立以后。

1930年，苏维埃政府在革命根据地茶陵县小田山区创建缝纫工厂，有缝纫机5部，员工15名，专为工农红军制作军装被服。1931年5月，红军粉碎了国民党第二次围剿时工厂迁走。1949年，境内约有缝纫从业人员800人，缝纫机约200台。

中华人民共和国成立后，人民政府开始组织失业手工业者生产自救，缝纫生产陆续得以恢复。到1954年，株洲市区及县城服装缝制从业人数发展到700余人，拥有缝纫机约500台，除加工支前粮袋和服装外，全部承接来料加工。合作化运动中，市区内共成立3个服装生产合作社，在董家塅、田心、白石港、清水塘、荷塘铺等地，在生产综合社下设缝纫组。1958年，将3个合作社合并成立地方国营防护用品厂，其余服装生产组则划出建立湘江服装厂（董家塅）、人民服装厂（贺家土）、清水塘服装厂（市毛巾厂前身）、田心服装厂（市童服厂前身）、荷塘铺服装厂（市抽绣厂前身）。各县也相应并社，建立地方国营服装工厂。1962年，实行经济调整，服装工业又退厂改社，地方国营防护用品厂仍退为集体社，城市各区相继成立手工业联合社，联社下再设专业社组，各县原建地方国营服装厂亦随之退为集体社组。1965年，市区又并社改厂。株洲市防护用品厂开发了皮革制品后，于1975年转产皮革服装，更名为株洲市皮革制品厂。市服装厂试生产塑料王（聚四氟乙烯）成功，该厂要求转塑料王生产，未得到市革命委员会批准，服装生产仍继续保留下来。境内服装工业发展步履艰难。1977年后，株洲市服装行业进入了新的调整发展时期，在放宽对成衣生产限制的政策后，市服装厂、攸县、醴陵县服装厂改变来料加工的经营方式，积极组织自产自销。1981年，商业退出服装统购包销，服装生产全部转入自产自销。随着改革开放不断深化，鼓励发展私营和个体经济，服装缝纫的个体经营迅速得以发展，形成了多部门经营、多生产网点、多经营方式、多经济成分的服装工业体系。1986年，服装工业从二轻系统划归纺织系统管理，形成以服装为龙头的大纺织生产体系。1990年年末，株洲市纺织工业系统所属服装企业共有8个，职工804人，拥有裁剪设备40台，缝纫设备750台，年生产各种服装54万件，系统外服装羽绒企业4家。

1991 — 2000年，株洲芦淞服装产业群已成为沿海地区服装产品向内地销售的中转站，成为西南各省及本省县市的服装进货中心。随着服装批发、零售业的兴隆，境内衍生了个体服装加工业，部分农村和城市剩余劳力纷纷经营起家庭式的作坊，进行服装加工和生产，市区及近郊个体服装加工户已逾千户。

1991 年，全市生产服装 120.74 万件，生产能力为 150 万件。当年株洲市服装厂完成产值 334 万元（1990 年不变价），生产服装 15 万件，有服装生产设备 227 台；株洲县服装厂年产服装 3 万件；醴陵市服装总厂有服装生产设备 173 台，年生产服装 1.66 万件；攸县服装厂有生产服装设备 84 台，年产值 57.77 万元；茶陵县服装公司有服装生产设备 48 台，年完成产值 79.31 万元；炎陵县服装厂有服装生产设备 76 台，年产值 35.76 万元。同年 1 月，株洲市湘江服装厂被南方动力机械公司劳动服务公司兼并。

1992 年，株洲市服装厂与港商合资兴建一栋 15 层、建筑面积 9400 平方米的绿园大酒店，更改厂名为“株洲服装总厂”。1995 年 11 月，绿园大酒店发生特大火灾，造成重大经济损失。次年，株洲服装总厂退出湖南绿园实业有限公司。

1992 年 6 月，在河西开发区成立株洲太华制衣厂。当年 8 月，该厂与中国香港江兴行国际贸易公司合资组成“中外合资维多利制衣有限公司”，总投资 200 万元，年产服装 24 万件。

1996 年后，醴陵市服装企业迅速发展，涌现出“帅欧”“韶峰”“凯瑞欧”等国内知名品牌，产品 20 多个系列、2000 余个品种。

2000 年，全市共有规模以上服装生产企业 5 个，规模以下生产企业 356 个，全年生产服装 16.92 万件。

株洲市纺织工业局（总公司）历任负责人名录

表 7–16

局　长（经理）	任职时间	副局长（副经理）	任职时间
周继耀	1979.4 — 1981.7	赵云峰	1979.5 — 1983.7
易锡林	1981.7 — 1983.8	张德旭	1979.5 — 1983.7
蔡崇来（党委书记）	1983.12 — 1985.4	刘长生	1979.5 — 1983.7
王文霞（女）	1985.4 — 1990.11	周亮泉	1979.12 — 1983.7
罗开华（党委书记）	1985.4 — 1988.1	高志新	1980.5 — 1983.3
汤声涛	1990.11 — 1994.5	成身江	1980.6 — 1991.8
易玉楼	1994.5 — 1996.5	王文霞（女）	1983.7 — 1985.4
熊光照	1996.5 — 2000.12	邱军林（党委副书记）	1985.4 — 1988.1
–	–	陆沛庆	1985.8 — 1993.2
–	–	刘祥华	1988.1 — 2000.12
–	–	肖克勤	1990.11 — 1995.8
–	–	林小军	1994.5 — 1997.7
–	–	易振衡	1997.7 — 2000.12
–	–	贺定文	1997.7 — 2000.12

第十一章　医药工业

西汉时期（前 206 — 公元 25 年），境内茶陵县就已成功引种白芷。明洪武十六年（1383）以后，醴陵县王贞建惠民药局，诊病售药，为境内官办药业机构之始。明末清初，药材经营日趋活跃。清代废官药制后，私营药业发展迅速，逐步形成中药业的行业组织，各县药业先后建立同业公会。株萍铁路通车后，境内大小药店约有 200 余家。是时，教会遍设医院，西药大量输入，境内有西药店 10 余家。抗日战争开始，药业经营一度活跃，境内药店猛增至 700 余家。民国 33 年（1944），境内各县相继沦陷，仅攸县、茶陵县的药店就倒闭 48 家，余下的也因资金、货源短缺而难以为继。抗日战争胜利后，药店数量稍有回升。至民国 38 年（1949），境内约有药店 600 余家，但多系零星拆股的家班店，其规模已难与往昔相比。

中华人民共和国成立初期，国家对私营商业采取保护政策，同业公会通过民主改革，使药业得以迅速恢复和发展。1954 年，境内各县纷纷在贸易公司、百货公司中组建中、西药批发机构，负责境内药品供应和收购。1956 年，株洲实现行业公私合营后，同业公会停止活动。其时，境内各县共有 425 家中西药店。为加强对药店的行政领导和业务管理，当年 6 月成立株洲市医药公司，直属省医药公司领导，各县亦相继建立医药、药材公司。同时，组建株洲市药材公司，归市商业局领导。两公司分别负责区域内药品、药材批发业务。1957 年，境内行业共有经营网点 195 个。

1958 年，株洲市出现第一次大办药厂、生产药品的高潮，行业内外有十几家工厂开始生产药品。1960 年，各药厂为市场提供中西药 5 大类百余种医药商品，年收购额达 120 万元，在省内居领先地位。1960 年，通过整顿，大多数工厂停止了药品生产。1962 年，株洲市制药厂试制土霉素，成为省内首家抗生素生产厂。1964 年，该厂被纳入中国医药工业公司长沙分公司，进行集中统一领导，改变原来的多部门、多级管理、多头经营模式，实现产、供、销、人、财、物的“六统一”。“大跃进”期间，商业部门在安排生产和收购省内产品时，热衷于“大种大收”，动员千人上山，大办“百药园”，收购时更是不顾质量，盲目收购了大量不适销和质次价高的商品。1968 年，县及县以下的医药商业机构被合并，工业产品质量下降，事故明显增多。1972 年，大力发展农村和战备急需药品，逐步达到“自给”，再次掀起大办药厂（场）和生产药品（材）的热潮，行业内外 20 多家工厂生产中西药品达 135 种，年收购额为 592 万元，是 1965 年的 3 倍。由于布点太多，加剧了能源和原材料的供求矛盾，致使企业普遍开工不足。1973 年，企业开始自行办电、多方串换原材料，在坚持生产的同时，试制出庆大霉素等新产品，并批量投产了灰黄霉素、四环素、吗啉双胍、脑乐静、桑菊感冒片等新品种。药材生产则组建 220 个药材专业场（队），种植面积达 875.67 公顷，收购总值 197.65 万元，是历史上最好的时期。

1979 年 7 月，成立株洲市革命委员会医药管理局，次年 11 月更名株洲市医药管理局，开始对医药工商企业实行统一管理，调整产品（库存）结构，商业压缩长线产品收购，工业则压缩和停产了灰黄霉素、四环素等一批不适销和落后产品，投产了饲料土霉素、庆大霉素、眩晕停、乙双吗啉、妇科千金片、舒筋活络液等14种新产品，有5种产品填补了国内空白，9种填补省内空白。1982年，株洲市专业制药厂发展到4家，品种达45种，产值1520万元。初步改变了产品老化、结构单一的状况，形成了具有生物发酵、化学合成、中成药3种不同的药业领域。

1983年10月，撤销市医药局，成立株洲药材公司。1985年4月，成立株洲市医药总公司，属企业性质，行使政府行业管理职能。1988年，医药行业进行技术结构调整，确定择优发展以名优特新和出口创汇产品为龙头的系列产品，完成土霉素、庆大霉素第一期改造工程，建成年产40吨的强力霉素和150吨盐酸土霉素生产线和氨基酸中试车间，建成全封闭、全空调的中药片剂车间。在整顿期间，工业共完成较大技改项目21项，新增产值6214万元，利税1243万元，分别是1984年产值、利税的4.09倍、3.66倍。同时，商业也投资872万元，新建仓库2.1万平方米，饮片车间0.2万平方米，其中冷库面积0.15万平方米，居全省同行业的首位。1989年，13个主要产品中有11个积压滞销。面对困难，工商企业调整了产品结构，全行业仍保持着持续增长的势头。1990年，全市共有医药企业15个，其中工业6个、商业7个、设计1个、建筑1个，职工4106人。另外，行业外医药企业3个。医业工业产值达4798万元，商业销售达8625万元，实现利税982万元。有药材生产基地55个，药材专业户536个，种植面积1321.73公顷，年收购达129万元。生产药品品种共63个，其中部优产品2个、省优产品10个，优质产品值率达63.6%，高于全省同行业31.1%的平均水平。开发新产品中，有9个填补国内空白，25个填补省内空白。1991年，境内医药工业共开发新产品11项。其中，国家级新药2项、省级新产品8项、市级新产品1项。完成省重点新产品试制计划2项，新产品产值率达29.2%，超过省、市下达的10%的计划指标。1999年12月，成立株洲市药品监督管理局，归并了隶属卫生局的药政、药检部门。

1991—2000年，境内医药工商企业共有519家，其中中型生产企业12家、商业批发企业7家、药店500家。到2000年年底，固定资产总额1.3亿元，年总产值达5亿元，销售收入4亿元，上缴财税6000万元，利润1.2亿元。3家企业通过了国家药品生产GMP认证。工业生产1200多个品种，商业经营5000多个品种。开发新产品29个，主导产品46个，优质产品6个，产品销售覆盖国内各省市自治区。

第一节　中药材采集与加工

一　资　源

境内中药材资源丰富。清乾隆三十年（1765）的《酃县志》记载有香附、五加皮等44种中药材。同治十年（1871）《攸县志》记载有乌药、枳实、地榆、栀子等100余种药用动、植物。1987年8月《株洲市中药资源普查报告集》载：境内有中草药1610种。其中：植物药1546种，动物药 58 种，矿物药 6 种。野生品种药材蕴藏量为 1181.3 万千克，其中常用品种 200 余种、蕴藏量 500 万千克。

（一）品 种

药用植物广泛分布的有鱼腥草、何首乌、金樱子、黄荆、夏枯草、车前、青蒿、益母草、野菊花等 20 多个品种。区域性分布的品种占绝大多数。其中株洲县中部、北部，醴陵北部、东南部、南部，攸县中部，茶陵中部和炎陵县西部，有小伸筋、青木香、木通、乌药、栀子、金银花、百部、紫苏、土茯苓等适用性较强的草本和灌木药用植物；株洲县南部，醴陵东北部，攸县东部，茶陵北部及东南部，炎陵县东部和中部有伸筋、石南藤、海风藤、乌头、天葵子、淫羊藿、白芷、防已、金果榄、海桐、山楂、木瓜、大血藤、皂荚、前胡、钩藤、沙参、淡竹叶、天南星、石蒲、玉竹、黄荆、萆解、石斛等品种。药用动物广泛分布的有土鳖虫、蜈蚣、九香虫、斑蝥、蜣螂、乌稍蛇、白花蛇、龟、鳖等品种。蕲蛇分布于炎陵县中、东部和株洲县东南部深山峡谷的潮湿草丛中，穿山甲、云豹、华南虎分布于境内东部边缘山区。

地产药材主要有：1. 白芷：主产茶陵，西汉时引进种源，在三角坪（茶陵县城关镇前进村）试种成功。产品根条粗壮，气味芬香。西汉时茶陵侯将其奉送长沙王。长沙王大加赞赏，并转贡皇上。从此茶陵白芷名声大振，故称“贡芷”，又称“茶芷”。明《实业志》云：“百畦白芷，胜过千户侯”。可见当时栽种白芷的收效。民国时期，茶陵白芷除供本地外，还销往邻近各县。抗日战争期间，省内药材市场出现一时繁荣，到茶陵采购白芷的客商日益增多，茶陵白芷由此行销省内外。民国 31 年（1942），白芷价格陡涨，茶陵白芷种植面积和产量由 1930 年的 18.67 公顷、5 万千克增到 57.34 公顷、15 万千克，为国内白芷主要产区之一。2.藁本（西芎）：主产炎陵县，为省内 2 个主产县之一，清乾隆三十年已开始种植。民国 23 年（1934）和 36 年（1947），湖南省建设厅各县物产调查统计：炎陵县西芎产量 200 ~ 500 担。产品呈结节状，圆柱形，气芳香，为藁本之隽品，以质优行销广东并出口。3.栀子：各县均有分布，以株洲县、醴陵、攸县产量居多。年产量 4 万 ~ 8 万千克。占全省总产量的 20% 左右。产品呈椭圆形，颗粒饱满，色泽橙红，在外地市场颇具影响，行销华北、西北、东北并出口。

（二）开 发

1959 — 1974 年，攸县先后 4 次组织中药资源调查，查明药用动、植物 465 种。1983 — 1985 年，株洲市人民政府组织药材、卫生、农业、林业、供销、科委等 8 个部门，对境内 67% 的乡镇、20% 的村组进行了中药资源普查，采集中药标本 12429 份，搜集民间验方 2577 个，汇编出 56 万字的《株洲市中药资源普查报告集》，其中收录药用动、植、矿物 1610 种。在资源调查的基础上，药材部门广设收购网点，实行挂牌、挂样收购地产药材，每年还宣传发动社员群众、中小学生采集野生药材。1985 年，收购地产药材 220 多种，60.7 万千克。为扶助药材生产，下拨药材生产经费，用于新品种的试种、大宗品种的病虫害防治和提高单产的试验。从 1989 年起，酃县每年从育林基金中拨款 10 万元扶助林木药材生产。1989 — 1990 年，共计栽种杜仲、黄柏、厚朴、枳壳、吴茱萸等林木药材 398 公顷，还下拨药材生产专用化肥指标，1984 — 1990 年共下拨药材生产专用化肥指标 1320 吨。

1991年，株洲市药材公司试种天麻获得成功。该公司帮助扶植药材种植专业户种植天麻菌种5500余窖，到1992年年底，这批天麻的入库量达到3吨以上，年创经济效益达14万余元。

（三）保　护

中华人民共和国成立初期，境内森林覆盖率高，中药资源保存较好。1957年后，随着毁林开荒、植树造田面积的扩大，中药资源渐次减少。1969年，各地掀起大搞中草药群众运动，出现滥采乱挖现象，又有部分中药资源遭到破坏。1970年后，各地根据省革委会《关于保护中草药资源的通知》精神，在宣传告诫群众注意采大留小、采密留稀、保护好中草药资源的同时，开始将野生的栀子、银花有计划的改为家种。1980—1982年，市场栀子价格大幅度下降，被荒芜的栀子达80多公顷。1984—1986年，酃县、醴陵、攸县800余公顷黄柏、杜仲、百朴等林木药材，受市场价格大幅度上升、多方插手抢购的影响，被乱砍滥伐，留存不足13.34公顷。1986年后，各地人民政府相继将林木药材列为森林严加保护。1989年，省药材公司《关于申领野生动植物及产品经营许可证的通知》下发，对野生药用动植物经营和林木药材砍剥作了详细规定。乱砍滥伐现象被制止，药材种植面积基本稳定。

二　培　植

1950年以前，境内家种药材多为农民自由种植，品种有白芷、藁木、牛蒡子、白芍、枳壳、厚朴、蔓荆、薄荷等。民国时期，国民政府限制中医中药，加上药商忽视本地资源，致使药材生产发展缓慢。到抗日战争前后，除茶陵白芷曾兴盛一时外，境内家种药材不足10个品种。

1956年，市药材公司成立后，开始组织药材生产。1957年，酃县和醴陵相继兴办了药场，除种植藁木、厚朴等地产品种外，还引种了白术、山药、生地、苡米等外地品种。1959年，境内掀起大办“百药园”、大搞药材引种和野生改家种的热潮，当年共建药材专业场（队）83个，种植药材百余种，其中引种和野生改家种108种，总面积289.34公顷。此后几年，各地过分追求“自给自足”，层层扩大生产指标，进行大面积引种、改种，致使不少品种产量极低，有的甚至颗粒无收。株洲市果木园引种的麦冬、茶陵长岭坪和千里坪工场种的13.34公顷白术、党参、贝母、生地等品种，都因技术或土壤、气候等原因全部死亡。醴陵引种北方的16种药材，成功者仅三分之一。攸县等地兴办的“百药园”，都因生产失败而解体。

1962年，注意调整生产结构，加强技术和经营管理，引种玄参、白术、茯苓等获得成功，药材生产得以稳步发展。到1965年，巩固发展专业场（队）49个，种植品种50余种，总面积295公顷。1970年后，各地再次掀起药材生产高潮，引种了丹参、白芍、山药、川牛膝、水半夏、穿心莲等30多种药材，建立了栀子、银花等野生药材改家种基地。到1978年，药材专业场（队）发展到120余个，种植面积扩大到876公顷。

随着农村经济体制改革的不断深入，药材专业场（队）逐步转为个人承包，种药专业户不断增加。1984年，境内种药专业户已发展到543户。1984年后，中药材生产由指令性计划改为指导性计划，随着白芷等品种的市场价格大幅度下降，许多专业户纷纷转向生产收益高的其他经济作物，中药材生产出现种植面积下降、专业户趋减的势头。1986年，专业户减至350户，播种面积仅146.45公顷（不含存土面积）。1988年后，市场药材价格趋于平稳，药材生产逐步回升，1990年，共有专业场（队）55个，专业户536户，种植品种45个，总面积1322公顷。1991—2000年，境内中药材种植随着市场行情变化而变化。1995年，全市药材播种面积940公顷，产值378万元。从1996年开始，境内所有药材种植基地逐步失散。1997年，种植360公顷，产值563万元。2000年，境内药材种植总面积330公顷，产值1634.5万元。种植户约有400户，均以农业为主，兼种单种药材，单种面积不超过33.34公顷，品种以白芷、金银花、栀子等为主。

白芷基地　主要在茶陵县平水、虎踞等地，有2000多年的种植历史。茶陵白芷古称“楚芷”，今称“茶芷”，与“杭芷”“川芷”并列为全国三大名芷。1966年，种植30公顷，总产量11.63万千克。1970年开始，茶陵县在巩固老基地的同时，发展了思聪、潞水等10个新基地。1979年后，白芷生产逐步转由个人承包，加上连续2个洪灾，种植面积再次回落。1981年，种植面积下降到3.2公顷，总产量仅9600余千克。1984年，白芷市场价格上升到每千克8元，激发了种植白芷的积极性。1985年，茶陵县有16个乡镇种白芷，总面积达80余公顷，当年产白芷35.55万千克，为历史最高水平。后白芷价格回落，生产下降。1990年，种植面积7.34公顷，总产量3.2万余千克。1991—1992年，茶陵白芷种植基地面积减少到3.34公顷，产量下降到1.1万千克。1994年，中药材种植整体状况继续下滑，白芷种植面积仅0.87公顷，产量4500千克。

藁木基地　主要在炎陵县，有200多年的历史。1967年，该县藁木生产基地由1956年的2个增至36个，面积25公顷，总产量2.4万千克，此后10多年中，总产量稳定在2万千克左右，约占全省总产量的三分之一。1980年后，部分基地转由个人承包，种植面积下降至6.67公顷左右。1988年后，种植面积逐步回升。1990年，共有种植基地9个，专业户127户，种植面积17公顷，总产量3.7万千克。20世纪90年代初，该县藁木生产种植面积减少到6公顷，产量下降到8000多千克。1994年后，种植只有2公顷左右，产量200多千克。

附子基地　1962年，醴陵水口山林场开始引种附子0.04公顷，当年产量59千克。1969年后，不断扩大种植面积。1979年，种植面积扩大到23.34公顷，总产量上升到18340多千克。1980年，市场附子供应饱和，停止生产。1981年后的几年中，恢复小量生产。1986年，附子销路不畅，再次停产。

苡米基地　主要分布在攸县、醴陵两县。1961年，攸县新市公社福寿湾大队农民荣冬林从药店选取8粒苡米，在自留地试种，当年收壳苡米2千克。此后年年种植，并带动附近社队种植苡米。此后醴陵县也种植苡米。1978年，攸县苡米种植面积122公顷。1990年，攸县苡米种植面积降至10公顷，县药材公司仅收购740千克。1991—1992年，醴陵薏苡仁种植基地由10公顷减少到2.67公顷，产量由3万千克下降到6000千克。1994年薏苡仁基地失存，只有零散少量农户兼种，面积不到1公顷，产量不足2500千克。

梅花鹿饲养基地　1976年，市石峰公园建立鹿场，从吉林、新疆等地引梅花鹿15头。此后3年间，每年都从外地购进种鹿，加上年年繁殖，到1981年增加到142头，产鹿茸21千克。此后，逐年宰杀多余母鹿，幼雄鹿逐步长大产茸。到1984年，存鹿降到90头，产茸量增加到47.5千克。1985年后，鹿茸销路不畅，饲养数逐步减少。1990年，存鹿74头，产鹿茸25千克。20世纪90年代，石峰公园梅花鹿饲养减至70头左右。

另外，1976年株洲县创建长冲鹿场，从东北引进梅花鹿10头，到1984年发展到85头，产鹿茸12千克。1985年后，鹿茸滞销，长冲乡自办鹿茸酒厂（饮料厂），以销售鹿茸酒来拓宽鹿茸销路。

栀子基地 1971年，株洲县和攸县将栀子由野生改为家种，当年共建栀子基地7个，面积36.67公顷。后醴陵县也开始种植。1974年，改种的栀子逐步进入结果盛期，境内收购栀子总量达7.86万千克（含野生品），占全省栀子收购总量的22%。1978年，栀子基地增加到70余个，种植面积扩大到396.87公顷。1980年后，栀子基地逐步转由个人承包，受市场价格大幅度下降的影响，被荒芜或毁损的栀子达80余公顷。1988年，全市尚存栀子284.5公顷。1988年后，栀子价格有所回升，种植面积有所恢复。1992年，株洲县、攸县、醴陵种植的栀子基地面积又减少到180公顷，产量下降到30多万千克。1994年后，栀子种植面积徘徊在80多公顷左右，产量15万千克上下。

银花基地 1971年，株洲县和攸县开始将野生银花改为家种，当年共建基地12个，面积10.87公顷。后醴陵县也开始种植。1978年，基地发展到39个，种植面积扩大到121.34公顷。1980年，基地逐步转由个人承包，银花由生产者自由销售，随着市场价格的变化，种植面积不断下降。1990年，全市银花种植面积仅存60公顷，产量5.3万千克。1992年，株洲县、攸县金银花种植面积减少到40公顷，产量下降到3万千克。1994年，银花种植面积下降至18.67公顷，产量在1.4万千克左右。与1992年相比，总面积和产量分别下降24%和21%。

三 收 购

1949年以前，境内地产药材多由产地药商收购，自销自用。栀子、陈皮、土茯苓、乌药等大宗品种，转销湘潭、武汉和江西樟树等药材集散地。白芷、藁本等地产药材，有外来药商收购，并运往省外销售。由于药商压价收购，农民不愿采挖，收购品种越来越少。1956年，境内各级药材公司相继建立后，地产药材转由国营药材部门统一收购和经营。此后，随着收购品种、数量的增加，药材部门相继以预付8%～15%的代购手续费方式，与供销商建立代购关系。攸县药材公司发挥点多面广的优势，在城关、酒埠江、菜花坪、皇图岭等地建立8个购销站，组织基层公私合营药店开展地产药材收购。1958年，各地掀起“领导带头、群众上山”的采药热潮。1959年，取消分类收购计划，实行“有什么收什么，有多少收多少，干、鲜、毛、净同时收”的办法，收购数额飞跃上升。1960年，收购总量达268万千克，总值125万元，比1958年分别增长11倍和11.5倍。这样盲目收购造成了严重损失，仅攸县和酃县就积压大青根、海桐、乌药、毛香附子等11万余千克，不符药用标准作报废处理的质劣乌药、大叶香薷草、野条活（独活）等12万多千克。1961年，停止乌药、海桐皮等许多品种的收购，开放药材自由贸易，收购数额急剧下降。为促进中药材收购，根据湖南省卫生厅、省粮食厅、省供销社规定，各县从当年开始对重要和紧缺的中药材实行奖售政策，逐年分别奖售原粮、化肥、布匹、胶鞋、针织品等物资指标。国营农场、机关、部队、学校等单位生产药材，一律向国营收购单位交售，不给奖售。奖售的标准，根据产品的价值和市场供需情况，一年或几年一定。1962 年，收购总量降至 39 万千克，总值降至 53 万元。1963 年，恢复分类收购，将白芷、藁本、银花、吴萸、枳壳等品种列入派购，采取以销定购、以购促产、按等论价、注重质量等措施，扭转了产、购、销脱节的被动局面。1972 年，株洲市医药器材公司发动招待所、饭店、机关及企事业单位的食堂，收集鸡内金、海螵蛸等药材，还委托废品站（店）和居委会代购。1980 年后，国家逐步取消中药材的统购和派购。1980 年以后，多数农民粮食自给有余，布票已被取消，过去紧缺的日用工业品已敞开供应，奖售政策失去作用，为调整收购价格所代替。1985 年 3 月，中药材市场全部放开，实行随行就市，自由购销。至此，地产药材由国营药材部门统一计划收购体制，被以多种经济方式、多种经营方式、多条流通渠道、少环节的流通体制所取代。1990 年，境内地产药材收购总值 129 万元，比 1986 年增长 76.7%。1995 — 1997 年，由于境内中药材种植面积和产量大幅下降，各药材公司将收购业务交给加工企业。通过市场调节，各加工企业采取以本省为主、市内为辅、外省补充的 3 个渠道并进的收购策略，连续 3 年平均收购量达 2300 吨，年产值 1400 万元，销售收入 1200 万元，利润 60 万 ~ 80 万元不等。

四 加 工

自清代以来，对中药饮片的加工炮制基本上秉承《雷公炮炙论》，长期以来，祖遗父授，言传身教，加上实践中的创造发展，逐步形成了一整套传统的加工炮炙方法。主要有以下 3 道工序：

净 选 在切制和炮炙前，将药材进行挑选、筛簸、风扬、清洗、浸泡、刷擦、刮削、剪摘、捶碾、锯劈、舂捣、火燎、水飞，精选药用部分，剔除非药用部分，弃异物杂质，保持原材质量。

刀 制 将通过净选后的原料，根据不同形体、质地情况，分别进行浸、泡、润，再切成各种片型，诸如蝴蝶片、柳叶片、骨牌片、瓜子片、指甲片、猪肚片、铜钱片等，然后用烘、晒、炀、晾等方法进行干燥后备用。

炮 炙 将通过净选和切割后的药材，按其不同特性和入药要求，进行加热、发酵和沉淀处理，主要方法有：炒（有清炒和加入辅料拌炒 2 种，如砂炒、土炒、麦麸炒、米炒等）、炙（有蜜炙、酒炙、醋炙、盐炙、姜汁炙）、蒸、煮、段淬以及制霜、沉淀、结晶、发酵、发芽等。

私营药店都是前店后坊的方式加工制作饮片，工具设备简单，主要是刀、碾、台、凳、簸以及舂斗、杵钵、炒锅、浸缸、炉灶之类。全部加工过程均为手工操作，“切药一把刀，研药靠碾槽”。1956 年，各地私营药店实行公私合营后，加工方式转变为小范围的集中加工，不同的炮炙工艺得到区域性的统一。1975 年，下发《湖南省中药材炮制规范》，各地传统炮制方法被《规范》所取代。

第二节 中成药生产

明末清初，各药店除经营中成药外，后堂一般设有中成药及饮片加工房、加工饮片和利用各种祖传药方制作丸、散、膏、丹、酒等剂型的中成药。民国时期，“前店后坊”的药店有20家，加工传统中成药剂型10余种，品种达到50多个。民国10年（1921）后，西药影响渐大，中成药生产陷于停滞状态。到1949年初，仅有7、8家勉强维持少量中成药生产。

1954年，成立了湖南省地方国营醴陵制药厂，有职工60人。1956年，各药材公司纷纷组建附属加工厂。1958年，陆续成立了株洲市制药厂、渌口制药厂、茶陵制药厂以及三门林化厂，生产一些中成药制剂和少量西药制剂。经20世纪60年代初的经济调整，1960年三门林化工厂因故停产；1963年后市制药厂、渌口制药厂转产化学药品；茶陵制药厂等也重操加工饮片的旧业。中成药生产第一次产业变革遂告一段落。1966年，传统中成药货源紧缺，境内又开始建立制药厂。10月，株洲市医药公司附属中成药加工厂成立，1968年更名为株洲市“六・二六”制药厂，生产11个中成药品种。1970—1977年，三门林化厂，攸县、醴陵县药材公司制药厂，醴陵县枫林市制药厂相继恢复和建立。1979年，经整顿，醴陵县枫林市制药厂停办，攸县、茶陵制药厂再次向饮片加工厂回归，株洲市中药厂停产。中成药生产第二次产业变革又落入低谷。

1981年，株洲市中药厂续建车间，开发妇科千金片，工厂由亏损变为盈利。后经技术改造，初步改变了“洗药切药水缸板刀，炮制炙炒铁锅土灶，大丸小丸手搓匾滚，成口干燥日晒火烤”的作坊式工艺。1988年后，茶陵县制药厂、醴陵蜂乳厂、株洲市第三制药厂相继建立，境内中成药业日趋兴旺。市中药厂还建成了省内第一家按GMP要求的全封闭、全空调片剂车间和2条制剂生产自动线。随着密闭粉碎、减压蒸馏、薄膜浓缩、真空干燥、层析分离等技术的应用，各厂主要生产环节已实现机械化和半机械化，质量鉴定方法也由过去眼认、手摸、鼻嗅、口尝方式发展为现代仪器检测。同时，各厂还加强了新剂型、新产品的开发和研制工作，增加了口服液和冲服剂2种新剂型，开发和移植新产品13个，其中妇康宁、雷公藤多甙填补了省内空白，复方锁阳冲剂也进入了二级临床阶段。

1991年，境内中成药生产企业有株洲市中药厂、市制药三厂、市制剂分厂、醴陵制药厂、茶陵制药厂5个企业。1992年，朱亭镇与台商合资1300万元，组建金亭药业，1995年开始试生产，因后续资金不足和药品批文等原因而停业，1995年12月被株洲楚神药业兼并。1998年7月，美国大自然药品公司和深圳嘉彩药业公司分别以投资总额的30%和70%收购楚神药业，组建湖南嘉彩药业，成为境内首家医药行业三资企业。境内中成药在保持原有优势品种基础上不断更新换代，主导产品和名优产品发展迅速。其中妇科千金片、雷公藤等多苷片、龟鹿二仙膏获国家中药品种保护，固体补血冲剂、益母颗粒、雷公藤片、参连胶囊分获部、省、市多项奖励。2000年年末，境内中成药生产车间面积达30多万平米，产值达18548.8万元；销售收入1.53亿元；生产品种68个，其中片剂类30个、胶囊类13个、颗粒冲剂类11个、酒剂类9个、膏丸类5个。主导产品18个，优质品种4个，出口品牌 2 个。

丸、散、膏、丹　此类药品多系传统剂型，20 世纪 50 年代初一度发展迅速。1953 年，品种有六味地黄丸等 50 种，次年增至 100 种，年产达 12 吨。因原品种大多沿袭传统工艺，规格不一，同名异方、同方异制的情况较普遍，因而淘汰面亦大。到 1962 年，品种减至 20 多个。1972 年，随着市中药厂的发展，生产有所回升。由于全面控制中成药微生物污染难度较大，加之利微，致使此类品种继续减少。1990 年，生产品种仅 7 种，产量 16.67 吨。1993 年，市制药三厂开发出银杏叶浸膏粉，主要用于治疗心脑血管疾病。

酒　剂　20 世纪 50 年代初，酒剂系分散生产，品种有史国公酒等 6 种。1958 年，为提高疗效，保证质量，将各种药酒集中由市制药厂统一生产，由市药材公司经销。1969 年，虎骨酒因虎骨原料匮乏，改产豹骨酒。1973 年豹骨亦缺，遂停产，品种减至 5 个。1980 年，市中药厂试制舒筋活络液，填补省内空白，1988 年被评为湖南省优质产品。90 年代，生产酒剂共 3 种，其中主要有舒筋活络液、史国公酒。1993 年，茶陵药厂研制三鞭酒、天麻酒。1994 年，茶陵药厂开发板蓝根片、牛黄解毒丸、醒酒露 3 个品种。

糖浆剂　20 世纪 60 年代，生产止咳糖浆等 3 个糖浆剂。70 年代，增加爱母宁等 4 种。其中脑乐静填补省内空白。1979 年生产糖浆剂品种 7 种，产量 152 吨，其中脑乐静 92.6 万瓶、鸡血藤 12 万瓶。1983 年，全省 6 个地区生产厂同品种质量评比中，脑乐静以 96.31 分获第一名，次年被评为湖南省优质产品。1993 年，茶陵药厂研制人参五味糖浆新品种。1995 年，市制药三厂和株洲市药品检验所共同开发出新蛇胆川贝液。

片　剂　20 世纪 70 年代初期，先后生产水杨梅、穿心莲、仙合草色素 3 个品种，批量较小，质量低劣。1976 年，株洲中药厂试制桑菊感冒片，1979 年产 21.6 万合。1979 年，研制出新产品妇科千金片填补国内空白，1985 年妇科千金片被评为部优产品，1988 年获全国首届中成药健康杯优秀奖和湖南省首届最佳产品奖，1990 年在全国妇联等单位联合举办的中国妇女儿童用品 40 年博览会上获银奖，1991 年获得国家优质产品银奖，1995 年、1998 年分获湖南省名牌产品称号，并列入国家中药保护品种。

雷公藤多甙　1990 年，市第三制药厂引进中国医学科学院皮肤病研究所的工艺技术，试制出雷公藤多甙，当年产 13 千克，压片 100 万片。1992 年，该厂选用Ⅳ号洗脱剂属国内首创的新工艺，使雷公藤多甙总收率达到国内先进水平，1993 年该研究成果荣获湖南省科委科技进步四等奖。该产品从投放市场以来，已销售近 30 万瓶。

第三节　化学药品生产

1958 年后，市内生产出 20 余种药品，多系外购原料药的简单加工。1959 年，市制药厂试制土霉素，1962 年试制成功，1963 年产 1.08 吨，结束了湖南省不能生产抗生素的历史。1973 — 1975 年，各企业先后试制强力霉素、庆大霉素、灰黄霉素、四环素、吗啉双胍等。其中合成药吗啉双胍的批量生产，使化学制药从单纯的生物合成领域扩展到化学合成领域。1979 年，市制药厂生产出饲料土霉素，其中 17.3 吨连同土霉素一起出口，创汇 30.25 万美元。此后，试制或投产了庆大霉素、眩晕停、乙双马琳、舒胆通等 20 多个用途广、疗效好、效益高的产品，改变了抗生素以四环素、合成药以抗病毒类的单一产品结构。加之攸县葡萄糖厂的口服葡萄糖、醴陵化学药品厂的寒痛乐热敷散、攸县滑石粉厂的药用滑石粉等，境内化学制药逐步形成生物合成和化学合成并进、大类品种众多的医药工业体系，市制药厂、湘江制药厂亦被列入湖南省十大医药骨干企业。1991 年，境内共有化学制药企业市制药厂、湘江制药厂、制药三厂（属部分化学药生产企业）、醴陵化学药品厂、市制剂分厂、攸县葡萄糖厂、攸县滑石粉厂 7 家（含行业外 2 家），共生产化学药品 39 个，有 8 个填补国内空白，14 个填补省内空白，获省优产品共 8 个。市制药厂、湘江制药厂被列为全省 4 大医药工业基地。

从 1996 年起，市制药厂由于亏损而全面停产。1999 年，该厂筹措资金 50 多万元，启动新药氯波必利片的生产。同年，市制剂药分厂实行改制，更名为金泰制药有限公司。1998 年，湘江制药厂进行企业改制，以国有股 456 万股、法人股 836 万股、社团法人股 308 万股的总股本 1600 万股成立股份制公司，更名为湖南株洲湘江药业股份有限公司。1999 — 2000 年，醴陵市化学药品厂、攸县葡萄糖厂先后相继停业。至此，株洲化学合成药生产企业只有湘江药业、市制药三厂、金泰制药、攸县滑石粉厂 4 家企业。

到 2000 年年底，全市化学药品品种减少到 35 个，其中制剂 21 个、原料 9 个、其他品种 5 个。湘江牌盐酸地芬尼多片、吉非罗齐胶囊荣获省优质产品称号。吗啉双胍、吉非罗齐生产新工艺分别获株洲市、湖南省科学技术进步奖。吉非罗齐、乐坦 1998 年入选国家基本药物目录，2000 年选为国家医疗保险目录，收载于 2000 年版《中国药典》。

土霉素产品系列 市制药厂于 1962 年试制，次年投入批量生产，年产 1.08 吨，为湖南省内第一个抗生素产品。1980 年出口 8.5 吨，销至欧洲和东南亚等地。1980 年，在全国同品种质量评比中，与无锡第一药厂并列第一名，被评为湖南省优质产品。1979 年，生产饲料土霉素。1983 年，建成年产 5 吨的强力霉素车间，因“三废”问题没有投产。同年，试制出盐酸土霉素，填补湖南省内空白。1986 年，企业投资 200 余万元对土霉素进行一期扩改，生产能力由 120 吨扩大到 228 吨，同时又利用强力霉素部分设备投产盐酸土霉素，产量 15.5 吨，质量达到或超过《中国药典》1985 年版和《英国药典》1980 年版的标准，产品全部出口美国，创汇 47 万美元。1988 年，被评为湖南省优质产品，获得省首届最佳医药产品称号，并通过“双采”（即采用国内、国际两种标准）验收。1989 年与江苏太仓乳酸厂联营，形成生产协作线，1990 年强力霉素批量投产，产出 14.48 吨，占全国总产量的 7.71%，质量符合《英国药典》1980 年版和《美国药典》22 版的标准，全部出口美国。同年，还生产盐酸土霉素 57 吨、土霉素 137 吨，其中加工自用的土霉素达 116 吨，土霉素自用比率由 1985 年 15.6% 提高到 85%，土霉素系列产品初步形成规模。1991 年 12 月，湖南省标准局、省医药局联合组织验收小组，对该厂产品土霉素碱进行双采验收，并发给了双采验收合格证。这是该厂继强力霉素、盐酸土霉素、庆大霉素之后第 4 个获得双采证书的产品。1994 年，强力霉素因市场价低于成本价，出现亏本被迫停产。1995 年，该厂其他土霉素系列产品同样因市场价格低落原因停产。

硫酸庆大霉素 1976年，市制药厂试制成功庆大霉素，当年产1.82吨，填补湖南省内空白，改变了株洲抗生素生产长期以四环素为主的单类产品结构。1982年产3.929吨，超过原3吨的设计能力。1983年，执行高于国家药典标准的厂控标准生产，优级品率达100%，实现全优出厂，次年被评为湖南省优质产品。1988年，庆大霉素的年生产能力提高到6吨，并投资35万元，完成无菌喷雾干燥工程，使产品质量完全符合出口要求。1990年生产庆大霉素17.59吨，占全国总产量的3.07%。

小诺霉素是庆大霉素更新换代产品，不仅具有与庆大霉素相仿的疗效，而且消除了庆大霉素对人体第8对脑神经的毒副作用。该药生产对发酵技术要求甚高，国内仅3家药厂生产。1991年11月，株洲制药厂拿出小试样品，并掌握了成熟的生产工艺，连续3批平均发酵单位均达到国内同业生产水平，成品质量合格率达到100%。

灰黄霉素 1967年,市制药厂生产灰黄霉素98.93千克。次年停产,1969年又恢复生产,翌年产1.37吨，1973年产4.13吨。因灰黄霉素副作用较大，1979年年底产品积压668千克，遂停产。

合成药 1974年，株洲市五七制药厂（后更名株洲市湘江制药厂）试制吗啉双胍，填补湖南省内空白。次年产2.16吨，压片1325万片，产品销往全国各地。1980年，通过改进工艺，年产达21吨。1981年，株洲市湘江制药厂试制眩晕停。1982年产0.2吨，压片175.22万片。同年10月，中国向太平洋预定海域发射运载火箭，该药作为抗眩晕的首选药物，填补国内空白，产品很快销往全国28个省市。1983年，被评为省优质产品并获国家经委优秀新产品金龙奖。同年，批量投产了新产品乙双吗啉，填补省内空白。在此前后，湘江制药厂试制舒胆通，为当时治疗胆囊、胆道及胰腺疾病理想的首选药物，填补国内空白。次年产0.85吨，获湖南省优质新产品奖、优秀推广项目奖和市“星火计划”优秀项目一等奖。1988年产2.17吨。被评为湖南省优质产品。1990年，该厂生产吗啉双胍5.6吨、眩晕停3.15吨、乙双吗啉13.6吨、舒胆通1.024吨。其中眩晕停被载入《中国药典》1990版，1991年被评为国家医药局的优质产品。同年，该企业与天津药物研究所合作开发新一代降脂药吉非罗齐，1992年投放市场。1994—1998年，先后开发碳酸锂片及原料、氟哌酸胶囊、甘草锌胶囊及原料药、罗红霉素肠溶片、阿魏酸哌嗪及菲诺洛芬钙原料、片剂、盐酸奥昔布宁等品种20多个。2000年，该厂与天津药物研究所合作开发出当时国内最为理想的镇静催眠药一乐坦。至此，湘江制药厂化学合成药生产主要品种增加到33个。

氨基酸系列产品 1985年，省医药总公司与中国科学院微生物研究所共同接受国家“七五”计划重点科研项目，在湖南建立发酵法生产1-型氨基酸系列产品工业性试验基地，由市制药厂承担氨基酸系列产品中的3种氨基酸的试制和生产。1987年基地建设完工，因1-异亮氨酸外地已试验成功，该厂只初步摸索发酵的尿素流加工工艺和提炼工艺，试制成功1-亮氨酸、1-精氨酸。1989年，经省计委、科委、省医药局组织验收，各项指标均达到基地协议要求，产品质量达到《美国药典》1985年21版标准，填补国内氨基酸生产发酵空白。1990年1-精氨酸已批准生产。1991年，该厂采用发酵法这一新技术生产出氨基酸系列产品1-精氨基酸和1-亮氨基酸，平均产酸素分别达到2.59%和1.7%，均超过设计要求。

1993年，湘东氨基酸实业公司，研制成功新的保健药品安泰复合氨基酸冲剂。该产品先后在北京展示会上获优秀新产品奖，在湖南省新产品新技术交易会上获科技创新奖。

葡萄糖系列产品 20世纪60年代初，市制药厂曾生产过葡萄糖，因原料、质量等问题旋即停产。1977年，攸县桃水镇建成年产500吨的攸县葡萄糖厂。1978年12月，正式投产口服葡萄糖，质量符合《中国药典》标准。1984年，该厂开发注射葡萄糖等4个新品种。次年，生产各种葡萄糖475吨，其中口服葡萄糖349吨、注射用葡萄糖37.5吨、丁维葡萄糖36.8吨、四维葡萄糖29.6吨、多维葡萄糖21.8吨，初步形成葡萄糖产品系列。1988年，该厂葡萄糖生产能力增至1500吨，后因市场疲软，产品逐渐滞销。

第四节 药品经营

境内药品经营，中药业起源早。明洪武十六年（1383）、嘉靖四年（1525），醴陵县、茶陵县先后设置惠民药局，为官办中药经营机构。清代，江西临江、丰城等地商民来湘东一带开设药店，民营药业逐步有了发展。清代末期，私营药店均已遍及城乡，共有药店200余家。清光绪二十六年（1900）和二十八年（1902），醴陵县、攸县相继设立医院，始传入西药。到民国26年（1937），境内共有中西药店390余家。到中华人民共和国成立前夕，境内共有中西药店644家。

中华人民共和国成立后，经过3年国民经济恢复时期，株洲市的中药店由11家增至15家，西药房由1家增至3家。1956年，境内426家中、西药店实行全行业公私合营，分别归口供销社和百货公司管理。同年6月上旬，成立株洲市药材公司和医药公司。随后，醴陵、攸县、茶陵县、炎陵县也相继成立了药材公司。各地医药、药材公司成立后，接收了公私合营药店、供销社和百货公司中、西药批发机构的人员、商品、设施。自此，境内各地中、西药批发业务和公私合营药店开始由国营药材、医药公司统一经营和归口管理。

“文化大革命”中，医药经营部门组织机构瘫痪，经营管理混乱。1978年后，医药经营部门从企业管理和经营方式等方面进行整顿和改革，购销业务持续增长。1983年，中西药销售总额2409.4万元，比1977年增长21.5%，实现利润129.22万元，比1977年增长1.38倍。1984年，中西药品实行全面开放后，市内个体药店逐步增加，外地医药工商企业和个体商户纷纷来株洲市向医药批零企业和医疗单位以及副食行业推销中西药品，多数副食品商店经营药酒及蜂王浆类中成药，打破了独家经营、单一渠道的流通方式，医药市场日趋活跃，全民、集体、个体竞争激烈。

20世纪90年代，境内医药商业进入快速发展时期。90年代中后期，连锁药店应运而生。特别是国家推行定点药店、定点医疗机构制度，允许患者持方外购，这为连锁药店的发展提供了良好的机遇。1995年，湖南千金医药股份有限公司成立“株洲千金医药贸易有限公司”，主要经营中药材、中成药、中药饮片、化学原料药、化学药制剂、抗生素、生化药品、生物制品、诊断药品、一、二、三类医疗器械等5000余种商品。2000年，该公司完成销售额2.5亿元，配送区域覆盖株洲地区及周边地市，居湖南省同行业前茅。这期间，境内从事药品批发的国有企业有7家，分别为株洲市医药公司、株洲市药材公司，以及下属的攸县药材公司、醴陵药材公司、株洲县药材公司、茶陵药材公司、炎陵药材公司。

一　中　药

（一）私　营

中华人民共和国成立前，私商经营范围主要是中药材、中成药、中药饮片、生草药4类。按其经营规模分药号、药店2类，药号既经营药材批发，又兼营饮片零售，还自制膏、丹、丸、散；药店则专营零售，资金较少，多为夫妻商店，带1个学徒，或雇1～2个药工。按其经营品类又分水药店、草药店和“包袱郎中”3类。水药店通常称“药局”，有专营中药饮片的，也有既卖药又行医的，农村药店还有兼营杂货、屠坊的；草药店经营生草药，既卖药又行医；“包袱郎中”没有固定店铺，主要是身背中药包袱游走乡间行医卖药。药商经营，无论是批销还是零售，都坚持加工挑选和尊古炮制，保持商品档次始终如一；遇上短缺品种，千方百计向同行借用补齐，满足顾客需要；在交易活动中，药商一般不订合同，只凭口头一句话，双方都信守诺言。顾客购药，不需付现款，可以下账抵账（即第二次购货时付第一次的购货款）。对那些当头货（常用治疗品种）不赚或少赚，甚至不惜亏本卖，依靠滋补贵重品成倍增加价格赚大钱。对顾客购的货，一律妥善装包订篓，代办运输。私营药商虽无明文规定的管理制度，但在雇工、带徒、用人、休假、工资待遇以及商品购销储存、结算、帐务等方面，一直沿袭着“号规”“店例”，代代相传，严格执行。

（二）国　营

1956年，市国营药材公司建立后，按照国营中药商业的经营原则，组织货源安排供应。货源主要是药材公司系统内调入和系统外购进。1956年，中药材开始实行分类管理，一、二类药材（部、省管品种）和进口药材由省药材公司计划分配，三类药材及中成药自行组织货源。此后，除管理品种常有增减外，这种分类管理办法一直维持到1984年。1985年，中药材实行全面开放，分类管理同时废止。自此，所有经营品种全为自行组织货源，药材购销更趋活跃，市场价格有起伏。药材部门除以市内供应为主外，并向邻近地区供应，销售总额不断上升。1990年，批发供应的医药卫生单位达120余家，销售总额805.49万元。外调总额1005.17万元。除日常供应外，药材部门还将疫情、急救、防暑降温列为重点供应。

进入20世纪90年代，经过几年的产品结构调整，中成药销售逐年增长，产值由1990年的3500多万元提高到2000年的1.85亿元。同时各生产企业根据市场特点，组建营销队伍，借助各种媒体加大产品的宣传。其中，妇科千金片、固体统血冲剂、补血益母颗粒、雷公藤多苷片、参连胶囊、舒筋风湿酒、妇科止带片等20多个主导产品始终保持着良好的市场占有率。1998年，千金片申报公费医疗目录成功。同年5月，经国家批准千金片出口新加坡、日本、泰国、马来西亚等国家和中国澳门、香港地区。固体统血冲剂也首次销往加拿大。到2000年末，株洲中成药市场达到历史最好水平，其中市药材公司药品年批发额达到1500万元左右。

二 西 药

中华人民共和国成立初期，私营西药房只经营零售，为一般常用治疗药和国产成药以及注射器、药棉、纱布等，品种不足200个。1954年，株洲市百货公司增设医药批发组，经营西药、医疗器械400余种。1956年6月，百货公司批发组撤销，成立株洲市医药公司，负责全市医疗卫生单位和零售药店的药品、医疗器械的批发供应。自1985年，医药商品实行全面开放后，打破了按行政区划供应的界限，医药部门实行灵活经营，除把供应重点放在市内外，对外地医药卫生单位也敞开供应。1990年，供应单位达494个，销售总额1728.72万元。同年，市药医公司经营品种扩大到药品、器械、化剂、玻仪4大类共5740个品规，销售总额2202万元。1994年，西药以土霉素、庆大霉素、强力霉素、四环素、灰黄霉素、虫草头孢菌粉、地芬尼多、眩晕停、舒胆通、吗啉双胍、乙双吗啉、吉非罗齐、西米替丁等18个为主导产品。其市场销售覆盖全国16个省、40多个地区和120多个大、中等城市。

三 经营网点

（一）市区网点

中华人民共和国成立初期，共有私营中西药店18户。尔后几年中，有的合并，有的转入联合诊所。到1955年，尚存中西药店11户。1956年年初，中西药店实行全行业公私合营，成立公私合营国药商店，保留的5户药店（其中1户草药店）作为下设零售门市部。1956年6月，国营药材、医药2个专业公司成立，负责公私合营国药商店的管理。1958年，撤销草药门市部。同时增加农村7个批发点、19个零售点。当时，市区仅株易百货商店（原建设百货商场）设有医药柜，经营西药零售。由于网点过少，先后在株洲百货大楼和贺家土、董家塅百货商店开辟了西药专柜。1966—1967年，市区先后增设了董家塅、田心、清水塘3个药店。1968—1979年，先后增设人民、贺家土、芦淞、宋家桥4个零售网点。在此期间，各百货商店医药专柜相继撤销。1980年，划分全民、集体企业，成立2个零售总店，一总店为全民性质，管理7个零售药店；二总店为集体性质，管理4个零售药店。1981—1985年，先后增设了新药特药商店和红旗路、响石岭、向阳村、沿江、杉木塘等7个药店。1987年，撤销杉木塘药店，增设康复医药商场。到1990年，市区共设零售药店19个。此外，还有3户个体药店。1991—2000年，随着医药市场的放开，个体、私营药店逐年增多。1991年，市医药公司“人民药店”在市区共设有21家门店，年销售能力达2000万元，2000年年销售能力达3.2亿元，药店增加至45家。同时，市医药总公司有下属医药商业二级批发站3个，三级批发站15个，零售网点518个，年销售额1亿元人民币。

（二）县（市）网点

中华人民共和国成立初期，醴陵县、攸县、茶陵县、酃县共有私营中西药店730余家。1954年后，部分私营药店相继进入联合诊所。1956年，私营药店实行全行业公私合营，各县共有415户私营药店进入公私合营。经过撤并调整，共建公私合营国药总店或购销站 29 个，219 个零售药店。1958 年，公私合营药店普遍并入当地卫生院，改为院属药房。卫生院统一管理药品、统一核算、统一分配，并一度实行社员吃药不要钱。1962 年，实行医药分家，各县相继恢复公私合营药店。1966 年，公私合营药店全部转为全民企业。1979 年后，各县网点建设普遍发展，人员逐步增多，农村药材站全部转为县药材公司下设中西药经营和管理机构，各药材站所属零售药店逐步划分全民、集体两种不同经济性质的企业，个体药店也日益增多。1990 年，各县县城共有国营医药总店 4 个，县药材公司下设农村 4 级药材站 27 个，城乡全民、集体零售药店 227 个，个体药店 748 户。

20 世纪 90 年代末，各县（市）药材公司主要经营中、西成药的批发与零售。攸县药材公司共设有 150 家零售门店，批发业务年平均销售额 1200 万 ~ 1500 万元，零售业务年平均为 1200 万元；醴陵药材公司共设有 110 家零售门店，批发业务年销售收入 1300 万 ~ 1500 万元，零售业务平均在 900 万元；株洲县药材公司共设有 23 家零售门店，批发业务年销售额 800 万 ~ 1000 万元，零售业务平均为 185 万元；茶陵县药材公司共设有 30 家零售门店，批发业务年销售收入 800 万 ~ 1000 万元，零售业务平均为 240 万元；炎陵县药材公司共设有 6 家零售门店，批发业务年销售收入 800 万 ~ 900 万元，零售业务年收入为 40 万元。

随着药品零售业的不断发展，药店已逐渐发展到城镇、乡村。2000 年，境内共有药店 500 余家，其中 75% 是国有性质，25% 是集体和私有性质，基本保证了全市人民的用药需求。

株洲市医药（监督）管理局（总公司）历任负责人名录

表 7–17

局　长（总经理）	任职时间	副局长(副总经理)	任职时间
李树明	1980.4 — 1983.10	孙玉龙	1980.6 — 1983.10
陈由鹏	1983.10 — 2000.7	李树森	1980.4 — 1983.10
匡克尚（党委书记）	1989.7 — 2000.12	王景泉	1980.4 — 1981.12
欧阳文勇	2000.7 — 2000.12	边沛潭	1981.10 — 1983.10
–	–	郭宝善	1983.10 — 1991.3
–	–	方　舟	1983.10 — 1985.12
–	–	王东海	1986.1 — 2000.7
–	–	匡克尚（党委副书记）	1986.1 — 1989.7
–	–	彭茂光	1991.8 — 2000.12
–	–	朱大方（女）	1997.7 — 2000.12
–	–	毛先钰	2000.7 — 2000.12

第十二章 食品工业

1949年前，株洲镇上有几家规模小、设备简陋的私营酱园和糕点作坊，手工生产酱油、酱菜、豆豉、腐乳和饼干。1951年，建立株洲市制酱厂。1954年以后，相继建立年产大米1400吨的株洲市大米厂、株洲市糕点厂、株洲市第一酒厂和群丰茶厂、株洲市屠宰场。到20世纪50年代末，初步形成粮食加工、屠宰和肉类加工、糕点加工的食品工业雏形。1978年，境内食品工业总产值为9172万元，形成有奶制品、罐头、调味品、冻肉、制茶等10多个专业的食品工业体系。1980年，由商业部投资1046万元建成的株洲肉联厂正式投入生产，有屠宰、出口分割肉、肉类制品加工等车间和配套设备，具有年宰杀生猪25万头的生产能力。冷藏能力达5700吨，是国家储备和生产分割肉的重要基地之一。1981年以后，市果品饮料厂、市汽酒厂、市面包厂等相继建成投产，醴陵县的饮料生产发展迅速。先后办厂16家，生产汽水、果汁果露、可乐、豆奶、粒粒橙矿泉饮料，以及菊花精等固体饮料上百种。其中，有8个产品获省级以上优质产品称号。1984年，商业部投资883万元，建设年产5万吨的株洲面粉厂，成为湖南省规模最大的面粉加工厂，结束了面粉依赖调进的历史。1984年，市汽酒厂引进联邦德国汽水灌装生产线；市食品厂引进包馅机；市糕点厂、醴陵糖果糕点厂引进日本麻纱米糕点机；市冰厂引进丹麦冰淇淋生产线；市食品工业物资供销公司引进华夫烘烤机；攸县楚风食品厂引进日本产板鸭、米粉和麻纱米糕点生产线各1套，共计外汇167.5万美元。其中株洲市冰厂引进的生产线，年产软雪糕800万支，从投料到包装全部采用管道密封自动化生产，卫生可靠，配料科学，十分畅销，年利润达50多万元，3年收回全部投资。1987年，市汽酒厂向社会集资100万元，引进青岛啤酒技术，利用原有灌装设备，办起年产5000吨的株洲市啤酒厂。1988年，株洲市食品工业产品获部优3个、省优7个。在首届中国食品博览会上，株洲市获金牌5块，银牌12块、铜牌18块，获奖牌总数居全省第二位。在中国保健产品评比会上，有鹿茸酒等5个产品获金鹤杯奖、莲心白等2个产品获银鹤杯奖。湘粉、大米、无铅松花皮蛋、清水笋罐头、辣椒酱、鹿茸酒、分割肉、啤酒、芝麻酱、茶叶、盐渍藠头等产品进入国际市场。

1991年，株洲市食品工业在国务院开展的“质量、品种、效益”年活动中，注重创优夺牌，成绩显著。湘妃牌湘妃窖酒、攸河牌攸酒、万里牌原汁酱油、天味牌酱油、月桂牌什锦菜、炎陵牌红碎茶1号和2号、洁玉牌湘粉等8个产品均获省“优质产品”称号。是株洲市食品工业获奖最多的一年。在，1992年中国湖南（株洲）国际烟花节暨经贸洽谈会上，“食品分馆”参展320余个品种，其中名优特新食品占70%。食品工业成交额达1.62亿元。与外商签订合同和意向协议13项，总投资为3.62亿元，其中外资2911万美元。在总投资额中正式签订合同82项，总投资7408.35万元，其中利用外资458.49万美元。是年，株洲市食品工业办在全国食品工业10年成果展销会上，被评为全国食品工业行业管理先进单位。1993年，全市食品工业总值3.6亿元，销售收入3.7亿元，利税1050万元。

1994 年 6 月 6 — 13 日，联合国首次在北京举办第五届亚太地区国际博览会。株洲市有 28 个产品参展，其中 7 个产品夺牌，株洲啤酒厂的“金蕾”牌金蕾干啤、株洲天味实业公司的“天味”牌天味酱油、株洲中亚天然保健饮品公司的“威特”牌芒果汁、攸县茶叶土畜产公司茶厂的“春晓”牌一级茉莉花茶、湖南康宝食品有限公司的“湘霸”牌冻干大蒜粉等 5 个产品荣获金奖，株洲中亚天然保健饮品公司的“威特”牌银魔力饮品和湖南康宝食品有限公司的“湘霸”牌冻干生姜粉获银奖。是年，株洲市饲料厂拓展多种经营，与香港大生行饲料有限公司合资兴办湖南唐人神保健品有限公司，研究、生产、经营营养保健饮品、营养保健食品、营养方便食品。该项目总投资 800 万元，生产规模为年产唐人神口服液 384 万盒、年产唐人神蒸馏水 900 万瓶。

1996 年，全市食品工业企业达 145 家，产值、销售值 5.25 亿元。1997 年，湘大集团唐人神肉制品公司、普兰特油脂有限公司、日出江南集团公司、金狮啤酒有限公司在择优扶强中崛起，从根本上改变境内食品生产散、小、经效低的状况，成为新的经济增长点。当年，4 个公司生产肉制品 350 吨、食用油 2.1 万吨、太子奶 2625 万瓶、啤酒 1.25 万吨，实现产值、销售值 2.56 亿元，利税 1801 万元。同年，饮料、冰制品中低档产品利用本地生产、保鲜、周转优势，营销工作积极向周边和农村市场拓展，从而抑制了客观因素的不良影响和生产经营下滑。年产汽水 828 万瓶，同比增长 27%；矿泉水、纯净水 709 万瓶，同比增长 10%；太子奶 2625 万瓶。年销售值 6697 万元，同比增长 3.7%。1998 年，全市乡以上食品工业产值 6.62 亿元，销售 7.38 亿元，利润 2342 万元，利税 2923 万元。1999 年，新世纪方便食品有限公司采用日本熟食还原工艺生产方便米饭。9 月投入生产，11 月“健康快车”方便米饭在省农博会上获金奖，当年产量达 55 万盒，实现销售额 55.3 万元。同年，全市生产方便主食品 421 吨。炎陵山王食品有限公司克服资金不足等困难，年产魔芋食品 64 吨，实现销售额 120 万元，利税 16.5 万元。2000 年 10 月，唐人神集团 2.2 万吨肉制品示范工程竣工投产，是湖南省最大的饲养、加工、销售“一条龙”的食品经营企业。

第一节　粮油加工

一　大　米

民间加工大米，历来采用人力、牛力和水力碾米，分别称为手碓米、牛碾米和水碾米。

民国 26 年（1937），创办渌口湘一电灯碾米厂，是境内第一家机器碾米厂。1950 年 10 月，株洲镇有私营碾米行 4 家，员工 62 人。动力、加工设备 19 台，日平均生产大米为 22750 千克，每天需稻谷约 3 万多千克。1953 年 4 月，由湖南省粮食厅投资 50 万元，兴建湘粮株洲市加工米厂（后更名株洲市大米厂）。有碾米机、砻谷机各 6 台，班产大米 3.5 万千克。1954 年 12 月投产，当年产大米 1411 吨。经技术改造，班产能力提高到 100 吨。1980 年，该厂生产出口大米 8000 多吨。1983 年，原湘潭地区的醴陵、攸县、茶陵、酃县划归株洲管辖，使株洲的大米厂增加到 16 个，职工 700 多人。

年生产大米23.80万吨，其中出口2.35万吨。1985年，株洲市大米厂经省出口商检局批准，成为出口大米免检单位。1986—1989年，市大米厂早籼标一米，攸县城关米厂的晚籼特一米获部优称号，攸县城关米厂晚籼特级米和免淘米获中国食品博览会铜奖，攸县新市米厂的早籼标一米被评为省优产品，还有5个产品获省芙蓉奖。1996年，攸县二米厂的二级晚籼米，被评为省名牌产品。2000年，全市大米产量11.67万吨。

二 米 粉

湖南米粉 境内民间米粉生产历来是手工制作，为手工米粉。1975年，株洲市饮食服务公司将解放西街同庆元饮食店改为米粉生产车间（后更名株洲市米粉厂），用机器生产米粉。1977年，市饮食服务公司在田心北门增建米粉加工车间，日产米粉可达20吨。因离市区较远，供货不便，1982年停产。1988年，食品工业出现了国营、集体、个体一齐上的局面，当年，在田心、杉木塘、湘天桥和董家塅先后办起了4个私营米粉厂。攸县、茶陵也有一些个体米粉厂生产圆条米粉。米粉市场竞争激烈，国营米粉厂受到抑制。1990年，市米粉厂平均日产米粉1.8万千克，日耗大米7200千克。20世纪90年代，随着米粉市场竞争的日趋激烈，国营米粉厂逐步退出市场，民间经营取而代之。2000年，株洲市米粉加工经营户26家，日产量达到2.5万千克。

方便米粉 1986年，湖南楚风食品厂从日本引进方便米粉自动生产线，试产米粉21.77吨。因设备不配套，工艺不合理，生产能力无法充分发挥，造成消耗成本高，亏损严重，不能正式开机生产。1987年，日方2次派人来厂调试和改造，由日方投资改造费18.42万元，耗时72天，但改造没有成功。其后，该厂先后4次派人到广东石龙镇米粉厂跟班学习，摸索和掌握关键技术，历时2年的潜心研究，终于改造成功。产量由250千克提高到2500千克，米粉质量达到国内同行业先进水平。1988年10月正式投入批量生产，当年生产方便米粉802吨，并获湖南省芙蓉奖和名优新产品奖。1989年出口美国、日本、澳大利亚等国，在北京国际博览会上获优等食品证书。1990年，改用议价粮生产米粉，每吨亏1000多元，遂停产。

三 面 粉

1951年8月，聚新面粉厂生产鸽子牌面粉，投产不久，因资金缺乏，产量太少，用人过多，入不敷出，当年12月申请停业。1982年1月，由商业部投资筹建年产5万吨的株洲面粉厂，总投资达883万元，形成日处理小麦200吨的生产能力。1986年投产，生产特制一等粉、特制一等改良粉、特制二等粉、标准粉、家用速发粉、面包粉、饼干粉、强力粉等10多个品种。1986年11月特制一等粉获省行业优质产品称号，1987年5月获湖南省芙蓉奖，1988年被评为湖南省优质产品，并获首届中国食品博览会铜奖。1989年特制一等改良粉获湖南省粮食局科技进步三等奖，特制二等粉获省行业优质产品，特制一等粉和标准粉获商业部优质产品。1990 年，产 3.46 万吨。

1991 年，株洲市面粉厂生产的“飞雪”牌速发面粉，采用特制一等粉与天然物质活性干酵母、羟丙基变性淀粉及魔芋粉（有效成份甘露糖）等为原料配制而成的食用面粉。该产品除具有普通面粉的一般特点外，还含有更丰富的蛋白质和 B 族维生素。发面不需“老面”，不用兑碱，发酵迅速，久发不酸，当年生产 100 多吨投放市场，深受消费者欢迎。1999 年，市面粉厂投资 400 万元，更新工艺设备，当年产面粉 2.2 万吨，销售额 4600 万元，利税 93 万元，排名全省同行业前列，荣获省行业管理金奖和市双文明建设先进单位。

四　面　条

1949年以前，民间手工生产挂面。1965年，株洲市大米厂用机械生产面条，当年加工面条514.3吨。1977 — 1979 年，城市 3 区粮站先后建起面条加工厂。生产龙须面、玉带面、香油面、鸡蛋面等 10 多个品种。1990 年，全市有 9 个面条加工单位，产 9886 吨。1991 — 2000 年，本地面条生产逐步萎缩，销售多为省内其他地市产品。

五　食用植物油

1978 年，农村有土榨 125 座，加工茶油、菜油、棉油等。1979 年，湖南省粮食厅投资在株洲县雷打石镇的白沙洲建株洲县植物油厂（后更名株洲县油脂化工厂），采用机器榨油。1985 年，株洲市食油精炼厂在东区戴家岭建成投产，设计生产能力为年产精炼食用植物油 1 万吨，当年产 2029 吨。一级精菜油获湖南省粮食系统优质产品称号，1987 年获湖南省食品芙蓉奖，1989 年被评为湖南省优质产品，1990 年产 936.7 吨。

1990 年，全市 2 个植物油厂产精炼菜油、糠油等食用植物油 1500 多吨。株洲县油脂化工厂的一级精菜油获“湖南省食品行业优质产品”称号。

1996 年 1 月，中外合资株洲普兰特油脂有限公司从亚洲银行引进 180 万美元贷款，这是亚洲银行首次在株洲市发放贷款。同年 12 月，该公司的棉籽油精炼被列为 1997 年国家级火炬计划项目，填补了省内棉籽油生产空白。同年，该公司达到年产色拉油、调和油 3 万吨的规模。当年，普兰特公司为强化产品打入全国市场，斥资 60 万元，于 9 月 20 日开通首列“普兰特”号列车（南昌至郑州客运），将“普兰特”字样挂在列车上，印在客车餐具、卧具上，着力塑造、宣传企业形象。同年，茶陵县精炼油厂“好恰”牌精炼油获省首届名优新产品博览会优良产品奖。1999 年 10 月，普兰特油脂有限公司与市建行、株洲车辆厂达成“封闭运行贷款”协议，随着首期 600 万元贷款的注入，使该企业在困境中再现生机，在同年 11 月省名优特新农博会上，其生产的色拉油获银奖、调和油获金奖。食用油年产 330 吨，销售额 259 万元，利税 26 万元。

2000 年，全市生产食用植物油 1524 吨。

第二节　肉类及蛋品加工

一　肉　类

中华人民共和国成立前，境内民间屠商，收购生猪自己宰杀，现杀现卖，销量不大。1950 年，株洲镇人民政府成立后，组织个体屠户成立屠宰联营体，设屠宰场实行统一宰杀生猪，集中检疫，统一收税，分散销售。1954 年，国营株洲市食品公司成立，着手发展屠宰业。到 1990 年年底，株洲市经营肉类企业有 5 家。即株洲市冷冻厂、攸县肉联厂、株洲肉联厂、醴陵市肉联厂、株洲市腊制品厂。生猪屠宰能力为班宰 4500 头，班宰杀并分割肉鸡能力为 1000 只，年生产腊卤制品能力为 800 吨，冷藏容量为 1.15 万吨，其中高温库容 650 吨，低温库容 1.10 万吨，日结冻能力为 400 吨。1995 年，湖南唐人神肉制品有限公司成立，为华南地区最大的肉类深加工企业，年宰生猪 260 万头，具有年产 3 万吨肉制品的生产能力，为生猪产业链一体化经营，是首批国家重点农业产业化龙头企业。1996 年，唐人神肉制品获全国名优新特产品博览会金奖。1998 年 8 月，该公司投资 5000 万元，从波兰、德国、丹麦引进 3 条低温肉制品生产线，年产肉制品 837.8 吨，销售收入 3500 万元，利税 114.2 万元。2000 年 10 月，唐人神集团 2.2 万吨肉制品一条龙示范工程投产，成为湖南省最大的产供销一条龙肉食品企业。

屠　宰　1949 年前，生猪屠宰多系在卖肉户家中宰杀，手工操作。1959 年，株洲市肉食公司屠宰场在电麻、打气、劈边、脱毛提升、烧水等工序上使用机械，劳动强度减轻，工效提高 1 倍。1971 年，株洲市冷冻加工厂安装半机械半自动化生产线 2 条，班宰生猪能力为 1000 头，剥皮 300 张。1977 年、1982 年攸县、株洲 2 个肉联厂相继建成脱毛、剥皮自动宰杀生产线 4 条，班宰生猪能力分别为 1080 头和 2000 头。1989 年，冷冻加工厂新建 1 座 750 平方米的肉鸡宰杀车间，班宰杀分割肉鸡 1000 只。1990 年，由于购销价格倒挂，出口和外调猪肉大量减少，加之个体屠户猛增，国营屠宰业受到冲击，全年国营企业仅宰杀生猪 9.67 万头。1999 年，湖南唐人神肉制品有限公司年宰生猪 15 万头，成为境内最大的的屠宰企业。2000 年，市区有 11 个屠宰点。

分割肉　1974 年，市冷冻厂试生产分割肉 50 吨，1975 年因设备检测达不到省商检局要求而停产。此后，攸县肉联厂、株洲肉联厂相继生产分割肉。1987 年，2 个厂均被定为出口分割肉基地，产品远销波兰、苏联、东南亚各国及中国香港、澳门地区，内销广州、深圳、上海、天津、北京等城市。共创外汇 653 万美元。1988 年，攸县、株洲 2 个肉联厂生产的分割肉 1 号、2 号、3 号、4 号均获得省优质产品证书，2 个厂均获得株洲市人民政府创汇优秀单位称号。1989 年后，由于受国内外市场影响，分割肉销售不畅，生产滑坡。20 世纪 90 年代，境内分割肉主要由唐人神屠宰场进行，供应各连锁门市。

生猪储存　1954 年，株洲市食品公司初建时，有 5 栋猪栏及配套设施，能储存生猪 2000 头。1959 年，拆迁新建猪仓库 15 栋，容量为 6000 头。1978 — 1982 年，攸县、株洲肉联厂相继建成猪栏，容量为 4000 ~ 5000 头。1985 年后，随着肉食市场全面放开，生猪进厂储量减少，猪栏规模相应缩小，储存场地利用率不足 50%。

肉类冷藏　1960 年，株洲市冷冻厂始建冷藏仓库，由于大量收购屠宰生猪，不能满足猪肉贮存需要。1977 — 1982 年，攸县肉联厂与株洲肉联厂分别建成冷库并投产使用，共贮肉 6140 吨，缓解了醴陵、浏阳、攸县、湘潭、湘乡、株洲市冷冻厂等处的胀库矛盾，首次为全省冻肉暴满起到分流作用。1989 年，醴陵市肉联厂建冷库，容量为 500 吨。至 1990 年，全市有冷库 4 座，总容量为 1.12 万吨。其中，高温库容 650 吨，低温库容 10957 吨。株洲市肉食水产公司设在工矿区和闹市区的肉食水产商店，先后建起 4 ~ 106 吨的小冷库 13 座，容量为 507 吨，还配有 150 ~ 300 升的冷柜 15 个。初步形成大中小三级冷藏网络。2000 年，全市产鲜冻肉 3107 吨。

综合利用　1958 年，市肉食公司屠宰场试行开剥猪皮。1971 年，株洲冷冻加工厂屠宰车间安装开剥猪皮生产线 1 条，设计能力为每班剥猪皮 800 张。1985 年，国家逐步取消补贴，出现猪皮价格倒挂，产量逐年减少。

1961 年，市食品公司屠宰场用猪苦胆试制胆汁止咳糖浆成功，并批量生产。1972 年，市冷冻加工厂利用本厂采摘的苦胆、猪肝为原料，生产胆汁止咳糖浆、胆红素、肝素钠等 6 个品种。因医药管理部门对药品要求越来越严格，1979 年被停产。1974 年开始，利用猪血生产血粉，累计生产血粉 4000 多吨。1984 年，株洲市冷冻加工厂和株洲肉联厂先后引进肝素钠粗品生产工艺，利用刮小肠的肠膜废水提炼肝素钠粗品。1988 年，株洲肉联厂利用血粉、膏粉、蹄壳粉等试制成功“喂得利 871”饲料添加剂，当年产 250 多吨。1990 年因生猪屠宰减少、原料不足而停产。1991 年，市面粉厂、市供销机械厂和株洲市肉联厂分别利用各自优势，投资近百万元，建成 3 条速冻水饺生产线，可年产速冻水饺 2000 多吨。

腊卤制品　境内素有熏烤腊制品的传统习惯，常有个体屠商和少数市民腌渍少许肉禽鱼类上市。1954 年，市食品公司开始利用残次猪肉和副产品为原料生产腊卤制品。1956 年，成立腊味加工班。产品分叉烧、烘烤、卤味 3 大类 20 多个品种。后腊味班升级为株洲市冷冻加工厂的腊卤味车间（后更名株洲市腊制品厂），年产 100 多吨，仍不能满足市民需要。1980 年，在湖南省肉食品公司举办的全省腊卤制品展销评比会上，株洲市腊制品厂送腊卤品品种 150 个，总重量为 5000 多千克，以其品种多、质量好、销量大获得全省第二名。1983 年，肉食市场初步放开，原已停办的前店后坊的小腊卤制品作坊又相继恢复生产。市松花蛋厂、市饲养场及个体工商户也开始生产腊制品，形成多家生产经营的竞争局面，全市腊制品年生产量上升到 800 吨以上。1985 年，肉食市场全面放开。株洲市腊卤制品出现国营、集体、个体一齐上，生产厂家多、名优特新产品多的新局面。是年，株洲市腊制品厂叉烧肉、肉松、香肠、卤猪头、卤猪耳朵获株洲市“奔龙杯”奖；1986 年，有五味后腿肉、特制腊肉、腊猪耳、株洲小香肠获省“芙蓉奖”。醴陵渌江牌尤鱼猪舌、龙凤头、肉枣香肠获省“芙蓉奖”。董家墩肉店作坊的味精肉条、饲养场作坊生产的大香肠、响石岭肉店作坊生产的味精肉条、钟鼓岭卤腊味店作坊生产的卤猪头肉均获株洲市“奔龙杯”奖。1988 年，市腊制品厂精久牌湖南腊肉、南凤鸡分别获首届中国食品博览会金、银奖；醴陵市肉联厂生产的渌江牌中香肠获得银奖，株洲肉联厂生产的奔龙牌红肠获铜牌。1997 年，唐人神牌湘式香肠获湖南名牌产品奖，五香牛肉获产品质量奖。1999 年，唐人神公司通过不断引进、培训人才，并与有关高校、科研院所开展肉类深加工技术交流合作，成立肉品联合研究所，开发新产品20余个。唐人神肉制品荣获国家、省、市级名优金奖产品、推荐满意品牌等殊荣10余项，公司在广州、北京、南昌、武汉、海南、深圳等20多个大中城市设立分公司，销售网覆盖全国，产品还远销东南亚、新加坡等国家和中国香港地区，成为省内最大的腊制品生产企业。

二 蛋 品

1951年，公私合营牲畜公司与联湘股份有限公司在株洲首建蛋厂，试生产盐蛋200万枚，定额包装，运销香港、澳门地区。深受港澳客商欢迎。每月运销量为3 ~ 4个车皮（每个车皮计32万枚）。盐蛋销售量每年1200万枚以上。1956年，攸县建立肉食公司蛋品加工厂，当年产量为200万枚。

此后，株洲市食品公司禽蛋批发部、攸县肉食公司蛋品加工厂相继生产再制蛋。1960年，粮食减产，鸭群锐减，再制蛋基本停产。1964年，鸭群发展快，蛋源充裕，再制蛋恢复生产。到1983年，境内再制蛋产量达1000万枚，其中出口400万枚，内销东北、内蒙、两广及京、津、沪等地。1984年，株洲市肉食公司在荷叶塘的饲养场内组建了集体所有制的株洲市松花皮蛋厂，该厂生产的奔龙牌松花皮蛋、味蛋获省优称号。1986年，攸县蛋品厂，改传统的有铅皮蛋为无铅松花皮蛋获得成功，年产量上升到1000万枚，向外贸提供出口400万枚，远销东南亚各国。1988年，该厂的永佳牌松花蛋在中国首届食品博览会上获得银牌奖。1990年，全市有株洲市松花蛋厂、攸县肉食公司蛋厂2家蛋品加工厂。另外，还有茶陵红色农场和攸县新市蛋品加工厂等乡镇蛋厂。当年生产再制蛋569吨，其中出口170多吨。20世纪90年代，境内再制蛋加工主要以攸县居多，因当地盛产攸县麻鸭，其蛋品多以传统的咸蛋、松花蛋等为主。

第三节 酱食及豆制品加工

一 酱 食

清末、民国时期，境内私营酱园生产酱油。1951年，开办国营株洲制酱厂，当年产酱油50吨、酱菜30吨，并产少量酱品。1954年粮食统购统销后，由株洲市粮食局计划供应，粮源充足、价格低廉，生产规模扩大。1955年酱油产量达到488吨，酱品10余种。私人酱园受原料限制、生产萎缩，1957年大部分停办或改行，其余全部归入制酱厂。1957年实行蔬菜统购包销，酱菜生产的原料被列入市计划安排，酱食生产稳定增长，至1963年各类酱食品总产量达2300吨，品种40余个。1963年后，各蔬菜商店为减少蔬菜旺季烂菜，自行加工酱腌菜。田心、湘天桥、董家塅蔬菜店还生产酱油，各有酱缸100余口。

1969年，株洲市制酱厂搬迁新址，生产酱油、豆豉、腐乳，所产万里牌酱油于1984年获省优称号，1988年在中国食品博览会上获银奖。原解放西街老厂房改为株洲市酱菜厂，生产酱菜、酱品、食醋，兼产酱油。所产芝麻酱于1988年在中国食品博览上获铜奖。1990年，上述2个厂共产酱食3283吨。1991年，株洲市制酱厂生产的万里牌原汁酱油、天味酱油获得省优产品奖。1995年11月，在中国国际食品、食品加工及机械博览会上，株洲市天达实业总公司下属的天健生物技术公司研制的天健特鲜酱油获得奖金。2000年，全市生产酱油697吨。

酱　品　1952年，制酱厂生产的酱品有芝麻酱、甜面酱、蚕豆酱、豆瓣酱、辣酱、红酱、小麦酱、豌豆酱等8个品种投放市场。1958—1964年，该厂又开发了花生酱、苹果酱等10多个品种上市。1980年后，只有传统的芝麻酱、蚕豆酱、豆瓣酱、红酱、伏酱等精制酱品上市。1982年，株洲市外贸局委托该厂生产的芝麻酱，年产8～10吨，打进中国香港地区、日本等市场。1986年该厂生产出原酱坯、伏酱、蒜仁辣酱、豆瓣辣酱、麻辣鲜酱、豆豉辣酱、虾仁酱、甜红酱等品种上市，到20世纪90年代，酱品品种有70余种。

酱　菜　民国时期，境内有4家酱园生产酱菜。1951年，成立制酱厂，手工操作生产酱菜，品种有酱萝卜、子油萝卜、辣椒萝卜、梅干菜、红姜、黄姜、冰姜、甘草姜等产品。1957—1976年，酱菜品种又增加了兰花萝卜、甜藠头、酸藠头，咸藠头、京冬菜、排冬菜、佛手萝卜、子芽姜、酱黄瓜、酱茄片、酱菜瓜等50多个品种，年产量500吨。1981年，生产什锦菜，年产200吨。1991年，"月桂"牌什锦菜获省优产品奖。该厂生产的甜藠头销往中国香港地区、日本等地。1998年，醴陵贺家桥镇东边酱菜厂生产加工辣椒制品达到150吨，产值200万元。产品销往长沙、郴州、南昌等20个大中城市。

食　醋　1962年3月，制酱厂开始生产伏醋、漆醋。食醋品种增加了粮白醋、香醋、陈醋、黄醋，年产量120吨。1986年，株洲县雷打石镇株洲湘美醋厂生产的"湘美"陈醋，在湖南省食品"芙蓉杯"评比中，被授予"群众最喜爱的食品"称号。20世纪90年代，随着山西等省份的产品大量流入，境内食醋产量逐渐减少。

二　豆制品

豆　腐　1949年前，境内各地均有私营豆腐店，生产香干子、水片子、油豆腐、水豆腐、千张皮、百页皮、腐乳坯子等。1950年后，豆腐店逐渐增多。1955年合作化运动中，各豆腐店联合成立豆腐生产供销合作社。1956年，市蔬菜公司成立，以豆腐生产供销合作社人员及设备为基础，组建地方国营豆腐加工厂。1960年，豆腐加工厂划归制酱厂，改为该厂的豆腐车间。1961年，制酱厂豆腐车间撤销，将栗树街作坊并入建宁街作坊，划归沿港路蔬菜商店经营。从此，全市的豆腐生产和供应均归各蔬菜商店和各个工厂区的综合商店经营管理。1978年后，强调集中生产，豆腐作坊合并，产量减少，出现"吃豆腐难"的问题。1981年，市政府把解决"吃豆腐难"列为政府应解决的10件大事之一，拨给经费，恢复、扩建原有的豆腐作坊。至1982年，蔬菜公司所属商店的豆腐作坊恢复到14个，1983年增到17个，另由城区办起小型豆腐作坊8个。"吃豆腐难"的问题基本得到解决。1984年，凭票供应城市居民的平价豆腐，由1983年的每人120片削减为50片，节余100万千克平价黄豆，以1：1的比例与议价黄豆生产水片、豆腐脑平价销售，不收票，并增加议价香干生产。个体豆腐加工业兴起，弥补市场不足。1990年，由于价格没有理顺，产量减少；生产设备利用率低，成本进一步增高，晏家湾、杉木塘、清水塘、荷叶塘等作坊相继关闭，只有9个作坊坚持生产，供应网点减至15个。20世纪90年代，个体豆腐业迅速发展，占领市场，专业生产户90多家，品种逐步增多，有香干、水片、大豆腐、包豆腐、油豆腐、烤干子、千张皮、兰花干等10余种，并有豆腐脑、豆浆、腐乳担子走街串巷。魔芋豆腐、淀粉豆腐、米豆腐也常有生产和销售，居民吃豆腐随时可以买到。

腐 乳 1951年冬，制酱厂开始制作腐乳，产品以红方为主，青方、椒方次之。1987年，该厂“松鹤”牌腐乳获省同行业优质产品奖。1990年产量达1400万片。境内的醴陵、攸县、茶陵县、炎陵县、株洲县均有腐乳加工。20世纪90年代，境内腐乳多为个体制作和经营。

豆 豉 境内各地素有制作豆豉传统。1956年合作化运动中，成立豆豉生产组，1958年该组人员和设备均由制酱厂接收，继续生产豆豉，产20吨。1960—1963年，生产豆豉原料短缺，豆豉改为凭证供应。1978年，增产五香豆豉，并生产200～250克小包装豆豉投放市场。1983年2月，五香豆豉获省同行业优质产品称号。1986年后，豆豉生产基本取消指令性计划，产量由厂家根据市场需求而定，一般年产量保持100吨左右。

粉 丝 1951年年末，株洲市公安局机关自办粉厂，自产自食。1952年，株洲市政府办株洲粉厂，产粉丝几万斤。1953年，上述工厂划归市制酱厂，年产150吨。因粉丝质量差，不久即停产。此后，各地相继兴办粉厂。1965年，扶植社队分散办粉厂，由市蔬菜公司供料，委托加工蚕豆粉丝。1960—1963年期间，因物资供应紧张，实行按计划生产，凭证供应。1984年，市园艺场湘江粉厂的芙蓉牌湘粉获农牧渔业部优质产品称号，还出口东南亚地区及中国香港地区。1988年，该厂洁玉牌粉丝获首届中国食品博览会银奖。1990年，全市有粉厂10个，年产粉丝1800余吨，除供应本地市场外，产品还销往广西、广东、海南等地。1991年，株洲市湘江粉丝厂生产的洁玉湘粉获省优产品奖。2000年，全市共生产粉丝、粉条1641吨。

豆 奶 1991年，株洲市大米厂粮油食品分厂为满足市民对植物蛋白饮料的需求，投资50万元，将汽水生产线改造为豆奶生产线。班产豆奶2万瓶，年产约600万瓶。豆奶是以黄豆、奶粉、白糖作主要原料制成的蛋白型营养饮料。可用于消暑解热，且具有阻止胆固醇在人体血管内沉积、防止高血压和心脏病之功效，是一种老幼皆宜的营养型饮料。1997年，年产豆奶306万瓶，同比增长48%。

第四节 罐头、糕点、糖果及面包生产

一 罐 头

清水笋罐头 1980年1月，酃县大院农场引进日商清水笋加工技术，以鲜冬笋为原料，生产清水笋罐头。是年，县外贸公司收购调拨省外贸公司试销出口24吨。1986年初，出口到日本的359吨带水物罐头，部分罐头笋质腐变，造成日商退货190吨的重大经济损失。同年，省外贸公司决定

拨技术改造资金 24 万元，搬迁清水笋罐头厂，成为全省外贸系统第一个设备完善的清水笋罐头加工厂。是年，9 立升清水笋罐头被评为全省出口优质产品，1988 年出口创汇达 102.97 万美元。同年年底，9 立升清水笋罐头又荣获首届中国食品博览会铜奖。1987 年，酃县沔渡果品厂增加清水笋罐头生产，产品直销深圳新兴公司转口日本。1993 年，酃县加工生产清水笋罐头 2014 吨。产品主销日本市场及东南亚部分国家和地区，成为炎陵县出品创汇的拳头产品。1997 年，炎陵县大垸食品罐头厂清水笋罐头获省首届名优新产品博览会银奖。

肉类罐头　1978 年，攸县新市农场创办湘潭地区食品罐头厂（后更名株洲市食品罐头厂），当年生产五香大排、红烧猪肉、香菇猪脚等肉类罐头 166.5 吨。1980 年，由于肉价上涨，无利可图，肉类罐头停止生产。1986 年冬，茶陵县界首果品加工厂转产狗肉罐头，生产红烧狗肉、红烧狗排、清蒸狗肉等罐头产品，1987 年产 30 吨。1988 年红烧狗肉罐头、红烧狗排骨罐头荣获湖南省乡镇企业系统优质产品奖，尔后由于产品质量不稳定，于 1989 年停止生产。

水果罐头　1978 年 10 月，湘潭地区食品罐头厂（1983 年更名为株洲市食品罐头厂），在生产肉类罐头的同时生产水果罐头，当年生产糖水蜜橘罐头 23 吨。以后，醴陵县白兔潭镇、贺家桥乡、株洲市郊区龙头铺乡相继兴建水果罐头厂，主要生产蜜橘、梨子、杨梅、马蹄、金橘、菠萝、枇杷等罐头产品。1986 年，醴陵第一食品罐头厂的蜜橘罐头在全省食品行业评比中获“芙蓉奖”。1987 年，株洲市食品罐头厂的湘桥牌糖水蜜橘罐头获全省行业评比第一名。1989 年，由于罐头市场受到各种新鲜水果冲击，致使产品积压，部分企业停产关闭。至 1990 年全市仅有株洲市食品罐头厂和醴陵市第一食品罐头厂 2 家生产，共生产各类水果罐头 1100 吨。1999 年、2000 年全市共生产各类罐头分别为 497 吨和 472 吨。

二　糕　点

清朝末年，境内各地均有南货号所附设的斋作糖坊，生产糕点、糖果。1955 年，10 多家斋作糖坊组成株洲市食品生产合作社，并于次年 8 月归入株洲市贸易公司，改名为株洲市糕点加工厂（后更名株洲市食品厂）。以生产糕点为主，并辟有糖果车间。株洲市副食品公司针对糕点储藏期短、保鲜难度大、不宜集中批量生产的特点，按照糕点生产前店后坊的传统方式，先后在田心、董家塅、清水塘、建宁、建设路、贺家土、茨菇塘、南北特产等几个副食品商店，建立了 8 个糕点作坊。

自 1955 年由国营商业主管糕点加工业后，糕点产量长期稳步增长。1984 — 1989 年，在广东饼干冲击下，市区国营食品加工糕点产量下降。1990 年，全市产糕点 4047 吨。1991 年，株洲市食品厂继第一期技改工程完成后，又投资近 400 万元进行第二期改造工程，引进 1 条饼干生产线和 1 条膨化食品生产线，生产能力扩大到 4000 吨。1999 年、2000 年，全市饼干产量分别为 213 吨和 73 吨。2000 年全市产糕点 475 吨。

糕点品种繁多，根据其制作技术的发展传入地，计有本式、苏式、广式、京式、潮式、高桥等区别；按其成熟工艺又为炉货、油货、蒸货之分。晚清以来，株洲盛产之品种有法饼、胡椒饼、麻占、面薄脆、手工饼干、茴饼、月饼、百合酥、桃酥、西法片、灯芯糕、云片糕、薄荷酥、蛋糕、奶糕、麻圆、雪枣、小花片、麻花、鸡脚酥（足酥）、交切、寸金、牛皮糖、酥糖、药糖等。20世纪50年代，各作坊开始在糕点调料时添加奶油，又推出奶油饼、奶油蛋糕以及印子饼干等新品种。60年代初期，克力母爱司条、爱司卷、金钱干、牛利干、密山刀等产品工艺大量传入，各厂、坊普遍生产西式糕点。80年代，继面包厂开发华夫饼干系列产品后，各食品厂、坊亦着力革新配方，改变风味，先后创出麻仁香脆酥、奶油夹心饼干、一捏酥、五味糕、儿童钙质法饼、健儿饼干、奶香麻饼干、双喜饼干等新品种。以小包装为特征的传统产品得到继承和发展，株洲糕点形成了蛋制品、酥皮蛋芯点、浆皮包芯点、米制品、重糖类、麻糖类、熟面类、混糖类、油炸品、饼干、面包等10余个品种大类。其中，蛋糕系列品种既有方正、条块、圆陀、卷心、梅花、菱形、鸡心等外形之分，又有蒸、烤之别。风味则有果汁、果仁、果酱、奶油等，品种多达40余个。标花蛋糕有15 ~ 75厘米，近10种规格。有1 ~ 7层的不同高度，更有福、禄、寿、喜鹊衔梅、八仙过海、鸡鸟虫鱼、龙凤朝阳、孔雀开屏、二龙戏珠、嫦娥奔月、玉兔东升、熊猫抱竹、麻姑献寿等标花图案，还可根据用户需要特约订标。月饼系列品种以苏、广两式为主，兼产潮式、京式。在保留传统品种的基础上，又先后开发了果脯、鱼片、金钩、松仁、枸杞、鸡丝、桂圆、皮蛋、蛋黄、巧克力等几十种新型产品。1984年，醴陵糖果糕点厂“渌江”牌圆蛋糕获国家银质奖；1985年，市面包厂的“美月”牌钙维华夫饼干获全国优秀儿童食品称号，成为全省食品行业的最高殊荣。1987年，市糕点厂的“联京”牌杏仁干等产品被评为省优和商业部优质产品。1988年，在首届中国食品博览会上，糕点产品又夺得2块金牌、5块银牌。1989年醴陵糖果糕点厂一举夺得6个部优。至1990年，全市糕点产品获省优21个（次），省芙蓉奖29个（次），省行业优30个（次），部优12个（次），获国家银质奖1个，中国食品博览会上夺金银铜牌10个。

三 糖 果

中华人民共和国成立时，境内各地仅生产少量薄荷菱角糖，从1953年始有螺丝糖、地球糖、丝光糖一类硬糖品种。20世纪60年代初，开始生产太妃糖等一类奶糖。1965年又开始生产麻仁酥心糖。1970年市食品厂将糖果车间分为乳脂糖和硬糖2个车间后，株洲糖果迅速形成了水果、奶油、夹心、话梅、蛋奶、什锦果仁、可可、麻仁、花生、豆子等60多个品种的生产能力。1973年开发了软糖生产。1980年，制出蛋白、麻仁、椒盐、飞凤、励花、红双喜等奶糖新品种。

随着设备更新和技术进步，糖果的质量有显著的提高。1979年由市食品厂研制并投产的龙虾脆酥糖，1985年被评为省优质产品，1986年获商业部优质产品称号，1988年夺得首届中国食品博览会金牌，该厂的双喜水果糖获铜牌。1989年潇湘牌荔枝、淀粉软糖被评为1989年商业部优质产品。至1990年全市共有9个糖果产品被评为省行业以上优质产品。

由于生活水平的提高，人们对食品需求结构发生变化，除结婚喜庆外很少食用糖果，就是逢年过节，糖果也从接待客人的盘子中退了下来，被水果等取而代之。因此，株洲生产糖果的株洲食品厂和醴陵糖果糕点厂受市场影响，产量直线下跌。1990年，全市共产糖果1672吨，当年销售1620吨，库存52吨。2000年全市仅产糖果143吨。

四　面　包

1954年，私营作坊已开始制作手工面包。1957年，国营糕点加工厂开始生产面包，有大小2个品种。20世纪70年代，各大饭店亦开始将面包作为点心列入白案品种生产。1978年后，有生产能力的厂、坊纷纷扩大面包生产规模，增加产量。1980年，株洲副食品公司面包厂成立。1981年，MBO-2型面包生产自动线投入生产，每分钟可生产面包52 ~ 53个，是中国自行研制的第一条面包自动生产线。然而由于其主要原料和销售市场问题长期未能解决好，投产后勉强维持4年时间即宣告停产。80年代中期，面包生产已普及于饮食部门和各大厂矿食堂。1991 — 2000年，面包生产更加兴旺，市面包厂又部分地恢复生产，并与长沙联营生产开口乐面包。个体面包生产作坊更是星罗棋布，尤以福建、浙江等地来株洲制作面包的居多。生产的品种不断增加，除主食面包外，还有葡萄、椰丝、奶油、夹心等多种高档面包品种；面包形状也多样化，有五指、鸳鸯等外型。成为人们一种重要的早点。

第五节　饮料酒与饮料生产

一　饮料酒

白　酒　境内民间酿酒，历史悠久，均为手工制作。中华人民共和国成立后，实行酒类专卖，私营酿酒基本被禁止。1954年，创建酒厂是为一酒厂，生产谷酒、米酒、高粱酒、杂粮酒，代用品酒。均以50度、60度散装行销于市。1958年，市粮食局在市大米厂内创建粮食局酒厂，是为第二酒厂。以后，各县相继兴办酒厂。1962年，市二酒厂迁出大米厂，在杉木塘另建新厂，改名株洲市酿酒厂，当年产白酒118吨。50度湘白酒在同年8月全省同类产品评比中荣获第一名。1965年4月，市一酒厂合并到株洲市酿酒厂，当年产419吨。20世纪80年代，各厂都开发了风格各异的白酒新产品，配制酒也日益增多。喜凤酒、奔龙大曲、瓷城大曲、中国古泉醇、白石液、华中老窖醇、湘妃窖酒等相继问世，产品大部分销往北方城市。1984年，醴陵市酒厂酿制的铁杉青酒获湖南省轻工厅优秀食品奖。1986年5月，攸县酒厂挖掘整理民间习俗和配方并结合现代科学酿造技术酿造的煮酒，获湖南省优秀新产品奖和株洲市科学技术进步奖，在1989年首届中国食品博览会获金奖。产品包装精美，曾远销香港地区获得美誉。1987年，酿酒行业开始向低度酒（38度以下）发展。各企业纷纷组织研制多曲种、多香型、多度类、多档次、多装潢的产品应市。1990年，全市共有酿酒企业5家，产各种饮料酒混合含量达1.68万吨。1991年，茶陵县、醴陵市针对散装白酒生产与经营秩序混乱的状况，由食品工业办、工商、税务、公安、卫生等有关部门联合组成检查组，分别于11月、12月对白酒生产、销售市场进行整顿，共查封无证生产经营散装白酒单位和个人25家，销毁劣质白酒15吨多，维护了国家和消费者的利益。同年，攸县酿酒厂生产的攸河牌攸酒、株洲市酿酒厂生产的湘妃牌湘妃窖酒获省优产品奖。1994年8月，株洲市首例国有企业酿酒厂宣告破产。1997年，市林科所森达牌蛇王酒获省首届名优新产品博览会优良产品奖。2000年，全市生产白酒82吨，饮料酒5731吨。

汽 酒 1980年株洲市酿酒厂生产橘子、杨梅汽酒，填补湖南省内空白。1982年5月，株洲市轻工局将株洲市酿酒厂的全套汽酒生产设备调拨给株洲市东区机床厂，并更名为株洲市汽酒厂。1984年，该厂引进民主德国BF36-1型饮料灌装线1条，年灌装能力为1.5万吨。1985—1986年，全市先后有酃县酒厂、醴陵酒厂、株洲市果品饮料厂、株洲市面包厂、醴陵白鹤泉饮料厂、醴陵烈士塔饮料厂等相继投入汽酒生产。主要生产橘子汽酒、巧克力汽酒、小香槟、猕猴桃汽酒等，产品主要销往本市及邻近省市。1984年9月，株洲市汽酒厂生产的巧克力、猕猴桃汽酒荣获省优质新产品奖，1986年巧克力汽酒又获省优质新食品奖。1987年后，汽酒销售市场开始转向农村，市区先后有株洲市汽酒厂、株洲市面包厂、株洲市果品饮料厂等停止汽酒生产。主要生产企业有醴陵泉湖饮料厂、醴陵市饮料厂、株洲县王家洲饮料厂、株洲县淦田饮料厂、株洲市九龙饮料厂、株洲市龙泉饮料厂等。至1990年，全市共有生产汽酒企业9家，生产各类汽酒8200吨。20世纪90年代，汽酒逐步退出市场。

啤 酒 1986年10月，株洲市汽酒厂（后更名株洲市啤酒总厂）利用民主德国灌装线灌装10度湘乡啤酒。经扩建，1987年形成年产1万吨啤酒能力，当年产啤酒5791.48吨。同年12月金蕾啤酒在首届中国食品博览会上获银牌奖和湖南省优质产品称号。1989年6月，金蕾啤酒首批出口美国，受到外商好评，7月又在首届北京国际博览会获证书。至1990年，累计生产啤酒31516吨。1991年，株洲市啤酒厂研制省内唯一的金蕾干啤酒，分11·B、10·B两种，为色清淡、味纯正的低糖低热值饮料，当年生产230吨投放市场，填补省内啤酒的一项空白。1993年5月金蕾干啤酒获曼谷第二届国际名酒博览会金奖。被誉为全省“信得过”食品。1995年12月，株洲啤酒厂与马来西亚金狮啤酒集团恳实达有限公司合资签约，啤酒生产能力扩大到10万吨。株洲啤酒厂与金狮集团合资项目总投资达2亿多元人民币，注册资金1.1亿元人民币。合资后，株洲啤酒厂更名为株洲金狮啤酒有限公司。1997年1月，公司共引进外资780万美元，用于啤酒技术改造。5月，5万吨啤酒扩建工程顺利竣工，成为境内唯一生产高、中、低档三类啤酒的企业。同年，公司在金蕾系列后，新推出西马啤酒，是一种国际驰名的南洋品牌，它首次采用450毫升瓶包装，采用除氧保鲜盖，属国内首创的专利技术。1998—2000年，株洲金狮啤酒有限公司全面停产，通过中外双方努力，2000年年初合资公司重新调整股比，公司更名为株洲华狮啤酒有限公司。2000年，全市啤酒产量达到5649吨。

保健酒 1984年，株洲县长冲乡养鹿场建酒厂，生产鹿茸酒，畅销全国，出口马来西亚、泰国、韩国、新加坡等国家及销往中国香港、台湾地区。该产品于1988年在首届中国食品博览会上获铜奖，同年获全国保健食品“金鹤杯”奖。1988年1月，株洲市酿酒厂研制成功全蝎酒，该产品对治疗中风有特效，对风湿病、关节炎、疮节、肿毒也有明显疗效。1988年、1989年分别获全国保健产品“金鹤杯”奖和湖南省轻工优秀新产品称号。1991年4月，株洲市保健酒厂与台胞刘开鑫合资兴办湖南朱亭保健品有限公司，生产传统保健营养酒“朱亭香”，年产值可达315万元。是境内食品行业第一家与台胞合资的酒类生产企业。

二　饮料、冷饮

汽水、果露　1958年，株洲市糖烟酒专卖公司建立株洲市汽水厂，因设备不配套，未投产。1981年冬，株洲市果木园农场兴办株洲市果品饮料厂，手工配料生产苏打汽水，但产量低，质量不稳定。1982年，市面包厂引进武汉汽水生产技术，安装机械化汽水生产线，年产量270吨。此后，境内各地相继兴办汽水厂。1986年，全市无酒精饮料产量达到2500吨，品种有香蕉、菠萝、甜橙、荔枝、杨梅等果味型汽水。其中，株洲市汽酒厂的甜橙汽水1983年获湖南省优产品证书；株洲市面包厂的甜橙汽水1985年获湖南省商业系统一等奖；醴陵市白鹤泉饮料厂的杨梅汽水1988年在首届中国食品博览会上获铜奖。1997年，全市生产汽水828万瓶，同比增长27%。

20世纪80年代中期，可乐型饮料迅速发展，株洲市的汽水失去竞争能力。株洲市规模最大的汽水生产厂株洲市汽酒厂也转产啤酒，不少企业停产。株洲市果品饮料厂生产1.25立升聚脂瓶装奔龙可乐，年产约30吨。醴陵市白鹤泉饮料厂与上海汽水厂合作研制成功醴泉可乐、高橙、雪碧等可乐型饮料，年产300吨，销往全国10多个省、市。1989年，株洲市食品厂开发“曼斯”牌矿泉果汁，含有微量锶、锌元素，对人体有保健作用。1990年销售60余吨。

1990年，全市有乡以上饮料企业18家，共生产无酒精饮料2041吨。1993年，中亚天然保健饮品公司生产的芒果汁被评为全省“信得过”食品，提高了企业的知名度，并促进了饮品销售。同年，市食品办组织工程技术人员帮助株洲肉联厂和田心机厂各上1条年产4500吨的芒果汁、柠檬汁饮料生产线和年产400万袋的冰袋生产线。1997年，全市生产粒粒橙饮品66万瓶，同比增长2倍。

固体饮料　1982年，市面包厂生产鲜橘晶、橄树蜜、乳晶、菠萝晶、蛋奶晶等。到1988年共生产250吨，因产品滞销于1988年停产。1986年，醴陵市保健食品厂生产豆奶粉、豆腐花、豆浆晶等，1987年被评为省优质产品。1988年4月，经香港大同股份有限公司销往香港地区。

冷　饮　1991年，株洲市食品厂引进1条冰淇淋冷饮生产线。同年，株洲市供销机械厂仿制株洲冰厂引进的丹麦HOYER公司的冰淇淋软雪糕生产线获得成功，于8月通过省级鉴定，投入生产。该生产线包括BQ11150型冰淇淋机、ZT14型转台式软雪糕机、BZH80型自动包装机。该生产线自动化程度较高，能生产纸杯、蛋筒、棒式系列冰淇淋软雪糕，班产冰淇淋可达4万支以上。经试生产证明，该线各项技术指标均达到国外同类产品的先进水平。1993年，澳隆饮品公司引进1条日产3吨的冰淇淋生产线，当年引进，当年建成，当年投产。是年，市食品办加强了冷饮市场管理，对全市冷饮企业和批发部门及冰摊冰点进行检查、清理和办卡登记，全市新办证215户，年审176户，注销80户，对迎春冰厂等4家企业实行停产整顿。至1995年，市冷饮行业已有生产企业50家，员工1300余人，饮品包括雪糕、冰淇淋系列；果汁及碳酸饮料系列；矿泉水、蒸馏水产品等。当年，矿泉水、雪糕均比上年增产。1996年，境内冷饮企业由于受高温天气少、消费疲软、市场竞争加剧等不利因素影响，坚持以销定产，加大促销力度，扩展销售网点。市区冷饮业年产值、销售额、利税分别为6308.6万元、6452.3万元、887.4万元，总体比上年有所下降，但有11家企业与上年持平，2家企业实现两位数增长率。冰棒、雪糕、冰淇淋年产量4472万支，比上年增长12.9%；饮用水年产644万瓶，比上年增长63.9%。1998年，市8家制水企业有7家开发桶装水，发展用户6670家，年产水7876吨，销售增长5.9%，利税增长5.7%。2000年，全市冷冻饮品产量18吨。

第六节　乳品与茶叶生产

一　乳　品

鲜　奶　1954年，株洲市政府农场（后改名株洲市畜牧场）饲养奶牛20头，人工挤奶，当年产鲜奶2.16万千克应市。“大跃进”中，331厂、430厂、冶炼厂、化工厂、601厂等一些大中型企业，相继自办奶牛场，每家养奶牛10 ~ 20头，共计100多头，年产鲜奶10多万千克，基本上能满足本单位职工及婴幼儿保健用奶需要。1975年，醴陵副食加工厂牛奶车间购进奶牛20头，共计奶牛64头，年产鲜奶达13万千克。1977年，市畜牧场改称市奶品加工厂，分批购进奶牛200多头，兴建牛舍8栋。到1981年，全市共有奶牛300多头，鲜奶年产量24.5万千克。1982年，饲料价格逐步放开，并陆续取消平价饲料配给和补贴，养牛出现亏损，奶牛头数逐年减少，醴陵牛奶车间改为醴陵县乳品厂。1990年，市奶品厂并入市湘江制药厂，将奶牛全部出售给乡镇农民饲养，仅剩醴陵市乳品厂有奶牛104头，全年共产鲜奶18万千克，鲜奶亏损11万元。

炼　奶　1967年，醴陵县奶牛场采用土法加工炼奶。最高年产78.13吨。因市场滞销，1990年仅产1.19吨。1971年，市畜牧场（后更名株洲市奶品厂）土法制炼奶，1975年产炼奶14.45吨。因加工成本高，1978年停止生产。

麦乳精　1976年，株洲市奶品加工厂加工麦乳精，当年产59.9吨。1978年，麦乳精产量突破100吨。1981年、1985年麦乳精先后2次获得湖南省优质产品称号，1986年在省“芙蓉杯”评奖中被评为“群众最喜爱的食品”。1988年，在首届中国食品博览会上获得铜奖，由于产品质量过硬，售后服务周到，产品市场逐步扩大，先后销往省内、河北、河南、山东、陕西、内蒙古等10多个省份。醴陵乳品厂从1982年也开始生产麦乳精。由于市场滞销，1990年全市仅产353.88吨。20世纪90年代，全市麦乳精生产量逐步减少。

全脂奶粉　1974年，醴陵县乳品加工厂试产全脂奶粉6吨。1978年，株洲市奶品厂生产全脂奶粉。全市最高年产全脂奶粉200吨。由于市场疲软，1990年，两厂共加工全脂奶粉68.32吨。1991年，株洲市奶品厂在调整婴幼儿食品营养结构上下功夫，努力开发新品种，生产出适合婴幼儿特点的“含锌奶粉”，填补省内奶粉生产的一项空白。该产品投放市场后，深受消费者欢迎。11月，获准参加中国食品工业协会在北京举办的“中国食品工10年新成就展示会”，荣获“优秀新产品成就奖”。

乳酸菌奶　1996年，日出江南实业公司第一套乳酸菌奶生产设备运抵株洲市，经过8个月的安装、调试，11 月 28 日正式生产出第一批活性乳酸菌奶饮料产品，规格为 210m1 玻璃瓶装，命名为“太子奶”。经中国食品科学技术学会鉴定，结论为：太子奶含有 108 ~ 109/me 活性乳酸菌，产品技术在国内居领先水平。1997 年 9 月，由日出江南实业（集团）公司投资兴建的大型活性乳酸菌奶生产基地在株洲市建成投产。当年，产品获全国新技术新产品交易会科技创新金奖。11 月 8 日，公司以 88888898 元夺得中央电视台黄金时段广告标王，产品迅速推向全国市场。1998 年，该公司年产太子奶 2.11 万吨，销售 1.27 亿元，利税 350 万元。3 月 13 — 18 日，全国人大、政协“两会”期间，太子奶作为会议指定饮料，引起党和国家领导人的关注。1999 年 3 月，“日出”牌太子奶被科技部列入国家级火炬计划项目，全年产量达到 4.05 万吨，销售额 2.08 亿元，利税 1500 万元。2000 年 1 月，日出江南公司买断长沙至北京的 K1/2 次列车冠名权，是湖南省首家民营企业买断列车冠名权。8 月，日出江南公司完成股份制改造，联合株洲国有资产经营公司、湖南信托投资公司、清华紫光集团公司、北大先锋科技有限公司、中国农业大学科技开发有限责任公司、烟台开发区开明明食品有限公司等，成立湖南太子奶生物科技股份有限公司。

二 茶 叶

清代，茶陵县的桃坑、花石潭等地所产茶叶，曾作为珍品上贡皇帝享用而颇负盛名。1949 年，境内手工制茶年产量只有 170 吨。

中华人民共和国成立后，制茶工业发展较快。到 20 世纪 50 年代末，少数地方开始使用简单机具制茶。60 年代，攸县、醴陵县、茶陵县先后建立一批国营和集体茶场，场内设厂，以加工本场自产的茶叶为主，兼收当地群众的茶叶加工，茶叶种植开始由分散向集中发展，加工则由手工向半机械、机械化发展。1977 年，全市共种茶叶 6620 公顷，创历史最高纪录。为适应这一形势，各县产茶区建立规模不等、级别不同的公社、大队、知青茶厂 200 多个。20 世纪 80 年代，茶叶产量年年上升，主要产茶区的攸县、茶陵县由单纯生产绿茶发展到生产花茶和红茶。1985 年，醴陵船湾乡玉塘茶厂还开发了黑茶（即砖茶）。形成了茶叶生产多品种多规格的格局，产品质量稳步提高，全市茶叶已夺得 2 个部优和 2 个省优。1990 年，全市共有国营茶厂 8 个，集体茶厂 46 个，年产 2184 吨。90 年代，由于茶叶品质等原因，境内茶叶生产出现衰退。1999 年，产精制茶 668 吨。2000 年，产精制茶 452 吨。

株洲市食品工业总公司历任负责人名录

表 7-18

经 理	任职时间
彭美起	1984.4 — 1995.8
叶祖琪	1995.8 — 2000.6
陈国彪	2000.6 — 2000.12（代）

第十三章 饲料与包装工业

第一节 饲料工业

20世纪30年代以前，境内农民利用盛产大米、小麦、薯类的优势，在私人作坊里采用畜力、水力或人力，靠碾子、碓子、大臼等工具加工少量粗糠、碎米、薯藤、小麦作饲料。

民国26年（1937），醴陵县渌口镇湘一电灯碾米厂投产，有少量加工大米的副产品作饲料出售。

1954年，株洲市加工米厂和20世纪60年代各县大米厂的投产，用作饲料出售的副产品从数量到品种都有所增加，并有作饲料用的3.7糠和2.8糠以及糠饼出售。

1979年年底，株洲市副食品生产局扶持株洲县兴办首批乡、镇小型饲料厂，开始混合饲料的生产。

1980—1981年，株洲市粮食部门和原湘潭地区粮食部门投资，分别在株洲县和攸县各兴建了1个骨干饲料厂，开始配合饲料的生产。

1982—1984年，株洲市粮食部门和原湘潭地区粮食部门分别又在醴陵市、攸县、酃县相继兴建了一批骨干饲料厂，增加了配合饲料的生产。

这一期间，株洲市和原湘潭地区的乡镇企业局、畜牧水产局等部门，在全市5县1郊的乡、镇、场以及有关村扶持兴建了一批小型混合饲料生产厂（点），扩大了混合饲料的生产。

1985—1986年，市、县供销部门和省劳改部门分别投资，在茶陵县城和攸县网岭园艺场各兴建了中型饲料厂，进一步扩大了配合饲料生产。

1987—1988年，由省、市粮食部门和畜牧部门投资，分别在株洲市区兴建万吨级大型饲料厂，再一次扩大配合饲料生产能力；同时，也增加了浓缩饲料和预混合饲料的生产；另外，市、县、乡、镇和畜牧、供销、商业、外贸等系统充分发挥各自的优势，在全市农村大部分乡、镇、场共兴办小型饲料加工厂（点）80多个，其中大部分是生产混合饲料；市粮食部门在所属的市、县14个大米加工厂新建、扩建了饲料（车间）分厂，分别进行混、配合饲料的生产。

在此期间，株洲县配合饲料厂和醴陵市阳三石饲料厂先后进行技术改造，采用微电脑控制生产，分别增加生产能力4000吨，达到年产1万吨的生产能力。同时，株洲肉类联合加工厂劳动服务公司利用猪血发酵新工艺，建成动物蛋白饲料加工生产线，试产一举成功，并投入批量生产。茶陵县城关镇建成饲料复合添加剂厂，生产微量元素饲料添加剂。

1988年，是株洲市饲料工业发展的鼎盛时期。到年底，已形成一个完整的饲料工业体系。在产品结构上，既生产配、混合2种档次的饲料，又生产较高级的浓缩饲料、预混合饲料、动物蛋白饲料和复合添加剂；在品种上，既生产猪、鸡、鸭等大宗饲料，又生产鱼、虾、鸽、奶牛等10余种畜、禽、鱼饲料。还可根据不同饲养对象的不同生长期所需的营养要求，生产猪、鸡、鸭、羊、牛等种系列饲料。

年底，全市饲料生产厂（点）达到 129 家，双班年产能力达到 26 万吨。当年生产各种饲料 16.17 万吨，完成工业总产值 6931 万元，实现税利 665 万元。

1989 年，饲养业滑坡，饲料市场趋于疲软，产品的竞争异常激烈。由于饲料原料缺乏，严重影响饲料的加工生产，加上市畜牧、供销、乡镇和外贸系统的一些小型饲料厂（点）生产的产品质量低劣，缺乏竞争力，大多数厂（点）关闭。当年，全市饲料产量仅 11.53 万吨，完成工业总产值 4557 万元，分别比上年减少 28.7% 和 34.3%。粮食系统的骨干饲料厂积极开拓新品种，参与市场竞争，从而赢得了市场。全系统饲料产量达到 10.54 万吨，占全市 91.4%。特别是株洲市预混合浓缩饲料厂（后更改为株洲市饲料厂）通过与中国农科院畜牧研究所和无锡轻工学院合作，依靠技术优势，开发名优产品，生产大幅度增长，各类饲料占全市总产量的三分之一，在全省同行业中排列第三位。

1990 年，全市新建和恢复小型饲料生产厂（点）33 个。攸县新市饲料厂进行技术改造，采用微电脑控制生产，年产能力由原来 0.6 万吨提高到 1 万吨。同时，株洲市农业科学研究所湘粉厂利用生产粉丝废水提取植物蛋白饲料获得成功；株洲市湘中化工厂利用生产金红石钛白粉副产品七水硫酸亚铁生产饲料级一水硫酸亚铁成功，经省农业厅、石化厅批准投产。“骆驼 -114”被评为商业部优质产品。其他骨干企业生产的饲料有的被评为省行业优质产品，也有的荣获省优质产品称号。年底，全市饲料生产厂（点）达到 70 个，总生产能力恢复到 1988 年的 26 万吨。当年完成饲料产量 12.44 万吨。

1991 年，全市完成饲料产量 14.84 万吨，比上年增长 18.72%。其中，株洲市饲料厂生产各类饲料 5.86 万吨，产值 6292 万元，获利税 557 万元，产量、产值和利税三大指标又分别比 1990 年增长 36.27%、33.87% 和 39.25%，取得显著的社会经济效益。经有关专家对该厂的全面考核，各项经济技术指标均达到或超过国家二级企业标准。当年 8 月，经国务院企业管理指导委员会批准，晋升为国家二级企业。11 月，该厂被商业部评为饲料科技进步先进集体。同时，该厂生产的“ZS–114”大猪全价饲料，在中国饲料工业协会主办的全国 4000 余家饲料厂参加的质量评比中，被评为牲猪配合饲料质量第二名，成为全省同行业唯一获此殊荣的产品。是年，该厂生产的“骆驼牌 811”生长肥育猪浓缩饲料，还获省优产品奖。

1992 年，株洲市饲料厂与香港大生行饲料有限公司合资兴办“湖南湘大有限公司”。株洲市饲料厂根据“骆驼”牌商标的实力和信誉，提出了知识产权的要求，港方 2 次赴株洲实地考察，确认“骆驼”牌商标名不虚传，同意“骆驼”牌商标以 70 万元人民币的产权入股，开创境内以知识产权入股的先例。

1993 年，株洲市饲料厂合资项目完成设备安装正式投产，湖南广华饲料厂、茶陵柏胜饲料厂、茶陵畜牧局饲料厂等新企业亦建成投产，使全市配合饲料、浓缩饲料加工能力新增 5 万吨，饲料加工总能力扩大到 30 万吨以上。同年，全市饲料加工企业在原料价格大幅上涨、资金紧张的困难条件下，完成饲料加工产量 17.1 万吨，比上年增长 3.6%；完成工业产值 1.62 亿元，比上年增长 4.5%。

1994 年，随着湖南湘大实业有限公司、株洲穗屏饲料有限公司合资项目的投产，全市饲料加工能力扩大，全年产量达到 30.87 万吨，比上年增长 80%。其中株洲市养殖联合企业饲料厂与香港屏山企业有限公司、广州市畜牧总公司合资兴办的株洲穗屏饲料有限公司投入运营，完成产量 2.67 万吨，比上年增长201%，利税124万元，比上年增长440%。同年，株洲市饲料厂被评为全省饲料工业“十强企业”之一，株洲市饲料厂、攸县网岭五〇二饲料厂被评为先进集体。

1995年11月，湘大实业有限公司荣获国家内贸部“金桥奖”，其生产的“骆驼”牌饲料被评为全国名牌饲料。12月19日，湖南湘大集团有限公司经省体改委批准正式成立，它是以株洲饲料厂为核心，由6个合资公司、5个控股和参股公司按现代企业制度组建的股份制企业。

到2000年，全市共生产配、混合饲料31.88万吨，生产饲料添加剂4252吨。

一 体 制

1985年以前，境内饲料工业主要由部门管理，没有统一的行业管理机构。具体管理部门在市、县市区粮食局、畜牧水产局、乡镇企业局等。其中，市粮食局设有饲料公司（后改为粮油工业储运公司），专门负责管理各专业饲料厂和粮油企业饲料（车间）分厂的计划、生产及其相关工作等。1986年7月，成立株洲市饲料工业办公室，归口计划委员会管理，对内为科，对外以株洲市饲料工业办公室名义负责对全市饲料工业的规划、指导、协调、监督、服务工作以及上下间的业务联系，其业务接受省饲料工业办公室和株洲市计委双重领导。1986年下半年，各县市区在计划委员会相应明确了负责饲料工业生产及管理的兼职干部，其业务接受株洲市饲料工业办公室和当地计划委员会的双重领导，行政由当地计委领导。1986年10月，成立株洲市饲料产品质量监督检验站（后更名为株洲市饲料产品质量监督检验授权站）。该站是全市饲料产品行使国家质量监督检验权的法定机构，其业务受株洲市标准管理局和株洲市饲料工业办公室以及株洲市畜牧水产局指导和管理。1988年5月，成立株洲市饲料工业开发公司，为预算外全民所有制企业，实行独立核算，自负盈亏，归口株洲市饲料工业办公室管理。尔后，上交市政府转给市乡镇企业局管理。该公司主要负责开发、组织、经营饲料和饲料生产所需各种原材料和生产资料，为饲料工业企业提供技术咨询、经济信息和人才培训等各项服务。

二 布 局

1979年，市副食品生产局在株洲县淦田等4个乡镇兴建首批乡镇小型混合饲料厂。20世纪80年代后，市粮食、畜牧、供销、商业、外贸以及乡镇等部门积极筹措资金，先后新建、扩建了100多个大、中、小型混、配合饲料厂和饲料添加剂生产厂。1981年9月，株洲市和株洲县粮食部门在渌口镇南塘建成株洲市首家骨干配合饲料厂，年产能力为6000吨。1982—1983年，市粮食部门和原湘潭地区粮食部门以及畜牧、乡镇、供销等部门分别在攸县新市、醴陵阳三石建成攸县新市饲料厂和醴陵市阳三石饲料厂，年产能力各为6000吨。与此同时，在醴陵市泗汾镇、酃县垅溪乡、郊区蝶屏乡（原属株洲县）和市果木园新建了5个小型混合饲料厂，其年产能力各为1000吨。1984—1985年，市粮食部门在酃县、茶陵、攸县的城关镇各办1个骨干配合饲料厂，即酃县饲料厂、茶陵县粮食局配合饲料厂和攸县第一饲料厂，年产配合饲料分别为 1 个 4000 吨和 2 个 6000 吨。同时，畜牧部门在醴陵市樟仙岭、冷水坑、船湾、新阳、潘家冲，攸县大同桥、湖南坳、酒埠江，酃县垅溪、坎坪等乡、镇、场（含村办和个体办），新建了 20 多个小型混合饲料厂，其年产能为 500 ~ 1000 吨不等。至年底，株洲市饲料生产厂（点）达 35 个，年产能 6.5 万吨。1986 年，省、市有关部门分别在攸县网岭园艺场、茶陵县城关镇和醴陵市阳三石新建茶陵县农产品公司配合饲料厂（后更名茶陵县宏达饲料厂）、网岭园艺场五〇二饲料厂和醴陵市外贸饲料厂，年产能分别为 2 个 6000 吨和 1 个 3000 吨。1987 — 1988 年，市、县粮食、畜牧、供销、乡镇等部门新建、扩建、改造了一批主要骨干饲料厂、特种饲料厂和一批中、小型饲料厂。株洲市粮食局自筹资金 1300 万元，从瑞士布勒公司引进全套具有 80 年代世界先进水平的自动化配合饲料生产线，在市东区戴家岭建成境内最大的饲料厂株洲市饲料厂，年产能 4.8 万吨，其中浓缩饲料 4 万吨，预混合饲料 0.8 万吨。同时，对株洲县配合饲料厂进行技术改造，首家采用电脑配方，微机控制生产，年产能力由原来的 0.6 万吨扩大到 1 万吨。还对市大米厂、面粉厂和攸县城关、新市、皇图岭，醴陵市阳三石、城关，茶陵城关、老虎山，酃县城关，株洲县渌口、雷打石等 14 家大米加工厂新、扩建了饲料（车间）分厂。除株洲大米厂和攸县城关米厂年产规模分别为 1 万吨和 5000 吨外，其他都在 500 吨、1000 吨和 2000 吨之间。这些饲料（车间）分厂大部分都是生产混合饲料，亦有少数生产配合饲料。株洲市畜牧水产局自筹资金 400 万元，从匈牙利引进全套具有 20 世纪 70 年代末 80 年代初世界先进水平的配合饲料自动化生产线，在市东区文化路建成株洲市养殖联合企业饲料厂，年产能力 3 万吨。

茶陵县城关镇投资 12 万元改造镇政府原办公旧房，采用县人民政府招待所饲养员贺柏生同志多年实践摸索出来的饲料复合添加剂配方，因陋就简办起了境内首家饲料复合添加剂厂，年产饲料复合添加剂能力为 300 吨。这一期间，株洲市其他部门（包括个体）还兴办了 80 多个小型饲料厂，其中乡镇占 80% 以上，年产能力分别为 200 ~ 2000 吨不等。主要分布在株洲县均坝、漂沙井、淦田、三门、王十万、朱亭、渌口等乡镇；醴陵浦口、白兔潭、南桥、富里、白市、泗汾、嘉树、清水江、栗山坝、神福港、均楚、枫林市、板杉、官庄、八步桥等乡镇（站）；攸县酒埠江、石羊塘、皇图岭、坪阳庙、丫江桥、新市、网岭、黄丰桥、鸭塘铺、渌江等乡、镇、场；茶陵县的高垅、火田、腰陂、七地、马江、枣市、界首、平水、虎踞、洣江、思聪、下东、严塘、舲舫、浣溪、桃坑、红色农场等乡、镇、场；市郊区的龙头铺、蝶屏、荷花、五里墩等乡、镇、场。到 1988 年年底，全市共有饲料生产厂（点）129 个，共有混、配合料生产能力 26 万吨。至此，境内已形成一个完整的饲料工业体系。

1989 年，省、市商业部门共投资 150 万元，在醴陵市新建省商业集团公司醴陵饲料厂和醴陵泗汾肉食站家禽养殖场饲料厂，年产能力分别为 1 万吨和 9000 吨。当年，境内饲料工业急剧滑坡，绝大部分小型饲料厂（点）在市场竞争中倒闭。至年底，全市包括当年新建的饲料厂在内，坚持生产的仅有 37 家，年生产能力减少到 22 万吨。

1990 年，省、市外贸、化工、农业等部门共投资 150 万元，在市河西响塘和市农科所新建株洲出口商品合营猪场饲料生产线、株洲市湘粉特种饲料（植物蛋白饲料）生产线，年生产能力分别为 4000 吨和 300 吨。还在株洲市湘中化工厂和郊区霞湾硫酸铜厂分别扩建了饲料级一水硫酸亚铁车间和饲料级硫酸铜生产线，年产饲料级一水硫酸亚铁2000吨和饲料级硫酸铜300吨。与此同时，市、县粮食部门和省劳改局共投资80多万元，对攸县新市饲料厂和攸县网岭园艺场五〇二饲料厂进行技术改造，都采用电脑配方，微机控制生产，并且扩大了生产能力，分别由原来的6000吨和4000吨扩大到1万吨。当年，还有原关闭停产的30多家小型饲料厂（点）恢复生产，增添了设备，扩大了生产能力。

1991年11月，株洲市养殖联合企业饲料厂与香港百杰登有限公司共同投资8000万元，成立“株洲农牧开发有限公司”，形成饲料生产、家禽养殖、畜禽产品、油脂工业及衍生物加工的农牧立体企业集团，其中配合饲料年产量达3.5万吨，预混料2000 ~ 3000吨，年销售收入1.28亿元。1999年，全市生产配混合饲料17.88万吨，2000年生产31.88万吨。

三 品 种

1979年年底，株洲市开始在株洲县淦田等乡镇生产混合饲料1个系列共有4个品种，全部属猪用饲料（混合饲料全部系猪用，下同）。

1981年9月，随着株洲县配合饲料厂的建成并投产，株洲市首家伏波牌配合饲料问世。至此，全市饲料生产2个系列共5个品种，即1个配合饲料品种和4个混合饲料品种。

1982 — 1985年，各县市相继建成一批骨干配合饲料厂和小型混合饲料厂投产，全市混合饲料和配合饲料的品种增加到20多个。主要有“伏波牌121”大猪料、“122、123”小猪料；“湘东牌8911”大猪料、瘦肉型猪料；“湘牌125”大猪料、“882”大猪料、“155”小猪料；“速达牌203”大猪料、“214”瘦肉型猪料；“壮利牌”大猪料和酃县饲料厂生产的配合猪饲料等。1986 — 1988年，境内随着万吨级饲料厂的兴建投产和各县饲料厂（点）的增多，混合饲料和配合饲料的品种增至100余个。其中混合饲料品种80余个，主要有市大米厂饲料分厂生产的“狮王牌”混合料、茶陵县粮食局配合饲料厂生产的“壮利牌”混合料和市、县畜牧、供销、乡镇等系统小型饲料厂（点）生产的混合料。配合饲料的品种有20余个，同时还开展生产禽用饲料品种。这一时期新增加的品种主要有株洲市饲料厂生产的“骆驼牌”、株洲市养殖联合企业饲料厂生产的“裕民牌”、株洲市大米厂饲料分厂生产的“狮王牌”、攸县网岭园艺场五〇二饲料厂生产的“育灵牌”、茶陵县宏达饲料厂生产的系列饲料等。其中，猪料品种主要有“骆驼牌 -811”生长肥育猪蛋白料、“ZS-111”乳猪全价料、“ZS-114”大猪全价料、“裕民牌311”乳猪料、“314”肥育猪料、“狮王牌”大猪料；“育灵牌514”大猪料、“龙头牌”大猪料等。禽料品种主要有“骆驼牌ZS-211”肉用仔鸡前期料、“ZS-223”蛋鸡料、“ZS-314”蛋鸭料、“F-211”肉用仔鸡高级复合预混料；“裕民牌111”鸡花料、“112”肉中鸡料、“113”肉大鸡料、“211”蛋小鸡料、“212”蛋中鸡料、“213”蛋大鸡料；“伏波牌214”大鸡料、“211、222”肉鸡料、“223”蛋鸡料。同时，株洲县配合饲料厂、株洲市饲料厂和攸县第一饲料厂还分别开发了“伏波牌”鱼饲料、“骆驼牌”牛饲料、鸽饲料和“速达牌”牛饲料等品种。另外，株洲肉类联合加工厂劳动服务公司利用猪血发酵开发生产“喂得利牌”

动物蛋白饲料；茶陵县复合添加剂厂开发生产了“柏胜牌”饲料复合添加剂。

1989 — 1990 年，全市共生产 120 余个饲料品种。其中，混合饲料因畜牧、供销、乡镇等系统的小型饲料加工厂（点）关闭较多，混合饲料的品种减少到 50 多个，比 1988 年年底减少 40%；全市大、中型骨干饲料厂加强与全国有关院所合作，依靠技术优势，开发新品种，使配合饲料的品种增加到 70 余种，比 1988 年年底增加近 3 倍。其中，开发的猪料品种主要有株洲市饲料厂“骆驼牌 MP-10 快育宝Ⅰ号”生长肥育猪混合料、“MP-11 快育宝Ⅱ号”生长肥育猪预混合料和“MP-12 快育宝Ⅲ号”生长肥育猪预混合料等；株洲县配合饲料厂“伏波牌 124”小猪料、“891”浓缩料等；攸县第一饲料厂“速达牌 212”浓缩精料等；攸县新市饲料厂“湘东牌 8911”乳猪料、浓缩料和母猪料等；攸县网岭园艺场五〇二饲料厂“育灵牌 516”怀孕猪料和“517”土杂猪料等；茶陵县粮食局配合饲料厂“壮利牌”仔猪料等；郊区龙头铺饲料厂“龙头牌”系列猪饲料等；泗汾家禽养殖场饲料厂和外贸出口商品合营猪场生产的大猪料、母猪料和仔猪料等。开发的禽料品种主要有株洲市养殖联合企业饲料厂“裕民牌 214、215、216”产蛋鸡料、“411”小鸭料、“413”大鸭料等；攸县第一饲料厂“速达牌 314”大鸡料、肉鸡料、蛋鸡料等；郊区龙头铺饲料厂“龙头牌”鸭饲料等；泗汾家禽养殖场饲料厂生产的系列鸡饲料等。另外，株洲市农业科学研究所湘粉厂在生产粉丝的废弃粉水中回收淀粉，开发生产的植物蛋白饲料新品种；株洲市湘中化工厂利用本厂生产金红石钛白粉的副产品七水硫酸亚铁，开发生产的饲料级一水硫酸亚铁；郊区霞湾硫酸铜厂利用生产工业硫酸铜的优势，开发生产的饲料级硫酸铜，弥补了株洲市矿物质饲料添加剂生产的空白。

到 1990 年，株洲市累计开发生产的饲料品种主要有“骆驼牌”19 个，“裕民牌”20 个，“伏波牌”10 个，“湘东牌”5 个，“速达牌”6 个，“育灵牌”5 个，“壮利牌”3 个，“湘牌”6 个，“狮王牌”3 个，“龙头牌”3 个和 60 余种没有商标的混、配合饲料以及动、植物蛋白饲料、微量元素、矿物质饲料添加剂等品种。至此，株洲市饲料工业已发展成为类型齐全，品种齐全的饲料工业体系。从类型上，既生产混合饲料，又生产全价配合饲料（包括预混合饲料、浓缩饲料）；从形态上，既生产粉状饲料，又生产颗料饲料；从品种上，既生产猪、鸡、鸭等畜禽全期饲料，又生产动物蛋白和植物蛋白特种饲料；在添加剂工业上，既生产矿物质添加剂，又生产微量元素复合添加剂。并且，所生产的部分饲料品种在省内外享有一定盛誉，一些品种被评为部优、省优和行优。1990 年，株洲市饲料厂生产的“骆驼牌 ZS-114”大猪全价料被评为部优质产品。1991 年 4 月，株洲市养殖饲料厂与正大集团签订技术合作协议，开发新产品。正大集团负责提供饲料配方、品质监控技术和市场营销技术的培训，并协助饲料厂做好产品质量检控。通过合作，株洲市养殖联合企业饲料厂的产品在配方、质量及销售等方面都上了一个新台阶。同年，醴陵阳三石饲料厂为确保产品质量，成立了新产品开发室，从湖南农学院聘请 3 名动物营养专家为技术顾问，先后开发了“湘牌 125”瘦肉型育肥猪料、“115”良种猪小猪料、“1510”精料，经用户试用效果良好，当年共完成“湘牌”饲料系列产品 5021 吨，产值 496.83 万元，实现利润 12.58 万元。1993 年，全市各主要饲料加工企业建立健全质量管理体系，强化饲料产品质量检测和监督，淘汰一些不合格产品，全市饲料品种质量合格率达到 90% 以上。

四 效 益

1979年年底，株洲市饲料工业试产混合饲料200吨，完成工业总产值0.6万元（按不变价，下同），略获微利。

1980—1984年，全市共生产混、配合饲料5.9万吨，完成工业总产值1744万元，实现利税97.6万元。劳动生产率平均每年为3.9万元（按现行价计算，下同），最高年达5万元，为全市其他行业的1～2倍。完成较好的是粮食部门。市、县粮食部门7个专业饲料厂共生产饲料4.5万吨，完成工业总产值1283万元，实现利税80万元，分别占全市饲料行业总数的76%、74%和82%。

1985—1989年，全市共生产各种饲料47万吨，生产各类饲料添加剂174吨，共完成工业总产值18803万元，实现利税1810万元。产量、产值、利税总额比上一时期分别增长近8倍、10.8倍和10.5倍。全员劳动生产率平均每年为5万元，比上一时期增长1.3倍。最高的1989年为6.2万元。饲料行业的劳动生产率是全市其他行业的3～4倍。

1990年，全市共生产各种饲料12.44万吨，完成工业总产值7431万元，实现利税595万元，其中利润150万元，全员劳动生产率9.2万元，吨销售均价为797元，吨销售利润为15元，每吨饲料加工费用为54.1元。1993年，全市饲料加工总量达17.1万吨，完成工业总产值1.62亿元，分别比上年增长3.6%和4.5%。

境内饲料工业的崛起和发展，大大促进了养殖业的发展。1990年年底，全市生猪饲养量达到324.32万头，其中出栏173.27万头；家禽638.58万只；羊5.08万只。近10年来的平均递增率分别为6.2%、7.9%、10.5%和8.1%，分别高于前10年的3～5个百分点不等。市郊区龙头铺饲料厂是一个由食品行业的罐头加工厂转产过来的乡办小厂，饲料年单班生产能力只有1500吨。1991年，该厂在设备简陋、技术力量薄弱、资金短缺的情况下，通过改善经营管理，提高产品质量，采取赊销、送货上门、以粮换料、让利销售等多种经营措施，方便用户，争取用户，从市场中拓宽产品销路。当年生产各种配合饲料4230吨，完成利润8.5万元，送货上门运输费和让利销售达4万余元；扶植养殖困难户250多户；发展牲猪500多头，鸡鸭1.4万只。

另外，采用配合饲料喂养畜禽与传统方法喂养畜禽相比，其生长期缩短，成本降低，收入增加，以生猪为例作比较，每头平均多收入40元左右。按此计算，10年来所产的饲料用于喂猪，比传统方法可增加纯收入8亿～10亿元，可节约粮食1.5亿～2.5亿千克。

第二节 包装工业

1949年以前，境内商品包装极为简陋，仅糕点礼品纸盒较为精致。陶瓷、夏布、药材、茶叶、雨伞等产品的包装物料，均以纸、篾、藤、稻草为主。

1951年4月，株洲七一兵工厂（南方航空动力机械公司前身）自办木箱生产车间，生产木箱供本厂需要。至20世纪50年代末，全市生产木箱的企业已有4家。醴陵县家具厂和木器厂开始生产专用于出口瓷和鞭炮、烟花的外包装木箱。1956年，醴陵县竹器厂产篾篓10万件以上。1957年，株洲日报社印刷厂增设纸盒车间，专为601厂生产硬质合金包装纸盒。60年代，醴陵县出口瓷器及部分鞭炮烟花的包装逐渐由纸箱取代了木箱。70年代，篾篓包装逐步为纸箱包装取代，所需少量篾篓转由乡村竹器厂和个体农户生产。1971年，中国石油公司株洲石油储存站制桶厂（后改名株洲制桶厂）开始生产200升钢桶，可以装运石油。70年代中期，又增加2家金属制桶企业。

20世纪80年代，包装工业逐步形成多门类的工业体系，由市包装公司实行行业归口管理。出口包装瓦楞纸箱生产已由单机操作发展成为半自动化、自动化，出口彩色瓦楞纸盒生产已由手工操作转为机械化。纸箱生产企业已增至41个。纸桶生产企业，1990年已有5家，年产量56万只，为全省之冠。塑料包装生产迅速形成规模，开辟包装物料以塑代木、以塑代纸、以塑代铁的新途径。金属包装生产企业已有7个。装运玻璃的钢制集装架，已大批量生产使用。年产50万只闭口钢桶的生产线，已改进为国内一流的电脑控制自动化作业线。包装装潢设计和广告业务，均有较大发展。1990年，全市包装企业达150家。其中县属以上企业48家，职工8000余人。全市全年产值2.06亿元，占全省包装工业产值七分之一以上。其中出口产品产值1655.92万元。全市全年销售收入2亿元以上，利税总额2565.5万元，固定资产1.06亿元。有12种产品获部优、省优称号，48种包装装潢（作品）获国家、中南地区和省优秀包装奖，6种产品分别获得1980—1990年国际包装技术展和中国包装10年成果展的金、银奖，4项新技术分别填补了国内、省内空白，5种产品获湖南省行业评比奖，3种产品获省、市科技进步奖。

1991年2—6月，湖南省包装总公司和省包装产品检测站组织对圆柱形纸桶质量进行评比，株洲县渌口金属包装厂生产的醋酸乙烯乳液纸桶获第一名，市金属包装厂生产的圆柱形纸桶获第二名。同时两产品还被评为省优产品。1993年，为发展株洲包装科技事业、振兴株洲包装工业作出突出贡献的11名科技人员获“湖南省优秀包装科技工作者”称号。

1993—1995年，境内开展纸箱、钢桶生产许可证换发证工作，全市有33家纸箱企业通过验收并领到国家生产许可证办公室颁发的“瓦楞纸箱生产许可证”，3家钢桶企业通过I级考核验收。产品质量保障体系更趋完善。

1997年，境内包装工业稳步发展，全市29家县以上包装企业完成工业总产值1.64亿元，实现工业销售收入1.56亿元。生产瓦楞纸箱1528.44万平方米，纸桶27.16万个，塑料编织袋1485.7万条，各类钢桶90.78万只，包装机械150台套，包装用纸7569吨。其中，纸制品包装、金属包装、塑料包装工业已占包装产值的90%。金属包装在全省的比重已达一半以上。而包装印刷严重萎缩，有的企业已停产。当年，包装工业29家企业中已有10家组建成股份有限公司或股份合作企业。市特种包装厂改制后，各项经济指标较上年同步增长。

2000年，42家县以上包装企业完成工业总产值3亿元以上，较上年增长5%左右。销售收入和利税均有所增长。行业总体实现脱困扭亏。其中，金属包装产量占全省的45%以上，生产塑料编织袋近2000万条。包装机械生产质量可靠，品种增加，在全国有一定知名度。包装印刷未有较大起色，但彩色包装前景光明。改革逐步深入，股份制包装企业已显示出体制的优势，迅速稳定发展，产值、销售收入、利税均出现同步增长。民营企业逐步壮大，已成为境内包装工业的重要组成部分。特别是民营企业株洲三新包装技术有限责任公司与高等院校、科研院所广泛合作，为全国纸箱包装、印刷包装企业提供高技术含量的技术产品和技术服务；拥有"大幅面柔性树脂制版机"为全国之最，开发的产品畅销全国。

一　纸质包装

（一）纸　箱

1960年，株洲日报社印刷厂纸盒车间开始生产内销瓦楞纸板箱，产品主要供应醴陵及本市各瓷厂。1968年1月，纸箱生产从株洲日报社印刷厂划出，成立株洲市纸箱厂（株洲外贸包装厂前身），当年产12万平方米。此后，各地相继建成一批纸箱厂。

1982年，全市共有小型纸箱厂38家，其中区街镇办5家，厂、公司办3家，学校办1家，乡村办29家。这批纸箱厂生产规模小，设备简陋，经济效益差，仅能维持简单再生产，产品只能供本地单位包装需要。株洲外贸包装厂经技术改造，生产能力扩大，生产出口纸箱，1987年产量超过1000万平方米。1986—1988年，上缴利税总额549万元，超过全部国家投资。

1991年11月，醴陵市出口商品包装厂，投资190万元从北京机械厂购进的W1JⅡ-1600瓦楞纸板生产自动线，是境内第二条瓦楞纸板生产线。全部工序采用电子控制，每分钟生产5层瓦楞纸板60平方米，生产3层瓦楞纸板80～100平方米，年产纸板可达600万平方米，是单机生产的5倍以上。基本满足了醴陵烟花鞭炮和瓷器出口包装的需要。

1993年，具备年生产能力1万吨的普通瓦楞原纸、高强度瓦楞原纸、挂面牛皮箱板纸、鞭炮纸等包装系列纸生产线在攸县造纸二厂建成投产，质量达到轻工部部颁标准，成为省内首家万吨包装基材基地，跻身全国包装工业发展十年规划序列。同年，株洲外贸包装厂研制出纸箱自动钉箱机，比普通钉箱机提高5倍工效，避免了普通钉箱机械加手工操作难以克服的错钉、漏钉、重钉、曲钉、钉距不匀、钉不牢、钉不透的弊病，研制成果取得国家专利。1993—1995年，全市有33家包装企业通过审查验收，领到中国包装生产许可证办公室颁发的"纸箱生产许可证"。其中，12家企业获一类纸箱生产许可。1994年10月，8名股东自筹股金40万元兴办醴陵市瓷城纸制品包装厂，为纸箱生产企业，1995年完成产值147万元，利税35万元，产品合格率98%以上。

1996年，株洲外贸包装厂研制出瓦楞纸板横切机电脑测控系统。它不需要拆除原有横切机及其零部件，只需加装电脑控制系统，投资仅为2.5万元左右，此系统可降低传统瓦楞纸板横切机裁切纸板损耗85%以上。

1999年，全市生产纸箱1500万平方米。当年市彩印厂为太子奶公司印刷外箱包装，创产值

200 万元。市出口纸箱厂完成产值 460 万元，上缴利税 39 万元。

（二）纸　桶

1970 年，株洲市南区包装厂由市二轻局接管，改名为株洲市包装厂，由原生产木箱转产圆柱形纸桶。1971 年生产 1 万余只。1984 年，成立株洲市纸桶包装厂，1985 年试产纸桶 3 万个，1987 年开始纸桶出口。1988 年，该厂圆柱形纸桶被评为省优产品，当年生产出口纸桶 5.4 万个，间接创汇 11 万美元。此后，株洲市金属包装厂、株洲县渌口金属包装厂、建宁乡包装厂、株洲市特种包装厂先后开始生产纸桶。1990 年，株洲市纸箱包装生产企业共计 5 家，全市纸桶产量为 56.8 万只，圆柱形纸桶获 1990 年国际包装技术展、中国包装十年成果展金奖，为湖南省内同类产品中唯一获金奖的产品。1991 年，株洲市金属包装厂生产的湘珠牌 Φ310 圆柱形纸桶、株洲县渌口金属包装厂生产的湘渌牌聚醋酸乙烯乳纸桶均获省优产品奖。

1993 年，被列入湖南省新产品开发计划，由市纸桶包装厂历时 3 年研制的正方形、长方形、六方形、八方形等几何形体包装纸桶、异形纸桶及异形纸桶专机，12 月正式通过省级鉴定。省科委情报检索部门认为，异形纸桶填补国内空白接近国际水平。该产品系全纸结构，能够部分取代以纸代木、以纸代钢的外包装桶，广泛用于盛装、储存、运输化工、医药、食品、机械行业颗粒状、粉末状、糊状、茶叶等产品，具有强度高、气密性、弹性好、节约资源和包装费用、包装废弃物易处理的特点，具有广阔应用前景和适应价值。

1994 年，市包装厂、市纸桶包装厂生产的圆柱形纸桶经国家包装产品检测中心突击抽样检查，14 项外观指标和物理性能全部合格，是湖南省同类产品中唯一检测合格的产品。经此次检测后的产品 5 年内享受免检待遇。

1998 年，全市包装企业生产纸桶 20 万个，1999 年生产 15 万个。

二　金属包装

1961 年，株洲市模具厂以手工方式生产钢桶，平均日产 20 只。1969 年，株洲市轴瓦厂钢桶车间制造包装用钢桶。1972 年，株洲市北区门扣厂（后更名株洲市金属包装厂）生产 200 升闭口钢桶。1969 年，中国石油公司株洲石油储存站建立钢桶生产厂（后更名株洲制桶厂），1971 年投产，大量生产 200 升闭口钢桶，用作石油包装，为株洲市第一家机械化生产钢桶的骨干企业。20 世纪 70—80 年代末，先后有渌口金属包装厂、株洲市郊区先锋金属制品厂、株洲化工厂劳动服务公司福利工厂、株洲硬质合金厂劳动服务公司钻石包装厂、株洲市郊区特种包装厂生产钢桶。钢桶分为闭口和开口 2 大类。闭口钢桶只有 200 升 1 种规格。开口钢桶分为收口、中口（又称“半口”）、直口（又称“散口”）和收底 4 种型式，每种型式又有方形和圆形之分，共有 35 种规格，200 余个品种。1993 年，全市完成金属包装制品 6258.47 吨。1998 年，全市生产钢桶 100 余万只，占全省产量的 40% 以上。当年，株洲市容昌金属包装有限责任公司实现产值 1116 万元，利润 46 万元，上缴税金 40.8 万元。株洲市特种包装厂实现产值 3191 万元，利润 119.6 万元，利税总额 312 万元，分别比上年增长 24.8%、59.9%、64.6%。在中国包装技术协会第五次年会上，市特种包装厂、醴陵市轻工机械厂获全国包装先进单位称号。

（一）闭口钢桶

1971 年 7 月，株洲制桶厂开始使用机械生产 200 升闭口钢桶，当年产 1.99 万只。该厂是当时国内 5 个同类产品的生产企业之一，是中南、西南、华南地区唯一初具规模的 200 升闭口钢桶生产企业。

1975 年，株洲市金属包装厂生产闭口钢桶。此后，市郊区、株洲化工厂相继生产闭口钢桶。20 世纪 80 年代中、后期，株洲市 200 升闭口钢桶生产企业，全部淘汰了陈旧设备，代之以具有国内先进水平的全自动、半自动机械组成的生产作业线，年产能力达 40 多万只。市金属包装厂和制桶厂被湖南省进出口商品检验局定为出口包装桶定点生产厂家。期内，产品品种由 70 年代单一普通钢桶发展为普通桶、原板镀锌桶、内外镀锌桶和内喷塑防腐桶等 4 种。产品质量均符合《国际海上危险货物运输规则》Ⅰ类要求，达 80 年代国际水平。在 1989 年湖南省行业评比中，株洲制桶厂产品获第一名，株洲市金属包装厂产品获第二名。株洲制桶厂生产的 200 升钢桶，在全国同行业质量评比中，2 次获第一名，1 次获第二名，还连续 2 次获湖南省优质产品称号。1990 年，在北京举办的国际包装暨中国包装 10 年成果展览会上获金奖。产品销往国内 14 个省、直辖市、自治区；还出口到日本、联邦德国、东南亚等 6 个国家和地区，累计创汇 500 万元人民币。

1991 年，中国包装总公司受国家技术监督局委托，对全国生产 200 升闭口钢桶企业进行生产许可证考核。中国石化销售公司株洲制桶厂、株洲化工集团公司劳动服务公司、株洲市金属包装厂、市郊区先锋制桶厂产品经送国家检测中心检测全部合格。同时，企业也经省包装生产许可证办、市经委许可证办、市包装产品生产许可证办考核，经中国包装总公司包装产品生产许可证办公室审查批准，均获得生产许可证。

1993 年，株洲特种包装厂生产的 54 升易开密封式钢桶，是专为盛装株洲保险粉厂生产的保险粉而制作的，它伴随保险粉出口，进入国际市场。为提高钢桶油漆质量和漆膜附着力，该厂投资 100 万元，新建一条钢桶清洗喷涂线。这条线包括自动清洗、自动喷涂设备和蒸洗能源配套工程。采用粉末静电喷涂和自动清洗新工艺，钢桶从前处理的清洗、烘干、喷涂、烘烤整个运行过程用全封闭运行方式和自动控制，避免了钢桶在前处理过程中所造成的各种人为污染，保证了钢桶外表面对漆膜的附着力，彻底解决了钢桶漆膜附着力不稳定和影响钢桶外观质量的主要矛盾。钢桶清洗喷涂线的建设，在全省同行业中尚属首次。

1994 年 10 月，中国石化销售公司株洲公司制桶厂，株洲市金属包装厂生产的 200 升闭口钢桶经省商检局抽检，国家商检局统检，各项技术指标全部合格，分别获得国际海运危规Ⅰ类产品称号，是全省唯一获得此称号的产品。

1999 年，市特种包装厂在实行股份制体制的形势下，加强内部管理，应用新工艺、新技术、创新传统包装产品，开发出 Φ560 钢桶、马口桶、环保可回收钢桶、耐酸碱钢桶等新产品，申请专利 5 项。在钢桶市场竞争激烈、价格低迷的情况下，该厂完成工业总产值 3200 万元，利税 328 万元，实现利润 142 万元。

（二）开口钢桶

1961 年，株洲市模具厂以手工敲打生产开口钢桶，日产 20 只。1975 年，株洲市金属包装厂开始机械化生产开口钢桶。当年产 7 万只。1979 — 1983 年，株洲市渌口金属包装厂、株洲化工厂福利工厂相继投产。1989 年，株洲市郊区特种包装厂和株洲硬质合金厂钻石包装厂开始生产开口钢桶，产品全部出口，销往欧美、日本、东南亚、韩国、澳大利亚、土耳其等 20 余个国家和地区。1990 年产 18.15 万只，其中出口产品占全市开口钢桶总产量的 45%。有 1 种产品获部优称号，6 种产品获省优称号，2 种产品获省级优秀包装奖，2 种产品获省级优秀新产品奖。1990 年 12 月，在北京举办的国际包装展览会暨中国包装 10 年成果展览会上，株洲市金属包装厂产品获金奖，郊区特种包装厂产品获银奖。至 1991 年，市郊区清水乡响石村办先锋金属制桶厂，生产 200 升闭口钢桶已有 12 年，年产 10 万只。其产品质量、外观及渗透、跌落、水压等指标，经省监测中心多次检测，均符合国家标准 GB325-84 组织生产和正常运转体系。当年 5 月，通过省包装总公司的鉴定，成为省内第一个通过省级鉴定的村办企业产品。

（三）钢制集装架

1981 年 6 月，株洲玻璃厂生产 1 型集装架，其后，郊区荷花乡机械厂、省安装公司三处、省建材技校校办工厂、郊区蝶屏乡机械厂，按照株洲玻璃厂提供的图纸和技术标准，相继投入生产，产品销给株洲玻璃厂用以装运平板玻璃，代替木箱。20 世纪 80 年代末，株洲玻璃厂 1H 型折叠式竖装玻璃集装架，达到国内同类产品先进水平，填补湖南省内空白。

三　木质包装

1951 年，株洲七一兵工厂（南方航空动力机械公司）开始生产木箱。1958 年，成立地方国营株洲市木器厂（后更名株洲市群力木工厂），生产锯材、木桶、木箱。

1953 年，湖南省建筑工程局建筑器材公司第一木工厂（后改称株洲市木工厂）生产锯木、木箱。1960 年，产木箱 32.75 万只。

1965 年，株洲玻璃厂组建制箱车间，专为本厂生产玻璃包装木箱。品种有出口密封箱、出口疏箱和内销箱。此后，一些工业企业相继生产木箱。70 年代，全市木箱平均年产 80 万只左右。

20 世纪 80 年代，纸桶、纸箱、塑料和金属包装逐步取代木箱，以纸、铁、塑代木已成趋势。加之木材价格上涨，成本增高，有的企业已停止木箱生产，只有部分产品仍需木箱包装。

1989 年，株洲玻璃厂研制成折叠式玻璃包装周转箱，可节约木材 50%。并可回收使用 6 ~ 7 次。1990 年 11 月获全国包装 10 年成果展金奖。

1990 年，木箱产量大幅度下降，木箱生产厂家普遍减产，株洲市木器厂、株洲市纸桶包装厂、醴陵家具厂、醴陵木工厂均已停止生产木箱。

1993 年，株洲玻璃厂包装分厂为改进木质包装箱生产条件，提高劳动生产率，投资 70 万元，从美国引进12台自动钉箱机。1995年，该厂研制出拼板组合式木箱，具有保护性能好、玻璃损率低、减轻劳动强度、节省木材、降低成本、提高运输利用率等优点。

1996年，市木器厂完成股份制改造，成立董事会和监理会，按照股份制企业运作。

四　塑料包装

20世纪60年代初，株洲市塑料厂开始生产塑料膜袋。其后，株洲市塑料二厂、三厂、五厂和株洲化工厂、湘江氮肥厂劳动服务公司，以及一些县、乡企业，相继生产塑料包装产品。品种有薄膜袋、编织袋、壶、瓶、箱、盒等。1990年，全市有塑料生产企业20多家，产5000余吨。90年代，随着环保意识的增强，塑料包装品使用逐年减少。1993年，塑料包装制品只完成1351.62吨。2000年，塑料包装箱容器下降到年产23吨。

（一）塑料编织袋

1979年，株洲市精密铸造厂（后更名株洲市塑料五厂）生产塑料编织袋，1982年被评为省优产品。工厂成为湖南省三大塑料编织袋生产厂家之一，国家定点企业。1985年，聚乙烯轻型“久字牌”编织袋再度被评为湖南省优质产品。20世纪80年代，境内厂办、县办、乡镇办塑料编织袋生产企业相继出现。1990年，境内塑料编织袋生产总值已达1703.65万元，为1980年产值37.63万元的45倍多。1991—2000年，塑料编织袋不断开发新产品，1998年、1999年，全市产量均达到1800万条以上。

（二）塑料薄膜袋

20世纪60年代中期，株洲塑料厂曾生产过塑料薄膜包装袋、手提袋，后因定点生产硬塑材料而中止。70年代初，株洲塑料二厂生产聚乙烯再生膜，加工包装袋。继而添置吹膜机、挤出机，生产塑料膜，加工成工业产品内包装袋、食品袋等。80年代，塑料薄膜的使用范围越来越广，服装、鞋类、食品、食盐、蔬菜、水果等都广泛采用薄膜袋包装，从而促进了薄膜袋生产的发展。株洲市塑料二厂经技术改造，产品类型更加多样化。产品按原料品种分，有PVC膜和PE膜；按用途分，有包装膜、彩印膜、彩印包装袋等。可按照用户的要求加工各种型号的包装袋及各种花色的彩印膜。成为株洲市首家设备先进、产品花色品种齐全、规模大的薄膜包装生产企业。另外，株洲化工厂福利工厂、茶陵县塑料制品厂、攸县塑料制品厂也生产塑料薄膜袋。1990年，全市塑料薄膜袋总产值达647.02万元，为1980年的2倍。1991—2000年，有散布于境内的许多街道作坊、校办工厂、个体户，用手工压烫方法生产各种塑料薄膜袋。

（三）塑料中空容器

境内生产的塑料中空容器，主要有周转箱、包装箱、瓶、壶、盒等。1981年，株洲市塑料八厂为市电焊条厂生产电焊条塑料包装箱，用以取代木箱。当年产11.76吨。1985年，该厂采用热挤冷压工艺生产全塑压周转箱，为国内首创，获株洲市科技成果二等奖，压制的电池周转箱获省二轻厅二等奖，YX-11型食品周转箱被评为省优质产品。1986年，开发2～28#系列周转箱，广泛用于食品、饮料、电池、机械等行业。其中24瓶装啤酒周转箱、30瓶装汽水周转箱在全省包装产品展销中，同获“芙蓉奖”、省优秀食品包装奖。1990年产120吨。另外，1975年，株洲市日用塑料厂（后更名株洲市塑料三厂）生产聚乙烯塑料壶。1986年，产33.86万个，该厂产奔龙牌塑料壶获省优秀包装奖。1984年，株洲县竹木器厂转产塑料农药瓶。1989年，茶陵县塑料制品厂利用回收废旧塑料生产农药瓶。

（四）塑料泡沫

1985年，株洲市塑料泡沫厂生产电器、仪器、仪表包装用塑料泡沫，因质量差、销路不好而停产。1987年，荷塘铺乡生产塑料泡沫。1988—1989年，市无线电二厂劳动服务公司、南方航空动力机械公司劳动服务公司相继生产塑料泡沫，供应本单位包装需要。同时，醴陵市也开始生产塑料泡沫，主要用于出口高档瓷器、显微镜、金水包装。

五　包装装潢、广告

1958年，株洲市成立新生广告美术社，主要从事商店橱窗广告装潢设计。1982年，成立株洲市包装装潢广告公司（1984年改名为株洲市装潢广告公司），多渠道、多方位地发展广告业务，促进株洲产品销售。1979—1989年株洲市彩色印刷厂、株洲市装潢广告公司先后送中国包装工程学院培训设计专业大专生5人。许多设计人员业余参加装潢设计刊大学习，设计水平明显提高。全市具有工艺美术设计专业技术职称人员由1982年的22人发展到1988年的84人。1987年，株洲市获全国优秀包装装潢设计银奖3枚，为湖南省获银奖总数的三分之一。至1989年，全市获国家经委新产品奖，对外经济贸易部优秀包装奖、商业部三等奖各1个，首届全国小型包装评比优秀奖1个，中南五省区包装装潢评比“中南星奖”银奖2个、铜奖1个，1989年云南名烟“画苑”烟商标设计向全国招标，株洲市彩色印刷厂设计人员中标夺魁。

（一）包装装潢设计

1. 出口商品包装　20世纪70年代，醴陵陶瓷包装装潢设计发展迅速。1976年，国光瓷厂生产的留香杯、清香杯，以自己设计的美术盒包装出口。1979年，醴陵外贸站、瓷业公司、大桥纸箱厂、阳三石纸箱厂组成设计组，设计出口商品包装。肖禾设计、出口日本的葫芦酒具开窗美术盒，获国家经委颁发的优秀新产品证书和对外经济贸易部授予的新包装荣誉证书。80年代以来，盒面装饰逐步发展为在外箱、内盒加彩色招贴装潢，将装潢图案直接印刷在盒面上或贴“招贴纸”，增加美观，并采用内外盒、分盒零售，直接成为销售包装，使消费者一目了然。部分高档瓷、精细瓷、礼品瓷，为显示其名贵，用锦缎、呢绒、丝带等高贵材料做成包装盒销售。

20世纪80年代，醴陵烟花鞭炮改木箱为纸箱包装，内包装也由纸包封条改为彩色小盒包装。为适应消费国需要，醴陵市对外经济贸易鞭炮公司分别以红、绿、蓝色标志出口日本、欧洲、美国。彩盒“条形码”注明销售价格，直接成为绚丽多彩的销售包装。

20世纪80年代末，醴陵市拥有130多家日用瓷器生产厂，平均年产量达1.3亿件，其中出口约1亿件。然而，用于瓷器主要装饰材料之一的薄膜贴花纸，有95%是依赖进口和到省外采购，其产品成本高，生产受牵制。为从根本上解决这一难题，1991年醴陵市外贸彩色印刷厂从瑞典、瑞士引进滚筒印刷机和制板设备10台（套），建起高档瓷用薄膜贴花纸印刷生产线，这是全国继沈阳之后，设备配套最齐全，技术居90年代初世界先进水平的第二条贴花纸印刷生产线。该生产线于当年11月试产成功，其产品经瓷厂应用证明，质量完全达到进口贴花纸水平。此线全部投产，可年产高档日用瓷薄膜贴花纸500万张，新增产值600万元，创利税90.7万元。同时，大部分产品可直接出口创汇。同年，株洲市彩色印刷厂，继引进烫金膜设备及德国海尔DC380电子分色机后，又引进德国密勒TP94/4C四色胶印机，形成高效率、高档次的电子制版、烫金、复膜印刷生产线，其主要设备达到世界先进水平。四色胶印机时速为13000印张，与国内单色胶印机相比，印刷周期缩短75%，纸张损耗降低75%，每年可新增产量11424万印张，产值319.5万元，利税110万元。

2. 国内销售包装 主要是食品、日用品及医药、化妆用品包装。1982年，株洲市成立包装技术协会和株洲市装潢设计、印刷专业委员会，扭转只重视高档商品包装设计的倾向，转向重视与消费者日常生活密切相关、市场普及极为需要的消费包装，促使包装装潢设计质量的提高。1985年11月，中国包装装潢设计委员会中南地区评奖领导小组，在郑州主办“中南星奖”评比活动，株洲市彩色印刷厂张一明设计的“锦江酒”包装，获“中南星奖”银奖。1986年9月，《中国包装报》和全国包装装潢设计委员会在北京举办全国首届小型包装装潢大奖赛，株洲市彩色印刷厂岳迪民设计的腊梗火柴盒获优秀奖。1987年，“锦江酒”包装、“辣椒酱系列包装”和株洲市印刷厂易德强设计的十二生肖火柴包装，在全国包装改进成果展览会上获银奖。

1994年，株洲市抓包装改进，取得较好成果。首先是从政策上鼓励包装改进的单位和个人。凡包装改进的技改项目资金优先安排，对获得荣誉的先进单位和个人给予重奖。加强包装检查监督，对发现包装不善、产品质量达不到国家标准的单位，提出限期整改，包装不改好，产品不准出厂，运输部门不给存运。要求企业组织专人对包装功能过剩和包装达不到保护商品功能的进行专题研究，认真整改。一年中，全市减少破损而节约包装费用500多万元。株洲冶炼厂、市外贸包装厂、市特种包装厂、株洲玻璃厂包装分厂、中国石化销售公司株洲制桶厂、株洲工学院获得全国包装改进先进单位称号，获奖比例占全省40%。

（二）广　告

1956年，株易路口百货商店（后改名为市建设百货商店）开业时，将实物加文字、图案陈列于橱窗内，为株洲商业广告之始。1958年，成立广告美术社，兼营商业广告。1961年10月解散。1982年，成立株洲市包装装潢广告公司（后改名为株洲市装潢广告公司），开展广告业务。1984年，市广告公司组织编印《株洲工商指南》一书，征集刊户800余家，辑录了各企业的名称、地址、负责人、电话号码、产品介绍、生产规模、设备技术能力等，并刊有株洲冶炼厂等21家大中型企业的彩色插页广告，市搪瓷厂等12家单位的黑白插页广告，印制5000册，发往各大中城市的信息部门和广告公司，促进信息交流，提高了株洲市的知名度。同年，市广告公司组织、邀请潇湘电影制片厂拍摄广告题材纪录片《株洲行》。集中展示了中华人民共和国成立 35 周年来株洲市的光辉成就。影片上映后，引起了省内外广告行业的注目。市饲料厂生产的骆驼牌饲料，从 1988 年开始，广告常年不断，销路经久不衰，企业产值、利润每年以 30% 的速度递增。南方航空动力机械公司生产的南方 125 系列摩托车，在 1990 年上半年以前，处于滞销状态，领导带队到全国各地蹲点推销，效果甚微。同年 9 月，该公司在十一届亚运会作广告，并用实物摩托车在开幕式上一展英姿，产品销售扶摇直上，各地公安、司法部门、商场纷纷前来订货，使年产 5 万台摩托车的南方公司，订货达 10 万台。1989 年下半年开始，市场疲软，经济滑坡，企业压缩开支，广告费减少，广告行业不景气。市广告公司为适应这一变化，大力发展护栏路牌等小型广告，企业只要花大型路牌的 16% 广告费，即可起到产品宣传的作用，企业乐意接受，小型护栏路牌发展很快。至 1990 年年底有 140 多块，计 560 平方米。同时，进一步发挥大路牌的效果，架设高楼户顶路牌、立体路牌，提高设计质量。其中雪松牌麻纺产品广告，获中国广告协会、国家工商总局广告局“五十铃奖杯”。1991 — 2000 年，株洲企业知名产品的广告逐步进入全国，产生较大影响。1997 年 11 月，日出江南公司以 88888898 元标的夺得 1998 年中央电视台黄金段广告“标王”，为“太子奶”打入全国市场铺平了道路。

株洲市包装工业公司历任负责人名录

表 7-19

经　理	任职时间
言谷存	1984.4 — 1995.6
胥明浩	1995.8 — 2000.12

专　记

区街工业

清咸丰、同治年间（1851 — 1874 年），境内城镇木器、竹器、小铁件、雨伞、皮革制品等手工业较为发达。民国 26 年（1937），省内长沙、衡阳、湘潭等城市人口疏散，外地手工业者来株洲城镇开设工场或雇工，使从事手工业者增多，取得了较大的发展。民国 33 年（1944），日本侵略军犯境，城镇沦陷，手工业发展受挫。抗日战争胜利后手工业有所恢复。

中华人民共和国成立后，境内城镇区街工业开始走上发展之路。区街工业主要是手工业，有木器、竹器、缝纫、铁器、雨伞、草席、机修、棕作、笔墨、衡器、针织、五金、鞭炮、履草、纽扣、豆腐、雕刻、服装、染布、钟表修理、红砖、瓷业、铸造、刺绣、豆油、土硝、印刷等 34 个行业。1956 年，随着国民经济的发展和人民生活水平的提高，城镇区街工业的行业得到了发展，逐步从手工业向大工业转变，行业转变分为两个类型：一是改造成联社维持手工业生产方式，生产小商品，从事修理服务网点等；二是部分手工业发展成为现代大工业行业，为大工厂配套服务，为市场需求生产工艺复杂程度较高的产品。尤其是在“大跃进”期间，工厂到处兴建，仅株洲市中心城区由1959年19个工厂（组）、职工327人发展到1961年70个工厂、职工2973人，其中区办的有35个工厂，职工2118人；区代管的20个工厂，职工513人；分社办的15个工厂，职工342人。这些工厂主要是加工修理业、小五金、食用品加工工场、竹木器制作等，土法上马，设备简陋，技术落后，生产管理水平不高，效益差。1962年，对“大跃进”中创办的工厂进行整顿，停办一批生产条件不具备，经济效益差的工厂，促进了城镇区街工业的健康发展。1964年，株洲市人民政府决定区只管城市工作，不管经济工作，将各区区办和代管的工业企业收归市工业各局管理，仅清水塘区就上收了采砂、造纸、砖瓦、冶炼、日用玻璃等14个工厂，年产值305万元。1969年，城市区域重新划分，成立了东、南、北3个区，各区政府根据中共株洲市委关于“大力发展五小工业（小化肥、小机械、小水电、小煤窑、小水泥），大搞综合利用”的号召，大办区街工业，使区街工业重振雄风，为市场需求生产工艺复杂程度较高的产品。1970 — 1978年间城市3区区街工业拥有东风电器厂、红卫机械厂、铸件厂、五金线材厂、无线电元件厂等90个企业（含代管企业），职工4592人，年产值2500万元，利润210万元。

中共十一届三中全会后，工作重点转移到以经济建设为中心的轨道上来。中共株洲市委、市人民政府决定城区工作的重点是“当好新长征的后勤兵”，集中精力抓好城市管理，发展商业、服务业和其他第三产业，决定将区办和代管企业全部上收归口市各工业局管理，于是区办工业成了空白。1979 — 1983年，城市3个区只有办事处和居委会办的小型修理网点和作坊，较为完善的小型工厂却寥寥无几。为加强城市管理和发展第三产业、增强区级经济实力、克服资金来源困难，市委、市政府于1983年决定实行区办、街办、委办、商办工业“四个轮子”一起转的发展经济方针，切实加强了区街工业的领导，制定了发展规划，采取了行之有效的措施，致使区办工业又重新起步。1984年，各区新办和上收了办事处一批企业。当时拥有化工、机械、冶金、包装厂等59个工业企业，职工2790人，产值1861万，利润132万元。区街工业的发展，增加了区级经济财源，壮大了区级经济实力。是年，全市区街工业完成产值6035万元，销售收入5888万元，利税958万元，比1975年分别增长3.62倍、4.01倍、2.06倍。1984 — 1990年株洲市城镇区街工业除原先已管理的城市3个区和株洲县渌口镇外，又将醴陵市、攸县、茶陵县、酃县的城关镇镇街工业和郊区直属工业企业划入株洲市城镇区街工业管理范围。在此期间，为支持城镇区街工业发展，市政府及有关部门颁布了《关于加强城镇街道居民委员会工作的通知》《关于发展劳动服务公司集体企业几项经济政策问题的通知》《株洲市市（县）属企业工资总额同经济效益挂钩试行办法》《关于发展二轻、区街集体经济的几点意见》《城镇集体工业财务管理办法》等优惠政策和规定。随后各县、区政府根据上述政策和规定，结合本地区实际，制定了实施条例。上述文件的执行，有力地支持和促进了城镇区街工业的发展。同时依靠科技进步，采用先进技术，投入资金3500万元对株洲市郊区化肥厂、保险粉厂、株洲市东区铝银粉厂、株洲市南区粉末冶金厂、株洲市北区金属包装厂、醴陵市城关出口花炮厂、茶陵县电线厂、攸县橡胶厂、酃县保温材料厂、株洲县水暖零件厂等18个单位的设备、厂房、工艺、配方进行了更新和改造，增强了区街工业实力。至20世纪80年代末期，全市区街工业已形成冶金、机械、化工、陶瓷、烟花鞭炮、包装等20个行业的工业群体，轻工业占三分之二，重工业占三分之一。年产值超100万元的行业有15个，其中化工行业达5000多万元、烟花鞭炮2000多万元。年产值1000万元以上企业2个，500万～1000万元的企业4个，100万～500万元的企业31个。1990年，全市城镇区街工业完成工业产值26550万元，销售收入21309万元，利税2324.88万元。工业产值较上年度增长14.91%，为全省区街工业产值的12.04%，为全市工业产值的5.19%。按可比口径对比，株洲市城镇区街工业在全省14个地市中名列第五位，在8个省辖市中排列第三位。全市有区街工业企业157家，职工11570人，固定资产原值6797万元，净值4663万元。

1991年，市人民政府2次召开常务会议，专门研究区街工业问题，成立了由常务副市长为组长，市计委、经委等10个部门负责人组成的“株洲市发展城镇区街工业领导小组”，按照“大厂带小厂，小厂靠大厂，大中型企业与地方企业协调发展”的思路，帮助区街工业排忧解难、协调矛盾、落实优惠政策。动员号召各大中型企业在技术、设备、人才、产品扩散、销售等方面给予区街工业支持。当年，全市区街工业工业总产值达到3.46亿元。1992年达到4.49亿元。整个“八五”计划期间，全市区街工业累计实现总产值26.11亿元，年均递增23.21%；销售收入22.05亿元，年均增长24.36%；利润6019万元，年均增长24.66%；上缴国家税金1.56亿元，年均递增19.67%；出口交货值2.69亿元，年均递增66.96%。

“九五”计划期间，株洲市作为全国18个“优化资本结构，增强企业实力”的改革试点城市之一，及其后转换经营机制、转换职工身份的改革大潮的冲击，加上长期以来区街企业管理体制上的不统一、不健全，造成地位不高、人才难引进、生产无计划、材料无安排、资金无着落、企业负担过重、退休人员增多、社会摊派也多、优惠政策难以完全落实到位，部分区街工业企业随着股份合作制或联营、或兼并、或挂靠大企业、或破产等改革、改制、改造而徘徊不前，逐步萎缩。

第八篇 商 业

三国时，株洲是建宁县城，商业发达，后毁于战火。唐代株洲商业又有较大发展，唐大历四年（769），诗人杜甫游株洲时，曾写下反映商业发展状况的《遣遇》诗。宋代酿酒、饮食、旅店业繁荣，酒税岁入20万缗。宋孝宗隆兴元年（1163），奏斩秦桧的名臣胡铨曾饮宿于株洲客店胡氏园。元末，株洲为朱元璋、陈友谅厮杀战场，商业在“血洗”中十室九空。明代南北商品交流发展，株洲商业又呈兴盛。清顺治五年（1648），明将马进忠与诸胤锡大战于株洲，商业又有发展。木材、茶叶、稻米、肉、蛋、瓷器、鞭炮、夏布、土纸等贸易居湘潭集镇商业之首，粮食贸易仅次于易俗河米市。清康熙十三年（1674）吴三桂与清兵会战于株洲，株洲商业再度损于战火。

清道光二十五年（1845），境内农村市场以墟场交易为主，集镇市场则以日用生活品换取农产品和工业原料为主。辟有建宁、白石港、霞湾三大码头。逆江而南，商船直达郴州，转道骑田岭经北江船运而至广州。湘东南各县之煤炭、矿砂、木材、楠竹、茶叶、稻米、茶油、枯饼、石灰、瓷器、鞭炮、生猪、禽蛋、土纸、干椒等亦多经株洲转输外销。批发贸易与中介贸易发展，商品集散活跃。清咸丰五年（1855），设厘卡局，开征商业税。清同治元年（1862）设船局。株洲商船直达汉口。

清光绪三十一年（1905）十一月十六日株萍铁路通车。萍乡之煤炭由火车运至株洲，再由水路直达汉口。商船往来于湘鄂之间，沟通株洲与商业中心城市汉口的直接联系。水运商业码头增至12个。清宣统二年（1910）十二月十九日，株洲至长沙猴子石铁路通车，沟通了与长沙的直接联系。同时湘黔铁路开工，株洲成为路矿要冲、商贩行旅、络绎于途。除农副产品的输出贸易外，京广百货、布匹、瓷器、中西药材、煤炭、燃料、铁器、烟草、土纸等商品贸易也相继发展。民国6年（1917），株洲已有各种代客买卖货物的牙行24家。成为“通闽粤吴楚，客商云集之区”。与此同时，外国商人向株洲渗透，发展洋行代理商业，掠夺原料，倾销洋货，贩卖毒品。鸦片烟馆、妓院亦应运而生，有烟馆、妓馆20余家。

民国7年（1918），南军刘建藩部先掠而过，北军张敬尧且劫且杀且淫而后，株洲街市，烧毁殆尽。商务零落，物景萧条。加之，外国商人向株洲市场倾销洋纱、洋油、洋烟、鸦片、颜料、砂糖、洋蜡、药品等商品，境内各县生产的土纱、土布、土纸、土靛受到排挤而衰落。外商又通过代理人压价收购矿砂、茶叶、瓷器、爆竹、粮食、猪鬃、皮毛等大宗土特产品，民族商业遭沉重打击。株洲商民先后7次参加提倡国货、抵制外货的爱国运动。国人提倡国货，市场物资交流转旺，店铺增多。

民国14年（1925），袁松林（中共地下党员）与友人合资在株洲新街开设米店。次年，发动成立株洲商民协会，并出任执行委员长，组建了粮食、南货、棉布、百货、缝纫、五金、园木、理发等16个同业公会。

民国15年（1926）2月4日，株洲商民罢市，抗议军阀赵恒惕杀害共产党员汪先宗。同年7月10日，株洲商民庆祝北伐革命军叶挺独立团攻克株洲。商业同业公会纷纷烧好茶水，慰劳北伐革命军。株洲商会设宴欢迎北伐军总司令蒋介石及其高级军官40余人。民国16年（1927）“马日事变”后，株洲商业同业公会组织店员编成株洲工农义勇军第二大队，响应毛泽东领导的湖南秋收起义，参加攻打长沙。理发公会会员易子成、段三在战斗中牺牲。1928年，茶陵县、酃县商业工作者，在中国共产党领导下，组成苏区合作社，打破国民党军队经济封锁，保障苏区的供给。民国20年（1931），株洲商会有会员96户。

民国25年（1936），国民政府开始规划在株洲镇建设工厂。同年9月1日，粤汉铁路全线通车。民国26年（1937）抗日战争开始，不少工商户内迁株洲镇。各地营造商和建设工人汇集株洲镇。从火车站到建宁街以及沿建宁港入湘江入口一带成为铺店栉比的闹市区。董家塅卫门口、田心东门成为商业集中之地。

随着铁路和现代工业之兴起，株洲镇商业资本有了较大的发展，木材商人唐春和以株洲镇为基地，承办平汉、陇海、粤汉、湘黔、浙赣铁路的枕木，在湘潭、长沙、耒阳、柳州、徐州、武昌、南京等地设立木材加工场或营业处，为株洲首富。株洲“永安药材号”经营的批发业务，客户遍及湘潭、衡山、醴陵、长沙、浏阳等地。

抗日战争期间，株洲镇食盐、烟类、火柴实行战时专卖，桐油、茶叶、猪鬃、锑品实行贸易统制，每50千克毛猪值银洋36元或稻谷750千克。民国27年（1938）10月7日，日本飞机轰炸株洲镇，25户屠商疏散歇业。

抗日战争胜利后，国民政府废除战时专卖制，实行自由贸易。美国乘隙而入，向株洲镇倾销面粉、肥皂、布匹、香烟、有机玻璃牙刷等商品，阻碍了民族商业的发展。同时，国民政府发动内战，滥发纸币，通货膨胀，市场极度混乱，不少店铺破产倒闭，市场每况愈下。1949年8月，株洲仅有商户351户，从业人员1134人。其中粮食行38户，竹木行28户，蛋品行5户，南货20户，百货16户，烟丝20户，屠宰25户，布匹11户，胪陈22户，国药16户，西药5户，书纸13户，钟表照相10户，铁锅6户，饮食5户，理发14户，其他97户。另有沿街叫卖的小商、菜贩209户。

1949年8月3日，株洲和平解放，在中国共产党和人民政府的领导下，根据中共中央“公私兼顾、劳资两利、城乡互助、内外交流”的政策。从是年9月起，先后创建国营贸易、百货、粮食、煤炭、石油等商业公司。经过两次调整公私商业的关系，发展了私营商业和城乡物资交流。1952年年末，株洲市社会商品零售总额比1949年增长4.5倍。

从1953年开始，株洲市商业进入重要的发展时期，根据中共株洲市委“商业以支援工业基本建设为中心，为工农业生产服务，为消费者服务”的方针，商业得以迅速发展。1956年，株洲市完成对私营商业的社会主义改造。商业所有制格局发生重大变化。资本主义商业从商品流通领域中排除，形成了统一的社会主义市场。国营商业掌握了工农业产品的主要货源，成为市场的主导力量，市场商品可供量与社会购买力基本平衡，市场繁荣，物价稳定。1957年，株洲市社会商品零售总额为3747万元，比1952年增长265%,5年内平均递增29.6%,大大高于湖南省年平均增长11.2%的幅度。但国营商业发展过快，出现了商品经营由分散到集中，网点由多变少的情况。1957 年年末，株洲市市区人口 18.51 万人，比 1952 年增长 92.4%，但全市商业网点由 1952 年的 834 个减少到 361 个，比 1952 年减少 473 个，每千居民网点由 1952 年的 12 个降为 3.8 个，商业从业人员 3401 人，由 1952 年每千人口 24.8 人降为 18.4 人。

1958 年，株洲市商业出现了“大购大销”运动，在工业品收购上实行“工厂生产什么收购什么、生产多少收购多少”；在农副产品采购上实行“多收、收好、收足”。使商品购销脱离市场客观要求，出现“指山买林，指水买鱼”的虚假收购和无效收购，商品采购损失 325 万元，削价推销损失 287 万元，两项合计 612 万元。

在“大跃进”时期，商业机构实行政企合一，株洲市商业局、株洲市供销社、株洲市外贸局合并。撤销国营专业公司，购销业务并入市商业局。管理人员由 33% 减少到 9%。商业网点由 361 个并为 188 个，比 1957 年又减少 48%。网点不足，群众购买不便的状况加剧。与此同时，公私合营商业和合作商业升级为全民所有，供销合作社并入国营商业，小商小贩过渡为全民职工。关闭自由市场，形成了国营商业独家经营的局面。

从1959年起，农业连续3年歉收，加上“大跃进”失误所造成的后果，株洲市商品供应紧张，物价上涨，供需矛盾突出。市场货币流通量与商品可供量的比例，由1957年的1：7下降到1961年的1：3.5。株洲市市区社会零售物价指数，1962年比1959年上升58.7%，3年平均递增16.7%。全市农副产品收购，1962年与1957年比较下降20%；其中生猪减少73%、家禽减少31%、鲜蛋减少88%、粮食减少33%、食油减少55%。主要消费品供应量，1961年与1959年比较：粮食下降31%、食油下降62%、蔬菜下降52%、鲜蛋下降26%、鲜鱼下降23%，株洲市市区居民每人每月只供应猪肉250克、食油100克、糖100克、粮食11.5千克。

从 1961 年开始，根据中共中央《关于商业工作问题的决定》进行调整，把供销合作社、外贸和饮食服务从商业局中划出，重新组建 8 个国营专业公司，开放 38 个城乡集贸市场，恢复合作商店（组）；纠正农副产品收购过头的错误，调整购留比例。1962 年与 1959 年比，粮食征购调减 46.53%，食油调减 82%，生猪调减 61.96%，鲜鱼调减 40.87%。主要农副产品收购价平均调高 32.3%，为农民创造休养生息的条件。经过 3 年调整，国合商业贯彻“发展经济，保障供给”的方针。对人民基本生活必需的粮、油、棉、布、肉、蛋、禽、盐、糖果、糕点、蔬菜和针棉织品、煤炭、煤油等 18 种商品采取定量平价供应。保证居民的基本生活，促进经济复苏。商业在调整中正常发展。1966 年开始“文化大革命”，株洲市出现否定商品经济、抑止商业发展的浪潮。8 月起大破“四旧”。把化妆品、工艺品、西装、玩具、高级烟酒、高级食品和带有中华文化传统的商品名称、商标、图案等以及带有外文译音的商品作为“有问题商品”处理；传统服务项目取消；商业为消费者服务改为“为工农兵服务”，服务质量下降。

从 1967 年 11 月起，株洲市商业开展批判“流通决定生产论”和所谓“所有制大倒退”。1968 年 11 月，再次把供销社并入国营商业，把小商小贩和合作商业当成“资本主义尾巴”割，取缔个体商贩 1069 户。经过整顿，全市仅存 56 个合作商店（组）343 人，划归国营商店归口管理。城乡集贸市场再次闭。全市商业成为国营独家所有和经营。市场日益狭小。群众“买东西难、住宿难、吃饭难、理发难”的问题再次突出。

在“文化大革命”中，广大商业干部职工，抵制“停产闹革命”和“罢市”歪风，坚守岗位，努力保障市场供应。1975年社会商品零售总额比1965年增长107%，商品价格和市场供应基本稳定。

1978年12月，中国共产党十一届中央委员会第三次全体会议（简称“中共十一届三中全会”）后，根据“调整、改革、整顿、提高”的方针，实行“对外开放、对内搞活”的原则，株洲市商业进入了一个新的发展阶段。

1979 — 1980年，株洲市商业主要是调整结构，恢复和发展集体、个体商业和经营网点；试办贸易中心和批发市场；调整部分计划商品的供应方式。但由于受“左”的指导思想的影响，规定零售商业不得出本市、本县采购商品，县级批发不得出本地、本省采购，继续强调对集市贸易的限制。

1982年中共十二次代表大会以后，在“改革、开放、搞活”方针的指引下，多种经济形式、多种经营方式、多条流通渠道和少环节（简称“三多一少”）的流通体制逐步形成，变交通优势为流通优势初见成效。1984年，株洲市财贸委员会成立，归口管理株洲市第一商业局、第二商业局、粮食局、蔬菜办公室、烟草局、供销合作社和城市3个区商业局。市辖5个县亦成立财贸委员会，统筹规划和指导管理各县商业的发展。

1985年，市政府决定对商业企业扩大自主权，实行目标管理，加大对商业固定资产建设的投资，商业网点建设走出低谷。在其后的5年中，先后建成了株洲市供销大厦、株洲市庆云大厦、株洲市工业品批发大楼、株洲市烟草大楼、株洲市大酒家、株洲市钟鼓岭农贸市场、株洲市芦淞服装市场，扩建了湘江百货大楼（株洲百货大楼前身），兴建一批商品仓库和零售网点，使株洲市商业得到了较大规模的发展。

1986年，株洲市推行外引内联，发展商商、工商、农商、批零之间的联合经营。年末，6项目标管理的经济指标获湖南省同行业第一名。

1987年，商业企业全面实行承包经营责任制，实行简政放权，逐步增强商业企业活力。年末，7项经济指标获全省同行业第一名。

1988年，由于基本建设规模过大，信贷投放和消费基金增长失控，发生通货膨胀，出现6月和9月两次抢购商品风。零售物价指数6月份上升至124.7%，9月份上升至145.1%。市政府决定，国营商业要尽力扩大购销，克服保守惜售，稳定市场，平抑市场物价。并实行增加有效供给，平抑市场物价的目标管理。商办食品工业昼夜开班，确保大米、面粉和主要副食品的供应；商业企业积极扩大购销。株洲市全年国营商业国内纯购进比上年增长33.25%，国内纯销售增长41.38%。保证主要商品的正常供应，稳住了“菜篮子”和“米袋子”，市场形势逐步好转。

1989年一季度，商品供应仍偏紧，零售物价指数居高不下，到4月份市场由紧转平，从6月份开始滑坡，市场疲软，销售下降、商业库存激增。经过开展促销活动，年末社会商品零售总额25.77亿元，比上年上升9.2%，其中市本级增长7.4%；国内纯购进20.6亿元，比上年增加3.5%。其中农副产品购进5亿元，比上年增长41.2%，国内纯销售24.66亿元，比上年增加14.2%，45种主要商品的社会零售量下降的有28种。在银根抽紧、市场疲软中，国营商业组织50支推销队伍，赴全国各地推销地方产品，有350人次组织工业品下乡，扩大销售。经过努力，年末共有11项经济指标获全省同行业第一名。

1990年，全市仍以稳定市场、平抑物价、稳定人心、促进工农业发展为商业工作的重点。全年平均零售物价指数为99.1%，比上年下降19.2%。是1985年以来市区首次零售物价总水平下降，低于全省平均水平，下降幅度在省辖7市中居首位。1990年，全市社会商品零售总额26.67亿元。其中市区11.1亿元，比1979年增长3.69倍，平均每年递增14.6%，在社会商品零售总额中，国营占40.8%，集体占34%，个体占25.2%。市场商品丰富，购销活跃。城乡居民消费结构也发生新的变化，吃的支出占生活消费总支出的比重由1979年53.4%下降至51.9%，穿用及其他支出的比重由1979年的11.2%上升到18.5%。全市居民消费水平人均为666元（其中市区人均1937元），比1979年提高122%。主要消费品零售量大幅度增长，1990年比1979年主要商品销售增长幅度为：粮食12%、猪肉105%、鲜蛋268%、水产品561%、卷烟120%、酒160%、呢绒156%、毛线252%、肥皂239%、缝纫机88%、手表68%、自行车312%。

1990年，株洲市城镇居民家庭平均每100户拥有电视机123台，电冰箱69台，洗衣机86台。1990年与1978年比较，社会商品零售总额增长4.7倍，1990年全市商业纯购进18.8亿元，其中市本级7.3亿元。与1978年比较，地方工业产品收购增长21.8倍，农副产品收购总额增长5.6倍。国内商品纯销售增长13倍。商业上缴税金增长2.3倍。

1991—2000年，株洲加快推进商业体制改革，国营商业适应市场经济变化逐步转体。粮食系统的北区、东区、南区粮站分别更名为粮油贸易公司。2000年，市区已有荷塘区、石峰区、芦淞区、天元区4家区粮油贸易公司和株洲市粮油贸易公司共5家国营粮贸公司，下辖32个基层粮店、3家面粉加工企业、1家糯米粉加工企业、3家酒店和1家招待所、2家合资经营粮油公司。形成以粮贸公司为主要渠道，粮店为主要销点，粮企为支撑的粮油经销网络。从1992年11月1日起，全面放开粮油市场和销售价格。粮油市场多种经济成份共存。国营粮食系统经过体制改革，焕发出勃勃生机。

蔬菜、肉食、副食品价格及经营在“管放结合，少管多放”的原则下逐步放开，生产者和经营者依据市场需求自主进行生产和经销。纺织、服装、鞋帽、百货、五金、交电、餐饮服务行业以股份合作、个体、私营商业为主，各类专业市场迅猛崛起，竞争激烈。市场经济大潮推动国营商业实行改制重组。商贸流通领域全面激活起来，市场购销两旺。

第一章　粮　油

中华人民共和国成立前，株洲粮油有米行、谷行、豆麦杂粮业、油行、油料行等行业。后逐步合并，统称为粮油行业。

1949年8月，中国人民解放军第二、第四野战军经株洲向华南、西南进军，株洲设易家湾、株洲镇2处筹粮支前供应站，组织干部和地方武装到农村临时征借，征借粮食可抵本年公粮。年底，株洲征借筹粮大米70万千克、稻谷3.7万千克。旧的封建土地制度尚未触动时，按照土地占有量分摊，地主、富农负担公粮总数的61.1%。

1950年9月，株洲成立粮食支公司，开展购销活动。购销均按统一制定的牌价计算。因销量剧增，加上私商套购，趁机抬价，粮食市场时有波动。是年冬，农户征收的公粮占农户粮食产量的15%左右。

1953年，实行粮食统购统销，价格按国家牌价执行。株洲市城区人均月销大米15千克以上。行业用粮实行定额供应，农村销售采取逐级分配统销指标的办法。

1954年1月，市粮食支公司改设为市人民政府粮食管理局。同年6月起，城镇居民食油实行计划供应。1955年，农村实行粮食"定产、定购、定销，三年不变"政策；城镇销售以人定量粮食标准；全国和湖南省粮票在株洲市流通，并开始实行转移居民粮食关系。

1956年6月，市人民政府粮食管理局改为市人民委员会粮食局，由科级局升为处级局。是年，实行增产增购余粮政策（即超购），农村始倡储备粮。三年困难时期，国家实行超购粮加价收购；城镇人口粮食标准下调20%；粮油购价提高，销价不动，价格倒挂，由国家对粮食部门进行差价补贴。为鼓励农民种粮，从此时开始至20世纪90年代粮食市场开放前，国家每隔一段时间都对粮食收购进行一次政策提价。1965年起，粮食收购和农村定销实行"一定五年"办法，确定人均口粮在起征点以下的不予征购，农业税折收代金。

1968年4月，成立株洲市粮食局革命领导小组，1969年1月改设市粮食管理站革命委员会，1970年12月改为市革委会粮食局。1971年，超购粮油加价比例提高并实行奖售办法。1977年，对厂矿、企事业单位职工实行基本口粮到户，从事体力劳动的职工，按劳动强度分别增加工种粮。1979年，恢复粮油议价经营。1980年12月，市革委会粮食局更名为株洲市粮食局。

1982年农村实行联产承包后，农村购销对象改为以农户为单位，集体储备粮不复存在。

1985年，国家取消了执行了32年的粮油统购，实行合同定购；合同定购外粮油品种放开经营；对农民停止借销办法；调高人均口粮定量标准。由于农村产业结构的调整，并受1984年粮食丰收出现全市性"卖粮难"的影响，部分农民弃农从工经商，粮食播种面积减少，1985年和1986年株洲均未完成粮食合同定购任务。从1987年起，实行粮油购、销、调包干；贯彻国家实行收购粮食与供应平价化肥、柴油和发放预购定金"三挂钩"政策；销往农村的粮食实行购销同价办法；对凭粮票购粮实行限制。1988年11月，对居民购粮证上节余的粮食实行冻结，行业用粮全部改为议价供应。1988年12月，发行株洲市粮票附券，对从当月指标中领取的粮票，发给等量附券，持粮票和附券方可在市内购平价粮，附券面额有50克至50千克7种。1989年10月，发行株洲市粮票，面额为0.5千克至5千克4种，原发的附券只收不发；对议价销售实行限价管理；规定大米和稻谷只能由国家粮食部门统一经营。1990年，国家对株洲市的粮食补贴为10781万元，每个非农业人口平均年补贴185元。是年年末，粮仓爆满，租仓、搭棚仓、打露天堆储存稻谷6840万千克。当年，全市有粮食购销网点174个，其中城镇粮店51个；14个大米厂、1个面粉厂、2个食油精炼厂、7个饲料厂。其中，市粮食局下辖粮油储运、粮油议购议销、粮油物资供应3个专业公司和4个直属粮油加工企业。粮食部门担负着全市72.54万非农业人口的粮油供应和2.565亿千克定购稻谷、1.5亿千克议购稻谷、1.25万千克食油的收购、调运、保管、加工、销售和全市饲料主要生产任务。

全市以人均不足0.05公顷的耕地，即以16.22万公顷耕地（其中旱地1.90万公顷），解决349.57万人的粮食需要外，每年还向国家上调平价稻谷8170万千克，外销议价贸易粮2771.9万千克。

1991年，国务院规定将粮食合同定购改为粮食国家定购，并明确定购粮是国家指令性计划；地方政府在保证完成国家粮食定购任务的前提下，可以有条件的放开粮食经营，同时，为抵御市场风险，中央和地方均要建立专项储备粮制度。1992年11月，株洲市全面放开了粮食销价，粮食销售实行多家经营，价格也随行就市。1993年，由于市场发展迅猛，加之监管相对滞后，导致市场出现一些不规范经营行为，推动了粮价过快上涨。为稳定粮食批零差价，遏制粮食经营暴利，市政府当年从国储粮中调剂1300万千克粮食上市，同时规定国营粮店要严格执行市物价局核定的粮食价格，遏制了粮食销价过快上涨，维护了市场有序开放。

1995年，国务院先后发出了《关于完善粮食购销办法、保证粮食供求的地区平衡的通知》与《关于粮食部门实行两线运行的通知》。同时，为保证粮食供给稳定有序，中央还在全国实行“米袋子”省长负责制，湖南省对各地、市政府制定出粮食购、销、调包干和财务体制下放的“三包一放”政策。是年，株洲市对下属县市除财务体制暂不下放外，粮食购、销、调任务均全部包干到县市，并一定三年不变。

1997年，株洲市因国家建设征地、“菜篮子”工程扩容、杂交稻制种用地、省定贫困村调减及历史遗留的水库移民等多项政策性因素的影响，省下达株洲市粮食定购任务减至24350万千克，比上年调减1300万千克，株洲市下达县市定购任务为20000万千克，比省下达任务又调减4350万千克，各县市下到到乡镇定购任务为19350万千克，比市下达任务再调减了650万千克；全市承担粮食定购任务的136个乡镇，当年实际落实到户的定购任务为19588万千克。农民粮食定购任务负担趋向合理，全市当年实际完成定购任务为19091万千克。

1999年，株洲市按顺价共销售粮食（折合原粮）29273.7万千克，比上年同期多销21735.8万千克，粮食销量位居全省第一。2000年，株洲市粮食系统在全省粮食系统进行年度考核6项指标中，有3项指标排名全省第一。是年，全市耕地为16.03万公顷（其中旱地1.89万公顷），供养人口为372万人（其中非农业人口94.84万人）。与1990年相比，全市耕地总量减少0.19万公顷、人口总量增加22.4万人，但株洲市年均上调国家平价粮却较1990年增加了2.45倍，达到19995.8万千克。

第一节 购 销

一 收（征）购

（一）粮 食

1.自由收购 20世纪50年代初期，除征收公粮外，不在市场收购粮食。1950年9月，株洲粮食支公司负责粮食收购业务。同时，在城镇设收购网点，在农村委托当地贸易公司或供销社代收。

1952年，早稻丰收，粮食上市多，到8月底，收购大米288.74万千克，为核定任务的161.81%；但因收购网点布局不均，私商趁机套购、抢购粮食。1953年3月，城区的巩值米厂向粮食公司批购稻谷1万千克，加工后将4000千克大米全部外运。4月，湘潭《建设日报》记者在株洲市调查发现，私商在市郊交通要道设立了3个粮食收购站，各地运来的粮食，大多被抢购。江鸿坚、裕和祥等粮号亦将批购来的粮食转售省外商号。11月，粮食实行统购统销，关闭粮食市场，自由收购停止。

1962年，开始由粮食部门统一议价收购粮食。议购办法是：每年逐级分配议购指标，收购时由农村粮站与余粮社队或农户协商，确定议购数量，粮源充足时多购，粮源少时少购。议购原则是：以区社为单位，先完成征购任务后再进行议购，只购余粮，对自给或缺粮的社队和农户不购。1968—1978年，粮食议购被当作资本主义经营方式而取消。1979年恢复议购。

1983年5月，市设粮油议购议销公司，负责粮食议购议销。因粮食产、购大幅度增长，国家将薯干、红薯、淀粉、黄豆、蚕豆、豌豆、荞麦、粟谷等粮食小品种市场放开，实行多渠道经营。完成全年粮食征购任务后，允许供销社及其他部门和个体户自由采购粮食出售；机关、部队、团体、学校、工矿企业、事业单位，可以采购自己食用的粮食；农村集市贸易的粮食余缺调剂常年放开。1985年，国家合同定购粮食数量减少，平价粮食供应范围缩小，饲料工业兴起，议价粮食市场不断扩大，议购品种从单纯的稻谷发展到玉米、小麦和其他粮食小品种；议购范围扩大到全国，玉米、大豆多购自东北，小麦多购自冀豫地区，稻谷以洪湖、岳阳为多；议购方式从单纯的购买发展到兑换，与市外以稻谷、大米兑换玉米、小麦、大豆，市内以面粉、面条、粮食加工副产品、饲料等与农民兑换稻谷。1985粮食年度（为当年4月至次年3月，以下均称年），全市议购稻谷945万千克。1988年，为8523万千克。

1989年，国家整顿流通秩序，规定议价大米和稻谷由国家粮食部门统一经营，其他单位和个人不得插手。本年度议购稻谷1.7亿千克。1990年，株洲粮仓爆满，为保持农民种粮售粮积极性，在全市打露天堆收粮600万千克、搭棚仓收粮2680万千克、租民仓收粮3560万千克，全年收购议价稻谷1.38亿千克，其中1.19亿千克转为国家储备粮。

1991年，国家合同定购粮数量增大，议价粮收购量相对减少，当年议价粮收购量为3421万千克。1992年，合同定购粮收购量全市减少了5456万千克，议价收购农民手上的余粮升至7387万千克。1996年，湖南省部分地、市遭受特大洪涝灾害。市委、市政府号召农民对灾区捐售救助粮，由乡村负责落实到户，粮食部门在早、中、晚稻入库时一并收购。是年，受捐售救助粮因素影响，全市议价粮计划收购数降至为5000万千克，株洲市规定议价粮收购计划“到县不到户”。至年底，全市共收购非定购粮5793.7万千克，其中救灾粮2268万千克、捐献粮10.5万千克。

1997年，粮食市场疲软，稻谷销售不畅，旧粮压库严重，市粮食部门通过促销空仓，全市为新粮收购空出仓容达5000万千克。同时，新粮入库前，市粮食部门还自筹资金260万元，对126栋仓库进行维修改造。并利用租借仓、棚仓和打露天堆的办法实行库外储粮。当年议价粮收购大幅增长，全市收购议购粮达14170万千克，议价粮收购量占到当年全部收购粮的42.6%。1998年，市粮食部门敞开收购农民余粮，并组织专人带车上户收购，至年底全布累计收购议价粮19100万千克。

1999年，市政府要求各县市区政府对当地的粮食生产、流通、市场管理和总量平衡负责，同时要求将本年度粮食收购计划纳入目标管理，明确奖罚责任。当年粮食喜获丰收，全市共收购议购粮26294万千克。2000年，全市合同定购量大幅减少，合同定购量仅占上年定购量的一半左右，全市议价粮收购量因此反而增至28386万千克，较上年多收购了2092万千克，增幅为7.96%，成为历史上议价粮收购量最高的年份。

2.政府统购

漕　粮　境内历史上属有漕粮地区。征收时，除征收正额漕粮外，还征收保管、运输中的损耗及开支。增征的这部分粮食叫加耗。加耗起源于五代后唐明宗时，官府规定，纳米一石，加鼠雀耗二升；五代后汉时增为二斗。明代除征运正额外，还加征税米、轻赍等。清代除征正兑正米外，还有四耗米、里纳米；随漕项下还有征送楞木、松板、席片诸名目，同时还有多于正、耗税额的粮吏浮收。因此，农户纳粮一石，实在二石以上。清咸丰三年（1853）起，改征漕粮为征银钱，每石漕米折银2两8钱。光绪年间，由于京师粮食困难，恢复征解漕粮；光绪二十七年（1901）停止漕运。

田　赋　民国30年（1941），株洲镇田赋由原征银两改征实物。按正、附税总额计算，原每征银元1元折征稻谷2斗，于晚稻收割后两个月内征完，逾期者给予滞纳处分。经征事项由田赋管理机关负责，经收事项由粮政机关负责。当年核定，株洲镇田赋征额稻谷10791.33石。征银改征实，按稻谷时价计算，农民所出为征银时的4.4倍。民国31年（1942）起，按正、附税总额每元折征稻谷4斗，并随赋带购稻谷，每赋额1元，山田带购4斗，湖田带购1石2斗，每石购价80元（法币），发三成现款、七成粮食库券。民国32年（1943），随赋带购改为每赋额国币1元，山田带购4斗，湖田带购10斗，次湖田带购6斗。民国33年（1944），随赋带购改为随赋借粮，购价全部发粮食库券。民国36年（1947），每赋额1元，征实2斗8升，带借1斗2升，并附加筑（公）路谷3升，损献乡自卫队及乡保经费1斗。民国37年（1948），增征附加省保安饷谷8升。是年调查，农民种田50亩，一般年成得谷180石，扣除粪草种子（每亩8角）10石，牛力车水(每亩5角)6石，修理农具及杂费（每亩2角）2石5斗，完粮（每亩7斗）35石，乡自卫捐献（每亩5升）2石5斗，保校基金谷（每亩1～3斗）10石，欠债息谷（100银子息谷5石）25石，安家费（每亩1斗）5石，只剩84石。征收时，每亩征收稻谷5升作为“整仓费”，征收所用斗斛比民间老斗大1升多。

军　粮　民国28年（1939），国民政府在株洲镇采办军粮，主要采取公买余粮和随赋收购两种办法。公买余粮以田亩册和乡保调查报告为依据，分配任务，指定余粮户按分配数额公卖。无论公私田亩，山田每亩向田东公买余粮5斗；水田每亩公买本籍田东7斗，外籍田东1石，佃农3斗。随赋收购以每赋额1元，山田收购军粮谷4斗，由田主交售；湖田1石2斗，按东六佃四比例分摊。民国35年（1946），株洲镇余粮配购任务，天台乡2198石、建宁乡1926石、白关乡1556石。

公　粮　民国30年（1941），随着田赋改征实物，每赋额1元，同时带征省县公粮8升。民国32年（1943），按田赋征实率的三成带征公粮，每赋额1元，山田带征1斗2升，湖田3斗，次湖田1斗8升。公粮、田赋征实加临时摊派，占农民粮食产量的40%左右。

从1949年10月起，人民政府取消国民政府历年旧制，统一征收公粮。征收原则和范围是：

公粮（包括地方经费）一律缴纳稻谷，从事农业的居民，不论其出租、自耕或佃耕的收获，悉行计算负担；农业收入以稻谷为准，依土质好坏评定常年产量，按全年总收获量一次计征，严禁乡村保甲擅自附加摊派粮款。常年产量以土地正产物计，副产物不在内；种植麦薯粟等粮食作物的，参照市场价格，按折合率计征公粮；种植烟、药、果、棉等经济作物的，按其收入折半计征公粮；无收入的宅地、荒山等不负担；家庭副业收入不征收。主佃分租的，按分租比例计征：主四佃六，主佃对分，主六佃四，主七佃三，主八佃二，雇工经营的全部由地主负担。承租田地转佃的，实收 1 担，以 1.5 石计征。烈士、现役军人、贫苦老弱、残废孤寡，均按本人总收获量免征 100 千克。逃亡户由代理人代交，其出租田由租户在应缴租谷中提交。并规定了人口计算办法。征收方法，依人均收入分级累进计算。人均收入 135 千克以内的免征；135 ~ 185 千克的，征收全部收入的 2% ~ 3%；185 ~ 265 千克的，征收 3% ~ 5%；265 ~ 425 千克的，征收 6% ~ 10%；425 ~ 585 千克的，征收 10% ~ 15%；585 ~ 1325 千克的，征收 16% ~ 30%；1325 ~ 3150 千克的，征收 31% ~ 41%；3150 千克以上的，征收 41% ~ 50%。征粮时，各村均召开村民大会，选出公粮评议员，按负担情况，视土地肥瘦，以自报、公评、出榜公布等办法，评议产量，计算收入，核定任务。同时，发动保、甲开展送公粮竞赛。10 月中旬，第十保交公粮 10 多万千克，中共湘潭县委号召各区向株洲区学习。但由于使用大量原保甲人员和少数不法农户瞒田瞒产转嫁负担等原因，征收公粮曾有畸轻畸重现象。为此，各地普遍开展挤黑地（瞒地）、评产量、查人口活动。1950 年年底，株洲区完成本年度公粮（包括夏借、交款折谷）647.78 万千克，为任务的 94%；地主负担公粮占总数的 37.9%，富农占 32.2%，贫农占 9.9%。1952 年，株洲市应征稻谷 328.26 万千克，实际征收（包括代金折谷）327.87 万千克，征收额一般占农户粮食产量的 15%。从 1953 年 11 月起，实行粮食统购，征收公粮与粮食统购同时进行，不再单独征收公粮。

统　购　1953 年 11 月，根据政务院的决定，对粮食实行统购。农村余粮，统一由国家按规定的粮种、价格和分配数量收购。同时，市政府规定：经营和加工粮食的国营、地方国营、公私合营、合作社的粮店和工厂，统一归市粮食部门领导；私营粮食加工厂、粮店、食品厂以及跨行业的私营粮商，一律不准私自经营粮食；各种小杂粮原则上由国家粮食部门统一经营；对破坏粮食统购的投机分子予以严惩。

1954 年，实行多余多购，少余少购，不余不购的政策。在农业税完税奖励年限内的生、熟荒地产的粮食，并入本年计算统购。原已定产，后改种经济作物或开鱼塘的土地，不计统购粮。地方保留的田租，除缴纳公粮外全部统购，租种人所得粮食，并入本户计算统购。农业生产合作社和个体农户应统购的粮食，以查田定产为基础，扣除免购亩后计算。余粮是指：实产量扣除免购亩产量、公粮（缴代金除外）、种子（单季稻每亩 3 千克，双季稻每亩 5 千克、杂粮每亩 4 千克）、饲料（每户全年 15 千克）后的部分。根据余粮情况，参照国家分配数量，统购余粮的 70% ~ 90%。农民高于应产量的超产余额，在自愿出售的情况下组织收购。实产量低于应产量的，经乡调查评议委员会评议减购或免购。人口少又系劳力食量大的，1 户 1 人，以 1.5 人计算；1 户 2 人，以 2.5 人计算；1 户 3 人以上，以实有人口计算。因生产生活所需而出售周转粮，粮食部门收购并发给售粮证明，允许需要时等量买回。统购余粮与征收公粮的任务，同时分配到户。

粮食统购初期曾出现一些问题：一是每年有春、夏、秋三季收获的粮食，千家万户逐户估产核算，量大面广，办法繁琐，工作复杂，估产和落实到农户的统购量不易准确；二是每年估产统购，农民顾虑多产多购，影响生产积极性。为解决上述问题，根据国务院决定：从1955年起，实行粮食定产、定购、定销（简称“三定”）政策。定产、定购，三年不变，增产不增购。具体做法如下：

定产：以1954年的实产量为基础，评定单位面积产量。定产后新垦荒地，3年不计产量；利用空坪隙地生产的粮食，不计产量；佃耕田、土，按核定产量减去实交租额计算收入。因自然条件发生变化影响收成，县内调整任务，丰产区收购数字酌增，但不得超过增产部分的40%。农户用粮，包括口粮、饲料、种子3项。口粮标准根据农民一般实际消费水平确定，高产区全年人均265千克左右，低产区215千克左右，一般区240千克左右。饲料（稻谷）每户全年留50千克左右，公、母猪每头留75千克左右，耕牛每头留50千克左右。种子按农户播种面积，以稻谷计算，每亩留5千克左右。

定购：按农户核定的产量，减去农户用粮和公粮（包括地方附加等）后，有余粮的为余粮户，无余粮的为自给户，不是的为缺粮户。对余粮户核定交售任务（称“定购到户”）。余粮户完成统购任务后的余粮和自给户增产节约的余粮可以自行处理。

1955年，全市定购475万千克，实缴公粮269.43万千克、统购190.82万千克，统购粮占余粮的90.07%。统购后农民人均留粮262.8千克，加定销后，人均有粮282.3千克。

从1958年起，农村“浮夸风”盛行，虚报产量，导致粮食高征购。当年，全市收购稻谷4729.5万千克，比上年度增加11.03%，农村人均留粮只有219.5千克；1959年增加到4995.5万千克，比1958年又增加5.62%，农村人均留粮下降到202千克。从1960年起，连续3年粮食减产。1960年人均留粮197千克，有的社队人均每天留粮不足0.5千克，除去种子、饲料外，只有几两口粮，有的连必需的种子、饲料也没有留足，农民生活陷入困境。1962年5月，中共株洲市委根据中共湖南省委的指示，将统购任务由3505.69万千克调减为3150万千克，比原任务减少10.15%，为1959年收购量的63.06%。

1965年，粮食定购改为一定5年。1971年，根据湖南省规定，株洲市在原粮食定购任务基础上，增加5%的机动，其中3%由县掌握，省、市各掌握1%，作因灾和占地减购之用。同时，对人均口粮山区180千克以下，丘陵区200千克以下，平原区225千克以下的生产队，不予征购，其农业税折收代金。1979年，根据国家减轻农民负担，增加农民收入的精神，调减约4%的定购粮任务。1981年后，国家再次调减定购任务，同时恢复一定3年不变的政策。

从1982年起，农村实行家庭联产承包责任制，粮食生产持续发展。1984年，全市出现粮食“收不下，储不了”的“卖粮难”。夏粮收购期，基层粮食收购点每天都有上百农民排队送粮，有的肩挑车推，有的用手扶拖拉机或由村组集中用汽车送交。为满足农民售粮要求，粮食部门只得大量打露天堆，架设棚仓和租借民仓。当年，全市打露天堆储粮3642.5万千克，棚仓储粮1119万千克，租仓储粮2686.5万千克。虽然粮食部门尽了极大努力，但未能完全解决问题，以致有的粮站不得不停收，农民对此极为不满，出现了农民要求粮站人员“开后门”收粮等现象，有的甚至采取强硬手段，逼迫粮食部门收粮。为缓和仓容紧张的形势，在全市采取预约缓交、民代国储的办法，两项收储稻谷 1.07 亿千克。1984 年，全市共收购稻谷 4.85 亿千克。1985 年，取消粮食统购，实行合同定购。

合同定购 从 1985 年 4 月起，全市取消粮食统购，实行合同定购。农民需出售的粮食，由粮食部门与农户协商定购并签订合同。定购数量一年一定，春耕播种前落实到农户。定购品种为稻谷、小麦、大豆、玉米。定购外多余的粮食和定购外的粮食品种，实行市场调节。1985 年年初，省下达株洲市粮食合同定购任务为 5.5 亿千克，保证数为 3.85 亿千克。全市抽调 1000 多名干部下到乡、村、组、户，与 45.19 万农户签订粮食定购合同，定购数量为 3.95 亿千克。由于上年卖粮难的影响和合同定购不具有指令性、强制性，加上农村不少农田改种经济作物，退耕还林，开池养鱼，以及一些农民弃农经商、从工，不少农户不能履行合同。据此，全市合同定购保证数调减为 3.55 亿千克，实际收购稻谷 2.83 亿千克，比上年减少 2.02 亿千克。

1986 年春播前，全市抽调干部 3657 名，对 50.86 万农户分户落实定购任务。粮食入库时，由各县党政领导带队，组织人员分赴农村收购；以县为单位，没有完成合同定购任务，粮食市场不开放，粮食不准出境。1986 年，全市收购合同定购粮食 2.22 亿千克，为省下任务的 72.9%，市定任务的 71.49%，到户任务的 71.03%，比上年度减少 0.61 亿千克。

1987 年，实行合同定购与奖售平价化肥、柴油、发放预购定金“三挂购”政策。每 100 千克定购粮奖售标准化肥 10 千克、柴油 2 千克，发放定金 8.8 元。1990 年，全市不少粮站聘请人大代表监督粮食入库，促进了收购，本年度收购稻谷 2.59 亿千克。11 月，国务院决定，从 1990 年秋粮收购起，取消粮食合同定购，改为国家定购。国家定购任务按合同定购任务不变，“三挂购”政策不变。

1991 年，全市 8 万余公顷农田遭受干旱，根据这一情况，省政府对株洲市粮食定购任务由 2.565 亿千克调减至 2.415 亿千克。市粮食部门当年收购定购粮（含各县）共 2.536 亿千克，超额 5% 完成收购计划。

1993 年，国家取消了“国家定购”收购政策，改为在平等自愿基础上，由粮食部门与乡村经济组织及种粮大户签订“经济合同”的办法进行收购，同时，政府也取消对农民实行的将定购任务与平价化肥、平价柴油及发放贴息预购定金的“三挂钩”奖售政策。政府对签订了经济收购合同的粮食，将实行保护价收购，并按收购款的 20% 提前预付给农民；对合同外的粮食收购原则上随行就市，按市场价收购。至此，运行达 40 年之久，以“四统一”（统一征购、销售、调拨和库存）为标志的粮食统购统销体制宣告终结，全市粮食购销开始进入了市场经济的轨道。是年，由于改用经济合同新办法收购，又遇国家收购价定得偏低，导致粮食部门收购的粮食大为减少，当年全市只收购早稻 1304 万千克，仅占全年收购计划的 5.22%，较上年同期减少 10437 万千克。下半年的晚稻收购，个体粮商大幅抬高收购价格，加之农业税出现“以金代税”，没有全部征实，以及全市农村组合米机普及（全市个体组合米机达 206 台，年加工稻谷可达 1.4 亿千克），极大地分流和影响农民交粮的意愿。市政府采取措施，决定停止农业税征收现金，工商部门清理无照经营，打击不法粮贩。粮食部门也改坐点收购为上门服务，增设临时网点，方便群众送粮。当年实际完成粮食收购数量为 26702 万千克。

1994 年，国家加强了对粮食收购的管理，粮食收购由经济合同又改为国家定购。株洲市年初即将定购指标落实到户，让农民吃下“定心丸”。同时，要求工商部门加强市场管理，对未完成国家定购任务的县市，粮食市场不得开放。由于措施得力，当年株洲地区虽遭百年未遇的洪灾，全市粮食入库仍高达25857万千克，超额3.41%完成省政府下达的粮食收购任务。1995年，株洲市粮食定购任务（含农业税）为25650万千克。同时恢复了粮肥挂钩政策，即农民每交售50千克定购粮，政府奖售化肥指标5千克。由于当年早稻丰收，全市早稻一季入库定购粮23646万千克，尤其是醴陵市和郊区，仅早稻一季就完成全年收购任务。是年，全市粮食系统共入库定购稻谷24000万千克，由于收购中、晚稻定购粮收得过少，距省定购任务尚差1650万千克，当年未能完成省下达的粮食定购任务。

1996年，粮食定购工作难度增大，市粮食部门为了完成收购任务，通过早安排，早落实，全市2.56亿千克定购粮于5月份以前就全部落实到农户。7月底以前，挂钩化肥全部兑现。另在早稻登场前，通过集、腾、并、转、调，全市空出2.5亿千克仓容，同时，通过多种渠道，筹集收购资金3亿多元，粮食收购坚持做到资金及时兑现、不向农民打“白条”。全年共收购定购粮28634万千克，是省粮食局下达任务的101%，成为入库进度最快，谷质最好的一年。

1998 — 1999年，国家继续实行粮食定购政策，定购品种主要是稻谷，其他品种各地区则根据实际情况自行安排。农业税继续征实，不得收取现金顶交。2年间全市共收购粮食55044万千克，其中定购粮为18579万千克，约占全部粮食收购量的三分之一。

2000年，下达到各县市区粮食定购任务为7105万千克稻谷。同时，省里取消早籼稻保护价，株洲市积极收购早稻24546.7万千克。中、晚稻收购，在定购价高于市场价，粮食企业利益明显受损的情况下，全市粮食企业仍从保护农民利益的角度出发，坚决执行省定价格并敞开收购，截至12月底，粮食部门全年共收购稻谷38026万千克，其中，收购定购粮为7105万千克，占总收购量的18.68%。

株洲市1953 — 2000年粮食收购数量一览表

表8-1　　单位：万千克

年 份	收购数量	年 份	收购数量	年 份	收购数量
1953	2784	1969	4129	1985	28316
1954	3028	1970	3770	1986	22233
1955	2156	1971	3938	1987	27113
1956	3038	1972	4499	1988	25566
1957	3975	1973	4915	1989	25697
1958	4383	1974	4834	1990	25889
1959	4739	1975	5140	1991	28782
1960	2700	1976	5124	1992	27292
1961	2861	1977	6024	1993	26702
1962	2534	1978	5731	1994	25857

续表 8–1

年 份	收购数量	年 份	收购数量	年 份	收购数量
1963	2404	1979	6072	1995	29858
1964	3193	1980	5949	1996	28634
1965	2917	1981	6126	1997	33261
1966	3685	1982	6153	1998	14413
1967	3346	1983	54185	1999	40631
1968	3060	1984	48511	2000	38026

说明：1983 年以前未包括醴、攸、茶、酃（炎陵）四县

（二）食用植物油

中华人民共和国成立前，株洲食油市场由私商经营，品种多为茶油、菜油及茶籽、芝麻、花生、黄豆等油料。

1953 年 11 月 15 日，中共中央发布《关于在全国实行计划收购油料的决定》。12 月，商业部、全国供销合作总社发布《对食用油脂的计划供应办法与市场管理办法的意见》。株洲市在实行统购中规定：根据生产情况，逐级分配统购任务，与粮食统购一同落实；禁止私商、私营油厂收购和贩运油脂油料；对私营油厂进行登记管理，代国家加工；零售商和油贩改成代销；除油脂公司委托代销的单位外，其他任何单位和个人不得经营食油和油料的收购、批发和零售业务。统购任务完成后，农民可将剩余的油品油料互相调剂，私营油坊可买料榨油出售或代农民榨油；小贩在不进入食油定量供应地区的提前下，可收购油品油料作近距离调剂；私营油坊和小贩均要工商登记，不许囤积居奇；统购任务一年一定，当年分配任务当年收购。

统购时，查实产量，规定留油标准（一般每人每年 1.5 ～ 2 千克），实行“多产多吃，少产少吃”的原则，产油多的地区，留油标准可略高，产油少的地区，标准可略低。1954 年 9 月，按合作社、互助组或居民组与供销社所订预购合同，付预购定金。以购油为主，对产量分散，榨力不足的地方，油、籽兼收。当年冬，实行菜油派种派购，派购任务为 2.3 万千克。

1955 年春，增加花生、芝麻、向日葵等油料作物的收购。菜油预购数量由农户自报，经区批准；预付款一般不超过农户预购菜油总值的 15%，严重困难户不超过 25%。全市预购菜油 15650 千克，收购茶油 3300 千克。

食油统购因任务不固定，留油标准偏紧，价格偏低，农民产油积极性不高，加上 40% 的农户不能自给，执行十分困难。1956 年，实行“多产多得，增产多留”政策。同时，加强榨坊管理，提高出油率。5 月，实行定产定购 3 年不变政策，农民完成任务后的油料，允许自己榨油或向油脂部门以料换油、换票（油票）。

1957 年，根据省粮食厅规定，只定购茶油和菜油。茶油定产定购；菜油定购不定产，增产不增购；花生、芝麻、葵花籽按分配任务统购。

1958年农村人民公社化，国家统购过多，农民留油减少。以后接连3年产量明显下降，收购更加困难。1961年，开始在茶油产区实行农业税征收茶油的政策。当年，食油统购14.95万千克，占产量的52.68%，农民人均留油不足0.5千克。

从1962年开始，改食油收购为一定5年。以1962年定购数量为基数，按不同油品油料，确定逐年增购比例。5年的定购任务分品种一次下达到生产队。定购后超产不增购，减产不减购，品种间可互相调剂；丰产愿意多交，予以收购，并可抵下年任务；因灾完成任务确有困难的，可推迟到下一年完成。禁止食油进入集市或黑市交易和以油换物。除粮食部门外，任何单位和个人不准到农村收购食油，违者由粮食部门按平价收购，屡教不改情节严重的予以没收。对榨坊进行登记，开榨季节，派员驻榨坊收购或委托榨坊收购，收油为主，油籽兼收，交籽的加工后枯饼返回。

从1960年起，国家对油脂收购采取奖售措施。生产队交售菜油50千克，奖售化肥15千克、棉布1.67米、针棉织品1.67米、食糖0.5千克、卷烟5包、絮棉0.1千克。具体奖励办法，以后各年均有变动。由于奖售政策改善了和农民的关系，同时加强了油茶生产管理，改进了加工技术，提高了油茶的产量和茶籽出油率，使食油统购量不断增加。1979年，全市统购77.6万千克。株洲县成为全省向国家交售食油50万千克以上24个县之一，全省改进茶籽加工技术、提高出油率的现场会在该县召开。1981年，全市统购64.29万千克，占产量的28.87%，农民人均留油2.9千克。1983年醴陵县也成为全省35个向国家交售食油50万千克以上的县之一。

1983年4月后，花生油、麻油、豆油（含籽）等小品种实行市场调剂；市、县粮食局设立粮油议购议销公司。1985年，改食油统购为合同定购。合同定购的主要作法是：上下协商测算，将任务逐级分解到县、乡、村、组；以组为单位，农户自报公议，确定到户任务。粮食部门按到户数签订合同，一年一定。合同定购品种：茶油、菜油、棉油及其油料。全市食油合同定购计划为165万千克，实际收购80.6万千克，为计划的48.85%。

同时，国家允许粮食部门以外的单位和个人经营食油。市、县粮食部门积极开展食油议价购销，由于油料生产不多，农民自食都不够，没有议价食油交售，议价油几乎全靠从江苏、浙江、广西、湖北等地购入，经营渠道仍为粮食部门所垄断。

油料生产承包到户后，不少农民种植的油茶、油菜多有被人畜毁坏，农民生产积极性不高；油茶果未到季节即被抢摘，出油率低，垦复油茶林的寥寥无几，而毁林的事件常有发生；棉花、花生、芝麻生产减少；因此食油产量下降。不少农户不但无油出售，而且连自食之油也要购入。对国家定购任务，有的农民没有实物交售，就缴纳国家定购价与市场议价之间的差价款，由粮食部门以此款和国家定购款从外地购入议价食油顶抵定购任务。1990年，全市收购合同定购油149.1万千克，另从外地购入420.74万千克。1991年，株洲市收购食油125万千克，较上年减少了24.1万千克。1992—2000年，国家粮油政策放宽，粮油市场开放度不断扩大，国有粮油企业由于机制不活，竞争力不强，食油收购量逐年萎缩，至2000年，其收购量已趋近于零。此后，食油收购便退出了国有粮食企业的主营范围。

株洲市 1954 — 1995 年食油收购数量一览表

表 8-2 单位：万千克

年 份	收购数量	年 份	收购数量	年 份	收购数量
1954	2.9	1968	20	1982	31.4
1955	6.7	1969	21.4	1983	171.5
1956	9.2	1970	14.3	1984	117.1
1957	25	1971	35.8	1985	80.6
1958	45.6	1972	34.4	1986	43
1959	4.2	1973	31.6	1987	52
1960	3.5	1974	26.8	1988	55.9
1961	14.6	1975	21.1	1989	105
1962	11.2	1976	20.3	1990	149.1
1963	14.2	1977	38.9	1991	125
1964	13.6	1978	76.6	1992	28
1965	26.4	1979	73.2	1993	5
1966	16.9	1980	85.7	1994	11
1967	15	1981	64.2	1995	4

二 销 售

（一）粮 食

1. 市场销售 民国时期，除军粮和公教人员食米由国民政府负责供应外，市民食米由私营粮行经销。民国 32 年（1943），渌口镇有米店 38 家，店员 125 人；昭陵有米店 5 家，店员 15 人。1949 年 8 月，株洲镇有粮行 38 家。1950 年 2 月，粮食上市稀少，机关、部门、团体纷纷采购粮食，学校规定学生以大米缴纳学膳费，居民存有“重货轻币”心理，也争相买粮，粮商趁机抢购囤积，哄抬粮价。国营贸易公司大量抛售大米，平抑粮价。

1952 年 9 月，成立株洲市粮食支公司，国有粮食业日销量最多时达 7500 千克，销售对象是工厂、铁路、机关的职工和居民。10 — 12 月，销售大米 26.65 万千克。对农村缺粮户，采取发放生产贷粮、救济粮、平粜粮等形式，帮助其生产自救。支公司设 2 个售粮店（三门、朱亭），6 个代销处（各区供销合作社），2 个摊贩流动组，4 个粮食转运站（田心、五里墩、董家塅、白关铺），担负着 38 万多人口的粮食供应。由于大买大卖，粮食销量增长速度大大高于人口增长速度。1953 年上半年销售突破计划，超销 30.98%，比上年同期增加 60.76%。

1954 — 1961 年，国家实行粮食统购统销，株洲市取消了粮食的市场销售。1962 年，国家为缓解粮食供求矛盾和调动农民粮食生产的积极性，开始在全国推行粮食议价销售。株洲市粮食议价销售自当年 10 — 12 月，亏损 8994 元。1965 年，省下达议价销售指标 300 万千克。1966 年，省对议价粮食采取自购自销、分地区包干的办法，议销计划由各地、市自行安排，因株洲市定量人口集中，议购量小，议销量大，由省拨给全年议销指标 150 万千克（贸易粮）。1967 年 7 月，停止供应议价糕点用粮，缩小议销范围，对农村不再供应议销口粮。1971 年后，城镇议价饮食行业和客轮旅客用粮开始恢复议价供应，一般每年议销贸易粮 125 万千克，后曾压缩为 75 万千克。

1979 年后，议价销售日趋活跃。当年，议价销售指标由省粮食局批准，并向供销社供应议价粮。1983 年 5 月，成立市粮油议购议销公司。

1985 年，国家粮食政策发生重大变化，取消了粮食统派购任务，粮食收购改为合同收购，是年，株洲对各集贸市场粮食交易实行有条件的开放，农民在完成定购任务后的余粮可入市交易。1986 — 1990 年，随着改革开放的深入，以及粮食政策的不断宽松，株洲农民手上的余粮也日渐增多。在这 5 年间株洲市粮食系统销售各种议价粮、调节粮等共 24018.5 万千克，平均年销售市场粮为 4803.7 万千克。1992 年 4 月，粮食实行购销同价，11 月粮价开始全面放开，理顺了多年来购销倒挂的体制。当年，市粮食系统议价粮销售收入为 3369.4 万元，利润亏损 88.9 万元，较上年亏损 127.6 万元减亏 38.7 万元。1993 年，市粮食部门根据市场需求，及时组织面粉、豆类、食油等粮油产品供应市场，丰富了株洲市场的粮油品种。同时，为减轻当年粮食压库给资金及仓容带来的沉重压力，市粮食局与铁路部门积极沟通，顺利组织外销粮食近 1.5 亿千克。1994 年，省政府对完成了定购粮任务的县市实行粮食省内流通放开政策，允许城乡集贸市场常年开放，允许农民到集贸市场出售余粮，也允许城镇居民和用粮单位到集贸市场购买自食自用的粮食。而粮食跨省交易则要凭地、州、市粮食局证明，办理运转计划。是年，株洲粮食部门销售议价粮为 21074.2 万千克，议价粮经营实现扭亏为盈，当年实现利润 44 万元，为历史最好水平。1996 年，市粮食部门为降低库存，调整隔年陈粮的库存量，全年削价销售库存定购粮 926.7 万千克，此次销售带来费用及利息损失达 1778 万元。1997 年，粮食销售面临定购价高于市场价的困难，经市政府批准，粮食部门对库存的定购粮采取降价销售措施，全年共销售降价粮食 8834 万千克，价差直接损失 2016 万元。1994 — 1998 年，全市市场粮总销量及年平均销量分别为 60053.6 万千克及 12010.7 万千克。与 1986 — 1990 年间相比，总销量及年均销量均大幅飙升了 1.5 倍。

1999 年，粮食的平、议价已基本并轨，株洲粮食系统抓住时机，促销粮食，搞活流通，各县市政府也纷纷成立粮食促销领导小组，对促销任务实行目标管理，实行奖罚。4 月，株洲市组团参加“湘粤首届粮食余缺调剂会”，签下 8.86 万吨粮食销售合同。10 月，召开“中国炎帝节株洲首届粮食贸易洽谈会”，株洲市有 28 个粮食企业参加，参展品种达 146 个，签订粮食销售合同共 11.416 万吨，实现销售金额近 1.9 亿元。是年，全市共销售原粮 29273.7 万千克，创下株洲市粮食年销量的历史之最。

2000 年，株洲市先后组团赴广州、银川和常德参加“粮油展示展销会”，进一步拓宽粮食外销市场，销售省域逐渐拓宽到广西、江西、福建、云南、贵州 5 省，全年共向省外销售粮食 22.9 万吨（折合原粮），较上年增加 6%。在增大原粮销售的同时，株洲市还积极组织粮油加工，通过提高大米加工质量来扩大粮产品的销售，其中，仅加工出口大米全年就达 2.43 万吨，创对外贸易额近 350 万元人民币。2000 年，全市共销售粮食 54409.7 万千克（折合原粮），比上年同期增加 8636.3 万千克，增长 18.7%。

2.计划销售

(1)市镇销售

居民定量供应 根据中央人民政府政务院命令，株洲市从 1953 年 11 月 17 日起实行粮食统销。

1954 年，对机关、团体、工矿实行预决算制度，帮助建立用粮账务；对居民采取凭证不限量供应的办法。这一年的上半年平均每月供应大米 130 余万千克，下半年平均每月供应大米 110 余万千克。

从 11 月 1 日起，开始使用全国通用粮票和湖南省粮票，并办理市镇居民迁居的粮食供应转移手续。

实行粮食定量供应后，95% 以上的人够吃，粮食销量有所减少。但由于销量、人数控制不严，业务手续漏洞较多，计划管理有些松懈，供应标准偏宽，1956 年销量比 1955 年增加 17.7%。

株洲市人民政府 1955 年 9 月 22 日公布的市镇居民月粮食定量等级一览表

表 8–3 单位：千克

<table>
<tr><th>类 别</th><th>等 级</th><th>定 量</th><th>类 别</th><th>等 级</th><th>定 量</th></tr>
<tr><td rowspan="4">特重体力劳动者</td><td>1</td><td>27.5</td><td rowspan="2">脑力劳动者</td><td>16</td><td>13.5</td></tr>
<tr><td>2</td><td>26</td><td>17</td><td>12.5</td></tr>
<tr><td>3</td><td>25</td><td rowspan="4">大中学生</td><td>18</td><td>16.5</td></tr>
<tr><td>4</td><td>22.5</td><td>19</td><td>15.5</td></tr>
<tr><td rowspan="5">一般重体力劳动者</td><td>5</td><td>22</td><td>20</td><td>14</td></tr>
<tr><td>6</td><td>20.5</td><td>21</td><td>13</td></tr>
<tr><td>7</td><td>19.5</td><td rowspan="3">一般居民及十岁以上儿童</td><td>22</td><td>13.5</td></tr>
<tr><td>8</td><td>18.5</td><td>23</td><td>13</td></tr>
<tr><td>9</td><td>17.5</td><td>24</td><td>10.5</td></tr>
<tr><td rowspan="4">轻体力劳动者</td><td>10</td><td>17</td><td rowspan="6">十岁以下儿童</td><td>25</td><td>10</td></tr>
<tr><td>11</td><td>16</td><td>26</td><td>8.5</td></tr>
<tr><td>12</td><td>15</td><td>27</td><td>7</td></tr>
<tr><td>13</td><td>14</td><td>28</td><td>5.5</td></tr>
<tr><td rowspan="2">脑力劳动者</td><td>14</td><td>16</td><td>29</td><td>4</td></tr>
<tr><td>15</td><td>14.5</td><td>30</td><td>3</td></tr>
</table>

1958 年，因用粮人口不清，管理制度松弛，用粮无计划，用粮单位自动取消食堂定量，敞开肚子吃饭，造成粮食亏欠。株洲选煤厂（株洲洗煤厂）自 1958 年 12 月 22 日起，将 1073 名学徒工取消食堂定量，到 1959 年 1 月 16 日，超吃大米 1.2 万千克，平均每人每天超吃大米 0.45 千克，加上长期没有粮食供应关系的 298 人在食堂就餐，共亏欠大米 2 万千克。1960 年，粮食供应十分紧张，

株洲市采取降低定量标准、供应糙米、实行瓜菜代粮等办法克服困难。下半年，城镇人口口粮供应定量标准普遍下调，主要定量标准是：特重体力劳动者 19 千克 / 月；一般体力劳动者 11.5 ~ 12 千克 / 月；大、中学校学生平均 12.8 千克 / 月；一般居民 10.4 千克 / 月。节约出来的粮食，分月安排农村生活。1962 年对定量进行调整，并将指标下到厂矿，由单位分别包干。此后，随着粮食生产的恢复和发展，逐步调高了定量标准。

1972 年，对全市 917 个单位开展核实人口，核实定量工作，揭发出各项粮食漏洞和溢余粮 64.45 万千克，收回粮食 34.93 万千克。1977 年，制定《株洲市厂矿、企事业单位职工工种粮食管理暂行办法》，职工基本口粮到户（按定量 13.5 千克作为基本口粮，由所在地粮店凭证供应），工种定量补差指标到单位（按单位平均定量水平，减去基本口粮 13.5 千克，为工种定量补差指标，由单位和粮食部门共同掌握），工种补差粮到班组。1978 年，又将定量外补助粮连同工种粮 2 个指标包干到单位。1982 年，对全市 660 个工种粮包干单位开展统销整顿，查出领空额粮的 605 人，低工种吃高工种定量的 600 多人，收回粮食 5500 千克，有 165 个单位调高包干指标，366 个单位调低包干指标，相抵后每月减少销量 1.95 万千克。

从 1985 年 1 月 1 日起，调整和恢复部分人口的定量口粮标准。10 周岁以下儿童原定量等级繁杂，改为三个等级，即出生到 3 周岁的儿童每月定量口粮标准 7.5 千克，3 ~ 6 周岁的 10 千克，6 ~ 10 周岁的 12.5 千克。10 周岁以上的儿童和居民统一调整为 13.5 千克。凡从事体力劳动的职工，定量低于 15 千克的，一律调整到 15 千克，高于 15 千克的不动。教育、医务、科技人员和各单位的行政管理干部等脑力劳动者，定量一律恢复到 14.5 千克。工厂、矿山企业所属的车间干部、现场干部、基层干部等，定量低于 15 千克的，恢复到 15 千克，高出的不降低。1987 年 7 月 1 日，取消工种粮包干到单位的办法，恢复工种定量到人。从 1988 年 11 月起，月定量口粮在 14.5 千克以上（含 14.5 千克）的干部职工（不包括大、中学生），每人每月节约 1 千克定量指标支援灾区。

补助粮是解决口粮不足的一种特殊形式，对劳动情况发生短时间的显著变化，以及其他必须照顾的特殊用粮，给予适当的补助。补助粮既有市镇的，也有农村的。市镇方面有属于定量人口口粮中补助，如高空、高温、夏季防暑降温补助，剧团艺人夜间演出补助，职工加班补助，干部下乡补助，农村病人进城医病补助，地区以下招待所补助等。农村方面，属于事业粮中的补助，如运粮民工补助，民兵护仓补助等。这些补助粮都是根据不同需要，本着既解决实际困难，又利于增进团结和调动各方面积极性来确定的。补助粮的项目根据不同时期的具体情况作过调整，针对补助粮项目多而乱的问题进行过整顿。从 1988 年 11 月起，除保留区乡干部下乡补助，区街企业职工的工种补助，二等以上残废军人补助和野外勘探、井下作业补助外，其余的定量外补助粮一律取消。

1991 年，国家对城镇居民粮油供应实行改革，对平价粮油的供应价格进行较大幅度的调整。1992 年，株洲市为加强粮食供应的计划性，市粮食局下发文件，对城镇居民定量粮油决定实行“当月购买，季内有效，过季作废”规定。10 月，株洲市政府根据省政府批转省体改委、财政厅、物价局、粮食局四部门《关于粮食价格和经营放开实施意见》的文件精神，决定从 1992 年 11 月 1 日起，停止和取消国家平价粮油供应，城镇居民平价粮油结余指标作废，株洲市粮票及其他省市粮票同时停止使用。同时，全面放开粮、油销售价格。

1994 — 1996 年，国家经过前几年对粮食市场全面放开的实践证明，在国内人均粮食占有水平还较为低下的情况下，全面放开粮食的条件尚未成熟，国家仍有必要对粮食市场加强宏观调控。从 1994 年起，株洲市为了平抑粮价，稳定城镇居民生活，决定对城镇非农业人口实行限量限价，凭证定点定期供应平价定购粮。同年 6 月，株洲市规定，每人每月限量供应早籼标一米 10 千克。12 月，株洲市又规定，城镇居民供应的定购粮，当月有效，跨月作废，要求城镇国有粮店发挥主渠道作用，以保证居民的生活需要。翌年 8 月，株洲市又将城镇居民的计划供应量由每人每月 10 千克调减至 7.5 千克，民政优抚对象和五保户每人每月供应 10 千克不变。1996 年，市粮食系统一方面抓紧宏观调控，积极组织货源，做好城镇人口、部队、学校和特困企业的的粮食供应，满足居民的需求；另一方面搞好品种调剂，做好定购粮的调价工作，严格执行大米、面粉、食油的进销差价，保证市场粮价稳定。1999 年，株洲粮食市场发展速度加快，不同经济成分的粮贸公司、粮店、粮摊已遍布城镇生活区，而国有粮店销售的定购粮无论是质量还是价格此时都已不占优势，居民到粮摊、粮店选购粮食十分方便，去政府定点定量购买定购粮的人越来越少，市粮食局当年定购粮销量因此急剧减少。

2000 年，株洲市为规范和加强居民粮证的管理，决定对城镇居民粮证进行全面更换。6 月，规定自当年 6 月 1 日起至年底止，对全市城镇居民粮证全面进行更换，并规定“凡属到粮食部门办理粮食关系的，一律要先换粮证，后办理转迁或落户手续”。国有各直属粮站及各县市区均按要求进行了落实。是年，株洲粮食市场平稳规范、购销两旺，平价粮在居民生活中已悄然消退，市粮食系统全年销售市场价的居民口粮已高达 42948 万千克。

行业用粮　实行粮食计划供应初期，对熟食业、食品工业所需粮食及其他工业用粮，参照过去一定时期的平均需用量，定额供应。从 1955 年 8 月起，由用粮单位编造计划，经审核后发给工商行业用粮供应证，凭证向指定的粮店买粮。

从 1959 年 12 月 1 日起，对熟食业和复制业实行凭证供应，先由粮食部门安排用粮单位一定数量的铺底粮，熟食业出售的米饭、面食和复制业出售的面条、米粉等，均凭粮票购买，再凭收回的粮票，向指定粮店购买粮食。对工业、手工业、酿造和副食品加工，由用粮单位根据生产计划提出申请，经有关领导机关批准后，按批准的粮食品种和数量供应。

株洲市注重开展商业行业用粮整顿和工业用粮节约代用工作。1970 — 1973 年，株洲麻纺厂坚持节约代用，为国家节约工业用粮 70 多万千克。株洲市制药厂采取改革工艺，节约代用，点滴收回等办法，使工业用粮逐年下降，1973 年仅土霉素一项就节约粮食 12.5 万多千克。1982 年，对全市 285 个工业和 126 个商业用粮单位开展粮食统销整顿工作，收回部分饮食店不正常的溢余粮 2.75 万千克。

为减轻国家对粮食的财政补贴，逐步改革粮食流通体制，从 1984 年起，行业用粮逐步改平价为议价供应。下半年，饮料酒用粮改供议价粮。1985 年，工业用粮全部改供议价粮。1988 年 11 月至 1992 年 11 月，除豆制品用粮和收票供应的面点、米粉、糕点外，其他商业用粮一律改为议价供应。改供议价粮后，原借给的铺底粮全部收回。1993 — 2000 年，国有粮食系统不再对行业用粮实行平价供应，所有行业用粮，均由用粮单位自行到市场购入。

⑵农村销售

统 销 1953年11月，开始对农村集镇、经济作物区、灾区及缺粮户实行粮食统销。当年，46.5%的农业户、31.9%的农业人口统销大米76.86万千克，占分配控制指标的103%。1954年，采取发购粮票的办法，分月制定销售计划，分批统销。

1955年，实行“三定”。在定产、定购的基础上，每年秋后核定一次定销。

各类缺粮户用粮标准：种子、饲料用粮与当地余粮户相等，口粮稍低于当地余粮户。株洲市确定缺粮户每人每年口粮为稻谷250千克。种植经济作物的，口粮与当地余粮户相等。农村非农户口粮，分别不同职业与劳动强度，比照市镇同类人口定量标准确定，但一般不超过当地余粮户的口粮标准。灾区缺粮户口粮以低于每年人均250千克稻谷的标准安排。农村小集镇、圩场的伙铺、熟食、复制业的营业用粮，按计划分月供应。1955年，全市农村定销稻谷119.65万千克。1956年3月间，郊区缺粮，经调查核实，对2009户9493人，补销稻谷18.93万千克。

从1965年开始，对粮食定销采取一定5年（或3年）不变的办法。缺粮队的口粮（稻谷）标准：平原区每人每年250千克，丘陵区每人每年225千克，山区每人每年180千克。1982年以后，农村实行联产承包责任制，粮食定销改为按户核定。1982年，全市农村定销稻谷1165.33万千克，比1955年增长9.7倍。随着行政区域的扩大和菜农人口的增加，1983年定销稻谷2396.43万千克；1990年为1935.8万千克。1992年后，国家全面放开粮油市场，全市粮食平议价也已实现平稳并轨，农村粮食统销作用日益弱化，直至最后消失，不复存在。

返 销 农村粮食返销，主要发生在20世纪60—70年代。造成返销的原因是粮食产量底子不清，购了“过头粮”，使得次年春夏之交社员生活困难，国家不得不退库返销。这种社员把粮食送来又担回，粮食部门收进又发出的做法，浪费人力、物力、财力，于国于民都没有好处。为了改变这种状况，湖南省提出实现农村粮食不返销的要求，株洲市从1965—1976年的12年间，有7年实现农村粮食不返销。1977年以后，每年都向农村返销粮食，主要是因灾返销。因灾返销的粮食占农村销售的比例，最高的1978年为17.83%，1987—1990年在5%～10%之间。

1991年，株洲市遭受特大旱灾，部分农户减产严重。为保证灾区人民的正常生活，市粮食部门及时返销农村粮食1125万千克。3月，茶陵县突遭风灾，粮食部门又返销粮食50万千克，使灾民生活得到保障。1993年，市粮贸系统全面开展经济改革，在部门利益与社会责任矛盾交织的情况下，市粮食系统全年仍为灾区、历史缺粮区和水淹区人民及时返销粮食达800多万千克，对维护市场物价的稳定，保证缺粮地区基本生活需要起到了积极作用。

1994年，株洲地区遭受百年罕见的水灾，水灾致使株洲市144个乡镇受灾，淹没早稻6.93万公顷，其中失收面积达1.4万公顷。为及时支援灾区人民生产自救，株洲市迅速投入救灾返销粮1050万千克。是年，市粮食系统总共销售救灾返销粮2175万千克、水库水淹区农民口粮322万千克。

1995—1996年，市粮食部门投入救灾、水库移民和农村生活用粮共2722万千克、灾区救济粮715万千克。

借 销 1961年经济困难时期，国家对农村缺粮户实行粮食借销。借销对象限于统购队中因临时原因缺粮或因用粮计划不周的缺粮户，需时借出，第二年秋后归还。借销时按统销价付款，归还时退回原付价款。1968年借销曾一度停止，1982年又恢复。1983年，株洲市发出借销粮225万千克（贸易粮，下同），收回借销粮325万千克（含以前借销收回）；1984年发出借销粮12万千克。1985年以后停止粮食借销。

3.节约用粮

民国时期，行政院、湖南省政府及湘潭县政府都颁发过节约粮食办法，禁止以稻谷、小麦、玉米等煮酒熬糖，不得以主要粮食作饲料，米厂一律不准碾制精白大米，面粉厂一律不得碾制精白面粉。

1953年，株洲市规定酿酒熬糖、喂养牲畜应尽量减少好米或禁止用好米。1954年，中共株洲市委提出每人每天节约32克米。1955年3月30日，省人民委员会作出《关于节约粮食，克服浪费现象的决议》；4月，市财办成立节约粮食办公室，到9月，开展节约粮食、反对浪费的群众运动，节约大米180.5万千克。1957年，中共湖南省委要求城镇居民每人每月节约粮食0.5千克，株洲市月均节约粮食6.8万千克，每人每月平均0.65千克。20世纪70年代后，由于群众生活水平的提高，定量供应的口粮由不足转为有余。到1990年，城镇居民余粮250多万千克，其中储存在粮店52万千克。

农村节约用粮主要是做好口粮分配，帮助农民制订用粮计划，防止前松后紧，超吃浪费。群众节约的做法是：全年分配口粮，根据农事忙闲和菜季旺淡，通盘考虑，合理安排；农忙和蔬菜淡季，多安排一点，农闲和蔬菜旺季，少安排一点；12个月口粮作13个月安排，瞻前顾后，留有余地。开展“餐前节约一把米”活动，时刻不忘节约，树立勤俭之风。

1991年，株洲市在执行国家对平价粮油供应价格进行调整的同时，还实施缩减粮食指标的节粮措施，当年，株洲市规定城镇居民在1988年11月已节约1千克粮食的基础上，对定量在14千克以上的再节约1千克。同时规定，对1988年11月1日以前节余的粮食指标仍继续结存，如遭遇特殊情况需要动用该节余指标的，须经城市粮站、县（市）粮食局批准，且一次购粮不得超过50千克。为保障粮食供需平衡，株洲市还规定，对持有国票、省票购粮者，一次购粮不得超过50千克；居民领取粮票时，每人每月不得超过5千克。是年，全市减少平价粮食销售共500万千克。由于居民生活水平提高，粮食消费量减少，粮食节约工作并未给居民生活带来多大影响，全市节粮压销工作进展顺利。

（二）食用植物油

1.计划销售 1954年6月18日，食油实行计划供应。株洲市把人口分为居民户、集体户、复制业户、工业户和流动人口5类，按分类划定供应系统和范围，发给购油证，凭证购油。工厂、机关、团体、学校、基建工地每人每月405.3克，居民375克，农民187.5克，内部掌握，定额供应。后因上级下达的指标偏紧，调整为工人每人每月375克，机关、团体、学校、居民312.5克，农民156.3克。群众购油，城市和郊区主要委托供销合作社代销；几个大工厂则委托各厂供应机构代销。全市共有代销点18个，其中城区6个、农村12个。统销后，食油销售量明显减少。统销前的

6月1—17日，平均日销油1355.5千克，统销后的6月18—30日，平均日销油820.5千克，减少39.46%。从1954年4—12月，销售计划36.54万千克，实际销售32.3万千克，占计划的88.4%。

1955年4月，全市执行省人民委员会对食油供应的统一规定，标准是：工矿、铁路、有组织的基建与搬运工人，每人全年5千克；疗养院、医院病人每人全年6千克；部队每人全年9千克；城市居民供应标准按人口多少分为4等，株洲市属第二等，每人全年4千克。菜农低于城市居民，高于一般农民。1957年3月1日起执行新的定量供应标准，株洲市的工矿、铁路、基建工人每人每月406.3克，机关、团体、企业职工343.8克，居民281.3克，郊区农民156.3克。此后，居民月定量口油统一为200克，1965年8月1日起调整为250克，直到20世纪90年代未动。

食油供应除定量外，还附有特需补贴。从1956年4月起，对回族、维吾尔族人口过开斋节、古尔邦节、圣纪节时，每人补助茶油93.8克、麻油62.5克。从1956年7月起，对高级知识分子每人每月的食油供应提高到750克。从1972年起，国庆和春节，对非农业人口每人各补助食油100克。1975年3月，取消回族、维吾尔族非农业人口开斋节、古尔邦节、圣纪节的食油补助，其食油定量标准，由原来每人每月250克调整为500克，属郊区菜农的调整为300克。1981年1月，离职休养干部每月食油供应量由500克调高为1000克。3月，对食油补助调整为：从事有毒有害作业人员，人均月补助250克；从事二机部系统的放射性工作的职工，按不同岗位，人均月补助750克、500克、375克、250克不等；回族、维吾尔族的圣纪节、开斋节、古尔邦节，每人每节增供150克；国庆、春节，非农业人口每人每节补助100克；到医院输血人员，每次抽血300毫升的，补助250克。1988年11月后，除回族、维吾尔族3大节日和高级知识分子、离休干部3项补助按原规定执行外，其他补助一律取消。

1992年，食用植物油出现大量积压，全市库存的平价食油若按1992年平价食油的销量计算，可供应15年。

2.议价销售 株洲市议销食油主要靠外地调入，议价食油自给率最低的为1982年，仅占0.8%；最高的为1983年，占53.72%；一般均在10%左右。全市议销食油城乡居民购作口油的占议销食油总量的比例均呈逐年增长之势。

株洲市1985—2000年粮食部门食用植物油销售统计表

表8-4 单位：万千克

年 份	销售总量	其中：销售口油	年 份	销售总量	其中：销售口油
1985	137	60	1993	1075	495
1986	191	62	1994	401	392
1987	560	328	1995	291	263
1988	455	274	1996	333	323
1989	293	177	1997	195	195
1990	358	226	1998	136	124

续表 8-4

年 份	销售总量	其中：销售口油	年 份	销售总量	其中：销售口油
1991	267	257	1999	128	0
1992	42	38	2000	55	0

三　价　格

（一）粮　食

1. 自由购销价　民国 11 年（1922），株洲市场米价每石 5.1 元（银元）。民国 15 年（1926）初，每石 9.8 元（光洋）；2 月，每石 12 元；3 月，涨至 13 元。3 月 22 日，官方限制砻坊零米每升不得超过 400 文。民国 35 年（1946）春，每石米暴涨至 1 万元（法币）；4 月 17 日，达 4.1 万。民国 37 年（1948），米价每石金圆券 100 万元。农历年关之际，贫民啼饥号寒；公务人员每月收入不足购米半石，人心不安。

1950 年 9 月，株洲粮食公司挂牌购销。1951 年，稻谷收购价每 50 千克（下同）为 4.8 元，销售价最低为 5.05 元；元熟米批发每 50 千克为 7.3 元，零售 7.6 元。1952 年，早稻谷收购价为 5.15 元；10 月，面粉零售价调整了 2 次，月底，一等粉由每袋 8.01 元调为 8.47 元，二等粉由 7.35 元调为 7.77 元，三等粉由 4.95 元调为 5.23 元。1953 年 2 月，大米收购牌价为 7.3 元，销售批零差为 7%。大米零售价为：头机米 10.2 元、二机米 9.9 元、三机米 9.6 元、四机米 9.25 元、元熟米 9 元。当年稻谷收购价为 5.25 元，销售价为 5.65 元，购销差价均按 7.6% 计算。4 月 1 日，按 5% 的幅度调整季节差价，将稻谷销价调整为 5.9 元，大米批发价调整为 9.25 元。11 月实行粮食统购统销，关闭粮食市场，仅有少量的粮食小杂品种议购议销。

1963 年 8 月，粮食议购每 50 千克（下同）最高控制价：稻谷 20 元，小麦 22 元，蚕豆 16 元，黄豆、绿豆 25 元，豌豆、泥豆、饭豆、杂豆、玉米 18 元，粟谷、高粱、大麦和荞麦 15 元，红薯干 13 元，稗子 11 元。1964 年 1 月起，对商业部门熟食业的议销粮价格为标二米 28.6 元，标准面粉 36 元；同年 4 月，对粮食议销制订最高限价，即：稻谷 17 元以下，小麦、泥豆、杂豆 20 元以下，黄豆、绿豆 26 元以下，豌豆 17 元，玉米、粟谷 15 元以下，高粱、荞麦 13 元以下，红薯干、大麦 12 元以下。1966 年 3 月，按省粮食厅通知，议销稻谷及杂粮的销价均按议购价加价 1 元。1968 年，粮食议价购销被当作资本主义经营方式而取消，国家粮食市场价格也随之冻结。1978 年，恢复粮食议价购销，议购价格为：稻谷 19 元，玉米 19 元，小麦 20 元，大豆 45 元，绿豆 48 元，红珠豆 40 元，其他豆类 30 元。

1981 年 7 月，对 23 种主要农产品实行最高限价，以后几年市场价格比较稳定。1985 年，对市外销售议价是每 50 千克：早籼稻谷 19.5 元，标二早籼米 28 元，晚籼稻谷 20 元，标二晚籼米 28.5 元，标一晚籼米 32 元；对市内零售议价是：标一晚籼米 31 元，标二晚籼米 27.5 元，晚籼稻谷 19 元，玉米 18 元，七五面粉 35 元，黄豆 43 元，绿豆 52 元。1987 年，随着定购粮价的提高，议购稻谷价

25元左右。市内议销价：大米38.5，大豆52元。1988年夏粮上市时，稻谷议价30元，秋粮上市时36元。市内议销价：大米55元，面粉62元，大豆85元，绿豆120元以上。

1990年1月初，每50千克议价稻谷下浮到36元。7月，稻谷议购实行最低保护价35.15元。市内议价销售为：稻谷44元，大米60元，富强面粉75元，绿豆65元。年底，议价粮购销价格均再次下降10%。

1993年3月，株洲市遭遇春荒、6月下旬又逢洪灾，市场粮食供应出现紧张，占城镇粮店五分之四的个体粮店纷纷关门歇业，价格一日三涨，严重影响城镇居民的正常生活。市政府一方面对粮贸单位自由销售的粮油，实行价格申报制度和进销差率控制，一方面拿出500多万千克库存粮食供应市场，使粮价得到控制，粮食供应很快恢复正常。11月底，粮食价格再次上涨，晚籼米一度涨至1元0.5千克，市民难以承受，意见很大。市政府千方百计筹集600万千克粮食，以每市斤大米低于市场价0.15元的价格投放市场。同时，坚决执行市场物价部门对粮食部门销售粮食实行批零差利率限制的规定，使粮食价格很快回落。从12月31日起，全市严格执行国务院的最高限价，为调控市场、稳定社会发挥了决定性作用。2000年，根据湖南省人民政府通知，从新粮上市起，全市早籼稻退出保护价收购范围。国有粮食企业和经批准可以直接收购早籼稻的用粮企业及粮食经营企业，按"购得进、销得出"的原则进行收购。农业税的计征价格，早稻按市场价结算，中晚稻按省定的综合价格计算。个别农业税征收实行以金代税的地方，也要以上述价格作为计税标准。早稻退出保护价收购后，工商行政部门加大了市场管理力度，防止私商粮贩趁收购早稻之机而直接进入中晚稻收购市场。

2.统购统销价 1953年11月，价格由国家统一制定。株洲市稻谷统购价每50千克（下同）最高为6元，最低5.4元，购销差率为7.6%。

1954年，粮食价格基本稳定，三号米统销价全年均为9.1元，只是购销差率由7.6%调为5.6%，等级差价由上二下三（上等高于中等2%，下等低于中等3%），调整为上三下四；糯谷统购价3月由6.4元调整为7.1元，9月又调整为6.4元。

1955年8月，稻谷统购价为5.9元。9月，大米统购价为：一号米8.9元，二号米8.5元，三号米8.3元；统销价为：一号米9.75元，二号米9.35元，三号米9.1元。12月，经湘潭专区粮食局批准，白石港粮店因运费增加，三号米统销价由9.1元调为9.3元，糯米由10.35元调整为10.55元，其他品种销价亦相应上调。

1956年5月，调整统销价：特等米12元，一等米11元，二等米10元，三等米9.1元；一等面粉12.8元，二等面粉9.85元，三等面粉8.4元。7月，粳稻谷统购价按高于籼稻谷的10%确定。

1957年，稻谷统购价5.9元，统销价6.4元；小麦统购价8.8元，统销价9.55元；玉米统购价5.9元，统销价7.32元；大豆统购价11.5元，统销价14元；高粱统购价7元，统销价8.71元；鲜薯统购价1.95元，统销价2.45元。

1958年，早、中稻谷购销同价，均为6.4元；粳稻谷购价6.9元，销价7.05元；石子糯谷购价7.05元，销价8元。

1960年5月，稻谷统购价由6.4元调为6.7元，调高4.7%；小麦由8.8元调为9元，调高2.3%。

这一年起，农村生产队完成统购任务后向国家超交的粮食，实行超购加价，超购价按高于统购价10%计算，当年的稻谷超购价为7.8元。

1961年12月，再次提高粮食统购价：稻谷为8.4元，小麦11.6元，玉米8.4元，大豆14.5元，鲜薯3元，绿豆19.5元，高粱7.9元。

1963年9月以前，面粉销售价存在着零售与整袋销售的差异：一等粉零售每50千克26元，整袋每50千克24.7元；统粉零售每50千克20元，整袋每50千克18.8元。这一现象不符合国家粮食统销价格规定，9月11日起，不分零售与整袋，一律改为一等粉26元，统粉20元。

1966年，粮食统购价格调整为：稻谷9.5元，小麦13元，玉米9.5元，高粱9元，粟谷9.5元，糯谷11.9元。此后的粮食价格基本冻结。

1971年，粮食超购价调整为高于统购价30%，即稻谷超购价为12.35元。直到1979年，粮食统购价格才进行了较大幅度的调整：稻谷由9.5元调为11.55元，小麦由13元调为15.7元，玉米由9元调为11.6元，高粱由9元调为10.6元，粟谷由9.5元调为11.4元，糯谷由11.9元调为14.2元。同时，超购价调整到高于统购价50%，稻谷超购价为17.32元。以上价格一直执行到1985年3月。

1991年，为了逐步改变平价粮油购销价格倒挂的现象，减轻国家财政负担，国务院决定从5月1日起，对全国城镇居民定量粮油销售价实行调整。株洲市标一早籼米、标一晚籼米均由0.302元/千克提高到0.58元/千克，升幅达92%；一等面粉由0.46元/千克提高到0.76元/千克，升幅为65%。粮油调价后，按照职工赡养系数，由财政或企业实行粮价补贴，每个职工（包括离、退休人员）每月补贴6元。无赡养系数的人口，每月补贴4元。此次价格调整，株洲市为平稳过渡事前做了大量工作，但仍出现了大范围的粮食抢购的风潮。全市4月20—30日共销售粮食2839万千克，仅市区10天内就销粮1043万千克，相当于正常情况下2个月的销量。市区10天内食油销量45.5万千克，相当于正常情况下3个半月销量。这次粮油抢购风潮，是株洲市历史上时间最长、购买人数最多、供应量最大的一次；也是供应秩序最好、群众意见最少的一次。

1994年，株洲市对城镇非农业人口定购粮供应实行限量、限价、凭证，定点、定期供应。从6月29日起，株洲市规定城镇居民每人每月凭证定点供应1.40元/千克的早籼标一米10千克。同年12月，又规定供应城镇居民的定购粮由每千克1.4元调整到1.98元，每人每月仍限量10千克，当月有效，跨月作废。城镇国有粮店发挥主渠道作用，保证了居民的生活需要。

3.合同定购价 1985年3月，停止执行超购价政策。合同定购的粮食按“倒三七”比例计价。即30%按原统购价（11.55元），70%按原超购价（17.32元）。具体价格为：每50千克籼稻15.59元，粳稻16.4元，糯稻19.17元，玉米15.66元，小麦21.2元，大豆34元。同时，销往农村的粮食实行购销同价。

1986年，统销价：标二优质米为16.5元，标二粳米为15.1元。1987年4月1日，籼稻比例收购价由15.59元提高到17.09元，提高9.62%；粳稻由16.4元提高到19.15元，提高16.77%；糯稻由19.17元提高到21元，提高9.55%；玉米由15.66元提高到17.17元，提高9.64%；红薯干由14.85元提高到16.28元，提高9.63%。同时对原统购价也作了调整：籼稻由11.55元调为12.66元，粳稻由 12.15 元调为 14.19 元，糯稻由 14.2 元调为 15.56 元，玉米由 11. 6 元调为 12.72 元，红薯干由 11 元调为 12.06 元。

1989 年 4 月 1 日，合同定购价再一次调整：籼稻由 17.09 元调为 22.1 元，粳稻由 19.15 元调为 25.8 元，小麦由 23 元调为 24.5 元，玉米由 17.17 元调为 18.2 元，顶抵合同定购任务的糯稻由 21 元调为 27.2 元。1990 年，根据国务院有关文件精神，从秋粮收购起，取消合同定购，代之以“国家定购”，购销价格未作调整。

1993 年，国家收购早籼稻（中等）合同定购价每 50 千克 27.14 元，而个体粮商收购价每 50 千克平均要高出国家收购价 2 ~ 3 元。9 月，个体粮商收购价一路上涨，早稻收购价曾一度飚升至 40 元左右。晚稻入库一开始，个体粮商又纷纷上门收购，他们把每 50 千克晚稻的价格抬升到 50 元，以高出国家定购价达 22 元的价格进行收购，从而导致市粮食系统当年定购粮收购工作进展缓慢。

1996 年，国家在提高定购粮收购价的同时，停止实行价外补贴。这年，株洲市定购粮早籼稻由上年每 50 千克（中等）51 元提高到 65 元；中籼稻每 50 千克由 50 元提高到 68 元；晚籼稻每 50 千克由 61 元提高到 72 元，晚稻优质稻每 50 千克为 78 元。

1997 年，国有粮食企业按保护价敞开收购农民余粮。保护价是在定购价的基础上，上、下浮动 5%，基层粮食企业采用多种形式发布“安民告示”，公布政策，公开价格，严禁“打白条”以保护农民利益。这年，株洲市早籼稻（中等）、中籼稻（中等）和晚籼稻（中等）的保护价每 50 千克分别为 56 元、62 元和 66 元，保护价均低于国家定购粮价。1998 年，株洲市对农民完成国家粮食定购任务后的余粮，规定国有粮食收储企业继续做到按保护价常年挂牌、敞开收购，不准压级压价，不得拒收、限收。这年，早中晚稻的保护价均低于国家定购价。

株洲市 1985 — 2000 年国家定购粮稻谷收购价格一览表

表 8-5　　单位：元 /50 千克

年 份	早 稻	中 稻	晚 稻	年 份	早 稻	中 稻	晚 稻
1985	15.59	15.59	–	1993	21.00	26.00	28.00
1986	15.59	15.59	–	1994	47.00	50.00	55.00
1987	17.09	17.09	–	1995	51.00	54.00	61.00
1988	17.09	17.09	–	1996	65.00	68.00	72.00
1989	22.10	22.10	–	1997	65.00	68.00	72.00
1990	22.10	22.10	–	1998	57.00	63.00	64.00
1991	–	–	–	1999	51.00	53.00	58.00
1992	24.50	24.50	–	2000	–	55.00	58.00

（二）食用植物油

1. 自由购销价　清咸丰年间（1851 — 1861 年），株洲茶油每市斤（0.5 千克）48 文铜钱，宣统年间（1909 — 1911 年）240 文铜钱；民国 21 年（1932），茶油每石 24.2 银元，民国 33 年（1944）

4000元（法币）。

民国37年（1948）8月，每市斤菜油涨至79万元（法币），麻油涨至90万元，茶油涨至124万元。8个月里，菜油价格上涨42.9倍，麻油上涨49倍，茶油上涨61倍。

1950年，每50千克（下同）收购价为：茶油45.05元，菜油42.25元，花生油47.1元，麻油47.35元；销售价为：茶油55.77元，菜油49.9元，花生油52.4元，麻油52.9元。1951年，收购价为：茶油57.25元，菜油50元，花生油55.67元，麻油55.97元；销售价为：茶油69.3元，菜油58.5元，花生油61.4元，麻油62元。1952年，土地改革完成，食油产量增加，购销价格下降，收购价为：茶油36.25元，菜油33.3元，花生油37.9元，麻油38.1元；销售价为：茶油48.5元，菜油43.9元，花生油46.1元，麻油46.5元。1953年，收购价为：茶油38.27元，菜油32.67元，花生油40元，麻油40.22元；销售价为：茶油44元，菜油41.7元，花生油48.3元，麻油44元。同年11月，食油开始实行统购统销，并关闭了自由市场。

1955年，花生果批发价格由21.6元调整为19元，熟花生调为23.6元，芝麻调为23.8元。1956年，米油批发价由42元调为37元，零售价由48元调为40元。

1963年，议购最高限价：茶油130元，菜油、麻油120元，棉油100元。1964年1月，限价调整为：茶油160元，麻油、花生油、菜油150元，棉油110元。1968年，食油议价经营被当作资本主义经营方式而取消。1979年国家恢复粮油自由贸易，株洲市议价销售食油价格是：茶油230元，菜油200元，大麻油230元，小麻油250元，花生油200元，精棉油160元，精糠油160元，芝麻110元，花生70元。

1980—1986年，市场零售价格比较平稳：茶油200元（全年均价，下同），菜油160元。此后几年，食油市场价格逐渐上涨：1987年，茶油235元，菜油175元；1988年，茶油260元；菜油190元。1989年，茶油381元，菜油291元。同年，市区销售议价粮油实行限价管理，限价品种是：茶油、菜油、棉油，其他议购议销品种价格仍随行就市，并成立限价管理领导小组，由市粮食局、物价局牵头，每月25日研究和审定议价粮油销售限价，次月1日挂牌公布。1989年5月审定的议价油脂销售限价是：茶油430元，一级精菜油330元，二级精菜油315元。下半年，食油价格渐渐回落，到年底，茶油降为380元，一级精菜油降为280元；茶油购进价在320元左右。1990年，食油市场价格继续下跌，茶油销价降到340元，精菜油降到260元；精菜油购进价为250元。1991—1993年，茶油、菜油、麻油的价格呈逐年微张的态势，但总体还是比较平稳。其间，茶油、菜油每千克价格保持在6.5元和4.5元左右；麻油则在9.1元上下浮动。1994年食用油价格出现暴涨，茶油由上年每千克6.842元涨至当年11.76元；菜油由上半年每千克4.902元，涨至8.424元，上涨幅度均超过70%以上。1995年，茶油每千克续涨至19.744元，菜油也续涨至9.655元。这年茶、菜油价格均成为株洲历史最高价。1996—2000年，茶、菜油价格开始出现小幅回落，但二油价格总体仍在高位徘徊，其中，1997年二油的价格每千克分别是18.663元和8.239元。2000年，二油的价格每千克则分别是16.11元和7.72元。

2.统购统销价　1953年11月，油脂油料实行统购统销，当时每50千克零售价为：茶油57元，花生油58元，麻油54元；统购价是：茶油42元，菜油37元。

1954年，食油统销零售价未变，但对工厂、郊区农村的食油统销价均提高1元，即：茶油58元，花生油59元，麻油55元，菜油52元。为了保证油农应得利益，减少茶籽统购任务上的困难，

11月19日，茶籽统购价由原7.2元调整为7.6元，等级差为11%。

1955年1月，由于货物税利提高，食油含税统购价和批发价调整为：茶油购价49.2元，批发价55元；菜油购价43.5元，批发价49.25元；花生油购价50.4元，批发价55.9元；麻油购价46.9元，批发52.15元。2月，茶油统销价为59元。4月，菜籽购价为13元，菜油购价为39.5元。9月，菜油统销价调为55元，购销差为39.5%。

1956年年初，茶油统销价，株洲市中心区由59元调为62元，田心、董家塅及郊区各供应点为62.5元。1957年4月，根据国务院和省规定，菜籽统购价调为18元，提价37%。同时，其他油料统购价也作了调整：花生仁41.4元，花生果15.9元，等级差0.8元；芝麻23.2元，等级差1.16 ~ 1.39元。

1959年11月，对茶籽统购价格进行调整：朱亭、淦田、三门、洲坪4个收购点为12.2元，渌口、雷打石、姚家坝、龙头铺4个收购点为12.6元，八斗点为12元，市区及朱田铺点为13元。并确定顶抵统购任务的茶籽按每50千克折油12.5千克计算。1964年，超购价比统购价高10%。1966年，毛糠油销售价由每吨1200元调整为1100元。1971年5月，油脂油料超购价调整为高于统购价的20%，并同时调高了统购价格。

1971年9月，油脂油料的超购价调整为高于统购价30%。油脂无等级差价，油料等级差价均为1元。

1977年9月，部分油脂油料价格：棉籽统购价由6.7元调整为8元，超购价由9元调整为10.4元；芝麻统购价由42元调整为50元，超购价由55元调整为65元；毛棉油统购价由55元调整为60元，超购价由72元调整为78元；精棉油由66元调整为75元，超购价调整为97.5元；大麻油由92元调整为105元，超购价由120元调整为136.5元。

1978年8月，茶油统购价由90元提高到108元；11月，茶籽统购价由19元调为24元，等级差1元。1979年5月，调整油脂油料统购价同时超购价调高50%。

从1982年8月1日起，除花生果按“倒三七”比例计价外，其余油脂油料均按“倒四六”比例计价收购，即40%按统购价，60%按超购价。具体价格为：茶油153.4元，茶籽32.5元；菜油137.8元，菜籽42.9元；毛棉油86.4元，棉籽12元。

3.合同定购价　1985年3月，合同定购的油脂油料仍按“倒四六”比例计价；食油统销价格按照“油随粮走”的原则办理，即：供应平价粮的也供应平价食油。1987年4月，调整了部分油脂油料的定购价格每50千克（下同）：精棉油由100.8元调为126元，毛棉油由86.4元调为108元，棉籽由12元调为15元。同时调整原购价：精棉油由84元调为105元；毛棉油由72元调为90元；棉籽由10元调为12.5元。

1988年4月，油脂油料比例购价又一次调整：茶油由153.4元调为177元，菜油由137.8元调为148.4元，茶籽由32.5元调为37.5元，菜籽由42.9元调为46.2元。原统购价也进行了调整：茶油由118元调为136.2元，菜油由106元调为114.2元，茶籽由25元调为28.8元，菜籽由33元调为35.5元，等级差价不变。城镇定量口油销价不变，对销往农村的食油，按购销同价供应的，执行调整后的定购价；按统购价供应的，执行调整后的统购价；按统销价供应的，统销价格不变。

1989年1月，调整油脂油料的合同定购价格：菜油由148.4元调整为158.4元，毛棉油由108元调整为125元，精棉油由126元调整为145.5元，棉籽由15元调整为17.4元。3月29日，茶油合同定购价由 177 元调整为 188.7 元，菜籽由 37.5 元调整为 40 元。10 月 28 日，湖南省粮食局又批复茶籽按“三七开”计综合收购价为 50.8 元。

1990 年 4 月，调整油脂油料的合同定购价格为：茶油 235 元，精菜油 253.3 元，毛菜油 207.4 元，精棉油 190 元，毛棉油 163 元，茶籽 49.8 元，菜籽 70.4 元，棉籽 22.7 元。同时，省粮食局、物价局又发出通知，在省下达的食油定购任务内，株洲市菜油（籽）、茶油（籽）定购价按 70% 执行上述定购价，30% 执行议购价（即：菜油 230 元、茶油 300 元）。具体价格是：茶油 254.5 元，菜油 246.31 元。

1991 年，国务院对全国城镇居民粮油供应实行与收购价同价销售的改革，株洲市一级精菜油合同定购价调高到每千克 5.08 元；茶油合同定购价提高至每千克 5.30 元。

株洲镇 1947 年市场油脂价格一览表

表 8-6　　单位：元（法币）/ 千克

月　份	菜　油	麻　油	茶　油	桐　油
1 月	2800	2640	27200	3200
2 月	5200	4800	5600	8000
5 月	7200	8000	8800	8000
6 月	10400	12000	13200	11200
7 月	13600	12800	16800	13600
11 月	30000	30000	32000	30000
12 月	36000	36000	40000	36000

株洲市 1958 年 12 月 21 日油脂购销价格一览表

表 8-7　　单位：元 / 50 千克

品　名	统购价	统销价	品　名	统购价	统销价
茶　油	56.00	76.00	精糠油	–	63.00
菜　油	51. 50	63.00	桐　油	51.00	68.50
花生油	55.00	76.00	小麻油	–	112.00
豆　油	52.00	70.00	麻　油	51.00	70.00

株洲市 1971 年 5 月 11 日油脂油料统购统销价格一览表

表 8-8　　单位：元 / 50 千克

品　名	统购价	统销价	品　名	统购价	统销价
花生果	28.00	34.00	茶　油	90.00	108.00
花生油	90.00	108.00	棉　籽	6.70	8.00
芝麻油	92.00	110.00	油菜籽	28.00	34.00
芝　麻	42.00	51.00	毛棉油	55.00	66.00
茶　籽	19.00	23.00	菜　油	85.00	102.00

株洲市 1971 年 9 月 21 日油脂油料加价收购价格调整一览表

表 8-9　　单位：元／50 千克

品 名	超购价	品 名	超购价
花生果	37.00	茶 油	117.00
花生油	117.00	棉 籽	9.00
芝 麻	55.00	毛棉油	72.00
芝麻油	120.00	油莎豆	25.00
油菜籽	36.00	油莎豆油	110.00
菜 油	110.00	越南芝麻	24.00
茶 籽	25.00	越南芝麻油	110.00

株洲市 1979 年 5 月 1 日油脂油料统购价格调整一览表

表 8-10　　单位：元／50 千克

品 名	原购价	调整价
茶 油	108.00	118.00
菜 油	85.00	106.00
精棉油	75.00	84.00
花生油	90.00	115.00
大麻油	105.00	120.00
豆 油	90.00	116.00
花生果	28.00	36.00
芝 麻	50.00	58.00
油菜籽	28.00	33.00

第二节　储　运

一　仓　储

（一）国家仓储

1. 仓储设施　1950 年，株洲区有粮食仓库 11 处，容量 1415 万千克，其中民房、祠堂、庙宇式粮仓占粮食仓库总容量的 90% 以上。下半年起，开始新建或扩建粮食仓库。10 月，在镇区新建 5 栋永久性仓库，每栋容量 100 万千克，投资金额 47150 元。1952 年实行小仓制，仓库建设遍布农村。

20 世纪 60 年代，木材缺乏，建仓以节木型落地薄壳仓为主。其时，市粮食局直属一仓库容量达 2460 万千克，直属二仓库容量达 1400 万千克。鉴于苏式仓和薄壳仓两种仓型低矮，加上收粮时气温高，不利粮温散发，以后建仓改用其他形式。1972 年，搬用江苏省“一把泥、一把草”建土圆仓的作法，全市大建土圆仓。因土圆仓多用稻草和泥垒成，泥墙易受雨水浸蚀掉泥而出现基脚下沉，倾斜崩溃，有的建成就未装过粮。70年代中期起，普遍采用房式仓和凸型房式仓。

20世纪80年代，先后建设了一批通风密闭、防鼠雀、防潮湿等性能好、便于保管和调运的粮仓。建仓的布局逐步由战备隐蔽型向经营管理型转变，新建仓点趋向交通沿线，趋向集中；仓库功能根据储藏品种、年限、数量、用途的不同，逐步由单一型向多功能型发展。1983年至1990年，全市共投资2384万元，建成高标准粮食仓库。

1991年，由于正规仓容严重不足，这些粮食有近五分之一是储藏在条件较差的露天堆、租借仓、简易棚和新建仓内。1992年，株洲市为克服仓容紧张给粮食收储带来的压力，决定在渌口、宋家桥二地各建一座亿斤粮库，粮库被列入株洲市重点建设工程项目并于当年破土动工。1998年，面对仓容紧缺，一方面调减定购任务，将上年2亿千克国家定购粮调减至当年的0.688亿千克；另一方面紧急筹资1250万元，对186栋仓库进行维修及调整，从而为早中稻入库及时腾出了1.5亿千克的仓容。1999年，国家投资6059万元新建的株洲县和茶陵县两处中央直属粮食储备库，于当年12月顺利竣工。两个粮库是集科研、储存、中转、加工、养殖、运输、贸易于一体的大型国储粮库，新库投入运营后，为缓解株洲市储粮困难发挥了重要作用。

2000年，全市已有食油仓储油池、油罐共6个，全市拥有粮食仓库总面积达36.06万平方米。为减轻粮食库存过多、结构失衡的压力，全市适当销售处理陈化粮，使粮食储存回归到合理的区间。

2.仓储技术

保　管　20世纪50年代初期，仓库粮情检测凭感官判定，测粮温采用鲜柳枝等插入谷堆的办法，储粮害虫有81种，粮食损失严重。从1952年6月起，粮食部门贯彻“防重于治”的方针，粮食入库前对空仓进行彻底打扫和药物消毒，对储粮仓库建立粮情测报制度，库内注意搞好清洁卫生。1953年全市粮食保管开展“无虫、无霉、无鼠雀、无事故”的“四无粮仓”活动。1954年年初，株洲市直属第一、第二仓库新粮入库时，由于验质不严，仓库沥青地面工程质量不合格等原因，所保管的300万千克粮食发生大面积虫害，每千克稻谷害虫高达400余条。9月，市监察委员会对此作出了处理。1956年6月，马家河、黄龙、三门、古岳峰、淦田等仓库达到“四无粮仓”标准。1957年，经省粮食厅鉴定，株洲市首次成为“四无粮仓”市。60年代，粮食保管采用物理和化学方法并举的综合保粮方法，基本控制了虫害。70年代中期起，粮食保管开始采用科学储藏技术，进行内砖砌拱形仓的兴建和对木板仓、简易仓的改造，基本解决了仓库防鼠雀问题。但由于粮堆增高，散热面相对减少，原始集温难以散发，给储粮害虫提供了较好的生态环境，且长期单一使用磷化锌杀虫，培养了害虫抗药性；同时因使用药次数增多，剂量加大而导至粮食污染。1974年6月开始试验缺氧储粮。1977年，缺氧储粮普及各仓，但各种脱氧技术都有一定的局限性。1978年后进行低氧、低药量“双低”储粮，兼以缺氧储粮和低药量薰蒸，三种方法综合运用，使保粮技术的综合效益明显提高。在双低保管方法的基础上，1982年推广“准低温”储粮。这种储粮方法是利用粮食和虫害及微生物的呼吸作用，采用多种脱氧方法，造成低氧环境，辅以单管、多管风机降温，抑制虫霉的生长，在不用或少用药的情况下，达到安全保粮的目的。全市还逐步推广单管式、地槽式、竹笼式等多种形式的机械通风降温技术。至1986年，运用各类机械通风的仓库和准低温储粮仓容量之大都居全省前列。

1991 年，全市库储粮食（原粮）中有近 1 亿千克是 3 年以上的陈粮，还有相当一部分是新陈混杂粮。为保管好国家粮食，粮食部门成立巡回检查小组，勤检查，勤防治，开展科学储粮。通过努力，当年没有发生大的粮食霉烂事故，株洲市被湖南省粮食系统评为储粮“四无”市。

1994 年上半年，国、省储粮规模增大；下半年早稻入库谷质较往年普遍下降。对此，市粮管部门加强了保管工作，在“三专四落实”的基础上，全力推行科学储粮措施。茶陵、攸县等库，建成电子测温系统，各储备库推行薄膜压盖、地槽机械通风等先进管理技术，确保国有粮食在收储环节里不损坏、不流失。经省粮食局检查全部合格，株洲市粮食保管工作再次被评为“四无”市。

1995 — 1997 年，全市每年冬春两次“一符四无”检查，各项指标均达到要求。冬季四无普查，粮温都保持在 20℃以内（其中 15℃以下的占 89.6%）。株洲市连续 18 年荣获湖南省粮食系统粮食保管“四无”市的光荣称号。

2000 年，株洲市国有仓储企业从业人数为 2549 人，其中，管理人员 521 人、保管员 1983 人、防化员 39 人、化验员 6 人。这年，低温科学保粮新技术已获全面推广，全市建成低温粮库其存储能力占全市总仓储能力的 35%。

检 验 民国 30 年（1941）湖南省政府《防治积谷害虫实施细则》规定：“新谷入库前，粮食之水分量应在 13.5% 以下，色泽以鲜明而无臭味为准；夹杂物，以不含砂为准；干度，用手砻之无碎末或牙咬之有脆声；容重，每市石不得少过 51.5 千克。”1956 年，粮食部规定，试行 19 个粮食品种的检验质量标准。1958 年 9 月，粮食部颁发油料、油品检验标准。依据粮食部检验标准，株洲市粮食局及时建立检验机构，对检测人员进行业务技术培训，划分检验人员的业务范围，制订操作规程，使粮油检验工作走上科学化管理的轨道。从 20 世纪 50 年代后期起，开始使用米温计、铁扦插样器和干湿度计、德林克式油浴式水分化验器等简易仪器测检粮温、空气湿度、稻谷水分等。70 年代起，采用较精密的机械、电子科学仪器，除测检粮温、水分外，还可测检出糙率、含杂率、含碎率、油脂酸价、杂质等。80 — 90 年代，粮情测检仪器更趋先进，如电子测温、测氧仪、水分测定器、各种分析天平、罗维朋比色计、800 倍显微镜、化学试剂等先进仪器已在大型粮库配备。对粮油污染、等级鉴定、质量优劣、虫霉变化已能做出全面、准确的鉴别和判断。

（二）社会仓储

民国以前，株洲的储备粮称为积谷，又称储政。其作用是一防饥馑，二平粮价。积谷类型有常平仓、义仓、社仓 3 种。

光绪十三年（1887），株洲有积谷 22012.3 石。积谷归仓后，盈则为官用，虚则给民食。至民国初期，由于连年兵祸灾荒，民不聊生，积谷仓库空虚，有的竟不存颗粒。

民国 16 年（1927），北伐胜利，储政复苏，积谷年年增多，管理趋严。民国 18 年（1929），省民政厅令各县成立义仓管理委员会，并就积谷进行调查，从事整理。当时，株洲有义仓 317 所（间），存有积谷 26971.83 石。民国 21 年（1932）《湘潭民报》载，株洲积谷为 25326.51 石。民国 25 年（1936），内政部颁布《各地方建仓积谷办法大纲》和《各省建仓积谷实施方案》。民国 26 年（1937）4 月又颁布《全国建仓积谷查验实施办法》。当年，株洲地区积谷增加到3万石。

湖南省政府依据上述规定，先后制订多个建仓积谷法规。在《湖南省各县市分期建立积谷计划》中，规定按保、甲人口总数，每人积谷1担，分3期筹足，每期为5年。民国28年（1939），株洲镇实募积谷52338石。民国31年（1942），湘潭县政府发布《三十一年度积谷贷放实施办法》规定：请领县常平仓积谷，须由乡长呈同区公所备具印领，并取具该乡殷实住户保证，转呈县政府核准借发，限10月底归仓，如逾期未还，由乡长负责追催或赔偿。如非现任区、乡长，不得担保领借。社仓每年清明、夏至2期发放，立秋、霜降2期收回，加息一分。民国35年（1946）3月，省政府颁布《清理各县仓储积谷办法》，要求清理数字，查明损失，恢复仓储制度。10月，又颁布《湖南省各县市三十五年度募贮积谷办法》，规定当年每人募集积谷1市升至3市升，三成储县、市仓，七成储存乡、镇仓。当年，由于遭灾，故未募得多少，有的乡、镇仓还动用了存谷赈济灾民。株洲镇属天台乡保仓积谷，至民国35年（1946）9月，仅存积谷1118石。民国36年（1947），省政府指令县乡仓积谷按田赋每赋额1元，带募积谷5升；社仓按人口每人贮足1石，分5年完成。民国37年（1948），株洲建宁乡劝募得积谷4118.19石。因连年兵祸灾荒，生灵涂炭，所募积谷不多，又为官吏挪用吞蚀，存仓无几。

中华人民共和国成立后，所剩积谷经人民政府接管清理，分给了贫苦农民，民间的社仓、义仓积谷制度不复存在，遭灾和缺粮地区人民生活用粮多由国家和集体安排救济。1956年农业合作化后，农村建立集体储粮制度。1958年人民公社化中，农村大办集体食堂，集体储粮耗尽。20世纪60年代后，集体粮食储备增加。70年代，贯彻毛泽东“广积粮”的指示，集体粮食储备不断巩固和发展。1973年，株洲市有储备粮2750万千克，其中农村集体储备粮1050余万千克，社员节约储粮550余万千克，农村人均储备31千克；城镇居民节约储粮250万千克。1979年，农村有集体储备粮2095.5万千克，其中国家代储805.5万千克，农村人均储备37.8千克。1982年后，农村实行联产承包责任制，生产队将储备粮以议价卖给国家或分配给社员，集体储备粮不复存在。

1991年早稻入库时，全市库存稻谷达3.65亿千克，一时仓库爆满，新粮收购库容严重不足，为防止出现“卖粮难”，粮食部门租借民仓储粮3860万千克，打露天堆储粮4670万千克，使用棚仓储粮3200万千克，提前利用新仓储粮2500万千克，充分利用民间仓储能力，从而保证了全市粮食收购工作顺利进行。

二 调 运

（一）运输工具

1.人力运输 民国时期，株洲粮运由民夫承担。中华人民共和国成立初，粮油运输有所增加，但还只限境内民食，外调数额不多。区内集并粮食大部分依靠人挑车推，外调出境亦依靠民船从湘江运至湘潭、长沙。人力运粮，由政府分配任务，按照“劳动力多者多负担，劳动力少者少负担”的原则承运，按照规定的起运地点和到达地点，如期送达。参加运粮的群众，男子必须在18岁以上50岁以下、女子在18岁以上45岁以下的身体健壮者。

1951年规定：人力车推，发给实物，均以单程100千米100千克粮发20千克米为标准。1956年12月，将人挑短途力资标准具体划为3种：即平原区，单程50千米为1.68元；丘陵区2.1元；高山区2.52元。1959年5月调整为：平原区2.5元、丘陵区3.18元、山区4.17元。1956年分为长途运输和短途运输2种，4.5千米以外为长途运输，4.5千米以内为短途运输。1960年，修改为2.5千米以外为长途运输，2.5千米以内为短途运输。

其后，随着国家制造工业及交通运输事业的快速发展，载重汽车、重型吊车、皮带运输机及风动输送设备开始大量装备粮储企业，过去那种依靠肩扛手抬的运粮场面已不复存在，株洲粮食系统的粮食流转彻底淘汰了人力运输的落后方式，境内粮运全面步入了机械化运输时代。

2.机械运输 1958年以前，株洲市粮油均由当地运输公司承运。1959年成立粮运队，建队之初仅有30台苏式汽车，60名职工，担负醴陵县、茶陵县、攸县、酃县、湘潭县、岳阳县、临湘县、平江县等13个县的粮油运输任务。建队的第一年实现利税29万元。1975年湖南省粮食局拨给株洲市运粮汽车7台，次年5月成立粮运二队，原粮运队改为粮运一队。至1990年，全市共有粮运汽车161辆1000吨位，汽车修理车间2个，汽车亦更新。随着国民经济的发展，粮油调运业务日渐扩大。自20世纪80年代始，境内粮油长途运输几乎全由汽车承运，境外由铁路承运。

1990年株洲粮运二队更名为株洲粮运二公司，株洲粮运一队更名为株洲粮运一公司。1992—1995年，国家粮食购销政策进行重大改革，国有粮食企业的业务量急剧下降，粮食计划调拨运输量日益减少，株洲粮运二公司和粮运一公司连续4年共亏损323.7万元，企业入不敷出，包袱日益沉重，两公司都面临着生存发展的困境。1996—1997年，二家粮运公司粮运经营仍无起色，2年亏损达94万元。1999年，经上级批准，粮运二公司与滨江粮店、河西粮店实施资产合并，重组为株洲市天元区粮油贸易公司，粮运二公司建制于当年撤销。2000年，粮运一公司进入改制拍卖法定程序，自此，两家创建达42年之久的老国有粮运企业于当年改制完毕，正式宣告撤销。

（二）粮油调运

从1954年起，每年在夏粮入库前，根据产、购、销、调、存和仓容情况以及群众送粮里程的远近，按照粮食流向，反复算账比较，采取打破行政区划跨界交粮，边收边运，就地供应，逐点推进的办法，使粮油一次摆布到交通沿线，减少二步集并的迂回倒运；不能一次调出的粮油，也按照合理流向，逐点推进，接力运输，逐步向外集运；对于储备粮则一次摆布到交通方便，调度灵活的地点。根据株洲市正常年景粮油地理分布情况和地区粮油生产与消费数量、品种，选择最经济、最合理的运输路线。按照"定点划片、固定路线、减少环节、直接拨付"的原则，外地调入的粮食，原粮先进加工厂后进仓库，成品粮先进供应点后进仓库。市内销售粮本着"近产近销"的原则，就廒直拨；加工成品粮，则直拨供应点；外调粮由加工厂直拨车站、码头；中转粮不离车站、码头，就地转运。

20世纪60年代前粮油的调入输出量不大。进入70年代后，粮油运输日渐繁忙。90年代后，株洲市粮油运输业务南到广东、深圳，北至哈尔滨，西到甘肃、宁夏，东至上海、浙江，遍布全国20多个省、直辖市、自治区。

（三）调运管理

中华人民共和国成立后，粮油由国家统一管理，实行计划调拨制度。株洲粮食调运，坚持“统一调拨，合理运输”“先中央，后地方”“保证重点，照顾一般”的原则，按年度、季度、月度编制，调拨计划月前下达到基层粮站执行。基层粮站坚持凭计划调拨，同时实行计划编号，没有运输计划编号的，发运单位拒绝发运，接收单位拒绝接收。调出单位要按月填报粮油运输完成实绩月报表。

粮油调运，实行“送货制”。不符合国家等级标准规定的粮油不准外调，不准虫粮、霉粮外调。对外调的粮油在发运之前进行质量检查，填具等级、水分、杂质化验单，并随货同行。如质量不符或发现短斤和虫霉粮食，由接收方通知发运方派人前往会检处理，按会检质量和协商处理的办法作价、计量与支付整理费用；发运方接到通知，不能在规定时间内派人去会检处理时，则按接收方检验的质量和处理办法作价、计量与支付整理费用。调出单位，每发运一批粮油要附一份征求意见书，以利互相促进。1984 年规定，严把调运质量关，从入库质量抓起，对不合格产品不出厂、不入库、不外调。对出口大米坚持把住“精选原料关、加工质量关、安全运输关、检验关、卫生关”。1984 年醴陵县调出大米 26151 吨，没有发生降等扣价，成为出口内调大米信得过单位。

粮油在运输过程中与公安、铁路、交通等部门协同配合，采取防范措施，确保安全。做到车体、门窗、船底、船帮不完好，容易造成撒漏粮油的不装；装过毒品、农药或有异味的车船，未经洗刷消毒，或虽经洗刷消毒，仍易造成污染的不装；车船未清扫干净的不装；发热、污染、变质和不符合调出品质的粮油不装；包装破漏的不装。车、船在运输中，备有防潮防雨等设备，以保证粮油质量不受意外损失。如途中发生残损、短斤少两、污染、变质，由承运单位赔偿。粮油调运费用开支大，如由农民运 50 千克稻谷，走 50 千米路程，按规定标准开支运费后，平原地区只剩下 71.4%，丘陵地区只剩下 65.4%，山区只剩下 57.2%。如果挑运 50 千克稻谷走 2 天（100 千米）的运程，则山区只剩下 15 千克。1954 年 10 月，对粮油调运费用的管理作了具体规定，实行合理流向，避免迂回和车船放空，严格费用开支标准。1955 年 9 月，又对运费的结付作了具体规定：不论轮船拖运或木帆船平放运输，所有运杂费用，一律由到达点收粮方一次结付。1963 年 4 月，执行《运输费用管理试行办法（草案）》，加强了运费管理，杜绝了不合理开支，降低了费用水平。这一年运费计划 86 万元，实际开支 68.31 万元，结余 17.69 万元，比上年减少 48.117 万元；每万斤运量开支运费 13.1 元，比上年 18.68 元减少 29.9%。从 1979 年起，对粮油调运实行运费包干的办法，开展“四好粮油调运”竞赛。

第三节　粮油体制改革

一　粮油政策调整

株洲粮食行业由计划经济向市场经济转轨大致经历了三个阶段。1949 — 1978 年，粮食行业实行高度的计划经济，粮食产、供、销环节严格遵守国家计划安排，国家是经济的主体，企业是计划的执行者。1978 — 1985 年，国家对粮食实行统一管理，市场由国企垄断经营，国有粮企经营粮食发生亏损，则由国家给予财政补贴。1985 — 2000 年，是计划经济向市场经济的转型期。多渠道经营粮食的局面逐步形成，国企独家垄断经营的局面被彻底打破，粮食市场全面放开。

1991年，国家对粮食政策实施调整，粮食收购由原来的合同定购改为国家定购，各县、市在完成国家定购任务的前提下，可常年放开粮食市场。同年5月1日，国家为减轻财政负担，又规定对城镇居民供应的定购粮油实行购销同价。至当年年底，全市粮食系统盈亏相抵后仍净亏损3848万元，较上年增亏2039万元。为扭亏增盈，市粮食管理部门对粮食企业实施“外引内扩”，一方面积极引进外资，组建了多个合资企业，如市南区粮站与台商合资组建了南玉公司、株洲县局与港商合资组建了湘华塑胶制品公司等。另一方面，市粮食局筹措资金2000余万元，开设多种经营网点、小加工厂及养殖场等，安排就业人员达2633人。当年，附属经营部分在抵消平价粮经营的亏损后仍实现利润270万元。此外，为强化粮食流通领域，逐步完善粮食市场销售体系，市粮食部门还投资3400万元，在全市范围建立了粮食初级批发市场20个。1992年，中央将粮食财政权下放到湖南省。11月，株洲市全面放开粮价，粮票停止发行，居民停供平价粮油，结余粮食指标作废。由于国有粮食企业在经济改革中转型步伐快、幅度大、时间短，加上缺乏必要的过渡时间，致使各企业普遍出现了思想观念、内部管理体制、人员素质、经营作风、流通设施、收购原料6个不适应。此外，市粮食系统还背负着2个沉重的历史包袱：一是亏损挂账严重，截至1992年年底，全市亏损挂账达9800多万元。造成亏损挂账的原因是，部分财政补贴不到位和粮食流通不畅、费用增加、年底粮食部门银行贷款高达38600多万元，仅银行贷款利息每年达3000多万元。二是粮食大量积压。由于粮油经营放开后，各种体制的粮油公司如雨后春笋，遍布城乡，至年底全市非粮食系统的粮油经营机构多达300余家，加上国有粮企自身观念陈旧、机制不活、竞争力不强，致使市粮食部门的粮食销量比上年锐减57%。至年底，全市库存粮食达6亿千克，其中仅稻谷积压就达5亿千克。这年，株洲国有粮食系统共有职工8750人、农村粮站72个、城乡店233个、米厂14个、面粉厂1个、油料厂2个、饲料厂7个、粮食仓容5.8亿千克，全市全年粮食经销亏损7969.2万元。为走出经营困局，市粮食局于当年6月成立了以粮食购销为主的“株洲市粮油购销总公司”，借以指导统筹全市的粮食购销工作。购销总公司的成立，对加强基层企业经营管理，逐步完善粮食市场体系，实行集约经营，组织力量推销粮食等方面起到了积极的作用。

1993 年、1994 年，国家继续对粮食政策进行调整。1993 年 1 月 1 日，取消对农民的粮油定购任务，同时也取消了对农民“三挂钩”物资的平价供应，粮食收购价格随行就市，农业税则由粮食企业代征实物，按市价与财政部门结算。因此，催交公粮就成为乡镇干部的一项主要工作。在这期间，粮食多渠道经营逐步走向规范，工商部门开始允许非粮企业及私营、个体工商户办理经营粮油业务的工商登记。这年，因粮食价格全面放开，株洲市粮油收购遭遇“收粮难”的问题，致使当年 1 — 6 月大米加工量较上年同期锐减 8 万吨，部分粮油加工企业经常因“无米下锅”而被迫停产，年底，全市粮油加工业亏损达 237 万元。1994 年，粮油工业有所好转，全年实现总产值 6673 万元，销售收入 8104 万元，市粮食加工业当年完成了扭亏增盈的经营目标。1995 年，中央推行“米袋子”省长负责制，各级政府均将种植面积、品种、收购量等指标层层分解，逐级下达，以保障粮食供销总量的平衡。全市粮食购销体制改革在这年也迈出较大步伐：一是全面实行省政府将粮食财政权下放到地（市）管理的改革措施（即省对市实行购、销、调及财务包干；市对县实行购、销及购销差包干），从而结束了粮食行业长达40余年的统收统支、大包大揽的粮食体制，重新开始建立“分灶吃饭”、自主管理的新格局。二是实施粮食部门“两条线”运行的改革，将政策性业务和商业性经营彻底分开，建立起“两条线”运行机制。是年，株洲市粮食系统多种经营规模扩大、效益增加。以面粉厂、大米厂、饲料厂为龙头的“工业城”；以江南商城、金龙大酒店（筹建）为龙头的“商业城”，成为全市粮食系统多种经营的骨干。截至年底，全市粮食系统共建成万头猪场2个，千头猪场4个，小型猪场100多个，其他多种经营项目200多个。多种经营从业人员达2000多人，全年实现利润1582万元，较上年增加774万元。初步形成了一个包含多种经济成分，多种经营形式，多种经营门类的、覆盖株洲城乡的“大粮食”体系。同年，市国有粮食企业粮油销售全年实现利润110万元，粮油工业完成年利润1528万元，饲料工业实现年利润317万元，当年全市粮食系统整体利润为305万元，成为自1988年以来第一个实现扭亏为盈的年度。

1997年，株洲市粮食财政管理改革推进到了县级，全市粮食财政顺利完成了由市下放到县的改革。这年，由于粮食市场销售萎缩，全市粮食总销量较上年减少11855万千克，市国有粮企中的株洲市大米厂、市粮运一、二公司、江南商城、市南区粮站等单位囿于任务不足，亏损严重，经营深陷困境，至当年三季度，有三分之二的职工领不到满工资，全系统累计亏损挂账达18173万元。

株洲市粮食系统在粮食财政“分灶吃饭”、主业连年亏损的情况下，仍坚定推行“四放开”和三项制度的改革，继续完善承包经营和目标管理、实行风险抵押以及实行企业负责人聘任制、职工招聘、组合上岗、工资与企业效益挂钩等改革措施。全市140多家独立核算粮油企业全部进入市场，成为自主经营、自负盈亏、自我约束、自我发展的经济体，全系统有6473名职工全部与企业签订劳动合同，1490名集体制企业职工转为全民合同制工人。这年，为重组部分粮油企业的闲置资产，株洲市将粮油总店并入粮贸公司；对扭亏无望的楚风食品厂实行破产，并成立了工贸结合的“株洲市面粉工贸公司”。多种经营项目也贯彻从实际出发，因地制宜，因陋就简的原则，采取宜工则工，宜商则商，宜种则种，宜养则养的开办方针，前后投资兴办了610个多种经营门店场点，茶陵县大观岭粮站开果园，株洲县白关粮站种反季节蔬菜，成为系统内发展多种经营的典范。在多种经营的大型项目中，市区的江南商城、攸县的天隆酒家、醴陵的金穗宾馆、茶陵的金山宾馆、炎陵的神农宾馆、株洲县的金牛宾馆相继建成开业。株洲市粮油综合商场、宋家桥粮库、渌口粮库等项目均在顺利建设中。

1998年，全国粮食体制改革步伐加快。5月，国务院颁布《关于进一步深化粮食流通体制改革的决定》，11月，国务院又颁布了《关于印发〈当前推进粮食流通体制改革意见〉的通知》，省政府随后也出台了《湖南省粮食市场管理暂行办法》。这次改革的主要内容是“四分开，一完善”和“三项政策，一项改革”。“四分开，一完善”即实行政企分开、中央与地方责任分开、储备与经营分开、新老账分开、完善粮食价格机制；“三项政策，一项改革”即按保护价敞开收购农民余粮、粮食企业实行顺价销售、粮食收购资金实行封闭运行、加快国有粮食企业自身改革。这年，按照国务院文件精神，株洲市国有粮食企业继续实施产权制度改革，置换企业和职工的国有制身份，县市组建粮食收储公司，实行一级法人，接受政府委托，完成定购粮、保护价粮和储备粮的收购、储存、保管及销售工作。下半年，粮食系统又在全市率先实行人事代理制，不招工、不调入，确实需要增员，则按规定到人才市场招聘，全年附营经营（多种经营）共从主业中接纳和分流人员达 3672 人。

在粮食经营方面，株洲市国有收储企业坚决贯彻执行国家粮食政策，坚持实行粮食最低保护价收购政策，从而保护了农民种粮积极性，稳定了全市粮食生产，巩固了吨粮田成果。全市粮食亏损挂账势头也由于财政管理权的下放而得到遏制，1998 年粮食补贴后亏损挂账金额由上年的 13879 万元减至当年的 11079 万元，全年减亏 280 万元。

1999 — 2000 年，株洲市粮食企业继续通过连锁经营、租赁、承包、拍卖等形式实行资产重组。其中，粮运二公司、滨江粮店、河西粮店三家合并，组建成立“天元区粮贸公司”；江南商城拍卖土地和门店，变现资金 800 多万元；市粮贸公司拍卖油库土地，将闲置固定资产变现资金；石峰区粮贸公司组建金利达股份有限责任公司；市粮运一公司整体拍卖改制等，均使企业达到盘活存量资产、剥离银行债务、企业注入活力的目的。

二 粮企体制改革

（一）销售企业

1950 年 10 月，株洲市第一家国有粮店成立于解放西街，共有职工 4 人。1951 年，粮店全年粮食销量 700 万千克，1952 年销量 1120 万千克。1953 年 11 月，株洲执行统购统销粮食政策，规定全市工业、商业用粮均须纳入粮店统销范围中。1954 年，株洲市区陆续建成了芦淞桥粮店、港口街粮店、结谷街粮店、钟古岭粮店及上月塘粮店 5 个居民粮店。1956 年，株洲展开大规模经济建设，一大批中央企业落户株洲，为方便工厂区居民购粮，株洲市增设了化工厂、清水塘、白石港、田心、茨菇塘、宋家桥、杉木塘及荷叶塘等 8 个粮店。这年，株洲粮食供应站成立，供应站下辖 14 个粮店，共有职工 55 人。随着城市人口的不断增加，城镇粮店数量逐步增加，到 1990 年达到 51 个。1991 年，株洲市粮食企业推行“稳购、压销、理价、包干”的经销方针，城乡各粮站粮店纷纷向前店后厂、综合经营方向延伸，大力开展议价经营，因地制宜的发展食品加工、种植、养殖等综合利用。经过一年的努力，全市粮食企业新办多种经营项目和门店达 248 个，全年粮食议价经营亏损为 122.8 万元，比上年减亏 22.3 万元。这年，市直属粮站因机构调整而撤销，其业务及人员并入南区粮站；醴陵市粮食局首创的“内部银行”粮食资金管理新模式，受到商业部的高度重视，决定向全国粮食系统推广。1992 年，株洲粮食企业附营发展较快，至年底，全市已有网点 551 个，其中门店 370 个，小加工厂 113 个，种植养殖场 46 个，其他 22 个，从业人员达 2000 多人，年营业收入 8872.6 万元，实现利润 278.1 万元，利润较上年增加 68.5 万元。是年，国家粮食政策调整，11 月，株洲市城镇居民平价粮油停止供应，居民粮食结余指标作废，株洲市粮票停止发行。这一重大粮食政策的实施，给国有粮食企业带来了前所未有严重困难，全市国有粮食企业为了突围解困，从此踏上了艰难曲折的体制改革之路。

1993 — 1999 年，株洲市加快贯粮食流通领域体制改革步伐。1993 年 2 月，市北区粮站、东区粮站及南区粮站更名为北区粮油贸易公司，东区粮油贸易公司、南区粮油贸易公司。1997 年，株洲市区行政区划实行调整，株洲市东区、南区、北区三个粮贸公司再次更名为荷塘区粮油贸易公司、石峰区粮油贸易公司和芦淞区粮油贸易公司。郊区粮食局随区划调整而撤销，其下属的河西粮店与群丰镇收购点、马家河收购点均划归天元区粮食局管辖。1999 年，市粮运二公司因债务沉重、扭亏无望，经批准撤销，其人员资产与天元区的滨江粮店、河西粮店合并重组，成立了以商贸为主的天元区粮油贸易公司。

2000 年，株洲市全年粮食总销量达 42948 万千克，城镇粮店在体制改革中焕发出勃勃生机，市区逐渐建成了以粮贸公司为主要渠道，粮店为主要销点的粮食供销网络，全市共设有荷塘区粮油贸易公司、石峰区粮油贸易公司、芦淞区粮油贸易公司、天元区粮油贸易公司和株洲市粮油贸易公司共 5 家国有粮贸公司。其中：荷塘区粮贸公司下辖宋家桥、向阳、荷塘铺、桥东、建新、茨菇塘、田心大东门、小东门、北门共 11 个粮店和 1 个面条加工厂，1 个糯米粉加工厂、1 个招待所以及“好吃城”“向阳酒家”“桥东酒家”3 个实行承包经营的酒家；芦淞区粮贸公司，下辖新河、南华、董家塅、株董路、建宁、港口街，结谷门、中心、学堂冲等 10 个粮店和南玉粮油公司及 1 家面条加工厂。其中，南玉粮油实业有限公司由芦淞区粮贸公司与台湾玉山煤气行于 1992 年 10 月合资组建，总资产 600 万元。石峰区粮贸公司，辖管白马垄、清水塘，湘天桥、响石岭、铜塘湾、杉木塘、大园、贺家土、石峰、丁山路等 10 个粮店和 1 家面条加工厂及“金利达粮油责任有限公司”。其中，金利达责任有限公司于 2000 年 8 月由石峰区粮贸公司 96 名职工出资 105 万元，市粮食局出资 45 万元组建。天元区粮贸公司于 1999 年 12 月 18 日由粮运二公司、滨江粮店和河西粮店合并成立，成立后以商贸为主。“株洲市粮油贸易公司”，其前身是“株洲市粮油议购议销公司”，1983 年 4 月组建，1990 年更名为粮贸公司。公司所有固定资产由市粮食局无偿划拨，包括原储运站的油脂仓库全部、一仓库的“爱”字仓、车站西临街门面和建设南路办公楼一栋。

（二）加工企业

1952 年，株洲市开始建设大米厂，1954 年 12 月竣工投产。初期装有广式 2# 米机 6 台，拥有管理人员 17 人，生产工人 20 人，成为当时株洲市装备最好、规模最大的粮食加工企业。1958 — 1959 年，该厂凭借行业及技术优势，将生产向下游产品方向延伸，是年与一仓库合并，利用一仓库的土地、房屋陆续新建了水泥厂、酒厂、肥皂厂、饴糖厂、一油厂、二油厂等 6 个综合利用分厂。1961 年，大米厂下属酒厂与白石港酒厂合并后，划归株洲市二轻工业局管辖。大米厂除油厂项目继续建设外，其余的植酸钙、糠、甘醇素、黑黄素、活性炭、丙酮、酪氨酸、香皂、有机速效肥等 10 个即将开工兴建的化工项目全部下马。这年，为便于管理，大米厂又与一仓库分家。1962 年，大米厂职工总数增至 245 人。1966 年，株洲大米厂已发展成为具有米、面、油综合加工能力的联合米厂，厂部下设大米、榨油、修配、机面共 4 个生产车间，职工总数为 115 人。

1970 年 4 月，大米厂首次实施技改，生产规模扩大，日产大米 300 吨。1973 年，该厂为增加米系列产品，投资 7.8 万元，新建一座面积 1277 平方米的米粉条车间。截至年底，大米厂已在全省连创多次优质产品，其中：毛糠油荣获 1983 年省优质产品；标一早籼米、早籼特等米、小磨麻油、特一粉面条及特一粉鸡蛋面分获 1984 年省优质产品；标一早籼米获得 1986 年、1990 年省优质产品；

1989年，株洲大米厂因管理工作突出，荣膺商业部颁发的粮油工业质量管理奖，该厂生产的特等早籼米、特等晚籼米同时荣获当年的“部优产品”称号。

1990年，市政府决定由市大米厂兼并郊区粮食局下属的市粮油食品厂。1991年9月，市大米厂投资50万元，引进广东省佛山市科委的豆奶生产技术，在食品厂建成一条豆奶生产线。至1991年底，市大米厂已拥有大米、糠油、面条、配电、机修、锅炉6个生产车间，及饲料、食品2个分厂，职工达387人。这年，国家对粮食统购政策进行调整，多渠道经营粮食的局面逐步形成，粮油工业企业开始由管理型向经营型转变，粮油生产转向“本业为主，多种经营”的经营模式、产品向粮油食品方向延伸，株洲市面粉厂的速冻食品分厂、市大米厂的食品厂，均先后向市场推出速冻饺子、豆奶、玉米粥、强力粉小包装、芙蓉粉小包装、肌醇、小麻油、白酒等多项粮食新品种，并利用国有粮食销售渠道，在城乡粮店进行销售。是年，株洲市粮食系统全年实现多种经营利润达210万元，较上年利润激增了36%。1992年，由于粮食政策放开，竞争加剧，国有粮食企业加工任务不足开始显现，株洲大米厂当年亏损66.8万元。1994年，市大米厂在省粮食厅“资金自备，自贷自还”的搬迁安排下向银行贷款2200万元，将大米厂整厂从市中心搬迁至市东区（荷塘区）戴家岭宜家湾，与5000万千克储备库配套。1996—1997年，大米厂亏损严重，职工工资不能正常发放、生产生活面临严重困难，这年，大米厂成为市里的特困企业。1999年5月，大米厂改制，组建成立株洲兴旺实业有限责任公司，新组建的公司拥有国有资产2000万元。

2000年，株洲兴旺实业有限责任公司银行贷款本息已升至3500万元，成为制约公司经营发展的沉重负担。至年底，公司下岗职工达217人，下岗职工占职工总数48.8%；经营累计亏损已达1000余万元，经营生产均深陷艰难境地。

（三）饲料企业

株洲市饲料厂是株洲市规模最大的饲料加工企业，该厂1984年立项，1986年动工，1988年建成，总投资847万元人民币，是一座年产浓缩饲料20000吨、预混合饲料4000吨的大型饲料加工企业。1989年，该厂试运行一年，当年生产饲料28000吨，实现产值2000多万元，创税利181万元，所有设备运转正常，一次性验收合格。市饲料厂生产的“骆驼牌”饲料，深受广大农民的喜爱与欢迎。1991年，“骆驼牌”饲料持续受到市场“热捧”，供不应求。株洲饲料厂抓住发展机遇，加速生产，每年产值、利润均以35%以上的速度递增，是年产量突破10万吨。其中，“骆驼牌生长肥育猪配合饲料”荣获商业部优质产品称号；“骆驼牌”811生长肥育猪浓缩饲料及“骆驼牌”生长肥育猪预混合饲料（快育宝），双双获得湖南省粮食系统优质产品称号，企业于当年获批晋升为国家二级企业。1992年，市饲料厂制订出“引进外资，转换机制，扩大规模，增强效益”的发展思路。8月，该厂与香港大生行合资组建“湖南湘大实业有限公司”，合资总额为6100万元人民币，其中“骆驼”牌商标折价70万人民币入股。合资后饲料厂一厂变三厂，生产规模扩大，生产领域拓宽，饲料年产提升至18万吨、添加剂年产1.2万吨；年养殖蛋鸡5万只、肉鸡20万只、猪0.2万头；冷库吞吐量、屠宰能力及熟食加工，分别达到500吨/年、300万头/年、400千克/小时。这年，株洲市饲料厂荣膺省商业“十佳企业”称号。

1993年5月，湘大实业有限公司兼并了株洲县油化厂，为公司发展增添了后劲和空间。

1994年，株洲饲料厂在引进资金的同时，十分注重引进先进的技术和管理，聘请了美国、英国的营养专家为顾问，他们给公司带来了世界30多个国家的最新添加剂和配方，使产品的质量提高到一个新的档次。公司在合资经营的第一年，其销售收入就突破亿元大关。1995年7月，株洲饲料厂以承担1700万元债务、安排400名职工岗位的条件兼并了亏损严重的株洲市肉联厂，利用肉联厂原有的设施及资源，将原厂改建成一个年产24万吨的饲料厂，使饲料的年产量由18万吨增到42万吨，成为湖南最大的饲料生产基地。同年12月，经省体改委批准，湘大公司正式组建为湖南湘大集团。1996年2月，湘大集团又兼并了株洲出口养殖场。至此，湘大集团已初步形成了集饲料生产、养殖、屠宰、肉制品加工于一体的大型联合企业。1998年8月，湘大集团从波兰引进的3套低温肉加工设备竣工投产，这条年产6000吨低温肉、年处理12万头生猪的生产线投产，将湘大集团的肉制品年加工能力提升到1万吨级的高水平，填补湖南低温肉制品加工的一项空白。

2000年，湘大集团又投资3500万元从德国、丹麦引进世界先进的肉类加工设备，形成了年屠宰生猪50万头、加工肉制品2.2万吨的生产能力。同年10月，湘大集团正式组建唐人神集团。11月，唐人神集团又获农业部等国家8部委联合评定为农业化国家重点龙头企业。

株洲市粮食局历任负责人名录

表8-11

局　长	任职时间	副局长	任职时间
杨开武	1954.3 — 1956.1	刘怀玉	1954.7 — 1957.6
林书江	1956.2 — 1956.7	杨开武	1956.5 — 1957.6
蒋成林	1960.10 — 1962.4	贾本荣	1957.7 — 1960.8
贾本荣	1962.5 — 1968.10	孙克礼	1958.10 — 1964.9
陈　岳	1970.12 — 1975.5	李恺初	1960.4 — 1968.10
李豪则	1975.5 — 1978.8	李豪则	1970.12 — 1975.5
李金波	1980.8 — 1993.4	贾本荣	1972.2 — 1975.5
吴鹏年	1993.5 — 1998.4	蔺常禧	1973.8 — 1980.8
张超义	1998.4 — 2000.12	王庆耕	1975.5 — 1998.4
–	–	李金波	1975.5 — 1980.8
–	–	吕元文	1979.10 — 1983.7
–	–	罗庆章	1979.12 — 1983.7
–	–	王杨能	1982.3 — 1983.7
–	–	聂兴隆	1982.5 — 1983.7
–	–	吴鹏年	1983.7 — 1993.5
–	–	刘　炜	1983.7 — 1985.1 1987.5 — 1991.7
–	–	何学义	1993.5 — 1993.11
–	–	周新民	1994.10 — 2000.12
–	–	张超义	1997.6 — 1998.4
–	–	何　智	1998.4 — 2000.12
–	–	陈接发	2000.7 — 2000.12

第二章 副食品

第一节 菜食类

一 蔬 菜

1953年以前，株洲蔬菜市场多为农民个体经营，均系自产自销。随着株洲工业建设的发展，城市人口的增加，蔬菜的需求量增长，“菜篮子”问题作为市民生活的基本问题被列入市委、市政府的议事日程。1954年，株洲市在供销合作总社设置蔬菜经理部，按合同收购基地菜，议价收购农民私人菜，当年收购1500余吨，供应工厂、机关、军队等食堂。为解决蔬菜淡季菜市场供应问题，次年开始从广东、山东、河南、河北等省调菜入市，年调入量1000余吨。以后，外购市场又陆续扩大到广西、上海、甘肃、陕西、福建等省和省内的湘乡、双峰、洞庭湖区各县。

1957年，国有商业部门对基地菜实行统购包销，并派生产培植员常驻基地，指导农民科学种菜，解决种菜中的问题，督促蔬菜计划生产、计划上市。当年基地菜收购量达到4780吨，占购进总量的73.50%，蔬菜经营部门的销售网点增加到7个，有从业人员110人。

1958年3月，取消蔬菜集贸市场，不准农民进城卖菜，市城区蔬菜市场由蔬菜公司独家经营。当年销售总量达到14920吨，城市人口人均日供应量为0.24千克，不能满足需要。部分居民利用边角荒地种菜，弥补不足。

20世纪60年代初，由于自然灾害粮食减产、口粮减少，城市居民以蔬菜弥补食粮不足，蔬菜需求量剧增。1960年，基地菜收购量为38200吨，外购菜4550吨，城市居民全年人均占有量为165.58千克。淡季市场、商店还每天生产大量豆芽菜应市。蔬菜供应量虽达到了历史最高峰，仍不能满足需要。1961年，开放集贸市场，菜价昂贵，小白菜每千克涨到0.50元，是正常年景价格的十几倍。对此，市人民委员会对蔬菜实行价格补贴。即：提高蔬菜收购价格，使生产者有利可图；同时，销售价格保持稳定，不增加消费者负担。国有菜店因价格倒挂（收购价高于销售价）而产生的亏损（政策性亏损）由财政部门给予补贴，1962年补贴60万元。同时对蔬菜基地实行粮菜挂钩，以粮换菜。蔬菜生产队向国有菜店交售蔬菜，市粮食部门按规定比例供应生产队口粮。这两条措施的施行，既不加重城镇居民的生活负担，又刺激了菜农的生产积极性，蔬菜供应形势很快好转。到1963年，国有蔬菜经营部门的销售网点增加到20个，有从业人员320人，排队买菜现象减少；由于粮食供应紧张局面缓解，城市人口下放农村，蔬菜消费量相应减少，蔬菜供应充裕。

1963年随着蔬菜市场形势的好转，终止粮菜挂钩办法，蔬菜收购改为合同制。但由于合同中对生产者有较多制约性条款，如种植面积、品种、交售数量和质量等有严格的规定，蔬菜生产队甚为不满，因而不按合同要求均衡上市，交售蔬菜质量下降，以滞销菜和粗菜抵交合同任务，紧俏菜和细菜则挑往城区高价叫卖。1965 年 6 月，市人民委员会决定再次关闭城区集贸市场，不准菜农进城自由叫卖，并在钟鼓岭、沿港路、贺家土成立蔬菜交易管理所，农商双方对口成交。同时成立市场整顿领导小组，市长任组长，工商行政管理部门派出市场管理人员分区巡逻，拦截上市菜担，不准居民购买私人菜。这一办法虽使国有蔬菜部门有了货源保证。但私人进城卖菜的事禁而不止，郊区菜农先是进入管理人员足迹罕至的工厂区，后逐步进入市中心区走街串巷叫卖，受到居民欢迎，交易所出现亏损。为了扭转局面，国营蔬菜公司雇请一些家庭妇女管理市场，制止私人挑菜上市。但常遭群众围攻，而无法进行管理，蔬菜交易所从此撤销。

1966 年，成立株洲市蔬菜食品产销工作领导小组，负责组织蔬菜产销，协调农商矛盾。1968 年，在市中心区成立购销服务站，将与钟鼓岭蔬菜店对口的基地划归服务站统一管理，实行统一收购。统一分配给菜店。此法一行，每到旺季，蔬菜大量积压，菜店承受不了。1970 年，购销服务站撤销。

20 世纪 70 年代初，市革命委员会多次发出通告，不准生产队及社员个人生产的蔬菜自由上市出售，但仍有少数农民将菜挑往工厂家属区叫卖。有些居民则利用节假日到离城十几千米的渌口、龙头铺等集镇买菜。

1975 年，恢复外地蔬菜的正常调入，当年调入 3675 吨，并呈逐年增长趋势。1976 年，基地菜收购量达 38530 吨，加上外购菜，购进总量为 42905 吨，城市居民年人均占有量为 171.10 千克。

中共十一届三中全会后，全市放开集贸市场，允许蔬菜自由上市，城区 12 个集市，每天上市量约 15 吨。1979 年，城区集市增加到 20 个，基地的计划菜和农民自留地菜纷纷进入集市，市内市外菜贩亦相继进入市场，出现多方竞争局面。当年集市上市量达 12551 吨，占城区销售量的 26.86%。由于价格上涨，株洲市蔬菜公司对部分主要品种，实行季节性牌价倒挂，1980 年政策性亏损和经营性亏损 48.10 万元，由湖南省财政补贴 15 万元。次年亏损 73.20 万元，全部由市财政补贴。以后财政补贴有增无减。

1982 年 1 月，市委、市政府决定，对蔬菜全面推行产销合同制，种植面积和品种统一安排，基地菜全部卖给国营蔬菜经销部门，继续实行统购包销，产销双方按销方计划签订合同，并采取措施促使合同兑现。当年，市场比较充裕，淡旺季矛盾有所缓解。由于存在国营和集市两个市场，两种价格，国营牌价比集市价格低得多，国营菜店一有时鲜好菜，顾客便排长队求购，但时鲜好菜刚上市时往往数量有限，很难满足消费者需要，菜店营业员中优亲厚友的不正之风随之产生。国营菜店坚持对职工进行全心全意为人民服务的职业道德教育，提高服务质量，兴起经营新风。菜店营业员常年坚持给五保户、烈军属、社会福利工厂、盲哑人家送菜。1982 年 6 月，钟鼓岭菜店柜长陈丽君为制止一营业员将刚上市的时鲜菜私其相识而受到那个营业员的袭击，陈身体负伤仍针锋相对，坚持按店规售菜。陈丽君一身正气，受到顾客高度赞扬，《株洲日报》在显著位置予以报道，后《湖南日报》又发表社论给予赞扬，中共湖南省委宣传部长车文仪和中共湖南省委书记焦林义分别著文表彰，中共湖南省委于 11 月 15 日发布《关于开展向陈丽君同志学习的通知》，号召全省学习陈丽君，宣传学习活动延续达两年之久。

1982年年底，蔬菜基地实行包产到户。包产后，菜农常常采用“三交三不交”（次菜、粗菜、大量上市菜交抵合同任务，好菜、细菜、初出园菜上集市卖高价）的方式，造成农商矛盾增多，仲裁困难，合同难以发挥法律效力。1983年，改行“大管小放”政策，由国营蔬菜部门订购包销，实行多渠道、多形式的购销方式，将基地菜的30个品种，定为市管品种，实行计划定购，菜粮结合，以粮换菜，以保证基本货源。按完成交售比例供应同等比例平价定量口粮，不足部分供应议价粮。非市管品种和市管品种中完成计划收购任务以后的部分，由菜农自销，也可与菜店协商议价成交，菜多时允许组织外运。

1985年，蔬菜市场全部放开，蔬菜供应由国营菜店为主转变为以集市为主，国营蔬菜经营部门的主要任务由保证市场供应转为稳定市场，平抑菜价，调节、保淡（淡季供应）、保节日供应。市政府对市蔬菜公司实行“五定”政策，即定供应网点（32个）数和营业面积（3746平方米）、定蔬菜营业人员（327人）、定销售任务（当年为12000～15000吨）、定亏损补贴（128万元，3年不变）、定管价品种（12个）。当年，市蔬菜公司销售量为14569吨，占市城区销售总量的27.20%。集市贸易量猛增到38951吨，占城区供应总量的72.80%，由于个体菜贩贩运的时令蔬菜源源流入，市城区10大集贸市场货源充足，品种繁多，辣椒、茄子、马铃薯、洋葱、黄瓜、蕃茄等四季常有，市场淡旺不协调的矛盾基本解决，不少蔬菜打破了季节界限，冬食夏菜，夏食冬蔬，已成为常人的享受。私人生产的豆芽菜大量上市，占领了市场，蔬菜店豆芽菜生产停止。

1987年，因水灾蔬菜减产，每千克白菜价突破1.20元，成为街谈巷议的热点。市政府采取紧急措施，从外地调鲜菜13150吨，并加紧豆制品生产，以国家牌价出售，缓解市场，平抑菜价，当年国营菜店销售总量23540吨，占总销售量的37.14%，比正常年景的1985年提高近10%。

1990年，市城区销售总量为71360吨，其中集市销售44882吨，占销售总量的62.89%。在全部销售量中，从外地购入和菜贩从外地贩运来市的约占1万吨，市民每天购蔬菜0.47千克。菜市充实丰富，“菜篮子”问题得到解决，但财政用于“菜篮子”的补贴额达到290万元。

20世纪90年代，农村改革不断深入，蔬菜价格及经营已逐步放开，在“管放结合，少管多放”的原则下，按计划指标生产蔬菜的菜农，已完全依据市场的需求来自主进行蔬菜生产。1991年，市区有蔬菜生产土地920公顷，年产鲜菜8208万千克，商业部门年收购干鲜菜579万元。基本上保持了市场菜价的稳定，满足了市民的需求。

在蔬菜科技推广上有了新发展，先后有“蔬菜地膜覆盖栽培技术”“82-6-3辣椒”两个蔬菜科研项目获得1992年“市科技进步三等奖”。

1993年，市管蔬菜基地面积较上年增加了78.47公顷，达到1020公顷，人均菜地面积为3厘3分，仍略低于上年3厘4分的水平。当年市区生产蔬菜7335.5万千克，加上外地调入的蔬菜，市区当年蔬菜供应量达到8157.8万千克，日人均菜量达0.9千克，创历史新高。在科学种菜上，政府继续加大推广力度。当年推广“豇豆综合丰产技术”262.4公顷，豇豆平均亩产达2863.8千克，比株洲传统栽培方法平均每亩增产863千克。

1994年，株洲遭遇到百年一遇的特大洪灾，株洲市的蔬菜生产遭受重创。短短数天，洪水淹没了全市 980 公顷菜地，导致 6000 多万千克夏菜绝收，市场蔬菜供应量剧降，价格一路猛涨，普通蔬菜普涨了 40% 以上，个别蔬菜的价格甚至飙涨了 3 倍，给市民带来一定的恐慌。为平抑菜价，国营蔬菜系统从武汉、常德、津市等地紧急调运 150 万千克鲜菜投放市场，对重灾区中的学校及企业设点供菜。通过努力，菜价在经历了短暂的上涨之后，很快又回落到灾前水平。灾后，为快速恢复蔬菜生产，政府紧急发放救灾款 78 万元，投放尿素 40 吨，种籽 2 万千克，组织灾区轮种速生菜 240 公顷。

株洲市自 1985 年起开始进行蔬菜产、供、销体制的改革，由"两保一放"（保基地面积、保骨干品种、放开市场）到"一保全放"（保基地面积，全面放开价格及品种）。至 1994 年，历时 9 年的蔬菜产、供、销体制改革才得以基本完成。改革调动了菜农的生产积极性，促进了蔬菜生产的全面发展，蔬菜亩产也由改革前的 3000 多千克，增加到 1994 年的 6000 多千克。蔬菜市场品种齐全，价格稳定。这年，市蔬菜食品总公司年购进蔬菜 2037 万元，年销售 2541 万元，年利润 13 万元，利润排名进入当年全市商业零售企业前 30 强。

1995 — 1997 年，株洲市加大了"菜篮子"工程的建设规模和建设速度，1995 年当年即完成新扩蔬菜基地 136.67 公顷，新建反季节蔬菜栽培基地 139.27 公顷，市区全年生产蔬菜为 11690 万千克。1997 年年末，市区建成蔬菜基地达 1100 公顷，当年市区全年销售蔬菜 1.2 亿千克。其中，市区国营菜店全年蔬菜销售总量 1046 万千克，市区蔬菜供应充足，基本做到淡季不淡。同时，株洲市逐年增加菜地数量，并加大对"菜篮子"的科技投入。菜农增产增收，获"利"丰盈，菜农普遍增强了学习和使用新品种、新技术的意愿。1996 年，全市建成蔬菜大棚达 3000 座，小拱式菜棚 3.85 万座，地膜覆盖 404 公顷，遮阳网 46 万平方米。在新庄、团山二地还建起了连片的、超大型的反季节辣椒大棚二片（每片都是百棚以上的连片）。生产的反季节辣椒平均单株产量在 0.5 千克，株洲当年生产反季节辣椒 10 万千克。1997 年 1 月 3 日，省政府在株洲召开"湖南省反季节蔬菜栽培现场会"，副省长周时昌对株洲的"科技兴菜"工作给予了高度肯定。

1997 年 4 月，位于红旗中路的"中南蔬菜农副产品批发大市场"建成开业。当年的交易品种即达 30 余种，日平均交易量达 20 万千克。1998 年，交易品种增加到 50 余种，日交易量增加到 30 万千克，最高日交易量达 46 万千克。周边地区及豫、粤、桂、滇、鲁、赣等 18 个省份的蔬菜源源不断的进入市场交易，一跃成为中部地区重要的蔬菜集散地，1998 年 10 月被国家农业部授牌为"农业部鲜活农产品中心批发市场"。当年，株洲市还开展了"十点千棚"（确定十个蔬菜大棚反季节栽培点、每个点的大棚数须连片 100 座以上）的竞赛活动，新建大棚 1500 座、小拱棚 1.5 万座、地膜覆盖 134 公顷。这年大棚蔬菜总产量达 1463 万千克、总产值达 4682 万元，露地栽培增产 565 万千克、菜农增收 1638 万元。棚栽品种由过去的辣椒、茄子和黄瓜，扩展到苋菜、蕹菜、豆角、丝瓜、番茄、木耳菜、西葫芦等十余个品种。

1999 年，全市蔬菜大棚实有量突破了 1 万座，小型拱棚达 5.4 万座，地膜覆盖 1414 公顷，遮阳棚达 75 万平方米，当年大棚蔬菜总产量达 1211.5 万千克。当年，全市蔬菜加工企业发展到 34 家，年蔬菜加工能力达 7500 多吨，产值达 8000 万元。中南蔬菜农副产品批发大市场走蔬菜深加工的路子，在市场内开办"蔬菜净菜配送中心"，每日可为超市生产近 30 余个品种、3000 多盒净菜。1999 年，株洲地区蔬菜播种面积3.34万公顷，年产蔬菜达9.6亿千克，平均亩产达1920千克，年产值9.3亿元。2000年，蔬菜总产值已占到株洲农业总产值的24%，株洲人均年消费蔬菜量也在这年创下了116.57千克的历史新高。

表8-12

株洲市城区部分年份蔬菜销售情况一览表

年 份	销售总量（万千克）	其 中		人均日供应量（千克）
		国有公司销售量（万千克）	集贸市场销售量（万千克）	
1957	–	608	–	–
1960	–	4120	–	0.47
1965	2103	2103	–	0.28
1970	2618	2618	–	0.33
1975	3078	3078	–	0.35
1980	4344	3036	1307	0.35
1983	5152	3311	1830	0.39
1985	5352	1456	2895	0.38
1987	6336	2354	2818	0.41
1989	6784	2154	4627	0.44
1990	7136	26479	44821	0.47
1991	7677.90	2612.00	5065.90	0.48
1993	8157.8	517.90	7639.90	0.49
1995	8553.00	915.00	7638.00	0.45
1997	12000.00	1046.00	10954.00	0.46
1999	10300.00	1020.00	9280.00	0.47
2000	18531.3	–	–	0.67

表8-13

株洲市1991—2000年蔬菜大棚逐年保有量统计表

年 份	大中型菜棚（座）	小型拱棚（万座）	地膜覆盖（公顷）	遮阳网（万平方米）
1991	565	–	141.75	–
1992	–	–	–	–
1993	782	1.39	303.20	32.15
1994	1600	–	166.67	32.00
1995	2500	3.50	366.67	36.00
1996	3000	3.85	403.34	46.00
1997	5500	–	466.67	55.00

续表 8-13

年 份	大中型菜棚（座）	小型拱棚（万座）	地膜覆盖（公顷）	遮阳网（万平方米）
1998	7000	4.00	666.67	65.00
1999	10153	5.40	1414	75.00
2000	11000	–	2000	70.00

二 酱 食

清宣统年间（1909 — 1911 年），南湖街易冯发南货号经营酱油、酱菜及酱品。民国年间，先后有复庆祥、怡丰厚、协泰昌、五福等南货号相继开业，兼营酱食。抗日战争胜利后，专业酱园开始出现，浙江人陈道祥、金伯寅开的天味、上海酱园，湘潭刘秉林开的湘潭酱园，本地人沈家琼开的隆昌酱园，均为前店后坊，自产自销。销售品种 20 余个，除食醋等调味品和豆豉由长沙、湘潭，浏阳及江西宜春等地调入外，其余均系自产。销售范围包括本镇及附近乡村，年销量约 200 吨。1949 年，株洲镇销售酱油 75 吨，酱菜 25 吨。

1954 年，株洲市制酱厂所产的酱油、酱品开始运销昭陵、渌田、醴陵、茶陵、攸县等地。1957 年，城区有国营酱食经营网点 6 个，从业人员 30 人，年销各种酱食 1185 吨。酱菜有：酱萝卜、子油姜、红姜、冰姜、子油萝卜、鲜汁萝卜条、辣椒萝卜条（皮、丁）、梅干菜、淹白菜、黄姜、甘草姜、砍红椒、酱青椒、什锦菜、辣椒萝卜丝、酱莴苣、兰花萝卜、酱黄瓜、茄片、酱菜瓜、甜蒿头、豆豉姜、梅水姜片、京冬菜、排冬菜、雪里蕻、盐包菜、佛手萝卜、子芽姜、榨菜头等主要品种。另有酱品 27 种、100 余吨。腐乳 140 万片，豆豉 260 吨。1960 年，城区酱食销售网点增至 12 个，从业人员 60 人，因货源不足，豆豉实行凭证定量供应。1964 年，城区销售网点增至 19 个，有从业人员 95 人，销售各类酱菜 2400 吨，因货源转丰，各类酱食均敞开供应，酱油开始销往外省。至 1967 年，酱食销售达到 8000 吨，品种增加到 50 余个。各蔬菜商店还自行加工酱腌菜出售。

20 世纪 70 年代中后期，本地货源减少，外地调入增加，每年从省内的津市调入凤尾菜、梅干菜 10 ~ 20 吨；从浙江慈溪、余杭等地调入干菜笋、短干菜 20 ~ 30 吨，萧山萝卜、酱青椒、榨菜头 500 ~ 700 吨。

20 世纪 80 年代初，酱食市场开始活跃，国营及集体销售网点增至 83 个，从业人员 255 人，年销酱食 2900 吨，株洲市所产的芝麻酱、甜三白始销中国香港地区、日本等地。

20 世纪 80 年代中期，市外各种酱油大量进入城区市场。1985 年 8 月，市政府组织对 26 种酱油进行质量检查，只有城区生产的万里牌和月桂牌 2 种符合质量标准，其余 24 种为质量差、不卫生、影响消费者健康的不合格产品。《株洲日报》报道了检查结果，万里牌酱油声誉大振，畅销省内许多地市及湖北、河南、河北、江西、广西等省份。

同期，个体酱食出现，先是经销，后发展到自产自销，用醋或酱油将萝卜、刀豆等简单加工泡制，摆于路旁或学校门口，吸引游人和小学生，获利颇丰。外地小包装酱食品也大量涌入市场，主要品种有红姜、黄姜、五味姜、台湾姜、涪陵榨菜等。在激烈的竞争中，市内除万里牌酱油外，其他酱食生产萎缩，逐渐转为以向外地进货为主。1986年后，四川涪陵榨菜在城区市场取代浙江榨菜的垄断地位，年销售量达200余吨。

1990年，市产酱菜因原料短缺，生产萎缩，年供应量仅800吨，除万里牌酱油年销2000吨外，其余品种80%被外地产品占领市场。酱青椒年销600吨，全部由浙江进货。国营、集体酱食商店，货源大部分来自长沙、湘潭及外省，个体摊档多为自产自销，市场年销酱食总量近7000吨。

1991 — 2000年，本埠外的酱菜行业处于迅速提升的状态，进入株洲市场的主要有六必居酱菜、涪陵榨菜、龙牌酱油、郫县豆瓣酱、豆豉、油姜等，这些酱菜味道鲜美，香脆可口，是增进食欲的佳品。、由于酱菜品种繁杂，保质期短，销量不大，这一时期的国营商业已基本退出酱菜的经营。

三　豆制品

20世纪50年代以前，豆制品均为私人作坊生产，自产自销，或挑担叫卖，或摆摊于街市待贾，主要品种有水豆腐、香干子、油豆腐、千张皮、百页、腐乳坯子、臭豆腐等。株洲市场的粉丝历来从长沙、湘潭等地进货。

20世纪50年代初期，曾几次试办粉丝生产厂，均因技术力量缺乏等原因而停办。后再办粉丝厂成功，逐渐减少了外地进货量。

20世纪50年代中期，豆制品日购销量在2000 ~ 3000千克（原料）上下。1957年，株洲市城区有国营豆腐经销点8个，1960年增加到12个。经销点大多附设于蔬菜店，以水豆腐、香干子为主纳入蔬菜经营范围，正常情况下作为“菜篮子”的调剂品种，淡季承担补缺任务，其供应量随蔬菜淡旺而有增减。

1975年，豆腐、粉丝均实行凭票定量供应，定量标准以城市居民年度副食粮豆指标为依据，蔬菜淡季，香干子一般每人每月10 ~ 12片，旺季5 ~ 6片；粉丝每人每季度250克，郊区菜农减半。

20世纪80年代初，豆腐销售点达到39个。1984年，株洲市国营蔬菜公司在海南岛海口市设粉丝销售点，销售株洲市生产的粉丝，最高年销售量达375吨。1989年3月对粉丝实行议购议销，停止计划供应。由于个体豆制品摊档大量发展，国营豆制品供应的各种票证随之取消。国营豆制品淡出市场。1990年，个体经营的豆制品上市量占市场销售总量的60%，品种花样较多，随时可以买到，居民称便。

20世纪90年代，株洲豆制品市场商品日益增多，豆腐、豆腐丝、千张皮、豆腐干、豆浆等豆制品丰富多样，且货源充足。其间，尤以辛辣为特色的休闲类豆制品的销量增长最快，市场潜力巨大，随着生活水平的提高、生活节奏的加快，一些口感好、营养、方便的豆制品在株洲深受欢迎，销售量逐年增长。豆制品作为一种传统食品，国营商业一直经营销售，但与庞大的市场销量相比，其销量十分微小，市场主要销量为个体商业所占有。

株洲市蔬菜办公室历任负责人名录

表 8-14

主　任	任职时间	副 主 任	任职时间
彭毓枝	1986.1 — 1996.1	刘发科	1983.8 — 1985.6
向宋文	1996.1 — 2000.12	苏鹤楼	1983.8 — 1987.9
–	–	吴思再	1988.8 — 2000.12
–	–	王筱皋	1990.1 — 1992.8
–	–	何友三	1995.4 — 2000.12
–	–	马照存	1996.1 — 2000.12

第二节　糖酒饮品类

宋代株洲酒业较为兴旺，宋高宗建炎元年（1127），雍端行任株洲酒场官，征收酒税岁常至缗钱 20 万。清末，商品集散增多，南货业相应发展。民国 15 年（1926），株洲成立南货业同业公会。至民国中期，南货商号有 16 家，规模较大的有裕大、贺养生堂、复恒祥、瑞兴斋、易宏发、凯旋等，他们有的附设糖作斋馆或酒作槽坊，聘请技师和雇工制作糕点、糖果、酒等，产销一体，亦兼营对小商小贩的批发。民国 33 年（1944），日军侵犯株洲镇，南货业财货多被劫掠。抗日战争胜利后，虽有复苏，但已不如战前，1949 年 8 月，株洲集镇仅有南货商号 14 户。

1950 年 5 月，成立株洲百货支公司，兼营糖、酒业务。1953 年 4 月，省专卖事业公司在株洲市设立批发部，接收酒类业务。1955 年 11 月批发部升级为株洲市专卖事业公司。1956 年 11 月，南货业全面公私合营，市糖业糕点公司成立，从百货公司接收食糖业务。1957 年 6 月实行政企合一，撤销专业公司，食糖、酒类和糖果糕点分属于糖业糕点和烟酒两个批发部，由市商业局直接管理。1958 年 6 月，两批发部同株洲市干鲜果批发部以及市糕点厂、市酒厂合并，改组为市副食品经理部。1959 年 8 月恢复公司建制，糖、酒、糕点归属于糖业烟酒公司。1962 年 7 月市糖业烟酒公司更名为市副食品公司。此后，虽经历与盐业、食杂果品、烟草等业务的合、分，但糖酒糕点主管归口机构未变。

1966 年，市副食品公司直属 7 个副食品商店共有 20 个门点。至 1983 年年底，发展为 8 大副食品商店共 49 个门点。

从 20 世纪 70 年代末开始，城市各区办事处、街道、供销社系统和厂区劳动服务公司经营糖酒糕点副食品的商店和个体副食店迅速发展，仅建宁街一条街，从事糖酒糕点副食品批零业务的各类型商店就有 30 余家。1988 年 10 月，市副食品大楼的副食品自选商场开业，首开株洲市副食品经营新模式。1989 年，株洲市副食品公司更名为株洲市糖酒副食品公司。同年，筹建楚天商城，此后该商城从市糖酒副食品公司划出，与火车站以南的国有副食批零商店组成市糖酒副食采购供应站，俗称“南公司”。

1990 年，全市有经营糖酒糕点副食品的网点 256 个，从业人员 2396 人，其中市区 165 个、2131 人，全年糖酒糕点社会零售额7.94亿元。

1991年2月，全市最大的副食品商场、株洲糖酒副食品公司下属的株洲糖酒副食品大厦竣工开业，大厦楼高6层，建筑面积2080平方米，是集批发、零售于一体，融购物与吃、住、玩为一身的新型商业企业，大厦开业当年完成销售额238万元。1992年4月，市糖酒副食品公司更名为株洲糖酒副食品总公司，总公司下设糖业、酒类、副食品、食杂果品4个专业批发公司和1个糖酒副食大厦。这年，总公司共完成商品销售6027.8万元，实现利润24.8万元，主要经济指标在湖南省14个地州同行中名列第一。

1994年，株洲商业系统以“四放开”（即经营、价格、用工、分配四放开）为核心的商业改革在全市国有商业内全面铺开。4月，市糖酒副食品总公司被划成“糖酒副食品总公司”和“糖酒副食品采购供应站”。分设成两家同类性质的副食品公司相互之间，外争货源，内抢客户，经营费用增加，环节增多，整体优势得不到发挥，反而抑制了经济效益的提升。1995年，分家后的市糖酒副食品总公司利润亏损达20.84万元。1996年，两家公司又合为一家，当年就获利7.5万元。

1997年，城镇居民饮食消费的一个特征是户外消费日益活跃，原先支撑各大副食商店销售额的“集团购买力”已成下降趋势，当年糖酒副食品总公司亏损了95万元。为优化国有资产配置，当年11月，糖酒副食品总公司跨行业兼并了亏损严重、无力运转的宏都大酒店。年底，根据《公司法》的规定，该总公司重组为“株洲市糖酒副食品有限责任公司”。

1998年，市糖酒副食品总公司下属的酒类批发部从总公司分离出来，筹集个人股本金117.2万元，正式注册成立了株洲市糖酒副食品有限责任公司。新公司当年销售收入达660万元，实现利润3.16万元。

一 食 糖

境内市场的食糖品种有白砂糖、赤砂糖（红糖）、进口原糖、绵白糖、红糖粉以及冰糖、片糖、方糖、北流糖等再制糖，食糖除保障居民日常食用外，主要用于糖果、糕点等食品及药品的加工。消费则重于白砂糖，进口糖、赤砂糖次之，再制糖销量很少。

（一）销 售

民国时期，株洲食糖由私商经营，货源有英国、荷兰和日本的进口糖，有广东蒲庙、江西赣州及四川的国产糖，全部从长沙、湘潭等地糖商调入。20世纪50年代初，食糖仍主要由私商经营。1953年，国有商业逐步占领食糖市场，当年国营商业食糖调入量为82.28吨。1954年，人民政府禁止私商经营食糖批发业务，食糖由国营专业公司实行计划分配。零售供应重点为保障军需和医院特需，居民日常食糖在节日采用定点限量的办法供应。到1956年，国营食糖调入量上升至461吨，并逐渐实现从产地直接调运。来自广东、广西两地的货源占60%，其次是国家统一进口的原糖。云南、上海、宁波等亦为株洲的主要糖源基地和进口糖调运港口。

1959年，国务院将食糖列为一类商品，实行统一收购、集中经营，市食糖调入量达到1164吨。

自当年始，食糖由定点限量供应改为凭购粮证由规定的商店供应。春节城市居民每人供糖 0.125 千克，白糖、红糖各占一半。高空、高温、井下和有毒等工种以及产妇、婴儿、病人等特需用糖，由其所在单位向粮食、劳动和商业管理部门申报计划，并凭婴儿出生证等有关证明，经审批后由市副食品经理部定点供应。食品加工和其他工业生产用糖结合需要和货源予以专项安排。1960 年，全国食糖减产，根据“保证特殊、照顾重点、兼顾一般”的原则，株洲市于 11 月实行凭票证供应。除在株洲市的外宾按其需要予以保证外，所有特殊用糖均循原审批程序按月定量凭票供应；侨汇食糖则凭省人民银行印发的“侨汇物资供应证”以高于市场价 30% 的价格每人每月供应 1 千克。在保证上述重点的前提下，城市居民在节日期间的用糖凭“副食品卡”定量定点供应。农村人口的食糖供应从 1961 年 6 月 1 日起，主要通过鲜蛋奖售方式实现，农村不论单位和个人，每向国家交售 0.5 千克鲜蛋，即奖售供应食糖 0.2 千克。同年 6 月，根据省人民政府统一部署，株洲市除定量内食糖保证平价供应外，还实行高于平价 5.71 倍的白糖敞开供应。随着生产和供应情况的逐步好转，高价食糖经 6 次降价后于 1965 年 7 月 14 日全部恢复平价供应，并停止食糖凭票供应办法。农村食糖视糖源多寡或敞开供应或奖售供应。以后曾几次恢复凭票供应办法，均因市场食糖较多，票证失去作用而自行取消。

1979 年，株洲调入食糖 5575.8 吨。从 1980 年开始，国家糖料和食糖生产迅速发展，各产区糖厂纷纷自销。株洲市各大厂矿、副食零售商店、食品加工企业甚至个体户，均从产区自行调运计划外食糖。1986 年，醴陵、攸县、茶陵、酃县食糖调拨任务划归株洲市，市副食品公司同时升为二级调拨站，这年食糖调入量猛增至 15875.3 吨。1986 年，国家改食糖流通的单一指标计划管理为指标计划管理与合同管理相结合，并重申食糖为指令性计划商品，实行归口经营。1988 年，株洲市食糖调运达到 16680.6 吨。1989 年，因糖源紧张等因素而比上年减少 3675.3 吨。1990 年，受食糖价格调高的影响，调入量减至 10603 吨。这年，株洲市城区食糖经营公司全年销售食糖 5701 吨。

1991 年，全市食糖经营企业共购进、调入食糖 13084 吨，比上年增长了 23.39%，销售食糖 10218 吨，比上年下降了 17.01%。造成食糖销售大幅下降的原因：一是国家食糖购销政策调整的影响，1990 年 11 月国家调整食糖购销价格，由于调价幅度过大，价格又一时难以到位，引起购销价格倒挂，导致食糖经营公司出现经营性亏损；二是多渠道争相经营的影响，1991 年 10 月国务院决定放开食糖经营，食糖收购调拨由指令性计划改为指导性计划，从而引发个体、集体和工矿企业争相经营食糖，食糖购销渠道增多，分流了食糖的购销量，造成国营食糖经营公司购销量下降；三是价格上调后，消费结构发生变化，社会食糖需要量减少，从而使食糖经营公司的销量随之减少。这一年，全市国营商业食糖经营亏损总额达 183.5 万元，其中市区亏损为 111.7 万元，攸、茶、酃、醴 4 县亏损 71.8 万元。经营食糖带来的亏损，给国营商业资金周转和经营管理造成很大的困难。1992 年，全市购进食糖 2430 吨，销售 13184 吨。

随着食糖市场的竞争加剧，国营商业食糖销量日益减少。1994 — 1999 年，株洲国营大中型商业企业共销售食糖 11191 吨，年平均销售食糖只有 1865 吨。其中，1996 年销售量为最低，仅销售有 231 吨。至 2000 年，市场需求转旺，糖价大幅上扬，大中型商业企业食糖销售量有所回升，当年食糖销量达 1265 吨，较上年 1063 吨增长 19%。

（二）储 存

20 世纪 50 年代，株洲市国营批发部门仅在洋屋岭仓库辟有食糖库房 500 平方米，可储食糖 800 吨，采用老糠埋堆法养护。1964 年 6 月，学堂冲仓库（株洲烟草大楼址）建成，仍为简易库房，面积增加到 800 平方米，仓库容量扩大到 1500 吨，以生石灰、活性炭吸潮及适当通风以调节库房温湿度，原洋屋岭仓库停储。

1966 年 6 月，商业部投资，由湖南省副食品公司在株洲县昭陵建成六六六八糖库，后经 1983 年扩建，拥有库房 23 栋，面积 25368 平方米，站台库（棚）2 栋，面积 5050 平方米，总仓库容量为 6 万吨，拥有铁路专线和堆码机等储运专用设施，为中南地区最大的中央储备食糖基地之一，该库于 1986 年划归市第二商业局管理，但食糖出入库一直由商业部直接调拨。

为解决市区储糖，1975 年由湖南省商业厅投资，市副食品公司在东区晏家湾征地 1.4 公顷，按专业库房标准兴建大型食糖储备仓库。1978 年 12 月竣工，共 2 栋，2400 平方米，总容量达到 3500 吨。交付使用后，养护技术上改老糠埋堆法为整库密封同分垛塑膜密封、用生石灰吸潮相结合的办法。1990 年 5 月，市副食品公司投资 10 万元，为晏家湾糖仓库配置 2300 千瓦立式空调机 3 台，200 千瓦去湿机 4 台，部分库房湿度管理实现恒温自动调控。

1994年，株洲市开始实施储备糖制度，当年储备食糖 1000 吨，次年又储备食糖 300 吨。1996年后，由于产糖区糖源丰盈，生产厂家储备充足，食糖平议价也已平稳并轨，株洲市食糖储备工作，实际上已“名存实停”，悄然隐退。

2000 年，株洲有 2 座专业糖库，食糖总储备能力为 5.32 万吨。除昭陵糖库储备能力为 5 万吨外，还有市糖酒副食品总公司的晏家湾糖库，储备能力较小，为 3200 吨。按株洲市当年月消费食糖 900 吨计算，两库可储备供全体市民 5 年以上的用量。

（三）价 格

中华人民共和国成立以来，食糖一直是国家管价商品。采用倒扣作价法作价，即定死零售价，按一定的倒扣差率制定批发和调拨价。株洲市价格以长沙市价格为基础。加 0.01 ~ 0.03 元的地区差额。株洲市食糖零售价格在 1950 — 1955 年变动频繁，此后趋于稳定。1955 年，机制白砂糖由每 500 克 0.64 元提到 0.70 元，1963 年又提到 0.84 元，1965 年又降低为 0.74 元，以后 20 余年处于冻结状态。

1988 年，糖料种植受价格偏低影响，供求矛盾突出，价格双轨出现于食糖市场。民用定量供应的白砂糖为国家定价商品，仍采用先定零售价的办法作价。株洲县、醴陵市、攸县、茶陵县、酃县各县区的价格以株洲市区价格为基价，顺加 0.02 ~ 0.05 元的固定地区差额。民用定量以外的白砂糖、赤砂糖和进口原糖价格由经营企业按照实际进价加运杂费，再顺加 10% 以内的综合差率制定。同年 4 月 1 日，国务院改食糖、猪肉财政补贴的暗补为明补，白糖每 500 克价格调整为 1.04 元。1989 年，由于湖南食糖价格的改革措施较其他地区出台早，调整幅度过低，居民定量供应用糖出现进销价倒挂现象。12 月 1 日，株洲市再调至每 500 克 1.30 元。同年，株洲市被列为湖南省食糖 8

个计价基地之一。1990 年 11 月，食糖价格调整。株洲市民用食糖价格为每 500 克 1.75 元，调幅为 34.62%，生产用糖每吨 2600 元调为 3070 元，调幅为 18.08%。由于上调幅度大，经营渠道不统一，出现计划外价格低于计划内价格，计内价格一时不能到位的现象，民用食糖有按每 500 克 1.75 元销售的，也有以 1.45 元、1.50 元销售的。

1991 — 1992 年，株洲糖价变化不大，民用食糖的价格每 500 克稳定在 1.75 元。期间城市居民年人均购买食糖为 0.75 千克。1993 — 1995 年，食糖价格大幅上扬，环比上涨幅度达到 30%，每 500 克食糖 1993 年 1.79 元，1994 年 2.27 元，1995 年则为 2.98 元。1996 年，株洲的民用食糖价格升至每 500 克 3.0 元。自 1997 年始，随着年人均食糖购买量由 1997 年的 1.0 千克，增至 1999 年的 1.33 千克，食糖价格却逆势回落，由 1997 年 2.85 元、1998 年 2.65 元，回落至 1999 年的 2.34 元。2000 年，株洲市民用食糖价格每 500 克为 2.56 元，该年城市居民年人均购买食糖为 1.21 千克。

二 糖 果

晚清、民国时期，株洲南货商号经销的糖果均从长沙、湘潭等地购入。民国中、后期，一些南货号附设加工作坊生产薄荷菱角糖和冰块糖应市。

1956 年 11 月，糖果业务归口于糖业糕点公司，其所属株洲市糕点厂辟设糖果车间，为株洲市唯一的糖果生产单位。本地产糖果自公私合营后，产销活动均为国家统一计划安排。20 世纪 50 年代后期，株洲市地产糖果增多，占领了主要市场。但商业部门仍经销一定数量的外地糖果，1957 年为 36.50 吨，占市内销售量的 30.42%。1967 年，株洲市城区人均消费糖果 0.68 千克。1972 年，人均消费为 0.97 千克。1977 年人均消费量增至 1.10 千克。以后糖果进货渠道增多，批发业务由多家经营，在国营批发部门向市内组织货源的同时，国营副食品批零店和供销社等单位也大量经营外地糖果，糖果销售量连年上升。到 1987 年，株洲市城区社会零售量达到 767 吨，人均消费增至 1.46 千克。1989 年，国营商业经销外地糖果占市内销量的 39.36%。行销于市场的外地糖果主要是上海、浙江一带的奶糖、巧克力和广州的水果糖，分别占市场外地糖果销售量的 30% 和 40%；其次，还有来自武汉、广西的高粱饴、芝麻饴等软糖和来自长沙、湘潭、常德等地的少量糖果。国营商业批发部门为保障上海糖果的上市，长期派有专人驻守上海，以疏通渠道。1980 — 1988 年，国营商业批发部门每年向上海运去优质白砂糖 60 吨，与厂家换购上海糖果 120 吨应市。1990 年，全市销售糖果 321 吨，人均消费量为 0.55 千克。

1991 年，全市销售糖果 2458 吨，销售收入为 793 万元。其中，市区销售 321 吨，销售收入 206 万元。这年，株洲人均年购买糖果量为 0.61 千克。1992 — 2000 年，株洲糖果市场销售趋旺，销量增加，市场上不但有冠生园大白兔奶糖、徐福记巧克力、喜之郎果冻、阿尔卑斯棒棒糖等中高端糖果，就算是国外糖果，如美国箭牌糖果、西班牙佳口糖果、意大利不凡帝糖果等在株洲市场上也是屡见不鲜。同时，针对口腔咽喉保健功能及无糖、止咳、清新口气、富含维生素、含牛奶成分等新品糖果纷纷问世，糖果向休闲化和功能化食品发展趋势日益显现。

三 酒 类

株洲酒业历史悠久，尤以农家自酿自食较为普遍。街道南货商号则多有酒坊，产销一体，少量批发给小商贩。1951 年，株洲市有酒坊 10 余家，日产酒多的 100 千克，少的 50 千克左右。1965 年 4 月，市场酒类产销分离。酒类产销活动受粮食生产的影响，1971 年以前的 30 年间，国家对酒类实行统购包销。之后，由于粮食连年丰收，酒类实行自由购销，逐步形成国有、集体、个体多家经营的局面。

1952 年下半年，根据省人民政府统一部署，市场开始实行酒类专卖。初期，专卖部门委托私营酒厂进行来料加工。1954 年，根据专卖条例关闭了所有的私营酒厂，生产上仅有国营株洲市酒厂独家酿制，其酿酒用粮和产销计划均由专卖部门申报省人民委员会分配下达，其产品一律由专卖部门收购并组织销售。1957 年后，酒源较为充足，专卖逐渐废止。

20 世纪 60 年代初期，粮食严重不足，白酒供应紧张。1961 年 8 月，试行凭票供应白酒。10 月，改凭副食品票供应。同时，对井下作业人员实行平价定量供应。从 1962 年 1 月开始，对全国名酒和省产名酒实行高价供应。4 — 5 月，粮食白酒、代用品白酒和啤酒均列入高价范围，高价白酒价格高于平价 4.50 倍，同时取消白酒凭副食品票供应办法。至 1963 年 11 月，高价酒经过 4 次降价，先后恢复平价，在此期间，共销高价酒 135.65 吨，回笼货币 64.79 万元。

1963 年 11 月，株洲市副食品公司成立专卖事业管理处，再次实行酒类专卖。市人民委员会于次年 11 月发布《关于继续实行酒类专酿专卖管理若干规定的布告》，进一步强化专卖制度。但以后的酒类专卖管理主要体现在国有商业部门对生产部门的产品实行统购包销上，零售环节则基本按商业行业分工进行销售，是年，株洲市副食品公司首次组织人员对地产散装白酒和河南散装葡萄酒进行改装，年改装白酒 56.37 万瓶，为酒类当年销量的三分之一，所改装的株洲 60 度和 50 度主粮酒和代白酒远销河南、河北等地，打开了株洲市白酒在长江以北的销售市场。

1965 年后，外地酒调入增多，1976 年调入量占总销量的 33.98%。除名优酒外，省外调入的普通酒由市国营批发部门统一从产地直接组织调运，省内市外的酒品则由省公司统一进行计划分配。

1980 年，国营零售部门开始自行从工厂、供销社系统以及省外商业部门组织酒类货源，外地酒大量涌入，迅速占领了株洲市场，酒类统购包销全面解体，市副食品公司对散酒的改装也随之停止。

酒类统购包销体制解体后，一方面国营零售部门自行从外地组织货源；另一方面，攸县、湘潭、长沙、南县等酒厂纷纷来株采取寄销、代销和送货上门等手段进行促销，部分酒厂还自行设店，批零兼营；农民亦将自酿自食的剩余酒挑进城内兜售。全市酒类市场，购销两旺，供需平衡。

1984 年年底，株洲市城区绝大部分副食商店销售酒类都实行批零兼营，其货源基本为自行组织。市副食品公司所属杉木塘副食批零店、清水塘购销经理部、田心副食品店和清水塘副食品店 4 家，于次年结成联购分销集团，年购销额达 800 万 ~ 900 万元。同时，各厂矿劳动服务公司的经营范围也大多从事酒类批零兼营，对厂内逢节日便实行批发价优惠销售。个体户亦大做酒生意。1986 年，株洲市城区啤酒消费趋热，湘乡、长沙、株洲 3 个啤酒厂在城区设立散装啤酒销售罐 39 个，北起湘天桥、南至徐家桥，日销量达 20 吨，散装啤酒生意全为个体商店所经营。

多渠道经营促进了酒类销量的增加。全市 1988 年酒类销售量达 8465 吨。1990 年，市城区有酒类经营项目的在册全民商户 84 家、集体商户 180 家、个体商户 923 家，其中归口市副食品公司的商店为 20 家，且绝大多数为批零兼营，当年销酒量为 11499 吨。

1991 年，全市购进酒类 6717 吨，销售酒类 11672 吨，其中市区销量占其一半，达 6022 吨。1992 年，全市销售酒类 12685 吨，其中商业部门销售 11512 吨。1993 年，全市商业部门酒类销量出现下降，当年销售酒类只有 8449 吨，其中批发 6159 吨、零售 2290 吨。

1994 — 1996 年，由于市场放开，竞争加剧，株洲大中型商业企业的酒类销量逐年下滑，在这期间共销售酒类 6514 吨，年均销售量只有 2171 吨。1996 — 2000 年，株洲酒类市场销量有所增加。随着生活水平的提高及健康观念的增强，红酒、啤酒的增幅远超过白酒的增幅，附有强身健体功能的保健酒也出现在商场和酒店，开始逐渐走俏市场。

四　糕　点

民国时期，各南货号均附设作坊制作糕点，其产品主要供自家店铺零售，亦兼营对小商小贩的批发。除坐商外，经营糕点的还有沿街叫卖的提篮小贩，多聚集于株洲火车站一带。

1952 年，株洲市土产公司成立经营处，始有独立于生产单位之外糕点批发机构。1956 年后，国有批发机构的糕点全部是外地产品。当年底，糕点凭“副食品卡”定量供应，每人每月 1 千克。1960 年 8 月开始凭粮票供应。1961 年 3 月，根据省人民政府统一部署，在平价限量供应的同时，实行高价销售，高价品种有奶油饼干、蛋奶片、杏仁干等 18 个。其价格高于平价 4 倍。1965 年高价政策取消。

1982 年后，广东、浙江等省沿海开放城市，以及省内的益阳、常德等地糕点大量涌入，市产糕点则纷纷向埠外寻找市场，当年株洲市城区年外销量由 1976 年的 52 吨上升到 286 吨。1983 年，全国粮食再获丰收，盒装、袋装糕点不再收粮票，散装糕点也出现以钱折粮的作法，每千克粮票折收人民币 0.40 元。1984 年年底，副食品零售商店全面改为批零兼营，市外进货不仅供应本店零售柜台，同时向其他商店和个体户批发。自 1985 年开始，株洲市建宁副食品批零商店同广东肇庆饼干厂建立稳固的产销关系，进货量高达 200 吨。1988 年上半年，广东中山美味多食品厂所产的椰汁体力架旬日之间风靡全城，市人以食椰汁体力架为时尚，掀起一场为期数月的椰汁体力架经营大战。8 月，洞庭湖产粮区受特大洪水袭击，湖南省粮源紧张，株洲市粮食供应采用粮票加副券的办法，粮食制品亦照此办理。12 月，居民购买糕点在交付粮票的同时须交付等量副券，群众称之为“三票”（钞票、粮票、副券）供应办法。“三票”供应不论在批发和零售环节，结算均十分麻烦，1989 年 8 月废除，糕点供应改收株洲市粮票。当年株洲市城区地产糕点外销量增到 549.10 吨，占城区糕点年总产量的 32.83%，主要销往湘潭、长沙、怀化、娄底、江西萍乡等地，并一度进入香港地区市场。1990 年全市销售糕点 6167 吨。

1991 年，株洲市共销售糕点 6167 吨，其中市区销售量只有 524 吨，还不及总销量的十分之一。这年，株洲最大的副食品零售企业市副食品大楼，完成商品总购进 870 万元，实现总销售 936 万元，人均劳动效率达到 82746 元，在湖南省财贸系统副食业效益排名榜中名列第一。是年，株洲市食品科学研究所成功研制出“蛋糕防霉保鲜法”，将蛋糕的保质期一下增至部颁标准的 3 倍，并顺利通过了省级鉴定。这年，拥有 258 名职工的株洲食品厂，年产饼干 750 吨、糕点 300 吨，完成产值 532.8 万元，实现利润 12.51 万元，产品大部分销往本市，少量的销往长沙、湘潭及周边县市。

1992 年，个体糕点商贩蜂拥而上，发展迅猛。位于株洲市南区的徐家桥综合市场内的个体副食批发市场，由最初几家副食批零兼营的个体商户聚集经营，仅 2 年时间就一跃形成占地面积达 3200 平方米，个体经营户达 100 余户，从业人员 300 多人，注册资金达 50 多万元的副食品专业批发大市场。该市场销售的糕点副食中，广东、福建、长沙货占了大半，地产货仅占 15% 左右。在商品的流向上除销往本地外，还辐射省内及广西、江西共 40 多个县、市。该市场凭借购销价格灵活、市场信息快捷、批零兼营等优势，当年已发展到日人流量超过 3 万人次，月平均成交额 100 余万元、月均上缴税金 5 万余元的经销规模。

1995 年，糕点市场出现分化，各种低糖、低脂的新型食品受到追捧，传统糕点严重滞销。但株洲华隆公司的糕点生产的产品仍停留在高糖、高油、原料粗糙、技术简单、营养缺乏的低端水平上，产品既无法占据城镇市场，又无力在农村低端市场上与乡镇企业、个体大军展开竞争，从 1995 年起，公司出现成本亏损，产量锐减。2000 年 12 月，公司亏损额高达 1219 万元，债务升至 1628 万元，迫使株洲这个最大的糕点企业无法正常经营。

五 饮 料

1953 年，私营南货业开始经营汽水、橘子汁，旺季月销量为 100 瓶左右。1955 年，国营商业茶叶销售量达 27.64 吨。1957 年，国营商业经营饮料品种除茶叶外达到 16 个，总营销量为 2385 瓶（折合 0.60 吨）。其中汽水品种 4 个共 1840 瓶，为总数的 77.15%，主要品种是汉口的和利汽水和广州的红星汽水，其次是橘子汁。此外还有少量果露、果汁、北京咖啡。

20 世纪 50 年代末期，境内茶叶除外贸收购外，全部由国营商业统购统销。1963 年，国营茶叶营销量为 49.25 吨。茶叶一直是副食品公司的主要经营商品之一，到 1976 年，营销量增到 138.11 吨。

20 世纪 70 年代，株洲市城区主要销售湘潭汽水，江浙等地果、菜汁浓缩结晶固态饮料亦进入市场，仅上海柠檬精、菊花晶、姜茶晶和浙江黄橘子晶 4 种固体饮料的销量，在 1976 年就达 63.61 吨，占该年饮料销售总量的 36.18%，仅比汽水少 1.12 个百分点。这类饮料是非国家计划商品，稍有实力的经营者，均从厂家直接购进，国营专业公司的销量下降。1983 年，株洲市副食品公司销固体饮料 12.74 吨，比 1976 减少 79.97%。

1986 年，可乐饮料进入市场，首推美国可口可乐，其次是百事可乐。1988 年，增销国产天府、少林、深宝可乐和健力宝等数十种，有听装、瓶装、纸包装，有大瓶、小瓶、易拉罐，种类繁多。经营副食品者无不经营可乐饮料。同时，本地产汽水品种增多，除供应本地市场外，还销往怀化、娄底、湘潭、长沙等地。其他如果汁、果露、咖啡、可可等饮料，也为商家必营项目，麦氏咖啡和咖啡茶到处有售，尤以庆云舞厅为甚，1 年回笼易拉罐多达 1 火车皮。1990 年，市场经销的饮料向天然、保健型发展，椰汁、矿泉水等开始走俏。

1991 年 9 月，株洲冰厂因经营发展需要，更名为“株洲天宝实业公司”，公司下设株洲冰淇淋厂、株洲金龙矿泉水厂、株洲湛江粤威饼厂和株洲海富饮料厂等 5 个分厂。1992 年 2 月，株洲冰厂引进深圳兴川锗饮料有限公司，双方合资成立了“深圳兴川锗饮料株洲有限公司”。同年 7 月，锗饮料项目在明照乡龙洲村建成投产，年产矿泉水 2880 万瓶，先后在广州、北京、上海等城市销售。

1993 年，市场上还出现“豆奶”的新饮品，以其独特的风味刚一面世就受到市场热捧。当年，株洲许多豆奶生产厂家在消费旺季时其产品货到即售，供不应求。此外，株洲中亚天然保健饮品公司生产的芒果汁深受市场欢迎，是当年株洲唯一获得省“信得过食品”称号的饮料产品。

1996 — 2000 年，株洲饮料工业进入到一个新的历史发展期，株洲太子奶厂（湖南太子奶生物科技股份有限公司）成为株洲饮料工业的一个缩影。到 2000 年，该厂生产的乳酸菌奶的年产量已达 5.5 万吨，成为当时全国最大的发酵型乳酸菌奶制品研发制造基地。此外，国内外的品牌饮料如健力宝、娃哈哈、泰国红牛、乐百氏等也纷纷进入株洲市场。

六 奶制品

市城区地产奶制品供应最早的是鲜牛奶。鲜奶自 20 世纪 50 年代初少量上市后，便一直敞开供应。当时，株洲市畜牧场工人肩挑运送，因路远难行，常常凌晨起灌引酵奶，多用手提马灯照明上路。到 60 年代，渐渐采用自行车运送，实行分线包干，每车不下 150 千克，有月塘、市中心、清水塘、霞湾、宋家桥、田心 6 条鲜奶供应线。

奶粉为国家二类商品，20 世纪 70 年代前由国营商业统一调拨，计划供应。株洲市场奶粉主要靠外地调入，调入方式为省公司分配。品种有黑龙江三星、新月、华光、金牛全脂奶粉等。国营商业所经营的奶粉，大量是供应冷饮、糖果、糕点等食品加工用。1966 年购进奶粉 7.45 吨，品种达 34 个。1976 年调入 13.07 吨，品种有黑龙江特级甜奶粉、草原香全脂奶粉等。1980 年购进量为 72.95 吨。1983 年，省人民政府将奶粉列为自上而下的计划分配商品。80 年代中期以后，奶粉消费市场扩大，商业经营品种和数量均有大幅度增加，不仅国产奶粉畅销，美国、新西兰等外国产品销量也逐年增长。1990 年，国营批发量为 111.00 吨，比 1985 年增长 105.40%。

20 世纪 90 年代初期，奶制品因其数量少，价格高，奶粉尚被定位在高档食品的范畴内，一般家庭很少消费。1991 年，市区销售奶粉 204 吨，销售量尽管比上年增长了 83.78%，但全市人均年消费量却只有 58 克，远低于其他食品的消费。

20 世纪 90 年代中期，由于营养观念和消费观念的转变，奶粉在境内市场的消费量逐年增长，成为家庭常见的食品。为确保奶粉市场的稳定供应，1995 年株洲糖酒副食品采购供应站分别与大庆奶粉厂、石家庄奶粉厂建立了长期供销关系，当年该公司销售奶粉达 310 吨，使市区每人每年平均消费 7.3 元的奶制品。2000 年，株洲居民每人年平均消费奶粉已升至 216 克，奶粉消费正逐步向营养价值更高、工艺更先进的奶制品转移。

第三章 肉食水产

清顺治七年（1650），株洲设码头，猪行、屠业、蛋行相继散见。清光绪十六年（1890），株洲的屠户和猪客（生猪经纪人）组成屠业行会。

民国15年(1926),成立屠业、蛋业同业公会。民国17年(1928),汉口英商和记商行设庄于长沙,在株洲收购蛋品、生猪，蛋行增至30多家，年运销量达3万余件（每件809 ~ 1000个）。同时株洲人经营的6家猪行也从湘潭、湘乡、邵阳等地收购生猪运销武汉。民国26年(1937)全面抗战爆发,生猪、蛋品北运受阻，株洲镇商人遂南下开辟广东、香港的运销渠道。民国27年（1938），屠业公会会馆被日本飞机炸毁,有25户屠商疏散歇业,一些蛋商、鱼商也因战火而停业。民国36年(1947),株州镇蛋商再度组织同业公会，有会员15家。大胜街（解放东街）、芦淞街、中正街（解放西街）、堤升街多有蛋商挂牌经营。屠业也逐步恢复经营。

中华人民共和国成立后，人民政府鼓励私商合法经营。1951年1月，株州镇蛋业公会组织142户商贩成立私营联湘进出口贸易商行，亦称联湘股份有限公司，主营蛋品，兼营生猪、油脂等商品，并在长沙、广州、香港设立办事处，武汉对外贸易局授权联湘商行在经营范围内代办进出口手续。株洲镇的农副产品源源运销港、澳和南洋市场。同年5月，湘潭县贸易公司组织私商，集中资金3万元，成立公私合营株洲牲畜出口公司，专营生猪出口业务。在长沙、深圳和香港3地设办事处，并在江西的宜春、萍乡及省内的醴陵、攸县、浏阳、平江、岳阳等地设19个收购站。每站分设1 ~ 9个收购点，深入农村收购。

1952年8月，中国食品出口公司株洲支公司成立，肉食禽蛋业务归口经营。1953年，该公司外销生猪16.65万头，本地销生猪3.05万头，其中城区销2.01万头。同年9月，株洲市食品公司成立，肉食禽蛋水产业务归口统一经营。

1954年7月，国家对生猪实行派购。城乡肉食水产品私营商户分别纳入国营公司和供销合作社系统归口管理，实行“经销、代销”。1955年5月，肉食水产实行“一条鞭”经营，县以下的肉食水产经营机构由供销合作社划归株洲市食品公司管理。同年，株洲市食品公司组建公私合营管理处，对私营商业进行社会主义改造。1956年5月，屠业、蛋业、腊味业、干鲜水果4行业私商过渡为国营，归国营食品公司管理。至此，社会主义的统一肉食水产市场基本形成。1956年，国家实行“私有、私养、公助”发展生猪的方针，对派购生猪发放预购定金。同年，全市出栏生猪1.74万头，国营收购1.58万头。1958年，县以下食品公司及购销站与供销合作社合并，实行“公养为主，私养为辅”的生猪生产政策，取消社员养猪饲料粮，生猪生产严重受挫。1961年，全市只出栏生猪2.22万头，国营收购6498头，销售1.06万头，株洲市城区年人均吃肉不足2千克。此后，调整生猪生产政策，实行“公养和私养并举，以私养为主”，调整疏通流通渠道，将县食品公司及购销站再次从供销合作社划归国营商业管理。

1963年，全市生猪出栏增加到10.34万头，国营收购3.49万头。株洲市食品公司于1959年更名为株洲市肉食品公司，1962年更名为株洲市肉食水产公司。1970年，国家实行“积极发展集体养猪，继续鼓励社员养猪”的方针，株洲市推广宁乡县“杀猪的管养猪”的经验。1972年，全市生猪出栏73.4万头，其中国有收购18.28万头。1979年4月，国家大幅度提高猪、牛、羊、禽、蛋、鱼收购价格，年末全市生猪出栏85万头，国营收购16.28万头。1982年和1984年，两次调整农副产品购销政策，猪、蛋、鱼、禽实行多渠道经营。1984年全市生猪出栏突破100万头大关，达到116.88万头。

1985年1月，取消生猪、鲜蛋、鲜鱼的派购，实行合同定购和指导性价格，自由上市交易，并对全市城镇居民和非农业人口实行猪肉差价补贴。由国营独家经营转变为国营、集体、个体多渠道经营，基本解决了多年来旺季农民“卖猪难”的问题，城乡市场四季有鲜肉供应。集市交易活跃。1989年，全市出栏生猪172.61万头，集市交易67.18万头，国营收购40.82万头。同年，株洲市肉食水产公司系统对管理体制进行了改革，改市、县公司统负盈亏为城市零售肉店、农村食品店转体经营，独立核算，自负盈亏，出现了“一业为主、开拓经营”的新局面。

到1990年年末，株洲市有各种肉食水产经营机构252个，县级公司5个，区食品站32个，乡食品站113个，乡以下肉食站（组）113个，市县批发单位36个，零售单位40个，冷冻厂（库）4个，畜、禽、鱼场3个，信托货站1个，仓储运输单位3个。共有职工3042人，固定资产2755.2万元。1990年，商品纯购进完成15802万元，纯销售完成8938.49万元，收购生猪51.58万头，销售24.34万头。

1991年，充裕的粮食促进了生猪养殖业的发展，当年全市生猪饲养量达到了336.17万头，比上年增长3.6%。生猪收购由1985年的31.04万头，增至1991年的53.67万头，增长72.91%，调省外由1985年的11.14万头增至1991年的58.31万头，增长423.43%，出口生猪由1985年的5.5万头，上升至1991年的11.03万头，增长100.55%。当年，国营肉食水产公司外调活猪达40.6万头，比上年增长17.34%。

自取消生猪的统派统购政策以来，全市生猪生产有了显著的发展。同时，也存在着肉食补贴递增，财政负担过重的问题。1985—1991年，市财政对肉食企业的补贴共计4000余万元，平均每年近600万元，再加上财政每年对居民个人的明补700万元，一年财政要负担1300万元的肉食补贴。1992年8月，株洲市根据国家相关政策，取消了对城市居民猪肉限价凭证供应办法，猪肉价格自此正式放开。为尽量减轻居民的负担，按照国家、企业、个人三者共同负担的原则，市政府按每人每月10元的标准将补贴款随职工的工资发放到个人。同时，政府继续对国营肉食企业采取扶持政策。即以1992年市财政安排的肉食补贴为基数，保持3年不变。1992年，个体商业发展迅猛，当年全市涌现出大小农贸市场191个，个体肉商数以百计，全年生猪销售量达3460万千克，是当年国营商业年销售量的6.74倍。尤其在鲜活家禽、水产品的销售上，国营商业所占销售比例逐步减少，失去了独占市场的优势，全市17个肉食经营网点有一半以上出现了亏损。1993年，市肉食公司除保留贺家土、沿港路2个肉食商店外，清水塘、宋家桥、董家塅、田心东门、响石岭、茨菇塘6家肉食店，分别采取合并、转让、出卖的方式先后予以关闭。

1994年，食品价格逐月上涨，至年底，涨幅达到35.5%。国家为平抑物价，稳定市场，国务院在3月下发了《关于加强“菜篮子”和粮油棉工作的通知》，要求各级地方政府建立主要农副产品专项储备制度。株洲市按省政府要求，及时下达了储备责任单位、品种及资金计划。市食品公司于当年6月份就完成储备猪肉500吨的任务。1995年，物价仍呈上涨趋势，元旦、春节期间肉价曾一度升至每千克16.5元。为了平抑过高肉价，1996年1—3月，市食品公司共向市场投放了444吨储备冻肉，全市肉价先涨后降，年底趋稳。当年，为了稳定市场肉价，食品公司逐步恢复了15个肉食供应点。1997年，冻肉储备达到800吨。

1997年，由于养殖业的迅速发展，株洲出栏生猪达到345万头的历史新高，市场上猪肉制品货源充裕，致使市食品公司1997年以每吨9800元价格储备的800吨冻肉，直到1998年6月仍有167吨因滞销而积压，不得不以每吨6000元的价格降价处理。

随着市场肉品丰富、膳食结构的悄然变化，人们对冻猪肉的需求在相对减少，对鲜猪肉的需求稳步增长。市场的变化，直接影响到政府的猪肉储备模式，猪肉储备改为以活体储备为主、冻猪肉储备为辅的新模式。1998年，活体储备达1万头，减少了冻肉储备规模。

2000年，全市生猪饲养量为504.28万头，出栏313.95万头，存栏190.33万头。全市猪肉市场交易量达到35790吨，交易金额达41492万元。上半年，生猪价格有所回升，一些有经济实力的养猪户便把资金投入到规模养猪上来，全市养猪大户达到4505户。

第一节 肉食品

一 收 购

20世纪50年代初期，株洲市的猪、牛、羊等主要由私商经营，自由购销，价格由市场调节。1951年5月，湘潭县贸易公司在株洲设点收购。次年，株州土产公司接管生猪收购业务。1953年，生猪收购改为由中国食品出口公司株洲支公司归口经营，同年9月株洲市食品公司成立并逐步统一生猪收购。

1954年7月，生猪实行派购。派购对象是农村有养猪能力的农户和乡、村办的集体猪场及国营农场。派购任务由市政府每年分配，落实到乡、村、户，一年一定，分季交售，其收购等级、规格、价格都由省计划委员会、商业厅制定下达。同时，实行奖售政策。从1954年起，每头派购猪给饲料粮（稻谷）指标25千克，1955年每头增加返还肉（油）指标4千克。从1957年起，又对送猪里程超10千米者每头补助力资0.5元。同年2月，株洲市将生猪收购价格调为每50千克39.41元，较1954年提高23.23%。1961年5月，生猪收购价格调为每50千克45.72元，比1957年提高18.55%；同年，对猪、牛、羊交售实行粮食、化肥、工业品奖励办法。1985年，取消派购，亦终止奖售办法。

1986—1990年，农村猪牛羊的收购仍由国营供销系统和肉食系统来承担，这些系统通过上门收购，或者驻点收购，将收购来的牲畜集中后再送售给屠宰厂（场）。其间，由于农村收购“面广点少”，边远地区的饲养户交售牲畜仍较为困难。

1991—2000年，随着国家对肉食市场的放开，国营商业、肉品加工厂及个体肉商都自行到农村设点收购，收购渠道呈现出多样化，由于个体肉商收购价格随行就市，经营手段灵活，在农村广受欢迎。而国有的株洲市食品总公司由于经营机制滞后，致使牲畜收购量逐年萎缩，株洲市食品总公司最终退出了农村牲畜商业收购的业务。

株洲市 1961 — 1984 年猪、牛、羊收购奖售标准一览表

表 8–15

年份	生 猪	菜 牛	菜 羊
1961	集体养猪每头原粮 25 千克，煤油 2.5 千克。私人养猪每头原粮 25 千克，煤油 1 千克，胶鞋 1 双	每头毛线 0.5 千克，布票 13.3 米	每只奖“工业品购物券”3 元
1962	按毛重 1 千克 1 千克原粮，每头布票 1.7 米，煤油 1.5 千克，胶鞋一双	5 月起每头化肥 100 千克	每只“工业品购物券”8 元
1963	按毛重 1 千克 1 千克原粮，7 月起一等猪每头布票 3 米，二等猪每头 2.33 米，三等猪 1.7 米	每头化肥 100 千克	8 月起取消奖售
1964	9 月起 65 千克以内的 1 千克半千克原粮，超过部分 1 千克猪 1 千克原粮，每头布票 1.7 米	8 月起每头化肥 20 千克	每只原粮 2.5 千克
1973	按毛重 1 千克 0.4 千克原粮，每头布票 0.7 米	每头化肥 15 千克	每只原粮 2.5 千克
1979	按毛重 1 千克 0.6 千克原粮，每头布票 0.7 米	每头化肥 15 千克	不奖售
1980 至 1984	按毛重 1 千克 0.6 千克原粮，每头布票 0.7 米	每头原粮 50 千克	不奖售

说明：1985 年国家取消派购政策，牲畜收购奖售办法随即终止

二 屠 宰

1982 年以前，境内生猪屠宰多采用手工屠宰，屠夫操刀，村乡自宰，农村肉食购销清淡不振。1982 年，株洲肉类联合加工厂在郊区古大桥峻工投产。该厂可日宰生猪 3000 头，日冷冻肉类 60 吨，是当时湖南省大型肉类联合加工企业之一，结束了境内全手工屠宰的历史，跨入以工业化屠宰为主，手工屠宰为辅，二者并存的新时期。

随着农村养殖业的迅猛发展，1995 年境内生猪出栏数已达到 269.46 万头。为使屠宰适应生猪生产发展需要，同年 12 月，湖南湘大集团兼并了株洲肉类联合加工厂，扩大了生猪屠宰能力。1997 年，湘大集团从德国、丹麦引进先进的肉类加工设备，形成年屠宰生猪 50 万头、加工肉制品 2.2 万吨的生产能力。

然而，工业化屠宰并不能完全消除或替代手工屠宰方式，屠商自宰自销的原始模式依然大量存在，导致政府难以监管，不但带来巨额税费的流失，而且还存在病死猪及注水猪肉流入市场的隐患，

严重威胁到肉品市场的正常发展和居民身体健康。为根治和杜绝自宰带来的弊端，1995 年 1 月株洲市在炎陵县试行“牲畜定点屠宰”工作。一年后，攸县、茶陵县、醴陵也相继展开牲畜定点屠宰的试点工作。1996 年 1 — 5 月，4 县累计定点宰杀生猪 10192 头，收取税费 36.6 万元，实现利润 1.68 万元，为全市推广生猪定点屠宰积累了经验。同年 4 月，市政府成立了“株洲市牲畜定点屠宰领导小组”，下设办公室，形成“政府牵头，商业承办，畜牧监督，工商城管稽查，税务公安配合”的管理体制。当年 5 月，市定点屠宰办公室对上报的 21 个申报点，从地理环境、基础设施、卫生检疫等方面进行检查评定，最后确定华湘实业公司等 11 个场点为株洲市首批牲畜定点屠宰场。在此期间，市食品公司还对下属的响石岭、宋家桥、贺家土、田心等肉食店投入 54 万元改造资金，共改造屠宰场地 1374 平方米，修理猪栏 3190 平方米。卫检人员经过培训考核，使全市持证上岗的专业卫检人员达 164 人。

1996 年 6 月，牲畜定点屠宰在市区的所有集贸市场全面铺开。当年 10 月，全市共定点宰杀生猪 8.9 万头，收缴税金 310.51 万元，定点屠宰的肉品市场占有率已达到 60% 左右。定点屠宰的全面铺开，有力地打击了掺杂、使假行为，其间没收并处置注水、病害及母猪肉共计 6.5 吨。

株洲市 1996 年首批生猪定点屠宰分布一览表

表 8–16

屠宰场名称	位　置	屠宰场名称	位　置
华湘实业公司屠宰场	南区	田心肉店屠宰场	北区
董家塅肉店屠宰场	南区	湘天桥集市屠宰场	北区
鑫爆屠宰场	南区	响石岭肉店屠宰场	北区
渔场屠宰场	东区	贺家土肉店屠宰场	北区
宋家桥肉店屠宰场	东区	河西区屠宰场	郊区
军分区农场屠宰场	东区	–	–

1997 年，私屠滥宰重又抬头，市区的 11 个场点除个别场点有少量屠宰外，其余大部分均已停刀，全市定点屠宰日均宰杀从近 400 头降至不足 80 头，市民对此反映强烈。为加大监管力度，市政府还颁布了《株洲市牲畜定点屠宰及肉类产品销售管理办法》，严厉打击屡禁不止的私屠滥宰现象。同年 11 月，在全市范围内开展了为期 2 个月的生猪定点屠宰整顿工作。稽查队对大小 40 多个市场穿梭稽查，设关堵卡，打击非法窝点，共查获、收缴病死猪肉、注水猪肉 700 多千克，端掉非法私屠窝点 2 个。市区日平均定点宰杀量重又回升到 350 头左右。

1998 年 8 月，省政府颁布《湖南省生猪屠宰管理条例》，进一步规范了全市的定点屠宰工作。从 1999 年起，株洲市决定压缩设备简陋的屠宰场点，市区只保留湘大、华湘、田心 3 个规模大、机械化水平高、能满足环保要求的屠宰工厂。

2000 年，株洲市区年定点屠宰生猪上升到 15 万头，日平均达 410 头，市场占有率上升到 68%，全年上缴税费达 638 万元。

三 销 售

中华人民共和国成立前，株洲市场肉食品统归私商销售，或设点出售，或沿街叫卖。

1954年实行生猪派购后，株洲市肉食市场由国营食品公司统筹安排，当年销售生猪1万头。

1955年，株洲市城区按每1万人日供应4.05头，加上节日增供部分，全年按410天安排计划。1956年，1万人日供应量增加到5.60头，但由于居民消费水平逐步提高，加之生猪部分外调，猪肉供应不能满足市场需要。为保证市场稳定，逐步实行定点、凭证、分次限量的供应办法。同时对医院、幼儿园、特殊工种、部队、少数民族等安排特需供应，对副食、饮食等行业加工用肉作计划安排，安排的数量及标准根据货源情况确定。

1958年，株洲市城区肉食全面实行凭证供应，城市居民每人每月定量0.75千克，当年全市销售生猪5.64万头。1960—1962年，定量减至0.25千克，3年共销售生猪5.52万头，不到1958年一年的销售量。1963年，生猪生产形势好转，下半年城乡猪肉实行议价敞开供应。1964年，恢复定量供应办法，每人每月定量0.75千克。1965年曾敞开供应。到1969年，生猪出口、外调任务增加，又恢复凭证定量供应办法。在此期间，株洲市根据省肉食水产公司的安排外调部分活猪。1971年后，由于冷藏条件的改善，外调冻肉逐年增多，主要调往北京、上海、广州、福州、武汉等地。1977年5月，再次取消凭证供应办法。1980年生猪收购猛增，猪肉外调困难，地销有限，库存爆满，猪肉价格曾一度按牌价下降10%～20%，以扩大销售。市场猪肉销售量随之逐年增加，1982年全市销售生猪57.49万头，1984年增加到96.54万头。

1985年，猪肉敞开供应。同时，国家给城镇居民和非农业人口实行肉价补贴。当年株州市肉食水产公司系统销售生猪47.69万头，其中外调广州、深圳等地活猪13.83万头。1990年，销售生猪24.34万头。

1991年，株洲市肉食水产公司共销售冻、鲜猪肉8.65万头，其中鲜肉销售6万头，鲜肉销售比上年增长1.4倍。当年，该公司在市区还销售牛2181头，羊72900只，猪肉制品584.1吨。这年，公司下属的肉食水产商场调整经营结构，大胆改革内部分配机制，当年销售额达1217万元，实现利润13.18万元，在全省财贸系统25家最大规模副食零售企业排名榜中名列第一。1991年，由于政策性亏损，市肉食水产公司获得政府生猪销售补贴费为450万元。

1992年上半年，由于京、津、沪等大城市狠抓“菜篮子”建设，显著提高了肉食自给率，与株洲毗邻、经济发达的广东，其生猪市场价格又成倍上涨，使得株洲原本为调节大城市旺淡供应的肉食加工储藏能力出现暂时性过剩，株洲肉食行业宰杀的猪肉积压滞销，市肉食水产公司上半年亏损达214.6万元。同年4月，国家决定提高粮食收购及粮食统销价格。随后，又放开猪肉经营，取消价格补贴。同年8月1日，株洲市取消已实行20余年的城市居民猪肉限价凭证供应的办法，猪肉价格全面走向市场调节。从1985年开始实行肉价补贴到1992年，株洲市共补贴4743.3万元。

1993年起，株洲肉食行业完全与财政脱钩，一直靠财政补贴度日的国有肉食行业从此进入一个自主经营、自负盈亏、自我发展的时代。改革开放以后，许多厂矿企业相继成立了经营性的劳动服务公司，工商部门也在居民集中地段开办了功能齐全的农贸市场，原先为产业工人服务而设立的国营肉食网点，逐渐失去了独占市场的优势。从南方航空动力机械公司兼并董家塅肉食店开始，揭开了株洲肉食行业“抓大放小，兼并拍卖”的改革序幕，市食品公司拥有肉食网点17个（其中，国营15个，集体2个），到2000年仅保留了贺家土和沿港路2个肉食商店。2000年，全市肉食品市场交易活跃，销量稳步增长，人均肉品消费量已由1991年的34千克，增至63千克。是年，全市共销售猪肉3.58万吨，牛肉0.69万吨，羊肉0.45万吨。到2000年，株洲国营商业网点的市场占有率已降至不足三成。位于城乡的大小集贸市场，则“顺势而起”，成为附近居民日常肉食供应的重要渠道。

表8-17

株洲市大中型商业企业部分年份猪、牛、羊销售量、价格一览表

年 份	猪		牛		羊	
	销售量（万头）	价格（元/千克）	销售量（头）	价格（元/千克）	销售量（只）	价格（元/千克）
1950	–	0.918	–	0.72	–	–
1954	–	1.08	–	0.87	–	0.89
1957	3.98	1.19	–	0.87	–	1.07
1958	4.76	–	–		–	–
1960	1.99	–	–	0.93	–	–
1961	1.06	1.43	–	0.93	–	1.10
1962	1.00	1.55	–	0.93	–	1.12
1964	5.89	–	–		–	–
1968	13.03	1.57	–	1.17	–	1.04
1969	14.84	–	–	1.17	–	–
1973	21.5	1.57	–	1.17	–	1.17
1979	28.12	1.64	1198	1.43	11217	1.23
1982	25.00	1.98	2179	1.78	21649	1.53
1983	56.67	–	1844	–	15916	–
1984	52.94	2.10	1451	2.47	16160	2.30
1985	16.97	2.90	1534	1.90	21506	2.90
1987	28.73	2.98	2061	4.40	18887	4.40
1989	20.72	5.58	2926	6.60	21729	6.00
1990	24.34	6.44	1977	–	22316	–
1991	65.19	6.02	21900	6.75	90300	6.89
1992	19.33	6.89	10600	7.09	71500	8.03
1993	1324（吨）	7.49	62（吨）	7.43	138（吨）	10.37

续表 8-17

年 份	猪		牛		羊	
	销售量（万头）	价格（元／千克）	销售量（头）	价格（元／千克）	销售量（只）	价格（元／千克）
1994	–	10.21	–	10.88	–	13.92
1995	25415（吨）	12.66	–	17.79	–	17.92
1996	12757（吨）	13.71	–	18.26	–	16.58
1997	25159（吨）	14.57	–	16.03	–	15.84
1998	–	11.97	–	14.57	–	14.97
1999	–	12.07	–	14.82	–	14.75
2000	35790（吨）	12.33	6897（吨）	14.08	4541（吨）	13.86

四 储 运

20 世纪 50 年代，株洲市国营肉食行业为调节淡旺季上市量，主要采取活猪储备方法。1953 年，有 5 栋共 1650 平方米的猪栏，容量为 2000 头。1959 年，原猪仓库拆除，新建 1 栋 4500 平方米的猪仓库，容量为 6000 头。该仓库引进外地先进饲养管理办法，并着重抓好卫生防疫工作，当年 10 月被商业部授予全国仓库卫生先进单位称号。1960 年，兴建株洲市冷冻加工厂，由于国民经济困难而下马，直到 1968 年才续建，直到 1971 年株洲市冷冻加工厂才竣工投产，冷库容量为 1200 吨。

1974 年，株洲市肉食水产公司组建汽车队，有汽车 7 台，当年运送各类肉食品 9000 多吨。由于猪栏和冷冻设施的局限，不少年份在生猪上市旺季停收停调，出现农民“卖猪难”和冻肉调出难的情况，经常发生死猪事故。1964 — 1975 年，猪仓库和冷冻加工厂发生多次疫情，计死猪 1086 头。1978 年，株洲市冷冻加工厂因猪栏不足，冷库容量有限，造成生猪掉膘、降等、死猪等，损失 10 万余元。

为解决农民“卖猪难”的问题，增强国营商业的储存加工能力，1977 年攸县冷冻加工厂建成，冷库容量为 3000 吨。1982 年，株洲市肉类联合加工厂建成投产，冷库容量为 5040 吨，除为国家、湖南省储备肉食品外，还为本地及外地市场供应肉食品。株洲肉联厂投产的当年生猪上市旺季时储肉 6140 吨，超过设计容量 10%。1985 年后，为稳定肉食市场，省专业公司每年安排部分储备任务给株洲市。株洲市区储备量一般按保证 3 个月猪肉消费量计算，每年储备冻猪肉 3400 吨以上，由财政按仓租、利息、损耗三项计算拨给储备费，每吨日储备费用 0.90 元左右。1989 年，醴陵市肉联厂建成，有冷库容量 500 吨。从 1974 年开始的 10 余年里，株洲市肉食水产公司所属部分商店也先后配置了 4 ~ 106 吨小冷库（柜）13 座，容量为 507 吨。到 1989 年，全市国营肉食行业冷库总容量达 11200 吨，拥有各种运输车辆 27 台。攸县肉联厂和株洲肉联厂还分别拥有 900 米和 1700 米的铁路专用线，大宗货物进出方便，年吞吐量达 300 个车皮。

1990 — 1992 年，国营肉食行业的储运基本是以系统内储运为主，系统外为辅。1992 年生猪市场放开后，国营肉食行业失去了独揽牲畜市场的优势，在牲畜购销总量日益萎缩的情况下，其原先的牲畜调运设施长期大量闲置，最终在市场竞争中被迫退出。1993 年 5 月，拥有 45 名职工的市二商业局商业汽车队，在停业 48 个月之后，与市食品公司的肉鸡场合并组成“株洲高新技术产业开发区人和工贸发展总公司”，转行经营商业批零业务。

株洲市冷冻储备能力，在“八五”“九五”计划期间有了成倍的增长。1999 年，株洲市食品总公司在福达商城利用地下结构建起一座 300 吨冷库；市区还有 2 座大型肉类储备仓库，分别是 5500 吨的湘大集团冷库和 2200 吨的华湘公司冷库。另外，醴陵市有一座 500 吨冷库及攸县肉联厂有一座 2700 吨冷库。2000 年，株洲市区冷冻储备总容量达 9000 吨，按正常消费量每月供应 800 吨猪肉计算，储备肉可满足全市 10 个月以上的供肉量。

第二节　禽蛋品

株洲农户历来有饲养家禽的习惯，大多以养鸡为主，兼养鸭、鹅。攸县麻鸭、炎陵县白鹅为地方优良品种。蛋品曾是大宗外销产品之一。

一 家 禽

民国时期，株洲家禽由私商小贩经营。肩挑贩运，进城销售。

1952年株洲市供销合作社成立后，开展家禽收购业务，主要安排在城镇销售。1956年公私合营后，家禽业务划归国营食品公司经营。1957 年，全市收购家禽 3.22 万只。同年省食品公司从外地调入一批家禽，分配株洲市 10 万只推销任务，株洲市食品公司采取多种办法将鸡鸭加工成卤、腊、烧、烤等制成品销售，并增设 6 个网点，送货上门，降价推销。1959 — 1961 年，全市收购家禽 19.49 万只，其中 1959 年收购 9.18 万只，比 1958 年增加 115% 以上，为 20 世纪 50 年代以来的最高水平。此后 6 年，株洲市家禽产销基本稳定，市场供求矛盾有所缓和，1964 年尚有部分家禽外调广东、广西、福建等地。1961 — 1971 年间，社会家庭养禽受到限制，株洲市家禽生产下降，其中收购量最低的 1967 年只收购 1.24 万只，最高的 1971 年收购 6.61 万只；销售量最低的 1968 年只销售 1.67 万只，最高的 1971 年销售 7.76 万只。1972 年后，国家对家禽实行派购，每家农户派购 2 只，是年，株洲市收购家禽 11.02 万只，销售 14.89 万只。此后，株洲市家禽饲养量和购销量逐年上升，但仍不能满足日益增长的消费需求。株洲市肉食水产公司为促进家禽生产，改良品种，1979 年改造原饲养场，发展机械化养鸡和孵化鸡苗，当年孵化苗鸡 11 万只供应农村养鸡专业户，并给予技术扶持，肉鸡予以包购包销，促进了株洲市的家禽生产和品种改良。从 1980 年起，国家取消家禽派购，实行自由购销，全市收购家禽 9.47 万只，销售 13.52 万只。到 1985 年株洲市集贸市场销售家禽 86 万只，而株洲市肉食水产公司仅销售 9.20 万只。1989 年全市存笼家禽 643 万只，株洲市肉食水产公司只收购 10.17 万只，但集贸市场成交十分活跃，城市家禽供应稳定。1989 年，株洲市肉食水产公司又投资扩建饲养场，形成了年产 20 万只肉鸡的生产能力，孵化、防疫设施条件进一步改善，同时将饲养场更名为株洲市肉鸡场，成为株洲市“菜篮子工程”的一个组成部分。

1991 年，全市家禽存笼数达到 611.34 万羽，株洲市食品公司当年从农村收购家禽，并销售 22.91 万羽，销售总额为 238 万元。1992 年，全市养禽专业户就达到 5886 户，年末家禽存笼数高达 568.31 万羽。这年，市商业部门收购家禽达 742 吨，其中自行收购 319 吨、外省调入 423 吨，全年销售家禽 517 吨。1994 年，株洲城郊马家河乡凭据地处城郊、销售便利的优势，把发展专业户饲养鸡鸭，作为服务城市、致富农民的重大措施来抓。全乡养鸭专业户达到 217 户，共养肉鸭 76.3 万羽，创产值 1813.2 万元，获利 151.34 万元，户平创利达 6974 元，成为远近闻名的“鸭乡”。这年，全市家禽饲养量高达 1592.23 万羽。1997 年株洲家禽饲养量已增至 1909.7 万羽，出笼 1104.6 万羽。当年，商业收购家禽 139 吨，销售 168 吨。1998 年，养禽业出现下降，全市家禽饲养量跌至 1226.15 万羽，降幅达 35.79%。到 2000 年全市家禽饲养总量又飙升至 2893.02 万羽，这年，全市销售家禽 1.24 万吨，其中市区家禽销售占全市家禽销量的 49.3%，达到 6123 吨，株洲市区人均禽肉消费量在这年也创下了 11.5 千克的新高，禽类肉品已成为继猪肉之后，家庭餐桌上最为重要的动物蛋白来源了。株洲市肉鸡场是市政府“菜篮子工程”重点项目。

1991年，肉鸡场为市场提供鸡苗56万羽。这一年，株洲市肉鸡场科技人员还积极引进新良种、新技术，推行科学养鸡，鸡场的肉鸡育成期由原来的60天缩减至47天；“料肉比”由原来的2.3：1减少到1.97：1，这两项指标均已达到或超过艾维因鸡种的国际先进水平。科技进步使市肉鸡场跃升为省商业系统规模最大、效益最好的大型养殖企业。1992年，国家取消了价格补贴，全面开放了肉品市场，株洲肉鸡场生产的肉鸡由于质次价高，市场销量大幅萎缩。截至1993年5月，固定资产达354.9万元的肉鸡场，已累计亏损达5.04万元，1993 — 1996年，株洲肉鸡场扭亏无力，全靠举债度日，在这期间，也断续的向市场供应经过政府政策性补贴的肉鸡共11.6万羽，为丰富株洲市民的菜篮子，平抑市场的物价起到了一定作用。1995年，饲料价格暴涨，肉鸡场亏损越加严重，亏损额达80余万元。企业运营艰难，当年被列入株洲特困企业。1996年，市养鸡场负债已高达324万元，存笼鸡由8万多羽锐减至3万多羽。为走出困境，肉鸡场针对株洲尚缺经营鲜活畜禽蛋产品专业市场的现状，决定利用部分空置场地和设施，兴办“中南畜禽批发大市场”。2000年12月，中南畜禽批发大市场建起一栋500平方米的商品交易大棚，设摊位42个；改扩建交易门面1800平方米，设摊位45个，吸引100多户客商，肉鸡场收取门面租金，有效减缓该场资金短缺的压力。

株洲市部分年份家禽平均销售价格一览表

表 8-18

项目 年份	销售价（元／千克）		项目 年份	销售价（元／千克）	
	鸡	鸭		鸡	鸭
1952	0.8	0.64	1980	2.4	1.44
1954	1.2	0.8	1984	2.9	1.44
1956	1.38	0.75	1991	6.8	4.962
1961	2.28	1.8	1994	13.271	9.371
1963	2.03	1.37	1996	17.497	14.549
1972	1.62	1.08	1998	15.12	11.10
1979	1.75	1.14	2000	13.59	9.33

二 蛋 品

民国时期，株洲曾几度成为重要的蛋品集散转运中心，连年战乱也使株洲的蛋品经营几度萧条，到1949年仅剩蛋行5户。

1951年，株洲市142家商户联合成立联湘进出口贸易商行，经营蛋品，该行在株洲农村及邻近地区，收购蛋品运销广州、香港等地。1953年，蛋品归国营食品公司经营，全年收购蛋品31.70吨，销售41.75吨。1954年，市食品公司改进蛋品包装，外销鲜蛋改篾篓装运为木箱装运，鲜蛋运输损耗大为降低，全年减少破蛋198.45万个，节约资金9.49万元。

1960年，鲜蛋实行派购。株洲市收购鲜蛋268.85吨，销售鲜蛋192.85吨，仍有少量蛋品外调。1961年，全市收购鲜蛋113.35吨，但销售量却达285.50吨，蛋品供不应求。同年蛋品收购实行奖售办法，每交售0.5千克鲜蛋奖原粮指标0.5千克，后又增加食糖指标0.2千克。

1962年，株洲市实行“任务到队、派购到户、户禽结合、民主评定”的办法，委托供销合作社代购，鲜蛋收购量增加。1963年，全市收购鲜蛋423.25吨。由于农副产品生产逐步恢复和发展，蛋品上市量逐步增多，1965年全市收购鲜蛋1179.65吨，为历年收购量最高的一年。1966年，由于限制农户饲养家禽，鲜蛋收购量和销售量下降，1967年到1970年间，鲜蛋收购量每年都徘徊在650吨左右，1971年降到457.1吨。1972年，国营商业动员货郎担串户收购和委托大队代销店代购鲜蛋，收购量才逐年回升。1974年全市收购鲜蛋865.85吨，销售1240.85吨。1979年全市收购量达到1196.75吨，恢复到1965年的水平，销售达2130.7吨。1981年，农村耕地承包，集体养禽减少，鲜蛋收购量下降，当年收购鲜蛋892.9吨，销售量也下降到1078.25吨。1984年，鲜蛋派购计划减半，这年仅收购524.3吨。

1985年后，鲜蛋派购取消，实行自由交易，国营专业公司收购和销售量下降，但城乡集贸市场蛋品销售增多，交易十分兴旺，当年国营商业蛋品销售降到461.65吨，鸡蛋零售价格每0.5千克上涨到1.8 ~ 2元。为平抑物价，国营商业以每50千克鸡蛋购销价格倒挂80元供应城区市场，1986年株洲市城区销售鲜蛋178.2吨，国营商业鲜蛋销售量有所回升，1989年全市销售鲜蛋899.8吨。1990年全市销售鲜蛋5925吨。

1991年，株洲市社会鲜蛋收购总量为6341吨，销售总量为5925吨。其中，株洲市商业部门当年收购鲜蛋819吨，销售鲜蛋423吨，分别占当年蛋品收购和销售总量的12.91%和7.14%。1992年，株洲社会鲜蛋收购总量为6224吨，销售总量为5703吨。其中，国营商业部门鲜蛋收购量603吨，销售量只有256吨，仅占全市收购和销售总量的9.6%和4.48%。1993年，株洲市场的蛋品交易基本完成了由国营商业主导向由市场主导的转变，国营商业部门仅仅只在主要节日收购少量蛋品投放市场以调节节日市场所需。这年，株洲市商业部门只销售鲜蛋33吨。到1997年，株洲市（含县）蛋品总产量达到29300吨，株洲市肉食水产公司当年鲜蛋收购量为54吨，销售鲜蛋为56吨，两项都只占当年蛋品总产量的0.18%左右。到2000年，在株洲蛋品市场上已鲜见国营商业的身影。至此，国营商业基本上退出了蛋品的经营，蛋品交易大多由私营蛋商进行批发零售，价格也随行就市，市场上蛋品充盈，交易活跃。当年，株洲市区人均禽蛋消费量为 8.56 千克，较 1991 年人均消费 7.07 千克，增长 21%。

株洲市 1961 — 1984 年鲜蛋收购奖售标准一览表

表 8-19

时 间	每 500 克鸡蛋	每 500 克鸭蛋
1961 年 1 月 — 1962 年 5 月	原粮 500 克食糖 200 克	原粮 500 克
1962 年 6 月 — 12 月	食糖 200 克，食盐 250 克	原粮 500 克
1963 年 1 月 — 4 月	食糖、食盐各 125 克	原粮 1000 克
1963 年 5 月 — 6 月	食糖 125 克	个体：食糖 125 克原粮 1000 克。集体原粮 1000 克
1963 年 7 月 — 1964 年 1 月	食糖 125 克 1963 年 12 月至 1964 年 2 月肥皂一块	集体原粮 500 克
1965 年 1 月 — 1973 年 1 月	不奖售	集体原粮 500 克
1978 年 3 月 — 1983 年 12 月	个体食糖 100 克	个体食糖 100 克。集体原招 500 克，养鸭员每月食糖 500 克
1984 年 1 月 — 12 月	原粮 500 克	原粮 500 克

第三节 水产品

一 淡水产品

1956 年，对私营鱼商进行社会主义改造，水产品归口国营蔬菜公司经营。1958 年，株洲市收购鲜鱼 236.30 吨，销售 442.45 吨。1959 年，株洲市收购鲜鱼 292.75 吨，销售 869.8 吨。

1961 年，鲜鱼实行派购，派购对象为城郊的国营农（渔）场和渔业队。同年 10 月，水产经营由蔬菜公司划归市肉食水产公司，该公司设水产批发部。当年收购鲜鱼 199.75 吨，销售 582 吨。1961 年 9 月起，鲜鱼收购实行奖售办法，交售任务以内的，每 50 千克鲜鱼奖白酒指标 2.5 千克，卷烟 5 盒；超过交售任务的和不吃统销粮的渔民，另奖售煤油 1 千克，布票 0.33 米（奖售办法直到 1985 年才取消）。1964 年 1 月，市水产交易所成立。负责鱼类市场管理，组织产销见面。1966 年后，鲜鱼生产多年徘徊，1968 年全市仅收购鲜鱼 106 吨，为中华人民共和国成立以来最低年份，虽从市外调入鲜鱼 25.65 吨，仍不能满足市场需要，鲜鱼供应只能保军需、招待所、会议及部分特需，节日也只能分鱼到店，售完为止。1971 年，鲜鱼调入量由 1970 年的 54.4 吨上升到 463.5 吨，销售量也相应由 214.1 吨增加到 718.75 吨，市场供求矛盾有所缓和。从 1972 年起，株洲市每年秋冬从洞庭湖区调入 100 ~ 150 吨鲜鱼冷冻储备，还在郊区租塘寄养，以保证节日供应。同时有 10 家零售商店分别与 10 个渔场及 54 个生产大队的渔业队建立协作关系，活鱼直接进店，均衡上市，当年株洲市区销售鲜鱼 656.9 吨。1980 年，调整鲜鱼派购范围，只对商品鱼基地及专业渔场分配交售任务，其余允许自由购销，价格随行就市。1983 年，全年收购鲜鱼 520 吨，市外调入 823 吨，株洲市区销售达 1247.75 吨。

1985 年后，农副产品购销政策全面调整，鲜鱼放开经营，株洲市鲜鱼产量年年上升。1989 年达到 21960 吨，比 1984 年多产鲜鱼 7700 吨。上市鲜鱼品种增多，数量增加，主要由个体渔贩经营，国营肉食水产公司鲜鱼收购量和销售量则逐年下降，1990 年仅收购鲜鱼 1.7 吨，市外调入 161.2 吨，销售 18.9 吨。

1991 年，全市销售水产品 9464 吨，6087 万元。其中，国营商业销售水产品仅 25 吨，13 万元。当年，株洲城市居民年人均鱼品购买量为 7.53 千克。是年，草鱼、鲢鱼、鲤鱼的每千克的价格分别为 6.4 元、4.2 元和 6.5 元。1992 年，全市销售水产品 12685 吨，7752 万元。其中，市国营商业仅销售 14 吨，8 万元。1993 年，国营商业销售水产品上升至 57 吨。

淡水鱼的经营最讲究“鲜”“活”，国营商业由于理念及体制的掣肘，在经营鲜活的水产品方面无力与个体鱼商竞争。1994 年，国营商业基本退出了鲜活水产品的经营，鱼品市场几为个体鱼商所统占。1995 — 1998 年，株洲水产品市场鱼品丰富，供应充足。株洲市人均年鱼品购买量一直保持在 8.5 千克左右。在此期间，株洲农村的鱼产品出售却波动较大，1995 年农民出售鲜鱼量高达人均年出售鲜鱼 13.18 千克；1996 年最低，只有 5.7 千克。1997 年 6.21 千克，1998 年 11.18 千克，1999 年 8.22 千克，2000 年重又上升到人均年出售鲜鱼 13 千克。

1999 年，全市销售水产品 37320 吨，销售收入 37277 万元。其中，城区销售 24506 吨，销售收入 27306 万元。分别占全市销售量和销售收入的 65.7% 和 73.3%。是年，草鱼、鲤鱼的价格分别为 8.37 和 7.69 元。城镇人均年鱼品购买量首次达到 10.26 千克。

二　海水产品

株洲市的海水产品历来从沿海一带调入。20 世纪 50、60 年代主要经营干货，归口国营食品公司经营。70 年代调入部分冷冻海鲜应市。主要经营的干、鲜品种有海带、墨鱼、鱿鱼、带鱼、海参、鱼翅、黄花鱼等，均由省肉食水产公司分配调入指标。1962 年后，株洲市肉食水产公司除按省分配指标调入外，还主动从浙江、福建、广东等沿海地采购海产品。1969 年调入 140 吨，1984 年调入 214.5 吨，1985 年，海水产市场放开，集体、个体争相经营，国营肉食水产公司仍把握批发市场，以发挥国营主渠道作用。1985 年调入海水产品 151.1 吨，销售 90.23 吨，从 1986 年以后销售逐年增加，到 1990 年销售 202.2 吨。

20 世纪 90 年代，随着经济的发展，人民生活水平的提高，“生猛海鲜”日益红火起来。但由于株洲毗邻广东，海水产品深受粤菜的影响，故市场上的海水产品大多来自广东及江浙沿海。在海水产品的销售上，国营企业凭借已有的营销渠道、场地和物流优势，常以经营海产品中的“干”“冻”货为主，其中以墨鱼干、冻带鱼、海带及虾仁等为经销大宗。而私营鱼商则以灵活快变，擅长经营鱼、虾、蟹、贝等“鲜”“活”海水产品。钟鼓岭菜市场、中南蔬菜大市场是这些海水产品的主要集散地。冰冻带鱼是株洲销量较大的一种海水产品，1994 — 2000 年每千克价格一直在 12 元上下浮动。

株洲市第二商业局（服务局、总公司）历任负责人名录

表 8–20

局　长	任职时间	副 局 长	任职时间
李连启	1956.8 — 1958.1	任德永	1956.8 — 1960.4 1974.6 — 1975.12
马金琢	1958.1 — 1958.8	蒋成林	1957.8 — 1958.8
蒋成林	1958.8 — 1960.4	齐云光	1958.10 — 1961.9
滕中民	1960.5 — 1962.4	冯树藩	1958.9 — 1966.4 1970.11 — 1973.2
方　俭	1964.11 — 1966.4	滕中民	1959.10 — 1960.5
冯树藩	1966.4 — 1968.9 1973.2 — 1975.12	胡鼎伟	1959.11 — 1961.9
王云岫	1970.11 — 1973.2	陈　岳	1960.10 — 1961.9
杨佩荣	1975.12 — 1979.10	张　瑛	1962.4 — 1966.11
龚　帜	1979.10 — 1983.8	王太席	1964.11 — 1968.9
常瑞庭	1983.8 — 1988.2	王建国	1964.11 — 1968.9
许人毅	1988.3 — 1995.4	龚　帜	1970.11 — 1979.10
杨启雄	1995.8 — 2000.12	张培基	1972.3 — 1975.12
–	–	杨佩荣	1972.7 — 1975.12
–	–	吴振江	1972.10 — 1980.12
–	–	刘启林	1973.5 — 1975.12
–	–	常瑞庭	1973.8 — 1983.8
–	–	王树秋	1975.12 — 1979.8
–	–	张足春	1979.12 — 1983.11
–	–	言武成	1979.10 — 1980.8
–	–	吴　钧	1979.10 — 1993.2
–	–	童育华	1982.3 — 1983.4
–	–	周启贵	1982.5 — 1983.7
–	–	文春启	1982.5 — 1983.1
–	–	李遵和	1983.8 — 1995.12
–	–	龚礼贤	1983.8 — 1989.11
–	–	文武生	1992.3 — 1995.12
–	–	蒋启凤	1993.5 — 1995.8
–	–	朱小顿	1995.8 — 1997.8
–	–	张长高	1995.8 — 2000.12
–	–	杨玉芳	1998.4 — 2000.12

第四章　饮食服务

清末，株洲有6家伙铺和6家理发铺。民国33年（1944），日军进犯株洲镇，全镇饮食店铺和客栈被迫关闭。

1949年8月，株洲镇有饮食业店铺5户，钟表照相业10户，理发业27户，客栈35户。到1954年年底，株洲市共有饮食、旅社、照相、理发商户79家，从业人员298人。1955年，公私合营的株洲饭店开业。1956年4月，株洲市福利事业公司成立，管理饮食服务行业。先后从长沙、湘潭、津市等地调入一批饮食服务业技术人员，并创办了冰棒厂。同年，全市有饮食、旅社、照相、沐浴网点23个。1957年10月，株洲市福利事业管理处成立。1960年6月更名为株洲市福利公司。1962年10月，更名为株洲市饮食服务公司，并开办了洗衣店。理发业亦于1963年归株洲市饮食服务公司管理。

1970年，湘江饭店建成开业。1977年，桥东饭店建成开业。同时，一批集体经济性质的饮食代营店也相继开业。

1979年后，国营、集体、个体一齐上，饮食服务业迅速发展。国营饮食服务业改革内部分配办法，采取租赁承包经营，组建经济实体，扩大经营场地，更新设施，培训技术力量，增加供应品种，提高产品质量，改进服务态度，经济效益逐年上升。至1990年，全市有饮食服务业网点8770个。年营业额11602万元，饮食服务业从业人员共19554人。

1991年，株洲市城区饮食业营业额达9188万元。其中，国营饮食企业完成营业额3840万元，实现税利432.5万元，税利较上年增长24.6个百分点；个体饮食业完成营业额5348万元，占市区饮食营业额的58.2%。株洲市饮食服务公司完成年利润176.8万元，是当年饮食企业中的盈利大户。由于市场销售旺盛，是年市区出现了全行业盈利，无一家亏损。在此期间，快餐店的兴起推动了米粉生产业的发展。1993年，市区米粉生产厂家达到11家。其中，产量最高、规模最大是市饮食服务公司下属的株洲米粉厂，该厂当年米粉年产量达540.5万千克，年产值达115万元，上缴税利20万元。1994—1996年，全市餐饮业共实现营业额123689万元，年均营业额41229万元。其中，市区餐饮营业额为63470万元，平均年营业额达到21156万元。

株洲饮食市场在繁荣发展的同时，也带来了“假冒伪劣”“以次充好”等负面问题。1998年，市工商卫生部门全年监检户数达1.4万户，对从业人员进行健康体检和培训达2.8万人次；查处不达标并限期整改的有974户，查处严重违规责令停业整顿39户，没收销毁劣质过期食品达8000千克，确保了饮食业在法规监管下的健康有序发展。2000年，全市具有法人资质的餐饮企业共有51家。其中，国有企业26家、集体企业17家、股份合作企业1家、有限责任公司2家、私营独资企业2家、港商合资企业1家、中外合资企业1家，全部从业人员达5801人。

第一节　饮食业

民国时期，株洲镇的饮食店铺、摊担多集中在建宁街、港口街、徐家桥等一带老街。1955年8月，株洲市有饮食店铺24户，资本额30172元。1956年，有17家店铺改为公私合营，有13个饮食网点进行了改造，从业人员251人，营业收入19.3万元，1965年，市区饮食网点增至31个，职工2700人，营业额290万元，平均每1万名居民有饮食网点1.5个，从业人员3名。

1966年"文化大革命"，饮食业的传统名菜、名点被视为"四旧"，全行业服务质量下降。1977年，株洲市区仅有国营饭店、饮食店24家，饮食业营业收入566万元。平均每1万名居民中饮食网点不足0.8个。

中共十一届三中全会后，各类经济性质的饮食店及摊担遍及城乡。1983年，市区饮食网点发展到376个，营业收入为1296万元。1986年，全市饮食业网点达3022个，从业人员8261人，营业收入5453万元，其中市区3526万元。1990年，市饮食服务公司举办株洲市首届"美食节"，供应饮食品种300多个，仅此一项营业收入即达100多万元。这年全市营业收入比1986年增长113%，其中市区增长74%。

1991—2000年，随着市场经济的建立，饮食服务业有了较快的发展，网点增多，品种增加，快餐业兴起。1992年，市区经营饮食的机构网点共155个，其中大中型饮食企业有4家，共有从业人员2797名。这年，分配制度改革，国营饮食企业内部推行"提成工资制"，实行奖勤罚懒，奖优罚劣，拉开分配档次。在经营机制改革上，开始推行租赁承包经营，企业职工分配开始打破"铁饭碗"，职工有了责任感和危机感。至年底，市区饮食业年销售收入达11214万元，较上年增加了22%。其中，国营饮食企业实现销售收入5262万元，个体饮食业实现销售收入5880万元，较上年分别增长37%和10%。

1993年，市区大中型餐饮企业有17家，从业人员1249人；个体餐饮网点1265个，从业人员2549人。当年，全市饮食业销售收入达21243万元，其中市区饮食企业为9203万元，仅占全市销售总额的43.3%。许多饮食企业看好株洲市场的发展前景，纷纷筹资新建、扩修店堂门面。至年末，全市营业面积在100～500平方米的店堂达1530家，营业面积在100平方米以下的店铺多达4396间。

株洲经济的持续发展为饮食业的繁荣提供了市场和动力。1997年，全市餐饮业年销售额达74424万元。其中，全市大中型餐饮企业年销售收入4741万元，上缴税金261万元，利润44万元；个体餐饮户为7594户，较上年5580户增长了42.5%；从业人员14952人，较上年10633人增长40.6%。2000年，全市餐饮销售总额已达10.6亿元，其中市区饮食销售收入达7.3亿元，占到全市销售总收入近7成；较上年同期的销售收入增加了19.7个百分点。

一 酒家、饭店

民国时期，株洲镇酒家、饭店有独资和合伙经营两类。多数店铺资金少、规模小，雇工多则10余人，少则3人，较有名的酒家有玉美园饭馆、建宁阁酒楼、普天乐酒家、同庆园酒席馆、得月楼饭馆、昆仑酒家等；经营的堂菜以猪肉、鱼类为主，如溜鲤脊肉丝、粉蒸肉类，酒席有海参、鱼肚、鱼皮、鱼翅等席，价格5～12银元一席，先吃后付款，可赊账，酒席还可以出堂上门办。

1953年，长沙洞庭春餐馆搬迁株洲市，经营堂菜、酒席、面点、米粉，同时还带来了传统湘菜、湘点的技艺。在此期间，株洲堂菜增至100多个品种，名菜有大烩海三鲜、罗汉杂烩、三元整鸡、五子蒸鸡、东安鸡、鱿鱼肉丝、炒牛百叶、酸辣鱿鱼等30多个。

1958年后，食品供应紧张，名酒家、饭店经营的堂菜、酒席品种大幅度减少。1959年，市回民饮食店开业，成为境内经营清真饮食之始。从1966年“文化大革命”开始，各店以供应大众化饮食品种为主，不讲究烹调技艺。

1977年后，酒家、饭店经营逐步恢复和发展。1977年桥东饭店开业。1980年新洲酒家开业，经营南北风味的名菜、酒席。1985年鲲鹏酒家开业，一次可承办酒席40桌。1988年10月，株洲大饭店香宾酒家开业，一次可承办酒席100余桌。此外，庆云大厦、株洲宾馆酒家、远东酒家、供销大厦餐厅部等一批国营、集体、个体经营的酒家饭店也相继开业。同时，一批传统名菜恢复上市，开发和引进了一些新品种，如酸辣荔枝鱿鱼、龙眼鸽蛋相海参、糖霜羊尾、芝麻秋菊、铜锤鸡腿、双味两吃鸡，口磨无黄蛋、梅花鞭蓉汤、无骨凤爪等。

1991—2000年，境内以国营为主、集体及个体的“酒店业集群”迅猛扩张。1991年，全市餐饮业销售收入近10亿元。其中，国营株洲大饭店、湘江饭店及桥东饭店是规模较大、效益最好的3家饭店，株洲大饭店以其2.1万平方米的营业面积，1704万元固定资产的规模，销售收入1984万元，成为株洲酒店业当年的领军企业，进入全省饮食业60强。1992年，株洲大饭店进入全国最佳效益饭店50强，在全国排名第26位，是湖南省盈利水平排名第一的餐饮企业。

在商品经济迅猛发展、社会购买力不断增长的情况下，人们对食物消费和营养质量都提出了更高的要求，同时也推动和促进了烹饪技术的研究和发展。1993年10月，在武汉举行的第三届全国烹饪大赛上，株洲宾馆的周衡凯、王溪平及唐迎新制作的冷盘“满篮硕果”“花扇拼盘”、热菜“双味鱼饺”“兰花银丝鱼”，分别获得单项比赛的4块金牌；“鲜花盛开”“翠竹鸽脯”获得银牌。

1996—1997年，适逢国家压缩投资规模，实行经济结构调整，在国家政策鼓励下，大批资金、各种经济成分蜂拥进入酒店餐饮业，株洲规模以上的酒店增至1997年的20余家，个体小酒店更是遍布城乡。为促使酒店餐饮业的健康发展，1996年6—12月，株洲市对市区173家酒店、酒家、酒楼分三批进行等级评定，共评出一级店20家，二级店28家，三级店81家，四级店44家。2000年，境内规模以上餐饮企业达到29家。

二 小吃店

民国时期，株洲小吃主要为汤粉，油货店铺兼营甜酒、面点等。明堂亮灶，现做现卖，服务上桌。民国26年（1937），株洲镇长沙粉店开业，经营方式独特，供应米粉品种达30多个，以选料精细，制作考究的肉丝粉、三鲜粉、酸辣粉等闻名。

20世纪50年代，株洲市饮食业普遍经营小吃业务，洞庭春餐馆为著名小吃店，名点为脑髓卷、春卷、小笼汤包、糖肉火烧饼、熟肉重油烧卖等。1956年后，各饮食店兼营小吃，风味小吃品种逐渐减少。“文化大革命”中，多数饮食店只有光头面、光头粉、糖包子供应，小吃品种单调，以单环饼、红心饺、糖油粑粑应市。长沙粉店改名株洲粉店，品种减少，服务质量下降。

1979年后，集体和个体小吃店迅速发展，遍布市区大街小巷，黎明开业，深夜关门。早点有油条、汤粉、包子、馄饨等，中晚主营饭菜及炒粉、饺子等，顾客进店递烟上茶，服务到桌，先吃后付款，便利顾客。1988年，全市有集体饮食业网点2376个，个体网点6230个，国营饮食店也提高了竞争能力，不断增加供应品种，改进服务方式，招徕顾客。1989年2月，株洲大饭店湘苑餐馆开业，经营100多个品种，以笋肉大包、鲜肉小包、珍珠烧卖、鲜肉蒸饺、八宝果饭、糯米鸡、卤味等风味小吃品种而享有声誉。1990年，该店又首家推出小吃宴席和饺子宴。

1991—2000年，随着人民生活水平的提高，境内各类小吃店、饮食店遍布大街小巷。小吃店经营规模都不大，营业面积一般不超过30平方米，经营较为灵适。其间，徐家桥的牛肉粉、贺家土的田螺、分路口的狗肉都是“名噪一时”的小吃。同时，一些餐厅及小吃店也经营海鲜，最受市民喜爱的“海鲜”则是基围虾。随着市场开放度的增大，西式快餐、日本、韩国、东南亚风味等美食也纷纷进入株洲，外送服务也逐步成为消费时尚。1995年，境内各类饮食店、小吃店总数达到了4396家，营业额达3.88亿元。2000年，境内城市居民在外就餐人均支出达到705元，比1985年增长了51倍。

三 摊 担

摊担多系家庭经营，其特点是本小利微，经营灵活，多集中在街头闹市经营，也有沿街叫卖。经营的品种有饭菜、汤面、汤粉、油货、小吃等。民国时期，株洲风味小吃小有名气，得力于摊担者较多，当时曾流传谚语：“吃馄饨老罗、吃米粉王一驼，吃米豆腐沈和，蝴蝶酥大老何，甜酒冲蛋罗桂四，猪血豆腐袁老五。”1949年后，饮食摊贩得到政府扶植，发展较快。1955年8月，株洲市有饮食摊贩137户，从业人员141人。1958年，绝大部分摊贩并入国营饮食店、合作组，成为株洲市饮食业的新力量，此后只有饮食店的货郎担。

“文化大革命”期间，摊担经营被认为是“资本主义的尾巴”，许多摊担被取缔，但仍有部分摊担经营者游荡在小街小巷。

1979年后，个体饮食摊担发展较快，因其本小利厚而吸引许多无业者及退休、离职人员经营。经营的品种有小笼包、油条、葱油饼、甜酒、凉粉、臭豆腐、唆螺、炒粉、卤味等，早点多在各农贸市场，夜市则以中心广场、火车站、徐家桥、红旗广场等闹市街头的摊贩较为集中。

1995年，境内个体摊贩从业人员达到10643人。其中，市区从事餐饮业的个体摊担为2193人。这些摊贩活跃于城乡，走街串巷，吆喝叫卖，既满足了市民对廉价食品的需求，同时也营造出一种街头饮食文化。摊贩经营的小吃，生熟兼营，品种繁多，有传统的米粉、包子、馒头、馄饨、臭豆腐、刮凉粉、甜酒冲蛋、糖油粑粑等，也有唆螺、烧烤、麻辣龙虾、奶油爆米花等时尚小吃。

四 冷饮业

1956年4月，市福利事业公司从长沙调聘冷饮技师在解放西街开设冰棒厂，株洲市始有冷饮生产。当时仅有冷冻机2台，制冷量7500大卡，冰柜1台，白铁冰模24个及其他一些生产工具，以手工操作生产绿豆冰棒、果露冰棒、橘子果露、普通冰淇淋。1962年，冷饮店、厂增到5家，1965年发展到7家，有冷冻机10台，制冷量7.5万大卡，从业人员70人，可生产7大类20多个品种。

"文化大革命"期间，冷饮有绿豆冰棒、果露冰棒、橘子果露、普通冰淇淋、牛奶雪糕、柠檬汽水上市。1976年，新增6个网点。

1979年后，境内出现了多家经营冷饮。1987年，株洲冰厂引进丹麦冰淇淋生产线，每小时生产棒式、冰壳式等系列品种冰淇淋4000支（中速），改变了境内传统手工制作冷饮的历史，卫生合格率也提高12%以上。1989年，株洲冰厂营业收入265万元，获利44万元。到1990年，全市共有冷饮店厂62家，冷冻机60台，制冷量113万大卡，意大利蛋筒冰淇淋机15台。

1991年，境内各大厂矿企业为解决本厂职工防暑降温问题，大都建有冰厂，生产冰棒和冰水，基本不对市场销售。当年，株洲最大的冷饮企业株洲冰厂销售额已达到395.28万元，年利润达50.2万元。1992年，市区完成冷饮产值为530.93万元，上缴税金18.64万元，实现利润64.18万元。

1993年，市区有2家班产冰淇淋达2吨以上的厂家，但其产品在市区内仅占不到3成的份额，其余被分别来自广东、衡阳、长沙、益阳及湘潭等市的冷饮产品所占领。其中，广东生产的冰淇淋以其价格和质量优势，几乎垄断了境内的高档冷饮产品市场，仅"美怡乐"冰淇淋当年就在株销售300余万支。是年，市区经工商部门登记的冷饮生产、销售企业达391户。

为保障市民身体健康，1994年8—10月间，市工商、物价、卫检等部门联合对市区40余家冷饮生产企业进行长时间、大范围的专项检查，通过公开评价，褒优贬劣，进一步净化了冷饮市场，对提升冷饮质量起到了积极推动作用。

1995年，株洲市最大的冷饮生产企业株洲天宝实业公司，由于过度扩张，经营发生困难，一度被迫停工，当年公司亏损达505.23万元，1996负债近3000万元，企业陷入濒临破产境地。1997年，天宝公司下属的湖南澳隆饮品发展有限公司产值增至 72 万元，但亏损仍有 28 万元。

2000 年，境内大中型商业企业饮料销售额达到 598 万元，仅占冷饮总销售额的 0.18%。

第二节　旅馆业

清光绪二十六年（1900），株洲有一家郭四海伙铺。民国 2 年（1913），株洲有旅社、客栈 20 余家，铺位 200 多个，从业 70 人。其时，各店铺多为统房大铺，歇宿肩挑小贩、运货车夫。客房多系私人住房改造而成，收费低廉，并为旅客备餐。规模大点的伙铺雇有茶坊（服务员），对茶坊，老板只供膳食，不付工钱，茶坊靠顾客的小费为收入。因此，茶坊服务周到热情，顾客一进店，即送上洗脸水和毛巾、茶水等，对旅客有求必应，随喊随到。

抗日战争初期，过往旅客增多，旅馆增加到 35 家，铺位 300 多个，从业人员 100 余人。株洲镇沦陷后，旅社、客栈全部停业。抗战胜利后，相继有 51 户开业。民国 35 年（1946），开业的武陵公寓有 2 层砖木结构楼房，房内有时髦装饰，楼后有一花园，专宿过往军官和权势者，与申华旅社、新世界旅社三足鼎立，同为最好的旅社。由于战后经济萧条，加上内战影响，旅社生意清淡，一部分倒闭，到 1949 年，继续营业者只有 35 户。

1955 年，公私合营的株洲饭店开业，饭店设有旅馆部，有客房 56 间，床位 120 个，是当时株洲市最大的旅社。旅社有代客买火车票、缝补衣服、煎药、扶送老弱病残等服务。

1956 年社会主义改造中，将 35 户私营企业并入国营企业，组成 11 个旅社网点，同时废除雇佣制和小费制，职工在企业领取工资，成为企业的主人。随后又建成株洲旅社和群力旅社。1956 年，将旅社网点调整为 6 个，共有床位 1060 个，旅客住宿困难。1973 年，城区有 7 家旅社、床位 2355 个，平均每天仍有 1000 多人住宿问题不能解决。

20 世纪 80 年代后，旅馆业迅速发展。一方面新的旅馆大量涌现，除株洲大饭店、供销大厦、庆云大厦等高层大型旅馆之外，集体、个体旅社遍地开花，一些单位的内部招待所也对外开放。另一方面，原有的旅馆都争先恐后地更新设施，增设中、高档客房，开展多方位服务，不仅房间配有空调、电话、彩电等，旅馆还设有歌舞厅、卡拉 OK、娱乐中心、健身房等，有的宾馆厕所和洗澡间都通电话。

1990 年，城区有旅馆网点 113 个，从业人员 5731 人，床位供大于求。在旅馆群中，庆云大厦被国家旅游局定为二星级旅游涉外定点宾馆。

1991 年，市区及郊区共有 149 家旅馆，从业人员 2548 人。其中，株洲大饭店以拥有旅舍 4 栋、客房 366 间、床位 852 个，年营业收入 184.12 万元的经营规模而位列株洲旅馆业之首。

1992 年，随着株洲投资环境日趋改善，旅客流量增加，给株洲旅馆业带来发展机遇。株洲大饭店适时调整经营策略，改低档客房的 4 ～ 5 人间为 2 ～ 3 人的标准间；将高档客房的 2 人间改为 3 人间，使客房入住率最高升至 98.2%。1993 年，本地居民的服务性消费和文化娱乐消费开始有较大幅度的增加，“到宾馆过年”成为一种时尚。这年的除夕夜，庆云宾馆的 289 间客房、680 个床位被租住一空，八成多为株洲本地人。

1995 年，国家经济实行宏观调控，国有商业遇到了前所未有的困难。管理全市 48 家旅馆、酒店及饮食店的市饮食服务公司，较其他行业更早，更直接的受到影响，其辖管的株洲大酒店、人民旅社、株洲旅社、民族饭店等主要旅馆，尽管都环聚在火车站附近的“黄金商圈”内，但由于社会消费不旺，购买力不强，导致这些优势企业还是陷入营业额下降，经济效益滑坡，经营举步维艰的困难局面。

1997 年，株洲私营及个体旅馆业得到恢复发展，全市私营旅馆总数达 231 家，营业收入达到 1800 万元，经营质量也得到明显提升，但与国有涉外宾馆经营状况还有较大差距。其中，株洲庆云宾馆以年营业收入 4165 万元、利润 1167 万元的经营业绩而位列第一，其次为株洲宾馆、西苑宾馆和宏都大酒店，年营业收入分别为 1913 万元、1353 万元和 518 万元。

1998 — 2000 年，随着旅游业的兴起及商务活动日趋频繁，旅馆业的消费开始转旺，旅馆消费方式也由温饱型，逐渐向健康享受型和饮食娱乐型等多元化的方向发展。到 2000 年，株洲旅馆业仅市区正式登记注册的旅馆就有 69 家。全年，全市旅馆业创营业收达 2.41 亿元。

第三节 理发业

清光绪二十九年（1903），株洲有 4 家理发店，每店师徒 2 人，并成立罗祖会，供奉罗依为理发业祖师，店门前挂红、蓝、白三色转花筒为专业标志。辛亥革命后，株洲流行中山式分头，青壮年多剪陆军头、球头、平头。去掉辫子后，农民请不起理发匠，多用剃刀相互剃光头。民国 15 年（1926），女子剪粑粑髻，并时兴留短发，株洲理发业普遍使用推剪、撩剪、东洋剪。民国 24 年（1935），理发店铺增至 20 户，从业者 40 余人。操业者除坐堂开店外，还提箱，挑担，走街串巷，流动服务。民国 35 年（1946），邓国雄的巴黎理发店开业，设有男女宾室，并在镇上最先使用铁质转椅。1949 年，理发店增至 27 户，另有流动服务的摊担 9 副，箱包 13 人。

1952 年，理发业开始更新工具，电剪取代手推剪，电烫代替火烫，电吹风代替火吹风，操业者大多掌握了压吹、别吹、挑吹、拉吹、推吹等工艺技术。其时流行发式，男多为大西式、小西式、青年式、学生式、陆军头，球头在中老年人中较多，农村则除老年人仍以光头为主外，青年和学生多剪平头。女发以苏式、小辫等流行。

1955 年，成立株洲市理发合作社，城区理发店、摊、箱合并为 15 个理发店。1958 年，理发合作社转为公私合营企业，成立理发总店，并新开穆桂英理发店，招收株洲市理发史上第一批女理发员，此后理发业由青一色的男子垄断逐渐转为以妇女从业为主。女子烫发开始流行，主要发式有 20 多种。

1962 年，市理发总店转为集体所有制，以后又归口国营商业管理，集体性质不变。

“文化大革命”中，各种时髦发式被当作资产阶级生活方式而禁止。男子发式只有平头、球头、小西式、运动头4种，女子烫发亦中止。女子为梳辫、短发、开慧式3种。由于长时间网点稀少，理发排长队，给居民生活带来诸多不便，不少机关、企业和家庭备有简单的理发工具，相互义务服务。

20世纪80年代，理发业迅速发展，尤其是个体理发店大量涌现。1983年，城区有理发网点118个，从业人员391人。1988年，全市有理发网点1894个。在此期间，冷烫取代电烫，男女烫发的款式亦推陈出新，海棠式、自由式、菊花式、浪板烫、三角烫、万能烫、螺丝烫、车轮烫等，风韵各异，发式多变，款式多达百种以上。1990年，城区有理发店523家，从业人员861人。其中：个体理发店200余家，从业人员600余人。集体理发店中，有特级店4家，1～3级各3家，理发技师20人。

1991年，株洲市有理发店1746家，从业人员2255人，其中，市区理发店有521家，从业人员834人。1992年，株洲市区理发店有448家，从业人员809人，分别较上年减少了73家、25人。1993年，座落在建设路钟鼓岭的株洲市理发总店，拥有职工151人，是市区规模最大的理发店，隶属株洲市饮食服务公司管辖。1995年，大部分国营、集体理发店均被个人承包经营，私人投资开设的理发店及服务网点在区域内星罗棋布，遍布城乡。这年，株洲市区理发店已达1000余家，从业人员达2900余人。

1996—2000年，随着人们社交活动增加，生活水平及文化素质的提高，人们在头发上开始“有钱花”并“舍得花”，理发市场的潜力在日益扩大。同行竞争又促使理发店要另辟蹊径，将理发向美容养生方面渗透和延伸，部分理发店理发、烫发之外，还增设纹眉、洗脸、做面膜、修指甲、头面部按摩等服务。

第四节　照相业

民国16年（1927），浏阳人叶东山在株洲创办两谊阁照相馆。民国29年（1940），照相馆增加到4家。抗日战争胜利后，发展到14家。到1950年，尚有7户继续经营。1956年公私合营中并为5家，共有从业人员43人。1957—1962年，清水塘照相馆、青年照相馆、贺家土照相馆、响石岭照相馆等相继开业，从业人员增至100余人。

“文化大革命”期间，以表现形式美的艺术人像被当作“封、资、修”的东西而禁拍。1972年，提倡为工农兵服务，照相业工作人员在搞好店堂服务的同时，走出店门，到农村、工厂、学校和部队等为人民群众照相，颇受欢迎。在此期间，由于国营企业独家经营，店铺没有新的发展。

1979年后，国内相机工业相应发展，照相机开始进入千家万户，胶卷、相纸、冲相药品等照相器材零售增加，并逐渐成为照相馆的主要经营业务。1984年，照相器材销售业务从照相馆中分离出来，成立株洲市照相器材商店。同时，国营、集体、个体办的照相馆、冲相店和照相器材销售商店有了迅速发展。1986年，航空航天工业部第608研究所与市供销社联营彩色摄影服务中心。1988年，全市有照相业网点272个，从业人员511名。其中：市本级42家，209人。1990年，全市摄影业共177家、397人，其中市区52家、208人。

1991年，个体照相馆应时纷起，网点遍布城乡，全市有照相馆180家，从业人员407人。其中，市区有55家照相馆，从业人员225人。其中“名气较大”的照相馆有青年照相馆、文化宫照相馆、艺华照相馆、田心照相馆等，其中株洲青年照相馆的规模最大，设备最先进，该馆开展联营扩印、代客邮寄、代办托运、送货上门等服务项目，当年仅外照收入当年就达3.7万元。1992年，全市有照相馆172家，从业人员437人。其中，市区42家，从业人员188人。是年，135黑白照相机已经较为普及，彩色照片开始兴起，但真正买相机的人并不多，照相馆仍是照相的首选。

20世纪90年代中期，随着黑白相片逐渐退出市场，开始流行彩色照片，“傻瓜”照相机开始出现和普及，照相馆的业务因此大幅锐减，但彩色照片的冲扩印业务却与日剧增，一些有实力的照相馆开始引进彩色扩印设备。90年代后期，台湾的婚纱摄影开始进入株洲，他们的营销及服务理念给株洲的照相业注入了新的活力，新潮、靓丽而富有情调的“艺术照”“写真集”应运而生，照相馆的生意也开始由衰转盛。

第五节　沐浴业

民国26年（1937），如意旅社老板何镇南在株洲镇港口街创办株洲第一家澡堂“如意澡堂”，共投资200余银元，雇工4人，设8个水泥盆、30多个休息座位。每年冬春两季，平均每天可接待洗浴客100余人。民国37年（1948），因生意不景气，被迫关闭。

1953年，株洲市总工会组织待业工人兴建工人澡堂，设水泥盆28个，休息座位32个，旺季日接待洗浴客200多人次。因市城区中心迁移，原老街变得清冷，洗浴客减少而于1959年停业。

1956年12月，长沙市福利公司将长沙三新池浴室全部设备和33名职工调株洲经营澡堂业。株洲市福利事业公司在车站路南侧，建立株洲澡堂，澡堂内分特、优、普座3个等级，并提供擦背、修脚、理发等服务项目。接待顾客按传统方法，浴客入门由服务员安排休息座位，按先后次序送上清茶、拖鞋、为浴客保管衣物，洗后送热毛巾擦汗。浴室内外以电铃联系，入浴秩序井然。旺季每天接待顾客达1000多人次。1981年，因基建拆除，停业。

1974年，投资27万元，在建设中路龙山塘段建4层楼的建设澡堂，每年营业4个月，日均接待顾客600多人。由于株洲的厂矿、企事业单位大多自办澡堂，有的对外开放，价格低廉，且各饭店、旅社备有浴室，以至经营性沐浴业一直不景气。导致建设澡堂逐渐减少到每年只开放2个月，且洗澡人少、成本高。1991年11月该澡堂被迫关门歇业。

20世纪90年代中、后期，株洲的沐浴业进入新的发展期，国外的桑拿浴、土耳其浴、泰式按摩等浴种开始现身株洲市场，国内的足浴店也逐渐增多。现代服务、休闲和保健理念开始融入沐浴业，一些沐浴企业通过延伸产业链，将休闲娱乐、餐饮住宿、美容保健集于一身，株洲沐浴市场逐渐形成了中、外浴种并存，高、中、低多档次消费的格局。

第五章 纺织品

清宣统年间（1909 — 1911 年），株洲老街（解放西街）有日新棉布店。民国期间，多家布店陆续开业，较有名气的有民国 8 年（1919）开业的唐乾茂棉布店、民国 10 年（1921）开业的德茂和油盐布匹号和民国 27 年（1938）后江西等地商贾在株洲镇经营的志新昌、协丰长、刘合盛、悦康、美大、福记、力生 7 家绸布店。

民国 38 年（1949）2 月，株洲有棉布业 13 户。其中郭立成开设的福裕绸布店，几乎控制了株洲棉布业市场。

1951 年，国家对棉纱实行统购，国营商业开始收购棉纱、棉布，并向纺织厂、坊加工定货。同年 10 月，6 户私营织染工商户组织联购联销，扩大产品加工。1954 年 7 月，中国花纱布公司湘潭分公司株洲商店成立（简称“株洲花纱布商店”），经营棉花、棉布、呢绒、丝绸、苎麻等。同年 9 月 15 日起，国家对棉花、棉布实行统购统销政策，株洲市纺织工业所需棉花、棉纱均由株洲花纱布商店组织供应，产品全部由该店收购。并采取批购、经销、代销、专业代销 4 种形式归口管理私营棉布商户。1955 年，全市城乡纺织品经营网点发展到 32 个。1956 年 9 月，6 户私营纺织品经销店经过社会主义工商业改造转为株洲花纱布商店的 5 个棉布门市部（专店）。

1956 年，株洲花纱布商店改为株洲市纺织品公司。11 月，成立株洲市针锦织品公司。市针棉织品公司与市纺织品公司几度分合改名，于 1958 年 11 月更名为株洲市百货纺织品公司。

1959 年后，棉花歉收，市场纺织品匮乏。1960 年 8 月 15 日起，汗衫、背心、毛巾、线袜等品种凭证定量销售。卫生衫裤、棉毛衫裤、床单、浴巾、线毯等凭布票供应。1961 年，市纺织品公司从市百货纺织品公司分出后，对高档绸缎、呢绒及棉织品实行高价销售。1962 年后，市场供需矛盾趋于缓和，逐步取消部分品种的凭票供应，同时将全部高价销售的商品改为平价供应。

20 世纪 70 年代，化纤布、混纺布等新产品面市，纯棉布销售渐趋缓和，纺织品货源日见充裕，国家逐步放宽棉布统购统销政策。1979 年后，纺织品市场开始活跃，市区纺织品综合经营网点发展到 68 个，1981 年增加到 78 个。1983 年 12 月，全部取消纺织品票证，敞开供应，集体、个体争相经营。加之工厂自销，各级供销社和零售商店直接从工厂和产地批发单位进货，市纺织品公司经营量下降。1984 年 10 月，市纺织品公司改名为株洲纺织品采购供应站（简称“株洲纺织品站”），1986 年，该站仅向各县供销社销售 390 万元针纺织品，比 1983 年下降 60%，1989 年又比 1986 年下降 28%。1989 年，市区经营纺织品和服装的全民、集体、个体网点发展到 1219 户 2439 人，其中个体商户 1208 户 2139 人。当年改建开业的芦淞服装市场有摊位 1000 多个，均系个体经营，且以批发为主。1990 年，株洲纺织品站直辖棉布、针织、棉织、绸呢涤化 4 个批发部和新风纺织品商店，有职工 185 人，固定资产（原值）369.40 万元，自有流动资金 32.40 万元。全市国营公司纺织品 1990 年总销售额 5486 万元，其中市区纺织品销售额为 3272 万元，比 1955 年增长 25.18 倍。

1991 年，株洲市全民所有制纺织品批发企业共有 2 家，职工 211 人；全市纺织品零售商店有 59 家，从业人员 488 人，其中市区纺织品零售商店 13 家 325 人。这年，株洲纺织品市场竞争激烈，国营市纺织品采购供应站组织广大职工，开展"管理，服务、效益年"活动，当年完成纺织品销售总额 3336.5 万元，实现税利 36 万元，上缴利润 5 万元。1993 年，株洲纺织品商业系统以改革为动力，扩大购销，拓展经营领域、积极组织适销货源，抓住当年市场挤购毛线和针棉纺织品的机遇，组织车辆连夜抢运，到工厂进货，及时投放市场。当年，全系统完成销售总额较上年增长了 37.4%。其中，纺织品采购供应站当年实现税利 63.8 万元，上缴税利 52.5 万元。1995 年，纺织品市场销售不畅，商品积压严重。株洲市前进百货大楼兼并了经营亏损的株洲市新风纺织品商店，改建为专营家用电器。1996 年，全市纺织品服装鞋帽批发企业增至 89 家，零售企业增至 83 家，批零网点达 15759 个，从业人员为 30695 人，其中市区网点 7675 个、从业人员 16053 人。当年全市完成纺织品销售总额 13335 万元，其中市区销售总额为 8851 万元，占全市销售总额的 66.37%。

1997 — 1999 年，株洲纺织品市场基本以集体、个体商业经营为主，株洲纺织品采购供应站是仅有 1 家从事纺织品经销的全民所有制商业企业，因机制不活，竞争力不强，3 年共完成纺织品销售 8207.2 万元，企业亏损严重，经营困难。

2000 年，株洲市限额以上贸易业企业全年完成纺织品销售额 2030 万元，大部分纺织品货源均来自本省，但其中也有近三分之一的货源是来自邻近的广东、浙江、福建等省区。是年，株洲最大的国有纺织品批发企业 —— 株洲市纺织品采购供应站，全年完成纺织品购进金额 2436.1 万元，完成销售与上年基本持平。

第一节 进 货

一 外地调入

1949 年前，株洲销售的针纺织品基本上都是从外地购进。1949 — 1952 年，棉纱、棉布均由中国花纱布公司统一经营，在系统内按照上配下卖的方式实行指令性调拨。从 1953 年开始，花纱布公司系统改调拨制为合同制，计划商品统一分配，企业之间自行衔接品种、花色、规格和数量，按合同调拨。免票计划商品由进货方看样填单，供货方根据可供量与需求量供货，三类小商品自由选购。株洲市属长沙经济区，棉布实行统购统销政策后，纺织品货源基本上从长沙调入。年调入量按全市布票发放量（包括居民生活用布、生产用布、公共用布、劳动保护用布和临时调剂用布）扣除本地产品收购量，确定年度进销分配基数，由市纺织品公司组织进货。

1955 年，市外调入为 398.10 万元，占购进总金额的 98.20%。其中棉布占调入金额的 87.80%，为购进总金额的 86.30%。

20 世纪 60 年代初，除仍从长沙纺织品批发站调入外，经湖南省纺织品公司计划平衡，可从常德、衡阳、益阳 3 个纺织品二级站调入，并逐渐扩大到全国 15 个省、市纺织品系统的一、二级站。1961 年，株洲市纺织品公司调进商品 538 万元，占总购进金额的 72.90%。其中，从省外调进 105.64 万元，占调进商品的 19.60%。1973 — 1979 年的 7 年中，市百货纺织品公司从省外调入商品 4043.76 万元，占整个调进商品的 26.20%。

株洲市 1954 — 1983 年城区布票定量标准一览表

表 8-21 单位：米

年 份	分类定量标准		
	居 民	干部、教师、普通工人	重工业工人
1954	6.67	9.33	–
1955	7.33	11	14
1956	7.67	7.67	7.67
1957	3.5	3.5	3.5
1958	15	15	15
1959 — 1960	5	5	5
1961	2.53	2.53	2.53
1962 — 1963	2.03	2.03	2.03
1964	2.83	2.83	2.83
1965 — 1967	4.83	4.83	4.83
1968	2.67	2.67	2.67
1969 — 1983	4.83	4.83	4.83

取消棉布统购统销政策后，纺织品供应改变了 30 年来从上而下计划分配的体制，实行多渠道进货。株洲市国营纺织品经营单位的进货点达到 452 个，调入量亦不断增加。20 世纪 80 年代，株洲纺织品站从市外调入商品 2.30 亿元，比 70 年代增长 7.40%，占总进货额的 63.80%。其中，省外调入 141 亿元，占总进货额的比重较 70 年代增加 35.20%。1990 年，外地进货额为 2881.93 万元。

1991 — 2000 年，株洲市场的纺织品的购入基本由市场的供需关系来确定，其进货渠道多样，货源来源广泛。1991 — 1993 年，纺织品进货货源主要来自本省，外省产品受销售渠道及运输费用限制，所占市场份额并不大。随着市场化进程加快，以及湖南纺织工业的快速发展的影响，到 20 世纪 90 年代末，株洲纺织品进货量中湖南的产品日渐增多，株洲的产品除苎麻织品外，其余产品由于档次低，竞争力不强，在株洲市场的进货量中所占比例较小。在这一时期，省内纺织品产品约占株洲市场进货量的三分之二，其余都来自广东、江浙等周边省份生产的纺织品。

二 本地收购

1952 年，国营商业对濒临失业的织染户和缝纫组采取以供应原料（棉花、棉纱、棉布），换购半成品或成品（棉纱、棉布、成衣）的保护性措施，配备专人管理加工和收购工作，共收购土布8000米，服装1.5万件。1955—1957年，市国营纺织品经营单位采取加工订货的方式，收购本地生产的棉布和服装，共198万元，占株洲市国营商业地方产品收购总额的51.10%。其中，机纱布16.60万米，土布22.48万米，服装83.97万件。从1958年开始，市国营纺织品经营单位统购包销株洲市第一家棉纺厂的产品，当年收购棉布11.30万米，1959年收购量增至79万米，1960年达到141万米。1961年，市区棉布产量下降。1962年收购量下降到12万米，直到1965年才回升到130万米。从1965年开始，棉纱改由纺织工业系统内部调拨，国营商业只落实计划，签定合同，按进度收购。棉布实行包销，毛巾、袜子、白线带等以销定产。1966年以后，国营商业的棉布收购量逐年增长，1969年达到208万米。20世纪60年代，棉布年平均收购量比50年代增长4.76倍，还收购毛巾17.30万条，袜子11.13万双，收购总值达到2411万元。

1971—1980年，市百货纺织品公司成立地方产品采购加工组，有专职工作人员3人，负责7个工厂的生产扶植和产品收购工作，共收购47个品种、6164万元的针纺织品。其中，棉布2441万米，较20世纪60年代增长1.32倍。

1980—1983年，市纺织品公司收购11个厂家的65种针纺织品，年平均收购金额799.25万元，其中年平均收购棉布324.70万米、床单25.50万条。1980年，由于市场销售形势突变，收购的棉麻帆布积压，降价处理，损失28.70万元。1982年，处理收购的劳动布36.50万米，损失35万元，当年企业亏损8万元。

从1984年开始，纺织品市场货源充裕，市场放开，零售单位多渠道进货，工厂自销，国营商业对本地针纺织品的收购量日趋下降。20世纪80年代，市纺织品公司收购8个厂家的46种纺织品，收购总值3353万元，比70年代下降45.60%。1990年仅收购市区纺织品242.04万元。

1991—2000年，株洲纺织工业，特别是麻纺织品得到了快速的发展。1991年，株洲本地工厂销售纺织品总额16774万元，其中株洲商业部门收购额达4819万元。2000年，全市拥有纺织企业26家，其中株洲苎麻纺织印染厂、株洲市织布厂、株洲市床单厂、株洲市毛巾厂都是株洲纺织工业的主力军。2000年，株洲生产苎麻织品593.97万米，商业部门收购工业企业纺织品额1.37亿元。

第二节 销 售

20世纪50年代以后，株洲市国营纺织品批发商业的供应区域一直是株洲市区、株洲县和醴陵的均楚、板杉区，负责向区域内经营纺织品的国营、集体、个体零售店、基层供销社及厂矿供应针纺织品，并组织部分地方产品对外销售。

棉布统购统销期间，纺织品由国营专业公司独家经营。凭票供应的统销纺织品实行计划分配，批发单位按零售单位的布票回笼数供货，每季或半年结算1次。工矿企业和社会团体所需针纺织品，凭株洲市商业局布票办公室的指标供货。城乡适销的计划商品和紧俏商品，按“农七城三”或“农六城四”的比例优先供应农村，非凭票品种和三类小商品自由选购。纺织品零售店担负民用定量用布销售，凭布票向居民供应。统销纺织品的收票标准和范围，棉布均按实收票；化学纤维混纺布按含棉份量折算收票标准，如含棉花 50% 以下的，三折收票；含棉花 50% 以上的，对折收票；布制成品（服装、被单、蚊帐等）按耗用原料布的数量收票；三种内衣（卫生衫裤、棉毛衫裤、汗衫背心）按大小规格分 12 个档次收票；还有按重量计算收票标准的针纺织品，如线衣裤、弹力汗衫背心、游泳衣裤、浴巾等。为扩大销售，国营纺织品批发部门采取季节商品提前下放，到季收款；库存偏多或滞销的品种实行延期付款或委托代销、售完付款的办法，为零售单位服务。并派专职联络员下基层供销社沟通业务关系。少数实行高价销售的品种，国营批发部门在市内定点供应，供货时将账簿库存、分配比例和货物公开，方便零售单位进货。20 世纪 60 年代，株洲市纺织品公司拆包零批呢绒、丝绸，继之花布也拆包配花色供应。70 年代，株洲市百货纺织品公司专设样品拆零间，供采购员挑选。零售以柜台营业为主，还有送货上门、上街流动推销及预约送货等销售方式。

市国营纺织品经营单位的销售量除 3 年经济困难时期下降外，一直呈上升趋势。1958 — 1960 年，年平均销售额为 1804 万元，比 1957 年增长 1 倍。1961 — 1962 年，年平均销售比前 3 年下降 57.30%。1963 年开始回升，到 1969 年，销售额达 1551 万元，比 1963 年增长 1.10 倍。20 世纪 70 年代，纺织品销售总额达 2.87 亿元，比 60 年代增长 2.47 倍。80 年代开始，纺织品货源日趋充足，国营总销售额仍呈上升趋势，年平均销售额 4662.70 万元。1983 年，市纺织品公司经营品种扩大到 2874 种。由于纺织品批发多渠道经营，市区工业和商业的纺织品批发单位增多，有国营批发单位 35 个、集体批发单位 61 个。1984 年，株洲百货纺织品批发大楼开业后，株洲纺织品站在 800 平方米展厅内陈设 4000 多种针纺织品，为进货单位提供看样、拆零、开票的配套服务。还增设小宗商品批发组，方便个体户进货。尽量做到商品不适销可以退货，花色品种不对路可以调换，积压品种可以调剂，发现原货短少残损的负责处理。开单提货，优先农村，并协助打包装车。资金困难的进货单位可约期进账。每年冬夏转季之前，株洲纺织品站召开展销供货会。1985 — 1986 年，株洲纺织品站的批发供货对象发展到 385 家，比 1983 年增加 192 家。纺织品零售商业改革销售方式，开辟自选商场、自选柜台，并提供代客剪裁缝制、拆零供应鞋面布和剪绸带等特需服务。

但由于多渠道进销，多头批发，1983 — 1987 年的 5 年间，个体经营纺织品和纺织厂自销量扩大，国营纺织品批发商业年平均销售额徘徊在 3300 万元左右。1988 年，床上用品和呢绒等销售量大增，纺织品销售额又猛增至 5134 万元，为株洲纺织品站销售额的历史最高水平。1989 年，市场消费发生变化，由买布做衣转为购买成衣，面料销售锐减，销售额又回落到 3404 万元。1990 年销售额 3272 万元，又较上年下降 3.9%。

1993 年，由于经济发展向好，纺织品市场销售趋旺。当年，株洲市实现纺织品销售总额 19758 万元，其中市区实现销售总额达 14683 万元，占全市销售总额的 74.31%。1994 年，全市纺织品销售额增至 21662 万元，是纺织品销售的历史最高年份。1995 — 1996 年，纺织品市场发生变化，纺织品销售出现下滑，2 年间全市纺织品销售总额为 26574 万元，年均销售额 13287 万元，仅为 1994 年销量的 61.3%。1999 — 2000 年，纺织品市场销售滑至低谷，2 年间全市共销售纺织品 5610 万元，年均纺织品销售额为 2805 万元，是株洲纺织品销售历史上较差的一段时期。

第三节　主要品种

一　纯棉布

民国37年（1948），株洲镇纯棉布人均消费量为3.60米。

1954年，市区人均消费棉布8.90米，1956年递增至12.70米。在品种、花色上，20世纪50年代初尚简朴，以青、蓝、白3色为主。1956年，倡导美化服装，花布销量比重上升。1958年，国营商业开始统购市内生产的机制布，但由于品种单调，市销量不足20%。货源主要从市外调入。1959年，青、蓝、白3色平纹布的销量占72.60%，花布占21%。3年经济困难时期，民用布票定量减少，棉布销量锐减。60年代，灯芯绒、咔叽布走俏，各种花布供不应求。"文化大革命"中，草绿色布盛极一时。80年代，涤棉布、化纤布大量面市，纯棉布渐次退出服装面料范围，转向内衣、被单、装饰用品的用料，销量日趋下降。

1965—1984年的20年中，市区年均批发销售纯棉布582.90万米，年均社会零售量602.10万米，人均消费量为民国37年（1948）的13倍。1985—1987年，纯棉布总销售量徘徊在400万米左右，1988年增至587.74万米。1989年，猛降为277.01万米。1990年又下降到180.63万米，纯棉布销量占"三布"（化纤布、涤棉混纺布、棉布）总销量的57.80%。

1991年，棉布销售较上年大幅回升，这年株洲纯棉布销售量达286.42万米，其中市区销售纯棉布77.77万米，市区销量占销售总量的27.15%。1992—1993年，株洲棉布市场销量下滑，2年共销售纯棉布499.08万米，年均销售249.54万米，较1991年下降了12.87%。1995年，株洲大中型商业企业共销售棉布66.01万米，其中批发42.34万米、零售为23.67万米，年末库存22.35万米。1996年，株洲大中型商业企业的棉布销售量锐减了72.94%，当年纯棉布销售仅17.86万米。1997年，株洲市限额以上批发零售贸易业全年棉布购进总量为162.05万米，销售总量为161.39万米，其中批发139.31万米、零售22.08万米，年末库存量为10.39万米。

二　涤棉布

20世纪60年代末期，株洲市场开始少量试销涤棉布，因免收布票，供不应求。1971年，市区批发销售仅8万米，为纯棉布销量的1.26%。1980年增至199.40万米，占纯棉布销售量的24.90%。1983年，批发销售459万米，超过纯棉布的销售量。由于化纤织物不断更新换代，呢绒丝绸高档品种俏销，成衣销量上升。从1984年开始，涤棉布销量逐年下降，1989年销售125万米，1990年下降到61.38万米。

1991年，全市销售涤棉混纺类布为230.7万米，价值1087万元。1992年涤棉混纺类布的销售较上年下降了近四分之一，当年销售涤棉混纺类布为174.06万米。20世纪90年代后期，人们的消费观念发生了变化，“化纤不如含棉，含棉不如纯棉”已成为消费趋势，由于购买涤棉混纺类服装的人群有所减少，导致化纤布、涤棉混纺布的销量亦随之锐减。株洲市居民人均年购涤棉化纤类布 1992 年时为 2.3 米，到 1995 年则降至 1.6 米，至 2000 年涤棉混纺类布人均年购买量则减少到只有 0.06 米。

三　呢绒丝绸

1952 年，城区呢绒销售量人均 0.009 米。1957 年，城区丝绸人均消费 0.24 米，1972 年增加到 1957 年的 3.30 倍。1977 年，城区人均呢绒消费量为 1952 年的 30 倍。品种除纯毛、真丝产品外，从 20 世纪 70 年代开始，毛化混纺织物、纯化仿毛织物、进口涤纶、人造丝绸、交织绸、丝绸被面等大量上市。1990 年，城区销售呢绒、丝绸 65.45 万米，人均 1.14 米。

1991 年，全市购进呢绒丝绸 105.9 万米，当年销售呢绒丝绸 105.9 万米，其中丝绸销售 70.92 万米，是呢绒销量的 2 倍多。1992 年，呢绒丝绸销量降至 75.58 万米，销售金额 1649 万元。1993 年，销售呢绒丝绸 84 万米。1994 年呢绒丝绸销售量下降，当年全市呢绒丝绸仅销售 25.1 万米。1995 — 1996 年，市大中型批发零售商业企业销售呢绒丝绸 45.53 万米，其中批发 11.23 万米、零售 34.3 万米，库存 19.71 万米。1997 年，大中型批发零售贸易业购进呢绒丝绸 6.21 万米，销售 8.81 万米，库存 2.97 万米。由于呢绒丝绸受质地和价位影响，难以适应人们对时尚、潮流的追求和实用要求，其销量日益减少。至 2000 年，株洲城市居民人均年消费呢绒丝绸已由 1992 年的 0.24 米，降至 0.02 米。

四　针织内衣

汗衫背心、棉毛衫裤、卫生衫裤习惯上统称为三种内衣或称针织内衣。1954 年，株洲市区批发总销量（国营）为 8.49 万件。此后销量逐年增加，1957 年增至 45.34 万件，1966 年达到 59.8 万件，1980 年销量突破百万件，达到 124.3 万件，1983 年又增加到 190 万件，为株洲纺织品站成立以来的最高销售年份。1954 — 1983 年的 29 年间，平均每年以 11.3% 的速度增长。

布及其制品取消凭票供应后，销量锐减。1984 年比 1983 年下降 45%，1987 年总销量只有 82.4 万件，1988 年受两次挤购风的影响，总销量又回升至 173.5 万件。

三种内衣品种之间销量增长不平衡。1954 年，卫生衫裤销量占总销量的 56%，棉毛衫裤仅占 2%，汗衫背心占 42%。1980 年，棉毛衫裤的比重上升到 40%，汗衫背心为 54%，卫生衫裤仅占 6%。1990 年，汗衫背心的销售比重上升到 62%，棉毛衫裤为 35.2%，卫生衫裤为 2.8%，销量仅 2.17 万件。三种内衣主要销售对象在城市，1983 年调给农村供销社仅占批发销量的 14.3%，1990 年下降到 5.4%。

1990 年，全市三种内衣总销量 136.5 万件，其中市区销售 93.6 万件，占 68.6%，株洲县、醴陵市、茶陵、攸县、酃县等销量为42.9万件，占31.4%。

1991年，全市销售针织内衣97.28万件，其中市区销售36.83万件。1992年，全市针织内衣销售量增至104.01万件，销售额达897万元。1993年，针织内衣需求旺盛，全市当年销售971.72万件，销售量较上年增长了8倍多。1994年，针织内衣销售回归平淡，销售量又跌落至52.84万件，库存量却高达34.21万件。1996年，株洲内衣市场上“三枪”“宜而爽”等名牌纯棉内衣广受青睐，真丝和毛巾质地睡袍较为畅销，针织内衣消费心理也从20世纪80年代抢购式消费，逐渐转向讲究舒适柔美及实用的理性消费。是年，株洲销售针织内衣119.17万件。1997—2000年，针织内衣向成衣化、个性化、时装化方向发展趋势更加明显，这一时期，株洲市场针织内衣品种齐全、花色繁多，经销内衣的个体及私营商业网点也遍及城乡，其销售总量已远远超过国有商业而成为针织内衣销售的主力军。

五 服 装

棉布统购统销时期，服装消费水平低，布票定量有限，服装销量很少。加之喜爱各异，一般布制衣服大多为家庭购料缝制，或由服装厂（店）自产自销，国营纺织品批发部门仅有少量经营。

改革开放以来，消费观念更新，穿着发生变化，时装流行，成品服装销售量迅速上升。国营纺织品经营部门的批发经营虽有发展，但占整个社会服装销售量的比重仍然偏小，市场经营服装的主力是20世纪80年代兴起的个体户。1984—1988年，城区服装销售量年平均127.50万件。1989年，全市销售服装258.80万件。1990年，全市销售服装395.06万件，其中株洲纺织品站销售46万件，仅占11.6%。

1991年，株洲销售服装667.94万件，其中市区销售584.55万件，占销售总量的87.5%。1992年，全市服装销售量显著增长，当年全市销售服装1305.15万件，其中市区销售482.2万件。由于农村地区的销量增加，当年市区销售量仅占销售总量的37%。1993年，全市服装销售量跌落至387.97万件，其中服装零售356.21万件。1994—1996年，由于境内以个体及私营为主的服装专业批发市场迅猛崛起，服装市场竞争激烈，株洲大中型批发零售商业企业好景难再，其服装销量日益萎缩，3年中株洲大中型批发零售商业企业共销售各种服装203.02万件，年平均销量只有67.67万件，大大低于前3年的平均销量。1997年，株洲市场服装销售量持续下滑。从服装营销状况分析，由于居民收入差距拉大，中低收入人群消费性支出减少，不管是专业精品店的高档服装，还是私营服装店的一般服装均出现销售不畅。这年，株洲大中型批发零售商业企业仅购进各种服装31.23万件，销售各种服装只有28.45万件，库存14.77万件。1998—1999年，株洲大中型批发零售商业企业销售各共种服装75.97万件。2000年，经济环境向好，居民收入提高，服装市场需求旺盛，株洲大中型商业企业全年完成服装销售总额4088万元。这年，株洲市人均年购买服装由1991年的3.01件，增长到2000年的7.54件，10年间，株洲人均服装年购买量增长了2倍多。

第六章　五金交电　化工原料

民国10年(1921),杨玉斌在株洲开设阳义兴五金号。民国34年(1945)8月至民国38年(1949),先后有8家五金商户在株洲镇开业。货源由长沙、湘潭输入，经营品种有洋钉、玻璃、锁等。1949年9月，株洲集镇有五金业9户，电料业1户。

1950年,株洲百货支公司设置第二批发部,国营商业开始经营五金、电料、化工原料。1955年6月,株洲市百货公司设五金电料医药批发部。1956年6月,中国五金机械公司湖南省株洲市公司(简称“市五金机械公司”)和中国交通电工器材公司湖南省株洲市公司(简称“市交电公司”)成立，供应区域为株洲市、衡山、茶陵、攸县、醴陵、湘潭、湘乡、双峰、涟源；供应对象以生产基建单位为主。市五金机械公司经营的商品有2459个品种规格，多为国家计划控制的生产资料，年进货额130万元。其中，计划分配的占88%。本地产品收购额18万元，占总进货额的8%。1958年1月，市五金机械公司与市交电公司合并为株洲市商业局工业器材科，化工原料亦划入归口经营，形成五金、交电、化工原料合一经营的专业机构，供应范围限于株洲市。6月，更名为株洲市工业器材煤建经理部，部分生产资料移交物资系统经营。1959年8月，株洲市工业器材煤建经理部撤销，成立株洲市五金机械公司，经营五金、交电、化工原料和农业机械。1958—1960年，年均销售额达到1790万元。1952年6月，交电、农业机械业务从市五金机械公司划出，恢复市交电公司。两家公司履行二级采购供应站职能，负责收购本地五金、交电产品，工农业生产及基本建设所用原材料亦由两公司安排供应。1961—1964年，市五金机械公司和市交电公司年均销售额降至561万元。1965年，市五金机械公司开始参加全国五交化行业供货会，从全国一、二级商品供应站直接进货。本地产品的收购量仅占总进货额的4.70%。1966年2月,市五金机械公司与市交电公司合并为株洲市五金交电公司(简称“市五金交电公司”)。1972年，供应范围由市内扩大到醴陵县的均楚、板杉区社及该县内的省属企业。加之半导体收音机、录音机、黑白电视机、多类弹簧门锁、醇酸漆等新产品上市，销售额持续增长。1975年，市五金交电公司组织大批诱蛾黑光灯管，按低于成本价供应农村，并赠送2万多支给贫困生产队。1978年，市五金交电公司从省外进货1128万元。比1966年增长151%，总进货额增至4704万元。1979年，本地五金交电产品的收购量逐渐上升，品种由7种增加到46种，1980年收购额达到3142万元，占总进货额的60%。1981年，调整产品结构，本地产品收购额降至1992万元。1984年，市五金交电公司更名为株洲五金交电化工原料采购供应站（简称“株洲五交化站”）。1988年，株洲五交化站经营范围扩大到金属材料、机电产品，1987—1989年年均销售额增至9000万元。1990年，株洲市五交化行业的专业门市部发展到134个，营业人员1296人，其中株洲市城区有专业门市部59个。经营的品种规格10369个。全市销售五交化商品1.16亿元，其中市区销售5971万元、醴陵市2099万元、攸县1232万元，其余3县年销售在1000万元以下。

1991年，株洲市经营五交化商业单位共有144家，从业人员1353人，其中市区经营五交化全民所有制企业有5家，从业人员197人。5家全民所有制企业全部实行独立经济核算。是年，株洲遭遇特大旱灾，五交化零售市场活跃，批发商业则处境艰难。当年，市区全行业实现商品购进总额4587.82万元，商品销售总额5221.22万元，实现税收93.8万元，利润亏损达97.3万元。1992年，株洲市五交化行业在以"四放开""四自一包"为核心的商业改革中，推行集体或个人承包，调动了职工销售积极性。全年共有3257人次到工厂、商店和农村，上门推销商品达1110万元。当年，全行业实现利润5.7万元，扭转了连续2年亏损的被动局面。1993年，株洲市五交化采购站改名为株洲市五金交电化工总公司，为保持其业务的连续性，原株洲市五交化采购站的企业名称仍继续保留。当年，株洲五交化行业共有21个小组（个人）实行"包死基数，超利分成"的经营责任承包，共完成承包销售额达1700万元，实现承包利润51万元。1994年，市五金交电化工总公司在原承包基础上，又推出"国有民营""公有私营"的经营机制改革。1993—1994年，全市五交化行业共实现商品购进总额60515万元，完成商品销售总额68955万元，年均商品购进和年均销售总额分别为30257.5万元和34477.5万元。是全行业历史上最好水平。

1995年，市政府加快对国有商业的改组、改制工作。同年11月，政府有关部门批准了对株洲市五金交电化工总公司实行"母体裂变"，由总公司裂变出株洲五金机械采购供应站、株洲交通电工器材采购供应站、株洲化工原料采购供应站、株洲家用电器采购供应站和株洲五交化商场共5家具有独立法人资格的企业。1996年，"裂变"成立的5家企业积极开展优质服务、优质促销竞赛活动，当年处于裂变中的五交化总公司完成商品购进总额2665.3万元，实现商品销售总额3381.6万元，利润亏损295.7万元。同年6月，"裂变"后的母体公司——株洲五交化总公司，因债务沉重，扭亏无望，正式向株洲市中级法院提出破产申请。自此，这家成立于20世纪60年代的老国营企业进入了法定破产程序。

1998年，市区五交化商业企业共有9家，其中全民所有制企业7家，从业人员259人；集体所有制企业2家，从业人员26人。是年，株洲家用电器采购供应站，采取自筹资金、自主经营、自负盈亏、自组人员的办法，通过公开招标，由内部集体或个人承包了本站1个商场、2个经营部和2个维修部，该站经营状况因此有了较大改善，当年利润比上年减亏了75%。1999年，株洲市区五交化经营企业降至8家，其中国营企业6家，从业人员208人；集体企业2家，从业人员5人。多数企业经营困难，处于亏损状态。为盘活闲置资产，株洲五交化商场将一、二楼营业厅全部出租，为五交化商场带来了良好的经济效益。

1997—1999年，株洲市区五交化行业经过改制重组后，资产得到优化，人员适度精减，商品销售有较大的提升。3年间，全行业共完成商品销售总额为49165万元，平均年销售额16388万元。但企业经营深层次的矛盾并未得到彻底的解决，一直到2000年，全行业也未能摆脱亏损带来的被动局面。

第一节　五金商品

1956年，株洲市五金机械公司对商业系统外销售五金商品99.40万元，主要品种为进口白钢车刀、电焊条和各种钢材。1958年，该公司五金批发部仓库因毗邻民房起火，40多万元库存商品付之一炬。市五金机械公司请求省五金公司增拨货源，并从市区厂矿收购闲置物资117万元，保证了市场供应。1959年，由于大出大进，五金商品供不应求，市五金机械公司从上海调进100吨大西洋牌电焊条与市内工厂串换商品，并收购地方产品60万元，加上从省调入商品829万元，增加株洲市场可供商品量，缓和了供需矛盾。1960年，市五金机械公司根据湖南省五金公司计划安排，从株洲铅丝厂收购圆钉、铁丝400吨，市区内销售有余，大部分调给省内各五金站（公司）。自此，除调剂少量规格外，株洲市不再从外地大量调进圆钉、铁丝。

上海产板钳工具、研磨工具，北京产钢锉，哈尔滨产锋钢锯条，历为株洲各厂矿最受欢迎的五金工具。1963—1978年，市五金交电公司每年均与消耗量大的工厂衔接2次供货计划。按计划分期组织供应，非计划单位则根据货源情况适当供应。1979年，厂矿工具费用落实到班组，需求优质工具，工厂进货也由半年1次改为零星购买。市五金交电公司采取送产品到工厂选购、试用的办法，取得用户对产品的信任。同时，改善经营品种结构，压缩37种滞销商品的进货量，扩大599种俏销商品的进货量，还组织零配件1105种供应厂矿，全年销售板钳工具和台、案秤及工具零配件共31万多件。

1980年，市五金交电公司长虹五金店与上海五金采购供应站联合经营，试销风动工具、气动工具、电动工具等新产品。1983年，改由株洲五交化站与上海五金机械公司联营。1988年改为上海五金商品联销集团分销处与上海五金机械公司负责衔接株洲要货计划，上海五金机械公司对株洲所需货源优先安排、优先开票和优先发运，并按二级站价格扩大6‰的扣率优惠，株洲五交化站全年购进上海产品金额在400万元以上，并与株洲市的5县市公司联销。1990年，五金商品联销扩大到湘潭、浏阳等9家商业企业，全年返利给联销单位1.05万元。1980—1990年，市区五金商品销售额年平均1330万元。1990年，全市国营五交化经营单位共销售五金商品2625万元，其中市区销售1652万元。这年全市共销圆钉、铁丝1550吨，其中市区销700吨。全市销各种板钳工具23万件，其中市区销售占56.5%。

1991年，株洲五金采购供应站全年购进五金商品总额为646万元，商品销售完成2043.31万元。其中调给外省1042.5万元。主要品种有圆钉、镀锌铁丝、电焊条和各种钢材。1992年，株洲五金采购供应站商品购销金额大幅下降，当年商品纯购进额为148.44万元，商品销售额为203.3万元。主要商品品种有圆钉购进366吨，销售533吨；镀锌铁丝购进600吨，销售1087吨。商品货源主要来自本省，商品销售以批发为主，少量零售。1993年，株洲五金采购供应站实行经营责任承包，规定承包小组或个人无对外进货权，销售商品要通过内部银行结算，货款未收回，不能计算销售和提取工资奖金。有5个专业小组进行了承包。是年，该站经销的主要商品中，圆钉购进164吨，批发182吨，零售80吨，全年完成商品购进284.6万元，完成销售310万元。1994年，株洲五金采购供应站，被列为市清产核资重点企业。对库存商品、固定资产、低值易耗品、债权债务等进行全面清核。1995年11月，株洲五金采购供应站脱离株洲五交化总公司，成为具有独立法人资格的商业企业。1996年，在“商贸活市”的市策引领下，株洲五金采购供应站当年完成商品购进总额834

万元，完成商品销售总额1328万元，其中批发完成434万元、零售完成894万元。经销的主要商品中，圆钉购进10吨、批发12吨，零售18吨；镀锌铁丝购进19吨，批发销售20吨，零售18吨，以及其他五金机械配件商品。

1997—1999年，株洲五金机械采购供应站与株洲交通电工器材采购供应站3年共实现商品销售总额5322.2万元，其中批发完成1289.4万元，零售完成4032.8万元。主要销售的商品有圆钉、镀锌铁丝、自行车、摩托车、汽车配件、轮胎、电工工具、板钳、研磨工具、灯管、灯泡、电线等。

20世纪90年代前期，株洲地区的五金机械商品销售，虽然也有其他行业及其他经济体制的企业参与经营，但株洲市五交化总公司凭借原有的资金及购销渠道的商业优势，仍然占据着这一时期市场销售额的大头。1995年，五交化市场出现逆转。为竞争需要，株洲五交化总公司推出“母体裂变”为5家独立企业，以应对市场变化。90年代后期，在市场竞争的压力下，市五交化系统各专业公司被迫打破专营范围，相互交叉经营对方商品。其间，许多经营五金机械商品的集体和私营企业大量涌现，市场竞争愈加激烈，至2000年，株洲五金机械采购供应站已身陷效益逐年下滑，企业经营困难的艰难境地。

第二节 交电商品

一 交电器材

1956年，市交电公司主要经营轮胎、汽车配件、交换机及普通灯泡、日光灯管、交流收音机等2000余种商品，年销售额89.20万元，其中电工类75.20万元，交通类14万元。1957年1季度，湖南省交电公司分配市交电公司自行车500辆，仅销售137辆。1961年，汽车配件移交交通部门经营。因市场物资供应转紧，自行车内外胎销售实行以旧换新。为防止套购自行车零件拼装整车，对车架、车把等主要配件仅供应维修用，凭使用单位证明供货。同时，自行车实行高价销售，凤凰牌26寸车每辆售价由154元提高到350元，电子管收音机亦提高销售价25%。1963年8月，高价自行车降价，仍比平价高15%～20%，收音机恢复平价销售。1964年3月，自行车内外胎敞开供应。1968年，市场商品供应短缺，花线、胶质线等交电商品供不应求。计划供应品种增加。自行车凭工分券供应，1972年改凭日用品购货证供应，1973年又改凭市五金交电公司印发的购货票供应，购货票只发县团级以上单位。1980年，发放自行车购货票的范围扩大到独立核算企业，货源按城市75%、农村25%分配。1981年，市五金交电公司开始经营摩托车，主销重庆、济南等地产品，1982年批发销售138部。1984年销售增至284部，1985年增至714部。

1984年年底，株洲五交化站与湘华机械厂签订工商联营协议，销售该厂生产的松鹤牌自行车。1987年，自行车取消计划分配后，市区销售各种自行车7.40万辆，较1986年增长7.7%。株洲五交化站与湘华机械厂组成松鹤牌自行车联合经营集团后，实行统一销售统一价格和利润分成的联营办法，1988年自行车销量增至8.55万辆，其中松鹤牌自行车销售4.1万辆。后因市场放开，多渠道经营，株洲五交化站经营量下降，湘华机械厂也渐次退出联营，扩大自销。1990 年全市国有公司自行车总销量仅为 4.68 万辆，比 1987 年下降 44.7%，其中市区销 2.55 万辆，下降 40%。而摩托车销售量经过短暂下降后，1988 年转旺，当年株洲五交化站与株洲市摩托车厂签订 500 台购货合同，厂方仅供货 100 台。1989 年，株洲五交化站又与株洲市摩托车厂签订 250 台合同，该厂仅供 42 台。株洲市人民政府主管领导协调，预交货款 100 万元，厂方才同意下年供给 920 台，1990 年株洲五交化站实际收购 437 台。同年，全市销售交电商品 2669 万元，其中市区销售 1237 万元。

松鹤牌自行车工商联营前后销量及利润分配情况一览表

表 8–22

年 份		销售量（辆）	利 润（万元）		
			合 计	工厂分利	商业分利
联营前	1983	17600	–	–	–
	1984	19600	–	–	–
联营后	1985	25000	14.60	6.50	8.10
	1986	31000	32.90	18.00	14.90
	1987	40000	35.70	21.40	14.30
	1988	57000	40.40	26.40	14.00
	1989	41000	20.40	13.10	7.30
	1990	25000	7.00	–	7.00

1991 年，全市共销售自行车 91436 辆，其中，株洲五交化采购供应站全年购进自行车 40297 辆（自省内购进 28980 辆），独家销售 37913 辆，当年该站自行车销量占到全市总销量的五分之二，年末自行车的库存为 10386 辆。是年，五交化采购供应站还购进摩托车 687 辆，销售摩托车 1734 辆（批发 1468 辆，零售 266 辆），期末库存 47 辆。购进普通灯泡 97.35 万个，销售灯泡 128.56 万个。但由于库存积压严重，当年商品削价损失达 279.4 万元，年末五交化采购供应站的利润处于亏损状态。1992 年，全市销售自行车 185427 辆，价值达 3894 万元。其中，市区销售 31356 辆，价值 659 万元。株洲专营交电商品的国营新城交电商店，全年购进商品金额 62.44 万元，完成商品销售 11.64 万元。经营的主要商品有自行车、摩托车、灯泡、灯管以及其他交电器材，该店当年属于亏损企业。这年，株洲国营商业企业推行“四放开”（经营放开、用工放开、价格放开、分配放开）的改革，国营商业企业干部实行聘任制，职工实行内部待业制和优化劳动组合，一定程度上激活了企业的活力。1993 年，交电市场向好，株洲商业一局、二局的下属企业都纷纷参与经营交电商品。全年国营商业共完成交电商品购进总额 5623 万元（市一商局完成 3589 万元，二商局完成 2034 万元），全年完成交电商品销售总额 6610 万元。其中，一商业局系统完成销售额为 4520 万元，当中零售为 1866 万元，期末库存 790 万元；二商局系统完成销售额 2090 万元，当中零售 1041 万元，期末库存 479 万元。经营的商品品种中，自行车销售量为 16.32 万辆，该销量占全市自行车总销量的 84.24%、摩托车销售量为 1883 辆，销量占全市摩托车总销量的 53.49%。1994 年，当年全市销

售自行车仅59688辆，销售量较上年猛降了69.18%；销售摩托车3420辆，与上年相比也下降了2.8%。这年，株洲交通电工器材采购供应站全年实现商品购进额为22.77万元，完成商品销售27.83万元，其中零售15.67万元，期末库存7.96万元的商品。销售商品品种主要有自行车、摩托车、普通灯泡、日光灯管以及其他交通电具器材。1995年，株洲五交化总公司实施了"母体裂变"一分为五的机构改革，但国有交电行业仍未能止住交电器材销售多年持续下滑的势头，当年销售自行车34200辆、销售摩托车109辆，分别比上年下降了42.7%和96.8%。1996年，全市国有大中型商业企业共完成五金电工器材商品购进总额为2477万元，完成商品销售2969万元。其中，主要商品销售有自行车44336辆（批发22381辆，零售21957辆，库存19746辆）、销售摩托车19637辆（批发17559辆，零售2078辆，库存624辆）。这年，株洲一商局共有3家规模较大的专营交通电工器材企业，分别是株洲市交通电工器材采购供应站、株洲五交化商场、株洲新城交电商店（集体企业），这3家经销量占据了市区当年交电器材销售量的半壁江山。1997年，株洲交通电工器材采购供应站完成交通电工器材销售额2051万元，超额70.9%全面完成了市一商业局下达1200万元的年度销售任务。其中，自行车、摩托车销售总额达902万元，占到该站总销售额的44%。

1998年，由于受市场平淡、债务等因素的困扰，株洲交通电工器材采购供应站当年仅购进自行车4746辆，完成批发销售4978辆，零售4574辆，库存自行车达3859辆。这年，全市摩托车销量为4805辆，株洲交通电工器材采购供应站却没能销出1辆，该站年末库存摩托车达94辆。1999年，株洲交通电工器材采购供应站、五交化商场、新城五金交电商场3家以经营交电器材商品为主的企业，全年完成五金、电工器具类销售额为1382.5万元，其中批发销售746.8万元，商品零售635.7万元，销售总额比上年增长7.7%。销售的主要商品品种有自行车、摩托车以及交通电工器材配件。这年，全市摩托车销售量为6344辆。2000年，株洲交电市场发展迅猛，经营交电器材集体及个体商业企业异军突起，竞争激烈。国营企业困于债务、人员观念等因素的深层影响，经济效益提振乏力。是年，株洲市国营交电商业企业开始进入拍卖、破产、兼并的改革程序。

二　家用电器

1950—1956年，个人购买电子管收音机须经公安部门批准。1956年，株洲市工业器材煤建经理部销售电子管收音机21部，电风扇4167台，均属集体消费。1964年，晶体管收音机在株洲市面市，仅销出1台。1972年销量增至1.5万台。同年，黑白电视机首次上市，株洲市区销出2台。1973年，黑白电视机凭国营五交化经营单位的供应票销售。因货源不足，1974年仅销47台。1979年，半导体收音机销售4.5万台，黑白电视机销量达到1590台。同时彩色电视机开始上市，由于售价较高，多为单位购买。由于国家控制集团消费，当年市区只销出82台，商业库存增大。1980年，市区半导体收音机销量增至16万台。1981年，苏联及东欧国家生产的彩电大降价处理，东芝、日立、日电、万宝4种牌号的12吋黑白电视机，对职工实行分期付款销售，全年销售近4000台。1983年电冰箱上市，全年仅销售3台，1984年销售增至128台。1985年，株洲五交化站将家电经营从交电业务中分出，成立家用电器批发部，电冰箱销量猛增到1633台。同年5月，株洲五交化站对市区行政企事业单位的个人消费者预售日立牌和北京、上海牌彩电及名牌电冰箱和洗衣机，半月内即预售彩电 3600 台、电冰箱 1200 台。1988 年，市区全民、集体、个体商店，各行各业争相经营彩电，市场货源紧张。国家计划价格的彩电无货可供，非计划价格的商品每台高出计划价 1 倍以上。同年 8 月，放开彩电计划价格，实行高价进高价出，敞开供应。1989 年，国家征收彩电特别消费税后，销量锐减，工业和商业库存严重积压，而电冰箱销售量则持续增长，全年销售 5304 台。1990 年，株洲五交化站经营的家用电器，除上述几大件外，还有全套电炊具、保健电器、吸尘器、空调机、录像机、收录机、游戏机等系列商品 1068 种。1984 — 1990 年，市区家电商品纯销售额达到 1.09 亿元。1990 年，全市国营五交化系统的家电商品总销售额 3426 万元，其中市区 1374 万元。全市半导体收音机销量仅 0.99 万台，其中市区 0.94 万台，其他一些主要家电商品销量虽逐年增长，但占全市的销量比例很少。

株洲市场销售的电风扇，1988 年前基本以株洲产品为主，先后有渌口、株洲、田心电力机车厂等 5 家生产厂。株洲五交化站与株洲电扇总厂建立联营关系，销售品种也以该厂产品为主。1989 年起，外地产电扇涌入株洲市场，加之工厂扩大自销，联营渐趋终结。

株洲五交化站与株洲市电扇总厂联营前后销量及利润分配情况一览表

表 8-23

年 份		销售量（万台）	利 润（万元）		
			合 计	工厂分利	商业分利
联营前	1981	0.62	–	–	–
	1982	1.16	–	–	–
联营后	1983	3.26	57.00	39.00	18.00
	1984	5.33	53.00	37.30	15.70
	1985	13.43	88.80	58.20	30.60
	1986	14.54	31.90	23.80	8.10
	1987	10.56	43.80	31.00	12.80
	1988	16.91	99.30	67.20	28.10
	1989	13.11	109.80	82.60	27.20
	1990	2.96	25.90	20.00	5.90

1991 年，株洲家电市场销售趋旺，全市销售电风扇 143638 台，其中株洲市区销售 36155 台；洗衣机全市销售 20050 台，其中市区销售 11501 台、销售额 886 万元；电冰箱全市销售 15144 台，其中市区销售 9779 台、销售额 1592 万元。当年，全市销售电视机共计 55383 台，其中黑白电视机销售 36237 台，彩色电视机销售 19146 台，电视机因其销量遥遥领先其他家电商品，而位居家电销售榜的首位。1992 — 1993 年，株洲家电市场发展平稳。其间，全市销售家电商品品种主要有：电风扇 365047 台、洗衣机 63351 台、电冰箱 48209 台、电视机 151749 台（其中黑白机 89156 台、彩色机 62593 台）。其间，空调开始进入普通百姓家庭，1993 年全市销售家用空调达 1918 台。1994 年，全市家电销售总额为 37694 万元，年末全市库存总额为 8546 万元。当年，全市销售彩色电视机

25093台，年末库存彩电6553台，销售电风扇102548台、洗衣机28824台、电冰箱20692台。这年，空调受到市场热捧，全年空调销售量猛增到6008台，是上年销量的3倍，录音机、录像机也悄然走俏市场，当年全市销售录音机13583台，录像机2049台。是年末，株洲家用电器主要经销商——株洲五交化总公司全年经营亏损达20477元。1995年，株洲市家电实现销售总额为39069万元，销售额较上年增长了3.65%。全市销售电风扇100817台、洗衣机33994台、电冰箱22518台、空调机5043台、录音机11885台、录像机2065台。同年，家电市场上电视机销售持续升温，全市销售黑白电视机6841台、彩电26669台，彩电的销量第一次超越黑白电视机的销量，当年百户居民电视机拥有量已达11台。这年，株洲五交化总公司亏损加剧，亏损总额高达4879万元。1996年，全市完成家电销售总额为40501万元，其中近6成是由市区销售的，株洲市区完成家电销售额为23729万元。全市当年销售家电商品品种主要有：黑白电视机10002台、彩色电视机23877台、洗衣机25939台、电冰箱17672台、空调6333台、录音机7352台、录像机1680台。电风扇销量较上年有所减少，全年销售90040台，但电风扇每百户家庭拥有量却在这年升至历史最高水平达到311台。同时，录像机、家用电脑等高档电器开始进入家庭。是年，株洲市销售摄像机3台、销售家用电脑188台。

1997—1999年，株洲家电市场商品需求持续旺盛，不但电视机、冰箱、洗衣机普通家电购销保持快速增长，而且摄像机、计算机等高档家电销售也表现活跃。全年销售家电主要商品品种有电视机76744台、洗衣机61546台、电冰箱40291台、空调24834台。其间，曾经炙手可热的电风扇、录音机开始步入市场成熟期，销售出现疲软，销量逐年下滑，至1997年电风扇及录音机的销量分别只有48036台和6727台，较上年分别下降了46.65%和8.5%。而家电新宠影碟机的销售在电视机销量的持续高增长的强力推动下，3年间，全市销售影碟机达10368台，平均年销影碟机3456台，影碟机自此步入了销售的“黄金期”。

2000年，株洲市限额以上贸易业企业完成家用电器销售总额21882万元，其中批发1013万元、零售20869万元。销售家电商品品种有电冰箱13781台，销售额3165.5万元；洗衣机15075台，销售额2304万元；空调12867台，销售额5740.9万元；摄像机33台、影碟机4163台。年末，株洲市每百户居民家庭拥有电风扇258台、彩电122台、电冰箱96台、洗衣机92台、空调35台、电脑10台。这年，全市电视机销量为27535台、销售额6539.1万元，电视机的销量已呈现颓势，销售量较上年下降了10%。而“家电新贵”组合音响的销量却攀升至1536台、销售额2672万元，较上年音响销售量剧增了2.27倍。

三 灯 具

1956年，株洲市交电公司开始经营灯具，主要销售交通照明灯具和工业、基建用探照灯、马路弯灯、碘钨灯及舞台聚光灯等照明器材400多个品种。1968年，100瓦以上灯泡、日光灯管供应紧张，民用15～40瓦灯泡每只收购货券0.50张。市五金交电公司组织株洲市东区灯泡厂修复旧灯泡供应市场，并调进一批灯泡壳、灯泡插口、钨钼丝等，协助该厂试制民用灯泡。1972 年，灯泡免券敞开供应。1980 年后，灯具开始向灯饰发展，吊灯、壁灯、吸顶灯等逐渐取代营业厅、办公室等场所的日光灯。1981 年，市五金交电公司销售灯具 57.60 万元。1982 年，成立株洲灯具总店，并与上海灯具总店联营。灯具品种增加到 1200 多种。株洲灯具总店与省内 72 个县市建立固定供货关系。同时，株洲灯具首次进入川、黔、滇、粤等地市场，与 100 多个经营单位形成销售网络，1983 年，销售灯具灯饰商品 242 万元，比 1981 年增长 3.20 倍，实现利润 15.70 万元。1984 年，灯具联营扩大到广东、上海、江苏、浙江等地 15 家灯具厂，销售额达到 468.60 万元，上缴利税 35.70 万元。

1987 年，株洲工业品贸易中心联合上海、广东、江苏、浙江及省内 33 家灯具灯饰厂家组成国产灯具灯饰株洲总汇，经营工矿建筑灯具、交通灯具、民用灯具、舞台灯具及灯泡、灯管、灯具配件、灯具装饰、新型光源等 3000 多种商品。灯具总汇是联销厂家在株洲市设立的长期展销窗口，成员厂家无偿提供样品、样本及有关资料，委托灯具总汇代签供货合同，并提供灯具灯饰设计、加工、安装等配套服务，还先后在醴陵、浏阳、常德等地建立分销机构。1988 年，灯具总汇改联销为经销，灯具销售额比 1985 年增长 23.40%，利润增长 50.10%。1989 年，灯具总汇并入株洲工业品批发集团公司所属株洲灯具灯饰公司。1990 年，该公司调整经营结构，缩减建筑灯具，增加民用灯、汞灯泡、钠灯泡及金属卤化物灯等新光源产品，并巩固发展厂商联营，全年销售灯具 509 万元。全市销售日光灯管 14.9 万只，各种灯泡 200 万只，其中市区销售占 64%。

20 世纪 90 年代前期，株洲灯具种类简单但销量庞大，1991 年仅株洲市五交化采购供应站一家就购进普通灯泡 97.35 万只，销售普通灯泡 128.56 万只。90 年代后期，株洲灯具品种日益增多，销售数量也逐年加大。其间，株洲市场销售的民用灯具若按功能分，可分为吊灯、台灯、壁灯、落地灯、射灯、筒灯等几类；若按品牌分主要有雷士、欧普、嘉美、亮迪、TC1、飞利浦等 10 余个品牌。随着人民生活水平不断提高，灯具除了要满足普通照明需求外，还要达到装饰和美化居室的效果，随着市区多家高档酒店、豪华宾馆的相继落成，扩大了灯具的消费，并促使和提升了境内灯具销售的品质和档次，但由于经济发展水平的限制，灯具销售主要在各大百货商店及交电批零企业里以专柜的形式对社会销售，株洲灯具一直未能形成专一的，可幅射周边地区的有影响力的专业灯具市场。

20 世纪 90 年代末，株洲百货股份有限公司、株洲前进百货商店、株洲市交通电工器材采购供应站、天元区建材电器大市场、红港建材电器大市场、新世纪电器城等都是株洲灯具批零销售主要商企。

第三节　化工原料

1958 年，株洲市场需求的化工原料由长沙化工原料站移交株洲市工业器材煤建经理部经营。该经理部以经营化工原料为主，兼营少量油漆、染料、颜料等，年销售额 195 万元。其中供应工业生产和基本建设的化工原料占 91.80%，民用化工商品仅销售少许纯碱、小苏打、硫化染料等。1961 年，市五金机械公司经营硫酸、盐酸、硝酸等危险商品，年销盐酸 165 吨，硫酸 34 吨。1964 年，化工原料售价调低，进货差率由 20% 以上降到固定差率 11%；商业物资部门交叉经营的品种移交物资局系统。

1979 年，市五金交电公司供应硫磺粉 118 吨、硫磺块 38 吨、松节油 686 吨、硫酸铝 2334、纯碱 232 吨、明矾 103 吨、石蜡 3330 吨、油漆 878 吨，市内各厂矿实际耗用量远大于此数。铁道部株洲车辆工厂和株洲电力机车工厂每年耗用油漆 900 吨以上，市选矿药剂厂一年耗用优质松节油近 1000 吨，缺口均由厂矿自找货源。1980 年后，化工原料的生产厂与消费厂直接挂钩范围扩大。商业购销减少。1990 年，全市五交化站只销售硫磺块 35 吨，其中市区销 24 吨；油漆全市销 739 吨，其中市区 324 吨；纯碱全市销 209 吨，其中市区 100 吨；松节油、硫酸铝等已退出商业商场，销售额锐减。这年全市化工商品销售额 1517 万元，其中市本级销 764 万元。

1991 年，株洲五交化站全年完成化工商品购进总额 461.56 万元，其中自省外调进 108.85 万元。国内纯销售 474.13 万元，售给省内供销社 13.01 万元，调给省外 112.51 万元，期末商品库存 329.54 万元。销售商品品种主要有油漆，各种染料、硫酸、盐酸、纯碱等。这年，五交化站经营亏损达 97.3 万元。1992 年，株洲五交化站实行“三管理”（进货管理、资金管理、价格管理）的新管理制度。当年，株洲五交化站购进化工商品总额 695 万元，销售化工商品总额 340 万元，其中售给集体及个体商业 300 万元，售给省内供销社 12 万元，期末库存商品 442 万元。是年，五交化站减少库存积压达 200 万元，年末转亏为盈，盈利 5.7 万元，主要化工商品纯碱销售了 236 吨。1993 年，株洲五交化站更名为株洲五交化总公司，公司全面推行“包死基数、超利分红”的“网点”承包制，当年共购进化工原料及其制品总额为 981 万元，完成商品销售 1185 万元，分别较上年飙升 41% 和 248%，成为公司历史上完成购销总额最高的年份。当年，商品零售高达 1047 万元，零售占全部销售总额的 88.35%。主要销售品种有纯碱、油漆及各种染料。1994 年，境内市场疲软，五交化站全年购进化工原料商品 519 万元，销售 642 万元，较上年分别锐减了 47% 和 45.8%。这年，株洲全市共销售硫酸 158 吨、烧碱 671 吨、纯碱 871 吨。1995 年，株洲化工原料采购供应站从株洲五交化总公司母体裂变出来，成为具有独立法人资格的企业。是年，全市销售化工原料及制成品中，销售硫酸 90 吨、烧碱 1103 吨、纯碱 3648 吨。1996 年，株洲化工原料采购供应站购进化工原料及制成品金额 324 万元，完成商品销售 434 万元，其中批发销售 383 万元，商品零售 51 万元，主要商品有纯碱、各种染料、颜料、涂料、油漆、硫酸等。当年全市共销售硫酸 1 吨、烧碱 1 吨、纯碱 6126 吨。1997 — 1999 年，株洲车辆厂、株洲电力机车厂等化工原料耗用大户所需的大量油漆，株洲选矿药剂厂所需的大量松节油，几乎全为厂对厂以直销的形式进行的销售；加上化工商品市场已全面放开，众多集体、个体私营商业纷纷进入市场，市场竞争十分激烈，国营、集体化工经销企业因竞争力不强，致使经济效益连年下滑。其间，株洲化工原料采购供应站 3 年累计实现商品销售总额为 558.5 万元，年均销售额仅有 186.16 万元。至 1999 年该站被迫将罗家冲仓库作价转让。同年，开始推行“国有私营”的承包工作。

2000 年，株洲市限额以上贸易企业共完成化工材料及制品类销售总额 25279 万元，其中批发额完成 24369 万元，零售额完成 910 万元。

第七章 百货 日用杂品

第一节 百 货

清末，株洲老街（解放西街）已有日新棉布店。民国1年（1912），曹怡泰百货店开业。民国2年（1913）和民国6年（1917），晏兴盛、熊新泰百货店相继开业，有资本2000 ~ 3000银元。民国8年(1919),唐乾茂棉布店开业。民国10年(1921),德茂和油盐布匹号开业。民国27年(1938)后,江西等地商贾在株洲镇经营的老新昌、协丰长、刘合盛、悦康、美大、福记、力生7家绸布店先后开业,其店铺均设在三节街、四节街、五节街（解放西街）。抗日战争时间，株洲的商店大都停业或内迁。日本投降后，许多店主陆续回株洲复业。民国35年（1946），赖炳生集资1221元（银元），由湘潭来株洲开设新世界百货店。民国36年（1947），郭运芝开设运华百货店，有资本1926元（银元）。至民国38年(1949)11月,株洲有私营百货业16户,书纸业13户,多系小本经营的夫妻店或兄弟店。由于民国政府滥发纸币，引发物价暴涨，市场混乱，导致不少店铺破产倒闭。

1950年，中国百货公司湖南省公司湘潭分公司株洲支公司（简称“株洲百货支公司”）在株洲镇成立，主营百货，兼营文化用品、纺织品、五金电器、化工原料、食糖、煤油及医药等，批零兼营，业务归湖南省百货公司领导。6—12月，株洲百货支公司销售额达21.5万元，为株洲镇销售额的58%，占农村销售额的17%，该支公司除对市场零售外，并对私营百货商户开展批发业务。采取代购、代销、委托加工，以降低批发起点，扩大批零及地区差价和赊销等措施，百货平均批零差率由6% ~ 7%调整为13.52%,恢复发展了私营商业,批发业务扩展到攸县、渌口和江西省萍乡等地。1951年,株洲市百货行业的商户增至64户,从业人员152人。株洲百货支公司销售额达到66.40万元,比上年增209%，占市场销售额的75.4%。

1952年11月，株洲国营商业进一步调整批零、地区差价和公司经营范围，株洲百货支公司缩减零售业务，缓解了国营商业和私营商业户的矛盾。同年12月，株洲百货支公司更名为株洲市百货商店。

1953年，烟酒经营划出。实行统购统销后，棉布划归株洲市花纱布商店经营。1954年10月，株洲市百货商店更名为株洲市百货公司（简称“市百货公司”）。1955年5月，市百货公司划为5个批发部和1个零售门市部，并增设对私改造股，负责对私营百货行业的社会主义改造工作。通过全行业的过渡，16户私营百货商户全部走上公私合营道路。商品营业额较公司合营前上升94%，经营品种由300种扩大到647种。

1956年6月，五金、交电、文化用品、医药、药材、针棉织品业务从市百货公司划出，分别成立专业公司。同时，市百货公司调整批发零售机构，实行自由选点进货，经营品种由4100种增加到8600种，全年实现销售金额达601万元，比上年增长427%。

“大跃进”期间，市区人口迅速发展，商品销售量成倍增长，市场供应矛盾突出。1958年6月，市百货纺织品经理部成立，扩大本地日用工业品收购，对二类商品订购包销，扩大三类商品收购范围，当年收购本地产品519.7万元，比“一五”计划时期收购99.1万元增长4.24倍。由于单纯追求收购数量，忽视产品质量，造成库存积压。经“三清”（清理库存、资金、账目）削价报废损失51.3万元。1959年，国家扩大一类商品和二类商品范围，凭证定量或凭证限量供应的百货商品逐渐增多，火柴、肥皂、缝纫机等商品均凭票证供应。日用工业品的收购由统购包销、加工定货、选购、代销等多种形式变为统购包销的单一形式，发夹、纸花、浆糊等小商品也由国家商业统购包销。从1961年3月起，紧缺的百货商品凭工分券购买，胶鞋、手表等商品凭专用票供应。1962年上半年，市场供应逐渐好转，部分商品退出凭票供应范围。在1958 — 1960年的3年中，株洲百货销售额为11618.90万元，年均百货销售额为3872.97万元；1961 — 1966年的6年中，株洲百货业销售总额为18657万元，年均销售额仅为3109.50万元。

在1958 — 1963年的5年中，株洲国营百货经营机构与纺织品经营机构两合两分。1969年12月，市百货公司又与株洲市纺织品公司、株洲市劳保用品商店合并为株洲市百货纺织公司。“文化大革命”中，市场供应又趋紧张，国家对日用品扩大统购包销范围，并取消工业部门的自销门市部和地方产品商店，禁止零售商店出市采购。1967 — 1976年的10年中，株洲百货业的销售总额为38484.50万元，年均销售额3848.45万元，比上一时期年平均销售额增长23.8%。从1980年起，国家开始取消单一统购包销形式，实行统购包销、计划收购、合同订购和选购的政策；同时，逐步打破一、二、三级批发到零售的等级购销关系，减少纵向分配调拨的商品和流转环节，实行开放经营。当年12月，市百货纺织品公司再度分为株洲市百货公司和株洲纺织品公司。株洲市百货公司下设百货、文化用品2个批发部和17家百货商店（包括集体所有制商店），共有职工1312人。1982年，进一步改革日用工业品流通按城乡分工的旧体制，实行按商品分工的新体制。市百货公司试办代批代销业务，开拓工商联营、农商联营、批零联购联销等经营方式，扩大直接从工厂进货，从工厂直接进货占总进货金额的比重上升到48.3%。1984年4月，市百货公司所属劳保用品商店和友谊侨汇商店划出，成立株洲市工矿贸易公司。同时，市百货公司所属的湘江、建设、前进、贺家土4个零售商店划出，直属株洲市第一商业局领导管理。1987年10月，市百货公司更名株洲百货采购供应站（简称“株洲百货站”）。同年，推行经营承包责任制，对上与市人民政府签订承包合同，对下与6个批发部、3个零售商店和1个劳动服务公司签订内部承包经营合同，购销任务落实到班组和个人，经营品种由承包前的9000种扩大到1万多种。1988年，株洲百货站销售额达到8499万元，利润完成179.70万元，获得湖南省“双文明”建设先进单位称号。

中共十一届三中全会以后，在改革开放大潮中，株洲百货商业得到长足发展。1988年，株洲市国营、集体、个体百货零售商店发展到313家，从业人员3806人。1990年，株洲市城乡经营百货、文化用品的个体商户达到7404户12034人，自有资金1973万元，全年营业额达2.27亿元。株洲百货站发展为6个批发部、4个零售商场，职工507人，有流动资金2807.6万元，固定资产781.6万元。

1991 年，株洲一、二商业局管理的百货商业企业共有 16 家，职工 2270 人。其中，全民所有制企业 10 家，职工 1733 人；集体所有制企业 6 家，职工 497 人。这年，株洲最大的百货文化用品零售企业、株洲百货大楼（简称“株百”）连续第 5 年被市政府授予“双信单位”和“消防安全先进单位”称号。同年 4 月，株百被省商业厅授予“全省商业系统安全先进单位”，9 月被评为全国商业计量先进单位，11 月被商业部授予“安全先进单位”，成为湖南省商业系统唯一获此荣誉的企业。同年 8 月，株洲百货大楼与市财政局、第一商业局签订了为期 9 年的投入产出总承包合同，成为全省实行总承包的 8 家大型商业企业之一。1992 年，株洲百货商业企业全面实行以“四放开”（经营放开、价格放开、用工放开、分配放开）为核心的商业改革，大胆引进承包责任制和个体经营体制，实行工资总额与经济效益挂钩，促进了百货企业经济效益的提升。1993 年，由于物价上扬，刺激了消费者“买涨不买落”的消费心理，株洲百货商业的批零销售获得同步增长，但零售企业效益仍明显好于批发企业。

1995 年，以株洲“优化资本结构，增强企业实力”试点城市为契机，株洲百货商业企业一手抓企业兼并合作，一手抓零售网点改扩建。桥东百货大楼、湘天桥百货大楼改扩建工程分别于当年的 7 月、11 月先后竣工开业，2 个改扩建工程共增加营业面积达 7600 平方米；株洲百货大楼兼并了株洲眼镜厂门市部，田心百货商场兼并了田心东门饮食店，前进百货兼并了新风商场，为株洲商业改革拉开了序幕。新风商场被兼并后改建为声光电器行，成为前进百货大楼家用电器的连锁商店，当年即完成销售额 1062 万元，较兼并前增长 8 倍，实现利润 18.68 万元。

1996 年，株洲商业局辖属的百货经营企业有 12 家，其中全民所有制企业 8 家（株洲百货大楼、前进百货商场、湘天桥百货大楼、建设、贺家土、田心、董家塅百货商场和市百货批发公司），从业人员 2893 人；集体所有制百货商业企业 4 家（桥东、红旗百货大楼，奔龙、杉木塘百货商场），从业人员 484 人。当年，株洲市商业局辖属的百货商业企业开展以优质商品和优质服务活动，大力拓展销路。田心百货商场率先推出“满意工程”活动和“十条龙”系列服务举措，随后前进百货大楼开展以“十条郑重承诺”为内容的优质服务活动。株洲百货大楼参加全国“百城万店无假货”活动，承诺“株百销售，株百负责”，成为全国 100 家受到中宣部、国内贸易部通报表彰的商业企业之一。是年，株洲百货大楼、前进百货大楼、建设商场 3 家零售企业，全年受理顾客咨询 91640 次，送货上门 22108 次，为顾客退换商品 4760 次，维修大件商品 10256 件次（其中上门修理 2317 次）。同年 11 月，为转换经营机制，由株洲百货批发总公司发起，企业职工个人集资筹建的株洲利华百货有限责任公司正式营业。

1997 年，株洲商业改革全面展开。6 月，株洲百货股份有限公司成立；9 月，前进百货股份有限公司成立。两家公司分别募集到股本金 5364 万元和 3200 万元。同年 7 月，债务沉重、无力经营的桥东百货大楼将一、二楼，湘天桥百货大楼将旧楼一楼的经营场地，均委托给前进百货股份有限公司经营管理。委托经营后，前进百货股份有限公司每月增加营业额 100 余万元，并为特困企业的下岗职工提供了 140 多个再就业岗位。

1999 年，株洲商业局管理的百货业商业企业共 16 家，从业人员 2242 人。其中，全民所有制商业企业有6家，员工333人；集体所有制企业4家，员工90人；股份制商业企业2家，员工1480人。是年，“自选”营销模式开始入驻株洲，“步步高”“万佳乐”等量贩市场相继在株开业，株洲百货市场竞争加剧。是年，市商业局下属的6家全民所有制百货商业企业有5家亏损，4家集体所有制百货企业全部亏损，局属企业全年亏损总额达210.6万元。但2家股份制企业却逆势而上，当年实现利润487.4万元，其中株洲百货股份有限公司销售额还首次突破两亿元大关。在当年的亏损企业中，株洲百货批发总公司年亏损额达168.4万元，占全部亏损额的五分之四，成为当年的亏损大户。

2000年，株洲东方贸易公司自株洲市五交化总公司独立出来，成立了东方贸易有限责任公司，并隶属于市一商业局管辖。是年，株洲百货股份有限公司通过改制扩建，已发展到拥有天元、荷塘、芦淞、石峰、中心广场5家超市门店，从业人员6000余人，营业面积8万余平方米，经营百货、纺针品、家用电器、服装鞋帽、文化用品等10万余种商品的超大型百货零售企业，年销售额在10亿元以上。

一 进 货

1949年以前，株洲百货、文化用品主要是从长沙进货，浙赣、京广铁路通车后向汉口、上海、杭州、广州等地采购。

1950—1959年，株洲百货支公司收购本地日用工业品仅有钮扣及少量的皮鞋、布鞋、布伞、衣刷、相框等，货源主要仍由湖南省百货公司统一分配，经由长沙百货站及省内各二级站进货。

1959年，湖南省商业厅决定，市百货公司可直接向商业部各百货文化用品一级站进货，但上海肥皂等整车直达运输商品，仍通过省百货公司或长沙百货站开单调拨。至1960年，本地产品货源增多，收购量随之增大，当年市百货公司收购本地日用工业品达1591.8万元，占总进货额的42.4%，从外省调入商品总金额为530.7万元，占总进货额的14.14%，其中京、沪、津、穗品种进货量有所扩大。

1961—1966年，市内百货、文化用品生产企业努力提高产品质量，扩大塑料薄膜复制品、小五金日用品等小商品的生产。这段时期市百货公司共收购本地产品金额2453.6万元，占进货总额的37%；从省内外调入商品总额4170.50万元，其中省内调入为3083.3万元，占73.9%，省外调入商品总额1088.5万元，占26.1%。

“文化大革命”期间，纸张需要量剧增。国营商业部门支持扩建了淦田造纸厂，年平均收购量900吨。同期，胶鞋、布鞋、电池的收购量也有所增加。其间，共收购本地产品6850万元，占同期总购进额的43.45%。株洲百货公司还从省外调入商品金额共计4871万元，占同期调入商品总金额的54.60%；省内调入商品金额为4044万元，占同期调入商品总金额的45.4%。

1979年后，三类百货、文化用品由计划生产和计划收购改为商业选购、工业自销及厂店挂钩的购销办法。市百货公司向外开拓市场，先后与全国10多个省份的165家工厂建立商品购销关系。1979—1990年，株洲百货站从省内外调入的商品总金额2.06亿元，其中省外调入商品金额1.55亿元，占同期商品总调入金额67%，省内调入商品总金额0.51亿元，占同期调入商品总金额的33%，比“文化大革命”10年所占比重上升12.4个百分点。从省内调入的商品额减少14.7个百分点。1990年，株洲百货系统总进货额为1.32亿元，其中株洲百货站收购市内产品为1351万元。在总进货中直接从各生产部门购进0.7亿元，占53%。在百货系统内调入0.39亿元，其余在其他商业系统进货。

1991—2000年，株洲经济增长加快，一、二、三产业都得到了全面发展，市场交易量逐年递增，市场交易活跃，本省及本地商品购进货源充足。1992年，市商业局辖属的百货商业企业全年完成商品购进总金额20655万元。1993—1994年，共完成百货、文化商品购进总额17.32亿元，其中从生产地购进8.34亿元。其间，株洲一商局下属的6家全民所有制企业及1家集体所有制企业共完成商品购进额3.34亿元，占全市购进总额的19.29%。1995年，市百货用品业在“商贸活市”市策的指引下，不断深化改革。全年，株洲商业局辖属的百货商业企业共完成商品购进总额26196.3万元。其中，株洲百货大楼就完成商品购进14396.5万元，占购进总额的55%；前进百货大楼完成商品购进额10556.7万元，占购进总额的40.3%。1996年，全市日用百货购进总额为95661万元，大部分百货、文化类商品货源均来自省内，从省外购进只有15533万元，仅占全市购进总额的16.2%。当年，株洲商业局辖属的百货商业企业全年完成商品购进额为22720万元，占全市购进总额的23.75%。1997年，株洲百货市场购销平淡，全市经营百货用品的独立核算商业企业总数有115家，全年商品购进完成68435万元，较上年下降了28个百分点。这年，市商业局辖属的百货商业企业因债务、人员过剩，包袱沉重，经营出现困难，全年完成百货商品购进总额仅21719万元，较上年下降了14%。1998年，市商业局辖属的百货商业企业有12家，年末职工人数3085人，完成百货类商品购进总额为27443万元，购进总额较上年上升了四分之一强。1999年，全市独立核算百货文化用品商业企业共126家，年完成百货购进总额69678万元。其中，市商业局辖属的16家百货企业完成商品购进总额32973.7万元，占全市百货购进总额的47.3%，成为百货类商品购进的主要渠道。

2000年，株洲百货类市场交易量有所扩大，购销稳中有升，全市107家百货文化批发、零售企业完成商品购进额71677万元，较上年微增了2.86%。市商业局辖属的企业完成商品购进总金额32642.8万元。其中，从生产地购进13884.5万元，从批发、零售贸易业购进18758.3万元。购进总量基本与上年持平。

二 销 售

1951年，株洲百货支公司改坐店等客为下乡推销，先后在朱亭、三门和醴陵城关增设推销小组和百货商店，凡城乡都需要的商品，优先供应农村。1960年，市场商品紧缺，火柴、热水瓶、搪瓷制品、肥皂等日用工业品凭票、证、券供应。1961年，在城市对进口手表、搪瓷面盆等实行高价销售；在农村实行“奖售换购”的办法供应日用工业品。农民向国家交售农副产品，按交售额发放一定比例的工业品奖售券，由当地供销社凭券按平价供应。同时，市百货公司派出业务人员到渌口、雷打石、三门、淦田、朱亭、古岳峰、白关、龙头铺、板杉、均楚等区供销社帮助销售，推动工业品“下乡”。

1963年后，国民经济开始回升，百货、文化用品供应得到明显改善。1965年，高价商品恢复平价供应。1966 年 2 月，全部取消工分券，敞开平价供应日用工业品。从 1968 年 9 月起，对肥皂、洗衣粉、香皂、药皂等商品，再次凭购货券供应，对进口手表、缝纫机等凭专项商品特需票购买，直到 1978 年才逐步取消。1979 年以后，百货商品（除肥皂外）全部敞开供应。随着改革开放政策的贯彻执行，市百货公司在供应上采取扩大回扣和举办展销会、看样订货会、业务洽谈会等方式把生意做活。1990 年，株洲百货站总销售额为 7582 万元。

1991 年，全市百货商店发展到 327 家，从业人员 4704 人，其中株洲市区 149 家，从业人员 3975 人，分别占全市商店总数及从业人员总数的 45.6% 和 84.5%。是年，百货零售市场表现活跃，批发市场则处境艰难。市商业局辖属的百货商业企业积极开展“销售目标竞赛”活动，全年完成商品销售总额 19948 万元，实现利润 514.6 万元，上缴税利 1427 万元。同年，株洲百货大楼扩改工程竣工，营业面积由 4500 平方米增加到 6000 平方米，当年商品销售额也增至 7026 万元，实现利润 284.7 万元，比上年分别增长 34.55% 和 84.51%。桥东百货商场对营业场地实施改扩建，营业面积由 800 平方米扩至 2700 平方米，营业柜台由 15 个增加到 31 个，经营品种扩大到 1 万余种，全年完成销售额 910 万元，较上年增长 17%。

1992 年，市商业局辖属的百货商业共实现销售总额 19126 万元，其中株洲百货大楼销售总额首次突破亿元大关，达到 10078 万元，比上年增长 43.5%，成为全省除长沙市外首家销售额过亿元的地市级百货零售企业，并荣获全国“百家最佳效益商店”称号。同年，株洲前进百货大楼重建工程年底竣工，营业面积由原来的 1800 平方米增加到 8300 平方米，第四季度的销售额较上年同期增长 27%。1993 年，全市完成日用百货批发总额 25785 万元，零售总额完成 14010 万元，其中市区完成批发 1570 万元、零售 8033 万元，分别占全市批发总额的 6% 和零售总额时 57.3%；市商业局辖属的企业完成商品销售总额 17186 万元，其中商品零售实现 8155 万元，利润 271.44 万元，上缴税利 441.21 万元。

1994 — 1996 年，市商业局辖属的百货商业企业共完成商品销售总额 76989.4 万元，实现利税 1864.6 万元。1997 年，全市日用百货独立核算商业企业共计 115 家，实现商品销售总额 80648 万元。但市商业局下属的部分百货商业企业经营乏力，致使局属系统当年共完成商品销售总额仅 18672 万元，较上年下降 12%；上缴税利完成 891.6 万元，比上年下降 7.7%。12 家百货商业企业中仅株洲百货股份有限公司的商品销售额比上年增长 21%。

1998 — 1999 年，市商业局辖属的企业共完成销售总额 73799.2 万元。其中，商品零售 67628.7 万元；销售给批发、零售贸易业 5633.2 万元；销售给生产用商品 537.3 万元。其间，株洲百货股份有限公司与前进百货股份有限公司共完成销售额 62740.1 万元，这 2 家公司的销售额占到局属百货商业系统总销售额的 85%。

2000 年，株洲百货批发零售商业企业共有 107 家，全年完成商品销售总额 81352 万元。其中，市商业局辖属企业实现商品销售总额 39456.9 万元，在局属百货商业销售总额中，商品零售 37461.3 万元，销售给批发零售贸易商 1748.1 万元，销售给生产用商品 247.5 万元，整体亏损 208 万元；株洲百货股份有限公司和前进百货股份有限公司共实现商品销售额 36801.7 万元，占局属百货商业全年销售总额的 93.3%，实现利润 410 余万元。

株洲市 1950 — 2000 年国营商业系统销售总额一览表

表 8-24　　单位：万元

年　份	年数（年）	销售总额	年平均销售额	较上期年平均销售额增减（%）
1950 — 1957	8	3197.60	399.70	0
1958 — 1960	3	11618.90	3872.97	869
1961 — 1966	6	18657.00	3109.50	–20
1967 — 1976	10	38484.50	3838.45	23.8
1977 — 1990	14	123762.00	8840.00	130.3
1991 — 1993	3	56260.00	18753.30	112.1
1994 — 1996	3	76989.40	25663.10	–67.3
1997 — 1999	3	92471.20	30823.70	20.1
2000	1	39456.90	39456.90	28

三　主要品种

（一）火　柴

抗日战争期间，国民政府对火柴等实行战时专卖。至中华人民共和国成立前，株洲主要经销湖南和丰公司及湘中、协兴、致力等火柴厂的和丰、猴牌火柴。

1949 年，火柴除向长春、宁波、杭州、上海、江西等地调入 10% 的货源外，其余均从湖南省内厂家调入应市。1951 年，株洲销售火柴 589 件，58.90 万小盒。1954 年 9 月后，株洲市对火柴等实行全面包销。“一五”计划时期，市百货公司共销售火柴 11588 件，年平均销售 2318 件，每人年平均消费 1.70 小盒。1958 — 1960 年，共销售 21598 件，平均 7199 件，较前 5 年的年平均销量增加 2.10 倍。1961 — 1966 年，共销售火柴 50684 件，年平均销售量 8447 件，较前 3 年年平均销量增加 17.30%。1967 — 1976 年，火柴销售量持续增长，共销售 14.70 万件，年平均销售 1.47 万件，较前 6 年的年平均销量增长 74%。1978 年起，放开火柴价格，改计划供应为市场调节，火柴销量持续增长。截至 1990 年，市区销售火柴 23.07 万件，年平均销售 17746.15 件。1990 年，全市国营商业销售火柴 4300 件，其中市区销售 2200 件。

1991 年，全市共销售火柴 35300 件，其中市区销售 8200 件，销售量较上年分别增长了 8.2 倍与 3.7 倍。1992 年，全市火柴销售量为 42600 件、价值 341 万元，销售量较 1991 年增长 20.6%。其中，市区销售火柴为 12900 件、价值 103 万元，市区火柴销售量较上年增长了 57.3%。

1994 — 2000 年，株洲市火柴销量逐年减少，而打火机市场销量年年飙升。其间，打火机因价格低廉、使用方便而进入百姓家庭，并迅速取代了火柴，火柴变成了“夕阳商品”，难觅踪影。但部分宾馆客房仍配有少量火柴，以方便客人。

（二）肥　皂

民国时期，株洲多从上海输入五洲、固本、祥茂等牌号肥皂供应居民。1952 — 1953 年，株洲市区人均年消费肥皂 0.70 条。1954 — 1957 年，市区人均年消费肥皂 2.30 条。1957 年后，市区以调入省产肥皂为主，湖南日用化工厂的马头牌肥皂尤为畅销。1958 — 1960 年，肥皂供不应求，3 年共销售肥皂 88218 箱，年平均销售 29406 箱，较前 7 年年平均销量增加 33%，其中少部分销到市外。

1961 — 1966 年，肥皂凭票证供应，6 年销售 14.71 万箱，年平均销量 24517 箱，比前 3 年年平均销量低 17%。1966 年 2 月，取消凭票供应。1968 年 9 月起，肥皂再次凭券供应。

1970 — 1978 年，株洲县渌口骨粉厂生产 42 型自力牌肥皂，9 年共收购 61681 箱。因非省定点厂，质量又不符合标准，1979 年停产。

1980 年以后，肥皂生产受油脂原料的影响，货源又趋紧张。1986 年与 1988 年，发生挤购肥皂风，部分居民成箱购买储存。1986 年株洲百货站供应肥皂 10.24 万箱，较 1985 年增长 10.90%。1988 年，购进肥皂 76923 箱，比 1987 年增长 44%；总销售量 9.7 万箱，与 1987 年销售量持平。由于国营商业储备充足，挤购风很快平息。但马头、大方牌肥皂，直到 1990 年上半年仍凭票定量供应，居民每户每年 12 条，集体户每人每年 6 条，郊区菜农每户每年 4 条。1990 年，株洲市共销售肥皂 7.3 万箱，其中市区 4 万箱。1991 年，全市销售肥皂 11.31 万箱，其中市区销售 4.67 万箱。1992 年，肥皂的销售量有所下降，全市销售肥皂 10.54 万箱，价值 575 万元，销量较上年下降了 6.8 个百分点，其中市区销售肥皂 3.52 万箱、价值 192 万元，市区销量占全市销量的 33.4%。

自 1992 年起，株洲市取消了肥皂凭票证供应的计划统销模式，肥皂销售由卖方市场逐渐转变成了买方市场；同时，由于洗涤市场新品频出，各种洗衣粉、洗手液、沐浴露、衣领净等洗涤产品逐步受到人们的喜爱，肥皂的销量因此而大受影响，1992 年后肥皂不再列入商业统计范围。

（三）洗衣粉

合成洗衣粉是 20 世纪 60 年代初的新产品。1963 — 1964 年试销期间，市百货公司采用大字报、黑板报和召开各种会议等多种形式，向消费者宣传洗衣粉的优点，逐渐打开销路。1963 年销售 13.48 吨，1965 年销售 26.50 吨。1967 — 1976 年间，年平均销量 99.43 吨。1978 — 1990 年间，市区年平均销 618.30 吨，较前 10 年平均销量增长 5.22 倍，市内销售以白猫、天鹅、活力 28 等牌号低泡品种为主，增白型等品种也有一定市场。

1990 年，全市销售洗衣粉 787 吨，其中市区 442 吨，分别较 1985 年下降 44.4% 和 34.3%。

1991 年，全市销售洗衣粉 1917 吨，其中市区销售 638 吨，占总销量的 33%。1992 年，株洲市销售洗衣粉 2316 吨，价值 711 万元，其中市区销售 626 吨，价值 192 万元，市区销量占总销量的 27%。1993 年，全市销售洗衣粉 2699 吨，比上年增长了 16.5%，其中国营商业系统销售 901 吨，占总销售量的 33.38%。2000 年，境内市场洗衣粉品牌众多，市场占有率较高的主要有奇强、熊猫、活力 28 等少数品牌。

（四）鞋 类

株洲市场供应的全胶鞋、网鞋、球鞋等大多从长沙、上海、天津、广州、石家庄、沙市等地调入，以其价廉、实用性强而受到消费者欢迎。1954 — 1959 年，株洲市城区胶鞋年销量由 12.20 万双增至 30.70 万双。其时，布胶鞋以力士鞋、南光鞋为主。三年经济困难时期，销量陡降，1963 年开始回升。至 1981 年，年销量达到 175.60 万双，其中株洲市橡胶厂生产的解放鞋为 122 万双。1983 年前，高统球鞋仍凭计划供应。随着人们生活水平的提高，皮鞋挤占了胶鞋市场，胶鞋销售量逐年下降，1990 年全市销售 107.7 万双，其中市区销 57.5 万双，与 1985 年比较，全市销量下降 30%，但市区销量增长 10.6%，低档次的胶鞋已退出销售市场。

1991 年，株洲国有大中型商业企业销售胶鞋 199.49 万双，其中市区销售 26.02 万双，较上年分别增长 85% 和下降 54.7%。1992 年，市国有大中型商业企业销售胶鞋 204.69 万双，价值 1864 万元，其中市区销售 27.46 万双、价值 293 万元。1993 年，株洲全社会商业企业共销售鞋类 1026.74 万双。随着生活水平的提高，人们脚上的鞋子也打破胶鞋一统天下的模式，展现出多姿多彩的变化，其中皮鞋的年销量持续增长，当年皮鞋销量为 157.06 万双，占全市鞋类年总销量的 15%。

1994 — 1996 年，市大中型商业企业共销售鞋类 714.25 万双，年平均销售各种鞋子 238 万双。在总销售量中，批发 325.8 万双，零售 388.45 万双，库存 212.44 万双。在此期间，皮鞋销售仍是一枝独秀，3 年共销售皮鞋 194.99 万双，皮鞋销量占总销量 27.3%。1997 年，由于个体及私营经济的不断壮大，国有大中型商企鞋类销售逐年减少。全年市大中型商业企业购进鞋类 69.25 万双，销售鞋类 114.43 万双，其中批发 13.21 万双、零售 101.22 万双、库存 72.5 万双。在鞋类总销量中，皮鞋为 24.57 万双，皮鞋销量占总销量的 21.47%。至 2000 年，市限额以上商业企业销售鞋类已骤降至 16.21 万双，其销量还不及上年销量的八分之一。

（五）学生课本

学生课本为国家计划商品，由国营商业统购统销。货源主要市产市销，由商业委托市内印刷厂加工。1952 — 1986 年，每加工 1 吨纸张的课本，由商业补贴印刷厂 200 元。销售价格保持在每本 0.03 ~ 0.05 元，低于实际收购价。1970 — 1980 年，市区总销量 1591 万本，年平均供应 144 万本。1981 — 1990 年，总销量 1393 万本，年平均供应 139 万本。1987 年，学生课本退出国家计划，价格放开，学校与印刷厂直接挂钩，商业销售逐年下降。1990 年，株洲百货站供应市区课本 76 万本，平均供应每个中、小学生 17 本。

1991 年，株洲市销售课本 522.4 万本。随着教育事业的快速发展，学生课本的销售量也逐年增加。1995 年，株洲市课本销售量已增至 1012 万本。至 20 世纪 90 年代末国营商业经销课本一统天下的局面已不复存在，不但大店、专店有经销，街边小店也有销售，为了节约费用，许多学校和零售商店还直接到印刷厂去订货和进货。由于市场课本充足，供求平衡，自 1992 年起，课本便退出了商业统计范围，由市新华书店统一购销。

（六）铅 笔

1954 年，株洲市区销量为 7.4 万支，1957 年增至 19.8 万支，1960 年又增加到 83.8 万支。1972 — 1990 年总销售 3046 万支，平均年销售 169 万支，较 1960 年增长 1 倍。后由于活动铅笔应市，木质铅笔销量下降，全市 1990 年销售 364 万支，其中市区销 123 万支，比 1985 年分别下降 13% 和 28%，而醴陵市、茶陵县销量分别增长 19.4% 和 283%。

1991 — 2000 年，铅笔的品类日益增多，自动铅笔、活动铅笔、工艺铅笔、彩色铅笔、绘画铅笔、特种铅笔纷纷上市，随着教育事业的发展，各类学校及学生数量大增，使得铅笔市场需求旺盛，销售活跃。其间，株洲各大专业文具店及专业文化用品市场是铅笔销售的主要渠道，而星罗棋布的乡镇小贩和街边小店虽然销售份额占比不大，但却是中、小学生选购低档铅笔时喜欢光顾的地方。由于铅笔本身价低利微，加之签字笔、中性笔等新笔种的大量涌现，铅笔逐渐失去了过去的显要地位，商业部门自 90 年代初开始就不再对铅笔购销进行统计上报了。

（七）手 表

从 1951 年起，手表为计划分配商品，1954 年株洲市区销量不足百块。随着人民生活水平的提高，手表成为婚嫁必备的三大件（手表、缝纫机、自行车）之一，到 1961 年销量增至 1300 块。1962 年，虽要凭工分券购买，销量仍增至 1500 块。1963 年，一般品种仍凭券供应，对上海牌及进口手表实行高价销售，价格高出计划价的 50% ~ 200%。1965 年 4 月，恢复平价供应。1963 — 1965 年，市区手表总销量 9400 块，年平均 3100 多块。1974 年取消凭券供应，敞开销售，1975 年市区纯销量增加到 1.08 万块。进入 20 世纪 80 年代，手表已向中、小学生普及，电子表、进口手表大量涌入株洲市场。1988 年，市区手表纯销量为 5.36 万块，其中进口表占 16.4%。1990 年，株洲市共销售各种手表 5.98 万块，其中市区销 4.57 万块。手表总销售量中，进口表 0.77 万块，市区为 0.71 万块。

1991 年，全市销售手表 7.92 万块，由于农村购买力的不断增强，农村手表销量增加，市区手表销量出现下降，当年市区仅销售手表 3.84 万块，不足全市销量的一半；较上年同期销量下降了 16 个百分点。1992 年，株洲市商业系统购进手表 2.87 万块，销售 9.58 万块，销售额为 670 万元，其中，株洲市区销售 5.26 万块，销售额为 368 万元，市区销量占全市手表销量也升至 54.9%，较上年同期增长 37%。1993 — 2000 年，随着中国市场的开放，国外钟表企业纷纷来华设厂，市场上的石英钟、电子表计时精准，且价廉物美，国产机械表的销售逐渐萎缩。自 1993 年起，手表作为一种普及程度很高的普通日用品，已经淡出了统计范围，市商业部门不再进行年度汇总统计。

第二节 日用杂品

民国年间，株洲日用杂品（简称“日杂”）行业中有锅冶、瓷瓦、胪陈、竹木等。1949 年 8 月，株洲集镇有锅冶业 6 户，瓷瓦业 8 户，胪陈业 22 户，竹木行 28 户。6 户锅冶业计有从业人员 10 人，资本 2.34 万元，经营铁锅、瓮坛为主，兼营炉桥、铁钉、火钳、犁耙、锄头，大都自产自销。其中朱泰和、朱福泰 2 家锅冶店规模较大。8 户瓷瓦业，从业人员 12 人，主要经营缸、钵、坛等陶瓷器和瓦货。瓷器货源主要来自萍乡、醴陵、衡阳和雷打石，陶器来自长沙铜官，瓦货购于本地。此外，尚有专营竹篾、草席的小店，经营脚盆、提桶的圆木铺和经营家具杂物的红货店，经营方式大都是前店后厂、自产自销，承接上门画样订货。鞭炮、土纸等商品则主要由胪陈业和南货业等附带经营。1949 年 8 月后，日杂市场得到恢复和发展。锅冶业新增道生和锅铁店、鼎新铁冶店 2 户；瓷瓦业新增喻新祥、李发、刘胜利、史鸿盛、合兴祥、叶生泰、漆申良、吴煜仁等 8 户。至 1950 年 10 月，株洲镇有锅冶业 8 户，从业人员 15 人；瓷瓦业 9 户，从业人员 15 人；胪陈业 38 户，从业人数 62 人；

竹木业 26 户，从业人员近百人。

1954 年，株洲市政府决定日用杂品由市合作总社供销经理部经营。1956 年，私营日杂行业实现社会主义改造，由鼎新铁冶店、朱福泰记锅铺和朱泰和记锅铺合作成立铁冶第一门市部；由龙庆祥锅铁钉店、瑞兴祥锅铺、道生和锅铁店组成铁冶第二门市部。瓷瓦业组建宁街瓷器合作总店，下设栗树街、徐家桥、结谷街、北站和建兴园 5 个门市部，原有从业人员分别归口到各合作商店。胪陈业、竹木行也分别组成了合作商店。1956 年 4 月，成立株洲市零售贸易管理处，日杂行业的合作商店全部纳入该处实行公私合营。瓷瓦业由原合作经营的建宁街瓷器总店改为公私合营爱民瓷器总店，仍设 5 个门市部，并增加陶画加工业务。

1958 年，日杂经营归口市商业局土产经理部。1959 年，成立市土产公司，日杂业务划归该公司。1960 年年底，成立株洲市贸易公司，日杂划归贸易公司经营，并将原公私合营后由零售贸易处管理的公私合营日杂移归市贸易公司管理。

1961 年 9 月，成立湖南省日用杂品公司株洲市公司（简称“市日杂公司”），市贸易公司负责的日杂经营业务划归市日杂公司经营。下辖建宁街瓷器店、建宁街铁器店和栗树街日杂店等零售商店，专营日用杂品。

1964 年，由省供销社拨款 1.25 万元，建成董家塅日杂门市部，并相继建成建设日杂店和新城瓷器店。1966 年，从市食杂果品公司接管原属郊区供销社管辖的茨菇塘商店，成立茨菇塘日杂店。

1967 年，将栗树街日杂店、建设日杂店、建宁街铁器店、董家塅日杂店、新城瓷器店、茨菇塘日杂店分别按顺序改为第一至第六门市部。

1969 年 11 月，市供销合作社将市贸易公司与市日杂公司合并成立市农产品公司，下设日杂批发部，负责日杂经营业务。1976 年 1 月，市供销合作社撤销市农产品公司，成立市土产日杂公司。

1979 年 4 月，市供销社将市土产日杂公司分为市日杂公司和棉麻土产公司。市日杂公司下设栗树街日杂店、建宁街铁器店、董家塅日杂店、茨菇塘日杂店、新城瓷器店、建设日杂店和车站日杂站。

1980 年，增设石峰日杂店，1981 年 6 月，自筹资金 39.8 万元在贺家土建成公司综合楼，并新设贺家土综合商场，成立席铁纸草批发部和竹木陶瓷批发部。1983 年，设荷塘铺日杂店。1985 年，自筹资金 27.6 万元建成杏花园综合楼，设杏花园综合商场。1986 年，重建建设商场（1984 年失火），1988 年设立综合批发部和工业品批发部，经营网点由 7 个扩大到 12 个。

1988 年，公司先后与广东、广西、湖北和本省的 20 家工厂和兄弟单位开展横向经济联合。同时，将竹木陶瓷批发部更名为“株洲市纸铁厨具公司”，综合批发部更名为“株洲市烟花鞭炮综合公司”；栗树街日杂店更名为“栗树街日杂商场”。1989 年 5 月，将市日杂公司更名为“株洲市日用杂品总公司”。1990 年年末，市日杂总公司已拥有 3 个分公司、1 个工业品批发部、1 个服务部和 2 个招待所，4 个独立核算商店，共有职工 239 人，固定资产原值 238.1 万元。1990 年商品总购进 1872.5 万元，销售总额 2203.4 万元，实现利润 10.5 万元，缴纳税金及附加费 43.5 万元。

1991 年，市日用杂品总公司全年购进商品总额 6687.21 万元，其中国内购进 6543.41 万元，省外国、合商业购进 143.8 万元。完成商品销售总额 7189.67 万元，其中国内商品销售额为 2229.49 万元，售给省外国、合商业 4960.18 万元。期末库存商品 2453.39 万元。

1992年，市日用杂品总公司推行“四自一包”的经营体制，为拓展市场，该公司相继成立了“华西商场”和“陶瓷分公司”。1993年，市日杂总公司的购销总额均出现下滑，销售利润减少。当年，商品购进总额完成2200万元，商品销售总额完成2400万元。1994年8月，市日杂总公司投资1000余万元兴建的贺家土大市场开业，集蔬菜、肉食、工业日用品批零于一体，成为贺家土地区居民消费购物的中心。是年，市日杂总公司由于包袱沉重、机制不活等深层次矛盾的影响，购销总额仍持续下滑，年购进总额为1988万元，较上年减少212万元，年销售总额为2023.44万元，较上年下降了15.7%。

1995年，市日杂总公司对长期亏损的经营项目采取租赁、转让、拍卖，以盘活现有的资产存量。同年3月，市日杂总公司与市食杂果品总公司联合投资700余万元兴建的“芦东服装大市场”开业，市场拥有摊位1020个（日杂总公司占其中420个），营业面积达7000余平方米。这年，日杂总公司完成商业购进总额达2434.97万元，商品销售额实现2381.99万元，较上年分别增长了22.71%和17.22%，扭转了亏损的局面。1996—1998年，市日杂总公司共完成商品购进总额6315.65万元，完成商品销售总额6297.17万元。

1998年9月，新组建株洲市烟花炮竹有限公司。同年12月，又将日杂大楼（含建设招待所）从市日用品总公司分离出来，成立独立核算、自负盈亏的新法人企业。

2000年，随着人民生活水平的不断提高，过去许多“土、杂、小”的日用品已被更新，被更好的现代日用品所取代。由于传统日用品的销售量日益萎缩，加上期间个体商贩迅猛发展，市日杂总公司原有的购销网点和渠道，优势尽失，风光不再，被迫实施关、停、拍卖。是年，市日杂总公司基本退出了自营业务。

株洲市日用杂品总公司1990—1999年商品购销总额一览表

表8-25

单位：万元

年 份	商品购进总额	商品销售总额	年 份	商品购进总额	商品销售总额
1990	1872.50	2203.40	1995	2439.47	2381.99
1991	6687.21	6543.41	1996	2649.87	2583.27
1992	–	–	1997	2018.60	2202.83
1993	2200.00	1500.00	1998	1647.18	1511.07
1994	1988.00	2023.44	1999	1192.46	1204.33

一 经营范围

日杂行业经营商品多为“土、杂、小”商品。1956年1月，国营商业与合作商业第三次分工，将瓷器、陶器、土纸等的批发业务，由国营商业划归供销社经营。7月，省供销社将鞭炮、竹筷、竹席等业务移交日杂行业。1960年，物资系统经营的木器家具移交给日杂行业经营。

市日杂公司成立后，经营商品主要包括土纸、陶瓷器、雨伞、葵扇、草席、铁制炊具、火炉、烟筒、竹木制品、鞭炮和其他杂品。

从1980年开始，随着商品更新换代和商业流通体制的改革，市日杂公司经营范围逐步突破“土、杂、小”的界限，不少商品已无严格的行业划分，1990年，市日杂公司经营商品19大类500多个品种，按不同规格、花色、等级统计，计2000多种。

1998年，供销系统深化供销企业改革。市日杂总公司在改革中逐步实现了向“资产经营”和“物业管理”方向的“两转向”，其自营业务随之逐年减少。至2000年，市日杂总公司已基本放弃和退出了主营业务。其间，株洲的日杂市场经过分阶段放开和多种经济成分进入经营，以及随着经济的发展，老传统商品质量得到提高、新颖时尚的新产品不断涌现，日杂市场呈现出一派兴旺的景象。市日杂总公司退出主营业务后，遍布城乡、数量庞大的个体商店（贩），不但填补了日杂公司关、停、撤、并后留下的空缺，而且还以良好的服务和灵活的经营手段，极大的满足了城乡居民对日用杂品日益增多的需求。

二 购 进

市日杂公司经营的土纸、“三锅”（铁锅、鼎锅、瓮坛）、陶瓷器、草席、葵扇、竹木制品、烟花鞭炮等，属于国家委托供销社管理的物资，按计划购进。1966—1978年，市日杂公司共收购土纸2799吨、草席29.24万条、铁锅50.03万口、日用瓷器5952.64万件、日用陶器451.80万件，同期按统一调拨计划从市外调入土纸5153吨、草席116.66万条、铁锅37.13万口、日用瓷器969.16万件，日用陶器568.54万件。1978年，市日杂公司购进总值达751.58万元。

从1979年开始，日用杂品逐步转向自行采购。1986年，国家统一调拨计划全部取消。市日杂公司派出采购员向全国29个省（市）进行采购。1979—1990年，市日杂总公司主要商品总购进为：土纸4554吨、草席55.05万条、铁锅134.56万口、日用瓷器3961万件、日用陶器231.18万件，其中1990年购进总值为1872.47万元。

1992年，以“四放开”为核心的商业改革在全市铺开。市日杂总公司的商品购进早已摒弃按统一计划采购的旧模式，转向按市场需求进行商品采购的新模式。1993—1997年，国家经济形势起伏不定，市场表现疲软，市日杂总公司依托自身点多面广的网点优势，5年共购进商品总值为11295万元。1998—1999年，公司转向以资产经营、物业管理为重点，商品的采购量急速减少，2年共购进商品2839.6万元，年平均购进1419.8万元，仅相当于正常采购年份的五成左右。

三 销 售

（一）批 发

1950年，中国土产公司湘潭分公司株洲经理部承担部分日用杂品的批发业务。1961年，株洲市日杂公司担负起株洲市区及醴陵县的板杉、均楚2区的日杂批发业务。1979年，市日杂公司成立竹木陶瓷和席铁纸草2个批发部时，其他行业及个体户、生产厂家都插手批发业务，市日杂公司经营日用杂品一统天下的局面被打破。1988年,市日杂总公司所属竹木陶瓷日用品公司、生活用品公司、烟花鞭炮综合公司和工业品批发部相继成立、公司所属的大部分零售商店亦开展批发业务。批发供应的对象主要是株洲全市和邻近的湘潭、浏阳、长沙等县市的零售商店、农村基层供销社、工矿企业和个体商贩。1979—1990年，市日杂总公司批发销售总额达1.05亿元，占销售总额的74.35%，其中1990年批发销售额达1790.80万元，占当年销售总额的81.27%。

1991年，市日杂总公司批发金额为4960.18万元。自1993年起，由于日杂市场逐步放开，个体与其他行业的经营规模越来越大，厂矿企业承包后又纷纷绕开商业环节，自行到厂家直接进货，导致日杂公司的批发总额直线下降，1993—1996年市日杂公司共批发销售3437.76万元，批发金额由1993年的1820万元，滑落至1996年的277.97万元，年平均降幅达21%。

（二）零 售

1953年以前，日用杂品零售由私营商店经营。1954年，市供销合作总社所辖零售商店开始零售日用杂品。1956年,设立铁器、瓷器等零售总店,1958年,农村兴办集体食堂,日用杂品销售萎缩。1960年，农村集体食堂解散，各家分灶吃饭，与人们日常生活息息相关的“三锅”、碗筷等日用杂品全面紧张，抢购现象时有发生，为此，日杂零售商店采取凭票、凭证和以旧换新等方式供应。

1964年后，市日杂公司先后设立董家塅、建设、新城、茨菇塘、石峰、荷塘铺等日杂专店，形成日用杂品零售网络。

从1979年开始，日杂市场形成多家竞争局面。市日杂公司在加强批发的同时，加强零售业务的经营，通过网点建设，翻新装修门面，提高服务质量，不断扩大零售业务。各零售商店不断开拓经营，通过拆零供应、送货上门、延长营业时间、设立公平秤和商品包退包换等便民措施，不断改进服务态度，提高服务质量。1979—1990年，市日杂总公司商品零售总额达3610万元，占销售总额的25.65%，其中，1988年达到648.44万元，为历史最好水平。

1993—1996年，市日杂总公司的零售业务受到居民收入增多、购买力增强及总公司投资新建的贺家土大市场和芦东服装大市场相继开业等有利因素的影响，从而推动了该公司零售总额逐年上升。年零售总额由1993年的580万元，升至1996年的2305.4万元，升幅高达3.97倍。4年间，市日杂总公司共实现零售总额5951万元，占同期全部销售额的63%，是同期批发总额的1.73倍。

四 主要商品

（一）“三锅”

“三锅”包括铁锅、鼎锅和瓮坛，为株洲市日杂公司拳头商品。中华人民共和国成立初期，“三锅”主要由私商和湘潭土产公司株洲经营部经营。1954年，“三锅”归口市郊区供销合作社经营。1958年大炼钢铁，农村办集体食堂，许多居民和农户“三锅”被砸烂，作炼钢原料。农村集体食堂解散后，“三锅”供应十分紧张，出现几户共用一口锅的现象。1961年市日杂公司成立，在对“三锅”采取凭证和以旧换新方式供应的同时，一方面积极从外地调入“三锅”，当年纯购进铁锅13074口；

另一方面扶植铅丝厂、株洲钢厂、动力机械厂、铸件厂等试制“三锅”。当年10月，株洲钢厂生产铁锅1299口，8—11月动力机械厂生产5299口。

1969年3月，为彻底解决铁锅供需矛盾，市日杂公司积极扶植和帮助姚家坝农机厂转产，成立株洲市姚家坝锅厂，当年生产铁锅6300口，由市日杂公司包销，在锅厂建成150平方米的仓库，派人驻厂，实行验收、入库付款、调拨一条龙作业。同时，由市日杂公司给予锅厂价外补贴，支持工厂发展。1969—1988年，共收购姚家坝锅厂铁锅156.94万口，金额达644万余元，年平8.05万口。其中1987年收购17.92万口，为收购最高年份。另外，根据统一计划、就近调拨原则，从湘潭等地调入部分特殊规格的“三锅”，基本满足了全市人民的需要。

从1980年起，随着铜、铝、不锈钢等炊具逐步取代了传统的铁制炊具，市场需求发生了新的变化。1986年，“三锅”供大于销，转入滞销，市日杂公司采取铺底让利、延期付款方式，相继在江西萍乡和本市所辖醴陵市、茶陵县、攸县、酃县等地打开销路，当年销售10.64万口，1987年销售12.02万口。1986—1990年，市日杂公司共购进铁锅221.72万口、鼎锅8.55万口、瓮坛24.91万个，共销售铁锅214.23万口、鼎锅10.41万口、瓮坛24.18万个。1990年，市日杂公司铁锅库存8.69万口，超过本市1年需求量。

1991—2000年，热效率高、方便快捷的电饭煲、高压锅风靡全国，遍及城乡；经济适用、造型美观的铝锅、不锈钢锅、搪瓷锅更是居家常备的炊具，而功能单一的传统黑铁锅，尽管市场销量锐减，但其低廉的价格，依然受到不少居民的喜爱，在锅类市场中仍然占有一席之地。

鼎锅和瓮坛在城乡居住条件不断改善，烹调灶具日益进步的条件下，其销量逐年减少。1991—2000年，除了餐饮业和边远地区居民对鼎锅和瓮坛尚有少量的需求外，在一般的城乡居民家中和日杂商店里已难觅踪影。

（二）草 席

1964年以前，株洲市本地不产草席，货源来自祁东、祁阳和衡阳等地。1963年，在市日杂公司扶植下，农村社队从祁东、祁阳和衡阳引进草种，在渌口、淦田、浒洞、横岭、平山塘和姚家坝等地大面积推广种草。市日杂公司还组织农民前往祁阳、祁东学习织席技术。次年，建立了浒洞、横岭、湘江、梢岗铺、田家冲、渌口等几家草席厂，扭转了株洲市草席长期从外地购进的局面。草席产品由市日杂公司收购。1966—1978年，市日杂公司还从祁东、祁阳等地调入草席116.66万条。同期，市日杂公司共销售草席160.29万条。

1979年后，随着人们生活水平的逐步改善，竹凉席、卷筒席逐步取代了草席，草席销量逐年下降。1980—1990年，纯销草席仅30.46万条，年均2.77万条。1990年仅销1.39万条，只及1968的10.72%。

20世纪90年代，草席被美观实用、散热性更好的竹块席、竹凉席所取代，草席的销量急剧萎缩。1991—2000年，株洲共销售草席8万条，平均年销量由80年代的2.77万条，急滑落至0.8万条。

（三）卫生纸

20世纪60年代末70年代初，株洲市市场土纸供应严重不足，消费者意见很大。市日杂公司经多方努力，在资金、技术和原材料上帮助淦田公社的栗塘、太湖公社、姚家坝公社的梢岗铺、渌口公社的跃进、布塘、铁篱等大队和白关公社办起了造纸厂，生产土纸。

随着城乡人们生活水平的提高，各种卫生纸走俏，1972年市日杂公司又开始扶植淦田纸厂由文化纸转产卫生纸。

1966—1990年，市日杂公司总购进土纸12488吨，销售12741吨。1979—1990年，纯购进卫生纸6015.55万包，纯销售2209.84万包。1990年购进土纸1031吨，销售1156吨。

随着人们生活水平的日益提高，卫生纸已从单纯的家庭使用，逐步进入到餐馆、旅馆，并被大量普及使用。1991—2000年，株洲市场卫生纸销量大增，由于生产厂家众多，货源充足，经销卫生纸的大店小铺星罗棋布，各类卫生纸随处可见，也随处可买。

（四）日用瓷器

日用瓷器为市日杂公司经营中的拳头产品。1966—1990年，市日杂公司纯购进日用瓷器96235.63万件，其中饭菜碗6109.46万件；纯销售3971.73万件，其中1990年销售饭菜碗166.89万件。

1992年，市日杂总公司新成立了株洲陶瓷分公司，进一步拓展日用瓷器市场。由于生活水平提高和瓷器工业的快速发展，各种彩釉瓷器开始畅销市场，推动了瓷器销售量的上升。1991—2000年，日杂总公司共购进瓷器131455万件，较20世纪80年代同期增长2.58倍，其中购进饭菜碗83473.99万件；销售日用瓷器共计102315.3万件，其中饭菜碗销售量为64970.2万件。

（五）日用陶器

市日杂公司所经营的陶器制品主要来自长沙铜官和湘阴等地。1966—1990年，市日杂公司纯购进632.1万件，销售984.1万件，年平45.15万件。1977年，搪瓷、玻璃器皿逐步取代日用陶器，其需求量日趋下降。

20世纪90年代，各种玻璃、搪瓷、塑料、不锈钢日用制品大量涌现，广受市场欢迎，并逐渐取代简单粗糙的陶器制品。为扩大陶器销售，市日杂总公司于1992年成立了专营陶瓷的“株洲市陶瓷分公司”，公司虽扩大了瓷器的销售，却未能扭转日用陶器销售的颓势。1991—2000年，市日杂总公司共购进日用陶器7.8万件，销售8.2万件，年平均销售量仅为0.82万件，只占历史最好水平1969年101.92万件年销售量的0.8%。

（六）烟花鞭炮

1949年，株洲集镇有9家私营商业经营花炮，货源来自醴陵、浏阳。

1956年，烟花鞭炮归口供销社经营管理。由于烟花鞭炮曾一度被视为“迷信品”，生产和销售受到限制，直到1982年，株洲市日杂公司烟花鞭炮经营一直不景气，年销售在1000箱之内。

1983年7月，烟花鞭炮产地醴陵县划入株洲市，从此全市供销社系统烟花鞭炮经营开始兴旺。1987年，株洲市公安局明确烟花鞭炮由市日杂公司专营。1988年5月，市日杂公司设立了烟花鞭炮分公司。1987—1990年，市日杂公司收购烟花鞭炮5777箱，销售6530箱；市供销社系统共收购花炮82.32万箱，年平20.56万箱，共销售84.29万箱，年平21.07万箱，作为产地的醴陵市供销社却占有97%左右的比例。1991—2000年，市日杂总公司共购进烟花鞭炮200余万箱，销售烟花鞭炮231万箱，年均购进与年均销售分别保持在20万箱和23.1万箱。

第八章 劳动保护用品

1949年以前，株洲厂矿工人无劳动保护用品（简称“劳保用品”），更无专业经营部门。

中华人民共和国成立后，国家对工人劳动实行保护政策。1951年，株洲市区有3000多名工人。所需劳保用品主要由私营手工业和商业共同经营，国营湘潭县贸易公司也兼营部份劳保用品。1953年7月，株洲市各工矿企业设置安全技术劳动保护科（股），加强对职工劳动的保护工作。从1956年5月起，供给职工工作服、工作帽、手套、口罩、防护眼镜、防毒面具、安全带及防水、防晒、防寒等劳保用品，作为制度固定下来。对私营工商业改造基本完成后，劳保用品全部由国营商业经营。

1958年，根据市区工业建设布局，市商业局在贺家土、清水塘、荷塘铺、田心、董家塅设置劳保用品供应点。1963年5月，株洲市第一家劳保用品专营机构“株洲市劳动保护用品商店”（简称“市劳保商店”）成立，有职工28人，营业面积221平方米，隶属市商业局领导，业务由湖南省工矿贸易公司指导，批零兼营，负责市区、郊区、茶陵县、醴陵县和攸县境内的中央、省属工矿企业的劳保用品供应。1969年，市劳保商店划归市百货纺织品公司管理。1970—1972年，市劳保商店年销售额分别为476.6万元、441.14万元和459.28万元。1973年，市劳保商店供应范围缩小为市区、郊区和株洲县。1978年，橡胶制品敞开供应，年销售额突破500万元。1982年7月，市劳保商店迁至与株洲市体育运动委员会合建的大楼营业，扩大劳保用品零售业务，兼营文化体育用品，营业面积增至400平方米。市区其他商店亦扩大劳保用品经营。1983年，市劳保商店销售额降到365.79万元。1984年4月，成立株洲市工矿贸易公司（简称“市工矿贸易公司”），隶属市第一商业局领导，下设劳保商品经营部和劳保用品商店。劳保商品经营部负责本市劳保用品批发业务和外地调拨业务，供应范围扩大到醴陵县、攸县、茶陵县、酃县工矿企业。1989年1月，市工矿贸易公司并入国营株洲工业品批发集团公司，更名株洲市劳动保护用品批发公司，成为全市首批劳保用品定点经营单位。1990年，市区劳保用品定点经营单位扩大到14家。株洲市劳保用品公司的纯销售额914万元，较上年增长2.7%，占市区劳保用品销售额的33%。

1991年，由于劳保用品市场开放，经销单位增多，株洲劳保用品公司的利润较上年有所下降。1992年4月，省政府下发文件规定“劳动保护用品除特种劳动保护用品仍实行定点生产经营外，其他一般劳动保护用品的生产和流通均放开经营”，劳保产品由厂矿定向购买改为自由选购。当年，株洲劳保用品公司完成的销售总额和利润总额分别达到年计划的102.91%和101%。

1993年，随着株洲经济的发展，新开办经营劳动用品的企业逐渐增多，从业人员对劳保用品的需求也越来越大。同年11月，株洲百货大楼兼并了市劳保用品公司下属的劳保商店，组建“株百劳保用品部”，专营劳保用品业务。同年，株洲纺织站也成立了“劳保用品经营部”，利用长期经销纺织品的业务渠道，经销手套、毛巾、工作服等部分劳保用品。

1997 — 2000 年，个体和股份制劳保用品企业纷纷涌现，同时也带来了一定的经营秩序混乱。其间，市劳保用品总公司随着市场的开放，垄断经营的地位逐渐消失。

第一节 供应原则

1956 年，株洲市对主要劳保用品实行计划供应，国营专业公司按湖南省工矿贸易公司计划分配的货源批发供货，各供应区零售商店负责零售，经营品种百余种。1958 年，劳保用品需求量急剧增长，供不应求。市商业局按照“面向当地、组织生产、自力更生、力争外援”的方针和“保证重点、兼顾一般、长期安排、合理分配”的供应原则，确定湘江机械厂、株洲化工厂、株洲冶炼厂等 13 家工厂为重点供应单位。并规定雨衣、胶鞋等防护用品优先安排工矿区商店。帆布劳保用品主要供应炼钢、翻砂工人，机械、基建、运输部门的工作服以兰华达呢和兰、青布面料替代。雨衣、长统靴、半统靴、轻便雨靴集中供应炼钢、基建、运输部门工人。1961 年，国营商业经营的劳保用品有 188 种。1963 年 5 月，劳保用品由国营市劳保商店独家经营。根据专项专用的原则，劳保用品计划指标按全民企业与集体企业严格分开；中央、省属厂矿的劳保用品按劳动部标准和专项计划指标，由市劳保商店保证供应。其他全民所有制企业主要工种（生产、基建）的劳保用品，由市劳保商店根据湖南省工矿贸易公司计划综合平衡分配。集体所有制企业的劳保用品由湖南省工矿贸易公司另拨指标，市劳保商店参照国家标准统筹分配。对紧缺品种优先保证全民所有制重点行业需要。计划供应的品种有劳保用布、各种布制劳保用品和棉絮、毛巾、胶鞋、纱手套、肥皂、防毒口罩、耐酸工作服等。1964 年，市劳保商店供应市属企事业单位的劳保用品改为按行业平均定量分配指标，即由各主管局汇总所属单位劳保用品需要量，送市劳保商店统筹分配。1965 年，市劳保商店专业经营品种增加到 242 种，销售额 200 万元。1967 年，劳保用品专项计划供应的有棉布、纱手套、手巾、胶制雨衣（工作服）、胶鞋 5 个品种。当年销售额增至 264.2 万元。1968 年，劳保用品专项供应计划指标由省下放到市后，货源无着落，市劳保商店职工出外组织计划外货源，销售额仍达到 257 万元，基本保证了市区生产单位的需要。1969 年，劳保用肥皂改由市百货公司专项划拨指标、市劳保商店供应各厂矿。棉布、毛巾、纱手套等由市纺织品公司按需要核拨计划，交市劳保商店组织加工供应。随着生产发展、货源充裕，计划分配的劳保用品逐渐减少，计划外货源增多。1978 年，橡胶制品敞开供应，市劳保商店销售额突破 500 万元。1982 年，劳保用品中仅有少量棉布仍实行计划分配，其他品种均敞开供应。

1983 年，市劳保商店专营品种达 378 种，花色品种 627 种。1984 年，劳保用品全部实行自由选购，或按用户要求专项定购。1985 年，市工矿贸易公司扩大经营范围，销售总额由 1984 年的 519.75 万元猛增为 919.97 万元。1987 年，工厂扩大自销，市工矿贸易公司销售额下降到 760.84 万元。1988 年，受商品挤购风和物价上涨的影响，个别品种供应不足。市工矿贸易公司积极组织货源，增加供应量，销售额又回升到 946 万元。1989 年，治理整顿劳保用品经营市场，市政府规定劳保用品实行定点生产和定点销售，定点生产单位产品质量须经有关部门检验合格发证方能销售。定点经营单位须经有关部门审检批准，才能经销劳保用品。用户只能在定点单位购买，其费用允许计入企业成本。市劳保用品公司列为定点经营单位后，专业经营品种增加到400多种，花色品种达700多种，全年销售额1107.89万元。1990年，市区劳保用品供应量达3200多万元。市劳保用品公司经营品种增加到1040种，销售总额1070万元，比1989年下降3.4%，主要是外调商品下降79%。

1971—1990年，国营商业供应各种劳保用品1.22亿元，年平均供应610万元，销售额平均每年增长4.5%。

1991年，株洲市开始对部分特种劳动防护用品实施生产许可证制度管理，全面实施《特种劳动防护产品监督检验管理办法》，打破了国营企业经营劳保用品一统天下的格局，大批民营和股份制劳保用品经营企业的涌现，在为劳保用品市场增添了规模与活力的同时，也给市场带来了良莠不齐、以次充好、低价劣质等负面问题。1991—1992年间，市商业管理部门会同劳动、工商等单位，依据企业经营条件和本地实际需要，审定和批准在清水塘、董家塅、田心等主要工矿区，指定国营劳保用品企业经营劳保用品，在县城以下地区和边远山区则由指定的供销社经营劳保用品。其他未经审定批准的经营单位，一律不得经销特种劳保用品。

1996年6月，国务院颁布《劳动防护用品管理规定》，再次要求特种劳动防护用品须实行定点经营，防止质量低劣的特种劳动防护用品进入市场。

第二节　节约利废

1958年，株洲市国营商业为解决劳保用品货源不足的困难，开展修旧利废工作，实行以旧换新的供应办法，回收复用劳保用品。组织人力将回收的破旧雨衣、工作服、胶鞋等，经拆洗、缝补、拼制、翻新，再销售给无供应计划或分配量不足的单位使用。1963年，市劳保商店派专人在田心机车厂组织回收复用工作。1965年，市劳保商店与东区综合工厂合办以修旧利废为主的劳保用品加工厂，年修旧利废产值2.1万元。1972年，市劳保商店从株洲冶炼厂大量回收防尘过滤布，加工制成工作服。除供应本市外，还供应湘潭、衡阳、常德、郴州、零陵、益阳、黔阳、湘西自治州等地。过滤布再制品外调量1.87万件，修旧利废产值增加到11.4万元。1977年，国家减少劳保用布供应，并规定按上年用布量供给25%作为修补等用。市劳保商店与生产厂家共同改进工艺，采用批量套裁和按实际需要调整服装规格等办法，全年节布2.2万米。同时，采购非计划分配的化纤布、再生布、棉麻混纺布等34万米，代替纯棉布加工工作服和工作手套。为缓解供需矛盾，市劳保商店还在厂矿之间组织调剂余缺，从怀化铁路指挥部调剂调进3000套（件）雨衣供应市区工矿单位，解决了全年四分之一的雨衣货源。

1991—2000年，随着高新技术的日益普及，新型工业企业不断增多，对劳保用品质量及性能提出了更新、更高的要求，节约利废已不能满足现代工业生产发展的需要。同时，劳保用品市场开放后带来的激烈竞争，迫使劳保经销企业要把主要资源都放在业务的拓展与产品的销售上，利用旧、废劳保用品“节约利废”，商业利润微薄，失去开展此项业务的动力。在计划经济时期因物资短缺而形成的“节约利废”，在市场转型过程中因被生存发展所“挟制”，“节约利废”逐渐退出了劳保经营企业的业务范围，这项业务转向那些成本更低、效率更高的专业物资回收企业经营。

第三节　主要品种

劳保用品分为防尘、防毒、防寒、防油、防水、防酸碱、防噪声、防电、防高温辐射、防微波和激光辐射、防放射性、防冲击、防坠落、防机械外伤、防脏污及其他用品 16 类。

1987 年 2 月，劳动人事部颁布《特种劳动防护产品监督检验管理办法》及 1996 年 6 月国务院国家颁布实施的《劳动防护用品监督管理规定》，又将劳动保护用品划分为一般防护用品和特殊劳动防护用品两大类，“特种劳动保护用品”主要有安全帽、防尘口罩（不包括纱布口罩）、电焊面罩、焊接镜片及护目镜、炉窑面具、炉窑护目镜、防冲击眼护具、防噪声护具、防静电工作服、防酸碱工作服、涉水作业服、防水工作服、阻燃防护服，绝缘、耐油、耐酸手套，绝缘、耐油、耐酸靴，安全带、安全网、安全绳等。株洲市国营劳保用品企业经营的主要劳保用品有以下几种：

一　工作服

20 世纪 50 — 60 年代，对工作服注重防护性，但式样单一，大多是一字领、背带裤等固定式样，面料为劳动布、兰卡叽布、坚固呢和再生布。70 年代，工作服品种增多，大量使用涤棉警兰布，式样无较大变化。1973 年，市劳保商店销售工作服折布 55.3 万米。1977 年，计划内劳保用布停止供应，市劳保商店仅销售工作服折布 11.7 万米。80 年代，工作服趋向时装化，各种制服、厂服层出不穷。1980 年，市劳保商店销售工作服折布 56.1 万米；为历史最高水平。1985 年，市工矿贸易公司向株洲各厂矿推荐 30 多种新式样工作服，并为厂矿订制厂服。1987 年，服装市场激烈竞争，服装厂家不断翻新工作服款式，占领部分销售市场。各商店、劳动服务公司及个体商户争相经营工作服，国营商业受到冲击，市工矿贸易公司年销售工作服折布仅 12.8 万米。1989 年，市劳保用品公司组织一批大岛茂式工作服、拉练夹克式工作服供应厂矿，年销售工作服折布 21.9 万米。

1991 — 1994 年，受经济条件限制，株洲销售的个人防护工作服大都防护性能低下，式样比较单一。1995 — 2000 年，由于经济的发展和纺织工业技术的进步，株洲市场销售的工作服品种日益增多，不但面料手感好，吸汗透气，穿着舒适，而且还充分考虑不同企业、不同工种对劳动保护的差异性需要。这些新式防护工作服不但美观大方，牢固耐用，还融入时尚流行元素，做工精细，款式新颖，受到厂矿企业职工的欢迎。因株洲是个新型工业城市，化工、冶炼及制造业比较发达，故阻燃工作服、防酸工作服及一般防护工作服的销量较大，销量次之的是用于电子、食品及医疗的洁净工作服。矿山用普通工作服及烟花、医药行业用的抗静电工作服每年也有稳定的销量。

二 工作鞋

工作鞋包括胶鞋（全胶、半胶鞋）、皮鞋、布鞋。中华人民共和国成立初期，市商业部门向厂矿供应草鞋做劳保用品。20 世纪 50 年代中期，电工作业主要靠绝缘板防护，绝缘鞋尚属少见。供应的苏联产品 30 千伏高压绝缘鞋，形似木屐，极为笨重。60 年代初期，普通工作鞋改为胶底麻兰布面皮鞋式样，绝缘鞋主要为国产 20 千伏和 6 千伏绝缘鞋。雨靴品种有轻便靴、半统靴、长统靴、耐酸靴、耐油靴等。1970 年后，工作皮鞋改为供应翻毛工作皮鞋。1972 年，市劳保商店在进货中淘汰了穿着不便的 20 千伏和 6 千伏绝缘鞋，购进解放鞋式样的 5 千伏绝缘鞋，满足了各厂矿需要，当年销售 4987 双。1975 年销量增至 8103 双。1976 年，市劳保商店供应市区工作皮鞋 13566 双。1979 年增加 1 倍。1980 年，市劳保商店供应全市耐油解放鞋 4687 双。1985 年以后，本地翻毛工作皮鞋质量下降，厂矿大多选购外地产品。1986 年，5 千伏绝缘鞋销量持续上升，全年销售 13743 双。1989 年，市劳保用品公司供应的“三防”工作鞋，具有防酸碱、防磨滑、防电等多种性能，受到株洲市各厂矿的欢迎。

1991 — 2000 年，株洲劳保用品市场年销售量较大的工作鞋主要有安全鞋、绝缘鞋、炼钢鞋及鞋盖、橡胶靴等。除以上几种防护鞋外，国营劳保用品商店还销售过少量的适合筑路工人穿用的鞋底隔热的工作鞋，适合建筑工人穿用的鞋底加固的解放鞋，适合食品、酿酒工人穿用的鞋底防潮的防护鞋等。

三 雨 衣

20 世纪 50 年代，油布雨衣是株洲防雨主要用品。60 年代初，改为夹胶雨衣，既重又硬，穿着不便。1963 年以后，单胶与双胶雨衣应市。1979 年，市劳保商店供应雨衣 28403 件（套）。1984 年，市工矿贸易公司组织新上市的风雨衣供应各厂矿。1986 年批发销售 14370 件。1988 年，市劳保用品公司又增加彩色单车雨衣等新品种应市，至 1990 年，该公司批发销售雨衣 22039 件。

1991 — 2000 年，株洲劳保用品公司销售的雨衣品种有单件雨衣、套装雨衣、一次性雨衣、工矿雨衣、PVC 雨衣、分体雨衣、反光雨衣等 10 余种。随着经济发展，各厂矿企业机械化、自动化程度的提高及职工劳动环境的极大改善，工人冒雨工作的机率减少，雨衣的销量也随之逐年下降。2000 年时，雨衣的销售在全市劳保用品销售总额中只占极少份额。

株洲市第一商业局（总公司）历任负责人名录

表 8–26

局　长	任职时间	副 局 长	任职时间
李连启	1956.8 — 1958.1	任德永	1956.8 — 1960.4
马金琢	1958.1 — 1958.8	蒋成林	1957.8 — 1958.8
蒋成林	1958.8 — 1960.10	冯树藩	1958.9 — 1973.2
滕中民	1960.3 — 1961.9	齐云光	1958.10 — 1968.3
郭殿臣	1961.9 — 1966.4	滕中民	1959.10 — 1960.3
范　林	1966.4 — 1968.3	胡鼎伟	1959.11 — 1962.4
任德永	1968.3 — 1968.12	陈　岳	1960.10 — 1962.4
王云岫	1970.11 — 1973.2	范　林	1962.4 — 1966.4
冯树藩	1973.2 — 1979.8	龚　帜	1965.4 — 1973.2
王树秋	1979.8 — 1983.7	刘启林	1968.12 — 1975.11
李兆光	1983.5 — 1988.3	方　俭	1971.8 — 1972.10
周如龙	1988.3 — 1993.4	杨佩荣	1972.7 — 1973.8
姚先恕	1993.5 — 1998.5	吴振江	1972.10 — 1975.11
张文选	1998.5 — 2000.12	张培基	1972.3 — 1983.5
–	–	常瑞庭	1973.8 — 1975.12
–	–	王吉桢	1973.8 — 1975.11
–	–	任德永	1974.6 — 1983.5
–	–	洪自平	1974.6 — 1975.11
–	–	乔文明	1974.2 — 1975.11
–	–	肖铭勋	1979.11 — 1983.5
–	–	李兆光	1981.1 — 1983.5
–	–	谭友才	1981.11 — 1983.5
–	–	周如龙	1983.7 — 1988.3
–	–	朱克家	1983.7 — 1989.12
–	–	张选文	1989.12 — 1998.5
–	–	袁悌安	1989.12 — 1995.4
–	–	何纯仙	1992.3 — 2000.12
–	–	叶胜利	1995.4 — 1998.10
–	–	沈敬芝	1995.4 — 2000.12
–	–	龚性强	1998.5 — 2000.12

第九章 食杂果品

民国年间，株洲镇经营食杂果品的行业有南货、水果、槟榔等，以南货业为主。其经营范围包括糖、茶、烟、酒、罐头、副食、干果、干菜、炒货、蜜饯及调味品，有经营商店10家，8家个人独资，2家合股经营。水果业则以小摊贩为主，坐商3家。以经营地产瓜果为主，品种有西瓜、梨瓜、菜瓜、桃、李、橘子、柚子、梨子、枇杷、凉薯、荸荠、杨梅、甘蔗，商品来源以本地收购为主，少量从长沙、湘潭购进。

1951年11月，株洲市供销合作总社开始经营南货食品。市食品公司成立后，除经营肉食禽蛋外，同时经营水果，并成立第一家国营水果门市部，按计划调拨水果，开展水果批发业务。嗣后对私营水果商进行社会主义改造，又扩建2个水果门市部。1956年1月，市消费合作社改为零售贸易公司，其业务以零售为主，兼营批发。后改称株洲市食品杂货公司，业务由零售为主转为以批发为主。以后经过多次分、合、改组，于1962年10月定名为株洲市食杂果品公司，是全市经营食杂果品的主要企业，当年有在编职工62人。随着经营业务的扩大，公司实力日益雄厚，到1965年年末，有在册职工237人，自有流动资金54.5万元，固定资产原值615万元，总购进234.75万元，总销售315.59万元。

20世纪60年代至70年代末，西瓜、黄花菜、干辣椒等作为派购任务向农村下达，按计划收购应市，多数商品靠外地调入。外地调入的分为计划管理和非计划管理两类，计划管理部分有部管的柑橘、苹果、榨菜、木耳、红枣、八角、花椒、黄花菜，省管的干辣椒、生姜、大蒜球、湘莲、苡米、百合干、桂圆干、香菇等，由省主管部门分配指标，直接到指定产地按计划调拨，或由省食杂果品公司统一调回，市食杂果品公司按计划到省食杂果品公司提货。非计划管理的商品靠自由采购。计划管理、调拨的商品数量很少，远远不能满足需要，只得按计划分配。对集体性质的合作商店、合作小组和小商贩，一律凭证限额批发，每月核定供货限额，批发部门在限额内供货。零售方面，市食杂果品公司有新城、贺家土、建宁、建设、宋家桥5个零售门市部，年销售额在120万元左右，只占零售额的一小部分。公司外常年在公司进货的零售单位100多家，年进货额400万元左右。

1976 — 1983年，市食杂果品公司完成纯购进3652.17万元，年平456.52万元，完成纯销售5102.3万元，年平637.77万元，为1965年的1.1倍和1.3倍。

1984年，食杂果品市场取消计划管理，全民、集体、个体放开经营。外地进货渠道发生根本性变化。市食杂果品公司通过全国性或地区性物资交流会签订购销合同，或直接与产地联系，组织调运。其他经营部门和个体户亦向产地直接进货，外地客商也带货来市，使食杂果品源源运来株洲市场。

1985—1988年，购进南北果品，年均1012.5吨。

1990年，食杂果品市场商品丰富，购销两旺。市食杂果品总公司由于机制不活，竞争力不强，至年底已累计亏损达800余万元，成为株洲市的“特困企业”。1991年，北方水果普遍遭灾，病虫害严重，市食杂果品总公司在春节前抓住销地不敢冒然进货的机会，先后从北方购进苹果、梨子60多个车皮，在株洲很快销售一空，获利达40余万元。是年，该公司下属的蜜饯厂，由于产品滞销，导致多年亏损，食杂果品公司决定将其缩小规模，利用该厂资源创办了“雅达制衣厂”和汽车修理厂。当年，市食杂果品总公司实现利润2.4万元，扭转了多年连续亏损的局面。同时，市食杂果品总公司在炎陵县推广引种“速生高产袋栽香菇”，在醴陵市试种了1.44公顷高产西瓜，均取得成功，既丰富了本地果品市场，又扩大了公司果品营销范围。

在市场竞争激烈、主营业务日渐萎缩的情况下，市食杂果品总公司利用优越的地理位置，于1994年开办了徐家桥食杂果品市场。第二年，又与日用杂品总公司共同投资700万元，开办了占地7000余平方米，拥有1020个摊位的芦东服装大市场。二个市场的开办，消化了企业内部的富裕人员，改善了企业的经营状态。1997年，食杂果品系统继续对“产、加、销一条龙服务”加大资金投入，扶持农业生产，解决农民买难卖难的问题。同年3月，市食杂果品总公司联合县及区供销社在茶陵县思聪乡承租13.34公顷荒山及13.34公顷果园，兴办“金果股份合作社”，种植金香玉梨8公顷，板栗、沙田柚5.34公顷，橘子10公顷和桃子3.34公顷，从而首开食杂果品系统由传统商业购销向实业生产结合延伸的先例。

随着食杂果品业的日益开放和竞争的加剧，供销社传统的农资经营业务受到较大冲击，根据市供销社1998年提出的“以商品经营为主转向以资产经营为主、以自营管理为主转向以物业管理为主”的思路，食杂果品总公司基本放弃了自营业务，在内部全面推行“抽本租赁承包”模式。2000年，企业负债得到减轻，经营亏损的势头开始好转。

第一节 商品购销

1984年果品市场未放开之前，株洲食杂果品还是以本地资源为主，市食杂果品公司间或从外地调进部分干、鲜食杂果品补缺。经营品种干果类有黄花菜、红枣、葡萄干、墨鱼、莲子等20多个主要品种。鲜果类有柑橘、苹果、香蕉、西瓜等10多个品种。1962—1984年，总购进5812万元，年平264.18万元，总销售8066.4万元，年均366.65万元。

1985年以后，随着果品市场的全面放开和果品冷库的建成，市食杂果品公司利用株洲市交通优势和仓储优势，开展北果南运、南果北运的流通，同时也丰富了本市果品市场。1986—1990年，果品冷库年储量保持在2500吨左右，储藏的苹果品种有红富士、金帅、秦冠、国光等10多种，还有河北鸭梨、广东南橘、香蕉和新疆葡萄等。1986—1990年，外调果品51个车皮，计 2958 吨。供应本市 78 个车皮，计 4524 吨。其中，1989 年株洲市民人均消费水果 7.5 千克，居湖南省之冠。1990 年，在市食杂果品公司进货的，除原来的零售门店外，尚有个体摊贩 150 多个，个体进货额达 5000 多万元，公司零售额为 600 万元，而这些均只占全市交易额的极少一部分。

1991 年，全市完成干鲜果收购总额 4653 万元，其中市商业部门收购果品为 391 万元，仅占收购总额的 8.4%；由非农业居民向农民直接购买果品成为主要的收购形式，这部分收购额达 4019 万元，占全市收购总额的 86.37%。当年，全市销售干鲜果品 6244 万元，其中市区销售干鲜果品 3905 万元，占全市销售总额的 62.5%。1992 年，全市干鲜果收购总额达 5098 万元，较上年增长了 9.5%。其中，非农业居民向农民直接购买果品为 4764 万元，占全市收购总额的 93.44%，商业部门收购总额为 274 万元，占全市收购总额仅为 5.37%。在株洲果品收购中，苹果占有重要地位，当年全市收购苹果 4907 吨，金额为 1420 万元，苹果收购金额占全市收购总额达 27.85%。是年，株洲集贸市场干、鲜果成交量达 7.11 万吨，而国营商业干鲜果的销售量却只有 4870 吨，不及农贸市场干鲜果总销量的 1 成。

1995 年以前，境内销售的柑橘多以本地产为主，外地柑橘较少，市场产销基本稳定。1995 年以后，省内外柑橘开始大量进入本地市场，相较外地柑橘，本地柑橘在价格和质量上都不具优势，只能以“时鲜”和“快捷”来参与市场竞争。是年，株洲城市居民家庭平均每户年消费鲜果为 52.9 千克，较 1994 年 46.7 千克增长 13.2%。1998 年以后，全市水果产量达 2.02 万吨左右，其中柑橘占到七成。当年，株洲果品市场日均水果销量在 100 吨左右，主要以红富士苹果、西瓜、李子等水果为主，市场日交易额近 100 万元。

第二节 果品批发交易市场

食杂果品市场放开后，批发业务由市食杂果品公司垄断的局面打破。全民、集体、个体均可经营批发业务，只要有商品即可挂上批零兼营的招牌。零售店（点）由原来的正规门市基本让位于个体摊贩，株洲火车站、徐家桥、贺家土等大小几十个集贸市场果摊林立，四时瓜果不断，更有一大批手提肩挑者沿街叫卖。时鲜瓜果冲破产地的束缚，汇集市场，数量多、经营时间长。最受消费者欢迎的主要鲜果有北方的苹果、梨、葡萄，南方的柑橘、荔枝、龙眼、香蕉等。为了适应水果市场竞争机制的需要，1987 年 1 月，市食杂果品公司在徐家桥地段创办省内第一家果品批发交易市场，不仅为客户提供了交易场所，还开展代储、代运、代购、代销业务。市场有配备齐全的服务设施，为进场交易者提供方便。

1997 年 10 月，食杂果品总公司下属的三角叉果品大市场开始营业，占地近 1 万多平方米，主要从事干、鲜水果及其他副产品的批发、零售、代销、代储、加工、配送等业务。该市场是境内最大的果品批发交易市场，并加入了中国水果信息网。1998 年水果日均成交量都在 100 吨以上。该市场与全国20多个省市、1200余家水果生产基地、农户建立了长期稳定的产销关系。

1999年，全市拥有干鲜果品专业市场2个。当年，全市干鲜果年交易量达12.3万吨，交易额40053万元。其中，城市干鲜果交易量为5.15万吨，交易额21014万元。2000年，全市干鲜果交易量增至15.57万吨，交易额增至44155万元，其中城市干鲜果交易量为7.28万吨，交易额23274万元，分别占全市交易量及交易额的46.75%及52.7%。

第三节 果品冷藏

1976年，为保证水果的常年销售，株洲市食杂果品公司筹建库容600吨果品冷藏库，于1980年建成。随着水果经营量的不断增加，冷藏库仍不能满足需要。水果旺季，不能全部储存，仍需露天堆放，日晒雨淋，腐烂严重，而淡季仍脱销。1979—1982年，销售水果1.65万吨，损失97.7万元。1984年底，市供销联社和市食杂果品公司在商业部、省供销社和市政府支持下筹建2000吨果品冷库。1986年10月竣工投入使用，总投资339万元。至此，全市水果冷藏库容总量为2600吨。水果储藏技术的使用，将苹果、梨子储存期延长到8个月，好果率达到97%，基本保证全年有水果供应。1987—1990年，冷藏水果2000～3000吨，主要品种为苹果、梨和甜橙，不仅担负市区及所辖县市各种水果的供应任务，还大量向广东、江西等省辐射。

1991—2000年，株洲市区未增加大的果品冷藏能力，原有的果品冷库通过技术升级，变成拥有电脑控温保鲜的3000吨级冷库，该冷库位于株洲三角叉果品大市场内，是境内果品大市场的配套冷库。

第十章 农业生产资料

1948年年末，株洲集镇经营中小农具和饼肥的私商有19户，多为小本经营。1952年，株洲市合作总社开始经营农业生产资料。是年，国家向贫苦农民发放肥料、农药、农药械、农具、耕牛等专项贷款。专项贷款由供销合作社采用以贷折实方式发到农户。重点是贷给参加互助组的贫农和雇农。

1953年，市合作总社代市农林病虫防治站销售化学农药和农药械，1954年改为代营。1957年，采取赊销方式供应肥料。1958年以现销方式供应各种农业生产资料，并对主要商品采取不同供应方法。肥料供应以地方小化肥为主，外调为辅；化肥主要用于奖励农民交售农副产品。农药、农药械供应按农作物病虫害分布情况，保证重点，照顾一般。对中小农具供应，实行产销见面为主，农业生产资料公司经营为辅；就地供应为主，组织调进为辅；新式农具重点试验，稳步推广。

1962年5月，株洲市农业生产资料公司成立。1965年，公司销售额1341万元，占全市同类商品销售额的73.68%。销售比重最高的年份是1973年，占全市同类商品销售额的84.05%。1983年，株洲市农业生产资料实行多渠道经营，工厂自销化肥、农药等大宗商品比例增大。至1985年6月末，全市有6100个单位和个人经营化肥、农药，是供销社农业生产资料经营网点的5.3倍。不法经营者趁机贩卖假、次化肥和农药。同年11月，株洲市人民政府重申化肥、农药由市供销社经营。1989年，国务院明确农业生产资料由供销社实行专营。

截至1990年，株洲市有市、县市郊7个农业生产资料专营公司，187个农业生产资料门市部，738个供应点，全市平均每个乡镇5个，每个村0.5个。经营品种扩大到化肥、农药、农药械、农膜、农副业加工机具等大类。是年，全市农业生产资料销售总额为15586万元，比1965年增长10.62倍。

1991年，全市完成农业生产资料销售总额17639万元，比1990年增长13.16%。1992年3—8月，全市农业生产资料经营部门积极参加全省农资销售“双百日”丰收杯竞赛活动。全年完成农业生产资料购进额11563.5万元，完成销售总额15721.6万元，送肥送药上门12万余吨，有力地支援了农业生产，受到农民的好评。1993—1994年，全市商业部门在农资市场放开、经营困难的情况下，积极组织春耕农药化肥供应、早稻化肥农药供应、晚稻化肥农药供应和小秋收化肥供应，农业生产资料经营企业增设农业生产资料供应网点703个，当年送货上门率达56%。1995年，围绕实现“吨粮田”的总目标，市农业生产资料公司克服资金紧、资源缺、价格涨等多种困难，全面完成了各种化肥、农药、地膜的销售工作，受到市政府的表彰。1996年，市农业生产资料公司在市场竞争激烈、农资销售减缓的形势下，积极开辟新的经营领域，先后在湘中、湘南、赣西设立经营点，扩大化肥等销售渠道；与四川、广西等地的工厂、供销社建立工商、商商联营关系，扩大磷肥、碳铵等化肥销售，全年完成销售总额1.27亿元，比上年增长54.5%。1998—2000年，株洲农资市场全面放开，经营农资的个体经济迅速增多，加剧了市场竞争。国营农资经营企业业务量逐年减少，销售额不断萎缩，市农资经营系统在这期间通过联合、兼并、改组、破产、拍卖和改制等多项措施，大幅压缩经营项目，收缩经营网点，减少亏损。3年间，累计送货上门18万吨，为农民节约运输、保管等费用达180余万元。

第一节 肥 料

一 化 肥

20世纪60年代以前，化肥全由国家计划分配，各级供销社统一经营。1952年，市合作总社采取贷款、赊销方式销售硫酸铵。1953年，实行现款销售，品种逐渐增加到硝酸铵、氯化铵、尿素等。从1954年起，对化肥销售实行重点供应和对口分配。50年代，以主粮区和经济作物区为销售重点，对国营和地方农场、农业生产合作社、互助组优先供应，适当照顾贫苦农民、烈军属、灾区农民。60年代，化肥转俏，供求矛盾日益突出，供应对象主要是农村生产队、农场。1961年，化肥销售分为农用肥（粮食、经济作物、救灾和其他用肥）、农副产品奖售肥两类。当年供应奖售化肥的农副产品有棉花、黄麻、红麻、苎麻、蚕茧、烤烟、晒烟、茶叶、食油、桐油、土糖等12个品种。70年代，虽然市内收购逐渐增多，但流通渠道仍由供销社系统控制。1985年，农业生产资料市场放开，除国家统配化肥继续由供销社专营外，其他化肥实行多渠道经营。当年6月，经营化肥的有11条渠道，6100多个网点，市场上假、次化肥时有出现，农民深受其害。9月和11月，市政府重申化肥由供销社专营，1989年再次重申其他部门不得经营化肥。至此，农业生产资料供需趋于平稳，购销总值稳步上升。1986—1988年，年平购进总值6565.67万元，销售总值10423.54万元，分别比1985年上升85.36%、45.09%。1989—1990年，年平均购进总值10955.8万元，销售总值16033.6万元，又分别比1988年上升33.87%、21.88%。1990年，全市农资经营品种80余种，当年完成总购进14789万元，总销售18894.9万元。

1991年，市农资系统销售各种化肥33.75万吨，比1990年增长11.67%。1992年，国营商业企业实行以“四放开”（经营放开、价格放开、用工放开、分配放开）为核心的商业改革，化肥由供销社独家专营的局面被打破。当年，市供销社系统销售各种化肥35.75万吨，其中氮肥23.2万吨。1993—1997年，市供销社系统共销售各种化肥103.3万吨，年均销售20.66万吨。1998—2000年，株洲化肥市场全面放开，在市场竞争压力下，市供销社化肥销售量逐年下降，年均销售量只有15.9万吨，其中2000年批发销售16.31万吨。

二 饼 肥

市供销社经营饼肥主要品种有豆饼、菜饼、麻饼、棉饼。1952年，销售饼肥347.55吨，销售额占当年农业生产资料销售额的 47.20%。随着农业生产的发展，饼肥需求量不断增加，市供销社除加强饼肥市场管理外，还向农民推广茶饼、乌桕籽饼等饼肥。1954 年，销售饼肥 2000 吨，销售额 36.10 万元，占当年全市农业生产资料销售额的 71.30%。此后，随着化肥的推广应用，饼肥销售比重逐步降低。1962 年，饼肥销售额仅占农业生产资料销售额的 1.5%，1972 年降为 1.03%，1982 年再降为 0.22%。此后，基本被化肥所取代。

三 石 灰

1949 年，石灰是境内重要的农用肥，其生产历史悠久。明嘉庆年间，人们就开始在雷打石一带凿石烧灰。其买卖有三种方式：一是石灰窟主春夏间向农民赊销石灰，秋收后收款或收谷；二是以稻谷或大米兑换石灰；三是现款交易。

中华人民共和国成立后，石灰仍然是农业生产的主要用肥。1952 年，市供销总社开始经营石灰。到 1956 年，先后接管私营石灰厂和自办石灰厂 11 个，销售石灰 4.8 万吨，占全市石灰销量的 80%。1970 — 1980 年，株洲市担负外调石灰支援洞庭湖区农用石灰任务，共调石灰 112.60 万吨。1981 年，石灰不再作为肥料管理。

四 草 籽

株洲农民有自繁、自种绿肥的习惯，一般以红花草籽为主，也种植燕麦、萝卜籽、油菜。1984 — 1990 年，全市绿肥保持在 5.33 万公顷左右。

农民种植绿肥的种籽由供销社统一收购、统一供应，收购价由省物价委员会制订。1952 年，市供销总社就开始经营红花草籽。1961 年，草籽购销实行奖售办法：送售 50 千克草籽，供销社奖还 50 千克稻谷和 10 千克标准氮肥。1964 年，提高奖售标准：交售 50 千克草籽奖售稻谷 250 千克和标准氮肥 25 千克；1973 年，调整为奖售稻谷 150 千克，标准氮肥 50 千克。1959 — 1982 年，市郊和株洲县供销社组织供应红花草籽 1360 吨，年均 56.67 吨。1983 — 1990 年，全市供销社供应草籽 2505 吨，年均 313.13 吨。1980 年，省人民政府将红花草籽作为三类农副产品管理，以后随着农业生产资料市场的逐步放开，化肥销量增大，草籽销售锐减，1990 年销售 434 吨。此后，随着农业生产资料市场逐步放开，各种化学肥逐渐取代了绿肥。

第二节 农药和农药器械

一 农 药

20 世纪 50 年代初，由株洲市农林防治站统一购进农药，委托市供销合作总社用以实折币的方式贷给农民，由农林防治站负担经营费用，并付给市合作总社5%的代销手续费，主要销售品种有六六六、滴滴涕、棉油皂等。随着农村使用的农药增多，销量扩大，1954 — 1957年供销社由代销改为代营，经营费用和经营损失仍由农林防治站负担。1958年，改由市农资公司独家经营，品种增加到西力兰、赛力散、石硫合剂、松脂卤剂等多种。

市农资公司经营的农药由省农资公司按计划分配，但市农药厂生产的杀虫双、杀虫醚、除草剂等农药由市农资公司包销。随着农药的试验示范和技术服务的深入，农药销售直线上升，1965年全市销售农药2825吨，1970年7030吨，1975年8150吨，1980年达到16725吨。1982年后，开始控制并逐步淘汰氯制剂剧毒农药，推广菊脂类农药和杀菌剂，剂型改变和用药水准提高，供应量下降。1983年后，市农资公司采取和厂家签订供货合同的方式购进农药。1984年，全市有农药供应、储备网点568个。1985年，全市发生突发性稻瘟病，市农资公司仅用5天时间将17吨农药分送到受灾区，迅速遏制了病害的蔓延。当年，全市供应农药4114吨。1987年，市农资公司科技科在株洲县均坝乡作美国产“禾大壮”除稗剂示范成功，后在全省推广。

1985年，农药市场放开，国产农药实行多渠道经营，不法商贩趁机牟利，贩卖假、次农药坑害农民事件时有发生。1989年，市人民政府清理整顿农资市场，农药又归供销社统一经营，市场秩序明显好转。农药经营品种也扩展到甲胺磷、杀虫双、三霜唑等40余种。1990年，全市供应农药2555吨。

1994年，全市有农业生产资料供应点703个，国营商业部门销售各种农药3084吨，其中送货上门率达56%。1995年，市农资公司围绕实现“吨粮田”的总目标，克服资金紧、货源缺、价格涨等多种困难，完成农药销售3106吨，较上年增长了0.7%。

1998 — 2000年，株洲市农资市场更加开放，机制灵活的个体农药店遍及乡镇。其间，市农资公司的农药销量却逐年走低，3年累计销售农药5860吨，平均每年销量为1953吨，仅为销量最高年份1995年的62.88%。2000年，全市共销售化学农药3944吨。

株洲市1965 — 2000年化学农药销售数量一览表

表8-27　　单位：吨

年 份	供应数量	年 份	供应数量
1965	2825	1983	10198
1966	2824	1984	5961
1967	2730	1985	4114
1968	2875	1986	3653
1969	6295	1987	4020
1970	7030	1988	3212
1971	6235	1989	2429
1972	7380	1990	2555
1973	7040	1991	2671

续表 8–27

年　份	供应数量	年　份	供应数量
1974	6685	1992	2706
1975	8150	1993	2900
1976	7555	1994	2888
1977	8220	1995	3106
1978	8445	1996	3084
1979	14815	1997	3022
1980	16725	1998	3520
1981	18710	1999	3342
1982	18120	2000	3944

说明：1982 年以前数据包含醴陵、攸县、茶陵、酃县供销社数据

二　农药器械

20世纪50年代初，主要经营单管喷雾器、喷枪2个品种。1954 — 1957年，主要经营手摇式喷粉器、点头式喷粉器、压缩喷雾器、高压喷雾器、手提式喷雾器、背包式喷雾器 6 个产品。从 1958 年起，由市农资公司统一经营农药器械。1959 年，省人民政府把农药器械列为二类管理物资，株洲市所需数量和品种由省计划委员会安排。在这期间，市农资公司年平均销售农药器械 250 ~ 300 部。1964 年，市农资公司曾试销动力喷雾器，但未被农民接受，销量甚微，至 1973 年共销售 415 部。1970 — 1977 年，全市销售农药器械 14.1 万部，其中市区 0.37 万部。1980 年 9 月，省政府把农药器械列为三类管理物资。80 年代初，以经营 552 丙型和丰产 16 型、工农 16 型喷雾器为主。1983 年，全市农药器械销量达 10.50 万部，其中市区销 0.5 万部。此后各年平均在 5 万 ~ 8 万部之间，1990 年销售 37306 部。

1992 — 1995 年，市农资公司共销售农药器材 7.8 万部，年均 1.95 万部，比 1990 年下降 47.7%。1996 — 2000 年，由于农村大量“双季稻”改为“单季稻”，加之药用器械更加先进耐用，使农村对农药器械需求量趋减。这期间，市供销系统共销售农药器械 11.71 万部，年均销量 23421 部。

第三节　农机具

一　中小农具

民国年间，株洲中小农具市场常见的有耕牛农具、耕种农具、搬运农具、收割农具、灌溉农具，经营品种 54 个，经营方式以手工业者自产自销为主。

1952 年，市供销合作总社负责统筹安排中小农具的生产经营，组织农村分散的手工业者生产，供应原材料，产品包销，当年包销产品 12.10 万元。1954 年，地产地销的中小农具由手工业系统自

行安排，供销社只经营市场所需的外地产品。1966 — 1980 年，全市销售中小农具 14 万件，其中市区销 0.79 万件。1980 年，国家开放农业生产资料市场，经营中小农具的渠道增加，加上半机械化农具的比重增大，供销社经营量逐年减少。

1991 年后，小农具经营彻底放开，实行多渠道经营，农民不用进城即可从本地手工业者手中购买中小农具，致使农资公司所经营的中小农具滞销，年销售不足 4 万件。1992 年，全市中小农具销售持续下滑，只销售 2.8 万件。1993 — 1997 年，个体商户在城乡迅速兴起，市农资公司经营的中小农具受到较大冲击，5 年间共销售 8.3 万件，年均 1.66 万件。1998 年起，市农资公司转向以供应各种化肥、农药、地膜商品为主的营销模式，中小农具因其销量太小，已基本放弃，截至 2000 年，3 年共销售中小农具不足 5 万件。因有私营商业的补充，中小农具市场仍保持平稳态势。

二 半机械化农具

1956 年，株洲市场开始经营半机械化农机具，当年市供销社经营的品种有打稻机、双轮双铧犁、55 型水田犁，共销售 3131 件。1958 年后，农具新品种不断出现。1959 年，市供销社销售半机械化农业生产机具和农副产品加工机具 212 台。从 20 世纪 60 年代开始，市供销社只经营耕作机具、脱粒机具、粮油加工机具、畜牧机具，其他机具移交农业机械部门经营。

市供销社经营的半机械化农业生产机具和农副产品加工机具中，经营时间最长、销售量最大的是打稻机。1956 年滚筒式打稻机尚在推广试用阶段，供销社就开始经营。20 世纪 60 年代，737 人力打稻机刚一问世，供销社就积极向农民宣传，并组织供应。70 年代，又增加经营 737 动力打稻机。1967 — 1984 年，打稻机年均销量 6389 台，1982 年销售 15543 台，占当年半机械化农业生产机具和农副产品加工机具销量的 82.60%。

1989 年，市农资公司经营的半机械化农机具中，颇受农民欢迎的品种有 55 型改良水田犁、改良铁页蒲滚、人力打稻机、动力打稻机、榨油机、压面机、揉茶机、轧花机、红薯刨丝机、氨水深施器、棉花移栽器、胶轮车等。1990 年，全市销售半机械化农具 3038 台，其中打稻机 1256 台。1991 — 2000 年，半机械化农具由市农业机械公司经营，市农资公司退出半机械化农具的经营。

第四节 耕牛、农膜

一 耕 牛

中华人民共和国成立前，株洲耕牛交易主要通过耕牛集市。1952 年，市供销合作总社用国家发放的耕牛贷款购买耕牛贷给缺牛农户。1954 年，从外地采购少、壮耕牛，供应缺牛的农村互助组，并兑换农户的老、残、废牛。1962 年，商业部、全国供销合作总社指示：“供销社不仅要经营耕牛，还要领导耕牛市场。”从此，耕牛市场调剂和管理成了供销社的任务。供销社调控耕牛市场的方式，一是到外地采购耕牛，供应缺牛的农村社队；二是组织农村社队外出采购耕牛。1954 — 1962 年，供销社组织购进耕牛 3.76 万头，收购老、残、废牛 4.12 万头。1962 年 11 月，中共中央、国务院决定恢复耕牛市场。“文化大革命”中，耕牛市场关闭，耕牛仍由供销社统一经营。从 1979 年起，供销社不再经营耕牛。

二 农 膜

市供销社经营农膜从 20 世纪 60 年代开始。1966 年，首先经营推广聚氯乙稀农膜。70 年代，经营推广聚乙稀农膜；80 年代，经营推广地膜、微膜。货源由省供销社按计划分配，价格亦由省社制定。1983 年，农膜直接向生产厂家进货，但零售价仍由省供销社管理。1966 — 1982 年，全市农膜销售 865.65 吨，年均 51 吨。1983 — 1990 年，销售 2623 吨，年均 327.9 吨。

1991 — 2000 年，株洲市全民、集体所有制商业企业全面实行“四开放”政策。农膜经营成多渠道经营，但农膜消耗量却有增无减。10 年间共销售地膜 3775 吨，年均销售量在 377.5 吨左右。农膜用途也与 20 世纪 80 年代有所改变，真正用于农作物栽培的较少，用于蔬菜大棚和防雨、防寒、保护农作物的较多。

株洲市 1965 — 2000 年化学农膜销售数量情况一览表

表 8-28　　单位：吨

年 份	供应数量	年 份	供应数量
1965	-	1983	417
1966	4	1984	271
1967	19	1985	319
1968	35	1986	330
1969	29	1987	209
1970	56	1988	399
1971	61	1989	353
1972	62	1990	325
1973	118	1991	367
1974	130	1992	356
1975	86	1993	352
1976	132	1994	354
1977	226	1995	358
1978	396	1996	367
1979	868	1997	384
1980	649	1998	405
1981	202	1999	382
1982	226	2000	450

第十一章　废旧物资

第一节　购销业务

废旧物资旧称“荒货”，经营者以小贩居多，城镇也有坐商。经营荒货者早见于民国4年（1915），湘乡人罗述生来株洲设店经营。至民国33年（1944），株洲镇经营荒货业坐商有4家，挑贩20多人。民国38年，坐商仍为4家，挑贩则发展到30余人。挑贩多以瓷器、饴糖、小饼兑换荒货，也有以法币收购的。坐商一般以收购挑贩送售的废旧物资为主，分类整理后销往湘潭、长沙二地大荒货坐商。

中华人民共和国成立初期，坐商减少，挑贩增多。截至1950年7月，株洲镇有荒货商户14户，从业人员21人，主要经营牛皮、废铜、废铁、旧棉絮等。规模较大的杨祥盛户，有流动资金法币1400元，月平均营业额430元。

1953年，市供销总社开始回收废旧物资。株洲市区、郊东、郊北区12个基层供销分店的废旧回收额79.23万元，共收购废杂铜191.6吨，废钢铁181.7吨，废铅锡2.1吨。1958 — 1960年，为适应大办钢铁的需要，城区建立3个废品收购站，5个废品收购小组，郊区在10个基层社设收购部，并建立43个收购点。全市废旧收购网点发展到66个。1959年9月，省商业厅与省14个厅局制定收购目录共13类、计146个品种。1958 — 1960年，回收总值1726万元，年平575万元，比1957年增长8.2倍；回收废钢铁4524吨，年平1508吨，比1957年增长1倍。此后，国民经济进入调整时期，回收额连年下降，1963年降到64万元。

“文化大革命”开始后，供销社废旧回收行业受到影响，回收总值下降，1968年为99.5万元，比1965年下降31.02%。1971年5月，市革命委员会贯彻“以钢为纲”精神，组织全市各行各业开展回收废钢铁的群众运动。全市出动1万余人，近百辆汽车回收废钢铁。市内设三角岔、煤栈、杂品仓库等6个收购验收过磅点，5个堆放场。5月21日22时到22日晚约30个小时，全市回收废钢铁4000多吨，上交1600多吨。是年，回收废钢铁共计17180吨，销售1.45万吨，为历年之最。

1976年1月，市供销合作总社株洲市废旧物资回收公司成立。1978年，株洲物资局成立金属回收公司。自此，株洲的废旧金属回收由物资局系统的金属回收公司和供销社系统的废旧物资公司2家经营。

1979年8月，全国供销合作总社规定：收购范围扩大到城乡居民、工矿、企事业、机关、团体、部队、学校等单位有利用价值的废旧物资，对清仓物资、关停单位处理物资、使用单位多余物资、更新换代拆下来的零配件及旧机械设备、生产单位处理的残次品、半成品、边角余料。商业部门的处理商品、积压商品，也可根据市场需要进行选购或接受代销、经销。回收范围扩大到18类488个品种。

20世纪70年代末80年代初，经营废旧物资的私商复起，1983年私商发展到16户。1985年，市人民政府规定：企业的废旧物资，特别是废金属，一律只许国合收购点以及由国合商业部门指定的收购点收购，民办、个体收购点只能收购零星分散的废旧物资，同时规定集体、个体所收购的废旧物资必须交国合回收部门，一律不许自行销售；工矿企业也一律不许将废旧物资擅自销给个体经营户和外来无证收购者。1989年1月，市政府《关于清理整顿废旧行业，加强废旧金属收购管理的通知》中重申：凡经营生产性废旧金属收购的站、店，必须是经市、县工商、物资、供销部门批准的国营、集体单位，并凭证照到公安机关备案，方可定点收购生产性废旧金属，厂矿企业不准收购生产性废旧金属；个体废旧物资收购户只能在本区从事非生产性废旧物资的收购活动；机关、团体、企事业单位出售废旧金属，必须出具证明，到指定的收购站、店交售。

1990年，全市有市、县市郊专营废旧物资公司6个，兼营公司1个。市城区共有废旧物资专业收购门店288个，其中国营收购店1个、集体收购店6个、个体收购户281户。流动收购人员则随处可见，大多是进城的农民。农村回收的主力军仍然是基层供销社，个体回收经营者亦间或可见。

1991年，市供销社废旧物资回收公司更名为“株洲废旧物资回收利用公司”，该公司当年收购废旧物资23129吨，总价值1956万元，完成商品购进4770.21万元，完成商品销售5846.8万元，被评为“全国再生资源行业先进单位”，并获得省级“先进企业”的称号。

1992年，市废旧物资回收利用公司又更名为“株洲市再生资源总公司”。1993年，市再生资源总公司面对市场竞争激烈，废旧钢材收购量减少的形式，分化组建3个金属材料商场，开发增添有色金属与黑色金属正材经营业务，公司全年完成商品销售总额5259.9万元，比上年增长72.1%；实现利润110万元，比上年增长42.06%，被授予“株洲市商业十佳企业”称号。1996年，贯彻落实国务院《关于深化供销社合作社改革的决定》，市再生资源总公司完成改制，成立“株洲市再生资源经贸中心”，成为株洲市供销系统第一家股份制合作企业。“经贸中心”将主营方向转向金属、化工等工业品的批发经销业务上，再生资源的回收和加工利用逐步退出主营范围。

1997—2000年，市再生资源经贸中心共完成商品销售额9907.4万元，平均年实现商品销售额2476.85万元。

株洲市1965—2000年供销社系统废旧物资收购总额一览表

表8-29　　单位：万元

年 份	收购总额	年 份	收购总额	年 份	收购总额
1965	194	1977	491	1989	2285
1966	163	1978	448	1990	3774
1967	165	1979	443	1991	4770.21
1968	130	1980	469	1992	–
1969	201	1981	446	1993	–
1970	297	1982	561	1994	4867.6
1971	270	1983	601	1995	4632.7
1972	322	1984	779	1996	–

续表 8-29

年 份	收购总额	年 份	收购总额	年 份	收购总额
1973	256	1985	978	1997	2200
1974	340	1986	735	1998	-
1975	360	1987	1259	1999	2635.8
1976	409	1988	1908	2000	2864.7

第二节 主要品种

一 废旧黑色金属

20 世纪 50 年代，废旧黑色金属（即废钢铁）回收业务由供销社独家经营。1953 — 1958 年，市供销社收购废钢铁 2400 吨。1959 年 3 月，湖南省人委颁发的《湖南省废金属管理暂行办法》规定：废钢铁（包括废钢、钢屑、废生熟铁）列为国家统配物资。统一由市、县商业部门（供销社）收购经营，由省平衡分配，计划调拨安排。1960 年，回收废钢铁 1673 吨。1967 — 1977 年，共回收废钢铁 13.62 万吨。

1978 年，根据省人民政府规定，市金属回收公司负责经营在株洲市的中央、省属企业和市属企事业单位的废旧金属回收，市供销社废旧物资经营部门只回收社会上零星分散的废旧金属，是年供销社收购废金属比 1977 年减少 51.50%。供销社废旧物资经营部门充分发挥行业形成早、回收机构健全、网点基础好、力量雄厚等优势，与市金属回收公司展开竞争，1980 年废钢铁收购量回升到 12672 吨，比 1978 年的 9296 吨增长 36.32%。由于机构重叠，互争货源，双方争持近 8 年之久。1985 年 4 月，省人民政府办公厅规定：废钢铁由物资局系统的金属回收公司和供销社系统的废旧物资回收公司按原渠道经营管理，收购上交均抵国家计划指标，其他任何部门、单位和个人均不得经营废钢铁业务，两家关系才基本得到协调。

1986 年 10 月，废钢铁市场全面开放，市供销社物资回收企业利用收购网点多、业务人员多的优势，从 1987 年至 1989 年各年回收的废钢铁，比 1986 年的 8340 吨分别增长 43.80%、45.80% 和 63.80%。1990 年，回收 28670 吨，为历史最好年份。

1991 年，市废旧物资回收利用公司共回收废钢铁达 26572 吨，被评为“全国再生资源行业先进单位”并荣膺“省级先进企业”称号。1992 年，市废旧物资回收利用公司更名为株洲市再生资源总公司，内部全面推行“四自一包”（自主经营、自负盈亏、自筹资金、自保工资福利和上交基数包干）的经营责任制，全年收购废钢铁 27663 吨。

1993 — 1995 年，市再生资源总公司累计收购废钢铁 74381 吨，平均收购量近 25000 吨，这一时期是该公司收购废钢铁量最平稳的一段时期。

1996 年，受经济大环境的影响，废钢铁收购量出现大幅下滑。当年，废钢铁收购量为 13680 吨，较上一年少收购 16182 吨，废钢铁收购量只占上年的 45%。1997 — 2000 年，随着国民经济快速发展，钢铁市场全面放开，钢铁企业直接进入收购，加之个体收购异军突起，使国有收购企业的市场占有率越来越小。在此期间，新改制组建的市再生资源经贸中心受到自身经营方式及自营业务调整收缩的影响，废钢铁收购量连年持续下降，共收购废钢铁 19392 吨，年平均收购量仅为 4848 吨。

株洲市 1965 — 2000 年供销社系统废钢铁纯购进一览表

表 8-30　　单位：吨

年　份	数　量	年　份	数　量	年　份	数　量
1965	9786	1977	14494	1989	13663
1966	12216	1978	9296	1990	28670
1967	4825	1979	10330	1991	26572
1968	3024	1980	12672	1992	27663
1969	6717	1981	14313	1993	24352
1970	15519	1982	16898	1994	20194
1971	19931	1983	15655	1995	29862
1972	12139	1984	14745	1996	13680
1973	12087	1985	13362	1997	8796
1974	9315	1986	8340	1998	5462
1975	13420	1987	11980	1999	3102
1976	12764	1988	12164	2000	2032

二　废旧有色金属

废旧有色金属包括废杂铜、废铝、铅、锌、镁、锑、铬、镍等，是工业、交通、机电、农机、军工等部门的重要生产原料。

20 世纪 50 年代初期，废旧有色金属回收由冶金部门管理，商业部门为其代购。1955 年，市供销合作总社由代购改为自营，所收废杂铜全部上交冶金工业部武汉办事处（中南回收站）。1959 年，由市供销社统一收购，按计划上交省供销社。1962 — 1963 年，工业生产结构大幅度调整，生产速度下降，废杂铜积压，以致管理一度放松，各地自行销售。1964 年 3 月，省人民委员会规定：废旧有色金属按实际回收量由省、市废旧物资部门分成。废杂铜上调省 90%（包括调中央 75%），地市、县各留 5%；废锡调省 60%，地市、县各留 20%；废镍及其他废有色金属全部上调省供销社。1984 年 5 月，省供销社调整上调比例，废杂铜调低 20%，废铝调低 30%，废锡全部调省供销社。

1991年，市再生资源总公司全年收购废旧有色金属1850吨。1992年，市再生资源总公司拓展经营范围，全年回收废旧有色金属1946吨，比上年净增100吨。1994 — 1997年，总公司遭遇废旧有色金属市场价格动荡变化，以及经营机制相对滞后的困局，导致企业经营艰难，废旧有色金属的收购量逐年减少，4年间共回收废旧有色金属4710吨（其中废铜2957吨），年平均收购量只有1177.5吨。1999年，全年收购废旧金属289吨，仅占最高收购年份1992年收购量的14.85%。2000年，市再生资源总公司基本上放弃了废旧物资的自营业务，基层供销社和下属企业也因忙于完成社有民营、租赁、拍卖、股份制等改革工作，无暇废旧金属收购。在此期间，个体、私营收购商却纷纷涌入，致使国有收购企业的收购量聚减。当年，收购废旧金属仅为298吨，其收购量仅相当于20世纪80年代初的收购水平。

株洲市供销社系统1965 — 2000年废铜、废铝、废铅锡纯购进一览表

表8-31　　单位：吨

年 份	废 铜	废 铝	废铅锡	年 份	废 铜	废 铝	废铅锡
1965	45	63	44	1983	274	109	119
1966	52	20	28	1984	294	128	93
1967	44	12	28	1985	296	117	97
1968	20	8	13	1986	254	117	105
1969	30	19	38	1987	639	183	141
1970	51	88	30	1988	628	305	106
1971	38	20	31	1989	655	263	65
1972	47	22	50	1990	1186	254	673
1973	65	22	48	1991	1074	235	582
1974	74	47	66	1992	1170	285	491
1975	61	47	58	1993	1071	263	486
1976	61	43	79	1994	983	215	346
1977	76	46	54	1995	762	203	311
1978	86	40	61	1996	681	198	268
1979	145	53	77	1997	531	98	114
1980	237	94	141	1998	315	76	89
1981	206	67	68	1999	153	64	72
1982	215	143	62	2000	198	54	46

说明：表列数据1965 — 1982年包括市、株洲县、株洲郊区供销社在内。1983 — 2000年包括市、株洲县、醴陵市、攸县、茶陵县、炎陵县供销社在内

三 废橡胶

1957年1月，全国供销合作总社废品总管理处规定：废橡胶为省供销社管理商品。1960年，湖南省计委、经委决定：轮胎供应以旧换新，鼓励轮胎翻新。20世纪60年代中期至70年代，废橡胶、废轮胎回收量显著增加，但进口汽车轮胎增多，形成供过于求，严重积压。省经委、计委取消以旧换新规定。1976年以后，橡胶工业扩大再生胶的生产，销售量由此回升，回收转入正常。

市废旧物资回收利用公司回收的废轮胎，优先由交通运输部门及城乡运输个体户选购，不能利用的，加工成板车条、铁路水泥轨枕垫板、民用鞋底及矿山用劳保鞋等。选作再生胶原料的毛黑、毛白、胎胶、杂胶，分别供应省内外各橡胶厂。1965—1990年，市供销社系统共回收废橡胶14149吨，年平565.96吨。其中1990年为1036吨。

1991年，市供销社系统共回收废橡胶845吨，比上年下降18.44%。1992年，市橡胶厂破产、株洲轮胎厂生产下滑，继而被天津轮胎厂兼并，给株洲橡胶回收业带来不利影响。当年，全市供销系统全年收购废橡胶不足500吨，其中轮胎占85%以上。1993—1997年，全市供销系统回收废橡胶19.7吨，年均仅3.94吨。1998—2000年，市国有回收业已放弃废橡胶的收购经营，全部由个体收购站和个体流动商贩收购销售。2000年，株洲市个体废品收购站已增至900多家，个体流动收购商贩随处可见。

四 废旧造纸原料

废旧造纸原料包括废纸、破布、废棉、废麻及其制品等5类。市供销合作社系统于1953年开始收购。1959年，市、郊收购破布148.2吨、废纸156吨、废麻103吨，比1956年增加13.9倍。1964年4月，全国供销合作总社将破布、破布鞋列为全国统一安排、统一调度商品；省贸易公司制订《破布、破布鞋经营管理试行办法》，实行统一计划，分级管理，定额调拨的原则进行管理。1972年3月，省计委将破布、破布鞋、废麻、废棉列为省管计划调拨品种。1974年，全市供销社回收破布258吨、废纸1080吨、废麻326吨，比1959年分别增长0.74倍、5.92倍、2.16倍。1985年起，省将废旧造纸原料下放到市、县管理。自此，破布、废棉、废麻、废纸经营放开，价格放开，废旧行业自主经营。1985—1990年，回收破布9693吨，年平1616吨，比1974年增加5.26倍；废纸31852吨，年平5309吨，比1974年增加3.92倍；废麻4649吨，年平775吨，比1974年增加1.38倍。1990年收购破布1693吨，废棉274吨，废纸4731吨，废麻960吨，分别比放开经营的1983年增长57.1%、8.3%、16.24%、28%。株洲市大部分回收的造纸原料销往山东、广西、辽宁、江西等地造纸厂，省内有望城油毡厂及株洲淦田、南县明山头造纸厂。

1991—2000年，株洲废旧造纸原料的收购市场基本被个体经营者所占据，个体流动收购商将所收购的废旧造纸原料经过简单的分等级、分品种整理后，直接售给城市坐商，再批量送售造纸厂进行再加工。

第三节 加工利用

株洲市回收的废旧物资除少部分直接利用外，大部分经加工挑选，进行综合利用。如把废棉纱回弹制成防寒絮垫、沙发填充料；从破布中选出大块布作为工业用擦油布；把缝纫剪裁下来的布块、布条制成抛光布轮、衬壳、衬垫、拖把，从破布中还选出部分给民家做布鞋底；把废麻、麻绳头加工成麻绒卖给船民作捻船缝用，不能利用的销售给造纸厂作造纸原料。所收废钢铁按照“先利用、后回炉”的原则，经过加工挑选，氧割分类，一般可选出旧次钢材、农用工具铁30%，每年平均有3000吨废钢铁直接供应市内轻工、手工业部门和乡镇企业选用。还把废铁分为洋生铁（灰口生铁）、水生铁（白口生铁）、麻生铁、洋板铁，供做农用工具和铁钉。回炉钢则按省、市计划供应株洲钢厂、湘潭钢厂、涟源钢厂及武汉、上海、大冶、重庆等钢铁生产厂家。把废铜分为青铜、紫铜、响铜、皮铜、生铜、熟铜、彩板铜等，供做铜锁、水烟筒、铜壶、铜乐器等。

1958年，按省供销社要求，株洲所回收的废轮胎统一交长沙市加工利用。同年，市废旧物资行业因陋就简，办起了废旧物资加工厂，自制红炉、木质人力织布机、纺纱车，生产码钉、铁丝、纺纱织布。1961年，加工厂因原料不足，加工技术不过关，加工项目少，产品质次价高，利润少而停止加工。1973年，成立废旧物资五七综合利用厂，自制设备，生产码钉、跳板螺杆、板车脚架、灰桶、灰撮箕、铁瓢、铁丝等，还进行废短头6码丝焊接、废镍丝拉丝、不锈钢拉丝、剪刀等业务。1975年，加工利润7.7万元。1980年后又开展废铝、废铅以及铅、铝质牙膏皮的清洗冶炼，加工项目共有100多个。1990年，市供销社系统有废旧物资加工利用机械90台，比1985年增加5.8%。其中加工废钢铁8120吨，比1985年增加81.19%，加工项目14个品种25个，加工利润30多万元。

1991年，市供销社系统加工废旧钢铁8000吨，加工项目15个品种23个，加工利润达32万元。1992年，由于废旧物资加工利用技术含量不高，加工生产的产品简单粗糙、市场销量不畅，遂停产3个滞销的项目，加工利用的品种也减少到18个。同时，根据市场变化，又新上“废纸分拣利用”和“报废汽车拆解”2个项目。当年，废钢铁加工利用量为3460吨，加工量较上年下降了56.6%。1995 — 2000年，受国际钢材市场变化的影响，市再生资源总公司废旧物资加工利用业务陷入低潮，停止大部分加工利用项目，回收的废旧物资大都交售专业厂家进行回炉生产。

第十二章　棉麻土产

第一节　经营范围

民国时期，株洲经营棉麻土产的除了部分粮行外，基本上是一些小商小贩。经营范围很广，品种也相当繁杂，有棉、麻、烟、茶、土布、夏布、麻线、绳索、篾货、竹木制品、木炭、生漆、蜂蜜、棕片等。

中华人民共和国成立后，棉麻土产行业的经营品种及经营范围不断发展变化。20世纪50年代初，株洲市棉麻土产行业经营范围包括苎麻、竹浆、扣胚、瓷器、滑石、石膏、烟叶、硫黄、雄黄、石墨、铜料、五倍子、土纸、生猪、药材15类商品。50年代中后期，完成公私合营后，棉麻土产由国合商业独家经营，并对棉花、苎麻、茶叶、桐油、楠竹、木材等实行统购统销和派购包销。

1969年，市棉麻土产行业主营单位为市农产品公司，主要经营部分一、二、三类农副土特产品，包括棉花、苎麻、黄红麻、生漆、棕片、黄蜡、蜂蜜、土硝、土碱、矾红、土红、木柴、木炭、杂木棒等175个品种，并开展了对“五野三小”（野生植物、野生植物油料、野生纤维、野生淀粉、野生烤胶；小土产、小水产、小畜产）的收购和经营。经营范围比较稳定。

1980年8月，省人民政府决定：三类农副产品除蜂蜜、蓖麻油（籽）、红花草籽、山苍子油、草席5种产品外，其余都可以实行议购议销。市棉麻土产公司归口经营商品日渐减少，主要经营品种有棉花、新絮棉、熟黄红麻、苎麻、鲜蚕茧、毛竹、棕片、生漆、白蜡、蜂蜜、蜂蜡、皮木梓油、蓖麻子油、野生纤维原料、野生淀粉原料、野生烤胶原料、野生植物油料、小杂竹，楠竹尾、桎木条、杂木棒、杂柴、木炭等。

1991年，酃县棉麻土产公司首次引进“木板格簇育蚕”的新技术。同时，还在城东乡推广种植“杂交桑树”0.31公顷，养蚕结茧429.5千克，每亩杂交桑树平均产茧达93.3千克。攸县供销社则大面积推广市科委“茉莉花露天越冬丰产栽培技术”，当年推广种植103.67公顷，收购优质茉莉花360吨。在株洲市供销系统的技术和资金支持下，全市当年共新扩桑园96公顷，改造老桑园118.67公顷，新栽杂交桑419.6万株。这年，全市收购蚕茧145吨，价值166万元，其中供销社共收购蚕茧1083.8担，较上年增收362担，增幅高达50%。1992年，蚕茧收购价行情下跌，全市国营商业蚕茧收购量增至164吨，收购总额却降至121万元。1995年，蚕丝市场价格震荡，炎陵县供销社为确保广大蚕农的利益，产销倒挂60万元，做好蚕茧的收购工作。当年，株洲蚕茧收购量达226吨，较上年收购量增长了38个百分点。

1995—1997年，株洲棉花生产连续3年获得较快发展。1997年攸县、茶陵和株洲县共种植棉花2000余公顷，总产皮棉达3000多吨，其中攸县建成1000公顷棉花高产示范带及茉莉花基地，当年商业收购皮棉达3万余担。1997年年底，株洲县棉麻蚕茧公司成立，投资200万元的轧花厂也建成投产。这是国营商业企业积极参与农业产业化，实施棉花产、加、销一条龙服务的新举措。1997年，株洲市供销社系统，确立以棉花桑蚕收购为突破口，建立"基地+农户""贸工农一体化"新型经营模式，为棉茧长期稳定收购奠定基础。是年，市供销社系统巩固和建立起总面积达1.34余万公顷，计93个棉花、桑蚕等专业生产基地，大力发展桑蚕、棉花、竹笋及茉莉花等农副产品生产，使农民年增收达2000余万元。

20世纪90年代后期，国家彻底放开农副市场，不断加大商业改革力度，市棉麻土产总公司在改革中渐失垄断经营优势，主营的农特产品购销量日趋萎缩，陷于经营困境，1997年被金都商厦托管。1998年，仅有352万元资产的棉麻土产总公司，负债率已高达1000%，经市供销社批准，公司向株洲中级人民法院申请破产。

第二节 主要商品

一 棉 花

（一）收 购

1949年前，株洲棉花产量极为有限，上市交易很少。中华人民共和国成立后，政府号召种棉花，但由于缺乏种植技术，品种低劣（多为黄棉花），产量低，加之自然灾害，棉花收购时有时无。1954年9月棉花统购前，株洲市棉花由长沙花纱布公司收购。实行统购后，长沙花纱布公司委托株洲市百货公司收购。从1956年起，由市土产公司统一收购，1958年收购3吨，1959年收购16.60吨，1963年只收购1吨。

1963年，国家将棉花收购价由每50千克77.11元提高到89元，同时实行收购棉花奖售粮食、化肥、棉布办法，调动了农民种棉积极性。并规定棉农除自留棉（每年每人自留0.50 ~ 1千克）外，所产棉花一律卖给市土产公司。1964年，市土产公司收购棉花8.75吨，1965年收购116.30吨。

1979年，实行按基数收购，超过部分加价收购。至1982年，市供销社的各级土产公司共超基数收购棉花194.55吨。1984年，棉花市场供大于求，国家对棉花收购采取限制措施，对合同订购以外的棉花不再加价，不奖售化肥。1985年起，农民大都放弃棉花生产，棉花收购锐减。1990年，全市仅茶陵县、攸县种植少量棉花，当年收购皮棉125吨。

1991年，由于国家对棉花购销政策放宽，外地棉商和生产厂家直接到农村收购，全市共收购棉花185吨，金额155万元。其中，市棉麻土产总公司当年仅收购棉花113吨，购进棉絮5吨，没有完成当年的棉花收购任务。

1992—1993年，全国棉花接连两年减产，供求矛盾突出。1992年，株洲市收购棉花152吨，金额106万元。其中市国营商业系统收购133吨、金额92万元。为迅速改变棉花短缺的局面，1994年国家大幅提高棉花收购价格（提高59%）。是年，全市棉花产量1453吨，但因外地棉商以高出国家棉花收购价一倍的价格在农村竞相收购，市棉麻土产总公司当年收购棉花仅为 600 担，仅完成当年收购任务的十分之一。

1994 — 1995 年，茶陵县供销社为扩大棉花收购而投入流动资金近 10 万元，帮助农民将棉田由 200 多公顷扩展到 1995 年的 405.53 公顷，合同订购皮棉达 7100 担。这年，为弥补农用生产资料价格和粮价上涨对棉花行情的影响，国家再度大幅提高棉花收购价格（提高 28.7%），使标准级皮辊棉的实际收购价格达到 1400 元 / 吨。这年，株洲棉花产量为 1329 吨，比上年减少了 8.53%。1997 年，株洲大中型商业企业仅收购棉花 49 吨。1999 年，国家对棉花购销实行放开，棉花价格曾一度大幅下滑，当年新棉收购价已降至每担只有 380 元。2000 年，受全球经济增长刺激，世界棉花价格上扬，加之国内纺织品、服装出口形势转好，国内纺织用棉增加，棉花价格开始回升，国内新棉收购价格一度涨至每担 520 元，与上年比，棉花收购价平均上升幅度高达 35.6%。这一年，受前 2 年棉花价格低迷的影响，株洲市棉花总产量为 1556 吨，较上年减少 43.66%。

（二）销　售

1. 民用棉　民国时期，株洲已有棉花经营者，但无花行。市场棉花多为运销商从湖南南县等滨湖一带运进，称之为“河花”；也有少量本地棉花，称之为土花。由五节街（解放东街至大码头一带）粮油行兼营。经营棉花较多的商号有福兴商号、洪盛商号、大裕农商号。

20 世纪 50 年代初期，私营粮行垄断棉花经营。1950 年兼营棉花的粮行有 25 家，从业者 95 人，经营资本 2.42 万元，年销棉花近 10 吨。1951 年抗美援朝战争开始，私商囤积居奇，抬高棉价，棉花销价一度高达每千克 3.20 元。国营湘潭县贸易公司从省贸易公司调进 30.85 吨在市场抛售，市价逐渐下落至每千克 2.50 元，市场趋于稳定。1951 年年底，棉价继续下落。1954 年 9 月，政务院发布命令，棉花实行统购统销，当年销售 220.20 吨，比 1953 年增长 26.30%。此后年销售量稳定在 200 ~ 250 吨之间。

2. 纺织用棉　市土产公司 1958 年开始承担株洲市纺织用棉的供应任务，供应对象主要是株洲苎麻纺织厂。纺织用棉主要从省内的常德、岳阳和山东、河北、河南、湖北、江苏、安徽等地调进。年平均供应量 500 吨。1979 年后，增加对株洲县渌口棉麻纺织厂的棉花供应。1981 年起又增加对株洲市棉麻纺织厂生产用棉的供应，使市棉麻土产公司纺织用棉的年均销售量达到 2870 吨。

1985 年，根据国务院“纺织用棉企业可有计划地选购所需棉花”的指示，株洲苎麻纺织印染厂和市麻棉纺织厂从市棉麻土产公司购进生产用棉的同时，亦直接向产地进货。当年，市棉麻土产公司销售纺织用棉 2040 吨，比多年平均销售量减少 29%。1990 年，市棉麻土产公司销售纺织用棉 2632 吨。

1991 年，市棉麻土产总公司销售棉花 2890 吨，销售絮棉 100 吨，这年棉絮的销售价为每千克 19 元。1994 年上半年，市棉麻总公司销售棉花 568 吨，较上年同期 594 吨，仅下降 4.3%，库存棉花为 47 吨，同比下降 50%。1995 年，株洲棉麻土产总公司销售棉花突降至 1000 千克，而棉絮销售价为每千克 29.8 元，比上年上涨了 56.8%。

1996 — 1998 年，是国家棉花政策调整力度较大的一个时期。1996 年棉花市场供大于求，价格一路走低，棉花销售困难，这年市大中型商业企业共销售棉花990箱，其中批发987箱、零售3箱，年末库存365箱；1997年，国家为保护棉农利益，大幅调高棉花收购价格。下半年，在东南亚金融危机的影响下，纺织企业生产下降，为降低成本，大量使用化纤，使得棉花的用量减少，市场棉花滞销，棉花经销企业的库存压力增大。这一时期，供销社棉麻企业普遍经营困难，亏损严重。是年，株洲大中型商业企业共销售棉花408吨，其中批发为407吨、零售仅1吨，年末库存16吨。

1999年，国家开始放开棉花市场，但由于全国棉花连年丰收，棉花市场供过于求，经销企业积压严重等原因，棉花销售价格仍呈下降走势，标准等级皮棉从1.3万元/吨～1.5万元/吨下降到1999年年底的0.85万元/吨，创棉花销价新低。2000年，株洲纺织行业受国际经济环境转好的影响，生产和销售均出现增长，每50千克棉花的销售收益平均可达到163.26元。

二 麻 类

株洲市苎麻和黄（红）麻产量很少，1954年株洲市供销合作总社只收购3吨苎麻。株洲市所需苎麻主要从省内的常德、南县、汉寿、大庸等地调入。从1958年开始，市棉麻土产公司经营的苎麻，主要供应株洲苎麻纺织厂、株洲市麻棉纺织厂、株洲县渌口棉麻纺织厂。1980—1982年，市棉麻土产公司年均销售苎麻3191.70吨，占生产企业需要量的25%。1982年6月，省棉麻蚕茧公司决定，株洲苎麻纺织印染厂所需苎麻由产地直接供应。1985年3月，省人民政府决定苎麻、黄（红）麻不再派购，实行多渠道经营。同年，国际市场苎麻俏销，行情看涨，工商企业涌向产区抬价抢购，市棉麻土产公司也参与抢购。1987年起，苎麻市场供大于求，市棉麻土产公司当年仅销售45吨，造成大量积压。1990年销售262吨。

20世纪80年代后期，麻织品开始走俏市场，受供需旺盛的刺激，1991年茶陵县苎麻种植面积有了大幅增长，为改变苎麻品种混杂退化，茶陵县率先引进了3430株由湖大苎麻研究所选育而成的“湘苎3号”苎麻新品种，该品种高产、优质、抗病、纤维指数高达1900支，是一种很有发展潜力的新品种。是年，市棉麻土产总公司收购苎麻只有8吨，销售苎麻367吨。1992年，全市收购苎麻增至176吨，价值51万元。其中，全民所有制商业苎麻收购量为74吨，价值15万元。1995年，茶陵县苎麻种植数量大，当年该县交售苎麻达1553吨，攸县交售苎麻仅75吨。

1990—1993年，苎麻销售低迷。这一时期的苎麻产量和价格均显著下降。其间，市场的原麻供过于求，收购价格最低每百千克降至180～200元。部分麻农甚至挖蔸毁麻，改种其他作物。1998年，麻农的市场意识得到增强，种麻积极性高涨。在品种改良及资金上均有较大的投入，当年苎麻收购的开秤价格每千克为4.8元，然后逐步降为4.6元和4.2元，至6月下旬降至3.8元。这年，苎麻收购均价比上年下降10.8%，收购价格每吨在4000元左右，收购量较上年略有下降。

2000年，麻纺织品重新受到国际市场青睐，加上苎麻发展较快，货源充足，使得苎麻市场价格变化较大。这年，株洲原麻收购价格最高可达9元/千克，最低时不足4元/千克。尽管苎麻价格上下波动较大，但与种植稻谷、棉花相比较，种麻还是具有一定的经济优势，故株洲苎麻种植面积，在当年仍保持缓慢扩大的趋势。

三　木　炭

1949 年以前，境内木炭多系农民自产自销。20 世纪 50 年代，主要由国营湘潭县贸易公司经营，一般从淦田、朱亭收购，在株洲市区销售。1950 年，该公司销售木炭 171.30 吨，销售额 8482 元，平均每 50 千克 2.47 元。1958 年炼钢用炭剧增，木炭仅能满足株洲钢厂需要。国营湘潭县贸易公司从湘潭市调入 100 吨。方满足全市大炼钢铁所需，市民买不到木炭。1959 年 9 月，省人民委员会把木炭列为二类商品，株洲市木炭由木材公司统一经营。1961 年改由市棉麻土产公司统一经营。1963 年，市棉麻土产公司为帮助农民渡过困难，就地收购木炭 930.60 吨，为收购最高年份。1966 年，省人民委员会把木炭改按一类商品管理，实行统购。1968 年以后，木炭资源基本枯竭，生产、生活用炭主要从酃县调入。1982 年，陕西、天津、北京等地工商企业以高出湖南省木炭调拨价 5% ~ 10% 的价格调出木炭，致使用炭大户株洲选矿药剂厂生产用炭告急。省人民政府授权市供销社在株洲市召集省内 40 多家工商企业联席会议，决定省内木炭停止向外省调出，支援株洲市生产用炭。在省土产公司组织下，市棉麻土产公司从郴州、零陵、怀化、邵阳、湘西自治州等地 30 多个县调入大批木炭，解决了当年企业生产用炭。1982 — 1984 年，市棉麻土产公司年均储备木炭 2000 吨，以备企业生产所需。1985 年木炭市场放开，实行多渠道经营。1986 — 1990 年，市棉麻土产公司年均销售木炭 1726 吨，其中 1990 年为 2220 吨。

木炭的生产由于受到绿化与防火的制约，市场化程度不高，随着国家林业政策的不断完善，木炭这一林业副产品，至 1991 年时已基本按市场供求关系实现了多渠道经营，木炭由棉麻土产总公司独家经营的营销模式被打破，商业供销部门收购的品种和数量急剧减少。1992 年，市棉麻土产总公司收购和销售木炭均只有 1 吨。1993 — 2000 年，木炭的产销均由市场进行调节，并有专业炭业公司及林业企业自主经营，株洲国营商业彻底退出了木炭经营业务。

四　棕　片

棕片性轻柔，有韧力，耐水抗腐，被广泛用于工农业、渔业、交通运输业、建筑业、民用等行业。同时，棕片还是很好的出口产品。市郊区供销社从 1956 年开始经营棕片。1960 — 1969 年，市土产公司年均收购棕片 7.5 吨；1970 — 1979 年，年均收购量 3.5 吨；1980 — 1989 年，年均收购量只有 3 吨。棕片除少部分销给农民编制箩索、牛绳、蓑衣外，大部分销给船民和手工业合作社加工棕绳、扫把。1956 — 1979 年，年均销售量 25 吨。20 世纪 80 年代生活棕制品逐渐被塑料、塑料制品替代。1980 — 1990 年供销社年均销售棕片只有 8 吨，其中 1990 年为 0.76 吨。

1991 年，全市共收购棕片 8 吨，价值 3 万元，其中市棉麻土产总公司收购棕片 6 吨，销售棕片 16 吨。1992 年，全市棕片产量达 314 吨，大部分棕片都用于生产和出口，全市商业收购棕片仅 8 吨，价值3万元。是年，市棉麻土产公司收购棕片4吨，价值2万余元。棕片除供应本地乡镇企业外，还要按省公司的调拨计划，调给省内的用棕工厂或出口。

1993年，部分化工产品如尼龙、涤纶等逐渐代替棕片制品进入市场，低廉化工产品的大量使用，导致棕片价格难以上升，农民种棕采棕的积极性严重受挫，供销社的收购量也因此逐年减少。这年，株洲棉麻总公司共收购棕片12吨。1995年后，供销社基本停止了棕片的收购业务。

五 蜂 蜜

1959年，株洲市土产公司开始经营蜂蜜。同年，省政府将蜜蜂列为二类商品管理。次年，市土产公司收购0.5吨蜂蜜。1965年，市政府号召养蜂，市土产公司在株洲县马家河公社扶植养蜂350箱，收购蜂蜜12.90吨。1974年，市土产公司收购蜂蜜83.8吨，为收购量最高年份，此后逐年下降。1982年，境内农村实行家庭联产承包责任制，土地使用率提高，红花草子、油菜种植面积大量减少，花源缺乏，养蜂、放蜂者锐减。1985年，市棉麻土产公司只购进蜂蜜5吨，1987年收购2吨。1991年，全市共收购蜂蜜5吨、金额5万元。其中，市棉麻土产总公司收购蜂蜜1吨，销售蜂蜜2吨。1992年，全市蜂蜜收购量达8吨，价值5万元，其中市商业部门收购蜂蜜5吨，金额3万元。1995年，全市蜂箱数量13947箱，蜂蜜总产量为258吨。2000年，由于内需市场的扩大、以及国际市场价格上涨，带动国内蜂蜜价格上涨，株洲蜂蜜销售价格较上年上升7.1%。是年，境内市场上出售的蜂蜜多达数十种，有儿童蜜、老年蜜、营养蜜、纯正蜜等不同功效的蜂蜜，也有百花蜜、槐花蜜、龙眼蜜、紫云英蜜等不同蜜源的蜂蜜，价格也很悬殊，在9～30元/千克之间。

株洲市供销合作（联合）社历任负责人名录

表8-32

主 任	任职时间	副 主 任	任职时间
李 章	1951.11—1952.7（兼）	向作存	1951.11—1952.7
马 奎	1952.7—1954.12（兼）	王爱芳（女）	1952.7—1954.12
宾瑞泉	1955.1—1957.12	马慈翔	1952.7—1954.12
刘文朴	1962.3—1962.9	冯树藩	1955.1—1957.12
滕中民	1962.10—1966.5	郭光明	1955.1—1957.12
余清源	1966.6—1968.10	王忠俭	1962.4—1964.5
胡安民	1975.12—1988.3	刘文朴	1962.9—1968.11
侯林青	1988.4—1989.10	孙克礼	1965.3—1968.11

续表 8–32

主 任	任职时间	副 主 任	任职时间
谢和清	1989.10 — 1996.5	王吉桢	1966.4 — 1968.10
卢耿民	1996.5 — 1997.8		1975.12 — 1983.7
胡正球	1997.8 — 2000.12	曹道林	1966.4 — 1968.10
–	–	刘立炎	1975.12 — 1981.3
–	–	肖名勋	1976.4 — 1981.3
–	–	卢印森	1978.9 — 1983.7
–	–	胡鼎伟	1981.3 — 1983.7
–	–	易宏仁	1982.3 — 1994.10
–	–	夏咏雪	1982.9 — 1994.11
–	–	周春保	1983.7 — 1994.11
–	–	苏孟顺	1983.7 — 1991.7
–	–	李炳基	1983.7 — 1995.6
–	–	黄守立	1983.7 — 1998.5
–	–	张儒文	1986.6 — 1989.12
–	–	胡正球	1988.10 — 1997.8
–	–	刘 炜	1991.7 — 2000.12
–	–	邓 进	1997.8 — 2000.12
–	–	郭敏祥	1998.5 — 2000.12

第十三章 烟草业

株洲烟民历代吸土烟，烟叶系自产自给。清光绪三十三年（1907），英美烟草公司在湘南设立分公司，随后洋烟从湘潭进入株洲市场。

民国4年（1915）9月，湘潭县设立湖南烟酒公卖局第一区分局，株洲在其管辖之列。民国34年（1945），株洲镇有富昌、复隆烟店出现。民国38年（1949），成立烟业公会，近30家卷烟和丝烟经营户加入。

20世纪50年代初，人民政府开始在全国推行烟草专卖管理。1953年3月，成立株洲卷烟业同业公会联购分销处，对卷烟业实行同业组织管理。4月17日，成立株洲市烟酒专卖管理处和湖南省专卖公司株洲市烟酒批发部。1955年9月，成立株洲烟酒专卖公司。由于机构的变动，烟草专卖于1957年6月解体。1983年9月，国务院发布《烟草专卖条例》(简称《条例》)，株洲市于1984年10月成立烟草专卖局和烟草公司。1984年12月至1985年1月，株洲县、醴陵县、攸县、茶陵县、酃县先后成立烟草专卖局、烟草公司，株洲市烟草公司于1985年3月改称湖南省烟草公司株洲市公司。

株洲市烟草专卖局、湖南省烟草公司株洲市公司（简称“市烟草公司”）组建后，通过贯彻实施《条例》，建立起以市、县烟草专卖局（公司）为中心，由国营、集体、个体商店（摊点）组成的卷烟经营网络，形成高度集中，垄断经营的批发市场。1990年，全市烟草系统有职工298人，固定资产净值949万元。全年销售卷烟22.30万箱，销售额4.33亿元，实现利润1209.33万元，上缴利税233.8万元。市烟草公司1989年、1990年连续两年被市人民政府批准核定为大型一级商业企业。

1991年，成立于1986年的“湖南烟草株洲贸易中心”撤销，占株洲市烟草公司（简称“市公司”）年销量达40%以上的省外业务因此明显萎缩。市公司于当年及时增设“省外经营部”，以替代撤销的“贸易中心”，继续拓展省外烟草业务。1993年，云南卷烟产品热销、风靡全国，市公司当即在昆明成立“株洲烟草公司云南办事处”，负责对云南烟草产品的竞拍和买入工作。次年，为打入北方市场，市公司又在北京开设“株洲烟草公司北京办事处”。1995年，以北京办事处开办为契机，带动了醴陵、攸县、炎陵、株洲县公司相继进入北京批发市场，并取得了卷烟批发“二级站”资格。这年年底，全市烟草系统省外客户已发展到200多家，省外烟草产品主要来源于玉溪、红河、昆明、曲靖、昭通、大理6家卷烟厂，后发展到上海、广州2家及杭州、宁波、毕节等卷烟厂。1997年，湖南省烟草系统实施宏观调控，根据省局指示，相继撤销了云南办事处、北京办事处和省外经营部，经营范围局限于本辖区，经营方式有所改变，株洲烟草业自此进入调整时期。1999年，长沙卷烟厂收回了株洲烟草公司始于1994年先后承接的浙江、江西、辽宁、广西、河北、福建、宁夏7省区的批发代理权，市公司因此年损失毛利达2000万元以上。2000年，株洲烟草系统开始撤销城区自批点（1996 — 1998 年市烟草系统为加强对烟草市场控制而设立卷烟自批点，至 1999 年全市共有城乡自批点 29 个），成立配送中心，购置配送车辆，将所有持证零售户纳入配送网，网络建设向“访销配送”的营销方式转变。这年，株洲城区配送户数达到 500 户，占辖区经营户总数的 25%。当年全市烟草系统共有配送分部 15 个，配送车（组）37 个，入网零售户达 8463 户。

1991 — 2000 年，全市烟草系统共购进卷烟 195.63 万箱，销售卷烟 196.33 万箱，实现利润 21214 万元。

第一节　烟草种植

境内农村吸烟的农户，一般都自种晒烟。中华人民共和国成立后，晒烟成为卷烟工业的原料，烟叶成为国家统一收购的重要农副产品之一。1951 年种植 13.87 公顷，1952 年种植 18.54 公顷。1953 年株洲市试种烤烟 8.47 公顷，计 191100 株，因农民技术不熟等原因，试种没有成功。20 世纪 70 年代后，由于全国烤烟生产和卷烟工业的发展，农村中吸卷烟的人逐步增多，种植晒烟的农户也逐年减少。80 年代，城乡人民生活水平显著提高，农村烟民普遍吸卷烟。种晒烟的极少。

1983 年，株洲市行政辖区扩大，茶陵县、攸县 2 个烤烟主产县划入株洲。1984 年攸县、茶陵县定为株洲市烤烟集中产区，实行计划种植。1985 年种植 400 公顷，1987 年种值 220 公顷，1988 年种植 354 公顷，1989 年种植 307 公顷，1990 年种植 200 公顷。

1991 — 2000 年，全市烤烟种植面积增减悬殊，两上两下，起伏发展，但种植技术不断改进，调制质量逐步提高。1991 年全市种植 172 公顷，1993 年种植 715 公顷。1994 年和 1995 年，急速下降，1995 年仅种植 45.34 公顷。1996 — 2000 年又明显增加。1997 年种植面积达到 407 公顷。

炎陵县、株洲县曾分别于 1993 年、1997 年、1998 年试种烤烟，因种户少，总量低，均未形成规模。

一　攸县产区

攸县种植烤烟始于 1961 年，当年试种 1.34 公顷，总产 30 担（1 担 = 50 千克），收购 59 千克。1964 年，选派培植人员到河南许昌和本省桂阳等地学习烤烟生产技术。第二年，在渌田乡江口村、江联村，上云桥乡高岭“五四林场”，皇图岭的天子坪茶场、槽冲茶场、丹塘茶场及新田村再次组织试种 5.07 公顷，产烟 79 担。3 个茶场将烤烟套种在茶叶树间，对茶叶生产产生副作用，次年没有再种烤烟。其他乡村试种成功，并逐年扩大种植规模。1966 年，全县种植 38 公顷；1967 年，种植 46.2 公顷。

1974 年，扩大烤烟生产，当年，种植面积达到 165.6 公顷，产烟 3448 担，国家收购 2607 担。1976 年，全县种植 338.54 公顷，产烟 6166 担，国家收购 5088 担。1977 年 3 月，攸县卷烟厂正式投产，促进了烤烟生产的发展，当年种植总面积增加到 992 公顷，建烤房 493 个，产烟 14386 担。1978 年，是攸县烤烟生产规模最大的一年，全县 31 个乡都种有烤烟，种植总面积达到 1098 公顷，产烟 17980 担，收购上调15685担。以后种植面积逐年减少。1979年，种植644.47公顷，产烟12530担。1982年，种植514.6公顷，产烟16794担，收购15324担。1983年，种植366.27公顷，收购6436担。1983年下半年，攸县卷烟厂关停，烤烟生产继续下降，1984年，全县种植总面积减少到181.94公顷。1974年至1984年，是攸县烤烟生产发展时期。在这11年中，全县种植烤烟总面积为5298公顷，年均种植面积481.60公顷；烤烟总产量为109252担，年均9932担；烤烟收购总量为94848担，年均8622担。所收购的烟叶，大部分调长沙卷烟厂。这一时期，烤烟成为攸县农业经济作物主要支柱产品（棉、麻、烟）之一，形成了一支烤烟生产技术骨干队伍，熟悉烤烟生产技术的烟农在5000户以上。主产乡有：石羊塘、老君潭、鸭塘铺、大同桥、渌田、新市、丫江桥、上云桥等。石羊塘乡年交售烟叶最多达到4000担以上。

1985年，攸县被株洲市烟草专卖局定为主产县，实行计划种植、计划收购。当年，种植烤烟174公顷，产烟5228担，收购3322担。1986年，种植46.67公顷，产烟1760担，收购1268担。1987年，因受其他经济作物的冲击，烤烟生产计划未能落实，全县只有3个乡少数农民零星种植烤烟，收购烟叶685担。1988年，通过积极引导生产，种植总面积增加到60公顷，收购烟叶1043担。当年11月，县政府召开烤烟生产工作会议，决定奋斗3年，建成万亩优质烤烟基地，县政府成立了优质烤烟基地领导小组，并制定了发展优质烤烟生产的5项优惠政策。攸县政府的这一规划得到了长沙卷烟厂的重视和支持，聘请了中国烟草总公司青州烟草科学研究所的专家和技术人员到攸县指导优质烟生产基地建设。但由于多种原因，万亩优质烤烟基地规划没有实现。1989年，全县烤烟种植面积为70公顷，收购烟叶1482担，1990年种植88公顷，收购烟叶1920担。

1991年，攸县烤烟种植面积跌至200公顷，1992年略有上升，种植面积为33.34公顷，1993年又跌回至23.34公顷。从1994年起，攸县停止烤烟的大规模种植。究其原因：主要是农民感到种烟不合算。该县土质更适应种植西瓜、凉薯等农作物，其经济效益比种烟还好，种烟不但费时且成本高，甚至发生亏损，加之该县农民历来有外出打工的习惯，2000年全县外出打工者达10万余人，约占全县总人口的12.5%，其经济收入远比在家种烟要好得多，因而农民对种烟的积极性不高。

二　茶陵产区

茶陵县1966年试种烟叶5.87公顷，收购烟叶198担。1974年，县政府总结推广了界首公社仓下11生产队连续3年"以烟促粮，粮烟丰收"的经验，推动了全县烤烟生产的发展。1978年，种植面积增加到275.4公顷，总产5940担，国家收购4954担。1981年。界首公社大新16队农民李毛吉利用自留地和屋边空闲地种烤烟1700株，由于他精心培管，精心烤制，不但烟质好，而且价格高，全年共收干烟叶300千克，交售255千克，纯收入600多元，被誉为精心培管烤烟的高产典型户。从1983年开始，茶陵县烤烟种植面积、收购量逐年减少。

1988年收购烟叶1121担。1989年，县烟草公司成立原烟生产领导班子和工作机构，聘请了一批长期从事原烟生产培植的农技员，负责育苗、栽培、烘烤、收购的技术指导。从桂阳、新田引进良种无偿发给烟农。为烟农贷款 4 万元，新建烤房 560 个，当年，全县种植烤烟 237 公顷，收购烟叶 3423 担。1990 年，全县种植 119 公顷，收购 1260 担。

1991 年，茶陵县界首镇、枣市乡、马江乡共种植烤烟 152 公顷，其中，优质烤烟 6.67 公顷。从这年始，茶陵县政府成立烤烟生产办公室（此机构一直存续到 2000 年），确定 1 名副县长助理和 1 名财办副主任专抓烤烟生产。1992 年，茶陵烤烟种植猛升至 583.34 公顷，其中优质烤烟增至 200 公顷。1993 年，茶陵继续把发展烤烟列为本县重要经济作物，给予优惠政策，种植面积当年扩至 676.60 公顷。为该县烟叶种植历史之最。1994 — 1995 年，由于烟粮比价不合理，加上省定收购价不能一步到位，有些奖励扶持政策直到收购时才出台，导致茶陵烤烟种植面积急剧减少，分别只有 54 公顷和 45 公顷。1996 年，茶陵县为争取拿到长沙卷烟厂“烟叶生产基地”的席位，该县挤出资金，作出较大的风险投入。在界首镇与枣市乡的接壤处建立 33.34 公顷调香型主料烟开发基地，又在界首镇大新村建立千亩烤烟种植村，当年全县烤烟种植回升至 219.54 公顷。1997 年，烤烟种植面积增至 357.34 公顷。1998 — 2000 年烤烟种植在 200 公顷上下徘徊，种植区域向七地乡、洣江茶场及马江乡等地扩展。

第二节　烟叶购销

一　收　购

民国 33 年（1944），丝烟业在株洲镇产生，每年新烟收晒结束，烟[illegible]小贩根据行情到乡间巡回压价收购，年收购量约 300 担。

中华人民共和国成立后，烟叶收购纳入国家计划。由于株洲市农村[illegible]烟种植面积很少，加上又不适合做机制卷烟的原料，从 20 世纪 50 年代初期开始，国家未给株洲市下达指令性收购任务。农村基层供销社把土烟列为农副产品收购品种，但数量甚少。

1965 年，农村试种烤烟。至 1982 年，全市共收购烤烟 357 担。1983 年划入株洲市管辖的攸县、茶陵县是烤烟主产县。这年两县共收购烤烟 6903 担，占全市当年总收购量的 99.60%。1984 年建立烟草专卖体制后，烟叶列为国家专卖品。从 1985 年开始，攸县、茶陵县被定为株洲市烤烟集中产区，实行计划种植、计划收购。

攸县产区的收购业务，1985 年由县烟草公司和县棉麻烟草公司划块经营。1986 年，两公司联合经营。1987 年，由县烟草公司统一经营，具体收购工作由烟草公司委托农村基层供销社负责。茶陵产区在县烟草公司和供销社联营的基础上，于 1989 年由烟草公司实行“一条鞭”管理。

1991 年，全市烤烟收购价格统一执行 4 等 15 级制。烟叶收购由所在县烟草公司独家经营，当年全市收购烤烟 1182 担。1992 — 1993 年，烤烟收购开始执行“合同制”收购方式，与烟农签订《烟叶生产收购合同书》，按合同进行收购。收购前，先由产烟区县烟草公司向省局申报烟叶收购站（点）设置计划，经省局批准后发给“烟叶收购许可证”，凭证收购。烟叶收购站（点）一般按 100 公顷设立 1 个点，334 公顷设立 1 个站。烟叶收购资金由上级拨给专项贷款指标，产烟区银行（农行）提供贷款。1992 年、1993 年，株洲地区烟叶丰收，全市共收购烤烟达 34889 担，其中 1993 年烤烟收购达 17927 担，较“合同收购”前的 1991 年增长了 14 倍多，成为株洲烟叶收购历史上的最高年份。由于 1993 年烟叶产大于销，少数烟厂出现“选择性收购”，客观上造成了烟叶收购中变相压级压价的现象，挫伤了部分烟农种烟积极性。

1994 — 1995 年，多种原因导致全市烤烟种植面积急剧下降，全市烟叶收购亦随之锐减至 2168 担和 1677 担。1995 年，取消执行多年的 4 等 15 级烟级制，全部按新颁布的 40 级制价格进行收购。1996 年，株洲全境烟叶收购量开始回升，当年烤烟收购达 4480 担，1997 年升至 15481 担；1998 年 12423 担；1999 年、2000 年烤烟收购分别为 8157 担和 9795 担。

二 销 售

1949 年以前，烟商将收购的烟叶，大部分转销给株洲镇丝烟作坊，少量输往外地。20 世纪 50 年代至 70 年代，株洲市棉麻土产公司和基层供销社收购的晒烟和烤烟，一般就地销售给消费者。1952 — 1982 年，就地销售烟叶 860 担。1983 — 1990 年，按照国家规定，各县供销社和烟草公司收购的烤烟，全部交售给省内各卷烟厂，共销售烤烟 23198 担，主销长沙烟厂，占销售总量的 81%，其余的销售给零陵卷烟厂、龙山卷烟厂和祁东卷烟厂。

1991 年，株洲市、县局（公司）贯彻执行《烟草专卖法》，全境烟叶生产实行计划种植、合同收购、调拨管理。这年，收购的烟叶被指定销售给长沙、郴州、零陵、常德、祁东等烟厂。部分低次烟叶按合同销售给江西省南昌、井冈山烟厂。1992 — 2000 年，株洲市、县烟草公司在对烟农的种植、收购、调拨实行严格的合同制管理的同时，也严格执行与各烟厂签订的烟叶调拨销售合同（省外调拨销售合同须经国家局监证方可有效），按合同约定进行调拨销售。县公司调拨运输烟叶实行准运证制度，省内准运证由市局签发或委托县局签发，省外准运证由省局签发，凭准运证实施烟叶运输。

第三节 烟叶加工

株洲市历史上曾有丝烟制作业和卷烟生产，但规模不大，延续时间较短。丝烟业在 20 世纪 40 年代兴起，50 年代末便逐渐消失；机制卷烟企业在 70 年代建厂投产，80 年代全部关停。

一 丝 烟

清朝民国时期，株洲烟民普遍抽吸水旱烟。使用水烟筒抽吸丝烟，称为吸水烟；使用旱烟竿抽吸丝烟为吸旱烟。烟民吸食水旱烟先是用切丝烟。切丝烟是将烟叶卷成圆筒压紧后，用菜刀或小铡刀切制而成。由于制作方法简单方便，一般烟民都是自吸自制。

从20世纪初开始，外地加工的成品丝烟陆续进入株洲，品种有福建产的“建条烟”，有来自长沙的“云香”“瑞香”牌条丝烟等。全面抗战爆发后，因战事频繁，运输受阻，货源减少。为了适应消费者需要，一些丝烟经营户办起了丝烟作坊。民国30年（1941）9月，株洲镇田心大坝街易瑞生创办了“易复兴丝烟作坊”。到1948年，株洲镇共有丝烟作坊5家，并组成了丝烟业同业公会，共有会员21人。各家丝烟作坊一般都是前店后坊。丝烟加工方式以刨制为主。

20世纪50年代前期，株洲市的丝烟业较为兴盛。1951年年底，株洲市工商联合会对丝烟生产兼零售经营户进行工商登记，被登记的有“恒新”“富昌”“鸿升”“顺天昌”“鸿大”“恒裕”“易蕃记”等8家，从业26人，资金总额14085元，年度丝烟经营总额50133元。这年，具有独立组织形式的株洲市丝烟业同业公会与新成立的市人民政府签订了纳税公约，各丝烟作坊在公约中保证：加工收支建账，售货按实开单，纳税如期入库，违约按章受罚。1954年年底，株洲市有丝烟作坊6家，从业22人，经营收入52126元，月平4344元。1956年，经营收入为50065元，比上年下降3.9%。

20世纪50年代后期，随着卷烟生产的发展和人民生活水平提高，加上抽吸水、旱烟既麻烦又不卫生，改抽吸卷烟的人不断增多，丝烟加工和销售日渐萎缩，丝烟加工作坊和经营户陆续转产、停产或转为卷烟经营户。1956年，株洲市烟酒专卖公司管理的108家烟草经营户中，兼营丝烟作坊的只有5家。到了50年代末，5家丝烟作坊全部停产转业，从此，株洲市的丝烟业消失。

二 卷 烟

（一）手工卷烟

20世纪初，英美烟草公司在湖南设立分公司后，洋烟进入株洲。到了40年代，一些吸烟的人有的用木料做成小型的手工卷烟机，制出的卷烟除自己吸食外，还拿到市场出售。出售的手工卷烟有的是20支一包，按包出售；有的是散装的，按斤计价。1953年，株洲市有手工卷烟作坊3户，从业7人，年产值12931元。手工卷烟形状和机制卷烟相似，价格比机制卷烟便宜，尤受部分消费者的欢迎。从50年代中期起，株洲境内出现了一种自制自吸“喇叭筒”的抽烟方式，这种手工卷烟是将烟丝放在小纸片上，随手卷成一头大一头小的卷筒，形状象喇叭，嘴衔小头点燃吸之，通常称为抽“喇叭筒”。采用这种方式吸烟的人自备一个盛丝烟的盒子，烟盒里装上丝烟和小纸片，带在身上无论在家或外出，随卷随吸。小纸片是用废书报纸裁制而成，或到商店购买专用卷烟纸。这种自制喇叭筒，随卷随吸的方式是在株洲市工作的人民解放军南下干部传开的，先从城市开始，后逐步传遍广大农村，盛行于50—60年代。到了70年代末，随着城乡人民生活水平的显著提高，很少有人抽“喇叭筒”了。

20世纪80年代初，城乡烟民普遍抽吸机制卷烟，但也有极个别的烟民仍有抽吸手工卷烟的习惯，有的城镇无业居民为迎合这种消费需要，加工制作手工卷烟摆到集市上出售。

因为手工卷烟工艺落后，粗制滥造，有的甚至加工冒牌机制卷烟，以假乱真，扰乱市场，坑害消费者。针对这种情况，1983年9月，国务院发布的《烟草专卖条例》第10条规定：“禁止以盈利为目的生产手工卷烟，禁止销售手工卷烟。”从 1984 年开始，对境内违反国家规定，生产、销售手工卷烟者，烟草专卖管理部门一经发现，则依法查处。

（二）机制卷烟

1983 年，株洲市实行市管县新体制后，株洲市辖区内有 2 个小型卷烟厂。

1976 年攸县筹办攸县卷烟厂，1977 年 3 月正式投产，厂址距城关镇约 5 千米，由原县农机学校改造而成。厂区占地 37600 平方米，房屋建筑总面积 10239.1 平方米，共有生产设备 51 台套，其中真空回潮机 1 台，去梗机 1 台，切丝机 6 台，卷制机 16 台，小包机 6 台，条包机 5 台，接咀机 3 台，维修设备 11 台，100 千瓦发电机组 2 套。1983 年下半年停止生产。该厂从建厂到关停，正常生产 6 年零 4 个月，生产卷烟 3.76 万箱，总产值 1686.96 万元，实现利润 84.13 万元，上缴税金 914.97 万元。

茶陵县马江人民公社 1977 年 5 月建马江卷烟厂，1982 年 2 月改为县社联办企业。厂房建筑总面积为 3000 平方米，固定资产 28 万元，职工 82 人。1981 年，生产卷烟 180 箱，产值 42 万元，上缴利税 12 万元。1977 年至 1982 年，总产值为 140 万元。1983 年下半年，该厂关停。

第四节　卷烟经营

一　购　进

1949 年以前，株洲销售的卷烟，多为英美烟草公司进口的“洋烟”，主要牌号有老刀、花旗、哈德门、大炮台、骆驼。国产烟的牌号有曼丽、紫金山、红狮、红金、桃花江等。中华人民共和国成立后，卷烟货源一是省产烟，主要是长沙建湘烟厂和华中烟厂生产的丙级以下的烟，约占货源总量的 54%；二是省外烟，主要来自上海、武汉。牌号有中华、白毛女、勇士、红金、劳动、建军、大江南、珞珈山等。1953 年，国家对卷烟采取“统一收购、统筹分配”措施，将其纳入国家计划统筹安排。当年 4 月，卷烟市场实行专卖管理，卷烟由国家统购包销，株洲市烟酒批发部按“分区划片、就近调拨”的原则，从长沙进货。1959 年，按照省商业厅的统一安排，从各卷烟产地二级站进货。20 世纪 60 年代，省产烟占 90% 以上，牌号有湘江、喜相逢、龙门、苏仙桥等。70 年代，省外调入量有所增加，主要是用于调剂品种的乙级以上烟，1971 年至 1975 年省外烟占货源总量的 18.8%。80 年代，省外烟大幅度下降，1981 年，省外烟仅占 1.5%。省内卷烟来自常德、长沙、郴州、新晃、祁东、零陵、新邵、龙山、凤凰等卷烟厂。其中，以常德、郴州、长沙、零陵 4 大卷烟厂货源为主，烟品有芙蓉、常德、龙门、郴州、湘南、白沙、长沙、芝城等 70 多个品种。1982 年，卷烟产大于销，商业部门对质次价高的卷烟不再包销，流通渠道开始失去控制，统购统分的购烟格局被打破。

1984 年，实行烟草专卖体制后，全市几乎都销省产烟，货源由省烟草公司计划分配。株洲烟品年度调拨计划和季度（或半年）的具体等级调拨计划由省烟草公司下达，株洲分公司组织实施。株洲分公司统一从各烟厂购进，再分配至各县（市）烟草公司。从 1985 年 5 月起，株洲分公司允许县级公司直接从烟厂按计划进货。5县（市）烟草公司的年度（季或半年）调拨计划由株洲分公司依据省公司下达的计划进行分解，统一下达。收取外汇的特供烟，由省公司下达专项调拨计划，株洲分公司组织实施。1985年后，株洲分公司利用参加全国订货会的机会，在推销省内烟的同时，适当引进适销对路的省外名烟，以弥补市内烟品的不足。其中河南、云南烟，受到株洲市消费者的欢迎。

寄售进口烟货源由省烟草公司分配。主要牌号有：美国的希尔顿、云丝顿、万宝路，日本的七星，英美烟草公司的555、剑牌、总督，香港的良友、香港南洋兄弟公司的双喜，英国的时运，到1990年，株洲烟草公司共调入寄售进口烟926箱。

1991年前，因株洲市分配外省名优烟较少，多年来，为缓解市场对高档名优烟的需求压力，市公司多采取用外汇购进部分进口烟来解决。1991年初，湖南省停办外汇进口烟，为满足侨汇商店及涉外宾馆的名优烟供应，市公司报请省局同意，于当年从福建调入进口烟600件。1991年至1993年，株洲地区购进卷烟仍以省产烟为主，主要货源来自于湖南4大烟厂（长沙、常德、郴州、零陵）。在这期间，由于货源紧俏，市、县（市）公司常要指派驻厂采购员，以加强联系，掌握动态，争取货源。1992年，全市烟草系统上半年购进卷烟101550箱，比上年同期增长17.04%。其中，甲级烟、名优烟购进比重增大，市系统甲级烟购进比上年同期增长1.05倍。1993年，云南卷烟风靡全国，“红塔山”“云烟”“阿诗玛”成为畅销全国的名优烟。为增加名优烟的购进，1994年株洲烟草公司在昆明成立了云南办事处，积极参与云南卷烟交易的拍卖和购进活动，取得较好的经济效益。同年，市烟草公司又在北京设立办事处，将购进目标瞄向全国名优卷烟和差价大的卷烟。这年，省外烟购销比例不断增大，成为重要的效益来源。1995年，随着卷烟流通体制改革的深入，卷烟生产计划管理进一步加强。省内卷烟购进也由一年4次“计划衔接会”改为一年2次的“订货会”（上半年、下半年各1次）。为使购烟渠道多样化，1995年下半年，市公司开始从宁波烟厂购进“大红鹰”“雁荡山”“大丽花”“冰山”4个牌号卷烟共600箱。1996年，市公司成为宁波烟厂“雁荡山”卷烟株洲地区经销商，市烟草公司为推动促销还在市区开展该牌号卷烟评吸展销系列活动。同年，为避免省外烟冲击省内烟的销售，省公司对省外购进制定了“控制总量，效益优先，以进带出”的原则，当年省公司下达株洲市烟草系统下半年省外卷烟购进计划为6500箱。1997年，高档名优烟销售回升，市场供不应求。上半年，市公司每月购进白沙烟300箱，仍满足不了市场需要。下半年，株洲烟草公司将购进量增至460箱，另外还增购常德烟厂“芙蓉王”“芙蓉后”烟共50箱，仍难满足市场需要。这年，省局下达株洲市烟草系统省外烟购进为13000箱，并规定不得超计划购进；凡超计划购进的部分，省公司将加倍收取管理费。是年，株洲市烟草公司购进楚雄烟厂900箱，红河烟厂、大理烟厂各400箱，曲靖烟厂1020箱。另自杭州卷烟厂、韶关卷烟厂、龙岩卷烟厂各购进300箱。1998年，国家开始对卷烟生产采取限产措施。常德卷烟厂在株洲设立特供烟供应点，每月供给25箱“芙蓉王”烟。长沙烟厂每月除继续供“精品白沙”100件外，还增加“盖白沙”100件。1999年，省公司对除长沙、常德、零陵、郴州4大烟厂外的其他地方烟厂产品在省内市场的投放区域进行限制，划定销售地区，严格控制各地（州、市）公司的烟品购进。经省公司核准，当年株洲市烟草公司除与长沙、常德、郴州、零陵 4 大烟厂签有购进合同外，还与龙山、新邵、祁东和江华 4 家地方烟厂签有购进合同。在省公司统一布署下，市公司撤销了云南和北京办事处，各县（市）公司驻云南办事处亦相随撤销，县（市）公司不再直接从省外调入烟品。县级所需省外卷烟，由株洲市烟草公司统一调入。这年，株洲市卷烟销售数量锐减，利润也降至历史的最低点。

2000 年，由于各地卷烟厂纷纷开发高档卷烟，烟品市场竞争激烈，市场也由之前的卖方市场转为买方市场。厂家为推销烟品反过来纷纷向销地派驻促销人员。省内烟品购进开始回归到“以销定购”的购进模式，这年，市内卷烟价格稳定，销售上升，上半年市公司购进长沙烟厂 6800 箱，4 月、5 月两个月即销售一空。下半年，市公司又购进 9000 箱，仍不能满足需求，11 月份再次追购 3000 箱，市场供求才稍得缓和，当年株洲市烟草公司共购进卷烟 4.4 万箱，较上年增长 26.4%。株洲全区年购进卷烟 14.6 万箱，购进总额达 8.45 亿元。这年，株洲市烟草公司的省外购进大幅减少，省外购进根据销售能力选择差价较大的名优烟进行购进，上半年市烟草公司仅购进 3848 箱省外烟，较上年减少了 46.87%，购进品种有玉溪烟厂“红梅”“阿诗玛”“红塔山”“盖玉溪”，杭州卷烟厂“盖利群”“盖双叶”及曲靖烟厂的“盖石林”“嘴吉庆”“特醇福”等。

二 销 售

（一）批 发

1950 年，卷烟批发业务由株洲百货公司兼营。株洲市卷烟销量不大，一次批量 1 ~ 2 条的较多。当年，批发量只有 3469 条。1953 年实行烟酒专卖后，烟酒批发部对卷烟零售户按资金和销售情况实行凭证、计划供货。1955 年，专卖公司坚持“依靠合作社，利用零售店”的经营方针，积极开展卷烟推销业务。与私营零售商店签订卷烟购销合同，规定各经营户只能在专卖公司进货，到外地进货须经专卖公司同意。专卖公司发给零售户购烟证和计划供货手册。到了淡季和梅雨季节，专卖公司派出干部到各店巡回检查，指导保管、促销。1956 年，株洲市私营烟业实行公私合营，卷烟销售量比 1955 年增长 77.73%，其中甲级烟增长 20%，乙级烟增长 54%，丙级以下烟略有增长。1958 — 1962 年，烟叶歉收，卷烟减产，市场各类卷烟供应紧张，株洲市对城市居民采取凭证、凭票定量供应的办法，对郊区和农村的供应实行计划分配。1963 年 11 月，停止凭票供应，在城乡开展高价销售业务，销售政策是：在规定的品种内，零售商店可以自由选购，批发起点为 1 条，多者不限。1964 年，共批发高价烟 19.76 万条。1965 年，货源增多，批发敞开供应，取消高价烟批发业务，保留中华、牡丹、双喜、大前门等 8 个牌号卷烟作特需供应品种。1965 年批发量比 1964 年增长 43.50%，以后几年继续大幅度增长。1967 年后，进货量赶不上市场消费需要，第二次实行凭证定量供应。1978 年，卷烟生产形势好转，除“国优”烟外，其他烟敞开供应。1981 年，价格大幅度上涨，消费一度受到抑制，购大于销，一直比较紧缺的甲、乙级烟供应大大缓和，不少名牌烟也能上柜任消费者选购。质次价高的中、低档烟出现滞销，流通领域中出现跨行业经营、降价竞销的局面，归口经营、售中管理的格局被打破，城区从事卷烟批发的单位达63家，导致进货渠道多，价格乱，假烟充斥市场。1982年库存积压，市副食品公司卷烟经营亏损24.6万元。从1984年10月起，市烟草专卖局和市烟草公司，对全市卷烟批发业务实行集中统一管理。市烟草公司在城区设1个中心批发部，17个委托批发点，承担城区批发业务。

1985年，全市共设委托批发点86个。同时在委批单位中开展“执行专卖政策，遵守委批协议”的竞赛活动。通过检查，发现少数单位存在抬价批发，乱渠道进货等问题，对性质严重的分别给予吊销专卖批发许可证，没收非法所得，罚款或通报批评的处理。给执行专卖政策，遵守委批协议好的单位授予流动红旗。当年，全市烟草公司共批发13.46万箱，实现销售额9413万元。

1986年，市场对卷烟的需求，由中低档烟转向高档名优烟，高档名优烟供不应求，中低档烟销势减弱。在新形势下，烟草经营部门立足市内，进一步开拓省外市场，特别是农村市场，积极发展横向联系，扩大中低档烟的销售。当年，火炬、山荷花、建设、沅水、香零山等中低档烟销售量占总销量的60%。同时，建立起全市90多个委批点和1万多家国营、集体和个体零售户组成的多层次经营网络，全年市内销售比上年增长51.50%，其中农村销售增长43.70%。10月，株洲分公司与长沙、常德、郴州、零陵4大卷烟厂组成产销联合体——湖南烟草株洲贸易中心，作为湖南向省外销售卷烟的窗口，把经营和服务融为一体，实行就地看样、签约、调拨、发运、代储、代办车皮、代装代卸“一条龙”服务。当年，全市批发15.97万箱，比上年增长18.65%；销售额1.25亿元，比上年增长32.59%。

1987年全市批发销售卷烟20.49万箱，比上年增长28.30%；销售额2.09亿元，比上年增长67.20%。全年，向农村销售增长5.60%；向省外销售增长56%，其中90%为市内滞销烟。1988年，新开辟浙江丽水、海南等8个新销售区，省外贸易伙伴由76家发展到84家。株洲分公司还开展了外汇烟销售业务。全市全年批发23.23万箱，比上年增长13.37%，其中省外批发占56%；销售额3.13亿元，比上年增长49.76%。1990年，烟草经营部门积极疏通农村销售渠道，继续开拓省外市场，到福建、江西、广东、浙江等15个省市着力推销，克服了市场疲软、销售滑坡的困难，全年共销售卷烟22.29万箱，销售额4.43亿元。其中省外10.68万箱，占47.40%。1988—1990年，全市委批管理实行合同制，年初烟草专卖局与各委批点签订年度专卖委托营销合同，年终按合同进行检查考核，奖罚兑现。

1991年，全市批发销售卷烟20.62万箱，金额4.68亿元。其中卷烟委批销售（即：将卷烟批发业务委托给烟草系统以外无隶属关系的单位进行批发销售）约占全市总销量的三分之一。1992年，为改变“委批”中出现的进货渠道混乱、名优烟分配不合理、烟品变质、服务不好、烟品销售受制于人，又效益低下的不利局面，全市烟草系统开始建立具有隶属关系的、直接从事卷烟批发业务的经营机构（即“自批”），并逐步扩大自批、减少委批，促使批发尽量向零售延伸。1994年，全市累计取消城区委批点49个，各县（市）公司在各自辖区内的城区及重要集镇均建立起卷烟自批点。至此，烟品批发顺利过渡到以自批为主的经营模式，株洲烟草系统的效益有了大幅的提升，当年全系统卷烟批发利润达2105万元，较以“委批”为主的1991年，销售量下降了

20.64%，效益却增长了 1.02 倍。

1995 — 1998 年，全市烟草系统卷烟销售网络建设力度加大，各县（市）级公司开始发展农村自批网点，并逐步实现农村自批网点的产权自有和统一送货上门。市局（公司）为推动网点建设、提高批发效率，也分别于 1995 年、1998 年两年，共筹措资金 172 万元，给县（市）公司共配备 15 台箱式送货车，使卷烟批发销售更加方便快捷。在此期间，全市共批发销售卷烟 90.3 万箱，完成销售收入 51.69 亿元，实现利润 12768 万元，年均批发量、批发额、批发利润分别为 22.58 万箱、12.92 亿元和 3192 万元，其中 1997 年批发量为 24.36 万箱、销售收入 15.83 亿元、实现利润 3893 万元，从而成为株洲市批发销售历史的最高年份。1999 年年底，全市共建立自批网点 55 个，全年全市卷烟批发量达 15.13 万箱，金额达 8.11 亿元，利润为 289 万元。

（二）零 售

1. 零售网点 1949 年，株洲集镇有烟品零售户 29 家，从业 34 人。1950 年 5 月，株洲百货公司兼营卷烟零售业务，成为株洲市第一家经营卷烟的国营企业。1953 年，全市共有私营卷烟零售户 28 家，其中，城区 23 家，从业 43 人。

1954 年，通过对私营卷烟业的整顿，多数私营经营户被批准组成合作小组，由烟酒专卖批发部（管理处）实行统一管理。1955 年 12 月，卷烟零售店（点）发展到 108 户，其中烟店 23 个、烟摊 85 个。1957 年 12 月，全市卷烟零售店（点）达到 190 余个。1958 年烟草专卖解体后，大部分卷烟零售点被撤并。尔后 20 年间，卷烟零售业务基本上由商业系统、供销社系统的零售店经营。1979 年，城区有卷烟经营店（点）60 个，其中国营 23 家、集体 3 家、代销店 34 家。1980 年，城区开始出现经营卷烟的个体摊店。

从 1984 年 10 月起，市、县烟草专卖局对卷烟零售网点进行清理整理。1985 年年底，市区有证零售单位和个体户总计 1051 家，其中，国营商店 82 家，集体商店 374 家，个体商店（摊点）595 家。1990 年 12 月，全市有证卷烟零售户 15498 家，其中，国营商店 601 家，集体商店 2206 家，个体商店（摊点）12672 家，特种 19 家。市区共有卷烟零售户 3301 家，其中，国营商店 154 家，集体商店 729 家，个体商店（摊点）2406 家，特种 18 家。

1991 — 1994 年，株洲市烟草系统加大自批点的建设，大幅压缩和取消委批点，并逐步建立起与自批点紧密联系的卷烟零售网点。到 1995 年，农村卷烟经营户已扩增至 6000 余户，与之配套服务的自批点已建成 21 个，并配有送货汽车 20 台，去湿机 31 台，程控电话机 21 部。1997 年，市烟草公司成立了卷烟销售“网络建设领导小组”，统一和制订零售网点建设规划，并根据实际情况，借鉴外市经验，确定把城区和农村分别纳入城市及农村零售网络建设范围，确立“城市访送分离，农村访送一体”的零售网点建设方针，至 2000 年，株洲市烟草系统已完全建成了适应专卖管理体制的、覆盖城乡全域的卷烟零售网络。

2. 零售方式 1949 — 1959 年，市场卷烟供大于求，敞开供应。20 世纪 60 年代初，市场供应紧张，从 1960 年 10 月 15 日起，对城市居民和市郊农民，实行凭证（购物证）发票定量供应，吸烟的干部、工人、军人，每人每月供应 15 盒（每盒 20 支），一般吸烟居民，每人每月供应 8 盒。郊区及城市区属农副业生产部门按总人数10%计算，每人每月供一盒半。对县级以上的领导干部和民主人士、教授、高级医师、技师等，根据货源适当供应较高级卷烟。外宾、外国专家、外国在株洲市实习生等特殊需求，由市财贸办批准供应。1962年，在农村，卷烟被列为重要农副产品收购的奖售和换购的物资之一，凭票购买。奖售办法是：专业渔民每交售鲜鱼1担，奖售卷烟5盒。从1962年9月1日起，吸烟的城市居民，每人每月只供应6盒，副县级以上的干部，每人每月供应10盒。重要会议供应办法是：一类会议，如党代会、人代会、先代会会议期间，每人每日供应半盒；二类会议，每人每日供应2支，党校学员每人每月供应10盒。结婚、丧事供应50盒。1963年11月，停止凭票供应，实行高价销售。1965年，恢复平价供应，除中华、双喜、牡丹、大前门、红金、美丽、飞马等牌号继续实行凭证供应外，其余全部敞开供应。1967年，丁级烟优先照顾农村和后方建设地区购买力较低的需要，价格低的经济牌烟限销农村。甲级烟在保证外宾和外事需要后，敞开供应。同年8月，所有卷烟全部平价敞开供应。1974年10月，实行第二次凭证（生活物资供应证）供应。1978年，卷烟生产发展，货源增多，除少数高档烟保证特需外，一般品种敞开供应。1980年，零售市场开始出现搭配销售，走俏烟搭滞销品，走俏商品搭滞销烟。1981年11月，由于调高了高档卷烟零售价格，高档烟滞销，低档烟由滞转畅，但不久即又趋向高档烟。从1986年开始，高档名优烟供不应求，烟草经营部门采取批条、限量、重大节日发票到户等办法组织特供。

1988年，株洲分公司在市区开辟零售外汇旅游烟业务，收取外汇券的烟主要是白沙、长沙、金芙蓉3种省产名优烟。同年7月国务院决定，在全国市场放开进口烟和13种国家名牌卷烟的价格，零售不受差率差价限制，随行就市，供求矛盾缓和。未放开价格的省产名优烟虽适当提价，但求大于供的矛盾仍然突出，对白沙、长沙、金芙蓉等省产名优烟继续组织特供。

1986—1990年，全市烟草经营部门供应城镇居民户、老干部和高级知识分子、结婚喜庆、重要会议等特需高档名优烟达6万多箱，年均在1万箱以上。另供应城市居民节日高档名优烟年均在2000箱以上。

1991—1996年，卷烟零售处于转型期，自批与委批2种销售方式在这一时期交叉并存，其间，烟草公司对个体经营户的依赖性还比较强。当时，还出现了专门从事卷烟转手批发的经营户。他们在一定程度上甚至能左右卷烟价格，控制卷烟流向。为消除卷烟流通弊端，市烟草公司于1994年在北区、东区、徐家桥先行建立起3个卷烟批发部，直接对卷烟零售户进行批发销售，至此，市烟草公司终于打破了“开门坐店、等客上门”、严重依赖系统外网络进行销售的老模式，建立起直营销售网络的新模式。1997年，株洲烟草零售全面完成了由委批模式向自批模式的转型过渡，建起了以自批为销售基础的零售体系。该体系的零售方式为：城市是“全面访销，全面配送，访销分离，专销结合”；农村是“重点访销，多级配送，访送一体，专销结合”，两种模式的核心实质都是“访销配送”，都是将最末端的零售商纳入配送网络中。

2000年，株洲烟草零售网络全面建成，株洲城区分设成12个访销片区，全市农村分设为22个配送分部，全市卷烟零售入网户数达8463户、入网率为90%，城市零售网点送货率达85%，农村零售网点送货率达80%。这年，全市销售卷烟14.64万箱，实现利润2103万元。

株洲市 1963—2000 年卷烟购销量统计表

表 8-33　　　　单位：箱

年 份	购 进	销 售	年 份	购 进	销 售	年 份	购 进	销 售
1963	2741	2898	1976	16143	16395	1989	235223	236034
1964	4698	4020	1977	19665	19532	1990	223108	222886
1965	5045	5490	1978	18693	17906	1991	201904	206169
1966	6372	6088	1979	18624	19829	1992	200980	200042
1967	6637	6857	1980	20213	19997	1993	185163	192791
1968	7394	7380	1981	1851 3	19148	1994	169364	163616
1969	9591	8310	1982	14753	13861	1995	213044	212815
1970	10526	10129	1983	18035	18252	1996	224869	229118
1971	11890	11214	1984	29696	29593	1997	243119	243646
1972	13117	1 3277	1985	138108	134624	1998	219961	217422
1973	15683	15683	1986	166002	159685	1999	151949	151295
1974	13449	1 3449	1987	201762	204880	2000	145976	146399
1975	15936	15503	1988	238660	232337	–	–	–

说明：1 箱 =5 件，1 件 =50 条

三 仓 储

（一）设 施

1950 年，株洲镇的卷烟销量不大，小商小贩多从长沙、湘潭进货，随购随销，无需仓储。1953 年 4 月，株洲市烟酒专卖公司批发部新建一间简易仓库，仓容面积 20 多平方米。1955 年 3 月，烟酒专卖公司在解放剧院后侧新建一栋卷烟仓库，仓容面积 600 多平方米。1964 年，市副食品公司和市肉食品公司，贺家土综合商店在磨子塘合建一栋 3 层楼房，1 楼营业，经营副食、肉食；2 楼作卷烟仓库；3 楼作茶叶仓库。烟库仓容面积 320 多平方米。该库春季回潮现象严重，不宜作卷烟仓库，后改作他用。1976 年，市副食品公司将磨子塘糖仓库改造成卷烟仓库，仓容面积约为 400 平方米。1984 年，市副食品公司将磨子塘卷烟仓库移交市烟草公司，随着卷烟销售量的大幅度增加，仓储设施不足的矛盾十分突出。1985 年 12 月，市烟草分公司在株洲市建宁乡麻园村征地 0.6 公顷，投资 166.5 万元，兴建专用卷烟仓库，其建筑面积 1500 平方米，仓容面积 1080 平方米，有库房 7 间，配备了空调机、去湿机、测水仪、风幕机、排风扇、吊扇等设备，设置了 25 个灭火器，3 个消防栓，2 个消防池，7 个防盗报警器。其他配套设施齐全。随后几年，株洲县、醴陵市、攸县、酃县、茶陵县烟草公司相继建造了专用卷烟仓库。到 1990 年，全市共有卷烟仓库 8 座，烟叶仓库 1 座，其中新库 7 座，旧库 2 座，建筑总面积 3311 平方米，仓容总

面积 2268 平方米。

1991 年，全市各烟草公司仓库装备日趋完善，所有仓库都建成了全封闭型库房，里面安装了先进的调温调湿设备，建立了严格的管理制度，各单位还配置了运货汽车。当年，全市仓库卷烟吞吐总量为 40.8 万箱，收发差错率 0.1%，保管损失率为零，账货相符率 100%。1996 年，全市各烟草公司均下设仓储科或储运科，对烟草储运进行规范管理。市、县烟草公司不断培养和提高仓储保管人员的业务素质，使库房管理员全面掌握科学养护技术，坚持做到文明装卸，不在库内混储他物。市局（公司）仓库保管员，分组划分责任库位，每组确定安全员 1 人，盘底记账员 1 人。科室领导和安全员每周定期对仓库进行安全检查。2000 年，全市卷烟仓库库容总面积达 3957 平方米，烟叶库容总面积达 1000 平方米，共安装和配备空调 47 台、去湿机 31 台、升降机 4 台、温湿度测量仪 15 台，火警警报器 41 台，全市已初步建成恒温恒湿、高效安全、较为先进的现代卷烟仓储体系。

（二）养 护

20 世纪 50 年代初，每至梅雨季节，霉烟现象时有发生。1954 年 2 季度，株洲市烟酒专卖批发部卷烟仓库发生严重的卷烟霉变事故，卷烟全废 129.5 条，削价处理霉变卷烟 613.7 条，用火烤、灰烤方法除霉去湿 5.53 万条，还有一部分卷烟去纸后喷以酒精香料变成烟丝出售，霉变品种多达 17 个。此次卷烟霉变事故产生的主要原因是受当年气候影响。1954 年春夏雨水多，仓库内外湿度大，卷烟含水量高，霉变从 3 月份开始露象，一直延续到 7 月底才结束。加上仓库条件差，以普通民房为库，设备简陋，无法达到严密封闭、及时去湿吸潮的要求。专卖批发部从这次卷烟霉变事故中吸取教训，加强和改进仓储养护工作，将国家专卖公司颁发的《卷烟防霉保管手册》发给职工，组织学习，掌握卷烟养护常识。同时，因陋就简，土法上马，在库房内四周和码架下堆放谷壳和生石灰吸潮，库内外设置温度表，库内空间悬挂几片烟叶作测潮标本，及时检测烟支水份，烘烤潮烟。由于措施落实，以后多年未发生卷烟霉变事故。1958 年，卷烟仓储养护工作有新的改进，在库内采用块石灰或氯化钙吸潮，配置了干湿计，并开始采用电风扇通风降温。1978 年，推广江苏省六合县商业局创造的“六合经验”，在株洲市城乡卷烟经营点广泛采用小土密封仓库储存卷烟的方法。1979 年 5 月，市二商业局和供销社联合举办了“城乡普及小土密封仓及卷烟养护知识学习班”，促进了此方法在全市城乡的推广应用。小土密封仓储存卷烟的方法适应于城乡商店，基本解决了零售单位，尤其是农村基层供销社的卷烟防霉问题。

20 世纪 70 年代和 80 年代初，卷烟霉变露象事故多次发生。1978 年 10 月，市副食品公司削价处理变质“红梅”牌卷烟 2.8 万条，“飞虹”牌卷烟 4300 条，共损失金额 3.3 万元。1982 年 5 月，因卷烟含水量严重超标，难以渡夏，一次性处理“精永州”等 6 个牌号的卷烟 108426 条，损失金额 18.76 万元。造成霉变露象事故的原因是：市副食品公司磨子塘卷烟仓库所处的地势低洼，潮湿重，尽管采取多种养护措施，吸潮防霉，但因积压在库的卷烟含水量超标，霉变露象事故难以抑制。1988 年新建仓库投入使用后，改变了这种状况，使卷烟仓储工作进入了科学保管轨道。从 1987 年下半年开始，市烟草公司在全市烟草系统开展“服务思想好，执行制度好，经济效益好，仓库安全好”的“四好仓库”目标管理竞赛。各级仓库实行正规化、科学化的管理。卷烟入库时，运用测水仪严格检测水份，不合格的不入库，卷烟入库台账清楚，保管员做到入库时间心中有数，发货时做到先进先出。卷烟入库后，合理堆码，留足通道和“五距”（即：路距、墙距、柱距、垛距和顶距），运用空调机，吸潮机、去湿机，测水仪等先进设备，综合采用密封、吸潮、降温、翻垛、通风等养护措施，严格控制库内卷烟含水量和相对温度、湿度。

根据每年对仓库温、湿度的观察分析，株洲市 4 — 10 月为卷烟防霉期，卷烟储存安全期只有 150 天左右，不安全期为 220 多天，其中危险期有 95 天。防霉渡夏成为卷烟仓储养护管理的重点。市烟草公司每年 4 月份开始布置，5 月下旬至 6 月上旬进行检查，发观问题，及时整改，年年实现了卷烟商品安全渡夏。1985 — 1990 年，市、县烟草公司共储存养护卷烟 1263282 箱，日进出量达 1140 箱，没有发生卷烟霉变事故。

20 世纪 90 年代，全市卷烟防霉工作一直实行“三控制”，即控制库内温度，控制库内湿度，控制卷烟含水量。在低温潮湿季节，以使用去湿机为主，控制库内相对湿度在 55% ~ 65% 之间，高温季节，降温与去湿有机结合，保持库温在 30℃以下，湿度 60% 左右。强调抓好四项工作：1. 严格入库验收。对调入公司的卷烟，凡打湿破损的，含水率超标的烟品不准入库。2. 对库存 3 个月以上的滞销烟、零条烟、小烟厂的低档烟，均要抽样检测水份，凡水份超过 12.55% 的，按催销制度规定发出催销通知，尽快实行保质快销。3. 对存放时间长的按规定翻垛，进货量大于库容时，按“五距”堆码，与库房外墙保持规定距离。4. 坚持文明装卸。不准库内混储他物，防止互相串味。打扫卫生时，防止卷烟吸湿，市局（公司）仓库保管员，分组划分责任库位，每组确定安全员 1 人，盘底记账员 1 人。每逢星期一、三、五，科室领导和安全员会定期对仓库进行安全检查。市、县（市）局（公司）还根据烟品仓储的规律，总结制定了《保管员岗位责任制》《商品养护员责任制》《商品入库制度》等 8 项仓储制度，使烟品保管更加规范和高效。

第五节 专卖管理

民国 4 年（1915），株洲烟草市场曾一度实行官督商销制度。北洋军阀政府垮台后，官督解体，实行自由交易。民国 31 年（1942），国民政府执行《战时烟类专卖暂行条例》，对纸卷烟、雪茄烟和烤烟叶实行专卖。1953 年成立株洲市烟酒专卖管理处，对烟草市场实行统一管理。1957 年撤销专卖机构，由市商业局按国家计划统购统销。1984 年 8 月成立株洲市烟草专卖局，对全市烟草市场实行专卖管理。

1991 — 2000 年，随着烟草业的发展及烟草专卖法律地位的不断加强，株洲市烟草专卖管理机构、队伍、组织及举报网络也逐步得到充实和提高；办案工具不断更新；内部管理制度日趋完善。通过开展经常性的烟草专卖法律法规宣传教育，不断加强烟草市场整顿，烟草专卖制度进一步深入人心，家喻户晓；卷烟销售与专卖管理逐步形成管卖结合、专销一体的专卖新格局。

一 机构队伍

1984年10月，株洲市烟草局下设专卖管理科，负责全市烟草专卖管理。1985年，株洲市辖各县（市）烟草局相继成立，各局均设置专事烟草专卖的“烟草专卖股”，当年，全市配备专职专管员为17人。

1988年，市局专卖管理科改称为市局专卖办公室，此名沿用至1992年。同年，醴陵、攸县、茶陵、酃县及株洲县亦将专卖管理股改称为专卖管理办公室（一直沿用至1999年）。1993年，市局专卖办公室又改用原名，仍为市局专卖管理科（简称“专卖科”），这年，全市专职专管人员总数为28人。1999年市局烟草专卖管理支队正式成立，与市局专卖科合署办公。支队下设稽查和市管两个大队及11个稽查小组，专卖稽查人员按职工总数的三分之一比例配备，全市最多时达到40余人。2000年，经市政府和省局批准，市局专卖管理支队升格为株洲市烟草专卖稽查支队，仍与市局专卖科合署办公。市支队下没4个稽查大队和1个内勤管理办，对烟草市场管理则按区划块分片管理。这年，醴陵将专卖管理办公室分设为专卖配送股和网建市管股，分别管理县城及农村的烟草专卖；攸县则将专卖管理办公室改名为烟草稽查大队，大队下设2个稽查中队；株洲县、茶陵及酃县也在这年相继成立烟草专卖稽查大队。全市稽查队伍先后配置了办案专用汽车、摩托车、对讲机、照相机、录像机、电棒、扩音设备等工具或设备。专卖管理人员甚至还配备和使用“探测器”等高科技检测工具来检查过往行李和包裹，使查缉工作更为严密。2000年4月10日，全市专职专卖稽查人员按规定统一着法定制服和配戴执法标志，实行半军事化管理，是年，全市专职专卖管理人员已增至58人。

二 烟证发放

1984年10月，市烟草专卖局、工商局、税务局联合签发《关于颁发烟草专卖许可证的通知》，并成立株洲市烟草专卖许可证发证工作领导小组，全面铺开城镇和农村区乡的发证工作。到1985年11月，全市共颁发烟草专卖许可证9954个。

全面发证工作结束后，新发证或变更证件，由市、县烟草专卖局专卖办定期办理。准购证每年换发1次，烟草专卖许可证5年换1次。1988年8月至12月，在全市进行烟草专卖许可证第一次换证工作。这次换证，经过检查清理，全市换发各种烟草专卖许可证12585个，其中收购许可证2个，批发许可证93个，零售许可证15498个。

烟草专卖许可证按授权权限实行分级核发，株洲市使用的二级（跨省经营许可）批发许可证及特种批发许可证须由省局报国家局核发；烟叶收购许可证、省内卷烟批发许可证、特种零售许可证则由省局核发；卷烟零售许可证则由市、县局核发。

1989 — 1993 年株洲市进入第二个烟草专卖许可期，1993 年 9 — 12 月实施第二期许可证换证工作，这次换证，全市共换发烟叶收购证 3 个、调拨许可证 6 个、特种批发许可证 1 个、自批许可证 11 个、委批许可证 84 个、零售许可证 16642 个。1993 — 1998 年，是株洲市第三个专卖许可期。至 1998 年，全市共换发烟叶收购证 6 个，调拨许可证 6 个，特种批发许可证 1 个，自批许可证 27 个，委批许可证 23 个，特种零售许可证 7 个，零售许可证 13673 个。

烟草准运制度是烟草专卖管理中的一项重要制度，株洲烟草运输严格执行国家规定的准运证制度。烟草专卖准运证分为由省局授权株洲市局开具的省际准运证及由株洲市局授权各县局开具的省内准运证 2 种，1980 — 1990 年，株洲市烟草局受省烟草局委托，向全国 20 多个省份，150 多个市（县）烟草公司共开具卷烟调拨省外准运证 2885 份。1990 — 2000 年，株洲市烟草局共开具省际准运证 5547 份，省内准运证 943 份，各县局开具省内准运证为 1332 份。

三　市场整顿

（一）取缔无证生产经营、地下制烟窝点

实行烟草专卖后，市场上无证经营现象常有发生。市烟草专卖局把查处无证经营作为治理市场的重要内容，不断调整措施，强化管理，依法取缔各种形式的无证经营。1985 — 1990 年，全市共查处各类无证经营案件 1826 起。茶陵县马江卷烟厂和攸县卷烟厂无烟草专卖生产许可证，关停后又恢复生产，1986 年和 1988 年 2 厂分别被强行关停。1993 — 1995 年，是地下制烟窝点最为猖獗的时期，3 年间全市共取缔制烟窝点 40 个，查处制烟窝点最多的是 1995 年，当年全市取缔制烟窝点达 26 个。经过历时 3 年严厉的市场整肃，地下制烟窝点气焰萎缩，数量大为减少。

1998 — 1999 年，株洲城区卷烟市场严重存在“三多”的问题：即经营“555”“希尔顿”“万宝路”等外国走私烟多；无证运输、无证批发大户多，且暗地与烟草公司争夺市场；支持整顿烟草市场的守法经营户多。同年 7 月，市政府召开有公安、工商、税务、烟草等 14 个部门参加的联席会议，成立了清理整顿卷烟市场领导小组，采取分区划片，进行拉网式检查，检查中发现未办证的，督其办证；未入网的，限其入网，全面推行卷烟专卖封闭运行管理，严格坚持“由我发证，归我管理，入我网络，由我供货”和烟草公司“一个龙头放水”的原则。株洲县局实行专卖管理封闭运行后，日卷烟销量达 135 件，是封闭前的销量的 2 倍，市场占用率亦上升到 90%。

1998 — 2000 年，株洲卷烟市场在烟草稽查部门多次严厉检查、打击下，地下制假窝点几近绝迹，3 年间全市查获、取缔制烟窝点仅为 1 个。

（二）查禁走私、假冒卷烟

1984 年 11 月，市烟草专卖局没收手工卷烟 52 条，冒牌烟 38 条。1985 年，市、县烟草专卖局分别会同工商、物价部门对卷烟市场进行多次联合检查，没收假冒烟、手工烟 1396 条。1986 年福

建省紫泥县4名烟贩用冷藏汽车装载假冒烟2920条，从湖北贩运到茶陵县销售，被查获。1985—1990年，全市共查处假冒烟、手工烟案359起，没收假冒手工烟60089条，没收制烟工具28套，取缔地下窝点3个。为了扩大社会影响，市烟草专卖局每年召开一次查禁假冒烟大会，将收缴的假冒烟、手工卷烟当众烧毁，将焚烧假冒烟的实况在电视和报纸上公开宣传。1999年，株洲市全面推行卷烟监销标识管理。2000年8月，攸县局查获一东风货车装有无监销标识的“万金喜”卷烟2万条。同年9月醴陵市局查获无监销标识的“芝城”“笑梅”“银象”卷烟1150条。国庆节前后，株洲市局查获无监销标识的“长沙”“相思鸟”“芝城”共1400条；茶陵县局与醴陵市局分别查获2900条、400条，以上烟案均按非法烟草渠道货源予以查处。

（三）打击投机倒卖

随着人们卷烟消费水平的提高，“名优烟供不应求，低档烟供过于求”的矛盾在市场越来越突出。1987年，市烟草专卖局在全市范围内开展一场打击投机倒卖卷烟的斗争，查处一批倒买倒卖卷烟案件，其中高价倒卖、转手批发金额在10万元以上的大案7起。株洲火车站公安派出所查获违章倒卖的卷烟8889条，价值12.89万元。1988年，市公安、工商、物价等部门联合查案7次，收缴违章倒卖的卷烟3040条。1989年，各部门联合查处烟案68起，收缴各种卷烟56324条，追回偷漏税款7万多元。市美乐厅与广州烟贩串通，采用邮寄的方法倒买倒卖外国烟，一次广州烟贩向株洲美乐厅邮寄90个邮包，每包装3条，邮包收件人姓名达30人，单位地址22个。邮局发现后及时转告市烟草专卖局，查获了这批从邮路非法倒买倒卖的外国烟。1990年上半年，醴陵市翁家湾市场，黑市无证批发卷烟问题十分严重，屡禁不止。市烟草专卖局和醴陵市人民政府组织烟草、公安、工商等部门联合行动，进行为期1个多月的治理整顿，严肃查处了投机倒卖和无证批发活动，使市场恢复正常秩序。

1993—1994年，打私打假仍为烟草专卖管理工作重点。1993年，全市查获走私、假冒烟案184起，没收走私烟8015条，没收假冒烟1627条。1994年11月，市烟草局为贯彻执行国务院《关于严厉打击卷烟走私、整顿卷烟市场的通告》，经市政府同意，从烟草、工商、公安、法制办、法院、检察院、标准局等单位抽调32人组成“市场整顿、打私打假突击队”，开展清打工作，全年查获走私烟1347条。当年12月2日晚，攸县烟草局一举查获南京军区32178部队复训队专业军士瞿某用军车走私假“红塔山”“阿诗玛”“云烟”“红河”“牡丹”烟345件的大案。1995年4月，国家为治理公路“三乱”，取消烟草专卖上路缉查权，致使非法卷烟销量复又呈上升趋势。其中，销往外省的“长沙”“白沙”烟，经江西老关又返流株洲的卷烟占有较大的比率，仅4月份一次就查获返流卷烟393件。同时，非法经营现象也日趋严重，株洲市徐家桥167个卷烟经营户，无证零售的占了75家，全部卷烟经营户中经营走私卷烟的占50%以上。对此，市烟草局及时采取措施，查纠货源非法流入渠道。全市全年收缴走私卷烟7200条，摧毁小型手工制假烟窝点26个。1996年，株洲烟贩继续利用公路、铁路倒运卷烟，为市区徐家桥、醴陵翁家湾市场提供货源。株洲市徐家桥200经营户，80%从事卷烟批发，少的一天批几件，多的一天批上百件，严重危及烟草专卖经营。同年5月10日，市局经请示株洲市政府同意，成立“一清二打”领导小组，市公安局指定经文保支队配合烟草打私、打假、取缔卷烟非法交易场所；由交警配合烟草专卖管理人员上路检查，查处无证运输烟案。1998—2000年，全市共出动打假人数1785人次，查获假冒烟、假冒标识案件272起，捣毁售假烟窝点4个，查获假冒烟18.6万条。1999年1月19日，攸县局与公安在菜花坪查获一辆伪造海关手续、用集装箱长途贩运的汽车，收缴假烟23999条，侵权价值200万元。同年8月19日，株洲市徐家桥2烟贩从江西萍乡非法套购精品“白沙”22件，因抗拒检查，妨碍执行公务，撞坏专卖稽查车，被公安依法拘留。同年10月10日，茶陵县局与公安在界首查获一邮政车非法运输假烟2681条，侵权价值2.4万元。2000年，全市查处“回流烟”大要烟案50起，端掉售假和“回流烟”窝点15个，拔掉对抗专卖“钉子户”20户，这年，全市烟草系统在攸县召开卷烟打假工作会议，全省各大烟厂派员参加，省、市主要媒体进行现场报道，会议结束时，在攸县格子塘现场焚毁假冒卷烟5.5万条，价值达420余万元。经此整顿，株洲卷烟市场重又回到交易活跃、秩序井然的良好局面。

株洲市1985—2000年查处烟草专卖案件情况统计表

表8-34

年　份	查处烟案（宗）	没收假冒走私烟（件）	没收烟叶、烟丝（千克）	取缔地下窝点（个）	罚没款金额（万元）
1985	486	621.10	378	3	1.89
1986	508	386.28	93	4	1.88
1987	1310	140.96	108	2	4.69
1988	1407	30.58	19	1	2.01
1989	863	21.88	30	1	2.69
1990	165	0.96	–	–	0.93
1991	1313	80.00	–	–	32.91
1992	720	140.00	–	–	46.07
1993	446	242.00	–	12	94.77
1994	226	587.00	–	2	61.60
1995	720	2187.00	–	26	128.38
1996	719	857.00	–	3	181.93
1997	439	6205.00	10000	3	175.03
1998	624	779.00	5044	–	121.35
1999	1544	2839.00	4590	–	115.96
2000	2862	1117.00	260	1	111.25
合 计	14354	16234.76	20522	58	1083.34

四 内部监督

从1987年2季度起，市烟草专卖局在全市烟草系统开展“查经营思想、查法纪观念、查职业道德，查工作作风”的“四查”活动。一采购员擅自向个体户提供价值7.5万元的卷烟货源，受到开除留用处分。长沙市副食品公司一职工和长沙卷烟厂一业务员内外勾结，倒卖外汇烟200件，茶陵县烟草公司为其提供方便，借户开票，直接责任者受到撤职处分。通过内部整顿，制定了“专卖人员廉洁制度”等13项制度，并汇编成册，使专卖工作人员有章可循，违章必究。到1990年，全市烟草系统共立案查处内部案件15起，给予党纪处分的3人，受到政纪处分的15人。1991—2000年，株洲市烟草系统将企业全部工作纳入规范化管理轨道，制定出严格的岗位责任制和约束机制，坚持对职工进行革命传统、法纪观念和艰苦奋斗的正面教育，激励职工拒收贿赂，廉洁奉公，在这期间，全市烟草系统拒贿拒礼达265人次，价值达215121元；上交礼品礼金共计248人次，折合人民币达171141元。其间，全系统还清理收回各种名目的内部借支、欠款共计417.43万元，使内部管理回归到账物准正、风气清廉的局面。其间，市烟草系统一手抓教育，一手抓查处，长期坚持把查处案件作为反腐败的中心环节来抓。全系统共查处各类经济案件14宗，其中，有挪用公款、有私盖公章、有收受贿赂，这些案件均受到严肃处理，由于正面教育及制度防范得当，其间，全系统从未发生过大要贪贿案件。

株洲市烟草专卖局、湖南省烟草公司株洲市公司历任负责人名录

表8-35

局长（经理）	任职时间	副局长(副经理）	任职时间
邹竹青	1986.8—1998.1	邹竹青	1984.10—1986.8
王杰厚	1998.8—2000.4	李文珠	1984.10—1999.7
万 宁	2000.4—2000.12	王壬癸	1985.11—1999.7
–	–	刘麦秋	1996.1—2000.12
–	–	王杰厚	1998.1—1998.8
–	–	周三省	1998.9—2000.12

第十四章 盐 业

清代以前，盐为专卖。清朝，盐的调运、销售先后经历了官督官销、官运官销、商运商销、民运民销、官督商销和官督民销等几种形式，其中以官督商销制面广而时久。民国时期，行盐制度可分为自由商制、票商制、专商制、包商制、官商制、官卖制6种。由于国民政府盐务机构的腐败和日寇的封锁，株洲市场盐价昂贵，盐荒迭起。

20世纪50年代初期，株洲食盐批发业务分别由国营、集体、私商共同经营，竞争十分激烈。1956年对私营批发盐商进行社会主义改造后，盐业批发业务全部转入国营和集体渠道管理，食盐销售纳入国家计划按需供应。60年代初期，株洲食盐供应十分紧张，人民政府采取凭证定量供应办法，保证民需。1962年2月，湖南省盐业公司株洲市公司成立。株洲市公司当年购进各类盐14715吨，销售10862吨，利润17.36万元。1966年，株洲市公司开始调入碘盐供应地方性甲状腺肿病（简称“地甲病”）病区，并陆续调入储备盐作备战物资储存。1968年10月，株洲市公司撤销，盐业批发业务并入市副食品公司。1980年以后，部分个体商户开始经销食盐零售。1980年9月，株洲市食盐零售由传统的散盐逐步改为1千克小型塑料袋包装，调、销、存都很方便，食盐零售网点因此迅速发展。1983年3月，市副食品公司盐业批发部成立。1984年9月，在盐业批发部基础上，成立湖南省盐业公司株洲分公司。由省盐业公司实行“人、财、物、产、供、销”六统一管理。1988年1月，醴陵市、攸县、茶陵县、酃县4个盐业支公司从湘潭盐业分公司划归株洲盐业分公司管辖。1991年5月，经省编委批准，株洲盐业分公司及所辖醴陵、攸县、茶陵、酃县盐业支公司全部加挂市、县盐务管理局牌子，担负行政执法职能，实行两块牌子一套人马的运行模式。1998年1月，株洲盐业分公司全称更名为湖南盐业集团有限责任公司株洲分公司。

2000年年底，株洲市盐业系统共有在职职工157人，拥有固定资产原值1438万元，自有流动资金1958万元，有各类盐仓库21个，总建筑面积9540平方米，最大库存储备量约1.6万吨。全市共设批发网点9个，零售网点2000多个；小包盐加工点9处，平均日产小包盐125吨，小包盐加工质量合格率达98%以上。这年全市各类盐总购进达23635吨，其中，食盐22498吨全部产自本省衡阳湘衡盐矿和津市湘澧盐矿，生产用盐主要来自山东、江苏、福建、新疆、青海等省盐场（矿）。

第一节 生活用盐

一 食盐销售

（一）销售盐种

清代，株洲主销江苏淮盐。运输路线从江苏十二墟盐场途经下关、武汉、岳阳、长沙到达株洲，用的是木船水运，沿途溯江而上，靠的是船工背拉篙撑，往返需数月时间。清咸丰二年（1852）至同治元年（1862），因太平军兴，江运被阻，淮盐不济，多转销四川川盐和广东粤盐。同治二年（1863），航运畅通，朝廷颁《淮盐运楚章程》，定湖南为淮盐销岸，淮盐又行销株洲。同治八年（1869），川盐停止入境。光绪三十一年（1905），随着京汉铁路通车，天津芦盐进入株洲，淮盐销量日滞。抗日战争初期，淮盐和芦盐运道同时受阻，株洲改销福建闽盐、新疆新盐及川盐。民国27年（1938），国民政府停止北盐南调。次年，湘潭膏盐投放株洲镇，因质劣味苦，市场滞销。民国29年（1940）7月，川盐江运中断，财政部湘岸盐务办事处改拨广西桂盐、浙江浙盐及粤盐运销株洲镇。抗日战争胜利后至1949年8月，株洲恢复淮、芦、川、粤盐销售，以川盐为主，同时配售桂盐，增销山东鲁盐。

中华人民共和国成立初期，株洲市仍主销淮盐，配以粤、芦、鲁盐并销。1956年，淮盐产量减少，粤盐成为主销品种。1957年，粤盐春晒欠产，株洲市从8月份起终止粤盐供应，改销芦盐和新盐。1960年，醴陵县作为湖南省的试销点调入部分闽盐。1963年，株洲市主销芦盐和淮盐，亦有少量湖北鄂盐。1964年以后，闽盐批量进入株洲市。1966年，株洲市以销芦盐、闽盐为主，配销部分鲁盐。1969年11月，津市湘澧盐矿钻出第一口井，以土法（圆锅）熬出了第一批精盐，开创了湖南自制精盐的历史。1969年12月14日，衡阳茶山坳湘衡盐矿投产。1970年澧盐试销株洲市，因盐质低劣，销售不畅。1976年，澧盐质量提高，受到消费者欢迎，传统的海产粗粒盐开始受冷落。1979年以后，湘澧盐逐渐成为株洲市食盐市场主销品种，闽盐成为搭配品种，市场旺销时，也曾补充部分青海茶卡盐以及新盐、鄂盐济市。从1988年开始，株洲市食用盐基本上为省产湘衡盐、湘澧盐。1996年后，株洲市食用盐全部为省产湘衡加碘盐和湘澧加碘盐。1998年3月及1999年，湘衡盐矿生产的钙强化营养盐及长沙新型保健盐厂推出的的低纳盐试销株洲市场。2000年，省盐业公司下达株洲市钙盐、低纳盐指令性购进计划为100吨，当年，实际购进110.65吨，实际销售52.16吨。

株洲市2000年低纳盐、钙盐购进销售统计表

表8-36　　单位：吨

市　县	购进计划	实际购进		销　售	
		低纳盐	钙　盐	低纳盐	钙　盐
株　洲	32.00	56.85	15.97	14.44	8.70
醴　陵	28.00	10.63	2.30	3.75	1.86
攸　县	20.00	7.43	3.28	11.23	7.63
茶　陵	15.00	6.25	3.50	4.00	0.10
炎　陵	5.00	0.20	4.25	0.25	0.20
合　计	100.00	81.36	29.30	33.67	18.49

（二）销售方式

1.批发　1949年7月前，株洲食盐批发，在专卖时期主要由历代朝廷和政府部门掌管；自由贸易时期，则由私商和官商同时经营。1949年8月以后，人民政府对食盐批发渠道进行疏理，一方面设置国营批发机构，一方面由国营公司发给私营盐商食盐采购证，鼓励私营盐商赴汉口运盐，并废除了过去对私营盐商的“轮档制”，允许私商自由贸易。在国营力量未完全充实以前，这一措施有效地解决了当时株洲市场缺盐的局面。同年8月至9月，株洲集镇原21户全部关门歇业的私营盐商中有20户复业，从业人员106人。

1950年6月，上级指示调整公私关系，纠正“左”的做法，加强对私商的领导，鼓励正当经营。由于得到政策的扶持，在自由贸易中，私营盐商凭借其雄厚资金，得到迅速发展。当月，株洲私营盐商发展到37户，拥有资本46931元；10月增至41户，资本96202元；1951年达49户，资本达99629元。同年，在“国防第一，稳定物价第二，经济建设及其他第三”的国家财政总方针和国贸六大任务的要求下，为进一步促进城乡交流，推动食盐下乡，继续扩张销盐网，省盐业公司在全省添设醴陵等9个分销处及茶陵等5个食盐推销组。1949年8月至1955年，株洲市城区食盐批发单位先后主要有株洲市国营贸易公司、合作总社、省盐业公司株洲食盐推销组、湘潭盐业批发处株洲临时批发供应组以及私商团体市油盐南货业同业公会和外省私营批发商天津同发盐号。其中1949—1951年私营盐商占很大的比重，株洲市城区食盐销售渠道大部分为私营盐商所垄断。另有少数盐商趁市场波动，或囤积居奇，或套购转卖，或哄抬盐价。1952年后，为稳定食盐批发市场，株洲国营贸易公司一方面增设批发代销网点，缩小批发起点，核算牌价，允许趸售，放手抛售，对机关和工矿企业实行优惠批发；另一方面配合有关部门对私营盐商进行登记，限制批发商活动范围，打击不法商贩，使国营公司、合作社力量逐步增强，私营盐商户逐年减少。1952年7月减少到38户，1954年9月减至16户，从业人员58人。私营盐商食盐批发量，由1952年的5165担下降到1955年的2306担。

1956年，随着对私营资本主义工商业社会主义改造的完成，私营盐商有的转入、合并到国营、公私合营商店，有的改从他业，其余私营盐商被全部取缔，株洲食盐批发业务分别转入市食杂公司、市零贸公司和市供销社共同经营。1959年8月归口市土产公司批发。1961年9月移交日杂公司。从1962年2月起，食盐批发业务全部由刚成立的株洲市盐业公司经营，当年供应人口为68万人，全年批发销售4331吨。1964年后，农村部分食盐批发业务由市盐业公司委托农村基层供销社转批，按照批发价另给予5%的转批优待。

1968年10月，株洲市盐业公司撤销，食盐批发并入市副食品公司。1984年9月后，株洲市食盐批发由刚恢复成立的株洲盐业分公司及醴陵、攸县、茶陵、炎陵盐业支公司担任。至2000年年底，全市共有盐业批发单位6个（含安仁县盐业支公司），设批发网点9个，供应人口400余万人，全年（含安仁）共批发食盐26991吨。

2.零　售　全面抗战爆发前，株洲食盐零售主要为私营商贩经营。民国29年（1940）3月，食盐零售改为官销，由各乡（镇）公所颁发购盐证，各保直接去县政府领购盐斤。茶陵当年共零售食盐20400担。4月2日，湖南省政府第99次常会修正通过《湖南省计口购盐暂行办法》，株洲镇开始计口售盐，每人每日3钱（16两制秤，下同）。从民国30年（1941）7月起，改为每人每月4两。民国33年（1944）6月改为0.5千克，由国民政府在各乡镇设立的官销零售盐所或食盐公卖店凭证零售，所得净利以20%拨交乡公所，30%拨交县政府，50%上缴省政府。民国34年（1945）11月，停止战时专卖，取消计口销售。此后，食盐零售又为私营南货铺经营。

1949年8月，株洲解放后，株洲集镇食盐零售由私营油盐南货店和基层供销合作社经营。1950年，茶陵县城共有私营油盐店25家，累计资本46375元。1951年茶陵县共零售食盐30480担，其中设在县城茶亭巷2号的县国营贸易公司食盐零售门市部（有员工4人）销量占43.3%，其余为私商经营。1952年，株洲市供销合作社食盐零售量达3391担。1953年，株洲市市区食盐零售总量达8673担，其中供销合作社6109担、私商2564担。1954年发生食盐抢购风，株洲市区零售总量达17386担。是年，醴陵有食盐零售商20户，从业人员102人，流动资金达6288元，全部营业额为5843元，其中食盐零售额1742元。

1956年以后，株洲市食盐零售全部归国营、集体商店经营。1957年3月10日，茶陵县成立油盐煤建零售贸易处，经营食盐、煤油、煤炭和水泥零售业务。从1961年1月20日起，株洲全市实行食盐凭证定量供应，每人每月0.75千克；1962年2月减为0.60千克；6月，改为农村每人每月0.50千克，另外每交售鸡蛋0.50千克奖售食盐250克，城镇每人每月0.60千克定量不变。在醴陵，还安排了会议用盐和丧事用盐。会议用盐按会议报到人数，每人每天15克，丧事用盐凭居民死亡证明供应1千克。

1962年上半年，株洲市食盐购销情况比较正常，开后门及投机倒把等现象大为减少，基本上做到了凭证按量供应，但在凭证购盐供应方面存在如下一些问题：如凭购盐证向商店登记购盐时，发现有不少顾客存在涂改、多购多套现象；同年6—7月，因株洲市区回乡人员多，致使农村人口增加，但农村的食盐供应量没有随着城市人口迁移而增加，侵占了农村人口的用盐量，农村销售部门及社员群众有意见，要求增加食盐供应量；再如市郊区存在人为故意失落购盐证，补办新证后又拿出原购盐证重购食盐等舞弊情况。为解决这些问题，食盐零售部门采取造花名册、购盐后盖章登记的办法，有效地避免了这一现象。

1963年4月，全市食盐实行凭证不限量供应。5月起敞开供应。

1981年，株洲市市区食盐零售集体、个体户达169个，食盐零售量达530吨。此外，株洲县300多个大队，队队都设有代销点。至1988年9月，株洲市市区、株洲县食盐零售集体户发展到254个，个体户发展到530个。全市食盐零售网点达4000余个，平均每990人约有一个零售点，超过全省每1040人一个食盐零售点的平均水平。1988年食盐市场趋紧，从10月份起，实行凭票定量供应，城镇每人每年6千克，农村每人每年7千克。同时食盐零售实行定点供应，城市由国营蔬菜店、农村由供销社统一经营，其他行业、门店一律取消食盐零售。1990年2月，食盐供应好转后，全市取消凭票定量，敞开供应。1990年12月，由于食盐零售实行定点供应，全市食盐零售网点由1988年的4000余个减至2000多个。

1991年，国务院颁布《盐业管理条例》，轻工业部及湖南省政府随后颁布相关的“行政执法办法”和“实施办法”，以贩卖私盐为主的个体盐商受到查处，个体盐商的数量有所减少。1995年，全市国营、集体及个体食盐零售点总数降至1860个。1998年，全市全面实行食盐零售许可证制度，当年，全市发放“食盐零售许可证”2879个。

2000年，全市食盐专营专卖得到进一步巩固，市盐务局联合公安部门加大了对违法盐商的执法力度，全年共查处盐业违法案件1521起，没收各类违法盐类1933.87吨，其中逮捕1人，取保候审4人，留置讯问4人。这年，全市销售各类盐达30571吨。

3.直达直拨 株洲市市区和株洲县的食盐直达直拨销售从1952年开始，直达直拨点为渌口、姚家坝2处。1955年又增加田心、五里墩2处。1959年新辟朱亭、淦田直达直拨点。直达直拨前，供需双方须签订本年度的直达直拨销售合同，由供盐单位综合平衡报省盐业主管部门，盐斤便可从产区直接到达基层供销社和用盐单位，而不必经过盐业仓库中转。1957年，茶陵县直拨原盐2709担，占全年调入量的11%，其中经船直拨1929担。1963年，株洲市盐业公司与靠铁路沿线的8个区供销社全部建立直达直拨关系，全年直达直拨点为12处，直达直拨食盐2.16万担，占当年食盐销售量的29.22%，节约进仓费4492.80元。是年1—3季度，醴陵直达直拨点为24处，直达直拨食盐1.55万担。其后，株洲市食盐直达直拨销售量虽有增长，但仍限于火车直达，且限于30吨以上运量的区社级大点，30吨以下区社的直拨点极少，故直拨业务进展缓慢。1979年7月，食盐销售部门利用湘江水路，在株洲县三门、雷打石、马家河等地试行船运直达取得成功后，直拨点迅速增加，1985年增至18个，直拨总量为4595吨。1986年以后，因株洲盐业分公司小包盐加工量逐渐增大，区社直拨点相继逐年减少，1989年减少到3个，直拨量为969吨。1990年减至1个，直拨量为120吨。1995年以后，因农村供销社解体，加上普及加碘盐，直拨销售方式终止。

株洲市1950—2000年食盐批发销售统计表

表8-37 单位：吨

年 份	全市合计	其 中				
		株 洲	醴 陵	攸 县	茶 陵	炎 陵
1950	8432	328	3150	557	4143	254
1951	8786	360	3042	714	4472	198
1952	10798	378	5934	798	3472	2i6
1953	12891	780	6711	720	4362	318
1954	16408	1288	9087	1672	3861	500
1955	13399	1180	5974	1753	3915	577
1956	11580	1220	6244	2472	1072	572
1957	15907	1404	6953	2736	4215	599
1958	18824	1232	8515	4541	3735	801
1959	20844	4400	8068	3089	4650	637
1960	30853	8632	11555	5717	3914	1035
1961	27048	6685	10748	3949	4750	926
1962	24676	6091	10338	2935	4615	697
1963	13756	3900	5209	2588	1460	599
1964	14712	3634	3579	2580	4278	641

续表 8-37

年 份	全市合计	其 中				
		株 洲	醴 陵	攸 县	茶 陵	炎 陵
1965	16178	4200	4266	3078	3872	762
1966	16419	4237	5916	1404	4084	778
1967	14915	4510	7229	1838	513	825
1968	17920	4931	5873	1500	4791	825
1969	18158	4480	5535	1442	5865	836
1970	16834	4168	5231	1500	5046	889
1971	17800	5160	4887	1845	5049	859
1972	19594	5604	6341	1879	5141	629
1973	23909	6120	7649	3831	5397	912
1974	23758	7759	7430	2211	5443	915
1975	24860	8100	7689	2266	5939	866
1976	29493	9153	8909	3387	7040	1004
1977	27740	8430	8248	2685	7390	987
1978	25154	8094	8292	2279	5578	911
1979	25475	7500	8375	2664	5996	940
1980	25445	7895	7826	2459	6287	978
1981	22915	8210	8170	2541	2995	999
1982	23551	8625	6182	4537	3170	1037
1983	24721	8780	6195	4553	3202	1991
1984	24167	9090	6198	4322	3453	1104
1985	24493	7576	6059	5526	4396	936
19S6	27173	8472	6284	6069	4713	1635
1987	25435	7959	4662	7351	4758	705
1988	35967	9966	11347	7526	5446	1682
1989	30309	8884	8655	6785	4851	1134
1990	22491	6312	5071	6008	4217	883
1991	23435	6531	5955	5782	4173	994
1992	27223	7922	6440	6618	5031	1212
1993	20550	6077	4545	6119	2891	918
1994	20170	6773	4180	4961	3286	970
1995	20419	6115	5096	4677	3535	996
1996	20354	7319	4437	4630	2986	982
1997	24138	8808	6013	5230	2981	1106
1998	21002	7844	4843	4434	2859	1022
1999	24704	10493	5567	4679	2815	1150
2000	24897	10674	5319	5045	2757	1102

二 碘盐供应

株洲县的长冲、八斗、龙凤、龙潭，醴陵市的官庄、桃花，茶陵县的平水、湖口，酃县的城关、城东、船形、平乐等12个乡镇是地方性甲状腺肿病（简称“地甲病”）病区，占全省70个地甲病区的17.14%。

碘缺乏病是由于人类生存的自然环境中缺碘，造成机体中碘营养不良而引起的人体一系列有关疾病的总称。常见的病症有：地方性甲状腺肿、地方性克丁病、亚克丁病等。碘缺乏病的最严重危害是影响儿童智力、损害大脑发育，导致智力落后或残疾。孕妇缺碘可危及胎儿，导致流产、早产、死产、先天畸形、单纯聋哑。儿童期、青春期和成年人缺碘会导致甲状腺肿、功能低下、智力低下、体能低下。碘缺乏病的防治，就是不间断的持续补碘。

清朝和国民政府曾对地甲病的防治办法作过一些尝试。清朝政府曾号召地甲病流行区民众多吃海带。民国时期，国民政府又作过碘盐、碘油和碘化酱油的试验。

1953年，湖南省各县调查证实，全省有地方性甲状腺肿病的县有48个，其中株洲市有醴陵、攸县、酃县三县。1956年，中共中央颁布的《全国农业发展纲要（草案）》中将甲状腺肿列为重点防治的9种严重危害人民健康的疾病之一。1958年，湖南省卫生防疫站调查，又在茶陵等7县发现地方性甲状腺肿病。1964年，株洲市卫生防疫站对株洲市农村进行地甲病普查。确定株洲县的长冲、八斗、龙凤、龙潭为地方性甲状腺肿病病区。

1966年，湖南省先后在茶陵等8县试点食盐加碘防治地甲病。6月，省盐业公司下拨株洲市盐业公司加碘盐600担，经市供销社与卫生防疫站研究，分配淦田、朱亭、古岳峰、龙头铺4个区社各100担，三门、雷打石、渌口、白关、郊区各40担。同年10月4日，省商业厅、供销社、卫生厅联合发出的《关于供应加碘盐预防地方甲状腺肿工作的通知》中，明确茶陵县等17个县为湖南省食盐加碘重点供应区，加碘食盐加工费均由盐业公司承担，基层区社加工部分的加工费用亦向当地盐业经营单位列报。此后，农村山区开始大面积供应手工配制的加碘盐。株洲市盐业公司按病区组织加碘盐的调运、分拨、储存；市供销社配合零售店作好“加碘不加价，有病治病，无病防病”的柜台宣传和销售。1967年通过抽样调查，碘盐防治地甲病有效率达98.3%，痊愈率达48.40%。

1979年4月，省有关部门决定将过去费用高、损耗大的手工喷雾加碘改为在湘澧盐矿集中加碘。同年12月，国务院《食盐加碘防治地方性甲状腺肿暂行办法》颁布后，省、市、县各级分别建立健全防治地甲病领导机构，进一步加强对碘盐供应的组织领导。1982年至1984年，株洲市市区和株洲县不分病区与非病区，全部供应碘盐，供应量达28205吨，平均每年9400吨。1985年10月，经省考核验收，醴陵市碘盐防治地甲病工作在全市率先取得显著效果，达到地甲病基本控制标准。

1985年，由于碘源和碘经费困难，碘盐生产减少。为确保病区的碘盐供应，7月，省人民政府办公厅颁发《湖南省食盐加碘防治地方性甲状腺肿暂行办法》，对碘盐供应范围作了调整，规定株洲市为病区分散、病情较轻的地区，可推行口服碘油胶丸进行防治，不属碘盐供应范围。8月起，株洲市停止调入碘盐，由市、县卫生防疫站对病区供应口服碘油胶丸。1986年10月，经省卫生厅再次组织考核验收，株洲县碘盐、碘油胶丸综合防治地甲病工作达到中共中央地方病领导小组办公室颁布的基本控制地甲病标准，成为全省此批21个获得基本控制地甲病合格证书的县（市）之一。1987年及1989年，茶陵县、酃县碘盐、碘油胶丸防治地甲病工作亦分别通过了省考核验收达标。从1986年至1989年病区群众口服碘油胶丸的监督情况看，虽然防治效果较好，但长期服用，药物反应过大，群众难以接受，病区群众、防疫人员普遍要求株洲再度供应碘盐。1989年12月，全省加碘盐防治地甲病会议确定，从1990年下半年起恢复株洲市地甲病区的碘盐供应。其所需碘盐由湘衡盐矿供应。

1991年3月，国务院总理李鹏代表中国政府在世界儿童问题首脑会议通过的两个文件上签字，承诺中国2000年消除碘缺乏病。当时在如何加碘的问题上曾有过多种方案，最终采纳了“全民食盐加碘”的办法。1993年9月，株洲市卫生局、市盐务管理局针对当时非碘盐、劣质盐在株洲市地甲病区销售，造成地甲病区碘盐供应混乱等问题，联合发出《关于加强地甲病区碘盐供应的通知》，要求各县（市）卫生局、盐务管理局做好碘盐的检查监测工作。1994年8月，国务院发布《食盐加碘消除碘缺乏病危害管理条例》，明确对消除碘缺乏病危害，要采取长期供应加碘食盐为主的综合防治措施。1995年6月23日，省政府在加碘食盐供应和检测工作会议上明确指出：全省从1996年1月1日起全民普食碘盐。1995年11月，株洲市政府办公室转发市卫生局、盐务局、财政局、工商局、民政局、妇联、残联等7部门于8月31日制定的《株洲市2000年消除碘缺乏病规划》，规定全市每年供应碘盐不得少于17450吨。具体供应数量分解为：炎陵县850吨，茶陵县2800吨，攸县3700吨，醴陵市4700吨，株洲县2500吨，郊区900吨，城市3区2000吨。规划要求盐业部门认真贯彻落实国务院《盐业管理条例》和《食盐加碘消除碘缺乏危害管理条例》，牵头切实做好盐业市场整顿，颁发“食盐零售许可证”，建立健全碘盐供应制度。

贯彻落实规划，实现株洲市2000年消除碘缺乏病目标，市盐务管理局制定《加强碘盐管理制度》：一是及时上报调运计划，下达销售计划，保证购销计划的落实。二是坚持凭证批发，亮证经营。三是做好500克小包装碘盐的加工，做到及时分装，先进先出；非碘盐、不合格碘盐不得作食盐销售。四是碘盐的储存应当分库或者分垛存放，做到防晒、干燥、安全、卫生。

1996年7月，湖南省政府发布《湖南省实施〈食盐加碘消除碘缺乏危害管理条例〉办法》。1999年10月4日至11月20日，市卫生防疫站对全市有关防治地甲病数据进行抽检，其中食盐含碘情况为：抽检株洲盐业分公司及所辖盐业支公司碘盐仓库合格率100%，抽检食盐零售点合格率98.69%，抽检居民家庭用盐户合格率98.67%。

1999—2000年，经省考核评估株洲县、醴陵市、茶陵县、炎陵县地甲病区各项指标均达到国家消除碘缺乏病标准。2000年4月，省考核小组按照国家规定方案评估，认定株洲市已达到消除碘缺乏病阶段目标。

株洲市 1990 — 2000 年碘盐供应情况统计表

表 8-38 单位：吨

年 份	全市合计	其 中				
		株 洲	醴 陵	攸 县	茶 陵	炎 陵
1990	60	9	51	–	–	–
1991	150	88	47	15	–	30
1992	1873	298	620	146	50	759
1993	862	225	475	86	38	38
1994	4976	853	1281	2245	–	588
1995	16554	5330	4115	3880	2257	972
1996	20107	7552	4139	4581	2906	929
1997	25310	9724	5957	5411	3228	990
1998	21023	7830	4831	4339	3086	937
1999	23599	9729	5507	4435	2847	1081
2000	23793	9908	5238	4832	2755	1060

三 盐荒、盐风

（一）盐 荒

因盐源、盐价、运输、战争及盐政腐败而导致盐荒，在旧时屡见不鲜。清朝以前，盐价虽由朝廷掌管，但实际操于盐商之手，价格时日暴涨，加上运输条件的制约，造成盐荒遍布。清咸丰三年（1853）后，清廷进剿太平军，淮盐运道中断，株洲发生盐荒，每市斤盐为制钱 90 文至 100 文，广大民众长久处于淡食之中。

民国初期，因战争影响，交通断绝，粤盐、淮盐均不能输入，株洲发生盐荒，盐价上涨到每市斤 800 文左右，湘潭榷运分局每日出盐仅 6 包，计 12 担，轮派全县各盐号发售。

井冈山革命斗争时期（1929 — 1937 年），国民党严密封锁酃县和茶陵苏区食盐，企图困死苏区广大军民。民国 21 年（1932）7 月，国民党酃县封锁区 4 个管理所接到蒋介石在南昌行营颁发的封锁赤区粮食、食盐和军用品的命令后，同时在酃县深坑、江口、头巾石、垅下、高里湾等 10 余处通向苏区的隘口设立哨卡，禁止携带食盐和其他禁运品。同年 8 月 22 日，酃县一区“铲共义勇队”发布《检查办法》，严令禁止食盐等物品输入“匪区”。由于国民党的严密封锁，酃县苏区人民经常四五天吃不到盐。在酃县苏维埃政府的组织领导下，酃县人民想尽各种办法对付国民党的封锁。他们通过与白区商人联系，经常化装成挑粪的农民，将食盐密封装入夹层底的粪桶下层，上层盛满大粪，机智地将盐从白区送到苏区根据地。酃县商人万自友则经常在苏维埃政府的武装保护下，冲破敌人的封锁线，挑运食盐到酃县十都苏区交易所出卖。另外，酃县、茶陵县等地小贩也想尽了一切办法将食盐运到江西宁冈县大垅墟场销售。除此之外，酃县苏维埃政府还发动根据地广大人民，自己动手熬制硝盐，解决苏区军民的吃盐困难。1933年4月，湘赣一分区红军独立团、攸县地方武装与吴仲华所领导的武装交通队联合行动，捣毁攸县皇图岭乡食盐公卖处，夺取了大量食盐。9月，中共酃县县委、县苏维埃政府动员群众反经济封锁。全县筹集资金1000元，供应红军10担食盐；发动根据地群众自筹资金5000元，由红军地方武装攻入白区购买食盐50担，武装押送到苏区各供应点。10月15日，国民党总部为封锁苏区，发布《食盐公章章程》。《章程》第8条将公卖分销局分列在北、中、南三路，其中南路设在茶陵县，目的是封锁苏区盐运。茶陵县工农群众常常冒着生命危险为苏区运盐，许多人为此惨遭国民党枪杀。

全面抗战爆发后，株洲食盐空前紧张。民国28年（1939），淮盐运输受阻，食盐运输置于官督之下，实行官民并办，以官运为主，民运为辅，或招商代运。为鼓励民众抢运食盐，湖南省盐务局奉财政部核准，划毗连粤境的酃县等16个县为自由区，凡购运粤盐行销自由区者，无论车船输入，一律免税放行。湘潭县政府组织川、粤、闽盐入境，由于路途险远，运输中或遇险翻船，或遭匪拦截，加上官商勾结，走私贩私，囤积居奇，致使盐荒加剧。民国29年（1940）7月，白关乡第三保保长易庆光因违法渎职，私吞食盐，抬价私卖，受撤职处分并罚银洋50元。民国31年（1942）1月，食盐实行战时专卖，湘潭盐务管理分局在株洲镇设立硝盐代办所，实行计口售盐，每人每月配集4两（16两秤），主事人伪造名单、冒名多领者经常出现。7月17日，茶陵县盐务支局清仓时，发现浮桥（坪子渡）盐仓短少空盐包2963个，保管员陈国铠被押，公丁叶绍文出逃。民国33年（1944）5月24日，日寇攻占攸县县城，西街"张桂记"盐仓尚存食盐200担未及疏散，被日军侵占。6月，株洲镇沦陷，大部分盐被日寇封锁控制，少数被权势者套购，市场见不到盐，株洲镇南郊高家坳的易福荣家一个多月没吃过盐。老百姓受不住长期淡食之苦，纷纷结伴冒着生命危险摸黑到日军盐仓夺盐。一次，攸县牛头湖、茅坪桥一带农民潜入县城盐仓去夺盐，被日寇岗哨发现，大多数人已背盐出城，走在后面的夏猛子被惨杀，夏佐秋背部中流弹终身丧失劳动能力。在背回的盐包中，发现有人肉拌和在里面。原来，日寇以往抓到夺盐者，将其剁成碎块放进盐包，再有意让人将包背走，以此相恐吓。民国33年（1944），茶陵县民众难忍淡食之苦，乘夜去三总桥下日军盐仓偷盐，被城墙上站岗的日寇发现，开枪打死了不少人。株洲县南阳桥一带有支国民政府的别动小分队，分3组驻在七斗冲、旱禾冲和鄢家屋场，他们明为放哨，实为设卡劫货，拦了盐就地高价变卖，2担谷只能换1.5千克盐，百姓怒不敢言，易福荣家买不起盐，只得上山砍柴兑盐，50千克干柴仅换盐100克。

由于盐荒，县国民政府与旧官商盐务机构相互串通，贪污、侵吞盐款、私抬盐价、克扣盐斤等舞弊案亦经常发生。奸商趁盐荒之机在食盐中掺杂泥沙、石膏、白石粉，大发横财。民国22年（1933）9月至民国23年（1934）1月，茶陵县食盐公卖委员会经理谭笑，打着官督官办的招牌，伙同奸商颜克诚、郭子坚等，串通城区地痞周自新、劣绅刘宗汉以及县长刘绍诚的亲信科长彭升堂、县党部执委兰之暻、监委曾成闺、颜德补、财政局长刘应绅、剿匪筑路局主任刘守真，乘全县食盐公卖之际，私自集股，克扣盐斤，私抬盐价，将所获纯利1.3万多元（法币）私吞。

（二）盐 风

中华人民共和国成立后，人民政府本着近产近销、大量供应的原则，彻底改革了旧的盐务制度。

但由于历史上的盐荒在人民群众中留有深刻的印象，加之20世纪50年代初期其他日用品供应不正常，一批不法盐商趁机囤积居奇，哄抬盐价，致使株洲市食盐市场一度混乱，百姓纷纷挤购。华中盐业公司湘潭支公司为稳定民心，迅速调运原盐入境，通过国营株洲贸易公司和合作社将大量食盐投入市场。1950年9月，国营公司取消趸售，缩小批发起点，并规定所有盐商将盐价公开挂牌，才使市场稳定。1951年7月，攸县城关镇私商夏荫赏就曾因长沙采购芦盐71担，囤积于衡山县草市镇，被县工商联合会查封处理。

1950 — 2000年的51年间，株洲共发生盐风17次。其中规模较大的有10次。1953年年末，国家对粮、油实行统购统销后，1954年9月15日又实行棉布计划供应。此时，市场上传出谣言："一统粮、二统油、三统布、四统盐""产盐区遭雨灾，食盐很快也要统购统销了"。于是群众成千上万涌入盐店挤购食盐。从10月15日起，株洲市本地以及来自湘潭、浏阳、醴陵、长沙等地群众纷纷涌到市合作总社门市部排队挤购了3天，一般都购足25千克以上。为平息盐风，市政府采取宣传教育与大量供应相结合的办法，市合作社连夜从湘潭将30吨盐船运株洲市，加上国营公司库存的100多吨全部敞开供应。群众看到市场有充足的盐，出售又不限量，挤购风便逐渐平息。这一年，株洲市区食盐零售量达869吨，为上年的2倍。

1960年农业歉收，粮食紧缺，市场副食品减少，一些商品先后凭票供应，不少农户以菜代粮，增加了食盐用量。加之大搞土化肥，用盐量大增，盐市场紧张，群众由此而推断食盐将限量供应。从10月至12月，出现食盐挤购风。当年，株洲市食盐销量高达8632吨，为上年的近2倍。茶陵县销售食盐7900吨，为新中国成立后销量最多的一年。鉴于当时国家经济困难和食盐紧张状况，为安排好人民生活用盐，1961年1月下旬，全市实行按人凭证定量供应办法，盐风中止。

1967年，食盐生产、运输受"文化大革命"冲击，盐风波及全省91个县、市，株洲于6月底起，持续了1个多月。农村社员有的一次购盐几十斤，有的卖掉猪、禽、口粮甚至家具、被帐来买盐。

1985年1月初，部分群众猜测将在7月份进行的工资改革可能会使各种物价上涨，导致盐风兴起。这次盐风从1月7日开始至25日平息持续了半个多月，市区平均每天销盐50吨，最多的一天达200吨，相当平时1个月销量。由于销量剧增，库存锐减，株洲市市区湘澧盐库存仅3吨，随时都有脱销的危险，加上株洲市市郊龙山寺战备盐仓和北区永利盐仓的芦、淮盐总共才1900吨，株洲盐业分公司一方面急电省盐业公司和湘澧盐矿迅速调盐，一方面每天向市政府报告食盐销售和库存情况。1月12日深夜，市政府决定向株洲化工厂借盐，出动卡车通宵达旦从该厂运来244.56吨生产用淮盐投放市场，加上后来迅速调入的湘澧盐，终使盐风得到控制。

1988年，株洲市连续3次发生盐风，盐风期间共计销盐11161吨。这年盐风的直接起因是3月初邻近醴陵的江西萍乡盐业公司无盐卖；其次是受2月份肥皂、火柴、食糖涨价的影响。另外盐价长期偏低，影响盐工的生产积极性而造成盐大量减产以及个体商贩大量囤积，等待涨价，也是起因之一。3月3 — 15日，盐风先从醴陵市开始。紧接着，茶陵县于3月23 — 30日，攸县于3月22日至4月1日，酃县于3月23 — 25日，株洲市市区及株洲县于3月27 — 31日相继发生盐风。6月9日盐风又从株洲县马家河一带引起，后从株洲市区由北向南扩展到醴陵市、攸县、茶陵县、酃县，至6月底才趋缓和。在这20多天里，全市食盐平均日销量达172吨；销量最大的株洲市区及郊区和株洲县，在6月14日至25日盐风高涨期销量达1059吨，日平均销量为88.25吨，销量最多的1天达200吨，为正常月销量的10倍。醴陵王仙镇一退休工人，共购盐4吨。8月上旬，盐风再度复起，直到10月1日全市实行凭票定量供应，才告彻底平息。

为平息1988年3次盐风，市、县盐业公司全年共组织180人次前往内蒙古、甘肃、津市、衡阳等省内外盐场（矿）落实盐源，在抓调运的同时，及时调整批发供应办法，对国营蔬菜、副食店和农村供销社主渠道优先供应，对集体商店限量供应，对个体商户暂停供应，使食盐市场始终保持了不涨价、不脱销。

株洲市1988年三次盐风期间食盐销量统计表

表8-39　　单位：吨

次　序	合　计	株　洲	醴　陵	攸　县	茶　陵	炎　陵
第一次盐风	2830	440	600	1100	600	90
第二次盐风	3790	1650	950	691	315	184
第三次盐风	4541	1339	1081	1065	856	200
合　计	11161	3429	2631	2856	1771	474

1991年4月下旬，国务院通知从5月1日起开始调整粮油价格。人民群众认为，柴米油盐是人们日常生活的必需品，粮油调价了，食盐肯定也会涨价。于是，4月27日盐风开始从攸县刮起，再蔓延至茶陵、醴陵、株洲县、株洲市区。攸县从4月27日至5月17日盐风平息止，20天内共销售食盐1482吨，平均每天销售食盐74吨。

1992年8月，受下半年粮、油、煤等日常生活用品价格放开的影响，人们猜测食盐要涨价，从8月27日至9月26日止，株洲地区刮起了一场盐风。一些食盐零售商户从盐业公司购盐后，将盐囤积在店内仓库不卖，等待涨价，还有一些商户乘机高价抛售食盐。为平息盐风，保障市场供应不脱销，株洲盐业分公司机关每个科室在盐风期间除留1人值班外，其余人员全部下到各县（市）盐业支公司以及本部仓库蹲点，现场维持秩序，并协助仓库加工人员一起加工包装小包盐。加工人员则从早晨6点到第二天凌晨连续加工17个小时不休息，茶陵盐业支公司食盐销量最多的一天是9月12日，销售食盐达172.35吨，为平常正常销售量的10倍。此次盐风为期一个月，株洲市销售食盐量达1344吨，占年销售计划的14.4%；醴陵市销售量达2005吨，占年销售计划的30.8%；攸县从8月26日开始刮起盐风，至9月26日彻底平息止，共销售食盐3000吨，占年销售计划的50%，为历史以来盐风期间食盐销量最多的一次。

1997年3月24日，从攸县开始，由南向北经醴陵至株洲市区刮起了一股食盐抢购风。盐风的起因是社会上谣传香港回归要打仗了，再加上当时攸县进行防空演习疏散外来人口而引起百姓恐慌。一时间，市、县盐业公司门前车水马龙，众多商户前来抢购食盐。为确保市场供应，有效打击囤盐不卖的不法商户，株洲盐业分公司党委多次召开会议研究对策，提出要从“讲政治、保稳定”的高度，千方百计保障食盐供应。随后，市、县盐业公司采取了各种应急措施：一是及时向当地政府和省盐业公司汇报盐风情况。二是设立值班室和值班电话，每天安排一名公司领导值班，坐镇指挥调度。三是组织盐政稽查人员深入市场检查，严厉打击哄抬盐价、乘机扰乱盐业市场行为。四是迅速增调食盐充实库存。五是安排加工人员夜以继日加工加碘小包装食盐。六是通过各种新闻媒体，向市民作好宣传解释工作，奉劝市民不要轻信谣传。七是改变过去不限量供应的作法，采取凭“食盐零售许可证”限时限量轮流供应各商户，重点供应城市大型超市和农村食盐专卖店。八是坚持不卖大户、不卖散盐。由于措施得力，盐风终于5月底彻底平息。此次盐风前后历时近70天，波及攸县30多个乡镇、醴陵19个乡镇、株洲县30个乡镇以及株洲市整个郊区和市区，茶陵及炎陵则受盐风影响不大。

株洲市1997年盐风期间食盐销量情况统计表

表8-40

单位：吨

月 份	合 计	株 洲	醴 陵	攸 县	茶 陵	炎 陵
4 月	4296	1245	1455	1123	414	59
5 月	3479	1520	927	760	207	65
合 计	7775	2765	2382	1883	621	124

1949年后，株洲市除出现上述10次较大规模盐风外，还有1950年、1957年、1976年、1979年、1981年、1990年、1991年9月初7次小规模盐风。这7次盐风分别受食用油涨价、猪肉提价、唐山大地震、中越边境冲突、火柴和煤油、肥皂、食糖供应紧张、邮资及公共汽车票价提高、传言食盐要涨价等因素影响而发生。

第二节 生产用盐

一 工业用盐

（一）制碱用盐

株洲市制碱用盐由湖南省石油化工厅和省盐业公司计划对口供应。

1959年9月，株洲化工厂电解法烧碱部分建成投产，开始供应株化制碱用盐。当年该厂烧碱产量1300吨，用盐1900吨。1960年10月，该厂氯碱工程全部投产后，形成年产烧碱2.25万吨能力及耗盐3.54万吨的规模，当年，该厂实际生产烧碱1.22万吨，耗盐2.28万吨，占全省生产烧碱耗盐的89%。1964年，全省产烧碱15707吨，耗盐2.47万吨，其中株化产烧碱15314吨，耗盐2.41万吨，占全省生产烧碱耗盐的97.5%。1965年，该厂氯碱生产超过设计能力，年产烧碱达到23971吨，耗盐量增至3.79万吨。

1971年，株洲市为满足本地轻纺工业对纯碱的需要，在株洲市合成氨厂兴建年产1万吨的联碱工程。1972 年 4 月，株洲市烧碱厂建成投产，当年全市制碱用盐量达 5.50 万吨。1972 年 12 月市合成氨厂基本建成。1979 年 7 月，市合成氨厂纯碱系统正式投产后，全市共有 3 家制碱用盐单位。1980 年，市合成氨厂生产纯碱 7352 吨，耗盐 1.1 万吨。当年，全市制碱用盐消耗总量达 10.86 万吨，占全省制碱用盐的 57.4%。1981 年，市合成氨厂改名为株洲市联碱厂。1985 年株洲市联碱厂并入湘江氮肥厂，更名为湘氮联碱分厂。1989 年，湘氮联碱分厂生产纯碱 10000 吨，耗盐 12880 吨。1990 年全市制碱用盐增至 15.49 万吨，占全省制碱用盐的 53.84%。1998 年株洲市烧碱厂烧碱项目停产下马。截至 2000 年年底，全市共有株化、湘氮等 2 家制碱用盐单位，全市制碱用盐量达 18.85 万吨，占全省制碱用盐量的 38.28%。

株洲市 1978 — 2000 年制碱用盐情况统计表

表 8-41　　　　单位：吨

年　份	株洲市制碱用盐量	全省制碱用盐量	占全省制碱用盐比率 (%)
1978	71804	123843	57.98
1979	83752	152693	54.85
1980	108575	189155	57.40
1981	120804	196781	61.39
1982	121577	208895	58.20
1983	114640	206894	55.41
1984	114138	182562	62.52
19S5	132031	206137	64.05
1986	151002	230116	65.62
1987	165436	272952	60.61
1988	178652	290538	61.49
1989	174572	282023	61.90
1990	154958	287812	53.84
1991	162515	331601	49.00
1992	167673	351660	47.68
1993	169270	378124	44.77
1994	173940	409415	42.49
1995	181717	497747	36.51
1996	208931	512184	40.79
1997	196483	462154	42.52
1998	198234	406605	48.75
1999	205067	444611	46.12
2000	188482	492360	38.28

（二）其他工业用盐

株洲市其他工业用盐由市盐业部门组织供应。

1949年以前，株洲镇只有极少量的印染用盐。20世纪50年代末至60年代中期，工业用盐发展到造纸、制药、锅炉、发电、冶金、陶瓷、玻璃、冷藏制冰等行业。1960年，株洲发电厂软水处理及防焦粉用盐135吨。1961年，株洲市区上述工业用盐达378吨，其中株洲发电厂耗盐146吨，铁路冷藏车用盐120吨。1963年，株洲发电厂用盐达到了208.8吨。1964年株洲市区其他工业用盐达620吨。以后，其他工业用盐迅速扩展到制皂、制革、化工、农药、酿造、食品加工、肠衣加工、饲料工业等。1967年用盐增至1154吨，1970年达2054吨，1975年上升到4101吨。1976年以后，由于各用盐厂家技术革新、改造工艺，工业用盐量逐渐减少。1976年降至2181吨，1977年降为1207吨，1978年和1979年又分别下降到612吨和621吨。从1980年起，株洲市市区工业用盐厂家逐年增多，生产能力不断扩大，工业用盐不断出现回升，1980年其他工业用盐回升到1378吨，1985年回升到2667吨，1986年回升到3451吨，1993年达到4123吨，为历史最高峰。1999年后由于不少锅炉用盐单位由烧煤改为烧油，制革行业关停并转，火车提速后铁路冷藏车加冰量减少，致使株洲市其他工业用盐量急剧下降。2000年株洲市区其他工业用盐减至1637吨，全市其他工业用盐总量达3508吨。

株洲市1975—2000年其他工业用盐销售统计表

表8-42　　单位：吨

年 份	全市合计	株 洲	醴 陵	攸 县	茶 陵	炎 陵
1975	4257.20	4101.00	133.00	–	23.20	–
1976	2313.00	2181.00	132.00.	–	–	–
1977	1293.00	1207.00	86.00	–	–	–
1978	744.00	612.00	118.00	–	14.00	–
1979	722.00	621.00	101.00	–	–	–
1980	1514.10	1378.00	83.00	–	24.90	28.20
1981	1916.05	971.00	99.00	–	819.00	27.05
1982	2815.65	1639.00	71.00	–	1080.00	25.65
1983	2716.25	1075.00	75.00	–	1548.00	18.25
1984	2656.40	1523.00	78.00	191.00	843.00	21.40
1985	3471.60	2667.00	47.00	198.00	551.00	8.60
1986	4767.40	3451.00	72.00	1201.00	39.20	3.90
1987	3506.80	2759.00	75.00	611.00	57.60	4.20
1988	8819.00	3346.00	3408.00	271.00	1781.00	13.00
1989	2593.00	2260.00	19.00	234.00	77.00	3.00
1990	2869.00	2327.00	224.00	309.00	109.00	–
1991	4227.00	3325.00	338.00	380.00	177.00	7.00

续表 8–42

年　份	全市合计	株　洲	醴　陵	攸　县	茶　陵	炎　陵
1992	5172.00	3692.00	859.00	452.00	168.00	1.00
1993	5820.00	4123.00	717.00	542.00	438.00	–
1994	3954.00	2722.00	310.00	572.00	317.00	33.00
1995	5216.00	3440.00	836.00	527.00	409.00	4.00
1996	4323.00	2838.00	556.00	649.00	276.00	4.00
1997	5179.00	3612.00	615.00	678.00	274.00	–
1998	4489.00	2719.00	802.00	741.00	227.00	–
1999	3231.00	1501.00	566.00	530.00	499.00	135.00
2000	3508.00	1637.00	700.00	432.00	544.00	195.00

二　农牧渔业用盐

株洲市区、株洲县农牧渔业用盐自 1956 年开始，供应范围是国营农场、牧场、渔场、水产公司和人民公社的生产队。农业用盐主要用于水稻选种和加工钾镁肥、人造尿素以及稻田直接施肥等。牧业用盐用于饲养耕牛、生猪。冬季耕牛多吃一些盐后，劳力会提高，对农业生产有利。生猪吃盐后有利于催肥长膘。渔业用盐用于鱼类的保鲜和加工腌制。农牧渔业用盐实行减税，由盐业部门按计划供应，专盐专用。1986 年 10 月，农牧渔业用盐取消减税优待，与食盐同税同价。1987 年后不再作计划安排。醴陵、攸县、茶陵、酃县农牧渔业用盐自 1952 年开始，至 1987 年停止供应，共销售农牧业用盐 7075 吨、渔业用盐 229 吨。

（一）选种用盐

1963 年 1 月，株洲市农业选种用盐以平均每亩水稻 0.125 千克用盐标准供应。1964 年改按每 50 千克种谷供应盐 0.65 千克，全市分配选种用盐 69689.50 千克。1965 年，每 50 千克种谷月盐标准改为 1 千克，全年共分配选种用盐 96186 千克。1966 年，每 50 千克种谷用盐标准增至 2 千克，全年共分配选种盐 28.94 万千克。1981 年，每 50 千克稻谷选种用盐按 0.20 ~ 0.25 千克标准供应，草籽选种等农业用盐按实际需要供应。

（二）耕牛吃盐

1962 年，株洲市服务局、市供销社规定每头耕牛供应过冬盐 1 千克。1963 年每头增至 2 千克，当年分配耕牛过冬盐 29472 千克。1964 年分配 36632 千克。1965 年，每头耕牛过冬盐调为 4 ~ 6 千克。当年共分配耕牛吃盐 72950 千克。1979 年耕牛吃盐由过冬供应改为常年供应，每头每季供应 2 千克。1981 年后核定为每头每月不超过 1 千克。

（三）生猪吃盐

1964 年，株洲市农村办、市服务局、市供销社规定：集体饲养生猪每头在 40 千克以上的，每月供应催肥盐 0.75 千克；不足 40 千克的或非集体饲养的生猪不供应。1979 年，除继续供应国营农牧场和人民公社生猪吃盐外，对肉食水产公司生猪仓库调运站所调的存栏猪也列为畜牧用盐范围。定量标准改为，每头每月供应盐0.50千克。公有分养及私有私养和机关团体、学校、部队饲养的生猪吃盐，一律不作畜牧用盐范围供应。1981年后，生猪吃盐改为每头每月不超过0.60千克。

（四）渔业用盐

株洲市系淡水养鱼，渔业盐供应量很少。供应标准按每50千克鲜鱼7.50 ~ 10千克用盐核算。1961年全市渔业用盐为10吨，1962年达39吨，以后逐年减少，1977年仅2吨。1981年后供应停止。

株洲市市区、株洲县部分年份农牧渔业用盐销售情况统计表

表8-43　　　　单位：吨

年　份	农牧业用盐	渔业用盐	合　计
1961	14	10	24
1962	47	39	86
1963	118	10	128
1966	197	3	200
1969	71	8	79
1972	221	5	216
1974	144	3	147
1977	128	2	130
1980	106	4	110
1983	12	–	12
1987	26	–	26

第三节　仓　储

一　经营盐

1949 — 1955年，盐实行自由贸易，经销单位及私商均利用临时货棚或民房储盐。1953年，年末库存量仅70吨，只够销1个多月。1954年下降至20吨，不足半个月销量。1959年，库存达到1487吨。以后逐渐兴建盐仓盐棚，储盐量逐年增加。1964年，株洲市盐业公司在原火车南站拆除民房扩建经营盐仓一座，建筑面积545平方米，仓库容量800吨。1965年8月，株洲市盐业公司新建麻袋包装简易仓库一栋，建筑面积52.5平方米，耗资1969.83元。1981年省副食品公司核定株洲市批发库存不得少于3个半月至4个月的正常销量。同年5月，省商业厅规定株洲市库存定额为2800吨。1985年，株洲盐业分公司在纺织路永利码头附近改建经营盐仓一座，建筑面积500平方米，仓库容量800吨。同年，又在晏家湾兴建经营盐仓2座，建筑面积分别为576

平方米、395 平方米，仓库容量分别为 800 吨、600 吨。1987 年 10 月，省盐业公司核定株洲市区最低库存为 2800 吨，最高为 3500 吨，平均为 3200 吨。1986 — 1988 年，由于全国盐源紧缺，调盐困难，食盐挤购风时起时伏，株洲市区食盐年末库存连续 3 年出现赤字，且呈直线上升趋势。1989 年，食盐实行凭票定量供应后，库存才趋于充实。1991 年 7 月 8 日，省政府规定食盐批发单位应当保持正常销量 2 个月的存盐。同年 5 月，株洲盐业分公司制定了《仓库保管员岗位职责》《仓储管理制度》，下发醴陵、攸县、茶陵、炎陵盐业支公司执行。1992 年 7 月 14 日，湖南省盐业公司发文通知：各地市县盐业公司须认真贯彻执行仓储管理三个标准，抓好仓储管理达标工作。1992 年 8 月，株洲盐业分公司仓储管理达标领导小组成立，1994 年，炎陵县盐业仓储管理达标，并领取了“合格证”。1995 年，株洲盐业分公司为解决仓储不足的问题，又在晏家湾兴建 1 座经营盐仓，建筑面积 700 平方米，容量 1000 吨。同年 6 月，湖南省盐业公司仓储管理达标验收领导小组对株洲市盐业分公司直属仓库进行了仓储管理达标验收，综合评定达标合格。同年 6 月、8 月、12 月，攸县、茶陵、醴陵盐业支公司仓储管理先后分别通过了株洲盐业分公司的达标验收，均达到合格标准。

为保障市场食盐供应，1996 年 3 月 1 日，株洲盐业分公司根据湖南省盐业公司对食盐定额库存的要求，制定全市食盐定额库存分配计划（含安仁县）。全市合计食盐供应人口为 395 万人，设定人均定额库存标准为 2 千克，定额库存总量 8000 吨。

1997 年 11 月，为巩固仓储管理达标成果，株洲盐业分公司制定《仓储实物责任管理办法》，并于 1988 年 1 月起在全市盐业系统全面实施。2000 年，株洲市盐业系统共有各类盐仓 21 个，建筑面积 9540 平方米，最大库存储盐量可达 15876 吨，年末各类食盐实际库存 9573 吨。达到株洲市各类食盐定额库存标准。

株洲市区 2000 年各类盐仓库库容量统计表

表 8-44

仓 名	建筑面积（平方米）	仓库容积（吨）	建造时间（年）
南站仓库	545	800	1964
永利仓库	500	800	1985
晏家湾一号仓库	700	1000	1995
晏家湾二号仓库	576	800	1985
晏家湾工业盐仓库	395	600	1985
龙山寺工业盐仓库	300	500	原为寺庙，始建于梁武帝时期
合 计	3016	4500	–

二 储备盐

原盐系笨重物资，产、销距离远，运线长，故历代朝廷都将地产盐储于销区，以备急用。早在唐肃宗时期（757 — 760 年）就由官府运盐存于边远地区，以稳定盐市，安定民心，称为“常平盐”，宋、元、明、清至民国时期沿用此法，设常平盐仓。元代（1270 — 1368 年）曾设常平盐局，管理常平盐的储备。民国时期，国民政府沿用旧法，在株洲地区设有常平盐仓储。民国 24 年（1935），攸县将常平盐转移到酃县水口、下村、桃村 3 处储存。民国 31 年（1942），茶陵有常平盐仓储 4 座，分别为定林寺仓、定丰一仓、定丰二仓、浮桥临时仓。

1950年，国家设立物资储备局，提出“储盐备荒、以丰补欠、保障供给”的储盐方针。储备盐所需资金，由国家特种储备资金解决。1959 年酃县在城关文化西路修建储备盐仓一座，建筑面积 272 平方米。

1964 年，储备盐移交轻工业部管理，并改名“移储盐”。当年株洲市盐业公司在市郊荷塘铺乡龙山寺庙内储盐 826 吨。此庙建筑面积 300 平方米，可储盐 1200 吨。是年，酃县又在十都、塘田、水口修建移储盐仓 3 座，建筑面积分别为 166 平方米、436 平方米、200 平方米，调入移储盐 932 吨。同年，醴陵县政府根据国家提出的移储盐储备“靠山、隐蔽、分散”的储备原则，将移储盐仓库布点在阳三石、泉塘、大障、官庄几处，并授权县盐业主管部门具体管理。这年，醴陵调入移储盐 995 吨，茶陵调入移储盐 816 吨。攸县于 1964 年先在城关老公安局礼堂储盐 688 吨，后在城关镇胜利庙村的双拱薄壳结构的居民点储盐 1100 吨。

1965 年 5 月，中共株洲市委财贸政治部、市人民委员会财贸办公室通知：食盐作为战备物资，要备半年至一年的储存量。同年 8 月，株洲市在株洲县姚家坝乡茳线桥新建一座简易移储盐仓，建筑面积 1000 平方米，最大储盐量 2600 吨，当年实际储盐 1600 吨。是年 9 月至 12 月，醴陵县盐业公司在攸县黄丰桥供销社新建移储盐仓库，并在攸县黄丰桥、湖南坳乡两处盐仓储盐 1920 吨。酃县该年调入移储盐 791 吨，1966 年调入 550 吨。1966 年 3 月，醴陵设立移储盐办公室于县商业局内。是年，醴陵有移储盐仓 6 处，实际储盐 7988 吨；茶陵有移储盐仓 4 处，实际储量 2834 吨。同年，攸县又在网岭水泥厂储盐 1164 吨，在排山乡储盐 1275 吨。

1967 年，财政部、轻工业部在关于移储盐的若干问题的联合通知中，将移储盐正式称为战备盐。战备盐属国家特种储备物质，与经营盐截然分开，所有权属轻工业部。如需动用，平时报轻工业部核准，战时由省人民政府审批。1964 年至 1970 年，茶陵共调入战备盐 7941 吨。1968 年至 1976 年，茶陵县先后两次经轻工业部批准动用战备盐 1295 吨。醴陵从 1964 年开始调入战备盐，至 1981 年停止调入，共调入战备盐 14222 吨，扣除途耗后，实际入库 14168 吨。1972 年，攸县将城关镇胜利庙村居民点的战备盐作全税盐放销给株洲化工厂。1973 年，酃县在文化西路修建桥头战备盐仓一处，面积 227 平方米，当年调入战备盐 205 吨。同年 4 月，醴陵盐业公司将攸县黄丰桥乡和湖南坳乡两处盐仓移交攸县管理，1974 年该两处盐仓战备盐作经营盐放销给株洲化工厂。是年，茶陵县战备盐仓扩大到 8 处 9 仓，总储量达 5561 吨。1979 年茶陵县战备盐储量达 6981 吨。这年，酃县财政局批准将建筑面积 290 平方米的三〇九仓库作为战备盐仓，当年调入战备盐 441 吨。1964 年至 1979 年，酃县共调入战备盐 2919 吨。1982 年，攸县老公安局礼堂战备盐仓因洪水浸漫，经批准作经营盐全部放销。1984 年，龙山寺盐仓 826 吨战备盐全部转作经营盐。至 1984 年，攸县前后负责管理战备盐仓达 7 处 8 仓，总计储盐 7991 吨。

1985 年，轻工业部盐务总局和湖南省盐业公司本着“平战结合、机动调剂、确保供应、便于管理、存之安全”的方针。1985 年 8 月，因株洲县姚家坝芷线桥战备盐仓年久失修，墙体开裂，加上屋梁被白蚁侵蚀，被市房管部门定为危房而拆除，所存 1600 吨战备盐于 1984 年全部转为经营盐放销完毕。

1985 年以后，战备盐改称为储备盐。1967 — 1989 年，醴陵共 9 次将储备盐 14168 吨全部放销。1972 — 1989 年，攸县先后将 7 处 8 仓储备盐全部放销完毕。1985 — 1988 年，茶陵共计放销储备盐 5455 吨。截至 1988 年年底，还剩 2 处 2 仓，计存储备盐 1526 吨。1986 — 1987 年酃县共放销储备盐 1447 吨。至 1989 年年底，酃县共有储备盐仓 5 座，建筑面积 1319 平方米，实际储盐量达 1472 吨。

1991 年 7 月 18 日，湖南省盐业公司根据国家轻工业部制定的《国家储备食盐管理办法》和中国盐业总公司《调整现有国家储备盐工作的安排》的通知要求提出“凡交通不便，存点过多，过于分散，不利于管理，盐质污染严重的储备盐一律要进行调整；不需要继续储存的地区，将现有的储备盐分别不同的情况全部动用转销。”株洲盐业分公司遵照省盐业公司的文件通知，从 1992 年 3 月起至 1995 年止，将株洲市剩余的 2626 吨储备盐，全部动用转销。1996 年 6 月 30 日经株洲盐业分公司审定，上报湖南省盐业公司，将储备盐全部平账。至此，株洲市储备盐全部终结。

储备盐仓库过去大多是占用的祠堂、庙宇或简易仓库，储备盐全部转销后，储备盐仓有的归还了当地，有的简易仓库因地处偏僻、年久失修不能继续使用，已作拆除处理。

第四节 盐 价

清朝和民国时期，株洲盐价均为政府集中统一管理。清咸丰年间（1851 — 1861 年），株洲盐价每斤为制钱 90 ~ 100 文，农民卖谷一担，只能换盐 5 千克左右。光绪三十一年（1905），淮盐每斤价为制钱 65 文，大米每斤 16 文，0.5 千克盐可换 2 千克大米。

民国初期，盐价多属省管。株洲盐价每斤上涨到 800 文左右。0.5 千克盐可换 19 千克大米，民国 7 年（1918）10 月，株洲盐价每斤零售最高达 1500 文。民国 20 年（1931），淮盐岸售价为每担光洋 15.33 元，零售价每斤 0.187 元。民国 22 年（1933），株洲食盐实行自由贸易，政府规定，盐价以规定牌价为最高标准，准许各店在法定价下自由减缩。民国 23 年（1934），株洲每斤淮盐为铜元 1200 文，0.5 千克盐可换 1.8 千克大米，民国 30 年（1941）湘岸盐务办事处核定株洲镇食盐市场每担闽盐为法币 126 元，粤盐每担为 140.4 元。民国 33 年（1944）株洲镇沦陷，每石谷只能换 0.4 ~ 0.5 千克盐。民国 37 年（1948）8 月，株洲镇盐价昂贵达到了高峰，较上一年增加 41 倍。

株洲镇民国19年（1930）—民国24年（1935）食盐市场价格行情一览表

表8-45

单位：银元/担

银元价格 / 盐种 / 时间	粗盐	精盐
民国19年（1930）12月2日	15.5	15.2
民国20年（1931）11月30日	15.93	25.2
民国21年（1932）12月30日	18.3	28.2
民国22年（1933）11月8日	17.3	27.6
民国23年（1934）12月11日	14.2	27.6
民国24年（1935）9月15日	14.3	28.4

株洲镇民国29年（1940）—民国33年（1944）市场食盐与其他农副产品平均零售价对比一览表

表8-46

法币价格 / 品名 / 时间	食盐（元/千克）	茶油（元/千克）	中等米（元/千克）	松柴（元/担）
民国29年（1940）	1.34	1.54	0.20	2.12
民国30年（1941）	7.26	4.30	1.64	6.40
民国31年（1942）	9.16	5.80	2.46	7.25
民国32年（1943）	27.50	15.88	4.06	29.00
民周33年（1944）	64.00	76.00	8.46	79.00

株洲镇民国36年（1947）—民国37年（1948）市场食盐价格上涨情况一览表

表8-47

单位：万元/担

法币价格 / 盐种 / 时间	粗盐	法币价格 / 盐种 / 时间	粗盐	法币价格 / 盐种 / 时间	粗盐
民国36年（1947）1月6日	4.65	民国36年（1947）8月6日	16.5	民国37年（1948）3月12日	136
民国36年（1947）1月12日	52	民国36年（1947）9月8日	26.5	民国37年（1948）4月3日	174
民国36年（1947）2月19日	6.8	尽国36年（1947）10月3日	36	民国37年（1948）5月4日	245
民国36年（1947）3月26日	8.0	民国36年（1947）11月9日	38	民国37年（1948）6月19日	376
民国36年（1947）4月12日	7.4	民国36年（1947）12月5日	46	民国37年（1948）6月21日	410
民国36年（1947）6月7日	11.2	民国37年（1948）1月6日	71	民国37年（1948）7月5日	730
民国36年（1947）7月23日	16.5	民国37年（1948）3月2日	97	民国37年（1948）8月19日	1950

说明：民国37年8月19日后开始使用金圆券

从1949年8月起，盐价实行“统一领导，分级管理”的原则。1950年，零售价每千克0.30元，0.5千克鸡蛋可换1千克食盐，1担（50千克）谷可换食盐14千克，批发价国营贸易公司每担14.20元，上海来株洲镇的私营盐号每担12.60元。由于后者系从产区直接进货，较国营价低11%，故得以占领盐市。1951年，株洲市国营贸易公司改变进货渠道，节省中转费用，将批发牌价调整为每担12.5元，在食盐市场上开始取得主动。1952年3季度，三门镇合作社每担牌价高于私商牌价0.6 ~ 0.8元，曾引起群众不满和主管部门的关注。1956年3月以后，株洲市盐价由省物价委员会制定。1952—1956年，盐价稳中有降，零售价平均每千克0.26 ~ 0.28元，批发价平均每担12.16元。

1957年，国家提高盐税、调整盐价，株洲市食盐批发价平均每担由12.16元调整到14.2元，零售价由每千克0.28元调整到0.31元，批零差率按批发价预算为13%。1958年，鸡蛋、稻谷收购牌价较1950年分别提高81%和54%，而食盐价格只提高3%。同年，根据中央和湖南省关于下放物价管理权限的文件精神，株洲市盐价由省物价委员会下到省商业厅管理，全省不分城乡，均实行食盐最高零售限价，每千克最高价格为0.38元。1966年，最高零售限价由每千克0.38元降至0.34元。批零差率改为按零售价倒扣12%，株洲食盐零售价按原有0.31元不动，批发价由每担14.20元降为13.6元。工农牧渔业盐按原价不变。即：工业盐每担4.8元，农牧盐每担8.1元，渔业盐每担7元。

1973年，湖南省核定省产精制盐价格，株洲市为一价区，零售阶每千克0.29元，批发价每担12.8元。从1978年11月1日起，全国取消地区差价和城乡差价，统一实行每千克0.30元的最高零售限价。株洲市省产精制盐批、零售价按原价不变，海粗盐批发价每担由13.6元降为13.2元，零售价每千克由0.31元降至0.30元。两种盐的批零差率均按零售价倒扣12%。执行新价后，国家对株洲市盐税每吨减13.6元，为保证零售单位略有盈利，株洲市食盐批发单位对县、郊农村基层供销社执行价外运杂费补贴政策。补贴标准是：按盐斤出库路程计算运杂费再另加途耗率1%。株洲县、市郊共有12个补贴单位，平均每担食盐补贴0.9元，年补贴6万余元。补贴标准最高的是株洲县王十万供销社，每担补贴1.48元，最低的为株洲县渌口供销社，每担补贴0.15元。株洲市食盐零售价从1958年1月至1978年10月，一直维持每千克0.31元的价格，而1978年鸡蛋、稻谷收购价则在1958年的基础上分别提高34%和48%。2个鸡蛋可换0.5千克食盐，1担谷可换食盐31.5千克。

1982年7月，株洲市第二商业局规定：从1981年10月1日起，不分城乡，不论集体、个体，凡经营食盐的零售商店，一律给予价外食盐运杂费补贴。县、郊基层供销社的补贴标准照旧不变；株洲市区内各零售店则按地段补贴。沿港路、徐家桥、钟鼓岭、月塘等地商店为一类地段，每担食盐补贴0.28元。董家塅、晏家湾、茨菇塘、贺家土等地商店为二类地段，每担食盐补贴0.32元；清水塘、湘天桥、响石岭、铜塘湾、田心、宋家桥等地商为三类地段，每担食盐补贴0.4元。

1984年3月，根据省物价局、轻工业厅的规定，株洲市将省产精制盐批零价格调整到与省外海粗盐同价。即：每担批发13.2元，每千克零售0.30元，1千克小塑料袋装盐加价0.04元。同年5月，根据中央财政部和省轻工业厅的通知精神，株洲市对工业盐价亦作了调整，将酸、碱生产用盐和制革用盐由免税改为减税90%，批发价由每吨96元调整128元；制皂用盐由免税改为减税50%，批发价由每吨96元调整为192元；原免税供应的冶金、染料、制冰冷藏、陶瓷玻璃、制药等工业用盐，改为全税供应，每吨价 264 元。

1986 年，为调动食盐零售单位的积极性和解决群众“买盐难”的问题，株洲市遵照省物价局的通知，在现行零售价基础上，将食盐批零差率由倒扣 12% 扩大为 16%，即每 50 千克批发价为 13.2 元降为 12.6 元，批发向零售让利 4%。酿造业、食品工业盐、饮食业及全税工业用盐则仍按原批发价 13.2 元供应。同年 5 月，株洲市 1 千克装小塑料袋盐的包装价由每个 0.04 元提高到 0.08 元，小塑料袋盐相应地由每包 0.34 元调至 0.38 元。10 月 1 日，对工农牧渔业用盐价格作了调整，酸碱、五氧化二钒及制革用盐由每吨 128 元调为 140 元，农牧渔业用盐取消减税优待，改为与食盐同税同价，每吨 264 元。

1987 年 3 月，为疏通食盐流通渠道，进一步解决“买盐难”和“卖盐难”问题，省物价局决定在全省恢复地区差价和城乡差价，将全省县城以上划为 3 个价区。株洲市区为一价区，零售盐每千克 0.3 元，批发每 50 千克 12.3 元，批零差率由 16% 扩大至 18%；株洲县、醴陵市、攸县为二价区，零售价每千克 0.32 元，批发价每千克 13 元，批零差率由 16% 扩大至 19%；茶陵县、酃县为三价区，零售价每千克 0.34 元，批发价每 50 千克 13.6 元，批零差价率由 16% 扩大至 20%；小塑料袋包装盐，每千克城市加价 0.08 元，农村加价 0.07 元。恢复城乡食盐批零差价后，价外运杂费补贴随即取消。

1988 年 10 月，根据省物价局通知，株洲市对减税工业用盐价格作了调整，原为每吨 140 元的调至 152 元，每吨 204 元的调至 216 元。

1989 年 11 月，经国务院批准，全国统一从 25 日起全面调整盐价。省物价局将全省县城以上分 4 个价区，株洲市区属二价区，食盐零售价由每千克 0.3 元提高至 0.54 元，批发价由每 50 千克 12.3 元提高至 22.4 元。株洲县、醴陵市、攸县、茶陵县属三价区，酃县属四价区，批零差率全省统一为 17%。县城以下农村零售点的食盐零售价，以县城或进货地零售价为基础，加合理的实际运杂费和 1% 定额途耗制定。1 千克装小塑料袋盐，每袋城乡统一加收 0.08 元。因调价，株洲市库存盐共计增值 154 万元，其中市区库存增值 60 万元，按 75% 增补流动资金的规定，株洲盐业分公司自有流动资金由原 9 万元增至 54 万元。

1992 年 6 月，省物价局根据中国盐业总公司《关于加强肠衣用盐管理的通知》，从 1992 年起将肠衣盐的调出、调入列为国家盐的分配调拨计划。为有利经营和价格管理，对这部分盐的省内供应价规定为：从省外调入的肠衣盐、味精盐按照国家规定的品质差价在各地食盐批发价格基础上加价 99.6 元制定，即：每吨供应价格，一价区为 530 元；二价区为 548 元；三价区为 564 元；四价区为 580 元。对新增的 500 克小塑袋装食盐，每袋零售价格在当地散装食盐零售价格基础上加价 0.06 元。

1993 年 3 月，湖南省物价局通知，为调动盐业生产、经营积极性，衔接省际间价格，经省长办公会议研究决定，从 1993 年 4 月 5 日起适当调整各类盐价。食盐零售价，500 克（散装）由现行 0.2748 元调为 0.4234 元。市场零售价格根据运输线路、历史沿革等情况，划分为四个价区，每 500 克食盐调后零售价格：一价区为 0.41 元；二价区为 0.42 元；三价区为 0.43 元：四价区为 0.44 元；从省外调入的海、湖粗盐和以原盐为原料的各种加工盐、再制盐与省产盐执行同价。味精和肠衣盐仍按 92

年价格不变。县以下农村市场食盐零售价格以进货地市场零售价格为基础，加合理实际运杂费和途耗制定，途耗限定为 1.5% ~ 2%。农村食盐零售价格计算公式为：农村食盐零售价 =（进货地零售价 + 合理实际运杂费）×（1+ 途耗率），1992 年和 1993 年盐的价格调整，株洲市区为二价区，株洲县、醴陵、攸县、茶陵为三价区，酃县为四价区。为照顾交通不便，运输困难的边远山区，全省统一实行最高零售限价为 500 克散食盐 0.47 元。食盐批发价格以当地零售价格为基础计算。批零差率统一由现行按零售价倒扣 17% 改为在批发价格基础上顺加 20%。加碘盐仍按加碘不加价的原则执行。工业盐按供货地食盐批发价，减去食盐与工业盐的税额差。全省加权平均核定减税税额为：肥皂、饲料工业用盐平均每吨 25 元；酸、碱、制革、五氧化二矾用盐平均每吨 75 元。其他工业用

株洲市 1993 年盐价调整后各类盐批发零售价格一览表

表 8–48　　单位：元

市县	价区	散盐		500 克小塑袋盐		1000 克小塑袋盐		纸箱(10袋×500克)		工业盐供应价（吨）	
		批发价（吨）	零售价(500 克)	批发价（吨）	零售价（袋）	批发价（吨）	零售价（袋）	批发价（吨）	零售价（箱）	酸、碱、制革、五氧化二钒	肥皂饲料
株洲市区	二价区	700	0.42	843	0.50	784	0.94	1082	6.5	624	674
株洲县、醴陵、攸县、茶陵	三价区	716	0.43	850	0.51	800	0.96	1100	6.6	640	690
酃　县	四价区	734	0.44	866	0.52	816	0.98	1116	6.7	660	710

盐和农牧渔业用盐按食盐批发价供应。

1993 年 5 月 1 日商品零售营业税税率提高后，食盐零售环节的差率偏紧，为调动零售企业的积极性，5 月 22 日经省物价局补充通知，食盐零售价在 4 月 5 日调价的基础上，每 500 克散盐零售价格相应调高 0.01 元，500 克装小塑袋盐每袋调高 0.01 元，1000 克装小塑袋盐每袋调高 0.02 元，批发价格不变。

1993 年 7 月 28 日，省物价局为衔接好毗邻地区的食盐价格，对与外省边境价格矛盾突出的县市采取临时降价衔接措施。核定株洲市的醴陵降价限量 3800 吨，每吨降价 100 元；攸县降价限量 4000 吨，每吨降价 80 元；茶陵降价限量 3100 吨，每吨降价 100 元；酃县降价限量 800 吨，每吨降价 100 元。

1996 年 1 月，湖南省物价局依据国家计委、国家经贸委《关于改进工业盐供销和价格管理办法的通知》确定以工业盐销地批发价每吨 580 元为中准价。工业盐的供应对象为：酸、碱、制革、五氧化二钒、肥皂、冶金、染料、炸药、制冷、锅炉软水、陶瓷玻璃、医药等用盐。肠衣用盐、味精用盐属特种盐与食品加工用盐一起纳入食盐专营范围。同年 1 月 19 日，湖南省物价局依据国家计委关于调整食盐价格的通知精神，为理顺产销企业之间的利益关系，促进食盐市场的健康发展，防

止假冒伪劣盐和无碘工业盐冲击食盐市场，决定在全省城乡全面推行加碘防伪新包装。新包装食盐一律为500克小塑袋，贴有激光防伪商标，并在包装醒目处标明零售价格，小塑袋分城乡两种不同颜色。食盐零售价格：取消食盐价区，改按城市市场和农村市场分别定价，县城及以上城市（含郊区）和批发企业所在地市场统一为0.6元/袋（500克装小塑袋）；农村市场统一为0.62元/袋（500克装小塑袋）。销地批发价格：每50千克小塑袋盐含税批发价格为48.8元，每50千克加碘散装盐含税批发价格为39元。食品、酱菜等加工用盐供应不加碘食盐的，供应价格在碘盐价格基础上，扣除1.6元的加碘费用计算，即每50千克为37.4元。从省外调入的食盐一律按省产盐价格执行。

1997年9月1日，湖南省物价局依据国家计委关于调整食盐价格的通知，为了合理调节食盐批、零经营单位的利益关系，食盐批零差率由顺加23%调整为顺加20%，每50千克的小塑袋装食盐含税销地批发价格由48.8元调整为50元。零售价格不变。

1998年12月22日，经省物价局批复，采用流延复合膜新包装500克加碘食盐小包装，零售价格为0.80元，批发价格为0.665元。新包装食盐1999年1月起在长、株、潭三市试销。2000年1月起试销范围扩大到全省城乡。

2000年7月，为满足不同层次消费者和特殊消费群体的消费需求，省物价局正式核定株洲市多品种盐价格如下：

株洲市2000年多品种盐批发、零售价格一览表

表8-49　　　　单位：元/袋

品　种	规　格	批发价	零售价
低纳食盐	500克	2.00	2.50
	250克	1.20	1.50
钙、铁、硒、锌强化盐	500克	2.00	2.50
	250克	1.20	1.50
蔬菜、水果、洗涤盐、腌制盐	500克	1.20	1.50
加碘精制盐	500克	0.665	0.80

株洲市部分年份食盐与大米、生猪、鸡蛋价格及比价一览表

表8-50

年　份	市场零售价				比　价		
	食盐（元/千克）	大米中等（元/千克）	猪肉中等（元/千克）	鲜鸡蛋（元/千克）	1千克大米换食盐（千克）	1千克猪肉换食盐（千克）	1千克鸡蛋换食盐（千克）
1950	0.30	0.08	0.55	0.57	0.28	1.83	1.51
1951	0.32	0.10	0.61	0.55	0.30	1.89	1.72
1952	0.26	0.10	0.50	0.58	0.40	1.92	2.25
1957	0.31	0.12	0.79	0.95	0.38	2.54	3.06

续表 8-50

年 份	市场零售价				比 价		
	食盐（元／千克）	大米中等（元／千克）	猪肉中等（元／千克）	鲜鸡蛋（元／千克）	1千克大米换食盐（千克）	1千克猪肉换食盐（千克）	1千克鸡蛋换食盐（千克）
1958	0.31	0.13	0.81	1.04	0.41	2.61	3.35
1965	0.31	0.17	1.01	1.30	0.55	3.25	4.20
1966	0.31	0.18	1.01	1.26	0.58	3.25	4.05
1977	0.31	0.19	1.01	1.40	0.61	3.25	4.51
1978	0.30	0.19	1.01	1.40	0.63	3.36	4.67
1987	0.30	0.34	1.96	4.80	1.14	6.53	16.00
1989	0.54	0.44	3.82	6.00	0.82	7.07	11.11
1990	0.54	0.44	3.10	6.00	0.82	5.74	11.11
1991	0.62	1.15	6.10	5.35	1.85	9.84	8.63
1992	0.62	1.07	6.75	5.32	1.73	10.89	8.58
1993	1.00	1.47	7.48	6.07	1.47	7.48	6.07
1994	1.00	2.08	10.20	6.93	2.08	10.20	6.93
1995	1.00	2.51	12.66	7.63	2.51	12.66	7.63
1996	1.20	2.55	13.70	8.59	2.13	11.42	7.16
1997	1.20	2.28	14.57	7.03	1.90	12.14	5.86
1998	1.20	2.32	11.97	7.16	1.93	9.98	5.97
1999	1.20	2.32	12.07	6.72	1.93	10.06	5.60
2000	1.20	1.99	12.33	6.44	1.66	10.28	5.37

第五节 专营管理

食盐专卖，最早溯源于春秋齐桓公时代（前 685 — 前 643 年）管仲。从汉武帝元狩四年（前 119）开始至唐肃宗上元二年（761）实行盐铁专卖，是官府直接专卖期。唐太宗宝应元年（762）至清代末年，是官府控驭监督下的间接专卖期。民国期间，食盐分别交替实行自由贸易制、引岸制和专卖制。1949 年至 2000 年，株洲食盐经历了私营与国营共同经营、国营公司计划经营、盐业公司专营等阶段。

一 盐务机构

清道光四年（1824），株洲食盐由原官督商运改为官运官销。道光三十年（1850）开始实行食盐自由贸易，淮南改行票盐（每票 500 引，每引折市秤 846 斤），无论官绅商民，只要纳税领票，都可承运销售。同治二年（1863）航运畅通，湘岸恢复淮引，实行“官督、官销、保价、整轮（即按顺序轮流发销)”办法，重新对食盐实施专卖。同治三年（1864），省盐务督销总局在朱亭设卡所；醴陵设盐务督销分局于城区曹家巷，办理收缴盐税、拟定盐价、查验盐斤、缉查私盐等事宜，并在主要水路经过孔道分途设卡缉私。光绪十一年(1885)，茶陵县湖口墟设立盐卡，查缉私运入境的粤盐。光绪二十年（1894），攸县设立盐务督销分局。

民国2年（1913），醴陵、茶陵盐务督销分局改称盐务榷运分局。民国11年（1922）9月27日，茶陵盐务榷运分局在界首、湖口两处设分卡，补征粤盐税。民国18年（1929），醴陵盐务榷运分局内增设盐务验放处。民国21年（1932），攸县设立盐务榷运分局。民国22年（1933），废除专商引岸，实行有限自由贸易。12月1日，茶陵县设食盐公卖管理分处，专运淮盐济销。民国23年（1934）6月5日，茶陵县政府召开会议，推举刘建家等11人为食盐火油公卖委员会委员。9月28日，国民党茶陵县党部函请国民县政府将食盐火油公卖委员会撤销，但不久茶陵县驻军总部临时动议，照旧恢复食盐火油公卖委员会。

民国24年（1935）1月，盐政改革，醴陵、攸县盐务榷运分局改为盐务收税支局（二等），仍保留醴陵盐务验放处。陈尚任攸县盐务收税支局局长，管辖攸县所有盐务及茶陵县中窑盐仓及酃县水口、桃村等4处常平盐仓。同年，湘岸盐务办事处盐警五队二分队有16名盐警驻扎攸县，王克英任分队长，除一等伙夫外，其余15名盐警都配有枪支。民国28年（1939）8月，茶陵设立盐务验放处，有职员、公丁93人。负责盐务运销、食盐月额分配和征收盐税。民国29年（1940）3月，食盐紧缺，复行官收官运官销，由政府设机构直接售盐。茶陵县政府指令商会设两处售盐所，并规定上、下午各两小时为向县城民众售盐的时间，广大民众因难以售到盐而捣毁了两家售盐所。4月，醴陵成立战时食盐购买团；茶陵成立食盐公卖处监察委员会，由主任杨孝达等11人组成，负责监察食盐的条据、斤两和配额。7月，株洲镇设置食盐转运总站，直属财政部湘岸盐务办事处食盐运输处，负责转运粤盐接济湘中各地；茶陵县政府成立战时食盐运输处，下设盐运站8个。民国30年（1941）7月，酃县成立食盐运销委员会和食盐运销处。

民国31年（1942）1月1日，财政部发出食盐专卖公告，湖南全面推行官收、官运、官销制度，各县普遍设立官销零盐所，乡镇设分所，酃县自由区随即取消。是月，醴陵盐务验放处改为湖南区醴陵盐务支处，2月19日又改为湖南省盐务管理局醴陵二等支局，隶属湘潭盐务分局管辖，有驻防盐警3名。是月，茶陵盐务验放处撤销，改设茶陵盐务二等支局，黄勉夫任局长；同月，酃县成立食盐运销处，各乡设立食盐专卖点。5月26日，国民政府颁布《盐专卖暂行条例》。7月7日，财政部湖南盐务管理局浙盐接运总站由江西吉安迁至茶陵县和平巷（茶亭巷）21号培德小学内，有职员10人。8月，各县、乡镇全面推行食盐商零销制，将原零盐官销所撤销转移商办，由合作社或正当商人筹设食盐公卖店，接受盐务机关监督。因合作社尚未普及，而公卖店资金较紧，利润微薄，至年底仅成立三分之一。在未设立公卖店之处，仍不得不沿用乡保领销办法。

民国32年（1943）3月6日，湖南盐务管理局修正公布《军盐供给办法》，其中第五条规定，按驻军实有人马数目每人给三钱，每马给一钱，按日计算供应军盐，每月10日前，上报所需军盐数额，每月20日以前，由受领单位凭通知书连同受领证到发盐机关具领次月份军盐。

民国33年（1944），日军侵陷醴陵，盐务机构自行解体。10月18日，国民政府公布修订后的《盐专卖条例》，省盐务局在攸县支局内临时设立湘东盐务分局，负责管辖攸县、茶陵县、酃县的盐务。抗日战争胜利后，湘东盐务分局撤销，攸县盐务局改属衡阳盐务分局。

民国34年（1945）11月，国民政府废除战时食盐专卖制，恢复自由贸易，仍以商运商销盐斤为主，官运常平盐斤为辅，商运盐斤由盐务机关发给执照，自由行销。战时专卖制废除后，省盐务局改称盐务办事处，湘潭改称分处，醴陵改称支处。株洲镇的盐务由湘潭分处管理。民国35年（1946）1月30日，湖南盐务办事处委派原醴陵盐务支局局长欧阳振羽中前来醴陵筹备设局，因故未果。7月26日，财政部湖南盐务办事处下达指令，因盐务制度变更，茶陵盐务支局撤销，改为盐务验放所，李笃克任主任。是年，醴陵盐务支处撤销，由湘潭分处直接管理醴陵盐务。

至民国35年（1946）10月，全国有盐警3万余人，其中湘岸盐务警队驻攸县七队有盐警15人，配枪15支，中士刘仁堂任警长，下士李刚任副警长。民国36年（1947），因攸县盐务支局业务日益减少，撤销攸县盐务支局，改为盐务验放所；驻防攸县盐警全部更换并增至18人，李万衡任盐警队长，胡芬任副队长。

民国38年（1949）4—7月，市场萧条，株洲镇21户私营油盐商全部关门歇业。1949年8月，解放军第46军136师军事接管小组接管攸县盐务验放所。

中华人民共和国成立后，人民政府彻底改革了旧的盐务制度，盐的生产、收购、调运、储备均由国家直接掌管。20世纪50年代初期，株洲市没有专门的盐务管理机构，食盐业务分别由国营、集体、私商共同经营。1956年后，私营油盐商被全部取缔，食盐业务分别转入市食杂公司、市零贸公司和市供销社共同经营；1959年8月，归口市土产公司；1961年9月移交市日杂公司。1962年2月，湖南省盐业公司株洲市公司成立。人员编制15人，属省盐业公司和株洲市服务局双重领导。

1949年10月至1962年，醴陵、攸县、茶陵、酃县虽设有盐务机构，但与县贸易公司、副食品公司、供销社、商业局几经分合，撤并频繁。

醴　陵　1949年9月，设立醴陵县贸易公司油盐部，负责全县的食盐调销供应。1951年4月1日，中国盐业公司醴陵分销处（甲级）成立，人员编制12人，实有人员13人，负责人谢家焜，地址设醴陵胜利路143号，隶属湘潭盐业支公司，担负全县及浏阳部分地区的各类盐批发业务。1953年9月1日，醴陵分销处更名为中国盐业公司醴陵批发处，有人员25人。1955年7月7日，醴陵批发处更名为湖南省盐务运销局醴陵支公司，当年实有员工26人，隶属湘潭盐业分公司。1957年6月26日，因全省商业系统内部体制改革，醴陵盐业支公司并入醴陵县商业局盐业经理部。1958年7月，又并入县生产资料经理部盐业批发部。1960年1月，又并入醴陵县副食品经理部食盐批发部。1961年8月，撤销食盐批发部，恢复成立湖南省盐业公司，醴陵县公司。11月5日，更名为湖南省盐业公司醴陵运销站。1962年再次更名为湖南省盐业公司醴陵支公司。

攸　县　1949年10月，成立攸县国营贸易公司，经营食盐、粮食、百货、棉纱、布匹等商品。1950年5月，攸县县长来克安在县扩干会上宣布成立攸县盐业公司，隶属县贸易公司。1952年1月，攸县贸易公司与县合作总社合并，攸县盐业公司撤销，食盐批发业务并入县合作总社供销经理部。

1958年攸县供销合作社与县商业局合并，食盐批发业务并入县商业局副食品公司。

茶 陵 1950年，茶陵县贸易公司设盐业门市部。1951年，盐业门市部撤销。省盐业公司在茶陵设盐业推销组。1954年8月1日，中国盐业公司湖南省分公司石湾批发处茶陵分销处正式成立开业，人员编制6人，划定茶陵、酃县为供应区。1955年7月4日，湖南省盐务运销局茶陵盐业批发部成立，有员工5人，隶属衡阳分公司石湾支公司。1959年6月20日，县商业局成立杂货烟酒经理部，下设食盐业务批发股。1961年11月，茶陵县商业局盐业运销店成立，有员工10人。1962年6月28日，县委任命吕登堂为茶陵盐业运销店经理。

酃 县 1950年，酃县食盐批发业务由县国营贸易公司经营。1952年县贸易公司解体，食盐批发并入县供销合作社。1956年6月食盐批发业务转入县食杂公司。

1963年中央试办盐业托拉斯，省内按经济区划设二级批发站和县级运销店。3月成立湖南省盐业公司攸县运销店，7月成立酃县运销店。从1964年1月1日起，各级盐业机构划归中国盐业公司垂直领导。5月6日，湖南省盐业公司醴陵支公司更名中国盐业公司湖南省醴陵支公司。6月8日，茶陵盐业运销店更名中国盐业公司湖南省茶陵县运销店。1968年后，株洲市盐业公司、醴陵盐业支公司及攸县、茶陵、酃县盐业运销店全部撤销，食盐批发业务并入市、县副食品公司。1973年3月9日，湖南省醴陵县盐业公司恢复成立，株洲、攸县、茶陵、酃县盐业批发仍由市、县副食品公司经营。

1983年7月2日，湖南省人民政府批准成立湖南省盐业公司，全省各地、州、市、县成立盐业分、支公司，实行人、财、物、产、供、销六统一垂直管理。1984年3月，湖南省盐业公司醴陵支公司及酃县支公司成立；4月，攸县支公司、茶陵支公司成立；醴陵、攸县、茶陵、酃县4个支公司由湘潭盐业分公司管辖。1984年9月30日，湖南省盐业公司株洲分公司正式成立，有员工29人。1988年1月，为适应行政区划管理，醴陵、攸县、茶陵、酃县等4个盐业支公司移交株洲盐业分公司管辖。

1991年5月4日，为加强盐业市场管理，湖南省编委批准株洲盐业分公司及所辖醴陵、攸县、茶陵、酃县4个盐业支公司同时加挂市、县盐务管理局牌子，实行“两块牌子，一套人马”合署办公。7月9日，株洲市盐务管理局正式挂牌成立。

1993年7月，株洲市盐务局与株洲市中级人民法院联合执法，成立了株洲市中级人民法院盐业法规执行室，配备了7名执法人员和必要的装备，其中2名执法人员由法院人员担任。盐业法规执行室设在株洲市盐务管理局。其职责是按照案件的管辖权，负责有关盐业行政案件的执行，对于需申请人民法院强制执行的案件，执行室协助人民法院执行。之后，醴陵亦成立了人民法院盐业法规执行室，攸县、茶陵、炎陵盐业与公安联合执法相继成立了县公安盐业执勤室。

1994年12月13日，湖南省盐业公司发文通知，成立安仁盐业支公司，同时加挂盐务管理局牌子。按照当时盐的合理流向、就近供应原则，明确安仁盐业支公司（局）由株洲盐业分公司（局）管辖。1995年1月1日，安仁盐业支公司（局）正式挂牌办公。

1995年4月28日，株洲市中级人民法院根据最高人民法院和湖南省高级人民法院院长会议精神，撤销株洲市中级人民法院盐业法规执行室及醴陵市人民法院盐业法规执行室。

1998 年 1 月 16 日，湖南省人民政府办公厅批复组建湖南盐业集团，湖南省盐业公司株洲分公司更名为湖南盐业集团有限责任公司株洲分公司。所辖醴陵、攸县、茶陵、炎陵、安仁盐业支公司亦更名为湖南盐业集团有限责任公司 ×× 支公司。更名后，管理体制、人员编制不变。

二 盐证发放

（一）食盐零售许可证

1991 年 7 月 8 日，省政府发布《湖南省盐业管理实施办法》，其中第 21 条规定：“经营食盐零售业务的个体工商户，必须向当地盐务管理局申请领取‘食盐零售许可证’。”1991 年 9 月 25 日，省财政厅、省物价局、省轻工业厅联合发文，规定“食盐零售许可证”由正本和副本组成，正本供悬挂亮证，副本为进货证明；“食盐零售许可证”由省盐务管理局统一制定，各地、市、县盐务管理局填发。1991 年 10 月，株洲市盐务管理局及所辖县、市盐务管理局开始对全市食盐零售商全面核发“食盐零售许可证”。当年，株洲市区共核发“食盐零售许可证”261 个。1991 — 2000 年，株洲市区年平均核发零售许可证 273 个。“食盐零售许可证”有效使用时间为 4 年，到期后，食盐零售商凭旧证换发新证。无“食盐零售许可证”者，一律不得购进、销售食盐。

（二）食盐批发许可证

1996 年 5 月 27 日，国务院发布《食盐专营办法》，其中第十条规定：“国家对食盐批发实行批发许可证制度。经营食盐批发业务的，必须依法申请领取食盐批发许可证。未取得食盐批发许可证的，不得经营食盐批发业务。”“经营食盐批发业务的企业，由省、自治区、直辖市人民政府盐业主管机构审查批准，颁发食盐批发许可证，并报国务院盐业主管机构备案。食盐批发许可证由国务院盐业主管机构统一制作。”1996 年 12 月，湖南省盐务管理局对株洲盐业分公司及所辖醴陵、攸县、茶陵、炎陵、安仁等支公司分别颁发了“食盐批发许可证”。1998 年 12 月，省盐业集团公司下文通知全省各盐业分、支公司换发“食盐批发许可证”。1998 年 12 月，株洲盐业分公司及所辖县盐业支公司全部完成“食盐批发许可证”新证换发，同时，省公司还特别对人口稠密、盐销量较大的攸县盐业支公司网岭批发部增发了“食盐批发许可证”。

（三）食盐准运证

为保障食盐供应秩序，防止私盐、非碘盐冲击食盐市场，国务院《食盐专营办法》第十八条规定：托运或自运食盐的单位和个人，应当持有各级盐业主管机构核发的食盐准运证。

1996 年 10 月 25 日。湖南省盐务局转发中国轻工总会盐业管理办公室、铁道部运输局、交通部水运管理司和公路管理司《关于食盐运输实行准运证的通知》（简称《通知》），《通知》明确指出：经铁路运输及水路、公路跨省运输食盐，必须使用国家盐业管理办公室签发的“食盐准运证”；经水路、公路省内运输的，必须持有省盐务管理局签发的食盐准运证。《通知》规定食盐准运证从 1997 年 1 月 1 日起实行，凡违反上述规定运输食盐的，一律按私盐查处。

株洲市食盐准运证分两种：跨省运输及省内运输。食盐准运证在登记、填写、签发、备查、回收等方面均有严格的手续，铁路、公路和水路运输必须在规定的港站发运。铁路整车运输和公路运输要一车一证；铁路零担、集装箱运输和水路运输实行一箱一证，一次有效。湖南食盐的发运港站规定为岳阳火车南站、长沙火车南站、衡阳火车北站、新安镇火车站、津市水运码头 5 个港站。非规定港站发运的食盐，食盐销区的盐务机关可将其作为私盐查处。

（四）工业用盐供应证

为加强全市盐业市场管理，防止工业用盐流入食盐市场，从 1991 年起，株洲市盐务管理局对全市工业用盐单位核发“工业用盐供应证”。其办证程序为：先由工业用盐单位提出书面申请，申请内容包括工业用盐单位名称、地址、法定代表人、联系人、所需盐种、用途、每年计划用盐数量。然后连同其工商营业执照副本（复印件）一并交市（县）盐务管理局审核，经由盐政执法人员约定日期到所申请工业用盐单位实地核查后，再决定对其是否核发“工业用盐供应证”。

三　市场整顿

1990 年 3 月 2 日，国务院发布《盐业管理条例》，将盐业经营管理纳入法制轨道。1991 年 6 月 6 日，轻工业部发布《盐业行政执法办法》，对盐业行政执法作了统一的布置和规定。7 月 8 日，省政府发布《湖南省盐业管理实施办法》，对加强盐业市场管理，特别是对盐业行政处罚有了更加明确的法律依据。同年 9 月，株洲市盐务管理局及所辖市县盐务管理局，遵照省盐务管理局的要求，开展了全市盐业市场整顿月活动。这次活动重点检查整顿了一些个体工商户不按正常渠道购进食盐的违反盐业法规行为。

1993 年，株洲城乡发生的多起私自倒买倒卖江西等地劣质盐违法事件。同年 9 月，株洲市盐务管理局与株洲市中级人民法院、市工商行政管理局、市税务局、市公安局、市标准管理局、市卫生局联合发出《关于加强盐政管理的通告》（简称《通告》），《通告》指出：为严厉打击私自返运劣质盐的不法行为，确保市场供应和人民身心健康，要求各职能部门积极支持，密切配合盐业行政主管部门依法治盐，采取有力措施，切实加强盐政管理。

1994 年 2 月 20 日，国务院发布《关于进一步依法加强盐业管理问题的批复》，同意对食盐实行专营；工业用盐实行计划管理；对销售非碘食盐应视同卖假药一样依法查处。同年 4 月 6 日，株洲市人民政府，主持召开整顿株洲市盐业市场的工作会议。会后，市政府发出传真电报，要求各县（市）区人民政府加强盐业市场整顿和管理，按照盐业法规和有关规定，切实保障人民群众生活用盐和工业生产用盐的需要，确保食盐的专营。1994 年 4 月至 7 月，株洲市盐务管理局开展了一场声势浩大的整顿盐业市场活动。醴陵市盐务管理局在整顿活动中，共检查国营、集体、个体商店 451 家，其中无证经营食盐的有 271 家，经营假冒食盐的有 91 家，查获违法盐 55 吨，在清水江乡捣毁地下加工窝点 2 个，查封扣押假冒小包盐 19.5 吨。攸县盐务管理局组织 8 名盐政执法人员在与江西接壤的边界查处违法盐 30 吨。4 月 18 — 21 日，株洲市盐务管理局联合中级人民法院、市卫生局等部门，对株洲县所有乡镇食盐市场进行检查。在王十万乡检查时，查获私盐 6 吨。此时，货主纠集一伙不明真相的人围攻、谩骂盐政执法人员，市中级人民法院的执法人员立即制止起哄闹事的人，并当场对其予以300元的行政处罚。在对朱亭、淦田2个缺碘病区进行检查时，发现碘盐的覆盖率被私盐冲击后不足一半，且抽查的私盐严重短斤少两，通过抽样平均每千克少秤20%。株洲市盐务管理局在这次市场整顿中，共查处违法经营户25家，查获私盐12.5吨，查获劣质盐1.63吨，收缴罚款1050元。

1995年5月上旬至8月中旬，全省盐业系统对盐业市场开展了"百日打假"活动，株洲市盐务管理局在市中级人民法院、市卫生防疫站等部门的密切配合下，对全市55家厂矿企业用盐单位和市区46个国营、集体商店、658户个体食盐经营户进行了检查，重点对铁路沿线的车站和铁路专用线单位以及港口码头到达的私盐堵源截流，清查厂矿企业用盐的进货渠道。同时对不法商贩和一些单位私自组织的盐类购销或为贩私提供便利条件的违法行为加大了打击力度。株洲玻璃厂纤维分厂擅自从外地购进不合格的工业盐106吨，被株洲市盐务管理局查获并处以罚款7429元；郊区蝶屏乡黄塘批发部从私盐贩子手中购进非碘食盐8吨，从中牟利，被市盐务管理局查处，罚款3600元。株洲选矿药剂厂违反《湖南省盐业管理办法》，多次从外地擅自购进工业盐，被株洲市盐务管理局查获并处以罚款2.7万元。该厂不服行政处罚决定，向株洲市人民政府提出行政复议，11月27日经株洲市市长王汀明签署的《株洲市人民政府复议决定书》维持株洲市盐务管理局对株洲选矿药剂厂的行政处罚。在"百日打假"会战中，株洲市盐务管理局共查处各类盐业违法案件127起，其中立案查处的大案7起，查处各类违法盐643吨，销毁土硝劣质盐3吨，收缴罚款3.8万余元，为国家挽回经济损失10万余元。8月22日，《株洲日报》头版予以报道。

1996年5月16日，中国轻工总会盐业管理办公室和中国盐业总公司联合发出《关于切实加强食盐市场管理的通知》，强调进一步规范食盐生产、流通秩序，净化食盐市场，加大盐政执法力度，坚决打击食盐市场的违法行为。同年5月27日，国务院发布《食盐专营办法》，明确国家对食盐实行专营管理。12月25日，湖南省人民政府办公厅发出《关于进一步加强食盐专营管理的通知》，强调各级政府和有关部门要严格执行《食盐专营办法》的规定，组织相关部门采取有力措施，整顿盐业市场，打击不法商贩销售劣质盐的行为，努力维护盐业市场的稳定和健康发展。

1997年，株洲市盐务管理局遵照省盐务管理局的部署，在全市范围内开展了"百城万店无假盐活动"。活动中共开展了三次较大规模的盐业法规宣传，印发宣传资料2.2万份，出动宣传车63台次，全市共建立食盐专卖店548个。

1998年，株洲市盐务管理局为贯彻落实省工商局和省盐务局关于在全省范围内继续开展"百城万店无假盐"活动的文件精神，全年先后两次组织开展"百日打假缉私"活动，并拟定了"加强缉查，严密防范，确保盐业市场良性发展"的18字方针，全年共对全市15个铁路沿线车站、8家铁路专线、9个港口码头、74家厂矿企业、185个乡镇的4000余家城乡食盐零售户依法进行了检查，共查获各类盐业违法案138起，查获违法盐54.65吨，没收违法盐20.73吨。收缴罚没款5428元，摧毁地下窝点5处。11月17日，《株洲日报》在头版头条位置以《大刀阔斧缉私盐》为标题进行了专题报道。另外，对全市的食盐专卖店（点）进行全面整改。在全市城乡共建立食盐专卖店6个，颁发食盐专卖点信誉牌417个，并全部重新核对造册。

1998年7月30日，株洲市人民政府办公室向所辖各县(市)区人民政府及市直各机关单位下发《关于进一步整顿盐业市场，维护食盐专营，确保碘盐供应的通知》。同年12月3日，湖南、江西两省盐务管理局联合在醴陵市召开了首届湘赣边界盐政工作座谈会。出席会议的有两省盐务管理局领导以及两省相邻边界市县盐务管理局领导。会议认真总结了近几年来两省边界地区盐业市场管理的成绩与不足，对进一步加强湘赣边界盐业市场管理达成了共识。

1999年3月，株洲市盐务管理局与株洲市公安局在株洲市金龙大酒店召开首次全市公安、盐业执法联席会议，此次会议由株洲市人民政府主持，参加会议的有市政府领导、省市盐务局和市公安局领导、株洲市及醴陵市、攸县、茶陵、炎陵等市、县盐务管理局的全体盐政执法人员和株洲市公安局经文保支队、各县公安局政保大队全体公安干警共计70余人。省盐务管理局局长陈建平、株洲市人民政府副市长廖铁生出席会议并讲话。这次会议的主要议题是：贯彻落实中央领导关于食盐补碘问题的重要批示以及“全面整顿、加强食盐的生产和市场管理，大力推行合格碘盐，对制假、贩假行为依法严惩”的指示精神，贯彻落实3月9日全省公安、盐业执法联席会议精神，研究部署株洲市公安机关与盐业部门联合执法，强化食盐专营，加大执法力度，依法严惩销售假劣、私盐的非法经营行为，以确保株洲市消除碘缺乏病目标的顺利实现。会上，廖铁生副市长宣布：经市政府研究，从即日起成立株洲市强化食盐专营、打击假冒伪劣私盐行为协调小组，下设办公室（设在市盐务管理局），具体负责该项活动的日常工作。

1999年6月20日至7月28日，由株洲市人民政府牵头，市盐务管理局联合株洲市及所辖县（市）公安局，在全市范围内开展了盐业市场专项治理严打行动。这次严打行动范围广、力度大、效果显著。在短短的38天时间里，在公安干警的配合下，共查获各类盐业违法案件18起，查获各类违法盐11.33吨，收缴罚没款2850元，有力打击涉盐违法分子的气焰，达到净化盐业市场，维护专卖秩序的治理目标，这次行动受到市级各媒体的广泛关注。株洲电视台《新闻联播》、《株洲日报》、株洲人民广播电台均对此次严打行动作了报道，在全市引起了强烈反响。

2000年5月，株洲市盐务管理局为贯彻执行中国盐业总公司关于“全国严厉打击涉盐违法行为统一行动的通知”，在全市开展了严打统一行动。这次严打，重点目标是从重打击非法生产、运输走私盐、贩私盐的团伙和个人。从重打击制假、售假窝点和制售私盐、劣质盐贯犯。在这次严打中，株洲市盐务局根据群众反映，经调查取证，一举破获了横跨株洲、衡阳、新邵3市（县）、开设地下私盐加工窝点，牟取暴利达12万元的株洲县彭某某地下私盐加工案。同年9月2日，彭某某被株洲县人民检察院以非法经营罪批准逮捕。对此案的破获湖南卫视、经视、株洲电视台、《株洲日报》均相继作了报道，在全省引起了强烈反响。在此次为期一个月的严打行动中，全市共出动盐政执法人员413人次，车辆131台次，查获各类盐业违法案件71起，查获各类违法盐13.68吨，没收各类违法盐5.61吨，收缴罚没款700元，摧毁地下加工窝点1处。

2000年年底，株洲市经济委员会在《关于2000年度行政执法归口单位考评情况通报》中对市盐务管理局在2000年所办的案件无一起经复查后变更、撤销的案件，无一起经起诉后又败诉的案件给予肯定，并通报表扬。

第十五章　石油业

清光绪年间，英国太沽火油公司、美国美孚火油公司在湘潭、醴陵等地觅代理商设煤油（时称“洋油”）经营机构经营煤油。民国初期，美孚公司又在渌口建正大火油库栈，由水路运入株洲、浏阳、萍乡等地，批发销售煤油。民国时期，因战乱，物价飞涨，煤油价台高筑，广大平民百姓买不起，多使用本地土产植物油照明。1949 年 8 月前，英、美撤销代理商。

中华人民共和国成立后，油源由国家改向苏联及东欧诸国进口。1952 年，中国石油公司长沙分公司在株洲市设石油供应组。1957 年石油供应组改为石油批发处；1958 年 6 月，并入株洲市生产资料经理部；1959 年 8 月改组为株洲市石油煤业建筑器材公司。1963 年 7 月，成立市石油运销站。1979 年 4 月，成立湖南省石油公司株洲市公司（简称“市石油公司”）。1985 年 3 月，随着行政区划的调整，醴陵、攸县、茶陵、酃县 4 个石油支公司，由湘潭市石油公司划归株洲市石油公司管辖。1986 年 10 月，市石油公司升格为处级经营管理机构。1990 年，市石油公司下辖 1 个油库、1 个汽车队，2 个加油站、1 个联营加油站和醴陵、攸县、茶陵、酃县 4 个石油公司，年销售量达 15 万吨。全系统共有正式职工 430 人（其中市公司 184 人）。市公司拥有固定资产总值 610 万元（净值 418 万元），所辖油库及加油站建有中型立式金属油罐 11 个，卧式油罐 44 个，贮油总容积 2.4 万立方米。销售各种油料 9 万多吨（其中计划外销售 1.6 万吨）。销售总额 7900 万元。实现利润 304 万元（其中计划外油料销售利润 143 万元）。1991 年，市石油公司通过多渠道筹集资金，加快加油网点的建设步伐，在全市各交通要道兴建新型加油站。是年，红旗路、醴陵石子岭、浦口等 9 个加油站相继建成开业。至年底，市石油公司已有加油站 14 座，加油点 8 个，年加油量达 2.6 万吨，加油难的矛盾初步得到缓解。1992 年，市石油公司继续扩大销售网络，并开展横向联合和扶持乡镇企业，先后与 10 多个乡镇签订开办联营加油站协议。当年有铜塘湾、雷打石、白关、鸿仙、黄龙、洲坪、清水等联营加油站相继投入运营，特别是铜塘湾水上加油站的开业，结束了市区水上不能加油的历史。1993 年，为扩大完善成品油水运能力，市石油公司与 5 个单位联营组建了“株洲石油有限公司”，投资 200 余万元兴建的油料码头及岸边油库。自此，长江沿岸及沿海多个炼油厂的油料可以从水上运抵铜塘湾水运油库，降低了运输成本，有效减缓了铁路运输压力。是年，由于石油市场全面放开，社会加油点的数量不断增加，加之国家宏观调控力度加大，市场油价起伏不定，全市油料储存量较低。市石油公司坚持市场导向，积极调运油料，确保境内油料供应平稳，当年盈利达 946 万元。1994 年，市石油公司从水路调进各类成品油达 3 万余吨，创利 190 余万元。1996 年，市石油公司独资加油站已达 26 个。1998 年，全市经营石油产品的单位主要有湖南省石油株洲市公司、湖南省石油株洲销售公司等 5 家批发单位及 8 家零售单位。

1999 年 4 月，中国石化销售公司株洲分公司成建制划归湖南省石油总公司管理，更名为“湖南省石油总公司株洲销售公司”。主营石油油品的批发、零售及钢制包装桶、卧式储油罐、鹤管、输油臂等石油储运设备的研制开发。并投入 300 余万元对喻家坪油库发油系统进行改造。

2000 年，随着中国石化集团公司的重组改制，“湖南省石油总公司株洲市公司”和“湖南省石油总公司株洲销售公司”进行同城重组，成立“中国石油化工股份有限公司湖南株洲石油分公司”（简称“株洲石油分公司”）。同年 2 月，株洲石油分公司经改制重组，又更名为“中国石油化工股份有限公司湖南株洲石油分公司”，隶属中国石化湖南石油分公司。5 月，该公司又分割为上市与存续两个部分。上市部分（主业）为“中国石油化工股份有限公司湖南株洲石油分公司”；存续部分（辅业）为“湖南省石油总公司株洲市公司”。主业机关设在建设中路 177 号，存续公司机关设在清水塘石门冲。株洲石油分公司下辖株洲县、醴陵、攸县、茶陵、炎陵县 5 个石油支公司；815、喻家坪、铜塘湾、醴陵、攸县、茶陵 6 个油库及东海、清水塘、贺家土等 110 个直属加油站，下设职能科室 10 个，固定资产原值 9195 万元，资产总值为 2.2 亿元。

第一节 货 源

民国 2 年（1913），株洲有 20 多家南杂商店，从长沙市、湘潭县等地购进美孚牌“洋油”（煤油），向居民和附近农村零售。其中，几家较大商店向江西萍乡商贩和本地农村小商店转手批发，年进货量约 60 吨。民国 8 年（1919），美商美孚火油公司长沙分公司在渌口镇正大火油库栈经营煤油，年销售量约 100 吨。

1953 年，国家将石油列为统配物资，按比例统一由各级政府计划分配，油料多来自前苏联和东欧诸国，部分从国内炼油厂调入。1963 年，株洲市石油运销站开始调入国产油料 1237 吨。此后，株洲市油源一直由武汉石油采购供应站按统配计划，分别安排从抚顺、锦州、锦西、大庆、荆门、青山、茂名、长岭炼油厂调入。1983 年，国家将部分出口原油加工后，比照国际市场油价转内销（称计划内高价油），增加国内市场供应。1987 年 7 月，部分高价油的购销权下放，允许炼油厂以年产量的 2% 作计划外高价油自销，允许石油经营单位自行采购，1987 — 1990 年，市石油公司系统共购进计划外高价成品油 11.3 万吨。

1963 — 1990 年的 28 年中，市石油公司系统共调入各种油料 165 万吨，其中市区 67 万吨。

1991 — 1994 年，正是国家实行价格双轨制的时期，成品油供应采取国家计划配给和石油公司自行采购制度，境内市、县石油公司均派出业务人员前往炼油厂组织油品的调运工作，并联系计划外油品资源。1995 — 1999 年，双轨制并轨，油料分配取消计划指标，货源也由各经营单位视经营情况自行决定。为规范进油渠道，省石油公司于 1996 年规定，株洲地区的油品由市公司统调统结，各县公司仅派人协调油品的调运工作。2000 年，株洲地区油品又收归省公司统调统结，市公司负责于炼油厂与铁路部门之间，协调油品调运工作，县公司不再派人协调。在此期间，境内油品供应主要来自于岳阳长岭炼油厂、岳阳化工总厂、武汉化工厂、江西九江炼油厂和广东茂名炼油厂5家国有大型炼化企业。在油品运输方面，株洲石油分公司采用以“水路运输为主，铁路运输为保障”的调运方针，水运油品进铜塘湾油库，铁路槽车进815油库及县属油库。20世纪90年代中期调入的油品主要是0#柴油、-10#柴油、70#汽油及85#汽油。随着社会的进步和汽车工业的发展，对油品的要求越来越高，70#和85#汽油逐渐淡出市场，代之以无铅的90#、93#汽油和更高标号的97#汽油投放市场。至2000年，高标号汽油已成为消费主流。

第二节 销 售

1950年，境内工业用油一律由各企业、机关团体凭购油证直接从长沙石油分公司购进。1952年，销售区域逐步与行政区划相一致。1955年，随着境内的中央、省属企业的增多，开始试行计划分配。在市中央、省属企业的用油指标，由省石油公司分配；市属企业用油由市计委分配到各主管局，再由局安排到用油单位。以上各种用油统一由株洲石油供应组供应，润滑油则按比例配给。1956年，国家正式实行石油产品“统一分配、全面安排”的原则，到1957年，市石油供应组承担全市90%以上工业用油的计划分配和销售。对用于农机耕作、抗旱、排涝和灌溉的轻质柴油，历年均列专项指标，实行按批发牌价扣减24%和定额每吨减少90元等作价方法予以优惠供应。1962年，株洲石油批发部成立，负责工矿企业、交通运输等工业用油供应任务，年均销售成品油468吨。1966年，农用0#柴油优待由每吨90元提高至130元。农优结算办法分为2种：一是按实结算。即对乡镇企业较多的城郊，由农村供销社每季度凭农用油发票，向石油经营部门结算，退补优待款转给用户。二是按比例包干。由石油经营部门对郊区以外的各农村供销社，按确定的农优用油比例，进行补贴。1978年，供应农业用油1.82万吨，比1962年增加97倍。1978年，国家对石油实行统购统配、定量供应，对石油供应采取定量包干（中央、省属企业由市计委直接定量下达）和计划包干（地方企业由地方定量包干，亦称切块包干），保证重点建设项目基本用油，一般生产用油从紧安排，非生产性用油严格控制，工业用油全部纳入计划管理。当年境内工业用油销量为2.50万吨。1981年，将定量包干和计划包干改为按动力机具作业任务和耗油水平核定用油指标，把油料供应落实到机具，按机具建立用油登记卡片，一年一定，分季安排，包干使用，超耗不补，节约归己。新增机具车辆，要申报计划，方可供油。1982年，工业用油年销量为2.93万吨。同年11月，农优补贴停止执行。1983年，开始供应高价油，对新增机具车辆不再增拨计划指标油。1984年，株洲市农业用油指标，由市计委专项下达给农机主管部门，农机部门负责计划管理和指标分配，由市石油公司负责供应。从1987年开始，农业用油实行“粮油挂钩”，规定交售定购粮50千克即奖售1千克平价柴油政策。至1989年，全市用于奖售的柴油，每年都在2500吨以上。1990年，全市成品油销售升至10.88万吨，其中，农业用油3.93万吨，工业用油5.03万吨。

1991年，境内加油站只有20余座，用油单位凭计划到石油公司开票提油，当年销售油品12.08万吨。同年，株洲县石油公司成立，至此，境内5县市全部设有石油公司。1992年上半年，株洲油品市场疲软，销售不畅，市石油公司让利99万元促进销售。下半年油品销售转旺，又出现供应紧张，公司又竭力调油，确保市场供应，当年销售油料13.21万吨，比上年增长9.4%，销售额增长42.5%，利润增长27.75%。1993年，农用油供需紧张，石油公司经与铁路运输及炼油厂等部门协调，调回1.85万吨农用柴油，满足了农业用油的需要，使农民获得1600余万元的差价效益。1994年，市石油公司完成销售收入31216万元，实现利润803万元，被湖南省政府授于“文明建设先进单位”称号，是全省石油系统首个获此殊荣的单位。1993 — 1996年，株洲市国营石油行业共销售成品油82.67万吨，实现利润2358万元。其中，市石油公司销售62.7万吨，利润2792万元；市销售公司销售19.97万吨，利润亏损434万元。

1997年，市石油公司连续遭遇资源计划难兑现、运输“瓶颈”制约流通、进销价倒挂及多方无序竞争等困难，当年仅完成成品油销售13.76万吨，同比下降14.62%，销售总额3.16亿元，同比减少7.21%，利润较上年锐降了86%，当年实现利润仅61万元；株洲销售公司销售成品油3.14万吨，销售额1.83亿元，亏损1167万元，成为该公司成立以来亏损最多的一年。

1998 — 1999年，油品市场销售向好，株洲国营石油经营效益明显攀升，期间共销售成品油53.88万吨，实现利润626万元。其中市石油公司1999年销售成品石油就达18.98万吨，销售收入7.4亿元，实现利润1162万元。

2000年，合并重组的株洲石油分公司油品销售量达到24.84万吨。其中，轻油23.8万吨，润滑油7100多吨。随着成品油市场的放开，石油分公司在零售网点的建设上加大了力度，先后在交通要道建立一批加油站，当年加油站总数达110余座，有效地满足社会生产及生活对成品油的需求。当年的油品零售量猛增到12.7万吨，首次突破总销量的一半，占到总销量的51.1%。株洲石油分公司全年商品销售总额达7.06亿元，实现利润1215万元。零售市场占有率也由1999年的50%跃升至85%。

第三节　储　油

1949年以前，渌口有一容量为30吨的正大火油库栈储存煤油。1952年，长沙石油分公司在株洲市建立石油供应组，由当地拨给旧房作简易货棚储油，储油容器为200升圆形铁桶。1961年，修建砖石水泥结构土油池2个。1968年，开始在喻家坪兴建金属油罐。1976年拆除土油池，并陆续扩建金属油罐，改建卸油和发油及消防安全等配套设施。20世纪80年代，境内有815油库、喻家坪油库、醴陵油库、茶陵深塘油库及攸县油库共5座运营油库。1993年，境内首座储油能力2000立方米的铜塘湾水运油库开通，使株洲地区油库库容总量达到了20万立方米，5个通槽油库共拥有4570米铁路专用线，年成品油最大吞吐量可达270万吨。1994年，6座油库均实现了专业化设备接卸和发送油品，拥有完整的计量、化验设备、消防设施和专业技术人才队伍。

石油仓储属国家一级安全防范部门，境内各库（站）自建立以来到2000年，未发生重大安全事故，多次受到省、市政府的嘉奖。其中，株洲市公司直属油库每年被评为全省石油系统先进油库，1980年湖南省人民政府授予该油库"先进集体"称号；醴陵石油库曾2次被评为全省石油系统先进油库；攸县石油库1982—1990年连续9年被评为全省石油系统先进油库，1989年被评为全国、石化销售系统先进油库。1991年，815油库被中国石油化工总公司评为基层建设红旗单位，至1997年，又3次被评为中石化安全管理先进油库；1997年，喻家坪油库荣获湖南省石油系统"先进油库"称号，响石加油站和贺家土加油站获省石油系统"优质安全服务先进加油站"称号。2000年，醴陵油库被评为中石化先进油库。

株洲市国营石油系统部分年份油料购销量统计表

表8-51　　　　单位：万吨

年份	购进	销售	年份	购进	销售	年份	购进	销售
1962	0.12	0.12	1990	11.65	14.88	1997	20.15	16.90
1970	0.72	0.68	1994	15.69	20.67	1999	19.33	26.70
1983	11.56	8.56	1996	20.57	22.80	2000	25.92	24.84

第九篇 财税 金融

第一章 财 政

南宋绍熙元年（1190），株洲征收酒税额达20万缗钱。清咸丰五年（1855），湖南省城建厘金局，湘潭分局在株洲镇、三门、朱亭镇等繁盛集市设卡。翌年冬，醴陵县设厘金局，立卡渌口，抽取百货厘金。至清末，增设姚家坝、白关、株洲镇3卡。

民国20年（1931）8月，在湘赣省革命根据地，酃县、茶陵、攸县等县的全部或大部分地区归湘赣省管辖，曾建立苏区财政。

中华人民共和国成立后，株洲财政历经区镇财政、县级财政、地市级财政三个发展阶段。

1950—1952年，废除民国时期的苛捐杂税，实行高度集中、统收统支的财政体制。株洲建市前在镇政府内设有财政股。1951年7月，建立县级市财政，收入全额上交，支出由省下拨。同时，市政府内设财政科。3年经济恢复时期，财政总收入共294.6万元，其中企业收入占0.92%、工商税收占71.62%、农业税占17.96%、其他收入占9.5%；财政总支出108.2万元，其中行政管理费占3.8%、文教科学卫生费占20.05%、经济建设费占56.1%。

1953—1957年，发动社会各界认购国家经济建设公债，组织收入，支持新建、扩建、改建国营和公私合营企业，增拨流动资金，保证生产发展和商品流通的扩大，由供给财政逐步转变为建设财政。1953年，株洲市实行省辖市一级的“划分收支、分级管理”的财政预算体制。5年中，全市财政收入1790.3万元，企业收入占财政收入比重由1952年的1.66%上升为1957年10.32%，工商税收占财政总收入57.7%。财政总支出1334.1万元，其中经济建设费占到66.25%。

1958—1962年，财政工作推行“两放、三统、一包”（下放人员、下放资金，统一政策、统一计划、统一流动资金，包财政上交任务）办法。1958年6月，市人委财政科与税务局合并，成立市财政局，同年10月市建设银行亦并入市财政局。全市财政收入连续3年大幅度虚假上升，1958年财政总收入1645万元，1959年为5771.6万元，1960年为9265.6万元。从1961年1月起，国民经济实行“调整”方针，部分企业“关、停、并、转”，收入锐减。1961年，财政总收入3674.9万元，1962年为2847.4万元。这5年共收入23204.5万元，其中企业收入占总收入29.97%（清仓核资盘亏、报废、价差三项损失866.6万元，就是企业收入中虚假数），工商税收15161.2万元，占65.34%，其他收入占0.51%。同时，在“以钢为纲”、要多少拨多少的思想指导下，支出大敞口，财政支出连续3年大幅度上升，1958—1960年市财政总支出平均为2016.6万元。这5年共支出7945.3万元，其中经济建设支出6204.6万元(内有退赔“大跃进”平调集体和个人财物260万元,另省拨214万元除外),占78.09%,比“一五”计划时期比重上升11.84%;文科卫支出861.1万元,占10.84%,比“一五”计划时期比重下降3.63%;行政管理费支出705.4万元,占8.88%,比“一五”计划时期比重下降8.8%。此外,大炼钢铁的亏损仅1960年拨补1009.6万元。

1961年8月,税务分开设局,1962年7月建设银行分开设局,市财政局成为单独机构,定编为40人。

1963—1965年,市财政贯彻执行国务院的“双六条”,调整收支结构,压缩基本建设,狠抓企业扭亏增盈,整顿和加强财务会计工作,深入开展增产节约运动,财政工作全面好转,收入稳定上升,支出趋向合理。这3年财政总收入为10583.8万元,其中企业收入2145.2万元占20.27%,工商税收7745.7万元占73.18%,农业税597.8万元占5.65%,其他收入95.1万元占0.9%。财政总支出3268.5万元,其中经济建设支出1819.4万元占55.66%,文教科学卫生支出711.2万元占21.76%,行政管理费支出509.5万元占15.59%。

1966—1967年,财政部门受到冲击,把行之有效的财经制度斥之为修正主义“管、卡、压”,把社会主义积累斥之为“利润挂帅”,严重地破坏财政管理制度。1967年和1968年工厂又“停产闹革命”,工农业生产受到严重影响,致使财政收入大滑坡。从经济刚刚开始好转的1966年财政收入5825.6万元,降到1967年的4812.2万元和1968年的4611万元。从1969年起,工农业生产有所好转,财政收入开始回升,1969—1973年财政收入年平均递增26.06%,至1973年财政总收入达16565万元。1974年,开展“批林批孔”运动,加之株洲缺电少煤,工业生产猛降,当年财政总收入又跌到9178.6万元,比1973年下降44.6%。1975年,中央对各项工作进行全面整顿,国民经济转向回升,财政工作走向正常,财政总收入上升到12405.6万元。在国民经济收入分配中,积累与消费的比例严重失控,在“先生产、后生活”的思想指导下,基建挤生产,生产挤生活,人民生活设施欠帐过多,经济结构畸形发展。“三五”计划期间,财政总支出9707.3万元,其中经济建设支出63.92%,文教科学卫生支出占17.9%,行政管理费支出占10.44%;“四五”计划期间财政总支出17721.0万元,其中经济建设支出占67.49%,比“三五”计划时期增长3.57%,文教科学卫生支出占15.05%,比“三五”计划时期下降2.85%,行政管理费支出占8.16%,比“三五”计划时期下降2.28%。

1968年,市财政机构被撤销,财政工作并入市革命委员会生产指挥部经济计划组。1969年7月,成立市财政工商管理处革命领导小组,负责财政、税务、工商、建行工作。1970年11月,与市人民银行合并成立市财政金融局。1973—1974年,人行、建行分开,市财政金融局更名为市革命委员会财政局。

1976—1980年,经过拨乱反正,逐步解决国民经济比例严重失调问题,经济迅速恢复和发展,财政收入稳步上升。全市财政总收入上升为“五五”计划时期的79816.9万元,比“四五”计划时期增长18.79%。财政总支出25090.5万元,比“四五”计划时期增长41.59%。其中用于经济建设17009.3万元占67.79%,文教科学卫生费4151.9万元占16.55%,行政管理费2017.8万元占8.04%。

其间，税务职能部分于 1978 年 10 月分开设局，市财政局为市革委会的单独机构。

1981 — 1985 年，国民经济继续贯彻实行“调整、改革、整顿、提高”的方针，株洲市财政积极采取措施，减税让利，支持企业扩大自主权。在国营企业中先后推行企业奖励基金、利润留成、盈亏包干、以税代利的试点。从 1983 年起，实行利税第一步改革，初步确定国家与企业之间的分配关系，增强了企业活力。1984 年 10 月，推行第二步利改税，由税利并存过渡到以税代利，税后利润全归企业自主安排使用。全市预算外资金迅速增长。与此同时，对企业实行流动资金和固定资金有偿占用，对行政事业单位实行预算包干办法，对基建单位实行“拨”改“贷”。从 1983 年起，醴陵、攸县、茶陵、酃县划归株洲市管辖，对所辖 5 县分别实行“划分收支、分级包干”“超收分成”和“总额分成”的财政体制。1985 年，全市预算外资金收入 20986.6 万元，占当年预算收入的 62.19%，比 1981 年增长 54.22%；财政总收入 33746.8 万元，其中市本级 22671.5 万元，5 县市 11075.3 万元；财政总支出 15509.5 万元，其中市本级 6949.7 万元，5 县市 8559.8 万元。

1986 — 1990 年，市财政工作继续贯彻“治理整顿”、深化改革的方针，5 县市实行“定额上交，递增包干，超收全留，歉收不补”的办法。国营企业全面实行承包经营责任制，行政事业单位逐步实行企业化管理，企业单位留利水平迅速提高，增强自我改造、自我发展、自我完善的能力，财政后劲增强。“七五”计划期间，总收入为 236705 万元，每年以 10.26% 的速度递增；总支出为 135750.8 万元，每年平均递增 16.33%。其中，1989 年财政总收入首次突破 5 亿元大关，完成 55055.2 万元，比 1985 年增长 1.63 倍；财政总支出为 33190.8 万元，比 1985 年增长 2.14 倍。

1991 — 2000 年，市财政继续坚持以“促生产、培财源、强财政”方针，着力构筑公共财政体制框架，紧扣增收节支主线，财政收支得到快速增长，收入结构明显优化。2000 年，全市财政收入达 201662 万元，是 1990 年的 3.83 倍，年均增长 10.20%，地方一般预算收入也是各县增收、项项增收、呈现良好增长势头；全市财政支出为 173915 万元，是 1990 年的 5.26 倍，其中基本建设支出 50838.7 万元，投入农业综合开发资金 40714.8 万元。在分税制管理体制的实施中，株洲市充分利用“三大检查”手段，全面强化财政监督，严肃财经纪律，财经秩序明显规范，先后建立起“收支两条线”、基建评审、政府采购等管理制度，规范会计核算行为，非生产性支出得到有效控制，有效提高了财政资金使用的经济、社会效益，促进了财政工作持续健康发展。

第一节　财政收入

一　企业收入

中华人民共和国成立前，株洲镇仅有几家私人经营的小作坊、小商店。1951 年，地方国营企业实现的利润，除上缴一部分给株洲镇政府外，剩余部分留给企业用于扩大再生产。1952 年年末，株洲市发展到 8 户小型国营企业（其中工业 3 户，商业 5 户），国营企业上交地方预算利润只有 2.7 万元占同期财政收入 0.92%。“一五”计划时期，新建工厂陆续投产，这一时期企业收入 106.2 万元，其中，国营企业共上缴利润 93.1 万元。

1958 年，根据中央关于改进工业、商业、财政体制的 3 个规定，将原由中央管理的商业、粮食、邮电、电力、银行等企业下放地方管理。在“大跃进”高潮中，全市工业企业增到 61 户，为了大放财政收入“卫星”，市委要求财政部门深入企业挖潜，仅半个月时间抓回税利 355.2 万元，相当于 1957 年全年财政收入的 62.9%。是年企业上缴利润 385.6 万元，是“一五”计划时期的 4.14 倍。1959 年，企业上缴利润上升达到 1890.3 万元，为上年 4.9 倍。1960 年，全市企业增加到 74 户，企业收入增加到 3399.6 万元，占当年财政收入 36.69%。

由于“大跃进”和浮夸风的影响，出现工业报喜、商业报忧、仓库积压、财政虚收现象，3 年的企业利润实际上是虚假上升，因而从 1961 年起，企业收入连续猛降，1961 年比 1960 年下降 79.08%，1962 年又比 1961 年下降 34.95%。1963 — 1965 年国民经济调整时期，纳入地方预算收入的企业锐减，由 1961 年 93 户减少到 1965 年 61 户，企业收入占同期财政收入的 20.27%。“三五”计划时期企业收入为 7517.7 万元，占同期财政收入的 22.92%。“四五”计划时期企业收入突破 2 亿元大关，达到 21491.8 万元，占同期财政收入的 31.99%。“五五”计划时期企业收入为 23546 万元，占同期财政收入的 29.5%。

中共十一届三中全会以后，对国民经济进行调整、改革，扩大企业财权，减税让利，推行企业基金、利润留成、盈亏包干、利改税等一系列改革措施，从利税并存逐步走向以税代利，一个渠道上缴，加上部分企业上划省和中央，企业收入从 1981 年起，连续 4 年都低于 1980 年。“六五”计划时期，企业收入只占财政收入的 20.23%。1983 年，实行第一步利改税后，企业由上缴利润改征国营企业所得税，全年共上缴利润 4393.4 万元（含所得税），比上年 2745.9 万元上升 60%，扭转了 1980 — 1982 年因抵交利润归还贷款、国营工交企业全面实行利润留成和盈亏包干责任制而导致上缴利润下降的趋势。1984 年，株洲麻纺厂、株洲汽车齿轮厂、株洲选矿药剂厂、株洲盐业公司分别上划归中央和省管辖，共减少利润 1320 万元，这一年上缴利润比上年下降 10.43%。1985 年，株洲化工厂、湘江氮肥厂 2 户工业盈利大户和物资企业均下放属市管理，全市上缴利润（含所得税和调节税）创历史最好水平，达到 7616.9 万元，比上年增长 93.56%。其中工业企业上缴 6901 万元，比上年增长 1.33 倍。是年，株洲化工厂、湘江氮肥厂等 10 家上缴利润超 100 万元的大户共上缴利润 5927.3 万元，占全市国营企业上缴利润的 77.82%。

从 1987 年起，工业企业以利润归还专项及基建借款 4070.7 万元，留利 3958.6 万元，因此上缴利润只占实现利润的 40.66%，加之盈利大户株洲市自来水公司，从本年起实行“以水养水”，免征所得税和调节税，全部留给企业扩大再生产，致使企业上缴利润下降。当年工业企业上缴利润 5486 万元。以后逐年下降，1988 年企业上缴利润 5333.2 万元，比上年下降 13.79%，1989 年又比 1988 年下降 2.9%。

1990 年，市场出现疲软，销售不畅，经济滑坡，效益下降，全年弥补亏损 2143.4 万元。75 户工业盈利企业上缴利润 3767.4 万元，比上年减少 1010.3 万元，下降 21.15%，上缴利润超 100 万元大户减少到 6 户。全年企业上缴利润 3615 万元，比上年下降 30.19%。

1991 — 2000 年，全面贯彻落实国务院《关于深化企业改革，增加企业活力的若干规定》，明确提出推行承包经营责任制，实行新形势下的政企利润分配。承包者在承包期内要实现“三保、一挂”，即保上交利润，保技术进步，保企业管理升级，工资总额与经济效益挂钩，直到利改税。1991 年以后，国家和地方开征的税费，可抵企业承包的上缴数。1995 年，企业收入 2467 万元。随着企业增多和效益好转，2000 年企业所得税收入达到 10575 万元。

二　各税收入

（一）农业税

1950 年，株洲镇税率以户为单位，按农业人口计算，每人平均农业收入不超过 75 千克主粮者免税。从 75 千克起至 725 千克为止，分为 40 级。税率由 3% 递加到 42%，采用全额累进制。对桐油、茶叶、竹木、茶油暂免征农业税，但每户平均收入相当 1000 千克主粮者，按产地批发价格征收 6%。垦种荒地：生荒免征 3 ～ 5 年，熟荒免征 1 ～ 3 年。

1951 年，土地改革后，对土改地区税级由 40 个减为 20 个，税率由 6% 递加至 25%。农林特产的计征，桐油、茶叶、茶油等每户相当 500 千克以上主粮的按 6% 计征，相当 500 千克以下主粮的不征。公益性的桥田、义渡田、茶亭田一般不负担农业税。

1952 年 8 月，全市进行查田定产，实行划等定产，按产依率计征，基本上消除了税负畸轻畸重现象。全市共有水田 5594.6 公顷，比查田定产前增加 1133.27 公顷，增加 25.4%。根据土地质量好坏，划分为 11 个等级实行定产，合计常年应计产量 2014 万千克，比查田定产前增加 15.42%。

从 1953 年开始，逐步建立农业税册籍管理制度，办理人口和土地租佃异动登记。凡农业人口因出生、死亡、迁移、嫁娶、继承、转业或其他原因发生变动者，应纳农业税的土地，依法变换、赠当、买卖、合并或者其他方法转移所有权者；因改变自然条件（如建筑、修路、开渠等）及不可抗拒的自然灾害（如山崩、地陷、水冲、沙压等），致使原耕地变为非耕地，或发生变动产量有显著变动者，开垦生、熟荒地或其他方法及自然变迁增加的耕地面积；超过免税优待期限者，业主应于变动之日 1 个月内向乡政府申请登记。对革命烈士、革命军人和国家工作人员家属、老弱病残、无劳或缺劳以及其他特殊原因造成的贫困户，减征应征农业税 10% ～ 30%；特殊贫困户，经市政府批准，可以多减或者全免。1954 年，株洲遭受水灾，受淹面积共 699.54 公顷，占总面积 12.1%，减产 71.6 万千克，全市核减税粮 16 万千克。此后各种不同程度的自然灾害，每年按照“轻灾少减、重灾多减、特重全免”原则，核减农业税。

1956 — 1957 年，农业集体化高潮中，由于个体的农业经济转为集体农业经济，原有计征办法已不适用，把原累进税制改变为比例税制，对高级农业生产合作社的农业税，以社为单位计征。初级农业生产合作社的农业税，仍按户计征，由社代交。

1959 年 1 月，行政区划变化，从湘潭、醴陵、长沙县划入大片农业耕地，当年实有耕地面积 39729 公顷，常年产量为 15219 万千克。通过清查后，重新整理了农业税册籍。

1961 年，农业税负担调低，地方附加相当于正税的比例，由过去 15% ~ 30% 降为不超过 10%。按照这一征收水平，稳定 3 年不变，增产不增税。公共食堂解散后，允许社员有一部分自留地，核减国家基建占用地和社员自留地计税面积 4406.47 公顷。调整后计征面积为 35322.47 公顷，常年产量核定为 12285 万千克。平均税率由上年 16.78% 降为 10%，实征农业税由上年 1880 万千克，降为 1021 万千克，比 1960 年减少 859 万千克。

1962 年，对全市计税面积的常年产量进行调整，以生产队为征收单位，全面实行差别税率，本着近郊高于远郊、园艺作物和经济作物略高于粮食作物的原则，确定城市 5 个区年平均税率为 13%，农村 8 个区税率为 11%、11.4%、11.5%、12%、13% 五种税率，通过调整后，全市平均税率 12.01%。

1963 年以后，税率一直稳定在 11% ~ 12% 之间。1979 年，对人均口粮不足 200 千克、人均收入不到 40 元的生产队，人均口粮不足 201 ~ 224 千克、人均收入 41 ~ 50 元，人均口粮 226 ~ 250 千克、人均收入 51 ~ 60 元的生产队，分别免征和减征 70%、30% 的农业税。全市免征 208 个生产队，减征 704 个生产队，合计免征、减征税额 132 万千克。

中共十一届三中全会以后，农村开始实行联产承包责任制，对耕地异动情况建立了比较完整的农业税征收册籍。1983 年，市辖范围扩大，计税面积由 1982 年的 3.7 万公顷增加到 15.76 万公顷，常年产量由 1.24 亿千克增加到 5.21 亿千克。同年，田土承包到户，农业税计征改为“基数在队，任务到户，结算到户，减免到户”的办法。基数仍以生产队为单位办理变动登记，以生产队为单位核定税额，不划分到户。

从 1985 年起，省人民政府决定株洲市酃县少数民族（瑶族）聚居的龙渣乡，农业税实行减半征收，每年减征 2 万千克（稻谷）。由于农业税实行“依法减免、增产不增税”政策，计税的常年产量和实际产量，因生产逐年发展而日益相差悬殊。1990 年，全市粮食总量达到 15.5 亿千克，为常年产量的 2.98 倍，实征稻谷 5913 万千克，农民的实际税收负担，包括附加在内也只有 3.8%。

1991 年，计征稻谷价每百千克为 44.2 元，当年湖南省分配株洲任务为 4236 万千克，实际完成 4293 万千克，超征 57 万千克。当年仍以征粮食为主，征粮占 91.35%；以林业和经济作物为主的边远山区，主要征收代金，当年共征代金 200 万元。

1992 年，计税面积比上一年略有减少，常年产量也随之相应减少，计征稻谷每百千克提高到 50.2 元，征收粮食占 89.3%，全年实际完成农业税 2702 万元，并随同农业正税征收 14% 的附加。

1993 年，农业税征收价格基本按每百千克 54 元执行，其中攸县 48 元，醴陵市 53 元，当年由于粮食部门原因，农业税征收以代金为主，实物征收部分仅占 32.17%。实际征收农业税 4287 万千克，以金额计为 2675 万元。

1994 年，省确定株洲市为一价区，粮食收购早稻每 50 千克 44 元，晚稻 52 元。顶抵定购任务的其他品种为：中稻 48 元，粳稻 54 元，玉米 46 元，大豆 88 元，早稻优质稻 55 元；价差结算仍按每 50 千克稻 24 元。全年完成农业税 4436 万元。

从 1996 年起，全省农业税征收价格早产稻谷定购价格按每 50 千克 65 元计征。当年全市完成农业税 6907 万元。此后各年均有小幅调整。1997 — 1999 年，全市完成农业税 17857 万元。

2000年，农业税计税稻谷价格指导价为每50千克45元，上下浮动幅度为5%。按保护价敞开收购农民的余粮，中稻购价每50千克54元，晚稻每50千克58元。全年完成农业税4802万元。

（二）农林特产税

1958—1985年，计税土地上种植的茶叶、水果、油菜、油桐4个品种，统一在农业税内并征农林特产税。

中共十一届三中全会以后，境内农村生产结构发生巨大变化，农林特产得到较快发展，其收入有大幅度的增长，为调解农林特产的收入，保护种粮者的积极性，平衡税负，增加财政收入，从1986年起，以独立税种开征农林特产税。征收范围有园艺作物、林木、水生植物、水产养殖4类29个品种。水果、观赏花卉、药材等5个品种税率为8%；茶叶、鲜鱼等8个品种税率为6%；竹木、苗木等16个品种税率为5%；并随同征缴税款14%的地方附加。应税产品产量按近3年实际平均产量计算，由各乡人民政府组织评定。按低于市场价格20%的统一价格核定计税收入，难以评定质量的应税产品，按实际收入计征，当年共征收入库72.5万元。入库税款的分配比例是省、县市、乡(镇)各30%，市10%。

1987年，由于对征收农林特产税认识不统一，醴陵市、株洲县和郊区停征；攸县、茶陵、酃县只征收部分农林特产品种，当年入库税款只有39.9万元。1988年，通过整顿后，全市各县市区全面开征，当年入库税款增加到120.6万元。1989年起，将西瓜、梨瓜、香瓜列入征收范围，税率为10%，对大宗农林特产品收入实行全国统一税率；淡水养殖、水果收入税率增至10%，其中，柑橘、水珍增至15%，原木税率提高到8%。同时改变计税办法，一律按实际收入计征。1990年征收达到289.3万元，比上年增长70.98%。

根据国务院税制改革的规定，株洲市原由税务部门征收的部分农林水产的产品税，从1994年起与农林特产税合并，改征农业特产税，主要在产地纳税，不论是生产者还是收购者。定的农业特产品收入征税范围分为7大类43个品种，其中由生产者纳税的10种。当年，全市共征缴农业特产税1603万元。

1998年，株洲市对收购猪皮的单位和个人，自1997年至1998年止免征农业特产税，牛皮、羊皮减至按5%的税率征收。

2000年，农业特产税税率和征收环节都有较大的变化，除烟叶产品降低了11%外，其他品目的税率均上调，除烟叶产品继续由收购者纳税外，其他税目均由生产者纳税。是年，全市征收农业特产税1662万元。

（三）耕地占用税

1987年4月，国家为合理利用土地资源、保护农用耕地，新开征耕地占用税。该税的税额是以县市为单位，根据人均耕地不同情况确定每平方米纳税标准，统一实行一次性征收。农村居民（农业户口）占用耕地新建住宅，按规定税额减半征收。部队军事设施用地，铁路线路和按规定两侧留地及沿线车站，装卸用货场，仓库用地，全日制大、中、小学校和医院、幼儿园、敬老院，以及乡镇以下修筑的简易公路用地，免征耕地占用税。

1987—1990年，全市共征耕地占用税878.2万元。从1991年起，耕地占用税由财政部门直接组织征收，国土管理部门配合。依株洲市所辖县（市）耕地不同情况，制定出不同的耕地占用税征收标准。1991—2000年，株洲市共征收耕地占用税4676.3万元。其中，1991年为最低年，共征收235.3万元；1994年为最高年，征收775万元；2000年征收305万元。

（四）契 税

1950年4月，政务院公布《契税暂行条例》，规定凡土地房屋之买卖、典当、赠与或交换，均应凭房屋所有证，由当事人双方订立契约，并由承受人依照《条例》之规定申报，按规定税率交纳契税。株洲市的契税主要由房产部门代征。1952—1957年，共征契税2万元。

1958年后，城市私有房屋，经过社会主义改造后，房屋买卖情况很少发生，契税征收工作也就随之停止。

1987年，根据省财政厅《关于加强城乡契税征收管理工作的通知》精神，株洲市恢复契税征收工作，并执行调整后的新税率。恢复后的头2年，由市、县税务部门负责征收，入库税款11.3万元。从1989年起，改由财政部门直接征收，到1990年入库的税款有22.8万元。截至1997年9月30日，契税仅征房产契税，税率一直为6%。

为激活房地产市场，规范房地产市场管理，1997年10月起，即实行新的契税条例，契税征管不仅仅是房产契税，还包括土地契税，执行税率为4%。随着株洲市城市建设规模的不断扩大，房屋交易频繁，大量土地被征作房产开发建房及商业工业用建房，使全市契税收入呈较好的上升趋势发展。其中，1998年全市契税收入从1991年的24.7万元上升到952万元，为历史最高。1999年8月起，普通住宅税率为2%，别墅、门面、写字楼、土地等税率为4%。2000年，全市契税收入为727万元。

（五）工商税

工商税收包括工商各税和地方各税两大类，是财政收入的主要来源，地方各税是作为地方财政的固定收入，纳入地方预算管理。1951—2000年，株洲市入库工商税收为1065149.1万元，占同期财政收入1980287.4万元的53.79%。

1950年1月，株洲镇征收货物税、工商税、屠宰税、房地产税、印花税、交易税、利息所得税7种。1951—1952年，入库工商税收211万元，占财政收入的71.62%；其中地方各税入库39.3万元，占财政收入的13.34%。

1953年，试行商品流通税，将屠宰税、城市房地产税、牲畜交易税（由交易税改征）、车船使用牌照税、文化娱乐税（由特种行为税改征）5种税收划为地方固定收入。1954年，地方固定收入又增加印花税、利息所得税2种。1956年，社会主义改造基本完成，各项税收的征纳关系起了根本变化。1953—1957年，入库工商税收1355.2万元，占同期财政收入的75.7%，其中地方各税占17.48%。1958年，印花税并入工商统一税内征收。1959年，利息所得税停征。1962年，开征集市交易税，划作地方固定收入。1958—1962年，入库工商税收15161.2万元，占同期财政收入65.34%，其中地方各税占5.1%。1963—1965年，入库工商税收7745.7万元，占同期财政收入

73.18%，其中地方各税占 9.78%。1966 — 1970 年，入库工商税收 24069.2 万元，占同期财政收入 73.37%，其中地方各税占 4.66%。

1971 — 1975 年，入库工商税收 44427.7 万元，占同期财政收入 66.12%，其中地方各税占 0.71%。其中，1973 年进一步简化税种，对国营企业只征工商税，集体企业只征工商税和工商所得税。1976 — 1980 年，入库工商税 54954.5 万元，占同期财政收入 68.85%，其中地方税占 0.12%。1980 年 10 月，湖南省确定在株洲市生产机器机械、农机农具的工业单位，试行工业增值税。

1983 年 6 月，对有盈利的国营企业实行第一步利改税，按统一税率征收所得税。1984 年 10 月，实行第二步利改税，对国营大、中型企业征收调节税。1985 年，开征城市维护建设税，作为市、县固定收入，纳入地方预算管理，当年收入 1339.3 万元，使本年地方各税收入达到 1467.9 万元，比 1984 年的 152.2 万元增长 8.64 倍。1981 — 1985 年，入库工商税收 95932.4 万元，占同期财政收入 75.99%，其中地方各税所占比重上升到 1.43%。

从 1988 年 1 月起，税务部门将屠宰税移交当地财政部门征管，当年屠宰税收入 93.5 万元。1990 年，生猪屠宰定额税款，由原来的每头 3 元改为每头 6 元，当年全市屠宰税收入增至 211.4 万元，比上年的 94.6 万元增加 1.23 倍。1986 — 1990 年，入库工商税收 189424.2 万元，占同期财政收入 80.02%，其中地方各税收入为 19183.4 万元（含城市维护建设税 12143.3 万元），占同期财政的比重上升到 8.1%。1991 — 1993 年，入库工商税收 182096 万元，占同期财政总收入的 85.93%。

1994 年 1 月，实行分税制改革，株洲市财政工商各税收入包括：增值税（25% 部分）、营业税、个人所得税、资源税、固定资产投资方向调节税、城市维护建设税、房产税、印花税、城镇土地使用税、土地增值税、车船使用税、屠宰税。

1994 — 2000 年，全市工商各税收入 449771 万元，占全市一般预算收入的 69.27%，占同期财政总收入 1189965 万元的 37.80%。其中：增值税（25% 部分）为 136186 万元，营业税为 110552 万元，个人所得税为 64056 万元，资源税为 1773 万元，固定资产投资方向调节税为 16405 万元，城市维护建设税为 60853 万元，房产税为 21342 万元，印花税为 16721 万元，城镇土地使用税为 12069 万元，土地增值税为 85 万元，车船牌照使用税为 2149 万元，屠宰税为 7580 万元。其中，2000 年全市工商各税收入 75785 万元，占全市一般预算收入的 60.10%，占同期财政总收入 37.58%。其中，增值税（25% 部分）为 21705 万元，营业税为 19599 万元，个人所得税为 13502 万元，资源税为 160 万元，固定资产投资方向调节税为 551 万元，城市维护建设税为 10243 万元，房产税为 4117 万元，印花税为 3158 万元，城镇土地使用税为 1262 万元，土地增值税为 27 万元，车船使用税为 372 万元，屠宰税为 1089 万元。

三 国 债

（一）公 债

1950 年，国家发行人民胜利折实公债。株洲镇任务为 15500 份，完成共 24016 份，折合金额 66115 元，超额 54.94%。

1954 — 1958 年，国家发行国家经济建设公债。株洲市 1954 年推销国家公债 32.5 万元，1958 年完成 58.3 万元。5 年合计完成 206.2 万元，为任务的 116.65%。

（二）国库券

1981 年，国家主要向国营企业、集体所有制企业、企业主管部门和地方政府分配发行国库券，机关、团体、部队、事业单位和农村富裕的社队，可适当认购，个人也可以自愿认购。当年，株洲市任务 398 万元，全面完成。1982 年后，推销对象扩大到城乡个人。

1984 年，株洲县采取任务早落实、思想早发动、资金早入库的办法，还谱写了《人人争购国库券》的歌曲在全县播发，该县成为全市第一个超额 5.04% 完成任务的先进县。认购万元以上的有攸县李仁才，他在 1983 年认购国库券 11410 元后，1984 年又认购 1.05 万元，《株洲日报》《株洲工人报》先后进行了报道。当年，全市超额 7.23% 完成省分配任务。1985 年，株洲硬质合金厂率先超额 37.25 万元完成入库任务。全市认购 1000 元以上的个人 102 人。1988 年，全市认购国库券 1000 元以上达 600 人。

1989 年，国债分为 3 种：国库券、特种国债、保值公债。国库券发行对象是公民个人和个体工商户，年利率为 14%；将原单位购买的国库券以及社会保险机构、待业保险机构等专项基金购买的债券称为特种国债，特种国债偿还期为 5 年，年利率 15%。是年，还对城乡职工、居民、个体工商户、各种基金会、保险基金会、保险公司以及有条件的某些公司发行保值公债。为加强对国债发行工作的领导，当 9 月市政府成立了国债推销领导小组，下设办公室（即“国债办”）。1990 年，省分配株洲市国库券、特种国债推销任务 3549 万元，实际完成国债 3981.2 万元，为任务的 112.18%。

1991 年，发行的国库券年利率为 10%，当年株洲市实际完成 3679 万元，为省下达任务的 104.28%。是年，株洲市信托投资公司设立证券交易营业部开展国债转让工作，株洲市出现国债二级市场。

1992 年 3 月，株洲市财政局设立国债服务部，当年国务院发布《国库券条例》。当年，国库券和特种国债合并，国库券品种分为 5 年期和 3 年期两种。5 年期国库券年利率由 10.5% 调整到 1993 年 6 月 30 日之后的 13.86%；3 年期国库券年利率为 9.5%。当年，株洲市完成湖南省下达的 2500 万元推销任务。

1993 年，发行国库券品种仍有 5 年期和 3 年期两种。为方便群众，国债服务部开展国债转让、代保管、兑付等业务。株洲市信托投资公司证券交易营业部也负担国债常年兑付点，办理兑付业务。

1994 年，湖南省下达株洲市 2000 万元 2 年期国库券推销任务，市财政采取承购包销，大厂矿集体组织认购，以旧换新等措施，完成 2250 万元，超额 12.5% 完成了任务。发行五年期“两金”定向债券 520 万元；全年兑付到期各种债券本 1755.85 万元，本息合计 2803.37 万元。

1995 年，湖南省下达株洲市国库券任务为 1200 万元，其中 700 万元为 3 年期无记名国库券，上半年全部发行完毕；凭证式国库券的发行存在一定的难度，但通过宣传发动，到年底共完成 706 万元，为计划任务的 141.2%。1997 年，湖南省下达株洲市国库券发行任务 1840 万元，全部完成。从 1998 年起，国库券发行工作由商业银行承办。

四 其他收入

（一）罚没收入

罚没收入主要有公安、司法、工商管理、税务、物价、审计、卫生、交通、林业等部门处理违章违法案件的罚款、没收品变价、赃款交库等收入。“一五”计划时期，株洲市罚没收入3.4万元；“二五”计划时期为10.9万元。1963年4月，结合当时开展的“五反”运动，株洲市制定了其他收入收管办法，建立一套较严格的管理制度，因此在1963—1965年的3年内，完成罚没收入28.3万元；“三五”计划时期，因受“文化大革命”冲击，1966年罚没收入只有1.7万元，1967—1970年没有此项收入。1971—1980年，罚没收入为117.1万元。1985年5月，市财政局制发新的补充规定，并对各政法机关、行政执法机关和国家经济管理部门所收罚没财物进行认真清理，并及时组织入库，当年入库收入139.3万元。1981—1990年，罚没收入达到4675.3万元。其中，1986—1990年罚没收入猛增到4359万元，占同期财政收入1.84%。1991—2000年，罚没收入累计为73880.8万元，占同期财政收入的5.27%，占同期其他收入的54.68%。其中，2000年罚没收入达10951万元，是1991年2102.8万元的5.2倍。

（二）公产收入

中华人民共和国成立初期，株洲镇没收的官僚资本家、地主的田地、山林和房屋，以及祠堂、寺庙、会馆等房屋51栋，实行公产管理制度，交纳公产收入。1951年，收入2.1万元，1952年收入3万元。从1953年起，城市房地产租金实行“以房养房”，不再上交财政。1956年实行农业合作化后，田地山林归集体所有，此项收入相应减少和消失。

（三）规费收入

规费是国家行政、事业部门为办理各种登记转移、查验等事项，向个人或单位收取的工本费、手续费、经办费等。1951年，株洲规费收入0.2万元，1952年0.6万元。1955年对工商业实行社会主义改造后，规费收入显著下降。从1968年起株洲市连续16年没有此项收入。此后直到1984年和1990年才有该项收入。

1991—2000年，株洲市加强对行政性收费收入的征管工作，对全市所有的收费资金及罚没收入实行“收支两条线”管理，即“财政统一票据、单位执收执罚、委托银行收款、资金缴存财政、综合预算分配、群众民主监督”的管理办法。这从源头上治理乱收费、乱罚款、乱摊派的“三乱”现象，增强了政府的财政调控能力，将预算外资金由部门收取、部门分管变为政府统收、财政统管，改多元分配为财政综合预算分配；同时，收费项目也在逐年减少，收费标准逐步降低。但财政收入中行政事业性收费仍然出现了较大的增长。1991—2000年，全市行政性收费累计39513万元。其中，2000年为8635万元，是1991年645万元的13.37倍。从1991年起，教育费附加率由原来的1%改为2%，10年间株洲市纳入预算管理的教育费附加达21721万元。

此外，市财政收入还包括依法处理追回赃款赃物变价收入、国有资源管理费、清理收回市属机关和企事业单位历年截留的财政收入和虚报支出，以及其他应缴款而设立的“小钱柜”“小金库”、城镇肥料收入、各单位废旧物资变价、事业单位的测量费、设计费、绘图、描图和有关单位的杂项收入等专项收入。其中，1991 — 2000 年的罚没收入为 73880.8 万元。

第二节 财政支出

1951 — 2000 年，株洲市财政地方总计支出 1336285.5 亿元，占财政总收入的 67.47%，年均支出 26201.67 万元。

1951 — 1952 年，预算内总支出 108.2 万元，占预算内总收入 36.73%，平均年支 54.05 万元。1953 — 1957 年，预算内总支出 1334.1 万元，占预算内总收入 74.52%，平均年支 266.82 万元。1958 — 1962 年，预算内总支出 7945.3 万元，占预算内总收入 34.24%，平均年支 1589.1 万元。1963 — 1965 年国民经济调整时期，支出压减，3 年总支出 3268.5 万元，占预算内总收入 30.88%，平均年支 1089.5 万元。1966 — 1970 年，预算内总支出 9707.3 万元，占预算内总收入 29.59%，平均年支 1941.5 万元。1971 — 1975 年，预算内总支出 17721 万元，占预算内总收入 26.37%，平均年支 3544.2 万元。1976 — 1980 年，预算内总支出 25090.5 万元，占总收入 31.44%，平均年支 5018.1 万元。1981 — 1985 年，加上醴陵、攸县、茶陵、酃县从 1983 年划归株洲市管理，预算内支出 47907.5 万元，占总收入 37.95%，平均年支 9581.5 万元。1986 — 1990 年，预算内总支出增加到 135750.8 万元，占总收入 57.35%，平均年支 27150.2 万元。1991 — 2000 年，预算内总支出为 1070852 万元，占总支出的 98.47%，年均支出 107085.2 万元。

一 经济建设费支出

1951 — 2000 年，全市经济建设总支出 377729.1 万元，占全市总支出 28.27%。

（一）基本建设

1951 — 1952 年，株洲市初建阶段，资金全靠上级拨款。为解决城市建设急需，动员民工以工代赈，修通从徐家桥通往火车站的道路，完成株易路土石方和市区防洪的建宁港、堤、闸。用有限的上级拨款修建一座戏院和一所卫生所。并从建市经费中拨出 15.3 万元，创办油脂、纽扣、米厂和建筑公司等企业。2 年基本建设投资 60.7 万元。

1953 — 1957 年，国家确定株洲市为重点新建设城市，10 多个限额以上的项目先后开工兴建，全市用于城市建设工程投资 809.6 万元。建成日供水 1.5 万吨的一水厂，筹建二水厂，铺设供水管道 8.5 千米，简易公路 7.2 千米。建成木工、机砖、石料、石灰、五金、机械、印刷等 8 个企业和电影院、医院、文化馆、书店、招待所、工人俱乐部、菜场等公用事业，工业城市雏形基本形成。

1958 — 1962 年，完成投资 5375.4 万元，比“一五”计划时期增长 5.64 倍，特别是 1958 — 1960 年，3 年完成投资 4844.3 万元，其中地方工业完成投资 3435.6 万元，用于大搞小土群、全民办工业。市属企业由 12 个（其中合营 3 个）发展到 148 个。经 1962 年调整，全市建成焊接器材、钢铁、橡胶、塑料、水泥等 47 个中、小型企业。固定资产达到 5209.88 万元，比 1957 年增加 15.2 倍。城市建设完成 826 万元，主要扩建株洲市一水厂、建成株洲市二水厂，日供水能力达 27.5 万吨，供水管道 56 千米，城市道路 88.51 千米。另增加自动电话等公共设施，基本形成以大工业为主体、大中小工业相结合的工业城市。

1963 — 1965 年，执行国民经济调整方针，基本建设战线缩短，3 年完成投资 1071.5 万元，主要用在急需配套的城市建设项目，解决供水管道的延伸，白清路的滑坡，建宁港的排渍，中心区的污水和建设大道的柏油表面处理等。同时集中一定财力在市区新建小学和公共住宅 3 万平方米，缓解“入学难、住房难”问题。

1966 — 1970 年，财政收入有所好转，完成投资总额 3691.4 万元（市级占 84.93%）。工业重点解决扩大肥料、农药生产和大工厂废气、废渣的利用，并充实轴瓦、轮胎翻新、人造金红石、柴油机、拖拉机等生产能力。城市建设解决配套问题，新开红旗路、改建株董路、拓宽白清路、建成红卫路的铁路跨线桥（后改名为“新华桥”），清水塘铁路桥、渌江大桥、渌衡路、宋芷路也动工兴建。

1971 — 1975 年，基本建设速度加快，5 年完成投资 5819.8 万元（市级占 98.31%），比“三五”计划时期增加 57.7%，其中工业占 60%。新增合成氨、纯碱各 1 万吨，三氯醋酸 35 吨、三氯化铁 2000 吨、轮胎翻新 3.5 万套、合成苯 1000 吨、烧碱 3000 吨，190 柴油机等一批机械产品也成批投产，生产步入新台阶。城市建设继续投建的有渌衡路、人民路、湘江轮渡等，株洲市三水厂工程也动工兴建。改建灯光球场、1200 吨的肉类冷库、水果冷库等相继投产。

1976 — 1980 年，基建投资完成 4740.2 万元，其中工业占 66.1%，新增生产能力特钢 3 万吨，工农 12 型拖拉机 5000 台，轮胎制造 10 万套，空心砌块 3 万立方米，磷肥 3 万吨，煤 15 万吨，纱绽 1 万，钨钼丝 5000 万米，麻纺厂 1200 万米布的印染车间，水泥达到 10 万吨，起重机等也投产，给地方工业增添活力。城市建设方面，建成日产自来水 54 万吨的株洲市三水厂，改建红旗路、人民路等。其他投产的还有石油库、桥东饭店、图书馆、技工学校、株洲大学等。

从 1980 年起，基建投资改为贷款和执行技术改造措施费。1981 — 1985 年，完成 934.7 万元（市级占 72.42%）。市级投资中 70% 用于行政建设，解决市机关和司法、检察、法院等单位的办公、宿舍用房。文教完成 130.3 万元，城建完成 60.8 万元，其他完成 86.4 万元。

1986 — 1990 年，完成投资 5307.3 万元（市级占 58.15%），主要用于微波大楼、市包装公司、青少年宫、天台山饭店、320 国道、统建住房。

1991 — 2000 年，为加快城市发展，新建株洲大桥、煤气工程，新建和改造城市道路，统建住房等基础设施和改善行政事业单位的办公条件，新建了办公楼、添置办公设备，大力支持河西新区建设等，大幅度地增加了财政支出。10 年间，基本建设支出累计 50838.7 万元。

1991 — 1993 年，除安排统建住房、320 国道、天台山饭店配套完善外，主要用于新建市政府办公大楼投资 2370 万元和商检大楼投资 390 万元，以及市委办公楼部分投资 319 万元。3 年财政基本建设费支出 9870.7 万元。

1994 年以来，城市基本建设取得较好的成绩，把城市道路建设“十路四桥”列为 10 件大事之一，全长 2230 米的红港路段完成路面硬化工程，为建设国家级“汽车城”奠定了基础；中心广场行人天桥按期建成，实现人车分流。是年，株洲遭遇百年不遇的特大洪水，有 16 处防洪大堤决口，洪灾造成损失达 15 亿元。为彻底根治水患，中共株洲市委、市政府决定用 2 年时间全面整修湘、渌江防洪大堤。除财政直接投资外，还通过集资，贷款等方式总投资达 5 亿元，其中株洲市区段投资达 2.8 亿元。1994 — 2000 年市财政对城市基本建设支出直接累计 40968 万元。

（二）企业挖潜改造资金

1964 年前，株洲市地方财政预算没有安排这项资金。1965 — 1967 年，市财政预算设置“设备更新资金”科目，3 年共支出 108.3 万元。

1971 — 1975 年，支出 261.8 万元，全部用于为农业生产服务的小水电站、小煤矿、小化肥厂、小水泥厂、小冶炼厂的“五小”工业企业。重点解决合成氨厂、华石煤矿、堂市煤矿等企业的技术改造。

1976 — 1980 年，支出 3245.2 万元，比“四五”计划时期增长 11.4 倍，其中用于工业企业挖潜改造占 56.58%。企业生产条件不断改善。1981 — 1985 年，支出 2680.8 万元，比“五五”计划时期下降 17.39%，5 年内用于工业企业挖潜改造占 79.25%，给全市中小型工业企业新建改建部分车间、购置设备，降低能耗，提高经济效益。有 14 个产品增加生产能力，有 6 种产品提高质量，有 26 个企业更新锅炉。

1986 — 1990 年，支出 1639.6 万元，比“六五”计划时期下降 38.84%，5 年内用于工业企业挖潜改造占 61.76%，重点引进生产线 8 条，继续更新窑炉和锅炉 23 台，给部分企业增添防尘、防毒、防噪的设施。

1991 — 2000 年，企业挖潜革新改造资金累计支出 54484.1 万元。其中，1991 — 1993 年，安排挖潜改造资金 5773.1 万元，重点支持企业深化改革，调整产品结构，支持科技事业发展和推进企业技术进步。帮助湘华机械厂、株洲棉纺厂、株洲链条厂、株洲起重机厂、株洲工业橡胶制品厂等 10 个工业企业挖潜改造项目的完成，以及晏家湾变电工程和开发项目；1994 — 1995 年，共安排资金 15909 万元，用于国有企业挖潜革新改造；1996 — 1998 年，安排 20907 万元支持挖潜革新改造，并通过“企业发展基金”拨改贷形式，促进企业加强管理，确保国有资产增值保值。重点支持搪瓷厂、啤酒厂、机床齿轮厂、特种焊条厂等 14 户企业的产品结构调整；1999 — 2000 年，共安排 11895 万元挖潜革新改造资金，推进国有企业改革改制，促进全市经济结构调整。从政策、资金上扶持国光、湘大、南方三大集团的发展壮大。重点支持千金药业、市通信设备厂、株洲百货大楼、华湘实业总公司等骨干财源项目技术创新和改制改组，支持高新技术产业开发区和高新技术产业、企业、项目的开发与建设。

（三）科技三项费用

科技三项费用，包括技术组织措施费、新产品试制费和重要科学技术研究补助费。

1962 — 1965 年，科技费用由湖南省、株洲市科委提出分配意见，市计委、科委、经委、财政共同审定。重点放在农业，还优先安排当前人民吃、穿、用方面急需的和生产建设中急需配套的新产品，共22个项目。全市支出535.5万元。

1966—1970年，除新产品试制费仍由国家预算拨款外，其余2项费用均从企业更新改造资金中开支，全市支出1458万元（市级占93.19%）。主要用于技术改造和新产品试制和科学实验。试制人造金红石和可控硅新工艺等16个项目和军工动员线产品试制。

1971—1975年，新增中间试验费、重要科学研究补助费，全市共支出科技三项费用1922.6万元（市级占99.45%），比“三五”计划时期增长31.87%。这些费用共安排71项，其中农业35项、工业自动化13项、工艺改革5项、新产品1项、综合利用1项、医药卫生6项。这些项目中，科学种田是重点。

1976—1980年，三项费用曾更名“新产品试制费”，后又恢复“科技三项费用”科目。全市安排共112项，其中农业33项、支农16项、工业自动化18项、新产品12项、工艺改革4项、医疗卫生3项、新技术推广4项。共计支出973.1万元（市级占99.84%），比“四五”计划时期下降49.39%。

1981—1985年，全市安排科技三项费用项目共80个，其中农业35个、支农2个、工业41个、其他2个。总共支出461万元（市级占92.92%），比“五五”计划时期减少52.63%。

1986—1990年，全市科技三项费用支出982.8万元(市级占76.07%),比“六五”计划时期增长1.13倍。221个项目中，有星火计划项目41个，科研项目88个，成果推广项目41个。

1991—2000年，科技三项费用共支出132059万元。其中：1991—1993年，共支出733.9万元（市级占73.39%），主要用于株洲市河西高新技术开发区支出245万元，市科委240.1万元。1994—1995年，主要用于双季稻吨粮市建设及配套技术，氨化稻草集约化养牛羊，特种养殖，蔬菜新品种新技术，特种养殖，汽车零部件开发，电力机车零部件配套开发，新型摩托车零部件开发等。1996—1999年，主要用于水稻高产优质综合配套，蔬菜反季节栽培，名优水果引进及高产栽培，引进养殖新品种及高产，计算机应用开发、机电新产品研究与开发，无纸面高强防潮石膏板，准无菌技术生产活性乳酸菌功能饮品，重组人组织纤溶酶原激活物变构体，橡胶一金属复合弹性元件等项目。2000年，主要用于天牌无纸面高强防潮膏板，非肠遵药密封件（药用丁基橡胶瓶塞），工程陶瓷产业化示范，农业产业化优质米加工基地，太子奶及果蔬饮料开发，F1EX高速寻呼发射机系列产品开发，高科技农业园，魔芋产业化，荷花笋竹良种园等。

（四）简易建筑费

从1978年起，商业简易建筑费用，由原企业商品流通费用中列支改由财政拨款。

1978—1980年，支出264万元（市级占98.1%），其中1978年用于散酒、食盐、种子、百货、化肥、水果、棉麻、中药原料等仓库建设和酱菜、肉食、饮食加工房及煤棚、牛舍、猪场、鸡场建设总面积17785平方米。1980年，重点用在扩大商业网点和煤栈建设。

1981—1985年，支出711.3万元（市级占93.7%），头3年除专业局、公司集中使用大部分简易费外，还有部分用于基层商店，共22户90.25万元。后两年解决工业品和副食品贸易中心、水果冷库、回民饮食店、农贸市场、深圳大楼等经营场地共花费185万元。

1986 — 1990 年，支出 762.3 万元（市级占 46.6%），比“五五”计划时期增长 7.17%，主要用于扩大和改造商业网点。

1991 年，市财政支出简易建筑费 186.5 万元。1994 年，支出 1304 万元，占财政总支出 1.49%。1998 年，简易建筑费支出增至 1640 万元。8 年合计支出简易建筑费 7772.5 万元，年均支出 971.56 万元。

（五）支援农业生产资金

1954 — 1957 年，市财政对农业投入 7 万元。1958 — 1962 年，支出 681.6 万元，用于农田水利方面，建成湘江大堤 114 千米，堤闸 103 座，小型水库 472 座，新建白石港闸，使 267 多公顷农田免遭洪水；市内建成一条污水过江管道，日送污水 2000 吨，河西大部分田土受益。农业机械方面，排灌机械由 1958 年 57 台 /1384 马力发展到 336 台 /6521 马力，受益面积 6400 公顷，并装备 11 个机械修理厂。农电方面，架设株洲至朱亭 35 千伏安输电线路 51 千米，6 千伏线路 91 千米，350 伏线路 39.3 千米，安装主配电变压器 48 台 /9230 千伏安，电动抽水机 96 台 /2224 千瓦，灌溉面积达 3534 公顷，部分机台兼有排渍功能。

1963 — 1965 年，支出 180 万元，重点完善大京、上游、杨柳水库和河东、河西电力排灌配套工程。1964 年，支持株洲郊区 7 个公社 55 个穷队购买耕牛、农具、种子等，发展生产。至 1965 年，湘江、渌水两岸的电力排灌工程完成。共有高低压输电线路 245.9 千米，机台 153 台 /5887 马力。城郊新建鹅颈洲渔场和市渔场。

1966 — 1970 年，支出 339.4 万元（市级占 26.51%），重点推进农业机械化、兴修水利、帮助困难队和发展农村广播事业等。

1971 — 1975 年，新修淦田、长堡等 5 处高排渠道；加固霞湾防洪大堤；继续完成大京等水库配套扫尾工程；新建果木场的污水上山工程和湘氮废水引灌工程；受益面积达 5134 公顷，增加旱涝保收面积 3100 公顷。农业机械化方面，新购置拖拉机、汽车、抽水机、插秧机、打稻机等各种农机具 412 台（件），扩建农机修理厂房 1000 平方米，增添设备 19 台。建立稻谷、耕牛、生猪等良种场地和基地，商品鱼基地 4 处，柑橘生产基地由 1973 年 18 个到 1975 年扩大为 97 个，仅 1975 年新开橘园 36.5 公顷。5 年共支出 1009.6 万元（市级占 26.04%）比“三五”计划时期增长 1.97 倍。

1976 — 1980 年，支出 2305.3 万元（市级占 38.04%），比“四五”计划时期增长 1.28 倍。主要完善原有水利工程保安配套，处理病险水库，完成效益面积工程 189 项，对 26 座中小型水库进行配套工程保安加固，18 座水库摘掉病险水库帽子。另新建扩建小型水库 16 座；渠道 40 千米；高排 16 处；新建整修排灌站 45 处，总装机 2660 千瓦；闸门 32 处；加高培厚防洪大堤 80 千米；新增高压输电线路 60 千米；小水电装机 8 处 2112 千瓦；社队办企业 46 个，增添各种设备 41 台（件）。新建各种生产用房 5000 平方米。

1981 — 1985 年，总计支出 5190.8 万元（市级占 26.96%），比“五五”计划时期增长 1.25 倍。重点放在见效快的小型水利工程，支援贫困社队（户）脱贫致富和开展多种经营。5 年内新建小型水库 16 座，配套工程 216 座，除险 83 座，新建和整修塘坝 8965 处，打井 8 眼，喷灌 874 公顷，新建小水电站 12 座 /1711 千瓦，配套 37 座 /13523 千瓦。此外，支援穷队（组）、专业户、贫困户

848个，受益社队企业331个，实现利润839.9万元，上缴税金785.5万元。1986—1990年，支出14293.9万元（市级占30.01%）。

1991—2000年，累计支出40714.8万元。其中：1991—1993年，支出13562.8万元，主要用于发展粮食生产，吨粮田开发由局部向全面推进。1990年，农业部和湖南省畜牧水产局确定株洲市、醴陵市、攸县为世界银行支特中国农业（畜牧）服务体系建设项目单位，1993年3月中国畜牧总项目在北京正式签字生效。株洲市接受投资105万美元；1995年，株洲市畜牧水产服务中心建成，又投资30万元人民币。农田水利建设方面：新建小型水库534座，从90年代开始，加大对灌区工程改造的投入，截至1999年，全市灌区共完成干渠防渗漏浆砌长98千米，支渠砼防渗123千米，附属建筑物的改造、更新367处（座），共计完成投资2445.1万元。渠道水利用系数提高0.1，改造后灌区内水稻亩产（双季稻）增产250千克。改造中低产田面积5269公顷，推广应用粮棉油生产新技术148574公顷。

1994年实施《八七扶贫攻坚计划》以来，全市共计投入5210万元用于扶贫开发，修建基本农田2000公顷，整修乡村公路3000多千米，解决了近50万人和30万头牲畜的饮水问题，基本达到村村通电、通（公）路、通邮、通电话。

1995年，国家农业综合开发项目进入株洲市，株洲县成为国家农业综合开发项目县；1997—1999年，茶陵县、攸县、醴陵市也先后成为国家农业综合开发项目县。几年来，株洲市共投入资金8244万元（含集资自筹、贷款）实施农业综合开发土地治理，完成中低产田改造1.4万公顷，节水农业示范田0.27万公顷，仅此项年新增生产粮食987万千克，3年粮食增加3400万千克。同时，投入资金4536万元扶植和发展多种经营项目25个，重点支持农副产品深加工和引进优良品种发展种植、养殖业。

1996—2000年，用于对农业的投入比“八五”计划期间提高68.4%，5年中，由株洲市管理和使用的各类资金4818万元，其中争取中央、省级非经营性的基建投资1552万元，争取各类专项资金和贴息资金1472万元，市本级安排的农业专项资金和预算事业费1794万元。在确保粮食生产的前提下，跳出传统产业，走农业产业化的道路，开发一大批名优特产，扶持了一大批乡镇龙头企业。主要扶持项目有“好恰”牌山茶油和“大地春”牌系列油茶制品茶皂素项目以及炎陵县的楠竹加工企业近50家。特产方面，拥有炎陵县的神农剑茶、新世纪梨，茶陵县的伏蒜，攸县的藠头，株洲县的鹿茸酒，荷塘区云田的花木。养殖业有醴陵的黑山羊、攸县的麻鸭、茶陵的菜牛等30多个特种养殖品种，特种养殖总产值1.5亿元，成为全市养殖业经济新的增长点。

（六）城市维护费

1953年，株洲城市维护费资金来源除财政拨款外，有公用事业附加税、工商所得税附加、城市维护建设税、城市建设资金、市房地产管理部门收入和环境卫生收入等。“一五”计划时期，城市维护费只有53.6万元，平均每年10.72万元，至“七五”计划时期，城市维护费达15310.1万元，平均每年3062万元，比“一五”计划时期年平均数增加285倍，其中市本级11747.7万元，占市本级46%。年均2349.5万元，县级3562.4万元，年均712.5万元。1953—1990年城市维护费支出 26406.2 万元，占经济建设支出 26.5%，其中市本级 22045.4 万元，县级 4361 万元；同期，全市预算外城市维护费支出 10576 万元，占财政部门管理的预算外支出 61.55%。

1991 — 1999 年，城市维护费支出累计 74783.3 万元，年均支出 8309.25 万元。主要用于城市品位的提升和城市功能的完善。

株洲市 1951 — 2000 年部分年份经济建设费支出统计表

表 9–1　　单位：万元

年　份	合　计	基本建设支出	企业挖潜改造资金	简易建筑费	科技三项费	流动资金	支援农村生产支出	农林水利气象等部门事业费	工交等部门事业费	城市维护费
1951	20.3	20.3	–	–	–	–	–	–	–	–
1955	149.9	143.7	–	–	–	–	–	0.9	0.4	4.9
1958	2251.7	2156.3	–	–	–	65.3	–	6.5	1.4	22.2
1960	1687.9	1555.4	–	–	–	–	122.2	10.3	–	–
1965	656.8	398.2	3.4	–	161.3	7.7	22.5	23.2	0.8	39.7
1966	1107.8	699.7	102.9	–	180.8	2.0	52.1	67.0	0.8	2.5
1971	2013.6	941.4	65.7	–	542.5	221.8	91.1	48.3	8.9	93.9
1978	4943.2	1513.3	998.6	123.0	500.9	395.0	309.6	204.4	30.6	867.6
1982	1628.2	77.1	285.9	132.0	52.4	125.0	141.1	200.1	78.1	536.5
1983	3096.1	21.0	338.8	127.0	70.2	6.0	404.0	1030.7	123.4	975.0
1990	8396.7	681.1	288.7	23.5	192.2	–	1807.3	1946.5	314.6	3142.8
1994	30686.0	4953.0	7941.0	1304.0	565.0	–	3152.0	3406.0	510.0	8855.0
1997	38202.0	6501.0	6463.0	1534.0	1626.0	–	4446.0	4609.0	777.0	12246.0
2000	36130.0	4797.0	5817.0	–	3392.0	–	3127.0	5277.0	1158.0	12562.0

二　教科文卫事业费支出

1951 — 2000 年，株洲市文教科学卫生事业费累计支出 368755.1 万元，占财政总支出的 27.6%。其中：1951 — 1990 年，为 73795.1 万元；1991 — 2000 年，为 294960 万元，这 10 年相当于前 40 年该项支出总额的 80%。

（一）文化事业费

1951 年，市文化馆年支经费 1618 元。1952 年，市区有文化馆、电影院各 1 个，文化支出增至 0.5 万元。

1957 年，新建文化馆、电影院、剧场各 1 座，并成立市歌舞剧团，全年实支事业经费 6.1 万元，比上年增长 5.8 倍。1959 年，全市有文化馆 16 个、俱乐部 84 个、业余文工团 124 个、文艺创作组 64 个，年支经费增至 9.1 万元。从 1963 年开始，对剧团实行以收抵支，差额补助。

1966—1976年，文艺团体“停演闹革命”，间或演出“样板戏”，收入大减，财政补贴增多，其中1966年艺术表演团体差额补助费增加到7.2万元，比1965年增长2.8倍。至1976年，文化事业费差额补助支出比1966年增加8万元，增长44%。同年，因图书馆、博物馆经费从文化事业费中划出，单独设置文物事业费，因此，文化事业费比上年减少9.8万元。这年文物事业费支出为5.2万元。

1978年，新设文化站37个，文化馆（站）经费增加7.3万元。其中增拨文化站修缮费和设备购置费6.8万元。

1980年，图书馆经费又划入文化事业费，加上艺术表演团体调整工资，增加副食品价格补贴，增拨修缮费等因素，当年文化事业费比上年增加支出18万元，增长61%。

1983年，全市（含辖5县4区）有175个文化事业机构，783名职工，年支事业费124.4万元，其中因工资调整，全系统年工资额增到19.5万元，艺术表演团体差额补助增至39.7万元。

1985—1990年，财政支出修缮费564.6万元，先后建成株洲市图书馆，青少年宫、艺术馆，总建筑面积12073平方米。同时补助5县市22万元新建图书馆；投资40万元改造株洲影剧院和人民电影院；拨付演出场地的设施、设备购置费125.3万元。从1988年起，市财政按照“核定预算支出、包死拨款基数、逐年递减、以收抵拨、超支不补、结余全留”的原则，对市直文化系统11个单位实行文化事业费承包，其他单位全面推行承包经营。至1990年，3年财政共拨付承包经费214万元，文化事业专项经费181万元（含基建拨款98万元，大型维修补贴46万元，特殊经费37万元），调资等新增经费13万元，为支持承包单位开展“以文养文”活动，提供周转金85.5万元。1991—1993年，实行文化事业费第二轮承包，财政在资金和政策上给予支持，1993年文化事业费比1991年增加89.92万元，增长30.16%，其中收入抵支出增长56.9%。

1995年，文化事业费实际支出764万元，比上年增加165万元，增长27.54%。其中文物事业费支出123万元；安排市博物馆基建款50万元。

1997—1998年，全市文化事业费实际支出5955万元，其中文物事业费实际支出549万元，其间，50个乡镇文化站通过了验收。

2000年，文化事业费实际支出1907万元，比上年增加206万元，增长12.11%，主要是政策性增资。文物事业费实际支出249万元，比上年减少45万元，减少15.3%。

（二）教育事业费

1949年8月，株洲镇仅有1所私立中学和58所小学，所需经费主要由旧有学产维持。1952年，私立建宁中学转为市立中学，中小学经费纳入预算，当年支出教育事业费13.4万元（含体育事业费）比上年增长2.94倍。

1953—1957年，中小学校发展到79所，共支出140.7万元，占同期财政总支出的10.55%。1958—1962年，教育事业出现大起大落。1959年，全市公办小学由1957年的79所剧增到335所，市办中学增至8所，新办师范学校1所，全年教育事业费支出123.6万元，为1957年的2.67倍。1960年，新办株洲工业专科学校和株洲市师范专科学校，教育支出增加到154.3万元，其中新增高等教育费 14.4 万元。1961 年，压缩办学规模。1962 年，师专、师范停止招生。株洲市区公办小学调整为 310 所，188 名教师精简回乡，农村 40 所初级小学，50 名公办教师转为民办。当年教育事业费支出减至 129.4 万元，其中教职员工工资支出比上年减少 9 万元。

1963 年 8 月，调整教职员工资，调整面为 40%。1964 年推行两种教育制度，大办农村耕读学校，当年教育经费支出回升到 171.3 万元。至 1966 年，农村耕读小学发展到 390 所，在校学生 9000 余人，平均年支出民办教育事业补助费 6.3 万元。

“文化大革命”期间，学校停课“闹革命”，教育经费主要是维持人员经费和“文化革命”费用。1971 年，废除考试制度之后，校舍奇缺，只好借用民房或建“干打垒”教室；由于师资不足，便大量启用民办教师。全市民办教师人数逐年增加，1970 年 570 人，1976 年达到 3034 人。1966 —1976 年事业费平均年支出 283.26 万元，平均年增长 16.27%；民办教师补助费年均增长 23.5%。

中共十一届三中全会之后，国家不断增加教育投入。1978 年，市专项安排中小学危房修缮费、课桌椅添置等费用共 100.1 万元，以改善办学条件，逐年精简不符合条件的民办教师，并提高民办教师补助标准。当年全市教育事业费支出 448.4 万元，比上年增长 18.91%，其中民办教师补助费增长 24.05%。

1979 年，市、县（区）新办教师进修学校，教师进修及干部训练费支出 14.6 万元，同年 40% 以上教职员工调资升级，并实行班主任津贴，工资和补助工资支出较上年增长 9.9%。1980 年，教育事业费支出 695.6 万元，比上年增长 37.91%，其中人员经费增长 41.6%。

1981 — 1985 年，全市教育事业费支出 11225.9 万元，占同期财政总支出的 23.42%。1983 年，全市（含醴、攸、茶、酃）共有中等专业学校 3 所、职（农）业学校 7 所、中学 234 所、小学 2484 所、教师进修学校 5 所、其他教育事业机构 192 个，教职工总人数 15775 人，教育事业费支出 2762.4 万元，占当年财政总支出的 28.71%。1985 年，教职员工实行工资改革，且又实行教龄津贴，工资总额比工资改革前增长 19.3%。新办市聋哑学校，增拨特殊教育经费 23.1 万元。当年，市财政从农业税附加、城市维护费和机动财力中安排资金 420.7 万元增加教育支出，是年预算内支出教育事业费 3702.2 万元，比 1984 年增长 18.85%，占全年财政总支出 23.5%。

1986 — 1990 年，市财政依据《义务教育法》安排教育事业费，并多渠道安排资金，支持教育事业发展。预算内支出 29436.4 万元，占同期财政总支出 21.68%；从预算外支出 274.1 万元；另征收教育费附加 6248 万元，单位和群众集资捐款 3181.3 万元、勤工俭学收入和学杂费收入约 3111.8 万元，均用于改善办学条件和解决学校经费。

从 1991 年起，全市教育事业费每年都有较大幅度增长。1993 年比 1992 年就增加资金 1501 万元。1994 年，全市教育事业费实际支出 17845 万元，比上年增加 5221 万元，增长 41.36%。1996 年，教育事业费实际支出 24365 万元，比上年增加 4489 万元，增长 22.59%。是年株洲市成为省成建制“两基”达标城市，完成了市二中、八中的整体搬迁工作，全市有 27 所中学完成“三机一幕”的配套建设。

1997 年，教育事业费实际支出 50506 万元，比上年增加 20236 万元，增长 66.5%。2000 年，支出达到 61866 万元，比上年增加 3436 万元。

（三）卫生事业费

医院经费 1951年，市属医院规模很小，年支出经费0.3万元。1953年，市立医院有病床30张，医务人员36人，行政勤杂人员20人，财政共支付工资和供给生活费1.69万元。1954年，对公立医疗卫生单位财务收支实行“全额管理，差额补助、核实报销”办法，医院经费比上年减少43.24%。1958年，新建市二医院，全市医院病床达923张，比1957年增加50%，医院经费4.3万元，比上年增长2.91倍。1960年，医院工作人员基本工资和3%附加工资全部由财政拨给，其余各项开支由医院收费解决。当年医院差额补助实际支出17.7万元，比上年增长2.05倍。1966年，由于药价降低，医疗单位补助增加，给民办医务人员增发工资补助，当年整个医院经费支出31.1万元，比上年增长56.28%。1973年，扩建市立一医院，新增病床220张。当年实际支出医院经费70.9万元。1975年支出63.4万元。1980年，实行医务人员卫生津贴制度。同时城市集体所有制医院职工退休、退职经费由财政拨付，加上医院职工调整工资，全年支出119.4万元，比上年增长12.85%。1982年，实行两种医疗收费标准，医院收入增加，市财政按病床数给予补助，其补助标准为1600～1700元/年，当年增拨医院差额补助费58.35万元。1983年，行政区划扩大，全市共有医院15所（含中医院6所），全民职工4065人，集体职工2286人。市财政对全民所有制医疗单位职工工资按每人年支出780元包干，对集体医疗单位职工工资按每人年支出375元计算，全年医院经费支出331.2万元，其中市本级支出169.6万元。1985年，医疗系统工资改革，护士发放护龄津贴，增加差额预算拨款59万元。同年，拨专款92万元，给市立一医院建门诊楼5300平方米，并投资78万元，建成老干部病房。1987年，医疗单位推行目标管理，达标要求与床位经费挂钩，实行科室核算，收入和支出都有增加，经费实际支出658.7万元，比上年增加92.1万元。1990年，全市有医院21家（含中医院8家），国家职工4154人，集体职工414人，财政支付医院经费502.8万元。1996年，市一医院新住院楼财政补助300万元；1998年，血站筹建，财政补助100万元。

农村卫生院补助费 1953年，株洲市有郊东、郊北二个区卫生所，医务人员7人，年支出经费0.8万元。1958年，发展5个农村医院。1959年，又在郊区10个公社新建11所社属医院，159个大队卫生所，设简易病床360张，市财政年支出补助费1.5万元。1971年，新建农村地区医院2所，病床60张。1972年，单设区公社卫生院经费。1973年，新建和改建5所农村县、区、社医院，建病房170间，面积3200平方米，新增病床40张，医疗器械600多台(件)。至1974年，共有县、区、乡医院全民职工272人，集体职工785人，年支差额补助费26.8万元。1983年，扩大行政区域，农村医院、卫生院增到157所，年支出164.6万元。1987年，区、乡卫生院增到2900人，其中集体职工占71.8%，当年支付补助费234.5万元，比上年增长8%。1991年，全市有乡村卫生院全民所有制差额单位15个，集体单位138个，职工3484人（含离、退休人员），全年实际支出补助费286.8万元，占当年卫生事业费实际支出16.08%。由于农村卫生院点多人多，补助逐年增大。1972—1991年，市财政共支出补助费2468.2万元，占同期卫生事业费实际支出的18.22%，相当于医院经费的41.66%。

防治防疫事业费 1952年，株洲市卫生防疫站配有专职工作人员11人。1953年，增到20人，年支出经费 2.5 万元。1959 — 1965 年，郊区范围扩大并成立株洲县卫生防疫站，机构人员增加，防疫经费年平均支出 6.13 万元。1967 年增到 21.3 万元，为 1966 年的 3 倍。1980 年，对卫生防疫人员增发防疫津贴，市、县防疫站工作人员发展到 109 人，年支出经费 25.1 万元。1983 年，市辖 5 县 4 区，防治防疫机构比上年增加 4 个，工作人员增加 121 人，年支出经费比上年增加 62.4 万元。1986 年，有防治防疫人员 396 人。由于工资改革和增加统一着装费等事业费支出比上年增长 65.2%。1988 年，防疫队伍不断扩大，加强各种传染病防治。同年新建市劳动卫生职业病防治所，建筑面积为 7036 平方米，1989 年，财政投资 151 万元，改善市职业病防治和医疗条件。1991 年，市财政支付防治防疫事业费 292.5 万元，其中支出改水经费 6 万元，灭鼠经费 15 万元。从 1997 年起，财政分 3 年共补助 150 万元投入农村改水工程，使全市 98% 的农民喝上了清洁卫生水。从 1999 年起，每年补助 20 万元投向农村卫生扶贫工作，使农村卫生条件得到了改善。

妇幼保健费 1952 年，设立 9 个新法接生站，培训接生人员 45 人。同时设立 3 个保健站。1957 年，妇幼保健机构扩大，年支出经费 2.4 万元。1968 — 1978 年，妇幼保健费并入其他卫生事业费科目。1979 年恢复设项，当年支出 7.1 万元。1983 年，全市有妇幼保健机构 10 个，职工 116 个，支出 36.2 万元。1985 年市妇幼保健院进一步完善医疗设施，年支出 55.1 万元。1990 年妇幼保健人员增加到 151 人，经费支出比 1985 年增长 21.6%。1999 年，加大对妇幼保健事业的投入，共补助 300 万元建成妇幼保健新住院大楼。

合作医疗补助费 从 1973 年起，农村生产大队实行合作医疗制度。市财政从卫生事业费中列支 0.6 万元扶持穷队合作医疗。1975 年，农村生产大队“赤脚医生”发展到 800 人，卫生员近 4000 人。1976 年，在卫生事业费项下单设“合作医疗补助费”科目，包括赤脚医生培训费、补助费和扶持穷队办合作医疗补助费。至 1983 年共培训“赤脚医生”9421 人次，平均年支出 1.2 万元。1983 年以后，农村经济发展迅速，此项经费逐年减少，至 1988 年取消这项补助。

公费医疗经费 从 1952 年 12 月起，行政、党群及所属单位的国家工作人员均享受公费医疗待遇。经费分配标准按每人每月 1.5 元计算。1953 年，全市享受公费医疗人数 1200 人，共支出 1.7 万元，人均年支出 14.16 元，比定额少支出 3.84 元。1956 年，享受公费医疗人数增到 1484 人，年支出 4.1 万元，人均年支出 27.6 元，超过省定额 9.6 元。1959 年，市郊区范围扩大，公费医疗费用增加。1962 年，人均年支出定额从 18 元提高到 20.5 元，实际年支出人均达 29.27 元，超过定额 8.77 元。1964 年，全市公费医疗经费超支 4.17 万元，人年平均 32.25 元。1965 年，门诊挂号费和出诊费，改由个人缴纳，当年人均支出 31.75 元。1971 年，省核定每人全年公费医疗费 20 元，全年总支出数为 22.8 万元，超过省规定 4.28 万元。1975 年 3 月，全市公费医疗费统一管理，并从 7 月 1 日起试行“部分药品自费”的规定，全年公费医疗的支出为 36.3 万元，人均均支出 46.39 元。1976 年 7 月，改“统一管理”为“分级管理”，实行凭公费医疗证和单位记账单到合同医疗单位就诊的管理办法。经费按人定指标由单位掌握使用。当年享受人数为 10211 人，每人平均开支 42.11 元。

1978 年，执行新“自费药品范围”的规定，人均年支出定额提高到 30 元，结果仍超支 19.3 元。1982 年，实行预算包干管理，按人均年出支 30 元包干到各单位，其中 18 元包给个人，年终结余的

60% 归个人作为奖励，超过定额的部分由各单位在其他经费节余中调剂解决。1985 年，又将人均年支出定额提高，行政单位 60 元，事业单位 45 元，并陆续推行“医院承包、定点治疗，超支不补，节余留用”的管理办法，由于中西药品普遍提价，医疗费标准提高，职工年龄结构趋于老化，癌症和其他疑难病症增多，以及管理不严等，致使公费医疗支出逐年增长。1986 — 1990 年，公费医疗累计支出 2463.5 万元（不包括各单位行政事业费列支的经费），年均递增 17.46%，人均年支出由 1986 年的 89 元增加到 1990 年的 175 元，超过定额 191.7%。若剔除代管的中央、省属单位公费医疗经费部分，地方公费医疗经费人均年支出为 198.5 元，市本级人均高达 270 元。

从 1996 年起，财政补助各单位医疗费，门诊按全额一级单位每人每年 300 元、二级全额单位和差额单位按 200 元和 60 元包干使用，年终对离休、癌症等特殊病人进行补助，当年财政支出医疗经费 1781 万元。随着生活水平和医疗水平的提高，到 2000 年财政支出 2336 万元，基本保证了行政事业单位人员的医疗需要。

（四）科学事业费

1961 年，市财政单独设科学事业费，当年仅有科学研究费支出 0.5 万元。1963 年，增设科技档案事业费。1976 年，分设科学研究费、科学普及经费和档案经费。1980 年，将科学普及经费改设科协事业费。1982 年又增设科委事业费。据 1961 — 1967 年、1970 — 1982 年的统计，全市共计支出科学事业费 92.3 万元，平均每年支出 4.6 万元。1983 年，全市科学事业机构增加到 13 个，年支出科委事业费 16.4 万元，科协事业费 2 万元，档案馆经费 38.2 万元，合计 56.6 万元，占文教科学卫生事业费支出 1.34%。1986 年，由农林水各部门事业费开支的科学研究经费改列为科学事业费，当年支出 72.3 万元。1990 年，科学事业机构增至 17 个，职工达 728 人。全市科学事业费支出 131.7 万元，比 1985 年增长 53.68%。

1994 年，科学事业费支出 351 万元，比上年增长 35%；1995 年实际支出 419 万元。1996 年，为贯彻“科教兴市”的市策，财政加大对科技的投入力度，株洲市被国家科委正式批复为“国家级星火技术密集区”，当年支出 520 万元。以后每年均给予大幅度政策性增资。2000 年，科学事业费支出达到 1065 万元。

三　行政管理费支出

（一）行政支出

中华人民共和国成立后，境内政权机关、党派团体以及由国家预算开支的乡（镇）行政人员经费实行定员定额管理。1951 — 2000 年，累计支出 150926.6 万元，占同期财政总支出的 11.3%。

人员经费　中华人民共和国成立初期，国家对行政单位工作人员实行供给制和对少数留用人员保留薪金制的办法。供给制按大、中、小灶三等，以大米计发生活费、津贴费，另发衣服、被帐等实物。1950 年，株洲镇建制配备干部、杂工 28 名，经费由湘潭县财政统拨，供给制人员生活费折合人民币人均年支出 184 元，工资制人员人均年支出不过 270 元。从 1951 年 9 月起，实行“以大米价计算工资及供给生活费按工资分计发”的规定。编制不足15人的单位，按大米2.5 ~ 7.5千克计拨伙食补贴。建立工会组织的按职工实际工资总额的2%拨交工会经费。1952年，供给制改为供给包干制。7月，供给制改为29级，按月根据物价指数得出工资分值折发货币，职工工资平均提高20%左右。职工福利费和小单位伙食补贴以每人每月5 ~ 10分的标准计算，由单位掌握使用。1953年，全市党政机关行政供给制人员296人，每人每月平均工资分约120分，人均年支出294元。工资制人员183人，月平均工资分165分，人均年支出390元。1955年7月，行政系统改供给包干制为货币工资制，并实行物价津贴制度。当年人员经费29.7万元，比上年增长53.09%。1956年3月，株洲市升格为省辖市，行政人员增多，支出也相应增加。同年4月进行工资改革，取消工资分制度和物价津贴，统一实行新的货币工资标准。株洲市划为第三类工资区。全年共支付行政人员工资43.4万元，比1955年增加46.12%。1958年，工会经费改按工资1%的标准拨付，福利费改按工资总额1.5%提取。1959—1961年，株洲市郊区范围扩大，机构、人员增加。1960年，有行政人员1778人，年支出工资102.8万元。1962年压缩编制精减职工171人，支出精简处理费2.26万元。1963年8月，国家调整部分职工工资，株洲市调高为四类工资区，每人每月增加调类工资1.5元。工资调整后，全市行政系统1758人，人均月工资达55.1元，当年8—12月共增加工资支出4.63万元。

1964年3月，恢复小单位伙食补贴，每人每月补贴1 ~ 1.5元。7月，县、市以上单位福利费按工资总额2.5%提取。从1965年1月起，福利费改按每人每月1.27元计算。从4月1日起，给行政14级以下职工每人每月发粮价补贴1.5元，全年粮价补贴支出2.1万元。1966年8月，粮价补贴提高到每人每月2.5元。

1971年7月，调整部分工作人员工资，调整面为15%，调资职工平均月增工资5.7元。1977年10月，行政系统40%职工调整工资。调级职工年平均增加工资67.2元。1979年11月，国家部分职工再次调整工资，行政系统调级面仍为40%，升级人员每人月平均增加工资7元。同时，工资区类别提高到五类，人均月增1.5元。同年，行政机关的离、退休人员经费改由原单位开支，易地安家的，由原单位交民政局发给。

1980年，对全市行政事业单位预算包干结余奖励提成和奖金发放有关事项作出规定，全额预算单位定额节约可提取50%（县级可高于50%），作为集体福利和个人奖金。发给职工个人的奖金，全年累计最高限额为50元，当年全市行政人员补助工资支出比上年增长89.7%。

从1981年起，福利费每人每月按1.5元计算，职工死亡殓葬费提高到300 ~ 400元。

1982年10月，行政部门98%的职工调升工资，人均年工资较上年增长20%。同年起，专设“离休、退休人员费用”科目，当年行政列支离、退休经费15.8万元。

从1983年起，行政单位从包干节余款中每月发给职工洗理费2.5元。年终发放增收节支奖金人均60元。醴陵、攸县、茶陵、酃县划归株洲市管辖之后，全市行政系统共有职工6009人，年终共列支奖金34.12万元，占当年补助工资支出的47.32%。1984年，增收节支奖金人均年支出120元，全市行政系统实发奖金113.46万元。

1985年5月，离、退休人员每人每月增发生活补助费17元，当年行政系统有离、退休干部1045人，年支出离、退休经费 1061.1 万元。同年 7 月，行政事业单位实行工资改革，将原来等级工资制改为岗位（技术）工资为主要内容的结构工资制度，境内的工资区调整为六类。人均月工资较改革前增加 18.25 元。当年行政系统实际调资支出 233.4 万元。另外，市规定，每人每月增发书报费 3 元，物价补贴费 5 元，洗理费 5 元。当年，行政人员工资和补助工资支出 740.9 万元。

1987 年，工资微调，当年行政系统工资总额比上年增加 167.1 万元，增长 17.91%。1988 年，对现年 50 岁以上，工龄 30 年以上的一般干部，分别不同情况，一次性定为副主任科员或主任科员，并按本职务最低一级职务工资标准套级，给部分老同志增加了工资。当年，行政系统调增工资职工 1499 人，月增工资 1.15 万元。同年 4 月份起，每人每月发给“四种食品”价格补贴 10 元。当年市财政增加行政部门职工主要副食品价格补贴 82.3 万元。

1989 年 10 月，再次实行工资普调。全市行政系统有 1812 人调升工资，其中调升 2 级的 1424 人，月增工资 2.8 万元。

1990 年，继续发给职工岗位（目标管理）责任制奖金，上半年人均 100 元，年终人均 120 元。同年，将机关工作人员死亡殓葬费调整为 600 ～ 700 元。乘坐公共汽车上下班的职工，每月可凭据报销 8 ～ 12 元。骑私人自行车上下班的职工每月可报销单车修理费 5 元。是年，全市行政机关工作人员 8077 人，离、退休人员 1491 人，共计支出人员经费 1970.1 万元，占全年行政支出 62.01%。

1991 年，机关工作人员书报费、洗理费由原来每人每月 8 元提高到 16 元，1993 年增到 36 元，并新增粮食补贴 5 元，全市行政管理费类中人员经费支出 3834 万元。比上年增加 894 万元，增长 30.41%。

1994 年，人员经费中工资套改增加工资 1556 万元，全市率先实现湖南省委、省政府提出的国庆节前公务员工资全部兑现，工资费用增加 510 万元。

1997 年，适当增加公务员生活补贴，增加支出 1365 万元，全市行政经费支出比上年增加 2673 万元，其中个人部分 8788 万元，比上年增加 1642 万元，增长 22.98%。

1998 — 2000 年，一般预算内行政管理费总支出为 54853 万元，每年增幅控制在 15% 之内，保障了行政事业单位工作的正常运转。

公用经费　1954 — 1990 年，行政公用经费共支出 11275.2 万元，占同期行政支出 45.19%，年均递增 15.77%。

1991 年后，市财政以各单位上年实际支出数和实有人数为依据，按工资总额的 1.5% 列支。1991 年，公用经费支出为 3707.7 万元，1993 年支出 4594.7 万元，较 1991 年增长 23.92%；1996 年，公用经费支出 6984 万元，1997 年支出 8015 万元，比上年增长 14.76%。

公务费　包括办公费、邮电费、水电费、会议费、公用取暖费、差旅费及车船燃料维修费等，是公用经费中最大的项目。公务费的开支标准，历年变更频繁。1979 年以前，市财政以各单位的上年实际支出数和实有人数为依据安排预算。从 1980 年起，定额不断提高，至 1984 年行政事业单位公务费实行包干，人均年支出定额为 200 元。1985 年，公务费包干提高标准，市级各机关每人每年 450 元，郊、县每人每年 400 元，没有业务管理任务的单位按人年 300 元包干。从 1988 年起调整为 500 ~ 550 元，1990 年支出 674.2 万元，人均年支出 875 元，比 1985 年定额增长 94%。1953 — 1990 年累计支出 4712.6 万元，占公用经费支出的 41.8%。

1991 年，公务费支出 888.2 万元，占公用经费的 23.96%；1997 年因增加人员相应增公务费、业务费 188 万元，占行政经费的 1.12%。

设备购置费 1957 年，规定按机关总人数每人每年 2 元列支。其后一般不专列预算，而是包括在公用经费总定额内，由各单位自行调剂使用。1954 — 1967 年，共支付购置费 57.5 万元，平均年支出 4.1 万元，占同期公用经费 10.6%。1972 — 1990 年购置费支出 1380.9 万元，占公用经费 12.9%。其中 1985 年购小汽车 56 辆。1991 年，设备购置费 408.3 万元，占公用经费的 11.01%；1994 年，设备购置费比上年增加 435 万元，主要用于更新购买小汽车 43 台。以后逐年增加，主要为车辆、电脑等设备购置。

（二）公、检、法、司支出

1981 年，公安支出在行政费类中设项反映。1981 年，司法检察支出设项单列。1988 年起，将公安、司法、检察支出从行政费类划出，增设公检法司支出类。

公检法司机关人员经费开支项目和标准，大致与行政机关相同。公安机关人员的工资标准，1983 年由国家行政工资标准改为人民警察工资标准，人均月工资比 1981 年增长 46%。1985 年，执行国家关于公安干警工资高于地方、低于军队的精神，公安干警工资高于同级行政人员工资 15% ~ 20%。1986 年，全市公安系统列支工资 144.4 万元，人均月工资比 1983 年增长 47.62%。公检法司人员补助工资，除行政部门所列的项目外，还有法医及毒物化验人员享受保健津贴和营养补助，公安干警享受值勤岗位津贴。从 1987 年 4 月起，公安干警执勤津贴为每人每天 0.3 ~ 0.5 元。从 1989 年 10 月起，津贴标准在原标准基础上提高 1 倍。1990 年，全市支出补助工资 123.7 万元，占公安机关人员经费 27.4%。1993 年，全市公检法司机构 245 个，职工 3502 人，全年支出 3309 万元，比 1990 年增加 1413 万元，增长 74.53%。其中人员工资及各种补贴较 1990 年增长 90.41%。

公检法司部门的公用经费开支标准，亦基本上比照行政机关的有关规定执行。开支项目主要有公检法人员的服装购置费、武器警械购置费和公检法司各部门的技术装备购置维修经费、专业活动经费及房屋修缮费等。1985 — 1990 年，公检法司公用经费支出 3707.7 万元，其中支出修缮费 1044 万元，设备购置费 408.3 万元，公务费 888.2 万元。1994 年，公检法司支出类实际支出 7879 万元，比上年增加 1.26 倍。

1995 年，公检法司支出类实际支出 9970 万元，比上年增加 2091 万元，增加 26.5%，主要是工资增资，人员增编，同时增加了对政法部门办案业务经费的投入。1996 年，公检法司支出 10838 万元。同年，株洲市、县财政新增投入 1128 万元，用于保证政法部门办案、实施新的《刑事诉讼法》的正常需要。市中级法院、检察院办公侦技楼相继完工交付使用。市公安系统建立“110”报警系统、新增 300 个警力，交警部门建立“122”便民服务系统。

1997 年，公检法司支出 17013 万元，比上年增加 6175 万元，增长 56.98%，当年建立 410 兆多功能无线、有线组网 2 个通讯系统，建成 GPS 卫星定位跟踪显示装置和市长监控指挥中心，以及开通“122”交通事故报警台等；基层干警“五小工程”建设已达到60%。

1998 — 2000年，公检法司支出为43776万元，加之预算外经费，体现了重点保障支出的优先，其中投入400万元更换专用设备，建立110出警由静态出警改为动态出警；还进行户改网络设备的建设。

（三）社会保障支出

抚恤事业费 1952年，全市有在职残废军人64名，在乡残废军人5名，享受伤残抚恤待遇。1953年，为烈军属405户、711人发放生活补助费，年支出抚恤事业费0.8万元。1954年，除对93名残废军人和1035名城乡烈军属发放抚恤费外，还给77名烈军属子女发放入学补助费。1955年，调整牺牲、病故人员一次性抚恤金标准。从1956年开始，市政府对第二次国内革命战争时期牺牲的革命烈士及家属凡未经抚恤的追加一次性抚恤。1962年，市区有牺牲、病故抚恤对象7人，残废抚恤对象238人，享受烈军属定额补助的133人，年支出抚恤事业费6.3万元。随着市辖区域扩大，抚恤对象不断增加，各项抚恤标准提高，抚恤事业费支出额亦逐年增大。1983年，市辖5县4区，当年享受牺牲、病故抚恤的285人，烈军属、复员、退伍军人得到“双定”（定期定量）补助的5171人，临时补助的4085人，全年抚恤费支出140.7万元。1990年，牺牲、病故人员达2161人，支付牺牲、病故人员抚恤费7.5万元；残废抚恤对象1730人，残废抚恤支出44.7万元；“双定”补助人数增至11338人，临时补助人数增至6495名，年支出补助费337万元。这3项共支出389.2万元，占抚恤事业费的82.88%。1991年，提高抚恤事业费标准，支付牺牲、病故人员抚恤费7.5万元，残疾抚恤支出44.7万元，“双定”补助、临时补助支出337万元。这3项共支出389.2万元，占抚恤事业费的82.88%。

从1981年开始增设退伍军人安置费，是年为部分义务兵退伍回乡后补助建房，市财政拨付建房专款1.8万元，安置退伍军人499人。1981 — 1990年1264名退伍军人拨补建房累计支出46.2万元。此外，在抚恤事业费中还有优抚事业单位经费及其他抚恤事业费。累计支出453.8万元。

离退休、基本养老费 1959年前，由民政部门归口管理的离休退休人员费用，由民政部门按规定标准列支。

从1960年起，市财政开始单列退休费支出，当年支付0.2万元。从1979年4月起，执行省规定：凡在国务院1978年104号文件下达前的退休职工继续由民政部门发给退休费，此后批准的就地安置的退休人员，退休费由原单位发给。易地安家的仍转由安家地的民政部门发给，当年列支退休费23万元。1982年，增设离休费科目，离休老干部除原工资照发外，还按年发给一定数量的生活补贴。1983年，市辖区域扩大，全市归口民政部门管理的退休人员834人，改办离休人数20人，全年支出退休费61.7万元、离休费1.8万元。1976 — 1990年，全市财政共计列支离退休费1220.5万元。

1986年，株洲市开始建立企业基本养老制度。1996年，养老保险基金由于一些企业效益不好，开始入不敷出，加上社保经办机构一直采取养老金差额缴拨的办法，使养老金不能按时足额发放。1998年，财政补助养老金1321万元，当年养老金收缴37996万元，发放43911万元。1999年，财政基本养老补助达7557万元。2000年财政基本养老金补助7229万元，实现了养老金按时足额发放。

社会救济事业费 1950年，配发农村救济粮4500斤，分别贷给218户贫苦农民。对城市贫民则以参加以工代赈和对老弱者按月发放救济米的办法予以救助。

1952年，市财政始列城市救济事业费和农村救济事业费。1954年，救济农村贫困户2667人，城市贫民661人，还对117名城市失业人员发给生活、生产补助费，全年支出1.2万元。1958年以后，农村社会福利救济费主要用于对“五保户”（保住、保吃、保柴、保穿、保医）的生活救济和集体办的敬老院的经费补助。1962年，支出补助费40.6万元，重点救济农村贫困户21568户，78381人，城市困难户10296户，39546人。

1964年，始列精简退职老弱残职工救济费，救济费标准为本人原基本工资的30%。1965年7月起，一律改按原工资的40%发给，并可凭证支报三分之二的本人医疗费用。随着国民经济发展和国家财政收入的增加，社会福利救济费标准不断提高，支出不断上升。1976 — 1982年，支出社会救济福利事业费292.7万元，占同期抚恤社救费类支出的46.17%。

1983年，市辖5县(市)4区，全市有社救事业机构6个，职工97人，接受城镇居民困难户定期定量救济人数512人，享受40%工资的退职老弱残职工1231人，“五保户”5738人，福利工厂安置盲聋哑残人员187人，救济释放的国民党县以下人员及起义投诚人员计141人，当年共支付社救事业费159.2万元，占本费类支出24.2%。

从1989年1月起，实行精简退职老弱残职工定期定量救济标准，市区每人每月31元。1990年支出社救费276.8万元。

1997年，开始实行城市最低生活保障工作。当年，全市享受最低生活保障对象为14142人次，共发放保障金127万多元。1998年，全市为17328人次，发放保障金131万多元。1999年，为6800多人，发放保障金451万元。2000年，享受低保对象9056人，其中企业享受低保对象4843人、城镇居民3836人、民政救济对象377人，累计发放保障金900.84万元。

从1998年起，根据中央精神，财政开始补贴国有企业下岗职工基本生活费2234万元；1999年，财政补贴4156万元；2000年，财政补贴5558万元。

自然灾害救济费 1957 — 1967年，株洲市支付自然灾害救济费63.5万元，其中1963年秋冬和1964年春夏共发放救济款31.6万元。1973年6月，市郊区和株洲县的27个公社（镇、场）遭受水灾，洪水冲垮小Ⅱ型水库2座，山塘水坝多处，淹没水田4382.67公顷，当年支付救灾专款15万元。

1983年，茶陵、酃县连降暴雨，水灾严重，全市自然灾害救济费支出294.6万元，占当年抚恤和社救费类支出44.77%。1985年，支出自然灾害救济费282.2万元，其中湖南省拨救灾款100万元，用于扶持多灾连灾的贫困地区灾民开展生产自救。1989年，全市共支出自然灾害救济费313万元，比上年增加113.5%，其中开支救济费162.2万元、扶贫经费70.7万元。救济受灾群众66532人，扶助贫困户31044人。

1990年7月初，全市遭受严重的洪水灾害，当年支出自然灾害救济费280.8万元。1993年，发放自然灾害救济费357万元，救济人数达58972人，占当年自然灾害受灾人数的64.46%。除1998年受长江流域洪水的影响财政支出自然灾害救济费580万元外，其余年间财政支出自然灾害救济费都在400万元左右。

第三节 财政管理

一 财政体制

（一）市级财政体制

1949年8月，株洲只是湘潭县财政的一个报账单位，经费按月领报。株洲征收的税金和实物全数上交。

1951年7月至1952年，株洲市为县级市，实行统收统支的办法。

1953年，建立省辖市一级财政预算管理体制，实行“划分收支、分级管理”的办法，屠宰税、契税、房地产税、特种消费行为税、使用牌照税以及地方国营企业收入等，作为固定收入来源；另将货物税、工商业税、印花税、交易税、存款利息所得税划为固定比例分成收入，计划一年一定，分成比例亦一年一定。财政支出按照隶属关系和业务范围划分。1954年，弥补收支差额，采取固定比例分成的划税办法，确定工商营业税，市分成29%。1955年，省将原属预算外管理的县企业收入、公私合营企业收入、机动田租收入、公有林山价收入、渔业税收入、中学学费收入等改为预算内的固定收入，并给市工商营业税和工商所得税各20%分成。1956年，收支划分基本不变，除将工商业营业税和工商业所得税各增到30%分成外，还确定商品流通税、货物税分成比例各为15%，农业税分成30%，公债分成40%。1957年，调整部分项目的分成比例，工商业营业税和工商业所得税为15%，农业税为60%。

1958年，实行“以收定支，三年不变”（后改为五年不变）。明确划分地方财政收入，固定收入有：地方企业、事业等收入以及印花税、利息税、屠宰税、牲畜交易税、城市房地产税、文化娱乐税、车船使用牌照税等全部留市；企业分成收入：包括中央、省划给地方管理的企业和虽由中央管理参与分成的企业利润，以20%分给市；调剂分成收入：包括农业税、货物税、营业税、商品流通税和公债收入，市分成15%。这种体制只实行1年。

1959—1970年（1968年除外），实行“收支下放、计划包干、地区调剂、总额分成、一年一定”的办法。1959年，按收支计划5.9%的坐支和20%的超收分成，当年实得分成收入670.5万元。1962年，坐支比例为15%，超收分成比例20%，实得分成收入432.3万元。

1963年，调整株洲市固定收入，有地方税、饮食服务收入和其他收入，调剂收入有工交企业收入、工商统一税、工商所得税、农业税、盐税，市留成17.64%。1964年除房地产税留市外，改行总额分成体制，上解78%，留成22%，超收分成17.3%。

1965—1966年，改为“总额分成、加小固定”。小固定收入包括5种地方税、饮食服务业收入和其他收入全部留市，固定收入指标一年一定，超收归地方，短收由地方补贴，其余为分成收入。市分成比例1965年为13.07%，超收分成12.6%；1966年分成比例为9%，对分成收入项目的超收市按 20% 分成。1967 年，取消“小固定”，实行“收支挂钩、总额分成”，市分成比例为 9.7%。

1968 年，又改为“收支两条线”的办法，收入全部上缴，支出统由省核定拨付。1969 年，恢复“收支挂钩、总额分成”办法，市分成比例为 24.28%；1970 年，实行“定收定支、总额分成”，市分成比例为 25.81%。

1971 — 1973 年，实行“支出包干、超收分成、年初定好、当年不变、收入增减、不调比例、支出超支、自求平衡”的财政体制。省定超收分成比例是：1971 年、1972 年为 40%，1973 年为 30%。

1974 — 1975 年，实行“收入按固定比例留成，超收另定分成比例，支出按指标包干”的办法，这 2 年省核定固定留成比例为 1.2%。

1976 — 1977 年，实行“定收定支、收支挂钩、总额分成、一年一变”的办法，总额分成比例分别为 10% ~ 20%（7 月 1 日改为 20%）。1978 — 1979 年，改为“定收定支、收支挂钩、增收分成”的办法，市挂钩分成比例这 2 年为 40%，增收分成比例分别为 15%、30%。

1980 — 1984 年，实行“划分收支、分级包干”，即分灶吃饭的体制，固定收入包括所属企业收入和上划中央企业的利润划给市 20% 的部分、工商所得税、其他工商税、滞纳金和补税罚款收入、盐税、农业税、其他收入，调剂收入为工商税。支出包括地方的投资、各项事业费、城市维护费、支援农业生产支出、行政管理费及其他支出。原由省统筹安排的基本建设投资、各种专项拨款，不计入包干范围内。固定收入实行比例分成。调剂收入实行增收分成。株洲市属于固定收入大于支出的地市，工商税全部上缴。1980 — 1981 年，确定市留成和增长分成比例均为 40%，调剂收入增收部分，分成比例 20%，全年共得分成收入 2779.4 万元，年终尚有机动财力 568 万元。1983 年，市留成比例调整为 50%，调剂收入增长部分分成比例调整为 30%。1984 年，改“固定收入包干分成”为总额包干分成体制，市分成比例为 27.5%，超包干收入基数部分分成比例为 30%，实际收入超计划部分分成比例为 50%。

1985 年，继续实行“收支挂钩、总额分成”的办法。但收支包干项目作了重大调整，税源大收入稳定的电力、有色金属的工商税收归中央和省，市不参与分成；饮料酒税、建筑税留市，人民防空费、国拨城市维护费和公社财政干部经费、上划交省。

市管县后，县（市）实行的“定额上缴、超收全留”的体制，市负担超收数额的 25%。

1986 — 1987 年，分成比例未作变动，但作了调整：价格补贴，包括生活用煤的补贴、平抑蔬菜价格补贴，改为纳入预算支出；对县的定额补贴增加 5%，对部分大中型企业逐步适当减免调节税，提高固定资产折旧率；原作市分成收入的奖金税收归省级收入，但年终结算可分成 10%；开征农林特产税，收入分成中央和省各 30%，市 10%，县 30%；上缴中央省级收入的能源交通基金，年终返还 7%。

1988 — 1990 年，实行“定额上缴、递增包干”。上缴基数为 20501 万元，且从 1988 年起按年递增比例 8% 上解。从 1992 年起，省确定株洲市财政上缴递增比例由 8% 减为 6.5%。

从 1994 年起，实行分税制财政体制，根据事权与财权相结合的原则，将税收收入分为中央收入、地方收入、中央和地方共享收入，并通过配合以中央对地方，上级政府对下级政府的转移支付制度，以调节不同地区预算财力的差距，实现公平分配的原则要求。

1994 — 2000 年，省对市实行“分税制”财政体制，即划分省与地市的收入范围，省级收入主要包括：原省属企业上缴的所得税和利润、省级工商税、原省属其他收入；地方收入包括：地方企业所得税和上缴利润、地市的工商税收、农牧业税和耕地占用税、地市的其他收入；资源税、土地增值税、城镇土地使用税通过结算实行省与市州各分成 50%。1996 年，对省级收入范围作适当调整，重新明确了金融、保险、电力、石化等企业及其实体所缴税收的范围。从 1999 年起，资源税、土地增值税、土地使用税的 50% 直接入省库，不再实行结算上解。7 月起，固定资产投资方向调节税实行减半征收，从 2000 年起暂停征收。从 2000 年起，工商、技术监督部门财务上收省管，行政性收费和罚没收入全额纳入省财政预算管理。

实行分税制后，株洲市地方税收收入包括营业税（不含各银行总行、铁道、保险公司集中缴纳的营业税）、地方企业所得税、个人所得税、城镇土地使用税、固定资产投资方向调节税、城市维护建设税、房产税、车船使用税、印花税、屠宰税、农业税、农业特产税、耕地占用税、契税、国有土地有偿使用收入、资源税等，以及增值税的 25%。株洲市地方支出主要负担市政权机关运转所需支出以及本地区经济、社会事业发展所需要支出。

在划分收入和支出的基础上，中央、省相应调整政府间财政转移支付数量和形式，除保留原体制中央、省财政对市的定额补助、专项补助和地方上解外，还建立中央、省财政对市财政的税收返还制度。1994年，在核定株洲市的税收返还基数40630万元基础上，按增值税和消费税（简称上划“两税”）的平均增长率的1：0.2系数确定增长率，以后年度税收返还额都是在上年的基础上按增值税和消费税的平均增长率的1 ：0.2系数确定增长率返还额。

（二）区县乡级财政体制

区级财政体制 1958 年 7 月，成立市郊区办事处，设一级财政（实为半级财政，不设金库），对郊区采取“总收总支、以收抵支、层层包干、收大于支的上缴、支大于收的补差”的办法。1959 年，郊区实行“收支下放、计划包干、比例坐支、超额分成”的体制。坐支比例定为 20%。1961 年，对郊区实行“比例坐支、结余留用、超收分成、一年一变”的办法。对城市的田心区，采取“收支下放、分别计算、分别上缴下缴、超收分成、支出包干、一年一变”的办法，给郊区、田心区超收分成比例均为 10%。

1963 年，撤销郊区一级机构，其一级财政也随之取消。

1970 年，城市东、南、北 3 区和市郊区，均未建立一级财政，系财政的报账单位。

1979 年，市恢复郊区一级财政，至 1983 年，实行“收入计划一年一定、超收分成”的办法，规定区属单位的各项税收、农业税和其他收入纳入区财政收入，市核定预算拨款，在区包干使用，超支不补，结余留用。超收分成比例为 40%，定额补助，1979 年为 24.5 万元，1980 年为 36.5 万元，1981 年和 1982 年为 49.1 万元，1983 年为 64.5 万元。

1984 年，城市 3 区设立半级财政（不设金库）。对东区、南区、北区实行“定收定支、收支挂钩、超收分成、结余留用、定额补贴”的办法，核定上缴收入基数。1985年，南区为85万元，东区为120万元，北区为95万元，以后每年按5%的增长比例递增。超收部分均按“区四市六”分成。对郊区实行“划分收支、总额分成”办法，核定的分成比例：1984—1986年为63%，1987年为75%，1988年为77%。1989—1997年，对郊区实行“划分收支、递增包干、定额上解”的办法，规定以1988年270万元作为上解基数，每年递增10%。

1992年5月，设立株洲高新技术开发区，初期财政体制未定，实行报账制。

1995—1997年，市对南区、北区、东区实行“核定收支基数、定额上解、增收分成、减收自负、一定三年”的财政管理体制。分成比率，区级地方固定收入增长分成比例为区留成40%，上解市60%，且地方财政收入年增长率要达到18%，未达到增长率而影响市级分成财力部分，年终决算扣回。1997年年底，原市对辖区的财政体制到期后，对区级财政体制进行调整。从1998年起对荷塘区、芦淞区、石峰区实行“划分收支，核定基数、递增上解、一定五年”的财政管理体制。并确定年递增上解比率7%。从2000年起，将递增上解比率调整为5%。

1995年，市对高新技术开发区实行“划分收支范围、确定收支基数、以收抵支、收支相抵、超支不补、结余留用、一定三年”的财政管理体制。1998年，对天元区实行“划分收支、以收抵支、收支包干、一定五年”的财政管理体制。

县级财政体制 1965年7月，对株洲县实行“核定收支、计划包干”体制。

1966年，市对株洲县实行“总额分成加小固定”的办法。以企业收入、工商统一税、所得税、农业税作为总额分成收入，以4种地方税（屠宰税、文化娱乐税、车船使用牌照税、集市交易税）和其他收入作为固定收入。总额分成比例为9%，超收分成比例为20%。1967—1969年，取消“小固定”，实行“总额分成”，分成比例为54%，上解市为46%。1970—1973年，调整分成比例，上解市60%，县留成405，超收分成比例不变。1974—1975年，实行“收入按固定比例留成，超收另定分成比例，支出按指标包干”的体制，市核定株洲县固定比例留成为2%（亦称体制照顾费或机动财力），超收分成比例为30%。1976—1977年，实行“定收定支、收支挂钩、总额分成、一年一定”的体制，市确定总额分成比例为2%（即体制照顾费），超收分成比例为50%，并核定了一定的数额拨款。1978—1979年，对株洲县实行“定收定支、一年一定、收支挂钩、增收分成、下年使用”的体制，收入基数以上年预算为基数，增收部分按“县六市四”的比例分成。

1980—1982年，对株洲县实行“划分收支、分级包干、分灶吃饭、一定五年”的体制，固定收入分成8%，调剂收入全额上解，工商税增收分成20%，超收分成比例20%。

1983年，市对所属县实行财政体制分2类，株洲县仍执行1982年体制，超年计划部分分成比例为50%，工商税增长分成比例30%。其他4县实行“总额分成”办法，但收支包干指标支出大于收入的，差额由省补贴，当年各县的总额分成和超额分成比例以及差额补贴数是：醴陵县28%、30%，攸县52.5%、52.25%，茶陵县21%、70%，酃县70%，定额补贴97万元。1985—1992年，实行“定额上缴、递增包干、超收全留、歉收不补”的办法，按照调整后的1983年收支基数确定当年上缴数。此后7年，株洲县、醴陵、攸县每年递增7%；茶陵县每年递增6%；酃县实行“以收抵支、定额补贴、超收全留”的办法，核定定额补贴185.56万元，从1986年起年递增5%。

1994—2000年，实行分税制财政体制，市对所属5县（市）在原财政体制基础上，根据中央、省财政的税收政策，参照省对市的办法作相应调整。

乡（镇）级财政体制 1958年7月，株洲市建立乡（镇）财政体制。是年市对乡（镇）实行“总收总支，以收抵支，层层包干，收大于支的上缴，支大于收的补差”的办法。1959年3月，采取“收入包干上缴，支出由国家包干拨付”办法。1960年，在城市人民公社中实行“收支下放、分别核算，比例上解，超收分成，结余留用，超支自理”的办法。市下放一定范围的收支项目和支出指标，确定收入坐支比例，在收入缴款时，由银行逐笔划解，收入坐支比例一般不作调整，如收不抵支，其差额由市财政拨补。超收按20%分成。

1977年，攸县经过对酒埠江、石羊塘2公社试办公社一级财政后，即在全县30个公社全面建立公社一级财政。同年，株洲县和市郊区也建立公社一级财政。实行“定收定支、超收分成、节余留用、一年一定”的财政体制。

1984年，改政社合一的人民公社为乡（镇）人民政府。市辖5县（市）1郊共160个乡（镇）建立财政所，实行“定收定支、收入上缴、支出下拨、超收分成、短收分担、超收不补、节余留用、一年一定”的财政管理体制。到1993年，全市151个乡（镇）财政实行“收支挂钩”和“收支两条线”的财政体制，超收分成则根据乡（镇）财政实际，实行5：5或4：6分成或全留。这一体制的实施，充分调动乡镇财政广辟财源，增加收入的积极性。全市乡镇财政总收入年年增加，1991年为1.19亿元，1993年为1.69亿元。自给有余的乡镇达144个。为支持乡镇经济的发展，1992年批准6个乡镇设立乡镇金库试点，1993年减为3个。

1994—2000年，实行分税制财政体制，对所属乡（镇）在原财政体制基础上，根据中央、省财政的税收政策作相应调整。

二 预算管理

（一）预 算

株洲建市前收支未编预算，统由湘潭县编造。1951年7月，株洲市人民政府制定《关于地方粮款收支保管暂行办法》，规定预算单位的支出项目和标准。从1963年开始，实行中央、省（市）、县（市）三级预算管理。区乡（村）镇的支出，列入县（市）总预算内，为县（市）的单位预算。本年度预算按国家规定编制，岁入部分只编列本级的收入，岁出部分编列全市范围内的经济建设、社会文教、行政管理、社会福利等经费。岁入岁出的差额，由规定的调节税来平衡。全市直接发生领报关系的预算单位40个。

从1954年起，县（市）可按岁出总预算设置2% ~ 3%的周转金和酌留1% ~ 2%的预备费作为机动财力。在执行中，株洲在不超过总预算的原则下，因地制宜缩减行政经费，增加农业投资。1955年，编制预算坚持“收入打足，支出打紧，收支平衡，不动上年结余”的原则。规定各级总预算结余留给各级使用，用于解决应完未完工程，批准移转年度使用的经费，以及解决各级总预备费。株洲市总预备费为 2%。1957 年规定，凡单位预算的年终结余，一律缴回财政。工商税附加全部留市，主要用于城镇的维护和公益事业。1958 年市规定预算编制原则：统一领导，归口包干，分级负责，以收抵支，收多缴库，支多补差。各级预算的一切收支，除法令另有规定者外，都列入总预算。主管部门可在分配的支出范围内，对基本建设投资额酌留 3% ~ 5%；对各项事业费酌留 2% ~ 4%，作为部门准备金。

1959 年，市总预算和各部门的单位预算、财务收支计划，均采取总额控制的办法。在保证中央和省的分成收入不减少的原则下，对个别企业、事业单位，根据国家预算管理原则可实行“差额缴拨、全额管理”，将其收支相抵后的差额纳入市总预算。

1960 年，市总预算管理实行“统筹安排，归口管理，计划包干，划账入库，短收少支，超收有奖，超支不补，结余不缴”办法，预算编报审查程序，仍按往年的规定不变。从 1961 年起，编制预算坚持“全国一盘棋”的原则，根据可靠的收入，合理安排支出，做到“收支平衡、略有节余”。1963 年，严格预算管理，坚持划分财政与信贷的资金界限，开展清产核资、清理资金和冻结单位存款，社会集团购买压减 40%，市对部分预算外企业（汽车公司、铜塘湾码头）纳入国家预算管理，以求平衡预算。

“文化大革命”期间，根据湖南省下达的收支预算指标，把收支指标分配给县、区和局，有的年终编造的预算略高或略低于湖南省指标，但最高差额不到 10%。1972 — 1973 年，又一次开展清理“小钱柜”工作，市属单位共清出资金 609.6 万元。

1976 年，预算编制和执行恢复正常，当年财政编造收入预算时，要求工业企业可比产品成本降低 8%，扭转亏损 50%，流动资金占用水平下降 17%，在资金分配上，保证重点，照顾一般，支出打紧，留有余地。

从 1980 年起，按“划分收支，分级包干”的原则编造财政预算。收入实行超收分成、短收自理的办法，支出实行预算包干，结余留用、超支不补的办法。这一原则和办法执行到 1984 年。

1985 — 1987 年，按“收支挂钩、总额分成”的办法编制预算。市根据省分配的收支指标再行分配到县市，收入明确到“款”，支出核定比例。区县（市）级预算，需根据市分配计划，结合各县区的具体情况安排编制上报，市进行综合平衡、编造汇总、上报湖南省财政厅审核。

1980 — 1996 年，预算编制按“定额上缴，递增包干”的原则，收入从 1988 年起规定一个年递增比例，支出仍实行预算包干。加强预算外资金管理。

从 1997 年 4 月起，对收费、罚没收入和预算内资金统筹使用进行改革。实行“收支两条线”管理，将预算内外资金统一纳入综合财政收支计划范围，增强政府的宏观调控能力。

（二）决 算

1951 年，株洲市始办财政决算。1952 年，市编制的地方财政决算及其表格分为 4 大类 28 个表。规定决算整理期 5 ~ 10 天。

1954 年，决算规定，已征的税款和已实现的各项应缴预算收入，应在年度终了前全数缴入金库，企业实现的利润，在年度终了前未及时缴库的应作下年预算继续缴库。各单位应收应付款均应在年终前结清。1956年，规定市和乡自筹经费单独编造决算。严格预算执行收支截止期，凡到12月31日止，没有缴入基层金库的收入和没有支出的款项，都不列入本年决算。1958年，决定凡下放企业、事业单位的收入，20%列入市财政，弥补土法炼钢亏损，冲减企业收入。1959年，市财政弥补炼钢亏损，均列入省级决算。财政清理资金自己归还欠款的部分，冲减本年结余，不列支出科目。由国家拨款解决的作“代管经费”处理，专案上报。预算外资金编制决算，与财政总决算一同报送。

1960年，将饮食服务业收支结余纳入预算，省对市的超收分成按调整计划加上农业税核减后的数字计算超收，年终一次结算。1961年清理退赔，解决遗留问题，当时共清出平调金额2558.9万元，其中省级平调1115.9万元，市平调359.5万元，是年退赔214.79万元。1964年，全市在编制决算过程中，发动群众组织联审互查、集中互查，纠正不符合决算的问题。1967年，对“红卫兵”和群众组织查抄的现款、外币、金银和物资变价款，均在银行专户储存，暂不列入财政决算，对“红卫兵”串联和上访借用的钱、粮、物都进行清理、收回，借出单位按借出数额作支出，清理单位收回的借款，上缴财政作为“其他收入”入库。

1968年，地方财政年度决算报表简化到只反映几个大类，报表减为3种；1972年决算报表恢复到12种。

1979年，规定试行包干的单位，其包干结余可在年前转列“其他存款”户，作为单位机动财力、增设“经费包干结余”科目反映。包干超支，则由单位的“其他存款”中抵补。

1980年，实行“分灶吃饭”财政体制，行政事业单位的年终“预算包干结余”，不上缴财政，下年继续使用。预算执行中上划下划和追加追减的预算指标均不调整包干基数，年终以专项拨款单独结算。是年组织人员核实上年财政收支增加收入306万元。

1983年，各县财政收支决算按新的隶属关系划转结算，当年决算报表分为总决算说明、决算收支、行政事业费基本数字和附表4大类共18种表。

从1985年起，县财政总决算报表，金额列报到1000元。1986年，规定经国家批准政策性价格补贴由收入退库改为预算支出。1981—1982年，中央财政借用株洲市财政资金698万元，作为地方财政对平衡当年国家预算的贡献，不再进行结算，注销财政总会计账目。当年不设决算清理期。

1987年规定，企业承包后多得的好处，一律采取收支两条线，收入上缴，好处下拨，下拨的支出一律在“国营企业改革支出”科目中列支。

1989年规定，各县市区财政支出结余，全部留归地方。实行预算包干的行政事业单位经费结余，属包干基数不合理等客观原因形成的包干结余，应收回或抵下年预算。当年农业税因粮食新提价增收部分，县分成20%，不另行安排支出，只留作结余或抵减财政赤字。单位缴纳的预算调节基金和城镇土地使用税分别以25%、40%的比例留归地方入库。耕地占用税县分成55%，上缴中央、省的耕地占用税，按比例单独结算上解，税收超收的奖励为10%，列入“税务事业费”科目。罚没收入实行收支两条线，已结案赃款赃物及罚没收入全额上缴国库，列入当年决算。

1990—2000年，规定农业税价差，改为县（市）留成40%，上解省60%，教育费附加从1990年8月1日以后的收入与支出，在编报财政总决算时，按实际收入纳入预算。

（三）预算外资金

1951年，预算外资金只有机关生产、“小公家务”和农村乡的自筹，当年预算外收入1000元。1952—1953年，进行“三反”运动，揭露预算外资金管理存在的问题，对预算外资金进行整顿，收回部分机关生产收入和“小公家务”，缩小预算外资金范围。

1954年，市预算外收入包括：经省指拨的超征附加粮食收入，市属企业收入，机动田租收入，区乡山林、山价收入，鱼租收入，中学学费收入，公产、屠宰场、交易所管理费收入及规费收入等。当年预算外收入增到7.5万元。

1957年，对原属于县（市）自筹收入的工商税附加与农业税附加改为省自筹收入来源。但对随同农业税征收乡镇自筹收入，集中掌握一部分，用于规模较大的生产和公益事业。

从1958年起，地方工商税附加、农业税附加、城市公用事业附加，均由市统一管理，不列入预算。市各部门发展一些预算外企业，明确郊区朱亭畜牧场、水产试验场、物资科、运输处、教育科（右派劳动收入）、建筑工程队、房屋维修队、电影队等8项列为预算外收入。因此，至1960年预算外资金大幅度增加，1958年为63.8万元、1959年455.5万元、1960年695.1万元，相当于当年预算内收入的3.88%、7.9%、7.55%。

1962年，规定各级财政部门统一管理的自筹资金和其他预算外资金，包括工商税附加、农业税附加，城市公用事业附加、渔业税等一律纳入各级财政总预算，作为机动财力使用。当年预算外资金比上年减少46.68%。

1966—1975年，预算外资金收支范围进一步扩大，各年收入虽有多有少，但总的呈扩大趋势。“四五”计划时期预算外收入3526.2万元，比“三五”计划时期增长1.3倍，占预算内收入比重提高0.65%。

1976年以后，随着财政经济管理体制改革，预算外资金收支范围迅速扩大，1978年企业基本折旧基金改为50%上缴财政集中使用，50%留归企业；1979年又将财政集中的50%交中央30%。企业自主权扩大后，预算外资金项目增多，资金增加。至1981年预算外总收入1418.3万元，相当于预算收入的7.97%。

1985年，从市到县市区专门设置管理机构，配备专职人员，对预算外资金实行计划管理。

1986年，规定行政事业单位、各主管部门的预算外资金，在所有权不变的前提下，实行由财政专户存储，集中代管，财政审批，银行监督的方式；对国营企业的预算外资金实行计划管理，政策引导。当年预算外资金增加农林特产税附加。预算外资金达27747.7万元，相当于预算内收入72.65%。

1987年，市对行政事业单位预算外资金采用收支两个账户，单位在取得预算外收入时，全部存入收入户，用款时先编造用款计划，经财政审查同意后，用预算外资金划拨单从财政代管户拨入该单位的支出户，由银行监督使用。市属各自筹基建单位从6月1日起改为集中存储。到年底全市有预算外单位52户，拥有固定资产7091万元，留利659万元。

1988年，专户储存单位135户，累计存款3630万元，余额833万元。1990年专户储存单位414户，储存额7257万元。全年预算外资金收入总额为42449.7万元，相当于预算收入的77.19%。其中财政掌握部分2050.4万元，占4.81%；行政事业部门掌握部分12815.5万元，占30.19%；企业和主管部门掌握27583.8万元，占64.98%。预算外资金总支出50084.3万元，超过同年财政总支出的52%，主要用于企事业单位更新改造、基本建设、行政事业管理、福利及其他支出。

随着经济体制改革和生产事业的发展，预算外资金的范围和规模迅速扩大，预算外资金项目增多。对于行政、事业单位管理的预算外资金，原则上采取由财政部门“专户储存、计划管理、财政审批、银行监督、两权不变”的管理方式；对于国营企业及其主管部门管理的预算外资金，原则上采取计划管理、政策引导的方式。这种管理办法在一定历史时期，对财政积累资金起到了一定的作用，但因旧的管理体制使收费单位拥有资金的所有权和使用权，导致了预算外资金分散在各个行政事业单位，不利于集中财力发展经济和各项事业，造成超前消费、集团消费以及腐败现象的滋生和蔓延。

1992年，市政府批转了《加强行政事业单位预算外资金管理》的报告，进一步加强行政事业单位预算外资金的管理。1993年，还开展了清理整顿“小钱柜”工作。同时，对预算外资金开征了能源交通重点建设基金和预算调节基金。

随着“两则两制”的实施，企业一部分资金直接进入成本，税后留用资金等不再作为预算外资金管理；事业单位和社会团体通过市场取得的不体现政府职能的经营、服务性收入，也不再作为预算外资金管理，收入可不上缴财政专户，但必须依法纳税，并纳入单位财务收支计划，实行收支统一核算。

1994—1995年，预算外资金管理逐步规范，收费资金进财政专户的比例逐年提高。但由于执收执罚单位乱收费、乱罚款和资金不纳入财政管理的现象屡禁不止。1996年7月，规定凡没有省以上财政、物价部门文件规定的收费一律停止，所有收费一律减半征收，各收费单位必须在规定时间内持物价部门发放的“收费许可证”，到清理整顿办进行重新登记。从1997年4月起，全面收费资金及罚没收入实行“收支两条线”管理，即“财政统一票据、单位执收执罚、委托银行收款、资金缴存财政、综合预算分配、群众民主监督”的管理办法。通过这一系列措施，预算外资金基本上能够及时、足额上缴财政专户，不正之风和腐败现象得到有效节制。1998年，全市共征收政府调节基金3724万元，比上年增长22.9%，政府增加预算内调度资金达2921万元。当年全市行政事业性收费比1997年增长18.5%。

为确保收支两条线规定的落实，市、县两级纪检、监察、财政、审计、物价部门都成立联合稽查队，加强监督和检查。据统计，1998年至1999年10月底，全市纪检监察机关共立案查处乱收费、乱罚款、私设小金库等违反财经纪律案件63件，涉及违纪金额381万元，挽回经济损失148万元。同时，制定考核评比、奖罚兑现标准，确保收支两条线规定的落实。

（四）控制社会集团购买力

1959年6月，中央下达“大力紧缩社会集团购买力的紧急指示”，当年市财政组织清仓查库工作，紧缩财政支出38.70万元。

1960—1961年，市财政局、商业局、人民银行联合制定“社会集团购买的具体办法”，规定：

一切行政机关、团体、部队、学校、企事业单位和基建单位，一律不得购买沙发、地毯、桌椅、家具、器皿、汽车、摩托车、自行车、电视机等23种商品及其他非生产性设备用品。如新建单位需购买，先在系统内部调剂解决，调剂不了的则申请报告由省财政审批。这2年实际执行分别为729.1万元、402万元。

从1962年起，省对社会集团购买力实行核定限额制度；发给购物证，凭证按限额供应的管理办法，市专门组成压缩社会集团购买力办公室，从5月1日起，凡属集团单位每月必须造具购物计划，凭财政局核定的购买金额或购买物品由指定的专店专柜供应。是年全市发放购货证1092本，省下达控购指标为400万元，实际执行数为450万元。1963年，省下达控购指标为400万元，实际执行数为734.7万元。1964年，省下达控购指标为900万元，实际执行数为763.5万。1965年，省下达控购指标为700万元，实际执行数为680万元。

1966年，控购办法再作改进，对单位不再分配年度控制指标，要求本着节约精神，自行掌握。

1977年，省下达社控指标为1200万元，专控指标为120万元。实际执行社控为1130万元，专控为140万元。

1978年，控制商品由30种调整为27种，省审批的7种（小汽车、摩托车、大轿车、沙发、地毯等），市审批的13种（自行车、录音机、照相机和放大机等），县市审批的7种（电风扇、家具、绸缎及其制品等）。是年，省下达的社控指标为1450万元，专控指标为145万元，实际执行数社控为844.2万元，专控为130.4万元。

1980年7月，成立株洲市控制社会集团购买力领导小组，下设办公室，是年省下达社控指标为1515万元，专控指标为151.5万元，实际执行数为社控1136.03万元，专控168.24万元。

1981年，取消凭证、定点、定店供应和使用“专用发票”的办法。同时，对全市历年来购置的小汽车进行全面清理，违章购进小汽车14辆，分别予以没收、罚款，补办手续的处理。同时封存超编车38部、调整14部、报废15部。是年省下达社控指标1510万元，专控指标152万元，实际执行数：社控为752.91万元，为省下达指标的49.7%；专控为150.18万元，较申请金额压减97.45万元。

1983年，省下放给地市审批的商品有：摩托车、沙发、电冰箱；下放给县市审批的有照相机、收音机、电唱机、缝纫机、大型或高级乐器、大型或高级体育用品、呢绒及其制品、毛线及其制品、毛巾被及高级针织品等。

1984年，原有32种专项控制商品改为14种。同时对违反控购，擅自买小汽车（18辆）、电扇（777台）、沙发（60套）、家具（51件）等有关单位共罚款2.63万元。是年省下达社控指标3160万元，专控指标316万元，实际执行数：社控为8597万元，专控为918.6万元。

1985年，全面恢复指标管理和社会集团购买力辅助账办法，从3月15日起专项商品，由1984年规定的14种，增加到17种。当年，对违章购买8辆小汽车，除补办手续外，共罚款3.52万元。全年购买小汽车209辆，金额为692.66万元。是年，省下达社控指标为3300万元，专控指标330万元，实际执行数：社控为5331.67万元，专控为1022.99万元。

从1987年9月起，规定对20种专控商品停止审批。是年省下达社控指标5800万元，专控580万元，实际执行数：社控7351万元，专控754.1万元。

1988年，继续落实国务院《关于严格控制社会集团购买力压缩开支紧急通知》精神，对录放机、彩电、空气调节器、各种沙发、地毯、家具从严审批。全年压缩社会集团购买力商品3940件，金额为930.3万元。是年省下达社控指数5830万元，专控1838万元；实际执行数：社控6828.4万元，专控1120.4万元。

从1989年1月起，实行专控商品定点供应、专用发票的管理办法。全市共定点59个商店（含各县市31个），同时对购买专项控制商品收取附加费。为加强控购工作，全市共聘请1870名社控专管人员，形成社控专管网络。全年还组织31个组进行联审互查，共查出违纪购买、销售专控商品731起，违纪金额43万元，违纪销、购商品9663件，金额65.16万元。是年，省下达社控指标6838.24万元；专控683.8万元。实际执行数：社控为8226.32万元，专控1477.05万元。

从1990年6月起，原规定的18种专控商品中，名牌自行车、电饭煲、电子打火机、50元以上旅行箱（袋）、100元以上计算器微机等6种改为一般商品。是年，省下达社控指标10599万元，专控2650万元。实际执行数：社控10663万元，专控2421.33万元。

1991年，控购坚持“生产从宽，非生产从严；自有资金从宽，财政拨款从严”的原则。全年压缩审批计划907.3万元，其中小汽车压减72辆，占压缩金额71.97%。是年，省下达社控指标13000万元，专控指标2600万元，实际执行数：社控为10889.35万元，专控为2716.39万元。

1992年，为从严控制社会集团购买力，经省人民政府批准，株洲市开征“控制购买专项控制商品调节基金”。规定：凡未经批准购买的小轿车、旅行车、吉普车、工具车、大轿车，限在7月底之前到当地控购部门重新申办控购手续。从6月28日起，未经控购部门批准擅自购买、销售国家规定的控购车辆（含其他专项控制商品）的单位，除罚款不低于购置价款的30%外，还要补交控购调节基金。全市检查218个违购单位，罚款79.26万元。同年12月至年底，规定：凡用财政拨款购买专项控制商品的一律停止审批，停止转报；亏损、欠交税利和贷款的单位购买非生产性的专项控制商品一律不批。任何单位及个人不准经营走私车辆，任何单位不准购买走私车辆。是年，省下达社控指标11430万元，专控指标2536万元，实际执行数：社控为12905.12万元，专控为4293.56万元。当年征收控购调节基金839.66万元。

1993年，调整专项控制商品品目，由原来29种调整为8种。明确规定小轿车、吉普车、旅行车市审批，大轿车、摩托车委托县审批。同年，组织对控购工作全面进行检查，全市查出违控单位138个，违控金额1284.3万元，补交控购调节基金208.7万元，罚款204.87万元。是年，省下达社控总指标15350万元，专控指标2770万元。实际执行：社控为16183.61万元，专控为3739.07万元，征收控购调节基金890.36万元。

1994年，继续实行小轿车、进口吉普车、进口旅行车由省控购办审批政策，其他各种车辆由市审批，省控购办委托市控购办行使进口吉普车、进口旅行车的审批权，并对外资企业购买小汽车征收控购调节基金。1994年，全市社会集团购买力支出为16201万元，为省核定指标17200万元的

94.19%。

从 1995 年起，凡单位购买进口小汽车和国产奥迪小轿车，一律由省控购办审批。

1997 年，增加大屏幕彩电为专控商品品目，原委托株洲市控购办行使的小汽车审批权上收到省控购办。从 4 月 1 日起，市对购买小汽车和摩托车征收 3% 的扶贫帮困资金。

1998 年，对全市 1997 年 7 月以来所购置的小汽车进行清理。并规定自 7 月 20 日起行政单位和有行政职能的事业单位不得购置进口车、走私车，行政事业单位不得用财政拨款和预算外资金购买小汽车。从 8 月 14 日起，对党政机关、企事业单位购买非生产性小汽车一律停止审批；事业、企业单位购买生产性小汽车，要从严控制。从 1999 年 9 月起，对行政事业单位无论用预算安排资金或自筹资金新购小汽车的，一律停止审批。从 6 月 1 日起，株洲市不再征收控购调节基金。

1999 年 6 月，株洲市设立株洲市政府采购中心，并于 8 月召开全市首次政府采购招标大会。当年共进行 11 次集中招标采购，全年纳入政府采购总额为 675 万元，签订政府采购合同金额 605 万元，节约资金 70 万元。

2000 年，株洲市采购工作不断完善，采购范围由货物类向服务类和工程类延伸，如公务用车实行定点加油和对城市亮丽工程的石材、灯饰、电缆等项目进行集中采购；采购资金由预算内资金向预算外资金和单位自筹资金延伸。当年，全市进行 88 次集中招标采购，政府采购金额达 4531 万元，比上年增长近 6 倍，节约资金 709 万元，比上年增长 9 倍，平均节资率为 15.6%。

（五）国有资产管理

1990 年 2 月，株洲市设立株洲市国有资产管理处。从 11 月开始，开展全市国有资产的评估，规定实行租赁、联营、股份经营、兼营和出售国有企业（包括资产折股出售）、破产清理、企业结业清理，以及中外合资、合作经营；涉及产权变动的当事人认为需要进行资产评估的经济行为都必须进行资产评估。本次共评估 17 个项目，至 1991 年年底已审批确认 10 个，其中，中外合资项目 5 个，跨所有制的联合兼并、资产转让项目 4 个，正在评估的法律纠纷项目 1 个，已评估的项目，账面净值为 1896 万元，评估现值为 2804 万元，评估增值率为 47.9%。1992 年，接受各种经济性质的国有资产评估 31 户，审批确认的项目，评估后增值率平均为 41%。其中，15 户中外合资企业，被评估的总值为 9801.9 万元，较客户申报总值 5654.4 万元，增值 73.35%。有效地防止了国有资产的流失与被侵占。

1993 年，株洲市开始国有资产产权登记，对全市 660 户企、事业单位进行产权登记，为 423 个单位出具资产信用证明。同时，组织全市行政事业单位财产清查登记，成立了 1456 个清查登记领导小组，组织清查人员 4273 人，总计核实登记财产 15.2 亿元，比清查前增加 2 亿元，增长 15.15%。是年，省政府决定将株洲市和醴陵市作为全省地级市和县级市企业清产核资的试点单位，确定株洲市对机械、电子、一轻、二轻等行业部分企业和醴陵市的 2 家企业进行清产核资扩大试点工作。试点内容包括清产清查、所有权界定、资产价值重估、资金核实和资金核定、产权登记、整章建制等 6 个方面。为推进国有资产的合理流动和优化配置，还组建了产权交易市场，参加了湖南省首届产权交易会，组织闲置设备调剂利用，开展罚没物资的拍卖工作等。

1994年6月，成立株洲市国有资产管理局，全面开展企业清产核资，共有416户国有企业进行了清产核资工作，通过清查、核实，资产总额共52.95亿元，负债总额为38.91亿元，资产负债率为73.48%。所有者权益14.04亿元。通过清产核资，清理并核实全部资产损失和资金挂账损失6.86亿元，冲销所有者权益3.54亿元，固定资产价值重估增值4.69亿元。为企业转换机制建立现代企业制度创造了条件。

1997年，致力于推进资产重组和资本运营。在企业兼并联合中，做好企业资产的清查、核销、划转工作。市本级全年共核销企业各类损失1.13亿元，办理资产划转2.89亿元；共实现企业兼并联合12起，通过资产流动重组，盘活存量资产3亿多元，使国有资产的整体运营效益得到明显提高。先后完成株洲百货大楼、市电焊条厂等9家企业的股份制改制工作；完成对市变压器厂、株洲四建公司等24户企业的股份合作制改制的工作；先后将上市公司"湘火炬"的部分国家股权和"株洲庆云"的部分法人股权成功转让，直接融入资金1.2亿元。将这些资金又注入到湘大、国光、湘火炬等集团，扶持了优势企业的发展壮大；基本摸清全市供销、二轻、信用社系统共330户集体企业的资产"家底"，累计资产总额705821万元，负债总额715585万元，所有者权益9764万元，资产负债率101.38%；共清理出各类财产损失37897万元，资金挂账49625万元，不良资产184412万元，核销各类损失6140万元。固定资产价值重估增值5987万元。

1999年，着力抓好资产重组，推进企业资本运营，确保国有资产管理工作有序进行。推进企业改制改组；推行资本股份制，积极实施国有股权结构调整；搞好资本营运。在充实完善市国有资产经营公司的同时，又组建了市城市公用事业资产经营有限公司，建立了新型的城市公用事业资产经营管理新机制。

2000年，通过加大股权结构的调整力度，全年共完成企业国有资产产权界定16起，完成资产评估立项92项，评估现值42000万元，增值1500万元，评估增值率3.57%。

三 财务管理

（一）企业财务管理

1. 利润管理 1952年以前，株洲市实行国营企业利润全额上缴、亏损下拨制度。

1953年，工交企业完成产值、利润、上缴利润3项计划指标后，从计划利润中提取1%～3.5%，从超过计划利润中提取8%～20%的企业奖金，但企业奖金总额最高不得超过工资总额12%，最低不得低于工资总额3%。

1956年，市属工业企业发展到9户，利润全部上缴。1957年，实行超计划利润分成办法。1958年8月，实行企业利润留成制度。以主管部门为单位按实现利润总额3%～4%留成（月份按3%留成，年度计划完成后，年终按4%的留成比例结算）。企业利润留成办法执行到1961年废止。

1962年，企业全面完成国家计划后，按工资总额3.5%提取企业奖金；6项指标都没有完成的企业，不提取奖金；超额完成年度利润计划的企业，从实现的超计划利润中提取10%；实际亏损小于计划亏损的企业从超计划降低成本额中提取 20%。1968 年，由于批判“奖金挂帅”“物质刺激”，地方国营企业停止执行提取奖金制度。

1969 年，将国营企业的“福利补助金”“医药卫生补助金”和“企业奖励基金”合并，按企业工资总额 11% 提取，更名为“企业职工福利基金”。

1972 年，县办工业的亏损，执行“二八”分担的办法，即经过审批弥补的亏损（包括抵交利润部分），80% 由国家财政退库弥补，20% 由县级财政负担。

1978 年，建立企业基金制度。凡全面完成计划指标的工业企业，按职工全年工资总额的 5% 提取企业基金，没有全面完成计划指标，但完成产量、品种、质量、利润 4 项指标和供货合同的前提下，其他指标每多完成一项，按工资总额增提 0.5% 的企业基金。经国家批准的政策性亏损企业，比照盈利企业提取企业基金。1979 年，商业系统实行利润留成办法，利润留成比例为 17.5%，82.5% 交财政；商办工业利润留成比例 20%，工厂按月在实现利润中留存 14%，其余上缴市财政。利润留成资金主要用于简易建筑费、技术改造措施费、经理（厂长）基金。经理（厂长）基金三分之二用于职工奖励，三分之一用于集体福利事业。

1980 年，国家对国营工业企业利润留成试行办法作了修订，由原来规定的全额利润留成，改为基数利润留成加增长利润留成。经过省批准株洲市共有扩权企业 11 户，占全市工业企业总户数的 14%。实行结果：1980 年与 1979 年比较，上缴利润增长 29.23%。企业利润留成 389.7 万元，职工人均奖金比上年增加 21.94 元。

1982年，对市属国营工商企业采取“基数利润留成加增长利润留成”“全额利润留成”“基数包干、超收分成、短收自负”“亏损补贴包干、超亏不补、减亏分成”等4种办法。企业提取的利润留成资金和超收分成资金，原则上按6：2：2比例分别建立3项基金，即60%作为生产基金，20%作为职工福利基金，20%作为职工奖励基金。

1983 年，国务院提出实行利改税，以法律形式把国家与企业的分配关系固定下来。利改税第一步从 1983 年 4 至 1984 年 8 月。从 1984 年 10 月起，国营企业全面推行第二步利改税。将国营企业应当上缴财政收入按国家规定的税种、税率向国家缴税，也就是由“税利并存”逐步过渡到完全的“以税代利”，税后利润归企业自主安排使用。

从 1987 年开始，株洲市对国营企业全面实行承包经营责任制，根据“包死基数，确保上缴，超收多留，歉收自补”的原则，确定基数和签订承包合同。当年，有 182 户工交、商业、其他和预算外企业实行了不同的形式经营责任，195 户小型商业企业实行租凭制和转体经营，承包期为 1987—1989 年（即第一轮承包）。凡完成承包经营目标的企业，给予奖励，未完成承包基数的增长比例的，其歉收部分由企业自补。奖励金从企业奖励基金中列支。据市属预算内 74 户承包工业企业统计，承包的 1987 年和 1988 年 2 年与承包前的 1985 年、1986 年 2 年比较，工业产值、销售收入、销售税金、实现利润、上缴利税，分别增长 26.45%、53.34%、53.48%、23.57%、18.26%，还专项贷款增加 1.18 倍，企业留利增加 11.5%，固定资产原值增长 17%。

1990年，展开全民所有制企业第二期承包经营。采取“上缴利润递增包干、超目标利润分成”办法，全市承包总的基数以 1988 年的上缴加适当增长比例确定；企业的上缴比例一般控制在实现利润的 30% ~ 50%；实现利润基数作适当调整。政策性亏损企业可采取亏损包干、超亏不补、减亏全留的办法。第二轮承包基数增长的有“冶金机械局系统 13.7%、化工局系统 97.6%、电子局系统 110%、一轻局系统 12%、瓷业公司系统 5.9%、煤炭局系统 3.2%，平均增长幅度为 19.46%。第二轮承包基数核减的有：建材局系统 45.1%、二轻局系统 24.9%、纺织局系统 26.5%，平均核减幅度为 42%。第二轮承包期全部定为 3 年。

1991 年 12 月，市经委、体改委、财政局等 11 个部门联合提出实行投入产出总承包的原则：即“核定基数，递增包干，确保上缴，超收全留或分成，欠收自补，工效挂钩”。利税基数和递增比例的确定，原则上以企业承包前 3 年的实际上缴利税水平为基数，年递增比例为 8% 以上。承包期限一定 9 年不变（除国家重大政策变化外）。工资基数与上缴利润、国有资产增值 2 项指标各占比重分别为 70%、30%。承包期内建立风险金制度。

从 1992 年起，全市有株洲火花塞厂、株洲汽车制造总厂、株洲轴承总厂、株洲轮胎厂、株洲化工总厂、株洲玻璃厂、株洲纤维制品厂、株洲制药厂、醴陵国光瓷厂、株洲百货大楼 10 户企业，率先试行投入产出总承包试点。

2. 固定资产管理　固定资产价值标准　1951 年，株洲仅有印刷厂、粉厂 2 户公营企业固定资产，原值有 1.1 万元。1952 年 1 月，规定企业劳动资料，凡单价超过 100 元，使用年限在 1 年以上的，原则上应作为固定资产。

1953 年 11 月，规定地方国营企业固定资产的计算限额，单位价值 200 元以上者为固定资产，200 元以下者为流动资产。1955 年 1 月，地方国营企业若干费用划分的暂行规定中，对固定资产范围作了变动：凡使用年限在 1 年以上，单位价值在 200 元以上，2 个条件应同时具备，不同时具备者，均作为低值易耗品处理。

1960 年，株洲市进一步明确，属于企业的主要设备，其单位价值虽在限额以下，而使用年限超过 1 年的，仍应视为固定资产。单位价值限额规定：商业局所属商业和木材公司为 500 元，市属工业和其他企业为 200 元，园艺场、农场 50 元，区办企业在 50 元以上 200 元以下限额内由各区确定。1965 年，固定资产的标准又作改进，下列各类生产用品不作固定资产，直接在生产成本中开支：使用年限较短、数量较多，更换比较频繁的物品；同一规格、型号的低值易耗品，技术图书、期刊、资料（不包括进口的成套技术资料），在企业管理费中开支。

1973 年 6 月，对固定资产单位价值标准作新规定：省级企业 800 元以上，地级企业 500 元以上，县级企业 200 元以上，个别规模较大的地、县企业采用 800 元或 500 元。株洲国营企业 20% 采用 800 元，80% 采用 500 元。至 1990 年，全市国营工业 124 户，固定资产原值达 15.98 亿元，净值 10.19 亿元。国营商业 69 户，固定资产原值 1.58 亿元，净值 1.15 亿元。

1991 年，固定资产单位价值标准按大、中、小企业分别由原来 200 元、500 元、800 元调整为 600 元、1000 元、1500 元。从 1992 年 7 月起，根据财政部通知要求，对固定资产单位价值标准再作调整，分别提高到 1000 元、1500 元、2000 元。提高固定资产单位价值标准后，国营企业原固定资产低于新标准的，应相应调整为低值易耗品，其原有净值可按目前低值易耗品摊销办法摊入成本。株洲市有22户工业企业采用2000元划分标准，其余工商企业均采用1500元的划分标准。

从1993年7月起，实行财政部颁布的《工业企业财务制度》规定。生产经营的固定资产为：使用年限超过2年的房屋、建筑物、机器、机械、运输工具以及其他与生产经营有关的设备、器具、工具等；不属于生产经营主要设备的物品，单位价值在2000元以上，并且使用年限超过2年。

固定资产折旧 从1953年起，株洲国营企业开始提取固定资产折旧，按固定资产预计使用年限平均计提折旧。

1955年，规定固定资产使用年限期满继续使用，依原折旧率进行折旧。季节性停用或大修理停用的固定资产照提折旧。

1956年，规定对意外毁损的固定资产，其残值收入和保险赔偿款收入，只能用于原毁损固定资产的恢复工程和重置。

1958年，改进计提固定资产折旧办法，实行综合折旧率，即企业按主管部门规定的一个综合折旧率计提，年综合折旧率商业为4.1%，工业为4.46%。

1959年，规定所有在用、未使用的固定资产都应计提折旧，提足折旧后继续使用，不再计提折旧。

1961年，贯彻地方企业“保、停、并、缩、简”整顿措施，规定不需用的固定资产，在未处理以前，不提折旧，暂时停止使用的固定资产仍应计提折旧。

1965年，对煤矿改用预提“维持简单再生产井巷工程基金”的办法，以矿为单位，按产量平均每吨煤预提1.2元，并计入原煤生产成本，预提“维简费”基金由矿上交主管部门集中掌握使用。

从1967年起，基本折旧基金改为全部留给企业和主管部门，作为固定资产和技术改造资金使用，国家预算不再拨款。

1974年，省要求上缴部分固定资产更新改造资金统一使用，分配株洲市上缴30万元，除煤矿需用开拓延伸维持简单再生产和县工业比较薄弱暂不提取外，市分配各主管局集中上缴数是：冶金局14万元，化燃局6万元，轻工局2万元，交通局2万元，基建局5万元，木材公司1万元。

1975年，为统一计划，分级管理，提取的基本折旧基金，企业自留70%，上缴财政30%，上缴部分，主管局安排使用10%，科技办5%，上缴省15%。1976年，提取的基本折旧基金按“三、三、四”比例分级管理，即国家305，省、市30%，企业留用40%。煤矿、林业、森工、城市公用、商业、物资供销、文化及县属企业的更新改造资金，不予集中。1977年，改为省、市集中30%，企业留用70%。

1978年，规定基本折旧基金，企业上缴国家财政50%，市集中10%统筹使用，40%留给企业。株洲县、物资、农机公司上缴50%。当年，省分配市上缴基本折旧基金指标为530万元，实际完成数为405.9万元。

1979年，为照顾一部分中小型企业的困难，凡固定资产原值在100万元以下的，所提取的基本折旧基金，全部留给企业使用，不再上缴财政。原值在100万元以上（含100万元）的，仍按原规定比例上缴。

1980年，地方国营企业提取的基本折旧基金，按原规定范围和比例继续由国家财政集中一部分，统一用于企业挖潜改造。但经省批准的11户扩大企业自主权的企业，从当年起，其固定资产基本折旧率提高0.5%，企业按提高以后的折旧率提取的基本折旧基金计算，上缴省财政30%，企业留用70%。当年省分配市上缴465万元全部完成。

1981年，规定扩大企业自主权企业，提取的折旧基金改为上缴财政40%，留用60%。非扩权企业仍执行原规定。固定资产原值在100万元以下的企业（含扩权单位），折旧基金全部留用。100万元以上的企业，上缴与留用各50%。新建企业在投产后3年内，上缴财政80%。国外引进成套设备企业在投产后3年内，上缴90%。

1984年，市规定对下列五种类型企业免缴折旧基金，即：县属国营工交企业，第二步利改税后划分的小型企业，固定资产原值在300万元以下的企业，矿山、采伐企业按产量提取更新改造资金的，国家规定提高折旧率的株洲火花塞厂、株洲轴承厂、株洲化工厂比原来增提基本折旧基金的。

从1985年11月起，提高技术改造重点骨干企业的固定资产折旧率，省批准株洲化工厂、醴陵电瓷厂等10户企业平均提高幅度1.11%。年增提折旧375万元。商业固定资产年折旧率，在原比例的基础上提高一个百分点，同时批准株洲火花塞厂、株洲轴承厂、醴陵电瓷厂、株洲电焊机厂改为分类折旧年限计提。

从1987年7月起，按照《国营企业固定资产折旧试行条例》规定，株洲市的工业、交通企业全面实行分类折旧法。所增提的折旧基金，全部留给企业，用于设备更新和技术改造。

1991—1993年，全市工业企业各行业、各县市的分类折旧率根据实际情况在原比例基础上，有的调高有的调低。1993年7月，实施的《工业企业财务制度》对工业企业折旧办法作了新的规定，主要有“平均年限法”“工作量法”“双倍余额递减法”“年数总和法”4种，允许企业自选折旧办法和确定加速折旧幅度。市商业企业仍按5.1%的年折旧率计提折旧，但汽车、吊车等按8%计提。

固定资产大修理基金 1958年以前，固定资产大修理基金企业采取预提方式，也可以于实际发生时，一次或分次摊入生产成本。

1959年，规定固定资产的大修理费用，按月提存，除在未使用前大修理基金可暂作生产流动奖金周转外，不得用于基建。1962年，规定商业企业除较大型的工业企业外，可以不提存大修理基金，需要进行大修理时，经主管部门批准按实际使用数直接计入商品流通费，数额较大的，可分期摊销。大修理和中、小修理的划分，市规定大修理不得低于固定资产原价30%，中、小修理不得超过固定资产原价30%。1964年，为逐步修复国营工业、交通、公用事业失修的固定资产，对自1958年后，未按规定期限进行大修，又需在1964年进行修复方能生产使用的生产性机器设备，下达一次性“还账”的大修理基金指标16万元，大修理综合折旧率在1963年2.3%的基础上调增0.15%。

1966—1969年，企业大修理基金和中、小修费用合并为一个科目，统称修理费用，实行大修理费用直接列入成本，个别项目修理开支较大的，分次摊入成本。从1973年起，全市恢复大修理基金预提，中、小修理费用直接列入成本，大修理折旧率按原规定不变。1974年，市规定固定资产大修理批准权限，机器设备大修 0.5 万元以内单位审批，0.5 万～ 2 万元主管部门审批，2 万元以上主管部门会同财政部门审批。房屋、建筑物大修，0.2 万元以内单位审批，0.2 ～ 0.5 万元由主管部门审批，0.5 万元以上由主管部门会同财政部门审批。1983 年，对个别设备腐蚀严重，大修理基金不敷开支的企业调高大修理折旧率，市有机化工厂从 3% 提高到 6%，株洲玻璃厂将窑炉大修理比例由原年大修理折旧率 44% 提高到 70%，同时停止计提基本折旧基金。

从 1991 年起，国营商业企业的固定资产修理不再区分大、中、小修理，改为实行预提修理基金制度，企业发生的固定资产修理费一律在修理基金列支，市国营商业企业仍按 4% 预提修理基金。1993 年 7 月起，实施《工业企业财务制度》，规定工业企业取消计提大修理基金办法，修理费发生时，直接记入有关费用。修理费用发生不均衡，数额较大的，可以采用待摊或者预提办法。

固定资产调拨 从 1954 年起，企业不用的固定资产在国营企业之间实行无偿调拨。调拨企业属同一系统的由主管部门批准，不同系统的企业则由交接双方主管部门洽商批准，抄报财政机关。1958 年，放宽调拨权限，固定资产的调拨、调换，企业及主管部门均有权处理。凡在国营企业之间、国家机关、事业单位之间，以及以上三者相互之间的固定资产、因生产需要，均可转账，调拨或调换。凡国营企业、国家机关、事业单位将固定资产调给公私合营企业，可作为增加公股处理；调给集体所有制单位的，实行有偿调拨。1960 年，市规定企业多余的固定资产，调出系统外或市外者，应通过同级人民委员会批准。1978 年，为实行专业化协作原则，将拖拉机厂、柴油机厂设备调拨、租借给协作工厂。同时规定国营企业给集体所有制单位的设备，由租借工厂每年按设备原值的 4% 提取折旧费，从 1979 年 1 月起，分月付给租出工厂，设备大、中修理所需费用由租入单位自行负责。从 1979 年 7 月起，国营企业的固定资产互相调用，实行有偿调拨方法，但在企业改变隶属关系、企业改组迁并，随人员成建制调动设备转移支援新建工业基地、以及国家特殊批准的，仍可实行无偿调拨。

1990 年 10 月，国家发布《关于加强承包经营责任制企业国有资产管理的试行办法》，规定在承包经营活动中，企业不得使国有资产及其权益遭受损失，国家基金的报损、冲减和核销，必须报国有资产管理部门和财政部门审批。变更全民所有制企业隶属关系须由体改委、计委、财政、国有资产管理部门审批，要求提高国有资产经营使用效益。并开展国有资产产权登记工作，对国营农场向家庭农场转让，一般均应重新估价。用国有资产支持创办集体企业和经营单位，资产产权仍归国有，并实行有偿占用。1992 年，规定企业闲置设备，经技术鉴定后，可组织举办闲置设备展示和多种形式的调剂工作，参与国内外闲置调剂活动，组织开展闲置设备的改制、利用、租赁、信托、转让、协作加工。闲置设备调剂出省须经主管部门批准，报省经委备案，凭闲置设备有偿调拨单和统一发票出境，违者按投机倒把定性处理，没收全部非法所得，并处以非法所得 20% 以内罚款上缴财政。

固定资产清理使用 全市清查盘点固定资产共 3 次。1961 — 1962 年，市属 56 户国营企业清查结果，固定资产盘亏 8.3 万元；1971 — 1972 年，市属 74 户国营企业清查结果，盘盈 231.6 万元，盘亏 120 万元，报废 412 万元，盘盈、盘亏、报废相抵后损失 300.4 万元，清出多余闲置的设备 525 台，原值 375 万元；1979 — 1980 年，第三次清产核资，市属 81 户国营企业查出盘盈 680.78 万元，盘亏 448.54 万元，报废 1414.73 万元，盈、亏、报废相抵后净损失 1182.49 万元，清出多余、闲置的设备1888台，原值1458.97万元。在清理的基础上，核定全市固定资产原值33480.64万元，净值为25012.07万元。从1981年起，在试行利润留成制度的市属国营工业实行固定资金有偿占用，按照国拨固定资金实有额，分别不同行业，征收固定资金占用费。纺织、轻工业和国外引进成套设备等工业企业月率为5‰～8‰，冶金、化工、机械、电子等企业月率为3‰～5‰，矿山开采、交通等企业月率为2‰。1982年，市属国营工交企业全面执行征收固定资金占用费制度。

从1993年7月起，按照《工业企业财务制度》《商品流通企业财务制度》规定，工商企业应当定期或者不定期对固定资产盘点清查。固定资产盘盈、盘亏、毁损、报废的净收益或净损失，计入营业外收入或营业外支出。

3.成本管理 中华人民共和国成立初期，株洲只有几家小企业，产品成本核算由企业自行划分成本开支范围，费用花多少算多少，企业以收抵支，差额就是盈利或亏损，不计算产品的单位成本。

1953年1月，统一规定的成本项目有原材料及主要材料、辅助材料、工艺技术过程耗用燃料、动力、生产工人工资、附加工资、新产品试制费，废品损失、停工损失、车间经费、企业管理费共11项。各种产品的商业成本除包括上述工厂成本的成本项目外，还包括销售费用项目。同年6月，规定技术组织措施费所需经费开支中属于产品试制的部分（指不属于国家指定的产品试制费），在生产费用内开支。

1955年10月，制定《国营企业若干费用划分问题的暂行规定》，明确：凡不增加固定资产而开支的技术组织措施费用，列入生产费用分期摊销，为试制新产品所开支的其他一切费用应分期摊入该新产品的成本。

1957年3月，规定安全技术劳动保护措施费属不增加固定资产的费用，列入生产费用，数额较大者，可作为待摊费用，分2年摊销。

1959年，为正确反映产品成本构成，以便检查产品成本计划的执行情况，分析产品成本降低和超支原因，进一步明确产品成本项目的11项，其中减少“新产品试制费”、增加“销售费”。工厂成本加销售费就是工业产品的全部成本。

1960年，株洲市先后颁布《关于加强地方企业成本管理工作的通知》《关于1960年株洲市地方企业若干费用划分的规定》《市小型企业财务管理试行办法的规定》，规范企业的基本建设费用、综合利用和多种经营的有关费用，属于四项费用内开支的费用、企业职工生活福利方面开支的费用、支援公社的设备物资、市举办公益事业分摊企业负担的费用，其他与企业生产成本无关开支等，均不得计入生产成本。

1961年4月，规定下放农村的职工，在3个月以下，其工资、差旅费计入成本或流通费，3个月以上列入“营业外损失”。企业主要生产车间，连续停工在1个月以下的，职工工资及管理费用，计入生产成本的停工损失项目。

1963年10月，规定新建企业验收后的试车费、试制生产费用和技术人员、工人、管理人员的培训费用，在企业成本中列支。1965年，为节约支出，增加收入，纠正乱摊乱挤成本现象，市颁布《关于加强企业管理费用和营业外支出管理的通知》，要求全市地方企业的管理费用在1964年实际支出总额的基础上，剔除折旧和材料产品等物资盘盈盘亏数字以后，平均压缩10%以上。

从1969年9月起，停止提取按工资总额2%计算的工会经费和按工资总额3%计算的劳动保险金。将国营企业的“福利补助金”“医药卫生补助金”和“企业奖励基金”合并，统称为“企业职工福利基金”，按企业工资总额的11%提取。同时，企业修理固定资产，不分大中小修，所需的修理费用，一律改按实际开支数直接列入生产成本。1975年，规定企业发生的“三废”赔偿损失，在生产成本内开支。

1980年，对实行利润留成的企业，按工资总额11%提取的职工福利基金和按标准工资10%～12%从成本或费用中开支的奖金，统一改在利润留成中开支，不再列入成本费用。同年，还恢复投保企业财产保险，保险费可从企业管理费或商品流通费科目中列支。

1983年，规定凡年耗煤炭300吨以上的单位，实行定额管理。超定额部份按实际供应品种价格加收50%的费用，其支付的加价费用在企业基金、利润留成或更新改造资金中开支，不摊入生产成本或列作“营业外支出”。同年6月，规定企业超储积压物资的借款利息，在企业基金、利润留成中列支，不列成本或营业外支出。从7月起，株洲市对企业实行征收水资源费，每吨为0.02元，列入企业成本费用。同年10月，规定企业单位为推销商品或者提供劳务、服务所发生的广告费用，可列入企业销售费用中开支。

1984年，贯彻执行国务院发布《国营企业成本管理条例》，对应在基建资金、各种专项资金和专项经费中开支的费用，应在企业留利中开支的奖金，超出国家规定开支标准的各项费用支出，专项贷款的利息以及赔偿金、违约金、滞纳金和罚款等，不得列入成本开支。

1985年，市规定对实行工资总额同经济效益挂钩的30户试点企业，随着经济效益的提高而增加的工资和核入工资总额基数的奖金一律不能进入成本，应在企业留利中奖励基金内开支。

1991年，市国营企业实行新的原材料、燃料节约奖励实施办法，企业所提取的能源、原材料节约奖计入成本，单项列支，免征奖金税，也不计入“工效挂钩”工资总额基数内。同年7月1日起调整企业中、晚班和夜班津贴标准，所增加的津贴进入成本。

从1992年5月起，原发放的4种副食品价格补贴由50%进成本改为全部从成本费用中列支。粮油提价后所发放的企业职工的补贴可计提职工的福利基金的基数。福利基金提取比例由原来11%提高到14%。

从1993年7月起，实施《企业财务通则》和《企业会计准则》，施行各行业新的财务制度，改完全成本法为制造成本法。管理费用、财务费用直接计入当期损益，取消原计提大修理基金和技术开发费的做法，改为据实直接列支成本；固定资产投资借款利息计入当期财务费用；独生子女保健费在管理费用列支；福利基金的计提基数扩大到全部实发工资总额。

（二）行政事业财务管理

1. 全额财务管理 1950—1952年，全市全额预算管理的单位实行统收统支。1955年，规定行政事业单位房屋修缮费标准每人每年4元，并制定收取房租费、水电费、家具租赁费的标准和办法，对工作人员及其家属居住公家宿舍、使用公家家具、水电者实行统一收费，个人负担。各单位的房租家具租金收入，用于房屋和家具维修，水电费再冲减本单位的水电支出。

1959 年，制定《株洲市财政管理暂行办法》和《株洲市 1959 年行政开支标准》，规定预算经费实行“总额控制”，归口管理，计划包干，超支不补，结余不缴。

1962 — 1963 年，制定《加强支出财务管理压缩有关费用开支的意见》，规定不得自行增加人员编制和提高开支标准，减人减工资；坚持按预算用钱，凡是没有计划、没有列入预算的开支或不按规定报送月份、季度报表的，财政不予拨款，支出定额实行低标准，各级各部门的公用经费平均每人每月不超过 3 元。

1965 年，加强行政公用经费预算指标管理，对固定的办公费、差旅费、水电费、电话月租、自行车修理费等，采取定额包干使用办法，对固定开支的会议费，市集中掌握、统一审批。在原标准的基础上，会议伙食补助、公务费等均减 17% ~ 50%。1966 年“文化大革命”开始后，财会机构有的被撤并，人员大批下放，财务管理陷于瘫痪。

1972 — 1975 年，公用经费实行“预算包干，定额管理，指标公开，节约归己”的办法。1973 年比 1972 年下降 6.53%，1974 年比 1973 年下降 6.1%。

1976 年，规定行政事业单位的公用经费不得扩大开支范围，提高标准；不准用公款请客、送礼、看戏、看电影；不准借参观学习为名，游山玩水；不准无计划采购；电灯、电话加强管理；干部、职工宿舍水电费由住户自理；住房收取房租。

1979 年，改变公用自行车管理制度，除各单位通信员、邮递员、食堂采购员由公款购买外，其他工作人员的业务性用车，实行私车公用，原有公用自行车作价卖给个人，私车公用每月发给修理费 1.5 ~ 2 元。

1980 年，颁布《株洲市行政事业单位“预算包干”试行办法》。实行“预算包干、结余留用”制度。实行全部包干有困难的，一项或几项费用实行预算包干办法，但对专项经营及农口全额管理单位的业务费和支援社队专款，不实行包干。对“全额管理”的单位，实行节约有奖、节余提成的办法。根据节余的难易程度从结余的金额中，提取 10% ~ 30% 作为奖励基金。

1982 年，执行“收支包干、分灶吃饭”的财政体制。对全额管理的单位实行“预算包干，结余留用，超支不补”的管理办法，单位自求平衡。实行“预算包干”的单位，结余全部归单位使用。属于核定标准的公务费结余可提 60% 作为个人奖励，其余结转下年使用，行政单位组织生产劳动收入，扣除成本后净收入 50% 用于个人奖励和集体福利，50% 作为补充单位支出。

1985 年，核定的支出包干预算，由包干单位与财政签订包干合同，包括公费医疗和在编人数的公务费、业务费、会议费、汽车油料费、修理费以及事业单位的各项事业费等。但要求各单位对已安排的各项经费削减 10% 归各级财政。行政单位按规定每人可计发奖金 60 元，在节省的包干经费中列支。1988 年，公务费包干指标再次提高，市级单位每人每年由 1985 年 450 元提高到 550 元，县、郊有业务管理任务的单位每人每年由 1985 年 400 元提高到 500 元。没有管理任务的仍按每人每年 300 元不变。至 1990 年全市实行全额预算管理的单位有 131 个。

1991 年，为有效控制机构、人员增长、促进各单位财务管理，继续和完善“经费与编制相挂钩”

的预算包干责任制。对超编单位实行“增人不增经费，减人不减拨款”的办法。规定对1990年以前超编人员只安排人员经费和200元的办公费，1991年经批准的新超编人员只安排人员经费不安排办公费。当年，行政人员的增长幅度控制在2%以内。同时推行汽车定点维修制度，当年节约维修费68万元。

1992年，制定公费安装住宅电话范围和管理办法。1993年，改公费安装的住宅电话为私费户头，费用按月实行定额补助，按在职的地厅级和县处级每人每月分别补助90元、60元的补助标准；实行会议费分类包干制度，规定一类会议每人每天100元、二类80元、三类60元。当年节约会议费指标16.7万元。

1996年，进一步加强政法部门罚没收入管理。财政部门在年初预算安排时，保证政法部门人员经费和办案经费的必要开支，政法部门罚没收入实行收支两线的原则，不得以任何借口给政法部门下达创收、罚没收入指标。

1997年，话费补贴作出“限额使用，年度结算，节余归公，超支自付”的规定。同时，公安部门的一切财务收支活动归口财务部门统一管理，将财政部门核发的预算拨款、纳入财政专户管理的预算外资金以及单位留用的其他收入全部纳入单位预算，统筹安排使用。

1999年，落实“收支两条线”规定，要求所有党政机关都要与所办经济实体和管理的直属企业脱钩。同年10月，实行市财政统发工资制度。

2. 差额财务管理 1953年前，市卫生医疗机构采取“收入缴库，支出拨付”的管理办法。1954年，改为“差额管理”，实行“全额管理，差额补助，核实报销”的办法，但“药材基金”仍作特种资金管理。1956年，起对体育场所的财务管理采取“以收抵支，差额补助”办法。1959年，市剧团实行经济核算，增加收入，减少国家补助，纳入差额管理。对医院财务改为“全额管理，定项补助，预算包干”的办法。

1963年，颁布《行政文教事业财务管理的规定》，对市属剧团原则上要求自给，收大于支的国营剧团，其结余按50%留给剧团作基金，以盈补亏，其余50%上缴市文化主管部门，用于剧场重点维修，多余部分可作其他剧团自负盈亏有困难时的补助。对市立一医院、二医院、中医院采取按人员工资包干的办法，节余留用。同时规定卫生所（包括门诊部）也采取“全额管理，定额补助”的办法。计量机构、医疗保健机构（指独立门诊部、未转集体的区卫生所）、体育活动场所和其他科学文教单位，凡有经常性业务收入的，一律采取“全额预算，以收抵支，差额或定额补助”的办法进行管理。

1972年，规定差额补助卫生单位，职工福利费按工资总额2.5%在业务收入内提取。1973年，对集体办的公社卫生院实行社办公助，由财政按其正常支出35%或工资总额60%进行补助。

1980年，对实行差额补助的单位，实行“定收入、定支出、定补助、结余留用”的办法。同时实行增收节支有奖，按收支节余提成，提成比例为5% ~ 15%，用作奖励基金。

1981年，对剧团实行“定演出任务，定收入、定支出、定补助”的办法，在全面完成“四定”任务前提下，试行季度超收奖和全年超计划奖。季奖不超过月标准工资15%，年奖控制在结余总额的 15% ~ 20% 之内。

1982年，规定差额单位在上年收入和支出的基础上增收节支，可提取20% ~ 50%作为奖励，用于集体福利和个人奖励。对个人所得奖励不得超过单位平均工资1.2 ~ 1.5个月；超收分成，70%留单位、30%上缴财政。留归单位的部分按2：2：6比例分别用于个人奖励、集体福利、发展生产和事业。

1985 年，对剧团实行承包管理，将目标管理和经费补贴挂钩，变固定补贴为分解补贴，补贴与各项指标的完成情况挂钩，实行一年一定，年终考核兑现。至 1990 年，2 个剧团承包 6 年，年平均演出 401 场，年平均收入 16.53 万元，分别是 1984 年的 2.4 倍和 4.72 倍。

1991 — 1993 年，对差额管理的单位继续实行“定额补助”或“定项补助、结余留用”的办法。市电视台改为天天播出后，年补助 10 万元；株洲市歌舞团、花鼓剧团按人头年补助 9 个月人员工资；对医院床位补贴提高到 1600 元 / 床・年。此外，政策性增支，有的项目全补，有的补 50%。

1997 年以后，贯彻实行财政部与各部委联合发出的体育、科学、文化、文物、计生、广播电视、中小学校财务制度。

3. 自收自支财务管理 自收自支是事业性和企业性单位有固定收入，经费能自给自足，收支不通过国家预算，单位自求平衡。实行这种管理办法的单位有演出管理站、宾馆（招待所）、体育馆、社会福利工厂等 18 个单位。从 1954 年起，自收自支单位编制年度收支计划时，坚持财务收支平衡的原则，保证收多于支，留有后备力量。所有指标，职工福利以及公务费，按行政规定标准支出。至于房屋修缮费、固定资产、器具、设备购置、业务费等项目，视实际需要以及业务繁简不同编列年度预算，经市财经委批准。至 1980 年，要求自收自支单位均应创造条件实行企业化管理。按企业方式管理的行政管理单位，完成各项经济指标，按工资总额分月提取 10% 作为奖励基金。

1985 年以后，凡自收自支，收支相抵，不需财政补助的事业单位，都实行企业管理和核算方法。税后利润适当上缴一部分给主管部门用于事业发展。市财政对自收自支的单位一律不予无偿投资和拨给经费。1988 年，对市文化系统的影（剧）院实行企业化管理。采取“核定结余基数、逐年递增、上缴递增包干、超收全留、歉收自补”的办法，以企业方式进行管理并予承包。至 1990 年自收自支的 4 个影（剧）院，3 年的总收入 610.38 万元，较承包前 3 年增长 1.62 倍，其中主业收入 488.61 万元，较承包前 3 年增长 1.59 倍；以文补文收入 121.77 万元，较承包前 3 年增长 1.72 倍。4 院纯收入 132.13 万元，较承包前 3 年增长 5.58 倍。

（三）农业企业财务管理

1958 年，株洲市森工、农垦、水产企业逐步建立，实行企业化经营。1960 年，本着“统一领导，分级管理，分别核算，各计盈亏”和“统一计划、统一安排”的原则，建立公社一级财政，制定《公社各级财政财务管理试行办法》《公社会计制度》《社办企业会计制度》，加强经济核算。

1961 年，对农业企业财务管理作了具体规定：编制年度财务收支计划；核定定额流动资金；基本建设资金，通过财政渠道，由建设银行监督使用；严格执行固定资产和成本的管理办法；利润、基本折旧基金、固定资产变价收入，除提取利润留成外，全部上缴主管部门。

1962年，对国营林场继续实行“统一领导，统负盈亏，分级管理，分级核算”的财务管理制度，归林场管理的农户，实行全民与集体两种所有制并存，生产统一领导，经济分开核算，各负盈亏。对新办林场的收入5年不交利润，不纳农业税，盈余除弥补上年亏损和归还借款外，用于发展多种经营，扩大再生产；按工资总额的3.5%，提取职工集体福利和先进单位及先进个人的奖励金。1963年，开展清理整顿公社一级财务工作，全市33个社镇，建立健全各项财务管理制度。1964年，规定水产、农业企业事业单位实行“定员、定额、定任务”的办法进行管理。分别采取“以收抵支、差额补助、盈余上缴”“收支两条线”“国家预算拨款”“企业化管理”4种办法。

1979年，贯彻执行国营农场5项财务会计制度，试行企业基金办法。支农资金改无偿投资为有偿发放。当年，市用财政自筹资金和周转金帮助园艺场、果树园、凤凰山林场、蝶屏公社、淦田公社等单位建立袜子、内衣、钢木家具、水泥、玻璃纤维瓦等16个工厂，给淦田公社投资3万元兴建玻璃纤维瓦厂，当年建成投产，当年盈利9.9万元。

1980年，对历年知识青年经费和财产进行全面清理，知识青年经费结余73万元，清点登记知识青年住房505栋，7200多间，21万多平方米，各种农用家具4万多件，共折价300余万元。从同年起，农业企业实行财务包干办法。企业净收入1985年达184万元，比1984年增长41.26%。对农口事业单位分别采用全额管理、差额管理、自收自支管理3种形式。1989年，建立农业发展基金制度。当年，全市征集农业发展基金360.4万元，其中市本级68.7万元。

1990年，试行《农业事业单位开展的有偿技术服务和经营服务财务管理及简易会计核算办法》。农口事业单位所创收入统一纳入财务收支计划管理。单位所创收入免缴所得税，上缴主管部门的收入只能用于发展事业或弥补业务费不足。两个服务所得纯收入留给从事服务单位的部分，可分别建立3种基金（生产发展基金55%，集体福利基金20%，奖励基金25%）。当年，市、县财政共发放支农周转金124万元。扶植农口事业单位开展两个服务，实现总收入1095万元，上缴税金247万元，获纯利96.3万元，提取生产发展基金40.3万元，职工福利基金12.1万元，职工奖励基金11.1万元，弥补事业费26.6万元。

1991年，省对地市的财政支农周转金实行目标管理。考核指标为：当年应当归还省到期周转金为100%，当年到期周转金回收率和累计到期周转金回收率达到85%以上。同时，市国营农垦、水产企业继续实行财务包干，并根据企业盈利状况或企业性质，分别实行“比例上缴”“定额上缴，超额分成”“盈利不缴，亏损不补，自负盈亏”“定额补贴，限期扭亏，逾期亏损不补”的办法。财务包干办法一定2年，实行包干的企业其事业费拨款，实行“定额包干、一年一定、结余留用、超支不补”的办法。且农口企业按企业拥有的固定基金和流动基金余额之和的一定比例提取建立备荒基金。当年，市本级有4户农垦水产企业提取备荒基金共7.2万元。

1993年7月，株洲市农业企业开始执行新的《农业财务制度》和《农业企业会计制度》。1994年，安排农业综合开发财政配套资金中，省级财政承担70%以上，市、县财政承担30%以下。

1995年，按照省委《关于加速建设农业强省的决定》，全市财政用于农业的支出，达到本市财政支出的15%。株洲市在严格控制成本费用的开支项目上，特别是一些重点费用开支项目上，结合本市情况，制定出具体管理办法。

“九五”计划期间，株洲5个县、市均列入粮食自给工程资金的项目建设单位，累计总投资4422万元，其中财政投资2088万元。用于农业项目总投资1943.6万元，其中财政投资939.3万元，5年共推广粮食生产新技术30多项，引进、推广高产优质品种90多个，示范、推广面积81.40万公顷。

2000年，为进一步稳定基层农业技术推广体系，株洲市将乡镇农业技术推广机构的编内人员和离退休人员经费纳入县乡财政综合预算，并按人事部门核定的人员、基本工资标准、工资额、保证足额及时到位，以稳定农技队伍，并逐年提高对农业推广事业的投入。从当年起，市级财政拨出专项经费作为启动资金，支持各县（区）以现有乡镇技术推广机构为基础，有计划、有重点的创办一批农业科技示范场。如株洲市扶持的市好恰油业发展有限责任公司，争取农业综合开发资金400万元，兴建一条生产500吨的茶皂素生产线，可实现产值2000万元，利润300万元，上缴国家税收98.7万元；炎陵县已有楠竹面积1.25万公顷，拥有初具规模的笋竹加工企业45家，先后兴办中冠竹木加工厂、大院罐头厂和皇冠竹木加工厂等笋竹加工企业，年加工楠竹120万根，加工鲜笋1.5万吨，实现产值1.2亿元，税收350万元。

株洲市1951—2000年行政管理费支出分项统计表

表9-2　　　　单位：万元

年 份	合 计	行政支出	其 中		公安支出	司法检察支出
			个人经费	公用经费		
1951	1.7	1.7	–	–	–	–
1952	2.4	2.4	–	–	–	–
1953	27.0	26.9	–	–	–	0.1
1954	25.9	25.7	19.4	6.3	–	0.2
1955	41.6	41.6	29.7	11.9	–	–
1956	72.0	62.2	43.4	18.8	7.0	2.8
1957	69.4	60.3	49.5	10.8	5.9	3.2
1958	79.9	70.6	49.9	16.3	6.0	3.3
1959	155.3	155.3	109.6	44.7	–	–
1960	158.3	158.3	106.1	53.3	–	–
1961	167.7	167.7	107.6	63.0	–	–
1962	144.2	144.2	111.9	32.2	–	–
1963	156.0	156.0	111.2	45.5	–	–
1964	181.8	181.8	114.4	67.5	–	–
1965	171.7	171.7	120.0	47.8	–	–
1966	209.2	209.2	125.3	80.7	–	–

续表 9 –2

年　份	合 计	行政支出	其 中		公安支出	司法检察支出
			个人经费	公用经费		
1967	162.4	162.4	118.9	45.5	–	–
1968	203.3	203.3	–	–	–	–
1969	220.7	220.7	–	–	–	–
1970	217.6	217.6	–	–	–	–
1971	267.3	267.3	–	–	–	–
1972	316.7	316.7	177.2	142.3	–	–
1973	308.3	308.3	160.8	146.7	–	–
1974	271.8	271.8	157.3	112.2	–	–
1975	282.2	282.2	158.6	126.7	–	–
1976	343.6	343.6	172.7	164.6	–	–
1977	320.9	320.9	184.0	136.4	–	–
1978	342.8	342.8	187.9	154.7	–	–
1979	442.1	442.1	217.7	217.8	–	–
1980	568.4	568.4	240.9	340.0	–	–
1981	699.3	620.8	229.4	322.3	78.5	–
1982	642.2	522.7	258.2	284.2	119.5	–
1983	1617.9	1192.4	615.2	574.2	264.7	160.8
1984	2424.0	1812.0	816.8	963.2	334.8	277.2
1985	2514.2	1936.5	925.5	1006.6	335.1	242.6
1986	2802.9	2248.9	1156.6	1115.1	305.0	249.0
1987	2971.0	2388.7	1377.1	1011.1	333.2	249.1
1988	4130.6	3018.1	1607.5	1387.1	617.6	494.9
1989	5017.8	3204.2	1846.1	1319.5	1027.0	786.6
1990	5063.6	3167.6	1970.1	1206.8	1104.9	791.1
1991	5690.9	5690.9	1983.2	3707.7	–	
1992	2940.0	2940.0	2940.0	–	–	
1993	11737.7	8428.7	3834.0	4594.7	3309.0	
1994	18871.0	10992.0	–	–	7879.0	
1995	22009.0	12039.0	–	–	9970.0	
1996	24968.0	14130.0	7146.0	6984.0	10838.0	
1997	33816.0	16803.0	8788.0	8015.0	17013.0	
1998	31696.0	19232.0	–	–	12464.0	
1999	29975.0	15261.0	–	–	14714.0	
2000	36958.0	20360.0	–	–	16598.0	

说明：个人经费、公用经费为实际支出数，其他各栏为银行支出数

四 财政监督

1953年，市财政局配备2名财政监察员，全年检查7个单位，发现贪污案4起，共查出违纪金额1.2万元，收回750元。行政纪律处分2人，移交司法处理3人。

1954年，重点检查文教卫生6个单位，揭发案件21起，违纪金额1.7万元，违纪案件中贪污占4件。

1955年，重点检查3个单位，揭发案件6件，其中贪污2起，违纪金额4783元，行政纪律处分2人。

1957年，以乡镇财务管理、公债推销、企业流动资金管理、基建财务管理为主要内容，检查4个企业，发现公私不分、挪用公款、损失浪费等问题，分别给企业提出改进意见。

1958年，财政监察机构撤销，业务由具体科室代行。

1962年，恢复财政监察业务。当年在贯彻财政银行《双六条》中，检查7个单位（企业3个、人民公社3个、事业单位1个），发现贪污案件3起，金额1500余元；挪用2起，金额1.4万元，损失浪费2件，金额52112元。

1964年，配合社会主义教育运动，协助工作组查清市财政局采取隐瞒预算收入、虚报支出、浮报决算等办法，截留国家收入364.3万元。配合市“两清”（清理小钱柜、小金库）专案检查组，清理316个单位，共清理“小钱柜、小金库”资金232.14万元（其中市属单位113.09万元），专题检查4个企业、5个公社的财务情况。

1965年，协助市“两清”小组，查出株洲化工厂、市木材公司、贸易公司的9个单位，应缴未缴的财政收入14.5万元，虚报基建结余45.9万元，虚报损失78.2万元，无需支付的往来款15.2万元，物资变价收入3.8万元，其他项目7万元，合计164.6万元，粮食450.5千克，奖售布票2821.67米。

1966年，财政监察工作停顿。

1971年，重点检查4个单位的楼堂馆所和计划外基建。查出超计划基建面积3858平方米，超资金19.15万元，计划外基建1912平方米，分别给予停建或缓建处理。1972年5月至1973年5月，组织专人清理271个单位的“小钱柜”，共清出资金657.1万元，其中市本级清出609.6万元。此后5年内对计划外基建、财务管理、请客送礼、铺张浪费、违反控购、滥发物资资金、乱摊乱挤成本等方面，进行重点检查。1978年，检查27个单位，查出17个单位超计划基建达64.9%。查出市链条厂偷漏税收27.6万元，市委决定给予补税罚款36万元的处理。检查3个单位，挤占成本34.5万元。

1979年，重建财政监察机构，配备监察专干5人（含县局2人），配合增产节约运动从有关部门抽调16人，组成财经纪律检查组，对市、县、郊、工商、行政、企事业等25个单位进行抽检。查出4个单位请客送礼，挥霍浪费11.6万元；1个单位变卖私分物资，查出电扇厂组装513台12寸台扇，压价卖给职工和关系户，使国家损失4万元，挪用资金67万元；2个单位挤成本14.4万元。

1980年，收到人民来信20件，接待群众来访42人次，共查处违反财经纪律或因坚持财政制度遭受打击报复的案件12起，查出违纪金额40.17万元，收回20.04万元。是年4月，抽调48人，组成8个财政收支检查组，检查104个单位，调增利润520万元（含中央、省属企业214万元）。8月，配合市纪委对17个单位的接待工作进行检查，发现超标准的接待花费6.4万元。

1981年，根据《关于平衡财政收支，严格财政管理的决定》，开展对违反财经纪律案件的检查。查出违反财经纪律案件15起，查出违纪金额26万元，调增收入51万元。调减支出6.6万元。同年6月，重新组建财政监察通讯网，聘请财政监察通讯员37名。9月，部署清理财务工作，75户企业共查出各种违纪金额163.6万元，调账增加财政收入80.8万元。

1982年，检查各项违纪案件15起，查出违反财经纪律金额104万元，收回金额78.99万元。根据《关于进一步开展企业财务检查工作的通知》，组织26人检查市属国营工、交、商业57户，共查增收入161.73万元。

1983年，财政监察部门共接待群众来访52人次，处理人民来信47封。共检查违纪案件38起，涉及92个单位，查出违纪金额140.18万元，处理收回94.36万元，占全部违纪金额67%。

1984年，清理国家干部、职工拖欠公款，清理人民公社穷队投资和屠宰税留成资金。清出挪用拖欠公款1.1万余人，其中各级领导占10%，欠款最多的5000元。5县1郊对支农周转金的清理，市成立财务大检查办公室，抽出力量分别下到5县市和市区的企业进行检查，共查出违纪金额181万元，增加财政收入163.94万元。

1985年，共收到人民来信9件，接待来访47次，立案查处8件，查出违纪金额169.75万元，收回116.24万元。检查县财政2个，乡财政12个，增聘兼职财政监察员39人。为增加收入，消除赤字，实现收支平衡，市财政局与审计局组成“株洲市财经政策纪律大检查办公室”，并组织市属各单位自查，复查、重点抽查共查出违纪金额181万元，其中行政事业单位17万元（市3.7万元，各县13.7万元）、企业164万元（市本级45万元、株洲县7万元、醴陵县53万元、攸县9万元、茶陵县10万元、酃县40万元）。总共增加收入164万元。

1986年，收到人民群众来信14件、接待来访31人次，受理人员申诉打击报复案件3起，检查23个乡（镇）财税所（株洲县6个、醴陵市5个、攸县6个、酃县3个、市区3个），查出违纪金额38.6万元，发现贪污5人，查实后判刑1人、开除党籍1人。检查行政企事业单位85个，查出违纪金额84.66万元，收回14.73万元处，配合市纪委、市审计局查出贪污案2起，查出贪污9人，金额为46858元。

1987年，收到人民来信41件，接待来访42人次。检查区财政1个，乡（镇）财税所25个，查出违纪金额101.8万元，收回16.85万元，其中贪污案2起，金额37372元。

1988年，查处违纪案件18起，结案15起，检查47个乡镇财税所，共查出违纪金额288.1万元，收回36.1万元。

1989年，以惩治腐败为重点，配合“三清一反”，坚持内外监督并重，受理查处财会人员申诉被打击报复案件8起。检查乡（镇）财税所30个，企业单位3个、行政事业单位16个，共查出违纪金额253.6万元，查处贪污受贿案件7起，挽回经济损失4.86万元。

1990年，围绕廉政建设，纠正行业不正之风，查处财会人员申诉打击报复案件4起，检查乡镇财税所34个，检查县财政2个，检查行政事业单位25个，共查出违纪金额797.62万元，其中县财政189.58万元，乡财政105.03万元，行政事业企业单位503.01万元，查处贪污受贿案件4起。

1991年，财政监察配合市审计局检查县财政3个、乡财政28个、行政企事业单位34个，共查出违纪金额632.97万元，其中县财政254.1万元、乡财政104.24万元、行政企事业单位274.63万元。应上缴财政71.43万元，入库61.64万元。组织开展民政专项资金检查，检查市、县民政系统下属单位和乡镇民政专项资金共75个单位，共查出违纪金额168.97万元，应收缴财政6.77万元，入库4.86万元。全年收到人民来信22件，接待群众来访20人次，查出典型违纪案件15起（其中财政系统5起），申诉被打击报复案3起，结案14起。同时，还开展了税收、财务、物价大检查，全市组织104个组、446人参加重点检查，查出违纪金额1907.45万元，应缴入库453.78万元，已入库370.30万元。

1992年，税收财务物价大检查共有1086个单位开展自查，市组织96个检查组、408人参加了重点检查，共查出违纪金额778.66万元，应缴入库363.52万元，已入库255.03万元。

1993年，财政监察共检查2个县财政、20个乡镇财税所、11个行政事业单位，查出违纪金额208.9万元，应缴财政72.6万元，已入库71万元。检查市财政局内部业务科室7个，受理人民来信14件，接待群众来访20人次，查处贪污挪用公款案件4起，金额8.3万元，受党纪处分2人、政纪处分3人，受到司法处理4人。同年，开展财务大检查，市本级应自查单位352户，已自查233户，自查有违纪问题的单位110户，违纪金额1262.42万元。组织18个重点检查组、88人对102个单位进行重点检查，查出违纪金额212.2万元，自查和重点检查共查出违纪金额1474.62万元，应缴入库776.21万元，已入库399.4万元。在财务大检查的同时，组织了6个检查组、26人开展2个专项检查。一是对全市553个单位进行了控购纪律专项检查，查出违控单位386个，违纪金额2492.27万元，已收缴入库470.7万元（罚款和调节基金）。二是对市里18个单位的规费收入和罚没收入进行了专项抽查，共查出截留坐支和违纪金额91万元，已收缴入库35.3万元。

至1995年年末，全市有专职财政监督干部21人，兼职财政监督干部9人，乡镇兼职财政监督员164人，财政监督网络基本形成。全年共检查县财政1个、乡镇财税所24个、行政企事业单位50个，查出各类违纪金额401.9万元，收缴财政212.4万元；收到群众来信来访81件次，直接处理68件，立案查处13件。1995年6月，根据中央、省、市的统一布署，组织力量对全市1713个单位开展了清理“小金库”专项检查，共查出“小金库”发生额843.3万元，累计支出658.3万元，余额258.3万元，应上缴财政206万元，实际入库206万元。9月，结合机构改革，将原设在市财委的税收、财务、物价大检查办公室（简称“三查办”）与市财政监督科合署办公。在当年“三大检查”中，全市组织2375名检查人员，组成612个检查组，对35547个单位进行重点检查。共查出各类违纪金额16645.98万元，应入库13411.59万元，实际入库12271.26万元。其中查出财务方面违纪金额4629万元，收缴入库1606.7万元。

1996年5—8月，组织308名专业检查人员分成76个组，对680个行政事业单位进行重点检查，下达《检查结论和处理决定》93份，查出各类违纪金额9671万元，应上交缴财政730万元，实际入库182万元。是年受理举报电话、信件、接待群众来访300余人次。

1996年，全市共组织2910人，分成694个检查组，对30618个单位（含个体工商户）进行重点检查，下达处理决定书294份，查出各类违纪金额18645万元，应入库金额12135万元，实际入库10797万元。

1997年，对参加“三大检查”的社会中介机构的执业情况、罚没收入的征管情况、私设“小金库”等进行专项检查，共组织参检人员279人，重点检查单位228户，查出违纪金额895万元，应入库115万元，实际入库107万元，15名违纪责任人受到经济处罚，给予党纪政纪处分的2人。6月份，开展农业四税清理检查，清缴农税收入123万元。从8月底开始，从财政、国税、地税、物价、审计及社会中介机构抽调2667名检查人员，分成546个小组，对全市38511个行政机关、企事业单位和个体工商户进行了检查，查出各类违纪金额17976万元，应入库金额12247万元，实际入库金额10738万元。

1998年，根据中央精神，停止了历时13年的“三大检查”工作。在当年组织的以检查市级财政收入、收费和罚没收入、津补贴和奖金、专控商品的购置为主要内容的专项检查中，共下达处理决定68份，查出违纪金额2371万元，应上缴财政110.88万元，实际入库107.96万元。

1999年，对财政收入的检查，查出区混市财政收入2765万元，市混区财政收入786万元，处理要求按体制规定据实调库；市本级财政专项检查70个行政事业单位，查出违纪金额600余万元，应缴财政200万元，实际入库50万元。

2000年7月，开始执行《湖南省财政监督条例》。是年共组织85个检查组，对655个行政事业单位实施财政监督检查，共查处违纪金额5605万元，实际收缴财政1197万元，处罚违纪责任人13人，其中移送司法机关处理1人。市本级组织2次对市区混库情况的检查，查出区混市级财政收入1600余万元，通知税务部门调库近千万元。

株洲市财政局历任负责人名录

表9-3

局　长	任职时间	副　局　长	任职时间
高化民	1958.6—1968.3	易锡麟	1958.6—1961.7
冯喜琨	1968.3—1968.11（组长）	蒋极宦	1962.6—1967.11
吴国宪	1968.11—1969.6（组长）	冯喜琨	1964.11—1968.3
高化民	1969.7—1971.3（组长）	李溉德	1966.5—1968.3
高化民	1971.3—1973.5	张星文	1968.3—1968.11（副组长）
柳明昌	1971.3—1973.5（政委）	王　全	1968.11—1970.12（副组长）
胡安民	1973.6—1974.6	陈培尧	1968.11—1971.2（副组长）
赵庆云	1981.12—1986.4	王忠俭	1971.3—1973.5
朱桂生	1986.5—1993.2	胡安民	1971.3—1974.6
盛佑生	1993.3—2000.12	金荣生	1971.3—1973.5（副政委）
–	–	朱挺才	1971.3—1973.5（副政委）

续表 9-3

局 长	任职时间	副 局 长	任职时间
–	–	李保先	1972.4 — 1981.2
–	–	黄岳强	1973.6 — 1978.9
–	–	沈 辉	1973.6 — 1974.6
–	–	赵庆云	1979.1 — 1981.12
–	–	王子干	1979.10 — 1983.6
–	–	袁玉林	1979.10 — 1983.7
–	–	曾振先	1981.11 — 1983.7
–	–	宋群志	1981.11 — 1983.7
–	–	朱桂生	1983.7 — 1986.5
–	–	邱祖成	1983.7 — 1993.3
–	–	何绍迪	1984.5 — 1990.7
–	–	盛佑生	1986.5 — 1993.3
–	–	曾振先	1988.5 — 1993.5
–	–	袁剑萍	1993.5 — 2000.12
–	–	高起林	1993.5 — 1998.3
–	–	黄仲娥	1998.12 — 2000.12
–	–	易敏林	1996.2 — 2000.12
–	–	吴春泉	1998.7 — 2000.12
–	–	李德贵	2000.7 — 2000.12

专 记

苏区财政

茶陵县、酃县是毛泽东创建井冈山革命根据地6县中的2个县。1931年8月，湘赣根据地在永新县正式成立湘赣省。所辖范围，除江西几个县外，酃县、茶陵、攸县等县的全部或大部分地区属湘赣省管辖。随着革命根据地的巩固与扩大，湘赣省各县苏维埃政府普遍设置了财政部，其时主要任务是保障革命战争的供给，解决红军和政府工作人员的给养问题；彻底废除国民党政府的财政税捐制度，重新建立适应苏区实际的税收征管办法。为粉碎国民党反动派的军事分割包围和经济封锁，壮大革命力量，在长期艰险的日子里，各苏区人民政府，从实际出发，实事求是地提出一系列财政经济的工作方针，并积极筹款，为支援根据地的武装斗争、土地革命、经济建设发挥了重大作用。

一　苏区财政收入

革命根据地创建初期，茶陵县、酃县、攸县等苏区财政收入主要是“取之于敌”，如打土豪筹款，战争缴获；“取之于己”，如办工厂、商店等；“取之于民”，如征收土地税、工商税等。这“三取”来源中，前“两取”是主要部分。苏区采取这种立足于筹款自给，以解决根据地的财政困难，发展革命根据地。

（一）筹款收入

打土豪筹款，这一自给的财政工作方针，是毛泽东在总结茶陵战斗的经验教训基础上提出来的。其筹款方式有两种：一是对地主豪绅实行罚款，甚至没收他们的财产；二是对富农和商人实行捐款。在执行筹款时，讲究政策，做好分浮财工作，不能全由部队拿去，务使群众得到利益，以调动农民进行土地革命的积极性。

湘赣省红军每月至少需要开支5万元左右，这笔款项大部分出在土豪身上，小部分出自城市的商人，有时也靠战争缴获。

向豪绅筹款勒款　在酃县打土豪筹款，每月都有2万多元。如：1931年，湘赣军区独立师与酃县少先队到土豪尹梓桥家2次缴获光洋1.18万元。1933年，打土豪缴款1万多元银洋。1935年3月，游击队队长陈梅连在酃县西革坪一带袭击张腾才等3家土豪，缴获布疋衣物14担、粮食几十担、茶油250多千克，就地分给贫苦农民。同年12月，袭击茶陵界首，活捉大土豪陈启余，缴获光洋1500多块、布19疋、手电池和胶鞋等物品2担、衣服130多套。在茶陵有10万银元家产的大土豪6户，先后为游击队或红军筹过款。1929年6月，到河坞捉住周松蒲，罚款6000块光洋，并没收一些药品和布疋等物资。在攸县，打土豪筹款十分活跃。1932年6月底，湘赣红军和县独立营在高枧抓获土豪30名，筹款数千元。同年11月，茶攸游击队及四区挺进队出击冷水洲、大塘冲、界江等地，捕获土豪20多名，筹款数千元，并夺获大量生活物资。

富农、商人捐款　对富农只捐款不没收财物，捐款多少，按他的经济能力大小而定，以不妨碍富农生产为原则。对商人（主要是资本家）动员其捐款，不搞经济没收。当时政策规定“三千银元以上的工商业者，按资本大小，以百分数为比例，依累进为原则，资本越大，摊派越多，譬如5000银元派1%，万元的派10%以上，10万元的派20%，但3000银元以下的可以不派”，禁止平均分摊。1935年1月，攸县游击大队和挺进队向新市刘万兴等各商号筹款近万元。此政策实行，深受商人欢迎。故红军所到之处，商店开门，并无恐怖，市中居民亦无畏惧。尤以红军纪律严明，更使城市商人满意称道。

（二）战争缴获

战争缴获是发展扩大苏区武装，充实武器装备的重要来源。如：王佐部队和游击队2000余人，攻打酃县、桂东，消灭民团，缴获不多，后决定袭击广东城口，缴获步枪数十枝，子弹3万多发，筹款3万多元。1932年，湘赣红军和攸县各级地方武装先后在杜口、富田歼敌200余人，缴获长短枪310枝，子弹7万多发。1935年冬，酃、桂、遂游击队夜闯十都圩（十都乡晓东村），缴获民团枪枝，夺得10余担食盐，连夜挑回桃洞。除红军、游击队外各县赤卫队的战争缴获也十分可观。据《湘赣苏区湖南地区十一县赤卫队人员战绩统计表》统计：1928 — 1932年间，茶陵赤卫队作战38次，歼敌720余人，缴获各种枪支、土炮330条（门）；酃县赤卫队作战300次，歼敌900多人，缴获各种枪支700条；攸县赤卫队作战50次，歼敌1500多人，缴获各种枪支398条。此外各县还缴获了军马等装备。这样，既缓解了苏区的财政团难，又打击和削弱了敌对势力。

（三）税赋收入

土地税 课征的是稻谷和麦子，副产品不征。1930年，按《湘赣边界土地法》第七条规定征收。地主富农征15%以上、中农征10%、贫农征5%、雇农及红军家属免征。据石禾坪谢书林回忆：酃县苏区34个乡，共分田3096.40公顷，实行土地革命时间较长的乡，连续缴了3年土地税，平均每亩缴土地税谷2斗，1年可征收土地税9281担。其后，土地税征收办法有的苏区按农民所分得的田亩每年收谷数量，分等征税：即收谷5担以下的免收土地税，收谷6担的征税1%，收谷7担的征税1.5%，收谷8担的征税2.55，收谷9担的征税4%，收谷10担的征税5.5%，收谷11担的征税7%，收谷12担征税8%。以后每多收谷1担，加收土地税1%。1932年，湘赣根据地实行土地累进税。以户产量为计征单位，首先确定某户的全年收获量，减去其全家一年的消耗量（以每人每年300千克干谷计算），得出全家的总剩余量，然后根据总剩余量，按照税率计征应征税额。全家总剩余在50千克以下免征，50 ~ 100千克征税10%，100 ~ 150千克征税11.5%；超过150千克以上者每增加50千克，加征1.5%。土地税免征、减征，须报上级苏维埃政府批准。

山林税 分竹麻税、茶子税、茶叶税、果子税4种。其他收入不征税。1933年10月，中央财政人民委员会颁布《山林税暂行细则》。竹麻税以实得竹麻（破成碎片之竹片）6担（50千克为1担）以上者起征，富农则从3担起征，税率分别按14个等级累进征收；茶子税以实收茶子计征，每人分得茶子3担以上者起征，富农从1担起征，税率按13个等级累进征收；茶叶税以实收烘干茶叶5千克以上起征，富农则从2.5千克起征，税率按12个等级累进征收；果子税以实收果子销售额为标准，每家每年卖10元以上者起征，富农则从5元起征，税率按12个等级累进征收。一切山林税不收物品，按当年年成或每户实际收入，由乡政府主席联席会估定当年年成或实际收入产量，决定税率，纳税人照标准计算缴税。

工商税 苏区实际开征的是营业税。按照商店的资本大小、盈余多少，征收统一的累进税。商品分为必需品、普通品和奢侈品。对必需品如茶油、食盐、火柴、药材一律免税。对普通品如煤油、粗布、文具纸张等，以平均年利2分计算，资本总额50银元以下的免征，50 ~ 100元征税2%，以后每增加100元加0.5%的税率计征。对奢侈品如外国货、烟、酒等，以平均年利3分计算，资本总额50银元以下的免征，50 ~ 100元征税3%，以后每增加100元加征1%。据1933年2月，湘赣省向中央的报告中提到："开征税收工作有了相当成绩。"营业税约收1万元。

（四）公债收入

在湘赣根据地境内苏区发行革命战争短期公债2次。经济建设公债1次。第一次是1933年1月1日，湘赣省苏维埃政府发行《革命战争短期公债》，利率为半年1分。从1933年7月1日起为还本付息时期。当时，全省任务为8万元，实际完成11万元，超过任务38%。据《湘赣省苏区党团给省委及中央的报告》载：茶陵热烈推销，超过原计划任务1倍以上。据《酃县军事部三月工作报告》载：一期公债完成收齐现金，补发公债推销500余元，收现金270元。第二次是1933年7月，湘赣省发行第二期革命战争公债。计划发行数15万元，利率为周年1分。从1934年9月1日起还本付息。苏区人民又积极购买。酃县黄挪潭区推销公债500元；茶陵严塘区一个晚上推销公债630元，受到湘赣省苏维埃政府财政部、国民经济部《特别通讯》第二号通报表扬。第三次是1933年11月1日，湘赣省苏维埃政府发行经济建设公债20万元，利率定周年5厘，利率自1934年12月起分6年支付，还本从1937年12月起分3年偿还。据省财政部、国民经济部1933年11月20日《特别通讯》载：攸县在召集区乡主席、查田主任、选举主任、征收税主任联席会议上认购公债1166元。据1934年4月26日《红色湘赣》第32期曾超的《你那里推销公债工作做得怎样》为题的报道："……茶陵的21035元（推销16810元，收集现金三分之一强），……酃县的公债在1934年5月底，才由县苏军事部报告省苏已收集现金756元。只完成任务的四分之一。"以后，由各机关组织经济动员突击队，分赴各乡、村重点宣传，突击完成任务。据酃县黄挪潭区推行公债委员会1934年8月12日登记：当天就有107人拿现金购买公债123.5元（其中收银子9两8钱、大洋7元）。

（五）公营经济收入

苏区经济基础薄弱，易受敌人封锁。在艰苦的战争条件下，各县苏区依靠群众，军民自觉性，创办为战争服务的公营与集体经营的工商企业。1932年1月，在酃县七都石坪（策源乡上洞村石禾坪组）创建红军兵工厂（次年改为湘赣军区第二分区工厂）；同年7月，红九营在酃县旱田和洪水江办了2个兵工厂，又在酃县板下楼设有硝厂、石洲柳坝余家大屋办了军服厂，专为红军和地方武装修理军械，制造五响步枪、子弹、手榴弹，生产军衣、军帽、军鞋、子弹袋、粮食袋等军需品。同时在上洞、梁桥、黄山垅、山口垅、平湖那树坝等地兴办了铸锅厂、铁厂、木工厂、缝纫厂，为全县苏区军民解决生产、生活用品。1930年以后，先后在攸县创办了兵工厂、炼铁厂、硝盐厂、造纸厂、织布厂、被服厂和竹木铁器厂等十多个小型企业和一批小型手工业作坊，均有较好的收入。如：1931年，攸县七里大木山硝厂产白硝2000多千克，年产值达万多元，产品全交兵工厂制造"再生弹"；攸县漕泊纸厂日出土纸70～80担，当年获得3600余银元。全部上交县苏维埃财政部。截至1932年，攸县各类生产合作社发展到36个，占湘赣省兴办的生产合作社总数的37.5%，为全省之冠。1930年12月，在茶陵县东坑筹建造纸厂、军服制造厂；1933年11月，全县3个织布合作社开机织布；1934年，在茶陵县马首田东建立"茶陵兵工厂"，在茶陵县小田办起缝纫厂。这一时期，苏区军工、民工企业虽说利润税收不多，但在棉花、布疋、煤油、药品等一律免税，各县还开设了"工农饭店"。除方便苏区工作人员就餐外，还可免费招待白区商人吃饭。实行这一政策，促进了根据地的经济发展，使各级政府因征收商业累进税，增加了地方财政收入。

此外，苏区在土地改革中，留下少量公田、公山，作为红军和地方政府收入。茶陵县吉沂乡每年收公田谷 2500 千克，公山油 200 千克，还有大量的竹木向白区输出，也有一笔收入。

二　苏区财政支出

（一）战争支出

各县苏区政府除保证红军经费外，还要供给县游击队和赤卫队的经费。据当时有关资料统计，酃县、茶陵、攸县 3 县共有游击队员和苏区政府工作人员 1378 人，有步枪、手枪、驳壳枪等共 1019 支。赤卫队员 2 万余人，其给养标准是生活费开始每人每天发 1 角钱（大洋），零用钱有时每月发 1.2 元，没钱就不发。后来随着红军不断扩大，物价的变动，加上国民党经济封锁，红军给养十分困难。因此生活费除米盐外，由原来的 1 角钱降到 3 分钱一天的菜金，只能买到 0.5 千克南瓜，至于洗衣、剃头、草鞋、吸烟等零用钱，一概不发。在这种极端艰苦的情况下，各县县委、县苏维埃政府决定发动群众筹粮、筹款支援红军。如：酃县发动群众做军鞋 500 双。反帝大同盟会员每人捐谷 2.5 千克，政府筹款 1000 元，购买食盐 500 千克给红军。1932 年 6 月，获湘赣省大同盟的表扬；湘赣苏区省委赞扬“茶陵群众宁可自己吃糠，自愿送粮给红军”的精神。同时，各县苏区还设立消费合作社，商品交易所、对外贸易分局，千方百计采运食盐、布疋、棉花等必需品，供应根据地的军民，以减轻财政支出。

（二）政府支出

苏区的各级政府机构根据精兵简政和紧缩开支的精神，一般实行定员定额。工作人员的供给标准是：县级政府定员 30 人，每月经费最高限度不能超过 288 元，其中生活费 120 元、办公费 20 元、宣传印刷费 120 元、巡视费 8 元、特别费 20 元；区级定员 5 ~ 17 人，每人最高限度不能超过 34 ~ 82 元，其中生活费 20 ~ 68 元、办公费 10 元、特别费 4 元；乡级定员 2 ~ 3 人，每月经费最高限度不超过 12 ~ 16 元，其中生活费 8 ~ 12 元、办公费 4 元。乡以下工作人员则自带伙食、完全不要公家开支。总的原则是各级政府工作人员供给标准低于红军部队，如财政收入稳定，则按标准发给；困难时则少发甚至停发。

（三）建设支出

在边区革命根据地相对稳定以后，各级苏区党委和政府就注意从财政上支持建立和发展根据地的经济建设，创办公营工业和商业，以满足红军作战需要。各县用战争缴获和打土豪罚款、没收的物资，先后创建兵工厂、被服厂、缝纫厂、硝厂、铸锅厂、木工厂以及公卖处，对外贸易等公营企业。其成员都是地方工作人员，生活费由政府供给。为方便红军官兵和工作人员往来餐宿，在高垅、石洲等处设立工农饭店，凭证明接待餐宿，店内工作人员的伙食费和各项开支，一律由政府供给。据《红色中华》1934 年 1 月 22 日报道：在经济建设方面，省有贸易总局，各县有分局……还建立几个新墟场，让白区的商人来买卖；苏区卖出的谷、糯米、豌豆、黄豆、菜油、麻、纸、樟脑、竹木等，买进大部分盐与洋油（煤油）。对于各种合作社，各县苏维埃政府也积极扶持，除了在税收上给予照顾外，还从财力物力上积极支持。把土豪劣绅的房屋让给办合作社的群众，还发动群众集股，要求每个乡建立一个消费合作社、一个粮食合作社、一个织布合作社。有条件的区、乡还成立了犁牛合作社、硝盐合作社、信用合作社、手工业合作社，组织群众织布、缝衣、熬盐和樟脑，对满足革命战争和人民生活需要起了很大的作用。1933 年 11 月，湘赣省工农民主政府发行 20 万元经济建设公债，就用 4 万元帮助合作社发展生产。

（四）文教卫生支出

随着革命根据地的扩大和革命事业的发展，各县苏区政府创办各级各类学校、训练班、医疗机构以及文艺团体、报刊等事业。所需经费一部分由政府给予支持，一部分由群众自筹解决。1930—1934年，在文化方面，茶陵县委创办《茶陵红军》《茶陵实话》，共青团茶陵县委创办《茶陵列宁青年》，酃县创办《酃县报》《捷报》等刊物，开办俱乐部、列宁室，并成立剧团、跳舞队、唱歌队等文艺组织。教育方面，各县苏维埃政府创办列宁学校 2 所，红色学校 20 余所，数十名教职员工生活费由政府供给，工农子弟的学费和书籍费一律免缴。红军烈士和革命干部子弟的伙食费还可以由政府补贴。同时，还支持村办夜校，并给予粉笔和灯油费补助。卫生事业方面，各县苏维埃政府自力更生先后创办红军医院、县医院和一些区乡诊所，专为红军游击队伤病员、党政工作人员和贫苦农民免费看病。缺医，采取就地培养，以师带徒；缺药，便组织医务人员上山采集中草药，为财政节省开支。据 1932 年 9 月湘赣军区卫生部“四季度工作计划”记载：“茶陵医院有中、西药价值 500 元，采挖草药 2500 千克，除自用外，还上缴 1000 千克。”

三　苏区财政管理

战争年代，为改变革命初期自收自支、各自为政的现象，苏区实行统一财政，严格财政制度和财政纪律，管好、用好有限的财力、物力，保证革命战争与根据地建设的需要。1932 年 5 月 26 日，中共湘赣省委在《湘赣苏区省委动员群众参加大规模的革命战争的计划》中指出：“统一经费开支，各级党团部及革命团体均要预期造就预算、决算，交所在上级审查，同时尽量节省经费，按照预算节省四分之一，每月要将剩余一律缴到省委一级各机关来，再交拥护红军委员会作红军给养。并且各县所有的金子无论如何要一概缴到省苏不得浪费分文，如有贪污浪费则以革命纪律制裁。”1932 年 11 月，湘赣省苏区召开的第一次执委扩大会议作出《财政经济问题决议案》，要求各级政府依据统一财政暂行条例，从乡起一直到省建立由下而上的预算决算报告制度及请领解缴手续，实行统筹支配，消灭私吞公款、埋伏、短报、擅自开支的恶劣现象。同时还指出：“全县经济一律统一，县苏各区直属机关的费用，由县苏财政部发给，以节省为原则，按每年收入多少来确定支出。”

（一）统一标准，力求节省

苏维埃规定：县区乡各级政府不得自行规定税则或征收，各级财政机关所收入之税款及政府经营事业的收入或罚金与没收的财产以及其他收入等款项，概应随时转送地级财政部门或财政部门所指定的银行。各级财政机关未得到上级财政机关的支付命令以前，不得自行支配扣用或抵销，也不得延期不缴。一切开支统统实行低标准，红军指战员和党政工作人员生活费，不论职务高低，都实行低水平的供给制。

据攸县陈向民回忆：地方人员及红军指战员，每月发 1 块钱做菜金，还可剩 100 多个铜板分给大家，叫分“伙食尾子”。红军部队和地方政府不论干部战士，都不发工资，除粮食有点差异外，伙食钱、零花钱一律一样。为了革命战争，在低标准的情况下，党和政府仍然提倡艰苦奋斗，励行节约。1932 年，酃县苏维埃规定：各机关单位的用费尽量节约，做到乡级经费完全自给，不向上级领报，区级各机关每月节约一半，县级节约三分之一。茶陵县从 1932 年 6 月 2 日起，各机关吃饭实行一天“两餐干一餐稀”制度，伙食一律以 6 分钱计算。同时还要裁减人员，节省经费开支，减轻人民负担。

（二）建立健全管理制度

各县区苏维埃政府，执行统一会计制度的训令，把收钱的（税委与财政部）、管钱的（各级国库）、领钱的和支配钱的（财政部）4 个机关分开。1933 年，湘赣省在酃县设立支分金库。各级政府各部队各司法教育机关负责现金出纳事务，要求各级收入与开支分别划分，各系统进行管理，严格预、决算制度，没有预算决算者不给钱。从县至区乡政府，必须规定时日，严格执行，使会计按月结算。

（三）严格财经纪律，反对贪污浪费

根据地财政纪律十分严格，早在井冈山时期就明文规定：“打土豪要归公”，不仅红军官兵这样做，地方各级政府工作人员及赤卫队，暴动队也这样执行。每一次外出打土豪筹集的款子和缴获的物资都要交专人管理，并登记造册，上报上级有关部门备案，不准随便乱拿，更不准把筹到的款子装入自己腰包。否则，一经发觉，不仅要追回款子和财物，还要受到严肃批评甚至严厉制裁。1933 年 3 月，中共湘赣省第二次代表大会决定：“清查经济账目，惩办贪污分子，反对浮支浪费……对贪污分子除赔款外，并要严加惩办；浮支滥用分子，要贯彻执行中央执委会制定的惩治贪污浪费办法：凡贪污公款 500 元以上者，处以死刑；300 元以上 500 元以下者，处以两年以上五年以下监禁；100 元以上 300 元以下者，处以半年以上两年以下监禁；100 元以下者，处以半年以下的强迫劳动（挪用公款以贪污论罪）；浪费公款处以警告、撤职以至 1 个月以上 3 年以下的监禁。”“言出法随，决不宽贷”。各县都组织力量开展了经济清查，中共茶陵县委在当年 3 月 10 日《第八号通知》规定：今后如那区每月用费超过预算者，实行由开支人负责。攸县第一任苏维埃政府主席谭润身擅自动用与贪污公款 100 多元，发觉后，经省批准即处以死刑。1934 年 1 月，酃县苏维埃机关财政部部长麦宗元贪污公款 60 多块银元，10 多千克白银，给予批评斗争和 3 年监禁的处罚。

第二章 税 务

据清光绪《湘潭县志》载：南宋高宗南渡时，派雍端行任槠洲（即株洲）酒场官，征收酒税20万缗。南宋光宗绍熙元年（1190），湖南转运判官陈傅良认为不合理，乃照章核减。这是已知株洲工商税收最早的文字记载。

清咸丰五年（1855），株洲设置税收经征专门机构，开征厘金。咸丰至光绪年间，株洲设有厘金与关税机构。民国时期，税务机构时兴时废，曾先后设置过米捐分局、火车货捐统税征收卡、特种物品出产税征收所、特种消费税复查所、营业税兼产销税征收所、货物税办事处、屠宰税征收所、税捐征收分处等机构。

中华人民共和国成立后，1949年9月成立湘潭县人民政府税务局株洲一税务所。1951年2月，株洲一税务所改为株洲税务分局。同年7月，株洲税务分局从湘潭县人民政府税务局分出，独立为株洲市人民政府税务局，隶属长沙区专员公署税务局和株洲市人民政府双重领导。1956年3月，株洲市人民政府税务局改称株洲市人民委员会税务局。1958年6月，财政与税务机构合并为株洲市财政局。1961年8月，财政、税务机构分设，恢复设置株洲市人民委员会税务局。其时，城区设中心、田心、清水塘、荷塘铺4个税务所；郊区成立农村税务分局，下设朱亭、淦田、渌口、白关、龙头铺、雷打石、三门、古岳峰8个税务所。

1968年5月，成立株洲市税务局革命领导小组，税收工作由革命领导小组负责。同年11月，市税务局撤销，税收工作由市革命委员会生产指挥部经济计划组管理。1969年7月，税收工作由株洲市财税工商管理处管理。1970年11月，税收工作改由市革命委员会财政金融局内设的税政企业财务组管理。1971年，田心、荷塘铺税务所与东区银行办事处，董家塅税务所、中心税务所与南区银行办事处，清水塘税务所与北区银行办事处，分别合并为市财政金融局东区、南区、北区办事处。郊区人民银行办事处改为市财政金融局郊区办事处。1972年12月，撤销各区财政金融办事处，设置中心、田心、清水塘、荷塘铺4个税务办事处。1973年5月，市财政金融局撤销，成立株洲市财政局，税收工作由市财政局设立的税政科管理。1978年9月，财政、税务机构再度分设，恢复设立市税务局，并设置东区、南区、北区3个税务分局，在郊区设置税务所，恢复株洲县税务局及其下辖的8个税务所。1981年，撤销东、南、北3个税务分局，改设一、二、三、四、五税务分局。

1983年7月，醴陵、攸县、茶陵、酃县财税机构的税收业务划归株洲市管辖。同年9月，撤销城区第四分局。1984年，税务机构实行垂直管理，醴陵、攸县、茶陵、酃县的财税机构实行分设，均单独设立税务局，由市税务局垂直管理。1994年，市税务局下辖6个县市郊税务局、4个城市分局和1个稽查大队。

1994年9月，根据国家税制改革要求，市税务局划分为市国家税务局和市地方税务局。由此，开启中央和地方分税制。市国家税务局下辖6个县市郊国税局、5个城市分局和涉外、稽查2个直属分局；市地方税务局成立时辖6个县市郊地税局、4个城市地税分局，1995年成立市地方税务稽查局，1996年成立市地方税务局涉外分局，1998年成立市地方税务局省级税收征收分局。1997年，市国税局机构改革，县市范围内的税务所改征收分局，城市分局范围内设税务所。全市5个县市设26个国税征收分局，5个城市分局设8个税务所。市地方税务局5个县市设20个农村税务分局，城市区局设13个税务所。

株洲市税务局历任负责人名录

表9–4

局　长	任职时间	副局长	任职时间
韩瑾行	1951.2 — 1951.6（兼）	岳征林	1951.2 — 1951.6
岳征林	1953.7 — 1956.3	岳征林	1952.9 — 1953.7
林书江	1956.4 — 1958.5	周朗秋	1953.4 — 1954.10
易锡麟	1961.12 — 1964.9	李耀江	1953.7 — 1954.7
杨冀民	1964.9 — 1968.5	易锡麟	1954.3 — 1961.12
洪自平	1968.5 — 1968.11（组长）	宁怀成	1962.4 — 1965.6
杨冀民	1978.9 — 1981.12	洪自平	1964.3 — 1968.5
李保先	1981.12 — 1988.12	李许森	1964.9 — 1968.5
周英郊	1991.7 — 1994.8	刘后佳	1968.5 — 1968.11（副组长）
–	–	李福顺	1968.5 — 1968.11（副组长）
–	–	周英郊	1979.12 — 1989.8
–	–	黄岳强	1978.9 — 1983.7
–	–	曾兴国	1981.5 — 1983.7
–	–	田茜平	1983.7 — 1994.8
–	–	蒋步林	1984.12 — 1991.7
–	–	程安亭	1985.6 — 1988.12
–	–	苏海清	1988.12 — 1994.8
–	–	伍志庚	1991.7 — 1994.8
–	–	张有志	1992.6 — 1994.8

第一节　田赋、税制

清代前期，株洲赋税以地丁、漕粮为主，盐税、矿税、酒税、牙税等虽有课征，但比重较小。道光二十年（1840）后，税负不断加重。咸丰五年（1855），株洲开征厘金，对行商择水陆交通要道设卡，截征过卡货物的“活厘”（通过税），对坐商征收货物“板厘”（交易税）和出产厘。厘金苛重，“所有行商坐贾，于发货之地抽之，卖货之地抽之，以货易钱之时或以钱换银之时抽之，资本微末之店铺，肩挑步担之生涯或行人携带盘川，女眷之随身包裹，无不留难搜括。”咸丰十年

（1860），湘潭东征筹饷分局在株洲征收协厘，在各货应纳厘金之上加抽一半作协厘，以充曾国藩东征太平天国的军饷。光绪十三年（1887），设朱亭出口卡专门负责对贩运过境的鸦片征税。光绪三十一年（1905），株萍铁路通车后，醴陵厘金局遂增阳三石、姚家坝、白关、株洲4个厘金征收卡。光绪三十四年（1908），开征屠捐。同年，长沙海关派员驻株洲对运往汉阳的萍乡煤征税。嗣后，长沙海关在株洲设立查验处，派中外职员执掌。

民国初期，在沿用清末旧税制基础上，株洲先后增征烟酒牌照税、印花税、米捐、筵席捐等。民国7年（1918），军阀混战，株洲地处军事要冲，驻境和过境军队为筹集军费各立名目，此兴彼效，谁收谁用，巧取豪夺。民国9年（1920），厘金实行“包征制”，经征官吏或承包商视赋税为肥缺，肆意苛索，人民负担超重。民国15年（1926），工农运动兴起，不合理的赋税和杂税杂捐均在明令废除之列，株洲当时被取消的各种附加和杂税杂捐计40多项。次年，蒋介石发动“四一二”政变，杂税杂捐又有所增加。

民国17年（1928），株洲废除厘金，改征货物统税。民国20年（1931），株洲随同全国统一裁厘而裁撤货物统税，先后开征营业税、统税、特种物品出产税（后改为特种物品产销税）。民国22年（1933），国民政府在江西南昌成立“十省禁烟督察处”，湖南在株洲设立直辖特监派出所，专门负责查缉偷运鸦片，征补“特税”（鸦片税）。名为禁烟，实为筹集“剿共”军费。

民国25年（1936）9月至27年8月，粤汉、湘黔铁路相继通车，株洲镇的工商业得到较大的发展。株洲镇开征营利事业所得税和薪给报酬所得税。民国31年（1942），停征特种物品产销税和转口税，征收战时消费税。抗日战争胜利后，废止战时消费税，开征货物税。货物税采用“花”“照”“证”“单”四类票照进行税源管理。货物税、营业税、所得税、屠宰税是株洲镇工商税收的主要税种。但国民政府为筹集内战经费，提高或新增附加、税捐、摊派，其收入常常超过正税。除少数税种实行源泉控制征收和查实征收外，多数税捐采用估征、包征、标征、摊派等征收方式，稽查逐渐成为税收的一种重要控管手段。

1950年，根据中央人民政府统一税政的规定，废除旧制，建立新的税收制度，株洲镇开征盐税、农业税、契税（此3税由盐务和财政部门征收）、货物税、工商业税、印花税、利息所得税、交易税、屠宰税、房地产税、特种消费行为税、薪给报酬所得税、土产税、营业税。在稽征管理上，全面推行民主评定、代征代缴和查实征收的方法，摒弃包征、标征、估缴、摊派而产生的种种积弊，使税收负担趋向公平、合理。此时，多数商人主动学习新税法，订立护税公约，积极纳税。1950—1952年，株洲实征工商各税236万元，每年平均增长122.71%，90%以上的税收征自私营企业。

1953年，实行商品流通税，简化货物税和交易税，取消特种消费行为税，开征文化娱乐税，调整营业税，完善了多税种、多次征的复合税制。在税收政策上，执行“公私区别对待，繁简不同”和税收负担“工轻于商、生产资料轻于消费资料、日用品轻于奢侈品、有益于国计民生的私营工商业轻于无益于国计民生的私营工商业”的原则，配合对农业、手工业和资本主义工商业的社会主义改造（“三大改造”），依靠工会，发动店员，开展护税协税；改“分行业各税分管”为“划分区域（片）各税统管”；在工商业户中推行自报查账的征收方式。1956年，“三大改造”基本完成，

95% 的税收来自国营、公私合营和集体经济组织。从此，全市税收工作的重心由加强稽征管理、配合对私改造转向促进生产发展。各级税务机关和干部在组织收入的同时，帮助企业加强财务管理，促产增收。“一五”计划时期，全市征收工商税 1335 万元，年平均递增 21.77%。

1958 年 9 月，贯彻执行中央提出的税制改革方案，将货物税、商品流通税、工商业税中的营业税、印花税合并为工商统一税，工商业税中的所得税改为工商所得税，应税商品从生产到流通实行两次课征制。改革后，株洲市有工商统一税、盐税、工商所得税、屠宰税、牲畜交易税、城市房地产税、文化娱乐税、车船使用牌照税 8 个税种。1958 — 1960 年，因“一五”计划时期国家在株洲市投资兴建的企业陆续投产，工商各税大幅度上升，1958 年比 1957 年增长 170.23%，1959 年比 1958 年增长 203.43%，1960 年比 1959 年增长 62.68%。1961 年财税机构分设后，恢复农村征税，开征集市交易税。1961 — 1962 年，部分企业“关、停、并、转”，全市工业生产滑坡，税收连续 2 年减收，1962 年比 1960 年减收 64.05%。1958 — 1962 年，全市征收工商各税 15162 万元，年平均增长速度仍达 17.94%。

1963 — 1965 年，国民经济进行调整，生产稳步回升，税收形势全面好转，工商税收年平均递增 19.61%。

“文化大革命”开始后，税收工作受到冲击。1966 年，全市停征文化娱乐税。1968 年 11 月，市税务局机关被撤销，税收工作由市革命委员会生产指挥部负责管理。已经简化了的税收仍被斥为“繁琐哲学”，行之有效的管理制度被斥为“管、卡、压”。对国营企业试行“国营企业工商税”和“国营企业综合税”，一户核定一个税率。1973 年，将盐税、工商统一税（含附加）以及对企业征收的城市房地产税、车船使用牌照税、屠宰税合并为工商税。简化后，对国营企业只征工商税，对集体企业只征工商税和工商所得税，屠宰税、车船使用牌照税和城市房地产税只对私人征收。“文化大革命”后期，全市个体经济税源基本消失。“文化大革命”10 年，全市征收工商各税 76367 万元，年均递增 6.24%，是中华人民共和国成立以来株洲税收增长速度最慢的时期。

1983 年 7 月，株洲市接管醴陵县、攸县、茶陵县、酃县的税收业务。次年 1 月起，对税务机构设置、干部管理、人员编制和经费实行垂直管理。在税制建设上，逐步废除合作商店的 9 级超额累进税率、个体经济的 14 级全额累进税率（含加成）、供销合作社和乡镇企业的比例税率，改按 8 级超额累进税率征收所得税。1980 — 1981 年，依次开征个人所得税、中外合资经营企业所得税、外国企业所得税，进行增值税试点。1983 年，全市开征国家能源交通重点建设基金和建筑税，选择部分行业进行“第一步利改税”。1984 年，进行“第二步利改税”，基本实现国营企业由上缴利润向缴纳所得税的转变。同时，开始全面改革工商税制，将工商税按性质分为产品税、增值税、营业税、盐税 4 个独立税种。1985 — 1989 年，全市先后恢复和开征城市维护建设税、奖金税、国营企业工资调节税、房产税、车船使用税、城乡个体工商业户所得税、个人收入调节税、特别消费税、印花税、私营企业所得税，工商所得税改为集体企业所得税，屠宰税移交财政部门征收。在此期间，全市各级税务机关还承担代征教育费附加和征集国家预算调节基金的任务。到 1990 年，全市实际开征的工商各税有 21 种。1977 — 1990 年，株洲工商各税呈平稳发展趋势，年平均递增 11.88%。

此外，1983 — 1990 年共减免工商税收 27665 万元，减免国营企业所得税、能源交通重点建设基金和预算外调节基金 1719 万元，批准企业以税还贷 20244 万元。1986 — 1990 年办理出口产品退税 3644 万元，对发展生产、搞活流通、繁荣市场、增加财政收入等方面起到积极的作用。

1992 年，全市税务系统全面推行新的征管模式，在城市各分局实行征、管、查三分离，在县市郊局实行“两系列（征管、检查）、一中心（监控中心）”为内容的征、查两分离。重点对株洲冶炼厂等 10 户大企业实行驻厂征收管理。1993 年，《中华人民共和国税收征收管理法》颁布实施，全市进一步完善个体税收征管，建立健全各种不同形式的护税协税网络，对个体私营业户实行分级、分类、分行业、分层次管理，实施建账与定额相结合，单式账与复式账相结合，查账征收与“双定”征收相结合。至 1993 年，全市工商税收首次突破 10 亿元大关，增幅达到 25%，远远超过全市 GDP 增长速度，给以后年度税收良性循环留下了隐患。

一　税种与税收

（一）流转税

清咸丰五年（1855）以来，株洲开征过的以流转额（或流转量）为课征对象的工商税有 20 余种，按其性质，大致归为产品税、增值税、营业税、关税四类：

1. 产品税　清末、民国时期，株洲开征的厘金、烟酒税、统税、特种物品产销税、矿税、货物税，以及中华人民共和国成立后开征的货物税、商品流通税、工商统一税和工商税，都是以特定产品和流转额为课税对象，均具有产品税性质。1984 年，工商税制改革，产品税成为一个独立税种。

厘　金　咸丰五年(1855),省城设厘金局,湘潭分局在株洲、三门、朱亭等繁盛集市设卡,征收厘金。次年，醴陵设厘金分局，于县城、渌口处设卡。值百抽一，故称“厘金”。厘金分百货厘、盐厘、洋药厘、土药厘 4 种。按抽征对象又分板厘和活厘 2 类，板厘抽之于坐商（交易税），活厘抽之于行商（通过税）。计税依据有从量计征和从价计征 2 种。活厘则过卡即税，大致值百抽二、三。咸丰十年（1860），曾国藩招募湘军筹饷，于省城设东征局开征协厘。株洲应税之货物，除按章征取厘金外，再由东征局加一半。同治四年（1865）七月，裁废协厘。光绪三十三年（1907），株洲厘卡征收厘金的名目有百货厘、烟酒厘、茶厘、盐厘、糖厘、内地谷米厘、出口谷米厘、进口杂粮厘、竹木厘。另有出口谷米厘加抽、煤厘加抽、茶厘加抽、烟酒厘加抽、糖厘加抽、百货厘加抽等。初期厘率为 2% ~ 4%，宣统二年（1910）茶、糖厘厘率增为 7.5%，烟、酒厘厘率高达 10%。民国建立后，厘金加征名目更繁，厘率变化无常。民国 4 年（1915），改为值百抽三。民国 9 年（1920），又加征六成，定名军事附捐。民国 16 年（1927），又加征公路捐二成，赈捐一成。从此，厘率更无准绳，有率如同无率，厘卡常借补征之名，肆意苛征。民国 17 年（1928）8 月，《湖南省货物厘金征收暂行条例》实施，株洲厘卡征收运销本埠货物之落地厘及出产货物之出产厘，对货物由轮船或火车运出省境者，于起运前预征出境厘；对省外货物由轮船或火车运入者，于卸货时补征入境厘。渌口厘卡征收渌江流域输出货物之出产厘，兼征运销渌江流域各埠货物之落地厘。同年 12 月，湖南省政府宣布裁厘，改征货物统税，株洲随之撤销厘卡，停征厘金。株洲厘卡征收厘金数仅民国4年（1915）下半年有据可考，征收9812.9元，其他年份无考。

烟酒税　南宋时，株洲就有酒税。清咸丰五年（1855），烟酒如同百货抽收厘金。清光绪二十三年（1897），于厘金外另征烟酒捐三成。光绪二十六年（1900），又加征三成。光绪二十八年（1902），株洲开征烟酒税。光绪三十年（1904），烟酒税改由殷实商人承总包缴，烟叶按刨抽税，每具刨年征7.2～22.8串，或按每铺年征16～20串，输入烟草每担征税180文；出产谷酒、火酒每担征税200～400文，输入酒每罐征税82～200文。民国初期，对烟酒征收公卖费，税率20%。民国17年（1928），税率高达50%以上。民国30年（1941）9月，废除公卖费税制度，改征国产烟酒类税。烟酒税一律从价征收，烟叶税率30%，烟丝税另加征15%，酒类税率40%。民国35年（1946）8月，烟酒税并入货物税。

统　税　民国17年（1928）年底，株洲开征货物统税，必需品按货价征1.5%～3%，普通品征3%，半奢侈品及贵重物则酌情增至6%止，奢侈品、消耗品由6%递增至15%。此后，统税征税范围和税率略有变更。株洲统税主要有谷米、杂粮、茶、烟、煤炭、石灰、南货、药材、竹木、陶瓷、百货等项目。民国20年（1931）1月，全国统一裁撤厘金（包括货物统税），中央财政因之短缺，国民政府遂举办棉纱、火柴、水泥统税，将原有的麦粉特税也改征统税，连同卷烟统税，合称五项统税。民国30年（1941）后，开征茶叶、竹木、皮毛、陶瓷、纸箱等统税。民国35年（1946），统税并入货物税。

特种物品产销税　民国20年（1931）6月，株洲开征特种物品出产税，就本地所产大宗物品于输出时征收一道出产税，通行全省，不再重征。同年9月，将特种物品出产税改为特种物品产销税，在产、销两个环节征税。株洲应税物品有竹木、茶叶、煤炭、南货、杂粮、纽扣、瓷器、牲畜等16类。民国31年（1942），特种物品产销税并入战时消费税。1950年10月，株洲依《中南区土产税征收暂行办法》，对稻谷、大米、花生、花生仁、棉花、莲子、五倍子、麻类征收土产税，税率分为必需品3%，消费品5%。稻谷、大米只对出省的征收。土产税由收购者与贩买者负责缴纳。农民自产运销城镇的土产品，凭区、乡（或村）政府证明，免征土产税。当年，征收土产税1119元。1951年2月，停征土产税。

矿　税　清光绪三十四年（1908），长沙海关派员在株洲对供应汉阳铁厂的萍乡矿煤抽收矿税，每吨煤纳矿产税一钱。民国27年（1938），株洲设有矿税局、专门负责矿税的征收工作。民国35年（1946），矿税改征货物税。

货物税　民国35年（1946）8月，株洲镇对原征统税、烟酒税、矿税的货物改征货物税，按比例税率从价计征。税率最高的100%（如卷烟），最低的2.5%（如麦粉）。采取“驻厂（场）”“查定”“起运”征收3种方式。1949年9月，依照《华中货物税征收暂行办法》征货物税。株洲应征货物仅烟酒、矿产、糖、农林产品4类，当年11月征收256元。1950年1月，征税范围扩大，货物需先评价才能计税。当年9月，竹木、桐油、棉花及政府统购统销的矿产品，由省税务局统一评价。株洲被列作湘江流域竹木税重点征收区，湖南省税务局并指定株洲为竹木报价点之一。长沙专署税务局指定株洲的酒、谷米为报价品目。当年征货物税21633元。1953年，修正税制，将应税货物的厂商应纳的印花税、营业税及其附加并入货物税内征收。货物税计税价格由原按市场批发价格计税为主改按国营公司牌价为主。无国营公司牌价的，采用市场批发价格核税，取消原评价计税方式。1958年9月，货物税并入工商统一税。

商品流通税 1953年1月，开征商品流通税，应课项目主要有原木、机制麦粉、土酒，计税方法分按比例税率从价计征和按定额税率从量计征2种。株洲原木税占商品流通税的60% ~ 70%。1958年9月，商品流通税并入工商统一税。

工商统一税 1958年10月，株洲市全面开征工商统一税，凡从事工业品生产、农产品采购、外贸进口、商业零售、交通运输和服务性业务的单位或个人，都是工商统一税的纳税人。商业零售税率3%，交通运输税率2.5%；临时商业起征点为10元，税率10%；其他税目税率不等。1966年，对粮食部门试行国营企业工商税，按其上年决算后的积累总额（税、利）的50%，换算成占同期销售收入的百分比，作为粮食企业当年的适应税率计税。1969年，对部分大中型企业试行国营企业综合税，在原税负的基础上，将原工商统一税及其附加、车船使用牌照税、城市房地产税等多个税种、多个税率，合并为综合税，一个企业即核定一个税率。1969年，征收国营企业综合税1255万元，1970年征收4588万元。1973年，工商统一税并入工商税。

工商税 1973年1月，开征由原工商统一税（包括附加）和对企业征收的城市房地产税、车船使用牌照税、屠宰税等合并而成的工商税。全市从事工业生产、交通运输、农产品采购、进口贸易、商业经营、服务业务的单位和个人都是工商税的纳税人。科学研究单位的试验收入，文化艺术、新闻出版、医疗保健、农业事业等单位及银行、信用社、保险公司的业务收入，免征工商税。工商税之商业零售税率为3%，临时经营税率10%。对供销社既经营应税商品又经营免税商品，按商品零售总额划出一定比例额后计征零售环节的工商税。1977年11月，规定工业企业生产的产品交由商业部门统一收购销售，违反规定自产自销者，则对其征取工、商两道税。1980年1月，饮食业税率由5%调减为3%。1982年7月，对银行开征工商税，以营业收入额为计税依据，税率5%。1984年，工商税分为产品税、增值税、营业税、盐税4个税种。

产品税 1984年10月，全市开征产品税，其纳税人和计税依据与原工商税中工农产品的纳税规定基本相同。产品税采用固定比例税率和定额税率征收，具体依照《产品税条例（草案）》中“产品税税目税率表”确定。1987年7月，将一部份原征产品税的轻工产品改征增值税。1988年，又将建材、有色金属等产品改征增值税。1990年，株洲市只有烟、酒、鞭炮焰火、焚化品、农药及部份矿产品、电、气体、化工、黑色金属、农林牧水产品共10类67个税目征收产品税。1991年，产品税的税目设置较细，设了270个税目，其中，工业产品260个，农、林、牧、水产品10个。比例税率最高的为60%，最低的为3%。对用于协作生产的牙膏、皂坯、自来水笔等产品，一律按“其他工业品”5%征税。将已税产品加工改制为另一种产品，如同原已税产品同属一个税目并适用一个税率的，在销售后，按照“其他工业品”税率征税。1991 — 1993年，全市共征收产品税51923.3万元。

2.增值税 1980年10月，省财政厅确定株洲市的机器机械、农机农具2个行业试行增值税。在市区选定64家生产企业作为试点单位，将原征工商税改征增值税，以产品销售收入或经营收入额中的新增价值部分（法定增值额）作为计税依据。机器机械及其零配件的税率为10%，农机农具及其零配件的税率为6%。计算方法采用“实耗扣额法”，即以企业产品销售收入额扣除产品销售成本中消耗的原材料、燃料及动力（外购扣除项目）后的余额为增值额。增值额乘适用税率，即为应纳的增值税。在增值额的具体计算方法上，株洲市采用按上年资料测定扣除率计征，年终结算不退补。1981年，64户企业实现销售收入20515万元，征增值税914万元。如按原工商税征收，则应征1026万元，按增值税征收比按工商税征收要少112万元，税负下降10.91%。同年，对机器机械、农业机具征收增值税的课征范围扩大到全市。1984年10月，增值税正式成为独立税种，课征范围扩大，并按国家规定，将征收增值税的产品分为2类，相应调整税率。甲类：机器机械及零部件税率改为14%，农业机具及其零配件6%；乙类：钢坯8%，钢材14%，电风扇16%，成药剂药12%，印染绸缎及其他印染机织丝织品、西药、中原料药10%。实行增值税的企业，由原来仅在县以上（含县）国营、集体工业企业扩大到生产销售应纳增值税产品的一切单位和个人。计算方法全国规定甲类产品采用“购进扣额法”，乙类产品采用“购进扣税法”，但株洲对甲类产品仍采用“实耗扣额法”。1986年，对原征产品税的部分轻纺产品改征增值税，并将低值易耗品列入甲类产品的扣除范围。1987年，对增值税税目不再划分甲、乙类，执行财政部颁发的《增值税税目税率表》，对生产销售增值税产品的工业企业，一律采用产品销售成本实耗扣税法，按年测定，计算征收增值税，年终不办退补。1988年，建筑材料、有色冶金产品由征产品税改征增值税。

1989年，省税务局在株洲市进行“增值税价税分流购进扣税法”（简称“价税分流”）试点，全市由原按实耗扣税法改按价税分流法征收增值税的企业有346户，占缴纳增值税企业的23%。1990年6月，株洲市增值税计算方法除“价税分流法”外，还有定期定率、实耗扣税法两种，当年征收增值税18532.8万元。1993年底，国家进行税制改革，并颁布了《增值税暂行条例》及《实施细则》。1994年，由株洲市国家税务局负责增值税的征收管理。1991—1993年，全市收增值税97821.7万元。

3.营业税 清末、民国时期的当税、牙税、烟酒牌照税、营业税、营业牌照税，中华人民共和国成立后的工商业税中的营业税，工商统一税和工商税中的商业零售、饮食、服务、交通运输部分，均属营业税范围。1984年，营业税再次成为独立的税种。

当 税 民国初期，按繁、偏两种地域区别典当和质当，分甲、乙、丙三等征收当税和帖费。民国4年（1915）12月，当税、帖费改征银元。株洲当时是偏辟市埠，当业为丙等。典当当税60元，质当帖费20元。当税每年分2次缴纳。株洲在中正老街设有当铺1家，民国7年（1918）失火烧毁，从此株洲不再有当铺，所征税银和帖费无考。

牙 税 清代，株洲对代客买卖货物或介绍买卖交互说合从中抽取佣金的营业者（即牙商）征收牙税。光绪十年（1884）牙帖分上、中、下三等，分繁、偏区域确定帖率。株洲系偏辟区，上等征钱700串，中等300串，下等100串。民国建立后，牙税继续征收。民国3年（1914），省财政厅拟定《牙税专章》，牙行分为甲、乙、丙、丁、戊5等，甲等年纳税银50元、乙等40元、丙等

30元、丁等20元、戊等10元，每年6月及12月各纳一半；牙行需请领牙帖，缴纳帖费。牙帖有效期5年，帖费为税的10倍，请领新帖时一次缴纳。民国10年（1921）8月《湖南财政月刊》载：民国6年（1917）以来，株洲有5家牙行请领了牙帖，均属丁等，缴牙税100元，缴帖费1000元，主要经营木材。株洲的牙税由各牙行径送湘潭县城缴纳。民国31年（1942），牙税并入营业税，牙帖费并入营业牌照税。

烟酒牌照税　民国初期，株洲征有烟酒牌照税。烟酒分整卖（批发）与零卖（零售）。整卖年税银40元；零卖分四等，甲等年税银16元、乙等8元、丙等4元、丁等2元。民国17年（1928），烟酒牌照税重定税额。整卖：烟业年税银甲等100元、乙等40元、丙等20元，酒业年税银甲等32元、乙等24元、丙等16元。零卖：烟业年税银甲等12元、乙等8元、丙等4元、丁等2元、戊等1元，酒业年税银甲等8元、乙等4元、丙等2元、丁等1元。民国31年（1942），废除烟酒牌照税，改征营业牌照税。

营业税　民国20年（1931），株洲开征营业税，税率分三类：以营业总收入额计征的，税率为2‰～10‰；以营业资本额计征的，税率为4‰～20‰；以营业纯收入额计征的，依累进法征收，税率为2‰～10‰。民国23年（1934），征收产销税，凡已征产销税者，不再征营业税。民国24年（1935）后，营业税课征标准与税率均有变更。民国31年（1942），株洲镇对屠宰、旅馆、酒店、牙行、娱乐场等业征收营业牌照税，分业按资本额分等级，税率各业各级不同，每年征收1次。当时，商人认为此税重复，多不愿缴。民国35年（1946），对各种商业均征收营业牌照税。民国37年（1948）3月，遵照《湖南省各县（市）营业牌照税征收细则》，将普通商业营业牌照税改按营业资本额征收，税率30‰，牙行牙纪业、拍卖业税率为7‰。1949年8月，株洲停征营业牌照税，同时沿用旧法征收营业税。1950年，营业税并入工商业税。营业税主要是对固定工商业户征收，税率采用列举式分别规定：依营业总收入计征的，工业分38个行业，税率1%～3%，共5级；商业分37个行业，税率1.5%～3%，共4级。依营业总收益额计征的，有公用事业、交通运输等24个行业，税率1.5%～6%，共7级。依佣金收益额计征的，有代理购销业等6个行业，税率6%～15%，共5级。1953年，工商业应纳的印花税和营业税附加并入营业税，多数行业增加0.5%的税率。工业从生产、批发到零售，缴纳两道营业税。已纳商品流通税的商品，不再缴纳营业税。已纳货物税的商品，在商品批发或零售时，仍照纳营业税。1958年8月，营业税随工商业税并入工商统一税。工商统一税之营业性部份税率为：商业零售3%，交通运输2.5%，服务业3%、5%、7%。1973年，工商统一税并入工商税。工商税之营业性部分税目税率为：商业零售、公用事业3%；临时经营10%；交通运输业分2项，从事邮政、电信、运输业务5%，从事铁道部直属的铁路运输业务15%；服务行业分2项，从事旅店、饮食业的5%，从事浴室、修理、修配、缝纫、照相、装卸及集体建筑安装等业的3%。从1977年11月起，工业自销产品除就工业环节征税外，加征一道零售税。1981年开始，对机关、团体、部队、企事业单位的宾馆、招待所和旅游行业征收5%的营业性工商税。1983年，工商税之临时经营税率调低。纳临时经营工商税后，不再纳工商所得税。1984年10月，全市开征营业税。营业税税目中，除商品零售按销售收入计税和商业批发按购销差额计税外，其余均按营业收入计税。株洲市采用税率有3%、5%、10%、15%四个。1990年，全市征营业税12064.7万元，占工商各税收入21.56%。1991年，营业税税目包括商品批发、商品零售、建筑安装、金融保险、邮电电信、金融保险、出版事业、公用事业、娱乐业、服务业、临时经营11个税目。商业批发按购销差额计税；商品零售按销售收入计税；其他税目均按营业收入计税，税率有3%、5%、10%、15%四种。1991—1993年，全市共征收营业税49799.4万元。1994年后，此税由地税局征收。

临时商业税 1949年11月，依照《华中临时商业税征收暂行办法》，开征临时商业税。此税系民国时期的一种所得税与行商营业税合并而成，纳税人为没有固定营业场所的流动商贩（行商）。临商税以营业收入额为计税依据，按次征收，行商每次销货额满2元者起征，税率4%。1950年，临商税并入工商业税，成为工商业税中的一个税目。起征点调至10元，税率改为5%（含1%附加率）。当年，征临商税60173元。1951年，起征点调至15元，粮食、棉花、山货、药材税率为4%，其他货品税率为6%。农民销售自产物品凭自产自销证明免征临商税。1952年，粮食、药材、棉花税率为6%，其他货品税率调为8%。1953年，将临商应纳的地方附加及印花税并入临商税征收，税率不变，起征点由原规定15元调至20元。1954年，临商税税率一律改为8%。因主要税源产品原木、粮、油等大宗物资由国家计划供应，全市临商税收减少。1958年5月，税率提为10%。9月，临商税随同工商业税并入工商统一税。

摊贩业税 1951年1月，株洲始征摊贩业税。此税属工商业税中的一个税目，纳税者为从事固定或流动经营的零售摊贩。日营业额满3元起征。征收采取分季评定分月交纳的办法，当年，征税2935元。1954年5月，取消起征点，征收采取“定率不定额”的办法，对税源分散的小商贩，采取“双定”的办法，1958年，摊贩业税随工商业税并入工商统一税。

4.关税（包括战时消费税） 光绪三十四年（1908），长沙海关派员驻株洲对萍乡煤征收关税，每吨煤征出口税1钱，进口税5分。民国26年（1937），对煤征收转口税。因萍煤征矿产税而免征转口税。民国31年（1942），停征转口税，开征战时消费税。对国内运销的货物，除法令另有规定者外，一律征收战时消费税，从价计征。外国货以所纳进口关税的完税价格为计税依据，国货以本地前一个月的平均批发市价为计税依据，须纳税的普通日用品抽5%，非必需品抽10%，半奢侈品抽15%，奢侈品抽25%。已征战时消费税的货品，即可通行全国而不再征税。民国31年（1942）8月，依照《国货战时消费税分省征税暂行办法》，株洲应征税的货品有棉花、麻、夏布、植物油、纸、生熟皮、原木、生漆、香料、爆竹焰火10种，其中前5种货品税率为值百抽五，原木、生漆、香料3种货品税率为值百抽十，爆竹焰火税率为值百抽二十。完税价格以本地市场前3个月的平均批发价为计算根据。为征战时消费税，株洲经征机关还配有快船、旗帜、枪支，在湘江河道对过往船货进行查验。民国34年（1945）1月，停征战时消费税。

（二）所得税

1.营利事业所得税 民国25年（1936）7月，株洲开征营利事业所得税。税率采用全额累进制，按资本额大小计算所得额合资本额的比数或依全部所得额划分级距计算征收。民国37年（1948）4月，不再按资本额大小计算所得额合资本额的比数计征，改按所得额课征 5% ~ 30% 的全额累进税，起征点及累进税率的课税级距，均按所得额大小而定。1950 年 1 月，营利事业所得税并入工商业税。

2.个人所得税　薪给报酬所得税　民国 25 年（1936）7 月，株洲镇对公职人员、自由职业者及其他各业人员个人薪给报酬每月所得平均超过 30 元的，开征薪给报酬所得税。军警官佐因公伤亡的抚恤金、小学教员的薪给、残废者劳工及无力生活者的抚恤金及养老金赡养费均予免税。税率按超额累进分等定额制，月均收入 30 ~ 60 元，每 10 元课税 5 分，依次累进至月均所得超过 800 元以上部分，每超过 100 元则每 10 元增课 2 角至 2 元为限。民国 32 — 38 年（1943 — 1949），薪给报酬所得税的起征点、税率、征税对象和方法，先后作过几次调整。1950 年 1 — 6 月，株洲镇沿用旧法，征税 644 元。7 月，停征薪给报酬所得税。

利息所得税　1950 年 5 月，执行《利息所得税暂行条例(草案)》开征利息所得税。采用 10% 的比例税率，由扣缴义务人在结付利息时扣下利息所得人应纳的税款代为缴库。当年，征税 1068 元。1951 年，税率改为 5%，每次利息收入不满 0.5 元，以及中央财政部核定的公债(如人民胜利折实公债)免征。1959 年 1 月，停征利息所得税。1999 年 10 月，国务院颁布《对储蓄存款利息所得征收个人所得税的实施办法》，次月，市国税局恢复开征储蓄存款利息个人所得税。采用 20% 的比例税率，由扣缴义务人在结付利息时代扣利息所得人应纳的税款代为缴库。1999 — 2000 年，全市共征收储蓄存款利息个人所得税 3300 万元，其中 1999 年 126 万元，2000 年 3174 万元。

个人收入所得税　1980 年 10 月，《中华人民共和国个人所得税法》施行，规定对个人的工资薪金所得，劳务报酬所得，特许权使用费所得，利息、股息、红利所得，财产租赁所得，以及财政部确定的其他所得，征收所得税。自国家法令施行起至 1984 年 10 月，株洲市未征收个人所得税。1984 年 11 月，对在株洲市钨钼材料厂工作的日本专家的工资收入征得第一笔个人所得税 1966.97 元。当年，共征税 3000 元。1985 年 8 月，对南方动力机械公司工程师刘继恒发明逻辑棋所获专利收入征得第一笔本国籍公民个人所得税 2400 元。1987 年 1 月后，个人所得税只对外籍人员征收，对境内本国籍公民则改征个人收入调节税。

个人收入调节税　1987 年 1 月，开征个人收入调节税。此税仅对居住国境内（本市以外）的中国公民在株洲市取得应税个人收入和居住在株洲市的中国公民取得的个人全部应税收入计算征收。应税项目包括工资与薪金收入、承包与转包收入、劳务报酬收入、财产租赁收入。4 项收入合并为综合收入，依照国务院规定的地区计税基数计算税款，按月征收。株洲市适用六类工资区档次税率，计税基数为 100 元，纳税人月综合收入超过计税基数 3 倍，即超过 400 元，按超倍累进税率征收，400 ~ 500 元税率 20%，500 ~ 600 元税率 30%，600 ~ 700 元税率 40%，700 ~ 800 元税率 50%，800 元以上税率 60%。实施中，株洲市对建筑施工单位中包工包料的栋号长个人收入的计算，以其计包工程总收入为标准，总收入在 50 万元以下的扣除 92%，50 万元以上的扣除 93%，余额视为承包人个人所得，加上其平时取得应税收入（综合收入），按所属月份每月扣除 400 元后，就余额计征个人收入调节税。对纳税人取得的专利转让，专利实施许可和非专利技术的提供、转让取得的收入，以及投稿翻译取得的收入，按次计征，即每次收入不满 4000 元的，减除费用 800 元，4000

元以上的，减除20%的费用，然后就其余额按比例税率20%征收。对利息、股息、红利收入和有奖销售、有奖集资、有奖债券、有奖竞赛的中奖收入，按次依比例税率20%征收，对私营企业投资者将私营企业税后利润用于个人消费的部分，以及私营企业投资者以种种形式撤回生产发展基金或者转让企业资产用于个人消费的，均按40%税率计征个人收入调节税。个人收入调节税实行由支付单位源泉扣缴和纳税人个人申报相结合的征收管理方法。中国公民缴个人收入调节税后不再纳个人所得税。1991—1993年，全市共征收个人收入调节税722.4万元。从1994年起此税种取消。

3.集体企业所得税 1950年，株洲镇开征工商业税——所得税，凡以营利为目的的工商业，不分国籍、不分营业性质、不分公私企业或合作企业，均按规定缴纳所得税，所得税实行14级全额累进税率，最低一级5%，最高一级30%，按全年利润额计征。凡国家经济建设需要，从事有利于国计民生的经营，分别不同行业实施减征。同年12月，对提取利润解缴国库的国营企业不再征收所得税。

1958年9月，工商业税取消，其所得税目单独设作税种，称工商所得税。工商所得税征收范围主要是集体工商企业、个体工商业、资本主义工商业以及少数外商经营的企业等。税率分4种：供销合作社的所得税按39%的比例税率征收；手工业合作社、交通运输合作社实行8级超额累进税率，一级是全年所得额在300元以下的，税率7%，八级是全年所得额超过8万元以上的部份，税率55%；合作商店实行9级超额累进税率，一级是全年所得额在250元以下的，税率7%，九级是全年所得额超过2万元以上的部份，税率60%；个体经济实行14级全额累进税率，最低一级是全年所得额未满120元的，税率7%，最高一级是全年所得额在1320元以上的，税率62%。以上均加征1%的地方附加。当年，供销合作社并入国营商业改缴利润，不征所得税。1961年、1963年，基层供销社和县以上供销社先后恢复征收所得税。1966年，县以上供销社又改为上缴利润。从1967年起，对农村公社、大队办企业改按20%的比例税率征税。1970年，基层供销社改为上缴利润。1973年，基层供销社恢复征收所得税。1977年，对社队企业只就年利润3000元以上的征所得税。从1979年起，农村社队企业开办初期纳税有困难（除生产烟、酒、糖等高税率产品外），经市税务局批准，可免所得税2～3年。1980年，全市合作商店改用8级超额累进税率。从1983年起，对城镇集体企业试行增长利润减半征收所得税。1984年1月，对基层供销社改用8级超额累进税率。同年7月，对乡镇企业（原社队企业）改按8级超额累进税率征收所得税，税负在20%以上的部份减半征收，最高税负不超过30%。

1985年4月，工商所得税改为集体企业所得税，只就集体所有制单位征收，税率实行新8级超额累进税率，最低一级为全年所得额在1000元以下的，税率10%，最高一级为全年所得额超过20万元的部份，税率55%，不再征所得税附加。当年，县以上供销社改为集体经济，恢复征收所得税。1986年，区街和县辖镇集体企业所得税，比照乡镇企业所得税税率征收。1987年，对集体企业人均留利不足200元的，免征所得税。1990年，基层供销社的所得税比照乡镇企业所得税税率征收；取消城镇集体企业增长利润减半征收所得税。1991—1993年，全市共征收集体企业所得税5504.9万元。

4.国营企业所得税 从1983年起，对从事工业、商业、交通运输业、建筑安装业、金融保险业、饮食服务业以及从事文教卫生、物资供销、城市公用和其他行业的国营企业征收国营企业所得税。国营企业所得税一般按属地征收原则就地征收，但铁路、医药、金融、保险等中央所属企业的所得税，由其主管部门集中交入中央金库；联营企业凡是先分配利润的，分得利润的各方均为纳税人。国营企业所得税均按单位全年利润额计征。税率分3种，国营大中型企业按55%的比例税率计征；饮食服务行业、营业性宾馆、饭店、招待所，适用15%的比例税率；小型企业，县以上供销社适用8级超额累进税率，最低一级为全年所得额在300元以下的，税率7%，最高一级为全年所得额超过8万元的部分，税率55%。株洲对中国有色金属工业总公司所属的株洲冶炼厂、株洲硬质合金厂分别按16%和12%的比例税率计征所得税，然后由长沙分公司按55%的税率结算。

1984年10月起，株洲实行第二步利改税，对国营小型企业按新8级超额累进税率征所得税。最低一级为全年所得额在1000元以下的，税率10%，最高一级为全年所得额超过20万元的部分，税率55%。从1986年1月起，对全民预算外企业和经营单位，按新8级超额累进税率计征所得税。1989年1月起，对全民饮食服务业和营业性宾馆、饭店、招待所，按新8级超额累进税率征收所得税。自1987年始，株洲市对国营企业实行承包经营责任制，合同确定上缴国家财政利润，仍以第二步“利改税”方案为依据，依率计算应缴所得税和调节税。1991—1993年，全市共征收国营企业所得税为11886.2万元。

5.私营企业所得税 1988年，按照《中华人民共和国私营企业所得税暂行条例》，株洲以35%的比例税率征收私营企业所得税。私营企业利用废水、废气、废渣等废物为主要原料进行生产的，经市税务局批准，可给予1年的免税照顾。纳税人在纳税年度内发生亏损，经市税务局批准，可在下年度实现的利润在缴纳所得税前弥补，但连续弥补期限不得超过3年。私营企业减免的产品税、增值税、营业税，均并入企业损益征收所得税。私营企业中国境外取得的所得与外商合资经营所得，应按《条例》规定征收其已缴纳的税款，准予抵扣。1991—1993年，全市共征收私营企业所得税49.4万元。

6.中外合资经营企业所得税 1981年1月，《中华人民共和国中外合资经营企业所得税法》施行，规定纳税义务人是中外合资经营企业以及合资经营企业中将分得的利润汇出国外的外国合营者。合营企业的所得税税率为比例税率30%，另按应征所得税额附加10%的地方所得税；外国合作者将分得的利润汇出国外，按汇出额征10%的所得税，不汇出国外则不征；先进技术企业和产品出口企业的外国投资者，将其从企业分得的利润汇出国外，免征汇出额所得税。1984—1990年，株洲市共开办中外合资经营企业7家，企业开办头2年均免征所得税。1989年，株洲国际苎麻纺织有限公司缴纳所得税3.7万元，是株洲市第一家缴纳所得税的中外合资经营企业。

7.外企业所得税 外国企业所得税纳税人主要是在中国境内设立机构，独立经营或在中国境内同中国公司、企业合作生产、合作经营，或者境内没有设立机构而来源于境内的股息、利息、租金特许权使用费等项所得的外国公司、企业和其他经济组织。1982年1月，《中华人民共和国外国企业所得税法》施行，税率采用超额累进税率，按所得额大小分为5级，最低一级年所得额不超过

25 万元的，税率 20%，最高一级年所得额超过 100 万元的，税率为 40%。此外按应纳所得税额征收 10% 的地方所得税。株洲市于 1986 年 6 月，对美国纽约华昌钨冶炼有限公司向株洲硬质合金厂转让技术所获收入征收第一笔外国企业所得税 67 万元。香港黄阳林于 1985 年在株洲市开办的“株洲市香港进口汽车修理厂”，1990 年按个体户征税，1991 起改按外国企业征收外国企业所得税。1991 — 1994 年，共征收外国企业所得税 64.7 万元。

8.城乡个体工商业户所得税 1986 年以前，株洲市按照工商所得税的有关规定对个体工商业户征收所得税。1986 年 1 月，执行国务院颁发的《城乡个体工商业户所得税暂行条例》，开征城乡个体工商业户所得税。税率实行 10 级超额累进税率，最低一级全年所得额在 1000 元以下的税率为 7%，最高一级全年所得额在 3 万元以上的部分税率 60%。并对全年所得额超过 5 万元以上的部分，加征 10% ~ 40% 的所得税。株洲市因个体户账务不健全，对绝大多数个体户仍采用随营业收入附征所得税的办法，沿用工商所得税附征率征收。1987 年，对个体工商业户所得税附征率进行系统调整，共分为 6 个行业，56 个级距，附征率最低 0.5%，最高 5%。1991 — 1993 年，全市共征收个体工商业户所得税 1633.3 万元。1994 年后，此税由地税局征收。

（三）资源财产行为税

1.盐　税 清同治五年（1866）二月，株洲设有厘金盐茶分局，征收盐厘。采用从量计征，按票计“引”（以引为课税单位，每引 400 市斤），按引扣税的征收办法。民国 30 年（1941），盐税改为从价计征。株洲为销盐区，税率 30%。从 1950 年起，盐税由盐务部门征收，执行“从量核定、就场征收、税不重征”原则，原盐征税后，不论调拨、批发或零售，均不再征税。1958 年 7 月，盐税改由税务机关征收，采取从量定额征收的办法，根据盐的不同用途，适用不同税率。食用盐每担 8.6 元，农牧业用盐每担 3.44 元，渔业用盐每担 2.10 元，工业用盐免税。1961 年 6 月，株洲市对酸碱、冶金、油脂肥皂、制革、染料、制冰冷藏、陶瓷玻璃、医药 8 类工业用盐免税，并规定了用盐定额。1973 年，盐税并入工商税，成为工商税的一个税目，其征税制度未变。1984 年，盐税从工商税中分离出来，又成为一个独立税种。

2.屠宰税 清光绪三十四年（1908），株洲征收屠捐，猪每头征 200 文，羊每头征 30 文。

民国 6 年（1917）7 月，湖南督军公署颁布《屠宰税征收章程》，将屠捐改名屠宰税，规定课税范围为猪、牛、羊。株洲于民国 7 年（1918）11 月始遵湘潭县政府令，依照新章将屠捐改征屠宰税。宰猪 1 头征银元 4 角，牛 1 元，羊 1.5 角。婚丧祭祀宰杀自用，确无贸易行为者免征。民国中后期，屠宰税税率屡有变更。民国 38 年（1949）5 月，屠宰税额区分城乡，币种为光洋。宰杀猪、羊、牛，每头城区分别征 2.7 元、0.81 元、5.4 元，乡区分别征 2.1 元、0.63 元、4.2 元。

1949 年 10 月，执行《华中屠宰税征收暂行办法》，猪每头征 4 千克肉，牛每头征 12.5 千克肉，山羊每头征 0.75 千克肉，绵羊每头征 1.25 千克肉，按规定计税价格折征人民币。当年 11 月，株洲税务所实征屠宰税 548 元，占当月工商税收的 42.16%。

1950 年 12 月，执行政务院颁布的《屠宰税暂行条例》，屠宰税按宰后实际重量从价计征，税率 10%。1952 年 7 月，将屠商应纳的屠宰税、营业税和印花税合并一次征收，混合税率为 13%。1954 年，混合税率提为15%。1956年1月，贯彻保护耕牛的政策，牛的屠宰税混合税率为18%。1957年3月，猪、牛、羊、马、骡、驴等牲畜的屠宰税率一律改为8%。

1963年，对农村生产大队、生产队以及社员宰杀的猪，改为按标准重量征税，即不论猪的大小，每头征屠宰税6.4元（每头按50千克计重，每斤肉按0.8元计价，税率8%）。

1970年1月，改变屠宰税征收办法，对农村社队、社员个人以及企业、机关、学校的伙食单位与城镇居民宰杀的猪，采取定额征收，每头征3.5元；宰杀的因病“赶刀”猪，重量低于50千克，价格低于市价10%的，以及农村社、队经兽医检验并经公社批准而宰杀的病、老、残耕牛，免征屠宰税；宰杀羊，株洲市规定按每头3角征税；少数民族因宗教节日上祭及在建屋、春节或婚、丧事中宰杀的牲口，减半征收。

1973年，国营商业收购生猪应纳的屠宰税并入工商税。对单位食堂（不含部队）或个人屠宰牲畜，除因病“赶刀”的外，征收屠宰税额为：猪、牛及其他大牲畜每头3元，羊每头3角。

1985年，改进屠宰税征收办法，凡经营牲猪的单位和个人均在收购地交纳产品税，不征屠宰税。屠宰税只就集体伙食单位和个人宰杀的应税牲畜征收。1988年后，屠宰税移交财政部门征收，株洲市税务机关仍代财政征收部分屠宰税。1991—994年，全市共征收屠宰税1026.3万元。

3.城市房地产税　房捐　清光绪二十七年（1901），株洲开征房捐，但只对铺房、行店征收，民房住宅免征。民国28年（1939），房捐分2种情况征收，房屋出租按租价征4%，自住按房价征4‰。乡间茅屋及每栋房屋价值不满法币500元，或月租金不满5元者免征。1949年11月，停征房捐。

城市房地产税　1950年7月，株洲开征房产税，不征地价税和附加。征收房产税依照《华中房地产税征收暂行办法》执行，营业用房屋按标准租价征15%，住家用房屋按标准租价征8%，按季征收，以房地产所有权人或典权人为纳税人。对政府机关、学校、文化机关以及公共使用的房地产等免税。对重工业、轻工业、手工业自有自用厂房厂地分别减征50%、30%、20%。当年下半年，株洲镇缴纳房产税单位798户，共征税4498元。1952年1月，房产税改征房捐。1953年1月，停征房捐，开征城市房地产税，征收范围仅限于城区。依标准房价按年计征的，税率为1.2%；依标准地价按年计征的，税率为1.8%；依标准房地价合并按年计征的，税率为1.8%；依标准房地租价按年计征的，税率为18%。1955年7月，征收范围扩大到郊区重点小集镇。1959年，株洲市规定地产税分5个地区等级，按照各等级标准地价以市方丈为计算单位计征地产税。1960年6月，地产税改为每平方公尺每月7厘计税。1964年7月，征收范围又扩大，对郊区国营工商企业、供销合作社、公私合营企业、交通运输合作组织等，均开征城市房地产税。1973年，将国营、集体企业的房地产税并入工商税内征收。1976年，城区私人房地产税划为区级财政收入，同时将征收业务移交城区各区政府办理。

房产税　1986年10月，遵照《中华人民共和国房产税暂行条例》开征房产税，计税办法有从价计税和从租计税2种。从价计税即按房屋原值一次性减除30%后的余值，分季依年税率1.2%（季度换算税率为0.3%）计算缴纳；从租计税即按房产的实际租金收入分月依12%的税率计算缴纳。国家机关、人民团体、军队自用的房产，由国家财政部门拨付事业经费的单位自用的房产，宗教寺庙、公园、名胜古迹自用的房产，个人所有非营业用的房产，企业或个人举办学校、医院、敬老院、幼儿园、托儿所自用的房屋，社会福利工厂安置盲、聋、哑、残人员总数35%以上的房屋等，均免征房产税。企业职工住宅减半征收房产税。株洲市对房产税的征收，主要从3个环节进行征收，即对拥有房屋产权所有者的在纳税人取得房屋的产权时纳税；对房屋出典的在房产承典时纳税；对房屋产权没有确定或者房屋的租典纠纷一直没有解决，或者产权所有人、承典人不在的在房产的使用人或代管人在使用或代管时纳税。1991—1993年，共征收房产税4129.7万元。1994年后，此税由地税局征收。

4.城镇土地使用税　1989年1月，开征城镇土地使用税，全市实行3个等级税额：城区及郊区按8级定税额；醴陵按7级定税额；株洲县、攸县、茶陵、酃县按6级定税额。城区与郊区各级每平方米土地年税额定为：一级5元、二级4.3元、三级3.6元、四级2.9元、五级2.2元、六级1.5元、七级0.9元、八级0.4元。一、二两级均虚设，没确定街道地段，其他6级按城市、郊区的地理特点、市政建设状况、繁华程度等因素划分地域，分级按适用税额征税。城镇土地使用税按年计征，分季缴纳。国家机关、人民团体、军队自用的土地，由国家财政部门拨付事业经费的单位自用的土地、宗教寺庙、公园、名胜古迹自用土地，市政街道、广场、绿化地带等公共用地，以及直接用于农、林、牧、渔业的生产用地等均免征。经批准整治的土地和改造的废弃土地，从使用月份起免税5～10年，其他免征或减征的，按照财政部规定执行，株洲市无减免权。1991—1993年，全市共征收城镇土地使用税5006万元。1994年后，此税由地税局征收。

5.印花税　民国2年（1913）8月，株洲开征印花税，民国时期一直未停。

1949年11月，执行华中税务总局颁布的《印花税暂行征收办法》征税，当月实征146元。从1950年12月开始，改按政务院颁布的《印花税暂行条例》征收印花税。应贴花凭证分为按件定额贴花和依凭证所载金额比例贴花2种。比例贴花的税率分为0.1‰、0.3‰、3‰；定额贴花的税额分为2分、5分、2角、5角。1953年，印花税有9个项目分别并入工商业税、商品流通税、货物税、屠宰税。1955年11月，印花税税目、税率、税额作了调整，按金额比例贴花的税率为0.3‰和3‰两种，按定额贴花的税额为5分、5角两种。1958年9月，印花税并入工商统一税。

1988年10月，恢复征印花税。应税凭证分5类13个税目。印花税票主要由税务机关发售，另也委托银行、工商局、公证处等单位代售。1988—1993年，全市共征印花税2123.4万元。1994年后，印花税由地税局征收。

6.车船使用税　**车船使用牌照税**　1955年，开征自行车使用牌照税，每辆车年纳税4元，属于财政预算经费拨款单位的公有自行车免征。1956年5月，开征船舶使用牌照税，机动船和非机动船均征税，当年实征10091元。1958年，株洲市人力板车发展到2600多辆，市人委颁布《株洲市人力拖车稽征办法》，按人力拖车大小每部税额分别定为4元、3元、2元和1元。农业社及农民自有自用而不兼营其他运输业务的拖车，军政机关、学校及人民团体自有自用的拖车，消防、救护、运垃圾用的拖车等，免征车辆使用牌照税。1961年，增加对摩托车、电瓶车征税，两轮摩托车每季10元，三轮摩托车每季12元，电瓶车每季11元（拖车7折计算）。1962年，株洲市自行车使用牌照税除城镇征收，农村生产大队、生产队、社员个人、国营农场（园艺场）和所属工区自有自用的自行车一律照征。1967年，自行车牌照税额调为每辆每年2元。并增加对机动脚踏两用车征税，每辆年税额 6 元。1973 年，车船使用牌照税只对个人、华侨、合作经营企业继续征收，企业应纳的车船使用牌照税并入到工商税。1979 年，停征自行车使用牌照税。

车船使用税 1986 年 10 月，株洲市对机动车、船和非机动船恢复征税。车辆的适用税额，由省级政府根据当地经济情况，在条例规定的幅度内自行确定。车船使用税按年计征，机动船舶按净吨位分 6 级计税，非机动船按载重吨位分 5 级计税。载重汽车按净吨位计每吨 16 ~ 60 元，二轮摩托车每辆 20 ~ 60 元，三轮摩托车每辆 32 ~ 80 元。国家机关、学校、人民团体使用的车辆、军队和由财政部门拨付事业经费的单位自用的车船和按有关规定缴纳船舶吨税的船及各种消防、救护车及城市公共汽车等免征车船使用税。1991 — 1993 年，全市共征收车船使用税 482.9 万元。

7.特别消费税 **消费行为税** 民国 31 年（1942）10 月，按照国民政府颁行的《筵席及娱乐税法》，株洲开征筵席及娱乐税。筵席每席消费总值达 20 元者起征，税率 8%。以营利为目的的电影、戏剧、书场及其他娱乐场所，按票价的 20% 征收娱乐税，税款由消费者负担，经营者代征。1950 年 5 月，中南税务管理局制颁布《特种消费行为税暂行条例（草案）》，将筵席及娱乐税改称为特种消费行为税，分筵席税与娱乐税 2 目。筵席税税率为 15%，娱乐税税率为 20%。株洲于同年开征特种消费行为税，全年征税 140 元。1951 年 1 月，全国统一税制，株洲继续征特种消费行为税 —— 筵席税。同年下半年，开征特种消费行为税 —— 娱乐税。筵席税税率为 15%，娱乐税税率为 10%。1953 年 1 月，取消特种消费行为税，原征筵席税的项目并入营业税内，分别按规定的税率计征工商业税。

文化娱乐税 1953 年 1 月，开征文化娱乐税，沿用《特种消费行为税暂行条例》中有关电影、戏剧及娱乐等税目的规定征税。1956 年 5 月，全国正式颁行《文化娱乐税条例》与《施行细则》，明确文化娱乐税分为电影、戏剧 2 类，税率分甲、乙、丙、丁、戊 5 级，按市镇人口的多少分别采用。株洲市依照条例在城区和郊区征收文化娱乐税。文化娱乐税按售票收入额课征，税率采用丁级，即电影 10%、戏剧 4%。遵照中央特许指示，对出演的戏剧免税。1957 年 10 月起，株洲市改按丙级税率征税，即电影 15%。从 1962 年 4 月起，对在株洲市出演的戏剧（戏曲、话剧、歌剧、舞蹈、音乐、曲艺、杂技）恢复征收文化娱乐税，税率 6%。1966 年 10 月，停征文化娱乐税。

特别消费税 1989 年 2 月，株洲市就彩色电视机开征特别消费税，生产和进口彩电的单位和个人为纳税人。14 吋彩色电视机每台税额 400 元，14 吋以上彩电每台税额 600 元。开征之初，株洲市对经营彩电单位的库存彩电进行了补税。市无线电二厂生产的“成都”牌彩电，按规定缴纳了特别消费税。同年 4 月，对小轿车开征特别消费税，纳税人为生产和进口小轿车的单位和个人。株洲市传动轴厂生产“钞票专用车”，单台税额 5000 元。当年，全市征特别消费税 6 万元。

8.交易税 1950 年 11 月，执行《中南区交易税征收暂行办法》，对应税货物通过牙纪、行栈、信托公司或其他经营代客买卖业务的交易所成交者，就其所收取的佣金或手续费课征交易税，税率 30%，另征附加 10%，由牙纪、行栈、信托公司或其他经营代客买卖业务者代扣税款，负责报缴。当年征交易税 939 元。1951 年 6 月，交易税改为只对私营行栈及个体牙纪收取的佣金或手续费课征。牲畜交易改征牲畜交易税。1952 年 4 月，停征交易税，改征工商业税。

牲畜交易税 1951 年 7 月，开征牲畜交易税，征税品目为猪、牛、羊、骡、马、驴等牲畜，由购买者于成交后按成交总金额计税，税率5%。成交的幼猪、幼驴每头在20千克以下，幼马、幼牛、幼骡每头在30千克以下，幼羊每头在7.5千克以下，均免税。1954年7月，停征猪、羊牲畜交易税。1957年6月，停征耕牛牲畜交易税。1962年11月，牲畜交易税全部停征。1983年1月，执行国务院发布的《牲畜交易税暂行办法》，对牛、马、骡、驴等牲畜征税，由购买牲畜者在交易行为发生地，按成交金额5%的税率计算纳税。1984年下半年，牲畜交易税停征，仍保留税种。

集市交易税 1962年4月，株洲市在朱亭进行集市交易税征收试点。5月15日，市人委发布《关于开征集市交易税的布告》，开征集市交易税。征税范围为家畜、家禽、蛋品、肉类、水产品、干鲜果、土特产品、家庭手工业产品8类，由出售方负责纳税，采用比例税率，按实际成交价格计征。税率除家庭手工业产品定为5%外，其他均为10%。每天每墟应税物品的交易总额不满10元的免征。7月，对旧钟表、旧自行车及其零配件开征集市交易税，税率15%。11月15日起，停征家禽、蛋品、兔、旧钟的集市交易税，旧表、旧自行车的税率降为10%。家庭手工业产品改征工商统一税。1963年5月，集市交易税起征点改为7元。1966年4月，集市交易税停征，保留税种。1982年6月，恢复征收肉类集市交易税，至1984年6月停征，2年共征税94万元。

（四）特定目的税

1.建筑税 1983年10月，执行国务院《关于建筑税征收暂行办法》，对本市机关、团体、部队、企业和事业单位的自筹基本建设投资，更新改造措施项目中的建筑工程（土建部分）投资，以及规定不纳入国家固定资产投资计划的建筑工程投资，开征建筑税。以自筹基本建设项目全部投资额和更新改造措施项目中的建筑工程投资额为计税依据，税率10%。但对能源（包括节约能源）、交通、学校教学设施和医院医护设施的投资，中外合资企业的投资，以及华侨赠款进行的项目与相应配套工程的投资等，均免征建筑税。乡政府和乡镇企业在农村的建设投资，免征建筑税。纳税人单项工程项目投资额在2万元以下的，不征建筑税。

从1985年起，实行超限度自筹基本建设投资加征建筑税的办法，对自筹基本建设全年实际完成的投资额超过国家计划的部份，加征10%的建筑税，即按20%的税率征收。

从1987年7月起，依照《中华人民共和国建筑税暂行条例》，建筑税税率改为差别税率。未列入国家计划的宾馆、招待所、疗养院、剧院、礼堂、会堂、办公楼、展览楼（馆、中心）和以维修为名新建扩建楼堂馆所，提高建筑标准的项目，税率为30%。凡以国家预算外资金，地方机动财力、企事业单位自有资金、银行贷款和其他自筹资金安排的基本建设投资，更新改造措施项目中的建筑工程投资，以及不纳入国家固定资产投资计划的建筑工程投资，都应由使用投资的单位缴纳建筑税。建筑税由建设银行和各专业银行负责代扣代缴。对利用外国政府、国际金融组织的贷款进行的投资也免征建筑费。

1991年，全市征收建筑税1434.4万元；1992年征收727.2万元，同年此税种取消，取代的是投资方向调节税。

2.奖金税 **国营企业奖金税** 1984年11月，执行国务院颁布的《国营企业奖金税暂行规定》，对国营企业发放的奖金（包括用奖励和福利基金开支的种种形式的工资、津贴、补贴和实物奖励）

征收奖金税。全年人均2个半月标准工资的奖金予以免税，超过的按超额累进税率计征，即全年发放奖金超过2.5 ~ 4个月标准工资的部分，税率30%，超过4 ~ 6个月的部分，税率100%，超过6个月的部分，税率300%。1985年上半年，对国营企业1984年发放的奖金进行了审查和征收，应纳税户为247户，实发应税奖金3544万元（不包括2.5个月的免税奖金），应纳奖金税296.7万元，纳税负担率为8.37%。1985年，免税奖金额定为4个月的标准工资。1987年，对4个月的免税奖金实行全市总额控制，具体到各单位的免税奖金，根据企业税利和销售收入完成情况分为7个档次，最低一级享受2个月标准工资的免税奖金，最高一级享受6个月标准工资的免税奖金。同年，国家对奖金税增设一个税率档次，降低了奖金税率，增加半个月标准工资的免税奖金，即4.5个月标准工资的奖金免征，超过4.5 ~ 5.5个月的征20%，超过5.5 ~ 6.5个月的征50%，超过6.5 ~ 7.5个月的征100%，超过7.5个月的征200%。1991 — 1993年，全市共征收国营企业奖金税107.2万元。1994年此税种取消。

集体企业奖金税 1985年8月，执行国务院颁布的《集体企业奖金税暂行规定》。对集体所有制企业，以及租赁或承包给集体经营并按规定向国家缴纳租赁费或承包费的企业，国家不再核拨经费的集体所有制事业单位，集体与个体联营的企业，开征奖金税。对乡镇企业和城镇街道企业，免征奖金税。对集体企业每年发给职工的劳动分红相当于一个月标准工资以内的，每年发给职工集资入股的股金分红在职工集资入股额15%以下的部分，免征奖金税。1990年，对乡镇企业和城镇街道企业开征奖金税。1991年以后，对从事工业、商业、物资供销、交通运输、建筑安装、金融、出版业、娱乐业、服务业和其他行业的城镇集体所有制企业，征收奖金税。对乡镇企业和城镇街道企业，给予暂免征收奖金税照顾。集体企业奖金税的适用税率，计税、征收管理办法，均与国营同行业企业奖金税政策相一致。1991 — 1993年，全市共征收集体企业奖金税105.3万元。1994年此税种取消。

事业单位奖金税 1985年9月，执行国务院颁布的《事业单位奖金税暂行规定》，对事业单位开征奖金税。奖金免税限额按隶属关系由同级财政部门核定，财政部门未予核定的，由当地税务机关核定。对科技单位的技术咨询、技术服务、技术培训等纯收入提取10% ~ 25%部分用于个人奖励的，对高等学校、中等专业学校教师的兼课和超工作量报酬每人每月60元以内的，对医院开设家庭病床和业余门诊收入发给个人部分每人每月60元以内的，均免征奖金税。事业单位奖金税以事业单位发给职工的奖金（含实物折价）扣除核定的免税限额和上述免税奖金后的余额为计税金额，比照国营企业奖金税税率和管理办法征收。事业单位奖金税的征收管理，比照《国营企业奖金税暂行规定》执行。1991 — 1993年，全市共征收事业单位奖金税31.8万元。1994年此税种取消。

3.国营企业工资调节税 1985年，执行《国营企业工资调节税暂行规定》，对实行工资总额同经济效益挂钩浮动的国营企业，当年增发的工资总额超过国家核定的上年工资总额7%以上的部分，征工资调节税。税率采用超额累进税率，当年工资增长总额超过国家核定的上年工资总额7% ~ 12%部分税率为30%；超过12% ~ 20%的部分税率100%；超过20%以上部分税率为300%。缴纳工资调节税的企业，不再纳国营企业奖金税。1987年，工资调节税税率调低并增设一个档次，即超过7% ~ 12%的部分，税率为20%，超过13% ~ 20%的部分，税率为50%，超过20% ~ 27%的部分，税率为100%，超过27%以上的，税率为200%。对未实行工资总额随经济效益挂钩的国营企业，仍按《国营企业奖金税暂行规定》征收奖金税。1991年，计算工资调节税时，先从企业发放的工资总额中扣除原材料、燃料节约奖、副食品价格补贴和国家核定的工资总额基数后，就其余额加上从工资基金以外的其他资金来源渠道发放的各种形式的工资、奖金、津贴、补贴、实物奖励等，按超额累进税率计算征收。1991—1993年，全市共征收国营企业工资调节税84.2万元。

4.城市维护建设税 1985年1月，遵照《中华人民共和国城市维护建设税暂行条例》，开征城市维护建设税。城市维护建设税以纳税义务人实缴"三税"（产品税、增值税、营业税）税额为计征依据依率计征。税率按纳税人所在地区不同分别适用不同税率。纳税人所在地在城区的，税率7%（坐落在郊区的大中型企业也按此税率计征）；所在地在县市城镇的，税率5%（坐落在农村的大中型企业以及座落在郊区的小型企业按此税率计征）；纳税单位和个人所在地不在市城区、县市城镇及其郊区的，税率1%。个体工商业户和集贸市场缴纳"三税"，按"三税"计征城市维护建设税，税额不足1元者免征。1988年，株洲市规定：困难减免产品税、增值税、营业税的单位，不减免城市维护建设税。1991—1993年，全市共征收城市维护建设税14317万元。1994年后，此税种由地税局征收。

（五）基金及税收附加税

1.国家能源交通重点建设基金 1983年1月，遵照国务院《关于征集国家能源交通重点建设基金的通知》，对国营企事业单位、机关团体、部队和本市各级政府的各项预算外资金以及城镇集体企业所得税后的利润，都应缴纳国家能源交通重点建设基金。首先规定按10%的比例征收；同年7月，征收比例改按省政府规定的15%征收。1987年5月，扩大征范围，对城镇合作商店、运输合作社、街道企业、知青办企业和乡村集体企业、农村信用合作社、其他城乡集体企业以及个体工商业户的税后利润按7%征收。1991年，地方财政的农（牧）业税附加；中、小学校的学杂费、国营企业的大修理基金、国营石油企业的油田维护费、林业部门的育林基金、民政部门所管辖的社会福利企业收入，中小学校除校办企业利润外的勤工俭学收入，行政事业单位的经费包干结余，均免征能交基金。1991—1996年，全市共征收能交基金7253.6万元。1997年起停征。

2.国家预算调节基金 1989年10月，遵照国务院《国家预算调节基金征集办法》，对国营企事业单位、机关团体、部队和本市各级政府的各项预算外资金，集体企业、预算外企业、私营企业以及个体工商户缴纳所得税后的利润，按10%的比例征集国家预算调节基金。对账号不健全，所得税随"三税"附征的单位和个体工商户，按省税务局规定，结合株洲市的具体情况，按附征率征收国家预算调节基金，最低附征率为0.5%，最高附征率为2.25%。对地方财政的农（牧）业税附加，中小学校的杂费收入，勤工俭学收入，高等院校和各中专技校基金，企业的大修理基金、林业部门的育林基金等免征。对南方航空动力机械公司、田心机厂、608研究所等所属福利工厂，学校勤工俭学收入，医院等行政事业单位抵顶财政预算拨款部分，国营企业承包多得好处部分，用于归还贷款部分免征；对国营企业以折旧基金用于归还银行专项贷款，按税收管理权限实行减免；对凡当年缴纳调节基金的预算外资金收入和集体企业、事业单位、私营企业、预算外企业税后利润不足5000

元的以及个体工商户税后利润不足2000元的免征调节基金。1991—1995年，全市共征收预算调节基金6293.6万元。从1996年起停征。

3.税收附加 税收附加是随正税征收的一种附加费，属于地方财政收入。其征收形式有两种：一是含在正税率之内，一是另列在正税税额之外。

工商各税附加 1951年1月，按湖南省政府规定，征收的正税附加及附加率有：公营企业营业税附加，其附加率分商业企业15%和工业企业7.5%；私营企业营业税、所得税附加，其附加率分商业企业15%和工业企业7.5%；屠宰税、临时商业税、交易税、房地产税附加，其附加率分别为2%、10%和25%。1953年11月，调整工商各税附加，货物税、商品流通税附加为3%，营业税、所得税、临时商业税、屠宰税、房地产税、车船使用牌照税、文化娱乐税附加均为6%。1958年4月，工商业税的附加始另列在正税税额之外，即按正税实征税额的1%计征。可与正税一并缴纳。同年9月，商品流通税、货物税、工商业税中的营业税、印花税合并为工商统一税，工商业税中的所得税改为工商所得税，其附加就工商统一税和工商所得税实征税额的1%征收。1973年，附加并入工商税正税内，地方财政按工商税的1%提留。1984年10月，停止提留1%的工商税附加。

教育费附加 教育费附加的征收始于民国时期。1950年上半年，株洲征收过附加性质的教育事业税。1986年7月，按国务院规定，开征教育费附加，纳税人为缴纳产品税、增值税、营业税的单位和个人。教育费附加以纳税人实缴产品税、增值税、营业税税额为计征依据，附加率为1%，随同正税征收入库，已纳农村教育事业费的单位和海关进口产品已征产品税、增值税的，不再征教育费附加。1988年10月，附加率提高为2%，教育费附加由税务机关代征，每月划解给教育部门。从1993年5月1日起，湖南省教育费附加提高到3%。

株洲市1950—1993年工商各税收入统计表

表9-5　　单位：万元

年 份	全 市	市 区	株洲县	醴陵市	攸 县	茶陵县	炎陵县
1950	116	25	–	52	18	15	6
1951	331	87	–	126	56	46	16
1952	466	124	–	187	84	55	16
1953	738	191	–	333	121	68	25
1954	1006	218	–	488	168	97	35
1955	1088	223	–	534	171	114	46
1956	1201	303	–	573	158	121	46
1957	1436	420	–	660	183	133	40
1958	2196	1135	–	636	220	153	52
1959	4727	3444	–	809	233	241	酃县并入茶陵县
1960	6982	5603	–	781	250	348	

续表 9－5

年 份	全 市	市 区	株洲县	醴陵市	攸 县	茶陵县	炎陵县
1961	3682	2784	－	555	153	152	38
1962	3281	2196	－	617	209	202	57
1963	6542	2206	－	837	224	217	58
1964	3791	2383	－	858	229	254	67
1965	4599	2892	264	840	244	282	77
1966	5618	4019	272	807	212	247	61
1967	4015	3354	254	752	193	210	52
1968	4705	3327	267	708	200	155	48
1969	6311	4666	312	861	222	192	58
1970	9069	7241	367	956	236	207	62
1971	10357	8335	375	1049	280	248	70
1972	11163	8834	423	1228	340	249	89
1973	13616	10508	444	1768	475	318	103
1974	9390	6355	434	1604	547	345	105
1975	11642	8247	473	1841	588	373	120
1976	11154	7348	512	2066	689	405	134
1977	13008	8729	572	2300	791	461	155
1978	15884	11121	644	2547	859	505	208
1979	17481	12258	715	2726	947	550	285
1980	18057	12387	669	2944	1121	590	346
1981	18560	12146	760	3255	1358	688	353
1982	20020	12969	839	3770	1491	655	296
1983	21496	14362	952	4093	1147	635	307
1984	24560	16855	956	4581	1218	698	342
1985	31194	21764	1162	5409	1481	826	552
1986	35952	24590	1343	6709	1751	974	585
1987	40795	27399	1559	7823	2064	1152	798
1988	46620	32314	1972	7358	2535	1387	1054
1989	54997	38551	2206	8286	2994	1698	1262
1990	55956	38425	2360	8889	3145	1825	1312
1991	62984	44208	2312	9573	3543	1941	1407
1992	71809	52042	2742	9438	4008	2048	1531
1993	104399	77875	3948	11982	5687	2662	2245
合计	790884	553770	30801	124209	42843	24742	14519

株洲市 1950 — 1993 年税收收入分税种统计表

表 9 –6　　单位：千元

税种（年份）	1950	1951	1952	1953	1954	1955	1956	1957
货物税	25	246	300	123	170	259	395	531
商品流通税	–	–	–	456	856	405	456	463
工商业税	170	458	695	1038	1053	938	1380	2093
其中：营业税	169	374	403	762	779	727	1093	1383
所得税	1	84	292	276	274	209	296	710
印花税	20	54	126	15	33	77	86	128
利息所得税	1	2	4	3	4	5	4	6
屠宰税	26	49	68	141	181	231	333	342
交易税	1	28	36	–	–	–	–	–
牲畜交易税	–	–	–	88	27	1	2	1
城市房地产税	4	26	–	37	48	296	334	599
文化娱乐税	–	–	–	11	12	13	12	14
车船使用牌照税	–	–	–	–	–	4	16	25
土产税	1	–	–	–	–	–	–	–
其他收入	3	11	7	–	–	–	–	–
合　计	251	874	1236	1912	2184	2227	3027	4202

续表 9 –6

税种（年份）	1958	1959	1960	1961	1962	1963	1964	1965
工商统一税	9014	32374	52740	24327	18249	18208	19895	26454
其中：产品税	7324	29420	48770	21034	14970	15178	16593	23438
零售税	1690	2954	3970	3288	3270	3030	3102	3016
工商所得税	385	180	783	939	1002	784	589	1259
屠宰税	318	217	102	47	134	323	596	804
牲畜交易税	1	7	1	1	1	–	–	–
文化娱乐税	22	37	49	56	68	62	60	–
城市房地产税	1557	1515	2166	2383	2317	2452	2728	2880
车船使用牌照税	49	77	88	82	83	115	120	85
集市交易税	–	–	–	–	49	44	212	–
盐　税	1	36	115	3	44	43	13	13
补税、罚款	–	–	–	1	12	33	13	–
合　计	11347	34443	56034	27830	21859	22064	23830	31562

说明：1. 1950 年的其他收入含特别消费行为税。2. 营业税含临时商业税和摊贩业税

续表 9－6

税种（年份）	1966	1967	1968	1969	1970	1971	1972
工商统一税	30785	27086	26373	44267	69368	80858	86231
国营企业工商税	7489	4416	4949	–	–	–	–
工商所得税	12278	8604	5372	6672	20560	22261	4443
屠宰税	733	627	728	547	447	539	626
文化娱乐税	43	–	–	–	–	–	–
车船使用牌照税	88	77	73	75	56	75	116
城市房地产税	2362	2436	2427	2496	2078	1089	1151
盐　税	129	104	131	1	–	1	1
合　计	42910	36077	35944	49780	76075	87101	92568

续表 9－6

税种（年份）	1973	1974	1975	1976	1977	1978
工商税	102505	62966	80743	70906	83750	103873
工商所得税	5869	4552	6229	7500	9043	13560
车船使用牌照税	63	59	52	60	64	75
城市房地产税	598	184	81	72	70	74
屠宰税	51	39	47	58	78	74
盐　税	440	85	47	–	–	–
补税、罚款	–	–	–	2	–	–
合　计	109526	67885	87199	78598	93101	117656

续表 9－6

税种（年份）	1979	1980	1981	1982	1983	1984
工商税	117137	121603	114443	119183	177513	164583
产品税	–	–	–	–	–	29369
增值税	–	–	8898	11794	15193	19914
营业税	–	–	–	–	–	5309
工商所得税	12278	8604	5372	6672	20560	22261
个人所得税	–	–	–	–	–	3
城市房产税	64	71	70	82	166	172
屠宰税	99	107	119	100	785	997
集市交易税	–	–	–	12	452	351
牲畜交易税	–	–	–	–	5	3
建筑税	–	–	–	–	–	3195

续表 9 –6

税种（年份）	1979	1980	1981	1982	1983	1984
盐 税	145	174	158	234	206	329
补税、罚款	–	–	4	6	31	16
合 计	129723	130559	129064	138083	214911	246502

续表 9 –6

税种（年份）	1985	1986	1987	1988	1989	1990
产品税	182591	193475	213133	177817	149293	154315
增值税	36345	49458	56902	124997	186351	185328
营业税	43405	54979	69766	91528	119203	120647
工商统一税	42	13	194	550	223	104
集体企业所得税	22698	25183	22324	20663	21241	19369
城乡个体户所得税	–	244	613	776	945	879
私营企业所得税	–	–	–	–	45	63
个人所得税	–	12	20	2	56	–
个人收入调节税	–	–	35	147	1981	1702
中外合作企业所得税	–	–	–	–	37	10
外国企业所得税	–	–	672	186	–	–
城市维护建设税	–	17742	20077	24612	29345	28727
车船使用税	–	165	1175	1087	1307	1465
城市房地产税	184	129	–	–	–	–
房产税	–	1326	7410	7532	9235	10993
城镇土地使用税	–	–	–	–	13412	16769
屠宰税	1102	1004	983	–	–	–
集市交易税	13384	–	–	–	–	–
印花税	–	–	–	2052	2907	2664
特别消费税	–	–	–	–	64	48
国企奖金税	4520	4794	1969	751	856	700
国企工资调节税	–	733	103	185	743	655
集体企业奖金税	–	633	158	127	591	443
事业单位奖金税	–	252	171	130	174	218
建筑税	7412	8409	11469	11924	11306	14022
滞纳金、补税罚款	68	206	183	289	581	438
盐 税	186	725	686	843	77	–
合 计	311937	359522	407953	466198	549973	559559

续表 9 –6

税种（年份）	1991	1992	1993
一、工商税收合计	62983.2	71809	104398.8
产品税	16400.9	15356.3	20166
增值税	23053.7	28481	46287
营业税	12895.4	15063	21841
工商统一税	30.7	119.2	508
集体企业所得税	1682.2	1695.7	2127
城乡个体所得税	342.4	561.9	747
私营企业所得税	15.2	12.2	22
个人收入调节税	182.8	217.6	322
涉外所得税	1.5	13.6	40
城市维护建设税	3532.4	4450.6	6334
印花税	311.2	325.2	725
城镇土地使用税	1596.6	1921.4	1488
资源税	7	51	63
其他地方各税	1285.9	1577.3	1984.8
奖金税	155.9	119.8	53
建筑税	1434.4	727.2	–
投资方向调节税	–	1071.6	1636
滞纳金、补税罚款	55	44.4	55
二、国营企业所得税	4274.6	4944.2	2667
三、能源交通重点建设基金	3113.2	1948.4	1585
四、预算调节基金	2650.1	1836	1303
总　　计	73021.1	80537.6	109953.8

二 管 理

（一）税收管理权限

清末、民国时期，课税权限由中央或省掌管，株洲只遵法令规定和分配的比额，由专门经征机关负责赋税的征收报解。

中华人民共和国成立后，所有工商各税统一由税务机关征收。1950 — 1957 年，国家实行高度集中的税收管理体制，株洲税务机关只有依法征收管理权。

1958 年 6 月，国务院发布《关于改进税收管理体制的规定》，湖南省也发布《关于改进税收管理体制的规定（草案）》，均明确给予地方部分税收管理权限。自此，株洲市享有以下税收管理权：属于中央管理的商品流通税、货物税、工商营业税和工商所得税，在全国统一掌握的原则下，就一定范围内，株洲市有权减征一部分税款或免征全部税款，以及酌情加征一部分税款；属于地方管理的屠宰税、牲畜交易税、城市房地产税、车船使用牌照税、文化娱乐税，在统一掌握的原则下，就一定范围内，株洲市有权减征部分税款或免征全部税款，以及根据本地区情况处理部份税收问题。

1961 年，调整税收管理权限，株洲市的税收管理权减少，只能对少数个体手工业者、小商小贩以及对残存的资本主义工商企业、行商，在省规定的幅度内进行加成征收，临商税的加成权限，凡加成在十成以下者由税务所自行掌握，加成在十成以上者，必须报市局批准；对居民缴纳的房地产税和个人缴纳的车船使用牌照税，个别纳税有困难的，可给予减税、免税照顾；对个别合作组织，营业收入不足支付工资的和少数个体手工业者、小商小贩实际收入少，征税后影响其家庭生活的，可给予临时性减税、免税照顾。

1969 年 6 月，湖南省下放部分工商税收管理权。属株洲市掌握的权限有：基层供销合作社、手工业合作社等集体企业以及区办企业，因生产、经营、价格等有较大变化而纳税有困难的，可批准给予定期减税免税照顾；对个体经济可以在应纳税款的基础上加成 10% ~ 50% 征税；纳税确有困难的个体工商户，可依据实际情况给予减税免税；国营、集体企业缴纳城市房地产税有困难，可给予减税免税照顾；对私人房地产税税负的调整和减税免税。

1973 年，株洲市贯彻“奖励综合利用”的政策，对工业企业利用废气、废液、废渣等“三废”生产的产品，以及用废旧物品为原料生产的产品，按照税法纳税有困难的，有权给予定期减税免税照顾。

1977 年 11 月，国务院批准《关于税收管理体制的规定》，原中央、省下放的一些减免税权力全部上收，市、县税务机关只有税收征收管理权。1979 年，株洲市对新办集体企业和上山下乡知识青年在城乡所办场（厂）企业，有权给予 2 ~ 5 年的免税。

1981 年，财政部规定，国营关停企业在批准关停前，“凡欠缴应缴国家财政的税金，缴款确有困难的，经同级财政部门审查批准，可以缓缴、免缴或少缴一部分”。株洲市国营关停企业税款的减免、缓缴和少缴，属城区内企业都由市税务局审批。属郊区税务局和株洲县税务局管辖的企业，由县、郊税务局审批报市税务局备查。

1984 年，株洲市的税收管理权限进一步扩大，有下列减税、免税和以税还贷审批权：工业企业经省、市科学委员会或经济委员会下达的试制计划，属全省范围内第一次试制生产的新产品，试销期间可批准免征工商税 1 — 2 年；工业企业利用“三废”生产的产品，可批准定期减免工商税；市属、县属国营企业和集体企业缴纳所得税有困难的，除烟、酒、手表、糖、棉纱、鞭炮等高税率产品无权减免外，其他可以批准减免 5 万元以下的税款；城乡集体企业符合规定用途的贷款，需用新增利润归还的，市税务局有同意企业年还贷 20 万元以下的批准权；按照规定允许以税还贷的企业，市税务局有同意企业年度以税还贷 10 万元以下的批准权。随后，株洲市税务局将乡镇企业所得税 5 万元以下减免的审批权，乡镇企业和基层供销社税前归还专项贷款以及城镇集体企业税前归还专项贷款在 2 万元以下的审批权，下放给县、市、郊税务局。至于税法已明确规定的减免税项目，则由县、市、税务局掌握审批。

1987年，省税务局进一步下放减免税权。市税务局对缴纳产品税、增值税、营业税（简称“三税”）有困难的企业，拥有10万元以下的减免税审批权。对市、县级国营企业的所得税减免，拥有5.5万元以下的审批权。对集体企业所得税减免，拥有5万元以下的审批权。对遭受自然灾害需恢复性的建设投资，对乡镇企业、街道企业和个体经济按规定纳税确有困难的建设投资，对行政事业单位和没有预算外资金收入的事业单位而使用地方机动财力的建设项目投资，以及科研、教育、医疗单位进行的基本建设投资等，在应税投资额50万元以内和应征建筑税款五成以内，单位纳税有困难，株洲市税务局拥有给予建筑税减免照顾的审批权。当年，所辖县、市、税务局、城市税务分局、郊区税务局对缴纳“三税”有困难的企业，拥有3万元以下的减免税审批权（不包括乡镇企业所得税）。1988年，醴陵市改为省税收计划单列市，此后，醴陵市税务局在减免税权限上享有与株洲市税务局同等的权力。

从1989年起，国营企业、建安企业的减免税以及新产品减免税，均需报经市税务局核批，减免税效益目标管理企业的减免税，一律由市税务局审批。同年5月，株洲市税务局对集体企业所得税的减免审批权限由原5万元以下改为5.5万元以下。1990年6月以后，株洲市税务局将原下放给县、郊税务局的乡镇企业所得税5万元以下的减免审批权及下放给城区税务分局的2万元集体企业减免税审批权收回。

（二）税收稽征

1.税收征管组织形式 清末、民国时期，株洲各项税捐一般专设经征机构（卡、所、处、分处、局、分局等）组织征管，经征职员按任务分工，各司其职，负责稽征事宜。

中华人民共和国成立后，随着株洲市的发展，税收征管组织形式变更较多。1950年，税收征管侧重行业管理，将私营工商业户按从业性质划分行业，派税务干部按行业分税种进行征管。征管工作中注重季节性，旺季组织力量开展突击性征收。1951年10月，税收实行区段专管，城区分为4段，段以下按工商业户数编为工商税务联组、小组，发动群众协同征管。1951年5月，区段专管因效果不佳而被取消，税收征管重又明确以按行业管理为主。1953年，株洲市调整税收征收方式，税收征管也由按行业分工管理改为划分查账征收户、民主评议户、小型工商业户和货运管理等4个征管组，配备干部分别进行管理。

1956年，市税源发生变化，国营、合作社营、公私合营企业税收占居主导地位。全市税收征管相应调整，实行划片分管（划分区域管理）、各税统管。

1959年，税收征管实行“分线专管”（分纳税单位所属行业系统定人专责管理）和“划片分管”。城市中心区采取分线专管方式，实行包干负责、各税统管、“一竿子到底”的征管办法。除此之外，则划分为四个征管片：董家塅片、田心片、清水塘片、茨菇塘贺家土片。乡区仍采取分社（片）驻征，统管税收。

1961年9月，改进税收征管方式，全市按区域设立基层税务所，划片专管。城区各税务所实行地区行业结合管理，郊区及县各税务所实行驻社稽征、定点征收。此后直到1980年，税收划片管理的征管组织形式基本沿袭而无大的变化。

1981 年 1 月，城区设 5 个税务分局。税收征管改分片管理为分行业管理，一分局负责驻市中央、省属企业的税收征管和利润的监交监汇；二分局负责市属轻工、纺织、化工、交通等全民和集体企业的税收征管；三分局负责市属冶金、机械、农机、电子、建材、工交及公用事业等全民和集体企事业单位的税收征管；四分局负责市属商业、供销企业的税收征管，五分局负责城区区街企业、校办工厂、市劳动服务公司所属企业、铁路企业所属五七工厂和其他非固定税源单位及集市贸易的税收征管。郊区和株洲县范围内乡、镇的各项税收，分别由郊区税务局和株洲县税务局统管。1982 年 2 月，城区税务分局征管范围又作调改。一分局负责驻市中央、省属企业的利润监交监汇工作和这些企业的税收征管工作，非利润监交监汇的其他驻市中央、省属企业的税收由所在地税务分局征管；二分局负责白石港（水港）以北地区范围的税收征管；三分局负责白石港以南和南区范围的税收征管；四分局负责市属商业、供销企业的税收征管；五分局负责东区范围内的税收征管。

1983 年，市税收征管范围扩大，包括城区、郊区、株洲县和醴陵县、攸县、茶陵县、酃县。是年 9 月，城区调整管理范围，撤销城区第四分局，税收征管实行分单位、分地区、分行业、分经济性质等错综复杂的征管组织方式，具体是：一分局集城区中央、省属企业实行分工负责，各税统管；五分局、三分局和二分局按行政区辖组织税收征管，分别负责城区东、南、北三区范围内除一分局所管企业外的其他企事业单位的税收征管。郊区及其他 5 县大体仍采取各自原有的方法进行征管。1992 年 1 月，在城市各分局实行“征、管、查三分离”；在县（市）郊税务局实行“两系列”（征管、检查系列）、一中心（监控中心）为内容的征、查两分离。并明确城市税务分局机构上升半级，将原来分局机关的 5 股 2 办升格为 7 科 1 室。

1992 年 8 月，根据市委、市政府和省税务局决定，在河西高新技术开发区设立市税务四分局，负责高新区的税收征管工作。

2.税收征管方法　清咸丰五年（1855），株洲开征厘金。厘金的征管办法有 2 种：一是委托代征，由某殷实商户代征一定范围的厘金（主要征自坐商）；二是厘卡稽征。株洲厘卡对坐商应纳厘金采取查账征收方法，即由厘卡征收员查核商人账册，核实征收。对行商运经株洲的货物则实行查验征管。厘卡征收员稽查商人货物和证照（厘票），凡已完厘者，其证照与所运之货相符，即予放行，没有纳厘的，照章补纳。凡采取以多报少或以贵报贱等舞弊行为者，一经查获，除补厘罚款外，并张榜公布其违章情形。

光绪初年，厘金滥征严重，厘卡人员对过卡行商货物，常借补征之名，肆意苛索，留难敲诈，贪污中饱。光绪三十四年（1908），长沙海关设株洲查验处，专责征收运经株洲的萍乡煤税。

民国 1 年（1912），株洲有屠捐，其征捐办法系由屠户推举绅董承包，每年定额包缴捐款。后来改由湘潭县知事委派本地绅董代征。民国 4 年（1915），屠捐按订定比额招商承包，按期报解。同年，株洲厘金因厘额的过重和受子口税的影响，征管面临困境，原先洋货进入省境，由长沙、湘潭两处转销别地经过株洲厘卡都赴卡完纳厘金，此时商人则以子口税率的较低而避重就轻，将本应完纳厘金的商货，呈报子口。甚至明明土货，也妄加以洋字。民国 4 年（1915）10 月，湖南、湖北两省合办米捐，株洲水运码头设置米捐分局，米捐采取查验征收，按米商贩运米担从量计征的征管方法，米商已纳捐的，则验票放行。民国 9 年（1920），厘金的征收由厘卡集体承包。之后，改为直接按聘商人承包。厘金商办后，厘卡撤销。承包商横征暴敛，弊端丛生。民国 11 年（1922），废除厘金招商承包办法，复设厘卡，由厘卡人员征管。同年，米捐的征收推行查验谷米护照办法。凡谷米出境均需先交米捐购置护照，持照运行。民国 17 年（1928），湖南省为扫除厘金积弊，整理厘务，颁布《湖南省货物厘金征收暂行条例》，自 8 月起在全省通行。株洲依照省颁厘金新章征厘，征管方法仍为查实和查验征管，查验征收本地出产货物之出产厘和外地输入货物之落地厘。但对于有特案规定作一道统征（统厘）的货物，厘卡不再重征，又货物经省政府核准免厘有案者，厘卡只照案查验，货案相符即放行。

民国 37 年（1948）1 月，湘潭县税捐征收处鉴于法令规定市镇商店营业税、牌照税、房捐土地税等不得委托征收，乃于株洲镇设置税捐征收分处。株洲分处担负株洲、朱亭、淦田、三门、王十万、易家湾等市镇各项税捐的征收责任，分处职员随时流动办理上述市镇的各项税捐。

1949 年 8 — 12 月，株洲工商业税的征收实行“评分定值”方法，即确定税收总分额，由工商界各行业评议将分额分摊到户，按分值计缴税额。

1950 年，株洲镇税收征管对象主要是私营工商业者。其时，私营工商业者账务不健全，工商营业税和工商所得税实行民主评议（或自报民主评议）和定期定额 2 种方法征收。10 月，株洲工商联成立税收评议总会，各工商行业成立评议分会，均在税务机关的指导下负责税收评议工作。评议工作首先由工商业者自行申报营业额和所得额，接着是分会评议和总会复评，最后由税务所确定，按评定的纳税营业总额和所得额依率计税。

1951 年，工商业税仍采取民主评议和定期定额 2 种方法征收。本地产货物采取源泉控管，就厂商的产制或销售环节实行查定征收和起运征收；外地输入或运经株洲的大宗货物设站查验征管；农民出售零星应税货物（农产品），由收购商设簿登记，集整代交税款。多年来，株洲因水陆交通的便利形成竹木集散之地，是全省竹木税（属货物税）水运重点征收地区之一。税务机关与林业检查站建立联系，办理湘江河过境竹木排登记，并会同交易行栈配合管理。对放排商户，严格规定其开停必报，实行开启停封制度及旬、月报制度。

1953 年，调整税收征收方式，缩小民主评议面，对账务健全的部分国营、合作社营、公私合营单位实行查账征收。对资金营业额小的业户规定按小型户管理办法管理，主要采取定期定额方法征收。

1955 年，配合对私营资本主义工商业的社会主义改造，税收管理实行以国营、合作社营、公私合营企业为征收重点，按照划类，分别采取查账计征自报核交、民主评议、定期定额的征收方法。

1956 年，对资本主义工商业的社会主义改造基本完成，税收征管的重点转移到国营经济、合作社经济、集体经济方面，工商税收征管逐步取消民主评议和定期定额方法，实行“查账征收”和“自报核实、定率月缴”的方法。

1958 年，在税企共同协作和共同努力下，株洲市率先成为全省第一个纳税缴利实现“三无”（纳税缴利无错、无漏、无滞纳）的城市。同年 5 月起，在全市国营企业、公私合营企业和手工业合作组织中推行企业“三自纳税”办法，即自核算（自行根据当期实现的营业额和所得额，按规定税率计算应纳税额）、自开票（自行填写缴款书）、自入库（自行向开户银行缴纳税款），税务机关只进行定期或不定期检查。

1959 年 4 月，农村人民公社取消财政包干办法，农村恢复由税务机关征税。全市乡村建立朱亭、淦田、三门、雷打石、洲坪、朱田铺、龙头铺、渌口 8 个税务所，实行分乡派驻专人驻征各税。1961 年，城市房地产税和农村屠宰税普遍实行代征。对征管力量难以涉及的偏远地区的农村屠宰税，建立由公社或大队代征的制度。

1962 年，国营工商企业税收实行税企共同办税联系制度，税务机关与重点纳税单位签订共同办税联系合同，明确征纳双方职责、征纳制度和相互联系手续。农村部分税收实行代征制度，在生产大队确定税收代征员，生产队建立协税员。集市墟场税收，则委托贸易行栈和市场管理委员会代征。

1966 — 1977 年，受“文化大革命”的影响，税收征管削弱，除日常征收没有偏废外，其他一些征管基本制度没有严格执行。

1980 年 12 月，株洲市鉴于城镇个体工商业户多数无账无证或账据不全，明确税收分别采取“单定”（定工商税和所得税的综合税率），“双定”（定收入或收益额、定综合税率）办法征收，业户按季自报，经民主评定和税务机关核定后按月缴纳。

1983 年，株洲市改变城镇个体工商业户税收征管办法，对经营项目固定，受季节性变化影响不大和每月营业收入额较小的业户，采取定额定率的“双定”征收方法。对每月营业收入额或收益额变化较大的业户，采取单一定率的单定征收方法。其余均采取核实征收方法。6 月起，全市国营企业所得税除铁路、民航、医药、金融、保险等由其主管部门集中交入中央金库外，其他国营企业的所得税均由市税务机关征收，就地解交金库，采取按行业分工归口管理，实行一员进厂，所得税与其他各税统管。10 月，全市城乡个体工商户和部分集体商业企业从批发单位购进商品的，实行由批发单位代扣零售环节的工商税，批发单位将代扣税款按期向税务部门办理税款入库手续。对农村屠宰税收全面委托代征，部分农村工商税委托大队代征。

1985 年，在城区内承包建安工程及建筑维修工程项目的集体建安企业税收实行统一管理，市税务局与建工局组成“株洲市集体建安企业联合管理办公室”，负责乡镇建筑队和区街维修队承包工程项目的结算、开票和征税等工作。而对工商企业税收建立办税员制度。实行税收专业管理与企业办税相结合。对企事业单位应纳的建筑税采取由税务部门自征和委托建设银行代征两种办法。对个体工商户税收实行强制建账征收管理，对固定个体工商业户、个体经济联合体、全民集体企业对职工实行包干上交户、个体工商业者雇工经营户和月平营业额 3000 元，收益额 500 元以上的个体工商户，实行建账征管。6 月，对经过株洲市范围内铁路沿线车站运输的货物，其应纳的产品税、营业税，实行由沿线车站、货场（房）查验核实、代征代扣，凡未税的货物，在装车或搬运发货之前代征税款。

1988 年，市税务局探索征管模式改革，在城区税务三分局、五分局和醴陵市、攸县、茶陵县税务局试点，改变工商企业税收征管中长期实行的“一人进厂、各税统管”（纳税户的全部纳税事项由一个专管员统管），实行征管与检查分离的平行作业方法和集贸税收双人上岗、票款分离的方法。建筑税由市税务局委托市建设银行、工商银行、农业银行代扣代缴。一个工程项目在几个银行开户，由该项目归口管理的银行代扣代缴税款。

1990年，全市10个基层税务局全部建立征管与检查相分离，双线上岗，平行作业的征管格局。同时，全市工商企业税收全面推行“办税员责任制”（依法纳税责任制），全面推行个体工商业户建账制，控制了个体税收的“跑、冒、滴、漏”。

1991年，为加强重点税源大户的税收征管，对大型企业实行税收驻厂征收管理，由市国税一分局具体实施。采取驻一点带一片的办法，以10个大企业为轴心，设置10个驻厂组，将进驻大企业周边的企业及派生单位的税收管理工作系统纳入驻厂组负责。

全省撤销税务检查站和取消批发代扣税办法后，个体集贸税收征管难度加大，市税务系统及时推广茶陵县乡村税务所审报、代理稽查“三位一体”管税经验；同时，完善“双定”办法，在全市实行分行业分地段测算最低税负，严格在最低税负水平以上征收，加强源泉控管。1993年，在饮食及修理行业使用裁剪发票的个体户管理中，采取发票填开金额加未开发票部分适当定额的征收方法。全市共完成个体税收1.29亿元，为年计划的144.39%，实现了超计划、超历史、跨亿元大关。

（三）税收征管制度

1.税务登记 民国时期，凡从事生产、经营活动的企业或商号在开业前向税收经征机关办理税务登记，以便经征机关掌握税源，防止漏户，加强管理。民国31年（1942）8月，国民政府《营业税法修正案》规定登记的内容包括营业种类、商店名称及所在地、营业人姓名、籍贯及住所、营业资本额等事项，经征收机关调查核实后，发给营业税调查证。调查证每年换发一次，歇业、停业或转顶时由营业人申请注销或换发。

中华人民共和国成立初期，私营工商业户的增减变化大，情况复杂，税务机关通过纳税登记进行监督。新设立的工商企业，于开业20日内，连同工商管理机关登记的副本及有关证件，申报税务机关；因改组、合并、解散、转让、倒闭而歇业或变更名称、负责人、业务种类和迁移地址的企业，连同工商管理机关许可证件，于歇业、变更、迁移20日内报告税务机关。

1963年，市税务局配合工商行政部门，共同对个体经营户登记发证。批准发证的个体工商户，凭工商局营业执照向税务机关办理纳税登记，由税务机关发给纳税手册、购货簿方可进行营业。对停业、歇业、转业户也在办理工商手续之前办理纳税及停、歇、转税务手续，同时缴销原领用簿册。

1967年后的10多年间，税务登记这一基本的征纳制度被中断，致使纳税户数不清，税源底数不明，严重妨碍税收法令政策的正确贯彻执行。

1982年9—10月间，贯彻财政部税务总局颁发的《关于办理税务登记的通告》，株洲对全市范围内所有企事业单位和个人的纳税情况清理登记。所有从事工业生产、交通运输、邮政电信、建筑安装、商业经营、进出口贸易、金融信托、服务性业务，以及其他有营业收入、收益的单位和个人都重新登记。登记内容包括经营项目、资金、职工人数等。委托其在核发工商营业执照时，一并发给税务登记表，以督促领证人及时到税务机关办理税务登记。

1985年，对城区个体工商业户重新登记换证，结合登记换证开展清理整顿，查出一些漏税户和纳税额申报不实的个体户。截至1986年3月，全市城乡个体户已使用新税务登记证的有18232户。

1987年，市税务局对全市国营、集体企业换发税务登记证，共换发登记证4667户，其中国营企业1041户，集体企业3626户。换证中，清理出一些纳税漏户和因撤销或合并而应注销税务登记的单位。1990年3—4月，对全市工商企业、私营企业税务登记进行验证。经过验证，基本澄清税源户数，在对5846户的验证中发现有问题户507户，挽回税款损失32.3万元，并对违反税务登记规章的业户给予处罚。

2.纳税申报 中华人民共和国成立初期，工商税先由工商业者自报而后评议。自报必须如实，如有漏报情形，一经查明实在，参照营业额加倍惩罚。

从1951年夏季起，株洲工商业营业税由各同业公会向税务机关报送营业额申报表，税务机关据此核对纳税户登记底册，查明有否漏报户，然后依自报抽查实际情形。对临商税收，实行住商进货报验制度，以控制偷漏。

1961年，全市恢复工商企业纳税申报制度，申报办法分国营企业、集体经济的合作社（组）、小商贩及个体手工业户3种。1963年，国营、合作社营、公私合营企业申报内容改按不同的经营收入，分项目品名详细申报。

“文化大革命”期间，税收各项规章制度被视为“管、卡、压”的“繁琐哲学”，纳税申报制度废止。

1981年，恢复纳税申报制度，纳税人必须按规定向税务机关报送纳税申报表，财务会计报表和有关纳税资料。1987年1月，株洲制定《税收征管制度》，明确凡是履行纳税义务的单位和个人，都要在缴税之前，按规定的申报期限向主管税务机关进行纳税申报，报送纳税申报表、财务会计报表和有关纳税资料。已经批准的减税、免税单位，在减免税期内，也要照常申报。新开业户必须在开业30日内，向税务机关申报办理税务登记和申报纳税。

（四）纳税鉴定

1953年，实行新税制，株洲首次对各工商企业户的纳税环节作出鉴定。1955年，对国营企业、合作社、公私合营企业，分户进行清理鉴定。鉴定的范围和内容主要是：产品名称、业务项目、适应税目和税率、纳税环节、纳税期限和入库方式等。

1961年，对城区合作社组、小商贩进行纳税鉴定，对一般老企业审查纳税鉴定，对郊区农村各税普遍进行纳税鉴定，纳税鉴定已成为税收专管员工作职责的考核内容，各类企业都有分户纳税鉴定。

1966年后，纳税鉴定被搁置。1973年，纳税鉴定制度又重新建立。

1985年，工商税分解为产品税、增值税、营业税和盐税，原有纳税鉴定已不适应税种税目的变化，全市各级税务机关对工商企业全面进行产品税、增值税、营业税纳税鉴定的相关内容作出明确规定，以明示企业怎样履行纳税义务。鉴定中发现漏管企业30户。

1987 年 1 月，结合税收征管实践和借鉴外地经验，株洲制定编印出《税收征管制度》。纳税鉴定只限于已办理税务登记的纳税人，不需办理税务登记的纳税人，均不办理纳税鉴定。纳税鉴定的主要内容是税种、税目、税率和纳税环节、计税依据、纳税期限、征收方式等。纳税鉴定分定期鉴定和随时鉴定 2 种形式。每隔 2 年对各税全面鉴定，填制“纳税鉴定书”，由税企双方分执。

（五）纳税检查

中华人民共和国成立初期，纳税检查的对象主要是私营工商业户，以反偷漏税为主，以查营业额和所得额为重点。1954 年，全市查补偷漏税入库 7.86 万元。

1956 年，资本主义工商业的社会主义改造基本完成后，纳税检查的重点是国营企业、合作社和公私合营企业。纳税检查以检查工商企业账务为主要途径，常年进行。检查的方式有定时检查、突击性检查、重点抽查以及单位自查与税务专业检查相结合等。1963 年，全市清理漏欠税入库 201.4 万元。

1973 年，税务机关查处链条厂偷漏税案，补税罚款 33 万元。1975 年，市链条厂又伪造表册，隐瞒库存材料，开假购料发票，搞假验收，以及巧立名目转移资金，扩大成本，隐瞒利润 37.16 万元，偷漏所得税税款 20.44 万元。税务机关除对其补缴偷漏税款外，并处以偷漏税款一倍的罚金。1978 年，市税务局再次查处链条厂以伪造盘底报表、瞒报库存、扩大成本等手段，隐瞒利润 48.6 万元，偷漏工商所得税 26.7 万元案件。株洲市链条厂严重违反财经纪律，一犯再犯，蓄意偷漏国家税收事件引起财政部和湖南省财政厅的重视，财政部、湖南省财政厅随即派工作组来株洲市对链条厂的问题进行了查处。

1981 年 5 月，全市开展大规模纳税检查，共清查出偷漏欠税 406 万元。此后，每年 6 — 7 月间均开展全市性半年税收大检查，每年 4 季度遵照全国统一部署开展全年税收大检查。

1985 年上半年，全市各级税务部门对 3000 余户企业和个体户抽样检查，查出偷漏税 170 多万元。1986 年，市税务机关查出新华橡胶厂采取伪造领料单和账册，搞假掺塑生产现场等手段，将生产的橡胶鞋底冒用新产品橡塑鞋底的名义骗取免税，偷税 9.3 万元。厂家对税务机关的查处不服，上诉省市乃至中央，引起中央和省市有关领导高度重视，引起企业界、科技界、新闻界、司法界人士关注，事件发展成为一场税企行政官司。1988 年 9 月，市东区人民法院一审判决，驳回原告市新华橡胶厂的起诉，判定原告厂家缴纳偷税 9.3 万元、罚款 1 万元。1988 年 12 月，市中级人民法院作出终审裁定，维持了原判。

1988 年，市税务局组建税务稽查大队，专事全市范围内的税收检查。同时，还建立市检察院税务检察室，专管偷税、抗税案件的查处。1989 年，城区税务分局、郊区税务局以及各县、市税务局相继建立税务稽查分队和税务检察室，形成覆盖全市的稽查网络。各级税务稽查队共检查国营、集体、个体工商户 11255 户，查补税款 3168.5 万元。各级税务检察室办理偷漏税案件 727 起，挽回国家经济损失 216.45 万元。

1990 年，全市共有稽查队、组 62 个，专业稽查人员 271 人。9 — 12 月，开展税收大检查，共查补偷漏税款入库 1606.8 万元，查出企业偷税大案 14 起，个体工商户及私营企业偷税大案 18 起。

1992年，全市在发货票清理检查中，追回税款96万元。对10个基层税务分局各税、“两金”的征收管理及税收执法情况进行了检查，追补偷漏税款1950余万元。其中由检察机关立案查处51起，查处万元以上的26起，移送起诉12起，追补偷税、抗税款193.9万元。1993年，对各级稽查队的行政执法情况进行了清理，复查了93起案件，发现征税不合法4起，行政处罚不当9起，强制执行不当3起，市稽查大队及时进行了纠错。

1994年8月，全市共组织检查组414个，检查人员1739人，有重点、有步骤地分别对投资方向调节税、房屋出租营业税、“两金”及挂靠户、个体户、私营企业、无证户、承包租赁户、建筑安装户、饮食娱乐等问题多发户、疑难户进行突击性检查，检查21069户纳税人，查补税款5172.63万元。国税、地税机构分设后，市税务稽查大队更名为市国家税务局稽查局。

（六）护税协税

1950年，株洲镇对私营工商业征税实行民主评议方法。1951年，各工商行业订立护税公约，组织行业护税小组，协助同业公会会员建账，并协助税务机关随时检查各业户账册，发动同行业间互相监督检举逃税、漏税行为，协助控制行商，不购买行商未税的货物，随时检举行商不法行为。当年10月，全市4个区段均建有工商税务小组，以业户5～15户编为一小组，民主选举一位公正无私、开明进步且积极负责的经理或工人担任小组长。小组长负责传达税收政策法令，执行各项制度，报告组内各业户经营动态情况，协助税务机关催报催缴税款和开展缉私工作，反映业户意见及经营真实情况，检举不法分子。

1953年12月，市总工会、市税务局联合主持召开全市职工护税工作评模给奖大会，9人被评选为护税模范，会上成立由市总工会、店员联合工会、手工业者联合会负责人和积极护税的模范职工共11人组成的“株洲市职工护税委员会”，统一领导全市的护税工作。

1955年，城区街道干部、公安派出所及群众中积极分子、广大职工店员协助税务局在反偷漏税检查中，为税务局提供200多件确有实据的材料。当年，全市脚踏车牌照税开征，各厂矿单位配合和协助税务机关开展工作，很快完成征收。在农村，党政领导协助税务机关征收，发挥乡经济委员的代征作用。

1958年，全市税收工作贯彻全党全民办税的方针，各级党政领导层层动员和布置企事业单位开展税收自查、互查补报工作。到1960年，全市范围内建立起协税网络。各企业、各农村生产大队建立纳税组织，配备纳税员和税政宣传员。

1961年，集市贸易发展迅速，税收征管相应加强，全市饮食服务行业900多名职工开展护税活动，市福利公司成立护税委员会，各总店成立护税小组。同时，本地商贩成立护税密报小组，监督外地商贩纳税状况。车站、货房、码头也有护税人员护税。

1962年，国营工商企业税收全面实行税企共同办税联系制度，税务机关与重点纳税单位签订共同办税联系合同。企业办税员具体负责协税护税工作。当年，集市交易税开征，株洲市人民委员会颁发税务宣传布告7000张。朱亭税务所由17名社会青年和护税积极分子组成宣传队伍，深入墟场、街头、弄巷、农村各地，用演唱、快板、报告会等形式广泛宣传税收政策。同时，在群众中建有护税协税组织 32 个，有护税协税积极分子 426 人，密报人员 128 人，本地坐商并监督外地行散商。

1963 年，在各级党政领导参加和指导下，建有纳税小组、储税小组和护税密报小组等组织，加强对零散税源的管理。登记发证的个体工商户在集中地区，按地段分行业成立纳税小组，分散地区则编成混合小组，再编成联组。协税组长担负税政宣传、辅导申报，并参与税收评议和组织入库工作。当年，小商贩和个体工商业税收恢复民主评议征收方法，民主评议委员会民评会评定个体工商业户的营业额后，移呈税务机关核定计征税款。

1966 年“文化大革命”开始后，护税协税工作停顿。

1983 年，市各级政府相继成立税收征管领导小组，各基层党政领导协助税务部门抓税收，参与或督促有关部门严肃处理了 19 起偷税、抗税和殴打税务干部的案件。城市三区均成立个体户税收征管领导小组，各街道办事处、居委会、车站、旅社等单位相继成立护税协税组织，群众护税协税组织达 1297 个。

1986 年，全市建立工商企业办税员制度。企业财会工作人员中经税务机关考察、选聘 1 名骨干为办税员，办税员代表本企业履行纳税义务，协助税务部门检查税收缴纳情况。全市年纳税额在 2 万元以上的企业，均选定 1 名办税员，年纳税额在 100 万元以上的建有办税员小组。

1990 年，税收注重综合治理，城区建立起区街、办事处、居委会三级纵向协税网络，税务机关与公安、法院、检察、交通、审计、物价、财政、银行、工商等部门建立横向协税网络；农村成立县、乡、村三级护税领导小组，形成县长、乡长、村长“三长”管税护税的局面；全市成立公安税务联合检查站 9 个，税务检察室 10 个。

1992 年 1 月，全市税务系统全面推行新的征管模式，推广茶陵县乡村税务所“三位（申报、代理、稽查）一体”的税收征管改革。1993 年，《税收征收管理法》正式实施，全市建立健全税协税网络，对个体私营户实行分级、分类、分行业、分层次管理，建账与定额相结合、单式账与复式账相结合、查账征收与双定征收相结合，公平税负。

（七）监交利润

1956 年 9 月，市税务局遵从统一规定，负责办理监督国营商业企业的利润汇解工作，具体负责监汇的有纺织品公司、百货公司等 16 个单位。

1957 年，利润监汇过渡到监交，企业上缴利润实行由市税务局监督，就地解交金库。全年，市税务局先后接办监交的单位有建筑工程部、冶金工业部、城市服务部、商业部、文教卫生部等所属的国营企业以及公私合营企业。全年监交入库利润、基本折旧基金以及固定资产变价收入总计 121.84 万元。

1958 年，株洲市又继续接办铁道部、粮食部所属企业和地方国营与公私合营工业企业的利润监交工作。但由于大跃进运动渐趋高潮，精简机构，下放人员，税务机构并入市财政局，利润监交工作实际有所放松。1961 年 8 月，财政、税务机构分设，利润监交工作重新由市税务局办理。1962 年上半年，市税务局设置利润监交科，基层税务所则实行税利统管。

1963年，市属工业、交通、城市公用、文教、饮食服务等企业单位应交的利润和基本折旧基金、固定资产变价收入，也明确规定由市税务局进行监交。市税务局监交和监汇的中央、省市企业总计达到160个，入库利润净额2827.9万元，弥补企业亏损815.8万元。

“文化大革命”中，监交工作实际上处于停顿状况。

1977年5月，株洲市恢复利润监交工作。于市财政局内设利润监交科，配备专职干部开展工作。同时配备财政驻厂员14名。1978年9月，财政税务分设机构，利润监交工作由市税务局所设利润监交科办理。当年，组织入库利润11285万元。

1980年，株洲市开始国营工商企业及利改税试点。之后，于1983—1984年，对国营企业全面实行利改税，即将企业原来上缴财政的利润，改按纳税形式上缴所得税。国企实行“利改税”后（1984年后），利润监交工作即告结束。

三 税 源

（一）重点税源

中华人民共和国成立初期，企业年纳税额最多的也仅几万元。1953—1962年，国家在株洲市兴建株洲硬质合金厂、南方航空动力机械公司等10余家大中型企业。这些企业都陆续成为重点税源企业。年纳税100万元以上的企业，1962年有株洲冶炼厂、株洲硬质合金厂2家。1973年有10家，1983年有25家（其中城区22家），都是工业企业。随着产业结构的调整，部分第三产业的企业逐步发展成为重点税源单位，如株洲百货大楼、株洲市烟草公司和烟草贸易中心、株洲市邮电局以及各家银行等等。1989年，全市年纳税500万元以上的企业有15户，年纳税100万~400万元的企业有33户，其中城区27户。1990年，株洲麻纺厂、株洲车辆厂、株洲选矿药剂厂3户企业年纳税降至500万元以下。1993年，株洲有独立核算国有工业企业235个，利税总额69896万元。

（二）促产培源

税务部门开展促产增收始于1956年。当年，株洲市税务局动员税务干部就企业增产、改善经营管理等方面主动向企业提合理化建议，全年共提建议91条，多数被采纳，得到企业好评。从此，税务机关改过去的单纯征税而兼负征税与促产两方面工作，税企征纳关系有了变化。1959年，税务促产方式多样，主要是帮助企业“穿针引线”“搭桥挂钩”，沟通产、供、销渠道，协助企业解决生产和管理中的一些实际困难。

1976年，促产开辟新途径，财政划拨专项借款用于促产。并制定《株洲市集体企业临时借款试行办法》，对城市街道和郊区社、队集体企业生产国家和为农业服务的计划产品，因某些设备或技术改造有困难而急需资金的，给予限期限额无息借款。1980年，专设扶植发展集体企业促产周转金。同年，湖南省财政厅拨给株洲市周转金100万元，由市税务局掌握发放，凡市区集体企业，产品适销，原材料有保证，有一定积累，但因生产技术设备暂时有困难，急须临时借款缓解，在短期内能产生较大经济效果的，均可向税务局申请借用周转金。周转金借款额一般不超过3万元，偿还期限根据企业不同情况定为2～6个月，个别特殊情况最长不超过年界。当时共借给36户集体企业使用周转金，借款周转额126.7万元，对企业的生产发展发挥了很大的作用。此后，发放周转金扶植集体企业生产，成为促产工作的专项内容。

1986年，市税务局试行减免税效益目标管理，试点企业共20户。同时发挥税收职业优势，促进企业横向联合，促进31家企业、46个项目达成技术转让、新产品开发、产品扩散协议。

1987年，全市办促产点85个，对281户企业实行税收目标管理，促成69户企业横向联营，向企业传递经济信息，推介新产品、新项目18项。同年11月，市税务局成立“促产增收领导小组”，下设办公室。市税务局还对139户企业实行减免税目标管理，促成93户企业组成不同形式的横向经济联营体，帮助企业引进生产设备150台件，引进技术人员93人，引进资金近千万元，推介新产品、新技术60项，给162户企业发放低息促产周转金585万元。1989年，市税务局对69户企业实行减免税目标管理，办促产培源点85户，办点企业全年总计实现产值14.23亿元、销售21.09亿元、税金1.57亿元，分别比上年增长13.1%、11.4%和20%。同时，对184户企业发放促产周转金827万元，向企业传递经济信息1300条。

1990年，市税务局取消效益目标减免税促产方法，对全市部分企业试行潜在困难定向减免税追踪管理。是年，对91户企业试行了潜在困难定向减免税。通过减免各税1010万元，促进企业改造设备134台，革新技术39项，新增设备852台，新增厂房面积33947平方米。同时还注重促进企业横向经济联合，促成99户企业形成紧密型、松散型、集团型经济联合体。全市10个基层局组成市税务系统促产增收协作区。并与岳阳、衡阳、郴州、零陵4个地市税务局共同成立“湖南省税务系统促产增收第二协作区”，经株洲市税务局倡议，湖南、江西、河南3省的14个县市税务局组成的“税务系统促产增收协作网”也相继成立。1990年，经税务机关扶植的398户企业共实现产值11.77亿元，销售19.8亿元，利润2.6亿元，税金1.4亿元，剔除自然增长因素，增加税收2143万元。

1991年，全市各级税务部门对近200家企业实行各种类型的目标管理，对试行潜在困难定向减免税的企业，全年按政策及时减免税金779万元，促进项目革新38个，设备改造95台，新增设备161台，新增厂房面积30320平方米，企业年增销售12463万元，利税1914万元。

1992年，全市有重点地选择了55户企业实行增产增收效益目标管理和潜在困难企业减免税效益目标管理。为支持企业技改和上新产品，共为214户企业筹集和发放促产周转金3383万元。324户促产点全年实现产值228470万元，销售234490万元，利润13240万元，税收14850万元，分别比上年增长15%、22%、19%和23%，提前1年实现了促产增收3年规划目标。

1993年，全市共办促产点179户，给177户企业发放促产周转金2697万元，为企业推介新产品、新项目56个，引进技术53项，引进人才33个，促进横联32对。179户促产点和目标管理企业共实现产值345830万元，销售384520万元，利润20445万元，税金30491万元，均比上年增长25%以上。

第二节　国家税务

1994年9月22日，根据国务院办公厅《转发国家税务局关于组建在各地的直属税务局机构和地方税务局实施意见的通知》精神，以及湖南省税务局《关于株洲市组建两个税务机构实施方案的批复》，原株洲市税务局划分为市国家税务局和市地方税务局。

国家税务局成立后，主要担负境内征收增值税、消费税、中央国有企业和地方金融企业所得税、金融保险业营业税，以及储蓄存款利息个人所得税。1995年，全市国税系统推行“申报、代理、稽查”三位一体的税收征管改革。1996年，推行“以纳税申报和优质服务为基础，以计算机网络为依托，集中征收，重点稽查”的新征管模式。2000年，市国税局下辖5个县市国税局、5个城市分局。

株洲市国家税务局历任负责人名录

表9－7

局　长	任职时间	副局长	任职时间
苏海清	1994.9 — 2000.12	田茜平	1994.9 — 2000.12
–	–	张有志	1994.9 — 2000.12
–	–	杨宏莲	1996.8 — 2000.12
–	–	陈跃平	1997.5 — 2000.12

一　税种与税收

（一）增值税

1994年分税制改革后，全市增值税的征收管理由市国税局负责。销售货物的起征点为月销售额600元，销售应税劳务起征点为月销售额500元，按次纳税起征点每次（日）销售额80元。

为体现公平税负，尽可能少的减税、免税。原由国家、省、市政府及有关税务部门审批的临时性、困难性减免税，以税还贷，新产品减免税，利用“三废”减免税都不再执行。现行增值税的免税项目有：农业生产者销售的自产农业产品，避孕药品和用具，向社会收购的古旧图书，直接用于科学研究、科学实验和教学的进口仪器、设备，外国政府、国际组织无偿援助的进口物资和设备，符合国家产业政策要求的国内投资项目在投资总额内进口的自用设备，供残疾人专用的物品，残疾人员个人提供的加工、修理修配劳务，国有粮食企业销售的政策性粮食和销售给军队、返销农村、批发给国有粮食零售企业、城市居民的食用植物油以及政府储备食用植物油的调拨销售等。

1994年9月至2000年12月，全市国税共征收增值税73.65亿元。其中1994年为8.54亿元，1999年为11.76亿元，2000年为11.75亿元。1995 — 2000年，全市增值税达到国税总收入的86.39%。

（二）消费税

消费税是税制改革时在流转税制中新设置的一个税种。对货物普遍征收增值税的基础上选择少数消费品再征收一道消费税，主要是为了调节产品结构，引导消费方向，保证国家财政收入。1994年1月，株洲市开始征收消费税。征收消费税的消费品包括烟、酒、化妆品、护肤护发品、贵重首饰及珠宝玉石、鞭炮、焰火、汽油、柴油、汽车轮胎、摩托车、小汽车等11种产品，不同消费品适用不同税率，最高的50%，最低的3%。1994—2000年，全市共征收消费税47249万元。其中，1994年4539万元，1998年9645万元，2000年为4400万元。

（三）企业所得税

1994年新税制改革，取消按企业所有制形式设置所得税的办法，废止原有的国营企业所得税和调节税、集体企业所得税、私营企业所得税，实行统一的内资企业所得税制度。同年1月，株洲市开征企业所得税，市国税局负责中央企、事业单位所得税、中央和地方企事业单位组成的联营企业和股份制企业所得税以及地方金融企业（含集体金融企业）所得税的征收，其他所有制性质企业的所得税则由地税局征收。

现行企业所得税基本税率统一为33%，税法另规定了2档照顾性税率，即对年纳税所得额在3万元（含3万元）以下的企业暂减按18%的税率征收；年应纳税所得额在10万元（含10万元）以下至3万元的企业，暂减按27%的税率征收。如果企业上一年度发生亏损，可用当年应纳税所得予以弥补，按弥补亏损后的应纳税所得额来确定适用税率。弥补亏损最长不得超过5年。1994—2000年，全市国税系统共征收企业所得税21560.7万元，其中1994年5077.8万元，1996年4151万元，2000年为3496万元。

（四）其他税种

1.金融保险业营业税 1997年，国务院修订的《营业税暂行条例》中，将金融保险业营业税税率由5%提高到8%，提高的3%由国税机关负责征收，划归中央财政收入。1997—2000年，市国税系统共征收金融保险业营业税9784万元，其中1997年1253万元，2000年为2318万元。

2.储蓄存款利息个人所得税 1999年10月，国务院颁布《对储蓄存款利息所得征收个人所得税的实施办法》，恢复开征储蓄存款利息个人所得税。是年11月，市国税局开始征收，采用20%的比例税率，由扣缴义务人在结付利息时代扣利息所得人应纳的税款代为缴库。1999—2000年，全市共征收储蓄存款利息个人所得税3300万元，其中1999年126万元，2000年为3174万元。

二 税收管理

（一）税收征管

1995年，国税系统积极推行“申报、代理、稽查”三位一体的税收征管改革。成立专门负责个体集贸税收征管的市国税五分局。将分布在市区东、南、北3个区12000多户个体业户的税收征管集中到国税五分局管理。在分局按区域设置4个国税所，实行统一管理。实施“四改”工程，即改变征收方式，纳税人由现金缴税改为持“长城卡”自行申报划卡缴税；改分散办税为集中办税；改专管员“管户制”为“管事制”；改数据资料人工操作为微机控管。避免税务人员收人情税、态度税，且极大地方便了纳税人。同时，为加强增值税一般纳税人的管理，制定印发《株洲市增值税征收管理办法》《增值税一般纳税人认定制度》和《株洲市国家税务局税收征管资料管理制度》等一系列规章制度。

1996年，“以纳税申报和优质服务为基础，以计算机网络为依托，集中征收，重点稽查”的新征管模式在全市开始形成。个体税收征管改革试点在国税五分局取得成功，其“四改四建”经验在全国税务系统征管会议上作介绍。国税一分局被列为全省税收征管改革试点单位。全市建成办税服务厅（室）32个，建立以市局为中心覆盖6个基层局的广域网，电子申报方式正式推行。1998年，全面推行“税款预储”。1999年，在城市分局推行“集中征收、分片管理”的一级征管形式，在县市局推行“厅室结合、集中监控”等直接征管形式。全面开通电子申报、网上对账、税法宣传系统。到年底，株洲市国税系统共配有计算机逾500台，建立局域网31个，广域网联通点11个，实现市、县两级广域网络。

对纳税人采取不同的税款征收方式：对市区及县市的企业实行“三自纳税”的有2853户；对“三自纳税”有困难的企业，实行“送税上门，集中征收”的有8894户；对城区“双定”户实行“划卡缴税”的有14247户；对边远山区的个体户实行“定时定点征收”的有9230户；对不稳定的税源和特定行业，委托乡镇或部门代征的有1278户。

在试点的基础上，1998年推行“税款预储”办法。一类企业确定一户一率；二类企业按行业确定预储率，工业5%，商业2%，修理修配及其他业6%；三类企业按基本税负率作为预储率。个体工商业户把“评税定税额”作为预储金额的基本依据。企业税款预储户由纳税人委托银行划缴入库，城区个体户继续完善划卡缴税制度，农村个体户推行“储蓄卡”缴税办法，委托银行代收代缴。全市3280户一般纳税人全部实行电子申报，其中自行申报户395户，委托税务代理申报户2885户。

（二）稽　查

1994年，市国税局独立设立稽查局。1995年，根据国家税务总局要求，进行稽查工作改革，稽查工作具有“外查内监”的双重职能。各县市郊国税局亦设立稽查局，城市分局设立检查科。1999年，在原有基础上进一步健全税务稽查业务规程、违法案件查处制度、违法案件审理制度和违法案件举报制度等。至2000年，稽查选案、检查、审理、执行相互分离、相互制约的工作机制已初步形成，由收入型稽查向执法型稽查转变。

（三）发票管理

为适应“申报、代理、稽查”三位一体的新征管模式，各级税务发票站改为发票所。1995年，开展为一般纳税人代管代开增值税专用发票的业务。8月份，全面实行增值税专用发票使用账表抄表管理制度，纳税人逐月将使用的销项发票和取得的进项发票分别抄写到销项明细表、进项明细表上，月初随同纳税申报表报税务机关查验。为加强发票安全管理，规定了局长负责制、24小时值班制、库房全封闭保管制、发票出入库双人上岗制，全市12个发票库房均安装了红外线报警装置。各级税检室与公、检、法、工商等部门紧密配合，查处各种虚开、代开、伪造、盗窃增值税专用发票案件34起，追缴税款1.72亿元，罚款145万元。

1996年，增值税专用发票防伪税控系统开通运行，各级税务机关对代管代开专用发票（包括代开转自开）的一律按规定的预征率施行增值税预征，预征办法按月或按次，由各基层税务局自行确定，一个局只实行一种办法，一定一年不变。全市自印普通发票有5种，共61115本，金额184588.75万元，审核批印企业自用发票109本，印制衔头发票17000本，收缴旧票24.5万本。

为防伪打假，从1997年5月起全市粮食企业收购环节使用的收购发票一律使用防伪标识的新版收购发票。1998年，对国有、集体、股份制企业不再收取发票保证金。加强发票异地交叉稽核，各发票管理所共发出发票核查卡2800余份，收回1200余份，收到外地来函2600份，回函2400份，经核对有问题的150余份，结案处理补税320万元，罚款40多万元。1999年，开展发票清理检查，共检查8808户，查出违章发票14.2万份，查补税款592.5万元，罚款78万元。从2000年起，全市使用10万元版专用发票的纳税人全部进入防伪税控系统，全市共有59户。

（四）纳税检查

1995年4月，组建国税系统税务行政复议机构。全市各级税检室与公、检、法、工商等部门配合，共查处各种虚开、代开、伪造、盗窃增值税专用发票案件34起，公安、检察院调查终结移送起诉的12起、18人，宣判18人，虚开、代开价税合计7.05亿元，发票案犯抵扣案件12起，价税5亿元，其中税款0.7亿元。通过办案挽回经济损失346万元，追缴赃款及罚款145万元。

从1996年9月起，开展全市税收工作大检查，全年查补入库税款5451万元，占全年入库税款的5%。

1997年，爆发震惊全国的浙江金华税案，涉及株洲范围的企业有67户，专用发票151套，价税合计1437万元，税款209万元，市国税局组织稽查力量，1个月内完成了案件的协查工作。

1998年5月，市国税稽查局成立税务违法案件举报中心，当年共受理举报案件21起，查补税款24.9万元，罚款15.7万元。此后，全市统一行动的税收财务物价大检查被正式取消，但市国税系统每年仍开展一次税务分局之间的税收交叉检查。

1999年8月，市国税稽查局协同地税、涉税公安一起，对全市“法轮功”邪教组织和其他气功组织81个分支机构的涉税问题进行全面检查，共查出应税收入44.6万元，应交税款27.5万元。11月至12月中旬，全市各级国税稽查部门对75户经营成品油的纳税户进行清理检查，共查补税款40.1万元，罚款2.7万元，有效地整顿了全市成品油市场的纳税秩序。

2000年，各级国税稽查部门共检查纳税户7018户，结案7016户，结案率为99.97%；查补各税11090万元，罚款328万元，入库率达100%。

三　促产培源

1995年，全市国税系统共为企业传递有价值信息100余条，积极促进横联对口企业10多对，为企业筹集融通资金 1500 余万元，办促产点 100 户和促产项目 200 余项，新增产值 6.6 亿元，新增销售 7.1 元，新增利税 8000 余万元。1996 年，通过促产培源，增加税收 5100 万元。1997 年，市国税局确定 24 户企业作为新的促产点，实行深层次的定向目标管理。这些企业销售收入较上年平均增长 15.92%，入库“两税”（增值税、消费税）增长 27.14%。1998 年，24 户促产点共完成销售收入 55638 万元，实现税金 4687 万元，入库税金 3965 万元，分别较上年增长 19%、30% 和 26%。

1999 年 8 月，选定的 24 户促产点通过税收目标管理，销售收入由未定目标之前的 46104 万元增至 13.90 亿元，实现税金由原来的 2950 万元增至 12030 万元，入库税金由原来的 2523 万元增至 10171 万元，分别较 2 年前增加 201.39%、307.8% 和 303.1%，提前 3 个月实现 3 年翻两番的目标。

随着全省税务系统促产机构的撤销，全市在促产范围、规模上逐渐缩小，并停止使用发放促产周转金措施。

株洲市 1994 — 2000 年国税收入一览表

表 9 –8　　　　单位：万元

年　份	1994	1995	1996	1997	1998	1999	2000
金　额	95886.2	116365.4	112866.0	120499.0	133833.0	132380.0	133094.0

第三节　地方税务

1994 年 9 月 23 日，市地方税务局正式挂牌成立，属省地方税务局垂直管理机构，负责在实行分税制财政体制后划归地方收入的境内的税收征管任务。主要负责征收和管理的税种有：营业税、个人所得税、土地增值税、城市建设维护税、车船使用税、房产税、屠宰税、资源税、城镇土地使用税、固定资产投资方向调节税、地方企业所得税、印花税、筵席税，以及按地方营业税附征的教育费附加。

地税的征管职责经历过 3 次调整：第一次是 1995 年 1 月，湖南省政府明确规定：集贸市场和个体工商户中以缴纳营业税为主的纳税人的税收征收管理，由地方税务机关负责；以缴纳增值税为主的纳税人，由国家税务机关负责，其随增值税附征的个人所得税、城市维护建设税、教育费附加亦由国家税务机关代征。其他企业随营业税、增值税、消费税附征的城市维护建设税，由地方税务机关征收管理；中央企业、事业单位在湘兴办的企业中，1993 年底前所得税缴入地方金库的企业及其所属劳动服务公司兴办的集体企业的所得税，由地方税务机关征收。第二次是 1996 年 3 月，国家税务总局下发《关于调整国家税务局、地方税务局税收征管范围若干具体问题的通知》明确：集贸市场和个体税收，对采取“定期定额”办法征税的个体工商户，其应当缴纳的税收由国家税务局、地方税务局分别征收管理；凡涉及国家税务局、地方税务局交叉征管的，其缴纳增值税、消费税的应纳税销售额由国家税务局确定；资源税的应纳税额、个人所得税的应纳税所得额由地方税务局确定；对未取得营业执照的纳税人应缴纳的税收，国家税务局、地方税务局可按这次调整的征管范围进行征收管理；国家税务局、地方税务局相互委托代征税款的，要严格按照收入归属入库。涉外税收，对外商投资企业的外国企业所得税，包括3%的地方所得税，由国家税务局负责征收管理。第三次调整是1998年4月，根据湖南省人民政府办公厅《关于调整国家税务局、地方税务局税收征管范围意见的通知》明确：集贸市场和个体工商户税收征管范围的划分，按照收入归属原则，由国税局和地税局分别征收管理。即增值税、消费税由国税局负责征收管理，营业税、个人所得税和城市维护建设税、教育费附加等地方税由地税局负责征收管理；在涉外税收中，增值税、消费税、外商投资企业和外国企业所得税由国税局负责征收管理，营业税、个人所得税及其他地方税由地税局负责征收管理。

2000年，市地税局共辖5个县市局20个税务分局，4个城市分局13个税务所，以及稽查局、涉外分局、省级税收征收分局。

株洲市地方税务局历任负责人名录

表9－9

局　长	任职时间	副局长	任职时间
伍志庚	1994.9—1998.4	蒋步林	1994.9—1998.6
龙水根	1999.4—2000.12	史明辉	1994.11—2000.12
–	–	祝卫平	1996.1—2000.12
–	–	龙水根	1997.5—1999.4
–	–	毛庆东	1998.12—2000.12
–	–	龙晓红	2000.9—2000.12

一　税种与税收

（一）营业税

1993年12，国务院发布《营业税暂行条例》，同月第八届全国人民代表大会常务委员会第五次会议通过并公布《关于外商投资企业和外国企业适用增值税、消费税、营业税等税收暂行条例的决定》，对外资企业取消工商统一税，对内资和外资企业实行统一的流转税，征收营业税。

1994年1月，株洲市执行营业税的征收，征收范围由过去14个税目变为9个税目，即商品批发、商品零售、公用事业税目中的水电气热的销售、服务业税目中的加工和修理修配、典当业税目中的“死当物品销售”5个项目，由征收营业税改为征收增值税。到2000年，新营业税的税目没有变化。9个税目适用3个税率，其中交通运输、建筑、邮电通信、文化体育4个税目的税率为3%，金融保险、服务业、转让无形资产、销售不动产4个税目的税率为5%，娱乐业的税率《暂行条例》规定为5%～20%，株洲地区执行10%的税率。从2000年起，湖南省地税局对娱乐业营业税税率作进行了调整，城市城区（包括城市郊区）的娱乐业营业税税率调至 14%，其他县市区及其他范围内的娱乐业营业税税率调至 12%。同年 7 月，对电子游戏厅一律按 20% 的税率征收营业税。1994 — 2000 年，全市共入库营业税 14.39 亿元，占地税总收入的 38.75%。其中，1994 年 14303 万元，2000 年为 24643 万元，年平均递增 9.49%。

（二）个人所得税

1993 年 10 月，第八届全国人民代表大会常务委员会第四次会议对《中华人民共和国个人所得税法》作第一次修正，修订后中国籍公民恢复征收个人所得税，个体工商业户所得税、个人收入调节税停止执行。

1994 年 1 月，株洲市开始征收个人所得税，该税税目共有 11 项。个人所得税税率有比例税率和超额累进比例税率 2 种，其中工资、薪金所得适用 5% ~ 45% 的九级超额累进税率，个体工商户的生产、经营所得和企事业单位的承包、承租经营所得以及个人独资和合伙企业适用 5% ~ 35% 五级超额累进税率。劳务报酬所得、稿酬所得、特许权使用费所得、利息股息红利所得、财产租赁、财产转让所得、偶然所得和其他所得的税率为 20%，劳务报酬所得、对个人一次取得劳务报酬应纳税所得额超过 2 万元至 5 万元的部分，按应纳税额再加征五成，超过 5 万元的部分，按应纳税额加征十成。1994 — 2000 年，全市共入库个人所得税 47462 万元，占地税总收入的 12.78%。其中，1994 年 2776 万元，2000 年为 13500 万元，年平均递增 30.16%。

（三）企业所得税

1993 年 12 月，国务院发布的《企业所得税暂行条例》。株洲市从 1994 年 1 月起执行。

企业所得税的基本税率为 33%，同时财政部、国家税务总局规定实施 2 档优惠税率：对年应纳税所得额在 3 万元以下的企业税率暂减按 18%，3 万 ~ 10 万元以内的企业税率暂减按 27%。1994 — 2000 年，全市共入库企业所得税 39408 万元，占地税总收入的 10.61%。其中 1994 年的 3153 万元，2000 年为 7918 万元年平均递增 16.59%。

（四）资源税

1992 年 1 月，株洲市对铁矿石开征资源税。1994 年 1 月起，全市实行新的资源税税制，对所有的应税资源征收资源税。从 1997 年开始，全市地税系统对年纳税额 10 万元以上的纳税人，列为重点纳税人，市、县两级地税机关建立税源台账，进行重点跟踪管理。从 1998 年 5 月起，在本市境内凡属以开采天然地下水，经过消毒、杀菌、包装等工序生产销售或自用的矿泉水，一律按“其他非金属矿原矿”税目征收资源税，其单位税额暂定为每吨 1 元。在 1999 年 1 月前，资源税全部入县或市金库，之后，将资源税、土地增值税、城镇土地使用税按省与地市县各 50% 的比例分别缴入省和地、市、县金库。

资源税的税率是定额税率，原油 8 ~ 30 元 / 吨、天然气 2 ~ 15 元 / 千立方米、煤炭 0.3 ~ 5 元 / 吨、其他非金属矿原矿 0.5 ~ 20 元 / 吨（立方米）、黑色金属矿原矿 2 ~ 30 元 / 吨、有色金属矿原矿 0.4 ~ 30 元 / 吨、固体盐 10 ~ 60 元 / 吨、液体盐 2 ~ 10 元 / 吨。1994 ~ 2000 年，全市共入库资源税 2327 万元，占地税总收入的 0.63%。其中，1994 年 213 万元，1999 年为 432 万元，年平均递增 15.19%。2000 年，因税收政策调整，仅入库284万元。

（五）城镇土地使用税

从1995年1月起，株洲市执行城镇土地使用税的新税率，全市市区城镇土地使用税共设八个等级，一级5元/平方米为最高，八级0.4元/平方米为最低。境内各县市的城镇土地使用税税率由各县市人民政府根据经济发展水平，在国家规定的税率幅度范围内确定。1994—2000年，全市共入库城镇土地使用税14546万元，占地税总收入的3.91%。其中，1994年1533万元，2000年为2572万元，年平均递增9.01%。

（六）房产税、城市房地产税

1994年，对承租人将房屋转租，所取得的租金收入，暂按其转租的租金收入扣除支付给原出租人租金后的差额计征房产税。1995年6月，规定纳税人进行资产评估后，从评估入账次月起，按评估值扣除30%后的余值计征房产税。1996年8月对国有企业固定资产重估后的新增价值，应按照有关税收法规规定征收房产税和印花税。1998年，对地上有房屋的地下商场、地下停车场，都要征收房产税，地上没有建筑物的，只要计入房产原值，应征收房产税。1999年3月，按国家税务总局规定，房产税、土地使用税在城市、县城、建制镇和工矿区征收，对农林牧渔业用地和农民居住用房屋及土地，不征收土地使用税和房产税。从2000年1月起，对高校后勤实体免征城镇土地使用税和房产税。同年11月，对政府部门和企事业单位、社会团体以及个人等社会力量投资兴办的福利性、非营利性的老年服务机构暂免征收自用房产、土地、城镇土地使用税。1994—2000年，全市共入库房产税、城市房地产税21333万元，占地税总收入的5.75%。其中，1994年1805万元，2000年为4112万元，年平均递增14.71%。

（七）车船使用牌照税、车船使用税

1993年，株洲市对营运车船全面开征车船使用税，除执行《车船税征收条例》的减免规定外，还对专供水上居住而不兼营货运、客运及其他经营业务的船和不收过河费的义务船只，企业和个人办学校、医院、敬老院、幼儿园、托儿所自用车船，安置盲、聋、哑、残疾人员占总人数35%以上的社会福利工厂的车船，免纳车船税。对纳税确困难的，经申请由县、市税务局审查批准，酌情减征或免征。从2000年10月起，对政府部门和企事业单位、社会团体以及个人等社会力量投资兴办的福利性、非盈利性的老年服务机构自用车船，免征车船使用税。1994—2000年，全市共入库车船使用牌照税、车船使用税2156万元，占地税总收入的0.58%。其中，1994年的238万元，2000年为378万元年平均递增8.01%。

（八）印花税

印花税的税率分为按件、按率2种。按率贴花的有千分之一（仅限财产租赁）、万分之三、万分之零点三、万分之五、万分之零点五5种。按件贴花的为每件5元。对财产合同税额不足1元的，按1元贴花。

印花税的减免政策由国家统一规定。1994—2000年，全市共入库印花税16528万元，占地税总收入的4.45%。其中，1994年的1247万元，2000年为3157万元，年平均递增16.74%。

（九）屠宰税

从1994年1月起，执行屠宰税新税制，是国家下放给省级人民政府制定税收法规的唯一税种。屠宰税的征收标准：凡自养自宰自食猪、牛、马、骡、驴每头6元，羊每头1元；收购的猪每头9元，牛、马、骡、驴每头20元，羊每头4元；对军队、武警部队、少数民族因节日自养自宰自食的牲畜，毛重在50千克以下的病猪经兽医证明需要宰杀的，以及配种站、种畜场(站)的种畜和科研教学用畜均免征屠宰税。从1996年4月起，调整屠宰税征收标准：猪宰杀环节由每头6元、收购环节由每头9元，均调整为每头12元，其中乳猪（宰杀环节或收购环节）每头3元；牛、马、骡、驴宰杀环节由每头6元、收购环节由每头20元，均调整为每头20元，其中小牛（宰杀环节或收购环节）每头14元；羊宰杀环节由每头1元、收购环节由每头4元，均调整为每头10元。

1994—2000年，全市共入库屠宰税7575万元，占地税总收入的2.04%。其中，1994年的836万元，1998年入库1228万元，年平均递增10.09%。后因税收政策调整，1999年入库1187万元，2000年为1089万元。

（十）固定资产投资方向调节税

1991年，全国开征固定资产投资方向调节税，同时停止征收建筑税。湖南省在1992年才开征固定资产投资方向调节税。固定资产投资方向调节税实行差别比例税率。按照经济管理的不同要求，对同类征税对象区别征税的税率，分为0%、5%、10%、15%、30%五个档次。各档税率适用范围是基本建设项目的投资和更新改造项目投资。1994—2000年，全市共入库固定资产投资方向调节税16512万元，占地税总收入的4.45%。其中，1994年2543万元，1999年为4028万元，年平均递增9.63%。财政部、国家税务总局、国家发改委《关于暂停征收固定资产投资方向调节税的通知》发出后，2000年此税入库仅651万元，比上年少收83.33%。

（十一）城市维护建设税

1994年2月，对外商投资企业和外国企业，暂不征收城市维护建设税。1995年8月，对实行增值税税收优惠（由税务机关先征收再直接退还）的民政企业、学校办企业、国有森工企业，城市维护建设税亦同时退还。1999年9月，对享受增值税税收优惠政策的粮食企业，报经主管地税机关审核认定后，其城建税随增值税的减免而减免。1994—2000年，全市共入库城市维护建设税59460万元，占地税总收入的16.01%。其中，1994年为5601万元，2000年入库10244万元，年平均递增10.59%。

（十二）土地增值税

1995年1月，株洲市开征土地增值税。该税实行4级超率累进税率，具体税率为：增值额与扣除项目金额的比率未超过50%的税率为30%，增值额与扣除项目金额的比率超过50%未超过100%的部分税率为40%，增值额与扣除项目金额的比率超过100%未超过200%的部分税率为50%，增值额与扣除项目金额的比率超过200%的部分税率为60%。1995—2000年，全市土地增值税入库110万元，占地税总收入的0.04%。其中，1995年5万元，2000年入库37万元，年平均递增49.23%。

二 各种费、金及附加

（一）教育费附加

1994年税制改革，教育费附加以各单位和个人实际缴纳的增值税、营业税、消费税的税额为计征依据，附征率为3%，分别与增值税、营业税、消费税同时缴纳。1995—2000年，全市共入库教育费附加12855万元，占各种费、金及附加总额1.63亿元的79.06%。其中1995年305万元，2000年入库3048万元，年平均递增58.47%。

（二）文化事业建设费

1997年8月，株洲市开始征收文化事业建设费。征收范围为各种营业性的歌厅、舞厅、卡拉OK歌舞厅、音乐茶座和高尔夫球、台球、保龄球等娱乐场所；广播电台、电视台和报纸、刊物等广告媒介单位以及户外广告经营单位，按经营收入的3%缴纳文化事业建设费。文化事业建设费由地方税务机关在征收娱乐业、广告业的营业税时一并征收。1998—2000年，全市地税系统共征收文化事业建设费367.9万元，为各种费、金及附加总额的2.26%。

（三）防洪保安基金

从1995年1月起，株洲市开始征收防洪保安资金。征收范围为：国有、集体、股份、联营和私营企业；银行、保险及各类信托投资公司、财务公司、城乡信用社；城乡个体工商户；机关、团体、企业和事业单位在职职工；城镇和工矿区非农业建设新征占用土地单位。征收标准为：商业、外贸、供销、物资等流通企业按当年销售收入的0.1%征收，其中以批发为主的企业按销售收入的0.08%征收，旅游服务业按当年营业收入的0.1%征收。工交企业按当年销售收入的0.1%征收，建筑安装企业按当年工程结算收入的0.2%征收。银行按当年利息收入的0.2%征收，保险公司按当年财产保险费收入的0.1%征收，各类信托投资公司及财务公司按当年业务收入的0.2%征收，城乡信用社按当年利息收入的0.1%征收。私营企业和个体工商户按当年销售收入（或营业收入）的0.1%征收。在职职工按照个人月工资收入分档次征收：月工资收入301～400元的，每人每年20元；月工资收入401～500元的，每人每年30元；月工资收入501～800元的，每人每年50元；月工资收入801元以上的，每人每年80元；非农业建设新征占用土地，按每亩1000元征收。1994—2000年，全市地税系统共征收防洪保安资金30094万元。

（四）工农业发展基金

1996年，省人民政府设立湖南省农业、工业发展专项资金。该基金随营业税附征的部分委托地税系统征收。1996年至1997年6月10日，全市地税系统共代征工、农业发展基金28.43万元。后停征。

三 税收管理

（一）征管制度

1.税务登记 1995年4月，市地税局在全市范围内对地方税纳税人进行全面税务登记。1997

年8月，市地税局开展查验和补办税务登记证，全市查出漏管漏征户21户，补办税务登记689户。1998年7月，在全市范围内再次开展税务登记的验证和补办工作，全市共清理漏征漏管户2823户，查补税款1264万元，加收滞纳金7万元，罚款4.4万元，行政拘留9人。1999年1月，全市地税系统开展换发税务登记证工作，共换证21154户，清理漏管户522户，补税29.7万元。

2.纳税申报 从地税局组建到2000年年底，株洲市地税纳税申报主要采取直接上门申报、电子申报、简易申报等方式。到2000年年底，全市直接上门申报纳税的纳税人已达到52364户，占应申报纳税人总户数的99.7%。1999年6月，市地税一分局筹划与湖南普林斯电子股份公司联合研发“点对点电子报税”系统，并于此后在株洲、衡阳、永州、怀化、邵阳等市纳税人中试运行。

3.税款征收 市地税征收方式主要为集中征收和划卡缴税2种。集中征收，1998年全市地税机关按照集中征收、优化服务的办税服务要求，以税务登记、纳税申报、发票发售、文书受理、税务咨询等办税事项设立各项专职办税窗口，实行“一站式”服务，到2000年，全市地税系统已建成12个办税服务厅。划卡缴税，1998年全市地税局和银行合作，开发个体工商户划卡缴税系统，在纳税申报期内通过税务部门向协议银行发出指令，银行按期从纳税人预先存入资金的专用账户上划缴税款。

4.考核管理 1999年，市地税局首次在全市范围内统一组织了征管质量考核的交叉检查，对登记率、申报率、入库率、滞纳金加收率、欠税增减率、申报准确率、立案率、结案率、处罚率、复议变更（撤销）率10项税收征管指标进行考核。2000年，市地税局推行征管责任追究考核制度，从税务登记、纳税申报、税款征收及票证管理、税务执法、个体税收管理、发票管理、纳税检查、减免税和征管档案资料管理9个方面，建立对征管责任追究考核指标进行量化和细化，形成科学严密的操作体系。

（二）发票管理

1995年1月，市地税系统对原有的发票定点印刷厂进行审查，清理出一批不符合条件的发票定点印刷厂，重新认定发票定点印刷厂，并核发全国统一式样的“发票准印证”。同时，对地税发票管理的范围、发票管理机构的设置、发票定点印刷厂的选定、发票防伪专用纸的管理、新发票监制章的启用、发票的分类设计、发票的印制、发票保证金管理以及发票管理所的财务管理等进行了明确的规定。同年6月，针对电脑发票使用范围的不断扩大，市地税局规定电脑发票的使用范围和印制管理程序，确立电脑发票由湖南省地方税务局统一印制的原则。同时，全市于7月1日起统一实行发票换版，全面启用套印湖南省地方税务局发票监制章的防伪水印纸的新版发票。8月，市地税局下发《发票保证金暂行办法》。1996年1月，市地税局大幅度削减发票定点印刷厂，重新认定、批准发票定点印刷厂，并核发全国统一式样的“发票准印证”。1998年1月，规定银行、非银行金融机构在从事经营活动中对外收付利息（个人储蓄存款利息除外）、收取手续费、账单凭证费、代收邮电费和转让金融商品、融资租赁等所使用的各种凭证（简称“金融行业发票”）属于地税发票管理范围，应纳入地税机关管理。同时，市地税局按综合类以及营业税的交通运输、邮电通信、金融保险、文化体育、建筑业、服务业、娱乐业、转让无形资产和销售不动产9个税目确定了110种发票式样。同年2月，对经县级以上民政部门核准登记注册的各类社会团体，依照民政部门核准的章程开展各种活动所取得的有偿服务性收费及上缴，划转和收取赞助、赔偿、捐赠、会费、会务费、资料费等费用，均统一使用地方税务机关印制的“湖南省社会团体统一发票”。从1999年5月起，分期分批启用湖南省地方税务局统一规定式样和防伪要求的发票专用章和发票领购簿。2000年，株洲市200余台出租车安装税控计价器，地方税收最高增幅达50%，平均增幅达30%。同年，经市政府批准，市地税局开展发票违章举报有奖活动。市地税举报中心受理举报案件175起，查补税款56万元，罚款38万元，奖励102人，奖金33116元。

（三）税务稽查

1995年5月，市地税局稽查局成立，后各县市局亦相继成立稽查机关。同年10—12月，全市地税稽查系统开展对全市金融保险行业的专项检查，共检查金融保险企业51户，查补地方各税413万元。同时，对省建五公司房地产开发公司严重偷税问题进行了查处。

1996年，市地税稽查机关以“省查补稽查计划”为重点，抓好大案要案、“钉子户”、“漏管户”以及在社会上有一定影响案件的查处力度。同时，有针对性地选择建安、房地产、行政事业单位作为专项稽查的对象，全市有163户企业事业单位接受税务检查，查处重大偷、逃税案件13起。为做好群众举报案件的查处，全年共收到群众举报信15件、举报电话6次，查结案件18起，查补税款及罚款80余万元。1998年，市地税稽查局就查处涉税违法行为107户，补税1000余万元，处罚12户，罚款和扣缴滞纳金15万元，移送司法机关12起、7人被移送司法处理。1999年，稽查工作先后开展3次全系统各税种、各行业专项检查，查补税款5000余万元，查处查补税款在100万元以上案件就有8起。株冶及下属公司偷逃税案，经查违纪账外资金达2098万元，被追缴税款350万元，罚款164万元。全市地税稽查机关先后在办税服务厅张贴8期涉税违法案件公告，共有27户企业或个人因税务违法而“榜上亮相”。同时，建立与公安、国税等部门的工作联系制度，共同查处“法轮功”邪教组织偷税行为。

2000年，按照征管改革要求和省局部署，原有的城区地税分局稽查科撤并为管理检查科，城区纳税户的检查由市地税稽查局负责。为规范执法，市地税局先后制定了《稽查案件复查办法》《稽查责任追究制度》《税务稽查业务公开制度》和大案、要案报告制度等一系列制度和办法，强化执法型稽查和规范稽查执法行为。

株洲市1994—2000年地税收入一览表

表9-10　　单位：万元

年 份	1994	1995	1996	1997	1998	1999	2000
金 额	38206	42776.4	48514.9	53519	59240.2	64642.7	68484

第三章 银 行

晚清，株洲未设银行和钱庄，商人有关银钱拆借和钱币兑换，一般去湘潭、醴陵等地金融机构办理。

民国26年（1937），中国农民银行在株洲镇设立分理处，为株洲镇第一家银行。交通银行办事处也是株洲镇设立最早的银行之一。抗日战争胜利后，株洲镇又新设复兴银行办事处、邮政储蓄汇业局办事处、湖南省银行办事处。民国36年（1947）末，株洲邮汇局、株洲中国银行、株洲交通银行及湖南省银行株洲办事处合计存款余额法币64.95亿元。

中华人民共和国成立后，主要由中国人民银行驻株机构开展金融业务。1949年9月15日，中国人民银行湖南省分行第一支行（行址在湘潭）到株洲集镇建立办事处，向市场投放人民币，办理收兑友币、银元业务，禁止金圆券流通，打击金融黑市。当年秋收以后，支持国营贸易公司在农村收购稻谷，人民币从城镇流向农村，逐渐占领城乡金融阵地。

1951年5月，中国人民银行株洲办事处改为株洲市支行，成立中国人民保险公司株洲市支公司，农村在信用互助组的基础上，逐步发展成信用合作社。市人民银行开始对企业单位实行现金管理，开展划拨转账业务，企业之间的债权债务，通过银行集中清算；银行用贷款支持工商企业恢复和发展日用工业品生产、收购农副产品和供应农业生产资料；对贫雇农发放生产、石灰和赈济贷粮的贷款，帮助发展农业生产。银行逐渐成为现金、结算和信贷中心。

"一五"计划时期，随着大规模工业建设的开始，株洲市建设银行于1954年10月正式成立，并陆续在主要工业区设立办事处，保证按工程进度拨付资金，并进行拨款监督和管理。5年间，全市完成固定资产投资1.6亿元。市人民银行根据全市"一五"计划要求，积极筹集建设资金，始终贯彻"存款自愿，取款自由，存款有息，为储户保密"的政策，大力吸收储蓄存款。1957年年末，全市各项存款余额800万元，其中城乡储蓄存款余额为208万元，分别比1952年末增长1.3倍和4.78倍；全市贷款余额1657万元，比1952年增长141倍，促进了国民经济的健康发展。国营商业信贷权由省全面下放到市后，贷款由1953年末的40万元增至1957年末的1228万元。根据过渡时期总路线的要求，运用信贷、利率等经济杠杆，促进农业、手工业和资本主义工商业的社会主义改造。改造完成后，银行停发私营企业贷款。

1958—1960年，全市围绕中央、省属大厂，兴办大批中小企业，银行全力满足这些企业的资金需要，对促进工业生产的大发展起了重要作用。但是也发生一些失误，主要表现在，农村银行基层机构下放到农村人民公社，大破规章制度，大放"储蓄卫星"，敞开供应资金，发放贷款不讲使用效益，停办保险业务。1957年，工业产值贷款率只有2.43%，到1960年才增至28%。

1961—1965年，贯彻中共中央和国务院《关于切实加强银行工作的集中统一，严格控制货币发行的决定》，加强信贷计划、现金管理，信贷资金使用效益得到提高。1965年，工农业总产值比1961年增长51.50%，银行各项贷款却下降54.39%。

“文化大革命”时期，金融管理职能被削弱，合理的储蓄存款利息被当作“不劳而获”的剥削，部分储蓄所增设“无息存款”窗口，一些重点审查对象的储蓄存款被冻结。银行信贷管理放松，全市贷款额增长 1.38 倍，远远超过工农业总产值增长的幅度。

“文化大革命”结束后，全市金融部门对机构和业务进行了整顿。原并入市人民银行的市农业银行、市建设银行和市保险公司恢复各自建置，先后又成立了市中国银行和工商银行，设立信用社和信托投资公司等金融机构。

1979 年后，银行根据国家政策，支持工业调整和扩产，改变农业贷款结构和投向，重点扶植专业户和乡镇企业，加强工商企业的信贷资金管理。1983 年 7 月，市人民银行统一管理流动资金后，组织企业开展清物资、清资金，督促不合理资金占用，促进企业提高资金管理水平。1985 年，银行为适应经济发展要求，增放贷款，支持工业增产，扶持商业扩点和联营。随着经济的发展，到株洲的侨、台胞日益增多，外币存款不断上升。

1984 年 10 月，市人民银行与市工商银行分设，从而株洲市逐步形成以人民银行为领导、国家银行为主体、多种金融机构并存的金融体系。

1991 年，市人行发挥中央银行的宏观调控和服务职能，全市各银行再贷款达 10.48 亿元。至年末，各项贷款达到 43.75 亿元，全市实现货币净投放 884 万元，现金货币由净回笼转为净投放。

1993 年，在整顿金融秩序、加强宏观调控的同时，适时调整资金投向，全年累计现金收入 141.95 亿元，累计现金支出 139.74 亿元，货币净回笼 2.21 亿元，现金收入由连续 2 年净投放转变为净回笼。

1996 年，株洲市年累计现金收入 438.92 亿元，年累计现金支出 423.35 亿元，现金净回笼 15.57 亿元，成为全省除省会长沙外回笼货币最多的地区。

1997 年 8 月，经省、市人民银行批准，境内正式组建 5 家典当行。当年，5 家典当行实收货币资金 2572 万元，经营规模（累计放款）达 2618 万元，利润总额 47.3 万元。作为金融业一种特殊的融资方式，株洲典当行业因买方市场需求不旺，且缺乏专门人才和业务品种单一等因素影响，市场经营效益欠佳，其发展受到制约。

1998 年，为启动内需，国家出台一系列货币政策，适当扩大货币供应。由于储蓄存款的稳步增长，工资性支出和农副商品支出减少和国债大量发行，导致株洲地区仍保持现金大回笼，累计现金回笼达 25.67 亿元。

2000 年，随着积极的财政政策、稳健的货币政策和国家一系列扩大内需政策效应逐步显现，以及亚洲金融危机冲击的逐步消除，株洲市金融机构存款稳步增加，信贷投放显著加大，现金回笼创历史新高。至年底，货币投放 42.26 亿元，回笼 80.15 亿元，现金净回笼 37.89 亿元。

第一节　银行机构

民国时期，多家银行在湘潭县株洲镇设立办事处，开办金融业务。民国 26 年（1937），中国农民银行在株洲镇设立办事处，成为株洲镇第一家银行，主要供给农业资金，复兴农村经济。同年，设立交通银行株洲办事处，主要经营辖区内铁路、车站、电报、邮政、航运等部门的相关金融业务。中国银行也在株洲设立办事处，承办浙赣铁路株洲车站的存汇业务。民国33年（1944），湖南省银行在渌口建立办事处，为地方性金融企业，民国36年（1947），又在株洲镇设立办事处，办理甲、乙活期存款、公库存款、小额放款、买汇、定期质押透支及汇款业务，并代理国库收入和县库收入。民国35年（1946），复兴银行在渌口设办事处，同年5月该办事处并入株洲镇，办理存放汇业务。同年，邮政储金汇业局在株洲镇设立办事处，次年在田心又增设营业所，办理储金、汇款、同业存放、买汇、活期质押透支、期收款项等业务，同时代收粤汉铁路株洲车站票款。

除上述银行外，株洲有临时拆借性、不挂牌的几家“钱庄”，其中主要是中孚布庄和鼎灏隆南货号2家。

中华人民共和国成立后，株洲的金融业伴随株洲经济建设的发展不断发展壮大，银行机构按职能分为三种类型，即中央银行、政策性银行和商业银行。至2000年年末，全市共有银行机构10个。

一　中央银行

中国人民银行株洲市中心支行　1949年9月7日，中国人民银行湖南省分行第一支行委派曲贵成到株洲组建中国人民银行株洲办事处。行址设解放西街（原中正街交通银行），15日开业，有干部13人。办理人民币投放、回笼和金银收兑业务，并渐次办理工商存贷、结算及储蓄。1951年，株洲办事处改为中国人民银行株洲市支行，隶属中国人民银行湘潭中心支行领导，下设火车北站、董家塅、株洲机厂3个分理处，白石港、五里墩2个营业所。1956年，市人民银行升格为县团级单位，改属中国人民银行湖南省分行直接领导。1958年，市人民银行设田心、清水塘、郊区3个办事处，3个分理处，21个储蓄所、10个农村信用社。

1964年，市人民银行将农金业务划出，分设农业银行。1965年，农业银行撤销，其业务仍并入市人民银行。同年成立株洲县支行。

1970年10月，市人民银行并入市财政金融局，局内设金融组。1973年5月，市人民银行恢复。

1983年，实行市管县体制，原湘潭地区的醴陵县、攸县、茶陵县、酃县人民银行，划归市人民银行领导。至此，该行的基层单位有1个营业部、4个办事处、5个县支行。

1984年10月，工商企业及机关事业等单位的金融业务从市人民银行划出，另设市工商银行。市人民银行更名为中国人民银行株洲分行，对全市金融业行使管理职能。1985年9月，人民银行株洲分行内设的外汇科升格为国家外汇管理局株洲分局。自此，人民银行株洲分行开始履行中央银行职能，为宏观决策服务。1987年后，人民银行株洲分行积极扶植城市信用社组建机构，制订章程，培训职工，招股集资，解决开户、结算、现金供应、同城票据交换和资金结算等业务管理问题。1993年，人民银行株洲分行随着金融体制改革的不断深化，其职能逐渐转向以金融监管为主。

1999年1月，中国人民银行株洲分行改为中国人民银行株洲市中心支行，隶属武汉分行管理。至2000年年末，人民银行株洲中心支行拥有1个营业部，醴陵、攸县、茶陵3个县支行。

二 政策性银行

中国农业发展银行株洲市分行 1996年12月，成立中国农业发展银行株洲市分行。该行下辖营业部、醴陵市支行、攸县支行、茶陵县支行、株洲县支行。各县市支行人员全部从农业银行一次性调入，同时，进行有关相应财产的划转。1997年1月，市农发行正式对外营业。市农发行是境内唯一一家政策性银行，该行以国家信用为基础，筹集资金，承担国家规定的农业政策性金融业务，代理财政支农资金的拨付，为农业和农业经济发展服务。到2000年，市农发行拥有1个营业部，醴陵、攸县、茶陵、株洲县4个支行，1个业务组。

三 商业银行

（一）中国工商银行株洲市分行

1984年10月，中国工商银行株洲市分行成立。承担原来由市人民银行办理的工商存、贷和储蓄等业务，辖营业部及车站路、清水塘、新华路、田心、董家塅等办事处；辖营业部及车站路、清水塘、新华路、田心、董家塅5个办事处，醴陵县、攸县、茶陵县、酃县、株洲县5个支行；共有14个分理处，45个储蓄所。

1987年1月，市工商银行成立全省金融系统第一家对外受理经济信息有偿服务的信息咨询服务公司（后改为信息咨询服务部），同时成立信托投资公司。

1988年，成立市融建房地产开发公司，为股份制地方预算外企业。1992年12月，市工商银行成立牡丹卡部和市高新技术开发区支行。1993年7月，该行5个办事处相继更名为支行。12月，市支行更名为中国工商银行株洲市分行。1994年，酃县支行更名为炎陵县支行。1996年，湖南省信托投资公司株洲办事处撤销。

1997年1月，市工商银行奔龙支行成立。6月，国际业务部、牡丹卡业务部和房地产信贷部相继改建为汇源办事处、建设路办事处和城建办事处，其业务性质、范围基本不变。1999年10月，炎陵县支行降格为茶陵县支行炎陵分理处。同年11月，株洲县支行降格为株洲市董家塅支行渌口分理处。2000年年末，市工行下辖20个部室，3个办事处，10个支行及28个分理处、52个储蓄所、3个代办所。

（二）中国农业银行株洲市分行

1964年2月，成立中国农业银行株洲市支行。下设中心营业所及渌口、雷打石、三门、淦田、朱亭、王十万、龙头铺、白关等营业所。同年8月，中心营业所改为营业部。对外办理有关农业基建拨款、经费拨款、信贷、结算等业务。1965年12月，该行并入市人民银行。1980年1月，划出单设，属县团级机构。1989年8月，更名为中国农业银行株洲市中心支行。该行辖5个县市支行，1个郊区办事处；县支行及办事处辖有营业部5个、分理处3个，营业所61个，储蓄所36个。同时，市农行还负责全市农村信用合作社的领导和管理。

1992年4月，市农业银行国际业务代办处正式成立，该代办处于1993年4月升格为国际业务部。1993年6月，金穗信用卡公司成立。1994年8月，更名为金穗信用卡部。同年，设立株洲高新技术开发区支行。12月，中国农业银行株洲市中心支行更名为中国农业银行株洲市分行。下辖株洲县、醴陵市、攸县、茶陵县、酃县5个县市支行和株洲高新技术开发区支行、郊区支行。

1994年，该行机构网点建设重点转向城区、城郊，在市区增设建南、东区、北区3个支行。同年，酃县支行更名为炎陵县支行。

1996年，市农业发展银行从农行株洲市分行分设，原代理的政策性存贷款业务全部划入市农发行，并一次性调配118名干部到农发行，划拨财产300多万元。同年12月，市农村信用社与农业银行脱离行政隶属管理关系。同年，合并信托投资公司，撤销证券部，转体融非信用发展股份有限公司。1997年，国际业务部、房产信贷部、信用卡部和融非信用发展股份有限公司的对外营业机构改建为“三处一行”。

1998年3月，市农行对市区机构进行调整，精减合并为东西南北中5个支行，撤并支行和办事处3个，调整归属网点38个。同年，重组市分行营业部，管理国际结算、金穗信用卡、房地产信贷、资金清算和现金调拨，又是经营各专项业务的中心。2000年年末，市农行下辖市分行营业部、株洲县支行等12个独立核算单位，内设16个科室。

（三）中国建设银行株洲市分行

1954年10月，成立中国人民建设银行株洲市支行。同年11月，省分行在331厂内设立株洲第二支行，直属省分行领导。1956年2月，第二支行撤销。1958年3月，市建设银行亦被撤销，其业务并入市人民银行。1962年恢复，下设清水塘、农林水、田心、白石港、茨菇塘、430厂6个办事处。“文化大革命”开始后，建行株洲市支行再次被撤销，业务合并到人民银行。1969年7月，成立株洲市财税工商管理处，其业务列入支出组。1970年，其业务列入市革委会财政金融局。1972年12月，再度恢复。1987年3月，该行成立信托投资公司，1988年分别组建房地产联合开发公司和房地产信贷部。

1992年8月，市建行设立国际业务部。1993年6月，设立信用卡部。同年12月，中国人民建设银行株洲市中心支行更名为中国人民建设银行株洲市分行。1996年3月，中国人民建设银行株洲市分行更名为中国建设银行株洲市分行。1998年12月末，撤销株洲县支行，原县支行专柜改为天禄分理处，保留渌江所，一并隶属市分行营业部管理。2000年末，市建行内设23个职能部门，下辖城区支行6个、办事处2个、营业部1个，直属公司（所）3个，直属分理处1个，县市支行3个。

（四）中国银行株洲分行

1983年1月，成立中国银行株洲支行。1984年7月，该行升格为县团级，隶属中国银行长沙分行领导。中国银行醴陵支行同时划归株洲支行领导。1989年3月和5月，先后成立中国银行攸县及茶陵2个支行。6月，株洲支行增设营业部。1990年4月，设立渌口支行。1991年12月，市中行设立房地产信贷部，开办住房改革金融配套业务。1992年，城北办事处、河西办事处等先后开业。1993年11月，中国银行株洲支行更名为中国银行株洲分行。醴陵支行划归株洲分行管辖。是年年末，全行共有5个县支行、4个城区支行，分理处17个，储蓄所49个，信托公司1个。

1995年，市中行成立六合彩办公室。1996年4月，新华办事处成立。1997年5月，渌口支行迁至市区，更名为荷叶塘支行，承接国际部和营业部的业务。2000年6月，撤销炎陵支行。12月，该行成立株洲稽核中心。年末，市中行辖有3个县支行、5个城区支行，营业网点62个，内设18个职能部门。

（五）株洲市商业银行

株洲市商业银行的前身是株洲市城市信用合作社。1987年，由市人民银行和南区人民政府共同推动组成全市首家南区城市信用社。随后又成立东区、北区和“五一”城市信用社。1988年11月，醴陵市成立胜利信用合作社。城市信用合作社的服务对象主要是集体企业和个体工商业，开办存贷款、汇兑和储蓄业务。

1992年3月，株洲市城市信用合作社联合社正式成立。次月，株洲城市信用联社相继组建中兴、国旺、远达3个城市信用社。1993年1月，株洲县城市信用社成立。1996年9月，株洲县城市信用社迁至市南区，更名为株洲市芦淞城市信用社。到1996年年底，株洲城市信用社系统拥有1家联社、9家城市信用社，52家分社。1997年10月，在株洲城市信用联社和9家城市信用社的基础上组建株洲城市合作银行。召开首届股东大会，选举产生了首届董事会、监事会。为正县级单位。各城市信用社改为支行，各分社改为分理处。1998年7月，株洲城市合作银行更名为株洲市商业银行。

2000年1月，该行成立神农卡管理中心，同时将原9个支行、54个分理处调整为6个支行、51个分理处；新组建信贷支行，集中管理和催收株洲城市合作银行成立前发放的不良贷款。同年4月，所辖分理处全部改建为支行。年末，市商行下辖营业部和永发、芦淞、中兴、五一、石峰、国旺、建宁7个管理支行。

四 其他银行机构

（一）株洲市信用合作社

1952年4月，市人民银行农金员在五里墩乡角塘吴小阳劳动互助组基础上，组织信用互助组，后发展成为信用合作社，此为株洲市成立最早的信用合作社。随着合作化运动的深入开展，至1956年年初，郊区每个乡都成立了信用社。6月，合并为5个大社，年终共有社员9539户，占农业社社员总数的62%。

1958年，信用社改为人民公社信用部。不久又改为信用社。1972年年末，全市有255个信用社，其中公社信用社38个，联队和大队信用社217个。次年，独立核算的信用社调整为234个，历年盈余积累56.58万元。

1984年，在株洲县开展信用社体制改革试点，成立县信用联社。是年年底，全市154个基层信用社新增股金159万元，入股户占总农户的89%。1986年10月，醴陵市联社，被中国农业银行总行批准为全国深化信用社改革的试点，成立联社理事会和社务股、业务股、财务稽核股、办公室，初步健全了管理机构。1990年年末，全市有信用社网点2285个。

1996年，根据国务院《关于农村金融体制改革的决定》精神，12月株洲市农村信用合作社正式与中国农业银行株洲市分行脱钩，直接接受中国人民银行株洲分行管理。其时，全市有郊区、株洲县、醴陵市、攸县、茶陵县、炎陵县6个信用联社，150个信用社，251个营业网点。

1997年12月，成立天元区信用合作社联合社。2000年年末，全市共有城郊、天元区、株洲县、醴陵市、攸县、茶陵县、炎陵县7个信用联社，146个信用社，368个营业网点。

（二）株洲市邮政储蓄汇兑局

1995年年初，由市邮电局邮政管理科统一管理全市邮政储蓄和邮政汇兑。1998年元月，市邮电局撤销储蓄汇兑科，成立储蓄汇兑局，除直接管理各邮政储蓄专营点外，还承担全市邮政储蓄和邮政汇兑业务的管理职能。

1998年10月，根据国家邮电体制改革的要求，邮政、电信分开独立营运，邮政储蓄作为邮政业务划分到邮政局经营，株洲市邮政局下设储蓄汇兑局，负责邮政储蓄业务的管理。2000年1月，根据邮政专业化经营的要求，市邮政储蓄汇兑局更名为邮政储蓄汇兑分局。至2000年年末，全市共有邮政储蓄网点113个。其中，市城区24个、醴陵17个、攸县32个、炎陵县10个、茶陵县15个、株洲县15个。邮政储蓄余额9.18亿元。

（三）信托投资公司

1980年10月，市人民银行正式开办信托业务，由信贷科兼办，办代理放款、代理投资业务，并配合工商信贷为企业筹集技术改造资金牵线搭桥。1985年，市人民银行即将此项业务移交市工商银行。1987年1—3月，市工商银行、农业银行、建设银行分别成立信托投资公司，承办财政部门和企业主管部门委托投资和贷款，吸存劳动保险机构、科研单位和各种学会各项基金、融资性的租赁业务以及代理资财保管，代理收付，代理证券发行等业务。

1988年4月，市财政局成立信托投资公司，直接办理财政部门的委托存、贷款及投资业务。各家信托投资公司，各自发展。

1990年8月，市人民银行根据有关政策规定，报经湖南省人民银行批准，保留株洲市信托投资公司及市工商银行、农业银行、建设银行所属信托投资公司。12月，撤销上述3家银行办的信托投资公司，其业务并入各家银行，在银行内成立办事处。

中国人民银行株洲分（支）行历任负责人名录

表9-11

行　长	任职时间	副 行 长	任职时间
侯荣绅	1956.8—1958.9	戴让安	1958.9—1966.5
梁晋春	1958.9—1978.11	陈硕生	1958.9—1983.9
童时若	1980.4—1983.9	刘怀玉	1960.1—1978.11
廖仁礼	1986.12—1989.8	金荣生	1964.11—1983.9
邱向东	1989.8—1997.4	王忠俭	1966.5—1978.11

续表 9 –11

行　长	任职时间	副 行 长	任职时间
文绍明	1997.4 — 2000.12	沈万鹏	1976.8 — 1983.9
–	–	刘月初	1978.11 — 1981.4
–	–	左克广	1980.6 — 1984.10
–	–	吴美君	1980.12 — 1990.11
–	–	黄先元	1982.11 — 1983.9
–	–	刘喜云	1983.9 — 1984.10
–	–	邱向东	1983.9 — 1989.8
–	–	陈贤开	1985.11 — 1997.4
–	–	文绍明	1990.11 — 1997.4
–	–	龙新民	1991.5 — 1994.6
–	–	颜江洪	1992.10 — 1994.3
–	–	阳尧胜	1995.11 — 1997.10
–	–	田永祥	1997.4 — 2000.12
–	–	马小勇	1997.4 — 1997.10
–	–	廖　晖	1997.4 — 1999.6
–	–	王　萍	1999.6 — 2000.12
–	–	李守耕	2000.3 — 2000.12

中国农业发展银行株洲市分行历任负责人名录

表 9 –12

行　长	任职时间	副 行 长	任职时间
易国梁	1997.9 — 2000.12	易国梁	1996.11 — 1997.9
–	–	谢建华	1997.9 — 2000.12
–	–	万志能	1999.3 — 2000.12

中国工商银行株洲市分（支）行历任负责人名录

表 9 –13

行　长	任职时间	副 行 长	任职时间
左克广	1984.10 — 1990.8	张之曙	1984.10 — 1990.8
张之曙	1990.8 — 1995.1	刘喜云	1984.10 — 1986.9
张业万	1995.1 — 1999.6	谭本开	1986.10 — 1999.11
黄再红	1999.12 — 2000.12	张玉晶	1986.10 — 1990.1
–	–	易辅仁	1990.8 — 1996.9
–	–	程学干	1990.8 — 1994.7
–	–	徐远辉	1992.10 — 1993.6

续表 9 –13

行　长	任职时间	副 行 长	任职时间
–	–	周先春	1994.12 — 2000.12
–	–	焦成军	1996.1 — 1998.4
–	–	谭旺良	1998.1 — 2000.12
–	–	孙先早	1998.1 — 2000.12
–	–	贺　粹	1998.12 — 1999.12
–	–	杨昌龙	1999.7 — 2000.2
–	–	杨尚荣	2000.12 — 2000.12

中国农业银行株洲市分行历任负责人名录

表 9 –14

行　长	任职时间	副 行 长	任职时间
梁晋春	1964.5 — 1965.12（兼）	王忠俭	1964.5 — 1965.12
刘立炎	1980.4 — 1990.9	刘怀玉	1964.5 — 1965.12
刘长庚	1990.9 — 1994.9	杨德政	1980.4 — 1983.8
霍国富	1994.10 — 1996.9	凌本元	1980.4 — 1983.8
徐尧阶	1996.9 — 1998.11	刘长庚	1983.8 — 1990.9
李树波	1998.11 — 2000.12	霍国富	1983.8 — 1994.1
–	–	谢廉芳	1990.9 — 1991.2
–	–	周忠礼	1990.9 — 1998.1
–	–	肖立成	1993.3 — 2000.12
–	–	易国梁	1994.12 — 1996.11

中国银行株洲分行历任负责人名录

表 9 –15

行　长	任职时间	副 行 长	任职时间
杨修绵	1988.11 — 1997.9	何舜臣	1984.9 — 1990.2
黄承波	1997.10 — 2000.12	谢凯章	1987.1 — 2000.12
–	–	易等爱	1988.11 — 1992.2
–	–	欧阳彩桂	1988.11 — 1992.2
–	–	乐小平	1990.12 — 2000.10
–	–	侯清木	1991.11 — 1994.7
–	–	卞湘江	1992.3 — 1993.5
–	–	刘子建	1993.3 — 2000.12
–	–	何　平	1993.3 — 1997.10
–	–	王　果	2000.10 — 2000.12

中国建设银行株洲市分行历任负责人名录

表 9 –16

行　长	任职时间	副 行 长	任职时间
李继白	1954.10 — 1955.4	文志杰	1954.10 — 1958.3
王明东	1956.2 — 1958.3	唐国建	1954.10 — 1957.7
张鹏年	1962.1 — 1966.5	戴让安	1956.5 — 1958.3
杨佩荣	1966.5 — 1968.11	刘国勋	1962.6 — 1968.11
沈　辉	1974.6 — 1978.12	陈耀纲	1974.6 — 1981.10
肖业璋	1983.6 — 1988.1	李　明	1976.9 — 1978.2
何炳堃	1988.2 — 1990.10	何炳堃	1978.2 — 1988.2
贺霞林	1990.10 — 1993.9	李瑾力	1978.2 — 1980.2
丁发华	1993.9 — 2000.12	王伯安	1979.10 — 1983.6
–	–	戴振萍	1981.1 — 1983.6
–	–	刘恒胜	1981.11 — 1983.6
–	–	肖业璋	1982.10 — 1983.6
–	–	罗有元	1983.6 — 2000.12
–	–	丁发华	1988.1 — 1993.9
–	–	王春荣	1992.8 — 1997.12
–	–	廖金华	1996.5 — 1997.12
–	–	唐儒珍	1993.9 — 1997.1
–	–	文爱华	1997.3 — 2000.12
–	–	金　翌	1997.12 — 2000.12
–	–	潘承亮	2000.2 — 2000.12

株洲市商业银行历任负责人名录

表 9 –17

行　长	任职时间	副 行 长	任职时间
马小勇	1997.10 — 1999.6	邓伯林	1997.10 — 2000.1
廖　晖	1999.6 — 2000.12	黄石山	1998.7 — 2000.12

株洲市信用合作管理办公室历任负责人名录

表 9 –18

主　任	任职时间
廖　晖	1996.8 — 1996.9
文绍明	1996.9 — 2000.12

第二节 货 币

一 货币流通

民国 26 年（1937）以前，株洲没有银行和钱庄，商人拆借银钱，兑换钱币都到湘潭县城去办。当时流通的钱币，主要有缗钱、铜元、银元、银元宝、法币、市票等。缗钱是一种园形方孔的成串铜钱，每串 1000 文。历代王朝流传下来的缗钱版面、币值种类很多，仅 1992 年 8 月在天元区马家河乡王家湾挖出的一个铜钱窖，就有唐“开元通宝”“乾元重宝”，北宋“太平通宝”“淳化元宝”等 28 个年号、100 余个品种。铜元均铸有面值当制钱（缗钱）10 文或 20 文，都是清代和民国时期铸造的。民国 24 年（1935）后，国民政府还发行面值为 5 分、10 分、20 分三种镍币在株洲流通。流通中的境外银元有墨西哥银元、西班牙银元、香港银元、日本银元。境内银元有光绪元宝、宣统元宝、大清币、袁头银币、孙头银币，更有标志革命年代的平江县中华苏维埃银币和湖南省苏维埃银币等。除上述金属货币外，流通中的纸币有中央银行、中国银行、交通银行、中国农民银行发行的钞票。民国 24 年（1935），国民政府颁布法令，规定这 4 种钞票为法币，禁止银元流通。民国 37 年（1948）8 月，国民政府发行金圆券，曾在株洲流通一时，但因物价飞涨，金圆券疯狂贬值，不久即形同废纸。民国 38 年（1949）7 月，国民政府在重庆、广州发行银圆券，因株洲已临近解放，没有在境内流通。民国 23 — 25 年（1934 — 1936），镇上几家大南货号为解决逢年过节购货时找补零钱的问题，曾以店铺名义发行有面值当制钱 100 文、200 文的铜元市票，客户凑足一定数额铜元市票，可到发行商号换成法币或银元。

1949 年 9 月 15 日，中国人民银行株洲办事处开业，将解放区统一流通的人民币投放市场，面额有 1 元、5 元、10 元、20 元、50 元、100 元、200 元、500 元和 1000 元 9 种。此时，由于敌特散布谣言，制造恐慌，加之国民政府滥发的法币、金圆券等不断贬值，商民心存余悸，故纸币在市场上威信不高，因此银元黑市价格飙升。人民币流通局限于城市，很难深入农村。10 月，衡阳、广州解放，群众才解除了思想顾虑，加之人民银行株洲办事处在辖区的大力宣传，使人民币信誉日益提高和稳定，逐步占领株洲市场。

1950 年 1 月，市人民银行国家总行部署，向市面投放 5000 元和 10000 元 2 种面值币。1949 — 1952 年，全市银行每年现金收付量均在 1000 万元左右。从 1955 年 3 月 1 日起，执行中共中央决定，发行 11 种新的人民币，并收回现行流通中的人民币。新币发行有主币和辅币 2 种，主币面额为 1 元、2 元、3 元、5 元、10 元，辅币面额为 1 分、2 分、5 分、1 角、2 角、5 角。根据规定，按 1 比 1 万的新旧比价兑换。3 月上旬，全市共投放新币 114.40 万元，共收回旧币 78.34 亿元（折新币 78.34 万元）。根据全市各阶层人民经济生活特点和兑换情况测定，市场货币流通量为 135 万元，实际回笼的旧币占流通量的 58%。至 6 月底，累计发行新币 189.31 万元，收回旧币 94.55 亿元。新币基本上代替了旧币流通量。1957 年 12 月，该行向市场发行金属分币，面额为 1 分、2 分、5 分。“一五”计划期间，现金收付量增加4倍，1957年，现金收付总额分别达4552万元和4989万元。

1962年3月，中共中央、国务院下达“加强银行工作六条决定”后，现金投放、回笼均比上年减少。当年，净回笼货币185万元。年末，市场货币流通量由年初的1019万元压缩为734万元。次年，该行根据中央决定，组织对苏联代印的3元、5元和10元三种面额币全部兑换收回，至1964年5月14日共收兑552.80万元。根据有关资料测算，1963年末市场货币流通量为650万～660万元。1964年4月15日，发行墨绿色2角和深绿色2元面额币。1969年10月18日，又发行1960年版的1元和5元面额币。1969—1973年，该行在开展反假钞和反破坏人民币的斗争中，发现不法之徒将5元、10元的人民币剥离成正反两面，用纸粘贴成两张混入市场使用，抓获后，情节严重者，交由公安部门处理。

中共十一届三中全会后，随着经济体制改革的不断深入，商品经济的发展，货币流通逐年扩大。1979年年末，全市市场货币流通量达1500万元，其分布状况是单位库存现金363万元，城镇居民手持现金500万元、人均17.20元，农民手持现金577万元、人均10.50元。市场货币量变化，反映的问题是：市场货币流通量与社会商品库存比例由1∶8下降为1∶7，社会购买力的增长超过了可供商品的增长速度；物价上涨，储蓄利率偏低，存款利率赶不上物价上涨的幅度。1980年4月，该行向市场发行4种金属币，面额为1角、2角、5角、1元。人们一般作为纪念币收藏，市面很少流通。此后，流通领域出现硬分币紧缺，一些民众大量收藏硬分币，导致市场上流通的硬分币越来越少。自7月起，该行投放的硬分币逐渐增多而回笼无几，致使商业、交通等行业找零困难，有的以糖果、信封、纽扣等小商品替代找零，有的还将粮票找给顾客。在株洲市人民政府领导下，通过宣传，组织回笼，紧缺问题才逐渐有所好转。1979—1981年，现金收付总量比改革开放前3年的1976—1978年增长66%。主要投放渠道是工资性支出。3年共增加工资性支出2.08亿元。对农村的货币投放也由于国家提高对农副产品收购价格，实行联产承包责任制，农副产品的商品率有所提高等因素，3年共增加对农村现金投放1.70亿元。

1983年，随着株洲市辖区的扩大，货币流通量亦相应扩大。年末，市场货币流通量达9358万元，比上年增长14.80%，货币流通的重要变化是流出因素减少，回笼增加。经过1985—1986年的“紧缩银根”，1987年，货币流通情况发生显著变化，投放与回笼总额扩大，均超过20亿元；从1983年开始，经过连续4年的货币净投放转变为净回笼2561万元。1987年4—5月，该行发行新版大面额人民币50元币645万元。次年5月，又增发100元新版人民币，以满足市场商品流通的发展需要。随着国家对自行车等4种商品价格放开，市场物价轮番上涨，零售价格指数上升，全年商品回笼现金高达18亿元，比上年增长45.70%。因物价大幅度上涨，货币相对贬值，人民币信誉降低，民众认为存钱不如购物，储蓄存款下降，取大于存2358万元，相应扩大现金投放差额，全年现金收付总额分别为33.58亿元和34.43亿元，比上年分别增长47.68%和53.12%，净投放货币8454万元，与上年净回笼2561万元形成反差，也是1949年以来投放最多的一年。由于市场货币沉淀增多，年末货币流通量达3.97亿元，比上年增长42.20%。市场货币流通中的问题：主要是经济过热，贷款过多，管理偏松，货币投放差额扩大，引发通货膨胀，市场物价大幅上涨，群众持币待购或抢购商品，储蓄存款几度"滑坡"，城乡居民手持现金大幅度增加。1989 年，通过治理整顿金融秩序，该行强化结算纪律，保证结算畅通，促进现金归行；贯彻调高储蓄利率政策，开办保值储蓄，扩大信用回笼，使城乡居民手持现金逐步减少；加强工资基金管理和监督，使消费基金增长得到控制，从而促进市场货币流通情况明显好转，物价逐步回落，城乡居民储蓄存款大幅度上升。是年，现金收支分别为 39.99 亿元和 38.82 亿元，与 1983 年比较，6 年翻了两番，净回笼货币达 1.17 亿元，创株洲市金融史上最高纪录。1990 年，银行从资金上积极支持经济建设，大力组织货币回笼，虽经 2 次调低利率，储蓄存款仍然直线上升，全年现金收支分别为 44.04 亿元和 43.31 亿元。年末，市场货币流通量为 5.48 亿元。

1991 年，市人行发挥宏观调控和服务职能，实现再贷款 10.48 亿元。到年末，共发放各种贷款 43.75 亿元，吸收存款 38.34 亿元。实现货币净投放 884 万元。1992 年，邓小平视察南方重要讲话后，掀起经济建设新高潮，株洲市净投放 1.23 亿元，比上年增长 1.14 亿元。

1993 年开始，株洲市在连续 2 年货币净投放后，转为连续货币净回笼，且逐年大幅增加。1994 年，累计回收现金 274.75 亿元，现金支出 272.12 亿元，现金净回笼 2.63 亿元。从 1995 年开始，连续 3 年实行适度从紧的货币政策，现金净回笼分别为 7.92 亿元、15.57 亿元和 11.71 亿元。成为全省回笼货币最多的地区之一。1998 年，国家为启动内需，相继出台一系列货币政策，适当扩大货币供应。但株洲地区却持续现金大回笼，累计达到 25.67 亿元。当年除 1 月份属季节性因素超幅投放 4.8 亿元外，从 2 月起连续 11 个月净回笼，其中 2 月份回笼 6.94 亿元，创历史单月最高。而 1999 年更是连续 12 个月净回笼，金额达到 33.45 亿元。到 2000 年，随着财政政策、货币政策和扩大内需政策的显现，现金回笼再创历史新高。至年底，货币投放 42.26 亿元，回笼 80.15 亿元，现金净回笼 37.89 亿元。随着消费市场日趋活跃和居民投资结构多元化发展，商品销售和服务业收入回笼现金增加，储蓄存款占现金回笼的比重正在逐年减少。

株洲市金融系统 1952—2000 年现金投放与回笼情况一览表

表 9-19　　单位：万元

年 份	投 放	回 笼	差额 投放（+）回笼（-）	年 份	投 放	回 笼	差额 投放（+）回笼（-）
1952	1097	733	+364	1977	17169	18168	-999
1953	1587	1155	+432	1978	19259	19542	-283
1954	1879	1634	+245	1979	24681	24469	+212
1955	2278	1953	+325	1980	30736	30269	+467
1956	3872	3284	+588	1981	34133	34072	+61
1957	4089	4552	+437	1982	38091	38661	-570
1958	6374	5779	+595	1983	91207	89126	+2081
1959	9310	9223	+87	1984	106598	101993	+4605
1960	11649	11272	+377	1985	145275	140605	+4670

续表 9－19

年份	投放	回笼	投放（＋） 差额 回笼（－）	年份	投放	回笼	投放（＋） 差额 回笼（－）
1961	10454	10347	+107	1986	170391	169952	+439
1962	8651	8836	–185	1987	224838	227397	–2561
1963	7538	7491	+47	1988	344273	335819	+8454
1964	8455	8099	+356	1989	388189	399922	–11733
1965	8930	8352	+578	1990	433069	440438	–7369
1966	10223	9772	+451	1991	554361	553477	+884
1967	10915	10282	+833	1992	814037	801724	+12313
1968	10961	10170	+791	1993	1397370	1419510	–22140
1969	13995	13143	+852	1994	2037266	2109307	–72041
1970	12166	12544	–378	1995	2712114	2878039	–165925
1971	12470	12391	+79	1996	3145893	3227963	–82070
1972	14000	14405	–405	1997	3411255	3528337	–117082
1973	15346	16030	–684	1998	4606656	4863405	–256749
1974	15830	16486	–656	1999	5316738	5651236	–334498
1975	15785	17015	–1230	2000	6440066	6819904	–379838
1976	16246	17106	–860	–	–	–	–

二　货币管理

（一）现金管理

1950 年 4 月，人民银行株洲办事处邀集当地应实行现金管理的各单位举行座谈会，宣传贯彻政务院颁布对国家企业、机关、部队和合作社实施现金管理的决定，动员开户，会后分别派干部到各单位检查落实。至 7 月末，有 37 户企业、机关、团体和合作社在银行开户，银行与单位协商后确定库存现金留用额，并制定现金管理措施。12 月，全市开户单位达 151 户，实行现金管理的 149 户；核定保留库存现金的 81 户，核定不留库存现金的 68 户，核定库存现金限额 1926 元，最高留用额为 400 元，最低留用额为 5 元。编送现金收支计划的单位 72 户，免编的 77 户，银行设立计划项目登记簿 72 户。通过现金管理工作，争取大量货币回笼，从而保证了贸易收购所需现金，打击奸商的投机倒把，进一步稳定金融物价，组织和调节了市场货币流通。同时，通过推广划拨结算和建立合同制度，把各单位债权债务集中银行清算，使银行逐步由现金中心发展为结算中心和信贷中心。

1952 年，全市单位现金库存与各类存款余额对比，每日现金库存平均余额 42.33 万元，占各类存款平均余额的 1.26%。

1957 年，对城市较大公私合营企业实行现金管理，农村现金管理全面下推至基层单位。

1961 年，根据中央“严格实行现金管理制度的指示”，市人民银行对 224 个现金管理单位，重新核定库存现金限额，严格现金支票审批程序，下半年回笼现金 73 万元。次年，市人民银行营业部设立现金管理专柜，负责现金和工资基金的审批登记工作。9 月，全市有 154 个单位，按月编报现金收支计划，对开户的 381 个单位，重新核定库存现金限额，与年初比较，核定库存现金限额单位增加 157 户，单位平均库存现金限额却减少 65.20%。

1965 年 10 月，市人民银行改进现金管理，适当放宽库存现金限额。距银行较远的农副产品收购单位、饮食店、合作商店向集市和个人采购者，经开户银行审查同意，可以坐支现金。转账结算起点，城市为 30 元，农村为 15 元。

1972 年 12 月，由市人民银行牵头，将现金管理对象扩大到集体经济单位。从市工商局、公安局和饮食服务公司抽调 142 人，对全市 512 个现金管理单位进行现金检查，对 828 户现金管理单位重新核定库存现金限额 27.85 万元，比原核定限额压缩 11.60%。同时，对旅社、招待所住宿的 505 名旅客随带现金进行抽查，共查出现金 3.7 万元，送存当地银行现金 5450 元；被检查的 512 个现金管理单位中，超过核定库存现金限额的有 294 个，占 57.40%，账款不符、白条抵库金额达 10 万元；职工借支 4608 人，金额 34.68 万元，坐支销货款现象也十分普遍。

1980 年 9 月，对现金管理办法实行改革，将非现金结算起点由 30 元放宽到 200 元；库存现金限额一般可提高到 500 元，但不超过 1000 元；符合用现范围的支付，允许在销售现金收入中坐支；对违反现金管理规定的支付，处以 1% ~ 2% 的罚金。1988 年 10 月至 1990 年，各家银行根据《现金管理暂行条例》，共组织 525 人次，对 950 个单位进行 3 次大检查，收回超过规定限额的库存现金 700 万元；对各金融机构的业务库存现金进行 2 次检查，收回超限额现金 800 万元。

1991 年下半年，市人行预测现金供应较往年紧张，遂制定《关于加强现金管理的通知》，并通过行长（经理）联席会进行通报。由于经济体制改革后流通体制和流通渠道发生巨大变化，而银行转账结算办法和制度已不适应变化的需求，导致现金管理未能得到很好的执行，诱发一些犯罪案件。

1994 年，执行国务院“行政、企事业单位只能在一家银行开设一个基本户，现金支出只能在基本账户支取，超过结算起点（1000 元）以上的必须通过银行转账，对差旅费等必需大额现金支取的，要执行大额提现申报审批制度。”市人行据此加强账户管理，使单位多头开户套现现象大为收敛。1996 年，国家继续实行适度从紧货币政策，消费基金投放速度放慢，工资性支出有所减少，现金投放主要为储蓄取现投放。

从 1997 年开始，按照人民银行总行对货币投放（回笼）计划采取条块结合、双线下达的要求，市人行要求各商业银行配备专职人员负责现金管理工作。同年 4 月，制定《大额现金支付登记备案规定》，要求一次性支取现金 5 万元以上的报备，20 万元以上的报批。

1999 年，市工行率先开通会计网点全国汇划清算系统，先后与全省、全国联网，32 个会计网点实行全国资金汇划清算，24 个小时内到账。工行牡丹卡（灵通卡）也得到广泛应用，客户到异地出差、采购，腰缠万贯的现象不多见了。1999 — 2000 年，由于储蓄存款稳步增长，银行卡普遍推广，减少了现金需求，加之柜台监督加强，有效地控制不合理现金支出，现金净回笼逐年增加。

（二）工资基金管理

1959年12月，市人行转发国家计委、劳动部、财政部和中国人民银行总行制定的《关于工资基金管理试行办法》，并对全民所有制的国营企业和定股定息公私合营企业以及国家机关、事业单位、人民团体实行工资基金管理。1961年，全市实行工资基金管理的单位262个，年度支付工资4678.62万元。通过监督支付，保证了职工精减计划的实现，控制了不合理的工资投放。1963年，该行配合有关管理部门对220个单位进行检查，及时发现和制止141件违规行为，全年实际工资4423万元，为市政府安排计划的97.5%。从1966年1月起，市人行取消工资基金专户管理办法，改用《工资基金手册》。

1973年3月，根据国务院通知，对全市所有的国营企业和区、县以上集体企业，全面实行和加强工资基金管理。该行营业部对200个企业建立工资基金资料，掌握各单位职工的工资变化情况，有效地堵住了漏洞。1978年，恢复奖励机制，各种奖金纳入工资总额进行计划管理，由银行监督支付。1981年12月，市人行取消《工资基金手册》，实行工资按计划管理的办法。从1984年4月起，执行省人行等单位制定的《湖南省工资基金管理办法》，严格控制增加职工和工资总额，制止乱发奖金和一切不合理的工资支出，防止消费基金失控，实现有计划地使用工资基金。同年6月，市人行贯彻国务院《关于进一步扩大国营工业自主权的暂行规定》，对工资基金管理作了相应改革，取消按季分月控制的办法，分别采取按主管部门核定下达的年度或季度工资总额指标掌握，加班工资仍实行专项控制办法。1986年二季度，该行针对部份企业税后留利不提“生产发展基金”而“分光吃光”的情况，经专题向市政府报告，并与市经委、市财政部门共同采取措施，规定提奖励基金不得超过20%，使五项工资性支出增幅放缓。1987年10月，该行检查10个企业1—8月工资总额发放数为476.48万元，比上年同期增长26.8%。1988—1990年，由于各有关管理部门均放松了管理，出现了企业利用多头开户和坐支现金支付工资性用途，逃避银行监督，造成工资总额超计划和消费基金增长过快。

1993—1994年，执行国务院《关于加强企业工资总额宏观调控意见的通知》和《关于控制消费基金过快增长和加强现金管理规定的通知》，重申银行要按《工资基金管理手册》监督各单位的工资性现金支付，计划之外的有权拒付。要求企业坚持工资总额增长低于经济效益增长，职工实际平均工资增长低于劳动生产率增长的原则。

1995—2000年，随着市场经济的深入发展，经济结构和收入分配制度发生巨大变化，特别是国有商业银行自身企业管理模型的确立，客观上削弱了银行对工资基金的管理职能。1998年，市政府为此召开工资基金管理座谈会，要求企业和银行严格执行《工资基金暂行管理办法》，工资发放控制在劳动人事部门和主管部门的指标之内，并不定期地进行检查。

第三节　存　款

民国26年（1937），中国农民银行、交通银行相继在株洲镇吸收存款。中华人民共和国成立后，中国人民银行及各专业银行均极力吸收社会各方面的闲散资金，将其纳入国家经济计划，通过信贷渠道投放于生产、流通领域，以促进社会主义经济建设有计划按比例发展。银行吸收的存款包括企事业存款、财政存款和个人储蓄存款3部分。1952年，3项存款各占存款总额的比重为6∶3∶1；1980年，比重为49.39∶16.42∶34.19；1990年，比重为24.98∶4.3∶61.91；2000年，比重为25.73∶0.38∶73.89。存款余额总趋势是个人储蓄在存款总额中所占份额逐年扩大。

一 企事业存款

（一）城镇存款

民国26年（1937）1月15日，中国农民银行株洲分理处开办存款业务。6月，交通银行株洲办事处也开始吸收存款。各行活期存款年利率2%～3%。次年，日军南犯，银行撤离，存款业务中断。

民国35年（1946）3月，复兴银行株洲办事处于抗日胜利后率先办理各种存款业务。随后，邮政储金汇业局、中国银行、中国农民银行、湖南省银行、交通银行也先后到株洲设立分支机构。形成6家金融机构竞相吸收存款的局面。至民国36年（1947）末，邮汇局存款余额达到法币43.29亿元、交通银行6.08亿元、中国银行15.27亿元、湖南省银行3100万元。民国37年（1948）下半年，市场物价飞涨，金圆券急剧贬值，工商业纷纷破产，待至次年5月，6家金融机构全部裁撤，业务荡然无存。

1949年9月15日，中国人民银行株洲办事处对外开办存款业务。因经济尚未恢复，组织存款举步维艰。办事处派人徒步到董家塅、田心塅等地流动服务，动员公、私企业到银行开户存款。次年4月，执行国家财经统一政策，办事处以“收存款、建金库、灵活调拨资金”为工作中心，对国营企业、机关、部队及合作社等单位实行现金和结算管理，对不属现金管理对象的私营工商业，采取签订业务往来合同的办法，促其开立存款账户。1953年，市人民银行增设营业机构，提高服务质量，并采用苏联国家银行会计核算制度，推行8种结算办法，严格限制商业信用，使信用高度集中于银行，企业收入及时存入银行账户，银行存款增加。1954年年末，城镇企、事业存款余额由1953年的169.70万元上升到264.40万元。1955年3月，发行新人民币，该行抓住新旧币兑换时机，将单位超库存限额的现金存入银行，加上生产发展，企业间歇资金增加，次年末城镇企事业存款余额达426万元。

1958年，市人行发动职工对业务规章制度进行“大破大立”，在职工中开展“拔白旗，插红旗”和“放卫星”的存款竞赛活动；强调银行干部要深入企业，上门服务，并将柜台对外营业时间由7小时改为8小时，出纳部门增设晚班和星期天值班收款，加速现金归行，增加银行存款。1959年，查清102笔银行往来账差错，清除了存款中的“水分”，年末城镇企事业存款余额由上年末的1002万元下降到886万元。1960年，国民经济出现困难，银行按规定冻结企业专用基金存款87万元，连续冻结3年。同时配合财政压缩社会集团购买力，对有关支付加强柜面审查和监督，企业费用开支明显减少。1967年，按照中央《进一步实行节约闹革命，坚决节约开支的紧急通知》的规定，市人行按年末账面数字，冻结企业专用基金存款。1969年11月，清理全部冻结存款，并按规定比例划缴财政。1970 年后，城镇企、事业存款缓慢增加，1975 年达到 7039 万元，1976 年年末又下降到 5360 万元。

1984 年，各专业银行为多筹集资金，扩大业务，放宽开户条件，招揽存户。市工商银行增设营业网点，增加存款种类，聘请企业存款信息员，建立企业存款大户台账，控制企、事业存款不合理转移，企、事业存款稳步上升，该行存款余额居各银行之首。

1987 年，各专业银行逐步打破专业分工界限，采取召开企业领导和财务人员座谈会、电视新闻发布会、出动宣传车、派遣信息人员深入企业征求意见等办法竞争存款。有的银行采取以贷引存办法，吸引在他行开户的企业，争揽户头。有的企业为逃避银行现金管理和结算、信贷监督，同时获得几家银行贷款，便趁银行拉户头、争存款之机，以“银行可以选企业，企业也可以选银行”为由，多家开户，多家贷款。1989 年 4 月，市人行组织各专业银行，全面清理账户，重新规定每个企业只能在一家银行开立一个基本账户，混乱局面得到纠正。

1991 年，各专业银行把吸收企业存款摆到与储蓄存款同等重要地位来抓，企业存款大幅度增加，年末余额达到 8.85 亿元。1992 年，各地经济、金融形势异常活跃，全市企业存款年底余额达到 13.51 亿元，同比增加 4.66 亿元，增长 50% 以上。

1993 年，由于受社会集资热、股票热的影响，全市企业存款开始滑坡。当年末余额为 13.06 亿元。1994 年，9 月份以前企业存款增加，9 月份以后下滑，年末总存款余额为 22.35 亿元，比上年初增加 5.28 亿元。1995 年年末，全市企业存款余额为 30.68 亿元，比年初增加 8.12 亿元。

1997 — 1999 年，由于经济状况不佳，循环不畅，全市停产企业达到 70 家，半停产企业 190 家，直接影响了企业的存款余额。1997 年末，全市企业存款余额为 40.35 亿元，同比减少 1.46 亿元。1998 年，企业存款增长缓慢，年末余额为 41.22 亿元，同比少增 2.33 亿元，增幅同比下降 6.5 个百分点。1999 年，企业存款比上年增加 5.28 亿元，存款多向国有商业银行集中。

2000 年，全市一批国有企业开始走出困境，效益明显提高，年末存款余额达到 50.1 亿元，比上年增加 3.62 亿元，增长 7.8%。年末，公存款余额工行达 20.4 亿元，同行业中占比 42%；市农行为 29.13 亿元，市中行为 5.17 亿元，市建行为 13.43 亿元。

（二）农村存款

土地改革基本完成后，农村经济复苏，人民币广泛流入农村，为银行组织农村存款奠定了基础。1952 年 8 月，市人民银行设立五里墩、白石港 2 个农村营业所，次年又先后组建五里墩、田心、荷花、谭家埫信用组。主要为农村生产合作社积累待用资金。随着农业合作化运动的深入开展，信用合作组逐步过渡为信用合作社，吸收农村闲散资金。1956 年，株洲市郊 11 个乡，实现一乡一个信用社，年末余额达到 36 万元。1957 年后，株洲市开始增加对农田水利建设投资，农业生产条件得到改善，生产迅速发展，农业社资金积累增多。人民公社化后，吸收公社、大队、生产队三级所办企业的资金和农业生产队待分配的资金。国营粮食、肉食和供销合作社等商业企业在农村的机构，其拥有的资金均存入金融机构。

1958 年年末，农村存款余额跃增至 140 万元。1959 年，市人行把农村营业所从人民公社收回，而把信用社下放到生产大队，改名为信用分部。信用部、信用分部在组织农村资金中出现强迫命令和“一平二调”，存款虽有增长，但信誉下降。1962 年 10 月，市人民银行根据《银行工作六条》精神，整顿信用合作社，使信用合作社真正成为农村人民的资金互助组织，并规定任何单位和个人不准抽调和挪用信用社的资金。信用社逐步巩固，业务不断扩展。1964 年 2 月，市农业银行建立后，加强农金工作和信用社的领导，扩大服务领域，农村存款稳步上升，1965 年年末，农村存款余额达到 127 万元。

1966 年后，农村营业所和信用社的业务工作受“文化大革命”的冲击，对信用社实行贫下中农管理，农村存款利率降低，部份规章制度被废除，但大多数信用社工作人员坚守岗位，努力组织资金，故农村存款除 1970 年略有下降外，其余年份仍然是稳步增长，1976 年年末达到 966 万元。

中共十一届三中全会后，株洲市开始对农村进行经济体制改革，实行家庭联产承包责任制，大力发展多种经济成份，开放农贸市场，农村商品经济生机勃勃，农村存款余额继续增加。1985 年后，市农业银行大力组织农村资金，乡镇企业和农村集体存款持续增加。1990 年年末，存款余额达到 8402 万元。

从 1992 年开始，国家经济建设进入高速发展时期，农村信用社各项存款增速加快，年底集体存款 1.46 亿元。1993 年达到 1.77 亿元，比上年净增 3144 万元。1994 年为 2.63 亿元，1995 年为 3.36 亿元。

1996 年，因农村“两会”（农村乡、村级组织自办的合作基金会和互助储金会）兴起，金融机构存款下降，年末农村存款余额滑至 2.51 亿元。1997 — 2000 年，农村存款持续稳定上升，至 2000 年年末存款余额已达 5.08 亿元。

二 财政存款

财政性存款主要包括中央、省、地（市）三级金库存款和国家、机关、团体、部队、学校、地方财政预算外的存款。

民国 35 年（1946）4 月，邮政储金汇业局株洲办事处代理国库，金库款和军政机关公款都存入该处。民国 38 年（1949）5 月，办事处撤销，“国库”虽移交株洲邮局接办，但无存款余额。

1949 年 10 月末，人民银行代收株洲税务所征收的营业税 1000 元。从 11 月起，又代收电信金库款，当月收款 136 元。从 1950 年 2 月开始，又代收铁道金库款。各项金库款均用金库未解科目入账，随即划解省人民银行金库。4 月，人民银行株洲办事处正式代理金库，办理中央、省、专署三级金库和电信、铁道金库以及中央、地方两级贸易金库业务。国家机关、团体、部队、学校均按现金管理规定，在人民银行开立账户，一切收、付通过银行。次年 6 月底，市人民银行停止代理省金库和湘潭县金库。7 月 1 日，设立株洲市金库并继续代理中央金库业务。1952 年 4 月起，该行对一切预算拨付的款项、邮电部门存入银行的资金，实行“存不计息、汇不收费”的办法。年末，财政性存款余额由上年末的 33 万元上升到 102 万元。

从1953年开始，存款余额逐年增加，1958年增至407万元。经1959年全面清查，其中有83万元虚假因素。从1960年开始，国民经济连续几年处于暂时困难时期，为稳定金融物价，紧缩财政开支，控制货币投放，银行按规定冻结机关、团体存款。对1961年度机关、团体的结余存款，则按批准的指标控制使用，其余冻结，一直延续到1962年，3年共冻结机关、团体存款156万元。1962—1963年间，财政存款大幅下降，1964年才开始回升，1965年达到1127万元。

1966年和1967年，财政收入欠佳，而机关、团体因参加“文化大革命”运动，各项费用增加，年末财政存款余额大量下降。1967年，再度冻结机关、团体的存款，直到1969年11月，才将冻结款全部清理，并按规定划缴中央金库。1968—1972年，工业生产缓慢上升，财政收入有所增加，各种财政性支出也有所控制，财政存款余额逐年增加。1976年，国家财政紧张，11月1日市人民银行按国务院规定，冻结机关、团体存款185万元，全部上缴国库。

中共十一届三中全会后，经济迅速发展，财政存款增加。1980年，市人行开办一年期机关、团体定期存款，年末财政存款余额达到3880万元。1983年，因划入醴陵县、攸县、茶陵县、酃县，年末财政存款余额达到8153万元。从1985年1月起，财政存款统一由市人民银行管理，各专业银行代办，全额上交，专业银行无权动用。该行经常派人到各专业银行检查代办的财政存款，防止专业银行以其他存款科目挖转占用。1990年年末，财政存款余额达到1.32亿元。

1991年，株洲市的财政存款，由于地方财政支出扩张而收入不能相应增加，加上财政上解1000多万元补缴1990年款项，年末余额比年初下降2523万元。

1992—1993年，全市财政存款出现负增长，分别为-298万元、-4277万元。虽说1994年该项存款回升到5576万元，但一直徘徊不前，增长乏力。2000年末达到7789万元。

三 储蓄存款

民国26年（1937）春，中国农民银行株洲分理处开办活期、定期2种储蓄。6月，交通银行株洲办事处也开办储蓄。民国27年（1938），因日军南犯、湘北战事吃紧，中国农民银行株洲分理处外迁，交通银行株洲办事处撤并湘行，储蓄业务中止。

民国35年（1946），复兴银行、邮政储金汇业局、中国银行、湖南省银行、中国农民银行、交通银行纷纷到株洲兴建机构，办理储蓄业务，一时形成6家金融机构竞揽储蓄存款的局面。邮政储金汇业局以免收汇费、补水费等优待揽储，复兴银行以5～6分的高息刺激客户，中国银行以浮动利率吸引储户，交通银行用暗息拉拢客户，湖南省银行以放揽存争夺社会游资。各行开办储蓄种类大致相同，分活期、定期2类。

民国36年（1947），国民党统治区经济衰退，物价暴涨，货币贬值，大批工商业破产，各家银行亏损甚巨。邮政储金汇业局与湖南省银行试图开办银元储蓄业务，以挽救危机，但业务未能开展。各行无力支撑，于民国38年（1949）5—7月先后裁撤，银行储蓄业务再度中止。

1949年10月2日，人民银行株洲办事处始办储蓄业务。由于市民深受金圆券贬值之害，对纸币仍心有余悸，多存“重物轻币”心理。该处以举办“折实储蓄”办法打消群众顾虑。存款时，将存入货币按当日的标准实物单位牌价折算成实物单位，取款时，按支取日的实物单位牌价折成货币数支付本息，年末储蓄余额400元。至次年3月10日，折实存款余额为8675元，合33915个折实单位。4月，实行统一财经政策，市场物价下跌，储户感到折实储蓄蚀本，纷纷提取。市人民银行在厂矿企业单位及街道居民中聘请劝储员252名，以演讲、表演、会议等形式进行储蓄宣传。同时，边收缩折实储蓄，边开办保本保值储蓄。12月，在全市发起“征求二万户基本储户运动”，为基本储户代缴税款、学费、水电费、代兑公债、代发工资等，不断加强服务，储蓄事业得以发展。1951年，市人民银行在田心塅、董家塅、火车北站、白石港等地设立储蓄专柜，改变单一的流动服务方式。1952年1月，试办职工活期存折储蓄与定期整存整取储蓄，参加储蓄的职工，因疾病、丧葬、婚嫁、生育、子女教育费或购置必需用品、器具等，可向银行申请贷款，后因贷款掌握困难而停办。随着国家财政经济状况好转，金融物价稳定，保本保值储蓄逐渐冷落，直到1952年7月停办。在“三反”期间，“三反”纪律规定：“凡提存10元以上，必须出具适当证明。”以致储户不愿把钱存入银行。针对此情况，银行在全市开展爱国节约储蓄运动，以增产节约委员会名义印发宣传资料，召开爱国储蓄座谈会，年末储蓄余额达到34万元。

1953年后，株洲开展大规模工业建设，市人民银行在331厂（南方航空动力机械公司前身）成立第一个爱国储蓄推行委员会，以后又在城区主要企事业单位建立类似的组织，借助社会力量推动储蓄。1954年3月，开办预约储蓄，储户存取时，只须将意见投入储蓄预约箱内，银行即按储户意见办理。11月，在株易路（建设南路）建立第一个储蓄代办所，以后又在株洲铁路机务段、株洲材料厂试建储蓄代办所，节假日照常办公，方便职工储蓄。至1957年，储蓄代办所发展到16个，还有储蓄服务站4个，建账代办所32个。年末，储蓄余额达到189万元，比1952年增长4.55倍。

“大跃进”中，企业资金需求量增加，株洲市委、市人委把发展地方储蓄列为筹措资金的办法之一，提出“人人动手办工业，个个储蓄积资金”、储蓄存款增加额“一年顶八年”的口号。为放“储蓄卫星”，出现对单位硬性摊派储蓄任务和按职工工资比例搭配存单；顾客提取储蓄存款时，银行盘问用途；甚至有的将公款转入储蓄，夸大储蓄存款成果的现象。1958年3月，增办华侨人民币储蓄。归侨或侨眷以侨汇证明或外汇兑换券为依据，自愿向银行办理定期存款，存款到期以人民币支付本息，利率高于一般储蓄。1959年，实行计划储蓄，株洲市委6次批转市人民银行党组报告，发了2次储蓄工作指示。贯彻中共八届八中全会精神时，把储蓄列为财贸四大指标之一，并组织召开全市储蓄工作跃进誓师大会，银行储蓄部门也开展储蓄红旗竞赛运动，纠正1958年放“储蓄卫星”的一些错误做法，重砌储蓄柜台，改进服务。6月，发行建设定期储蓄100万元。7月1日，增开零存整取定期储蓄。1960年2月，株洲市委、市人委在株洲化工厂召开“开展支援农业为中心的4.50元储蓄运动”动员会，号召每个职工在计划储蓄外多存4.50元支援农业生产。3月底，全市储蓄存款达640万元，超额50%完成首季储蓄任务。同时，储蓄所增至29个，代理收储业务机构增至656个，代办员达1990人，代办余额52万元。下半年，储蓄形势不景气，农业遭受自然灾害，部分群众恐惧物价上涨，突击抢购商品，手持现金增加，加上基建下马，生产压缩，精减职工，城市就业人口减少，工资投放下降，储源减少，致使该年储蓄只勉强维持上年水平。1961年和1962年，城市继续大批下放干部职工，工资投放大减，储蓄存款逐月下降，到1962年年末，储蓄余额仅有239万元。

1963年，市人行全面整顿储蓄工作，将代办所由656个撤并为28个。同时，帮助企业单位和街道居民普遍建立群众性经济互助组织——互助储金会，取代当时的“标会”“邀会”。既增加了储源，又解决了部分群众临时经济困难，到1965年年底，储蓄余额回升到504万元。

“文化大革命”初期，“功在国家，利在自己”的储蓄宣传，被斥为宣扬“公私溶化论”，储蓄存款利息被说成是“不劳而获的剥削”。储蓄所一度同时设置“有息存款”和“无息存款”（时称“忠字储蓄”）2个窗口，无形中给储户增加了压力。1968年，全市冻结被称为地、富、反、坏、右、叛徒、特务、走资派等10种人在银行的储蓄存款2.99万元。致使有些人取清存款后，不敢再储蓄，有些人化整为零，分散存款，有的不敢领取应得利息。随后，又大砍大并储蓄机构，到1975年年末仅留下13个储蓄所，裁撤55%。

1976年，市人行逐一解冻发还“文化大革命”期间查抄、冻结的储蓄存款，妥善处理未给储户计息的问题。1979年后，多次提高储蓄利率，大、中型企业相继建立储蓄促进委员会，先后开办零存整取集体户储蓄、有奖定期整存整取储蓄、零存整取集体户实物奖励储蓄、零存整取集体户有奖储蓄、耐用消费品小额贷款储蓄、存贷结合的住房储蓄、定活两便储蓄等多种储蓄形式，吸引大批社会游资。同时，逐年增设网点，充实力量，延长营业时间。1985年，市人行的储蓄业务由市工商银行接办。年末，市区新增储蓄所40个，建立代办服务点2087个，储蓄员增至252人，协储员发展到4000余人，储蓄存款余额达到3.02亿元，比1975年增长16.79倍。

1986年后，金融体制改革，人行不再包专业银行的资金。各专业银行为筹集资金，纷纷兴办储蓄。市农业银行将储蓄网点布向城市，市中国银行与市建设银行开设储蓄专柜，市邮电局在市区、醴陵县、茶陵县等地开办邮政储蓄，城市东、南、北3个城市信用社也办储蓄，打破了市工商银行独揽城区储蓄的格局。各家银行依靠信贷关系，发展储蓄代办、联办机构。为争储户，1988年4月市工商银行率先在火花塞厂成立全省第一家住宅储蓄代办所，配合株洲住房制度改革试点，开办住房存贷业务，以及个体户专项储蓄。市农业银行推出月月乐累进利息有奖储蓄。市邮电局利用邮电网优势，开办活期异地存取储蓄。市建设银行开办老年戒烟储蓄、少儿储蓄、旅游储蓄。市中国银行推出大额定期可转让存单储蓄等。

从1989年9月起，市人行对储蓄竞争中一些不符政策的作法进行整顿，先清理非法储蓄机构，实行挂牌挂证营业。对违反利率政策者，予以冻结存款和罚款处理。规定各行、社新设储种不经人民银行批准同意不能开办。经过整顿，各类非正常储蓄竞争手段有所收敛，并向提高服务质量方面转化。1989年，株洲市工商银行全面推行等级储蓄员制，打破了长期来储蓄员工作好坏不分、干多干少不分、技术高低不分、劳动报酬平均的“大锅饭”做法。

在农村，1952年8月，株洲市人行在五里墩、白石港营业所开办农村储蓄，储种有存贷两利的生产储蓄、耕牛储蓄、农具储蓄、修建房屋储蓄等。1953年后，银行农金干部深入乡村，挨户登门劝储收储。逐步收缩折实储蓄、保本保值储蓄，扩大活期、定期货币储蓄，并根据农村特点，开办爱国有奖储蓄、售粮和售棉优待储蓄等。1956年，农村信用合作社担负农村储蓄任务后，储蓄余额连年增长。但“大跃进”期间，银行认为人民公社的钱会越来越多，一再增加农村储蓄任务，并在公社、食堂、服务站普设储蓄代办网点。一时间，储蓄网点遍及农村，设信用分部154个，业务站147个，聘请劝储员4829人。出现强迫储蓄，限制取款，支付难保等现象，信用社的业务活动变成生产大队平调社员资金的手段。1958—1960年3年中，用储蓄存单代扣工资4.4万元，实物转储25万元，挤、卡、扣的储蓄存款约占信用分部全部储蓄存款的30%，大队占用信用社资金多达信用社全部资金的54%，加上农村干部借款多，约30%的信用社不能保支付，群众说“信用社不守信用”。1961年，市人行重点整顿农村信用社，制止和纠正违反储蓄政策原则的做法。1962年，贯彻中央《农村人民公社工作条例修正草案》，清除储蓄水分，余额比上年下降47%。1964年年末，储蓄存款余额上升到29万元。

“文化大革命”中，信用社储蓄柜内也开设了“忠字储蓄”窗口，群众组织规定农村“四类分子”或被重点审查者，只要在储蓄所有存款，本息全部冻结，严重影响了群众的储蓄积极性。1974年9月，市人行对17个公社的信用社进行整顿，储蓄事业出现转机。1975年年末，储蓄余额较1972年净增74万元。1976年后，开展农村储蓄竞赛，动员社员参储，1979年年末农村储蓄余额达243万元。

1981年，农村实行联产承包责任制后，信用社在农村开办有奖储蓄，并及时总结推广马家河信用社“努力办好信用站，站站储蓄超万元”的经验。1982年，农村人均储蓄额达到14.60元，其中郊区为80.60元，名列全省市郊第一；株洲县为32元，名列全省县级第二。全市38个信用社中，超100万元的社3个，在464个信用站中，1万元以上的站占93.75%，10万元以上的站13个。

1984年后，信用社根据农业生产和乡镇企业的需要，开办化肥奖售储蓄、农药奖售储蓄、售粮与售棉优惠储蓄和企业集资储蓄等，新设网点44个，聘劝储员186人。到1985年年末，储蓄余额为1.25亿元。1989年，市农业银行和信用社实行全员办储蓄，开展“三月爱国储蓄月”和“红五月”突击储蓄活动，6月推出“月月乐”有奖有息新储种。并组织尿素700吨，开办化肥贴水储蓄。随后，举办黄金首饰、自行车、缝纫机等实物奖售储蓄及实物摸奖储蓄等。年末，农村储蓄余额达3.14亿元。1990年末，农村储蓄余额4.49亿元，较年初增加1.35亿元。郊区与株洲县农村储蓄均突破亿元大关。

到1990年年底，全市城乡储蓄存款余额达到19.53亿元。城镇储蓄所有146个，代办所97个，储蓄余额14.54亿元；农村金融机构年末储蓄余额为4.99亿元。

1991年5月，市人行组织全市银行、邮政储蓄和城乡信用社举行大规模储蓄宣传活动，并大力整治储蓄秩序，及时制止储蓄有奖活动。1993年，变相提高储蓄利率的“储蓄大战”在株洲时隐时现，严重扰乱了金融秩序。市人行全年共受理举报100多次，共查处违规机构106个，罚款311万元，冻结存款198万元，使储蓄秩序大为改观。到1995年，全市银行存款年末余额达到80.74亿元。但国有商业银行与城乡信用的储蓄存款并不平衡，城市信用社新增3.14亿元，发展速度为190.5%，占整个净增额的17.73%；农村信用社储蓄存款新增6.93亿元，发展速度为137.19%，占整个净增额的39.13%；而4家国有商业银行共新增7.64亿元，发展速度为118.67%，占整个净增额的43.14%。这种不平衡说明不当竞争仍然存在，不利于金融业的健康发展。

从1996年6月起，市人行组织全市金融机构开展“爱国兴市”储蓄宣传活动，年末，全市储蓄存款仍增长强劲，年末余额突破100亿元，达到101.57亿元，新增20.8亿元，增长25.7%。以后几年，储蓄存款仍保持上升趋势，2000年达到150.6亿元。其中，活期存款占75.2%，定期存款占24.8%。

株洲市1949—2000年银行系统储蓄存款年末余额一览表

表9-20　　单位：万元

年　份	年末余额	年　份	年末余额	年　份	年末余额
1949	0.04	1967	627	1985	42699
1950	5	1968	733	1986	60293
1951	15	1969	738	1987	84003
1952	36	1970	800	1988	93254
1953	57	1971	971	1989	135057
1954	74	1972	1205	1990	190266
1955	103	1973	1365	1991	254916
1956	152	1974	1639	1992	333305
1957	208	1975	1851	1993	441971
1958	384	1976	2097	1994	628889
1959	571	1977	2433	1995	738592
1960	621	1978	2889	1996	1015684
1961	427	1979	3769	1997	1070054
1962	264	1980	5927	1998	1188539
1963	328	1981	7650	1999	1310188
1964	452	1982	10337	2000	1505693
1965	533	1983	23214	-	-
1966	604	1984	31616	-	-

说明：1983年后，年末储蓄存款余额包含醴陵市、攸县、茶陵县、炎陵县的余额

第四节　贷　款

民国26年（1937），株洲镇开始有银行向客户发放贷款。民国26—38年（1937—1949），各家银行办理贷款的方式主要有信用贷款、质押贷款和出口押汇。由于当时物价不稳，大多承做质押贷款和出口押汇。1949年10月，中国人民银行株洲办事处首次对私营企业发放贷款。此后，中国人民银行总行分次颁发各种贷款方法，从而逐步形成工业、农业、商业三大类贷款业务。长期以来，市人行只办理企业流动资金贷款，国营工商企业固定资产所需资金一般由财政拨款解决。直到1979年2月，中国人民银行总行召开全国分行行长会议，银行贷款才扩展到企业固定资产领域和非物质性生产行业。

一 流动资金贷款

（一）工业贷款

1.集体工业贷款 1951年，株洲市人行对城市手工业生产合作社发放3000元贷款，解决其短期的生产资金困难。随着手工业生产的迅速发展，市人行对生产合作社贷款开始实行计划管理，凡能按期提供产、供、销计划的手工业社，根据其储备、生产、销售过程的资金需要编制贷款计划；凡不能提供产、供、销计划的，则根据其资金和生产能力测算收支，确定贷款计划。其贷款指标由省人行会同省手工业管理局核定下达。1954年，对砖瓦、竹器、服装、木器、染织等生产合作社累计贷款2.13万元。1956年1月，对手工业合作组织发放短期和长期2种贷款，短期贷款用于解决其生产和经营中流动资金不足，长期贷款用于解决其经批准增添大型设备和修建厂房的资金需要。当年，湖南省人行下达株洲市的手工业合作组织长期贷款指标3万元全部贷出。鉴于手工业合作社成立不久，凡采购原、辅材料、支付工资、缴纳税款、添置小型设备等资金需求，均给予贷款支持，不要求专款专用，可由各手工业合作社统筹使用。

1958年，大办地方工业，一批手工业生产合作社过渡为地方国营工厂，年末贷款余额因而下降。1959年后，这些工厂中的一部分又退回为手工业生产合作社，恢复其集体性质，对集体工业的贷款又相应增加，1961年年末贷款余额猛增到317万元。此后，国家对国民经济进行调整，银行也收紧信贷。同一时期，银行大力组织清收呆滞贷款，但至1965年11月仍有7.06万元无法收回，只好按规定予以核销。

20世纪70年代，学习上海财政银行经验，把发展轻工、手工业作为贷款重点投向之一，增加对集体工业的贷款，并大部分投向轻工企业。银行还组成"支轻"调查组，调查轻工企业的情况，向市革命委员会提出发展轻工业的建议，使以轻工业为主的集体工业获得较快发展。

20世纪80年代初，市人行从贷款政策上对集体工业尤其是轻工业采取一些鼓励措施，对以安置待业人员为主的集体企业实行月息3.60‰的优惠利率。以贷款帮助30多户困难严重或濒临倒闭的企业转产。但中期对集体工业的贷款一度失控，不合理贷款和风险贷款增多。1985年4月，市工商银行开始对集体工业贷款规模实行专项控制，并全面清查贷款的使用情况，当年共收回各种不合理贷款200余万元。1986年，受生铁、钢材、铝锭、棉纱等原材料价格大幅度上涨的影响，境内集体工业的资金需求陡增。银行继而放宽政策，对集体工业贷款的发放和管理，又比照国家工交企业贷款规定办理，对其生产周转、结算过程的资金需要，均以相应种类的贷款予以解决。

1987年以后，国家逐步紧缩信贷规模，对集体工业贷款规模又恢复严格的专项控制。1988年，市工商银行规定对贷款增加50万元以上的集体企业进行定期调查分析；市农业银也于当年开展贷款普查，仅其郊区办事处，就查出集体工业呆账贷款210万元。1989—1990年，国内市场疲软，集体企业成品资金猛增，贷款拖欠严重，亏损面和亏损额扩大，许多企业陷入停工或半停工状态。为帮助企业摆脱困境，银行督促企业挖掘物资资金潜力，压缩不合理贷款、清收被拖欠的货款，并采取注入适量贷款帮助企业扭亏、放宽到期贷款的转期条件等措施，稳定集体企业的生产。

2.国营工业贷款 1950年9月，长沙专员公署为安置失业工人而拨款筹建建设钮扣厂，首次从银行取得贷款8000元购买原材料。此后，银行根据优先发展重工业的方针，于1953年6月对株洲机车车辆修理厂（株洲电力机车厂前身）贷款15万元。次年4月，对331厂（南方航空动力机械公司前身）贷款10万元。国营工业贷款从此逐年递增。

1953—1954年，驻株中央工业的定额流动资金由财政拨款，财政拨款不足部分则由银行提供定额贷款。同时对超定额储备、季节性储备、大修理、结算等项资金需要，按贷款指标，发放相应种类的贷款。对地方企业着重解决季节性原材料储备的资金需要，定额流动资金不足部分，由财政拨补，或由企业主管部门调剂解决，银行一般不贷款。1955年10月，市人行根据总行下达的《国营工业生产企业短期放款办法》，停办定额贷款，将贷款种类划分为计划内超定额、临时、大修理、结算、特种等5类，计划内超定额贷款期限最长可达1年；临时贷款期限一般为2个月。

1958年，市人民银行发放钢铁贷款337.60万元，并抽调干部，协助株洲钢厂从邵阳、娄底等地采购“大炼钢铁”的原材料，发展株洲钢铁工业。但钢厂、铁厂连续2年亏损，贷款无法收回，当年新增省级工业贷款1232万元，中央工业贷款也比上年增加1985万元，年末贷款余额猛增至3770万元，比上年净增13.44倍，而工业产值仅增加2倍。次年，又有一大批国营工业企业建成投产，贷款突破1亿元，其中包含因对国营工业实行“全额信贷”而将企业自有流动资金3616万元转为银行贷款之数，剔除此因素后，实比上年增加92.65%。其时，一些单位物资积压，贷款被拖欠，流动资金被挪作赊销、预付和计划外基建。1960年，成立“保粮、保钢”金融办公室，参加全市工业、商业、交通，粮食、银行、财政等160个单位组成的17条“社会主义大协作巨龙”。在这种全面“跃进”的形势下，银行贷款不分轻重缓急，送贷款上门。由于信贷资金管理松驰，带来企业经常有6000万～7000万元积压物资的弊端，到期贷款不能收回。

1961年春，市人委调整工业，国营企业数量减少，贷款年末余额较上年下降8353万元。次年4月，贯彻中共中央、国务院决定，对国营工交企业停办定额信贷，并以压贷、停贷等手段促进经济调整，年末贷款余额比上年下降60.28%。1964年，全面清理贷款呆账，查出1962年3月底以前发生而未收清的贷款呆账10笔，金额54万元，后经省人行审批，核销23万元。

“文化大革命”中，银行放松了信贷资金管理，国营工业贷款余额1966—1972年间以年平均15.80%的速度递增，与同期国营工业产值增长幅度不相适应。1972年9月后，市人行贯彻执行加强流动资金管理的规定，贷款增长势头得到控制。1977年，市人行对国营工业贷款按超定额贷款、结算贷款、大修理贷款和物资供销企业贷款分类掌握，使贷款更切合客观实际需要。

从1979年2月开始，银行贯彻执行“区别对待，择优扶植”的信贷原则，对国营工业企业按产销是否衔接、生产任务完成好坏、合同执行情况及资金周转快慢等方面进行分类排队，作为发放贷款的依据。1981年，银行信贷投放注重提高企业经济效益，一改传统的“以产定贷”方法，而按产销全部衔接、部分衔接、不衔接3种情况分类排队，实行“以销定贷”。

1983年，按照国务院通知精神，全民所有制生产企业凡在1980年年底以前积压或产出的机电产品和钢材，有一部分需要降价或作报废处理，由此带来的财务损失，可冲销银行贷款。市人行先后2次报经省人行核准，冲销定额和超定额贷款共867万元。1983年7月起，国营企业的流动资金全部改由银行以信贷方式供应，财政不再增拨流动资金。年末贷款余额为2.31亿元，比上年增加3897万元。

1985年后，市工商银行加强信贷管理，做好企业分类排队工作和贷前调查、贷时审查、贷后检查工作，管紧亏损企业贷款，并全面实行借款合同制度。但由于原材料涨价以及清理拖欠诸因素影响，贷款仍持续增长，1986年仅原材料提价一项，即增加贷款2950万元，年末余额达6.52亿元，是1953年以来国营工业贷款增加最多的一年。1987年，该行开展“支优扶贫挖潜促联合小分队”活动，26支信贷小分队深入企业清仓挖潜，帮助148户工业企业挖掘物资、资金潜力9608万元，并将新增贷款的48%投向经济效益较好的一、二类企业。次年，市工商银行会同市人民银行、市经委、市财政局、市审计局、市税务局，在工业企业中推行流动资金目标管理包干办法，当年，工业企业全部流动资金周转速度为132天，比上年同期加快11天，名列全省第一。

1989年下半年，出口商品受阻，国营工业产成品资金年末占用额高达3.60亿元，比上年末增加52%，企业间拖欠货款严重，资金周转困难，市工商银行对49个国营工业生产企业发放生产“启动”贷款1.80亿元。11月，工商银行总行在株洲召开全国工商银行系统第二次协助大中型企业清理跨省市拖欠货款会议，市工商银行在会议期间，为市内国营工业企业注入清理拖欠贷款2900万元，清理拖欠贷款136笔，9413万元。

20世纪90年代初，由于企业清还“三角债”、清仓挖潜、货币回笼等方面进展有效，企业资金况状有所好转。1992年，根据人民银行总行规定的“五五八”（即五优、五严、八不贷）的信贷政策，市工行对开户的418户工业企业、物资供销企业进行分类排队，排出“五优”企业47户、“五严”企业50户、“八不贷”企业68户，做到增量投向“五优”企业，管紧“五严”企业的贷款，坚决收缩“八不贷”企业的贷款。为继续搞好“三角债”清理工作，该行注入清欠资金2797万元，协助企业连环清欠8003万元。市建设银行注入清欠贷款2398万元，收回欠款5728万元，收款还欠5097万元，收到了注入1元清欠5.6元的效果，帮助部分企业走出困境。

1995年，株洲市作为全国“优化资本结构，增强企业实力”的18个试点城市之一，被列为重点扶植对象。当年，短期贷款新增16.55亿元，占整个新增额的63.7%，主要支持了有效益的大中型工业企业，工业贷款余额为31亿元，新增5.93亿元，中长期贷款新增2.64亿元，保证了重点企业、国家重点技改项目资金需要。次年，全市工业贷款35.8亿元，新增4.77亿元，对推行主办银行制度的4家企业发放3.09亿元贷款，银行承兑汇票签发2.95亿元，支持了产品有销路、生产有效益的企业的资金需要。

1997年，全市工业企业贷款新增1.35亿元，主要投向大中型优秀企业。从结构上看，短期贷款新增4.98亿元，长期贷款新增6920万元，短期贷款增幅大。为加强信贷管理，市工商银行试行驻厂信贷员制度。

1998年，经济循环不畅，有效需求不足，银行和企业无获利投资机会，制约了贷款增长。全市新增工业企业贷款1.08亿元，下降2718万元。2000年，新增其他短期贷款4.35亿元，新增中期流动资金，贷款5.1亿元。并推行客户经理制，进一步完善贷款营销体制。

（二）农业贷款

民国时期，中国农民银行株洲分理处试图“供给农民资金，振兴农村经济，促进农业生产之改善”。但一般农民实际上贷不到款。

20世纪50年代初期，中国人民银行株洲办事处开始对贫困农民发放生产贷粮、石灰贷粮和赈济贷粮。1952年，发放贷款1万元。1954年后，围绕农业合作化开展农贷工作，贷款比重逐步向集体农业倾斜，以支持农业生产的恢复和发展，帮助贫苦农民走集体化的道路。

1959年后，市郊区范围扩大，贷款对象逐步从公社转向生产队，贷款种类分为生产费用和生产设备。贷款的大量增长，一方面对人民公社“三级所有、队为基础”体制的确立和稳定起到了重要作用；另一方面，遵照上级行提出“大胆支持，充分供应”的方针，主动送贷上门，破除了一些行之有效的信贷规章制度，致使贷款用于无效益工程和社员决算分配找补、发工资。由此所造成的贷款损失达230.16万元。

1966—1978年，作为服务农村经济的农业贷款，由开始时的大撒手逐步转向正常，尤其是对社队企业的支持，出现良好开端。

中共十一届三中全会后，农业贷款逐步由集体经济转向承包户、专业户和乡镇企业。1982年，对1978年以前的贷款进行清理，清理出有21.23万元的贷款无法收回，经省农业银行同意，作核销处理。1983年后，农村金融以支持有计划的商品经济为指导方针，扶贫支富，支持商品基地和科技开发，支持名、优及创汇产品，促进产品优势变为行业优势，资源优势变为经济优势，贷款的“输血”功能变为“造血”功能。但在此期间，贷款风险加大，贷款对象、项目的审查评估难度增大，加上信贷资金供应的时起时落，老的农金工作方法不适应，新的规范化管理未形成，增加了贷款管理的难度，其中由醴陵县、攸县、茶陵县、酃县划入的呆账贷款106.35万元，于1990年12月报经财政部驻省财政厅株洲中央企业驻厂员组审批核销。

1991年，市农行重点支持科学技术推广运用、农业社会化服务体系建设、抗灾救灾、农业综合开发、扶贫和乡镇企业发展；同时，贷款向城市倾斜，支持城乡一体化建设。全年累放各项贷款22.03亿元，新增4.76亿元，增长27.6%，年增幅为全省第一。国家在农业贷款投向实行“四个重点转移”，即从支持常规性传统农业向开发性高效农业转移，从单一注重支持生产环节向支持产前、产中、产后系列化服务转移，从支持农户分散、粗放经营向支持规模、集约化经营转移，从单户救济性扶贫向科技开发性扶贫转移。至1992年年末，累计发放支农贷款17.56亿元，新增6.36亿元，增长56.7%。为支持“一优两高”农业发展，1994年，市农行累计放开发性贷款8970万元，为重点支持1120家乡镇企业上规模、上水平、上效益，累计发放乡镇企业贷款8.9亿元；为支持搞活商品流通，繁荣城乡市场，累计发放个体私营经济贷款1.8亿元；还加大抗灾救灾贷款投放，支持农民开展生产自救。在百年未遇的洪灾期间，一个月发放救灾专项贷款4200多万元，帮助2万多农户解决了部分生活、生产困难。

市农行按照市政府“吨粮田、千元山、万元户、小康村”的建设目标，1995年，及时投放农业贷款6.44亿元，比上年增长31%；发放工业和乡镇企业贷款19.97亿元，比上年增长30.4%。市农行为积极盘活存量，增加总量，全力支持农村产业化和城乡一体化。1997年，共支持农业科技项目78个，投入农业贷款1.25亿元，重点支持了穗屏饲料厂、农工商公司、林业开发、水产综合养殖基地等6大农副产品生产基地建设，重点培育了中南蔬菜批发等3个农副产品市场。2000年年末，全市农业贷款余额达到22.96亿元。

（三）商业贷款

民国26年（1937），中国农民银行、交通银行在株洲设立的机构开始办理对私商的放款业务。抗日战争胜利后，株洲镇有5家银行“以放揽存”为手段开展业务。湖南省银行株洲办事处规定存款户可按存款余额的60%做放款。因物价不稳，银行大多选择粮食行、煤炭行、木材行、绸布庄、南货号中的殷实户办理出口押汇、质押、买汇等放款业务，信用放款办得少。民国35—37年（1946—1948），各家银行及邮政储金汇业局共放款23亿元（法币），其中交通银行承做花粮行对广州的黄豆出口押汇8.50亿元、煤炭行对汉口的煤炭出口押汇1.50亿元，是2笔较大的放款。

1949年10月，人民银行株洲办事处首次给经销铁路枕木的木材行发放贷款，月息180‰。当年共发放商业贷款4297元，并全部收回。

1950年，生猪和鸡蛋的出口生意特别兴旺，全年发放贷款43.70万元，其中蛋业、运输商行占42.56%。其时物价不稳，银行曾采用折实定货贷款或折实抵押贷款方式。

1951年，中国人民银行总行要求各地银行普遍开展私人贷款业务。市人民银行用合同形式固定同私营企业之间的互惠往来关系，偏重对大型工商户贷款，当时联湘进出口公司、联懋生猪购销处、南货油盐供应社3家大型联营机构的贷款有时占全部私营贷款的50%。同年6月，市人行扩大对私营企业贷款，当年发放对私商贷款78万元，比上年增加78.71%。

1952年1—5月，配合“五反”运动，紧缩私营企业贷款，同时严催到期贷款。6月，湖南省人民银行扩大私营工商业放款，分配株洲应急贷款指标5万元，市人民银行按时贷出5.3万元。12月，国家调整公、私关系，国营商业主营批发，让出零售，同时扩大对私加工订货，统购包销。市人民银行及时发放政策性贷款5万元，帮助私营企业树立信心，拓展经营。并从6月1日起大幅度降低私商贷款利率，有的降低48%，有的降低58%，借以减轻私营企业利息负担。

1953年，国家对私营工商业实行“利用、限制、改造”政策逐步深入，市人民银行在第一季度还用16万元贷款（占全年发放数的44.70%）支持联湘进出口公司收购鲜蛋出口，但到第三季度，株洲的生猪、鲜蛋收购、出口业务，概由国营商业统筹，从而经营此项业务的私资联营机构，资金有余，一般不再需要银行贷款。6月，湖南省人民银行通知各地停止发放私营粮商贷款。1956年1月，株洲市宣布完成对私营工商业的社会主义改造。银行原发私营贷款，经落实债务后，能收回的及时收回，收回有困难的，随同财产转移，转为合营企业贷款和手工业合作贷款。

1953年5月，市人行开始对国营商业发放贷款。首次全年对国营株洲百货商店累计贷款105万元，年末贷款余额40万元。12月，株洲市实行粮食统购、统销，银行对购粮所需信贷资金充分供应。

1954 年 7 月，中国人民银行总行和商业部重新制定《国营商业短期贷款暂行办法》，按不同用途将贷款种类划分为计划商品储备贷款、超计划商品储备贷款、进货预付贷款、结算贷款、大修理贷款、特种贷款 6 类。10 月，市人民银行在株洲市煤建公司试行新贷款办法。设立“商业信用清理专户”，取消企业商业信用，建立银行信用。

1955 年，国营商业信贷权由省全面下放到市，市人行的国营商业信贷单位由年初的 9 个增加到 16 个。7 月，执行《人民银行办理国营粮食单位短期贷款暂行办法》，规定粮食系统贷款分为预付贷款、粮食储备贷款、结算贷款、特种贷款 4 类。粮油调拨价款，取消原由系统内部作价转账的做法，改按流通环节，由银行供应贷款。

1957 年，简化商业贷款种类，批发企业统一按批准的进货计划除掉自有资金后贷款，支持其广泛组织货源，充实适销对路商品。对零售企业主要支持其采购换季商品和节日物资。这年为此而发放临时贷款 179 笔，金额 413 万元。

从 1959 年 1 月起，国营商业企业所需流动资金由银行按信贷方式统一供应，原财政拨给企业的流动资金，在 3 月底有 96% 的企业转为银行贷款，导致年末贷款余额比年初增加 1.88 倍。

1962 年 3 月，市人行进行信贷自查，发现当年全市商业流动资金 6033 万元中，不合理资金占用高达 43%，在收紧贷款的同时，督促、协助企业处理积压 417 万元，收回货款 240 万元，处理财政性垫款 288 万元。资金盘活后，相应收回贷款 270 万元。对商业、服务系统 1961 年以前发生尚未收回的赊销、预付、预购定金欠款 286 万元，报经省人行核准，停止计收利息。

1979 年后，商业信贷工作配合国民经济调整，市人行帮助批发企业调整商品库存结构，把商品库存分为“热门紧俏、库存饱和、呆滞积压”3 大类，依此区别对待，择其畅销者贷款。

中共十一届三中全会以后，株洲市重新萌生个体商业户。1981 年，银行重新开展私营商业贷款业务。

1984 年，全市出现多种形式的经济联合体，先后有 10 家联营的零售国营商场办起批发业务，银行破除零售不能兼营批发的惯例，对批发部分亦照常贷款。

1985 年 4 月，中国人民银行总行要求各级人民银行对专业银行既要控制信贷差额，又要控制信贷规模。市工商银行重申一、二级批发站核定的计划流动资金占用额中，国拨和自有流动资金不得少于 20%，三级批发站和零售企业不得少于 60%，改变自有流动资金统管以来，基本上敞口供应资金的做法。

1990 年，市工商银行对部分商业批发企业发放专项优惠利率贷款，用于收购和储备地方工业产品，贷款利率月息 7.50‰，期限 6 个月，全年共发放此类贷款 3790 万元，协助 59 户商业企业清理拖欠 1993 万元。年末全市个体工商户贷款余额 278 万元，其中城市信用社贷款 181 万元。

1991 年，商业性贷款创几年来的最高水平，增长 1.53 亿元，增长了 17.6%，除政策性粮食贷款增加 8000 万元外，其他 7300 多万元均为一般性商业贷款和外贸收购贷款。当年，市工行累计向 12 户重点商业企业发放流动资金贷款 1.5 亿元。

1992 年，商业贷款总量增加，结构变化较大。年末贷款余额为 4.29 亿元，比年初增加 3.61 亿元，其中由于中行调整项目，将原属工业贷款中的“出口生产贷款”1亿元调整归并商业贷款项目中的“进出口企业贷款”项目中。因此商业贷款实际增加2.61亿元，其中粮食贷款增加1.03亿元，地方商业贷款增加2630万元。1994年，市工行根据国务院《关于向农业发展银行划转业务的通知》，将26户粮食企业的贷款9976万元划转给农业发展银行。同时，市工行在信贷资金十分紧张的情况下，为国有商业企业办理银行承兑汇票2200万元。

1996年，全市商业贷款年末余额为22.49亿元，新增3.66亿元，其中粮食贷款8.16亿元，新增2.34亿元，保证了收购资金及时足额到位。市工行确定5户商业企业作为重点扶持对象，全年共为这5户企业发放贷款8593万元，占全年商业贷款总量的72%。1997年，市工行参与4户商业企业的破产全过程，采取“严格控制，力争保全”的信贷政策，涉及贷款本金428万元，利息113万元。1998—2000年，市工行把A级以上的商业企业列为贷款对象。为推动株洲市走内涵式经济发展之路，把壮大“湘大集团”，培育“千金药业”，发展“唐人神”系列名牌作为商业信贷投入的方向。同时，依靠政策支持，成功剥离不良资产。2000年年末，该行商业贷款余额为3.62亿元，比1998年减少1.41亿元。商业贷款质量明显好转。

（四）科技贷款

1980年，市人行将有经济收入和偿还能力的科研机构纳入贷款范围。7月，对市化工研究所发放贷款3万元，用于填补省内空白的CZ橡胶促进剂的中试。9月，对市建材研究所发放贷款1.7万元，用于保温隔热材料膨胀珍珠岩的开发。

1981年，市电子研究所研制CMC-80微型电脑，急需资金引进1000套关键件，因其属预算外科研应用项目，无财政拨款，故申请贷款支持。市人民银行对该项目进行认真调查，翻阅全国各地发给该所有关电脑的咨询函及订货意向书370余封，走访市内及外地的电脑应用单位，听取专家及用户的反映，确认项目可行后，于同年12月发放贷款40万元。1982年7月，CMC-80微型电脑研制成功，至1983年12月共销售1000余台，用户遍及全国各地。同年，市有关管理部门认为该所有“走私”等经济问题，通知银行冻结其存款。10月5日，《光明日报》刊登《株洲电子所改事业费开支为有偿合同制》的文章，披露事件的全过程，引起强烈反响。市人民政府为此专门听取有关部门、单位的不同意见，经研究于12月20日作出解冻决定。新华社、《光明日报》等新闻媒介随即作出积极报道，《湖南日报》也于1984年4月14日，刊登《刚从“土”里钻出来》一文，赞扬市人民银行大胆支持科研所改革的举动。同年5月，国务院《政府工作报告》中评价：“株洲电子研究所……面向社会，对外实行有偿合同制，对内实行课题承包，由国家事业费开支经费改为经济自立。……这是科研体制改革的方向。”

1984—1985年，株洲科技贷款步入正常发展阶段。市人行制定《关于试行科研贷款的若干规定》，规定对实行有偿合同制的科研单位，在新产品试行、新技术和新工艺推广等科研活动过程中所需资金可申请办理科技贷款。1985年，国务院电子振兴领导小组和中国工商银行总行在试办计算机专项贷款时（科技贷款种类之一），将株洲市列为全国4个试点省、市之一，下达专项贷款指标200万元，市工商银行将此批贷款用于19个工业企业及科研单位的电子计算机应用开发项目。同年，还首次发放技术开发贷款（科技贷款种类之一）66万元。由此，株洲科技贷款业务开始走出科研单位的狭小空间，范围扩展到企业生产、经营领域。

1986年后，科技贷款业务又扩展到农村渔业和城镇集体工业企业，一批由科技贷款扶持起来的新产品、新工艺、新技术脱颖而出。当年，市工商银行对株洲电力机车工厂发放科技贷款210万元，用于消化吸收欧洲先进的8K型电力机车，为保证该项目的协调同步进行，还向项目协作单位株洲电力机车研究所发放科技贷款158万元。1988—1989年，市科技贷款投产项目共新增产值8945万元，新增利税1745万元，创（节）汇28万美元。1990年4月，国家科委和中国工商银行总行在北京联合举办全国首届科技贷款成果展览会。市工行科技贷款支持的南方航空动力机械公司的HFR-2热电联供站和NF-125新型摩托车、608研究所的燃气轮机天然离心压缩机组、市化工研究所的焦锑酸钠、市湘江制药厂的胆灵、市无线电七厂的彩电声表面波滤波器进京参展，均获大会授予的"金箭"优秀奖。

1993年，市建行为市充电设备厂等单位发放科技贷款700万元，突破了该行科技贷款为零的历史，为加速全市科技成果的转化，起到了积极作用。

二 固定资产贷款

（一）基本建设贷款

中共十一届三中全会后，银行贷款突破不能进入固定资产领域的禁区，逐步通过信贷计划安排，利用存款发放固定资产贷款，同时将大部分财政拨款改为贷款。

1.财政预算基建贷款 1979年，国务院决定将有偿还能力的企业的基本建设投资逐步由财政拨款改为银行贷款，变无偿占用为有偿使用。1985年，株洲市全面实行"拨改贷"，当年有贷款项目55个，金额6220万元。实行拨改贷后，建设银行原有的财政、银行双重职能不变，并赋予对那些由于经济效益不好而无偿还能力的贷款建议豁免的职责。1986年，豁免项目33个，金额1477万元。同时市建设银行参与评估，推荐项目，改变过去拨款项目全由上级"戴帽"下达的局面。从1988年起，中央级企业的拨改贷又改为国家基建基金部门贷款，实行招标制，由建设银行信用担保并受托发放贷款。当年，株洲市棉麻纺织厂、攸县氮肥厂中标，得到贷款830万元。1990年年底，拨改贷余额达1.10亿元，较1985年年末增长77.41%。1991—2000年，由财政拨款的基建项目较少，大多数改由银行直接贷款。

2.住宅贷款 1956年，在株洲机车车辆修理工厂试办企业职工住宅长期贷款，规定申请贷款的职工自备资金不得低于造价的50%，每人可在240元的额度内借款，自建公助住房，期限不超过4年，月利率3.50‰。1957年停办，所发贷款由该厂公款归还。1987年，住房制度改革起步，市建行适时向社会公布住宅贷款办法，开展"要住房、找建行"宣传。南方航空动力机械公司率先试行公房出售，市建行上门代收职工购房集资85万元，代理发行公司内部有奖债券80万元，加上公司自筹，尚缺资金50万元，该行承诺低息贷款。1988—1990年，该行累计发放住宅贷款

342万元，绝大部分为单位贷款。个人贷款近40户，金额近1万元，并有相应的担保与物资抵押。1993 — 1997年，市建行为支持全市住房建设，开办城市居民购房、建房贷款业务，对购房个人实行按揭贷款、积极支持集资、合资建房，共发放贷款3.8亿元，支持建成住房面积150多万平方米，使2.3万多户居民解决了住房困难。

3. 土地开发及商品房贷款 1985年，市建行贷款330万元，支持市城市建设开发公司定向开发商品房。“七五”计划期间，累计贷款4434万元，开发土地17.94公顷，住宅3302套，计16.75万平方米，建成钟鼓岭市场、湘天桥市场、湘东市场、醴陵滨河路等一批工程，为株洲由交通优势发展成流通优势创造物质条件。在此期间，新组建的各类开发公司得到扶持，实现利润765.20万元。到1990年，各类公司自身积累（包括固定资产和自有流动资金、专项基金等）合计达804.30万元。1996年8月，市建行对开发改造旧城、兴建株洲星通实业有限公司发放贷款2450万元，支持建设株洲星通鞋业城，该市场建有25800平方米，为中南最大的鞋业市场，年交易量达到20亿元。1998年，对株洲湘银房地产开发有限公司发放贷款2900万元，建成株洲市一流的“湘银小区”，共占地面积20公顷，建筑面积37.8万平方米，已建成住宅776套，别墅68栋，累计实现利润2300万元。为市民提供了优质住房，创造良好的经济效益和社会效益。2000年年末，土地开发及商品房贷款余额为11964万元。

4. 建设银行基建贷款 市建行利用存款在核定该贷种指标内发放贷款。1979年，首批发放基本建设项目贷款120万元。次年，增至303万元，但因项目投资小，还贷期短，至1984年减到40万元。cong 1985年开始，项目增多，投资较大，贷款余额迅速增至1165万元，从重视轻工业发展到注意原材料等基础工业和国民经济需要的重工业。“七五”计划期间，仍呈发展势头，银行贷款主要投向化肥、化工和重型汽车配套厂家等。1990年年底余额达6809万元，为5年前的5.8倍。1992年8月，位于京广、湘黔、浙赣三大铁路线交汇处的株洲铁路枢纽改造工程破土动工，工程征地近134公顷，先期投资3.5亿元。市建行先后发放贷款1.2亿元，审查工程预（结）算1.8亿元，帮助企业节约投资800多万元，促进该工程比原计划提前11个月竣工投产。整个工程共完成路基土石方828万立方米，兴建特大、中、小桥梁28座，修涵洞84座，建双线隧道1座，新建房屋12万多平方米，总投资达14.2亿元。株洲铁路枢纽站由三级三场升为三级七场，达到日均办理车2.1万辆，年货物交流量1.15亿吨，较改进前提高2倍，成为江南第一大列车枢纽站。至2000年年末，建行基本建设贷款余额为4.57亿元。

（二）技术改造贷款

1962年，市人行开办国营工业企业大修理贷款，用于解决企业大修理基金在1年内“先用款后提存”的困难。1964年，市人行还试办工业小型技术组织措施贷款。次年，小型技术组织措施贷款，一律归由建设银行办理。市建设银行主办此种贷款，基金由省财政拨给，拨多少、贷多少。1970年停办，1974年虽有恢复，但贷款仍集中归省建行审批。

1979年8月，市人行正式开办技术改造贷款，对株洲合成苯厂、渌口造纸厂等7个单位发放中短期设备贷款251万元。1980年，在国家紧缩基建开支的情况下，市人行配合调整产品结构，对轻纺工业的技改项目，仍给予必要的贷款支持，年末贷款余额为1369万元，比上年增加6.52倍。市建行对专项审批、戴帽下达的技改贷款进行全面清理，边清边贷，年末余额较上年增加2.60倍。

1981年后，技术改造贷款的投向，重点是支持企业扩大再生产能力，引进新工艺、新设备，开发新产品，提高产品在市场上的竞争力。由于株洲硬质合金厂、南方航空动力机械公司等一批国家大、中型骨干企业全面开展技术改造，技改贷款逐年增加，1985年末贷款余额达到1.23亿元。20世纪80年代中、后期，市人行和市工行累计向株洲硬质合金厂发放技改贷款8000余万元。通过技术改造，该厂产品质量明显提高，使用性能达到或接近80年代初瑞典、美国、德国同类名牌产品的水平，创汇能力较技改前增加70%。

1986年后，市工行为提高技改贷款的决策水平，先后对62个技改贷款项目进行了评估，评估项目的投资总额达3.50亿元，其中投资在1000万元以上的项目20个。贷款所产生的效益多能达到预定目的。

1986—1988年，为确保株洲火花塞厂引进镍包铜中心电极生产技术及设备和高温隧道窑2条具有世界先进水平的生产线，市工行对该厂发放技改贷款1363万元。通过技改，该厂产品有2种获国家银质奖，3种获省、部优质产品称号，使产品销往国内和国际市场。1989年，市工行新开贷款项目49个，发放技改贷款4807万元。1990年，在市场疲软的情况下，市工行为扶持企业生产适销对路产品走出困境，全年有30%左右的贷款用于调整企业产品结构和启动生产。

1991年，市工行按照国务院"要加大对国营大中型企业技改资金投入"和工行总行提出的"技术改造贷款要有60%左右用于支持国营大中型企业技术改造"的指示，全年共对16户大中型国营企业的21个技改项目贷款10723万元，占贷款总发放额的70%。国光瓷厂是湖南省瓷业大型企业，"七五"计划期间，市工行就累计投放3800万元贷款支持该厂技术改造。1991年，在企业效益普遍下降的情况下，该厂实现销售收入5200万元，利润800万元，税金300万元，创汇700万美元，分别比改造前增加90%、74%、60%、20%。

1992年，株洲电厂项目2×1.25万千瓦时扩改工程动工，由于工期紧、任务重，原安排资金供应计划不足。10月，市建行主动提前发放贷款3000万元，缓解了工程建设资金之急。截至2000年止，市建行累计对株洲电厂投放信贷资金2.85亿元。株洲玻璃厂浮化玻璃生产线项目是省重点项目，市工行主动承担该项目的全部贷款，首批贷款1800万元，后又追加专项贷款3000万元，使该项目的资金来源得到落实。株洲冶炼厂锌系统二期工程和三期工程，资金缺口大。市工行向总行推荐，成功争取到总行自营技改贷款1500万元，开创省内工交系统专项贷款由总行直贷的先河。

1994年，国务院、人民银行总行下达《关于严格控制固定资产投资的有关通知》，为此市工行制定了以"控制新开、确保重点和续建项目的资金到位"为主要目标的技改信贷措施，为株洲冶炼厂锌系统三期改造项目和株洲汽车齿轮厂螺伞齿轮扩大出口项目分别争取总行自营技改贷款3000万元和900万元。

1995年，市工行对17家国有和集体企业的19个项目发放各类技改贷款1.62亿元，其中专项贷款1.48亿元，工业企业一般技改贷款1070万元，集体工业设备贷款320万元，确保了重点项目和续建项目技改资金及时到位。1996年，市工行向国家开发银行申报2个技改项目，总投资5.61亿元，委托代理贷款总额3.6亿元。市建行经办开发银行项目4个，贷款总额6740万元。1997年8月，国家开发银行向湖南湘江氮肥技改挖潜工程贷款2000万元到位，实现市工行代理国家开发银行委托贷款业务“零”的突破。

1999年，国家为治理通货紧缩，采取积极的财政政策，增发600亿元国债，配发1860亿元银行贷款，以增加投入，刺激经济增长。市工行抓住机遇，积极为株洲企业争取更多的国债专项资金用配套贷款。选择南方航空动力机械公司、株洲冶炼厂、株洲硬质合金厂、株洲电力机车研究所、株洲电力机车厂等7个单位的11个国债项目和湖南省政府高科技项目，共落实国债资金1.89亿元，省政府财政引导资金2200万元，项目贷款3.9亿元。2000年，市工行对株洲冶炼厂、南方公司、电力机车研究所等单位发放续贷项目贷款8100万元，对株洲硬质合金厂“可转位刀片”、深圳石化塑胶集团株洲塑胶有限公司“大口径给排水管”等项目，新增项目贷款4280万元，收回中长期贷款4.01亿元（包括剥离、债转股3.46亿元），该行中长期贷款结构明显改善。年末，中长期贷款余额为4.74亿元。

三 同业贷款

（一）同业拆借

1985年10月，市农业银行率先牵头组建长沙、株洲、湘潭3市农业银行资金调节协作区，进行小范围的资金融通，第一次从长沙拆入资金200万元，拆给湘潭300万元。

1986年5月，市工行系统参与在浏阳召开的长沙、株洲、湘潭、岳阳4市工行会议，签订横向资金拆借协议。7月，又以攸县工行为中心，与毗邻的江西省萍乡市、永新县、莲花县、安福县和市内的醴陵市、茶陵县和酃县工行签署《湘赣边界城市资金横向拆借办法》。随后，市工行还参加中国工商银行53个中等城市调研信息资金市场，发生相互拆借资金39次，金额达1.08亿元。10月，市人行与各专业银行共同制定《株洲市金融系统短期资金拆借市场管理暂行办法》，以更好地利用资金使用上的时间差、空间差和行际差，调剂资金余缺。时值市工商银行资金需求矛盾突出，而市农业银行资金富余，经协商，市农行及时拆与市工行1000万元，以济燃眉之急。

1987年年初，市建行加入全国建行系统55个城市资金网络，参与相互间的融资拆借和银团贷款活动。是年，醴陵市信用联社从新疆银行一次拆入资金2000万元，为农村春耕生产和乡镇企业及时解决短期资金需求。3月，市农行邀请长沙、湘潭、邵阳和衡阳4市农行聚首醴陵，开展融资协作，当场成交5000万元，株洲拆进资金1500万元，其中以400万元解决醴陵的瓷器、烟花鞭炮两大拳头产品的资金缺口。4月，市人行牵头，协同各专业银行，正式成立株洲资金市场，参加拆借的有18家金融单位，开盘金额1.31亿元，实际成交4400万元，平均月利率5.90‰，期限最长4个月，最短20天。当年，市工行先后与全国八大资金市场110家银行建立长期融资协作关系，拆入拆出资金8.93亿元。

1988年5月，成立湖南省融资公司株洲融资处。6月，该处从青海、山西等7省份拆入资金

6200万元，从省内融资1.46亿元，为株洲解决25家工业企业购进原材料急需的资金，帮助45家农村信用社和信用分社解决短期资金周转困难。同年，市工行拆入资金19笔，金额1.48亿元，拆出资金30笔，金额7525万元。

株洲融资处成立后，与全国50余家金融机构建立资金信息往来关系，至1989年3月，从外地融进资金2.08亿元。9月，该处撤销。

1990年，市工行全年拆借总额1.96亿元，市农业银行从融资中获利差38万元。1991年，为进一步拓宽融资渠道，市工行又与武汉、西安、北京等5个资金市场建立了拆借关系，使融资市场对象增至13个。1992年1月，由市工行牵头组建南方7省23个地区（市）中心支行组成的中国工商银行株洲中等城市资金融资网络。从网络中拆入资金2500万元，确保春节货币投放需求和5个短、平、快技改项目贷款的尽早发放。全年共拆入资金26500万元，向市外拆出资金7500万元元，有效地缓解了株洲市资金供求矛盾。年末，中国银行株洲分行拆入资金余额为4237万元，拆出资金为2918万元。

1993年6月，为整顿金融秩序，中国人民银行下发《关于进一步整顿和规范同业资金拆借秩序的通知》。年末，市工行撤销融资网络，清退收回网络资金。7月，全辖的拆入资金为6574万元，拆出资金为7200万元。清理整顿后，同业拆借业务逐月下降。

1995—1996年，市工行超占汇差居高不下，资金供求矛盾突出，2年里共向省分行系统内借款45次，金额32.25亿元。为平衡资金缺口，确保正常支付，株洲全市拆入资金又逐步增加，1995年年末拆入资金余额为2540万元，至1996年年末全市拆入资金达8770万元。随着全市系统内资金统一调度的强化和规范，到1997年，全市的资金余额调剂全部依靠系统内上下级间垂直调度解决，拆借资金业务随之中止。

1998年，市工行系统内临时借入16次，金额3.1亿元，上存省分行91次，金额2.73亿元，归还借款20次，金额8.74亿元。向省分行系统内借款余额较年初减少5.21亿元。2000年，市工行营运资金调拨走向电子化，资金调度纳入行长经营授权授信管理，同业拆借管理更趋科学。全行向省行借入资金114笔金额39亿元，归还资金119笔44.82亿元，做到资金调度合理、灵活、安全、无差错。

（二）再贷款、再贴现

1986年4月，时值在市工行开户的工业企业生产资金不足，而工行本身资金来源又达不到年计划要求，市人行给予第一笔再贷款3300万元，解决了市工行资金的先支后收问题。下半年，南方航空动力机械公司因调整产品结构，需占用2套资金，经市人行报请上级批准，对市工行再贷款1000万元，点贷该公司解决停工待料和产品配套销售等资金问题。当年再贷款余额为1.14亿元。

1987年，市人行运用再贷款及时解决各专业银行短期资金周转困难。1月，对市工行发放第一笔日拆性贷款2100万元，全年累计发放再贷款18.06亿元，办理贴现和再贴现业务1480余万元，促进了全市经济的稳步发展。年末再贷款余额5.81亿元，比上年末增长4.10倍。

1988年，由于经济过热和通货膨胀，银行存款几次“滑坡”，资金供求矛盾突出，市人行运用再贷款手段进行调节，对市专业银行再贷款9200万元，支持粮食部门收购粮食2.5亿余千克，支持商业、特别是农业生产资料部门采购物资、储备化肥、农药和农膜等资金需要。年末再贷款余额为2.69亿元，比上年末减少53.70%。

1989年，为帮助企业走出困境，市人行先后分3批对46家大、中型骨干企业和经济效益较好的企业投放启动资金，共发放再贷款1.16亿元。年末再贷款余额为8.34亿元，比上年增加2.10倍。

1990年上半年，对市工行再贷款6500万元，支持工业骨干企业购进原材料，促进生产回升。下半年对市农业银行再贷款9389万元，解决农副产品收购的资金需要。当年，由于企业资金仍然紧张，结算不畅，为清理“三角债”，市人行对各专业银行发放解决清欠的再贷款7430万元。年末，市人行再贷款余额为9.43亿元，比1986年增长7.30倍。

1991—1993年，全市再贷款余额分别为10.63亿元、12.26亿元、12.69亿元，主要用于“三角债”清理和农副产品收购。1994—1998年，全市再贷款急剧减少，年末余额分别为1.47亿元、1.33亿元、1.45亿元、0.95亿元、1.25亿元。这一时期的再贷款主要用于老少边穷专项贷款和再贴现。

1999—2000年，因收购农村合作基金会及部分中小金融机构头寸和支付资金紧张，武汉分行分别下达株洲市再贷款3.56亿元和3.98亿元，其中用于收购农村合作基金会1.7亿元，头寸性再贷款0.6亿元，紧急再贷款2.53亿元。此外，经武汉分行批准，全市先后有3家中小金融机构批准动用存款准备金2.95亿元，实际动用2.5亿元，紧急再贷款和存款准备金的使用和动用，确保了城乡居民存款兑付，有效地维护了农村金融秩序的稳定。

1994年3月开始，中国人民银行重新恢复办理再贴现业务并逐步加大商业汇票承兑、贴现、再贴现的力度。1994—2000年，全市分别办理商业汇票12.9亿元、15.9亿元、26.2亿元、26.4亿元、14.6亿元、14.15亿元、14.43亿元，商业银行票据贴现分别为1.5亿元、1.7亿元、2.9亿元、4.2亿元、2.2亿元、3.9亿元和10.2亿元，人民银行再贴现1.1亿元、1.36亿元、2.68亿元、2.1亿元、1亿元、2.4亿元、5.9亿元，扩大了信用总量，支持了地方经济发展。

株洲市1949—2000年银行系统历年贷款年末余额一览表

表9-21　　单位：万元

年份＼贷款项目	工业贷款	农业贷款	商业贷款	年份＼贷款项目	工业贷款	农业贷款	商业贷款
1949	–	–	0.14	1958	3777.00	271.00	1767.00
1950	–	–	2.00	1959	10899.00	395.00	3981.00
1951	0.30	0.02	1.30	1960	20356.00	476.00	4899.00
1952	2.20	4.00	5.50	1961	12208.00	487.00	4678.00
1953	69.00	8.00	60.00	1962	4913.00	538.00	4881.00
1954	100.00	13.41	109.50	1963	2135.00	463.00	3962.00
1955	120.00	18.80	300.30	1964	2558.00	513.00	3825.00
1956	189.00	35.50	721.00	1965	3330.00	476.00	4117.00
1957	271.00	40.80	1345.00	1966	5539.00	605.30	3680.00

续表 9 -21

年份 \ 贷款项目	工业贷款	农业贷款	商业贷款	年份 \ 贷款项目	工业贷款	农业贷款	商业贷款
1967	8760.00	648.80	3480.00	1984	39010.00	11034.00	45657.00
1968	10850.00	447.60	4557.00	1985	49729.00	13688.00	44523.00
1969	12008.00	435.60	4877.00	1986	76994.00	21857.00	52602.00
1970	12310.00	491.60	5524.00	1987	85348.00	32315.00	63232.00
1971	15285.00	308.40	7329.00	1988	92491.00	36632.00	74763.00
1972	15737.00	344.00	6740.00	1989	118039.00	41687.00	85312.00
1973	16398.00	332.00	7277.00	1990	153587.00	53214.00	91777.00
1974	17603.00	334.70	6974.00	1991	179469.00	69993.00	106828.00
1975	15655.00	219.00	7101.00	1992	193453.00	94219.00	142919.00
1976	16004.00	484.80	6955.00	1993	218400.00	125935.00	157289.00
1977	23352.00	417.00	8488.00	1994	250844.00	135191.00	166258.00
1978	17222.00	699.00	10296.00	1995	310020.00	152520.00	190519.00
1979	16661.00	819.00	13140.00	1996	358030.00	184399.00	224928.00
1980	17073.00	1467.00	13477.00	1997	394407.00	209912.00	259716.00
1981	17116.00	1336.00	15660.00	1998	390772.00	234048.00	240709.00
1982	22965.00	1350.00	15062.00	1999	438417.00	235441.00	236535.00
1983	28573.00	7390.00	42681.00	2000	411064.00	229647.00	189131.00

第五节　转账结算

一　同城结算和票据清交

（一）同城结算

1950 年 4 月，株洲镇开始实行同城转账结算，一般大宗往来会使用转账支票结算。1952 年，为加强货币管理，凡国营企事业、机关、部队、团体等单位之间往来，国营与私营工商业或个人的交易往来，愿转账者，分别使用四联结算收支凭证和转账支票 2 种方式。从 1953 年 3 月起，同城普遍试行支票、托收无承付 2 种结算方式。从 1956 年 1 月起，同城有支票、托收承付、托收无承付、付款委托书 4 种结算方式。从 1957 年 6 月起，市人行决定保留支票、付款委托书、托收无承付 3 种结算方式，其余停用。1958 年 5 月，付款委托书和托收无承付结算起点降为 10 元，支票仍为 30 元。对托收无承付结算由限于劳务供应，扩大到可用于商品交易，同时实行同城票据及时抵用，恢复同城使用托收承付。1959 年，通过建章立制，付款委托书贯彻从付款单位开户行开始，缩小托收无承付适用范围后，同城托收承付结算业务量增加 50%。从 1966 年 6 月起，同城托收承付的承付期，由原 3 天缩短为“当日通知，次日扣款”。支票和付款委托书的有效期一律由原 5 天改为 3 天。1974

年7月起，根据省人行通知，规定托收无承付金额起点降为5元，支票和付款委托书有效期恢复为5天。

1983年5月，按照省人行通知，取消同城托收承付结算，保留支票、付款委托书和托收无承付结算，增加同城委托收款结算。1988年，在全市推行五联付款委托书结算。1989年，全省统一规定，同城托收无承付，保付支票从4月1日起废止，付款委托书6月1日取消，8月1日起，废止托收承付。

从1990年起，市工行为适应银行电子化需要，同城结算尽量改用支票，这对增强结算的通用性、灵活性和流通性具有重要意义。至1994年，其支票业务量占到同城结算业务量的85%。20世纪90年代初，市建行大力发展同城结算手段，全面实现会计业务电算化，扩大转账结算业务，大力推行商业汇票，积极开办商业汇票的承兑、贴现和再贴现以及银行本票业务。

1994年，人民银行总行对同城结算的时间提出不超过2天的要求。11月，市中国银行率先在全省中行系统实现会计通存通兑，辖内各机构开户单位之间都可以办理转账结算，并通过通存通兑方式实现即日到达。市工行重点发展区域支票，发挥大中城市的经济辐射作用，变异地结算为同城结算。但由于电子汇兑系统的开通，“电子流”对已开办的区域票据交换起了替代作用。

1996年，《中华人民共和国票据法》正式颁布实施。随着市场经济的发展，中外合资企业、外商投资企业、集体企业、私营企业、个体经济户所占比重越来越大。市工行随即增加同城结算服务品种和内容，配合企业建立企业结算中心。当年，市工行推广同城特约委托收款方式，按月代为扣缴企业基本养老保险费。同时，市工行还大力拓展各种中间代收业务，如水电费、邮电费、房租、住房基金等。同年10月，铁道部资金结算中心株洲分中心成立，分中心与工行计算机网络对接，加速了企业资金周转，为企业生产经营多元化融资开辟了新通道。1998年9月，市建行开办个人电子汇款业务，10月开通同城代收代付业务。

1999年，为加强现金结算管理，人民银行规定单笔现金取款5万元以上应定期向人民银行申报备案，单笔现金取款20万元以上应逐笔报人民银行审批。支票在保留现金支票和转账支票的基础上，增设普通支票和划线支票，支票的有效期为10天。在实际工作中，普通支票与划线支票一直没有使用。同年9月，境内银行本票业务正式开办。市中行办理不定额本票11笔613.5万元，代收银行本票6笔730万元。10月，长沙、株洲、湘潭“大同城”建立，支票、本票结算的使用范围从市区扩大到长沙、湘潭，但业务量不大。当年，市中行提出付单32笔，提出收单683笔，平均每天不到20笔。

2000年年末，株洲市同城结算业务量为：现金支票57453笔18.05亿元；转账支票45505笔30.97亿元；不定额银行本票收入20笔1026万元，支出15笔540万元；同城委托收款收入7748笔1.64亿元，付出21025笔8978万元。

（二）票据清交

1965年二季度，株洲在同城各行处之间实行票据清算、集中交换办法，采取由收款单位开户行受理代收票据，收妥入账以及由付款单位开户行受理“代收进账款”办法，票据每日上、下午各交换一次，月终日增加一次清交。实行此办法的同时，取消同城托收，改用付款委托书。票据比原来邮递加快1～2天，二季度资金占压比一季度减少44%。

“文化大革命”初期，结算凭证传递错、乱、慢现象较为严重，票据清交两经破立。1972年4月，恢复并规定了票据交换办法，1977年4月再度恢复同城行处票据交换。

20世纪80年代，各专业银行相继成立，横向资金往来频繁。1986年9月，由市人行牵头，组织各专业银行参加的同城票据清交所开业，采取当场交换票据，当场划分资金，每天上午8时30分和下午2时30分交换，每季末下午5时增加一场。当月10—25日，共交换各种代收代付凭证19661笔，清算资金1亿元，其中当日抵用的占70%，次日抵用的占30%。在清交中对存款资金不足的，市人行给予临时贷款解决。9—12月，对市建行即发放这种贷款10笔，累计2050万元。1987年，票据交换和资金清算扩大到城市信用社和郊区信用联社，资金在途时间平均缩短2～3天。到年底，全市有3个票据交换所，参加单位达31个。全年累计提出票据51.36万张，交换总额39.50亿元，月均资金抵用率达55%。减少在途资金21.72亿元，使企业少付利息1300余万元。

1988年，资金供需矛盾突出。1—5月，各金融机构在市人行存款月均递减200万元，日均余额比上年同期下降1325万元，使清算资金抵用率较年初下降5.50%，比上年同期下降6%，由此诱发专业银行间相互积压凭证、延解款项现象严重，结算纠纷时有发生，国库资金不能及时收缴入库。经研究决定，票据交换要严格执行先付后收，如部分凭证的清算资金不足时，采取挂账计息的办法，按月利率9%计息，不得积压凭证。同年9月，在全省率先实行“全额交换，差额挂账”办法。从9月28日至10月17日，清交票据资金1.49亿元，票据抵用率为100%。挂账差额3598万元。因需继续压缩贷款规模，从10月18日起，实行“等额交换”，至12月3日，一个半月等额交换票据44953笔，疏通资金3.10亿元。占应提出交换票据资金的79.65%。同时组织市工行和农行系统票据交换，清算挂账差额2087万元，等额交换1736万元，共盘活资金3823万元。鉴于还有20%的凭证不能及时清算，从12月4日起实行“全额交换，差额挂账，定期清算，适当融通”的办法，使一度受阻而下降的抵用率从36%上升到50%。这一办法在全省得到推行。1990年2月，市人行组织各专业银行在全省率先整顿结算秩序，使压票现象逐渐消除。当年实现省辖跨系统联行资金清算与汇划款项同步，全市共办理转汇业务2.5万余笔，清算资金36.50亿元，汇路畅通无差错。

1994年5月，株洲市同城清算网络系统投入正式运行，同城票据交换与清算进入电子化阶段。当年，全辖同城票据交换91943笔。年底，市建行建成同城票据清算计算机网络，实现城区集中票据交换；同时，市区内系统结算改为直接通过人民银行结算。

1996年，《中华人民共和国票据法》颁布实施，同城票据清交进一步规范。3月，市中国银行成立清算中心。为加强全辖资金的集中管理，市分行只保留一个人民银行备用金账户，各城区支行在人民银行的账户一律取消，并在清算中心开立资金清算备用金账户。

1999年，为适应长株潭经济一体化战略发展需要，省人行长沙电子结算中心组织开办“长、株、潭大同城业务”，实现3个城市通用支票、银行本票，将三市之间资金结算方式由异地变为同城，票据交换一日2次，可确保24小时到账。2000年，全市同城票据交换收入41294笔15.35万元，付出6378笔25.73万元；“大同城”业务提出2693笔金额22155万元，提入1744笔金额12309万元。

二 异地结算

（一）汇兑结算

民国26年（1937）1月15日，中国农民银行株洲分理处对外开业，当日办出汇款3笔，金额

1026元（民国时期均为法币）。随着金融机构相继设立和商品流通扩大，异地汇兑业务亦不断增加。民国36年（1947），邮政储金汇业局株洲办事处汇兑业务较多，据2月、3月统计，开出汇票361张，金额2.84亿元，兑付汇票441张、金额16.82亿元。交通银行株洲办事处汇兑金额较大，汇入款以采购煤与木材为大宗，汇入远超汇出，2—10月共汇出27亿元，而汇入高达60亿元。中国银行株洲办事处全年汇出、汇入款分别为47万元和61万元。

1949年9月，株洲人民银行开始承办汇兑业务，9—11月两个半月，省内外都有小额汇入，汇入方式以信汇为多数。汇出数为7554元。从1951年7月起，与湘潭、长沙等省内外银行的汇出汇入业务大量发生。

1953年，湖南省人行下达8种结算方式。1959年4月，市人行指出，汇入款一律通过应入汇款及临时存款科目，金融较大的要求转账，小额的可根据需要付给现金。如单位有急需，可以办理电话汇款。1976年，省财政金融局通知：电话汇款不能保障资金安全，应坚决停办。

1978年，取消用“实物收据”办托收承付结算的办法，属省外异地结算的，一律改用汇兑或信用证结算；省内异地的，除汇兑、信用证外，还可使用限额结算。据工厂企业较多的清水塘地区统计，1978年上半年与上年同期比，汇兑结算增长56%。

1983年4月，省人行实行结算制度改革，仍保留电、信汇兑结算。据市人行1988年12月统计，异地3种结算中，汇兑占四分之一。从1989年4月起，全国实行新的结算办法，仍保留汇兑结算方式。

1992年10月，市人行、工行、农行、中行、建行推广结算凭证采用“特快专递”寄发方式，使在途票据的传递平均加速2～3天。1993年，市建设银行率先开通电话查询系统。同年7月，中行推出国内联行电子化，取代汇款拍发电报，汇款只要2～3天便到。1994年1月，市建行开办省辖汇票结算业务。同时，市中行对电子联行进行升级，一笔系统内汇款24小时即可到达。市农行在全省率先开发使用农业银行电话查询系统，并建成三级树形电脑网络。1995年，市工行开通有联行行号城市行处的电子汇兑业务。1996年，市农行开通全国联行、省辖联行电子汇兑。年底，市建行开通城市综合网络系统，资金清算系统也投入运行，实现了全国建行结算资金的联网汇划，资金24小时到账。1997年，市建行开办向沿海地区有关金融机构的电传业务，扩大本市与沿海城市之间的经营市场。

1998年，市农行开通全市县82个网点的储蓄通存通兑业务，成功实现了长沙、湘潭、株洲、岳阳、常德5地市联网，还开通了异地传真汇兑、外出务工汇兑证、金穗万事顺卡等业务，吸引和方便储户。

1999年，市农行大力开发和营销集储蓄、转账、消费等功能于一身的金穗借记卡，开通储蓄通存通兑网点101个，占81.5%，124个营业网点全部实现县辖电子汇兑。同年5月，市工行试行资金汇划清算系统，“网络结算”基本上取代了传统的“凭证传递”，尤其是电子汇兑业务。市商业银行将各网点与全国电子联行天地对接系统自动接通，为同城结算架设了一条信息高速公路，个人储蓄在全市各网点通存通兑。

2000年7月，市农村信用社全市7个联社全部加入农村信用社全国特约电子汇兑体系，实行全国农村信用社系统内资金汇兑24小时到账。7月，市建行实现全省账务往来实时到账。市农行开通对公电脑联网网点127个，开发代收移动话费、代收水电费、代发工资、代理保险等应用品种。

（二）托收承付

从1953年3月起，试行托收承付结算。1955年8月，作为异地交易主要结算方式推行。通过选择百货商店和铁路材料厂为重点，分别采用发货制与提货制2种不同做法，然后有计划地普遍建立交易合同。1955年7月后，系统内购销双方无交易合同，可根据计划或要货函件发货，以此作为办理托收承付依据，由此造成承付中的拒付、延付较多。据1955年4季度统计，拒付、延付达14%。

1958年，市人行协助单位普遍推行托收用电报划回的办法，将全省各县、市和省外各主要城市的托收凭证邮程天数、托收电报划回的起码金额、市邮局出口邮件的封发时间，列表通知各有关单位参考。据测算，日均可减少在途资金18.50万元，月均为企业节约利息3.33万元，对21时前的电报划回和联行来账，均入当日账，约有1600万元资金加速周转1 ~ 1.5天。

1965年，因银行工作失误，少付和多付托收款2笔，造成企业损失221.64元，全部由银行赔偿。1967年，银行采取“查、找、帮”方法，将托收承付结算与协助企业改善经营管理挂起钩来。田心机车车辆工厂6月与3月比较，收回被拖欠结算货款58.20万元，能取得结算放款的托收占发出托收的比重由18%上升到69%；被拒付的货款笔数与金额分别下降69%和91%；拒付的笔数与金额也分别减少48%和81%。

1978年以后，国家指令性计划逐步缩小，计划分配物资逐步减少，结算合同难以预订，计划、监督性较强的托收承付结算也因此逐步萎缩。从1980年10月起，在全国范围内试行的异地委托收款结算方式，逐步代替了托收承付结算。据市人民银行1988年12月统计，异地委托收款结算占异地结算的48.20%，异地托收承付结算和汇兑结算各占25%。自1989年8月1日起，根据中国人民银行总行规定，废止托收承付结算。由此企业间相互拖欠日益严重，“三角债”增加，从1990年4月1日起执行中国人民银行总行决定，恢复托收承付结算。1991年，国务院通报批评10起无理拒付的情况。市工行新华路、车站路和田心3个办事处从9月起按月计付或随托收划付滞纳金共计1149笔，金额91.79万元，计付率达100%。国务院中南巡视组对新华路办事处进行通报表扬，《株洲日报》作了专题报道。

三 银行卡

（一）长城卡

1989年7月底，市中国银行在株洲地区推出长城信用卡发卡业务。其时，市中行并无独立发卡权，而是代理中国银行长沙分行发卡，发卡的目的是配合推行“三票一卡”结算制度改革。发卡对象主要是社会名流、政府官员、大中型企业的厂长、经理，以及一些新闻记者和经商者。长城信用卡既可用于市内消费结算，又可用于异地大额转账结算业务。至年末，共计发卡336张，其中公司卡135张、个人卡201张，存款余额94.7万元，取现交易91.4万元，直接消费金额4.4万元，转账交易金额46.2万元。1990年，市中行全年新发展公司卡户80家，新发卡515张，年末吸收存款余额2698万元，全年实现交易额3.29亿元，实现手续费收入4.23万元。同年，相继开办了代理“运通”“JCB”等外汇卡收单业务，当年收单28笔，交易金额折人民币5万元。1991年9月，市中行开始独立发卡，7014信用卡业务直接对外授权和结算。但由于只注重业务发展而忽略了管理，出现了严重的恶意透支现象。1993年4月，中行株洲分行正式成立信用卡部。8月，首家推出株洲地区自动柜员机（ATM），使民众24小时都能享受到银行服务。信用卡部成立后，信用卡业务开始向发卡、授权、信控、清算、柜台业务等自成一体系方向发展，同时开始采用电脑处理业务。年底，发卡量发展到1625张，存款1772万元，当年实现各项收入44万元。1995年3月，株洲市区成功开通信用卡自动授权、实时清算网络，大大提高了信用卡的抗风险能力，同时，发行长城提款卡14258张。1998年5月，市中行正式推出长城电子借记卡。到年底，电子借记卡发卡16329张。下半年，与湖南证券株洲营业部合作，在株洲市率先推出长城电子借记卡银证转账业务，当年发展银证转账客户近2000户，吸收了大量炒股资金。2000年，信用卡业务与储蓄业务合并统设零售业务部。5月，市中行银行卡数据管理系统集中到省分行。8月，银行卡中心推出长城国际卡，到年底共发卡28张。

（二）牡丹卡

1992年12月，市工行牡丹卡业务部成立，成为全国第7批牡丹卡开办行。1个月内，市工行发展60家特约单位，共计发卡3056张，存款余额264万元。尔后，市工行利用电视、广播、报纸等新闻媒体进行宣传推广。1993年，发卡量达7030张，存款余额998万元，持卡取现21575笔12331万元，持卡消费10236笔4163万元，大额结算1921笔1.63亿元。1995年，市工行开发和应用POS机、ATM机和电话银行系统，实现全市储蓄网点牡丹卡支付业务处理程序化。是年7月，与市邮电局签订办理电话费用专用卡协议，率先在株洲市推行电话费专用卡，5个月内揽卡1755张，代交电话费52万元。同期，还开办电费专用卡。1996年，市工行安装开通6台自动柜员机，添置POS机40台，使投入使用的POS机总量达到96台，发展特约单位48家，使特约单位总量达到180家。同时，还与地税、交通规费征稽等部门合作，开办专用卡。1997年，又开发了学生消费卡、保费卡、煤气费卡等品种，形成一个多品种、上规模的牡丹卡专用卡市场。1998年，市工行建设路办事处建立牡丹卡客户服务中心，交易额由年初的9.19亿元上升到年末的11.3亿元。是年，与君安证券公司株洲营业部合作，开发牡丹卡灵通（证券）卡，全年发行4000张，吸收股民保证金存款2700万元。次年，牡丹卡业务并入全国大机网络，牡丹灵通卡实现全省通存通兑。同期，该处开通城区（含醴陵市）跨行POS网络，牡丹卡持卡消费同业占比达到30%。2000年年初，与株洲千金医药贸易公司协商达成有偿租赁使用工行POS机具受理牡丹卡协议，月均用卡销售额达100万元以上。同期，与株洲唐人神集团合作推广使用牡丹灵通卡销售饲料、肉制品，销售高峰期日均销售额达80余万元。6月，全省第一张工商牡丹卡在攸县问世。是年，工行信用卡业务累计新增发卡量13.52万张，特约商户达325家，累计交易额16亿元。

（三）金穗卡

1993年6月，市农行成立金穗信用卡公司。至年末，已发展特约商户37家，发卡1613张，吸收单位和个人存款437万元，业务累计发生额172万元。1994年8月，金穗信用卡公司更名为金穗信用卡部，新建信用卡分部6个，特约商户49家，发行金穗卡3500多张，新增业务量1.6亿元，净增存款余额4000多万元。1998年，市农行新增发卡3231张，发卡量达18214张，信用卡存款余额703万元，实现消费额1120万元，新增特约商户2家，实现51家储蓄网点信用卡小型机联网。次年，金穗信用卡年末发卡量达49984张，新增31921张，是前6年发卡总量的1.77倍，卡存款余额11425万元，新增11107万元，代收代付和消费额分别为11030万元和1815万元，新增特约户45家。2000年，市农行实现潇湘一卡通全省通存通兑，金穗借记卡全国大联网。与株洲市百货股份有限公司联合发行“株百专用卡”2万张，消费1200万元，创造中间收入10万元，推出金穗信用彩照卡772张，创收4万元。至年末，全行发卡量为4.9万张，其中金穗借记卡发卡量4.8万张，受理金穗卡业务的银行营业网点131个，特约客户122家，安置POS机198台，金穗卡存款余额达到2.05亿元。

（四）龙　卡

1993年7月，市建行成立信用卡业务部，成为独立的发卡行。8月，第一张建行万事达卡在株洲发行，首批发卡500余张，共吸收存款200万元，发放透支40万元，发展百货大楼等10余家龙卡特约商户，实现消费交易20万元。信用卡业务开办之初，核算管理只能采取单机手工核算，信用卡授权只能采用电话人工授权方式，一度出现了恶意透支现象。1994年，市建行在大力发展个人信用卡的基础上，向社会推行公司卡业务，当年新发公司卡20余张，吸收存款100万元，并率先在全市实现通存通兑业务。随着全市建行城市综合网络的建成，又在全市推出借记卡——龙卡储蓄卡，当年发卡约2万张。1996年，对全部特约商户安装自动转账POS机，实现“商户受卡柜柜通”，并实现全省联网。1997年，实现信用卡全国大联网，龙卡特约商户突破30家。次年，又实现龙卡全国大联网，借记卡市场份额不断扩大，当年储蓄卡新增48179张，储蓄卡存款新增6150万元，信用卡新增1494张。1999年，市建行实现全省信用卡集中授权，发行生肖储蓄卡、医保IC卡、工商龙卡、税务龙卡、加油龙卡、外币卡等业务。当年，储蓄卡新增96265张，储蓄卡存款新增12530万元，信用卡新增532张。2000年，市建行储蓄卡新增12.47万张，储蓄卡存款新增15894万元，信用卡新增658张。

（五）神农卡和芙蓉卡

2000年1月，市商业银行神农卡管理中心成立。6月，推出医保IC卡和神农借记卡合二为一的神农联名卡。凡持有该卡客户，可在指定医疗机构刷卡看病、买药，同时也可在市商业银行各营业网点办理现存、取款和转账结算业务。至年底，神农医保卡发卡量达3.2万张，吸存3114万元，医疗保险个人账户存款留存率达90%。9月，市商业银行联合长沙、湘潭、岳阳3市商业银行共同推出芙蓉卡。该卡是长、株、潭、岳四市商业银行授权的分支机构，为储户签发的一种多功能磁式存款凭证，可以存取现金、转账、购物消费和办理代缴公用事业费、代发工资等代理业务以及个人金融服务。至年底，全市芙蓉卡发卡量达到1.5万张。

第六节　外汇业务

一　外汇管理

1985年9月，国家外汇管理局株洲分局成立。成立时，从省外汇管理局划入外汇额度账户16户，现汇账户1户。

1986年，新开立外汇额度账户160户，金额424万美元。《湖南省留成外汇调剂暂行办法》颁布后，株洲分局参与全省调剂，全年调出外汇额度 151 万美元，调入 130 万美元。当年，株洲留成外汇金额居全省第三位。

1987 年，境内创汇企业达 379 家，共分得留成外汇 620.60 万美元，帮助企业调出外汇额度 505.30 万美元，调入外汇额度 282 万美元。同年 6 月，株洲分局在全省率先开办外汇抵押人民币贷款业务，对株洲轴承厂办理外汇抵押人民币贷款 360 万元。

1988 年年初，国务院宣布对 1986 年年末的外汇余额挂账冻结。省外汇管理局下达株洲市 598 万美元挂账任务按期完成。5 月，株洲分局成立外汇调剂交易所，至年底，共调剂外汇 283 笔、1276.77 万美元（双向）。当年，核拨贸易留成外汇 1059.78 万美元，非贸易留成外汇 1.43 万美元；办理外汇抵押人民币贷款 965.30 万元；对出国团组批汇 16.73 万美元。在重点创汇地区醴陵市设立外汇支局。

1989 年，开办个人外汇调剂买入业务。8 — 10 月，共买入 19 万美元零散外汇。在外汇调剂业务中，用价格引导企业用汇，帮助企业调出外汇 573 万美元，调入外汇 527 万美元。

1990 年，重点支持出口创汇，控制进口用汇。全年共核拨留成外汇 1166 万美元，办理自营出口企业结汇留成 838 万美元，办理进口付汇 328 万美元，协助企业归还外汇贷款 735 万美元，审批出口收汇归还外汇贷款 120 万美元，办理对公外汇调剂 1855 万美元。

1992 年，株洲市外汇市场对公调剂外汇 1228 万美元，对私调剂外汇买入 87.3 万美元、82 万港币，分别增长 73% 和 2.9 倍。为适应株洲市外向型发展需要，搞活外汇市场。1993 年初，株洲分局将出国人员外汇核销权和“三资”企业的付汇审批权，分别下放到企事业单位和外汇指定银行，适当放宽开立现汇账户和办理外汇留成。为缓解外汇紧缺矛盾，开办跨地区外汇调剂业务，建立了北到哈尔滨，南到柳州、顺德，东至上海，西及宁夏、四川的调剂交易网络，重点支持国营大中型企业的用汇。全年外汇调剂 4360 万美元（单向），增长 2.3 倍。同年 6 月，联合公安部门对街头外汇黑市开展打击活动，抓获外汇贩子 18 名，罚款 1000 多元，使场外交易行为基本得到控制。

从 1994 年开始，实行外汇管理体制改革。外汇管理工作由过去侧重于计划审批和计拨留成等具体操作，转向对辖内外汇领域金融活动的监管。全年开展 3 次外汇大检查，维护辖内外汇经营秩序。至 12 月底，经验外汇业务网点达到 58 个，外汇存款 1878 万美元，增加 451 万美元，外汇贷款余额 4318 万美元，增加 825 万美元。清理外商投资企业外汇账户，共为 37 家办理了外汇账户申报区分手续，占应申报数的 49%。同时，采取推行外汇核销员持证上岗制度和“结汇信得过企业”制度、妥善处理历史遗留单证、建立进口付汇企业跟踪核销台账等办法，加强出口收汇和进口付汇核销管理。1988 年，辖内进口付汇 3107 万美元，增长 14.1%，企业核销报损率为 97.6%。此外，联合公安、工商、证券委等部门查处江海公司外汇按金交易活动和 2 个外汇黑市。

1999 年，株洲分局更名为国家外汇管理局株洲市中心支局。是年，外汇外债形势进一步好转。至年底，全市出口收汇核销 2.68 亿美元，同比增长 12.8%，贸易进口付汇 8158 万美元，同比增长 160.8%，到货报审 7211 万美元，同比增长 136.7%。外债余额达 1.38 亿美元，同比减少 13%，银行结汇 3.1 亿美元，同比增长 18%。

2000 年，查处株洲市金山公司、泰之岛、湘大公司等 13 家企业违规行为，有效防止各种逃套汇、截留外汇现象发生。并加强外汇指定银行的外汇业务监管和资本项目外汇监管。全年外贸出口创汇3.17亿美元，增长16.9%，贸易顺差2.77亿美元，增长41.98%，全市结售汇2.77亿美元，外债余额为1.19亿美元，下降14.07%。

二　外币存款

1983年，市中国银行开始承办外币存款业务。1984年，开办定期外币存款业务，存款币种仅为美元。还开办了“境内居民定期外币存款”（丙种外币存款）业务，重点是吸取境内居民手持的闲散外币及港澳台胞、华侨、外籍华人等的游资。1985年，存款币种增加日元、港币。1986年，开办外汇专户存款业务，币种增加联邦德国马克，并对存款额大（单位300万美元以上，个人2万美元以上）、时间长（1年以上）的外币定期存款，在利率上给予一定优惠，当年个人外币存款达30.10万美元，各项外币存款为37.98万美元。1987年2月，确定境内居民外币定期存款超存金额由人民币150元等值外币调低为人民币50元的等值外币，活期存款超存金额调整为人民币20元的等值外币。市中国银行开办了活期丙种存款和定活两便丙种存款。当年各项外币存款余额达250.40万美元，其中个人外币存款年末余额为63.28万美元。1989年，辖内16个中国银行网点开办外币存款业务。1990年，国家第三次调整外汇汇率，存款币种增加加拿大元、荷兰盾。年末外汇存款余额达433万美元，但企业外币存款年末余额仅为40.80万美元。

1991—2000年，随着外汇业务量的增加，辖内开办外汇业务的金融机构迅速增加。1991年5月，市工行成立国际业务部，亦开始外汇业务自营。同年，市建行国际业务代办处开办。年末，全市外汇存款余额达到737万美元。1992年4月，市农行国际业务代办处开业。8月，市建行国际业务代办处升格为国际业务部，并开设3个外币储蓄代办点。10月，工行醴陵支行成立国际业务代办处。年末，全市各项外汇存款余额达1144.27万美元。1993年4月，市农行国际业务代办处升格为国际业务部。市工行新增3个外币储蓄网点，市中行新增9个外币储蓄网点。市建行利用长期经办基建投资的优势，重点吸收三资企业的外汇公存款。年末，全市各项外汇存款余额达到332.15万美元。1994—1999年，随着外汇体制改革的深入和外汇外贸事业的发展，各银行利用自身优势，开展国际结算业务，狠抓大项目、大企业的资金引存和跟踪服务。同时，市中行先后推出本外币定期一本通、本外币活期一本通等储蓄业务品种。至1999年年末，全市各项外币存款余额达6581.49万美元，比1993年翻了一番。到2000年年末，全市各项外币存款余额达到9447.93万美元，其中市中行4447.93万美元、市工行4253万美元、市建行343万美元、市农行404万美元。

三　外汇贷款

1980年，株洲市人行国外业务科在中行长沙分行指导下，与市计委、市经委共同审查了市制革厂引进联邦德国片皮机、削匀机和株洲苎麻纺织印染厂三期扩建工程的项目。同时，配合中行长沙分行、湖南有色金属分公司、湖南省经委审查株洲硬质合金厂引进瑞士 Berex 公司粉末深层加工技术设备项目。中行长沙分行批准市制革厂和株洲硬质合金厂 2 项目 117 万美元的浮动利率贷款，相应批准 198 万元配套人民币贷款。1983 年，国家进一步放宽对引进国外技术设备的政策。市中行会同市计委深入重点企业调查研究，从全市技术改造和引进项目规划中筛选贷款项目，积极协助企业疏通还款渠道，办理批准手续。是年，中行长沙分行批准株洲苎麻纺织印染厂甲类贷款 300 万美元，兑换成人民币 840 万元使用，弥补了该厂三期扩建工程资金的缺口。市中行批准市塑料五厂、株洲汽车齿轮厂乙类外汇贷款 57 万美元，引进日本四梭环形织机和瑞士玛格齿轮磨床。是年辖内外汇贷款年末余额为 374 万美元。

1984 年 10 月，株洲市人民政府组成代表团参加湖南省首届对外经济技术合作洽谈会，确定株洲市引进项目 10 个，外汇贷款 616 万美元，配套人民币贷款 703 万元，获得贷款的单位大部分为生产家具、服装、尼纶拉链、塑料、布鞋等中小型企业。12 月，市中行会同有关部门审查，向市科技开发中心引进微电脑印刷版生产设备，共贷外汇 162 万美元。

株洲市所引进的技术、设备、工艺、材料等大部分是成功的，但由于受“引进热”的影响，部分项目缺乏可行性论证，致使部分引进项目投向不准，投产后经济效益不佳，导致贷款到期难以收回。1985 年，市中行总结外汇贷款的经验教训，开展信贷、外汇和财务大检查，调整外汇贷款结构，严格控制外汇贷款项目和信贷规模，外汇贷款业务收缩。

1987 年后，市中行在贷款投向上进一步明确外汇贷款主要应该用于支持实力雄厚、经营管理好、创汇多、应变能力强的大中型骨干企业。1988 年 7 月，经中行长沙分行批准，贷给株洲化工厂 410 万美元，从日本引进全套聚氯乙烯生产技术装置，从英国、澳大利亚引进金红石钛白粉生产技术和设备。1989 年，市中行会同长沙分行为市轴承总厂转贷日本政府的“黑字还流”贷款 400 万元，建立轴承出口基地。同时还为株洲硬质合金厂从美国商纳金属公司引进硬质合金刀具深度加工技术和设备，提供贷款 487 万美元。外汇贷款走出低谷，年末余额为 1563 万美元。

1990 年，市邮电局从法国引进程控电话 4 万门，投资 6500 万法郎，折合成美元 1100 多万元，解决了市内打电话困难、市外联系难的问题，改善了对外开放、引进投资的环境。当年年底，市中行贷款余额达 2200 万美元，相当于 1980 年的 35.70 倍。

1991 年 8 月，中行湖南省分行批准株洲分行与株洲市邮电局关于程控电话项目使用法国政府现汇贷款转贷协议，转资本金为 6397.39 万法郎，贷款期限为 30 年，宽限期 11 年，还贷期 10 年，分 20 期以等额每半年偿还一次。

1992 年后，市中行外汇贷款管理实行对贷款企业进行授信评估，银行内部实行“审贷分离、分级负责”的管理体制。同年 3 月，市工行办理首笔外汇贷款 39 万美元，支持南方航空动力机械公司从日本进口关键零部件，生产“南雅”摩托车。是年，市工行还为株洲硬质合金厂、株洲火花塞厂、株洲市无线电十厂等企业累计发放外汇贷款 245 万美元。同年，市农行与湖南星洲实业发展公司、华永鞋业有限公司等 6 家中外合资企业签署贷款意向协议，合计贷款额度为外汇贷款 807.62 万美元，人民币配套贷款 3557.5 万元。市建行发放委托外汇贷款 105 万美元。1993 年，市工行把外汇贷款与人民币贷款结合起来，对外向型效益好的企业实行本、外币贷款配套供给。为支持“三资”企业发展，市农行和市建行于1993—1995年，分别发放外汇贷款8098万元和257.5万美元。

1994年8月，中行湖南省分行批准株洲分行与市邮电局关于程控电话扩容改造项目使用比利时专项贷款的转贷协议，转资本金为108万多美元。10月，又批准使用日本贴息贷款的转贷协议，转资本金为287.73万美元。同年，醴陵长城彩釉砖厂破产，破产财产总额只有1492万元，而负债总额为9434万元，清偿率为16.22%，中行醴陵支行向该厂贷款本息合计8301万元，占87.99%，其中外汇贷款本息450多万美元，予以核销。这是中行株洲分行最大一笔外汇贷款本息核销。到1995年10月，市中行向株洲硬质合金厂3次累计发放950万美元技术改造专项外汇贷款。同时，市工行外汇贷款仍以信用担保放款为主，及时对兄弟皮革制品有限公司三特公司、株洲通信设备厂等企业采取抵押、担保等手段，降低风险度。同年，株洲冶炼厂以300万美元信用证为抵押申请押汇贷款，市工行为稳定该外汇业务大户，共发放打包、押汇贷款约6000万元。

1996—1997年，市建行对株洲冶炼厂进出口公司、市一医院等单位发放外汇贷款920.6万美元。其间，株洲冶炼厂发生期货事件，损失13.22亿人民币。根据中国银行总行会议精神，在不增加信贷规模的基础上，将已发生的信用保函的美元垫款转为日常贷款，株冶以现有的8.64亿财产进行抵押，中行湖南省分行于1998年9月批准美元贷款6741万元。至1998年末，市中行外汇贷款余额达到8570万美元，达到历史最高水平。2000年年末，全市外汇贷款余额7161万美元，其中市中行5381万美元、市工行1460万美元、市建行121万美元、市农行199万美元。

四　国际贸易结算

从1988年起，株洲硬质合金厂进出口公司等自营进出口单位相继成立，境内开始直接办理对外贸易业务，但贸易结算需到中行长沙分行办理。1988年8月，市中行开办远洋业务，代理长沙分行办理国际结算业务。至1989年年底，与海外20家银行建立业务往来关系。1990年2月，市中行正式独立对外办理出口结算业务。当年，即期信用证项下平均收汇时间为7天，结汇时间为12天，均比原长沙分行收、结汇时间缩短3～4天，有效地提高企业资金周转率和经济效益。仅株洲冶炼厂进出口公司一年结汇缩短时间增加收入即达24万元。同年6月起，境内出口贸易结算全部由市中行办理，全年该行解付国外汇入款71笔46万美元；接受国外开来信用证70笔，修改24笔，议付211万美元，并分别与日本、美国、瑞典等近20个国家和中国香港地区的40多家银行发生了业务往来。

1991年，市工行打破中行在辖内独家经营国际结算业务的局面，当年共办理国际结算业务37笔，金额248万美元。1992年，市工行新开办信用证下出口议付、本票托收、汇票解付业务，办理进出口结算1226万美元。同年5月，市中行开始直接办理进口信用证业务，推出“进口贷款”业务，解决进口企业的临时性资金需求，年末进出口收付汇总额3935万美元，进口业务接近1000万美元。1993年，市工商银行在办理美元和日元结算的基础上，开办德国马克和港币结算。全年，共办理进口开证40笔，金额1985万美元，来证通知15笔，金额107万美元；出口议付33笔，金额208万美元；出口托收58笔，金额231万美元。同年，市中行的进出口收付汇额达到4998万美元，为1990年的 3 倍，国际结算业务市场占有率为 78% 左右。

1994 年，国务院下发《关于进一步改革外汇管理体制的通知》，从 1 月起，取消进出口企业外汇的上缴和留成，对企业的出口收汇、进口用汇实行银行结售汇制度；取消人民币汇率的双轨制，实行以市场供求为基础的、单一的、有管理的浮动汇率制度。是年，株洲市的自营对外出口总额超过 1.5 亿美元。市中行全年办理出口押汇 70 笔，累计 2690 万美元，比上年增加 2350 万美元；进口开证达到 1972 万美元，为 1993 年的 185%；进出口收付汇达到 1.03 亿美元，为上年的 206%。市工行依托本币资金实力，为企业办理结汇 5450 万美元、售汇 2556 万美元，国际结算业务成倍增长。是年，市工行试办保函业务和进口代收业务，海外代理由 9 个国家和地区的 34 个银行发展到 16 个国家和地区的 85 个银行。

1995 年，境内外向型经济发展迅猛。年末，市工行国际结算业务达到 1.26 亿美元，市中行收付汇业务达到 1.67 亿美元。1996 年，株洲冶炼厂进出口公司与香港渣打银行签署一份总额为 3000 万美元的电锌出口合同，外方要求银行开立履约保函。市工行在调查的基础上，为企业办理了这笔金额巨大的担保业务。是年，市中行收付汇业务为 1.47 亿美元，进出口贸易融资达到 4000 万美元，创历史纪录。

1997 年 5 月，亚洲金融风暴迅速蔓延，严重影响了境内外贸出口。7 月暴露的“株冶期货事件”惊动了国务院，使株冶的进出口业务陷入混乱状况。中行湖南省分行对该厂的外汇保函业务发生较大金额的垫款，市中行在进口信用证业务中也被迫为该厂垫付 500 万美元。是年，市中行国际结算各项业务指标出现全面滑落，国际结算收付汇总额仅为 1.09 亿美元，比 1996 年减少近 4000 万美元，其中：出口业务减幅 36%、进口业务减幅 28%、进出口押汇业务减幅 35%。同年，市部分大中型企业出资参与外国大公司合资，生产技术含量高、附加值高的出口产品。市工行抓住机遇，揽入电力机车厂神朔专线机车出口和出口伊朗机车配件、南方动力机械公司转包等新项目。至年末，该行国际结算业务达到 1.63 亿美元，居全市第一，全省工行系统第一。

1998 年 6 月，市中行率先接入“环球同业银行金融电讯协会”电信网络（SWIFT），大大提高了与国内外代理行间电子通讯的速度与质量，降低了经营成本。是年，该行进出口收付汇总额达到 1.72 亿美元。1999 年，中国银行“环球收付清算系统”把遍布 22 个国家的 554 个中国银行海外分支机构连成有机的整体，形成快捷、安全、高效的资金“高速公路”。是年，市中行实现收付汇总额 1.58 亿美元；市工行以本币业务带动外汇结算业务，为南方进出口公司发放短期流动资金贷款 2.5 亿元，使该公司进口信用证业务达到 4354 万美元，为湘火炬公司提供流动资金贷款 5800 万元，使该公司国际结算业务猛增至 2876 万美元；市农行国际结算业务达到 1192 万美元。2000 年，全市国际结算业务达到 3.75 亿美元，其中市中行 1.72 亿美元、市工行 1.61 亿美元、市农行 2526 万美元、市建行 1640 万美元。

五 非贸易外汇结算

（一）侨 汇

1949 年 10 月以前，华侨汇款系由各口岸银行汇至境内各县解付。1950 年 9 月，中国银行长沙办事处开始直接办理侨汇业务后，醴陵县、攸县、茶陵县、酃县的侨汇多经长沙办事处转汇到各县人民银行，由各县人民银行解付。

1959 — 1961 年，粮食及副食品供应紧张，国家准许归侨、侨眷免税携带或邮寄粮食、副食品进口。1962 年 2 月，湖南省实行侨汇物资供应办法，赡家侨汇由商业部门供应粮食、副食品和棉布，建筑侨汇由物资部门供应建房所需的木材、钢材和水泥。这一优待政策的贯彻，使侨汇数额有较大增长。“文化大革命”中，有海外关系被认为是一种不光彩的社会关系，侨眷归侨受到歧视、迫害，境内居民与海外亲人的联系受到干涉，许多侨汇户有亲不敢认，有信不敢收，有汇款不敢领，有的侨汇存款被冻结、被追查。侨汇物资供应办法亦被取消，侨汇收入逐年下降。

1976 年后，执行“便利侨汇、服务侨胞”的方针，坚持“谁家汇款谁家取”“保送、保密、保存取方便”的原则，送款上门。银行配合侨务部门，定期召开归侨、侨眷座谈会，宣传政策，听取意见，改进工作。侨胞与侨眷的联系增多，侨汇下降局面有所改变。但仍存在侨汇解付时间长，通知书送达不及时，回复、查询不及时等问题。1982 年，国务院发出《关于做好侨汇工作扭转侨汇下降的通知》后，市中行协助侨汇供应商店改善物资供应，给予融通资金的便利。1983 年 1 月，市中行接办原由市人行经办的侨汇解付业务，做到随到随解不拖延，确保收汇人及时收到汇款，侨汇收入逐年上升，1983 年比 1981 年增长 63.70%。

在经济体制改革不断深入、对外开放步伐加快的形势下，国家外汇、侨汇政策有所松动，侨胞携带入境外币、支票大量增多，出现“以物代汇”“以钞代汇”的情况，加上株洲市凭侨汇券供应的商品越来越少，因此 1984 — 1985 年两年侨汇收入连续下降。1986 年，市场供应得到改善，自行车、电冰箱、缝纫机、洗衣机、烟、酒等名优特产品门类增多，使侨汇收入达 64.40 万元人民币。1987 年 9 月，国家计委、财政部等 10 单位联合发出《关于改善赡家侨汇物资供应几项规定的通知》，将“赡家侨汇留成比例由原来的 30% 提高到 50%，并保证侨汇留成必须全部用于组织侨汇物资供应，不准挪作他用。”株洲市各侨汇商店物资供应尤其在副食品、粮油等供应上充分给予保障。当年，侨汇收入达 79.20 万元人民币，为历史最高年份。1988 年后，回国探亲侨胞增多，侨汇转存现象增多，收汇人多为直接转存原币，银行直接解付人民币的现象减少。1990 年，全市共解付侨汇 556 笔，共计 36.60 万元人民币。

20 世纪 90 年代初，由于国内市场供应日趋丰富，国外汇入汇款的目的、方式发生较大变化，汇款方式以支票和电汇为主，大部分被转存为外汇存款，对侨汇物资供应券的需求日益减少。到 1992 年，市中行停止从外汇管理部门领取侨汇物资供应券，侨汇物资供应逐步退出了历史舞台。

随着对外开放进程的加快，境内的单向的人员交流逐步双向化。1994 年后，前往国外留学、探亲人员逐年增多，个人汇兑业务也呈现上升趋势。1997 年，市中行办理个人汇出汇款业务 55 笔 9.5 万美元；个人汇入汇款 485 笔 144 万美元；办理个人外汇票据托收 660 笔 107 万美元。2000 年，全市解付个人汇入汇款 1179 笔 334 万美元；办理票据托收 672 笔 76 万美元。其中，市中行办理个人汇出外汇汇款业务 175 笔 40 万元美元。

（二）外币兑换券

1983 年 1 月，株洲市中行正式办理外币兑换券发行和收回业务。当年收入 54 笔 4.1 万元人民币。

1984 — 1985 年间，只有株洲宾馆、株洲硬质合金厂外宾招待所等偶尔接待路过的外宾，收取少量外币兑换券，外币兑换券收入呈下降趋势。1985 年，收入 19 笔，仅为 1.4 万元人民币。此后，随着中央、省属骨干企业的技术引进和技术改造项目增加，来株洲调试设备协助工作的外国专家人数增多，加之国外华侨、港澳台胞回国观光者数量的增加，使得外币兑换券收入逐步增加。1986 年为 90 笔，达 15.20 万元人民币。1990 年年底，全市有 19 家宾馆、商店收取外币兑换券，有 12 家单位开列外币兑换现汇账户。全年外币兑换券收入达 850 万元人民币。

1991 — 1992 年，株洲市侨汇商店、烟草商店等单位大量组织名烟供应市场，并收取外汇兑换券。1991 年，市中行收入外币兑换券 1050 万元，1992 年收入 950 万元。

1994 年 4 月，根据国家改革外汇管理体制工作的精神，市中行停止发行外币兑换券业务，外币兑换券于 1995 年 1 月退出流通。

（三）外币兑换

1983 年 1 月，市中行开始代理中行长沙分行办理外币兑换业务。1983 — 1985 年，共收兑外币 367 笔，共计 8.8 万美元。1985 年 4 月，市中行正式独立开办外币兑换业务，兑换币为美元、港币、日元、新加坡元、联邦德国马克、英镑、加拿大元、瑞士法郎、荷兰盾、法国法郎、瑞典克朗、比利时法郎等种类。当年，外币兑换为 230 笔 6.9 万美元。1987 年为 729 笔 28.30 万美元。从 1988 年起，来大陆探亲访友的旅台同胞和台胞日益增多，而台币不是自由兑换货币，国家将台币作为特殊货币处理。市中行参照中国香港金融市场牌价，承办台币兑换业务。收兑台币仅限于 1971 年以后发行的面额为 1000 元、500 元、100 元、50 元、10 元的新台币。同年 7 月，美国运通国际股份有限公司的运通卡（AMERICANEX-PRESS-CARD）驻中国香港地区总代表与株洲宾馆签订合约，株宾成为其受理单位。当年外币兑换 6 笔，金额 87.80 万美元。1989 年 4 月，市中行选择具有综合消费功能的株洲庆云大厦、株洲宾馆、株洲侨汇商店接受美国维莎信用卡。1990 年 5 月，株洲庆云大厦接受香港花旗银行的大来卡（DINERS　C1UB）的消费业务。兑换币种增加马来西亚林吉特、意大利里拉、澳门元、芬兰马克。

1991 年后，外币兑换人民币业务日渐减少，有部分台胞用外币兑换外币兑换券购买名牌香烟和进口彩电。

1994 年 4 月，国家外汇管理局授权中国银行办理个人非贸易、非经营性用汇的兑付业务，兑付标准为 20 ~ 400 美元。当年，市中行共办理个人因私供汇业务 28 笔，4860 美元，外币兑换业务以外汇兑换券的回兑业务为主。1996 年，兑付标准提高到 500 ~ 1000 美元。1997 年 9 月，兑付标准再次提高到 1000 ~ 2000 美元。随着国家经济实力的增强，人民生活水平的提高，辖内出境旅游的人数逐年增加，自费赴国外留学热持续升温。外汇兑换的方向再次发生改变，外汇兑换人民币的数量逐年减少。2000 年，市中行收兑外币不足 3 万美元，而市中行办理的国内居民购汇连年大幅增长，1997 年为 124 笔 25 万美元；1998 年为 253 笔 68 万美元；1999 年为 898 笔 360 万美元；2000 年达到 1243 笔 519 万美元。

第七节 投资管理

一 基建预算管理

中华人民共和国成立初期，基本建设支出预算由中央统一管理。1958 年，基本建设支出预算下放纳入同级财政收支，由建设银行行使财政职能，管理预算。1959 年一季度，采取“三查”（查已完工程和未完工程投资额，查年终结余资金，查费用开支）、“四对”（对基本建设计划，对定期统计报表、对会计账册、对原始凭证）方法，审查株洲冶炼厂等 13 个单位 1958 年度财务决算，增列结余资金 97.50 万元，抵充了当年预算支出。1962 年，市建行通过对全市基本建设财务决算组织会审，纠正 35 个单位虚报已完投资 83.22 万元，虚报应核销基本建设支出 9.02 万元和少列库存器材 50.85 万元，促请增列基本建设结余资金 92.24 万元。

1963 年，市（县）级基本建设支出预算上收省管理。1969 年，市建行并入市财政金融局，市（县）级基本建设支出预算恢复同级管理。1973 年，市建设银行恢复，基本建设支出预算划归该行管理。到 1993 年年底，市建行共经办国家基本建设贷款（拨改贷）项目 57 个，贷款余额 9607 万元，经办各级各类委托贷款项目 286 个，贷款余额 36478 万元。

1994 年 3 月，国务院设立国家开发银行，专门管理国家基本建设的投资，即开发银行贷款。市建行成立委托代理处，专门承办国家开发银行的委托业务。

从 1995 年开始，国家财政安排对原“拨改贷”及国家贷款基金和国家部门委托贷款等进行调查，确实无力偿还的，逐级审核上报，予以豁免，先后共批准豁免 31723 万元。到 2000 年年末，基建贷款余额为 4754.9 万元。

动员内部资源 市建设银行成立后，每年要审查落实建设单位财务收支计划，促其打紧支出，打足收入，监督动员内部资源。“大跃进”中，管理放松，资产不清，账实不符，超储积压现象严重，且出现“一平二调”风。市建行于 1960 年 12 月在中共株洲市委领导下，召开全市基本建设“一平二调”退赔大会，退赔兑现金额 129.74 万元，为“一平二调”总额 2258.90 万元的 5.70%，其中以实物退赔的占 43%。1961 年，市建设银行协助株洲化工厂等 16 个主要建设单位清产核资，盘出盈余器材 266.90 万元，增加债权 12 万元，物资盘亏 90.30 万元和报废损失 108 万元。在此基础上，落实动员内部资源 529.40 万元，用于抵充当年国家计划内拨款 146 万元，弥补计划内项目投资缺口 119 万元。清偿涉及 10 多个省市拖欠 1 年以上的货款 237.70 万元和运杂费 20 万元。1962 年 9 月，市建行经市人民政府批准，召开基本建设清仓核资经验交流会，调剂处理积压物资 3 亿元。11 月召开全市清账结算大会，邀请 55 个有关单位参加，共发出有关各基本建设单位催收清单 174 笔，金额 794.30 万元，当场清理 154 笔，金额 783.30 万元，分别达到 88.50% 和 98%。“文化大革命”中一段时期，动员内部资源工作无人管，物资积压浪费严重。1973 年，市建设银行恢复后，在困境中继续抓动员内部资源工作，当年动员金额 4267.48 万元，占年完成基本建设投资额的 56.86%。到 1975 年，全市基本建设结余资金 4532 万元，相当于 1976 年计划投资额的 82%。1976 年，通过“三清一查”（清账目、清往来、清库存、查积压），只动员出内部资源462.10万元，大批库存物资质量低下而无法使用。1980年，对株洲玻璃厂等12个单位再度清理，清出达不到质量要求而申请报废的物资总额高达647.40万元。1979年以后，逐步“拨改贷”，市建行监督协助建设单位动员内部资源的任务变为推动建设单位处理积压、平衡资金的服务活动。

自筹基建资金管理 市建设银行对用于基本建设的自筹资金，分别财政级次采取不同方式管理：中央和省财政自筹比照国家预算内资金管理方式实行限额管理，市（县）财政和各部门、企业的自筹资金，按批准的基建计划交存资金，监督使用。从1962年起，按上级下达的地区自筹基建指标控制规模，有钱也不许突破。“文化大革命”前期，管理放松。1973年，实行由建行签证制度和“先存后批、先批后用”的办法，恢复建行对自筹资金的管理。1985年，中央和湖南省有关部门进一步强调自筹资金提前半年存入建设银行，资金不落实的撤销当年计划。至1989年，自筹基建资金向市建设银行实际交存率分别为70%、69.88%、60.29%、82.82%和46%。自筹资金在20世纪80年代，除财政主管部门和企业自有资金外，开始出现向社会集资的新情况，市建行则运用融资手段服务集资并实施监督。

二 基建拨款管理

1949年冬，国家拨款3.6万元给株洲进行铁路和住宅建设。1950年，基建投资增至572.10万元，由财政部门通过人民银行汇解有关单位自行支配使用。1951年12月，交通银行长沙支行派员筹建交通银行株洲办事处，负责办理基建拨款业务。1953年，办事处经办拨款任务387.30万元，实际支付327.35万元，完成投资额262.36万元，该处拨款完成的投资额，不到全市实际完成投资额的17%。从1954年10月起，基本建设拨款业务划归市建行。

1954年上半年，基建拨款改为3个月以上工程付30%，3个月以下为30%～50%。物资储备处为11%。在国家统配主要建筑材料的供应体制下，为保重点，下拨物资往往把全年的甚至更多的用量，一次核给建设单位，不受备料款额度限制，从而形成施工企业和建设单位“双口备料”，年末实际备料为当年总造价的42.70%。

1955年，市建行继续贯彻压缩备料款精神，按计划要求额度控制在17%以下，实际执行结果为25.30%。1956年，中国人民建设银行总行仍要求备料款额度由规定的30%压缩为20%，并消除“双口备料”，引起一些部门和建设单位的波动。株洲市根据实际情况，仍执行按施工期长短核定备料款的规定，即3个月以上为30%、3个月以下为50%。

“大跃进”中，工程价款结算款制度被打破，1963年恢复。至1965年，各方面条件成熟，不分施工期长短，统一规定为25%，对特殊性、专业性工程适当放宽。同年，进一步简化结算手续，增加按单项工程分段（次）预支、竣工后一次结算的新方式。“文化大革命”中，工程价格结算制度又被废弃，经济核算制度名存实亡，代之以“建筑工程负责制”和“建设公司负责制”的实报实销办法。直到1976年才恢复工程结算制度。

从1984年起，实行按“已完工程进度表分次付款，竣工后一次结算”。同时，对优质工程实行优价奖励，把工作重点转移到鼓励提高投资效果和建筑质量上。从1985年起，设备工器具实行招标制，银行参与议标、评标，按中标协议掌握拨款。

1986年，取消备料款，改为向建筑安装企业发放流动资金贷款。1988年，国家抽紧银根，贷款指标要求从严控制，且建筑安装企业被拖欠工程款大量增加，资金相当紧张。同年8月开始，市建行又逐步实行备料款办法，备料资金供应又双轨并行。

1999年3月，市国家安全局办公楼工程，建筑施工单位送审545.03万元，市建行审定458.19万元，核减86.84万元，核减率15.93%。2000年，受理株洲宋家桥和茶陵深塘2个国家直属粮库工程结算的审查，建筑施工单位送审资金5407.95万元，通过审查，分别核增30.1万元，核减63.98万元。全年，市建行共审查过程款20400万元，其中工程预算860万元、工程决算12300万元，核减1320万元。

三　农业拨款监督

1980年4月，市农行全面接办农业拨款的监督拨付工作。该行对农业各部门的企业、事业单位和国家支援农村社队的各项资金，预算外资金，以及各部门自筹资金经批准用于农业的各项支出和民政部门事业拨款实行监拨管理。按照小型农田水利费，农业、畜牧、水产事业费等不同的资金来源和预算科目设立拨款专户41个，实行专款专用。在用款时坚持按预算、计划、制度三原则，要求各用款单位必须向农业银行提供主管部门下达的用款计划作领款依据，银行在财政部门核定各主管部门的年度预算总额内掌握，逐笔审查拨付。是年，市人民政府安排郊区园艺场和荷花公社田心大队菜田喷灌建设资金20万元，被截留7.6万元，分散安排到311处工程。市农行调查发现后，向市政府写出《关于落实蔬菜喷灌建设投资问题的报告》，得到市党、政领导的重视与支持，并出面纠正这一错误作法，保证了2处重点工程如期如质建成投产。全年预算拨款485.90万元，年末实际拨付386万元，占预算额的79.40%。据1981年4月统计，该行接办农业拨款监督拨付工作1年，共堵住、制止计划外基建、截留分散等不合规定的开支31笔，金额38.15万元。

1982年，市农行对农业拨款资金需求情况逐个调查摸底，将财政支农资金388万元逐项落实到受援单位，共堵住3个单位挪用事业费搞基建6.6万元，通过事后检查，共调整、调减收回资金8.25万元，另行安排18个项目。1983年，财政实拨支农资金2000万元，市农行加强监督拨付，采取就地参与制订计划，参与资金使用效果检查，全面推行经济合同制。市农行全面接办农业拨款监督拨付工作后，财政支农资金被截留挪用部分占总支农资金的比重，由监拨前的20%下降到1984年的5%。1985年，国家实行“拨改贷”，银行拨款监督工作终止。

第八节　银行其他业务

一　流动资金管理

中华人民共和国成立后，国营企业所需流动资金，在较长时间里由财政、人民银行两家供应，共同管理。

1958年12月，国务院规定“国营企业的流动资金改由银行统一管理，将财政拨给国营企业的自有流动资金转作人民银行贷款”，实行“全额信贷”。1959年，市人行协同财政等部门组织企业对国拨自有流动资金进行核查，并对全市160个地方工业企业进行清账、清物、核资和建制工作，查明全市共有流动资金1.10亿元，其中被挪用于计划外基建、赊销、预付和亏损等1002万元，被积压物资占压526万元。共督促企业处理上述被占压资金达429万元，办理了企业流动资金的转账工作。有90家地方国营工业企业核定流动资金定额694万元，低于定额资产实际数413万元。1961年7月，取消“全额信贷”办法，国营企业仍由财政、银行两家供应资金。1973年，银行将企业过去自有流动资金转作贷款的部分全部转回企业。

1983年6月，国务院重新规定“国营企业流动资金仍由人民银行统一管理。”下半年，市人行和有关部门通过清理国拨流动资金和清理企业流动资产，查实企业积压物资4400万元，挤占挪用资金660万元，被拖欠1020万元，共计6080万元，占全市工商企业全部流动资金的7%。经核查，市人行接交了财政的国拨流动资金，结合清物资，清资金，开展对企业流动资金的管理和整顿，监督企业处理积压物资3146万元，收回挤占挪用资金613万元。帮助企业核定资金，对商业企业按商品大类或主要品种计算，核定总的资金占用额；对工业企业核定一个销售资金率和资金占用额。

1987年，市工行选定株洲电力机车厂、株洲起重设备厂、株洲市链条厂3家企业试行流动资金目标管理，分别核定全部流动资金周转加速计划，并制定奖罚办法。至11月末，株洲电力机车厂、株洲起重设备厂的全部流动资金周转速度分别加速11%和37%，两厂共获减低利息奖6.3万元。1988年1月，市工行拟定《国营工业生产企业流动资金目标包干管理暂行办法》，规定年度全部流动资金周转期、成品资金和清算资金占销售收入额的比重，对完成核定指标的企业，分别不同程度，按利息节支额的10%、8%、6%计提奖金，奖金计入成本，不计征奖金税；对未完成资金包干计划的企业，按其多占用资金的0.10%收取罚金，从企业留利中列支。

1989年8月，全市开展清超储积压、挤占挪用、相互拖欠、违章利息、拖欠公款和税款的“六清”工作。由市财委和市人行牵头，组织各家银行协同工作。经半年清理处理，盘活资金3.73亿元，占不合理资金占用总额的72.80%，进一步深化了流动资金的管理。

1990年，市场疲软，工业企业成品资金占用上升，企业间相互拖欠已影响到经济的正常运行。银行组织对“三角债”进行清理，同时组织信贷人员深入企业，运用信贷手段，促进227户工业企业和110户国营商业企业挖掘物资资金潜力4.24亿元。1991年后，国营工业企业流动资金需求基本上是通过商业银行贷款形式获得满足，流动资金管理制度逐步退出，人民银行不再履行管理职责。

二 金银管理

株洲人民银行成立时，即遵照长沙军事管制委员会关于“金银由人民银行统一管理和经营，国家允许人民持有金银，但不得计价行使私相买卖”的规定，开始负责金银的收兑工作。但金银黑市高于国家牌价1～3倍，因此自动交银行收兑极少，大部分是被检查出来的实行强制收兑。1950年

6月后，因广州金价高，黄金暗地南流，只有农村减租退押的金银交银行收兑。7月份，黄金黑市价高出国家牌价近2倍。

从1962年1月起，株洲冶炼企业所生产的金银均由省人行收购，企业生产所需金银亦由其配售。至1973年，市人行才开始办理金银配售业务。

1985年12月，市人行会同市物价、税务、工商管理等部门发布关于加强金银市场管理的规定，允许经批准的单位经营金银饰品，取缔金银走私活动，使银行收购、配售金银的工作纳入正轨。1986年，株洲出现“黄金热”，湘江百货商店金银首饰专柜，8月份的6天时间销售黄金首饰298件，销售收入62931元，原因是人民币兑换美元的比价下降15.80%，市场谣传黄金要涨价，加之工业用银价格上调，银元收兑每枚由5元调为13元。民众担心人民币贬值，将存款换成黄金首饰以求保值。11月，株洲县淦田工商所查获一非法套购砂金及金戒指案。经银行收兑后，将价款及其他款物共计6826元全部上缴国库。1987—1990年，公安部门查处18起黄金走私案，没收黄金2622克，白银329克，假银元4000枚。

1949—1990年，银行共收兑杂色金33878克，砂金5911克，白金230克，白银6593万克，银元78506枚；1979—1990年，共回收工业“三废金”3280克，“三废银”1030万克。1973—1990年，配售给工业生产企业黄金43419克，白银2419.49万克，硝酸银268.39万克。

1991年，市人行与工商、公安、物价、冶金局等部门联合再次制定金银管理规定。醴陵支行对洪源、桃花、瓦子坪3个乡的非法淘金进行全面整顿，黄金一律上交。全年共收兑黄金5067.09克，白银713.9千克，银元198枚；配售黄金12.5千克，白银2398.2千克。1992—1995年，市人行共配售黄金53.5千克，白银12189千克，收兑黄金20.59千克，白银4508.03千克，银元330枚，白金88克。

1996年，《中国人民银行金银收购管理暂行办法》开始实施。全年共配售黄金2千克，白银2334千克；收兑黄金11.8千克，白银752千克，银元7枚。次年，市人行与各金矿开采业主签订黄金收兑责任合同书，黄金走私现象大大减少。全年共收兑黄金515千克，白银666千克；配售黄金16.5千克，白银1278.35千克。1998年共配售黄金2千克，白银1660千克；收兑黄金256千克，白银225千克。

1999年，国际市场黄金价格大跌，人民银行黄金收兑价格几度下调。全年共配售黄金15千克，白银1485千克，收兑黄金891.74克。在国际市场黄金价格继续下跌，一些不法人员利用国际与国内黄金价差，从国外走私黄金入境，然后交售人民银行，从中牟利。为抑制黄金走私行为，人民银行对来历不明的黄金不予收购。同年，白银市场全面开放，人民银行不再办理白银配售、收购业务。2000年，收兑黄金1650克，配售黄金4000克。

三　信托委托业务

（一）信　托

1980年，市人行和市建行先后开办信托存、贷业务，吸收企业、企业主管部门和市（县）财政留存归己支配的资金为信托存款，存期 1 ~ 3 年，存款利率视资金市场情况，在单位定期存款利率上、下浮动 20% 的幅度内灵活掌握。次年 3 月，市建行对株洲钢厂发放信托贷款 123 万元，支持该厂购回 280X5 组复二重式轧机。

1983 年，市人行发布《关于开展信托业务几项暂行规定》，规定市内信托业务，集中归信托部办理，并集中 80% 的信托基金由信托部掌握。

1984 年年末，信托存款达 194 万元，比上年增加 108.6%；信托贷款达 427 万元，比上年增加 359.1%。当年，市工行信托部成立，接办市人行信托部业务。南方航空动力机械公司参与高科技集团在深圳组成合营中航技集团深南电路牌公司，该行信托部于 1984 — 1985 年对该公司贷款 300 万元。同期，对株洲硬质合金厂利用外资在深圳组成的深圳金州硬质合金股份有限公司也给予贷款 200 万元，支持企业开展联营和合资经营。

1986 年，贯彻执行国务院紧缩信贷、控制货币投放的方针，各专业银行信托部整顿信贷业务，压缩贷款规模，严格实行以信托资金来源制约信托资金运用，即以当年信托存款、发行债券与实收资金之和的 60% 为当年信托贷款的计划指标。因此，年末信托类存款 5243 万元，比同期信托类贷款多 2700 万元。

1986 — 1987 年，各专业银行信托部经上级批准，先后改组成为各行所属的信托投资公司。按照“统一计划、填平补齐”的经营方针，重点支持一批企业技术改造、联营办厂的资金需要。市农行信托投资公司从 1987 — 1990 年共发放信托贷款 2300 万元，支持农、工、商企业产销联合、联营，促使 97 家企业新增产值、销售额共 6300 万元，新增利税 945 万元。

1988 年 10 月，市各专业银行根据省人行停办信托业务的决定，对所发贷款进行全面清理。市农行信托投资公司收回到、逾期贷款 756 万元。到 1990 年年末，全市仍有信托存款 3386 万元，信托贷款 7722 万元。此外，财政局所属信托投资公司亦发生信托存款 549 万元，信托贷款 2419 万元。

1991 年，信托存款、贷款分别为 1207 万元和 8149 万元；1992 — 1993 年，信托贷款分别为 15722 万元、21232 万元，无存款；1994 — 1996 年，信托存款分别为 16502 万元、18858 万元、18685 万元，无贷款；1997 年信托存、贷均无；1998 — 2000 年，信托贷款分别为 33699 万元、52022 万元、103015 万元，无存款。

（二）委 托

1982 年，株洲郊区政府利用被当地工业企业污染的农田黏土生产电机砖，计划年产 3000 万块，总投资 142 万元。其中，部分投资由株洲冶炼厂、株洲化工厂、湘江氮肥厂和株洲电力机车厂用留利资金委托市人行信托部贷款解决，经双方企业签订委托合同。信托部根据委托合同，当年发放委托贷款 4 万元，待工程全面开工再发放委托贷款 51 万元，解决了电机砖厂基建资金需要。1984 年 4 月，株洲轴承厂为解决本厂待业青年劳动场所资金问题，委托市人行信托部对该厂劳动服务公司提供委托贷款 35 万元，用于购置房屋 2400 平方米。同年 6 月，市政府为支持地方企业技术进步，决定从市机动财力中拨款 100 万元，由市财政局委托市建行信托部向市级企业发放小型技术措施贷款，周转使用。

1985年上半年，市工行信托部先后与市科委、市（区、县）环保局和市劳动局签订《科技三项费用有偿委托贷款协议》《环保污染治理技术改造委托贷款协议》《待业青年生产周转金委托贷款协议》，委托单位先将资金专户存入银行信托部，贷款时由企业和银行信托部双方签订合同，贷款的用途、额度、期限、利率由合同规定。银行信托部代理发放、收回。该行信托部根据协议，全年共发放委托贷款12笔，金额144万元。1986年，信托投资公司根据委托单位意愿，委托贷款主要用在经济联合的科技开发方面，解决项目期限短、见效快的资金急需。全年共发放委托贷款455万元，其中用于科技开发贷款50万元，环保技术改造贷款184万元。

截至1990年年末，株洲市3家专业银行所属信托投资公司先后共对394户企业累计发放委托贷款7034万元，有力地支持了企业的技术进步和设备更新。

1991—2000年，委托贷款业务发展比较缓慢。到2000年年底，全市委托贷款余额7224万元。

株洲市1982—2000年银行系统信托存款、贷款年末余额一览表

表9-22　　单位：万元

项目 年份	存款	贷款
1982	64	64
1983	93	93
1984	194	427
1985	4877	2156
1986	5243	2543
1987	4742	2210
1988	4672	6915
1989	2854	6625
1990	3386	7722
1991	1207	8149
1992	–	15722
1993	–	21232
1994	16502	–
1995	18858	–
1996	18685	–
1997	–	–
1998	–	33699
1999	–	52022
2000	–	103015

第四章 保 险

民国时期，株洲镇没有保险公司。镇上各家银行承做的质押贷款，其押品需向外埠的保险公司投保。民国36年（1947），交通银行株洲办事处承做升大煤庄出口押汇5000万元（法币），其担保品即向外埠的中农保险公司投保。

1950年9月，中国人民银行株洲办事处代理保险业务。1951年10月，成立中国人民保险公司株洲市支公司，由株洲市人民银行行长兼任经理。

1957年11月，株洲市支公司并入市人民银行，设保险科，对外仍挂保险公司牌子，业务属湖南省保险公司领导。1958年12月，全国财贸工作会议决定“停办国内保险业务”，市保险业务中断。1980年11月，恢复中国人民保险公司株洲市支公司机构。在株洲县人民银行内设保险代理处，市人民银行所属田心、荷塘铺、清水塘、董家塅等办事处及营业部内设保险办事处，对外办理保险业务。

1983年7月，市保险公司接管醴陵县、攸县2家保险公司和茶陵县、酃县2个代理处，工作人员增至34人。1984年1月，市保险公司升格为县团级单位，株洲县、茶陵县、酃县分别建立支公司，年末工作人员增至90人。1985年，市保险公司更名为中国人民保险公司株洲市中心支公司，设人民路、新华路、清水塘3个办事处，年末公司人数达137人。1986年，增设株洲郊区办事处，城乡建立保险站144个。1988年，将人民路办事处改为城南支公司，清水塘办事处改为城北支公司，新华路办事处改为城东支公司，郊区办事处改为郊区支公司。1990年末，辖城市3个公司、县（市）、郊区6个公司，全公司工作人员达253人。1993年，中国人民保险公司株洲中心支公司增设高新技术产业开发区支公司。1995年3月，酃县支公司更名为炎陵县支公司。

随着保险事业的发展，保险机构也得到进一步的发展。1994年12月，中国平安保险股份有限公司株洲支公司成立。1996年5月，按照产、寿险分业经营的原则，中国人民保险公司株洲市中心支公司进行机构改革，分设为“中保财产保险有限公司株洲分公司”和“中保人寿保险有限公司株洲分公司”，并列为中国人民保险集团公司下属的二级分公司。1997年9月，城南、城北、城东、开发区4个支公司分别更名为芦淞支公司、石峰支公司、荷塘支公司、天元支公司。同年10月，郊区支公司更名为新城支公司。

1996年3月，中国平安保险股份有限公司株洲支公司实行产、寿险分业经营。同年，平安寿险机构延伸到株洲县、醴陵、攸县、茶陵、炎陵5个县，形成以株洲市本部为核心、四级机构为补充的人寿保险销售网络。1997年，平安财产保险株洲支公司有代理机构33家，其中市区22家、县（市）11家。

1996年12月，中国太平洋保险公司在株洲设立办事处。

1999年1月，中保集团撤销，中保财产保险有限公司恢复为中国人民保险公司，中保人寿保险有限公司更名为中国人寿保险公司，财产保险与人寿保险从体制上彻底分离。4月，中保财产保险有限公司株洲分公司恢复为中国人民保险公司株洲分公司。2000 年年末，中国人民保险公司株洲分公司下辖 10 个支公司，其中城区 5 个、县（市）5 个。中国人寿保险公司株洲市分公司下辖营销部和县市区共 10 个机构。至 2000 年年底，株洲市有市级保险机构 5 家。

第一节 财产保险

一 企业财产保险

1951 年 4 月，政务院财经委员会颁布《财产强制保险条例》，规定国家机关、国营企业及合作社的财产，在《条例》公布后 3 个月内均实行强制保险（简称“强保”）。株洲市于同年 5 月完成各强保单位的财产调查后，即动员争取投保，并对原按火灾自愿保险办法投保的企业换签强保凭证。当年保险金额（简称“保额”）达 1728 万元，保险费（简称“保费”）收入 1.02 万元。1952 年 2 月，强保实施范围扩大到县级机关和直属粮库，并将区供销合作社代商业专业公司收购的粮食、棉花也纳入强保范围。

1953 年 3 月后，根据全国第三次保险工作会议精神，对国家基本建设、国家机关、事业单位和铁道、交通、水利、邮电、地质、粮食 6 个系统及所属企业的财产停办强保。

1956 年起，又继续对国营企业、公私合营企业和合作社，实施财产强保，使财产强保的年保费收入上升到 4.5 万元，比 1951 年增长 3.40 倍。1958 年 12 月，根据全国财贸工作会议决定，全市停办国营企业的财产强保。

1951 — 1958 年，8 年累计收入保费 51.39 万元，占同期各险种保费之和的 62%。保险赔案 156 件，赔款 2.1 万元。

1980 年 11 月，恢复企业财产保险（简称“企财险”）。该险种扩大自然灾害和意外事故的保险责任范围，实行保户自愿投保方式。全民所有制和集体所有制企业单位与保险公司按照投保财产的账面金额或双方协商金额确定保额，保费年费率按财产的占用性质分别确定为 1‰ ~ 7‰，比 20 世纪 50 年代平均降低 31%。年底，投保的企业单位 314 个，保额 12.33 亿元，收保费 194.76 万元。次年 10 月，工业企业财产险保费年费率平均降低 20%。从 1983 年 5 月起，实行企财险统保与续保优待办法，对统一投保与在一年保险期内未发生赔款或赔付率在 10% 以下，期满继续投保的企业，减收当年应缴保费的 10%。同时，通过宣传解释工作，至年底承保企业单位达 513 个，保额 18.56 亿元，收保费 277.25 万元，比 1980 年增长 42.20%。1984 年 5 月，湘江氮肥厂从德国进口的 5 号氮氢气压缩机在生产运转时突然发生爆炸，造成毁损。株洲保险公司派员现场查勘定损，并报请湖南省保险公司和中国人民保险公司批准，赔付 67.13 万元，使该厂及时重新购进压缩机安装投产。此后，随着企业固定资产投资总额增长以及人们保险意识的增强，投保企业单位及其财产相应增多。至 1988 年，承保面达 95%。是年 7 月，市无线电一厂因配件仓库通风不良，加之天气持续高温，引起库存赛璐珞配件自燃起火，损失金额占全厂财产总值的 35%。株洲保险公司人员经现场查勘定损，破例于灾后第 4 天预付赔款 50

万元以解工厂燃眉之急，并按保险条款规定全案赔付 146.77 万元，为该厂年交保费的 145 倍。

1989 年 8 月，通过对已承保的大中型企业的固定资产清查，争取 77 个企业单位加成投保，新增保额 1.20 亿元，年增收保费 16.21 万元。1990 年，在市场疲软、企业产品销售不畅、资金紧张的情况下，为防止保险业务滑坡，市保险公司年初对已承保的企业摸底排队，对经济效益好的企业实行固定资产加成承保，对经济效益差的企业则按原值或净值承保。全年共收保费 925.60 万元，创企财险有史以来年保费收入的最好水平。

1991 年 12 月，为加强生产安全监督和管理，使企业机器设备在遭受保险责任范围内损失时能及时得到补偿，在全市范围内开办“企业财产保险附加机器设备损坏险”。保险费率是：锅炉压力容器险为 7‰，电器及附加设备险为 5‰，其他机器设备险为 4‰，全部设备统一投保为 3‰。为加强城市治安，加强住宿单位经营管理，人民保险株洲分公司与市公安局、商业局、物价局于 1993 年联合开办了“旅客住宿综合责任保险”。其办法是住宿旅客每人每天交保费 0.5 元，保额 1.2 万元（其中人身伤亡和医疗费各 5000 元，携带物品保额 2000 元）。此业务累计收保费 100 多万元，由于保户对收费方式有异议，后停办。

1994 年 6 月，辖内发生百年不遇的特大洪灾，100 余家企业受损，1 万余户家庭遭灾。市保险公司组成 33 个查勘理赔小组，连续 20 多天查勘定损，支付赔款 1900 多万元，。12 月，为促进用电责任险业务的开展，对辖内用电责任保险费率进行调整，其标准是：化工、医药等行业险为 6‰，建材、陶瓷等行业险为 5‰，冶金等行业险为 3‰，其他险为 1‰。同时，平安保险股份有限公司株洲支公司以市场为导向，承保企财险单位 26 个，保险金额 6.87 亿元，保费收入 195.37 万元。1995 年 3 月，平安株洲支公司开展“展业突击月”活动，当月就收到保费 194 万元。同时积极拓展单位代办业务。通过工商、税务、财政等部门牵线搭桥，与绝大多数驻株中央、省属企业建立业务关系，承保份额均在 20% 以上。全年企财险保费收入达到 622.65 万元，同比增长 218.7%。1996 年，平安株洲支公司继续扩大市场份额，全年共承保企财险单位 229 个，保险金额 30.85 亿元，保费收入 686.73 万元。

人民保险株洲分公司为加强业务协作，稳定产险业务，1997 年与市工行签订“协助开展财产保险业务的联合协议”，后又相继与农行、中行签订类似协议。6 月，平安株洲支公司签下建司以来最大的一笔保单，保险金额为 3.9 亿元，保费收入 62 万元。1998 年，平安株洲支公司调整展业区域结构，攻克大项目 16 个，保费收入 400 万元，全年承保企财险单位 105 个，保险金额 29.01 亿元，保费收入 479.71 万元。与此同时，人民保险株洲分公司成立新险种开发领导小组，大力开展通讯线路综合保险、工程责任保险。

1999 年 8 月，南方航空动力机械公司发生水灾事故，太平洋保险公司最先到达现场查勘，经核算受损资料，快速向企业预付 30 万元赔款。9 月，湘江氮肥厂发生爆炸，直接经济损失 300 余万元，人民保险省、市、区三级公司迅速出动，现场查勘，20 天内支付赔款 200 多万元。平安株洲支公司实行团队销售体制，发挥合纵连横的整体作战效能，实现客户资源的深度开发，是年承保企财险单位 130 个，保险金额 31.35 亿元，保费收入 558.55 万元，全年续保率达 85% 以上，保费规模市场占有率达 13%。2000 年，平安株洲支公司企财险保险金额 30.33 亿元，保费收入 717.62 万元，比

1994年增长267.3%。

1980—2000年，人民保险株洲分公司企财险共收保费27335.49万元，共处理赔案7371件，累计赔款15332.73万元。太平洋保险公司自成立至2000年年底，共处理赔案234件，赔款325.6万元，帮助20家企业单位及时恢复生产与经营，共完成企业财产保险业务1047.2万元。

二　货物运输保险

1951年7月，开办国内货物运输保险（简称“货运险”），以铁路货运险为主，水路货运险次之。承保的货物主要是生猪、鲜蛋、木材和稻谷。当年保额107.98万元，收保费3965元。1952年，铁路输出生猪、鲜蛋至广州、香港等地数量增大，承保业务相应增多，全年保费收入比上年增长8.30倍。1953年后，虽承保货物金额有所上升，但因减轻保户经济负担，下调费率，故保费收入减少。1958年停办保险业务。

1983年8月，市保险公司首先恢复水路货运保险。该险种按托运货物目的地分为本省、邻省、隔省、远省和不同运输工具确定保险费率计收保费，当年承保业务287笔，收保费2646元。1985年4月，市保险公司委托民航株洲售票处代办航空货运保险，同时委托空运产品较多的株洲硬质合金厂预约承保。5月，选择产品易破损且运销量大的株洲纤维水泥制品厂和株洲玻璃厂委托代办铁路货运预约保险业务，并委托市第一汽车运输公司代办汽车货运险业务，同时开办的汽车承运责任险和附加货运险业务也获得发展。全年货运险保费收入达12.26万元，比1984年增长9.60倍。次年3月，市保险公司与市经委、交通运输指挥部联合发出通知，要求各企、事业单位和铁路、保险等部门做好全市恢复铁路货运保险工作，规定托运的货物原则上都应投保。并委托株洲火车站、株洲火车北站以及株洲铁路车务段管内的黑石铺、十里冲、姚家坝等17个车站和醴陵车站代办保险业务。承保的货物有硬质合金产品、有色金属、钢材、机械设备、原煤、矿砂、化工原料、化肥、农药、水泥、纤维水泥制品、平板玻璃、预制桥梁、机动车辆、麻棉制品、塑料、瓷器、烟花鞭炮、食品和农副土特产品等4000多种。是年承保业务10.84万笔，收入保费184.70万元（其中铁路货运保费占87%），居全省第一。1987年1月，将黑石铺、大托铺、暮云市3个火车站货运险业务划归长沙市保险公司委托代办，易家湾火车站货运险业务划归湘潭市保险公司委托代办。衡山铁路车务段管内的七斗冲、渌口、三门、淦田、昭陵、平山塘、朱亭7个车站的货运险业务，从衡东县保险公司划出，由株洲县保险公司委托代办。至此，株洲境内以铁路为主体的陆、水、空货运保险网络基本形成。

1990年，市保险公司对货运险工作进行整顿，在加强服务、扩大保险领域的前提下，增加业务人员专门负责。是年货运险承保量达26.39万笔，保额23.03亿元，保费收入946.20万元，为1986年的5.12倍，夺得全省五连冠。

1991年，全国铁路系统实行保价运输，货主交了货物保价费后，不愿再交保险费，对铁路货运险业务造成很大冲击，保费大跌33%。1992年再跌51%。1993年，市保险公司与铁路部门协商，铁路部门同意让出部分货源不保价而参加运输保险，货运险开始止跌回升，上升29%。

1994 年 10 月，玻璃货运险事故频繁发生，赔付率居高不下。市保险公司对玻璃货运险的费率、途耗、利用率等承保和理赔指标进行适当调整。1995 年 7 月，人保株洲分公司下发《关于加快发展我市国内货运险业务的通知》，继续对货运险实行优惠政策，拓展货运险业务。8 月，又下发《全市货运险（国内业务）考核奖励办法》，调动业务拓展的积极性。年末保费达 674 万元，同比增长 13%。同年，平安保险株洲支公司开办货运保险业务，承保业务 200 笔，2.18 亿元，保费收入 10.35 万元，赔案 3 件，赔款 2.46 万元。1996 年，平安株洲支公司把优质服务融入到承保和理赔两个环节，为客户提供高信誉度、高附加值、超前的服务，是年货运保险保费收入 7.19 万元。

1997 年，人保株洲分公司开展公路货物运输定额保险单项业务竞赛，实行定额保单，简化手续，方便展业，货运险保费大幅增长，完成 1013 万元，同比增长 211%，首次突破千万元大关，创历史最好水平。自此，货运险业务走上专业管理之路。

1998 年，《平安保险报》以《辛苦平安人》为题，把株洲支公司推向全国，引起广泛赞誉。2000 年，平安株洲支公司承保货物运输保险业务 500 笔，保险金额 2.84 亿元，保费收入 20.01 万元，比 1997 年增长 678%。

1983 — 2000 年，人保株洲分公司货运险总计承保 139.35 万笔，收取保费 9567.42 万元，处理赔案 7890 件，赔款 4652.36 万元。

三　运输工具保险

铁路车辆强制保险　1951 年 4 月，政务院财政经济委员会颁布《铁路车辆强制保险条例》。7 月，铁道部衡阳铁路管理局将管区（包括株洲车站）的机车、客车车厢向衡阳市保险公司办理投保手续，货车车厢由铁道部在北京统一投保。1954 年停办。

船舶强制保险　1951 年 4 月，政务院财政经济委员会颁布《船舶强制保险条例》，湖南省航运管理局将所辖株洲营运轮船、渡船、趸船在长沙办理了投保手续。1953 年 2 月，市保险公司开展木帆船合作社船只自愿保险业务，上半年承保木帆船 110 艘，保额 4.88 万元，保费 378 元，因船户多在外港，流动收费困难，遂于年底停办。1955 年 11 月，恢复对木帆船的保险业务，年费率统一定为 4%，比 1953 年下降 56%。1958 年停办。1983 年，恢复船舶保险，费率按铁壳、木壳、船舶年龄和航行河段确定，最高为 2.60%，最低为 0.60%。当年承保机帆船、趸船 107 艘，保额 114 万元，收保费 2.4 万元。1985 年后，因木船多已装配动力设施或改为钢板水泥机动船，抗灾能力增强，保户选择航行于滩多、流急等危险区的船只投保，其他则不保或少保，以致出现投保船舶减少、保额高或赔款超过保费收入的倒挂现象。1996 年 11 月，新的《沿海、内河船舶保险条款及费率》全面实施，中保财产保险湖南分公司将各地船舶统一由省公司统保。1998 年，中国人民保险总公司授权各地、市分公司重心开办船舶保险业务，株洲市授权石峰支公司承保，每年只承保桥梁厂 9 艘船只，保额 485 万元，保费 7.8 万元；茶陵县航运公司 5 艘，责任保险额 54 万元，保费 0.8 万元。

机动车辆保险　1981 年 6 月，市保险公司开展汽车保险业务，经宣传发动，株洲电力机车厂、株洲硬质合金厂、市第一汽车运输公司等企业积极投保，当年承保汽车 249 辆，收入保费 20.44 万元。1983年3月，汽车险全国统一更名为机动车辆险。1984年12月，市保险公司与市公安局、交通局、农业机械管理局联合发出通知，对国营、集体企、事业单位及个体的机动车辆实行法定的第三者责任保险。至1986年年末，全市投保面达30%。1987年7月，根据省保险分公司制定的机动车辆保险条款规定，按被保险车辆发生保险责任范围的意外事故法定责任分全部、主要、同等、次要4种，由保险公司分别赔偿损失费用的80%、85%、90%、95%，从而调动了企业单位和车主参加保险的积极性，至年末共承保机动车1.27万辆，收入保费比上年增长35.80%。次年9月，市第三汽车运输公司的货车从浙江省绍兴市运纺织机械回株洲，途径衢州时与江西上饶地区林业公司的货车相撞，引起两车着火烧毁，死亡4人、伤9人。市保险公司按规定赔付9.50万元，及时对事故进行了经济补偿。1989年，株洲保险公司与市公安局、市农机局联合报请市政府批准，向全市发出实施拖拉机、小四轮第三者责任保险的公告1万份，推动该险种顺利开展，是年承保拖拉机5306台，收入保费43.30万元，同时处理赔案147件，赔款17.60万元。是年11月，开展机动车辆保险一险带多险（即车辆险带驾驶员、乘客人身意外伤害险、公路货运险）业务，使保户获得全面的经济保障，承保业务也因此迅速发展。全年收入保费达960.20万元，比1987年增长67.90%。1990年，执行全国统一的机动车辆保险条款和费率，按投保单位和个人，分机关、企业、营运单位、个体或承包4个档次收费，第三者责任险固定保险费分限额2万元、5000元、无限额3种收费标准。由于保户负担保费合理，承保进度快，全年保费收入突破1000万元，比上年增长12%，为1981年的51倍。

1991年，公安部、农业部、中国人民保险公司联合下发《关于农村拖拉机、小四轮实行法定保险》。市保险公司与市农机局联合在攸县桃水镇进行试点。全市当年承保7306台，收保费53.6万元，较上年增长67.78%。根据国内船舶保险条款，对碰撞责任人员伤亡赔偿问题明确赔偿标准。1992年5月，省保险分公司确定“湖南省运输工具保险业务规范化管理”在株洲市城东支公司进行试点工作。

从1993年1月起，全省实行机动车辆险及附加险综合保险。原车上座位险改定为车上人员责任险，增设车辆单独玻璃破碎保险。株洲市对机动车辆第三者责任实行强制保险。年内，全市机动车辆保费达到2983万元，承保面达到87%。1994年，平安株洲支公司开办车辆保险业务，全年承保车辆保险业务195辆，保险金额0.28亿元，保费收入61.3万元。

1995年，为避免车辆被盗抢的损失，增加全车盗抢附加险。

1996年，中国人民保险公司产、寿险分业经营，原建立的保险代办站及营销员全部随业务归口到寿险公司。由于摩托车保险基本都是营销员代办的，为稳住此项业务，将摩托车保险单改为定额保单，简化手续实行营销方式（卖保单）。攸县支公司在全县30个乡镇建立代办网点，聘用40余名代办员，年收取保费占该公司机动车辆总保费的70%左右。

同年，平安株洲支公司在马家河、群丰、白关开办代办站，年底各站车险保费均在10万元以上。平安株洲县办事处“司警联姻”兼职代办，年底收车险保费110万元。全年，平安公司承保机动车辆上升到8400台，保险金额3.43亿元，保费收入1313.14万元，新增719.49万元。

1997年，机动车辆保险相继推出不计责任免赔特约保险、车载货物掉落责任险、车辆停驶险、自然损失险4个险种。机动车辆险从单一的损失险、三者责任险发展到7个附加险共9个险种，逐步满足了保户的需求。当年，中保产险株洲分公司保费收入是1990年的4.3倍，赔款达2665万元，基本扭转机动车亏损局面。平安株洲支公司在6月上旬创下了日收保费148万元的最高纪录，涌现了5名百万元展业能手，全年承保机动车辆5599台，保额2.86亿元，保费收入1049.79万元。

1998年，中保产险株洲分公司推行持证上岗和实施机动车辆险创名优工程，攸县支公司被评为全国机动车辆险创名优工程先进单位。平安株洲支公司改革展业模式，剔除不良标的，规范理赔操作，提高理赔技能和速度。满期赔付率为44.45%，实际赔付率比上年下降19.52%，出险频率19.33%，均低于全省的车险的平均水平。第一现场查勘率达60%以上，特别是单方肇事的现场查勘已达90%。此外，陆续开办不计责任免赔险、无过错责任险。是年附加险种的保费占车险保费的20.7%，增长1.5个百分点。是年，平安株洲支公司承保机动车辆2413台，保险金额2.38亿元，保费收入758.77万元。

1999年，国务院成立保险监督管理委员会。保监会对机动车辆保险条款、费率和费率规章进行了重新修订，实施电脑出单，逐步与国际接轨。7月，人民保险株洲分公司成立理赔管理中心，对保险事故车辆实施统一查勘定损，并实行保险车辆玻璃受损设点免费安装服务。平安株洲支公司推行以“核保从严、核赔从实”为主要内容的改革，建立客户亏损档案，推广效益型附加险，对营运车辆实行有条件承保，成为全省平安保险系统首批“以我为主”车险理赔达标的支公司之一。是年，平安株洲支公司承保机动车辆3070台，保险金额2.67亿元，保费收入761.14万元。

2000年，中国保险会对机动车辆保险条款、保险费率、费率规章再次进行修订。明确机动车辆保险合同为不定值保险合同，保险分为基本险和附加险，附加险不能独立保险。当年，人民保险总公司设立全国统一的集报案、业务咨询、举报为一体的“95518”专线服务电话。7月，株洲市各县（市）支公司全部联网开通。9月，人民保险荷塘区支公司与市建行铁道支行合作，开办汽车消费贷款保证保险业务。平安株洲支公司全年共承保机动车辆3217台，保险金额2.89亿元，保费收入845.78万元。

1981 — 2000年，人保株洲分公司共承保各种机动车、船319195辆（艘），保额174.5亿元，保费收入45240万元。处理车、船赔款案85916件，赔款31607万元。其中汽车意外事故赔款占95%，三者责任赔偿占总赔款的78.9%，个体和专业运输单位的赔款占总赔款的90%。

1994 — 2000年，平安保险株洲支公司共计承保机动车辆24908台，保额16.19亿元，保费收入5383.57万元，赔案7575件，累计赔款3253.71万元。

四　农业保险

养殖业保险　1951年9月，在市郊东、郊北区首次开办耕牛保险，承保耕牛132头。次年年末，承保耕牛1061头，占耕牛总数的52%，收保费1367元。1954年，停办耕牛保险。1956年恢复，年费率为4%，一季度共承保农业生产合作社耕牛678头。因根据账面价值再按上级规定“低二成”承保，保户获利少，影响投保积极性。至1958年，续保的耕牛仅193头。同年，全面开展生猪“三包”保险（平时包防疫、病时包治疗、死亡包赔偿），以区为单位成立“三包”委员会，每头生猪收“三包”费1 ~ 3元。1959年2月，农业保险再次停办。

1984年10月，市保险公司与市农行联合发出通知，要求农行营业所、农村信用合作社在农村开展种植、养殖业保险。年底承保耕牛18头，生猪2头，收入保费291元。1986年，通过深入宣传，一些农民提高了对保险的认识，乐意投保，全年共承保耕牛512头、生猪2305头，收保费1.5万元。1987年4月，根据湖南省保险公司规定，耕牛、生猪必须以乡村为单位统一投保、专业饲养户的生猪必须全部参加保险才能承保，加上因饲养成本高等原因，当年仅有24头耕牛投保。1988—1989年，投保的耕牛与生猪也为数不多，1990年投保量下降为零。1992年，市保险公司与市乡镇企业局联合下发《关于进一步在乡镇企业开展保险业务的联合通知》，在县郊普遍开展了农村所有险种的"联合共保"，当年养殖险收保费113万元，创历史最好水平。1984—2000年，共承保大牲畜585头，小牲畜19251头，承保水产养殖面积268.80公顷，总计收取养殖险保费46.16万元。

种植业保险 1986年4月，市保险公司承保城区石峰公园风景林2000亩（折134公顷），每亩保额50元，共收保费800元。7月，酃县试办森林火灾保险，承保该县林业局用材林127.50万亩（折8.50万公顷），每亩保额25万元，共收保费13.80万元。12月，毗连的桂东县山火蔓延至酃县，烧毁该县林业局森林274公顷，市保险公司及时赔付10.26万元。1987年后，境内各县市区先后开展森林火灾保险，至1989年，3年共承保森林30.89万公顷，收保费98.90万元。

1989年5月，在市郊区试办杂交水稻制种保险，承保制种田27公顷，按每亩产量计算保额，年费率为7%，共收保费8000元。正值水稻抽穗扬花时节，阴雨连绵，造成减产，保险公司按协议赔偿3.5万元。

1990年，木材滞销，林区费用负担困难，森林火灾承保面积减至3.08万公顷。是年，酃县共发生森林火灾7起，烧毁用材林28.14公顷。按森林统保规定，保险公司从所收保费中扣除赔款后，返还县林业局8.26万元用于森林防火和奖励防火抢险有功人员。

1991年3月，市保险公司与市种子公司在株洲县和市郊区试点，联合开展杂交水稻制种保险业务，按每亩产量计算保额，每100千克稻谷折合人民币20元计算为保险金额，取得了一定成效。1991—1994年，共承保水稻1.74万公顷。

1992年，市保险公司与市乡镇企业局联合下发《关于进一步在乡镇企业开展保险业务的联合通知》，在醴陵、株洲县、攸县、茶陵、酃县、郊区普遍开展了农村所有险种的"联合共保"，促进了农险业务的发展。当年，种植险收保费100.9万元，为历史最好水平。

1994年，在炎陵县、茶陵县大力开展森林火灾保险业务。与市林业局联合下发《进一步做好森林火灾保险工作》，森林火灾保险业务逐年增加。

1986—2000年，市保险公司共承保农业险总计收取保费673.2万元，处理农业险赔案1096件，赔款共计410.68万元。其中，承保森林100.70万公顷，承保水稻1.74万公顷，收种植险保费626.6万元。

五 家庭财产保险

1951年，对私营工商户及个人家庭财产是以普通火灾保险和居民火灾保险承保的，保险公司负责保险财产遭受火灾损失的经济补偿责任，年费率为4‰。至年底，工商户及民众参加普通火灾保险的有1064户，保额39.36万元，收保费7904元。1952年，改为简易火灾保险，以城镇居民和市郊农民家庭财产为承保对象，年费率3‰，当年承保457户，收入保费189元。因投保房屋陈旧简陋，保险赔付率高，且保户对不负风灾、洪水损失的赔偿有异议，于1953年停办。同年，还开办了以团体为单位、职工个人财产为对象的职工团体火灾保险，年费率2‰，规定每户平均保额300元，交保费0.60元，当年有21个单位的720名职工投保。1951—1958年，累计收入保费3.65万元。

1981年，将普通火灾保险、简易火灾保险、职工团体火灾保险合并为家庭财产保险（简称“家财险”），保期1年，期满续保，每户保额起点为500元，最高为2000元，年费率1‰，保险责任从单一的火灾扩大到爆炸、雷电、洪水、地震、地陷、岩崩造成的经济损失以及因上述灾害事故进行抢救、施救所支付的合理费用。同年11月，市保险公司与市总工会向全市各企、事业单位工会发出《关于举办家庭财产保险的联合通知》，组织职工投保。年底承保达1315户，收入保费1336元。1983年7月，市保险公司根据城市社会治安情况，举办家财险附加盗窃保险，对居住在城区或县城关镇被保险人城区或城关镇内的财产，遭受附加盗窃保险责任范围内的损失，由保险公司负责经济赔偿。此险种推出后，保户认为能解除后顾之忧，当年即有245个单位的3.39万户职工投保，收保费7.19万元，比1982年增长3.30倍。次年4月，因开办家财两全保险，原家财险业务逐渐缩小。家财两全险分三年、五年期2个档次，投保人交付规定数额的储金，以储金利息作保费，保险责任与家财险及附加盗窃保险一样，具有“受灾、被盗窃有赔偿，保险期满退储金”的两全好处。因此深受群众欢迎，业务发展迅速，全年承保44356户，收保险储金140.87万元。1989年8月，株洲电力机车厂48户集体投保家财险的职工，家中48台电视机遭雷击损坏，保险公司按规定负责委托修复，共付修理费10140元。1984—1989年6年共承保33.21万户，收保险储金1394.16万元。家庭财产赔案一般为火灾和盗窃损失案件，其中盗窃损失案件较多，1988年处理723件，赔款19.60万元，为同年总赔款的78.40%。

1990年1月，原家财险和家财两全险更名为城镇家庭财产保险和城镇家庭财产两全保险。该险种限于居住在城区或县城关镇的机关、团体、事业（含部队）、企业单位的干部、职工以及有正式户口或临时户口的居民投保，原附加盗窃险责任列入基本保险范围。同年8月，开办城乡家庭安全用电综合保险。

1991年，人民保险株洲分公司开办长效家庭财产保险业务，将“两全险”改为“长效还本”，即保险期满后只要被保险人不提取储金，保单继续有效，保险期限自动续转。1993年，开办“城镇家庭财产限额保单”业务，是“一般家财”的改良，每份保额分2000元和10000元两种，保险费分别为10元和50元。

1994年，平安株洲支公司正式开办家财险，开办不到1个月，就取得保险储金238万元、保费收入86万元的业绩。

1995年，为促进城镇家财险发展，人保株洲分公司试办城镇家庭财产保险附加特约金银首饰、人民币钞票、债券盗窃保险业务，该附加险由于风险大，后停办。同年，平安株洲支公司与各居委会、街道办事处以及部分企业联系，扩大业务范围，是年家财险储金 196 万元，保费收入 74 万元，保险业务总收入 270 万元。

1996 年，人保株洲分公司单独设立“城镇居民家用电器综合保险”业务，其保额为每人（户）10000 元，费率为 5‰，保期 1 年。同年，平安株洲支公司借助媒体推介，承保家财险储金 193.24 万元，保费收入 103.6 万元。

1998 年，平安株洲支公司与全市 36 个电管站签订委托代办用电合同。其中一个乡 3200 户居民中，就有 2272 户投保居民用电保险，占全乡居民总数的 71%，保费收入 1.82 万元。次年，该公司强化售后服务，全年收到家财险保费 17.8 万元，保险储金 83.41 万元。2000 年，平安支公司共承保家财险保险储金 48.52 万元，保费收入 31.81 万元，增长 78%。

1981 — 2000 年，人民保险株洲分公司家财险共收保费 2619.08 万元，处理赔案 13545 件，赔款 1475.31 万元。

第二节　人身保险

1951 年 7 月，株洲市保险公司开办人身保险业务，至年底有 13 人投保简易人身保险（简称“简身险”）。1953 年，发展到 4700 人，收入保费 1.23 万元。与此同时，团体人身保险（简称“团身险”）也发展起来，承保单位 203 个，简身险 5887 人，收入保费 3192 元。1954 年，贯彻省保险分公司关于“单位投保人数必须达到 50% 以上才能承保，达不到的全部停止生效”以及“凡已实行劳保的厂矿企业，不必再向保险公司投保人身保险，已保的可以停保”等规定，简身险出现已保人数失效过多，有效人数无法巩固的情况。1955 年，虽然采取巩固简身险，稳步发展团身险的措施，但至年末，简身险的有效人数仍减至 317 人，团身险仅留 4 个单位、121 人。1958 年停办。

1983 年 3 月，市保险公司举办 1 年期的团体人身意外伤害保险（简称“团意险”），年费率 6‰。5 月，承保市郊区建筑工程公司干部、职工 643 人，收入保费 3658 元。全年，承保 732 人，收入保费 4365 元。次年 3 月，株洲市保险公司倡导、筹划在全省率先开办集体制职工养老金保险（简称“养老金险”），并会同株洲市劳动局、财政局、税务局等制订“统一投保、统一领取、统一分配”的办法，根据“国家资助，集体多拿，个人少出”的原则，采取按投保人年龄结构分档次交费等一系列管理办法。同年 4 月，经南方航空动力机械公司劳动服务公司试点后在全市推广，当年投保就有 204 个单位，共 16104 人，收入养老基金 135.39 万元。10 月，该公司在株洲市召开的全省劳动就业现场会上，作了经验介绍。1985 年，进一步完善管理办法，全年承保 30228 人，收入养老基金达 435.58 万元。同年，简身险也相继开展，承保 3891 人，收入保险储金 45973 元。在发展业务的同时，市保险公司做好事故后给付工作。5 月，市第二汽车运输公司一司机驾驶的解放牌货车，从醴陵市运鞭炮至广州，途中翻入山沟，造成车毁人残，市保险公司按条款规定给付保险金 1 万元（含医疗费 5000 元）。1986 年，保险业务由集中转向分散，由城市向农村延伸。市保险公司相应建立专职代办保险机构，并以株洲县为建立保险站发展简身险的试点，历时 80 天，建站 25 个，承保简身险业务15万份。至年底，全市建站144个，聘用保险员245人，承保人数达24.04万人，业务量90.52万份，收入保险储金356.40万元，占全年人身险业务总收入的32.54%。

1988年，简身险发展完善为“统一年期、统一份数、统一保额、统一签单、统一交费”的统保业务。市保险公司与株洲市总工会、财政局、税务局、审计局和市人行联合制定《关于机关、团体、企、事业单位统一投保简身险优惠办法》，经市政府批转执行。是年，全市统保单位达906个，51.04万人投保，但带病投保、拖欠保费、高龄投保比重大等问题均有不同程度的存在。为此，市保险公司采取对长年期（20年以上）停办，55岁以上的停止签单，高危行业的散户停止承保，并停止子女为父母多份投保等措施。同年4月，市政府决定，全民制与集体制职工退休费用统筹工作归口市劳动部门统一管理。对以前市保险公司经营的养老保险按与企业签订的契约处理。

1989年，市保险公司采取“以城镇为主，以经济发展较快地区为主和以有固定收入的职工干部为主”的方针，巩固发展简身险。在全市推广3年、5年期的特约型简身险。全年，以简身险为主体的人身保险发展到26个险种，承保人数达77.56万人，业务总收入2331.20万元。1990年，市保险公司针对人身保险业务滑坡的情况，采取“长险滑坡短险补，城市滑坡农村补，简身险滑坡其他险种补”的对策，在城乡各地相继推出短期定额险、团体意外还本险、学生平安险、少儿两全险、夫妻恩爱险、义务兵养老险、农村集体干部养老险、纯女户结扎养老险等新险种，促进了人身保险业务的巩固与发展，全年共承保78.91万人次，业务总收入2664.90万元。

1983—1990年，共承保345.84万人，收入保费与保险储金共1.15亿元，同期共给付6.27万人各种保险金1677.80万元，其中：各险种案件(保险责任范围内的伤残、病残、身故、安葬等)给付16353人，给付保险金701.40万元。

1991年，市保险公司在全市乡村普遍开办村干部、妇女主任、义务兵、农机员、民办教师、乡镇企业干部、职工、村民等人身保险，开辟农村寿险新领域。全年，人身险共收保费3125.4万元。其中，简身险收费1665.2万元，农村养老保险储金235.4万元。同时，重新启动甲种简身险，实行甲种与特约并举，统保与分散并举，公费与私费并举，对原有简身险长期失效、退保、停保进行了清理、转换保单工作。1992年，简身险承保24789人，共124157份，保费收入1224.9万元；特约型简身险承保49099人，共130249份，保费收入642.5万元。全年，人身险保费（含储金）达417 3.4万元，创历史新高。次年，市保险公司为全市10万幼儿办理长效平安保险和少年儿童健康医疗还本保险，收入保费储金500万元。全年，收入返还性人身险3659万元。

1994年，市保险公司给付和满期给付寿险金333.30万元。全年，简身险收入达1800万元，特约型简身险达733.3万元；全市有150个单位，共3300人，投保少儿健康医疗还本险，收储金99万元；在开展少儿幸福保险活动中，有4421人承保，收储金78.4万元；为4000名外出打工者办理了意外人身伤害保险，收费8万元。简身险业务带动了学平险、居意险、养老金险发展。1995年，市保险公司共收人身险保费2921.4万元。仅甲种简身险有效份数达130万份，新增24万份，增长25%。1996年，人寿保险业务得到长足发展，收入人寿险保费（不含储金）4459.70万元，新增1459.70万元，增长48.7%，提前1个月完成年度任务。同年，平安株洲支公司亦开办个人寿险，当年共签单9293件，完成保费收入833万元，个人寿险约占株洲个人寿险市场份额的八成，全年处理各类寿险事故48起，赔付金额15万元。

1997年6月30日至7月1日，中国人寿保险市分公司为迎接香港回归，在全市开展“庆香港回归、迎幸运婴儿降临”活动，香港回归夜晚，全市有10名“幸运婴儿”喜获幸福保险，每人10份，金额2000元的少儿幸福保险。全市人险总保达1亿元，其中寿险业务完成6031万元，同比增长78%；短期险业务完成1100万元，同比增长25.98%；营销业务完成2869万元，实现利润166万元。株洲平安寿险完成个人业务新契约保费收入2005万元，增长141.6%；个人业务续期保费收入628万元，续外保费综合达成率78%。1998年，中国人寿保险株洲分公司为扩展业务，在全市城乡建立36个中心站，全年人身保费收入完成14009.6万元。株洲平安寿险完成个险新契约1027万元，个人续期保费1790万元。

1999年，人寿保险株洲分公司在全市建立10个营销部，有1500人参加展业，全年完成人身险总保费达17796.9万元。

2000年，人寿保险公司人身保险费达到2.05亿元，其中营销业务1.39亿元，1年期短险业务2182万元，代办业务保费4424万元；全市承保336751人，保单达100917件。株洲平安寿险完成保费收入5513万元，其中个险新契约保费1500万元，个险续期保费3260万元，全年受理赔案1363起，赔付1233件，拒赔102件，总赔付金额221万元。

第三节　涉外保险

中华人民共和国成立后至1985年，称为国外保险，其承保、防灾与理赔工作均由省保险公司集中办理，市保险公司只代理检验外地保险公司承保由株洲市收货的进口货物以及签发保险货物损失的索赔单证。

1986年，国外保险改称涉外保险。4月，市保险公司设立涉外保险营业处，配备专职人员办理日常业务。同年11月，与市对外经济贸易委员会、市中行联合发出《关于开展涉外保险业务的联合通知》，布置全市开展涉外保险业务，其险种有：设备安装工程保险、财产保险、进出口货物运输保险、人身意外伤害保险。到1990年，市人保公司共承保涉外保险6748笔，收入保费138.66万元，防灾理赔给付工作均由省保险公司集中办理。其中，1990年共承保191笔，收入保费37.3万元。

1994年，平安保险株洲支公司正式开办涉外保险业务，当年承保涉外保险业务1000笔，保险金额0.24亿元，保费收入12.03万元。平安保险株洲支公司根据不同购买特征的客户群，采用最经济、最富有针对性的渠道，在市县区进行实地直销，涉外保险业务大幅增长，1995年承保涉外保险业务2000笔，保险金额0.39亿元，保费收入73.36万元。1998年，平安公司承保涉外保险业务2000笔，保险金额1.55亿元，保费收入32.85万元，赔案1件，赔款0.41万元。2000年，平安公司承保涉外保险业务0.2万笔，保险金额1.47亿元，保费收入36.03万元，比1994年增长199%。从1994年到2000年，平安保险株洲支公司共承保涉外保险业务1.3万笔，保险金额8.30亿元，保费收入307.88万元，赔案7件，赔款63.44万元。

中国人民保险公司株洲分公司历任负责人名录

表 9 –23

经　理	任职时间	副 经 理	任职时间
童时若	1984.5 — 1993.6	邓仁生	1984.5 — 1993.6
陈衍朝	1998.1 — 2000.12	邵柱庭	1984.5 — 1990.12
–	–	郭润身	1987.12 — 1993.6
–	–	周纪告	1993.8 — 1996.11
–	–	罗晓阳	1994.2 — 2000.12
–	–	廖良英	1994.2 — 2000.11
–	–	陈衍朝	1996.11 — 1997.12
–	–	唐永忠	1996.11 — 2000.12
–	–	向东良	1996.11 — 2000.12
–	–	陈观明	2000.7 — 2000.12

中国人寿保险公司株洲分公司历任负责人名录

表 9 –24

总 经 理	任职时间	副总经理	任职时间
周纪告	1996.6 — 2000.9	廖良英	1996.6 — 1998.12
–	–	陈周云	1998.12 — 2000.12
–	–	贾从吾	1998.12 — 2000.12

中国平安财产保险公司株洲支公司历任负责人名录

表 9 –25

总 经 理	任职时间	副总经理	任职时间
龙新民	1994.4 — 1997.12	王永中	1994.4 — 1995.6
朱国庆	1998.1 — 2000.12	–	–

中国平安人寿保险公司株洲支公司历任负责人名录

表 9 –26

经　理	任职时间	副 经 理	任职时间
邓新民	1996.3 — 1998.2	曹　琦	1996.11 — 1998.2
曹　琦	1998.2 — 1999.6	郭伟峰	1998.3 — 2000.3
邓新民	1999.6 — 2000.4	曹　琦	1999.6 — 2000.4
曹　琦	2000.4 — 2000.12	陈　莉	1998.9 — 2000.12

第五章 证 券

第一节 证券机构

1988年5月，中国人民银行株洲分行创办株洲市第一家证券机构——湖南省证券公司株洲代理处，隶属中国人民银行株洲分行，其业务接受湖南省证券公司指导。主要经营有价证券的贴现和买卖；代理发行股票、债券；承购包销有价证券；证券发行垫款；证券抵押、用现等业务。为株洲市第一家一级证券交易市场。至年底，该代理处共办理国库券贴现业务100.1万元，购进各种债券4.8万元，办理有价证券抵押业务6万元。

1991年，株洲代理处有证券营业部4家，证券代办点33个。证券市场的发展，为经济建设筹集了大量资金，为企业解决急需的资金需要。当年4—5月间，南方动力机械公司急需现金采购原材料，因银行贷款受到限制而无法提供资金，于是申请发行企业债券。株洲代理处为其发行企业债券1000万元，被市民争购一空，解决该公司的燃眉之急。是年，株洲市债券发行突破亿元大关，达到12031万元，较上年增长84.8%，其中企业债券4218万元、短期融资债券990万元。是年3月，市工行信托投资公司更名为湖南省工商银行信托投资公司株洲办事处，该办事处分设证券部，在全市设置6个证券交易点，开办代理企业发行债券、证券买卖、代保管、代兑付等项业务。全年，该证券部共代理发行国库券150万元，代理株化集团、五三厂等企业发行债券1830万元，进行证券买卖667万元，为筹措闲散资金、活跃资金市场、支持生产流通起到积极的作用。

1992年，泰阳证券有限责任公司（后并入方正证券）株洲营业部成立，株洲证券市场开始走上正规化发展道路。当年，全市共发行各类债券1.5亿元，是1991年的3.5倍。其中85%的债券资金用于国家及省、市各个重点项目。债券的大量发行，有效地吸收社会各类闲散资金，改变了计划经济模式下企业一味依赖国家财政与银行拨、贷款的局面，同时为市民提供新的投资渠道。

1993年3月，市工行信托投资公司证券交易厅开业。同年，中信建投证券公司在株洲设立营业网点。1994年，株洲市证券公司增设醴陵证券交易部，扩大业务覆盖面。市证券公司开通双向卫星，实出卫星报盘；同时还开通电话委托和自动委托系统，既方便股民，也减轻了柜台压力，日交易量最高时达3000余万元。

1994年11月，市建行证券交易所开通全国首家“新德利即时资讯系统”，并取得深交所席位资格，从而成为全国功能最齐全、软硬件设施最完备的证券交易场所之一。是年，市建行证券部共投资1000余万元，对原有的软、硬件设施和通讯设施进行改善，彻底消除因停电、线路故障等因素给股民们造成的不必要损失，并安装卫星接收系统，开通磁卡自动交易系统、电话委托系统和汇金分析系统，并在上海证券交易所设立“红马甲”席位，直接与上海报盘实现同步。同时，获得深圳证券交易所会员资格，在全市首家开通深圳点对点系统，委托买卖直接进入深圳证券交易怕撮合成交，做到卫星即时行情显示和委托及时成交回报。“新德利即时资讯系统”的开通，可在每天开市前，把当天深、沪两地和中央的各种重要证券信息、政策措施传播到股民面前，当年证券成交量达7亿元。

至1997年，株洲市证券业共有3家机构，即湖南证券有限责任公司株洲交易营业部、国泰君安证券有限责任公司株洲交易营业部、华夏证券有限责任公司株洲交易营业部。3家机构均按照国务院关于银行业和证券业实行分业经营的指示，收购原人民银行、工商银行、建设银行所办的证券公司组建而成，主要经营证券发行承销、证券经纪、股票交易、资产管理、投资咨询等业务。全市设有5处证券交易大厅（含醴陵市1处），总营业面积达6630平方米。3家公司通过陆续配置先进的电脑等设备，不断加快网络改造，提高网络运行速度，建立完善的交易系统。全部开设电话委托、股民解盘、咨询、查询等服务业务。

第二节　证券交易

20世纪90年代初期，株洲市民对股票的了解相当匮乏。1993年，市工行在全市率先组织明珠、宏发、融非3种内部股权证上柜交易。仅3个月内部股权证共成交20836手，成交金额798.8万元。5月24日，开通STAQ系统法人股交易，仅1个月法人股成交681手，成交金额31万元。

1993年，湘火炬股份有限公司（后并入潍柴动力）在深交所挂牌上市，是株洲市第一家上市公司。同年6月，株洲千金药业股份有限公司在上交所成功上市，注册资本15120万元。随后，株洲庆云发展股份有限公司于1996年11月上市，注册资本7286.4935万元；南方宇航科技股份有限公司于1997年3月上市，注册资本39780万元。2000年，全市3个证券营业部，共开户数108123户，成交总额172.36亿元，其中：湖南证券股份有限公司株洲营业部开户50591户，成交总额80.40亿元；华夏证券股份有限公司株洲营业部共开25503户，成交总额47.84亿元；君安证券股份有限公司株洲营业部共开31669户，成交总额44.13亿元。

株洲市证券业基本情况一览表

表9-27　　　　单位：万元

<table>
<tr><th rowspan="2">公司名称</th><th rowspan="2">成立时间</th><th rowspan="2">交易大厅面积（平方米）</th><th rowspan="2">从业人员</th><th rowspan="2">股民开户数</th><th rowspan="2">股民保证金</th><th rowspan="2">资产总额</th><th rowspan="2">负债总额</th><th colspan="2">1997年全年交易量</th><th rowspan="2">全年实现收入</th><th rowspan="2">全年利润</th></tr>
<tr><th>深市</th><th>沪市</th></tr>
<tr><td>湖南证券株洲营业部</td><td>1996年10月</td><td>3100</td><td>54</td><td>34232</td><td>5579</td><td>11353</td><td>8745</td><td>418056</td><td>183076</td><td>4803</td><td>3470</td></tr>
<tr><td>君安证券株洲营业部</td><td>1997年3月</td><td>1900</td><td>32</td><td>18492</td><td>5017</td><td>4965</td><td>5605</td><td>92000</td><td>54000</td><td>788</td><td>361</td></tr>
<tr><td>华夏证券株洲营业部</td><td>1997年1月</td><td>1630</td><td>24</td><td>8846</td><td>2483</td><td>2703</td><td>2795</td><td>137802</td><td>85541</td><td>1019</td><td>362</td></tr>
<tr><td rowspan="2">合　计</td><td rowspan="2">–</td><td rowspan="2">6630</td><td rowspan="2">110</td><td rowspan="2">61570</td><td rowspan="2">13079</td><td rowspan="2">19021</td><td rowspan="2">17145</td><td>647858</td><td>322617</td><td rowspan="2">6610</td><td rowspan="2">4193</td></tr>
<tr><td colspan="2">970475</td></tr>
</table>

第十篇　城市建设

株洲曾是三国时吴建宁县治，唐太宗贞观元年（627）将建宁县并入湘潭县，此后株洲为湘潭县地。民国23年（1934）设株洲镇（乡级）。随着粤汉、浙赣、湘黔3条铁路的建成通车，株洲镇便成为中国南方铁路要冲。交通优势促进了城镇建设。民国25年（1936），国民政府交通部、军政部派员到株洲镇选址，分别在田心（株洲市东区田心办事处）和董家塅（株洲市南区董家塅办事处）筹建株洲机厂（株洲电力机车厂）和十一兵工厂（南方航空动力机械公司）；民国27年（1938）南京永利久大化学公司在贺家土（株洲市北区贺家土办事处）筹建"化工城"。前来承包工厂建设工程的营造厂达30余家，1万人以上。抗日战争期间，株洲镇频遭日机轰炸，死亡上千人，毁房上万间，铁路被迫拆毁，刚刚筹建的工厂被迫南迁。抗日战争胜利后，背井离乡的人们返回故里重建家园。拆毁的铁路相继复修；南迁的工厂相继复建，但发展缓慢。至中华人民共和国成立前夕，株洲只是湘潭县株洲乡的一个集镇，面积1.5平方千米，人口约7000人，仅有2条麻石铺设的街道（解放街、建宁街）和1条由董家塅至湘江边的砂石马路，房屋建筑面积16.74万平方米，多为私人简易平房住宅。

1951年7月建立株洲市（县级），株洲市市区建设从此跨入新的历史时期。同年汛期抢修完成建宁闸桥，并经1年多奋战，筑起从月形山至车站路长1.57千米简易防洪堤。截至1951年年底，株洲市总面积增至247.5平方千米，其中城区面积1.05平方千米；总人口9.15万，其中城区3.21万人。1952年，开始修建人民路和沿江路一水厂至铜塘湾段，并在建宁街安装路灯；成立专业清洁队，负责清扫城区主干道和公共场所；组建建筑工程队；1952年，城区新增房屋建筑面积14.10万平方米，人均居住面积4.30平方米。住宅多为简易平房，其中年久失修的房屋占64.77%。

1953年，株洲市被列为全国新建8个重点建设的工业城市之一。苏联援建的4项重点工业项目及其他一批中央部属、省属工业企业安排在株洲市兴建。城市建设在"为工业建设服务、为劳动人民服务"的方针指引下，结合重点建设项目，开始有计划、有步骤地进行城区的新建和改造，以适应大规模经济建设的需要。同年，湖南省成立潭株工业建设规划委员会，株洲市成立城市建设委员会，着手对株洲市城市建设进行规划。1954年，由国家城建、重工业、化工、建材、铁道、水电等8个部的有关专家组成中央联合工作组和苏联专家组汇集株洲市，选定城市规划方案。1955年，经国家建委审定批准实施。规划既定，已经兴起的建设大规模进行。实力雄厚的湖南省第五建筑公司、湖南省工业设备安装公司、湖南省火电安装公司、中国有色冶金三建二公司等都在株洲市建立基地，市建筑工程公司也相继组建，形成一支数万人的建设大军。至1955年年底，城市楼群和各家厂房突兀而起；道路、防洪、排渍、供水、排水、园林、绿化、供电、医疗、商业、服务、教育、文化等基础设施、配套设施、公共设施，本着为工业建设创造条件、为工业建设服务、为人民生活服务的宗旨，抓紧进行建设。

1956 年，株洲市升格为地级市，直属湖南省领导。由于大工业项目的增加和地方工业的大批兴建，城市规模迅速扩大。至 1957 年，在超额完成“一五”计划主要经济指标的同时，城市建设也取得显著成效。“一五”计划期间全市建成投产的工业企业 169 家，职工人数达 5.2 万余人，4 个工业区初步形成，全市建筑业竣工面积 103.55 万平方米，一座建成区面积达 25 平方千米，城市人口近 20 万的工业新城初具规模。

1958 — 1961 年，贯彻实施总路线和“大跃进”运动，工业建设特别是地方工业发展迅猛，城市建设也得到快速发展。仅 1958 年全市就完成建安总产值 7719 万元，房屋竣工面积 45.07 万平方米，32 家工厂建成投产，8 项公共建筑交付使用，城市人口猛增了 13 万人。“二五”计划期间，全市又有 55 家企业建成投产。但由于忽视了客观经济规律，急于求成，片面追求高速度，也造成了重大损失。大批工厂下马，4.9 万职工下放农村，导致大起大落，城市经济萎靡，城市建设缓慢。通过贯彻“调整、巩固、充实、提高”的方针，国民经济和城市建设逐步恢复正常发展。至 1965 年，全市总面积达到 2026 平方千米，其中城区面积 198 平方千米；总人口 62.30 万人，其中城区 23.72 万人，城市建成区 28.4 平方千米。年末城区建筑面积近 400 万平方米，人均居住面积 3.11 平方米；实有道路长度 60.1 千米，铺装道路面积 52 万平方米；自来水生产能力 27 万吨 / 日，供水管道长 49 千米；下水道长度 2.5 千米，实有路灯 80 盏；拥有公交车 22 辆，营运线路 7 条，长 83.3 千米，与 1958 年开通公交线路时比，公交车增加 14 台，营运线路增加 4 条，营运道路增加 59 千米，形成工业新城的雏形。

1966 年开始的“文化大革命”，使城市建设受到很大的冲击。规划机构被遣散，已订规划不能正常实施，致使城市发展混乱；地方工业布局松散；工业项目重复布点，形成一厂一路和一厂一线的零乱布局状况。公用事业和建设受到抑制。“文化大革命”期间，仅增道路 5.23 千米，公共交通线路 1 条。建筑业 10 年完成建安总产值 5.01 亿元，竣工面积 245.90 万平方米，95 家（座）企业或公共建筑建成交付使用。

随着“文化大革命”的结束，1976 年开始的第五个五年建设计划，株洲城市建设走上了恢复发展的道路。特别是中共十一届三中全会以后，正本清源，拨乱反正，经济建设和城市建设迅速出现了新的活力和生机。1978 年，规划部门重新收集资料，开始修订城市总体规划。1982 年，经省人民政府批准实施的第三次城市总体规划确定株洲城市性质为：位于铁路交通枢纽，以冶金、机械、化工为主，相应发展轻纺电子的工业城市。1976 — 1980 年，“五五”计划时期株洲城市建设发展较快，接连新修了红旗路（6.5 千米）和人民路，完善了 9.5 千米长的建设大道，结束了市街南北一条路的局面。5 年完成住宅建设投资 3.01 亿元，新建住宅 215 万平方米，缓解了“住房难”的矛盾。1979 年第三水厂建成投产，全市日供水能力达到 115 万吨，跃居全国城市第八位。

1980 年，株洲城市建成区面积增至 40.1 平方千米，年末道路长度增至 64 千米，株洲城区以建设路、人民路、新华路、红旗路和沿江路为骨架，连接 353 条街巷支路的路网初步形成。公共汽车增加到88台。

在中共十一届三中全会精神指引下，株洲市贯彻改革开放的方针和以经济建设为中心的指导思想，实行市管县的新体制，突出发挥中心城市的作用。随着经济实力的迅速增强，城市建设进入发展的快车道。1986年，根据国民经济长远发展规划，又进一步修订了城市总体规划。确定株洲城市性质为：中国南方重要铁路交通枢纽，以重工业为主的工业城市及商品物流信息中心。人口规模远期（2000年）55万～60万人，用地规模远期67～70平方千米，规划近期开发河西新区，使原来城市“四片一中心”的格局，发展为“五片一中心”。

“六五”“七五”计划时期，按新修订的城市总体规划确定的功能分区的各类建设顺利实施，与此相适应的城市基础设施依据城市规划的总体布局迅速发展，旧城改造步伐加快，城区“五片一中心”（清水塘、田心、宋家桥、董家塅、河西开发区和市中心）的城市构架已经形成。城市面貌进一步改观，城市功能日趋完善。1979—1990年，全市用于城市建设的投资1.90亿元，其中用于市政工程方面的投资1.05亿元，为改革开放前10年的7.53倍。其中用于公用事业方面的投资6472万元；为改革开放前30年的13.90倍。1990年，株洲市城市面积427.8平方千米，建成区面积49.5平方千米，实有房屋面积1437万平方米，城市居住人口41.4万人，人均居住面积10.1平方米。市区道路总长达183千米，道路网基本形成。市区公交营运线路达22条，公共汽车117辆，出租车212辆；沟通了组团式城区和近郊区。全城生活用水和工业用水分网供应，供水管道达290千米，日供水能力115万吨。城市居民居住面积由1980年的人均5.79平方米提高到10.07平方米。绿化覆盖率达31.5%。商业、学校、文化娱乐设施基本实现了分区配套。重点工程株洲湘江大桥建成通车。市煤气一期工程投产供气，使近2万户居民受益。

“八五”计划时期，株洲市认真贯彻邓小平视察南方重要讲话精神和中共十四大精神，按照《株洲市国民经济和社会发展十年规划》和“八五”计划的要求，进一步加大城市建设的力度。5年中完成城市建设总投资5.29亿元，比“七五”计划期间增长3.40倍，新建、扩建城市道路51条，道路水泥硬化面积40多万平方米，基本形成河东旧城区的环道和河西高标准道路网络；通信、供水、供电、供气状况继续改善；高新技术产业开发区被列入国际级开发区，河西新城区已初具规模；全市农村小城镇建设累计完成投资3.40亿元，为“七五”计划期间的4倍，建制镇由1990年的32个增加到1995年的43个，城市化水平由“七五”末的19.80%提高到22.40%。株洲铁路枢纽、千吨级码头、320国道、程控电话、株洲电厂两台12.50万千瓦发电机组技改等重点工程建成；历经两年努力完成的第三次湘江大堤修筑加固，提高了城区的防洪标准。

“九五”是经济体制全面转型、经济增长方式全面转换的重要时期。市委根据省委、省政府“一点一线”区域发展战略和长株潭经济一体化发展要求，对城市建设和管理提出“高起点规划，高质量建设，高标准管理，高效益经营”的要求，不断完善城市功能，提升城市品位，从株洲的实际出发，以规划为龙头，使城市发展与城市地理环境、生态环境相协调，塑造集绿化、净化、美化、亮化于一身，融个性化与艺术化于一体的株洲城市形象。为此，启动了城市建设的“五大工程”，即实施以城市快速环道为重点的“市政工程”；以防洪排渍、防火消防为重点的“安保工程”；以环卫、治污、绿化为重点的“优化环境工程”；以建经济适用住房为重点的“安居工程”；以路灯、灯饰为点缀的“亮化工程”。

“九五”计划期间，京珠高速公路株洲段、106国道攸县段、天易公路、株洲电信618工程、城区“五大通道”、火车站广场、霞湾污水处理厂、南郊垃圾场、市四水厂等一批重点工程项目相继投入使用。十里长街美化工程和七一路样板街建设、城市亮丽工程的启动，使城市面貌发生了很大变化。自来水年供水量4.56亿吨，用水普及率100%；煤气供气量3570万立方米，液化气家庭用量1.31亿吨，用气普及率93.21%。2000年，株洲市区面积542平方千米，建成区面积63平方千米，年末市区户籍人口74.85万人，城市铺装道路418千米，铺装面积340.50万平方米。公交营运线路长296千米，公交车522台，出租车2158台，客运总量8672万人次。城市绿地面积2046公顷，建成区绿化覆盖率38.80%，城市人均公共绿地面积达5.62平方米。小城镇建设全面推进，城镇辐射功能增强。2000年，全市建制镇达69个，占全市乡镇总数的49.30%。建筑业生产经营不断增长，五年间累计实现增加值72.90亿元，年均增长12.90%，是“八五”计划时期的1.98倍。2000年市区人均居住面积12.27平方米。

经过50年的建设，株洲市形成了以冶金、机械、化工、建材为支柱，以大中型企业为骨干，以原材料生产和制造业为主体，制药、食品、电子等产业迅速发展，高新技术产业迅速兴起的工业体系，成为国家重要的工业基地，江南重要的交通枢纽和物流中心。随着城市建设的快速发展，城市功能不断完善，城市品位进一步提升，实现了从县属小镇到现代中等工业城市，再到区域中心城市的历史性跨越。

第一章　城市规划

民国27年（1938），国民政府资源委员会聘请外国专家到株洲镇考察，声称要将株洲镇建成“东方的鲁尔区”。民国28年（1939），派员作过工业株洲的规划，但未能实施。民国34年（1945）9月，株洲镇镇长易蓉初主持召开扩大的镇务会议，成立市政计划委员会，拟定了由区划、计划中心街道、街道宽度、铺屋基地高度、公家建筑、私人铺屋条例6大部分构成的市政计划大纲，11月经湘潭县市区建筑督导处审核、批复。民国36年（1947），湖南省国民政府市政技术小组拟定株洲工业区建设计划。但因战火连绵，时局动荡，加之缺乏资金、技术而未能实施。“东方鲁尔区”终成泡影。

“一五”计划期间，国家将株洲确定为全国重点新建设城市之一。1953年，随着国家安排的156项重点建设项目中的国营331厂、中南硬质合金厂、株洲电厂、株洲选煤厂以及694项限额以上建设项目中的铁道部株洲车辆工厂、铁道部田心机车厂、铁道部株洲轨枕厂、株洲冶炼厂、株洲化工厂、株洲玻璃厂、株洲麻纺厂、株洲制药厂在株洲建设，株洲的城市规划才开始起步。

其时，株洲市组织人员开展调查，收集整理自然和社会资料，测量绘制市区地形图，并抽调干部协同国家城市建设部城市设计院和苏联专家组，编制城市总体规划。1954年12月，由国家8个部的相关专家和苏联专家组对株洲进行实地勘测、论证，从诸多规划方案中进行筛选，批准了第八套方案。在方案实施过程中，市政府制订相关规章，开展建设用地清查，以确保规划实施。经过3年实践，又对城市总体规划进行补充。在总体规划的指导下，城市布局和工业体系的骨架基本形成。

1961年，在“高、大、洋、平、直、宽”的规划思想指导下，对总体规划进行全面修改，确定株洲市远期发展为60万～80万人口的大城市。这次规划修改，超越经济实力，目标定的过高、过急，未能付诸实施。1962年，在湖南省规划院工作组配合下，对城市的现状、分区功能、运行机制、相互制约因素等进行调查研究，实事求是地进行总体规划第一次修编，综合指导城市各项建设的发展。

“文化大革命”期间，规划管理机构瘫痪，技术人员流散，资料丢失，城市发展和建设失控，出现重复布点、随意圈地、乱占乱建、功能分区混杂、运行机制失调的状况。

1978年，贯彻落实第三次全国城市工作会议精神，制订城市管理的若干规章，并于1979年10月组建株洲市规划处。1981年2月，成立株洲市城市规划委员会。1982年，借助南京大学地理系和湖南省建设委员会开展的“株洲城市合理规模”科研课题的技术资料，完成第二次总体规划修编。同时开展分区规划工作，将总体规划确定的人口、用地规模分解到各区，提出控制性经济技术指标。城市进入按规划进行建设和管理的新阶段。1985年8月，成立株洲市城市规划办公室，隶属市建委领导。

随着国家法制工作的不断加强，1989年1月，市人民政府重新制定和颁布《株洲市城市规划管理办法》。1990年4月1日，《中华人民共和国城市规划法》开始实行。株洲市在全省率先实行建设工程选址意见书、建设用地规划许可证、建设工程规划许可证的“一书两证”管理制度。同时，开展大规模的查处违法违章建设活动。同年10月，完成总体规划第三次修编。并于1991年9月5日获得湖南省人民政府批准。该次修编后，城区按规划进行建设，城市面貌发生较大变化，同时加强了城市规划管理工作，在1994年9月将市城市规划办公室更名为市城市规划局，为市城市规划委员会常设的正县级机构，行使城市规划管理职能。据1996年统计，株洲市区人口规模比1989年增加18.75万人，达到58.90万人；用地规模扩大8.39平方千米，达到56.53平方千米。为适应社会主义市场经济发展需要，加快城市建设步伐，更快、更好地发展株洲经济，市委、市政府提出2010年要把株洲市建成为“建成区面积100平方千米、城市人口100万人”的大都市战略目标。从1995年开始，经过3年时间完成调整性质的第四次城市规划修编，并于1998年8月12日获市人大常委会批准实施。

总体规划是龙头，市区各类专业规划和不同层次的详细规划是总体规划的延续，至2000年，在市规划行政主管部门的具体组织下，市、区各类专业规划相继完善，详细规划覆盖率达80%以上，满足城市总体规划实施与管理的要求。

全市在实施城市规划管理过程中，市人民政府与市规划行政主管部门依法制订相关的规章制度，完善执法体系，使城市规划管理有法可依、有章可循，并以多种形式宣传城市规划法规，提高市民的规划意识，加强对城市规划的编制与审批管理，完善规划监督机制，加大对违法建设的查处力度，确保城市建设沿着总体规划的框架健康有序地发展。

到2000年，株洲市总体规划历经1次编制和4次修编。并完成各类详细规划、专业规划，使城市规划日臻完善。城市按照规划确定的功能分区，实施各类建设，形成以化工、冶金、建材、塑料、农药为主体的响石岭片，以铁路运输机械、轻工、电子为主体的田心片和荷塘铺片，以航空动力机械为主体的董家塅片，以商业、文化、饮食、行政机关为主体的市中心片，以文化、教育、科研、行政机关、电子科技、商业外贸为主体的河西片。与此相应的城市道路、桥梁、防洪排渍、供水、供气、邮电、商业服务、环境卫生、园林绿化等基础设施基本成龙配套，科技、文化、教育设施、住宅小区建设依据城市规划的总体布局迅速发展，旧城改造的步伐加快，投资环境和社会再生产条件不断改善，形成“五片一中心”的基本城市格局。

第一节　规划制订

一　总体规划

1953年，湖南省成立潭株规划委员会，派规划委员会委员、规划组组长米谷生率队到株洲开展城市规划工作。规划编制初期，由城建部城市设计院具体掌握，国家有关12个部配合。1954年1月，省、市抽调干部协助国家城建部城市设计院进行初步规划，历时1年拟定11个方案。由于自然条件限制（地形复杂）和人为困难（工厂在规划前已定点），以致城市规模时大时小，在选择城市中心问题上，经数次变更而不能定案。12月，城建部及国家有关部、局再次组成联合工作组，协同苏联专家克拉夫狄克等5人进行实地勘察，肯定第八方案。该方案经进一步修改，于1955年8月经城市建设部批准施行。这是中华人民共和国成立后，被国家批准的省内第一个城市规划。

城市规划范围：东至晏家湾、南至月形山、西沿湘江至石峰头、北至吴家垅，用地约22平方千米。城市性质：确定为几个工人村组成的重工业小城市。城市人口规模近期（1955—1960年）为6万人，远期（1960—1975年）10万人。整个规划区按用地功能分为工厂区、工业备用地、交通运输区、居住区、蓄洪用地、水源及污水场6个部分。工厂区包括白石港和晏家湾2片。白石港工厂区确定在白石港以北（包括株洲机车车辆修理厂及报亭子），石峰头大山以东（株洲电厂、株洲选煤厂均布置于此）；晏家湾工厂区确定在走马塘株洲硬质合金厂东北。工业备用地分布在灰埠码头及晏家湾。铁路交通运输区规划在白石港以北田心车站一带，编组站亦选定于此，旅客站设在堤升街。公路有株洲至易家湾路及株洲至董家塅路，规划以后开辟过湘江的株洲至湘潭公路。居住区确定在贺家土、晏家湾、何家坳一带，市中心确定在樟树坡。京广铁路贯通市区南北，规划拟用立体交叉贯通东西，使铁路两边市区取得整体联系。并在鹅颈洲一带建设蓄水库，备洪水期间部分居住地区的雨水排入，同时将鹅颈洲布置成水上公园。水源地在湘江市区段的上游，城市南面的月形山附近。污水处理场确定在湘江市区段的下游，城市北面的铜塘湾附近。

由于重点项目上得急，边勘测、边选厂、边规划，城市规划以经济计划为依据，注重现实性，较少预见性。随着大工业项目的增加和地方工业的大批兴建，城市规模很快被突破，造成原规划安排在城市边缘的株洲电厂、冶炼厂、株洲选煤厂被包围在城市内部，株洲电厂和冶炼厂占据株洲市二水厂的上游；高压走廓穿越市区，化工、冶炼工业区的防护地带摆上一些工业和生活服务设施，城市被铁路多处分割包围。以致腹地中生产性用地比重偏高，污染严重，环境质量下降，市政建设难度增大。于是在1958年对城市规划进行修改，但未能定案。1961年，又对总体规划进行全面修改，确定远期发展为60万～80万人口的大城市，京广线东移3千米，开辟80米宽主干道，并提出"先进完善的生产条件，舒适美好的居住环境，方便齐全的的交通条件，丰富多彩的体育场所，庄严美丽的城市面貌"和"城市现代化，农村城市化，普遍建立卫星城"等口号。当时正值国民经济大起大落、城市人口大进大出时期，这个规划自然无法付诸实施。

（一）第一次修编

1962年，在湖南省设计院工作组配合下，作出第一次总体规划修编。明确城市性质为：铁路交通枢纽，综合型的新型工业城市；城市规模为：人口近期（1962—1969年）24.48万人，远期（1969—1982年）33.97万人，用地40平方千米。确定10个功能区，即：工业区——全市分为白石港（发电、选煤、建材、纺织等）、晏家湾（冶炼、机械）、宋家桥（机械）、清水塘（化工、冶炼、建材）、董家塅（机械）、大冲白马垄（玻璃、陶瓷）、田心（机械）7个工业区；规划确定中心区、清水塘区不再布置新项目，晏家湾（荷塘铺）、田心、白马垄等地可布置一些工业项目。生活区——在符合卫生和防火标准的原则下，力求靠近生产区，用地的选择必须符合居住区用地标准。交通运输区——中南地区大型铁路枢纽站设于田心与清水塘之间，从枢纽站至各工业区均有铁路专用线，建有喻家坪、宋家桥、选煤厂3个调车站。湘黔线穿越清水塘生活区，严重影响城市交通和居民生活，拟在远期拆除，而将该线与原设计的复线平行建设。为适应水运交通的发展，整顿现有码头混乱现象，全市规划水陆联运码头1个（霞湾），综合性和专业性码头7个。公园绿化区——市中心公园布置在贺家土永利水塔茶塘坝一带，面临湘江，规划将公园对面曹塘坝及6号路北侧一带辟为儿童公园，并通过挖深扩大将曹塘坝与新坝连通。仓库及灰渣堆放场地——除已建仓库外，在靠近交通线便利运输的适当地段规划一定的仓库用地，铜塘湾一带之洼地作为株洲电厂煤灰堆放场，并积极研究利用株洲选煤厂矸石。市中心区——原规划的市中心局限在铁路以西，湘江以东，株洲车站以北1千米处。此次规划，拟定将市中心扩大到铁路以东。市人民委员会大楼布置在市中心路（中心路后来拓宽延长改名为建设路）南端，铁路以东结合体育场布置一个文化体育中心。市中心为南北和东西干道交汇点，围绕市中心布置一些大型公共建筑，与各区中心建筑物相呼应。

1966—1976年，受"文化大革命"的冲击，规划机构被遣散，规划工作处于瘫痪状态，致使城市地方工业布局松散，机修、锻造、铸造、电镀等工业项目重复布点；生活设施片面强调就近附设，各自为政，形成一厂一区、一厂一路，一厂一线的零乱布局状况。

（二）第二次修编

1977年3月，开始第二次城市总体规划修编。由株洲市建设委员会牵头，抽调市城建局、市建筑设计院、东区、南区、北区、郊区、供电等有关单位技术人员组成修编小组，开展工作；1980年，国家召开城市规划工作会议，为贯彻落实会议精神，省人民政府组织专门调查组到株洲作典型调查，并指导帮助第二次总体规划修编。修编后的规划于1982年3月20日由省人民政府批准施行。

城市性质 铁路交通枢纽和以冶金、机械、化工为主，相应发展轻纺工业的工业城市。

城市规模　市区人口规模20世纪末控制在40万人以内。城市用地人均控制在120平方米以内，其中生活居住用地人均50平方米左右，规划总用地为48平方千米。城市用地主要利用河东区的荒山坡地和市区内插花地，河西区要控制发展。

工业布局　清水塘工业区——化工、冶炼污染严重，控制发展。重点发展建材工业，增加绿化用地，逐步消除污染，有工业备用地40公顷。荷塘铺工业区——发展电子仪表、轻工和支农工业，有工业备用地150公顷。田心工业区——以机械为主，充实配套发展电力机车、拖拉机、水电设备等类工业，有工业备用地100公顷。董家塅工业区——为独立的国防工业区，控制现有用地性质，发展提高。河西规划工业区——用地120公顷，以轻纺和副食品加工工业为主。同时，调整布局，建立相对集中的锻铸、工模具、热处理、设备维修和电镀等生产中心，提高专业化水平和土地利用系数。对有污染、用地功能混杂拥挤的企业，采取搬迁措施。对外交通：铁路——株洲铁路枢纽城市用地占有较大比重，它包括编组站、货站和客站3大部分以及相应的段所。此外，较集中的工业站有2个，相当于专业编组站，使用专用线56条。位于田心的三级三场编组站，1978年由区段作业改为路网作业，编组作业分别跨过武汉、娄底、衡阳、鹰潭以远的范围。规划作业车皮1985年达1.4万辆/日，近期扩建到达场，增加5股道，合计25股道。株洲货站发展完善后，废除南站铁路线，将鹅颈洲西边京广线移至东边。株洲客站规划近期内完成一、二期改扩建工程。京广、浙赣东南到达线，应离开城市规划发展区，在东北向外围通过，并预留专业站位置。适当扩建喻家坪工业站，以保证清水塘工业区和铜塘湾联运码头运输负荷不断增加的需要。此次规划以后新建改建铁路线，与城市干道系统和对外公路都应采用立交。公路——对外公路已大部分形成，但普遍存在路窄、弯多、坡度大等问题，以后重点在改造。320国道近期由株洲县白关镇接红旗南路，从田心北门分岔过石壁口、白马垄至株易路口，规划近期先打通十里长冲至半边山连接湘潭。按照轻重缓急，将株易、株浏、株醴、株渌各线拓宽、拉直、降坡。配合湘江大桥建设，开辟株衡新线和园艺场至雷打石公路。港口码头——除原有码头外，建宁港至白石港一带严格控制新建码头设施，需改建的则要兼顾游览道的使用要求。凡新建码头可在曲尺公社河段选址。远期修建湘江大桥，取消过人轮渡、汽车轮渡码头。

（三）第三次修编

在第二次总体规划修编后执行中，随着改革开放进程的加快，城市的基本职能由单一型向多层次、多功能、综合型方向发展。针对市管县体制的建立，长沙、株洲、湘潭3个城市区域的有机结合以及河西区的开发建设等新形势，又对总体规划修编提出了新的要求。加之较落后的基础设施已不能适应经济和社会发展，亟须在布局上重新调整和完善。1985年，株洲市开始组织第三次总体规划修编。这次修编，以"七五"计划为依据，以建设"两地一中心"（以有色冶金、机械、化工、建材工业为主体的湖南省重工业基地，全国出口商品生产基地，跨省区的物流、商品批零展销、金融信息中心）为战略目标，以城市用地发展布局为主要内容，以基础设施规划建设为重点。

1986年11月，市人民政府主持召开100余人参加的总体规划修编评审会。1987年，经市人民代表大会常务委员会审查决定，综合评审意见，又作了适当补充修改。但这次修编没有作出专业规划，未能上报省人民政府。1989年年初，市人民政府决定在原有规划成果基础上作进一步补充，各主管部门制定专业规划、汇总编制。1990年10月，完成第三次总体规划修编，1991年9月通过省人民政府审批。

城市性质 中国南方重要交通枢纽，以机械、冶金、化工、建材为基础的多功能、开放型的现代化工业城市。

城市规模 人口规模，1995年达到48万人，2000年达到55万人，2010年达到65万～72万人。用地规模，1995年56.31平方千米，人均117平方米；2000年65.04平方千米，人均118平方米；2010年78.15平方千米，人均120平方米。

功能分区和布局 根据自然地形特点和工业区的分布，城市布局结构计划发展为“五片一中心”。北部市郊的白马垄和龙头铺，形成组团式的布局格式。中心片为市区行政、经济管理、商业服务中心。建设以调整、改造为主，对有严重污染的工业项目，针对其不同情况进行搬迁、治理或转产、停产处理；综合改造结谷街、粟树街、建宁街、解放街、李家坪、南岳岭等地区。响石岭片为冶金、化工、建材、塑料、农药、选煤、电力等工业集中区。本区发展以内涵改造为主，加强环境保护，严格控制有污染的工厂新建和扩建，同时加强服务设施的配套建设和居住区的统建。田心、荷塘铺2片为铁路运输、机械、电子、轻工为主的若干工业组团，建设要处理好发展与完善的关系，加强环境保护，保持较好的环境质量。董家塅片为以航空航天工业部南方动力机械公司为主体和地方工业较为集中的工业组团。应发展与主体工业相配套的项目，并加强周围群山绿化，布置尽可能相对集中。河西片是中心片具有的行政、经济管理、文化教育、商业等项功能的延伸；工业主要安排技术密集型项目，并配以市级体育、教育、科研、文化、金融等设施，最终将成为株洲市一个高质量的现代化新区。

对外交通 分铁路、公路、港口、航空4个内容进行规划。铁路规划主要有铁路枢纽站扩建改造成双向三级三场、客运站扩建、湘黔线电气化改造、货场扩大、废除南站铁路线等。铁路两侧15～20米范围内一律作为铁路防护用地。铁路改建新建，与城市干道系统和对外公路相交一律采用立交。公路规划远期改建320国道株洲段，由五里墩经市区南缘再经曲尺过湘江吴家港与107国道相连，修通株洲至长沙黄花机场专用道路，提高株渌公路等级，新建株洲至渌口沿江线，近期建设河西至湘潭吴家港联系公路。港口规划在永利港区建千吨级泊位2个，作业以散货为主；白石港建设为千吨级集装箱码头；铜塘港区完善为水陆联运码头；建宁港区控制发展；并在河西建设新市和庙湾2个新码头。航空规划近期利用长沙黄花机场，远期考虑与湘潭市在兼顾两市的合适位置合建1个飞机场。

公共服务设施 文化——续建中基洲文化中心（博物馆、图书馆、群众艺术馆），新建少儿图书馆、市美术馆、在株董路新建一座影剧院，20世纪末在河西兴建文化娱乐中心。体育——修建河西具有举办省级全运会能力的体育竞赛中心，改原有体育场为群众体育活动中心。以各片大厂为核心建设好董家塅、田心、清水塘、乌树下等5个片区的群众体育中心。教育——在河西设立文教区，总用地160公顷，设立1所师范学院、1所医学院、3～4所中等专业学校。河西兴建株洲市第十三中学，配套建设好小学、托幼设施。医疗卫生——在河西建设骨伤科医院、市三医院、市妇儿医院、市医疗检测中心、市康复中心，在东区兴建市急救中心和中心血库、市传染病医院等，扩建市中医院。商业——建设好市中心商业区和红旗广场、响石岭、田心区级商业中心，配套好各居住区商业服务网点，充实完善各片农贸市场。兴建麻园商业物资流通中心，另在外环路与红旗南路交叉处、河西过境道路出口处、市外环路北出长沙处各兴建货物流通中心。开辟建宁、芦淞、钟鼓岭商业步行街，集购物、娱乐、文化、饮食于一体，逐步把株洲建成一个开放型、跨省域的商业中心。

（四）第四次修编

1995 年 7 月开始，历经一年时间，对市第三次总体规划修编执行情况进行调查。调查认为：第三次总体规划修编，对城市发展和各项建设事业的实施起到较好的指导、调控作用，市区已形成“五片一中心”的城市格局；城市道路网络逐步形成，河东城市环路建设实现“零”的突破；城区湘江防洪能力达到抵御百年一遇洪水要求；城市综合配套服务能力增强，旧城改造力度加大，逐步成为中南地区的一个物流转运贸易中心；市容市貌有较大改观，城市环境质量不断改善；河西新城区初具规模，国家高新技术产业开发区稳步发展，带动着株洲原有工业体系向高技术、集约型、集团化方向推进；长沙、株洲、湘潭城市一体化开始提上议事日程。株洲市总体上已从单一的重工业城市向具有区域性综合服务职能的新型工业城市转化。至 1995 年年底，按非农人口规模，株洲市已进入全国大城市行列。

调查分析也发现，第三次修编执行 6 年来，原城市总体规划中的部分内容和部分规划指标，随着社会经济环境的变化有所突破：株洲市城区非农业人口至 1996 年近 52 万人，加上暂住人口剧增，城市实际居住人口近 60 万人；京珠、上瑞高速公路的规划建设，将对株洲城市空间布局方向产生重大影响；因城市路网规划的严重缺陷，成为城市“五片一中心”格局发展的瓶颈；株洲国家高新技术产业开发区的超常规发展等，均促使城市在规模、功能、结构及基础设施等方面应进行相应调整，以适应新的经济社会发展要求。针对上述问题，1998 年 7 月，完成调整性质的市第四次城市总体规划修编，报经株洲市人民代表大会常务委员会，于同年 8 月 12 日审定批准实施。

城市性质 全国南方重要的交通枢纽和商贸、物流、信息中心，以机械、冶金、化工、建材工业为基础，高新技术产业为主导，第三产业发达的多功能现代化综合性都市。

城市规模 根据《株洲市国民经济、社会发展“九五”计划和 2010 年远景目标纲要》，城市建设（市区含城区周边龙头铺、仙庾、白关和白马垄、分路口、马鞍 6 个卫星镇）至 2010 年要实现“双百方针”，即城市建设用地一百平方千米、城市人口一百万。其中人口规模：近期至 2005 年，为 75 万人，其中暂住 10 万人；远期至 2010 年，为 90 万 ~ 100 万人，其中暂住 15 万人。用地规模：市区建成区 1996 年面积 56.53 平方千米，人均 99.03 平方米；按人均城市建设用地指标 100 平方米，近期市城区总用地为 75 平方千米，远期为 90 ~ 100 平方千米。规划结合城市发展趋势，适当降低居住用地、工业用地和仓储用地比例，提高公共设施、市政公用设施用地比例，大幅度提高道路广场、绿地比例。

城市总体布局结构 城市规划区控制范围 —— 株洲市区行政管辖范围及株洲县部分用地，包括天元区、芦淞区、荷塘区、石峰区及大京风景名胜区控制范围和白关镇，总面积 566.99 平方千米。城市规划用地范围包括原城市建成区、新规划的 30 个村及河西开发区范围，总面积 100.37 平方千米。城市布局结构突出未来市区空间的“两环、三圈层”。“两环”：由城区外围的京珠、上瑞高速公路和莲易高等级公路组成的外环线；由城区内的红旗路、东环路、南环路、湘江三桥、西环路、湘江二桥、响石西路、响田路组成的快速内环线。“三圈层”：强化快速环线内作为市区的行政、金融、贸易、信息、咨询服务、商业、文化功能的第一圈层；通过快速环线的强联，完善和形成周边八大城市组团为第二圈层，包括完善以清水塘、田心到龙头铺、宋家桥、董家塅到曲尺为中心的四大城市原有组团，同时发展栗雨、新马、王家坪、长岭四大新的城市组团，使其成为城市未来发展的主要空间；发展城区外围的马鞍、仙庾、分路口、白关、梅市、白马垄6个建制镇，即城区结构的第三圈层，推进城乡一体化体系的形成。

近期规划建设 旧城改造 —— 调整完善芦淞商业中心，对新华西路以南的南岳岭地段和建宁旧街区适时改造。对外交通 —— 包括京珠高速公路株洲段和天易高等级公路、红旗货场、田心火车客运站改造建设。城市主干道路建设 —— 包括响石西路、响田路、东环路、南环路东段、长江南路、北路和西路、泰山西路、珠江北路、黄河北路、嵩山路、西环路北段与湘江二桥。市政设施 —— 完成四水厂及相应的配水管网建设，新建河西排水主干明渠和污水截流管，建成霞湾污水处理厂，并完成建宁港疏浚工程、建宁闸排渍站扩容和白石港防洪堤、排渍站的建设。城市燃气工程 —— 完成河西煤制气储配站和2座5.4万立方米气柜、煤制气厂1万立方米气柜及部分管道工程建设。绿化建设 —— 完成天台公园和仙庾公园建设。工业用地开发 —— 包括河西一区、二区、四A区、五区、九区和十一区部分，宋家桥、田心工业新区，建宁、曲尺工业园等。公共设施 —— 包括株洲市体育中心和文化艺术中心建设等。

1997年5月31日，国务院批准株洲市撤销郊区建制，将市区区划调整为天元、石峰、荷塘、芦淞4个行政区，下辖马家河、云田、荷花、清水、蝶屏、明照、荷塘铺、五里墩、曲尺、建宁10个乡，群丰、龙头铺2个建制镇，乡镇总面积449平方千米、人口18.93万人，其中非农业人口0.75万人，占市区的1.45%。为此，此次修编制定了市区城乡一体化规划。

规划原则 城乡建设协调发展，合理利用土地资源，大集中、小分散配置基础设施，服务城市居民生活，保护城乡生态环境。

空间布局层次 建设环绕市区的龙头铺、仙庾、白关3个重点卫星城镇及白马垄、分路口、马鞍、梅市4个一般集镇，建立30 ~ 35个乡镇中心村及800 ~ 1200个基层村，而原有的自然村经迁村并点或转为城市社区后总数将减少四分之一左右，逐步形成“卫星城 — 集镇 — 中心村 — 基础村”4个层次，不同规模、区域性的乡村居民点网络。

基础设施 道路交通 —— 依托城区快速环道系统，建立与卫星城镇组团通畅的交通线路，改善市区道路结构功能，建立湘江两岸及各风景区连接的旅游线路，拓宽城乡空间自然景观。电力电信 —— 配套完善与各乡镇输电线路，改善乡村供电条件；完善以程控电话为主的通信网络，达到百人拥有电话18部，并建设乡村信息服务网，实现城乡之间信息资源共享。供水燃气 —— 通过城市自来水和煤气管道敷设至乡村居民点以及卫星城镇自建自来水厂、液化气站，使服务范围达到约120平方千米，人口约4.8万人，乡村自来水普及率达到35%、燃气普及率达到20%。

副食品生产基地 常年蔬菜基地880公顷，主要分布在城市四区相关村组，另建立株洲县蔬菜基地430公顷，保证实现株洲市区人均菜地22平方米的指标。水产养殖基地水面1019公顷，其中精养鱼塘670公顷，网箱养鱼8万平方米，主要分布在田心、水竹湖、市渔场、龙泉、旱禾坪、群丰及市区湘江上游段等地。果园基地837公顷，茶园主要分布在群丰、蝶屏等地，橘园在云田、龙头铺等地，葡萄园在荷塘、马家河等地，桃、李、柿、梅均以庭院种植专业户为主。畜牧基地，重点发展个体养猪大户或民营大型养猪场，湘东黑山羊生产主要分布在明照、曲尺等地，蛋禽生产主要在荷塘铺、建宁等地。

生态环境保护 城市防护林地 —— 市区北缘防护林带2300余公顷，由法华庵岭、道仙岭、枫林寨、吴家大岭、雪花岭组成；东南片防护林带约4500公顷，以仙庾岭为主体，经蝶屏菱塘、霞山至云田五星，包括市区东南角大石岭等15个村；河东的南部防护林带2700余公顷，以婆仙岭为主体，从明照乡北塘村经五里墩到建宁乡早禾坪至曲尺乡坚固村等；河西的西南边缘防护林带1800余公顷，由马家河的白竹塘、太高，群丰镇竹溪、霞山等村山地林组成。环境质量控制 —— 防止城市污染扩散，并严格控制乡村新的污染源；建设乡村居民点即组团生活污水处理设施和环卫设施，重点控制建材、冶炼、化工等乡镇工业的烟尘和废水的达标排放；加强农田生态环境管理与荒山水土流失治理，防止水体污染；沿港种树，形成绿带，使市区所有河港水质均达到Ⅰ类水质标准；环境空气质量，Ⅰ类功能区为市区边远乡村地域，Ⅱ类功能区为卫星城镇、乡镇工业小区及邻近市区地域。

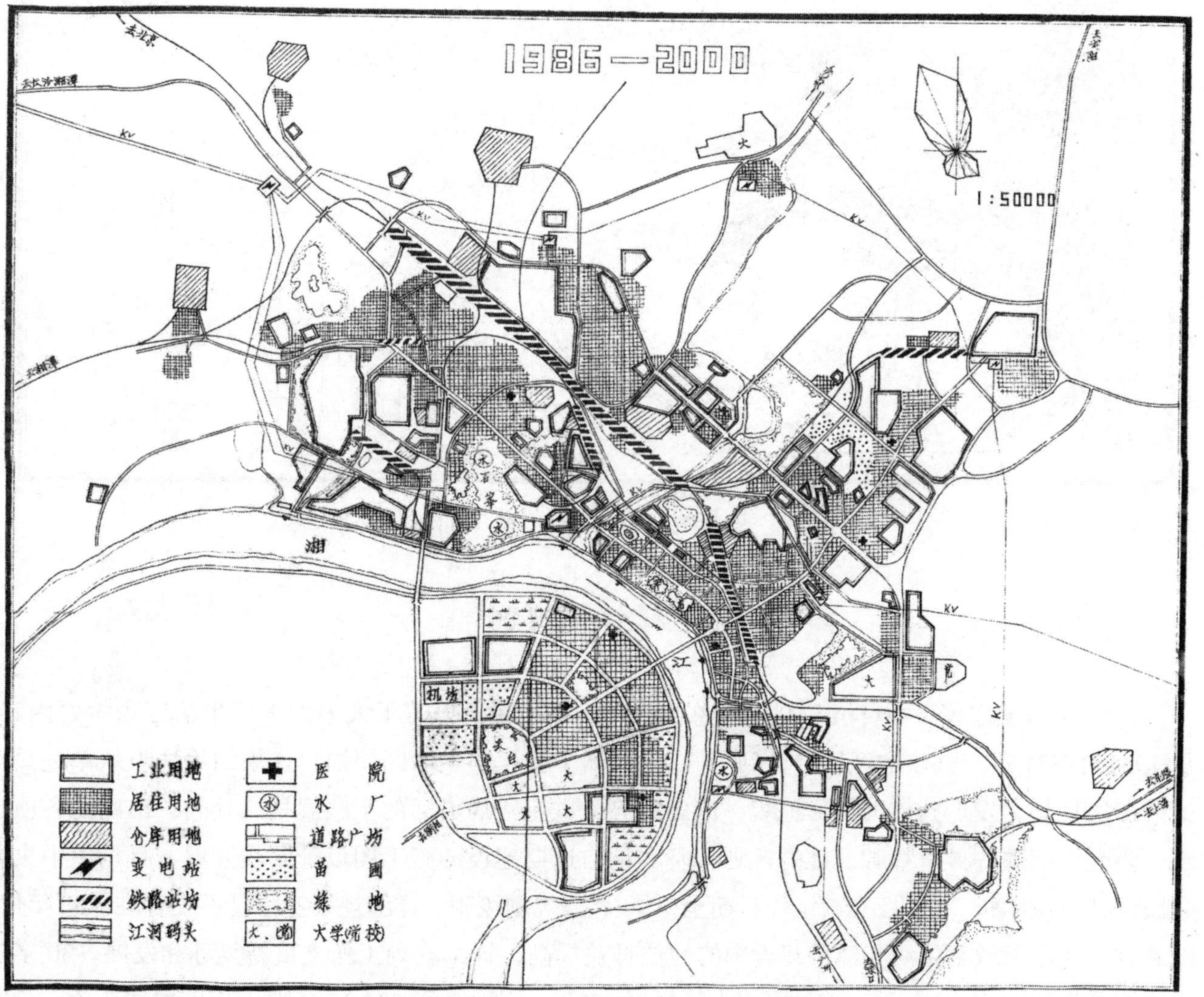

图10–1　　1986—2000年株洲地图

地目	宅	田	林	礦	水	道	荒	沙	雜	總計
畝積數	二六九 九八三	六二五 四三八	一六九 一七一		四七〇 八五八	二一四 八六一	一四九 九〇七		七一 一四二	一九七一 三六〇
起數	九九二	六一二	六		九六	四	五一		二三	一七八四

图 10–2　　湘潭县株洲镇地籍一览图

二　详细规划

详细规划工作始于20世纪50年代总体规划编制以后，以若干大中型工厂生活区为主要内容。从1954年331厂工人住宅区设计，到1962年株洲车辆厂的生活区规划，在规划手法上从单纯兵营式的街坊规划，发展到依据地形地貌，依山就势，进行格局灵活的小区规划。其间，市区的各项建筑、公园、市政等城市基础设施的规划，基本是与近期建设的施工图设计同步开展，且均由中央或省属设计单位承担。20世纪60年代后期至70年代，规划废弛，详细规划实际已不复存在。80年代，随着城市在国家政治生活和经济建设中的地位日益提高，详细规划工作又重新复苏和发展。30多年中完成各类详细规划53项，其中居住小区规划43个，用地面积581.25公顷；街景规划3条，长度6.42千米；公园规划6个，面积289.97公顷；文化中心1个，面积4.46公顷。但规划成果没有履行严格的审批程序，有的成果没有达到应有的效果，而且成果的保存归档工作不够严密。

20 世纪 90 年代，城市规划根据市人民政府关于加强城市规划工作的指示和株洲市第十一届人大常委会第五次会议决议，组织编制详细规划。1991 — 2000 年，市详细规划资料显示，10 年间共计完成详细规划 55 项，规划总用地 4089.85 公顷，占 2000 年城市建成区用地的 65.18%，其中完成控制性详细规划（含区域结构性规划）18 项，规划用地 3832.78 公顷；完成修建性详细规划 37 项，规划用地 257.07 公顷。加上部分单位及房地产开发公司对外委托的详细规划项目，全市城区详细规划覆盖率达 80% 以上。

（一）居住小区

331 厂住宅区　是市区最早的详细规划住宅区，由湖南省建筑工程局设计，1954 年完成。规划居住人数为 1.09 万人，总用地约 54.40 公顷。规划设计根据原有建筑物的分布情况，在以影剧院为中心的地带增建中心广场、中心运动场、综合办公楼、文化宫及供销社等，构成住宅区的行政管理及公共设施服务中心。在原南华区中央辟小游园，以作附近居民文化娱乐之用。运用混合式手法布置在南华区的新住宅区，采用中南设计院标准图。住宅区中设置有洗衣店、理发店、银行、邮政代办所及菜场等商业服务设施。在厂区西北地段设立小学和幼儿园，为董家塅、段家冲居民使用。住宅区干道全长约 3000 米，车行道与人行道间设立 2.50 ~ 3 米宽的绿地，利用这一地带敷设上下水道及电线杆。言家冲位于厂区以北，拟作厂区扩建时相应的住宅区，与厂区间设有防护林带。

株洲冶炼厂工人村　1956 年，新建居住区规划由原来的街坊形式改为小区形式，以株洲冶炼厂工人村为试点。由省建设局进行详细规划，1957 年 3 月完成。该居住村是一个中间高四周低的地带，高差在 28 米左右。规划商业服务居中配置，住宅以行列式布置，形成不同标高的多级台地。规划居住人数为 1.59 万人，总用地为 46.23 公顷。建筑层次比例为 1 层 10%、2 层 30%、3 层 60%。该工人村经过实践反映较好，符合经济美观的要求，随后在株洲玻璃厂、株洲化工厂等单位推广应用。

红旗一村　1978 年 5 月，市建委作出红旗一村居住小区规划设计。规划整个小区为 3 个组团，采用行列式布置。每个组团内布置一块小绿地。住宅均为 5 ~ 6 层，墙体采用中型砌块。生活居住总用地 7.15 公顷，其中居住用地 3.96 公顷，公共建筑用地 2.10 公顷，道路用地 0.65 公顷，绿化用地 0.44 公顷。建筑平均层数为 4.7 层，居住建筑密度为 27.60%，平均居住面积为 7.28 平方米 / 人，平均建筑面积为 53.96 平方米 / 户。

馒头山生活区　1986 年，市规划办完成株洲冶炼厂馒头山生活区规划设计。该生活区总用地为 13 公顷，实际可供建设用地 9.60 公顷，居住总人数为 4600 人。规划区道路系统采用“n”状和树枝状相结合的布置手法，并设有一直径为 30 米的圆形候车场，使交通车不穿越生活区而在其边缘通过。住宅绝大部分为正南北朝向，根据地形条件，适当布置少部分南偏东 15 度的条形住宅。生活区中配置有中心学校、托幼、公厕、垃圾站、自行车棚、配电房、居委会等。商业服务中心布置在生活区的进出口处，小学设在地势较高不利于住宅建设的地段。生活区用地 20.90 平方米 / 人，其中居住建筑用地 8.50 平方米 / 人，公共建筑用地 5.20 平方米 / 人，道路广场用地 6.10 平方米 / 人，公共绿地 1.10 平方米 / 人。

红旗二村 1988年8月，市规划设计院完成红旗二村第一期规划设计。红旗二村占地约35公顷，规划居住人口约2.5万人。第一期工程开发一号小区，用地规模13.50公顷，居民3480户。区内3条呈“人”字形的主干道将小区划分成东、南、北3个组团，每个小组团又通过单元级道路联结成2 ~ 3个封闭的基本生活单元。道路分4级：小区外环路宽12 ~ 15米，小区内部主要道路宽9米，组团道路宽5米，宅前小路宽1.5 ~ 3米。公共建筑采用“大集中、小分散”的布置方式，将居民日常使用的基层商店与居委会结合布置，并按服务半径不超过200米和合理的经营规模（服务1500户左右）分散布置。而把非日常使用的商业服务设施，如百货、食品、饭馆等集中布置在小区主要入口一侧。托幼设施布置在小区中心地段，小学主入口在小区内部，结合中心绿地安排老人活动室及青少年之家。并采取分散集中相结合的方式，在公共绿地中点缀建筑小品。

河西十三号小区 该区占地面积27.97公顷，呈方块形。规划居住1.52万人，4110户，总建筑面积26.01万平方米，其中住宅24.10万平方米，公共建筑19160平方米。由市规划办1988年4月设计完成。该区内部道路采用反扣风车型。小区级商业服务设施集中布置在小区中部偏南地段。文教设施布置在中心地段。小游园利用水面进行布置，文化站安排在小游园内。居住分为小区 — 生活单元 — 住宅组3级，共4个居住生活单元，9个住宅组，整体顺应道路骨架采用反对称布局形式，使小区形成4个既协调又多变的完整综合体。住宅占小区建筑量90%左右。住宅布置以点状和条状为主，采取多种组合方式，布置有2个纯点状住宅组。住宅选型都采用大中户型。住宅大多采用正南偏东18度朝向，多为6 ~ 7层，个别高层住宅达15层。根据小区所处位置（北面为规划商业中心）的特殊情况，按千人指标的低限配套了1.94万平方米的公共建筑，重点设置生活服务性项目。绿化采取点、线、面结合手法布置。中心游园结合水面和绿地布置一些供游憩的弯曲小路、拱桥、水、亭子、雕塑、座椅、儿童玩具等。住宅组群内小公共绿地采取各具特色的自然布置。内部主要道路两旁各植一排二球悬铃木，与城市道路绿化相互渗透，使建筑和活动空间处在绿树怀抱之中。绿化区和道路交叉口处设计不同风格的雕塑、建筑小品，在风车型小区道路的圆弧弯道端，规划安排两种不同风格的雕塑和喷泉，在主入口处设一小区标志牌。此外，在靠近路口边辟出一块地，布置无污染的街道企业，面积约为0.57公顷。

滨江一村 1990年，市规划设计院完成滨江一村的规划设计。该小区规划用地11.10公顷，主入口设在河西长江路主干道上，采用类似风车型的道路系统，道路将小区分为4个较完整的住宅组团和1个中心，中心由小学、托幼园、文化站、游园、商业小街组成。小区结构形式为小区 — 组团 — 住宅组（邻里院落）。道路系统，结合12区及本小区的建筑布局和空间组织，形成舒展大方的风车型路网，由11米、5米、2.50米3级组成。住宅采用组团式布局形式，每个组团通过住宅、围墙、绿篱围成1 ~ 2个院落。住宅以6层为主，局部单元错位退台处理，加以7层点式住宅点缀，公共建筑为2 ~ 3层小体量建筑，结合小区中心游园布置。中心游园北侧设置15个班小学、6个班托幼园，舞厅、阅读、书画及各类游戏室等文化活动设施与中心游园相结合布置。商业服务置于游园南侧。绿化结合道路系统，利用院落空间分别配置用地。在小区中心设置游园，配以较大的绿化。小区用地14.30平方米/人，其中居住用地9.70平方米/人，公共建筑用地1.67平方米/人，道路用地 1.30 平方米 / 人，绿化用地 1.63 平方米 / 人。该规划获省规划设计三等奖，并被列入全国第二批小区建设试点单位。

天鹅花园 位于贺家土鹅颈洲渔场地段，面积 60 公顷，其中水面 40 公顷，20 公顷为四面环水的橘园、绿地。因贺家土地段的生活污水和部分工业废水均排入渔场，使渔场养鱼既无经济效益又无社会效益。据此，拟开发建设成一个集住宅、旅游、商业网点为一体的中高档住宅小区。该居住小区规划于 1993 年 3 月，由湖南省建筑设计院设计，规划占地 60 公顷，其中水上乐园占地 17.14 公顷、小游园 5.66 公顷、绿化带 4.62 公顷，其他房屋建筑面积 42 万平方米（含配套中小学、幼儿园、商业网点、办公楼及宾馆等 4.42 万平方米）、居住 6182 户居民 20312 人。分四期工程建设，第一期从 1992 年底至 1994 年 6 月，开发住宅、小学、托幼园等，建筑面积 43320 平方米；第二期从 1994 年上半年至 1997 年上半年；第三期从 1997 年上半年至 1999 年底。2000 年 10 月，市建筑设计院对原规划作相应调整。该规划区内不设置任何生产加工项目，杜绝小区废水、废气、废渣的产生。贺家土地段排入鹅颈洲的各主要下水道污水，进行截流引出汇集，经简单氧化沉淀后排入白石港，逐步净化渔场水面水质。加强水面保护和陆地绿化，以净化空气，保护环境，蓄洪与排渍问题亦得到解决。规划设计既保留原城市规划的水面面积，又开发商品住宅及旅游、商业网点等公共设施。

东湖花园合泰居住小区 1994 年 1 月，湖南合泰房地产开发有限公司委托化学工业部长沙化学矿山设计院进行东湖花园修建性详细规划设计。该设计北靠南岳岭、东接文化路，西联市府路，与芦淞批发市场和东湖公园连成一片，总用地面积 264617.33 平方米，房屋总建筑面积 505549 平方米，建筑密度 31.70%，容积率 1.91。合泰大街中心路面标高为海拔 38 米，垂直合泰大街方向场地排水坡度为 5‰。东湖花园按规划建设至 1998 年，小区建成东西长约 1500 米、宽 26 米的合泰大街及 3 条宽 6 米的支路，大街两旁按规划建成甜甜家园、书香名门、满庭芳 1 ~ 14 号、合泰办公楼等建筑。1998 年 10 月，公司委托市建筑设计院对小区详细规划进行调整。调整后总用地为 26.82 公顷，房屋总建筑面积 568534 平方米，其中居住面积 509208 平方米、公共建筑面积 59326 平方米，建筑密度 31.60%，容积率 2.12，平均层数 6.7，绿地率 28.80%，居住 3876 户 13566 人。该规划采用小区——组团两级结构，以小区干道为界，将小区划分为不同的居住组团，各组团既相对独立，而又是小区的有机组成部分。小区街道为现代建筑仿欧式风格，并运用骑楼式外柱廊设计，临街建筑底层退后道路边线距离 3 米。12 个班的小学布置在小区中心地段。绿地布局采用点、线、面结合，平面与立面结合，并融入市区园林绿化系统。

古大桥南星住宅小区 1999 年 6 月，市城乡建筑设计院对位于市芦淞区古大桥沿枫溪港与航空第二集团公司 608 研究所相邻的南星住宅小区地块进行修建性详细规划设计。根据市第四次城市总体规划修编要求，该小区规划占地 2.67 公顷，房屋建筑面积 52355.60 平方米。规划将居住小区主入口设置在原 1815 线路旁，将小区分为 2 个住宅组团，沿主入口道路形成小区商业中心。小区沿原 1815 线垂直摆设条形住宅，以主入口道路划分一期开发商品住宅楼 7 栋共计 23182.70 平方米，二期开发商品住宅楼 12 栋共计 29172.90 平方米。小区楼盘之间除硬化道路、停车坪外，空坪隙地普遍绿化，绿化率达到 33.34%，形成花园式住宅小区。

家园住宅小区 是在株洲市被列入建设部第五批国家重大科技产业工程城市住宅试点小区。1996年，由北京中建科工程设计研究中心按"2000年小康城乡住宅科技产业工程示范小区规划设计导则"进行规划设计。1996年9月，经建设部组织专家评审，该规划设计方案获"总体、规划布局、住宅设计、科技含量"四个优。2000年4月，进入实施阶段。其规划布局按照所处开发区八区地段规划要求，总用地9.32公顷，总建筑面积14.34万平方米，其中公用建筑1.54万平方米、住宅面积12.80万平方米，平均5.06层，并安排有3种类型的73户别墅，总居住1015户3553人，容积率1.54，建筑密度31.20%，绿地率41.30%。

湘银小区 1998年9月，市建筑设计院对河西20区湘银居住小区一期工程进行修建性详细规划设计。设计人员依据市第四次城市总体规划修编要求，因地制宜，规划用地范围4.78公顷，设计房屋建筑面积6.22万平方米，其中住宅5.60万平方米、公共建筑0.62万平方米，居住490户（其中别墅46栋），建筑密度为27.60%，容积率1.33，平均4.9层，绿地率42%。2000年7月，市建筑设计院设计在一期工程基础上，对二期工程进行修建性详规设计。其用地范围紧临一期工程北侧，至滨江路坡下，总用地16.49公顷。几经调整修改后，规划房屋建筑面积28.91万平方米，其中住宅24.20万平方米，居住2170户7595人，公共建筑4.71万平方米，容积率1.75，密度26.60%，平均层数6.6层，绿地率37.60%，建筑后退庐山路红线8米、长江北路红线10米。

（二）公 园

1962—2000年，城区先后完成奔龙、石峰、东湖、流芳园、冶化、滨江公园的规划设计，总面积达289.97公顷。其中滨江公园在滨江路与湘江水面之间的一条狭长地带，南起车渡码头，北至大坪人渡码头，全长2300米，陆地最宽部位62米，最窄部位9.50米，平均宽度28.60米，陆地面积为7.36公顷，沙滩面积为10.81公顷，规划总面积为18.17公顷。由市规划设计院设计，于1990年6月完成。全园划分成水上公园、竹林幽境、南浴场、文化休息区、体育活动区、少年活动区、北浴场、园林游览区、沙滩活动区9个景区。其中公园内道路铺装地12211平方米，占陆地面积16.60%；建筑用地3531平方米，占陆地面积4.80%；小水面673平方米；绿化57121平方米，占陆地面积的77.67%。

（三）道路景观

1980年后，市区先后完成解放街、红旗中路、天台山路街景规划设计。其中，天台山路通过湘江大桥与河东新华路构成东西主轴线，东起湘江大桥西端，西至天台山公园，全长约2300米，规划范围为湘江大桥18～19桥墩中心至天台山路支线交叉口中心，长1647米，道路用地27.80公顷。由市建筑设计院于1989年12月完成设计。

该规划根据交通组织分析以及总体规划的要求，把规划用地分成经济信息、商业文化及行政办公3个活动空间，分别布局在12号、17号、13号及19号区，总用地66.08公顷，总建筑面积108万平方米，平均容积率1.96。经济信息活动区布置在桥头南北两侧的12号、17号区，用地24.13公顷。桥头布置经济信息中心。在桥南布置的主要建筑有外贸大厦、财经大楼、税务大楼、保险公司、交通运输大楼等；还有人民银行、工商银行、建设银行、中国银行等行政和金融机构；桥北以南海集团公司作主要高层，配以建设大楼、大桥管理处、渡口工区、自来水加压站等。分别在桥南桥北设置可停车50辆的停车场。

商业文化活动区布置在13号区，用地共22.75公顷，建筑面积48.80万平方米，容积率达到2.49。区域里布置以步行街为核心的商业、文化、科技和社交4个活动空间。在商业活动空间中有大型国有商场；在文化空间中有可容纳1500名观众的全景电影院；在科技空间布置科技大楼、科技展厅；社交空间由相互连通的2个广场贯穿起来。区内设置250辆停车场，并留有足够的自行车停放地。

行政办公活动区布置在18号区，用地19.20公顷，建筑面积18万平方米，容积率1.26。该区是以市人民政府为核心组成的一个包括天台宾馆在内的行政办公活动区，安排政府系统部、委、办及各直属局机关，东南隅布置占地2公顷的广播电视中心。同时，在天台宾馆后边安排几组别墅式宿舍和2组点状高层公寓，构成政府接待活动空间。

（四）文化中心

文化园　中基洲位于建设路和人民路之间，全洲用地共4.47公顷，四面环水，视野广阔，环境优美，交通方便，规划成文化中心。由市建筑设计院设计，1985年6月完成。全洲布置图书馆、艺术馆、博物馆3座主要建筑，并以建成一个公园式的文化中心为指导思想，布局6根轴线，将3馆和桥、亭、门墙、雕塑串联组织，形成互相穿插共同交合的景观。把室外分割成4个主要空间，有大有小、有敞有闭、有隔有联，加之与建筑内部庭院互相融合，显得空间丰富多变，做到藏建筑于绿荫之中，人行于花景之中。

炎帝广场　为纪念炎帝始祖，弘扬炎帝精神，塑造株洲市城区新形象，1996年2月，市规划设计院编制炎帝广场规划设计。广场位于株洲高新技术产业开发区，河西中轴线天台山路的终点。规划占地17公顷，是集祭奠、集会、休闲、商贸等功能于一体的大型城市综合性广场，市民社会活动中心，重点体现“祭奠炎帝、弘扬炎帝精神”主题。规划设计突出空间形象、环境品质、文化内涵3个城市设计要素，强调广场本位文化特征，形成开阔大气的城市形象。设计特点：空间形态因地制宜——以炎帝站立的高20米、石刻古朴塑像为重心和发射点，呈展开的扇形，将广场分为文化景区、集会广场、绿化景区、背景商业文北街、附属停车场、公交始末站、天台公园出入口共7个功能区，各功能区通过规划的放射状和圆孤状道路网、组成前景、核心、背景3个景观系列，造型气势磅礴，既突出广场文化氛围、纪念性特征，又体现株洲新兴工业城市现代特色和鲜明个性、形成1个广阔的绿化“静区”和6个功能分明的活动“闹区”，实现闹中有静，达到理性的几何构图、舒展的空间界面、丰富协调的空间层次的设计目标；同时将炎帝站像座基置于一个象征着太阳、用“中华红”镜面花岗岩铺装的台面上，意喻“太阳之神”居日之中，台下设计1.2万平方米的大型炎帝文化展览中心；广场绿化种植强调“开阔大气”，在主要的视线范围内，主要是种植花草，而对视线有遮挡的高大乔木只在广场两翼点缀。环境品质开放舒展——大尺度的自然背景、通透空间、街道化设施，构筑成炎帝广场的环境品质，如临珠江路的集会广场，从外围人行道至文化广场台阶，宽60米，铺设硬质的大方格花岗岩，并在广场两翼种植樟树，形成绿荫广场，增强广场空间和街道空间的渗透感。文化内涵主题鲜明——在炎帝像的前导景观空间，规划一组总面积4800平方米的大型彩色音乐叠水喷泉，呈环抱状，两翼展开200余米，其中主体喷泉宽60米、长65米，为弯月状，环抱着意喻的"太阳"，象征着炎帝精神与日月同辉，台阶式喷水池之水顺流而下，象征着炎帝开创的农耕文化源远流长；广场周边之商业街高5层、总建筑面积4万平方米，造型为坡屋顶骑楼式建筑群，增强广场围合感，其蓝灰和白色的建筑色彩基调，清新、协调，颇具唐代建筑色调。炎帝广场规划设计，1998年度评选为株洲市优秀规划设计一等奖，同年度评选为湖南省优秀规划设计一等奖。

（五）旧街区改造

解放东、西街旧街区改造 1993年2月，市规划设计院编制解放东、西街旧街区改造控制性详细规划。规划用地范围东起芦淞路、西至沿江南路，北起建宁港、南至木材路，总用地32.38公顷。解放东、西街是株洲市的城市发祥地，房屋密度大且陈旧破烂，居住人口稠密且公共服务设施缺乏。规划主要进行综合性开发改造，理顺功能关系，调整道路骨架，改善居住环境和旧街区面貌。规划街区道路面积4.96公顷，建设南路延伸段路幅红线宽34米、王塔冲路20米、解放街15米（后改为24米）、小区级道路7米、组团级道路4米；解放东街住宅区内因地形复杂、高差较大，道路采用尽端式布置手法，并在各尽端式车行道之间用台阶步行道联接，行人可在内自由通行而车辆不能穿越，形成通而不畅的道路系统，保证住宅区内部的安静和安全；在建设南路延伸段端头6号地块内设置一个机动车停车场，1、5、9路公共汽车迁至此地始发。商业设施4.20公顷，规划解放街为商业居住性街道，主要安排具有地方特色的手工艺品、日杂、饮食一类项目，芦淞路沿街一带底层商店安排小百货、食品、饮食等项目。文化娱乐设施和公共服务系统10.92公顷，因区内3所小学均达不到国家规定的规模标准，拟将株董路小学用地扩大，将樟树坪小学和南湖塘小学合并，两校之间的界外用地划入，建设一所设施完善的符合国家规模标准的小学；市一中用地范围维持原状，5号地块内安排娱乐城；幼儿园、邮电所、储蓄所、居委会、公共厕所和自行车停放场地等公共服务设施，按国家规定的千人指标和面积标准进行设置并进入地块控制规划。生活居住区10.49公顷，规划在解放西街靠近沿江南路地段布置一定的高层住宅，以丰富沿江和临建宁港景观；在临街、巷地段，布置多层和低层商住综合楼；在解放东街地段结合地形布置一定比例的普通多层住宅；在区域中段腹地布置多层花园公寓式住宅。规划保留福音堂，并适当增加用地，结合福音堂改建，辟一开敞式小游园；南靠市一中和樟树坪小学、西临5号地块设娱乐城，形成区域文化、游乐中心。

李家坪旧街区改造 1994年7月，市规划设计院编制市南区（芦淞区）李家坪旧街区改造控制性详细规划。李家坪旧街区位于建设南路以东、建宁港以北、芦淞路南侧和西侧所围合的用地范围内，地理位置优越；线型曲折、路幅狭窄的建宁街、栗树街南北穿中而过，利用废弃铁路用地修建的南站路横贯东西；街区占地面积10.10公顷，内有机关、单位17家（含工厂2家、学校1所）占地4.57公顷，为总用地的46%，其中布鞋厂已转产为商业用地；房屋建筑密度70% ~ 80%，容积率1.15 ~ 1.95，居住1281户计4500余人，其中20%属外地来株经商人员暂居租赁私房户人口，私房面积2.65万平方米。域内住房建筑年代已久，除外墙为砖墙外，内部隔断为竹篱糊泥，低矮、潮湿，采光、通风、日照条件差，不具备防火、防灾能力；道路交通除建宁街、栗树街和南站路以外，多为路幅 1 ~ 2.5 米 的小街小巷，沿途非机动车任意停放，行人行走不便，更不符合消防要求；加之域内无排水系统，雨污合流由明沟排出，垃圾随地倾倒，脏、乱、差现象突出。

该规划设计旧街区用地，划分为 39 个地块，地块以土地使用性质区分，其分界线多为道路红线和单位围墙；土地使用控制指标及相容性均留一定的弹性，保证地块界线的完整性，一个地块可供一个单位建设或数个单位联建，一个单位也可建设多个地块；区内原有的工业用地可转为商业及居住用地，不得改为其他性质用地。道路交通，平行于建宁街、南站路，分别规划一条路幅 9 米、房屋建筑后退红线 5 米的区内干道，且建宁街在原道路基础上取直拓宽到 15 米（房屋建筑后退红线 10 米），作为区内主要道路与城市干道沟通；区内组团级 5 ~ 7 米宽道路（房屋后退红线 3 米）走向与原街巷走向基本一致，便于地块划分和分期建设；考虑建宁街业已形成集副食品批发零售于一体的商业街，非机动车流量增大，在建宁街与南站路交叉口处，结合高层建筑设置地下非机动车停车场，方便建设路、芦淞路两个流向的非机动车停放。全区安排 2 个地块作居住用地，其他均为商住用地，尽可能发挥区位经济效益。公共设施采取限制已有行政单位办公用地，并不再引进行政单位办公占地，学校不再增设，环卫设施按国家规定指标配套，管线地下敷设。房屋建筑面积 42.10 万平方米（原状 18.10 万平方米），居住 2277 户 8197 人，容积率 4.16，绿地率 20%，社会停车场 3276 平方米。

（六）社　区

田心社区　1998 年 12 月，市规划设计院完成田心社区的控制性详规设计。设计人员依据株洲市第四次城市总体规划修编要求及社区实际情况，规划期限为 1998 — 2010 年，规划范围位于株洲市区东北角，南自京广铁路线、北至 320 国道及红旗北路，东起响田路、西抵市起重机厂铁路专用线，总用地 3.5 平方千米，人口规模 7 万人。因贯穿南北的田心路将区域划分为生产区和生活区（社区）2 块，区域规划将在此形成城市副中心，分担市中心的部分功能。近期建设规划至 2003 年，重点是社区改造。包括拆除迎宾路两侧住宅、福利工厂前住宅、中兴村、民主村、群力村炮台以东住宅、团结村、胜利村、解放村 8 处住宅区。商业区完成田心北门、东门两个农贸市场的改造；建设花卉批发市场；改建迎东路、田心路、田东路 3 条商业街。拉直田心路北厂门处弯道，联接和贯通田红路至迎宾路的道路，建设社区 2 个加油站、厂北门及厂正门 2 个停车场。改建铁路第一小学校运动场，新建铁路第二小学校教学楼，扩建 2 个幼儿园活动场地；充分利用厂医院土地，对其进行改造；建设厂正门、厂北门和东门 3 个绿地广场。远期至 2010 年，规划建成厂区 3 个功能中心、3 条商业街、4 个居住区，包括北门商业中心、东门和新民广场综合功能中心；田心路、田东路和田红路 3 条商业街；田红路以北居住区，田东路以北、田红路以南居住区，田东路以南居住区，发展区配套居住区 4 个居住区。规划 1 块工厂产业发展用地，即试车线以西、市起重机厂铁路专用线以东范围 30 公顷用地，划为电力机车厂产业发展用地。拓宽 6 条社区道路，包括社区主干道南北向的红旗北路拓宽至 15 米、田心路至 20 米、迎东路至 12 米，东西向的迎宾路拓宽至 15 米、田东路至 15 米、田红路（延至发展区）至 20 米。建设区级金盆岭公园和社区级南峰公园，完善田心路、田红路、田东路沿街绿化，绿地率大于 20%。新建和改造居住小区规划建筑密度小于40%，容积率小于1.7，住宅日照间距大于1倍檐高，人均居住面积从9.2平方米提高至18平方米。该社区发展规划荣获株洲市1998年度科技进步二等奖。

湘天桥社区 2000年9月，市建筑设计院依据市第四次城市总体修编规划，对湘天桥社区进行控制性详细规划设计。规划范围南自市城区快速环道响石路和响田路段、北抵320国道，东起株洲火车北站、西达建设北路100米纵深。规划总用地面积由423.67公顷增加到602.27公顷，人口由1997年年底的常住人口8.89万人、流动人口0.58万人，增加到规划期2010年的10.41万人。规划布局为2个中心，即响石广场、清石广场；3个组团，即湘黔铁路线以北生活组团，湘江氮肥厂厂区专用铁路线与建设北路及城市快速环道所围合的生活组团，湘黔线与湘江氮肥厂专用线所夹的生活与工业混合组团；4条商业街，即建设北路、湘天桥路、铜藕路、清石路商业街。完善初具规模的居住小区，将周边的插花性菜地作为新增居住用地；除保留特种包装厂、省施工机械厂工业用地外，将清水塘机械厂、湘天桥扎钢厂、市生物化工厂、湘江氮肥厂修理厂、市三汽运公司机械厂、株化米厂、市机床附件厂、市床单厂、市建安公司预制厂及仓库部分、市灯具厂的工业用地等转为居住用地，以降低工业用地比例，增加社会服务设施，逐步形成2个完整的生活组团及1个混合组团。完善与新增商业金融业用地，包括湘天桥市场在原基础上扩大规模，响石市场改建成室内市场，新建清石广场工业产品交易市场，完善石峰建材大市场，并布置4个菜市场。原市机床附件厂南侧增设24个班的清水小学，铜藕路旁设置老年活动中心和青少年活动中心。湘黔铁路线和京广铁路线两侧各留20～30米的防护绿地。旧城改造兼顾环境、社会、经济效益，在提高人居环境质量的前提下，尽量避免大拆大建。道路网改造在既满足交通，又有利于社区传统特征保留与更新的条件下，灵活选线构成完整的路网。从便于管理及配套设施共享出发，株洲冶炼厂新增齐修大塘居住发展用地、株洲化工厂新增夹子冲居住发展用地、湘江氮肥厂新增其职工医院旁的菜地作为居住发展用地。

董家塅社区 2000年11月，市建筑设计院董家塅社区结构规划编制完成。规划范围南自南华花苑、北至株洲南方雅马哈摩托车厂，东起凤凰山、西抵快速环道及京广铁路线之市区东南方相对独立的山间盆地。社区规划总面积900公顷，有常住人口43535人、流动人口2000人，规划期至2010年发展达到60000人。规划适应市总体规划调整城市快速环道从社区穿过的需要，以迎新路为社区的主轴线，在古大桥和南方公司俱乐部两处形成2个社区中心，在南方公司医院至董家塅街道办事处和建设粮店形成2个社区次中心，居住用地由人均18.88平方米增加到23.22平方米，商业、金融业用地由人均2.95平方米增加到4.76平方米，增加南方中学的用地面积，娱乐设施新建2所老年活动中心，工业用地充分挖掘内在潜力。在拓宽联接区外的株渌路、株董路至24米和拓宽南方公司中心厂区4号门至五里墩为15米路幅的同时，社区内新开辟4条道路，即南方大兴机械厂至热电站9米宽道路，磨子冲路宽20米，株渌路与1815线联接段、磨子冲路至株董路宽15米路段；拓宽迎新路至24米、李汜路至18米，建设社会停车场5个。加强枫溪港风光带及社区2个公园建设，增加人均公共绿地面积至6.34平方米。保护性改造南华一村、南华幼儿园、厂区、厂办公区、建设村、南方宾馆部分建筑群，在合理利用保护其有纪念价值的建筑风貌前提下，改善基础设施，拆除宅间新增构筑物，增加公共绿地。近期规划至2005年，改造迎新路、李汜路及李汜路与株渌路交叉口，修建磨子冲路、南方大兴机械厂至热电站路及董家塅污水处理厂至株渌路段宽7米支路。对历史性建筑加以维修、翻新和保护，对卫生村、中华四村、言家冲村、红星村、南山村、沿河村、新河村住宅加以彻底改造，在古大桥片新开辟居住小区，对原状较好的住宅小区加强配套设施建设。完成对已有菜市场、商业网点的改造和完善基础设施。完成枫溪港风光带建设，社区公园初具规模，并建设好2个门户区景观及完成迎新路、李汜路沿街景观改造。

宋家桥社区 2000年11月，市规划设计院针对宋家桥社区存在的功能混杂、路网不畅、居民住房紧张且缺少必须的活动空间、公共绿地少等问题，按设计规范编制完成其社区结构性详细规划设计。规划西起1827线与新华路交叉口、东至老1827线以东500米，南自大仙塘、北达郊区水泥厂处，总用地272公顷，包括株洲车辆厂、宋家桥村等用地区域，其中株洲车辆厂生活区占地93.70公顷，人口25100人，至2020年为33000人，人均用地指标82.50平方米。规划1827沿线及株洲车辆厂的北面及东面，车辆厂已有生产区以北和以东划出2块用地作为厂方的生产发展用地21.33公顷，宋家桥村部以北1827线边规划一个面积为32公顷工业组团作为荷塘区工业发展基地。加强道路绿化建设，重点在1827线和车城路形成景观。区域改造按照作为附件的修建性详规划划定的25个地块控制指标执行。1827线与车辆厂铁路专用线平交口改为立交，成社区道路网“双环”系统，即内环为黄泥塘 — 同心路 — 车城路，外环为1827线 — 龙宋路 — 老1827线 — 健康路。近期至2005年的规划，对已有的革命村、茶园村、朝阳村进行改造，增加绿地面积，改善居住环境；扩建大力新村及黄泥塘村，兴建游子塘居住组团，缓解职工住房紧张局面。改造已有的农贸市场区域，形成社区公共服务设施中心；并改造黄泥塘交叉口，对周边建筑相应进行拆除改造，建设绿地广场，形成株洲车辆厂形象窗口。对车城路进行改造，拓宽路面至15米；延伸车城路至1827线，打通株洲车辆厂厂区及生活区与1827线的联系通道；新辟黄泥塘路，对已有新华路至同心路交通进行分流；对同心路厂正门至厂区体育场路段进行拓宽至20米，主要加宽人行道，形成商业街；搬迁已有的公交首末站至劳动服务公司南侧，相应建设沿街停靠点。初步建成大仙塘公园；完善车城路道路绿化及黄泥塘绿化广场。

（七）工业及开发区

河西工业五区 1998年7月，市规划设计院完成河西5区控制性详细规划设计。规划范围为北自黄山路、南至长江南路，东起黄河南路、西抵珠江南路，总占地面积66.73公顷。规划以路网骨架把全区用地划分为7个工业组团60个地块、1个工业园中心、1条科贸街。每个工业组团用地不少于3公顷，限制污染性工业项目进区用地。工业园中心为公共服务设施用地；科贸街为商业办公和工业兼容用地。区内主要道路在南端与长江南路连结，路幅宽54米；次要道路宽20米、支路宽7米。景观风貌规划具体落实“三个控制”，即控制区内与长江南路连接路为主轴线的路幅宽54米，其中道路绿化占地24米；控制区内临城市道路的景观界面建筑后退长江南路红线12米、黄河南路8米、珠江南路10米和黄山路20米，统一绿化；控制工业园的中心位置节点规划一个大型绿化广场，使5区绿地率不低于30%，其中公共绿地指标不低于15%。园区工业建筑一般要求采用大跨度的标准厂房，包容生产、科研、办公、仓储配套功能，与生产相配套的生活用房可穿插布置在工业用房内，便于生产和管理，其园区建筑形象要求色彩明快统一，造型简洁大方，以形成美观大方的现代化高科技工业园形象。规划园区以道路骨架划分51个出让地块、7个配征地块和2个非出让地块，每个地块单元面积为6000～8000平方米，适建1栋标准厂房。工业用地房屋建筑限高6层、密度45%、容积率2，绿地率30%；兼容用地房屋建筑限高6层、密度40%、容积率2，绿地率40%。

建宁经济开发区 1998年9月，市规划设计院完成对开发区控制性详细规划的修编。建宁经济开发区位于株洲市芦淞区，株醴公路与浙赣铁路交汇处，占地约3平方千米。规划总体功能布局为西北为住宅区，东南为工业区，东北为可兼容工业的居住区，株醴公路沿线作商业服务业用地，保留和完善行政办公、文教及其他公共设施；工业区与生活区用一条宽42米的林荫步行街连结，步行街东头为一区级小游园和文化娱乐广场，结合广场处作专业批发市场；开发区的东南边山地作自然保护林地。鉴于城区快速环道东环路将开发区分成东、西2片，而浙赣铁路又将整个开发区用地分成南、北2片，规划生活区主要道路较为规整，支路则依山就势；工业区的道路网以广场和专业化市场为中心作放射状布置；东西连结除株醴陵路与浙赣铁路立交桥外，另辟一条宽42米的步行街下穿东环路作主要的东西连结道路；整个道路网同时考虑与文化路、龙泉路的连结；区内道路东环路宽幅60米、步行街42米、主干道24（16）米、次干道15米、支路6～9米。社会服务设施。根据区内已有一所株洲中医学校，考虑将来升格专科学校，留出13.33公顷地作其发展备用地及新建一所占地1.5公顷的医院，并在铁路线以北接文化路口处设置一所占地1公顷的完全小学；在位于步行街西端的居住区内设置1个占地约1公顷的区级邮电局。浙赣铁路两侧后退50米作防护绿地，将东南边的自然生态林作生态绿地；开发区内下水近期雨污合流，远期雨污分流。在控制路网的前提下，浙赣铁路以南用地作为一期开发，以北用地作为二期开发。总用地约3平方千米，包括居住用地97公顷、工业用地60公顷、公共设施用地60公顷、绿地30公顷、道路广场30公顷、其他用地23公顷。

三 专业规划

20世纪50年代专业规划的编制，多为近期建设施工图设计。在第一、二次总体规划修编时，专业规划是作为工程规划出现的。第三、四次总体规划修编时，专业规划是以总体规划为依据，分14个专业由各主管单位独立完成，然后按总体规划要求予以论证、综合平衡后确定的。

（一）城市交通

1. 铁　路 20世纪90年代，随着株洲北站双向三级七场的建成、株洲客站的技术改造以及京广铁路双线电气化、湘黔复线电气化引入株洲，使株洲在全国铁路网中的枢纽地位和作用进一步加强。市人民政府为适应国家“2010年铁路网规划”及城市发展的需要，委托铁道部第四设计院于1998年10月对市区铁路及站场的建设与发展作出规划。客运——近期规划株洲市区设一主一辅2个客站，因株洲客运站已形成四个站台、七个站台面，但站场设施及客运设备只能满足近期客运要求，故在京广高速客运站建成前，近期规划既有株洲站为主要客站，经比选规划将田心站改造成两站台、三站台面的小型辅助客运站，在此站与洗煤厂之间改造成客车技术整备所。货运 —— 随着株洲市国民经济的发展，预测 2010 年株洲地方铁路货运量将达到年 1396 万吨，为株洲地区铁路年总运量的 9.34%；2020 年达年 2670 万吨，为年总运量的 13.44%。由于已有的株洲北站和株洲车站办理货运业务受各种条件限制，货运量缺口预测近期到 2010 年为年 340 万吨，远期到 2020 年为年 700 万吨。规划新设红旗货场和七斗冲货场为综合性货场，其中红旗货场近期规模为年吞吐量 200 万吨、远期为 400 万吨，主要集散市区东、西、北三个方向货物；七斗冲货场近期年吞吐量 140 万吨，远期为 300 万吨，主要集散市区南向货物。京广客运专线走向 —— 经对市区铁路线走向的多方案比选，规划在既有京广铁路西侧，于冯家湾、霞湾处跨湘江，沿河西市区边缘往南（处京珠高速公路东侧并与京珠高速公路大体平行）。为解决湘黔线、浙赣线的客车上下高速铁路线，分别在北、南两端设立体疏解。株洲站客车整备所 —— 为解决株洲站增设始发列车及客运量增长的需要，增设株洲站客车整备所，规划选址在京广线与浙赣线及城市道路龙泉路交汇处的三角形地域内。喻家坪工业站 —— 鉴于田心客站及城市快速环道建设对喻家坪工业区的影响，相应对喻家坪站必须进行改扩建，方能适应喻家坪工业区发展的需要。

2. 城市道路　总体规划编制时，城市道路系统根据地形复杂和工业区分散的特点，工人村内采取棋盘式路网，村际间则用联系道路连接，形成一个整体。主干道宽度为 34 米，次干道 25 米，一般坡度 3% 左右。

总体规划第一次修编中，城市道路系统采用棋盘放射加环路的综合性布置手法，从市中心出发向北经清水塘至白马垄、南往董家塅有建设大道和株董路，东往宋家桥有跃进路（新华路），荷塘铺至田心有红旗路，田心到清水塘有胜利路，并以此 5 条主干道组成城市环道。主次干道跨越铁路多作立体交叉并尽量减少交叉口。主干道宽 40 米，坡度 2.5% 以下，次干道宽 30 米，坡度 3% 以下，支路走向充分结合地形，因地制宜，宽度一般为 20 ~ 25 米，坡度不超过 5%。

第二次总体规划修编时，城市道路交通规划主要包括建设路、红旗路、新华路、株董路一级干道 4 条，二级干道 11 条，1 座湘江桥，1 条外环路。

第三次总体规划修编时，道路系统规划建设“四环连各片，五干道成网”。“四环”分别由“中心、一、二、三环”组成。“中心环”由人民路 — 红港西路 — 沿江中路 — 沿港路组成，功能是把游览性道路与城市中心及城市干道相联通。“一环”由新华西路 — 红旗中路 — 红港路 — 建设中路组成，功能主要是完善现有建成区内部交通，疏解中心片交通压力。“二环”由新华路 — 湘江大桥 — 天台路 — 长江路 — 湘江二桥 — 响石西路 — 响田路 — 田龙路 — 二环路组成，功能把“五片一中心”全部联通，成为市内主干网。“三环”由外环路 — 红旗南路（一段）— 湘江三桥 — 320 国道组成，功能主要作为过境快速交通。“五干道”为东西向干道：新华路 — 湘江大桥 — 天台路 (11. 10 千米)；红港路 (7.30 千米)；响石西路 — 响田路 — 回龙路 (7.40 千米)。南北向干道：建设路 — 芦淞路 (11.70 千米)；红旗路 (9.50 千米)。

至 1996 年年底，城市道路主干道有建设路、天台路等 9 条，共计长 33.88 千米；次干道有人民路、黄河路等 28 条，共计长 30.46 千米；支路有建宁街、天平路等 76 条，共计长 58. 85 千米。主干道密度每平方千米为0.58千米，次干道密度为0.53千米，道路占地面积222公顷，人均道路面积3.88平方米，低于国家规定标准，且主次干道布局不合理，城市各区内部组团联系不畅，城市四区间缺乏相互直通联系。

根据株洲市2000年8月定线规划成果，市区至2010年道路规划：城区由红旗路、响田路、响石西路、湘江二桥、西环路、湘江三桥、南环路、东环路组成全长34.11千米的联系湘江两岸城市各片区的快速环道；市区主干道20条，合计64.22千米；市区次干道57条，合计121.06千米；市区支路99条合计89. 97千米。

定线规划市区道路占地面积808.014公顷，按100万人口城市人均道路面积为8.08平方米。市区快速路与主干道总长98.33千米，按100平方千米城市规模为每平方千米主干道（含快速路）密度达到1千米；次干道总长121.06千米，每平方千米密度达到1.20千米。

市区公共交通，在城市快速环路、建设路、新华路、长江路、泰山路开辟专用道，连同其他主次干道上设置的公交线路，使市中心的公共交通线路网的密度达到每平方千米3千米的规划要求。

3. 外接高等级、高速公路 市城区规划5条高等级、高速公路，构成1个三角形主干网和2条向外呈幅射状的干线，承担着株洲与东、南、西、北方和周边城市、黄花国际机场的主要陆路联系。东北方向的莲易公路株洲段 —— 是连接江西和湘中的320国道的重要组成部分，构成株洲市城区外围高等级和高速公路三角形之一边。西方向建设中的京珠高速公路株洲段 —— 是联系株洲南北方向和长沙、湘潭、衡阳等周边地区的主干线，构成株洲市城区外围高等级和高速公路三角形之另一边，也是近中期通往黄花国际机场的主要通道。南向规划的上端高速公路 —— 是联系株洲东西方向和周边城市的横干线，构成株洲市城区外围主干线之三角形横边，此路段在株洲县姚家坝与莲易高等级公路相交，在株洲县渌塘过湘江进入河西群丰镇，在梅市与京珠高速公路相交。出入京珠高速公路的主要配套通道为天易高等级公路 —— 也是株洲连接湘潭的主干线。通往黄花国际机场的另一条通道是株黄高速公路，从田龙路经浏阳抵长沙黄花机场，相应缩短株洲至浏阳市的公路距离。

株洲市2000年城区道路系统定线规划新增部分一览表

表10–1

区名	道路长度（千米）					道路面积（公顷）				
	小计	快速环道	主干道	次干道	支路	小计	快速环道	主干道	次干道	支路
芦淞区	24.78	6.14	1.17	15.31	2.16	75.377	36.840	3.336	32.495	2.706
荷塘区	44.26	10.03	9.85	9.52	14.86	131.019	55.540	35.654	20.252	19.573
石峰区	45.22	10.23	1.25	23.54	10.20	97.264	39.012	4.250	44.076	9.926
天元区	71.91	7.71	18.07	42.23	3.90	282.354	46.260	93.804	136.440	5.850
合计	186.17	34.11	30.34	90.60	31.12	586.014	177.652	137.044	233.263	38.055

说明：表中未含规划形成的道路123.19千米、面积222公顷和广场用地91.986公顷

（二）给 水

1956年，城建部给排水设计院武汉分院作出株洲市工业企业和居住区外部给排水工程规划设计。规划各工业企业的生产用水，在1957年底新建25万吨/天，远期扩建到28万吨/天，预留扩建的余地。规划生活用水1958年前扩建到4万吨/天，远期扩建到6.5万吨/天。生活用水量定额：近期按每人每天平均80公升、最大日100公升计算；远期按每人每天平均100公升、最大日130公升计算。

生活用水 规划建2座水厂。株洲市一水厂取湘江水作水源，按其发展的可能性和卫生防护条件、人防要求确定扩建位置。1967年前扩建1.5万吨/天净化设备，1967年后扩建3万吨/天的净化设备，全市生活用水由市第一水厂供应。市第二水厂亦取湘江水作水源，考虑各工业企业的用水条件与要求，选择石峰头、长坡里、杉树山一带作厂址。增建4万吨/天二次投矾池，降低矾耗。1967年前达日供水4万吨，主要供应田心、清水塘地区生活用水。

工业生产用水 取水构筑物设在人形山脚下，经一次抽升至净化厂。净化厂设在石峰山头上，115米标高，自流供给各工厂。利用电厂循环水作第二水源。

第二次总体规划开始修编时，给水规划主要解决管网配套问题——近期铺设5条输水干管，管径600～800毫米，全长24千米，形成供水管网，发挥3个水厂的供水能力，改变有水送不出的局面。远期设想，利用大京水库或团头河天然水源引入市区，开辟第二水源。

1985—1987年，根据工业布局和地形特点，改树枝状管网为网状管网，将3个水厂的主干管连接成网，个别地段增设管网加压站，尽量保证管网内用户水压。

河西供水采取铺设2条直径600毫米过江输水主干管，联成管网，市棉纺厂处的市第四水厂供水泵房作备用水源与管网相联。

第三次总体规划修编时，给水工程规划指导思想是：发挥集中供水优势，适度超前建设。规划主要工程是：新建河西第四水厂，设计规模10万吨/日；对市三水厂进行技术改造，完善管网，新增调节水库（容量1.5万立方米）1座，新建河西加压站（近期供河西，远期转供市中心区）。

（三）排 水

市区原没有排水系统，雨水污水基本自流到白石港、建宁港，再排入湘江，仅331厂有厂区排水系统和污水处理厂，经枫溪港排入湘江。

1955年批准实施的总体规划中，规划排水工程采用雨水和污水分流制。

1956年，城建部给水排水设计院（中南给排水设计院）为株洲编制了排水规划，确定的基本原则是：市区采用分流系统，田心、宋家桥单独成片另行考虑。

对下水道的布置提出3个方案，其中第三方案是：331厂1500立方米/日的污水，由机械处理和消毒改为生物处理，或用抽升工艺导污水从市第一水厂下游排入湘江；建宁港流域的污水集中到南岳岭以南建宁港畔处理，用暗管导入湘江；白石港流域的污水集中到茅芦段处理后，由工业用水的铜塘湾取水口下游入湘江。霞湾港流域的污水集中到霞湾港畔处理后，由港内排入湘江。

第二次总体规划修编开始时，排水工程规划铺设新华路、红旗路、建设路3条排水干管，沟通市中心、荷塘铺、清水塘3个排水系统，设置建宁、白石港2个排渍站，建设霞湾、石子头2个污水处理厂，将全市大部分污水集中处理，达到国家排放标准后排入湘江。

规划近期建设建宁排渍站和完善三角叉排渍站，沟通曹塘坝、堤升街、南湖塘、中基洲4条排水管，敷设建设路排水干管，完善市中心排水系统，远期按规划逐步实施。

规划采用分片分流排水方式，已建下水道改做雨水道，另新建污水管网；沿江路（建宁港至白石港段）埋设污水截流管，将污水集中到白石港排渍站利用过江污水管送至河西，经二级处理后排入渔塘或农田。

第三次总体规划修编时，排水工程规划包括雨水排渍，河东河西共建排渍站7座，总排渍能力为27立方米/秒；污水工程，在河西、市渔场、响石片及董家塅共建4个污水处理厂，日处理污水量13.66万立方米。

（四）煤 气

1983年，提出株洲市煤气工程规划，由中南市政工程设计院设计。1985年前在部分大企业和市中心片搞试点，先解决2000户供气问题，远期在全市推广。

规划指导方针是“分期建设，逐步受益，不断提高气化率”，第一阶段以水煤气掺混湘江氮肥厂工业尾气作为过渡性气源，1988年底建成投产送气。

第三次总体规划修编时，规划近期建成32孔JN–28型焦煤炉1座，以扩大用户，提高气化率。最终规模为2座焦炉及相应的煤焦与化工产品回收设施，日产煤气20万立方米，年产焦炭20万吨。

（五）防 洪

1955年批准实施的总体规划中，规划在鹅颈洲一带建设蓄水库，使洪水时期一部分生活居住区的雨水能够排入。

1962年，湖南省水电厅设计院作出建宁港、清水塘防洪排渍规划。防洪设计采用100年一遇的重现期，排渍设计采用10年一遇的重现期。设计采用筑堤防御、洼地蓄水等高线截流及电排或互相结合的办法来解决洪涝问题。

建宁港排渍工程规划作了4个方案，最后采用第四方案。主要内容是利用或改建原有泄水构筑物，将铁路以西李家坪以上至文化路一段0.90平方千米的雨水，导向三角叉，在三角叉所挖缺口附近新修直径1.30米涵洞1座，使水流向三角塘，然后将三角塘沿建宁港的子堤加高0.50米并培厚整坡，再在芦淞桥设电动抽水机站，装机220千瓦。将渍水排入建宁港，以保证该区企业、居民及菜地不受渍灾。新建直径1米的涵洞1座，将建宁公社株董路西侧蔬菜基地以上0.40平方千米的雨水导向京广铁路以东，并在蔬菜基地临建宁港一端，沿港修筑一道排渍堤，以保证蔬菜基地不受渍灾。

清水塘地区沿湘江一带堤顶高程多在40米左右，而湘江一般洪水位都在42 ~ 43米，规划采用筑堤防护按100年一遇的洪水高程设计，堤顶高程46.20米。防洪堤从株洲玻璃厂前面石峰山嘴起沿湘江而下，经霞湾至电机砖厂前山嘴，全长2.50千米。内部渍水采用蓄排结合。

1983年，中国给排水中南设计院对株洲防洪进行调查研究和技术论证。于1984年5月完成湘江东岸防洪堤的规划设计。

整个工程分3期实施，总投资为6793.50万元，全部工程规划在2000年以前完成。

规划以 1950 — 1982 年 33 年水文资料为依据，按 50 年一遇设计水位高，200 年一遇校核水位加安全高作为堤顶标高，确定为 44.50 米。

第三次总体规划修编时的防洪工程规划，确定河东片防洪标准为 100 年一遇，洪水堤顶标高达 44.50 米。河西片防洪标准近期 50 年一遇，堤顶标高 44.14 米；远期达 100 年一遇标准。

（六）人 防

第二次总体规划修编时，城区人防工程规划为：根据地形、水文地质、工厂和人口分布情况，以 9 山为依托，坑道、地道相结合，9 山连 9 网，工程总面积 31.70 万平方米。另规划凡新建民用建筑，应按计划面积 6% 兴建人防地下室，并列入该项目工程基建投资计划同时设计、同时施工。城防系统以保护铁路枢纽、重要工厂和要害机关为重点择山布置，山头阵地与山下坑道形成有机联系。

第三次总体规划修编时，人防工程规划总的布局，是以山地坑道为骨干工程，连片成网，根据地形特点和工厂分布情况，城区规划“十山十片”，由 3 条干道连片成网。分别建设城区人员掩蔽工程 61541 平方米，专业队伍掩蔽工程 23084 平方米，通信工程 3189 平方米，医院救护工程、物资贮备工程 7804 平方米。修建越江隧道，连接湘江两岸，使城区在地下形成一个防护体系，增加城市总体防御能力。

第四次总体规划修编时，人防规划贯彻“长期准备、重点建设、平战结合”的人防建设方针，把人防建设纳入与城市建设相结合的轨道，与城市建设同步发展，充分发挥人防工程在平时的社会效益和经济效益。1995 年，市区人防设施总计建筑面积 29.84 万平方米。依据城市防空的要求，以城区 4 个行政区为基础，划分 4 个区片，每个防空区片构成独立的指挥、防护和生活保障体系，加强疏散干道建设和人防工程设施完善配套，使人防工程既独立分片，又合理连通、区域联网，形成“区片防护、支干成网、基础配套、平战结合”的城市总体防护体系。人防规划待建工程的重点在天元区、八大功能组团及旧城改造区，通过规划布局及建设，形成指挥通讯工程、防空专业队工程、配套工程为骨干，以街道人员掩蔽工程为基础防护单元的人防工程体系，从而增强城市整体防护能力。人防指挥、通讯、专业配套和掩蔽工程的建设，应符合人防工程战术与技术要求，即指挥工程靠近党政首脑机关，通信工程避开重要目标和干扰严重地区，人员掩蔽工程应根据人口分布，就近就职规划和建设，以便于快速行动和集结。

（七）供 电

第二次总体规划修编时，规划近期将城区 6 千伏线路升压至 10 千伏。远期，使 11 万伏高压电网环城一周，扩建河西变电站，新建白关铺 35 千伏变电站。

1987 年，规划近期建设项目有株洲电厂改扩建工程，云田 50 万伏变电站 1988 年建成投产，在五里墩建设 1 座 22 万伏变电站，将 35 千伏变电所升压改造为 110 千伏。远期规划株洲电厂扩建到 65 万 ~ 80 万千伏，在河西天台山以西建设 1 座 22 万伏变电站。对城区内 35 千伏高压线网络进行升压改造，简化电压等级，将高压电引入负荷中心，形成 110 千伏环城送电网。10 千伏的电力线城区改为地下电缆，尽量采取多线路同塔杆架设，减少高压走廊宽度。

第三次总体规划修编时，将发展总框架定为三个方面，一是电力规划与城市社会、经济、城市总体规划相协调，城市电网与上级电网发展相协调，在完善城市电力网主网架时，充分考虑与地区各县市电力网架发展之间的协调配合。二是完善 110 千伏环城电网，积极促进城网 220 千伏系统的发展，逐步形成城市电力网 220 千伏外环和 110 千伏内环的“双环”网架结构。三是继续进行城市 10 千伏以下配电网络改造，使其在供电能力、电源质量以及城市景观的协调上有较大的改善。

第四次总体规划修编时，规划目标是建立适度超前的电力生产和输配系统，提高电网电力供应的整体水平，适应株洲市经济和社会可持续发展的要求。规划依托大电网，发展地区网，适度建设城市电力网电源，完善充足的电源供应系统。

（八）邮 电

1956 年 1 月 14 日，市人委作出《株洲市 1956 年交通运输邮电工作规划（草案）》，按照《城市规划暂行定额（草案）》对邮电发展作出规划。即：1956 年开办邮电所 7 处，1957 年建立支局 1 个，邮电所 4 处，至 1960 年支局发展至 10 个，邮电所 20 处；1956 — 1960 年将投递段增加至 18 段 ;1956 年增加邮路 4 条，全长 7 千米；1957 年在董家塅装置电报机；1957 — 1958 年将市话全部改装为自动电话，计 1000 门。

第二次总体规划修编时，规划邮电线路城区沿建设路、新华路、沿江路、人民路和株董路的架空线，逐步改为地下管道或埋式电缆，荷塘铺新建 2000 门自动电话分局，从长沙方向来的长途线改由东北边顺新华路用电缆进入城区，从湘潭方向来的长途线迁至河西过湘江进入城区，再用电缆从株董路出城接原城外架空明线。以后凡新建通信线路，原则上均应地下埋设，原架空线路也要分期改埋地下电缆。

第三次总体规划修编时，规划长途电话逐步发展数字微波和光纤通信，采用先进的数字程控交换，建成以数字通信为主的网络，发展国际、国内自动拨号，积极发展住宅电话。新建河西、田心、晏家湾、向阳村、杨柳冲 5 座邮电支局。

第四次总体规划修编时，坚持“以人为本”原则，提高电信、邮政服务质量，建立便捷的用邮、用讯环境，迎接信息化浪潮，近期扩大多媒体数据信息网络覆盖面和发展客户接入数量，远期发展集语音、数据、有线电视和图文于一体的数字化、宽带化、综合化、智能化和个人化的通信网络，其传输网以光纤为主、微波为辅，与此同时合理规划电信设施用地，建立畅通的地下管网和空中微波通道系统。

（九）环境保护

第二次总体规划修编时，环境保护规划主要是工业“三废”治理，以保护湘江和治理清水塘工业区为重点，工厂以株洲冶炼厂、株洲化工厂、湘江氮肥厂、株洲电厂、株洲选矿药剂厂、株洲硬质合金厂、湘江机器厂为重点，市属工业局以化燃、冶金系统为重点。

废水 —— 主要治理含重金属离子废水，含砷、氰、酚、油、酸、碱和放射性废水及生活污水。电镀废水要在电镀行业集中并点基础上加以处理，达到国家排放标准。

废气 —— 重点解决含二氧化硫废气，含氯、氮氧化物、重金属粉尘以及煤烟粉尘废气，生产炉窑及蒸汽锅炉都要采取消烟除尘措施。

废渣 —— 在进一步利用粉煤灰、煤矸石基础上，逐步对冶金渣、化工渣、建材渣和其他废渣加以综合利用。

1987 年规划近期（“七五”计划期间）环境保护为：城区环境和湘江段集中供水源必须严格保护，大气烟尘污染和交通噪声有所减轻；冶金、化工、机械、电力、建材 5 大行业中的大中型企业污染基本得到控制，力争大气总悬浮微粒达二级标准，使用水源、地下水质达二级标准。主要交通干道噪声力争昼夜不超过 70 分贝。远期（2000 年）环保规划为：城市环境污染得到全面控制，环境质量得到改善，初步实现生态良性循环，使环境状况能够同经济发展和人民物质文化生活的提高相适应。

1990 年规划近期（1990 — 1995 年）重点控制工业污染发展，力争城区大气质量有所改善，城区湘江段的水质达到《地面水环境质量标准》中的一类，声学环境有所好转。中期（1996 — 2000 年）基本控制工业污染，环境质量得到明显改善，城区大气质量达到《大气环境质量标准》中的二级标准，淡水质量达到功能分区目标要求，声学环境质量得到较大改善。市区中心大气污染以控制二氧化硫气源为主，在主导风向，不得兴建污染严重、影响面广、难于治理的工业项目，并逐步搬迁株洲纤维水泥制品厂、湘中化工厂、株化电石车间、市橡胶厂，在原厂址发展第三产业。合理收集处理和综合利用各类固体废弃物，实现垃圾处理无害化和提高对工厂废渣的处理能力。市区污水除河西外按水系设置处理厂截流，削减污染物排放量入湘江，规划建设霞湾、龙泉、河西、白石港 4 处污水处理厂及扩建枫溪污水处理厂，形成日处理污水总规模 40 万立方米，使市区污水处理率达到 75%，其中工业废水处理率达到 90%，对于大型工业项目建设，须在有效的污水处理系统得到保证的前提下方可进行，从源头上扼制水污染。综合治理城市噪声，包括建设城市快速环路，扩建株渌路，新建天易路等，减少市城区中心主要干道车流量，减轻交通噪声污染，并限期治理严重扰民的噪声源。依靠科技进步，大力推行清洁生产和清洁工艺，把污染消除或减少在生产过程中，使污染防治工作的重点从抓末端治理转移到抓生产全过程的管理。广泛深入开展环境宣传教育，提高市民的环境意识；动员全民造林，营造环城森林园区；加大环保执法力度，强化环境管理；开展国际合作，引进环保技术和资金。

（十）环卫设施

第三次总体规划修编时，委托同济大学环卫机械研究所对城市环境卫生主要设施进行调查研究，1990 年 10 月编制出环卫设施规划。要求垃圾、粪便等废物逐步趋向无害化，实现资源化。重点是城区生活垃圾、粪便的清运和处理。主要环卫设施的发展布局是：近期（1995 年前）采用填埋处理，在东区建成龙洲填埋场，在南区和北区选址建 2 处填埋场，河西建 1 座机械化堆肥场。中期（1995 — 2000 年）以卫生填埋为主，积极发展机械化堆肥，逐步引入焚烧处理。远期（2000 — 2010 年），发展资源化、能源化利用系统。在 3 个区开辟新的垃圾填埋场，河东建 1 座处理能力为 150 吨 / 日的垃圾焚烧厂。到 2010 年形成堆肥、焚烧和填埋的综合处理体系。确保粪便排放管道化，清运密封化，从根本上杜绝粪便的二次污染。

第四次总体规划修编时，将环卫设施建设纳入城市总体规划，努力实现环卫作业机械化、垃圾收集容器化、粪便排除管道化、垃圾处理无害化、废弃物综合利用资源化、市容环卫管理科学化、人才建设计划化。垃圾收集及处理，由已有的生活垃圾袋装化和上门收集，运送到中转站抵垃圾卫生填埋场处理方式，

（十一）消　防

1990年，株洲市首次作出城市消防规划。本着“预防为主、消防结合” 的工作方针，重点解决好城市消防安全布局及消防设施的建设。规划在城区北西方向的园丁塘及东南方向的天塘、麻坡2处边缘独立地段开辟易燃、易爆危险品仓库区。在城区5大出入口附近增设加油站，逐步取消各单位的临时储油点。对散布在中心片内的株洲市湘中化工厂、株洲化工厂电石车间、株洲市杉木塘化工厂予以搬迁或转产。城市建设，尤其是旧城区的改建，应严格执行建筑密度及有关间距要求。对高层建筑、大型公共建筑及地下工程的消防措施要求认真落实。

严控城市消防安全布局。易燃、易爆化学危险品的生产单位仍在原定的石峰区发展，如必须建在其他区的应按国家防火安全规定设防；城市道路网和新建居住区应满足市区消防通道要求，结合旧城区建筑改造的同时，积极采取防火分隔，开辟防火间距和消防车通道，改善消防条件，并提高建筑物耐火性能，特别对市区205个消防重点保卫单位应建立严格的防范措施。明确消防责任制。市区划分为14个责任区，平均面积6.40平方千米，平均保护半径1.90千米，每个责任区设1个消防站。

（十二）园林绿化

总体规划编制时，规划在鹅颈洲一带利用低地设置中心文化休息公园、全市性运动场。贺家土曹塘坝、何家坳及吴家湾地区各设1个区级公园，沿江布置滨江公园，主干道布置林荫带及绿带。

第一次总体规划修编时，规划市中心公园布置在贺家土永利水塔茶塘坝一带，公园用地36公顷。还规划在中心公园对面的曹塘坝及6号路之北侧一带设置儿童公园，并拟通过挖深整理原有水面将曹塘坝与新坝连通。城市周围，荒山造林，市一水厂至枫溪港及河西天台一带作为城市风景区。主干道上设置绿化带。

第二次总体规划修编时，规划近期将株洲公园配套完善，建设好石峰公园、中基洲和红旗公园，兼顾东湖公园，狠抓化工冶炼区的防护林带建设，新建苗圃33.34公顷，每年平均植树30万株，城区绿化覆盖率达30%以上，每人平均绿化面积不低于4平方米。远期，上述公园基本建成，20世纪末，平均每人公共绿地面积不低于5平方米，形成点、线、面结合的绿化系统，覆盖率达50%以上。

第三次总体规划修编时，规划有7个市级公园，分别是奔龙公园、石峰公园、流芳园、滨江公园、天台山公园、东湖公园、水竹湖公园。2个区级公园：冶化公园（馒头山）、杨柳冲公园。3个近效风景林：大京水库 —— 婆仙岭风景林，龙头铺雪花岭风景林，北区枫树寨 —— 吴家岭风景林。

第四次总体规划修编时，要求充分保护和利用市城区良好的山林植被资源，高标准地制定各类城市绿地指标和各项生态建设方案，努力创建国家园林城市。规划举措：利用城区外围自然水面与山体，突出株洲山水的自然景观，结合湘江及溪港、铁路、公路的防护林，将水面和绿色作为景观特点引入城市。河东商贸中心地段，规划形成以传统建筑风格为主的芦淞商业街和东湖园林景观商

业片；河西规划建设炎帝广场作为市区社会活动中心场所，并建设河西文化艺术中心广场，使河西形成市区现代风格为主的建筑与广场园林景观片。连接河东、河西的湘江大桥建设东、西桥头广场作为市民活动的园林景观场所，形成以新华路、天台路、建设路为主，贯穿城区各组团的景观主轴线，以此将城区四周园林景观视线走廊引向城区景观中心，形成城区地段园林景观轮廓线的高峰。规划市级公园 4 个（含已建成 2 个）、植物园 1 个、体育公园 1 个，区组团级公园 8 个（含已建成 3 个）。规划沿湘江、枫溪港、建宁港、白石港两岸形成绿化风光带，幅宽 10 ～ 30 米，其中湘江风光带总长 13 千米，两岸共长 26 千米，根据两岸各区段的用地条件划分为 5 大风貌特色区，即湘江上游的自然田园风貌区，中游（湘江大桥两端）休闲活动区、滨江亲水植物园区，下游（石峰大桥两端）河东科普景观区、河西文化艺术长廊，城市空间节点均分布于城市道路与湘江两岸路堤交汇处。加强园林绿化景观建设，城市主次干道两侧设置宽 5 ～ 20 米的绿化带，使新建主干道绿化带占道路总用地比率不低于 22%，次干道和支路不低于 18%；居住小区绿地率，一类居住区不少于 45%，二类不少于 30%，三类不少于 25%；生产绿地，保留并完善荷塘铺苗圃的花木基地，规划新建马鞍花木园和河西新塘花圈；防护绿地，保护好原有石峰东岭、株洲硬质合金厂 14 车间外围、南方动力机械公司外围防护绿地，并规划沿京珠高速公路、京广高速铁路、京广、浙赣、湘黔铁路两侧设置幅宽 30 ～ 100 米的防护林带，同时规划河西高科技工业园厂区周边设置 20 米的防护绿化带；建设好大京、仙庾风景区和广铁职工度假村，将古桑洲、白马垄开辟为风景度假村。

（十三）郊区规划

第二次总体规划修编时，始作郊区规划，主要内容为：保护蔬菜基地——原有菜地 600 多公顷，1985 年规划达到 666.67 公顷，1985 年后，稳定 666.67 公顷永久性基地。副食品基地建设——扩建国有养鸡场，从 5 万只增加到 10 万只规模，发展养鱼水面 666.67 公顷以上，水果 666.67 公顷，油菜 666.67 公顷以上。

第三次总体规划修编时，郊区规划指导思想是：以服务城市建设为中心，合理安排副食品基地的建设，为郊区经济腾飞和城市建设的发展，创造一个良好的生产和生活环境。主要内容：蔬菜基地建设——2010 年郊区蔬菜面积必须达到 1300 ～ 1400 公顷。河西主要向徐家冲、东湖、隆兴、新塘工区方向发展，严格控制莲花工区蔬菜面积扩展。保留张家园沿河一线菜地。整个近期面积稳定在 233.33 公顷，中远期稳定在 333.33 公顷以上；北区片向白马垄、大华、大冲、荷花、茅塘发展，近期面积达到 166.67 公顷，中远期达到 266.67 公顷；东区片主要向井龙、横石、大丰、天台、太阳、松家桥、明照村、星星村、郭家塘、隆兴、龙头村方向发展，菜地面积近期达到 166.67 公顷，中远期达到 466.67 公顷；南区片主要发展五里墩、关口、栗塘、湘江、谭家塅，近期菜地面积达到 66.67 公顷，中远期达到 266.67 公顷。副食品基地建设——畜牧方面主要发展养猪、养鸡，适量发展养兔，至 2010 年力争达到年产生猪 25 万头，家禽达到 70 万羽规模；水产方面更新改造原有渔场，适量开辟新渔场；茶叶方面近期主要加强原有茶场管理和改造，中远期在云田、龙头铺、蝶屏开辟专业茶场，力争中远期茶园面积达到 333.33 ～ 400 公顷，产量突破 100 吨；水果方面主要发展柑橘和葡萄。

1997年7月，株洲市行政区划调整，郊区撤并，规划分散至其他行政区。

（十四）株洲高新技术产业开发区

1992年12月19日，经国务院批准建立国家级株洲高新技术产业开发区，开发区在天元行政区范围，近期至2005年占地8.80平方千米，包括以河西工业五区为中心，含一区、二区、四A区、九区部分地段，共同形成高科技工业园；以河西凿石为发展起点，向南沿湘江两岸至合花组成高科技农业园；沿高科技工业园周边发展的民营科技园。开发区远期至2010年占地18.80平方千米，包括河西栗雨工业组团，新增用地5平方千米；民营科技园向京珠高速公路以西的新马组团发展，新增用地5平方千米。

规划要求，公共服务设施以黄河路为轴线，布置开发区的行政管理和科技展览中心，一、二、三A区布置体育休闲、国际俱乐部和高级科技人才住宅园；技术服务支撑体系，规划在泰山路南侧布置高新技术孵化、创业者中心，在三B区设高技术教育科研、培训基地，沿长江南路四A区、四B区布置高新技术市场和高新技术产品交易区。

第二节 规划实施与管理

1953年，随着国家“一五”计划的实施，规划管理开始起步。在外国专家的指导下，组织力量，一方面编制总体规划，一方面参与建设单位的选址定点和建筑工程的规划审批工作。

第一个选址的是株洲电厂。厂址原选定在麻坡里，已开始平整地基。当株洲总体规划方案确定后，电厂位置就摆在了市中心，考虑其污染问题，只得改址在白石港以北。紧接着是长江冶炼厂、株洲选煤厂的选址。这3个厂址都是由建设单位偕同外国专家选定的。

20世纪50年代中期，总体规划实施以后，许多单位又陆续来株洲选址建厂，以致不到半年时间就突破了规划确定的各项指标，城市规模较前扩大了一倍多。在总体规划中作为远景控制的清水塘地区，很快成为城市开发区，株洲化工厂、株洲冶炼厂、湘江氮肥厂等单位相继选地建厂于此，城市的发展又处于边选厂、边规划的状态。一些工厂在基本建设中，滥占土地或征而不用。针对这种情况，市城建局于1956年10月先后两次对331厂、株洲冶炼厂、长江冶炼厂等14个单位征用土地的使用情况进行检查，对多征闲置的34.8公顷土地作出退耕处理。

通过几年的实践，规划管理工作在总结经验的基础上，认识到选址定点牵涉到城市布局和工厂的内外协作、对外运输和社会配套等重大问题，因此将规划管理紧密配合建厂定点进行。对凡来株洲建设的项目，根据建设单位提出的各项指标（如生产规模、厂区面积、职工人数、用水、用地、运输量、原材料来源等）和建设项目的性质，按照总体规划布局并考虑新建工程与已建工厂之间的协作可能，以及基础设施和生活区布置，经现场踏勘，分专业交换意见，作出多方案比较后，较快作出结论。

这一时期，规划建筑管理只对建筑物的结构、高度、适用等方面进行审定。随着总体规划的制定和城市的开发建设，在管理中明确“服从整体、照顾具体情况”的原则，审查建筑物的方案、形式、结构、特点，并考虑建设单位的合理要求，施工中还实行现场检查和监督制度。但亦存在薄弱的一面，主要是详细规划未编制，以致缺乏依据，工作被动。总体规划确定以后，作出部分详细规划。由于缺乏经验，照搬苏联的做法，居住区按周边式加行列规划设计，没有与丘陵区的自然地形条件相结合，因此适用性较差。贺家土区的街坊布置，没有因地制宜，一律规划成棋盘型，造成大填大挖土石方的现象。同时，房屋建筑较少考虑南方气候特点，单纯追求临街整齐，在南北向的道路上一律成东西向布置，夏天晒太阳，冬天遭风袭，办公和居住都不舒适。针对以上问题，改用小区规划的办法，按照先利用山地后利用农田的原则进行设计。小区规模一般0.7万～1.5万居民，建筑物采用行列式，结合地形偏东或偏西10～15度布置。较平坦或地势低，以及靠近厂区内的地段多建3层，以托儿所为中心组织建筑群，5～10栋为一组群，几个建筑群围绕公共服务中心组成小区。首先在株洲冶炼厂试点，后试点经验在全省普遍推广。1958年，规划建筑管理严格实行《株洲市建设管理暂行办法》规定的原则，建设单位和个人在新征土地上和原有地基上进行新建、改建、扩建及增设围墙、篱笆等建筑物时，须办理报建手续。各类公共建筑和临街建筑均应根据市城建局提出的位置、层数、密度、立面、标高、人防、消防、卫生等要求进行设计。住宅建设应按照详细规划要求进行设计，在没有作详细规划的地区建造大量住宅时应先作出详细规划。进行少量住宅建筑时，建设必须遵照街坊完整性的要求进行安排，临街建筑在动工兴建之前必须由市城建局验线。临时建筑亦应办理申请手续，经审查同意并由申请者填好限期拆除保证书后方可动工。随着城市建设的发展，管线工程全面铺开，市城建局规划科对申请建设的各种管线工程类别、截面、线型、标高、水平距离、架设高度、埋置深度、立体交叉关系进行审查，发给许可执照后方可施工。

这一时期，规划管理工作坚持为工业建设、为生产、为劳动人民服务的方针，做到统一规划、统一设计、统一管理，较好地贯彻城市规划意图，初步形成“四片一中心”（清水塘、田心、董家塅、晏家湾、中心区）的组团式城市布局基础。

“二五”计划前半期（1958—1960年），基本建设大面积铺开，规划管理工作制定跃进计划和措施，采取“边收集资料、边勘测、边规划”和“现场调查、现场研究、现场定案”的方法，一边协助选择厂址，一边进行总图修改和各项专业规划的设计。各厂址的确定经工业局提供具体项目、原料来源和销售情况后，随即就按照一般规定和同类工厂的情况，提出概略指标，界定用地范围；对一些小型工厂，则先划拨临时用地，盖临时工棚进行生产。规划用地管理在非秩序化轨道上运行，违章占地和浪费土地的现象严重。同时，曾经作为规划用地管理重要内容之一的厂际之间的协作布局中断。而且，由于工业发展较快，用房跟不上需要，因陋就简兴建了大批临时性建筑，其中包括一部分临街临时建筑，仅中心区范围就有48栋，面积10991平方米。此类建筑均是临时考虑、临时踏勘，工作量大，管理人员少，规划建筑管理松弛，乱搭乱建，违章建筑随之增多，“见缝插针”现象相当严重，给城市后来的发展留下了隐患。

1960年，规划管理经过整顿，混乱状况得到扭转。规定建设单位报批征用土地时应填写申请书，交验基建工程批准书，有地形地貌等现状资料，经审查批准后，方可办理土地征购。建筑工程必须履行报建手续，经审查批准后才能兴建。1962年7—9月，市城建局组织对城区范围内违章占地和建筑进行清查处理，清退土地373.23公顷，涉及机关、企事业单位138个，生产大队36个，查出违章建筑63起，处理52起。

1966年，“文化大革命”开始，刚刚走上正轨的规划管理随之瘫痪。“文化大革命”期间，规划不能按要求实施，城市发展混乱，集中表现在：地方工业布局松散；机修、锻造、铸造、电镀等工业项目重复布点；生活设施片面强调就近附设，各自为政，形成一厂一区、一厂一路、一厂一线的凌乱布局状况。此期间形成的荷塘铺区，因没有统一规划和管理，工厂和居民住宅混杂相间，城乡用地互相穿插，很难进行配套建设。在市中心区，第一次总体规划修编时确定的预留一片宽120米、长200米的中心广场用地，先后新建不少房屋，待后来湘江大桥建成，需要按规划形成桥东广场时，仅拆迁一边广场用地上的建筑物就耗资近600万元。同时，还建起一批与城市规划功能布局不符的区街工业。其他各片也处于自由发展的状况，城市建设有章不循，各自为政，乱占乱建。各种管线相互交织，压占管线进行建设的情况时有发生。这一时期，城区有50万平方米建筑未履行报建手续。

“文化大革命”结束后，随着1982年制定的《株洲市建设管理暂行办法》和1984年国务院颁布的《城市规划条例》的实施，规划管理不断加强。1986年，市规划管理部门在市城管大队的配合下，对城市主干道和重要地段的违章建筑进行清理整顿，拆除违章建筑325起。在规划用地管理中，规定建设需要使用土地，不论长期或临时使用，均需提出申请，按照总体规划要求确定位置和范围，发给许可执照后才能办理土地征用、调拨或借用手续。建筑工程的审理一般需审查建筑设计的平、立、剖面，重要地段和重要建筑物还要实施现场定位放线，发给许可执照后方可动工兴建。同时，对新区建设遵循“统一规划、合理布局、综合开发、配套建设”的方针，旧区改造实行“统一规划、合理改造”的原则。城市居民建房实行统一规划管理，严格审批程序，发给许可执照后方允其施工。但城郊结合部位规划区内的村民建房，由于没有制定具体的管理规定，以致多级多头审批，建房“失控”。1987年，河西开发区新建的私房达300多栋，有的严重影响城市规划的实施。1989年1月，根据《株洲市城市规划管理办法》，对城郊结合部和河西开发区的村民建房实行分级负责、集体审批的工作制度，由市规划部门、郊区及所在乡共同踏勘定点，再行审批，并在河西开发区内划定农房区统一规划建设。

1989年4月，市规划部门对城区大中型企业基本建设情况进行清理，对34个建设单位存在的5.21万平方米违章建筑作出处理，对153起妨碍城市规划的私人建筑进行整顿，其中13起申请人民法院强制拆除。

1990年4月1日，《中华人民共和国城市规划法》开始实施，市规划行政主管部门对规划区内的建设用地实行“选址意见书”和“建设用地规划许可证”制度，对建设工程实行“建设工程规划许可证”制度。从当年6月开始，开展建市后规模最大的查处违法占地和违法建筑活动，有417个单位进行自查自报。在此基础上，逐个单位、逐个项目进行检查核定和处罚。至1990年年末，共清查出有违章建设的单位149个，违章建筑面积17.25万平方米，处理单位108个，处罚违章建筑面积12.34万平方米，拆除影响城市规划、市容市貌、消防安全以及临街和重要地段乱搭乱建的建筑物225处。《中华人民共和国行政诉讼法》施行后，由于规划行政行为引起的行政诉讼案4起，经法院判决或裁决，规划行政主管部门均胜诉。

1991 年，株洲市第四次城市总体规划获省政府批准后，市人民政府于 1992 年 3 月 5 日公布《关于株洲市城市规划区范围的通知》，界定了城市规划区的具体范围：城市建成区，即东、南、北区所管辖的全部区域，河西所属国有土地区域及其他国有土地；近郊区和城市发展需要控制的区域，即荷塘乡、清水乡、建宁乡、河西园艺场、农科所、市渔场、果树园艺场和城市工作处所辖全部区域。明照乡、荷花乡、曲尺乡、五里墩乡、龙头铺乡、云田乡、马家河乡的 28 个村；大京水库至婆仙岭风景区 30 平方千米。要求任何单位和个人在城市规划区内进行建设，必须符合城市规划，服从城市规划统一管理。

1994 年 10 月 26 日，为落实“修大堤、保平安、促发展、利人民”的决策，市人民政府发布《关于加强城市规划区内湘江防洪工程两侧规划管理的通告》，规定河西长江路以东、湘江防洪大堤以西地段，河东防洪堤内侧纵深 50 米范围，将结合城市总体规划完善详细规划符合防洪要求，实施路堤结合、防洪堤建设与城市综合开发建设相结合、防洪堤景观与城市景观相结合得“三结合”，统一规划、统一征地、统一开发、统一出让、统一管理的“五统一”。规划管理权必须集中统一，任何单位不得越权审批建设用地和建设工程，如有违反，以违法建设论处。

1997 年 9 月 26 日，市人民政府发布《关于加强城市规划工作的通知》，要求进一步提高各级领导对城市规划工作重要性的认识，不断提高城市建设和管理水平；理顺体制，强化城市规划集中统一管理，在城市各区设立规划分局作为市城市规划局的派出机构。

1998 年 10 月，制定《株洲市地下管线普查技术规程》，株洲市在全省率先完成地下管线普查工作，实现地形图和管线二合一的数字化电脑操作管理。

1999 年 12 月，《株洲市〈城市规划法〉实施办法》正式颁布执行。此《办法》对城市规划编制与审批、建设用地规划管理、建设工程规划管理、城市规划实施监督和监察、法律责任的实施进一步规范化，在建设工程规划许可证的办理中实行副证制度。规定 1999 年 1 月 1 日以后未经批准擅自占地建房的，一律按违法用地依法严肃处理。对城市规划区内介定的“严格控制区”范围内的村民建房必须遵守受理申请 — 初步审查 — 联合审查 — 审批会签 — 核发证照的程序，任何单位或个人不得违反规定审批村民建房。

1991 — 2000 年，市区共办证 1169 件，用地 1137.73 公顷（未含村民建房用地）。十年间，共查处各类违法建设 5466 件，强制拆除违法建筑面积 13.61 万平方米，受理行政复议 18 件，应诉行政诉讼案件 5 件。

株洲市城市规划局历任负责人名录

表 10-2

局长（主任）	任职时间	副局长（副主任）	任职时间
朱庆来	1985.9 — 1986.12	谭赐周	1995.4 — 1997.12
谭赐周	1987.10 — 1995.4	杨克敏	1995.4 — 2000.12
周建国	1997.8 — 2000.12	陈嘉兴	1995.4 — 2000.12
–	–	冯建湘	1998.4 — 2000.12

第二章　公用事业

中华人民共和国成立前，株洲镇公用事业主要有两街（解放街、建宁街）一路（株董路），总长约 6.3 千米。

1951 年 7 月，成立株洲市人民政府建设科，城市公用事业建设全面铺开。1956 年 5 月，在建设科基础上成立市城市建设局，主管城市规划、勘探设计、道路建设与维修、环境卫生等事业。1958 年，增管给排水、建筑材料生产、房地产，以后又增管市内交通。

1959 年，修通市中心道路建设路，成为贯通城市南北的第一条主干道。至 1965 年，城区共有主次干道 13 条，总长 46.57 千米。

“文化大革命”前期，市城建局被撤销。1969 年，成立市公用事业公司。1970 年，恢复市城建局，1972 年 4 月更名为市基本建设局。1976 年，再次恢复为市建设局名称。整个“文化大革命”期间，株洲的公用事业发展缓慢，10 年中道路仅增 5.23 千米，公共交通仅增线路 1 条、汽车 1 辆，株洲公园关闭。

中共十一届三中全会以后，株洲的城市公用事业得到快速发展。1983 年 8 月，市直机关机构改革，市城建局与市基本建设委员会、环保办、人防办合并组成城乡建设环境保护局。当年年底，该局被撤销，原基本建设委员会与城市建设局合并组成市城乡建设委员会。1985 年，该委员会又被撤销，恢复市城建局，归口市建委管理。到 2000 年，株洲市城区共有主次干道 30 条，总长 425.41 千米。煤气年生产能力达 5500 万立方米，城市燃气率达 93.2%。有 4 个自来水厂，日供水能力 125 万立方米。城市公交客运车辆 491 台。环卫清扫人员有 757 人，清扫面积 159.05 万平方米。有公园 3 座，单位小游园 78 座。城区道路绿化普及率达到 100%，主次干道平均绿地率 25.36%，城区人均拥有公共绿地面积 5.51 平方米。

第一节　市政建设与管理

一　道　路

清末，株洲集镇只有一条700多米长的麻石街道（即中正街，又称解放街）。20世纪30年代中后期，修通了董家塅至湘江边的沙石马路。至1949年，主要道路有解放街、建宁街和株董路，总长约6.3千米。

20 世纪 50 年代初期，随着株洲市工业建设和其他市政建设的全面铺开，城区道路建设也在摸索中前进。在建设城区第一条南北主干道“建设路”时，设计路面较为宽直，曾以贪大求洋的“过失”受到上级的批评。1955 年，城区主次干道总长达 13.16 千米，道路面积 19.69 万平方米。至 60 年代中期，先后修建了株易路、沿江路、建设南路、车站路、沿港路、建设中路等主要道路和大批连接厂矿企业的道路。1963 年，市政工程公司在车站路开始冷铺沥青路面。1965 年，城区主次干道总长达 46.57 千米，道路网络基本形成。

“文化大革命”期间，除修筑沿江中路及其护岸，改造部分路段，铺设部分沥青路面，提高道路等级之外，新修了红旗中路、红旗北路，形成第二条南北干线。至 1976 年，主次干道共计 18 条，总长度为 51.80 千米，其中沥青和混凝土路面约 40%。

1977 年，成立市政重点工程指挥部。此后，主次干道的建设采取“一年一路”的办法，按照城市规划，消除道路“卡口”与“断头”。至 1980 年，道路总长 75.13 千米，道路面积 113.40 万平方米，其中车行道面积 69.68 万平方米，人行道面积 43.72 万平方米。1977 — 1990 年，先后修建和改扩建红旗路、人民路、车站广场、红旗广场、中心广场、月塘北路、外环中路（湘华段）、天台路、建设北路、芦淞路、新华路、公园路、市府路、杉木塘路等道路和广场，路面等级继续提高。但是，城区道路一直不能适应城市各项事业发展的需要。20 世纪 70 年代后期，车辆不断增多，交通开始拥挤；80 年代，拥挤状况不断加剧，车挤人、人挤车、车挤车的现象日益严重。1989 年 12 月 26 日，320 国道的改线扩建工程破土动工，该工程北起株易路口，经过红旗路，南至白关，设计为一级专用公路标准，旨在减轻建设路的压力，缓解城区交通拥挤状况。

至 1990 年，城区共有主次干道 27 条，总长 89.94 千米，总面积 143.78 万平方米，其中车行道面积 91.95 万平方米，人行道面积 51.83 万平方米。街巷 353 条，面积 58.31 万平方米，人均拥有道路面积 4.80 平方米。主次干道中，有主干道 4 条，即建设路、红旗路、新华路、天台路，总长 24.63 千米；面积 73.16 万平方米，其中车行道面积 45.06 万平方米，人行道面积 28.10 万平方米。在车行道面积中，有高级路面面积 40.97 万平方米，占车行道总面积的 91%；次高级路面面积 4.09 万平方米，占车行道总面积的 9%。主次干道中，有次干道 23 条，总长 65.31 千米，总面积 70.62 万平方米。其中，车行道面积 46.89 万平方米，人行道面积 23.73 万平方米。在车行道中，高级路面面积为 16.13 万平方米，次高级路面面积为 16.66 万平方米。353 条街巷总长 123.07 千米，为 1949 年街巷道路总长 1.07 千米的 115 倍；总面积达 58.31 万平方米，为 1949 年街巷道路总面积 5300 平方米的 110 倍。其中沥青路面面积为 8.83 万平方米，占总面积的 15.14%；混凝土路面面积为 42.75 万平方米，占总面积的 73.32%；路面硬化率达 88.46%。

20 世纪 90 年代，随着社会经济的不断发展，城区道路建设一直跟不上城市的发展需要，城区道路建设除新建部分道路外，继续对原有道路进行提质改造。1991 年，改造了车站路、沿江路、红旗南路，全面翻新了建设路、新华路、芦淞路等道路的路面。1992 年 7 月，城区东西走向的第二条主干道红港路破土动工，年内还建成沿江南路。1993 年，市政府全面实施“十路四桥”工程。“十路”是指红港路、清石路、站南路、建设南路延伸、新华东路延伸、天台山路延伸、沿江南路、沿江北路硬化，红旗中路大修、人民北路改造，其中 9 条在河东旧城区。“十路”中，红港路施工难度最大，修通后就形成了由红港路、建设路、新华路、红旗路组成城区第一个道路内环。同年，市政府还投资 770 万元，对路面较破损的建设路、新华路、株董路、芦淞路等主次干道面积达 16 万余平方米的路面进行沥青混凝土铺设加层，并且大修了新华东路的全部基础，使市区行路难的问题大为改善。“八五”计划期间，用于城市道路交通建设的投资达4.40亿元，新扩建城区道路51条，修建的道路超过了前40年的总和。

“九五”计划期间，用于城市道路交通建设的投资达9.19亿元。河东城区道路建设继续发展。1996年1月，全长927米、宽23米的清石路建成通车，打开株洲市北大门出口的“瓶颈”。同年，合泰路与文化路的衔接段建成投入使用；市府路涵洞扩建工程竣工通车；改造后的七一路、车站路及车站路人行天桥相继投入使用。1998年10月，历时6年投资6900多万元、全长1820米的建设南路延伸段工程竣工通车，实现与省道1815线对接，敞开了株洲的南大门。2000年，市委、市政府组织城市四区对通往市外的5条路面狭窄、年久失修、路况差、车难行的通道进行了彻底整修。同时，对市中心“七一路”进行改造美化，打造了一条高标准的文明样板路，省政府向全省推广株洲市“样板街”的建设经验。这一时期，河东城区还完成了新华东路、新华西路、沿江北路等一批道路的硬化，改造了10多条城区主、次、干道。使城区道路网络体系更加完善，路网质量和等级标准进一步提高。

河西天元区自天台路通车后，先后修建了长江南路、泰山路、珠江南路、黄河南路、黄河北路、黄山路、长江北路、滨江路等高标准的道路，长度约22.11千米。至2000年，天元区形成以天台路为主轴，长江路、黄河路为两翼，其他道路为支脉的“一环两带”“七纵四横”的高标准道路网，总长达24千米。

到2000年，株洲市城区有主干道9条，次干道21条，道路总长425.41千米，道路总面积340万平方米。其中车行道200万平方米，人行道140万平方米，人均道路面积6平方米，较1990年增加2.4平方米。另有城市防洪堤33千米，比1990年增加27.3千米。

（一）主干道

建设路 是贯通市区南北的第一条主干道，长9484米，宽34米，沥青路面，分为建设南路、建设中路、建设北路3段，是320国道公路的重叠路段。该路自1954年8—11月，建成沿港路至车站路段，长988米。1957年，向北延至白石港，延长3180米，其中以新华西路路口（中心广场）为界，南为建设南路，延长372米，北为建设中路，延长2808.08米。1959年，由白石港北延至清水塘与株易公路相接，为建设北路，长5286米。至此，建设路全线贯通。初建时除芦淞路口至车站路为水泥路面外，其余路段均为泥结碎石路面，宽度在14～34米之间。后陆续改造修葺。至1980年，全部拓宽至34米沥青路面。建设路从始建至形成历时26年，该路既是城区的主要干道，又是沟通外界的最早最主要的道路，南与芦淞路交叉，经芦淞路可东通醴陵、萍乡，南达广州。北经株易路与长沙、湘潭相连。1989年，其北端的株易公路每日车流量近6000辆次，为设计能力30倍，而建设路由于城市车流量多，其日车流量更多于株易路段，交通拥挤，堵车事件常有发生。

新华路 是贯通市区东西的第一条主干道，西起沿江路，东止于株洲车辆厂，全长7169米，1956年始修。分新华西路、新华东路两段。新华西路，西起沿江路，东至红旗广场，长2998米。其中沿江路至建设路段，长328米，1956年始建，1963年完成；建设路口至新华桥段，长300米，1966

年始建，1970 年铺设沥青路面；新华桥至红旗广场段，长 2375 米，1956 年始建，1981 年建成。新华东路从红旗广场至株洲车辆厂，长 4171 米，1956 年始建，1986 年建成。新华路的修筑历时 31 年。新华路初建时多为泥结碎石路面，宽度在 5.50 ~ 34 米之间，后经多年改造拓宽，分段建成混凝土路面和沥青路面，路面宽在 34 ~ 40 米之间。

红旗路　是市区第二条南北主干道。南起太阳村，北至田心北门，全长 7916 米，与建设路平行，是改建中的 320 国道公路的重叠路段，分南、中、北 3 段。红旗中路南起红旗广场，北至红旗桥，长 2300 米。1970 — 1973 年间，由株洲硬质合金厂、株洲车辆厂等单位发动群众修成 5.50 米宽的战备公路，砂石路面。1976 年后逐步改造扩建，1983 年完成。改造后的路幅宽 40 米，断面为 3 块扳，路面为混凝土加沥青，中有花坛将快车道和慢车道隔离。红旗北路系由红旗中路向北延伸，在田心北门与通往长沙的公路相接，长 4216 米，其中 1829 米道路比较完善，余下 2387 米只有车行道；1975 — 1984 年间建成，路面为沥青混凝土，其中红旗桥至田心东门路基宽 40 米；田心东门至田心北门路基宽 12 米。红旗南路南起太阳村、北至红旗广场，长 1400 米，设计路幅宽度 50 米，为一级汽车专用公路。

天台路　东接湘江大桥，西抵天台山，经株雷路与 107 国道公路相连，全长 1454 米，是市区第二条东西主干道。平面线型为直线，设有 2 条凹型曲线，最大纵坡为 2%，最小为 0.50%，按横断面形成东西 2 段：东段长 254 米，路幅和株洲大桥等宽，为 24 米，断面为 1 块板，车行道结构底层为 30 厘米厚三渣，面层为 8 厘米厚的沥青混凝土，人行道用水泥预制块铺砌，暗沟排水。西段长 1200 米，路幅宽 60 米，断面为 4 块板，路面结构为 20 厘米三合土加 5 厘米三渣加 8 厘米沥青混疑土，人行道用水泥预制块铺就，明沟排水。全部路面的快、慢车道之间，以及往返车道之间均用绿带隔离。该路于 1988 年 5 月开工修建，1989 年完成，耗资 837 万元。该路以高标准的设计，精心施工和绿化，1990 年被评为全省最美一条街。

红港路　系株洲市区东西向第三条主干道。东起红旗北路红旗桥，西至人民路白石港桥，全长 2300 米，路宽 26 米。1992 年 7 月始建，1993 年 12 月竣工通车。总投资 3600 万元。它的建成通车，使市区第一个道路内环形成，有效减轻了市中心的交通压力。

长江南路　1991 年 9 月开工建设，1992 年 8 月竣工通车，道路全长 769 米，宽 48 米，为水泥混凝土路面，是株洲市政工程公司首次施工的砼路面。该路沟通了天台路和株雷路，系河西南北向主干道。

（二）次干道

人民路　位于京广铁路西侧，南接芦淞路，北至田心塅铁路桥，全长 6554 米。新华西路至白石港段为人民中路，长 2929.50 米，路幅宽 20 米，1952 年始建，1979 年建成。从芦淞路至新华西路段为人民南路，长 1154.50 米，路幅宽度在 20 ~ 22 米之间；1979 — 1990 年间在原建宁街、结谷街、栗树街街巷路面基础上拓宽建成。白石港至田心铁路桥段为人民北路，长 2470 米，路幅宽 7.50 米。人民路全部路面均为沥青路面，人民南路、人民中路与建设路平行。

芦淞路　西起沿江南路，东至桠枝塘，全长 2982 米，原为十一兵工厂通往湘江边的简易公路，

1937年由该厂始修，砂石路面。公路修成后，适逢“七七”卢沟桥事变和淞沪抗战相继爆发，组织修桥的工厂厂长庄权有感于此，遂命名为芦淞路。中华人民共和国成立后，该路经多年维修，并于1984—1985年全面扩修，铺设沥青路面，拓宽为17～25米之间，主要路段为320国道公路的重叠路段。

沿江路 南起市一水厂，北至铜塘湾，全长9460米。从市一水厂至株洲大桥为沿江南路，长2060米，其中一水厂至建宁闸长759米，宽7.50米，路堤结合。建宁闸至株洲大桥长1299米；宽20米；路面结构为泥结碎石加2.50厘米沥青表处，1952年始修，1965年建成。株洲大桥至白石港为沿江中路，其中大桥至采砂场段1971年始建，1976年竣工，路长2400米；其中株洲大桥至奔龙公园西门段长941米，宽25米，临江建有水磨石栏杆和花坛花带，配置游人坐凳。其余路段宽8～20米，从白石港至铜塘湾为沿江北路，长5000米，宽5.50米，简易砂石路面。

天元区次干道 1991—1993年，株洲市河西高新技术开发区一期开发区域先后建成了长江南路、黄河南路、珠江南路、黄山路、泰山路、黄河北路、长江北路、庐山路8条高标准的次干道，总长为10.2千米，路面宽60米的1条，48米的3条，36米的4条，区域路网基本形成。

二 广 场

中心广场 1955年1月，规划以樟树坡（铁路机械学校）为中心，建设贯通东南西北的主要干道，城市从广场向四方辐射。1956年9月，规划工作者考虑到市区东西干线的走向，在绘制规划图时，将中心广场南移至新华西路，并确定广场南北宽120米，东西横穿建设大道，西抵江滨。1963年，建成1个半圆形广场，半径28.56米，加上周围道路，面积为2560平方米。1983年，半圆形中心广场拆除，改建成以邮电大楼、株洲百货大楼、湘江旅社、彩印大楼和轻工大楼为边线的圆形广场，中间建成直径为58米的大花坛，环边宽20米，面积为9980平方米，耗资30万元。1986年，在已建的环岛中心改建为直径40米的环型彩色喷泉，彩色喷泉有9个水造型，共计227个喷头，中心喷头喷水高度可达20～25米。其外围环型网状水造型（88个喷头）形成水帘。还有涌泉造型（8个喷头）。由于主叠台四周有8个副叠台，被戏称“八菜一汤”。1992年，对广场进行喷泉艺术改造。喷泉立叠台上以3朵直径约3米的“蒲公英”花取代开放6年之久的“喇叭花”；在喷泉的四个方位加立用不锈钢材料制成的4个“少女”，伫立在象征春、夏、秋、冬的杜鹃花、荷花、菊花、腊梅花底座上，寓意着株洲人民喜迎四方宾客。1994年6月，再次进行改造，在广场的东、南、北向分别架设人行天桥、广场两侧分别安装26.80米的高杆灯，由24盏台灯形成莲花状组合，可根据需要升降，有效照射直径达120米。1997年，又进行中心广场改造中，拆除广场西南向的单位办公用房和居民住宅面积达1.30万平方米，拓宽车行道2800平方米，建成绿化休闲广场1.07万平方米。2000年9月，再一次进行中心广场大规模改造。拆除喷泉式圆形环岛和3座人行天桥，改为互通式地下通道和近水式喷泉。广场中心环岛占地总面积5344平方米，铺装地板砖3406平方米，绿化面积2476平方米。环岛地下通道屋面主梁采用间支梁，净跨25.46米，中间为“钻石”状，人称“钻石岛”。“钻石岛”

屋面采用高强度夹膜玻璃，有效地解决了地下通道的采光问题。整个工程投资达1500万元。

火车站广场　株洲火车站前面大片土地原为污水塘和菜地。1965 — 1970年间，人们倾倒基建余土和垃圾逐步填平。1980年，建成面积12431平方米的车站广场，其中人流集散面积7592平方米，停车场3583平方米，绿地1256平方米，为集散性广场。全部工程造价29万元，由株洲车站和地方财政分摊。此后又在车站广场前面的人民路东西两侧修建地下通道，并形成地下商场。

红旗广场　1984年，在新华路与红旗路交汇处建成红旗广场，环岛直径60米，环道宽20米。方向岛内植雪松、花草，工程耗资48.80万元。为交通性广场。1995年，为便于红旗路过境320国道行车，在红旗广场建成全长2750米的南北向高架桥，其中两侧引桥为400米，桥梁宽16米，有121个桥墩。

炎帝广场　1995年广场开工建设，选址在河西天台路西段，占地17.7公顷，为河西新城区规划的中心地带，1997年建成，总投资1.2亿元。广场分为文化景区、绿化景区、集会广场、背景商业文化街等7个功能区。其核心部分景区位于中心轴线上，主体建筑为巨型炎帝塑像，塑像主体建筑19.97米。广场有各类建筑7.6万平方米，绿化4.8万平方米，道路3.5万平方米，停车场1.6万平方米，集会广场1.7万平方米，内有大型组合式彩色音乐喷泉一座、50米高杆灯两座、园林景观灯60组，另有水池、公交站等。整个广场既突出广场文化性、纪念性的特点，又体现株洲这座新兴工业城市的现代特点和鲜明个性，成为市民的重要休闲娱乐广场及举办大型活动的主要地点。2000年，又投资1000多万元对广场实施夜景改造，引进世界上最先进的激光水幕投影及激光扫射系统，水幕与音乐融为一体，并在广场布设电脑礼花灯、庭院灯、埋地灯、电脑激光灯等。

长江广场　位于河西高新技术开发区主干道天台路与长江路交汇处。1995年5月动工建设，同年6月30日竣工。广场内部为直径50米的中心岛，占地1962.50平方米，由中心绿岛、环岛水池、外环平台及其踏步组成。其中，中心绿岛直径为14米，占地面积150平方米；环岛水池宽12米，占地面积980米，外环平台宽5米，占地面积830平方米，平台踏步采用花岗岩铺装。环岛外交通道路宽20米。中心岛设30米的交杆灯一座，安装20盏400瓦高压钠灯，环岛水池总蓄水量为300立方米，环中心岛设有4组16个树冰形和花柱形喷泉，外环设有100条弧形喷泉，并配有水下彩灯48盏，整个喷泉采用程控电源控制，形成壮丽的景观效应。工程投资约120万元。

响石广场　响石广场位于建设北路与响石路、响田路交汇处，1997年5月动工兴建，当年年底基本建成。广场总面积为11003平方米。其中，中心环岛直径为50米，岛内设1盏高30米的杆灯。

三　桥　梁

1949年，株洲镇域有徐家桥、芦淞桥和一座简易人行木桥。1951年修成建宁闸桥，1956年建成白石港闸桥，1988年建成株洲大桥。至1990年，城区共有桥梁16座。其中，跨建宁港的有徐家桥、芦淞桥、建宁闸桥、铁路跨港桥4座；跨越白石港的有建设路白石港桥、人民路白石港桥、红旗路红旗桥、红旗战备桥4座；跨越湘江的有株洲大桥；跨越渔场高排渠的有文化路文化桥、株大桥、华南桥3座；其余有市一水厂桥、建设北路新湘天桥、株易路湘天桥、新华西路新华桥4座。总长1769.60

延米，总面积19705.90平方米。1991—2000年，市城区先后新建红港路3座铁路立交桥、中心广场人行天桥、建港桥、320国道红旗路高架桥、白石港彩虹桥、金沙桥、七一路天桥、红南桥、杉木塘天桥，改扩了新华桥、市府路涵洞等桥涵。第二座跨湘江的石峰大桥于1999年动工兴建。这一时期，累计完成投资1.50亿元，占总投资的65.7%，建成的红旗路高架桥系320国道跨市区的重要桥梁。

徐家桥 明代江南客商徐姓始修，清康熙年间易元位重修，清代光绪时称长沙桥。原为独拱石桥，跨株洲港（建宁港），北联田野，大路，南接集镇，桥南设一门，名“孔道”，夜闭昼启，为进入集镇之咽喉。20世纪初，湘赣、粤汉铁路先后在桥北设站，逐渐形成新街（即建宁街），旧桥甚低，屡遭水淹，南头设石级，车行不便。民国22年（1933），由市民凌澍臣倡议募捐改建，在旧桥上加修4拱，将老桥升高延长，成为长47.30米、宽4.30米、高8.20米、净跨6米的双层麻石拱桥，以钢轨联接石柱为栏杆，改桥头石级为斜坡。桥上嵌有湖南省政府主席何键所题“古建宁桥”4字，自此更名为建宁桥。桥建成后在南头建碑亭，列出捐款者姓名和建桥收支款项，全部工程耗银元6000余元，凌独捐2100元。中华人民共和国成立后，拆去碑亭，拓宽桥头。1958年以混凝土梁换下钢轨栏杆；1981年整修桥面，改装麻石栏杆，保持古桥风貌，复原名“徐家桥”。因株洲乡音“徐”“齐”相谐，民间亦有误称为“齐家桥”者。此桥为联接解放街和沿港路、建宁街的通道。2003年，该区域被列为株洲市旧城改造项目，旧桥被拆除。

芦淞桥 建于民国26年（1937）11月，为城区第一座公路桥，位于芦淞路，跨建宁港，为通往十一兵工厂的公路桥，由十一兵工厂所修。落成之际，该厂厂长庄权书刻一块石碑在桥的栏杆上，碑云：路桥将告成，而芦沟桥事件和淞沪战争相继爆发，于是命名为芦淞桥。原桥长41.34米，桥面净宽7.80米，3孔6米跨径和2孔2.50米跨径的半圆砖砌石拱桥。1975年1月，就原桥东侧拓宽至17米（车行道13米，人行道各2米），拓宽部分，矢度为五分之一，净跨21.09米，混凝土双曲拱桥，设计荷重为汽-18，1976年2月竣工，耗资11.30万元。

新华桥 位于城区中心广场东侧，东西连接新华路，系跨京广铁路站场的城市道路桥梁。1965年始建，1966年12月修成，桥名为红卫桥。1982年，地名普查，根据路名变更为新华桥。该桥长110.37米，宽20米，桥下净高8.70米，最大跨径为40米，为混凝土悬壁梁桥，载重等级为汽-18。工程总造价为147.60万元。省、市投资125万元，余款由铁道部在株洲铁路枢纽投资内调剂解决。新华桥沟通东西交通，是连接市中心与东区的主要通道。

白石港闸桥 为建设路跨白石港城市公路桥。原为简易人行木桥，并辅之以小渡船，沟通两岸交通。1956年，建成钢筋混凝土桥。1958年，桥拆除，重建成长57.77米、宽12米的钢筋混凝土桥，耗资86.93万元。1983年，将原桥拓宽至26.80米，其中车行道18米，人行道各4.40米，拓宽部分为3孔16米混凝土T形梁桥，设计荷重为汽-18，1984年6月竣工，由市规划办设计室设计，市政工程公司施工，总造价为83.93万元。

株洲大桥 位于市区中心广场西侧，东接新华西路，跨沿江路越湘江接河西天台路，通衡阳、湘潭，是株洲跨湘江城市公路桥，也是当时省内桥面最宽的公路桥。该桥为预应力钢筋混凝土双箱连续梁桥，总长1192.38米，车道净宽20米，两侧人行道各2米、设计载重汽20挂100，可并行4辆重

20 吨的汽车。全桥 2 台 30 墩 31 孔，主孔跨径高度达 3 级航道标准，可通航 1000 吨级航船。大桥有 6 孔 90 米跨径梁体采用悬臂法施工，箱梁悬臂所用“挂篮”为新型斜拉式，用材少，重量轻，创国内先进水平。该桥工程由铁道部第一勘测设计院设计，并总承包，铁道部第三工程局六处负责施工。该桥于 1986 年 1 月 20 日破土动工，1988 年 12 月 28 日主体工程建成通车，耗资 3200 万元。其中交通部门补助 200 万元，贷款 500 万元，余皆株洲市自筹。1989 年，对路面进行全面翻修，耗资 30 万元。大桥桥头装饰绿色大理石，刻有原国务院副总理方毅所题“株洲大桥”4 字。

彩虹大桥　为白石港沿湘江公路桥。1995 年 9 月开工建设，1996 年 11 月竣工。桥身长 60 米，宽 21 米，桥型为下承式预应力钢筋混凝土系木干拱桥，整个桥身由 4 根直径为 2.50 米的拉墩作依托，线条流畅，美观大方，总投资为 540 万元。该桥是湘江防洪工程二期工程的主要项目，既提高沿线堤岸防御湘江洪水的能力，同时也沟通了南北沿江路，形成城区另一条内环线。

红旗路高架桥　该桥西起红旗路红旗桥，东至市消防支队，全长约 2.7 千米，宽 16 米，为钢筋水泥结构，系 320 国道于红旗中路、红旗南路上之高架桥，与新华路立交，系 320 国道跨株洲市区的重要桥梁。该桥于 1994 年 5 月动工兴建，1995 年 6 月完工。

株洲市区 2000 年主要桥梁统计表

表 10–3

序　号	桥梁名称	建成年份	桥梁全长（米）	桥梁宽度（米）	桥梁面积（平方米）	设计荷载（吨）
1	徐家桥	明代	47.30	4.30	203.39	8
2	新华桥	1966	110.37	30.00	3312.00	18
3	新湘天桥	1964	23.30	16.00	372.80	13
4	白石港反修桥	1969	72.80	10.00	728.00	18
5	芦淞桥	1975	41.30	17.60	726.90	18
6	白石港闸桥	1982	56.30	26.80	1508.80	15
7	红旗桥	1982	65.40	30.00	1962.00	20
8	建宁桥	1982	32.50	20.80	676.00	10
9	株洲大桥	1988	1192.40	24.00	–	20
10	建宁闸桥	1992	25.00	20.00	500.00	–
11	建宁港桥	1994	36.80	34.00	1251.20	–
12	红旗路高架桥	1995	2700.00	16.00	43200.00	–
13	市府路框架桥	1996	62.00	8.00	496.00	–
14	彩虹桥	1996	80.00	22.40	1792.00	20
15	金沙桥	1996	45.20	3.60	162.70	–
16	七一路天桥	1996	28.60	3.00	85.80	–
17	杉木塘天桥	1998	35.50	3.00	106.50	–
18	水仙路天桥	2000	26.60	3.00	79.80	–

四 防洪、排渍、排水

（一）堤防建设

株洲市区有江岸线15千米，建宁港、白石港和贺家土一带，地势低洼。中华人民共和国成立前，常遭洪水袭击，洪水所至，作物失收，房屋被淹，人畜死伤，特别是李家坪至火车南站一带，灾情更为严重。民谣称："每逢大雨便成灾，屋顶行船户户哀；民不聊生犹自可，最怜水病一齐来。"1951年10月，株洲市首届各界人民代表会议提议全市人民义务修筑防洪堤。提案受到上级重视，工程动工之前，长沙专署拨来大米1500千克，工程开工。开工后，粮食紧缺，工程停工，省人民政府又支援大米300千克，工程才得以继续进行。全市人民有钱捐钱，有力出力，经1年多的修筑，从月形山至轮渡码头，筑起1条长1.57千米的简易防洪堤。1956年1月，再次加高加固，堤顶标高达到43.50米，比历史最高水位高出1.26米。共完成土石方8.66万立方米，耗资28.59万元。

1954年，国家城建总局城市规划设计院与市城建局共同商议，提出在利用原有老堤的基础上，从月形山经奔龙山，永利水塔至白石港，再由白石港至杨家老屋修筑防洪堤，加固拓宽培高老堤1.57千米，修建新堤4.22千米。整个防洪设计方案，经过反复修改，并听取苏联专家索洛维奇的咨询意见，最后报国家城建总局审定批准。从长沙、衡阳、益阳等地征集5000多民工施工。同时，市区机关、团体开展义务劳动，一支近万人的筑堤大军日夜奋战。1955年9月动工，1956年1月竣工。一期工程全长2.48千米，完成土石方28.37万立方米，耗资50万元。二期工程于1956年8月开工，12月竣工，全长1.74千米，完成土石方24.30万立方米，耗资43.56万元。

一、二期防洪工程的标准均按50年频率设计，200年频率校核、堤顶标高43.50米，宽3米，外坡度1：2.50，内坡度1：2，堤身高5米至10米。工程的竣工，保证文化宫以北、京广铁路以西、白石港以南1.65平方千米的地区免受洪水危害。由于从车站路西端轮船码头至贺家土防洪堤一段江岸处于湘江凹岸，每年洪水期间即遭洪水冲刷不断崩塌。1964年，市计委提出加固堤防措施，采用块石砌体护岸。

第一期护岸工程起于株洲公园西门，止于永利水塔下，全长383米，1965年完成。1971—1976年，修建沿江中路时，结合修堤，开始第二期沿江护岸工程的修筑，工程起于车站路，止于株洲公园西门，全长935米，由红湘江机器厂、株洲化工厂、株洲冶炼厂、湘江氮肥厂、株洲玻璃厂等10个单位自筹资金分段施工，共完成块石砌体1.64万立方米，水泥砂浆勾缝2.7万平方米，挖填土石方3.49万立方米。

1994年6月，株洲遭遇百年一遇的特大洪涝灾害，原有防洪坝无法防御，损失惨重。为彻底根治湘江水患，市委、市政府决定用2年时间，全面整修湘江、渌江大堤。同年8月18日湘江防洪工程开工。分河东、河西、郊区、株洲县、醴陵市5个指挥部分片组织施工。至1996年4月完成建设任务。整个工程包括株洲境内湘江、渌口堤段，全长154千米，按照百年一遇的标准在原防洪堤基础上加宽、加高、加固、裁直，形成堤路结合的新防洪大堤。整个工程完成土石方1000万立方米，拆迁建筑物近 20 万平方米，投工 3000 万多个，总投资 5.5 亿元；其中城区段长 29.4 千米，按黄海标高 44 米以上修筑，共投资 2.8 亿元，先后有 200 万人次上堤参加义务劳动。1995 — 2000 年间，曾发生数次大洪水，特别是 1998 年的特大洪水，新的高标准防洪大堤经受住了考验。

（二）防洪排渍设施

1950 — 1951 年，在建宁港入湘江处，建 3 孔水闸 1 座（木质闸门，长 34 米，高 12 米，花岗石砌筑）。但渍水成灾，不能排泄。1961 年 4 月，连降暴雨，建宁闸闭闸 17 天，港内最高渍水位 37.79 米，港区渍水面积 1.70 平方千米，其中，被淹渔场 80 公顷，淹没蔬菜 6.33 公顷，稻田 93.33 公顷，房屋 311 间，损失 10 余万元。翌年，湘江最高洪水位 41.40 米，闭闸 18 天，港内最高渍水位 39.52 米，渍水面积 2.27 平方千米，1 万多人受灾，损失 100 多万元。1963 年投资 6 万多元，按地形变化在三角叉和李家坪建 2 个排渍泵站。泵站均按 20 年一遇暴雨设计。其中，三角叉内装 20Z1-15 型水泵 2 台，泄水面积 0.14 平方千米；李家坪内装 904 型水泵 1 台，泄水面积 0.72 平方千米。1964 年 3 月竣工，初步解决车站路以南，京广铁路以西、建宁港以北 0.86 平方千米地区的渍灾。1979 年，又兴建了南湖塘泵站和建宁新村泵站。建宁港区修建的排渍设施，设计标准低，管道堵塞，汛期暴雨时，三角叉、李家坪、建宁新村的渍水仍然严重。1982 年，湘江洪水水位 41.69 米，解放街、南湖街、建宁新村、李家坪、建宁街浸水 3 米多深，300 多户居民受灾，近 20 个单位渍水，渔业损失 4 万元，水稻损失 1 万元，龙泉大队的蔬菜和渔业亦受损失 7 万元。中共株洲市委决心整治水灾，将建宁港排渍工程列入 1982 年株洲市政建设的 8 大重点工程之一。建宁排渍站设计标准十年一遇，排水规模每秒 24 立方米，控制面积 35.10 平方千米，内设 3 台 64Z1B-50 立式轴流泵。1983 年 4 月下旬 3 台机组中的 2 台安装调试完毕，即投入抗洪排渍，年底工程全部竣工，耗资 400 万元，彻底解决建宁港区的渍灾。

对白石港区洪水的治理，在修建白石港公路的同时，修了防洪桥闸，解决了湘江水倒落的问题，但内渍问题尚未从根本上保证解决。

1991 — 1993 年，治理了市区建宁街等 17 处居民区和小街小巷渍水问题，建设了河西排渍站和铜塘港排水整治工程。城市防洪、排渍功能增强。1994 年，结合整修湘江大堤，河西城区大堤新建涵洞 17 套，排渍站 3 座；河东城区大堤则改建、新建排渍站（闸）9 座。同年 6 月，在市区中基洲、鹅颈洲新建了 2 个排渍站，装机容量分别为 4 × 155 千瓦和 2 × 155 千瓦，泄洪量分别为 4 × 1.75 立方米 / 秒和 2 × 1.75 立方米 / 秒，缓解了原来 2 座 2 × 55 千瓦排渍站的压力。1997 年，市、区投入资金 418.82 万元，完成排渍工程 13 项，当年防汛排渍开机 430 小时，排渍量 683.4 万立方米。同年 7 月，市中心地带华湘市场下水道改造工程竣工，使开业 5 年受淹 20 多次的市场从此告别了水患。1998 年，全市又筹金 510 万元，完成白石港南堤加固和文化路等下水管清淤与改造任务，汛期排渍开机 879 小时，排水量达 1200 万立方米。1992 年，扩建了南湖排渍泵站，增强了排渍能力。

（三）城区排水管网

1949 年前，株洲没有排水设施，生活污水、生产废水及雨水就地泄入塘坝低洼处。

1949 — 1955 年，沿港路、解放街、建宁街、车站路、新华西路西段敷设排水管道 4.29 千米，检查井、雨水井（简称“检雨井”）115座，解决部分街坊生活污水的排放。

1957—1965年，贯通新旧城区的建设南路、建设中路、新华西路、芦淞路2段、白石港路、火车站排水专线、天心闸专线、过江专线、纺织路、贺家土路、体育路、七一路主次干道共敷设各种型号的混凝土管25.60千米，检雨井1112座。

1966—1976年，完成人民中路、新华西路3段、芦淞路1段，预制厂路、市府路西段排水管道的敷设，计管道长11.34千米，检雨井466座。

1977—1990年，先后敷设人民南路、红旗中路、市府路东段排水管道，长度为30.04千米，检雨井1572座。1990年，城区共有排水管道71.27千米，检雨井3265座。城区排水管道除芦淞路南段外，均系合流，分响石岭、白石港、贺家土、建宁港、荷叶塘、河西6个系统。

20世纪90年代，株洲城区排水（污）管网建设力度加大。1991年，建成曹塘堤污水泵房和市中心区污水管网工程。1992年，建成贺家土污水过江工程。1993年，建成日处理污水2000吨的环球皮革公司污水处理站。市区污水排放量由80年代末1.50亿立方米增至2.30亿立方米，其中工业废水占80%。针对大量工业废水未经有效处理直接排入湘江，对株洲、湘潭、长沙三市人民的身体健康构成严重危害的问题，市委、市政府加大污水处理设施建设力度，提高污水和工业废水处理能力。1995年8月，总投资848.20万元的董家塅污水处理厂投入使用，采用序批式活性污泥法（SBR），日处理污水1.20万吨，排放水质达到国家污水综合排放标准。1997年，株洲冶炼厂工业废水处理扩建工程投入使用，使该厂的废水处理率提高到98%以上。株洲桥梁厂建成的工业废水处理工程，年处理工业废水达100万吨。同年，引进挪威政府国际援助资金1148万挪威克朗，中方配套资金65万元人民币，建立城市污水处理系统和用湘江水作水源的净化系统。鉴于清水塘工业区工业废水排放量占全市工业废水排放量的60%左右，市政府决定在霞湾建设一座大型污水处理厂。该工程由长沙有色冶金设计院设计，2001年12月竣工，总投资1.24亿元人民币，工程占地3.69公顷，主要由污水处理厂、霞湾港截流管、铜塘港截流管及污水加压泵站组成。截流干道总长5.50千米，处理规模为10万吨/日，为境内第一个大型城市污水处理工程。投产运行后，清水塘地区工业废水和生活污水都能得到有效治理。至2000年，全市城区共有排水管道353千米，检雨井12150座。

五 路灯、灯饰

1952年8月，市政府建设科调入电工专门从事路灯的建设和维护。9月，开始兴建老城区街、巷路灯（建宁街一带），年底装灯94盏。1953年，成立路灯委员会。至1955年，共投资3万元，新装路灯229盏，线路10.08千米。1956年，把交流接触器应用到路灯控制系统。至1959年，城区装有路灯431盏，光源为60瓦和少量100瓦的白炽灯，主要分布在解放东街、解放西街、建宁街、李家坪、结谷街、栗树街、南湖塘、建设大道、市府路和贺家土路及清水塘部分街、巷。

1961—1976年，城区路灯数比20世纪50年代仅增加213盏。总计646盏。其间，在新华桥安装了8杆6盏圆球灯，光源125瓦的高压水银；在中心广场安装白炽灯13盏，水晶灯3盏、汞灯3盏。

1976年，投资8000元，在人民路新建和改造路灯，架设线路1000多米。1980年，全市有路灯759盏，线路40.23千米。

1984年，投资32万元，对20世纪70年代以前装设的道路路灯进行改造，改造线路8800米，全部敷设电缆，新装灯75盏，均为汞灯和钠灯，采用单叉或双叉拳形灯。同年，在中心广场人行道装设12杆双臂钢管拉子灯24杆，全部用高压汞灯、电缆敷放；对新建的红旗广场，安装了10杆5盏玉兰灯，敷设电缆505米。在新华桥、白石港闸桥进行改造中，分别安装125瓦圆球形灯2柱4盏；2柱玉兰灯5盏；125瓦汞灯5柱双拳形灯。车站广场路灯随着株洲火车站新站的建设而新建。1984年，城区有路灯931盏，线路长度48.14千米。

1985年，成立路灯管理所，当年耗资3万元在中心广场花坛内安装8杆照明装饰灯，共80盏。1990年，又投资100多万元在新建和改建的新华东路、红旗中路、株董路等重要路段和居民区，装灯1005盏，线路调整后拆除47盏，净增958盏，全为汞灯和钠灯。其间，湘江株洲大桥竣工的同时，路灯两边对称排列，立柱100根，装灯372盏，路灯线全长3.18千米，全部采用钠灯，灯型为方型3盏柱型灯，在江南桥梁路灯灯型选择上为首例。作为株洲大桥的配套工程在中心广场桥东装设5盏玉兰灯和7盏组合灯，立杆14根，装灯78盏，其中钠灯28盏，敷设电缆线1560米，共投资8.6万元。

1990年，城区共有路灯1926盏，其中汞灯1577盏，钠灯319盏，白炽灯30盏（主要分布在小街小巷），线路总长度为60.32千米。

1992年，投资120万元对建设路路灯进行全面改造。改造后，建设路从沿港路至白石港路灯电源线，改架空线为敷设电缆，并将东西两侧单叉灯改装138盏双叉灯；从白石港至清水塘路段，利用原建设路拆换的旧灯座，新装碘钨灯60盏。

1994年，路灯管理所从市政维护管理处分离出来，成立株洲市城市灯饰管理处，隶属市城建局领导，专门负责城市道路照明、城市灯光装饰职能。至1997年，管理处共投资320万元，对市中心区、建设中路、建设南路、新华西路、株洲大桥、天台山路一直延伸到炎帝广场等路段进行灯饰改造，完成新增路灯241盏，制作灯饰广告128幅。全市拥有路灯2625盏，线路总长86.36千米，分别比1992年增长了24.6%和28.4%。

1998年，市政府决定实施以路灯、灯饰为点缀的“亮丽工程”。即在天台山路、红港路、建设中路、沿江中路、人民路、新华西路、建设北路、建设南路、滨江路、纺织路等10条路段，将其路灯进行新建和改造，全长18.5千米，装灯1094基4214盏，总造价1180万元，株洲的城市夜景得到改观。

至2000年年底，株洲城区共拥有各种灯具4173基（套）11611盏，其中城市照明灯具2409基6976盏，城市装饰灯具1764套4635盏；配置的光源有：金卤灯271盏、钠灯6136盏、汞灯265盏、数码管29组、节能灯912盏、荧光灯980盏、镁耐管2900米、白炽灯118盏（仅在装饰灯具中使用），共有输电线路418.26千米（其中地埋电缆407.64千米，架空线路10.62千米），用电总功率达1631.86千瓦。

株洲市城区 2000 年灯具统计汇总表

表 10–4

城市装饰灯具类

灯型及数量（基／套）									光源分类（盏）							
合计	投光灯	泛光灯	玫瑰灯	轮廓灯	草坪灯	座凳灯	水下灯	圆球灯	合计	金卤灯	钠灯	镁耐管	节能灯	白炽灯	输电线路（千米）	总功率（千瓦）
1764	507	624	4	29	203	174	94	129	4635	271	958	2900	388	118	15.06	411.51
累　计	灯具 1764（基／套）								光源 4635（盏）						–	–

城市照明灯具类

灯型及数量（基／套）					灯杆分类（根）					光源分类（盏）						输电主线（千米）		总功率（千瓦）
合计	高杆灯	中杆灯	低杆灯	庭院灯	合计	钢杆	寄杆灯	水泥杆	不锈钢	合计	钠灯	汞灯	数码管	荧光灯	节能灯	地埋	架空	总功率
2409	4	20	1734	651	2409	2121	136	128	24	6976	5178	265	29	980	524	392.58	10.62	1220.35
累　计	灯具 2409（基／套）				灯杆 2409（根）					光源 6976（盏）						线路 403.2（千米）		总功率 1220.35（千瓦）
总　计	灯具 4173（基／套）				灯杆 2409（根）					光源 11611（盏）						线路 418.26（千米）		总功率 1631.86（千瓦）

株洲市城区重点路段 2000 年装饰灯具一览表

表 10–5

序号	设置路段	灯型及数量（基／套）								光源分类（盏）					输电主线（千米）	功率（千瓦）
		投光灯	泛光灯	玫瑰灯	轮廓灯	草坪灯	座登灯	水下灯	圆球灯	金卤灯	钠灯	镁耐管	节能灯	白炽灯		
1	株洲大桥	267	600	–	29	–	–	–	–	267	600	2900	–	–	9.4	259.38
2	中心广场	240	24	4	–	87	37	–	129	4	264	–	135	118	2.51	139.83
3	长江广场	–	–	–	–	–	–	94	–	–	94	–	–	–	0.5	9.02
4	桥西广场	–	–	–	–	116	137	–	–	–	–	–	253	–	2.65	3.28
合　计		507	624	4	29	203	174	94	129	271	958	2900	388	118	15.06	411.51

六 市政设施维护和管理

（一）维 护

1954年，隶属于市建委的市建筑工程队成立市政道路维修班，有职工20多人。1957—1982年，先后成立土石方工程队、三工区、道路勘测工程队、市政工程管理处、市政养护队和市政工程公司维护队等维护组织，主要从事道路、排水、桥梁、路灯、防洪排渍等设施的维护。

1983年1月，成立市政工程维护管理处，其维护工程量是：道路59千米，其中车行道面积70万平方米，人行道面积40万平方米；下水道49.8千米；公路桥梁13座；路灯913盏；大小排渍泵站6座；防洪堤6.80千米。虽然面广、点多、线长、工程量大，但市政职工为建设环境优美、生活方便的城市奋力拼搏，当年完成维护投资达70万元。

1984—1988年，市政设施的维护工作，推行改革方案，全部按工程预算工日包干，5年时间共完成维护投资350多万元。

1989—1990年，共完成投资320万元，新铺沥青路面15.36万平方米，翻修行道砖85470平方米，修补三渣路面基础5026平方米，调整维修侧平石5372米，掏挖检查井21292井/次，泄水井20784井/次，冲洗下水管道37572米。同时加强路灯设施的维护检修，路灯设施完好率，超过国家标准，亮灯率年平均达97%以上。防洪排渍设施经过检修调试，达到完好标准，无外灌内涝现象。

1991年，市政维护处对市政设施的维护管理进行全面改革，打破传统的施工习惯，改白天施工为晚上施工，错开了车流高峰；维修路面改过去的“锅底式”为科学的“切盒式”，降低返修率；中心区行道砖改传统的四方形为新型的六边形大块。从而使市政设施完好率维持在85%左右。

1993年，全市开展大规模整修城市道路、提高道路等级的大会战，针对株董路、建设路、新华路、芦淞路等主次干道超负荷、超期“服役”及开挖煤气、自来水、电力、邮电通信管沟导致路面破损严重的情况，投资770万元，对以上道路进行沥青混凝土铺设加层，并大修了新华东路的全部基础，维修路面积约20万平方米，使城区主次干道破损的状况大为改善。

1993—1997年，硬化道路18条，硬化面积达23万平方米，基本实现了市区道路硬化率100%，城市道路逐步摆脱“结构不合理，路面等级低”的状况，城区交通通畅能力明显提高。1998年，完成天台山路、新华西路、人民路等19条市区主次干道的沥青混凝土路面工程。

1999—2000年，先后完成市府路改造、建设南路行道翻修、中心广场、七一路人行天桥维修、国防光缆新建、防盗井盖板改造、车站路、沿江路路面大修、荷塘铺排水渠改造、建设路彩色行道改造等工作。特别是2000年实施的两项改造美化工程，使路网质量和等级标准进一步提高。2000年9—10月，采取“政府引导，市场运作”模式筹集社会资金，创建了七一路文明样板街，沿街137个单位和门面装饰一新，街道全面进行整修和绿化、亮化，加强监督管理，彻底杜绝“三占一乱”现象。当年9—12月，又投资6000万元，对西起炎帝广场的广播电视铁塔，经天台路至新华桥东的4.86千米实施“十里长街”美化亮化工程。对沿线广场、道路进行全面绿化改造，各类管网全部入地；对沿线广告、灯箱、招牌进行清理整治；沿线封闭式建筑物全部改建为通透式围墙、清洗建筑物外墙；人行道铺设火烧板花岗岩，建设地下通道和进水喷泉；对炎帝广场、中心广场及沿线临街建筑物进行灯饰、夜景改造等，使十里长街面貌一新。

（二）管 理

1963年，成立市政工程管理处，下设市管股，配备4人专门从事市政设施管理。1964年5月，市人委公布《株洲市道路桥梁管理办法》《株洲市下水道管理办法》《株洲市防洪堤涵闸管理办法》，使管理工作有章可循。

1983年，扩大城管队伍，改为分区管理。以市七届人大常委会通过的《株洲市城市建设暂行管理办法》为依据，当年收取破占道费23.30万元，用于恢复被破坏的路面。

1984—1988年，市政设施管理部门配合公安交警部门与工商行政部门进行管理，5年时间，收取破占道费计99.50万元，查处违章违纪，损害市政设施的事件800余起。

1989—1990年，省公安厅、省建委《关于加强临时占用、挖掘道路管理工作的通知》、市人民政府发布的《株洲市市政设施管理办法》下达后，成立市政设施管理办公室，组成专业队伍，着装执法，由过去分段个人承包改为集体分片承包，扭转管理方法上的被动局面。2年中，共收取破占道费46.60万元。同时与交警队配合，对交通进行整顿，拆除严重影响交通和市容的违章占道棚店，整顿各种占道摊点，纠正基建违章占道等不良现象2200余起，并查获破坏路灯设施事件5次，抓获偷窃市政设施者3人，拆除违章占道围墙120米。

从1991年起，市政破占道管理实施城建、交警、市政联合办公制度，统一勘测、统一审批、统一破占、统一恢复，有效地纠正了城市道路乱占滥挖现象。

1996年，国家《城市道路管理条例》颁布实施。同年，株洲市开始实行非机动机车辆定点停放管理，多年存在的自行车乱停乱放现象大为减少，汽车上人行道和占路为市现象也日渐减少，保障了人行道的通畅。

第二节 供 水

一 水源建设

（一）水 厂

1949年以前，株洲现城区无供水设施，居民生活用水，一般取自河港池塘或地下井水。

1954年，株洲市成立由市长吴占魁兼任主任委员的市自来水筹备委员会，开始自来水工程的建设。在讨论水厂设计方案时，采用援建中南硬质合金厂的苏联专家普利斯和杜鲁局聂夫提出的“集中投产，统一供水”建议。331厂副厂长、原八路军359旅供给部政委罗振坤担任设计和施工的组织领导工作，并委托长沙市自来水公司工程师谢炳南负责组织设计，采用一次提升、同步送水、分区加压的总体布局形式。设计刚出台，全国各地前来取经者络绎不绝。1956年1月10日，市第一座自来水厂在城南月形山上建成，起名为株洲市一水厂。水厂设计日供水量 1.5 万立方米， 1957 年正式投运送水。水厂自建成之日起就满足不了城市生产和生活用水的需要，当年开始就进行第一次扩建，次年日供水能力提高到 3 万立方米。接着又通过挖潜改造，日供水能力提高到 5 万立方米。

1957 年 4 月，国家计委批准在湘江株洲段下游的石峰山南侧建设日产水 24 万立方米的市二水厂及配套管网，采用“一次提升、同步送水”的方案。国家总投资为 740 万元，由中南设计院设计，湖南省第五工程公司二处担任土建施工。工程于 1959 年 9 月竣工供水，供水水质为沉淀水。1960 年新建一组 4 万立方米 / 日小阻力滤池。1967 年二水厂首次扩建，新安装 3 台机组，改换 4 台机组，1971 年改造完成，日供水量增至 55 万立方米。

1973 年 9 月，国家建委批准在石峰山北侧新建市三水厂，工程设计采用“两次提升，分质供水”的方案，市三水厂投产后，可根据全市用水量与市二水厂调节使用，使全市工业和生活用水有了保证。

1974 年一水厂再次扩建，至 1976 年 11 月完成，日供水能力达到 10 万立方米。由于需水量日益增加，二水厂超负荷运行，1978 年最高日供水量达 70 万。1985 年，着手对市二水厂进行技术改造，

市二水厂位于城北石峰山南侧，占地面积为 16.06 万平方米。市二水厂设计方案仍施工中，要搬掉人形山，开挖沉淀池和输水管槽，总计近百万立方米的土方，全靠人工，每日出动民工 3000 人。施工后期，生活物资供应紧张，水厂建设者们在极其艰苦的条件下，日夜施工。开挖方涵隧道工程时，土方滑坡，顶层几十立方米的土石方经常倾泻而下，严重威胁施工人员的安全。后采用省第五工程公司总工程师袁国荫提出的水泥压浆建议，有效地控制了滑坡，使隧道工程提前完成。修建 1 组生活用水沉淀池和虹吸滤池，扩建 1 座日容量 1 万立方米的蓄水池，至 1990 年完成投资 1350 万元，改造工程仍在继续进行。

1992 年，株洲市在河西成立高新技术产业开发区，第二年实现了自来水过江，解决了开发区的用水需求。随着开发区规模的不断扩大，过江自来水已不能满足河西的生产、生活用水。1993 年 1 月，省计委批复“同意株洲市在河西选址新建第四水厂，建设规模为日供水 10 万立方米，取水工程，土建部分按日供水 30 万立方米一次设计建成”。水厂选址在高新区黄河南路 2 号街区之丘陵地带，取水点设在湘江株洲段上游西岸原市棉纺厂水泵房上端 160 米处。工程于 1996 年 10 月动工，1999 年 12 月建成通水。总投资 1.17 亿元的第四水厂一期工程规模为日供水能力 10 万立方米，取水工程、送水泵房和加药间等土建工程及上山管道按日供水能力 30 万立方米一次建成。

至 2000 年，株洲市自来水公司有取自湘江的 4 个水厂、1 个管线所、1 个营业所、3 个加压站、3 座水库，供水管线总长 360 千米，日供水能力 125 万立方米，成为集制水、供水、工程设计、供水设备安装及净水剂生产、仪表检测等于一体的国家大型二档供水企业。

（二）自备水源

在城市供水起步之前，一些厂矿企业从各自需要出发，兴建了不同规模的自备水源。以后少数生产用水较大的单位和距离市区过远的单位也陆续置备自备水源。

1949 年，铁路地区株洲水电段在城区三角叉取塘水作蒸汽用水。1950 年 12 月，采用水泵船取湘江水。此后，先后有国家计委国家物资储备局湖南 336 处、株洲电厂、331 厂、株洲车辆厂、株

洲钢厂、株洲苎麻纺织印染厂、株洲麻棉纺织厂等单位，或打井取水，或建泵房取水于湘江，以解决本单位生产、生活用水，累计耗资达1000多万元。其中以株洲电厂的取水泵取水量最大。该厂于1954年2月由国家投资472万元，兴建每小时取水5万立方米的水泵2座，以湘江水为水源，最高日供水量达160万立方米。

城区一些企事业单位先后打过12口水井，1990年继续使用的有5口，日产水量约4000立方米。取水于湘江的自备水源年产水量为2.50亿立方米，多为工厂生产循环用水，约占市区用水总量的50%。

20世纪90年代，随着株洲水厂的不断扩建，城市自来水的供水能力大幅扩大，自来水供需矛盾得到解决，加上国家对取水管理的加强，株洲城区自备水源逐渐萎缩。但仍然使用自备水源的主要有株洲棉纺厂、铁路地区株洲水电段、株洲电厂等单位。至2000年，从株洲天源纺织有限公司（原株洲棉纺厂）分离出来的株洲市新市自来水有限公司供水量达4000立方米/日以上，供水范围近1平方千米，单位用户35个，用水人员约15000人。长沙供电段株洲给水车间（原株洲水电段）株洲给水所日供水能力达到28000立方米/日，实际供水2000立方米/日，供水范围为铁路沿线两边、铁路系统单位和居民，供水人口约30000人。株洲电厂日供水量基本与80年代末期持平。全市取水于湘江的自备水源年产水量占市区用水总量已降至7%以下。

二 水质管理

1957年，市一水厂投产，相继成立化验室，对水源水、出厂水、港口水、管网水等作理化常规项目检测，并对车间水质作不定时抽查。其净化系统采用的是苏式有穿孔底板的悬浮澄清池。

1964年，市二水厂组建化验室。1967年改扩建时，采用4万立方米/日的无阀滤池，单池面积达44平方米。20世纪70年代初，钟奇文独创的“湿法投矾新工艺”成功地解决信者溶矾一体化，实现水力提升配液、投矾的自动化控制过程，改善了劳动条件，取得良好的经济效益。80年代，该项技术在全国大中型自来水厂推广应用。1978年，市三水厂组建化验室。1979年，市自来水公司成立中心化验室，主管管网水浑浊度、余氯、细菌、大肠杆菌“四大指标”和水源水、港口水、出厂水、管网水35项指标的全面分析。

根据建设部规定的《水质管理标准》，市自来水公司实行中心化验室、水厂、净化班3级水质管理体制，严格执行水质标准，并于1984年制定高于国家标准的企业内控标准《生活饮用水内控标准》，规定出厂水浑浊度为1度（国家标准度为3度，特殊情况不超过5度），游离余氯为0.60～0.90毫米/升。对中间产品沉淀后的出水、过滤后的出水分别规定浑浊度、游离余氯的控制指标。同年，制定《水厂制水工艺规程》和《水厂工艺流程标准》，各水厂定岗、定责、定人，把好工序质量关，保证每道工序质量均达到标准。水厂制水班工人每30分钟对自检自控项目（各工序的浑浊度、游离余氯）进行一次自检，水厂化验室跟班检验“四大指标”，且每班对水源水、沉淀水、清水池出水的浊度、游离余氯分别作4次不定时抽检，发现异常及时通知制水班处理。同时，坚持每月2

次对水源水和出厂水进行19个指标的检验。1990年8月，中心化验室正式开展国家标准30项必检项目的检验，水质综合合格率达到99.52%。

1992年，一水厂扩建改造时，加速澄清池采用斜管技术，供水量提高了50%左右，且水质良好，澄清池出水水质稳定在10 NTU以内。

从1994年起，市二、三水厂引进具有国际水平的投矾技术，美国公司生产的计算泵和配套的单因子流动电流控制仪，通过一个闭环反馈系统来控制混合并中混凝剂的投加量。同期，公司先后从英国引进谭玛仕全自动真空加氧机和美国生产的全自动加氧设备，系统通过一个闭环反馈系统来控制清水池入口处消毒剂的投加量。这两种加氧设备微处理技术更趋完善，系统运行稳定可靠。公司在加矾、加氯工艺方面，选择了适合公司供水特点的新技术、新设备，其技术达到20世纪90年代初的国际先进水平。

1995年，公司又投入数千万元资金，先后进行一水厂净化场16万立方米/日供水能力的配套改造和二、三水厂滤池及管网配套改造，较大程度地扭转长期困绕公司的沉淀水和过滤水供求不平衡的局面，使全市自来水供需矛盾基本改观。

1997—2000年，公司先后完成三水厂鸭舌阀滤池，双阀虹吸滤池P1G自控改造，实现正常过滤过程中自动调节滤池水位，以及一个冲洗周期完成自动进入下一个冲洗周期，优化净水工艺，使滤后水水质得到显著提高。四水厂采用法国公司独创的V型滤池水处理设施，具有出水质量好、截污能力强、运行周期长、能耗低、便于自动化控制等优点。

三　输配水管网配备

1956年，在建设一水厂的同时，着手敷设输配水管道。从株董路至331厂的输配水管道与市一水厂同时建成。该管道为内径350～300毫米铸铁管，长3423米，是城区由公用供水部门建成的第一条输配水管道。随后又完成一水厂经市中心至北区湘天桥8514米管道的敷设。起初，管道敷设均呈树枝状分布，以解决重要工厂的生产生活用水和居民集中区的生活用水。到1959年，城区敷设内径1200～200毫米铸铁管输配水干线管道总长达到30192米。

供水部门坚持工厂建设到哪里，供水管道就延伸到哪里的服务宗旨。20世纪60—70年代，先后完成市二水厂至株洲化工厂、至湘江氮肥厂、至杉木塘、至白石港并连接清水塘地区、田心地区和东区，市三水厂至湘江氮肥厂、至株洲选矿药剂厂等主要干线管道的敷设和管道之间的联网。1979年，内径1200～100毫米的干线管道总长达92211米，主要是铸铁管，部分为内径1200～800毫米的水泥管。

20世纪80年代，除继续联网和敷设新开发地区的管道外，1989年敷设过江管道960米，为内径600毫米的钢管。并在河西用内径400～200毫米水泥管延伸至天台山路和教师进修学院等地共计874米，解决河西新开发区的供水问题。

至1990年，3座水厂已构成分区、分压、分质供水体系，管网也由树枝状逐步形成环状布局，在输配水系统中，设立3个加压站和6座调节水库，管网总配水能力达115万立方米/日，管网总计长度(内径100毫米以上)247千米。供水范围东至株洲车辆厂，南至南方动力机械公司，北至白马垄，西至教师进修学院，总供水面积48.20平方千米，输水距离最长15千米(市三水厂至白马垄)。

1995年，河西给水工程投资1000万元，完成DN300以上主干管线7034米，初步形成河西供水主干管线，同年白石港、红旗路DNS00管线新建工程、新华东路DN600管线改造工程、市府路铁桥DN400管道新建工程、白石港DNS00管道新建工程等相继竣工，投入使用。1996年，完成河西广场DN600管道改造，新敷设白石港至人民路DN000管线及新华东路DN600管线改造。1997年，配合市政建设，完成株曲路管道改造、中心广场、响石广场管道改造、白石港、宋家桥管道改造等管道敷设工程。1998年完成全市消防栓的安装，完成601厂DN400供水管道安装、二水厂排污管道安装、十三中给水安装等管道敷设工程。1999年，配合建设南路延伸工程，完成了建设南路DN600管道改造；完成泰山东路DN600管道820米和中心广场DN600管道延伸194米的敷设，完成了新华桥DN600管线改造；柴油机厂DN400管线改位置；金锦花园DN150、DN100管线改造等管道改造工程。

2000年，全市城区自来水总供水面积达63.02平方千米，管网总配水能力达150万立方米/日，管网总计长度(内径100毫米以上)389千米。

四　用水生产经营

1954年，在修建一水厂时，就实行集资办水形式，331厂、中南硬质合金厂、株洲电厂、株洲选煤厂(株洲洗煤厂前身)等大型企业共计集资162万元，解决水厂建设资金。市一水厂建成时，用水单位只有5户。市自来水公司派出宣传组，向市民宣传使用自来水的好处，同时在城区设立9处售水站。1957年，销售生产用水170.80万立方米，生活用水42.65万立方米，生产用水和生活用水之比为4：1。1958年，售水总量达550.04万立方米，实现利润68.03万元，上缴税金1.91万元。生产每千立方米自来水的成本为49.60元，人均创利1万元。

1959年，二水厂投产后，实现分质供水，年售水量增至1122.97万立方米，其中生产用水876.80万立方米，生活用水 246.17万立方米，生产用水和生活用水比为78：22。生产每千立方米自来水的成本降至46.40元，下降3.20元，下降6.50%。实现利润130.18万元，上缴税金3.68万元，人均创利5400元。

1977年，三水厂建成后，售水总量达到2.30亿立方米，其中生产用水2.05亿立方米，生活用水2522.79万立方米，生产用水和生活用水之比为89：11；日生产过滤水达30万立方米，解决了田心地区居民的生活用水问题。生产每千立方米自来水成本降至27.53元，较1959年下降18.87元，下降41%，实现利税1108.65万元，其中利润1048.08万元，人均创利1.7万元，市自来水公司成为全市为数不多的利润超过1000万元的大户，在全国城市供水企业中居第7位，全省第1位。20世纪80年代，随着企业逐步实行内部配套改革、开源节流、挖掘内部潜力等措施，经济效益随着售水量的继续增加而同步增长。1990年，销售生产用水总量为2.20亿立方米，生产用水和生活用水之比为

84：16；实现分质供水，日生活用水为42万立方米，人均用水291公升，用水普及率为100%。公司实现利润1180.53万元，上缴税金112.54万元，人均创利1.3万元，经济效益继续在全国城市中处于领先地位。

20世纪90年代，特别是1995年以后，由于市区一些大中型企业停产或转产，用水需求减少，自来水的年售水量逐年略有下降，1995年为2.69亿立方米，1998年降至2.10亿立方米，2000年为1.92亿立方米。日最高供水量1995年达105.43万立方米，2000年只有70.73万立方米。销售收入1995年为9108.67万元，1998年增至10387.88万元，2000年增加到13787.18万元。利润1995年为856.96万元，1996年增至1111.93万元。2000年为906.7万元。每千立方米的成本逐年略有增加，1995年为300.84元，2000年增加到661.96元。自来水漏损率也逐年有所提高，1995年为5.87%，2000年增至7.3%。

五 用水管理

1993年，株洲市成立市节水领导小组及节约用水、水资源管理办公室（简称“节水办”），负责全市计划用水、节约用水管理工作。市政府先后颁布了《株洲市节约用水管理办法》《株洲市城市水资源管理暂行办法》及配套的节水技术标准。节水办先后组织开展了全市性的节水知识竞赛，节水板报竞赛、制作节水电视专题片和悬挂节水标语等，使节约用水意识深入人心。

为加强企事业单位节约用水和用水管理，市建委、市城建局、市财政局、市经委、市财办、市外经委等部门联合下发《关于节约用水规定年度计划用水量有关问题的通知》，规定对用水单位实行计划用水，节奖超罚。各单位的用水量原则上以其上年度实际抄表量为依据，递减1%，具体用水计划由市节水办下达。对于因生产增加、人员增加等合理因素造成的用水变化，市节水办经调查取证考核后调整计划；对确因管理问题超计划用水，则严格按省物价局文件执行。据统计，从1993—2000年，市节水办共收取单位超计划加价水费537万元，其中60%上缴财政作为以水养水基金，15%用于节约用水技术改造和奖励先进单位和个人。同时，加强对建筑工地的用水管理，实行装表计量（装表率96%），按每平方米建筑面积下达2.50立方米的用水指标，待竣工后由市节水办验收。全市有450家大中型企事业单位实行计划用水管理，计划用水率87%，每年节水1.60亿多立方米，相当于2个水厂的供水量。1995年，省建委授予株洲市“湖南省城市节约用水先进单位”称号。

1997年，市节水办成立节水技术器材推广中心，负责城市节水新工艺、新技术、新设备的研究开发、推广与应用。3年中，该中心支持帮助用水单位完成各类技改项目200多项，投入资金上千万元。株洲冶练厂1997年建成供水能力每小时150吨的净化水回用系统，1998年又改扩为供水能力每小时500吨的回用系统，年净供水量达到380万吨，大大减少水的用量。通过技术改造，市城区工业用水重复利用率从20%上升到58%。针对一些公厕长流水现象，该中心推广近万套延时自闭冲洗阀，浮球冲洗法和红外线感应冲水器等，使公厕耗水得到有效控制。同时，在石油炼制、化学工业、火电、冶金工业等用水大户推行空气冷却代替水冷却技术；在电镀、纺织、医疗、食品加工等行业实行逆流倒法、压力喷淋、空气搅拌等洗涤工艺，都收到良好的节水效果。

2000年6月，市节水办更名为“市城市用水管理办公室”（简称“市用水办”），并陆续出台《关于进一步加强城市供水水质管理的通知》《株洲市房屋用水器具管理办法》《关于清理规范全市房屋用水器具产品的通告》《关于进一步加强城市二次供水管理的通知》等系列文件。当年，市用水办针对二次供水污染逐步严重的问题，对市区所有二次供水单位进行排查摸底，对城区二次供水使用的43个水塔（容量共11080立方米）及水塔配套的45个蓄水池（容量12040立方米）和793个大小水箱、水池（容量23107立方米）的水质状况和设施设备状况实施监控，每月定期抽取40份二次供水水样送国家城市供水网株洲监测站检测，使市城区所有二次供水系统的水质安全得到保障。

第三节 供 气

一 气源建设

株洲城区生活用燃气始于20世纪60年代中期。1966年，先后有湘江氮肥厂、株洲车辆厂、株洲化工厂等17家单位利用自产煤气和外购液化气分散供应部分居民。1978年，湘江氮肥厂、株洲选矿药剂厂、株洲冶炼厂等利用自产气和工业尾气供应职工生活用气。

至20世纪80年代初，供气户数达40869户，其中供煤气15242户。一些机关和企事业单位亦先后外购石油液化气供应职工使用。

1984年，株洲市开始筹建煤气工程，4月市建委成立煤气办公室。1986年1月，株洲市煤气工程正式动工。同年8月，按照省计委“停缓建长沙、株洲煤气等工程建设项目”的通知要求，市煤气工程停止施工。1987年5月，经省六届人大五次会议审议通过，恢复市煤气工程建设。按照“分段实施，逐步受益”的建设方针，从1988年12月开始向株洲苎麻纺织印染厂试供气。

1989年11月，市政府批准成立市煤气公司，业务归口市城建局管理。第一期工程先建一座与之相配套的化工产品回收系统，生产能力为年产焦炭10万吨，日产焦炉煤气12万立方米（其中厂内自耗6万立方米/日，可外供焦炉煤气6万立方米/日，年产焦油4945吨、硫铵1400吨、粗苯1415吨。同时建工业尾气利用工程，每日回收湘江氮肥厂可燃尾气或自产水煤气4万立方米，与焦炉煤气掺混为3500大卡的城市煤气10万立方米/日，供6万户城市居民使用。另建水煤气发生炉3台，对节假日高峰期用气起调节补充作用。到1992年1月，炼焦制气工程竣工投产，形成日产焦炉煤气12万立方米，年产焦炭10万吨、焦油5000吨、硫铵1500吨、粗苯1500吨的生产规模。工程总投资5300万元，供气达2.7万户，使用煤气人口达10万人。1996年8月，根据城市规模扩大和居民用气需要，总投资达1.1亿元的煤气二期工程破土动工。1997年12月，第二座焦炉及部分配套工程投产，至此，株洲全城停供水煤气。2000年，市煤气公司汽源厂年生产煤气5500万立方米，供气用户达6.6万户，使用煤气的人口约23万人，占城市人口的42.2%，加上部分居民使用石油液化气，全市燃气气化率达93.2%。

二　煤气管网配备

1987年12月，城区输配管网工程开始建设，总概算2516万元，由中国市政工程中南院和华北院共同完成初步设计，由市煤气公司管网工程部负责庭院及户内安装设计。

输配管网系统采用中压和低压两级管网输送方式。第一期在始端气源厂建5.4万立方米储气柜1座，压送机房1座；第二期在末端建1座同样储量的储气柜及压送机房，沿建设路、新华路、人民路、红旗路等敷设中压主干管31.85千米，低压主干管51.43千米，并建区域调压站15个，专用调压站5个，经过调压站内的调压器使煤气压力降低后输入低压管网，并通过低压管网输送至庭院管网，从而构成整体环路，形成安全可靠的城市煤气输配管网系统。1987年8月，建于气源厂的5.4万立方米气柜破土动工，1988年7月完工。在株洲苎麻纺织印染厂建6#调压站。1989年上半年，分别在市二医院、杉木塘煤店、湖南省火电安装公司（省火电建设公司前身）、三角叉建4#、5#、7#调压站。1989年下半年在湖南省工业设备安装公司建附7#调压站，在市农药厂生活区建有专用调压站1个，到1990年，用户区建有调压站12个。管网工程完成气源厂至中心广场的中压管道7.50千米、低压管道11千米及株洲苎麻纺织印染厂、市农药厂的庭院管网。敷设主管道（含低压环管）42千米，拉通从气源厂往建设路、芦淞路到锻压机床厂和从市府路往新华路、红旗路至株洲电力机车厂西门的主干管道，扩户135个单位共16640户，已送气123个单位15854户，日供气量达1.9万立方米，占城区应供户数的25.40%。

1991年，全市煤气用户增至2万户，煤气管线到达东、南、北三区。从1993年开始，借助焦炉煤气的生产，煤气管线敷设有了长足的发展。当年7月，煤气主管敷设跨过湘江，9月煤气顺利输送进入河西用户，煤气的用户数激增至4万户，全市煤气主管线长度达到200千米。

从1997年年底开始，随着煤气2号焦炉顺利投产，日增煤气供应能力10万立方米，煤气用户跃升至6万户。此后，煤气的生产，供应进入平稳阶段。焦炉煤气年生产能力稳定在5000万立方米以上，年外供气能力保持在1800万立方米以上，拥有供应10万户居民的能力。2000年，煤气主管线增至263千米，全市煤气用户区共建有煤气调压站28座，5.4万立方米的储气柜2座，1万立方米的小型储气柜1座。

三　燃气管理

20世纪90年代中期以前，燃气管理主要抓安全管理，对使用煤气的单位或个人普及煤气的一般常识及煤气专用设备的安装、操作与维修以及节气卫生等方面的知识。1990年1月，市煤气公司制定《煤气用户须知》八条，对煤气设施的安装、使用作出严格具体的规定。同年8月，市人民政府下发《株洲市城市煤气管理暂行规定》。

1995年9月，株洲市燃气管理办公室成立。市政府制定《株洲市燃气管理试行办法》，印发

《城市燃气管理法规标准汇编》，对城市燃气工程建设、燃气生产、储存输配和使用；燃气用具的生产和销售，燃气事故的排除和处理以及建设、劳动、公安消防在燃气管理中的职责等作出明确规定。当年，全市燃气经营网点90%以上都按规定办理了经营资质证。1997年7月和12月，建设部相继发布《城市燃气和集中供热企业资质管理规定》和《城市燃气管理办法》。全市对上述两个文件进行广泛宣传。1998年2月，分别与市工商局和消防支队联合下发《关于加强全市液化石油气经营网点资质审查和燃气用具广告管理的通知》《关于加强燃气安全管理的通知》。至此，全市燃气企业和经营网点96%以上的自主接受管理，燃气营运设施的完好率达到91%～96%，燃气安全事故得到有效控制。2000年6月，市燃气办出动500多人次，对燃气市场进行重点清理整顿，依法取缔12家无证燃气经营户；督促28家到期末参加年审的经营户补办年审手续；突击性检测超期和不合格钢瓶6万只以上，1500多只不合格钢瓶被强制报废。

到2000年，市燃气办共查处违规违章约600多起，督促整改安全隐患近200起，抽样检测燃气燃烧器具224台，强制检测液化石油气钢瓶64000余只，制定下发行业管理规范性文件100多个，举办燃气行业从业人员培训班7期，培训人员336人次，发上岗证书326个。2000年，全市22家燃气生产、销售企业和市区130多家经营网点分别获得省建设厅和市建设局核发的资质证书。

第四节　公共交通

一　公共汽车

1957年下半年，市人委拨款6万元筹建城市公共交通事业。1958年1月，市汽车运输公司公共汽车分公司成立并开始营运。其时，公司自身没有汽车，先从国家物资储备局中南物资仓库无偿调拨2辆加拿大雪佛兰旧货车改装成客车，车厢用木板做成。随后，以无偿接收、集中代管的方式从331厂等5家企业调进6辆旧进口客车，共计8辆汽车投入营运，开辟株洲火车站至清水塘、至董家塅和市大米厂至田心3条线路，分别定名为1路线、4路线、3路线，线路长度共计24.25千米。12月，车辆增加至10辆。全年行驶里程24.70万千米，客运量122.50万人次，客运收入21.30万元。

1959年4月，市汽车运输公司公共汽车分公司更名为市公共汽车公司，隶属关系由市交通局转移到市基建局。当年，市政府投资9.08万元，购进汽车3辆。次年6月，开通市大米厂至株洲车辆厂线即2路线，长10千米。

随后，国家进入经济困难时期，汽油紧缺，市公共汽车公司在汽车上安装煤气袋，用煤气代替汽油。后又改烧木炭代替动力能源。车辆无法更新，完好率只有50%，市大米厂至田心线的3路车被迫停开。

1964年，形势好转，除恢复3路车外，先后开通市食品厂至株洲玻璃厂的5路车、市大米厂至郊区龙头铺的6路车、株洲火车站至渌口镇的7路车、至张公岭的8路车。1965年，汽车增加到22辆，车辆完好率上升到88.20%，开通线路总长度达到83.30千米，当年实现客运收入63万元。

1966 — 1976 年，因“文化大革命”影响，公共交通事业受到冲击。1968 年，市公共汽车公司改名市人民交通公司，公共汽车亦改名为人民汽车。同年 8 月，“文化大革命”中的“造反派”劫持 4 辆汽车参与武斗，报废 2 台，损坏 2 台。在此期间，先后 2 次调整票价。第一次每人千米票价由 2.30 分降到 2.03 分，降低幅度为 11.30%；第二次票价在第一次降低的基础上平均再降低 8.60%。虽然“文化大革命”中车辆有所增加，但人心动乱，人员调动频繁，车辆失养失修，车况变差，车辆的平均出勤率仅为 69.50%，先后有 5 路、9 路（市食品厂至 815 油库）停开。1976 年，公司亏损 29.22 万元。

1978 年，市主管部门加强对市人民交通公司进行清理整顿，恢复停开线路。至年底，汽车增至 85 台，客运线路增至 10 条，扭转亏损局面。1979 年，市人民交通公司恢复为市公共汽车公司名称。

20 世纪 80 年代初，公司加强营运质量管理，通过评选最佳司机、最佳售票员等活动，提高服务质量。1985 年 1 — 10 月，公司参加全国 71 个城市公共交通系统优质服务竞赛，获湖南省赛区第一名。其中，5 路线被评为全国先进线路，潘正良车组和保修一班分别被评为全国先进车组和先进班组，驾驶员王秋生、乘务员汪抗生被评为先进个人。年底，利润突破 40 万元，创历史最好水平。

1986 年，公司推行“消耗定额、安全指数，修理质量包干”等改革措施，消耗下降，车辆利用率提高。由于汽油、汽车零配件、原材料大幅度涨价，生产成本相应地大幅度提高。1990 年 7 月，公共汽车票价按湖南省的统一安排进行大幅度调整，每人千米票价由 2.29 分调至 3.45 分，上升 50%。至 1990 年年底，市公共汽车公司拥有大、小公共汽车 138 台，每万人拥有公共汽车 3.2 台，全年行驶里程 747.40 万千米，客运总人数 3550.69 万人次，年客运收入达 878.42 万元；停车场 1.2 万平方米，营运线路 18 条，线路总长 351.90 千米。

改革开放以来，市区个体出租车、中巴车快速发展。据 1989 年统计，市区已注册的中巴车有 179 台、出租车 87 台，市公交公司一统市内交通客运的格局被打破。

从1991年开始，市公交公司陆续增加营运车型，调整线站布局。将站距由900米缩短为400～500米，增设主站点19个，使线路车辆配置结构达到最佳状态。1992年，开通20路、21路两条跨线车线路。1994年12月，市公交公司在1、5、9路公交车上试行无人售票，并于1996年在市区所有公交车全面执行。与有人售票时期相比，公司人车比由7∶1下降为4∶1，日平均收入增长30%，最高达70%。职工劳动强度减轻，工资收入增长。

1996 年，市政府取消对公交的财政补贴，公司当年亏损达历史最高点 500 万元。为摆脱困境，公司调整所有制结构，借助外力图发展，全面实行企业化管理。是年，公司更名为株洲市公共交通总公司，并与上海巴士公司达成合作经营意愿。1997 年 1 月，双方共同出资（各 900 万元，职工持股 200 万元）。注册成立资本达 2000 万元的巴士股份株洲公交有限责任公司，当年公司即实现利润 312 万元。1998 年，总公司着手进行第二轮改制，将原一分公司经营性资产出让给巴士股份公司，成立巴士股份株洲捷运公司，使总公司卸掉了 600 万元的银行贷款包袱。经过两轮改制，市公交总公司建立起了多种经济成份并存、多产业、多法人的经营格局，经济效益有了大幅度的提升。

到 2000 年，市公交总公司拥有大小营运汽车 491 台，营运线网 295 千米，在城市出租车增至 180 余台的情况下，全年行驶里程 4253 万千米，客运总人数 8583 人次，客运收入 9288 万元。另外，总公司还建有公交站场3个，面积达3.14万平方米。

二 出租汽车

1979年4月，市公共汽车公司成立出租车组，用2辆客车用于出租，当年年底出租车组完成客运量1500人次，客运收入3万元。1981年1月，停薪留职人员向立阳开1台老式上海牌小轿车用于出租，株洲市开始出现第一台个体出租汽车。1987年8月，21岁待业青年罗学文自费购置1辆17座旅行车用于出租营运，株洲市开始出现第一台个体中巴车。1989年4月，株洲市政府出台《株洲市城市出租客车暂行规定》，1989年6月成立市城市客运管理处，负责对市个体出租车辆进行归口管理。至1990年，国有出租汽车由班改为车队，共有车辆18辆，年客运量是219.67万人次，营运收入107.62万多元；个体中型出租车158辆、小型出租车38辆。

20世纪90年代，株洲市个体出租车营运发展很快。1992年，市区个体客运车辆增加到260台，其中个体中巴车为213台，出租小汽车为47台，个体出租汽车以微型面包车为主。同年3月，市个体客运车辆全部换发由建设部统一制作的车辆运营证。

1993年，市物价局制定《株洲市出租小车（的士）收费标准》，规定：一类车（使用年限5年以内或行驶里程20万千米以内的奥迪、桑塔纳、标致、捷达等同类国产车以及同类同档进口轿车）起租基价为10元/3千米，3千米后每千米租价为1.8元；二类车（夏利、伏尔加、上海、拉达、波兰乃兹以及使用年限超过5年行驶里程20万千米以上的一类车）起租基价为8元/3千米，3千米后每千米租价为1.6元；三类车（不带空调的吉普车和轿车以及不属于上述两类的轿车）起租基价为7元/3千米，3千米后每千米租价为1.4元；微型面包车起租基价为6元/3千米，3千米后每千米租价为1元。从1994年8月开始，市区出租汽车开始强制实施打表计程、按表收费。

1995—1997年，株洲市出租车快速发展，三类车辆数分别达到513台、1006台、1424台，出租车车型基本以奥托、夏利车为主，桑塔纳、捷达、富康车等其他车型为辅，出租车公司发展到29家，个体中巴车198台，从业人员近4000人，年运送乘客达5000万余人次，年创利税3000余万元。

1997年7月，全市调整出租汽车营运价格：一类车（使用年限5年以内或行驶里程20万千米以内的奥迪、桑塔纳、红旗、捷达、富康、标致等具备空调的同类国产车以及同类同档进口轿车）起租基价为6元/2千米，2千米后每千米租价为1.8元；二类车（夏利、伏尔加、上海、拉达、波兰乃兹、奥拓等带空调同类车及使用年限超过5年或行驶里程20万千米以上的一类车）起租基价为5元/2千米，2千米后每千米租价为1.4元；三类车（低于二类车的低档轿车、面包车或吉普车）起租基价为4元/2千米，2千米后每千米租价为1元。

1998年1月，株洲市颁布《株洲市城市客运出租车经营权有偿使用实施办法》，分别在5月、11月组织2次城市出租汽车经营权公开拍卖，完善出租车市场的准入制度，并为城市筹集建设资金500余万元。同年11月，制定《株洲市城市客运出租汽车管理办法》，使出租车行业管理进一步制度化。

从2000年3月起，为缓解市区道路交通压力，确保“畅通工程”的顺利开展，株洲市开始调整中巴车出城。市区社会中巴及公交公司19座以下中巴车从市区调整到市郊线路营运，城市公共客运市场初步形成了“大公交、小的士”格局。同年10月，编制第一部《株洲市城市出租汽车发展规划》。11月，组织株洲市第三次出租汽车经营权拍卖，拍卖经营权280个，共筹集城市建设资金2592.35万元。至2000年年底，株洲市出租汽车数量达到1961台。

第五节　环境卫生

民国31年（1942），株洲镇甲种警察所内有8名“清道夫”的编制。至民国38年（1949）1月，只剩1人。环境卫生平时由居民自理，每逢春节前，各店铺派学徒和闲杂人员清扫一次街道。

1950年11月，成立株洲镇地方国有肥料厂（简称“镇肥料厂”），有职工19人，专司粪肥的收集和销售，未管市容卫生，由肥料厂派4名工人清扫街道和清运垃圾。

1952—1957年，街道清扫和垃圾清运工作交市防疫委员会（市防疫站前身）管理，该站组建清洁队，有职工212人，负责清扫主要街道、马路、公共场所及部分居民住宅区。

1958年1月，清洁队和镇肥料厂合并为株洲市环境卫生管理处（简称“市环卫处”），归市卫生局管理，负责城市污水、垃圾处理和粪便清运及街道的清扫工作，有固定职工55人，临时工74人。至1960年增至152人，清扫街道10条，清扫面积10万平方米，管理公共厕所30余座。

1965年，市环卫处划归市城建局管理，市财政局拨给环境卫生事业经费6万元，结束环卫经费全部靠自筹的历史。

1971—1973年，环卫职工由160人增至275人，粪肥收集和销售从1.3万吨增至3万吨，清扫面积由16.80万平方米增至27万平方米。

1973年，市环卫处再次划归市卫生局管理。至1979年，相继颁布《株洲市城市卫生管理办法》和《株洲市城市卫生管理奖惩办法》，环卫管理进一步制度化。1980年1月，市环卫处又转归市城建局管理。

20世纪80年代，市环卫处深入进行改革，推行环境卫生目标管理，努力为城市居民创造清洁的环境。1990年，城区有专职环卫职工624人，经费开支464万元；主干道清扫面积101万平方米。

20世纪90年代，株洲市环境卫生管理工作有了较大发展。1991年11月，在省辖8个城市的爱卫检查中，株洲市获环卫行业第二名。1993年11月，全省爱卫检查中，株洲市获环卫作业第三名。

1994年，在市中心各门店实行垃圾袋装化，参加门店共120个。1995年3月，株洲市发布《关于加强城市管理实行“十不准”的公告》，有力地推动了城区市容管理规范化的进程。市容管理实行“区域防守、分段包干”的管理方法。1996年4月，市环境卫生管理处升为副县级事业单位。

1996—1997年，市环卫处在省卫生工作检查中两获全省第一名。同年12月，湖南省城市生活垃圾袋装化现场经验交流会在株洲召开，标志着全市生活垃圾袋装化取得了阶段性的成效。从1999年1月起，市容环境卫生实行“两级政府、三级管理、四级落实”的管理模式。

2000年6月，株洲市委、市政府撤销市环境卫生管理处，城市四区设区环卫处，分别负责本行政区的清扫保洁、垃圾收集清运、洒水降尘以及果皮箱、公厕、垃圾中转站的清掏保洁及环卫设施设备的建设、添置、维修和管理、负责环卫科研和垃圾无害化处理工作。同年6月23日市政府成立市城管执委，负责城市的环境卫生管理工作。至年末，市区环卫职工总数为757人，负责全市159.05万平方米主次干道清扫，市财政拨款751.1万元用于清扫清运、环卫设施、设备维修维护等工作，当年有偿服务收费480万元。

一 街道清扫

1951年，株洲镇肥料厂安排4名职工，每天清晨4～8时清扫从火车站到徐家桥一带的街道，清扫面积为1.6万平方米，下午收集和清运垃圾。

1952年8月，株洲市卫生防疫委员会成立专业清洁队，市人民政府颁布《株洲市街道清洁管理暂行办法》，规定城区主干道、公共场所及居民住宅区周围的大路由市清洁队负责打扫，小街小巷及大街两旁人行道，由住户自行打扫。

随着城市建设的发展，街道清扫面积相应扩大，1957年增至4万平方米。

1958年1月，市环卫处调整和补充人员，动员职工家属参加清洁队，将大部分男职工调到基建队和粪肥挑运队承担较重的体力劳动，因而清洁队中家属工占了90%。清洁队承担清扫街道、摇铃收集和清运垃圾两大任务，当年清扫面积增至7万平方米。

1959年，清扫保洁范围扩展到学堂冲、贺家土、白石港等23个居委会，清扫工人增至58人，清扫面积增至10万平方米，要求马路和街道上的垃圾不过夜，并帮助年老残疾户倒垃圾。

1962年，市政府制定《株洲市环境卫生管理暂行办法》，规定堤升街、建设路、沿港路等6条主要街道每天普扫2次；解放东、西街等15条一般街道每天1次普扫、1次保洁。实行定人员、定任务、定路段、定时间、定质量的清扫制度，人均清扫面积为4033平方米。

1972年，清扫工人增至64人，专业清扫范围进一步扩大，南至芦淞桥，东至新华桥，北至市文化宫，共计23条街道，面积27万平方米，约为城区公共街道面积的50%。

城区小街小巷的清扫，主要是工矿企业内自建的道路网、建设单位自行清扫保洁。市区小街小巷和居民区，1973年以前由居委会组织居民清扫保洁。1973年组建民办公助清洁队，并在各办事处配备1名环卫专业管理员进行管理。1977年，城市3个区有清洁队员316人，其中东区121人，南区104人，北区91人。民办清洁队的经费主要来源于收集居民卫生费、公助部分每人每年120元、办事处和居委会开展一些代扫代清运等环卫有偿服务收入3个渠道。另外，区政府、办事处、居委会时有些资助。

1981年，街道清扫面积扩大到57万平方米，清扫队员增至120人，平均每人承担5000平方米的清扫任务。环卫工人多次试制新的清扫工具，环卫部门亦多次从外地购进机械清扫设备，但均因赶不上竹扫帚的实用效能而被淘汰。女工刘正春从1977年参加清洁队，到1985年的9年中，共有200天带病坚持工作，并义务加班480天，上“贡献班”（不计报酬）415天，9年完成12年的工作量，

1985年荣获“全国三八红旗手”称号，1986年被评为株洲市劳动模范。

1986年，制定《株洲市环境卫生工作定额》管理办法，对市管道路重新进行丈量，综合人车流量、污染程度、路面质量等因素，划分路段等级，按等级定工作量和清扫质量。一级马路人均日清扫3675平方米，二级马路人均日清扫4200平方米，三级马路人均日清扫4725平方米。

1989年，划分市管和区管街道范围，规定市管道路的清扫保洁由市环卫处负责。当年区管街道18条，清扫面积34万平方米。至1990年，市管道路计27条，清扫面积101万平方米，其中一级路15条，计71万平方米，二级路6条计18万平方米，三级路5条计8.3万平方米，四级路1条计3.3万平方米，共有27个清扫班，清扫工人212人。有民办、厂矿清洁队员1131人，其中城市3个区269人，工矿企业862人，采取分片包干、责任到人的方法，做到日清日运，垃圾不过夜。

1991年，城区道路清扫保洁101.26万平方米，一、二级道路基本上做到了无砖头、果皮、纸屑和废弃物。

1996年，市环卫处接管了城区156条小街小巷55万平方米的清扫保洁任务，新增红港路、建设南路延伸段、沿江北路等主次干道清扫，清扫面积达163万平方米，主次干道坚持每日“两普扫一保洁”、中心繁华区实行双班制和流动保洁相结合的全日15小时保洁体系，小街小巷居民区做到了“每日一普扫”，清扫保洁率达到100%。

1997年，清扫面积达167万平方米，中心主干道实行16小时保洁制，繁华地段每日两普扫，清扫保洁率为100%。1998年，市环卫处投资38万元，购进全市首台自动扫地车，最大清扫速度为3～10千米/小时，清扫能力达3万平方米/小时，填补了市环卫机械清扫的空白，减轻了劳动强度，提高了工作效率。

2000年，城区道路清扫面积达到256.73万平方米，其中主次干道清扫面积159.05万平方米、小街小巷清扫面积为97.68万平方米。

道路洒水的工作在建市初期主要是靠清洁工在清扫前挑水泼湿路面，取水于港、小塘，肩挑瓢舀。后改为用手压消防水枪洒水。1958年下半年，省分配给市环卫处解放牌洒水车1辆。车辆洒水，除配合清扫工清扫街道外，还单独在主要街道上洒水降尘降温，改善城市环境。1973年，在洒水车上，加装冲水装置，街道冲洒与清扫配合，先冲后扫，减少人工清扫面积。随着道路的扩展，洒水车逐年增加。1990年市环卫处有洒水车5辆，冲洒水往返里程每天每辆达66千米。春冬两季每天凌晨和下午各冲洗1次；夏秋两季上、下午各增加1次。为了城少道路扬尘，从1996年开始，市环卫处引进了道路冲洒水湿润剂、在冲洒水中添加一定量的湿润剂，可将灰尘颗粒固结，降低了路面扬尘浓度，减少了二次扬尘污染，保护了城市空气环境质量。2000年，主次干道每日冲洒水4次。

二　垃圾清运消纳

（一）垃圾清运

20世纪50年代初，临街的生活垃圾，由镇肥料厂收运。1958年，市环卫处清洁队配备1个班专门收集和清运生活垃圾，收运工具以木轮板车为主，收运包括解放街、堤升街、建设路、港口街的垃圾，按路线定点定时，1 人负责 1 条路线，日产日清。1961 年，收运生活垃圾 1600 多吨。

1962 年，市环卫处加强环卫宣传、监督和管理工作，初步纠正居民在空坪隙地乱倒垃圾的陋习，清除长期积存的垃圾 11124 吨，市容环境卫生大为改观。

1970 年，市环卫处配备 1 辆汽车清运垃圾。垃圾清运开始由手工向机械化过渡，但装卸依然靠人力进行。

1981 年，购置自卸车 2 辆、叉车 1 辆，实现部分装卸机械化。1982 年 6 月，购置多功能自吊自卸车 2 辆，至 1988 年，城区 20 个垃圾转运站全部实现垃圾装卸机械化。1990 年有垃圾清运机动车 20 辆，将部分多能车安装斗盖，自卸车配备防油雨布，使垃圾运输初步达到简易的密闭运输，全年清运垃圾 6 万吨，生活垃圾做到日产日清。

1995 — 1997 年，清运率为达到 100%，城区清运垃圾共 35.5 万吨。1999 年清运垃圾 13.6 万吨。

工业垃圾一般由产生单位自行处理。少数无清运能力的单位和市中心的机关、单位所产生的生活垃圾由清洁队代运或由产生垃圾的单位委托清洁队清运。20 世纪 80 年代，近郊蔬菜生产施用生活垃圾作为土杂肥的需求日趋饱和；消纳垃圾的运距增加，部分生活垃圾运往鸡头塘堆放场。要求代运垃圾的单位增多，市环卫处根据托运单位的经费来源，实行收费或免费清运。1982 年承包代运 70 多个单位的垃圾；1984 年承包代运 45 个单位的垃圾，收代运费 29804 元。1985 年，省人民政府颁布《关于城镇建设若干问题的规定》，对部分环卫设施实行有偿使用和有偿服务。1987 年 2 月，制定《株洲市部分环境卫生设施收取服务费标准》，规定：委托环卫部门派车到单位清运垃圾的，每吨收费 6 元，委托装车的每吨另收装卸费 1.20 元。对中、小学校、幼儿园、社会福利组织、街道办事处、居委会、公安派出所等单位以及由民办清洁队清扫街巷和收集居民的生活垃圾，仍实行免费清运。1990 年 2 月，市建委、市财政局和市物价局联合颁布《株洲市环境卫生有偿服务实施细则和收费标准》，垃圾代运管理日趋完善。

（二）垃圾消纳

工业垃圾的消纳，由各产生单位根据市政府规定进行。产生工业垃圾较多的厂矿企业，建有专门的垃圾堆放场，除少量废渣被再生产利用或工业消耗外，多数存放于堆放场。

市环卫部门所清运的垃圾，除埋塘填洼外，大部分用作郊区菜果生产的土杂肥。由于城区生活垃圾产生量每年以 10% ~ 15% 的幅度递增，以致近郊农用过剩，堆积路边，影响交通，污染环境，消纳矛盾日益突出。

1981 年，为缓解垃圾消纳矛盾，在郊区清水乡建设村建鸡头塘垃圾堆放场，这是株洲市第一个公共生活垃圾消纳场地，主要供环卫部门使用，其他单位堆放垃圾，则按数量收费。城区日产垃圾约 300 吨，除一部分直接运往农村作为土杂肥使用之外，大部分堆在鸡头塘垃圾堆放场。

1991 年 9 月，为扩大垃圾消纳场地，并对生活垃圾进行无害化处理，市政府投资 110 万元的龙洲生活垃圾填埋场一期工程投入使用。该场位于东区明照乡龙洲村，占地 4.43 公顷，采用卫生填埋方式，每日处理生活垃圾 350 吨，设计填埋年限为 10 年，填补了株洲市垃圾无害化处理的空白。从

1998 年开始，先后选定芦淞区曲尺乡燎原村杨家塘、芦淞区五里墩乡五里墩村刘家大冲、芦淞区建宁乡朱田铺村九子冲和张家冲作为垃圾填埋场，因多种原因而放弃。

2000 年 2 月，根据城市总体规划，城市国土用地规划和城市环境卫生发展专业规划，在市政府组织下，规划、国土、计委、环保、财政、城建、环卫部门等多次多处踏勘，前后选址 7 处，最后将新建的垃圾处理场选址在荷塘区明照乡桐梓坪村和新市村交界的子母塘。场址距市中心 11 千米，预计使用寿命为 16.7 年，定名为南郊垃圾场，为市与明照乡桐梓坪、新市两村共同出资建设和管理。工程分两期建设，一期工程为卫生填埋，总投资 4307.97 万元；二期工程为焚烧，总投资 2000 万元。投入使用后，每天可消纳处理生活垃圾 730 吨左右。

（三）垃圾袋装化

1994 年，为减少垃圾对环境二次污染，促垃圾再资源和无害化处理，株洲市在市中心各门店实行生活垃圾袋装化试验，120 户门店参加。1995 年 12 月，市委、市政府召开“全市实施生活垃圾袋装化”动员大会，宣布《株洲市城区实行生活垃圾袋装化暂行规定》，规定从 1996 年 1 月 1 日起，城区范围内一切产生生活垃圾的机关、企事业单位、个体经营户、门店、居民家庭、客运车辆必须实行生活垃圾袋装化。至当年 11 月底，全市 11 万户居民户实行垃圾袋装化的达 10 万户，袋装率达到 96.3%，5000 个临街门店已全部实行填埋袋装，袋装率达 100%，垃圾上门收集率 40%。1997 年 12 月，湖南省城市生活垃圾袋装化现场经验交流会在株洲市召开，对株洲市开展生活垃圾袋装化的作法和成效给予充分肯定。

三　粪肥管理及清运

（一）粪肥管理

中华人民共和国成立前，株洲镇的粪肥的收集和销售由私人经营，湘潭县第一农场（市国营园艺场前身）也在镇上收粪。1950 年，镇肥料厂成立后，接管私人收粪班子，实行统一管理。1956 年，将私人在住所以外建的厕所全部拆除。

1960 年，市委号召“大种大养”，各单位纷纷办农场，单位粪肥大部分留作自用；同时农民进城掏粪日益增加，少数居民和职工又私自出售粪肥或以粪肥换取物资，粪肥无法进行统一管理。

1962 年 8 月，市政府实行“菜肥结合”的办法，对机关、工厂规定交基本肥，供基本菜，以每千克菜 0.5 千克甲等肥或 1 千克乙等肥为互供条件，超交粪肥者，除保证供菜数量外，品种优先照顾。市环卫处、市蔬菜公司、蔬菜生产队和供肥单位共同管理，由蔬菜生产队向市环卫处购买肥料票，凭肥料票取肥，蔬菜公司凭肥料票供应蔬菜。环卫部门从粪肥收入中提取 15% 作为奖金，以调动工作人员的积极性。由于措施得力，政策兑现，粪肥统一管理得到恢复。1964 年，“菜肥结合”办法终止。

20 世纪 70 年代，粪肥由环卫部门集中入池，统一分配。80 年代以后，农业生产中化肥施用量大增，加上大量水冲厕所的建成，粪肥质量降低，粪肥供求矛盾缓和，市环卫部门对粪肥的管理从以经济收入为目的向以环境卫生管理为目的转变。

（二）粪肥清运

20世纪50年代初期，粪肥收集主要用粪桶肩挑入池。挑粪工到居民住宅和商店后面的私人厕所收粪，大部分经过住房和铺面，要求不得有点滴撒漏。遇到粪缸口小，一般粪瓢进不去，还要另带小勺，舀后盖好盖，清扫洗净。

1956年，清粪工人陆续改肩挑为板车清运，工效有所提高，但作业工序繁多，每车粪须经掏取、肩挑、装车、拖运、卸粪、打扫场地、清洗工具等工序，工作时间长，体力消耗大。

1968年，市环卫处购置上海58-Ⅰ型真空吸粪车1辆，载重1吨，自动装卸，工效高达日清运粪肥20余车。但因零件配备困难，使用不久即报废。

1973年，运用手扶拖拉机清运粪肥。1974年，环卫职工自制手摇吸粪泵，改担粪装车为手压泵吸粪，工效提高2～3倍。1978年，技工易炳林依照上海58-Ⅰ型吸粪车吸粪原理，将手扶拖拉机改为无泵吸粪，工效提高3倍，基本实现粪肥收集机械化。

自20世纪70年代后期起，市环卫处收集的粪肥直接运送农村，至1990年共计运送近8万吨。这年，市环卫处有运肥汽车12辆。

1992年，市区人均日产粪便0.75千克，除发酵沉卵处理外，其他则通过水冲式厕所三格化粪处理后进入城市污水管道。1996年全年清运粪便0.39万吨，1997年清运0.35万吨。

四 环卫设施

（一）公共厕所

1951年，在堤升街建设第一座市管公共厕所。至1957年，城区共建公厕51座，全为小型旱厕，采用砖木结构，计建筑面积约1300平方米，每座造价1500元左右，建设资金由镇肥料厂在粪肥收入中解决。到1966年，公厕增加到83座。

“文化大革命”中，由于管理松弛，大部分公厕年久失修。1966—1976年，新建公厕只有7座，而被一些单位乱拆、乱占毁掉的却多达23座。1978年，市革委会为此专门发文，才将这种占毁公厕之风刹住。

20世纪80年代，城区公厕建设速度加快，标准提高。1985年，投资12万元，在地处市中心的钟鼓岭地段建成一座公共厕所和垃圾转运站，建筑面积达260.49平方米，内有假山、水池、花坛，还有一套2室1厨的管理住房。

1986年，应城市3个区政府要求，利用城市维护费投资，在南区徐家桥、东区新屋街、北区省化校岔路口各建1座高标准公厕，蹲位宽敞，内外装饰考究，造型优美。

20世纪80年代后期，市环卫处管理的公厕向水冲式公厕发展。1990年，城区有直管公厕84座，总计建筑面积5433.34平方米，蹲位1241个，其中水冲式36座，占42.50%。城区的厂矿企业单位大多建有内部专用公厕，1990年有单位专用公厕580座。

1991年，城区新建公厕13座，维修公厕75座。1992年，将24座旱厕改为水冲式公厕。1994

年，全市公厕增至90座，其中厂矿企业公厕50座。1995年，城区公厕增至152座。1996年11月，城区首座免冲式公厕在新华桥东投入使用。同年，株洲城区环卫产权公厕全部实现水冲式。1998年，城区2座一类公厕通过市级验收，其中磨子塘公厕内外高档瓷板整体贴面，铝合金门窗、包厢式独立便间、配有整容镜、烘手器，改写全市无部颁一类公厕的历史。

（二）垃圾容器

1958年，市环卫处在城区中心街道放置木制果皮箱80个，易移动，易损坏，使用寿命只有3～5年。20世纪50年代末期，还设置过带痰盂的果皮箱。1977年，市环卫处又在城区中心地带设置水磨石结构的果皮箱84个，1978年增加到128个。5年后大部分损坏丢失。1981—1982年间，市环卫处购置叉车垃圾斗143只，放置在建设南路、七一路和沿江路一带。使用这种垃圾容器，给沿街用户和环卫工人都带来方便。但垃圾斗周围常撒满垃圾，未能及时清扫，污染周围环境，影响市容卫生，几经整顿，依然无效。加上叉车故障多，常不能按时清运，积存的垃圾要组织人力突击清扫，给垃圾清运工作造成很多麻烦，未能继续发展。

1982年，市环卫处购置与多功能自装自卸汽车配套的大斗20个，摆置在市政府对面、钟鼓岭、南湖塘、何家坳、杉木塘、月塘等人口密集区。并逐年添置，成为城区主要的垃圾容器。1984年，在城区中心主干道两侧设置铁质果皮箱239个，用地脚螺丝固定，并逐年添置。至1990年，城区共有垃圾容器719个，市管道路两侧每隔30～60米即有1个。

1994年，城区新增果皮箱100个。1996年，市城区果皮箱增至958个，其中安装在市中心的不锈钢果皮箱50个，实现了原始垃圾进小袋、大袋垃圾入容器的目标，又新购进9台后装式压缩车，实现垃圾收集过程密封式运输。

（三）垃圾场站

20世纪50年代，在火车站、结谷街、李家坪等居民稠密区建设垃圾围子，供居民随时倾倒垃圾，其建设、清运、管理均由环卫工人负责。垃圾围子的建设随着居民点的布局进行，居民点扩展到哪里，垃圾围子亦建设到哪里。1973年，组建民办公助清洁队伍，垃圾围子的建设、垃圾清运和管理都交给城市3个区的街道办事处负责，建设经费多数由市建委拨专款解决，少量由街道办事处自筹。垃圾围子结构简单，建设花钱不多，但建、拆、迁频繁，数量随时有变化。1980年，在人民路铁路食堂北侧和市冷冻仓库附近各建1座高台式垃圾转运站，上面倒垃圾，下面汽车接斗，不需人力装车和动力设备。但建设这种转运站，地址须有4米左右的高低差，选址困难，发展受到限制。1981年，在郊区鸡头塘租用空地51910平方米，采用民办公助形式，由国家投资20万元，建成第一座垃圾堆放场。1982年，在不能建高台垃圾转运站的地方，兴建与多功能自吊自卸垃圾运输车配套的大斗式垃圾转运站。至1987年，共建室内站6座，露天点40处。1987—1988年间，又先后在郊区霞湾和明照乡龙洲村2地建成2个生活垃圾堆放场，共计面积43023平方米，分别可消纳生活垃圾12年和20年。1988年，引进外地技术，将月塘北路垃圾站改建成集装箱行吊垃圾转运站，两侧放集装箱，中间进车，箱顶与地面构成平面，用板车运来的垃圾可直接全部倒进箱内，倒满后关盖密闭，用起重机将箱吊装上车，实现垃圾转运机械化。同时，消除了收集转运垃圾过程中的扬尘和抛洒污染。此种垃圾转运站为省内首建，兄弟城市竞相参观仿效。1990年，城区共有各类公共垃圾转运站20座，总建筑面积1956.22平方米，总造价74.17万元，垃圾总容量为108吨。生活垃圾堆放场3处，合计面积94933平方米。

1993年11月，城区大坪路口机械化压缩式中转站正式运行。1998年，市环卫处投资90万元新建2座集装箱式垃圾中转站。

第六节　园林绿化

1951年，331厂在厂区修建小游园一座，面积580平方米，首开株洲建市后单位小公园先河。

1953年，市建委在市农场设立育苗小组。翌年，在河西建成第一家国有苗圃。苗圃除培育苗木外，还负责城区的绿化组织实施工作，沿港路、建宁街、株董路的行道绿化工程开始实施。

1955年，在市中心地段兴建第一座公园 —— 株洲公园。1958年成立市园林队，1959年成立市园林管理处，负责管理全市园林绿化工作。1964年，在北区石峰山筹建第二座公园 —— 石峰公园。

“文化大革命”初，刚起步的株洲园林绿化事业陷入困境。市园林管理处被撤销，石峰公园的建设停止，株洲公园关闭，市园林队改为中基洲果园，园林设施遭到破坏。

1969年，成立市绿化管理处，园林绿化再度提上城市管理日程。20世纪70年代初，市中基洲果园改为市园林队，已经退回郊区农村的石峰公园亦从郊区收回，继续进行基本建设。株洲公园经过一段恢复和建设之后，于1976年重新对市民开放。

20世纪80年代初，市绿化管理处着手进一步绿化美化城市，在新华桥桥东、桥西花坛及人民路建成三角花坛，在红旗路、新华东路、芦淞路、公园路、新华西路实施行道绿化工程。1986年，配有水下彩灯喷泉的中心广场花坛建成。

1987年，市政府投资18万元，在东区荷塘铺开始筹建第三座公园 —— 流芳园，建设用5年时间，才正式向市民开放。

至1990年，城区园林绿化拥有公园3座，总面积为185.63公顷；国有苗圃1个，总面积为62公顷；行道绿化带76.22千米，面积18.94万平方米；花带77439平方米，花坛9429.40平方米。城区共有单位小游园64座，绿地总面积21万平方米。城区绿化覆盖率31.20%，人均公共绿地2.3平方米。

20世纪90年代初，城区先后投资对石峰公园、红旗广场、奔龙公园、石峰公园等进行绿化改造，建成奔龙公园主景建筑“神农阁”、市中心广场喷泉绿地、石峰公园“寻梦山寨”等景观。1993年5月，在全省城市绿化达标检查中，株洲市以3项第一名而居全省各地市之首，红旗中路继天台山路之后，跻身全省“最美一条街”之列，石峰公园荣获全省“最佳公园”称号。1994年3月，株洲市被国家建设部授予“全国园林绿化先进城市”称号。

1995年2月，石峰公园内集会议、餐饮、娱乐为一体的玉兰山庄正式经营。4月，流芳园被市政府列为市级文物保护单位。12月，石峰公园动物园开门迎客。

1997年6月，株洲市获“全省园林绿化先进城市”称号，石峰公园获全省“最佳公园”称号，沿江中路获全省“最美一条街”称号。

1999 年 3 月，株洲 — 荷兰郁金香国际花卉展在石峰公园蔷薇园展出。同年 5 月，流芳园被市委宣传部列为株洲市爱国主义教育基地。

2000年年底，全市绿地率达到34.1%，绿化覆盖率达到39%。城区人均公共绿地达到5.51平方米。有 670 个单位建立义务植树登记卡，尽责率 90%。有国家级园林式单位 5 个，省级园林式单位 48 个，市级园林式单位160个；有省级最佳公园1个，最美一条街2条。株洲市先后被建设部、林业部授予“全国园林绿化先进城市”“全国造林绿化十佳城市”等殊荣。

一　公　园

（一）神农公园

神农公园位于市中心建设路与沿江路之间，是一座综合性的文化休闲公园。

1955 年，国家计委有关专家、苏联顾问组、市委书记马壮昆、市长吴占魁等研究城市规划方案。在实地考察中，苏联顾问组组长克拉夫狄克登上奔龙山建议在此建设公园。经国家城建局城市设计院草拟公园规划方案，于 1956 年 11 月付诸实施。1959 年 2 月 28 日，朱德元帅步入建设中的公园进行视察。1959 年 10 月，公园轮廓已经形成，被命名为“株洲公园”，并对外开放。

“文化大革命”中，公园关闭，建设速度放缓。1969 年 9 月，根据市革命委员会决定，炸掉奔龙山上原永利久大化学公司水塔，以防空袭。1976 年，公园再次开放，内部建设渐次展开。

1981 年 10 月，市城建局工程师刘兴发认为以城市命名公园没有先例，建议更名。于是，公园管理处通过《株洲日报》在市民中开展征名活动。根据园内主景奔龙山及其优美的传说，经过筛选，将株洲公园更名为“奔龙公园”。1990 年，公园面积 32.39 公顷，其中森林面积 21.21 公顷，水域面积 8.25 公顷，道路广场及建筑用地面积 2.99 公顷，固定资产达 390 余万元，年业务收入达 70 万元，年游园者达 95 万人次。

1992 年 9 月，在奔龙山上新建神农阁竣工。为弘扬炎帝精神和中华民族传统文化，1993 年经市政府批准，奔龙公园又更名为“神农公园”，省政协主席刘正为公园题写了园名。1995 年，公园被列为株洲市爱国主义教育基地。

园林建筑　1956 — 1959 年，株洲公园由市人委投资建设的主要项目有公园围墙、主入口牌楼、听雨亭、知音亭。其中，2 座景亭是传统的六角单檐建筑，其他项目均系现代建筑。

1960 — 1965 年，完成落霞桥、影壁桥和部分游路的铺设，公园雏形逐步形成。

1966 — 1974 年，公园主要依靠职工和下放知识青年的力量，完成 8 公顷游龙湖护坡及沿湖栏杆的制作安装。

20 世纪 70 年代中期，主要建成游船码头、月波亭、贺家土北入口和沿江路西入口，建筑面积为 290 平方米。月波亭，座落在游龙湖中的自然小岛上，建筑仿照长沙橘子洲头凉亭式样，造型为四方重檐攒尖顶，顶盖黄色琉璃瓦，周围植垂柳，配以曲桥与陆地相接，游人到处，湖光柳影，如入画中。

1977 — 1988 年，又建成奔龙山庄、电动跑马厅、长春苑、津津园、林中趣、花木店、旱冰场、东门两侧票房、凌云轩、唱晚亭、青少年活动区等 10 余个项目，并将围墙改建成新的奔龙式样。长春苑位于园内西北部，苑内分春、夏、秋、冬 4 院，植花木、造假山、辟荷池、敷竹荫、曲径通幽，典雅别致。公园每年定期举办“春花”、“五一”、国庆、“菊花”4 次花展。津津园座落在游龙湖北岸，一半建在陆地，一半延伸水中。园内设饮食厅、副食厅、冷饮厅、茶厅、露天舞厅和接待室。厅与厅之间，以游廊相连，配以花坛、鱼池、水榭等小品，可供游人进餐、品茶、观赏湖光山色。沿建设中路一段改建的围墙，墙体为奔腾的苍龙，形状、色调清新，富于动感，1987 年被收入中国建筑工业出版社出版的《建筑小品实录》中。

1991 年，在游龙湖沿江一线中段新建水榭及其配套的游路、驳岸、水榭的建成，改善公园游龙湖沿江局部环境，丰富了游览路线。

1992 年，建成株洲市标志性建筑“神农阁”。神农阁雄居于奔龙山顶，高 48 米，共九层，外观巍峨挺拔，雄视八方。阁内装修典雅，古气可掬，有炎帝神农氏座像。1997 年 6 月，公园正门完成改建。2000 年，融资 800 多万元重新改造并开发正门。正门为仿古式门楼，两侧为 2 层园林式铺面。

娱乐设施 1956 — 1975 年，园内娱乐设施只有木质游船、溜溜板、翘翘板、秋千等。

1976 年，公园尝试开辟新的娱乐设施，委托红湘江机器厂工程师设计电动游艺飞机，并由该厂制造安装。运行 14 年后，部分机械因损坏而拆除。

1977 — 1988 年，先后添置玻璃钢游艺马、碰碰车、小火车、各式小型电动游艺机等新型娱乐设施。

1989 年，株洲市政府拨款 83 万元，加上公园自筹资金共投资 100 万元建设大型游乐设施。惯性滑车、高架游览车、造型各异的玻璃钢脚踏游船和 1 艘安全救护快艇均在当年置办安装就绪，并对游客开放。

1990 年，公园自筹资金 31 万元购置高架观览车和咖啡杯转盘，为儿童乐园添置充气城堡和唐老鸭弹跳。

1991 — 2000 年，公园又陆续尝试开辟新的游乐设施，先后添置大型项目海盗船、超级秋千和中小型项目豪华飞椅、咪咪城堡等，并重新改造更新了儿童乐园项目。

树 木 20 世纪 50 年代末，株洲市政府每年都组织机关干部和职工进园义务植树，最多时达 7000 多人。公园职工亦自己动手有计划地栽植各种乔木，绿化面积达 7.30 公顷。植乔木 2.3 万多株，开辟苗圃 5 公顷。树木主要植在奔龙山上。此后，年年植树，森林面积扩大到 21.20 公顷。1990 年共有乔木、灌木 37554 株，绿荫成林，绿化覆盖率达 85%。2000 年，林地及草坪面积达 16.75 公顷。

花 卉 花卉生产与公园建设同步进行。1956 年，市建委苗圃从河西迁入公园属地，建成简易温室 60 平方米，培植花卉，当年秋季举办全市首届菊花展览。

从 1962 年起，公园每年均自办四季花展，每年展出花卉 1.5 万余盆，主要名贵花卉和盆景有君子兰、茶花、三角梅、油松、红榷木等。

1963 年，该园制作的“菊龙”“高接菊”，在广州 13 个省市联合举办的菊花会上参展，获“誉满羊城”奖。盆景作品在湖南省第一、二届盆景评比中，均获总分第一名。1979 年，植保工程师蒋扬玉利用天敌昆虫四斑寄蝇防治大袋蛾取得成功，时隔10年，在1989年湖南省首届花卉博览会上获科技一等奖。盆景班长颜文庚发明循环水插、播繁殖育苗法，获全省第二届花卉博览会科技进步奖。至1990年，历届省、市和全国盆景展评中，有10次25盆获奖。年近百龄的“油松”，盘根错节，生机盎然，两度参加湖南省盆景展评，均获一等奖。

1991年10月，株洲市首届花卉博览会在奔龙公园主办，城市3区共150多家单位的200多个品种的菊花以及各类盆景、根雕、插花和其他花卉共80000万盆、件汇展于此，15天共接待游客10万多人次。同年11月，在张家界举的湖南国际森林保护节上，奔龙公园送展的大型树桩盆景“纵横天下”和中型树桩盆景“迎宾”获得一等奖。1992年11月，市15千米长街花卉展，奔龙公园共展出菊花20928盆，大型扎景3件。

（二）石峰公园

石峰公园地处石峰区境内，是一座以森林为主的综合性公园，因山峰而得名。石峰山由响石岭、尖峰岭、倒骑龙、石峰头诸峰组成，其中尖峰岭黄海标高167.38米，是城区的最高点。

1964年2月，株洲市人委决定将石峰山辟为市级公园，并将中心区、清水塘区所辖的6个半生产队划入石峰公园范围。随后采用专业人员与群众运动相结合的办法进行建设，市委书记马壮昆、市长吴占魁和市直机关干部，几度来园和公园职工一道，开荒植树，定植果树及风景树3万余株。

20世纪60年代末，石峰公园名为市级公园，但实际是一个果园。根据株洲市革命委员会意见，1970年将石峰公园退回郊区管理。

公园划归郊区后，由于权属改变，不能适应城市公园建设发展的要求，园内森林遭到破坏。1973年，公园重新划归株洲市城建局管辖。

20世纪80年代初，株洲市城建局与中南林学院园林设计教研室合作，协助公园制定、完善整体规划，并逐项付诸实施。1990年，公园用地151.10公顷，边界周长8.25千米，有固定资产390万元，业务收入达30余万元。

2000年，公园规划总面积为153.35公顷，陆地面积为规划总面积的98.7%，水面6处为规划总面积的1.3%。年接待游客40余万人次，有固定资产1906.7495万元，业务收入达124.5万元。

园林建筑 石峰公园园林建筑为风格统一的仿古式建筑，粉墙黄瓦，翘角飞檐，绿树红花，相映成景。

1980年10月，建成主景云峰阁，该阁系三重檐塔式建筑，高26.40米，矗立于尖峰岭上，阁中有螺旋梯，盘升顶点，登临远眺，全城景色，尽收眼底。

1982年，北大门大型花岗石台阶和牌坊落成。台阶宽12米，长100级。中设黄杨镶边带形月季花坛。牌坊高7.10米，宽12米，市政协副主席罗立洲为之撰联，书法家左重庆书写。上联是“石枕苍流看鱼跃龙腾滚滚滔滔舒浩气”，下联是“峰披翠绣喜鸟鸣蝉唱葱葱郁郁酿清风”，横批是“秀溢三湘”。

1983年4月末，自成一体的园中园——蔷薇小观落成。小观位于白竹坡，占地1.9公顷，以种植蔷薇科植物为主。观内设双莲池、蔷薇廊、胜春坡、溢香院、红雨溪5个局部。溢香院分东西两厢，东号“荟芳”，西名“华萃”，内置彩灯、花卉、书画。两厢有走廊与小观楼相连。

小观楼系双层建筑，下设副食、餐厅，正面有大型壁山叠泉，倚墙屹立。潺潺流水，迂回于峭壁悬崖。上层为接待室，中共湖南省委书记毛致用、全国人大副委员长廖汉生、著名书画家李铎都曾在此挥毫泼墨，赞美留连。

沿水池小岛建有碧荷榭、媒叶亭、四季亭、疏影亭、夕照门等小品。精致别样，令人陶醉。其中的碧荷榭檐翼微翘，门窗敞朗，与苏州怡园藕香榭如出一辙。榭前睡莲中，塑有栩栩如生的丹顶鹤，掠过水面振翅欲飞，生机盎然。

1987—1988年，清心斋、听月亭、望江亭、松涛廊相继建成。其中的望江亭建于石峰头云巅，背靠群山，面临湘水，四周设预制水磨石栏杆，凭栏眺望，湘江象一条绿色的绸带自南向北飘去，水光山色，相映成画。

1990年9月，根据民间传说设计的天鹅池竣工。天鹅池位于尖峰岭、倒骑龙两山峡谷之中，新建的城堡和鹊望台从谷中升起，使群山脉络，逶迤贯通。台下小池中，白玉般的天鹅彩雕，驼着少年，翼然临于水上。

至1990年，公园已建成大小景点17处，修筑沥青、水泥游路11千米，小游路9千米。

1992年6月，公园西大门落成，由景门、商店、踏步等配套设施组成，占地173.05平方米，耗资87.16万元。1993年10月，公园在路亭至天鹅池路段，设碑林路景观。碑林路全长1500余米，沿路设置了42组造型典雅的石碑，汇集了众多省内外文人墨客的墨宝，使公园的人文气息得到了丰富和提升。

1994年8月，公园西山新添一处“福”字景观。该景点位于西山陡峭石壁之上，为一巨幅楷体“福”字石刻，字高20.5米，宽19.5米。该幅石刻笔划苍劲有力，颜色鲜红欲滴，与周边景致浑然一体。

到2000年，园内道路得到进一步完善，总长度约16千米。已建成并开放的亭台楼阁等园林建筑总面积达8696平方米。

森林景观 公园成立初期，新辟梯土33.34公顷种植果树，以“果树为主”，作为公园发展方向。1972年，逐步改向森林发展。

白玉兰林，营造于蔷薇小观对面缓坡上，占地4.82公顷，白玉兰系落叶乔木，“惊蛰”前后开花，花朵纯白，硕大芳香。雪松林，定植于松涛廊东南侧坡地，树干挺拔，四季常绿，栽植面积5.47公顷，规模之大为省内公园所罕见。樟树林，从杉树山至晏家湖一带山峦，普栽樟树，蔚为大观。混交林，常绿、落叶树种混合组成，整个石峰山西侧千余亩地全是混交林。春绽嫩绿，夏溢葱茏，秋呈瑰丽，冬寒挺拔。

1996年，公园开始兴建大型观赏性植物专类园。其中，樱花园占地3.34公顷，以栽种日本晚樱为主，春天樱花盛放，景色迷人；桂花园，桂花以花色分金桂、银桂等，八月前后开花，花香醉人；茶花园，占地3500平方米，花色艳丽。通过专类园的建设和逐步完善，园内四时花开不断，植物景观特色更加鲜明。此外，为增加游客休闲空间，在月亮湾西门等处辟林间草坪，先后铺种草皮6200余平方米。

至2000年，石峰公园内形成了以樟树、黑松、马尾松、梓树等为主的300多个品种的大面积森林群落。有70科156属303种乔木植物，灌木30种，木本蔓性植物6种。还有金钱松、伞花木、闽楠、水杉、兰果树、福建柏、银杏、厚朴、云杉、伊拉克蜜枣树等名贵树种和进口树种。

花卉、养殖　1974年，公园建成鹿场190.65平方米，从吉林、辽宁购梅花鹿和马鹿37头，作为北鹿南养的尝试，由于精心饲养，鹿生长良好。

1982年，新辟花卉圃地3691平方米，设木本、草本、温室、盆景4个花卉组。

1984年，公园开始单独举办菊花展览。此后，连年举办2月春花、4月杜鹃、5月月季、11月菊花展览和灯花联展，从未间断。

盆景制作，以桩景为主。材料由职工从深山老林中挖回，经过培育、造型，颇有成就。在全国花卉博览会、湖南省盆景展览会、株洲市花展中，有5次9盆获奖。

1999年3月，株洲 — 荷兰郁金香国际花卉展览会在蔷薇园开展。这是株洲市第一次国际合作花展。这次展出的郁金香是株洲市与荷兰东工荷中技术公司合作引种，由石峰公园园林工人精心培育，共有早、中、晚3个花期共50个品种。到2000内，公园有51科108属135种花卉植物。存圃木本花卉4780盆，树桩57个，盆景640件。

娱乐设施　1981年，露天影苑、旱冰场相继开放。影苑位于北大门牌坊右侧，有座位1999个；旱冰场位于影苑附近，场地面积1551平方米，可容纳300人同时滑冰。1985年，旱冰场添置音响、灯光设备，白天滑冰，早晚可举行晨舞和舞会项目。1987年8月，全国第一家定向越野乐园在石峰公园成立。1990年10月，省内第一家跑马场在石峰山下接待游人。马场与鹿场毗连，占地2993.34平方米。

1992年9月，兴建省内首家度假村“寻梦山寨”。山寨由15幢5平方米左右的小木屋组成。

1994年10月，新建的玉兰山庄正式对外营业。“玉兰山庄”匾额由全国著名书法家李铎书写。该宾馆耗资1100余万元，占地面积4000平方米，是一座达到三星级标准的园林式宾馆。1996年，玉兰山庄脱离石峰公园，成为由市城建局直管的自收自支的独立科级单位。1999年，由于种种原因，山庄停止对外营业。

1995年，公园与安徽宿州动物园联营兴建的石峰公园动物园开门迎客。

1999年12月，公园自筹资金247万元兴建的高山滑道竣工。这是中国自行设计和生产的第一条管轨式高山滑道，占地面积为360平方米，滑道全长1300米，相对高差72米，主轨道为全不锈钢材料制作，是当时全国线路最长、高度最大、弯道最多、地形变化最复杂、线路设计最完善的一条高山滑道。

（三）流芳园

民国30年（1941）农历8月7日，日本侵略军从浏阳、平江出发，突袭株洲，路经荷塘铺，中国国民革命军暂编第六师正在挖防御工事的新兵300多人惨遭杀害，百姓亦死数十人。后荷塘铺乡绅言伯夔、保长刘光明募捐，民工杨玉华等人将阵亡壮士和惨死群众埋于右驿道旁的火把差地（古驿道边夜晚供奉火把的差地），俗称“千人堆”。“千人堆”墓碑上刻有“中华民国三十年冬抗敌阵亡此土忠烈将士墓，本乡士民公立。”

1986年，市政协会议上提议修复“千人堆”，将“千人堆”所在地辟为市级纪念性公园。翌年，市园林处拟定公园设计方案，定名为“流芳园”。

1991年7月，流芳园正式建成，占地2.13公顷，1992年元旦公园对外开放，1995年流芳园被市政府列为市级文物保护单位，1999年被列为市级青少年爱国主义教育基地。

流芳园先后建成公园入口、围墙、主环路、水池、景亭等项目。园林建筑主要有碧漾池、流清桥、芳沁亭、天香斋、公园入口门楼、围墙等，以传统的江南园林建筑风格为主。至2000年，公园共有雪松、黑松、龙柏、桂花、樟树、构树、乌柏、枇杷、罗汉松、红橙木、紫薇等几十个品种的乔木，灌木5000余株，绿化面积占公园总面积的70%。园内花圃约2000平方米，每年生产各种时令草花约2万盆。

（四）小游园

1951年，331厂在厂一招待所修建小游园一座，园内修有假山、水池、花坛，植有玉兰、香樟、丝竹等花木，面积580平方米，为株洲市第一个单位小游园。至20世纪50年代末，601厂、铁道部株洲机车车辆工厂等大型企业相继修建小游园。

1977年8月，南方动力机械公司六分厂小游园修建竣工，总面积2960平方米，这是“文化大革命”后建设的第一个小游园。

20世纪80年代，单位小游园建设得到较快发展。设计面积小者数百平方米，大者上万平方米。设计内容更为广泛，有雕塑、花坛、鱼池、水榭、亭楼、游廊，因地制宜，巧融一体，服务功能更趋完善。小游园规模较大的有：株洲车辆厂的小游园，总面积4498平方米；株洲化工厂的“熙熙园”，总面积11868平方米；南方动力机械公司的“南苑”，总面积4402平方米；株洲硬质合金厂的“明湖”，总面积1.7万平方米。1990年，株洲电力机车工厂建成“南峰公园”，总面积21344平方米，是株洲市单位小游园面积最大的一座。在这些小游园中，最富特色的是“明湖”。园内水池1910平方米，水上建有曲桥亭台，陆上建有楼阁假山，栽种花卉40余个品种，乔灌木6000余株；辟有草地600平方米。

1990年，城区共有单位小游园64座，总面积21万平方米，建筑面积3.48万平方米。

1991—1997年，城区修建大小花坛111个，小游园18个。至2000年，全市共有广场15个，单位小游园78处，总面积37.9万平方米。

二 苗 圃

（一）国营苗圃

1953年，市建委拨款2500元，委托市农场派技术员1人和工人2人，负责开办苗圃，育苗0.33公顷，共4400株。1954年11月，借用市园艺场土地1.33公顷，成立市建委苗圃。市人民政府投资7万多元，盖温室63平方米，育苗2.8万多株。

1955年，苗圃迁至贺家土一带，新建温室60平方米，育苗2.13公顷，共计25万多株。是年，苗圃举行首次菊花展览。

1958年，市建委苗圃迁至荷塘铺老街后山，更名为市荷塘铺苗圃。初建时有土地4.66公顷。后两次征地，征地面积达55.60公顷。

20世纪70年代初，苗圃职工学习“大寨精神”，大力开荒扩圃，同时接收100名下乡知识青年充实力量，加强苗木生产管理。1977年，从知识青年中挑选9名女青年组成“铁姑娘班”，专攻名贵观赏树木的无性繁殖技术难关。1978年，在省内率先突破雪松扦插关，成活率达77%，而此前历年成活率仅为10%左右。其成功经验被推荐到省科技情报网作重点交流。

1978年，周杨迪与邓小玲、朱莉合作进行油樟快速育苗试验成功，在《湖南园林》杂志上发表《油樟快速育苗的树冠管理试验报告》。苗圃以其雄厚的技术实力和丰富的经验，多次承办省、市园林专业技术培训班，受培训学员遍及全市和全省各市（州）。

1979年，将市委党校9.13公顷土地划作苗圃用地，新建市肖家坡苗圃。

1982年，周杨迪在《湖南园林》上以“山茶花高接繁殖的若干技术问题”为题，介绍利用10年生油茶为母本，施行交接山茶花的成功经验。

1984年，市肖家坡苗圃和市荷塘铺苗圃合并，定名为株洲市苗圃。

1985年，江苏、浙江等传统产苗地的客商前来抢购茶花、龙柏等名贵苗木，市苗圃抓住时机，大面积扦插繁殖龙柏、雪松、茶花、匍地柏等名贵花木20余万株。当年，苗木、花卉收入达18.10万元。圃存47.70万株，创历史最好水平。

由于市气象局、湘华机械厂等一些单位或企业的扩建和迁入，苗圃陆续转让土地达14.88公顷，加之附近农民和乡村企业的不法占用，到1990年市苗圃实际使用土地面积只有20.33公顷，有职工98人，固定资产150万元，温室200平方米，苗木出圃能力18万株，花卉出圃能力1.7万株（盆），培育苗木80多种，花卉近70种，圃存花卉32万多株（盆）。

1991年，由于市苗圃地势高，土质差，水源不足，面积大，劳动力不足，且该年大旱，给苗木花卉生产带来极大困难，加之个体苗圃的冲击。全年苗木花卉收入仅6.9万元，移栽苗木总数27537株，扦插苗木48757株，完成产值174万元。

1992年，按照市委、市政府指示，无偿划拨市苗圃所辖2公顷土地建设流芳园，使苗木生产后劲不足。1994年，市苗圃在北海成立绿化公司，承接16万元的绿化工程业务，创造了较好的效益。全年出圃苗木1.75万株，花卉出圃5400盆，完成收入11.3万元。

1996年，由于计划经济转入市场经济，苗木生产和圃办企业同时受到冲击，劳动力过剩，经济效益越来越差，处于难以维持的状况。为减轻内部负担，实行人员分流，44人分别分流到环卫处、市政维护处、道路绿化管理处等单位。

1997年9月，市苗圃移交由道路绿化管理处代管。1998年，市苗圃恢复苗木生产，调整圃内现存的苗木，移栽苗木1200株，培植小苗5860株，利用新培小苗土地空隙，扦插苗3000株。

1999年8月，引进深圳东方星公司，共同创办了株洲市东方园林绿化有限公司。到2000年，市苗圃和深圳东方星园林绿化有限公司联合开发了株洲市花卉中心，建筑面积约为4000余平方米，填补株洲无花卉市场的空白。当年，市苗圃补充苗木2.3万株，其中大苗1300株，出圃6000株，扦插苗木1万多株，培植草花1.5万多盆，完成苗木收入6万元，承接绿化工程收入28万余元。

（二）集体苗圃

1964年，市人委建成市清水塘大华果木场，生产苗木、花卉和水果，同时进行林业生产。该圃最大时占有土地面积达166.67公顷，经营面积100公顷，苗木花卉生产居湖南省同行业第二位，无核蜜桔产量居株洲市首位。

20世纪70年代后期，市郊区云田乡建成云田乡苗圃和石砚村苗圃。其中，石砚村苗圃原是该村知青点，知识青年全部回城后由村民个人承包经营苗木花卉。该圃有土地数百亩，大部分为山地，并有4公顷农田，培植花木近百种，所培育的广玉兰以其数量多、质量好赢得市场。

1981年，市清水塘大华果木场经过多次改名后定名为市北区苗圃。1983年，石砚村苗圃在株洲市开办花木公司，并由云田乡乡政府接管所有权，仍由个人承包。1990年上半年，终止个人承包合同，经营权移交给云田乡企业办公室，移交时圃存苗木约100万株，价值21.50万元。

市北区苗圃和郊区云田乡苗圃为集体性质，经济上以收抵支，自负盈亏。两个苗圃共有土地62余公顷，培育苗木花卉80余种，有固定资产60多万元，加上多种经营收入，略有盈余。其中，市北区苗圃苗木、花卉、无核蜜桔销售到省内外1300多个单位。

（三）私营苗圃

20世纪70年代末，株洲市郊区乡村中不少农户开始兴办苗圃，有的垦荒育苗，有的占田育苗，面积少则几分，多者达数十亩。云田乡石砚村是育苗专业户最集中的一个村，村里10%以上的农户拥有大小不等的苗圃地，其中大多数建在农田中。

私营苗圃的兴起，有利于促进城乡绿化。但不少农民占田育苗，妨碍农业生产。市人民政府于1989年下令退苗还田。翌年，私营苗圃占用农田的情况逐步得以制止。

20世纪90年代，随着城市的发展，株洲市园林绿化花卉苗木的需求日益增加，同时也带动私营苗圃的建设和发展，近郊个体苗圃发展迅速。2000年，个体经营户达6000余家，面积1066.70公顷。其中，有“中国花木之乡”美誉的石峰区云田乡有专业经营户4000余家，种植的大型古桩、盆景造型各具特色，尤其以罗汉松大中型盆景最为著名，花卉苗木不但可以满足本市的需求，还能够支持邻近城市，远销外地，甚至销往香港、台湾等地。

市内各园林施工企业，利用信息优势和施工优势，租用郊区荒地自办苗圃，从全国各地引进优良品种，培育草皮、花卉、苗木和盆景，同时也将株洲市的优质苗木远销上海、江浙等地。

三　城市绿化

（一）道路绿化

1953年9月，市建委组建苗圃，着手进行道路绿化的准备工作。1954年，在沿港路、建宁街、株董路、株易路南端（建设南路）一带栽植刺槐、二球悬铃木等落叶乔木和少量常绿乔木，并在株易路南端栽植道旁绿篱，拉开株洲城区道路绿化的序幕。此后，专业队伍基本上按照道路修到哪里、绿化就跟到哪里的原则安排工作。其时，道路绿化投资少，要求不高，主要是在道路两旁植树和在主干道的快车道与慢车道之间铺设绿色隔离带，并适时组织机关干部、学生和居民参加一些突击性的义务植树，绿化城市。至1962年，先后完成建设路、新老防洪堤和部分次干道的绿化。年底，绿化干道已达54.73千米，计有行道树12168株。

1963年，将位于建设南路的中心广场建成半圆形花坛，为城区道路上花坛建设之始。20世纪

60 年代中期，曾流行认为快慢车道之间的隔离带影响交通，因而新修的马路大多无此设施，50 年代已经建成的建设路的绿篱也在这个时期被拆掉。

至 20 世纪 70 年代，主要完成了人民路、新华路、红旗路、沿江路等主要路段的绿化，主要树种是二球悬铃木。这种树生长快，叶阔而密，树冠冠幅大，夏茂冬枯，遮住夏日的骄阳，又不影响冬寒时日光的照射，因而受到市民欢迎。另外，还植有樟树、苦楝、白杨、女贞、乌柏，个别路段栽少量广玉兰。由于道路改造，更换树种，电力、通信架空线路，给排水管道敷设等原因，行道树往往栽了毁，毁了又栽，栽毁相间，少有间断。这一时期，还形成了沿江路、新华路等路段的花带及相应的花坛，总面积在 3 万平方米以上。

20 世纪 80 年代，市委、市政府提出“政治安定、经济繁荣、文化发达、道德高尚、生活方便、环境优美”的城市文明建设目标，道路绿化成为建设“环境优美”城市的重要组成部分，道路绿化投资增加，建设速度加快。先后完成、完善、改造了火车站广场、中心广场、红旗广场花坛和红旗路、建设中路、新华路、芦淞路、天台山路等主要干线和大量次干道的绿化美化工程。凡新建和改造的道路快车道和慢车道之间大多又设计绿带隔离，树以广玉兰、香樟等富有美感的常绿树种为主。

天台山路绿化工程全长 1200 米，布置有 7 条绿化带，至 1990 年，共植乔木 1170 株，花灌木 17506 株，铺设草皮 6000 平方米。配置植物品种 15 个，绿化总面积 50864 平方米。该工程以其花草树木配置得当，布局合理，层次感强，主体绿化效果显著等优点，加上道路高标准设计和施工，被省绿化委员会、省建设委员会授予“最美一条街”称号。

1990 年，城区道路绿化总长 79.1 千米，定植行道树 18 个品种，计 1.6 万多株；广场绿化地 3 处；花坛 24 个，面积 18299 平方米；花带面积 77439 平方米。

20 世纪 90 年代以来，城区道路绿化重点加强“骨架”的建设，绿化新建、改建工程不断，城市道路绿化特色日益突现。

1993 年，完成建设中、南路、沿江南路、长江南路、火车站花坛改造工程，新栽 49393 株乔、灌木，新增绿带面积 11203 平方米。1994 年，完成白石港至杉木塘，新化西路至荷叶塘，中心广场的绿化改造工程，新栽 8292 株乔、灌木，新增绿带面积 3215 平方米。1995 年，新建建设南路延伸段、贺家土路、红港路、红旗中路高架桥花坛的绿化，新栽 37336 株乔、灌木，新增绿带面积 12077 平方米。1998 年，对建设南路、沿江中路北段、城建局花坛以及彩虹桥 — 白石港路段进行绿化改造。1999 年，对红旗北路的进行绿化改造，新建彩虹桥路段的绿化，共种植苗木 45164 株，新铺草皮 402 平方米。2000 年，实施“十里长街”（包括新华西路、中心广场花坛、南休闲广场和中心岛）的大型绿化工程，对原有植物进行移植改造。新建“七一路”样板街绿化。同时，对市区内高架桥花坛进行改造，新栽植被 500 平方米，栽植花、灌木 3000 余株。建设南路延伸段新栽乔灌木 3000 多株。

2000 年年末，城区主干道 9 条，次干道 21 条，绿地面积 120.3 公顷，绿化覆盖面积 182.4 公顷，绿地率为 20.58%，绿化覆盖率为 31.2%，道路绿化普及率 100%。主干道平均绿地率为 25.36%，绿化覆盖率为 39.52%，人行道、非机动车道绿化覆盖率 81.2%。天台山路、沿江路被评为“全省最美一条街”。

（二）单位绿化

20 世纪 50 年代，城区在建设厂房和生活区的同时，市委、市政府响应毛泽东主席“绿化祖国”的号召，将植树栽花、绿化环境，列为建设发展的重要项目。1951 — 1960 年，株洲机车车辆修理厂、601 厂、株洲车辆厂、331 厂等单位，即完成主要生产区和生活区以及厂区干道的基础绿化，种植树木以苦楝、梧桐、香樟为主。

每年春季，市政府都组织各单位干部、工人、学生和驻株部队大搞植树造林，单位绿化得到较好的发展。但由于绿化专业队伍力量不足，绿化缺乏规划指导，加之管护不及时，所植树木成活率只有 50% 左右。

20 世纪 60 年代初期，单位绿化专业队伍加强，在“园林结合生产、发展经济”的思想指导下，单位绿化主要以种植果树和经济林为主。株洲车辆工厂就种植果树 3.6 万株，331 厂在凤凰山一带也种植大片油茶、板栗等。群众绿化运动的广泛开展，使城区的绿化覆盖率达到 20%。

20 世纪 60 年代后期至 70 年代前期，单位所植树木被大量砍伐，花卉被毁，株洲车辆工厂种植的 2.97 万株乔灌木就被砍伐 1.2 万株，331 厂凤凰山的树木几乎砍光。至“文化大革命”结束时，城区绿化覆盖率仅为 15% 左右。

20 世纪 70 年代末期，将植树造林、美化环境提到议事日程。单位绿化专业队伍受到重视和扩充，群众绿化运动重新兴起，大中型企事业单位多辟有专用花、苗圃地和简易温室。1979 年，绿化覆盖率回升到 19.70%。

20 世纪 80 年代，大中型企事业单位均成立绿化委员会，负责组织管理义务植树和单位绿化事务，单位绿化达标成为企业升级的重要内容之一。单位领导实行任期内绿化目标责任制，各单位均设有绿化工作的主管部门和主管领导，建立一支近 800 人的绿化专业队伍，各种绿化管理制度和规定相继制定实施。

1990 年，城区单位绿化面积 1420 万平方米，单位绿化覆盖率达 29%；拥有单位绿化专用花卉苗木圃地 14.31 万平方米。城区举办各类花木盆景展览 13 次，参展单位 1350 个（次）。航空航天部 608 所、株洲市保险粉厂、市委机关等 119 个单位获市级“绿化先进单位”称号；株洲桥梁厂、中南林学院、市三水厂等 47 个单位评为市级“园林式单位”；株洲电力机车厂、株洲车辆厂、中南无线电厂等 10 个单位评为省级“园林式单位”。

20 世纪 90 年代，株洲市把创建园林式单位（小区）作为绿化城市、精神文明和经济发展的重要内容指标，高起点、高标准、高质量建设庭院、小区的绿化。市绿化部门对城区有独立院落单位进行摸底、分类，对基础较好的市级园林式单位下达任务，限期达省标；对一般单位，制定分期计划，限期达市标；对条件较差的单位要求宜绿则绿，为达市标创造条件。同时，加强绿化管理，对城市新、改、扩建工程，坚持先规划设计，后建设施工，再检查验收，保证绿化用地指标。在措施上，采取拆墙透绿、拆违建绿、消灭基建空置地、实施立体绿化等措施，提高绿化普及率，增强绿化效果。

2000 年年末，株洲城区有独立庭院单位 323 家，绿地总面积为 908.13 公顷，绿化覆盖面积为 1005.09 公顷，被评为国家级园林式单位 5 家，省级园林式单位 48 家，市级园林式单位 160 家。

表 10–6

株洲市城市建设局历任负责人名录

局　长	任职时间	副 局 长	任职时间
杨　恺	1956.5 — 1958.8（兼）	林熙业	1956.5 — 1964.11
陈光烈	1958.8 — 1960.4	李玉良	1956.5 — 1968.11 1976.2 — 1983.12
岳齐宣	1960.4 — 1960.10	唐耀星	1956.6 — 1968.11
相国梁	1960.10 — 1968.11	张靖华	1958.8 — 1960.10
王云岫	1974.11 — 1976.1	葛树峰	1960.4 — 1964.11 1970.11 — 1981.1
王守志	1981.2 — 1983.12	王志岐	1960.4 — 1960.10
赵德普	1985.8 — 1988.2	欧阳凡	1960.10 — 1968.11
邢承澍	1988.2 — 1993.5	张丙一	1961.8 — 1968.11 1970.1 — 1981.1
伍辉安	1993.5 — 2000.12	蔡崇来	1965.5 — 1968.11
–	–	陈耀钢	1966.5 — 1968.11 1970.11 — 1974.11
–	–	夏富贵	1968.9 — 1983.12
–	–	周海秋	1969.6 — 1970.11
–	–	王硕恩	1970.11 — 1981.1
–	–	童杰安	1970.11 — 1976.1
–	–	周培根	1974.11 — 1983.12
–	–	李溉德	1974.11 — 1981.1
–	–	吴力野	1976.2 — 1983.12
–	–	吴自禹	1976.2 — 1983.12
–	–	万志忠	1976.2 — 1983.12
–	–	王显秋	1981.2 — 1983.12
–	–	周建国	1985.8 — 1992.8
–	–	邢承澍	1985.8 — 1988.2
–	–	刘兴发	1985.8 — 1997.6
–	–	孙明树	1985.8 — 1988.2
–	–	袁汉民	1985.8 — 1988.2
–	–	唐　江	1991.11 — 2000.12
–	–	王筱皋	1992.10 — 2000.12
–	–	刘希山	1996.10 — 2000.12
–	–	傅佛恩	2000.6 — 2000.12

第三章　建筑业

醴陵市八步桥乡筲箕坡和茶陵县秩堂乡晓塘村古城堡遗址中出土的东周晚期和战国时期的筒瓦，证明境内在2000多年前就已有砖瓦房屋建筑。攸县网岭发掘的东汉墓，青砖砌筑墓室，其营造技艺较高。

以往建筑技艺，多为父子相传，师徒相授，工匠们在长期的实践中积累了丰富的营造技艺和方法，保留至今的古建筑多为庙宇、宗祠等，如建于唐天宝年间的攸县阳升观、明洪武年间的醴陵杉仙殿、明朝万历年间的茶陵县谭氏家庙、清嘉庆年间酃县的洣江书院等。这些古建筑有歇山、硬山、悬山、重檐等屋顶，形式多样，风格各异，展示了各代工匠的精湛技艺、聪慧和才能。

鸦片战争以后，西方建筑风格渐入境内，立面造型、屋顶坡陡、开设天窗等，一反传统格调，并开始采用水泥（洋灰）、钢筋、玻璃等新型建筑材料。清光绪二十四年（1898）修筑株萍铁路，一批拥有较先进施工技术的建筑队伍被招至株洲。据一些老人回忆：转运局局长的小洋房，红砖、洋瓦，精美异常，一时传为新闻，参观的人络绎不绝，“洋屋岭”因此得名。新坝洪(三角岔附近)修铁桥，用绞车打桩，“洋灰”造墩，围观者终日不散，使株洲人第一次见到“洋灰”“钢筋”和打桩、装模等新材料、新技术、新工艺，为株洲建筑注入新的建筑风格和技术。

20世纪30年代，粤汉、浙赣铁路相继建成通车，地处铁路枢纽的株洲镇，亟待开发建设。民国25年（1936），国民政府交通部、军政部派员至株洲镇选址，建设株洲机厂、株洲兵工厂。随后永利久大化学公司、国民政府资源委员会汽车制造厂也来株洲镇选址建厂。当年11月，株洲兵工厂在上海招标建厂；民国26年（1937），株洲机厂在长沙招标建厂。先后被招来株洲镇承包工程的营造厂达30余家，给株洲的建筑业和现代建筑产生巨大影响。株洲机厂主厂房为一座连续3跨、21个柱间、全钢结构的单层工业厂房，建筑面积达7795平方米，为湖南近代工业建筑的佼佼者。该厂房由英国提供设计图及钢柱、梁、屋架等构件，采用独脚扒杆吊装、就位，在当时已属惊人之举。由于日军侵华，株洲机厂、株洲兵工厂等被迫南迁，各营造厂亦随之离株，株洲镇的建筑业出现萧条。民国35年（1946），株洲兵工厂、株洲机厂、永利久大化学公司等工程相继复建，原承包工程的营造厂陆续返境镇施工，镇内建筑业亦继而复苏。无论是建筑工人数，还是建设工程规模，这一时期仍是株洲建筑史上的兴盛时期之一。

中华人民共和国成立后，揭开株洲历史的新纪元。1949年，湘潭县总工会在株洲建立办事处，领导建筑工人改组旧泥木工会，建立建筑工会，时有会员1200余人。从1951年起，建筑工会组织1000余工人去桂、鄂、琼等地承担建设任务。为适应即将开始的大规模经济建设需要，建筑工会在市人民政府的领导下，于1952年冬组建建筑工程队，为株洲市市属建筑企业的雏形。其时，留在株洲市或在株洲市设有办事机构的营造厂有10余家，他们组成同业公会，并承担株洲机车车辆修理工厂、国营331厂等企业的部分改、扩建任务。

1953—1957年，一大批中央、省属工业企业陆续在株开工。为加强管理，1953年成立株洲市政建设委员会，随后易名为株洲市城市建设委员会。同年，省人民政府从长沙抽调测量工程技术人员支援株洲市，成立株洲市测量队。株洲市基本建设局组建设计室，承担城市建设及中小型企业与民用建筑设计。此后，二机部第八局第七工程处（后改为湖南省第五工程公司，简称“省建五公司”）、中国有色金属工业总公司第三建设公司第二工程公司（简称“中色三建二公司”）、湖南省工业设备安装公司（简称“省安装公司”）、湖南省火电安装公司（简称“省火电公司”）等先后集结株洲市。这些公司，拥有较先进的机械设备和雄厚的技术力量，成为株洲市建筑施工主要骨干企业。先后承担由苏联、波兰提供的建筑设计图纸，风格为“苏式”和“东欧”格调的一批工业和民用建筑的建设任务。中南冶炼厂的全部工程有55个子项，除锅炉房为国内中南设计院设计外，其他全由苏联提供设计。整个“一五”计划期间，全市建筑企业共完成施工总产值1.09亿元，竣工面积103.55万平方米，16个企业建成投产，26座公共建筑交付使用。

1958年，国民经济建设掀起“大跃进”。“一五”计划重点建设工程部分尚在紧张施工，一大批新建工程急着上马，建筑队伍骤增，总数达6万余人。株洲市建筑工程公司、醴陵县建筑工程公司相继成立。随后，株洲市荷塘铺区、株洲市中心区、株洲市工业局等组建维修队或修建队，承担市内中小型民用与工业建筑的施工。这一年全市完成建安总产值7719万元，竣工面积45.07万平方米，分别为“一五”计划的40.62%、29.75%。32家工厂建成投产，8项公共建筑交付使用。1958—1962年，建筑工程为片面追求高速度，不按基建程序办事，推行“快速施工”，仓促上马，边勘察、边设计、边施工，造成工程质量下降，安全事故频发。

“二五”计划后期，国民经济遭受暂时困难。一批在建工程停建或缓建，建筑工人大量精减下放。1962年，株洲市建筑工程公司撤销。中央部、省属几家大型建筑企业，职工人数由1960年的15833人锐减至5609人。经营管理上，取消甲、乙方，废除承包发包制，取消建筑企业的法定利润，采取实报实销的办法。“二五”计划期间，建筑企业完成总产值3.30亿元，房屋竣工面积189.22万平方米，55个企业建成投产，24座公共建筑交付使用。

1963—1965年，逐步恢复发包承包制，经济核算和财务管理等制度逐步建立和完善，一批建筑企业恢复或新建。1960年，下放到农村的泥木工匠，经政府批准组成农村建筑工程队开始进入城市承揽工程任务。3年中，共完成建安总产值1.04亿元，竣工面积40.53万平方米，11家企业建成投产，2座公共建筑交付使用。

1966—1970年，正值“文化大革命”期间，建筑业正常生产、经营、管理秩序被打乱，企业严重亏损。据中色三建二公司、省建五公司、省安装公司统计：5年累计亏损306.66万元。1969年之后，中央部、省属建筑企业以及各县、区组织农村泥木工匠，以民兵形式投入“三线”铁路、军工企业建设。在此期间，完成建安总产值1.71亿元，竣工面积82.52万平方米，58家企业建成投产。

1971—1975年，基本建设投资增长，建筑业又逐渐发展。1971年，成立株洲市建筑工程公司（简称“市建公司”）；1975年，组成株洲市房屋修建队。市建筑企业经过20多年的发展演变，逐步形成了以中央部、省属企业为骨干，市属企业和区街、农村建筑队为辅助力量的多层次、多结构、多种经济成分并存的建筑企业群。在此期间，建筑业完成总产值 3.30 亿元，房屋竣工面积 163.38 万平方米，37 家企业建成投产。

1976 — 1980 年，建筑业进入新的发展时期。1977 年，成立株洲市集体建筑安装企业管理办公室，醴陵县、攸县、茶陵县、酃县、株洲县、郊区相继成立建管站（办），把集体建筑企业纳入政府管理范围。8 月，株洲市郊区荷塘铺、园艺场和株洲县明照、群丰 4 家建筑队进城独立承包工程，改变了以往农村建筑队只准包工不能包料的依附状态。1980 年，株洲市建筑工程局成立，后更名为市建筑工程管理处。在此期间，建筑业完成总产值 3.91 亿元，房屋竣工面积 234.65 万平方米，11 家企业建成投产，一批公共建筑及住宅完工。

1981 年以后，境内建筑业在农村联产承包责任制及外地建筑业推行经济责任制取得的成功经验的启发下，对管理机构、工资分配、用工制度等进行了一系列改革。如扩大企业自主权；推行招标投标承包制和企业内部经济责任制；实行百元产值工资含量包干；上缴利润改为“以税代利”；企业流动资金由拨款改为贷款；建立劳动合同制；勘察设计、科研等事业单位进行企业化试点等。使境内建筑业发生了深刻的变化。

1981 — 1990 年，境内建筑业完成总产值 37.62 亿元，房屋竣工面积 1016.72 万平方米。1990 年，全市有建筑安装企业 198 家，从业人数 58313 人；装饰企业 15 家，从业人数 705 人；勘察设计单位 41 个，从业人数 3974 人。198 家建筑安装企业中，市区占 79 家，计 32269 人。同时，随着建筑市场的开放，10 多家建筑企业逐步进入浙江、福建、湖北、江西、广东、广西壮族自治区、云南、贵州、四川、甘肃、宁夏回族自治区、北京、辽宁、黑龙江 14 省、直辖市、自治区承担施工任务。

1991 — 2000 年，境内建筑业在深化改革中加速发展，先后实施了工程质量监督、施工报建、施工招投标等多项制度。省内外建安企业亦陆续进入株洲参与竞标承揽业务，建筑业竞争更加激烈。为适应新形式，株洲在全省率先组建首家工程建设交易市场，成立市工程建设监理公司。1996 年以后，境内全面开展建设领域专项治理，重点查处不报建、不招标、承包挂靠及质量安全方面的违法违纪行为。1997 年，境内建筑业大力推进以产权制度改革为核心的企业改制工作，通过股份合作制改造、优化股权结构，使醴陵东富建筑公司等一批建筑企业逐步发展成为国家一级施工企业。1999 年 10 月，株洲市成立有形建筑市场，完善了工程交易制度。

到 2000 年，全市施工企业发展到 309 家，建筑从业人员达到近 10 万人。据统计，1991 — 1995 年“八五”计划时期，全市建筑业完成建安产值 56.20 亿元，竣工房屋面积 558.79 万平方米；1996 — 2000 年“九五”计划期间，完成建安产值 113.50 亿元，竣工房屋面积 825 万平方米。

第一节　勘察设计

清代以前，境内传统房屋建筑多为木构架房屋，由掌墨师在木板上起样（设计图），工匠则按其图形作篙皮子，依样下料，建造房屋。清光绪二十九年（1903），西洋建筑在株洲出现，才有了专业设计绘图人员。

民国25年（1936）4月，国民政府军政部兵工署以官价购买董家塅地区土地1365.44公顷，兴建十一兵工厂。8月，派土木工程组主任梁强至株洲成立办事处，着手整理厂基地盘。同年，株洲机厂筹备处成立，程孝刚、茅以新至株洲镇选择厂址，他们先后到贺家土、麻塘坳、报亭子、田心塅等地踏勘，几经比较，最后在田心测得大约666.67公顷的土地定为株洲机厂厂址。

民国25—26年（1936—1937），英国和上海建明设计事务所分别承担株洲机厂、株洲兵工厂房屋建筑设计。民国26年（1937），建成的株洲机厂机器场采用全钢结构，柱子为双排“工”字钢，屋顶为轻钢桁架。全部钢构件从英国运到现场拼装。厂房外观形体简洁，没有多余的装饰。

民国35年（1946），株洲机厂复建，设立株洲机厂筹备处，下设建筑组，掌厂房、道路、下水道设计、建筑物维修。民国37年（1948）建成的办公楼，呈一字形平面布置，两端略有突出，是一座现代派的设计作品。民国37年（1948），株洲机厂复建时，钻井探水工程由章顺治承包，共钻4孔，深50米，钻探结果无地下水源。

1949—1952年，对株洲兵工厂和株洲机厂进行改扩建。株洲铁路工厂自行设计与施工，建成了白石港工厂长约4千米的供水系统，这是湖南省第一个供水系统，获中共湖南省委颁发的“首创湖南给水工程”奖旗。

1953年，株洲市被列为国家重点建设城市，一批基建工程先后上马。但是，缺乏测量人员和测量资料，当时从国民政府接收的档案中，仅能找到一份万分之一的军用地图，稍具参考价值。7月，省政府从长沙测量队抽调28人，从社会上招聘测绘技术人员4人，市政府建设科派出3人，成立株洲市测量队（简称“市测量队”）。该队组建后即投入大比例尺地形图测量，用2年时间，完成五千分之一地形图99.20平方千米，二千五百分之一地形图19.20平方千米，千分之一地形图13.70平方千米。

1953年后，苏联、波兰及国家有关部工程勘察专家、勘察队伍先后汇集株洲，勘察工作在较大范围展开。株洲硬质合金厂的厂址由国家重工业部有色金属工业管理局局长高扬文、中南有色金属工业管理局局长宋尔濂、株洲市市长吴占魁和5名苏联专家及工作人员共34人组成选厂工作组踏勘选定。

株洲电厂的厂址于1955年2月，由燃料工业部总工程师鲍国宝及电管局设计管理局局长远玉昆，协同苏联专家克林果夫等7人踏勘选定。同年10月，以波兰底特里为组长的专家工作组一行7人，在燃料工业部煤矿管理总局李岩处长和武汉管理局谢子桢总工程师陪同下，至株洲市踏勘株洲选煤厂厂址和进行初步设计的有关准备工作。株洲车辆厂的厂区勘察工作由建筑工程部综合勘察院中南分院承担，从1955年11月开始地形测量，到1957年2月完成全部地质钻探，历时1年多。其工程勘探任务由一机部勘测公司华中勘测队完成。20世纪50年代中后期到60年代初期，还由国家有关部、苏联专家、北京勘测公司等勘察单位，分别完成株洲冶炼厂、国营湖南第一苎麻纺织厂（株洲苎麻纺织印染厂前身）、株洲桥梁厂等厂址踏勘和勘察工作。

苏联、波兰专家还承担了国营331厂（原株洲兵工厂）、中南硬质合金厂、株洲选煤厂、株洲电厂等企业的设计任务，并形成建筑设计的苏式风格，注重古典原则与装饰，建筑立面处理大多分为3段，即基座、槽身与檐口，尤其讲究檐口的线角处理，突出线条在立面上的重要性。如国营331厂九号厂房，亦为苏式风格。用多层线条来划分建筑立面。厚实的基座处理，完全遵循古典建筑原则。

与此同时，出现了复古主义建筑。1954年株洲硬质合金厂的二道门岗，采用四坡攒尖琉璃顶，围墙用琉璃瓦墙头。这种传统形式的复古建筑，因受经济、技术等诸多因素制约，在株洲市建造极少。

20世纪50年代的株洲铁路工厂工人俱乐部（1950）、株洲饭店（1953）、株洲公园跳舞厅（1956）、市人民银行车站路办公楼（1956）、市工人文化宫（1957）、株洲电影院（1957）、市委第一招待所前栋（1958）、湘江百货商店（株洲百货大楼前身）（1958）、市邮电大楼（1959）等，以折中主义流派为主，因受经济约束，这种折中风格是非常朴素的，但设计中仍然注重构图的完美，比例的协调，建筑立面3段构图，红瓦坡顶，外墙面主要为清水墙，部分墙面用水刷石装饰，重要之处有花纹图案装饰，也有的将墙面高出屋顶，作高低变化，来丰富立面效果。如市建公司设计的邮电大楼，平面为曲尺形，立面横向3段划分，转角部分高出1层，是建筑的构图中心，竖向3段划分，高起的女儿墙封住坡屋项，水泥做浮雕花纹装饰着窗下墙与女儿墙，是市中心广场一重要建筑景观。

1959年以后，湖南省煤田地质勘探公司、湖南省地质矿产水文一队、国家建材局湖南省地质勘探大队、铁道部第四勘测设计院第一总队等勘察队伍迁入株洲市，这些单位主要承担本行业的勘察任务，也进行一部分行业外的土木工程的勘察工作。1966年，市测量队与规划、建筑设计等部门合并，组成株洲市勘测规划设计处，人员58人，其中测绘人员占70%。1969年，株洲市勘测规划设计处按业务分家，分别成立市规划办公室、市建筑设计处和市勘测处。市勘测处除承担测绘任务外，为配合人民防空工程施工，增设工程地质勘察专业，购置一批专用钻探设备和仪器，勘探人员增至54人。

20世纪60年代，由于强调节约投资，建筑设计观念受到现代派的影响，建筑风格开始转向现代派的国际式风格（通称“方盒子”）。1964年，省建筑设计院设计的株洲日报印刷厂综合楼，根据建筑功能要求布置平面，没有讲究对称、分段模式，立面简洁，带形条窗体现了现代建筑的特性。1966年，市建筑设计院设计的株洲市人民旅社，在立面上带形长窗与垂直实墙面形成虚实对比，横向遮阳板既是建筑功能的需要，又形成立面的装饰线条，建筑形体完全忠实于内部空间。由于片面强调节约基本建设投资，建筑设计极度简化，出现“干打垒”式建筑。

20世纪70年代初期，一些大型公共建筑，仍采用折中主义的表现方法。1971年设计的株洲影剧院，基座处理采用3段划分，立面横向分5段，中间柱廊入口，外观造型明显模仿当时盛行的“大会堂”模式。

1972年以后，现代派风格渐渐成熟，建筑体形为“方盒子”，立面开方窗或条形窗。株洲市区夏季日晒厉害，而且城市主干道多为南北向，许多面临干道的建筑，在主观强调山墙不能朝街的观念作用下，不得不采取遮阳措施。于是，遮阳板作为建筑的特定形象，成为20世纪70年代以后一种主要的建筑风格。1972年设计的株洲汽车齿轮厂职工俱乐部，面临新华路，坐北朝南，建筑上没有遮阳的必要，遮阳板仍作为一种装饰性构件，成为造形的手段。在建筑上运用遮阳板处理立面的方法，到70年代末，为大量建筑所采用，在设计上已成为一种固定模式，造成建筑形象的千篇一律。1978年广州铁路局勘测设计院设计的株洲火车站，当时是一个很新的建筑。其一是造型新。横向舒展的体量与垂直挺拔的钟楼对比，使人产生稳重感。大面积的玻璃窗与混凝土柱子虚实相间，产生轻盈爽朗的立面效果；其二是材料与技术新。由于采用大跨度的框架结构和钢网架屋顶，减去承重墙，解放建筑空间。大片玻璃既作为建筑的围护结构，又是主要装饰材料。株洲火车站的设计风格，在很大程度上，受当时盛行的“广派”（70年代在广州地区兴起的一种具有岭南地方风格的现代派）建筑风格的影响。

从1978年起，市勘测队对株洲市原有的控制网进行全面改造，在方圆400平方千米内布设Ⅲ等全面网，又在Ⅲ等全面网的基础上，布设Ⅳ等加密网和五秒三角网，建立起株洲市新的独立座标系，完成Ⅲ等点27个，Ⅳ等点70个，五秒小三角点270个。在进行上述工作的同时，对高程系统，也在国家Ⅰ等水准的基础上，布设了Ⅱ、Ⅲ、Ⅳ等水准网，计完成Ⅱ等水准4条，埋设水准点48座；Ⅲ等水准33条，埋设水准点88座；Ⅳ等水准9条，埋设水准点28座。嗣后，利用新的独立座标为基础，运用航空摄影的方法，完成400平方千米的二千分之一地形图500幅；在市区范围内，完成五百分之一地形图600幅，计30平方千米。至此，二千分之一的地形图覆盖整个市区和部分县城，五百分之一的地形图覆盖市中心及南区、东区、北区的一部分。

1984年后，勘察市场开放，勘察单位实行企业化管理，取消财政差额补助，建立技术经济承包制，实行自主经营，有偿服务，找“米”下锅。市勘测队在1984 — 1988年，年均收入在50万元以上，其中1985年超过100万元，完成工程地质勘察项目376个，主要工程有；株洲湘江大桥、株洲煤气工程、株洲电业局微波大楼、株洲百货大楼、株洲市物资商场、株洲市民族饭店、株洲火车站地下商场、市自来水公司办公楼等，并承担了长沙市五水厂、长沙市橘州造纸厂、东江水泥厂、沅江县苎麻纺织厂等一批大型工程和高层建筑的地质勘探。

1986年4月，湖南省煤田地质勘探公司（简称“省煤田公司”）将工程地质和水文地质专业分出，成立湖南工程勘察公司。公司平均每年完成产值400万元左右，完成的主要工程有株洲庆云大厦、株洲邮电局电信大楼工程。

1986年，中色三建二公司承建庆云大厦，在高层建筑的施工测量中，改变以往多层建筑施测用经纬仪逐层设站、双倒镜观测的传统方法，采用在各层楼板上留洞设扈控制点，层层吊垂球，用几根基线作为辅助轴线，以此为基准，选用激光经纬仪施测，克服了传统方法的缺陷。同时，为取得地基变形的实际情况，验证地基基础设计的正确性和施工质量的优劣等重要资料，正确布置沉降观测点，高精度水准仪、水准尺，在施工期间随着楼层的逐层上升，进行沉降观测，作出记录，最终绘制沉降观测曲线图，为工程档案提供了完整的技术资料。

1988年，省建委对勘察单位的勘察资格证书进行复查和验证，给株洲市9家勘察单位颁发合格证书，其中甲级1个，乙级4个，丙级1个，丁级2个，许可证1个，专业包括工程地质、水文地质勘探和地形测量等。

20世纪80年代初期，“遮阳板”式建筑风格，仍保持着发展的势头，随着建筑体量的加大，遮阳板的处理更加突出线条的作用，横竖线条几乎成装饰建筑的唯一法宝。1981年，市建筑设计院设计的轻工大楼，为一方正的立方体，壁面上开着一道道带形窗，加上一条条水平遮阳板，横线条成立面上唯一的装饰。1983年林业部设计院设计的中南林学院教学主楼，是充分体现遮阳板线条效果的一座体量庞大的建筑，建筑横向分5段，两边4段的"横线条"，体块向中央呈递增变化，簇拥着中间最高体量的"竖线条"。在"横线条"部分，为了避免过于平凡单调，又加入一些竖向变化的处理。该建筑位于校园大门入口区的制高点，前面是空旷的广场，在中轴线上是一条宽阔的梯阶大道，两边有整齐的绿化陪衬。教学大楼在环境的烘托下，显得异常宏伟。

为解决建筑设计形式千篇一律的"方盒子"这一现代建筑的通病，很多建筑师进行了探索。1983年市建筑设计院设计的株洲市建设银行中心支行办公楼，是株洲市第一幢高层建筑，位于三角地带，建筑布局没有按照惯例将建筑主体沿规划红线摆布，而是将主体集中布置在地段的边上；在功能上构成正南北朝向，同时又远离主干道，避免交通噪声的干扰；在沿街部分仅布置2层的裙房，这样既遮蔽了基地与城市干道的高差缺陷，又形成城市道路空间，满足城市规划要求；在基地的尖角部分，利用高差设计一个半地下车库和地下消防水池，且在其上布置停车场和花园，在充分利用空间的基础上，又改善和美化了环境。1984年市建筑设计院设计的株洲市青少年宫，采用单坡屋顶造形，塑造一个活泼的建筑群体，在内部空间的组织上，形成空间明暗对比，创造流动空间和共享空间。建筑师为探索新的路子，还借鉴于传统的建筑特征来丰富建筑形式。市建筑设计院设计的株洲市图书馆，将屋顶设计成绿色的坡屋顶，总体布局还吸收传统的园林风格，将园林与建筑融为一体，建筑色彩以绿色和白色为主，较好地与周围自然环境结合起来。

株洲市的建筑设计还有一种"新古典主义"。如1987年设计的株洲百货大楼，原是一栋折中式的清水砖墙建筑，经过翻新后，建筑上原没有挑檐，后来加上琉璃瓦挑檐，在原砖墙面贴上浅黄色面砖，装上茶色铝合金窗。同年设计的市房地产局鸿宾大楼，除了琉璃瓦贴檐口雨篷外，还将阳台拦板、扶柱设计成传统望柱式，细部刻上装饰线条。更有别出心裁的设计，1989年设计的芦淞大厦，屋顶上被装上几个古亭，将琉璃攒尖顶整座地放在七、八层高的建筑上。

1990年，全市有32家设计单位，其中乙级5家。共有职工885人，有勘察单位9家，职工共3053人，其中高级工程师73人，工程师205人。

从1992年开始，全市勘察设计单位实行新的国家勘察设计收费标准，允许勘察设计单位在为社会经济发展提供咨询服务时，收取必要的劳动费用，自己养活自己，同时针对不同性质的勘察设计单位，在勘察设计资质证书之外，还实行勘察设计许可证制度。对依靠母体生存的厂矿设计单位不能领取收费许可证，其工作业务范围限于所属的厂矿企业内部。实行行政事业单位管理的勘察设计单位即将脱掉行政事业单位的帽子走向自主经营，自负盈亏的市场。

为确保建设工程质量，提升勘察设计水平，规范勘察设计市场，国家、湖南省陆续出台一系列法律法规。株洲市在贯彻实施法律法规的基础上，结合株洲实际，于1998年制定下发《株洲市工程勘察设计市场管理规定》。原来按照国家许可规定允许具备相应能力的勘察设计单位承接高于单位资质一级的勘察设计业务，但要办理具体项目的临时许可证的制度也于2000年予以废止。

为加强勘察设计的行业管理，逐步实现与发达国家管理体制接轨，根据国家规定，株洲市从1996年开始实行注册建筑师制度；1997年全面实行注册建筑师在设计文件上签字盖章制度；1999年实行注册结构工程师签字盖章制度。全市第一批一级考核通过的注册建筑师有5人，第一批考核通过的一级注册结构工程师有14人。

20世纪90年代中期湖南省建设厅在全省范围内组织开展勘测“四优”（优秀工程设计、优秀工程勘察、工程设计计算机优秀软件、工程建设优秀标准设计）评选活动，每2年进行一次全省的评比表彰。1998年度，湖南省勘察设计“四优”评选活动中，湖南湘江氮肥厂设计室推荐的“湘江氮肥厂5万吨/年甲醇技改工程”、湖南省地质工程勘察院推荐的“株洲市七一路综合楼基坑支护工程”获得三等奖；醴陵市建筑设计院推荐的“醴陵市人民政府办公大楼”、株洲市建筑设计院推荐的“中南林学院第二教学楼”获得表扬奖。2000年度评选活动中，株洲市规划设计院推荐的“彭德怀纪念园核心区园林绿化”获得二等奖；株洲市建筑设计院推荐的“萍乡市政府礼堂”“株洲市高新技术开发区创业大楼”、株洲市给排水科研设计所推荐的“株洲市第三水厂鸭舌阀滤池改造工程”获得三等奖，株洲市建筑设计院推荐的“株洲市教育学院图书馆”获得表扬奖。

这一时期，为弥补基础工作的不足，催生一批勘察设计单位。这些单位多半是依据主管单位或厂矿企业组建的，如攸县水利水电设计室、株洲电厂建筑设计室等。最多的时候株洲市勘察设计单位总数达到41个。经过市场经经济中的竞争和优胜劣汰，淘汰一批资质偏低、人员素质和技术装备较差的单位。到2000年年末，全市的勘察设计单位总数为35个。

株洲市2000年勘察设计单位名录

表10-7

序号	单位名称	资质等级	主要资质范围	单位人数	其中技术人员数
1	湖南省地质工程勘察院	甲	工程勘察	193	139
2	湖南建材地质工程勘察院	乙	工程勘察	65	36
3	湖南南方工程勘察有限公司	乙	工程勘察	281	136
4	株洲市勘测设计研究院	乙	工程勘察	66	28
5	铁道部第四勘测设计院一分院	甲	工程勘察	711	108
6	株洲市建筑设计研究院	甲	建筑设计	128	124
7	株洲包装工程设计研究院	乙	建筑设计	39	37
8	株洲市规划设计院	丙	建筑设计	60	49
9	株洲市城乡建筑设计院	丙	建筑设计	33	28
10	株洲县建筑设计室	丙	建筑设计	22	17
11	醴陵市建筑规划勘测设计研究院	乙	建筑设计	66	47
12	攸县建筑勘察设计院	丙	建筑设计	26	10
13	茶陵县建筑设计室	丙	建筑设计	15	15
14	炎陵县建筑设计室	丙	建筑设计	18	17

续表 10–7

序号	单位名称	资质等级	主要资质范围	单位人数	其中技术人员数
15	株洲建筑段建筑设计所	丙	建筑设计	18	18
16	株洲钻石工程设计事务所	丙	建筑设计	22	21
17	湖南省第五工程公司建筑科研设计院	丙	建筑设计	25	22
18	株洲车辆工厂建筑设计室	丙	建筑设计	23	23
19	中国南方航空动力机械公司建筑设计室	丙	建筑设计	26	21
20	株洲电力机车工厂建筑设计室	丙	建筑设计	24	24
21	航空工业第六零八所科技开发中心建筑设计室	丙	建筑设计	19	19
22	湖南株洲化工集团有限公司科研设计院	乙	化工设计	232	81
23	湖南湘氮实业有限公司技术中心	乙	化工设计	44	40
24	株洲选矿药剂厂设计室	丙	化工设计	20	20
25	湖南省醴陵陶瓷工业设计院	乙	轻工设计	36	34
26	株洲金马工程设计公司	乙	冶炼设计	42	40
27	株洲电力勘测设计科研院	丙	电力设计	30	30
28	湖南省火电建设公司设计室	丙	电力设计	16	15
29	株洲市环境工程设计研究室	丙	环境治理	27	25
30	株洲市城市燃气设计研究所	丙	燃气设计	18	16
31	株洲市给排水科研设计所	丙	给水设计	40	22
32	株洲市水利水电设计院	丙	水利设计	16	16
33	攸县水利水电设计室	丁	水利设计	15	15
34	茶陵县水利水电设计室	丁	水利设计	16	16
35	炎陵县水利水电勘测设计室	丁	水利设计	12	11

第二节 建 筑

一 古建筑和仿古建筑

（一）古建筑

阳升观 距攸县县城东25千米司空山（原名麒麟山）中的阳升观，据载原为南齐司空张岊（字巴玉）修炼之地。始建于唐天宝七年（748），名朱阳观，拓修于北宋政和三年（1113），宋徽宗赐名“阳升观”，嗣后历朝都有敕封和修复。最大的几次修葺有：明洪武元年（1368）、清嘉庆十年（1805）、清道光二十五年（1845）和光绪十九年（1893）。阳升观由东、西川门、戏台、坪院、铺屋、三门、玉虚宫、蕊珠宫、宗师堂、夫人庙、前殿、正殿、后殿组成，占地3000余平方米，歇山顶旁庑式建筑，东西两厢有廊楼，坪北经31级石阶至三孔券拱观门。中门楣额“阳升观”，红地金色三字镶嵌在二龙戏珠和双狮戏球图案中，左右门楣额“风马”“云车”，托以玉书图案。削檐之下，彩绘浮雕、虫鱼花草，惟妙惟肖。原有后殿（三清殿），后毁，屋基犹存。从坪院至山门，从山门入前殿，从前殿进正殿，殿内分别供有王、马、殷、赵四大元帅塑像和司空等坐像三尊及金、吾二将、提、缚、枷、铐四大神像，庄严肃穆。次第而登，分别设台阶31级半、7级、3级等，以示代表周围3个省、7个县、攸县31都半，即司空的影响所在。在建筑结构和艺术上，阳升观悉承唐宋风格，其中正殿为歇山顶回廊式建筑，余皆为歇山顶建筑。全殿面阔三间进深二间，共14楹。殿中圆木柱及四周青砖墙承重支承屋架。琉璃陶瓦，屋脊及屋檐口瓦挡，均置黄色或绿色琉璃狮、风等装饰，姿态各异，整个建筑的雕刻、塑制、彩绘，古色古香。

杉仙殿　明代洪武年间（1368—1398年），在醴陵嘉树乡杉仙村建有杉仙殿。杉仙殿由三进组成。前进与二进以厢廊连接，除四面护墙外，内无隔墙，用柱距分开间，每进分三个开间，以方石柱承重，圆木架梁，方木斗拱承接檩条，斗拱由靴角护拱结合，雕刻瑞草花纹，制作精细。青砖围护墙（规格为29.50厘米×15厘米×7厘米），百灰浆勾缝，小青瓦屋面。两坡排水，前进硬山封栋。女儿墙上用小青瓦堆砌成重叠鱼鳞片，呈鸡冠状。二进为悬山顶，出檐半砖，正门檐口下方通向墙面，作6幅堆塑，有人物、山水、亭台楼阁等；三进为清嘉庆二十三年（1818）建，平面布置以内墙分为三个开间，内外墙地面上一米左右，为三合土筑墙，一米以上内墙为土砖墙。外墙用青砖白灰浆砌筑，小青瓦屋面，两坡排水，硬山顶封栋，女儿墙作波浪形。杉仙殿年长日久，部分堆塑遭破坏，正面墙体风化较严重。

先贤言子祠　位于石峰区龙头铺镇太平桥。据《湖南氏族源流》载：湖南言氏一族，以先贤言子游，讳偃为始祖，六十一世寿孙，又名寿二，字德永，明洪武间自江苏常熟虞山迁湖广茶陵，再迁湘潭第三都宛在塘，清乾隆三十二年（1767）始修族谱，宗祠建于湘潭城东（龙头铺），嘉庆六年（1801）进行了扩建，为典型的明清式建筑。言子祠占地面积约1000多平方米，大门门框用汉白玉砌成，上方悬挂牌匾“先贤言子祠”。祠堂建造大气，中庭院落宽敞，前后分为三进。第一进是一个巨大的庭院，主要供休闲与集会用，正中间搭有戏台。穿过庭院，后面两进相对紧凑，最后一进分为三间，中间是正厅，用来供奉先祖言偃画像和牌位，东西两间对称，是供族人休息或存放族谱与祭祀用具的厢房。祠堂主体为杉木结构，三合土（黏土、石灰和沙子混合）夯筑围护。外墙颜色为少见的朱红，故又称“红祠堂”。距祠堂几十米处，有一堵独立的照墙（又称“照壁”，中国传统建筑特有的部分，独立的一堵墙，与大门相对，明清时特别流行），古时到此的官员，到此均需落轿下马，以示对先贤的敬重。据《言氏六修家乘》（藏于湖南省图书馆）记载，言子祠为言氏一族自明朝从江苏常熟迁出之后，为追怀先祖言偃而建。言子祠由于年代久远，缺乏延续性的专门保护，长期受到各种自然侵蚀与人为损害，有着几百年历史的祠堂，如今只剩下一个框架，断壁残垣。

东富寺　位于醴陵市东富镇东富村芷泉岭旁的东富寺，始建于明代。清嘉庆二十一年（1826）重修，占地3300平方米，为砖木结构，硬山式顶。寺正中大门横额楷书“东富寺”，“富”字上面缺一点，系仿山东曲阜孔府门联的写法，意为“富贵无顶”。东富寺有五进。一进，正面三张大门。进大门为戏台，戏台面向二进，两旁石柱有联：“演出善恶忠奸，分明报应；看破红尘得失，毕竟循环。”

台前有坪，可容观众千余人。二进为包公殿，殿前檐下设2米高木栅。殿内有承重方形石柱4根，柱基覆盆方鼓形，红漆天花板呈拱形。殿左有门通三进佛堂。佛堂左右有厢房、天井，中有圆形门通四进。四进中为厅堂，左右为厢房，厅堂与厢房间左右各一天井。五进地势较高，有砖砌踏步进入文昌阁。1967年，东富寺列为醴陵县革命纪念地，并拨款维修。1972年9月1日，列为省级文物保护单位，定名“毛泽东同志考察农民运动旧址——东富寺”，1975年，省文物处拨款再次维修。

谭氏家庙 谭氏家庙于明代万历二十六年（1598）建在茶陵县秩堂乡毗塘村，距县城50千米。为都御史兼四列门軏、祖籍毗塘的中丞公谭希昆为首倡建，占地952平方米。家庙前有一空坪，两侧置石狮、石象各一对。家庙由3进组成，前进檐墙设道大门，中门楣额横书“谭氏家庙”4字。骑门外立精工雕刻的木牌坊，与庙同宽，略高于庙的前进，构成门廊。牌坊中层横书“云阳世家”，飞檐歇山顶盖，正脊中央及两端吻琉璃饰物，中、上层满置菱形方孔，孔内吐各样花枝。前栋正厅有一戏台，台前天井，台口对面有平阁楼，与左右两侧庑廊相接，木柱木楼板。中进广阔高敞，4根楹柱成正方形立于厅中，与青砖墙共同支承屋顶，在4柱之中的顶板，又作方斗藻井，有雕龙卷曲，龙口原吊走马灯，但已毁败。据《毗塘谭氏族谱》记载：后进为名人寝成堂。木结构，内有15对楹柱，四周是观廊台阶，富丽堂皇。寝成堂楼上为“敕书阁”，是收藏皇帝封官赐爵的诏书之处。阁顶刻一巨大“魁”字，光华四溢。民国32年（1943）失火，焚烧殆尽，次年修复，改成砖木结构，前、中进以木结构为主，木柱支承，青砖墙围护，山墙出檐，均加饰翘首马头墙，是梁柱结构、清式风格的近代祠庙建筑，造形古朴，雕刻精美。

醴陵文庙 清乾隆八年（1743），醴陵知县段一葵选址醴陵市东正街何家码头建醴陵文庙。同治十二年至光绪四年（1873 —1878）拓基扩建坤群广场。嘉庆五年（1800），知县岳宁珂在大成殿左右两侧建名宦、乡贤、忠孝、节义4祠。同治十二年（1873），知县薛振玉又在大成殿后建崇圣祠，并建厢廓，连接名宦、乡贤、忠孝、节义4祠。庙之右建教官署，左建明伦堂。文庙几经修葺扩建，规模宏大，占地2500平方米，为砖石结构，现存文庙仅余大成殿及10间厢房，其他建筑均于1972年拆除。大成殿坐北朝南，由台基和房屋主体组成。台基四周用条石砌成，高1.20米。立体两层，分三个开间，宽16米，进深13米，青砖砌筑。中厅沿右墙设木梯连通2层，底层四周回廊宽3.50米，南北面立回廊石柱6根，东西面立柱4根，柱基为四方形，歇山重檐屋顶。屋脊中央置宝顶葫芦，檐口瓦挡滴水，翼角吊驼铃。民国27年（1938），柱杆毁于南北战争，民国33年（1944），又遭日军破坏，民国34年（1945），修复正殿。但年久失修，粉刷、油漆剥落，宝顶葫芦于1986年损毁。

洣泉书院 洣泉书院位于炎陵县城城关镇大操坪西北角。清嘉庆二年（1797）在原黄龙书院（后改名烈山书院）旧址，增建斋舍，改名“洣泉书院”。清同治二年（1863）拓建。现在的书院是1968 — 1969年修复的，平面布局照旧，但主体有较大的改变。占地面积2197.93平方米，建筑面积1485.90平方米，计大小房间66间，为酃县建筑工程公司施工。书院坐北朝南，建筑布局以书院中部大讲堂为中心，前为大门门楼，为双向柱廊，上安大额枋门楣，上方“洣泉书院”。东西两侧为双排纵向学子居屋各20间。后进为山长（院长）、先生的寝室与小讲堂共8间。20世纪60年代后期修复时，改建成4间大展室。大讲堂前后及东西侧学子居室之间，以天井分隔，以廊道相通。全部建筑均为青砖墙及圆木柱承重，小青瓦屋面。大讲堂宽10.80米，进深11.60米，高6.44米，硬山重檐屋顶，由12根50厘米直径的圆木柱支承，青方砖铺地面，前后均为木格页门。其他小讲堂、学子居室等，均为青砖墙、硬山、小青瓦屋面，木棂方窗，门洞多为券拱。除改建的展室为现代建筑外，其他整个建筑群为清式建筑风格。

（二）仿古建筑

株洲境内仿古建筑繁多，始于20世纪50年代初。分布于许多工矿企业、机关、部队、学校、街区、居民小区的仿古亭、榭、楼、阁、门庭、拱桥等不为罕见。具有代表性的有：

株洲公园仿古建筑　1956—1959年，市人委投资，在株洲公园（后改名奔龙公园、神农公园）内先后建成听雨亭、知音亭，均为传统的六角单檐仿古建筑。1960—1965年，又在园内建起落霞桥、影壁桥等仿古拱桥、曲桥，之后，又在游龙湖中的天然小岛上，仿长沙橘子洲头的凉亭式样，修造了月波亭。该亭造型为四方重檐尖顶，黄色琉璃瓦，周围植垂柳，配以曲桥与陆地相接。为掩蔽园内人防工程的防空洞口，还修建了唱晚亭、长春苑等仿古建筑。

伏波庙　伏波庙位于株洲县渌口镇南端伏波公园的伏波岭上，前濒渌水，后倚街市。庙宇始建于东汉建武十七年（41）间。为纪念汉代伏波将军马援屯兵渌口，南征交趾（越南）有功而建，占地面积400余平方米，坐北朝南，砖木结构，硬山顶，封火山墙。中轴线上从南向北依次为前殿、后殿，左侧有厢房。前殿面阔三间，前、后殿的过道上有一长方形藻井。前殿呈现抬梁结构，正中供奉马援将军的塑像。前殿中间有两个八角覆盆藻井，左侧厢房共有7间。清咸丰年（1861）重修。民国33年（1944）9月，伏波庙被日本侵略军焚毁。1968年，由省、市资助，群众捐赠，仿原貌重修伏波庙。

石峰公园仿古建筑　20世纪80年代初，市城建局工程师刘兴发与中南林学院设计教研室的专家合作，制定出石峰公园整体规划并逐步付诸实施，建成风格统一的粉墙黄瓦，翘脚飞檐仿古式建筑。1980年10月建成的主景云峰阁，该阁系三重檐塔式建筑；1982年落成的大型花岗石台阶的北大门和牌坊，均居园中具有代表性的仿古式建筑。1983年4月，公园内自成一体的园中园——蔷薇园建成开放，占地1.90公顷，内建溢香院、双莲池、蔷薇廊、胜春坡、红雨溪五个局部仿古式景观。1987—1988年，又相继建成清心斋、听月亭、望江亭和松涛廊。园内充满古朴典雅的古香古色，游客置身其中别有一番情趣。

资福寺　位于芦淞区南湖街79号，传为梁武帝时建造，经历代修葺，至民国7年（1918）成为两进的院落群，中轴线上，从南至北依次有槽门、前院、正殿、后院、观音堂等。正殿两侧有斋舍和耳房，内壁镶有众多碑刻，内容多为诗词歌咏赞美之文。后院中有一条宽约2米的石子路，两侧有厢房，观音堂内供有观音菩萨等佛像三尊。正殿坐南朝北，外观为晚祠堂式建筑，占地150平方米，墙体用小青砖砌成，穿斗结构，封火山墙，硬山顶，小青瓦盖面。外墙石灰粉刷，檐下浮雕有动物花草图案。据易氏家谱记载，宋代建的资福寺已毁于兵火，明代初期，易姓筹款重修。由于年久失修，寺殿岌岌可危。1998年，经株洲市国土局、规划局等相关部门批准，选址天元区珠江南路与滨江南路交汇的东北角200米处，于当年动工新建资福寺。寺殿坐西北朝东南，三面丛林环抱，寺前有湘江水穿流，依次有前门角楼、天王殿、大雄宝殿、南岳殿、观音殿和方丈楼，左右两厢有鼓楼分立，另有禅堂、斋堂、伽兰殿、古佛殿、法师楼、客堂和十栋寮房。

炎帝陵 是株洲境内较具规模的仿古建筑。据史书记载，西汉时炎陵县洣水河畔鹿原陂已有炎帝墓冢，自唐代始有奉祀。陵庙屡建屡毁，至清雍正十一年（1733）按清制古帝王陵的格式修建，才形成较为完整的建筑群。炎帝陵共有四进，第一进为午门，门内有丹墀，丹墀两边有鹰、鹿石雕，左右两厢为牌房，置历代告祭文碑。第二进为行礼亭。第三进为正殿，内奉炎帝神农氏坐像。第四进为炎帝陵寝。陵前有墓碑亭。陵以石砌围，中间竖石刻墓碑“炎帝神农之墓”。环绕陵殿，筑有3米多高红色围墙。四周配建有附属建筑，整个陵山方圆1千米。清道光十七年（1837）重建炎帝殿。民国29年（1940）曾加修葺。20世纪50年代，被列为湖南省重点文物保护单位。1954年春节火毁。1986年6月至1988年10月重建。重建的炎帝陵陵址呈马蹄形，坐北朝南，南北长104米，东西宽40.50米，占地4212平方米。陵殿仿清式建筑风格，按“清工部工程则例”设计，亭殿全部采用木构架，斗拱、重檐。午门高7米，左右戟门高6米，均为细麻石券拱结构，红墙上覆盖琉璃筒瓦，顶饰陶制二龙戏珠。从午门进行礼亭，要上2级台阶，台前左右为清式石栏杆，中为丹墀御道，以白大理石镶刻云龙，两旁有鹰、鹿石雕。行礼亭宽14.03米，进深5.58米，亭高8.20米，为庑殿结构，黄色琉璃瓦屋面，下有8根直径为30厘米的麻石柱支承。朱红木格栏杆，青方砖铺地，片金天花。碑房宽15.30米，进深5.60米，檐高6.40米，为硬山黄色琉璃瓦屋面，由18根直径30厘米木柱支承，正面有6扇木花格页门，青方砖铺地，片金天花。大殿面宽21.16米，进深16.94米，殿高19.30米，建筑面积358.45平方米，以30根直径为60厘米的圆麻石柱支承。上作重檐歇山屋顶，檐角高耸，正脊两端饰鱼兽吻，檐下设斗拱，殿前设木雕花格页门。殿中麻石神座上设木神龛，龛内端坐炎帝贴金雕像。墓碑亭长、宽均为6.40米，高7.10米，由12根直径30厘米圆木柱支承，亭中竖时任中共中央总书记胡耀邦书的白大理石墓碑。碑亭之后为炎帝陵寝。陵以石砌围，墓前立胡耀邦题的“炎帝神农氏墓”石碑。在陵墓之北的另一山头，配建天使行台，3层砖混结构，长19.80米，宽15.24米，总高11.85米。1993年9月，中共中央总书记、国家主席江泽民题写“炎帝陵”陵款。1996年11月，国务院公布炎帝陵为全国重点文物保护单位。为适应海内外炎黄子孙寻根谒祖祭祀活动逐渐增多，规模不断扩大的需要，1999年，启动炎帝陵扩建一期工程建设，由神农大殿、公祭广场、公祭大道、龙珠拱桥、朝觐广场、咏丰台、龙珠大道和圣德广场组成。新建的神农大殿位于新建公祭区中轴上端，由主殿、四角阁、配殿、连廊和台基组成，占地3920平方米，建筑面积1680平方米，为明清建筑形式的混凝土仿木结构，采取一主（殿）二配（殿）、中轴对称的传统布局。大殿内墙上有高5米，总长61米，共305平方米的大型石刻浮雕壁画，反映了炎帝一生始作耒耜、遍尝百草、发明医药、治麻为布、削桐为琴、制陶为器的丰功伟绩。大殿采用的金龙和玺藻井完全按照北京故宫的规格精描细画而成。

云岩寺 云岩寺位于醴陵贺家桥镇寺冲村明月峰北翼的九峰山下，前濒寺冲水库，背有峰峦环绕。唐朝建中年间（780—783年）高僧昙晟从江西云游至此，悬崖穴居坐禅，遂结茅成寺，开堂说法，僧俗云集。会昌元年（841）昙晟归寂，唐武宗颁旨建寺，敕封昙晟为无住祖师。云岩寺历经沧桑，初为茅庵，经宋元明初，规模渐大，毁于明末。清时重修。“文化大革命”时又遭严重破坏。1986年，醴陵市人民政府为落实宗教政策，将云岩寺定为重点文物保护单位，拨款整修观音堂，重建昙晟塔，修复放生池、云岩、龙井等。修复后的云岩寺建筑群宏伟壮观，有山门，大雄宝殿、观音堂、罗汉殿、祖师殿、昙晟塔、经堂、钟楼、僧舍、斋堂等。1995年，湖南省人民政府颁文认定云岩寺为省佛教活动重点场所。

空灵寺 空灵寺也是湖南省重点的佛教胜地，位于株洲县城南5千米的湘江西畔，距株洲市24.50千米。空灵寺始建于梁天监七年（608），已有1400年的历史。1986年，经省人民政府批准，由湘籍台胞唐颖涛居士爱心捐款，始将“文化大革命”时期废毁的殿宇仿原样重修，先后建成三圣殿、大雄宝殿、天王殿、地藏阁、五百罗汉堂、观音殿、大悲院、药师殿、唐诗碑林、杜公亭、梅花阁、长啸楼、怀杜岩、历史著名诗人蜡像馆、杜诗陈列馆等，总建筑面积达2万平方米。大门口的“空灵岸”的匾额为原国务院副总理方毅所题。“三圣殿”是全国政协副主席、中国佛教会会长赵朴初所题，还有著名书法家李铎题的“大雄宝殿”，有金石书法家李立题的《佛光普照》牌匾。各殿堂金碧辉煌，雕梁画栋。

龟灵寺 龟灵寺位于攸县县城东郊之龟灵峰顶，寺前为山门，中为观音阁，阁右为大殿，阁左为斋室，阁前为寺坪，寺坪东南角有神农阁，前后共有房屋28间，总占地面积563.53平方米，青砖青瓦，古朴典雅。寺内有如来、观音、炎帝、韦驮诸神和镇武大帝铜像。龟灵寺自明朝中期建寺，历经五百余年的沧桑岁月，多次遭受人为破坏，到20世纪70年代，神像所剩无几，楼阁倾颓。80年代初，由比丘尼慧明、月莲二禅师辛勤操持，在各级人民政府及各界人士热心关照下，先后对龟灵寺进行了四次大的仿建重修。1979年，修建观音阁，1989年，修复横屋与寺坪围墙，1992年，扩建副殿，1997年，对寺门进行加宽、加高、加固，1999年，翻修寺前台阶，全部换成青岩石板，龟灵寺已成为株洲市佛教协会所在地。

神农阁 为纪念炎帝神农氏，1991年株洲市动工兴建位于神农公园奔龙山顶的高层框架仿古建筑神农阁。阁高52.50米，共9层，建筑面积3222平方米，第1、2层为琉璃重檐翘角，从第3层到第8层为方框形结构。阁顶为重叠十字脊，四角攒尖琉璃盖顶。1992年9月20日落成正式向社会开放，为神农公园内著名的八景之第一景。

仙庾塔 仙庾塔始建于清代，三级八角，楼阁式花岗岩石塔，底边长1.95米，三级塔身，三层之上有塔顶，塔身总高为12米。第一层四面辟有拱形门，第二、三层仅南向辟一拱门。塔身层间有飞檐翘角，翘角为石雕吉祥兽。塔内中空，有阶梯盘旋而上三层。清道光十三年（1833）改建于山腰。光绪二年（1876）又进行维修扩建。1987年，因遭雷击，塔顶及塔内旋梯等全被毁坏。1991年，株洲市政府和郊区政府决定修复位于株洲市郊区蝶屏乡仙庾岭上的仙庾塔。除全部按原样修复外，还修筑登山游路。距仙庾塔300米的半山腰有仙女庙。庙原建于山巅，塔之旁。

金轮古寺 金轮古寺位于大京风景区婆仙岭上，始建于唐代，1958年“大跃进”时期拆除。1992年重建，为境内一大佛教胜地。古寺由山门拾级而上，分三级，大雄宝殿、观音殿、讲经堂、僧舍、居士楼依次排开，雕梁画柱，碧瓦朱檐。山门口有罗汉洞、婆仙洞，洞内十八罗汉，婆仙像栩栩如生，仿若仙窝。殿前，明、清等各朝留下的断碑残刻依稀可见。寺后高峰上有万佛舍利塔，近40米高的宝塔金顶朱檐。八角屋檐上悬挂铜铃。沿塔内旋梯拾级而上，可直达七层塔顶，每层均设券门，塔外有回廊，通过券门入环形平台可眺望四周。

状元阁 1995年，建于醴陵古八景之一状元洲洲头上的状元阁，高30米，远看飞檐五重，傲然矗立；近看雕梁画栋，红墙碧瓦，金碧辉煌。首层四扇大门分别朝东南西北四方，古色古香，典雅庄重，有李铎等醴陵籍书法名家题写的匾额和楹联。

禹王宫 禹王宫地处攸水河畔的攸县县城西街，始建于元至治元年（1321），原称“禹庙”，原址在县城对河黄甲洲，明代迁入今址改为禹王宫，清光绪年间改为同仁宫。殿内主要供奉禹王、李公真人，香火鼎盛不衰。“文化大革命”时期庙宇被彻底毁掉。1991年，数十群众在原址建起简易敬香棚。1994年，民间成立“禹王宫修复委员会”，筹资60余万元，仿原样兴建了主殿；1997年，建成大雄宝殿；1998年，又筹资50余万元，兴建李公真人殿，之后又建成了山门戏台等。全宫占地面积3000多平方米，修建面积1100余平方米。殿宇雕梁画栋，雄伟壮观。

五子庙 1995年，建于炎陵县湘山公园内，占地900平方米，建筑面积165平方米，为青砖红瓦，雕梁画栋单歇山式仿古建筑，庙内设神农五子、钟馗才子、孟姜女子、铁头太子、罗浮孝子塑像。1996年9月，在湘山公园南侧，还建有知青阁，阁高19.60米，三层，为亭包外廊仿古结构，内壁篆刻有1963—1978年来炎陵县（时为酃县）的上山下乡知识青年名单，计7000余人。

李畋殿 李畋殿坐落于醴陵市西山公园内，为纪念中国花炮祖师李畋而造。1999年，由市建筑规划勘测设计研究院设计，2000年农历4月18日为李畋先师诞辰纪念日竣工落成。李畋殿为仿唐宋风格建造，由入口大门、两侧回廊、大殿三部分组成。经山门进天井，天井内麻石地面，宝塔香炉，长方大香鼎，周围条形花坛。上14级麻石台阶进入大殿，麻石台阶中间有麻石浮雕龙。大殿四周设柱廊，地面有花岗石，正门上方设“先师殿”三个镏金大字。四周均有彩画和金色玻璃花格。殿内坐落有李畋先师塑像。屋顶盖金色琉璃瓦，屋脊饰以龙、凤、狮、马走兽及仙人、截兽、正吻等陶制实物。

二 现代建筑

（一）工业建筑

株洲机车修理厂组装车间 民国26年（1937）4月，由英国提供设计和加工钢构件，国内营造厂商施工的株洲机车修理厂（南车集团株洲电力机车有限公司前身）的组装车间，为单层三跨钢结构厂房，总长262.30米，宽60.86米，檐高14.34米，总建筑面积2.09万平方米，其中主跨长为128.10米，宽22.28米，高14.34米；附跨长、高同主跨，宽为19.5米。1952年，由铁道部建厂局设计事务所设计，按照原结构进行扩建，加长22个柱间，柱距6.16米，扩建面积10958.89平方米。1956年后又扩建第二附房厂房，长、高与主跨相同，宽20米，面积5242.06平方米，成为株洲工业厂房之最。

车间主体为钢混结构，其中主跨和第一附跨的柱、梁、屋架全部钢构件，清水砖墙围护，两端为多边“工”字形山墙，屋面为进口中波石棉瓦，双向冲顶天窗。车间内分别安装60吨，10吨行车3台，混凝土地面铺双向铁轨供机车出入；第二附跨为混合结构，钢筋混凝土柱，预应力混凝土屋架，大型屋面板做沥青油毡防水层，清水外墙，混凝土地面。

331厂2号厂房　1954年2月，由中苏联合设计，国家二机部八局第七工程处（湖南省建工集团第五建筑有限责任公司的前身）承建的331厂2号厂房交付使用。2号厂房占地面积6415平方米，建筑面积7422平方米，当时造价124.70万元。厂房总长133.04米，宽46.50米（含福利楼）。主车间为装配式钢筋混凝土单层厂房。地基位于旧河床，基础深5.30米，采用混凝土垫层上砌花岗岩条形基础，外刷2道沥青防腐，钢筋混凝土预制柱，钢屋架带天窗，铆接拼装，屋面采用密肋大型屋面板，上铺两毡三油防水层，37厘米厚清水砖墙围护，外墙檐口下四周及窗台粉水泥线条，主车间北面为二层福利楼，作工具设备库、厕所、更衣室、办公室、会议室等。宽8.80米，纵向与主车间联接，混凝土楼板，水磨石地面，木屋架盖红平瓦（1982年扩建加高一层，改为混凝土平屋面）。该工程具有苏式建筑风格，造型端庄大方。1956年，经国家验收认定为工程质量良好。

株洲洗煤厂厂房　1955年9月，燃料工业部与波兰政府达成协议，由波兰斯士林诺格勒德设计院设计，波兰考普公司供应成套设备，选址株洲田心菱角塘建造中南地区第一座大型选煤厂，由中南五公司二处（湖南建工集团第五建筑有限责任公司前身）施工，总建筑面积2.80万平方米，总造价3331万元，其中土建部分608万元。1959年7月建成正式投产，是当时煤炭部江南第一家洗煤厂。该工程主要由准备车间、装煤仓、主洗间、受煤坑、浓缩池和沉淀池等工程组成。主洗车间4层，面积7700平方米，全部硬骨架钢筋混凝土结构，其钢构件由波兰加工进口，现场电焊拼装，现浇钢筋混凝土楼地面，装煤仓4层，建筑面积2570平方米，均为现浇钢筋混凝土框架结构，砖墙围护，现浇楼地面，红平瓦屋面。受煤坑、浓缩池、沉淀工程，为地下建筑，全部现浇钢筋混凝土结构。整个原煤加工过程，各车间以悬廊连通，钢架皮带运输机输送，使整个洗煤工艺形成自动化生产系统，为株洲第一家自动化生产的工厂。

株化磷肥工程　1956年，建成投产的株洲化工厂磷肥工程，包括原料破碎、熟化中和、混合化成、氟化加工和成品包袋五大生产工段，总建筑面积2.44万平方米，由南京化工设计院研究设计，省建五公司施工。原料工段由原料和破碎2个车间组成，原料车间为钢混结构单层工业厂房，现浇钢筋混凝土大型屋面板。破碎车间为2层现浇框架结构，现浇楼面混凝土大型屋面板。熟化中和工段基础为3～12米长的预制钢筋混凝土桩，现浇钢筋混凝土柱，钢屋架上盖混凝土大型屋面板，屋架及墙面均刷高级耐酸防腐油漆。混合化成工段为8层现浇钢筋混凝土框架结构。氟化及包装工段均为单层混合结构。整个工程防腐要求高，地面施工采用碎石灌沥青垫层，上铺沥青玛蹄脂油毡两层，再用辉绿岩胶泥砌筑耐酸砖，1号酚醛胶泥勾缝。现浇钢筋混凝土采用耐酸防腐混凝土。施工时，木模板先在地面组装好，用履带吊车吊装就位，再捣注混凝土，工序成平行流水作业，减少高空作业，加快工程进度，节约木材。在砌筑外墙时，采用安装在混凝土柱顶上的三角架多节挂钩悬挂金属衍架式脚手架施工。它具有灵活耐用安全的优点。这些新的施工方法，在省内均第一次采用。

株洲电力机车研究所半导体元件试验车间 1974年开始筹建，工艺设计为该所高级工程师陆宝根、倪格清，土建设计为湖南省建筑设计院。1975年开工，由郴州建筑公司承建主体结构。1976年，由省建五公司承担装修工程，历时2年多于1977年建成。工程为2层砖混结构，建筑面积1220.91平方米，其中净化区面积634.58平方米，其他辅助用房面积586.33平方米，墙基为水泥砂浆砌片石，负2米以上部分兼做回风管道挡土墙，净化区内采用全封闭式。为保证外墙有一定的热阻及气密度，用泡沫混凝土夹心墙，外墙上设双层固定玻璃密封窗采光。屋面结构为现浇钢筋混凝土十字梁，上盖预制钢筋混凝土槽形板，板下贴聚苯乙烯泡沐塑料保温。防水层为两毡三油加40毫米厚细石混凝土刚性层（内铺Φ4钢筋网）。为保证净化区空气的洁净度，在净化区总进、出口处设置走道式空气吹淋室和单人空气吹淋室作为气闸，将净化区与非净化区隔离。室内照明为密封式灯光槽嵌入平顶内，其他电力配电箱和扦座均埋入墙内，以减少积灰部位。由于电子工业生产对生产场地的空气净化和防腐蚀要求高，因而在设计及材料设备等方面，要求保证洁净度及防腐的需要。主体设计采取全封闭式，室内空气先由空调室除湿加热（冷），再经各种型号（初效、中效、高效）空气过滤器清除灰尘后，通过2层上的通风管由平顶上的送风口送入室内，废气则由设在各房间的回风口转入地下回风管，回到空调室处理，循环使用。室内建筑装修材料均符合防腐蚀，不起尘、不吸尘、易清扫的特殊要求，净化区墙面、地面、平顶平整度最大误差1.50毫米。面层材料采用环氧树脂玻璃钢，以保证建筑物不受酸、碱溶剂的腐蚀，对清洁度要求特别高的扩散间、光刻间，采用光滑不起灰的塑料装饰板贴面，拼接缝隙选用强度高，质量稳定的熊猫牌202胶粘贴。为避免地面镶贴块材缝隙多，易积尘的缺陷，采用自配塑料浆涂铺地面，它既有一般塑料不起灰、耐腐蚀等特性，又有不燃和无拼接缝的优点，满足了生产工艺的要求。

株洲汽车齿轮厂金工车间 1978年4月开工兴建，当年9月建成投产。工程由省建筑设计院设计，省建五公司施工，总建筑面积7855平方米，全长92米，宽72米，檐高8米，单层三跨混合结构，东西两端设福利楼。主车间为杯形基础，预制钢筋混凝土柱。吊车梁，预应力钢筋混凝土屋架及天窗架，双孔屋面板。地面为水磨石面，砖墙围护，大门面，混凝土遮阳板，东西福利楼为现浇钢筋混凝土梁及楼板屋面。两毡三油防水屋面，普通砂灰粉刷，水泥管排水。预制件加工量大，种类复杂，大小1153件，外加5000余铁件；机械吊装完成1200余件吊装任务；砌筑砖墙1274.84立方米；现浇钢筋混凝土梁48根，楼面、屋面混凝土301立方米，1800米门窗过梁，500米遮阳板和滴水板，全部按进度完成。整个工程经省、市质检部门验收，各分项工程合格率100%，优良率达80%，评为全优，是湖南省第一个获得“省全优工程”称号的项目。

株洲钢铁厂一轧车间和连铸车间 1993年交付使用，系当时的重点技改项目。一轧车间建筑面积13000多平方米，为30米、24米和9米三联跨构成，最长处达225米，118个杯口，123根钢筋混凝土预制柱，146根行车梁，50榀屋架，940多块屋面板，仅钢材就耗用1500多吨。连铸车间六连跨，其中的四号电炉，一个长8米，宽6米，深7米，现浇混凝土近一米厚的出钢池；一个270平方米，要现浇37根80厘米高的过梁，20厘米厚混凝土的台面的操作平台；一栋500平方米，四层共19.60米高，屋面、楼面、柱子全部现浇的配电间。施工单位市建公司仅用45天建成，比国家定额工期整整提前了1年。

其他工业建筑　航天航空工业部608研究所9111车间，建筑面积达14574平方米，获湖南省优质样板工程和省建筑工程质量最高荣誉奖“芙蓉奖”。株洲轮胎厂子午胎车间，建筑面积达33000多平方米，居当时株洲厂房建筑之最。湖南省火电公司建筑群，建筑面积11098平方米。铁道部株洲电力机车研究所的超洁净车间及建筑面积为9677平方米的电工车间。醴陵电力电瓷电器厂9570平方米的大套管车间和单层高达28米的高压试验车间，等等。

（二）公共建筑

剧　院　株洲建市之时，公共建筑近乎为零。1951年，市委决定利用火车南站煤码头后面的一块荒地修建一座礼堂，除开大会外平时作剧院用。至1952年年初，全市第一座较大的公共建筑人民剧院竣工投入使用。该剧院建筑面积1300多平方米，清水墙、木屋架、坡屋面、全部使用小青瓦盖顶，跨度24米，中间没有柱子，在当时湖南省内所有剧院中是绝无仅有的。剧院设厅座702个，楼座245个。1952年，由私人集资在人民剧院斜对面又建起解放剧院。1953年，又在人民剧院南端200米处，投资3万元新建人民电影院，而将人民剧院改为市人委礼堂。

株洲市邮电大楼　1959年年底建成，由市建筑工程公司设计并施工，为株洲市第一座标志性的建筑，是20世纪50年代株洲市建筑规模最大、档次最高的公共建筑。大楼平面呈曲尺形，正门朝东，由营业大厅、邮政、电信三大部分组成，总长123.35米，宽15.10米，占地6825平方米，总建筑面积6776平方米。营业大厅5层，高27.50米，长23米，宽15.10米。平屋顶，女儿墙，局部有地下室。主体建筑大部分为砖混结构，中部大厅为钢筋混凝土框架，地面大部分为水磨石、局部为水泥抹面、个别房间铺硬木地板或耐酸瓷砖，内墙高级抹灰，个别房间装隔音板，外墙面以清水墙为主，窗下墙及腰线粉水泥作立面装饰。平屋顶面铺三毡四油，加3厘米厚钢丝网混凝土刚性层再粉防水砂浆面层。在当时“快速施工”的思想指导下，“边设计，边施工”。工程设计前没有地质勘察资料，以假定沉降量设计，尽量避免造成损失。为解决基础不均匀沉降，采取从基础到上部结构结合处理的办法，即整个基础用毛石混凝土、100号红砖、75号砂浆砌大放脚，上部结构，框架柱、梁，加大钢筋断面尺寸，各层设圈梁。后经建设单位检验，认定施工单位采取的措施是有效的和符合技术要求的。工程建成后，经半个世纪的使用未发生质量问题。

株洲市体育馆　1973年年初，为举办全国甲级篮球赛株洲赛区的比赛，在原市露天灯光球场的基础上拓建株洲市体育馆，由省建五公司设计施工，中色三建二公司承担屋架制作和吊装，包括设计施工在内，仅用47天，于1973年4月建成，比照同类工程，工期缩短了三分之二，工程质量达到了技术规范要求。体育馆中央比赛大厅高12米，全长57米，宽13. 35米。场内看台为踏步式，向周围分布，共17级（松木座板），踏步总高6.80米，可容纳观众4500人。主体结构的基础为混凝土垫层，砌大放脚；承重砖柱四周加钢筋。层顶结构为角钢屋架，上铺石棉瓦、油毡、木望板，跨度宽45米，为当时全市跨度最大的建筑。比赛场内地板结构为素混凝土地面，一毡两油防潮层、木龙骨、斜铺30毫米厚杉木板，上用沥青玛蹄脂粘贴席纹硬木板。为适应体操、杂技、排球等多种用途，在球场正大门的右边、中间及左边的前对角埋有20个拉环，必要时可将上面的席纹地板拉开使用。墙面均为水泥砂浆打底，纸筋灰抹面。比赛场设东西南北四张大门，按人流速度每分钟40人通行能力，4500人可在4分33秒钟疏散完毕。整个比赛场设计总吸音率为500周/秒，混响时间为1.80秒，比体育建筑最佳混响时间2秒还要少0.20秒。

株洲火车站 1979年12月，由省建五公司承建并投入使用。车站由主楼、副楼、地下人防工程组成，前沿广场平行排列，后距站台18米，建筑总面积9908.71平方米，主楼正面朝西。工程由广州铁路局勘测设计事务所设计。主楼第一层长75米，宽40米，层高7.59米，进门大厅有候车室三个，其余为客运、广播、小卖部、仓库、开水间、男女厕所、洗手台、通信电缆引入室、检票员休息室等生产服务性用房。第二层两边设候车室，中部设公安值勤、检票员室、清洁卫生工具室、开水间、厕所等用房。第三层内设军运、保健、遗物办、通信机械室、通信工区、大钟机房、会议室以及学习办公用房。副楼位于主楼北边，平面布置，包括售票厅、票房、票据库房及部分办公用房与贵宾室、软席候车室、服务室、厕所、内院等。主楼基础因地处填土区又有地下人防工程，地下水位高，采用爆扩桩及钢筋预制桩加强地基。副楼地质较好，在天然土上做基础。主副楼梁、柱、板为现浇框架结构，采用滑模施工，砖墙围护。门厅屋盖采用球节点钢管网架，现场高空组装焊接。屋盖为木龙骨木檩条，上铺木望板，盖铝合金大瓦。其余屋面为钢筋混凝土板防水面层，主楼大厅楼梯为现浇钢筋混凝土，后座为砖墙承重钢筋混凝土梯。副楼采用悬挑式楼梯，钢栏杆，硬木扶手。大厅主廊及回廊栏杆为型钢竖柱，硬木扶手，木门钢窗。装修工程外墙南立面墙裙为马赛克，窗间墙及窗上边均为桃红色石米水刷面。北立面从拐角花池后起为白水泥石子水刷石米面，柱面贴预制彩色磨石块，室内装修，部分为拼花马赛克墙裙部分采用木地板木踢脚线，部分为白瓷砖踢脚线。母子候车室墙壁画有莺、免、马、象、羊、鹿等动物。大厅球网架吊顶采用600毫米 ×610毫米吸音纸板，油白色无光漆和深绿色油漆，四周为花纹吸音板，油天蓝色无光漆。

株洲苎麻纺织印染厂综合楼 1985年建成交付使用。综合楼由文化楼、科技楼、俱乐部和招待所四大部分组成，占地面积4000多平方米，总建筑面积11600平方米，最高6层，高24米，由株洲市建筑工程公司承建。这一建筑物的地基复杂，有100多米长的全市地下防空洞的主干道通过基础底部，由于紧邻湘江，地下水位高，又有流沙，一般地层为钢筋混凝土独立柱基，复杂地层为桩基础。科技楼顶层为阶梯教室，室外设有钢筋混凝土旋转楼梯；俱乐部设有自动升降乐池；钢屋架跨度24米。整栋楼装饰标准高，室内多为中高级抹灰；大部分地面为彩色水磨石；楼梯设有不锈钢管扶手，茶色玻璃防护挡板；一部分天棚采用高级石膏板吊顶。外墙面大部分为进口涂料喷涂，小部分为水刷石，临街面全是铝合金门窗，茶色玻璃。1987年，工程经湖南省质监部门组织专家评审，被评为省优样板工程。

市民族饭店 1987年1月建成交付使用，由市建筑设计院设计，郊区明照建筑工程公司施工。饭店位于株洲火车站广场南隅，呈多角形，坐西朝东。地面8层，地下1层，檐高31.20米，突出屋檐的电梯机房高4.20米，屋面上的穹窿顶高出屋面8米。饭店总建筑面积3412平方米，由地下室（仓库）、营业部、旅馆部、伊斯兰教堂等组成。其中正面楼和南侧楼为清真馆，西楼为民族饭店。大楼正立面左右两屋顶各设一个小穹，中间设一大穹，大穹顶上3米长钢管穿直径800毫米和300毫米铝合金球各 1 个。大楼底层及第 8 层为半圆拱异形门窗，整个建筑突出了伊斯兰建筑特色。楼内设电梯，围绕电梯另有一座钢筋混凝土楼梯，楼东南侧还设一座太平梯，上下交通便利。大楼基础为钢筋混凝土灌注桩，主体为现浇框架，砖墙维护，平顶屋面。外墙正立面（3 个面）砖墙附砌六角形半圆壁柱，贴深绿色瓷面砖。门窗上下为浅绿色和白色面砖，大门顶上用阿拉伯文字组成装饰图案，外墙背立面为分块混合砂浆拉毛。室内装饰 1 ~ 3 层有吊顶，贴墙纸，木墙裙，彩色水磨石地面，其余为普通抹灰。该建筑立面造型雄伟壮丽，集清真饮食、旅客住食和伊斯兰宗教活动场所于一体，功能分区明确，是市区独具少数民族风格的建筑物，工程设计曾被评为市二等奖。

庆云大厦　1987 年 10 月建成使用。由湖南省建筑设计院设计，中色二十三冶二公司施工，1989 年，被评为湖南省优质工程。大厦总建筑面积 27708 平方米，由塔楼和裙楼两部分组成。塔楼是三叶风车形，地面以上 20 层，总高 74 米；裙楼三层，檐口标高 16.80 米，裙楼绕塔楼半周，沿街向南北伸出两翼，设屋顶花园，整个大楼像一只展翅飞翔的雄鹰。整个主楼用中央空调，并设电视共用天线、闭路电视和音响、电话、自动感烟报警系统等装置，设备先进。它集宾馆、饮食、娱乐、购物及贸易洽谈和第三产业培训中心为一体。塔楼为钢筋混凝土筏片基础，埋深 7.05 米，北翼裙楼亦为筏片基础，埋深 5.50 米，塔楼与北裙楼有地下室连通，地下室安装设备和 200 立方米、600 立方米水池各 1 个。南裙楼为独立柱基础，埋深 2 米。大厦主体全捣制钢筋混凝土结构，塔楼为框支剪力墙和落地剪力墙结构体系，4 层以上为标准层，层高 3.10 米。标准层非承重外墙为现浇钢筋混凝土墙板，客房楼板为预制普通迭合板，交通走道、卫生间楼板为现浇肋形梁板。裙楼为框架结构，砖墙围护。塔楼设置 4 部电梯和 2 座跑梯直达顶层，贯通各层，裙楼各层及地下室的交通，置 5 座跑梯。工程设计构思新颖，合理利用空间，由于可用于绿化的地皮极少，故裙楼部分的全部屋面均考虑为屋顶花园，适当布置绿化及庭院小品，与周围街道环境协调一致。装修美观大方，主楼外墙贴白色与土黄色两种玻璃马赛克，裙楼外立面贴乳白色瓷砖，使整个建筑外立面显得色彩淡雅，洁白如玉。室内大理石贴面门洞，平顶吊筋采用轻龙骨吊顶和藻井式无吊顶天棚以及部分铝合金吊顶，拼花马赛克地面和大面积美术水磨石地面。

金融大厦和房产交易中心　1995 年竣工的金融大厦和 1999 年 9 月开工的市房产交易中心（房产大厦）。金融大厦坐落在市中心区建设南路和车站路交汇处的东北角，地上 25 层，地下两层。框架剪刀墙结构，高 99.50 米，总建筑面积 42843 平方米，其中裙楼四层 4914 平方米。工程竣工交付后，建行、工行、农行等三家金融机构进驻。市房产交易中心主楼 26 层。其中裙楼五层，属框支剪刀墙结构，高 104.60 米，是当时市区最高建筑，总建筑面积 26983.85 平方米。工程于 2001 年 6 月竣工交付使用，被评为省优质工程。

（三）住宅建筑

1949 年以前，普通百姓住宅一般为单层、单体，主体大多为土木结构，部分为木竹、木材结构，坡屋面，有相当一部分用茅草盖顶，部分用杉树皮，少部分用小泥瓦。房屋结构简易，低矮狭窄，室内阴暗潮湿。部分地主、富豪、官吏所居住的为庄园式民居，一般为土木结构，其布局由“正屋”“横屋”“上屋”“下屋”等组成，也有以中轴线为主分“前栋”“后栋”等多重多进的住宅。如株洲县堂市乡油子塘老屋，正屋“五间十”，横屋“五间十”，栋高分别为10.60米和9米。东西横屋由前后2进组成，东南突出1栋“五间十”的附庸，栋高8米，西面横屋为“五间十”，西南退后一进盖1栋“大三间”的横屋，栋高为7米，共计房屋30间，总建筑面积800余平方米。居住12户100余人。它是汉族单一家庭聚居之村庄，坐北朝南，房屋围成一个个天井，前后左右形成环抱之势，对外封闭，对内则按单一家庭划分用房。其布置按纵向与横向轴线关系，把各家住房联成一体。这种庄院式建筑，一般以“正屋”为建筑主体，并以它为中心联结东西横屋，正屋前和横屋出檐边三向设有走廊贯通各屋，外设槽门为总出入口。房屋四向及内天井落水，木屋檩、小青瓦屋面，正、横屋主体均为青砖脚、灰墙，西南退后“大三间”的横屋为灰墙基脚，黄土墙。砖、灰、瓦、木四大材料多为当地所产，就地取材，因材置用。

庄院式建筑的主要特色是总体布置紧凑，空间组合巧妙，装饰简朴，经济实用。合理利用前后门窗、天斗窗和天井通风采光，堂屋共同为各家活动的中心。

类似的建筑还有李立三故居，位于醴陵市渌江乡福建围村，亦名“芋园”。“芋园”建筑选址为荷花形，四周地势稍为凸起，南面水塘总面积1500平方米。房屋大门朝西，距大门23.30米处建槽门，槽门上横书“芋园”2字。平面布置正屋纵轴线长39米，分为9个开间，横轴线长22米，分为2进。前进12米，后进10米，以3个相连“十”字为堂屋，内以鼓壁分隔为内外厅室，沿厅堂前后布置居室，互为联系，互不干扰。共有房23间，建筑面积879.25平方米，正立面左右两边呈“3”字马头墙，有花草绘画，始建时为土坯木结。1983年3月，按原样改为砖木结构。故居建筑规模大，以横竖堂联通每间居室，房间多，居住舒适、安静，体现了当时民居建筑的使用要求，其建筑选址和朝向均好，青山绿水掩映，分外清新秀丽。

邓文柳住宅同属此类建筑，位于醴陵市姜湾上正街，始建于民国35年（1946），是民国一少将军官住所。该建筑平面设置为传统形式，4栋3间，1明2暗，以中轴线为中心，设中厅，开间4.40米，两边为住房，宽410米，通间长12.60米，进深9.50米。右边房凸出部分成半个等边六角形，厅前设阳台，为2层砖木结构建筑。底层建筑面积146平方米。厅后经墙内边设2.20米宽梯间，歇台下有门进入后花园。厅左边为主卧室，右边房为前后套间。立面门窗为两开玻璃窗，凸出部分六等边墙为单开玻璃窗，带亮镶板门，屋面为四坡排水，盖小青瓦，安白铁天沟水落管，凸出部分成六边形屋面，阳台顶作人字屋面，用屋面变化增加立面的美观。该住宅建筑为砖木结构，墙体用石灰砂浆砌红砖，外墙为清水，内粉刷为白灰砂浆抹面。

20世纪50年代，住宅建筑在造型、布局等方面有较大的改变。砖木结构代替土木、木竹、木材等结构，两室户代替了单室户，室内开始设置顶棚，两开窗代替了小窗户，屋面青瓦遮盖代替了茅草、树皮、油毡等。

为满足来株援助建设的苏联专家居住的需要，在董家塅331厂内友好村和中华村先后建造了13栋“苏式”小平房（又称“小洋房”）。其中友好村5栋，为3卧1厅，加厨房、卫生间，每栋建筑面积131.40平方米，住2户，平均每户为65.70平方米。中华村建8栋，为厂职工家属住宅，2室1厨，每栋建筑面积为203.40平方米，住6户，每户建筑面积33.90平方米。这批住宅为专家建议，工厂基建科设计，自营力量施工，于1953年10月建成，均为砖木结构。中华村职工住宅基础为砖砌条形基础，主体为24厘米清水砖墙，室外两端山墙到顶，室内隔墙至平顶，木屋架小青瓦屋面，木板条平顶，卧室为木地板，其余为水泥地面，内墙为石灰砂浆底，纸筋灰盖面。友好村5栋为专家住宅，根据使用需要，增设内走廊、浴室和厕所，主体墙屋角及承重处设附墙砖柱，墙为12厘米清水墙，其他结构和装修与中华村相同。本住宅呈封闭形，1户1门，多坡屋面，其使用功能齐全。

1950 — 1953年，为解决职工住房难的问题，国营331厂还建成72栋家属住宅，占地面积45489平方米，建筑面积19584平方米，可住居576户，均为平房。这批住宅位于厂内建国、团结等6个村。以建国村12栋平房为例，该村住房均坐北朝南，按纵向排列，每栋建筑面积为233 ~ 278平方米，住8户，为2卧1厨独门独户，每户平均建筑面积34.70平方米。主体周围为240毫米厚红砖墙，两端山墙到顶，中间间墙为130毫米厚砖墙及部分板条墙，屋面为“人”字形木屋架盖小青瓦，前后排水。平顶为灰板条粉纸筋灰，室内墙面为石灰砂浆，明沟出水。由于当时国家很穷，为节约开支，这72栋职工住宅的建设全部就地取材，墙体全部为干打垒（又称土坯墙，亦称土筑墙）。造价每平方米不到20元，而砖木结构的住宅每平方米造价需40元以上。1957年3月25 — 29日，中共中央副主席、全国人大常委会委员长刘少奇为解决全国职工房荒问题到株洲调查研究后，充分肯定了建筑土坯房的做法，《人民日报》头版头条就此进行报道，并配发社论，将331厂经验向全国推介。从20世纪70年代起，上述72栋职工宿舍先后被拆除，建成楼房供职工居住。

20世纪60年代，由于国家历经了“三年困难时期”，城区住宅建筑较少。各企事业单位为解决本单位职工家属住房难的问题而自筹资金建造了少量住宅。每户的建筑面积和使用面积都很小。经济效益好的单位，开始了建造一些3 ~ 6层的多层砖混结构住房。外墙一般为清水墙，室内粉水泥沙灰，石灰水刷白。每栋2 ~ 3单元，每层3 ~ 5户，多为两室一厅一厨一厕，也有少量的一室一厅一厨一厕。每户建筑面积均在50平方米左右。经济效益不太好的单位，也有一室一厅的，厨房、厕所公用，每户建筑面积40平方米左右，甚至更小。

20世纪70年代，住宅建筑出现较大变化。砖木结构在城市住房建设中几乎全部被砖混结构取而代之。住房层次增高，基本采用套间形式，都有独厨、独厕和独立阳台，有的还开始设置壁柜和阁楼，外墙一般采用分格洗石子或干粘石作装饰，清水墙已极少采用了。

这一时期，株洲以综合利用为主的建材工业有长足的发展。株洲粉煤灰砖厂利用株洲电厂排出的粉煤灰240余万吨，生产出12.36亿块煤灰砖，解决300万平方米的一般工业和民用建筑物的用砖问题。但由于正值“文化大革命”时期，忽视生产质量，在兴建交通大楼时，当主体砌筑到4层后，因煤灰砖质量问题造成墙体开裂，不得不全部拆除重建。之后，红旗村、建宁村、沿江村共计33栋民用住宅楼房，在使用一段时间后，也因同样的原因先后被全部拆除，造成很大的经济损失和不良的社会影响。

1984年，省建五公司在北区（石峰区）响石村，建成6栋装配式大板宿舍，占地5000余平方米，总建筑面积7500.80平方米。整个建筑质量被评为优良工程。该工程地处回填松软土质，地基处理采用机械与人工开挖至3米深处，再做砂垫层。采用蛙式打夯机反复夯实，达到每平方米8吨荷载后，砖砌370毫米厚挡砂墙，然后做砂垫层，每层20厘米，经湿透夯实，达到要求后进行第2层铺砂，直至铺完后再做混凝土封闭层，砖砌条形基础，设地圈梁一道，再回填素土，用5吨压路机压实。本建筑系钢筋混凝土装配式大板结构体系。主体的预制构件大小有2500余件，最大件重达4.43吨，最小件重0.12吨，采取分层分件，先内后外吊装法，保证了工程质量，每栋工期90天完成，每平方米造价只109元。它是20世纪80年代住宅建筑结构和施工工艺面对传统方式的一种突破和创新。

与装配式大板宿舍几乎同时竣工的还有株洲汽车齿轮厂沿街1、2两栋住宅楼，建筑总面积2112平方米，由省建五公司施工，被评为全优工程。这2栋住宅楼工程布置为前后排列1式2栋，2单元五层。第1层为商业营业间，面向街心，其余各层均为2室1厅加厨房、厕所的家属住宅。每户设前后阳台。住宅层高3米，檐高18米。工程为砖混结构，底层营业间为现浇框架，预制空心板楼面，刚性防水屋面。现浇楼梯梁，预制水泥踏步板，钢管扶手铁栏杆，钢窗木门。其装修，外立面为干粘石，内墙为白灰砂浆粉底，面刷106胶两遍，门窗外面为绿色调和漆，内为奶黄色。

住房制度改革以前，由于实行国家统包、低租金、无限期使用为特点的实物福利性住房制度，居室面积小，质地差，人均住房面积始终在4平方米左右徘徊。20世纪80年代以来，随着人们生活水平不断提高，住房设计从以筒子楼、单元楼为主，逐步向以大、中、小，并配有客厅、餐厅的套房为主的过渡，住宅建筑开始向舒适型转化。

城市启动住房制度改革后，企事业单位、机关、学校、部队通过多种渠道筹措资金建职工住宅，并由原来一栋3～4层改为5～6层或7层。株洲城区住房面积迅速提高到人均8平方米，翻了一番。农村实行联产承包经营后，广大农民收入普遍提高，生活逐渐富裕起来，20世纪80年代后期掀起一股建房热，昔日的土砖房逐步被红砖墙替代。部分先富裕起来的农户，开始盖起2层楼房，人均面积达到25～30平方米，最高达到50余平方米。

20世纪90年代，株洲在全国率先进行住房制度改革试点，对现有公有住房实行先买后租的政策，城市居民原来所租公房通过房改均变成自家的私房。同期，房地产开发商大量增加，开始大规模的住宅小区集中建设；为充分利用土地，追求利润最大化，开发商开始尝试从开发小高层商品房向开发高层电梯房转换。因而房源大量增加，人们可以根据自己的经济条件随心所欲购买所需的商品住宅。

滨江一村住宅小区是这一时期的代表作。该小区规划方案经过建设部评审并获得批准，列入全国第二批住宅建设试点小区。工程于1991年9月动工，1994年4月竣工交付使用。总建筑面积14.88万平方米，其中住宅面积13.63万平方米，公共建筑面积1.25万平方米，共53幢，1925套，总投资1.10亿元，是一个质量优良、经济合理、交通方便、设施完善、建造新颖、环境舒适，适应南方气候条件，具有良好的居民交往空间的花园式住宅小区。小区内主道路呈风车状。道路将小区分隔成春园、香园、长园、留园四个住宅组团和命名为乐园的中心游园。住宅建筑以点式、条式、单元错接和局部特殊设计相结合，形成不同的院落空间，各具特色。建筑简洁、明快，以白色为主，阳台、檐口用鲜艳色彩点缀；住宅厅、厨、厕、储存室布局合理、适用；小区公共建筑以浓艳的色彩突出立面，区内居委会、幼托、小学、商业网点、休闲娱乐场所等配套设施一应俱全。构筑物合格率100%，优良率达75.59%。其中有五栋评为省优样板工程，小区被评为“国家优秀试点小区”“住宅小区施工质量一等奖”“住宅小区优秀管理奖”。滨江一村小区建设，改变了株洲市区单位、部门各自分散建设住房的落后模式，为株洲住宅小区综合开发闯出了一条新路。

（四）特殊建筑

炎帝雕像 炎帝花岗岩雕像坐落在炎帝广场中轴线地下建筑屋面平台上，坐西朝东。雕像由606块红麻花岗岩石拼砌而成，最大石块重达5吨，内衬为钢筋混凝土，总重约900吨。基座为9.20米×9.20米的钢筋混凝土筒体，高5米，雕像净高19.97米（寓意1997年香港回归祖国）。由于地下建筑屋面高出地面5米，且直径有62米，雕像又全部落在屋面平台的中央，给组砌施工出了很大的难题。

东方神农铁塔 东方神农铁塔位于株洲市天元区炎帝广场中轴线西，为国内目前最高的钢制结构多功能电视广播铁塔，塔身净高293米，海拔高度365米，象征着株洲365万人口和一年365天，总投资逾8000万元，设计抗震按7度设防，设计使用年限100年，设计总吨位为2000吨。自1996年5月开工奠基至1999年12月日开业，历经3年，一期工程顺利竣工。神农塔身呈六边形曲线，造型独特，气势宏大，从上而下依次由天线段、上塔楼、下塔楼、塔座大厅、塔体和中心井架六部分组成。塔身标高78米处装有四面大时钟，钟幅宽10.1米，意喻着中华人民共和国国庆日；顶端天线段总长88米，供安装广播电视发射天线和部分通讯用天线，并有避雷装置和航标警示灯；在桅杆天线设计上，从技术角度充分考虑为通信、环保、气象、交通、公安、消防等部门提供综合配套服务功能。

地下工程 株洲地下工程起步于1953年的人防工程建设。其时，主要是一些大型厂矿企业结合办公楼基建而修建的防空地下室。这些防空地下室都参照前苏联的技术标准设计修建，一般是砖墙，混凝土顶板。随着时间的推移和地面建筑的改建，大部分已拆除和报废。20世纪60年代，在“深挖洞，广积粮，不称霸”“备战，备荒，为人民”的号召下，市委、市政府充分发动群众，全民动手，利用灰渣砖、矸石砖、片石、废旧钢筋、混凝土预制板、三合土、自制自烧红砖、水泥、三渣等材料，根据市区山多，工厂布局分散的特点，采取以山为托，连片成网，建成防护体系。1966年，动工修筑“三〇战备指挥工程”，1967年建成。为株洲第一个设计比较完善、防护能力比较强的地下指挥工程，经40余年仍旧完好。70年代，先后完成或部分完成了“五二〇”、石峰山、金盆岭、凤凰山和警报山等较大的地下工程。1975年，制定《株洲人防工程建设规划》后，人防工程以挖坑道为重点，使已建人防工事分片连接成网。1975年，神农公园接管奔龙山下的人防工事，筹建了“地下公园”，开全国“平战结合”的先河。株洲地下商场，位于火车站广场，建筑面积2639平方米，是平战结合和人防建设与市政工程建设相结合的工程，有两条穿过人民路的地下人行通道。工程设有通风空调设备和水电设施。1986年动工，1987年建成，使用效果保持良好。株洲太空城地下工程于1990—1991年修建，地处市体育广场东侧，总建筑面积2998平方米，平时为文化娱乐场所，通风空调及给排水，高、低压配电等设施齐全。还有株洲天池娱乐城地下工程，1993—1995年构筑，位于河西滨江一村中心地段，建筑面积1265平方米，平时以休闲娱乐为主对外开放。1994—1995年，修建了株洲地下商场通道工程，总建筑面积1600平方米。以上这些规模工程，大多采用地下掘进，混凝土跟踪被覆的办法修筑。也有部分工程采用大面积开挖，砖砌体和发拱承重，再进行全面被覆，还有一部分采取钢筋混凝土构架建成。

烟 囱 从20世纪50年代到90年代，全市城区共建大大小小的烟囱459根，林立的烟囱曾经见证了株洲工业史上的辉煌成就。1957年9月，由冶金部有色金属局组织国内设计和施工队伍，在清水塘破土动工兴建株洲冶炼厂。1958年，在工厂内建成亚洲最高烟囱，高度达133米。1993年，二十三冶二公司也是在株洲冶炼厂，采用外滑内翻新工艺，建成120米高，内直径为3米的钢筋混凝土烟囱。该烟囱筒身结构分三层，外层为C28钢筋混凝土，中层为空气隔热层，里层为水玻璃耐酸胶混砌筑的陶土砖耐火内衬，建成后成为株洲市区烟囱中的又一大巨头。随着燃料以煤改油、改气的发展，以及清洁能源的日益推广应用，城区内大部分烟囱都失去了存在的必要，绝大部分都先后被淘汰和废弃，以利于治理环境污染，改善城市生态环境。

第三节 建筑安装及队伍

一 建筑技术

（一）地基基础工程

古代建筑的房屋平面形式简单，上部荷载不大，基础一般建在天然坚土或用夯实的方法加固软土的基地上。始建于唐代天宝年间的攸县阳升观、明洪武年间修建的醴陵市杉仙殿、明万历年间建造的茶陵县谭氏家庙均为木构架结构，基础施工简单，基槽（坑）砌砖石，在承重柱、墙下端奠石墩或石块。

清末、民国时期，民居、商店、祠堂、寺庙、教堂等房屋，多为砖木或砖石结构，以墙体承重，1 ~ 3层，总高度在4 ~ 10米之间，基础施工开始定位放线，按线挖基槽，以挖至自然坚土为准，用碎石、砖块或条石填塞基坑，铺垫平实；也有用石灰、黄土和砂混合（通称“三合土”），经锤紧或夯实后，用砖块或条石砌成台基，作为墙体基础。这种基础施工法在农村建农舍被普遍采用，一直延续到20世纪70年代，对于软土层深的地基，则采用排松木桩加固，排桩上再用石灰、黄泥、砖渣（或卵石）三合土铺垫层，或干铺卵石砂层，其上再砌砖基础。清光绪二十九年（1903），株萍铁路桥墩基础就大多采用木桩来加固地基。民国14年（1925），醴陵县渌江石拱桥南2号桥墩也采用排松木桩来加固基础。

随着工业的发展，大型厂房等建筑物开始在境内兴建。由于建筑物的荷载加重，素石混凝土和钢筋混凝土基础开始盛行。民国25年（1936），选址在株洲田心塅的株洲机车修理厂主要厂房、机器场、车辆场等工程，钢柱基础全部为混凝土。民国36年（1947），永利久大化学公司在奔龙山建造英兹式水塔，其地基深4米，为自然土层，采用了钢筋混凝土现浇整板基础。

中华人民共和国成立后，1953 — 1957年，由苏联援建的国营331厂、601厂、株洲电厂和波兰援建的株洲选煤厂，其厂房设计均为钢筋混凝土结构，基础工程根据现场勘探资料分别采用砖石条形基础、混凝土独立桩基础、杯口基础、沉井基础等。株洲电厂水泵房工程位于白石港下游的湘江河岸，场地狭窄，施工排水困难，且下卧土层为软弱土壤，而设计对地基的强度和稳定性要求较高，承担施工的省建五公司采用开口沉井施工技术获得成功。沉井为钢筋混凝土筒，筒身净高22.88米，内径17米，筒壁厚0.8米，自重2519.6吨，施工在现场分三节浇灌，依次下沉至21米止。此方法减少了土方挖掘量，基坑占地小，施工安全，对邻近建筑物影响较小，施工排水简易。这种方法嗣后在株洲车辆厂的水压机基础、市机电公司办公楼基础等施工中都得到了成功运用。

从20世纪60年代开始，对地基基础施工新技术进行了引进、开发和完善。1964年，省建五公司在株洲化工厂磷肥系统熟化工段厂房的基础施工中，开始采用30厘米 ×30厘米截面，长3 ~ 12米的预制钢筋混凝土及现浇钢筋混凝土桩，而后将预制桩用人字钢扒杆吊装就位，机械打桩。此后，株洲车辆厂试制车间的基础施工在机械打桩的基础上又进一步。由于厂房处于“喀斯特”地貌，石灰岩的溶洞较多，经专家论证，不回填溶洞而采用浅基，用弹性基础梁将各柱基用弹性基础梁联系起来，做成联合基础。

1969年，中色三建二公司自创钻孔工具，在株洲冶炼厂锌净液车间的基础施工中，使用爆扩桩521根，深度5 ~ 9米，管径27.50厘米，桩尖端直径为33厘米，扩大头1米左右，一般落在砂黏土或亚黏土层上，通过静测和动测单桩承载能力达40吨。爆扩桩基础与传统施工法做的基础比较具有造价低、工期短、施工方便、工人劳动强度低和适应范围广等优点。

1972年，省建五公司对湘江氮肥厂二期扩建工程的大型振动设备基础及厂房柱基，试用砂垫层人工地基，即根据土质和厂房柱基埋置深度，将基坑挖至 –2.40米至 –2.80米。四边做混凝土挡砂墙，再填粗砂0.50 ~ 1.00米厚，振动夯实，加上混凝土盖板，形成混凝土盒子，使砂垫层不至于被流动的地下水带走，基础做在 –1.80米深处。自1973年投产后，基础振动均在允许范围之内，未出现沉陷。

1979年，株洲市第二建筑工程公司从广西南宁、桂林等地引进振动灌注混凝土桩技术。1980年6月，在株洲市经济委员会住宅工程施工中，使用振动成孔灌注混凝土桩成功。同年，湖南省第四工程公司承建省火电公司住宅24支振动成孔灌注桩，做单桩承载力动静对比实验获得了成功。嗣后，振动成孔灌注桩在株洲普遍推广采用。这种桩施工速度快，操作方便，与预制混凝土桩相比降低造价3/4。

1980年，湖南省化工设计院在株洲化工厂扩建工程中，首次采用强夯实法加固软弱地基。中色三建二公司在自建内浇外砌住宅的基础施工中，将五吨重锤提升到5 ~ 6米处，自由下落夯实地基，然后，按设计标高铺填3 ~ 5厘米碎石，用10吨压路机纵横各压3遍，表层用12吨压路机纵横各压3遍。其上做成不埋板式钢筋混凝土基础。该基础与砖、石条形基础比较，构造简单，施工方便，造价低廉。

1985年，市二建公司在南方航空动力机械公司住宅及车间设备基础施工中，利用振动成孔桩机成孔，以中砂及Φ2 ~ 4厘米砾石，按1 ∶ 4的比例，拌和均匀注入桩管中，边振动边拔管，用砂、砾石桩加固地基，与大开挖深基础比较有明显的经济效益。

1986年，湖南省建筑设计院设计、中色三建二公司承建的株洲庆云大厦工程，主楼21层，为筏片基础，坐落在中风化泥质粉砂岩层地基上，埋深7.05米，基础和地下室混凝土工程量约4500立方米，钢筋500吨。因地下室深度不一，设置水平和竖直施工缝采取分段和分层施工。

1990年，铁道部第四勘测设计院在河西滨江一村6栋住宅兴建中，应用粉喷桩加固软弱地基获得成功。这项技术采用GPP-5型深层喷射搅拌机，桩径为45～50厘米，每栋布桩395～466根，桩长7米，要求复合地基承载力为180千帕。计算最终沉降小于10厘米，实际加固后的地基强度满足要求，基础沉降量最大为0.40厘米，远小于要求值。采用这项技术施工无振动，无噪声，对施工环境无不良影响，且速度快，工期短，同灌桩比较，降低造价20%～30%。同年，省煤田公司施工株洲苎麻纺织印染厂80米烟囱基础，工程地处湘江河畔，上部为松散流砂，下部卵石层厚度超过10米，地下水位高。工程首次在厚层砂卵石中试行钻孔灌注桩。为防止孔壁坍塌，自制了一种多功能钻头，改进施工工艺，使钻孔顺利穿过砂卵石层达到基岩，再灌注高标号混凝土，取得在厚砂卵石层打钻孔灌注桩的成功经验。

1991年，株洲市建筑工程公司承接了广东湛江电厂包括厂房、办公楼、礼堂、食堂、宿舍等全部土建工程。由于该厂选址在三面环海的调顺岛上，为吹砂、填海地段，海砂深度均在6米以上。在基础施工问题上。该公司采用振冲法加固软土地基技术，成功解决基础施工中的这道难题。振冲法是利用自制的振冲桩的施工机具，通过振动和高压水的作用，采用振冲挤密砂法或振冲置换法，使软砂密实，具备一定的承载力，从而达到设计要求的强度。设计地耐力为12吨/平方米，而实际桩基地耐力已达到28～39吨/平方米，大大超过设计要求，保证了电厂整个土建工程的顺利进行，创造在沙滩上建造高楼大厦的奇迹。

1994年2月，位于建设南路的环洲城商厦破土动工，整个工程由地下层、裙楼、塔楼和办公楼四部分组成。设计总建筑面积7.50万平方米，正负零以上31层，高99.90米。裙楼为广场式商场，设有摊位4500个，底层设有能容纳200辆汽车的停车场。工程由中国机械工业部第八设计院设计。一期工程为9层计4万平方米的地下部分和裙楼部分。该工程基础工程为6000多平方米的大型底板，属当时株洲之最。底板的钢筋制作绑扎就耗钢材600余吨。为完成混凝土底板的现场浇灌，施工单位在株洲首开先河，引进40C混凝土高压泵输送系统。该系统由装载机、电脑配料机、强力搅拌机、输送泵、输送管五部分组成。混凝土水平泵送距离可达400米，泵送垂直高度可达174米，混凝土质量保证率100%，可省劳动力80%以上，完全能够满足环洲城巨大现浇底板的施工要求。整个底板混凝土现浇量达6000多立方米，厚度1米，连续浇灌，一次成型。与底板同时浇灌的最大现浇框架柱为3.10米×0.60米。是株洲市城市建筑物最大一幢基础施工工程。

（二）主体工程

房屋建筑主体工程分为砌体工程、模板工程、钢筋工程、混凝土和预应力混凝土工程等。主体结构工程有古建筑的单层竹木，土木和多层木构架结构；近代建筑的砖木结构、砖石结构、砖混结构、钢结构；现代建筑的框混、框剪等结构。

株洲的古建筑主体结构，有始建于唐天宝年间的攸县阳升观、宋乾德五年（967）建的炎帝陵、明洪武年间（1573 — 1620 年）建的茶陵谭氏家庙、清嘉庆五年（1800）建的醴陵市大成殿等。这些建筑物均为单层木构架结构，多以木柱、梁传递上部荷载，用空斗墙、木板间壁、竹筋和泥壁等做维护墙或间墙，此类主体结构沿用至近代建筑。清嘉庆二十一年（1816）所建的攸县凌云塔，以青砖砌成，六方形，共 7 层，高 16 米，塔内有石阶直达塔顶。建于清嘉庆二十三年（1818）的攸县文明上塔，塔身用红石青砖砌成，六方形，上下 7 层，约 20 米高，每层飞檐翘角，均悬有 1 个铁质风铃。

近代房屋建筑的主体结构，除传承原有结构方式外，还因地制宜，就地取材，构筑三合土墙、溜砂（卵石）墙、土筑墙、石墙、砖墙等作为承重墙体，其中又以砖墙承重的墙体应用得最为广泛。

清宣统二年（1910）建的攸县福音堂，按美国款式设计，用青砖作维护的砖木结构，钟楼四层，其余为三层，各层均为杉木地板。民国 26 年（1937），株洲机车修理厂的机器场是当时湖南跨度最大的工业厂房，采用花式的组砌方法，混合砂浆砌筑，红砖作维护墙。民国 36 年（1947），永利久大化学公司在奔龙山所建的圆形砖混结构水塔，高 30 米，中心直径 10 米，储水量达 600 吨，用 25 号混合砂浆砌筑，红砖墙的厚度达到 0.72 米。

1954 年，苏联设计和援建的国营 331 厂 2 号、3 号、4 号、9 号、10 号、12 号厂房大部分采用钢筋混凝土排架结构，小部分为砖混结构；35 号厂房采用的则是事先在平地上制好预制柱，基础形成杯口，达到养护期后，进行吊装将预制柱插入杯口作为整个厂房的承重结构体，然后用红砖以混合砂浆组砌成围护墙，形成厂房的主体结构。

1956 年，国家颁布钢筋混凝土设计和施工规范，自此，大批工业建筑和公共建筑的承重构件，多采用钢筋混凝土、砖混结构、钢筋混凝土框架结构等结构体系，以逐步取代砖木结构。

1964 年，省建五公司承建的株洲化工厂磷肥系统工程混合化成工段，总高度 40 米，长 35 米，宽 30 米，8 层全部采用现浇框架。施工时，1 ~ 2 层模板散装，标高 10 米以上的 5 层模板，钢筋、脚手架均预先在地面组装好，利用塔吊吊装就位，这样，既减少高空作业，又使混凝土浇捣与钢筋、模板组装工序平行流水作业，加快工程进度，还因为脚手架分层周转使用，取消落地脚手架，节约杉木达 100 立方米。

1964 — 1969 年，株洲市先后生产出灰渣砖、煤灰砖、矸石砖。用这些砖先后建造住宅、办公楼、单层工业厂房、仓库、医院等。煤灰砖墙因温度收缩性大等原因，多数房屋在承重墙顶端或其他承重部位出现“八字”裂缝和竖缝。全市用矸石砖建造的住宅、商店、办公楼、车间等共 25 栋，计 34072.70 平方米，因产品质量低劣，先后进行加固、更换墙体、拆除处理，造成直接经济损失 210 万元。

1969 年，省建五公司在株洲玻璃厂首次采用大板结构体系建筑住宅五栋。钢筋混凝土大板为现场预制，用塔吊吊装。大板结构体系装配化程度高，现场湿作业少，施工速度快，与砖混住宅比较，使用面积多 7.30%，现场用工减少 60%，工期缩短 1/3 ~ 1/2，产值高出近 1 倍，造价相似。

1972 年，由湖南省建筑研究所与株洲市煤矸石制品厂共同研究煤矸石的综合利用项目，将煤矸石经高温焙烧制成无熟料水泥。同时，为采用这种水泥拌制的混凝土提出物理力学性能，砌块抗压强度，中型砌块强度实验等资料。经湖南省建筑工程管理局批准，由湖南省建筑设计院设计，株洲煤矸石制品厂生产中型砌块，并以这种煤矸石无熟料水泥混凝土空心中型砌块为株洲市石料厂建成一栋五层、面积达2000平方米的综合楼，1976年竣工。1977年，湖南省标准设计办公室确定了全省砌块统一的规格和模数，并设计出四种型号的砌块住宅标准图。从此，中型砌块大量在株洲住宅主体建筑中成片推广，也有一些用在办公楼、食堂、仓库等建筑物主体上。

1980年5月，为适应砌块建筑施工，尽快提高机械化程度，降低工程成本，经国家建设部门批准，由中国建筑研究院机械化研究所和株洲市建委协作，以株洲市为试点，由株洲市住宅公司实施，对中型空心砌块住宅建筑机械化施工成套技术进行专题研究，就基础、主体和装修三大部分工程的施工工艺，选用、研制符合国情、适应施工需要的新机具。1982年10月，湖南省建筑工程管理局和中国建筑科学研究院对株洲市中型空心砌块建筑机械化施工技术做出鉴定，认为对深基础采用振动成孔灌注桩施工工艺选用CK-300振动成孔机配以混凝土搅拌机，水平运输用小车，主体工程用塔吊做垂直运输，选配CD1.4吨起重机就位安装，内外粉刷采用机械喷灰上墙，人工搓平抹光，楼地面配用CDM-1型双头地面抹光机等，施工机械化程度达57%。与用标准砖砌筑比较，主体工程施工工效可提高30%，按国家定额工期缩短20%。但由于担任砌块生产的株洲市墙体材料厂片面追求降低成本，盲目采用株洲冶炼厂铅烟化炉渣代替河卵石而用作砌块混凝土的骨料，生产7080立方米，计45197块中型空心砌块，使用在国有直管的26栋住宅墙体中，致使这些住宅不久便被鉴定为危房，需拆除重建或进行加固补强处理，造成1936.81万元的损失。1983年后，中型空心砌块停止生产，砌块建筑也停止建造。

20世纪80—90年代，以红砖砌筑为主，预制构件和混凝土构造柱、圈梁、挑梁为辅的砖混结构房屋普遍应用。随着经济的发展和建筑施工技术的不断完善，以商住楼形式出现的框混结构和高层、超高层的框架结构建筑应运而生，并被广泛采用。

由湖南省轻工设计院设计，省建五公司承建的株洲供销大厦于1986年竣工，主楼14层（含地下室），高56.60米，中间为钢筋混凝土剪力墙结构，两翼为钢筋混凝土框架结构，柱、梁、板均使用组合钢模，配合部分木模，构件钢管支撑，按先柱后梁顺序施工，梁板同时浇灌。与此同时，由二十三冶二公司承建，与供销大厦同等建筑规模的市五交化大楼和由市建筑工程公司承建的市百货公司仓库大楼，也竣工交付使用。这两幢大楼其主体结构与主体施工基本与供销大厦相同。

1992年5月，由湖南省建筑院设计的粮贸大厦（金龙大酒店前身）动工兴建，1994年2月交付使用，是当时株洲城区第一高楼，地面总高度80米，正负零以下两层，地面21层。其主体采用的是框剪结构，部分为框架结构。位于河西湘江一桥旁的景兰大厦（鼎诚大厦），1994年建造时，是河西城区的第一高楼，21层，另有地下2层，正负零以上标高73.70米，总建筑面积24117平方米，主楼平面呈“Y”形布置，具有独树一帜外观，其主体采用框架和剪力墙结构。1995年10月封顶的银隆大厦，主体为框架结构，高23层， 总建筑面积9810平方米，由于工程设计独特，平面为梭型，主体造型呈一风帆，是一座框架、框剪结构的构筑物。其梁、板、墙从下至上均为弧形，给施工增添不小的难度。施工绝大部分都只能浇灌而成。

这一时期的主体施工中，在新工艺、新技术方面，具有代表性的有二十三冶二公司首创钢筋混凝土液压滑升施工工艺，获得国家科技发明奖。这一工艺对承建100米以上高层建筑物具有独特优势。这个公司的钢铁冶炼干熄焦工程施工技术及高炉改造整体推移技术，被业界誉为“中南高炉王”；有省建五公司1991年设计推广应用的PJ-1型爬升外架技术，获1994年“省科技成果二等奖”。PJ-1型爬架系“高层建筑施工成套技术”中的子项，运用于外墙为钢筋砖剪刀墙结构的主体工程及外装饰施工，是替代传统的落地式钢管脚手架的一种结构可靠、操作简便、投资少、效益高的升降式外脚手架。通过省级鉴定，达到国内先进水平。该项技术在长沙卷烟厂高层住宅工程使用中，其费用比预算节约率达75.64%，比使用钢管架节约率达74.59%；还有1995年省建五公司在浦源工程机械厂结构分厂六连跨排架结构单层工业厂房施工中，在预制构件时，改进模板施工工艺，大面积推广应用钢框竹胶板组合模板，用于现浇工字型柱和鱼腹式吊车梁立式预制施工。这项成果的推广应用，使这项工程的主体施工工期提前2个半月，降低工程造价116.70万元。

主体施工中所使用的建筑新材料很多，市建公司1989年9月，首次在株洲成功应用建筑结构胶粘剂，解决主体结构补强的大问题。他们施工的市烧碱厂锅炉房二层楼面及柱子，由于钢筋质量不符合Ⅱ级钢标准，必须进行结构补强加固。若按常规帮条焊钢筋加固，大约需4个月的返工期，还需耗费大量的人工和钢材。公司引入应用建筑结构胶粘剂进行补强加固，成功处理这一重大问题。建筑结构胶粘剂是一种应用于胶接各类承受较大负载的建筑结构构件的高强度胶种。市烧碱厂锅炉房加固后，使该工程缩短返工工期3个月，减少返工费用数十万元。之后，株洲市茨菇塘工商银行营业大楼，冷水江市资江化工学校实验大楼先后运用此法进行结构补强加固，挽回经济损失40余万元。还有省建五公司经过2年研制和2年工期试用，生产出的SM砂浆、浆粉，于1991年12月通过省级鉴定。SM砂浆对粉媒灰水泥砂浆在增塑、激发粉、煤灰活性方面均有突破，为国内首创，其技术具有国内先进水平。使用SM砂浆粉于混合砂浆中，可节约材料费6 ~ 14元/平方米；使用在水泥砂浆中每立方米可节约费用1.60 ~ 4元；使用在石灰砂浆中可节约费用0.78 ~ 6.13元。SM砂浆粉配合大量粉煤灰使用有利于降低工程成本，确保工程质量，具有显著的经济、社会效益。另外，还有些建筑主体的普通用材如红砖其强度由Mu7.50提高到Mu10.00；原来大量使用的Ⅰ级圆钢，由Ⅱ、Ⅲ级螺纹钢替代；在预应力混凝土构件施工中，大力推广预应力高强钢丝，替代冷拉粗钢筋；模板由原使用钢模、木模为主，到广泛使用SP-70系列竹胶模板。混凝土施工广泛采用PTN、MNC系列早强剂，YJ-4亚硝酸钙防冻剂等。门窗由20世纪80年代前普遍安装的木门窗，逐步为90年代以来的木制推拉门、钢木大门、双保险门和钢窗、铝合金窗、塑钢门窗等替代。

主体施工中推广、应用的新方法，较典型的有市建公司研制开发的悬挑式脚手架，这种脚手架由普通脚手架钢管经特殊方式搭接而成。它的工艺特点是只需占用四层脚手架的材料用量，往上施工时，拆除最低一层挑架材料，安装到最上面一层脚手架上，由下至上轮番搭设，直至主体顶部，其优点是大大减少钢脚手架的用量，操作简单，成本低。在景兰大厦的施工中，运用此法，仅用四层的脚手架用量，就完成21层主体的施工任务，减少钢管、扣件用量200余吨，降低施工成本20余万元，并创造悬挑外伸5.40米的纪录。这个公司还在环洲城项目的施工中，首创塔机起重臂空中对接的施工方法获得成功。塔机起重臂对接，通常的做法是先将塔身减节，使起重臂降低至地面或地面搭设的平台上，在 30 ~ 45 吨吊车配合下实施对接，而后，再将塔身加节升空。由于施工现场狭窄，这家公司经过对相关数据反复测算，大胆提出空中对接的设想，并制定出对接实施方案，针对安全等方面问题制定了多种防范措施。将原本需要 7 天才能使整个工地恢复正常生产的时间，缩短至半天，节省资金 3 万余元，为省内外使用塔机的用户提供了宝贵的经验。

（三）屋面工程

境内建筑物，其屋面有坡屋面、平屋面和薄壳屋面（穹窿顶）等。

古建筑物多为坡屋面，采用较大的出檐，以保护屋基免受雨水冲刷，为增强室内的采光度，使造型具有轻巧活泼感，古人用独特的建造手法，创造屋角反翘的结构，产生举折，屋顶形式多样，风格各异。

宋代建造的炎帝陵为歇山屋顶，盖琉璃瓦，屋顶反翘结构。明洪武年间建的醴陵市杉仙殿，小青瓦屋面，一进为硬山顶，二进为悬山顶。建于清嘉庆年间的醴陵大成殿，歇山重檐顶，盖琉璃瓦，屋角反翘，屋脊饰以陶制图案，脊中置宝顶葫芦，檐口瓦挡滴水，翼角挂风铃。这些古建筑屋面的建造手法、技术成就影响至今。

清末、民国年间，受西洋建筑的影响，坡屋面造型一改传统风格。攸县福音堂屋顶四檐滴水，坡陡，开设天窗，青瓦盖顶。这一时期的民居及一些商业建筑，因受经济的制约，因地制宜，就地取材，坡屋顶采用茅草、树皮、小青瓦、平瓦等不同材质建造。民国《醴陵县志》载：“东乡多瓦房，其他乡域多茅房。”茅草屋面在檩条上用椽皮或竹片钉成 30 厘米 ×30 厘米方格层，上覆盖稻草或茅草，上面再压长竹片，用“千斤”（绳）固定。这种方法取材方便，非常经济，但易腐，易燃，每年都得加层，2 ~ 3 年就要重新更换。杉树皮屋面多用于山区房屋，由于树皮来源有限，因此杉树皮屋面并不多。小青瓦屋面是在檩条上钉椽皮后再盖瓦，行次分明，导水性能好，易于检修，城镇房屋普遍采用。

1951 — 1958 年，由于房屋建筑体量增大，层次增多，坡屋面的用料在继承传统的木屋架、木基层、小青瓦的同时，又吸收外来工艺技术，钢屋架、钢木屋架、红平瓦等开始用于旅馆、商店、学校、办公楼及单层小跨度厂房的屋面工程。由于红平瓦盖后，缝隙较大，虽雨水不能侧灌，但冰粒、雪花不能尽挡，因此，在采用红平瓦盖屋面时，有的还在平瓦下面加铺一层油毡。

在此期间，由于引入苏联援建项目，钢筋混凝土及预应力钢筋混凝土施工技术、标准及规范开始推广使用，使坡屋面建筑技术和工艺，步入现代化行列。钢屋架、钢筋混凝土屋架、预应力钢筋混凝土屋架、钢筋混凝土密肋屋面板、大型屋面板、槽形板和石棉瓦以及与之相适应的沥青油膏、油毡等柔性防水材料，也广泛应用于工业和民用建筑。

1957 年，中色三建二公司在株洲试制成功的 18 米跨度预应力钢筋混凝土空腹桁架，开湖南预应力施工技术先河。1963 年，他们又在株洲冶炼厂大煤棚的施工中，首次预制 30 米跨预应力后张法拱型桁架，先分两个半品预制，后拼焊接成整体，然后进行预应力张拉，吊装，盖大型屋面板。1974 年，醴陵县电焊厂焊条车间，以及此后株洲市拖拉机配件厂的部分厂房在施工中还采用钢筋混凝土折板屋面。

20 世纪 50 年代末 60 年代初，湖南冶金建设工程公司推广过薄壳结构屋面板施工技术。株洲冶炼厂的铅冷冻水泵房采用 10 米 ×9 米双曲拱砖薄壳，精矿仓 6 米 ×21 米混凝土薄壳，浸出车间 25 米 ×27 米偏壳屋面。这一期间，还做过钢丝网薄壳，总面积达 1.60 万平方米。由于薄壳屋面自重大，隔热、防寒性能较差，始终都没能被广泛推广，建成的也被改造或改建。

现代建筑普遍采用平屋面。1953 — 1956 年，苏联援建的 331 厂福利楼采用平屋面设计，用下撑式木桁架结构，木桁架钉 2 厘米厚木板，上铺 2 毡 3 油，是为平屋面之始。该厂 9 号厂房的附跨，为现浇钢筋混凝土平屋面，上铺 2 毡 3 油。1958 — 1965 年，平屋面由过去的结构层、防水层，改进为结构层、找平层、柔性防水层、刚性防水层，即由单纯柔性防水改变为柔性防水和刚性防水相结合。1964 年，省建五公司施工的株洲汽车齿轮厂办公楼，首次推广刚性防水屋面，即在平屋面上做 4 厘米厚的集料，配防水混凝土和 Φ4×200 钢管网，取代油毡沥青防水层。1965 年以后，又在湘江氮肥厂、株洲玻璃厂、株洲化工厂等单位推广屋面油毡湿贴法施工，对提高柔性防水质量、缩短施工期起到了重要的作用。上述两种方法至 2000 年仍在普遍采用。1976 — 2000 年，为适应大跨度公共建筑的发展和隔热保温的需要，一批新型屋面结构开始在株洲推行。由广州铁路局勘测设计院设计的株洲火车站中央大厅的屋盖，采用 20 米 ×35 米的两向斜放正交钢管焊接球节点网架结构体系，网架高 2.50 米，球节点采用壁厚 1.20 厘米、直径 36 厘米的Ⅰ级钢管，网架杆用Ⅰ级无缝钢管，上下弦为 11.40 厘米 ×5 厘米钢管，腹杆为 Φ7.60 厘米 ×4.50 厘米钢管，弦形支座、钢球用垫压漏模压制成型，网架拼装时将钢球、钢管轴线校正后，用点焊点上，从中间向两端施焊。网架安装方法为现场高空组装，用 10 号槽钢作檩条，上设木基层，盖 2 毡 3 油，再盖铝合金大瓦，是湖南继长沙火车站大厅网架结构体系之后的第二个新型大跨度屋盖。之后，这种方法在各新建的加油站施工中普遍采用。1987 年以后，由市自来水公司设计，市建公司、市二建公司、省建五公司等单位施工，先后在市自来水公司住宅楼、市幼儿园教学楼等单位共建成六栋住房，在屋面防水层上再采取蓄水措施，建成蓄水屋面。这种屋面，隔热性大大优于其他屋面，造价一般与设架空板隔热层的屋面相近。

为解决平屋面渗漏问题，1992 年醴陵金光化工建材厂研制成功"蜂巢陶瓦"，突破平面屋功能分项设计施工的思维定势，用陶瓷取代油膏、水泥、钢材等常规施工材料，将保温材料填入陶瓷制成的蜂巢中起隔热作用，将"防水、隔热、保温、上人"平屋面的四大功能集于一体，且比传统的"柔性"和"刚性"屋面降低工程造价初期成本 20 ~ 30 元 / 平方米，而防渗漏可延长 50 年以上，一年可为国家节约建材投资数十亿元。同年 8 月获国家专利。

醴陵市较早对防水材料进行研发和应用。1991 年，醴陵市就有防水材料厂 51 家，全年生产油膏 851 吨，防水卷材 3.60 万卷。先后涌现帅旗、环宇、神舟、广发、湘马、新型、橡胶防水有限公司等一大批骨干企业，集科研、开发、生产、销售、施工于一体，产品 5 大类近 50 个品种。

1992 年 11 月，多功能油毡在株洲油毡厂投产，填补了省内空白。该生产线为国内首条，代表国产油毡生产最高水平，有年产 50 万卷的生产能力。多功能油毡生产线能生产 17 大类 200 个品种，主要有优质氧化沥青、SBS、APP 高分子改性沥青，铝箔优质沥青等油毡，使用寿命可达 20 ~ 30 年。

从此，传统的低胎油毡开始逐步退出市场。塑料油膏等防水卷材投入市场后，每年可为国家节约近10亿元的屋面维修费用。

（四）装饰工程

建筑装饰分为室内装饰和室外装饰。在装饰方法上，近代建筑与古代建筑相承，注重装饰与建筑造型、色彩协调，以画、雕、塑、抹、涂等工艺为主。现代建筑的装饰则侧重于线条流畅、色彩和谐、简洁朴实，以抹、刷、贴、滚、喷、涂、裱、磨等工艺为主。

境内古代建筑装饰，讲究整体性，从屋檐的形式、门窗的造型、柱梁彩绘雕刻，手法多变。建筑物的主要部位，如檐口、梁枋、楣罩、柱头、撑拱、门窗隔扇、顶棚、栏杆等均精雕细刻与油饰。攸县阳升观全殿横阔五楹，纵深三进，木构架，檐柱14根，柱墩蹲狮，柱身盘龙，其驼峰、斗拱、重檐、顶坛、吻鳌、鸥尾、雀替、隔页、藻井等庄重典雅，屋顶、饯脊、鸥尾处的琉璃陶瓦及戏台柱上的木雕立体奔鹿，中殿檐柱顶棚木雕立体双凤朝阳和荷花、蛙、草腾跃摇曳，巧夺天工，令后人感叹不已。

清末、民国时期，祠堂、寺庙的外墙多为古砖清水墙，白灰勾缝，部分祠庙在正面墙檐口下，以历史故事为题材，做石膏堆塑装潢，堆塑人物头像部分用铜模，其他部位靠工匠发挥想象塑成。清光绪二年（1876）建筑的醴陵市潘氏宗祠，木结构部分都刷油漆，墙体地面一米以下为三砂土筑成，内外粉白灰，一米以上内外青砖清水墙，白灰浆勾缝，黑白相间，朴素醒目。马头墙及正面檐口下有石膏堆塑的花草、人物、山水等图案。至20世纪20年代后，堆塑工艺逐渐减少以致失传。

西洋建筑在境内出现后，银行、教堂及工业建筑的外装饰开始动用花饰砌砖，在腰线、门窗口、檐口抹水泥砂浆，如拉毛、水刷石以及剁假石等；内墙面粉刷工序为阴阳角找方，设置标筋，分层赶平，表面压光，在房间门洞阳角处抹水泥护角。民国17年（1928），改建的攸县中山堂，门前用水泥抹面；民国26年（1937），株洲机车修理厂的车辆场，外墙为红砖清水墙，山墙用水泥砂浆分格，勒脚用水泥砂浆罩面。

1949—1952年，株洲铁路工厂建成的厂房、学校和住宅等，外墙均为红砖清水墙，内墙用砂灰浆打底，纸筋灰粉面，然后用石灰水刷白。

1953—1957年，苏联援建的株洲项目给建筑装饰注入新的内容。331厂的二号厂房外墙为红砖清水墙，檐口做苏氏砖挑檐口；福利楼铺木板地面，卫生间用白瓷砖贴墙裙，外墙勒脚、散水坡用水泥砂浆抹面；办公楼门厅、走廊等做彩色水磨石地面，用铜条分格。1957年，株洲麻纺厂大面积使用菱苦土地面。1958年，株洲邮电大楼外墙为清水砖墙，原浆勾缝，在腰线、窗台、檐口、门厅、阳台抹水泥砂浆或堆塑花纹，营业大厅顶棚采用石膏、麻线、猪血桐油为骨，石膏堆花为面。

20世纪60年代中期至70年代，住宅、办公楼等工程的装饰仍沿用外清水砖墙，内白灰粉刷；商业、综合楼等临街建筑，外墙多采用粉粗砂灰、洗石子等。

20世纪80年代，随着化学涂料等新型材料的发展应用，装饰工艺不断创新。墙面粉刷出现滚、弹、涂等多种方法，弹涂机、回转喷涂泵、滚花筒等施工机具也相继问世。室内刷白以聚氯乙烯水玻璃内墙涂料（即“106”涂料）替代传统的石灰水，水泥地面上加涂“107”等涂料或粘贴各种地面砖。

1980年10月，市建公司从北京第六建筑公司引进干粘石外墙施工技术。同年11月，在中南林学院学生宿舍施工中此项技术获得成功，比水刷石工效提高4～5倍，水泥、石子各节省50%左右，成本为水刷石的1/3，操作简便，劳动强度低。自此，该技术在工业和民用建筑中广泛应用，并推广到全省各地。1981年，市二建公司在建宁新村17栋砌块建筑的外墙，首次推广应用彩色弹涂工艺，采用高分子聚合物和普通水泥进行机喷，色彩丰富，有立体感，而且工效高，造价相对较低。1984年，市第三建筑工程公司从益阳市引进室内墙面滚花工艺，首次在株洲冶炼厂第七栋住宅的室内墙面应用。其操作方法是：将注入色浆的滚花器饰在已做好涂料的墙面上，使墙面形成墙布、墙纸的艺术效果，与墙布比较具有颜色鲜艳、操作简便、成本低廉（相当普遍贴布造价的30%）、无接缝、不翘边、不发霉等特点，深受用户喜欢。1986年，市建公司从广州市二建公司引进墙面喷塑装饰技术，成功装饰了株洲苎麻纺织印染厂文化楼和俱乐部的内墙面和顶棚，其特点是设备简单，操作方便，能耐水，抗风化，可冲洗，色彩柔和，立体感强，美观华丽。1987年10月，庆云大厦落成，主楼外墙全粘贴乳白色面砖，安装铝合金门和茶色玻璃；平顶吊筋采用轻龙骨吊顶和藻井式无吊顶天棚以及部分铝合金吊顶；门洞用大理石板贴面；地面大面积彩色水磨石，少部分拼花马赛克。

20世纪90年代，随着国民经济的持续发展，人民物质生活水平得到不断提高。人们开始注重城市建筑物的品味、精美、宜居，对居住环境的改善有更新更高的要求。株洲市每年投入到改善建筑物内外环境的资金接近5亿元。其时的室内装饰材料主要有106胶涂料、墙纸。地面用107、108涂料、彩色水泥、油漆、整块水磨石、釉面砖，顶棚采用石膏板、刨花板、三合板、木线条、木纹条等；外墙装饰以砂灰抹面、干粘面、水刷石较为普遍，也广泛使用马赛克、墙面砖；窗户和阳台封闭推广使用铝合金和塑钢材料。90年代后期，建筑工程装饰设计风格不断变化更新，追求时尚，华丽堂皇，注重造型效果和景观设计，满足业主的置业和居家生活的个性化要求。装饰材料也不断更新。外墙装饰普遍采用条形釉面瓷板，色彩鲜艳，以浅色板为大面积粘贴，深色板多用于镶边，拼图点缀。隐形玻璃幕墙使用较为典型，很有现代气息。各种墩、柱大多采用釉面砖、大理石、花岗石贴面，显得富丽堂皇。室内墙面多为仿瓷涂料、彩色喷涂、墙布等。墙裙采用彩釉板、三合板、水曲柳板、塑料扣板。地面采用釉面砖、大理石、花岗岩或木地板、强化木地板。门窗采用铝合金门窗和不锈钢防盗门窗。室内装饰主要用材有强化石膏模型、铝合金板材和不锈钢材料。之后，又推广和使用墙面水性漆、绿化环保漆、刚性麻石墙面。强化石膏欧式构件、罗马柱为门窗的装饰用材，装饰门、卷帘门、隔音门、防盗门相继问世，磨石块、大理石、花岗石、彩釉砖、仿石铝塑板、红白影木、红黑桃木、柚木板、榉木板、铝塑、钛金不锈钢、塑钢、电泳铝材、磨花玻璃、雪花玻璃、钢化玻璃、竹木地板、工艺灯、铁艺等成为了装饰的主要材料。

二　安装技术

（一）管道安装

管道连接方法　20世纪50年代初，上水管道普遍采用青铅接口，下水管则用石棉水泥或沥青玛蹄脂接口。一般工业管道多用法兰连接。1954年，中色三建二公司在长沙冶金工校首次试用石棉水泥作上下水管接口填料，取得成功。1956年，这家公司首开以焊接法取代法兰先河，在湖南冶炼厂安装工业管道获得成功。1965年，该公司又改用膨胀水泥作上下水道接口填料。1975年，湖南省工业设备安装公司在株洲市三水厂安装上下水管时，开始用橡胶圈垫接口，这是管道安装的捻口用料和方法的又一次革新。1978年，安装公司在湖南制药厂安装锅炉时，采用爆炸胀接 Φ5.10×0.30厘米钢管的办法，经40千克/平方厘米水压试验无渗漏。90年代，湘安公司承担的省工商银行高层住宅楼安装工程获全国建筑工程最高荣誉奖“鲁班奖”。

管道弯头短管制作　20世纪50年代，省安装公司在株洲化工厂开始用酚醛树脂制作氯气管弯头、三通、四通。钢管弯头则采用炉火加温，倒链（神仙葫芦）拉压成形。到60年代中期，钢管弯头开始采用冷拉弯。但无论用热弯还是弯冷加工，均需使用1米以上的管材，耗材量较大。为了利用短的管材，这家公司又自制成功液压冲弯机，可弯制 Φ21.90厘米的短钢管，但对 Φ25厘米以上的钢管仍无法冷弯。省安装公司和中色三建二公司先后制成乙炔焰推弯机，以后又研制成可控硅中频电弯管机。后者较前者更加方便安全，从此解决了 Φ25～40厘米的弯头制作问题。但对 Φ40厘米以上的弯头，仍需用焊制“虾米腰”的办法制作。1970年，省安装公司在株洲化工厂704工程施工中，高锦林试用将不锈钢管翻边，用碳钢法兰取代不锈钢法兰获得成功，一次节约6.50万元。1975年，省安装公司在湖南维尼纶厂施工中，研制成不锈钢管翻边机，进一步完善了翻边方法，并把这一方法扩展到铅管翻边。1978年，这家公司的管体制作机械化生产线投产，同年，与研制成功的塑料管对焊机一起，2项成果均获得省科技成果奖。

特殊管道安装　1960年，省安装公司在施工市二水厂至长江冶炼厂的 Φ80厘米上水管时，为横向穿越京广铁路，采用了顶管施工法；在株洲棉纺厂安装吸水管时，用穿刺法穿越淤积沙层，即在推管尾部酌加斜垫铁，并随时测量纠偏，控制锥形管头的正确推进方向，获得成功。省安装公司曾先后在湘、资、沅、澧四水的部分水底，安装过河管道。1970年，在400多米宽的湖南省津市河段，铺设安装 Φ32.50厘米、两条各长340米的卤水管，成功采用了在岸上组对，整体浮运就位。在澹水河段，曾将 Φ37.70厘米、长100米的钢管整体浮运25千米，先沉入河底定位，后用压缩空气依管冲槽，将管道沉入设计位置。

上述安装技术均在20世纪80年代和90年代继续沿用。

（二）电气与仪表安装

线路安装　20世纪50年代，动力、照明配线安装，用手工凿眼，栽木楔，然后栽木桩、瓷柱、灯具、槽板、配线等。70年代后，电锤和膨胀螺栓的问世，改变了传统的操作方法。80～90年代，市内一些安装队伍的电工班组开始使用具有国际先进水平的希利德冲击电锤等小型机具。

导线连接　20世纪50—60年代，对电缆终端头的连接，大多采用沥青浇注，中间接头用铅封充油，一般导线则用螺栓板式金具连接。70年代，为油压机械钳压所替代。1977年，中色三建二公司在株洲冶炼厂施工中，对大截面的钢芯铝绞线， 如35千伏钢芯铝绞线，采用B型炸药爆破压接获得成功。70年代初，推行电缆干包头，即用环氧树脂接头，现场浇制，工艺较复杂。70年代末，冷浇型环氧树脂终端头问世，材料制作工厂化，成本低。1979年，省安装公司在长岭炼油厂、长沙韶光电工厂等施工中，开始制作冷浇型环氧树脂电缆头，此后大力推广，沿用至2000年。

变、配电设备安装　省安装公司曾先后安装过欧阳海灌区水电站2×12000千瓦水轮发电机组，110千伏/35千伏/10千伏、31500千伏安变压器；长岭炼油厂2×12000千瓦汽轮发电机组及6千伏全厂总配电站；邵阳市热电厂12000千瓦汽轮发电机及110千伏/10千伏/112500千伏安有载调压变压器；衡阳冶金机械厂110千伏/10千伏，2×12500千伏安变压器；湖南省维尼纶厂16500千伏安电炉变压器等中型发电机组和大型变压器。在安装中，对变压器采用真空滤油等先进技术，对大截面钢排、铝排的焊接技术，也有新的突破。中色三建二公司、省安装公司等的电气调试队伍，能独立完成中小型发电机组、110千瓦及以下变电所的全套电气调试任务。这两家公司均已掌握I业自动化仪表I型、Ⅲ型表及可编程序控制器的调试技术和工业控制用微机系统的调试技术。从20世纪90年代开始，省火电建设公司先后在吉林、河南、湖北、江西、广东、上海、福建及湖南本省安装国产和进口发电机组130余台，总容量达14000兆瓦，安装锅炉109台，总蒸发量31000吨/小时，其中益阳电厂工程获"国家优质工程银质奖"、湖南省"优质工程奖"。

（三）设备安装

1976年，省安装公司安装欧阳海水电站的2台水轮发电机组，设计要求发电机转子支架（轮辐）同主轴应为静配合，即在安装现场加温轴孔，使其膨胀后再套装，而这庞然大物按常规方法很难作热处理。电气技术员王化睽自行设计一套电加热工艺，选用3股Φ0.32厘米电阻丝，长362米，均匀绕于轮辐上，用380伏电压石棉布绝缘，并自制1个8×1500瓦的笼形电炉置于轮辐轴孔，配合加热，使温度达166℃，加温20小时，烘套安装成功。这一技术成果，被中国建筑科学院情报研究所编入《安装工程通用技术》（选编）。1979年，省安装公司在湘乡水泥厂安装回转窑，最重件达60多吨，因无法使用吊车，自制高26米、边长80厘米 ×80厘米的格式人字桅杆，用卷扬机移动桅杆，19节筒体29天全部吊装完毕。为吊装重达425吨的电吸尘器，高级起重工李志胜提出设想，工程师卫振钺设计，自制1台主杆高36米、灵机杆长23米、灵机杆可作360度旋转的土设备，顺利地完成吊装任务。20世纪70年代，该公司还走出国门，先后承担也门萨那国机场、萨那工学院、利比里亚体育馆、马来西亚相吉大度等国际援建工程，成为中国建设企业开拓国际市场的先行者。1988年，省安装公司在株洲车辆厂安装4400吨水压机，采用无垫铁安装，液体连通器找正找平，用8个导向轮确保活动梁下落时不碰坏主柱，特别是把住高压管的焊接关，获得一次试车成功。90年代，醴陵热工程设备安装公司先后在广西、广东、黑龙江、河南和省内益阳、娄底、株洲等地承揽隧道窑、液化气窑安装。醴陵精诚耐磨陶瓷安装队，先后承接安徽省淮北电厂、三门峡电厂、天津大港电厂、马鞍山电厂、山西省神头第二发电厂等耐磨陶瓷衬板安装。90年代中期，市建筑工程公司承接株洲化工厂硫酸生产钢塔排气筒安装任务。该钢塔90米高，总重150余吨，共分25节，每节平均重量达60吨，塔外框尺寸为2.5米 ×5米，为金属结构，内衬为塑料排气筒，安装时不能停产，且必须在满布化工设备和纵横交错的化工管道的狭窄通道中作业，不能有半点闪失，否则，后果不堪设想。市建筑工程公司为完成该项安装工程，经实地勘察后，自行设计、制作出可调节滚轮支座和起重高度限位装置，动用30台起重机、5台卷扬机、3台电焊机和爬升架，采用塔吊顶升、自升式吊装架吊装的方法，成功将钢塔排气筒安装就位，株洲尚属首次。这种方法有占用施工场地小、投资少、工效高、准确、安全、可靠的特点。1997年12月，省火电建设公司施工的株洲电厂技改工程项目获省建筑工程质量最高奖“芙蓉奖”。

（四）风管制作安装

20世纪50—60年代，一般通风管道的设计有圆形、矩形两种，制作过程均靠繁重的手工劳动。圆形风管制作用单立咬口，矩形风管制作大都采用联合角形咬口。从70年代开始，采用按扣式咬口，即由2块直角形的风管片，组成1节风管。省安装公司自制的6轮咬口机，能咬制0.50 ~ 1.20毫米厚的铁皮，较手工工效高5倍以上。但风管的连接法兰、加固体、吊环、吊卡等，仍用角钢、扁钢、圆钢制作。1980年，这家公司在长沙韶光电工厂施工中，开始仿效瑞士工艺，用铁皮做组合法兰、吊环、吊卡，同时使用空心铝钉拉铆。经过前后几年的不断改进，直到1990年，才成功制成组合法兰制作滚型机，经湖南省建筑工程总公司科技处反复试验，认为此机已完全达到技术要求，系国内首创。

（五）非标准设备制作安装

1978年，中色三建二公司与长沙矿山设计院共同开发设计，成功建造并安装全国第一座倒锥壳型水塔，以其结构合理，造型美观，工艺独特，获得国家科技发明奖，迅速在全省乃至全国推广。1980年，中色三建二公司在贵州铝厂制作安装直径26米、高27.50米、容积为14600立方米、重220. 50吨的料仓时，以1台坦克吊、16个葫芦和2台风机鼓风，用空气顶升倒装法制作安装，缩短工期80天，节省投资20余万元。

三　其他技术

（一）焊接与切割

1953年，大规模的经济建设开始后，手工电弧焊焊接与切割、氧焊焊接与切割等传统工艺已在株洲得到广泛采用。1958年，省安装公司在株洲化工厂的设备安装中，采用电焊、气焊和塑料焊，并在衡阳某厂施工中，成功试用铁屑水泥制成电焊机，解决当时电焊机相当紧缺的困难。1973年，在湘江氮肥厂的设备安装施工中，因没有等离子切割设备，该公司又采用以气焊喷咀每分钟摆动60 ~ 80次的频率和1.00 ~ 1.50厘米的振幅，对不锈钢和铸铁进行连续切割获得成功。此法被收入国家机械工业出版社出版的《焊工手册》。随后，又制成简易非熔化电极和手工氩弧焊机，解决不锈钢、铜、铝及合金等多种焊接的难题。1975年，在湖南省维尼纶厂的设备安装施工中，这家公司又成功自制塑料板对焊机，保证了按质按时完成安装任务。1984年，在邵阳热电站锅炉安装时，首次用氩弧焊打底焊接锅炉钢管，提高锅炉钢管的焊接质量，锅炉本体管道2176个焊口，经X光照片检查，全部合格。1985年，中色三建二公司在湘乡铁合金厂安装电炉底盘轨道时，利用焊缝的收缩力，矫正钢件原有的变形，使底盘轨道平面达到0.02毫米的精度。1986年，株洲市建筑工程公司率先在省内推广应用钢筋气压焊技术。钢筋气压焊是用氧气乙炔火焰，加热钢筋接头缝，同时采用液压将两根钢筋焊接在一起的技术。它具有设备简单、操作方便、节省电力，节省钢材的优点。当年8月至12月，他们就在市电焊条厂、有机化工厂、冶金局综合楼等近10个工地推广应用。1987年3月，省土建学会组织省内8个地市的53家公司来株洲学习取经，从此，该项技术在全省很快得以推广，产生良好的经济效益和社会效益。20世纪90年代，竖向钢筋电渣压力焊在株洲得以推广。竖向钢筋电渣压力焊是借助被焊钢筋端头之间形成的电弧熔化焊剂获得2000℃以上的高温熔渣，将被焊钢筋端头均匀地熔化，再经挤压而达到焊接接头的一种方法。其优点：成本低，钢筋对接不用焊条，比绑扎接头可节约钢材20%～30%，比手工电弧焊节电3～4倍；质量好，接头合格率为100%；效率高，比手工电弧焊提高工效4～5倍；设备成本低，每套设备6000元左右，且经久耐用；移动方便，可直接搬到施工工地进行现场加工。仅市建公司在市财政局办公大楼、供销联社大楼、石峰大厦采用这一技术，就节约钢材50余吨，节约资金近30万元。其第二代设备，又利用现代电子技术，以声、光控制焊接的时间和质量，以手摇螺旋加压，每班可焊200多个接头，大大提高了工作效率。

（二）金属探伤与监督

金属无损探伤技术，在株洲采用的大多为射线探伤、超声波探伤、磁粉探伤3种。1967年，省安装公司购置X光探伤机，开始用于培训管工的焊接质量检查。最先用于施工现场是1969年，湘安公司在安装湘江氮肥厂尿素工程的高压管道，首次使用X射线探伤技术检查焊接质量，尔后在各工地施工中普遍得到使用。1981年，该公司学习内蒙古的经验，首次采取偏心距圆周照像，1次可以照4～8个焊口，大大提高检测功效。之后，他们又先后在湖南省维尼纶厂、岳阳化工总厂等单位的多项工程施工中，普遍使用超声波探测被检物的缺陷。1983年，湖南省工业设备安装公司购置2台旋转磁粉探伤仪，在岳阳化工总厂1000立方米球罐返修工程中，检查焊缝表面缺陷，提高工效4～5倍。除以上几种探伤技术外，有的还采用渗透剂对铜、铝、不锈钢等金属实行物体探伤，也逐步成为较普遍的探伤手段。1984年，省安装公司在邵阳热电站第一期工程中，应用光谱分析、显微金相分析和硬度试验等技术，对主蒸汽管道、阀门、紧固件乃至吊钩、托架进行分析，防止材料的错用。用携带式硬度计检验高温过热器焊口和主蒸汽管焊口的热处理质量，为改进球光体耐热钢焊接热处理工艺提供可靠的参数。

（三）防腐蚀技术

20世纪50年代，株洲对冶炼化工等企业曾采用过多种防腐材料和防腐措施。1956年6月，中色三建二公司在长江冶炼厂湿法冶炼车间的建设过程中，用铝粉沥青漆粉刷墙面和天棚，用沥青漆涂刷金属构件，用沥青混凝土铺地面，对腐蚀特重的部位，用水泥或酚醛胶泥贴瓷砖，对有放射性的车间，还用过重晶石粉刷进行防腐，均取得预期效果。1958年，在株洲冶炼厂的施工中，对铅锌生产系统的所有结构都做防腐处理，地面铺沥青混凝土，对填土区的地面，在沥青混凝土中还加设竹筋。对重腐蚀地段，加垫石棉油毡和玛蹄脂，再铺浸透沥青的150号红砖（“黑砖”）。楼面铺2层玛蹄脂、2层油毡、8厘米厚的沥青混凝土，上面再铺“黑砖”。墙面及混凝土构件，用氟硅酸钠和水玻璃作保护层，重要部位加贴瓷砖瓷板。但由于冶炼生产的腐蚀性重，以沥青等材料防腐，仍不足以抵御生产中的强腐蚀。1960年，中色三建二公司开始使用水玻璃耐酸混凝土及耐酸砂浆。1965年，这家公司又开始采用环氧树脂胶泥、酚醛树脂胶泥等作耐酸瓷砖瓷板的粘贴或勾缝材料，使防腐处理的能力进一步提高。中色三建二公司在株洲冶炼厂的施工中，还对大量的混凝土材质槽罐进行过防腐施工。1966年4月，在湿法冶炼车间对浓缩槽和过滤槽采用12层生漆麻布衬里。8月，试用玻璃布代替麻布衬里取得成功。同年，试用环氧树脂胶、酚醛树脂胶、环氧煤焦油贴玻璃布作混凝土槽罐防腐内衬，取得更好的防腐效果。1967年以后，以上技术得以大面积推广使用，先后衬制86个大型混凝土槽和720个混凝土电解槽，仅锌冶炼系统的防腐总面积就达1.50万平方米。对钢质生产设备及管道的防腐，视腐蚀介质而采用不同的措施和技术方法。有用耐酸胶泥衬瓷砖、瓷板和辉绿岩板的，有用生漆衬丝绸的，也有用衬铅、衬胶的等多种材质。省安装公司在株洲化工厂的设备安装中，完成大量钢质设备和管道的防腐施工。如用贴瓷砖衬筑的硫酸塔，自1965年12月27日投产后，使用20多年仍能达到防腐要求，远远超过化工部规定的折旧8年的使用寿命。1971年，省安装公司在长岭炼油厂安装口径为72厘米、长10.70千米的输水钢管时，首次试用钢管内涂水泥砂浆防腐。该公司借鉴浙江省安装公司的直型水泥砂浆挤铺器，通过进一步的技术改造，将原有的一节改进为3节，中间再安置万向连接器，使只能走直管的水泥砂浆挤铺器，能在45度弯以内畅通。以压缩空气作动力，除锈、清扫、挤铺砂浆，三道工序可以用同一挤铺器完成。除锈装圆盘铜丝刷，清扫装略大于管道内径的橡皮盘，挤铺砂浆则装置管道内径减砂浆厚度2倍的钢圆盘。挤铺砂浆1次可打2～3千米，甚至更长。钢管外防腐则采用包沥青玻璃布，除锈、涂沥青、缠玻璃布，三道工序用一联动生产线完成，质量好，速度快，大大减轻操作人员的劳动强度。1975年，中色三建二公司在株洲冶炼厂铜锌电解车间施工中，试用聚氯乙稀冷胶泥贴玻璃布作楼、地面的防腐抗渗隔离层，混凝土基础、地梁、柱、楼板、屋架的防腐保护层，达到防腐的设计要求。1977年，他们又在株洲选矿药剂厂，再次应用聚氯乙烯冷胶泥贴玻璃布防腐工艺，效果良好。之后，这种防腐技术已被收入冶金部《有色金属建筑防腐设计规程》《工业建筑防腐设计规程》，向全国推广。1977年和1978年，中色三建二公司在株洲冶炼厂锌电解车间的大修改造中，用密实性耐酸混凝土，增强建筑自身的抗腐能力，其抗渗标号达1981千帕(20kg/cmz)，为普通水玻璃耐酸混凝土的10倍。同时增大楼层、地面坡度，防止酸水潴留；楼面、地面、墙、梁、柱等各种表面都用密实性耐酸混凝土粉抹，得到了比过去可靠得多的防腐处理效果，连续使用七八年都不需要进行大修。中色三建二公司在株洲冶炼厂的铜系统电解槽施工中使用衬铅板防腐，也达到了预期效果。80年代以后，上述防腐技术仍分别在不同工程中继续沿用。

（四）定向爆破和无声破碎

1977年，株洲市建筑工程公司副经理李魁斗运用在部队时已熟练掌握的定向爆破技术特长，组织一支队伍，通过学习培训，开始推广应用定向爆破技术。至1988年先后为市内株洲钢厂等7家企业放倒多座废烟囱，最高一座达90米。1987年3月8日。该公司为株洲化工厂爆破48米高的废铅烟气烟囱，因倒向场地的长度小于48米，他们采用定向分段爆破放倒的方法，获得成功。同年11月29日，为焦化厂放倒高45米、底部直径4.10米的烟囱，要求倒在一仓库与一混凝土电杆之间，合闸引爆7秒钟后，烟囱倒下，着地偏差小于1度，散宽9米。因地面系硬土，顶部砖块前冲20米，除碰斜电杆的一根横担外，其余丝毫无损，达到预期目的。武警株洲支队亦于1984年组建定向爆破队，先后为株洲市起重机厂等单位实施定向爆破，拆除报废的烟囱等构（建）筑物，均获得成功。1997年1月27日，他们对位于湘江大桥东头南侧的二轻大楼、杏花村酒楼、计委大楼实行一次性定向爆破，没有出现偏差和问题，三栋大楼瞬间按预定计划放倒。1988年7月，无声破碎技术首次在株洲应用。株洲硬质合金厂技术改造工程碰到了难题，车间内两座宽3米、长5米、高7米，体积为180立方米的回转大基础亟待拆除，这两个庞然大物都是用高标号钢筋混凝土构筑而成的，如果采用硝铵炸药炸开，整个厂房和设备都无法保全，若采用机械与人工相结合拆除，至少需要6万元以上的经费，还要耗费至少2个月的工期。市建公司总工程师陶安定在仔细勘察现场，对原有材料进行研究后，决定采用无声破碎技术进行拆除。无声破碎技术就是在拆除物上，经精确计算，运用机械钻若干孔洞，然后，将特制的破碎剂灌入孔洞中，强制密封后，经8个小时的时间，多钻孔便出现一道道裂缝，裂缝不断扩大胀断钢筋，使两座庞然大物“粉身碎骨”。运用这一技术，使两个回转窑的强硬大基础在20天内便得以拆除，而车间的墙体、机械设备都完好无损。当年10月，在上海召开的全国无声破碎技术经验交流会上，得到与会者的一致好评，市建公司被评为“破碎技术应用先进单位”。

（五）瓷窑砌筑

醴陵素有“瓷城”之称，享誉世界。烧瓷的窑炉，随着瓷业的发展，产品质量的提升，以及所用燃料的不同，窑型也在不断改造更新。醴陵新阳乡大土村窑下湾至今仍留存有几座完整的明砖窑。明初，朱元璋定都南京，于洪武二年至十九年（1369—1386），役使20万工匠和农民，修筑周长33.40千米的南京城墙。所用城砖，由长江中下游五省125个县的民户负担，烧制成统一规格的城砖。烘制城砖的窑炉平面呈不规则圆形，窑门尖圆，窑顶瓜瓢形，有排气孔，窑尾直线状，设三个烟筒。有效容积5立方米，按440毫米×200毫米×120毫米规格计算，每窑可烧青砖450块左右，每砖侧面均压有监制官吏、制作匠人和负担城砖户主的姓名以及制作年月的字迹，现南京市中华门城墙上，玄武湖畔用城砖所砌的栏杆和长沙市天心阁城墙上，都可以找到当年醴陵烧制的这种城砖。20世纪50年代初，醴陵的瓷窑有阶级窑、镇窑和日本式窑3种。阶级窑即依山坡建造的阶梯形窑。窑分4～13间不等，每间长度不超过3米，窑底为阶梯形，前低后高。窑内空最高点为4米，尾间窑外设3～4个烟囱，窑体内衬用35～40厘米厚耐火泥作保温层，窑体外壳用红砖或土砖砌筑，窑顶为耐火泥筑成。镇窑全长10～15米，前宽后窄、前高后低、平底，窑内空最高点为4.90米，尾间设一个烟囱，窑体外壳以红砖砌筑，耐火泥作内衬保温。日本式窑也是依山而筑，分4～7间不等，每间长度不超过3米，内空最高点3米，前后间窑底相差70厘米，尾间外设3～4个烟囱，窑体用石灰砂浆砌红砖，内衬以耐火泥作保温层。以上3种窑均以柴薪作燃料，消耗大，浓烟滚滚，污染严重，技术陈旧。从1951年开始，醴陵电瓷厂建成2座倒焰式围窑，首创以烟块煤代柴烧电瓷。1955年2月，醴陵瓷厂（渌江电瓷厂）建成3座倒焰式围窑，开以煤代柴烧日用瓷的先例。

1956—1957年，王盛开和陈敬如为新民瓷厂和星火瓷厂设计建成四间式和独立式的阶级窑，取代倒焰式围窑以煤代柴烧窑。到1959年，烧瓷燃料以煤代柴的改革基本完成。

1966年，渌江电瓷电器厂引进日本油烧隧道窑。次年，王盛开为新民瓷厂设计建成煤烧隧道窑成功。隧道窑长 30 ~ 100 米不等，窑内宽 1.40 米，内空高 1.30 米，内衬用耐火砖，外壳以混合砂浆砌红砖，窑顶则有弧形、半圆形和平拱之分。隧道窑的装坯、燃烧和出窑 3 项作业，可分段同时进行，减少产品生产的间歇时间。到 1983 年，省属日用瓷厂的瓷窑，均改为烧煤或烧油的隧道窑，阶级式瓷窑被淘汰。

瓷窑烤花是单独的工序，20 世纪 50 年代用马腹窑完成。马腹窑形似竖立的马肚，内胆用耐火泥或土坯砌筑，直径在 1 米左右；肚外为烧柴或烧煤层，周围用红砖或土砖砌筑。60 年代改用电炉烤花，但耗电量大，装卸时要停炉。1967 年后，逐步推广煤、重油为燃料的隧道窑。醴陵瓷泥矿砌筑成的煤烧隧道窑总长达 88 米、内宽 1.75 米（属境内最宽的隧道窑），当时耗资 90 万元，还有普遍采用以煤、重油为燃料的方窑、圆窑，大型圆窑容积达到 100 ~ 120 立方米。70 年代中期，改用辊道窑烤花，烤花工序通过不同的温度段完成，装卸时可以不停炉，能配合隧道窑的大量生产。1975 年，星火瓷厂开始应用油烧辊道窑烤花。之后，不断改进，烧油、烧煤、电燃等多种辊道窑烤花被大范围推广。这种窑具有占地面积小，彩烤周期短，产量高，能耗省，温度均匀，质量稳定，劳动强度低等优点。

20 世纪 80 年代，烧制瓷板和艺术瓷改用推板窑（又叫“多孔窑”）。它分 3 ~ 24 孔不等孔道的窑形，窑孔断面为 25 × 40 厘米，长方形窑体一般在 20 米左右，炉孔用耐火砖砌筑。窑体用混合砂浆砌红砖。窑内各段温度高低不同，以机械将瓷坯输入，经过不同的温度煅烧成成品。

圆形倒焰窑、氧化窑，能烧制多种产品，特别是工业瓷中的高、大、重产品，多用此种窑生产。它分 50 ~ 100 立方米等不同容量的窑型，高 4.50 米以内，内衬一般用普通耐火材料，厚 23 ~ 50 厘米。窑体外壳用混合砂浆砌粘土砖，倒焰窑内温差小，燃烧均匀。到 20 世纪 80 年代后期，瓷器生产多采用围窑。

1986 年，长城彩釉砖厂引进意大利煤气辊道窑，装烧实现自动化。1993 年，国光瓷厂的新型节能间隙式窑（无匣烧成）投产获得成功。之后，一批日用瓷，炻瓷生产规模企业，普遍推广使用装烧自动化的油烧、气烧辊道窑。

1996 年，醴陵市高压电瓷厂研制并建成的 6 立方米石油液化气梭式窑（CQT 型梭式窑），次年通过省环保局鉴定，认为该窑能提高产品质量，降低综合能耗，是环保节能型的新式窑，获省科技进步二等奖。

1998 年，国光集团公司和市环保局共同研制开发的 TKG-36-82/33 节能型液化石油气无匣快烧隧道窑通过省级鉴定，获得株洲市科技进步一等奖，省科技进步二等奖。其特点是一窑多用，以洁净液化石油气为燃料，无匣快烧，温差极小，窑内温度稳定，可在 900℃以下釉上烤花，1300℃以下烧成釉中彩，1300℃左右烧成各种陶瓷制品，全软质窑体，能快速升降温，可在节假日停炉；全参数自动测量并图形化、数字化、无纸化记录，是节能、无匣、快烧、环保型的高新烧成技术，填补了国内空白。

1998 — 2001 年，醴陵火炬电瓷电器有限公司，投资 1157 万元，建成高瓷车间、套瓷车间的棒型生产线，全电脑控制燃石油液化气（120 立方米）抽屉窑、燃柴油抽屉窑投产，实现自动化烧成，能适应高压高强度电瓷生产的需要。

四 建筑队伍

清初，境内泥木工匠都是上门做工，按日计酬，间或有较大工程如架桥、起屋之类，也是由包工师傅临时邀集，开工则来，完工即散，并无固定组织。至清乾隆五十七年（1792），以泥、木、锯三大行业为主体组成行业组织——鲁班会。鲁班会对外维护行业的一般利益，对内负责调解行业之间、师徒之间、主雇之间的纷争。每年农历五月初七，设宴为鲁班祝寿，会员齐集，十分热闹，行业内外重大问题亦多趁此时集议处理。

民国15年（1926），在第一次国内革命战争胜利的推动下，各地鲁班会先后改组，建立由中国共产党领导的泥木工会，支援北伐战争，开展工农革命运动。"马日事变"以后，工会中的积极分子大部分被捕被杀，工会沦为国民政府统治工人的工具。民国25年（1936）10月，株洲泥木工会改组为株洲泥木锯业工会，归湘潭县总工会直接领导，有会员80人。从此官办组织替代了民办的行业组织。与此同时，国民政府拟在株洲镇兴建工厂，一批外地厂家云集株洲镇。民国25—26年（1936—1937），先后至株洲镇承包工程的营造厂家30余家。此后，株洲镇亦开始自办营造厂，如润记营造厂等。民国34年（1945），株洲泥木锯业工会改组为泥水业和锯木业2个分会。民国35年（1946），国民政府设立株洲机厂筹备处，开始复建工厂，共计14家建筑厂商先后来厂施工，其中较大者为嘉陵营造厂、中华营造厂、新金记康号营造厂、大兴工程公司、惠通营造厂等。民国37年（1948），国民政府兵工署着手重建十一兵工厂，又有几家营造厂商至株洲镇参加投标，有华泰、工大、四达、天兴、正兴隆等厂中标，于次年2月开工至11月建成5栋厂房。

1949年9月，湘潭县总工会在株洲建立办事处，领导株洲建筑工人改组旧泥木工会，建立建筑工会，有会员91人，包括泥木、油漆、窑业、锯木、石灰等行业。12月，泥木、油漆、窑业、石业各自建立分会，会员发展至1200余人，其中泥木工会人数最多（700余人）。其时，承包工程都由建筑工会代表乙方签订合同。

在此期间，仍留在株洲或在株洲设有办事处机构的营造厂，尚有华泰、工大、天兴、正兴隆、云达、福昌、建国、耀湘、建安、亮记、强华、耀华等10余家，他们遵照人民政府的有关政策，组成同业公会，加入工商业联合会，接受共产党领导。后不久，这些外来营造企业陆续离开株洲。

1953年1月，株洲市成立建筑工程队，并以工程队名义对外承包工程。在合作化高潮中，建筑工会部分会员（木工为主）发起成立建筑生产合作社，主要生产门窗、家具，也承建和维修小型房屋，最初入社的90余人，后来增至170人。

1953年以后，一方面，国家开始组建国营建筑队伍，施工任务由国家统一分配，主要建材实行计划调拨，私营营造厂退出历史舞台。6月，湘潭专区工矿公司基建队、湘潭市基建队和株洲市基建队合并成湘潭专区工程公司四工区，建筑生产合作社大部分社员加入该公司，其余仍属建筑工会，建筑生产合作社不复存在。另一方面，一批大型国营建筑安装企业迁至株洲市。这些企业，均拥有大批较先进的机械设备和雄厚的技术力量，成为株洲市建筑企业的骨干力量。

1955年2月，建筑工会编成11个建筑队，1个独立组，1个修缮队和1个后备队，共计685人。

1957年，建筑工程队与市政公司道路工程队合并组成市土石方工程队，隶属市政建设委员会。

1958年4月，湘潭专区工程公司四工区同市房地产公司维修队、市土石方工程队合并，成立市建公司，下设3个工区，1个加工厂，主要从事城区中、小型民用建筑，从业人员高峰期5400余人。

鉴于建筑工会会员大部分已成为市建公司职工，或转入其他单位工作，1958年10月，撤销建筑工会。当时尚无固定单位的81名会员，转入市房地产局，成立房屋维修队。

1960年，大批在建项目停建或缓建，建筑施工企业进行大量精简下放。1962年，市建公司撤销，留下少数固定职工，并入市房地产公司。4家部、省属大型建筑安装企业的人员大批下放，固定职工由1960年的15833人锐减至5609人。

1963年以后，国民经济开始复苏，建筑业总结历史经验，逐步恢复承包制、经济核算和财务管理制度，生产上升，从业人数略有增加。市清水塘区组建集体修建队，承担市内中小型民用与工业建设的施工。与此同时，1960年下放农村的泥木工匠成立公社建筑队，建立最早的有鸿仙、马家河、蝶屏、白关、伞铺、群丰、漂沙井和雷打石8个公社。这些建筑队都有固定机构和专职管理人员，但无固定工人。

20世纪60年代中期至70年代初期，部、省属大型建筑企业都忙于省内军工、国防工程及交通、电力、化肥、机械等许多大型建设项目的施工，许多工矿企业的一般建筑工程苦于无人承担，这就为市、县区属及农村建筑队的发展创造了极为有利的条件。1964年3月，市人委决定，将市房地产公司划分成市建公司和市房地产公司。翌年，市建公司并入省建五公司。1971年，以株洲市建筑工程队为基础，从参加“三线”建设的民兵中挑选600人，成立市建公司，职工达到1200余人。1970年，郊区“五社一场”的6个房屋维修队合并，组成市郊区建筑工程队，后更名为市郊区建筑工程公司。此期间，农村建筑队由8个增至19个，改称为亦工亦农服务队。

1972年后，农民进城做工被当作“资本主义自发势力”加以种种限制。1973年“割资本主义尾巴”，农村建筑队被大批砍掉，甚至将正在现场施工的民工赶回农村去。于是，导致许多工程被迫停工，而许多民工却无事可做。

1977年4月，成立市集体建筑安装企业管理办公室，株洲县、郊区等相继成立“建管站（办）”，把集体建筑企业纳入政府管理范围。8月，郊区荷塘铺建筑队、园艺场建筑队、株洲县明照建筑队、群丰建筑队4家进城独立承包工程，改变了以往农村建筑队只准包工、不能包料的依附状态。

中共十一届三中全会以后，国营建筑企业、集体建筑企业改革用工制度，推行经济责任制，引入竞争机制。1979年3月，市房屋修建队和东区修建队、南区修建队合并，成立株洲市住宅建筑公司，后易名为二建公司。北区修建队成为市建公司的第四工程处。嗣后，市建公司第四工程处与市建公司分离，成立三建公司。与此同时，农村建筑队亦迅速恢复并有增加，至1983年，株洲县共有建筑队34个，常年施工人数达1万余人。

1983年，醴陵县、茶陵县、攸县、酃县归属株洲市，建筑队伍进一步壮大。特别是1984年中央1号文件和随文下达的《关于体制改革的决定》发布以后，城镇和乡村集体建筑企业的发展再度出现高峰，同时建筑企业内部专业分工进一步深化，涌现出打桩队、预制构件厂（场）以及室内装饰装修服务部等。年末统计，全市共有国营建筑企业6家，从业人数1.68万人；大小集体建筑企业169家，从业人数16454人。企业数量、从业人数、技术设备和施工力量都是以往任何历史时期所不能比拟的。

1985年，进行第一次建筑安装企业技术资质审查，受审企业达178家（由部、省查的4家全民企业除外），共有从业人数2.8万人。其中集体建筑企业170家，人数2.46万人；全民建筑企业8家，人数3321人。集体企业在农村、街道建筑队达151家，人数2万人。经审查认定：178家建筑企业中，二级2家、三级20家、四级24家。其他均为无等级企业。

随着经济体制改革的深化和建筑市场的开放，许多企事业单位为搞活经济，安排富余人员及待业青年，也纷纷成立建筑公司或建筑队，争相承担工程任务。1988年统计，全市共有此类建筑企业12家，人数3393人。这些企业专业齐全，素质较好，具有一定经营管理水平，是建筑施工力量的重要组成部分。

1990年，根据第三次技术资质审查、复核公布的建筑企业名录，全市共有建筑安装企业198家（内兼营装饰的9家），从业人数5.83万人，其中，中央部、省、市及厂矿的的全民建筑企业16家，人数2.02万人；集体企业182家，人数3.81万人。集体企业中乡（镇）、村属建筑公司（队）156家，人数2.97万人，占集体企业数和人数的比重分别为85.70%和78%。市县属专业装饰企业全民所有制的6家，集体所有制的9家，从业总人数705人（不含兼营企业的专业人员）。同时取消了不合格的专营装饰服务部、社、公司21家。共有预制厂（场）434家，其中全民所有制6家，集体所有制206家，个体户217家。经资质审查，认定符合预制构件生产条件的102家，其中一级1家、二级2家、三级38家，暂定三级（二年后再复核的）12家，其余49家的等级待审核批准。

1991年，境内集体建筑施工企业开始推行承包经营责任制，促使各集体施工企业狠抓内部管理，深化内部配套改革，提高适应市场竞争的能力。株洲市二建公司完善各项配套改革，狠抓经营管理，连续3年完成产值、实现利润和优良工程率年均分别递增29.19%、24.9%和42%。市三建公司注重质量管理，全年竣工建筑面积20324平方米，有11137平方米为优良工程，优良工程率达到54.3%。国有建安企业也加强内部管理，提高劳动生产率。全市县以上施工企业全员劳动生产率达14952元/人，比上年增长10%。

1992年，境内建筑业开放建筑市场，凡创过地市级以上优良工程的省内外三级以上建安施工企业均可进入株洲市场。规定建筑面积在2500平方米以上，投资在75万元以上的建设工程必须实行招标投标来选择施工队伍。当年，全行业完成建安总产值8.28亿元，比上年增长55%；施工面积237.12平方米，比上年增长48%；完成房屋竣工面积93.97万平方米，比上年增长27%。施工企业劳动生产率达2.59万元/人，专业施工企业实现利润733.41万元，分别比上年增长83%和136%。

1993年，全市建筑企业开始向集团化方向发展，采取联合、兼并等方式，组建湘中、湘东、醴陵和泰夏4家建设企业集团，共联合兼并了29家施工企业，增强了企业的综合能力和对外开拓实力。

1995年，全市建安企业按照新资质标准就位，通过逐一审批，当年，二级升一级的1家，三级升二级的3家，四级升三级的7家，非等级升四级的10家。株洲市二建公司经建设部核准成为株洲集体建筑企业中的第一家一级施工企业。这一年，经省人民政府批准，国营株洲市建筑工程公司被列入全省首批建立现代企业制度试点单位之一。

从1996年开始，各企业认真贯彻积极改组，推进改制，加快改造，加强管理，加强思想政治工作，完善配套改革的“三改两加强一配套”方针，健全企业岗位责任制和经济责任制，盘活存量资本，扩大增量资本，增强发展后劲。醴陵东富建筑公司率先开始进行股份合作制改革，优化股权结构，实行企业管理层控股。市建筑工程公司拓宽思路，向道路、桥涵、房地产开发等多种产业伸展，获得建设部授予的“全国先进施工企业”称号。省建五公司在仅有报建图而无施工图的情况下，一举中标湘潭电厂B厂工程，总造价达1.1亿余元，为省建筑系统历史上中标金额最高的一项工程。

与此同时，相当一部分建筑企业，特别是国有建筑企业由于受体制、机制、建筑市场的不正当竞争、“三角债”包袱沉重等因素的制约，一时陷入困境，下岗职工不断增加，企业举步维艰。但部分企业内抓管理、外拓市场，解决施工任务不足的问题。全年全市施工企业对外开拓新增产值达6亿元。当年，全市建筑业完成总产值24.04亿元，实现利润2860万元，同比均增长20%。

1998年，全市建筑企业改制稳步推进，年内有32家等级企业完成改制，使改制企业达到58家，县以上专业公司改制面已达67%。全市年检施工企业342家，升级15家，降级14家，取消资格21家。年检后，等级企业为202家，占队伍总量62%，民营等级企业达到3家。全市当年竣工验收工程项目371个，面积100.65万平方米，建安工程量5.70亿元。是年，全市有1100余人经过项目经理培训，首批516名经过考试合格，拿到省建委颁发的项目经理资格证书，其中一级8人，二级40人，三级216人，四级252人。

从1999年起，全市统一实行项目经理资格认证制度，规定项目经理一律实行持证上岗，凭项目经理资格证书参与投标、承接施工任务。经年审，6家施工企业降低资质，7家等级企业和20家非等级企业资质被注销。全市核定具备资质的施工企业共324家，其中等级以上施工企业190家。

2000年，株洲市加大对建筑市场专项治理的力度，将29家挂靠施工企业与挂靠的党政机关脱钩，并撤销资质挂靠企业13个，空壳企业2个。至年底，全市共有建安施工企业309家，其中一级企业3家，二级企业18家，三级企业63家，四级企业95家，非等级企业130家，从业人数近10万人。其中179家等级企业共有员工5.1万人。全年等级以上建安企业完成产值24.7亿元，实现利润1.2亿元，与上年相比增长7%和9%；房屋施工面积366.3万平方米，竣工面积185.5万平方米，同比增长10%和4%。

第四节 建筑行业管理

一 建筑管理机构

1950年，株洲建筑工会改称建筑联合会，代管建筑队伍。以后几十年间，市建筑业无独立管理机构，先后由市人民政府建设科、株洲市政建设委员会、市城建局、市计委、市革命委员会生产指挥部、市建委管理。

1980年12月，成立市建筑工程局，归口市建委领导。

1983年12月，撤销市建筑工程局，改设市建筑工程总公司。1984年8月，市建筑总公司加挂建工局牌子。1985年8月，撤销市建筑工程总公司(局)，设市建筑工程处，为市建委直管副县级事业单位。仍履行行业管理职能。12月改为市建筑工程管理处，处机关设事业编制12名。

1990年，市建筑工程管理处机关有办公室、技术安全科、施工计划科、招标投标办公室、集体建安企业管理办公室、劳动保险费用管理办公室、工会、清理拖欠工程款办公室等科室，直管单位有市建公司、二建公司、三建公司、市建筑装潢公司，业务归口管理各县(市)、区建委建管站、株洲市所有建筑安装企业。

1994年3月，株洲市开展党政机构改革，市建筑工程管理处更名为市建筑工程管理局，为正县级事业单位，归口市建设委员会，继续履行行业管理职能。

二　建筑管理体制

株洲市人民政府于1953年颁布《建筑管理暂行办法》，建筑队伍由建设主管部门和工商行政管理部门共同负责登记、审查、办理营业执照。对建筑队伍的领导、管理，开始由泥木工会（建筑工会）代行，后来逐步转到建设主管部门，此后根据国家总的管理体制，实行“条”“块”结合以条为主，即从企业的建立，任务的分配，力量的调配，人、财、物的管理，以及尔后的企业整顿、资质评审、企业升级等一系列管理工作，均按系统以条条领导为主。在株洲的中央部、省属建筑安装企业，由中央有关主管部、省有关主管厅、局（总公司）负责管理，块块（市）只统辖党的关系和一般行政管理。市及市以下的区、县市级建筑企业，乡镇级建筑队（公司），则按行政级别分系统分级管理，如建委系统所属的县以上的公司，由建委分管；轻工、房产、教育等系统所属的建筑公司（队）由各主管局分管；各区、县市所属的建筑企业，由各区、县市管理。建设主管机关（建委、建管处）负责行业业务管理的归口。县以下的乡、镇、村建筑队（公司）由乡、镇、村分别管理，区、县市政府归口管理。

建筑市场放开后，建筑企业特别是城乡集体所有制建筑队、公司迅猛发展，同时还有外地施工队伍进入市内承包工程，竞争激烈，行业管理工作出现混乱。为此，市人民政府制定《建筑市场管理办法》，重点抓建筑市场整顿，并由各级政府建设主管部门具体组织实施。

三　建筑资质管理

土建安装　1985年，市建委成立领导小组，根据建设部和省建设厅的有关规定，对全市建筑安装企业(不含中央部、省属企业)进行资质审查，主要审查企业的施工经历、技术、能力、工程质量、资金状况、完成总产值情况等。给审查认可的178家企业，颁发《建筑营业管理手册》。并对有违章行为的50家施工队，分别给予经济或行政制裁。

1988年开展全市性的第二次建安企业技术资质审查。审查内容包括企业负责人，主要技术、经济负责人，企业装备水平，工程质量，安全生产等方面。开展调查、考核、审定企业等级，规定各级企业的营业范围，给审查企业换发《建筑企业营业管理手册》，并增发“资格证书”。

1989年，市建筑工程管理处按照建设部修订公布的《施工企业资质管理规定》和“整顿、压缩、提高”的原则，又一次对全市施工企业全面进行资质复查，经严格评审并报省、市建委审核批准，计二级2家，三级37家，四级57家，未定等级的（指定营业范围营业）97家。

1990年，全市有四级以上土建安装施工企业101家。1995年，全市建安企业按照新资质标准就位，通过逐一审批，全市348家建安施工企业中，具有一级资质的2家，二级资质的8家，三级资质的69家，四级资质的103家，等级外的166家。此后，每年均对企业资质进行年检，资质等级有升有降，等外可晋升为等级企业。1997年通过年审，有7家企业降了等级，新升等级企业30家，等级企业总数达到197家。2000年，全市建安施工企业共309家，其中等级企业179家，包括一级企业3家，二级企业18家，三级企业63家，四级企业95家。

勘察设计 湖南省建委于1985年10月至1986年6月，在全省范围内对勘察设计市场进行全面检查、整顿，颁发勘察设计证书。同时印发《湖南省勘察设计资格认证及其管理细则》。株洲市建委对所辖区内的勘察设计单位进行了检查、清理。经省建委验证发证的勘察设计单位共15家，其中勘察队3家（丙级2家，丁级1家），设计单位12家（乙级3家，丙级3家，丁级6家）。2年后，省建委进行复查验证，并公布在株洲市辖区内有持证的勘察单位9家（省验证的中央部属单位6家，计甲级1家，乙级3家，丙级2家；省发证的丙级2家，许可证1家）；设计单位28家（省验证的中央部属单位12家，计丙级10家，丁级2家；省发证的16家，计乙级4家，丙级5家，丁级3家，许可证4家）。

20世纪90年代，新增一批勘测设计单位，最多时全市勘测设计单位达到41个。经过市场经济的竞争，淘汰一批资质偏低、人员素质和技术装备较差的单位。2000年，全市勘察设计单位共35个。其中甲级3个，乙级9个，丙级20个，丁级3个。

建筑装饰 市建委从1989年2月开始，对装饰市场、队伍先后3次组织实地考察，于同年10月由市建委、市工商局、市建行联合发出《关于加强建筑装饰施工管理的通知》，并组成装饰企业资质审查领导小组，开展资质审查。1990年5月，第一次资质审查结束，对39家（专营的33家，兼营的6家）装饰企业，承认其资格，取消不合格的专营装饰服务部、社、公司21家。

1997年，市装饰办公室根据国家有关规定，开展资质认定工作，将100家从事装饰业的企业精减至50家。2000年，全市50家装饰企业，经资质审查认定为二级企业的2家、三级企业的22家，四级企业7家，其余19家不上等级的装饰企业予以撤销。另有7家企业被评为AAA级信用企业。

四 建筑招标投标

民国26年（1937）4月，十一兵工厂第一批厂房建筑工程在南京招标，新亨营造厂中标，第二、

三、四批工程也相继招标，中标的营造厂有华泰、工大、四达、天兴等10余家。民国37年（1948）株洲机厂复建工程30余项，除钻井探水、电器安装、土方挖运3项采取议价承包外，其余厂房建筑工程一律采用招标方式，由交通部审计处派员监标，最后由中标者签约承包。

1953年后，开始改造私人营造业。由国家组建施工队伍，学习苏联经验，用行政手段分配施工任务，株洲的大型工业建设项目的施工队伍都是由国家有关部、局统一安排的。随着时间的推移，这种依据行政命令分配任务的做法，逐渐暴露出一些流弊，而且不易克服。建设部于1983年6月，颁布《建筑工程招标试行办法》，市人民政府于1984年5月颁布《株洲市建筑安装工程招标投标暂行实施办法》，全市开始试行公开招标。同年6月，株洲火车北站俱乐部工程公开招标，6家企业参加投标，由株洲市郊区建筑工程公司中标承包，并如期如质地完成建设任务。

1985年11月，株洲市正式成立由分管副市长任组长的招标投标领导小组，并在市建筑工程管理处设立专门办公室。各县市亦相继建立组织机构。1985—1990年全市实行招标投标的工程共计391项，建筑面积1143.13万平方米，占同期新开工项目的18.70%，面积的37.42%。其中1988年市区实行招标投标的工程88项，建筑面积27.83万平方米，投资额6347.39万元，占同期新开工项目的24.65%，建筑面积的44.87%，投资总额的39.59%。通过招标投标承包施工的工程。其合同履约率、竣工率、工程优良率分别达88%、91.30%和26.91%，施工期比国家工期定额平均缩短5%，工程造价也有所降低。

1992年，株洲市建筑市场全面放开，实行平等竞争，确定建筑面积在2500平方米以上，投资在75万元以上的建设工程，要实行招标投标，择优选择施工队伍。

1993年11月，全省首家工程建设交易市场在株洲成立，凡本市范围内造价在30万元以上的新建、扩建、改建工程，都必须在交易市场公开交易，实现双向选择，平等竞争。首次交易会有中央、省、市属68家施工企业参加，26家项目业主，64个工程项目进入市场，建设面积18.3万平方米，一次成交28个项目。1994年，市建筑工程管理局着力推行建设工程招标投标，形成了基建项目市场交易的惯例，每月定期举办2届市场交易会，全年共有151个单位工程进入市场进行交易，面积50余万平方米，投资额近4亿元，一次成交81个项目。是年，在建设工程交易市场的引导和主管部门的督促下，株洲市建设工程招标投标率达81%，比上年提高61个百分点，被建设部评为“全国建设工程招标投标工作先进单位”。

1995年，全市推动建设工程招标投标，年内共组织22届市场交易会，218个单位工程进入市场交易，一次性成交141个项目，上市交易工程比上年增加70%。为确保招投标的客观性和公正性，市建工局建立招投标评委联络网，从社会各界聘请40余名高级工程师和高级经济师参与招标评标，全年共招标投标77个单位工程，面积27万平方米，投资额1.6亿元，招投标率为57%，且没有一个议标工程，被省建委评为“全省建设工程招标投标工作先进单位”。

1996年，全市工程招标投标工作取得突破性进展。全市年内共组织22届市场交易会，131个单位工程进入市场进行交易，建筑面积38.9万平方米，投资额2.9亿元；共对246个工程项目招标投标，招投标率由1995年的57%提高到88.9%，其中，市区达到97.7%。全市已彻底消除了招标投标空白点。

1998 年，市本级办理施工许可项目 373 个、109 万平方米。全市应招标项目 373 个，面积 108.45 万平方米，造价 6.11 亿元，实现招标项目 356 个，面积 103.45 万平方米，造价 5.85 亿元，招标率分别达到 95.44%、95.08%、95.64%，其中公开招标 11 项、2.24 万平方米，分别占招标项目的 3.09% 和 2.17%。市本级和醴陵市、攸县、株洲县均已建立有形的建筑市场。从当年 1 月起，境内开始对市管建设工程项目实行建设工程招标投标督办制度。

1999 年，全市应招标工程 278 个，面积 85.32 万平方米，投资额 5. 20 亿元，实现招标率按项目、面积、造价比分别为 94.96%、95.25% 和 96.30%。其中公开招标工程 30 个，面积 9.11 万平方米，投资 0.58 亿元，公开招标率分别为 10.79%、10.17% 和 11.17%。同年 10 月，投资 500 万元的省内首家规模最大最规范的株洲市有形建筑市场建成开业。市场实行一站式管理和一条龙服务，与建筑管理和监督有关的监察、工商、建工、质量、招标、造价、劳保、安监等 8 个职能部门定期集中在有形市场联合办公，大大提高了办事效率。有形市场实行公开招标投标制，建设工程项目计划立项后均在有形市场公开发布招标信息。市场开业后至年底，市本级共 17 个工程项目实现公开招标，招标率达 94.44%。有形建筑市场的建立，结束了市工程交易有“市”无“场”、交易无序的局面。

2000 年，株洲市按照“同城合一”的要求，完善了有形建筑市场功能，消防工程、建设管理、开发区工程、市政工程均已进入有形市场公开招标，建筑工程招标率达到 100%。

五　建筑质量管理

1953 年，市人民政府颁布《株洲市建筑管理暂行规定》，市主管建筑业的部门按照规定对全市建筑计划、工程竣工验收等进行管理。

1955 年，湖南省建筑工程局颁布《保证工程质量的技术措施》，国家建委于 1956 年颁布《建筑安装工程工程施工及验收暂行技术规范》和《建筑安装工程质量检验评定标准》。市建设主管部门组织贯彻实施上述文件精神，各施工企业按照规定对所承建的工程，认真编制施工组织设计、作业计划，建立图纸会审、技术交底、材料检验等制度。

1958 — 1961 年，贯彻执行建筑工程部党组《关于普遍推行快速施工的意见》，市建筑行业普遍推行快速施工，工程建设上违反基建程序搞“三边”（边勘察、边设计、边施工），施工企业出现瞎指挥，搞“大兵团作战”，放“高产卫星”。正常的质量管理制度被打乱，工程质量下降。1958 年 11 月，省建五公司二处施工的株洲车辆厂铸钢车间，18 天完成 2.38 万平方米的厂房土建任务，5 天内发生 2 次重大事故，死 8 人，伤 18 人。工程建成后，经多次加固仍达不到要求。湘江机器厂在 1958 — 1960 年期间，33 项工程，建筑面积 6.91 万平方米。倒塌、报废、返修加固的达 15 项，4.7 万平方米，占全部面积的 68%，因倒塌、返修加固所损失的费用达 66.45 万元，占同期完成的投资额的 11%。

1961 年，贯彻《工业七十条》和《建安企业一百条》，质量管理工作逐步加强。“文化大革命”

时期又陷入混乱。

1976年，株洲市重申国家建委1956年制发的有关质量管理的“规范”和“标准”，结合贯彻省建委制定的《建筑工程质量检查评定补充办法》，抓工程质量管理和检查工作，把管理落实到基层施工企业，使质量管理工作又步上正轨。

1979年，湖南省开展创全优工程竞赛，株洲是参赛的5市之一。8月，省建五公司在株洲汽车齿轮厂建成金工车间，创湖南第一项全优工程，受到省、市的表彰和奖励。1980—1984年，全市共创全优工程109项（未含中央部、省属企业创建的全优工程），建筑面积19.89万平方米，年平均全优率21.91%，其中1983年全优工程48项，为年计划的97%，全优率达到33.25%。市建公司当年创全优工程10项，建筑面积20991平方米，占全市全优项目的20%，全优面积的16.53%，成本降低率平均为5.63%，被评为全市创全优最佳单位。

株洲市建筑工程局于1983年4月，转发《湖南省建筑安装企业全面质量管理实施细则》，将工程施工过程划分为施工准备、现场施工、竣工验收和交付使用4个阶段，各技术业务管理部门和施工班组的职工全面动员，人人参加全过程的全面质量管理。

1985年，成立株洲市建筑工程质量监督站（简称“市质监站”），至1990年，市质监站受监工程1865项（不含5个县、市），总建筑面积332.71万平方米。工程优良率由1986年的5.57%上升到1990年的15.81%；工程不合格率由1986年的4.49%下降到1990年的0.05%。其中1990年受监工程388项，面积72.04万平方米，工程质量合格率99.56%（主体工程合格率100%），优良率达到15.81%，是建站以来的最好水平。全市1990年受检工程132项，优良工程20项，优良率达15.10%。

1986—1988年，市建委、市质监站先后向省建委推荐呈报省优工程8项，建筑面积61955平方米，经省建委、省质监站复查评定，有7项核定为省优工程。其中株洲苎麻纺织印染厂综合楼被评为湖南省1988年度优质工程，是株洲市级施工企业获得的第一项省优工程。1989年度，全省评出优质工程18项，株洲市占5项，占省优工程的33.30%，为全省各地市之冠。

20世纪90年代，株洲市质监站建立“先检后用，见证取样”“验评分离、强化验收、完善手续、过程控制”两项制度。通过实施此项制度，全市受监工程的合格率年年达100%，其中优良率保持在25%以上。1991年市建委开展“质量、品种、效益年”活动，全年工程质量优良率达19.76%。当年评出优良工程53项。其中市三建公司优良工程达53%，居全市建安企业之首。同年6月，市首次“十佳建筑”评选活动揭晓，近70座公共建筑参评，确认庆云大厦、麻纺厂、文化楼、邮件转运楼、供销大厦、电力机车体育馆、株洲大饭店、民族饭店、株洲百货大楼、芦淞大市场和市图书馆等“十佳建筑”。1992年，全省开展评省样板（后为省优质）工程活动。株洲市税务大楼工程、滨江一村9栋工程、醴陵市建设银行综合楼工程、市中级法院住宅楼等4项工程榜上有名。活动促进了全市建筑工程质量的提高，当年全市工程优良率达到23.6%。1993年，全市有8项工程被评为省优质样板工程，64项工程被评为市优良工程，总面积达2.1万平方米。1994年，株洲市滨江小区13万多平方米的住宅获全国施工质量金牌奖、综合评定银牌奖，其中第27栋和45栋被评为部优工程，实现株洲市创部级样板工程“零”的突破。

1996年，全市累计受监工程1355个，面积330.05万平方米，建安工作量20.37亿元。竣工验收工程464个，面积133.89万平方米，建安工作量7.95亿元，其中优良工程88个，优良面积27.33万平方米，优良率按个数与面积计算，分别为19.13%和20.47%，全市推荐省优质样板工程27项。省工业设备安装公司参与建设的上海大众汽车制造厂二期工程获全国建筑质量最高奖“鲁班奖”。同年，市建工局对全市“八五”计划期间承建的建筑工程针对性地进行质量回访复查，全年共回访工程622项，面积146万平方米，查出有质量问题的工程150项，已整改返修126项。

1997年，全市新增受监工程479个，累计受监工程1517个，面积396.58万平方米，建安工作量22.86亿元。竣工验收工程356个，面积96.61万平方米，建安工作量5.95亿元。创优良工程83个，其中省优质工程11项，优良面积24.50万平方米，优良率为25.35%。1998年，全市新增受监工程595个，面积150.2万平方米，新增受监面积同比增长63%，累计受监工程1756个，面积449.99万平方米；竣工验收工程项目371个，面积100.65万平方米，其中合格工程361个，面积98.74万平方米，合格率按面积比为98.10%；创优良工程104个，面积33.74万平方米，优良率按面积比为33.52%，同比提高8个百分点。同年6—7月，市质监站对全市1996年已核定工程质量等级的297个工程进行质量回访，建筑面积107.27万平方米，为应回访工程的100%。所有回访工程未发现结构性裂缝和基础不均匀沉降现象，但影响使用功能的问题较多，主要表现为渗漏、墙面开裂、空鼓、板缝开裂、地面起砂、水管材质差等。

1999年，全市新增受监工程616个、面积167.44万平方米，累计受监工程2028个、面积529.76万平方米，竣工验收408个、面积112.51万平方米，其中合格111.31万平方米、优良39.01万平方米，合格率、优良率分别为98.93%和34.67%，同比均略有提高。评出首批株洲市优质建筑工程17个；有16个单项工程获上年度省优。省建五公司1997年为湖南图书城进行的水电和暖通安装工程获全国鲁班奖。由23冶二公司施工的株洲电力机车研究所培训中心、市二建公司施工的株洲日报新闻大楼和市建公司施工的省变电建设公司、送电二公司综合楼3个工程被评为上年度省“芙蓉奖”，并推荐1999年度省优工程22个。

2000年，国家颁布《建设工程质量管理条例》，市质监站在全省率先推出一系列质量监督管理办法。全年全市完成房屋施工面积366.3万平方米，竣工面积185.5万平方米，同比增长10%和4%。建筑工程质量合格率达到100%，优良率为36.9%，较上年提高1.5个百分点。18项单项工程被评省优质工程。由醴陵市建设集团总公司承建的醴陵电信大楼被评为省“芙蓉奖”工程，省工业设备安装公司承建的省工商银行高层住宅楼安装工程获全国鲁班奖。

据统计，1994—2000年，株洲市质监站共受监工程2007个，建筑面积632.26万平方米，工程总造价41.12亿元；1991—2000年，全市创省优工程88个，其中获湖南省建筑质量“芙蓉奖”工程4个；获部优工程2个。省工业设备安装公司和省建五公司在株洲对外承建或参建的4个工程获全国鲁班奖。1996—2000年，株洲市质监站年年被评为“全省工程质量管理先进单位”，获建设部“全国先进质量监督站”荣誉称号。

株洲市历年获部、省优良工程一览表

表 10–8

工程名称	施工单位	授予名称	授予年度	授予单位
株洲汽车齿轮厂金工车间	省建五公司	省全优工程	1978	湖南省建工局
株洲电力机车厂电力工程	省建五公司	省优工程	1979	湖南省革命委员会
沅江造纸厂安装工程	省工业设备安装公司	省全优工程	1979	湖南省革命委员会
洞庭氮肥厂合成氨及尿素装置工程	省建五公司	省全优工程	1982	省建设委员会
洞庭氮肥厂合成氨及尿素装置工程	省建五公司	国家优质工程银质奖	1983	国家质量奖评审委员会
湘江氮肥厂 16 米直径造粒塔	省建五公司	省优工程	1983	省城乡建设环保厅
湖南省图书馆工程	省建五公司	省优工程	1984	省建设委员会
金竹山电厂 6# 机组和 6# 除尘器安装工程	省火电建设公司	省优工程	1985	省建设委员会
沅江机械厂扩建工程	省工业设备安装公司	国家优质工程银质奖	1987	国家质量评审委员会
株洲麻纺厂综合楼工程	株洲市建筑工程公司	省优良工程	1987	省、市质监站
湖南大学图书馆工程	省建五公司	省优质工程	1988	省建设委员会
株洲玻璃厂平板玻璃生产线设备安装工程	省工业设备安装公司	省优质工程	1988	省建设委员会
湘潭电缆厂低氧铜杆引进项目	二十三冶二公司	省优良工程	1988	省建设委员会
衡山专用汽车厂油漆车间	株洲市建筑工程公司	省优良工程	1988	省质监站
株洲电焊条厂湿拉车间	株洲市建筑工程公司	省优良工程	1988	省质监站
株洲庆云大厦工程	二十三冶二公司	省优质工程	1989	省建设委员会
株洲冶炼厂铅改造系统烧结机安装工程	二十三冶二公司	省优质工程	1989	省建设委员会
岳阳巴陵石化公司己内酰胺综合楼	省建五公司	省优质工程	1991	省建设委员会
株洲市税务局税务网点楼	省建五公司	省优质样板工程	1992	省建设委员会
滨江一村住宅第 7 栋	株洲市建筑工程公司	省优样板工程	1992	省质监站
湘潭师范学院图书馆工程	省建五公司	省优样板工程	1993	省建设委员会
滨江一村住宅第 45 栋	株洲市二建公司	省优样板工程	1993	省建设委员会
滨江一村住宅第 27 栋	株洲市二建公司	省优样板工程	1993	省建设委员会
滨江一村住宅第 24 栋	株洲市二建公司	省优样板工程	1993	省建设委员会
工商银行株洲市支行清水塘办事处住宅	株洲市二建公司	省优样板工程	1993	省建设委员会

续表 10–8

工程名称	施工单位	授予名称	授予年度	授予单位
长沙卷烟厂高层住宅 C 栋	省建五公司	省优样板工程	1994	省建设委员会
岳阳市第二水泥厂清水池	省建五公司	省优样板工程	1994	省建设委员会
株洲玻璃厂浮法熔制工程	省建五公司	省优样板工程	1994	省建设委员会
株洲市委办公大楼	二十三冶二公司	省优样板工程	1994	省建设委员会
株洲桥梁厂新轨枕车间	二十三冶二公司	省优样板工程	1994	省建设委员会
株洲市博物馆	株洲市二建公司	省优样板工程	1994	省建设委员会
株洲玻璃厂浮法技改工程	省工业设备安装公司	省优样板工程	1995	省建设委员会
株洲铁路机校综合楼	株洲市二建公司	省优样板工程	1995	省建设委员会
株洲市税务局西宛宾馆	株洲市二建公司	省优样板工程	1995	省建设委员会
株洲电厂技改工程	省火电建设公司	省优工程 芙蓉奖	1995	省建没委员会
湖南医科大学附三医院医技楼	省建五公司	省优样板工程	1996	省建设委员会
洞庭氮肥厂住宅第 29 栋	省建五公司	省优样板工程	1996	省建设委员会
株洲电厂技改 2×125 兆瓦	省建五公司	部优质工程	1996	电力工业部
株洲电厂 180 米烟囱	省建五公司	部优质工程	1996	电力工业部
长沙新生水泥厂生产线	省工业设备安装公司	省优样板工程	1996	省建设委员会
上海大众二期工程（参建）	省工业设备安装公司	上海市工程质量“白玉兰奖”	1996	上海市建设委员会
上海大众二期工程（参建）	省工业设备安装公司	中国建筑工程“鲁班奖”	1996	建设部
株冶果园小区 76# 住宅	株洲市二建公司	省优样板工程	1996	省建设委员会
株冶果园小区 77# 住宅	株洲市二建公司	省优样板工程	1996	省建设委员会
株冶果园小区 82# 住宅	株洲市二建公司	省优样板工程	1996	省建设委员会
株洲市人民银行 C1#、C2# 住宅	株洲市二建公司	省优样板工程	1996	省建设委员会
石门电厂 2×200 兆瓦机组	湖南省火电建设公司	国家电力公司优质工程、省优质工程	1996	国家电力总公司、省建设委员会
株洲冶炼厂镉工段	株洲市建筑工程公司	行业优质工程	1996	有色工程长沙质监站
株洲冶炼厂铸型成品库	株洲市建筑工程公司	行业优质工程	1996	有色工程长沙质监站
岳阳金都大厦	省建五公司	省优质工程	1997	省建设委员会
长沙浦沅结构分厂车间	省建五公司	省优质工程	1997	省建设委员会
株洲电厂技改工程 2×125 兆瓦	省建五公司	省优质工程、芙蓉奖	1997	省建设委员会

续表 10–8

工程名称	施工单位	授予名称	授予年度	授予单位
株洲化工厂塑料门窗厂联合厂房工程	二十三冶二公司	省优质工程、芙蓉奖	1997	省建设委员会
湖南美西涂料工场安装	省工业设备安装公司	省优质样板工程	1997	省建设委员会
株洲日报社新闻大楼	株洲市二建公司	省优质工程、芙蓉奖	1997	省建设委员会
株洲市交警支队 48 户住宅	株洲市二建公司	省优质样板工程	1997	省建设委员会
株洲市荷塘区工商分局综合楼	株洲市二建公司	省优质样板工程	1997	省建设委员会
608 研究所 9111 工程	株洲市建筑工程公司	省优质工程、芙蓉奖	1997	省建设委员会
株洲市金沙桥工程	省工业设备安装公司	省优质工程、芙蓉奖	1997	省建设委员会
千金药业公司片剂车间	株洲市建筑工程公司	省优质工程	1997	省建设委员会
湘潭电厂 B 厂主厂房	省建五公司	省优质工程	1998	省建设厅
湘潭电厂 B 厂生活区综合楼	省建五公司	省优质工程	1998	省建设厅
长沙浦沅结构分厂	省建五公司	省优质工程、芙蓉奖	1998	省建设厅
湖南图书城（水电和暖通安装工程）	省建五公司	省优质工程、芙蓉奖	1998	省建设厅
上海中保大厦安装工程	省工业设备安装公司	上海 1998 年优质观摩工程	1998	上海市质监总站
长沙有色大楼工程	二十三冶二公司	省优质样板工程	1998	省建设厅等
株洲国税新村 A 栋	株洲市二建公司	省优质工程	1998	省建设厅
株洲市南信住宅	株洲市二建公司	省优质工程	1998	省建设厅
株洲市地税局办公楼	株洲市二建公司	省优质工程	1998	省建设厅
株洲市公路局宿舍	株洲市建筑工程公司	省优质工程	1998	省建设厅
送变电二处住宅	株洲市建筑工程公司	省优质工程、芙蓉奖	1999	省建设厅
湘潭电厂 1 号、2 号机组安装	省火电建设公司	省优质工程	1999	省建设厅
株洲电力机车厂学生公寓	省建五公司	省优质工程	1999	省建设厅
岳阳火车站旅客服务楼	省建五公司	省优质工程	1999	省建设厅
湘潭电 B 厂主厂房	省建五公司	省优质工程、芙蓉奖	1999	省建设厅

续表 10–8

工程名称	施工单位	授予名称	授予年度	授予单位
湖南图书城(水电和暖通安装)	省建五公司	鲁班奖	1999	建设部
湘潭电厂主厂房	省建五公司	火电优质工程	1999	国家电力总公司
福州市长乐机场供油工程	省工业设备安装公司	省优质工程、芙蓉奖	1999	省建设厅
湖南省邮电通信综合楼	省工业设备安装公司	省优质工程、芙蓉奖	1999	省建设厅
株洲电力机车研究所培训中心工程	二十三冶二公司	省优质工程、芙蓉奖	1999	省建设厅
株洲市财政局 B 栋住宅	株洲市二建公司	省优质工程	1999	省建设厅
株洲市行政学院培训楼	株洲市二建公司	省优质工程	1999	省建设厅
湖南省工商银行高层住宅楼安装工程	省丁业设备安装公司	省优质工程、芙蓉奖	2000	省建设厅
湘潭大学图书馆扩建工程	省建五公司	省优质工程	2000	省建设厅
1G 曙光 3 号 (CPT) 厂房	省建五公司	省优质工程	2000	省建设厅
湖南省中医学院多功能风雨操场	省建五公司	省优质工程	2000	省建设厅
长沙铁银大厦	省建五公司	省优质工程	2000	省建设厅
长沙市公用事业培训中心及高层住宅楼	省建五公司	省优质工程	2000	省建设厅
岳阳火车站旅客服务楼	省建五公司	省优质工程	2000	省建设厅
长沙有色公司综合楼	二十三冶二公司	省优质工程、芙蓉奖	2000	省建设厅
株洲海关大楼	二十三冶二公司	省优质工程、芙蓉奖	2000	省建设厅
湖南省公用事业培训中心及高层住宅楼	二十三冶二公司、省工业设备安装公司	省优质工程、芙蓉奖	2000	省建没厅
株洲市交警支队河西住宅	株洲市二建公司	省优质工程	2000	省建设厅
株洲市四中科教楼	株洲市二建公司	省优质工程	2000	省建设厅

六　建筑安全管理

1956 年，市人委设立安全委员会，各主管部门设安技科，施工企业在质安科配备专职安全员，专管安全生产。随后，国家和各级行政主管部门多次发布关于劳动保护和安全生产的规定和管理制度，安全生产管理趋于逐渐完善。

1980 年，市建工局内设立安全技术科，专职管理建筑安装施工的安全工作。

1985 — 1988 年，市建筑工程管理处、市劳动局先后转发建设部《关于加强安全管理工作的意见》

《关于贯彻国家安全生产的规程和条例》《关于加强民工安全教育》《建筑业施工安全检查评分标准》等一系列文件和通知。1987 年 3 月，开展全市安全生产大检查，发现各类事故隐患 356 起，根据具体情况要求当场整改或限期整改，对于不及时整改而发生事故的单位，分别作出罚款、停产整顿、降低企业资质等级等处理。

1990 年，市建筑工程处将建设部颁布的《建筑施工安全检查评分标准》翻印 4807 份，发至全市施工企业，并组织县市级专业施工单位安全员学习，举办企业副经理（队长）200 人参加的培训班，提高安全生产意识。1990 年 3 月全市安全大检查结果表明，建安企业事故显著下降，全年死亡 3 人，重伤 9 人，伤亡事故频率为 0.20%，与 1989 年死亡 14 人，重伤 19 人相比，分别下降 78.57% 和 52.63%。其中县市以上专业公司无死亡事故。

1993 年 11 月，成立市建筑工程安全监督站（简称“安监站”），归属市建筑工程管理处管理。安监站成立后，从抓安全教育和人员培训入手，先后对施工企业的 3.2 万名职工进行安全培训；对施工企业的安全负责人、项目经理、施工员坚持每年培训 1 次。1996 年，市安监站分 3 期对施工现场安全不合格或发生过死亡事故的 81 家企业的经理、栋号长和安全员进行培训。用典型案例对施工单位进行警示教育，并严厉查处打击假冒伪劣产品的生产厂家和销售网点，有效地防止不合格防护用品进入施工现场。1997 年，全市仅发生 4 级伤亡事故 3 起，死亡 3 人，死亡事故率为万分之零点三，死亡人数和事故率均为近 13 年来的最低点。1999 年，全市仅发生一起建筑施工死亡事故，死亡 1 人，死亡率为万分之零点一四，为历年最低。

七　建筑工程定额管理

1953 年前，国家未设定额管理机构，也无统一的定额。建设工程预算一般由承包方（施工单位）凭经验估算向发包方提出报价，经发包方审查，同意后即签订承包合同。

1953 年 7 月，中南局财经委员会颁布《中南地区建筑工程概算定额》和《中南地区工程费用临时取费标准》，株洲的建筑业开始执行概算定额及取费标准。1955 年，国家颁发全国统一预算定额及取费标准，明确规定施工企业承包工程时必须按施工图编制工程预算。1957 年，国家对统一定额进行修改、补充。株洲按此编制出《建筑工程单位估算表》和《建筑工程材料预算价格》，并付诸实施。

1958 年，预算定额管理权下放，株洲市执行湖南省颁布的《省建筑工程扩大预算定额》。1961 年后，建设预算管理权限，改为中央与地方分级管理，株洲市仍执行国家 1957 年修正的预算定额。从 1965 年起，执行湖南省关于工程实报实销的规定。1974 年，株洲市革命委员会基建领导小组组织有关部门编制出《株洲市建筑安装工程材料预算价格》《土建安装工程单位估价表》，为建筑安装概预算工作提供了依据。

1979 年 10 月，成立株洲市定额管理分站，负责对国家和省颁发的建筑安装工程定额、劳动定额的管理；组织建筑工程材料预算和工程定额单位估价表的编制、修订工作。1985 年，根据省定额站规定，增加市政建设、房屋修缮、仿古园林建筑的定额管理，定额管理工作开始走向专业化轨道。1985 年 6 月，定额站组织市建公司等单位共同研制开发微机编制预（结）算程序软件，历时 5 个月研制成功，成为湖南省第1家运用电脑编制预（结）算的单位，此项成果获省电子计算机运用三等奖。

20世纪80年代中期以来，随着建筑材料的价格的逐步放开，价格的快速变化使工程预结算工作难度增大，原有的管理办法已不能适应形式的发展。为适应市场的新变化，从1987年开始，市定额站对工程建设的预结算采取以定额单位估价表为基础，每年年底由市定额站发布一年一度的调整系数的方法进行。

1990年，开始执行湖南省统一的建筑安装定额和单位估价表进行结算。不久，在此基础上，对主要材料进行单项调整，按每半年发布一次建筑安装材料预算价格及次要材料调整系数的方法进行工程项目的预结算，设计概算按每年发布一次系数进行编制，安装工程按单位估价表乘定额子目系数编制预结算。1993年，又按每季度发布一次主要材料预算价格，进行土建工程的预结算。从1994年开始，工程建设的材料预算价格全部放开，改用发布信息的办法，即每季度发布一次株洲市建设工程材料预算价格信息，供建设单位和施工单位进行预结算参考。

1996年，市定额管理站更名为市建设工程造价管理站（简称“市造价站”），并成立市工程造价咨询单位资质初评委员会及办公室，规范全市咨询单位的咨询行为。当年，市造价站鉴定造价纠纷有20多起，累计金额1924万元，核减金额472万元。全年发行价格信息6期4万余册，清理整顿并确定首批10家准予经营的咨询机构，使中介机构实现规范运作。1997年，市造价站与市中级人民法院联合成立株洲市工程造价审判联络室，处理工程造价案件12起。其后，举办工程造价软件培训班6期，参训人员达1300人次，完成株洲市首批工程造价单位资质审查工作，全市共有11家经省评审获得资质等级。1999年，株洲市建筑工程造价中介市场得到有效规范，造价咨询业完成业务量2亿元以上。2000年，针对建筑市场出现的一些新材料、新工艺，组织人力、物力对数十项一次性单位估价表进行补充编制，填补预结算中的空白子目，减少工程决算中的纠纷。

八　行业劳保费用统筹管理

1987年，湖南省建设委员会指定株洲市为建筑企业劳保统筹试点城市。市建委、建设银行株洲市分行、市劳动局、株洲市保险公司于当年联合制定《株洲市建安企业劳动保险费用实行行业管理收费办法（试行）》，从1987年7月起试行。凡在株洲市施工的建筑企业的劳保费用，统一由市县劳保费用办公室按新建、扩建、改建、维修及构筑物等项目的建安工程投资的一定比例及企业类别，直接向建筑单位预收，待工程竣工决算后，再按规定的收费率进行决算；所缴纳的劳保费，均列入建筑安装工程总造价之内。

1987年年底，成立株洲市建筑企业劳动保险费用管理办公室。次年，市属各县市区建设委员会分别设置相应机构，配备专（兼）职管理员。1987—1990年，市区收取劳动保险费用1332万元。经过5年的试点，1992年湖南省政府颁布《湖南省建筑企业劳动保险基金统筹管理办法》《株洲市建筑企业劳保基金统筹实施细则》也随之出台。根据规定，劳保基金收取的标准为：新建、改建、技改、维修项目和单独承包的机械土石方工程、构件制作安装工程、桩基础工程、道路桥梁堤防工程、市政给排水工程、煤气管道工程等按单项工程总造价的 3.50% 计取；包工包料的土建工程、单独承包的人工独立土石方工程按预算定额人工费 25% 计取。收取时在单位工程造价的基础上，按规定比例增加 30% 预收（因工程竣工结算一般大于报建造价），待工程竣工后，按经办银行审定的决算办理结算，多退少补。从 1993 年开始，市劳保办首先对全市 18 家建筑公司计 2.60 万余名职工实行劳保基金的统收统支。

为堵住流失的漏洞，市劳保办从 1998 年开始与株洲市审计事务所签订《委托审计补征建筑企业劳保基金合同》，当年就审计 63 个单位，查补应入库基金 318.80 万元。1987 — 2001 年，全市共收取劳保基金 2.23 亿元，保证了参保建筑企业离退休职工按时足额发放工资，缓解了特困建筑企业和特困职工的困难。

九 建设监理

1988 年，株洲市进行建设监理制的试点工作。通过试点、总结与推广，初步建立工程建设监理的法规体系，逐步与国际工程建设监理接轨。

1992 年，建设部颁布《工程建设监理单位资质管理试行办法》，国家物价局、建设部联合下发《关于发布工程建设监理费有关规定的通知》。株洲市建筑工程管理处依据文件精神，于 1994 年 6 月成立株洲市工程建设监理公司，是湖南省地市级的第一家监理公司，当年就先后签订南天大厦、南方雅马哈摩托车工厂、国宾大酒店等重点工程的监理委托合同，受监面积达 15 万多平方米，投资总额达 1.6 亿元。1995 年 10 月，通过外出学习考察并结合一年多的工作实践，制定一套行之有效的工程监理办法。株洲南方雅马哈摩托车厂厂房各主体工程全部被评为优良，其建设工程的监理，被中国建筑工业出版社收入《建设工程监理项目实录》一书，向全国推介。1997 年后，株洲市工程建设监理公司通过认真总结经验，编写出《监理业务工作手册》，使建设监理工作进一步规范化。同年，株洲相继成立新凯、南方、诚信、恒发 4 家监理公司，1999 年又成立湘科监理公司。全市具备资格的监理工程师达 150 人，监理市场已经形成。

1999 年，市建工局设立监理管理办公室（简称“市监理办”）。进一步加强行业监管，当年全市 100 万元以上的建筑工程全部实行建设监理制，共监理工程项目 74 个，面积 36.19 万平方米，监理率 59.12%，同比增长 5 成多。2000 年，市政府颁布《株洲市建设工程监理管理规定》，对建设监理的内容、从业资格、监理范围、监理的实施以及监理的地位等作出明确的界定。同年在全省率先推行建设监理招标投标制度。株洲师范专科学校宿舍工程成为株洲市监理招标的第一个工程，市内 3 家监理公司参与竞标。

十 建筑市场治理整顿

20 世纪 80 年代末以来，建设单位拖欠工程款的现象比较严重。1991 年市建筑业把清理工程拖欠工程款纳入行业目标管理，从各县市区建委、建筑工程管理站到各施工企业，层层签订目标管理合同，将清理拖欠工程款做为一个重要的考核指标，建设银行、计委、审计、工商行政管理等有关部门紧密配合，全年清理特色工程款达7150万元，占拖欠款总额的65%。

1995年春夏两季，市建工局通过全面组织发动和培训执法队伍，组建“建筑市场大检查执法队”，依照《湖南省建筑市场管理条例》，对城市三区开展建筑市场治乱活动，全面清查1993年以来的竣工项目和1994年以来开工与在建的工程项目，集中查处违章建筑，纠正无序现象。同时，河西开发区、醴陵市、株洲县、茶陵县、攸县、郊区和炎陵县均成立建筑市场执法队。当年，全市共检查工程项目661个，总面积154万平方米。仅市区内就查处违章建筑181项，查处挂靠、转包施工10余起，72个工程项目补办报建手续，市区内违章项目共罚款27万元。

1996年，重点加大对建设项目的执法监察力度，全市共检查工程项目813个。其中，市区查处违章工程189个，面积54.8万平方米，造价4.3亿元，违章处罚20.7万元。1997年，又检查工程项目1144个，面积268.5万平方米、总投资33.4亿元，查处未报建、未招标、超计划建设等各类工程项目334个，补交税费544万元；共对94个工程项目4.6亿元建设资金进行竣工审计，核减工程造价4117.35万元，查处违纪违规金额1.79亿元；查处万元以上大要案48起，涉及金额240多万元。通过专项治理和执法监察，全市建筑市场秩序全面好转，新建工程报建率达95%，建设工程施工招投标覆盖率按面积比达98.76%，较治理前上升41%。

从1998年9月中旬起，市建工局联合市直5个部门进行为期一个月的建设项目执法大检查，共检查1996年1月以来竣工和在建的项目663个，查处不报建、不招标等违章工程110个，查结大要案12起，处理违法人员28人，挽回经济损失54.03万元。1999年2—9月，又清查全市全部334家施工企业、40家勘察设计单位、5家监理单位、105个预制构件厂（场）及部分建筑检测机构。通过清查，施工企业共降级22家，注销资质27家，停业整顿2家；勘察设计单位注销资质2家，责令整顿4家；监理单位报销分支机构1个；预制构件厂（场），注销资质1家，停业整顿2家；建筑检测机构停业整顿2家。

2000年，建筑市场专项整治力度加大。清理整顿了29家挂靠施工企业，促其逐步与挂靠的党政机关脱钩，撤销资质挂靠企业13个，空壳企业2个，查处违法建设项目116个，重点稽查项目31个，建设领域大要案34件，为国家挽回经济损失500余万元，全年新开工工程报建率达到97%。

株洲市建筑工程管理（局、总公司、处）负责人名录

表10-9

正　职	任职时间	副　职	任职时间
王守志	1984.8—1985.8	孙明树	1980.12—1985.8
李守芳（党委书记）	1983.8—1984.2	杨桂林	1980.12—1985.8
杨桂林（副处级）	1985.8—1988.9	戴让安	1981.1—1981.5
易文端（副处级）	1988.9—1994.3	王人爵	1981.10—1983.9
易文端	1994.3—2000.12	曾启隆	1981.5—1983.9
–	–	赵勤习	1982.5—1983.9

续表 10-9

正　职	任职时间	副　职	任职时间
–	–	余瑞琼	1983.8 — 1985.8
–	–	朱建咸	1994.3 — 1999.7
–	–	郭绍勋	1994.3 — 2000.12
–	–	张鹤松	1994.3 — 2000.12
–	–	杨世钢	1998.5 — 2000.12
–	–	王瑞翔	1998.5 — 2000.12

专　记

小城镇建设

1965 年，经国务院批准，成立株洲县，归属株洲市管辖。至此，株洲市辖有一县一郊共 33 个公社（镇），建制镇有朱亭、三门、雷打石、渌口 4 个。“文化大革命”期间，小城镇建设基本处于停滞状态。

中共十一届三中全会后，随着农村经济体制改革的全面展开，乡镇企业异军突起，小城镇开始展现活力，数量增加，规模扩大。1983 年，实行市带县新体制，醴陵等 4 县由湘潭地区划归株洲市管辖，全市建制镇增加到 10 个。1984 年，全市建制镇增加到 21 个，比上年翻了一番多。1986 年，为贯彻全省小城镇工作会议精神，株洲市政府出台《关于加快小城镇建设若干问题的决定》。次年，市政府又下发《关于加快小城镇建设的规定》，对小城镇建设进行规划，从无序发展转向有序发展。20 世纪 80 年代中期，市委、市政府先后组织编制了全市 151 个乡镇和 182 个村镇建设的规划方案。至 1990 年底，全市建制镇增加到 32 个，建成区面积达 30.29 万平方千米，人口 19.76 万人；共新建、改扩建小城镇道路 32 条，使道路总长达到 62 千米，面积 45 万平方米；小城镇房屋建筑面积达到 914 万平方米，其中住宅面积 262.06 万平方米，人均居住面积为 13.31 平方米；建成自来水厂 14 个，日供水能力 4.25 万吨；建成可容纳万人以上规模的集贸市场 7 个，集贸市场年成交额 2.10 亿元；乡镇企业总产值达 24 亿元，相当于 1978 年的 11.03 倍。

20 世纪 90 年代初，市委、市政府成立由 22 个市直部门负责人为成员的小城镇建设协调领导小组，组织、协调全市小城镇建设的有关工作。从 1994 年起，全市每年安排 200 万元小城镇建设专项资金，用“以奖代拨”的方式扶持小城镇的基础设施建设，并引导 5 县市加大对小城镇建设的投入。至 1997 年，全市小城镇扩容提质共完成投资 12.24 亿元，新增城镇道路总长 230.56 千米，面积 240.92 万平方米；住宅竣工面积 259.165 万平方米，人均居住面积增加到 16 平方米；县市城建成区面积扩展到 32.21 平方千米，人口由 11.90 万人增加到 27.69 万元；建制镇由 32 个增加到 57 个，建成区面积扩展到 75.49 平方千米，全市城镇化水平由 1990 年的 20.62% 提高到 29.43%。至 2000 年的 3 年中，全市共完成小城镇基础设施建设投资 2.91 亿元，新建改扩建道路 87.68 千米；新建、改扩建市场 24 个，新增市场面积12.31万平方米；新建、改扩建自来水厂（供水站）18个，日供水能力新增1.40万吨；完成住宅建设投资75亿元，竣工面积505.80万平方米；新增建制镇11个。据2000年年底统计，全市建制镇有68个，建成区面积达65.49平方千米，建成区常住人口85.86万人；建成区的道路总长292.26千米，面积252.83平方千米。全市城镇化水平提高到37%。小城镇的建设带动了经济发展，2000年全市小城镇的工业产值达到38.06亿元，占全市乡镇企业产值的43.70%；国民生产总值达89.49亿元，占全市国民生产总值的29.02%。

20世纪90年代，小城镇建设编制的规划注重超前性，讲究高起点、高标准，强调特色性，力求创建设施配套、功能齐全、环境优美、布局合理、具有地方特色的新型小城镇。1993—1997年，全市完成35个建制镇、30个乡集镇的规划编制和修编。1998—2000年，又完成辖区和攸县县城城镇体系规划修编和37个建制镇、21个乡集镇、66个小康村规划编制和修编。这一时期，重点抓县城的扩容提质，以抓好县城建设带动其他小城镇建设。90年代的10年中，株洲县城渌口镇进行了较大规模的扩容提质，扩改建主干道11条，长11.20千米，全部混凝土硬化。县城建成区由1.96平方千米扩大到3.79平方千米，人口由2.6万人增加到5.53万人。1985年，醴陵撤县设市后，县城即开始扩容提质，至1992年，共投资8000万元，新建、改造、拓宽城市主干道14条，总长23千米，城市建成区面积增至8.70平方千米，人口增至9.01万人。1993—2000年，又进行第二次扩容提质，总投资达3.52亿元，新修、改造、拓宽城市主干道18条、总长29.70千米，城市建成区面积增加到16.5平方千米，人口增至16.36万人。攸县城关镇在70年代末期建成区面积才3.20平方千米，城区人口不到3万人，至2000年，县城建成区面积增至7.92平方千米，人口增至5.80万人。茶陵县80年代投资4亿元打造历史文化名城形象，建成县城服装一条街，县城建成区面积达4.50平方千米，人口3.01万人。至2000年建成区面积6.73平方千米，城市人口5.29万人。炎陵县城90年代建成了占地20.77公顷的龙井经贸开发区，区内基础设施建设初具规模，其中占地2.33公顷的湘赣大市场成为附近6县的物资重要集散地。县城建成区由1990年的2.54平方千米增加到2000年的3.98平方千米；城市人口由1.33万人增加到2.05万人。

从1994年开始，株洲市各县市积极投入全省“创建百强镇”活动，着力打造上规模、上档次、上水平的建制镇。醴陵市白兔潭镇先后投资1亿余元修建5条镇区道路，总长3800米，硬化14.20万平方米，新建2座桥，拓宽镇区东、西大门，拉通宝山公路与106国道的连接线，使新旧城区融为一体；改造农贸市场3500平方米，建成一座日供水1500立方米的自来水厂，完成镇区6300千伏安电力增容改造工程，大力发展鞭炮烟花等特色产业，1996年跨入全省经济百强镇行列。攸县先后有6个镇跨入省“百强镇”行列，居5县市之首。该县皇图岭镇被国家工商总局列为全国小城镇建设示范镇，凭借地处湘赣两省三县交界的区位优势，实行商贸兴镇战略，成为株洲市最大的农村集贸市场和全省5大农贸市场之一，先后2次被评为“全国文明集贸市场”。攸县也获“全国小城镇建设先进县”称号。

至2000年，全市先后有株洲县渌口镇、白关镇、龙头铺镇（后划为石峰区），醴陵市浦口镇、白兔潭镇、王仙镇、船湾镇，攸县城关镇、皇图岭镇、酒埠江镇、网岭镇、新市镇、上云桥镇，茶陵县潞水镇等13个建制镇被省政府授予“全省经济百强镇”称号。

第四章　房地产

清末民初，随着株萍、粤汉铁路的修筑与湘江汇集形成水陆交通优势，株洲房地产业开始发展。民国25年（1936），交通部、军政部分别在田心和董家塅筹建工厂，房地产业出现发展热潮，全镇居民达万余户，房屋18548间。人烟之稠密，为湘潭县集镇之冠。民国33年（1944）至次年春、夏，日本侵略军进犯株洲，公私房屋被毁12983间，仅存5565间亦残破不堪。民国34年（1945）秋，日军投降，镇区居民大多在原址重建家园。至1949年，被日军毁为瓦砾的建宁街、堤升街、荣兴街、港口街均得到恢复，镇、厂区占地面积744.67公顷，房屋建筑面积16.74万平方米，人均居住面积4.33平方米，房屋结构大部分是木架篾织墙体，杉皮或小青瓦屋面。

1949—1952年，城区政府房地产管理部门宣传国家房地产政策，纠正一度发生的“分房”（农村分田，城市分房）歪风，组织接管、没收、代管封建社团所有和官僚、恶霸、地主私有的房屋和地产，成为全民所有的政府直管产。331厂、株洲机车车辆修理工厂等企业的房地产，各自清理为全民或集体单位所有的自管产。城区私有房地产，经市人民政府定权发证确认为私有产。此间，城区新增房屋建筑面积14.10万平方米，总面积达到30.84万平方米。1952年，人均居住面积4.30平方米，年久失修的房屋占64.77%。

“一五”计划期间，株洲市开始大规模的城市建设。1955年，成立株洲市房地产交易所，1956年，成立株洲市房地产管理局，房地产经营在废除旧的高额“码头顶费”（承租户转让房地产要收取受让户费用）和白契等经营陋习后，新的租赁、买卖关系逐步建立。至1957年，城区征购土地1042.67公顷，新增各类房屋建筑面积103.55万平方米，人均居住面积4.20平方米。

“二五”计划期间，以重工业为主导的工业建设飞跃发展，公房建设比“一五”计划期间发展更快，征购土地1158.87公顷，新增房屋建筑面积189.22万平方米，主要为非住宅建设，人口增长率超过住宅增长率，1962年人均居住面积降至2.96平方米。

3年经济调整时期（1963—1965年），房屋建设中加重住宅投资比重，3年共征用土地175.40公顷，城区新增房屋建筑面积45.53万平方米。其中住宅14.66万平方米，为新增房屋总面积的32.20%，住房紧张状况比“二五”计划时期稍有缓和。

“文化大革命”期间，国有直管公房新增3.79万平方米，无偿调拨给各企事业单位1.62万平方米。各单位自管公房新建242.11万平方米。10年间，城区征用土地615.87公顷，共新增房屋245.90万平方米。

“五五”计划期间，房地产管理逐步加强。1976年6月，成立市房屋统建办公室，1977年12月撤销后，1978年6月恢复市房地产管理局，同年底成立株洲市住宅建设指挥部。5年间，征用土地556.87公顷，新增房屋建筑面积234.65万平方米。其中住宅113.86万平方米，占新增房屋总面积的48.52%。1980年，人均居住面积达到5.30平方米，高出全国城镇人均居住面积0.30平方米。但由于市基本建设历年对住宅建设的投资比重小（“二五”计划期间2.99%、“三五”计划期间2.49%、“四五”计划期间6.26%），而5年中城区人口增长过猛，虽经1979—1980年调整和分配职工住房1万户，缺房户仍有7745户。各单位为缓和矛盾，对自管房分配实行按住房困难程度排队出榜评议、“三榜”定案（对列入符合申请住房条件者，公布第一榜；根据房源状况，对列入此次分房范围的申请者，公布第二榜；由分房范围内的申请者从高分到低分自选房号，公布第三榜）。在此期间的住宅建设，因房地产管理部门1979—1980年采用铅烟化炉渣为骨料的混凝土中型砌块作墙体材料，建成25栋计43476平方米住宅，不久即成危房，拆除重建15栋，加固补强处理10栋，含原建、新建和加固，累计耗费资金1836.81万元。

“六五”计划期间，国家实施“改革、开放、搞活”的经济政策，促进了城市基础设施的建设。各单位住房分配普遍实行分类计分和分配方案公开办法，分房中的不正之风得到有效控制。1985年，株洲市城市建设综合开发公司（简称“市城建开发公司”）着手在庆云山成片建设商品住宅。5年间，城区征用土地433.07公顷，新增房屋296.48万平方米，其中住宅占195.66万平方米，新增住宅比非住宅高出32个百分点，住宅投资占全市基建投资总额21.05%，比“五五”计划期间增长2.33%。1985年，人均居住面积达到6.72平方米，高出全国城镇人均居住面积0.62平方米。城区成套住宅占住宅总面积的45.40%，各单位自管住宅成套率占住宅总面积的48.70%，职工居住条件得到较多的改善，市民住房紧张状况得到缓解。

“七五”计划期间，城区着力推行住宅商品化，房地产开发兴起。1988年2月，恢复中断30年的房屋交易所，成立房地产产权监理处；1990年8月，设立房屋安全鉴定办公室。同年底，在城区推出《株洲市住房制度改革实施方案》，推行“以息代租”。对于不缴纳押金的住户，则按房屋的建筑结构同时提高租金。5年间，城区征用土地502.20公顷，其中房地产开发单位共征用土地76.32公顷，有偿转让土地39.41公顷；城区新增房屋378.70万平方米，其中住宅占159.35万平方米。1990年，人均居住面积达到7.96平方米，比1949年人民政府接管株洲时的4.33平方米高出3.63平方米，比全省城镇人均高出0.96平方米，比全国城镇人均高出0.86平方米。房屋结构，钢混、砖混占总面积的72.70%，砖木、简易占27.30%。

“八五”计划期间，株洲市房地产业发生深刻的变化。1991年，全市新旧房屋一并实行《株洲市住房制度改革实施方案》。住房人由过去缴纳住房租金改革为一次性缴纳抵押金，用抵押金的利息代替住房的租金，即“以息代租”，迈出住房制度改革的第一步。1993年2月，成立株洲市城建综合开发管理办公室，加强房地产开发企业的行业管理和资质审核，规范房地产开发行为。1995年3月《株洲市深化城镇住房制度改革实施方案》出台，方案除规定公有房屋可以向市民出售以外，还规定建立住房公积金制度，80%多的公有住房向市民出售，80%多的住房公积金得以归集，迈出住房制度改革的第二步，得到建设部的首肯。在第二步房改之前，市区直管房产总面积43.05万平方米，7000多户居民住户，300多户门面经营者。由市房地产管理局负责管理、租赁和维修，维修及时率达98%以上，每年的维修资金都在50万～80万元以上；并对4万多平方米的铅烟化炉渣砌块的危房进行拆除重建，耗资近2000万元；还对市区68个干厕所改造成水厕所，既改善了市容卫生，又方便了居民生活。

“九五”计划期间，市区直管房产缩减至10多万平方米。集资建房，开发商品房不断涌现。停止实物分房，实行货币分房。市房地产行政管理部门根据这些新的变化及时作出调整。先后成立河西房产分局，对高新技术开发区的房产事项进行产权产籍管理，房产交易管理。成立房产监察大队，对市区违规违章的房产行为进行监察处理。成立白蚁防治管理所，对市区新建房屋进行白蚁预防处理。成立物业管理办公室，对市区物业公司进行资质审查，组织培训，规范行为。成立房地产交易市场，为市民房屋交易提供便利平台。成立第三房管所，负责原郊区房管所的管理业务。成立房屋拆迁管理办公室，组织房屋拆迁和管理。成立两个房地产中介事务所，为市民的房产交易提供中介服务。成立房屋测量大队，测绘市区110平方千米房产地籍图并测准房屋的面积，出具测量报告，为产权办理提供准确数据。成立房产信息中心，收集各种房产信息，为领导决策提供准确性依据。成立房地产拍卖中心，实施房地产专业拍卖。成立房地产置业担保公司，为市民提供购房贷款担保，防范贷款风险，保障贷款安全。在此期间，株洲市区的房地产开发由过去的零星开发逐步转入成片的集中开发。先后有近百家开发公司在株洲市开发建设商品房。每年都有15亿～18亿元的资金投入住宅房的开发建设。5年共建成住宅小区近30个。由原来建6层以下的低矮房逐渐向20～30层的高层电梯房发展。销售价格由每平方米800元左右上升到1800～2000元不等。小区道路、绿化、商业网点、教育学校、停车场所、物业管理等都在建设内，居民吃、住、玩、乐非常方便。房产经营由过去的单独租赁逐步向租赁、买卖、产权转移方向发展。凡具有产权的业主，可以自主经营，也可以租赁经营，还可以拍卖时段经营权和所有权。外地户口也可在株洲市区享有购买权和经营权，价格随行就市。

第一节 房地产开发

一 房产开发

（一）公有房产

1.直管公房 1951—1953年，株洲市人民政府房地产管理部门组织清理城区房产，按政策接管封建社团公产和公共用房，根据法院判决没收部分国民政府军政人员占有的房屋，共计建筑面积31804平方米，成为政府部门直管公房。

1956年12月至1957年4月，株洲市房地产部门又进行为时5个月的直管公房清理，新增直管公房登记面积28608平方米。

1958年，市人委按照国家关于对城镇私有出租房屋过起点线者进行社会主义改造的规定，将纳入改造范围的539户私房主的55702平方米房屋转为国有直管公产。至1959年，城区私房改造和人民公社化运动共接管、没收、代管私房11.61万平方米转为国有直管公房，同时增建房屋面积

8914 平方米，总计占有 12.50 万平方米。

20 世纪 60 年代，直管公房增建面积 68088 平方米。1962 — 1969 年，房地产管理部门贯彻市人委关于“为生产和人民生活服务”的方针，直管公房无偿调拨给株洲钢厂、华石煤矿、省建五公司、市供水公司、市人武部 5 个单位使用，共计 20 栋，建筑面积 18269 平方米；1967 — 1969 年，挤占、没收、代管私有出租房屋 4413 平方米。1969 年，直管公房面积 17.93 万平方米。

20 世纪 70 年代，增建直管房面积 86467 平方米。1970 — 1977 年，无偿调拨给市革委会第二招待所、南区革委会、市群力旅社、市立中医院、市计委、市副食品公司 6 个单位房屋 23 栋，面积 13314 平方米；1979 年 3 月，退还“文化大革命”期间挤占的私房 4413 平方米；当年年末，直管公房面积 24.80 万平方米。

20 世纪 80 年代，直管公房增长迅速。1989 年，房屋面积 42.69 万平方米。1990 年，直管公房面积 43.05 万平方米（非住宅 42944 平方米、住宅 387502 平方米），为 1949 年的 13.53 倍，占城区各类房屋总面积的 2.82%。房屋结构，由 1949 年的砖木、简易结构发展为混合结构楼房。有 40 — 50 年代接管的简易结构的危房 3 万多平方米；有 70 — 80 年代用铅烟在炉渣中型砌块建成的 4.5 万平方米（经检测鉴定为危房）。

1991 年 9 月，根据省政府精神，将 20 世纪 60 年代市商业部门移交给市房产部门管理的直管商业用房 9 处，建筑面积 2374.02 平方米的房屋带户移交给商业部门。商业部门于 1966 年 5 月平调房产部门的房屋 9 栋，建筑面积 7327.58 平方米的房屋归还给房产部门。

1995 年 3 月，《株洲市深化城镇住房制度改革实施方案》出台。为落实改革方案，市房地产管理部门结合组织人员对直管住房进行摸底调查，至 7 月底，确认全市直管住宅 346 栋 7096 户，总建筑面积 39.4 万平方米。从 1995 年 8 月 1 日起，市房产管理部门根据房改政策开始向市民出售直管住宅房屋。当年，按 482 元 / 平方米共售出房屋 5417 套计 34.35 万平方米，是直管住宅房屋总面积的 89%，收回房改住宅资金 6217.64 万元。至此，市直管房产减少到 12.84 万平方米，其中住宅用房 8.63 万平方米，非住宅用房 4.21 万平方米。

1996 — 2000 年，市房地产管理部门按照市房改政策规定，将直管房产陆续出售一部分，旧城改造拆除一部分，加上因自然灾害损失了一部分。至 2000 年年末，市区直管房产总面积为 36499.55 平方米。其中住宅 427 套，建筑面积 21440.08 平方米；非住宅建筑面积 15059.47 平方米。

2.单位自管公房 民国 38 年（1949），株洲机厂（株洲电力机车工厂）、十一兵工厂（南方航空动力机械公司）、永利久大化学公司 3 家工厂自管房产总面积 64234 平方米，其中厂房及附房 30131 平方米，住宅 34103 平方米。另有其他小厂、作坊共有房屋 12266 平方米。合计 7.65 万平方米。

20 世纪 50 年代，经过国民经济恢复时期和“一五”计划的实施，株洲市工业进入新的历史发展时期，单位自管房增建 155.62 万平方米，1959 年单位自管房共有 163.27 万平方米。

20 世纪 60 年代，单位自管房建设发展缓慢，10 年间仅增建房屋面积 12.10 万平方米，1969 年共有单位自管房 175.37 万平方米。

20 世纪 70 年代，一些单位为缓解职工住房紧张状况，在扩建厂房的同时大量增建住房，房屋增建面积 188.86 万平方米，1979 年增加到 364.23 万平方米。

1980 — 1983 年，城区住宅建设采取“统建”和“自建”的办法，随之掀起“建房热”。至 1989 年，贯彻国民经济调整方针，单位自建房屋开始“降温”。20 世纪 80 年代，城区单位自管房增建面积 706 万平方米。1989 年，城区单位自管房面积共有 1070.23 万平方米。

1990 年，城区单位自管房增建 312.63 万平方米，单位自管房达到 1382.86 万平方米，为 1949 年的 180.77 倍，占城区各类房屋总面积的 90.69%。

20 世纪 90 年代，随着商品房开发的迅速发展，单位自管房建设不断萎缩，原有的自管房逐步出售给个人。到 90 年代末，单位自管公房除保留少量职工集体宿舍外，住宅已经所剩无几了。

3.房产局自管房产　株洲市房地产管理部门为解决办公、职工住宅和经营的需求，从 20 世纪 80 年代开始自筹资金新建和改建房屋。自管自用，逐步增加自有固定资产。

1983 — 1987 年，先后在市府路 3 号建四层办公楼 1 栋，投资 80 多万元，建筑面积 1800 平方米，同时在后院建住宅楼 1 栋 1200 平方米，耗资 40 多万元；为解决职工就餐，还建有 300 多平方米的食堂；为解决房管二所办公和职工住宅，在人民中路建成 6 层综合楼 2502 平方米，1 个单元由二所办公，2 个单元安排职工住宅 24 户，共投资 70 多万元。

1988 — 1991 年，市房地产局在人民南路 56 号建成 8 层古典式楼房（鸿宾大楼）用作招待所，建筑面积 2900 平方米，投资 185.57 万元。在人民南路 1 号建造 7 层古典式楼房（房地产公寓）用于经商，投资 374.2 万元，建筑面积为 4618.71 平方米，由鸿宾招待所办公经营，其中 1 ～ 4 层用于商业，面积为 2809.68 平方米；5 ～ 6 层用于办公 1402.66 平方米；7 层用于住宅，面积为 406.37 平方米。

1991 年，在栗树街建综合楼 1 栋，2300 平方米，耗资 70 多万元安排 12 户住宅，其余 300 多平方米用于房管一所办公。同年，在人民路和市府路交汇处建综合楼 1 栋（经贸中心），投资 296 万元，建筑面积 6114 平方米，除部分作商品房出售外，留有 1 层、2 层 1651.48 平方米作商业用房，建精品服装市场，3 层、4 层作房屋开发经营公司办公用房。

1992 年，将房地产局食堂和机关宿舍拆除，投资 90 万元，建造 6 层的住宅楼 2520 平方米，安排职工 24 户。同年 12 月 1 日，总投资 5300 万元、建筑面积为 19425.78 平方米的 4 层商城，1993 年 8 月底竣工。1995 年 12 月，第二期改扩建又投资 2000 万元，建成 6 层商铺和停车场共计建筑面积 6819 平方米。1994 年，市房地产局、南大门租赁管理所、鸿宾招待所三家共投资 275 万元，建造建宁新村 14 栋 7 层共 7600 平方米 90 套住宅，解决 3 个单位的职工住房。

1997 年，河西房产分局建钻石花园 9 栋 6 层办公楼 3000 平方米，耗资 180 万元，还建有食堂和篮球场。自管房产中的住宅用房，在 1995 — 1998 年全部出售给居住的职工。1998 年，将市府路 3 号原房地产局办公楼拆除，建成 19 层的房兴大厦，投资 2465 万元，总建筑面积 13529.47 平方米。4 ～ 19 层作商品住宅出售外，1 ～ 3 层 2400 平方米作商业用房，开辟童服市场。1999 年，市房地产局预算投资 8000 万元，拆除中心广场西南侧操坪三栋和四栋，建房地产大厦，设计高度为 106 米，28 层，总建筑面积 27400 平方米，1 ～ 7 层用于办公，8 层以上用于住宅 108 套。当年 6 月 3 日奠基，

2000年主体竣工，属当时株洲市建成的第一高楼。

（二）私有房产

民国32年（1943），株洲镇有私产房屋690栋，共计80836平方米。其中，大商贾有房32栋，计8011平方米，占10%；富商有房133栋，计15561平方米，占19.25%；小商有房186栋，计21762平方米，占26.92%；手工业者有房125栋，计14625平方米，占18%；平民劳动者（搬运、自由职业者）有房214栋，计20877千方米，占25.83%。房屋质量结构差别很大，如正街（解放街）大商贾余先贵占有房屋11栋，计1929平方米，均为砖木结构的2层楼房，房屋内部装修、油漆较好；而平民劳动者房屋结构大部分是木架篾织墙体，杉皮或小青瓦屋面，简陋矮小，年久失修失养，特别是靠南湖塘和沿河边一带地方，地势低洼，每年春汛期间，被洪水淹浸2～3次，大部分房屋东倒西歪，四面木撑砖堵，破烂现象严重。

民国33年（1944）6月，日本侵略军飞机轰炸株洲，镇区很多私房被炸毁，有的仅存残垣断壁，后虽重建和修复，但至1949年8月，株洲镇私房仍只有449栋、58466平方米，比民国32年（1943）减少241栋、22370平方米。

中华人民共和国成立后，随着人民生活水平的提高，私房建设获得发展。1953—1957年，城区增建私房13.24万平方米。1957年，城区私房共有19.09万平方米，是1949年的3.26倍。1958年私房22.33万平方米，国家对其中的工商业主和部分出租私房实行赎买政策，55702平方米私房改造成直管公房，至1959年城区人民公社化运动接管、没收、代管部分私房，私房减少到13.52万平方米。

20世纪60年代，城区私人建房受到制约，年均增建私房面积仅3500平方米。1969年私房面积17.02万平方米。

20世纪70年代后期，国家放宽政策，鼓励私人建房，1979年，城区私房达到49.47万平方米。

20世纪80年代，私房增长速度加快；一是落实私房政策291户，退还私人房屋面积1.71万平方米；二是增建21.17万平方米。1989年，城区私房达到72.35万平方米。

1989年下半年至1990年，市委、市政府对城区私人建房，一方面政策上仍予鼓励；一方面清理干部营建私房，对手续不全者处罚。私人大量建房的势头被遏制。1990年，城区增建私房1.65万平方米，总计面积74万平方米，为1949年的12.66倍。私房占城区各类房屋总面积的4.85%。

20世纪90年代，由于实施房改，私房（商品房）面积迅速增多。2000年，全市商品房销售面积为36.89万平方米。

二　地产占有与开发

民国38年（1949），株洲镇区有地产30.67公顷，其中地主和宗族占有30.50公顷，官僚、恶霸占有0.17公顷。另有株洲机厂、十一兵工厂、永利久大化学公司等单位，占有地产714公顷。

1952年，株洲市人民政府房地科根据湖南省民政厅关于“对已镇压之土匪、特务和把头的地产予以没收；对在逃巨匪之地产，可暂行代管”的批示和城镇房地管理暂行办法的规定，依法没收地产 0.17 公顷，接管封建社团及公共用地地产 16.26 公顷，城区共清理地产 16.44 公顷，由株洲市人民政府房地产管理部门统一管理。加上企业自管地产、教会地产、私有地产，建成区用地总计 980.47 公顷。

1953 — 1957 年，新征土地 1042.67 公顷（含 1955 年 12 月征用永利久大化学公司基地 188.53 公顷），同时清退闲置超过 3 年的土地 61.47 公顷给农民耕种，城市建成区用地总计 1961.67 公顷。

从 1958 年起，大办地方中小型工业企业，国家在株洲市新建一批重点工程，用地需求剧增，至 1962 年共新征土地 1158.87 公顷（其中耕地占 610.07 公顷），城市建成区用地总计 3120.53 公顷。

1963 — 1965 年，中共株洲市委、市人委组织专门班子，与用地单位一道，通过算账、协商，清退 1958 — 1962 年多征、早征而闲置的土地 482.80 公顷给农民耕种，同时按需征用土地 175.40 公顷，抵消清退土地数后，1965 年城市建成区用地总计 2813.13 公顷。

1966 — 1975 年，受“文化大革命”中无政府主义思潮的影响，建设单位分散征地，各取所需，计征土地 615.87 公顷。城市建成区用地总计 3429 公顷。

1976 — 1980 年，城区建设速度加快，厂房和住宅用地需求迅速增长，建设单位计征土地 556.87 公顷，城市建成区用地总计 3985.87 公顷。

1981 年年后，国家改革开放政策给城区建设增添活力，建设单位用地需求进一步扩大。如市城建开发公司 1985 年一次性征用郊区建宁乡建宁村商品房建设用地 55.37 公顷，用于土地开发和商品房建设。5 年中，城区各建设单位征用土地 433.07 公顷。至 1985 年，城市建成区用地总计 4418.93 公顷。

1986 — 1990 年，外地企业多家搬迁至株洲市，株洲铁路枢纽工程、320 国道公路修建工程相继上马，土地需求增长。5 年间征地 502.20 公顷。1990 年，城市建成区用地总计 4921.13 公顷。

20 世纪 90 年代，株洲市城市和公路建设力度加大，用地需求继续大幅增长。1991 — 2000 年的 10 年间，全市实际用地数为 3240 公顷。2000 年，城市建成区用地面积 8160 公顷。

第二节 房地产管理

一 产籍、产权

（一）房屋登记

1951 年 8 月，市人民政府房地科在城区进行第一次直管公房清理登记，9 月结束，共清理登记没收、接管、代管房屋 33 处（42 栋），空余宅基地 5194.29 平方米，并结合对群众进行房地产政策宣传，制止乱占房屋、乱围土地现象。

1953 年 2 月，进行第二次直管公房清理登记，清理直管公房 62 栋 335 间，代管房屋 18 栋 65 间，均拨给市人民政府机关及基层单位作办公用房。

1956年10月，市人委首次颁布《房地产登记暂行办法》，由市房地局制定估价标准、报批手续和房屋登记各种表册，12月在城区17个居委会进行私房清产登记，共计查丈房产2673户，建筑面积21.15万平方米、产价243.24万元（其中公私合营户建筑面积4.14万平方米、产价77.91万元）。在白石港、田心、茅屋街、卫门口等地，查丈房地产606户，房屋面积4.96万平方米、产价50.98万元。总登记产权所有人3279户，房屋建筑面积26.11万平方米、产价294.22万元。同年12月至翌年4月，市房地产管理部门进行第三次直管公房清理，登记2212户，面积6.04万平方米（含非住宅）。

1963年，市房地产公司组织进行为期1年的第四次直管房清理登记，耗资1万余元，清理登记直管房10万余平方米。1964年年初，公司组织有关人员赴长沙、衡阳等市学习房管经验。当年5月至次年6月，又组织5人进行第五次清理直管公房。通过清理，建立房屋图册档案资料和直管房屋分栋固定资产账，直管房建筑面积为16.06万平方米，确定分类计租面积和新租金标准。结束了以往估算收房租，住户不相信的现象。

1979年，结合住宅租金调整，市房地局组织进行直管公房第六次清理。直管房屋分布情况为：南区18.90万平方米，东区2.80万平方米，北区3.10万平方米。总面积为24.80万平方米，其中非住宅用房4.80万平方米，住宅20万平方米。同时，对私人房屋摸底调查27.40万平方米。

1984年，市房地局进行直管房产第七次清理登记。逐栋登记、计算残值，建立固定资产账，清理直管房产中的143栋，2722户，建筑面积14.29万平方米。

1985年年初，市房地局对直管房产进行第八次清理登记。12月底，普查直管公房42.64万平方米，同时完成城区44.98万平方米的私房普查任务。

1988年2月，市人民政府批准成立株洲房地产产权监理处，负责房地产产籍产权登记和管理。

1990年9月，市房地局针对经租房产核算存在的问题，组织各基层单位的经租会计和房管员进行第九次直管房屋清理。经逐街、逐村、逐栋查对，查清城区直管公房面积43.04万平方米，其中直管出租公房建筑面积39.64万平方米，原值为5197.24万元，净值为4105.87万元。

1991年，株洲市城区各类房屋产权转移、变更、注销共601栋，建筑面积16万平方米，整理房屋产籍资料18000册。1992年，房屋产籍资料编卷内目录6370份，归档4660份，组卷476本。

1994年，私房档案分东、南、北、郊4个区存放。各区卷内以产权人姓氏笔划数领户编排。公房产籍立卷，按产权单位所属系统、行业分块，以一栋房屋为宗，产权单位立卷。当年发证1536本，建筑面积73.7万平方米，产籍资料录入微机3000份，公房产籍资料归档337卷，私房卷内目录850份，组卷52本。

1995年，房改公房出售，房屋产籍资料异动频繁。房屋产籍档案管理实施依图定位，输入微机，重点放在微机缮证上。

2000年，产权处全年移交房屋产籍资料16698卷（宗），其中，私房产籍资料2701宗，直管房产籍资料534宗，自管公房、房改房产籍资料13402宗。

（二）房屋普查

1984年7月，市人民政府成立房屋普查领导小组，下设办公室（简称“市普查办”），抽调

22人组成工作班子，开展城区第一次城镇房屋普查。同时，各区、各部门和企事业单位相继成立普查机构926个，形成普查网络。8月中旬，各基层单位通过多种形式，相继培训普查员3157名，组成一支普查专业队伍。市普查办选定南区建宁办事处进行试点。8月下旬，市人民政府制定实施细则，确定普查工作分区进行，实行分片包干，一般以自查为主。没有自查能力的单位，市普查办组织代查，按每平方米建筑面积收取0.08 ~ 0.10元代查费。私房和房管部门的直管公房，由市房地局组织普查。各级普查机构配备质量复核员，对普查资料及时自检，纠正差错，各项数据差错率控制在3‰以内。

1985年10月，市普查办在株洲冶炼厂召开普查经验交流暨质量控制现场会，推介南区普查办、株洲硬质合金厂等6个单位的普查经验和株洲冶炼厂对普查质量控制的作法，推动全市普查工作。3个月时间，完成城区房屋普查登记。

1986年5月31日，按国家规定时间，全面完成市房屋普查资料汇总，移送省普查办。城区首次房屋普查结束，株洲电力机车工厂等30个普查单位和373名个人被评为先进。同年10月，株洲市被评为全国27个城镇房屋普查先进城市之一。

（三）产权发证

1957年年初，市房地产管理部门完成城区房地产总登记，接着进行房屋发证工作，经审核，办理房地产产权证1070件，计房屋建筑面积96.42万平方米，屋基93.41万平方米。

1958年，由于对私人出租房屋过起点线者实行社会主义改造，发证工作中止。

1963年，重新进行房地产定权、发证工作，在各管区、单位配合下，查丈房屋75.12万平方米，测绘62.09万平方米，发放产权证911件，完成中心区（芦淞区前身）房屋发证工作。

1986年7月，城区在房屋普查的基础上，开展房地产产权发（换）证工作，12月份在东区宋家桥办事处范围进行试点，取得经验后，各区政府相继成立发证机构，城区共抽调1500名工作人员，分区进行登记、绘图、审核、发证。至翌年底，城区大面积发（换）产权证工作结束，发证14664栋，建筑面积1231.86万平方米，其中市房产公司（局）直管房222栋、35万平方米。

1988年2月至翌年，发私人房屋权证6203栋（户），面积73.48万平方米；产权转移变更680栋（20.40万平方米），产权注销登记478栋（15万平方米），建立产籍资料2万册。

1992年，市房地产产权监理处制定《株洲市房屋产权、产籍管理实施细则》，并对城区291个自管房单位进行调查，共查出未发证的房屋面积102.52万平方米；房屋拆除而产权未注销的面积8.8万平方米。根据这一现象，产权处实行“五定一包”办法（定区域、定人员、定时间、定任务、定奖罚；包产权调查、勘丈和初审质量），加快了发证进度，全年发证4499本，建筑面积111.84万平方米，规费收入52.11万元。

1993—1994年，产权登记发证3395本，建筑面积143.67万平方米，规费收入12126万元。

1995年，《城市房地产管理法》颁布实施，进一步规范房地产权属登记发证制度，保护了产权人合法权益，培育和规范房地产市场。随着住房制度改革深化，各单位房改公房出售日益增多，城区出售房改公房32.6万平方米。1996年，全年产权登记发证11766本，建筑面积214.59万平方米（未含他项权证登记面积），规费收入 107.63 万元。

1998 年，产权处简化程序，强化管理，建立一套规范、高效、便民、快捷的房产权属登记发证管理模式，全面实现从受理（接件）、调查、初审、复审、审批、缮证、发证、归档、查询全线无纸化作业。同年，全面启用全国统一的房屋权属证。在城区范围大规模验证、换证工作中，出现少数有证无档现象，主要是 1987 — 1988 年城镇房屋普查后，大规模发证时期，委托各区房产发证办代发的部分产权证。针对这种情况，市房产局采取措施，按初始登记程序予以补办证。

1999 年 10 月，共办理产权登记发证 12422 本，建筑面积 252 万平方米（其中包括初始登记、转移登记、房改房登记和注销登记），收规费 201.25 万元。2000 年，共办理房屋产权发证 27122 本，建筑面积 411.84 万平方米，收规费 328.73 万元。

二　私房改造

1958 年 10 月，中共株洲市委成立私房改造领导小组，下设办公室。通过调查摸底，城区共有私房 2873 户，建筑面积 22.33 万平方米，其中私房出租 1164 户，建筑面积 6.77 万平方米，而属私房改造起点范围的 539 户，建筑面积 55702 平方米。私房改造户占私房出租户的 46.30%。

1959 年 8 月，市人委指示房地产管理部门接管市零贸管理处和福利事业管理处公私合营入股时期的房屋 102 户，建筑面积 19096 平方米。

1963 年，房地产管理部门依据省、市对私房改造工作进行复查的政策，退还不属于私房改造起点范围的私房 74 户，建筑面积 3500 平方米，退还房租费 1.5 万元。

1967 年 12 月，湖南省革命委员会筹备小组下发《关于加强城镇房产管理的通告》，规定“接管的私人房屋除劳动人民的自住房可以退还外，其余暂时仍由国家房管部门统一管理，并要防止不法房主逃避私房社会主义改造。”这一通告成为当时挤占、没收和接管私有出租房屋的政策依据。城区在“文化大革命”期间共挤占、没收和接管城镇私房 88 户，建筑面积 4400 平方米。

1979 年 3 月，根据中共湖南省委关于落实“文化大革命”期间挤占、没收和接管城镇私房的政策，市房地产管理部门退还私房 88 户，建筑面积 4400 平方米。

1984 年 8 月，中共株洲市委成立落实私房政策领导小组，从各单位抽调 14 人组成办公室。经过逐户调查核实并报上级部门批准，分期分批落实各项房屋政策：撤销私房社会主义改造 202 户，建筑面积 13351 平方米；撤销代管 2 户，建筑面积 924 平方米；退还 3 处宗教房产，建筑面积 793 平方米；退还 2 处工商联房产，建筑面积 312 平方米；对 39 户华侨房产（含醴陵市、攸县、茶陵、酃县、株洲县和郊区在农村的私房），建筑面积 13036 平方米，进行赎买，开支经费 23.57 万元，退还错交公私合营入股的自住房 9 户，建筑面积 400 平方米；作价收购错交公私合营入股的自住房 25 户，建筑面积 1100 平方米，开支经费 3.36 万元，带户发还私房 144 户，其中由市统建办公室分配房屋 46 套，购房 98 套，建筑面积共计 5100 平方米，开支经费 173.34 万元。

城区落实私房政策至 1989 年年底结束，共落实房屋政策 291 户，建筑面积 30246 平方米，开支经费 231.62 万元。

株洲市城区 1984 — 1989 年落实房屋政策情况汇总表

表 10–10

项 目	原有数		落实数					
	户数	面积（平方米）	户数	面积（平方米）	退房		作价	
					户数	面积（平方米）	户数	面积（平方米）
私改遗留问题	465	52201.88	202	13351.08	140	9547.77	62	3803.31
补留自住房	9	323.00	9	323.00	9	323.00	–	–
落实代管产	9	3275.67	2	924.01	1	580.50	1	343.51
处理宗教产	3 处	792.56	3 处	792.56	3 处	792.56	–	–
处理工商联产	2 处	311.57	2 处	311.57	2 处	311.57	–	–
落实农村华侨产	39	13036.09	39	13036.09	–	–	39	13036.09
补投资产自住房	102	19095.98	34	1507.61	9	423.49	25	1084.12
总 计	629	89036.75	291	30245.92	164	11978.89	127	18267.03

三 住房分配

1951年8月，株洲市人民政府房地科着手接管、没收民国时期的封建社团和官僚、地主的房产。次年，将接管、没收的房产拨给市人民政府机关及基层单位作办公用房。城市居民的住房分配问题，尚无法解决。1953年，房源紧缺，市人民政府严禁机关、部队、团体及企业随意购买和顶租民房，提出各单位、部门自行修建、自行调整两条解决房荒措施。中、小学校及其他无力建房的部门，经批准可借用祠堂、庙宇。下半年，通过房产清理登记，方有部分木架简易结构房屋分配给住房困难的部门、单位职工。

1954 年，市人民政府制定住宅分配办法，优先分配烈军属和几代同堂住 1 间的住户。有结婚证无房的城市居民，由房地科开业务会比照解决。

1956 年，市房地产管理部门召开需房单位联席会议，发动单位自建。同时，组织单位调剂，并组织人力到郊区进行空房调查。

1957 — 1959 年，各国营企业组织“自建住宅委员会”，制定自建住宅暂行办法，相继新建部分住宅，低租分配给职工居住。

1960年，国家对住宅建设投资减少，房地产管理部门、部分厂矿的住宅分配实行“空多少、分多少，何时有，何时分；没有就不分”的办法。1964年，房地产管理部门进行住房调整，解决453户居民住房。

1965 年，机关、团体、企事业单位的办公用房、家属宿舍使用面积有所放宽，住房分配办法是互换、调剂、分配三结合。

1966 — 1976 年，房地产管理部门直管房分配管理办法已不奏效。由于住房紧张，加之社会上无政府主义盛行，抢占房屋事件时有发生。

1977 年，新房分配实行 1 人户不分、无正式城市户口者不分、“戴帽分子”（地主、富农、反革命和坏分子）不分的“三不分”原则。拆迁户、烈军属、老工人和老干部在同等条件下优先安排。

1979 年，城市住宅建设增加资金投入，市房地局年底竣工的 31 栋（960 套）直管住宅分配流向，一时成为万众瞩目的社会焦点。房地产管理部门根据单位申请和实际缺房者的情况，切块分配到有关局、公司和街道办事处，着重解决文教卫生、轻纺工业、商业、机关团体和城市居民中的重点缺房户、拆迁户和严重拥挤户。

1979 — 1980 年，国家或地方投资新建的直管公房，由房地产管理部门统一分配，分配对象主要是无房户、危房户、拆迁户和低于全市平均居住水平的拥挤户。各厂矿企业自建住宅分配，实行人口、工龄、政策优待等“分类计分”办法，市城区解决职工住宅 1 万户。

1981 — 1985 年，厂矿企业自管住宅分配，有的以男方为主申请住房，有的以女方为主申请住房，有的单位则男、女双方均可申请住房。男、女职工不在同一个单位的“联姻户”，采取对等原则，签订合同，相互调剂（一方有房，另一方无房，就向有房一方集资）。无论哪一种形式，普遍推行“分类计分”办法。“计分”有基础分（包括工龄分和人口分）和优待分。以计分多少排先后，以工龄长短选房号。分配管理实行“五公开”（申请人、申请条件，房源状况、排分顺序、分配方案公开）和“三榜”定案。

1986 年，市人民政府对房地产管理部门的统建住宅无资金投入，直管住宅分配从此无房源。各单位住宅分配自求平衡。如南方航空动力机械公司为解决职工住房，采取建房储蓄，奖励分房；职工投资，公司补贴出售；职工集资，定期使用等几种方式，解决职工住房 188 户。

1988 年，市住房制度改革领导小组办公室按照省人民政府规定，推行先卖后租、新房新租房改方案，着手在部分企业试行改历年福利型住房分配制度为住房商品化，但收效不大。

1989 年 11 月，市人民政府公布新房“资金抵押、以息代租”试行方案。株洲硬质合金厂、株洲市一汽车运输公司等 6 家企业计 1200 余名职工参加集资建房，集资 1989 万元；湘江氮肥厂收取职工住房押金 86 万余元。由市工商银行、建设银行 2 家房地产信贷部负责专储。

1990 年 7 月 6 日，《湖南日报》发表题为《株洲市向住房商品化过渡的稳妥办法》的报道。随后，株洲车辆厂等多家企业新建住房实行“资金抵押、以息代租”改革，市城区有 15024 套住房（62 万平方米），收取抵押金 1450 万元。10 月 17 日，中共湖南省委书记熊清泉、省长陈邦柱等领导人来市检查工作，肯定株洲市“以息代租”的住房制度改革试行方案符合计划经济和市场调节相结合的原则，并建议全省推广株洲经验。12 月，市人民政府颁发《住房制度改革实施方案》，即“按照面积，收取押金；房租免交，以息抵消；还房退押，违章照罚；酌情减免，制约违纪”。

20 世纪 90 年代，随着住房制度改革的不断深化，住房分配由福利分房逐步转变为个人自主选房、购房，实现了住房的社会化和商品化。全市以息代租的方法执行到 1995 年年初。

新、旧房最低押金标准一览表

表 10–11　　元 / 平方米

结　构		钢混结构	砖混一等	砖混二等	砖木一等	砖木二等	砖木三等	简易结构
押 金	新 房	55	50	45	45	40	35	30
	旧 房	35	30	25	25	20	15	10

说明：按 1990 年株洲市《住房制度改革实施方案》规定

押金按层次增减率一览表

表 10-12　　　　单位：%

层　次	二　层 楼房增减率	三　层 楼房增减率	四　层 楼房增减率	五　层 楼房增减率	六　层 楼房增减率
一　层	–2	–3	–5	–5	–5
二　层	+2	+2	+2	+2	+2
三　层	–	+1	+4	+4	+4
四　层	–	–	–1	+4	+4
五　层	–	–	–	–5	+1
六　层	–	–	–	–	–6

说明：七层以上（含七层）每增高一层，押金递减 1%

四　住房制度改革

1988 年 2 月，国务院发出了《关于印发全国城镇分期分批推行住房制度改革实施方案的通知》。湖南省人民政府根据国务院的通知精神，制定了房改实施方案。3 月 30 日，株洲市人民政府成立住房制度改革领导小组，4 月 5 日市住房制度改革办公室成立。1990 年 12 月，株洲市人民政府发出《关于颁发住房制度改革实施方案的通知》。实施“方案”主要内容是：将住房分等划类，按照面积交纳押金，以息代租，还房退押。新房每平方米收取押金 30 ~ 50 元；旧房每平方米收押金 10 ~ 35 元；押金必须由住户个人缴纳，以住户名义存入银行房地产信贷部，住房单位和个人不得动用，利息由产权单位用于房屋维修。年底，全市直管公房 7144 户，使用面积 24. 77 万平方米，共收抵押金 705. 83 万元。2 个月时间城区各银行房地产信贷部从住户手中收取押金现款 1 亿多元。

1993 年 4 月，市房改办组建住房资金管理中心。在房改资金管理运作中，提出“存一贷二”口号，控制住房贷款利率，减轻单位负担，保障建房资金，支持住房建设。用住房资金给 101 家企业发放贷款 5954 万元，新建职工住房 6169 套，建筑面积 33. 6 万平方米。

1995 年 3 月，市政府印发《株洲市深化城镇住房制度改革实施方案》及 6 个实施办法通知。“方案”主要政策措施是：建立住房公积金制度；积极推进租金改革；稳步出售公有住房；加快经济适用住房开发建设。从 4 月 1 日起，单位和个人住房公积金交缴率各为工资总额的 3%，根据经济发展和个人收入提高，逐年调整住房公积金交缴比例，并每年公布一次。同年 6 月 1 日，株洲市出售公有住房办法实施，住房售价按地段、层次分别增减。株洲市决定从 1998 年 12 月 31 日起正式停止住房实物分配，从 1999 年 1 月 1 日起实行住房货币分配。

各地段等级及楼房层次增减率一览表

表 10-13

价　区	一类价区	二类价区	三类价区	四类价区
增　减	成本价 +2%	成本价 100%	成本价 –2%	成本价 –4%

楼房层次增减率一览表

表 10–14　　单位：%

层　次	三 层 楼房增减率	四 层 楼房增减率	五 层 楼房增减率	六 层 楼房增减率
一　层	–2	–3	–2	–2
二　层	+2	+1	+1	+1
三　层	平	+2	+2	+2
四　层	–	–1	+1	+2
五　层	–	–	–2	平
六　层	–	–	–	–3

成本价出售公有住房价格一览表

表 10–15　　单位：元 / 平方米

价格结构类别		房 屋 结 构	金 额
钢混	一	墙身主体为钢筋混凝土结构的，内墙中等抹灰，外墙瓷砖或马赛克，设施齐全的成套高层住宅	627
	二	墙身主体为钢筋单混凝土结构，内墙中等抹灰，外墙部分瓷砖或水泥抹灰，非正式成套住宅或采用钢筋混凝土大板合并而成的成套住宅	564
砖混	一	主要承重部分采用钢筋混凝土结构，用 24 砌墙，设施齐全的成套住宅	482
	二	砖墙，主要承重部分钢筋混凝土结构，外部是清水墙设有阳台，内部设备不齐的非单元式住房	434
砖木	一	墙身用砖砌而成，其屋架、楼板 (或地面)、门窗为木材所造，材料上等、标准较高的砖木 (石料) 结构一般外部有装修处理，内部设备完善的住房	434
	二	结构正规，材料较高，一般外部有装修处理，室内有专用上下水设备的普通砖木结构住房	391
	三	结构简易，材料较差，室内有专用上下水设备的普通砖木结构住房	352

当年，市房地产管理部门按 482 元 / 平方米共售出房屋 5417 套，建筑面积 34.35 万平方米，市民由过去租住宅在管公房的租赁户及变为拥有房屋产权的永久房主。

1996 年，明确职工住房公积金交缴比例为 5%，公房出售价格为 638 元 / 平方米，租金标准为 1.18 元 / 平方米。

1997 年，全年出售公有住房 578 套、3.8 万平方米；审批集资建房单位 43 个、55 栋，建筑面积 18.7 万平方米。对 154 个单位售房 482 栋、6251 套住房、41.7 万平方米公房出售进行复核。全年归集公积金 5000 万元。

1998年，市房改办审批公房出售19505套，建筑面积133.56万平方米；审批单位职工集资建房方案50个，住房7256套，建筑面积557.80万平方米。同年，归集住房公积金6646万元，归集率为60%。组织全市583个单位，32.54万职工住房状况普查，调查结果为有房职工与无房职工之比3.4∶1，全市职工人均住房面积19.57平方米。

从1999年1月1日起，全市城镇一律停止住房实物分配，实行住房货币分配。调整公房出售价为738元/平方米，月租金标准提高至2元/平方米，占双职工家庭平均工资额9%。全市按房改政策售房5960套，建筑面积36.7万平方米，新老政策衔接完成。同年归集住房公积金6830万元（其中城区5254万元），归集单位为85%，个人为90%。参与集资建房单位68个，参与职工3571人，竣工集资建房面积18.4万平方米。

2000年，城区113个单位，2186人办理住房补贴和工龄补贴手续，到位资金进入住房公积金专户管理。房改办对市区出售公房4302套，退房和换购、产权变更741户进行审批；对46个单位2794套，建筑面积221.12万平方米经济适用住房建设项目进行审批。

五 房屋安全鉴定

1956年9月，市房地产局对直管公房进行全面安全检查，发现危房170栋，多为木架篾织墙壁的简易房屋，其中砖混结构428.37平方米、砖木结构25887.20平方米、简易结构28997.72平方米。限于建筑材料、资金缺乏，只得修修补补，或加撑，维持不倒、不漏。

1960—1963年，市房地产公司对部分国有直管公房危房，除采取不同程度的修缮、加固外，对少数危房耗资大的无力翻建。为保障住户安全，只得停租，动员住户搬出危房。

1964—1966年，随着城区建设的发展，直管公房临街危房亟待改造，市房地产公司邀请市城建局规划科、市公安局消防大队组织现场察看，确认为危房后，申报市计委拨给建材指标及危房改造资金，加以改造。

1970—1974年，许多单位获悉危房改造有少量木材、钢材指标补助，主动邀请房管、规划、消防3个部门进行鉴定，实践中产生城区房屋安全鉴定机构雏形。1975年，3个部门各司其职，印制房屋安全鉴定申请表，规划部门根据城市近、中、远期发展及旧城改造规划进行可行性论证；消防部门从房屋耐火等级、安全防火角度考虑；房管部门从房屋使用安全进行技术鉴定分析。房屋安全鉴定手段一般采用直观检测（目测）、工具检测、计算检测和重复式检测4种办法。房屋安全鉴定费用由房管部门从行政经费中开支。

1978年，湖南省进行墙体材料改革，确定在株洲市推广中型砌块新型墙体材料，生产砌块45197块，用于建筑国有直管住宅26栋，事后经市房管部门发现砌块中的碳化铁质受潮后，铁质锈蚀，体积膨胀，导致砌块酥化解体，逐渐丧失承载能力，危及25栋、658户、2085名居民生命财产的安全。1984年，市房地产管理部门向市人民政府报告险情，同时邀请湖南大学土木系教授进行试验分析。1987年8月24日，湖南大学提供试验报告，结论要求按情况差异分期分批作拆除处理。1988年，财政部以传真电报告建设部科技局，先给株洲市房地局拨款2万元作监测灾情费用。当年，财政部、省人民政府先后拨救灾款 300 万元，作为补助拆除重建资金，随后实施分期分批拆除重建。

1989 年 10 月，市人民政府确定危险房屋鉴定工作由市建委牵头，房管、规划、消防、劳动部门组成危房鉴定组。

1990 年 8 月，市建立房屋安全鉴定办公室颁布《株洲市城镇危险房屋管理试行办法》。

1991 年 1 月，房屋安全鉴定取消由建委、消防、规划、劳动多头管理机制，由株洲市房屋安全鉴定办独立对城区所有房屋进行安全鉴定工作。当年，受鉴单位 226 个，受鉴房屋 458 栋，其中私房 86 栋，总建筑面积 19. 08 万平方米。鉴定结论：属完全危房 21 栋，建筑面积 7.2 万平方米；属部分危房 74 栋，建筑面积 2.3 万平方米；非危房 173 栋，建筑面积 9. 6 万平方米。危房率 49.64%。被鉴定房屋住宅 255 栋，8.2 万平方米；非住宅 203 栋，10.87 万平方米，收房屋安全鉴定费 4 万元。

1992 — 1997 年，房屋安全鉴定办共鉴定房屋 2454 栋，受鉴单位 983 个，鉴定房屋总面积 105.6 万平方米，危房率 44.85%，累计收房屋鉴定费 28.94 万元。

1998 年 8 月，为进一步理顺房屋安全管理及鉴定职能，加强房屋安全管理力度，市政府办公室印发《株洲市房屋安全管理办法》，明确株洲市房产局是全市房屋安全管理工作行政部门，由房屋安全鉴定办公室负责市区房屋安全管理实施。针对危旧房屋安全存在问题，房安办着重在有危险房屋隐患单位加大督促检查管理力度。

2000 年，房屋安全鉴定 174 宗，受鉴房屋 350 栋，建筑面积 22.98 万平方米。其中非危房 185 栋，1.9 万平方米；局部危房 108 栋，2.4 万平方米；完全危房 57 栋，1.22 万平方米。危房率 15.9%。

六　房产监察

1996 年 10 月，市房产管理局成立房产监察大队。1997 年，监察大队处理擅自涂改房产证、利用已登报声明作废房产证作抵押、公房转租、违章租赁、穿墙打洞破坏直管公房结构、私搭私建、改变直管公房用途、协调租赁纠纷和产权纠纷 24 起。收回直管公房门面房 3 间，面积 100 平方米。收回直管公房住宅 1 套，住宅面积 70 余平方米。

1998 年，查处拒交房屋租赁管理费、拒办房屋租赁登记共 34 起；查处违章装修、破坏房屋结构案例 29 起；调解租赁纠纷 19 起。全年下发违章通知书和行政裁决书 76 份，为房屋出租户挽回经济损失 2 万多元。

1999 年，通过群众举报和现场监察，市监察大队全年查处各类房产案例和调处纠纷 7 起，为产权人挽回经济损失 18 万余元。查处房地产开发商违章预售商品房广告 10 万余份，广告招牌 4 块。协助一、二房管所、房屋开发经营公司收回欠交房屋租金 9 万余元，协助房管所收回直管公房住宅 2 套，住房面积 110 平方米。同年 6 月，房产监察大队与市开发办检查 20 多家房地产开发公司，检查主要内容：商品房预售登记，核发商品房预售许可证，商品房预售合同登记备案，商品房售楼广告和商品房产权总登记行为。

2000 年，市监察大队制订全市统一房产行政执法案卷文书，加大遗留案件诉讼和行政执法力度，全年共查处各类房产案件 36 起，下发违章通知 74 份，协助收回白蚁防治费 18.85 万元，为房屋产权人挽回经济损失 10 万元，收回拖欠房屋租金 5 万元。

七 物业管理

为加强城市住宅小区房屋设施维护，小区环境卫生、绿化、治安秩序管理，给小区居民一个安定舒适的生活环境，根据湖南省建设委员会颁布的《湖南省城市住宅小区物业管理暂行办法》《湖南省城市物业管理企业资质管理暂行办法》《湖南省城市住宅小区物业管理服务收费暂行办法》，1996 年 11 月，株洲市第一家物业管理公司 —— 合泰物业管理公司（港商），经市房产局报省建设厅批准成立。同年 12 月，成立株洲市物业管理办公室，隶属市房产管理局管理。

1997 年 3 月 27 — 28 日，市物业办组织举办首期物业管理培训，参加学习 86 人。4 月 1 日，中房集团物业管理公司成立。5 月 8 日，株洲市华联、家园 2 家物业管理公司成立。5 月 17 日，全省第一个县城炎陵县物业管理公司成立。7 月 10 日，全省第一家大厦物业管理企业 —— 株洲金融大厦金达物业管理公司成立。住宅小区物业管理公司或小区业主管理委员会相继成立。10 月 11 日，经建设部考评，株洲市金融大厦金达物业管理公司被评为“全国城市物业管理优秀大厦”。物业办指导和支持市工业职业学校首创开办 3 年全日制物业管理专业中专班，为物业管理培训人才。

1998 年 3 月 30 日，市政府办公室下发《株洲市住宅小区物业管理办法（试行）》。4 月 16 日，物业办组织城区 17 家物业公司经理、业主委员会主任进行物业管理培训。7 月 5 日，为纪念《城市房地产管理法》颁布 5 周年，物业办组织城区 11 家物业管理公司，出动 5 台宣传车街头宣传房地产法。8 月 25 — 26 日，举办第三期物业管理培训。同年 12 月 31 日，经湖南省建设委员会考核验收批准，株洲滨江一村居民住宅小区，炎陵县霞阳、湘山居民住宅区，株洲洗煤厂职工住宅区，株洲市荣华居民住宅区，株洲市花园一村居民住宅区为优秀物业管理小区。

1999 年，按省建设厅要求，强化物业管理从业人员职业素质，物业办先后举办物业从业人员、中层管理干部、企业经理三期培训班，共培训 360 人次。至年底行业经理培训率达 100%；中层干部培训率达 90%；从业人员培训率达 75%。

2000 年 8 月，物业办组织对天元区物业管理现状调查。调查报告列举物业管理存在主要问题是基础设施、公用设施不配套；建管脱节遗留问题多；拆迁户拒交水电费、水电损耗过大；经费渠道不畅，维修资金不到位；物业公司收费困难，普遍亏损、生存条件差；开发企业自行管理物业隐患重重。9 月，市物业办修改《株洲市城市住宅区物业管理办法》，起草《株洲市住宅区接管综合验收办法》《株洲市住宅共用部位共用设施设备维修基金管理办法》和《株洲市物业管理招投标办法（试行）》《株洲市城市住宅小区物业管理服务收费实施细则》等 5 个系列物业管理规范文件。

八 房产评估

1990 年，湖南省建设委员会、湖南省物价局联合颁布《湖南省房屋价格评估试行办法》。株洲市房产评估由市房屋交易所组织实施，每年 50 ~ 100 宗左右。1993 年，市房地产局、市物价局联合印发《株洲市房产交易估价暂行规定》。这两个文件给房产评估提供了政策依据。

1993 — 1996 年，受房产业主的委托，先后评估房产 1210 宗，评估价值 40 多亿元，收取评估费用 80 多万元。评估人员对每宗评估都严格按照省市有关规定严格把关，对调解矛盾和纠纷发挥了积极作用。

1997 年 5 月，市政府印发《株洲市房产中介服务管理办法》。该办法规定房产中介服务机构“可从事房产价格评估”。根据文件精神，市房地产局先后成立株洲市房地产中介事务所和株洲市河西房产分局中介事务所，履行房地产评估的职能。

1997 — 1998 年，2 个中介事务所累计完成 246209 平方米建筑面积的评估，评估价额达 21734.98 万元，评估费用收入 76.9 万元。泰之岛公司向中国银行大额贷款，他们要求中介机构将泰之岛广场资产评估为 6000 万元，中介事务所严格按照规定科学评估为 3000 万元，防止了银行的不良贷款额度。1999 — 2000 年，2 个中介事务所共受理 848 宗 568447 平方米房产的评估业务，评估价格总额达 84.6 亿元，评估费收入 160 万元。所有的评估报告均无差错，得到了委托人的认可。

2000 年 11 月，撤销株洲市房地产中介事务所和株洲市河西房产分局中介事务所，成立了行政管理部门脱钩的湖南株洲鑫兴房地产评估有限责任公司办理评估业务。

九　房屋测绘

随着社会主义市场经济的发展，住房商品化取代了住宅福利分配制度，因房屋面积的计算、测量标准的不规范，引发的矛盾时有发生。1999年5月，市房地产局成立房屋测量队、房产管理信息中心，两块牌子一套人马。主要是负责全市房屋产籍图的编绘修测；房屋调查、测量、面积计算并出具房产测量报告，为产权登记和交易管理服务。组织信息系统的开发，为领导提供决策依据；绘制市区110万平方千米、2200余幅1：500房产产籍图。当年，受理测绘业务2265宗，测量房屋712栋，建筑面积82.74万平方米，出具测量报告1245份。

2000 年 8 月 1 日起实施《房产测量规范》国家标准。测量大队严格按照“规范”要求共计测量房屋 2824 栋，面积 402.68 平方米，出具房产测量报告 8316 份，完成测绘收入 61.23 万元。

十　白蚁防治

株洲地处江南，气候温和、雨量充沛，多丘陵地带，是白蚁危害的高发区、重灾区。据调查，境内白蚁危害率旧平房为 25% 以上，新楼房为 10% 以上，名古树为 90% 以上。

1996 年 10 月，成立市白蚁防治管理所。11 月，市政府办发文要求市规划区范围内新建、改建的房屋必须进行白蚁预防处理，由市白蚁防治管理所组织实施白蚁防治的全部业务。

1997 年，该所先后到 51 个工厂企业、科研机构、政府部门、事业单位、群众团体、开发公司宣传文件，进行协调，论清危害，提醒预防，取得良好效果。全年共对50栋新建房屋进行白蚁预防施工，面积达12.7万平方米，收取白蚁预防费22.99万元。同时，根据白蚁危害情况和产权单位的要求，对市区25栋（处）被白蚁危害的房屋进行了灭治处理，减少受害单位直接经济损失近20万元。

1998年，白蚁防治合同面积达87.09万平方米，收费88.66万元。对26户（处）发生白蚁危害的6400平方米房屋和830棵樟树进行灭治处理。对185栋、80多万平方米的新建房屋颁发“白蚁预防证”157份。

1999年，白蚁防治合同面积100.64万平方米，预防收费87.14万元。对21个单位和个人被白蚁危害的房屋和树木进行灭治处理，挽回经济损失30万元。

2000年8月，市白蚁防治管理所的白蚁防治专业资质由原二级升为一级。全年对132个单位、190栋房屋、135户私房进行白蚁防治施药，白蚁防治面积达115万平方米，防治收费105万元。并安排专人对61个单位、174栋房屋、近50万平方米房屋建筑进行白蚁预防的回访复查，回访发现预防效果达100%。

第三节　房屋建设

一　征地拆迁

（一）土地征用

1953年7月，株洲市人民政府制定《株洲市城市建设使用土地暂行实施细则》，规定土地使用申请与审查、使用土地区内原有住户安置与补偿、使用土地应遵守事项、使用权撤销与缮后处理等条款。8月，经湖南省人民政府批准公布施行。当年征购土地38.51公顷。

1954年，办理征购土地手续29起，面积63.27公顷，其中征购集体土地24.40公顷，私有土地38.87公顷，稻田占总面积的19.30%。翌年，建设用地新征214.40公顷，其中耕地107.27公顷。市建设局针对一些建设单位存在多征少用土地的问题，先后2次检查，与用地单位协商，对近期闲置的土地34.80公顷暂交农民耕种，需用时再收回。1956年，市人委先后派出干部74人次与建设单位组成4个联合工作组，完成430厂铁路专线、601厂、株洲冶炼厂和城区第二期防洪堤、市橡胶厂、省建五公司、市二水厂、株洲化工厂、城市民用建筑等14个用地单位323公顷的征地任务。

1957年，市房地局为430厂生活区等几项大的工业建设用地和城市道路、民用建筑共征地403.47公顷，但在为省建五公司临时用地征购清水农业生产合作社和平队稻田1.87公顷时受阻，主要原因是乡、社提出临时用地不应征购稻田，影响社员口粮；征用稻田后，26个主要劳力有剩余，无法解决；14户社员的菜地要全部占用，又无其他地调剂，影响社员生活。市房地局将情况申报市人委，市人委根据国务院有关规定，责成房地局对城区用地单位进行清查，当年清退土地61.47公顷给农民耕种。

1958年，为“多、快、好、省”地支援工业建设，全年共完成102个单位的土地征用工作，共计征地551.80公顷，超过计划96.07公顷。1959—1960年，又新征土地513.60公顷。

1961—1965年，进行需征地单位的勘测划拨，保证建设用地单位需征土地268.87公顷，同时对建设用地进行监督管理和清理，清退 242 个用地单位 1958 年以来多征少用、征而不用的闲置土地 482.80 公顷，全部退还给农民耕作。

1966 — 1970 年，共征土地 276.80 公顷，其中荒地占 89%。1971 — 1975 年，征地 339.07 公顷，贯彻“占地还田”政策，由建设单位支付垦复费给被征地农村基层单位。

20 世纪 80 年代初，被征地单位对征地补偿标准反映强烈，征地阻力愈来愈大。1983 年 7 月，市人民政府重新制定建设征地实施细则，对提高土地利用率，节约用地，利用荒山、空坪、劣地，不征或少征耕地，严格控制征用菜地等作出严格规定。1984 年 11 月，市房地局土地征用科改为市土地征用房屋拆迁办公室，划给株洲市城乡建设委员会直管。1985 年，城区建设速度加快，当年征购土地 189.67 公顷，其中新成立的市城建开发公司一次性征购郊区建宁乡建宁村土地 55.37 公顷，用作商品房建设和向建设单位有偿转让，开创一家成片征地为多家开发建房之路，克服市区历年多家征地费用高、拆迁补偿安置难的弊病。

1987 年，株洲市国土管理局成立，由征地事务所专司征地工作。1988 年，市人民政府规定：城区人均菜地面积按 22 平方米计算，如国家建设、私人建房需征用专业菜地，必须根据土地管理部门核定的缴款额和蔬菜产销管理机构开具的缴款通知单，每亩缴纳新菜地开发建设基金 5000 元。这一措施使得当年征用菜地比前 3 年平均数减少 4.40 公顷。

1989 年，市人民政府规定，使用国有土地或集体土地的单位或个人，未经土地管理部门和规划部门的批准，不得擅自改变土地使用性质。申请用地须由土地管理部门会同规划等有关部门选址定点，划定用地范围，土地管理部门核实用地面积，办理批准用地手续，组织用地单位、被征地单位和有关部门进行征地拆迁工作。对擅自征地的，银行应拒绝付款。当年征地 20.13 公顷，是城区 1971 年以来征地最少的一年。

1990 年，按国家《城市规划法》规定，土地征用由城市规划部门提交建设单位选址意见书、核发“建设用地规划许可证”后，方可向土地管理部门申请用地，发给“土地使用证”，再由规划部门核发“建设工程规划许可证”，办理开工手续。城区土地征用管理走上法制管理轨道。当年城区土地征购 126.33 公顷，其中非耕地 72.73 公顷，占土地征用总数的 57.57%。

20 世纪 90 年代，国家进一步强化建设用地的规划和计划管理。1994 年，为加强建设用地的全程管理和计划管理，更好地发挥用地供应计划的宏观调控作用，株洲市召开全市建设用地计划管理工作会议，建立土地利用总体规划与年度用地计划相衔接与反馈机制。1999 年，新《土地管理法》实施后，取消建设用地计划，实行农用地转用计划。1991 — 2000 年，全市共征用建设用地 751.962 万公顷。全市每年建设占用耕地平均在 100 公顷左右。株洲市国土资源部门在积极保护耕地的同时，还稳步推进土地开发整理工作，力保全市耕地占补平衡。全市每年开发整理新增耕地面积 266.67 ~ 333.34 公顷。抵减建设占用耕地、农业结构调整占用耕地和自然灾害损毁减少耕地后，全市基本实现耕地面积总量动态平衡。

（二）拆 迁

1953 — 1955 年，城区建设迅速发展，株洲冶炼厂、株洲化工厂等单位征用土地时，拆迁房屋

412户。1956—1957年，城市区域不断扩大，基本建设项目逐年增加，对拆迁户建房采取“自建、代建、发包”三种方式。1956年，株洲玻璃厂征地拆迁房屋时，拆迁户根据市房地局拆建工作组意向选址，经当地农业生产合作社同意，进行自建或发包建房。其时由于缺乏长远规划，拆迁户重建的房屋又因建设征地，发生第二次、第三次再拆再建现象。“一五”计划期间，城区共拆迁880户房屋，计3520间。

1958—1961年，征地拆迁1495户，计房屋6656间。

1964年，市人委发出《关于国家建设征用土地审批和应注意事项的通知》，要求基本建设单位切实遵照中央和省、市有关政策规定，本着节约用地原则，尽量利用空地、荒地和劣地，少拆或不拆迁房屋。当年征地拆迁房屋明显减少，并对拆迁遗留问题进一步落实，拨木材629立方米，为拆迁户重建房屋。1965年，在79个基建单位的征用土地中，仅拆迁房屋54栋，迁移居民及社员116户。

1966年4月，市人委颁布《建设征地安置补偿试行办法》，贯彻节约用地和少拆或不拆房屋的原则，对征地拆迁的房屋实行先建后拆。1967—1977年，征地拆迁工作，由株洲市革命委员会基建组接管。

1978年6月，市房地局设置土地征用科。至1979年，土地征用科为103个建设用地单位拆迁93户房屋，计1.03万平方米，征购房屋76户计5700平方米。

1980—1982年，国家改革拆迁政策规定无论拆迁公房或私房，谁拆迁谁承担费用，先安置过渡后拆迁。随之出现“拆一还一、就地还房”或“拆一还一、异地还房”形式。1983年，市房地局制定《国家建设征用拆迁房屋安置补偿规定》。按照规定，征地拆迁城镇居民私房，按主体结构和新、旧成色折价收购，拆除工作由征用单位负责，旧料亦归用地单位所有，如拆迁户要旧料则由其自行拆除，并发给旧料折价40%的工资补助费，拆迁户由征地单位就地安排住房；如私房户自拆自建，由征地单位按标准补偿并供给“三材”指标，取得规划部门同意后，自行异地迁建。

1986年，征地拆迁管理职能从房地产局划入市国土局，市房产局负责直管公房拆迁安置工作。1987年6月，国务院颁布《城市房屋拆迁管理条例》，明确土地征用与房屋拆迁应分离管理。株洲市因种种原因未能理顺机构，仍由国土部门继续进行房屋拆迁管理。

1989年1月，市人民政府发布《征购拆迁房屋补偿安置办法》，沿袭谁拆迁谁负责的原则。拆迁市房产部门管理的房屋，原则上按拆迁面积和使用性质归还产权；拆迁单位自管房可自行调剂或互换产权，或建设单位付给重建费由被拆迁单位自建；拆迁城区私房则实行征购，按规划异地自建。至1990年，城区2年拆迁公、私房屋计27834平方米。

1991—1992年，市国土局承接株洲铁路枢纽工程的征地拆迁任务，经过一年多时间努力，完成全线征地127.67公顷，拆迁房屋77068.9平方米，安置征地剩余劳动力3000多人，按合同要求提前11个月完成征地拆迁，获得铁道部和省市人民政府嘉奖。1994年7月，市国土管理局又承担湘江防洪工程征地拆迁任务，仅用2个月时间全面完成湘江防洪工程征地拆迁任务，共征地37.84公顷，拆迁私房579栋、面积79632.5平方米，拆迁公房41栋、14280平方米，安置新住房428套，新建拆迁安置2栋48套，帮助拆迁户自建17套，无偿拆除违章建筑297处、16595平方米，为国家节约资金2000多万元。

1999—2000年，市国土局先后完成株洲石峰大桥工程和高新技术产业开发区南部工业园项目工程的征地拆迁任务，共拆迁18375.17平方米，安置剩余劳动力559人。

1991—2000年，全市共因征地拆迁房屋单位55个，个人1522户，面积301383.77平方米，安置转户人员5436人。

（三）补偿与安置

1.补　偿　1953年，城区开始进行大规模基本建设，由于征地拆迁补偿标准偏低，纠纷时有发生。3月，株洲市人民政府拟定《征购土地及拆迁补偿试行标准》，经5个月的试行，8月份制定了征购土地房屋有关补偿事项的规定，当年征地拆迁房屋98户，补偿80500.44元。

1954年5月，市人民政府对补偿试行标准作出补充规定，征用农民稻田，按近3年实际产量总值发给土地补偿费。

1958—1960年，先后征地拆迁1011户，未妥善解决拆迁补偿的793户，占78.40%。其中无偿拆除的14户，未补足材料或款项的10户，集体（公社、大队）挪用拆迁补偿款或材料的769户。1962年，市人委拨款5万元，木材1588立方米，并调出部分公房，解决拆迁遗留问题。同时，省人委拨款36万元，木材629立方米，给予补偿，由市房地公司经办。

1966年4月，市人委制定建设征用土地安置补偿试行办法，对建设用地各项补偿标准作出补充、调整。1967—1976年，土地征用拆迁工作由市革命委员会基建组接管，由于被征地拆迁单位和个人对1966年的试行办法中补偿标准偏低意见较大，同时考虑到物价上涨因素，市革命委员会于1977年、1980年2次对补偿标准又作出调整。1984年10月，市人民政府颁发新的国家建设征地补偿标准，对专业菜地、稻田、熟地、专养鱼塘、藕塘等各类土地的征用作出具体的补偿规定。鉴于物价上涨因素，在实际拆迁补偿中，对所定标准时有突破。

1989年1月，市政府重新颁布建设征地补偿办法，规定征用耕地、专养鱼塘和藕塘，据其产量、产值和设备设施条件分别定为3类，按征地前3年平均年产值，对郊区、建制镇和人均稻田5分以下的补偿6倍；其他地区和人均5分稻田（含5分）以上的补偿5倍。在土地管理部门下达征地通告之日起，抢栽的树木，抢种的青苗，抢建的房屋，抢挖的粪池、鱼池，一律不予补偿。土地补偿费规定应支付给法定土地所有权的被征地单位，统一掌握用于发展生产，任何单位和个人不准私分、占用和调用。地面附着物的所有权或承包土地上的青苗属个人的，其补偿费付给个人。征用专业菜地和专养鱼塘，应按规定缴纳建设费；单位和个人占用耕地进行建设，应按规定向国家缴纳耕地占用税；单位和个人征用土地、拆迁房屋，应按规定向土地管理部门缴纳征地拆迁管理费。这些政策的公布实施，对建设单位多征少用、早征迟用土地和个人建房滥占耕地现象有所抑制。当年城区仅征用郊区农村集体土地20.13公顷。1990年，随着株洲铁路枢纽工程和320国道修建工程等国家重点工程的定点上马，城区组成征地拆迁专业队伍，将市征地补偿办法用于实践，得到建设单位和被征地单位及大多数郊区农民的支持。

20世纪90年代，随着房地产业务的快速发展，株洲市拆迁严格按照标准进行补偿，同时也解决部分拆迁户的就业问题。

2.安　置　1953年，湖南省颁布城市建设使用土地对农民安置问题的政策，规定对被征收土地之农户，由地方政府拨给相当土地调换使用；而对继续从事农业确有困难的农户，通过劳动部门，吸收符合招工条件的农民及家属参加城镇工作，如条件不符者发给转业费，协助自行转业，由当地政府设法介绍就业。市人民政府在安置工作中，由于城郊大部分农民依恋土地，安置就业甚少。当年仅安置就业25人，转业费674.60元。1956年，在株洲冶炼厂、洗煤厂等14个建设单位征地工作中，迁移居民245户，仅安置就业75人。

1958—1961年，市区在城郊征地拆迁居民1495户，拆迁户多数没有得到及时安置。1962年，中共株洲市委组织全面核查，由各工厂安置391户；省人委拨专款和划拨木材指标解决拆迁遗留问题，市支持公社购房或建房，安置302户，其余802户未予安置。

1966—1976年，建设征地安置费由人民公社生产大队领取并安排住房；劳动力安置由基层社、队自行消化，不涉及转城。

自1977年始，实行征地转户、拆迁安置一起办。1979年，建宁新村、南区停车场征地，依据政策"对社员土地征用后，生产和生活必须妥善安排"的规定，转为城市户口269人，并对其中16～25岁符合招工条件的男女青年进行招工，26～45岁的社员作安置招工；46～60岁男社员和36～52岁女社员，由建宁办事处组织安置在房地产管理部门做临时工，双方签订劳务合同。

1984年，市人民政府作出规定：在蔬菜队征地，人均不足1分5厘地者；水稻队征地，人均不足3分田者，经报批可"农转非"，并吸收符合条件的村民就业。1985年，市城建开发公司征购郊区建宁村的土地，经省公安、粮食部门批准一次性转城514人，其中吸收符合招工条件的138人进厂，另发给自谋职业及老年人一次性安置费98人，土地补偿和人员安置费(劳力和非劳力)共计165万元。

1986年，市人民政府根据物价上涨因素等，重新颁布建设征地转户安置暂行办法。1987年，市国土管理局组织市、郊有关部门和荷塘铺乡人民政府，对株洲车辆厂扩建工程的征地拆迁工作实行统一管理、费用包干，拆迁私房23栋，办理被征地村民69户"农转非"计281人，其中安排125名劳动力进厂当工人，安置老年人56名。"农转非"户的标准是农户所承包的耕地是否全数被征，全征的转整户，部分征的谓之插花户，采取部分转户或带劳力安置的办法。对户口在村组而无承包地的寄居户，既不转城，也不安置。劳力安置实行"政策、名额、方案、去向"四公开，以省人民政府批准转城日期为计算年龄的截止时间，按年龄档次安排相应的工种。

1989年1月，市人民政府又重新颁布《建设征地转户安置办法》，规定国家建设征地后，整村、整组或承包耕地农户的剩余耕地在人均1分以下的，经过批准，可整村、整组或以承包户为单位转为非农业户口，寄居户一概不予转户。转户人员男性16～45周岁、女性16～40周岁劳力，可经本人申请发给安置费7000元自谋职业，亦可不领安置费由劳动部门介绍就业，用地单位向劳动部门拨给接收劳力的全民企业每人7000元、大集体企业每人8000元、小集体企业每人9000元安置费，劳动部门在其安置费中取15%的统筹安置费。对不服从分配或安置后不按时报到上班者，按违纪职工处理，且不另行安置。发给老年人一次性安置补助费、标准是：男性46～55周岁、女性；41～50周岁每人7000元；男性56 ~ 60周岁、女性51 ~ 55周岁每人6500元；男性61 ~ 65周岁、女性56 ~ 60周岁每人6000元；男性66周岁以上、女性61周岁以上者每人5500元。村组供养的孤儿，一次性发给生活费3500元，成年后由劳动部门介绍就业。寄居户与回乡落户人员，不在安置之列。按照新的安置办法，安置户比1986年的标准人均增加800元安置费，高于同期物价上涨指数。是年，市城建开发公司征购河西园艺场3.46公顷菜地，办理转城户口178人，至1990年年底，安置劳力110人。

1993年，株洲市取消“以劳力耕地带劳”的做法，鼓励人们自谋职业。2000年，依照新《土地管理法》和《土地管理法实施细则》的有关规定，株洲市对征地剩余劳动力一律实行付费安置；房屋拆迁也由过去的重建安置改为货币安置、产权兑换等方式安置拆迁户。

二 住宅建设

（一）直管住宅

1955年，株洲市房地产管理部门首批在龙山塘建成土砖楼房2栋，面积1380平方米。1956年，鉴于城市居民房荒严重，房地产管理部门采取公建、代建、自建公助等方式兴建住宅，至1957年新建直管住宅10480平方米。

1958 — 1962年，房地产管理部门新增直管住宅面积34709平方米。新建住宅多为砖木、砖混结构，共厨共厕。

1963 — 1965年，新建直管住宅26375平方米，平均每年新增8791.70平方米，城市居民住房紧张状况仍未缓解。

1966 — 1970年，房地产管理部门新建住宅16588平方米，比三年调整时期减少9787平方米。1971 — 1975年，城市人口显著增加，新增直管住宅仅16098平方米，住房紧缺成为城区的社会问题之一。

1976 — 1978年，城区先后成立房屋统建办公室、住宅建设指挥部，并恢复市房地产局，地方财政增加直管住宅建设资金投入，前2年新建住宅17859平方米。1978年，市房地公司在城区人口分布密集地段兴建居民住宅64栋，面积11.47万平方米，城区2万多市民喜搬新居。至1985年，共新增直管住宅23.46万平方米，均为5至6层砖混结构楼房，单元设施配套。

1986 — 1990年，新建直管住宅19433平方米（含落实私房政策清偿住宅面积10875平方米），居民住房紧张状况得到缓解，且居住条件逐步得到改善。经对市中心地区抽样调查，83%的居民住宅有卫生设备，98%的居民家庭有独用厨房，部分居民家庭室内地面水磨石或瓷砖、马赛克。

20世纪90年代，随着住房制度改革的深化，市直管公房的建设逐步减少直至基本停建。

（二）自管住宅

1950 — 1954年，城区各工矿企业、机关、学校及公用事业单位建成自管住宅17.68万平方米。其中株洲机车车辆修理工厂和331厂4年共建职工住宅216栋计42767平方米。1955 — 1959年，各单位先后在向阳村、学堂冲、钟鼓岭、清水塘、田心、磨子塘、董家塅等地成片建设自管住宅。其中，331厂几年间投资400万元（不含单身宿舍），新建永久性职工宿舍61983平方米，临时宿舍8931平方米。1957年3月25—29日，中共中央副主席、全国人大常委会委员长刘少奇到厂视察，对工厂采取自建公助办法解决职工住房的作法给予肯定，其经验经《中国青年报》载文宣传。20世纪50年代，城区机关、团体、学校计建自管住宅43195平方米，市属企业、事业单位计建22488平方米，部属、省属企业计建44.53万平力米。其中株洲机车车辆修理工厂10年间增建自管住宅300栋，建筑面积9.12万平方米。自管住宅多为砖木结构平房，形成职工村落。

1960—1969年，企业自管住宅建设贯彻国家“先生产、后生活”的方针，住宅建设投资偏少，期望租用国有直管公房解决职工住房问题。城区单位自管住宅增建29.20万平方米，较20世纪50年代减少75%，职工住房趋于紧张。

1970—1975年，城区单位为缓解职工住房紧张状况，住宅建设速度加快。6年间，增建自管住宅41.60万平方米。1976—1979年，住宅建设采取由国家、地方、企业、个人投资的措施和统建、自建等方式，4年间，城区用于住宅建设的投资6360万元，建成住宅73.02万平方米，比前6年新增31.42万平方米。多数企业建成的住宅为4～5层砖混结构楼房，配套设施较先前住房完善。

1980—1990年，城区单位自管住宅数量剧增。11年间，新建自管住宅336.34万平方米，年均30.58万平方米。其中南方航空动力机械公司11年改、新建职工住宅1700多套，建筑面积9万平方米。各企业新建的自管住宅一般为砖混结构，少量钢混结构，6～7层楼房及2室1厅居多，底层防潮，顶层隔热，配套设施更为完善，通风采光日趋合理，组成楼房群体生活小区。

20世纪90年代，随着住房制度改革的深化，单位自管公房的建设力度减小，原有的单位自管公房基本上实现私有化。

（三）私人住宅

1952年10月，市人民政府制定鼓励私人建房暂行办法，规定“凡在国有地基建筑房屋者，一律免纳一年的地基租金；在马路两旁建造房屋而地基属私人所有者，其租值降低50%”。1953—1954年，共建私人住宅304栋计建筑面积18.960平方米，均为普通木架、青瓦屋面平房。1955—1957年，市人委又采取自建公助等方式鼓励私人兴建住宅，3年间共建私房53367平方米。1958年，市人委制定私有房屋租赁管理暂行办法，规定私人建房，统一规划，指定建房地点，报请市建设局和房地局批准，领取建筑许可证才准动工，私人建房受到制约。当年至次年，城区私人建房仅4373平方米。

“文化大革命”期间，私人住宅建设进展缓慢。整个20世纪60年代共建私房3.5万平方米，多为简陋平房，窗小通风差。

1970—1979年，国家对私房建设的政策有所放宽，私房建设速度加快。10年间新建私房32.45万平方米。所建房屋，传统的平房减少，楼房相对增多。

1980—1989年，市人民政府为减轻国家财政对住宅建设投资的负担和缓解城市居民的住房紧张状况，按照国家政策鼓励私人建房。城市居民户6.17%建有私房，其时由于规划管理失控，私人建房多头审批，出现滥建现象。1988年，未经市规划部门审批营建的私房1900余户，其中部分建在近期规划需要控制的地段，有的抢占规划道路和耕地、菜地建房。1989年市人民政府责成规划部门以当年颁布的《株洲市城市规划管理办法》为依据，牵头组织房产、土地管理部门逐户进行私人建房资格审查，选址定点，审批用地，核发“私房建筑许可执照”，完善审批程序，控制住乱占土地滥建私房局面。1980 — 1989 年，城区居民建私房 22.88 万平方米，平均每年建房 2.29 万平方米，户均面积 145 平方米。

1989 年，中共株洲市纪委组织对干部违纪建房的进行清查。副科级以上干部建房，凡说不清材料来源或低价购材的、用工未达到定额预算的，一律按国家工料预算定额套算，出榜公布，或实施罚款，或估价进行拍卖。1990 年城区私人新建住宅仅 1.65 万平方米。

20 世纪 90 年代，随着住房制度改革的深化，实行住房商品化，个人购买商品房日益增多，城市私人建房的很少。

（四）商品住宅

1980年,市房地局在建宁新村试建1栋商品住宅,全价销售10套给单位,建筑面积588.56平方米。

1985 年，市人民政府按照城市总体规划，将商品住宅建设与城市建设结合起来，实施综合开发。采取国家、集体、个人筹措资金，以联建、代建的方式建设商品住宅。当年 6 月至翌年 3 月，市城建开发公司选址在南区开发庆云山住宅小区，建成鸟树下、南湖村商品住宅 47 栋，建筑面积 73533 平方米。公司接着拓宽商品住宅开发途径，4 月，当获悉株洲冶炼厂急需新建职工宿舍，厂方正愁征地难，便商得厂方同意，在工厂原有生活区附近，与北区果木园联营，果木园以土地投入作为联营股份，公司负责施工建房，定向为厂方代建开发馒头山住宅区。三方联合，当年征地，当年开工，年底竣工住宅建筑面积 1.5 万平方米，3 年全部建成，总建筑面积 5 万平方米。

1988 — 1989 年，市融建房地产开发公司面向工厂开发住宅，先后为株洲洗煤厂、株洲火花塞厂等单位代建商品住宅 11 栋，建筑面积 1.85 万平方米，并为市织布厂、湘江氮肥厂等单位代建住宅 8300 平方米。

市房屋开发经营公司为完善红旗村、建宁新村 2 个住宅组团，采取“自建与代建相结合，商品房开发与土地所有者联合建房相结合，商品房开发与房屋经营相结合”的形式，开发商品住宅。1988 — 1990 年，公司相继在红旗村、建宁新村、响石岭、株董路、新华一村等地，建成商品住宅 10 栋，建筑面积 19441 平方米（236 套）；在操坪、上月塘、解放街、堤升街等地，建成商店、办公、住宅综合楼 6 栋，建筑面积 16516 平方米；为市自来水公司、市中药厂、市外贸局等代建住宅 4 栋，建筑面积 5320 平方米（70 套），工程质量优良率为竣工面积的 39.95%，获株洲市商品房质量评比第一名。

株洲湘江大桥建成通车后，市人民政府将综合开发建设河西区列入重要议事日程，市城建开发公司遵照“统一规划，合理布局，综合开发，配套建设”的城市建设方针，在河西桥头南向征地 3.46 公顷，开发建设滨江一村住宅小区。之后公司又扩征土地 9.40 公顷。小区规划占地 11.10 公顷，总建筑面积 13.60 万平方米，其中住宅 12.80 万平方米。1990 年，已竣工住宅 3 栋，建筑面积 1.32 万平方米。1991 年，全市开发商品住宅 7.56 万平方米，城市综合开发率为 22.3%。

1992 年，市政府决定成立城建综合开发领导小组，下设办公室。当年，全市房地产开发企业由 1991 年的 10 家猛增至 51 家，建成商品房近 20 万平方米，3000 余套，解决了近 2000 户危房和困难户的居住问题。滨江一村住宅小区被列为建设部第二批重点小区，并获银质奖。1993 年，持证经营的59家房地产开发企业共有在建项目106个，房屋施工面积48.27万平方米，其中商品住宅39.91万平方米。1995年中房集团株洲公司与株洲冶炼厂联合开发占地7.33公顷，建筑面积9380平方米，投资8500万元建成的果园新村小区，被国家建设部列为第四批住宅小区重点工程，是安居工程与住宅小区相结合的典范，工程优良率100%。花园一村、保利花园、泰华一、二村、湘银等住宅小区相继建成。家园小区工程位于河西开发区，占地面积11公顷，建设面积16.43万平方米，总投资2亿元，1997年施工，1999年交付使用。该小区作为2000年小康型城乡科技产业工程，在建设部召开的小康型住宅小区第五次规划评审会上，从整体规划，住宅单位设计和高科技含量三项全优，获总分第一名。湘银小区严格质量管理，高标准树质量品牌，通过英联邦认证公司审批，房地产开发和物业管理双项ISO9001-2000质量管理体系评审合格。这在湖南省尚属第一家。1997年，株洲市被批准为新增安居工程试点城市，2000年，市城建综合开发管理办公室对全市房地产开发企业进行为期3个月的检查。通过检查、全市130家开发企业中保留原资质级别的企业有92家，新升级5家，降级20家，暂缓换证3家，不予换证10家。检查后不再审批四级资质房地产开发企业，现有四级的开发项目完善后，不准再开发新项目。1992年至2000年年底，市区房地产开发投资42亿元，商品房竣工面积350.96万平方米，建成商品房38万套，建成住宅小区38个，商品房交易额18.46亿元，完成上缴税费3.5亿元。房地产业的发展给株洲的经济带来1.5 ~ 2个百分点增长。通过综合开发盘活土地资源，促进全市100余家开发企业走上自我发展、自我完善的道路。带动以芦淞与南大门为代表的服装、建材、电脑、电视机及相关产业的繁荣。

三 危旧房改造

1954年，市人民政府房地科结合城市建设发展，开始在李家坪和大冲口一带拆除一些破旧房屋及茅棚。至1958年，逐步间插建设为居民住宅。

1959 — 1960年，在沿江路拆除纽扣厂厂房及破旧茅棚，建成4层砖混结构的中共株洲市委第一招待所。1961 — 1969年，相继在钟鼓岭、贺家土、南岳岭、茅坡、漆家大屋等地拆除旧房，改扩建成居民住宅及营业用房。

1955 — 1964年，对临街危旧房实施改造。先后在建宁街、堤升街、结谷街、建设路等临街拆除一些参差不齐、破烂不堪的门面和危旧住房，让出两旁人行道，就地改扩建市人委礼堂和解放剧院、交通旅社、群力旅社、建设百货商店、湘江百货大楼、电信大楼和居民住宅等。其中，建设百货商店建于1955年，是株洲市建筑时间最早的、层次最高的（4层砖混结构）百货商店。

1965 — 1970年，先后在解放东、西街，栗树街，市府路等临街主干道旁拆除民国时期建的砖木、简易结构破旧房屋，建成2 ~ 4层砖混结构住宅8栋。同时，在建宁街拆除破旧民宅，建成5栋4层砖混结构临街商住综合楼。

1970 — 1979年，市房地产管理部门分批对堤升街、沿港路、株董路、建宁巷、解放东、西街等地拆除一些简易结构危房，就地建居民住宅。在建设中路的贺家土、文化宫磨角新建6层砖混结构的拐角商住综合楼，总建筑面积 8424 平方米。

1980 — 1990 年，对老街旧房有计划地进行改造。先后在新华东路、公园路、人民路、车站路等拆除危旧房，建成设计新颖、配套设施齐全的建设银行大厦、供销大厦、工业品贸易中心、邮电大楼、庆云大厦、株洲大饭店、鸿宾大楼等高层群体现代建筑。1980 — 1986 年间，市房地产管理部门共间插拆除危旧房 87 栋（处），新建房屋面积 22935 平方米，陆续建成建宁巷、城隍庙、何家坳等居民住宅楼。1987 — 1988 年间，市房地产管理部门和城区其他单位先后在上月塘、操坪、火车站南侧等地拆除旧房 17 栋，间插建成住宅和饭店等用房 9427 平方米。并按照市规划要求，拆除结谷街东侧公、私危旧房屋1.5万平方米，建成建筑面积2.1万平方米的芦淞商场及办公楼。1989年，市房地产管理部门投资 200 多万元，建成占地 1.9 万平方米、房屋 8000 平方米的湖南省最大的南大门成衣批零综合市场，经营门面 200 多间，摊位（柜台）1200 多个。1990 年，株洲铁路地区投资500万元，拆除20世纪50年代建筑的砖木结构平房42栋，建成砖混结构的月塘北路商住综合楼13栋。

1988 年，城区一批新建工程使用矸石砖，经市质量监测部门现场抽样观测：矸石砖上墙后，少则 1 个月，多则 3 个月，墙面反白霜，继而自然脱落掉粉，失去抗压强度，潮湿处变质加快，即使粉刷封闭，亦严重空鼓脱壳。市建委为此向建设、施工单位发出《关于矸石砖出现严重质量问题的通报》和《要求从速处理矸石砖墙体严重质量问题的通知》，陆续查明：有 29 项全民和集体单位工业与民用建筑工程，受到危害，有 3 家私房也受害严重。这些工程共使用劣质矸石砖 412 万块，危及建筑面积 43686.70 平方米，其中，私房占 860 平方米。29 项工程除 3 项工程（建筑面积 3367 平方米）因发现处理及时，受害较小外，其余 26 项工程作出如下处理方案：危及整个工程安全 6 栋，建筑面积 4619 平方米，采取拆除重建；危及部分安全的 9 项工程，面积 18595.70 平方米，采取部分拆除、加固措施；对结构安全产生一定影响的工程 7 项，面积 7491 平方米，采取部分加固；进一步观察，暂不作处理工程 4 项，面积 8754 平方米。这批工程从 1989 — 1990 年全部处理完毕，造成直接、间接经济损失 280 万元。

1988 — 1990 年，市房地产管理部门将建宁新村、红旗村危房拆除 18 栋、建筑面积 32760 平方米（640 户），重建 15 栋、建筑面积 36109 平方米（600 户），投资额 1063.37 万元。这批危房含原建、翻建和加固累计耗费国家资金 1836.81 万元。

20 世纪 90 年代，根据城市建设规划要求，结合城市综合开发，加快旧房改造。自 1992 年开始，以南区（芦淞区）为突破口的旧城改造取得显著成效。南大门市场边营业，边施工。同期开发建设的还有源洲城、星都大厦、金融大厦、粮贸大厦、金都大厦、神农大厦和铁路住宅小区等项目。其中，南大门市场改扩建工程是此期旧城改造综合开发的重点工程之一。1992 年 11 月，南大门租赁市场改扩建工程动工，工程计划分三期施工。1993 年 12 月，南大门商城裙楼第一期工程竣工并交付使用。由市房地产管理局投资 4400 万元改扩建南大门市场，其主体裙楼计 19540 平方米，其中负一层 1400 平方米经营鞋类批零业务，一至三层 18140 平方米经营成衣批零业务，计 1025 个门面，内设上下扶手电梯、中央空调、电视监控。该工程是株洲市投资额大、当年开工、当年竣工交付的重点建设项目之一，工程质量优良。后建主楼之塔楼 11 层计 13420 平方米，为商住、办公、医疗、娱乐、生产等综合配套楼宇。南大门商城二期改建工程投资1400万元，1995年5月20日进入基础施工，年底建成了6819平方米的立体商场和办公用房，新增门面、摊位582个，并建有可停靠50多辆汽车的大型屋面停车场。南大门市场总面积已达4万多平方米，共有门面、摊位2300余个，经商从业人员5000多人，成为中南地区最大的现代化综合性商贸中心。

1999年，拆除坐落在株洲大桥桥东南侧操坪的2栋旧居民楼，兴建高27层，建筑面积2.6万平方米的市房地产大厦。是年6月3日，市房地产大厦奠基。同年11月初，位于市府路，高19层，建筑面积13600平方米，集市场、仓储、写字楼、商品房为一体的房兴大厦竣工。这些工程建设对全市经济、社会发展产生了巨大的综合效益。

四　房屋维修

1954年，市人民政府房地科成立维修队，以维修为主、翻建为辅，兼顾部分企业的房屋修缮工程。1957年，房地产管理部门直管公房投入维修费1.02万元，占房租收入的25.20%。1958年年初，株洲市房地产公司（简称“市房地公司”）维修队发展到200余人，除应付一般修修补补外，对没有维修价值的房屋进行改建或拆除重建。1959年7月25日，城区遭暴风雨侵袭，倒塌房屋1.03万平方米，部分倒塌掀翻屋架的12栋、5100平方米，被风揭去部分屋面的10万余平方米。市房地产管理部门采取“先修后建、先公后私，单位抢修、维修队派人支援，私人维修材料由维修队垫付，鼓励自修积极性”的办法，组织抢修。

1960—1963年，市房地公司维修队与市工程公司几度调整、精简、分合。1964年10月，学习武汉等地房管经验，在解放东街推行房管员、维修工、居委会“三结合”，发动群众管房、养房、爱房。次年，解放西街、南岳岭、堤升街、建宁街几个居委会管区成立“管、养、爱”小组，城市各区和部分行业相应成立房屋维修队，负责本地区和行业房屋修缮工程。1966年，城市各区房屋维修队、建筑合作社（包括手工业局维修队）的业务工作，归市房地局统一管理。市房地局所属房屋修建队，增加部分亦工亦农合同工，成立市房屋修缮公司，除担负部分企业房屋修建外，重点以房产部门的房屋修缮为主。当年，投入房屋维修费15.25万元，占房租收入的101.68%，其中大修面积1800平方米、小修面积46800平方米。居民的居住条件得到部分改善。

20世纪70—80年代，市房管部门房屋维修队主要负责直管公房维修养护，并从50%的房租收入中，适当做些临街翻建。各大中型企业设房屋维修组，分住宅大修、周期轮修、零散维修、旧房翻建4种形式，房租收入充抵房屋维修经费，不足部分由单位补助。

1985年，直管公房大、中修70项，由市房屋修缮公司和一、二房管所维修班及株洲县南阳桥建筑队、平山塘建筑队、株洲铁路水电安装队等修建单位施工，维修面积19.19万平方米；投入维修费57.69万元，占年房租收入86.11%。

1986—1990年，城区直管公房和各单位自管公房维修在施工管理上进行改革。直管房确定大、中修范围，5000元以上为大修，5000～500元为中修，500元以下为小修养护。5年间，直管公房每年安排维修资金70万～80万元，大、中、小修费各占三分之一。大、中修突击任务由农村维修队承包，零散小修养护由房管所维修班分片包干。在小修养护中，房管所结合安排“优质便民”服务活动。各单位自管公房维修方法不一：株洲硬质合金厂房屋维修队，从管理人员到施工人员，划为大、中修和日常维修两部分，推行责任承包，采取流动登记和定点登记相结合、上门走访和巡查相结合、成片维修与专项维修相结合等办法进行；株洲苎麻纺织印染厂采取评定房屋完损等级，着重小修养护的维修管理办法；株洲车辆厂执行“块块管理”体制，以5年为一周期定项目全面维修。

20世纪90年代，由于直管公房和自管公房减少，商品房住宅小区增多，房屋维修也交由物业公司具体负责。

第四节 房地产经营

一 房地产租赁

1952年，株洲市政府房地科针对当时房地产租赁极不统一的状况，制定《房地产租赁暂行办法》，将全市房地产按地域分4等12级，按房屋建筑形式分6等，调整租值，并制发统一的租赁合约。

1953年，株洲市房地产管理部门发现地域等级差距太大，原标准一、二类建筑结构的租值偏低，特别是一类建筑，除税捐、折旧、修理费外，收取不到4%的利润，不及银行利息，遂兼顾佃户负担，拟作出租值调整。1954年选择3条街为调查点，以街道干部为主，组织调查组，调查出租房屋180栋、513间，发现收取押金、高额租金和预收租金的345户，超过标准租值收租的345户，超租值200%的占70户。1955年，市人民政府制定《房地产租赁管理试行细则》，按房主与房客两利原则，规定按统一租值出租，不准卡租、抬租、进押、预收租金及“二房东”等中间剥削行为。

1956年，市房地产局重新修定补充私有房地产租赁暂行办法，规定租金计算原则和租金标准。同年8月，对全市私人出租房屋进行调查，发现私房租金普遍偏高，平均比公房租金高20%～30%。

1958年，私有出租房屋进行社会主义改造，将超过出租房屋面积起点范围的私房接收为国有直管房，并代为接管机关、企业出租房屋1万平方米。

1965年，市人委试行各类房屋计租办法，规定私人出租的少量住宅可参照计租，并允许上下波动20%。

1968年，房管机构经办人员下放，房屋租赁停办，私房租赁由房主与租户双方自行协商。

1978年11月，市房地局制定《房地产管理暂行办法》，规定城市私房出租需到房地部门办理手续，租金不得超过公房租金标准，房主不得随意撵走承租户。但实际租金普遍偏高，临街房屋和集贸市场网点附近的私房租金超出公房租金几倍或几十倍，如李家坪、钟鼓岭附近以每间每月150～300元出租。

1989年，市房屋交易所和工商部门“建立网络，齐抓共管”，发出整顿房屋租赁市场的通知，并制订房屋租赁市场工作程序。同年5月，市物价局和市房地产局联合发出《关于加强房屋租赁价格管理的通知》，规定凡出租住宅的以使用面积为计量单位，凡出租非住宅以建筑面积为计量单位，并按地域划定一、二、三价区，作出基本限价管理规定。

1990 年，城区 10 个办事处大多协助市房屋交易所对私房租赁管理有所加强，当年办理私房出租手续 1520 户、租赁合同 1050 份，收取租赁管理费和鉴证费共计 40.10 万元。

1995 年，《城市房地产管理法》实施，建设部也出台《城市房屋租赁管理办法》，市房产局规范房屋租赁市场，健全租赁管理机构。当年办理房屋租赁 653 起，出租面积 6809 平方米，租赁金额 30.21 万元，收租赁管理费 14.55 万元。

1996 年，房地产交易市场更名为房地产市场管理处。市场处将房屋交易和房屋租赁 2 项工作分离，设房屋租赁科。租赁科建立"房屋租赁登记备案制度"和"房屋租赁证制度"。从管理型向服务型转变，及时处理租赁纠纷。同年，房屋租赁 1859 宗，面积 1.74 万平方米，租赁金额 202.60 万元，规费收入 28.80 万元。

1997 年 6 月 17 日，湖南省房屋租赁管理经验交流会在株洲市召开。14 个地、市（县）115 个房产局负责房屋租赁的局长及租赁管理所负责人共 182 名代表参加会议。会议要求严格管好房地产市场，使房屋租赁市场成为房产经济发展重要渠道。当年，株洲市城区房屋租赁 1994 宗，租赁面积 4.98 万平方米，租赁金额 62.54 万元。

1998 年，房地产市场处更名为房地产交易中心。全年房屋租赁 3726 宗，建筑面积 4.98 万平方米，收取规费 84.51 万元。

1999 — 2000 年，交易中心房屋租赁科共办理房屋租赁 19792 宗，租赁面积 32.78 万平方米，租赁金额 9036 万元，规费收入 135.3 万元。

二　房地产交易

民国时期，湘潭县政府规定民间房屋、土地买卖所立契据，须向官厅呈验，缴纳税款，并在契首、契尾加盖骑缝章，防止偷漏契税。其时，株洲镇无专司房地产管理机构，加之房霸、地霸与官绅勾结，白契风靡，房产交易多为私下进行。

1951 年，私房交易开始入市，由房主携据同买主到市人民政府房地科办理交易鉴证手续，财政科按成交额 2% 收取契税。1953 年 2 月，房地科设置 2 名办事员，承办房屋交易事宜。1955 年，市人民政府颁布《房地产交易试行细则》，同时，在城区设置房地产交易所及私人房地产介绍所，管理房地产买卖、交换、典当业务，按契价收取 1.50% 的服务费；办理房地产继承、分析业务，按产价 3% 收取服务费。所收取的服务费按行政规费入库。交易所、介绍所人员经费，参照居委会干部待遇，在所收服务费项下开支。1961 年 12 月后，受"文化大革命"影响，房屋买卖中断。

1978 年，恢复市房地产管理局，各项房产交易制度逐步建立，私房交易入市到房地产管理部门办理交易手续。市房地产局房管科 1 名干部兼办房屋买卖登记、验契、发放临时产权证，按自报成交价额收取 6% 的规费（契税）。1979 年，株洲市革命委员会颁发关于加强房地产管理的布告，重新规定"城镇居民私人房产允许买卖，但必须经房管部门批准，方可办理契税手续，禁止自由交易"。

自1980年始，私房交易步入依法管理轨道。同年9月2日，市革命委员会办公室印发城区统建住宅出售试行办法、规定建宁新村第18栋作为商品房全价销售试点。同年底，市无线电九厂购买该栋1门住宅10套，建筑面积588.56平方米，平均每平方米177元，总金额10.42万元。1984年8月，市人民政府印发补贴出售住宅试行办法，选定由市房地产管理部门新建的红旗村3栋共100套住宅为试点。购房款由国家补贴三分之一，所在单位补贴三分之一，个人支付三分之一。城区常住户口的无房居民可全价购买。至1985年5月，共补贴出售住宅19套，建筑面积1059.04平方米，总销售额18.07万元。其中国家补贴6.11万元，占销售总额33.81%；单位补贴7.01万元，占销售总额的38.77%；个人支付4.96万元，占销售总额的27.42%。由于种种原因，补贴出售的余下81套住宅自1985年5月20日后均实行全价销售。1988年5月，根据省住房制度改革办公室的紧急通知精神，株洲城区试行的住房补贴出售停止实施。1985年，市城建开发公司建成商品住宅5.87万平方米，向社会公共销售。1987年，市城区开展房屋发(换)权证工作，在“文化大革命”时期个别单位和个人私下进行的私房交易，亦主动申补过户，房产交易逐渐入渠纳税。

1988年2月，恢复市房屋交易所，按城区房产市场管理试行办法和房产交易估价暂行规定进行管理。当年，办理交易179户，成交额49.25万元，收取契税5.93万元、规费1.48万元。1989年，房地产交易市场业务增多，市房屋交易所分交易、租赁2个部分，全年共办理房屋交易、估价等业务238起，建筑面积12.14万平方米，总成交额2507.90万元。其中，私房交易128起，面积9564平方米，成交额114.90万元。1990年，在房地产经营活动中，交易所从单纯几个项目逐步增加到10多个项目，其中办理买卖、抵押、评估、兑换等业务162起，查处非法买卖2起，处理交易纠纷2起，配合市清理干部营建私房办公室查处违纪建房作拍卖处理12栋。是年，城、郊计有商品房开发单位5家。1986 — 1990年，全价出售商品房住宅18.16万平方米，非住宅4.02万平方米；并为各企事业单位代建住宅10.75万平方米，非住宅4.76万平方米。

1991年，房屋成交额899万元，契税收入75万元。同年，配合株洲市清理干部营建私房办公室(简称“清房办”)，查处干部违纪建房并作拍卖处理12栋。1992年，株洲市房屋交易所更名株洲市房屋交易市场。

1993年7月，在河西科技展览馆内生产要素市场设置株洲市河西开发区房地产交易分市场。分市场实行房产评估、产权发证、签证签约“一条龙”服务。全年，房屋成交361起，建筑面积9.3万平方米，成交金额4600万元，收契税69.5万元。同年，株洲市房屋交易市场被建设部评为全国15个“房地产市场管理创全国先进水平达标单位”之一。

1995年，《中华人民共和国城市房地产管理法》实施，建设部相继出台了房地产交易、租赁等规定和办法。株洲市亦制定《株洲市城市房地产市场管理办法》和《株洲市房屋交易评估暂行规定》等规范文件。交易市场工作人员划分为东区、南区、北区、商品房4个工作片进行管理。到各自现场查勘、房屋评估、房屋面积测算。当年，办理房屋买卖803起，成交面积10.36万平方米，成交金额7122万元，收规费270.62万元，管理费64.49万元。

1996年，房地产交易市场更名为株洲市房地产市场管理处。1998年4月，房地产市场管理处更名为株洲市房地产交易中心，邀请财政、公证、银行等相关部门联合办公。房屋交易、租赁、抵押、评估、中介、信息咨询等融为一体，形成专业化市场。

1996 — 2000 年，先后举办商品房交易会 6 届，其中 1996 年举办 2 届。共接待咨询、参观、购房群众 12 万人次。6 届商品房交易会商品房成交额 4.8 亿元、住房面积 32.3 万平方米，出售商品房 4300 余套，商铺成交面积为 5.4 万平方米。解决城市户口 5100 人，带动相关产业和商品零售额 8.64 亿元。

2000 年，株洲市房地产交易中心完成房屋交易 1660 宗，成交面积 20.72 万平方米，成交金额 1.72 亿元，收取契税 255.4 万元，规费收入 88.17 万元。

株洲市房地产管理局（公司）历任负责人名录

表 10-16

局　长	任职时间	副 局 长	任职时间
霍福祥	1956.4 — 1957	葛树峰	1957 — 1960.5
赵春江（经理）	1960.5 — 1964.11		1964.11 — 1968.10
任惠民	1964.11 — 1968.10		1976.10 — 1981.12
葛树峰	1981.12 — 1983.8	林熙业	1964.11 — 1968.10
龙志喜	1985.8 — 1996.5	王守志	1976.10 — 1981.12
曹治果	1996.5 — 2000.12	卢烈威	1976.10 — 1985.8
–	–	刘长泰	1978.12 — 1983.8
–	–	汪久重	1979.10 — 1983.8
–	–	滕景林	1980.1 — 1982
–	–	曾续雅	1983.8 — 1986.1
–	–	周雪云	1985.8 — 2000.12
–	–	曾宪林	1986.11 — 1994.10
–	–	邹松林	1991.1 — 1994.10
–	–	廖正华	1994.11 — 1995
–	–	汤建国	1996.5 — 2000.12
–	–	胡熙文	1997.10 — 2000.12

第五节　住房公积金

1995 年 4 月，株洲市开始施行住房公积金制度，由市房改办内设住房资金管理科（对外称“市住房资金管理中心”）组织资金的筹集、使用和管理。1999 年 4 月 3 日国务院颁布《住房公积金管理条例》，全市党政机关、企事业单位、社会团体和非公有制经济组织按照法规要求，全面为职工建立住房公积金制度。

一　公积金归集

1995 年 4 月开始，株洲市当年全市有 827 个单位 11 万名职工按规定交纳住房公积金，分别占应建立公积金制度的单位和应交纳公积金人数的 75% 和 30%。公积金缴纳的比例，除个别经济效益差的企业外，一般按职工工资和单位职工工资总额的 3% ～ 5% 的比例缴纳，至年底，全市共归集住房公积金 1752 万元。

1996 年，制定公布《株洲市 1996 年度房改实施方案》，明确职工住房公积金交纳比例为 5%。是年，市本级归集职工住房公积金 3600 万元（全市 4550 万元），比上年增加 100.3%（全市 146%），归集总额累计超过 5000 万元（全市 6537 万元）。

1997 年，市本级归集住房公积金 5000 万元，比上年增长 38.8%，实现公积金总额过亿元的目标。

1998 — 1999 年，全市住房公积金归集金额继续大幅增长。1999 年，全市归集住房公积金 6830 万元，其中市本级 5254 万元，比上年增长 5%；使公积金累计归集额达到 2.76 亿元，其中市本级 2.22 亿元，归集率 60%（市本级为 70%），归集面单位为 85%，个人为 90%。

2000 年，市住房资金管理中心采取三项措施加强住房公积金的归集力度，一是拉网式催缴；二是强化服务，全部手续由“一条龙”式服务大厅完成；三是加强基础工作，全面核对账务，单位预留印鉴章，从而使归集的金额再创新高，市本级达到 9426.09 万元，比上年增长 80%，归集率近 80%；全市累计归集住房公积金 4.2 亿元。

二　公积金管理与使用

1996 年，株洲市在住房公积金的管理上实行“房改领导小组决策、住房资金管理中心运营、银行设立专户、财政部门监督”的管理体制，以维护房改资金专项用于住房建设和住房制度改革；建立资金会计核算体系。当年办理职工公积金支取、转移 1100 人次、108 万元。1997 年，住房公积金的管理进一步加强，市房改办建立公积金中心管理数据库；全年办理公积金支取 2683 人次、金额 228.5 万元；转移 618 人次、金额 31 万元；发放住房贷款 2928 万元，回笼 650 万元；通过银行转存运作资金 1.2 亿元，实现了房改资金的保值增值。1999 年市房改办建立完善了资金核算管理体系，较好地实现政策性房改资金保值增值目标。当年支取住房公积金 1130 万元，归集金额为 1.57 亿元。

1999 年 4 月，国务院颁布《住房公积金管理条例》，通过落实该条例，株洲市住房公积金管理逐步走向科学化、规范化、法制化的发展轨道。同年，株洲市出台《株洲市住房公积金职工个人贷款暂行办法》，对住房公积金的使用进行全面规范。做到专款专用，活而不乱，进一步健全住房资金财务管理和会计核算制度。全年全市支取公积金 691 万元。2000 年，研究论证住房公积金由间接归集转为直接归集的运作方案，全年发放住房贷款 174 笔 600 多万元，收回本息 60 万元。

第十一篇 对外及港澳台贸易

对外经贸易 占有交通便利，资源丰富等优越条件的株洲，其出口商品生产和对外贸易具有悠久的历史。早在唐、宋时期，就有烟花、鞭炮、瓷器输出国外，扬名甚远；清朝末年，特别是“鸦片战争”以后，由于“五口通商”的开放，外国商品流入境内，境内商品也随之输出国外，但始终未能形成规模。

中华人民共和国成立以后，对外贸易也逐渐兴旺起来。市内先后组建联湘进出口贸易商行、株洲牲畜进出口股份有限公司、中国食品出口公司株洲支公司等机构，收购鲜蛋、生猪及农副土产品出口，同时兼做进口业务；在组织农副产品出口的同时，也有少量工矿产品出口。1950 — 1952 年，境内外贸出口收购额共计 1531.4 万元，年平均 500 多万元，平均占境内工业生产总值的 2.3%，其中 1950 年的出口收购额占了全省出口收购总额的 31.8%。

从 1953 年开始，由于一些产品的出口配额减少，出口量开始下降，再加上 1955 年外贸机构调整，湖南省食品出口公司停止生猪经营，使外贸收购业务连续 4 年下降，至 1957 年才又开始回升，1960 年收购额上升到 2908.6 万元，占境内生产总值的 3.04%，占全省外贸出口收购总额的 11.6%；出口商品品种达到 60 多种。

20 世纪 60 年代初，由于政治方面的原因，中国对苏联及东欧国家的进出口贸易锐减，商品出口转向日本、西欧及东南亚一些国家和地区。

1961 年 11 月，株洲市成立外贸办事处，1963 年 12 月改为湖南省株洲市外贸调运站，其业务范围主要是组织农副土畜产品的收购和调运。在此期间，醴陵、攸县、茶陵、酃县（炎陵县）等县也相继建立起了对外贸易机构，对外贸易有了较大的发展。境内农副产品出口收购品种达 98 种；1965 年，完成出口收购额 5000 多万元，较 1960 年增长了近 80%。

“文化大革命”期间，外贸业务不能进行集中统一管理，产品质量无保证，供货不稳定，对外贸易额有较大幅度下降。从 1966 年起，年出口收购额一直在 3000 万元左右徘徊。

1970 年，株洲市外贸调运站从市商业局中分离出来，改为湖南省株洲市对外贸易公司。

1975 年 12 月，撤销株洲市对外贸易公司，成立株洲市革命委员会对外贸易局，同时各县也相应建立、恢复或调整外贸机构，外贸出口收购业务进入一个新的发展时期。在扩大收购范围的同时，建立和发展了各种出口商品的生产基地，出口货源扩大，尽管出口品种数量有所下降，但大宗骨干产品增加，工农业产品结构趋于合理。外贸收购额连续 8 年增长。1978 年，株洲市对外贸易首次突破亿元大关，达到 1.07 亿元，占全市工农业生产总值的 4.33%；外贸收购出口商品品种 90 余种，其中超过100万元的有18种，超过1000万元的有大米、花炮、陶瓷、电锌4种。

1979年以后，在中共十一届三中会全精神的指引下，随着改革开放政策的实施，对外贸易的自主经营权限扩大。从1980年起，陶瓷、轻工、医药、机械等多种产品由原来的调拨外省口岸出口转到本省各专业外贸公司自营出口，经营环节大大减少，出口收购的主动性增强，外贸各生产企业的积极性得到充分发挥，当年就完成出口收购额1.63亿元。

1984年1月，株洲市被批准列为全国33个出口商品生产综合基地之一，市人民政府制定了《株洲市出口商品生产综合基地规划》。根据形势发展的需要，1985年4月撤销株洲市对外经济贸易局，成立株洲市对外经济贸易委员会，统一管理全市进出口贸易、技术引进和利用外资以及与特区的经济合作等项工作，株洲的对外经济贸易进入一个崭新的历史发展时期。是年9月，成立出口商品基地建设支公司，负责全市出口商品生产基地建设工作，同时确定和建立起130多家出口商品生产基地。到1987年，已有27家被湖南省人民政府批准列为全省第一批出口商品生产基地，出口基地提供的出口货源占全市总出口收购额的比重由1983年的20%多增加到80%以上，全市出口供货额过500万元的生产企业13家。1987年全市外贸出口收购额3.06亿元。

1988年，外经贸体制改革全面展开，经湖南省经贸委批准，成立株洲市对外经济贸易公司，享有自营进出口权。同时，株洲硬质合金厂、醴陵国光瓷厂、醴陵永胜瓷厂也获得自营进出口权。

1990年，在国内市场疲软、经营企业资金短缺等情况下，市外经贸部门采取多种措施，出口供货、出口创汇比上年又有较大幅度增长，全年累计出口货源3.77亿元，4家自营出口企业出口创汇1697.2万美元；新开发出口商品17种，至1990年年末，全市拥有出口供货额超过1000万元的基地企业10家，500万元以上的有13家，初步形成了一批具有一定规模的骨干出口企业，出口商品结构也有进一步的调整，工农业产品所占比例趋于合理，全市出口商品品种150余种。

1991—2000年，市外经委认真落实国务院提出的“统一政策、自主经营、自负盈亏、工贸结合”的外贸改革政策，围绕着“出口创汇、扭亏增盈、提高经济效益”这个中心，克服困难，全市外经贸工作日益活跃，呈现一派勃勃生机。1991年，全市提供出口货源5.87亿元，比1990年增长34.9%，增长幅度居全省地州市的第一位，收购总额居全省地州市第二位。1994年外贸改革全面推开，自营进出口权下放，全市有14家企业获得自营进出口权。这一年出口创汇1.589亿美元，比1993年增长71.39%。1995年，由于外贸宏观调控政策的逐步实施，对外贸易遇到了前所未有的困难，但是，全市外贸系统干部职工迎难而上，努力工作，继续保持了外贸的稳步增长。1997年、1998年针对亚洲金融危机的影响，采取措施化解其负面作用，对外贸易连续2年突破4亿美元大关，分别为4.1亿美元和4.6亿美元（非海关口径），在极端困难的条件下保持了稳步的增长。1999年全市完成进出口总额3.48亿美元，比上年增长28%（海关口径），其中出口2.52亿美元，同比增长5.1%，进口9634万美元，同比增长1.98倍。2000年，全市完成外贸进出口总额3.7亿美元，同比增长6.3%，其中出口3亿美元，同比增长20.4%。进口6689万美元，同比下降30.6%。

招商引资 中华人民共和国成立初期，株洲市利用外资建成一些项目，在这以后，引资工作停了下来。进入 20 世纪 80 年代后，招商引资工作开始新的起步。1980 年开始，恢复技术引进，以后逐年增多。1980 — 1983 年，引进先进设备，用汇额 3055.76 万美元。1984 年，成立株洲市对外经济工作领导小组，掀起了技术引进、利用外资第二次高潮。同年 10 月，在湖南省第一届对外经济技术合作洽谈会上，株洲市与日本、中国香港地区的客户谈成了两个项目，即市纸箱厂与香港客商合资兴办的株洲威利企业有限公司，系株洲市第一家合资企业；另一家是麻纺厂与日本、中国香港地区客商合办的株洲国际苎麻纺织有限公司。1986 年 10 月，国务院发布鼓励外商投资的 22 条规定，进一步明确优惠政策。1987 年湖南省人民政府决定将“三来一补”（来料加工，来样加工，来件装配和补偿贸易）项目审批权下放各地市。1991 年，株洲市外商投资服务办公室成立，这些都为吸收外商直接投资工作的快速发展提供了有力的保障。1984 — 1991 年，全市招商引资工作尚处于探索起步阶段，所办的外商投资企业规模小，引进外资金额不多。这 7 年全市共办“三资”（中外合资经营、中外合作经营、外商独资经营）企业 16 家，利用外资项目共 45 项，利用外资金额超过 3000 万美元。年出口创汇约 200 万美元。1992 年，邓小平南方谈话发表以后，对外开放的力度大大加强，掀起了利用外资第 3 次高潮。这一年，召开国际烟花节暨经贸洽谈会，利用各种渠道发布合作项目，全年共签订利用外资项目 127 个，协议利用外资 3.65 亿美元，新办“三资”企业 60 家，为前几年“三资”企业总和的 3 倍多。1993 年，相继在北京、香港举办了一系列招商引资活动，利用外资再上台阶，全年共批准“三资”企业 85 家，超过前 14 年的总和，合同利用外资 4665 万美元，实际到位外资 2160 万美元。为了进一步搞好全市招商引资的联络、审批和管理工作，株洲市在 1994 年设立市招商局。该局的设立，标志着株洲市已经建立起“一个窗口对外，一站式审批，一条龙服务”的招商体制，同时，商检、海关相继在株洲建立办事机构，为推动株洲经济同世界经济接轨，迈出了坚实的步伐。同年 10 月举行公祭炎帝陵活动，吸引众多的外商来株洲市投资兴业。从 1995 年开始，招商引资工作已从数量的扩张转向规模的扩大和质量的提高。1997 年，合同利用外资突破 1 亿美元大关。1998 年，尽管有亚洲金融危机的影响，但通过“深交会”“产权交易会”“厦交会”和“中西部洽谈会”等一系列招商引资活动，确保了全年实际利用外资 9553.6 万美元任务的完成。1999 年，全市新批合同 45 个，合同外资金额 8200 万美元，其中新批“三资”企业 22 家，合同利用外资 2300 万美元。2000 年，新批外商投资项目 26 个，增资项目 4 个，合同外资金额 2500 万美元。“三资”企业出口创汇 2106 万美元，实现销售收入 25 亿元人民币，海外税收 2.5 亿元。

对外经济技术合作　在“一五”“二五”计划时期，利用苏联及东欧社会主义国家贷款 1644 万卢布（折 1863.40 万美元），引进技术设备，建设一批工厂。此后，由于政治形势和国际环境的变化，这项工作处于半停顿状态，1983 年以后才有了新的发展。1983 — 1990 年，株洲市利用国外政府贷款项目共 10 个，贷款金额总计 5738 万美元。1991 年，兴办了第一家境外工贸企业，即特种电磁线厂联合省内几个企业在阿联酋兴办的阿联酋华湘通用机械电器公司。1992 年开始，外经工作有了较为全面的发展，当年签订劳务出口合同 6 个，共派劳务人员 21 人，分布在 5 个国家。特别是 1997 年 11 月，“株洲海外国际合作有限公司”在全省率先获得对外经济技术合作业务经营权。到 1998 年，株洲市利用国外政府贷款2537.88万美元，兴办海外企业3家，海外非贸易企业7家，外派劳务人员306人。1999年，在全省率先间接利用外资1200万美元，兴办海外企业4家，年营业额近1000万美元。至年底，全市在外劳务人员223人。2000年，株洲市第二建筑公司获得对外经营权，湘大实业公司在越南兴办的饲料加工项目已完成了境外考察任务。

株洲市对外经济贸易委员会历任负责人名录

表11-1

<table>
<tr><th>主 任</th><th>任职时间</th><th>副 主 任</th><th>任职时间</th></tr>
<tr><td>齐文光</td><td>1961.12 — 1962.2</td><td>郑凤才</td><td>1971.12 — 1975.12</td></tr>
<tr><td>贾本荣</td><td>1962.2 — 1962.4</td><td>刘炳凡</td><td>1975.12 — 1978.1</td></tr>
<tr><td>李 健</td><td>1962.4 — 1964.12</td><td>李映极</td><td>1976.1 — 1981.3</td></tr>
<tr><td>范清礼</td><td>1964.12 — 1972.4</td><td>张 能</td><td>1978.1 — 1983.7</td></tr>
<tr><td>王桔桢</td><td>1972.4 — 1975.12</td><td>江荣贵</td><td>1981.11 — 1983.7</td></tr>
<tr><td>贾本荣</td><td>1976.10 — 1977.5</td><td>李保先</td><td>1981.1 — 1982.2</td></tr>
<tr><td rowspan="2">刘炳凡</td><td rowspan="2">1978.1 — 1983.7</td><td rowspan="2">李志翔</td><td>1983.7 — 1988.12</td></tr>
<tr><td>1991.1 — 1996.4</td></tr>
<tr><td rowspan="2">龚 帜</td><td rowspan="2">1983.7 — 1985.7</td><td rowspan="2">刘金秀</td><td>1983.7 — 1985.7</td></tr>
<tr><td>1989.5 — 2000.12</td></tr>
<tr><td>易春霖</td><td>1985.7 — 1993.5</td><td>刘 周</td><td>1985.7 — 2000.12</td></tr>
<tr><td>黄幼如</td><td>1993.5 — 2000.12</td><td>王国光</td><td>1985.7 — 1989.1</td></tr>
<tr><td>–</td><td>–</td><td>黄国生</td><td>1989.11 — 1993.5</td></tr>
<tr><td>–</td><td>–</td><td>卢耿民</td><td>1995.12 — 1996.4</td></tr>
<tr><td>–</td><td>–</td><td>张益群</td><td>1998.7 — 2000.12</td></tr>
</table>

株洲市招商局历任负责人名录

表11-2

局 长	任职时间	副 局 长	任职时间
黄幼如	1994.12 — 1998.3（兼）	刘 周	1994.12 — 1998.12
刘 周	1998.12 — 2000.12（兼）	毛传中	1994.12 — 2000.12（兼）
–	–	蔡德先	1994.12 — 1996.4
–	–	何剑波	1996.4 — 1997.9（兼）
–	–	肖光国	1998.7 — 1999.10（兼）
–	–	黄上峰	1999.10 — 2000.12

第一章　进出口商品

第一节　出口商品

一　食　品

1949年以前，浏阳、醴陵、攸县和湘潭、湘乡、湘阴等县的粮谷、生猪、鲜蛋都云集株洲销售，通过私营商业转运至长沙、武汉、南京、上海、广州等地出口。

中华人民共和国成立初期，境内的生猪、鲜蛋销往香港地区，素著声誉。1951年，株洲联湘进出口贸易商行以新湘蛋厂的牌子出口再制蛋(咸蛋)263.83万枚。1952年，湖南省进出口公司经营出口攸县干椒，当年收购25吨，全部销往香港。粮食亦是株洲外销的大宗商品。1959年，醴陵县收购调拨出口大米33270吨；是年，茶陵县还出口干姜27.5吨。1961年，株洲市外贸机构正式建立，积极开拓国际市场，粮油食品出口品种不断增加。先后开发蒜条、玉兰片、番茄、圆葱、冬瓜、香菇、盐渍笋、梨子、桃子、无核西瓜、活牛、活鱼、泥蛙、活蛇、野兔、猪蹄筋、冻肉、腊肉制品等40多个品种；货源渠道和销售市场逐年拓宽，从销往中国香港、澳门地区和东欧几个国家发展到亚、非、欧、美、大洋洲的几十个国家和地区，出口收购额亦逐年增长。1963年株洲市全年完成食品出口额为837.19万元。1964年，攸县、酃县开始收购出口干姜，当年共出口134.75吨，市场销售良好。这年，由于株洲干椒质量上乘（20世纪60年代，醴陵县、攸县共收购出口干椒2848.71吨），首次进入锡兰国，出口量达276.27吨。1965年，株洲收购出口再制蛋4.99万枚，其中，攸县蛋品厂生产的“永佳牌”无铅松花皮蛋营养丰富、细嫩鲜美、清凉爽口、色香味好、储藏时间长，深受国外市场欢迎。1972年，为扩大干姜出口，茶陵县外贸部门在虎踞、平水、潞水3个乡建立加工基地，加工干姜出口。1973年，攸县出口姜种植由原来靠近洣水河畔的苏州、区州、瓦子坪、春塘一带扩展到石羊塘、坪阳庙、皇图岭等乡村。是年，茶陵县、攸县、酃县共收购出口干姜171.65吨占湖南省出口干姜总量的84.6%。进入20世纪70年代，株洲外贸部门在物资、资金、技术等方面对种植户给予大力扶持，株洲地区辣椒种植面积逐年扩大，产量上升，出口收购量增加。1974年干椒首次进入英、美市场，深受赞誉，当年收购出口960吨，占全省出口总量的32.85%。次年，醴陵、攸县均被列为全省出口干椒基地，实行专业化管理。1976年，外贸干椒改为“自产自加工，一次成装”出口，既缩短加工运转时间，又减少费用开支，收购出口量稳步增加，1978年，攸县干姜出口生产基地又扩大到莲塘坳、凉江、石羊塘、大同桥4个乡。当年，茶陵县、攸县、醴陵县共出口干姜193.21吨，收购金额57.96万元。这年，全市食品出口总额达2109.42万元，为历史新高。1979年，全市干椒出口量飙升到1052吨。干椒畅销日本、马来西亚、新加坡、印度尼西亚、新西兰、斐济、泰国、斯里兰卡、科威特、南斯拉夫、联邦德国、法国、荷兰、英国、美国、墨西哥、加拿大等20多个国家和中国香港、澳门地区（1970—1979年，全市共出口干椒6967.84吨，占全省总出口量的27.2%）。进入80年代，株洲食品收购出口的重点转到调整产品结构，开发国际市场畅销、创汇率高的新产品，逐步淘汰成本高、效益低微的小商品，并积极配合生产企业（或农产），搞好科学研究，推广新技术、新品种、在提高出口食品的质量上狠下功夫。株洲干椒在外贸政策的推动下，出口量再度上升，在80年代的前、中期，每年出口均保持在1484.4吨以上。1985年干椒出口量最大时曾达到1620吨。清水笋是70年代末开发的一种出口商品，系酃县外贸公司生产和经营，交湖南省粮油食进出口(集团)公司驻深圳分公司出口，主销日本和中国香港地区市场。1985年出口清水笋236.3吨，创汇21万美元。1986年出口清水笋195.4吨，因质量抓得不严，外商依据合同退货95吨、索赔48万元，给酃县当年外贸带来较大经济损失。茶陵县盛产大蒜，年产蒜条约200吨，蒜条不但是当地农民重要收入来源，亦是该县的传统出口商品，1987年茶陵出口蒜条达140余吨,这年成为该县蒜条出口量最高年份(1960—1990年间,茶陵共收购出口蒜条758.81吨)。

由于印度干姜于20世纪80年代中开始进入国际市场，国内的广西、云南、贵州、四川等省亦开始加工出口干姜，且价格、质量都略胜株洲一筹。株洲市外贸系统和茶陵县、攸县外贸公司纷纷派人前往四川、云南、贵州等地乡村驻扎收购，调回后再行出口。仅1988—1989年的2年间，株洲就从外地调回干姜1227吨，占全市当年干姜收购出口量的99%。在外地姜货源的冲击下，株洲本地姜源则日趋萎缩，部分出口基地也因无力竞争而被迫改种其他作物。1988年，酃县的清水笋被评为湖南省出口优质产品，获全国博览会铜牌奖。当年销往国际市场清水笋达918吨，创笋制品出口以来最好水平。1989年，国际市场发生变化，清水笋价格下跌，加之私商“水货”（非正常销售渠道）冲击，使出口量降到291.1吨。1990年，清水笋出口依然低迷，出口量持续下滑，当年出口量仅为105.1吨。是年，由于国内农村全面实行经济承包责任制，辣椒由原来的连片集中种植管理，转为零星分散种植，加之农副产品价格全面放开，市场价格上涨，外贸收购价受换汇成本的限制，调整幅度不大，低于市场价，农民感到交外贸无利可图，积极性下降，干椒出口收购量每况愈下。这年，全市外贸部门同心协力，想尽办法，也仅收购出口干椒191吨。是年，再制蛋出口反而有较大的提升，达到243.98万枚（1951—1990年，全市共出口再制蛋2469.63万枚，收购金额337.55万元）。而生姜出口受到价格及农户种姜积极性的影响，虽经过多方努力，攸县外贸仅出口干姜50吨左右。这年，株洲市全年食品出口总额升至2268.64万元，出口的品种经过调整后减少到13种，其中，出口额达100万元以上的有生猪、大米、茶叶、冻分割肉4种。1991年，株洲处于稻米收获的小丰年，全市稻米总产量近140万吨，但由于价格政策的原因，收购出口大米时导致收购数量与收购效益不能同步，这年株洲收购出口大米仅2.05万吨（1960—1990年，株洲市共出口大米74.37万吨），市外贸粮油公司却因此亏损15.6万元。株洲出口大米都要发运到上海、广东口岸后出口，主要销往苏联、越南、蒙古、斯里兰卡、古巴及象牙海岸等国家和中国香港地区。

茶陵县在汉代就曾有“千畦姜胜过千户候”的说法，清末时还出现过“十块银元一担姜”之价，故生姜种植遍及茶陵全域，1991年，在外贸部门的推动下，生姜的出口销量有较大回升，这年，外贸部门出口干姜达196.17吨，出口收购金额为132.34万元，干姜出口量较上年增长了近4倍。是年，炎陵县的“船牌”清水笋受到国外客商的欢迎，成为市场上的“抢手货”，炎陵清水笋厂全年出口“船牌”清水笋723.82吨、创出口产值达72.4万元。醴陵、攸县所产辣椒以肉厚味辣而闻名，随着出口政策放宽，各地到株洲收购干椒的人员纷至沓来，导致株洲外贸干椒收购量急剧下降。同年10月，株洲市成立了“干椒收购领导小组”，统一全市干椒的收购及销售，干椒收购量得以回升。当年干椒出口量达177.21吨。1992年，干椒收购出口回升到276.98吨，出口收购价值达249.3万元，但仍低于20世纪80年代的出口水平。1992—1993年株洲市外贸粮油公司共向国际市场出口大米3.3万吨，出口金额为3053.7万元。1992年，竹笋出口恰遇“小年”（竹笋出土低潮年），全市上半年只收购笋子150吨，加之外省争抢收购，价格一路上扬，每千克竹笋收购价达到0.69～1.2元。这年，全市收购出口清水笋仅有705.8吨，出口金额为211.7万元。1993年清水笋的收购量急剧下降，当年收购清水笋只有265.36吨，出口额为214.48万元。至1996年，炎陵县外贸公司全年收购出口清水笋仅有400吨，出口金额300万元。

（一）生　猪

民国36年（1947），醴陵县生猪除本地销售外，还运往广州出口。

20世纪40年代末，株洲镇有6家猪栏商，主要为运输商行兼管，年销量3万头左右，大部分在湘潭、湘乡、邵阳一带采购，全部运销广州并转销香港。

1950年，通过长沙猪行联营处出口活大猪4.1万头。1951年，组成公私合营的株洲牲畜公司（又叫株洲牲畜进出口公司），专营生猪出口。同时，还组建联懋收购处，辐射江西宜春和省内湘乡县、零陵县、津市、醴陵县，分别在各地建立代购站和收购组。在湘潭县、醴陵县设立分公司，于江西萍乡和攸县皇图岭、醴陵县泗汾、浏阳县普迹等地设19个收购站。在长沙、广州、香港设立办事处，办理签证、转运、销售、结汇等业务。当年运销香港生猪2.11万头。因私营较多，依赖广东商人转手销售，价格弹性大，联懋收购处又多报装载重量，加之个别私营者偷买外汇等原因，联湘进出口商行自1951年下半年起停止代签证业务，7、8两个月积压在广州的生猪900多头，死亡130头，亏损8000余元。

1952年，湖南省成立国营食品出口公司，统一经营生猪出口业务。以在香港唯一注册登记的株洲生猪公司名义，统一对外洽谈成交。同年，株洲市装运生猪82911头，其中销香港72137头，收港币1226.33万元，折合人民币527.32万元。1953年，因一次生猪出口超过装载重量，经海关查处，给予处分，加之死亡率和自然损耗率高达5%~20%，导致亏欠20余万元港币，折合人民币8.54万元，造成配额减少，当年出口减少至14112头，随后株洲牲畜公司停止经营生猪出口业务。从1954年起，由株洲市食品公司组织出口，实行快收、快装、快运。当年收购出口25971头，比上年增长84%。1955年，湖南省内外贸机构调整，省食品公司停止经营生猪出口业务，株洲市的生猪出口业务也随即停止，至1959年才恢复。

1963年5月，湖南省粮油公司决定将株洲、醴陵作为全省生猪发运点，由外贸收购验货发运。1964年，境内收购出口7193头。1974年，又增加攸县生猪发运点。经中央和地方政府研究，由省粮油公司制定生猪内外贸交接价，从价格上鼓励发展生猪生产，扩大出口创汇。是年，境内生猪收购出口达到34027头，收购额204.16万元。1976年，株洲市外贸部门在株洲县南阳桥长青大队建立生猪出口基地，建立专人授精站，帮助群众掌握饲养长白猪的技术，鼓励农民饲养良种猪出口，除执行普通奖售标准外，另每头补助化肥35千克，每头公母猪补助标准化肥10 ~ 15千克。当年湖南出口活大猪跃居全国首位。株洲境内共收购出口30122头，占全省出口总数的6.28%。由于改良品种起步晚，群众对饲养良种猪的意识不强，加之各级政府支持农民饲养良种猪的措施不力，1977 — 1978年出口活大猪虽数量有增长，但品质提高缓慢，仍是土杂猪居多，良种猪甚少。

1979年，经株洲市革命委员会（简称“市革委”）批准，市园艺场、市农科所的生猪直接由外贸部门收购出口。当年6月16日在“两场”直接收购的80头优质特大猪到香港试销，反映颇好，并以此挂牌销售。市园艺场即配1名副场长和1名专职兽医抓生猪病疫防治，同时防检与外贸合作，采取验收、检疫、、押运一条龙到深圳交货的责任制，是年出口猪的合格率由1978年前的98.80%上升到99.27%，提高了0.47个百分点。由于外贸部门直接收购，减少了原肉食公司收购交外贸部门出口这一中间环节，外贸经营单位和生产者的经济效益明显提高，市园艺场1979年盈利40余万元。从此年起，出口生猪合格率逐年上升，收购出口量亦逐年增长，然良比（瘦肉型良种猪占出口生猪的比例）很小，不适应港澳地区市场需要。为此，市粮油土畜产品进出口公司于1982年设立肉蛋课，确定1专业技术人员重点负责市园艺场生猪品种改良（引进瘦肉型良种猪）工作。1983年，成立株洲市粮油食品进出口公司，该公司设立生产基地课专抓生猪品种改良、引种和基地建设。各县外贸粮油公司亦固定专人抓生猪生产。各级政府积极支持配合外贸部门引进良种，培训兽医和饲养员，解决饲料及贷款，落实奖售政策。实行定人、定点、定场、定措施的办法抓生猪生产。1984年，全市收购出口生猪59449头，居全省第四位。

从1985年开始，市粮油公司内部实行承包经营。随着市场开放，猪价上涨，尤其是生猪取消派购后，大量生猪流向广东，出口生猪货源日趋减少，外贸部门难以做到均衡发运和保质保量完成收购出口任务。由于押运员改换临时工，不懂押运、饲养、防疫知识，生猪运到深圳后留站多，病残次猪增多，造成出口合格率由99%降至97.18%，为全省倒数第二位。

1987年，市场开放后，一度发生收猪难现象，省粮油公司规定外贸与生猪生产基地签订合同，并采取奖罚措施，发展生产，保证收购出口。然受外来猪商抬价收购、饱肚过秤的冲击，所订合同不能履行，出口数量逐年减少，1990年出口38259头，合格率99.10%，良比率为42%。

1991年，为支持出口生猪生产，株洲市全年引进良种种猪930头，下拨扶植性饲料1.23万吨，资金320万元，使当年出口生猪的合格率达到99.13%，良比率达到59.7%。1991，全年出口生猪3.8万头、生猪合格率达到99%，良种猪的比例亦升至60%。其中，攸县网岭园艺场是株洲最大的生猪生产基地，当年该场出口活猪达4000余头。1992年，全市出口活猪3.77万头，出口收购金额为1129.7万元。1993 — 2000年，株洲生猪生产逐渐形成以农户散养与国营、集体的规模养殖并存发展的局面。株洲市场上肉品丰富，货源充足，外贸出口的活猪，冻肉也逐年增加。1998年，株洲芦淞区与美国通用金融技术公司合资兴办“良种猪饲养加工基地”，推动了工业化养猪业在株洲的发展。随着生猪生产的日益扩大，外贸出口生猪以每年10%的规模递增，株洲生猪的养殖生产逐步向以专业大户养殖为主的方向发展。

（二）冻分割肉

1981—1982年，执行援助波兰的临时任务，开始由攸县外贸公司组织收购冻分割肉交湖南省粮油食品进出口公司出口，2年共收购出口179.50吨。1985年，株洲肉类联合加工厂开始生产出口冻分割肉。株洲肉类联合加工厂和攸县肉类联合加工厂均是外贸出口产品加工厂，拥有国内20世纪80年代先进水平的屠宰加工、肉制品加工、生产线和冷藏设备，2厂冷冻库年容量分别为5700吨和3000吨。从1985年开始，冻分割肉收购量逐年增加，出口创汇不断增长。1987年7月，株洲肉类联合加工厂首次对苏联发运整列冻分割肉。1988年，全市共收购1070.30吨，收购额为535.15万元，实际出口959.56吨，创汇129.50万美元，平均每吨售价1350美元。株洲市的冻分割肉和冻猪副产品当年被评为湖南省出口优质产品，在苏联、波兰、东南亚等国家和中国香港、澳门地区享有较高的声誉，被澳门市场指定包销。1989年，全市冻分割肉收购出口呈下降趋势。1990年，外贸部门积极采取措施，与生产企业签订出口承包合同，配合商检、铁路等部门及时抓好出口冻分割肉的检验、发运工作，全年共收购出口1015.58吨，比上年增长41.20%。

1991年，全市出口冻猪肉1289吨，出口收购金额为1162.88万元。其中，市肉联厂出口冻分割肉400吨，价值280万元，其出口量占到全市出口量的三分之一。随着株洲经济的发展及外贸结构的调整，冻分割肉的出口量逐年下降，在外贸中所占的比例也越来越小。1993年，株洲出口冻分割肉已下降到37吨，出口金额只有39.8万元人民币。1994年后，受国际市场价格的影响，株洲外贸系统基本停止冻分割肉的出口业务。

（三）蛋　品

鲜　蛋　1950年，蛋业同业工会将142户商户组成联湘进出口贸易商行，在香港等地设立办事处，当年收购鲜蛋2359.90吨。1951年，该商行收购鲜蛋3312.76吨，均运到香港市场销售。1952年，商行改为株洲联湘贸易进出口公司，主要经营鲜蛋外销业务。蛋业在香港所创利润为株洲市出口商品之冠。1955—1958年，因外贸机构调整而停止出口。1959年恢复出口，由市外贸部门组织货源，省商检局检验后向深圳发货，再由深圳转运到新加坡、马来西亚、美国、日本、加拿大等国家和中国香港地区。至1963年，平均每年出口227.48吨。1964—1966年，人民政府对蛋品实行原粮、食糖奖售，调动蛋业生产积极性，出口量得以回升。1979年以后，受配额限制和价格的影响，鲜蛋出口量逐年下降，1980年为130吨，至1989年，全市鲜蛋出口量降至最低点，只有33.22吨。1993—1998年的6年中，鲜蛋出口量有所恢复，年平均出口量达到440.50吨，从1999年开始，由于国际市场蛋价低迷不振，市外贸系统对出口商品实施调整，停止鲜蛋的收购出口。

再制蛋　1951年，株洲联湘进出口贸易商行以新湘蛋厂的牌子出口再制蛋（咸蛋）263.83万枚。1952年，从广州请技师4人到株洲市与本地技师、技工30余人组织制蛋厂制造咸蛋（也称“味蛋”）出口。1955—1964年，内销紧张，没有分配出口任务。1965年，收购出口4.99万枚。从1970年起，收购出口中断。1975年以后，常年均有出口，1990年达到243.98万枚。1951—1990年，全市共收购出口再制蛋2469.63万枚，收购金额337.55万元。攸县蛋品厂生产的“永佳牌”无铅松花皮蛋营养丰富、松花繁茂、细嫩鲜美、清凉爽口、色香味好、蛋黄心小、储存时间长，深受国外市场欢迎。1992年，株洲皮蛋生产有较大的发展，全市皮蛋品牌多达10余个，但真正能达到出口标准的却并不多。其中，攸县产的无铅松花皮蛋品质最优，故出口量亦最大。攸县皮蛋吸取株洲地区所产皮蛋形圆、味甘之长，消除皮蛋含铅有害之短，精选配料、改革工艺、精制而成。1991—1993年，全市皮蛋出口收购量为569.67万枚，创出口价值240.15万元。

（四）茶　叶

1959年，株洲市毛茶调长沙茶厂加工精制成出口茶后出口。

从1961年至1970年的10年间共收购2950.02吨，为全省茶叶收购总量的3.90%。每年出口毛茶收购上调计划由省茶叶公司下达，株洲市外贸、供销部门共同组织收购。茶叶上调茶厂后，大部分作为内销茶返回株洲市自销，少部分精制茶由茶叶公司按照国家计划调拨湖北、广东、上海外贸茶叶公司拼配出口，主要销往苏联、联邦德国、美国、荷兰、英国、加拿大及巴基斯坦、苏丹、埃及等国家。

1970年，各县一批新茶场（园）相继建立，在外贸和供销部门大力扶持下，开始生产和交售供加工精制出口毛茶。原有的老出口茶场，不断更新改造，扩大种植面积，产量日增。茶叶的品种由单一的绿毛茶，发展为红毛茶、绿毛茶并举。1977年，国家对出口茶叶实行价格外补贴20%的办法收购，当年收购上调红、绿毛茶1044.70吨，收购金额543.24万元，为历史最高水平。1978年起，由于国际市场价格下跌等原因，收购出口数量开始下降，1980年仅收购166.98吨。1981年，各级政府大力扶持茶叶生产，收购上调数量回升到337.55吨。1984年，商业部将茶叶改为三类自由经营商品，湖南于1985年取消派购任务，全市各县乡村将茶园联产承包到户，国营茶场也基本上承包到人。农民出售鲜茶或毛茶收入归己，调动了生产积极性，茶叶总产量逐年增加。加之国际市场卖价提高，换汇成本下降，收购出口量继续回升，但较之20世纪70年代仍呈下降态势，1988—1990年只收购1259. 62吨。1990年，株洲县、醴陵市、攸县外贸部门均没有收到茶叶。

（五）香　菇

1966—1973年，酃县收购出口香菇15吨。1974年后，酃县外贸部门加强对香菇生产的技术指导和收购验收、加工、包装等环节的管理，严格按照分等标准收购。1977年收购12.33吨，经过挑选分等有9.03吨销到香港市场，占全省香菇外销量的39.30%。酃县香菇质量好，市场畅销，销往马来西亚、菲律宾、越南、泰国、澳大利亚和欧美等国家及中国香港地区，平均每吨创汇9127.40美元。1981年以后，各香菇场先后承包到人，国内市场价格上涨，外贸收购出口量逐年下降，1985年收购出口香菇2.10吨，1986年下降为0.48吨，1990年收购出口停止。

（六）泥　蛙

1964年，株洲市、醴陵县开始收购泥蛙出口，当年仅收购2.24吨。根据国务院文件精神，1969年停止收购出口。1970年恢复出口业务。至1981年，共收购出口371.54吨，主要依靠株洲市郊区、株洲县、醴陵县等地提供货源。1983年，收购出口163.80吨。1988年，随着市场开放，多渠道经营，收购价格上涨，使外贸出口换汇成本猛增，而停止收购出口。

二 陶瓷

陶瓷是株洲大宗传统出口商品之一。醴陵产的釉下彩细瓷在国际市场上是久负盛名的瓷器精品，在1915年的巴拿马太平洋博览会上就荣获过一等金奖，1956年周恩来总理曾亲自选定醴陵瓷器作为国宴餐具。1991年，国光瓷厂出品的白玉牌45头西餐具荣获第二届国际博览会金奖。1993年，醴陵省陶瓷研究所出产的纳米石质瓷获中国博览会金奖。1998年，醴陵群力瓷厂出品的15头红山茶咖啡具被国家主席江泽民作为“国礼”赠送给美国总统克林顿，并荣获外交部荣誉证书。

株洲地区出产的瓷器主要有日用瓷、工艺美术瓷、工业瓷三大类。20世纪80年代，株洲提供外贸出口日用、工艺陶瓷的有株洲市瓷厂（原白马垄瓷厂）、株洲县雷打石瓷厂、酃县湘玉瓷厂、醴陵国光、醴陵永胜、醴陵群力、醴陵星火、醴陵力生8大出口瓷厂及23家县、乡（镇）办出口瓷厂。生产出口电瓷的厂家主要有醴陵电瓷厂、醴陵市出口电瓷厂（又称“烈士塔电瓷厂”），出口电瓷是湖南省独家产品。醴陵市是湖南陶瓷的集中产区，其出口时间之早，品类之多、数量之大、质量之精良均居全国领先地位。

20世纪90年代，株洲的陶器销售开始由盛转衰，在市区的日杂商店中蒸钵、饭钵、菜坛、水缸等粗陶制品大量滞销，日常所用的酱缸、烟筒、牛馨等粗陶商品在农村商店也难见踪影。陶瓷生产企业中，株洲县洲坪陶器厂、姚家坝陶器厂因产品滞销于1991年先后停产，此后醴陵、茶陵大部分陶器厂也被迫关门转产。与此相反，厚胎炻瓷却异军突起，产品风靡欧美市场。醴陵是炻瓷生产出口的重要基地，其炻瓷产品造型独特，花色新颖，符合西方文化审美情趣，产品由初期的4方杯、6方杯、盘类，逐步发展到炻瓷餐具、茶具、咖啡具等13种系列、900个子类、1300种釉色、4000多个品种，产品畅销五大洲100多个国家和地区。1990年，首家炻瓷在醴陵开炉投产，至2000年醴陵已发展到48家炻瓷生产企业。产量也由1990年的100万件飙升到2000年的近3亿件。涌现出以华联瓷业为龙头，玉茶、港鹏、天博、泉湘、华日、兴达、红旗等瓷厂为骨干的炻瓷企业群。其中，醴陵嘉树乡界域内拥有13家大小瓷厂，年产炻瓷2亿件以上，1996年被株洲市政府授予“炻瓷之乡”的称号，而湖南天博瓷业有限公司以年产5000万件出口炻瓷而称雄外贸市场，曾多次荣获省、市“先进民营企业”“出口创汇先进企业”“纳税先进单位”等称号。

（一）日用瓷

醴陵日用瓷在国外久负盛名。抗日战争胜利后，销路日广，出口瓷经广州转销到中国香港地区及南洋群岛，主要品种有罗汤碗、罗汉茶盅、中羹等。

20世纪50年代后，醴陵县人民政府积极扶持陶瓷生产，日用瓷生产逐步发展。1956年，调拨广东出口的日用瓷达216万件，这是中华人民共和国成立后醴陵日用瓷首次出口。1957年，日用瓷外销600万件，占总产量的5.40%。1959年，出口1340万件。销往中国香港地区，并转销欧、美市场。1960年，出口日用瓷因质量、包装等原因发生大返工事故，发往国外的瓷器客户纷纷要求索赔；已发到广东省陶瓷公司及工厂和外贸仓库的瓷器均全部返工，各出口瓷厂派去广东省陶瓷出口公司仓库的返工人员达200余人，时间达半年之久，给醴陵县出口陶瓷造成不良影响，经济上造成很大损失，当年出口不足800万件。1962年，外贸部门制定出口细瓷标准草案。1963年，部颁标准正式下达，同时，治理整顿国民经济的“调整、巩固、充实、提高”八字方针得到贯彻执行，日用瓷的生产得到合理安排，其出口量亦迅速发展。1963—1965年，醴陵县日用瓷每年平均供应出口3077.70万件。

1964年，湖南省轻化工厅决定将醴陵国光、永胜、星火、群力、力生5厂定为出口陶瓷生产厂。1966年，醴陵县日用瓷供应出口4350万件，加上株洲市白马垄瓷厂首次供应出口的24.12万件，共调拨出口日用瓷4374.12万件，出口收购金额为1749.65万元（按当时国家制定的计划价格平均每件0.40元计算）。

1966年5月至1971年，醴陵县、株洲市的陶瓷生产和出口均受到“文化大革命”影响，供应出口量下降，1967年出口3535万件，1968年降到2236万件。“文化大革命”后期，经过工贸双方共同努力，产品质量显著提高，出口量得以逐年回升。1973年，醴陵县及株洲市日用瓷供应出口量上升到6431万件，1976年达到6979万件，出口收购金额2692万元（平均按每件0.50元计算），为1968年的3倍多。这一时期，尽管数量有所增加，由于均系低档的单件瓷，卖价低，故收购金额不大，创汇率不高。同时，湖南当时没有进出口经营权，流通环节多，信息反馈慢，故出口成本较高，经济效益欠佳。

1978年，湖南取得陶瓷出口经营权，日用瓷国际市场不断扩大。出口计划制订、下达、对外洽谈、成交、签约、结汇及国内组织货源等业务均由省工艺品公司负责。株洲市及驻醴陵县外贸部门主要按省公司下达的要货计划，指导、督促生产，组织货源，搞好收购、储存和发运工作。1978—1983年间，具体经营这一业务的是由湘潭地区工艺品进出口公司和株洲市工业产品进出口公司负责。1983年行政区划变动后，主要由株洲市工艺品进出口公司承担，与湖南省工艺品进出口公司对口经营。同时，株洲市轻纺产品进出口公司也负责收购市白马垄瓷厂生产的少量杯、盘，并交湖南省轻工产品进出口公司出口。

醴陵县出口陶瓷由湖南自营后，外贸部门以“稳定收购数量，提高产品质量，降低换汇成本，提高单件收汇”为经营总方针，实现了“三个转变”，即产品结构由单件转向以成套为主，国外市场由发展中国家转向以欧美为主，质量由低档转向中、高档为主。花色品种急剧增加；小件减少，大件增加；单件减少，成套增多；单件均价提高。但由于产品质量不稳定，永胜瓷厂产品质量长时间上不去，特级品率停留在20%左右。国光瓷厂白玉餐具出现冷惊毛病（产品吸取空气中的二氧化碳和水而使釉面发生开坼的现象），造成大量返工；省工艺品公司计划衔接迟，订单减少，工厂转产次数多，生产安排受到影响；加之国际市场对陶瓷产品需求发生变化等原因，出口成套瓷出现连续3年徘徊不前，甚至下降的局面，但对美国出口量增加。1984年，全市日用瓷出口4387万件，其中，醴陵县对美出口瓷的数量和创汇总额，分别为当年全国陶瓷对美出口数量与创汇总额的45.20%和45.60%，在全国各大产区中名列第一位。1986年，全市日用瓷收购出口4804万件，单件换汇额达31美分，比全省平均高出6美分，提前超过了国务院提出的到1987年平均售价提高到30美分的要求。

1988年，外贸体制深化改革，全面推行承包经营责任制。由于内外贸关系没理顺，经验不足，承包方案欠妥，加之国内物价上涨，外贸收购价格提高的幅度不大，形成较大的内外销差价，出口瓷又受到内贸抬价抢购、广东沿海地区的“水货”冲击和价格拉力的双重影响，是年，日用瓷出口收购只完成3290.90万件，收购金额1959.30万元，分别比1987年下降33.40%和32.20%。1989年，醴陵国光、醴陵永胜2大出口瓷厂批准自营出口，分别出口1639.84万件、525.28万件，合计创汇828万美元。市外贸部门认真总结经验教训，在抓好市白马垄瓷厂、醴陵星火、醴陵群力、醴陵力生瓷厂出口生产、收购的同时，采取措施大力扶持、开发和组织乡镇企业日用瓷出口。市工艺品进出口公司把开辟和建立新的货源基地的重点，从城市转向乡村，从国营企业转向乡镇企业，先后拿出50多万元资金与醴陵县渌江出口瓷厂、醴陵县嘉树陶瓷厂建立工贸联营关系，积极参与工厂的生产、经营和管理，使之变成外贸出口中产供销“一条龙”的经济实体。同时，该公司还与醴陵市20多家陶瓷生产企业建立业务往来关系，并发展成较为稳定的出口供货基地，既促进外贸收购（供货）出口任务的完成，又促进乡镇企业转轨变型、生产的发展和产品质量、经济效益的提高。1989年，外贸直接收购出口日用瓷1221万件，加上自营出口的2442.94万件，全市共收购出口日用瓷3663.94万件，比1988年增加373.04万件。1990年，全市出口日用瓷上升到4142.10万件，收购金额2485.26万元。

1991年，国光瓷厂、永胜瓷厂先后获得自营出口权，产销量均有上升。是年，株洲市出口各类瓷器5488.5万件，出口创汇2687.23万元。株洲市外贸工艺品抽纱公司原是收购出口日用瓷的专营公司，国光、永胜等瓷厂先后获得出口自营权后，市外贸工艺品抽纱公司便失去了出口收购的货源，在这种情况下，该公司另辟蹊径，于1990—1992年间先后投入200多万元资金，帮助渌江瓷厂、嘉树瓷厂等30余家乡镇企业提高日用瓷质量、升级产品，生产出口瓷器。1991年市外贸工艺品抽纱公司从各乡镇企业瓷厂共收购出口日用瓷达1200万件，创出口金额1525万元，使株洲瓷器出口又增添了一支生力军。国光、永胜等瓷厂面对中国申请加入WTO（世界贸易组织）的新格局，加大出口产品结构、市场结构和贸易方式的调整力度，千方百计增强外贸竞争能力。1992年国光、永胜的高档瓷终于敲开了欧盟市场的大门。这一年，醴陵永胜瓷厂生产的浮雕餐具，成功销往芝加哥，瓷器的高品质在美国市场引起了“轰动”。1993年，国光瓷厂出口创汇805万美元。1994年，全市出口日用瓷1358万美元。其中，永胜瓷厂出口创汇440万美元。这年，华联瓷业有限公司独具慧眼对炻瓷老产品进行开发，短期内很快形成了杯、盘、餐具及工艺四大类1000多个炻瓷品种，产品外销到美国、日本、欧洲及东南亚等30多个国家与地区，深受外商欢迎，产品供不应求。1995年，株洲全年日用瓷出口1467万美元。其中，华联公司出口炻瓷755.9万件，创汇154.3万美元。同年，醴陵嘉树瓷厂的杯、盘系列炻瓷在中国乡镇企业第三届出口商品展览会获“优秀产品奖”。炻瓷的出口为株洲的瓷器出口开辟了一个前景广阔的新领域。1995年，国光瓷厂自营出口日用瓷2400万件，出口创汇829万美元。1994—1995年，株洲外贸系统销往欧盟市场的日用瓷器达200万件，出口创汇57.37万美元。醴陵港鹏实业有限公司是获国家经贸部批准的湖南第一家私营自营出口生产企业，该厂于1995年10月获批自营出口，同年12月，该厂出口日用瓷达63万美元。

湖南华联瓷业有限公司是1994年11月与马来西亚华联集团有限公司合资成立的股份公司，由于瓷器质量好，1996年出口482万美元。1997年，株洲全年出口日用瓷2272万美元。是年，醴陵仙凤瓷业有限公司有30多个日用瓷品种成功外销美国市场。1998年，醴陵市日用瓷产量达到4.02亿件，其中出口1.39亿件。2000年，醴陵市生产日用瓷5.32亿件，其中出口3.28亿件。这年，华联瓷业日用瓷出口达到1022万美元，较1999年增长一成多。华联瓷业公司生产的产品，主要销往欧美等20多个国家和地区，每年创汇都在200万美元以上。是年，株洲安少尼公司生产的陶瓷化工填料首次出口国际市场，成为国内唯一对外出口的化工填料产品的陶瓷企业。此外，株洲华艺公司引进丹麦最新花纸印刷设备，生产的花纸替代国外的进口产品，满足省内各瓷器厂家生产的需要。这年，株洲在传统的日用瓷出口上保持增长的同时，还形成以华联瓷业、泉湘陶瓷、丰华瓷业、华润瓷业为主体的炻瓷出口企业群，使炻瓷成为株洲出口创汇的一个新的亮点。2000年，株洲外贸全年出口瓷器2744.1万件，出口创汇2725万美元。1991—2000年的十年间，株洲外贸系统总计出口瓷器达4.2亿件，出口创汇1.3亿美元，瓷器远销日本、美国、英国、法国、德国、意大利等20多个西方国家和亚非许多发展中国家。但不容忽视的是，日用瓷作为劳动密集型行业，国际上的竞争日趋激烈。株洲一般日用瓷器的出口自1998年以来受到来自山东淄博、江西景德镇等传统产地同质商品的强力挤压，而高档日用瓷器又受到英国、德国和日本产品的激烈竞争，在中国加入世贸组织前，欧盟还将陶瓷产品列为“半敏感产品”，从而严重限制了株洲日用瓷对欧盟地区的出口。

株洲市历年出口的日用瓷有6个类别，288个品种，316种花色，远销世界5大洲的87个国家和地区，仅在美国市场就有THC、米卡莎、艾克塞尔、天山、艾克逊5大公司长期经销醴陵市的产品。其中45头醴陵牌西餐具，是中国瓷唯一进入美国超级市场梅西百货公司和高级礼品商店的商品，为美国新婚馈赠之佳品。尤其是独具特色的釉下五彩瓷器，在国外久负盛名，被誉为“东方陶瓷艺术高峰”。

（二）工艺瓷

1971年，绘有人物、山水、花鸟虫鱼、飞禽走兽的工艺美术瓷被选入联合国大厦供装饰之用。1977年，釉下彩满花开窗莲子形花瓶，首次送广州春交会展览。1980年，工艺美术瓷正式单列批量出口。是年，全市出口工艺瓷12.67万件。20世纪80年代，在继承传统工艺瓷花瓶、花钵、花坛等产品的基础上，新开发出瓷板画及炻瓷、湘玉瓷系列品种等工艺美术瓷新品种。永胜瓷厂生产的500克容量的六头鸟鸣酒具，造型奇特，款式高雅，用手工描绘，花面柔和清雅，斟酒时小鸟会发出清脆悦耳的鸣声。以壶形酷似神话“八仙过海”中铁拐李而得名的六头葫芦酒具，造型自然和谐，花面古朴多样，具有浓郁的民族风格，1981年，新加坡、马来西亚客商一次订货3万套。1987年，酃县湘玉瓷厂（后更名酃县出口工艺美术瓷厂）生产的湘玉瓷，瓷质晶莹细腻，光泽洁白如玉，开发的湘玉瓷系列产品有炎帝像、小天使、葡萄、仿古酒壶、各式花瓶、花插等10多个品种。1989年，湘玉瓷统由外贸部门包销出口，产品销往联邦德国、澳大利亚、荷兰、美国及中国香港地区，当年，外销湘玉瓷17.23万件。

1980—1990年，株洲市外贸部门共收购出口工艺美术瓷2726.49万件，金额3269.37万元。主要出口品种有花瓶、花插、花钵、花盒、台灯、将军坛、狮子瓶、猴子、大象、熊猫、哈巴狗、蜡烛杯、四方杯、胆瓶、卓别林、七品芝麻官、茶花女、米老鼠、鸟鸣酒具、葫芦酒具、扇瓶、蛋盒、粉盒、金鱼缸、饭具、文具等126种。远销英国、美国、法国、加拿大、日本、德国、芬兰、丹麦、波兰、荷兰、东南亚等10多个国家和中国香港地区。有的品种还被外商选购为商品橱窗的陈列品。

2000年，由台湾、香港及深圳冠日公司共同投资成立的茶陵县龙下工业园区恒鑫陶瓷有限公司，是一家擅长于茶具、烟缸、花瓶、瓷纪念品等工艺美术瓷设计与制造的“三资”公司，产品制作精细，釉面晶莹亮丽，其产品一直由湖南省工艺品进出口公司代替出口，产品漂洋过海销至日本、波兰、德国、美国和中国香港、台湾地区，这年，该公司出口工艺瓷近400万元。

（三）电　瓷

1958年，醴陵电瓷厂生产的电瓷，9个品种销往苏联、越南和朝鲜等国家。1960年出口达2018吨。“文化大革命”开始后，出口电瓷受到影响。1966年出口325吨，只占生产总量的3.40%。1968—1969年，徘徊在500吨左右，1972年又直线下降，只收购出口28吨。“文化大革命”后期，收购出口数量开始回升。1975年达到1639吨，金额302万元。1979年，醴陵电瓷厂试验成功瑞士BBC公司所需断路器瓷套50根，首次开创对西欧国家高强度瓷套的出口业务。是年，引进澳大利亚多米森公司先进的炼泥设备，工厂加强全面质量管理和大打产品升级换代之仗。自此，外贸收购出口的电瓷，所有品种都能适应美标、澳标、英标、法标、德标的要求。1981年收购出口达到3939吨，金额534万元，创汇191万美元。此后，收购出口量多有降升。

株洲市出口电瓷有高、中、低压之分，其货源90%以上是由醴陵电瓷厂提供的。为出口提供货源的还有醴陵市出口电瓷厂、醴陵市光明电瓷电器厂、醴陵市电力电器厂。

1990年，“火炬”牌系列电瓷产品先后销往亚洲、欧洲、北美洲、大洋洲的20多个国家和地区，共计260多个品种，出口总量为24410.95吨，收购金额3629.86万元。

1995年，曙光电瓷有限公司出口柱式电瓷5.17万只，价值55.8万美元，2000年，醴陵特种电瓷电器厂生产的95高铝瓷件，其大小不一，规格各异的产品有200多种，年产100余吨，产品主要用于高压电阻柜等配套绝缘瓷件，部分产品外销国际市场。电瓷的出口为株洲的瓷器出口开辟了一个前景广阔的新领域。

三　烟花鞭炮

醴陵县鞭炮有着较早出口历史，清咸丰元年（1851）就有鞭炮作坊生产喜炮。出口鞭炮最早是以“元计”为牌名，由庄客贩往浏阳转售外埠，“故外间仅知有浏阳鞭炮之名，而不知有醴陵鞭炮。实则两县之产额正相埒也”（民国版《醴陵县志》卷六）。出口的鞭炮由船运汉口经海路运集佛山，转销出口。清光绪三十年（1904）长沙开埠，海关记载出口数量为1万余担，值银7万两。宣统三年（1911），为5万担，值银90余万两。所销鞭炮均为加花、牛口、寸金。“民国11—18年（1922—1929）间，醴陵爆竹旺销时，广东客商驻庄醴陵者极多，操此业者亦专制八扣编爆以应其需求，交易之盛，年达10万箱之谱”（民国24年（1935）10月《中国实业志》全国实业调查报告之四）。民国19年（1930）后，生产下降，外销锐减。民国25年（1936）后，粤汉、浙赣铁路及茶、攸、醴公路相继修成，鞭炮运销复振，出口有所回升。顿鞭、八扣远销中国澳门、香港地区，出口到新加坡、印度、安南（越南）、菲律宾、朝鲜、日本及欧洲一些国家和地区。当时，醴陵县有经营出口的母爆庄7家。其中，白兔潭有永庆美、德丰厚、信元、元记本、锦星庆、元记惠等6家，主营9绿鞭，兼营顿鞭，除永庆美爆庄自运出口外，其余各家只是代客商收购，主要销往广东、香港。在离白兔潭十里之浦口，还有一家露香牲爆庄专营出口，年销量约6000箱。民国22年（1933），醴陵出口鞭炮2.59万箱，价值7.44万元。民国26年（1937），全面抗战爆发后，出口受阻，销路渐绝，抗战胜利后，湖南仅有少量鞭炮出口。

中华人民共和国成立初期，湖南鞭炮大都由长沙联和炮庄（香港元隆行在湖南所设机构）和蔺同仁爆庄收购出口，由于国内视鞭炮为迷信用品，国外视为危险品和奢侈品，产销受到限制。1956年，湖南省土产品出口公司在醴陵县设立外贸机构，出口鞭炮由供销社收购交省土产品出口公司出口。1959年开始，外销鞭炮开始由外贸部门定点生产、收购，由醴陵外贸调运站统一调拨出口，当年调拨出口鞭炮6571箱。1963年，中共醴陵县委、县人民委员会提出大力发展鞭炮生产并成立鞭炮生产办公室。为扭转因劣质产品使醴陵鞭炮信誉受损的局面，由醴陵县供销社将收购的价值28.26万元的打响率仅40%左右的劣质鞭炮当众销毁，整顿鞭炮生产企业，取消个体鞭炮厂，使醴陵县鞭炮质量提高，信誉恢复。同时，还进行包装装潢改革。出口商标全省统一使用红灯牌和飞天牌。当年鞭炮出口收购量达到1.37万多箱。

1964—1966年，醴陵县相继建立8个出口花炮厂。1965年，县出口花炮厂、浦口出口花炮厂研制的小鸟、吊兰花、火箭、鸟语花香等烟花新品种首批76箱出口到西欧，开创了醴陵烟花出口的新纪元。1964—1966年，共出口烟花鞭炮51907箱，占生产总量的67.42%，占全省同期出口量的29.65%，其中烟花1537箱。

1976年7月，湖南省轻工局批准攸县花炮厂为出口烟花鞭炮生产点，使境内烟花鞭炮出口基地由醴陵县扩展到攸县。翌年，全市出口烟花鞭炮达10.86万箱，收购金额1411.80万元，创外汇204.17万美元。

1978年5月，香港东方公司经理首次到醴陵县考察和洽谈烟花鞭炮贸易业务。自此，产销双方开始直接见面，结束了外商只能在广交会或来长沙订购醴陵县烟花鞭炮的历史。同时，外贸部门坚持抓烟花产品的创新、改造及装潢改革，扶植出口生产。1978年，改造、开发出烟花新产品10种，改革包装装潢21种。1979年又帮助工厂从日本引进狗尾草、彗星、笛音筒等新产品，当年发展了混合花筒、笛音花筒、布谷烟花、轰炸机、小牡丹等33种新产品出口，出口厂家发展到17家；出口量大幅度增长，出口收购达17.53万箱，占全省同期出口量的26.60%。1983年9月开始，醴陵外贸烟花鞭炮出口公司对烟花鞭炮的出口包装装潢进行大规模改革，1985年开始取得效益。新的包装装潢使每箱烟花鞭炮出口成本降低0.80元。是年，全市收购出口烟花鞭炮53.66万箱，共节约包装费用40多万元。1965年，铁路运输紧张，铁路限运达105天，外贸部门在充分利用车皮计划的同时，组织汽车直运广州、深圳达387车次，共运送烟花鞭炮12.84万箱，占全年出口量的23.93%，保证了出口履约。1987年，开始推行统一国际标准箱型包装。同年，布谷烟花、笛音筒烟花等11种烟花包装装潢在北京中国出口商品包装改进成果展览会上展出。同年，全市收购出口烟花鞭炮59.10万箱，收购金额4728万元，创外汇1556.85万美元，收购额占全市出口收购总额的20%，占全省烟花鞭炮收购量的42.51%。

1988年，烟花鞭炮出口的最大市场——美国，对烟花鞭炮进口实行新的安全条例，并大幅度地减少要货量，致使对美出口量比1987年减少10多万箱。同时，1988年前株洲市出口烟花鞭炮均由湖南省烟花鞭炮进出口公司独家经营，而1988年湖南又成立了海星公司，也直接经营烟花鞭炮出口业务，且插手醴陵市联系货源。广东江门、佛山、南海、东莞等地及海南岛一些单位也以高于外贸收购价30%左右的价格直接到本地生产厂家购货，致使醴陵市出口烟花鞭炮货源严重外流。加之原材料涨价，生产企业为保利润，降低了质量标准，致使部分产品质量下降，直接影响了出口。故1988年株洲市烟花鞭炮出口仅43.70万箱，比上年下降26%。

1989年，外贸部门积极拓展销售渠道，加强对新产品的开发，扶持出口生产，全市烟花鞭炮出口收购出现转机，收购出口量达到60.85万箱，创外汇1478.28万美元。1990年，烟花鞭炮出口再上台阶，创汇达1689.72万美元。

1990年，全市有以醴陵市为主的出口烟花鞭炮生产基地专厂32个，能生产鞭炮、玩具烟花、礼花弹及大型盆花等3大系列出口产品。出口产品中鞭炮有硝酸盐炮、氯酸盐炮及其他炮3大类40多个品种；玩具烟花有喷花类、旋转类、升空类、吐珠类、线香类、地面礼花类、烟雾类、造型玩具类、小礼花弹类、手持类等10大类近700个规格品种；礼花弹及大型盆花有200多个规格品种。其中1989年年出口量在1万箱以上的产品有黑药炮、牡丹红、礼花弹、彩珠筒、混合花筒、大瀑布、蝶舞银花、五叶金花、金花盛开、笛音筒、晨光花等11个品种。星球献宝烟花曾荣获中国工艺美术百花奖银杯奖，音乐烟花荣获中国工艺美术品第二届百花奖一等奖，还有15种烟花鞭炮产品获部优质产品奖，46种产品获省优质产品奖。烟花鞭炮销往世界5大洲，60多个国家和地区，并形成了年出口量分别在30万箱、15万箱左右的美国、日本2大市场，深受外商好评。

1991年，全市烟花鞭炮外贸出口78.18万箱，出口收购总值为6203万元。同年6月，市商业局统计：株洲地区70类烟花品种中有10类进入外贸出口的清单。其中，醴陵出产的七彩魔灯、红灯牌花炮在德国及美国市场深受欢迎，销售良好，外销上十年而不衰。醴陵王坊花炮厂、城关花炮厂及醴陵出口花炮厂都是年产近10万箱烟花鞭炮的大厂，是株洲出口烟花鞭炮的骨干生产厂家。是年，3家花炮厂共生产烟花鞭炮28.48万箱，出口金额达2278.2万元，分别占当年全市烟花鞭炮出口量的36.43%和出口金额的36.72%。由于外贸销量不断增大，为防止质量下降，醴陵外贸花炮公司采用派遣“质捡特派员”的办法，长期驻守在各生产厂家的基层车间里严格把关，敦促基层尽早解决质量问题以确保烟花的出口质量。这年，醴陵市出口烟花鞭炮达68.8万箱。1992年全市花炮类出口收购总值下降到4799万元、其中醴陵花炮出口收购金额为4672万元。1994年，国际市场对花炮需求剧降，株洲市地区烟花鞭炮的出口遭受重挫，这年，株洲地区出口烟花鞭炮只有1.83万箱，创汇

33.56万美元，为历史最低水平。1994—1997年，在亚洲金融危机的影响下，国际市场对烟花需求长期低迷，烟花鞭炮的出口萎缩不振，株洲烟花鞭炮出口每年平均不到10万箱。1998年，烟花鞭炮的出口开始小幅回升，全市花炮出口创汇为186.6万美元。这一年，醴陵市花炮出口总额为152.7万美元，其中浦口花炮厂一家出口花炮创汇达51.89万美元，占全市出口额的34%，成为花炮出口的新生力量。

1999年，株洲的烟花鞭炮出口又重现雄风，当年出口一举跃升到76.7万箱，外汇创收也达到244.86万美元的最好水平。2000年，株洲烟花鞭炮出口虽有所下降，但当年还是出口花炮48万箱，创汇151.18万美元，花炮出口仍跻身于株洲百万美元以上大宗出口商品之列。

四 纺织品

民国时期，醴陵县有少量夏布出口。全面抗战爆发后，夏布出口市场尽失，出口中止。1955年纺织品实行调拨出口，当年调拨出口苎麻条30吨。1958年3月，湖南省第一家麻棉纺织工业企业——株洲苎麻纺织厂竣工投产，20世纪60年代初期产品开始出口。到1969年，株洲市先后收购调拨出口的纺织产品有：苎麻条、麻绒、麻片、夏布、苎麻布、麻线、麻涤布、精干麻等。但各品种调拨出口时断时续，15年间出口收购总值仅259.64万元，年均17.31万元。70年代，新增床单、棉麻混纺布、麻饼、麻球、麻落棉、毛巾等出口品种。10年间纺织产品收购总金额3929.19万元，最高年1979年达1367.64万元。年均392.92万元。年平均出口收购量是50年代、60年代的22.7倍。80年代后，出口迅猛增长。1981年前，株洲市纺织品出口主要是由株洲市外贸收购调拨广东、上海等口岸或交湖南省外贸各有关专业公司调拨出口。1981年湖南省纺织产品实行自营出口，株洲市纺织品交湖南省外贸各有关专业公司出口。株洲市外贸收购纺织品出口的公司有：轻工纺织产品进出口公司、工艺品进出口公司、茶叶土畜产品进出口公司。80年代新增出口品种有浴巾、棉麻混纺纱、苎麻纱、棉纱、麻针织坯布、纯麻坯布、涤棉布、纱手套、涤棉服装、化纤纱、纯涤纶布等25种，1989年出口收购额创历史最高水平，达7972.68万元（其中工厂自营出口6033.41万元），占当年全市出口收购总额的23.14%。1980—1990年，收购总值52096.28万元，年均4736.03万元，是70年代年均的12倍。

1991—2000年，纺织类出口收购由于受国际市场交易平淡、供过于求，以及国内出口结构调整的影响，株洲纺织品出口收购出现收敛的势头，1991—1992年，株洲全市共收购出口纺织类商品仅3463万元，其中市区收购总额为3002万元，市区收购额占纺织类出口收购总额的86.69%，是南四县纺织类收购额的6.5倍。1993年，株洲市主营纺织品出口的“对外经济贸易轻工纺织品公司”全年纺织品出口创汇仅5.8万美元。翌年，该公司出口大幅上升，全年出口创汇达48.7万美元。1994年4月，一港商给深陷困境的株洲麻棉纺织厂注入生产启动资金500万元，并按市场价包销该厂生产的混纺纱。至1995年1月，该厂生产出口混纺纱2150吨，实现出口收购额达3099万元，这宗合资，为株洲麻棉纺织厂的产品打开了一条新的销路。1997年，亚洲金融危机爆发，麻棉织品销售不畅。是年，株洲苎麻纺织印染厂、香港东伟贸易有限公司、日本五月产业株式会社于1985年共同投资成立的合资公司被迫提前3年终止合同。2000年，根据国家产业结构调整的要求，株洲苎麻纺织印染厂压麻纺锭4092枚，压棉纺锭816枚，当年生产苎麻纱线1274吨，麻棉纱2900吨，出口创汇247.93万美元，但该厂当年利润仍亏损341.44万元。

株洲机械化纺织产品出口收购，主要有苎麻制品、针棉织品2大类的苎麻布、棉麻混纺布、棉纱、棉麻混纺纱、苎麻纱、毛巾、床单、浴巾等30多种。主要销往日本、美国、法国、意大利、东南亚等几十个国家和中国香港、澳门地区，在国际市场上享有较高声誉。

（一）苎麻制品

民国版《醴陵县志》记载："醴陵夏布民国二十二年（1933）间销路最旺"。据民国35年（1946）出版的《湖南经济》第一期《湖南重要物产概况》一文中记述："浏醴夏布过去曾远销日本、朝鲜，尤以销售朝鲜之数甚巨"。1949—1970年，株洲市苎麻产品出口收购时断时续。主要品种有苎麻条、麻绒、麻片、精干麻、麻线、苎麻布、麻涤布、夏布等。1955年，收购出口苎麻条30吨，到1971年共出口收购总值259.64万元，年均15.2 7万元。其中，苎麻布收购25.02万米，收购金额32.53万元，占收购总额的12.52%。1972—1978年，原有苎麻出口产品除苎麻布有发展外，其他均无出口收购。1972年，新开发的麻涤布和原有的苎麻布成为出口收购的主干产品，其中苎麻布发展稳定，每年收购额均保持在100万元以上。1978年，株洲市轻工纺织产品进出口公司确定株洲苎麻纺织印染厂为外贸出口专厂。为保证产品质量，确定从4月1日起外贸只收购一、二级品，成品只收购一等品。翌年全市新增麻涤棉、麻球、麻棉混纺布等出口品种，新增出口收购金额300.59万元，占全年苎麻产品收购总额的26.15%，收购总金额达11 49.44万元，比上年增长252.22%。80年代初，国际上流行天然纤维织物。由于苎麻织品易洗快干，穿着挺括舒适，较之棉织品更受欢迎。特别在中国香港地区、日本、美国、西欧市场倍受青睐。美国进口麻服装不受配额限制，关税低于棉织品10%～20%。日本进口麻原料和半成品实行免税或低税优惠政策，同时，价格高于其他织物。国际市场苎麻制品行情看好，极大地刺激苎麻制品出口。1980年，株洲苎麻纺织印染厂形成苎麻长纺绽10769锭的年生产能力。1981年，又先后增加渌口麻棉纺织厂、株洲市织布厂等出口生产厂家。1979—1983年，先后有精干麻、苎麻条、麻线、夏布等产品恢复收购，供应出口，同时还新增麻棉交织布、麻棉混纺布、54S×54S纯麻布、苎麻纱、麻棉混纺纱出口，株洲苎麻产品开始行销国际市场。在1984年的春季广交会上，日本、美国、中国香港地区的行家点名要株洲市苎麻产品，成交额达到1500万元。1986年，全市苎麻制品出口收购总额6598.92万元，比1984年增长123.43%。在"苎麻热"的影响下，国内苎麻制品经营企业急剧增加，外贸部门出现多家对外出口现象，造成国内相互抬价抢购，供求严重失调；而在国际市场上又相互降价竞销，打破了国家"统一对外"的传统格局，致使苎麻制品收购价格暴涨。1986年，苎麻制品平均收购价格比1984年上涨一倍以上。为遏制这种局势的扩展，国家物价局、对外经贸部于1987年4月发出通知，限制苎麻产品收购价格，控制苎麻系列产品的盲目发展。1987年年底，国际市场苎麻制品受"水货"（非正式销售渠道）严重冲击，价格暴跌，连续3年的"苎麻热"随之"降温"。1990年，株洲市苎麻制品出口收购总额4410.07万元，比1986年下降33%。

1991年，株洲市国营外贸系统苎麻制品出口收购总额降至680万元。当年，全市出口苎麻布495.2万米、苎麻纱999件，出口金额分别为2475.5万元和363.2万元。株洲苎麻纺织印染厂是中国苎麻印染产品的最大生产基地。株洲苎麻纺织印染厂自20世纪80年代引进日本的大圆机后，开发出苎麻针织系列产品备受市场的欢迎。1984年，株洲苎麻纺织厂与外资合资成立株洲“湖南国际苎麻有限公司”，公司于1991年获得自营出口权后，当年自营出口苎麻布2.52万米，创汇17.9万美元。1992年，株洲市国营外贸系统苎麻制品出口收购总值为789万元。当年全市出口苎麻布锐减至30.7万米，出口创汇153.5万美元。其中，湖南国际苎麻有限公司苎麻布出口量降至4.94万米，创汇24.7万美元，该厂苎麻布出口量占到全市出口量的六分之一。1993—1994年，湖南国际苎麻有限公司出口苎麻产品共41.23万美元，产品均销往美国和日本。1995年，湖南国际苎麻有限公司出口苎麻布20吨，创汇25.3万美元；这年，成立于1994年由意大利米开乐·索比迪·萨西尔有限公司独资经营，主要生产加工苎麻、亚麻、羊毛、绢丝、棉及混纺织品的株洲索毕迪纺织品有限公司也跻身麻制品出口行列中，向日本出口苎麻纱10吨，创汇5.9万美元。

1998—2000年，亚洲金融危机过后市场缓慢回暖，苎麻布以属性天然，透气性好而受到市场追捧，株洲国际苎麻有限公司生产的“雪松”牌苎麻布，尤以质优价廉而广受客商欢迎，产品畅销中国香港地区、日本及欧美发达国家。在这期间，株洲共向国际市场出口苎麻布223.86万米，创汇593.89万美元。

（二）针棉制品

1972年，湖南省纺织品进出口公司（以下简称“省纺织品公司”）从株洲市调拨给广东口岸出口床单16.37万条，金额86.67万元，以后各年均有调拨出口，但数量不多。1979年新增毛巾出口，1980年又新增餐巾、台布出口，当年针棉织品出口收购总额达377.58万元，创外汇81.60万美元，收购额比1972年增长335.65%。1981年，省纺织品公司自营出口以后，拓宽了国际市场，客户增多，销路益广。1985年，出口收购额为556.95万元，1986年达694.69万元。1987年后，针棉织品经营渠道增加，除市外贸部门直接收购外，生产企业也自营出口。由于深圳、珠海、潮州等沿海城市外贸部门来株洲市以高出省纺织品公司所订价格15%～20%的价格收购，有的在收购价格上实行“买断制”，将12.50%的留成外汇加入收购价格内，同工厂实行一次性的价格买断，刺激了生产企业向其供货。据有关工厂自行统计，1987年销往外地的出口床单36.70万条、毛巾7.3万打，合计金额332万元，占当年全市床单、毛巾出口收购总额的38%。1988年，针棉织品出口收购创历史最好水平，达1456.34万元，占纺织品收购总额的24.52%，其中床单出口收购82.90万条，出口收购金额626.05万元。工厂还自销出口床单、毛巾、棉纱等，总计金额767.07万元，占针棉织品出口收购总额的52%。此后，工厂自主经营每年均在500万元以上。至1990年，株洲市针棉织品出口收购过的品种有床单、毛巾、餐巾、台布、浴巾、方巾、棉布、帆布、纱带、棉纱、尿布、涤棉布、棉衬衣、棉西裤、棉毛布、纱手套、化纤纱、纯涤纶布18种，主要销往日本、澳大利亚、巴拿马等几十个国家和中国香港地区。

1991年，全市出口棉麻混纺纱8299件，出口金额1509.1万元；棉麻混纺布90.7万米，272万元。其中，株洲市棉麻纺织厂出口棉纱和棉麻混纺纱为2095件和562件，创汇314.3万美元和102.2万美元；株洲县渌口棉纺厂出口棉麻混纺布和棉麻混纺纱，分别为12070米和276件，创汇3.6万美元和50.2万美元。这年，全市还出口床单122.15万条，1100万元；毛巾46.5万打，419万元；棉纱16691.7件，874.4万元。其中，株洲市床单厂出口床单15.6万条，创汇140.9万美元；株洲市毛巾厂出口毛巾14.31万打，创汇128.9万美元。1992年，全市出口棉麻混纺纱3699件，671.3万元；棉麻混纺布139万米、479.2万元。这年全市还出口棉布53.7万米，188.8万元；出口毛巾和床单分别为40.2万条、362万元和65.84万条、604.4万元。1993年，全市出口混纺布42.2万米，113.1万元。

棉麻混纺纱、棉麻混纺布历来是株洲轻纺工业中的大宗出口商品，主要生产厂有株洲市棉麻纺织厂、株洲苎麻纺织印染厂、株洲渌口棉纺厂、株洲市床单厂及索毕迪纺织有限公司等5家工厂。1991—2000年，株洲棉麻混纺纱总计出口1.53万件，创汇额为403.84万美元；出口棉麻混纺布572万米，创汇351.41万美元。棉麻混纺纱、布主要销往南非、孟加拉、阿根廷、巴拿马及智利等国家和中国香港地区。

五　轻工产品

民国前期，株洲镇纽扣毛坯，经由香港运销国外。20世纪50年代初，纽扣远销欧美各国及南洋群岛。1953年，省土产公司成立株洲纽扣公司，当年对苏联出口纽扣44.67万千克。1951年年初，对苏联出口停止，株洲纽扣公司撤销。1963年，由田心五金厂生产的镀铬伞杆经湖南外贸株洲办事处收购调拨中国杂品公司广州分公司出口，到1967年共调拨出口伞杆95151打，金额161.77万元。1969年前调拨出口过的品种还有：皮制劳保手套、贝壳、镜片、压花玻璃、皮箱、猪皮带、塑料薄膜等。1960—1969年，轻工产品出口收购额年均28.16万元，最高年1966年为74.97万元。70年代后，先后新增出口品种有：皮革服装、平板玻璃、电烙铁、卫生纸、布鞋、电解玻璃等。1970—1979年，轻工产品平均出口收购额比60年代增长8.16倍。1980年后，轻工业基础不断加强，出口货源增加。先后开发了童鞋、帆布袋、电池、维棉手套、架镜、吊扇马达、灯泡、中碱纱、碘钨灯、电冰箱、金鱼缸、透明纸、木衣夹、电风扇、轮胎、运动鞋等新产品出口。1980—1990年间，轻工产品出口收购年均943.3万元，比70年代年均增长2.65倍。1988年达到1043.69万元。到1990年，株洲市已建立皮件厂、皮革制品厂、玻璃厂、布鞋厂、电池厂、淦田纸厂等19家轻工出口产品生产企业。轻工产品出口收购发展到皮革制品、卫生纸、玻璃、布鞋、电器等36种产品，销往美国、法国、联邦德国、加拿大、新加坡等几十个国家以及中国香港、澳门、台湾地区。

改革开放后，株洲的工业结构得到调整，轻工业发展迅速。1991—1992年，全市轻工产品出口收购总额上升到5066万元，其中市区收购总额为3519万元。1992年，株洲湘华机械厂生产的ZQ54、ZE101型“松鹤牌”自行车荣获省优产品称号，销往全国26个省、市及韩国、朝鲜、日本、南美、中东、非洲等12个国家和地区，其出口的自行车最盛时多达24个规格品种。1993年，年产8500万只电池的株洲电池厂，当年出口东南亚、非洲、欧美地区电池达3896万只，成为湖南省电池行业的领军企业。株洲市搪瓷厂通过边境贸易向香港及东南亚地区销售搪瓷精品91.4万件。株洲皮革制品厂1991年生产皮革服装1.99万件，1995年上升到6.52万件，这年该厂经国家外贸部批准获自营进出口权。1994年后，株洲市出口产品增多，规模加大。1995年，金南服装有限公司出口服装780打，价值6万美元，楚天洋伞公司出口晴雨伞1.68万打，创汇33.4万元；1996年全市出口服装143万美元；1999年，株洲又增加铁丝网出口442万美元。株洲农业资源丰富，草竹藤编制品花色新颖，式样美观，各类草编织品亦受到外商青睐，产品大量销往欧美发达国家。1991—2000年，出口各类草竹藤编制品共创汇达163.74万美元。

（一）皮革制品、箱包

皮革制品 1967年前，株洲市就有少量的皮鞋及猪皮带等皮革制品调拨出口。1967年，市外贸部门收购劳保手套200打调广东口岸销往香港地区，创外汇3805美元。1972年，株洲市皮革制品厂生产的猪皮革服装首次调拨广东口岸出口3348件，为湖南省最早出口的猪皮革服装。1973年，劳保手套收购出口量达18675打，收购量占全省同期同类商品收购量的30.88%。从1977年开始，皮革制品主要调省外贸有关专业公司自营出口。1978年，皮革服装收购达1.92万件，收购金额134.40万元。1980年，皮革劳保手套收购达7.37万打，收购金额368.50万元。20世纪80年代后，由于全国各地劳保手套生产发展过快，造成供过于求，外销市场饱和，外销价格下降，加之国内原材料涨价，生产成本上升，致使劳保手套成为高亏损商品，1983年仅收购出口9000打。80年代，收购出口皮革服装金额一直在40万～130万元之间徘徊。劳保手套收购出口在1985年后，各年均在4万打左右，最高年1988年也只有5.21万打。1991年，株洲市出口皮革服装、猪皮革分别为15601件和23.87万张，出口金额分别为234万元和358万元。是年，株洲市制革厂与意大利索罗法三T公司合资兴办湖南三特制革有限公司，生产皮革服装全部用于出口，当年出口创汇达1100万美元。1992年，株洲市制革厂又与港商合资成立“兄弟皮革制品有限公司”，当年即出口香港皮装1500件，创汇3.3万美元。1993年，株洲市制革厂改制为株洲环球皮革股份有限公司，同时引进意大利先进制革设备和日本高速制衣机，大幅提升了制革能力及制革质量。同年6月，株洲市制革厂成为湖南省皮革重点出口企业、世界皮革协会会员。1994年，株洲环球皮革股份有限公司再度扩大规模，下设株洲制革厂、湖南三特制革有限公司、湖南兄弟皮革有限公司、深圳宏达皮革制品有限公司、株洲吉莱彩印皮业有限公司等5家从事皮革制品加工的企业，株洲环球皮革股份有限公司当年产值跃升至2亿元，年创汇达2500万美元。是年，湖南兄弟皮革有限公司出口香港、美国皮革服装10.55万件，创汇266.58万美元。1995年，兄弟皮革制品有限公司出口猪皮革衣5.38万件，创汇135.9万美元。1991—2000年，株洲销往世界各国的皮革服装共计创汇561.24万美元。株洲皮革服装以革柔式新而享誉国际市场，产品畅销美国等十余个国家和中国香港地区。

箱 包 境内箱包出口早在1969年始向东南亚国家出口真皮及人造革皮箱，由于生产规模小，出口销量一直不大。至1991年，株洲箱包生产才小有规模，全年生产能力达50余万只，当年出口人造革包已达27.3万个，出口收购金额达273万元。1992年，全市出口人造革包、尼龙包分别达到 36.97 万个和 23.36 万个，出口金额分别为 369.6 万元和 149.5 万元。是年，醴陵储运公司与香港候通发展有限公司合资创办湖南兴联箱包有限公司（简称“兴联箱包公司”），兴联箱包公司既是株洲、也是其时湖南最大的经营箱包出口的企业。该公司生产的各类箱包、手袋多达 8 大类、300 余个品种，且款式新颖，深受市场欢迎。1993 年，兴联箱包公司首次向马来西亚出口箱包，创汇 34 万美元。此后，该厂箱包出口势头良好，年年攀升。1994 年，销往香港箱包 261 万只，创汇 150.8 万美元。1995 年，该公司拓展欧美市场，出口各类箱包、袋子 405 万只，创汇 240 万美元。1996 — 1997 年，株洲箱包生产企业增多，出口量增加，2 年共出口箱包 885 万美元。1997 年，株洲市销往美欧、中东的箱包达 656 万只，全市当年创汇 478 万美元。1998 — 1999 年，东南亚国家箱包开始挤占国际市场，箱包市场竞争激烈，株洲箱包出口量锐减，2 年共出口箱包 401.3 万美元，只及平常年份的二分之一。2000 年，株洲出口箱包 117 万个，创汇 100 万美元。

（二）鞋　类

1979 年，市布鞋厂生产的布胶鞋首次销往香港地区。1980 年，新增童鞋出口，全市出口收购布鞋达 21.89 万双，创外汇 16.69 万美元。1981 年，攸县布鞋厂产品开始进入国际市场。当年，境内布鞋收购出口总额达 85.66 万元，创外汇 22.05 万美元。产品销往加拿大、坦桑尼亚、毛里求斯、泰国、马来西亚、尼泊尔等国家和中国香港地区。

由于款式单一陈旧、工厂应变能力差以及原材料价格猛涨，收购价提高，换汇成本上升等因素的影响，从 1985 年开始，出口量大幅度下降，1986 年下落到最低水平，仅出口 6240 双。

随着改革开放的深入、扩大及投资环境的改善，使株洲鞋业重获发展的机遇。1991 年，全市出口工艺拖鞋 96384 双，价值 48.2 万元。这年，株洲市皮鞋厂与香港环珠贸易公司合资兴办的湖南健步鞋业有限公司投产。1992 年，株洲市健步鞋业有限公司外销香港 4.3 万美元鞋子。是年，新组建的株洲工艺鞋厂投产，年出口工艺鞋 60 万双，出口金额 400 万元。1993 年，工艺鞋厂对香港出口胶鞋 12.87 万双，创汇 32.78 万美元。此外，株洲市以生产硫化鞋、靴系列产品为主的湖南华永鞋业有限公司也销往香港鞋子 14.38 万美元。攸县世上平制鞋厂与台湾羽辉有限公司合资兴办的湖南世上平鞋业有限公司也于当年对香港销售鞋子 4.02 万美元。1994 年，湖南华永鞋业有限公司和世上平鞋业有限公司又分别销往香港鞋子 159.69 万美元和 25.86 万美元。1995 年，株洲华永鞋业有限公司生产硫化鞋 25.14 万双，出口创汇 167.3 万美元。1996 — 1997 年，株洲主要以皮、布、胶鞋及童鞋的出口为主，产品主要销往中国香港地区，巴拿马及拉脱维亚等国家。其间，全市共出口鞋类 237 万美元。其中，华永鞋业有限公司于 1997 年出口鞋类中，还新增销往俄罗斯的雪地靴 129 万美元。1998 年，湖南世上平鞋业有限公司生产出口鞋类又上新台阶，以 PV、PVC 为主材的冷粘鞋出口品种已发展到足球鞋、慢跑鞋、运动鞋、学生鞋、女装鞋、舞鞋、拖鞋、凉鞋等 10 余种，出口销地扩至到沙特阿拉伯、阿联酋、阿曼、俄罗斯、巴拿马、南非、古巴、智利、巴西、加拿大等 10 多个国家和中国香港、台湾地区。多年来，该公司凭借产品质量及商业信誉，赢得了国外客户的欢迎。是年，世上平鞋业有限公司出口创汇达 150 万美元。

（三）卫生纸

1976 年，境内生产的卫生纸首次进入国际市场，当年出口 64 吨。1978 年后，逐年递增。1980

年，株洲市淦田造纸厂被定为卫生纸出口专厂，1981 — 1985 年共收购出口卫生纸 3780.95 吨，收购总额 1058.57 万元，占全省该商品同期收购额的 78.56%。该厂生产的天鹅、金宝、丹桂 3 种牌号 133 克圆卷纸、天鹅 400 克干板纸等出口产品销往新加坡、马来西亚、法国等 10 多个国家和中国香港、澳门地区。为扶持出口卫生纸生产，外贸部门从 1986 年起，先后 4 次提高出口卫生纸收购价格。提价幅度在 40% 以上，使卫生纸出口收购稳步上升。1988 年，卫生纸出口达 887.64 吨，收购金额 248.54 万元，创外汇 75.50 万美元。1989 年后，国际市场卫生纸供过于求，原经营株洲卫生纸的港商改变了经营业务，加之境内卫生纸的质量还不能满足国际市场的要求，致使出口收购量逐年下降，1990 年仅收购出口 446 吨。

1991 年，株洲市区有造纸厂 1 家、株洲县 6 家、醴陵市 41 家、攸县 8 家、茶陵县 5 家、酃县 2 家，在出口纸品中仍以卫生纸为主。1991 — 1995 年，株洲共出口卫生纸 2096.7 吨，牛皮纸 690 吨，出口创汇为 162.98 万美元。1996 — 2000 年，由于国家对高耗能、高污染的造纸厂实行限产调整政策，株洲市造纸厂、渌口造纸厂、淦田造纸厂等 20 余家造纸厂先后或关停并转，或破产转制。其间，株洲纸品出口量逐年萎缩，至 2000 年卫生纸出口已完全停止。

（四）玻　璃

1965 年 4 月，中国第一批压花玻璃在株洲玻璃厂诞生。翌年 12 月，首次向埃塞俄比亚、也门、马来西亚等国家和中国香港、澳门地区出口 8592 标箱。1973 年，出口品种增加平板玻璃。1976 年，由于严重缺煤缺电及原材料，出口玻璃生产仅完成年计划的 14%，仅收购 3572 箱压花玻璃。平板玻璃出口收购停止，到 1979 年才恢复。1972 — 1980 年，共出口收购玻璃 29.25 万标箱，收购金额 360.56 万元。1981 年，玻璃出口收购 14.04 万标箱，收购金额 203.10 万元，出口创汇 114.16 万美元。由于国内外生产、需求形势的变化，1983 年后，玻璃出口量渐减，1986 年降到最低点为 27026 标箱。1990 年又回升至 39330 标箱。

1994 年，经过大规模技改后的株洲玻璃厂，拥有当时全国最大的压延玻璃生产线及全国技术最先进的浮法玻璃生产线，生产的玻璃平整、光洁，深受市场欢迎，产品长期畅销东南亚及中国香港、澳门地区。境内的出口玻璃由该厂独家生产。1997 — 2000 年，受市场需求的强劲拉动，株洲玻璃厂的出口玻璃量也出现恢复性的增长。2000 年，是株玻出口玻璃数量最大的一年，当年出口玻璃 2.46 万平方米，创汇 14.37 万美元。1991 — 2000 年，株洲玻璃厂的生产经营历经跌宕起伏，玻璃出口盛衰交替，在这 10 年间株洲玻璃厂共出口玻璃 6.21 万平方米，创汇 44.32 万美元。

六　工艺品

株洲工艺品出口始于 1960 年。至 20 世纪 70 年代中期，品种有湘绣被面、珠宝、人发、毛笔、竹编制品等，主要销往苏联、日本、意大利、比利时、丹麦、希腊等国家和中国香港、澳门地区。自 70 年代后期起，出口品种在巩固原有品种的基础上，又增加了抽绣品、草编制品 2 大系列 40 多个品种，同时增加的还有工艺蜡烛、木衣夹、长绒毛、电动玩具等 40 余种新产品。90 年代，随着经济的发展及出口商品多元化结构的实现，境内淘汰一批创汇价值低的手工工艺品，新增陶瓷、布绒玩具、圣诞礼品等工艺品，远销东南亚、美国、英国、法国、西班牙等30多个国家和地区。

抽绣品是境内出口商品中较为大宗的商品。株洲市工艺美术社生产的湘绣被面，除销往中国香港地区外，还出口苏联和东欧国家，每年800条左右。1963年，由于国际市场变化，出口锐减，产品积压。1966年后，深受外商欢迎的以松、鹤、狮、虎等为图案的传统绣品被斥为“封、资、修”加以批判，生产停顿，外贸出口收购由此中止。1974年，攸县开始出口草席，试销3000条，平均每条换汇0.225美元。此后，出口量逐年增加，1980年达到64.50万条，销售到日本、美国、英国、法国、德国、意大利、瑞典等20多个国家和中国香港、澳门地区。20世纪80年代，国际市场出现“苎麻热”，以纯麻布、麻棉混纺纱、麻棉混纺布作为抽纱用料的抽绣品，尤为外商所喜爱。1980年，株洲市红旗服装厂（株洲市抽绣总厂前身）开始试制出口抽纱绣衣。当年，在广州出口商品交易会上成交2.5万件。随后，工厂大量培训绣工，生产快步发展，出口收购数量稳步增长。80年代后，随着国际市场的发展变化，享有“编织之乡”的攸县，在继续稳定发展传统草席出口的同时，又开发主要以稻草为原料的门口席、圆盘席、沙滩席、圆地席、草拖鞋等草织品。这类商品出口换汇成本低（平均换汇成本0.40元/美元），亏损少，生产发展较快。1981年，攸县出口门口席12万块；1985年，株洲抽绣品出口收购额达118.57万元，1986年上升到311.34万元；1986年门口席出口升至269万块，收购额为388万元，创汇81万美元。是年，门口席销往东南亚、欧美等28个国家和地区。1989年，株洲抽绣品出口收购额上升到530.86万元。1990年，攸县渌田镇的稻草编织迅速发展，全镇从事稻草制品编织的达7000多户，近3万人，品种也由单一的门口席发展到草地毯、草床垫、桌垫、座垫、装璜工艺品等20余个，花色和图案达100余种。是年，株洲的抽绣产品也有进一步的拓展，出口抽绣品中除传统的绣衣、被套、枕套、床罩外，又新增睡袍、裙衫、窗帘、台布、胸花、揩巾、面包巾、垫盘、手帕、围裙、电视机罩、缝纫机罩、通花及各种花、鸟、虫、鱼绣片等20多个系列花色品种。其艺术性融粤、闽、浙抽绣艺术于一炉，而又独具特色，远销意大利、日本、美国、法国、西班牙等10多个国家和中国香港、澳门地区。

1991年，全市工艺品类出口收购金额达3257万元，其中株洲市对外经济贸易抽纱工艺品公司完成出口收购2937万元。同年，株洲市区完成抽纱类出口收购总值为501万元。同年3月，株洲抽绣总厂与香港耀湘公司合资成立了新宇绣品有限公司，从日本引进电脑高速制版机、电脑刺绣机从事绣品生产，当年出口创汇达75万元港币，产品全部销往中国香港与韩国。是年，全市还出口门口席155.56万张。1992年，全市工艺品类出口收购金额为3117万元，其中市区出口占到84.92%，市区出口收购金额为2647万元。全部出口商品中，抽纱类出口升幅最大，已成“三分天下有其一”之势，收购总额达到877万元。是年，新开发的圣诞礼品出口高达500万只，出口金额为126万元。较早从事工艺品出口的株洲利华工艺品有限公司出口工艺品72.4万美元。1993年，株洲利华工艺品有限公司出口工艺品29.39万美元。1994年，由株洲市郊湘发工艺品厂与德国KORBIMPORT有限公司合资经营的“湖南三利工艺品有限公司”正式成立，该公司以生产竹、苎、藤、草、木等编织缝制工艺品为主，产品主要销往欧美地区，当年即出口工艺品 26.04 万美元，产品销往德国。是年，株洲利华工艺品有限公司产品滞销，出口锐降，当年出口仅有 1 万美元。1995 年，株洲市外贸工艺品公司出口工艺品 82 万美元，较上年下降了 18.8%；株洲三利工艺品有限公司出口竹藤工艺品 191548 只，创汇 72 万美元。同年，在攸县的湖南常青工艺礼品有限公司向欧盟出口圣诞工艺品 1949 千克，创汇 19.3 万元。这年，三利工艺品有限公司在保持原有出口品种基础上，又新增竹工业品出口 19.15 万只，创汇 72 万美元。1996 年，常青工艺礼品有限公司出口工艺品 144 万美元。1997 年，全市出口布绒玩具 126 万美元。常青工艺礼品有限公司也在这年出口工艺品 300 万美元。1998 年，湖南常青工艺礼品有限公司几经扩展，已发展到下设两大生产基地，50 余个加工点，生产员工 5000 多人，出口加工点遍及攸县 16 个乡镇，产品品种达 3000 余种的生产加工规模，产品主要出口欧美地区的国家。

七　五金、矿产

民国 2 年（1913），德国资本家在醴陵县潘家冲、栗山坝、土王坪建立致大公司，开办铅锌矿，年产铅锌 200 吨左右，运往国外。民国 5 年（1916）停办。民国 25 年（1936）4 — 12 月，酃县生产的的钨砂 16.41 吨，销往欧美各国。

中华人民共和国成立后，五金矿产品出口正式纳入国家计划。1952 年，湘东钨矿生产出口黑（白）钨砂 76 吨，销往苏联。20 世纪 60 年代，扩展到波兰、朝鲜。1952 — 1960 年，茶陵、酃县共出口钨砂 9962 吨，年平均 1106.89 吨。1961 — 1970，钨砂对苏出口量下降，随后开辟日本、联邦德国、瑞典、瑞士、奥地利等国市场，10 年共出口钨砂 12640 吨，年均 1264 吨。70 年代，开发钨深加工产品和电焊条、瓦楞铁、铁钉、铁丝及铸铁制品等 40 多个产品出口。从 1977 年开始，钨砂出口收购量减少，当年出口下降到 344.3 吨。1979 年，上海五金矿产品进出口公司与醴陵潘家冲铅锌矿签订 5000 吨碲石块出口合同，当年，该矿实际出口只有 4884 吨（碲石、碲石粉出口始于 70 年代末，主产于茶陵县塘前碲石矿、酃县石寨碲石矿、醴陵潘家冲铅锌矿）。1980 年，株洲市及茶陵县、酃县、醴陵县共出口五金矿产品 27.60 万余吨，收购额 1.6 亿多元。80 年代，株洲五金矿产品生产企业，在国际市场上的竞争力日益增强，10 年内出口收购额达 3.50 亿元。1981 年，开发铁钉、白铁丝、热镀锌铁丝 3 种新产品出口，加上瓦楞钉、铁丝出口额达 200 万元。1981 — 1985 年，茶陵县、酃县、醴陵县 3 个矿区按照国外客商需要，将碲石块加工成粉，大批销往美国、联邦德国、苏联等国家和中国香港地区，共出口碲石粉 30505 吨、碲石块 14464 吨。1987 年，株洲市铅丝厂出口电镀锌铁丝 402 吨。1988 年，株洲市铅丝厂利用改进后的电镀锌生产工艺技术，研制生产出新产品镀铜铁丝 277 吨，其中 80% 销往中国香港地区和美国市场，创汇 16 万美元。这年攸县外贸公司亦办起钨砂加工厂，当年加工钨砂 135.9 吨，调拨出口 110 吨。1990 年，国内钨砂价格放开，货源大量流往外地，出口量连年下降，当年株洲收购出口仅 125 吨。这年，铁钉收购出口达到 633.10 吨，镀锌铁丝出口也上升到 1062 吨，成为株洲市出口收购额过百万元的出口商品。

钉、丝类产品主要销往日本、英国、美国、马来西亚、新加坡、阿拉伯酋长国等国家和中国香港、澳门地区。是年，砩石粉（块）收购出口量为8万余吨，收购额达715万余元。1990年，株洲市出口的五金矿产品达69种，计41.9万余吨，出口收购额6.23亿元，其中主要产品有：钨砂、仲钨酸铵、钨粉；大宗产品有：锌、铋、镉、铅、铟等。

1991—1992年，全市外贸系统五金矿产类出口收购总值为7547万元，其中市区为5994万元，占79.42%。1993年，全市外贸系统五金矿产类出口除了传统、大宗的出口商品外，又新开发出口白钢车刀（1.6万支）、齿轮（440套）、钢丝钳（1万打）、钢丝锁具（1万打）等。全市外贸系统当年完成五金矿产类出口收购总值为2928万元。1995年，株洲高斯达有限公司出口板锤等工具79.84万件，创汇7.9万美元。1993年，醴陵潘家冲铅锌矿因矿山资源枯竭，经中国有色总公司批准停产，井下实施“储量封存、设备撤除、停止排水”。同时被列为资源枯竭而停产封井的还有茶陵县的湘东钨矿，2大矿山的停产使株洲的矿产品出口量大幅减少。1999年，株洲市全年出口铁丝网442.63万美元、手用或机用工具544.97万美元。2000年，由于国内外经济快速增长以及鼓励出口等一系列政策的推动，对外贸易持续增长，这年株洲市全年出口铁丝网1331万美元、手用和机用工具406万美元。

（一）钨制品

钨制品出口始于1980年，产品包括：钨酸铵、仲钨酸铵、钨丝、钨条、钨杆、钨粉、钨切头、碳化钨粉、铸造钨粉、三氧化钨、钨丝喷镀线、钨细泥、废钨料13种。1980—1990年，共收购出口8527吨，收购额为2.11亿元。其中拳头产品仲钨酸铵6728吨，收购额1.74亿元，占钨制品总额的82%。仲钨酸铵产自湘东钨矿、株洲硬质合金厂、株洲钨钼材料厂和醴陵市贺家桥乡藕塘冶炼厂，以株洲硬质合金厂、株洲钨钼材料厂居多。其产品在1984年以前销路窄，市场起伏性大，外销量不多。1985年以后，株洲硬质合金厂发挥钨湿法冶炼技术优势，4次改革出口仲钨酸铵包装技术，使产品包装美观大方，结实耐用，畅销欧、美市场，出口收购（供货）量逐年增加。1990年，该厂出口达1298吨，创汇1000万美元。是年，全市收购出口仲钨酸铵2126吨，金额5102.40万元，除此之外的12种钨制品，11年间供应出口1745吨，收购额3800万元。钨制品主销日本、美国、英国、法国、联邦德国、加拿大、瑞士、瑞典、荷兰、新加坡、比利时等国家和中国香港地区。1991年，株洲出口仲钨酸铵726吨，钨粉61吨，碳化钨粉26.26吨，共计创汇287.46万美元，占当年株洲出口总额的4.12%。1992年，市钨钼材料厂与港资合资成立南方钨业有限公司，产品主要用于出口。1994年后，国际市场对钨制品的需求持续旺盛，境内的钨制品出口量逐年加大，是年株洲外贸系统出口仲钨酸铵、三氧化钨、钨粉分别为191万美元、104万美元和267万美元。1995年，株洲市出口仲钨酸铵、钨粉和碳化钨粉共计1684吨，创汇1575万美元，三项矿产品出口占当年全市总出口额的7.53%。1996—1997年，株洲市共出口仲钨酸铵1154万美元、三氧化钨300万美元、碳化钨粉425万美元、铸造碳化钨粉311万美元、钨粉160万美元。1999年，出口仲钨酸铵670万美元、三氧化钨252.5万美元、钨粉118.88万美元。2000年，全市仲钨酸铵、钨粉和碳化钨粉三项钨制品出口共1323吨，创汇为740万美元。

（二）电焊条

1983 — 1984 年，株洲市电焊条厂生产的湘江牌焊条销往英国，英国劳埃德船级社认定“质量具有 80 年代世界先进水平”。1985 年，该厂从联邦德国引进生产镀铜二氧化碳气体保护焊丝设备，出口焊条质量得到提高，在国际市扬的竞争力进一步增强，1986 — 1990 年，共生产出口到东南亚国家电焊条 1619.31 吨，收购额达 261 万元。1992 年，全国焊接材料的出口呈现群雄并起、相互竞争的局面，这年株洲“湘江”牌电焊条的出口量出现下降，全年出口电焊条仅 221.56 吨，创汇 8 万美元。1993 年株洲电焊条厂更名为株洲电焊条总厂。1995 年株洲电焊条总厂投资 394.5 万元的焊条涂料生产线建成投产，年产焊条涂料 1 万吨，除满足本厂焊条生产需求外，同时还向东南亚及中东地区出口优质的干药粉涂料。1996 年工厂分 2 次共投入 1450 万元进行技术改造，次年株洲电焊条总厂扩大生产规模，同时更名为株洲电焊条股份有限公司。1998 年，工厂生产的 8 种船用焊材通过了中国、美国、德国、英国、挪威五国船级社的认证，在当年阿联酋迪拜举办的第十三届国际贸易博览会上一次就获得 56 万美元的订单。2000 年，株洲电焊条股份有限公司年产电焊条达 6 万吨，成为全国四大焊接材料生产基地之一，产品行销世界各地。

（三）有色金属

1970 年，株洲冶炼厂生产的一级电镉开始出口。以后，有色金属产品出口品种不断增加，主要有电锌，精铋、电镉、铅锭、铝锭、精铟、精铜、电解铜、紫杂铜等 12 种，多系株洲冶炼厂所产，主要销往日本、美国、英国、瑞典、荷兰等 10 多个国家和地区。1974 — 1990 年，有色金属出口 5.2 万余吨，收购额 1.43 亿元。

1991 年 6 月，株洲冶炼厂电铅在英国金属交易所（1ME）成功注册。翌年 7 月，经英国伦敦金属交易所批准，冶炼厂生产的火炬牌电锌为该交易所的注册交易产品。这是株洲冶炼厂继电铅之后获得的又一个注册交易产品。株洲冶炼厂的两大主要产品经过伦敦金属交易所注册之后，火炬牌铅锌锭在国际期货市场上身价倍增，注册后的铅锌出口量也得到大幅提升。1993 年，经经贸部批准，株冶获得自营进出口经营权。是年，株冶铅锌出口量增至 7.44 万吨，外汇创收首次突破亿美元大关，达到 1.02 亿美元。1997 年，株冶厂发生“期货危机”，这次危机给株冶厂造成 1.598 亿美元的亏损。1998 年，在东南亚金融危机以及国际市场上锌价低迷等困难的挤压下，株冶的外贸出口受到冲击，当年冶炼厂出口只有 1.44 亿美元，较 1997 年出口量锐减 6000 万美元。1999 年，全球经济增长乏力，国际基础商品（有色金属、石油等）需求不旺，铅锌价格未能回升，但株冶 1997 年的“期货危机”带来的影响已基本过去，该厂铅锌锭出口出现小幅增长。同年，株冶还开发出口大锭银 72 吨，大锭银较小锭银经济效益要提高 10% 左右。2000 年，株冶铅锌出口势头强劲，但遇到出口配额不足的困难，通过沟通，株冶争取到 3.5 万吨的出口配额，全面兑现了与国外客商签订的供货合同。同年，株冶又出口大锭银 82 吨。1991 — 2000 年，株洲冶炼厂生产的锌锭、热镀锌合金锭、镉锭、铅锭 4 种产品均分别荣获“国优金奖”。产品远销 10 多个国家与地区，出口产品也由 1990 年的 3 个品种 3 个规格，发展到 2000 年的 9 个品种 41 个规格。

锌及锌合金 1974 年，株洲冶炼厂电锌开始调拨出口，截至 1990 年，共收购出口 3.93 万吨，收购额达 7579 万元。用于出口的火炬牌电锌，含锌率高达 99.95%，杂质含量低于 GB470-82 国家规定标准，早在 1957 年就获国家金质奖，产品畅销日本、荷兰、巴西、泰国、新加坡、瑞士等 10 余个国家和地区。1992 年，株冶二期技改工程基本完成，电锌年产达 12 万吨，当年株冶出口锌锭 3 万吨、创汇 1636.4 万美元。1994 — 1996 年，株冶累计出口电锌 16.33 万吨，创汇 1.56 亿美元。1998 年，株冶先后投资 4500 万元，完成锌系统二期扩改工程的收尾整改项目，此后锌的年产量及锌的出口量均有大幅提升。1997 — 1999 年，株冶出口锌制品共创汇 4.22 亿美元。2000 年，株冶的锌出口达到了 10 万吨，出口创汇达到 1.26 亿美元。

铅及铅合金　1975 年，株洲冶炼厂开始出口铅锭。至 1988 年，共收购出口 2069.97 吨，1990 年上升到 2886 吨，收购额 577.2 万元。主要销往日本、泰国、越南、新加坡、巴基斯坦等国家和中国香港地区。1992 年，株冶铅锌的出口品种多达 7 种，当年出口铅 2.03 万吨，创汇 2492.4 万美元。1993 年，全市出口铅及铅制品 1603 吨，出口额 589.8 万元人民币。1994 — 1996 年，株冶累计出口电铅 18.72 万吨，累计创汇 8960 万美元。1997 — 1999 年，株冶铅系统加大科技创新力度，促进生产稳定发展，铅产品出口保持稳定。3 年间，全市出口铅及铅制品创汇达 6283.5 万美元。2000 年，株冶出口铅及铅合金 4.65 万吨、创汇 2204 万美元。

铋、镉、铟、银、钴　株洲冶炼厂生产的火炬牌精铋，质量稳定可靠，铋含量高达 99.99%，杂质含量低于 6B915-84 国家规定标准，1982 年精铋荣获国家银质奖。1984 — 1990 年，湖南省五矿进出口公司从株冶调拨 285.50 吨精铋，收购额达 17557 万余元，全部销往日本、美国、瑞士、瑞典、荷兰等国家和中国香港地区。株洲冶炼厂出口的一级电隔，含 Cd>99.99%；特级电镉含 Cd>99.995%，杂质含量低于 GB914-84 国家标准规定，1985、1986 年分别获湖南省人民政府和中国有色金属工业总公司优质产品称号。1970 — 1990 年，共调拨出口 1000 余吨，收购额达 1310 余万元。1994 年，株冶出口铟 114 万美元；钴 46 万美元。1995 年，株冶出口铟创汇 373 万美元，出口钴 181 万美元。1996 年，株冶出口铟、钴分别为 239 万美元和 202 万美元。1997 年，出口铟 239 万美元。1998 年，出口银、铟分别为 37.44 万美元、328 万美元；1999 年，出口铟 373 万美元、银 1375 万美元。2000 年，株冶出口铟和银，创汇 466 万美元和 1230 万美元。

（四）铸铁制品

出口铸铁制品包括铸铁管、玛钢管件（臭气管、上下排水管、铸铁盖板和各类型号的弯头、三通、四通、存水弯、管套、检查口、地漏、天篷雨水斗、落水斗、乙字弯头）等共 250 多种型号，是现代建筑配套排污、排水必不可少的材料。株洲市铸铁制品产自市铸铁制品厂、市柴油机厂、湘江电机厂、龙泉机械厂、市玛钢件厂和株洲县玛钢件厂。出口始于 20 世纪 70 年代初，产品主销新加坡、马来西亚、巴基斯坦、英国、日本、阿曼、斯里兰卡、菲律宾、伊拉克、阿联酋、沙特阿拉伯等 18 个国家和中国香港、澳门地区。1972 — 1987 年共收购调拨给省五矿产品进出口公司 9670 吨，不计吨重的铸铁管 49477 条，配件 33.48 万个，收购额达 612 万余元。株洲县玛钢件厂生产的 HN 牌玛钢件，在国外享有盛誉，1982 年，工厂将 HN 牌玛钢件商标转让给省五金矿产进出口公司后，进一步获得该公司的原材料、财力的支持。并优先安排计划。1979 — 1988 年，共收购出口 722 吨，收购额达

200余万元。1989年起，由于国际市场起伏性大，加上产品质量不稳定，缺乏竞争力；主销市场海湾国家局势紧张，建筑业削减，需求量减少，其他市场销路不畅等影响。铸铁管和配件、玛钢件产品，收购出口基本停止。

八 机械设备

株洲市机械设备出口始于1958年。20世纪60年代，供应出口的品种有硬质合金、合金钻头、火车零件、电焊机等，销往越南、波兰、捷克、保加利亚、阿尔巴尼亚、罗马尼亚、朝鲜等国家，10年出口收购额共计4365.57万元。70年代，出口品种增加了微波理疗机、锻压机、空气锤、火车货车箱及零配件、机夹刀杆、矿筛、柴油机配件、汽车配件等8种新产品，出口收购额由1972年的234.39万元，上升到1977年的559.44万元。1979年，由于有些产品质量下降，部分商品归口经营，微波理疗机、电焊机、空气锤、钎头、拖拉机配件、汽车零配件、货车箱等出口商品被淘汰，加上硬质合金订货不足，出口下降，收购额只完成309.09万元，比1978年下降41.30%。80年代起，湖南省取得机械设备的出口经营权，由省化工医药机械出口公司直接经营出口。1980年完成211.38万元，1982年，株洲首次出口S195型柴油机188台，柴油机进入东南亚市场，受到用户欢迎。1983年全市完成出口总额553.87万元，1985年又下降到329.04万元。1984年，株洲市开发了手压模、焊接刀、模具、剪板机、镇流器、滚压机、水泥试验器、柴油机等出口新产品。1985年，出口S195型柴油机突破1000台。1987年后，机械设备收购后调拨给新组建的湖南省机械进出口公司和机械设备进出口公司经营出口。省、市外贸密切配合，积极扶持生产，产品更新换代，生产能力增强，质量逐步提高，可供出口的品种不断增多，新增加了货车箱、摩托车、矿山配件、电炉、芯套、钢材硬处理设备、新生刀杆、弹性刀片、拉丝模、粉碎机架、机床附件、内燃机、拉伸模、双梁桥吊、机泵、蜗轮蜗杆、三轮车配件、印刷机、立铣刀等40多种。出口收购额大幅度增长，1987年完成1895.48万元，这年，株洲柴油机厂在省机械设备进出口公司的扶持下，经科技开发，试制出新产品–S1100型15马力柴油机。柴油机出口数量自此急剧增加，当年出口达到1819台，柴油机远销到巴基斯坦、肯尼亚、新加坡等10个国家和地区。1988年，柴油机出口激升到6242台，创汇143.57万美元，占全国农机行业内燃机出口创汇额的十二分之一。1990年，全市供应出口产品的机械生产企业增至25家，出口品种多达20多种，出口收购额达到6879.38万元，出口收购额占全市出口供货额的17.88%。产品出口到亚、欧、非、北美、南美和大洋洲的50多个国家和地区。

1991年，株洲机械设备出口额为9645.24万元人民币，在全市出口商品中仅占16%。1992年，株洲大中型国有企业在改革开放中引进先进管理理念和先进设备，对出口产品进行升级换代。其中，株洲硬质合金厂“钻石牌”硬质合金、株洲火花塞股份有限公司的“火炬牌”火花塞、株洲轴承厂的密封轴承等许多名优机械产品，驰骋国际市场十余年。这年，南方动力机械公司系列航模出口额达1226万美元。同年10月，株洲湘东化工机械厂出口泰国6台1200EIB大型水泵。1993年，株洲湖南万通公司为把手扶拖拉机打入缅甸市场，曾先后5次组织人员到仰光周边农村，开着机器下田作示范表演，缅甸开始进口株洲机械产品，1993 — 1998 年株洲共出口缅甸手扶拖拉机 1134 台、柴油机 1.32 万台，旋耕机及水泵 57 台共创汇 157.54 万美元。同年，株洲东方红工具厂应日本客商要求，研制成功 F31、F34 挖路齿系列产品，产品出口到日本、美国、韩国、新加坡等国，创汇 40 万美元。1994 年，东方红工具厂又出口 F31、F34 挖路齿 6.38 万件，销售收入 106.8 万元人民币。1994 年，株洲开始大量出口摩托车，当年出口摩托车 126 万美元，至 1998 年共出口摩托车 1292 万美元。1996 年，株洲东方红工具厂又研制成功 F51 挖路齿，月出口澳大利亚 900 套，年创汇 20 万美元，产品还扩销到美国市场，东方红工具厂 10 年间出口创汇近 400 万美元。1997 年，株洲电力机车厂向伊朗出口 12 台、总价值 2375 万美元的 TM1 型电力机车，用于伊朗德黑兰至卡拉杰之间旅客运输。1998 年，株洲火花塞厂引进设备和技术生产汽车灯镜、灯具，当年出口创汇 404 万加元。这年，株洲还出口轮胎 21.44 万美元、手用和机用工具 412.29 万美元。1999 年株洲南方摩托股份有限公司出口摩托车及摩托车发动机分别为 1 万余辆和 5 万台。是年，株洲链条总厂还出口越南糖机链条 200 吨；出口手用和机用工具 510 万美元。2000 年南方股份有限公司摩托车出口增至 33108 辆，出口摩托车发动机 1600 台，产品远销 5 大洲近 20 个国家。1991 — 2000 年，株洲出口自行车共 12.9 万辆，碾米机、砻谷机等粮油加工机械 3300 台，在国家相关政策的激励下，到 2000 年时株洲机械设备的出口已有了较大的改观，机械设备年出口总额达到了 6553 万美元，占全市出口总额的比重也由 1991 年的 16% 提升至 2000 年的 21.6%。

（一）硬质合金

1958 年，收购株洲硬质合金厂生产的硬质合金产品 20.30 吨，由湖南省外贸轻工业品进出口公司调拨到广东口岸公司出口。从 1962 年开始，由省外贸部门收购后直接向罗马尼亚、波兰、捷克、保加利亚、阿尔巴尼亚等国家出口。1962 年，出口 63.93 吨（实际收购 67 吨），创汇 156.93 万美元。由于株洲硬质合金生产企业的工艺装备基本上沿袭苏联援建时的“老一套”，没有进行过大规模的技术改造和产品更新换代，到 20 世纪 70 年代末 80 年代初，产品质量仍低于世界先进水平，20 年中仅出口硬质合金 736.31 吨。“七五”计划期间，株洲硬质合金厂投资 1.50 亿元，引进瑞典一条 300 吨成套硬质合金生产线，更新改造了钨的湿法冶炼工艺装备，以具有当代世界先进水平的压煮萃取连续蒸发结晶新工艺取代了沿用 30 多年的苏打烧结工艺，产品质量提高。1990 年，株洲硬质合金厂生产的钻石牌硬质合金出口产品的规格型号增加到 3.20 万个，在国际上形成了外销大三角的格局，即北到瑞典，西到美国，东至日本、韩国设立了销售网点，共计 38 个国家和地区。并已在北美洲、西欧、南太平洋、东北亚、西南亚等 6 大贸易区中参与竞争，建立一批传统客户、代理商。

1991 年，株洲外贸部门出口硬质合金 253.1 吨，创出口金额 1896.57 万元人民币。同时，株洲硬质合金厂还通过其他管道出口 227.98 吨，创汇 408.3 万美元。1992 年，株洲硬质合金厂加大技改力度，与外商合资引进了具有国际先进水平的硬质合金深加工设备，生产出来的孔加工刀具及高精模具，质量优良，深受国内外用户欢迎，工厂的产品销量随之增加。1993 年，株洲硬质合金厂成为国家经贸部批准具有自营进出口权的工厂，当年自营出口硬质合金 51.05 吨，创汇 1008 万美元。此时，该厂单吨硬质合金的创汇能力较技改前的 1991 年有了成倍的提高。1994 年，株洲外贸系统出口硬质合金432万美元。1995年，株洲硬质合金厂为满足国际市场对铸造碳化钨日益增长的需求，工厂投资20万元对生产线进行改造，将生产能力扩大到年产180吨，当年生产180.51吨，其中出口105.11吨。1996—1999年，株洲硬质合金厂的出口遭遇到欧盟成员国瑞典的在高附加值刀具生产方面的强力竞争；以及国内来自四川省自贡硬质合金厂、福建省厦门钨品厂的强烈挤压，使4年间的外贸额在3000万美元以下徘徊。至2000年，局面得以改观，株洲硬质合金厂出口达到了1102吨，创汇达3028万美元，一举突破了连续4年徘徊在3000万美元以下的局面。株洲硬质合金厂是中国钨冶炼的骨干厂家，各项经济技术指标一直位居全国同行业之首。自1999年3月该厂的“钻石牌”硬质合金被国家工商行政管理局认定为“中国驰名商标”后，至2000年“钻石牌”硬质合金已先后在44个国家注册，与66个国家300多家客商建立了贸易往来关系，在对外贸易中，各国客商都纷纷指名要求经销“钻石牌”产品。1991—2000年的10年间，株洲硬质合金厂共出口硬质合金达1万余吨，为国家创汇达2亿多美元。

（二）轴 承

轴承是20世纪80年代新开发的出口产品。1981年出口轴承32.45万套，试销东南亚、欧美市场，创汇11.50万美元。株洲轴承厂1985年通过广州租赁公司租赁100万美元的设备，于1987年通过筹办“黑字还流”项目工程，利用外资400万美元，共500万美元，引进技术、设备，进行技术改造，轴承产量增加，质量提高，出口数量也随之增加。1988年，经国家进出口商品检验局和洛阳轴承研究所检查验收，获得出口产品免检信誉证。202、203、201、205、206五种型号及带防尘盖或密封圈的轴承获出口机电产品质量许可证。1990年，出口经营渠道拓宽，经营出口的单位有：湖南省汽车工业进出口公司、中国轴承出口联营公司、珠海西堤珍珠轴承工业有限公司以及湖南机械设备进出口公司4家，其中珠海西堤珍珠轴承有限公司系株洲轴承总厂与外商合办企业，享有进出口经营权，为珍珠牌轴承直接进入国际市场建立稳定的渠道。1990年出口228.12万套，创汇212.52万美元，其中，湖南省汽车工业进出口公司经营出口167.60万套，占87.80%。出口轴承由株洲轴承总厂独家生产、供货。该厂是国家机械委员会电子部小型球轴承出口重点企业，主要出口品种规格有202-206型、80203Z型、180203Z型等30多种。先后销往英国、美国、法国、意大利、加拿大、埃及、利比亚、墨西哥和东南亚各国及中国香港、澳门地区市场。

株洲轴承厂是株洲生产出口轴承的主要厂家，株洲轴承厂经过几次技术改造后，以上乘的质量和合理的价格不断赢得海外订单。1993年，经经贸部批准，株洲轴承厂获得自营进出口经营权。是年，该厂出口轴承12.6万美元，市外贸公司收购出口轴承57.7万套、创汇25.56万美元。是年，新投产的株洲拓展轴承厂亦出口轴承11.1万美元。1994年，株洲轴承总厂出口轴承创汇1093万美元。1995年株洲轴承厂利用日元货款再次进行技改，扩大中小型低噪音密封轴承的生产，新上16000系列和汽车轴承系列新产品，增加技术含量较高的大型轴承的产量。是年，株洲轴承厂出口创汇176万美元；株洲拓展轴承厂出口77万美元。1996年，株洲轴承厂出口创汇270万美元，株洲拓展轴承厂出口68.19万美元。2000年，株洲轴承总厂已达年产1万套轴承的生产能力，该厂当年出口轴承创汇达3000万美元。1991—2000年，株洲市国营商业部门总计出口各类轴承2684万套，创汇2233.61万美元。

（三）火花塞

株洲火花塞厂生产的“火炬”牌火花塞，1981年试销东南亚市场4.24万只，由于质量等问题影响，销路不广，出口中断5年。1982 — 1988年，省、市外经贸部门帮助株洲火花塞厂先后引进一批国外先进设备，同时该厂自行研制成40多台（套）具有国内先进水平的生产与测试设备，改进生产工艺流程，使生产实现机械化和半自动化，产品合格率和质量稳步提高，为供应出口创造了条件。1987年出口102.58万只，1990年达到338.73万只，收购额338万元。产品质量、品种、出口创汇连年夺得全国同行业第一名，成为株洲市出口创汇的大宗商品。出口品种有10毫米、12毫米、14毫米、18毫米4个系列65种规格，销往东南亚、西欧、中东、南美等国家和中国香港、澳门地区，被外商誉为“具有光明前途的产品”。

1991年，株洲出口火花塞230.3万只，创汇28.98万美元，火花塞成为株洲的大宗拳头出口商品。1993年12月20日，株洲火炬火花塞股份有限公司的股票在深圳证卷交易所成功上市。是年，该公司出口火花塞600万只，较上年增长45.7%。1994年，火炬公司出口创汇100万美元，1995年出口创汇降至57万美元。1997年火炬公司开发了锥座、电阻型、小六方、铂金电极等高技术含量的火花塞系列产品，年生产各种型号的火花塞达6000万只，1998年火炬公司出口火花塞1400多万美元。同年4月，该公司加入美国汽车零部件协会（APAA），成为这一世界最有实力、最具权威的汽车零部件协会在中国仅有的7个会员之一。当年11月，96万只“火炬”牌火花塞成功进入美国市场。株洲火炬火花塞股份有限公司自1998年归于新疆德龙集团旗下后，充分利用其在美国、加拿大的零售网点进入北美洲汽车配件市场。株洲火炬火花塞股份有限公司在加入美国“AC汽配协会”、引进美国AC公司装配线后，其技术水平迈入世界的先进行列。为牢固占领北美市场，株洲火炬火花塞股份有限公司组织国内专业厂家，按美国的标准完成汽车火花塞的样试、批试及量产，1998年向美国出口火花塞70余万套，创汇近400万美元。同年9月，株洲火炬火花塞股份有限公司获得自营进出口权，当年即自营出口火花塞1432.94万美元。2000年，株洲火花塞出口首次突破2000万美元大关，当年创汇金额为2346万美元。

九 化工、药品

（一）化工产品

株洲市化工产品从1964年开始出口，至1971年共出口收购额平均每年430多万元，出口品种只有草酸，系株洲选矿药剂厂和市有机化工厂所产。自1972年始，化工产品列入市出口商品年计划，由市外贸部门按国家指令性计划，组织落实货源，直接收购，调拨出口。1972年，出口品种新增氟硅酸钠、钛白粉、人造石米3种，出口收购额完成607.71万元。1974年下半年起，受国际市场影响，化工产品出口连续5年滑坡，出口收购额下降到平均每年288.22万元，1976年仅完成197.63万元。1979年后，国际市场形势好转，生产企业产品质量提高，竞争力增强，当年出口收购额上升到664.27万元，1980年出口品种达12种，出口收购额完成1960.27万元。1981年，株洲市化工产品大部分调拨给湖南省化工医药机械进出口公司直接出口，少部分仍调拨给上海、广州等口岸公司出口。20世纪80年代，出口产品的结构得到调整，品种不断增加，平均每年达10种以上，在巩固传统骨干产品草酸、氟硅酸钠、钛白粉、氯化锌、冰片、松香等基础上，开发草酸二乙酯、甲酸、聚氯乙烯、立德粉、苄基胂酸、硫酸亚铁、氟化钠、丁基黄药、硫酸锰、七水硫酸锌、橡胶促进剂、氢化松香、保险粉等22种新产品。但因国际国内市场等方面原因影响，10年间，收购额增幅不大，每年在800万元左右徘徊。1990年完成1310万元，仅占全市化学工业产值的2.54%。从1964年至1990年间，化工产品出口收购额达1.66亿元。先后有30多种产品供应过出口。其中草酸、钛白粉、氯化锌、氟硅酸钠、草酸二乙酯、冰片、氢化松香等商品出口收购量居全省同类出口商品第一位。1991年，株洲化工产品出口，在传统化工产品继续保持旺销的势头之外，又新开发癸二酸、硫尿、楠木油3种化工产品的出口，全市出口氯化锂、氯化钠、氯化锌分别为75吨（105万元）、358吨（107万元）及2446吨（440万元）。当年，全市还出口黄药344.3吨（356.5万元），氟钽酸钾17.4吨（329万元）。1992年，株洲化工产品出口又新增硫酸锰（100吨，12万元）。当年全市化工类外贸收购总值为886万元，其中市区为640万元。1993年新开发出口的品种有亚硫酸钠及氟钽酸钠。1994年全市氟钽酸钾出口110万美元；次年，全市氟钽酸钾出口108万美元，保险粉7万美元。1995年，在全市化工产品出口名录中又新增碳酸钡、钨酸钠、乙酸、氧化锌及铵基磺酸5种新品种。1996年，全市氟钽酸钾出口276万美元，出口保险粉125万美元。1997年，出口保险粉176万美元，氟钽酸钾出口170万美元；当年又增添了硫酸钡、甲醇、乙醇、次氯酸钠4种化工产品的出口。1998年，全市氟钽酸钾出口315.9万美元。同年株洲市化工类产品出口总额升至1489万美元。1999年，全市氟钽酸钾出口586万美元；2000年，株洲化工类产品出口创汇总额跃升至2953万美元，占当年株洲市出口总额的9.73%，仅次于有色金属和机电产品的出口创汇额，在出口排位中稳居第三位。株洲化学工业集团是株洲化工产品出口的主要生产厂家，1993年9月经经贸部批准，株洲化工集团公司获得自营进出口经营权。1995年化工集团与俄罗斯合资兴办的年产4万吨一步法甲酸项目竣工投产。1997年，集团公司出口化工产品创汇142.5万美元，次年出口创汇较上年翻了一番，出口创汇274.42万美元。市保险粉厂1991年通过补偿贸易共引进资金230万美元，通过扩大生产能力，保险粉年产量提升到1.2万吨，成为全国最大的保险粉生产厂，产品销往美国、德国等14个国家和中国香港地区。1991年，出口保险粉2157吨，创汇1100万美元。1992年保险粉厂获得自营出口权。1995年保险粉厂自营出口下降到7万美元，1996年出口创汇又回升到125万美元，1997年出口创汇176万美元。1998年，市保险粉厂的产品凭借生产成本较日本、德国为低，且产量又比德国著名生产商巴斯夫（BASF）的产量大的规模优势，产品进入欧盟市场，当年出口保险粉1962吨，创汇136.95万美元。1995年，金源化工有限公司首次出口氨基磺酸130吨，创汇6000美元；安沙尼传质有限公司出口化工原料36.5立方米，创汇12.8万美元。2000年，全市氟钽酸钾出口523万美元。

1998年，株洲化工集团生产的钛白粉首次打入法国市场。这年，市外贸系统向国际市场出口钛白粉创汇231.63万美元。1999年，随着亚洲经济的缓慢复苏，亚洲国家对化工材料的进口需求逐年转旺，株化的钛白粉质量稳定，这年钛白粉的出口达到2209吨的最好水平。当年，全市外贸系统钛白粉出口创汇 205 万美元。2000 年，市外贸系统钛白粉出口升至 262 万美元。

（二）药　品

株洲市医药出口商品分为中药和西药 2 大类。西药有土霉素碱、土霉素盐、饲料土霉素、强力霉素、庆大霉素、眩晕停、维生素 C、维生素 B1、1– 胱氨酸 9 个品种，土霉素碱、土霉素盐为医药出口商品之大宗。中药仅有妇科千金片 1 种。医药收购出口始于 1979 年。头 5 年品种单一，收购量小，1981 年、1983 年仅有土霉素碱出口，2 年出口收购额为 43.56 万元。1984 年，土霉素原材料涨价，生产成本提高，每吨增加 5800 元，而销价却下浮 9000 元 / 吨，给收购出口造成极大困难，当年停止出口。为完成国家下达的医药出口计划，外贸部门疏通渠道，加强与湖南省化医进出口公司联系，争取 30 万元贷款，帮助株洲制药厂进行技术改造，使庆大霉素由内销半无菌品质改进为适合出口的全无菌品质，并配合工厂开发强力霉素出口，1984 年出口强力霉素 1200 千克，收购额 72 万元。此外，还配合湘江制药厂开发眩晕停出口。1985 年，株洲制药厂试产盐酸土霉素，1986 年收购出口 17.58 吨，收购额 175.77 万元，占当年医药出口收购总额的 80%。中药妇科千金片也于这时开始收购出口。1988 年，外贸实行切块承包后，多头竞争，价格猛涨，内外销矛盾突出，株洲制药厂的土碱、土盐一时成了“抢手货”，省内多家插手收购经营，外省单位纷至沓来，高价收购。市外贸部门积极采取措施，稳住出口货源，度过了难关，土霉素盐收购完成 23.73 吨，优质品率达 95.46%。1990 年，外贸部门在稳住原有土碱、强力霉素、庆大霉素等产品的基础上，积极捕捉国际市场信息，开辟新的货源渠道。开发维生素 C、维生素 B1、1– 胱氨酸 3 种新产品，新增出口收购额 93 万元，为年收购总额 257.69 万元的 36%。1990 年出口收购额创医药出口历史最好水平。株洲市医药品先后远销欧洲、东南亚、美国等国家和地区。

株洲的药品出口一直以土霉素碱、硫酸庆大霉素、强力霉素、维生素 C 等大宗传统药品为主，出口金额及数量在株洲的外贸中所占比例较小，1991 年药品类出口仅为 1146.5 万元，占总出口额的 2%。为增加药品的出口，1991 年株洲广开药路，新增盐酸土霉素、胺氨酸及眩晕停三个药品出口。1992 年，全市外贸系统医药类出口收购总值为 465 万元，出口药品中新增磺胺嘧啶、扑热息痛、盐酸吡多辛和肌醇及肝素钠 5 个药品的出口。

第二节　进口商品

中英签订《南京条约》后，鸦片大量运进境内，危害人民健康。清同治元年至光绪三十年（1862—1904）汉口、岳阳、长沙相继开埠后，俄国、美国、英国、德国的“洋货”大量输入，绸缎、杂粮、棉花、食盐、洋纱、煤油、染料、纸张、木料、药品、砂糖、火柴、五金为大宗，次为油漆、肥皂、鱼虾、豆豉、牛皮纸书籍、文具等商品。清光绪二十九年（1903），日、英商人沿袭惯例，按照《内港行轮章程》辟湘潭为寄货港口。光绪三十一年（1905），湘潭、常德开放为寄货港，美英烟草公司、美商美孚石油公司、英商亚细亚石油公司、德商德孚分公司、美商德士古煤油公司、德商爱礼司洋行、南易洋行、旭日洋行便随即深入湘潭、株洲等地设立经理处或分销处。清光绪三十二年（1906），日本大量浅水船专驶湘潭，取得在湘潭航运独占地位后，“洋纱”“洋布”

便运进境内。清宣统二年（1910），各洋行辟株洲为集散地。

民国 5 年（1916），醴陵县瓷业界从日本购进脚踏辘轳车。“五四”运动中，攸县兴起抵制日货运动，爱国学生在教师带领下，到各商店检查、没收、焚烧日货。民国 9 年（1920）以后，日、英帝国主义在株洲各商店出售英丹士林布、细羽绩、大细缎、花直贡等洋货。日货花色多，价格低于英货，从而取代了英货地位。民国 11 年（1922），攸县又掀起抵制英货运动。民国 14 年（1925）、15 年（1926），攸县、茶陵县连续起抵制日货运动。攸县大多数商人自动抵制日货的购进；茶陵县城学生举行游行示威许多愤怒的学生到各商清缴日货，把清缴出来的鸦片和各种洋货堆积在洣江河畔的城墙上焚烧。这次运动虽然使日货倾销受到限制，但英国、美国、德国货倾销有增无减。民国 15 年（1926），美孚洋行、德士古洋行、美英烟草公司、美孚石油公司、亚细亚石油公司、德孚分公司、德士古煤油公司等在株洲、醴陵县、攸县设立分支机构，建立经销处 20 余个。苏联石油公司也在攸县设经销店（光华商店）经营煤油。民国 24 年（1935），德号洋行（英国）组织音乐队来株洲镇宣传英丹士林布，采取赊销（赊销期为 6 天）的办法，大肆倾销，国产青布遭到排挤，生产销售急剧下降，青布作坊逐渐倒闭。民国 25 年（1936），醴陵电气股份公司从德国购进 135 匹马力双汽缸机 1 台，配套锅炉 1 座，三相交流 50 周波 80 千瓦电机 1 台，年底发电。民国 26 年（1937），抗日战争爆发，沿海港口沦陷，进出口贸易停顿。民国 27 年（1938），株洲机厂（株洲电力机车工厂前身）用庚款委员会拨的 25 万英磅，从英国订购整套钢结构的厂房屋架和机器设备 200 多台。此时期，城乡人民生活食糖从荷兰、英国、日本购进，海带、白胡椒、檀香从日本、泰国、美国购进。民国 37 年（1948），株洲机厂从美国进口 843 台机器设备，从联合国救济总署接交 643 台，日本赔偿 200 台。同时，美孚石油公司、德士古煤油公司、亚细亚石油公司也恢复营业，面粉、罐头、玻璃雨衣、尼龙袜子、香水、口红、打火机、手电筒、圆珠笔、香烟、巧克力等进口商品随处可见。

中华人民共和国成立后，进口商品由国家统一进口后，再由中央和湖南省有关部门按计划分配下拨到境内。1953 年，株洲市企业股份有限公司曾将滞销的土产推销到南洋一带，换回西斯林粉针 2 万支和一批西医药品。1975 年，为适应化工、塑料行业生产的需要，攸县通过湖南省进出口公司从朝鲜进口浮法玻璃 150 标准箱；从日本、肯尼亚、智利等国家进口固碱 20 吨、纯碱 31 吨、硝酸钠 11 吨。1979 年，株洲农药化肥进口的数量和品种均大幅增加，进口化肥中尿素、硝酸钾为最多（1979 — 1984 年，株洲市共进口化肥 2.5 万吨、农药 75 吨，比 1978 年前平均每年增加 3867.60 吨，增长近 13 倍）。1980 年，经上级批准，攸县塑料厂从日本进口二丁酯、二辛酯 2 种材料各 50 吨，价值 1.8 万美元。这年，株洲市医药公司从日本进口丙种球蛋白 200 支，消石素片 500 瓶，价值 1630 美元。同时，在上海、天津、广州等口岸公司（用地方外汇）采购一部分进口的医药用品以弥补不足。是年，由国家统一进口、由中国药材公司分配指标，再由省药材公司分配给株洲市药材公司的医药品种达 41 种。1983 年，湖南省由于自营出口，包装材料的需要量日益增加，一时供不应求。株洲始向国外进口卡纸、瓦楞纸等包装材料（1983 — 1990 年，全市共进口包装材料 4.63 万吨）。1981 — 1990 年，株洲市有关单位共动用外汇 237.24 万美元（其中湖南省拨 4.38 万美元，株洲市调剂 131.95 万美元，各企业自有 100.91 万美元），从日本、联邦德国、意大利进口一批医药制品、化工原料和塑料原料。1988 年，株洲市家用电器进口量大幅攀升，这年仅株洲市友谊华侨物资公司一家就进口国外彩电 423 台、电冰箱 101 台，价值达 281.6 万元人民币。1981 — 1990 年，株洲五交化站、株洲市供销大厦及株洲市友谊华侨物资公司，总共进口电视机 7923 台，电冰箱 2720 台，收录机 511 台，录像机 510 台，空调机 220 台，洗衣机 180 台，总金额达人民币 1877.80 万元。1995 年，随着株洲有色冶炼能力扩大，及省内矿山资源逐渐枯竭，株洲开始从国外购进有色金属矿砂，当年进口锌矿砂、铅矿砂分别为 773 万美元和 452 万美元。1996 — 1997 年，全市共完成进口总额 4844 万美元，其中，锌矿砂进口 647 万美元、钛矿砂进口 113 万美元。1998、1999 年共进口矿砂 1375 万美元、同时还进口橡胶 490 万美元、半导体及晶体管 447 万美元、工业轴承 483 万美元、螺钉螺栓 1794 万美元、内燃机配件 1962 万美元。2000 年，全市进口总额升至 6689 万美元。是年，矿砂进口额增至 1862 万美元、较上年 767 万美元翻了一番多，螺钉螺栓进口 369 万美元、内燃机配件进口降至 215 万美元。

一　机械、仪器设备

1953 年，株洲市企业股份有限公司从南洋群岛一些国家进口计算机 20 部、矽钢片 40 吨。1955 年，株洲硬质合金厂从苏联进口全套工艺设备 946 吨，331 厂（南方航空动力机械公司前身）从苏联进口航空发动机制造全套技术资料和部分材料、设备。1955 — 1959 年，醴陵电瓷厂从联邦德国、民主德国、瑞士、日本等国进口电光比色计、万能材料试验机、热膨胀仪、偏光显微镜、工业分析天平各 1 台，株洲苎麻纺织印染厂从日本进口脱胶水理机、纺纱和布机设备，株洲车辆厂从波兰进口铁路货车生产线。上述各单位进口的机器、仪器和设备均由国家下拨。

20 世纪 60 年代初期，进口贸易下降，从 1965 年起，国家进口贸易开始转向发达为主。至 1969 年 5 月，从日本进口浮游生物网 2 个，接地电阻测定仪、水准仪、精度仪、焊接测潮仪共 4 台，醴陵群力瓷厂、永胜瓷厂从日本进口陶瓷机械 12 台。70 年代，从联邦德国进口钢材 390 吨，均下拨到攸县，从日本进口 1 台陶瓷生产机械拨到醴陵县。从 1979 年起，中央对地方实行外汇按比例留成政策，使用留成外汇帮助各企业进口急需的技术设备等生产物资，市进口贸易也由此进入一个新的阶段。同年，攸县用地方留成外汇进口缝衣机和广播电台设备 24 台。1980 — 1990 年，醴陵群力瓷厂、电瓷厂、永胜瓷厂从瑞士、英国、联邦德国、日本等国家进口陶瓷机械 18 台，加速了陶瓷行业生产技术改造；医疗卫生系统从日本等国进口的胃纤维内窥镜、十二指肠镜、心脏起搏器和附件等各种医疗器械、仪器共用外汇 55.27 万美元，其中地方外汇 51.27 万美元，中央外汇 4 万美元，这些医疗器械、仪器分别下拨到株洲市区、醴陵县、攸县等各医院。同时，市科研系统用地方留成外汇 201.72 万美元（其中省拨 15.60 万美元，市调剂 79.41 万美元，企业自有 106.71 万美元），进口各种仪器设备共 6160 台（套），下拨到株洲电焊条厂、环保办（站）、锅炉研究所、电子研究所、株洲玻璃厂、株洲市第二中学和醴陵国光瓷厂等单位。随着地方工业的发展，市工业系统用地方留成外汇 314.85 万美元（其中省拨 4.01 万美元，市调剂 294.84 万美元，企业自有 16 万美元）、中央拨 2.50 万美元，从日本、联邦德国进口各种机械和配件及 8800 吨圆盘钢材。

1953 — 1990 年，全市有 55 个单位从国外进口过先进生产设备，共引进 77 项先进技术。1995 — 1997 年，株洲市共进口机械设备及冶金设备共 324677 美元。1998 — 2000 年，株洲共进口机械、仪器设备 8578.43 万美元，其中，机械设备 5687 万美元、金属加工机床 1123 万美元、计量检测分析仪器 1137 万美元、静止交流器 302 万美元、飞机发动机 329.43 万美元。

二 汽车、摩托车

1953 — 1978 年，进口汽车由国家统一下拨，其中有从苏联、民主德国、日本进口的大货车 73 台，从日本、苏联、罗马尼亚等国进口的小客车 14 台。1979 — 1990 年，进口的汽车有国家计划下拨的，也有地方留成外汇进口的和私人用人民币直接购买的。从 1979 年开始，国家实行外汇留成政策，地方可以用留成外汇进口企业急需的先进设备和其他物资，境内进口贸易由此增加，尤其是汽车进口形成高潮，一时兴起进口车热。据不完全统计，1979 — 1990 年，境内进口日本各种汽车 913 台，其中小车 626 台，大车 287 台；从苏联、意大利、德国、法国、波兰、捷克、美国等国进口各种汽车 467 台，其中小车 309 台，大车 158 台。1985 — 1988 年为进口高峰期，最高年 1985 年共进口大、小汽车 337 台。此外，株洲市区还从日本、捷克、德国进口摩托车 828 辆，其中日本产 810 辆，占 97%。

1991 — 2000 年，株洲生产摩托车的南方动力机械公司引进日本雅马哈公司，共同开发生产南方雅马哈 125 摩托车。1994 年，南方公司开始进口摩托车零配件，当年进口了 556 万美元的摩托车零配件。1995 — 1998 年，南方公司共进口摩托车零配件为 1963 万美元。1999 年，南方公司深化内部改革，转换经营机制，推动了生产的快速发展，全年生产摩托车及发动机分别为 10.5 万辆和 11.5 万台，进口摩托车配件也增至到 1054 万美元。2000 年，进口摩托车零配件为 182 万美元。

三 饲料、良种猪

1966 年，湖南省粮油公司分配给醴陵县长白种猪 20 头。1979 — 1982 年，又将从日本、法国、德国、丹麦进口的长白种猪和大约克夏种猪 963 头分配给醴陵县。在此期间，攸县也引进杂交种猪 670 头。1984 年，湖南省粮油公司分配给株洲市进口种猪 51 头。1965 — 1985 年，境内通过进口种猪 1175 头和引进外省杂交种猪 2772 头，发展 32 个出口生猪基地，680 户出口生猪生产专业、重点户，从而使生猪出口良比率由 1980 年的 2.80% 提高到 1990 年的 42%。

为发展外贸出口商品生产，省粮油公司从 1984 年起用留成外汇进口饲料扶持生猪出口基地的生产，1984 — 1986 年下拨进口鱼粉 780 吨，玉米和其他物资 1000 余吨。1988 年，省粮油公司下拨进口小麦 500 余吨，1990 年，使用留成外汇进口小麦 1400 吨，鱼粉 180 吨，华美和正泰康饲料 480 吨。使用进口饲料发展出口生猪生产，调动生产单位的积极性，促进了出口生猪合格率和良比率的提高，为生产单位增加了经济效益。1999 年，全市进口动物性饲料（肉骨粉）122.32 万美元。2000 年，动物性饲料进口较上年有大幅增长，进口额增至 463 万美元。

第二章　对外及港澳台经济

第一节　外资及港澳台资利用

一　贷　款

民国 25 年（1936），国民政府交通部向英庚款委员会借款 15 万英磅，用于株洲机厂（株洲电力机车工厂前身）订购外国机器及材料。

20 世纪 50 年代，国家利用苏联贷款在株洲市建设 3 个项目，共计 708 万卢布；用波兰贷款在株洲市建设 2 个项目，共计 986 万卢布。

1984 年 3 月，成立株洲市对外经济工作领导小组，归口管理全市外经、外贸工作。1983 — 1990 年，国家统借统还国外贷款安排在株洲市使用的项目共 10 项，贷款金额共 4311 万美元。其中世界银行组织和亚洲银行贷款项目 4 项，贷款金额 2525 万美元；外国政府贷款项目 3 项，贷款金额为 1786 万美元。此 7 个项目按行业分，机械工业 3 项，冶金工业 1 项，教育 1 项，农业 2 项。

1997 — 1998 年，株洲市接受国外政府贷款总额 4242.88 万美元，其中 1998 年获得国外政府贷款 2537.88 万美元，比上年增加 832.88 万美元，贷款增幅 48.85%。

株洲市 20 世纪 50 年代借用国外贷款项目情况一览表

表 11-3

贷款单位及项目名称	贷款国别	金额（万卢布）	批准年份	竣工时间
331 厂航空发动机制造	苏联	206	1951	1956 年
株洲电厂第一期工程	苏联	222	1954	1957 年 12 月
中南硬质合金厂硬质合金生产线	苏联	280	1955	1957 年 12 月
株洲选煤厂选煤设备	波兰	379	1954	1959 年 8 月
株洲车辆工厂货车生产设备	波兰	607	1958	–
合　计	–	1694	–	–

株洲市 1983 — 2000 年利用国外贷款项目情况一览表

表 11-4

贷款国别及金融组织	使用 项目	金　额（万美元）	年利率（%）	偿还期限（年）	批准年份
世界银行	株洲电力机车工厂扩建	2000	–	20	1983
瑞典政府	株洲硬质合金厂技术改造	1286	1.25	7	1985

续表 11-4

贷款国别及金融组织	使用项目	金 额（万美元）	年利率（%）	偿还期限（年）	批准年份
日本三和银行香港分行	株洲市毛巾厂地毯生产线	36	–	1	1987
日本政府	株洲轴承总厂轴承出口基地	400	3.50	10	1988
世界银行	株洲教师进修学院在职教师培训	45	–	20	1988
世界银行	茶陵老区改水工程	180	无息	30	1990
亚洲开发银行	株洲火花塞厂扩建工程	300	–	–	1990
日本政府	醴陵市水稻丰产实验田开发	100	–	–	1990
法　国	株洲邮电大楼程控电话	1281	–	–	1990
世界银行	酃县造林	110	–	–	1990
–	–	1705	–	–	1997
–	–	2537.88	–	–	1998
合　计	–	9980.88	–	–	–

二　吸收直接投资

（一）改善环境，扩大引资

1979 年，醴陵电瓷厂与澳大利亚多米森公司签订补偿贸易合同，引进日本时川铁工厂真空炼泥机 1 台，以价值人民币 50 万元的电瓷产品作为补偿。该设备工艺较先进，用该炼泥机炼出的瓷泥所生产的 SF6，高强度断路器瓷套，填补了国内空白，成为进口替代产品，并通过国家鉴定。

1984 年 10 月，在湖南省第一届对外经济技术合作洽谈会上，株洲市与日本、中国香港地区客户签订 2 项中外合资经营项目。株洲市纸箱厂与中国香港上海国际贸易公司共同投资 150 万元，兴办株洲威利企业有限公司，生产尼龙拉链及再生革制品，合营期限为 10 年，成为株洲市第一家中外合资经营企业；株洲苎麻纺织印染厂与日本五同产业株式会社、中国香港东伟贸易有限公司共同投资 153 万元（其中日本、中国香港各出资 8 万美元），兴办株洲国际苎麻纺织有限公司，合营期限为 15 年，生产麻纱及苎麻制品。同年，株洲市还签订补偿贸易项目 1 个，合同金额 50 万美元，即株洲硬质合金厂与澳门南光贸易有限公司签订的仲钨酸铵补偿贸易合同。1985 年，株洲市对外成交补偿贸易项目 1 个，合同金额 40.2 万美元。1986 年，仅签订 1 个来料加工项目。1986 年 10 月，国务院发布鼓励外商投资的 22 条规定，进一步明确优惠政策。1987 年，湖南省人民政府将“三来一补”（来料加工，来样加工，来件装配，补偿贸易）项目审批权下放各地市，株洲市相应获得审批 50 万美元以下“三来一补”项目的权限。同年 9 月，成立株洲市对外加工装配服务公司，担负对外加工装配和中小型补偿贸易项目（限合同金额在 50 万美元以内，不涉及出口许可证和配额）的商务代理。株洲市吸收外商直接投资工作出现转机，1987 年签订中外合资经营、中外合作经营项目各 1 项，协议吸收外资 72 万美元，签订租赁合同 1 项，金额 100 万美元；签订补偿贸易项目 1 个，合同金额 12.1 万美元。1987 年 5 月，经湖南省对外经济贸易委员会批准，株洲庆云股份有限公司与中国香港金城公司共同投资 130 万美元（其中港方 52 万美元）兴办湖南庆城宾馆有限公司，合作经营住宿及旅游服务业，合营期限为 10 年，此为株洲市第一家中外合作经营企业。中外合资经营企业株洲国际苎麻纺织有限公司投产 9 个月，共生产各种苎麻针织布 27 吨，单上浆麻纱 1 吨，产品全部出口，深受中国香港地区和日本市场的欢迎，销售收入达 180 万元，实现利润 41 万元。是年 10 月，该公司召开董事会议，决定当年不分红利，日本方和中国香港方再各增加投资 10 万美元，中方增加投资 80 万元，用于扩大再生产。1988 年，株洲市批准 5 个来料加工项目，协议工缴费收入 187.59 万美元，批准补偿贸易项目 1 个，合同金额 50 万美元。是年 11 月，批准株洲市化肥厂（株洲市保险粉厂）与联邦德国重信进出口公司签订以补偿贸易方式，建设年产 3000 吨甲酸钠法保险粉项目，合同金额 50 万美元，由生产的 556 吨保险粉偿还外方投资，产品偿还价格为 900 美元 / 吨。

1989 年，对各类公司进行清理整顿，株洲市失去“三来一补”业务的进出口权。是年，株洲市共批准中外合资企业 3 家，协议吸收外商投资 53.8 万美元，补偿贸易合同 1 项，合同金额 90 万美元。同年 3 月，湖南省对外经济贸易委员会批准株洲市无线电十厂与中国香港怡利企业有限公司共同投资 60 万美元，兴办湖南湘怡电子有限公司，注册资本 50 万美元（其中中国香港方 15 万美元），生产和经营铝电解电容器及其他电子元器件，合营期限 10 年。当年，生产铝电解电容器 1020 万只，质量达到国际“IEC”标准，产品全部销往香港，创汇 12 万美元。1990 年，株洲市对外经济贸易委员会批准来料加工项目 1 项，合同金额 9.13 万美元。

1984 — 1990 年，全市实现外商直接投资项目共 19 项。其中，外商投资企业 7 家，协议吸收外资 167.35 万美元；补偿贸易项目 5 项，合同金额 242.30 万美元；租赁项目 1 项，合同金额 100 万美元；来料加工项目 6 项，协议工缴费收入 148.26 万美元。这 19 个外商直接投资项目分布在冶金、机械、化工、轻工、纺织、服装、电子 7 个行业。

1991 年 4 月，成立株洲市外商投资服务办公室，主要为外商来株洲投资提供服务、办理“三来一补”商务代理。是年，在“大外经、大外贸”市策指导下，签订利用外资项目 26 项，利用外资金额 2476.6 万美元。其中，新批外商投资项目 14 个，实际利用外资 369.2 万美元，项目全部为生产型项目，以轻工领域为主，涉及化工电子、塑料、汽车配件、皮件、鞋业、饲料、服装、保健酒等行业。签订补偿贸易项目 3 项，补偿利用外资金额 450 万美元。

1992 年 8 月，株洲轮胎厂和香港三湘实业有限公司合资经营的湘江轮胎有限公司正式成立，该项目总投资 1.8 亿元，可年产钢丝子午胎 20 万套，年产值可达 4 亿元，是株洲市地方工业最大的中外合资项目。同年 12 月，株洲化工总厂与俄罗斯石化公司，签订合资建设年产 4 万吨的一步法甲酸项目合同，总投资额为 1.2 亿美元，成为当年全市最大的中外合资项目。这年，株洲市全年批准外商投资项目达 69 个，其中，第二产业 53 个，占项目总数 76.8%，涉及有色、矿业、瓷业、摩托车、纺织、药业、通信、电子、电器、工艺、焊材、塑料、纸业、轮胎、箱包、服装等 20 多个门类；第三产业项目 14 个，约占全部项目 20 %，涵盖了房地产、酒店业、娱乐业、出租车业等 4 大主要行业。此外，2 个外资农产品开发项目也落户株洲，成为株洲第一产业利用外资的开端。

1993 年，境外到株洽谈经贸合作的发达国家的客商也明显增多，全市共接待美国、日本、德国、英国、澳大利亚、俄罗斯等国家客商达20批65人次，签订投资合同3项，引进资金总额267.98万美元。全年共批准"三资"企业90家，是株洲建市以来审批引资项目最多的一年，合同投资总额1.15亿美元，合同利用外资4800万美元，外资及港澳台资实际到位2160万美元，到位率45%。在新批投资项目中，投资总额在400万美元以上的有15家，投资来源涵盖了日本、美国、意大利、俄罗斯、新加坡、马来西亚、泰国等14个国家。投资类别涉及一、二、三产业近10个行业。其中，生产型企业63家，占项目总数74.1%；高新技术型企业10家，占11.7%。在众多投资项目中，新成立的株洲市第一家外商独资房地产开发公司"湖南合泰房地产开发有限公司"，计划在株洲市渔场一带开发建设"东湖公园"项目，总投资631.73万美元。日本雅马哈株式会社与南方航空动力机械公司合资兴办株洲南方雅马哈摩托车有限公司也在当年签约，为第一家世界500强企业落户境内。

1994—1996年，国家出台招商引资一系列新政策，在国土税收政策上，地方政府已无权再另辟优惠口径，规定内外企业享受同等国民待遇，取消在税率、利率、汇率上外企所享受的多种优惠政策。在此背景下，境内利用外资工作在总量上仍保持微升趋势，3年中共引进、利用外资2.39亿美元，年均引资达7951万美元，年均增幅达69%。在引进外资总额中的"三资"企业部分，由于国家投资政策变化的影响，使得新批项目在数量、金额都呈收敛缩减态势。3年中，批准"三资"项目仅79个、引进外资总额8009万美元，引进外资总额由1994年的3699万美元，每年平均递减19.78%。到1996年末，引进外资总额已缩减到2380万美元。"三资"投资范围覆盖一、二、三产业，项目涉及有色、机械、电子、化工、纺织、陶瓷、建材、房地产开发、娱乐业、服务业、农产品开发以及热电、生物工程等行业，其中工业型、生产型项目55个，占全部获批项目的69.6%。这些项目与1993年前相比，具有引资数额大、技术起点高的特点，其投资方向也更符合株洲经济建设发展的需要。南雅摩托车制造有限公司，因经营状态一直良好，日方在1995年将资本金从600万美元增资至2600万美元，使其资产规模跃升至全市的第二大合资公司。其间，株洲冶炼厂境外融资总额达6000万美元，成为全省最大的融资项目。湖南星通置业有限公司兴建的星通商厦，亦以旧城改造为重点，其引进的外资到位率达到100%，成为境内的优质引资项目。

1997年，国家为规范招商引资出台一系列新政策，部分外商存在着犹豫观望的心态，但株洲市在引资总量上仍保持上升势头，全年利用外资总额升至10063万美元，实际到位外资6209万美元，与1996年相比较，分别增长18.45%和13.42%。在引资总量中，一直占比重较大的"三资"企业投资出现急剧下滑，当年新批项目只有17个，利用外资仅为689万美元，成为1992年以来"三资"企业投资额最少的一年。

1998年，外商来株投资领域逐渐扩大，高新技术领域投资金额出现跳跃式增长。全市新批外商投资企业21家，由于3个大型外资引进项目同在这年陆续签约，使得株洲当年外资利用额出现大幅增长，全年引进"三资"投资总额达9494万美元、合同利用外资4870万美元，较1997年分别增长8.8倍和6.07倍。在引进资金中，来自欧美地区的资金与上年相比增长50%。是年境内引进利用外资排名全省第三位。同年3月，株洲电力机车厂、株洲电力机车研究所与德国西门子公司共同合资组建"株洲西门子牵引设备有限公司"，该项目总投资3.43亿元人民币，注册资本2.19亿元人民币，建成后年产交流传动电力机车 60 台，部分产品销往国际市场。德国西门子集团、加拿大普惠公司正式投资株洲，使境内的世界 500 强企业增加到 3 家。

1984 — 2000 年，全市经审批的外商投资企业共 345 家。其中，经工商部门正式注册登记的 276 家，未取得工商合法登记的有 41 家，自然消亡的有 28 家。2000 年，全市对外商投资企业进行联合年检，外商投资企业只剩下 134 家。在 134 家企业中，按引资方式可分为中外合资企业 104 家、中外合作企业 8 家、外商独资企业 22 家；按经营效益分为盈利企业 56 家、亏损企业 46 家、持平企业 32 家。在已注销、吊销、中止、流产的 211 家企业和项目中，绝大部分是因项目自身条件不成熟，盲目上马所致。此外，还有合作双方磨合期出现纠纷、投资方资信状况不良、地方投资环境不优等原因，造成部分项目半途而废，其中宏都国际大酒店、绿园实业有限公司、株洲大饭店有限公司等项目均属此类。还有少量项目是由于投资商使用欺骗手段，造成中方大量的民间资金和信贷资金严重流失。“九五”计划期间，株洲引进的外商投资项目以工业型为主，以四大支柱产业为主，其中南方热电、凯诺新型涂料、南方普惠航空发动机、西门子牵引设备、青上化工、杰西净化设备、皮特兰生命工程、嘉宏环保科技、瓯江生物等工程项目，都分属国家产业政策要求的节能型、生物工程、新材料、环保型和低能耗项目，符合国家产业政策的优质项目。

表 11-5

株洲市 1984 — 1990 年“三来一补”项目、租赁项目一览表

项目单位	合作方名称	合作项目	合作方式	合同金额（万美元）	批准年份	备 注
株洲硬质合金厂	中国澳门南光贸易公司	模具车间技术改造	补偿贸易	50.00	1984	–
株洲钨钼材料厂	中国澳门南光贸易公司	引进钨丝生产设备	补偿贸易	40.20	1985	–
电焊条厂劳服公司	中国香港三和公司	西裤加工	来料加工	1.54	1986	合同终止
醴陵市启明金属制品有限公司	英国企茂公司	引进铁链条生产线	补偿贸易	12.10	1987	–
株洲轴承总厂	–	轴承生产扩建	租 赁	100.00	1987	–
株洲市保险粉厂	联邦德国重信进出口公司	年产 3000 吨甲酸钠法保险粉工程	补偿贸易	50.00	1988	–
东区飞跃经济服务部	中国香港美斐进出口公司	服装加工	来料加工	6.26	1988	未执行合同
株洲市服装厂	中国香港万源贸易行	服装加工	来料加工	3.70	1988	合同终止
醴陵长城彩釉砖厂	中国香港意宝建筑材料有限公司	彩釉砖生产	来料加工	42.20	1988	–
化工部乳胶研究所	中国香港金城公司	乳胶手套加工	来料加工	85.43	1988	未执行合同
株洲市保险粉厂	联邦德国重信进出口公司	保险粉生产扩建	补偿贸易	90.00	1989	–
株洲市服装厂	中国香港美达贸易公司	服装加工	来料加工	9.13	1990	–

说明：1991 年后，“三来一补”引资形式渐少，以致完全消失，故 1991 年后不再统计

（二）经贸展会，招商引资

改革开放后，株洲积极参加各种经贸展会，扩大影响，加大引资力度。1984 年 10 月，株洲市首次参加在长沙举行的湖南省首届对外经济技术洽谈会，此次洽谈会共有 17 个国家和地区参加，共与外商签订意向及成交项目合同 27 项。至 1990 年，株洲市外贸投资企业为 7 个。

1991 年，株洲市参加了湖南国际龙舟节、湖南国际森林保护节、湖南利用外资改造现有企业洽谈会、湖南阿姆斯特丹经贸洽谈会及湘交会等 5 个省级外贸会展。其中，湖南省政府 1 月份在深圳举办的“湖南（深圳）利用外资改造现有企业洽谈会”上，株洲代表团接待日本、德国、意大利等国家商人共 110 余人次，签订合资项目 6 项，合同引进外资 1030 万美元；意向合同 2 项，合同金额 800 万美元，签约项目数居全省地州市之首。在湖南省第 3 届“湘交会”和首届“国际烟花节”期间，株洲市又签订经济技术合作合同 12 个，引进外资 2012 万美元。其中，株洲玻璃厂的浮法玻璃生产线项目和株洲市轮胎厂钢丝子午胎生产项目引进外资分别为 652 万美元和 600 万美元，成为此次交易会引进外资数额较大的 2 个工业项目。

1992 年 9 月，市政府主办中国湖南（株洲）第二届国际烟花节暨经贸洽谈会，是境内举办的规模较大的国际性经贸活动，300 多名中外客商参加了投资贸易考察，共签订正式及意向合同 3.65 亿美元。其中，利用外资过千万美元以上的项目有 8 个，500 万美元以上的 12 个。其间还组织全市 58 家工商企业及职能部门先后出访 41 个国家和地区，进行经贸考察和招商引资。

1993 年 4 月，株洲市政府在北京举办国际大型招商新闻发布会，邀请 30 多个国家、地区的记者和国际友人参加，是境内首次以新闻发布会的形式宣传株洲的城市形象。7 月，市政府又组团 80 人，分赴新加坡、马来西亚、泰国等国开展招商活动，此次招商共发布招商项目 65 项，接待客商 150 余人次，其中在香港举办的招商洽谈会上，签订商贸合同投资意向 62 项，总金额达 27.5 亿元。9 月，举办株洲市“1993 年中国湖南株洲神农文化艺术暨招商月”活动，共签订合同（含意向）39 项，利用外资 1.43 亿美元。10 月，株洲再次组团赴深圳参加湖南省首届商业对外招商洽谈会，共签订招商引资合同 7 个、协议 3 个，吸引投资额 8658.6 万元，其中合同引进外资 696.05 万美元。

1994 年 9 — 10 月，株洲市参加省政府在深圳举办的“湘交会”并举办“湖南各界公祭炎帝陵暨 1994 年中国株洲炎帝节”，2 次招商活动共与外商签订投资项目 26 个，利用外资总额 11754 万美元。其中，美国汤氏集团与株洲玻璃厂合资兴建浮法玻璃生产项目顺利签约。

1995 年 8 月，株洲组团 20 人赴韩国进行经贸考察，举办“中国湖南株洲（韩国）经贸洽谈会”，与韩商签订 5 项投资意向，协议利用外资 1860 万美元。9 月，在湖南省第五届“湘交会”上，株洲市签订招商项目 19 个，合同利用外资 5159 万美元；出口创汇合同成交额达 3968.65 万美元。是年 7 月还组团赴上海参加由省政府主办的“湖南投资说明会”和在境内主办“株洲炎帝节”大型招商活动。在“株洲炎帝节”中，共签订招商项目 9 个，合同、协议利用外资 1345 万美元。

1996 年 5 月，应新加坡东风有限公司董事局主席林萌华先生和马来西亚金狮集团的邀请，以王汀明市长为团长，市招商局、经委、开发区、中国银行、株洲硬质合金厂、株洲玻璃厂、株洲火花塞厂为成员单位的市招商考察团对新加坡、马来西亚进行 8 天考察。考察期间，考察团发布 46 个招商项目，接触近 100 家商会和工商业单位，达成 7 个工业项目投资合作意向。9 月组团参加湖南省在香港举办的第四届“港交会”，签订招商引资项目 24 个，总投资额 27453 万美元，直接利用外资 18600 万美元，在全省 42 个重点签约项目中，株洲市签约 6 个。

1997 年 4 月，株洲组团参加省招商局举办的“（北京）湖南产业投资说明会”，南方公司、电厂、化工厂、硬质合金厂等 20 多家企业在会上推介招商项目 47 个，外商直接接触的项目 21 个。9 月，湖南在长沙举办第六届“湘交会”，株洲市共推介招商项目 100 个，签订招商引资项目 17 个。10 月，“株洲炎帝节”在新落成的炎帝广场举行，来自日本、法国、新加坡、印尼、马来西亚等国家和中国香港、澳门、台湾地区的境内外商家 12000 余人，进行商务考察和洽谈业务。节日期间签订招商引资项目 20 个，签约总额为 9532 万美元，引进外资 6307 万美元。

1998 年 5 月，举办“株洲（深圳）招商引资洽谈会”，应邀到会的中外客商 160 多人，共签约项目 38 个，总投资额 1.58 亿美元，合同、协议利用外资 1.34 亿美元。7 月，株洲市携带 55 个推介项目，再次组团赴深圳参加湖南省举办的“湖南产权招商（深圳）洽谈会”。42 名境内外客商应邀到会，产权招商是招商引资的一个崭新领域。在这次招商活动中，株洲市共签订正式项目 3 个、协议项目 2 个，合同金额分别为 1.1 亿元及 2.4 亿元。10 月，中国中西部地区经济技术合作洽谈会在长沙举行，全国有 19 个省、直辖市、自治区代表参加。株洲市在这次洽谈会上共签订协议和合同 17 项，协议外资 1.5 亿美元。其中，芦淞区政府与美国通用技术公司的合资项目最受瞩目，签约仪式被大会确定为首签式，全国政协副主席王兆国出席该首签式。

1999 年 5 月，市长王汀明率政府及相关企业近百人赴京主办“（北京）湖南株洲投资说明会”，德国、巴西、挪威等 12 个国家驻华商务官员和西门子、雅马哈、巴黎国民银行等 79 家国际跨国公司的驻京代表出席会议，外经贸部副部长龙永图与会并讲话，会上株洲对外发布招商项目 500 多个、散发介绍株洲的各种资料 12 套 3000 多份，洽谈意向性项目 30 多个。北京投资说明会起到了宣传株洲、扩大株洲在国内外影响的预期目的。8 月，市政协副主席姚先恕为团长的株洲市赴东南亚招商引资考察团，在新加坡中华总商会协助下，在新加坡举办“株洲市招商引资洽谈会”，中国驻新加坡大使馆商务官员、新加坡中华总商会负责人及 38 家工商界人士参加洽谈会，签订招商项目 10 个，达成投资意向 1 亿多美元。在考察马来西亚期间，拜会马来西亚青年创业协会，邀请该协会 12 位企业会员来株洲参加炎帝节和经贸活动。9 月，副市长杨维刚率团参加在厦门举办的“中国投资贸易洽谈会”，其间株洲市自行举办了“株洲市投资说明会”“株洲市招商项目发布会”两场专题推介会，株洲共签订利用外资总金额 1000 万美元。

2000 年 9 月，株洲市组团再次赴厦门参加中国投资贸易洽谈会，期间召开“台商座谈会”，推介招商项目 96 个。同时，与厦门市台办就两市建立台商投资引进工作合作伙伴关系达成了意向。同年 9 — 10 月，株洲市还组团参加省人民政府在长沙举行的“湘交会”和在深圳举办的高新技术产业交易洽谈会两场商贸会。

1991 — 2000 年，株洲市外贸投资总额在 200 万美元以上企业达 62 家。其中，1995 年株洲冶炼厂与新加坡三湘企业（集团）合作的湖南火炬有色金属有限公司，外商投资额达 1770.80 万美元，为境内外商投资最大的中外合资企业。

第二节 技术贸易

一 技术引进

1949年以前，株洲仅有少量从国外进口的机械设备，没有成套的技术引进项目。20世纪50年代初期，国家把利用外资引进技术作为一项重要政策，陆续从国外引进一批先进技术。苏联援建的156项重点建设项目，安排在株洲建设的有3项。国营331厂航空发动机制造项目，用外汇206万卢布，引进苏联全套技术资料和部分材料、设备。中南硬质合金厂硬质合金生产线成套技术设备项目，用汇280万卢布，引进苏联技术设计图纸和全套工艺设备。株洲电厂第一期工程设计和1.2万千瓦发电设备项目，用汇222万卢布，工程由莫斯科电力设计院设计，安装苏制6000千瓦发电机2台及蒸汽锅炉3座。在此期间，国家还利用记账外汇从波兰引进一批技术设备，安排在株洲市建设的有2项。株洲选煤厂（株洲洗煤厂前身）引进波兰成套技术设备，用汇379万卢布，由波兰设计。株洲车辆厂引进波兰货车生产设备，用汇607万卢布。

1957年年初，国营湖南第一苎麻纺织厂（株洲苎麻纺织印染厂前身）一期工程建设项目从日本引进工艺生产设备，主要有RMC型纺纱设备，平野44"纺织机及石津式苎麻脱胶、梳麻自动化设备2套，经半年试运转，脱胶头、二、三道水理机和自动圆梳机均达不到要求，日方只得将其作废铁卖给该厂。1958年8月，该项目才正式投产。该项目实际投资782.23万元，投产后仅用一年半时间就收回全部投资。

20世纪60年代初，苏联政府单方面撕毁向中国输出成套设备项目合同，撤走专家，拿走图纸，停止物资供应。国家的对外技术、设备引进工作只得转向资本主义国家。1963年6月，由轻工业部投资的醴陵瓷器公司第二工业瓷厂（醴陵永胜瓷厂前身）改造和扩建工程破土动工。该项目中日用瓷成套生产设备，大部分从日本引进，另有部分设备从英国、德国引进，总用外汇为200万美元，年产日用瓷500万件。1965年，工程竣工投产后，该厂产品质量提升一个档次，产品正品率由原来最高85%提高到99%。同时，工效提高1倍多，能耗减少一半。该厂因此而成为全国陶瓷行业两个样板厂家之一。60年代中后期“文化大革命”中，技术引进工作没有展开。70年代，醴陵群力瓷厂、331厂、608研究所等单位从美国、日本、奥地利等国引进一批具有70年代国际水平的生产设备和检测仪器，但所引进项目多为单体项目，规模不大。1979年2月，株洲玻璃厂与日本板硝子株式会社签订合同，引进玻璃压延辊辊压设备和技术。该项目投产后，生产的压花辊质量好，寿命长，压出的花玻璃美观、透光性好，填补了国内技术空白，改变了此类压花辊产品长期依赖进口的局面。

20世纪80年代，株洲市以各种方式引进先进技术，进口关键生产设备。1980 — 1983年，共引进技术设备11项（不包括用汇在5万美元以下的项目，下同），用汇3055.76万美元（其中软件用汇915.88万美元），引进的重点是冶金、轻工、机械行业的成套设备和技术。引进的技术设备大多具有70年代的技术水平，少数项目具有80年代初的技术水平。1982年株洲钨钼材料厂用汇216.50万美元，从日本东芝公司引进钨丝生产技术和设备，大大降低了钨丝在生产过程中的消耗，提高了成品率，年产钨丝1亿米，为该厂原年产能力的2倍。株洲火花塞厂1982年用44.42万美元引进联邦德国等静压磨削成型设备和喷雾干燥塔关键设备，改造绝缘体加工工艺，生产的4114型、T4195J型火花塞，在全国同行业质量评比中获得第一名，主要产品4114型火花塞质量达到日本国家标准。株洲硬质合金厂从美国李钨公司和瑞典山特维克公司引进具有80年代初国际先进水平的技术及设备，对湿法、制粉部分和硬质合金生产系统进行技术改造，总用汇2600万美元。该项目投产后，每年提供出口硬质合金成品300吨，创外汇1000万美元。

1984年10月，株洲市派代表团参加在长沙举行的有17个国家和地区参加的湖南省首届对外经济技术洽谈会，并与外商签订意向、成交项目合同27项，当年成交技术引进项目25项，成交金额1513.20万美元。1985年签订技术引进合同15项，成交金额1326. 65万美元。此2年，技术引进的范围已从轻工、机械、冶金行业扩展到纺织、建材、化工、食品、电子、饲料工业等许多新的领域。1985年，株洲电焊条厂从联邦德国引进镀铜二氧化碳气体保护焊丝生产技术和设备所生产的产品填补湖南省内空白，质量达到20世纪80年代国际先进水平。这2年引进的项目，多数经济效益较好，有的项目取得明显的社会效益。也有一些项目属盲目引进和重复引进。湖南楚风食品厂分别用汇20万美元和40万美元引进的米粉生产线和板鸭生产线，前者产品质量低劣，性能达不到合同技术要求，缺少工装设备，经日方派人来厂多次调试、改装，均未成功，后由厂方组织技术力量，自行攻关，勉强投产。后者却因本地不适合生产板鸭，加之保鲜时间短，本地销售不畅，导致无法正常生产，造成工厂严重亏损而转让给外地。株洲市木材加工厂，1984年用汇71万美元，引进1条年产1万套纤维板板式家具生产线，合同具体条款都来不及看，就于11月签订合同，12月份补写正式的可行性报告。合同签订4个月后，进口设备已装船发运，才出国考察引进设备。引进的主要设备是意大利生产的，考察团未到意大利而到日本、中国香港地区，1985年设备陆续到厂后，才发现整个工艺设计不符合要求，投产2年没有生产1套家具，造成直接经济损失400多万元，全厂职工人均负债5000元。

1986年，总结大规模引进工作中的经验和教训，认真贯彻执行国家“七五”计划期间技术引进的基本方针，将技术引进重点从成套设备、生产线的引进转移到关键设备、软件技术的引进上来，压缩引进规模，提高引进水平，大型成套设备和生产线的引进大大减少，盲目引进和重复引进的现象基本得到控制。至1990年的5年间，共签订技术引进合同26项，总用汇2287.75万美元。其中1990年1项，用汇33.20万美元。引进项目中，属于机械、化工、电子、冶金等基础工业方面的13项，用汇1769.52万美元，占总用汇77.30%；属于轻工、纺织、食品工业的8项，用汇339.60万美元；属于改善新闻、印刷、包装条件的5项，用汇178.63万美元。上述项目中，含有软件技术的7项，成交金额824.19万美元，其中软件金额为250.29万美元，占用汇30.37%；能够创汇和替代进口的项目11项，用汇1150.26万美元。

1980—1990年，全市55个单位与世界上14个国家和地区成交技术引进项目77项，总用汇

8316.54万美元。其中从日本、联邦德国、美国、意大利4国引进的项目数有62项，占全部项目数80.50%；4个国家中仅从日本引进的项目就有34项，金额2493.75万美元，占项目总数的45.30%，占用汇总额的30%。全部技术设备引进项目投产后，经济效益发挥得好的和比较好的65个，占85%。

1994年，株洲桥梁厂从意大利欧米尔公司引进新型轨枕生产线，总重达224.3吨，该项目投产后，使株洲桥梁厂的桥梁构件生产迅速跨入全国先进行列。1995年，株洲湘瑞塑料建材有限公司分别从奥地利格瑞纳公司、德国克劳斯·马菲公司和德国威格玛公司引进塑钢门窗生产线及组装设备，当年引进当年开工建设；1997年，该厂又从韩国引进3条芯层发泡管材生产线，所有引进项目至1998年3月全部建成，投产后，湘瑞公司年产聚氯乙烯（PVC）异型材及塑钢门窗分别达到6000吨和10万平方米的生产能力，一举成为国家推广塑钢门窗的全国3大样板骨干企业之一，产品获"湖南省产品质量奖"，被授予"湖南省名牌产品"称号。2000年10月，株洲唐人神集团投资3500万元，从德国、丹麦引进世界先进的肉类加工设备，建成国内一流的肉制品加工车间，形成年屠宰生猪50万头，年产肉制品2.2万吨的生产能力，成为省内最大的肉类加工企业，被农业部等国家8部委联合评定为农业产业化国家重点龙头企业。

株洲市1981—2000年50万美元以上技术引进项目一览表

表11-6

引进单位	引进内容	引进国	签约期	用 汇（万美元）	其中软件金额（万美元）	投产期
株洲硬质合金厂	涂层车间技术改造	瑞 士	1981年12月	77.00	–	1983年10月
株洲钨钼材料厂	钨丝生产线和技术	日 本	1982年5月	216.50	103.80	1984年12月
株洲火花塞厂	喷雾干燥塔及等静压磨削成型机	联邦德国	1982年9月	55.20	22.08	1985年4月
株洲硬质合金厂	硬质合金系统技术改造	美 国 瑞 典	1983年11月	2600.00	790.00	1988年10月
株洲塑料厂	低发泡板生产线	奥地利	1984年8月	61.90	0.90	1987年4月
株洲市塑料五厂	编织袋织造设备	日 本 联邦德国	1984年10月	55.00	–	1986年2月
醴陵长城彩釉砖厂	釉面砖生产线与技术	意大利	1984年10月	304.94	31.50	1986年10月
株洲轮胎厂	F270密炼机组	英 国	1984年10月	180.72	5.69	1987年8月
株洲木材加工厂	板式家具生产线	意大利 日 本	1984年10月	71.00	–	1986年3月
醴陵电瓷厂	增加高压输变电设备	美 国 联邦德国	1984年10月	127.12	1.88	1989年7月
株洲塑料厂	PVC透明片及压延膜生产线	日 本	1984年11月	262.00	3.40	1987年4月
株洲市饲料厂	浓缩饲料生产线	瑞 士	1984年12月	132.60	–	1988年1月
株洲水泥管厂	预应力管生产线与技术	瑞 典	1985年2月	162.00	24.50	1986年10月
株洲电力机车研究所	单双面印制线路版生产线	美 国 意大利	1985年4月	59.00	–	1986年

续表 11-6

引进单位	引进内容	引进国	签约期	用　汇（万美元）	其中软件金额（万美元）	投产期
株洲冶炼厂	铝烧结技术改造	日　本	1985 年 7 月	196.00	–	1988 年
株洲玻璃厂	加网压花玻璃技术与设备	日　本	1985 年 7 月	136.00	11.68	1987 年 1 月
醴陵国光瓷厂	节能型窑炉	联邦德国	1985 年 11 月	136.00	11.66	1987 年 12 月
株洲硬质合金厂	模具制造设备	联邦德国	1985 年 11 月	74.80	–	–
株洲电焊条厂	CO_2 气保焊丝生产设备和技术	联邦德国	1985 年 12 月	166.00	66.74	1989 年 6 月
株洲电力机车研究所	内燃机关键部件制造	美　国	1985 年 12 月	255.00	–	–
株洲火花塞厂	镍包铜中心电极制造技术及设备	联邦德国	1986 年 4 月	88.40	26.52	1990 年 1 月
株洲市皮鞋厂	冷贴皮鞋生产线和技术	捷　克	1986 年 6 月	66.00	30.00	1987 年 12 月
株洲电力机车研究所	2（EO–BO）电力机车关键部件制造	美　国	1986 年 10 月	400.00	–	1987 年 6 月
株洲化工厂	聚氯乙烯生产线及技术	日　本	1986 年 10 月	504.56	172.25	1990 年 9 月
株洲无线电七厂	声表面波滤器生产设备	美　国	1987 年 4 月	62.00	–	1988 年 1 月
中南无线电厂	移动式电台生产线	日　本	1987 年 6 月	300.00	–	1988 年 6 月
株洲包装厂	四色印刷机	联邦德国	1987 年	62.00	–	1988 年 11 月
醴陵国光瓷厂	印花机设备	日　本	1988 年 1 月	57.87	6.07	1988 年 12 月
株洲火花塞厂	高温隧道窑设备	美　国	1988 年 8 月	62.33	6.70	1990 年 4 月
株洲化工厂	金红石钛白粉生产线	日　本	1988 年 10 月	210.00	–	–
株洲桥梁厂	铁道轨枕生产线	意大利	1994 年	–	–	–
湘瑞塑料建材有限公司	塑钢门窗生产线	奥地利 德　国	1995 年	–	–	1995 年
湘瑞塑料建材有限公司	芯层发泡管材生产线	韩　国	–	–	–	1998 年 3 月
株洲唐人神集团	肉类加工设备	德　国 丹　麦	2000 年 10 月	440.00	–	–

二　技术出口及境外和对港投资

从 1979 年起，国家开始向国外输出技术。技术出口须有技术出口经营权的公司方能对外成交，株洲市无技术进出口经营权，技术出口均由湖南省外贸有关进出口公司代理。1986 — 1990 年，成交 5 个项目，合同金额共 89.70 万美元，其中孟加拉国就占 4 项。1986 年，在孟加拉国举行的国际招标会上，湖南省机械设备进出口公司以株洲钢厂的冶炼、浇铸 4 寸钢锭并一次轧制成材技术夺标，合同金额 20 万美元，合同规定，中方向孟加拉国出口炼钢成套设备，并派专家指导生产。

1987 年，轧钢用丸击机配套设备及技术服务，出口英国，金额 7 万英镑（折合 12.50 万美元），由湖南省机械设备进出口公司代株洲电力机车工厂成交。

1988年，湖南省机械设备进出口公司代株洲电炉厂签订合同，向孟加拉国出口H–S–S型电炉炼钢炉，包括技术服务费在内，合同金额38万美元。1989年，株洲电炉厂通过湖南省机械设备进出口公司出口1.50吨电炉到孟加拉国，含技术服务费在内合同金额15万美元。同年，湖南省机械设备进出口公司代株洲起重机厂与孟加拉国签约，出口双梁吊桥，合同金额4.2万美元。

1991年，境内企业开始走出国门到境外投资办厂。3月，株洲市抽绣总厂联手深圳市建设集团公司与香港耀湘公司合资在深圳罗湖区创办新宇绣品有限公司，该公司从日本引进高速电脑制版机、电脑彩显刺绣机等，当年创汇75万美元，产品销往中国香港地区、韩国市场。株洲湖南特种电磁线厂也于当年3月与长沙中意电冰箱厂、衡阳自行车厂合资53.9万美元，在阿联酋创办华湘通用机械电器公司，主要经营PV电缆线、中意冰箱及衡阳自行车，是株洲在阿拉伯国家开办的第一家工业产品贸易公司。

1998年，株洲市对外经济合作发展较快，在境外投资兴建非贸易性企业总数已达7家，其中3家是当年新创办的生产型企业。1999年，株洲市在境外开办的有中缅007公司、马来西亚农业开发项目、阿联酋意特拉特轮胎项目、南方公司在斯里兰卡和泰国的摩托车制造项目，均先后建成投产。全年海外企业营业额达1000万美元，营业收入占全省对外经济合作收入的七分之一，对外经济技术合作在全省14个地、州市中处于领先地位。

第三节　对外经济技术合作

一　对外援助

1950—2000年，株洲市先后向越南、朝鲜、阿尔及利亚、北也门、坦桑尼亚、赞比亚、利比里亚、阿富汗、巴基斯坦、阿尔巴尼亚、伊拉克、科威特、捷克斯洛伐克、南斯拉夫、莱索托、罗马尼亚16个国家，提供了经济技术援助。1991—2000年，随着国家对外援助政策的不断调整和变化，对外援助的规模和数量大幅下降，其间株洲市没有承接新的对外经济、技术援助的任务。

（一）经济援助

1.对朝鲜、越南的援助　1950年下半年，株洲人民积极响应中共中央号召，开展轰轰烈烈的“抗美援朝”和“爱国增产捐献”运动，捐献慰问金，支援朝鲜。

从1959年开始，对外援助的重点放在越南，至1978年，共派出154名专家或技术骨干，赴越南援建5项重点工程，还无偿援助一批硬质合金成品，共耗资1874.40万元。

1959年，轻工部根据中越两国政府签订的《关于援越海阳瓷厂专家派遣合同》，下达湖南派遣专家赴越南帮助建厂施工，安装设备及指导试产等任务。越南海阳瓷厂，是湖南省援外的第一个成套项目，援款411万元。醴陵瓷业公司研究所、第一出口瓷厂（醴陵国光瓷厂前身）、醴陵电瓷厂承担这项援建任务，共派出10名工程技术人员赴越南海阳瓷厂进行现场技术指导。该瓷厂位于河内与海防之间，1959年6月施工兴建，1961年6月建成投产，生产规模为年产日用瓷1750吨（约

3000万件），电瓷540吨。1968年，海阳瓷厂遭美机轰炸。1970年10月，为帮助该厂尽快恢复生产，醴陵国光、永胜、星火瓷厂等单位又先后派出7名工程技术人员赴该厂。在极其艰苦的条件下，工程技术人员无私地传授、指导，试制出10多个新品种，还改革模具生产工艺。越南工业部部长柯万金等到该厂检查时说："中国专家无私的援助，体现了同志加兄弟的深情厚谊，我们衷心感谢中国共产党。"1974年，《越南画报》第10期刊登中国专家援助海阳瓷厂的文章和照片。1976年9月，醴陵星火瓷厂、永胜瓷厂工程技术人员在结束援助回国时，越南轻工部部长陈友余代表越南政府授予他们"友谊纪念章"各1枚。海阳瓷厂恢复生产后，1975年总产量达到950万件，1977年上升到1380万件，产品正品率由1975年的68%上升到1978年的78%。援建越南海阳瓷厂，境内前后共派出工程技术骨干80多人次。

1965年，中南硬质合金厂向越南无偿援助"钻石牌"硬质合金0.563吨，折合49190美元。

1966年3月，331厂派出专家69人赴越南喷气式歼击机修理厂（6509厂），至20世纪70年代后期，无偿援助修理米格17型飞机30架和传授迫击炮杀伤榴弹制造、加装药技术，总值人民币1435.59万元。后因中越关系紧张，中国专家在越南无法进行工作，于1978年7月16日全部撤回。

1971年12月，株洲玻璃厂耗资11.20万元，援助越南海防平板玻璃厂建设。1975年7月，铁道部株洲桥梁厂援助越南建设，制作跨度23. 80米长的钢筋预应力棍凝土梁5孔和人行道全套配件。

2.对阿尔及利亚、罗马尼亚、利比里亚的援助　1964年9月，中国与阿尔及利亚签订协议，由中国援建1座年产3000吨的瓷厂，包括勘探高岭土原料等。1966年3月至1973年5月，醴陵瓷业公司3次派群力瓷厂8人赴阿尔及利亚，对将兴建的瓷厂进行考察、选址，商定盖尔玛瓷厂建设项目，指导设备安装试产、培训技术人员。盖尔玛瓷厂位于距盖尔玛市35千米的米里亚县，1968年5月动工兴建，1977年11月投产，全厂面积3.26万平方米，总投资1177.56万元，规模为年产日用瓷1000万件（约3000吨），1972年6月20日举行移交仪式，阿尔及利亚主席布迈丁亲自剪彩，并赞扬说："工程投资少、质量好、建设速度快。"阿尔及利亚政府外交、内政、工业、农业和商业部长都先后到该厂视察，感谢中国对他们的援助，使他们有了自己的瓷厂，不仅满足了人民生活需要，而且减少了外汇的支付，阿尔及利亚《圣战报》2次报道该厂的建设情况，电视台3次播放该厂的生产实况。

1976年，株洲硬质合金厂为罗马尼亚续建合金刀车间，规模年产混合料300吨，合金刀片100吨，共19种牌号。支援主要设备212台（套），重339吨，原辅材料有：三氧化钨600吨、氧化钴16吨、二氧化钛18吨及各种有关标准式样。总投资2378万元，当年底完成投资1285万元，其中成套设备费323万元。该厂派出专家技术人员20名，用1年零8个月时间，负责交清设备材料，指导设备安装和调试生产。

1977—1978年，湖南省建筑工程公司第五公司分别派遣69人赴利比里亚，无偿援建综合体育场。这是中国援建的第一个大型公共建筑，总面积28439平方米，造价4340万元，由可容纳3万人的体育场，100个床位的运动员宿舍，1号、3号、4号大门门房、售票房、配电房、技术合作房等组成。该工程由湖南省建筑设计院设计，1982年4月开工，1985年10月建成，整个体育场立面富丽堂皇，布局紧凑新颖，线条色彩鲜明，使用方便合理，设备技术先进，是一座雄伟壮观的大型现代建筑。经两国共同验收，双方认定为全优工程。1984 年 4 月 12 日，利比里亚多伊总统亲自参加移交典礼，定名为多伊综合体育场。

（二）技术援助

1.派专家和技术人员 1964 年，湖南省建五公司派出 44 名工程技术人员，赴北也门援建萨拉纺织印染厂工程，为钢筋混凝土结构，面积 27010 平方米，安装 336 台织布机。由纺织工业部设计院设计，1964 年 9 月动工，1966 年 12 月竣工，工程质量优良。

1964 年 12 月至 1976 年 6 月，醴陵陶瓷研究所派出人员赴阿富汗实地勘察卡郝尔斯同石英矿、麦单石英岩、阿拉巴法瓷石矿、塔落康附近的粘土和高尔班德粘土矿。还调查收集了 2 个煤矿资料，并带回 17 种原料由醴陵陶瓷研究所试验。认定该国具备生产瓷器和开采煤矿的条件后，即将全套资料提供给该国，为阿富汗瓷器发展和煤矿开采提供了依据。

1968 年 9 — 12 月，醴陵陶瓷研究所赴巴基斯坦进行综合考察。该国于 1954 — 1965 年先后由瑞士、日本、联邦德国等国家在西部建有 4 座现代化瓷厂，东部建有 5 家小陶瓷厂，在拉哈尔设有硅酸盐研究所，卡拉奇设有瓷用金水工厂，不仅能烧造日用瓷、精瓷，还能制造电瓷和卫生陶瓷。但因高岭土资源缺乏，生产规模受到一定限制。经中国专家综合考察后，论证该国的拉瓦尔品第附近 160 余千米范围内，蕴藏质地较好、具有一定储量的长石、石英、白云石和耐火黏土等矿产资源，还在斯瓦特地区发现 1 处含钙 10% 左右的高岭土矿，为巴基斯坦发展陶瓷业找到了充足的原料资源。

1970 年 3 月，株洲桥梁厂第一批派 52 人赴坦桑尼亚、赞比亚，援建坦、赞铁路。1971 — 1973 年，又派 45 人赴坦、赞参加铁路建设，生产预应力钢筋混凝土轨枕及培训当地操作人员。援建坦、赞铁路，是国家无息贷款，价值 30 亿元人民币，偿还期为 10 年。

1975 — 1984 年，醴陵瓷业总公司先后 3 次派专家技术人员赴捷克斯洛伐克、南斯拉夫无偿进行日用瓷生产工艺的技术指导。

2.供应成套设备、技术资料 1966 年 4 月，湘江机器制造公司（南方航空动力机械公司前身），无偿援助阿尔巴尼亚斯大林城飞机修理所（4020 厂）技术资料，派出专家 5 人，历时 1 年零 4 个月，中修米格运输初教机 2 架和中修米格 1 比斯初教 6、运五等 6 个机种 24 架，价值人民币 383.20 万元。1971 年，该公司还无偿援助朝鲜活塞 — 5 航空发动机全套技术资料，共 17724 份（本）计 80160 页，加折合 AA 图幅在内，约 13 万页，价值人民币 28 万元。同年，还复制 670 型航空发动机全套工装图和标准资料，支援朝鲜。1973 年，该公司还支援罗马尼亚航空发动机中、俄文对照资料。

从 1983 年起，应莱索托政府邀请，湖南省派 3 批专家援莱（其中有株洲专家）。1987 年 9 月，到莱国传授种菜技术。为使该国尽快实现蔬菜自给，专家组在莱国办了 6 个蔬菜农场，种植蔬菜 206 公顷。1989 年 5 月，莱农业部常务秘书长参观农场时说："莱索托有很多项外援项目，蔬菜项目是起带头作用的，我们非常感谢中国专家。"联合国开发署一位官员观看"中国菜展"后说："在莱索托的冬季能看到这么多的新鲜蔬菜品种，真令人鼓舞，中华人民共和国的专家在这里工作是卓有成效的。"

3.为外国无偿培训实习生 1953 — 1989 年，境内共培训外国实习生 17 批 364 人。其中学历半年以下的短期生 7 批 97 人，1 ~ 3 年的 10 批 267 人。这些接受培训的人员中，越南留学生、实习生有 14 批 327 人，人数占此段时期外培生的 89.83%。株洲苎麻纺织印染厂除免费供应实习人员吃、穿、住、学习用品和免费就医、参观旅游外，还按月发给津贴费。1971 年，培训结业时专门供给优质原麻，腾出最好的机器，配最有经验的师傅指导，生产出上等成品作样品带回越南。临行前越南实习队长陈于向该厂索要试验、化验仪器设备、玻璃器皿等。该厂领导请示上级批准，无偿送给显微镜、光电比色计、PN 计、真空泵等 17 件设备，价值 9600 多元。

二　接受外援

1950 年 2 月，中苏签订贷款协定，议定苏联向中国提供 156 个大型建设项目的成套设备。这些项目中湖南有 4 项，其中 3 项安排在株洲市。

1951 年 9 月至 1960 年 3 月，苏联派出 4 批 38 名专家到国营 331 厂（南方航空动力机械公司前身）帮助制造航空发动机，开创了中国航空发动机的生产史。1955 年春，苏联克林柯夫等 6 名专家到株洲帮助建设株洲电厂。厂址选择、工厂设计、施工、设备安装、调试、发电，均由苏联专家直接指挥。1955 年 3 月至 1958 年 4 月，先后聘请苏联专家 49 人，帮助中南硬质合金厂（株洲硬质合金厂前身）设计、施工和解决生产中的技术问题。

20 世纪 50 年代，国家利用记账外汇，接受东欧国家的援助建设，116 个大型项目安排在株洲市有 2 项。1954 年开始筹建的株洲洗煤厂，由波兰设计和援建。波兰政府派遣科托夫斯基、希门德拉、巴兹格尔、特哥奇 4 名专家到现场指导安装、调试设备。1958 年，波兰还援建货车生产线，提供了主要设备。

1984 年，中南林学院接受本院聘请的外国文教专家赠送的图书 1200 册、磁带 200 盒、计算机 1 台、切片机 1 台、计算机软件 7 盘、收录机 2 台、测试仪器 20 余件、科技资料 600 份。1986 — 1989 年，澳大利亚国立大学分 2 次资助该校 5 人去澳大利亚访问和短期进修。

1987 — 1989 年，联合国人口活动基金会为株洲市培养中学在职教师，无偿赠送给株洲市二中教学仪器。其中，复印机、英文打字机、录相设备、照相机、投影仪、自动幻灯机、电教讲桌各 1 台（套）。

1997 年，株洲市接受国际无偿援助为 300 万美元。1998 年，由挪威援助 981 万挪威克郎的“中挪（株洲）环境工程”合作项目，从 1997 年年初开始实施，至 1998 年年底，饮用水净化示范工程、废水处理示范工程和遥控监测体系 3 套设备安装完毕并投入运行，挪威环保工程的投入运行，对株洲当时及今后环保事业的发展起到了推动和促进的作用。1999 年 3 月，挪威环境大臣古露 · 弗耶兰格率环境代表团到株考察和访问，参观了“中挪（株洲）环境工程”合作项目、清水塘工业污染排放区及建宁港污水排放口等处，对“中挪（株洲）环境工程”合作项目的进展表示满意，并与株洲市政府就环保合作举行了会谈，约定由挪方再增加援助款项 167 万挪威克朗，用于“中挪（株洲）环境工程”合作项目的人员培训。

2000 年 7 月，日本绿色援助计划项目之一的 751/H 锅炉烟气脱硫工程项目在株洲湘氮实业公司开工建设，此环保项目的开工，标志着国家计委与日本绿色援助计划开始全面实施。

三 工程承包与劳务合作

（一）工程承包

1.省建五公司 1980年8月下旬，该公司承建阿拉伯也门共和国萨达省府大楼的承建人员，克服沙漠地带水土不服的困难，经常冒着40℃以上的酷热，精心施工，比原计划提前15天竣工，验收质量被誉为“中东第一或阿拉伯国家第一”。由于此工程取得较高信誉，阿拉伯也门政府又将萨达旅社、省长官邸、萨达机场围墙和省中级法院办公楼等工程交该公司承建。1982年，该公司承包利比里亚最大的工程 —— 体育场，为其节省200多万美元的工程费用。为表彰该公司出色的工作，利比里亚体育部长代表总统，授予该公司经理1套马巴·巴沙部落最高荣誉的首领礼服；中国建筑公司驻阿拉伯也门经理部奖给20吋彩电和电视录像机各1台。据统计，1981 — 1989年该公司共派往阿拉伯也门、利比里亚、布加纳法索的劳务人员达471名，完成大小工程13项，为国家创汇1480万美元。

2.株洲桥梁厂 1982年7月至1987年11月，株洲桥梁厂先后6批，抽调干部和工程技术人员311名出国承包工程。赴伊拉克承建拉马迪至玛咖拉高速公路4座桥梁和黑特济建桥工程；赴科威特承包混凝土预制件制作工程。后因伊拉克入侵科威特，海湾局势紧张，株洲桥梁厂在科威特的最后一批69名劳务人员，于1990年8月全部撤回。

3.中国有色第三建设公司 1983 — 1987年，该公司先后派出340人赴约旦承包哈萨磷酸盐矿的设施工程、职工宿舍、马安玻璃厂及铁路职工住宅，马安男、女职业中学等8项工程，合同金额1636.21万第纳尔（约旦货币），实际完成1617.84万第纳尔，为该国节省计划内投资1.12%。1984年8月，该公司以中国有色对外工程公司名义，正式在约旦注册，获得在约旦承包工程的合法地位。

4.中国有色总公司二十三冶二公司 1993年，该公司承包巴基斯坦山达克铜金项目水源工程，工程总投资13987万卢比（约合人民币3500万元），该公司选派58人赴巴基斯坦工作，于1994年建成并一次性投产，工程质量受到巴方的赞扬。

（二）劳务合作

境内派遣出国劳务合作人员，是按湖南省有关主管厅、局和湖南省对外经贸委联合批文执行的，出国的人数不多。1964 — 1990年，共向联邦德国、日本、北也门、伊拉克、美国、塞拉利昂、科威特、利比里亚8个国家和中国香港地区派出81人，合同签订、外汇结算均由上级主管厅局、湖南省对外经贸委办理。派往北也门、伊拉克、美国的从事电工、机修工等工作；派往联邦德国的是湘菜厨师，派往日本的是木工；派往塞拉利昂和科威特的是医生、护士。出国劳务人员的选派，先由有任务单位职工队伍中优选出政治觉悟高、思想品质好、业务技术精的人员，报请市人事局人才交流中心审查批准，经短期培训后出国。在外国工作期间，劳务人员都能圆满完成任务和按合同计划如期返回。其中，在联邦德国的厨师，以精湛的烹调技术，制作出色、香、味美的湘菜，颇受客宾青睐，获得东道国老板、顾客、劳务人员3方满意。派往联邦德国、日本中餐馆的厨师，每人每月合同收入 1700 马克，每人每年为国家创汇 12.70 万美元。

1992 年，株洲市与境外签订 6 项劳务合同，选派出国劳务人员 21 人，分布在 5 个国家。1997 年，随着对外经济交往的日益增多，株洲出国劳务人员亦随之增加，当年全市选派出国劳务人员达 193 人。1998 年，外派劳务人员达 306 人，是历史上选派出国劳务人员最多的一年。1999 年，全市出国劳务人员为 223 人，2000 年劳务输出降到 100 人。

四　技术交流

（一）国外来宾

清光绪三十一年（1905），清庭官员熊希龄与醴陵人文俊铎等创办湖南省官立瓷业学堂于醴陵县城北姜湾神农殿，聘日本人安田乙吉、大凡理吉、八田安太郎、松井弥三郎、松本兵七分别担任制图、陶画、模型、辘轳、操作技术工作，传授瓷器制造技术。

1956 — 1980 年，苏联、日本、美国、英国、联邦德国、加拿大、意大利、比利时、澳大利亚先后派遣专家技术考察团（组）19 批来株洲冶炼厂进行技术交流。既有帮助选点建厂的，又有解决铅锌采掘、湿法冶炼、废水处理等关键问题的，还有座谈、作报告、示范交流经验等等的。

1956 — 1986 年，有 32 个国家和地区派遣 447 人次到醴陵县考察访问，交流技术，改造生产线。1978 年以前，醴陵县烟花鞭炮只在广州中国出口商品交易会成交或长沙订货，产销互不见面。自 1978 年 5 月香港东方公司经理张梓源首次来醴陵县考察和洽谈花炮业务，至 1986 年年底，有日本、美国等 11 个国家和地区 156 批 301 人次到醴陵考察访问，洽谈花炮出口业务。

1978 — 1989 年，英国、美国、日本、法国、联邦德国等 18 个国家派出 54 批 93 人到株洲硬质合金厂参观访问、交流技术、改造生产线、洽谈贸易。

1989 年 3 月，联合国工业发展署技术总顾问奥夏、维也纳总部纺织课摩尔以及驻京代表斯蒂芬司及夫人到株洲麻纺厂参观访问，为加强国际间技术交流，开发苎麻新产品和苎麻脱胶技术等提出宝贵意见。

1990 年 9 月，由联合国组织的水稻病虫害综合防治现场会，在攸县、醴陵市召开。到会代表 50 人，其中来自美国、泰国、越南、印度、孟加拉国、菲律宾、斯里兰卡、马来西亚、印度尼西亚 9 个国家代表 12 人，主要是推广湖南水稻病虫害综合防治技术、提高水稻产量、降低生产成本和减少环境污染的经验。9 月 8 日，代表们参观攸县农作物病虫测报站和该县上云桥乡七里坪村水稻综合防治示范样板，并和当地农民进行了座谈。9 月 9 日，参观醴陵市白兔潭镇田心村水稻综合防治示范样板，代表们对攸县、醴陵市水稻综合防治工作和大面积种植杂交水稻的成功经验，给予高度评价，国外代表说："非常有益的现场考察，对比我们，你们更为先进，把你们的经验带回去用，很有价值。"

1951 — 1990 年，全市共接待苏联、美国、日本、德国等 45 个国家和地区的经济、技术专家、学者 756 批 2378 人次。

1994 年 5 月，法国环球投资公司董事长、原法国三军参谋长、退役上将拉卡兹来株交流合作项目并考察株洲钢厂，参观了株钢连铸现场及线材生产车间。5 月 10 日，美国 O&E 公司副总裁谷继成率团到株实地考察蔗糖脂项目投资环境，并与株洲化学工业集团公司签署中美合资兴建株洲蔗糖厂的意向书。10月，澳大利亚麦当劳娜律师行负责人应邀来株洲，参加湖南各界公祭炎帝陵暨1994年中国株洲炎帝节庆典活动，其间考察了株洲市农业设施及农业生产情况，并签订在澳合资兴办农场项目的意向协议。

1997年10月，德国西门子公司董事会成员、西门子交通运输集团总裁沃尔夫拉姆·马丁逊博士到访株洲，就株洲电力机车工厂、电力机车研究所与西门子公司合资合作的进展情况进行商谈。

1998年10月，以挪威王国佛瑞德瑞克斯特市副市长欧勒·哈贝斯为团长的政府代表团对株洲市进行友好访问，参观了株洲部分企业、学校和科研单位，并与株洲市政府举行会谈，挪方同意继续支持正在株洲市实施的环保合作项目，并商讨扩大两市在经贸、文化、教育、科技、卫生领域的交流与合作。11月，在株洲市召开由挪威贸促会举办的“中挪（湖南）水环境研讨会”，与会人员参观了挪方援建的饮用水和废水处理示范工程，共同研讨了湖南、特别是株洲市与挪威在环保方面的合作方式和具体合作项目。

1998年，到株洲进行访问交流的还有美国著名经济学家、美国英佛曼高科技纳米集团副董事长兼行政副总裁、美藉华人肖镜如博士，德国中华总商会会长、德国中国企业发展有限公司董事长黄昌龄，英国总商会副主席叶谋迪等商贾名流和政府官员。分别安排他们参观和考察了株洲硬质合金厂、株洲电力机车厂、电力机车研究所等重点企业和单位，对双方在经济、文化、科技等领域合作进行研究和探讨。全年，株洲市共接待来自9个国家和地区的到访客人45人，成功申报聘请外国专家项目13个、聘请外国专家24人。当年，株洲市被评为“湖南省引进国外智力工作先进单位”。

2000年9月，韩国阳光实业株式会社社长金判洙率代表团到株洲苎麻纺织印染厂考察洽谈，为株麻开拓韩国市场创造契机。

（二）选派出国人员

1954—1986年间，醴陵瓷业界派出厂长、工程师22批54人，赴蒙古、苏联、民主德国、尼泊尔、柬埔寨、加纳、越南、阿富汗、巴基斯坦、联邦德国、英国、美国、法国、日本、意大利、泰国、荷兰、澳大利亚、埃及、南斯拉夫20个国家考察访问。一是协助勘察、选址、建瓷厂，进行技术指导，为他国发展民族工业提供服务；二是学习国外制造陶瓷先进经验，引进现代技术，改造生产线，以提高产品质量，增强醴陵瓷器在世界的竞争力。株洲硬质合金厂自1958年投产，该厂先后派出技术人员50批188人到美国、日本、英国、联邦德国、瑞典等14个国家考察、交流技术。

1953—1990年。全市派遣出访苏联、日本、英国、美国、法国、德国等48个国家和地区的专家、技术骨干429批1343人次。1992年，株洲市选派13人先后赴20个国家和地区进行技术考察和技术培训。1994年3月，“株洲市农业投资考察团”赴澳大利亚进行农业投资考察活动，主要目的是考察和评估株洲市在澳兴办农场项目的可行性。1998年9月，株洲市政府代表团和株洲市艺术代表团，访问乌兹别克斯坦纳沃依市，参加纳市建市40周年和乌兹别克斯坦独立7周年庆典活动，艺术团在纳市表演具有中华民族传统文化和反映株洲人民精神风貌的文艺节目，受到当地市民热烈欢迎。这次访问推动了两市之间经济及文化交流活动的开展。是年，株洲市共核准审批出国考察、出国培训团（组）5个，出国培训人员62人。

第三章　商　检

湖南进出口商品检验的执行单位是湖南进出口商品检验局（简称“湖南商检局”）及其在各地的派出机构。株洲市因离湖南商检局（设长沙）较近，一直未建立进出口商品检验机构。境内出口商品检验，除醴陵陶瓷商检组及花炮检测站外，其他商品均需送湖南商检局抽样检验，或请湖南商检局检验员来境内供货单位实地检验。进口商品检验亦由湖南商检局负责。随着株洲河西高新技术开发区的建立，株洲进出口贸易量逐年加大，为满足株洲对外开放、对外贸易发展的需要，1993 年，株洲市人民政府正式向湖南省政府提出设立商检机构的请求，1995 年获批。1996 年 10 月，株洲市商检大楼交付使用。1997 年 1 月，株洲市进出口商品检验局（简称“株洲商检局”）正式挂牌成立，为正处（县）级机构，隶属湖南省商检局领导。1999 年，按国务院行政体制改革要求，株洲商检局与醴陵商检局合并成立株洲市出入境检验检疫局，负责境内一般原产地证和普惠制证书的签发，产地检验检疫工作调查及出口商品质量情况了解。依法对出入境商品实施检验检疫，对出入境商品质量和检验实施鉴定、监督和管理。

第一节　进出口商检

1953 年 8 月，武汉商检局长沙分处《外埠流动拣样办法》规定，株洲市为湖南省 2 个外埠流动拣样点之一。报验人将产区直接收购的法定检验出口商品集中到株洲市，再向长沙商检处申请，由其派人前往拣样后送长沙检验，检验合格发证后即可在株洲市装车出运。检验的品种有稻谷、豆类、油籽类、果仁类、矿产类、植物油类、药材类及蛋类。起检数量须有 1 卡（1 个火车皮）以上。

1978 年，湖南商检局在湘潭成立进出口商品检验处，该处在醴陵县设立陶瓷商检组，主要负责醴陵县各出口瓷厂日用瓷的出口检验。5 月 1 日，醴陵商检组开始对醴陵县各出口瓷厂的出口日用瓷实施商检，确定检验的品种有 15 头以上的餐具、茶具、咖啡具等。检验依据是轻工部 1964 年日用细瓷标准（QB36-361-64）。瓷器实施商检后，质量显著上升。1978 年，检验 174 批、1421 箱，箱合格率为 98.82%；1979 年，检验 379 批、18.8 万箱，箱合格率上升到 99.53%；1980 年，箱检合格率达到 100%。1980 年，醴陵商检组对出口瓷器增加铅镉溶出量检验项目。

湖南商检局规定，从 1984 年 11 月起，境内出口大米需提前 10 天向省商检局报验。1985 年 1 月，此项规定又扩大到所有出口食品。同时，株洲市工艺品进出口公司对醴陵市各瓷厂及株洲市瓷厂的 5 头以下（包括各乡镇企业生产的工艺美术陶瓷）单件出口瓷实行分批报验制度。对经由该公司检验合格的产品发放产品合格证，凭证办理产品进库及有关手续。

1986年8月，中国纺织品进出口公司湖南省分公司，在市轻工纺织品进出口公司指定1名经过专门培训的麻棉混纺纱质检员，外贸在收购此类商品时必须由质检员进行严格的质量检验，并填制专门的品质验收单，凭此单才能托收货款。同年9月，对服装出口也实行同样的措施。

1987年，湖南商检局、湖南省苎麻进出口公司、工艺品进出口公司、土畜产进出口公司联合发文，决定从当年9月1日起，凡是湖南省生产的苎麻、黄红麻及精干麻、麻涤、麻纱（含混纺纱）、麻布（含混纺布、交织布）、麻袋、各种混纺麻织品实行商检。境内出口的这类商品须在离出口发运7～10天前向湖南商检局逐批报验，并提供按商检要求抽样的有代表性的样品，在取得商检合格检验单后，省外贸各有关专业公司才予以收购、结算。

1987年，醴陵商检组开始对花炮包装实施商检。同年7月，还依照国家商检局文件，对醴陵市出口陶瓷全部执行法定检验。同年8月起，对建筑卫生瓷、工艺美术瓷、电瓷、日用瓷等所有出口商品内、外包装实行法定检验。

1988年4月起，湖南商检局对出口花炮实施地方法定检验。商检局对花炮出口生产厂进行考核，符合出口生产条件的发给质量许可证，凭此证生产出口产品。同时，对所有瓷器、花炮出口生产厂实行商检分类管理，共分三类。对实行瓷器商检一类管理的厂家进行不定期抽样后检验30%；对实行瓷器商检二类管理的厂家抽样后检验50%；对实行瓷器三类管理的厂家抽样后100%检验。对一、二、三类管理的花炮厂家分别按10%、30%、50%的批次抽检率检验。同时，对醴陵国光瓷厂出口瓷实行商检一类管理；翌年7月1日，对醴陵永胜瓷厂也实行商检一类管理。1990年4月，对醴陵群力瓷厂实行商检二类管理。

1989年1月实施的《中华人民共和国进出口商品检验法》，把花炮列入《商检机构实施检验的进出口商品种类表》。但由于各方面的因素，国家将花炮商检推迟到1990年5月1日才开始执行。1990年检验率为77%，共检验1440批，计28.66万箱，批不合格率5.99%，箱不合格率4.60%。

到1990年年底，境内共有实行商检一类管理的瓷厂2个，花炮厂4个；实行商检二类管理的瓷厂1个，花炮厂13个；实行商检三类管理的瓷厂6个，花炮厂13个，吸塑包装厂1个；试生产待定商检管理类别的瓷厂7个。

1997年，株洲市商检局挂牌成立，正式履行商检职责。当年，全市检验出口商品456批（次），货值5100万美元；检验进口商品1批（次）；检验出口危险品包装使用鉴定179批；为企业提供技术服务2批、技术鉴定1批。

1998年，国务院实行重大体制改革，原国家进出口商品检验局、卫生部卫生检疫局和农业部动植物检疫局合并，组建国家出入境检验检疫局。与此同时，各省、地市局的组建工作也于当年陆续展开。是年，株洲进出口商品检验局通过合理规范流程，提高工作效率，把需要7天检验的流程缩短为1～3天，把签证周期缩短为半个小时。全年共检验进出口商品1154批（次），货值1.65亿美元；接受危险品包装使用鉴定197批（次）；签发普惠制证书350份，签订金额3359.2美元；签发一般原产地证书43份，签证金额140.53万美元。检验出证较上年增长192%，商品检验出口证合格率100%。在开展商品检验工作过程中，为企业排忧解难，解决出口商品质量问题15次；在为基层服务方面，加强对ISO9000认证工作，促进企业质量体系认证工作的发展。

1999年11月，株洲出入境检验检疫局正式成立，业务上由国家局垂直领导，属国家局的分支机构。株洲出入境检验检疫局成立后，当年即检验检疫出口商品407批，货值1755.6万美元；检验检疫进口商品15批，货值277.6万美元，出口商品主要为锌锭、锌合金、仲钨酸铵、碳化钨、钨粉、钛白粉、轮胎、电瓷、烟花鞭炮、陶瓷、机机电产品及活猪等。是年，株洲检验检疫局还签发普惠制证书265份，签订金额1900万美元；签发原产地证书439份，签证金额3685.3万美元；签发一般原产地证书15份，签订金额589万美元，从株洲出口生产企业共获得关税减免达250多万美元。同年，株洲出入境检验检疫局还与海关部门协作，全面实行“先报检、后报关”的查验制度，在新通关体制运行中，实行一次报验、一次取样、一次检验检疫、一次卫生除害处理、一次收费、一次发证放行的“六个一”检验检疫管理模式。自此，株洲出口产品通关速度大大加快，报检人颇感方便、节俭和快捷。新模式运行后，当年一笔数量达1775件、1378937个出入境检验检疫商品鉴定，按“六个一”模式一次性检验合格，出口后没有不良反应。

2000年，全年受理各类商品报检升至14503批，货值达22948万美元。签发各类证单16164份，其中签发普惠制证书1168份；一般原产地证书210份，签证金额13226万美元，株洲出口企业受惠达到1322.6万美元，从而为株洲出口产品在国际市场上增添了竞争力。当年，在出口产品检验中共检出不合格产品193批，批不合格率为1.33%。这年，根据国家局9号令，市检验检疫局还完成了对29家出口美国的陶瓷生产厂进行资格认证考核；完成50家出口花炮厂的注册考核登记；对其中6家具备条件的陶瓷和包装厂进行质量许可证考核；还完成2个木箱、木托厂和5个包装厂换证复查；对120名出口花炮生产企业的厂长、经理进行培训；对境内258名报检员进行业务统一培训和考核；完成3家生产企业的ISO9000国际标准咨询，2家企业通过体系认证。按国家出入境检验检疫局的要求，完成CIQ2000管理系统的调试和运行，缩短了检验签证流程周期，签发的各种证书均无差错。

第二节　进口索赔

1984年，南方航空动力机械公司从瑞士进口五座标联动加工中心，价值47万美元。到货后，工厂验收发现几个关键部位锈蚀严重，设备精准度受到影响，不能使用。湖南商检局到现场检验后，派人去上海港口等地对船舶装载、航海气象、码头卸货、铁路运输进行调查勘察，确认系外商责任，出证索赔，外商理赔，除负责调换全套设备外，另赔款2万瑞士法郎。1984年11月，湖南省进出口公司、株洲市塑料八厂与香港友联工业器材公司就引进意大利塑料地板生产线签订22.50万美元的合同。合同规定，由卖方派工程技术人员到买方进行设备安装、调试，培训买方维修及操作工人并生产合格产品。但该设备到厂后，经 2 次调试不能生产合格产品，生产线无法验收交付正常生产，市塑料八厂 2 次申请仲裁，中国国际经济促进会在北京 2 次召开协调会，市塑料八厂依据合同法与港商谈判，达成协议，由港方赔偿市塑料八厂人民币 37 万元。1985 年，攸县楚风食品厂从日本引进全自动米粉生产线，花费 40 万美元，价格比国内高出几倍，工艺比国产货还落后。按合同规定班产米粉 3000 千克，碎粉率为 5%，经日本专家在攸县楚风食品厂调试，班产米粉仅 800 千克，碎粉率超过 30%，以致无法投产。经商检部门检验出证，对外索赔 40 万美元，实际理赔 17.47 万美元。1987 年 8 月，株洲火花塞厂从日本进口易切削六角钢 300 吨。进厂后，湖南商检局进行拆包抽样检查，发现有 35.49% 的钢材开裂。厂方按合同条款，及时向日商提出索赔。11 月 2 日，日本株式会社伊藤好一行 4 人到厂，同意赔偿易切削六角钢 44.10 吨，价值 10 万元。

2000 年，检验进口货物 55 批，货值 386 万美元，进口产品经检验有 7 批不合格，株洲市检验检疫局及时出具索赔证书，当年索赔成功 4 批，索赔金额 48.3 万美元，正在索赔之中有 2 批，货值 108.7 万美元。全年为企业挽回经济损失 190 多万美元。

第十二篇　环境保护

株洲在建市初期规划时，为利于城市大气流通，避免出现“热岛效应”，在城市设计上采取团组式结构，把化工、冶炼、建材等污染严重企业分布在城市水源下游，确保了城市饮用水源和工业生产用水质量。

随着一批现代工业企业的建成投产，株洲市每年需要输入原料和燃料1000多万吨，从湘江汲水4亿多立方米。同时，工业生产也排放出废气200多亿立方米，气型污染物15万多吨，排出有害废水1亿多吨，水型污染物10多万吨，固体废物100多万吨。由于当时没有与之相配套的污染物处理和利用设施，以致环境问题逐一暴露出来。在烟囱集中的工业区，终日烟雾弥漫。城市燃煤产生的煤灰、炉渣，一年多达60万吨，随雨水冲刷而流入湘江。每年有近20万吨洗选出来的煤矸石，每逢高温、少雨季节，就迎风自燃，硫烟四逸。霞湾港含重金属的废水昼夜奔流，泻入湘江，毒化了部分湘江段的水质和底泥，以致该段湘江右岸100多米宽的江水不能饮用、灌溉，底泥中的生物无法生存。

环境问题的出现，引起了市党政领导的重视。1971年，株洲市从城建、卫生等部门抽出人员组成调查组，对全市工业企业进行“三废”普查。普查中发现“三废”大部分具有可利用价值。9月，市革命委员会生产指挥部发布《关于加强城市建设管理的通告》，提出“加强对废气、废水、废渣的管理和利用”。1972年3月，市革命委员会成立综合利用办公室。自此，株洲市的环境保护工作开始步入“三废”综合利用阶段。组织专门班子负责煤灰、煤矸石的利用和外调（调往洞庭湖区做燃料），支持开办灰渣砖、瓦、水泥等专业工厂和附属工厂建设，鼓励煤炭、化工企业利用燃料渣中的含煤热量代煤、代焦，组织化工、冶金等行业开展“三废”综合利用研究，将废渣综合利用扩展到废水、废气的回收利用。当年8月，株洲市建立了综合利用展览馆，展示工业“三废”的主要污染物及其危害，并展出全市“三废”综合利用的成果和防治“三废”污染的典型以及“三废”治理和综合利用的前景。1973年8月，在全国第一次环境保护会议召开前，国家环保工作部门派工作组进行调查，发现株洲市“三废”污染治理和综合利用开展得早，并卓有成效，特邀请株洲市派代表参加。会议期间，株洲市代表张小辉在大会上介绍了株洲市废渣综合利用的经验。1975年2月，成立市革命委员会环境保护领导小组，下设办公室，由市计划委员会代管。12月，环保办公室改属市建委归口管理。

到1977年，全市“三废”治理和综合利用投资3870万元，建成“三废”综合利用项目220项，综合利用年产值达8700万元，建成工业“三废”处理项目120项，废水、废气处理和利用率分别达到15%、26%，废渣综合利用率达到52%。在综合利用的同时，也暴露出不能解决所有的污染问题，仍然达不到全面保护环境的目的。因此，环保工作的重点逐渐转移到环境管理方面上来，采取“以管促治”的方针，建立和充实市、县区和企业的环境管理、环境监测和环境科研机构，加强对环境污染的监测和污染源的控制，掌握环境质量变化趋势。使环境管理逐步走向制度化、规范化、科学化。并适时举办环保展、讲座、开办学习班等形式，运用报纸、电台、电视等媒介，广泛宣传人与环境的关系、发展与环境的关系、保护环境与人体健康的关系，普及环境科学知识和法律知识，提高市民的环境保护意识。

在“三废”治理中，坚持防治结合，制定“三废”治理规划和环保规划，提出阶段性的环保目标和重点治理项目。坚决贯彻国务院关于“新建工业、科研等项目，必须把‘三废’治理设施与主体工程同时设计、同时施工、同时投产（简称‘三同时’）”政策，对执行“三同时”政策不到位的建设项目和建设单位，分别情况，依法处理，防止新污染的产生，并从1980年起实行征收超标排污费的措施。

株洲市环境管理，由浅入深地发展，引起国家和省环境保护机关的重视。1983年，国务院召开第二次全国环保工作会议，特约株洲市撰写《加强综合管理，控制城市污染》的文章，作为会议典型经验材料，并编入《中国环境保护十年》一书。同时，株洲的环境保护工作在全国引起广泛注意，先后有28个省、直辖市、自治区派人前来参观、研讨，先后接待各地参观团体433个，2312人次。

经过合理布局、综合利用、以管促治三个阶段，株洲的环境污染与破坏仍没有得到有效控制，并伴随着工农业生产的发展而日益严重。据1976 — 1981年统计，全市每年因环境污染造成的损失占工业总产值的2.08%，居湖南省各地市的首位。究其原因，主要是经济发展与环境保护不协调，产业结构与资源配置结构不合理，工业污染源治理欠账太多（达1.77亿元）。20世纪80年代，株洲市从这些根本问题着手，开始了环境综合整治，即遵循经济规律和生态规律，发挥城市综合功能的作用，以取得最佳综合效益为目标，运用行政、技术、经济、法律手段，整治、调控、保护和塑造城市环境，把保护环境放在基本国策的战略地位，实行经济建设、城市建设和环境建设同步规划、同步实施、同步发展，把经济效益、社会效益和环境效益统一起来。

从1984年起，环境综合整治规划，分别纳入全市国民经济建设和社会发展规划与城市建设总体规划中，并分别列入相关部门和企业生产经营计划，调整了经济发展与环境保护的投资比例。当年3月，为加强环境管理，市环保办正式更名为市环保局。环境综合整治由市、县市区人民政府领导，实行计划、环保、规划、财政、城建、工交、公安等部门分工协作。从1989年起，市长、区长、县长分别同上一级政府签订环保目标管理年度责任书，再同所属部门、企事业单位层层签订环保目标责任书，分年度进行考核，奖优罚劣。同年5月，成立株洲市人民政府环境保护委员会，负责对全市环保工作的领导和重要环保问题的决策与协调。至1990年，全市用于环境保护的投资达到2.70亿多元，完成环境科学技术研究项目110多项，建成废水、废气、废渣、噪声污染治理项目2500多项。“七五”计划期间，工业废水、废气、废渣万元产值排放量，比“六五”计划期间分别下降了64%、50%和61%。城区环境污染基本得到控制，大气环境质量相对稳定，主要大气污染物接近或平于国家规定的二级标准，湘江株洲段水质主要污染物接近或相当于地表水环境质量Ⅲ类标准。

但声学环境还在恶化，城区环境噪声有 84.10% 的面积笼罩在 51 分贝（A）以上，农村生态破坏也未能得到控制。

20 世纪 90 年代，境内环境保护继续以控制新污染、治理老污染为重点，逐步加强农村生态保护。从 1990 年起，株洲市人民政府先后分 3 批，对 30 多家市属企业下达了 49 项工业废水、废气限期治理任务，对 649 家工业企业实行监控，关停 79 家严重污染环境的小型企业。从 1992 年起，株洲市环境监测部门不断调整、增加监测点位和监测项目，扩大监测范围，以便准确、全面、系统的掌握全市环境状况及其变化，为环境管理和污染治理提供科学依据。湖南省人民政府也于 1996 年、1999 年分别对株洲冶炼厂等 10 家省属企业下达了 12 项限期治理任务。醴陵市政府也采取措施，对洪源和官庄等地一再出现的乱挖滥采金矿进行整治。攸县关闭了 428 家小煤窑，对滥挖乱采造成的生态破坏，开始逐步恢复。10 年里，株洲市在限期治理、达标排放、区域环境整治中，共投入资金 4.87 亿元，用于 1884 个污染治理项目，“三废”综合利用产值 6.72 亿元，利润 1.15 亿元。到 2000 年，工业废气和废水的总排放量以及废气中的氮氧化物和废水中的镉、铅、砷、氰化物、石油类，比 10 年前有所减少，但二氧化硫、烟尘、工业粉尘及废水中的汞、悬浮物等主要污染物均有增加。城市生活污水排放量、机动车排气污染、农药施用量亦有增无减。

为治理污染，开展对外合作。从 1995 年开始，与挪威佛雷德克斯市开展了 8 个环保合作项目。1997 年，霞湾污水处理厂等 5 个重大环保工程列入国家第 4 批日元贷款项目，到 2000 年已全部实施。1991 — 2000 年，全市共治理污染项目 716 项，治理资金支出 3737.8 万元，环保贷款 3342.04 万元。

由于株洲市是以重工业为主的工业城市，污染治理任务重，历史欠账多；加上污染治理力度不够，步伐不快，以致城市环境质量没有根本改善。湘江株洲段水质不能完全达到国家地表水Ⅲ类标准；市区内 5 条河港水质有 18 种主要污染物不同程度超标；市区空气污染综合指数呈上升和恶化趋势，特别是降尘量和二氧化硫，超过国家二级空气质量标准的 4 倍和 6 倍；城区土壤仍受到不同程度的重金属污染。因此，株洲的环境治理工作仍任重而道远。

第一章 环境质量

第一节 农村生态环境质量

中华人民共和国成立前，境内农村一直沿袭着小农经济生产模式，村落环境变化很小。农田以施用农家肥为主，以种绿肥、刈草沤凼为辅，土壤未受到污染。当发达国家的农村进入“化学时代”时，境内农村还是一片净土，大部分耕作层土壤的有机质含量在 3.50% 以上。氮、磷、钾养分丰富，土壤结构良好，肥力强，适应性广。森林土壤有机质积累多，腐殖质层深厚，土体熟化程度高，心土层与表土层发展平衡，草木茂盛，森林植被完好。醴陵、攸县、茶陵等县，在造纸、鞭炮、印染、冶炼、陶瓷、采矿等小规模手工业生产中，排出少量的硫化物、工业粉尘以及其他有害气体，远远没有达到大气环境容量的极限；排出废水所带来的有害物质，也没有超过水环境稀释、自净能力。山塘、水井、溪流、江河清澈见底，鱼虾畅游。

中华人民共和国成立后，新的农业生产技术逐步推广。20 世纪 50 年代，境内种植业开始施用化学肥料和有机氯、有机磷农药。施用农药最早、最多的是醴陵县，年均每亩施用量为 0.25 千克。农药、化肥的残留物开始进入食物链。

20 世纪 60 — 80 年代初，农药施用较为普遍，各县、区每亩平均施用量 1.18 千克，最高亩施用量 7.40 千克，其中 92% 为有机氯。在农药施用过程中，仅有 10% 黏附在植物叶茎上，起到杀虫作用。但 90% 以溶胶、气溶胶等形式，或飞散到大气中，或溶于水中，或被土壤吸收，导致大气、水域、土壤、作物的污染。各县测定：水体中“六六六”农药平均含量，渌江为 5.165 毫克 / 升，淦田港 24.34 毫克 / 升，塘水 5.03 毫克 / 升，水库 2.93 毫克 / 升；土壤中“六六六”平均含量为 0.07 ~ 1.55 毫克 / 千克；各种农作物“六六六”平均含量，稻米为 0.06 ~ 0.33 毫克 / 千克，蔬菜 0.018 ~ 0.12 毫克 / 千克，茶叶 0.676 ~ 0.80 毫克 / 千克；动物及人体中“六六六”平均含量，鱼类为 0.08 ~ 3.80 毫克 / 千克，青蛙 2.47 毫克 / 千克，麻雀 2.31 ~ 18.87 毫克 / 千克，猪肉 9.59 毫克 / 千克，猪肝 0.80 毫克 / 千克，猪油 1.71 ~ 17.21 毫克 / 千克，鸡蛋 0.03 ~ 19.11 毫克 / 千克，鸭蛋 3.07 ~ 19.46 毫克 / 千克，人发 1.42 ~ 16.90 毫克 / 千克，人奶 1.38 ~ 11.90 毫克 / 千克，胎盘 0.29 ~ 2.29 毫克 / 千克。农村生态环境质量普遍受到农药威胁。1983 年，国家规定停止使用“六六六”“滴滴涕”等高毒高残留的农药，农药使用逐步科学化。

在此期间，化肥施用量也逐年增长，每亩年均施用量 11.07 ~ 121.93 千克。其中，氮肥年均每亩施用量为 2.40 ~ 74.70 千克，这些氮肥一部分被农作物吸收，一部分或被细菌分解形成肿瘤的诱发剂，或进入大气中形成氮氧化物，与其他污染物产生协同作用，构成酸雨；磷肥年均每亩施用量 8.70 ~ 44.80 千克。据测定，过磷酸钙含有数量不等的镉、汞、砷、铅、锌等，造成土壤重金属污染。化肥对农村环境质量带来潜在的长期的影响。

同一时期，森林植被几经采伐，覆盖率下降到 46%，涵养水源能力大幅度降低，水旱灾害增加，水土流失 23.47 万公顷；物种衰减，兽、鸟、蛇等种群绝迹的有 17 种，大量减少的有 40 种。造成食物链和食物网的破坏。

20 世纪 80 年代前，农村很少有现代工业，农村环境基本上没有受到工业“三废”污染。1980 年，对酃县农村大气监测分析，该县五里牌的大气中，二氧化硫一次最高浓度为 0.06 毫克 / 立方米，年日平均值为 0.001 毫克 / 立方米；氮氧化物一次最高浓度为 0.07 毫克 / 立方米，年日平均值为 0.03 毫克 / 立方米。对酃县县城 54 个大气样品综合分析，二氧化硫一次最高浓度为 0.012 毫克 / 立方米，日平均浓度为 0.005 毫克 / 立方米，氮氧化物一次最高浓度为 0.018 毫克 / 立方米，日平均浓度为 0.012 毫克 / 立方米。

1981 年，对株洲县凤凰山林场大气进行监测，结果是二氧化硫一次最高浓度为 0.11 毫克 / 立方米，年日平均值 0.03 毫克 / 立方米；总悬浮微粒一次最高浓度为 0.96 毫克 / 立方米，年日平均值为 0.35

毫克/立方米；降尘为6.81吨/平方千米·月。白关中学附近，二氧化硫一次最高浓度为0.08毫克/立方米，日平均值为0.02毫克/立方米；氮氧化物一次最高浓度为0.09毫克/立方米，日平均值为0.03毫克/立方米；总悬浮微粒一次最高浓度1.31毫克/立方米，日平均值为0.24毫克/立方米；降尘为3. 30吨/平方千米·月。除个别测点数据外，其余都低于大气环境质量一级标准。

1981年，对渌江、洣江水质监测分析，渌江水质各段均符合地面水环境质量Ⅱ类标准；洣江的酃县、茶陵、攸县三个段面水质，除酃县段面铅含量为0.0312毫克/升、攸县段面锌含量为0.699毫克/升外，均符合地面水环境质量Ⅰ类标准。同年，测定部分大中型水库水质，除官庄水库的铜含量为0.0221毫克/升外，均符合地面水环境质量Ⅰ类标准。工业生产尚未破坏农村水环境质量。

从1984年开始，境内农村乡镇工业企业异军突起，迅猛发展，在加快农村经济建设的同时，也带来工业“三废”污染。到1988年，全市的乡镇企业中有“三废”排放的企业10579个，年排废气总量为54.75亿立方米，主要气型污染物8.03万吨。其中二氧化硫1.10万吨，氮氧化物0.30万吨，一氧化碳1.39万吨，工业粉尘2.56万吨，烟尘2.57万吨；年排废水2168.46万吨；主要水型污染物为悬浮物10.84万吨，耗氧有机物1.35万吨，以及氰、酚、砷等。年排固体废物169.09万吨，主要是煤矸石、尾矿石等。其中，有毒有害废渣22.16万吨，占总渣量的13.36%。

乡镇企业排放的废水，污染河港合计长达238.90千米，影响农田灌溉面积963.40公顷。茶陵县于1986—1987年间出现土法炼砷热，腰陂乡云盘村用土法炼砷，致使周围水体含砷量达0.322毫克/升，土壤含砷量达83.75毫克/千克，野草含砷量29.40毫克/千克，童尿含砷量0.322毫克/升，童发含砷量32.21毫克/千克，威胁1000多人的身体健康。乡镇企业中有采矿企业342家，缺乏统一规划和管理。特别是上万家的个体户，乱采钨、金、锡、铁、煤等矿藏，到处挖洞、倒尾砂，生态遭到破坏。据对茶陵县严塘等6个乡统计，被钨矿尾砂冲毁农田760亩，岩口水库水质含砂高达1.2万毫克/升。醴陵市洪源乡淘金者挖洞495个，安装碎石机173台，建氰化池51个，毒化7千米长的溪水，抬高5千米长的河床，最高处抬高3米，水库有7处淤塞1米以上。据1987—1990年对渌江两个断面的水质监测，亚硝酸盐最大值为1.96毫克/升，越过地面水环境质量Ⅴ类标准；挥发酚最大值为0.07毫克/升，超过地面水质Ⅳ类标准6倍，氰化物最大值达到0.194毫克/升，接近Ⅴ类水质；铅最大值为0.0711毫克/升，超过Ⅳ类水质。

20世纪90年代，境内农村生态环境污染呈现愈演愈烈之势。农药施用量方面，1990年全市农药施用量0.29万吨，单位耕地面积平均农药施用量1.74千克/亩；2000年全市农药施用量0.36万吨，单位耕地面积平均施用量1.96千克/亩。农药主要为有机磷类的甲胺磷、敌敌畏、乐果等，有机氯类的杀虫双、叶蝉散、速灭威、呋喃丹等，其他类的井岗霉素等。大量施用农药，不仅污染水质，而且杀伤水域中的青蛙、鱼类等；化肥施用量方面，1990年全市化肥施用量7.69万吨，单位耕地面积平均施用量31.62千克/亩；2000年为8.96万吨，单位耕地面积平均施用量37.26千克/亩。大量施用化肥，造成氮、磷物质随地面径流进入江河。

1995年，根据环保局的部署，再次对境内乡镇工业污染情况进行调查。共调查乡镇工业企业3.39万户，工业废水和固体废物排放虽有所减少，但工业废气及污染物和排放量增加。当年，工业废气排放量102.62亿标准立方米，二氧化硫排放量2.29万吨，烟尘排放量3.24万吨，工业粉尘排放量3.38万吨。

渌江醴陵段主要污染物为悬浮物、溶解氧、亚硝酸盐氮、生化需氧量、石油类、六价铬、总铅、总铜、挥发酚、高锰酸盐指数、非离子氨及氨氮。其中，石油类超标最为严重。1991—1995年，亚硝酸盐氮、挥发酚、非离子氨、石油类、总铅、氨氮、高锰酸盐指数、生化需氧量、悬浮物9种污染物累计污染分担率达82.48%。1996—2000年，非离子氨、亚硝酸盐氮、石油类、悬浮物、六价铬、总铅、生化需氧量、高锰酸盐指数、氨氮9种污染物累计污染分担率达84.74%。渌江株洲县段主要污染物为总磷、亚硝酸盐氮、生化需氧量、总镉及总砷，这5项污染物出现不同程度的超标现象。1998—2000年，所检测的各类污染物均未出现超标现象。洣水炎陵县段所监测的污染因子年均值均符合国家地表水Ⅱ类标准，无超标现象，水质良好；个别污染物一次值出现超标，2000年监测，有锰、铁、氨氮一次值超标33.3%、16.7%和16.7%。洣水茶陵县段1992—1994年所监测的污染因子中有个别因子的一次值出现超标现象，而年均值无超标现象；1995—2000年，洣水茶陵县段水质良好，所监测项目的浓度均达到国家Ⅱ类地表水标准。洣水攸县段1991—1995年所监测的污染物除1992年氨氮出现超标现象外，其余污染物浓度均符合国家地表水质Ⅱ类标准；1996—2000年，洣水攸县段水质有所恶化，亚硝酸盐氮及非离子氨均出现超标现象，其中1996年，有总硬度、溶解氧、非离子氨、挥发酚4项污染物出现超标现象。攸县酒埠江水库1991—2000年的水质监测表明，完全达到国家地表水Ⅱ类水质标准。

同一时期，境内畜禽养殖开始由家庭小规模圈养逐步转为中小型养殖场养殖为主，由于农业有机肥施用量逐年减少，致使畜禽粪便废水产生新的污染问题，逐步成为重要水污染物来源之一。据2000年统计，全市各类畜禽存栏总数1617万头（只），产生粪尿废水年量达682万吨。

第二节　城区环境质量

一　大气质量

1971年，开始检测清水塘工业区空气中的二氧化硫因子。经多年多次监测结果表明，一次最高浓度为7.04毫克/立方米，超过国家工业企业设计卫生标准13.10倍；最高日平均浓度为3.97毫克/立方米，超过上述大气质量标准25.50倍。

20世纪70年代，国家规定，城区的降尘标准为8吨/平方千米·月，株洲市城区清洁区实测降尘数据平均值为3.30吨/平方千米·月。据实际监测，最高测出点在市农药厂附近，降尘量为140吨/平方千米·月；最低测出点在市轴瓦厂附近，降尘量为3.27吨/平方千米·月。1971—1980年，城区平均降尘量为26.52吨/平方千米·月，超过标准2.32倍。

1981年以后，清水塘工业区二氧化硫继续保持高值，一次最高浓度达到7.91毫克/立方米，最大日平均值超过国家标准23.60倍。

中心区二氧化硫的年际变化趋势，1981 — 1983 年和 1988 — 1989 年两个时间段，年日平均值超过国家大气质量Ⅱ级标准，1984 — 1986 年呈下降趋势。

宋家桥、田心、董家塅三片，均为机械、电子等工业区，二氧化硫浓度低于国家大气环境质量Ⅱ级标准（GB3095–82）。

20 世纪 80 年代，大气中的氮氧化物、一氧化碳、光化学氧化剂、总悬浮微粒 4 种污染因子，始终控制在国家大气质量Ⅱ级标准以下。据 8 个降尘监测点监测，降尘为 13.28 吨 / 平方千米・月，超过标准 0.68 倍。其中，工业区平均降尘 26.70 吨 / 平方千米・月，超标 2. 34 倍；居民区平均降尘 9.71 吨 / 平方千米・月，超标 0.21 倍；交通稠密区平均降尘为 11 吨 / 平方千米・月，超标 0.33 倍。降尘中重金属含量较高，这与株洲冶炼厂排放的工业粉尘有关，该厂安装了高效除尘装置，排出的尘粒直径多在 10 微米以下，进入飘尘行列，但仍有不少成为降尘。

部分城区测定的总悬浮微粒中，苯并（a）芘（Bap）含量较高。董家塅片有三分之二的样品测定值每 100 立方米超过 1 微克，一般超过对照点 1 ～ 6 倍；田心片的苯并（a）芘（Bap），总平均值为 100 立方米 1.174 微克，最高为 100 立方米 1.96 微克。田心片环境大气质量评价中选用标准为 100 立方米 0.10 微克，这一片苯并（a）芘（Bap）平均值超标 10 倍，最高值超标 18 倍。

20 世纪 80 年代，城区的大气环境质量评价结果是：清水塘工业区大气质量指数算术平均值为 2.72，属重污染区；田心片、中心片的大气质量指数均值为 1.26、1.24，属中度污染区；荷塘铺片的大气质量指数均值为 0.94，属轻度污染区；董家塅片、宋家桥片的大气质量指数为 0.52、0.48，属清洁区。

1981 — 1990 年，每年定点、定时监测大气降水。监测数据表明，城区大气降水 pH 值的最小值和平均值呈逐年降低。pH 值的最小值出现在清水塘工业区株洲市建筑制品厂一带，pH 值波动范围为 3.32 ～ 7.10，年平均值为 4.29。除个别监测数据外，pH 值常年超标率几乎达到 100%，因这里是株洲冶炼厂和株洲化工厂主导风向的下风侧，是城区大气污染最严重的地区。其次是株洲市气象局附近，pH 值波动范围为 3.80 ～ 7.60，年平均值为 4.78，常年超标率在 90% 以上，这里受到上风向的工厂排放二氧化硫和氮氧化物的影响。第三是徐家桥和株洲火车站之间，pH 值波动范围为 3.86 ～ 7.51，年平均值为 4.87，这里主要是饮食店、食堂等密集区，燃煤烟气低空排放所致。第四是贺家土片，pH 值波动范围为 3.82 ～ 8.12，年平均值为 5.09，这里主要是受株洲电厂、株洲苎麻纺织印染厂、湘中化工厂等燃煤和工艺中二氧化硫烟气污染所致。

1991 — 1997 年，环境空气质量监测为每月 5 日法，1998 — 2000 年改为 24 小时连续监测，每月监测 14 日。1991 — 2000 年，市区环境空气污染相对较重，主要污染物依次为降尘、二氧化硫、总悬浮颗粒物和氮氧化物，其污染特征为煤烟型污染。

其中二氧化硫 1991 — 1995 年一次浓度超标率在 0.9% ～ 3% 之间，每年最高值均超标 1.4 倍以上，日均值处于 0.003 ～ 1.37 毫克 / 立方米之间，日均值浓度超标率在 6% ～ 10.1% 之间，最高值超标 8.1 倍，出现在 1994 年的烧碱厂测点。1996 — 2000 年，年平均值在 0.055 ～ 0.106 毫克 / 立方米之间，最大年平均值超标 0.77 倍。日均值处于 0.001 ～ 1.826 毫克 / 立方米之间，日均值超标率在 5.8% ～ 21.7% 之间，平均日均值超标率为 15.72%。5 年中最大日均值为 1999 年的 1.826 毫克 /

立方米，超标 6.3 倍。二氧化硫历年均以清水塘工业区株洲冶炼厂医院测点（点位设在烧碱厂）污染最重，火车站测点次之，其他测点较轻。

氮氧化物 1991 — 1995 年污染较轻，年均值处于 0.002 ~ 0.156 毫克 / 立方米之间，日均值处于 0.019 ~ 0.033 毫克 / 立方米之间，日均值超标率处于 0% ~ 3.0% 之间，平均日均值超标率为 0.6%。5 年中最大日均值是 1992 年的市监测站测点，为 0.156 毫克 / 立方米，超标 0.86 倍。1996 — 2000 年，年均值处于 0.032 ~ 0.044 毫克 / 立方米之间，日均值处于 0.002 ~ 0.318 毫克 / 立方米之间，日均值超标率处于 0 ~ 4.04% 之间，平均日均值超标率为 1.59%。5 年中最大日均值出现在 1998 年的火车站测点，为 0.318 毫克 / 立方米，超标 2.18 倍。

总悬浮颗粒物 1991 — 1995 年年均值处于 0.013 ~ 0.745 毫克 / 立方米之间，日均值处于 0.159 ~ 0.259 毫克 / 立方米之间，日均值超标率处于 5.21% ~ 35.7% 之间，平均日均值超标率为 19.3%。5 年中最大日均值出现在 1992 年的火车站测点，为 0.745 毫克 / 立方米，超标 1.5 倍。1996 — 2000 年，年均值处于 0.153 ~ 0.251 毫克 / 立方米之间，日均值处于 0.002 ~ 1.000 毫克 / 立方米之间，日均值超标率处于 7.6% ~ 19.82% 之间，平均日均值超标率为 15.6%。5 年中最大日均值出现在 2000 年，为 1 毫克 / 立方米，超标 1 倍。历年以株洲冶炼厂医院测点污染最重，火车站次之，其他测点相对较轻。

降尘量 1991 — 1995 年年均值处于 12 ~ 20 吨 / 平方千米 · 月之间，降尘量月均值范围处于 2.19 ~ 46.9 吨 / 平方千米 · 月之间，平均月均值超标率为 67.9%。最大降尘量出现在 1994 年，超标 4.21 倍。1996 — 2000 年，年均值处于 13.7 ~ 26.1 吨 / 平方公 里 · 月之间，降尘量月均值范围处于 2.47 ~ 50.8 吨 / 平方千米 · 月之间，平均月均值超标率为 83.12%。最大降尘量出现在 1998 年，超标 4.64 倍。降尘中，重金属含量清水塘工业区株洲冶炼厂医院测点最高，荷塘区市气象局测点最低。

空气污染物随季节变化规律，均为冬春季污染较重，夏季污染较轻。根据各测点综合污染指数评价结果，各测点综合污染指数排序为：株冶医院 > 火车站 > 天台山庄 > 市监测站 > 市气象局。

以二氧化硫、总悬浮颗粒物、降尘、氮氧化物 4 项为评价因子，降尘为市区首要污染物，按污染负荷排序为：降尘、二氧化硫、总悬浮颗粒物、氮氧化物。

10 年监测结果，城区总的空气综合污染指数 1990 — 1995 年期间有明显上升趋势，1996 — 2000 年有所恶化。

市区酸雨 1991 — 1995 年频率为 44.9% ~ 57.7%，5 年中降水 pH 最小值出现在 1994 年的烧碱厂测点，为 2.94。酸雨频率比 1985 — 1990 年有所降低，但酸度有所增大。5 年降水 pH 均值为 4.60，比 1985 — 1990 年降低了 0.3。1996 — 2000 年间，市区酸雨频率为 49.6% ~ 56.9%，5 年降水 pH 最小值出现在 1997 年的烧碱厂测点，为 3.02。酸雨频率比 1991 — 1995 年有所提高，酸度有所增大，5 年降水 pH 均值为 4.49，比 1991 — 1995 年降低了 0.11。降水酸雨频率最高期在冬季取暖期，属煤烟型污染；从降水化学组成分析，株洲市酸雨属硫酸型酸雨。株洲市属于全国酸雨控制区内污染较严重的地区之一，1991 — 2000 年，降水 pH 年均值小于 5.6，酸雨频率徘徊在 50% 左右，每年有近一半的降水是酸雨。

二 水环境质量

（一）湘江株洲段水质

20世纪60年代前，湘江市区段水质溶氧饱和率一般在90%以上，水质呈中性，pH值在7.8 ~ 8.0之间，长年水清鱼跃，水生生物种类繁多。60年代后，受城市废水污染，水质发生明显变化，水中含铜、铅、镉、汞、铬、砷、酚、氰、石油等污染物都大幅度增加。70年代末80年代初，污染最严重，特别是湘江霞湾段，重金属污染成为全湘江之首，是国内重点污染江段之一。

据1977 — 1982年监测，湘江霞湾段水中含铅、镉、锌、砷、酚的平均值分别高于湘江背景值的26倍、8倍、28倍、27倍、10倍。从霞湾港入江口以下1.90千米内，没有任何生物；洪水期，下游2千米处才出现生物；平水期，要到下游14.80千米处，物种才恢复到轻污染区水平；枯水期，在下游5千米处，着生藻类种数等于零，直到下游15千米处，江水仍未获得充分净化。

湘江霞湾段水体中，重金属总量是垂直分布的，从水面往下2.50米处，镉、铜、铅、锌4种金属浓度最高；铅、锌在水面下1米处，镉、铜在水面下0.50米处，出现第二大值；在深度1.50米处，出现重金属浓度最小值；到深度3.20米以下，4种金属浓度达到这个地段的自然背景值。

湘江霞湾段每千克悬浮物中，含铜94.90毫克，含铅363.70毫克，含镉18.80毫克，含锌1384毫克，含砷432.30毫克，分别占总量的75%、65%、71.40%、43.18%、48.90%。悬浮物通过絮凝等理化作用沉积于河底，使河底沉积物富集了大量重金属。据1979 — 1980年中国科学院地理研究所与湖南省环境保护研究所研究分析，湘江枫溪断面底质中镉、铅含量高于湘江背景值1倍，砷高4倍。湘江霞湾断面的底质中，重金属的最大值和平均值分别超过背景值1.50 ~ 812.34倍。

中国科学院水生生物研究所、湖南省环境保护研究所、株洲市环境保护研究所等单位，从1977 — 1982年，选用霞湾港入江口上游50米至下游9.8千米污染带的底质，作毒性试验。结果霞湾港入江口的底质，稀释1000倍，被试验的8种浮游动物、水生昆虫和鱼类，在24小时内，有7种100%地死亡；下游275米处，6种生物死亡率超过75%；直到5.30千米的马家河处，还有一半的生物100%地死亡。湘江霞湾段的水质，底质被重金属污染，在食物链中引起一系列反映：螺、蚌、鱼、虾、水鸟体内都含有许多重金属。

20世纪80年代，采取“治源保江”和强化环境管理等措施，分别治理和监控一批重大污染源，湘江城区段水质有所改善。到80年代末，除白石港江段右岸的挥发酚、马家河江段的汞有超标现象外，其他污染物的含量，均低于《地面水环境质量标准》（GB3838-88）Ⅲ类标准。

20世纪90年代，湘江株洲段共设4个监测断面，即朱亭（雷打石）、枫溪、白石及霞湾。1991 — 1995年，湘江株洲段有石油类、总磷、氨氮、挥发酚、悬浮物、大肠菌群、总汞、总铅、亚硝酸盐氮、生化需氧量、总镉、溶解氧、氟化物13个项目，一次监测值出现不同程度的超标。年均值出现超标的有石油类、总磷、氨氮和挥发酚。1996 — 2000年，湘江株洲段有总磷、石油类、化学需氧量、氨氮、总锰、溶解性铁、总汞、总镉、挥发酚、生化需氧量、总铅、悬浮物、亚硝酸盐氨、氟化物、pH、总大肠菌、总砷、高锰酸盐指数 18 个项目的一次值（任何一次测出的数值）出现不同程度的超标，平均超标率大于 10% 的有总磷、石油类、化学需氧量、氨氮和总锰 5 个项目。年均值出现超标的项目有总磷、石油类、化学需氧量、氨氮、总汞、总铅和总镉。

1991 — 2000 年，湘江株洲段的水质均不能完全达到国家《地面环境质量标准》中的Ⅲ类水质标准（GB3838-88）。整个江段尤以下游的霞湾江段的污染最为严重，其综合污染指数最高，超标项目最多、超标率最高。市区江段右侧水质明显劣于中部和左侧，而中部和左侧差别较小，这与市区人口和工业企业大都集中在湘江右岸相关。

按水期水质分析，平水期水质优于丰水期，丰水期水质优于枯水期。尤以霞湾断面枯水期和丰水期水质最差，朱亭断面平水期水质最好；从污染类型分析，朱亭、枫溪、白石断面以有机污染为主，霞湾段面除有机物污染外，铜、铬、砷、汞、铅、锌和镉均有超标现象，其中镉、砷和汞超标现象较严重。

湘江株洲段 20 世纪 60 — 90 年代水质及变化情况一览表

表 12-1　　单位：毫克 / 升

项　目	20 世纪 60 年代	20 世纪 70 年代	20 世纪 80 年代	20 世纪 90 年代
pH	7.84	7.50	8.1 ～ 8.5	7.82 ～ 7.99
石油类	–	–	0.211 ～ 0.567	0.04 ～ 0.55
化学需氧量	2.42	1.77	4.32 ～ 6.40	7.45 ～ 25.56
氨 氮	0.04	0.09	0.29 ～ 0.64	0.259 ～ 2.334
汞（微克 / 升）	0	1	0.0074 ～ 0.086	0.2 ～ 10.5
镉（微克 / 升）	0	2	0.205 ～ 1.093	2.6 ～ 57.2
挥发酚	0	0.01	0.0056 ～ 0.075	0.001 ～ 0.006
生化需氧量	–	–	0.91 ～ 1.22	0.72 ～ 2.19
铅（微克 / 升）	0	5	0.282 ～ 0.92	41 ～ 524.9
悬浮物	–	–	10 ～ 700	8 ～ 132
亚硝酸盐氮	0.002	0.007	0.053 ～ 0.868	0.014 ～ 0.076
氟化物	–	0.18	–	0.16 ～ 0.47
砷	0.02	0.11	0.005 ～ 0.033	0.0066 ～ 0.0145
六价铬	–	0.01	0.018 ～ 0.087	–
锌	0.02	0.09	–	–
氰化物	–	0.18	–	–
大肠杆菌（个）	–	–	–	51 ～ 2781

（二）河港水质 株洲市城区河港，从湘江上游至下游依次有枫溪、建宁、白石、铜塘、霞湾 5 条，均分布在湘江右岸。随着城市大规模的工业建设，这些河港相继变成工厂的排污水港，河港水质逐年下降。

5 条河港水质，20 世纪 60 年代以前最好，70 年代最差，80 年代、90 年代有所好转。其中枫溪港水质较好，其余依次是建宁港、白石港、铜塘港、霞湾港。霞湾港水质最差，主要污染物超标率居 5 港之首。

城区内的枫溪、霞湾上下两港，一清一浊。枫溪港底质中除砷、镉含量超标外，其余均在湘江底质背景值范围内。而霞湾港底质中各种重金属含量均超出湘江底质背景值。

5 条河港中，有 10 多个项目出现不同程度的超标现象，其中化学需氧量、石油类、阴离子表面活性剂等超标率均在 50% 以上。铜塘港和霞湾港主要是接纳工业废水，自然径流量很小，污染物多。

株洲市城区各河港 1996 — 2000 年污染物一次值超标情况一览表

表 12–2

项目	一次值（毫克 / 升）		平均超标率 %	各港超标率（%）					年均值（毫克 / 升）	
	最小	最大		枫溪	建宁	白石	铜塘	霞湾	最小	最大
氨氮	0.64	178	100	100	100	100	100	100	1.34	155
总磷	0.106	3.92	90	90	100	75	95	90	0.213	1.281
化学需氧量	13.6	1077	90	75	100	75	100	100	5.31	425.93
生化需氧量	2	187.7	74	50	100	40	95	85	3.8	125.1
石油类	0.03	8	50	5	60	10	90	85	0.13	4.35
挥发酚	0.001	3.2	40	5	45	10	60	80	0.001	0.818
阴离子洗涤剂	0.025	5.202	40	0	50	13	75	63	0.025	1.583
溶解性铁	0.002	37.4	40	19	25	44	63	50	0.06	16.426
总汞	0.00002	0.405	38	0	0	20	70	100	0.00002	0.1906
总铅	0.00007	1.775	34	0	15	0	65	90	0.0027	0.6845
氟化物	0.17	13.74	33	0	40	5	25	95	0.18	8.28
pH	2.2	12.1	32	0	0	5	75	75	4.57	10.8
总镉	0.00011	0.727	32	0	5	5	60	90	0.0002	0.3406
总砷	0.007	4.466	32	5	5	0	50	100	0.01	1.82
悬浮物	8	5832	32	0	25	15	25	95	30	3219
总锰	0.031	2.415	24	0	0	25	25	69	0.0735	1.795
溶解氧	0.1	10.3	15	0	15	0	10	50	0.6	8.8
氯化物	10.6	536	15	0	0	0	0	75	9.7	490.8
总氰化物	0.001	13.74	8	0	0	0	0	40	0.001	7.268
硫酸盐	11.45	403.13	8	0	0	0	0	38	19.86	303.87
亚硝酸盐氮	0.009	1.51	4	0	0	0	0	20	0.0195	1.245
总锌	0.002	41.06	3	0	0	0	0	15	0.002	11.38
总铜	0.00015	0.57	2	0	0	0	10	0	0.0074	1.02
硝酸盐氮	0.043	10.6	1	0	0	0	0	4	0.372	8.055

（三）湖、塘水质

20世纪70年代，清水塘区域的建设渔业队二湖和清水塘的水质受到不同程度的污染。鹅颈洲渔场虽然水质符合标准，但鱼肉中有煤油味。中基洲渔场水质中汞超过标准。株洲市渔场、建设三湖、四湖等主要湖、塘水质均属良好级别。

20世纪80年代，城区中心片的主要湖、塘，如公园游览湖、中基洲渔场、曹塘坝渔塘都养了鱼，均有一定的浑浊度，曹塘坝水还有臭味。中心片的湖、塘，除有机物污染外，水质基本符合地面水Ⅲ级标准；田心片内的塘水有50%受到挥发酚、氰化物、铜、石油类污染，属中度污染，另50%受到轻度污染；宋家桥片塘、井分布密度较大，大多为天然水塘和地面水井。塘、井水多与农田水相连，互相渗透，塘、井水质都受到农药污染。

从20世纪90年代起，每年的5月和11月，对市区的神农公园、中基州、市渔场、鹅颈州、小湖塘5口鱼塘进行例行监测，按照《渔业水质标准》（GB11607–89）分析19个项目。结果表明各鱼塘水质受到不同程度污染，一次监测值均有4 ~ 9个项目超标，超标严重的项目主要是石油类、生化需氧量、氨氮、铜、铅等，表明各鱼塘水质已受到有机物和重金属的污染，达不到《渔业水质标准》要求。

（四）地下水水质

城区地下水矿化度一般低于0.5克/升，总硬度小于8.4德国度的占68.40%，大于8.4德国度的占31.60%，pH值变化范围为4.5 ~ 9。

地下水含铁量0.32 ~ 31.75毫克/升，超标率为80%，超标倍数为1.1 ~ 106倍；锰含量0.13 ~ 11.90毫克/升；六价铬含量0.06 ~ 2毫克/升，超标倍数1.2 ~ 60倍。

城区地下水均为浅层地下水，水质受到氨氮、硝酸盐氮、亚硝酸盐氮等非金属为主的污染。清水塘工业区一带的重金属元素污染比较突出。并且，这两类污染物含量逐年递增率都比较高，其中重金属污染物的平均递增率达到3.25%。不同测井均以总大肠菌群和细菌总数超标最为严重。总体上枯水期水质优于丰水期。1996—2000年间，经检验，市区地下水水质无显著改善。

三　土壤、生物环境质量

（一）土壤环境质量

20世纪50年代株洲城区开始工业建设后，由于工业废气、粉尘、废水、废渣的污染，表层土壤随之产生变化。

1974—1977年，中国医学科学院卫生研究所等单位，对清水塘工业区的镉污染进行专项调查研究，以株洲冶炼厂133米的烟囱为圆心，在主导风下风向2000米以内的土壤镉污染严重。土壤中最高含镉量达到106毫克/千克。

1980—1982年，在湘江综合防治科研中，中国科学院、中国环境科学研究院等单位，对清水塘工业区土壤重金属污染状况进行评价，评价结果是土壤重金属污染指数为6.78，为湘江流域5个工矿区之首，比常宁水口山工业区高 1.26，比湘潭锰矿区高 4.07，比长沙三叉矶工业区高 4.95。

1983 — 1985 年，在清水塘地区的环境质量评价中，对土壤作系统调查、测定，株洲冶炼厂渣场表层土含镉高达 498.50 毫克 / 千克、砷 265.60 毫克 / 千克，垂直 80 厘米深处，土壤重金属含量为镉 62.91 毫克 / 千克、锌 1495.96 毫克 / 千克、铅 76.43 毫克 / 千克。

1984 — 1985 年，市环科所对田心工业区进行环境影响评价时，发现局部地区的土壤或多或少地受到工业生产影响，土壤中铬、镉含量的最高值分别达到 153.48 毫克 / 千克和 2.33 毫克 / 千克，超过株洲地区背景值的 1.2 倍和 9.13 倍。

1991 — 1995 年，对市区 13 个土壤点进行采样监测，这 13 个点分别是清水塘工业区近郊的建设村、石塘子、狮王庙、化工助剂厂 4 个点；污水灌溉区的湘江氮肥厂污水灌溉区白沙塘、白石港过江污水灌溉区大平二队、南方航空动力机械公司污水灌溉区王家冲 3 个点；城郊区（北面田心车站、东面新塘坡村、西面坝脑、南面宋家桥）4 个点；对照区大京的金沟湾和钱江村 2 个点。监测项目为 pH 值、总铜、总铅、总锌、总镉、总汞、总铬和总砷。监测土类分为表层土（0 ~ 25 厘米）与底层土（25 ~ 50 厘米）。因无国家标准，超标倍数采用湖南省背景值作标准。监测表明，城区土壤污染以工业区最为严重，其次为污灌区，城郊区受轻微污染。土壤中，重金属污染严重，尤以汞、镉、铅及砷为主。所测土壤中，这 4 种污染物均超过背景值，均值最大超标为汞 6.29 倍、镉 58.4 倍、铅 12.4 倍、砷 1.8 倍。超标最严重地区均在清水塘工业区。

1996 — 2000 年，对市区 12 个土壤点进行采样监测，这 12 个点分属清水塘工业区近郊 4 个点、污灌区 3 个点、城郊区 3 个点、对照区 2 个点，监测项目为 pH 值、总铜、总铅、总锌、总镉、总汞、总铬和总砷，监测土类为表层土与底层土，评价标准采用《土壤环境质量标准》（GB15618-1995）二级标准。监测表明，城区土壤受到不同程度的重金属污染，其中总镉、总汞、总砷、总铅等元素污染较为严重，各区则以工业区污染最为严重，其次是城郊区。工业区表层土 5 年均值和一次值不同程度超过《土壤环境质量标准》二级标准的项目有总镉、总汞、总砷、总铅、总铜、总锌。5 年均值超标大小依次是总镉 36.58 倍、总汞 3.36 倍、总锌 0.86 倍和总铅 0.80 倍；一次值最大超标倍数依次是总镉 45.83 倍、总汞 5.18 倍、总砷 4.26 倍和总铅 1.80 倍。底层土 5 年均值超标为总镉 20.96 倍、总砷 0.63 倍、总锌 0.08 倍和总汞 0.03 倍。表明工业区附近土壤受到冶炼、化工等企业排放废气污染比较严重，尤以总镉、总汞污染最为突出。城郊区距冶炼、化工工业区较远，附近污染源较少，相对污染较轻，表层土 5 年均值只有总镉超标。底层土 5 年均值亦是总镉超标，一次值有总镉、总锌、总砷 3 项超标。污灌区 5 年均值表层土和底层土都只有总镉超标，一次值表层土有总镉、总砷、总锌 3 项超标，底层土有总镉、总砷 2 项超标。

株洲市区土壤主要受冶炼、化工等企业的污染源影响，表层土和底层土不同程度受到重金属元素污染，以总镉、总汞、总砷、总铅最为突出，而未受到总铬的污染。

（二）生物环境质量

市区由于重金属等污染物对土壤的污染，引起土壤中动物数量减少，种群发生变化。1974 — 1977 年的调查表明，清水塘地区内的植物、家禽、家畜、鱼类都受到不同程度的镉污染，其中最高含镉量白菜 18.30 毫克 / 千克、辣椒 2.46 毫克 / 千克、母鸡肾 36.90 毫克 / 千克、猪肝 3.56 毫克 / 千克。

1975 — 1981 年，中国科学院林业土壤研究所、地理研究所、株洲市环境保护研究所，联合对清水塘地区各种生物中重金属含量进行抽样调查。20 世纪 70 年代，大米含砷 0.1 ~ 4 毫克 / 千克、镉 0.1 ~ 2 毫克 /\千克、铅 0.3 ~ 10 毫克 / 千克、锌 8 ~ 44 毫克 / 千克、铜 0.6 ~ 6.2 毫克 / 千克，苔藓含汞 0.3 ~ 1.5 毫克 / 千克、砷 3 ~ 189 毫克 / 千克、镉 0.2 ~ 4.3 毫克 / 千克、铅 8 ~ 231 毫克 / 千克、锌 30 ~ 378 毫克 / 千克、铜 9 ~ 76 毫克 / 千克。80 年代，早稻米含砷 0.08 ~ 1.8 毫克 / 千克、镉 0.1 ~ 5.8 毫克 / 千克、铅 0.6 ~ 15.4 毫克 / 千克、锌 14 ~ 60 毫克 / 千克、铜 0.5 ~ 10.5 毫克 / 千克，野鸭含汞 31.295 毫克 / 千克、镉 0.615 毫克 / 千克、铅 0.75 毫克 / 千克、锌 9.25 毫克 / 千克、铜 24.285 毫克 / 千克。

1983 — 1985 年，在清水塘环境质量评价中，由于重金属对土壤的污染，引起土壤中动物数量减少，种群发生变化。每平方米动物平均密度严重污染区为 3361.54 个，重污染区 4515.38 个，中度污染区 6033.33 个，轻度污染区 10314.28 个，非污染区 64851.71 个。

董家塅工业区是引用 331 厂工业废水和生活污水灌溉的区域，其土壤和生物受到不同程度的污染，但大部分地区没有受到重大污染。宋家桥工业区除油污染比较突出外，有机物和重金属均在背景值范围内。田心工业区蔬菜中以镉、铅、砷含量较高，最高值分别为 2.17 毫克 / 千克、30.6 毫克 / 千克、1.5 毫克 / 千克，都超过株洲地区的背景值。鱼体中的汞、铬，植物叶片中的二氧化硫，都分别超过了国家标准或株洲地区的背景值。按污染指数法评价，田心工业区蔬菜污染综合指数为 1.04，属轻度污染。

从 1991 年开始，市区作物监测分为蔬菜与谷物两类。蔬菜以包菜外层老叶为代表，稻谷以退壳的晚稻为代表。监测点位与土壤相同，监测项目均为总铜、总铅、总锌、总镉、总汞、总铬和总砷 7 项，超标倍数以背景值作标准。各测点的作物中，都不同程度的富集了有害的重金属元素，以工业区最为突出。

1991 — 1995 年，工业区蔬菜 5 年均值除总铬外，其余 6 项均超过背景值。超背景值的项目依超标倍数高低排序依次为总锌 6.07 倍、总镉 5.76 倍、总铅 5.72 倍、总汞 3.80 倍、总砷 1.96 倍、总铜 0.75 倍。稻谷除总铬、总砷外，其他 5 项的 5 年均值和一次值均不同程度的超过湖南省大米背景值。

污灌区包菜 5 年均值除总铜、总铬、总砷外，其余 4 项均不同程度的超过背景值。污染排序依次是总铅、总锌、总镉、总汞。稻谷除总铬、总砷外，其余 5 项 5 年均值和一次值不同程度的超过湖南省背景值。超背景值的项目排序依次是总镉 > 总铅 > 总铜 > 总锌 > 总汞。

城郊区蔬菜除总铬外，其余 6 项 5 年均值和一次值不同程度的超过背景值。稻谷除总铬、总砷外，其余 5 项 5 年均值和一次值不同程度的超过湖南省背景值。超背景值的项目排序依次是总镉 > 总铅 > 总锌 > 总铜 > 总汞。

1996 — 2000 年，工业区蔬菜 5 年均值除总铜外，其余 6 项均超过株洲市背景值，超背景值的项目依超标倍数高低排序依次为总镉 9.07 倍、总汞 8.1 倍、总铅 7.51 倍、总砷 5.54 倍、总锌 4.29 倍、总铬 0.70 倍。稻谷除总铬外，其他 6 项的 5 年均值和一次值均不同程度的超过湖南省大米背景值。

污灌区包菜 5 年均值除总铜、总铅外，其余 5 项均不同程度的超过背景值。污染排序依次是总镉 > 总锌 > 总砷 > 总铬 > 总汞。一次值除总铜外，其余项目均有超标现象。稻谷除总铬外，其余 6 项 5 年均值和一次值不同程度的超过湖南省背景值，超背景值的项目排序依次是总镉 > 总铅 > 总汞 > 总砷 > 总铜 > 总锌。

城郊区蔬菜除总铜外，其余 6 项 5 年均值和一次值不同程度的超过背景值。5 年均值超过背景值排序依次是总镉 > 总砷 > 总铬 > 总锌 > 总汞 > 总铅。

各区监测值与已有的食品卫生标准相比，蔬菜中总镉、总铅、总砷监测值均不同程度地超过标准；稻谷中总铅、总镉、总汞、总砷监测值亦不同程度地超过标准。

蔬菜、稻谷中的重金属含量绝大部分都超过食品（粮食）卫生标准和背景值，表明作物中污染物含量较高，特别是清水塘工业区，主要污染物为总镉、总汞、总铅和总砷。

四　声学环境质量

株洲市是工业、交通、商业密布的城市，工厂、商店、交通运输与居民住宅区、文教、机关区犬牙交错，各种声源影响本市的声学环境。

（一）区域环境噪声

1981 — 1985 年，区域环境噪声源结构是：交通噪声源占 28%，工业噪声源和社会噪声源各占 20%，施工噪声源占 6%，其他噪声源占 26%。工业噪声源 5 年等效声级平均值分别为 63、53、57、55 分贝（A），最大值为 78、59、66、61 分贝（A）。城区白天等效声级为 58 分贝（A），夜间为 54 分贝（A）。

各区的区域噪声等效声级平均值，白天以南区为最高，达 61 分贝（A）。北区次之，东区最低。夜晚以东区最高，南区与北区相等。

一天内环境噪声可划分为 5 个时间段，0 ~ 6 点为第一段，城区等效声级为 37 ~ 48 分贝（A）；7 点为第二段，等效声级为 56 分贝（A）；8 ~ 15 点为第三段，等效声级为 60 ~ 65 分贝（A），是全天的最高值；16 ~ 20 点为第四段，等效声降减为 50 ~ 60 分贝（A）；21 ~ 24 点为第五段，等效声级稳定在 50 分贝（A）左右。城区白天约有 53% 的时间超过国家规定的标准，晚间均未超过标准。

白天，不同等效声级，覆盖不同面积和人口数量。按网络测算，41 ~ 55 分贝（A）覆盖 8.25 平方千米，计 6.04 万人；56 ~ 80 分贝（A）覆盖 17.75 平方千米，计 12.99 万人。

1986 — 1990 年，城区环境噪声明显增大。尤其是中心片，环境噪声等效声级均值为 63 分贝（A），最大值为 77 分贝（A）。中心片属混合区环境，与国家规定的标准比较，55% 的区域环境噪声超过国家二类混合区环境噪声标准，商业中心区域，白天超标率 80% 以上。

清水塘片属“坏”的级别，尤其是夜间的环境噪声比白天更严重。

田心片50%的居民住宅区噪声超过国家规定标准，白天超标率为76%，夜间为90%。工业集中区占整个区域面积的32%，在正常生产的白天，噪声超标率为52%。

宋家桥片的工业集中区，环境噪声等效声级超过国家标准(65分贝（A））的占35%。生活区，白天等效声级平均值达55分贝（A），超过国家标准5分贝（A），超标率为65%；夜间等效声级平均值达49分贝（A），超过国家标准9分贝（A），超标率为100%。

董家塅工业区，白天的环境噪声几乎整天处于超标状态。部分居民区外装高音喇叭，形成早、中、晚三段时间有规律地出现明显的噪声峰值。该片居民区环境噪声，白天一般超过标准3～8分贝（A）。全片噪声峰值出现在白天，夜间形成低谷。白天与夜晚噪声最大相差47分贝（A）。

城区居民文教区平均等效声级为55分贝（A），超标率为52%，一类混合区57分贝（A），超标率为44%；二类混合区，商业中心区和交通区比其他功能区的环境噪声，白天高出10～20分贝（A），夜间高出2～18分贝（A）。

1991—1995年，按500米×500米的网格布点，以网格中心为测点，初期布点209个，逐步增至235个，网格覆盖面积58.75平方千米。城区区域环境噪声5年均值为55. 6分贝（A），噪声级为51～55分贝（A）范围覆盖的网格面积最大，占实测面积5年分别为35.7%、26.7%、36.6%、37.6%和36.6%。大于70分贝（A）覆盖的网格面积最小。

1996—2000年，共布测点213个，监测范围是东至宋家桥，南至董家塅，西南至炎帝广场，西北至清水塘，总监测面积为53.25平方千米。城区区域环境噪声值5年来变化不大，均值为56分贝（A），噪声级为56～60分贝（A），范围的覆盖面积较大，分别是20.50、17.25、16.25、15.50平方千米（1998年除外），占实测面积百分比为34.9%、32.4%、30.5%、29.1%。大于70分贝（A）覆盖的网格面积最小。

（二）交通噪音

1981年，交通干线噪声为72分贝（A），到1990年增加到74分贝（A）。各条主要干线的交通噪声，由大到小是建设路、芦淞路、新华路、人民路。等效声级最大值为90分贝（A），最高平均值80分贝（A），暴露在71分贝（A）以上的路段占总监测路段的44%。

宋家桥片白天等效声级平均值为59分贝（A），比国家规定的交通噪声标准低11分贝（A），夜间等效声级平均值为51分贝（A），比国家规定的标准低4分贝（A），是城区交通噪声最小的地区。

清水塘地区内3条交通干线，有三分之二的路段超过国家规定标准，达到75～79分贝（A），三分之一路段低于国家标准1分贝（A）。

1991—1995年，市区共监测交通干线25条，总长度49. 25千米，监测点68个。城市道路交通车流量由1991年的524辆/小时增至1995年的938辆/小时。城区道路交通噪声等效声级5年加权均值为71.11分贝（A），超过国家标准1.11分贝（A）。所测主要交通干线中，有16条干线超标，超标长度5年均值为29.57千米，占总监测路段长度的65.8%。城区25条主要交通干线等效声级5年加权均值范围在65.87～75.70分贝（A），最高为红港路，其次是芦淞路、市府路、建设路、人民南路，这些路段都在73分贝（A）以上，最低为体育路。暴露在70分贝（A）以下和

70 ~ 73、73 ~ 77 及大于 77 分贝（A）的路段长度 5 年均值分别为 15.50、12.70、14.58、2.24 千米，占总监测长度的 34.2%、27.8%、32.9% 及 5.1%。

1996 — 2000 年，城区道路交通噪声监测点位由 25 条路段的 68 个测点，调整为 23 条路段 73 个测点，监测长度为 53.88 千米。道路交通车流量由 1996 年的 1086 辆 / 小时增至 2000 年的 1436 辆 / 小时，比 1991 — 1995 年平均每小时增加了 752 辆，每小时流量千辆以上机动车的路段有 11 条之多。尤其新华路、芦淞路高达 2000 余辆的车流量，黄山路车流量最低，平均每小时仅 156 辆。

城市道路交通噪声的年均值由 1996 年的 73.25 分贝（A）下降为 2000 年的 71.99 分贝（A）。主要降噪原因是道路改扩建，缓解了市区内的过境车辆交通压力，对改善市区内声学环境起了作用。5 年中，城区道路交通噪声等效声级五年加权均值为 72.34 分贝（A），超过国家标准 2.34 分贝（A）。所测 23 条主要交通干线中，有 16 条干线超标，超标长度 5 年均值为 39.75 千米，占总监测路段长度的 73.77%，分别比 1991 — 1995 年提高了 10.18 千米和 7.97%。23 条主要交通干线等效声级 5 年加权均值范围在 59.50 ~ 75.92 分贝（A），最高仍为红港路，其次是人民路、新华路、建设路、纺织路，最低的是黄山路。交通干线总监测长度为 53.88 千米，暴露在 70 分贝（A）以下和 70 ~ 73 分贝 (A)、73 ~ 77 分贝 (A)、大于 77 分贝 (A) 的路线长度 5 年均值（1998 年除外）分别为 12.96、8.77、22.56、8.31 千米， 分别占总监测长度的 24.05%、16.27%、41.87%、15.42%。超过 70 分贝（A）的干线 5 年长度均值为 39.75 千米，占总监测路段长度的 73.77%。

1999 — 2000 年，城区交通噪声超过 70 分贝（A）干线占总干线长度百分率有逐年递增趋势。2000 年，市区内有 52 条道路，其中河东建成区有 42 条，河西天元区有 10 条。加之湘黔、浙赣、京广铁路主干线横穿市区繁华地段，市内铁路线总长达 381.76 千米。全市道路监测总长度 53. 88 千米，监测路段平均宽度为 16.78 米。

（三）工业噪声

中心片除株洲苎麻纺织印染厂工业噪声超标外，其他均符合国家工业集中区的噪声标准。清水塘片工业噪声大都在工业集中区标准以内，但有少数区域噪声比较高。如株洲化工厂曾布设 850 个测点，67 台设备噪声达 85 ~ 114 分贝（A），其中大于 100 分贝（A）的有 47 台，在 85 ~ 99 分贝（A）的有 20 台。董家塅工业区有 200 多个工业噪声源，其中设备操作点噪声超过 90 分贝（A）的有 91 个，对环境影响大的噪声源有 70 个。航空发动机试车台曾是声功率最大、传播面最广、受干扰人数最多的工业噪声源，运转时机旁噪声高达 134 分贝（A）(1987 年已治理)。其次是航模、试验器、发电机的排气噪声也高达 120 分贝（A）左右，使毗连厂界 100 米范围内的居民宿舍，户外噪声仍达 60 ~ 75 分贝（A）。荷塘铺工业区的工业噪声大于 85 分贝（A）的占 35%，大于 90 分贝（A）占 19.80%。田心片的工业噪声，以株洲电力机车厂为代表，67% 的车间噪声超过《工业企业噪声卫生标准》，40 台具有代表性的机器设备，噪声达 86 ~ 100 分贝（A）。宋家桥片的主要噪声源是机械噪声，有 33 个噪声源超过 95 分贝（A），其中突发性脉冲噪声源（如汽锤声)，传到生活区后，夜间仍高达 60 分贝（A）。

第二章 环境污染

第一节 废气污染

20 世纪 50 年代末，城区工业废气污染开始出现。到 1960 年，城区废气排放量累计 216.30 亿立方米，其中污染物 13.44 万吨。每年平均排放 72.10 亿立方米，其中污染物 4.48 万吨。

1961 — 1970 年，随着工业生产的发展，废气污染逐步加重。10 年共排放废气 768.20 亿立方米，比 20 世纪 50 年代增加 2.55 倍；其中各种污染物 72.30 万吨，比 50 年代增加 4.40 倍。污染物中的二氧化硫、氯气严重危害农业生产和人体健康，污染事故开始发生。

铅冶炼生产，每年排放 32 亿立方米的废气，其中含二氧化硫（浓度 0.80% ~ 1.20%）2.1 万多吨。锌冶炼生产系统含高浓度二氧化硫的烟气，按设计要求是用于制取硫酸，但有时因事故排空，这两股烟气同时从同一高烟囱排出，影响主导风向下方 20 多千米范围内的农业生产。硫酸生产的尾气，也含低浓度的二氧化硫，从另一个较低的烟囱排出，影响附近的农业生产。这两个烟囱挨在一起，远近都受到危害。氯气危害主要来自株洲化工厂。1969 年，一次氯气排空，使附近的朱家、板塘、龙塘、李家冲 4 个生产队 114 人中毒。1970 年 7 月 3 日上午 6 ~ 9 时，氯气放空 3 个小时，造成株洲市灰渣砖厂 99 人不同程度的急性中毒，其中 33 人送医院抢救，附近社员亦有 110 余人被氯气毒害，较严重的 4 人，其中 3 人送医院治疗。

1973 年上半年，株洲冶炼厂几次事故排放二氧化硫烟气，使株洲市郊、湘潭市郊、湘潭县的 7 个公社 33 个大队 130 个生产队 1440.07 公顷水稻、10 多公顷经济作物、169.80 公顷蔬菜、560 多公顷森林受到不同程度的损害。

1975 年 5 月 20 日 9 时 48 分，株洲化工厂因氯气含氢引起一号液氯计量槽和二号自动加料罐爆炸，中毒者 140 余人，死亡 2 人，多数送医院抢救，氯碱系统停产 24 小时。是年 6 月，正值早稻含苞吐穗，株洲冶炼厂为“时间过半、任务过半”而加紧生产，与之配套利用烟气制酸的株洲化工厂硫酸车间却被批准于 15 日 0 — 17 时停产检修。这种配套而不协调的作法，造成浓度在 5% 左右的 200 万立方米二氧化硫烟气排空，污染湘潭市郊区的荷塘、板塘、昭山 3 个公社 32 个大队 321 个生产队计 1200 多公顷稻田。其中损失 45% 左右的有 466.67 余公顷，损失粮食 147.50 万千克。就在这一年，发生类似事件或正常排放造成的污染，损坏稻田 3995.40 公顷，减产粮食 360 多万千克，相当于 1.2 万个农民劳动一年的成果，引起社队群众来访 140 多人次。经市环保部门调解，株洲冶炼厂赔款 33.49 万元，株洲化工厂赔款 28.87 万元。

1978 年 1 — 8 月统计，锌冶炼生产的高浓度二氧化硫烟气事故排放达 75 次，平均 3.2 天 1 次，累计 600 小时，共排烟气 2000 多万立方米，影响湘潭市和株洲县 8 个公社，损坏早稻 1800 公顷，蔬菜 333.34 余公顷，森林及经济作物 400 余公顷。

市杉木塘化工厂，长期用磷矿石与烟煤混合露天焙烧磷肥，散发大量的一氧化碳和二氧化硫，使厂区周围500米范围内的居民难以忍受。1980年5月29日，距磷肥烧结处仅10米的居民陈廷菊，因住宅通风不良，在工厂的烟气灌入后，导致一家4口急性中毒。

1971—1980年，工业废气排放量比前10年增加近1倍，达1560亿立方米。其中，污染物151.40万吨。因污染引起的事故和纠纷多达397起，被污染的稻田、蔬菜、果木、森林共1.456万公顷，由工厂赔偿损失251万元。

1981—1985年，城区废气排放总量为1014.97亿立方米，年均排放202.99亿立方米。其中污染物23种，就二氧化硫、烟尘、工业粉尘、氮氧化物和一氧化碳5种主要污染物统计，共排92.38万吨，年均排放量为18.48万吨。由于废气治理取得初步成效，在工业总产值平均年增长7.40%的情况下，废气排放量年均仅增1%，废气污染物年均仅增4.69%。但因管理不善或其他原因，污染事故时有发生。1981年6月5日，株洲化工厂硫酸车间停产检修，提前通知株洲冶炼厂控制送气量，株洲冶炼厂没有配合好，造成烟气超量排空。株洲化工厂检修马虎，6月9日，硫酸车间冶炼烟气系统4号转化器出口管道穿孔，致使这个系统停产，烟气放空。以上2次人为事故共向空中排出二氧化硫烟气53万立方米，损坏农作物1131.83公顷，赔款8.55万元。

1985年，第三次工业污染源调查，据全市603个工矿企业（占工业总产值91.40%，企业总数的44.30%）统计，年排废气290亿立方米。其中北区占61.94%，东区4.60%，南区4.88%，郊区5.36%，株洲县5.36%，醴陵市11.48%，攸县3.87%，茶陵1.58%，酃县0.93%。年排废气1亿立方米以上的企业有20家，占全市总排放量的73.23%。

废气污染物主要的有12种。这些污染物中，二氧化硫、氮氧化物、一氧化碳、烟尘、工业粉尘的排放量最大的是北区，分别占全市的73.93%、52.57%、64.45%、68.93%和35.43%。二氧化硫每年排放量大于500吨的有7家企业，其中株洲冶炼厂年排放21053吨，占全市的43.30%；其次是株洲电厂，年排放5315吨，占全市10.90%。氮氧化物年排放量在100吨以上的企业有20家，最多的是湘江氮肥厂，年排放2416吨，占全市18.90%。一氧化碳年排放3000吨以上的有6家，最多的是株洲电厂，计17050吨，占全市25.80%。烟尘年排放量最多的也是株洲电厂，计34846吨，占全市45.40%。工业粉尘年排放量最多的是市水泥厂，计2926吨，占全市9.20%。氟化氢排放的企业有7家，最多的是株洲化工厂，计710吨，占全市91.20%。排放铅尘的企业有2家，其中株洲冶炼厂排341吨，占全市99.82%。有氯化氢排放的企业6家，最多的是株洲硬质合金厂，计131.54吨，占全市64.45%。13家排放硫化氢的企业，株洲化工助剂厂最多，年排95吨，占全市同类污染物总量的47.41%。1981—1985年，共发生废气污染事故与纠纷177起，造成农业直接经济损失达213万元。

1986—1990年，全市废气排放总量累计为1559.20亿立方米，年平均排放废气311.84亿立方米。气型污染物种类没有发生变化，全市二氧化硫、烟尘、工业粉尘、氮氧化物和一氧化碳5种主要污染物质共116万吨，年平均23.20万吨。这些污染物进入大气环境，在局部地域造成污染或污染事故。1990年春夏之交，4次事故排放二氧化硫烟气，使北区苗圃68.07公顷苗木、花卉、果树受害，多次出现枯尖、落叶、落果现象，有的整株枯死。经协调，由株洲冶炼厂、株洲化工厂各赔偿损失10

万元。同年7月7日，市湘中化工厂在打扫卫生时，碰坏盛装三氯化磷的贮槽阀门，致使三氯化磷泄漏，主管工业生产的副市长亲临现场，组织消防队员及有关部门全力抢险，控制三氯化磷气体的漫延，但逸出的气体随南风吹送，使北区贺家土办事处麻园居委会30多户居民喘不过气来，有的发生呕吐，20多株果木及一片风景林被熏成枯木，5名消防队员中毒住院，直接经济损失1.5万多元。1986—1990年间，共发生大气污染事故与纠纷522起，赔偿经济损失478.60万元。

1993年7月，市烧碱厂进行露天氯化氢换罐作业，时常伴有大量的氯化氢泄露，污染铜塘湾一带。氯化氢与霞湾港水中逸出的氨气反应，生成氯化氨，造成大面积蓝灰色烟雾污染。1994年8月31日，白马垄变电站502线路因雷击跳闸，使清水塘和湘江氮肥厂2个变电站停电20分钟，造成部分企业大量工业废气外泄，加之当时气压低、风速小，外泄的废气扩散缓慢，致使响石岭、清水塘、铜塘湾一带大面积烟雾弥漫，能见度仅5米左右，强烈的臭味刺激，令人窒息，这次大气污染持续约4个小时。1995年，全市万元工业产值废气排放量3.3万标立方米，比1990年减少1.8万标立方米。1991—1995年，全市工业废气排放总量1612.01亿标立方米，年平均排放量为322.40亿标立方米。1996年，全市首次全面进行排放污染物申报登记，申报登记企业189家，工业废气年排放量428.53亿标立方米，废气中19种污染物排放量14.60万吨，其中烟尘4.14万吨，二氧化硫7.53万吨，氮氧化物1.89万吨，一氧化碳168.81吨，硫化氢30.40吨，氟化物8.05吨，氟化氢1.76吨，氨114.20吨，氯气6.12吨，硫酸雾14.58吨，铬酸雾1.33吨，苯系物44.55吨，碳氢化合物42.30吨，铅及其化合物78.03吨，水泥尘8255.79吨，石英尘53.51吨，石棉尘0.14吨，其他粉尘1366.94吨。2000年，全市万元工业产值废气排放量0.81万标立方米，比1995年减排0.81万标立方米。1996—2000年，全市工业废气排放总量1594亿标立方米，年平均排放318.9亿标立方米。

到2000年，全市机动车数量已达15.82万辆，尤其是市区机动车达到7万余辆。根据各型机动车排污系数分析，2000年市区机动车约排放氮氧化物300吨，一氧化碳5200吨，碳氢化合物900吨。当年，火车站测点氮氧化物年均值达0.05毫克/立方米，主要原因是机动车排气所致。机动车废气已成为市区废气污染的一个重要来源。同时，城市废气还有生活废气排污，主要来自于生活燃煤，随着城市气化率逐年提高，生活燃煤逐年减少。2000年统计，全市生活燃煤量为30.71万吨，排放二氧化硫0.455万吨，烟尘0.583万吨。

第二节　废水污染

1951—1960年，城区总计排放废水2.48亿吨，万元产值排放废水3600吨。其中，污染物排放总量为7.61万吨，万元产值排放量为1.10吨。其时还没有超过水环境的自净能力，污染问题还没有暴露出来。

1961—1970年，城区废水排放总量达到10.20亿吨，年平均排放废水1.02亿吨，万元产值排放废水2200吨。其中，污染物排放总量为47.80万吨，年平均排放4.78万吨，万元产值排放1.05吨。污染物进入湘江，使湘江生物种类和数量在无声无息地减少，尚未引起人们的注意。湘江株洲段7

个鱼类栖息潭口被破坏，胭脂鱼、鳡鱼、鲥鱼、银飘鱼等7个鱼种绝迹，水产资源急剧下降。1954年，湘江株洲段捕鱼量为21万千克。1963—1965年，每年尚能捕捞5万千克，1970年降至2.25万千克，15年间，减产89%，拥有98条渔船的专业捕鱼队被迫转业。

1971—1980年，城区总共排放废水17.40亿吨，年平均排放1.74亿吨，万元产值排水1400吨。其中，污染物109.25万吨，年平均排放10.93万吨，万元产值排放量0.90吨。污染物通过枫溪、建宁、白石、铜塘、霞湾5港进入湘江，各港和湘江的水质都发生明显变化。历来是居民饮用水源的建宁港，港水变臭；清澈见底的白石港，变成了一港黑水，冲入湘江，在湘江右岸，形成一条100多米宽、1000多米多长的污染带；过去仅容纳春夏山水的铜塘港，成了四季奔腾不息的浊流，并在其湘江出口处，淤积成一个舌形浅滩；霞湾港由过去的天然雨水港，变成了毒水港，流入湘江后，在湘江右岸形成10多千米长的毒化带。湘江市区段接纳5港废水后，水质明显变差。据1973年3月市综合利用办、郊区革命委员会、市卫生防疫站、市肉食水产公司等单位关于《湘江株洲段水质污染调查报告》记载：1971—1973年与1963—1967年比较，江水中酚增加21.80%，砷增加19.60%，氰化物增加16.40%，汞增加0.90%，总铬增加0.38%。

水污染事故及纠纷开始大量发生，20世纪70年代共发生308起，赔偿农业经济损失88万元(不包括湘江的水产损失)。

1981—1985年，全市工业废水总排放量为10.37亿吨，其中，城区排放9.37亿吨，年平均排放1.87亿吨。城区水型污染物排放总量为98.07万吨，年平均排放量为19.61万吨；年平均万元产值排放废水700吨，水型污染物0.74吨。通过加强管理和治理，万元产值排污比20世纪70年代有所下降。但因工业生产规模逐年扩大，污染物排放绝对量在不断增加，污染事故与纠纷也随之增加。1982年11月13日，湘江氮肥厂把合成氨高温裂化气水洗含油炭黑废水，连同平时捞上的油炭团及炭黑灰，一起扫进地沟，流入湘江，致使湘江马家河至湘潭铁桥江段的鱼，被炭黑堵塞鱼鳃，造成窒息，三天内共死鱼约5万千克。5年中，共发生水污染事故与纠纷256起，造成农业生产直接经济损失达152万元。

1986—1990年，全市废水排放量累计10.56亿吨，年平均排放废水2.11亿吨；水型污染物累计排放100.50万吨，年平均排放20.10万吨，20家主要工业废水污染源年排废水1.24亿吨，占总排放量的66.70%。其中，株洲化工厂年排工业废水3440万吨，占全市总排放量的18.50%，居各家之首；其次是湘江氮肥厂，年排废水3347万吨，占全市年排放量的18.08%；株洲玻璃厂、株洲电厂（冷却水2.80亿吨/年除外）、株洲冶炼厂分别年排废水780万吨、727万吨和702万吨。以化学需氧量、汞、镉、六价铬、砷、铅、挥发酚、氰化物、石油类、悬浮物、生化需氧量和硫化物12种水型污染物统计，全市5年累计排放总量达85万多吨，年平均排放17万多吨，其中，悬浮物占80%，化学需氧量占16%。5年中，共发生水污染事故及纠纷418起，赔偿农业经济损失158.40万元。

株洲电厂年产生粉煤灰30余万吨，每年有数万吨排入湘江，造成湘江白石断面右岸一条黑色污染带，影响市一、二水厂水源。在此期间，湘江氮肥厂热电站每年也有数万吨粉煤灰排入湘江，在霞湾段面右岸形成一条黑色污染带。1993年，对市区医院污水进行调查，市区27家医院年污水排放总量112.41万吨。1994年夏，株洲市遭受百年不遇的洪水，最高水位超过历史水位72厘米，且持续时间长。7月17日，霞湾港排污渠决口，决口处为入江口上游1000米左右的东侧港堤。决口宽约20余米。造成清水乡建设村、响石村、竹山居委会51.40公顷鱼塘受灾，其中受灾严重的41.73公顷，蔬菜受灾面积26.77公顷。有毒港水流进鱼塘，造成死鱼在10万千克以上。农民多次上访，经协调，由有相关责任的株洲化工厂、株洲冶炼厂等21家工厂补偿直接经济损失85.35万元，为恢复生产进行清淤清污补偿费用30万元，合计115.35万元。

1995年，全市万元产值废水排放量203吨，比1990年减少104吨。1991—1995年，全市工业废水排放总量8.977亿吨，年平均排放量1.796亿吨。1996年申报登记中，189家企业工业废水年排放量1.51亿吨，废水中14种污染物年排放量10.01万吨，其中悬浮物6.82万吨，化学耗氧量2.56万吨，石油类402.15吨，氰化物10.15吨，挥发酚11.58吨，砷34.38吨，汞2.39吨，铅24.05吨，镉5.06吨，六价铬0.68吨，硫化物46.06吨，氨氮4914.12吨，氟化物862.85吨。1996—2000年，全市工业废水排放总量5.53亿吨，年均排放量1.11亿吨。

随着城市化进程的加速，城市人口快速增长，带来城市生活污水排放量的增长。1991—1995年，全市生活污水排放量总计1.31亿吨，年平均0.26亿吨。1996—2000年，总计3.27亿吨，年平均0.65亿吨。2000年统计，全市排放生活污水0.68亿吨，废水中排放化学耗氧量约3万吨。株洲车辆厂生活污水自1993年以来污染明照乡戴家岭村的稻田和部分生活饮用水，2000年又污染该村的养殖基地。为此，农民多次到市人大、市政府上访，并找电视台曝光，聘请律师打官司，矛盾一触即发。经市环保局多次调解，厂方补偿了村民损失，并解决了该村的长期生活饮用水问题。

第三节　固体废物污染

20世纪50年代，城区共计排放粉煤灰、煤矸石等工业废渣59.70万吨。当时，主要工厂都设置了渣场，废渣都作了处置，没有出现污染事故。

20世纪60年代，城区的粉煤灰、煤矸石、有色冶炼渣、化工渣等废渣排放量剧增，10年累计排放724.50万吨。比50年代增加11.13倍，年平均排放72.45万吨。这时，株洲电厂芦茅塅渣场已堆满，每年30万吨粉煤灰没有地方堆存，就随冲灰水从渣场漫入白石一港和白石二港，进入湘江，把湘江染黑了半边，造成市二水厂源水的浑浊度提高20度以上，有时高达50度，超过国家规定进水标准(3度)的6.60～16.60倍。株洲选煤厂（株洲洗煤厂前身）每年排出约20万吨煤矸石，堆积成山，每到炎天暑热，迎风自燃，黑夜周围上十里都可望见火焰腾腾，硫烟缭绕。

20世纪70年代，城区的大、中型企业累计排渣1109.50万吨，比60年代增加53%，年平均排渣量为110.90万吨。万元产值排渣量为9.13吨，比60年代降低42.76%。这个时期，造成危害最大的是冶金渣和化工渣。株洲冶炼厂每年排出废渣10多万吨，其中，砷烟灰600多吨，郊区农药厂利用其中的一部分作原料，土法生产砷酸钙。露天堆放的砷烟灰被雨水沥淋，顺山势径流到清水公社建设大队朱家生产队的饮用水源——朱家塘内，使塘水含砷达到3～13毫克/升，超过国家饮用水标准（0.05毫克/升）的160～200倍。这个队13户93人饮用了这口塘里的水，76人中毒。

株洲硬质合金厂年排废渣1.08万吨，其中磷砷渣200多吨， 随工业废水冲入白石港，累计排出砷 23.80 吨。每逢春夏，湘江涨水，白石港水受到顶托，倒灌到荷塘铺公社新塘坡大队，使这个大队的 58.13 公顷稻田受到砷污染。据 1979 年市环境监测站与株洲硬质合金厂联合监测分析，水田、菜土、荒土等土壤含砷量分别高出株洲地区土壤砷含量背景值（16.56 毫克 / 千克）的 2 ~ 12 倍。种植的农作物含砷量都超过国家规定的食品卫生标准，不能食用。只好将被污染的土壤挖出运走，改造成为养殖鱼场。

株洲化工厂年排硫铁矿烧渣和盐泥 6.1 万多吨，全部冲入湘江，污染水质，淤塞河道。

1980 年，对城区内 526 个工业企业统计，年排工业废渣为 97.40 万吨，城区累计排放废渣 1893.70 万吨。除综合利用和冲入湘江等水体外，其余分别堆存在市区，仅在清水塘工业区 10 平方千米范围内就有渣场 35 个，占地面积 18.76 公顷。其中，5 万吨以上的渣堆有 3 个，5000 ~ 50000 吨的渣堆 9 个，500 ~ 5000 吨的渣堆 7 个，500 吨以下的渣堆 16 个。危害最大的是有色冶炼渣，历年积存量约 200 万吨，占地面积 6.27 公顷多，渣场东南角，常年有几股涓涓细流从渣底渗出。渗流水温基本稳定在 42℃ ~ 43℃之间，渗流水中锌、镉、铅、铜、砷、氟等都有检出。砷含量超过国家规定的地面水水质标准 1.88 ~ 27.50 倍，镉超过地面水水质标准 20 倍，锌超过 24.55 倍，氟超过 3.20 倍，铜、铅都超过地面水水质标准。渣场周围的土壤均被污染。

株洲冶炼厂多方探求砷烟灰的处理工艺。从 1982 年开始由联合国资助，聘请日本专家采用日本古河气流挥发法，从砷烟灰中提取白砷，未获成功。工厂在急于为砷烟灰找出路之际，益阳地区的一些乡镇企业和个体户来购买砷烟灰，土法冶炼马蹄锑。工厂不问利用工艺和污染后果，就廉价出售。导致益阳地区特别是桃江县炼锑成风，这个县马迹塘镇及周围就有 400 多户在房前屋后土法炼锑，导致多数中毒，冶炼废气把周围林木熏死或熏黄，仅桃花江硫化厂周围，就损毁林木及竹林 1.51 公顷，土壤和水域也被污染。益阳地区环保局发现后，报请湖南省环保局批准，依法对株洲冶炼厂转嫁污染行为处以 5 万元罚款，全部关闭土法冶炼锑的乡镇（街道）企业和个体企业。

位于茶陵县的湘东钨矿，20 世纪 80 年代平均年排尾砂 10 万多吨，该矿的 3 号尾砂坝和 1 号尾砂坝先后 3 次垮坝，尾砂、废石、砂土倾泻而下，覆盖了 25 千米内的湘东、高陇、火田 3 个乡的 16 个村 624.67 公顷农田。其中，颗粒无收的 329.73 公顷，一般减产的 294.93 公顷。7 千米长的一条小溪流床底被抬高 1 ~ 3 米，46.67 多公顷稻田无法复垦，变成乱石排空，一片废墟。

1990 年，全市废渣产生量为 171.02 万吨，其中，已处理、处置 73.28 万吨，排入湘江的粉煤灰 12.28 万吨。1981 — 1990 年，全市累计排放工业废渣 1350.72 万吨，平均年排 135.07 万吨。由于利用、处理、处置能力的提高，与 1971 — 1980 年比较，万元产值排渣量显著降低，仅为 3.50 吨，但累计堆存的绝对量仍在增加，废渣污染问题不断发生。灰渣砖滞销，生产下降，每年 20 多万吨粉煤灰排入湘江，对湘江水质构成威胁。历年累计堆存固体废物 1063.28 万吨。

1991 年，对市区有毒有害固体废物进行调查，市区有毒有害固体废物年产生量 14.69 万吨，种类主要为冶炼渣、化工渣、放射线渣、石棉渣、废水处理渣等。

1991 — 1995 年，全市工业固体废物产生总量 807.29 万吨，年平均产生 161.46 万吨。1996 年，对 189 家申报登记企业的统计显示，工业固体废物产生量 154.77 万吨。1996 — 2000 年，全市工业固体废物产生总量为 962.3 万吨，年平均产生 192.46 万吨。

株洲市2000年重点工业企业污染源排污状况一览表

表12-3

序　号	企业名称	工业废气排放量（万立方米）	工业废水排放量（万吨）	工业固体废物产生量（万吨）
1	株洲冶炼厂	704639	755.68	23.91
2	株洲电厂	528000	263.20	24.28
3	株洲化工集团有限责任公司	322152	1632.77	17.34
4	湘氮实业公司	261355	2196.20	20.89
5	南方动力机械公司	94036	195.92	0.27
6	光明玻璃集团公司	53400	631.45	0.29
7	株洲硬质合金厂	53214	378.51	1.64
8	湘东化肥厂	43200	576.00	3.78
9	醴陵火炬电瓷厂电器厂	22173	42.40	1.31
10	茶陵县氮肥厂	19300	600. 00	0.70
11	株洲电力机车厂	12719	175.73	1.27
12	株洲市煤气公司	12573	98.48	0.35
13	株洲苎麻纺织印染厂	6887	103.13	0.32
14	株洲选矿药剂厂	5276	114.70	0.28
15	株洲化工助剂厂	4300	30. 00	0.15
	合　计	2143224	7794.17	96.78

株洲市1991—2000年反映环境污染问题统计表

表12-4

年份	来信						来访		来电				
	综合	废水	废气	噪声	其他	合计	批数	人数	废水	废气	固体废物	噪声	合计
单位	封	封	封	封	封	封	批	人	个	个	个	个	个
1991	18	28	32	10	8	96	–	727	–	–	–	–	–
1992	16	27	31	12	12	98	–	840	–	–	–	–	–
1993	20	45	48	10	9	132	–	600	–	–	–	–	–
1994	15	55	60	15	14	159	–	798	–	–	–	–	–
1995	20	30	60	10	9	129	–	788	–	–	–	–	–
1996	12	59	21	6	10	108	79	92	30	72	81	15	198
1997	16	41	20	3	12	92	92	112	31	103	90	19	243
1998	17	63	23	14	11	128	88	107	25	169	117	432	743
1999	10	54	27	18	8	117	97	183	26	188	123	698	1035
2000	18	64	38	32	17	179	105	205	23	280	209	642	1154
合计	162	466	360	130	110	1238	461	4452	135	812	620	1806	3373

第三章　环境监测

第一节　大气监测

一　大气常规监测

1971年10月16—21日，株洲市卫生防疫站与湖南省劳动卫生研究所合作，对清水塘地区大气环境进行监测。监测项目为二氧化硫与氯气。这是株洲市第一次大气环境监测。此后，市卫生防疫站、市环境保护监测站等单位多次对清水塘地区和市中心进行监测，监测项目为二氧化硫、一氧化碳、氮氧化物、氯气、氟化氢、悬浮微粒等。

1972年6月和8月，市卫生防疫站对北区进行降尘监测，每期设置采样点19个，每个点设置集尘罐，每期采集时间30天，收集自然降尘。1978年4月5日至1979年4月5日，市环境保护监测站在清水塘地区设置11个采样点，按月进行降尘监测，并对降尘中部分毒物含量进行分析。以后降尘监测与大气常规监测同步进行。

从1981年开始对城区大气环境进行常规监测。当年，先后两次在株洲市二招待所、株洲铁路医院、市环境保护监测站、市建筑制品厂、市二水厂、株洲塑料厂、株洲冶炼厂招待所设立7个采样点，并在株洲县白关中学设立对照点，同时采样，每期5天，每天分早、中、晚3次采样。1982年，城区大气环境常规监测增加到4期后，布点按功能分区固定为市气象局、株洲火车站广场、株洲铁路医院（后改为市一水厂）、市环境监测中心站、株洲化工厂生活区（后改为市郊区一中）、市建筑制品厂、市水泥管厂、北区医院、徐家桥9个点。

1983年9月，市环境保护监测站在清水塘地区建成市内第一个自动监测子站，是国内最早建设的自动监测站之一，选定QJZ–202型大气污染监测系统作为监测仪器，按照国家大气自动 监测规范，监测二氧化硫、氮氧化物、一氧化碳、臭氧、飘尘5个大气污染因子和风向、风速、温度、湿度4个气象参数，每月开机10天，日夜连续监测，由仪表自动记录浓度值。与此同时，购置大气自动监测车，担负城区大气常规监测任务。

1984年6月，建成大气自动监测中心站，与清水塘子站用电台连成系统，实现遥测遥控，数据用无线电传输。子站计算机在自控和受控两种方式下工作，每分钟对各个通道进行一次数据采集，采样时间及各通道的采样值在荧光屏上显示，各通道每30分钟自动求出平均值，自动写进磁带。每天有48组一次值定时写进磁带，还接收中心站发出的11条指令。

1985年，建成贺家土自动监测子站，该站能自动显示各监测参数的瞬间值，自动分析运算，自动打印数据与报表。

清水塘子站运行到1988年，因设备老化，消耗件没有补给来源而停止运行。自动监测车因防震、恒温性能差，故障率高，亦于1987年9月停开。

1993年，根据《株洲市大气环境监测优化布点研究》，对市区大气、降水监测点位进行了调整，取消一水厂和郊区一中测点，增设冶炼厂医院、河西教师进修学院2个测点。

从1997年4月起，大气采样时间由原来的每月5天、每次半小时改为每月均匀分布5天、每次2.5小时，以适应全省“城市定量考核”和“爱卫”工作要求。对环境空气监测点位进行了重新认定。经湖南省环保局、湖南省监测中心站审核，国家环保总局批准，市监测站、火车站、天台山庄、株冶医院（设在市烧碱厂）、气象局5个点位，为大气监测国家控制点位，从1998年1月1日起，5个大气监测国控点位开始环境空气监测自动采样。

1999年2月，在清水塘工业区株冶医院测点位建立第一个环境空气自动监测系统。同年12月中旬，在《株洲日报》上正式发布环境空气质量周报。2000年11月5日，开始环境空气质量日报工作，并在湖南卫视发布监测结果。

二　酸雨监测

1981年，市环境保护监测站开始对城区降水进行监测。降水监测的布点，与大气常规监测点相同。于3月、6月、11月各采集水样一次。其中，市环境保护监测站点每月各采样2次。分析项目为pH值、二氧化硫等8项。1982年，采样点调整为5个，1月、3月、6月、7月、11月、12月各采样一次。从1983年起，开展酸雨普查，每年的2月、5月、8月、11月，对全城区的降水进行全月逢雨（雪）监测。1985年起，全年逢雨（雪）监测的点位在株洲市气象局（近郊区）、市环境监测中心站（混合区）、徐家桥（居民区，1990年改为六斗冲）、株洲市建筑制品厂（工业区），每月选择降水量最大的一次作全分析，其余各次只作pH值和电导率分析。分析方法按国家统一标准方法进行。

1992年7月，降水监测中新增氟化物项目的分析。1997年1月，降水监测点位由原来的4个调整为2个，即市环境监测中心站、株洲冶炼厂医院点位。1998年，增设天台山庄、醴陵市设置1个酸雨监测点位，从1999年1月1日开始监测。

第二节　水质监测

一　湘江水质监测

从1953年开始，市卫生防疫站对湘江市区段水质进行定期监测，分别在枫溪港、建宁港、白石港、霞湾港入江口上下断面各设一个采样点。监测有pH值、总酸度、硬度、总固体、溶解氧、化学需氧量、氯化物、氨氮、蛋白氮、硝酸氮、亚硝酸氮等30多个项目。从1971年起，市卫生防疫站开始关注工业废水对湘江的污染，增加铜、铅、砷、汞等有毒金属的监测，监测断面调整为枫溪港入江口上下断面，建宁港、白石港、铜塘港、霞湾港入江口下断面。1973年，又调整为流入断面“株一”

（枫溪港入江口上 500 米处）、观测断面“株二”（白石港入江口下 100 米处）、消失断面“株三”（霞湾港入江口 500 米处），次年增测“株四”（马家河断面）。1976 年，湘江水域环境监测工作移交市环境保护监测站。当年 12 月，市环境保护监测站在湘江朱亭、渌口、渌口造纸厂、枫溪港、霞湾港设置 5 个监测断面，监测湘江株洲段水质。监测项目为汞、镉、铅、砷、铬、挥发酚、氰化物、氟化物 8 个。1977 年 7 月，湘江水质监测调整为枫溪港入江口上游 50 米处和白石港、霞湾港入江口下游 50 米处 3 个断面，每个断面设置左、中、右 3 个采样点，另外，在建宁港、铜塘港入江口下游 50 米处各设 1 个采样点，监测项目为水温、pH 值、汞、镉、砷、铅、铬、氰化物、挥发酚、氟化物等项目。1978 年，增测铜、化学需氧量、氨氮、硬度、总固体等项目。当年 12 月，将各采样断面移位到各港入江口 300 ~ 400 米处。1979 年，增测锌、锰、铁、亚铁、钙、镁、硫化物，并观察记录江水的物理特性。采样时间为平水期、洪水期、丰水期、枯水期。

从 1980 年起，对湘江水质监测进入稳定时期，设置 3 个常规监测断面，分别为枫溪断面（枫溪港入江口上游 300 米处）、白石断面（白石港入江口下游 300 米处）、霞湾断面（霞湾港入江口下游 500 米处），每个断面分左、中、右 3 个采样点。另外在枫溪港、建宁港、铜塘港入江口下游 300 米各设 1 个采样点，每年的 2 月、5 月、8 月、11 月定期采样，监测项目为汞、镉、铅、砷、氰化物、挥发酚、氟、六价铬、总铬、铜、锌、亚铁、总铁、锰、总固体、悬浮物、可溶性固体、硬度、钙、镁、硫化物、氨氮、pH 值、电导率、化学需氧量、水温等。

从 1982 年开始，对湘江水质实施每月采样监测制度，共设 3 个采样断面，即枫溪国控断面（枫溪港入江口上游 300 米处，代表湘江株洲段上游水质）、霞湾国控断面（霞湾港入江口下游 700 米处，代表湘江株洲段下游水质）、白石国控断面（白石港入江口下游 300 米处），每个断面分设左、中、右垂线，每条垂线各设 1 个采样点，监测项目为水温、pH 值、电导率、悬浮物、溶解氧、大肠菌群、细菌总数、化学耗氧量、生物需氧量、氨氮、硝酸盐氮、亚硝酸盐氮、氟化物、挥发酚、石油类、硬度、汞、镉、铅、砷、总铬、六价铬、锌等。1989 年，将化学耗氧量、汞、镉、铅、砷、锌、铜、氰化物改为测高锰酸盐指数、总汞、总镉、总铅、总砷、总锌、总铜、总氰，并新增色度、总磷、非离子氨监测项目。

1993 年，根据《湘江株洲段水环境国控监测点位认证研究报告》，为掌握湘江上游进入株洲市江段水质的原始情况，增设雷打石断面监测点。采样时间按枯水（1 月）、丰水（5 月）、平水（9 月）3 期进行，每期采样 3 天。河源背景断面每年采样 2 次，统一规定在枯水期进行监测。水质监测必测项目为 24 项，即水温、pH 值、总悬浮物、总硬度、溶解氧（含量、饱和量）、高锰酸盐指数、5 日生化需氧量、非离子氨、硝酸盐氮、亚硝酸盐氮、挥发酚、总氰化物、总砷、总汞、六价铬、总铅、总镉、石油类、电导率、色度、总磷、总铜、总锌、总大肠菌群。

从 1998 年 1 月开始，枫溪断面移至新建的四水厂取水口上游，即在原监测断面上移 1000 米。根据国家环保局 1998 年 1 月颁布的《环境监测技术规范》，调整了湘江株洲市区段水质监测频次，调整后全年监测 12 次。7 月，为使霞湾断面的水质监测结果更具代表性，该断面下移至株洲玻璃厂修堤纪念碑处。10 月，根据《湖南省湘江流域水污染防治条例》，在湘江衡株交界处设置朱亭断面作为城市交界断面。1999年1月，湘江株洲段雷打石断面改为朱亭断面。从2000年11月10日起，株洲市环境监测中心站开展了湘江水质周报工作，并在湖南卫视台公布监测结果。

二　港水、渌江水质监测

市卫生防疫站于1953—1976年，开展枫溪港、建宁港、白石港、铜塘港、霞湾港港水水质监测。1977年8月，市环境保护监测站接替港水监测工作，5港监测采样点设置在各港入江口上游500米处。

1980年，在株洲县渌口镇渌江入湘江口上600米处设置监测断面，开始监测渌江水质。同时，开始观察并记录港水的物理特性，包括水温、颜色、气味、水面油污与悬浮物、水生生物等，并按实际测算5港和渌江排入湘江的主要污染物量。

1981年，增加白石二港（株洲电厂废水总排放口）港水监测。每年上、下半年各监测1期港水和渌江水质，每期2次。监测项目经过多次增加，至1989年与湘江水质监测项目相同。1998年10月，在渌江赣湘交界处设枧头洲断面监测点位。

三　塘水、井水、污灌水质监测

1976年，对城区部分水塘的水质进行监测，受测的水塘有建设二湖、建设三湖、建设四湖、清水塘、市鹅颈洲渔场、市中基洲渔场、市渔场。

1981年、1982年，对城区部分水井的水质进行监测，监测的水井有湖南省水文一队水井、株洲麻纺二分厂水井、南方动力机械公司2号水井和4号水井、株洲硬质合金厂14车间水井、株洲电力机车工厂水井、市委党校水井。

从1985年开始，对城区部分水塘、水井、污灌水水质进行定期监测，每年监测2期，择定奔龙公园鱼塘、市渔场、曹塘坝鱼塘、中基洲鱼塘、市鹅颈洲渔场为塘水常规监测点，南方动力机械公司水井、株洲硬质合金厂14车间水井、湖南省水文一队水井为井水常规监测点，贺家土过江污水为污灌水常规监测点。选定的水井变更较多，从1988年起，固定为湖南省水文一队水井、市链条厂水井、河西渡口水井、株洲麻纺二分厂水井、霞湾航标站水井5井。

1994年1月，重新认定、变更水井监测点位，保留曹家巷和河西测点，新增霞湾、金钩山、龙泉3个测点。1996年龙泉测点因基建而取消，新增南区测点。

第三节　土壤生物监测

一　土壤监测

从1974年起，中国医学科学院卫生研究所对株洲冶炼厂厂区及附近农田土壤中的镉污染进行调查研究起，相继有辽宁林业土壤研究所、农业部农业生物研究所、湖南农学院等单位对清水塘地区的土壤污染进行过调查。

从 1985 年起，市环境监测中心站在市区设 11 个土壤监测点，对市区土壤实施常规监测，坚持每年监测 1 期。11 个测点中，有水稻土测点 5 个，蔬菜土测点 6 个，另设株洲县大京水库区金钩湾、桃花冲对照点 2 个。

1995 年，因城市建设占地，田心车站菜土测点无法取样，故取消，其他监测点位不变。

二　生物监测

从 20 世纪 70 年代中期起，国内一些研究机构便开始对清水塘地区的农作物、家畜、家禽含重金属污染物情况进行测算、测试和分析，市环境保护监测站和一些工厂也进行过此项工作，市卫生防疫站等单位还对工业“三废”对人体的危害进行过多次调查。

1985 年，市环境监测中心站在湘江株洲段及枫溪港、建宁港、白石港、渌江水域设置 8 个采样点，对水域中大型底栖无脊椎动物进行监测，共调查底栖无脊椎动物 58 个种群，第一次揭示湘江株洲段及株洲市排污港水域底栖无脊椎动物种群分布状况。

株洲市工业“三废”危害城郊乃至株洲县、湘潭县等地农作物事件时有发生。在处理这类事件中，大都由市环境监测中心站对受害生物进行监测分析。

1992 年 1 月，生物监测项目新增植物中的氟化物项目。

第四节　噪声与放射性监测

一　噪声监测

（一）环境噪声监测

1981 年 6 月，市环境保护监测站第一次对城区环境噪声进行监测，分别在市灰渣砖厂、火车站广场、电厂宿舍、野鸭冲、解放西街、市邮电局、响石西路等处设立监测点。

1981年11月至1990年先后进行过5期监测。监测布点借助1：25000株洲市区图，作500米×500米网格，以各网格中心点为监测点。1981年，布测点105个，监测面积26.25平方千米。1983年布测点105个，监测面积26.50平方千米。1985年，布点 212个，监测面积53平方千米。1989—1990年布测点209个， 监测面积52.25平方千米。1993年，共设测点235个，监测总面积58.75平方千米。

（二）交通噪声监测

市环境保护监测站于 1981 年开始监测城区交通干线噪声。当年监测的交通干线有建设路、人民路、新华路、芦淞路、沿江路，监测干线全长 26.23 千米，布置测点 44 个。1984 年，增测红旗路，停测沿江路，监测干线全长 27.61 千米，布置测点 36 个。1985 年，增测清水路、响石路、纺织路、车站路、白石路、沿港路、贺嘉路、公园路、体育路、沿江路，监测干线全长 46.56 千米，布置测点62个。同时，开始监测湘江株洲城区段航运交通噪声和铁路交通干线噪声。湘江航运交通噪声在沿江堤上布点监测。铁路噪声在田心铁桥北500米处、株洲火车站北1000米处分别布点监测。

1986年12月，在建设中路与纺织路交叉路口设置交通噪声自动监测系统，通过大屏面磁板显示噪声瞬时值。该监测系统因没有运行经费来源，于1988年4月停止运行。1990年，城区交通噪声监测干线20条，长38.11千米，布点54个。

1993年，市区交通噪声监测增设市府路、沿江南路、沿江中路3条干线，增加8个测点。监测干线总长47千米，干线平均宽度15.1米，共布点65个。1995年，市区交通噪声共设68个测点，新增红港路2个和红旗路1个测点。

二　放射性监测

1968年、1973年，市卫生防疫站分别邀请省劳卫所对株洲硬质合金厂14车间的钽铌废渣污染进行调查。1984年，市环境监测中心站、衡阳市环境保护监测站等单位组成联合调查组对株洲硬质合金厂14车间放射性污染进行监测。

1987年，全市进行环境天然放射性水平普查，重点是天然外照射贯穿辐射剂量率。监测布点采用网格布点与人口加密点相结合的原则，农村按25千米 ×25千米网格布点，城区按2千米 ×2千米网格布点，同时每6万人口增设1个测点，全市外照射网格点17个，人口加密点60个，总计77个测点。监测调查历时1年多，行程5000余千米。通过普查得出，株洲市天然贯穿辐射剂量为9.71×10^{-8}戈瑞，人均年有效剂量当量为8.21×10^{-4}·希沃特，全市大面积剂量水平在正常本底值范围之内。市民中曾有煤灰砖和灰渣砖建筑物放射性超标的传说，这次调查监测，认定这类建筑物室内放射性剂量属于正常范围值。

第五节　污染源调查

1971年7月，由市城建局、化学燃料工业局、卫生局等单位联合组成“三废”调查小组，首次调查株洲市工业污染源状况。这次共调查50余家大、中型企业和市属化工、冶金2个系统，调查工作持续至1973年结束。调查成果分别辑成《株洲市“三废”调查报告》《湘江株洲段水质污染调查报告》《株洲市“三废”治理规划及综合利用措施》。

1978年，株洲市环境保护办公室（简称“市环保办”）组织调查组对全市68家大、中型企业及部分小型企业的“三废”排放量作典型调查。调查结果显示，全市废气年排放量221亿立方米，其中经过处理的106亿立方米；废水年排放量3.50亿吨，其中经过处理及不需处理的2.80亿吨；废渣年排放量76.80万吨（小型企业及民用燃煤炉渣未统计），其中综合利用量52万吨。

1980年4—11月，市环保所根据湖南省《湘江污染综合防治点污染源调查专题》的要求，对湘江株洲段重点工业废水污染源进行调查与评价。共调查废水年排放量在500万吨以上的工业企业30家，采集水样1118个，水样分析项目18个，获得分析数据11610个。被调查的30家企业，年用水量5.11亿立方米，年排放废水4.28亿吨，占全市废水排放量的94.8%，其中冷却废水3.74亿吨，有害废水5400万吨。调查中，对30家企业水污染状况进行分析评估，提出综合防治意见。

1984年7月，城乡建设环境保护部和国家经济委员会通知，在全国进行工业污染源调查。市人民政府于1986年初成立株洲市工业污染源调查领导小组，下设办公室。这次调查，以1985年为基准年，调查工作从1986年初开始，历时1年半，共调查工矿企业603家，获得分析数据4万多个，首次建成全市系统性的工业污染源数据库和档案库。调查统计，全市年排放废水总量2.01亿吨（株洲电厂2.80亿吨冷却水未计入），其中工业废水1.85亿吨，废水中的污染物年排放量12.45万吨；全市年排放工业废气290亿标立方米，燃料废气166亿标立方米，废气中含污染物23.81万吨；全市年产生工业固体废弃物379.20万吨，年排放工业固体废弃物245.50万吨。

同时，还对工业污染源外延进行追踪调查，系统分析了工业污染对全市环境、人体健康等方面的影响，工业污染的环境和经济损益，并对工业污染源的系统控制提出规划、管理、治理等方面的措施与建议。调查成果辑成《株洲市工业污染源调查研究报告》和《株洲市工业污染源调查专题报告集》。

1989年，市环境保护局（简称“市环保局”）组织对全市乡镇工业污染源进行调查。这次调查以1988年为基准年，调查对象是乡、村两级工矿企业以及污染较严重的个体工矿企业。乡镇企业点多面广，散布全市各个村组，这次调查10579家企业，这些企业年排放废气54.74亿立方米、废水2168.46万吨、固体废弃物169.09万吨。调查中还剖析了乡镇工业污染对全市生态环境的影响，并提出乡镇工业污染防治对策。调查成果辑成《株洲市乡镇工业污染与环境影响调查研究报告》和《株洲市乡镇工业污染与环境影响调查研究专题报告》。

1991年，根据国家环保总局的部署，对重点工业污染源进行监控，全市有株洲冶炼厂、株洲化工厂、湘江氮肥厂、株洲钢厂、株洲玻璃厂、九七六三工厂、株洲有机化工厂、株洲化工助剂厂、株洲电厂、株洲桥梁工厂、株洲硬质合金厂、株洲苎麻纺织印染厂、株洲电力机车厂、株洲县渌口造纸厂、醴陵电瓷厂、醴陵氮肥厂、攸县氮肥厂、酒埠江钢铁厂、攸县人民造纸厂、酃县造纸厂20家企业列入《中国3000家重点污染企业名录》。市环保局对20家重点工业污染源进行了专题调查统计，编制《株洲市重点工业污染源排污状况报告（1991年）》，统计表明，重点工业污染源约占全市工业污染源污染负荷的65%。

1995年，根据国家环保总局等4个部门要求，再次对全市乡镇工业进行污染情况调查。本次调查乡镇工业企业3.39万户，总产值85.34亿元，比1988年增加2.33万户，工业总产值增加77.13亿元。调查显示，1995年乡镇工业废水和固体废物排放虽有所减少，但工业废气排放却增加47.97亿标立方米，其中二氧化硫增加1.18万吨，烟尘增加0.67万吨，工业粉尘增加2.5万吨。

以后每年都编制重点工业污染源排污状况报告。重点工业污染源企业由于破产、排污状况改变等情况，全市重点工业污染源企业名单逐年有所变化。至2000年，全市重点工业污染源企业已调整为株洲冶炼厂、株洲化工有限公司、湘氮实业公司、光明玻璃公司、株洲电厂、株洲选矿药剂厂、株洲电力机车厂、株洲化工助剂厂、株洲市煤气公司、南方动力机械公司、株洲苎麻纺织印染厂、株洲硬质合金厂、醴陵火炬电瓷厂、湘东化肥厂、茶陵氮肥厂共计15家企业。

第四章　环境污染整治

第一节　废气治理

20 世纪 50 — 60 年代，城区少数企业从生产需要和劳动保护角度出发，在生产岗位上采取一些防尘防毒措施，净化室内空气，但大部分工业废气没有处理，直接排入大气中。70 年代初开始，贯彻“谁污染、谁治理”的原则，督促各企业单位治理废气。1972 年，总结株洲市大米厂、床单厂等单位消烟除尘经验，编辑了《株洲市消烟除尘成果选编》，在全市推广。

从 20 世纪 70 年代后期起，国家和省、市革命委员会先后下达 8 批限期治理项目，其中对株洲市城区废气限期治理项目有 47 项（其中，国家限期 1 项、省限期 6 项、市限期 40 项）。此后，以限期治理项目为重点，推动各类废气污染源的治理。1980 — 1990 年，全市治理废气投资 1.06 亿元，建成废气处理项目 636 项，废气净化能力达到 169.69 亿立方米。1991 — 2000 年，全市用于工业废气治理资金达 2.04 亿元，共建成 198 个治理项目。仅 2000 年就投入 4471 万元，安排治理项目 45 个。

一　消烟除尘

从 1972 年起，市环境保护部门开始抓锅炉消烟除尘工作。至 1974 年，一些企业对消烟除尘只是采取临时应付办法，安装的除尘装置，投资少，上马快，但除尘效率不高（一般 60% ~ 70% 左右），磨损也快，运行 1 ~ 2 年就报废了。1975 年 4 月，贯彻全国消烟除尘经验交流会精神，要求进一步开展消烟除尘工作。部分单位总结过去经验，吸取先进技术，或改造锅炉结构，或安装比较先进的麻石洗涤除尘器、蜗旋除尘器、重力除尘器等，除尘效率提高到 80% 以上。20 世纪 80 年代，大量采用文丘里洗涤除尘器、喷射洗涤除尘器、静电除尘器等除尘设备，治理投资比 70 年代大，火电企业等大型锅炉消烟除尘的一次性投资，都在近百万元。湘江氮肥厂热电站的大型锅炉，安装麻石水幕除尘器，耗资 80 万元。株洲电厂投资 110 万元，为 5 号锅炉（75 蒸吨）安装静电除尘器，除尘效率高达到 98% 以上。这一时期所采取的除尘技术措施，除尘效率达 90% 以上，林格曼黑度降到一级或一级以下。

小炉灶的消烟除尘，多是采取改炉灶措施。中国有色三建二公司工人王盛俊在马蹄型回风灶的基础上，经过多次革新，创造三省回风灶，对小型炉灶的消烟除尘起到良好作用，在市环境保护部门的支持下，他又进一步改进三省回风灶的消烟除尘方法，使排尘量降至 80 ~ 170 毫克 / 立方米。这种炉型在全市推广 200 多台。

至 1990 年，全市累计改造锅炉 424 台，改造工业窑炉 577 座，建成其他消烟除尘设施 41 套。

株洲电力机车厂铸造分厂 2 台高位液压旋转式大 5 吨电弧炉，是该厂主要污染源，因原有配套制造的除尘系统的排烟装置存在缺陷，直接影响整个除尘系统性能。该厂何荣等技术人员，大胆创新，首次提出“旋转顶吸式排烟罩”。1993年，1号电弧炉试装成功，经省、市环保局检查验收。该排烟罩结构简单、性能可靠、运行成本低。2号电弧炉除尘装置在总结1号电弧炉成功经验的基础上，对1号电弧炉排烟除尘系统不足之处进行改进，采用“旋转顶吸式排烟罩旋转”方法的同时，加装布袋除尘器，处理效果更好。烟尘排放浓度为78.8毫克/标立方米，符合国家排放标准。

陶瓷行业的燃煤窑炉在燃烧过程中产生黑烟，浓度高，污染大，治理难度大。1999年，河南省巩义市瑞丰净化材料有限公司与醴陵市环宝实业公司合作，在引进氧化焰二次补氧催化硝烟除尘方法的基础上，开发了适用南方瓷泥含铁高的特点，还原焰二次补氧催化硝烟除尘方法。经在醴陵市大林建材电瓷厂应用，烟气林格曼黑度由原来的3～5级下降到小于Ⅰ级，烟尘平均浓度从2183.3毫克/标立方米下降到95.7毫克/标立方米，除尘效率达到94.5%。该技术在醴陵大面积推广。

二 烟气治理

含硫醇尾气治理 株洲选矿药剂厂的黄药生产，在半成品加热干燥过程中，散发2‰的硫醇。这种物质在空气中含有四亿六千万分之一，人们就闻到臭气。生产工人深受其害，且影响方圆几平方千米范围，群众称之为“臭气厂”。该厂千方百计寻求治理办法，首先采取液碱吸收工艺，虽有效果，但远不能满足要求，接连试用酸吸收法、氯化酮吸收法、电炉催化燃烧法等多种治理方法，都只能取得40%～50%的效果。1978年，工厂进行技术改造，丢掉过量醇法旧工艺，采用等克分子配比直接合成法，革除了黄药干燥工序，基本上消除了黄药尾气污染。

低浓度二氧化硫烟气治理 株洲冶炼厂的铅冶炼工艺中，含低浓度二氧化硫烟气，污染面广。1972年年后，市环保部门与该厂多次研究治理办法，并多方奔走，争取立项治理。1985年，由国家投资7000多万元进行技术改造，将烟气中二氧化硫浓度由1%提高到3%，送株洲化工厂回收生产硫酸。由于采用工艺不成熟失败。2000年，该厂投资1.5亿元，采用美国孟山都公司动力波烟气净化技术和丹麦WSA湿法制酸技术，生产硫酸，年削减二氧化硫排放量2.3万吨。

含氮氧化物烟气治理 株洲硬质合金厂采用硝石法冶炼工艺回收废旧合金，排放大量的氮氧化物废气，严重污染茨菇塘地区大气环境。该厂为治理氮氧化物污染，首先采用锌溶法工艺，不产生“三废”，但这种工艺对废旧合金有选择性。工厂又先后采用氢氧化纳吸收、固碳还原、电泳法、硫酸纳法、氧化法等多种工艺，对不同的废硬质合金采用不同的处理方法，使污染得到根治。

油炉烟气治理 市区内工业燃油加热炉主要是燃烧轻柴油，后因燃油供应改变，改烧重油。重油油质差、黏度大、油温低、不易雾化，燃烧时排出的烟气黑度在林格曼4级以上。限期治理后，相关工厂组织技术人员，进行专题研究。株洲车辆厂研究出炉窑自身预热技术，不仅节油25%，还把烟气黑度降到林格曼1级以下。株洲电力机车厂创造圆柱球顶旋流加热炉，燃烧烟气黑度在林格曼1级以下，烟尘浓度在150毫克/立方米以下，达到国家规定的排放标准。

沥青烟气和氯气处理 市油毡厂位于杉木塘居民稠密区，生产中漫天翻滚的沥青烟气严重污染环境，多次治理均未取得理想效果。市人民政府于1988年下令搬迁，工厂在新址兴建时，投资669万元，建设多功能、工艺先进、有效净化烟气的生产线，投产后大幅度减轻了沥青烟气污染。市烧碱厂排放的氯气，污染株洲玻璃厂、市第三水厂及铜塘湾一带，厂与厂之间、工农之间矛盾尖锐。工厂借机兼并效益不好的市墙体材料厂，并搬迁原市墙体材料厂厂址生产，消除了铜塘湾多年的氯气污染。

机动车尾气污染控制 《中华人民共和国大气污染防治法》颁布后，株洲市开始控制机动车辆尾气污染。由市交通警察支队在机动车辆年检中，同时检测尾气排放浓度。凡尾气排放超过国家规定标准的，强制车主维修、调试，直至符合标准。市环境监测中心站负责抽测和实施统一监督管理，经维修、调试仍不能达到国家规定标准的，禁止上路行驶。

三 烟尘治理

汞烟尘治理 株洲冶炼厂锌Ⅱ系统生产中产生的锌烟气（SO_2）用于制造硫酸，烟气中含汞30 ~ 50毫克/标立方米，污染环境。2000年，工厂投资1100万元，采用瑞典波士顿公司氯化法除汞，设计处理能力9万标立方米/小时。处理后烟气含汞浓度为0.05 ~ 0.1毫克/标立方米，具有显著的环境和社会效益。

砷烟尘治理 株洲冶炼厂的银转炉生产排出的含砷烟尘，在车间屋顶和周围形成一层“白霜”，严重污染环境，危害职工健康。工厂于1981年投资45万元，建成收尘设施，收尘效率达到99%以上。

第二节 废水治理

1956年，331厂建成一套生活污水处理设施，日处理污水2300吨，其处理工艺是将污水经过加氯消毒、沉淀、过滤后排出。这是株洲市最早的污水处理专用设施。

1972年，开始组织各企业治理工业废水。湖南省革命委员会提出“治源保江”要求，下达株洲市限期治理废水项目6项，市人民政府也从1981年起，先后下达5批计46项废水限期治理项目。

1985年，对已建成的废水处理设施进行检查，发现建成后有运行记录的仅占67%，企业自行分析水质每年少于1次的占62. 50%，每月有1次以上分析数据的仅占25%。部分企业废水处理设施运行管理松弛。自1986年起，由市环境监测中心站对重点废水处理设施进行监控。从1989年起，由专职环境监察队进行现场察看、取样、分析，指明问题，督促整改，使废水处理设施运转率提高到80%以上，综合排放达标率提高到80%。至1990年，全市投入废水治理的资金为1.10亿元，建成废水处理工程999项，废水处理能力5347万吨/年。1991 — 2000年，全市共投入资金24140万元用于废水治理，共兴建716个治理项目，到2000年，增加处理能力3577万吨/年。

一 含重金属工业废水治理

电镀废水治理 城区大、小电镀企业年排含氰、铬电镀废水730多万吨。对这类废水的治理措施，一是推行无氰电镀工艺，株洲铁路电务段首先建成无氰镀锌车间，接着，湘江机器厂也研究和采用无氰镀镉工艺，株洲电力机车厂试验成功无氰镀铜工艺。1990 年，全市 80% 以上的镀种和镀件，取消了有氰电镀；二是推行逆流漂洗、低铬钝化工艺。至 1990 年，90% 以上电镀点推行此项工艺；三是处理电镀废水，一律要求达标排放，否则单位领导人和岗位责任人将受到处分；四是对氰化物、铬酸（酐、盐）等的购买、运输、储存、使用，进行严格控制；五是逐步集中并点，促进电镀生产专业化、协作化，以利于电镀需用的剧毒物质的供应、管理及其废水的回收处理。通过这些措施，全市电镀行业基本实现了无氰、低铬、逆流漂洗等先进工艺，电镀废水进行了化学处理。

南方航空动力机械公司电镀生产线分散在全厂各车间，其电镀废水各自处理，效果差、成本高。1996 年，该厂投资 5340 万元，兴建一座占地 7250 平方米，拥有 20 条表面处理生产线的电镀厂房，其中环保设施投资 272 万元用于处理含铬、氰、镉、氟、焦磷酸及柠檬酸除铜、酸碱等废水，实现了全厂电镀废液的集中处理。六价铬、总镉、总镍、总铅、总铜的去除率在 95% 以上，锌和石油类去除率分别为 82.7% 和 36%。

铜、铅、锌冶炼废水治理　株洲冶炼厂从 1974 年起，即与省科研单位合作，经历 7 年试验、研究，最后选定石灰乳中和法处理工艺，于 1984 年建成总废水处理站。这套设施占地面积 1.82 万平方米，投资 600 万元。处理后的净水，大部分指标达到或优于国家规定的排放标准，处理达标率在 95% 以上，联合国官员和日本、美国、苏联等国专家先后到这个废水处理站考察。1993 年，该厂着手对锌生产系统进行改造，年产锌 25 万吨。废水排放量由 800 吨 / 小时增加至 1200 吨 / 小时，原有废水处理站处理能力（800 吨 / 小时）与废水排放量不相适应。1996 年，该厂投资 1600 万元对原总废水处理站进行扩建，将处理能力提高到 1200 吨 / 小时，仍采用石灰乳中和处理工艺，同时对原废水处理站进行了较大改进，达标率得到提高，处理后的水质达到《污水综合排放标准》一级。

二　含其他有害物质工业废水处理

印染及煮麻废水治理　1975 年，市革命委员会要求印染、煮麻废水排放在 1980 年前全部达到国家排放标准。当即责成株洲苎麻纺织厂和市环保所分头进行试验，选择处理和利用工艺。

1977 年，市织布厂利用市环保所的科研、设计成果，采取国内外新出现的生物转盘处理工艺，建成日处理印染废水 200 吨的处理站。废水通过双轴四级生物转盘处理，聚氯化铝脱色，COD、色素、硫化物的去除率分别达到 80% ~ 90%、95% 以上、95% ~ 99%。

株洲苎麻纺织厂的苎麻煮炼黑液处理，先是利用废水制作胡敏酸铵（一种农肥），用于农业生产，后又于 1979 年，投资 156 万元，建成生物转盘废水处理车间，安装直径 3 米的生物转盘 20 组，这是当时我国最大的生物转盘处理印染废水的设施。处理后的出水，pH 值、BOD、悬浮物等项指标都达到了国家排放标准。长期运行结果表明，这套设施处理高浓度有机废水有其不足之处，COD 去除率只有 62% 左右，要经白水稀释后才能进行好氧处理，扩大了废水处理量，同时投资大，处理成本较高。

钨钴冶炼废水治理　1981 — 1982 年，株洲硬质合金厂投资 89 万元，采用石灰乳中和，经混合、沉淀、浓缩、板框压滤工艺，建成整套废水处理设施。经处理后的出水，悬浮物由大于 300 毫克 / 升降到 110 毫克 / 升以下，砷含量由 0.15 ～ 5 毫克 / 升降至 0.015 毫克 / 升以下。

含油炭黑废水治理 湘江氮肥厂高温裂化气水洗工艺产生的含油炭黑废水，曾先后造成湘江大量死鱼和“白虾自杀”事件，因此，市人民政府限期整治。该厂从 1988 年开始进行工艺改革，改水洗工艺为重油洗涤、分离、回收炭黑，炭黑回收率达到 98%，废水中炭黑浓度由 1059 毫克 / 升，下降到 23 毫克 / 升。

造气含氰废水治理 湘江氮肥厂每年排放含氰废水，氰化物达 40 余吨，占湘江株洲段氰化物排放总量的 71.52%。1987 — 1989 年，该厂投资 331 万元，建成生物滤塔处理工程，利用微生物菌种脱除废水中的有毒物质。处理后的水质，氰化物降到 0.01 ～ 0.50 毫克 / 升，去除率达到 99%，处理后的废水再循环利用。4 年节约的水费，相当于全部处理工程的建设投资。

硫酸洗涤废水治理 株洲化工厂生产硫酸的废水中，最多每天带走 1 吨的砷，最少一年排砷 50 多吨，对霞湾港及湘江株洲段水质构成重大威胁。化工部于 1973 年拨款 100 万元，指定科研单位进行研究、设计治理方案。工厂于 1985 年投资 180 万元，建成废水处理站。在试运转中，发现反应池的曝气器堵塞，沉淀池无法排泥，污泥脱水设备脱不了水等问题，不能运行。该厂又于 1990 年再投资 140 万元进行技术改造。这套处理设施投入运行后，每小时处理废水 500 吨，废水中的砷、氯、汞的去除率，分别达到 98%、80%、99%。

但由于设计上不成熟，实际处理能力只有 350 吨 / 小时，且处理后的水质达不到《污水综合排放标准》一级。该厂在满负荷生产时，酸性废水实际排放量为 800 吨 / 小时。现有硫酸废水处理站不能从根本上解决该酸性废水污染湘江的现状。同时，污泥处理一直未解决。2000 年，工厂再次投资 500 万元，对水处理系统进行了全面改造。含高砷、氟、汞的硫酸污水经过处理后，出水水质能稳定达到《污水综合排放标准》（GB8978–1996）一级标准。同年，再投资 600 万元新增容积为 2400 吨的污泥浓缩池和 2000 吨的污泥干化场，解决了多年来污泥直排湘江的问题。

高浊度废水治理 株洲市烧碱厂、株洲市轮胎厂于 1986 年引进贵州省贵阳水处理设备厂的高浊度净化器，处理锅炉除尘洗涤废水，使水中悬浮物浓度由 315 毫克 / 升降到 4.50 毫克 / 升。渌江电力电瓷电器厂等企业于 1987 年引进同类设备处理瓷泥废水，建成隔油、循环沉淀、净化、抽浆、过滤、柔练等回收、处理系统，使废水中悬浮物由 8339 ～ 12000 毫克 / 升，降到排放标准以下，每年可回收瓷泥 5000 多吨，节约用水 20 多万吨，3 年可回收水处理设施的建设投资。

化学耗氧量废水治理 株洲市制革厂制革废水年排放 70 万吨，是建宁港主要污染源之一，严重影响该港及其湘江水质。市人民政府要求限期治理。1993 年，市制革厂投资 350 万元，建成株洲市第一座采用序批式活性污染生化处理方法（SBR）、日处理能力为 2000 吨的污水处理厂。同年 9 月，经湖南省环境监测中心站测试表明，主要污染物均达到国家《污水综合排放标准》的一级。

唐人神集团股份有限公司排放的屠宰废水中有机物含量较高，对枫溪港及湘江株洲段水质构成威胁。2000 年，该厂投资 180 万元新建日处理量为 1300 吨的废水处理站。处理工艺为兼氧和好氧生化处理。在好氧处理部分，采用了加压生物接触氧化法，运行费用低，处理每立方废水仅为 0.44 元，效果好，化学耗氧量和生化需氧量去除率大于90%，水质可达到《肉类加工工业污染物排放标准》一级。

霞湾港是湘江流域最大的排污港。大量工业废水未经有效治理流入湘江，化学耗氧量和悬浮物约占全市同类污染物排放总量的77%和85%。1996年，市政府决定兴建霞湾污水处理厂。1998年，被列入国家第4批日元贷款和国家启动内需财政拨款项目。1999年，动工兴建，总投资1.2亿元，采用氧化沟工艺，日处理能力10万吨，其中7万吨工业废水、3万吨生活污水。

株洲湘江制药厂和株洲千金股份公司生产排放的废水中化学耗氧量和生化需氧量浓度高，严重污染建宁港及湘江水质。2000年，湘江制药厂投资300万元，建成日处理能力100吨的污水处理设施。千金药业公司投资400万元，建成日处理能力1700吨的污水处理站，均采用活性污泥射流曝气工艺，使排污口水质达到《污水综合排放标准》一级要求。

三　医院废水治理

1981年，市人民政府提出限期治理医院废水。城区共有医院18家，年排带菌废水60多万吨，有的直接污染饮用水源，有的直接排入渔场，给人们健康带来威胁。市环保、卫生部门组织部分医院去外地参观，学习治理方法。株洲冶炼厂、株洲电力机车厂职工医院首先采取化学处理工艺，取得较好的效果，但化学污泥处理不方便。株洲化工厂职工医院利用液氯消毒，自动操作，效果良好，但液氯的投加量不好控制，放少了无效，放多了又产生余氯危害。株洲铁路职工医院采用电解食盐制取次氯酸钠的方法。株洲电力机车厂等几家职工医院利用本厂技术优势，对以上方法加以改进。试用证明，次氯酸钠处理医院含病毒的废水，操作简单，管理方便，运行安全，能够达到国家规定的标准。市环保、卫生部门组织各医院观摩，互相交流医院废水处理经验。株洲化工厂“三废”综合利用产品——次氯酸钠，正好用于处理医院废水，株洲化工厂愿意定时定点送货上门。后因各医院对次氯酸钠需要量不稳定，无法提出定时、定量计划，不能同株洲化工厂签订合约，各家医院只好各显其能。株洲电力机车厂职工医院扩建，采用生物加臭氧两级处理方法，治理医院含病菌、病毒污水。这种工艺处理废水的特点是消毒快、安全、简便、无二次污染，处理后的水质，优于国家规定的排放标准。到2000年，城区18家医院都建成了废水处理设施。

第三节　固体废物处置

株洲工业生产排出的固体废物主要有粉煤灰、有色金属冶炼渣、煤矸石、采选矿尾砂等。对这类废弃物的处理，除进行综合利用之外，基本办法是建场堆存。1954年，株洲电厂建成后，每年排放粉煤灰约30万吨，同时建芦茅塅储灰场。20年后，此场堆满，便相继建起田心储灰场。湘东钨矿每年排放尾砂10万吨，从1956年起，先后建起多处尾砂坝储存。株洲冶炼厂于1958年建起专用渣场，由于该厂有色冶炼废渣多，还建起通往渣场的铁路专用线，用火车运送。株洲选煤厂（株洲洗煤厂）建厂时，在六斗冲修建了煤矸石堆放场，不到几年就堆成一座高大的矸石山；后大搞综合利用，工厂每年排出的矸石全部用光，原堆存的那座大山亦被逐渐用光。株洲硬质合金厂冶炼钽、铌排出的废渣含有铀、钍等放射性物质，不能任意堆放，工厂于1960年修建库容为1.44万立方米的地下防渗专用渣库，经多年监测证明，这个渣库对环境不造成明显的放射性污染。株洲冶炼厂的砷烟灰，含砷量高，属有毒废渣，一直没有找到技术可行、经济合理的利用和处理方法，露天堆存危害很大。1975年，该厂兴建了专用渣库，防止砷烟灰的自然流失。湘东铁矿每年排放废土、尾砂约120万吨，矿山先后建起清水、雷垅里2座尾砂坝堆放。

1991—2000年，全市投资2041万元用于固体废物处理，共建成130个治理项目。

株洲电厂因无固定贮灰场，大量粉煤灰直排湘江。1992年，该厂借技改之机，耗资9700万元，在位于该厂西北向9.7千米的关山寺兴建坝顶标高130米、容积900万立方米、使用年限15.5年的贮灰场。灰渣用水力管输送，结束了该厂排放长期污染湘江的历史。

株洲冶炼厂随着生产规模的不断扩大，废渣生产量逐年增加。原有渣场处置能力不能满足扩产要求。1994年，工厂投资2000万元在清水塘建设村兴建一座填存量达429万吨、堆渣15年的废渣堆场，主要堆放锌挥发窑渣和铅烟化炉渣。

湘江氮肥厂热电站产生的粉煤灰除部分送砖厂外，大部分直排湘江。1996年，该厂投资3566万元，建设粉煤灰综合利用和热电站冲灰水处理回用工程。前者采用浮选法，生产碳、水泥配合料和制砖用原料；后者处理水量1000吨/小时，年利用粉煤灰20万吨。年减少废水排放量284万吨，减少化学耗氧量8000吨。综合利用年产值10753万元，利税1011万元。

第四节 噪声控制

一 工业噪声防治

20世纪70年代，部分工厂开始治理噪声。其时，噪声源主要是柴油发电机、罗茨鼓风机和破碎机的噪声，一般采用安装隔声室、隔音罩、消声器等。对气锤、冲床及其他振动机器的减震措施，一般是安装弹簧座垫、修建防震沟等。

工业噪声防治的重点放在对劳动岗位、对大环境都产生影响的重大污染源。从1978年起，市党、政部门督促企业分头治理，经过十多年的综合整治，全市工业噪声平均降低15分贝（A）。

电厂和电站的升炉、停炉排气噪声，影响周围10多平方千米区域。1981年，市政府责成相关企业，一律安装消声器，取得预期效果。

对无法就地治理的噪声源，采取搬迁措施。南方航空动力机械公司的发动机试车台，噪声特别强，无法就地治理，市政府要求限期搬迁。1982年，公司将试车台从生产区迁至偏僻的姜园；改革试车工艺，采用600小时大功率等效试车取代原来的1500小时延续常规试车；安装隔声、吸声装置，使试车台前30米噪声由106分贝（A）降到93分贝（A）。噪声较大的市丝绸厂亦于1982年搬出城市中心居民稠密区。1981—1990年，工业噪声治理投资495.90万元，治理工业噪声源265项。

二　交通噪声控制

1981年，市人民政府发布《株洲市噪声管理试行办法》，规定由市环境保护部门对噪声防治工作实施统一监督管理，环境噪声和交通噪声由公安部门监督管理。

1982年，市环保办派出工作组去广州铁路局、长沙铁路分局，要求火车通过株洲城区路段时不鸣汽笛，达成协议。1983年，市人民政府发布《关于控制城市交通噪声的通告》，划定城区中心的主要路段禁鸣喇叭，禁止手扶拖拉机通行，并配备小型声级计19台，由市交通警察支队设置监测点。在此同时，还由市环保、公安、电子等主管部门合作，由环保部门投资，在市无线电九厂生产双铃低音喇叭，由公安部门组织机动车辆将高音喇叭换成低音喇叭。

1987年，重新在城区划定禁鸣喇叭路段。从1988年开始，市交警支队在机动车辆年检时，同时检查机动车辆噪声，市环境监测中心站重点抽查。公安、环保部门联合在城区四周边界的高家坳、田心、河西、清水塘等处设立检查站，控制车况差、噪声大的机动车辆进入城区。同时规定，大型货车避开繁华路段、绕道行驶，拖拉机白天不准进入建设路等措施。

1988年，市环科所会同市航运公司，联合研制出船用2105-Ⅳ型消声器，安装在市航运公司12艘85吨自卸运沙驳船上，降低噪声23分贝（A）。

第五节　区域环境综合整治和专项治理

一　清水塘工业区综合整治

1982年，由市环科所对清水塘地区进行了全面环境质量评价。1984年，市人民政府邀请清华大学环境工程研究所对综合防治清水塘区域环境污染的方法进行系统研究。市人民政府根据评价和研究成果，提出近期和远期综合整治目标，编制出《株洲市清水塘地区环境综合整治方案》，要求各有关部门及清水塘区域内企业，按照综合整治方案组织实施。

1984—1990年，为第一期清水塘工业区环境综合整治时期，主要落实企业实行环境保护责任制，实行环境定量管理。各主要废水污染源完成分厂治理，保证湘江霞湾段水质各参数，由地面水环境质量标准Ⅲ~Ⅳ类提高到Ⅱ~Ⅲ类；主要废气污染源，完成一期集中供热和技术改造任务，保证达到《大气环境质量标准》三级标准。至1990年，共投入综合整治资金1.45亿元。区域内6家占排污总量80%的主要企业，分别签订环境保护责任书，主要企业的3项水污染源按预定要求由工厂进行治理，达到设计要求；废气污染源治理中，完成第一期煤气工程、株洲冶炼厂铅冶炼系统改造、湘江氮肥厂热电站技术改造、株洲化工厂硫酸系统扩建、农药系统技术改造。

1991—2000年，为第二期综合整治时期，区域内实行总量控制和排污许可证制度，对企业实行严格的环保考核，督促企业削减污染物排放量。完成株洲冶炼厂铅精矿干燥窑静电除尘、株洲烧碱厂搬迁、铜塘港改造、株洲冶炼厂总废水处理扩建和渣场扩建、株洲化工厂硫酸污水处理站改造和PVC除汞—废盐酸回收、湘氮实业公司热电站锅炉烟气脱硫除尘、株洲选矿药剂厂草酸技术改造、株洲化工助剂厂废水处理等工程。在2000年达标排放工作中，又有株洲冶炼厂铅烟气制酸、湘江氮肥厂热电站粉煤灰治理、霞湾污水处理厂等项目开工建设。10年间，清水塘环境综合整治共投入资金7.4亿元，完成一批综合治理项目和点源治理项目，工业废水排放量和污染物排放量均有不同程度下降。但由于历史原因，该区域污染物排放量仍然超过环境容量，空气质量劣于三级标准，湘江霞湾段水质为V类，霞湾港、铜塘港水质为劣V类。

二　湘江水污染综合整治

1983年，湖南省环保局开始组织湘江水污染综合防治研究工作，株洲市被列为湘江水污染综合防治的重点。1992年，市人民政府颁布《湘江株洲市市区段饮用水源保护区污染防治管理规定》。是年，对铜塘港和株洲市制药厂排污管道进行改造。

1994年，国家外经委、外交部、国家环保总局将“湘江流域污染治理”纳入第四批（1996—2000年）日元贷款备选项目，株洲市共有株洲冶炼总废水扩建（200万美元）、株洲化工厂废水综合治理（490万美元）、湘江氮肥厂粉煤灰综合利用和废水综合治理（400万美元）、霞湾城市污水处理厂（700万美元）、株洲市煤气公司二期工程（400万美元），共计贷款1990万美元，用于湘江株洲段水污染综合治理。

1995年，建成董家塅城市污水处理厂。1996年，建成株洲桥梁厂总废水处理设施，处理后的废水循环利用，从而使白石二港再无工业废水排放，对改善二、三自来水厂起到重要作用。

1996—2000年，日元贷款项目相继开工建设，并建成投产，对改善湘江水质，保护长株潭城市饮用水源起到重要作用。经综合治理，湘江株洲段水质有一定程度的改善，尤其是汞、镉、砷、铅等重金属含量有较大幅度下降。

三　创建烟尘控制区

从1987年起，对城区内燃煤、燃油的烟尘污染进行区域性综合防治。是年年初，市人民政府决定在城区中心片创建一个烟尘控制区。中心片以芦淞路以北，公园路以南，湘江以东，京广线以西区域，面积为3平方千米。该区域有98个锅炉、炉灶，均系低空、超标排放。南区人民政府制订《创建烟尘控制区设施方案》。经一年综合整治，更新、改造、维修锅炉57台、炉灶30台，其他污染源均按要求采取了相应措施。12月，经市环保监测中心检测，炉灶烟气黑度达标率为91%，烟尘浓度达标率为88%。经市人民政府和省环保局组织验收，认为达到国家标准和要求。

1988年以后，市人民政府把创建烟尘控制区纳入市长、区长环境保护目标管理责任制，城市3

个区借鉴中心片的创建经验，相继开展创建烟尘控制区工作。至1990年年底，共创建7个烟尘控制区，总面积达32.85平方千米，占城区面积的67.15%。南区、东区建成烟尘控制区，南区是湖南省第一个建成的全区烟尘控制区，被《环境保护报》列入1990年湖南省十大环境新闻。

建成烟尘控制区后，各区人民政府制定了烟尘控制区的管理办法，经常检查，及时纠正“回生”现象。每到年终，检查、评比市长、区长环境保护目标责任制时，同时检查烟尘控制区的持续达标情况。

四　创建噪声达标区

1989年，南区人民政府决定在董家墩创建噪声达标区。在普查、监测噪声源基础上，主要是对6个重点工业噪声污染源限期治理；划定噪声控制范围，强化交通噪声和社会噪声的管理，进入董家墩区域的机动车辆禁止鸣笛，取消区域内高音喇叭；制定《株洲市南区噪声达标管理办法》，组织以街道办事处环境保护监督员为主的群众监督体系，严格执法。通过治理，董家墩区域的环境噪声明显下降，白天环境噪声平均降底2.63分贝（A），噪声达标率由76.70%上升到84.90%；夜间环境噪声平均降低2分贝（A），噪声达标率由42.10%上升到86.70%。经省、市环保部门及南区政府联合验收，达到合格标准。其后，其他各区亦相继开展达标创建工作。

第六节　污染防治政策与措施

一　“三同时”政策

1971年9月13日，株洲市革命委员会发布通告：“凡有‘三废’排放的新建单位，一定要有‘三废’处理设施，否则，不准建设。”

1974年4月1日和1976年4月8日，株洲市革命委员会先后发布《关于新建工程的“三废”设施与主体工程同时进行的通告》《关于新建、扩建、改建项目实行“三同时”暂行规定》，规定“三废”处理设施，一定要与主体工程同时设计、同时施工、同时投产。否则，不给审批，不拨土地，不予拨款。

“三同时”政策的贯彻执行，涉及计划、规划、城建、环保、银行、生产等管理部门。1975年，在基本建设项目审批中，建立有关部门定期联合办公制度。

1978年，市环保办设专人负责“三同时”政策的贯彻执行。同时，对1974—1978年已建成或部分建成、投产和正在建设的工业、科研项目，抽出其中较大的133项进行检查、分析：中央、省属企业的建设项目22项，贯彻“三同时”的13项；市化燃系统的建设项目19项，贯彻“三同时”的4项；市轻工系统的建设项目29项，执行“三同时”的4项；其他建设项目20项，执行“三同时”的7项。执行得好的，分别给予表扬；没有按“三同时”执行的，除给予批评外，还要求迅速补上。

1979年以后，城市四区及各县环境保护行政机构相继建立，层层明确“三同时”把关人员。

1980年，市环保主管部门根据《中华人民共和国环境保护法（试行）》的规定，对全市1976—

1980 年“三同时”执行情况进行检查、分析，“五五”计划期间“三同时”执行率为 21%。

1982 年，株洲市农药厂杀草丹工程没有按“三同时”规定建设“三废”处理设施，造成厂内外环境严重污染，市环保办、化燃局组织联合调查组实地检查，责令停产补办并处罚工厂领导人。同年 9 月，株洲钨钼材料厂钨冶炼工程，因没有同时建设废气处理设施，造成二氧化硫烟气排空，污染四周环境，群众反应强烈，市人民政府责令其停止生产。

1983 年，市环保局会同市计划委员会和市建设委员会，就把好“三同时”关、控制新污染问题进行协商，建立 5 项把关制度。同年，“三同时”监督检查，列为县市区环保部门环保目标管理责任制 (竞赛) 内容之一。

从 1984 年起，实行环境影响评价 (调查) 制度，规定所有的建设或科研项目，必须事先进行环境影响评价 (或调查)，并经县市以上环境保护部门批准，方能选址、建设。

1985 年 8 月，市人民政府制定《株洲市基本建设项目环境管理暂行规定》，规定新建、改建、扩建和技术改造项目，要有环境保护行政管理部门参加工程验收，否则整个工程不能投入生产。

1988 — 1990 年，每年对全市在建项目进行检查，发现没有执行“三同时”的单位 29 个，区别不同情况，责令停产补办的 1 个，罚款的 8 个，限期整改的 20 个。

1986 — 1990 年，全市的大、中型项目“三同时”执行率达到 100%。

1992 年，《湖南省建设项目环境保护管理办法》颁布实施，株洲市环保局坚持不越权审批，将建设项目环境管理列入目标管理考核内容。并与各县市区环保局签定目标责任书。在与 15 个大中型企业签定的目标责任书中，该项工作占总考核内容的六分之一。规定凡是有违反建设项目“三同时”制度的企业，实行奖励一票否决，同时还要进行处罚。

1993 年，对在建的 50 个重点建设项目“三同时”执行情况进行检查。对已竣工投产并达到环境保护“三同时”要求的 12 个项目办理了相关手续。对未经环保部门批准，擅自在水源保护区内建设投产的银海制革厂予以取缔。对未经环保部门批准，私自建设炼铁炉且未上污染防治设备的郊区红旗铸造厂，责令补办手续，补建环保治理设施并处以罚款。对虽经环保部门批准，未上环保设施即投产的株洲钢厂锰硅铁车间，责令其补上环保设施并依法进行处罚。

1998 年，根据国家环保总局、对外贸易经济合作部《关于对外商投资企业环境保护执法情况进行检查的通知》和省环保局、省招商局的安排，株洲市对境内 132 家外资企业进行环保检查，其中 102 家企业建成投入运营。在重点检查的 84 家企业中，绝大多数企业均能按照国家环境保护法规和政策，执行建设项目环境影响评价制度和“三同时”制度。但仍存在环保手续不完备、个别项目未按规定执行“三同时”和未经环保部门验收即投入运营等问题。

二 限期治理

(一) 国家下达的限期治理项目

1990 年 1 月，国家环境保护总局、国家计划委员会下达《第二批国家环境污染限期的项目》，其中要求株洲市烧碱厂在1991年消除氯气污染（搬迁）、要求株洲市政府在1993年前对清水塘地区综合治理（污水作一级处理）。

株洲市烧碱厂原址在株洲市铜塘湾，该地区城乡交错，居民较多。工厂因设备陈旧，泄氯、跑氯现象时有发生，经常引起污染纠纷。该厂接到国家的限期治理通知后，确定将原株洲市建筑制品厂作为烧碱厂技术改造工程新址。于1990年开始搬迁，1992年通过验收。到1996年全部完成，总投资4090万元，建成年产液碱（折100%）1.5万吨（原生产规模0.5万吨），液氯0.8万吨，盐酸（31%）1.2万吨的规模。新的烧碱厂不仅缓和了氯产品的供需矛盾，还提高了企业的经济效益和社会效益，同时消除了由于布局不合理而造成的环境污染现象。清水塘地区的废水处理未能及时完成，到2000年仅完成可行性研究。

（二）湖南省下达的限期治理项目

1. 1996年5月17日，湖南省环境保护局下达湖南省第五批环境污染限期治理项目。其中要求株洲冶炼厂在1998年完成总废水处理改、扩建工程，要求湘江氮肥厂在1997年完成热电站粉煤灰综合利用2项治理任务。该2项污染治理项目都已按时完成。

2. 1999年1月27日，湖南省人民政府下达《关于第六批限期治理项目的通知》。在省第六批限期治理项目中，株洲市有10家企业，治理项目13项。

（三）株洲市限期治理项目

1990年6月4日，株洲市人民政府下达《关于第五批限期治理污染项目的通知》。共有限期治理项目9个。其中要求在当年完成的废水处理项目5个，噪声治理项目2个；要求在1991年完成的废气治理项目1个，废水治理项目1个。这些治理工程均在1992年前全部完成。

1992年5月1日，株洲市人民政府下达《关于第六批限期治理污染项目的通知》，共计8项。其中要求在1992年完成的有株洲市水泥机械厂等6家企业的消烟除尘项目，要求在1993年完成的有湘江制药厂等2家的废水处理工程。这8项限期治理项目有2项被取消，有1项延期到2001年，有5项按期完成。

1998年12月30日，株洲市人民政府下达第七批限期治理项目，确定第七批限期治理企业28家，项目32项。

株洲市下达了第五、第六、第七批污染限期治理项目，共计49项。其中因项目停产、转产或治理技术不可行，批准取消3项，实际限期治理项目46项。截至2000年年底，已完成的限期治理项目43项，3项未完成。这些项目的完成，对改善株洲市的环境质量，起到了重要作用。

三　工业污染物达标排放

1996年，《国务院关于环境保护若干问题的决定》中明确规定："到2000年，全国所有工业企业污染源排放的污染物要达到国家或地方规定的标准。"（简称"达标排放"）

1998年，株洲市对工业企业排污情况进行了摸底调查，全市共有工业企业1800余家，纳入2000年工业污染源达标考核的649家。其中省属以上企业35家，占5.4%；市属企业140家占21.6%；县市区属及以下企业474家，占73%。4月，向湖南省环境保护局上报了由省人民政府直接监督的11家重点排放企业名单。6月，从现有重点企业中筛选出20家作为市政府直接监督达标的企业名单。当年，市环境保护局对全市有淘汰的工艺与设备的企业进行了摸底调查，并会同市经济委员会对这些企业进行检查、核实，制定限期淘汰落后设备和工艺的计划，联合下达对54家水泥厂、冶炼厂要求限期淘汰的文件。11月，市环保局向省环保局申报第六批省属以上企业限期治理项目9个，12月向株洲市政府申请株洲市第七批废市属以下企业限期治理项目28项，以促进"达标排放"。

1999年3月，株洲市人民政府对全市工业污染源达标排放工作进行动员和部署，并印发《株洲市2000年工业污染源达标排放工作方案》。6月，成立株洲市工业污染源达标排放工作领导小组，下设办公室，负责全市污染源达标排放工作的日常组织、管理、实施。辖区内9个县市区也相继成立了达标领导小组及办公室。

2000年8月，株洲市经济委员会、财政局、环保局联合下达《重点企业防治达标项目贷款贴息计划的通知》，决定安排专项贴息资金，用于重点企业治污达标贷款贴息，促进达标排放的按期完成。

至2000年年末，为实现污染物"达标排放"，株洲市共投入治理资金4.15亿元，完成治理项目600余项，列入考核的649家工业企业，基本实现达标的639家（含依法关停的50家、自然停产的68家、转产的8家、破产的6家、待验收的20家），延期达标的10家。

2000年，全市的工业企业的废水和废气污染源基本上实现达标排放，从而使主要污染物大幅度削减，环境质量得到进一步改善。废水排放量减少5119万吨，削减率34%。其中化学耗氧量减少14083吨，削减率55%；石油类减少59吨，削减率14.7%；铅减少17.17吨，削减率69.7%；六价铬减少1.58吨，削减率63.5%；汞减少3.3吨，削减率73.7%；锌减少17.4吨，削减率51.2%。废气排放量比1996年减少1287285万标立方米，削减率30%。废气的工业粉尘减少12130吨，削减率54.6%；烟尘减少24267吨，削减率59.6%；二氧化硫每年可减少4万吨以上，削减率为53.2%。

四 关停"十八小"污染企业

1996年8月3日，国务院颁布《关于环境保护若干问题的决定》，要求对年产5000吨以下的造纸厂、年产牛皮3万张以下的制革厂以及土法炼砷、炼汞、选金等15种小型企业予以取缔、关闭或停产。9月20日，湖南省人民政府下发《关于坚决取缔和关停一批严重污染环境的小型企业的通知》，要求除取缔、关停国务院规定的15种小型企业外，对小型炼钒、炼锑、炼铜的小企业也应同时取缔关停（简称"十八小"）。9月，株洲市人民政府对全市关停"十八小"污染企业作了全面部署。成立市取缔、关停一批严重污染环境小型企业领导小组和办公室。全面调查、摸底，明确了取缔、关停污染企业的范围。至年底，全市共取缔、关停79家"十八小"污染企业。其中，冶炼厂29家，电镀厂21家，造纸厂15家，个体采金群9个，土法炼焦企业群2个，化工厂1个，制革厂1个，染料厂1个。

1997年，环保部门对全市“取缔关停”企业进行全面复查。复查中发现，绝大部分已取缔的企业均未再恢复生产，有的企业生产设备全部拆除或转产，还有部分企业合并改造，但也有少数企业违反规定，擅自恢复生产。如栗塘五金机械加工厂、南方电镀厂、河西机械加工厂、光辉电镀厂等企业。对这些企业依照有关法律、法规进行查处，分别予以取缔、关停。

1998年7月，按要求组织对境内的“十八小”企业重新进行复查。到2000年年底，株洲市按照国家环保总局和湖南省环保局部署，对已取缔、关停的“十八小”企业再次进行复查，采取措施，巩固取缔、关停成果，防止“十八小”污染反弹。

第七节　技术改造消除污染

株洲市20世纪50年代建设的工业企业，特别是市属地方企业，在进入70年代时因生产发展和环保需要，开始进行单项技术改造。大部分市属企业从手工业生产逐步向现代化生产迈进，几乎年年进行局部技术改造，不断扩大生产规模，增加产品种类，创造了经济效益，减少了排污量；但部分工厂因设备陈旧，“跑、冒、滴、漏”现象严重，在企业泄露率考核中，不断更新设备，降低泄漏率，也减轻了环境污染；部分工厂主要生产工段环境污染严重，不进行技术改造，就不能继续生产。如株洲化工厂电解高温氯气水淋直接冷却系统，经常有氯气外逸，曾多次造成氯气污染事故。1972年，改用玻璃管间接冷却工艺，虽能控制氯气外逸，但玻璃管难耐高温，容易爆炸，仍难免发生泄氯事故。1976年，采用铁管代替玻璃管，并将氯气冷凝，脱氯回收，每年可回收氯气约2000吨，从根本上消除了这道工序的污染；因电镀项目容易上，各车间都争着上，形成一个工厂有几条重复电镀作业线，不仅浪费劳动力和原材料，还增加了污染源，工厂在保证生产需要的前提下，进行精简、合并、改造，减少了40%的电镀点和80%的电镀废水，并建成电镀废水集中处理设施，达标排放。

1983年2月，国务院颁布《关于结合技术改造防治工业污染的几项规定》，株洲市认真组织实施，把“三废”治理、综合利用和技术改造有机地结合起来，开展以企业为单位的重点技术改造。20世纪80年代，先后开展大规模技术改造的工厂有20多家。这些厂家都是规模大、产品种类多、产量高，具有举足轻重的地位。他们处在现代工业竞争激流的前沿，生产工艺、生产设备、生产技术和生产环境，均必须具备良好的竞技状态和最先进的条件，做到环境适应发展，发展改善环境。从这个前提出发，这些企业分四种类型进行大规模的技术改造。

第一种类型是全厂性技术改造。这类企业中，有的是从20世纪30年代开始建设的。产品几经改变，生产规模一扩再扩，且在扩建中缺乏统一规划，形成生产布局混乱，工艺不合理，生产能力大小不平衡，厂房设备陈旧，环境污染，妨碍了生产的进一步发展。有的工厂整个生产工艺都很落后，资源利用率低，很大一部分资源变成“三废”，严重污染环境，必须动“大手术”，全面进行技术改造。他们在技术改造中，坚持五项原则，即发展生产与保护环境协调一致的原则；在坚持环境影响评价的基础上全面规划，持续发展的原则；经济效益、社会效益和环境效益相统一的原则；合理利用资源，把“三废”消灭在生产过程中的原则；充分利用原有的土地、厂房、设备，节约技术改造资金的原则。通过技术改造后，生产布局合理，生产规模扩大1～4倍，还为长远发展，保留很大的发展余地；生产工艺、设备提高到70～80年代的国际水平；资源可以回收利用的工业“三废”都得到充分利用，“三废”排放量小；新扩建项目，按照“三同时”规定，建设了比较先进的“三废”处理设施，原有污染源，都在技术改造中，同时进行了治理，所排放的“三废”都达到了国家排放标准；增加了生产区和生活区绿化面积，厂区及周围环境有很大的改善。

第二种类型是对污染严重，妨碍生产发展的局部或主要工艺进行改造。有的企业原材料生产部分，工艺落后、资源利用率低，却因“船大调头难”，长期未得到改造，环境污染随之越来越严重；而产品加工部分，“轻身快马”，随着科技发展的步伐，多次进行工艺改革，形成一头落后，一头先进，落后部分的环境污染影响了整体发展和产品质量。有的企业生产工艺技术发展不平衡，生产工艺落后的工段，废水乱淌，废气乱飘，生产上不去，成为“卡脖子”工序，阻碍全厂发展。这些企业根据环境影响评价不同的结果，“对症下药”，从全面发展出发，集中财力、物力和技术，进行调整、改造。有的引进国外先进技术与设备，有的采用国内同行业或相邻行业的先进技术和装备，有的利用本企业实践、研究的新成果。通过改造，生产成倍增长，产品质量大幅度提高，“三废”污染得到有效的整治。在工艺废气方面，有的企业主要气型污染物削减95%，有的削减60%以上，有的全部回收利用；在燃煤烟气方面，或采取集中供热，或改造锅炉，或安装高效除尘装置，都得到妥善处理；在废水治理方面，有的企业原有15种水型污染物含量除个别项目外，均符合国家规定的综合污水排放一级标准；有的企业在生产增加1倍以后，废水外排量减少10%以上；工业废渣方面，有的企业全部回收利用，废渣综合利用年产值达到65万～85万元；有的企业在技术改造中增建环保设施，不仅不增加运行费用，每年还可创利润200万～239万元。

第三种类型是适应产品更新换代需要而进行技术改造。综合 化工企业，原生产的主产品之一的农药，属高残留和出现抗药性的六六六、DDT，根据国家规定，不能继续生产，必须改产高效、低毒、低残留的农药。有的企业由生产低级产品改产高级产品。产品更新换代，引进重大的技术改造。这类改造是按照新产品工艺和环境保护的要求，新、老两部分有机结合，重新布置，凡原材料仓库，成品包装和水、电、气的供应，基本上利用原有房屋、设施，统一解决。新产品生产区间，按照工艺流程调整或新建。更换老产品，工厂丢掉了沉重的包袱，新上的产品一般都有相应配套的先进的环境保护设施或技术措施。

第四种类型是乘搬迁再建机会，进行技术改造。湘华机械厂、五三机械厂等分别于1986—1987年从外地迁入，还有一部分工厂在本市范围内搬迁。在再建中，工厂正确处理发展与环境的关系，全面规划、合理布局，按照发展生产、保护环境的要求和勤俭办企业的原则，妥善利用原有的生产设备。这类技术改造，都尽量扔掉原有落后的工艺和设备，保留和采用先进的工艺和设备，并按照“三同时”的规定，建设了环境保护设施，一般都能控制或消除污染，有较好的环境质量保证。

1981—1990年，结合技术改造防治环境污染的项目，共完成300多项，总投资11亿多元。

20世纪90年代，株洲市总结以往经验，更加注重利用先进的技术、设备，消除或减少各种污染，特别是一些大中型企业。1992年，株洲玻璃厂将一号九机窑改造为浮法生产线，消除了含酚废水污染。一号九机窑是“一五”计划期间建成的第一条大型平板玻璃生产线，但一直采用旧的生产工艺，生产的玻璃平整度差，大量的含酸废水污染湘江。同时该生产线熔制厂房和熔窑基础严重下沉，威胁到生产的安全。一号九机窑改造为浮法生产线是经国家计划委员会、国家建材总局批准的“八五”重点技术改造项目，设计能力为每天400吨，窑龄5年，生产能力为年产200万重量箱优质浮法玻璃。该工程采用离线改造方案，熔窑采用美国托利多公司节能熔窑的先进技术，三大热工设备(熔窑、锡槽、退火窑)控制采用美国贝利公司计算机控制系统，氮氢保护气体处理技术采用国内先进工艺。燃料由煤炭改为重油。该项技术改造工程总投资3.1亿元人民币，于1994年6月19日投产。工程完成后，由于取消了煤气站，从而消除了每天产生的1010吨含酚废水。同时废气中二氧化硫排放量由技术改造前的2047.3吨下降到814. 7吨，减少60.2%。

株洲电厂为“一五”计划期间苏联援建项目，几经扩建，到1972年，形成9机9炉，总装机容量14.8万千瓦。为改变设备老化、能耗高、效益差的落后状况，缓和湖南缺电的供需矛盾，经国家计委批准，该厂第一期“以大代小”技改工程立项。1992年11月正式开工建设，至1994年底2台机组全部建成并网发电。第一期技改工程新安装2台420吨锅炉和2台12.5万千瓦汽轮发电机组，总投资8.2亿元，其中环保投资1.2亿元。新机组取代原有1 ~ 5号机组，共4.8万千瓦。并对6 ~ 9号机组的除尘器进行改造。株洲电厂第一期技改工程，用现代化的机组替代了20世纪50年代建设的落后小机组，新机组供电标准煤耗为384克 / 千瓦时，比老机组低一半以上；老机组采用麻石水膜除尘器，除尘效率仅为82%，烟尘高度60米，二氧化硫和烟尘排放均超过国家标准。新机组采用电除尘器，除尘效率98.5%，烟尘高度180米，二氧化硫和烟尘全部达标排放。技改工程后，每年减少烟尘排放量24770吨，增加二氧化硫排放量9979吨。灰渣经水力运输管线送至9.5千米外的关山寺灰场沉淀、贮存，结束了灰渣水排放湘江的历史，消除了在水源一级保护区内污染带。

1997年，湖南国光瓷业集团先后投资1700多万元，对所属的国光瓷厂和群力瓷厂的7条隧道窑进行油改气技术改造。改造后，烧成时间由15 ~ 20小时缩短至8 ~ 12小时，能源消耗由每千克瓷22200 ~ 27200千焦节约至10450 ~ 12600千焦。烧成合格率由95%提高至98.5%，能源消耗和成本均大幅下降，从根本上消除了陶瓷烧成过程中产生的大气污染。

湖南海利株洲精细化工有限公司前身为株洲市烧碱厂，1997年8月由湖南化工研究院兼并收购。该厂原主导产品烧碱生产采用隔膜法老工艺，生产规模小，能耗高，污染重，成本高。1998年，湖南化工研究院决定对该厂产品结构进行调整，淘汰氯碱生产，发展高新技术产品和化工原料中间体。新产品主要有邻异丙基酚、一氯化硫、呋喃酚等。至2000年氯碱系统全部停产，新产品也投入生产。产品结构调整后，每年减少废水排放量161万吨，减少化学耗氧量190.5吨，悬浮物518吨。每年减少废气中二氧化硫排放量136吨、烟尘438吨、氯气405吨。

1999年，株洲选矿药剂厂对草酸生产装置进行全面改造，将合成法工艺改成氧化法工艺，彻底消除了原有含铅废水、苛化浆渣、脱氢烟气。新工艺产生的硝酸尾气采用天津大学研究的规整填料装置治理，尾气经治理可达国家排放标准，还可回收稀硝酸和硝酸盐。改造后，虽每年增加110吨氮氧化物，但二氧化硫减少 30.3 吨，一氧化碳减少 47.5 吨，烟尘减少 119.4 吨。每年减少工业废水 78 万吨，减少化学耗氧量 99 吨、生物耗氧量 42.9 吨、悬浮物 78.2 吨、铅 1.05 吨。每年减少脱氢渣 1850 吨，苛化浆渣 3000 吨。

第八节 生态整治

一 乡镇工业污染及整治

（一）乡镇工业污染

20 世纪 90 年代，境内乡镇工业发展迅速，特别是各县市区依靠当地资源，大量发展小采矿、小冶炼、小造纸企业。这些企业规模小，管理和技术落后，资源、能源利用率低，排污系数高，致使乡镇工业环境污染问题日益突出。据第二次全国乡镇工业污染源调查统计，1995 年境内乡镇工业企业 33916 家，工业总产值 85.34 亿元，占全市全部工业总产值的 31.5%。乡镇工业排放工业废水 1109.78 万吨，废水中污染物排放量为悬浮物 8087 吨、化学耗氧量 6180 吨、石油类 8.92 吨、氰化物 2.13 吨、挥发酚 2.92、铅 1.81 吨、砷 0.006 吨、总铬 1.38 吨、六价铬 0.018 吨；排放工业废气 102.62 亿标立方米，废气中有二氧化硫 22938.89 吨、烟尘 32394.26 吨、工业粉尘 33824.31 吨；固体废物产生量 138.64 万吨，排放量 45.49 万吨。造纸行业是乡镇工业的水污染大户。1995 年，株洲市共有乡镇工业造纸厂 64 家，其中醴陵市有 34 家。这些小纸厂缺乏有效的废水处理设备，超标废水直排江河、沟溪、池塘、农田，影响居民饮用水、农田灌溉、水产养殖以及人们身体健康。醴陵市有 40% 的小造纸厂集中在该市以东区域（南桥镇、白兔潭镇、王仙镇等），系醴陵市饮用水源上游。影响了渌江上游的水体环境质量，对城市饮用水构成威胁。

境内乡镇工业小冶炼、小建材（水泥窑、砖瓦窑、石灰窑）行业对农村大气环境影响突出。排出的二氧化硫、工业粉尘、烟尘和氟化物等污染物，使大气质量下降，尤其是山坳不易扩散地区污染物浓度更高，农作物受害。1995 年，全市植被受破坏面积为 416.65 公顷，农田受破坏面积为 103.32 公顷，农作物受害面积为 111.24 公顷，鱼塘受污染面积 8.12 公顷。

（二）乡镇工业污染治理

1995 年，境内乡镇工业共有废水处理设施 302 台（套），废水治理设施总投资 749.03 万元，处理工业废水 174.67 万吨，废水处理率为 15.73%。工业废气中，经过消烟除尘的燃料燃烧废气量 5.77 亿标立方米，占燃料燃烧过程废气排放量 77.59 亿标立方米的 7.43%；经过净化处理的生产工艺废气 4.85 亿标立方米，占生产工艺过程废气排放量的 25.03 亿标立方米的 19.39%。总的废气处理率为 10.35%。工业固体废物综合利用率为 30.37%。

根据《国务院关于环境保护若干问题的决定》和《湖南省人民政府关于坚决取缔和关停一批严重污染环境的小型企业的通知》精神，1996 年，株洲市取缔和关停了严重污染环境的乡镇企业 72 家。由此，乡镇工业每年减少废水排放量 148.43 万吨，其中减少总铬 0.2 吨、挥发酚 2.57 吨、氰化物 2.12 吨、化学耗氧量 2513 吨、悬浮物 1071 吨；减少废气排放量 3.69 亿标立方米，其中减少二氧化硫 1572.98 吨、烟尘 2215.11 吨、工业粉尘 525 吨。在一定程度上改善了受污染地区的水质和大气环境质量，减少了对生态环境的破坏。

二　采矿业对生态的破坏及整治

株洲是湖南重要的矿产地之一。醴陵的黄金、攸县的煤和茶陵的铁、钨等矿产资源较为丰富。20 世纪 90 年代一度出现盲目开发和乱采滥挖现象，不仅造成资源浪费，而且使矿山及周围生态遭到破坏。

（一）采矿业的生态破坏

醴陵市洪源乡的石溪村、光明村、明兰村贮藏着丰富的黄金矿。据有关史料记载，在清代洪源区域就有原始的手工采金。1988 年 3 月，本地村民开始上山采金。随后，来自广东、广西、贵州、江西、益阳、常德、浏阳及醴陵市附近乡镇的掏金者蜂拥而至，山上山下到处布满采金者，每天都有 3000 多人，高峰期达 6000 多人。继后，醴陵市官庄、桃花、小横江、瓦子坪地段也相继开山打洞采金。1994 年年底，采金达到高潮。至 1998 年，醴陵市南桥（含原洪源乡）、官庄区域非法采金活动，已造成近千亩耕地无法耕种，400 多公顷山林植被遭破坏，水土流失面积达 11.8 平方千米。明兰水库严重淤塞，库容由 380 万立方米减少至 227.5 万立方米，水量减少 40.13%。水库水质遭受氰化物污染，其氰化物含量超过国家地面水四类标准和渔业用水标准。

1993 年，茶陵县潞水镇开始兴办小炼铁厂。到 1994 年该镇 12 个村有小铁厂 79 个，最多的一个村办了 12 个，最少的村也有 3 个，连镇办林场和镇供销社也有自己的小炼铁厂。一阵风掀起了“村村点火、处处冒烟”的炼铁高潮。这些小铁厂多数建在靠潞水河的两岸和村民集中地。生产中产生的废渣、烟尘和噪声均没有采取防治措施。一个四孔小拱桥被废渣填了 2 孔；一个不到 0.5 平方千米面积、人口密集的居民组，被 5 座小炼铁炉包围。湘东铁矿和湘东钨矿主要是选矿废水和尾砂对山林植被农田造成损害。

攸县煤炭资源储量约 3.2 亿吨，主要分布在攸县东部黄丰桥镇、峦山镇、柏市镇、兰村乡、湖南坳乡、漕泊乡和攸县西部桃水镇等 7 个乡镇 57 个村。据调查，1996 年攸县煤矿有 853 家，其中株洲市属煤矿 2 家，县属煤矿 2 家。当年乡镇以下煤矿煤产量 312 万吨，占攸县原煤总产量 350.38 万吨的 89%。853 家煤矿中，领取采矿许可证的有 383 家，仅占总数的 45%。大多数煤矿发展无规划，布局不合理，密集程度高。主要是个体或联体煤矿业主自行选点，盲目开采。攸县煤矿年排放废水 825 万吨，废水绝大部分未经处理，直排攸水、兰溪河、峦山河和清江。使河流中、下游河段的水质明显变差。尤为严重的是兰溪河和峦山河的中、下游已从昔日清澈见底、青草碧绿、游鱼随处可见，变成了今日鱼虾近乎绝迹的黄色浊流，河流生态环境遭到了破坏；年排煤矸石 140 万吨，大量矸石堆积于山坡沟道，有的甚至直接向河道倾倒，造成堤坝报废，河道堵塞。1996 年，全县煤矿坑木用量达 2.5 万立方米，煤矿占用山林面积 284.33 公顷。小煤矿遍地开花，很多山头漫山遍野地布满了开采点，使植被和地貌遭到严重破坏，满目疮痍。煤矿开采中因滥采乱挖导致地下水位下降，农田因严重“失水”而无法耕作。兰村乡石联村小岭组、彭家组及满江村楼屋组一带13.33公顷农田遇干旱无法耕作。部分村组因“失水”而造成人畜饮用水困难，被迫集体搬迁。仅兰村乡因“失水”而被迫搬迁的农户就有4个村民小组56户235人。兰村乡还有13口民用水井已干涸，约有300人饮用水困难。黄丰桥镇乌井村、欧家村几公顷农田因强酸性矿井废水污染而导致草木不生。到1998年，攸县因煤炭开采造成干旱缺水、村民无法生产生活，扩及到4个乡镇6个村23个组，近133.33公顷农田抛荒，30多户农户因地表下沉危及房屋安全。

（二）采矿业的整治

1989年春，醴陵市人民政府组织醴陵市司法局、林业局、国土资源管理局、环境保护局、工商行政管理局、矿产资源开发管理办公室，成立了黄金清理整顿工作组，于4月13日赴洪源乡，与乡政府整顿队伍配合到现场整顿，采金活动一时得到制止。一个月后，采金活动又死灰复燃，外来人员再度窜入洪源，采金热到了白炽化程度。8月，中共醴陵市委、市人民政府又组织醴陵市公安局、检察院、矿管办、环保局等十多个部门的联合工作组，进驻洪源乡现场办公。对乱采滥挖、毁林、毁田、黄金走私、扰乱社会秩序的人员分别处以不同程度的处罚，以致追究刑事责任；醴陵市环保局与洪源乡政府一起，共捣毁用于洗矿的51个氰化池。1992年7月，醴陵市成立洪源金矿派出所、洪源金矿检察室。投资20万元，建立面积约1.33公顷的金矿尾沙坝。同时，还统一炸毁个人滥挖的40多个氰化池。1996年，醴陵市政府再次组织对南桥镇（含原洪源乡）黄金无序开采进行集中整治，捣毁机械设备8台，砸毁氰化池130多个，取缔非法开采的矿井。并根据国家的有关规定进行有计划开采，1996—1998年先后成立了金宏、金新等几个初具规模的矿山，基本上实行有计划开采。杜绝了随意开洞和乱堆废石、尾砂的现象，平整被毁水田3.34公顷，引种中药材11.33公顷，以恢复林地植被。

攸县人民政府为保护国家矿产资源和农村生态环境，于1991年对不具备基本开采条件，争夺、浪费资源，破坏生态环境，安全隐患大，危害交通的428家非法小煤矿，予以取缔、关闭。1997年，株洲市人民政府把攸县黄兰矿区非法采矿作为治理整顿的重点。1997—1999年，攸县公安部门依法没收无证矿区雷管2800余发，炸药800千克。株洲市地质矿产资源管理局牵头组织有关单位，在全市范围内关闭各类无证矿山434家（其中多数为小煤矿）。其间，株洲市广泛宣传《中华人民共和国矿产资源法》，攸县举办学习班14期，参训人数800多人次。攸县环境保护局把煤矿矿区的环境治理整顿纳入乡（镇）环境保护目标责任制，1999—2000年督促黄丰桥、兰村等乡镇先后在黄兰矿区兴建120多处挡水挡矸墙，防治水土流失和减轻对河流水质污染。黄丰桥各矿区共筹资18万元，新建一座小型水库，使困扰农民多年的用水问题基本得以解决。

20世纪90年代，茶陵县在环保执法检查中，会同镇政府深入调查研究，广泛开展宣传教育，针对不同情况，采取关停和完善环保设施等整改措施。先后关停小炼铁厂54家，对继续生产的炼铁厂帮助整改。湘东铁矿已重建林地258.80公顷，湘东钨矿重建林地达561.80公顷，矿区植被正在恢复之中。

第五章　工业“三废”综合利用

20 世纪 50 年代，株洲因急于建设工厂，上主导产品，很少抓“三废”综合利用，直到 1960 年，全市工业“三废”综合利用项目仅有 6 项，综合利用产品 4 种，年平均综合利用产值仅 156.85 万元。

20 世纪 60 年代，综合利用工作有较大发展，特别是 1964 年市人民委员会组织市直工业局到东北锦州等市参观学习后，各工业局根据本系统特点，建成一批综合利用项目。在 1961 — 1970 年间，全市共启动“三废”综合利用项目 220 项，主要综合利用产品 229 种。综合利用总产值 1.93 亿元。

20 世纪 70 年代，“三废”综合利用进入高潮。株洲市革命委员会分管工业的领导深入到生产第一线亲自抓，层层确定专门机构或专人抓。这种做法被国家和省主管部门作为保护环境的一条重要经验肯定下来。10 年中，综合利用年产值，由 3709 万元上升到 9378 万元。10 年增长 152.90%，累计综合利用产值达 7.75 亿元。

20 世纪 80 年代，“三废”综合利用工作划归市经委主管，市环保局负责统一监督管理。自此，“三废”综合利用产品的概念发生了变化，经过设计的产品，投产后满 5 年不再减免税利的产品，都转化为主产品，不属“三废”综合利用范畴。这样，“三废”综合利用的产品、产量、产值都明显下降。1981 年，“三废”综合利用产值降为 2821 万元。1981 — 1990 年，累计“三废”综合利用产值 5.47 亿元，年平均产值 5468 万元。

1991 — 1995 年，全市“三废”综合利用工业产值 2.88 亿元，年均综合利用产值 0.577 亿元。1996 — 2000 年，全市工业“三废”综合利用产值 3.84 亿元，年均综合利用产值 0.767 亿元。2000 年，综合利用产值达到 1.10 亿元。

第一节　废渣利用

1958 年，601 厂利用钴渣生产氧化钴，年产 8.83 吨，产值 88 万元，这是株洲最早利用废渣为原料生产的综合利用产品。随后，株洲市东风冶炼厂利用铜、铅、锌冶炼后的含铜灰渣及各厂生产剩余的铜屑生产粗铜，当年产粗铜 30 吨，产值 16.50 万元。这是株洲市建成的第一家“三废”综合利用专业工厂。到 1960 年，城区建成废渣综合利用项目 3 项，累计综合利用产值 365.85 万元。

20 世纪 60 年代，废渣综合利用在煤炭、建材、冶金等行业中初步发展。1962 年，株洲市砖瓦厂利用城区内的洗选矸石，碾碎掺入粘土内，代替原料和燃料作内燃砖获得成功。1964 年，由市投资 10 万元，因陋就简，建成株洲市灰渣砖厂，利用株洲化工厂热电站的粉煤灰、炉渣、电石渣和外地的废石膏，生产灰渣砖。这是株洲市也是湖南省第一家利用工业废渣生产建筑材料的工厂，这种砖经省建筑材料科研单位检验、鉴定，产品的抗压、抗折等主要技术指标，都符合国家建筑材料质量标准。“制砖不用泥，烧砖又省煤”（每万块砖省煤0.5吨），引起了省、市部门和领导重视，并给予充分肯定。

其时，工业生产和居民生活的燃料都很紧张。人们从株洲市砖瓦厂和株洲市灰渣砖厂利用粉煤灰、煤矸石代煤及“矸石山”自燃的事实中得到启发，便有人用煤矸石去烧饭、煮猪潲。市郊区工业主管部门于1966年组建煤矸石筛选厂，从株洲选煤厂排出的煤矸石中，筛选出含炭量较高的煤矸石作燃料，当年利用2.1万吨。湖南省第五建筑工程公司第一处食堂创建“一火三用灶”，试用这种煤矸石代煤蒸饭，一年节约标准煤1000多吨。1967年，株洲市煤炭公司组织推广利用煤矸石烧砖瓦和代生活用煤，并卖给洞庭湖区农村作生活燃料，一年利用煤矸石7万吨。

1967年，株洲市煤矸石砖厂建成。利用郊区煤矸石筛选厂筛选下来的低热值煤矸石，生产矸石砖，这种砖被测定为具有耐酸、耐碱、抗压、抗折、抗冻等性能，符合国家建材标准。国家煤炭工业部门投资200万元进行扩建。省环保部门也投资60万元建成年产1万吨规模的矸石水泥车间。至此，株洲选煤厂排出的煤矸石，含炭量高的用于代煤，含炭量低的用于生产矸石砖，剩余的断砖、碎块、残渣，生产矸石水泥。所有的煤矸石都被利用，不仅没有造成污染，反而成为重要的生产、生活资源。同年，由湖南省电力部门投资兴建的株洲市煤灰制品厂（株洲市建筑材料厂）投产。利用株洲电厂排出的粉煤灰和炉渣生产煤灰砖，按设计能力，每年可利用粉煤灰和炉渣12万吨。

灰渣砖、煤灰砖、矸石砖一问世，就引起争论，认为废渣生产的砖还是废渣，不能作为建筑材料。市领导决定除严格进行物理、化学性能检测外，还在市府路和栗树街兴建2栋全部是灰渣砖墙体的3层楼的商店和住宅，以作示范，让大家评论。市府路住宅历经20多年仍完好无损。栗树街进行旧街道改造，拆除了使用20多年的灰渣砖房时，无丝毫损坏痕迹。

1970年，株洲市磷肥厂建成年产100吨镍综合回收车间，从钙镁磷肥生产排出的镍磷铁渣中，提取金属镍。

1961—1970年，全市共上废渣综合利用项目27项，主要综合利用产品31种，其中生产灰渣砖、矸石砖、煤灰砖、内燃砖，包括煤矸石代煤，共利用工业废渣91.90万吨，占同期工业废渣排放量的12.70%。

1972年，城市工业废渣排放总量为125万吨，综合利用53.45万吨，利用率为42.77%。其中，利用煤矸石作燃料28.27万吨（包括外调5.98万吨）；利用炉渣、煤灰、电石渣生产灰渣砖瓦及其他建筑材料共24种，计16.27万吨；回收钢屑炼钢和从冶炼渣中提取稀有贵重金属36种，共重2.21万吨；利用化工渣及其他废渣生产化肥、农药、医药、化工原料等产品，共计6.7万吨。

1974年开展的“批林批孔”运动，搅乱了工厂各项规章制度和生产秩序。灰渣砖、煤灰砖不按规定的比例配料，不按正常工序操作，出窑的砖不按工艺要求静停养护，刚出窑就抢运到建筑工地，砖还是热的就往墙上砌。恰遇春冻，建设中路在施工的交通大楼建到4层，墙体出现要垮塌迹象，经质量检查组检查决定拆除重建。因此，引起有关部门对蒸养煤灰砖墙体作第一次大的回访调查。在调查的176栋房屋中，有18%的墙体裂缝比较严重。对灰渣砖墙体裂缝原因说法不一，有的认为是灰渣砖的收缩值偏高，引起开裂，所以蒸养灰渣砖（包括煤灰砖）不能作为墙体材料；

有的认为，已建成使用的灰渣砖墙体房屋大多数不开裂，并且这种墙体房屋，仅在某一处开裂，不是四处开裂，类似开裂现象，黏土砖墙体也有开裂。把墙体开裂归咎于灰渣砖，实际上就是否认煤灰、炉渣生产建筑材料的可行性。这次调查的结论是：砖的收缩值偏高，质量不稳定。要求建材部门提高产品质量，按部颁标准组织生产，保证砖质稳定在100#以上。市建筑设计院及市建工局研究制定解决墙体裂缝的设计技术措施与施工管理办法。最后结论是蒸养煤灰砖、灰渣砖可用于一般工业与民用建筑的墙体上。

在此同时，还发现株洲电厂和湘江氮肥厂热电站（从株洲化工厂划过来的）排出的粉煤灰，因燃烧不充分，含炭量一般达20%左右，最高达到40%。根据国内外煤灰作建筑材料原料的技术参数，含炭量以不超过5%为宜。含炭量高不仅影响建筑材料的质量，而且浪费了煤炭资源。为此，市环保所邀请国家冶金部矿冶研究所、株洲市灰渣砖厂，对湘江氮肥厂热电站的粉煤灰做选炭试验，取得成功。采用浮选工艺可获得含炭量77.85%的精煤。炭的回收率达到84.6%。依据这一科研成果，于1974年7月，在株洲市灰渣砖厂建成年处理煤灰渣6万吨的浮选车间。这是我国首次从粉煤灰中选炭取得成功。

同年，株洲市派代表参加全国墙体屋面材料经验交流会，介绍利用废渣生产建筑材料的经验。国务院领导看了这个经验材料批示"工业废渣的综合利用问题，很值得我们及早重视""我国现在一年排出的工业废渣总量在2亿吨以上""堆渣与农业争地的矛盾很突出""现在我国一年生产260多亿黏土砖，每生产一亿块，要挖掉好土100亩""如果逐步实现以废渣代替黏土（制）砖，一年可节约制砖用地上万亩，堆渣用地几千亩""还可节省大量烧砖用的煤炭，如西安和株洲市一些砖瓦厂所做的那样""各级领导要十分重视这个问题，切实抓起来"。国务院办公室将领导批示连同西安市和株洲市的2个材料转发到全国各省、市、自治区。株洲市革命委员会旋即将国务院办公室的文件转发到各区、县、各部门、各企事业单位。广东省委看了国务院办公室的文件，立即指示广东省计委、建委、环保办等单位组织代表团到株洲考察。这个代表团参观2天后，对株洲的废渣综合利用大加赞赏。

1976年，株洲电厂又与冶金部矿冶研究所、市环保所等单位合作，对工厂排出的粉煤灰作风选、电选试验。采用电选工艺从粉煤灰中选出含炭68.8%的精煤，回收率为92.9%。同时，从中提取空心微珠。选出的产品用作颗粒活性炭、橡胶的增强剂、聚氯乙烯填料，尾灰作混凝土掺合料。1977年4月，建成年选5万吨的粉煤灰浮选试验车间，当年选出炭粉6000多吨。

1971—1980年，在工业废渣利用方面，全市淘汰一批效益差的项目，新上一批效益好的项目。运行项目稳定在100项之间。10年累计利用工业废渣493.61万吨，约占总排渣量的48%，其中粉煤灰利用219.63万吨，煤矸石利用208.58万吨，化工渣利用35.5万吨，冶金渣利用20.7万吨，其他废渣利用9.2万吨。

1981年，利用铅烟化炉渣作骨料生产空心砌块。因铅烟化炉渣含铁量一般在40%以上，造成砌块氧化变质，使这类墙体房屋变成危房而拆除重建，因而再次引起蒸养煤灰砖问题的争论。市建委组织建材、建工、设计等部门对蒸养粉煤灰砖作第二次大的回访调查。实践证明：蒸养粉煤灰砖有其独特的材性，除由市建材局加强研究，进一步改善外，在设计和施工时，必须采取相应的措施。市建筑设计院和市建筑工程局分别制定了《民用建筑中使用蒸养粉煤灰砖的暂行设计措施》和《关于在建筑施工中使用蒸养粉煤灰砖的技术措施》。铅烟化炉渣空心砌块危房，与煤灰砖墙体无关。

1981年10月，株洲电厂建成年处理粉煤灰20万吨的浮选车间，每年选出炭粉2万吨左右。1983年，投资82万元，建设干灰输送线，对外供应干煤灰。1987年，又投资12万元，建成混凝土掺合料生产线，向用户提供优质的混凝土掺合料，先后供应拓溪水电站大坝加固、京广铁路衡广复线及大瑶山隧道等重点工程，除改善混凝土性能外，还获得了较好的社会效益和环境效益。

20世纪80年代，灰渣砖、煤灰砖等建材生产，因设备陈旧、劳动强度大、利润微薄、职工劳保福利条件差，生产积极性低，加上这类建材被社会误解。在乡镇企业黏土砖生产大量发展和湖北省黏土砖大量挤入株洲建材市场后，煤灰砖出现滞销，煤灰砖工厂经不起冲击，10多家附属生产煤灰砖厂全部关闭。最早建成的株洲市灰渣砖厂也改产，株洲市建筑材料厂（原煤灰制品厂）的煤灰砖销不出去。全市一年原可生产煤灰砖2亿块，利用煤灰、炉渣40万吨的建材企业，濒临倒闭。造成一方面每年几十万吨的粉煤灰排入湘江和堆积市区；另一方面，大量挖取耕地土壤制砖，破坏耕地等土地资源。因此，市环保局于1988年组织专题调研组，搜集国内外废渣利用的法规、经验及技术资料，调查本市灰渣砖生产的经验、技术及存在的主要问题，论证煤灰砖生产的可行性、经济效益、社会效益和环境效益，提出改进、扶持、奖励办法。1989年，市经委邀集建材、设计、施工、环保等方面的工程技术人员举行灰渣砖、煤灰砖应用技术研讨会。一致认为，煤灰、炉渣制砖，效益好、砖质好。1990年，市人大、市政协分别组织专题调查研究，肯定利用煤灰、炉渣等废渣生产建材（包括灰渣砖、煤灰砖），技术成熟，质量可靠，效益很好。呼吁社会正确认识和对待，提请市人民政府采取扶植和奖励措施，筹集更新改造资金，发展生产，减少建材生产毁地和废渣污染。1990年，市政府决定成立废渣综合利用办公室，隶属市经委领导。

1981—1990年，工业废渣综合利用，在充满矛盾中发展。10年共利用废渣489.09万吨。其中，利用煤灰、炉渣265.36万吨，煤矸石126.18万吨，化工渣42.45万吨，冶金渣回收利用26. 64万吨，其他废渣28.46万吨。

20世纪90年代初，由于粉煤灰蒸养砖、矸石砖逐年滞销，全市废渣综合利用走入低谷。

1991年，霞湾电机砖厂利用粉煤灰生产烧结（内燃）砖取得成功，为株洲市粉煤灰综合利用探索了一条新途径。该厂粉煤灰烧结砖产品，粉煤灰平均掺用量达50%，粉煤灰既作为燃料，又作为产品原料，降低电耗、煤耗分别达15%和37%，降低生产成本18%。是年，该厂生产粉煤灰烧结砖8000万块，利用粉煤灰14.3万吨，节约土地资源2.8公顷。此后，该生产工艺在市郊众多砖厂得到应用，成为全市粉煤灰的主要综合利用途径，经济效益、环境效益双赢。

1992年，市人民政府颁布《株洲市粉煤灰、煤渣、煤矸石综合利用暂行办法》，征收废渣综合利用基金，推动了全市废渣利用工作。1996年，株洲电厂投资360万元，建成粉煤灰干灰项目，年产干灰10万吨，年创产值700万元，年利用粉煤灰10万吨。该厂干灰产品用于临津滩、江娅、三峡等水电工程，降低了建筑成本。

1991—2000年，全市工业废渣综合利用利用量达919.4万吨。

第二节 废水利用

一 利用废水灌溉养殖

1956年，湘江机器厂利用工业废水和生活污水灌溉厂区附近的农兴桥、南华、古大桥3个村的稻田。1958年，由城市建设部门建设污水过江灌溉工程，将城区省安装公司、有色三建二公司至贺家土一带的生活污水，加压、提升，用虹吸管从湘江河底引到河西园艺场灌溉菜地、稻田，设计灌溉面积254.53公顷，解决水源和肥源。这项工程引起建设部的注意，旋即组织中南地区各城市有关部门来株洲开现场会，总结、推广经验。20世纪50年代，城区共利用污水34万吨，累计灌溉面积980公顷。

1966年，湘江机器厂第二条污水灌渠和一些支渠建成，灌溉面积扩大到109公顷。污水过江工程，却因管理不善，使煮麻碱液和部分区街工厂废水进入污灌系统，水质变为偏碱性，影响使用，污灌面积降到84.67公顷。1961—1970年，共利用污水135万吨，累计灌溉和养鱼水面为1393.33公顷。

20世纪70年代以后，董家塅灌区、河西园艺场灌区均无人管理，也无灌溉效益。

1973年，根据北部龙头铺地区缺水少肥、湘江氮肥厂年排5000万吨含少量氨氮（15毫克/升左右）的冷却水可供利用的情况，组织城乡70多个单位，1.7万多人，修建湘氮废水灌溉工程。工程历时1年半，投工31万多个，完成土石方82万立方米，修建主干灌渠67.50千米，钢筋混凝土渡槽5座，隧洞11处，附属构筑物505处。1975年8月，灌溉工程竣工、通水，设计灌溉郊北5个公社和长沙县部分社队的稻田共4666.67公顷。第一年，实际灌溉1000公顷，当年增产粮食100万千克。1976—1987年，每年灌田4200公顷。1988年，工厂增建循环用水工程后，废水排放量大减，除抗旱期间支农放水外，平时外排冷却水很少。

二 废水回收产品

20世纪60年代，一些工厂组织职工家属就业，开办家属工厂或“五七”工厂，用工厂更换下来的废旧设备，从工业废水中回收产品。最早回收产品是601厂“五七”工厂，从1966年起，利用株洲硬质合金厂钼冶炼含铵酸废水，用石灰中和，土法蒸发，生产化肥氯化铵，年产130吨，产值3.5万元。钼冶炼工艺改革后，除同时改革氯化铵回收工艺，继续生产氯化铵外，每年还从压煮液中回收金属铼40千克左右，价值17万多元。1967年，又从钨冶炼废水中回收氯化钙，年产1000吨。

20世纪70年代，市革命委员会把工业废水综合利用作为一项发展生产、保护环境的任务，进行全面部署。凡废水中某种物质浓度高，有回收利用价值，技术经济可行，回收工艺成熟的，要求立即组织生产，技术工艺不成熟的要求组织研究。1971—1980年，从工业废水中回收化工、医药、化肥、农药及稀有金属产品共计17种，总量5.73万吨，产值1275.75万元。从草酸生产的铅化母液中回收硫酸钠，年产达到2800吨，产值达35万多元。湘江氮肥厂从氮肥生产废水中提纯农用氨水，年产量2460吨，产值17.20万元。株洲市新城化工厂利用一氯醋酸母液生产三氯醋酸，年产38吨，产值50万元。并将三氯醋酸进一步加工，生产三磷酸腺苷。这项综合利用成果为国内首创，受到全国各地的重视。广州军区农药厂1973年建成磺化煤吸收装置，一年可回收苯酚100吨。

1984年，株洲冶炼厂建成有色冶炼废水处理站，每年从废水处理的化学污泥（中和渣）中，回收锌、铅、铜等金属500多吨，价值20多万元。1987年，株洲市湘中化工厂与湖南省稀土研究所合作，研究从钛白粉生产的酸性废水中回收氧化钪，取得成功，当年回收5.50千克，价值11万元。这项回收是湖南省的首创。1988—1990年先后2次扩建生产线后，年产氧化钪达100千克，价值200万元。1981—1990年，全市从工业废水中回收化工、医药、金属等产品共25种，总量为6.06万吨，价值2320.75万元。

三　循环用水

1972年，市环保部门提出珍惜水资源，要求企业定量用水，一水多用，重复用水，循环用水，千方百计降低水耗。当年，株洲车辆厂率先建成一套循环用水设施，一年可节约用水42万吨，创造效益64.90万元。从此，各厂先后建设循环用水工程。循环用水工程可归纳为四类：第一类是厂际协作，建设废水套用工程，无偿利用上一家工厂排出的冷却水，作为下一家工厂的生产用水；第二类是按生产系统建设循环用水工程，在各生产系统中重复利用；第三类是分车间建设循环用水工程；第四类是统一规划，随生产发展规模，建设全厂总循环用水工程。到1990年，全市每年工业循环用水量1.64亿吨，循环用水占工业总用水量的42.26%。

20世纪90年代，境内废水利用主要是废水循环利用。1992年，全市工业用水重复用水率达到33.77%；1995年，全市工业用水重复用水率38.43%；2000年，全市工业用水重复用水率59.06%，重复用水量已超过新鲜用水量。在此期间，株洲冶炼厂、株洲化工集团公司、湘氮实业公司等企业先后新上了一批废水循环利用工程，使全市工业用水重复用水率逐年攀升。其中以湘氮实业公司废水循环利用率高，该公司90年代先后建设了有机、纯碱、空分、脱碳废水循环利用项目，新增加废水重复利用能力1万吨/小时。2000年统计，该公司废水重复利用能力达3.4万吨/小时，重复用水率达90%。

第三节　废气利用

株洲市有色冶金行业中，锌冶炼每小时产生约7万立方米的烟气，含二氧化硫浓度为6%～6.5%。20世纪60年代，株洲化工厂建成利用二氧化硫制酸的生产设备，设计能力为年产硫酸16万吨。1965年，这套生产系统部分投产，当年利用锌冶炼烟气2.15亿立方米，生产硫酸6.5万吨，价值78万元。至1970年，全市废气利用总量为245.50亿立方米，累计生产产品75.70万吨，价值908万多元。

1971年，市烧碱厂建成乙醇生产尾气回收装置，用来生产二氯乙烷，年产60吨，价值68万元。1972年，湘江氮肥厂利用尿素合成塔的“吹出气”生产氨水，年产750吨，价值5.25万元。同年，粮食加工行业分别建成大米加工和饲料加工布袋网收尘装置，回收加工过程中逸出的粉尘，一年可回收精饲料100多吨。

1973年，株洲化工厂在1、2号磷肥风扫磨上采用布袋收尘，除尘效率达到93%。1975年又在3号风扫磨上安装喷淋式除尘器，除尘效率达到98%。每年回收磷矿粉原料2000多吨。

株洲冶炼厂建厂时就设计了收尘装置，一年可回收矿尘8万吨。由于收尘技术和设备条件原因，每年仍有7000多吨粉尘随工艺废气逸出。从1977年起，工厂又连续建设和改造收尘设备，先后安装了大布袋收尘、平板式电收尘、原式电收尘等设施，收尘效率达到98%～99%，每年增收矿尘5000多吨。

株洲化工厂磷肥生产系统于1976年建设氟气回收装置，吸收率达到98%以上，用来生产氟硅酸钠，年产1377吨，价值124万元。硫酸生产系统1977年建成尾气回收设施，用氨酸法回收制酸尾气，制取液体二氧化硫，设计规模年产1万吨，副产品液体硫酸铵7万吨，年产值为770万元。

氮肥生产合成塔的“吹出气”、液氨贮罐的“弛放气”、循环机的“膨胀气”合称“三气”，由不同比例的氨、氢、氮、甲烷等气体组成。为消除污染，化害为利，1980年湘江氮肥厂投资80万元，建成“三气”回收工程，一年回收2000多吨氨，加工成含氨25%的工业氨水约8600吨，还可回收氢气800万立方米、燃料气1500万立方米，用于集中供热，并与市一期煤气工程联网，向全市居民供燃气。

1971—1980年，城区共计利用废气384.60亿立方米，从废气中回收化工原料、产品及金属粉尘135.80万吨，价值1.73亿元。

1988年，株洲化工厂建成“三氯乙醛”尾气回收装置，采用二级逆流降膜法，一年从尾气中吸收氯化氢气体6330吨，制成浓度为31%的盐酸20419吨；采用液碱循环吸收尾气中的氯45吨，生产含有效氯13%的次氯酸钠4361吨，采取压缩、冷凝、精馏方法，回收尾气中的氯乙烷350吨。一年产值233.85万元，获利177.02万元。这项工程被评为全国化工行业的优秀项目，在化工部举办的资源综合利用展览会上展出，并在全国化工行业推广应用。1981—1990年，全市工业废气综合利用项目28项，累计利用废气1129亿立方米，生产综合利用产品391.38万吨，综合利用产值2.28亿元。1996年，株洲冶炼厂建设锌Ⅱ系统，同步建成锌烟气回收系统，回收二氧化硫，生产硫酸。采用二转二吸生产工艺，年产硫酸18万吨。1997年，株洲化工厂投资278万元，将氯碱系统废氯气、氯油尾气、液氯计量槽排槽废氯气集中处理，建成回收系统，年产次氯酸纳7000余吨，年产值达245万元。

第六章 环境管理

第一节 环境规划

1972年11月，市革命委员会制定《株洲市1973—1974年工业“三废”治理规划》，提出以促进生产发展为前提，以保护湘江水质、治理大气污染为重点，投资1345.60万元，安排治理项目76项。其中，重点治理（科研）项目为“六水”“两气”“两渣”。“六水”是硫酸洗涤废水、二氯酚废水、含重金属废水、含放射性物质废水、含酚废水、含氯废水。“两气”是铅冶炼含二氧化硫烟气、黄药生产尾气。“两渣”是硫铁矿烧渣、粉煤灰。

1973年12月，市革命委员会检查“三废”治理规划的执行情况，认为规划执行情况是好的，但10个重点项目遇到了技术上的难题。因此制定《株洲市“三废”治理规划和综合利用措施（1973—1975）》。对上述规划进行修改和补充，除安排91项治理项目外，要求有关工厂重点抓紧“六水”“两气”“两渣”的科学研究，从治理技术上逐个突破。

1975年4月8日，在研究城市建设与环境保护关系的基础 上，制定《株洲市环境保护十年规划（1975—1985）》。把保护和建设城乡生态环境，列为规划的主要内容。在城市严格执行“三同时”政策，防治新污染；投资9560.3万元，安排治理项目349项；有计划地建设几个公园和风景湖塘，加强城市绿化；重点治理清水塘区，保护市中心片，控制荷塘铺片，改善田心和董家塅片。在县、郊加强集镇的建设规划，合理布局，对自然资源的开发，包括采伐森林，开发矿藏，兴建大、中型水利工程等，都要从全局和长远着眼，考虑对气象、自然资源、水土保持等环境的影响，并对全市环境质量提出了指标要求。

1976年，编制《株洲市“五五”期间环境保护规划（1976—1980）》，规划投资5948.51万元，安排环境保护项目123项。其中，部、省属企业环境保护项目35项，投资4046.90万元；市属以下企业环保项目80项，投资979.31万元。此外，还安排环境科研项目70项，经费由部门自筹。

1977年12月，在执行“五五”环保规划中，发现部、省属企业和市、区（县）属企业中有一些污染治理技术比较成熟、治理资金容易落实的项目，未能列入环保规划。于是，专项编制《株洲市“三废”三年治理规划（1978—1980）》，安排治理项目267项，治理资金4115.49万元。

1984年，市人民政府聘请湖南省社会科学院帮助编制株洲市“七五”计划。环境保护是其中的组成部分。在编制中，找出了株洲市主要环境问题及成因，预测全市污染物排放量与削减量，确定了全市环境发展战略目标、模式、重点、步骤及实施措施。规划安排治理项目1143项，投资1.31亿元，“七五”计划末期，实际完成1128项，投资1.30亿元，年增废气净化能力28亿立方米，废水处理能力1525万吨，固体废物处理能力6.80万吨，全市噪声下降1分贝（A），其中工业集中区下降3分贝（A），“三废”综合利用年产值增长12%。

1989年1月，制定《株洲市环境保护近、中期规划》。近期规划为1988—1992年，中期规划为1988—2000年。近期环保规划的内容包括近期环保目标，重点治理项目，环保投资，全市主要污染物排放总量控制，全市二氧化硫、烟尘万元产值排放量，工业“三废”及噪声控制指标，全市大气环境、水环境、土壤环境、声学环境、农业生态环境等质量指标，实施规划措施等。

1989年11月，编制出《株洲市环境综合整治规划》。规划分为四个整治区域：一是北部工业区，属城市环境，定向是防治工业污染，重建生态环境；二是东北部陶瓷工业区，定向是防治大气污染，重建农业生态；三是东南丘岗农、工、商混合区，定向是防治水土流失，建设农业生态；四是南部山地森林区，定向是保护生态，控制污染。规划根据不同定向，提出不同的环境保护目标。

1990年，第三次修编城市总体规划，同时制定《株洲市环境保护规划》。1990年8月，编制了《株洲市环境保护“八五”计划和十年规划》，内容包括“八五”环境保护规划目标、主要污染物削减量预测、规划指标、重点治理工程及其效益分析，计划环境综合整治投资2.10亿元。

1991年，编制《湘江株洲市区段水环境综合整治规划》，规划投资2.65亿元，市区湘江段水环境综合整治重点项目21项。整个工程分“八五”（1991—1995年）、“九五”（1996—2000年）、“十五”（2001—2005年）三期实施。资金渠道为环保补助资金、城市整治费用、企业更新改造资金、集资和申请国家专项拨款及地方财政补助。规划遵循清污分流、集中排放和分散与集中处理相结合等原则。

1995年，编制了《株洲市环境保护“九五”计划及2010年规划》。“九五”计划期间，全市环境保护重点工程25项，总投资12.4亿元。其中工业污染源治理工程11项，城市环境综合工程14项。“九五”环境保护计划的宏观目标是：减缓环境污染和生态破坏的发展，以控制工业污染发展和蔓延为主，力争城市环境质量基本保持稳定，并在一定范围内有所改善，农村生态环境恶化趋势得到一定控制。

1997年，根据国家1993年修订的《城市区域环境噪声标准》和颁布的《中华人民共和国噪声污染防治法》，以及《城市区域环境噪声适用区划分技术规范》，结合株洲市城市布局和城市发展中长远规划及社会经济的变化，对株洲市1989年划分的“环境噪声标准”适用区重新进行了划分。划分的范围是以湘江一大桥为中心，西北至袁家湾，正北至田心机厂，东北至430厂，正东至市委党校，东南至董家塅，正南至徐家冲，西南至学堂坪，正西至留宝塘一带。总面积约63.25平方千米。共划分为4个类区。同时对所划分类区执行的标准进行了规定，并对各类区内监测点位进行了优化，市区按500米×500米网格布点，共设253个测点。

1997年，编制了第五次城市规划修编《株洲市环境保护专业规划》，内容主要包括“九五”城市环境保护目标、城区环境容量及主要污染物削减量、重点整治工程及投资需求与效益分析。规划重点工程项目22项，总投资15.6亿元，其中工业污染源治理工程7项，城市综合整治工程15项。

第二节　环境宣传教育

一　编写环境科技书刊

从1972年起，先后编写的环境科技书刊，有为环保专业人员提供业务参考书的《环境分析化学》，介绍环境工程技术的《工业废渣综合利用》《工业废水处理与利用》，有宣传、普及环境科学基础知识的《环境化学与环境保护》《治理“三废”与保护环境》，环境保护工具书的《环境保护小词典》，有为环保学校编写教材的《环境保护概论》《环境监测》《固体废弃物处理与利用》《大气污染控制工程》《噪声控制》，专业学术刊物《株洲环境保护》《环境保护专业技术(经验)专辑》《环境保护经验选编》《株洲市消烟除尘成果选编》《株洲市综合利用成果选编》《环境保护文件选编》《环境保护大事记》《环境保护质量报告书》《环境通讯》等，多达十几种。

二 举办环保展及讲座

从1972年起，全市多次举办环境保护展览，展出最长时间达4年之多。全市有12万职工参观了展览，并多次接待全国各地参观人员。株洲冶炼厂、南方航空动力机械公司等企业亦结合企业实际，举办相应的环境保护展览。有的企业不断更新内容，长期展出。

市环保部门和环境科学学会，先后单独举办或与大专院校、市科协、市化工、轻工、冶金、电子等部门联合举办环境保护科学知识讲座165次，并与省环保办、湖南人民广播电台联合举办《环境科学知识专题广播》5期。

三 制作环保专题片

从1975年起，分别邀请中央新闻电影制片厂等3家制作来株洲摄制《引工业废水灌溉农田》等3部环保新闻纪录(科教)片，还运用本市事例和文艺形式，自编、自制《绿水青山何日还》《争点石峰重叠翠》等9部环境保护电视片，在全市企事业单位放映，宣传治理污染、保护环境的重要意义。

四 环保教育

在环保教育中，株洲市安排中、小学生上环境教育课，由环保部门出教材、出教师，在学校生物课、化学课、科学常识课教学中，讲授环保知识。20世纪80年代后，一些大、中型企业亦对职工进行厂级、车间级、班组级三级环保教育。90年代后，先后多次组织企业环保干部参加省环保局举办的培训班。

1992年，炎陵、茶陵、攸县、醴陵4县开展环境教育试点的学校有4所，计5个班386名学生；荷塘区、芦淞区、石峰区有4所学校，计4个班208人；株洲县、郊区2所学校。在试点学校中不定期的开展环境保护知识讲座。

1993年4月，在市委党校举办的乡镇长、党委书记培训班上，正式开设“人口与环境”专题课。1995年6月，中共株洲电力机车厂党校，举办了为期两周的由53名新上岗的中青年中层干部参加的环保法律法规知识培训班，培训内容以《环境保护法》为主，由该厂环保专业技术人员结合实际进行授课。1996年后，各县市区党校均在干部培训班上开设了环保知识讲座。

1997年4月，株洲市环境保护局、市委宣传部、市教育委员会联合下发《关于进一步加强环境宣传教育的通知》，要求各县市区选择 1 ~ 2 个学校开创“绿色学校”试点。6月3日，芦淞区南湖塘小学成为境内首家挂牌的“少儿环境保护教育学校”。

1998 — 2000年，中小学环保教育有所加强。醴陵市第一中学、姜湾中心小学，荷塘区金钩山小学、株洲硬质合金厂子弟学校，芦淞区南湖塘、贺家土小学等学校，在创建“绿色学校”的活动中取得显著成效。

五 “环保世纪行”活动

1995 — 1996 年，湖南省人大城乡建设委员会、中共湖南省委宣传部、湖南省环境保护局等部门组织的“三湘环保世纪行”采访团，先后到株洲对冶炼厂等单位及湘江株洲段等现场进行采访调查。

1997 年 6 月 2 — 6 日，“株洲市三湘环保世纪行”组织委员会组织市环境保护局、国土局、林业局、水利水电局、矿产资源办公室人员及株洲电视台、电视二台、株洲有线电视台、株洲人民广播电台、《株洲人大》杂志编辑部及湖南电视台驻株洲记者站的记者共 41 人，分 2 组对株洲电厂等 14 个企业、单位进行采访检查。先后播发采访报道稿 50 多篇。围绕“保护资源，永续利用”主题，对株洲电厂、株洲冶炼厂、株洲汽车齿轮厂治理废水、废气，株洲县龙风乡拆窑还田，攸县沙河治理，醴陵国光瓷厂瓷泥废水综合利用，茶陵舲舫乡开山凿石建房等先进典型进行报道。重点对湘江株洲段沿岸存在的乱倒垃圾、乱堆乱放、乱采滥挖、乱搭乱建等违法现象进行曝光批评。

1998 年 7 月 13 — 17 日，围绕“保护湘江、保护国土”主题，对市内湘江流域的 15 个工厂，农村、现场进行了采访检查。对茶陵县火田镇 300 户农民搬迁上山，退还 18 亩住宅基地作耕地等典型进行报道，披露了醴陵付家垅组非法转让集体土地给个人建私房的违法行为，对上年环保世纪行揭露出的湘江沿岸存在的环境问题进行督促整改。督促市人民政府颁布了《关于严禁向湘江河港及城乡结合部倾倒垃圾的通告》。6 月 3 日，组织清理队伍拆除了湘江东岸在河道上的 11 处工棚、厕所、杂屋等违章建筑；7 月 8 — 9 日，针对湘江河上炸鱼、电鱼严重的现象，公安水上派出所组织 2 次清查打击行动。在 10 月枯水季节，湘江乱捕乱炸鱼现象再次出现。11 月 20 日，环保世纪行组委会又督促株洲市人民政府发布了《关于近期严禁在湘江捕鱼的通知》。11 月 26 日，市畜牧水产局、公安水上派出所等部门对湘江两岸进行巡查，没收了部分违法捕鱼船只，恢复了湘江平静，水生资源得到保护。

1999 年 3 — 10 月，环保世纪行在境内 9 个县市区全面展开。围绕“向水和大气污染宣战”主题，组织了 267 人的队伍，分别对 118 个单位进行了调查采访。各新闻媒体共播放报道 165 篇。其中对 20 个单位违反环保法规，造成废水或废气污染环境的行为进行公开曝光。醴陵市把重点放在城区大气污染方面，选题 19 个。炎陵县组织有关部门及新闻记者，对炎帝陵、桃源洞及有关乡镇企业等 10 多个单位进行重点采访报道。市区对湘江株洲段存在的非法淘金、无序乱采沙石以及城市汽车尾气污染等问题进行披露。9 月 14 日，市人民政府发布了《关于对湘江株洲段河道进行综合整治的通告》。从 10 月 10 日起，市水利水电局、交通局、地质矿产局、公安局等单位组成综合整治联合执法队，整治湘江株洲段的环境问题。株洲市和醴陵市采访组对官庄、洪源两地滥采乱挖黄金矿，造成水资源严重破坏的情况，分别予以曝光。7月23日，醴陵市政府成立整顿小组，取缔了18个小氰化池，关闭8个非法开采的洞井。

2000年，“环保世纪行”围绕“推进达标排放、保护蓝天碧水”和“保护湘江，保护国土”主题进行。6月13—19日，市区新闻记者对冶炼厂、化工助剂厂、攸县永丰造纸厂等20多个单位及湘江非法淘金、沿岸乱倒垃圾等现场进行采访检查。9月4—8日，组委会组织记者对株洲县砖桥乡庙湾村整治老河港、醴陵市枫林市乡土地管理、茶陵县严塘镇沙溪村土地开发、炎陵县矿业开发、攸县皇土岭镇舟塘村土地开发等现场进行采访调查。当年，全市有13480人次参加环保世纪行活动，先后对109家单位进行采访检查，共发出各类稿件211篇，提出整改意见121条，已得到整改并有明显成效的97条。

第三节　环境监理

一　污染设施监控

1990年6月，开始设施监控工作。通过筛选，列出全市51套重点污染治理设施进行专项监控管理。1991年8月，对运行较差的11套环保设施及污染物排放超标严重的3个外排口予以通报批评。

1994年1月，市环保局对1993年全市218套（个）废水、废气处理设施及重点污染源排放口专项监控管理情况进行了通报。全市监控的废水处理设施运转率93.45%。

1996年，市环保局对全市85个重点废水排污口和267台（套）环保处理设施继续进行监控管理，对重点污染源废水排放口、废水处理设施、废气处理设施，分别进行采样监测。在重点废水排污口共获监测数据920个，其中达标数据646个，达标数据率为70.2%；监测废水处理设施数据711个，其中达标数据为478个，达标数据率为67.2%；废水处理设施运行率为90.1%；废气处理设施监测数据265个，达标数据214个，达标数据率为80.75%。

1998年，共调查乡及乡以上工业企业排污单位303家814台（套）设施，其中废水处理设施233台（套），废气处理设施425台（套），噪声及废渣处理设施156台（套）。全市环保设施总投资37939.54万元，其中，废水处理设施投资22904万元，废气处理设施投资9645.48万元，噪声处理设施投资465.5万元，固体废物处理设施投资4924.16万元，年处理废水能力7963万吨，年处理废气能力2812468万标立方米。基本摸清了污染防治设施的数量、配套情况、投资数额、处理能力、运行状况、存在的问题。

1999年至2000年7月，株洲市环保局为防止高考期间噪声污染，给全市高考学生一个安静的环境，发布《在高考期间防止噪声污染的公告》。要求在7月3—9日，所有工业、建筑施工、装修、娱乐及其他产生噪声的场所，均不得产生影响学校教学的超标噪声。7月7—9日在全市高考场所100米范围之内，禁止建筑施工、装修，娱乐场所不得营业，机动车辆不得鸣放喇叭。市环保局设立了举报电话，并组织专人在高考期间加强现场执法监督检查，发现噪声超标行为及时处理。

2000 年，株洲电厂、冶炼厂、湘氮实业公司、田心电力机车厂建成流量在线监控，安装污染源自动监控软件，实现污染源自动监控。

二 排污收费

1980 年 2 月，株洲市革命委员会制定《株洲市征收超标排污费的规定》，对全市范围内的工业企业实行超标排污收费。各企业在生产过程中，排放废气、废水、废渣等污染物，超过国家允许排放标准的，对大气、水体、土壤、生物等自然环境造成污染和破坏的，必须承担经济责任。

（一）征 收

1980 年 2 月 2 日，市革命委员会召开第八次环境保护会议。决定在全市工业企业中，分三批征收排污费。第一批向株洲冶炼厂等 7 个单位征收，第二批向湘江氮肥厂等 25 个单位征收，其余单位列为第三批。当年，实际征收 71 个单位的排污费，计 169.94 万元。

1982 年，执行国务院《征收排污费暂行办法》的规定，征收的排污费纳入预算，作为环境保护补助资金，按专项资金管理，不参与体制分成。

从 1983 年起，对下列六种情况实行加倍收费，即：新、扩、改建和挖潜项目排放污染物超标的；有污染物处理设施而不运行或擅自拆除的；限期治理、搬迁项目、逾期达不到国家排放标准或未搬迁的；采用渗井、渗坑、防空洞、裂隙或用稀释方法降低污染物浓度的；伪造、隐瞒排污数量或监测数据的；在水源、自然保护、名胜古迹等保护区超标排污的。

从 1983 年起，中央、省属企业缴纳的排污费，10% 上交省环保局，5% 交市环保局，5% 由县区环保部门收取，80% 作为交费单位治理污染的资金。

1980 — 1990 年，全市共征收超标排污费 7930.71 万元。

1991 年 6 月，调整超标污水、环境噪声排污费征收标准。1993 年，株洲市还加强了对第三产业的环境管理，对饮食业的污水、油烟和燃煤锅炉的烟尘，娱乐业、食品加工业产生的振动、噪声，饭店业和商业等产生的热污染等严重影响周围居民的正常生活企业，开征了工场市场排污收费。当年比上年新增征收户 204 户，新增排污费 91 万多元。

1996 年，市环境监理部门加强排污收费政策的宣传，运用行政和法律手段，增加征收频次，对拖欠排污费的单位申请法院强制执行，排污收费达 2961.99 万元，是历年收费最多的一年。

1998 年 4 月，国家环保总局、国家计委、财政部、国家经贸委发布《关于在酸雨控制区和二氧化硫污染控制区开展征收二氧化硫排污费扩大试点的通知》，株洲市开始在株洲电厂、株洲冶炼厂、株洲电力机车厂、株洲硬质合金厂等省属单位开征了二氧化硫排污费。

2000 年，全市共有排污征收户 2840 个，其中中央、省属企业当年征收 1040.4 万元。1980 — 2000 年，全市累计征收排污费 3.12 亿元。

（二）使 用

1980 — 1982 年征收的排污费，70% 返回交纳排污费的单位，作为治理污染源资金。在此期间，实际拨出 548.17 万元，补助治理项目 170 项。

1983 — 1986 年征收的排污费，执行国务院和湖南省的统一规定，80% 返回交纳排污费的单位用于治理污染。在此期间应拨付 1916.34 万元，实际拨出 1392.98 万元，补助治理项目 436 项。

从 1987 年起，实行拨改贷，即 80% 的部分转入污染源治理专项基金，分级管理，独立核算，实行有偿使用，需要治理污染资金的单位，事先提出专项治理方案，申请环保部门与财政部门审批，委托银行贷款。

至 1990 年，全市从征收的排污费中，采取返回或贷款方式，补助治理污染源资金 4730 万元，完成治理项目 1541 项，增加废水处理能力 6687 万吨 / 年，增加废气净化能力 92 亿立方米 / 年，处理、处置固体废物 75.30 万吨。回收原材料，节约用水，生产综合利用产品，每年获经济效益 5000 多万元。

从 1991 年起，株洲市按省规定每年从征收超标排污费的 80% 中，提取 1% 作为环保科技发展基金，用于发展环境保护科学技术事业。1994 年，环保科技发展基金提高到 3%。

从1998年起，境内的中央和省属排污单位缴纳的排污费由企业直接缴入省环保局排污收费专户。

株洲市环境保护机构历任负责人名录

表 12–5

局长或主任		副局长或副主任	
姓　名	任职时间	姓　名	任职时间
黄国珍	1978.9 — 1979.4	唐耀星	1972.4 — 1988.6
卫振钺	1983.8 — 1983.12	王硕恩	1972.5 — 1979.11
李守芳	1984.3 — 1988.6	薛宪章	1979.5 — 1983.8
阎双林	1988.6 — 2000.12	言　铀	1979.4 — 1983.8
–	–	李　翔	1979.11 — 1983.8
–	–	刁玉忠	1980.12 — 1983.8
–	–	周培根	1983.8 — 1983.12
–	–	钟腾蛟	1983.8 — 1983.12
–	–	黄家凡	1984.3 — 1988.6
–	–	阎双林	1985.7 — 1988.6
–	–	陈　荣	1988.7 — 1995.12
–	–	张宜俊	1989.5 — 1996.11
–	–	颜新平	1993.5 — 2000.12
–	–	欧谷林	1994.4 — 2000.12
–	–	黄　帆	1996.5 — 2000.12

第十三篇　交　通

株洲古代交通，水路以湘江为主干，有洣水、渌水两大支流贯通全境，舟楫称便。陆路自秦开湘赣驿道，经历代经营，治乱更迭，兴废相间，至清乾隆年间形成以湘赣驿道为主干，各县以县治为中心，向四周辐射的县大道连接乡道，并辅之桥渡，形成纵横交错的网络。至清光绪年间，全境通航河道约600千米，沿河集镇码头共100座，有桥907座，设渡223处。古代运输方式，水路木帆船顺风扬帆，凭借风力，而逆风逆水和竹木排筏，则全靠人力撑篙、摇橹、拉纤。陆地运输，北部丘陵地带多为肩挑背负或推独轮车。南部山区，则全靠人力挑抬。攸县、茶陵、酃县一带，例食粤盐，三县农民利用农闲时，翻越崇山峻岭经桂东、汝城去广东仁化、乐昌挑盐，每担80～100市斤，往返逾两旬，人数少则数百，多则上千，结伙而行，跋涉之苦，难以言喻。在长期封建社会束缚下，官府很少过问交通建设事业，修路、架桥、设渡，多为乐善好施之士倡修。这样以水运为主导，驿道、县大道为网络，构成辖境古代交通的格局。

19世纪末20世纪初，株洲的交通事业开始艰难曲折地向现代运输方式演进。清光绪二十四年（1898），鄂湘善后轮船局首开长沙至株洲客轮班。同年萍醴铁路获准修筑，光绪二十九年（1903）通车至醴陵，光绪三十一年（1905）冬延长至株洲，大批煤炭由株洲中转直运武汉。清宣统元年（1909）粤汉铁路株洲至长沙段兴工修建，宣统三年（1911）通长沙，民国7年（1918）通武昌，民国25年（1936）全线贯通。民国15年（1926）醴攸公路动工修建，民国17年（1928）7月8日，第一趟客班车在醴陵至攸县皇图岭之间通行，翌年通车至攸县城。随后，国民党当局为进攻井冈山革命根据地，加速湘东地区公路建设，攸（县）—茶（陵）、茶（陵）—界（化垅）、攸（县）—安（仁）等线相继建成通车，至民国23年（1934）10月，境内公路通车里程达182.7千米。

抗日战争爆发后，株洲成为抗战初期江南铁路运输的指挥中心，也是日本侵略军狂轰滥炸的重要战略目标之一。在民族危亡的紧急关头，株洲的铁路工人、搬运工人、水上船员，肩负抗日救亡的重任，冒着日机的轰炸，坚守岗位，抢运军需物资。民国27—33年（1938—1944），共调运部队820.7万人次，军需物资124.2万吨。交通职工以身殉国者337人。民国27年（1938）10月，武汉、广州相继失守。日本侵略军分南北两路夹击粤汉铁路。国民政府为阻止日军深入，下令限期拆轨毁路。民国28年（1939）5月粤汉铁路北段拆轨至株洲，同年6月，浙赣铁路拆轨至株洲东站。与此同时，公路也执行“破路阻敌”的方针，前后两次破毁公路，至民国33年（1944）5月，境内铁路、公路破毁殆尽，轮船民船遭到严重损失，境内交通瘫痪。

抗日战争胜利后，出于“复员”运输的需要，铁路、公路草草修复，轮帆船次第复航。1949年7月，在中国人民解放军强大攻势下，白崇禧残部仓惶南撤，并对铁路进行大破坏，炸毁渌口桥。1949年

8月株洲解放时，境内交通设施残破不堪。粤汉、浙赣、湘黔三线，修建时就标准偏低，路基不牢，道床铺设单薄，经战争破坏后，更是伤痕累累。为适应解放大西南所急需，“先求其通，后求其全”，突击抢修，勉强维持通车。时株洲车站仅4股道，站房150平方米，候车室仅能容旅客100人。醴陵、攸县、茶陵的公路通车里程只221千米。城市搬运、水上运输仍沿袭肩挑背负、拉纤摇橹的古老运输方式，且业务萧条，人员锐减。

中华人民共和国成立后，株洲的交通事业进入一个新的历史时期。20世纪50年代初，集中全力医治战争创伤，对铁路干线大力加固路基，消除隐患，更换失效枕木和带伤钢轨，确保安全畅通。1953年修建了株易公路，结束了株洲市区对外不通汽车的历史，开通与省会长沙和湘潭市区的公路通道。对搬运、民船进行民主改革，废除封建把持制度，为发展水陆运输事业扫清道路。醴、攸、茶、酃4县公路，陆续修复，省公路运输局（湘运）所属醴、攸、茶汽车站，迅速恢复长途客货运输。

第一个五年计划开始后，株洲市工业经济迅猛发展，运量与运能的矛盾越来越突出。为解决这个问题，1954年春，铁道部提出株洲枢纽工程总体设计方案，主体工程开工前，先将株洲车站改造以应急需。主体工程于1958年6月正式动工，至1973年7月，一个具有到达、编组、出发3个车场，64.5股道，单向纵列式三级三场编组站建成投产，缓解了株洲运力不足的矛盾，成为全国重要的路网性编组站，为疏通京广、浙赣、湘黔三大干线和华东、华南、西南和北到武汉四向车流起着巨大作用。与此同时，京广、浙赣、湘黔三大干线经过更新改造，通车能力大为提高。京广复线于1970年底通车至衡阳，醴浏、醴茶两条支线也相继建成通车。各重点厂矿企业在建厂时，均修筑了铁路专用线，形成纵横交错的市区铁路网。公路方面，自1958年起进入大发展时期。

至20世纪60年代中期，株洲至醴陵、浏阳、渌口和酃县至江西宁冈等干线相继建成通车，境内危桥已全部改造成永久性桥梁。70年代末，在铺设沥青路面、提高线路质量的同时，又相继沟通与四邻各县通道，形成以2条国道、7条省道为骨干，连接55条市、县道和纵横交织的乡道，构成四通八达的公路网，通车里程达3249千米，实现社（乡）社（乡）通汽车的夙愿。水路自50年代中期开始，进行有计划的分期开发整治，至70年代末，湘江通航能力由过去枯水期15 ~ 20吨木帆船需提驳过滩，上至衡阳可通100吨级，下可通500吨级轮驳船。渌水实现了梯级渠化，由过去仅通3 ~ 5吨小船到可通50吨级轮驳船。洣水、攸水通航条件，均有很大改善。港口条件相应改善，株洲港前后耗资400余万元，开辟了永利、铜塘湾和白石港港区，建设各类码头20座，泊位能力由100吨提高至200吨，年吞吐能力由50年代末的30万吨提高至70年代末的200余万吨，成为湖南省8大港口之一。航空事业与长沙机场毗连，亦堪称便。至此，株洲的交通事业，形成了以铁路为主干，公路为网络，水运为辅助，又各自成网、相互连接、相互补充的全方位交通大网络的新格局。

在加强基础建设的同时，运输工具和技术装备有很大发展和提高。铁路机车、车辆逐步由进口型向国产化、大功率方向发展。地方交通事业，坚持自力更生，艰苦创业精神，逐步由古老方式向机械化方向发展。至20世纪70年代中期，汽车运输取代了人、畜力车运输，水上实现了轮船拖带化，港口装卸实现了机械化。与此同时，与之相适应的路政、航政、运政、港政、安全等行政管理体制得到相应的加强，各级交通行政机构不断完善，形成市、县和主要乡镇三级管理体系。

20世纪80年代，在中共十一届三中全会精神指引下，坚持改革开放，株洲交通事业进一步向高科技、高层次方向发展。京广、浙赣线普遍换装60千克/米重型钢轨和钢筋混凝土轨枕，机车实现高功率内燃机化，牵引定数提高至3500吨，行车允许速度高达100千米/小时。设计新颖、装饰典雅、设备齐全、具有现代化风貌雄伟壮观的株洲车站，屹立在市区中心，成为全国10大客运站和7大零担货物中转站之一。现代化电脑、电气、微机处理、红外线、无线传真等先进技术，在铁路通讯、信号、行车指挥、线路养护、车辆跟踪检测等各个领域得到广泛运用，生产效率和安全系数均有大幅度提高。湖南全省仅有的3个特等站，株洲占2个，株洲北站还成为全国第一个实现中等现代化的编组站。至1990年，境内铁路总长达812.3千米，为1949年的6倍；日开行旅客列车74对，货物列车156对，分别为1952年的8.2倍和6.5倍；全年完成客运总量1146万人次，货运总量1454万吨，分别为1952年的14.6倍和38.6倍。株洲北站日均办理货车13086辆，比1980年提高52%，是建站初期的5.3倍，最高达14693辆，每昼夜接发列车392列，平均每3.7分钟有一列列车到发，编解效率跃居全国同类型编组站首位。株洲境内每百平方千米有国家铁路（营运里程）2.2千米，比湖南省平均值（1.08千米）高1倍，比全国（0.55千米）高3倍。

改革开放促使公路运输机制发生深刻变化，出现全民、集体、个体一齐上的新格局。20世纪50年代以来，运力不足的矛盾和群众反映强烈的“乘车难”“运货难”的问题，1984年以后都迎刃而解。车辆普遍进行更新换代，70年代的“组装型”“老解放”相继退役，为国产“东风140”“解放141”等新车型取代，同时日本产“三菱”“丰田”“日野”“五十铃”，德国产“奔驰”等新车相继引进。至1990年，全市货运汽车总数达10509辆，大小客车4090辆，摩托车9657辆，比1985年分别增长67.4%、114.6%和223%。此外，还有1.5万余台大小拖拉机当作运输工具分布全市城乡。辖境机动车完成客运总量2755万人次，旅客周转量8.02亿人千米，货运总量达3087万吨，货物周转量9.65亿吨千米，比1985年分别增长118.5%和123%。竞争机制导致运力结构发生深刻变化。从1985年起，非交通部门厂矿企业车辆，以其雄厚的实力和有利的货源条件，取代了交通部门的主导地位，成为货运市场的支配力量。异军突起的个体户，以其灵活的经营策略活跃于运输市场。1990年全市货运总量比1985年增长1倍多，厂矿企业车辆和个体户完成的运量都成倍增长，而交通部门却下降23.8%，居个体户之下。

湘江航道经20世纪80年代继续开发，上至衡阳可通300吨级，下可通1000吨级轮驳船，船舶再次进行更新换代。以往的木质和水泥机动船，为150吨级钢质货轮所取代；还成功试制出300吨级分节顶推驳，以开发株洲直通长江达南京、上海等埠的货运业务。株洲港的装备登上新台阶。代表80年代国家先进水平的交通部重点科研项目C型15吨级悬臂龙门吊，在白石港祥和码头安装投产，泊位能力提高至500吨级。洣水、渌水等小河水系运输，自70年代末起，则让位于新兴的铁路、公路运输。

从1990年至2000年，先后修建了湖南省第一条高等级公路——莲易高等级公路，拉开了国家重点工程京珠高速公路株洲段和天易一级公路大规模建设的序幕。完成了106国道攸县段、醴陵段共计95千米的二级公路拓宽改造任务，建成了省道1815线株洲至渌口段新建一级公路，在全省率先实现了“村村通公路”，并完成了“乡乡通油路”工程三分之一的工程量。在历时10年的大规模建设过程中，共改造新建等级公路500多千米，投入公路建设资金12亿余元，创下了株洲交通建设史上修路最多、投资最大、标准最高、速度最快、质量最好的新纪录。

1998年，株洲公路总里程已达到3381千米，比1949年增加了15倍，等级公路从1949年的零千米达到1711千米，等级公路率为50.6%，每平方千米的公路网密度为20.6%，超过全省平均水平近2个百分点。基本上形成了以2条国道、7条省道为骨架、300多条县乡村道为经络，内联一市五县（市）140个乡镇，外通四邻各省市的公路交通网。2000年，全市公路总里程增至3491千米，公路客运量5409万人次，公路货运量4034万吨。

1992年动工至1995年完成的株北站枢纽改扩建工程，设计能力为日均办理车2.1万辆，年货物交流量1.15亿吨，较改造前提高2倍，成为江南第一大编组站。与此同时，又对株北枢纽工程的龙头——株洲车站进行改建、扩建。改建后的站场运能，可满足20年内运量增长的需要。1994年12月13日，株北编组站上行系统的白石港双线特大桥成功架通，可以分别将浙赣、京广线以南的货物列车引入株北新建上行到达场进行解编。1997年4月，为适应京广线第一次提速，对管内大小车站的通讯、信号设施和道岔进行了改造，株北上行系统自动化驼峰改造后投入运营，标志着株洲北站从此进入全国自动化程度最高的编组站行列。1998年，主要铁路线路全部实现电气化。日均接发列车482列，平均每3分钟就要接发一趟列车，每天途径旅客列车160列，平均每9分钟就有一列客车经过。行车允许速度高达120千米/小时。2000年，株洲铁路客运量1160.85万人次，货运量1090万吨。

水运方面，1989年11月株洲千吨级泊位码头一期工程开始建设，到1993年12月23日，整个工程正式验收竣工投产，其余如渌口、醴陵、攸县、茶陵等四大港口通过多年的改扩建也初具规模，它们与株洲港一起构成了株洲内河航运的中转枢纽中心。2000年，株洲水运货运量415万吨，水运客运量26万人次，比新中国成立初期有较大幅度的增长。

第一章　铁　路

第一节　线　路

株洲境内有国家铁路、地方铁路和铁路专用线，共计812.3千米。其中国家铁路602.3千米（正线374.6千米），桥梁84座5154.4延米，隧道（明洞）2座，长859.6延米；地方铁路35千米；铁路专线175千米。京广线纵贯南北，浙赣、湘黔线横跨东西，以株洲枢纽为中心，连接5个方向的铁路和67条专用线，形成纵横交错、四通八达的铁路交通网。

一　京广线株洲段

京广线自北京经郑州、武汉、长沙、株洲、衡阳至广州，全长2313千米。该铁路线由原平汉和粤汉两条铁路组成，株洲境内设有白马垄、田心、七斗冲、渌口、三门、昭陵、淦田、平山塘、朱亭 9 个中间站，从白马垄入境至朱亭出境，东连浙赣线西接湘黔线，是中国南北交通大动脉。

（一）粤汉线

光绪二十三年（1897），清政府决定修筑粤汉铁路。次年三月，督办铁路大臣盛宣怀电托驻美公使伍廷芳在华盛顿与美国合兴公司谈判，签订《粤汉铁路借款合同》15 款，借款 400 万英镑，年息 5 厘。该公司除获筑路权外，还可享受该路余利的五分之一，并给予沿线采矿权。时愈两载，尚未兴工，合兴公司以原估价太低为借口，要求改约。盛宣怀复派伍廷芳于光绪二十六年（1900）六月十七日在华盛顿再签《粤汉铁路借款续约》26 款，将借款额改为 4000 万美元，工期由 3 年延至 5 年，并给予该公司开办与铁路有关的火轮、渡船、栈房及其他机器厂等特权，以路产作抵押，50 年后才能赎回。《续约》订立不久，合兴公司又违约将铁路底股三分之二转售比利时银团，于是激起湘、鄂、粤 3 省商绅士民公愤，纷纷揭露谴责盛宣怀图谋出卖国家主权的行径，力主废约，收回路权，由 3 省自办。光绪三十年（1904）春，湖南商绅联合发出《公呈》，指出原合同与续约丧失主权已多，现“美公司逾期既久，又复私售比国，显违续约”“应勒令将合同作废”。攸县籍侍郎龙芝生领衔 64 人发出《公启》，指出：“外人铁路所至之处即其国权力所到之处。一经包办，派兵护路，必多扰累，路有还日，兵无撤期”，决心“尽全湘之力，不至废约不止”。清廷御使黄昌年（长沙籍）积极支持，3 次上书清廷，奏劾盛宣怀，力主与美废约。清廷在其奏折上批谕：“御使黄昌年奏请挽回路政……现在合兴公司正议废约，应即另筹接办，着张之洞悉心核议，妥筹办理，以挽利权。”光绪三十一年（1905）七月二十九日，张之洞与美国订立《收回粤汉铁路美国合兴公司售让合同》，以 675 万美元高价赎回路权。废约变为赎约，美国既保住了“面子”，又勒索了一笔巨款。随后，张之洞向英国借款赎约。黄昌年又 2 次上书清廷，斥责张之洞，反对“去美来英”，主张由粤、湘、鄂 3 省筹款自办。几经周折，至宣统三年（1911），盛宣怀奏请清廷获准，与英、美、法、德 4 国银团订立《川汉、粤汉铁路借款合同》，铁路权益复为外人攫夺，激起公愤。同年四月二十日，株长段万余铁路工人举行示威游行，抗议清政府出卖铁路主权，省会各界声援，掀起爱国保路运动高潮。最后，粤汉铁路采用广东商办、湖南官督商办、湖北官办 3 种方式筑路。

粤汉铁路在株洲境内有 71.1 千米，分两段筑成。株洲至长沙 55 千米，由湖南铁路公司集股承筑，于宣统元年（1909）七月十一日开工，宣统二年（1910）十二月十九日通车，株洲境内 13.34 千米。民国 7 年（1918）9 月，武昌至长沙段建成，与株长段接轨，称湘鄂段。株洲至韶关有 455.74 千米，境内有 57.76 千米。分 7 个总段施工，雷溪市至株洲为第七总段，下设 4 个分段。第一分段株洲至渌口长 17 千米，路基已在民国 1 年（1912）由湘路公司筑成，仅试车一次即停用，因废弃多年，路基低于洪水位，常被水淹，施工中将原路基填补到最高水位以上。民国 22 年（1933）12 月开工，次年 6 月铺轨，8 月行驶工程车。渌口至朱亭为第二、三、四分段，民国 23 年（1934）1 月相继开工，民国 25 年（1936）5 月路基竣工，同年 10 月株洲至朱亭通车。民国 25 年（1936）4 月 28 日株韶段接轨，同年 9 月 1 日粤汉线正式通车。从筹备到运营，历经了清、民国整整 40 年时间。

全线通车刚满一年，日本侵略军对铁路及其设施进行了疯狂轰炸，线路、车站遭受严重破坏。

民国27年（1938）10月，日军分南北两路夹击粤汉路。为阻止日军深入，国民政府下令将粤汉路拆毁，民国27年（1938）11月，自荣家湾拆至长沙，民国28年（1939）5月28日拆至株洲，10月8日拆至朱亭。民国29年（1940）9月，曲江至株洲恢复通车。民国33年（1944）5月，日本侵略军进逼株洲，为阻其南犯，6月4日从株洲往南拆轨，10日炸毁渌口大桥，13日拆至昭陵，24日拆至衡阳，6月16日从曲江往北拆至乐昌。至此，粤汉路全线瘫痪。

抗日战争胜利后，蒋介石为发动内战，下令优先抢修粤汉铁路，民国34年（1945）11月武昌至衡阳通车，次年7月1日全线通车。但因桥梁多系木便桥，线路质量低，列车运行时速仅10千米左右。更换钢轨的计划因财力不足，完成17%即行终止。

民国38年（1949）7月，白崇禧部队南逃前挖毁路基、炸断桥梁，破坏机车、车辆。渌口大桥破坏最为严重，第九、十桥墩全部炸毁，钢梁炸成数段横卧江中。昭陵至朱亭等桥也遭严重破坏。

1949年8月23日，衡阳铁路管理局在株洲成立，立即抽调长沙铁路桥梁队员工417人，铁道兵500余人，湘潭县民工5100余人，组成抢修队伍，日夜奋战。9月株洲至长沙通车，11月10日株洲至衡山通车，12月28日武昌至广州全线恢复运输。

（二）武衡复线

第一个五年计划期间，铁路运量成倍增长，原有线路设备已不能适应经济发展需要。国家决定修建武昌至衡阳复线，长551千米，其中株洲境内75千米。1958年11月18日，白马垄至三角叉8.5千米的工程开工，至12月31日完成第一期修建工程。醴陵县承担株洲至淦田36.8千米的路基，于1959年1月竣工。淦田至朱亭的路基由湘潭县担任。桥梁、铺轨等重点工程由广州铁路局专业队伍施工。1961年8月因缩短基本建设而暂时停工，1965年复工，1970年年底建成通车。

（三）桥　梁

该线共有桥梁24座，长2342.5延米。其中大桥2座，长655.9延米。中桥17座，长1626.4延米。小桥5座，长60.2延米。涵洞408座。第一座为渌口大桥，位于渌水出口处关口，桥长343.63米，分11孔，民国23年（1934）4月开工，几经损毁，1950年4月全面修复。第二座建在渌口大桥上游，为复线桥梁，桥长311.27米，分11孔，1969年12开工，1970年8月竣工。17座中桥分别建在白石港、建宁港、枫溪港、昭陵港、淦田港、朱亭港的河道上。

二　浙赣线株洲段

浙赣铁路东起杭州，经鹰潭，西止株洲，全长947千米，其中株洲境内为56千米，设有五里墩、羊石、姚家坝、板杉铺、东冲铺、源门铺、醴陵、清水塘、十里冲9个中间站和928线路所。东与沪杭、杭甬两线相连，西与京广、湘黔两线衔接，是沟通华东与西南地区的大动脉。

清光绪二十四年（1898），萍乡煤矿总办张赞宸与督办铁路大臣盛宣怀商议从萍乡至醴陵修筑一条铁路，运萍煤供汉阳铁厂炼铁之需。二月，盛宣怀会同湖广总督张之洞上奏清廷，拟用官款兴建萍醴铁路获准。光绪二十五年（1899）二月，盛宣怀委派湖南侯补道薛鸿年负责筹划筑路事宜，九月委任薛为萍醴铁路总办。该线采取边勘探、边购地、边施工的办法，于当年八月初四开工，次年七月因义和团运动停工。光绪二十七年（1901）盛宣怀委派詹天佑随同美国工程师李治办理萍醴工程，同年六月复工，光绪二十九年（1903）六月二十八日竣工，七月初一正式通车，萍煤由醴陵转水路运往汉阳。因渌江滩多水浅，运输艰难，决定将铁路延伸至株洲。光绪三十一年（1905）十一月十六日，醴陵至株洲段通车，改称萍潭铁路，长 98.76 千米（含安源支线 8.24 千米），总耗白银 298.4 万两。民国 1 年（1912）由湖南交通司接管，改为株萍铁路。民国 26 年（1937）9 月并入浙赣铁路。株洲境内设车站 5 个，醴陵渌江桥为该线最长的一座铁桥，长 173.93 米。

民国 26 年（1937）“七七”事变后，株萍段多次遭到日军轰炸。民国 28 年（1939）3 月南昌沦陷，国民政府下令将铁路拆毁。6 月 14 日拆至醴陵阳三石，27 日拆至株洲东站外 934.7 千米处。剩下株洲东站、南站及总站的线路、设备、站房等一并交粤汉路。6 月 29 日拆轨结束，所有轨料器材一律运往湘桂铁路。

民国 35 年（1946）6 月 19 日，浙赣铁路局于株洲成立南株段工程处，负责株洲至南昌段的修复。工程处下设 2 个工务总段，分别负责株洲至醴陵、醴陵至萍乡的复路工程。7 月初开工，次年 6 月 6 日株洲至萍乡正式通车。

1949 年 7 月，白崇禧部队在溃逃前对铁路进行破坏，尤以桥梁破损最为惨重，被毁桥梁总计 454 延米，占桥梁全长的 49%。9 月衡阳铁路管理局成立抢修委员会，在当地人民政府大力支持下，组织民工队伍配合铁道兵和铁路职工奋力抢修，于 11 月底株萍段全线通车。1966 — 1985 年新建羊石、源门铺、东冲铺 3 个车站，羊石至姚家坝区间建成双线。

三　湘黔线株洲段

湘黔铁路东起京广铁路的株洲田心站，经湘潭、娄底、怀化至贵定，与黔桂铁路接轨入贵阳。全长 902 千米，境内 9.5 千米，设 1 个车站，1 个乘降所。

民国 25 年（1936）10 月 1 日，株洲至湘乡段正式开工，根据“先通后备”的原则，采取修一段通一段的办法，民国 26 年（1937）7 月初株洲至湘潭通车，民国 28 年（1939）1 月通至蓝田（涟源）。4 月又奉命从蓝田往东拆轨，5 月下旬拆至湘潭，田心至湘潭保留。民国 29 年（1940），粤汉铁路局将田心至湘潭线路并入粤汉路，改称湘潭支线，投入运营。民国 30 年（1941）9 月 27 日，日军进攻湘北，奉命拆除田心至湘潭钢轨，11 月中旬战局好转，恢复通车。12 月 21 日，日军再次入侵长沙，又奉命拆除路轨，至民国 31 年（1942）1 月 7 日长沙第三次击退日军，20 日又恢复通车。民国 33 年（1944）5 月再度拆毁，民国 35 年（1946）8 月经铁路员工修复通车。

中华人民共和国成立后，中央人民政府决定续建湘黔铁路，1954 年 3 月，株洲至湘潭 29.02 千米线路正式投入运营。1958 年在清水塘建乘降所，1959 年 9 月十里冲车站建成投产，1975 年 1 月修建十里冲至株洲北站 7.3 千米上行进站线，同月湘黔全线正式运营。该线境内线路总延长 19.8 千米（正线 17.2 千米），桥梁 6 座，长 183.8 延米；隧道 1 座，长 703 米；涵渠 127 座。

四　醴茶线

醴茶线初称湘东铁路，从浙赣线醴陵车站东端接轨，设有泗汾、皇图岭、网岭、新市、攸县、菜花坪、排前、把集、雷龙里、茶陵、清潞 11 个中间站，向南与清水支线相连，全长 116.9 千米，清水支线长 12.1 千米，与公路 106 国道基本平行。1970 年 11 月 6 日该线正式开工，广州铁路局、南昌铁路局、铁道部大桥工程局、湖南省路运公司、湘潭地区各县市的工程、供电和基建等单位参加施工，1972 年年底基本竣工。该线修建大桥 3 座，长 698.18 延米；中桥 21 座，长 937.41 延米；小桥 9 座，长 186.31 延米；跨线公路桥 6 座，长 188.56 延米；明洞 1 座，长 156.6 米；涵洞 614 个。该线按国家Ⅲ级铁路标准设计，年货运能力为 600 万吨，日通过能力为 17 对列车。1972 年 3 月 19 日成立湘东铁路临时管理处，1973 年 1 月 11 日开行第一列醴陵至茶陵临时旅客列车，3 月 11 日开行株洲—醴陵—茶陵旅客列车。同年 4 月 1 日移交广州铁路局临时管理，1975 年 4 月 1 日交长沙铁路分局正式运营。

五　醴浏线醴陵段

醴浏线（地方铁路）以醴陵黄泥坳为起点，向北穿过浙赣铁路，经东堡、冷水坑、南桥进入浏阳，再经溪江、石港到达终点永和镇，全长 105.21 千米。其中，醴陵市境内 35 千米，于老龙井建有换装站，有 2.1 千米专用线与浙赣铁路源门铺车站接轨，连接国家铁路，该线属湖南省地方铁路局管辖。1959 年，中共醴陵县委为解决南桥地区原煤和瓷泥运输困难问题，报请湖南省委批准修建醴南（醴陵至南桥）铁路。同年 3 月 15 日，开始测设，9 月 3 日成立醴南铁路工程指挥部，10 月 26 日全线破土动工。1960 年 3 月开始铺轨，同年 7 月 28 日试通车，10 月 1 日正式运营，开办货运业务。1963 年 1 月 1 日开办客运业务。1965 年 10 月 1 日醴南铁路延伸至浏阳永和镇。线路由永和镇经古港、浏阳、大瑶与醴南铁路接轨，称醴浏铁路。该线按地方窄轨Ⅰ级标准设计，年运输量醴南段为 70 万吨。境内设渌江换装站和醴陵（黄泥坳）、东堡、王仙、冷水坑、星湖、南桥 6 个车站。由于该线路设备老化，业务量不足，亏损严重，2003 年全线停运，10 月 13 日全线拆轨。运营 43 年的醴浏铁路正式撤销。

六　专用线

境内铁路专用线主要是厂矿专用线和铁路内部的段管线。民国时期，境内仅有十一兵工厂（南方航空动力机械公司）、田心机厂（株洲电力机车厂）、粤汉铁路株洲车房和浙赣铁路株洲机务段 4 条专线。20 世纪 50 年代后，株洲工矿企业发展很快，铁路专用线也不断增加。至 2000 年，全市共有铁路专用线 67 条，长达 175 千米。

（一）厂矿专用线

民国 26 年（1937）十一兵工厂筹建，委托浙赣铁路局修建从五里墩接轨的专用线，长 1.5 千米，为境内第一条厂矿专用线。第一个五年计划期间，株洲硬质合金厂、株洲冶炼厂、株洲洗煤厂等 15

条专用线相继建成。随后株洲化工厂、湘江氮肥厂、株洲车辆厂、株洲钢厂、喻家坪油库、株洲起重设备厂、株洲港务处铜塘湾水陆联运码头等专用线相继建成。形成纵横交错的市区铁路网，大批物资由铁路直达工厂的车间、仓库。运量最大的是株洲枢纽喻家坪、洗煤区两个工业站，运量占厂矿运量的75%以上。

（二）段管线

境内共有段管线210条，线路总延长30千米。其中株洲机务段管线24千米，占段管线总长的80%，主要是机车整备和修理。株洲车辆段管线2.62千米，主要承担段修、站修和临时车辆停放及配件输送。

第二节　株洲枢纽

1954年春，铁道部车务局提出株洲枢纽设计任务书，在苏联专家布可夫的帮助下进行总体规划，提出可行性方案。1955年1月，国家计委工作组到株洲进行现场考察，结合城市规划、工业布局，确定枢纽的位置和规模，即在白马垄至株洲间新建田心编组站（后改称株洲北站），将株洲站改建为客运站。1957年在鉴定株洲枢纽初步设计方案时，又确定将枢纽扩大至湘潭地区，北起京广线K1611 + 000，南至K1628 + 800M，东至浙赣线五里墩，西至湘黔线湘潭站，包括兴建株北编组站和湘潭东辅助编组站，株洲、湘潭2个客运站，株洲机务段、田心、十里冲、五里墩4个中间站，5个货场以及喻家坪、洗煤区2个工业站等主要工程。

株洲枢纽的勘探设计，由北京枢纽站场设计事务所承担，后改由铁道部第四设计院和广州铁路局设计事务所共同承担。1958年6月至1959年10月，建成田心出发站场和十里冲及京广线部分双线和联络线引入工程，完成湘潭东辅助编组站第一期工程，以及全面铺开株洲机务段、白马垄车站工程。1963—1968年，将田心出发场扩建成横列式一级三场，新建直通场、湘潭客站和株洲北站冰场，续建株洲机务段和湘潭东站；修建出发场站修线和京广、湘黔2支干线的联络线以及4147线路所；改善枢纽信号设施等工程。1969—1972年，建成株洲北站单向纵列式三级三场机械化驼峰编组站，同时完成车辆段扩建和株洲车站股道延长及南端双线引入工程，完成湘黔上行线柑子坳隧道和新建田心站屋及设施改造。至此，株洲枢纽已初具规模，成为江南第一大铁路枢纽。1973—1989年，兴建株洲新客站、新货房，改建株洲蒸汽机务段为内燃机务段以及车辆段二班制改造，新建电务通信大楼等配套设施。

随着衡广复线的开通，株洲枢纽运量与运能的矛盾日益突出。株洲编组站的设计能力为日均办理7800辆，1985年已突破1万辆，超过设计能力的30%，尤其是京广、湘黔两大干线电气化和浙赣双线的开通，给株洲枢纽带来巨大的压力。为从根本上解决株洲枢纽运量与运能的矛盾，增加京广线的消化能力，以及实现中南、华东路网车流编组合理分工，1986年国家决定扩建株洲枢纽，总概算为3.5亿元。扩建范围：北起京广线K1613+125M，南至K1623+160M止，长达10千米，湘黔线上、下行分别从株北站、田心站起至下行正线EK4+000；浙赣复线引入株洲站。1987年提出初步设计，1988年进行技术设计，1989年5月通过国家鉴定进行施工设计。1992年8月正式破土动工。1993年4月18日，中共中央政治局常委、国务院副总理朱镕基视察了株洲枢纽工程株北建设工地。至年底，上行系统拆迁工程基本完成，茶亭子会让站建成投产，田心车站、株北站达到场的改造竣工，株洲站K1622调车区投产，新建旅客三站台和天桥投产。1995年9月30日，株洲枢纽扩建工程提前11个月竣工并投产试运。其主要工程是将株洲火车站站场纵断面扩建，铺轨27千米，7个股道升级更换整体道床，换铺道岔76组，完成土石方64万立方米，涵渠860延米，新建709米特大桥一座，对1、2站台加高，3、4站台天桥和出站地道进行延伸；株北编组站上行系统由原来的单向三级三场扩建为双向三级七场，上行系统驼峰配套设施实现综合自动化、微机联锁、运输信息管理系统化。使京广、浙赣、湘黔线列车在株洲的疏解能力和通过能力大大提高，编解车辆能力达到日均2万辆以上。

一　株洲车站

清光绪三十一年十一月十六日（1905年12月12日）株萍铁路通车时，株洲建成第一个火车站，站址设湘江岸边，后改为株洲南站，抗日战争后称西站。清宣统二年十二月（1911年1月），粤汉铁路长株段通车时，株洲建成第二个火车站，称粤汉铁路株洲北站，站址设今行包房处。株萍路株洲车站与粤汉路株洲北站相距1.5千米，互不连接，民国2年（1913）5月修建一条连接线，互通车辆。民国17年（1928）11月，铁道部令株萍路并入粤汉路湘鄂段统一管理，株洲北站成为联运枢纽。民国25年（1936）株洲北站改称株洲车站，原株萍路株洲南站改为岔道站，湘鄂、株萍两段列车经岔道站直通。民国26年（1937）9月，株萍路并入浙赣铁路，新建株洲总站，地址设在南岳岭下，亦称株洲北站，与粤汉路株洲车站平面相对，并在株洲总站以东1.98千米处修建株洲东站。至此，株洲先后设有4个车站，即粤汉路株洲站，浙赣路株洲总站、东站、南站。

粤汉铁路株洲车站建站38年，亦只有5股道，站房面积100平方米，候车室只能容纳100人，月台1座，长60米，北部设有车房。站内场地低洼，每遇湘江涨水，车站和街道民房一起浸没水中，几天甚至半月不通车。民国37年（1948），日均接发列车15对，日均出入车辆不过200余辆，旅客到发日均200人左右，装卸车日均不到20辆。

1949年以前，株洲4个车站设备简陋，浙赣铁路株洲北站建站12年只有4股道，站房面积150平方米，月台1座，在站场中部架设钢架天桥1座，宽约2米，供旅客和搬运货物横跨粤汉线之用，后被日军飞机炸毁，北部设有三角线作机车转头之用。南站、东站各有2股道，并在南站建转车盘1座。

1949年9月，将株洲4站合并统称株洲车站，隶属衡阳铁路局管辖。合并后，原粤汉路株洲站办理客货业务，原株洲南站改为货房，办理整车货运。原株洲总站改为运转室，办理行车业务。原株洲东站于1950年11月1日撤销。五里墩车站在1956年划归株洲车站管理。第一个五年计划期间，株洲车站曾进行一系列扩建和改建。1954年增加发线2股，接发车能力提高44.7%，增加编组线1股，有效长为480米提高容车量28辆。1955年新建站房833平方米，新铺到发线2股。1956年修建旅客第二站台，架设天桥1座，增铺南部牵引线1条。1957年新建北货场，铺设货运线7股。至此，车站由9股道发展到14股道，建成2个旅客站台，南北两个货场有装卸线10股，运力得到较大提高。

1969年至1970年8月，完成南端京广复线引入工程；1970年10月至1972年6月，进行站场改建和股道延长；1971年3月15日完成站场电气集中工程。1973年5月至1976年12月，在白石港兴建南方第一流的新货场，用地1.3万多平方米，建货物线8股道，零担仓库2座，危险品仓库1座，零担站台1座，中转站台2座，中转零担跨线货棚1.35万平方米。该货场主要担负零担货物中转，设计输送能力日均150辆，为全国七大零担中转货场之一。

1974年，铁道部和湖南省决定兴建株洲新客站（原址改建），占地1.2万平方米，1975年11月成立株洲车站改建工程指挥部。工程分两期进行，第一期建主楼和北附楼（售票厅）、软席候车室、人防地道，设计面积为10515平方米，1981年9月竣工。第二期工程建南附楼（行包房）、天桥、地道、雨棚等，1980年开始设计施工，陆续至1985年全部完工。1989年6月6日，964平方米的6502型电气集中信号楼设备调试完毕，行车信号全部采用色灯信号，站内正线及到发线的道岔均与信号机连锁。至此，该站有站线15股，货物线21股，线路总延长10.48千米，与战线连接的厂矿专用线3条10股道，长7.49千米，段管线7条25股道，长6.89千米。1991年，该站完成装车6583车，发送货物40.87万吨，发送旅客277.56万人。1994年，发送货物33万吨，发送旅客352.1万人。至2000年，该站有客运站台4个，客运站房面积15520平方米，其中主楼面积8500多平方米，候车室8个，设置候车坐位4000余个。左附楼设有行包承运、达到、中转3个货仓，面积为2793平方米。右附楼设售票厅，站前广场7200平方米。其规模进入全国十大客运站和七大零担货物中转站行列，零担货物中转量居全国第二，是湖南境内3个特等站之一。

二　株洲北站

该站位于市东北部田心附近，是株洲枢纽的主体工程。

（一）修　建

“一五”计划期间，随着株洲中转车流日益增多，地方运量亦迅速增加，担负全部客货运及解编作业的株洲车站，已不能满足需要。国家决定在田心至报亭子之间兴建田心编组站。1958年2月由铁道部第四勘探设计院完成设计。第一期工程首建出发场作为过渡工程，以分担株洲车站部分编组作业任务。1958年6月开工，1959年10月一级二场建成投产。建有出发场6股，编组线12股，南北两端各有牵出线1条。南头设简易驼峰，进行解体作业；配调机车2台。从1962年起，货车编组作业全部由出发场担任，1963年日均办理车数达2100辆，超运能13.3%，日均到发80列，超运能15.1%。第二期工程于1963年动工，由一级二场扩建为一级三场。在东新增铺道6股道，东、西各设一个到发场，中间为编组场。计有到发线12股，编组线12股，简易驼峰1座，牵引线2条。1966年3月改称株洲北站。1967年初二期工程完工。1968年12月信号与配套工程竣工，与此同时，直通道6股道建成，分担出发场部分任务。第三期工程于1969年8月开工，兴建编组场，改建直通场为列车达到场。1971年11月完成直通场改造，增铺7股道。1972年10月新建编组场投产，铺设26股道。1973年7月机械化驼峰竣工。至此，株洲北站已建成具有达到、编组、出发3个车场64.5股道的单向纵列式三级三场路网性编组站。1985年7月，株洲北站由一级站升为特等站。1986年，日均办理货车出入和有调作业量，在全国38个主要编组站中分别为第8位和第5位。同年，铁道部决定扩建株洲北站，将单向式三级三场扩建为双项式三级七场。该项工程1992年8月动工，并列入国家“八五”重点工程。3年时间里，该工程共完成路基土石方828万立方米，建特大、大、中、小桥28座，涵洞101座共3785米，双线隧道1座180米，铺正线、站线86.8千米，道岔135组，铺石渣20多万立方米，新建生产、生活用房12万多平方米。至1995年10月，株洲北站上行系统扩建工程如期竣工，11月20日正式投入运营。改建后的株洲北站全长10.4千米，包括新建列车达到场、编组场、出发场、交换场、南北疏解区和站修所、机务折返段，设计能力为日均办理车2.1万辆，年货物交流量1.15亿吨，运能是改造前的2倍，成为江南第一大编组站。1997年2月，在引进美国GRS公司TARPS–200型系统的基础上进行二次开发，新系统具有进路自动控制、溜放速度自动控制、机车推峰速度自动控制3大功能，是全国铁路自动化程度最高的编组站之一。4月，株洲北站停办客运业务，只从事货物列车整车装运作业。1999年10月，该站下行系统改造方案通过铁道部计划司组织的审查，随后下行系统改造工程分段铺开。

（二）设 施

1. 行车设备 全部采用色灯信号；下行达到场、下行出发场、下行出发场编尾、上行达到场、上行编组场、上行出发场、田心、白马垄采用微机联锁；上行达到场驼峰、上行出发场驼峰采用7024型自动集中；交换场、430交换站采用6502型电气集中；九调区为人工扳道；下行达到场至田心、下行达到场至白马垄、田心至株洲车站为双线单向自动闭塞，下行出发场至株洲车站为双线双向自动闭塞，下行达到场至下行出发场、下行达到场至十里冲为半自动闭塞，下行出发场、上行出发场至田心为站间联系；岔道总计743副，其中复交64组。

2. 调车设备 该站有调机车13台，其中ND3型8台、DF5型5台。下行驼峰为自动化驼峰，东峰3.34米，西峰3.29米，溜放方式为双推单溜；上行驼峰为自动化驼峰，峰高3.4米，溜放方式为双推单溜。下行编尾设4条牵出线，采用单组溜放手闸制动；上行编尾3条牵出线，采用单组溜放手闸制动。

3. 客运设备 田心站设有候车室、售票房、票库、行包房、2个旅客站台，总面积3963平方米。白马垄站设候车室、售票房、行包房、2个旅客站台，总面积2612平方米。

4. 货运设备 该站系办理专用线整车到发业务，货主自理装卸，全站专用线分为洗煤、化工、新场3个作业区。设有1个制冰厂和1个加冰所，日产冰60吨，为鲜活货物车辆加冰服务。

5. 信息管理设备 1981年后，株洲北站注重运用现代科技成果，是全国第一个实现中等现代化的编组站。计算机信息管理系统包括现车信息处理系统和车站综合办公自动化系统。其中现车信息处理系统包括列车预确报、确报进库、解编勾计划、出发编组打印、十八点统计、货运信息处理、日勤统计、违流检测、军运现车信息处理等子系统。综合办公自动化系统包括联控信息网络、财物工资决算、人事劳资管理等子系统。

2000 年，该站共有线路 222 条，其中站线 132 条，机车行走线 7 条，联络线 11 条。另有与车站连接的专用线、专用铁道 43 条，段管线 210 条。线路总延长 322.22 千米。新技术和先进设备的使用，使该站运输效率大幅度提高，1990 年货车出入日均办理 13086 辆，2000 年达 14234 辆，提高 8.7%。

（三）编组作业

株洲北站担任京广、浙赣、湘黔三大干线 4 个方向的列车及株洲枢纽内小运转列车的到发、中转解体作业，以及地区性车流的取送、装卸任务。编解列车达 10 多种。往西编至贵阳南以远，运距 889 千米；往东编至鹰潭东，运距 469 千米；往南编至柳州南和广州北，运距 681 千米和 643 千米；往北编至武昌南及郑州，运距 397 千米和 940 千米。1990 年日均编解列车 213 列，向厂矿专用线取送 68 次 842 辆，作业 2596 勾，每勾作业时间 1.9 分钟。2000 年，日均编解 310.1 列，编解作业效率在全路同类型编组站中处于领先地位。

株洲北站 1972 — 2000 年编组任务完成情况一览表

表 13–1

年　份	办理车数（辆）			编解数（列）	
	日　均	无　调	有　调	日　编	日　解
1972	6710	2648	4062	47.4	45.1
1973	7380	2675	4705	58.1	57.8
1974	5945	2438	3507	44.0	44.0
1975	6596	4409	2187	55.2	55.0
1976	5998	1787	4211	54.7	55.2
1977	7154	2058	5096	65.9	65.9
1978	8284	2255	6029	78.8	77.9
1979	8815	2411	6404	86.8	84.7
1980	8612	2275	6337	86.7	81.4
1981	8318	2158	6160	86.2	80.9
1982	8608	2170	6438	90.6	85.3
1983	8876	2438	6528	91.6	85.7
1984	9413	2763	6650	92.4	86.7
1985	10152	2951	7201	98.7	92.7
1986	11049	3220	7829	103.6	98.5
1987	11611	3291	8320	105.6	101.8
1988	11940	3412	8528	107.1	102.9
1989	12406	3693	8713	108.7	105.1

续表 13-1

年 份	办理车数（辆）			编解数（列）	
	日 均	无 调	有 调	日 编	日 解
1990	13086	4205	8881	108.1	105.2
1991	13514	4784	8640	103.4	101.3
1992	14076	5224	8852	108.0	104.6
1993	14726	5813	8913	110.0	105.9
1994	15084	6004	9080	110.4	106.8
1995	14747	5598	9149	118.4	111.7
1996	13567	4785	7988	142.7	132.1
1997	13182	3958	8626	146.4	133.9
1998	13315	3610	9194	147.8	138.8
1999	13465	3188	9852	153.5	144.8
2000	14234	3512	10124	159.6	150.5

三　工业站

1957 年年后，国家在“一五”计划期间安排在株洲兴建的重点工业项目陆续投产，大部分集中在石峰区境内，形成田心至白石港 2 个工业区。为方便厂矿企业取送货物，形成洗煤、化工、新场 3 个作业区。

（一）喻家坪工业站

该站位于清水塘工业区，连接株洲化工厂、株洲冶炼厂、湘江氮肥厂、株洲玻璃厂、株洲钢厂、株洲选矿药剂厂、铜塘湾港区、株洲市石油公司喻家坪油库、株洲化工助剂厂等 10 条专用线。该站建于 1958 年 8 月，年设计运量 143.5 万吨。1970 年增建货物线 1 股，股道有效长 2903 米延至 4450 米。1985 年扩建 2 股道。1989 年运量达 329.2 万吨。至 2000 年，该站有站场 1 个，站线 11 股道，长 10.85 千米，专用线正线 2.81 千米，通向各厂走行线 4 条，长 1.06 千米，共有岔道 22 组，上游型蒸汽机车 2 台，站房面积 15681 平方米。

（二）洗煤区工业站

该站位于田心车站西侧，连接杉木塘、白石港区域，南接京广线田心车站 2 号道岔，北连田心车站 35 号道岔，与株洲洗煤厂、株洲电厂、株洲桥梁厂、杉木塘化工厂、株洲市金属材料公司、株洲市建材厂 6 条专用线沟通。1954 年 2 月开始筹备，1959 年 9 月 8 日建成投产，铺设 15 股道，年设计能力为 180 万吨。1960 年运量达 215.27 万吨，1964 年进行扩建改造，修建跨线桥 1 座，将北端正线和引线延长，煤泥存车线接通 9 道，新建调度楼 1 座。1972 年运量达 431.67 万吨，又延长到发线200米。1973—1980年又进行两次大修改造，兴建排水设施，延长股道。1988年增铺卸车线2股，计1.594千米。1990年运量达463.8万吨。至2000年，该站有站场1个，站线17股道，其中到发线5股、装卸线7股、其他用途线5股。南北端各有一条调车牵出线，分别为396米和324米，线路总延长15.07千米有上游型蒸汽机车3台，机车库1座，货车12辆，原煤坑2座，轨道衡3台，卸煤机8台。

第三节　运　输

一　客　运

清光绪三十四年（1908），株萍铁路正式开办客运业务。其时并没有专用客车，一等票坐棚车，车厢内备有木凳；二等票坐敞车，无盖无坐；三等票坐煤车，遇上风雨，满身煤垢。该线自通车起，除开行客货混合列车外，25年内未正式开过旅客列车。粤汉路武昌至株洲通车10年才正式开行客车。民国37年（1948），每日途经株洲的旅客列车有3对，株洲始发和途经的客货混合列车8对。1950年每日开行客车10对，第二个五年计划期间增至26对，1978年增至39对，1990—2000年达74对，为1950年的7.4倍。按线路分为京广线50对，浙赣线12对，湘黔线11对，醴茶线1对。

民国5年（1916），株萍路客运量37.3万人次，是该线在民国时期客运量最高的一年，以后逐年下降。1952年境内旅客发送量为53.8万人次，1957年增至129.2万人次，增长1.4倍。20世纪60年代，旅客发送量起伏较大，1961年达567万人次，为1952年的10.5倍，随后进入国民经济调整时期，客流量大幅度下降，1962—1965年年均发送量209.4万人次，比1961年下降63.1%。1966年起受“文化大革命”冲击，免费运送“红卫兵”搞“大串联”，同时无政府主义思潮泛滥，无票乘车之风盛行，客运列车经常暴满。1966—1968年，年均通过售票发送量仅150.1万人次，比前4年平均水平下降28.3%。1975年3月，贯彻中共中央《关于加强铁路工作的决定》，整顿铁路秩序，提出“四通八达、畅通无阻、安全正点、当好先行”的目标，当年发送旅客363.9万人次。改革开放以来，随着客流量的增加，尤其是民工和学生流量的增加，客运量每年以3.1%的递增率上升，虽逐年增开列车，而乘客暴满现象仍经常发生。从株洲乘快车，除北京到广州的47、48次，长沙开往广州的75次、开往上海的208次、开往湛江的291次和开往郴州的317次列车有少数对号硬座外，大量旅客只能站着乘车。为此国家调整运输结构，向公路分流，铁路运能跟不上客流量猛增的矛盾逐步有所缓解。1986年发送旅客较上年下降13.9%，1987年后又趋回升，1988年创历史最高纪录，客运总量达1426.07万人次，其中发送524.59万人次，达到661.38万人次。国家进一步采取分流措施，1989年后又渐趋缓和，1990年客运总量1146万人次，较上年下降15.4%，其中发送411.12万人次。90年代，发送旅客量逐年呈上升趋势，略有起伏。1992年发送485万人次，1996年为557.4万人次，1999年发送711.4万人次为历年最高，2000年则为1160.85万人次。

2000年，境内共有28个车站办理客运业务，有站舍2万多平方米，其中旅客候车室36个，面积8164平方米，售票房27个，行包房27个，旅客站台42个。

二 货 运

清末和民国时期，境内各站有堆栈7间，既是仓库又是货场，无专用装卸线和货物站台，装卸全靠人力。为使萍煤下河转运，曾在株洲南站设堆煤场，约2万平方米，有一股道直达江边。

运量主要集中在株萍路，以运煤为主，兼运其他货物。民国2年（1913）4月，粤汉路与株萍路签订联运合同，经交通部核准于5月10日施行。民国3年（1914）1月，又与商界订约，每日运煤280吨，除1对混合列车外，开行煤车6对。两路联运促进了株萍路运量的增长。民国5年（1916）运量比联运前增长37.6%。株长段并入湘鄂段后，民国9年（1920）3月又以湘路公司名义与株萍路签订联运合同，在原有客货列车基础上，增开长沙至安源混合列车1对，当年联运货物7286吨，到民国13年（1924）达4.4万吨，增长6倍。粤汉路全线开通后，境内运量达10万余吨。抗战开始运量下降，民国27年（1938）为6.9万吨。抗战时期，该线主要承担军运任务，民用货物发送多为粮食和农副土特产品，到达主要有食盐、粮、棉纱、煤油、火柴等日用工业品。株萍路自通车至民国27年（1938）的34年中，共完成货运量2024.4万吨，其中煤1626万吨，占80.3%，其间运量最高为民国5年（1916），达到121.6万余吨。民国22年（1933）降至最低为12.77万吨。民国28年（1939）4月南昌被日军占领，株萍段自毁，6月运输中断。抗战胜利后铁路运输恢复缓慢，民国37年（1948）株萍段仅开2对煤车和1对混合列车，煤炭运量仅6.15万吨，只达到战前运量的27.3%；粤汉路武昌至广州定点货物列车2对，运量亦低于战前水平。

中华人民共和国成立后，实行路政统一，铁路运输得到迅速恢复。1952年运量上升到37.7万吨，其中发送量15.35万吨，到达量22.35万吨。从第一个五年计划开始，株洲进行大规模工业建设，铁路运量剧增，大宗建筑材料和机械设备源源运到。1957年运量达90.69万吨，其中到达61.95万吨。随后一大批工业企业相继投产，运量大幅上升，到达货物以原煤、矿石、工业用盐等原材料为大宗，发送则以精煤、化肥、化工产品、水泥制品、冶金、玻璃等工业产品为大宗。

20世纪60年代，铁路运量曾经历两次较大起伏。1960年到发量为474.64万吨，较1957年增长4.23倍。随后进入调整时期，1963年下降至260.5万吨，比1960年下降45.1%。经调整后，1966年回升至697.86万吨。“文化大革命”开始，铁路受到冲击，停车事件不断发生，运量急剧下降，1968年降至311.15万吨，比1966年下降55.4%，只相当于1959年的水平。70年代，运量逐步回升，1973年达1063.13万吨。1974年“批林批孔”运动使运输再次受到冲击，到发量下降到627.33万吨，比上年下降41%。1975年国家决定对铁路进行全面整顿，到发量回升31.3%。1976年天安门事件后，全国形势急剧变化，运输生产随之下降。中共十一届三中全会后，国家实行改革开放政策，株洲工农业生产快速发展，铁路运输也随之出现稳步增长势头。其中，货物发送量在1978年就达434.43万吨，1985年达510.88万吨，1990年达572.47万吨。90年代，株洲货物发送量逐步上升，1992年，发送量达770万吨，2000年为1090万吨，是1952年发送量的29倍。

第二章 公 路

第一节 古近代道路与桥梁

一 驿 道

驿道始于秦，经历代演变至清乾隆年间，湖南境内以长沙为中心，连接四方州府，有通往湖北、广西、贵州、广东、江西的5条驿道，其通往江西、广西的驿道贯穿株洲境内，为陆路邮传、差使、商贸、行军所用。驿道均由所在官府负责维护修治。近代修建铁路、公路选线多以古驿道为依托，境内浙赣铁路白关至插岭关、G106国道醴陵至茶陵段，均属此情况。古驿道多已废弃，现茶陵、炎陵境内残存的驿道，一般宽2米左右，路面纵铺花岗岩条石，两侧镶铺卵石，坚实平整，晴雨均可通行。炎陵县河西天星村下夹石坳所存驿道旁林木葱郁，堪称道路绿化先导。

（一）湘赣驿道株洲段

此道自长沙东南行，由南山铺入株洲境内，经越茭冲、龙头、荷塘、朱田、白关、双牌、梢岗、清安、东冲、板杉、榱牌等11铺，抵达醴陵。复东行，经傅冲铺，出插岭关入萍乡境，与江西驿道相接，中经株洲市区、株洲县、醴陵市境约74千米。沿线铺名除傅冲铺外，其余皆沿用至今，茭冲铺以谐音故今称交通铺。湘赣驿道在醴陵城向南分出支线，通向攸县、茶陵、安仁、炎陵县，再自炎陵县大院农场竹子溜东出至江西遂川界，全长270千米，其境内约215千米。该支线由北至南，沿途所经铺递醴陵境内有盘树、龙山、泗汾、横岭、蛇湖、屈塘6铺；攸县境内有长山、走马、笙塘、洞井、桐树、石桥、新塘、侧桥、茅塘、高岭、长春、斑竹12铺；茶陵境内有珠玑、廖塘、黄石、寒婆、文坊、山口、板桥、界桥、大落、管塘、垅下、牛路12铺；炎陵县境内有斜濑、石鼓2铺。以上各县县城均设有总铺。此支线与G106国道醴陵至茶陵路段基本平行。沿线的泗汾、横岭、茅塘、珠玑、黄石、斜濑、石鼓7处地名现仍沿用。

（二）湘桂驿道株洲段

长沙通往广西的驿道行经湘潭至衡山地段时，与现株洲市境湘江西岸地区邻近。该路在茶园铺（属湘潭县）分出支线，南行入株洲县境，经白皮铺（白壁）、蓑衣铺（王十万），东渡湘江到达朱亭，全程35千米。清代自朱亭出发，循驿道可南通两广，北达湘潭、长沙。

二 县大道

境内醴陵市、攸县、茶陵县、炎陵县均为清代州县建置地，各有以县城为中心，连接四邻的大路。

多为民间所设“路会”修建维护，皆有路产。

醴陵市：通往浏阳驿道，自市区东行，经黄沙铺、王仙、仙石、官寮，至界口接浏阳界。清《湖南通志》载，此段设有王仙、明兰2铺；通往浏阳的大路，自姜湾北行，经高家店、枫树桥、枫林市至纸钱桥入浏阳境，为通浏阳石回咀要道；通往渌口大路，自市区西行，经大西滩、铁河口、神福港、石亭、周家铺到渌口。此外，湘赣驿道上的清安铺西出，有路经黄泥塘、张公岭、晓岭、快山桥至渌口。清乾隆年间设有关王、渌口2铺。

攸县：通往衡山大路，由县城西北行，经鸭塘铺、小集，至长岭接衡山界（衡东）；通往安仁大路，由县城西南行，经和尚坳、陈家铺、草生塘至渌田接安仁界；由县城向东，有大路可达钟佳桥。

茶陵县：通往江西省莲花县大道：自茶陵东门渡洣水，越石山、挡下桥，过茶水后，经铜塘铺、腰陂、贝江市、芙江、至高陇抵莲花界。

炎陵县：有大路南通桂东，经汝城到达广东乐昌。在粤汉铁路未修通前，此路为粤盐入湘要道。抗日战争时期，为宜章至茶陵的驿运线，设有酃城、深渡、中村3站。向东有路经沔渡，越黄烟堡，进入江西宁冈县，井冈山革命根据地建立后，工农红军曾以沔渡为门户，沿此路进出井冈山区。

株洲县：县境在清代时分属湘潭、醴陵、善化（长沙）3县，现县城渌口旧为醴陵西的集镇，故未形成以今县城为中心的道路网。按现行政区划，其主要道路：一为湖南通江西的驿道，在白关、双牌、梢岗过境；二为通广西的驿道，在茶园铺分出支线至朱亭后，有路可通攸县；三为醴陵城辐射至渌口的大道。

三　炎陵故道

炎陵县（原酃县）的炎帝陵，自宋代建庙奉祀以后，历代州县知官，春秋必祭，称为“时祭”；若逢即位、立储、灾荒、战争等大事，朝廷遣使告祭，称为“大祀”，立碑纪之，现可考证者明清两代共53次。炎陵县旧属衡州府，御祭使臣先行至府，率地方官吏及扈从，一道登程。自衡州起，循驿道东行至安仁县城，复东行，经大石、山口、梅桥、江东、赤塘、太平、大塘7处驿铺至安、炎边界峤梁岭；下岭抵斜濑铺，渡洣水后，别驿道向南，有大路直通炎帝陵。沿途经潘家、渡河漠水，过台山、金家至霞桥，下马桥步入墓道，进诣炎陵。祭祀礼毕，顺斜濑水向北行舟7.5千米，至斜濑渡小憩进餐后，使臣复乘舟北去，地方官员沿陆路返回衡州，来往路程250千米，日程一旬。炎陵县系山区小县，其通往安仁的驿道虽属湘赣驿道南行支线一段，但驿传、行旅稀少，只因“邑有圣陵”而著称。此4个字系清乾隆十六年（1751）衡州知府黄岳牧所题，刊刻在峤梁岭下一石壁处，至今犹存。驿道残迹，依稀可见，路宽2米有余，平坦处铺垫卵石，坡坎处砌有石级，为民间投资所建，立有碑记。斜濑行馆，前后两进，中有天井，边有厢房，前有空坪围墙，规模非一般驿铺可及。自民国23年（1934）茶酃公路路基修通后，祭祀炎帝陵者及来往行人，皆舍古道而取新路。民国29年（1940）3月续修茶酃公路及炎陵支线，更增方便，自此炎陵故道渐趋荒废。

四 古 桥

境内小河溪港密布，自古建桥甚多。按清代至民国时期各州县志所记，湘潭县析出的株洲境内有古桥170座。醴陵截至清光绪末年有桥537座（含析出株洲县境）。攸县、茶陵县、炎陵县共200座。据此，清光绪年间，现株洲所辖区域内有史可考的古桥有907座，其中以建于唐代历时千年的醴陵龙船桥历史最久；横跨渌水旁通芳州（状元洲）的醴陵渌江桥规模最大；岸接悬崖，下临瀑布的炎陵县碛脑桥形势最险。从建桥时代看，以清代修桥最多，据民国版《醴陵县志》所记，自清顺治初至光绪末期建桥达307座，占该县桥梁总数的57.2%，各县古桥均以小桥居多。

自古修桥多为民间善行之举，其资金来源有独修、合修、族修、众修之分，桥成后每立碑石传世，记载颇详。

古桥的桥型有梁桥、拱桥、浮桥、索桥数种，其用料则以石、木为主。桥梁结构较为简单，以木、石作墩，用木材架梁铺面，或以长条石直接架在墩上；拱桥以砖、石墩作拱、铺面，其承载力较强，改造为公路桥的多出此类；浮桥用船只联结，以木板铺面，多系权宜之用，一般架设在行旅稠密而修桥较为困难之处；索桥较少。

古桥有的以姓氏、身世命名，如市区的徐家桥、宋家桥，茶陵的寡妇桥等；有的按名人故典，如株洲县朱亭镇的朱张桥，因宋代朱熹、张栻曾在此讲学；有的依地理环境，如横跨渌江的醴陵渌江桥、地处明月山下的攸县明月桥；有的因纪盛世而名，如攸县永平乡的寿星桥、百岁桥。

古桥历尽沧桑，时有荒废。中华人民共和国成立以来，大兴水利、交通建设，一部分古桥被改造为闸坝或公路桥涵，一部分则因河流、道路发生变化被淘汰，现存尚可利用的古桥多为农村民桥，由交通部门以民办公助的形式进行维修管理。1962年6月，淦田、双江、朱亭3港流域，因山洪暴发毁桥殆尽，市交通局下拨5.4万元、木材100立方米，发动当地群众抢修，历时2个月修复桥梁107座，其中部分则为古桥。对于个别具有特色的古桥，则妥善维护，以存古迹。境内主要古桥有：

龙船桥　据民国版《醴陵县志》载，该桥建于唐代，是境内历史最久的古桥。位于醴陵市南大障乡江边铺，跨堑石水。桥有2墩3孔，石料砌成，长18.3米，宽2.7米。1973年6月6日山洪暴发，桥被冲毁，后因河水改道而废弃，从始修至废弃历时逾千年。

徐家桥　位于芦淞区，是连接解放街和沿港路、建宁街的通道。该桥由明代江南客商徐姓始修，名徐家桥。清康熙年间易元位率众重修后，清光绪时称长沙桥。原为独拱石桥，跨株洲港（建宁港），北连田野大路，南接本埠集镇，桥南设一门，名“孔道”，夜闭昼启，为进入集镇的咽喉。20世纪初，浙赣、粤汉铁路先后在桥北设站，逐渐形成新街。旧桥甚低，累遭水淹，南头设石级，车行不便。民国22年（1933）由凌澍臣倡议募捐改建，在旧桥上加修4拱，将桥升高延长，成为长47.3米，宽4.3米，高8.2米的双层麻石拱桥，并以钢轨连接石柱为栏杆，改桥头石级为斜坡，桥上刊有时任湖南省政府主席何键所题“古建宁桥”4个字，自此更名建宁桥。桥成后在南头建亭立碑，列出捐款者姓名和建桥收支款项，全部工程耗银6000余元，凌澍臣独捐2100元。中华人民共和国成立后，拓宽桥头。

1958年以混凝土梁换下钢轨栏杆。1981年整修桥面，改装麻石栏杆，保持古桥风貌。复原名“徐家桥”，因株洲语音“徐”“齐”相谐，民间亦有误称为“齐家桥”。该桥2003年在旧城改造中拆除。

渌江桥 为境内规模最大的古桥。位于醴陵市城南，横跨渌水，沟通市区南北两岸，古时东去萍乡，南通攸县、茶陵的驿道经此。南宋乾道年间（1165—1173年）始建浮桥于状元洲尾。乾道九年（1173）诗人范成大经醴陵赴任桂林时，曾写下“渌水桥边县，门前柳已黄”的诗句。宝祐年间（1253—1258年），醴陵知县家遇于状元洲下十余丈处修建新桥。桥为木桩，石墩，木梁，长200米，高17米，宽5.3米。桥成至清，曾21次毁于水火，屡毁屡修，每次重修均为木梁木面，而外貌则以明万历三十二年（1604）所修最为宏伟。桥名几经变更，有渌水桥、渌江桥、至正桥、乐乐桥、惠民桥等，以渌江桥之名最为久远。民国7年（1918）南北军阀混战中，北军溃退时，纵火将桥全毁。民国13年（1924）县人傅熊湘等集议倡修新桥，陈盛芳主持工程技术，在状元洲西侧附近，以石料建成2台、9墩、10孔的拱桥，全长190米，宽8米，高12米，基深14米，并建旁桥通状元洲，耗银21.01万元。1949年7月，国民党军队败退时曾有毁桥之意，经中共醴陵县工委通过民主人士，敦促商会出面活动，方得保存。中华人民共和国成立后，为妥善保存古迹，多次进行维修加固，现桥仍持原貌，桥下侧刊立康有为所书“渌江桥”三字及傅熊湘所书“渌江桥碑”，至今清晰如故。

渌江浮桥 位于醴陵城东门外，跨渌水。始建于明成化十八年（1482），知县李复贞倡建，初建于兴文坊前，继迁状元洲尾，后废。清同治八年（1869），杨泰阶、王照楼募资重建，改由北岸大码头至状元洲，再由状元洲至南岸王家码头，共127米，用船39只，3船一联，铺以木板，结以铁索，左右设扶栏。民国7年（1918）与渌江桥同毁于战火。后重建东、西浮桥2座，民国33年（1944）日本侵略军犯醴陵时，又遭毁坏。民国35年（1946）东浮桥修复，至1970年因渌江公路桥建成，迁址西门。1979年被洪水冲毁后，不复修建。

明月桥 位于株洲县、醴陵、攸县交界处的明月山下，因明代茶陵诗派领袖李东阳写有月桥诗序而著称。桥处今攸县北部的大桥乡。该桥为南宋保庆三年（1227）陈寿卿兴建，系独拱石桥，桥面呈弧形设有石级，桥长21米，宽4.7米，甚为坚固。1963年明月水库倒塌，该桥在洪水冲击下幸存，现仍为农村交通所用。

五福桥 又名芙江桥，位于茶陵东部火田乡芙江村，跨高陇河，古为茶陵通往江西莲花大道上的主要桥梁之一。建于清同治三年（1864），此桥长65米，宽4.1米，为5孔净跨8.35米的石拱桥，造型美观，结构合理，可适应机动车辆通行。民国22年（1933）修建耒吉公路时（由茶陵至界化垅路段，现称省道茶永线），利用为公路桥。1983年因桥面宽度不够，拆除重建。此桥历时119年，其间机动车辆通行半个世纪，仍完整坚固。

思永桥 又名寡妇桥，位于茶陵县严塘镇沙溪村，系9孔青砖拱桥，长宽度失考，为清末严塘沙溪村一孀妇所建。相传此妇的独生子，在过沙溪木桥时，不慎落水淹死，孀妇悲痛之余，为保后人过河安全，免遭失子之痛，立志修桥，尽其家财将桥建成。因悼念其子，命桥名“思永”，后人颂孀妇功德，称寡妇桥。该桥于1982年被洪水冲垮5孔而废。1986年重建为钢筋混凝土公路桥。

安济桥 为炎陵县最早的石拱桥。该桥位于县城西郊，跨河漠水，古为通州府的通道。桥长17

米，宽4.8米，高4.7米，1墩2孔，旁设栏高0.7米，原桥面呈弧形，两端砌石级。该桥于南宋绍定三年（1230），由邑人陈平宁始建，因疾殁未成。后有人续修，未竣其事。至元代泰定元年（1324）陈氏后裔“节妇”江氏继志续修告成，并建亭于桥头，供人憩息，民间称道。知县李达取“桥以济人，人赖以安”之意，题亭名“安济”，并作《安济桥记》。此桥曾多次修补，现仍坚实可用。

碛脑桥　该桥位于炎陵县大院农场大坝附近的碛脑，跨沔水支流，河水下泻，形成瀑布，桥连两岸悬崖绝壁，架于瀑布之上。积石为“碛”，“脑”喻高，故有“碛脑”之名，桥名亦缘此。桥长20米，宽3.1米，高15米，单孔跨径14米，两端有石级，侧无栏杆，为境内古桥之最险者。此桥建于清代，规模虽小，然地处高山峻岭，运料施工之难，非一般可比。此桥为江西茨坪通大院所必经，土地革命时期，为井冈山工农红军出入要道。

沔渡桥　位于炎陵县东部，横跨沔水，该处古时设渡，故名沔渡，桥也因此而名，是通往江西宁冈之要冲。沔水秋冬水落，舟渡不通，行人苦于涉水。清乾隆二十四年（1759），张君柏等倡议建义济桥会，架设木桥，以辅舟渡之不足，是为沔渡桥之始。至清咸丰四年（1854），县人万典璋与僧普明捐资改建为石墩木板桥，长约70米，宽2米，后遭水毁。民国16年（1927），曾文耀倡建为石拱桥。民国18年（1929）复遭水毁。而后时桥时渡，维持交通。1962年，沔渡公路桥建成，古沔渡桥废，渡亦停。

福祖桥　位于株洲县黄龙乡境内，跨朱亭港。原系木桥，为谢姓族修。清乾隆三十六年（1771），族中妯娌5人孀居共捐田5亩，以租供桥修葺，每岁均有节余。乾隆三十八年，族首谢香岩等4人倡族人捐资建石桥未果。道光元年（1821），石桥始建成，桥2墩3拱，全长47米，面宽5.3米，两边有石柱栏杆，四角饰石狮雄踞，桥南右侧建一桥亭，全桥用麻石建成，坚实庄重，名震乡梓。谢族人氏引以为荣，每外出自我介绍必言“福祖桥谢家”。民国33年（1944）日本侵略军陷境，桥亭被毁。1970年，株衡公路竣工，该桥被利用通车。此后，在机动车辆通行量日益增多的影响下，桥面塌陷，栏杆损坏，石狮丢失两尊。1975年公路部门按公路桥标准进行改造，桥面加铺钢筋混凝土层，增设人行道，换装钢管栏杆，配上石狮，旧桥面貌一新。1981年，再次进行改造，成为全长49米、净宽6米、两侧人行道各1.25米的13级中型公路桥梁。系境内石拱桥古为今用成功一例。

第二节　公路建设

一　线　路

（一）国　道

株洲有3条国道过境，即106国道、莲易高速公路、潭耒高速公路。

1.106国道株洲段　该国道是北京至广州线，简称京广线，编号G106，境内长284.22千米，是境内最长的公路主干线。北自浏阳界口入醴陵境，途经攸县、茶陵，南至炎陵县槽里入桂东。

京广线株洲段是境内最早修筑的公路。民国15年（1926），驻防湘东茶陵、攸县、醴陵的湘军第九旅旅长何键以地方田赋、盐税、杂税及其他附加税捐倡修醴攸公路，时称“军路”。民国16年（1927），国民党军队为围剿工农红军，加紧修筑醴攸公路并新筑攸茶公路。民国23—29年（1934—1940），国民政府再向南北两端延伸修筑浏醴、茶酃公路。至此，历时15年修成浏阳界口至酃县县城211.19千米路程。日本侵略军侵入湘东时，国民政府两次组织民众破路阻敌。抗日战争胜利后，除茶酃段外其余公路草草修复，1949年通车里程152.63千米。中华人民共和国成立后，1951年修复茶酃段。1958年11月至1960年2月，筑成酃县县城至中村45.35千米。1965年6月至1966年11月，修通中村至槽里（与桂东县交界处）28.59千米。至此，京广线株洲段全线贯通，时长284千米。该线茶陵浣溪以北为平原丘陵交错地带，以南则为重丘、山岭地区，过酃县中村后，自牛岗排进入大山岭区，升坡990米，通过桂东八面山东侧的槽里垭口，海拔高程（黄海标高）达1303米，为全线最高点。该线建成后，公路部门在当地政府和民众支持下，多次对其进行整修改造。1980年定名为106国道时，攸县境内段达到三级路标准，醴陵、茶陵、酃县境内为四级。酃县县城以北为沥青路面，以南为砂石路面。至1990年，该线境内段有二、三级路66.2千米，四级路216.7千米；水泥和沥青路面210.4千米，砂石路面72.5千米。随着经济的快速发展和汽车数量的激增，原路况已不能满足日益增长的运输需求。1992年12月，攸县率先对境内路段进行拓宽改造。至1995年11月，该县61千米由三级提升为二级，沥青表面处理宽9米，工程总投资6330万元。2000年5—12月，市公路管理局又对该县界岭至大同桥32千米浇注混凝土路面，路面宽达12米，并在全省首创公路电脑计量、自动化摊铺工艺。随着攸县段二级沥青路的改造竣工，莲易高速公路建成通车，相形之下醴陵市城区段和南段则成为瓶颈。1996年11月，该市组织沿线群众历时2个月，拓宽南段28.41千米路基至15米宽，筑成福建围至柳冲3.04千米、宽24.5米新线段路基。1998年年底，醴陵城区改线段一级混凝土路和南段二级沥青路工程竣工。至此，该国道醴陵境内段因城区段改线并借道莲易高速公路3.82千米，总行车里程增至67.51千米。随后，茶陵、炎陵县也对106国道进行城区段改线和主干线拓宽提升改造。该路有高级路面50.78千米，次高级214.83千米，中级18.61千米；桥梁66座2506.8延米；涵洞686处。

2. 莲易高速公路 东起湘赣交界的醴陵市莲花冲至湘潭市易家湾段，简称莲易高速公路，是国道上海至昆明线（编号G320）的境内段。该段在醴陵福建围与106国道互通，至株洲县白关镇与县道013白仙线互通，在株洲市区段与红旗路重叠，出城区至湘潭市殷家坳，与长潭高速公路互通，连接107国道，全长71.29千米。

株洲、醴陵与江西萍乡之间，是湖南通往江西、浙江、上海的咽喉要道，其中株醴段也是株洲市区通往醴陵、攸县、茶陵、炎陵4县的重要通道。长期以来，株醴萍之间只有一条四级公路，路窄弯多，汽车拥挤不堪。20世纪80年代，日均塞车3.8小时。1986年6月10日，交通部长钱永昌来株洲考察湘江时，市政府提议改扩建320国道湘赣交界至易家湾段，得到交通部和省政府的支持，安排为下一个五年计划期间重点工程。经市政府积极争取，1989年3月获省计划委员会、省交通厅批准，较原计划提前2年立项。1991年，交通部下达莲易公路建设计划。1992年2月26日，市区往西至易家湾段在白马垄开工。同年12月20日，市区往东至莲花段在白关镇开工。至1995年2月建成通车。该路从莲花冲至建宁隧道出口（K1187+600）为二级汽车专用路，长 48.13 千米，路基宽 12 米，混凝土路面宽 11.5 米，双向 2 车道，设计时速为 80 千米。建宁隧道出口至易家湾（K1210+614）为一级汽车专用路，长 23.16 千米（含湘潭境内 4.69 千米），路基宽 24.5 米，混凝土路面，双向 4 车道，中间设隔离带，设计时速 100 千米。境内段有桥梁 38 座 4651.3 延米，其中有跨渌水的阳东大桥、跨市区的红旗高架桥、跨京广和湘黔铁路的石壁口大桥 3 座大桥，总长 3397.72 延米，红旗高架桥与城区红旗路重叠 2920 延米，方便越城区车辆过境；设互通立交桥 10 座，357.6 延米；人行天桥 16 座；涵洞 368 个；有建宁、白关隧道 2 座，总长 380 米；有福建围、醴陵、白关、清石、殷家坳 5 处互通式立交；设石宋路、红港路、田心路 3 个进出口。莲易公路是湖南省第一条开工建设的全封闭、全立交高速公路，第一个采用项目代表制、工程招标投标制、工程监理制进行组织施工和管理，第一个使用大型机械施工，第一个由当地县、乡政府以承包方式进行征地拆迁的公路工程。总投资 5.78 亿元，征地 263.34 公顷，为 1056 名失地农民办理了转城户口，安置转城劳动力 528 人。

3. 潭耒高速公路株洲段 湘潭至耒阳高速公路，是国家“五纵七横”国道主干线北京至珠海高速公路（编号 G030）的一段。起于湘潭市马家河，向南经株洲、衡阳、衡东，止于耒阳市陈家坪，全长 168.85 千米。境内主线长 51.64 千米，北起马家河湘江大桥，往南进入株洲市天元区，至月塘村与天易一级公路立交，设月塘互通。至株洲县伞铺乡铁篱村与 313 省道老谭线立交，设伞铺互通。至王十万乡设互通。至彭皮港建朱亭湘江大桥，跨京广铁路至兴隆村设朱亭互通。往南出株洲县进入衡东县大桥乡。潭耒高速公路系国家“九五”计划期间的重点工程。1994 年 11 月 8 日，国家计划委员会批准该工程项目建议书。株洲段征地拆迁从 1996 年 7 月开始，用半年时间征地 415.67 公顷，其中耕地 215.674 公顷。1997 年 8 月 18 日，潭耒高速公路建设在株洲县马家河乡金龙茶场举行开工典礼，并于 2000 年 12 月 26 日进行试运行。该路设双向 4 车道，设计时速 120 千米，路基宽度 28 米，中间设隔离带，工程总投资 48.81 亿元。境内有桥梁 24 座 2444.2 延米，涵洞 292 处。

（二）省 道

境内有两纵五横省道 7 条，总里程 416.46 千米（不含重复里程 30.65 千米）。

1. 跃石线株洲段 起于浏阳市跃龙，与 103 省道相接，止于衡东县石岗坳，与 315 省道相连，全长 146.11 千米，简称跃石线（编号 S211）。该省道境内从荷塘区蝶屏乡北星坳入境，经市区和株洲县渌口镇、淦田、砖桥、黄龙，于株洲县龙凤乡吴家坳出境，境内长 102.90 千米，是境内最长的省道。该线初建期分两段修建：杨柳冲至渌口段，1959 年修建简易公路；渌口至吴家坳段，1958 年修建马桥至黄龙一段 3 千米，其余路段于 1967 年采取社队包干，部分征工的办法，于 1968 年全线开工，1970 年竣工。1990 年，全线达到四级公路标准。随后全线分段进行升级改造。北星坳至横塘段 9.79 千米，四级沥青路面；横塘至新村段 2.20 千米，二级混凝土路面；向阳村至新屋湾段 9.34 千米，二级沥青、混凝土路面；新屋湾至栗塘段 7.34 千米，一级混凝土路面；栗塘至渌口段 4.88 千米，一级混凝土路面；渌口镇段 1.86 千米，二级混凝土路面；渌口至吴家坳段 67.47 千米，四级沥青路面。

2. 菜鲁线株洲段 起于攸县菜花坪，与 106 国道相接，止于永兴县鲁塘坳，与 107 国道相连，全长 125.78 千米，简称菜鲁线（编号 S212）。境内长 16.55 千米，四级沥青路面，其中有 1.37 千米为混凝土路面。茶鲁线原为1817省道，始建于民国22年（1933），是民国时期耒（阳）吉（安）公路的一段。1944年日军侵入时被毁，1946年修复。1963—1971年，将沿线桥梁改建为永久性桥梁。1991年，全线铺设沥青路面。1996年，又将渌田镇1.37千米沥青路面改为混凝土路面。

3.老谭线 起于湘赣交界的萍乡市老关，与320国道相接，经醴陵市区、歇马岭、钟家垅、渌口、过湘江至雷打石、伞铺、米山塘出境，止于湘潭市谭家山分路口，简称老谭线（编号S313）。全长89.71千米，境内长83.73千米。该省道由原国道320线老关至醴陵段、国道106辅线珊田冲至醴陵段、县道醴军线碧山岭至歇马岭段、县道歇横线、县道横钟线、省道1815线横江至渌口段、县道渌潭线组成。其中老关至渌江段，长12.80千米，四级沥青路面；渌江至醴陵（碧山岭）段，4.05千米，二级混凝土路面；醴陵（碧山岭）至歇马岭段，22.38千米，二级混凝土路面；歇马岭至钟家垅段，12.34千米，等外路，沥青路面11.56千米、混凝土路面0.78千米；钟家垅至横江段，5.04千米，四级沥青路面；横江至渌口段，7.35千米，四级沥青路面，原为1815省道，现为211省道，系共用路段；渌口至湘江汽车渡口段，1.08千米，四级混凝土路面；湘江汽车渡口至米山塘段，17.98千米，四级沥青路面。313省道由东向西横贯醴陵市和株洲县，并沟通G320、G106、G030、G107和S211等纵向线路。

4.龙宋线株洲段 起于攸县柏市镇与江西交界的龙下，经攸县，入衡东县，过衡阳市，止于邵东县宋家塘，与G065上瑞国道相接，简称龙宋线（编号S315）。全长292.57千米。境内长119.46千米，在攸县境呈“V”字形穿过。经过柏市、黄丰桥、兰村、峦山、酒埠江、钟家桥、大同桥、上云桥、攸县城关镇、鸭塘铺、桃水11个乡镇。

5.界唐线株洲段 起于茶陵县界化垅，往东2千米至江西莲花县双车口，接319国道，向西经茶陵，入耒阳，过常宁，止于祁阳县唐家山，与322国道相接，简称界唐线（编号S320）。全长262.30千米。境内自茶陵界化垅入境，经高陇、火田、腰陂、思聪、城关、下东、枣市等乡镇，于界首出境，长71.62千米，其中与106国道共用2.81千米。此路段由原1856省道和县道茶界线组成，1988年曾为“三南”公路中的一段，自东而西穿越茶陵县，是连接闽南、赣南、湘南的重要通道。

6.睦炎线 起于炎陵县睦冲，经沔渡，止于炎陵县城，接106国道，简称睦炎线（编号S321），全长21.61千米，四级沥青路面，均在炎陵县境内。该线向东延伸至江西宁冈县龙市镇，接319国道，是湖南省通往井冈山仅有的一条公路。

7.车总线株洲段 起于桂东县与江西省遂川县交界处车头坳，止于蓝山县总管庙，全长242.56千米，简称车总线（编号S322）。该省道从槽里垭口入境，经牛岗排至深坳出境，境内长31.25千米，为四级沥青路面和砂石路面。

（三）县 道

境内县道始建于1954年驻茶陵境内309探矿队修通的腰陂至潞水公路，长13.2千米。1958年，各县公路建设进入大发展阶段。1961—1965年，国民经济处于调整时期，公路建设速度放慢。1966—1975年，随着各县工矿企业的发展，公路建设又随之加快。至1979年年末，境内有支线（县道）公路1062千米，其中四级公路272.21千米、等外路789.79千米；次高级路面73.31千米、中级路面913.79千米、低级路面74.9千米。1980—2001年，县道总里程增加358.92千米，其中接通断头路段、形成环形线20条229.71千米，与潭耒高速公路配套的2条联络线14.52千米。县道建设重点是提升公路技术等级，逐年加快砂石路面改沥青路面或混凝土路面的进度。第二次全国公路普查显示，全市共有县道72条1420.92公路，其中一级路9.49千米、二级路10.72千米、三级路19.76千米、四级路925.53千米、等外路455.42千米；高级路面145.73千米、次高级路面654.09千米、中级路面609.98千米、无路面公路11.12千米；株洲市区134.89千米、株洲县279.96千米、醴陵市287.38千米、攸县266.74千米、茶陵县258.05千米、炎陵县193.91千米。

1.丘陵区线路　境内中部为丘陵区，占全市总面积的41.86%，包括醴陵市、攸县的大部，茶陵县、株洲县的一部分。这一地区集中了境内大部分耕地，也是煤、铁、有色金属矿产地，经济比较发达。主要县道有：**云宋线**　编号X004，起于株洲县白关镇云盘村，与005县道醴株线相接，止于荷塘区宋家桥，与211省道相连，全长37.55千米；**福龙线**　编号X036，起于株洲县黄龙镇福祖桥，与211省道相接，经洪家坪、花田、和平、凤形，止于龙潭，全长18.75千米；**醴官线**　编号X016，起于醴陵市城北石子岭，与005县道醴株线相接，向北经板杉、黄獭嘴、枫林市，止于官庄铚断坳，与浏阳市018县道睦牧铚线相连，全长30.48千米；**碧马线**　编号X027，起于醴陵市城南碧山岭，与313省道老谭线相接，向南经桎木嘴广场与106国道交汇，折向西南经石门口、道姑岭、豆田、嘉树、杉仙至马恋，与029县道大神线相连，全长23.35千米；**符新线**　编号X028，起于醴陵市泗汾镇符田，向西南经大障、贺家桥至杉仙殿，进入攸县，再折向南经大桥、丫江桥、贺家湾、樌山，止于新市镇，起讫两端均与106国道相连，全长50.13千米；**大神线**　编号X029，起于醴陵市大障镇，与028县道符新线相连，向北经麦田至马恋与027县道碧马线相接，经栗山坝、茶山岭至长沙岭与313省道老谭线交会，止于神福港镇，全长25.46千米；**大菩线**　编号X039，起于攸县皇图岭镇大铺桥，与106国道相连，向东经大会坪（在此接040县道大市线）、高枧、山关至黄丰桥镇菩萨前，与043县道社王线相连，全长24.40千米；**宁排线**　编号X041，西起攸县宁家坪，与106国道相接，横穿湖南坳乡，东至排山沙洲里，与043社王线相连，全长17.29千米；**万大线**　编号X049，起于攸县上云桥镇万古桥，向东北经拓桑渡、莲塘坳、梅树下、廖公铺、银坑至酒埠江镇大坪，起讫两端均与315省道龙宋线相连，全长26.29千米；**茶严线**　编号X059，起于茶陵火车站，往南经红桥、城关，再向东经洣江、湖塘、石良、十里冲、分路口、坎下至严塘墟，全程21.37千米，减去与320省道界唐线重合段1.99千米，实际计核里程19.38千米；**茶湖线**　编号X061，起于茶陵县城，与106国道相接，向南经下东、洣江茶场、舲舫至湖口镇建新，与063县道羊江线相连，全长32.24千米；**月界线**　编号X062，起于茶陵现马江镇月岭，与106国道相接，向西经井泉、花甲、白沙至界首，与320省道界唐线相连，全长18.20千米；**羊江线**　编号X063，起于安仁县羊脑，与郴州市的027县道木羊线相接，在茶陵、安仁两县交界的分水坳入境，向东经浣溪、湖口、桃坑至江口，全程36.63千米，在浣溪借道106国道0.50千米，实际计核里程为36.13千米。

2.山区线路　境内东南部为山区，占全市总面积的44.39%，包括炎陵县全部、茶陵县东南部，以及攸县东南部和醴陵北部，除攸县东部外，经济都欠发达。主要县道有：**唐塘线**　编号X015，西起于醴陵市官庄唐家坳，与016县道醴官线相连，向东经横江桥、水竹庵、桃花坝湾、小阳坑、花麦、白果、洪源、石溪、明兰、南桥、潼塘、富里至塘坊入江西境，在萍乡上栗市接319国道，全长53.53千米；**柏漕线** 编号X044，北起攸县柏市，与315省道龙宋线相接，向南经库前、富头、长冲至漕泊，与045县道山山线相连，全长17.87千米；**山山线** 编号X045，西起攸县峦山镇山门洪，与315省道龙宋线相接，向南经咸弦、峦山，再向东经江边、南岸、殷江、七里、漕泊、东冲至山斗岭入江西莲花县，向东可接319国道，全长28.92千米；**分秩线** 编号X060，起于茶陵县严塘镇分路口（冲头），与059县道茶严线相接，向东经尧水、玳溪、小田，再往北经马首至秩堂乡月江桥，与058县道高彭线相连，全长39.69千米；**炎安线** 编号X065，起于炎陵县河光，与064县道炎帝线相接，向西南经鹿原、上冲、泷湖、上村，穿越夹石坳垭口，过三口圩至红星，与安仁线垄下相通，全长18.50千米；**草大线** 编号X068，起于炎陵县霞阳镇草坪，与106国道相接，向东经板溪、石洲、进江源，越峻岭蜿蜒而上至大院，全长39.37千米；**水营线** 编号X070，起于炎陵县水口镇，与106国道相接，向东经小湾、东坑、青树至下村，与071县道青下线交汇，再向东经云里、鹭峰至湘赣边界牛头坳，全长39.32千米；**青下线** 编号X071，起于炎陵县平乐乡青广坪，与106国道相接，向北跨小河盘山而上，穿越炮仙坳，至平乐乡茅坪，再折向东北经乐富、棉榅，至下村乡青松凤头坳与070县道水营线相连，全长24.86千米。

3.平原微丘陵区线路 境内西北部平原微丘陵区，占全市总面积13.75%，包括市区和株洲县大部。主要县道有：**株长线** 编号X001，起于市区田心北，与320国道莲易高速公路相接，向北经樟树、茭冲铺至马鞍山楠山铺，全长14.47千米，继续前行入长沙境，接107国道；**株潭线** 编号X007，起于石峰区清霞路口袁家湾，经荷花乡新桥村、霞湾村，至株洲湘潭交界处湘河村，长5.46千米，再经板塘铺与107国道相接；**天小线** 编号X008，起于市区天台山路，溯湘江南行，经王家坪、群丰至雷打石，沿湘江堤岸南下至三门，再经堂市又沿江岸至小花石，与020县道小长线相接，全长54.20千米，其中在雷打石与313省道重合线长2.55千米，实际计核里程为51.65千米；**三王线** 编号X019，北起株洲县三门镇南高岭村，与008县道天小线相接，经莲花、谭家湾、杨柳水库、冰家湾、古岳峰、象形，止于王十万老街，在11千米处与030国道潭耒高速公路立交，全长31.23千米；**天易联络线** 编号X006，为潭耒高速公路月塘互通通往株洲市和湘潭市的联络线，亦称天易高等级公路，东起天元区长江北路，西至湘潭县易俗河开发区，再下穿107国道与湘潭市大棚路相连，全长16.1千米，境内长9.49千米；**朱亭联络线** 编号X034，为潭耒高速公路沟通211省道的连线，起于潭耒高速公路朱亭互通收费站，止于株洲县黄龙乡松柏村，全长5.03千米；**醴株线** 编号X005，起于醴陵城东珊田，与106国道和023珊横线相接，向西至阳三石与313省道老谭线相连，折向西经石子岭与016县道醴官线相接，再向西北经夏坪桥、新阳、仙霞、株山嘴、张公岭、云盘、白关越市区后至清水塘入湘潭株易路口，与107国道、320国道相连，全长70.68千米，12千米处与市区道路重合，实际计核里程为58.68千米，其中醴陵市28.50千米、株洲县13.20千米、株洲市区28.99千米；**杨粟线** 编号X012，起于市区杨柳冲，与005县道醴株线相接，向南经早禾坪、七斗冲至粟塘，与211省道跃石线相连，全长7.15千米。

4.旅游线路 境内有炎帝陵、桃源洞、酒埠江、大京等风景名胜，20世纪90年代，旅游业兴起，带动了旅游公路建设与发展。主要旅游公路有：**炎帝线** 编号X064，起于石潮与106国道相接，向南经河漠、霍家、河光、鹿原陂、塘田、鲁坑、桐睦、新生至船形，入资兴市境，经汤市与322省道车总线相连，全长32.92千米，是通往炎帝陵的必经线路；**沔南线** 编号X067，起于炎陵县沔渡镇，与321省道睦炎线相连，向东南经大江、良田、十都、洋岐至南流，接171乡道南桃线达桃源洞国家森林公园风景区，沔南线长18.81千米，南桃线长20.30千米，沔渡至桃源洞全程39.11千米；**网寒线** 编号X042，起于攸县网岭镇洞井铺，与106国道相接，向西经普安桥、酒埠江东塘至寒婆坳，长16.08千米，通酒埠江风景区；**白仙线** 编号X013，西南起于株洲县白关镇，与莲易高速公路和005县道醴株线相连，往东北经白关、线江两村，接004县道云宋线于苦竹村马石园，全长7.40千米，通大京风景区。

（四）乡村道路

第二次全国公路普查，境内乡村道路总计为7205.86千米。

1.乡 道 境内乡道始建于1956—1957年修建的潘家冲至昭陵火车站公路，长27.30千米，砂石路面，当时属厂矿公路。1958年"大跃进"，农村人民公社化，在"全党全民大办交通"的号召下，成千上万的社员自带粮食和工具，大修公路，掀起农村第一次筑路高潮。在所修公路中，除干支线（国、省、县道）外，还有一部分名为公社公路，即乡道。1960—1962年，国民经济陷入三年困难时期，公路停修。其后，在"农业学大寨""大搞农田、水利、道路基本建设""实现农业机械化"以及"社社通公路""社社通客车"等运动中，又一次组织社员修路。第一次全国公路普查时，境内有公社公路1420.96千米。其中四级路131.10千米，余为等外路；次高级路面8.5千米，余为中低级和无路面公路；醴陵295.56千米、攸县294.30千米、茶陵245.60千米、酃县205.20千米、株洲县和市郊区380.30千米。1984年撤销人民公社，恢复乡镇建制，公社公路定名为乡道。同年，运输市场开放，农村经济活跃，修路成为当地政府和农民的共同愿望。乡道在民工建勤、民办公助的形式下得到新的发展与提高。1998年，市政府为加速城乡之间的流通，促进农村经济发展，决定用3～5年时间，实现"乡乡通油路"目标。当年，全市城市4区、5县（市）143个乡、镇、场有89个通沥青路和混凝土路，总里程894.30千米。第二次全国公路普查，共有乡道150条1442.68千米，编号为"Y"系列。其中四级及以上公路220.53千米、等外路1222.15千米；高级和次高级路面84.64千米、中级路面667.04千米，余为低级和无路面公路；城市荷塘、芦淞、天元、石峰4个区的13个乡镇，有乡道20条，计106.32千米，路况较好，均与国、省、县道相通。株洲县22个乡、镇、场，有乡道41条，计284.94千米，是全市乡道密度最大的县。醴陵市37个乡镇，有乡道29条，计269.45千米。攸县30个乡镇，有乡道29条，计412.10千米，是全市乡道里程最多的县。茶陵县26个乡镇，有乡道19条，计216.31千米，分布较散，但路况较好。炎陵县15个乡镇，有乡道12条，计153.55千米，条数和里程都最少。

2.村 道 境内村道源于20世纪60年代末期，人民公社为适应拖拉机通行而修建的机耕道。70年代，因农业学大寨、大搞农田水利道路建设，村道得到相应发展。改革开放后，随着农村经济和农村运输业的快速发展，农民脱贫致富需要公路，修路成为各级政府所面临的重要任务。1995年

7月，市政府提出用3年时间消灭“无路村”的目标，各级政府成立了相应的领导小组。各县（市）乡、村通过广泛宣传发动，村民积极投工修路。至年底，修路236.5千米。1998年，境内2087个行政村，除湘江中的挽洲村和古桑洲村不宜通公路外，已实现村村通公路的目标。全国第二次普查时，村道编号为“V”系列，全市2248个行政村，路宽在4.5米以上的村道312条1417.91千米，路宽在3.5～4.5米能通机动车辆的村组道4345.26千米。

二 桥 梁

民国15年（1926），随着醴陵至攸县公路的开工，沿线共建桥梁18座，其结构有石拱、砖拱、钢筋混凝土梁等，均属永久性公路桥，其中88米长的泗汾桥，在当时位居湖南省9座重要公路桥梁中的第二位。民国22—23年（1933—1934），攸县至茶陵、茶陵至界化垅、攸县至渌田公路修通，桥梁增至51座，由于经费短缺，工期紧迫，新增桥梁中仅攸茶公路8座属永久性桥梁，个别桥梁系民桥改造而成。民国26年（1937）8月，市区芦淞桥建成，时值芦沟桥事件爆发，淞沪抗战在进行，故此命名。民国27年（1938），醴陵至浏阳公路竣工，全境桥梁增至67座。民国33年（1944），日本侵略军大举进犯，全境公路桥梁毁坏殆尽，唯芦淞桥幸存。1949年，境内有半永久性、临时性桥梁56座，总长约1020延米，永久性桥梁1座，即芦淞桥。1953年修通株洲至易家湾公路，所修白石港桥仍为木台、木面临时性桥梁。1956年，民国时期所建的73座桥梁全部恢复通车，连同株易公路新建的3座共计76座，全部桥梁中除芦淞桥外，其余均为半永久性、临时性桥梁。1958—1961年，交通建设迅速发展，全境公路桥梁增至243座，4968延米，相当于1957年座数3倍多，长度近5倍，但永久性桥梁只有26座，隔岸设站或设舟渡、浮桥沟通的状况未得到彻底改变。1963年元旦，茶陵大桥通车，同年3月撤销渡口，此为境内建桥撤渡之始。1964—1967年4年时间里，境内共改造危桥203座，计4174延米。1970年年底，境内公路桥共415座，为1961年的1.7倍。

改革开放后，境内县乡公路有了较大发展，1990年公路桥梁达到545座14989延米，全部属于永久性质。第二次全国公路普查时，境内公路桥有702座，总长32824.79延米。其中市区53座9490.27延米、株洲县99座5314.50延米、醴陵市150座5020.30延米、攸县161座4945.82延米、茶陵县131座4672.60延米、炎陵县108座3381.30延米；特大桥4座4844.80延米、大桥35座5088.72延米、中桥101座5870.80延米、小桥543座9622延米、互通立交桥10座357.60延米。未列入普查的特大桥5座、大桥4座。湘江、渌水、洣水干流主要桥梁有以下诸座。

（一）湘江干流诸桥

1.马家河大桥 位于天元区马家河乡，是G030潭耒高速公路跨湘江的特大桥梁，中心桩号1K+876米。该桥由省交通规划勘察设计院设计，省路桥公司桥一公司施工。1997年9月1日开工，2000年8月建成。主桥孔、跨径与高度按三级航道设计，全长938米，行车道宽27米，双向6车道，总投资7400万元。

2.株洲大桥 位于株洲市区中心广场西侧，东接新华西路，西接天台山路，是跨湘江特大公路桥梁。该桥由铁道部第一勘测设计院设计，铁道部第三工程局六工程处施工。1986年1月20日开工，1988年12月28日竣工。主桥孔、跨径与高度按三级航道设计，全长1192.38米，车行道宽20米，双向4车道，总投资3200万元。

3.朱亭大桥　位于株洲县朱亭镇，是030潭耒高速公路跨湘江的特大桥梁，中心桩号53K+294.71米。由省交通规划勘察设计院设计，省路桥总公司桥一公司施工。1997年9月1日开工，2000年8月建成通车。全长832米，行车道宽27米，主桥孔、跨径与高度按三级航道设计，双向6车道，总投资7100万元。

（二）渌水干流诸桥

1.渌口大桥　位于株洲县均坝乡西塘村，是211省道跃石线公路桥，中心桩号61K+698米。1969年开工建设，1970年建成。长235米，净宽7米。

2.石亭大桥　位于醴陵市石亭镇西，是080乡道石亭至漂沙井桥坝结合的公路桥，中心桩号8K+550米，1976年开工，1979年建成，长280米，净宽7米。

3.西山渌江大桥　位于醴陵城西，1987年开工，1990年元旦建成，长246.40米，净宽10米。

4.醴陵大桥　位于醴陵城东，原为320和106国道共用大桥，后为005县道醴株线所用，中心桩号3K+110米，1969年开工，1970年建成，长164米，桥面宽8米。

5.阳东大桥　位于醴陵渌江乡，是莲易高速公路桥，中心桩号1149K+003米，1992年开工，1994年建成，长242.72米，桥面净宽10.50米。

（三）洣水干流诸桥

1.攸县大桥　位于攸县城西，是106国道桥梁，中心桩号1853K+752米，1966年开工，1967年建成，长235.40米，桥面宽9米。

2.仙人湾大桥　位于茶陵平水镇仙人湾，是沟通106国道和051县道的公路桥，中心桩号0K+135米，1990年开工，1992年建成，长176.10米，桥面宽8.70米。

3.茶陵大桥　位于茶陵思聪乡坪子渡下游200米处，是320省道界唐公路桥，中心桩号44K+950米，1960年开工，1962年年底建成。原称湘赣大桥，1965年毛泽东主席重上井冈山途经茶陵时，提出此桥建于茶陵，就叫“茶陵大桥”为妥，从此更名为茶陵大桥。该桥长191米，桥面宽9.10米。

4.洣江大桥　位于茶陵城关镇东，是059县道茶严公路桥，中心桩号4K+104米，1976年开工，次年12月建成，长224.20米，桥面宽9.10米。

5.舲舫大桥　位于茶陵舲舫乡提洲村与官溪村渡口处，1999年开工，2000年建成，长180.05米，桥面宽8.20米。

6.石井大桥　位于茶陵湖口镇石井村，是061县道茶湖公路桥，中心桩号26K+384米，1978年开工，1980年建成，长185.20米，桥面宽9米。

7.新芫大桥　位于茶陵糊口镇砂下村，是137乡道观建公路桥，中心桩号0K+200米，1984年开工，1986年建成，长138米，桥面宽5.20米。

8.浣溪大桥　位于茶陵浣溪镇南，是106国道桥梁，中心桩号1920K+683米，1968年开工，

1969年建成，长152米，桥面净宽8米。

9.神农大桥 位于炎陵县炎帝陵寝西侧，跨洣水上游斜濑水，1996年底开工，1997年7月建成，长269米，桥面宽9米。

10.鹿原大桥 位于炎陵县鹿原镇湖田村，是跨斜濑水064县道炎帝公路桥，1998年开工，2001年1月建成，长185.73米，桥面宽10.50米。

11.船形大桥 位于炎陵县船形乡，是跨斜濑水064县道炎帝公路桥，中心桩号31K+351米，1987年年底开工，1990年建成，长56米，桥面宽7米。

12.红星大桥 位于炎陵县龙渣瑶族乡牛岗排，系跨斜濑水322省道车总线公路桥，中心桩号57K+437米，由省交通规划设计院现场设计，省工程管理局工程六队施工。1967年3月开工，1968年12月10竣工。为石台墩、钢筋混凝土双曲拱桥，长155.8米，独孔跨径107.4米，宽8.2米，高67米。该桥跨65米的深谷，两端架接水平距离107米的悬崖峭壁上，如长龙卧波，势若飞虹，蔚为壮观。是湖南省最早建成通车的独孔跨径逾百米的特大桥梁。

三 公路渡口

攸县至茶陵公路修通时，为连接醴陵至攸县公路，于攸县城西设立渡口，是境内设立公路渡口之始。此后又增设茶陵坪子渡口、茶陵铁甲山渡口、醴陵西门渡口，均为民国时期的公路渡口。1955年以后，相继增设茶陵“三七”渡口、渌口湘江渡口、市区湘江渡口3处，1963—1989年1月，以上7处渡口因建桥撤去6处。至2000年，仅存渌口湘江汽车渡口和渌口镇湘江汽车渡口。

（一）攸县城西渡口

系洣水渡，民国22年（1933）10月建成，初只渡客货，不渡汽车。民国25年（1936）增设趸船和单车木驳，开始渡运汽车。民国28年（1939）公路被破坏后停渡，民国37年（1948）恢复人力渡运。1956年建成高低水位码头，高水位期使用机渡，低水位则用人力牵引横江钢缆过渡。1967年12月攸县大桥建成后撤渡。

（二）茶陵坪子渡口

系洣水渡，位于茶陵县北，原名青云山码头，始建于民国23年（1934）4月。民国24年（1935）备有趸船、木驳渡运客货车辆。民国33年（1944）毁路停渡，民国35年（1946）恢复。由于航运物资也在此起卸，1958年进行修整，将码头加宽至15米，通道延伸至50米。1963年3月茶陵大桥建成撤渡。

（三）茶陵铁甲山渡口

系洣水渡，位于原茶陵县南浣溪镇。始建于民国24年（1935），民国33年（1944）毁路停渡，1952年恢复，1955年重建。备单车、双车渡船各1艘，以人力牵引横缆渡运。1969年5月浣溪大桥建成后撤渡。

（四）茶陵“三七”渡口

系洣水渡，通往严塘。1958年9—11月建成两岸码头，备双车渡船2艘通渡，用人力牵引横缆渡运。1979 年 5 月 1 日，洣江大桥建成通车后撤渡。

（五）醴陵西门渡口

系渌水渡，通攸县。民国 27 年（1938）5 月建渡，民国 28 年（1939）路毁停渡，民国 37 年（1948）租用民船复渡。1949 年因重车过渡压断梁木，船翻车沉停渡。1954 年 7 月在原址重建汽车渡口，备双车渡船 1 艘，次年增至 2 艘。1968 年新增双车机动船 1 艘。1970 年 7 月醴陵大桥建成后撤渡。

（六）渌口湘江渡口

位于株洲县渌口镇大石围上游 100 处，通雷打石镇，是 S313 省道老谭公路汽车渡口。1970—1972 年建成通航，始设 4 车渡船。1988 年完成 182262 辆次渡运，最高日渡量 857 辆次。1989 年株洲大桥通车后，该渡口运量分流，1990 年全年渡运量下降至 73958 辆次。2000 年，因进入渡口的京广铁路新建公路桥质量问题曾一度停航。

（七）渌口镇湘江渡口

位于渌口镇湖塘村，距渌口湘江渡口上游 1 千米。1997 年改建成汽车渡口。渌口镇岸混凝土斜坡引道宽 15 米，长 150 米；雷打石岸混凝土斜坡引道宽 9.2 米，长 100 米。设拖轮 2 艘，渡船 2 艘。日均渡运量 400 辆次，最高日渡运量 523 辆次。在渌口湘江渡口停运期间，此渡承担全部汽车渡运。大石围跨京广铁路桥修复通行后，两渡口共同承担汽车渡运。

（八）株洲湘江渡口

位于市区建宁闸桥下游 300 米处，接园艺场至渌口公路，是市区湘江两岸机动车辆的重要渡口。1972 年动工修建，1974 年建成西岸设施，1976 年建成东岸设施。1977 年 1 月正式通航，1988 年备有钢质渡船 6 车的 1 艘，8 车的 2 艘，全年完成渡运量 184259 辆次，最高日渡量 779 辆次。1989 年湘江株洲大桥通车后撤渡。

四　隧　道

（一）平乐隧道

位于炎陵县平乐乡土盈上，从海拔 1180 米（黄海标高）的炮仙坳穿过，是 X071 县道青下公路隧道。由省交通规划勘察设计院设计，铁道部第二局组织施工。1977 年 4 月 9 日开工，12 月 27 日竣工通车。该隧道按四级公路单车道设计，长 427 米，净宽 5 米，净高 4.5 米，进出口海拔高程 950 ~ 960 米。隧道建成后，减少 3 处升高回头曲线，缩短里程 3 千米，并使全线处于严重冰冻线以下，可保四季通车无阻。

（二）建宁隧道

位于株洲县白关镇王家冲，是莲易高速公路隧道，中心桩号 1187K + 100 米。由省交通规划勘察设计院设计，铁道部五局第二工程处施工，1991 年 2 月开工，1994 年 12 月建成。该隧道从高岭半山腰穿过，山顶海拔高程 151.41 米，进出口海拔高程 81.46 ~ 83.11 米，长 275 米，半圆拱形，净宽 11 米，高 6.5 米，用混凝土浇注拱顶和两壁，厚度 0.6 米，装有反光标志。造价 275 万元。施工过程中遇到破碎带，出现3次大的塌方，其中最大的一次穿达山顶。后对塌方地段采取钢筋混凝土加固和灌注水泥砂浆等措施，保证了工程质量。

（三）白关隧道

位于株洲县白关镇烂泥冲，是莲易高速公路隧道，中心桩号1185K + 200米。由省交通规划勘察设计院设计，铁道部五局第二工程处施工，1990年5月开工，1994年12月建成。该隧道从金盆岭半山腰穿过，山顶海拔高程124.83米，进出口海拔高程80.52 ~ 81.77米，长105米，净宽11米，高6.5米，半圆拱形，用混凝土浇注拱顶和两壁，厚度0.6米，两壁在0.8米高装有反光标志，造价105万元。

第三节 公路维护

一 养护制度

民国18年（1929）11月，湖南省公路局在醴陵设醴攸段管理处，负责醴攸公路运营及养护工作。每50千米配备道夫（养路工）40人，沿路分设道棚（工班），开始以固定员工常年养护公路。民国22年（1933）10月，公路延至茶陵，管理处迁攸县，管养醴陵至攸县菜花坪、安仁至茶陵界化垅两段公路，全长197千米。段下设养路工程队，管辖8个道棚，配备员工120人，人均养路1.64千米。民国27年（1938），浏阳大瑶至醴陵公路修通，养路里程增至229千米，员工150人。其时境内公路一般铺砂15厘米厚，路面用黄土凝结，不耐磨损，因车辆稀少和经常养护等原因，尚能保持路面平整，车辆正常通行。民国33年（1944）6月，境内公路全毁，养路员工被迫遣散。抗日战争胜利后，醴陵、攸县、茶陵的损毁公路草草修复，沿线重设养路工班。当时公路铺砂厚仅9 ~ 10厘米，桥梁多系石墩木面，路桥技术质量不如战前，加之内战，运输频繁，路损严重。民国36年（1947），物价飞涨，军匪横行，养路工苦不堪言，纷纷离职，另谋生计。至民国38年（1949），养路工作濒临瘫痪。

1949年7—10月，各地政府组织民工配合抢修公路，路况开始好转，支前运输得以畅通。

1951年，政务院颁布《关于1951年民工建勤整修公路暂行规定》，省政府决定实行“道群共养制”，道班以技术养路为主，群众协助备料、护路。同时公路部门在道班中推行包检查、包养护、包小修的“三包”和定人工、定时间、定标准、定任务的“四定”为内容的养路责任制。1952年，群众养路小组遍及公路沿线，路况开始好转，加之推广养路新技术，在路面上铺2厘米厚的凝结沙土为磨耗层，后又学习广东经验，在磨耗层上加铺0.5厘米的松散河沙为保护层，经常保持路面平整，使好路面率达到74.30%。

当年，醴陵、攸县、茶陵3县人民政府，依靠民力养护公路，实行“道班、群众分工共养制”，向各乡布置任务，以公路沿线乡村为单位，组织每组10 ~ 12人的群众养路小组，配合专业养路道班养路护路。随着农业合作化的开展，农村劳动分配制度发生变化，1957年群众养路小组的民工建勤形式终止，群众养护小组属半义务性建勤，开始规定每工日补贴大米1.5 ~ 2千克，1955年改为发补贴0.25元、补贴粮0.25千克，1957年按每标准工日付工资0.8元。

1958—1960年，境内3年新修公路700余千米，线多、面广、质低，无力顾及和养护。1960年冬，国家进入经济困难时期，公路失修失养，路况下降，至1962年好路面率仅为43.6%。

从1965年起，醴陵、攸县、酃县、株洲市先后实行常年代表工制。按公路沿线各大队每年应有的建勤工日，以300个工日折算人数，由各大队按人数派出代表工，参与工班养路。代表工享受工班养路工同等劳动保护用品和休假，每人每工日补助伙食费0.25～0.3元、粮食0.25千克，本人劳动报酬由工班评工计分交生产队参加年终分配。代表工技术熟练，出勤率高，解决了长期以来养路工班编制缺额问题。随着公路的发展，代表工逐年增多，1968年株洲市（不含醴陵、攸县、茶陵、酃县4县）有代表工26人，1972年增至347人，1978年年末代表工人数为专业养路工的5倍。农民对公路养护的负担不断加重，反映强烈。1979年，国、省和主要县道不再使用民工建勤养护，常年代表工制度同时取消。

常年代表工撤离后，为补充编制定员，招收亦工亦农轮换工，轮换工不变身份，保留农村户口，轮换期一般3～5年，工资每月36～45元，其中交生产队24元，参与年终分配，每人每日还补助粮食指标0.25千克，并享受所在工班养路工同等奖金待遇。农村实行生产承包责任制后，集体分配取消，轮换工的收入全部归已。1982年，轮换工部分退回生产队，以合同工补充缺编劳动力。1986—1989年株洲公路总段轮换工人数年均576人，以后不再使用轮换工。

从1981年开始，公路养护仿效农村的“联产计酬”，首次提出“联路计酬”，即联系好路率与养护成本，计提奖金。1983年增加全优、全良工班奖。1988年，实行目标管理、抵押承包形式，把养路工的工资、奖金与目标考核评分直接挂钩。1992年推行工班承包、总承包制，扩大工班养护自主权。1998年，合并工班，推行大道班制，实行内部养护竞标承包。对保留的小道班实行家庭承包。

二 路政管理

1950—1954年，境内路政管理由养路工区和工班负责。1954—1965年，由公路监管部门负责，因当时干线公路少、车辆少，鲜有路政案件。“文化大革命”期间，在公路上挖水沟、堆杂物、砍路树、损坏安全标志等现象时有发生。

从1978年改革初起，村镇集贸空前活跃，摊贩占道经营，时常阻断交通，其他违章现象也日趋严重。1981年5月，省政府发布《湖南省公路路政管理办法（试行）》，1983年7月，国务院下达加强公路管理保证安全畅通的通知。随后各县政府组织交通、公安、司法、工商、城建部门成立整顿机构，召开乡镇干部会议，出动宣传车沿线宣传，清理路障和拆除违章建筑，秩序一度好转。

1986年5月，市公路总段成立公安科，各公路段设立公安派出所，配备执勤小车，规定每月巡查不少于20天，对违章事件及时处理。至1988年，将株洲县伞铺庙湾，醴陵市篾织街，攸县的渌田、新市、网岭，茶陵县的马江、浣溪，酃县的沔渡等10个公路集市（圩场）迁出公路，另建圩场。

1990年，各地在公路两侧建经济开发区，公路上设卡收费罚款现象增多。1992年，联合交警、公安、工商等部门进行集中整治，共清障6167处，拆除违章建筑901处。1993年5月，省政法部门在全省布置代号“畅安工程”的整顿公路交通秩序统一行动。在为时一年半的行动中，全市拆除违章建筑1347处，清障6325处，搬迁农贸市场102处。

1997年12月，全市开展《公路法》宣传月活动，发放《公路法》2.3万本、宣传资料12万份、宣传卡0.4万份，沿街和路边悬挂宣传横幅0.24万条，张贴宣传标语1.5万条，出动宣传车70辆次，并在市县媒体开辟宣传专栏，做到家喻户晓，人人皆知。1998年1月1日，《中华人民共和国公路法》正式实施，路政管理进入法制化管理。当年拆除违法建筑1168处，拆除违法标志牌372块，清障10204处，追回经济损失38万余元。

三　公路费征收

（一）养路费

民国18—28年（1929—1939），醴陵、攸县、茶陵境内公路由省公路部门独家负担养护，所需经费在营业支出项下列支，对外不征收养路费。民国28年（1939）8月，国民政府行政院颁布《公路征收汽车养路费规则》，养路费自此开始征收。全省设20个检查站，其中境内有攸县渌田、茶陵界化垅2站，负责检查和办理养路费征收。征收标准（法币）：按次征收，客车每车千米7座以内0.04元，7座以上0.08元；货车每吨千米0.12元；机器脚踏车（摩托车）及自用小车（轿车）免征；军车减半征收。应征收车辆一律先征收后放行。民国28—32年（1939—1943）11月，征收标准经过11次调整，收费水平提高到：客车每车千米小车0.4元，大车0.8元，货车每吨千米3.2元。民国35年（1946），法币大幅贬值，物价飞涨，养路费征收标准提高到客车每座千米100元，货车每吨千米1500元。1949年8月，沿用旧制按次以人民币征收养路费，客车每座每百千米0.05元，货车每吨每百千米0.6元。从1950年起，由车辆监理部门负责征收。1961年6月，改为国有公路运输企业以运营总收入的10%征收，其他车属单位不分客货车，每吨每月征收80元。1962年8月，征收标准分别提高为13%、104元。1984年，株洲市及所属各县交通运输部门成立公路养路费征收办公室、征收站，接管养路费征收工作，当年征收养路费1532.4万元。从1989年11月1日起，全省调整养路费征收标准：交通部门的公路运输企业按运营总收入15%计征，如实征额偏低，则按其他部门车辆征收标准的75%计征；其他部门按核定的汽车吨位，客车每吨每月150元，货车每吨每月130元计征；拖拉机以20马力折合1吨，手扶拖拉机定为0.5吨，按货车标准征收；两轮摩托车每月征收5元，侧三轮摩托车每月征收7元。1995年7月，再次调整养路费标准：货车每月每吨180元；客车每月每吨200元；各种拖拉机比照货车标准计征，每月每吨180元；两轮摩托车每月每辆10元，一次缴清全年为每辆100元；侧三轮摩托车每月每辆15元，一次缴清全年的每辆150元。1990—2000年共征收汽车养路费8.42亿元，拖拉机、摩托车养路费2083.20万元。

（二）车辆购置附加费

1985年4月，国务院发布《车辆购置附加费征收办法》，从5月1日起开始征收。规定国内生产、组装车辆，其购置附加费由生产、组装厂家代征，以车辆的实际销售价格为计费依据，费率为

10%。国外进口车辆由海关代征，以计费组合价格为计费依据，费率为 15%。从 1994 年 1 月 1 日起，改为车辆落籍地交通征管部门向义务缴纳人征收，费率统一为 10%，当年征收 2949.80 万元。至 2000 年，共征收车辆购置附加费 2.23 亿元。

（三）公路客运附加费

1987 年 7 月 1 日起开征公路客运附加费，征收标准在原客运票价基础上，每人千米加 3 厘。1991 年 9 月 1 日，提高征收标准，由每人千米 3 厘提高到 1 分，新增加的 7 厘专项用于公路重点项目建设。1993 年 4 月，客运附加费由每人千米 1 分提高到 2 分，当年征收 1366.93 万元。1995 年 3 月，为简化附加费计收方式，统一为按座位征收，市内中巴车每月每座 90 元；县内中巴车每月每座 80 元；出租车每月每台 480 元；跨县线路客车每月每座 90 ～ 100 元；跨省线路客车每月每座 100 ～ 110 元。至 2000 年，按新标准征收共计 1.88 亿元。

（四）公路货运附加费

为多渠道筹集公路重点工程建设资金，从 1993 年 1 月 1 日开始征收公路货运附加费，实行价外征收，每吨千米 2 分。鉴于实际货物周转量难以考核，采取折合吨位定额计征的办法，按日平均行驶 50 千米折算，每月每吨 30 元包干缴纳，经核准免征养路费的车辆，同时免征附加费；车辆报停时停征，但全年报停时间不得超过 3 个月。至 2000 年，共征收货车附加费 9204.30 万元。

（五）交通设施建设基金

1993 年 7 月 1 日开始征收，凡国家建设和城镇建设用地，按每公顷 22500 元征收，由国土部门统一代征。2000 年 1 月 1 日停止征收。共计征收 148.19 万元。

（六）新车交通建设费

1995 年 4 月 1 日起开征，国产车按实际销售价格计算，进口车按进口各环节组合价格分等级定额一次性征收。2000 年 1 月 1 日停止征收。共计征收 5863.02 万元。

（七）路桥通行费

境内征收车辆路桥通行费始于 1988 年 12 月建成的株洲大桥收费站，继而先后设有醴陵西山大桥收费站，G106 国道攸县皇图岭、茶陵、醴陵渌江收费站，攸县县道宁兰酒漕收费站，1815 省道栗塘收费站。收费标准按 6 个等级（档次）收费，渌江、皇图岭、茶陵、上云桥、罗家坪收费站，1997 年 8 月由 1 元、3 元、6 元、10 元、15 元、20 元调整为 1 元、5 元、10 元、15 元、20 元、30 元。按照“贷款修路、收费还贷、滚动发展”的原则，收取的车辆通行费按月全额上解省通行费专户，除规定回拨外，全部用于偿还借贷款项。至 2000 年，莲易高速公路收取通行费 2.14 亿元，市公路局收取 7281.78 万元。

（八）公路运输管理费

境内于 1987 年 4 月开始征收，征收标准按经营者营业收入的 1% 计征，1993 年 11 月 20 日，对从事农业生产的运输车辆调整为不超过营业收入的 0.7%。1997 年，为减轻企业和农民负担，运输管理费征收标准从原来不超过营运收入的 1% 降到最高不超过 0.8%。1990 — 2000 年，共计征收 4413.61 万元。

第四节　公路运输

一 站 场

民国18年（1929），醴攸公路沿线设有醴陵、泗汾、皇图岭、网岭、攸县5站，为境内公路汽车站场的发端。公路客运开始时，站场多系租赁民房或搭盖临时性砖瓦房，湖南公路局成立后，始有半永久性站场设施。

中华人民共和国成立后，由省公路运输公司接管醴、攸、茶汽车站，开办客、货运输业务。1955年成立株洲汽车站，1956年6月1日设酃县汽车站，同月设醴陵汽车中心站，管辖醴、攸、茶、酃4县车站及车队。20世纪80年代初以前，境内各客运汽车站均为省属，先后由衡阳、湘潭、长沙运输分公司管辖，形成长途客运业务由湘运独家经营的局面。其时，湘运按照行政地域布局，实行“一城一站”制，并在通车的主要乡镇设立区乡自办站，在班车通达的乡、村上下点设置代办站或停靠点。1988年，境内有1个地区级客运站，5个县级客运站，15个区、乡、镇站，48个代办站，74个宿车站，均由湖南株洲汽车运输总公司经营管理。形成以国、省、县、乡道为连线，以车站为接点的城乡客运网。

省汽车运输公司在境内所辖的汽车站大多为客、货兼营站。县（市）交通运输企业和非交通部门的厂矿、其他行业车队也设有自用的货运站场。1978年，境内交通运输企业自用货站有11个，其中市区4个、醴陵1个、攸县2个、茶陵2个、酃县2个。运输市场放开后，湘运对客、货站场开始分设，在市区、醴陵、攸县单独设立货运站。1990年，全市货运站场有13个，其中市区8个、醴陵2个、攸县1个、酃县2个。

1987年9月，省公路运输管理体制下放，株洲分公司由市交通局归口管理，1988年改称湖南株洲汽车运输公司。通过体制改革，基层实行站、队合一的管理体制，原车站和车队合并，建立株洲、醴陵、攸县、茶陵、酃县5个客运公司，醴陵、攸县、清水塘（零担）3个货运分公司。与此同时，非交通部门投资新建、改建的社会客运停车场应时而发展，形成“多家投资、多家经营、一城多站、站场并举”的格局，最多时有30多个客运停车场。由于盲目发展，占道为市、以场代站、抢揽客源、抬价杀价、乱停乱靠、客货混装、偷税漏税、无证经营等现象时有发生，客运市场秩序一度混乱。市交通运输管理处加大运输市场管理力度，对市、县两级客运市场及运输秩序多次进行整顿治理。1997—1998年，组织对各站场进行考评，促进规范经营提高服务质量，跨县、市、省客运初步形成了“车进站、人归点”“统一、开放、竞争、有序”的市场体系。2000年年末，境内有经省交通厅核批的等级客运站场17个，其中一级站1个、二级站9个、三级站2个、简易站5个；站点分布市区有5个、株洲县1个、醴陵市3个、攸县5个、茶陵县2个、炎陵县1个。三级以上等级客运站占地面积12.3万平方米，停车坪面积5.96万平方米，站房面积2.51万平方米，候车室面积4750平方米，发车位109个，日均始发班次1958个，日均旅客发送量53417人次。另有附属站3个，社会客运停车场15个。城区客运站有株洲长途汽车站、株洲汽车中心站、株洲汽车南站、江南汽车站、株洲汽车北站。

公路运输市场竞争激烈，运输企业货运站场在个体运输冲击下逐步萎缩，在用的仅有湘运株洲货运站、贺家土货场、清水塘货场、联运集装箱货场4个，其他的2个停用、3个改为它用。而社会性的综合型货运站场建设滞后，大量的、分散的个体及单位承包车辆占道为场、占市为场，临时停车场则成了货运交易场所。货运处于有市无站、经营无序状态。

二 客 运

民国17年（1928），醴陵至皇图岭公路修通后，湖南第一汽车路局开办汽车客运。其时，泗汾桥未建成，往来旅客需渡河换车。民国18年（1929），营业线延伸至攸县，设醴陵、泗汾、皇图岭、网岭、攸县5个站，备车5辆，醴陵至攸县全程票价2.8银元。民国19年（1930）3月，泗汾桥建成，醴陵至攸县可以直达，票价降至银元2元。民国22年（1933）营运线延伸至茶陵，次年自攸县菜花坪西延至安仁，民国25年（1936）11月自茶陵东延至界化垅。首办醴陵至江西吉安跨省客班，全程312千米，一票达到，票价11.30元，两省客车在界化垅互换旅客，当天各自返回始发站。其时，醴陵、攸县、茶陵境内客运业务属省公路局醴安茶业务段管理，设醴陵、泗汾、皇图岭、网岭、攸县北、攸县南、茶陵西、东江口8个车站，碧山岭、船湾、桐树下、黄沙铺、渌田、安仁、腰陂、高陇、界化垅9个售票所，以及市口代办所。全段配车15辆。民国27年（1938）营运线路自醴陵北延至浏阳大瑶。自此，醴、攸、茶3县境内，汽车客运以醴陵为中心，大莱、耒吉公路为营运线可东出界化垅抵江西吉安，西经安仁达耒阳，北越大瑶通长沙，南止于茶陵。时值抗日战争进入第二年，内迁客货甚多，醴安茶段全部车辆投入客运，让私营车承揽货运，公路运输盛极一时，醴陵县城汽车昼夜穿行。民国28年（1939），大瑶至攸县破路阻敌，客运停止，耒吉公路客运继续维持。民国29年（1940），茶陵至酃县公路修通，在酃县城西租用民房设站，开办茶陵、酃县之间客运，车辆时开时停，业务甚少。民国33年（1944），醴陵、攸县、茶陵相继沦陷，危及酃县，4县汽车客运全部停止。民国35年（1946），耒吉公路修复后，交通部第二运输处开办衡阳至吉安之间跨省直达客班，省公路局一度与之竞争，不久因实力不足业务清淡而告终。民国37年（1948），大莱公路修复，醴陵、攸县之间每天对开客车一班。此后，因时局动荡，物价飞涨，客运业务逐渐萎缩，直至停办。

1950年，湖南省公路运输公司统一全省汽车客运，实行独家经营。醴陵、攸县、茶陵境内汽车客运全面开通。耒阳至茶陵界化垅、醴陵至攸县两线，每天各对开客车一班。因恢复伊始，车辆陈旧，营运效果不佳。1951年5月份客车行驶总程10770千米，营业收入11383元，约完成旅客运量1万人次，38万人千米，盈利仅865元。1954年，首办株洲至长沙汽车客运，全程票价1元。因与铁路平行，且票价高于火车，业务较少，1955年全年完成12570人次。1956年，湖南省运输局设酃县汽车站，接收县企业公司车辆、站房，继续经营至茶陵之间客运。同年7月，境内客运班次为醴陵至界化垅、醴陵至泗汾、醴陵至茶陵、醴陵至攸县、茶陵至高陇、酃县至耒阳，株洲至长沙各开往返客班车1次。

1957年，全年完成旅客运量41.4万人次、1580.90万人千米，月平均水平相当1951年5月的3.4倍。由于省公路运输局运力不能满足各县短途客运需要，醴陵、茶陵于1961年各以客车1辆开办县内客运，其营运线路为醴陵至白兔潭、泗汾，茶陵至秩堂、界首，全年完成客运量约9万人次。

1963年，交通运输行业贯彻以农业为基础的方针，实行转轨支农，省办汽车客运开始深入农村乡镇。酃县汽车站率先开行由县城至中村、十都客班车；醴陵、攸县、茶陵汽车站随后开通集镇班车。省属醴陵、攸县、茶陵、酃县4站全年共完成旅客运输量52.20万人次、2417.20万人千米，较1957年增长26.10%、52.90%。1964年9月，株洲车站、清水塘车站恢复客运。1965年株洲市区至长沙、湘潭、醴陵、浏阳、渌口客班车开通。同年，省属株洲、醴陵、攸县、茶陵、酃县汽车站共完成旅客运输量113.70万人次、4701.50万人千米，较1963年增长117.80%、94.50%。1966年下半年开始运送红卫兵，汽车客运量增加，全年完成客运量143万人次，较上年增加25.80%。当时省属专业客车不足，株洲市红卫兵接待站组织大批货场免费代运，仅市汽车运输公司运送红卫兵去韶山参观，往返达7万人次。1968年，社会动乱加剧，株洲汽车客运站瘫痪10个月，各县客运也受到影响，全年只完成客运量77.10万人次，较1966年下降46%。

20世纪70年代，客运量逐年增长。1971年完成149.30万人次，1973—1975年平均每年为177万人次。此间，农村短途客运有所发展，醴陵、攸县、茶陵、酃县各站通往乡镇客班车共有终点站41个、班次53个。随着城乡经济日趋活跃，省汽车运输公司大量购置新车，全力发展客运。1978年境内各站客车由1975年的32辆增至52辆，株洲车站每天开往长沙、湘潭的客车分别增至60个、24个班次，全年共完成客运量379.20万人次。同年，攸县30个公社全部开通客班车，成为株洲境内第一个实现社社通客车的县。

1981年，湖南省交通厅执行省长办公会议决定，作价接收市、县、公社营运客车。同年8月，醴、攸、茶、酃4县地方运输企业共移交客车30辆以及配件、设施，折价167.24万元，并随同移交职工258人。自此，境内客运又恢复由湘运一家经营的格局，客运量随之增长，以1980年994万人次为基数，1981年为144.20%，1982年为190%，1983年为202.30%。

1984年，运输市场全面开放。株洲县成立县客运公司，购置6辆客车，经营渌口至市区客运，每天开行36个车次，乘客约3000人次；茶陵、攸县所属运输企业开始恢复县乡之间短途客运。同年4月，株洲市郊建宁乡朱田铺村复员军人栗建德购东风大客车1辆，经营株洲至长沙区间客运，株洲市首次出现客运个体户，至年底有个体客运车10余辆。至此，境内公路客运市场形成国营、集体、个人一齐上的新格局。

1985年，市、县属客运单位增至7个，客车增至41辆，每天开行80个班次，全年完成运输量306.32万人次、5266.13万人千米；个体运输户有大客车20辆，小客车28辆，全年完成运输量44.78万人次、3130.92万人千米；省属各汽车站客车增至257辆，增开株洲至平江、双峰、南昌及农村乡镇客班车。12月5日，株洲汽车站开通至株洲县龙潭乡客班车后，株洲市1郊5县153个乡、镇、场全部开通客班车。

1987年，湖南省汽车运输公司株洲分公司下放到市，归口交通局管理。市第一汽车运输公司向银行贷款230万元，购客车20辆900座，开办株洲至长沙间客运。至此，市、县交通部门营运客车达351辆，全年完成客运量2673.40万人次。同年，个体客运量完成290.60万人次，在全市营业性客运量中占10%。1990年，市、县交通客运运输企业有11个，营运车辆390辆，其中市区102辆、株洲县21辆、醴陵83辆、攸县80辆、茶陵66辆、酃县38辆；每天发出724班次，其中跨省40班次、跨地区257班次、区内市县之间142班次、（市）县集镇之间285班次；全年完成运输量2755万人次、81090万人千米。客运个体户有营运车辆410辆，其中市区204辆、株洲县29辆、醴陵市106辆、攸县54辆、茶陵17辆。

20世纪90年代，沿海省份经济的快速发展，引发内地南下打工潮，株洲市区商贸市场群的崛起，也带动了邻省周边地区的商品流通，务工、经商人员的流动量不断加大，促进了跨省长途客运的大发展。1991年1月，攸县首开至广州客运班车。是年，醴陵至广州、酃县至广东仁化、株洲至桂林、醴陵至桂林客运相继开通。同时，跨地区的客运班车也得到快速发展，与全省14个地、州、市都开通客运班车。2000年年末，境内共开通跨省客运班车线125条，其中江西38条、广东40条、广西8条、浙江13条、福建6条、湖北15条、海南2条、重庆1条、四川1条、上海1条，日发班次199个；跨地区线路通达101个市、县、乡镇，客运班线153条，日发班次595个，尤其以株洲至长沙、株洲至湘潭两线班次最为密集，株长线每隔10分钟发1班，株潭线每隔15分钟发1班；境内客运班线193条，日发班次2460个，其中市县区间班次1019个、农村短途班次1441个。全年完成运输量6129万人次、213743万人千米，其中交通企业完成1911万人次、136075万人千米，客运个体户完成运输量3650万人次、73265万人千米。

三 货 运

民国24年（1935），湖南省公路局醴陵段公路管理处在醴陵、攸县、茶陵境内首办汽车货运业务，由于运价高于水运，商贸货物多从船运，汽车运量每月不足70吨。至1949年前，因战事不断、公路失修、物价不稳、运量有限，汽车货运时停时办。

1950年，省公路运输公司衡阳分公司派1辆货车，办理耒阳至茶陵界化垅区间货运，并利用客班车在浏阳至攸县菜花坪之间捎带货物。1951年6月，酃县贸易公司购置1辆3.5吨的道奇货车，在酃茶线上办理汽车货运。1953年9月，株洲市搬运公司购置1辆3吨的捷克产布拉格柴油汽车，开办市区汽车货运。1956年7月，省运输公司在醴陵成立汽车中心站，设湘运18车队，备货车50辆，承担湘东地区汽车货运业务。同年，株洲市运输公司以2.2万元接收20辆参加全省私营运输业社会主义改造的旧废货车，经拼装修复后投入营运。1958年开始的“大跃进”时期，攸县、茶陵为省内钢铁生产重点地区之一，货运量大增。省运输局长沙总站派30辆货车支援，仅能保证钢铁生产运输，兼顾少量跨县长途货运，无力承担各县境内短途运输。同年9月，株洲市运输指挥部从非交通部门单位中抽调货车60辆，支援全省钢铁运输。醴陵、茶陵、攸县、酃县亦先后成立县汽车队，构成省、市、县三级汽车货运经营格局。为保证重点物资运输，货运车辆实行“双班”“拖挂”，运输效率明显提高，市运输公司平均车吨年产水平，由1957年的9764吨千米提高到1958年的20975吨千米，1959年又提高到36265吨千米。1961年，各运输单位车辆经3年超负荷运转后，技术状况下降，加之油料、轮胎、配件严重缺乏，大批货车停驶。从1963年开始，支援农业运输量逐年增加，1966年省营汽车货运量中支农比重达到62.20%。1969年，省陆运公司接收社会车辆，实行统一经营。醴陵、攸县、茶陵、酃县汽车队均为其所有。此举导致运输能力与社会需求相矛盾，不利于调动地方积极性，实行2年后，各县汽车队又恢复原建制。湘东铁路建成通车，攸县、茶陵、酃县原在醴陵火车站集散的物资，改在铁路沿线各站就近集散，公路长途货运转为短途运输。在此期间，各县搬运企业相继开办汽车货运，市、县交通部门货运单位由1972年的7个、营运货车144辆，增加到1980年的14个、385辆。非交通部门的机关、企业、事业单位货车则增加到3399辆，为市、县交通部门车辆的8.83倍，运输市场出现运力大于运量的趋势。

1983年，公路运输市场全面开放。机关、厂矿、企事业单位的汽车，由不计盈亏转向讲求经济效益，主动参加社会营业性运输，凭行业、地域优势，控制本系统的物资运输。1985年年末，非交通部门的货车4210辆，参与营业性运输车辆就有2472辆，货物运输量达90万吨、货运周转量24300万吨千米，占当年全市货运量的68.60%、56.30%。与此同时，从事经营货运的个体户（联户）迅速增加，达到1463辆。汽车货运逐步形成多家竞争的局面。交通部门运输企业在竞争中，对外继续推行运输合同制，对内实行经营承包责任制，利用设备优势，发展土方、重件、跨省长途、零担急运等业务。1988年，完成货运量390.92万吨、货运周转量10058.88万吨千米。1990年，交通部门运输企业完成货运量260万吨、货物周转量6924万吨千米，仅占境内汽车货运总量的8.4%、7.2%；非交通部门完成运输量2530万吨、货物周转量69140万吨千米，占境内货运总量的82%、71.7%；个体运输户运输量为297万吨、货物周转量20431万吨千米，占境内货运总量的9.6%、21.2%。公路运输市场竞争日趋加剧。

进入20世纪90年代，个体运输蓬勃发展，以其机动、灵活的经营方式迅速占据公路货运市场。为车找货、为货找车的货运代理也应运而生。交通运输企业在市场竞争冲击下，原有的固定货源被挤占，经营方式由对口包干运输、计划调度向自揽货源、适应市场方向转变，加之车辆设备陈旧、人员负担加重、经营机制不灵活，企业不堪重负，经营出现亏损。自1993年起，各交通运输企业纷纷在内部划小核算单位，推行承包租赁经营，参与竞争。1994年，全市17家交通运输企业有10家实行承包，承包货车215辆；3家实行租赁经营，租赁货车62辆。承包、租赁车辆的固定资产净值415.8万元。交通运输企业车辆承包、租赁后，一度调动了职工的积极性，稳住生产效益滑坡的势头。但拼设备、忽视安全、拖欠承包金、随意甩包等现象随之出现，且愈演愈烈，迫使部分企业停产、转产。1995—1999年，先后有10家交通运输企业退出货运市场。在交通货运企业衰落的同时，其他行业车队因管理体制和经营机制的转换，渐次解体。厂矿企业的货运车辆，随经济建设的发展和新成立企业的增多而增加。2000年年末，境内公路货运量为2243万吨、货物周转量179783万吨千米。其中交通企业货运量78万吨，货物周转量1626万吨千米；社会单位货运量883万吨，67669万吨千米；个体私营货运量1283万吨，110488万吨千米；货运代理增至89户，从业565人。

第三章　水　路

境内水路以湘江为主干，有渌水、渌水两大支流贯通全境。清光绪年间，通航港埠遍及城镇。株洲、渌口、醴陵、攸县、茶陵5港，历史悠久，颇具规模。自秦至清，交通依赖水路。民国时期，铁路、公路未形成网络，水路交通仍占主导地位。20世纪80年代以后，公路建设迅速发展成网，水运渐次衰落，湘江支流和渌、渌两水，船无客货可载，加之航道不畅，醴陵、攸县、茶陵三港已绝帆影，湘江干流和株洲、渌口两港，也趋于清冷。90年代，为振兴水运，建设湘江梯级航电枢纽和千吨级航道，株洲港建成500吨级和千吨级码头。

第一节　航　道

株洲航道以湘江为主干，有洣水、渌水两大支流，连接攸水、洮水、河漠水、高陇河、峦山港、荫山港、永乐江、铁水、澄潭江9条可通航的小河，形成纵横交错的水运网络，覆盖市区及所辖5县市。境内5千米以上河流有341条，条条河水归入湘江，曾经通航大小河流20条，通航里程834.1千米。

中华人民共和国成立以前，各航道处于自然状态，滩阻毗连，险象丛生。湘江的昭陵滩，洣水的三龙滩、犁壁滩，渌水的大西滩、铁板滩等，都是船民视为畏途的险滩，触礁覆舟之祸常生。从20世纪50年代后期开始，人民政府有计划有步骤的对航道进行开发整治。湘江主航道16处滩险已基本清除，最枯水位航宽由整治前的10 ~ 20米拓宽到40 ~ 80米，水深由0.4 ~ 0.8米加深至1.4 ~ 2.2米；整治前枯水期15 ~ 20吨的木船需提驳过滩，整治后上至衡阳可通300吨级轮驳船，下游可通千吨级轮驳船。渌水于1972 — 1986年实现梯级渠化，通航能力由整治前的5 ~ 15吨木帆船，提高至可通60 ~ 100吨的轮驳船。

洣水及其他小河航道，则经历了另一种演变过程，20世纪50年代末至70年代中期，经过整治，航行条件普遍得到改善，其中攸水于1973 — 1982年实现梯级渠化蓄水通航，对发展攸县、茶陵、炎陵县的工农业生产，起了很大促进作用。但由于小河上游普遍拦河筑坝，在修建水电枢纽工程时，大都未建通航设施，致使水运断航。自70年代开始，先后有高陇河、沔水、峦山江等相继断航。1978年茶陵青年水库电站建成后，洣水浣溪以上航道全部断航。1982年攸水52千米渠化航道，毁于特大水灾而断航。

与此同时，醴茶铁路于1972年年底建成通车，公路在20世纪70年代逐步形成网络，汽车可直达每个乡镇，而小河航道船只载量小，速度慢，装卸环节多，远不及铁路运输量大、快速和汽车的灵活方便，客货运输自然弃水从陆，水运事业日渐萧条，千百年来以水运为主导的旧格局宣告结束。

攸水断航后，株洲航道只存湘江、渌水和洣水（茶陵浣溪至铁钉潭115千米）3条主航道，全长285千米。

1997年全国航道普查评定等级，株洲共有航道506千米，其中湘江干流Ⅲ级航道14千米、Ⅴ级航道74千米；渌水Ⅵ级航道136千米、Ⅷ级航道9千米，渌水支流洮水Ⅶ级航道47千米、Ⅷ级航道11千米，攸水Ⅶ级航道80千米，茶水（高陇河）Ⅷ级航道11千米；渌水Ⅵ级航道82千米，渌水支流澄水Ⅶ级航道29千米，铁水Ⅷ级航道13千米。

一 湘江干流航道

湘江，长江主要支流之一，全长856千米，湘境内660千米；流域面积94660平方千米，湘境内85383平方千米。年平均流量为2365立方米/秒，最大含沙量1.94千克/立方米，不结冰，河床比降0.134‰，落差96米。湘江下游株洲段，自株洲县王十万乡入境，由南向北纵贯株洲县和株洲市区，至马家河乡印洲出境，流程88千米，约为干流全长的十分之一。两岸平原、微丘相接，风光秀丽，江岸有空灵岸、伏波岭、铜鼓接露等景点。其流纳洣水、渌水后，水量大增，遂成泱泱大江，江面宽阔，一般为600米，最宽处达1400米。比降平稳，平均坡降0.085‰。江底多泥砂卵石。沿途朱亭港、龙船港、淦田港、枫溪港、建宁港、白石港等处有小河直接注入湘江。

88千米江段有4洲（岛）16险滩，自南而北依次为：挽洲、空洲、蓼洲、古桑洲；王十万、挽洲、白鱼、龙船港、烟棚子、泗洲站、昭陵、满天星、三门、空洲、王家洲、神洲、凿石、乌龟、铜锣、白祁庙滩。平均5千米有险滩1处，其中尤以昭陵、凿石、铜锣滩最险。**昭陵滩** 位于株洲上游34千米，滩长2300米，是湘江4大名滩之一。河床为岩石结构，滩上礁石林立，航道弯曲狭窄，水浅流急，枯水期航宽仅10米，水深0.6米。滩头6块大礁石横于航道之中，清乾隆、嘉庆、道光、同治年间，当地乡民置田产，设引泓船、驳货船，建滩神庙，立普安堂，助船过滩和拯救触礁沉船。**凿石滩** 位于株洲市区客运码头上游7千米，滩长3500米，枯水期水深0.4～0.6米，左泓为中洪水航道，右泓为枯水航道。江水至此折向东流，航道曲折，淤积之流沙变化无常，旧时设划子5只，专为过往船只引航、提驳。**铜锣滩** 位于株洲市区客运码头下游6000～8000米，是一个弯曲河段上的浅滩，河槽呈“W”形，河床为砂卵石、黏土，流沙易积，东岸有礁石露头。1956年枯水期水深仅0.35米，需提驳过滩。

1949年前，航道处于自然状态。中华人民共和国成立后，省航运管理部门即着手治理航道。20世纪50年代中期，主要是航道清障，维持安全通航。1957—1980年，重点整治凿石、铜锣、乌龟、神洲、空洲、三门、昭陵、烟棚子等险滩，按各险滩不同河床结构，分别采取炸礁、疏浚和筑坝三种形式，以抬高水位，达到枯水期引水归槽，中水期以水攻沙的目的，株洲段内的航行条件得到较大改善。

1981—1985年，主要治理昭陵、满天星、三门、空洲、神洲和铜锣滩。昭陵滩于1984年8月至1985年1月进行大规模爆破，共炸礁5192立方米，航道拓宽至40米，水深达1.35米，弯曲半径大于300米，航槽清理后，经16次扫床验收，证明航槽平整，达到设计要求，属优质工程。自此昭陵滩水流平稳、安全畅通，达到Ⅴ级航道标准。满天星、三门、空洲等险滩，也同步进行了治理，达到Ⅴ级航道的要求。铜锣滩采用挖泥船进行大规模挖泥疏浚，共挖泥5.6万立方米，达到Ⅳ级航道标准。

1957—1985年，境内湘江干流各滩共炸礁1.43万立方米，挖泥沙疏浚30.3万立方米，筑块石导流坝12万立方米，通航能力逐步提高。接后按300～500吨级通航标准治理，株洲上游可通300吨级轮驳船，下游可通500吨级轮驳船。

1986年10月，交通部长钱永昌和国务院经济社会发展研究中心副总干事孙尚清率长江水系航运考察团，对湘江进行8天的综合考察，建议开发湘江水运。旋即，省政府作出开发湘江航运的决策。衡阳至城陵矶439千米千吨级航道按Ⅲ级（即千吨级）航道标准建设，分二期实施。

一期工程采用疏浚整治措施，建设株洲至城陵矶257千米千吨级航道。工程于1990年7月开工，按Ⅲ级航道标准，要求枯水期水深至2.2米，直航道宽80米，弯航道宽125米，弯曲半径720米，通航水位保证率为98%，主要工程为挖槽疏浚3180米，计33.8万立方米；新建丁字坝9座、筑坝2座，计石方5万立方米；炸礁7000立方米；护岸片石4万立方米。1994年12月完工，总投资9432万元，其中株洲段铜锣滩整治工程费298.24万元。工程验收合格，符合Ⅲ级航道标准，年通过能力可达1.1亿吨。工程包括衡山大源渡航电枢纽1座、株洲至大源渡航道整治120千米、衡阳和株洲千吨级码头6个泊位。株洲港永利港区千吨级码头第一（件货）和第二（集装箱）泊位于1991年4月开工，1994年第一泊位竣工投产，1998年第二泊位竣工投产，第三泊位（集装箱）于1998年11月开工，2001年3月竣工投产。3个泊位连成一体长219米，年设计吞吐量62.5万吨。

1997年全国内河航道技术等级评定，境内湘江航道评级分为两段，以株洲市区客运码头为界，上游衡阳至株洲段182千米，其中境内74千米，评定为Ⅴ级航道，航道水深1.3米，航道宽40米，弯曲半径300米，现行维护等级Ⅴ级，设一类助航标，最低通航水位28.15米，最高通航水位41.45米，通航保证率98%。下游株洲至湘潭段37千米，其中境内14千米，定为Ⅲ级航道，通航水深2米，航道宽60米，弯曲半径720米，现行维护等级Ⅲ级，设一类助航标，最低通航水位28.15米，最高通航水位41.45米，通航保证率98%。

二　渌水航道

渌水为湘江主要支流，源出江西省宜春市水江乡大塘西北侧山坳，在宜春境称沧下水，由北向南，在沧下流经萍乡市，古名萍川，今称萍水，流至金鱼石入醴陵境始称渌水，折西向南流经牛丫洪、枧头洲，至双河口汇澄潭江水，再西流经潭湾、荆潭、石里铺、流星潭、阳三石至醴陵城，经状元洲北折出姜湾向西流，经仙源桥、大西滩、转步口至铁河口纳铁水，又西流经松阳渡、神福港、漂沙井至渌口镇注入湘江。渌水干流长166千米，江西段86千米，株洲段醴陵66千米、株洲县14千米。流域总面积5713平方千米，平均坡降0.49‰。境内段平均坡降0.23‰。

金鱼石以上为上游，河面宽60～80米。金鱼石至铁河口为中游，河面宽100～160米。铁河口至渌口为下游。河面宽120～180米。

渌水为山区性河流，洪水多因暴雨形成，流量大，历时短，洪峰多在每年5月间。枯水期流量少，历时长，每年达6个月左右。据中游大西滩水文站1959—1978年资料，最大流量2470立方米/秒，最小流量0.35立方米/秒，年平均流量为12立方米/秒。河床多岩卵石，航槽比较稳定。渌水的主要支流有澄潭江(澄水)和铁河(铁水)。

澄潭江 为渌水北源，源出江西省万载县金钟湖，流经浏阳文家市、大瑶至江口入醴陵汇栗水，再流经富里、南桥、白兔潭、浦口、王坊、王仙、黄沙至双河口注入渌水，全长111.3千米，境内长28.8千米。潼塘以上河面宽40～80米，枯水期浅滩水深0.1～0.3米。潼塘以下至双河口，河面宽80～140米，枯水期浅滩水深0.3～0.6米，平均坡降为0.5‰。

澄潭江支流栗水，又名麻石河。源出江西省萍乡市上栗镇杨岐山北麓，由富里镇塘坊村入醴陵至江口汇入澄潭江，全长51千米，醴陵境内5.4千米。

铁 河 上游在攸县境内称沙河，中游称泗汾河，下游称铁河。源出攸县大桥乡明月峰南麓，水流自西南向北经船湾的湖潭入醴陵汇入鹏江、清江，经沈潭至华龙港再向北经泗汾、豆田、唐家渡至铁河口注入渌水，全长124千米，攸县境内62.6千米，醴陵境内61.4千米。船湾至泗汾，河宽100～160米。泗汾至铁河口，河宽80～120米。平均坡降0.67‰。

铁河支流鹏江，又名上坪河、浦马河，发源于攸县梓木岭，于清水乡跃进村入醴陵，至文山村入铁河，全长43千米，醴陵境内6.9千米。

铁河支流清水江，又名清江，源于江西省萍乡市长坑水阳洞，至清水江乡贺家湾入醴陵，至杨塘山汇入铁河，全长44千米，醴陵境内8.3千米。

渌水沟通醴陵全境，上达煤城萍乡，下通株洲，自古水运繁忙，曾是进出醴陵的黄金通道。清末民初，渌水及其支流通航里程最高达324.4千米，境内217. 1千米，即主流渌口至萍乡125千米，其中醴陵82千米；支流澄潭江双河口至浏阳文家市87千米，其中醴陵33千米；支流铁河73.4千米(攸县12千米、醴陵61.4千米)；澄潭江支流栗水10千米(醴陵5.4千米)；铁河支流鹏江15千米(攸县8.1千米、醴陵6.9千米)；清江14千米(醴陵8.3千米)。

民国时期，鹏江、栗水断航。中华人民共和国成立后，铁河上、中游淤塞，泗汾以上51.4千米断航，清江同时断航。1958年，澄潭江潼塘以上58千米因淤塞和在江中建虹吸管而断航。同年，铁河因淤塞，泗汾至豆田8千米断航。1974年，萍乡湘东镇拦河建坝，渌水金鱼石至萍乡43千米断航。1978年，铁河龙华山建电站，豆田至龙华山断航。至此，渌水水系通航段只存124千米。

渌水航道在人营与自然环境变化的双重作用下，河床淤积多，滩险多，筒车多，险象丛生。有罗家滩、大西滩、铁板滩等20多处浅滩，这些浅滩长50～600米，枯水期航道宽3～10米，水深0.3～0.5米。尤以大西滩和铁板滩为险，有“十次船过九次翻”之说。清代至民国时期，航道开泓疏浚主要依靠船民自行进行。

1954年，醴陵县航管站组织航道炸礁爆破组，对醴陵县城至渌口的姜湾、大西滩、铁河口等滩炸礁开泓。1956年，醴陵县帆船运输合作社设立航道养护队，对航道进行常年养护。同年，全省开展小河航道治理，省航运局投资3.7万元，着重治理醴陵至渌口57千米航道的严重碍航险滩，计炸礁 508 立方米，疏浚 7000 立方米，修整纤道 23 千米。1969 年，渌水实施综合治理，醴陵县革命委员会成立航道指挥部，组织 290 余人治河队伍，治理双河口至漂沙井 60 千米航道，至 1971 年 7 月共疏浚 9200 立方米，炸礁 18 处，计石方 1600 立方米垒石引水归槽，修筑导流坝 105 座，总长 6300 米，经过治理，航道水深增加 0.2 ~ 0.3 米。1972 年秋，交通部副部长潘琪视察渌水航道，要求“尽快整治”。省交通规划勘测设计院当即组织力量勘测，编制出《渌水渠化枢纽工程规划》，1974 年列入省交通基建计划，逐年安排资金。醴陵县成立渌水航道建设领导小组，以交通、水电部门为主，组织沿河乡镇分期分座建设。自 1972 年 2 月牛丫洪枢纽开工，至 1986 年 4 月铁河口枢纽竣工，共建成牛丫洪、青龙庵、流星潭、姜湾、铁河口、石亭、渌口 7 座闸坝枢纽工程，耗资 2020.5 万元。基本实现梯级渠化，枯水期航道宽由 3 ~ 10 米增至 20 米，浅滩水深由 0.3 米增至 1.3 米。牛丫洪、流星潭、姜湾、石亭、渌口枢纽建有小型水电站，总装机容量 9550 千瓦。沿河两岸分别建有抽水机埠 80 处，灌溉农田 2.37 万亩。上述工程完工后，留下渌口枢纽下游 300 米处铁板滩尚未治理。1988 年。株洲市交通局投资 18 万元，开挖铁板滩航槽 410 米，槽底宽 15 米，设计水深 1.2 米，完成石方 4900 立方米，设计通航轮驳船为 70 吨级。1990 年，株洲市交通局又投资 1.7 万元，开挖铁河口浅滩，开挖航槽 120 米，槽底宽 11 米。1981 — 1993 年，为加固船闸岸基和城市防洪，交通部门投资 10.17 万元，分别对石亭、流星潭、牛丫洪、铁河口枢纽船闸下游的左、右岸线砌筑护坡，总长 325 米，浆砌片石 2319 立方米。1986 — 1995 年，由醴陵市财政拨款，市城建部门设计和组织施工，对城区渌水东岸林业局至财源塔，西岸惠济街口至车墩桥，用石料砌筑两条总长 3580 米，高 12 ~ 15 米、宽 5 ~ 7 米的防洪大堤，可抗百年一遇特大洪水。

1997 年，全国内河航道技术等级评定，渌水及其支流澄潭江、铁河有三段航道三个等级。渌水为Ⅵ级，通航里程 164 千米；澄水为Ⅶ级，通航里程 29 千米；铁水为Ⅷ级，通航里程 13 千米。

三　洣水航道

洣水为湘江主要支流，源出桂东县八面山主峰山麓，流经桂东县桃寮 6 千米入炎陵县境，称斜濑水。穿行崇山峻岭之间，清嘉庆进士尹荣祖有诗赞美：“洣水千岩束，春舟一叶归，波添新雨涨，山峡晚云飞……”“一路滩声接，春潮半庭生，帆从方外出，人在画中行……”。流至塘田乡，东岸江畔有一重峦叠翠、古柏参天的山坡，称白鹿原，为炎帝神农氏的陵寝地，有陵殿祀之。经圣地至新庵（西庵）双江口纳河漠水，始称洣水。至矮基岭入茶陵境，在舲舫中洲上纳洮水，在东江口纳茶水。至茶陵县城，环城而流，形似葫芦，有“金线吊葫芦”之称。《茶陵州志》载：“合城之众派，抱城而流，逶迤 10 余里，岗峦周迎，不见云际”。至虎踞桥下入攸县境，在攸水渡汇攸水，西流经攸县城至荫山港纳荫山港水，至铁钉潭入衡东县境，在雷溪市洣河口注入湘江。全长 296 千米，其中桂东县 6 千米、株洲市境 221 千米（炎陵县 87 千米、茶陵县 106 千米、攸县 28 千米）、衡东县 69 千米。流域面积 10305 平方千米，境内 7194 平方千米。浣溪以上为上游，河道穿行高山峻岭之间，河谷深切，河床狭窄，乱石林立，滩险毗连，河宽 60 ~ 120 米，水深 0.2 米。河床多为岩石结构，塘田以上只能通竹排筏，塘田以下可通 7 ~ 8 吨木船，上游通航河道虽短，但自古为进出炎陵县的运输通道。浣溪至衡东县草市镇为中游，属丘陵地段，河床较开阔，河流坡降为 0.52‰，中洪水期河宽 150 ~ 500 米，枯水期河宽 80 ~ 200 米。河床结构大部分为砂卵石层，水深 0.3 ~ 0.5 米，可常年通航。衡东县草市镇至洣河口为下游，系平原地带，河面开阔。砂石河床，水流平缓，枯水期河面宽 50 ~ 200 米，水深 1 米，常年通航。

洣水属山区性河流，支流较多，腹地面积大，且雨量充沛，每逢大雨，河水陡涨。枯水期为每年的 11 月至次年 2 月。据茶陵县龙家山水文站记载，1981 — 1985 年平均降雨量 1660 毫米，年均径流量 47 亿立方米，最大流量 4560 立方米 / 秒。攸县洣水最大流量 4100 立方米 / 秒，年均径流量 82 亿立方米，1982 年最大洪峰流量达 6000 立方米 / 秒。洣水从上游至下游，较大的支流有河漠水、洮水、茶水、攸水、浊江、清江、永乐江。

河漠水 又称南河，在炎陵县境内，全长 88 千米。其源头有二：一为策源乡（黄挪潭）红水江，一为下村乡大岭背。两水合于水口称河漠水，流经旱田、城东，沿途纳南岸、漕溪、城关镇、大坑等溪流，在三河西庵与斜濑水汇合成洣水。河漠水为雨源性溪流，易涨易落，谷深滩多，河宽 60 ~ 80 米，水深 0.1 ~ 0.2 米，多跌水，险滩毗连。旱田以下 25 千米，可季节性通航 2 ~ 3 吨木船。

洮　水 亦名沔水，又称东河。源出炎陵县大院乡和平坳龟垄窝，全长 107 千米，流经十都、沔渡，在瑞口大和塘入茶陵县境，再经江口、桃坑至舲舫中洲上入洣水。河床为岩礁和砂卵石，河宽 40 ~ 80 米，比降 1 ~ 1.5‰，水深 0.3 ~ 0.4 米。大江以下 62 千米可通航 3 ~ 5 吨木船。

茶　水 也称高陇河，源出茶陵县湘东乡白水陇，流经高陇、火田、七地、腰陂。至东江口入洣水，全长 75 千米，流域面积 903 平方千米。河床多为红砂岩，少为麻石，河宽 40 ~ 60 米，一般水深 0.3 ~ 0.35 米，坡降 1.13‰。古城至东江口 59 千米，可季节性通航 2 ~ 3 吨木船。

攸　水 在攸县境内，是洣水最大支流。源出武功山西麓，流经柏市、兰村、黄丰桥、鸾山、酒埠江、网岭、新市、大同桥、上云桥，在攸水渡注入洣水，全长 132 千米，坡降 1.34‰，流域面积 1225 平方千米。柏市至攸水渡 101 千米可航行 3 ~ 5 吨木船，但滩多，农坝多，航行困难。1960 年 5 月，酒埠江建成水库，库容 2.53 亿立方米，控制流域 625 平方千米，将攸水分为两段，库区可通航，下游则断航。攸水支流较多，兰村江在满江以下，鸾山江在咸弦以下，盘陂江在盘陂以下，珠丽江在黄沙陇以下，历史上曾通航木帆船。

浊江和清江 清江源于衡东县，流经攸县 19.3 千米。浊江源于攸县槚山乡宝山湖，流经槚山、大同桥、石草塘、鸭塘铺至牛头湖与清江汇合，至荫山港注入洣水。原在正常年景可通航至牛头湖，丰水时可通航至桃水和新桥。

永乐江 源于资兴县太平寮，流经安仁县、攸县，至衡东县草市注入洣水。攸县 9.5 千米，可季节性通航。

在漫长的木帆船运输时代，洣水及其支流是攸县、茶陵县、炎陵县的交通运输主动脉，三县境内通航里程达 529 千米，其中洣水包括上游斜濑水 149 千米、支流河漠水 25 千米、洮水 62 千米、马江 14 千米、茶水 59 千米、攸水 101 千米、攸水各支流 80 千米、浊江及清江 30 千米、永乐江 9 千米。

木船最多时（民国时期）3000艘、15000吨位。运量最高时（1977年）40万吨、2500万吨千米。

中华人民共和国成立以前，洣水航道处于自然状态，船民和排筏工主要依靠熟练的驾驶技术和对航道的熟悉行船放排，稍有不慎，即遭触礁破船之险。

中华人民共和国成立以后，攸县、茶陵、酃县三县人民政府重视洣水航道的开发治理。1954年，酃县炸礁队首次炸开斜濑水有名的“三泷”(老鸭泷、磨刀泷和拦泷)险滩。1955年，攸县政府令县航管站发动船民及家属1106人疏浚攸水河道。1956年，攸县交通科组织人员查勘全县河流，并对攸水柏市至官田、官田到龙潭段炸礁疏浚。

1956年合作化以后，航道由各县帆船社组建养河队，负责炸礁、疏浚和常年养护。国家每年在养河费中拨款6万～8万元，补给各县。1956—1959年，酃县自筹2.3万元，国家补助3.76万元，先后治理霍家至县城、双江口至袁树坳、王家渡至泷湖、潘家至王家渡共57千米河道。同期，茶陵县组织57条船、200船民，边运输边疏浚。1958年，攸县交通科动员800船民，分段包干疏滩，同时组成爆破队，分3组炸礁478处。1960年，酒埠江水库建成，攸水被截，下游航行困难，攸县帆船社对下游进行疏浚炸礁，筑坝引水，耗资70多万元，维持通航。1962—1964年，酃县筹资15.55万元，投工4.6万个，治理险滩32处。1963—1971年，茶陵县使用国家投资17万元，建成五官庙、石朱庙、把集、梅子洲、铁夹5座导流坝。1971年，茶陵县又用醴茶铁路施工淤塞洣水补偿款15万元，治理犁壁、称勾、平水、兰家、长滩等14处险滩。1967—1972年，攸县帆船社在洣水筑丁字导流坝86座，以增加水深。1973—1974年，攸县帆船社由省交通规划勘测设计院帮助设计，在酒埠江水库下游建成酒埠江、宏市、新市、改河山、上云桥5座闸坝工程，梯级蓄水，水深均在1米以上，水运量增长63%。但1982年6月的一场暴雨，山洪将5座闸坝摧毁殆尽。

据攸县、茶陵、酃县三县交通志记载，1954—1975年共炸礁2.58万立方米，疏浚砂石11.74万立方米，砌筑导流坝、蓄水坝13.52万立方米。

1978年以后，公路运输日渐取代水运，由于建水库、水电站，拦河筑坝且大量采伐山林，通航河道逐渐萎缩。同时，由于公路迅速发展成网，尚存航道也多被弃置。加之水库坝体碍航；是年4月，酃县水运终止；次年，茶陵、攸县水运衰落，无力治理航道；1985年，船只无奈离开洣水进入湘江。

1997年，全国内河航道普查和技术等级评定时，尚保留三个等级六段294千米航道。其中，洣水Ⅵ级通航里程136千米，攸水Ⅶ通航里程80千米，洮水Ⅶ级通航里程47千米，洣水上游（斜濑水）Ⅷ级通航里程9千米，洮水上游Ⅷ级通航里程11千米，茶水（高陇河）Ⅷ级通航里程11千米。

第二节　港　口

一　株洲港

株洲港最早可追溯到公元214年，三国时吴主孙权在株洲南湖塘设置建宁县治。清顺治七年（1650），湘潭县江西移民在五节街（芦淞区解放街）建成花岗石大码头一座，是为首建正规码头。

光绪三十一年（1905），汉冶萍公司在港建煤炭下河码头，有卸煤装船工人2000多人，港务鼎盛。后因饱经战争劫难，港口屡遭破坏，至1949年，尚有人力码头14座，多聚于建宁港沿岸一线。

中华人民共和国成立后，一大批国家重点建设项目落户株洲，港口建设获得极好的发展机遇，30年计划经济，株洲港由1个港区发展到3个港区，新、改、扩建码头达到24座，基本实现机械装卸，港口吞吐量由10万吨升至130万吨。

1978年改革开放以后，传统进出港的日杂百货、煤炭化肥、农资农副产品、竹木等物资，大都转向公路运输，但由于湘江千吨级航道和梯级航电枢纽建设，集装箱、石油、卤水航运的开发，以及湘江砂石业的兴盛，株洲港仍有较大的发展。

2000年，株洲港有建宁、永利、铜塘湾、河西4个港区，码头56座，其中有千吨级和500吨级码头各1座，砂石码头45座，其他客货、公务码头9座，码头岸线总长5068延米。

1.建宁港区 位于湘江东岸城区南部，株洲镇老街江岸，是老港区。民国时期，建宁港区南起湘一义渡，北止于金城码头，岸线1850米，其中以清代建成的大码头、建宁码头、萍煤码头为主要码头。另有罗家、殷家、宝庆、金城等码头。计划经济时期，建宁港区南延伸于四眼塘木工厂码头，北则收缩止于蔬菜公司菜码头，岸线2000米，新改建有客运、轮渡、汽渡和简易机械化的木材、百货、粮食、砂石码头。1970年，吞吐量30万吨。1978年以后，港区所在陆域商贸日见繁荣，商户不断挤压港区，加之株洲大桥通车，水运衰落，先是堤内砂场迁走，继之木材、百货弃水走陆，客运码头闲置，随之轮渡、汽渡撤渡后，老港区堤内（沿江大道）已无码头。堤外除客运码头继续闲置和新辟港监、水文、水上派出所公务码头外，江滩一线尽成砂场，计有正林、金玉、红旗、新码头等四大砂场。此外，溯流向南越过一水厂至曲尺，新辟有湘江、燎原、凤形、联营砂石码头。2000年，建宁港区南起曲尺，北止客运码头，港区范围总长6800米，有客运码头1座、公务码头3座、砂石码头8座。

2.永利港区 位于湘江东岸株洲城区中部。民国时期有白石港祥和石灰码头、杂货码头以及永利久大化学公司码头各1座，未形成港区。1949年后，由于其优越的水域条件和适中的陆域位置，于20世纪60年代建成永利港区，南起奔龙山北麓，北至石峰山南麓，岸线长2.7千米，其中贺家土至白石港1千米为最佳水域。1980年，有码头11座，年吞吐量72.7万吨，占株洲港总吞吐量的65%。湘江千吨级航道综合开发建设以来，永利港区拆除部分旧码头，新建500吨级和千吨级码头各1座，保留和新增砂石码头9座，增加公务码头1座。2000年，共有码头12座，年吞吐件货能力82.5万吨，年起坡砂石能力100万吨。永利千吨级货运码头是株洲港规模最大、现代化水平最高的码头，位于湘江白石港上游700～1000米，城区贺嘉路口至纺织路口江边。此处水域条件最佳。1989年10月，省计委批准建设株洲永利港千吨级泊位计划任务书。1990年5月，省交通厅批准株洲永利港区千吨级泊位工程初步设计。于1991年4月8日开工，1993年12月主体工程透洪框架式码头竣工，1994年4月件货码头泊位投入试生产，1998年11月集装箱码头泊位投入试生产，永利港区千吨级码头一、二泊位装卸工艺先进，配套设施齐全，机械化程度高，库场存储能力大，兼备件货和集装箱两种装卸作业功能，是省内第一个建成投产的千吨级现代化码头。1994年4月至2000年12月，共起卸货物57.5万吨，平均年吞吐量为8.21万吨；年收入由1994年的39.19万元升到2000年的164.52万元。集装箱业务逐年上升，1997年10月至2001年年末，累计为8535个13.41万吨。永利港区千吨级码头三泊位，是湘江千吨级航道开发二期建设工程的配套项目，属国家和湖南省投资并部分利用世界银行贷款的内河航运建设项目。永利港区千吨级三泊位工程于1998年11月开工，总工期14个月，1999年12月底主体工程基本完工。三泊位建成后，与一、二泊位联成一体，泊位总长度219米，仓库面积4336平方米，堆场13250平方米，年设计吞吐量62.5万吨，为省内设备先进、配套完善的现代化港区。2000年10月，长沙海关在株洲港永利港区设立海关监管点，国际标准集装箱可直接封关出口。

3.铜塘湾港区　位于市北工业区，南起铜塘湾，经建设村、霞湾、白祁庙，北至湘河村与湘潭市交界处，岸线总长5350米。清代和民国年间，仅霞湾小街有一停船点，余无码头。中华人民共和国成立以后，随着株洲冶炼厂、化工厂、氮肥厂、玻璃厂、钢厂等大中型工厂群的兴建，霞湾至建设村江岸开阔平缓之地，自然成为船民起坡堆放直交砂石场地，霞湾和建设村两处随之形成建材码头，其南株洲钢厂也在江岸建设铁矿石码头1座，此时尚未形成港区。1959年，省交通厅将铜塘湾规划为铁路、水路联运港区，投资66.8万元，于次年征地11.7万平方米，建混凝土斜坡码头3座，办公、住宿和仓库2340平方米。由于未接通铁路、公路，1961年8月停建，所征未用土地除划出2万多平方米给市烧碱厂外，余皆为当地公社收回，所建码头亦被废弃。1972—1981年，市港务处先后于铜塘湾建成进港铁路、公路和煤炭、砂石专用码头，与其下游建设村、霞湾等处码头一起形成铜塘湾港区，南起铜塘湾，北至霞湾，岸线长3350米。1990年以后，码头继续沿湘江下游发展直至与湘潭交界处，共有码头13座，相对集中于铜塘湾、霞湾、白祁庙3个江段。港区年吞吐能力为散货25万吨、砂石45万吨、卤水15万吨、石油2万吨。铜塘湾1～5号码头，位于石峰山北麓响石村，株洲玻璃厂至下游500米，陆域148.31亩，有1号卤水码头、2号石油码头、3号煤炭码头、4号和5号砂石码头。泥湾至霞湾诸码头，位于铜塘湾下游泥湾至霞湾岸线2000米，从上游至下游依次有钢厂、自立、104工地、油库、建霞、霞湾6座码头。白祁庙至湘河村砂石码头，从上游至下游依次有白祁庙、湘祁、正兴、湘河4座砂石码头。

4.河西砂石码头　位于株洲市区湘江西岸，滩宽水浅，原无客货码头。1988年12月28日株洲大桥竣工，河西建立高新技术产业开发区，水运企业和个体户为就近采挖供应基建砂石，纷纷在西岸开辟砂石码头，市区西岸20千米范围内，有砂石码头19座，岸线总长1060米，占地76200平方米，堆场44885平方米，皮带运输机78架总长1140米，年起坡能力68万吨。河西砂石码头自上游至下游依次为黄竹港、烂泥湾、小麦港、梁见火、王小江、凿石、凿石湾、明利、张家园、轮总河西、船厂、汽渡、防汛、平安、隆兴、皂角树、南塘、马家河渡口、马家河老街19座。

二　其他港口

湘江纵贯株洲县，清代和民国年间，从王十万至马家河，有港埠45处，其中朱亭、淦田、昭陵、三门、雷打石、渌口等处，规模较大。

渌水横穿醴陵市和株洲县，渌水及其支流澄潭江和铁河两岸有码头26座。醴陵境内渌水有金鱼石、枧头洲、马脑潭、阳三石、南门、姜湾、转步口、铁河口、松阳渡、神福港、石亭、塘山口等码头，澄潭江有潼塘、富里、白兔潭、浦口、荷花等码头，铁河有船湾、清水江、沈潭、泗汾、豆田、双滂等码头。株洲县境内渌水有漂沙井、周埠、渌口等码头。其中渌口港和醴陵港（包括阳三石、南门、姜湾）为主要港口。

洣水流经炎陵、茶陵、攸县，洣水及其支流洮水、茶水、攸水有码头58座。炎陵县在上游，无水港。茶陵境内洣水有矮基岭、河排、雷坪、浣溪、湖口、芜枧、洣渡、石井、何乌、中洲、舲舫、堤洲、黄堂、小车、水坝口、坪子渡、城关、金山、平水、皋水、十家港、乔下等码头；其支流洮水有华里、焦岭、江口、桃坑、下乐、横潭、带江、马溪、洮水等码头；茶水有高陇、芙江、古角石、巨田、腰陂、东山等码头，仅有茶陵港（包括水坝口、坪子渡、城关）规模较大。攸县境内洣水有春塘、陈家铺、同仁宫、学门前、荫山港等码头；其支流攸水有柘桑渡、湖鸭渡、高车头、界江、罗家潭、新市、宏翘坡、普安桥、官田、马井冲等码头，以攸县港（包括同仁宫、学门前）规模为大。

在未有铁路和公路以前，以上港口码头曾是各地客货集散中心。随着公路网络密度和路况的提高，1980年以后，除渌口、朱亭两港尚有船运外，其余诸多港口码头已经失去集散客货功能，有的仅限于就近起堆砂石。

第三节　渡口、浮桥

一　渡　口

境内溪河纵横，自古多津渡。清光绪年间，有渡口223处（湘江27处、渌水71处、洣水118处、其他小河7处），平均3～4千米有渡，分布较广。其时，官府管理2处，称官渡；民间管理221处，称义渡。义渡置有田产，以供所需，行人过渡免费。民国时期，承袭旧制。

1951年土地改革，义渡田产统一分配给农民，义渡改由县、乡政府管理，其经费由财政在农业税附加中列支。1956年合作化，部分义渡转为合作社经营，称公营渡口，每人次过渡0.05～0.1元，收费低廉。随着桥梁建设，桥成渡撤，渡口渐少。

1978年改革开放以后，农民经营渡口渐多，为个体私营渡口，公营渡口和少数义渡也转为个体私营，每人次收渡运费0.5～1元。渡口稍有增加。

2000年，境内有渡口161处（湘江35处、渌水42处、洣水84处），其中县市财政支出义渡123处，免费过渡；私营渡口38处，过渡收费。

（一）湘江渡口

清光绪年间（1875—1908年），境内湘江有渡口27处，渡船41只。南起株洲县王十万，北止市区马家河，依次有王十万、挽洲、神山、彭皮港、朱亭、小花石、龙船港、华石、淦田、大庙前、烟棚子、昭陵、泗洲站、三门、霞石、石家铺、渌口、白沙洲、凿石、枫溪港、株洲、贺家土、白石港、石峰头、霞湾、白祁庙、马家河等渡，其中株洲县境 18 处、市区 9 处，平均 3 千米多 1 处。均为义渡，有田产供养，过渡免费。1951 年土地改革，渡田由当地政府统一分给农民，义渡所需经费由政府财政在农业税附加中列支。1956 年合作化后，株洲县境渌口、雷打石、三门、昭陵、淦田、朱亭等 10 处义渡，转为株洲市郊区渡口社经营。市区株洲渡口（湘一义渡）并入划拨社经营。收费 0.05 ~ 0.1 元 / 人次。改革开放后，私营渡口发展起来，逐渐取代义渡和公营渡口。2000 年，私营渡口发展到 34 处，其中株洲县境 21 处，市区 13 处，收费 0.5 ~ 1 元 / 人次。义渡仅存古桑洲 1 处。公营渡口已不复存在。

株洲古渡，位于建宁港上游 330 米。清代于湘江东西两岸建有花岗石（麻石）码头，并设渡亭，亭内有碑，碑名“槠州湘江义渡”，有渡船 2 艘。民国时期，渡客增多，改为“划子”免费过渡。1950 年成立株洲市划业工会，有“划子”80 只 360 吨，划民 80 人。1951 年改为收费民渡，1952 年修防洪堤废去渡亭，1964 年改归株洲市公共汽车公司经营管理。1980 — 1989 年，日渡客运量达 2 万人次。1989 年，株洲大桥建成通车后撤渡。

古桑洲义渡，设于湘江中的古桑洲。该洲面积 16 平方千米，居住 68 户 242 人，洲民以养蚕捕鱼为业。1964 年设义渡，专为洲民进出，延续至今尚存。

（二）渌水渡口

民国时期，渌水系有渡口 75 处，其中，建于明代 3 处（永乐年间 1 处、成化年间 1 处、崇祯年间 1 处）、建于清初的 16 处、建于乾隆至嘉庆年间 25 处、建于道光至光绪年间 27 处、民国时期建有 4 处。中华人民共和国成立后，1980 年前过河仍以渡船为主，后因修建桥梁、水涸等原因，渡口有所减少。1990 年，有渡口 51 处，其中义渡 48 处、个体营业渡 3 处，有渡船 70 艘。2000 年，有渡口 42 处，其中醴陵市境 38 处为义渡、株洲县境 4 处为营业渡，有渡船 42 艘（木质 38 艘、钢质 4 艘），166 吨位，745 客位，渡工 45 人。

（三）洣水渡口

境内洣水系渡口，清末有 118 处（攸县 48 处、茶陵县 39 处、酃县 24 处、其他 7 处），其中攸县西门渡、酃县斜濑渡为官渡，余皆为义渡。2000 年，有渡口 84 处（攸县 37 处、茶陵县 37 处、炎陵县 10 处），均为义渡。其中攸县有渡船 38 艘、渡工 43 人，日渡运量 6900 人次；茶陵县有渡船 58 艘、渡工 58 人；炎陵县有渡船 10 艘、渡工 10 人。

二 浮 桥

浮桥，又称舟桥，以数艘或数十艘船舶相联，上铺竹、木板或钢板，左右设护栏，连成一体，横浮江河水面，以通行人或车辆。

架设浮桥，为民间善举，有独建、合建、众建之分。醴陵人素有募捐、集资架设浮桥的优良传统。南宋乾道年间（1165 — 1173 年），醴陵始建渌江浮桥，横跨状元洲尾。南宋宝祐年间（1253

—1258年），废浮桥改建石墩木梁桥。明成化十八年（1482），知县李复贞于东门兴坊前复建浮桥，经状元洲达南门，后废。清同治八年（1869），杨泰阶、王照楼募捐重建，改北岸由何家码头至状元洲，再由状元洲至南岸王家码头。民国7年（1918），军阀混战，毁于战火。民国26年（1937）冬，县人陈盛芳等捐资建浮桥于西门渡口，民国28年（1939）建成。民国31年（1942），县人顾润民等为避日机空袭，方便居民过江疏散，集资架浮桥于东门渡口。民国33年（1944），日本侵略军犯醴陵，浮桥均被毁坏。民国35年（1946），东门浮桥修复，至1970年醴陵大桥建成通车后，撤去东门浮桥。20世纪90年代，醴陵渌水、澄水、铁水沿岸村民自行组合，自筹资金239.3万元，架设浮桥23座，总长2541米，建成通行后，由建桥主自行议价，收取过桥费。其中跨渌水14座、澄水8座、铁水1座；能通行8吨以下机动车辆者4座。

第四节　水路运输

清乾隆年间（1736—1796年），境内有船帮组织。民国25年（1936）5月，成立湘潭县株洲民船公会。此前，醴陵、攸县、茶陵3县均有船员公会组织。公会仍沿帮规、埠约，少有变动。清末至民国初期，境内湘江、渌水、洣水沿岸农副产品较为丰富，各集镇商贾云集，争相收购，帆船运输甚为发达。民国27年（1938）11月，湖南省船舶委员会成立，各县设水上联保办事处，轮流征调民船担负军运。20世纪40年代，连遭战乱，政局动荡，百业萧条，货币贬值，物价飞涨，经济生活极端混乱，内河航运出现危机，掳船抓夫，军差频繁，强征船费，饱受敲诈，船民难维生计。

中华人民共和国成立之初，人民政府整理航政，确定发展水运的方针。1951—1952年，省民船联合运输社醴陵、攸县支社和湘潭分社株洲管理站先后成立，茶陵设站，酃县设组，管理民船运输。1953年进行民主改革，清除封建把头，清理船民，登记户口，民船运输实行统一调度，统一运价。1955年冬，湖南省内河航运局成立株洲站。1955—1956年，帆船运输业完成由互助组、合作社发展为高级运输合作社的社会主义改造，船只折价入股，统一经营，按劳分配，从此结束了一船一户的个体经营方式，纳入国家计划运输，集体所有，独立核算，自负盈亏，船舶营运效率逐步提高，水上客货运量稳定增长。1956—1960年，境内木帆船由2745艘增至2844艘；货运量由47.66万吨增至222.55万吨，货物周转量由3388.28万吨千米增至7817.98万吨千米。1959年9月，自制的第一艘木质拖轮下水试航。1965年开始，改造木帆船为机动船，至1975年基本完成。此间，曾试制并批量生产钢骨架钢丝网水泥机动船，虚耗财力人力，效益不佳。1981年后，水上运输工具进行大规模的更新改造，停止钢丝网水泥船生产，转向生产钢质甲板驳、自航驳、自航自卸驳，用于长途货运和砂石采运。

1961—1971年，在国民经济遭遇困难和“文化大革命”中，内河航运生产受挫，运量下降，有些企业连续几年出现亏损。

1972—1977年，是境内水路客运的黄金时期，客运航线发展至9条，开行航班14个，年均客运量达72.4万人次、旅客周转量达1643.4万人千米。后因航道条件与社会运输条件的多种影响，水运开始下滑。

1983年后，运输市场全面开放，个体船舶运输开始涌现，铁路、公路运输迅速发展，社会运力急剧增长，水上客运逐年下滑，渌水客运从1983年起全部停航，湘江客运1994—1997年间也一度停航。水上货运本港货源日趋减少，只得向外江拓展，在1996年以前，运量虽然逐年下降，但周转量仍呈上升趋势。1997年以后，运输市场竞争日益加剧，由于水运环节多，运期长，周转慢，旅客、货物纷纷弃水路走陆路，加之各水运企业船舶失修，设备陈旧，负担过重，以至皆出现亏损，有的靠砂石采运、多种经营维持生计，有的濒临破产。

一 水运组织

（一）船 帮

清乾隆年间（1736—1796年），株洲即有船帮组织，湘江上起桅杆岭，下至马家河，有朱亭、龙华、小毛、金华、沧沙、渌口、株洲、白石港、铜塘湾8个半埠头，其中以株洲、渌口、沧沙埠为最大。船民们信奉降龙的杨泗将军，设杨泗庙，立帮会，每年农历六月初六（传为杨泗将军生日），船民在此聚会庆祝，商议船帮中的大事。

杨泗庙株洲船帮会名紫云宫。庙址埠头业务兴旺，本埠船民皆入帮，入帮要办8桌酒席，缴银洋100元，民国后减为4桌酒席，谷10担，入帮船民享受本埠头业务优先承揽权，不再缴纳其他费用，子孙可世代相传。此埠业务范围上起乌龟滩，下至人形山。白石港为半埠，业务分开。未入会的船承揽业务要经紫云宫同意，每担货缴纳一文钱埠头费。民国25年（1936）5月，成立湘潭县株洲民船工会，报国民政府交通部立案，有会员146人，帆船160多艘，2400余吨，划子105只400来吨。工会设理事会和监事，每年改选一次，首任常务理事殷先汉，继任包振兴，民国30年（1941）1月和民国31年（1942）6月，湘潭县先后发布县政府布告，对埠头管辖业务范围及船民入会所应遵循的规章予以确认。

渌口为醴陵县的水运门户，民国初期有大小船130多条，计2100多吨，杨泗庙设在渌口街上，船帮由刘、许、陈、张四大姓主持，外姓人入帮要办4桌酒席，缴2元银洋。本姓可免。民国15年（1926），国民政府驻渌口警察与地方把头勾结，成立渌口军民合作站，在沙河口设关卡，过往船只要缴“通航费”，大船每次缴40吊铜钱，小船缴20吊，否则扣船。

沧沙埠分霞石、雷打石、白沙洲、小麦港长冲、凿石五爪，有大小船只120多只，约2500吨，分4个杨泗庙管辖。

船民在外地装（卸）货物，也要有埠头停靠。清光绪年间，长沙、善化、湘潭、浏阳、湘阴5县船民联合成立“五邑帮”（后称五邑船民公会），并在汉口港设“五邑艢”。株洲的王长生曾任“五邑艢公会”代表。船到汉口就在“五邑艢”停靠，卸货、装船都方便，五邑船帮在长沙、湖北洪湖等地，均有专门码头，长沙设在西湖桥，设在洪湖的叫“三邑宾馆”，由湘潭、醴陵、衡山3县组成。

醴陵、攸县、茶陵均有船帮组织，醴陵于民国21年（1932）3月成立民船船员工会，会员1656人。攸县在民国初期成立攸县船商协会，民国15年（1926）6月，北伐军攻克攸县，在中国共产党领导下，成立攸县船员工会，选举吴仔八为工会主席，总工会朱菊林为驻会特派员，积极支援北伐战争。"马日事变"后，吴仔八、朱菊林均遭国民党杀害，船员工会解散。民国26年（1937）又成立船民工会。时该县有船3000多只，编成246个组，会员每年纳会费银洋5角。茶陵在清道光十九年（1839）有船行，民国15年（1926）7月成立茶陵县船员工会，有会员230人，刘甲连任委员长。"马日事变"后，湘东清乡司令罗定率部进攻攸县、茶陵，船员工会被迫解散，民国25年（1936）湖南水上警察局普遍登记各地船舶，实行定港管理，成立茶陵县民船运输站。

（二）木帆船运输合作社

1952年成立湖南省民船联合运输社湘潭分社株洲管理站，管理民船运输。1953年进行民主改革，结合对船民户口进行全面清理整顿，清除20多名惯匪和封建把头。1955年，船民积极开展互助合作运动。在株洲的邓富文，渌口周满生，雷打石姜长发，朱亭文术松等人带领下，各自在本埠头率先成立第一个互助组，每组有船4～6只，吨位大致相等，实行统一承揽业务，统一收入，按技术等级进行分配，维修添置工具归各船自理。在他们的示范下，不到3个月，29吨以下的船，90%走上互助合作的道路。30吨位以上船则加入湖南省民船联运社，公私合营后并入省内河航运局。

1956年4月，在农业合作化高潮的影响下，进一步实行以船只折价入股，统一经营，按劳分配为特征的高级运输合作社，分别成立高潮（株洲）、快速（朱亭）、猛进（雷打石）、渌口和划驳社5个高级合作社，后高潮与划驳2社合并成立株洲市帆船合作社。

1959年年初，株洲行政区域扩大，原属湘潭县管辖的朱亭、雷打石和醴陵县管辖的渌口等3埠的船只427艘4800吨，成建制地移交给株洲市交通局，并成立株洲市水上运输公司，同年6月改名株洲市水上运输人民公社。属集体所有制，实行公社一级核算，自负盈亏。社以下分设株洲、渌口、雷打石、朱亭4个运输处和船舶修造厂，全社共有职工1894人，木帆船745只9354吨。

醴陵、攸县、茶陵、酃县于1956年5—8月相继完成木帆船合作化。醴陵帆船运输合作社有社员约2500人，船769只13900吨。攸县木帆船合作社入社船只1317艘8911吨，社员2231人，下设官田、城关、安仁3个运输队。茶陵县木帆船社入社船只492艘4849吨，社员995人，组成城关、茶衡2个大队。酃县有船32只236吨，社员38人，1959年并入茶陵县，编为西台大队，1961年分建县制时，复从茶陵分出。各社经济性质均为集体所有制，实行社一级独立核算和按运费收入比例分成的计件工资制。

（三）航运企业

境内水运港口企业原有7家，其中国有港口企业1家，国有水运企业1家，集体水运企业5家。后于1978年停业1家，1985年转产为汽车运输企业1家。至2000年年末，尚存5家，其中国有港口、水运企业各1家，集体水运企业2家，转制为民营水运企业1家。

株洲港务总公司 1966年2月，由省内河航运局株洲站装卸大队和铜塘湾作业区组成株洲市港务处，实现市港口装卸业务统一归口经营管理。港口吞吐量逐年上升，1978 年，港口吞吐量突破 100 万吨，下设红旗（建宁）、永利、铜塘湾 3 个作业大队。1979 年 5 月，市港务处更名为株洲市港务管理处，实行政企合一，除继续承担港口装卸业务外，对港区内所有码头、水域、滩地、堆场实行全面规划和管理。管辖范围上至枫溪港、下至白祁庙 14 千米岸线、17 座码头（其中社会码头 5 座）。1979 — 1992 年，累计完成港口吞吐量 2040.3 万吨、装卸量 2710 万吨。1992 年 12 月，株洲市港务管理处改制更名为湖南省株洲港务总公司。1993 年 1 月 1 日，将港政管理职能移交市港航管理处，政企分开。港务总公司辖地南至建宁港红旗码头、北至霞湾街，岸线全长 8.2 千米；拥有作业码头 11 个，堆场面积 6.6 万平方米，仓库面积 4356 平方米，当年港口吞吐量 178 万吨。是年 7 月，与株洲市石油公司以法人入股形式，合资建造石油码头和岸边油库。1994 年，租赁河西汽渡码头，经营砂石。1997 年，兼并河西张家园砂石码头，港口生产业务向河西拓展。国家投资建成湘江千吨级航道株洲港永利港区千吨级码头，拥有完备的港口装卸生产线 1 条，仓库 3 个，面积 4500 平方米，集装箱堆场面积 4790 平方米，能容纳国际标箱 788 个。当年起，因铁路提速、个体砂石码头兴起、湘江枯水期延长等因素，港口生产滑坡，经济效益下降。2000 年 10 月，长沙海关在永利港区设驻株洲办事处监管点，集装箱业务量增加，1998 — 2001 年共装卸 8439 个，折合 132129 吨。设永利、永兴、铜塘湾、河西、储运、物业管理 6 个分支机构。

株洲江海运输公司 1955 年冬省内河航运局成立株洲站，属省航运局和株洲市人民委员会双重领导，经营轮船客、货运输和港口装卸业务，客货轮船由湘潭航运中心站调配。1960 年，设建宁、贺家土、霞湾 3 个大队。1966 年 2 月，港口装卸大队成建制移交株洲市港务处，株洲站专营轮船客货运输，船只由省航运局掌握调配。1981 年，省航运局投资 42 万元，在轮渡码头新建一栋 1400 平方米的站房和候轮厅。1989 年 4 月，移交给株洲市交通局管辖，并更名为湖南省株洲航运站，实行独立核算，自负盈亏。1990 年年末，客运码头有趸船 2 艘，在雷打石、三门、朱亭、王十万设有候轮室和趸船，停靠客轮。20 世纪 90 年代，株洲市湘江两岸沿江的省、县级公路夹江而行，畅通无阻，乡村公路成网，客货汽车猛增，迅速取代水上运输，湘江客运亏损严重。1992 年 4 月，经与湘潭航运公司协商，撤销株洲至王十万的客轮班次。同年更名为湖南株洲江海运输服务公司，1993 年更名为湖南株洲江海运输公司，维持货运代理。2000 年，企业客运码头有趸船 3 艘，趸跳船 2 艘。

株洲轮船运输总公司 是市属集体水运企业，主要从事内河运输、船舶修造、砂石生产和汽车紧固件加工。其前身是组建于 1956 年 4 月的株洲市帆船合作社。1959 年年初，改称株洲市水上运输公司，6 月改名株洲市水上运输人民公社。1961 年 4 月，更名为株洲市航运公司。1965 年年初，接管株洲市采砂厂的产销业务及场地、设施，实现砂石产、运、销“一条龙”生产。1978 年，试行计时工资加奖励制度，调动了职工积极性，经济效益上升，当年完成货运量 126 万吨、货物周转量 4000 万吨千米。1979 年，新增船舶 147 吨，船舶总吨位达 10247 吨。1969 — 1982 年，投资 180.8 万元，建造 1 ~ 4 号挖砂船、13 艘 50 吨级水泥自卸驳和铜塘湾分规砂场。从 1981 年开始，陆续投资 500 万元，对水上小吨位木质船和水泥机动船进行大规模改造，至 1987 年，新建钢质自航驳41艘4280吨879千瓦，基本实现单机单驳。1988年4月，为开发长江、上海、江浙一带水上运输业务。公司更名为湖南株洲轮船运输总公司，下辖采砂厂、长江运输公司、造船厂、交通配件厂、妇女儿童用品商场和劳动服务公司等6个分支机构。20世纪90年代，随着水运市场的开放，外埠船只大量涌入，由于公司没有自己的码头，外埠船只以其低廉的回空利载价格，获取大量货源，造成公司大量船只泊港待货。而公路的飞速发展，长（沙）石（门）铁路的开通和铁路全面提速，使很多货物弃水走陆，公司传统的洞庭湖区运输生产每况愈下，1996年货运量由1988年的158.6万吨减至32.52万吨，降幅80%。砂石个体经营户的崛起，又打破了该公司1965年以来砂石生产独家经营的格局，砂石销售量也由1988年的126.15万吨下降至32.7万吨，降幅70%。单船承包后，虽然承包费下调每吨9元，但仍难以按时清收。其后，公司采取多种形式，进行全面租赁承包经营，以承包租金艰难维持。

（四）县市属水运企业

株洲县的水运业务，历由株洲市航运公司统一经营。酃县木帆船运输合作社有帆船26艘196吨，在20世纪60—70年代，为沟通酃县物资交流发挥较大作用。1978年，茶陵浣溪青年水库建成后，洣水上游断航，被迫卖船撤社。醴陵、攸县、茶陵3县的水运事业在“大跃进”和“文化大革命”中，一度陷入困境。70年代，运量普遍逐年增长，经济效益稳步上升，船舶技术改造以及航道开发治理均出现勃勃生机。70年代初，均先后改称为县航运公司。醴陵县航运公司开发治理渌水航道成效显著。攸县航运公司成为全县有名的“百万富翁”，慷慨解囊支援全县农田排灌和工业建设，至1978年，先后借出款11批计164万元。茶陵县航运公司运输任务直线上升，1978年创历史最高纪录，达12万吨1350万吨千米。从70年代末开始，各县公路网普及到每个乡镇，汽车运输获得长足发展。酃、茶、攸3县传统的竹木排筏和粮食外调都弃水从陆，同时洣水及各支流航道与水利建设的矛盾未解决好相继断航。80年代，3县水运事业日趋萧条，同时职工队伍老化，退休人员逐年增多，企业负担颇重。为了摆脱困境，各县航运公司均设法广开门路，安置富余劳力。醴陵市先后创办油漆厂、汽车运输和机械厂，1985年改名为醴陵市运输公司。攸县在县人民政府安排下先后调出职工349人，另行安置工作，县航运公司也自力更生开办砂石厂、建材厂、茶场和招待所。茶陵县于1986年开办汽车客运站，购置东风140型客车6台，从事长途客运，还办了招待所和饮食店，更名为茶陵县运输公司。各县本港均只留少量船只，从事砂石采运，大部分船只到株洲、滨湖等地营运。1990年，醴陵市运输公司管辖水运公司、汽运公司、砂石队、造船厂、油漆厂、机械厂、交通物资公司等基层单位，共有职工692人，水运占255人，全年收入937万元，水运为73.7万元。攸县航运公司职工512人，水运占124人。茶陵运输公司职工为278人，水运占173人，全年收入192万元，水运为60.7万元，水运盈利3.3万元。1993年4月，醴陵市运输公司更名为醴陵市航运总公司，下设造船厂、机械厂、造漆厂、五环化工厂、水运分公司、汽运分公司、砂石公司、交通物资公司。由于水运日渐萧条，经营管理不善，负担过重等诸多因素，企业连年亏损。1997年12月，经醴陵市企业改革领导小组办公室批准，实行解体，撤销醴陵市航运总公司，将其下属的8个单位进行资产分割，债权债务关系转移，设独立法人，自主经营，自负盈亏，直属醴陵市交通局管理。总公司解体后，由水运分公司组建醴陵市水运中心，有钢质轮驳船8艘490吨，开展渌水下游少量运输业务。攸县、茶陵县水运企业也因此纷纷转业或解体。

（五）个体水运

1978年，株洲县马家河乡浅塘村村民邓小明，将自用14.5吨木质运输船，办证经营砂石采挖和运销。1983年以后，水运市场全面开放，个体经营发展加快，至1988年共有个体运输船舶984艘4211吨1497座；其中，市区76艘452吨348座，株洲县555艘1403吨909座，醴陵市158艘1037吨240座，攸县165艘1188吨，茶陵县30艘131吨。后由于公路客、货运输发展迅速，水运趋于萎缩，个体运输船舶发展受阻，拥有量逐渐减少，但大吨位船舶增多。2000年年末，全市拥有个体经营船舶171艘，为1988年的17.4%；总载重5703吨，为1988年的135.4%；总客位4609个，为1988年的307.9%。其中，市区35艘2474吨595座，株洲县47艘2370吨3771座，醴陵市29艘289吨163座，攸县48艘492吨，茶陵县12艘78吨80座。水上个体运输大部分从事砂石采运，余为经营客、货运输和旅游客运。2000年年末，市区有个体挖砂船8艘，各吨级自航自卸驳12艘（含自建或外购），总运量840吨。个体砂石经营业主除拥有采运船舶外，还兴建砂场和经营码头，以提高综合经济效益。市区沿湘江两岸就有个体经营砂石码头20个，共装备皮带机73架920米，年综合生产砂石能力达176.5万吨。

二 船舶

在20世纪60年代以前的2000多年历史中，木帆船是境内水运的主要运输工具。1956年合作化时，境内有木帆船2745艘29394吨，其中株洲247艘2802吨、醴陵709艘13900吨、攸县1341艘8930吨、茶陵416艘3526吨、酃县32艘236吨。1960年增至2844艘29386吨，此外尚有为数不多的农副业船。60年代，船舶开始进行技术更新改造，机动化程度逐步提高，到1975年完成木帆船改机动船任务。

20世纪60年代初，学习江浙一带经验，试制钢骨架钢丝网水泥船，1970年投入批量生产。1974年10月，始建第一艘水泥自航自卸驳44.5吨，功率29.5千瓦，初步形成砂石采挖、运输、起卸机械化。到1975年，水泥拖轮达11艘，功率1900千瓦，实现运输拖带化，水泥甲板驳到1980年生产出22艘1677吨。1981年年后，水上运输工具进行大规模的更新改造，钢丝网水泥船停止生产，转向生产钢质甲板驳、自航驳、自航自卸驳等船型。自航驳又称货轮，用于长途货运；自航自卸驳为砂石专用运输船；钢质甲板驳与拖轮配套每4艘为一组，用于长途货运。至1986年，机动船已基本完成从木质船、水泥船到钢质船的改造。

1990年，全市有各类船舶1480艘，其中客船4艘、货船796艘、渡客船332艘、渡车船3艘、工程船308艘、辅助船9艘、趸船21艘、拖船7艘。

至2000年，登记、检验的船舶总量为1001艘。其中，交通水运企业87艘，机关企事业单位80艘，乡镇以下单位（含个体、联户）834艘。各类船舶共有动力11200千瓦。其中，交通水运企业船舶动力1846千瓦；机关企事业单位船舶动力2214千瓦；乡镇以下单位（含个体、联户）船舶动力7140千瓦。各类船舶共有14168载重吨。其中，交通水运企业船舶5510载重吨；机关企事业单位船舶1458载重吨；乡镇以下单位（含个体、联户）船舶7200载重吨。各类船舶共有载客量6255座。其中，交通水运企业船舶载客量230座；机关企事业单位船舶载客量850座；乡镇以下单位（含个体、联户）船舶载客量5175座。

境内砂石采运始于人力，用木帆船靠人力用带耙齿的撮箕采掘装船运至码头，又靠人力起卸运到料场。随着科技的进步，采挖、起卸、装运相继实现机械化作业。1969 — 1979年，株洲市航运公司造船厂先后建造链斗式钢丝网水泥采挖船4艘，采挖能力分别为每小时150吨、100吨、120吨和260吨，由公司下属采砂厂投入砂石采挖生产。1986年，市航运公司筹资在株洲船厂建造公司第一艘钢质链斗式采挖船，设计采挖能力为每小时250吨，装机总功率164千瓦，配置了全套洗、选、筛设备。1988年，由茶陵县第二交通运输公司自行设计制造的“洣龙号”钢质挖砂船竣工投产，设计排水量100吨，每小时采挖砂石80立方米（104吨），年产砂石量18.7万吨，于1998年停产。1995年，株洲市第一艘钢丝网水泥链斗挖砂船“湘江一号”退役。1996年，株洲轮船运输总公司利用省交通厅企业发展基金贷款和部分自筹资金共80万元建造一艘钢质抓斗采挖船，采挖能力为每小时120吨。到2000年年末，市区有挖砂船15艘，其中个体8艘、企业7艘，总采挖能力达每小时2086吨；茶陵县有钢质挖砂船30艘，攸县有挖砂船68艘。

私有自航自卸驳发展始于1991年，至2000年，市区私营业主或外地采购或自行建造已发展拥有各吨级自航自卸驳12艘，总运能840吨；非交通部门采砂企业中铁株洲桥梁有限公司砂石公司有钢质自航驳7艘、钢质开底驳1艘，总载重量为1080吨。

茶陵县有自航自卸驳45艘；攸县有自航自卸驳25艘、运输船32艘。木帆船129艘，其中市区1艘、株洲县15艘、醴陵113艘。

三　水路客运

清光绪二十二年（1896），受改良主义思潮的影响，湖南有识之士熊希龄、蒋德钧开始筹办湖南内河航运事业，次年报经两湖总督张之洞批准，成立鄂湘善后轮船局，光绪二十四年（1989）四月在湘江正式开航，从长沙往返于株洲等地，是株洲出现轮船客运之始。随后根据丧权辱国的“马关条约”，岳阳、长沙相继开辟为通商口岸，英、日等帝国主义轮船接踵而至。光绪二十六年（1900）安化茶商梁啸岚在湖北租赁小火轮4艘，名为“问津”“保瑞”“志远”“久安”，开辟长沙至株洲的短途航线，客货兼营，以客运为主。由于英、日等帝国主义勾结官府多方作难，半年后即宣告倒闭。1905年，唐绅自购“翔鸿”小火轮一艘，由湘潭开航株洲，班期不定。同年，日本日清轮船公司之浅水轮，可载客100人，专开长沙至株洲，每日分早、中、下午三班，与中国民营轮船业展开激烈竞争，迫使一些中国轮船公司停航倒闭，船价倍增。民国 20 年（1931）“九一八”事变后，在全国抗日浪潮的推动下，日清公司的华工罢工，买办辞职，湖南轮船业自 10 月 4 日起，“一致不售日清、戴生昌两公司客票”。在各界声援下，使日本两轮船公司“无一乘客，无一件货”，被迫停航。此后长衡祁、楚利、极利等民营轮船公司应运而起，由长沙、湘潭开航衡阳、祁阳客班轮，在株洲建宁港“洋船码头”设停靠点，随船购票，至日本侵略军犯湘沦陷时停航。

20 世纪 50 年代初，湘潭私营利兴汽船联营处在株洲设售票处，经营湘潭至株洲的轮船客货运输，有汽轮 3 艘 89 吨 280 个座位，每日开班 2 次。1956 年公私合营后并入湖南省航运局湘潭办事处。此后湘江轮船客运由湖南省内河航运局株洲站统一经营。1954 年，省轮船运输公司开行湘潭至衡阳客班在株洲、渌口、朱亭停靠。1955 年冬，湖南省内河航运局株洲站成立，先后有 4 条航线、7 个航班开通，下设雷打石、三门、朱亭、王十万候轮室，客运量逐年增长。

20 世纪 70 年代为轮船客运的黄金时期，1973 年最高客运量达 55.3 万人次。80 年代，由于公路客运迅速发展，汽车客班逐年增加，旅客弃舟乘车，水路客运日渐下滑，轮船客运航班相继被迫停航。至 1993 年，全部客轮退出客运，水路客运一度中断。

1994 年 1 月，株洲县王十万乡梅冲村个体水运经营户马国光重开株洲至王十万班航线，每日往返一班。

1996 年，为发展水上客运业，曾一度引进湘潭迅达公司快艇，开通株洲至湘潭往返快班，因票价偏高，与公路客运竞争无优势而于同年停开。

1998 年 9 月，株洲县第一汽车运输公司投资 42 万元，将“环株一号”钢质客轮参运株洲至王十万航线，该客轮 110 千瓦、120 个座位，开行初期每航次乘客达 200 ~ 300 人次。后为 100 人次左右。2000 年，该司投资 32.8 万元建造玻璃钢快速客艇 1 艘 205 千瓦 37 座，时速 42 千米，开行株洲至朱亭水上快客航班。

2000 年，株洲（湘江）水运客运量为 3.5 万人次，74.6 万人千米；攸县（洣水）2.4 万人次，45.5 万人千米。

航线航班：

株洲至湘潭　1950 年开通，每日二班。1956 年增开至 4 班，全程票价 0.60 元。沿途停靠霞湾、马家河、向家塘、易俗河、河口。1987 年 6 月停航。

株洲至三门至王十万　1964 年初始办株洲至三门班，每日二班，全程票价 0.50 元，座位 314 个。沿途停靠小麦港、石家埠、雷打石、霞石埠、三门。同年 6 月延伸至王十万。每日一班，全程票价 1.20 元，有座位 120 个。沿途增设昭陵、淦田、龙船港、华石、朱亭、彭皮港等停靠点，1993 年停开。1994 年重开王十万班，每日一班（往返），票价调整为 8 元（物价局核定为 10 元），沿途停靠三门、昭陵、淦田、龙船港、梅冲、华石、荷包洲、朱亭、彭皮港、挽洲、秀子港、珍珠潭、王十万。

株洲至衡山　1971 年将王十万班航线延伸至衡山，全程票价 1.60 元。沿途增设寺门前、三棒树、石湾等停靠点。因业务较少，于 1981 年停航。

醴陵至渌口 1958年，醴陵帆船社将一艘帆船改成客船，日开醴陵至石亭1个航次。1965年，改为1艘22千瓦52座的机动客船，开行醴陵至渌口，每日一班(往返)，1967—1969年停航。1970年，新造小型机动客轮4艘，每艘15千瓦60座位，每日开行醴陵至渌口、渌口至石亭、醴陵至石亭之间航班各1次。1983年后，因汽车客班发展，旅客弃舟乘车，渌水客运终止。

攸县至衡山 1960年开通，由1艘29.4千瓦108座位的机动木质船，每日1班（往返）。1962年4月因发生触礁事故停航。1969年，洣水马子坡滩治理后恢复通航，其时甘溪已建拦河水利枢纽工程，船不能直达衡山，由攸县城关开至草市，每日2班，投入营运的客轮增至3艘，计240座。截至1985年，月平均客运量为1万人次，最多时达1.5万人次。1986年，鸭（塘铺）草（市）公路开通后，水上客源锐减。为方便旅客，仍留下1艘110座的机动客轮维持营运。

其他航线 1960年3月，攸县酒埠江水库蓄水后，在库区内开辟大坝至庙下江、咸弦2条客运航线，投入营运的是2艘180座的自制木质机动船，由攸县航运公司营运。至1985年，安全运载旅客240万人次，年均近10万人次。后因酒（埠江）漕（泊）、（丰）陇（乌）井公路开通汽车客运，于1986年停航。1987年，根据县人大代表要求，由攸县航运公司复航，安排1艘40座的小客轮在原航线上营运。随着酒埠江风景旅游资源的开发，1998年攸县航运公司又投资12.8万元，制造1艘80座位的钢质客轮投入营运。1999年年后，酒埠江风景区旅游热开始升温，个体船舶参与库区客运。

株洲县大京水库于1992年建成风景区，1995年大京乡开发库区游览，有游轮15艘、382千瓦动力、315个客位；2000年有游轮39艘、655.48千瓦动力、1547个客位。

1996年，株洲县信用社利用三门镇空灵岸对面湘江中的空洲岛开发旅游项目，始有游轮载运旅客往返空灵岸与空洲岛之间。1996—1997年，有游轮10艘客位80座；1998年，有游轮8艘客位64座；1999—2000年，有游轮9艘客位72座。

四 水路货运

（一）货物运输

清代和民国时期，株洲水路货运，主要是煤炭、石灰、粮食、生猪、枯饼、食盐、百货等。其中以煤炭运输为大宗，自光绪三十一年（1905）至民国22年（1933）的28年时间，萍乡由株洲从水路运出的煤炭642万吨。其中以宣统元年（1909）至民国14年（1925）的16年间运量最大，每年水路运出一般在30万吨以上，民国6年（1917）最高达到57.9万吨。抗日战争时期，铁路运输中断，大宗货物改走水路，直至日寇犯湘，株洲沦陷，轮帆船只损失殆尽，处于瘫痪状态。20世纪50年代初期，处于恢复时期，运输业务不足。1952年湖南省民船联合运输社在株洲调集15吨以上船只220多艘，参加荆江分洪，担任董市和南津关至太平口的石料运输。1954年省交通厅湘潭中心站在株洲调集帆船300多艘，参加整治南洞庭湖，担任丁字湾至南洞庭一带的麻石运输。

从1953年执行第一个国民经济五年计划开始，株洲开展大规模工业建设，水上运输日趋繁忙。株洲市航运公司在湘江水域上至朱亭镇、下至霞湾的沿江集镇，设有专门的水上货运调度站，统一调度，船舶货源充足。其时，水运分设有长途运输处和短途运输处，长途运输处由大吨位船舶和拖轮组成，货源以煤、石灰、磷肥、建材为主，运往洞庭湖区及武汉、南京等地，其中石灰和磷肥属支农物资，每年运往湖区各县市，仅株洲化工厂磷肥就达12万吨。短途运输处由小吨位船舶（15吨以下）组成，货源以煤炭、大米、片石和其他农用物资为主，运往邻近县、市。1958—1990年，仅市航运公司每年完成5万～15万吨的煤炭运输，最高1975年达到17.6万吨。1995年后，随着湖区化肥厂的增加，株洲支农化肥相应减少，而湖区各化肥厂直接到矿山定购煤炭，株洲煤炭中转量减少，加之公路运输迅速发展，铁路提速，株洲中转或出产的煤炭、玻璃、水泥、锌锭、磷肥等物资弃水走陆，株洲轮船运输总公司水上货运进入低谷，8艘150吨级甲板驳和9条拖轮无货可运，全部停航。至2000年，仅存长江运输分公司26艘自航驳，大部分时间也停港待货。株洲轮船运输总公司全年运输货物6.59万吨，江海运输公司2.48万吨，醴陵市航运总公司0.59万吨，攸县航运公司3.60万吨，茶陵县航运公司6万吨。

（二）货运代理

1981年，省航运管理局株洲站执行企业内部核算，按营运收入15%计提代理费，年运量在4万～7万吨。1985年后，株洲航运站从单一的内河货物运输逐步开发长江水运，主要货物有株洲冶炼厂的铅锌、洗煤厂的精煤、水泥管厂的水泥管，均按营运收入的15%计提代理费，年运量7万～8万吨。

1989年，株洲航运站由市交通局接管后，成为独立核算的法人主体，仍从事船舶代理和货物代理，船舶配载自主，除湘航系统船舶承运外，接受大量的社会船舶参运，代理费由15%下调至8%，内河货物代理费为2%，代理业务逐步形成江河直达、一票到家的经营方式，运量逐年增长，1995年达13.02万吨，为1989年的2倍。1997年后，随着浙赣铁路复线的开通、高速公路的发展，处于劣势的水运业日趋萧条，货运代理量逐年下降。

市区从事水上货运代理和船舶代理业务的经营户有3家：株洲市环达运销服务中心（其前身为株洲市轮船运输总公司运销贸易分公司），组建于1993年4月，主要经营船舶代理、货物运输代理，年货运代理量1万吨左右；株洲港口货运代理服务中心，组建于2000年8月，主营船舶代理、货物运输代理，年货运代理量1 2万吨左右；个体经营户陈宏武（原株洲港务总公司职工），从事株洲冶炼厂的锌锭、玻璃厂的玻璃等货物运输代理业务。

（三）砂石采运

市　区　株洲市区建筑所需河砂、卵石，全部采自湘江，经船运至各专用码头（堆场）装卸。砂石运销是境内水运的一项重要生产经营项目，曾是水上运输的支柱产业。株洲市航运公司所属采砂厂是唯一的砂石生产经营企业，其产量以保证市区基本建设需要量为主，由市交通局按年分季下达计划。1978年，该厂生产砂石95万吨，销售93.7万吨。其后，产量逐年上升，1988年产砂石140万吨，销售126.15万吨，收入540万元。非交通部门最大的采砂企业为中铁株洲桥梁有限责任公司（其前身为铁道部株洲桥梁工厂）砂石公司，1958 年建厂起就开采砂石，自采自用，建有浮桥墩桥式活动码头 1 处，1964 年使用驳船斗式起坡，1970 年建起坡线，1980 年始用自航驳，拥有抓斗式和链斗式工程船各 1 艘，采挖能力为每小时 150 吨；钢质自航驳 7 艘，总载重 980 吨；钢质开底驳 1 艘，载重 100 吨；年产砂石量为 35 万吨。

1982 年，衡阳唐国衡来株洲从事个体砂石生产经营，用撮箕捞砂，日产约 8 吨左右，此为境内个体砂石经营业主第一人。个体砂石采挖运输自此兴起，且与时臻盛。市水利局、木材公司等单位也借砂石市场放开的政策，在市区沿江两岸纷纷开设砂石码头，形成国有、集体、个体争吃砂石饭。市航运公司的市场占有受到冲击，1990 年开始下滑，至 1996 年其砂石产量降至 33 万吨。1998 年，其采挖、运输、筛选等专用设备或承包、租赁给个体经营，或闲置待处理。

砂石个体经营从一开始就显现出灵活应对市场的优势，砂石产运成本低，投入的生产流动资金极少，从 1982 年开始，队伍不断扩大，产销量不断增长，市场占有率不断提高，到 1990 年，已完全占领了市区的砂石市场。至 2000 年，市区有砂石经营业主 70 多户，年产销砂石约 200 万吨。

县 市 醴陵县帆船运输合作社于1968年成立砂石队，有采砂船10艘，年产砂量0.8万立方米。1970 年，该县城关镇辖管的河西、西山、烈士塔 3 个郊区生产大队组建砂石工场，有采砂船 3 艘，年产砂量 0.5 万立方米。1979 年，渌江公社五里牌大队成立采砂队，有采砂船 2 艘，年产砂量 0.4 万立方米。从 1987 年起，改用钢质船采运，城区渌水河段有钢质机动挖砂船 12 艘，年砂石产量 6 万多立方米。1989 年，城关砂石工场和五里牌砂石队解散。1990 年，醴陵市航运公司砂石公司有采砂船 9 艘 262 吨位，其中钢质挖砂船 4 艘，年产砂石量 3 万～4 万立方米。20 世纪 90 年代后，随着经济建设的发展，渌水河道沿岸村民纷纷购置船舶下河挖砂。至 2000 年，沿河办起个体砂场 42 处，采砂村民 250 多人，有机动采砂船 42 艘、运砂船 105 艘，年采砂量 17 万多立方米。澄潭江和铁河沿岸也相继办起个体砂场 10 多处，有采运砂石船舶 20 多艘，年产砂石在 2 万立方米以上。

攸县 1978 年有采运砂石船舶 78 艘，其中挖砂船 55 艘、运输船 23 艘，经营业主为攸县航运公司和当地乡镇，共 29 户。至 2000 年，有采运砂石船舶 125 艘，其中挖砂船 68 艘、运输船 32 艘、自航自卸接砂船 25 艘，经营业主均为个体，共 125 户，主要分布在城关、菜花坪、渌田、高和、新市、网岭、上云桥、莲塘坳、皇图岭等乡镇，年采运砂石量达 250 万吨左右。城关镇在南门沙洲上办有一个砂石场，安装有皮带运输机等装卸设备。

茶陵县航运公司采砂厂在 20 世纪 70 年代有木质挖砂船 12 艘，纯系手工作业，年采运砂石量达 11.23 万吨，且供不应求。1988 年，砂石生产能力提高到 18.72 万吨。进入 90 年代，个体采砂进入市场竞争，企业产砂量逐年下降。2000 年年末，茶陵全县有砂石经营业主 71 户，年采运砂石量 56.2 万吨。

株洲县于 1975 年建有渌江采砂场 1 座，安装皮带运输机 6 架 70 米，铲车和装载机各 1 台，最高年产砂石量为 8 万吨。全县年产砂石 19 万吨。

株洲市交通局历任负责人名录

表 13–2

局 长	任职时间	备 注	副局长	任职时间
范翼彪	1958.8 — 1959.12	–	郭殿臣	1958.8 — 1959.12
郭殿臣	1960.1 — 1961.4	–	杨载美	1960 — 1966.3
赵清涛	1961.4 — 1963.5	兼	安汉生	1960 — 1963.5
（缺）	1963.5 — 1966.3	–	刘然朴	1961.4 — 1968.11
杨载美	1966.3 — 1968.11	–	刘炳华	1963.5 — 1969.11
	1971.3 — 1975.3		赵 升	1966.3 — 1969.11
雷元恩	1968.11 — 1969.11	军代表	李风森	1969.11 — 1971.3
邢连兴	1969.11 — 1971.3	指挥长	谢龙清	1969.11 — 1980.2
刘然朴	1975.3 — 1980.2	–	魏永平	1969.11 — 1971.3
谢龙清	1980.2 — 1983.7	–	胡中枢	1971.3 — 1983.7
于连海	1983.7 — 1988.6	–	何广汉	1971.3 — 1975.3
张 伟	1988.6 — 1994.9	–	汤志斌	1976.4 — 1983.7
陈伯勋	1994.9 — 2000.12	–	胡湘荣	1978.4 — 1983.7
–	–	–	叶绍明	1979.11 — 1983.6
–	–	–	赵道衍	1981.10 — 1998.4
–	–	–	邹兴隆	1983.4 — 1983.7
–	–	–	杨恩普	1983.9 — 2000.12
–	–	–	陈伯勋	1988.6 — 1994.9
–	–	–	曾侃融	1994.11 — 1997.12
–	–	–	吕正顺	1995.8 — 2000.12
–	–	–	刘 方	1998.4 — 2000.12
–	–	–	彭剑文	1999.10 — 2000.12

第十四篇 邮政 通信

第一章 邮 政

第一节 机 构

一 邮 驿

邮驿始于周代，步传为邮，马传为驿。宋代设醴陵驿。元代中统元年（1260），醴陵县城设急递总铺。明初设上官驿、下官驿。明万历二十四年（1596）茶陵州在城内青霞观设置驿站，清康熙元年（1662）改设急递总铺。清乾隆四十年（1775），醴陵有县前驿、双牌驿。驿站、总铺之间设有铺递。清光绪十一年（1885），境内共有总铺、铺递54处，其中市区有茭冲、龙头、荷塘、朱田4铺；株洲县有白关、双牌、关王、渌口、白皮、蓑衣6铺；醴陵市有梢岗、清安、东冲、板杉、辕牌、傅冲、插岭、盘树、龙山、泗汾、横岭、蛇湖、屈塘、王仙、明兰15铺；攸县有县城、长山、走马、笙塘、洞井、桐树、石桥、新塘、侧桥、茅塘、高岭、长春、班竹13铺；茶陵县有县城、珠机、廖塘、黄石、寒婆、文坊、山口、板桥、界桥、大乐、管塘、垅下、牛路13铺；酃县有斜濑、石鼓、县前3铺。共设铺司246人，其中醴陵96人，攸县63人，茶陵46人，市区和株洲县31人，酃县10人。

清光绪二十九年（1903）以后，境内次第开办近代邮政，同时，株萍、粤汉铁路相继通车，邮驿日渐失去作用。清宣统三年（1911）七月，驿站拨归邮传部管辖，各类文报渐改邮局传递。民国1年（1912）驿站、递铺撤销。

二 邮 局

（一）清末、民国邮局

清光绪二十二年（1896），创办大清邮政。光绪二十九年（1903），株洲开设代办邮政支局，局址设五节街（解放街），由杨云斋粮行承办，隶属湘潭邮政支局。醴陵、渌口于同年开设。攸县、茶陵、酃县相继开设代办邮政支局，均属长沙邮政分局管辖。

辛亥革命后，大清邮政改为中华邮政。民国1年（1912），株洲代办邮政支局撤销，成立株洲邮政支局，局址设大码头彭东盛粮栈。境内各县先后在县间邮路上的阳三石、王仙、白兔潭、泗汾、水口、新市、王家渡等集镇开设邮政代办所35处，邮政通信遂向乡村延伸。株洲沦陷时期，日伪曾在此设立邮政局，日本侵略军投降后，株洲邮政局于民国 34 年（1945）8 月 23 日复邮营业。中华邮政时期，境内邮政代办所、信柜已遍及乡村集镇，1949 年共有 151 处。人民政府接管前夕，株洲邮局有员工 19 人。

（二）邮政储金汇业局

民国 35 年（1946），长沙邮政储金汇业局株洲办事处开业。处址设在中正街(解放街前身)，同时在田心塅东门开办分处。1949 年 6 月，储金业务停办。

（三）军邮局

民国 25 年（1936）6 月成立株洲临时军邮局，配邮务员 1 人、邮务佐 1 人、信差 2 人。并在醴陵设临时承转局，民国 25 年（1936）9 月 12 日临时军邮局撤销。

（四）赤色邮局

中国工农红军在湘赣边区创建以井冈山为中心的革命根据地后，随即设立为红色政权和工农劳动群众服务的赤色邮政。邮局曾先后称为中华赤色邮政湘赣边省总局、中华赤色邮政湘赣省总局、湘赣省邮务管理局、湘赣省邮政管理局。全盛时期管辖永新、莲花、攸县、茶陵、酃县等 16 处县赤色邮局。

1927 年 11 月 18 日，红军攻克茶陵县城，占领 40 余天，建立以谭震林为主席的工农兵苏维埃政府，接收县内原中华邮政，成立茶陵赤色邮局，12 月，红军撤回井冈山，赤色邮政工作停止。1930—1932 年间，茶陵、攸县、酃县苏维埃政府均成立赤色邮政。赤色邮局员工在战争环境中为各级苏维埃政府传递军事情报和信件。1931 年，茶陵赤色邮局通信员罗米生，送信至严塘垅上区苏维埃政府途中，遇一挨户团团丁，他奋力与之拼搏，挣脱后将信件交与一熟悉的少先队员送往区政府，自己由于精疲力竭，行走困难，被旋即赶到的挨户团擒杀。县苏维埃政府举行追悼大会，号召学习罗米生“宁愿牺牲自己，不让情报落入敌手”的革命精神。茶陵赤色邮局员工执行任务中遭国民党杀害者甚多，其中在中华人民共和国成立后被追认为烈士的达 92 人。

赤色邮局经办的业务分为普通邮件、挂号邮件、快递邮件、包裓（裹）等类。普通邮件又分普通信函、剪角信件、新闻报纸、书籍印刷物等项；挂号邮件分单挂号、双挂号；快信分普通快信、特别快信。特别快信专限寄递重要军事文件。各赤色邮局使用湘赣省邮政管理局发行的邮票，图案是五角星、镰刀、铁锤，面值为 1 分、2 分、8 分三种。各机关及工农群众邮寄信件、印刷物及包裓（裹）均须贴足邮票。剪角信、文件、宣传品、报纸及其他不封口文件贴邮票 1 分；平信贴 3 分；单挂号贴 6 分；双挂号、快信、飞信、急信均贴 8 分。邮寄包裓（裹）按重量纳费。0.5 千克以下按 0.5 千克计算纳费 6 分；0.5 千克以上至 0.75 千克纳费 8 分；超过 0.75 千克按每增加 0.25 千克加贴 2 分。每件以 7.5 千克重为限。

三　邮电局、邮政局

中华人民共和国成立后，中华邮政改为中国人民邮政。株洲邮局更名为株洲邮政局。

株洲邮政局与株洲电信局于 1951 年 5 月 13 日合并为株洲邮电局，有正式职工 53 人。醴陵、攸县、茶陵、酃县亦在1951年6月前后完成邮电机构合并工作。先后受湘潭邮电中心局和湘潭邮电督察员办事处的检查、督导。1958年11月5日，株洲市邮电局属湖南省邮电管理局为主和株洲市人民政府为辅的双重管理。

从1959年1月1日起，各邮电局的人、财、物均下放，由地方政府为主管理，各局所属农村支局、邮电所同时下放，由人民公社为主管理。1962年1月1日起，恢复以上级邮电部门为主和地方政府为辅的双重管理关系。

1965年7月1日，成立株洲县邮电局，由株洲市邮电局协助省邮电局进行管理。

从1969年12月1日起，邮电分设，邮政局受市县革命委员会领导，电信局受人民解放军市县武装部领导。1973年10月前后，各市县邮政局、电信局又合并为邮电局，恢复以上级邮电部门为主地方政府为辅的双重管理。

从1983年7月1日起，原属湘潭市邮电局管理的醴陵、攸县、茶陵、酃县4县邮电局划归株洲市邮电局管理。1984年9月，湖南省邮电管理局决定，各地（州）市邮电局视同一级管理机构，将原来各县市邮电局的协管改为直管。1986年正式明确地（州）市邮电局为一级管理机构，县级邮电局成为地（州）市邮电局的属局。此后，株洲市邮电局实为行政与业务合一的邮电机构。

1998年9—10月，根据《湖南省邮电分营实施方案》要求，株洲市邮电局及所属县市邮电局实行分营。分别成立株洲市及所属县市邮政局。市邮政局设综合办公室、人事教育部、经营服务部、运递维护部、计划财务部，后增设党群工作办公室。

（一）邮电支局、邮电所

1949年7—10月，人民政府接管中华邮政和电信时，境内各邮政局、电信局无自办分支机构。1949年8月渌口邮政代办所改为自办邮政局，9月设立田心塅邮政局。

1951—1957年，株洲市城区一批国家重工业项目相继开工，市邮政局先后在董家塅、卫门口、南华、白石港、田心车站、茨菇塘、清水塘老街、株洲火车站、建宁街、贺家土、月塘、学堂冲等地设立邮电支局、所。醴陵、攸县、茶陵、酃县分别在较大集镇开设邮电支局、所。1957年，境内自办分支机构达到54处。

1958年，在“全民办邮电”号召下，株洲市及4县境内邮电自办分支机构迅速发展，1959年达到121处，1960年上升到134处。1961年经过整顿，将一些邮电业务量少的局、所裁撤，年末减少为118处。1981年5月，湖南省邮电管理局颁布《湖南农村邮政通信组织管理办法》，按邮电收入、服务人口和服务半径，并考虑邮件运输和投递的需要，设置邮电支局、所。按标准调整后，全市自办支局、所为111处，其中支局44处。1986—1998年，醴陵、株洲县、茶陵又对自办分支机构进行调整，全市共有支局、所109处，其中邮电支局46处，邮电所63处；设在农村的86处，株洲城区和各县城关镇内共25处。其中株洲市城区邮电支局12处，即：田心、董家塅、火车站、茨菇塘、宋家桥、清水塘、响石岭、樟树下、红旗路、建宁、天元区、建设路。邮电所13处，即：铜塘湾、晏家湾、贺家土、南华、杉木塘、月塘、向阳村、田心北门、沿港路、五里墩、花园、长岭、白马垄。邮电支局中除建设路、茨菇塘外，均担负服务范围内的邮件投递。

（二）代办点、邮政代办所

1950年年末，株洲及醴陵、攸县、茶陵、酃县等县城乡有邮政代办所185处，全由私人商店代办。各代办所均收寄平信、挂号信、代售邮票，有的还代办汇兑业务。1951年年末，株洲邮电局服务范围内设有代办所30处，其中城市4处，农村26处。1954年6月至1955年年底，经过整顿，农村代办所全部转移给供销合作社兼办。1956年后，由于自办邮电机构迅速增设，代办所随之减少，1961年为61处。株洲邮电局由于服务范围的缩小和自办机构的普遍设立，1966年以后，代办的只保留马家河1处，1985年撤销。1990年全市只剩下醴陵的洪源、富里，攸县的市上坪、钟佳桥、高车头，茶陵的江口6处代办所。

（三）邮票代售处

1951年，邮票代售处为邮电局委托私人商店办理，并按规定付给酬金。此后，一些工厂、机关、学校的收发部门主动为邮电局代售邮票，代售点不断增加。1990年，株洲市城区和郊区计有36处，全市有338处。

第二节 邮 路

一 省、县间邮路

（一）邮驿道

宋代有驿道通达醴陵。清康熙九年（1670），邮驿路线延伸到酃县。清光绪十一年（1885），邮传路线有：

善化（长沙）东南路，自善化起入株洲茭冲铺、龙头铺、朱田铺 — 醴陵，折南行经盘树铺 — 攸县，再往长山铺 — 茶陵，全长约215千米。另自醴陵县城起，经傅冲铺，插岭关入江西萍乡，境内约15千米。

醴陵县城起，往东经王仙铺 — 明兰铺 — 浏阳，境内约35千米。

醴陵县城起，西北行自清安铺分路，经关王铺达渌口，约45千米。

湘潭县城起，东北路入株洲龙头铺、荷塘铺、白关铺 — 醴陵双牌铺，全程约70千米。

湘潭县城起，西南路自茶园铺分路经白皮铺（白壁）、蓑衣铺（王十万），达朱亭县丞衙门。茶园铺至朱亭约35千米。

茶陵西道线，自茶陵县城起，经板桥铺、管塘铺、牛路铺抵安仁界，与安仁至酃县驿路相交，茶陵、酃县境内约53千米。

（二）步班邮路

中华邮政时期，株洲境内因陆路交通不畅，县间邮件运输除利用水路外，均以人力步行挑运，时称旱班邮路。步班邮路分日班和日夜兼程接力快班。步班邮运人员称为邮差或苦力，是邮政员工中的低级人员，规定每人日行30千米，肩挑30千克，实际都要逾重（量）、逾（里）程。株洲至长沙、株洲至醴陵均达50千米，却限当日到达。邮差、苦力月薪最低，民国30年（1941），株洲邮局局长月薪为170元，邮差、苦力只有18～22元。邮差、苦力入局须有殷实商号担保（称“铺保”），工作稍有差误或业务萧条，即被革职或裁减。至民国38年（1949），境内各县、镇与相邻县城间的步班邮路已相联成网。汽车、铁道邮路恢复或开辟后，步班邮路即行裁撤。

（三）水道邮路

民国1年（1912），株洲邮政支局的进出邮件，除步班邮路运输外，曾利用长沙—湘潭—马家河—株洲间航行的轮船带运。民国11年（1922），湘潭有小火轮与衡山间来往，株洲邮政局与三门、淦田、朱亭等邮政代办所的邮件交换交小火轮运输。

醴陵、攸县、茶陵、酃县邮局增办包裹、印刷品等邮政业务后，在无公路或汽车、铁道邮路不通时，步班邮路挑运邮政轻件，重件（包裹、印刷品）则雇用民船运输。民国初期有：朱亭—小集—攸县—茶陵至酃县线；茶陵—安仁—耒阳线。民国30—38年（1941—1949）有：株洲—渌口—醴陵—萍乡线，酃县王家渡（河西）—茶陵—攸县—衡阳线，茶陵—攸县—衡阳线。20世纪50年代初期，只有株洲至湘潭间有时利用水路托运邮件。

（四）汽车邮路

民国20年（1931），首办醴陵至攸县汽车邮路。次年，自攸县延伸至茶陵。民国22年（1933），自茶陵通往界化垅与江西邮路相接。从此，攸县、茶陵、酃县（与茶陵间为步班）3地邮件通过委办汽车运输与醴陵铁道邮路相衔接。醴陵至茶陵汽车邮路因战争影响停驶时，又以步班挑运。民国27年（1938）5月起，醴陵至浏阳步班邮路改为委办汽车邮路，民国28年（1939）4月，公路破坏后又恢复为步班邮路，直至1949年。1955年茶陵至酃县步班邮路改为委办汽车邮路。至此，县间步班邮路全部撤销。1978年8月2日起，醴陵、攸县、茶陵、酃县的进出邮件，由省邮电管理局自办汽车邮路运输，每天在长沙、酃县间对开，邮件传递速度比原来加快一天。1979年9月至1987年间，株洲县邮电局的邮件由株洲市邮电局市内转趟汽车接送。1991年4月21日，撤销长沙至酃县邮路，改由株洲至酃县邮路，由株洲市邮电局配备4辆汽车用于邮运。途中交换点有五里墩、白关、仙霞、醴陵、泗汾、船湾、皇图岭、网岭、新市、攸县、菜花坪、平水、茶陵、马江、浣溪、酃县等16个交换点，每日由株洲和酃县对开，行程248千米（单程）。年装卸邮件量1996年为26.1万袋（捆），1997年增加到27万袋（捆）。同时，株洲县境内沿线各支局（所）接停火车，改由株洲县局组开，株洲至朱亭邮路每日往返其沿线交换点7个，行程175千米。1993年4月12日，市河西高新技术开发区邮电局成立。1995年6月13日，市内趟班邮路延伸至开发区邮电局。1997年12月，株洲县所辖的五里墩、马家河、群丰镇3个乡镇划归株洲市管辖，南线趟班邮路从1997年12月26日延伸至五里墩邮电所；长岭、花园2个邮电所的进出口邮件则由天元区邮电局组开2条摩托车邮路，在市中心主要街道、机关、邮件量大的信筒、信箱组开了1条三轮摩托车收筒路线。为发展业务，还配备了1辆8吨、2辆5吨、1辆3吨的邮车，开展点对点的商包邮件运输业务。至1998年9月，境内自办汽车二级干线邮路2条，单程343千米，配有邮运汽车6辆，其中市区汽车趟班邮路3条，单程168.5千米；摩托车邮路1条，为12千米；自行车邮路1条，为13.5千米；收筒邮路1条，为19.4千米。到2000年，自办邮路有4条，单程388千米。境内共有邮路50条、2238千米。

（五）铁道邮路

民国 3 年（1914），株洲、醴陵两地邮局开始利用火车运输邮件。

民国 25 年（1936），粤汉铁路株洲至衡阳段通车，武（昌）广（州）邮件在株洲的卸量日增，株洲邮局奉令接转火车运输的邮件，并在车站附近租用民房设置邮件堆栈，株洲邮局成为铁道邮路邮件运输经转局。

民国 28 年（1939）8 月，日军进犯，14 日株洲至渌口段铁路拆轨，株洲邮局转运组于 16 日迁渌口。民国 29 年（1940）8 月 17 日，铁路修复通车后，邮件转运组返回株洲。田心至湘潭板塘铺铁路并入粤汉线后，株洲邮件转运组于民国 29 年（1940）移迁至板塘铺，并改由湘潭邮政局管辖。民国 30 年（1941），粤汉线 21/22 次车恢复通车至渌口，邮件转运组又从板塘铺迁回株洲。

由株洲邮（电）局派员押运的铁道邮路有：

株洲至娄底：自民国 28 年（1939）正月初四日起派押。初六日延伸至蓝田。民国 37 年（1948）起押运至湘潭板塘铺。1954 年 6 月 11 日起押至湘潭。后又延伸至娄底，1962 年移交长沙邮局押运。

株洲至广东曲江：民国 28 年（1939）4 月，长沙至株洲铁路拆轨，自 12 日起 21/22 次车以株洲为起点，15 日改由株洲管辖邮件押运，至长沙 — 株洲铁路恢复通车时止。

中华人民共和国成立后，株洲成为铁路交通枢纽，株洲邮件转运站同时成为京广、浙赣、湘黔、醴茶铁道邮路干线上的一个重要经转站。自 1951 年起，铁路沿线各经转局按邮件流向实行计划运邮，株洲邮件转运工作按照湖南省邮电管理局和武汉、上海 2 邮运调度局的业务指挥，经转各线邮件。随着邮政业务量的增加，每天接发火车次数逐渐增加，1951 年每天接发火车为 11 次；经转邮件量：1954 年装卸邮件为 41 万袋（捆），1957 年装卸 71.8 万袋（捆），1986 年达到 110.9 万袋（捆）；1990 年每天接发火车 28 次，全年装卸邮件 254.88 万袋（捆）；1994 年 4 月 1 日起铁路火车改点，每天接发火车 30 次，年装卸邮件 418.52 万袋（捆）；从 1998 年 10 月 1 日起，铁路实行新的运行图，株洲转运日接发火车邮件减少为 25 次，直达车次增多，经转邮件减少。

二　市、县内邮路

（一）市内邮路

1949 年 9 月设立的田心塅邮政局，其进出邮件通过火车带运，在田心车站接发。1951 年设立的董家塅邮亭收寄的邮件，由投递人员步行背（挑）运。

1952 年，株洲市邮电局始有自行车用于城区邮件运输。1956 年，城区邮电支局、所达到 13 处，由于无运邮机动车辆，凡信报轻件以自行车接送，包裹、印刷品等重件则以板车拖运。

从 1957 年 1 月 1 日起，开辟市邮电局至田心 — 清水塘 — 贺家土 — 市局第一条城区邮政自办汽车邮路，用湖南省邮电管理局下拨的一辆日本产马自达三轮汽车运输邮件。自 1962 年起，市内邮件运输全部改为自办汽车，有日产马自达三轮汽车 1 辆，美式吉普汽车 2 辆，南京跃进牌汽车 1 辆。1978 年起全部采用国产 NJ 三类底盘改装的邮件运输专用汽车。1990 年，市内有自办汽车邮路 4 条，邮路长度118.6千米，即至林学院31千米、田心塅28.4千米、宋家桥31.1千米、董家塅28.1千米。1995年6月13日，市内趟班邮路延伸至开发区邮电局。1997年12月，株洲县所辖的五里墩、马家河、群丰镇3个乡镇划归株洲市管辖，南线趟班邮路从延伸至五里墩邮电所；长岭、花园2个邮电所的进出口邮件则由天元区邮电局组开2条摩托车邮路。至1998年9月，市区有汽车趟班邮路3条，长度为168.5千米（单程）；摩托车邮路1条，长度为12千米；自行车邮路1条，长度为13.5千米；收筒邮路1条，长度为19.4千米（单程）。市局投入各种型号的运邮汽车17辆、摩托车3辆，各种定点、定线、定时邮路6条。

（二）县内邮路

从在乡村集镇设立邮政代办机构起，即有县城邮政局与乡村间的邮件传递。初期是通过县间步班邮路交换。民国6年（1917），攸县邮局开辟第一条县内邮路自县城至柏树下，民国8年（1919），茶陵邮局开辟县城至坑口支线。这是境内最早的县内邮路。

株洲邮政局开办初期，因服务范围仅限本镇，无县内邮路。民国6年（1917）8月，管辖范围扩大，开辟株洲—易家湾—白田铺邮路，民国29年（1940）开辟株洲至渌口、株洲至浏阳普迹邮路。

1949年8月，株洲邮政局有乡村邮路4条，邮件传递范围为五里墩、白关、残梅、姚家坝、宋家桥、黄坡田、龙头铺、报亭子、霞湾、清水塘、马家河、凿石、古大桥一带。

1949年年底以前，县内邮路只与设在集镇的代办所、邮票代售处交换邮件。1950年县内邮路总长2372千米。1959年邮电自办机构遍布农村，形成以县邮电局为中心的邮件运输网络，邮路总长度达到7444千米。主要以自行车或步行运输邮件。步班邮运人员日行程山区为28～30千米，丘陵区为27～31千米；负重山区为20千克，丘陵区为30千克。自行车邮运人员日行程山区为40～45千米，丘陵区为45～50千米，负重视具体情况定。

1961—1965年对农村自办局、所和邮政代办机构进行整顿和调整后，局、所减少，原来的一些邮路改为投递路线，1965年底邮路总长度减少为4720千米。1990年县邮电局只与自办机构交换邮件，邮路长度为2246千米，其中自办汽车邮路108千米，委办汽车邮路1587千米，自行车邮路541千米，步班10千米。1991年4月21日，株洲县境内停接火车邮件。1997年4月，醴陵市邮电局停接火车邮件，醴陵市局至阳三石的邮路也作了调整。

20世纪90年代，各县、市邮电局先后开办了以自办汽车邮路为主，辅之自行车和委办邮路，步行背（挑）邮路随之撤销。至1998年9月，各县、市邮电局共有运邮汽车19辆，自办汽车邮路12条，总长度1734千米；委办汽车邮路11条，长度为196千米；自行车邮路长度和条数均有较大幅度的减少。既加快了邮件的传递速度，又减轻了农村邮运人员的劳动强度，同时也增加了邮件的安全系数。

三　城乡投递

（一）城镇投递

各地设立自办邮政机构时，城镇邮件投递业务由营业人员兼任。1949年年初境内共有7条投递段，其中株洲城区2条。1950年，株洲城区和各县城镇共有7处邮政机构办理窗口交付。此后，株洲城区相继增辟田心、董家塅、清水塘、宋家桥、响石岭、中南林学院6个城市投递区。从1970年起，株洲城区高层住宅迅速增加，为使邮件能按址投递到户，株洲市建委、市邮电局于1975年联合发出通知，要求在高层住宅设计中，将设置信报箱（安装在底层）列入设计标准并要求在已建高层住宅补设。市房地产公司率先在新建的7栋高层住宅安装信报箱。

随着邮电事业的发展，投递区段不断增加。1990年，全市有29处邮电机构办理窗口交付，其中株洲城区19处；共有城镇投递段87条，其中株洲城区61条；株洲市城区2180栋高层住宅中，474栋装有信报箱，占22%。未装信报箱的1706栋中，有865栋由邮电局直投，589栋由单位收发室转交。

随着邮件业务量和新业务的增加，1998年全市办理窗口投交邮件发展到127处，全境投递段道增加到128条，市区本省段道增加到69条。城区有汽车投递线路2条，摩托车投递线路3条，其余均为自行车投递段。同时开辟6条特快专递和礼仪业务投递线路，配备车辆9台，投递员10人。

（二）农村投递

中华邮政时期，农村邮件由邮政代办所、信柜招领，邮政代办机构约有信脚投送信件，按路途远近向收件人收取力资。20世纪50年代初期，人民邮电采取（邮）运投（递）合一办法，村镇邮运按规定路线沿途直投和与代办机构交换邮件。1955年农村邮路和投递路线达到4057千米，比1950年增加1685千米。1956年曾推行农业社邮递员制度，邮局邮递员投送到农业社，农业社邮递员投送到户。1958年，随着农村邮电自办机构的增设，农村邮路和投递路线达到9905千米，邮件投递延伸到大队、生产队。为加速农村邮件传递速度和减轻农村投递员的劳动强度，1977年推行“邮送摩托化”，投运农村邮件的摩托车最多时达到83辆。因道路差，不能正常行驶，车易损坏，于1983年全部撤销。为扩大农村投递面，1985年试行组建“村邮站”，先在郊区龙头铺乡试点，投递到村民小组和农户。1986年12月，中共株洲市委宣传部、市邮电局联合下发《建立和发展农村村邮站的试行办法》，试图解决全市尚未直投的13793个村民小组和农户的邮件投转问题，因采取以发行报刊提取酬金的办法作为村邮站的经费，数额少，难以推行。

1990年，全市专投邮件的农村投递路线339条，计9047千米，其中自行车班8403千米，步班644千米。总数中，私人承包的26条计783千米。由邮电局自编力量投送到的乡（镇）139个，行政村2110个。株洲市郊区范围内有农村投递路线11条，总长554千米。全市149个乡镇和2240个行政村的邮件实现直投。2.6万多个村民小组尚有60%靠建立的1669个信报站捎转。1998年，全市141个乡镇全部实现直投，行政村中通邮的2202个，占总数的99.63%，1.99万多个村民小组中通邮面不足60%，未通邮的行政村和村民小组只有依靠社会力量实行捎转。全市投递线路155条，投递里程长为10637千米；步班投递线路24条，长度为761.5千米，其余均为自行车投递线路。

第三节 邮政业务

一 函 件

（一）种 类

大清邮政时期，境内邮政代办机构开办信函（包括平常、平快、挂号、快递）、明信片、印刷物等业务。

中华邮政时期，自设立邮局起至民国14年（1925）间，经办函件业务种类有信函、明信片、新闻纸、印刷物、商务传单、货样、贸易契、瞽者文件等。信函又分为平常、挂号、快递、保险、代收货价等项。民国15—25年（1926—1936），增办航空邮件、平快邮件、小包邮件、诉讼文书。民国34—38年（1945—1949），增办国内报值挂号函件、保价邮件。

1949年年底，根据邮电部规定，开办信函和明信片、新闻稿件、新闻纸、印刷品、贸易契、商务传单、瞽者文件、货样8大类。各类函件按处理手续、递送方法不同，又分为平常、挂号、保价、航空、快递等。1953年停办商务传单，取消快递函件业务，新闻纸改名为定期出版物。1958年将资费相同的新闻稿件、定期出版物合入印刷品类，瞽者文件改名为盲人读物，贸易契改名为事务文件。

1960年10月，为适应群众邮寄粮票、布票等票证、文件的需要，开办特种挂号。1966年“文化大革命”开始后，单位和个人邮寄毛主席著作，免收邮资并按挂号手续处理。邮寄有关“文化大革命”的信件，资费减半。1969年停办代收货价、货样、国内邮政回执等业务。

1973年，国内函件调整为信函、明信片、印刷品和盲人读物4种。按处理手续和承担责任分为平常函件和给据函件（包括挂号函件、特种挂号信函、保价函件）。

从1980年7月1日起，恢复商务传单（改称“代发广告”）业务，1981年12月22日起增办贺年明信片业务。1986年8月15日起开办国内、省内特快专递业务。1987年开办邮政快件和有声信函业务。从1987年8月15日起，株洲市邮电局开办国际特快专递业务。

从1991年12月1日起，发行中国邮政贺年（有奖）明信片，以后每年发行一次。1994年开办商业信函业务。面对新的形势，邮政开始不断探索多种形式的业务发展。1995年11月开始发行“企业拜年卡”。1996年8月，醴陵市局在全地区率先开办邮政回音卡业务。邮政回音卡是一种便于收件人及时回复寄件人以示邮件妥收的卡片（株洲市局1997年2月正式开办）。1997年开始发行企业明信片。随着民用函件市场逐渐萎缩，从1996年12月1日起，取消航空函件；1998年7月1日起，停办邮政快件业务。

国内出口（收寄）函件 株洲市自1952年起，国家重点工程相继开工，城市人口不断增加，函件业务迅速发展。1953年出口量达68万件，为1950年的2.5倍。1957年上升到170万件，又比1953年增长1.5倍。1958年、1959年因“大跃进”和郊区扩大，出口量猛增，分别达到222万件和470万件。1961—1978年间，受全市经济形势和“文化大革命”的影响，出口量曾一度萎缩，

1967年只有269万件，1969年292万件，1978年上升到375万件（含株洲县64万件）。在此期间，醴陵、攸县、茶陵、酃县4邮电局出口量亦呈下降趋势。1979年起，邮电部门为适应社会经济发展的需要不断增办新的函件业务，出口量又迅速增加，1986年全市达到1192.6万件，比1978年增长64.3%。其中株洲市邮电局为676.4万件，比1978年增长117.5%。

1987年11月开办快件业务，1988年全市收寄量达到52.3万件，其中株洲市邮电局占29.6万件。

据1989年8月对出口（收寄）给据、平常两类函件用户构成调查，工业、建筑业分别占43.7%和34.85%，其他行业、部门分别占40.1%和42.15%，居民和专业户、个体户占16.2%和23%。

1990年，全市出口函件1173万件，加上快件比1986年稍有增加；快件出口量达129万件，比1988年增加1.5倍。1994年，全市出口函件达到1651万件，比1990年增加40.75%，但随着电信通信的迅速发展和银行结算的计算机联网，取代了一部分信函业务。从1995年开始函件业务出现逐年下降趋势，1996年，全市出口函件为1407万件，1997年受调资等因素的影响，全市出口函件只有919万件，其中市邮电局345万件，分别比上年度减少34.7%和48%。全市出口特快专递28.4万件，出口邮政快件71万件，分别比上年减少39%和29%。随着通信业的逐渐发达，函件业务量进一步减少，1998年，全市出口函件量只有909万件，较上年度减少10万件，其中出口邮政快件40.4万件，较上年减少43.1%。到2000年，国内函件出口量仅为888.38万件。

国际及港、澳、台出口函件　1980年以前，株洲市寄往国外及中国香港、澳门、台湾地区的信件甚少。随着改革开放政策的实施，出口量逐步增多。1986年全市出口量为2.9万件，其中城区出口2万件。

1990—1994年间是株洲国际及中国香港、澳门、台湾地区函件业务量最大的一个时期，1990年全市出口10.2万件，其中城区出口6.8万件，总量较1986年增加7.1万件，1994年，全市出口量达到14.6万件。从1995年起出现逐年下降趋势，到1997年全市出口9.8万件，其中市区出口6.1万件。1998年，全市出口3.34万件，其中市区0.89万件。1999年，全市出口量略有增长，为4.68万件，其中以往台湾的邮件居多，为2.44万件。2000年出口量为4.83万件。

（二）资　费

自设立邮政机构开办函件业务起，均按全国统一规定标准收费。函件资费按业务种类分别规定标准。

大清邮政和中华邮政时期的47年中，国内平常函件互寄资费变更27次。清光绪二十九年（1903），每件每重半英两或其零数收银元1分，光绪三十四年（1908）改为2分。宣统二年（1910）按每件每重20克或其零数收银元3分。民国14—29年（1925—1940）仍收取银元，由4分到6分、5分。民国29年（1940）9月21日起，改收法币。开始为8分、10分，到民国31年（1942）涨到50分。民国32年（1943）起邮资暴涨，由1元、2元涨到20元，民国35年（1946）涨到100元。民国36年（1947）由500元调至2000元。民国37年（1948）由5000元调至15000元。民国37年（1948）11月起改收金圆券，到翌年4月仅半年时间，变更8次，由10分调到1500元。民国36—38年（1947—1949）间如此高幅度调资，但仍赶不上物价飞涨指数。各邮局入不敷出。民国36年（1947）攸县邮局收入130万元，支出却达680万元，被迫裁减员工，原有职工20人，1949年8月仅剩下9人。民国38年（1949）

4月，株洲邮局工会小组曾函上级申述："……金圆券贬值太快，会员生活无法维持，早已典当度日，其情形之惨，无可言喻。"要求借款。各邮局纷纷致函（电）湖南省邮政管理局，要求改按银元收费。"现在已（到）走投无路，山穷水尽的地步，邮政存亡，员工生死，在此一举……"。湖南省邮政管理局遂通知各属局，于4月25日起，改收银元，定为4分，8月1日起改为5分。

从1950年2月1日起，40年内一直执行全国统一的邮政资费标准，每封平信（每重20克）本埠0.04元、外埠0.08元。1990年7月31日调整为本埠0.10元，外埠0.20元。1996年12月1日再次调整邮政资费，国内平信每20克不分本、外埠一律收费0.50元。取消函件航空费和各类邮件查询费。同时，对国际及中国香港、澳门、台湾地区邮政资费也作出相应调整，平信每件20克以下，国际的由2.20元调整为4.40元，香港、澳门、台湾地区的由0.60元调整为1.50元；航空附加费每10克，国际的由0.70元调整为1元，香港、澳门、台湾地区的由0.20元调整为0.50元。地区的由0.20元调整为0.50元。1999年3月1日，国家邮政总局又一次对邮政资费进行调整。本埠平信首重每20克资费调整为0.60元，续重每100克调整为1.20元；外埠平信首重100克内每20克资费调整为0.80元，续重资费每100克调整为2元；明信片每件不分本外埠调整为0.60元；本埠印刷品首重100克资费维持不变，续重每100克降低为0.15元，外埠印刷品首重100克0.60元，续重资费维持不变；挂号费提高为每件2元。

（三）函件经转

株洲市邮电局是邮件转运和分拣封发重点局，是国家邮政总局指定全国255个转口局之一，也是全国邮政快件汇封交接指定31个重点局之一。株洲信函转口量逐年增加，1954年为125.5万件，1970年、1986年分别为550万件和1439万件。经转关系调整后，稍有减少，1990年为1116.4万件。1994年4月1日起，邮政总局决定徐州、鹰潭、株洲3个指定转口局，承担函件的散件退封经转任务，其分发关系按省会市局规定执行。此后，原由长沙经转的株洲往东、往西方向的函件统一改由株洲经转，因此株洲局函件转口量大幅度增长，当年达到3735万件。1995年上升到6438万件，1997年为6244万件，比调整前的1993年增长1.29倍。1998年11月起，株洲局不承担往东往西方向函件的经转任务，仍改由长沙邮局经转，2000年株洲转口邮件只有2271万件。

二 包 件

中华邮政时期，境内各邮政局兼营的包裹业务有普通包裹、快递小包、大宗包裹、代收货价包裹、保险包裹等。收寄的主要是当地的土特产，外地寄来的则以日用百货居多。因战事影响，交通阻断，包裹业务时断时续。加以不通铁路、轮船的地方不能收寄，包裹出口（收寄）数量甚微。茶陵邮电局民国37年（1948）全年仅收寄464件。

中华人民共和国成立后，全面恢复各类包裹业务，凡非危险、禁运之物品皆可作为邮政包裹寄递。1950年株洲市和各县邮局共收寄1万件。1957年达到4.9万件，主要是城乡居民交寄的土特产及日常生活用品等。1951—1955年间，进口（外地寄来）包裹大于出口（收寄），1954年进口为出口的 134.1%，1955 年为 125.7%。随着工业的发展，邮寄包裹的用户结构发生变化。从 1958 年起，株洲市邮电局开始收寄工厂产品包裹，长江工具厂（株洲硬质合金厂前身）在 4 — 12 月交邮电局发出的产品包裹达 2 万件。1960 年、1961 年分别为 9.5 万件和 5.2 万件，占邮局收寄总量的 50% ~ 55%。1961 年株洲市和各县邮电局共收寄包裹 15 万件，比 1957 年增加 2.1 倍，1969 年、1970 年，株洲市邮电局因收寄工业产品多，年收寄量各达 15 万件，境内各邮电局收寄总量上升到 21 万件。

因各地邮局收寄工业产品包裹大量增加，使邮政运输量和运力之间的矛盾十分突出，邮电部于 1978 年采取限寄措施。是年境内各邮电局、所仅收寄 12.6 万件，其中株洲市占 6 万件。随着邮政运输能力的增强，又逐步放宽限寄重量（原限 5 千克以下），1985 年全市收寄量回升到 16.1 万件。从 1986 年 7 月起，普通包件划分为民用和商品 2 种，株洲市城区内经常到邮局交寄工业商品包裹的除大户株洲硬质合金厂外，还有株洲市钨钼材料厂、株洲市电碳厂、株洲市无线七厂、株洲市无线电十厂等单位。随着流通的发展，邮局收寄居民交寄的日常用品包裹逐渐减少，单位、个体户交寄量比重增大，据 1989 年 8 月对出口包裹的用户结构调查，工业、建筑业占 77.36%，商业、物资、供销部门占 3.84%，文教、卫生、科研单位占 2.69%，专业户、个体户及其他部门占 3.69%，居民交寄的仅占 12.78%。1990 年，境内各邮电局收寄总量为 21.6 万件，其中商品包裹占 13 万件，为总件数的 60%。株洲市邮电局收寄量为 15.26 万件，为总件数的 70%, 收寄的商包量占商包总数的 78%。

进入 20 世纪 90 年代，邮政包裹业务面临着铁路、民航和汽车零担的激烈竞争，为适应市场变化和竞争的需要，邮电部从 1991 年 6 月起试行商品包裹资费临时性下浮。下浮幅度为：将原在民包资费基础上加收 50%，改为按民包资费加收 20%，商包在 5 千克以下的改为按民包计费。1993 年 2 月又再次下浮，即商包可按民包资费收寄。同时，再次放宽商品包裹的重量、尺寸限度，商品包裹的最大重量限度由原来每件 25 千克放宽为 28 千克，最大尺寸限度放宽以能装入 3 号邮袋为限。

由于采取了一系列措施，1991 — 1994 年包裹业务仍得到较快的发展，1994 年达到了 97.1 万件，其中市局收寄 72.1 万件，分别为 1991 年的 2.9 倍和 3 倍，包裹业务量、收寄量均居全省各地州市邮电局之首。1995 年以后，由于市场竞争日趋激烈和经济市场疲软，邮政包裹业务也逐步下降。1995 年全市收寄包裹只有 58.9 万件，其中市局 35.1 万件，到 1997 年全市收寄包裹量下降到了 37.5 万件，其中市局 15.79 万件。

为了适应市场竞争需要，开辟邮政包裹业务新的增收点，醴陵市局率先于 1996 年 3 月开办包裹点对点的直运业务，当年实现收入 15.6 万元。株洲市局也于 1997 年 10 月开办包裹点对点直运，当年实现收入 4 万元。1998 年直运业务逐步扩大，市局配备了大小专用运输邮车 4 辆，1998 年 1 — 8 月创收 20 万元。到 2000 年，全区累计实现直运收入 152.4 万元，其中市局创收 75.05 万元。年度全区包件收入累计达到 498.74 万元，实现了包件业务大突破。

株洲市收寄发往国外及中国香港、澳门、台湾地区的包裹不多，1990 年为 186 件，1997 年为 257 件，其中市局 149 件。1998 年为 209 件，其中市局 117 件。至 2000 年，受国民经济发展的利好因素及全球经济一体化影响，出口海外及中国香港、澳门、台湾地区的包裹也有一定程度的增长，达到 623 件。

三　报刊发行

清末及中华邮政时期的邮政部门不经营报刊发行业务，报刊通过邮局作“新闻纸”寄递。1950年3月11日，株洲境内各邮局按照中央人民政府政务院关于“邮发合一”（邮递和发行合一）的决定，发行报纸和期刊。

（一）订　阅

1950年，各邮局报纸期发份数为1600份，1954年达到2万份，杂志收订2万份。

1956—1958年间，《株洲日报》《茶陵报》《醴陵报》《攸县报》《酃县报》《株洲郊区报》相继创刊。在“大跃进”高潮中，从市、县到人民公社，实行一手抓发行，一手抓读报，组织发行网，建立推广站，以食堂为单位成立读报组，1958年报纸发行份数急剧增到12.75万份。《茶陵报》由创刊时的3000份，增到2.5万份。1958年全县报刊期发份数曾达到5.94万份，平均每5人一份。有些农村邮政投递员因报纸多，背不起，自行车载不了，只得改用手推车。报纸到公社、大队后，有的难以及时传送下去，成捆成堆积压。

1960年，新闻纸紧张，报刊控制发行，除《株洲日报》外，各县报和郊区报相继停办。报纸发行份数锐减，1961年只有3.8万份，为1958年的30%。国民经济经过调整，纸张供应好转，报纸发行量又逐渐回升，1965年达到7.6万份，其中株洲市占36.4%。1966年“文化大革命”开始，大部份报纸先后停刊，1967年期发份数只有4.7万份，株洲市为2.17万份，分别比1965年下降38%和22%。1968年起中央和各地报纸复刊后才逐步上升，1978年达到15万份，杂志19.8万份，株洲市占6.6万份。1979—1988年，报纸发行种类增到500种，全市期发份数年年增长，1980年、1982年、1984年、1986年分别达到21.9万份、28.3万份、44.3万份、54万份，1988年为56.9万份，其中株洲市邮电局为29.2万份。1989年报刊普遍调价。部分报纸改为自办发行，邮电部门发行份数下降，年底只有39.3万份。1990年为38.7万份，比1988年减少32%。株洲市邮电局1990年为19.2万份，比1988年下降34%。

株洲市局从1990年1月1日起，经邮电部批准成立报刊发行中心局，是全省首批两个试点单位之一。主要负责市局及所辖县、市局所有报刊汇总要数、结算以及全区报刊款的集中管理工作，并向所属订销局及其分支机构封发报刊。

从1991年1月1日起，《株洲日报》开始自办发行。该报自1957年10月1日交株洲市邮电局发行直到1990年，发行量从1000多份发展到1990年年底的60489份，自办发行后，对邮局报刊发行量、收入带来一定影响。1991年，全市报刊发行期发数为68.8万份，报刊流转额为1038.7万元，分别比1990年下降5.4%和9.7%。

从1993年1月1日起，撤销株洲报刊发行中心局，所辖各县市局直接向省报刊发行局申报数量、结算。

因缺报少刊，发行成为困扰邮政服务质量的主要问题，直接影响到报刊发行业务的发展。从

1997年9月1日起，市局实施缺报少刊先行赔付制度，并从财务部门直接拨付资金2万元，作为补偿周转金。规定缺报少刊后，平均不超过3天，最长不超过15天，如不补发报刊，必须向相关订户办理退款。此制度执行以来，提高了邮政的信誉，维护了订户的利益。

1997年下半年，省局决定对《三湘都市报》和《文萃周报》试行买断风险包销。1998年，买断包销报刊扩大到10种，株洲市包销报刊期发数为9.4万份，包销流转额为441万元，分别比上年同类报刊增加33%和54.7%，发行费率平均提高41.2%。1998年1月1日，《株洲广播电视报》收回自办发行。1998年，全市累计订销报纸5616.44万份，杂志577.08万份，报刊流转额3210.86万元。1999年，全市累计订销报纸5218.84万份，杂志655.6万份，实现收入1134万元。

（二）零　售

20世纪50年代初期，报刊以订阅为主，零售为辅。1955年株洲市邮电局零售报刊有《新湖南报》、《中国青年》杂志、《学习》《政治学习》等1315份。1958年设报刊零售门市部和专职流动报刊零售员。报刊零售员陈瑞香日售《株洲日报》由30份增到100份，《新湖南报》由90份增到145份，《人民日报》由60份增到80份，并做到无报损，曾在中南5省发行工作者座谈会上交流经验。

1960—1965年间，部分报刊控制发行，零售数量停留在原有水平。1966年因“文化大革命”，绝大部分报刊停刊，零售业务停顿。但1967—1976年间，凡发表“毛泽东主席指示”和“两报一刊”（《人民日报》《解放军报》和《红旗》杂志）发表关于“文化大革命”内容的社论或重要文章，各单位临时预订甚多。株洲市邮电局要向《株洲日报》社提出加印要求，最多时加印达10余万份。

从1979年起，报刊零售业务得到重视。1980年，株洲市邮电局开始大力发展报刊零售，并在各邮电支局、所开设零售和发展社会零售网。1981年零售报纸110万份，杂志65万册，流转额达到29.5万元，为总流转额的23%。1984年起实行报刊零售经营承包责任制。1985年零售报刊种类达到820种，零售份数达到132.8万份，流转额达61.4万元，其中社会零售员（个体）占25.3万元。

从1986年起，除零售邮发报刊外，开办非邮发书刊批销零售业务，零售流转额达到110万元。1989年吸取1987—1988年因盲目发行造成积压损失的教训，减少到37.9万元，1990年为117.7万元。1990年全市有自办零售点47处，其中株洲城区10处。20世纪90年代，株洲市局报刊零售业务得到稳定快速发展，零售报刊种类1993年为165种，1995年850种，1997年达到2284种。零售报刊流转额1991年为79万元，1997年达到482万元。1997年度，零售报刊流转额占订销报刊总流转额的比例为28%。1999年，报刊零售收入达到237.84万元，占报刊收入的39.61%。

四　邮政汇兑

官办邮局设立后，兼营汇兑业务，开办普通汇票、代收货价汇票。从民国19年（1930）11月起，增开小额汇票业务，每张10元为限，邮政代办所信柜亦可办理。民国后期还增办电汇、侨汇、期汇、电话汇票等业务。民国36—38年（1947—1949），由于经济萧条，法币、金元券贬值，民众对汇兑失去信赖，业务量很少。茶陵邮局民国36年（1947）9—12月仅开发汇票979张，平均每日8.1张。

从1949年9月15日起，株洲、醴陵定为试办湖南邮区区内汇兑业务的邮局。11月底，各邮局均开办普通汇票和定额汇票业务。邮政代办所亦开办定额汇票业务，定额汇票面值分1万元、2万元、3万元、5万元、10万元（旧币）5种，主要服务于乡村政权建设及土地改革工作。1950年各邮政机构共开发汇票5.5万张。

从1952年起，株洲邮电局汇款业务迅速发展，当年收汇3.5万张，主要是职工工资汇款。以后10多年一直持续增长，1965年达到27.4万张，株洲市和5县邮电局1965年共收汇41.8万张，为1950年的6.5倍。

由于邮电自办机构遍及城乡，自1975年起，各邮政代办所停办邮政汇兑业务。

1966—1980年的14年间，境内各局年平均出口汇票业务量一直在40万张左右。

自1980年8月起，邮局办理的个人汇款，每笔最高限额由原来的300元放宽到5000元。个体工商户、专业户纷纷通过邮局办理货款往来，但汇款的主要部分是单位邮寄给离退休人员的工资。

从1983年起，邮汇业务又呈上升趋势。全市从43万张增长到1985年的51.2万张，1989—1990年稍有减少，均为46.9万张。

从1988年5月1日起，在开办"邮政快件"地区范围内，开办"快件汇款"业务。1990年株洲市邮电局收汇16.9万张，占总数的62.7%。1992年，由于境内各县大批民工外出打工，邮政汇入的汇票大量增加，全市出口汇票由1991年的4.9万张增加到1992年的53.1万张，增长9.8倍。但由于兑付资金需要量大，相当一部分农村邮电支局、所经常发生银行提不出汇兑资金的情况，造成群众汇款不能及时兑付，引起群众强烈不满。人民银行和新闻媒体都把此问题称作"绿条子问题"。为此中国人民银行、邮电部曾多次发出传真电报，要求各地银行和邮电部门采取有效措施迅速解决邮政汇款兑付难问题。

1993年6月16日，中国人民银行、邮电部、中国工商银行、中国农业银行颁布《邮政汇兑资金清算办法》，此办法改工商银行系统清算汇差为人民银行直接清算。同年，全市邮政汇款通知统一使用条形码。

1994年7月，市邮电局火车站营业办安装窗口微机，成为全省邮电第一个对外营业的微机化窗口，开发汇票实现微机处理。

从1996年6月1日起，个人汇款的每笔最高限额由原来的5000元再次放宽到10000元。同时，将邮政"高额汇票"最低限额由500元调整为1000元。

1997年5月，市邮政局在具备条件的17个支局、所安装了微机，实行邮政营业"一台清"处理。同时，首批在火车站、建设路营业办和响石岭、清水塘、建宁、董家塅支局以及贺家土、杉木塘、铜塘湾邮电所等9个营业处之间实现邮政汇款的通兑。

1998年7月1日"邮政快件"停办后，"快件汇款"同时取消。

2000年，邮政汇兑业务受到商业银行电子汇兑的巨大冲击，但仍然保持了平稳发展。同年开办电子汇款业务，电子汇款额最高可达5万元，汇费50元，汇率只有1‰。全年累计开发汇票108万张，收汇款额14.26亿元。

五　机要通信

1921年中国共产党诞生后，即在各地建立“秘密交通”“军邮”“机要交通”等机要通信机构。

1928年春，茶陵县苏维埃政府开始设立“通讯站”，1929年扩大为“交通股”，传递党的秘密文件和军事情报。

1951年8月，中国共产党内机要交通与军邮合并，归中共中央军事委员会通信部领导。1953年1月，中共党内机要交通与军邮分设。省设机要交通分局，各专区设支局。株洲市的党内机要交通归中共株洲市委管辖，醴陵、攸县、茶陵、酃县的党内机要交通分别归各县县委管辖。

1957年3月31日，中共株洲市委和各县委将机要通信移交当地邮电局接办。

邮电局接办机要通信后，成立机要通信班或配备专人办理收寄、分拣封发、接（车）押（送）和投递工作，收投到市、县级党、政机关和县团级军事、企业单位。

1959 — 1962年间，各邮电局曾先后开办县以下机要通信业务，收投到人民公社。实行县以下机要通信与普邮兼办。

1962年10月21日，株洲市邮电局机要通信班升格为机要通信科。收寄、分发、接押、投递均配专人负责。

1980年3月起，株洲市邮电局开办市内机要文件互寄业务，服务范围扩大到科级单位。1990年，株洲市邮电局机要通信业务量为4.4万件。

自1996年12月1日起，国家对机要邮件资费进行调整，机要邮件由原来的每件100克以下每重20克，省际0.25元、省内0.20元，改为不分首重、续重，也不分省内、省际，一律按挂号函件资费计费。即每重20克，收取信函资费0.50元，每件再收取挂号费1元。机要刊物由原来的每重100克，省际0.15元、省内0.10元，改为按挂号印刷品计费。即每重100克，收取印刷品资费0.30元，每件另收取挂号费1元。同时，取消文件类每件0.35元，刊物类每件0.25元的机要手续费，改为收取机要保密费每件1元。由于受调价等因素的影响，市局的机要通信业务量由1996年的4.75万件减少到1997年的3.76万件。2000年，株洲邮政机要通信工作荣获全省机要通信全红“十连冠”荣誉称号。

六　集　邮

株洲市邮电局于1980年2月17日设集邮专柜，销售集邮邮票及集邮品。由集邮爱好者发起，株洲市邮电局牵头，于1982年5月1日正式成立全市群众性集邮团体 —— 株洲市集邮协会。基层集邮组织亦陆续在各大中型企业组建。1982年9月15日，株洲市邮电局成立邮票公司，在邮电大楼设立出售集邮邮票和集邮品门市部。各县邮电局于 1984 — 1987 年间，设立专柜，开办集邮业务。根据集邮邮票出现供不应求的情况，株洲市邮电局自 1984 年起，实行预订证凭证购买办法。1986 年集邮邮票和邮品销售达到 21.7 万元。

1990 年，全市共有集邮供应点 10 处，其中株洲城区占 5 处。由于集邮爱好者越来越多，12 月份按货源发出的 1.3 万份预订证，仅能解决不到三分之一人数的需要。本年度全市销售额为 92.3 万元，其中株洲市邮电局占 71.7 万元，比 1988 年的 29.9 万元增加 2 倍多。

株洲市集邮爱好者，以珍藏的邮票、邮品多次参加全省、全国、国外开办的邮展。1983 年 6 月 2 日全省首届邮展，电力机车厂周纪华的“武汉解放后第一次发行新邮票样张”获二等奖。商务印书馆新加坡分馆于 1990 年 5 月在新加坡主办的“新中国邮票展览”，湖南省第五建筑工程公司赵大雄的“中国建筑类型及结构”参加展出。在 1990 年北京第十一届亚洲运动会国际体育邮展中，株洲市邮电局王哲学的“汉城奥运精英荟萃”邮集品，荣获国际体育邮展镀银奖杯。

从 1995 年 5 月 1 日起，开办集邮信托业务。经营国内外邮票、邮品、邮资封、片、纪念品等。1997 年 4 月 8 日，在邮电综合大楼“南国商厦”二楼开辟集邮市场，并同时单独设立集邮信托门市部，除经营集邮票、品外，还增办电话磁卡等业务。集邮市场开业初期，出租柜台 130 个，经营也比较活跃，但到当年下半年，由于全国集邮市场逐步趋向疲软，有的新邮票一上市就低于面值交易，年底市场仅留下 20 多个柜台营业，经营很不景气。

1997 年，全市共有集邮销售点 28 处。由于抓住了香港回归的机遇，大力组织集邮票、品销售，当年实现集邮收入 1041 万元，比上年同期增长了 1.5 倍，占邮政收入比重的 27.3%。

1998 年 10 月 28 日，《炎帝陵》特种邮票在炎陵县举行首发式，这是历史上第一次全国发行株洲地方题材的邮票。这套邮票由中国邮票设计家李德福设计，全套 3 枚，共计面值 3 元，同时发行《炎帝陵》邮票小全张 1 枚，售价 4 元。为纪念《炎帝陵》邮票的发行，湖南省邮电管理局、株洲市人民政府联合在炎帝陵建造一座邮票发行纪念亭，亭内竖立着一块以《炎帝陵》邮票小全张为图案的汉白玉纪念碑。湖南省、陕西省、炎陵县、黄陵县邮政局还联合发行《炎帝陵、黄帝陵邮票专题册》。

2000 年 10 月 9 日，邮册《株洲 —— 中华大地上的璀璨明珠》举行首发式，印制量达 1 万册。

七　其他业务

（一）邮　购

为拓宽邮政业务经营领域，满足社会多层次用邮需求，1998 年 1 月，市邮政开办邮购业务，办理商品代购、代销、批发和零售等业务。境内各县市局均开设邮购销售点，全市共设立邮购批发、零售网点 9 处，1 — 10 月，创收 26 万元。1999 年，邮购业务获得迅猛发展，当年累计完成收入 767.21 万元。2000 年，由于电视购物等的大量兴起，邮购业务受到冲击，全年完成收入 560.09 万元，其中市邮政局 104.15 万元。

（二）邮政广告

1994 年，开办商业信函业务，通过信函形式为社会各单位代发广告业务。1996 年，商业信函业务收入8万元。1997年12月28日，出版发行株洲市第一期《邮政专送广告》，共印7万份，首期内容是刊登邮电业务宣传广告。发行方式为采取逐张夹附在《湖南日报》等主要报纸内，由邮政投递员和聘请的临时工投送到全市各单位和居民住宅。1998年1月，正式成立株洲市邮电局邮政广告商函公司，主要经营邮政专送广告、信筒广告、商业信函、企业明信片、校园明信片等广告和具有广告性质的业务。同年4月，在株洲市城区繁华地段安装广告信筒96个，首批安装40个，并全部张贴广告。9—10月，制作校园明信片和企业明信片18000张，并首次为企业制作产品说明书。截至10月底，《株洲邮政专送广告》共刊出15期，广告收入53万元。

（三）邮政礼仪

1995年11月，开办同城和异地邮政礼仪专递业务。1996年，开办单位职工生日礼仪蛋糕业务，全年完成业务量为1443件，收入2.1万元。从1997年1月起，针对春节、情人节、元宵节期间群众的礼仪习俗，开办节日礼仪送人和鲜花礼仪等业务。职工生日蛋糕、鲜花礼仪业务由1995年的1个单位用户发展到1997年底的18个单位用户。1998年3月，在邮电综合楼开办邮政鲜花店，醴陵市、攸县和株洲县邮电局也相继开办邮政鲜花店，开办邮政礼仪业务，直接从昆明、广州组织货源，开办鲜花批发。1999年1—10月，特快专递业务量达到1715件，创收10万元。

（四）邮政代办

1999年，开办邮政代办业务，经营范围涉及代收移动、电信、联通话费，市局所有自办网点可代办市话、长话、无线电寻呼、移动电话、磁卡、IC卡、200卡等业务。在不增加投入的情况下，增加了113个自营网点和1个委托代办点。2000年，全市邮政代办收入840万元，是上年的10倍。

株洲市邮政通信系统历任负责人名录

表14-1

机构名称	局　长	任职时间	备　注	副局长	任职时间	备　注
邮政局	罗学达	1949.9—1950.4	–	–	–	–
	庄霖生	1950.5—1951.6				
电信局	潘作镜	1949.9—1949.12	–	–	–	–
	韩金魁	1950.1—1951.1				
	杨大禹	1951.1—1951.5				
邮电局	庄霖生	1951.5—1951.6	代	杨大禹	1951.5—1957.7	1951.5—6（代）
	李树清	1951.6—1957.7	–		1963.6—1964.8	
		1963.6—1964.8		郭有廉	1954.11—1955.8	兼
	杨大禹	1957.7—1963.6	代	齐民樵	1956.8—1960.10	–
	徐炳权	1964.9—1969.3	代	陈湘美	1969.3—1969.12	革委会副主任
	何广汉	1969.3—1969.12	革委会主任			
邮政局	李业兴	1970.1—1970.4	行政负责人	孙克礼	1972.3—1973.9	政　委 贾纯银
	樊永国	1970.5—1971.7	–	林书江	1972.11—1973.9	
	李树明	1971.7—1972.6	–	–	–	
		1973.4—1973.9				
	（缺）	1972.6—1973.4				

续表 14–1

机构名称	局 长	任职时间	备 注	副局长	任职时间	备 注
电信局	徐炳权	1970.4 — 1973.9	–	赵 群	1970.2 — 1972.10	政委：赵连富 副政委：柳明昌
邮电局	徐炳权	1973.9 — 1980.9	–	孙克礼	1973.9 — 1980.4	–
	（缺）	1980.9 — 1982.4		周夕坤	1973.9 — 1981.1	
	易声贵	1982.4 — 1983.7		林书江	1973.9 — 1980.4	
	（缺）	1983.7 — 1985.6		张让能	1976.4 — 1983.9	
	章华杰	1985.6 — 1987.10		刘生库	1976.4 — 1978.1	
	李柏楹	1987.10 — 1989.6		解友致	1979.4 — 1982.9	
	李润汉	1989.6 — 1990.11		顾广智	1980.2 — 1981.5	
	王海涛	1990.11 — 1991.12	代	费继述	1981.1 — 1985.8	
		1992.1 — 1998.10	–	–	–	
	–	–	–	王子勋	1981.6 — 1982.12	
				李润汉	1981.6 — 1985.7	
				罗士谷	1982.4 — 1983.9	
				章华杰	1983.9 — 1985.6	
					1987.10 — 1998.10	
				曹湘源	1983.9 — 1988.2	
					1989.6 — 1998.10	
				吴振福	1985.8 — 1998.10	
				何宏涛	1986.10 — 1988.2	
				唐运祥	1987.10 — 1998.10	
				王海涛	1990.2 — 1990.11	
				李泽林	1991.11 — 1993.3	
邮政局	王海涛	1998.10 — 2000.12	–	申春林	1991.12 — 1996.6	–
				邓玉林	1992.1 — 1998.10	
				包卡佳	1996.5 — 1998.10	
				吴振福	1998.11 — 2000.12	
				王中华	1998.11 — 2000.12	
				邹 青	1998.11 — 2000.12	
电信局	黄 璋	1998.10 — 2000.12	总经理	包卡佳	1998.10 — 2000.12	副总经理
				刘建国	1998.10 — 2000.12	
				汤俊杰	1998.10 — 2000.12	
移动公司	唐运祥	1998.10 — 2000.12	经 理	晏 坚	1998.10 — 2000.12	副经理
联通公司	江彦浩	1999.7 — 2000.12	总经理	–	–	–

第二章 固定通信

第一节 机 构

一 电报局

清光绪二十四年（1898），长沙至醴陵电信线路架通，醴陵设立电报支局。光绪二十九年（1903），萍乡至醴陵的铁路通车，醴陵设有铁路行车通信机构——阳三石电报支局，由铁路总办薛鸿年主其事。光绪三十一年（1905），株萍铁路全线贯通，株洲即设铁路行车通信机构——电报房。

民国1年（1912）7月，株洲始设电报局，局址在"衙门"，即清代抚民府衙门所在地（芦淞区南湖塘樟树坪）。配电报生1人，担任值机兼营业。线工3人，负责维护线路。

民国5年（1916）5月，北洋军阀张敬尧任湖南督军，在湘东战役中，将醴陵电报支局和株洲电报局掠劫一空，线路被毁，境内电信一度停办。

民国7年（1918），设立攸县、茶陵电报局，醴陵亦改称电报局。民国10年（1921），设立酃县电报局。民国19年（1930），株洲电报局入不敷出，奉令裁撤。民国22年（1933）8月，茶陵、酃县、桂东、兴宁（资兴市）间湖南省长途电话专线架通，在茶陵、浣溪圩两地开设长途电话营业处。翌年在醴陵设立营业处。民国23年（1934）春，开设湖南省长途电话局工程处株洲营业代办所，隶属省政府管理。工程结束后，改称湖南省长途电话局株洲营业处，处址设中正街（芦淞区解放街）。此为株洲开办长途电话之始，不久，复设电报机构，更名为株洲电报电话营业处，与邮局合设一处。民国25年（1936）12月，复称株洲电报局。

二 电信局

民国33年（1944）4月，日军进攻，株洲电报局奉令于次月25日疏散。6月，因线路阻塞，省长途电话局株洲营业处停办。民国34年（1945）9月9日，电报局复局营业，局址设大胜岭，改名为株洲电信局。民国35年（1946）2月17日，设渌口电信代办处，属株洲电信局分支机构。至此株洲和境内5县城关镇均有了电报和长途电话通信。

民国38年（1949）国民政府败退前夕，株洲电信局共有员工18人。为迎接人民解放军，在线务员冯绍钦、甘荣带领下，成立"株洲电信局职工应变会"，开展保产护局活动，将重要通信设备转移至霞湾汪家山上隐藏。人民解放军进驻株洲后，随即取回安装，很快恢复电信通信。

三 电讯室

民国 14 — 22 年（1925 — 1933），湖南省内军阀混战。各军阀为加强对辖区的统治及适应驻军的通信需要，在防区内架设电话线路，军队撤离后由县政府接管。此后，省政府从便于指挥军事行动出发，指令各县在区、乡、镇普遍架设乡村电话。乡村电话属县政府建设科具体管理，称电讯室。茶陵、攸县、醴陵、酃县在此期间均有电讯室（或电话室、电务室）。民国 36 年（1947），湘潭县办电话有线路通至株洲和黄龙桥、九思冲。1949 年人民解放军进驻后，各县办电话由县人民政府接管。1953 年移交当地邮电局统一经营。

四 邮电局、电信局

1951 年 5 月 13 日，株洲电信局与株洲邮政局合并为株洲邮电局。1969 年 12 月，邮政分设，电信局受人民解放军市、县武装部领导。1973 年 10 月，市、县电信局与邮政局又合并为邮电局，恢复由上级邮电部门和地方政府双重领导。（详见邮政章）

1998 年 9 月，根据《湖南省邮电分营实施方案》要求，分别成立株洲市及所属县、市电信局，将邮政、寻呼业务剥离出来。株洲市电信局设一室五部：即综合办公室、人力资源部、市场经营部、计划财务部、运行维护部、通信建设部。1999 年 7 月 17 日，移动通信业务也与电信分离。至此，株洲及所辖县、市电信局只经营固定电话业务。

第二节 网 路

一 电报与数据通信

（一）电报设备

清末和民国初期，境内（交通）部办电报线路均为单铁（一根铁线）电报电路，采用莫尔斯电报机传递，从发报到收报，要经过由汉字变码（4 个阿拉伯数字组成 1 码，1 码为 1 字）— 码变符号（横、点）— 符号复为码 — 码复译为字的过程，工序繁杂，速度很慢。民国 36 年（1947）3 月 31 日起，始有双铁电报电路，株洲电信局改用音响机，以圆锥形电键敲打，听“的、哒”声收报。在音质清晰的电路上，则以电话机口诵电码传递。

1958 年 11 月，株洲市邮电局至长沙电路上始用电传打字机，按键打码发报。1959 — 1980 年间，醴陵、攸县、茶陵、酃县、株洲县等邮电局先后改用电传打字机，各局并陆续加配自动发报机，形成自动发报程序。1980 年，株洲市和 5 县邮电部门共有电传打字机 26 部，音响机和以电话机传递电报方式在县间电路上消失。

1985 年 2 月 3 日，株洲市邮电局启用中文汉字译码机，结束了自民国 1 年（1912）开办电报局以来电报通信靠报务人员记忆和翻码书译电的历史。

从 1986 年起，邮电部门开始对全市电报传输设备和终端设备进行全面更新改造。5 月 21 日开通株洲至长沙，醴陵经株洲至长沙 64 路转报系统。1988 年 3 月 6 日，株洲市邮电局与株洲县、攸县、茶陵、酃县邮电局间的插报电路开通。8 月 28 日，各邮电局的电报传递进入全国公众电报自动转报网，电报全程时限由改造前平均 4 小时缩短到 2 小时以内。

1990 年 12 月 26 日，株洲市邮电局中心报房电报分集器投入使用，市区内 8 个邮电支局、所的来、去电报可自动选择电路收发，不需由中心报房人工收转。当年，各邮电局均已装备电报传真机和译码机。新增配的中英文终端机，具有屏幕显示、电子贮存、自动接转、收发电报自动打印、汉字显示等多种功能，取消了去报凿孔纸条和专职校对、转报放纸条接转、来报放纸条译码等工序，实现收发电报全自动处理。全市邮电机构共拥有电报电传机 87 台，其中电子电传机 43 台，汉字译码机和汉字终端机 27 部（套）、电报载波机 4 部、插报机 13 部、传真机 6 部。能与国内外互通电报和报表、图文传真。随着电报业务量的增长和传输设备的改进，电报电路已由单一的实线改为明线载波电路。全市有线业务电报电路达到 27 路，其中，自动转报报路 8 路，另有出租用户电报电路 30 路。当年，株洲铁路电务段拥有电报载波机 2 部、传真机 4 台、纸条发报机 3 台、电传打字机 6 台。

1991 年 5 月 7 — 10 日，茨菇塘、宋家桥和晏家湾邮电所的 BD4202 型电子电传机开通使用，替换了原 55 型机械式电传机。至此，市邮电局使用的机械式电传机全部被淘汰。年末市邮电局有全电子电传机 29 部，有 3×16 载波电报机 1 部，46 路时分制载报机 2 部，4 路扦报机 5 部；全地区有电传机 54 部，载报机 4 部、扦报机 11 部。载报机和扦报机的总容量，市邮电局 160 路，实占 65 路；全地区 198 路，实占 80 路。1992 年 8 月 5 日，160 线的用户电报交换机开通入网运行。

（二）短波电台

民国 26 — 35 年（1937 — 1946），交通部在湖南境内设无线电台 36 处中有醴陵、酃县 2 处，属当地电报局通信设施的一部分，与有线电报同时使用。民国 27 年，抗日战争进入高潮，湖南省政府先后在全省 10 个行政督察专员公署、67 个县政府设置的无线电台中有醴陵台、攸县台、茶陵台、酃县台。湖南省公路局亦于民国 27 年（1938）在醴陵、攸县设置无线电台。1949 年人民解放军进驻茶陵、酃县前，两县无线电台设备被国民党军队劫走，攸县、醴陵 2 台于和平解放时停用。

1957 年 1 月 13 日，境内出现冰凌，为确保通信畅通，湖南省邮电管理局下拨株洲市邮电局 1 套无线电台，于 16 日开通。1958 年电力部门吸取湘潭下摄司至株洲输电线路冰凌倒杆事故教训，在长、潭、株设台供相互联络。攸县、茶陵、酃县、醴陵 4 邮电局从 20 世纪 60 年代初期后依次设立无线电台。自 1984 年起，各邮电局电台以株洲台为中心，定时相互联络。1970 — 1985 年间，株洲市邮电局无线电台曾应水电部门要求，于汛期在酒埠江、郴州沙田和瑶岗仙、桂东、冷水江、醴陵官庄、湘乡大华山等地使用无线电台。

1991 年，市邮政局有短波收发信机 3 部、全区 10 部，用于防灾应急通信。每天保持定期联络，确保设备正常运行。1994 年关闭了短波发信机。

（三）分组交换

1994年，株洲市邮电局安装分组交换节点机端口20个，1995年扩展到40个。到1996年进行设备更新，购进美国摩托罗拉公司6500系列的分组交换机。在市中心、响石岭、河西、董家塅、建宁、宋家桥、红旗路、田心、龙头铺等9个局、所和5县、市局都安装了分组节点机。市中心局的分组交换机与全网各节点机间通过64KBDDN互联。为保持其可靠性，每个节点至少有2条64KBDDN与中心局的交换机连接。至1998年9月止，全网端口数为642个。其中市邮电局552个，5县、市90个。市中心局的交换机通过数字数据网与长沙、湘潭、衡阳、岳阳的省中心网互联。全省的分组网出口设在长沙。

（四）数字数据网

株洲市邮电局于1994年4月组建数字数据网（DDN），随后进行了扩容。1997年9月，在市区庆云大厦、河西局、建宁和市中心局新增节点机。5县市也安装节点机，形成株洲本地DDN网。在市中心局安装1台DDN交换机和3台节点机。市中心局的用户端口有732个，全区有1044个。DDN交换机与各节点间的连接是通过2MB/S数字电路互联，并通过一个节点机由长沙、湘潭、衡阳、岳阳4处进入全省的DDN网。

（五）帧中继

帧中继是可自动调节网络的数据传输交换节点设备，1998年8月在株洲市邮电局开通。节点机安装在市中心局、响石岭局、红旗路局和河西局4处。共有V35用户端口54个，其中中心局18个，其他3处各12个。采用加拿大生产的36170/3600系列，在ATM平台上建立的帧中继网。其36170是ATM骨干网网关设备，可根据用户要求提供最高速率2MB/S的传输信道。

二　长途电话

（一）长途线路

1.邮电长途线路　清光绪二十二年（1896），湖南巡抚陈宝箴和湖广总督张之洞奏准朝廷，架设湘鄂电信线路。光绪二十三年（1897），长沙（经株洲）—醴陵—萍乡电信线路动工兴建，翌年竣工。光绪三十三年（1907）至宣统三年（1911），续建长沙（经株洲）至衡阳长途电信线路。民国1年（1912）起株洲电报局与长沙、醴陵互通电报。

民国7年（1918），架通自醴陵起经攸县至茶陵的电报线路。民国10年（1921）延伸至酃县。民国16年（1927）架通攸县至衡山、攸县至安仁电报线路。境内电报通信网路初步形成，但皆为单线。

民国22年（1933）春，湖南省政府及驻湘东军队，为加强“剿共”行动，欲速架设长途电话专线。四路军总司令何应钦、纵队司令刘建绪为灵通军信，令特防驻茶陵彭立仁师长、王东原师长、段珩司令会同保安五区部队，兴兵大举架设县间电话线路。8月底，茶陵至攸县、茶陵至安仁、茶陵至酃县、茶陵至江西莲花4段架通，共长125千米；酃县至兴宁（资兴市）、酃县至桂东电话专线同时架通，形成以茶陵为轴心的长途电话线路网。民国23年（1934）架通长沙—易家湾—株洲—

醴陵 — 萍乡线路及株洲 — 渌口支线。同年动工兴架的还有衡阳经耒阳 — 安仁 — 酃县浣溪圩、垸溪圩 — 茶陵、浣溪圩 — 酃县县城、浣溪圩至炎帝陵专线，全长 250 千米，但至民国 28 年（1939）方架通通话。

民国 26 — 27 年（1937 — 1938），湖南省政府架通醴陵 — 攸县 — 茶陵及株洲 — 湘潭电话线路。

民国 33 年（1944），日军进犯，长途电信线路，均遭毁坏。抗日战争胜利后，方陆续恢复。

民国时期架设的电话线路，长沙 — 株洲 — 衡阳及株洲经醴陵至萍乡为铜双线和铜单线，余为铁线。无明线载波，均以实线通报通话。

1949 年夏秋，长途电信线路遭国民党军白崇禧部破坏，株洲至醴陵线路被割 10 档，醴陵至萍乡被割 77 档。人民解放军长沙军事管制委员会交通接管部接管原交通部办和省政府办长途电信线路时，仅株洲至衡阳一段完好。接管后，各电信线路在年底先后进行抢修，恢复了通信。

1949 年 10 月 25 日，湖南省电信指挥局成立，直接管辖各地电信局。随着行政区划和隶属关系的变更，1951 — 1960 年间先后拆除了酃县至桂东、资兴、安仁，茶陵至江西莲花、安仁，攸县至安仁、衡阳等线路，形成由湘潭（经株洲）— 醴陵 — 攸县 — 茶陵 — 酃县的长途电信线路。

1960 — 1964 年，在长途线路建设中，按照“先维护，后基建”的原则，对线路进行全面整治。经过增加线对，加大线径，除酃县外，各局有了明线载波电路。

1965 — 1969 年，新架省际干线自攸县菜花坪入攸县境内经茶陵进入江西。

京广长途电信干线线路原经市区和株洲县境内，1977 年改道湘潭，除保留长沙至株洲及株洲至渌口需要的线路外，余皆拆除。朱亭增音站亦于当年 3 月 20 日迁湘潭石潭镇。

1978 — 1990 年，对境内的长途杆线进行系统改建、扩建，醴陵 — 攸县 — 茶陵 — 酃县的素木杆更换为水泥杆；株洲至醴陵段更换为注油木杆，并将原来的 2.5 毫米、2.9 毫米线径的铜双线更换为 3 毫米线径铜双线，3.2 毫米线径的铁双线更换为 4 毫米线径铁双线。至此，形成以株洲城区为中心，联通湘潭、长沙和境内各县的有线长途线路网。原来只能开通 12 路载波机的线对，提高到可增开高 12 路和超高 12 路载波机。

1988 年，湖南省邮电管理局决定建设长沙、株洲、湘潭三市间微波网，1990 年建成株洲与长沙间的白马垄微波站。为解决株洲至长沙间长途电话拥塞状况，经湘潭经转的 480 路数字微波应急设施于 1990 年 8 月 14 日开通。年底启用微波电路 51 条，其中株洲至长沙 45 条，株洲至湘潭、邵阳、衡阳、常德等地共 6 条。

2.铁路长途线路　清光绪十九年（1893）和三十一年（1905），株萍铁路通车到醴陵、株洲时，随建的行车有线电报线路同时架通。粤汉、湘黔铁路建成后，株洲成为南北、东西铁路通信线路的交汇中心。

1953 年，株洲通往浙赣线的通信线路有 5 对，通往湘黔线 1 对，粤汉线过境线路 6 对。1957 年，株洲铁路电务段管辖的长途通信线路计杆路 290.7 千米，线路总长度为 3170 条千米。

1973 年，湘东铁路建成通车，随建醴陵至茶陵沿线长途通信杆路。

1989 年 1 月，自汉口经株洲至衡阳 300 路同轴地下电缆开通，株洲电务段管辖范围内自七斗冲起至大托铺止的51.5千米架空明线杆路为同轴电缆取代。

铁路长途通信杆路，经过不断改造，原有素木杆已换成注油杆或水泥杆。1990年有电杆5205根，其中注油杆2411根，水泥杆2788根，其他6根；长途通信电缆52皮长千米；起自株洲的长途明线线路，对醴陵有铜线4对、铁线4对，对湘潭（十里长冲）为铜线5对、铁线7对，醴陵对茶陵为铜线1对、铁线6对。铜线线对可开通12路、高12路、或超高24路载波机；干线长途载波电路76路；实线电路41路。

3.电业长途线路 1951年，建株洲至湘潭下摄司电厂双线通信线路，并通过下摄司与长沙相连通。1956年，下摄司电厂至董家塅间架设1对与输电线路共杆分层的电话线路。9月，株洲电厂至长沙通信线路架通，株洲供电所则租用市邮电局2对专线至株洲电厂，形成以株洲电厂为中心的电力通信网路。

从1958年起，湖南省开始利用电网高压电力线路建立载波通信。株洲于1959年在长沙至株洲、株洲至醴陵110千伏线路上使用电力载波机。1976年，白马垄变电站投入运营，开通4台载波机，其中2台对长沙树木岭，2台对衡阳酃湖，均为220千伏载波网络。1982年株洲电力调度室设载波室，1984年增开株洲电厂至五里墩电力线载波。随着电信技术的不断进步，通信的重点转移到数字微波系统建设。当年设立白马垄、淦田2个微波站。1986年攸县网岭变电站投入运营，随即扩大载波网。至1990年，开辟电力线载波通道18条，即：株洲（电业局）对长沙、醴陵、攸县城关、攸县网岭、酃县、安仁，网岭对攸县城关、排前，排前对茶陵，醴陵对蔡家坳。株洲对安仁及醴陵对蔡家坳为1条通道，余各为2条通道。另有株洲电厂至白马垄、湘潭、长沙的与电力线路共杆分层明线线路44.5对千米。形成以株洲市城区为中心的电力有线长途通信网路。

进入20世纪90年代，光纤通信成为株洲电力的主要通信手段。形成南环、西环、北环光纤通信系统。2000年，株洲电力投入运行的载波站有53个，载波机178台，提供电力载波通道58条，提供主网的电力载波通道32条，微波通信站9个，微波PCM话路总容量1200路，基群配置容量480（16个基群）。一点多址微波站15个，传输容量60路。架设光缆电路230千米。

（二）长途电话设备

1.传输机械设备 民国年间，境内的（交通）部办、省办长途电话均为单一的实线传输，无传输机械设备。

1958年，株洲至长沙的长途通信线路上始装3路载波终端机。当年，邮电部在株洲县朱亭建立京广长途通信干线增音站，配置电话载波增音机和发电、配电等设备。醴陵、攸县、茶陵、株洲县等邮电局分别于1959—1965年间配装电话载波设备。1977年，境内各邮电局共有载波终端机31部，其中12路7部，并逐步以晶体管取代原有的电子管设备。

1980年年后，由于长途线路的更新，形成以明线载波为主体的长途电话传输网路。1990年，全市各邮电局共拥有载波终端机56部，其中3路10部、12路28部、高12路14部、超高12路4部，对端容量达582路，并在醴陵、攸县设置载波增音机7部。

进入20世纪90年代，长途电信传输线路发生变化。线路传输介质由金属线的明线路向光导纤维的光缆和无线数字微波过渡，传输设备由分离元件组成的模拟设备向由高集成度集成电路组成的数字设备过渡。传输通道由模拟型全部转为数字型。1990 年 8 月 20 日，开通使用株洲市至湘潭的 480 路临时应急数字微波传输工程，采用北京生产的 8GHZ 34MB/S 数字微波设备。是株洲邮电也是湖南邮电首次兴建的数字微波线路，与长沙到湘潭光纤传输通道相衔接，缓解了株洲市至省交换中心长沙的长途电路紧张状况。

1992 年 9 月，引进法国 140MB/S 数字微波设备，建成连接长沙、湘潭、娄底、邵阳、怀化等湖南西部各地市局及江西萍乡的湘西南数字微波干线系统，在株洲的终端复用设备容量是 2040 条话路，解决了株洲市与省内部分地市的长途传输问题。在株洲与湘潭方向的原有 34MB/S 国产微波设备于 1993 年批准报废，同时在株洲市与株洲县渌口镇间建成一主一备的 34MB/S 数字微波系统。使株洲市与株洲县之间的传输电路达 480 条数字话路。1997 年 4 月，株洲市、醴陵、攸县、茶陵建成防洪微波线路，设备是西安产的 34MB/S 数字微波系统，1998 年 8 月延伸到炎陵县。

投入使用的京汉广国家一级干线 12 芯架空光缆，途经市区、醴陵和攸县，境内全长 136 千米。该光缆在株洲市、醴陵市和攸县都设有 140MB/S 中继器和终端复用设备，在株洲市的 PDH 终端复用设备容量有 44 个 2MB/S 传输端口，即株洲市有 1320 路长途话路。

1993 年，穿越株洲市及辖区境内的三条光缆先后竣工。一条是国家一级干线福（州）杭（州）贵（阳）成（都）30 芯地埋光缆，于 1995 年全线开通，在株洲市装有四次群 140MB/S 中继器和终端复用设备。其容量有 192 个 2MB/S 传输端口，使株洲市有长途电路 5760 路。第二条是省二级干线醴长凤 12 芯地埋光缆，株洲市至长沙段为 24 芯。于 1993 年 12 月正式开通使用。第三条光缆是株洲市境内的省二级干线 10 芯架空光缆，解决了攸县、茶陵县、炎陵县的传输问题，并在光缆沿途的菜花坪、平水、马江、浣溪、炎帝陵 5 个农村支局设开口电路。

1997 年 4 月，全省新建的 2 个光同步数字（SDH）传输工程开工，在株洲市设有中继和终端复用设备，一个是在湖南省内二级干线上组建两个环形同步数字传输系统。株洲市位于其环“二网”内的长沙与湘潭间。环的传输速度等级是 STM-16，在株洲设有 2.5GB/S 传输端口，下有 272 个 2MB/S 传输端口。使株洲增加长途 SDH 传输设备电路 8160 条。二是福杭贵一级光缆干线上的 SDH 传输系统，在株洲站设有 STM-16 终端复用器（AXD2500TM），STM 中继器（AXD2500IR）、STM-1（E）终端复用器，（AXD155-2TM）等主要设备。STM-16 终端复用器将 2.5GB/S 光信号，以 155MB/S 电信号方式终端，通过 STM-1（E）终端复用器终端至 2MB/S 传输端口 567 个，使株洲新增长途数字传输设备电路 17010 条。全部设备均为引进瑞典爱立信公司产品。到 1998 年，株洲市及所辖县市都有光缆和数字微波线路连接。

2.长途交换设备 株洲和各县开办长途电话时，均是通过磁石式人工长途交换机接续。株洲市邮电局于 1960 年改为共电式接续台。1962 年，市邮电局与长沙电信局间安装简易半自动拨号设备，双方长途台可直拨对方市话用户，结束过去单一的全人工接续。

1975 年，株洲市县内电话实现自动化。市县间电话来往频繁，为使互相间能够直拨，在尚无长途自动交换设备购买的情况下，经湖南省邮电管理局批准，将电话直拨列为科研项目。机务员文家鹏、尹松娟研制的ZDB-1型自动拨号中继器，于1979年12月投产。自此，市县双方用户只须加拨“9”字便可接通，成为湖南省邮电部门市县间自动拨号的首创。

自1986年5月21日株洲市邮电局加装DD14长途电话半自动设备起，先后开通与湘潭、衡阳及境内的株洲县、醴陵、攸县、茶陵等邮电局相互间的电话半自动拨号。

1989年8月，株洲市邮电局DD16长途电话自动设备投产启用，城区长途电话进入全国自动网，各有权用户（装有直拨电话的用户）可以直拨已进入全国网的600多个城市的市话用户。醴陵市邮电局安装DD16设备后，可直拨国内长途电话，但因未定区号，其他城市不能直接拨入醴陵市。

到1990年，株洲市长途电话交换机，都是长春生产的JT502型共电长途交换机，共有9台18个座席。1991年12月，增加1架长途全自动对端DD16设备，长途全自动电路达32路。DD16全自动对端设备，通过长途电路使株洲市内电话长途有权用户，直接连至省交换中心的长途自动交换机，可拨通全自动电话网上的任何一个用户。到年末，市内电话长权用户达到1424户，另有DD14长途半自动对端设备，使两地市内电话用户就可进行半自动通信。DD14和DD16对端设备的容量达到200路端。

1992年8月16日，开通的法国E1-B型长途、市话合一的2万门程控电话交换机，其中的1000线长途交换机随之开通。自此，株洲市的长途电话交换由人工接续转为数字程控自动接续，株洲市本地自动电话网，进入了全国长途自动电话网，其长途区号为0733。结束了打长途电话难、听不清的局面。DD14和DD16长途对端设备，也随之大部分断电停用。

1995年3月5日零时，市区及所辖5县市的电话号码统一由6位升至7位。升位后的株洲本地电话网，由5个本地电话网通过2MB/S光纤传输中继合并而成。合并后的株洲全网交换机容量达17万门。有11个市话汇接局、1个长途局，即株洲县、醴陵市、攸县、茶陵县、炎陵县、建设路中心局、响石岭局、红旗路局、河西局、建宁局、董家塅局，各接汇局则统一由市局长途局汇接后，进入省交换中心长沙C2局，与全国长途自动电话网衔接。

3.长途电话电路　民国23年，株洲与长沙、衡阳开通直达电路，可直接叫唤对方长途台。1949年增加湘潭、醴陵2县。醴陵、攸县、茶陵、酃县直到1960年还只能与相邻市县直达。随着长途通信传输设施的不断完善，境内各邮电局人工接续的直达电路逐渐增加，1979年株洲城区可直达至北京、汉口。1982—1989年，增开广州、南昌、宜春、韶关、桂林、萍乡等地。1990年，全市共有业务电话电路300路，其中自动电路44路，半自动电路115路，另有出租话路29路。

1998年9月，株洲市开往全省地市局长途电话直达业务电路共计2504条，其中至长沙有1418条长途电话电路；开往省外的直达长途电话业务电路有1020条。

（三）微　波

1985年，京广电业微波干线株洲白马垄和淦田微波站建成，采用国产120路数字微波设备。1987年更换为日本产480路数字微波设备，通信容量增加3倍。株洲云田变电站建成后，安装意大利产480路8GC数字微波系统。1988年开通株洲电业局至白马垄和南华变电站微波通信，电业微波通信网形成。当年，湖南省邮电管理局决定建设长沙、株洲、湘潭3市间微波网。1990年建成株洲与长沙间的白马垄微波站。为解决株洲至长沙间长途电话拥塞状况，经湘潭经转的480路数字微波应急设施于1990年8月开通。年底，启用微波电路51条，其中株洲至长沙45条，株洲至湘潭、邵阳、衡阳、常德等地6条。1992年9月，引进法国140MB/S数字微波设备，建成连接长沙、湘潭、娄底、邵阳、怀化等湖南西部各地市局及江西萍乡的湘西南数字微波干线系统，在株洲的终端复用设备容量是2040条话路，解决了株洲与省内部分城市的长途传输问题。同时，在株洲市与株洲县渌口镇间建成一主一备的34MB/S数字微波系统，是湘西南数字微波干线的延伸，使市区与渌口之间的传输电路达480条数字话路。1997年4月，株洲市、醴陵市、攸县、茶陵建成34MB/S防洪微波线路，1998年8月延伸到炎陵县。

三　市内电话

民国35年（1946），株洲电信局置有40门长途交换机一台，中国银行、交通银行、永利久大化学工业公司、华湘企业股份有限公司、正大煤田公司、驻军库站、镇公所及粮食行、木材行、运输行等28个单位装有电话。醴陵、攸县、茶陵、酃县4县政府设立电讯室时，国民党县党部、县国民政府、警察局等单位的电话接在县办电话总机上，电信局长途交换机上也有连接的专线电话。

1950年，株洲电信局设置50门磁石式市话交换机1台。1953年境内各县邮电局接管县人民政府农村电话时，将城、乡分设网路。此起，方有县城关镇内供用户相互通话的市内电话。

（一）交换点和交换设备

1953年，株洲市、醴陵、攸县、茶陵、酃县等邮电局市话交换机容量共为487门，均为磁石式交换机。

1958年，邮电部和湖南省邮电管理局决定兴建株洲市自动电话，项目定名为“株洲市自动电话综合工程”，邮电部拨款55万元修建楼房。1959年邮电管理体制改变，株洲市邮电局的人、财、物划给市人民委员会管理。中共株洲市委和市人民委员会将自动电话工程列为重点项目，并拨款66.5万元，购入47式步进制交换机1000门，及电源、长途通信设备。工程于1960年8月27日竣工投产，使株洲市成为湖南省第二个实现市话自动化的城市。

市郊区各区、镇电话网路，于1962年纳入市话网，先后增加渌口、雷打石、三门、淦田、朱亭、龙头铺、五里墩、洲坪、昭陵、王十万10个交换点，市话交换机容量达到1750门。1965年，株洲县邮电局成立，郊区各交换点划入县属农村电话网范围，县邮电局设市话交换机200门。

1965年年底，境内各邮电局市话交换机总容量达到2420门，其中株洲市城区1100门。1966—1974年间，扩容640门。株洲市邮电局自1000门自动电话投产到1974年年底仅扩建200门，许多单位装不上电话。

1973年，兴建株洲市响石岭市话分局，由地方投资修建机房，省电信局投资购买和安装600门47式交换机，于1977年7月10日割接投产，清水塘地区装电话难的问题得到解决。

1977年，列入全省市话改制的茶陵、攸县、酃县、醴陵，分别于20世纪70年代末80年代初将磁石人工交换机改为纵横制自动交换机，4县改制后的总容量为2200门，比改制前增加600门。至此，市、县市话全部实现自动化。

中共十一届三中全会后，株洲市各行各业得以迅速发展，带来市话供需的矛盾日益突出。为缓和矛盾，市邮电局自筹资金、自行设计、自己组织施工，首先增装纵横制自动交换机2000门。于1982年8月15日割接投产。接着将原步进制设备移装响石岭分局，分局容量增至2000门。1984年市邮电局续扩建纵横制交换机2000门，7月8日割接并网。1989年市邮电局再次扩建1000门，翌年开始放号。1990年，株洲市邮电局市话交换机总容量达到7000门。全市达到11900门，比1970年、1980年分别增长382%和158%。

1991年，为解决市话装机的大量需求，市邮政局又紧急扩容H921型1000门纵横制交换机。至当年末，株洲市市内电话交换机容量达8000门，其中纵横制6000门装在中心局，步进制2000门装在响石岭局。交换局实占容量达7395门，占用率高达92.4%。

1992年2月20日，株洲市局4万门程控电话第一期工程正式开工。7月26日，醴陵市4000门S-1240型长市合一程控电话开通，形成醴陵程控电活本地网，电话号码由4位升至6位。这是株洲市辖区最先开通程控电话的县级局。8月16日，市邮电局引进法国4万门E-10B型长市合一数字程控电话交换机系统一期2万门工程正式开通。其中市中心局装E-10B市话15000门和长途交换1000线，响石岭局装3000门，株洲县局装2000门。其电话号码由5位升至6位。1993年1季度，第二期2万门全部开通，响石岭局升为8000门母局，河西局和建宁局各2000门模块局开通。1994年4月，第二个4万门程控扩容工程竣工。1995年3月5日，市区及所辖县市电话号码统一由6位升至7位，成为省内继长沙后电话号码升至7位的地市局。同时将4个县市的本地电话网通过光缆传输信道组成覆盖全境的大本地网。5月，市邮电局又开通3万门，宋家桥局、红旗路局、田心局、董家塅局、龙头铺局等7个用户模块先后开通程控。至此，全网程控交换机容量达17万门。年末，株洲市局程控电话交换机容量达117500门，达到"九五"计划期间"1212"建设计划交换机容量达12万门的要求。

1996年开始实施"九五"期"618"通信发展计划。当年市邮电局就投资1亿元，引进法国E-10B型程控交换设备43960门，对南湖塘、响石岭、红旗路和田心4个局进行扩容。1997 — 1998年2月连续投巨资进行扩容。截至1998年9月，株洲市内电话网交换机容量达22万门，话网具有汇接功能的母局有市中心局、响石岭局、红旗路局（包含一个E-10局、一个SP30局）、河西局（包含一个F150局和一个SP30局）、建宁局。中心局为株洲本地电话网的中心汇接局。

（二）传输设备

市话兴建之初，线路是以木杆作电柱、线担，电话线扎架于线担瓷瓶上。1955年，株洲市和醴陵、攸县、茶陵、酃县邮电局，共有杆路51杆程千米，线条149对千米。1957年1月，出现严重冰冻自然灾害，明线木杆杆路难以抗拒，株易公路上的杆路全部折断。随着市话的发展，明线杆路迅速增加，1958年株洲市及醴、攸、茶、酃4县的市话杆路达到269杆程千米（株洲市占207杆程千米），线条为882对千米（株洲市占661对千米）。市区的大街小巷都是明线悬空。市邮电局北向主干线路，自新华西路起，在12米高的电杆上装有14层8线担，延伸至宋家桥墓庐处还有10层线担，挂有100余条的明线走廊，长达5千米。

1959—1960年，株洲市兴建自动电话时，在主要街道上改以电缆取代明线线路。自市邮电大楼起，南至栗树山小学，北至贺家土建设大道上，铺设电缆管道2.82管千米。1961年，市话电缆长度达到38.3皮长千米。芯线长度为5258芯线对千米，明线线条减少为490对千米。

境内各邮电局自1965年前后，开始采用水泥电杆。株洲市邮电局自1973年起，停止使用杉木作电杆，并对原有的主干杆路逐步改为水泥电杆杆路。

1980年，市区和5县县城主要街道上，已无明线线路，市话电缆成为市话传输的主体，电缆长度达到168皮长千米（株洲市占122皮长千米）。1985年电缆增至259皮长千米（株洲市占164皮长千米），明线线条减少为450对千米。

为减少线路建设投资，市邮电局自1986年起，在市话线路上配装环路载波机，初装3路3套，1990年3月6日装皆（0+8）4套，6月2日又加装（1+1）载波机（144路)。这些设备的启用，可多装电话机185部。当年，全市各邮电局共有市话杆路417杆程千米，其中水泥电杆杆路占374杆程千米；电缆长度达到366.8皮长千米，其中地下电缆占98.8皮长千米；明线线条200对千米。

1991年，市话线路全是架空电缆和地下管道电缆。水泥杆路长度为245千米，出局用户线对数13600对。用户交换机中继线1007对。远郊还有1+1市话环路传输设备电路208路。1992年4月，市中心局到响石岭局的32芯光缆系统竣工，这是株洲市局敷设的第一条市话中继光缆。年末，市话杆路长度达到273千米，电缆长度达到249皮长千米。出局用户线对数达25600对，全地区为42210对。1+1市话环路载波设备电路达528路。建立交接箱126个，为上年度的6.3倍。交接箱平均容量也由上年的1200对增到1800对。中继光缆长度由零开始达到10.1皮长千米。

1995年，市话电缆达到625皮长千米，为1992年的2.5倍。出局用户线对数14.75万线对，全区为23.57万线，分别为1992年的5.7倍和5.6倍。市局的配线电缆线对数达24万线。市话光缆长度达到68.1皮长千米，为1992年的6.7倍。

为适应宽带业务迅速发展和图像传输的需要，市邮电局在1997年组织建设光缆接入网的设计。该工程在市中心局、建宁局、红旗路局、河西局、文化路局、响石岭局、清水塘局、田心局等13个局，向其周围铺设用户接入网光缆线路250.6千米。其中6～12芯的架空光缆134.97条千米；6～120管道光缆115.64千米。光接点138个。在1997年铺设完工52皮长千米，1998年铺设接入光缆59皮长千米，28个光接点。

截至1998年9月，市局市话中继光缆达172.6皮长千米，纤芯长4162千米。用户接入网光缆111皮长千米，纤芯长3610千米，至此市区各交换局的中继传输全部光缆化。

为组建信息高速公路，向社会提供通信网络、计算机数据库及信道传输平台，根据省邮电局统一安排，建设株洲本地网内的中继线光同步数据网（SDH）。光同步数据传输网工程，是覆盖株洲市及其所辖4县市的一环两链传输网。全程总长270千米。共9个站全部为分路站。其中2.5Gb/sADM9个，2.5Gb/sTM 4个，155Mb/sTM13个。一环由市中心局—红旗路—田心局—响石岭—

市中心局组成，为STM-16等级的环。传输速率为2.5Gb/s，全长16千米。4个数字段，分路站4个。“链一”由市局中心局 —— 河西分局组成，为STM-16等级，一个数字段，终端站2个。“链二”由市中心局 — 醴陵 — 攸县 — 茶陵 — 炎陵县组成，同是STM-16等级，全长237千米，4个数字段，3个分路站，2个终端站。另在市中心局设有一套全网的管理系统。整个工程共投资1935.45万元。可增加2Mb/s端口3222个，帧中继155Mb/s端口4个，155Mb/s图像端口6个。9个分路站和终端，站的任意两个站间都有直达2Mb/s电路。市中心局至各站的2Mb/s电路，至响石岭177条、红旗路局197条、田心局177条、株洲县171条、醴陵297条、攸县190条、茶陵144条、炎陵县41条。红旗路局至各站的2Mb/s直达电路是：至响石岭13条、田心14条、株洲县7条、醴陵17条、攸县7条、茶陵5条、炎陵1条。市局SDH传输设备的2Mb/s端口达2343个，即有话路数70290路端。

（三）用户小交换机

除铁路行车通信部门外，株洲机车车辆修理工厂和国营331厂是株洲市最早安装内部使用并进入市话网的小交换机单位。随着城市的发展，1960年市区有35个单位安装内部电话设施，交换机容量合计为1990门，除株洲电厂为100门是自动机外，其余为磁石式或共电式人工交换机。1980年用户小交换机容量达7460门。1981 — 1985年，增加4200门。1990年，与市邮电局市话联网的小交换机用户增到74个单位，交换机总容量为15680门，其中自动式占12930门。醴陵、攸县、茶陵、酃县和株洲县与市话联网的小交换机容量为2926门。

1991年市局有用户交换机76家，其中自动交换机37户，人工交换机39户。

1992年8月14日，株洲市邮电局程控电话开通前，市立一医院、起重机厂、市建二公司、电焊机厂等7个单位的人工交换机改为用户程控交换机。株洲冶炼厂、株洲硬质合金厂、株洲火花塞厂、南方航空动力机械公司（331厂）、株洲洗煤厂、湘江氮肥厂、株洲玻璃厂7家大中型企业，与市邮电局协商共建程控交换用户模块局。用户模块局占用公众市话网号码资源，实行等位编号。11月，株洲硬质合金厂的2000门程控电话开通，是株洲市也是湖南省首家开通的程控用户模块局。到年末，用户人工交换机全部拆除或改制，用户数减为51户。其中程控交换用户26户，纵横制交换机用户25户。

1996年，小交换机用户60户，全部改为程控交换机。1997年，有部分用户交换机拆机，其用户单机全部并入公众市话网。

集团电话在企业事业单位开始应用。中国银行株洲分行是株洲市第一家与市邮电局签订200门集团电话协议的单位，1995年11月正式开通。到1998年9月末，集团电话用户17户，容量共计3929门。集团电话用户，占用市话号码资源，与市话网实行等位编号，其内部通信不收费，对外视同普通电话。

（四）公用电话

公用电话业务在20世纪90年代得到迅猛的发展。1991年，在各邮电局、所营业厅和代办点设有少量的公用电话机，供公众拨打市内电话。当年年末，市邮政局的公用电话仅72部，全市也只有103部。1992年，程控电话开通后，社会对公用电话的需求越来越大。7月1日，在建设路电信营业厅安装株洲市的第一部磁卡电话机正式向公众开放。同时在各邮电支局营业厅、火车站、医院等流动人口集中场所安装磁卡电话机，年末达63部。同时在响石岭至徐家桥沿建设大道建立11个公用电话亭。至1993年年末，公用电话机总数达402部，为1991年的5.8倍。1994年又一批公用电话亭在市区主要街道安装，年末总数达1098部。其中磁卡电话机达90部。

1996年4月18日，第一批能记录存储用户预付款信息的IC卡公用电话机在市中心局、火车站邮政营业厅对公众开放。年末市IC卡公用电话机达80部。到1997年年末，市局IC卡电话机增长到255部，而磁卡电活机则下降到162部。1998年4月16日，车载移动公用电话开通。首先在中南林学院开通“201校园卡”。到1998年9月底，市局的公用电话机遍布全市大街小巷，各类公用电话机总数达7430部。

四 专用电话

（一）铁路专用电话

1.铁路地区电话 清光绪三十三年（1907），株萍铁路线开始安装磁石交换机和分机。

1953年，株洲电务段在管辖的260千米铁道线上设株洲城区、五里墩、株洲机车车辆修理工厂、江西宜春、江西萍乡5个电话所，共装交换机8台、440门，分机约200部。株洲城区为100门、交换机3台，安装分机100部。

1962年7月，株洲城区500门步进制自动交换机开通使用，装分机241部，是城区内部电话通信容量最大的单位。

1969年12月，300门步进制自动交换机在株（洲）北地区开通，随后开通50门专供行车部门使用的步进制自动交换机。1973年，株洲电务段管辖范围内，共装设自动交换机970门、共电总机100门、磁石总机100门，共计1170门。

1987年11月28日，1000门纵横制自动交换机在株洲通信大楼开通，装分机538部。1989年9月，醴陵站机械室利用ZHG-12高12路载波机，开通醴陵至攸县站77千米远程自动电话，装远程接续机4台，远程分机12台。同年12月，ZAJ-1型100门纵横制自动交换机在茶陵站开通。至此，株洲电务段结束了使用磁石交换机的历史。当年，辖区内计有步进制交换机550门，纵横制交换机1560门。1990年，株洲铁路地区自动电话交换机容量2110门，安装分机1205部（不含专用电话）；有城区地下电缆231皮长千米；明线杆路219千米。

2.业务专用电话 1949年，铁路业务专用电话多为手摇式磁石对讲电话机，专供行车人员使用。1953年专用电话只有调度、扳道和站间配置，合计150部左右。

1963年以后，以集中电话机（又名“集中台”）取代对讲机，由6门机、10门机，发展为20门机。将调度、扳道、站间专用电话集中到1台机内，以分盘代电话，使用方便。

从1977年起全部改为音频电话。年底计有总机6台、分机180部。1990年，各站、养路、电力、车务、电务等专用电话，全部为双音频电话机，共设总机 12 台、分机 335 部，集中机 96 台。

（二）电业专用电话

株洲供电所成立时，装有 20 门手摇式磁石交换机 1 台，供电力调度联络。1972 年改为 30 门。1978 年更换为 50 门。1982 年株洲电业局 90 门纵横制自动交换机并入邮电市话网。1988 年 9 月，又以 400 门程控数字交换机取代，使株洲“地调”对省电力局的电话联络实现全自动拨号，对下属各“县调”及用户实现半自动拨号。1990 年有调度总机 16 台、480 门，自动总机 7 台、690 门。株洲电业局（建设大道）至城区、市郊各变电站有自架与高压电力杆线共杆分层的通信电缆线路 55 皮长千米、511 线对千米，有电业局至晏家湾、电业局 — 鹅颈洲 — 黎子坡 — 龙头铺 — 云田乡、电业局 — 株洲电厂 — 铜塘湾 — 清水塘 3 路。电业局与市内主要用电单位之间租用邮电局市话线路，自备线路与租用专线构成市内电力调度，联络电话线路网。1992 年，滴水井变电站投入运营，株洲局至滴水井微波电路随即开通，使醴陵电力局可通过微波电路接入系统，同时将攸县、茶陵电力局行政中继接至株洲局。1995 年，市区新装 SR500 一点多址微波电路。1996 年，又安装株洲局至石子岭微波电路，醴陵局通信得到加强。2000 年，开通醴陵局 — 滴水井 — 大塘冲 — 攸县局光纤系统。

五　农村电话

（一）县、省营电话

从民国 14 年（1925）起，茶陵、攸县、醴陵、酃县先后组建县办电话。初期，只在县政府设总机 1 部，线路连通县政府、国民党县党部、警察局及个别乡公所。

民国 22 年（1933），国民政府出于“围剿”中央苏区的军事目的，大举架设农村电话线路，在田赋中增收“电话附加”作为经费。至民国 23 年（1934），茶陵架设 70 千米，自县城起与酃县、江西莲花连接；攸县架通县城至醴陵、茶陵、江西萍乡，皇图岭至双江 4 条线路。将农村电话线路与长途电话线路相连，通达各军事驻地。

民国 26 年（1937），茶陵县境内电话线路有 330 千米，攸县有 1165 千米，醴陵有 343 千米。酃县连通了县城到西门外、沔渡、水口、中村、南九塘、王家渡、三口圩、船形市、四区（十都）、桥头堡多处。

民国 33 年（1944），日军入侵，各县农村电话线路全部毁坏。

民国 36 年（1947），酃县有线路 5 条 135 千米。湘潭县办电话线路通达株洲及今株洲县境内的天台（黄龙桥）、九思冲。1949 年 8 月，攸县存有杆路 150 千米，醴陵有杆路 620 千米、线路 640 条千米。茶陵农村电话线路未能恢复。

各县人民政府成立后，接管原县办电话，并着手整治和架设县到区乡的电话网路。1953 年，醴陵、攸县、茶陵、酃县 4 县的农村电话交换机容量为 464 门。杆路总长 1502 杆程千米，线条总长 1226 对千米。株洲市人民政府移交株洲邮电局管理的农村电话，计总机 2 台、80 门，电话机 39 部，线路 70 对千米，已连通所属 18 个区、乡，邮电局将其并入市内电话网路。

1954 — 1957 年，邮电部门对农村电话网路进行整治和改造。县至各交换点的中继杆路原有的杂木杆、矮小腐朽不合格的电杆，改为 6 米以上杉木杆，单线改为双线，线径由 1.6 ～ 2.0 毫米改为 2.5 ～ 3.0 毫米。音质音量得到提高，雨雪天气也能通话。

1958 年，农村电话迅速发展。年底，醴陵、攸县、茶陵、酃县的农村电话交换机容量达到 2066 门。杆路总长 5030 杆程 千米，线条总长 4041 对千米，实现社社通电话。

1959 — 1961 年，在农村邮电下放人民公社管理期间，县邮电局只管理县到人民公社邮电局和至人民公社交换机的中继杆路，其余由人民公社管理。国家、集体（公社）一起上，农村电话又有发展，国有、社营交换机容量共达 3579 门，杆路合为 5047 杆程千米，线条 5088 对千米，达到（公）社有总机、（大）队有电话。

1962 年，根据上级指示，各县人民政府决定自 1963 年 1 月起（醴陵为 4 月起），农村电话区间交换点总机（即原公社邮电局总机）和县至人民公社总机（或区间交换点至公社总机）中继杆路划为全民所有制，公社总机及联接在公社总机上的用户杆路、话机划为公社集体所有制，由公社经营。划分后，醴、攸、茶、酃 4 县国有部分计有交换机容量 2086 门，杆路 2609 杆程千米，线条 2854 对千米。

1965 年，醴陵、攸县、茶陵、酃县和株洲县农村电话杆路总长 5721 杆程千米（其中国有 2882 千米、社营 2839 千米），全为木杆杆路，共有木电杆 11 万余根，每年更换腐朽木杆需消耗木材上千立方米。为此，醴陵、攸县、茶陵、株洲县邮电局开办水泥电杆厂，初制方形水泥杆用于支线，继而生产圆锥形电杆，逐步取代木电杆，除用于国有杆路更换外，并供应各社营单位。

进入 20 世纪 70 年代后，为提高农村电话传输能力，不断改造中继杆路。1979 年，部分线路实现载波化，共装载波机 92 部，但多为单路。

从 1984 年起，一些现代通信技术设施进入农村电话网，传输系统由明线实线、明线载波、环路载波、特高频所组成。1989 — 1990 年，5 县中，有 12 个交换点由磁石人工交换改为自动交换。

1990 年，国有农村电话共装有各类载波机 56 部，电话交换机容量为 4422 门，杆路 1691 杆程千米，其中水泥杆路 1330 千米，为总数的 78.7%，线条 3361 对千米。

进入 20 世纪 90 年代后，农村电话交换设备，由人工交换改为自动交换，扩容新建自动交换点的进程加快。1992 年年末，全区 57 个交换点中有 26 个是自动交换点。总容量 7788 门中有 5688 门是自动交换机容量。国有农话线路杆路长度 1725 千米，其中中继杆路 1230 千米。明线线条总长度 3560 对千米。其中中继线长度 271 对千米。在 5 县市中，攸县的线条长度 1326 对千米，酃县仅有 462 线对千米。全区电缆长度 230.5 千米。

1994 年是株洲农村电话光缆起步年。当年 6 月，醴陵市邮电局第一条农话光缆是至白兔潭 4 芯 24.8 千米架空光缆；攸县是酒埠江 10 芯 15 千米架空光缆；株洲县渌口镇至淦田、朱亭 4 芯 58 千米架空光缆也于 9 月 25 日竣工；酃县县城至鹿原镇石湖分路口 4 芯 8 千米架空光缆于 12 月竣工。年末县市农话光缆总长 248.1 千米，其中醴陵市 93.6 千米、株洲县 58 千米、攸县 32 千米、茶陵县 54 千米、酃县 10 千米。

1996 年，株洲农村电话交换网点，全部进入株洲本地电话网，农村电话用户与市话用户一样实行全网等位编号。交换设备全部实现数字程控化、传输网路数字化。

截至 1998 年 9 月底，全区农话交换机总容量 69844 门，全部是数字程控电话交换。其中 23.2% 是德国产的 EWSD 型系列，76.7% 为国产机系列。

（二）乡镇电话

乡镇电话网是 1957 年农村进入高级社时起步的。1958 — 1959 年获得大发展。1960 年，株洲市郊区共有公社和大队办的交换点 30 处。

1962 年划分国有、社营范围时，醴陵、攸县、茶陵、酃县由公社经营的电话计有交换机容量 1813 门，杆路 2438 杆程千米，线路 2234 对千米，形成以人民公社所在地通往大队的电话网路。大部分生产大队通了电话。但电杆多是些短小杉、杂木，公社至大队的线路多为单铁线，音质音量差。

农村实行联产承包责任制和行政体制变更后，原来的社办电话变为乡办，由于资金缺乏，未能对乡至行政村的电话杆线进行更换维护，形成“杆线歿、电话拆”的萎缩局面。为探索农村集体电话的管理方式，使之适应农村经济的发展需要，1979 年醴陵县试行社办电话联营，成立社办电话联营管理委员会。自 1980 年起，各公社总机收入上缴管委会，支出由管委会下拨，通信材料统筹，对亏损的总机予以扶持。1982 年农村行政体制改变后，称为乡镇电话联营。醴陵 1990 年与 1978 年相比，杆路增加 212 杆程千米，线条增加 1586 对千米，1990 年电话机比 1980 年增加 211 部。683 个行政村，有 511 个村有电话，达到 75%，比全市平均的 66.5% 多 8.5 个百分点。但全市乡镇电话，1990 年与 1980 年相比，电话机部数减少 28%，杆路长度减少 15%。乡镇经营的电话交换点，由 1986 年的 136 处减少为 106 处。2240 个行政村只有 1489 个村有电活，酃县的 203 个行政村只有 32 个村有电话。

1990 年，全市乡镇经营的电话，交换机容量为 4420 门，杆路 4173 杆程千米（其中水泥杆杆路 2151 千米），线条长度 6413 对千米（其中单线回路占 4557 对千米），电缆 4 皮长千米，电话 2806 部。

进入 20 世纪 90 年代，农村电话以前所未有的速度发展。光缆传输线路和程控交换网点遍布乡村，电话已直接进入普通农民家庭，可满足广大农村的通信需求。从 1996 年起，全区农话交换网点全部进入市本地电话网，所有农话用户可直拨国内外任何与之联网的电话用户。

第三节　业　务

一　电报业务

（一）国内公众电报

清末，电报通信大部分时间为官督商办。宣统元年（1909），电报业务种类分为官、商、新闻、寻常 4 类。价目分为华文明语、华文密语或洋文两类，每类又分同府、本省、隔省，以银元为单位，本省华文明语每字 0.08 元，隔省每字 0.104 元，华文密语或洋文比华文明语价高 1 倍。

民国 1 — 16 年（1912 — 1927），按北洋政府交通部规定，业务项目分政务、公务、寻常和特种 4 类，价目仍分华文明语、华文密语或洋文，本省每字分别由 0.06 元调至 0.07 元、0.09 元调至 0.11

元，出省按本省加倍收取。株洲电报局每天来去报仅 2 ～ 3 份，至多 5 ～ 6 份，有时竟日不开张。

民国 16 年（1927）8 月起至民国 23 年（1934）1 月，按南京国民政府交通部的规定执行。价目调整 3 次，本省华文明语寻常电报每字从 0.08 元涨到 0.10 元。株洲电报局因入不敷出，于民国 19 年（1930）停业，直至民国 33 年（1944）方恢复业务。民国 37 年（1948）11 月起，按金圆券收取电报费，华文明语寻常电报为每字 0.20 元，经过 7 次涨价，至民国 38 年（1949）4 月涨至每字 3000 元。6 月 1 起，按抗日战争前的银元标准收费。

中华人民共和国成立后，机线设施逐步恢复，电报业务量渐增。1950 年，株洲和醴陵、攸县、茶陵、酃县电信局去报 1.1 万份，其中株洲占 3987 份。株洲市发展成为新兴工业城市后，电报去报量迅速增长，1954 年达到 6000 份，主要为工商企业拍发，331 厂、粮食公司、食品公司、株洲冶炼厂和株洲选煤厂筹建处等单位占总量 60%。

1957 年，邮电部颁布《电报业务规程》，将电报业务种类厘定为防空、事故、天气、报汛、公益、军事军政、企业、新闻、汇兑、公务、普通、书信等 13 个报类，比 1953 年规定的种类增加了防空、事故、报汛、汇兑 4 类。从 1958 年 1 月 1 日起，电报资费由每字 0.13 元降为每字 0.03 元。随着城乡自办邮电局、所的增加和机线设备的扩建完善，办理电报业务的局、所遍及城乡，电报去报量急剧增加，市、县各邮电局 1958 年、1959 年、1960 年分别为 6.9 万份、13 万份和 25.5 万份，其中株洲市为 3.7 万份、7.35 万份和 14.67 万份。1960 年株洲市和各县分别比 1950 年增加 25 倍和 35 倍。

1960 年年初，国民经济严重下滑，1964 年电报去报量降到 15.1 万份，株洲市邮电局 1963 年比 1960 年减少 7.47 万份，下降幅度达 50%。

电报在传递过程中，必须做到迅速、准确，往往因一字错误，就会造成不良后果。1966 年 2 月 7 日，株洲市清水塘邮电支局收株洲市化肥厂发至双峰县生资部电报，将 1250 包的“包”字误为“吨”字，总重量由 62.5 吨误为 1250 吨。双峰县得悉，立即通知各区组织人员前往湘乡火车站搬运，造成 3 千余人徒劳往返。市邮电局以此对全体职工进行教育，防止类似问题再度发生。

1966—1967 年间，凡是有“文化大革命”内容的电报，按新闻电报每字 1 分收费。1967 年，在工矿、企业电报减少的情况下仍比 1965 年的 14 万份增加 27.14%。

投递来报，常有地址不详、无地址或地址无人的“死报”现象。被群众誉为“活株洲”的老投递员陈绍其，对“死报”总是千方百计使其“复活”。1979 年 6 月，牡丹江发株洲硬质合金厂 309 李福春的电报，陈绍其到该厂办公室、劳资科和宿舍区内的红卫村、胜利村、团结村的 309 号寻找，均无此人，到当地派出所查询，亦无李福春其人。经查看电报内容是公事，他想很可能是出差到此的外地人，即赶往硬质合金厂招待所查访，收报人正在焦急的时候，这份地址不详的电报适时地送到他的手里。

1980 年以后，随着国民经济的发展，去报量又迅速增加。1985 年达到 58.1 万份，比 1980 年增加 65%，株洲市邮电局增加 68%。电报种类缩减为天气、水情、公益、政务、新闻、普通、汇款、业务（公务）8 类。自当年 12 月 1 日起，将电报资费调为每字 7 分（新闻 2 分），改变自 1958 年以来由于资费过低，长期处于亏损的经营状况。

进入 20 世纪 80 年代，电报用户构成变化较大，专业户、个体户收发报量大幅度增加。据

1989 年 8 月对去报用户的调查，专业户、个体户用量占 40.69%，党政机关、工商企业单位占 50.86%，居民占 8.45%。

1990 年，全市电报去报量达到 80.4 万份，其中株洲市邮电局 44.3 万份；来报 70.75 万份，其中株洲市邮电局 38.63 万份。1988 年，全市电报传递进入全国自动转报网后，株洲市邮电局的转口电报量，由 1987 年的 53.22 万份减少到 1990 年的 1.8 万份。

1991 年，国内公众电报去报量，株洲市邮政局达 48.41 万份，全区达 86.25 万份。1992 年市邮政局达 50.69 万份，全区达 94 万份，为历史上去报量的最高峰。随着程控电话的开通，电报业务逐步呈下降趋势，1993 年公众电报去报量，市邮政局降到 35.14 万份，全区降到 75.28 万份，比 1992 年分别降低 31% 和 20%。以后每年都有大幅度下降。到 1997 年年末，市邮政局降到 4.08 万份，全区降到 10.95 万份，比 1992 年分别下降了 92% 和 89.4%。

（二）用户电报

1980 年，株洲市即有用户要求直接与国外互通电报。1981 年 5 月 1 日，国有湘江机器厂向株洲市邮电局办理用户电报，当时系租用株洲 — 长沙 — 上海长途电路，接入上海市电报局用户电报机，成为湖南省第一批使用用户电报的单位。电报传递进入全国电报自动网后，株洲用户电报单位通报时，经长沙电信局用户电报交换机自动选择电路。1990 年，有株洲硬质合金厂、株洲苎麻纺织印染厂、株洲电力机车厂、湘江氮肥厂、中国石化总公司销售公司株洲分公司、工商银行株洲市支行、株洲电力机车研究所、株洲庆云大厦、株洲化工厂、中国人民银行株洲市支行、株洲火花塞厂、株洲冶炼厂、株洲市外经委、中国银行株洲市支行、人民解放军 9763 工厂、株洲汽车齿轮厂、中南林学院、航空航天部第 608 研究所、株洲市工艺品进出口公司、国光瓷厂、永胜瓷厂、醴陵烟花鞭炮公司、星火瓷厂、中国人民银行醴陵市支行、中国银行醴陵市支行、醴陵电瓷厂、醴陵陶瓷研究所及化工部湘东化工机械厂等 29 个单位，向邮电局办理国际或国内用户电报。用户电报使用次数逐年增加。

1990 年，用户电报进网基本费用为 50 波特每月 60 元、300 波特每月 100 元，各城市间用户电报通报费为 50 波特每分钟 0.8 元、300 波特每分钟 1.2 元。发往香港为每分钟 10 元，澳门及台湾各地为每分钟 8 元。

（三）国际及港、澳电报

抗日战争胜利后，株洲即有电报发往香港和澳门。民国 36 年（1947）比往年增多，当年 5 月共受理 15 份。

20 世纪 50 年代后，株洲鲜蛋、生猪销往香港渐多，1952 — 1953 年共发出电报 774 份。1963 年，湖南省邮电管理局正式核定株洲市邮电局为开放国际电信的局。醴陵、攸县、茶陵、酃县及 1965 年建县的株洲县邮电局也相继开办国际电报业务。国际电报的收费标准，最低的是发往朝鲜民主主义人民共和国，每字 0.6 元；发往美国为每字 3.6 元。

1986 — 1990 年间，株洲市城区发往国外及中国香港、澳门地区的电报份数分别为 486 份、531 份、739 份、695 份和 559 份，全市为 721 份、781 份、959 份、881 份和 728 份。1989 年 6 月 1 日，株洲市规定电报每字加收 0.03 元，电报挂号每户每月加收 10 元。1990 年，株洲市邮电局接受市内各单位发出的国际传真电报 531 份，发往各大洲 40 多个国家和地区。

1992 — 1996 年间，株洲市邮电局发往国际及中国香港、澳门地区的电报分别为 606 份、169 份、131 份、148、83 份，全地区为 711 份、450 份、316 份、244 份、146 份。

二 长途电话业务

民国 22 年（1933）8 月，湖南省长途电话局在茶陵城关镇和浣溪圩开办长途电话业务。此后，株洲、醴陵、攸县、酃县相继开办长途电话业务。

民国 24 年（1935）3 月 1 日起，交通部属电信局（电报电话营业处）执行全国统一的营业规则。业务分为普通、预告、传呼、加急等种类，价格按 3 分钟和空间距离远近计算。各电信局（处）业务量很少，株洲电信局受理最多的民国 36 年（1947）12 月，也只有 897 次。由于法币贬值，资费提高很快，0 ~ 10 千米叫号价，抗日战争前为每次 0.1 元，民国 37 年（1949）7 月即涨到 2.4 万元。11 月起，改按金圆券收费，0 ~ 20 千米叫号价每次 0.6 元，翌年 4 月涨到 9000 元。6 月起被迫改按抗日战争前的标准收取银元。

1950 年，业务种类划分为防空情报、军政、企业（限于公营企业）、一般 4 种。1954 年，业务种类增加防疫、防汛电话。1956 年开办会议电话。

从 1958 年 1 月起，执行全国统一的新资费标准，按空间距离分为 13 级，1 ~ 8 级比原标准降低 33.3%，9 级以上降低 40% ~ 57%。业务种类调整为防空情报、特种、中央特设军政专线，区省特设军政专线、航空调度、电力调度、军政、新闻、普通、公务（业务）、预告、预约、会议、夜间减半 14 种。当年，去话量达到 5.8 万次，其中株洲市占 2.9 万次。1959 年和 1960 年猛增到 11.1 万次和 17.9 万次，其中株洲市分别为 5.9 万次和 9.9 万次。

1963 年又将业务种类调整为 8 类，中央、省区特设专线合并为首长电话，航空、电力调度合并为紧急调度电话，预约、预告、会议合并改为特别业务，取消夜间减价电话，实行分段计费办法，即：分为非假日及假日，非假日 22 时至次日 8 时内减半收费，例假日及法定假日一律减半收费。经过国民经济的调整，业务量有所下降，1964 年降为 14.6 万次，其中株洲市 7 万次。

长途电话接续分为迟缓、立即和全自动。迟缓接续是通过“113”台挂号，由话务员接续。话务员经常采取音小代传、绕道接通等办法为用户接通电话。遇到特殊情况，则主动为用户联络需要的单位和个人。1966 年 3 月 26 日（星期六），株洲市农业机械厂（株洲市柴油机厂前身）食堂炸油条，误把氯化钡当明矾和入面中，导致 168 人中毒。发现时部分人员已离厂回家，工厂打电话到市邮电局要求协助，话务员立即报告领导，代理局长徐炳权随即用电话报告中共株洲市委书记马壮昆。在市委统一指挥下，市邮电局组织人员分成 3 组行动；派出业务科负责人屈正赴工厂查找回家人员地址，并根据查找到的地址通知长途台，以紧急电话发向长沙、山东济阳和株洲县的白关、马家河、云田、群丰等 20 多个农村社队，又派出 90 多名熟悉市郊地址的人员深夜骑自行车，追寻无法用电话通知的中毒离厂职工；同时，由话务班长邓爱莲组织话务员将求药求医紧急电话发往卫生部、湖南省委、上海、广州、天津、长春等地。电话的神速和邮电职工的辛劳，使离厂的人员及时赶(送)回工厂，湖南医学院附属一、二医院和省人民医院派出医务人员赶来株洲，长沙、醴陵、湘潭、衡阳等地连夜送来药品，使166人得救。

1979年年后，长途电话去话业务量又迅速增长。1985年由1978年的50.7万次（市区26.8万次）增加到100.6万次（市区60万次）。1985年4月1日起，长途电话业务种类改为6类，即：代号电话、特种电话、紧急调度电话、政务电话、普通电话和公务业务电话。资费标准仍分为13级，改按分钟价目，第1级每分钟0.05元，第2级每分钟0.1元（以下各级每级递增0.1元），第13级为每分钟1.2元。1987年7月1日起，改为12级，第1级改为0.1元，原第6、第7级合为第6级，每分钟0.6元。

从1986年起，株洲市邮电局增办3类传真业务，中国工商银行株洲市支行首开利用长途电话电路，进行真迹传真。1988年，全市各邮电局全部开办特急电话业务（10分钟以内接通）。1989年，株洲市邮电局长途电话进入全国自动网，年底即有127个单位成为长途电话直拨有权用户。

在用户构成上，据1989年8月调查，株洲市城区工商企业长途电话去话量占去话总量57.99%，居民占13.88%，服务行业占12.18%，党政机关、群众团体占11.32%，文化教育部门占3.3%，个体户和专业户占1%，其他占0.83%。

1990年，全市长途电话去话量达到178万次，比1985年增加77%，其中市区占119.1万次，比1985年增加98.5%。长途电话直拨有权用户522户，直拨去话次数为26.3万次，占去话总次数的22%。全市长途电话去话总次数中，香港、澳门、台湾地区的电话占1671次，其中城区1059次，为1986年的3.34倍；国际电话占550次，其中城区498次，比1986年增加1倍。城区长途电话进入全国自动网后，增加3类传真用户25户，年末达到31户。

随着程控电话的开通和投入使用，长途电话业务量在90年代得到迅猛发展。1991年长途去话次数，市邮电局157.16万次，全区222.65万次。到1992年市邮电局的去话282万次，全区389.13万次，分别比1991年增长83%和79%。到1993年市邮电局去话次数猛增到802.61万次，全区1096.05万次，比1992年分别增长1.87倍和1.81倍，达到长途去话业务历年增长最高峰。到1996年市局去话达2285.71万次，全区达3125.66万次，比1993年增长1.85倍，是程控电话开通前的1991年的19.9倍。长途电话业务收入，市局1991年251.02万元，到1996年达到4281.25万元，比1991年增长16倍。

国际及中国香港、澳门长途电话业务也有较大的发展。1993年，市邮电局国际去话30540次，全区35148次；香港、澳门去话市邮电局52150次，全区60440次。1997年国际去话市邮电局52790次，全区61560次；香港、澳门去话市邮电局43900次，全区63270次。

三 市内电话业务

1950年，株洲电信局开办市内电话，是全省最早开办的十个市话局之一，年末有25个用户。1951年，执行全国统一的《市内电话营业通则》，主要业务种类分为：普通电话、同线电话、合用电话、中继线、电话副机、临时电话等。电话月租费按一级局标准收取，普通电话甲种用户（住宅、学校、图书馆、工会、托儿所及无营业性质的机关团体等）每月 2.55 元，乙种用户每月 5.1 元。

1953 年 6 月，醴陵、攸县、茶陵 3 县邮电局在接管县人民政府农村电话时，开办城镇市内电话业务，酃县开办稍迟。1955 年，株洲市有市内电话用户 187 户，5 县合计为 489 户。株洲市、醴陵县邮电局按二级局标准收取月租费，普通电话甲种用户每月 3.75 元，乙种用户每月 7.5 元。

20 世纪 50 年代，株洲市申请安装电话的单位不断增加。市邮电局因机线设备有限，供不应求，只得控制放号，照顾重点单位。1959 年，市内电话用户达到 755 户。1960 年，自动电话投产后，缓解了装电话难、打电话难的矛盾，但到 1962 年实占门号即达 764 门，又处于饱和状态，只得又恢复控制放号办法。醴陵、攸县、茶陵、酃县邮电局也不能满足用户需要。1955 — 1977 年的 23 年，株洲市和 5 县邮电局只增加市话用户 2668 户，年平均增加 116 户。市内电话供不应求，又出现装电话难，打电话难的局面。

从 1980 年 8 月 1 日起，执行新的《市内电话月租费标准》，按交换机容量分为 4 级。甲种用户中，私人付费住宅电话按标准的 60% 收取。

从 1983 年 5 月 1 日起，新的《市内电话使用规则》规定：甲种用户只限住宅电话，此外均为乙种用户，市话月租费分为包月制与计次制 2 种，增加区外线路月租费，即每月每千米 10 元。

1977 — 1984 年间，株洲市城区完成扩容增局（增设三分局），株洲县、醴陵、攸县、茶陵、酃县的市内电话完成改制扩容。1978 — 1984 年共增加市话用户 1853 户，年平均增加 265 户。

1984 年前，市内电话均为工矿企业、机关、团体、学校等单位公费安装。1984 年 7 月 9 日，株洲市天乐无线电修理店安装株洲市第一部私费电话机。1985 年后，城区个体户、专业户和私费住宅电话用户迅速增加。

为发展市内电话，全市各邮电局根据湖南省物价局、湖南省邮电管理局通知，从 1986 年 4 月起，收取市话城市附加费（按市话费 8% 收取）、初装费、界外区外线路建设费，市话月租费按国家规定标准上浮 20%，线路建设费每千米 500 元。

从 1987 年 8 月 1 日起，株洲市城区市话二分局（邮电大楼内）的市内电话用户，实行计次制月租费，采用微机核算。基本费为：甲种用户每户每月 7.6 元，乙种用户每户每月 12 元，中继线用户每对每月 36 元，通话费每次 3 分钟 0.04 元，1990 年 10 月 1 日起调整为 0.1 元。

株洲市人民政府为建设株洲市城区程控电话，决定自 1989 年 6 月 1 日起，征收程控电话集资费。规定每户（或每对中继线）收取 3000 元，长途电话每次加收 0.5 元，市话包月制用户每月加收 6 元，计次制每次加收 0.04 元。

从 1990 年 10 月 1 日起，执行湖南省物价局、湖南省邮电管理局的市话初装费标准，新装地市级电话用户每户 4000 元，县级 3500 元，财政拨款的党政机关、中小学、幼儿园以及民政部门兴办的社会福利工厂下浮 20%（株洲市城区实收 3000 元），住宅电话每户 2000 元。此起，原市人民政府规定的新装用户程控电话集资费 3000 元停收。

由于市话建设资金来源扩大，市内电话机线设施不断增强，市话用户迅速增加。1986 — 1990 年，全市共增加用户4489户，年平均达到898户。1990年净增1443户，是开办市内电话业务以来增加最多的一年。当年，全市市内电话用户合计9894户，其中城区6009户；全市用户总数中，私费电话用户533户、住宅电话1001户（城区占681户）。在邮电部门市话用户发展的同时，各工矿企业、机关、学校内部使用的电话机也随之增加。1990年全市用户分机达到13730部，其中株洲市城区占11776部。

20世纪90年代，市话业务需求旺盛，发展速度较快。1990年株洲市电话机17037部，其中接入公众交换机的话机5261部。到1992年年末，株洲市电话机达26557部，其中接入公众网电话机12702部。到1995年底，公众电话机为87032部，为程控开通前的1991年的13.37倍。到1997年末又增到130941部，比1995年增加50%。发展最快的是住宅电话，仅接入公众交换机的电话机在1991年株洲市区仅130部，到1992年底猛增到5857部。1993年年末为21492部。到1995年住宅电话为71790部。1997年住宅电话达102668部，突破10万部大关，市内电话通话次数达到21897.01万次。电话快速普及，寻常百姓家基本都用上了电话。

四 农村电话业务

民国30年（1941）以前，乡村电话仅供县党、政、军、警和区乡部门免费使用。从民国30年（1941）2月起，执行《湖南省各级乡村电话义务通话规则》，对防空电话、军事电话、县级以上党政机关的公务电话，划为义务通话。另根据《湖南省各级乡村电话营业通则》，规定凡不与省长途电话局之营业相触者，按实际需要开放营业，其营业收入按月缴纳县库，统收统支，专作当地电信事业之用。通话以5分钟为1次，话费价格按通话里程计算，分4个档次，从2角至5角。传呼电话加收专力费。由于各县机线设施在日军入侵期间遭到损毁，后又未能全面修复，通话面不广，营业收入甚微。

中华人民共和国成立初期，农村电话（时称地方电信）由市、县人民政府管理。机线设施的扩建、修复和日常经费列入政府预算，各党、政、军机关和区乡人民政府均免费使用。

1953年，醴陵、攸县、茶陵、酃县的农村电话移交邮电部门代管，人、财、物纳入县计划，实行单独核算。除党、政机关继续免费使用外，其余用户则应纳费，收费办法由县人民政府与邮电局商定。株洲邮电局接管的农村电话并入中央邮电市内电话内，原有农村电话用户改为市话用户，按统一规定收取月租费。1953年，4县经营农村电话的邮电职工有41人，全年营业收入5011元，各项支出10166元，亏损5155元。1954年亏损7861元。均由各县财政弥补。

1955年，按照湖南省人民政府财经委员会颁布的《地方电信营业暂行办法》进行经营管理。除防空情报机关免费通话以外，其余一律纳费。此起，农村电话实行“以话养话”的办法。电话通话费采用固定收费与计次收费2种。固定话费按每部话机每月收费10元，只限县、区乡政府和中共县、区委使用。各企事业单位及团体采用计次收费办法，每3分钟为1次，经1部总机接转的每次0.15元，经2部及以上总机接转的每次0.3元。当年，4县农村电活收支两抵，盈余8.8万元。

从1958年1月起，农村电话所有用户一律实行计次收费，资费标准为县境内每次3分钟收费0.1元。当年4县农村电话收入达到29.5万元，比1957年增加140%，收支两抵，盈余18万元。这是县开办农村电话业务大发展的一年，年末职工增加到143人。

1959—1961年，随着邮电管理体制的改变，各县设在农村的电话交换点并入公社邮电局，统由各公社为主管理。3年内，4县农村电话收入合为142.1万元，盈余达77.6万元。1961年末各县邮电职工人数增到265人。

1962年，邮电管理体制上收后，县办农村电话改为省营。1963年起执行新颁布的《湖南省农村电话营业试行规则》，业务种类有普通电话、同线电话、窗口零售电话、会议电话等；电话费标准厘定为：用户相互通话单机每部每月收取区内（交换点区内）固定交换费6元（公社及大队减半），凡通过2个以上交换点接转的电话，均按次计费，3分钟为1次，每次0.15元。当年末4县农村电话共有用户1113户，计次通话次数57.8万次，业务收入35.7万元，收支差额盈余16.6万元，职工人数205人。

1965年，株洲县邮电局成立，原属市内电话的农村部分划为农村电话。这年，5县国有农村电话用户达到1387户，计次通话次数为64.2万次，业务收入29.6万元，收支差额盈余7.4万元，年末有职工225人。

1966—1982年，5县国营农村电话业务稍有增长。用户数增加178户，计次电话次数1982年达到141.2万次，业务收入64.2万元。但由于成本增大，仅盈余7.3万元。

从1983年8月1日起，同一交换区内的固定交换费由每月6元调为8元，社、队用户调为每月5元，计次通话费由每次0.15元调为0.25元。1984年的用户数和计次电话次数虽比1982年稍有减少，但业务收入增加51%，达到97万元，收支差额盈余15.2万元，比1982年增加1倍。

1987年，对国营农村电话营业规定和收费标准进行修改补充。1990年8月1日再次修改。电话机用户部分：业务项目分为普通电话、电话副机、同线电话、合用电话、用户中继线等。人工普通甲种电话（村民委员会、村民小组、乡镇村所属学校、敬老院、幼儿园及无营业性质的住宅电话），交换机容量不足100门的每月5元，乙种每月8元；100门及以上的，甲种每月8元，乙种每月12元；交换机容量在300门以内的自动电话，甲种每月8元，乙种每月13元。计次通话部分：分区内公用电话机通话（3分钟/次0.1元）、区间通话（普通叫号电话20千米内每分钟0.2元，20千米以上每分钟0.3元），电话种类分为代号电话、政务电话、公务电话及业务电话，特别业务有租用电话、会议电话、预告电话、预约电话、记录电话、回挂电话等。新的收费标准实行后，当年业务收入达到217.8万元，比1989年增加23%。

1990年年末，5市县国有农村电话用户数为1950户，全市计次通话次数149.9万次。

20世纪90年代，农村电话业务量几乎每年比上年翻一番。全区农村电话机总数，1992年达4665部，比1990年增长1.39倍。1994年8662部，1995年16538部比上年翻一番。到1998年9月底全区电话机总数达52899部，为1990年的27倍。全区电话机总数中的住宅电话，1992年959部，1993年1766部，1994年4432部，1995年11709部，1996年23798部。4年中，每年住宅电话都比上年翻一番。

1996年，全区农话交换网点全部进入了株洲本地电话网，所有农话用户都可直拨国内外任何与之联网的电话用户。自1997年起，农村电话资费实行统一本地电话网资费标准，不再收取农话过线费。

第三章　移动通信

第一节　无线寻呼

1988年10月1日，株洲市人工无线寻呼系统开通，“126”台正式对外服务。无线寻呼系统有1台发射机和编码器，4条话路中继线与市话连通，有效寻呼半径25千米。当年有用户233户。1990年用户数增加到577户，1991年用户数达到2265户。

1992年11月，市邮电局增设自动无线寻呼“127”台。年末寻呼用户达5846户。醴陵市、株洲县、攸县、茶陵县邮电局无线寻呼系统也在同年先后开通，并在1993年实现全省无线寻呼联网。

1993年7月，株洲市邮电局建成“186”人工台和“187”自动寻呼台，发射机安装在市电信大楼。同年10月，在响石岭邮电局建无线寻呼基站，设“136”人工台和“137”自动台。年底，市区寻呼用户增到15093户，全区达18401户。12月，对台湾产1万门无线寻呼系统进行试用。

1994年5月，启用台湾产5万门寻呼系统。该系统具有人工和自动寻呼功能，有简单的语音提示。当年，在响石岭局和董家塅局建立寻呼基站。8月22日，炎陵县局“127”无线寻呼自动台开通。9月1日，将“136”（“137”）台和“186”（“187”）台并入“126”（“127”）台无线寻呼系统。合并后的无线寻呼系统，实行设备集中、统一组网建站、统一维护管理、联合经营的管理模式，对外统一为“126”人工台和“127”自动台。9月8日，完成与全省无线寻呼系统联网和改号升位。

1995年9月，将5万门系统扩容到10万门。年末，市邮电局寻呼用户发展到51091户。

1996年9月18日，引进美国摩托罗拉公司的44.8万门寻呼系统正式开通，实现5县市同播，替换了原有的10万门系统。该系统具有人工、自动、数码汉字兼容性能，并新建宋家桥基站。同时将所辖5县市的寻呼基站通过株洲本地DDN网，进入株洲市44.8万门寻呼系统，建立了覆盖株洲城乡的株洲寻呼本地网，实现网内同播，同时也实现了全省范围同播，无线寻呼网用户无论在株洲境内还是在省内任何联网的寻呼网区域内，均能收到寻呼信号。当年，全区有用户91509户，市区达71423户。

从1997年5月21日起，株洲市、株洲县实行无线寻呼主叫付费收费方式，每呼叫一次收取0.36元（不含市话费）。

截至1998年9月底，株洲无线寻呼网系统发射基站有27个，112台发射机。全区拥有寻呼用户146231户，其中株洲市邮电局拥有88683户。同月，无线寻呼业务从市邮电局系统中剥离出来，由国信通信公司按新的运行体制进行独立运作。至1999年年底，新发展用户46200户，新建4个基站，并完成“280”全国网和股票信息系统及智能平台建设。

1999年，株洲联通无线寻呼对全区的寻呼基站进行扩容改造，使无线寻呼达到9个频点、65个基站。2000年，开始建设无线寻呼发射网卫星传输工程。

第二节 移动电话

（一）模拟移动电话

1992年9月16日，株洲市邮电局蜂窝模拟900兆赫移动电话开通。16个信道的基站设在中心局。基站设备是瑞典爱立信产品，每个信道容量为25～30户。基站经长途传输电路与长沙模拟移动交换机连通，采用虚拟交换拨号方式。年末，用户发展到357户。

1993年9月，引进瑞典爱立信的AXE-10型35000门模拟移动电话交换机和扩建的48个信道基站设备开通。其中：市中心局新增24个信道，新建响石岭基站8个信道，新建的株洲县基站和醴陵仙岳山基站各分配8个信道。株洲县和醴陵基站接入株洲市模拟移动交换机。至年末，市邮电局移动电话发射基站信道48个，用户数911户。全区基站4个，信道64个，用户数990个。

1994年3月，引进爱立信公司的72个信道设备开通，市中心局基站增加32个信道，响石岭基站增加8个信道；醴陵的仙岳山基站增加8个信道，攸县、茶陵、炎陵县3基站各分配8个信道。至此，覆盖株洲市及所辖5县市的株洲蜂窝模拟移动电话本地网已形成。年末，市邮电局移动基站信道88个，用户达2917户；全区移动基站信道136个，用户达4282户。

1995年3月，全区扩容基站信道128个，即新建红旗路基站56个信道和董家塅基站16个信道，响石岭基站增32个信道，株洲县基站增8个信道，醴陵仙岳山增16个信道。6月份，全区又扩容基站168个信道，即市局中心局基站增加72个信道，红旗路和响石岭基站各增16个信道，董家塅基站增8个信道，株洲县、茶陵县、炎陵县和醴陵仙岳山、白兔潭5个基站各增8个信道，攸县基站增16个信道。

1996年，全区基站经两次扩容，增加了407个信道。第一次扩容159个信道，于5月开通。即在响石岭、董家塅基站各增8个信道，新建河西基站72个信道，醴陵新建基站72个信道，仙岳山基站增8个信道，增建酒埠江基站8个信道，茶陵县15个信道。第二次基站扩容248个信道，于11月交付使用。即响石岭基站增24个信道，新建宋家桥基站24个信道、白石港基站72个信道和白马垄基站24个信道。株洲县增7个信道，攸县增31个信道，茶陵增34个信道，醴陵新建均楚基站8个信道。移动交换机容量扩到6万户。

1997年，新建中南无线电厂基站64个信道、建宁基站64个信道、南湖塘基站31个信道，株洲县新建朱亭基站8个信道。

1998年4月，株洲县新建三门基站8个信道，醴陵新建王仙基站8个信道，攸县新建皇图岭基站8个信道。截至10月底邮电分营，覆盖市区及其5县市的蜂窝式900兆赫模拟移动电话本地网，其移动交换机容量为6万户，收发信基站24个， 基站信道1022个。其中株洲市局基站11个，信道687个。全网模拟用户数24352户，其中株洲市局13878户。

（二）数字移动电话

1996年5月，株洲GSM数字蜂窝移动电话网正式开通，株洲市及所辖县市用户开始使用全球通数字移动电话。株洲 GSM 移动网设 15 个基站，基站信道 322 个，其容量为 7830 户，载频数 48 个，基站控制器 1 个。其设备全部从美国摩托罗拉公司引进。株洲市邮电局在市中心局、响石岭局、红旗路局、董家塅局、宋家桥局、河西局首建 6 个数字移动电话基站，基站信道 245 个，其容量为 6030 户，载频 37 个。醴陵市局、仙岳山、白兔潭，株洲县局、白关，攸县局、酒埠江，茶陵县局，炎陵县局等先后设立基站。设在株洲市局的基站控制器汇接境内各基站，通过 2MB/S 传输信道，接入长沙的数字移动电话交换机和株洲本地公众电话网。12 月，新建白石港、白马垄、建宁、中南 4 个基站，其容量为 3041 户，新增载频 17 个，至此株洲市局的基站达 10 个。

1997 年 9 月，株洲数字移动网扩容工程完工，全区新建基站 15 个，新增载频 44 个，新增 1 个基站控制器，株洲市局新建茨菇塘、华坤、南湖塘、武警、田心、清水塘 6 个基站，36 个载频。所辖县市新建交警、腰陂、三门、朱亭、皇图岭、网岭、仙霞、泗汾 8 个基站，每个基站 1 个载频。至此，株洲数字移动电话网共有 34 个基站，106 个载频，2 个基站控制器。其中株洲市局共有基站 16 个，载频 87 个。此时株洲移动网改为衡阳交换区。各县市的所有基站经株洲一个控制器进入衡阳交换机，株洲市的 16 个基站则通过另一个株洲控制器进入衡阳交换机。年末，株洲全区数字移动电话用户达 14712 户，其中株洲市局为 10970 户。

1998 年 9 月，全区新建基站 10 个，新增载频 23 个。其中市邮电局新建五交化、乳胶所、通信设备厂 3 个基站，新增 13 个载频。5 县市新建醴陵火车站、仙岳山、大障、王仙，攸县总工会，炎陵水口、炎帝陵 7 个基站，新增载频 10 个。至 9 月，株洲数字蜂窝移动电话本地网共有 56 个基站，165 个载频，2 个基站控制器。其中市局有 20 个基站 105 个载频；5 县市有 36 个基站，60 个载频。市局用户 20450 户，全区 30042 户。株洲本地网属于衡阳数字移动交换区，不具备交换功能，但株洲移动用户同样具有在国内建有数字移动网的地区漫游功能。

1999 年 1 月 10 日，投资 400 万美元，从德国西门子公司和美国摩托罗拉公司引进 10 万门数字移动交换机，结束了株洲数字移动信号需输往外地汇接交换的历史，也成为全省第四个拥有数字移动交换机的城市，承担株洲、湘潭两地的汇接交换任务。7 月 17 日，株洲移动通信分公司正式成立，从株洲电信分离出来，负责本地区的移动电话网络营运。数字交换机扩容到 12 万门，归属寄存器从 15 万扩容到 30 万，新增 29 个基站。2000 年 12 月，交换机扩容到 33 万门，全区基站数达 168 个，并实现长沙、株洲、湘潭一体化，长话收费变为市话收费。

1999 年 3 月，中国联通株洲分公司开始筹备网络建设。7 月 5 日，联通 GSM130 网络第一个基站在金都宾馆顺利开通，此次共建 10 个基站，覆盖了株洲市区主要干道和大型企业。年底，在株洲县、醴陵、攸县、茶陵县城也覆盖了联通网络。2000 年 7 月 1 日前，共完成 27 个基站建设，将网络覆盖到炎陵县及各县较大的乡镇。9 月 16 日，株洲交换局及基站、接口局顺利完成从长沙至株洲的割接，株洲成为除长沙外第一个建成交换局并进行大型割接且顺利成功的联通分公司。至年底，共开通、建成 91 个基站，网络容量达到 9.5 万，实现了在京广铁路、浙赣铁路、320 国道、106 国道株洲段及所辖县市县城和主要乡镇的网络覆盖。

第三节　无线电管理

中华人民共和国成立初期，境内无线电台数量很少，主要用于军事。无线电管理工作对外不公开，没有统一的管理机构。1965 年 2 月，根据中共中央的指示，按照中共组织机构设置，成立各级无线电管理委员会，下设办公室，为委员会办事机构。其机构设置在军队内，主要为国防、党政机关等少数部门服务，仅用于军事、广播电视、内部通信等。

1984 年，随着无线电技术和卫星技术的飞速发展以及广泛应用，为适应经济发展需求，无线电由军队移交为地方管理，组建地方无线电管理机构，暂不对外公开。无线电管理移交后，改变过去“少设严管”的模式，使无线电事业进入快速发展时期。

1985 年 4 月，设立株洲市无线电管理委员会，株洲市人民政府副市长曾雨农任委员会主任，军分区副司令员李厚德任副主任，成员由株洲军分区、市经委、市公安局、市广播局、市邮电局等部门负责人组成。委员会下设株洲市无线电管理委员会办公室（简称“无委办”），为无线电管理的办事机构，负责无线电管理的日常工作， 1985 年 7 月正式对外办公。

株洲市无线电管理工作从军队移交地方后，各类无线电业务迅速发展，短波、超短波、微波、卫星通信、陆地移动通信、广播电视、大气探测、无线接入等十多种无线电业务，被广泛运用于国防、公众移动、公安、气象、铁路、森林防火、交通运输、电力调度、防洪救灾、生产指挥等领域，无线电技术在社会经济发展和人们生活中发挥着重要作用。

1987 年，成立株洲市无线电监测站，与株洲市无管办合署办公，实行两块牌子一套班子。

1989 年，无线寻呼给人们带来了全新的公众移动通信理念，俗称“大哥大”的模拟移动通信建成开通，GSM 数字移动电话对外放号。更先进的 CDMA 移动通信、卫星通信、GPS 卫星定位、移动电视、3G 无线通信逐步进入人们的生活。无线公众通信的普及，推进了社会信息化，提升了人们的生活质量。全市无线电台、站从 1985 年的不足百座发展到 1989 年的近千座，无线电各类设备从 700 多台发展到近 20 万台。

1996 年，无线电监测站单独设立，受市无线电管理委员会办公室管理。

1997 年，撤销市无线电管理委员会及办公室，成立湖南省无线电管理委员会办公室（简称“省无委办”）株洲市管理处，加挂株洲市无线电管理处牌子，属省无委办的派出机构，实行省无委办和市政府办公室双重领导，下辖株洲市无线电监测站。

2000 年 5 月，建成 3000 多平方米的株洲市无线电监测大楼，监测中心达到国家 A 级监测站标准。先进的监测、检测技术装备及覆盖全市的固定监控系统和移动监控设备，为维护全市良好的电磁环境和无线通信秩序提供了技术支撑，也为无线电干扰的查处提供了技术保证。

市无管办依照《中华人民共和国无线电管理条例》和《湖南省无线电管理办法》等法律法规，对境内无线电频率的使用、无线电台站的设置进行依法管理，对无线电违法行为依法查处。15 年来，共查处各类无线电违法违规行为 27 起，查处非法无线电台站和无线电干扰 100 多台（次）。为发挥无线电频率资源的作用，市无管办依法征收无线电频率占用费，保障无线电频率资源的有效使用。

第四章　互联网与信息化建设

第一节　网络建设与管理

20世纪80年代，随着国民经济和社会事业的发展，信息服务和预测分析在政府决策中的作用日渐凸显。1984年1月，成立为政府和综合经济部门提供预测支持和信息服务的“株洲市经济信息中心”，归口市计委领导。进入90年代，全球信息化进程加快，信息技术通过与各部门、各行业管理活动的对接，表现出巨大的生产和工作效率，形成了强烈的社会需求。为适应社会主义市场经济体制和国民经济快速发展的新形势，1996年4月12日成立“株洲市经济信息化工作领导小组”，下设办公室，与市经济信息中心合署办公。1997年1月，为适应新形势发展需要，市经济信息中心由正科级单位升为副处级事业单位，编制由7人增至18人，仍归口市计委领导。

到2000年年末，全市已建成程控电话网85万门，实装电话65万户，移动电话模拟信号967个，数字移动载频2565个（其中联通950个），移动电话用户28万户（其中联通12万户），DDN专线已达2000个物理端口（其中联通400个）。株洲信息港已初具规模，株洲联通数据网基本成为“第二信息港”，并与国际互联网相连。2000年10月，株洲市政府网建成开通，成为展现株洲市情的一扇窗口。同时，电子商务、远程教学、多媒体信息业务得到较快发展。有线与无线、广播与电视、微波与卫星地面接收相结合的广播电视传媒覆盖网，已具备图文电视、实时图像、声音传播、电视会议、程控电话及计算机联网等多项功能。2000年年末，全市有广播电视发射台和转播台60余台，微波站、卫星地面接收站近400座，有线电视入户达到23.52户，电视人口覆盖率达96%，广播人口覆盖率达96%。覆盖全市的光纤同轴混合网（HFC）为全省之冠，可传播60套电视节目。计算机网络建设也逐步推进。全市党务、政务、经济、统计、科技、金融、财税、物价、公安、教育、国土、劳动、人事、城建等计算机网络达30多个，中二型以上企业自建局域网28个，综合数据库100多个，企业自身数据库200多个。因特网用户达5万多户。以人才市场、劳务中介、律师事务、工程咨询、信息服务为主的信息服务业迅猛发展。与此同时，信息设备制造业和信息服务业也得到了相应的发展并初具规模。到2000年年末，全市有信息设备研究制造装配企业17家，主要产品有：卫星天线、程控交换机、电解电容器、移动通讯设备、硅整流设备和声表面波滤波器等。全市有各种专营、兼营信息咨询业务的机构500多个，从业人员7000多人，并涌现出一批软件开发、计算机应用系统工程建设的机构和专业人才。特别是人才市场、劳务中介、律师事务、工程咨询、信息服务等方面，适应市场经济体制要求的信息服务体系日臻完善。

株洲市自开展信息化建设以来，总体上的发展是健康的，但初期的信息服务市场由于缺乏统一规范和管理，尚存在一些有待解决的问题，主要是在项目招投标过程中，一些无专业资质的公司混水摸鱼，而屡屡中标；甚至有无证单位借用个别信息工程单位的资质证书参与投标的情况。为强化经济信息化建设的监督管理，株洲市经济信息化工作领导小组办公室采取了加强监督管理工作的一些措施。到2000年年底，全市有400多家办理了经营资格证，300多家经营户的法人代表接受了专业培训，信息服务市场得到进一步规范。

第二节 信息网络服务

1993年4月，市经济信息中心与国家联合信息网湖南地区二级网络服务中心连通运行，以每周2期《信息选编》的形式，为市政府和部分入网的企事业单位，提供经济政策、法规、预测、科技、金融、物资、贸易、房地产、招商、新产品、新技术、应用专利、技术转让和各类批发市场行情等18大类信息和咨询服务，同时也为用户向全国联合网发送了本地信息。1994年，在制订国民经济和社会发展"九五"计划和2010年远景规划时，提供全市60种主要产品的产量在全国的排名表及其相关的基础数据。2000年，在编制国民经济和社会发展"十五"计划时，依托网络平台，提供了大量数据分析和预测模型支持。同时，全年从网上调阅信息20多万字，编辑《宏观经济信息》20期，为领导和相关部门提供参阅。2000年10月8日，由硬件平台、系统软件、政府主页3部分构成的株洲市人民政府综合网站正式开通。该网是开放式的广域网，具有信息查询、数据检索、信息传输等应用服务功能，拥有20多万字的信息量，200多张图片，设有9个栏目，能满足在互联网上宣传株洲市经济建设和社会发展情况、组织政府资源上网、招商引资、旅游推介等需要。同时网站还开辟英文栏目，以适应国外用户访问。由于政府网站的建立，使全市信息网络得到快速发展，在互联网站或设置网页的县市区政府和市直机关，由过去的19家发展到近50家，网上信息量由过去的30多万字，发展到近100万字。

为更好地为企业和用户经营服务，不断充实和完善网络平台建设，建立数据库研制软件。早在1993年就建立了《地方矿产资源数据库》《株洲百家大中型企业基本情况及生产经营数据库》《株洲市基础设施数据库》《全国塑料行业数据库》和《全国水泥制品数据库》。其后又研制了《株洲招商引资数据库》《株洲市在建项目数据库》《株洲市行政执法人员备案登记数据库》《株洲市宏观经济预测分析模型设计与分析》等软件，进一步加强了信息咨询服务。1998年，加强了计算机专业人员培训工作，到2000年年末，共培训公务员和企业工程、管理人员近300人。

广泛开展信息交流，为企业牵线搭桥，帮助解决生产中的技术难题。1992年10月，与中科院文献情报中心、国防科技大学、省经济信息中心及有关单位，在株洲举行"外资、外经贸、包销产品、技术转让、科技成果信息发布会"，会上发布924条信息，与会代表筛选洽谈咨询了306条信息，与发布方达成202项协议，签订意向协议165项，正式签约30多项，正式立项26项，已投产7项。1994年11月，与株洲高新技术开发区管委会共同承办了以市政府名义会同中科院文献情报中心等13所院校联合举办的"中科院最新优选实用科技成果信息发布会暨技术转让洽谈会"，发布信息2168条。经洽谈协商，120项高新技术项目成交35项，370个小项目成交148项。1995年，与株洲市广播电台联合开辟了"信息之窗"节目，重点交流企业经济信息。1998年，《中国经济信息网》株洲网络平台开通，与一些企业单位联网，交流经济信息。同年，株洲电视台《经济广场》栏目中，开辟了5分钟网络信息专栏，向企业提供信息服务。

第十五篇 中共地方组织

在中国近代、现代史上，株洲境城属革命发起地和苏区区域之一。茶陵县、炎陵县是“革命摇篮”——井冈山革命根据地的重要组成部分。早在“五四”运动前夕，在长沙求学的株洲籍人罗学瓒，就参加了毛泽东、蔡和森组织的革命团体——新民学会。1919年，又有赴北平读书的何孟雄、李却非、朱克靖、易树民等投身“五四”革命洪流。随后，李立三、罗学瓒、汪泽楷等25人远涉重洋，赴法国勤工俭学，学习研究马克思主义和俄国十月革命的经验，寻求中国革命的道路。1920年，何孟雄参加了李大钊组织的北京共产主义小组，成为中共创立时全国58名党员中的一员。中国共产党成立后，株洲籍的许多革命志士分别在北京、长沙、安源、上海等地加入了中共党组织，到中共二大召开时，全国195名党员中，株洲籍的就有14人。这批革命先驱，成为向家乡人民传播马列主义的桥梁，为建立党的地方组织奠定了思想基础。

民国12年（1923）冬，境内建立第一个中共组织——中共株洲转运局支部；民国13年（1924）秋，建立中共八叠乡支部（芦淞区曲尺乡境内），为湖南省农村最早建立的2个支部之一。同年11月，建立中共醴陵特别支部。攸县、茶陵、酃县也于民国15年（1926）建立中共组织。到民国15年（1926）夏，境内40多个区、60多个乡普遍建立了农民协会，会员达50万人以上。民国16年（1927）初，毛泽东考察醴陵、湘潭等地农民运动后，撰写了著名的《湖南农民运动考察报告》，《报告》对境内的农民运动给予高度评价。此时，境内各县有共产党员1950人，2个地执委，2个特别支部，125个支部。

大革命失败后，中共组织遭受严重破坏，大批党员、农协骨干惨遭杀害。但幸存者仍顽强坚持斗争，恢复党的组织，组建革命武装。民国16年（1927）9月，在毛泽东的直接组织指挥下，发动了湘赣边界秋收起义，境内各县相继举行武装暴动，迎来了革命高潮。10月，毛泽东率领秋收起义部队上井冈山开展工农武装割据，与朱德一道创建了包括酃县、茶陵县在内的井冈山革命根据地。11月，在茶陵县建立井冈山地区第一个红色政权——茶陵县工农兵政府。于次年3月在酃县中村开展“插牌分田”，进行土地革命试点。民国17年（1928）4月间，醴陵县在南四区、北二区等5个区35个乡成立了苏维埃政府。井冈山根据地失守前后，中共组织几遭破坏。

民国19年（1930），境内党组织逐步恢复，8月重建湘东特委。至民国22年（1933）初，境内有5个县（区）委，22个区委，23个支部，党员4554名。

中国工农红军第五次反“围剿”失败，红军突围西征后，湘赣省苏维埃主席谭余保率领余部在湘赣边区的深山老林坚持了长达3年之久的游击战争。

全面抗战爆发后，国共两党第二次合作。1937年，湘赣游击队整编为新四军开赴抗日前线。留下来的党组织在湘赣特委的领导下，积极开展抗日救亡活动，组织进步青年奔赴延安和参加新四军。直到1941年，由于国民党的破坏和个别县委主要领导人的叛变，除醴陵县少数党员隐匿在乡外，整个株洲地区的党组织几乎停止了活动。抗日战争胜利后，中共地下组织在境内各地逐渐恢复。组织各地地下农会、地下武装及学生，展开了强大的政治攻势和统战策反工作，进行护校、护厂、护桥、护路，筹措粮草，支援前线。

解放战争时期，境内地下党组织逐步恢复，发展迅速。到中华人民共和国成立前夕，境内共有2个县工委，1个县区工委，9个基层区工委，143个支部，2072名党员。

民国38年（1949），随着南下的由中共晋中区委一、二、三、四、五地委组成的各工作团分别抵达各县与地下党会合，各县相继组建中共县委、县人民政府。

中华人民共和国成立之初，境内百废待兴，且残存着反革命势力及其影响。对此，新建立的中共各县委，一面争取过境中国人民解放军的支援，组织武装力量，歼灭残留的土匪武装；一面组织农会，废除保甲旧制，建立基层人民政权，开展清匪反霸，减租退押，生产渡荒，恢复国民经济。1950年，境内有中共县委4个，基层党委25个，党支部114个，党员1413名。

1951年7月，以株洲镇为基础成立株洲市（县级），建立中国共产党株洲市委员会（简称“市委”）、株洲市人民政府（简称“市政府”）。市委和醴陵县、攸县、茶陵县、酃县县委按照中共中央的指示，开展了声势浩大的镇压反革命运动，摧毁了国民党反攻复辟的社会基础，为巩固新生政权、开展抗美援朝、土地改革等运动清除了隐患。经过土地改革，废除了几千年的封建土地所有制，真正实现了耕者有其田。

1953年，株洲市被列为全国新建的8个重点工业城市之一。市委和各级党组织抓住机遇，迅速制订出城市发展规划蓝图，展开大规模的城市建设。许多厂矿在“一五”计划期间建成投产，使株洲市工业新城初具规模。至1957年春，基本完成了对农业、手工业、资本主义工商业的社会主义改造，实现由私有制向公有制的转变。

1956年，株洲市升格为地级市，辖域大幅扩大，人口显著增多，党的组织也随之增多。据1957年统计，全市共有市委1个，县（区）党委5个，基层党委98个，党总支84个，党支部2031个，党员达26108名。1957年下半年，农村开展反对资本主义的斗争，机关、学校开展反对右派的斗争。但由于“左”的思想影响，反右派斗争被严重扩大化。1958年，境内各级党组织贯彻中共中央提出的“鼓足干劲，力争上游，多快好省地建设社会主义”的总路线，开展“大跃进”。虽然在一定程度上推动了工农业生产的发展，但由于思想上的急于求成，违背客观规律大办人民公社、大办钢铁、大办公共食堂，浪费了大量人力、物力、财力，严重破坏了森林资源，甚至已丰收的粮食及经济作物无人收割，造成严重损失。由于提出了脱离客观实际的高指标，导致强迫命令、虚报浮夸、瞎指挥、“一平二调”（简称“五风”）的盛行，加上自然灾害，致使农业欠收、粮食减产，物资匮乏，人民生活十分困苦，出现1960—1962年三年困难时期。

中共八届九中全会后，贯彻中共中央关于“调整、巩固、充实、提高”的方针，在城镇压缩基建项目，精简下放职工；在农村贯彻“村民人民公社工作条例六十条”，调整社队规模，实行“队为基础，三级所有”的新体制，解散公共食堂，划拨社员自留地，退赔农民在“一平二调”（平均主义的供给制、食堂制、对劳动力财物无偿调拨）中受损失的财物。不到3年时间，恢复了城乡元气，克服了3年暂时困难。

1963年至“文化大革命”前，境内城乡普遍分期分批开展社会主义教育运动。与此同时，掀起了学习毛泽东著作、学雷锋、学王杰、学焦裕禄的热潮。但由于执行了“左”的指导方针，使上述政治运动和有关活动未能达到预期效果，特别是在社会主义教育运动中坚持以阶级斗争为纲，扩大了打击面，使大批基层党员、干部受到伤害，挫伤了积极性。

1966年，随着“文化大革命”的开展，无政府主义思潮泛滥，境内党政领导机关由于受到冲击而瘫痪。领导干部受到无辜的批判和斗争，工作陷于混乱，生产遭到破坏。1967年上海“一月风暴”后，群众组织夺权波及全国，境内各级党政机构陆续被“三结合”（军队干部、地方干部、群众组织代表）的革命委员会（简称“革委会”）取代，成为“党政合一，政企合一”的权力机构。由于大批“造反派”进入各级革委会，加上“左”倾思潮的泛滥，造成党内政治生活不正常，社会秩序不安定，制造了许多冤假错案。1970—1971年，通过开展“整党建党”，境内各级党组织先后重建并恢复活动。1971年恢复了中共株洲市委，并召开因“文化大革命”而延期的中共株洲市第四次代表大会，选举产生了第四届市委领导班子。1972年开始批判无政府主义和极“左”思潮，强调发展教育和科学技术，落实干部政策和知识分子政策，形势有所好转。但1974年进行的“批林批孔”和1976年上半年开展的“批邓、反击右倾翻案风”运动，再次干扰了纠“左”战略部署，使形势发生逆转。

在“文化大革命”中，尽管“左”的指导思想占统治地位，但境内各级党组织和广大党员、干部、群众，经受住了同林彪、江青反革命集团斗争的考验。特别是1975年5月，铁道部部长万里到田心车辆工厂（株洲电力机车厂）指导开展“整班批派”斗争。市内各级党组织挺起腰杆，批判资产阶级派性，整顿干部队伍，整顿工作和劳动秩序，大胆领导工农业生产。株洲市“整班批派”的作法和成效，受到中共湖南省委的充分肯定，通过召开现场会，向全省推广株洲经验。在特定历史条件下，境内广泛开展的“工业学大庆、农业学大寨”运动，虽然有“左”的错误干扰，但在一定程度上促进了各项经济工作，尤其是大寨的艰苦创业和大庆的“铁人”精神，在广大人民群众中产生了深远的影响。

1976年10月，中共中央一举粉碎江青反革命集团。中共株洲市委和各级党组织领导全市人民彻底揭批了江青反革命集团的罪行，认真清理与江青反革命集团有牵连的人和事，并着手落实政策，解放干部，调动了广大干部和群众的积极性，纯洁了党的组织和干部队伍。在中共十一届三中全会精神的指导下，市委和市人民政府带头解放思想，实事求是，清除“左”的思想和传统观念的影响，拨乱反正，正本清源，切实把工作重心从“以阶级斗争为纲”转移到“以经济建设为中心”上来，平反冤假错案，解决历史遗留问题；大胆地领导全市人民进行改革开放，发展社会生产力。

1983年，株洲实行市管县体制，将原属湘潭地区管辖的醴陵县、攸县、茶陵县和酃县划归株洲市领导。在市委的领导下，不断推进经济体制改革和政治体制改革。农村普遍建立了以家庭联产承包为主要内容的各种生产责任制；城市主要是下放权力，扩大企业自主权，改革内部分配制度；市、县两级党政机构改革，精简机构，简政放权，提高了办事效率，使领导干部在实现“四化”（革命化、年轻化、知识化、专业化）方面取得了重大突破。1987年，株洲作为国务院的改革试点城市，在764家工商企业中开展了“劳动、人事、工资”三项制度改革，打破了在用工制度上的“铁饭碗”、人事制度上的“铁交椅”、分配制度上的“铁工资”，实行了人员竞聘上岗，干部能上能下，能工能干，在什么岗位享受什么待遇等一系列新的用人制度和分配办法，充分地调动了干部、职工的积极性。此项改革的成效和经验在全国得到推广。

从中共十一届三中全会到1990年，是株洲市改革开放从试点走向全面展开的时期。市委在改革开放和发展经济的同时，始终坚持正确的政治方向，注重加强党的建设，充分发挥各级党组织的核心和战斗堡垒作用。通过党委中心学习组和党员、干部经常性的理论学习，尤其是开展“真理标准讨论”、对“两个凡是”的批判和学习邓小平建设有中国特色社会主义理论，使广大党员干部理论水平得到明显提高，正确指导了思想和工作实践。1985—1987年开展的3年整党，1987年开展的反对资产阶级自由化的斗争，1988年开展的“从严治党”，1989年开展一年一度的民主评议党员，加强党风廉政建设等，进一步提高了党员队伍的素质，纯洁了党的组织，增强了党的战斗力和凝聚力。据统计，1990年全市共有基层党委393个，党总支381个，党支部7850个，党员149557人，其中民主评议中被评为优秀党员的达4646人。

1991—2000年，中共十四大和十五大先后召开，市委为加速株洲的“两个文明”（物质文明、精神文明）建设，先后制订了社会经济发展“八五”和“九五”计划。围绕富民强市的总目标，提出并实施了“农业安市、企业富市、商贸活市、科教兴市、依法治市”的市策，培育了“开拓奉献、创业争先”的株洲精神，使株洲市朝着“社会稳定、经济繁荣、科教发达、法制健全、市民文明、环境优美”的目标迈出了重要步伐。10年间，市委突出经济建设中心，坚持改革开放，实现经济持续快速健康的发展。全市国民生产总值由1990年的57.19亿元增加到2000年的308亿元，年均增长11%以上；财政收入由5.5亿元增加到20.8亿元；城镇居民人均可支配性收入达7000元，农民人均可支配收入达2700元。工业、农业、商贸等各领域深化改革，形成了新的发展格局；精神文明建设、社会事业不断取得新的成果，民主法制建设得到有效推进，社会政治保持稳定。全市先后在科技、卫生、绿化、双拥、城市环境综合治理、民族团结进步等领域获得全国先进、模范城市等荣誉称号。同期，各级党组织围绕建立社会主义市场经济和深化改革、促进发展这一主题，采取一系列措施，加强和改进党的工作，推进改革和经济的发展。这一时期，建立了党委管党责任制，层层实行目标管理。党的基层组织和党员队伍继续发展壮大。农村党建突出抓“建整扶贫”；企业党建围绕发挥党组织的政治核心作用，坚持党对企业的政治领导不动摇，抓国有企业党的建设不放松，其做法和经验，得到中央和中共湖南省委的充分肯定，有关调查报告先后在《求是》杂志和中组部《组工通讯》上发表；机关党建工作在全省处于领先地位，特别是1999年起开展的“机关联系困难企业、机关党员干部联系困难职工”的“双联”活动，得到中共湖南省委、省人民政府的充分肯定，在全省进行推广；街道、社区和新经济组织中党的建设也开始取得突破。干部队伍和领导班子建设进一步得到加强。干部考察考核突出工作实绩，任免程序更加规范，培养选拔年轻干部工作力度加大，领导班子结构进一步优化，先导工程、党建先锋工程的实施和“三讲”（讲学习、讲政治、讲正气）

教育的开展有效地加强了领导班子的思想政治建设。干部审查工作重点逐步转向干部监督，建立健全一系列干部监督制度。干部人事制度改革向纵深发展，普遍实行干部岗位轮换，扩大公开选拔领导干部的职级层面，试行干部任期制和公示制。强化制度建设和监督检查，干部廉洁自律和反腐败工作继续推进，10年间纪检监察机关共立案5723件。适时开展党的路线方针政策、爱国主义、经济建设、改革开放等宣传教育工作，在全省1995年领导干部理论学习考核评比中，株洲市获得第一名。10年间，全市选送到省以上党校及其他院校培训的领导干部共有701名，市委党校培训干部40328人，其中主体班13216人；10年共发展党员50354名。到2000年，全市共有基层党委494个，党总支454个，党支部8257个，党员总数达到191757人。

第一章　组织机构

第一节　中华人民共和国成立前中共株洲地方组织

民国12年（1923）冬，境内第一个党支部——中共株洲运转局支部成立，隶属安源地委领导。

民国13年（1924）秋，在湘潭东一区八叠乡（芦淞区曲尺乡境内）建立中共八叠支部，为湖南农村最早建立的2个支部之一，亦属安源地委领导。同年11月，中共醴陵特别支部在县城成立。

民国15年（1926）4月，建成中共攸县特别支部。民国15年（1926）7—8月，先后建立中共茶陵县特别支部、酃县特别支部。此后，各县特别支部先后改为县委。至民国16年（1927）3月，境内各县已有党员1950人，2个地执委，2个特别支部，125个支部。民国16年（1927）“马日事变”后，境内有共产党员和革命群众3000多人惨遭杀害，党群组织尽遭摧毁。幸存的党员被迫转入地下活动。7月，中共湖南省委派谭天民在茶陵、攸县、酃县、安仁组建中共特委。10月，毛泽东率领工农革命军进驻酃县，并分兵攻克茶陵县城。11月，建立中共茶陵县委。翌年2月成立酃县特别区委，3月改为县委。8月，中共醴陵县地方执行委员会改为中共醴陵县委员会。同时，中共湖南省委派滕代远在醴陵组建中共湘东特委。此时，境内共有醴陵、茶陵、酃县3个县委，19个区委，230多个支部，党员有4500多人。年底，醴陵“年关暴动”失败后，党组织再遭破坏，县委迁至江西省萍乡。民国17年（1928）6月，湘东特委在攸县成立县委，后因叛徒告密，攸县县委遭破坏。8月，湘东特委、醴陵县委部分领导成员遭捕杀，被迫转到浏阳、攸县活动。湘东特委于年底解散。民国18年（1929）1月，湘赣边区特委被冲散，酃县县委被破坏。

民国19年（1930），境内党组织逐渐恢复，8月重建湘东特委。至民国22年（1933）初，境内有5个县（区）委，22个区委，23个支部，党员4554人。10月，中国工农红军第五次反“围剿”失败，党组织再遭破坏，各县幸存的党组织只能在红军游击区内活动。

抗日战争时期，境内党组织处境艰难。民国26年（1937）11月党组织重新改组。湘赣特委将中共攸醴萍县委改为中心县委。民国28年（1939）1月，中共攸醴萍中心县委被破坏，江西省委新建中共攸县中心县委和中共攸县县委，继续领导境内各级党组织。至此，境内仅有1个中心县委，2个县委，6个区委，62个支部，460多名党员。民国29年（1940），醴陵、攸县县委，茶陵区委相继被破坏。民国30年（1941）4月，除醴陵北二区少数党员隐匿在乡下外，境内所有中共组织被解散，活动停止。

解放战争时期，境内地下党组织逐步恢复，发展迅速。至中华人民共和国成立前夕，境内共有2个县工委，1个县区工委，9个基层区工委，143个支部，2072名党员。

民国38年（1949），随着南下的由中共晋中区委一、二、三、四、五地委组成的各工作团分别抵达各县与地下党会合，各县相继组建中共县委。

第二节　中共株洲市委工作机构

1950年5月，成立中共株洲镇委员会（区级），内设宣传科、组织科。1951年6月，经中央人民政府政务院批准，正式设立株洲市（县级市），同时成立市委，工作部门仅设立秘书处、组织部、宣传部。同年12月11日，成立中共株洲市纪律检查委员会。1952年初增设市委办公室，1953年设立市委农村工作部，1954年6月设立市委工业部（又称工业交通部），同年10月成立市委财政经济部。

1956年3月23日，中共湖南省委决定将株洲市升格为省辖地级市，市委工作部门相应增加至11个。在原有基础上，1956年4月设立市委基本建设工作部，5月市委纪律检查委员会改为市委监察委员会，6月增设市委统一战线工作部、市委文化教育工作部（未任命领导成员），并撤销市委农村工作部并入市郊区委员会，8月设立市委政法部（未任命领导成员），1957年6月4日市委决定建立中共株洲市直属机关委员会，同年8月市委决定创办《株洲报》作为市委的机关报，由市委宣传部代管。

1958年3月，市委文教部并入市委宣传部。同年，成立市委宣传文教卫生统战领导小组，由市委分管文教的书记领导。同时，成立株洲市科学技术委员会，3月成立市委党校，同年8月撤销市委基本建设工作部，10月市委决定成立市委政法办公室。

1959年，市委决定市委工业交通部分设为市委工业工作部和市委交通工作部，市委农村办公室、市基本建设委员会、市科学技术委员会、市农业机械局、市外事办公室、市人委交际科改为交际处（与市外事办合署办公）、文化科改为文化局，撤销市委基建部、市人委监察科。1960年，合并为市委工业办公室，同年将市委财政经济部改为市委财贸办公室。1960年10月，撤销政法办公室（业务归口市人委办公室）。1961年，又恢复市委工业交通工作部，将市委财贸办公室改为市委财贸工作部，同年9月成立市委农村工作委员会（后更名为市委农村政治部），并增设市委政策研究室（1962年全市机构调整时，并入市委办公室）。

1964年8月25日，将市科委从文教战线划出作为市委的一个部委，改名为市委科学技术委员会；将市委工业交通部更名为市委工业交通政治工作部，市委财贸工作部更名为市委财贸政治工作部。1966年，市委工作部门调整为11个即：办公室、组织部、宣传部、监察委员会、统战部、工交政治部、农村政治部、财贸政治部、市直机关委员会、党校、株洲日报社。

1966年“文化大革命”开始后，市委及其工作部门普遍遭受冲击，党政机关完全瘫痪，党的组织活动完全停止，其工作职能始由驻军“支左办”和以群众组织为主成立的“抓革命、促生产”领导小组行使，后由株洲市革委会筹备小组统揽。

1968年1月24日，株洲市革命委员会正式成立，统管党、政、财、文大权，下设3部1室，即：政治部、人民保卫部、生产指挥部、办公室。1971年4月，恢复中共株洲市委。1973年6月，株洲市革委会3部1室撤销，中共株洲市委设办公室、组织部、宣传部3个工作机构。1975年5月17日，恢复市委宣传战线领导小组，市委组织部设纪律检查科。

1978年11月，中共十一届三中全会以后，全党将工作重心转移到经济建设上来，进入社会主义现代化建设新时期。市委办事机构逐步健全，工作部门设有办公室、组织部、宣传部、市直机关党委、知青上山下乡领导小组办公室。1979年2月恢复市委纪律检查委员会，3月恢复市委统一战线工作部。1981年，实行党政分开，原由市委各部门领导的教育局、卫生局、体委、计生委和机关文卫科，划归市政府文教办管理，其后，市委工作部门相对稳定，各部门二级机构按工作需要略有增减，各部门主管、兼管单位、则按“党政分开”的原则，还权于政。机构、体制、人事干部制度根据改革的要求，作了适当调整。1983年5月，市委纪律检查委员会改称中共株洲市纪律检查委员会。

1990年，市委工作部门共设10个即：办公室、组织部、宣传部、统战部、政法委、市直机关党委、政策研究室、企业干部处、党校、株洲日报社；市委、市政府共同管理单位有编制委员会、接待处；归口组织部管理的部门有老干局；归口市委办管理的部门有保密委、党史办；归口宣传部管理的部门有讲师团、对台办等。1992年2月撤销企业干部处，其职能并入组织部。

1994年9月，根据中央和省委关于党政机构改革的有关精神，按照政企职责分开和精简、统一、效能的原则，市委工作部门调整为8个：纪律检查委员会机关与监察局合署办公；档案局、接待处改为事业单位，保留行政职能；市农业委员会改为市农村工作办公室，与市委农村工作部一个机构两块牌子；市委保密委员会办公室（保密局）、市委台湾工作领导小组办公室改为议事协调机构的常设办事机构。1995年年初，市直机关党委改设为市委派出机构，全称为中共株洲市直属机关工作委员会（简称市直机关工委）。1999年7月，为加强打击和处置“法轮功”邪教组织力度，市委设立临时机构“610办公室”。2000年，市委工作部门有办公室、组织部、宣传部、统战部、政法委、政策研究室、市直机关工委、编办；市委部门管理机构、议事协调常设机构有农办、老干局、台办、保密委办公室、警卫处等；市委直属事业机构有接待处、讲师团、党史办、党校、档案局等。

中共株洲市委历任领导班子成员名录（1951年4月—1956年5月）

表15-1

姓　名	职　务	任职时间	备　注
杨第甫	书　记	1951.4—1951.7	市委筹建阶段
陈继昌	市委书记	1951.7—1952.11	县级市
侯锡义	市委书记	1952.12—1954.6	县级市
王治国	市委书记	1954.6—1954.9	县级市
马壮昆	市委书记	1954.9—1956.3	县级市
马壮昆	市委常委、第一书记	1956.3—1956.5	地级市

续表 15-1

姓　　名	职　　务	任职时间	备　　注
任　之	市委常委、书记	1956.3 — 1956.5	地级市
刘　钧	市委常委、组织部部长	1956.3 — 1956.5	地级市
张茂林	市委常委、市委基建工作部副部长	1956.3 — 1956.5	地级市
吴占魁	市委常委、市人委副市长	1956.3 — 1956.5	地级市
李枝叶	市委常委、市公安局局长	1956.3 — 1956.5	地级市

说明：此表为中共株洲市召开首次党代会之前上级任命的市委领导班子成员

中共株洲市历届市委常委名录（1956 年 6 月 — 2000 年 12 月）

表 15-2

届别	姓　名	任职时间	职　　务	备　　注
第一届（1956年6月—1959年2月）	马壮昆	1956 年 6 月	市委第一书记	–
	任　之	1956 年 6 月	市委书记	–
	刘　钧	1956 年 6 月	市委组织部部长	1956 年 9 月任组织部部长
	张茂林	1956 年 6 月	市委基建工作部副部长	–
	吴占魁	1956 年 6 月	市人委副市长	1956 年 7 月任人委市长
	李枝叶	1956 年 6 月	市公安局局长	1958 年 3 月调离
	刘伯坚	1956 年 8 月	市委秘书长	–
	刘质毅	1957 年 3 月	市委基本工作部部长	1958 年 1 月任市委书记
	孙天彪	1957 年 3 月	601 厂党委书记	1958 年 1 月任市委书记
第二届（1959年2月—1960年3月）（以姓氏笔画为序）	王　正	1959 年 2 月	331 厂党委书记	–
	王又民	1959 年 2 月	市委宣传部部长	1959 年 11 月免
	任　之	1959 年 2 月	市委书记	1959 年 12 月免去市委书记
	刘　钧	1959 年 2 月	市委组织部部长	1959 年 10 月免去组织部部长
	刘伯坚	1959 年 2 月	市委秘书长	1959 年 11 月任市委书记
	刘质毅	1959 年 2 月	市委书记	–
	孙天彪	1959 年 2 月	市委书记	–
	吴占魁	1959 年 2 月	市人委市长	1959 年 11 月任市委书记
	马壮昆	1959 年 2 月	市委第一书记	–
	粟汇川	1959 年 2 月	601 厂党委书记	–
	张小辉	1959 年 2 月	市人委副市长	–
	张文林	1959 年 2 月	市委工业交通部部长	1959 年 11 月任市委秘书长
	张茂林	1959 年 2 月	市委监察委员会	–
	杨忠文	1959 年 2 月	市人委副市长	–
	戴　谦	1959 年 2 月	–	–
	朱远明	1959 年 11 月	市委组织部部长	1959 年 11 月任市委书记
	马壮昆	1960 年 3 月	市委书记	–
	刘质毅	1960 年 3 月	市委副书记	1964 年调离
	孙天彪	1960 年 3 月	市委副书记	1962 年 7 月免

续表 15-2

届别	姓名	任职时间	职务	备注
第三届（1960年3月—1968年1月）	朱远明	1960年3月	市委副书记	–
	吴占魁	1960年3月	市委副书记、市长	–
	刘伯坚	1960年3月	市委副书记	1967年调离
	郭固邦	1960年3月	331厂党委书记	–
	张文林	1960年3月	市委秘书长	1965年4月任市委副书记
	张茂林	1960年3月	市委监委副书记	–
	粟汇川	1960年3月	601厂党委书记	–
	杨金广	1960年3月	–	–
	张小辉	1960年3月	市人委副市长	1966年12月任市委副书记
	杨忠文	1960年3月	–	–
	程志远	1960年3月	田心机厂党委书记	–
	杜 莹	1962年11月	市武装部政委	–
	刘玉堂	1963年	市委工交部部长	–
	陈文玉	1963年	市人委副市长	–
	张 厚	1964年5月	市委副书记	1966年5月免
核心领导小组	高继堂	1968年12月	市革委会核心小组组长	–
	孙敬民	1968年12月	市革委会核心小组副组长	1969年12月免
	朱远明	1969年12月	市革委会核心小组副组长	–
第四届（1971年4月—1979年2月）	高继唐	1971年4月	市委书记	1977年11月免
	朱远明	1971年4月	市委副书记	–
	刘海波	1971年4月	市委副书记	–
	李俊德	1971年4月	市委副书记	1971年6月调离
	马万贵	1971年4月	市革委会副主任	1973年5月免
	吴占魁	1971年4月	市革委会副主任	–
	李明礼	1971年4月	市革委会副主任	1973年5月免
	李 路	1971年4月	市革委会副主任、市生产指挥部指挥长	–
	周素珍（女）	1971年4月	市妇联主任	–
	周守业	1971年9月	市革委会副主任	–
	张小辉	1972年2月	市革委会副主任	1974年1月任市委副书记
	张茂林	1973年5月	市委组织部部长	1978年4月免
	张宝瑄	1973年5月	市革委会副主任兼市委宣传部部长	–
	马金琢	1973年6月	市委秘书长	1978年4月任市革委会副主任
	邢连兴	1974年1月	市工交办主任	–
	李文源	1974年1月	市革委会副主任	1978年4月任市委秘书长
	许云秋	1974年3月	市革委会副主任（群众代表）	1977年3月停职
	周光海	1974年3月	田心机厂革委会副主任（群众代表）	1977年7月离职
	李志远	1975年3月	市革委会副主任	–
	周 政	1977年11月	市委书记、市革委会主任	–

续表 15-2

届别	姓　名	任职时间	职　　务	备　　注
	肖　抗	1978 年 3 月	市革委会副主任	–
	郁宝云	1978 年 4 月	市委组织部部长	1979 年 2 月任市委副书记
	袁菊初	1978 年 4 月	市委宣传部部长	–
第五届（1979 年 2 月—1985 年 5 月）	周　政	1979 年 2 月	市委书记、市革委会主任	1980 年 5 月免
	朱远明	1979 年 2 月	市委副书记、革委会第一副主任	1983 年 5 月免
	刘海波	1979 年 2 月	市委副书记	1980 年 1 月病故
	吴占魁	1979 年 2 月	市委副书记、市人大主任、市革委会副主任、市长	1984 年 7 月免
	张小辉	1979 年 2 月	市委副书记、市革委会副主任、市人大主任	1983 年 3 月离休
	郁宝云	1979 年 2 月	市委副书记、市委组织部部长、市政协主席	1983 年 5 月免
	王雨海	1979 年 2 月	市委副书记、副市长	1983 年 3 月免
	吕增田	1979 年 2 月	市人民武装部政委	1983 年 5 月免
	周守业	1979 年 2 月	市人民武装部部长	1983 年 5 月免
	李志远	1979 年 2 月	市革委会副主任	1982 年 4 月离休
	李　路	1979 年 2 月	市革委会副主任	1983 年 5 月免
	李文源	1979 年 2 月	市委秘书长、市人大副主任	1980 年 6 月任市委副书记
	张茂林	1979 年 2 月	市人大副主任	1983 年 3 月离休
	马金琢	1979 年 2 月	市革委会副主任、副市长、市人大副主任	1983 年 5 月免
	袁菊初	1979 年 2 月	市委宣传部部长、市政协副主席	1983 年 5 月免
	邢连兴	1979 年 2 月	–	1983 年 5 月免
	周素珍（女）	1979 年 2 月	市人大副主任	1983 年 5 月免
	朱远明	1980 年 5 月	市委书记	1982 年 2 月调离
	张宝瑄	1980 年 5 月	市革委会副主任	1981 年 8 月免
	薛厚民	1980 年 6 月	市委副书记、市长	1984 年 12 月免
	田莉（女）	1980 年 6 月	市革委会副主任	1983 年 5 月免
	艾　新	1981 年 6 月	市人大副主任	1983 年 5 月免
	李照民	1982 年 2 月	市委书记	1983 年 5 月调离
	孙文盛	1983 年 5 月	市委书记	1984 年 7 月调离
	周吉太	1983 年 5 月	市委副书记、副市长	–
	郝　诚	1983 年 5 月	市委副书记	–
	曹伯纯	1983 年 5 月	市委副书记	1984 年 7 月任书记
	刘迪恺	1983 年 5 月	市委秘书长	1984 年 12 月免
	王利明（女）	1983 年 5 月	市纪委书记	–
	程兴汉	1983 年 5 月	市委组织部部长	1984 年 7 月任市委副书记
	陈天云	1983 年 6 月	市人民武装部部长	–
	朱洪富	1984 年 2 月	副市长	1985 年 5 月免
	王汀明	1984 年 12 月	市委秘书长	–
	袁授铭	1984 年 12 月	市委组织部部长	–
	陈满之	1985 年 3 月	市委副书记、市委宣传部部长	–

续表 15-2

届别	姓 名	任职时间	职 务	备 注
第六届（1985年5月—1990年7月）	曹伯纯	1985年5月	市委书记	1990年5月免
	周吉太	1985年5月	市委副书记、市长	1990年6月任书记
	郝 诚	1985年5月	市委副书记	–
	程兴汉	1985年5月	市委副书记	–
	陈满之	1985年5月	市委副书记、市委宣传部部长	1989年7月免
	王汀明	1985年5月	市委秘书长	–
	王利明（女）	1985年5月	市纪委书记	–
	匡彦博	1985年5月	常务副市长	1986年8月调离
	陈天云	1985年5月	株洲军分区司令员	–
	袁授铭	1985年5月	市委组织部部长	–
	周伯华	1986年8月	常委、副市长	1990年6月任副书记
	王四连	1987年4月	市委宣传部部长	1990年2月免
第七届（1990年7月—1995年7月）	周吉太	1990年7月	市委书记	1994年1月免
	周伯华	1990年7月	市委副书记、市长	1993年2月免
	程兴汉	1990年7月	市委副书记	1994年1月任书记
	袁授铭	1990年7月	市委副书记	1995年5月免
	王利明（女）	1990年7月	市纪委书记	1991年9月免
	王汀明	1990年7月	常务副市长	1993年1月任市委秘书长
	刘迪恺	1990年7月	市委政法委书记	–
	赵占一	1990年7月	市委组织部部长	1995年6月任市委副书记
	邓万池	1990年7月	市委宣传部部长	–
	侯林青	1990年7月	市委秘书长	–
	陈天云	1990年7月	株洲军分区司令员	1990年12月免
	刘祥林	1990年12月	株洲军分区司令员	1994年7月免
	唐方新	1991年9月	市纪委书记	–
	黄自能	1993年1月	副市长	–
	张 伦	1993年9月	醴陵市委书记	1995年6月任市委副书记
	肖雅瑜	1994年10月	市委副书记	–
	马建述	1994年2月	市委政法委书记	–
	贺望中	1994年7月	株洲军分区司令员	1985年5月免
第八届（1995年7月—2000年9月）	程兴汉	1995年7月	市委书记	–
	王汀明	1995年7月	市委副书记、市长	–
	肖雅瑜	1995年7月	市委副书记	–
	赵占一	1995年7月	市委副书记	–
	张 伦	1995年7月	市委副书记	–
	贺望中	1995年7月	株洲军分区司令员	–
	唐方新	1995年7月	市纪委书记	–
	黄自能	1995年7月	常务副市长	1997年任市委巡视员

续表 15-2

届别	姓　名	任职时间	职　　务	备　　注
	马建述	1995 年 7 月	市委政法委书记	–
	邓万池	1995 年 7 月	市委宣传部部长	1995 年 9 月病故
	秦卓夫	1995 年 7 月	市委组织部部长	1998 年 4 月调离
	陈国平	1995 年 9 月	市委宣传部部长	1996 年 6 月调离
	刘岁文	1995 年 7 月	市委秘书长	–
	邓德芳	1996 年 6 月	市委宣传部部长	–
	颜石生	1998 年 4 月	市委组织部部长	–
	侯林青	1997 年任	常务副市长	–
第九届（2000 年 9 月—）	王汀明	2000 年 9 月	市委书记	–
	肖雅瑜	2000 年 9 月	市委副书记、市长	–
	张　伦	2000 年 9 月	市委副书记	–
	邓德芳	2000 年 9 月	市委副书记	–
	颜石生	2000 年 9 月	市委副书记	–
	贺望中	2000 年 9 月	株洲军分区司令员	–
	侯林青	2000 年 9 月	常务副市长	–
	马建述	2000 年 9 月	市委政法委书记	–
	赵湘珍	2000 年 9 月	市委宣传部部长	–
	夏文星	2000 年 9 月	市委组织部部长	–
	姜玉泉	2000 年 9 月	市委秘书长	–
	王　群	2000 年 9 月	天元区区委书记、高新区工委书记	–

中共株洲市委历任书记名录

表 15-3

姓　名	任职时间	备　　注
杨第甫	1951.5 — 1951.6	筹建时期
陈继昌	1951.7 — 1952.11	县级市
侯锡义	1952.12 — 1954.9	县级市
马壮昆	1954.9 — 1956.3	县级市
	1956.3 — 1960.3	地级市（第一书记）
	1960.3 — 1967.12	任书记
高继唐	1968.12 — 1971.4	中共株洲市革委会核心领导小组组长
	1971.4 — 1977.11	任市委书记
周　政	1977.11 — 1980.5	–
朱远明	1980.5 — 1982.2	–
李照民	1982.2 — 1983.5	–
孙文盛	1983.5 — 1984.7	–
曹伯纯	1984.7 — 1990.5	–
周吉太	1990.7 — 1994.1	–
程兴汉	1994.1 — 2000.4	–
王汀明	2000.4 — 2000.12	–

中共株洲市委历任副书记名录

表 15–4

姓 名	任职时间	备 注
任 之	1956.3 — 1959.12	书记处书记
孙天彪	1958.1 — 1962.7	书记处书记
刘质毅	1958.1 — 1964.4	书记处书记
朱远明	1959.11 — 1968.1	书记处书记
	1969.12 — 1971.4	市革委会核心领导小组副组长
	1971.4 — 1980.5	副书记
吴占魁	1959.11 — 1968.1	书记处书记
	1973.5 — 1983.5	副书记
刘伯坚	1959.11 — 1968.1	书记处书记
张 厚	1964.5 — 1966.5	书记处书记（排第一位）
张文林	1965.4 — 1968.1	书记处书记
张小辉	1966.12 — 1967.2	书记处书记
	1974.1 — 1983.5	副书记
孙敬民	1968.12 — 1969.12	市革委会核心领导小组副组长
刘海波	1971.4 — 1980.1	–
李俊德	1971.4 — 1971.6	–
郁宝云	1979.2 — 1983.5	–
王雨海	1979.2 — 1983.5	–
薛厚民	1980.6 — 1984.12	–
李文源	1980.6 — 1983.5	–
周吉太	1983.5 — 1990.6	–
郝 诚	1983.5 — 1990.7	–
曹伯纯	1983.5 — 1984.7	–
程兴汉	1984.7 — 1994.1	–
陈满之	1985.3 — 1989.7	–
周伯华	1990.6 — 1993.2	–
袁授铭	1990.7 — 1995.5	–
王汀明	1993.1 — 2000.4	–
肖雅瑜	1994.10 — 2000.12	–
赵占一	1995.6 — 2000.9	–
张 伦	1995.6 — 2000.12	–
邓德芳	2000.9 — 2000.12	–
颜石生	2000.9 — 2000.12	–

中共株洲市委历任秘书长、副秘书长名录

表 15-5

秘书长	任职时间	副秘书长	任职时间
刘伯坚	1956.8 — 1959.11	邢广义	1958.10 — 1960.1
张文林	1959.11 — 1965.4	孙永庆	1959.7 — 1960.11
马金琢	1973.6 — 1978.4	张宝瑄	1960.1 — 1964.4
李文源	1978.4 — 1981.2	武　耀	1960.2 — 1967.11
薛厚民	1981.2 — 1983.5（兼）	栾宗友	1960.2 — 1966.5
刘迪恺	1983.5 — 1984.12	湛毅强	1966.4 — 1967.11
王汀明	1984.12 — 1990.7		1973.7 — 1989.12
侯林青	1990.7 — 1994.1	罗志军	1966.4 — 1967.11
刘岁文	1995.7 — 2000.9	袁菊初	1973.6 — 1978.4
姜玉泉	2000.9 — 2000.12	包秀龙	1973.7 — 1978.8
–	–	周敬文	1976.3 — 1978.11
–	–	魏永平	1978.4 — 1979.4
–	–	张家树	1978.8 — 1983.9
–	–	王仲元	1978.8 — 1982.11
–	–	刘建初	1982.2 — 1983.9
–	–		1985.7 — 2000.12
–	–	罗利生	1983.9 — 1985.2
–	–		1989.12 — 1993.3
–	–	王建国	1983.9 — 1985.7
–	–	温庆雅	1985.7 — 1992.6
–	–	林侃钦	1985.7 — 1991.11
–	–	郭子光	1991.11 — 1998.4
–	–	龙果然	1993.6 — 2000.12
–	–	张　雄	1995.8 — 1998.6
–	–	任尚仁	1996.4 — 2000.12
–	–	谭卫平	1996.4 — 2000.12
–	–	翟笃培	1997.10 — 2000.6
–	–	宁建业	1997.7 — 2000.12
–	–	杨剑涛	1997.7 — 2000.12
–	–	侯李平	1998.4 — 2000.12
–	–	廖子良	1998.7 — 2000.12
–	–	胡建军	1999.4 — 2000.12

中共株洲市委监察委员会、纪律检查委员会历任负责人名录

表 15–6

书　　记	任职时间	副书记	任职时间
陈继昌	1951.12 — 1952.11（兼）	侯锡义	1951.12 — 1954.9（兼）
任　之	1956.5 — 1959.12（兼）	胡　昆	1956.5 — 1960.1
朱远明	1959.12 — 1967.11（兼）	张茂林	1959.11 — 1967.11
郁宝云	1979.2 — 1981.2（兼）	田育农	1964.1 — 1967.11
李文源	1981.2 — 1983.5（兼）	陈贻章	1964.1 — 1967.11
王利明（女）	1983.5 — 1991.9	魏永平	1979.2 — 1980.11
唐方新	1991.9 — 2000.9	刘气云	1979.2 — 1983.5
马建述	2000.9 — 2000.12	艾　新	1980.11 — 1983.5
–	–	韩立德	1981.12 — 1983.9
–	–	周继耀	1983.5 — 1984.4
–	–	言　铀	1983.9 — 1985.5
–	–	赵占一	1984.4 — 1987.11
–	–	钟开良	1985.5 — 1992.11
–	–	肖培禄	1987.11 — 2000.9
–	–	何文新	1993.4 — 1994.12
–	–	陈泳涛	1994.2 — 1998.12
–	–	王丽沙（女）	1995.7 — 2000.12
–	–	李良定	2000.9 — 2000.12
–	–	宋小平	2000.9 — 2000.12

中共株洲市委办公室历任负责人名录

表 15–7

主　　任	任职时间	副主任	任职时间
余清源	1953.5 — 1956.3	余清源	1952.11 — 1953.5
刘伯坚	1956.3 — 1958.9（兼）	王人爵	1957.6 — 1959.10
邢广义	1958.10 — 1959.10（兼）	赵启湘	1958.9 — 1959.11
赵启湘	1959.11 — 1964.11	刘立炎	1960.4 — 1966.4
湛毅强	1966.4 — 1968.2（兼）	胡汉池	1962.6 — 1964.11
	1978.9 — 1983.9（兼）	罗志均	1964.9 — 1966.4
袁菊初	1973.7 — 1978.9（兼）	湛毅强	1964.9 — 1966.4
温庆雅	1985.7 — 1992.6（兼）	欧祝华	1973.6 — 1980.4
罗利生	1992.7 — 1993.3（兼）	唐　廉	1973.6 — 1981.6
刘建初	1993.6 — 1997.6（兼）	王建国	1973.6 — 1980.4
张　雄	1997.6 — 1998.6	杨汝琴	1973.9 — 1978.6

续表 15-7

主　　任	任职时间	副主任	任职时间
廖子良	1998.6 — 1999.4	何桂兰（女）	1975.9 — 1979.3
龙果然	1999.4 — 2000.12 （兼）	刘建初	1980.9 — 1982.5
–	–	刘迪恺	1980.12 — 1983.9
–	–	石舜卿	1981.12 — 1983.9
–	–	温庆雅	1983.9 — 1985.7
–	–	姜玉泉	1985.7 — 1990.4
–	–	王桂荣	1986.5 — 1990.9
–	–	殷发保	1987.3 — 1993.5
–	–	夏文星	1990.5 — 1992.8
–	–	龙果然	1990.5 — 1993.6
–	–	段青云	1993.6 — 1994.8
–	–	王志刚	1993.6 — 1995.10
–	–	张汉华	1993.6 — 1994.8
–	–	张　雄	1994.9 — 1995.8
–	–	廖子良	1995.1 — 1998.7
–	–	宁建业	1996.4 — 2000.6
–	–	杨剑涛	1996.4 — 1999.4
–	–	胡建军	1997.7 — 1999.4
–	–	谭可敏	2000.6 — 2000.12

中共株洲市委组织部历任负责人名录

表 15-8

部　　长	任职时间	副部长	任职时间
侯锡义	1951.7 — 1952.11	岳徽林	1956.9 — 1960.2
李守绪	1952.11 — 1954.10	邢广义	1956.5 — 1958.10
岳徽林	1954.10 — 1956.9（代）	李耀红	1960.1 — 1967.12
刘　钧	1956.9 — 1959.10	魏永平	1960.6 — 1965.8
朱远明	1959.10 — 1965.8（兼）	蒋锡畴	1960.11 — 1962.1
魏永平	1965.8 — 1967.12	胡汉池	1964.11 — 1967.12
张茂林	1973.5 — 1978.4	陈贻章	1973.6 — 1983.9
郁宝云	1978.4 — 1981.2	罗吉林	1973.7 — 1987.4
王志歧	1981.2 — 1983.5（未发文）	常有广	1973.11 — 1983.9
程兴汉	1983.5 — 1984.12	马际恒	1979.9 — 1983.9
袁授铭	1984.12 — 1990.7	李祥亭	1979.9 — 1994.4

续表 15-8

部　　长	任职时间	副 部 长	任职时间
赵占一	1990.7 — 1995.6	张昔兰（女）	1983.9 — 1993.1
秦卓夫	1995.6 — 1998.3	李孟球	1983.9 — 1985.12
颜石生	1998.6 — 2000.9	赵占一	1987.11 — 1990.7
夏文星	2000.9 — 2000.12	周协军	1988.2 — 2000.1
–	–	曾庆荣	1993.4 — 2000.12
–	–	贺夏盛	1996.4 — 2000.12
–	–	张　雄	1998.6 — 2000.8
–	–	常世雄	1998.6 — 2000.10
–	–	程绍光	2000.9 — 2000.12

中共株洲市委宣传部历任负责人名录

表 15-9

部　　长	任职时间	副 部 长	任职时间
张犀文	1951.7 — 1951.8（县级市）	韩瑾行	1951.7 — 1952.1（县级市）
韩瑾行	1952.1 — 1952.6（县级市）	杨中申	1957.3 — 1958.7
杨中申	1953.11 — 1956.3（县级市）	余清源	1958.8 — 1959.7
			1960.1 — 1964.4
			1973.6 — 1981.12
王又民	1957.8 — 1959.11	帅伯髦	1964.11 — 1966.4
			1978.4 — 1983.9
宋仰云	1959.11 — 1964.4	赵启湘	1964.11 — 1967.11
			1973.6 — 1983.9
张宝瑄	1964.4 — 1965.9	李英维	1973.6 — 1981.8
	1973.5 — 1978.4（兼）		
帅伯髦	1966.4 — 1967.11	安义堃	1979.9 — 1983.9
袁菊初	1978.4 — 1983.5	吕品图	1983.9 — 1986.5
曹伯纯	1983.5 — 1985.4（兼）	尹常纪	1983.9 — 1988.1
陈满之	1985.4 — 1987.4	石瑞坤	1983.9 — 1998.12
王四连（女）	1987.4 — 1990.1	古建佳	1986.4 — 1990.6
刘健民	1990.1 — 1990.8	陈建泽	1990.5 — 2000.12
邓万池	1990.8 — 1995.7	黄玉成	1996.4 — 2000.12
陈国平	1995.7 — 1996.6	陈茂祥	1996.4 — 2000.12
邓德芳	1996.6 — 2000.9	廖雪文	1996.4 — 2000.12
赵湘珍（女）	2000.9 — 2000.12	–	–

中共株洲市委统战部历任负责人名录

表 15–10

部　　长	任职时间	副 部 长	任职时间
杨中申	1956.7 — 1958.10（负责人）	包秀龙	1960.1 — 1967.11
宋仰云	1958.10 — 1959.11	周松林	1974.3 — 1978.3（副组长）
包秀龙	1974.3 — 1978.5（兼组长）	李　健	1979.4 — 1983.4
李　健	1978.5 — 1979.4（组长）	李耀红	1980.11 — 1991.4
黄道奇	1979.11 — 1981.2	张宏远	1981.2 — 1983.3
杨　恺	1981.2 — 1983.5	王香媛（女）	1982. — 1983.5
帅伯髦	1983.5 — 1986.6	陈克琅	1983.6 — 1985.9
周继耀	1986.6 — 1988.12（1988.1 — 12 月为兼职）	冯树亮	1986.9 — 1991.10
陈　鑫	1988.12 — 1995.6（兼）	胡志鹏	1986.12 — 1993.2
陈广续	1995.6 — 2000.7	李运开	1991.11 — 1999.1
彭　德	2000.7 — 2000.12	陈文茜（女）	1994.9 — 2000.10
–	–	万拾延	1994.9 — 2000.12
–	–	邹龙云	1994.12 — 2000.12

中共株洲市委工业交通政治工作部历任负责人名录

表 15–11

部　长	任职时间	副 部 长	任职时间
张茂林	1957.3 — 1958.9（工业交通部）	言　铀	1954.4 — 1957.3（工业交通部）
张文林	1958.7 — 1959.8（工业交通部）	王人爵	1955.7 — 1956.7（工业交通部）
刘玉堂	1959.11 — 1960.11（工业部）	阎安广	1956.5 — 1959.9（工业交通部）
	1962.1 — 1964.8（工业交通部）		
	1964.8 — 1967.11（工业交通政治）		
阎安广	1959.9 — 1960.12（交通工作部）	张宝瑄	1957.3 — 1958.9（工业交通部）
			1960.10 — 1961.11（工业办）
张小辉	1960.4 — 1961.11（工业办公室）	何尚文	1960.1 — 1960.11（工业部）
周继耀	1984.4 — 1986.6（工交财贸政治部）	赵书空	1961.5 — 1961.11（工业办公室）
周长甫	1988.7 — 1991.11（企业干部处）	蒋锡畴	1960.6 — 1960.11（工业部）
			1960.12 — 1961.11（工业办公室）
			1962.1 — 1964.8（工业交通部）
			1964.8 — 1967.11（工业交通政治部）
–	–	刘玉堂	1959.9 — 1959.11（工业工作部）
–	–	赵清涛	1960.2 — 1960.11（交通工作部）
–	–		1960.11 — 1961.11（工业办公室）

续表 15-11

部 长	任职时间	副 部 长	任职时间
–	–	王云岫	1961.5 — 1961.11（工业办公室）
–	–	张锦华	1962.1 — 1964.8（工业交通部）
–	–		1960.10 — 1961.11（工业办公室）
–	–		1964.8 — 1966.5（工业交通政治部）
–	–	李守绪	1962.6 — 1964.8（工业交通部）
–	–		1964.8 — 1967.11（工业交通政治部）
–	–	孙永庆	1963.11 — 1964.8（工业交通部）
–	–		1964.8 — 1967.11（工业交通政治部）
–	–	李竣起	1984.5 — 1985.4（工交财贸政治部）
–	–	周长甫	1985.1 — 1988.7（工交财贸政治部）
–	–	易运昌	1989.1 — 1992.2（企业干部处）

说明：1954 年 6 月成立市委工业部（又称工业交通部）；1959 年，工业交通部分设为工业工作部和交通工作部；1960 年 4 月，成立市委工业办公室，12 月将两部同时并入；1961 年 11 月，恢复工业交通部；1964 年 8 月，更名为市委工业交通政治工作部；1983 年 12 月，成立市委工交财贸政治部；1990 年 10 月，企业干部处归市委管理；1992 年 2 月，撤销市委企业干部处，其工作职能划归市委组织部

中共株洲市委农村工作部（办公室、工作委员会、农村政治部）历任负责人名录

表 15-12

正 职	任职时间	副 职	任职时间
李守绪	1953 — 1955.6（分管）	马 奎	1955.6 — 1955.10
陈文玉	1955.6 — 1956.9（部长）	陈文玉	1962.1 — 1965.6（兼任副书记）
	1959.12 — 1961.9（兼任主任）		
刘伯坚	1962.1 — 1965.6（兼任书记）	刘宏达	1962.1 — 1965.6（副书记）
黄秉东	1984.4 — 1985.1（部长）	童杰安	1962.1 — 1964.9（副书记）
栾宗友	1985.5 — 1985.12（部长）	张绍轩	1965.8 — 1967.11（副主任）
陈登高	1985.12 — 1988.7（部长）	邢广义	1962.1 — 1965.6（副书记）
			1966.4 — 1967.11（副主任）
李博文	1994.9 — 1998.4（部长）	汪桂秋	1962.1 — 1965.6（副书记）
李甲顺	1998.4 — 2000.10（部长）	栾宗友	1966.4 — 1967.11（副主任）
罗家博	2000.10 — 2000.12（部长）	杨连登	1984.5 — 1986.12（副部长）
–	–	廖蔚钦	1985.12 — 1988.7（副部长）
–	–	黄振朴	1994.9 — 1999.9（副部长）
–	–	杨道德	1994.9 — 1995.4（副部长）
–	–	邓昭强	1994.9 — 1998.4（副部长）
–	–	王建之	1995.4 — 1999.2（副部长）

续表 15-12

正　职	任职时间	副　职	任职时间
–	–	刘四华	1995.4 — 2000.12（副部长）
–	–	罗　伟	1996.4 — 1997.8（副部长）

说明：1956 年 6 月至 1959 年 12 月，市委农村工作部撤销，其职能并入中共株洲市郊区委员会；1967 年 11 月起，因“文化大革命”导致地方党委瘫痪，市委农村政治部亦不存在；1988 年 7 月撤销市委农村工作部，1994 年 9 月恢复；市委农村工作部存续前后两段时间，分别与市农业委员会、市农村工作办公室合署办公，两块牌子一套人马

中共株洲市委财贸政治部历任负责人名录

表 15-13

正　职	任职时间	副　职	任职时间
刘恒胜	1954.10 — 1956.5（财政经济部）	艾　新	1957.8 — 1960.3（财经贸易部）
	1957.3 — 1959.9（财经贸易部）		1960.11 — 1962.6（财贸办）
马金琢	1960.3 — 1962.6（财贸办）	贾本荣	1960.8 — 1961.9（财贸办）
艾　新	1962.4 — 1963.7（财政贸易部负责人）	贾纯银	1960.11 — 1961.7（财贸办）
	1963.11 — 1964.8（财政贸易部）	马金琢	1960.11 — 1962.6（财贸办）
	1965.4 — 1967.11（财贸政治部）	方　俭	1960.12 — 1962.6（财贸办）
–	–	杨佩荣	1964.4 — 1964.8（财政贸易部）
–	–		1965.4 — 1966.5（财贸政治部）
–	–	唐文达	1965.4 — 1967.11（财贸政治部）
–	–	岳齐宣	1966.5 — 1967.11（财贸政治部）

说明：1954 年 10 月，成立市委财政经济部；1956 年 5 月，更名为市委财经贸易部；1960 年 3 月，将市人委财贸办公室改名为市委财贸办公室，同年 12 月撤销市委财经贸易部并入财贸办公室；1962 年 4 月，将市委财贸办公室改为市人委财粮贸办公室，增设市委市委财政贸易工作部；1964 年 8 月，将市委财政贸易工作部改名为市委财贸政治部；1967 年 11 月，因文化大革命该部停止

中共株洲市委政法委（办公室）历任负责人名录

表 15-14

正　职	任职时间	副　职	任职时间
李枝叶	1956.8 — 1958.3（政法党组书记）	魏永平	1956.8 — 1958.3（政法战线党组副书记）
杨忠文	1958.7 — 1962.2（政法战线党组书记）	李建国	1981.11 — 1983.5（政法领导小组组长、政法委副主任）
田育农	1958.10 — 1960.10（政法战线党组书记、政法战线领导小组组长）	贾同来	1979.9 — 1981.10（政法领导小组副组长）
张小辉	1981.11 — 1983.5（兼政法委主任）	董立元	1979.9 — 1981.10（政法领导小组副组长）
万晓阳	1983.6 — 1987.5（政法委主任）	刘林茂	1982.3 — 1987.5（政法委副主任）
	1987.5 — 1990.12（政法委书记）		1987.5 — 1988.5（政法委副书记）

续表 15-14

正　职	任职时间	副　职	任职时间
刘迪恺	1990.12 — 1993.6（政法委书记）	吴成志	1985.8 — 1987.5（政法委副主任）
			1987.5 — 1996.8（政法委副书记）
			1997.6 — 1998.4（副书记）
马建述	1993.6 — 2000.9（政法委书记）	夏云华	1996.4 — 1998.4（副书记）
			1996.8 — 1998.4（综治办主任）
刘岁文	2000.9 — 2000.12（政法委书记）	谈敬纯	1996.8 — 1998.4（副书记）
–	–	李　智	1998.4 — 2000.12（副书记、综治办主任）
–	–	唐光明	1996. 8 — 1998.4（综治办副主任）
–	–		1998.4 — 2000.12（副书记）
–	–	方华堂	1998.4 — 2000.12（综治办副主任）

说明：1956 年 8 月，设市委政法部；1957 年 5 月，更名市委党群政法科，与人委政法组合署办公；1958 年 10 月，成立市委政法办公室；1960 年 10 月，撤销政法办公室，业务归口市人委办公室；1981 年 11 月，成立市委政法委员会；1987 年 5 月，市委政法委主任、副主任改称为书记、副书记

中共株洲市委政策研究室历任负责人名录

表 15-15

主　任	任职时间	副主任	任职时间
骆锦辉	1984.11 — 1985.7	胡汉池	1960.3 — 1961.1
刘建初	1985.7 — 1993.6	黄　彪	1960.4 — 1960.11
任尚仁	1993.6 — 1999.6	吴成志	1981.12 — 1985.8
廖子良	1999.6 — 2000.12	李正石	1983.9 — 1987.11
–	–	赵占一	1983.9 — 1984.5
–	–	罗育常	1985.1 — 1990.4
–	–	任尚仁	1988.10 — 1993.6
–	–	陈建泽	1988.10 — 1990.5
–	–	邓昭强	1990.5 — 1991.9
–	–	陈友庚	1994.9 — 2000.12
–	–	金倜伟	1994.9 — 1996.3
–	–	蔡　溪	1996.3 — 2000.12

中共株洲市委讲师团历任负责人名录

表 15-16

主　任	任职时间	副主任	任职时间
陈胜利	1985.7 — 2000.12	康心富	1994.11 — 2000.12

中共株洲市委科学技术委员会负责人名录

表 15-17

主任委员	任职时间	副主任委员	任职时间
朱远明	1964.8 — 1967.11（兼）	张小辉	1964.8 — 1967.11（兼）
–	–	陈文玉	1964.8 — 1967.11（兼）
–	–	张宝瑄	1964.8 — 1967.11（兼）
–	–	王云岫	1964.8 — 1967.11
–	–	史家全	1964.8 — 1967.11

中共株洲市委工业办公室负责人名录

表 15-18

主　任	任职时间	副 主 任	任职时间
张小辉	1959.4 — 1961.3（兼）	赵书空	1959.11 — 1962.6
张宝瑄	1961.3 — 1962.6（兼）	王云岫	1959.11 — 1962.6
–	–	张宝瑄	1960.10 — 1961.3（兼）
–	–	张锦华	1960.4 — 1962.6
–	–	赵清涛	1960.11 — 1962.6
–	–	蒋锡畴	1960.12 — 1962.6（兼）

说明：1959 年 4 月，成立市委工业办公室；1962 年 6 月，撤销市委工业办公室，其业务归入市经济委员会

中共株洲市委基本建设工作部负责人名录

表 15-19

部　长	任职时间	副 部 长	任职时间
刘质毅	1957.3 — 1958.8	张茂林	1956.2 — 1957.3
–	–	武　耀	1957.3 — 1958.7
–	–	刘玉堂	1958.10 — 1959.8

说明：1959 年 8 月，撤销市委基本建设工作部

中共株洲市直机关工作委员会历任负责人名录

表 15-20

书　记	任职时间	副 书 记	任职时间
刘　钧	1957.6 — 1959.9（兼）	赵清涛	1957.6 — 1960.2
魏永平	1960.2 — 1963.4（兼）	常明德（女）	1960.2 — 1964.6
	1975.12 — 1979.3	常友广	1966.2 — 1966.5
武　耀	1963.4 — 1966.5（兼）	袁菊初	1975.12 — 1982.1（兼）
常有广	1966.5 — 1967.11	王　泽	1975.12 — 1983.9
何桂兰（女）	1979.3 — 1980.8	边之向	1983.9 — 1990.4

续表 15-20

书 记	任职时间	副 书 记	任职时间
李文源	1982.1 — 1983.9（兼）	文广俊	1983.12 — 1998.4
孙维德	1983.9 — 1990.4	沈冬秀（女）	1990.5 — 2000.12
刘剑安	1990.5 — 1999.7	刘嘉启	1990.5 — 1995.6
唐群策	1999.7 — 2000.12	傅旭东	1997.7 — 2000.12
–	–	郭祥生	1999.7 — 2000.12

中共株洲市委机构编制委员会（办公室）历任负责人名录

表 15-21

主 任	任职时间	副 主 任	任职时间
朱远明	1959.10 — 1960.10（兼）	杨文忠	1960.7 — 1965.7
魏永平	1965.7 — 1967.11（兼）	魏永平	1960.7 — 1965.7
郁宝云	1978.4 — 1981.11（兼）	罗吉林	1981.11 — 1983.7（兼）
李文源	1981.11 — 1983.7（兼）	刘剑安	1983.7 — 1990.5
程兴汉	1983.7 — 1984.12（兼）	张国泉	1983.7 — 1993.2
袁授铭	1984.12 — 1990.5（兼）	刘群儒	1990.5 — 1996.8
张昔兰（女）	1990.5 — 1993.4（兼）	罗继前	1993.6 — 2000.12
刘群儒	1996.8 — 2000.12	龙承坤	2000.7 — 2000.12

说明：1956 年 12 月，成立市编制委员会；1958 年 3 月，与市委组织部合署办公；1960 年 10 月，并入市委组织部；“文化大革命”期间，其职能由市革委政治部干部组承担；1979 年 4 月，恢复市编制委员会

中共株洲市委保密委员会（保密局）历任负责人名录

表 15-22

主任（局长）	任职时间	副主任（副局长）	任职时间
刘海波	1975.10 — 1981.4	袁菊初	1975.10 — 1979.12
薛厚民	1981.4 — 1983.9	刘 辉	1975.10 — 1981.4
张家树	1983.9 — 1993.2	湛毅强	1979.12 — 1983.9
侯林青	1993.6 — 1996.8（兼）	欧阳凡	1979.12 — 1983.9
龙果然	1996.8 — 1999.6	易凤林	1981.4 — 1983.9
申国超	1999.6 — 2000.12	申国超	1987.2 — 1999.6
–	–	言克演	1998.4 — 2000.12

中共株洲市委党史资料征集研究办公室历任负责人名录

表 15-23

主 任	任职时间	副 主 任	任职时间
李正石	1987.11 — 1999.4	李龙芬	1983.9 — 1996.10
杨剑涛	1999.6 — 2000.12	陈利明	1983.9 — 1991.11

续表 15–23

主　　任	任职时间	副 主 任	任职时间
–	–	黄　文	1984.12 — 1994.9
–	–	袁助力	1995.8 — 2000.12
–	–	汪燕翎（女）	1998.12 — 2000.12

中共株洲市委老干部工作局历任负责人名录

表 15–24

局　　长	任职时间	副 局 长	任职时间
李祥亭	1983.7 — 1991.11（兼）	易图遂	1983.7 — 1994.11
周长甫	1991.11 — 1997.6	钟桂池	1983.12 — 1989.7
常世雄	1997.6 — 2000.12	宋健生	1992.5 — 1994.9
–	–	钟良佑	1996.9 — 2000.12
–	–	朱水清（女）	1997.6 — 2000.12
–	–	刘舒明	1997.6 — 2000.12

中共株洲市委知识青年上山下乡领导小组办公室历任负责人名录

表 15–25

主　　任	任职时间	副 主 任	任职时间
刘凤云	1973.9 — 1975.6	童时若	1973.9 — 1978.1
戴让安	1975.6 — 1978.1	王擎先	1974.7 — 1981.6
童时若	1978.1 — 1980.4	李树仁	1973.9 — 1976.10（兼）
–	–	李建国	1979.5 — 1981.6

中共株洲市委、市政府接待处历任负责人名录

表 15–26

处　　长	任职时间	副 处 长	任职时间
林侃钦	1988.8 — 1992.5	郭子光	1987.8 — 1992.5
郭子光	1992.5 — 1994.9	彭国光	1988.8 — 1999.5
谭卫平	1994.9 — 2000.12	朱时炎	1991.11 — 1998.7
朱时炎	1998.7 — 2000.12（党委书记）	谭卫平	1992.5 — 1994.9
–	–	艾东毛	1998.7 — 2000.12

中共株洲市委台湾工作领导小组办公室历任负责人名录

表 15–27

主　　任	任职时间	副 主 任	任职时间
陈文茜（女）	1988.1 — 2000.10	–	–
周　磊	2000.10 — 2000.12	–	–

中共株洲市委党校（行政学院）历任负责人名录

表 15-28

校（院）长	任职时间	副校（院）长	任职时间
朱远明	1959.12 — 1968.10（兼）	邢天荣	1961.3 — 1965
	1981.1 — 1983.9（兼）	田育农	1977.5 — 1983.9
陈贻章	1977.5 — 1979.4	张宏鼎	1977.5 — 1979.4
周　政	1979.4 — 1981.1（兼）	左玉身	1977.5 — 1983.9
袁授铭	1990.6 — 1995.6（兼任第一校长）	袁　方	1977.5 — 1979.4
古建佳	1990.6 — 1994.6	陈贻章	1979.4 — 1986.9（主持全面工作）
宋益多	1996.2 — 2000.12	谢盛卓	1977.5 — 1983.9
–	–	李耀红	1979.4 — 1983.9
–	–	李文源	1981.1 — 1983.9
–	–	熊仕循	1981.7 — 1990.6
–	–	易定祥	1983.9 — 1997.6
–	–	陈胜利	1983.9 — 1985.7
–	–	罗才春	1986.12 — 1997.6
–	–	宋益多	1991.6 — 1996.2
–	–	苏仲明	1991.6 — 1996.4
–	–	何辉宇	1996.4 — 2000.12
–	–	何迪平	1997.6 — 2000.12
–	–	赖建明	1999.10 — 2000.12（副院长）

说明：1958 年 3 月，成立中共株洲市委党校委员会；1968 年 10 月，撤销市委党校；1977 年 5 月，恢复市委党校；1993 年，将干部学院更名为株洲市行政学院，与市委党校合署办公，实行两块牌子，一套人员

株洲日报社历任负责人名录

表 15-29

总编辑	任职时间	副总编辑	任职时间
王又民	1957.8 — 1959（兼）	冯鲁仁	1958 — 1959. 调离
余清源	1959 — 1964.4 兼）	黄　彪	1960.11 — 1968.3
唐尧荣	1968.3 — 1969.8（革委会主任）	唐尧荣	1966.4 — 1968.3
			1969.8 — 1971.1（革委会第一副主任）
			1974.2 — 1992.4
刘汉帮	1971.5 — 1978.9（革委会主任）	张学美	1968.3 — 1969.8（革委会副主任、军队代表）
赵启湘	1978.9 — 1983.8（兼）	陈树根	1968.3 — 1978.9（革委会副主任、群众代表）
骆锦辉	1983.8 — 1984.11	沈良桂	1971.7 — 1978.9（革委会副主任）
			1978.9 — 1980.6

续表 15-29

总编辑	任职时间	副总编辑	任职时间
陈建泽	1994.11 — 2000.12（兼任、社长）	陈树立	1971.5 — 1971.8（革委会副主任）
-	-	康铁山	1980.6 — 1983.8
-	-	黄经略	1982.3 — 1983.8
-	-	张益群	1987.8 — 1992.10
-	-	胡铁刚	1990.5 — 2000.12
-	-	袁建平	1994.11 — 2000.12

第三节　县市区中共组织机构

株洲县县委　1965年6月，设置株洲县，同年8月成立中共株洲县委员会，隶属中共株洲市委领导。

醴陵县（市）委　1949年8月1日，由晋中区党委二地委在河南巩县组建的南下醴陵县委班子到达醴陵，与地下党醴陵县工委会合。8月4日，正式成立中共醴陵县委员会，隶属中共长沙地委领导。1952年，改由中共湘潭地委领导。1983年5月，醴陵县划归株洲市管辖，中共醴陵县委改由中共株洲市委领导。1985年5月25日，经国务院批准，醴陵县改为醴陵市（县级），县委随之改为中共醴陵市委，仍由中共株洲市委领导。

攸县县委　1949年9月4日，由晋中区党委在河南巩县王沟村组建的南下攸县县委班子进入攸县，与原县工委会合。9月7日，正式成立中共攸县委员会，隶属中共衡阳地委领导。1952年11月，改属中共湘潭地委领导。1983年5月，划归中共株洲市委领导。

茶陵县县委　1949年8月，南下工作团在河南巩县组建的中共茶陵县委抵达茶陵，与原县地下工委会合。9月9日，正式成立中共茶陵县委员会，隶属中共衡阳地委领导。1959年1月，根据中共湖南省委《关于调整县市行政区划若干问题的决定》，茶陵与酃县合并为茶陵县，1961年5月11日茶陵县与酃县分设，两县县委亦随之并、分。1983年5月，茶陵县委划归中共株洲市委领导。

炎陵县县委　1949年10月27日，由南下省委在长沙沙田组建的中共酃县委员会到达酃县。10月29日，正式成立中共酃县委员会。1949年10月至1952年10月，隶属中共衡阳地委领导。1952年10月至1954年9月，隶属中共湘南区委领导。1954年9月，改由中共郴州地委领导。1959年1月，隶属中共湘潭地委领导。1959年1月，酃县与茶陵县合并为茶陵县，县委随之合并。1961年5月，酃县恢复建制，县委重新建立。1983年5月，酃县县委划归中共株洲市委领导。1994年4月，酃县改称炎陵县，中共酃县县委随之更名为中共炎陵县县委。

郊区区委　1951年8月，设立中共株洲市郊区工作委员会，1952年3月，撤销郊区，分别成立郊东区、郊北区工作委员会。1955年2月，撤销郊东、郊北区工委，成立中共株洲市郊区委员会。1966年1月，经国务院批准，设立株洲市郊区，成立县级中共株洲市郊区委员会。1997年7月，株洲市区行政区划调整时郊区被撤销，其行政区域分别划入天元区、荷塘区、芦淞区和石峰区，中共株洲市郊区委员会也随之撤销。

天元区区委　1997 年 7 月，株洲市辖区行政区划进行调整，以株洲县的马家河乡、群丰镇的行政区域及原株洲市郊区园艺场组建株洲市天元区，并成立中共株洲市天元区委员会。

荷塘区区委　1969 年 8 月，株洲市将原田心区、荷塘铺区和中心区月塘片合并为株洲市东区。1970 年 1 月，成立中共株洲市东区核心领导小组。1971 年 9 月，成立中共株洲市东区委员会。1997 年 7 月，株洲市行政区划调整后成立中共株洲市荷塘区委员会。

芦淞区区委　1969 年 8 月，株洲市原董家塅区和中心区的大部分地区合并为南区。1970 年 1 月，成立中共株洲市南区核心领导小组，1971 年 9 月成立中共株洲市南区委员会。1997 年 7 月，株洲市区行政区划调整后成立中共株洲市芦淞区委员会。

石峰区区委　1969 年 8 月，株洲市将原清水塘区、中心区和田心区一部分地区合并为株洲市北区，1970 年 1 月成立中共株洲市北区核心领导小组。1971 年 9 月，成立中共株洲市北区委员会。1997 年 7 月株洲市区行政区划调整后，成立中共株洲市石峰区委员会。

第四节　基层中共组织机构

1951 年 7 月，株洲成立县级市，基层组织主要分布在农村和机关。1952 年年底，共有 41 个党委（其中包括 19 个区委、5 个党组），335 个党支部。

1953 年，农村始建乡级支部，农村支部由 265 个增至 397 个，机关党支部由 40 个增至 70 个，工业企业党支部由 4 个增至 12 个，党支部总数增为 507 个。

1956 年 3 月，株洲市升格为省辖地级市。随着行政、企事业单位的增设及农村撤区并乡，基层组织增加迅速。年底，共有党支部 1646 个，党总支 69 个，党委 25 个，分布于农业、工业、建筑、交通、商业、文教、卫生、体育、金融、机关。

经过 1958 年"大跃进"，基层组织成倍增长，至 1959 年年底，已有党支部 4037 个，党总支 787 个，党委 86 个。1961 — 1965 年，通过调整，基层组织有所减少，并相对稳定。1965 年年底，共有党支部 3497 个，党总支 73 个，党委 178 个。

"文化大革命"初期，党组织一度瘫痪，1969 年年底，开始恢复组织生活。全市共有 5134 个党支部，143 个党总支，217 个党委。其后，基层组织稳定增长，逐年增加。

1990 年，全市有党支部 7850 个，党总支 381 个，党委 393 个。1995 年，全市有党支部 8580 个，党总支 444 个，党委 469 个。到 2000 年，全市共有党支部 8257 个，党总支 454 个，党委 494 个。

第二章　重要会议与重大活动

第一节　代表大会

第一次代表大会　1956年5月29日至6月4日，中共株洲市第一次代表大会在市人委礼堂召开，出席大会的代表100名，列席代表98名，代表全市1593名党员。

这次大会是在株洲完成巩固政权、清匪反霸、土地改革及对农业、手工业和资本主义工商业实行社会主义改造等任务，开始进行大规模经济建设的新形势下召开的。大会总结了1955年以来的工作，讨论了当时党面临的最迫切、最重大的工业建设问题，听取、审议并一致通过了马壮昆所作《关于当前情况和今后任务》的工作报告，审议并通过《全党动员起来，为把株洲建设成为一个社会主义的新工业城市而奋斗》的决议。

大会选举产生中共株洲市第一届市委委员12名，候补委员3名，第一届市监察委员会委员7名，大会还选举产生于明涛、马壮昆等12人为出席中共湖南省第一次党代会代表。

在市委一届一次全会上，选举马壮昆、任之、刘钧、张茂林、吴占魁、李枝叶6人为常务委员，马壮昆为市委第一书记，任之为市委书记兼监委书记。

第二次代表大会　1959年2月2—5日，中共株洲市第二次代表大会在市人委礼堂举行。出席大会的代表256名，参加选举的代表238名，代表全市16078名党员。

会上，马壮昆作《总结1958年大跃进和组织1959年更大更全面的跃进》的工作报告。审议并通过《关于第一届市委工作报告的决议》和《开展以技术革命为中心的群众运动的决议》。

大会选举产生中共株洲市第二届委员会，共有委员29人，候补委员4人，同时选出中共株洲市监察委员会委员8人。

在市委二届一次全会上，选举王正、王又民、任之、刘钧、刘伯坚、刘质毅、孙天彪、吴占魁、马壮昆、粟汇川、张小辉、张文林、张茂林、杨忠文、戴谦15人为常务委员，马壮昆为市委第一书记，任之、刘质毅、孙天彪为书记。中共株洲市监察委员会选举产生任之等5名监委常委，任之为书记，胡昆为副书记。

第三次代表大会　1958—1959年，全市人民高举毛泽东思想旗帜和总路线、“大跃进”、人民公社“三面红旗”，连续2年“大跃进”，提前3年完成第二个五年计划指标。同时，因经济增长过快带来的国民经济比例失调，从而阻碍人民生活水平提高等问题开始暴露。为总结经验，组织1960年“持续全面的大跃进”，于1960年3月1—5日，在市人委礼堂提前召开中共株洲市第三次代表大会。参加大会的代表369人，列席代表137人，特邀代表11人，代表全市18601名党员。

大会审议通过马壮昆所作《高举毛泽东思想红旗，为实现1960年持续全面大跃进而奋斗》的工作报告和《中共株洲市第三次代表大会决议》《关于大搞以技术革新和技术革命为中心的增产节约群众运动，为超额完成1960年各项计划而奋斗的决议》《关于继续深入开展以机械化、半机械化、自动化、半自动化为中心的技术革新和技术革命运动的决议》。大会同时制订出1960 — 1962年3年跃进规划，初步确定8年规划。

大会选举产生中共株洲市第三届市委委员29人，候补委员4人，中共株洲市监察委员会委员8人。选举于明涛、马壮昆等20人为出席中共湖南省第三次代表大会代表。

在市委第三届一次全会上，选举马壮昆、刘质毅、孙天彪、朱远明、吴占魁、刘伯坚、郭固邦、张文林、张茂林、粟汇川、杨金广、张小辉、杨忠文、程志远、刘玉堂为常务委员。马壮昆为书记，刘质毅、孙天彪、朱远明、吴占魁、刘伯坚为副书记，朱远明为监委书记。

第四次代表大会 1971年4月8 — 12日，因“文化大革命”而延期的中共株洲市第四次代表大会在市革委礼堂举行。

因“文化大革命”混乱局面有所缓和，运动进入“斗批改”阶段，“一打三反”初见成效；大部分单位正在整党建党；全市“活学活用毛主席著作的群众运动”进入高潮；工业战线高举“鞍钢宪法”的旗帜，学大庆，做铁人；农业战线以粮为纲，学大寨，赶昔阳。在这种特定历史条件下召开的代表大会，到会代表700人，其中军队党员代表占15%，革命领导干部党员代表占20%，工人、贫下中农党员代表占62%，革命知识分子和“红卫兵”党员代表占3%。

高继唐代表中共株洲市核心领导小组作《坚决贯彻执行毛主席革命路线，为进一步巩固无产阶级专政而斗争》的报告，并通过《关于认真学习，加强党委思想作风建设的决议》。

这次大会是在“文化大革命”这一特殊历史时期召开的，标志着党的领导处于不正常状态的终结，对于稳定局势，促进工农业生产具有重要意义。

大会选举出中共株洲市第四届市委委员49人，候补委员7人。选举高继唐、朱远明、刘海波、李俊德、马万贵、吴占魁、李明礼、李路、周素珍（女）9人为常务委员，高继唐为书记，朱远明、刘海波、李俊德为副书记。

第五次代表大会 1979年2月24 — 28日，中共株洲市第五次代表大会在市革委礼堂举行。

这次大会是在粉碎江青反革命集团、结束“文化大革命”2年多以后召开的，各方面工作已取得很大成绩，特别是在认真贯彻中共十一届三中全会精神，把党的工作重心转移到经济建设上来的新形势下召开的。这次大会应到代表716名，实际到会661名，代表全市39652名党员。

周政作《迅速实现党的工作着重点转移，为加速我市社会主义现代化建设而奋斗》的工作报告。大会总结了第四次代表大会以来的工作，特别是与林彪、江青反革命集团作斗争的经验。号召全市党员和人民“解放思想，实事求是，把注意力集中到以经济建设为中心的轨道上来；调动一切积极因素，加快现代化建设步伐，为实现新时期的总任务而奋斗”。同时，会议通过了七年发展规划。

大会选举产生中共株洲市第五届委员会委员51人，候补委员10人，中共株洲市纪律检查委员会委员15人。

在市委五届一次全会上，选举周政、朱远明、刘海波、吴占魁、张小辉、郁宝云、王雨海、马金琢、邢连兴、吕增田、李路、李文源、李志远、张茂林、周守业、袁菊初、周素珍（女）17人为常务委员，周政为书记，朱远明、刘海波、吴占魁、张小辉、郁宝云、王雨海为副书记。选举郁宝云为中共株洲市纪律检查委员会书记，魏永平、刘气云为副书记。

第六次代表大会　1985年5月9—12日，召开中共株洲市第六次代表大会。参加大会的代表444名，其中各级领导干部党员代表占67.1%，各类专业人员党员代表占20.7%，各条战线先进人物、劳动模范党员代表占8.1%，解放军、武警部队党员代表占2%，少数民族党员代表占1.4%，代表全市五县四区130424名党员（其中预备党员4449名）。

这次大会是在醴陵、攸县、茶陵、酃县4县划由株洲市领导，各方面工作取得显著成绩的形势下召开的。大会中心议题是教育全市党员、特别是各级领导干部牢记党的宗旨，致力于振兴株洲市。大会在总结上届市委工作的基础上，号召全市人民保持安定团结、奋发向上、振兴株洲。大会要求：对农村产业结构进行调整，走高效农业的路子；对现有工业企业进行技术改造；把能源、智力开发作为重点，把交通优势变为流通优势，把大企业的优势变为全市工业优势，把资源优势变为产品优势，从而形成全面经济优势；充分发挥中心城市作用，带动各县的发展。

大会通过曹伯纯所作《统一思想，增强党性，积极进取，振兴株洲》的工作报告和王利明所作《严肃党纪，端正党风，为实现我市党风根本好转而努力奋斗》的报告，并通过《关于第五届市委工作报告的决议》。

大会选举产生中共株洲市第六届委员会委员39人，候补委员6人；中共株洲市纪律检查委员会委员25人。

市委六届一次全会上，选举王汀明、王利明（女）、匡彦博、陈天云、陈满之、周吉太、郝诚、袁授铭、曹伯纯、程兴汉10人为常务委员，曹伯纯为书记，周吉太、郝诚、程兴汉、陈满之为副书记。中共株洲市纪律检查委员会选举7人为常务委员，王利明（女）为书记，赵占一、钟开良为副书记。

第七次代表大会　1990年7月14—18日，中共株洲市第七次代表大会在株洲宾馆召开。出席大会的代表312人，实到代表306人，列席代表63人。正式代表中，各级领导干部代表占70.2%，各类专业技术人员代表占14.4%，各条战线的先进模范代表占13.4%，军队代表占2%。在代表总数中，妇女代表占16.3%；少数民族代表占1.3%；年龄在50岁以下的党员代表占66.6%。

大会认为，自第六次党代会以来的5年中，市委认真贯彻十一届三中全会以来的路线、方针、政策，坚持以经济建设为中心，始终与中共中央保持一致，坚持改革开放，坚持四项基本原则，社会主义民主与法制建设逐步走上健康发展的轨道，治理、整顿收到明显成效。这次大会是实施第八个五年计划的誓师大会，号召全市党员、干部和群众，紧紧团结在以江泽民为核心的中共中央周围，掌握建设有中国特色社会主义理论，坚持改革开放，使全市国民经济持续、稳定、协调发展。

大会通过周吉太所作《全面贯彻党的基本路线，团结一心，励精图治，为推进我市社会主义建设而努力奋斗》和王利明所作《坚持从严治党，加强党风党纪建设，保证党的路线、方针、政策顺利贯彻执行》的报告。

大会选举产生中共株洲市第七届市委委员35名，候补委员6名；中共株洲市纪律检查委员会委员23名；出席省第六次党代会代表39名。

大会选举周吉太、周伯华、程兴汉、袁授铭、王利明（女）、王汀明、刘迪恺、赵占一、邓万池、侯林青、陈天云11人为常务委员，周吉太为书记，周伯华、程兴汉、袁授铭为副书记。中共株洲市纪律检查委员会选举7人为纪律检查委员会常务委员，王利明为书记，钟开良、肖培禄为副书记。

第八次代表大会 1995年7月21—26日，中共株洲市第八次代表大会在株洲会议中心召开。大会代表348人，代表中各级领导干部代表占代表总数的70%，各类专业技术人员占代表总数的17.8%，各条战线的先进模范人物占代表总数的9.4%，军队代表占2.8%，妇女代表占20%，少数民族代表占0.86%；年龄在50岁以下的代表占65%。

这次大会是在全市思想不断解放、改革不断深化、开放不断扩大、国民经济综合实力显著增强的形势下召开的。大会总结了过去5年的工作，概括出了体现株洲特色的6条经验。大会提出了分三步走的发展战略，指出今后5年必须全面贯彻党的基本路线，紧紧围绕富民强市的工作主题，认真落实“农业安市、企业富市、商贸活市、科教兴市、依法治市”的市策，发扬“开拓奉献、创业争先”的株洲精神，把株洲建设成为“社会稳定，经济繁荣，科教发达，市民文明，环境优美”的文明市。

程兴汉作《高举建设有中国特色社会主义伟大旗帜，为株洲的强盛和人民的富裕而努力奋斗》的工作报告和唐方新所作市纪委工作报告，并作出《关于市委工作报告的决议》。通过了《关于制定我市“九五”计划的建议》。

大会选举产生了中共株洲市第八届委员会委员39人，候补委员6人；中共株洲市纪律检查委员会委员27人。

大会选举程兴汉、王汀明、肖雅瑜、赵占一、张伦、贺望中、唐方新、黄自能、马建述、邓万池、秦卓夫、陈国平、刘岁文13人为常务委员，程兴汉为书记，王汀明、肖雅瑜、赵占一、张伦为副书记。中共株洲市纪律检查委员会选举9人为常务委员，唐方新为书记，陈泳涛、肖培禄、王丽沙（女）为副书记。

第九次代表大会 2000年8月29日至9月2日，中共株洲市第九次代表大会在天台山庄召开。大会代表350人。代表中各级领导干部代表占70%，经济、科学、技术、文化教育、卫生体育等各类专业技术人员代表占17.4%，各条战线先进模范人物代表占10%，军队代表占2.6%。其中妇女代表占21.4%，少数民族代表占2.3%，大专以上文化程度的代表占82.9%，50岁以下（含50岁）的代表占71.4%。

大会在客观总结、分析过去5年工作的基础上，向全市发出了“迈向新的世纪，进行新的创业”的号召，强调今后5年要突出“经济建设是中心，班子建设是关键”的工作主题，进一步解放思想，转变观念，大力发展生产力，再造新的经济优势，全面推进创新，不断增强株洲经济的竞争能力和综合实力。要科学规划建设管理好城市，树立新的城市形象。要坚持“两手抓、两手都要硬”的方针，建设先进文化，促进社会事业全面进步。要突出以人为本的发展观，不断提高全市人民的生活水平和质量。要加强民主与法制建设，推进依法治市，不断优化环境，切实维护稳定。大会要求，进行新的创业，必须认真学习、深刻领会并不断实践“三个代表”重要思想，全面加强党的建设，特别是领导班子建设和党风廉政建设，努力把各方面的力量凝聚到全市的现代化建设上来。

大会通过了王汀明所作《迈向新的世纪，进行新的创业》的工作报告和唐方新所作的市纪委工作报告，并作出《关于市委工作报告的决议》。审议通过《关于制定株洲市国民经济和社会发展“十五”计划和2010年长期规划的建议》。

大会选举产生了中共株洲市第九届委员会委员41人，候补委员6人；中共株洲市纪律检查委员会委员27人。

大会选举王汀明、肖雅瑜、张伦、邓德芳、颜石生、贺望中、侯林青、马建述、刘岁文、赵湘珍（女）、夏文星、姜玉泉、王群13人为常务委员，王汀明为书记，肖雅瑜、张伦、邓德芳、颜石生为副书记。中共株洲市纪律检查委员会选举9人为常务委员，马建述为书记，王丽沙（女）、李良定、宋小平为副书记。

第二节 市委全体（扩大）会议

第一届至第三届市委召开的市委全体会议或全体（扩大）会议较少，会期间隔时间也无规律。市委四次党代会以后，市委全体会议或全体（扩大）会议逐步做到定期召开，五次党代会之前，一般每年召开1次，从五届市委开始，一般一年召开2次。

市委一届二次全体会议 1957年12月19 — 28日召开，参加会议的正式代表100名，列席代表355名，列席会议的有市党代会代表和各条战线的一些党员干部。会议议程是传达中共八届三中全会和省委一届二次会议精神，讨论株洲市工农业生产和整风工作。市委第一书记马壮昆作《动员全党全民集中统一意志，为促进工业生产建设新高潮和农业生产大跃进而奋斗》的报告。市委书记任之作《关于整风运动的报告》。会议一致通过“将团结株洲全党和全市人民，贯彻执行上述报告及总结发言所提出的任务和要求，为争取社会主义革命在政治、思想战线上和经济战线上的彻底胜利，促进工业生产建设新高潮和农业生产大跃进而奋斗”的决议。

市委三届全体（扩大）会议 1965年8月、9月，市委先后召开了2次全委（扩大）会议，9月会议内容是在8月全会（扩大）的基础上，进一步帮助市委常委“洗手洗澡”，总结检查几年来的工作。

市委四届二次全体会议 1971年12月28日至1972年1月6日，市委召开四届二次全体会议。会议听取了中共湖南省委负责人传达毛泽东主席巡视南方的重要讲话。市委书记、市革委会主任高继唐传达省委三届二次全会精神并作总结发言，市委副书记刘海波代表市委常委作工作报告。全会以批修整风为纲，深入开展对林彪、陈伯达反党集团的揭发批判，对照分析株洲市一年来，特别是市委四届一次全会以来的形势，总结了加强党的领导经验，开展批评与自我批评，讨论确定1972年的任务。

市委四届三次全体（扩大）会议 1972年8月13 — 30日召开，参加会议的共725人。会议传达中央批林整风汇报会议和省委三届三次全会精神，深入揭发批判了林彪反党集团的罪行，开展了批评与自我批评，帮助市委常委整风。市委书记、市革委会主任高继唐代表市委常委向大会汇报了前段批林整风运动的情况并就错误宣传林彪问题作了检查，并作会议总结。与会的市委常委均作了自我批评。会议就如何向广大群众传达好中央批林整风汇报会议文件和进一步搞好批林整风提出了三点意见。

市委四届四次全体（扩大）会议 1973 年 10 月 10 — 22 日召开，参加会议有 185 人。会议分两个阶段进行，第一阶段学习国庆社论、研究深入学习中共十大文件；第二阶段重温毛主席有关战备的重要指示，研究加强民主建设和人防工作问题。市委常委、市革委会副主任吴占魁代表市委常委就前段全市学习中共十大文件的基本情况和会后的深入学习贯彻的意见作讲话，市委、市革委会副主任、市人武部部长周守业作关于民兵和人防工作的发言。市委常委、市革委会副主任张小辉就经济工作发了言。

市委四届五次全体（扩大）会议 1975 年 1 月 19 — 26 日召开，参加会议共 349 人。会议学习了中共十届二中全会和四届人大会议精神，市委副书记、市革委会副主任朱远明传达省委常委（扩大）会议精神和全国计划会议纪要，市委副书记、市革委会副主任刘海波代表市委常委作工作报告，对当年的工作进行安排部署，重点研究坚持党的基本路线，狠抓阶级斗争，深入"批林批孔"，进一步开展"工业学大庆""农业学大寨"的群众运动，组织生产新高潮的问题。市委常委、市革委会副主任、市人武部部长周守业及其他 15 个单位的代表和个人分别就相关问题发言。

市委四届六次全体会议 1976 年 11 月 11 — 16 日召开，参加会议共 142 人。会议的主要内容是进一步学习中共中央 16 号文件，揭发批判江青反革命集团，讨论、安排今后工作。市委书记、市革委会主任高继唐作《认真贯彻中央十六号文件，掀起对江青反革命集团大揭发、大控诉、大批判的新高潮》的报告，对今后的工作提出了 6 点意见。

市委四届七次全体（扩大）会议 1977 年 7 月 30 日至 8 月 2 日召开，参加会议共 141 人。会议主要传达贯彻中共十届三中全会和省委三届九次全体（扩大）会议精神，迎接中共第十一次全国代表大会的召开。市委副书记、市革委会副主任刘海波代表市委常委作工作报告，回顾总结了市委四届六次全体（扩大）会议以来的工作，部署当前工作，强调要把揭批江青反革命集团的斗争进行到底，要进一步整顿领导班子，全面完成当年的国家计划。市委常委、市革委会副主任李路代表市委常委就开展五市革命竞赛活动、学习衡阳工业学大庆、全市工业生产情况和意见作了讲话。

市委四届八次全体（扩大）会议 1979 年 1 月 14 — 20 日召开，出席会议共 299 人。会议传达学习中共十一届三中全会和中央工作会议精神，联系株洲实际，讨论如何顺利地实现党的工作重点的转移，如何加快建设的步伐等问题。市委书记、市革委会主任周政在会上讲话，重点讲了 7 个问题：一是对中共株洲市第四次党代表大会以来的形势变化的分析；二是把全党工作着重点转移到社会主义建设上来的问题；三是解放思想，营造成一个安定团结、生动活泼的政治局面；四是关于解决历史遗留问题和落实党的政策问题；五是加强领导班子建设，适应社会主义现代化建设的需要；六是克服官僚主义，认真改进领导方法和领导作风；七是坚决按客观经济规律办事。

市委五届二次全体（扩大）会议　1980 年 3 月 24 — 29 日召开。会议传达学习中共十一届五中全会和省委四届三次全体（扩大）会议精神，结合株洲市的实际，讨论研究加强和改善党的领导，深入开展增产节约运动，努力完成全市当年国民经济计划的问题。市委副书记、市革委会副主任朱远明代表市委常委作工作报告，回顾市委五届一次全会以来的工作，部署当前的工作：一是认真学习，坚决贯彻中共十一届五中全会精神；二是坚持和改善党的领导，提高党的战斗力；三是广泛深入地开展增产节约运动，坚决完成和超额完成当年的国民经济计划；四是发展安定团结的政治局面，聚精会神搞“四化”；五是围绕生产这个中心，努力做好各部门的工作；六是切实转变领导作风，改进工作方法。市革委会党组还印发《关于深入开展增产节约运动，坚决完成和超额完成全年工业生产计划》和《搞好市场调节，广开生产门路，努力把工业生产搞活的意见》两个材料，作为工作报告的补充。

市委五届三次全体（扩大）会议　1980 年 9 月 22 — 24 日召开，参加会议共 155 人。会议选举出株洲市出席湖南省党员代表会议的代表；学习了邓小平在中央政治局扩大会议上有关党和国家领导体制改革的重要讲话。市委书记、市革委会副主任朱远明回顾了市委五届二次全会以来的工作，提出坚持以生产为中心，进一步把经济工作搞活和加强、改善党的领导问题，并对当前工作进行了安排。

市委五届四次全体（扩大）会议　1981 年 2 月 13 — 19 日召开，参加会议共 178 人。会议传达了中央 1981 年 1 号、2 号、4 号、7 号文件和胡耀邦在地市委书记会议上的讲话、《湖南工作座谈会纪要》及全省县委书记会议精神。市委副书记、市长吴占魁作工作报告。与会人员通过学习、讨论，联系实际、总结经验，进一步端正了思想认识，肃清了“左”的影响，统一了思想认识，同中央保持了政治上的一致。在此基础上，确定全市 1981 年的工作任务，并对全市基层单位的学习作出具体部署。

市委五届五次全体会议　1981 年 12 月 5 — 9 日召开。会议学习了 1981 年中央有关文件和胡耀邦在辽宁的重要讲话精神。市委书记朱远明作工作报告，报告对一年来的工作进行了基本估价，部署 1982 年的工作任务，要求加强和改善党的领导，狠抓领导班子建设；大力加强思想政治工作，建设社会主义精神文明；继续贯彻以调整为中心的八字方针，把国民经济搞上去；在发展生产的基础上，努力改善人民生活；发扬社会主义民主，加强社会主义法制；加强调查研究，改进领导作风。会议通过了《关于振奋革命精神，改进领导作风的决定》。

市委五届六次全体（扩大）会议　1982 年 8 月 8 — 10 日召开。会议主要是传达贯彻省委召开的全省地市委书记会议精神、回顾总结 1982 年来的工作。市委书记李照民对下半年工作进行了部署：继续以提高经济效益为中心，搞好经济建设，全面完成和超额完成国民经济计划；大力加强思想政治工作，深入开展“五讲四美”活动；继续深入开展打击经济领域严重犯罪活动的斗争；继续加强综合治理，争取社会治安的更大好转；加强城市建设和管理；继续做好落实政策的工作；大力抓好领导班子建设。

市委五届七次全体会议　1983 年 11 月 25 — 29 日召开。会议主要是传达贯彻中共十二届二中全会和省委四届九次全会精神，研究部署株洲市今冬和明年的工作。与会人员学习了《中共中央关于整党的决定》和邓小平、陈云等在二中全会上的讲话。市委书记孙文盛在会上作报告，回顾总结了当年的工作，对下年的工作提出：认真学习整党文件，做好全面整党的思想准备；坚决清除精神污染，进一步加强精神文明建设；善始善终抓好机构改革，努力实现干部队伍的“四化”（革命化、年轻化、知识化、专业化）；继续严厉打击刑事犯罪活动，逐步实现社会治安、社会风气的根本好转；以经济效益为中心，加快经济建设步伐。曹伯纯、王利明、程兴汉、万晓阳分别就反对精神污染、纪检、机构改革、严厉打击刑事犯罪活动等情况作专题发言。

市委五届八次全体（扩大）会议　1984 年 12 月 6 — 10 日召开。会议主要是传达贯彻中共十二届三中全会和全省三级干部会议精神，总结上次全会以来的工作，部署 1985 年的任务，讨论如何加快株洲市经济改革和四化建设的步伐。市委书记曹伯纯在报告中部署了六项重点工作：贯彻落实中央精神，深入开展城乡改革；以提高经济效益为中心，加快经济建设步伐；切实搞好城镇建设，大力发展第三产业；进一步调整配备好各级领导班子；扎扎实实地抓好整党工作；加强思想政治工作，搞好精神文明建设。市委副书记、市长周吉太作总结，并就下一年工作重点、城市建设、企业负担过重、领导作风等问题作了说明。

市委五届九次全体会议　1985 年 3 月 31 日召开。会议主要是传达省委召开的整党工作会议精神，研究召开市第六次党员代表大会等事宜。市委书记曹伯纯在会上提出了市第六次党代会的重要议程、代表名额及代表产生办法，两个委员会（市委、纪委）的名额及人事安排原则，起草好党代会的工作报告等方面的意见。

市委六届二次全体（扩大）会议　1985 年 12 月 16 — 19 日召开。会议主要是学习中共全国代表会议文件，传达省委召开的全省地州市和省直厅局党员主要负责干部会议及全省农村整党工作会议精神，听取关于株洲市“七五”计划草案的说明。市委书记曹伯纯作《认清形势、坚持改革、团结奋斗、再展宏图》的工作报告，主要是继续深入学习、宣传、贯彻全国党员代表会议精神；认真总结当年工作，正确认识当前形势；鼓干劲、争上游、开创明年的工作新局面；切实改进思想作风和工作作风。市委副书记、市长周吉太作《关于“七五”计划草案的说明》和会议总结。

市委六届三次全体（扩大）会议　1986 年 7 月 22 — 24 日召开，出席会议共 356 人。会议主要传达贯彻全省地州市和省直厅局主要负责人会议精神，分析上半年形势，安排部署下半年工作。市委书记曹伯纯作工作报告：认清形势，总结经验，明确继续前进的方向；坚定信心，奋力拼搏，夺取工作的新胜利；加强改革中的思想政治工作；进一步解放思想，树立社会主义商品经济新观念。市劳动局局长陈岳就有关劳动制度改革作专题发言。

市委六届四次全体会议　1986 年 12 月 23 — 24 日召开。会议主要传达贯彻省委五届二次全会精神，审议市委《关于“七五”期间加强社会主义精神文明建设的若干措施》，讨论通过《关于选举出席中国共产党湖南省党员代表会议的代表的办法》。随后会议扩大为市委工作会议，传达贯彻省委工作会议精神，学习讨论发展社会主义商品经济理论，回顾总结当年工作，研究部署 1987 年的工作任务。全会通过了《关于选举出席省党代表会议代表的决议》和《中共株洲市委关于“七五”期间加强社会主义精神文明建设的措施》。

市委六届五次全体（扩大）会议　1987 年 4 月 25 — 26 日召开。会议主要议题是选举产生株洲市出席湖南省党员代表会议的18名代表。市委副书记、市长周吉太在会上强调要认真组织学好两本书（《建设有中国特色的社会主义》《坚持四项基本原则》）。在谈到坚持和改善党的领导问题时，着重阐述了企业实行厂长（经理）负责制后，党组织如何发挥作用的问题。

市委六届六次全体会议　1987年12月7—8日召开。全会主题是分析当年形势，部署1988年的工作。市委书记曹伯纯作《认真贯彻十三大精神，夺取改革和各项工作的新胜利》的工作报告。报告指出：认清形势，明确努力方向；深入学习文件，把思想统一到十三大精神上来；努力提高经济效益，保持经济建设的稳定发展；增强改革意识，加快和深化经济体制改革；积极做好政治体制改革的准备，逐步实行党政分开；加强精神文明建设，努力培育“四有”新人；适应改革开放的新形势，加强党的建设；重要的问题在于提高干部队伍素质。会上市委副书记程兴汉作《关于人大、政协换届工作情况的报告》。

市委六届七次全体会议　1988年4月26—27日召开。会议主要议题是研究讨论株洲市政治体制改革问题，原则通过了《株洲市1988年政治体制改革实施方案》。确定从解决成熟的问题入手，采取先易后难、先简后繁、通盘考虑、分步实施的办法，逐步推进党政分开、机构改革、民主政治建设和干部人事制度改革，争取在年内有明显的进展。会上，市委副书记、市长周吉太通报了株洲市当前改革和经济形势。市委副书记程兴汉就从严治党、依法治市、国防教育等讲话。

市委六届八次全委（扩大）会议　1988年8月11—13日召开。市委书记曹伯纯代表市委作《认清形势，统一思想，深化改革，奋发向前》的报告。报告着重谈了关于正确认识和处理利益调整中的各种矛盾的问题，提出：解决当前社会经济生活中存在的突出矛盾，一是加快和深化改革；二是正确对待社会分配不公；三是树立“实现四化、振兴中华”的精神支柱；四是切实改进领导方法和工作方法。

市委六届九次全体（扩大）会议　1988年12月22日召开。市委书记曹伯纯作了题为《认清形势、总结经验、深化改革、开拓前进》的报告，会议总结了改革开放十年来，株洲的改革、经济和社会发展所取得的成绩和经验。

市委六届十次全委（扩大）会议　1989年7月4日召开。会议回顾总结上半年工作，研究部署下半年工作。市委书记曹伯纯作《认真学习贯彻四中全会精神，胜利推进我市的改革和建设》的报告。全会认为，上半年株洲和全国一样，经历了一场关系到党和国家生死存亡的严重政治斗争。全市各级党政组织认真贯彻党中央、国务院和省委、省政府的一系列重要指示精神，带领全市广大共产党员和干部群众，坚持四项基本原则，旗帜鲜明地反对动乱，千方百计维护株洲的稳定，继续推进治理整顿和改革开放，积极抓好经济建设。会议要求下半年：把认真学习十三届四中全会精神、进一步统一思想认识作为当前第一位的任务来抓；继续抓紧治理整顿、深化改革，努力完成全年的国民经济计划；坚定不移地坚持四项基本原则，理直气壮地加强思想政治工作；大力加强党的建设，下决心惩治腐败，取信于民。在近期内抓好5件事：严肃查处党政干部违章违纪营建私房；农业生产资料分配公开化、供应实行专营；抓紧反贪污、反受贿的斗争；彻底清理整顿公司，凡应当撤销的公司，坚决撤销；坚决刹住请客送礼歪风。继续加强社会主义民主和法制建设，坚持和完善人民代表大会制度，更好地发挥人民政协、各民主党派、各人民团体在国家政治生活中的作用。

市委六届十一次全体（扩大）会议 1989年12月12—15日召开。会议主要议题是传达学习中共十三届五中全会和省委五届九次全体(扩大)会议精神，联系全市实际研究贯彻落实措施。这次会议分析了全市的政治、经济形势，总结回顾全年工作，提出下一年全市工作的指导思想和发展目标。市委书记曹伯纯和市委副书记、市长周吉太分别在会上讲话。会议强调：要正确认识形势，既充分肯定成绩，又如实估计面临的困难和问题，坚定进一步搞好治理整顿和深化改革的信心。会议提出株洲治理整顿和深化改革的具体措施：强化以农业基础的意识，全市动员，大办农业；积极稳妥地调整工业产品结构，切实加强企业管理；把"科教兴市"提到重要的日程上来，进一步推动各项社会事业的协调发展；坚决压缩、控制固定资产投资规模，确保重点工程上马；进一步改善经济环境，整顿好经济秩序，特别是流通秩序；坚决控制物价上涨幅度，抓好"菜篮子"工程；切实改善城市维护、管理，办好社会公用事业；加强综合治理，促进社会治安秩序的不断好转；围绕治理整顿，深化各项改革措施。

市委六届十二次全体（扩大）会议 1990年4月9—10日召开。会议主要议题是学习中共十三届六中全会精神和省委五届十次全会精神，研究部署《中共中央关于加强党同人民群众联系的决定》的具体措施。市委书记曹伯纯在会上指出：加强党同人民群众的密切联系，主要是建立健全民主的、科学的决策和执行程序，决定在市委办成立督查室；通过办联系点、派工作组、挂职锻炼、开展调研、组织干部下去劳动等形式，广泛接触群众，做人民群众的知心朋友；通过人大、政协、工、青、妇及其他群众团体，疏通和拓宽同人民群众的联系渠道；坚决反对和克服腐败现象；切实加强对领导机关和领导干部的监督。

市委六届十三次全体会议 1990年7月13日召开。会议主题是讨论通过有关召开中国共产党株洲市第七次代表大会的重要事项。会议确定了第七次党代会的目的和任务，通报了大会的筹备情况，并对六届市委工作报告的起草情况进行说明，通报了两委班子的配备名额及会议主要议程。

市委七届二次全体会议和市委工作会议 1990年12月18—20日召开。市委书记周吉太作《认清形势，明确任务，夺取我市两个文明建设的新胜利》的报告。会议总结一年来的工作情况，会议指出1991年是实施"八五"计划的第一年，是建党七十周年、建市四十周年的喜庆之年，一定要把改革开放、经济建设和维护稳定的工作做好。大会对经济建设提出了强化农业基础、打好工业总体战、开拓市场搞活流通、控制人口增长的四项战略措施；加快住房"以息代租"步伐，积极推行企业共保合同制，大胆探索多种形式的产权制度改革。

市委七届三次全体（扩大）会议 1991年2月5—6日召开。会议主要议题是讨论、研究《株洲市国民经济和社会发展十年规划与"八五"计划(草案)》。市委书记周吉太作《统一思想，振奋精神，为实现第二步战略目标而奋斗》的工作报告。会议对全市20世纪80年代两个文明建设的成就予以充分肯定，并提出90年代的战略设想和工作目标，即逐步实现六个方面的战略转移：中心城市由较为单一的生产型功能向综合型多功能转移；生产系统由生产初级产品为主向深度加工和综合利用转移；管理方法由以粗放经营为主向集约经营为主转移；经济建设由外延速度型向内涵效益型转移；

经济联系由局部开放向全方位开放转移；第三产业的开发由交通中心向物流、贸易、金融、信息中心转移。会议明确，要把株洲建设成为我国南方以有色冶金、机电、化工、建材为主的重工业基地；以苎麻制品、陶瓷、烟花鞭炮、有色金属、机电、化工、医药及农副土特产品为重点的综合出口商品基地和仓储 — 物流 — 金融信息中心（简称“两地一中心”）。到 20 世纪末，全市国民生产总值按 1980 年不变价计算达到 67.6 亿元，比 1980 年的 16.9 亿元翻两番；工农业总产值达到 145 亿元，比 1980 年的 28.3 亿元翻 2.3 番；总人口控制在 412 万人以内；粮食总产量达到 180 万吨；人民生活达到小康，人均国民生产总值按 1980 年汇率达到 800 ~ 1000 美元，生活资料比较丰裕，消费结构更趋合理，居住条件比较宽敞舒适，文化生活不断丰富，健康水平逐步提高，社会服务设施日趋完善。同时，会议把解放思想作为一项重要任务予以强调。

市委七届四次全体（扩大）会议 1992 年 1 月 22 — 23 日召开。会议的主要议题是认真贯彻中央工作会议和中共十三届八中全会以及省委六届三次全会精神，回顾总结过去一年的工作，研究部署 1992 年的任务。市委书记周吉太代表市委常委作了《再接再厉，乘胜前进，夺取我市改革和建设的新胜利》的报告。会议认为，总结过去一年的经验，最重要就是在建设有中国特色社会主义理论指导下，敢于和善于把党中央和省委的指示与株洲的实际结合起来，走自己的路，动脑筋，想办法，干实事，创造性地开展工作，努力把自己的事情办好。

市委七届五次全体（扩大）会议 1992 年 5 月 17 日召开。会议议题是选举出席省第七次党代会的代表 17 名，并就深入贯彻中央 2 号文件，深化改革，加速经济发展步伐作出全面部署和安排。市委书记周吉太作工作报告。会议认为，在邓小平视察南方重要讲话的鼓舞下，全市改革开放和经济发展的形势大好；搞活企业用人制度，促进了企业经营机制的转换。号召全市各级党组织和广大党员干部和群众，以更加昂扬的斗志，大胆地干，大胆地闯，开拓改革和建设的新局面。

市委七届六次全体（扩大）会议 1992 年 12 月 18 — 19 日召开。市委书记周吉太作《解放思想，真抓实干，为加快株洲社会主义市场经济的发展而奋斗》的报告。会议着重研究的是解放思想、加快社会主义市场经济体制发展步伐的问题。大会肯定了改革开放十四年来株洲的巨大变化，得出的经验是：实事求是，大胆地闯，大胆地试，敢于突破一些条条框框，敢于从实际出发走自己的路，只要是有利于发展生产力的事，有利于人民富裕幸福的事，就要坚定不移、勇往直前去夺取胜利。

市委七届七次全体（扩大）会议 1993 年 8 月 2 日召开。会议主要议题是学习、贯彻中共中央、国务院 6 号文件精神，总结上半年工作，部署下半年的任务。会议认为，1993 年上半年株洲的经济形势主流是好的，农村经济稳定发展，乡镇企业步入“快车道”；工业生产保持较快的发展速度，综合效益明显提高；固定资产投资增长较快，投入趋向合理；城乡市场繁荣，财税收入基本同步；深化改革，扩大开放取得了新的进展。会议提出要进一步解放思想，坚持从实际出发，把握机遇，加大改革力度，在宏观调控中把微观搞活，在经济结构调整中寻求发展，千方百计全面完成全年国民经济和社会发展计划。

市委七届八次全体（扩大）会议 1994 年 1 月 11 — 13 日召开。市委书记周吉太作《解放思想，真抓实干，为把株洲建设成为社会主义市场经济型现代都市而奋斗》的报告。会议对过去一年的工作从10个方面给予肯定，并指出在思想解放、改革力度和热点难点问题等3个方面存在的不足。大会明确了全面推进改革，加快经济发展，保持社会稳定的指导思想，提出了株洲发展的初步轮廓。会议讨论了市委、市政府1994年的10件大事。市纪委书记唐方新作“深入开展反腐败斗争”专题报告，市委组织部部长赵占一作“加强干部队伍建设、组织机关干部下基层”工作报告。

市委七届九次全体会议 1994年7月18日召开。会议通过了市委书记程兴汉《在市委七届九次全体（扩大）会议上的报告》《中共株洲市委关于改进机关作风，加强廉政建设的若干规定》和《中共株洲市委关于全面整修湘江、渌江防洪堤的决定》。7月19—20日，召开市委全体（扩大）会议，总结上半年的工作，研究部署下半年和今后一个时期的任务，进一步动员和组织全市人民，夺取大灾之年全市改革开放和建设事业的新胜利。市委书记程兴汉作《认清形势，坚定信心，夺取我市改革开放和建设事业的新胜利》的报告。会议认为，1994年以来，全市各级党政组织率领全市人民围绕“改革、发展、稳定”做文章，战胜了百年未遇的特大洪灾，全市出现了经济持续发展、社会基本稳定、人民生活水平不断提高的好形势。会议要求全面完成和超额完成全年的各项工作任务。并围绕“农业安市、企业富市、商贸活市、科教兴市、依法治市”的基本市策，提出加快株洲发展的各项措施。

市委七届十次全体（扩大）会议 1995年1月15—17日召开。会议的主题是传达贯彻省委工作会议精神，总结1994年的工作，安排部署1995年的工作。市委书记程兴汉作《同心同德，乘胜前进，为株洲的强盛和人民的富裕而奋斗》的工作报告。会议认为，1994年全市各级党政组织团结全市人民，战胜百年未遇的特大洪灾、企业大面积亏损、物价大幅度上涨三大困难，全市各项工作取得新成绩。会议确立“农业安市、企业富市、商贸活市、科教兴市、依法治市”的市策，并强调在1995年工作中坚持农业安市，全面发展和繁荣农村经济；坚持企业富市，整体推进与重点突破相结合，在提高经济效益的基础上加快工业发展速度；坚持商贸活市，抑制通货膨胀，保障市场的稳定繁荣和有效供给；坚持科教兴市，把经济建设转移到依靠科技进步和提高劳动者素质的轨道上来；坚持依法治市，切实加强民主法制建设，创造稳定的社会政治环境。提出1995年全市经济发展的主要目标：国内生产总值增长13%以上，财政收入增长12%，人口自然增长率控制在7‰以内。

市委七届十一次全会 1995年5月9日召开。会议通过《关于召开中国共产党株洲市第八次代表大会的决议》。市委书记程兴汉要求各级党组织和全市党员提高认识，增强责任感和使命感，把开好市第八次党代会作为促进改革、发展和稳定的大事来抓，要在认真总结前5年工作经验教训的基础上，联系实际提出今后5年的工作任务和目标，选出一个能率领全市干部群众进一步解放思想，振奋精神，务求廉洁，开拓奉献，创业争先的市委班子。

市委七届十二次全体会议 1995年7月19日召开。主要是为即将召开的市第八次党代会作准备。市委书记程兴汉向全会通报市第八次党代会筹备工作情况、市委工作报告的起草、修改、形成过程。会议通过了提交八届党代会的市委工作报告和出席省第七次党代会候选人预备人选。

市委八届二次会议和工作会议 1996年1月17—18日召开。市委书记程兴汉作《再接再厉、奋发进取、齐心协力夺取1996年的新胜利》的报告，指出全年工作要贯彻“抓住机遇、深化改革、扩大开放、促进发展、保持稳定”的基本方针，积极推进经济体制和经济增长方式的转变，围绕富民强市，进一步落实市策和建设文明城市目标，发扬株洲精神，按照务实廉洁的要求，抓好领导班子和干部队伍建设，努力使农业产业化、企业抓大放小、发展第三产业、扩大招商引资、科教与经济结合方面有新进展，推动株洲经济持续、快速、健康发展和社会全面进步。

市委八届三次全体（扩大）会议 1996 年 7 月 11 日召开。会议的主题是总结分析全市上半年形势，努力完成全年的各项工作任务和奋斗目标。市委副书记、市长王汀明作《坚定信心，迎难而上，为全面完成今年工作任务而奋斗》的报告，全面分析了株洲经济建设和各项社会事业的发展情况，以及发展和改革进程中遇到的新困难和问题，明确了下半年着重抓好的 6 个方面的工作。市纪委书记唐方新作全市党风廉政建设和反腐败工作报告。

市委八届四次全体会议 1997 年 1 月 10 — 12 日召开。会议讨论并通过市委工作报告，推选株洲市出席中共十五大代表候选人预备人选。11 — 12 日，市委工作会议主要是传达、贯彻中央、省委经济工作会议精神，回顾总结株洲市 1996 年工作，安排部署 1997 年工作。市委书记程兴汉作了《把握大局，奋力拼搏，齐心协力开创全市两个文明建设新局面》的工作报告。常务副市长黄自能传达省委经济工作会议精神，副市长廖铁生、市政法委书记马建述、市人大常委会副主任张昔兰，分别就做好 1997 年经济计划工作、维护全市社会稳定、做好计划生育工作进行发言。

市委八届五次全体（扩大）会议 1997 年 4 月 11 日召开。会议选举产生株洲市出席省党代表会议的代表 18 名。并对市委、市人大、市政府、市政协在职领导干部进行民主测评，同时对下一届市人大、市政府、市政协班子成员人选及市检察院检察长、市中级法院院长人选进行民主推荐。

市委八届六次全体会议 1997 年 7 月 13 日召开。会议总结分析上半年工作，研究部署下半年工作。市委书记程兴汉向会议作工作报告。

市委八届六次全体（扩大）会议 1997 年 7 月 14 日召开。市委书记程兴汉作《坚定信心，振奋精神，为全面完成今年各项工作任务而奋斗》的工作报告。会议提出下半年全市工作要坚持以经济建设为中心，加强领导班子和干部队伍建设，正确处理改革、发展、稳定三个关系，牢牢把握调整经济结构、培育新的经济增长点、优化经济发展环境三个重点，致力解决好再就业、社会治安和困难职工生活三个难点，紧盯目标，狠抓落实，突出重点，加快发展，全面完成和超额完成各项工作任务。

市委八届七次全体会议 1997 年 12 月 1 — 2 日召开。会议主要任务确定今后 5 年全市经济社会发展思路，明确 1998 年工作重点，动员全市党员干部和群众，进一步解放思想，抓住机遇，加快发展，为建设一个民富市强的株洲而奋斗。市委书记程兴汉作《解放思想，抓住机遇，加快发展，为建设一个民富市强的株洲而奋斗》的工作报告。今后 5 年工作主题就是富民强市，到 2002 年城市居民人均收入超过 10000 元，农村人均纯收入达到 3600 元以上；到 20 世纪末，全市国民生产总值年均增长 13%，财政收入年均增长 13%。中心任务就是发展经济，到 2002 年建立比较完善的市场体系，综合经济实力、经济运行的质量和效益进一步增强和提高。

市委八届八次全体会议 1998 年 9 月 29 日召开。会议的主题是传达贯彻省委七届六次全会精神，回顾总结前 9 个月的工作，动员全市人民，发扬伟大的抗洪精神，大干 4 季度，夺取 1998 年各项工作的全面胜利。会议强调第 4 季度全市上下要着力扩大生产、扩大内需、扩大投资、扩大开放；

加快经济发展速度、加大改革开放力度、加速基础设施建设和技术改造进度；提高经济增长质量、提高经济效益、提高经济发展后劲，实现国内生产总值增长13%、财政收入增长11%两大目标。

市委八届九次全体会议 1999年1月5—6日召开。会议主要是贯彻落实省委七届七次全会和省委经济工作会议精神，回顾总结1998年的工作，安排部署1999年的工作。市委书记程兴汉作《开拓创新，迎难而上，千方百计把株洲的事情办好》的工作报告。会议认为1999年是国庆50周年和澳门回归之年，也是株洲市完成“九五”计划和实现小康的关键之年。1999年总的工作思路是“三争三创”，即争取更高的经济运行质量，提高素质、增强后劲；争取更少的资金投入，拉动增长、扩大需求；争取更和谐的发展环境，维护稳定、形成合力；在市场占有率上创产品优势，提高经济效益；在运用高新技术上创产业优势，提高竞争实力；在农业产业化上创县域经济，推进小康建设。市委副书记赵占一、市长王汀明分别就维护社会政治稳定、传达省委经济工作会议精神讲话。

市委八届十次全体会议 1999年7月12—13日召开。会议主要是总结分析上半年工作，研究部署下半年工作。市委书记程兴汉作工作报告。会议认为，1999年上半年全市经济运行状态良好，各项事业不断进步，社会政治保持稳定，党的建设得到加强。会议确定下半年的总体工作思路，号召全市各级党组织真抓实干，拼搏进取，以两个文明建设的丰硕成果，迎接国庆50周年，迎接澳门回归祖国，迎接新世纪的到来。

市委八届十一次全体会议 2000年1月9—10日召开。会议主要是传达贯彻中央和省委经济工作会议精神，回顾总结全市1999年的工作，安排部署2000年的工作。市委书记程兴汉作《加快发展，增强后劲，以更加优异的成绩迎接新世纪》的工作报告。会上市委副书记、市长王汀明传达省委经济工作会议精神，市委副书记、市政协主席赵占一部署稳定工作，市委副书记张伦部署计划生育工作。

市委八届十二次全体会议 2000年6月9日召开。会议通过《中国共产党株洲市第八届委员会第十二次全体会议关于召开市第九次党代表大会的决议》，确定8月下旬或9月上旬召开株洲市第九次党代会，并通过党代会的主要议程、代表名额和代表产生办法。

市委八届十三次全体会议 2000年8月28日召开。市委书记王汀明作中共株洲市第九次代表大会筹备工作情况的报告，通报了市第九次党代会的筹备情况，市委工作报告的起草、修改、形成过程，通报关于市委、市纪委班子配备的原则。会议对市委工作报告（讨论稿）提出进一步的修改建议和意见。会议还讨论审议通过市委《关于制定“十五”计划的建议》。

市委九届二次全会 2000年12月21—22日召开。会议号召全市人民为实现“十五”计划的良好开局，为株洲经济社会的跨越式发展而努力奋斗。市委书记王汀明作《创造“十五”良好开局，为新世纪的新创业奠定坚实基础》的报告。《报告》回顾总结2000年的工作，在谈到2001年工作时，王汀明要求在新的创业中，要突出树立靠创新求发展、树立跨越式发展、树立非均衡发展三个观念；要推动经济跨越式发展，做到加快发展县域经济，改造提升传统工业，发展壮大高新技术产业，拓展提升第三产业，着力抓好城市建设，扎实做好财税工作，继续扩大对外开放，努力改善人民生活；为促进社会全面进步，必须高度重视科技和人才，高度重视精神文明建设，高度重视民主法制建设，高度重视社会稳定。要加强和改进党的领导。各级领导干部要以清廉自律为己任，加强党风廉政建设；以群众利益为根本，切实转变干部作风。

第三节　重大活动

迎接解放　随着解放战争节节胜利，境内中共组织发动和领导广大群众，团结爱国民主人士，开展反内战、反饥饿、反迫害及反征兵、反征粮、反征税斗争。同时，开展统战策反工作，筹集粮食柴草，保护工厂学校、桥梁交通。为迎接解放，支援前线，接管政权，做了大量工作。

民国38年（1949）6月，人民解放军步步南进，白崇禧从湖南溃逃前夕，控制着白石港铁桥，并做好炸毁的准备。同时派兵进驻株洲兵工厂、田心机厂，强迫工人拆卸机器，迁运广西。株洲地下党一方面印发《中国人民解放军布告》《中国共产党城市工商政策》《中共株洲地下工作人员告地方乡、保长及地方士绅书》等，广为散发，安定人心；另一方面依靠地下工作人员，团结工商教育各界人士，发动工人、师生，组织护厂队、护校队等；派中共地下党员与人民解放军先头部队联系，提供情报。在中共地下党的努力下，田心机厂、株洲兵工厂的工程技术人员，完整无缺地转移和保存了500多台机器设备的图纸资料。其中有日本赔偿中国的160多台和联合国善后救济总署援助中国300多台机器的图纸资料。7月，人民解放军进驻浙、赣、湘境，浙赣铁路警务处也由杭州迁至株洲，萍株警务段所属宜春、萍乡、醴陵等警察所全部集中株洲。在中共湖南省工委的领导下，发动株萍路警务段和株洲警察所20多名警务人员于7月21日凌晨起义，夺得长短枪支18支，子弹数百发。1949年8月3日，人民解放军一三六师进驻株洲，株洲和平解放。株洲地下党发动工商各界和人民群众，在很短时间内，筹集20多万千克粮食、25多万千克柴火、20多万千克稻草，供应南下过境大军。

清匪反霸　从1950年2月开始，株洲境内进行清匪反霸斗争。斗争采取人民群众与专政机关相结合、镇压与宽大相结合的方针，坚持“首恶必办，协从不问、立功者受奖”等政策，大多数土匪和作恶分子或向政府坦白自首，或洗手悔过。经过一年的斗争，基本肃清了土匪。

民主改革　1951年下半年至1952年2月，在湖南省总工会、省劳动局的帮助下，对工厂、交通等企业进行民主改革，重点是在码头搬运工人及起木、摇排、泥木工人和帆船社中进行。根据中共湖南省委提出的“打倒敌人，发动群众，为发展生产、建设城市铺平道路”的方针，发动群众，成立民主改革委员会，召开说理斗争会，镇压一批恶霸把头和封建帮会头子，废除封建剥削制度，成立搬运公司，调整分配办法。

镇反、肃反　中华人民共和国成立后，公开的反动组织和反动势力虽然土崩瓦解，但秘密的反动组织和残存反动分子仍在暗中活动。他们分布在工厂、农村、机关、学校、铁路，互相勾结，从事反共、反人民活动。特别是美帝国主义发动侵略战争以后，这些反革命分子错误地估计了形势，认为“第三次世界大战要爆发了”“国军可以反攻大陆了”，迫不及待地跳出来进行造谣、诽谤、抢劫、放火、暗杀等反革命破坏活动。从1950年11月至1951年2月内，就发生企图暗杀干部事件4起、书写张贴反动标语口号10起、烧毁茅房3栋。此外，还发现反革命分子在铁路道叉上放石头、在工厂破坏机器设备、在农村破坏秋收工作等一系列破坏活动。

1951年1月，株洲镇成立镇压反革命运动委员会。整个运动分三期进行：第一期是1950年12

月至1951年6月，主要任务是清匪肃特；第二期是1951年8—12月，主要打击反革命分子和反动组织；第三期是1951年年底至1952年5月，主要是取缔反动会道门。

通过镇反，破获了一些反革命组织，取缔了反动会道门。同时，根据《惩治反革命条例》，反革命组织中的主要骨干分子和反动势力中的首恶分子均先后被镇压或判刑。另外，运动中还缴获长枪3支，手枪1支，重机枪1挺。镇反运动于1953年5月基本结束。

肃反从1955年冬开始，在机关、团体、学校、企事业单位党组织和民主党派中开展"内部肃反"运动。市委成立"五人领导小组"，本着"严肃与慎重相结合"的方针和"坦白从宽，抗拒从严"的政策，放手发动和依靠人民群众，积极而又慎重地在全市分4批进行。到1958年年底运动基本结束时，清查出国民政府伪县长、国民党县党部书记长、警察局长、国民党军校级军官、特务组长等一批反革命分子；清除了混进共产党、共青团组织内部的反革命分子；破获和摧毁了现行反革命集团反动小集团，缴获长短枪7支，子弹161发、手榴弹1枚、反动证件67份。另外，还查清了一些人的政治历史问题。

土地改革 1950年11月22日，株洲镇开始土地改革运动。共分两批进行；第一批2个乡；第二批1个乡。于1951年4月5日结束。其主要步骤分为减租退押、划分阶级、没收征收、分配胜利果实等阶段。基本做法是访贫问苦、"扎根串联"、整顿组织、扩大队伍、发动群众、开展斗争等。

土改中，郊区3个乡共没收、征收地主、富农的土地442.27公顷、房屋5239间、耕牛37头、重要农具466件、粮食1639石。分配的主要对象是无地少地的农民、军工烈属、复员军人和经政府遣送回乡的失业工人。

有些地方对地主阶级的斗争不彻底，个别村的地主甚至"原封未动"；一些地主、富农记"变天账""变天图"，准备向贫下中农进行反攻倒算；部分乡村干部严重存在松劲思想，太平桥乡农会主席在土改结束后甚至将农会印章劈掉，回家埋头生产。针对这些问题，市委作出全面进行土改复查的决定，并抽调93名干部组成土改复查工作队（包括上级派来支援土改复查的27名干部）。土改复查分两批进行，从1951年11月开始至1952年4月结束。复查的主要内容是：查阶级队伍是否纯洁？查封建地主阶级是否被彻底打倒？查有关土改政策是否落实？经过复查，查出漏划地主107户，惩办53名不法分子，纠正一批错划的阶级成分，农民再次获得一批胜利果实，通过查田评产、普丈土地，给农民颁发了土地证书。

"三反""五反" 1951年12月，根据中央《关于实行精兵简政，增产节约，反对贪污、反对浪费和反对官僚主义的决定》以及在工商界进行反对行贿、反对偷税漏税、反对盗窃国家财产、反对偷工减料、反对盗窃国家经济情报斗争的指示精神，进行大规模的"三反""五反"斗争。

"三反"运动，从1951年12月下旬至1952年2月为增产节约阶段。各机关团体和企业单位均成立增产节约委员会，广泛宣传发动群众，揭露和批判贪污、浪费和官僚主义现象；1952年3—4月为"打虎"阶段，5—6月为追赃定案阶段，共追出赃款3万余元。由于"三反"运动来势猛，各级领导在思想上、组织上和材料上准备不足，加上缺乏经验，运动中出现了吊、打、变相肉刑等现象。后期，本着实事求是、慎重负责，既不漏掉一个贪污分子，也不冤枉一个好人的精神，进行了认真地复查。

各机关团体、企业单位进行“三反”运动的同时，还在14个主要私营工商企业开展“五反”斗争。发动工人和店员检举和揭发资本家的“五毒”行为。运动中，共收到口头、书面检举材料1000多份，揭露出私营工商行业中存在行贿、偷税漏税、盗窃国家财产、偷工减料、盗窃国家经济情报等方面的问题。经认真核实后，对违法的私营工商业主，进行令其悔过、补税、课以罚金、撤销营业执照等处分。

抗美援朝　1951年4月，株洲抗美援朝分会成立，先后5次召开控诉大会和4次游行示威活动，进行爱国主义思想教育，并开展拥护世界和平理事会宣言的签名运动。6月29日，株洲市召开抗美援朝代表会议，号召全市各阶层人民广泛开展增产节约和捐款运动，以实际行动支援抗美援朝。会后，在工厂职工群众中掀起了生产竞赛热潮；在工商界中开展稳定物价、提高纳税活动；在农村开展爱国增产运动。8月中旬，志愿军归国代表柴川若来株洲市报告朝鲜战场形势和志愿军浴血奋战的英勇事迹后，极大地鼓舞了全市人民，把抗美援朝运动推向高潮。

为响应抗美援朝总会发出的向志愿军捐献飞机、大炮的号召，市委原计划捐献飞机1架。经过全市人民踊跃捐献，共捐集165717元。以每架战斗机为15万元计，可购买1架飞机和1门大炮，超过了原定捐献计划。1952年春节期间，全市向志愿军寄去军布鞋364双，袜子120双，毛巾300条，香皂、牙刷等日用品1000多件，图书杂志19682本。

在抗美援朝运动中，适龄青年踊跃报名参军，涌现许多父母送子、妻送夫、兄弟相送的动人场面，先后有125人参加中国人民志愿军，其中有31人立功，21名壮烈牺牲。

在以实际行动支援抗美援朝的同时，还在全市开展拥军优属活动。先后向175户991名生活困难的烈军属发放救济粮22088千克，救济款1460元，棉衣20套。有51名失学的烈军属子女复学和享受人民助学金待遇。农村还建立了为烈军属代耕制度。

“三大改造”　1952年夏至1956年年底，根据中共中央提出的过渡时期总路线和中共湖南省委的统一部署，开展对农业、手工业、资本主义工商业的社会主义改造。

土改结束后，农民分得了土地，发展了生产，改善了生活。但由于小农经济基础薄弱，经不起天灾人祸，农村产生新的两极分化。为解决广大农户存在劳力、畜力不足的困难，增强抵御自然灾害的能力，及时引导农民开展互助合作运动。至1952年年底，农村共组织常年互助组25个，有209户557人参加；临时变工组50个，有350户681人参加。1953年春，中共中央关于农业生产互助合作的决议公布后，市委设立农村工作部，积极发展互助合作。到1955年，市郊区共组织566个互助组，参加农户达8959户，占农户总数的68.4%。1954年冬，根据中央《关于发展农业生产合作社的决议》，按照“自愿互利、等价交换、民主管理”原则，逐步引导农民走合作化道路。并在市郊区试办24个半社会主义性质的初级合作社，入社农户342户，占总农户的2.5%。到1955年秋收时，24个初级社都增了产，社员收入明显增加。1955年7月，毛泽东《关于农业合作化问题》的指示下达后，加快了合作化的进程。到1955年末，市郊区农业生产合作社发展到201个，入社农户10485户，占农户总数的82%。1956年春耕前，在市郊区试办11个社会主义性质的高级农业生产合作社，实行统一经营，按劳分配。入社农户 2756 户，占农户总数的 21%。是年底至 1957 年春，郊区全部初级社转为高级社，入社农户 14932 户，占农户总数的 97% 以上，农业社会主义改造基本完成。

从 1951 年 12 月起，市委注意对手工业加强领导，扶持其发展，帮助改进技术，引导组织生产合作社，扩大生产，增加品种，以满足城乡人民生产生活需要。1954 年 1 月，为进一步加强对手工业工作的领导和管理，在市政府专门设立手工业管理科。到 1954 年 3 月，组织起来的有竹器、染织、缝纫、砖瓦等 4 个生产合作社，还组织手工业工人和手工业劳动者成立生产自救组。召开全市手工业者代表大会，决定进一步加强对手工业者的教育、改造，本着"积极领导，稳步前进"的方针，从低到高、由小到大的原则，有计划地引导手工业者走合作化道路。1955 年 11 月，市委、市政府召开全市第三次手工业代表大会和合作化展览会，成立株洲市手工业联社和劳协筹委会，举办积极分子训练班，培训 127 名积极分子，同时还短期培训 20 多名会计，为手工业合作化高潮的到来做好组织准备。1956 年 1 月，全市城乡 2172 名手工业者，组成 44 个合作社、组，全部走上合作化的道路。1956 年，全市手工业完成生产总值 53.94 万元，比 1955 年增长 204.43%，资金比 1955 年增加 4 倍。

过渡时期总路线颁布以后，市委、市政府根据"利用、限制、改造"的方针，对私营工商业采取加工、订货、统购包销、代购代销等形式进行改造；对小商小贩采取经销、代销、合作小组、合作商店等形式，引导他们走合作化道路。1955 年 11 月，市委成立对资改造办公室，抽调 4 名干部组成工作组，分赴各行业开展工作。1956 年 1 月，全市城乡 15 个行业 215 户工商户、小商小贩 592 户，从业人员 1134 人，职工 165 人，资金 353107 元，其中流动资金 1.95 万余元，全部改造为公私合营企业、合营商店、合作商店或合作小组。

整风、"反右" 1957 年 5 月 4 日，根据中央和中共湖南省委指示精神，中共株洲市委在党内开展以"反对官僚主义、宗派主义和主观主义"为内容的整风运动，发动干部"大鸣大放"，帮助党组织整风。同时发动党外人士和群众向党提批评建议，

由于对当时阶级斗争的形势估计过于严重，从 1957 年 8 月至翌年 3 月的整风运动转为"反右派斗争"，但该斗争出现"扩大化"的倾向，株洲市也有一批向中共提出批评建议的干部被划为"右派分子"，不适当地对其进行批判和斗争，并给予不应有的处分。

1962 年，对反右斗争进行甄别复查，为部分错划人员摘掉"右派"帽子，安排适当工作。中共十一届三中全会后经过全面复查平反，改正了错划"右派分子"的案件，全部予以恢复名誉，并妥善安排工作。

"大跃进" 中共八大二次会议后，全国开展"大跃进"运动。1958 年 9 月，《人民日报》发表《中共中央政治局扩大会议号召全党全民为生产 1070 万吨钢而奋斗》的决议，全市立即开展以大炼钢铁为中心的群众运动，形成全民大炼钢铁的局面。

全市正式炼钢的单位 15 个，建成炼钢转炉 26 个、电炉 1 个。同时，发动群众，土法上马，建成炼铁土炉 1043 个。至年底，共炼钢 50328 吨，其中土钢 2707 吨。这些炼出来的钢铁中，有相当一部分质量达不到要求，有的甚至是废品。为保"钢铁元帅升帐"，从各单位平调大量的人力、资金、

机械设备和运输工具，给全市的工业生产和人民财产造成不应有的损失。

在“大办钢铁”的带动下，还开展“大办工业”的群众运动。在加速国家重点项目工程建设的同时，积极兴办地方中小型工业企业。由于资金、厂房、设备短缺，技术力量薄弱，全市人民发扬自力更生、艰苦奋斗的传统，边干边学，由小到大，由土到洋，由手工操作到机械化逐步发展。株洲市橡胶厂，就是由3个修鞋匠办起来的；株洲市焊接器材厂，是由3个技工带20多个平均年龄仅16岁的学徒办起来的。经过全市人民的艰苦努力，在短时间内，共兴办地方中小型企业343个，其中大部分后来成为地方工业的骨干企业。如市钢厂、市锻压机床厂、市电焊条厂、市塑料厂、市轮胎厂、市水泥厂等。在兴办的这些企业中，少数属于盲目上马，在后来的国民经济调整中进行了压缩。

在“大办钢铁”“大办工业”的同时，在郊区还开展“大办水利”的群众运动。

株洲郊区的农田大都依傍于湘江和渌水两岸，有90多千米的河岸线和数以百计的大小河港。江水上涨时，不仅沿河两岸遭受洪水侵袭，而且江水倒灌入港，泛滥成灾，农作物遭受严重损失。中华人民共和国成立后，市委和市人民政府十分重视农田水利建设，在沿江一带建起了部分防洪堤，建立水情预报机构。在山区兴修一些山塘水库，增强抗灾能力。但由于规模小、局限性大，无法彻底根除水害。沿江还有6666.67公顷“大水田”和山区2666.67公顷“无水田”，无法摆脱旱涝灾害的侵袭。为此，市委提出“大战一冬，治港百条，筑堤千里，征服百里湘江，誓夺万担粮棉”的口号。男女老少，一起上阵，在山区地带增修各种大小水库与山塘，从源头开始，由高到低，开渠引水，使大库连小库，小库连山塘，消除旱患；在湘江两岸，则沿江筑堤，逢港建闸，装上自动闸门。经过一冬苦战，兴建大小水库576座，大小水闸103座，筑堤120余千米，同时兴建和整修山塘3900多口。这些水利工程的建成，新增蓄水量1亿立方米，相当于中华人民共和国成立后9年来增加蓄水量总和的1.2倍。沿江两岸的6666.67公顷“大水田”基本消除洪水威胁，山区形成比较完整的水利灌溉系统，基本实现自流化。

“大跃进”期间，由于急于求成，在各种“大办”的口号下，出现了高指标、瞎指挥、浮夸的现象，使国民经济比例失调，加上自然灾害，粮食连年减产，以致1959—1961年经济生产发生严重困难，因粮食不足、营养缺乏，一些人患水肿病，有的地方群众甚至靠糠和野菜维持生活。

人民公社化　1958年8月，中央发出《关于在农村建立人民公社的决议》。9月5日，中央要求撤销乡级建置，建立政社合一的人民公社。株洲市郊区除园艺场附近2个社与园艺场合并成国有园艺场外，其余59个农业社、2个蔬菜队、1个渔业社组成1个公社，并成立建社筹委会。9月12日，郊区人民公社正式成立。原农业合作社的集体财产和社员的全部自留地及私有房屋、牲畜、林业等，统归公社所有，社员行动“军事化”，生活“集体化”，办公共食堂240个。人民公社实行政社合一体制，工、农、商、学、兵五位一体化。在管理上，以公社为核算单位，实行生产统一计划、劳动力统一调配、收益统一分配、生产统一安排。这种“大统一”导致出现了“共产风”、瞎指挥风、强迫命令风、浮夸风、干部生活特殊化作风（简称“五风”），挫伤了农民的生产积极性，影响了农业生产的发展。在组织和实现农村人民公社化的同时，还在城市试办中心、田心2个城市人民公社。中心人民公社于1958年9月20日成立，是以城市街道居民为主组成的；田心人民公社于同年9月2日成立，以田心机车车辆厂为主并吸收附近一个农业大队组成的。2个城市公社建立时，共有入社人口110920人，约占城市总人口的45.95%，其中职工49751人，占入社人口的44%；城市居民和学生60111人，占入社人口的54.2%；农业人口2058人，占入社人口1.8%。尔后，又陆续成立董家塅、清水塘、荷塘铺3个城市人民公社。到1961年，城市人民公社全部撤销。

1959年6月，根据中央《关于农业的五条紧急指示》，着手纠正人民公社化运动中的“左”的错误，对人民公社和干部作风进行初步整顿。1984年，改人民公社为乡、镇建制，人民公社体制到此结束。

“反右倾”　1959年8月至1960年2月，根据中央和中共湖南省委指示精神，株洲市开展“反右倾”斗争。各级中共党委分别成立“反右倾”领导小组和办公室。运动分4批在党政机关、企事业单位、农村基层组织中铺开。大体经历学习文件、批判斗争、谈心辩论、定性处理4个阶段。

运动开始后，首先是“反对右倾”情绪，厉行增产节约，然后转入揭发各级中共党组织内部所谓“右倾机会主义分子”，全市共有32名领导骨干受到重点批判斗争。其中包括市委书记处书记任之、市委宣传部部长王又民、市委组织部部长刘钧。同时，有231名基层党员干部，也受到重点批判斗争。从中抓出所谓“右倾机会主义分子”“反党分子”和有严重“右倾错误”的人，并错误地给予党纪和行政处分。与此同时，在广大干部和职工群众中进行谈心交心活动。在交心基础上，围绕总路线、大跃进、人民公社、党的领导、工农联盟、个人主义等问题开展辩论，以反对所谓右倾、保守思想。1962年4月，根据中央《关于加速进行党员、干部甄别工作的通知》精神，对反右倾斗争中部分错处理的党员、干部进行甄别平反。中共十一届三中全会以后，被错误处理的人员全部得以彻底平反。

整风整社　1960年11月到1961年年底，在农村、城市普遍进行整风整社运动，以纠正“五风”为重点，彻底清理“一平二调”，坚决进行退赔。运动分农村整风整社、城市整风两个方面进行。

经过摸底排队，市郊区159个大队整风整社分3批进行。市委成立整风整社办公室，并组织1100人的工作队。运动经过试点，大体分3步进行，第一步从检查生产、生活入手，宣传政策，发动群众；第二步进行揭发批判，清理“一平二调”；第三步为整改阶段，包括思想整顿、组织整顿、健全制度、调整体制。通过清理“一平二调”，共退赔500万元，其中：省级退赔136万元、市级246万元、区级31万元、公社一级15.7万元、大队和生产队71.3万元。1961年年初，根据中央《农村人民公社工作条例（草案）》，调整了农村社队规模，将原有的9个公社调整为28个公社和4个镇、1个场，将原有的159个大队调整为491个大队。实行以生产队为基本核算单位的所有制，允许社员经营少量自留地和小规模家庭副业，恢复农贸市场。整风整社运动，对扭转农村经济形势、纠正干部“五风”起了重要作用。但在运动中继续犯了阶级斗争扩大化错误，进行揪所谓“戴红帽子的国民党”、查混进党内“蜕化变质分子”及“死官僚主义分子”等，对一些由于受上面“五风”错误指导而犯错误的基层干部搞特训、集训，仅关押在市文化宫的党员就达100多人，有的还被判刑。运动中，生产队长以上的党员、干部中，受到各种处分的共198人，伤害了不少好干部。

1960年12月，市委多次召开全市性的干部会议，市委主要负责人在会上作了认真检查，主要检讨以“共产风”为主的“五风”方面存在的错误和缺点，号召各级干部敞开思想，大胆提意见，开展大鸣大放，帮助市委整风，同时要求各级党委认真倾听干部群众意见，总结经验教训，彻底纠正“五风”错误。

城市整风运动分3批进行，市委先后派出13个工作组到一些重点单位帮助整风。在城市整风运动中，按照“调整、巩固、充实、提高”八字方针，对全市的农业、工业、商业进行全面调整。在工业方面，全市关闭33个工厂；合并16个工厂，有14个工厂退为手工业合作社；压缩20个工厂的生产规模；转变19个工厂的生产方向。同时压缩一批劳动力加强农业战线。通过一系列的调整，国民经济得到恢复和发展。到1963年，形势开始全面好转。

社会主义教育运动　社会主义教育运动，亦称“四清”运动，是“文化大革命”开始前在部分农村和城市少数企事业单位进行的一场政治运动。

1962年年底至1963年年初，根据中共中央和中共湖南省委指示精神，在城市开展以反对贪污盗窃、投机倒把、铺张浪费、分散主义、官僚主义的“五反”运动，在郊区开展清理账目、仓库、财务、工分的“四清”（亦称“小四清”）运动。

1963年4月，市委成立社会主义教育运动工作总团和城市、农村2个分团。同年5月，市委根据中共中央制订的《关于目前农村工作中若干问题的决议（草案）》（即“前十条”）和中共湖南省委三级干部会议精神，部署开展社会主义教育运动。首先从市直机关抽调182名干部组成工作队，到白关公社进行试点。经过一个多月的时间，第一批试点的15个大队运动基本结束。15个大队新老干部共833人，有“四清”问题的623人，占干部总数的74%。共清出粮食422110千克，现金26956元，食油88千克，布票359米，工分28082分，其他各种实物1796件。后运动在全市城乡进一步推开，并抽调大批干部组成工作队，深入城市、农村开展社会主义教育运动。城市计划分五批进行，第一批在58个企事业单位铺开；农村在姚家坝、荷花、曲尺3个公社进行。

是年9月，中共中央发布《关于农村社会主义教育运动中一些具体政策的规定(草案)》(即“后十条”)，根据《后十条》和《后十条修正草案》精神，社会主义教育运动撇开中共基层组织和大多数干部，重新组织阶级队伍，补划阶级成分，评定“四类分子”，整顿党团组织，揭发批判干部“四不清”问题。对面上的社会主义教育运动，则采取“揭盖子、放包袱、洗手、洗澡”等办法，搞人人过关。9月底，在城市第二批77个单位社教尚未结束时，根据中共湖南省委集中力量到湘潭打歼灭战的指示，城市社教工作队集中去湘潭，但面上的社会主义教育运动仍继续进行。工作队从湘潭回来后，继续在市直机关和部分企事业单位进行社会主义教育运动。

1965年1月，中共中央发布《农村社会主义教育运动中目前提出的一些问题》(即“二十三条”)，规定将“四清”的内容改为清政治、清经济、清组织、清思想。是年5月，市委调整了计划，同时在京广铁路沿线的朱亭、淦田、渌口3个区的18个社、镇、场开展第二批点上的社会主义教育运动。

1966年5月，由于“文化大革命”开始，“四清”运动自行结束。在“四清”运动中，由于“左”的影响严重，大批基层干部受到打击，仅农村被整的基层干部就达10392人，占当时生产队以上干部总数的76%；新划“四类分子”65人，新生资产阶级分子4人，补划地富成分115户；城市重点清查批斗了1750人，拘留逮捕34人。整个“四清”运动中，被清洗出干部、职工队伍的共462人、清除出党的143人，受其他党纪和行政处分的323人。中共十一届三中全会以后，受错误处理的人员得到平反。

“文化大革命”运动的启动 1966年5月16日，中共中央发出《中国共产党中央委员会通知》，即《五一六通知》。5月18日，市委发出通知，要求认真学习《五一六通知》和《解放军报》的《千万不要忘记阶级斗争》《评“三家村”》等社论文章，“文化大革命”运动开始。

6月，市委向部分厂矿和学校派出工作组，上挂下连批“三家村”、抓“小邓拓”、清理“小五界”（学术界、教育界、新闻界、文艺界和出版界），批“资产阶级反动学术权威”。8月24日．在市委召开的工农兵支持革命学生的革命行动大会上，个别人上台抢夺话筒，制造事端，扰乱会场，发生“八二四事件”。接着，外地红卫兵来株洲市串连点火，鼓动“踢开党委闹革命”。当时，各种“红卫兵”和群众组织纷纷成立，大批学生走向社会，破“四旧”，砸文物古迹，烧“封、资、修”书刊。继而，指名批判各级党政领导人的传单和大字报开始出现。市党政机关和各级中共组织陷于瘫痪和半瘫痪状态。是年底，各群众组织中开始出现意见分歧，以致后来形成观点对立的两大派，互相之间的派性斗争日趋激烈。

1967年1月，在上海“一月革命风暴”影响下，各群众组织纷纷向党政领导机关“夺权”。市委、市人委领导和各级党政负责人先后被揪斗、游街、隔离审查。《株洲日报》也于4月27日被查封。与此同时，少数领导干部出来“亮相”，发表声明支持一派群众组织。两派组织由于观点不同，由“文斗”发展到“武斗”。9月底，中国人民解放军第四十七军一二七师与市武装部和其他驻军，执行中央“9·5”命令，收缴群众组织的武器，大型武斗才基本上被制止。

市革命委员会成立 1967年11月3日，在各群众组织实行“大联合”的基础上，株洲市革命委员会筹备小组成立。1968年1月24日，株洲市革命委员会（简称“市革委会”）成立。市革委会以“三结合”（军队代表、群众组织代表和革命干部代表）形式组成，统一行使党政大权。

1971年4月，恢复中共株洲市委。1980年12月，市七届人大一次会议选举产生株洲市人民政府组成人员，市革委会到此结束。

“一打三反” 1970年年初，根据中共中央《关于打击反革命破坏活动、反对贪污盗窃、反对投机倒把、反对铺张浪费》的指示和中共湖南省委的部署，全市开展“一打三反”运动。

市革委会成立领导小组和“三号办公室”，迅速在全市掀起大检举、大揭发、大清理、大批判高潮。共举办6183期学习班，培训7万多名骨干，召开大小批判会10640次，收到群众检举揭发材料72371份，有5220人坦白交待了自己的问题。运动中，挖出历史反革命分子85人；现行反革命分子472名；破获反革命集团14个；收缴枪支80支、手榴弹54枚、子弹13871发、匕首211把、雷管341个、炸药291千克，其他军用物资930件。揭发出贪污盗窃、投机倒把犯罪成员2980名，其中1万元以上的9名，1万元以下1000元以上的241名，总金额76万元，粮食20.5万千克，布票8000米。

“一打三反”运动，虽然清理和打击了一些犯罪分子，但也有相当一部分属于冤假错案，后来作了甄别平反。

批林整风与“批林批孔” 1971年3—7月，遵照中共中央《关于传达陈伯达反党问题的指示》精神和中共湖南省委的部署，市委将行政22级以上党员干部集中进行批陈整风。当年10月2—14日，召开市委委员、市人武部党委委员会议，传达学习中共中央有关林彪仓惶叛逃的文件。会后，通过层层传达和培训骨干，迅速掀起一场对林彪反革命集团及其篡党夺权阴谋活动的大揭发、大批判高潮。从1971年年底至翌年9月间，共轮训基层干部1.68万多人次；举办县以上领导干部读书班12期，有1200多人参加学习；还为县以上单位培训理论学习辅导员54名。

1972年8月12—30日，召开市委四届三次全体（扩大）会议，传达学习中央批林整风汇报会议文件和中共湖南省委全会精神。遵照毛泽东“人贵有自知之明”的教导，市委主要负责人在会上作自我批评，并要求参加会议的人员大胆提意见，帮助市委整风。先后直接或间接听取各级、各部门提出的3000多条批评意见。各级党委也先后进行开门整风，开展批评与自我批评，认真总结经验教训。

1974年2月3日，市委召开深入“批林批孔”动员大会，3.5万人参加。“批林批孔”运动开始后，一些过去派性人物，打着“批林批孔”的旗号，成立所谓“运动办”，垒山头，闹派性，向市委和全市各级党组织施加压力，重演“文化大革命”初期“夺权”的闹剧。4月16—29日，在县以上单位干部“批林批孔”会议期间，不批林，不批孔，专揭市委所谓“阶级斗争盖子”，批判市委主要负责人所谓“执行林彪修正主义路线”错误。这次会议，不仅搞乱了市委，也给下面起了“示范”作用，造成层层找“代表人物”，给各级中共党组织工作带来被动，刚刚趋于稳定的政治局势又遭到破坏。

整班批派　1975年春，市委贯彻执行毛泽东关于“学习理论”“安定团结”和“把国民经济搞上去”的三项指示，按照中共中央部署，大力进行各方面的整顿，把整顿各级领导班子、批判资产阶级派性作为推动各项工作的中心任务来抓。

5月4日，铁道部部长万里在田心机厂万人大会上发表重要讲话，鼓舞了田心机厂和全市广大干部群众“整班批派”的斗志。市委抓市直机关和市总工会的整顿，并抽调300多名干部组成工作组，进驻32个重点单位，帮助整顿领导班子，批判资产阶级派性。通过整班批派，一些派性严重的人被撤换或调离；一些犯派性错误的干部、党员，在有关场合作了检讨；干部群众进一步认清资产阶级派性的危害性，开始出现政治安定、生产快速发展的局面。株洲市的整班批派，深得人心，其经验得到中共湖南省委的肯定和推广。

知识青年上山下乡　1968年，毛泽东发出“知识青年到农村去，接受贫下中农再教育”的号召后，市革委会成立领导机构，开始动员组织知识青年上山下乡。

1968年11月28日和1969年1月28日，市革委会先后在市体育广场召开群众大会，欢送6118名知识青年到老苏区浏阳县和大通湖农场接受贫下中农再教育。1969—1972年，陆续又组织一批知识青年下放到株洲县和郊区插队落户。

1972年，市委针对知识青年插队落户中存在的问题和困难，深入实际，调查研究，总结了株洲县王十万公社党委将知识青年相对集中安置到公社林场，并选派几名社队干部和10多名贫下中农带领他们，较好地解决下乡知识青年在生产、生活、管理等方面存在的问题和湘江机器厂与株洲县太湖公社春风茶场直接挂钩、集体安置知识青年的经验，作出“厂社挂钩，集体安置知识青年”的决定。全市各级、各单位积极响应，相继建立480多个知青点，先后集体安置知青达2.9万多名。

“厂社挂钩、集体安置知识青年”的做法，当时受到国务院知青办和中共湖南省委的肯定与支持。1973年和1974年，中共湖南省委2次在株洲市召开全省知青工作会议，肯定和推广这一做法。1974年6月12日，《人民日报》发表对株洲市《厂社挂钩集体安置知识青年到社队农林茶场的调查报告》和《大有希望的事业》的短评。1975年10月14日，《人民日报》再次发表《向着光辉灿烂的目标前进》的长篇通讯。

1978年，知识青年上山下乡运动结束。尚在农村的部分知识青年也先后回城安排工作。

揭批江青反革命集团 1976年10月6日，中共中央一举粉碎江青反革命集团，"文化大革命"结束。10月20日，株洲市15万军民隆重集会，热烈庆祝粉碎王洪文、张春桥、江青、姚文元反革命集团篡党夺权阴谋的伟大胜利。

根据中共中央和中共湖南省委的部署，市委组织了揭批江青反革命集团的3次大的战役：第一战役，根据中央下发的《王洪文、张春桥、江青、姚文元反党集团罪证（材料之一）》所提供的大量事实和确凿证据，抓住江青反革命集团篡党夺权这个要害，从政治上、思想上、组织上彻底揭发批判；第二战役，根据中共中央下发的《王洪文、张春桥、江青、姚文元反党集团罪证（材料之二）》，着重揭发批判江青反革命集团的面目及其罪恶历史；第三个战役，根据中共中央下发的《王洪文、张春桥、江青、姚文元反党集团罪证（材料之三）》，集中揭发批判江青反革命集团推行反革命修正主义路线的极右实质和罪恶活动，从路线上、思想上、理论上肃清其流毒和影响。

1977年年底，开展批判江青反革命集团、打击阶级敌人的破坏活动、打击资本主义势力的"一批两打"运动。到1978年6月止，揭露出贪污盗窃、投机倒把等案件，合计金额141万元、粮食15.5万多千克。其中1000元以上的31起，5000元以上的25起，1万元以上的9起。破获一批政治、刑事案件，揭露出一批在政治上紧跟江青反革命集团、经济上乱中发财的"双料货"，挖出一批隐藏很深的坏人，瓦解了江青反革命集团的社会基础。

在组织揭批江青反革命集团斗争的同时，还进行清查与林彪、江青反革命集团篡党夺权阴谋活动有牵连的人和事。市区范围内共列审177人，遵照"既要坚定，又要慎重，既不漏掉，又不扩大化"的方针，经过认真地查证核实，定性为"三种人"（即"文化大革命"期间追随林彪、江青反革命集团造反起家的人，帮派思想严重的人和打砸抢分子）的13人，犯严重错误的88人，一般错误的55人，作其他处理的16人。农村列审对象74人，结案处理55人。同时，还考察了一批党员、干部在"文化大革命"中的表现，为正确选拔使用干部打下了基础，也帮助许多人员消除了顾虑。

真理标准问题讨论与清理"左"倾思想 1978年上半年，全国各级党报陆续发表关于真理标准问题的讨论文章。市委支持这一讨论，批转市委宣传部《关于在全市开展真理标准讨论的通知》。中共十一届三中全会以后，市委决定进行真理标准讨论的补课，发出《关于深入开展真理标准问题学习讨论的安排意见》，要求各级各部门各单位在组织干部职工学习中共十一届三中全会文件的同时，深入开展实践是检验真理的唯一标准、社会主义生产目的等问题的讨论。

1981年年初，为进一步端正思想路线，市委组织对"左"的错误思想进行清理。3月31日至4月6日，市委召开常委（扩大）会议，学习《人民日报》社论《用批评与自我批评的方法清理"左"的思想》，联系株洲市实际，回顾历史，总结教训。5月6日，在县局以上单位党委书记会议上，市委主要负责人在大会上回顾总结了建市以来的历史，清理“左”的错误思想在各方面的表现，认真地作自我批评。会后，各级党组织在深入学习中央文件，提高清“左”的自觉性，积极开展批评与自我批评，紧密联系实际，总结经验教训。

通过真理标准问题的讨论和清理“左”的思想，进一步端正全市干部、群众的思想，促进思想解放，为实现全党工作重点转移、实行改革开放作了思想上、理论上的准备。

全面落实政策，平反冤假错案　从1978年下半年开始，市委以“解放思想，开动机器，实事求是，团结一致向前看”为指导方针，认真贯彻中共中央和中共湖南省委精神，本着实事求是、有错必纠的原则，全面落实政策。中共市、县委和各单位党委都成立和充实落实政策领导小组及办公室，共抽调1586名专干从事具体工作。全市落实政策工作大体分为两个阶段：第一阶段从1978年至1984年，主要是复查“反右派”“反右倾”“四清”“文化大革命”四个运动中造成的冤假错案；第二阶段从1984年至1988年，主要复查“文化大革命”前的历史老案和处理历史遗留问题。1983—1986年间，在复查“四个运动”和历史老案的同时，还着重抓了落实知识分子政策工作。

经过几年努力，平反纠正一大批冤假错案，妥善解决一些重大的历史遗留问题。对第二次国内革命战争时期苏区肃反中错杀人员、地下党员、起义投诚人员、归侨侨眷、宗教人士、民主党派和对私改造中错划成分的小商小贩、小手工业者、小业主等也进行了全面的复查平反纠正工作，并积极做好善后工作。“文化大革命”中被扣发、停发的工资，给予补发；被查抄的财物进行退还；被挤占的私房进行清退；受株连被下放农村的家属、子女，按政策规定回城镇，有的还安排工作；对因冤假错案造成工资级别明显偏低的，给予照顾调升；对家庭生活特别困难的进行适当的补助。

农村经济体制改革　1978年中共十一届三中全会到1984年10月十二届三中全会期间，境内农村经济体制改革主要是集体建立健全以家庭联产承包为主要内容的各种责任制，解决在社会主义公有制下吃“大锅饭”和农民问题；从中共十二届三中全会到1991年，主要是放开农产品市场，多种经济成分共同发展阶段；从1992年至2000年，是完善农村市场经济，农村实现总体小康阶段。

1978年12月，中共中央下发《关于加快农业发展若干问题的决定(草案)》，一些农民自发“包产到户”，但部分农村基层干部对此认识不足，看成是“越轨”行动，并着手进行“纠偏”。

1982年2月，境内农村开始推行家庭联产承包责任制，激发了农民的生产积极性，解放了生产力。当年底，境内100%的大队水稻大田都实行了家庭联产承包责任制，当年粮食总产量达33050万千克，比上年增长19%；蔬菜生产4350万千克，增长35%；农业总产值达1.8亿元，增长10%。1983年，全市水稻产量跨《纲要》，首次实现晚稻单产、总产双超早稻，粮食总产量达166万吨，比1978年增加近40万吨，解决了株洲几百万人口的吃饭问题。随后承包领域进一步扩大。当年底，境内77.8%的山林、80%的水面和95%的社队企业都建立了不同形式的责任制。1984年，全市农村全面建立以家庭联产承包为基础，统分结合的双层经营体制，并确定了土地延包15年不变的基本原则。

1985—1991年，境内农村经济体制改革的重点放在改革农产品流通体制，培育农产品市场，调整农林产业结构和促进非农企业发展等方面。1985年，全市全面取消实行了30年的农产品统派购任务，并将农业税由实物税改为现金税，激活了农产品市场。同时，进一步完善经营体制，允许多种经济成分共同发展。一大批生产专业户、股份合作企业脱颖而出，特别是攸县银坑村村集体和农户合股办企业经验在全市得到推广。全市兴建各类农产品市场240多个，年成交额达20亿元以上，农村改革真正迈向市场化。

1992年年初，邓小平视察南方重要讲话和中共十四大召开，明确提出建立社会主义市场经济体制改革目标，境内农村改革进入向社会主义市场经济体制转轨的关键时期。从1992年开始，在加强粮食生产的同时，大力实施发展县域经济战略，推进农业产业结构调整，加快农村“三化”进程。1995年，全市11.32万公顷双季稻，总产173.83万吨，平均亩产1024千克，成为全国第一个双季稻亩产成建制过吨粮的地级市，创造了“吨粮田”的辉煌。1996年，市委、市政府出台《关于大力发展乡镇企业的决定》，推行产权制度改革。1997年6月，全省首家乡镇企业股份制公司湖南锦云实业股份有限公司成立。

到2000年，全市农林牧渔业总产值76.03亿元，比1978年的7.04亿元增长10.8倍；粮食总产量181.6万吨，比1978年的127.2万吨增长1.43倍；猪牛羊肉产量22.1万吨，比1978年的5.5万吨增长4.02倍；水产品5.1万吨，比1978年的5000吨增长10.2倍；农民人均纯收入2552元，1978年的99元增长25.78倍。农产品加工企业发展到586家，加工产值达34亿元；全市7个县市区和109个乡镇通过省市的小康验收，农村小康实现程度达96.01%。

城市经济体制改革 中共十一届三中全会以后，广大干部群众的思想不断解放，市委及时将工作重点转移到以经济工作为中心、经济工作以提高效益为中心的轨道上来，对在工业生产中推行经济责任制进行探索和实践。1983年，境内企业内部经济责任制逐步建立。同时，市委、市政府从实际情况出发，在财政、贷款、税收、价格等方面进行初步改革尝试。

1984年10月，中共十二届三中全会作出《关于经济体制改革的决定》，改革的重点由农村转向城市。12月，市委、市政府制定《株洲市经济体制改革实施方案》，确定城市经济体制改革在围绕搞活企业、搞活流通两个重点的同时，积极进行其他方面的配套改革。

为搞活企业特别是国有大中型企业，市委、市政府从七个方面进行改革：一是简政放权，先后给企业下放经营决策、奖金发放、机构设置、干部管理、物价管理、人事调配等权力，使企业有更多的自主权；二是进行第二步利改税，改变企业吃国家“大锅饭”的状况，使企业成为相对独立的经济实体；三是改革企业内部分配制度，克服平均主义倾向；四是推行厂长（经理）负责制，实行政企分家；五是发展多种经济形式和多种经营方式；六是积极开展外引内联（引进外资、技术，开展横向经济联系）；七是积极慎重地推进劳动、人事、工资三项制度改革。1987年7月，株洲市被国务院列为全国三项制度改革试点城市之一。先后在492家全民企业和347家集体企业推行全员劳动合同化管理，实行干部聘任制，建立以劳动诸要素为测评基础的岗位技能工资制和社会保障机制。其成功经验在全国得到推广。1992年，株洲市在全省率先进行以公司制改造为主要内容的企业产权制度改革试点，到1993年，全市18家国有企业完成公司制改造，其中13家成为股份制公司、5家成为有限责任公司，湘火炬成为全省首批2家股票上市公司之一。1994年，株洲又被列为全国首批“优化资本结构，增强企业活力”试点城市，先后对一批资不抵债的企业实施资产重组，到1996年年底，全市实施32起兼并与收购，兼并资产达7.56亿元，对121家企业依法实施破产，破产企业总资产9.55亿元，并组建南方、国光、湘大三大企业集团。1997年起，对国有企业实施抓大放小的战略重组。到1998年年底，全市组建1169家股份制企业，注册资本40多亿元。

在搞活流通方面，一是改革流通体制，打破国有商业独家经营，实行国有、集体、个体一齐上的格局；二是扩大商业批发，组建一批专业批发公司，实行“购、销、调、存”一条龙；三是开放搞活零售企业；四是建立开放式贸易中心，积极组织地区和跨地区的各种物资交流活动；五是大开城门，彻底开放市场；六是改革外贸体制，促进对外贸易。

在围绕搞活企业、搞活流通的同时，市委、市政府还积极进行科研体制、城市基本建设管理体制、计划管理体制、住房制度等多方面的配套改革。

在改革的推动下，全市经济建设取得显著成就。2000年全市国内生产总值达308.42亿元，比1978年增长22.86倍；工业总产值153.15亿元，比1978年增长22.70倍；三产业104.81亿元，比1978年增长47.67倍。

政治体制改革　1983年，为适应改革开放的形势要求，对市、县两级党政机构进行改革，调整市、县两级领导班子。按照革命化、年轻化、知识化、专业化的要求，优化领导班子结构。同时，随着农业生产责任制的推行，市委、市政府重点抓农村政权建设，改革农村政权的组织形式，实行政社分家，并相应转变乡镇党政机关的领导方式和工作方法。1984年开始在城市部分厂矿企业中试行厂长（经理）负责制。为适应这一要求，市委、市政府又对城市县以上单位领导干部的结构进行调整，选拔一批符合“四化”要求的干部充实到各级领导岗位。1985年以后，随着多种形式的经营承包责任制的推行，市委、市政府在部分企业进行精简机构、压缩非生产人员和在市直机关进行干部制度改革的试点。1987年中共十三大以后，政治体制改革随即正式提到市委、市政府重要的议事日程。

1988年8月，市委、市政府主持制订《株洲市1988年至1989年政治体制改革实施方案》：一是进行党政分工，主要是分清党政职能，在中共党的领导下理顺中共市、县委与市、县人大、政府、司法机关、群众团体之间的关系。在明确职能的基础上，转变中共市、县委的领导方式和活动方式；厂矿企业党政分开，主要是围绕厂长（经理）负责制的推行，理顺党政关系，建立厂长（经理）全面负责、职工民主管理、党委保证监督的领导体制。二是进行机构改革，全市撤销一些重叠的中间机构，合并一些业务相近的机构，将一些局改为企业性的公司。同时，扩大城市3区工作权限，解决市、县分级管理的问题。三是加强民主政治建设，充分发挥人民代表大会权力机关的职能作用，推行民主协商制度化，健全职工代表大会制度，全面落实《企业法》规定的各项职权。同时健全各项监督制度，充分发挥监督机关和广大人民群众的监督作用。四是进行干部人事制度改革，下放干部管理权限，在机关、事业单位试行干部制度改革。建立县局以上直属机关领导干部述职和评议制度，对二轻局、电子公司等11个市直机关单位和50%的事业单位进行民主选任，公开招聘局长、经理和中层干部的试点。全市县以上单位负责人，全部实行任期制，对农村乡镇干部全部推行选任制和聘用制。

20世纪90年代，株洲市政治体制改革稳步推进。1994年，实施新一轮的机构改革，市直党政机关限定51个，比原有的72个减少21个，精减30%；市级党政群机关行政编制总额2632名，减少1018名，精减27.9%。同时，着力转变政府职能，实现政企、政社分开。取消领导干部职务终身制，建立公务员及参照管理制度。1996年开始实施工作实绩考核，以考核结果决定干部的升降。同时全市还推行公开选拔领导干部制度，推进干部交流和任前公示制度。优化了领导班子结构，改进了工作作风，提高了工作效率。

反对资产阶级自由化 1981年8月，中共中央提出解决思想战线领导涣散软弱状态和批判资产阶级自由化倾向的指示。9月8日，市委召开全市县以上单位党委负责人会议，分析了资产阶级自由化的影响及领导班子涣散软弱的表现和产生的原因，有针对性地开展批评与自我批评。

1983年，根据中共中央和中共湖南省委的部署，市委成立清除精神污染领导小组，各部门密切配合，认真地进行了清理。

1986年下半年，天津、北京、武汉等城市部分学生上街游行。这次学潮，是极少数人利用学生关心改革、要求民主政治的愿望，煽动资产阶级自由化，企图制造动乱，向党和政府施加压力。1987年年初，中共中央以一、二号文件下发《邓小平同志关于当前学生闹事问题的讲话要点》和《邓小平同志在十二届六中全会上的讲话》，市委组织干部群众进行认真学习和贯彻，在全市广泛深入地进行坚持四项基本原则教育，开展反对资产阶级自由化的斗争。

1989年4月下旬到6月上旬，北京发生春夏之交政治风波。面对复杂情况，市委从4月20日到6月8日间，先后召开17次常委会议和多次县以上单位党委负责人会议，及时传达贯彻邓小平等中央领导的重要讲话和有关指示，并结合株洲市的实际，先后采取一系列处置措施。各级各部门各单位的党政组织，坚决按照中央、中共湖南省委和市委的要求，旗帜鲜明地反对和制止动乱，及时制止了极少数人妄图搞乱株洲市的图谋。

北京春夏之交的政治风波平息后，市委根据中共十三届四中全会和中央3号文件精神，由主要领导挂帅，组织专门班子和力量，充分发动和依靠广大群众，开展清查在株洲市制造动乱的策划者、组织者、非法组织头目和骨干分子、打砸抢的犯罪分子，清理单位内部和要害部门的工作。

“三讲”教育活动 1998年11月，中央决定在县级以上党政领导班子、领导干部中深入开展以“讲学习、讲政治、讲正气”为主要内容的党性党风教育活动。1999年10月8日，根据中央、省委的精神和部署，市委下发《关于贯彻落实〈中共中央关于在县级以上党政领导班子、领导干部中深入开展以“讲学习、讲政治、讲正气”为主要内容的党性党风教育的意见〉的实施意见》，成立由市委书记任组长的“三讲”教育工作领导小组和领导班子，并召开动员大会，对全市开展“三讲”教育活动作统一部署和安排。自1999年10月上旬开始至2000年年底，全市自上而下分级分批开展了“三讲”教育。在整个教育活动中，各级领导干部、领导班子和广大党员干部以邓小平理论和中共十五大精神为指导，紧密联系实际，以整风的精神切实开展批评与自我批评，认真查找问题，积极整改，较好地解决了一些长期存在的问题。中共株洲市委常委会在自我剖析的基础上，结合收集的各类建议和意见，制订了《“三讲”教育整改措施》，并健全和完善《市委重大问题议事制度》等5项制度。通过“三讲”教育，全市各级领导班子和领导干部及广大党员思想上有明显提高，政治上有明显进步，作风上有明显转变，纪律上有明显增强，执政能力和执政水平有明显提高。

第三章　组织工作

第一节　党　员

一　发展党员

1949 — 1951 年，境内党员队伍主要由南下干部中的党员和境内地下党员构成。除醴陵、攸县、茶陵、酃县地下组织恢复较早适度发展新党员外，株洲市区基本没有发展新党员。据 1951 年年底统计，株洲市有党员 110 人，占全市人口总数的 0.14%。

1952 年，株洲市在农村土改复查和城市开展“三反”“五反”运动的基础上，开展发展党员工作。当年，全市发展新党员 121 名。鉴于农村人口多、党员少，发展的重点在农村，吸收新党员 79 名，占发展总数的 65%。

1953 — 1956 年，随着株洲工业新城地位的确定和“一五”计划的实施，境内党员发展的重点由农村转向城市，尤其是工业、交通、基建战线，同时也注意在党的力量薄弱部门和单位发展党员，逐步改善党员队伍的结构。据统计，1953 — 1956 年，株洲市共发展新党员 1369 名。1956 年年底，株洲市党员总数达到 3536 名，其中工人党员 945 人，农民党员 414 人，干部、职员党员 2045 人；大学文化的 59 人，高中文化的 302 人，文盲 129 人；年龄以中青年为主，其中 25 岁以下的 1056 人，占 29.5%。此外，女党员 323 人，占党员总数 9%。同一时期，醴陵、攸县、茶陵、酃县也继续开展发展党员工作，发展的重点在农村。至 1956 年年底，境内党员总数为 20619 人，其中农村党员 12011 人。1957 年，因开展“整风反右”运动，基本停止吸收新党员。

1958 — 1960 年，在“大跃进”等运动的推动下，株洲市发展党员也大提速。1958 年，市委把新党员审批权下放到基层党委和党总支，当年全市发展新党员 783 名，1959 年发展 3779 名，1960 年原计划发展 4130 名，由于国民经济发展遭遇困难，只吸收 3374 名新党员。这 3 年累计发展新党员 7936 名，比 1952 — 1957 年发展数量还多 6446 名。1961 — 1964 年，根据中央有关精神，吸收新党员受到严格控制，4 年仅吸收新党员 160 名。1965 年，境内党员总数达到 48448 名，年龄结构有进一步改善，31 ~ 35 岁的党员 30942 人，占党员总数的 67%；大学文化的 837 人，高中文化的 1883 人，初中文化的 8047 人。工交战线的党员增至 10444 人，比 1956 年多 3154 人，增长 2.3 倍。这一时期的发展党员工作，基本是结合政治运动进行，入党手续更加完善，注重吸收基层领导骨干、共青团员和先进模范人物入党。党员的质量总体较高，但发展不平衡，特别是 1958 — 1960 年发展速度过快过急，致使少数不符合党员条件的人被吸收入了党。由于党内“左”的错误日益严重，过分强调阶级出身和政治运动中的表现，不能正确看待知识分子，也使一些符合条件的人被阻于党的大门之外。

1966 — 1969 年，发展党员工作因受“文化大革命”的冲击而一度中止。1970 — 1971 年，株洲市按照“吐故纳新”的原则，共发展新党员 2419 名。随着党的各级组织得以恢复和重建，发展党员工作逐步恢复正常。1972 — 1976 年，全市共发展新党员 7921 名。这一时期，由于“左”的思潮干扰，致使一部分符合条件的党员被作为“故”吐了出去，将一批造反起家、派性思想严重，甚至是打砸抢分子被“纳”入党员队伍。1974 年，株洲市区部分单位搞所谓“突击入党”，少数派性严重的人篡改党员标准，提出“优先发展九次路线斗争中造反，十次路线斗争中受压和‘批林批孔’运动中积极分子入党”的口号，突击发展 431 名党员，其中不具备党员条件的造反派 44 名，占发展总数的 10%，造成组织不纯的后果。1979 年，根据有关文件精神进行了认真清查和妥善处理。

中共十一届三中全会以后，贯彻“坚持标准、保证质量、改善结构、慎重发展”的方针，积极慎重地发展新党员，党员队伍的结构不断改善。20 世纪 80 年代，全市发展党员的重点是优秀知识分子和先进青年。据统计，1979 — 1983 年（1983 年含南 4 县）全市共发展知识分子党员 1360 人，占发展总数的 23.5%；发展 25 岁以下的青年党员 665 人，占发展总数的 11.5%，党员队伍文化偏低、年龄偏大的状况有所改变。这 5 年全市共发展新党员 5794 人。1983 年，南 4 县划为株洲管辖，当年底全市党员总数达到 121575 人。1984 年后，发展知识分子党员的力度进一步加大，当年全市发展知识分子党员 1257 人，占发展总数的 39.2%。同时还注意发展女党员、生产一线党员和其他党的力量薄弱地方的党员。到 1990 年底，全市党员总数达 149557 人，其中大专文化以上的 13324 人，占总数 8.91%；中专、高中文化 32602 人，占总数的 21.80%；45 岁以下的中青年党员 67662 人，占总数 45.24%；女党员 20934 人，占党员总数 14%；农村党员 68149 人，占 45.57%；工业 43942 人，占 29.38%；科研单位 1124 人，占 0.75%；机关团体文教卫财贸系统等 36342 人，占 24.30%。

1991 — 2000 年，全市认真贯彻《中国共产党发展党员工作细则》等文件精神，党员发展较为均衡，每年发展总数在 5000 名左右。10 年中，共发展党员 50354 名，发展的重点依然是知识分子、青年、一线员工和女党员。其中大专以上文化的党员约占 30%，35 岁以下的青年党员占 70%，生产一线党员约占 55%，女党员约占 28%。新党员质量进一步提高，按期转正的预备党员 46204 名，按期转正率达 91.76%。至 2000 年底，全市党员总数达到 191757 名。其中城镇干部职工党员 79771 名，占党员总数 41.60%；农民党员 72937 名，占党员总数的 38.04%；离退休干部职工党员达到 34602 名，占 18.04%。

株洲市部分年份党员情况统计表

表 15-30　　单位：人

内容／年份	党员总数	性别结构		年龄结构			文化结构			
		男	女	35 岁以下	36 ～ 55 岁	56 岁以上	大专及以上	中专及高中	初中	小学及以下
1950	1413	1358	55	1381	32	–	17	123	140	1133
1957	26108	24445	1663	13941	12120	47	191	953	4005	20959
1965	48448	43707	4741	43950	4319	179	837	1883	8047	37681
1978	102341	89738	12603	34476	61735	6130	–	–	–	–
1982	108717	96203	12514	32911	75806		2536	11759	28010	66412

续表 15-30

内容／年份	党员总数	性别结构		年龄结构			文化结构			
		男	女	35岁以下	36～55岁	56岁以上	大专及以上	中专及高中	初中	小学及以下
1983	121575	106738	14837	35025	71379	15171	4113	15089	31857	70516
1990	149557	128623	20934	26964	86723	35870	13324	32602	38041	65590
1995	169012	143697	25315	28898	89198	50916	20128	44455	44345	60084
1997	179708	151127	28581	33759	89538	56411	25157	49454	47806	57291
2000	191757	158891	32866	31429	93315	67013	34683	53100	50570	53404

内容／年份	行业结构				入党时间				少数民族	–
	农业	工业	机关	其他	1949年9月以前	1949.10—1966.4	1966.5—1976.10	1976年以后		
1950	658	23	539	193	1290	123	–	–	–	–
1957	12586	4793	3886	4843	2149	23959	–	–	31	–
1965	29433	7881	3699	7435	2048	46400	–	–	99	–
1978	52026	28805	7523	13987	1777	49790	45302	5472	230	–
1982	59980	20457	9278	19002	1628	46081	43653	17355	237	–
1983	62784	29785	6312	22694	1829	49881	48130	21735	276	–
1990	68149	38010	14960	28438	1787	45857	49330	52583	525	–
1995	70459	50513	18170	29870	1491	42320	47683	77518	764	–
1997	72387	52911	20093	34317	1319	40066	46440	91883	790	–
2000	76334	54782	25622	35019	1150	37208	45256	108143	1160	–

说明：此表中1983年以前株洲市（不含南4县）的党员数为：1951年110人，1965年18511人，1978年41397人，1982年43443人

二　党员教育

中华人民共和国成立初期，境内各级党组织对党员普遍存在重使用、轻管理教育的倾向。从1953年开始，逐步加强了对党员的管理教育。

1954年，根据中共中央关于“农村在抓发展党员工作的同时，要抓巩固党的工作”的指示，市委教育党员提高对农业互助合作的认识，帮助党员带头参加互助合作，纠正少数党员放债、出租土地、雇工等行为，教育党员将农业产品卖给国家等。1955年10月，随着工业经济的发展，要求在全市机关、工厂、商贸企业党员中普遍建立党课制度，有针对性地对党员进行教育。

1956年，要求基层党组织对党员进行一次党的基本知识教育，对不同对象的党员提出不同的教育内容，主要以《论共产党员修养》《怎样做一个共产党员》《农村党支部党课教材》等为基本教材。茶陵县腰陂乡坚持上党课5年不间断的经验，得到中共中央组织部、省委及湘潭地委的肯定，并在全省推广。

1957—1965年，根据上级指示，全市开展整风“反右”、“反右倾”、整风整社、社会主义

教育等一系列政治运动，党员教育主要是为各项政治运动服务，突出阶级教育，“左”的色彩比较深厚。1960 年，在全市党员中普遍开展学习毛主席著作的活动。1961 年结合整风整社，重点对党员进行了社会主义教育。1962 年，在“重新教育党员”活动中，对全市 17930 名党员分期分批地进行集中训练，教育内容包括形势与前途教育、社会主义教育、阶级教育、党的基本知识教育、党员思想意识和修养教育等。

“文化大革命”中，党的基层组织一度陷入瘫痪或半瘫痪状态，党员教育极不正常。1969 — 1971 年，结合整党建党工作，组织党员学习中共九大精神及有关整党建党文件。1973 年后，党员重点学习中共十大精神及其关于无产阶级专政条件下继续革命的理论。这一时期的党员教育，带有明显“左”的烙印。

“文化大革命”结束后，党员管理教育不断清除“左”的影响，逐步恢复正常，“三会一课”的制度全面恢复。1979 年，各级党组织和党员深入学习中共十一届三中全会精神，当年全市共集中轮训党员 38265 名，占党员总数的 89%。1980 年，组织党员学习《关于党内政治生活的若干准则》，教育党员严格遵守党的政治纪律，在思想上、行动上与党中央保持高度一致。当年参加轮训的党员达 38896 人，占党员总数的 90%。1981 年 7 月，全市重点组织党员进行《中共中央关于建国以来若干历史问题的决议》的学习。各级各单位党组织分期分批轮训党员 40457 名，占党员总数的 91%，其中参加市委党校学习的县处级以上党员干部有 680 人。通过学习，澄清了模糊认识，统一了思想，在思想上起到拨乱反正作用。此后至 20 世纪 80 年代末期，境内各级党组织还对党员进行党性、党风、党纪教育，党员标准教育，其做法在全省推介。1989 年下半年，集中组织党员学习中央关于制止动乱、平息暴乱的一系列指示和讲话，广大党员认清了坚持四项基本原则、反对资产阶级自由化的重大意义。当年，开展民主评议的党支部 7874 个，党员 152627 人，年底结束评议的党支部 7316 个，党员 142503 人，其中有 4629 人被评为优秀党员。1990 年，全市组织农村党员冬训，各县（市）郊共办冬训试点 71 个，培训党员 8471 名。

1991 年，教育党员要经受得起执政、改革开放和发展商品经济、反和平演变三大考验；逐步形成以基层党校为阵地，以电化教育为手段的党员教育新格局；建立健全党支部“三会一课”（支部会、党员会、民主生活会、党课）、乡镇轮训党员、县（市）培训支部书记、党员领导干部参加双重组织生活、民主评议党员、创先争优、党员目标管理制度和党员联系户（责任区）等党员管理教育的 8 项基本制度。1992 — 1993 年，全市党员教育主要是学习邓小平视察南方讲话精神和中共十四大文献，促进党员进一步解放思想，在改革开放和建设社会主义市场经济体制中发挥中坚作用。这一时期，农村党员实用科技教育蓬勃开展。全市编印发放科技教材 41200 份，上专业课 3072 堂，放电教片 2380 场，培训农村党员 9.2 万余人次。1994 年，对农村党员、基层干部进行实用致富技术培训，要求通过 2 ~ 3 年的科技知识普及教育，使他们掌握 1 ~ 3 门致富技术和管理本领，成为率领群众“上市场、奔小康”的带头人。

1995 — 1998 年，株洲市党员管理教育主要是开展邓小平理论的学习和党的基本知识、市场经济理论知识、管理知识、科技知识和文化知识等方面的教育。教育的方式方法主要是改进“三会一课”

制度，开展专题讲座、党校培训、参观访问、巡回报告、知识竞赛、理论研讨会等。党员管理方面，坚持和完善党员目标管理、搞好一年一度的民主评议党员工作，严格处置不合格党员，创新党内竞赛活动，注重对流动党员的管理等。1995 年开始，组织全市 17 万多名党员开展了历时 3 年的“建设有中国特色社会主义和党章学习活动”。“党建先锋工程”深入推进，先后推广了二十三冶二公司适应建筑行业特点加强党员教育、茶陵县委举办后进村党支部书记强化班、南方动力机械公司党委和田心电力机车厂党委组织党员开展“先锋岗”“责任区”等系列竞赛活动和芦淞区委实施流动党员反馈制度等做法和经验。1999 年，要求在民主评议党员中开展“双学一重温”（学党章、学理论、重温入党誓词）和清查“三不”（6 个月以上不参加党的组织生活或不缴纳党费、或不做党分配的工作）党员活动，其做法得到中央组织部的肯定。2000 年，境内各级党组织采取多种形式，组织学习贯彻“三个代表”重要思想。在农村党员中开展“学政治理论，提高思想素质；学政策法律，提高管理能力；学科学技术，提高致富水平”的三学三提高活动，县乡两级机关抽调 4082 名党员干部组成 2225 个指导小组驻村指导，举办各类学习培训班 2235 期，培训农村党员和村组干部 10.1 万人次。在企业党员中开展“党员带头参与改革，带头扭亏增盈，带头闯过难关”竞赛活动，确保了企业改革改制的顺利推进和社会的稳定。

第二节　基层组织建设

一　农村基层组织建设

1951 年株洲建县级市时，市郊农村仅有 1 个党支部，有农民党员 9 人。1952 年，市郊农村发展党员 79 名，党支部增加到 14 个。1956 年，株洲升为地级市后，市郊农村范围有所扩大，农民党员增加到 414 人，建立党支部 45 个。1958 年，农村实行人民公社化，实行公社设党委、大队设党总支部、生产队设党支部体制。当年，全市农村设立公社党委 5 个、党总支部 6 个、党支部 19 个（其中农场党支部 4 个）。至 1960 年年底，全市农村有基层党委 11 个、党总支部 153 个、党支部 754 个。1960 年冬至 1961 年春，结合“整风整社”运动，全市农村后进党支部由 20% 下降到 7%。1962 年年初，市委抽调 154 名党员干部组成工作组，深入到市郊农村 56 个后进村帮助训练整顿，另有 50 个后进党支部则由公社党委派党员干部进行整顿。1963 年 5 月开始，农村基层党组织整顿结合社会主义教育运动进行，全面贯彻执行《中国共产党农村基层组织工作条例（试行）》，提高基层党组织的战斗力，纯洁党员队伍。但由于“左”的影响不断扩大，使过多的基层党员、干部受到了伤害，挫伤了他们的积极性。这一时期，通过评比竞赛，加强基层党支部建设。

“文化大革命”前期，农村基层党组织处于瘫痪、半瘫痪状态。1973 — 1976 年，农村基层党组织建设重新起步，基层党支部领导班子建设和整顿后进党支部工作逐步加强。

中共十一届三中全会以后至 20 世纪 80 年代初期，株洲市农村基层党组织建设主要是建立健全换届选举制度、民主生活会制度，继续整顿基层党组织。80 年代中后期，着力抓基层党组织的领导班子建设和调整基层党组织的设置和管理体制。1986 年，全市调整改选的村支部班子达 2068 个，班子的年龄、文化结构有了明显改善。同时，调整农村基层党组织的设置，在经济联合体和专业户中建立党组织。调整后，全市农村新增党总支部 12 个，党支部 148 个，党小组 1473 个。1987 年，各县市区共举办 266 期培训班，培训村党支部书记 3137 人，轮训面达 94%，这一做法得到省委组织部的肯定。1988 年，在市委党校举办农村乡镇党委主要领导岗位培训班，97 名乡镇党委书记或乡镇长参加了学习培训。

1991 — 2000 年，全市农村基层组织建设的力度逐步加大，建设整顿基层党组织与扶贫工作结合的"建整扶贫"全面展开。1990 年，下发《关于在社会主义思想教育中加强农村基层党组织建设的意见》，重点整顿后进党支部，解决班子中存在的"懒、散、占"的问题。同年，市委抽调 4759 名干部到 150 个乡镇的 2200 多个村开展教育和整顿工作，共培训村党支部书记 2173 名、村党支部委员 11568 名。2 年共整顿后进党支部 292 个，其中 27 个进入先进行列，摘掉后进帽子 189 个，其余 76 个有不同程度转变。1993 — 1994 年后，重点整顿乡、村两级领导班子。在市委党校培训村干部 46 名，调整乡镇领导班子 146 个，调整领导干部 322 名，其中党、政一把手 83 名；2216 个村共调整"三大主干"1627 人，其中村党支部书记 326 名，村主任 387 名，县乡干部到后进村任职的 118 人，同时建立村级后备干部 5000 多名。从 1995 年起，市委决定用 3 年时间集中力量打一场农村建整扶贫攻坚战，按照"五个好"的要求，全面完成后进村党支部的整顿建设任务。3 年中，市、县共选派 1956 名建整扶贫工作队员，进驻 680 个贫困后进村帮助开展整顿建设，经省、市、县三级验收全部合格，基本解决了这些村领导班子存在的"软弱涣散"问题。全市农村先后调整村支两委班子近 2000 个，调整村支两委成员 5000 多人，发展新党员 6296 名，建立实用技术实习基地 180 多个。在建整扶贫工作的推动下，全市农村经济得到迅速发展。1998 — 2000 年，全市农村按照"巩固、提高"的要求，开展对基层组织新一轮的集中整顿。其间，市县乡三级共办建整扶贫点（村）306 个，共调整乡镇党委书记 38 人，调整、增补乡镇党委委员 89 人，培训乡镇党委书记和乡镇长 145 名和其他乡镇干部 3200 余名，开展"创三乡"（科技示范乡、六好先进乡、小康红旗乡）竞赛活动和在乡镇领导干部中开展"增强四个观念"（政治组织观念、群众观念、政策法制观念和廉政观念）的教育活动。2000 年，在全市农村党员和村组干部中广泛开展以"学政治理论、提高思想素质，学政策法律、提高管理能力，学科学技术、提高致富本领"的三学三提高活动，县乡两级机关抽调 4082 名干部，组成 2225 个指导小组驻村指导，共举办各类学习培训班 2235 期，培训农村党员和村级干部 10.1 万人次，参学率达 93.4%。同年还开展了以创建"五好"村党支部、"六好"乡镇党委和基层组织建设先进县为内容的"三级联创"活动。1997 年中央电视台先后 3 次报道推介了株洲市仙井乡等乡、村的做法。

二　国企基层组织建设

1953 年以前，株洲工业基础薄弱，工矿企业职工少，党员仅 10 余人。第一个"五年"计划时期，株洲工业迅速发展，至 1957 年全市重点企业达 169 个，职工人数达 76900 人，其中党员有 945 人。

这一时期，企业党组织主要把发展党员和加强党员的教育管理、健全“三会一课”等作为主要工作。从1957年起，株洲市将企业实行的厂长负责制改为党委集体领导下的厂长负责制。当年，企业党组织结合“整风反右”斗争进行了整顿。1960年，在企业基层党支部中开展“三红”〔支部工作满堂红，车间（科室）工段（股）、班组全面红，干部、工人个个红〕竞赛活动。1963年，结合增产节约和“五反”（城市社教）运动对企业基层党组织再次整顿。

“文化大革命”初期，企业党组织处于普遍瘫痪或半瘫痪状态。20世纪70年代初期陆续得到恢复，并按照“积极慎重”的方针发展党员。1972—1976年，共发展新党员7921名。

进入改革开放后，境内国有企业党建工作不断得到完善和发展。80年代初期，市委对问题多和处于瘫痪状况的基层党组织进行整顿，重点解决党性不纯、作风不正、精神不振、闹不团结和软弱涣散问题。其中由市委派出工作组帮助整顿后进党支部93个，调整311个所属企业党组织领导班子。从1983年开始，在国有企业中试行厂长负责制，至1988年年底，全市有97%的企业实行了厂长（经理）负责制，党政职能分开，党委行使保证监督职能，不再领导本单位的行政、业务工作。

20世纪90年代，全市各级党组织对在社会主义市场经济条件下如何发挥企业党组织的政治核心作用，进一步加强企业党建工作进行新的探索和实践。一是加强国有企业的领导班子建设。1997年，市委抽调142名党员干部组成38个工作组，对全市193家国有企业领导班子及879名班子成员进行考核考察。依据考核结果，调整企业领导班子107个，涉及班子成员247名。新进领导班子成员大多为文化程度较高的年轻干部，使企业领导班子的年龄、文化、专业结构得到优化。同时加强企业领导干部的教育培训，下发了《加强企业干部培训工作的若干意见》。1991—1995年，全市共组织近2000多名企业领导干部到各级党校和经济管理院校进行脱产培训，提高他们的综合素质。1997年7月，在全省国有企业领导班子建设座谈会上，推介了株洲市建立健全激励约束机制的做法和经验。二是积极探索企业党建工作的有效途径和工作机制。90年代初期，对企业党组织的政治核心作用与厂长的中心地位出现“两心”的争论。为此，市委及时总结和推介株洲车辆厂正确处理“两心”关系的做法和经验，即以共同的目标联结“两心”，用党性原则统一步调，靠规章制度提供保证，党政之间做到合心、合力、合手，企业两个文明建设顺利发展，其做法和经验在全省得到推广。为确保企业党组织有效参与重大问题的决策，1993年市委对企业党组织参与重大问题决策的具体内容、程序、方法等作出明确规定。据统计，1993—1995年中，全市国有大中型企业党组织共提出各类重大决策方案达240余个，其中得到实施的有187个。在企业落实党管干部的问题上，市委结合株洲实际，明确了企业党组织在干部人事管理中的主要职责和企业干部的任免程序，总结推广株洲冶炼厂等单位坚持党管干部的经验。1996年，对81家国有大中型企业的党建工作进行调查，其中党管干部原则做得好的企业有77个，占94.6%。1997年，南方动力机械公司党委创立的“太阳论、共振论”（职工是企业的太阳，人人与企业共振）和株洲冶炼厂推行的“两团一组”（工人参谋团、工程技术人员参谋团和领导干部政策研究组）民主管理新模式，分别受到江泽民总书记的充分肯定。在加强企业党组织自身建设的同时，市委及时纠正部分国有企业在改革中过分撤并党务机构，裁减专职党务干部的错误做法，明确国有大中型企业党委一般设置两部（科）一室的工作机构，专职党务工作人员占职工总数的比例不低于1%。

株洲市还在全省率先给企业党务、政工干部评定专业技术职称，稳定了企业党务政工干部队伍。同时，企业党组织积极培养发展工人入党，充实生产第一线党的力量。据统计，1993 — 1996 年，全市企业党组织共吸收工人党员 12241 名，占企业发展党员总数的 60.7%，企业无党员班组的比例逐步下降。三是着力抓困难企业党建工作。90 年代中期，全市下岗职工近 6 万人，困难企业的党建工作面临着新的挑战。市委及时下发《关于加强困难企业党的建设的意见》，按照“围绕解困抓党建、抓好党建促解困”的指导思想，引导党员、职工正确认识形势，转变思想观念，树立脱困信心，保持思想稳定。在党员中普遍开展“带头参与改革，带头扭亏为盈，带头闯难关”的竞赛活动，组织党员干部打硬仗、破难关。困难企业党组织还通过多种渠道使 1.8 万多名下岗职工实现了再就业，组织党员帮助特困职工，增强了企业党组织的凝聚力和战斗力。1996 — 1997 年，全市困难企业有 2500 余名职工向党组织递交了入党申请书，有 280 多名入党积极分子被吸收入党。株洲市困难企业党建工作得到中央组织部和省委的高度评价，1998 年 5 月全国国有企业党建工作座谈会推荐了株洲的经验。

三　党政机关基层组织建设

中华人民共和国成立初期，市委对机关党建工作非常重视。1952 年，成立机关党总支，下设 6 个党支部，发展新党员 12 名。1953 年 10 月，下发《机关党的支部工作纲要》，对机关党支部的工作任务、开展活动和组织结构等作出 12 条具体规定。1955 年，各机关党支部普遍建立了党课制度。1956 年，株洲升格为地级市后，市委、市政府机构扩大，党员增多，机关党的组织也相应扩大。至年底，市直机关有党员 522 人，建立党总支 1 个、党支部 27 个。1957 年 6 月，市委批准成立市直机关党委，加强对机关党建工作的领导。1959 年 1 月，召开株洲市直机关第一次党员代表大会，选举产生首届市直机关党委领导班子。1960 年，市直机关党委设置 5 个分党委，分战线加强对基层党支部的领导。至 1963 年，市直机关党委下辖机关党总支 5 个，机关党支部 61 个，共有党员 1034 人。到“文化大革命”前期，市直机关党委及各机关单位党组织在市委的部署下，开展了一系列的政治运动，组织党员干部开展理论学习，进行多种形式的思想教育，并对党员进行大规模轮训。

“文化大革命”初期，全市党政机关普遍受到冲击，处于瘫痪半瘫痪状态，党组织的活动被迫停止，党的建设受到严重削弱。20 世纪 70 年代初期，随着市直机关各部门陆续恢复，机关基层党组织也逐步得到恢复，市直机关党建工作由市革委会政治部和市委组织部共同管理。1975 年 12 月，恢复设立市直机关党委。在市委的领导下，市直机关党组织开展揭批江青反革命集团，引导党员、干部从思想上分清是非。1976 年 10 月至 1978 年，新建、到期改选的机关党支部有 27 个，发展新党员 31 名，处理违法违纪党员 23 名。1977 年年底至 1978 年，市直机关结合开展“一批两打”运动，开展整党整风，进一步转变机关作风。党内“创先争优”活动得到恢复。

中共十一届三中全会后，株洲市直机关党建伴随着工作重点的转移，不断研究新情况，创造新经验，着力加强和改进机关党建工作。一是突出抓建设有中国特色社会主义理论的学习。先后组织党员、干部学习《邓小平文选》、邓小平视察南方重要讲话，力求用邓小平理论武装思想，指导实践。二是加强党风廉政建设和思想政治工作。1985 年，根据中央部署，市直机关开展全面整党，清理了 60 家党政机关和党政干部办的商业和企业，清退 649 人次收受的 26748 元红包礼金，查处违纪党员 19 人。此后，市直机关党组织先后开展“做人民公仆，创廉洁机关”“推行办事公开制度”等活动，组织党员干部观看反腐倡廉录像和图片展览，开展督查调研，强化监督机制。1988 — 1997 年，市直机关共查处机关党员干部违法违纪案件 123 起，给予党纪处分 99 人，其中开除党籍 39 人。同时，党员教育与思想政治工作也明显得到改进和加强，大力开展“创先争优”活动。2000 年 10 月，召开思想政治工作会议，就加强改进机关思想政治工作提出新的要求，推介 7 个单位、个人的经验和先进事迹。三是建立健全党建工作制度，先后推出《机关党支部工作目标管理》《党员目标管理制度》《民主评议党员制度》《党内监督制度》等一系列制度，使市直机关党建工作更加规范化、制度化。四是改进作风建设，从 20 世纪 80 年代初开始，先后组织开展“文明礼貌月”、“五讲四美三热爱”、“敬老恤孤”、“双文明建设评比”、“三满意”（满意在株洲、满意在单位、满意在岗位）、“创三优”（优美环境、优良秩序、优质服务）、“学英模、树形象”、“创建文明机关、争当文明公仆”、“讲文明，树新风”等系列精神文明创建活动。从 1984 年开始，全市党政机关全面推行机关岗位责任制。从 1999 年开始，市直机关开展以“机关联系困难企业，机关党员干部联系困难职工”为主要内容的“双联”活动，取得显著成效。当年，全市 126 个市直机关单位与 116 个中小企业结成帮扶对象，7000 多名机关党员、干部与 1008 名困难职工结成帮扶对子。机关单位共为帮扶企业注入资金 4551 万元，争取项目 26 个，爱心捐款 106 万元，为企业献计 236 项，协调企业项目 63 个，为企业减少经济损失 1200 万元。同年 12 月，省委、省政府在株洲召开全省推行“双联”制度经验交流会，推广株洲的创举和经验。

四　街道社区基层组织建设

20 世纪 80 年代中期以后，随着城镇街道社区经济的快速发展，社区流动人员逐渐增多，街道、居委会所承担的社会管理职能不断扩大，加强街道社区党建工作，势在必行。1991 年，在对市北区街道党建工作调研中，发现许多急需解决的问题。同年，召开全市街道党建工作经验交流会，就加强街道党建工作提出了相应措施。1994 年，将街道党建工作重点放在居委会党支部建设上，对一些工作薄弱的居委会班子进行大幅调整，选派一些年轻、有文化的干部到居委会担任党政领导职务。1996 年，全市社区党建工作开始朝着“资源共享、优势互补、条块结合、共驻共建”方向发展，先后总结推介了天元区泰山街道办事处党委、芦淞区贺家土街道办事处党委和芦淞区建设街道办事处党委的经验和做法。1999 年 10 月，在全国街道社区党的建设工作座谈会上，芦淞区建设街道办事处党委作了《紧扣中心抓稳定，抓好稳定促发展》的经验介绍，湖南省委组织部以文件的形式向全省转发。

五　新经济组织基层组织建设

从 20 世纪 80 年代中期开始，株洲市陆续出现了个体经营户、外商投资企业、股份制企业、民营企业等新的经济组织，而且发展较快。做好新经济组织中的党建工作，已成为全市基层党建工作中的重要环节。一是个体私营经济党建工作。1987年3月，东区区委在个体劳动者协会建立全省第一个个体协会党支部，将31名个体经商户党员组织起来，开展“党员挂牌经营”等活动，当年该区有6名个体经营者向党支部递交了入党申请书。1991年，下发《关于加强个体劳动者协会中党组织建设的意见》。到1992年，各县市区个体劳动者协会中均建立了党支部。1994年，市委要求非公有制经济及各种新经济组织中，有党员的都要单独或联合设置党的组织，以条块结合的办法划分管理归属。芦淞区委设立全省首个个体私营经济党的工作委员会，以市场为单位设置党支部，产生良好的经济效益和社会效益。到2000年，全市个体工商户从业人员123685人，其中党员1939人，共建立党支部15个，党小组1个。全市有个体私营企业4819户，从业人员19584人，党员888人（其中业主80人），建立党支部21个，党小组29个。二是外商投资企业党建工作。1993年，株洲市外商投资企业达到85家。1994年3月，在调查研究的基础上下发《关于加强外商投资企业党的工作的意见（试行稿）》的通知，要求在外商投资企业中建立健全党的组织，创造适合外商投资企业特点的工作方法和活动方式，注重发挥工会组织作用，积极维护中方员工的合法权益。当年底，境内外商投资企业中，建立党委2个，党总支4个，党支部8个，党员人数达到391人。至1999年，外商投资企业中的党委增加到4个，党员增加到490人。三是股份制企业党建工作。1992—1997年，境内建立股份制企业1142家，注册资本近20亿元。1994年，根据中央、省委有关文件精神，市委对股份制企业党的组织设置与调整、党组织的地位与作用、党组织领导班子的配备、党组织的工作方法与活动方式及加强对股份制企业党的工作的领导等进行规范。1996年，针对全市中小企业股份制改造具体情况，市委适时提出“两同步、两坚持、三同时”的要求，即企业在进行股份制改造时，要同步设立党的组织，同步配备党务人员；坚持企业党组织参与重大问题决策，坚持党管干部的原则；经济工作与党建工作目标同时制定，同时考核，同时实施奖惩；把股份制企业党建工作列入主管单位党委领导班子工作实绩考核内容之一。在主管单位党组织的重视下，股份制企业党建工作不断得到加强。

第三节　干部管理

一　管理体制

建市初期，市（县）、区（科），一般干部（包括股、科）的选拔、考察、任免、培训等，均由市委组织部统一管理。1956年，株洲市为地级市，干部层次增加一级，党政机关和工矿企事业单位逐渐增加，干部由1955年的6116人增至8891人，市委适时实施分级分部管理干部的制度。当年，下发《关于贯彻中央分管干部问题的初步意见》，按照新的管理体制，市委组织部管理党委、群团、政法和政府系统所有单位或部门的领导干部和干部综合管理。并对各部管理干部的范围、职责分别予以明确，并在基建、工业交通、财贸和文教部设立组织科，既管基层组织，又管干部，同时与市委组织部建立业务上的联系。这一管理体制一直延续到1983年。

对干部管理本着“管少、管好、管活”的原则，1984年7月发出《关于下放干部管理权限的通知》，适当缩小管理范围，下放管理权限，实行组织部门统一管理同分部分级管理相结合，实行下管一级、分级分部门管理干部的体制。市委不再管理科级干部，管理人数由4200人减少到942人。县以下各级党委在干部管理上级级有权，层层有责。但也曾一度出现乱提科级干部现象。1986年10月，市委收回委托各区委、企事业单位党委和各局党组管理的部分干部管理权，将市直机关科级干部管理权限收归各分管部、委。自1989年1月1日起，科级干部的管理权限再次下放市直机关各县以上单位党委（党组）管理。市委有关部、委也先后不再协助市委管理相关的处级干部。20世纪90年代初，随着市委企业干部处的撤销，市委组织部成为市委唯一具有县处级干部管理职能的工作机构。

中共十四大以后，株洲市开始探索干部分类管理体制，建立健全符合机关、企事业单位的干部分类管理的体制。1993年，国务院颁发《国家公务员暂行条例》，规定政府部门的机关工作人员按《暂行条例》进行管理。对党的机关、人大、政协及民主党派、工商联机关和工、青、妇等社会团体机关工作人员，参照《暂行条例》管理。1996年5月，株洲市启动该项工作。通过摸底，确定全市参照管理机关工作人员为5136人，其中市直机关812人、县市区2429人、乡镇机关1895人。至1997年，市、县两级参加公务员过渡考试的干部达4000余人，职位分类和人员全部纳入管理。此外，法院、检察院干部分别按照《法官法》和《检察官法》等法规进行管理，企业干部则按《企业法》《公司法》等法规进行管理。原由军队管理的县级人民武装部干部，在1986—1996年期间曾改由地方党委主管，1996年重归军队管理，后撤销。

二　干部考察

20世纪50年代初期，株洲市选拔干部是在各项政治运动和中心工作中，挑选政治可靠、出身贫苦、历史清白、思想意识较好、工作积极、努力学习、有培养前途的人进入干部队伍。1952年1—2月，市委在全市开展干部摸底工作，着重了解干部的家庭成分、个人出身、主要工作经历、历史上的重大问题、本人主要优缺点及存在的问题等。通过摸底，发现有历史问题和政治关系复杂的干部95人，并对干部的德才情况进行分类排队。1955年，市委强调德才兼备就是能坚决地执行党的路线、服从党的纪律、与群众有密切联系、有独立工作能力、积极肯干、不谋私利。1956年，提拔各级领导干部，必须具有高度的社会主义觉悟，能够忠实地执行党的路线和政策，有一定文化程度和理论水平，熟悉业务或能钻研业务，对新鲜事物有敏锐的感觉和能够支持新生力量。为落实德才兼备的标准，市委要求各级党委及组织人事部门要深入地、系统地考察了解干部，克服本位主义、唯资格论、重才轻德、重德轻才、任人唯亲的倾向。从1956年起，株洲市取消一年一度的干部鉴定制度，改为工作调动或提拔职务时鉴定。对长期未变动工作的，则每隔3～5年进行一次鉴定。

1957年至“文化大革命”前夕，选拔干部强调政治态度和政治表现。以毛泽东《关于正确处理人民内部矛盾》中的6条政治标准作为衡量干部的准绳，同时注重阶级立场、阶级出身和社会关系。1963年7月，市委要求将干部参加劳动的情况作为提拔干部的主要条件之一。这一时期，每半年考察一次市委管理的干部，考察重点是各级领导骨干及负责全面工作的主要领导。规定每个干部考察组不少于3人，并恢复一年一度的干部鉴定制度。

“文化大革命”期间，干部德才标准被严重扭曲，把“造反”“反潮流”作为选拔干部的重要标准，大搞“以人划线”。许多德才兼备的领导干部被当作所谓“走资派”被罢“官”、挨批斗，一些知识分子被当作“反动学术权威”受批斗、遭迫害。而一批素质不高的“造反派”人物不经组织审查、不要群众评议，通过内部圈定等方式进入干部队伍，甚至不定期出现“突击提干”，使干部队伍严重不纯，素质下降。

中共十一届三中全会后，德才兼备的用人标准得以恢复和落实，强调与干部队伍“四化”（革命化、年轻化、知识化、专业化）方针相结合。但在执行中，也曾出现过偏差，主要是1983—1984年的机构改革中，片面强调年轻化、知识化、专业化，特别是在年龄结构方面存在“一刀切”的情况。

20世纪80年代中期，市委强调在干部考察中扩大民主，对干部进行民主评议、民主测评，广泛听取群众意见。1984—1987年，组织了35场共2880名干部，对市直单位和县市区领导班子中的318名领导干部进行民主测评。1987年，株洲市承担了中组部重点科研项目《关于县级党政领导干部述职报告规范及其评价系统》的研究。当年即运用这一研究成果对市直机关40个单位的领导班子及145名领导成员进行考核。

1996年，株洲市委按照中央下发的《关于加强和完善县（市）党委、政府领导班子工作实绩考核的通知》和《党政领导干部考核工作暂行规定》考核干部。在领导班子和干部考核考察中突出工作实绩。1998年，制定《县处级领导干部年度考核等次评定试行办法》，与公务员考核制度衔接。在考核结果的认定和运用上，分优秀、称职、基本称职、不称职四个等次。提拔使用干部，一律从考核优秀、称职的干部中产生。

三　培养选拔

从20世纪60年代中期起，按照毛泽东主席关于培养革命接班人的指示，株洲市着手培养选拔年轻干部工作。1964年，在全市确立646名后备干部名单，因“文化大革命”未能得到很好地执行。1979年12月，市委常委研究制订培养选拔优秀中青年干部的规划和措施。1980年9月，中共株洲市委发出《关于培养选拔中青年干部，加强领导班子建设的规划》。到年底，全市有106个县级单位确立了后备干部148名。1982年，经过严格审核和调整，县以上领导干部后备名单由上年底的120名减至84名，其中大专以上文化32人、40岁以下的48人。1983年，在机构改革中，全市建立县级以上领导干部后备名单106人，科级干部后备对象780人。1984年，市委将“第三梯队”建设作为干部培养选拔的中心工作。当年，全市确定市级“三梯队”干部21名，县处级“三梯队”干部381名，乡镇“三梯队”干部687名。市级“三梯队”干部平均年龄38岁，全部具有大专以上文化；县级“三梯队”平均年龄32岁，大专以上文化的占73%。到1987年年底，全市县级后备干部总数533名，其中大专以上文化的占78.6%；30～40岁的占73%，基本上满足了领导班子调整配备的需要。

1991—2000年，株洲市先后制订《株洲市40岁以下县处级领导干部1992—1997年培养教育规划》和《株洲市跨世纪领导干部培养选拔工程》等规划性文件。市委每年举办 1 ~ 3 期青年干部培训班，县处级后备干部培训名单在单位推荐基础上经市委组织部门考察后予以确定。1995 年，市委还采取公开招考方式，从 3000 多名报考对象中择优录取 47 名青年干部。1991 — 1999 年，市委共举办 12 期青年干部培训班，受训学员达 586 名。每年有计划地从市直机关选派干部到基层挂职锻炼，主要是去农村担任乡镇的党政副职，在实践中提高他们的领导能力。同时，青年干部参加建整扶贫工作。1995 — 1997 年，市县两级机关和市企事业单位共派出 1956 名中青年干部驻村办点。1998 年，市、县级下派到村办点的中青年干部达到 663 名。1995 年和 1998 年，市委先后选拔 17 名优秀青年干部去西藏山南地区扎囊县任职，在艰苦的环境中磨练、增长才干。1996 年，市委着重抓了党政领导干部、企业家和科技人才三支后备力量的建设。当年，全市推荐确定县处级党政后备干部 878 名，企业家后备干部 124 名，科技人才后备干部 107 名，其中 40 岁以下的成熟对象占 70% 以上。1999 年，实施企业“百千万”后备人才工程，企业后备干部队伍增至 200 余人。

四　干部培训

20 世纪 50 年代初期，全市各级党组织选送干部分期分批到党校、干校及各种训练班学习，主要解决干部队伍文化偏低、政治理论和业务水平不高的问题。1953 年，全市选送 70 名干部参加市委举办的干部文化学习班，选派 72 名干部去中央、省、地级党校、干校参加政治理论和业务学习。1954 年，全市集中轮训干部 232 人，其中文化培训 120 人。1955 年 10 月，市中级和初级业余政治学校相继开学，入校学习的干部分别为 632 名和 508 名。1956 年，市委制定 1956 — 1962 年干部训练七年规划，对全市 1854 名干部和 7 年内将增加的干部分别应进入高、中、初级党校和省、市专业干校学习进行计划安排，并制订包括建立党校、办好业余政治学校和文化补习学校、保证训练质量在内的一系列措施。1958 年后，加强市县党校建设，形成干部培训的主要基地。1964 年，培养选拔“接班人”问题提到市委议事日程。主要选拔“政治学徒”，采用“传帮带”方法培养新生力量（又称后备干部或第三梯队）。

“文化大革命”中，曾强调从“造反派”中选拔接班人，全市各级、各类党校、政治干校和文化干校停办，干部集中培训工作基本停止。后期，从六四、六五届毕业的大学生中选拔一批后备干部，采用“压担子、给任务”的方法，在实际工作中培养、锻炼、提高。这批干部中约 140 人在 1980 年后陆续走上市、县领导岗位。

1978 年，全市选拔 18 名干部参加省委党校为期 1 年的理论培训班学习；选送市、县党委及省属企事业单位负责人共 53 人参加省委党校为期 3 个月的培训学习；170 名农村大队党支部书记和企业车间党支部书记则分 2 期参加省委在韶山举办的毛泽东思想学习班。市委党校“五七”干校培训市直机关、郊区机关、县以上企事业单位副科以上干部 1250 人。

1983 年，市、县两级党校陆续恢复，以后 5 年中共轮训干部 28465 人次，占全市训练干部总数的 60%。同时，依托市基础大学、株洲师范、市财校等大中专院校，开办干部专修科（班），入学干部达 170 多人。并先后组织 460 多名干部脱产参加省电大和中央农业广播学校部分专业的学习；组织 300 多名干部业余参加函大、职大、电大的学习；1332人参加文化补课；12000多人次参加各行业举办的干部短期业务培训班；对科技干部进行知识更新再教育，科技干部轮训达77%，市管干部轮训95%。

1991—2000年，市委制订《株洲市1991—1995年干部培训规划》，市、县财政分别拨出专款，加强两级党校的硬件建设。同时，1990—1995年全市有5名干部选送到中央党校学习，167名到省委党校学习，市、县（市）区委党校和7所机关党校共培训干部达95957名，选送到国防科技大学、省行政学院及其他各类学校培训的干部共233名。此外，在职干部通过各种途径获得大专文凭的388名，本科文凭的571名。1996年后，实施《1996—2000年株洲市干部教育和培训规划》。5年中，市、县两级党校共举办各类干部培训班410期，培训干部20517名，调训参加省以上各类院校学习的干部301人。同时，加强了对全市农村基层干部的培训工作。至1997年年底，全市由市、县、乡三级开办的乡镇干部培训班共32期，培训6600人次；办各类村级干部培训班779期，培训村干部9万人次。1998—2000年，接受实用技术培训的村干部达19943人次，900多名乡、村干部接受了学历教育；2321人参加县（市）区党校举办的村干部中专函授学习。

五　干部审查

建市初期，株洲干部数量急剧增加，调动频繁，成分比较复杂。1951—1955年上半年，市委按照当时的政治标准开展整风审干和清理干部队伍工作。经调查审理，全市1140名机关干部中有政治历史和社会关系问题的共308人，有贪污问题的干部298人，参加国民党、三青团、圈子会等组织的以及旧职员38人，均分别予以处理。同时，掌握一批出身好、历史清楚、表现突出的干部名单，为正确使用干部提供了重要依据。

1955—1959年，对市区11869名干部进行一次全面审查。1955年10月，市委成立审干委员会。至1957年9月，全市实际列入审查范围的干部共5521名，其中确定为审查对象的1246人，作出审查结论的611人，写出调查报告的617人，共计1228人，占审查对象的98.56%。1958年上半年，市委又对这次审干工作进行复查，共复查394人，结果维持原议的99人，需要改变的295人，问题需继续查实的64人。1958年5—11月，株洲市进行第二期干部审查，列入审查范围的干部5191人，对象主要是过去未审的一般干部和下放劳动锻炼的干部、商业企业的营业员、高级知识分子、医务人员、中小学教师等。确定审查对象602人，其中全部弄清问题的对象有224人，部分弄清问题的246人，受到处分的23人，需要限制使用的38人。同年12月至1959年5月，又对1078名未审人员和215名有问题的干部进行第三期审查。三期干部审查中，列入审查范围的共有11869人，确定为审查对象的有2183人，占列审范围总数的18.4%，查出隐瞒政治历史问题的488人，占对象总数的22.34%，其中查出属于特务、反革命、坏分子和普通反革命性质的119人。

从1959年年末至1966年，审干工作成为一项经常性的工作。1960年，重点进行清理登记和建立干部政治卡片工作。至1962年年初，全市共完成清档建卡的干部达5609人。其间发现新的审查对象1077名，其中712名干部的问题已查清并作出审查结论。1962年，贯彻中央指示，对干部进行甄别平反工作，发现有 1957 年以来在政治运动中批判处分错了的干部 1078 人，占甄别总数的 41%，分别予以恢复名誉和职务。

“文化大革命”期间的干部审查工作，强调“从阶级斗争和路线斗争中识别和考察干部”。审干矛头直指各级党政领导干部和知识分子，要清除所谓的“叛徒”“特务”和死不改悔的“走资派”。全市被立案审查的干部有 4618 人，其中省管干部 67 人；被清理、开除和判刑的有 205 人。这次审干结论有不实之词，伤害了一批干部。

1977 — 1982 年，集中开展审干复查工作和落实干部政策。全市通过复查，撤销结论性材料的有 3554 人，平反纠正的人数占复查结案人数的 86.3%。对“文化大革命”前“反右派”“反右倾”“四清”等政治运动中形成的历史遗留问题也进行了复查。至 1982 年，错划的 624 名“右派分子”已全部平反纠正，“反右派”中受到批判、处理留有“尾巴”的 265 人全部复查平反。至 1983 年年底，全市（含南四县）已平反纠正 11000 多名党员、干部的冤假错案，给 4700 多名干部恢复了公职。1984 — 1985 年，全市共复查历史老案 5106 件，平反纠正 2258 件。1986 年立案复查的干部为 668 人，复查 592 人，平反纠正 237 人。同年还对第二次国内革命战争时期“肃反”错杀人员历史遗留问题进行复查，共立案调查 1851 人，为 50 人恢复了党籍。此外，1984 — 1986 年，株洲市复查境内被处理出党的 1243 名地下党员，640 名被错处理的党员全部恢复了党籍，其中被杀得到昭雪的有 15 人，被判刑撤判的有 39 人。1984 年至 1987 年 11 月，清理“文化大革命”中的“三种人”（指追随林彪、江青反革命集团造反的人，帮派思想严重的人和打砸抢分子），全市共列审对象 219 名，全部查清后定为“三种人”的 15 人，定犯严重错误的 124 人，一般性错误的 57 人；受到开除党籍处分和在整党中不予登记的 25 人，留党察看的 35 人，其他受党纪、政纪处分的 56 人。农村按中央文件精神列审的 55 人，其中追究刑事责任的 13 人，开除党籍不予登记的 23 人。1982 — 1993 年，核实干部参加革命工作时间，更改人数达 1405 人。

从 1993 年开始，全市干审工作重点逐步转移到干部监督上来，参与对干部现实问题的调查核实和对问题较严重的领导班子的考察，从制度上加强对领导干部的监督，建立领导干部个人重大事项报告制度、回复和谈话制度、个人收入申报制度、离任审计制度、诫勉谈话制度等，及时掌握干部动态。

六　知识分子工作

1957 年“反右派”斗争扩大化后，党内和社会上曾一度把知识分子划为资产阶级，受到歧视和打击，株洲市有一批知识分子被错误地划入“右派分子”，入党也受到严重歧视。1958 — 1959 年，在经济建设迫切需要的情况下，也只发展知识分子党员 15 名，仅占发展总数的 0.3%。20 世纪 60 年代中后期至 70 年代初，基本上没有吸收高级知识分子入党。“文化大革命”中，境内许多知识分子被加上“反动学术权威”“臭老九”“牛鬼蛇神”等罪名，大量知识分子不能从事科研和专业技术工作，被下放当工人、农民或者到“五七”干校从事劳动。1973 年，通过开展落实政策，知识分子才基本上得到安置，回到业务对口部门工作，但受压制、排斥问题并未真正得到解决，入党仍然非常困难。

中共十一届三中全会后，党中央明确指出，知识分子是工人阶级的一部分，是“四化”建设事业中一支不可缺少的力量，全社会应当尊重知识、尊重人才。株洲市委结合实际贯彻落实中央指示精神，彻底肃清在知识分子工作上“左”的错误影响，清理和纠正“左”倾错误和不合时宜的旧思想，做好落实知识分子政策工作，一批典型冤假错案得到平反。在复查“文化大革命”期间以敌我矛盾定案的科技人员中，否定敌我矛盾性质的有 51 人，属于错案予以纠正的 18 人；559 名知识分子全部调整归队，并新建科研机构 22 个。至 1983 年年底，全市为 719 名用非所学的科技人员合理调整了工作岗位，为 20930 名知识分子评定和晋升了技术职称，有 1556 名知识分子被提拔到科级以上领导岗位。1984 — 1986 年，全市 1949 年以来需要落实政策的知识分子历史遗留问题全部得到解决。同时，又有 4406 名优秀知识分子进入各级领导岗位，选送到各类学校进修培训的知识分子达 15718 人。同时，注重吸收发展优秀知识分子入党，党员队伍文化结构有了明显变化。1990 年，全市大专文化程度以上的党员比 1983 年增加 9191 人，增幅 2 倍多。

1990 年，市委成立科技干部管理工作领导小组，市委组织部与人事局、科委、科协配合，重点抓科技干部的管理与培训工作外，株洲在全省率先选配了 6 名科技副县（市）长，分管乡镇企业工作，共为县乡区引进人才 863 人，引进技术 136 项，引进资金 1376.4 万元，帮助乡镇开发新产品 398 种，年增产值 2300 万元，年增利润 250 万元，并建立健全乡村两级科技服务网络。1996 年，市委对科技副县市区长的选派方式实行公开招考、择优录用的改革，当年报名的专业技术干部达 323 人，其中本科以上文化的 214 人，这一做法受到省委组织部门的好评。从 1989 年开始，市委开展选拔有突出贡献的专家工作。次年，全市共推荐选拔首批有突出贡献的专家和拔尖人才 317 名。1991 年，开展选拔、推荐“享受政府特殊津贴的突出贡献专家”的工作，全市 23 人获此殊荣，占全省同类人员的 23%；开展“青年科技奖”活动，10 名青年科技人员受奖。1993 年选拔第二批有突出贡献的专家和拔尖人才，由市委组织部管理的有 19 名，各县（市）区掌握的 51 名。1994 年，市委筹建各类专业人才信息库，当年底“入库”人员有 823 名，其中市以上管理的专家有 93 人。1998 年，市委开展评选“科教兴市带头人”等活动。表彰科教兴市带头人 20 名，科技重大贡献奖获得者 10 名，创业成才优秀中青年知识分子 30 名。从 1999 年开始，株洲市实施“科技创新人才工程”，出台《株洲市人才资源发展规划》。同时，建立市、县两级学术技术带头人制度、政府津贴制度，每年给市级学术技术带头人 1200 元津贴。

七 老干部工作

1973 年 5 月，市委组织部增设老干部工作办公室，具体负责老干部工作。中共十一届三中全会后，大批干部开始退出领导岗位。1979 — 1982 年，株洲市先后有 253 名干部办理了离职休养手续。为适应离休干部日益增多的需要，1983 年 12 月老干部工作办公室更名为市委老干部工作局，升格为市直一级机构，全面负责离休老干部的管理、安置等工作。至 1990 年，全市办理离休手续的干部总数达 3959 名，其中市属单位 2526 名，中央、省属单位 1433 名。全市有各级离（退）管理机构66个，专（兼）职干部503人。

1991—2000年，全市老干部工作形成自上而下的工作网络。1996年7月，市委老干局内设机构由3个增至4个，下辖老干部活动中心、市关工委办公室、市老干部休养所等3个事业单位，市及各县市区均成立老干部工作领导小组和办事机构。全市共有246个县以上单位成立了老干部工作机构，共有专（兼）职工作人员472名。随着退休干部的人数逐渐增加，离休干部人数逐步减少，副县（处）级以上退休干部开始纳入市、县两级老干部工作机构及中央、省属企事业单位老干部工作机构的管理范围。2000年年底，全市共有离休干部3775人，退休副县（处）以上干部1333人。

（一）离休干部安置

为安置市直机关县、团级以上离休干部，市委决定建设市老干部休养所，规划占地86670平方米。1981年建成住房768平方米。至1990年年底，已建成住宅5栋，共42套，其中地、师级干部宿舍28套，县处级干部宿舍14套，建筑面积8454平方米，绿化休闲地1.34多公顷。先后接收安置离休干部46人。至1985年年底，离休干部住房总投资达到200多万元，建成住房556套，安置离休干部504人。在1917名离休干部中，已达到住房标准的有1533名。离休干部回农村居住且无住房的，均由原工作单位发给一定数量的住房建筑补助费。标准为副厅级以上干部每人4000元，县处级干部每人3000元，一般干部每人1000元。1987年，又在原有标准的基础上各增加1000元。易地安置离休干部的建房费，由原工作单位按规定的住房面积标准向接收单位一次交清，需要装煤气管道、电话者，另加安装费；也可采取由原工作单位在安置地区购买商品房的办法，解决离休干部住房安置问题。至1990年年底，市直属单位离休干部就地安置达2077名，易地安置98名，接收外地离休干部到本地安置的85名；中央、省属单位离休干部就地安置的1250名，易地安置54名，接收外地安置的4名。全市共安置各类离休干部3479名，占当时健在的离休干部总数的96%以上。至此，全市离休干部的安置任务基本完成。

（二）老干部待遇

离休干部待遇，株洲市严格执行“基本政治待遇不变，生活待遇略为从优”的政策；对退休副县处级以上干部，也制定适当的优惠政策。

1.政治待遇　干部离休后，均发给“中华人民共和国老干部离休荣誉证”，凭证可免费参观革命纪念址、公园、各类展览，免费搭乘公共汽车，优先购买车船票，优先在市内各医院老干部病室就医等。多年来，坚持邀请职位高、资历深，有威望的离退休干部参加党代会、人代会、政协会等重要会议及其他重大活动。1995年，株洲市举办“庆祝抗日战争胜利50周年”“庆祝红军长征60周年”大型纪念活动，组织老干部全程参与，为421名老干部发放了纪念品；1996年，组织1500名离休干部参观革命纪念地和沿海经济开发区。

关心离退休党员干部的政治生活，切实保障他们的政治权利，有条件过正常的组织生活。在离退休党员较多的单位，成立单独的老干部党支部，党员较少的则成立党小组。至1990年，全市共成立离退休党支部（小组）320个。20世纪90年代中后期，株洲市离退休党支部建设进一步得到加强。1997年，全市离退休干部党支部增加到325个，各单位把离退休干部党支部建设纳入基层党组织建设规划，统一整建、统一部署，并建立健全“三会一课”、政治学习、报告工作、联系党员等一系列管理制度。对离退休干部党支部的领导班子按期组织换届选举。至2000年，全市离退休干部党支部480多个，党小组612个。各单位以离退休干部党支部、党小组为主体，以活动中心（室）、老龄大学为阵地，采取报告会、专题辅导、读书班、知识竞赛等形式开展形式多样的学习活动。2000年，全市各级为老干部举行形势报告会147场，开办培训班264期，参加的老干部达2950多名。各单位为离退休老干部订阅党报党刊和老年刊物，全市平均每年为老干部订阅的报刊数量在21000份以上。

2. 生活待遇 根据国家有关规定，全市陆续增加工资偏低的部分离休干部的工资额（离休费）。对第一、二次国内革命战争时期参加工作，工资低于行政17级的8名离休干部，从1979年1月起提为17级；对解放战争时期参加革命工作，工资低于20级的19名离休干部，从1988年1月起提为20级；对行政11级到14级，自1956年工资改革后从未升级又未参加工资调整和套改的3名离休干部，每人增加1个级差的工资额。按中央规定，干部离休后须增发工资的，全部得到落实。全市享受增发2个月工资额的离休干部共19人；享受增发1个半月和1个月工资额的离休干部共610人。在其他福利待遇方面，离休干部继续享受本单位同级在职干部同等困难补助和非生产性福利的待遇。对离休干部配偶无固定工资收入的，都分别给予30 ~ 50元的生活补贴。离休干部用车，由所在单位按同级在职干部待遇给予保证。从1985年起，对离休干部用车改为“定额包干”制度，按离休干部级别待遇，制定乘车费标准，包干到个人，超过自负，节余归己。标准为：厅局级每人每月15元，县处级每人每月8元。1989年12月，对离休干部乘车费用标准又作调整，即对行政10级以上和1937年7月6日以前参加工作，“文化大革命”前担任过正副厅局长或相当这一职务的离休干部，每人每月发给250千米乘车票；其他厅局级离休干部，每人每月发给150千米乘车票；正副县处级离休干部，每人每月发交通费12元；一般离休干部发交通费8元。在住房制度改革方面，离休干部均享受优惠待遇。1990年，株洲市住房制度改革实行“以息代租，还房退押”方法。对老红军免收抵押金，对1945年9月2日以前参加工作的离休干部减收押金30%，对1949年9月30日以前参加革命的离休干部减收押金15%。在医疗保健方面，株洲市自1979年起对离休干部就诊区划、体检制度以及用药优先等作了明确规定。其后，每年都举办2次老干部保健知识讲座。1985年，在市立一医院建成老干部病室。1990年，全市共有老干部门诊6处。市属单位设有老干部病床22张，家庭病床24张；中央、省属单位设老干部病床61张，家庭病床26张。对离休老干部辞世，均按级别待遇，分别以市委、市政府和市委组织部、市委老干局名义送花圈，以表哀悼。

1991年以后，离休干部的生活待遇进一步提高，县处级以上退休干部也开始享受优惠待遇。提高工资额。1994年，行政事业单位的老干部按照文件进行调资套改。由市委老干部局参与审批的人员达711人，其中离休干部574人，县以上退休干部118人，人均月增工资183元；企业老干部涉及4625人（含县以上退休干部896人），平均月增资112.4元。1997年，为319名老干部补发17.4万元离休费和生活补助费。提高生活福利。从1995年起，提高交通费；提高护理费标准，老红军每人每月150元，其他离休干部每人每月100元；健康疗休费100%发给离休干部个人；离休干部特需经费每人每年按300元列支，县以上退休干部每人每年由财政拨给300元活动费；发给无固定收入离休干部配偶、遗孀生活补助费，老红军的每人每月 80 元，老八路的每人每月 70 元，解放战争的 60 元；离退休老干部电话费补助，地市级老干部每人每月 90 元，县处级老干部每人每月 60 元；妥善安排离休干部住房，按 100%、50%、30% 免交租房租金，离休干部购房的，增加其配偶因无固定收入补贴 20 年工龄；每年春节、元旦、老年节组织慰问，为离休干部发给人均 500 元的物价补贴（含物资）；老红军特殊贡献费每人每月 150 元。保持机关、企业离休干部离休金持平。针对企业离休干部的离休金明显低于机关事业单位同类人员的情况，1997 年制定了《认真落实关于企业离休人员有关生活待遇的规定》，使企业和机关事业单位的离休干部离休金基本持平。1998 年 2 月，对全市 43 个县以上企业单位进行督查，为企业离休干部落实持平经费 200 万元，离休干部离休金持平工作得到全面落实。做好老干部的医疗保健工作。为方便老干部看病就医，株洲市坚持离休干部医疗费实报实销制度。1998 年，投资 1170 万元新建和扩建了市一医院、市二医院、市中医院老干部病室，添置医疗设备，3 家医院共建有高标准病床 179 张。全市 20 家企业建有老干部病室或老干部住院楼。经常组织医疗队下乡，为居住偏远山村的老干部送医送药。1998 年，组织医疗专家教授为茶陵、炎陵、攸县、醴陵的 400 余名老红军和老干部进行义诊，并免费赠送药品。组织离休干部进行体检和医疗讲座。体检分级组织，每年 1 次以上。10 年来，看望住院老干部达 2700 人次，为老红军和 80 岁以上老干部祝寿 200 多人次。解决亏损企业离休干部离休费和报销医药费。1999 年 1 月起，全市参加市级社保统筹的 170 家企业 1297 名离休人员基本离休金由市社保局委托工商银行代发。其护理费、交通费、丧葬费、一次性抚恤金、离休干部的生活补贴、遗属的生活补助费均由市社保支付。建立离休干部医疗解困金。从 1998 年起，株洲市财政每年在 15 万元的基数上按 15% 累计递增，至 2000 年已拨至 45 万元，先后 4 次为 137 名离休干部解决了医药费。先后解决了 188 名特困及破产企业离休干部的后顾之忧。解决历年拖欠的“两费”，1997 年市财政拨款 14.8 万元，市社保拨款 20 余万元，各级财政、社保和各单位分级负责，各地配合，清欠了全市 54 个单位拖欠 531 名离休干部的“两费”79.49 万元。1998 年，清欠 70 余万元。1999 年又清欠 40 个单位拖欠 327 名离休干部的医药费 30 万元、生活补贴费 15.2 万元。到 2000 年，全市“两费”拖欠问题基本解决。

（三）老干部文体活动

1984 年 9 月，株洲市建成占地 780 平方米，建筑面积 650 平方米的市老干部活动室，设有 10 间活动室，经常举办各种文体活动。1986 年，市委、市政府确定每年重阳节为株洲市“敬老日”。当年，举办了老年人登山以及文艺演出等活动。此后，每年的重阳节前后，各单位都会组织老年人举行各种文体活动。1984 — 1990 年，先后组织门球赛 5 次，钓鱼比赛 3 次，乒乓球赛 6 次，同时还举办气功、老年迪斯科、交谊舞等培训班。全市大中型企业和市直机关有条件的单位，均设立了老年活动室，举办各种形式的文体活动。1990 年，全市有 2174 名离休干部参加各种老龄性社会活动，占离休干部人数的 60%。1994 年，全市建立老干部活动中心（室）856 个。1996 年，株洲市投资 1400 万元，建成高 6 层、建筑面积 4700 平方米，集文化、娱乐、健身于一体的多功能的市老干部活动中心。同年，株洲市 9 个县市区和县以上企业单位也建立了不同档次的老干部活动中心。南方公司投资 450 万元建成 1000 平方米的老干部活动中心；株洲硬质合金厂投资 18 万元对老干部活动中心进行扩建；株洲洗煤厂针对老干部居住分散的特点，在厂区和生活区分别设置了5个老干部活动室。1996年，全市新增加老干部活动中心（室）36个，新辟门球场27个。全市有52个县以上单位的老干部活动中心（室）添置了电视机、灯光、音响、空调等设备，78个单位老干部活动中心（室）配备了健身器材，59个老干部活动中心（室）订有40种以上的报刊杂志。1998年，市老干部活动中心举办了全市离退休干部首届卡拉OK赛。到2000年，全市共建437个老干部活动中心和1000多个老干部活动室。同年，为庆祝“敬老日”，市区举办了大型游园活动和文艺演出，参加活动人数达5000人以上。

（四）发挥老干部作用

1.开展关心下一代工作 1986年11月，成立株洲市关心下一代协会。随后，各县市区及大中型企业也陆续成立关心下一代协会。到1990年，全市9个县市区、28个市属单位、24个大中型企业、410所中小学及其554个基层单位分别成立关心下一代协会，会员达1.2万多人，其中离休干部987人。各级关心下一代协会的主要职能是配合学校、家庭、社会对青少年进行革命传统、理想前途、文化科学知识及法制教育。协会共派出860余名退休干部担任校外辅导员，利用节假日（特别是寒、暑假）开展辅导活动。至1990年，辅导员累计作辅导报告700多场次，听众达19万多人次；辅导家长1.1万多人次。此外，还组织一些帮教小组，对816名失足或后进青少年进行重点帮教。1992年，协会更名为株洲市关心下一代工作委员会（简称“关工委”），并设立奖励基金，用于奖励关心下一代工作中成绩突出的老干部和优秀青少年及开展助学活动。到1999年，全市已有138个县以上单位、2852个乡、镇、村、居委会、学校成立了关工委组织，发展会员36100多人。全市建有校外辅导站163个，有辅导员2728人，受聘于1865个学校。至2000年，全市筹措助学资金728万元，帮助后进、失足青少年1万多人，扶贫助学6000多人。开展普法娃娃工程、助学工程、科普工程、帮教工程等。每年平均有3万人次参加了各级“关工委”组织开展的活动。

2.兴办经济实体 株洲市老干部兴办经济实体起步较早，发展较快。据1994年不完全统计，全市城乡离退休干部兴办的经济实体有589家，经济总额达到7456万元，年创利税1368万元，安排从业人员5682人，其中社会待业青年3260多人。1997年，湖南省农村老干部发挥作用现场经验交流会在株洲攸县召开，推广攸县老干部发展庭院经济的经验。据不完全统计，全市从事庭院经济的离退休干部共4600多人。到2000年，南方公司、株洲车辆厂、株洲洗煤厂、株洲冶炼厂等单位兴办的经济实体已形成规模。在农村，近万名离退休干部和老职工发展庭院经济，兴办种养殖业，开办民营经济，初步形成区域化、产业化格局。南方公司老干办经过几年努力，发展形成“四厂一办一店”规模，拥有固定资产800万元，年产值1200多万元，创利税130多万元，其中35万元作为老干部生活补贴，360多位老干部人均得益1000元；投入20多万元添置老干部病房设施，60多万元为老干部活动中心添置空调、健身器材，实现了“以为促养”“以为带乐”。

八　干部制度改革

20世纪80年代，株洲市在干部人事制度改革方面作了一些有益的探索。一是探索党政分开。

1983年，株洲硬质合金厂、国光瓷厂等6家企业进行厂长负责制试点工作，1984年起在全市逐步推开。到1988年年底，全市实行厂长（经理）负责制的企业占企业总数的97%。1989年1月，市委决定撤销市政府办公室、市经委等18个政府部门的党组、纪检组。在实践中，发现不利于加强党的领导，同年下半年被撤销的党组、纪检组又全部予以恢复。二是推行干部岗位责任制。80年代初期，株洲市有部分党政机关、事业单位试行岗位责任制。1984年，在全市机关、事业单位全面推行并不断完善。随着岗位责任制的实施，干部职责明确、奖罚分明，机关办事效率提高。三是改革干部选拔任用方式。1984年，全市有105个市、县属企事业单位民主选举产生行政负责人。1988年，全市政法、财政部门向社会公开录用干部，从4273名报考者中择优录取了208名。同年，以差额选举的方式，民主选任了市二轻局和市环保局局长，公开招聘市电子公司经理。在农村，则从1984年起逐步推行干部选聘制，当年全市农村选聘合同制干部360名，至1987年即增至754人。聘任制干部一般一年签订一次合同，能胜任者到期续订合同；不能胜任者解聘，违反合同要求的也解聘。1984—1987年，全市共有42名聘任制干部被终止合同或解聘；另有58名表现好、能力强的聘任制干部提拔担任乡镇党政领导职务。四是推行企业“三项制度”改革。1987年7月，国务院确定株洲市为企业劳动、人事、工资制度综合配套改革试点城市。以此为契机，株洲市于当年选定24家大中型企业进行“三项制度改革”的试点。1988年全面铺开。干部人事制度改革的做法是：取消企业的行政级别和干部身份，实行企业职员制度；精简企业管理机构，实行人员逐级聘任。据1988年对448家全民企业统计，共选（招）聘企业管理人员40908人，其中民主推荐选聘6274人，招（考）聘10395人，选举265人，招聘438人；原任干部落聘的1647名，受聘到管理岗位的工人1477名。通过改革，企业干部的选拔方式由“伯乐相马”转为“赛场选马”，一大批优秀人才脱颖而出。株洲的作法和经验，得到中央和省委的充分肯定，省内外多家新闻媒体进行了宣传推介，全国许多地方纷纷组团前来学习取经。五是推进干部交流。1990年，结合县市区换届选举，交流县级干部25名。至1995年，全市共交流县级干部1231人次，其中跨单位、跨行业交流436人次。1996年，各县市区公检法“三长”进行大范围交流，其中异地交流18名，交流面达三分之二。此后，各县市区委书记、县市区长普遍进行交流和异地任职。六是实行干部岗位轮换。90年代初期，全市一些党政机关在一定范围内开展干部岗位轮换。1995—1998年，全市各级党政机关、司法机关和经济管理部门内部近50%的工作人员进行了轮岗，重点岗位轮岗面达94%，市、县两级科级干部轮岗面达75.5%。1999年，制定《株洲市党政机关职位轮换（轮岗）竞争上岗实施意见》，进一步规范了干部轮岗工作，并引入竞争机制。至当年年底，88%的市直党政机关开展干部轮岗工作，519名干部实现轮岗，占应轮岗人数的82.9%；9个县市区有2593名干部轮换了岗位，占应轮岗人数的73%；全市有365名一般干部通过竞争上岗走上科级领导岗位。七是公开选拔领导干部。1999年8月，市委在全市范围内首次公开选拔12名县处级领导干部。这次公开选拔分宣传发动、公开报名、组织考试（包括笔试和面试）、组织考察、任前公示、审定任命等6个环节，共有826人报名应试。报考职位人数少的为1∶50，最多的为1∶118。市委常委会最终审定确认11个人的岗位职务。

第四章 宣传教育

1950年6月，中共株洲镇委会下设宣传科。1951年7月，成立株洲市委（县级），并设宣传部，负责全市宣传工作。1956年3月，市委宣传部下设宣传科、理教科。1958年，宣传部创办《支部生活》和《学习导报》。同年3月，市委文化教育工作部并入宣传部。“文化大革命”初期，宣传部机关处于瘫痪状态。1967年11月，宣传部作为市委的办事机构被同时撤销，人员全部进入“五七”干校。1968年1月，市革委会办事机构政治部下设7个组，其中5个组是宣传部所属单位，即政宣组、文化组、教卫组、斗批改组、毛主席著作办公室。同年3月，撤销毛著办成立毛主席革命活动纪念馆筹建小组，下设办公室，管理毛主席著作、像章发行和纪念地建设，后并入宣传组。1969年，政宣组改为宣传组，斗批改组同时合并到宣传组。1970年，宣传组设办公室、写作小组、路线教育小组、通讯报道小组，“三三三”办公室由公安局归口宣传组。1973年6月，市革委设立市委2部1室。宣传部设办公室、政工科、宣传科、理教科、新闻科。1975年，市委决定成立“市委宣传战线领导小组”，以加强对宣传工作的领导。“文化大革命”结束后，各办事机构逐步得到恢复和健全。1976年，宣传部内增设文卫科，并成立毛主席著作发行领导小组。1981年，市委调整充实对台领导小组，“三三三”办改为市委对台工作办公室，由市委直接领导。1983年10月，宣传部重新设置过去的5个科，恢复文卫科，增设党教科。1998年3月，市委宣传部设办公室、政工科、宣传科、企业宣传科、理论科、新闻科、文明办、文化艺术科、党教科、对外宣传科、科级干部培训中心11个职能科室。同年5月，文明办更名为株洲市精神文明指导委员会办公室，升为副县级，负责对全市精神文明建设活动的规划、组织和协调工作。

第一节 宣传工作

一 形势与政策宣传

1951年秋，市委传达贯彻中共中央8项任务，其中特别强调形势教育。1952年1— 2月，是“三反”“五反”运动的准备阶段，机关报告员在市工商界、工人群众中反复宣传运动的意义。同年国庆前后，党的报告员、宣传员在宣传月活动中，利用油印报、黑板报、壁报、展览会等形式宣传建国3年来的政治、经济形势。

1953年11月，市委扩大会议传达贯彻过渡时期的总路线，编写《学习宣传提纲》《党的总路线讲话材料》，并举办4期训练班，组织了由上到下、由内到外、从干部到群众的学习宣传活动，使总路线精神深入人心。1954年秋，在组织学习全国一届人大会议文件的同时，全市开展了一次大规模的总路线再教育活动。1955 — 1957 年，株洲市先后组织了农业合作化运动、市第一次党代会精神，中央八大会议精神、计划生育、“一五”计划成就、知识分子政策等集中宣传活动。

1958 年春，中共八大二次会议通过“鼓足干劲，力争上游，多快好省地建设社会主义”总路线后，又作出人民公社化的决议。市委决定开展总路线、“大跃进”、人民公社（时称“三面红旗”）宣传活动，并成立宣传办公室，确定 6 月为宣传总路线活动月。此次宣传活动，利用报纸、广播、报告会、讲演会、宣传窗、火炬游行、快报、活报剧、山歌、渔鼓、灯谜、龙船等形式，掀起声势浩大的宣传高潮。与此同时，市委宣传部在株洲机务段召开宣传工作跃进大会，向湖南省委宣传部递交宣传工作竞赛倡议书。会后株洲铁路机务段开展宣传鼓动擂台赛，湘江机器厂（南方航空动力机械公司）开展火车头赛，田心机车厂（株洲电力机车厂）开展五好竞赛，省建五公司组织“千里马”大会师，财贸战线开展满堂红竞赛，教育战线开展“花果树”赛以及火箭赛、卫星赛等。竞赛由城市扩展到农村，随后又扩大到行业，并从湖南影响到湖北、江西。此次宣传活动规模宏大，使总路线精神家喻户晓，但助长了浮夸风。1959 年春，中共株洲市第二次“党代会”后，继续宣传“三面红旗”，开展“比、学、赶、帮、超”竞赛，宣传“一天等于二十年”“跑步进入共产主义”等脱离实际的口号，促使农村盛行“瞎指挥风、强迫命令风、共产风、浮夸风、领导干部特殊风”（五风），阻碍了生产力的发展。同时，思想工作提出“兴无灭资”十大任务，使“五风”愈演愈烈。

1960 年夏，苏联撤走专家，农业连年遭受自然灾害，国家进入困难时期，形势极为严峻。为凝聚人心、鼓舞士气、共渡难关，株洲市连续 3 年开展形势教育。1961 年春，按照“调整、巩固、充实、提高”的方针，下发《关于加强党的思想政治工作的意见》，开展一系列形势教育活动，要求做到形势讲够、困难讲透，在干部、群众中树立奋发图强、自力更生的思想，树立起以农业为基础、以工业为主导的思想。随后，中共株洲市委召开三级干部会议，批判“五风”。市委宣传部发出《关于在全市范围内进行一次社会主义形势教育的意见》，提倡讲政策、讲“三大纪律、八项注意”、讲干部和群众同甘共苦。同年冬，举办形势教育展览会。翌年春，市委相继发出《在农村进一步深入进行形势教育的意见》和《对干部职工进行形势教育的通知》，要求在全市普遍开展形势教育，并要做深做细，家喻户晓，深入人心。市委书记马壮昆、副书记刘伯坚和朱远明等亲自作形势报告，提倡讲真话，坚持“三不”(不抓辫子、不带帽子、不打棍子)主义，反对以势压人，达到以理服人，共渡难关。1963 年冬，举办全市形势教育会议，同时开展反对修正主义、防止和平演变教育。

“文化大革命”期间，形势与政策宣传教育受到“左”倾错误的严重干扰，消极影响很大。1968 年夏，中共中央发布“七三”布告，城乡掀起宣传“七三”布告高潮，举行集会游行，组织宣传车流动宣传，大量翻印布告，到处散发并挨家挨户投送。这次宣传活动对稳定当时形势起了积极作用。与此同时，“红海洋”（毛主席语录用红油漆到处刷在墙上）、“宝书台”（毛主席著作、语录放在神龛上）、“三忠于”（忠于毛主席、忠于毛主席思想、忠于毛主席革命路线）以及“早请示，晚汇报”（上班前、下班后对着毛主席像请示、汇报）等形式主义活动达到登峰造极的地步。直至中央下发清理标语、像章的文件，才初步抑制了事态的发展。

1971 年秋，林彪反党集团暴露。10 月中旬起，在全市范围内对林彪反革命政变纲领《571 工程纪要》开展大声讨、大批判、大检举、大揭发运动，稳定了全市形势。1973年秋，全市抽调500余名干部组成中共十大文件宣传队，深入工矿、车间、班组、农村社队，大张旗鼓地宣传中共十大精神，统一群众思想。

1976年9月9日，毛泽东主席逝世。9月10日，株洲市在市工人文化宫设立灵堂，让全市工农兵代表举行悼念活动。全市有71个县以上单位设立了灵堂。9月18日，全市4万余名代表参加在市体育场举行的毛泽东追悼大会。在吊唁期间，全市104个县以上单位、13390个班组，向市委及各级党委递交16.6万份决心书，3000份入党申请书，41万人参加各种了悼念活动。10月，粉碎"江青反革命集团"的消息传到株洲市，全市有65万军民举行空前规模的集会游行庆祝。

1977年8月21日，全市举行15万人集会，庆祝中共十一大召开。中心会场设在体育场，下设71个分会场。会后举行盛大游行。接着，全市掀起学习十一大文件、揭批江青反革命集团罪行的高潮。

1978年冬和1979年年初，中共十一届三中全会和市五次党代会相继举行。宣传工作紧跟形势，围绕全党工作重点的转移开展宣传活动。宣传的主题是马克思主义的政治路线、思想路线、组织路线，坚持社会主义道路、坚持共产党领导、坚持无产阶级专政、坚持马列主义毛泽东思想，"调整、改革、整顿、提高"的八字方针，改革开放、建设有中国特色的社会主义等方针、政策及其伟大意义。各级宣传部门采取组织编写宣传材料、撰写文章、举办学习班和专题讲座等形式，使宣传活动既重点突出，又生动活泼。

《关于党内政治生活的若干准则》颁布之后，1981年夏，宣传部门以市钟鼓岭菜店营业员陈丽君抵制紧俏商品走后门的典型事例进行宣传，报道她多年来守岗尽职，廉洁奉公，不谋私利，全心全意为人民服务的事迹。市委、市政府先后作出开展学习陈丽君的决定。商业部、全国妇联分别授予她"劳动模范"称号、"三八红旗手"称号。《株洲日报》《湖南日报》刊载宣传陈丽君的文章达255篇。这次典型宣传，对全市党风、社会风气好转产生了积极影响。

1982年春节前后，全市开展以《关于建国以来若干历史问题的决议》为中心内容的形势教育，以统一干部群众思想，明确大是大非，正确评价毛泽东的历史地位，坚决服从中共中央的正确领导，同心同德搞"四化"。同年秋，中共十二大提出党的总任务。为配合总任务的贯彻实施，宣传部门编写了宣传提要，组织宣讲队伍，设立77个宣传试点，举办学习班140期，轮训4209人，掀起宣传学习热潮。

1984年，全市举行盛大集会游行，庆祝国庆35周年，并通过组织文艺创作、文艺调演、影展、美展、建设成就展览会等活动，激发了广大群众热爱党、热爱社会主义、热爱祖国的热忱。

1985年春，宣传工作主要是动员全市人民、党员实现中共株洲市六次党代会提出的"统一思想，增强党性，积极上进，振兴株洲"的号召和改革开放的奋斗目标。当年，还重点开展了"一五"普法和计划生育的宣传活动。1986年初春，举行全市形势政策教育工作会议，研究形势教育的重点和基本做法，要求有针对性，注重实效，做到经常化和制度化。

1987年冬，全市掀起学习和宣传十三大文件活动，订购学习辅导资料8万册。同年，还开展坚持四项基本原则、反对资产阶级自由化的宣传教育活动。1988年，在全市城乡开展"统一对形势的认识，统一对工资改革的认识，统一对党风和社会风气的认识”的宣传教育，讲道理与摆事实相结合，重点解决群众议论的“热点”和思想的“疑点”。为此，中宣传部对这一做法转发经验材料。随后，全市开展恳谈对话177次，参加对话达1.24万余人，沟通了干部与群众之间的思想。

1989年春夏之交，宣传工作为平息动乱作了积极的舆论导向。围绕“治理、整顿、调整、改革”方针，在全市城乡开展形势政策教育，使之与“两整、两打”、治理“小环境”相结合，采取报告会、答辩会、恳谈会、图片展览等形式进行宣传教育，为稳定经济、稳定社会、稳定人心产生了较好的效果。

1990年年初，为在全市开展“除六害”总体战编写宣传提纲、印发宣传画58695份，大力宣传“扫黄”的重大意义。同年，积极宣传贯彻执行中共十一届三中全会以来的路线、方针、政策及所取得的成就，宣传坚持党的“一个中心、两个基本点”(即以经济建设为中心，坚持四项基本原则，坚持改革开放)的基本路线。同时，宣传工作还围绕“稳定压倒一切”的方针，广泛开展国际国内形势教育。为配合形势教育，印发了坚持四项基本原则、反对资产阶级自由化和开展治理整顿、深化改革开放等教育资料7000余册。

1991年，中共十四届七中全会提出制定国民经济和社会发展十年规划和“八五”计划的建议，株洲市结合庆祝中国共产党建党70周年和建市40周年，在全市开展多种形式的学习、宣传、教育活动。仅市直宣传系统就开展了征歌、征文、专栏、专刊、展览、演讲、知识竞赛等35项活动。同时还开展了“二五”普法的启动宣传，特别是税法宣传声势较大，举办税法杯大奖赛，全市各公共场所悬挂税法宣传标语有2.5万余条。

1992年1月，株洲市全面深化企业劳动人事、工资分配、社会保险制度改革的措施出台。为配合宣传，宣传部门举办专题学习班、研讨班，印发了宣传学习资料。同年6月，《人民日报》、新华社、《工人日报》、《法制日报》、省广播电台、法制时代等12家新闻媒体组成采访团，集中报道株洲市律师为大中型企业提供法律服务的经验。这年，国务院颁布《全民所有制工业企业转换经营机制条例》，全市开展“学习月”活动，举办学习班500多期，10多万人次参加学习。

1993年，围绕建立社会主义市场经济新体制的主题，全市集中进行3次较大的形势教育。分别是“中国经济体制改革的总思路”“把企业推向市场的问题”“形势、机遇、发展”。市委宣传部印发形势教育资料12000余册、中共十四届二中全会宣讲提纲3000余册。

1994年，主要开展民主法制教育。市委宣传部、司法局、中级人民法院、政府法制办等单位联合组织了市场经济法律法规讲师团，按照“现代企业制度”“市场运行秩序”“金融财政体制改革”等10个专题，到各单位宣讲。同时，全市近20万人参加了《中华人民共和国劳动法》知识竞赛。

1995年，宣传部门编写《五中全会文件汇编》和《五中全会学习资料》1万余册，下发基层单位。针对改革不断深化和发展、社会主义市场经济体制的逐步推进，社会利益格局的调整，群众中的热点、难点和疑点问题越来越多的新情况，市委宣传部为全市县以上单位党委书记和宣传部长每个季度举办一次形势报告会。全市各单位共举办260期形势报告会，帮助干部群众认清形势，明确任务，增强了全市干部群众搞好改革、发展经济的信心和干劲。

1996年，联合市教委、总工会、市直机关工委、新华书店，在全市组织44万人参加“迎接香港回归祖国”读书知识竞赛活动，并举办电视抢答赛。在纪念红军长征胜利60周年活动中，北京军区战友歌舞团来株洲演出《长征组歌》，使株洲7000多名观众再次受到爱国主义教育。1997年，围绕党的十五大召开和香港回归，共组织5场国际国内形势报告会，组织观看《香港回归》《辉煌的十五年——十四大到十五大成就展》等专题片，组织迎香港回归等系列活动。

1998年，与市总工会联合组织“国有企业下岗职工再就业报告团”，在全市13个单位巡回报告14场，直接受众近万人。同时，在《株洲日报》开辟《再就业之路》、株洲电视台开辟《同走创业路》等专栏，宣传新的择业观和就业观，对缓解国企改革中下岗职工增多引起的各种矛盾和缓解全社会就业压力起到了好的导向作用。同年，与市计委等单位联合组织“株洲市改革开放二十年成就展览”，接待观众10多万人次。后移长沙，参加“湖南改革开放二十年成就展”。从当年起，每年还组织开展理论、文化、科技、法制、卫生“五下乡”活动。1月11日，全省“五下乡”活动启动式在株洲县白关镇举行。3月17日，全市“五下乡”活动启动式在天元区群丰镇举行。

1999年，按照中共中央和省委的统一部署，组织开展了抗议美国为首的北约袭击中国驻南使馆、揭批“法轮功”邪教组织、批驳李登辉“两国论”的斗争。及时传达中共中央一系列重要决策和指示精神，迅速报道全市人民开展斗争的动态，组织一批有深度的评论文章和理论文章。在宣传中，始终把握正确的舆论导向，为统一群众思想和步调发挥了重要的作用。

2000年，组织了“中国加入世贸组织”“西部大开发”“台湾局势”等6场形势报告会，举办“崇尚科学文明、破除迷信愚昧”大型图片展，参观人数达10万余人。

二 爱国主义宣传

1950年6月，朝鲜内战爆发，美国等多国军队入侵朝鲜，并进逼中国东北边境。为响应中共中央“抗美援朝，保家卫国”的号召，株洲市开展了轰轰烈烈的宣传教育活动。群众多次集会游行示威、举办展览会，控诉美帝国主义侵略行径，批判亲美、崇美、恐美思想。1951年夏，成立市抗美援朝分会，在开展爱国主义、国际主义、革命英雄主义教育的基础上，株洲各界人士代表集会，发出捐献“毛泽东故乡株洲号”战斗机1架、“株洲工农号”大炮1门的倡议。8月17日，召开全市欢迎中国人民志愿军归国代表团大会，1.5万多名群众代表聆听了志愿军柴川若的抗美援朝形势报告。通过报告会，进一步激发了全市人民的爱国热忱，认清了美帝国主义的侵略本质。接着全市开展修订爱国公约活动，47名宣传员，深入群众，组织形势讨论会。至1952年春末，全市人民共捐献人民币16.6万元，超额完成捐献计划。

1952年秋，成立了株洲市中苏友好协会，开展“庆祝苏联十月革命胜利35周年”和“中苏友好月”活动。

1953年春，全市召开三级干部会议，举办“怎样开展扩军运动宣传工作”和“关于目前形势学习中若干问题的解答”等报告会。通过大张旗鼓的宣传，群众的爱国主义热情高涨，青年踊跃参军，出现了父母送子女、妻子送丈夫、未婚妻送未婚夫、兄弟姐妹相送参军的感人场面。

1955年，组织开展反对《美蒋条约》、反对使用原子武器的宣传活动，并开展“保卫世界和平”签名活动。1958年夏末，境内群众纷纷游行示威，反对美国侵略黎巴嫩、反对英国侵略约旦，支持伊拉克和阿拉伯人民独立运动。当年秋，16万群众举行示威游行，拥护周恩来的《关于台湾海峡地区局势的声明》。

1959—1961年，苏联背信弃义，国际形势急剧恶化。美国飞机、军舰侵入中国领海领空200多次，蒋介石筹划“反攻大陆”，派兵窜入东南沿海地区，印度军队入侵中国边境。面对严峻的国际形势，全市接连召开战备动员会、党团员会、民兵会、群众大会，开展战备教育。秋，各级宣传部门分别召开群众大会、座谈会，庆祝人民解放军击落美国U-2间谍侦察飞机的胜利，群众深受鼓舞。

1963年夏至1964年夏，中共中央连续发表《关于国际共产主义运动总路线的建议》和“九评”赫鲁晓夫修正主义的文章。市委及时组织各级干部和群众开展大宣传、大学习、大讨论，同时在株洲化工厂进行形势教育试点，使广大干部群众认识到国际阶级斗争的必然性、长期性、复杂性和社会主义国家“和平演变”复辟资本主义的危险性、现实性。1964年春，全市各界人士举行盛大集会声援巴拿马人民的反美爱国正义斗争。广东海南在歼灭美蒋特务战斗中的民兵功臣一行12人到株洲作英雄事迹报告，受到热烈欢迎。

1965年春，美国扩大越南战争和老挝内战，武装侵略柬埔寨，东南亚局势更加严峻。针对这一形势，全市开展了“认清形势，加强战备”的宣传教育活动。市委宣传部连续发出《关于当前形势教育的通知》《关于目前形势教育中的几个问题》等文件，编写《美帝国主义是中国人民的死敌》《美帝国主义是世界人民苦难的总根》《美帝国主义是当代战争根源》等10多份专题材料，广为散发。同时，在田心机厂搞战备形势教育的样板，推动全市的学习活动。

1969年春，苏联屡次出兵侵犯中国黑龙江省珍宝岛，并在中苏边界陈兵百万。全市广大群众集会游行抗议。市委举行誓师大会，开展仇视、鄙视、蔑视社会帝国主义的“三视”教育。初夏，全市组织10万干部群众集会游行，响应毛泽东主席《支持世界人民反对美帝国主义斗争的庄严声明》。对群众进行战备政治动员，要求全市人民“思想往打字上转，工作往多快好省上转，作风往紧张上转，生活往艰苦上转”，各行各业工作围绕“吃、穿、用、打、走、防”6字做好准备。

1977年元旦前后，组织编写《世界在大动荡中前进》的材料，对全市人民进行国际形势教育。此份材料，被省委宣传部转发。

1979年春，中国被迫进行自卫反击战。当年秋，全市军民5500人在市体育馆集会，热烈欢迎广西边防部队自卫反击战中的英雄报告团，听取张福贵、陈书利、李金付3位战斗英雄的报告，进一步激发了全市人民的爱国热情。

1983年春，组织青年职工学习《中国近代史》《科学社会主义常识》《中国工人阶级》3本爱国主义教材。秋，组织开展爱国主义宣传月活动。国庆节期间，市文化局举办“爱国主义教育电影周”，市文联举办“爱我中华、爱我株洲”为主题的美术、诗歌、书法、摄影展，市直机关组织“爱国主义演讲会”，市总工会、团市委开展“振兴中华演讲比赛”，各大、中、小学校建立升国旗、唱国歌制度，进一步激发了青少年的爱国热情。

1984年春，组织开展爱国主义教育群众歌咏活动，各单位组织教唱“五四”运动以来的爱国主义优秀歌曲。冬初，解放军英雄报告团4人到株洲市，战斗英雄史光柱、曹杰、周慎辉、曾生作了自卫反击战中夺取老山主峰战斗的报告。1985年，各单位相继组织开展“抗日战争和世界人民反法西斯战争胜利40周年纪念活动”，控拆法西斯的侵略罪行，使爱国主义教育进一步深化。

1986年夏，组织开展“纪念红军长征50周年”活动，在市工人文化宫举行纪念大会，邀请在株洲市的老红军就座光荣席。报纸、电台刊发专题文章，电视、电影放映革命传统影片。各单位组织报告会、演讲会、征文比赛、歌咏比赛，组织群众到烈士陵园献花圈、开展忆史活动，激发了全市人民振兴中华、献身“四化”的热情与信心。

1993年，全省开展“爱我湖南”活动。株洲市成立活动组委会，利用试卷和电视大奖赛的方式开展知识竞赛。同时，利用境内的革命纪念地和历史文物，通过多种形式向广大群众特别是青少年进行爱国主义教育。全市共购买《可爱的湖南》教材5万册，提高人们“知我湖南、爱我湖南、兴我湖南”的认识。1994年，市委下发《关于贯彻落实〈爱国主义教育实施纲要〉的意见》。为配合纲要的实施，全市城乡组织放映爱国主义影片77部，观众达100万人次；举办“爱祖国、爱湖南、爱家乡”的群众合唱节，有10余万人参加。与此同时，市委、市政府明确了炎帝陵、神农阁、中国第一台航空发动机的诞生地 —— 株洲南方航空动力机械公司、中国电力机车的摇篮 —— 株洲电力机车厂等8个地方和单位为株洲市第一批市级爱国主义教育基地，对市民特别是青少年免费开放。

1995年，围绕纪念反法西斯战争和抗日战争胜利50周年，开展系列纪念活动。按照统一部署，全市举办了图片展览、专题报告会、专场电影等纪念活动。株洲电视台派专人到山西左权县拍摄了株洲籍抗日名将左权将军事迹专题片。8月11日，全市各界人士代表聚首天台山庄，纪念抗日战争和世界反法西斯战争胜利50周年。参加过抗日战争的老战士及各界人士相继发言，控诉日本侵略军的滔天罪行，讴歌中华儿女的爱国主义精神。同年3月，炎帝陵、炎陵县中国工农红军革命活动纪念馆被列为全省第一批爱国主义教育基地。6月5日，湖南省第一个民间革命历史纪念馆 —— 醴陵南四区苏维埃革命纪念馆在醴陵市大障镇白果村建成。馆内陈列了10多位烈士遗物。设立了烈士谱，介绍了425名烈士的生平事迹，中国革命历史博物馆馆长俞伟题写了馆名。9月，茶陵县烈士陵园被列为全国爱国主义教育基地。

1997年，围绕香港回归，组织观看《香港回归》专题教育片、组织迎回归大型文艺活动、庆回归知识大奖赛、万人长跑、摄影大赛、自行车越野赛、文艺下乡、征文活动和怀念世纪伟人邓小平暨迎回归大型图片展览。1998年4月，炎陵县在洣泉书院隆重纪念“朱毛第一次会面暨酃县三月暴动”70周年大会，讴歌伟人的历史功绩。

三　经济建设宣传

1951年冬，中共株洲市委第三次会议作出增产节约的决议，宣传工作紧密配合，在全市开展反浪费宣传。1952年春，市委发出《关于开展爱国丰产运动，搞好宣传工作的指示》。市委宣传部编写宣传提纲，阐述爱国丰产的伟大意义。秋，全市举办物资交流大会，市委宣传部撰写《开好物资交流大会，迎接祖国大规模经济建设》的报告提纲，宣传“工农联盟”“城乡互助”的思想和“公私兼顾”的贸易政策，提倡新的经营道德风尚。

1953年春，组织学习、宣传中共中央《关于农业生产互助合作的决议》。市委宣传部组织全市报告员、宣传员利用一切社会力量和宣传工具，掀起支援基本建设的宣传热潮。冬，开展粮食统购统销工作，由于组织周密，宣传配合紧密，城乡群众情绪稳定，市场供应正常，2个月内全市统购粮食245万千克。1954年秋，全市开展社会主义劳动竞赛，结合学习王崇伦先进事迹和湘江机器厂吴运铎的英雄事迹，掀起竞赛高潮。

1956年春，株洲市第一次先进生产者代表大会召开。到会代表117名，先进班组10个，先进单位2个。37名代表发言介绍经验。这次大会，极大地鼓舞了全市职工的社会主义劳动热忱。1956年秋，开展以宣传勤俭建国、勤俭办企业、勤俭办一切事业为内容的社会主义教育运动。

1958年春，在全市开展反浪费斗争。同时，株洲市召开建设社会主义积极分子代表大会，全国劳模马佑清受到表彰。在《株洲日报》上宣传全国铁路先进工作者——株洲机厂旋工刘建华的事迹。1959年，宣传工作坚持以增产节约、技术革命和技术革新为中心，以及对提高劳动生产率、增加产量、提高质量，坚持勤俭办一切事业，树立艰苦朴素作风等方面的宣传教育。同年秋，先后举办经济建设展览会、技术革命展览会、十年成就展览会。10月1日，《株洲日报》发表《株洲10年变化》《伟大的10年，光辉的成就》等文章及《株洲市国民经济发展成就公报》等资料，介绍了株洲的十年巨变。冬，株洲机车厂锻冶车间实现减人30%，产量却翻一番。市委随即召开现场会，及时总结推广其经验。在长江工具厂（株洲硬质合金厂）召开学锻冶经验交流会，“学锻冶、赶锻冶、超锻冶”的竞赛活动在全市迅速掀起。

1960年春，开展增产节约、提倡艰苦朴素作风教育，为开展以机械化、半机械化、自动化、半自动化为中心的增产节约活动大造声势。夏末，突出宣传国民经济以农业为基础，大办农业、大办粮食的思想。当年秋，开展“自力更生，艰苦奋斗，自己动手，丰衣足食”宣传月活动。全市举行14万人的广播誓师大会，并分区举行宣传大游行，使勤俭节约过好苦日子的思想家喻户晓。同时，工交战线举行第二次群英大会，历时45天，动员10万职工开展“一顶儿”生产比武。1961年，组织编写《到农村去，到第一线去，大办农业，大办粮食，为建设社会主义新农村立新功》的宣传提纲；动员工人、干部充实农业第一线。1963年春，全市259个单位开展增产节约和“五反”运动（反浪费、反官僚主义、反分散主义、反本位主义、反贪污盗窃和投机倒把）。夏，开展以反浪费比先进为中心的增产节约运动。在此期间，《株洲日报》整版刊载市委《关于开展学习刘昆同志的决定》，颂扬这位田心机厂的老工人舍己为公的先进事迹，《湖南日报》以《工人阶级的好战士》为题，对其事迹作了报道。

1964年秋，全市展开以“五好”为目标的“比、学、赶、帮、超”增产节约运动，推广153项上海经验，效果显著。冬，召开全市工交系统第一次“五好”代表大会，表彰“五好”职工4024人、“五好”班组374个。这些典型发扬了自力更生、奋发图强、艰苦奋斗、勤俭建国的精神。同年，开始号召开展农业学大寨、工业学大庆活动。

1970年夏，市革委会召开万人大会，号召全市人民开展增产节约运动，次年春召开规模最大的“农业学大寨”经验交流会，工农业生产形势渐趋稳定。1971年，全市掀起“学大庆，做铁人”的热潮。4月25日，全市4.5万名代表分别在78个会场听取1205钻井队张振民的经验介绍。夏，全市召开“工业学大庆”经验交流会和誓师大会。1972年冬，举办学大庆展览会，用图片、实物、模型展现全市工交战线学大庆的经验。1973年冬，全国劳动模范马恒昌率刀具队到硬质合金厂、车辆厂、田心机厂、湘江机器厂等单位现场表演。

1978年，中共十一届三中全会决定全党工作着重点从以阶级斗争为纲转移到社会主义现代化建设上来。宣传工作紧跟形势，突出宣传经济建设。1979年，市委发出《开展学英雄，见行动，搞四化，争贡献，增产节约竞赛的决定》，在全市再次掀起学习劳模的热潮。

1981年年初，境内县、郊普遍推行联产承包责任制。市委宣传部组织编写4期材料进行政策宣传。1982年，开展经济形势宣传教育，统一了干部、群众对一些重大经济改革的认识。

1984—1985年，组织学习、宣传、贯彻中共中央《关于经济体制改革的决定》，对经济体制改革的性质、目的、基本方针、配套措施进行系统地宣讲。宣传部围绕改革开放这一主题，进一步清除“左”的思想影响，大力宣传经济改革。

1987年，围绕经济建设这个中心，宣传经济发展战略思想，使全市人民明确奋斗目标，组织信息和科技交流活动832次，发表经济论文989篇，加强对地方名牌产品的宣传，提高株洲产品的竞争力。1988年春，市委宣传部和市普法领导小组联合组织学习宣传《企业法》。秋，社会上出现经济过热、通货膨胀现象，宣传工作一方面宣传改革的成绩，另一方面宣传经济建设存在的困难，分析物价上涨的原因，为稳定社会、稳定经济大造舆论。1990年，针对市场疲软、经济效益不好的现实，市委宣传部以“振奋精神、共渡难关”为题，组织召开大中型企业经济宣传座谈会，推广了株洲电力机车厂、株洲水泥机械厂等6个单位在困难中寻找机遇、在经济滑坡中求经济稳步增长的经验。

1991年，部署对邓小平“科学技术是第一生产力”论断的深入学习与宣传，采取办学习班、讲座、知识竞赛等形式，增强全民科技意识。在企业，把科技宣传与企业的技术改造、提高新产品质量、职工岗位培训、技术练兵和企业管理相结合，以促进企业素质的提高。同年2月，利用各种媒体，宣传《株洲市国民经济和社会发展十年规划与“八五”计划草案》，并组织编写学习辅导资料广泛宣传。同年3月，江泽民视察株洲，召开企业座谈会，对株洲冶炼厂全心全意依靠工人阶级办企业的经验给予充分肯定。市委宣传部及时总结经验并在全市推广。1992年，株洲举办“中国湖南国际烟花节暨经贸洽谈会”，市委宣传部组织境内外十余家新闻媒体进行宣传，并按照“政府搭台、经贸唱戏”的要求，举办了元宵灯会、公园灯展、深秋菊展多种文化活动，为株洲走向市场、走向世界创造了舆论环境。

1993年，市委、市政府召开1700余人参加的发展社会主义市场经济动员会。市委、市政府先后出台《关于加快发展我市社会主义市场经济的若干意见》《关于加快发展第三产业的若干规定》

等文件。各级宣传部门利用各种宣传媒体进行广泛宣传，为“两个加快”鼓与呼。1994年，全市各级宣传部门积极开展经济建设和改革开放的宣传，组织开展株洲市策和富民强市方针、“优化资本结构，增强企业实力”、工业以扭亏增盈和增收节支为中心以及农业以发展高效农业为目标的宣传活动。在抗洪救灾和修建湘江防洪工程的宣传中，坚持集中时间、集中人力、集中版面打整体战。市级新闻单位先后发稿1000余篇，中央和省级新闻单位发稿40多篇，推动株洲抗洪救灾和湘江防洪工程的顺利进行。全年共接待省以上的新闻单位记者42批500余人，先后在新华社、《人民日报》、中央人民广播电台、中央电视台、《湖南日报》、湖南电视台等发稿800多篇。

1995—1996年，组织以搞活大中型企业为主题的“株洲现象”的大规模宣传报道。1995年，组织以弘扬民族文化为主题的《炎帝陵纪行》和以科教兴市、吨粮田建设为主题的“第二次创业”的宣传报道活动。1996年4月5日，《人民日报》发表中共中央办公厅调研室写的《从整体上搞活国有企业——株洲市国有大中型企业的调查》，就社会主义市场经济条件下国有企业的出路问题总结了株洲经验。5月4日，新华社播发《中国火车头靠拢世界先进水平——株洲电力机车厂平均每三年推出一种新型电力机车》的消息。1997年5月，新华社、《人民日报》、中央电视台、中央人民广播电台等9家新闻媒体组成的中央“百城万店无假货”纵深行新闻采访团来株洲采访，并深入到庆云大厦、株洲百货大楼和株洲县农村了解打假情况。是年，庆云大厦、株洲百货大楼被授予“全国百城万店无假货信得过单位”。5月，市委、市政府就株洲冶炼厂“全心全意依靠工人阶级办好社会主义企业”经验，召开全市学习动员大会，作出《开展向株洲冶炼厂学习活动的决定》。同年，全市还举办了十四大以来“辉煌的5年”成果展。组织新闻单位开展了“将军故乡行”“一点一线开放开发战略”等系列采访活动。

1998年，由省委宣传部牵头，组织全省新闻媒体以深化国企改革，振兴国有大中型企业为主题，集中推出醴陵国光瓷厂、株洲冶炼厂、株洲化工厂等单位的经验。1999年，围绕“国企三年脱困”主题，由省委宣传部牵头，在全省范围内对株洲市国企改革的情况进行系列报道。同时推出地税四分局热心服务企业的典型，《湖南日报》在头版头条进行报道并配发评论，在全省产生积极反响。2000年，市第九次党代表会提出“迈向新的世纪，进行新的创业”的口号，各级宣传部门广泛进行了宣传。

第二节　理论学习

1952年11月，市委部署全市党内外干部以“共产主义与共产党”为主题的学习。成立以市委机关党总支为核心的学习委员会，各支部相应成立学委会，并设置16名专职理论教员，29名兼职辅导员。

1953年12月，全市组织党员干部学习《为动员一切力量把我国建设成为一个伟大的社会主义国家而奋斗——关于过渡时期总路线的学习和宣传提纲》，历时4个月。在学习中，市委吸收正副市长组成株洲市第一个中心学习小组。1954年8月，全市集中一段时间学习《宪法》，9月恢复正常理论学习。其时，有66人参加的7个中级学习小组，学习《联共（布）党史》；全市还设有初级学习小组134个，共1353人，学习《经济建设常识读本》；高级组人数很少。1955年10月，株洲市中级和初级业余政治学校相继开学。参加中级业校的学员632人，初级业校的508人。主要教材为《中共党史》《中国共产党三十年》。

1956年上半年，全市党员干部重点学习《关于无产阶级专政的历史经验》。1957年4月，开始学习哲学基本知识。1958年1月，按中共中央统一部署，学习《社会主义教育课程》、毛泽东《关于正确处理人民内部矛盾的问题》，同时阅读一些马列经典著作和党的其他文件。市委抽调6人组成学习办公室，负责编印《学习导报》、组织各单位交流学习心得、反映学习动态等工作。同年7月，市委作出大搞理论学习的决定，群众性的学习运动在全市铺开。7月8日，株洲机厂成立全市第一个工人学哲学小组。其后，各单位相继办起群众性的党校、红专学校及各种训练班700余所，参加学习达7万多人次。全市共有兼职理论教员866人。8月16日，市委机关理论刊物《湘江》创刊。11月起，市委宣传部组织县以上干部，学习《苏联社会主义经济问题》和《马、恩、列、斯论共产主义社会》2本书，后又增加中共八届六中全会文件和《政治经济学教科书》。历时3个月。

1959年2月，市委成立以第一书记为组长、书记和宣传部部长为副组长的理论工作领导小组，成立编制为5人的学习室，加强对全市理论工作的领导。7月27日，市委作出《关于干部理论学习的决定》，至11月底，全市有9万多名职工参加此次学习，占职工总人数的90%以上。

1960年1月，市委号召全市学习毛泽东著作，98%的干部、95%的工人、50%的农民共20多万人参加了《矛盾论》《实践论》《关于正确处理人民内部矛盾的问题》等毛泽东著作的学习。3个月时间内，市新华书店发售毛泽东著作90多万册。这次学习，成立工人讲师团40多个，有工人讲师和辅导员600多人，共作报告28场，听众达2万人次。各工厂组织广播讲座，或办红专学校。全市出现业余党校、团校100余所，红专学校250余所。许多工人还自发成立"毛主席著作学习院""学习毛泽东思想研究小组""红旗读书站""上游读书站"等，系统学习毛主席著作。

1963年4月，在干部中组织学习反对现代修正主义的文件，以《再论陶里亚蒂同志同我们的分歧》一文纲目为线索，以毛泽东著作为主要内容，了解什么是修正主义，马列主义与现代修正主义在当代国际政治问题上的分歧，明确现代修正主义产生的根源及其危害性。从5月份开始，在农村区社干部中，系统地开展阶级斗争基本知识学习。7月，为配合"社教"和"五反"运动，市委组织全体干部再次学习《实践论》《矛盾论》《关于正确处理人民内部矛盾的问题》《人的正确思想是从哪里来的？》等毛泽东哲学著作，学习马克思主义认识论。

1964年4月，市委制定贯彻省委《关于组织全党重新学习马克思列宁主义、毛泽东思想的决定》的意见，成立毛泽东思想研究小组和6个高级学习组。全市共成立学习小组4136个，市区参加学习的人数达47269人。1965年1月，首次召开300余名代表参加的全市学习毛泽东著作先进单位、积极分子代表会议。

"文化大革命"初期，在林彪鼓吹"天才论"，搞个人崇拜的影响下，各级党委把活学活用毛主席著作摆在高于一切、大于一切、先于一切、重于一切的位置上，大搞讲演会，插"红旗"树"标兵”。1973 年市委恢复后至 1975 年 7 月，各级党委把学习无产阶级专政理论当作首要任务来抓。

“文化大革命”10 年中，《人民日报》《解放军报》《红旗》杂志发表的“两报一刊”社论，毛泽东的“最新指示”等成为全市理论学习的经常的、具体的内容。消息一到株洲市，市革委会就以“只争朝夕”的精神立即宣传贯彻，做到“早不过午，晚不过夜”。而市革委会党的核心小组则每学一个观点就批判一种“错误思想”，且具体联系到一批人受整。以此为榜样举办的各类“毛泽东思想学习班”，是当时主要的学习组织形式，被称为“破私炉”“炼忠炉”。仅 1968 年，全市就举办这种脱产学习班 1.9 万多期，参加人数达 83.70 万人次。有个时期，全市机关、工厂实行“天天读”，学习“老三篇”(《为人民服务》《愚公移山》《纪念白求恩》)，后又演化为“向毛主席‘早请示、晚汇报’”。从 1971 年起，结合“批林整风”“批林批孔”，全市干部群众学习的书目有《反杜林论》《共产党宣言》《法兰西内战》《唯物主义与经验批判主义》《国家与革命》《哥达纲领批判》《帝国主义是资本主义的最高阶段》和毛泽东 5 篇哲学著作。但学习未系统进行，只选学其中部分章节，或寻章摘句。

1977 年 4 月，市委召开全市理论工作会议。尔后，全市干部学习《毛泽东选集》第 5 卷，继续通读前 4 卷。全市工矿企业普遍建立厂级、车间级、班组级的三级理论辅导网。农村乡村有理论小组，生产队有辅导员。2 个多月内《毛选》第 5 卷共发行 11.79 万册。全市县以上单位共举办各类学习班 6550 期，培训理论骨干 1.05 万人次。到年底，全市 543 名县、局以上单位党委中心学习组成员，全部读完《毛选》第 5 卷，全市 90% 的干部读完第 5 卷，60% 以上的干部读完 1 ～ 4 卷，共写学习心得笔记 45.3 万余篇。有 9.1 万人参加各种学习班。

1978 年 5 月，《光明日报》发表特约评论员文章《实践是检验真理的唯一标准》。随后，全市一些基层单位自发进行学习讨论。1979 年，遵照中共中央强调在真理标准讨论上来一次补课的要求。8 月下旬，市委召开进一步开展真理标准讨论的动员大会。发出《关于深入开展真理标准问题学习讨论的安排意见》。9 月，举行全市宣传干部真理标准讨论会，与会 117 人。1979 年，根据邓小平在党的理论干部务虚会上的讲话精神，自编教材，在全市进行“坚持社会主义道路、坚持无产阶级专政、坚持共产党的领导、坚持马列主义毛泽东思想”（简称“四项基本原则”）的教育。

1978 年冬，全面学习中共十一届三中全会精神，为实施党的工作重心全面转移到经济建设中心上来扫清思想障碍。

20 世纪 80 年代初，全市以经济理论为学习重点。1981 年，市委宣传部和市委党校以《马克思关于再生产的理论》《陈云同志文稿选编》和薛暮桥《中国社会主义经济问题研究》为主要教材，培训 90 多名辅导员，加深对国民经济实行调整方针的认识，提高按经济规律办事的自觉性。1982 年，市委中心学习组以《陈云同志文稿选编》为主要学习内容，着重领会陈云关于经济建设的指导思想，讨论如何从株洲市实际出发，搞好工业建设。学习中，各级领导干部认真领会“从实际出发，量力而行”的经济思想，对过去经济工作中“左”的影响作了进一步清理，分析了株洲的优势和特点，确定了株洲经济建设的发展方向。

1983年，全市干部开始学习《邓小平文选》，要求县以上干部通读，中层干部重点学习28篇文章，一般干部学12篇。在学习中，一些单位还组织“学习心得演讲比赛”“读书演讲比赛”“求知竞赛”等活动。至11月20日，全市县以上干部有752人读完《邓小平文选》，占总数的82.5%，举办科级以上干部读书班233期，学员达6363人。

1984年，根据中宣部《关于干部马列理论教育规范的规定》，株洲市按干部的不同层次，规定不同的课程，要求至1990年分别达到大、中专学历水平。10月下旬，组织全市干部、职工学习《中共中央关于经济体制改革的决定》。针对物价改革、发展商品经济、价值规律等问题，还学习了商品经济理论。1985年下半年起，市委常委恢复中心组的理论学习，规定每月25—27日为理论学习日；县以上单位党组织也相应规定学习时间。同时，市委发出《关于加强干部马克思主义基本理论学习的决定》，对学习内容、时间、经费和考核办法作了具体规定。1987年3月，进行四项基本原则的学习教育，开展反对资产阶级自由化的斗争。以《坚持四项基本原则，反对资产阶级自由化》和邓小平《建设有中国特色的社会主义》为主要教材。

1988年3月，召开全市开展生产力标准讨论动员大会。全市共办各类试点84个，召开经验交流会50多场次，重点抓县以上单位领导干部的学习讨论。党校举办6期县级干部研讨班，570名干部参加学习，写论文544篇。全市共办党员骨干研讨班650多期，培训骨干近3万名。

1989年，遵照中共十三届四中全会的要求，对1983年机构改革后的工作进行全面总结和反思。年底，市委作出《关于组织全市党员干部学习马克思主义哲学的决定》，要求全市党员干部用1年时间，认真读马列原著，掌握实事求是的观点和方法。并在株洲县、南方航空动力机械公司、冶炼厂、车辆厂进行试点，先后9次到试点单位总结经验，向全市推广。

1990年3月底，全市县以上单位党委学习中心组普遍健全了制度，配齐理论专干和辅导员。6月份起，学习《关于社会主义若干问题学习纲要》。9月，把学习哲学与学纲要相结合，在市委党校举办5期轮训班，轮训县团级以上干部552名。此做法受到省委宣传部的肯定和推广。

1991年3月，江泽民视察株洲，对株洲的工作作了重要指示。市里专门发出通知，对学习江泽民的指示进行了部署。市委宣传部还专门召开学习江泽民视察湖南重要讲话理论座谈会，着重就关于加强政治理论学习和研究的重要指示进行研讨。7月，新修订的《毛泽东选集》(1～4卷)再版，全市再次掀起学习“毛选”热潮。同时，对江泽民在庆祝中国共产党成立70周年大会上的讲话和在全国科协四大上的讲话，进行中心组集中学习和脱产办班专题学习。

1992年，将邓小平视察南方重要讲话和中央政治局会议精神作为中国特色社会主义理论教育的核心来学。据不完全统计，全市县以上单位举办的各种学习班、研讨班近500期，理论研讨会400余场，并通过各种传媒进行广泛宣传。为把学习引向深入，在全市范围内开展了进一步解放思想、更新观念的大讨论，参加讨论的干部达2万人次。

1993年，市委举办了2期县以上干部学习《邓小平文选》第3卷和中共十三届四中全会精神读书班，共600余人参加学习。全市各级党组织以210所基层党校为依托，举办培训班、讲座1987期，研讨班、演讲会12367期。并把理论学习与社会实践相结合，围绕建设中国特色社会主义的政治、经济、文化等诸方面的实际问题，特别是建设社会主义市场经济体制的问题，召开了10次理论研讨会，在省以上刊物发表研究成果47篇。

1994年，全党开展现代科学技术知识的学习。根据上级通知精神，株洲市要求各级领导干部，特别是40岁以下的跨世纪的年轻干部带头学习现代科学技术知识，将国家科委组织编写的《现代科学技术基础知识》作为入门教材，全市科以上干部人手一册。同年初，市委召开学习《邓小平文选》第3卷再动员大会，在市委党校举办2期“邓选”研讨班和2期学习中共十四届四中全会决定研修班，市级领导分批跟班学习。在学习中，注重联系株洲的实际，解决株洲的问题。并开展株洲市策研究，以及株洲精神、株洲干部形象、株洲文明城市建设奋斗目标的研讨。

1995年，把建设有中国特色的社会主义理论学习同研究株洲市情、探讨株洲市策相结合，先后组织了“农业安市”“企业富市”“科教兴市”“商贸活市”“依法治市”五项大型市策研讨会，联系株洲改革开放和经济建设中的实际问题，统一思想，制定对策。在当年全省领导干部理论学习考核评比中，株洲市得分排名第一。同年5月，株洲市成立邓小平理论研究会。

1996年，市委发出《关于在全市开展学习〈邓小平文选〉“四进四入”活动的通知》，要求学习《邓小平文选》进乡村入农户、进厂矿入班组，进学校入课堂，进街道入居民。全市共发行《邓小平关于建设有中国特色社会主义论述》80万册，100多万基层干部群众参与了学习，对解放思想、更新观念，深化改革开放，促进各项工作起到了推动作用。同年，成立以市委书记为组长、市委副书记为副组长的株洲市实施“先导工程”领导小组，召开实施“先导工程”动员大会，解决领导干部适应社会主义市场经济和驾驭市场经济能力、解决广大党员群众理解和支持社会主义市场经济新体制的问题。1997年，全市组织宣讲团下基层宣讲中共十五大精神500余场次。

1998年7月，就继续学习邓小平理论作出安排部署。市委中心组率先开展每个中心组成员联系一个县市区、联系一个工厂、挂一个贫困村、办一件实事、围绕一个调研课题撰写一篇调研文章的“五个一”活动。这既带动了全市的学习，又推动了全市的工作。1999年5月，由市委宣传部与中国社科院经济所共同举办的“中国经济发展与社会进步高级研讨会”在株洲召开。来自全国18个省市的100余名代表参加了会议。在研讨会期间，举办了“株洲市经济发展咨询理论座谈会”，邀请理论专家共商株洲发展大计。2000年，组织学习“三个代表”重要思想，先后举办2期县级干部读书班。

第三节　政治思想教育

一　社会主义思想教育

1954年7月，市委组织工人、居民宣传员167人，向群众宣讲《中华人民共和国宪法（草案）》，组织报告员23人作报告31场，使全市公民了解制订宪法的重大意义以及宪法与各阶层人民的关系。

1954年秋，市委制定《关于加强地方国有工厂政治工作的计划》，围绕企业生产计划制订党的工作计划，同时领导工会、共青团统一思想、统一组织力量、统一安排时间，对各个时期、各个方面职工的思想动态进行调查研究，提出教育内容和具体措施。在农村，主要开展互助合作教育。

1955年，国家重点工业项目基建工作全面展开，工人数量激增。针对工人的思想状况，主要向不同工种工人进行社会主义和工农联盟教育，贯彻劳动定额和稳步推行计件工资的思想工作，自下而上建立政工机构，切实关心工人生活福利和施工安全，清理工人队伍，提高工人的政治警惕、阶级觉悟和劳动热情。1956年年底，在一部分基建、工厂、技校等单位中，曾一度出现少数职工闹工资、闹待遇现象，同时，发现有些职工还有贪污盗窃、赌钱、嫖娼等不良现象。针对这些情况，在全市范围内开展全面的社会主义教育活动。

1958—1959年，结合总路线教育，在全市干部职工中开展以共产主义为主题，以新工人为重点的思想教育活动。株洲机车厂于1958年6月招收了3177名徒工，工厂党委成立“新工人培训委员会”，从加强入厂前政治教育入手，对徒工分5期进行集中教育，教育内容有形势教育、劳动教育、忠诚老实教育、服从组织教育等。在方法上，特别注重依靠老工人教育新工人。同年12月，全市又普遍开展关心职工生活，使工人吃好、睡好、生产好的“三好”活动，对经济困难的职工家庭进行补助或救济，研究解决新工人的吃饭、穿衣、住房问题。1959年1月，市委第一书记马壮昆作《加强对新工人的思想政治教育，培养一支有觉悟、有组织、有纪律的工人阶级队伍》的报告。嗣后，成立徒工教育领导小组，在田心机厂、铁路地区、331厂、五公司三处、601厂、株洲冶炼厂、株洲电厂等单位召开系列以教育徒工为主要内容的现场经验交流会、专题研究会。运用报纸、广播在全市树立三年如一日的杨运连、朱久莲为学徒工标兵，表彰优秀徒工，同时发起创“五好”竞赛活动（即思想好、劳动好、学习好、团结互助好、生活安排好）。经过思想教育，徒工的精神面貌发生显著变化。湘江机器厂3800多名徒工，原来思想表现好、劳动好的只占25%，经教育后，上升到70%。有半数徒工的长江工具厂402工段是出席全国青年积极分子大会的模范单位。

1960年，在国民经济暂时困难时期，有的职工不安心工作，劳动纪律松弛，出现小偷小摸、投机倒把等违纪现象，社会治安混乱，刑事案件增加。6月14日，市委发布《关于在“三反”运动中对广大工人群众进行一次系统的社教的意见》，对工人进行为谁劳动、爱护国家财产、爱厂如家、巩固工农联盟、组织性纪律性、共产主义道德品质和法制等教育。在农村对党员干部进行整党整风，广泛发动群众展开辩论，使群众理解走集体化道路的优越性。在工厂加强班组政治工作，建立以党小组长为首、由党政工团小组长和老工人组成领导核心，组织工人学习和讨论党的方针政策、研究生产上的重大问题，分析职工思想动态。

1962年上半年，在国家调整、压缩经济建设规模时，职工情绪又出现波动。株洲车辆厂863名职工，有109人不安心，6月份生产计划只完成35%。据此，11月13日市委决定对全市党团员、干部和群众进行一次国际主义、爱国主义、社会主义和集体主义教育，扎扎实实开展增产节约运动。株洲机械厂摸索出“总支书记、厂长为首，各级干部层层包干负责，广泛与职工交知心朋友、支持一人一事地解决问题”的经验。2 个月内，与全厂 65% 的职工进行谈话，党政工团 12 名领导干部分成 4 个访问小组，访问职工家属 107 户，动员 14 户家属计 34 人回乡生产，为 13 户家属安排工作，调解了 8 户家属的夫妻关系，对生活特困户给予补助。通过这些工作，职工情绪得以稳定，出勤率由 80% 上升到 90% 以上。

1966 年上半年，各机关单位集中 2 个月时间，开展“突出政治、高举毛泽东思想伟大红旗”的大辩论。市公安局、财政局、建设银行先行一步，对干部、职工中存在的“业务好就是政治好”“政治是软任务、业务是硬东西”“政治与我无关”“出身好可以自来红”“公安机关是搞阶级斗争的，搞好业务工作就是突出了政治”等认识和观念开展辩论。下半年，在“文化大革命”中，市委被迫停止工作，正常的思想工作秩序被打乱。

中共十一届三中全会后，全国进入改革开放新时期，在全党工作重点转移、强调用经济手段管理经济的形势下，许多政工干部认为以生产为中心，政治宣传工作没搞头、没前途，思想政治工作出现松劲现象。1979 年 1 — 5 月，市委连续 7 次召开全市宣传工作会议，强调要加强思想政治工作。

1980 — 1981 年，市委多次召开全市思想政治工作会议，在全市开展坚持“四项基本原则”教育，重点解决部分群众的“信仰危机”。

1983 年机构改革中，部分单位出现压缩政工机构、轻视政工人员现象。下半年，市委召开 1300 多人参加的全市职工思想政治工作会议，学习中央关于思想政治工作问题的有关文件精神，总结正反经验。同时，市委组织 9 个检查团、21 个分团，对 72 家县团级单位和 209 个独立科级单位的思想政治工作情况进行全面检查，帮助基层总结经验、制定措施、改进方法。1984 年，全市各单位建立健全了思想政治工作会议、职工思想分析、思想政治工作检查评比、政治工作日志及政治报告员、宣传员等各项制度。

1984 年 9 月，市委召开有 950 人参加的职工思想政治工作座谈会，就如何做好改革中的思想政治工作和如何以改革的精神做好思想政治工作改革进行讨论。随后，全市开始根据思想政治工作自身改革的思路，抓“转轨变型”，由以阶级斗争为纲转到以经济建设为中心，由说教型转变为服务型。探索思想政治工作的目的是更新观念和工作方法科学化。

1986 年 3 月，市委在全市思想政治工作会议上，号召全市人民学习过德生式的坚韧不拔、锲而不舍的愚公精神；彭祝玲式的敢干敢拼的主人翁精神；黄道芳式的勇攀科学高峰的拼搏精神；孙明道式的生命不息、奋斗不止的献身精神；尹玉明式的扎扎实实、埋头苦干的老黄牛精神。并把他们的典型事迹广为宣传。1987 年，有 56 家企业开展思想政治工作改由厂长全面负责的体制改革试验。1989 年，全市各级党组织结合贯彻《企业法》和《中共中央关于加强和改进企业思想政治工作的意见》，致力于建立适应厂长负责制的“大政工网络体系”。

1990 年 2 月，市委成立“三推活动”领导小组，组织全市自下而上推荐焦裕禄式的干部、雷锋式青年、“铁人”式工人共 700 余人。最后审定为市级焦裕禄式干部 3 名，雷锋式青少年 10 名，“铁人”式工人 5 名，经省委“三推办”审定，株洲冶炼厂工人易铁鑫为全省学习的“铁人”式工人，钱小平、孙明道列入全省 50 个典型的行列。同年 3 月，市委决定城乡同时开展一次系统的社会主义思想教育。

在工矿企业，向广大青工宣讲没有共产党就没有新中国、只有社会主义才能救中国的道理，组织青工学习马克思主义哲学、《社会主义若干问题纲要》，增强反对资产阶级自由化的自觉性，粉碎帝国主义“和平演变”的阴谋等理论。结合教育，广泛开展移风易俗和学雷锋、树新风活动。在3月学雷锋活动月中，据对77个单位不完全统计，参加活动达28万多人次，仅茶陵县城统计做好事、实事达2300件次。

1991年1月，市委发出通知，要求进一步健全思想政治工作机构、加强政工队伍建设。在农村社会主义思想教育中，普遍开展了社会主义优越性教育、形势教育和农村方针政策教育。配合中国共产党成立70周年，在城乡广泛开展了党史、党的形象和党的领导的教育。在农村，抓党员冬训，共培训党员8.5万人，占党员总数的92%。在城市广泛开展“怎样做一个合格党员”的教育和“重温入党誓词”活动。3—6月，全市共举办党的基本知识大奖赛近2000场次，受教育面达14万多人。

1992年，结合学习邓小平同志视察南方重要讲话，突出对党员进行党的基本路线教育、党史党建理论教育和十四大精神的教育。采取看党史资料片、基层党校轮训、参观革命纪念地等方式，使全市95%以上的党员受到了教育。同时系统地学习中国特色社会主义理论，要求企业党组织必须按照“发挥政治核心作用，围绕生产经营开展工作”，进行相应的改进。

1993年，是毛泽东诞辰100周年。全市上下采取各种形式缅怀伟人业绩、学习领袖风范。陈伟红、黄庆辉、王志良、龙飞、陈来斌5位青年，耗时7个月，自费25900元，用千余斤宣纸手书《毛泽东选集》（1～4卷），作品总长2800米，被上海吉尼斯总部确认为全国最长的行书墨迹书法作品，并珍藏于韶山毛泽东纪念馆。12月，市委还举行“毛泽东同志诞生100周年”报告会。

1995年，在全市党员中普遍开展“艰苦奋斗、建功立业”活动，举办“艰苦奋斗、建功立业”征文、评选艰苦创业明星、拍摄3部《艰苦创业》的专题电教片。在农村，开展“群众在我心中”的活动，组织党员开展“三查三看”：查对群众感情深不深，看为人民服务的宗旨树得牢不牢；查工作作风硬不硬，看党的群众路线坚持得好不好；查廉政意识强不强，看艰苦奋斗的作风实不实。这一活动全市共推出艰苦创业的典型单位240余个、个人127人。经过筛选，有14个先进典型上报到省里，并分别采写了通讯文章在《湖南日报》发表，弘扬艰苦创业的精神。

1996年，重点组织了对拼搏奉献的优秀科技工作者、株洲电力机车研究所高级工程师王于化，舍己救人的好青年张骞，复式教育创立者、炎陵县特级教师马安健等一批各条战线的英雄模范人物的宣传和报道。其中，王于化典型事迹的宣传产生巨大影响，《湖南日报》作了重点报道。市委、省委分别作出向王于化学习的决定，中央多家新闻媒体报导了他的事迹。王于化先进事迹报告团在全市、省直机关、省科技界巡回报告31场。王于化被评为1996年湖南“十大新闻人物”之一。

1997年年初，下发《关于在全市开展社会公德、职业道德和家庭美德教育活动的实施意见》，举办2期县以上单位宣传部长、政工科长“三德教育”读书班，编辑出版《株洲市“三德”教育手册》，在全市发行12万册。

1998年2月，市委发出在全市实施“跨世纪全民素质教育工程”的决定。决定以解放思想为核心，切实提高全民的思想政治素质；以职业教育为重点，全面提高公民的道德法纪观念；以科技教育为龙头，着力提高公民的科技文化素质。用3年时间分步实施。市委召开2次动员大会，层层签订责任状。报纸、电台、电视台开辟专栏、专题，发稿1000余篇。特别是对一些不文明行为曝光，引起社会强烈反响。

1999年，以唱响祖国颂、社会主义颂、改革开放颂为基调，组织参加了“辉煌50年”湖南两个文明建设成就展，举办“祖国颂”群众合唱比赛，开展“爱祖国、爱湖南、爱家乡”读书活动。各部门还精心组织了“庆国庆、迎回归”文艺晚会、座谈会、报告会、演讲会、读书知识竞赛、征文活动和迎接新世纪大型灯展。营造了团结奋进的良好氛围，弘扬了自强不息、崇尚统一的民族精神。市委把1999年定为跨世纪全民素质教育工程的强化年，着重在“管理、规范、教育”上下工夫。

2000年，市委发出“加强和改进思想政治工作的意见”。就社会主义市场经济条件下，从讲政治的高度认识思想政治工作的重要性；坚持正确的指导思想和方针原则；把握思想政治教育的主要内容；把思想政治工作的着重点放在基层；建立健全思想政治工作的运行机制和加强政工队伍建设；增加政工经费投入等一系列问题作出规定。建立市委思想政治工作联席会议制度，统一协调、指导全市思想政治工作。

二　思想政治工作研究

1983年11月，株洲市塑料厂成立株洲市第一个职工思想政治工作研究会。12月中旬，市委书记曹伯纯在全市企业思想政治工作会议上提出：思想政治工作是一门科学，有自己独立的工作业务和理论研究。要求企业党委的领导和政工干部在抓好日常工作同时，要抽出一部分精力进行思想政治工作的理论研究和业务研究。1984年3月，株洲市职工思想政治工作研究会成立，首批会员有57人。政研会主要任务是进行政策研究、决策研究、理论研究和形式方法的研究。至1990年，全市有基层政研会组织56个，团体会员29个。

政研会成立后，先后专门召开市管县理论、横向经济联系、政工体制调查等研讨会。市委先后给政研会下达“企业扩权后的党委工作和思想政治工作”“如何建立和完善企业思想政治工作新体制”“如何运用生产力标准的观点改进思想政治工作”等一系列课题，将研究成果作为市委决策的参考，指导实践。

1986年，在全省思想政治工作经验交流会上，省委副书记刘正肯定了株洲政研会刊《开拓》的成绩，指出是“名副其实地进行了大量的研究探索工作，办成了推动全市思想政治工作的重要阵地”；中共中央书记处书记邓立群、全国政研会副会长赵荫华分别为《开拓》和南方航空动力机械公司政研会会刊《进击》题词。

政研会重视超前研究。企业思想政治工作新体制的理论研究和探索性实践，从1987年开始，提出思想政治工作应该由厂长统一抓；设立政工副厂长，党内兼任党委书记；作为副厂长在思想政治工作方面向厂长负责，作为党委书记，在企业党委内负全面责任，维护厂长一把手的地位。全市先后有14家企业按此模式实行。

1994年，为使思想政治工作落实到基层，真正达到调动职工积极性的目的，市政研会围绕班组思想政治工作这一课题，进行2个月的调查研究，分别对不同行业、不同企业的52个班组思想政治工作的现状、成功经验、存在问题和解决问题的办法，进行深入细致地调查研究，形成一组完整、系统的班组思想政治工作调查报告。重点总结推广株洲车辆厂从党委到分厂、到车间如何重视和做好班组思想政治工作的经验。并代市委起草《班组思想政治工作条例》，以市委的文件发到企业。

市职工思想政治工作研究会从1983年成立以来，连续十多年被评为全国优秀政研会，其主要工作是围绕企业改革中出现的新课题，进行专题调查研究，既提供典型引路，又在理论上有所创新。1993年，"市场经济条件下的企业思想政治工作"的专题调研，收到论文80多篇，50多篇在省、部级刊物上发表，2篇获全国政研会优秀论文奖。1994年，"现代企业制度与企业党建"的专题研讨，收到论文500多篇。1996年，开展"市场经济条件下的职工思想道德教育"专题研讨，对33家企业、3500多名职工进行了思想道德状况的问卷调查，掌握第一手材料。专题研讨收到论文和调查报告600多篇，其中评出优秀论文105篇。1997年，组织会员用2个月的时间，对20多家特困和困难企业的1万名下岗职工的心态作了一次调查，组织下岗职工再创业报告团，推荐一批下岗后自谋职业的典型，写出了如何做好下岗职工思想政治工作的调查报告，在省和全国有关会议上发表，受到好评。1999年10月，全国23城市思想政治工作网络会在株洲召开，中宣部常务副部长、全国政研会常务副会长徐惟诚到会并作报告。

第四节 精神文明建设

1979年10月，中共中央提出精神文明建设的口号。1981年3月，市总工会、团市委、市妇联响应全国总工会、共青团中央、全国妇联等9个单位联合发出的《在全国开展文明礼貌月》的倡议，在职工群众特别是青少年中，开展"学雷锋、树新风"活动。3月17日，市委召开"深入开展讲文明、讲礼貌、讲卫生、讲秩序、讲道德和心灵美、语言美、行为美、环境美为内容的'五讲四美'活动，努力建设社会主义精神文明"的动员大会。半个月内，全市共举办报告会、讲座1367场，出黑板报4002期，简报222期，广播稿件3456篇，演出文艺节目686个，制幻灯片667块。4月开始，以搞好全市清洁卫生为突破口，开展文明礼貌活动。市财政拨款92.09万元，修建4个垃圾转运站，1个垃圾堆放场，86个垃圾堆围子，增发4部垃圾清运车，在市区新建7个"三无"厕所。到9月底，全市参加学雷锋做好事的达21254人次，拾金不昧的有1.218万件，金额5.21万元，义务加班9.1万小时，修旧利废节约开支5万余元，利用业余时间出货郎担1000多人次。

1982年3月，把解决"乘车难"作为全市第一个文明礼貌月活动的重点。市直机关干部到公共汽车公司帮助清洗车辆，派人员到车站值勤，并在旅客乘车高峰期启动备用车辆，缓解了拥挤现象。治理“脏、乱、差”，共组织8次全市统一行动，出动60万人次、机动车辆2000余台，清除垃圾7万多吨，清理堆物392处，清理了株洲的“龙须沟”——建宁港，疏通污水沟35万米；整顿9个农贸市场，增加4个临时集贸点，整顿了街头商业点、维修点，清理路障87处，设立厂矿交通车站24个，加强影剧院、车站、码头等公共场所管理；商业、服务、交通、医疗等行业，围绕提高服务质量、改进服务作风，开展多种形式的文明礼貌活动。“雷锋小组”“为您服务队”“送温暖小组”“文明班组”“文明车间”“最佳营业员”“最佳服务员”“最佳护士”“五好家庭”“五好宿舍”等活动组织和个人大量涌现。

1983年上半年，借鉴河北保定经验，在醴陵市开展文明村镇建设试点工作。文明村镇建设，主要是治理“脏、乱、差”现象。提倡节俭，反对大办婚丧事；提倡男女平等、敬养老人，反对歧视虐待妇女、老人；提倡科学，反对封建迷信；提倡健康的文娱活动，反对赌博。从下半年开始，在城市开展文明班组、文明车间、文明工厂、文明商店、文明机关、文明学校、文明街道、文明宿舍、五好家庭等活动，为把株洲市建成“政治安定，经济繁荣，道德高尚，文化发达，环境优美，生活方便”的文明城市，1984年2月中共株洲市委成立精神文明建设领导小组，5月召开全市建设文明城市理论研讨会，对“24字目标”进行专题论证。

从1984年下半年开始，株洲市从思想教育，宣传共产主义理想；开展创文明宿舍、建“五好”家庭竞赛；注重发挥居委会在治理“脏、乱、差”中的作用；抓优质服务；抓职工教育阵地，建设人才苗圃；抓机关建设，以党风带民风；要求机关和领导干部，牢固树立为基层服务、为群众服务的观点，克服官僚主义，关心群众疾苦，深入基层，深入实际，改变环境卫生面貌；抓规章制度建设；抓服务设施，创造方便群众的条件等8个方面开展文明城市建设的基础工作。全市各单位组织以爱国主义为内容的报告会3800多场次。厂矿普遍开设《中国工人阶级》《中国近代史》等课程，对职工进行系统的共产主义教育。全市建立各类读书小组6400多个；市区有5000栋宿舍、10万户家庭参加文明宿舍、建“五好”家庭竞赛活动；狠抓职业道德教育，推动车站、码头、影院、商店、学校、医院、邮局、公园等十大场所进行治理。逐步建立健全规章制度，其中建立每月逢10、逢25进行大清扫的卫生日制度，居委会与管区范围内的单位签订“门前三包制度”“检查评比制度”等。1985年6月，株洲市“五讲四美三热爱”（热爱党、热爱祖国、热爱社会主义）活动委员会办公室正式成立。

1986年，市委、市政府先后下发《关于加强文明村镇建设的意见》《适应改革形势、努力提高文明村镇建设水平》等文件，把“政治安定，经济富裕，精神文明，整洁卫生”作为文明村镇建设的目标，实行“目标管理”“层次展开”“分类指导”“建档立卡”。株洲建设文明村镇的做法，在1988年全国部分省、自治区、直辖市农村思想政治工作调查汇报会上作了介绍。

1987年，成立株洲市文明城市建没指导委员会办公室，撤销“五讲四美三热爱”委员会办公室。1988年12月，市委在六届十一次会议上发出“广泛开展学雷锋活动，树立社会主义新风尚”的号召，全市开展了多种形式的“学雷锋，见行动，为民服务”活动。1990年2月，市工商局、个体劳动者协会组织万余名个体户开展义务服务活动，仅市区接受服务的对象就达7100余人次；3月，株洲军分区、陆军预备役师组织万余名人武干部、民兵、预备役军人开展服务活动；市总工会、团市委、市妇联组织10万干部、群众以及中、小学生上街、到户学雷锋做好事。几个月内，全市参加为民服务活动达29.5万余人次。全市有26万户家庭参加“五好”家庭竞赛。在城市开展“创文明城市、做文明市民”活动；在党政机关开展“反腐倡廉，勤政为民，多办实事”的表率杯竞赛；在企业开展提高职工素质、培养企业精神活动。在全国精神文明建设工作会议上，株洲市介绍了精神文明建设情况。

1991年，在全市广泛开展“满意在株洲、满意在单位、满意在岗位”活动，塑造了株洲整体文明形象，激发了全市人民热爱株洲、热爱单位、热爱岗位的热情。同年，设立“株洲市见义勇为奖励基金”，每年用基金利息表彰奖励全市见义勇为的先进人物。次年，在全市城乡全面推行“双文明”建设目标管理责任制。全市还分行业、战线开展“十佳岗位能手”“十佳公仆”“十佳政法干警”“十佳服务明星” “十佳城市美容师（环卫工人）” “十佳园丁” “十佳白衣天使”的评选活动。在农村广泛开展“走致富路，创小康户，建文明村”竞赛，参赛村1829个，占全市行政村的78%。各地还重点抓示范村建设，其中县级领导干部示范村93个，乡镇领导干部示范村300个。

1993年，按照群众参与的原则，广泛开展警民共建、军民共建、厂校共建、工农共建等精神文明建设活动。全市50家大型企业、67个机关团体、36所科研院所和52个事业单位与1126个村建立了共建关系，共建点新办企业2528个，安排劳动力76253人，整修小水利工程8830处，新建果园6133.34公顷，新修简易公路6200千米。市见义勇为基金会和市财政共拿出26500元，表彰了32名见义勇为的先进代表。

1994年，在全市开展“株洲精神”大讨论活动。株洲作为中华民族始祖炎帝的安寝地、井冈山革命老区和新型工业城市，为弘扬中华民族的创业精神、井冈山革命精神和时代进取精神，激发广大干部群众的爱市意识，市文明委向全市各界和广大人民群众征集“株洲精神”的表述，得到广大干部与群众的积极响应和参与。3月，“社会稳定、经济繁荣、科教发达、法制健全、市民文明、环境优美”被定为株洲文明城市建设的目标。并编写《株洲市市民文明手册》，向市民发放4万册。年内，全市评选出省文明单位8个。配合国际家庭年活动，评选出乡以上“五好家庭”83265户，“双文明”户4866户，遵纪守法户83420户，科技示范户2361户。1995年2月，根据全市“株洲精神”大讨论和专家意见，市委常委会议决定株洲精神为：“开拓奉献、创业争先”。为推动文明城市建设方针的落实，全市广泛开展了创建文明小区活动，城区制订了近、中、远期规划和实施方案，7个小区被评为文明建设先进单位。同年，开展整顿文化市场和“扫黄，打非”专项斗争，收缴各类非法音像制品2080盒，非法出版物12289册，查处各类违法案件15件，处理违规违纪文化经营户200余家。茶陵县虎踞镇光荣院被国家民政部授予“全国文明光荣院”称号，株洲芦淞服装市场连续3年获“全国文明市场”称号。

1996年，市委决定在全市实施精神文明建设“五个一工程”，内容包括一部好电影、一部好广播电视剧、一台好戏、一本好图书、一篇好理论文章、一条好新闻、一件好文学作品、一幅好摄影作品、一幅好美术书法作品、一首好歌等。为了推动精神文明创建活动，确定在全市开展创文明小区、文明村镇、文明窗口、文明机关、文明家庭、争当文明公民为主要内容的“五创一争”活动，确定重点抓的4个小区、6个村镇，公布33个窗口示范点的服务承诺内容及监督电话。是年，城区创建文明小区12个；农村“双文明户”38046户，遵纪守法户562855户，科技示范户31306户；“五好家庭”39984户；株洲市被湖南省人民政府、省军区授予“双拥模范城”称号。

1997年上半年，市委发出《株洲市“九五”期间社会主义精神文明建设规划》，要求全市各单位要按照中共十四届六中全会要求，把握经济建设这个中心，搞好物质文明建设的同时，把精神文明建设提到更加突出的位置。从当年7月开始，在全市开展“讲文明、树新风”活动。7—10月，主要在市区和各县市的城区发动群众、营造氛围，迎接中共十五大召开和国庆节。全市共投入3000万元，改造灯饰、下水道，增设路牌、护栏，出动40多万人次，清运废物和垃圾1万余吨。在全省“讲文明、树新风”会议上，株洲市作了经验介绍。同年，全市“五个一工程”实现零的突破，花鼓戏《红藤草》获全国“五个一工程”作品奖，歌曲《中国的思念》、理论文章《向优化结构要效益》、歌曲《买嫁妆》获全省“五个一工程”奖。11月，株洲市再次荣获国务院和中央军委授予的“全国双拥模范城”称号。株洲铁路电机学校（铁道职业学院）和驻株87452部队获中宣部、解放军总政治部联合表彰的全国军民共建社会主义精神文明先进单位。

1998年，公布了全市5个文明小区、10条文明街道、5个文明村镇、20个文明窗口、30个文明机关、7个领导机关作为“讲文明、树新风”活动创建示范点，被称为“515232工程”。以点带面推动全市“五创一争”和“讲文明、树新风”活动。

从1998年11月起，市委、市政府决定在炎帝广场每周举行一次“周周乐”广场文化活动，以提高市民的精神文化生活质量。1999年，采取“延伸辐射”的办法，推动“五创一争”活动和“讲文明、树新风”活动深入发展。由机关向基层辐射延伸，推动单位文明建设。全市各级机关，一级带一级，一级抓一级，以机关文明形象影响带动基层，推进基层文明单位创建活动，全市共涌现中央、省、市级文明单位200多个。由窗口单位向全社会辐射延伸，推动行业文明建设。全市确定公安、建设、邮政、电信、国税、地税等11个行业为窗口行业，组织市人大代表、政协委员和新闻单位对窗口单位和行业的服务态度、服务水平、服务质量进行评比、监督，促进行业文明建设。由公共场所向“背街小巷”辐射延伸，推动社区文明建设。全市40多名副市级以上领导干部和全市副处级以上领导干部，对城区主要街道和车站、广场等公共场所实行分片包干责任制，集中进行市容、市貌、交通秩序、治安秩序整顿，开展小区文明建设。由城镇向乡村辐射延伸，推动文明村建设。9月，株洲市国税局机关获全国精神文明建设先进单位，地税四分局获全国创建文明行业先进单位，攸县黄丰桥镇、株洲县雷打石镇砖桥村获全国创建文明村镇先进镇、先进村。株洲市第三次获“全国双拥模范城”称号。

2000年，由株洲市文明办、民政局、公安局、建设局、体育局、卫生局、团委、妇联、科协、老龄办牵头，在全市开展“倡导文明新风，共建美好家园”的活动。活动以社区为重点，围绕美化居住环境、维护治安秩序、丰富文体生活、普及科学知识、拓展社会服务、密切人际关系等内容开展，开展九个文明小区和文明社区“优质服务”示范活动、九个城镇绿美活动、九场大型科普活动、九个城镇秩序整顿活动、九万少年雏鹰假日小队活动、九万青年志愿者、九个城镇大型广场街道文化活动、九万家争创“五好文明家庭”、九场老年书画比赛和文艺演出的“九个九”活动。在农村“倡导文明新风，共建美好家园”活动。4月，全省群众文化工作座谈会暨广场文化活动现场会在株洲市召开，推荐了株洲广场文化的经验。

第五节 对外宣传

1986年，株洲市建立对外宣传联席会制度。全市对外宣传主要围绕“为国内社会主义现代化建设和祖国统一大业服务，为我国的外交路线、方针、政策服务，为世界和平、各国人民友谊和人类进步服务”开展工作。

涉外部门、单位制作了一批中外文对照的《独树一帜的醴陵釉下彩瓷》《株洲冶炼厂》《株洲名产》《株洲电力机车厂》《株洲苎麻纺织印染厂》等画册、面页；用外文解说《发展中的陶瓷研究所》《瓷海明珠》《今日株冶》《中国电力机车的摇篮》《潇湘之光》等录像带和录音带《重逢》、电视片《攸县掠影》等一批系统反映株洲风貌的外宣品。制作的宣传画册有《株洲》《投资指南》《工业新城株洲》《炎帝陵》等。

从1987年开始，在庆云宾馆、株洲车站贵宾室，陈列中、英、法、日、德等文种的画报、画页、杂志等10种对外宣传品，外宾可自由取阅、带走。

1988年10月，以“让世界了解株洲，让株洲走向世界”为主题，在《人民日报》海外版组办株洲专版，系统介绍株洲的外经贸现状及前景和一批外向型企业。见报后第2天，就有美国泰勒公司等来信与株洲的企业联系。同年，制作电视片《工业新城——株洲》，是株洲第一部综合介绍株洲市投资环境的电视片，在中央电视台2次播放，用日、英、中3种语言发送海外。1989年10月，省委、省政府邀请部分中央涉外记者采访报道团赴湘采访，采访了株洲市8家涉外企业和醴陵市，撰写10余篇稿件在《国际商报》《中国贸促报》《国际经济消息》和新华社等涉外台、社发表。株洲市一些优秀作品先后传到海外。

1992年，举办“湖南（株洲）国际烟花节暨经贸洽谈会”，全国和境外14家新闻媒体共230多名记者到株洲采访，5000多名（其中外宾700多名）到株洲参加洽谈会。组织国内外11家报纸开办株洲概况和经济、社会发展成就的宣传专版，扩大了株洲在海内外的影响。

1994年10月，为配合湖南各界公祭炎帝陵，株洲市在中央电视台推出《中南明珠——株洲》电视宣传片，向全国和世界推介株洲。

1995年12月，拍摄电视专题片《中国电力机车的摇篮》，在美国洛杉矶熊猫电视台展播一周，重点反映株洲市改革开放的成就和良好的投资环境。

1996—1999年，先后制作《天下第一陵》《老区新居》《韶8》《毛泽东生前用瓷》《车城人的故事》等一批外宣专题片，分别参加欧洲东方电视台、美国熊猫电视台的节目展播活动。1998

年，围绕株洲（深圳）招商引资会、中国中西部经贸洽谈会、株洲炎帝节三大活动采用文字、图片、影视等形式开展对外经济宣传。5月，在深圳举办的招商引资会，组织多家境内外媒体进行集中宣传，拍摄专题片《开放的株洲》《株洲高新技术产业开发区》在大厅进行滚动播放，使这次洽谈会共签约38项，总投资1.575亿美元，利用外资1.34亿美元。当年，为3批来自日本、挪威等国来访和2批出访乌兹别克斯坦等国赠送外宣品500余份。选送部分图片、文字资料参加湖南省海协举办的“湖南省海外巡礼”展。召开中秋节、春节侨界联欢会及迎香港、澳门回归座谈会23次，向海外发放贺年卡、圣诞卡700份。2000年，全市在省以上主要报刊发稿6000余篇，输送外宣品近万份，扩大了株洲的知名度。

第六节　理论研究

1985年7月，成立株洲市委讲师团，主要从事理论研究及为市委中心组学习服务工作。从1986年起，每年春节过后，市级领导就集中2～3天学理论，并形成制度。全年集中学习平均在15天以上，参学率达到90%以上，人均撰写论文4篇。全市95%以上的县级单位均建立党委（党组）中心组学习制度。每年举办县级干部读书班，讲师团按计划到各县市区委中心组巡回辅导，提供学习资料。

在理论研究上，鼓励教员搞科研，研究的领域和层次不断拓宽、深入。1985年，全市县以上领导干部理论学习状况调查报告在《红旗》杂志上发表，《国内动态清样》《内参选编》《人民日报》都作了报道，受到中央、省、市有关领导的重视。主编、参编公开出版的论著有14部，其中《城郊经济学》被湖南出版社作为重点书目出版，3部分别获得省第一、二、三届社会科学成果三等奖和省级优秀奖。在报刊发表论文200余篇，获市以上科研成果奖54篇，其中有4篇被中国人民大学报刊复印转载。

1990—2000年，理论研究工作坚持“用科学的理论武装人”，从抓正规化理论教育起步，逐渐转向理论专题辅导和研究，围绕党和株洲的中心工作实际选择课题。10年来，每年举办2期以上县级领导干部读书班，培训县级干部4200多人次，深入县市区委中心组授课310余次。主编、参编了向全国推介“三项”制度改革经验的《为有源头活水来》、合著《湖南的改革与发展》、主编并合著了《株洲市策论》等著作，完成“湖南农村村庄建设与湖南农村城市化道路”“炎帝文化的价值思考”“优化经济发展环境”3个省级立项科研课题；参与中组部、省委组织部下达的“关于建立领导干部理论学习考试考核制度研究”课题的调查研究等；围绕市委提出的“两新”发展思路，撰写了《正确认识新的创业，积极实践新的创业》等6篇文章。10年来共发表理论文章317篇，其中在省级以上刊物发表96篇，获市以上科研优秀成果奖78篇，其中省级以上38篇；主编、参编出版17本著作；同时，还组织征集700多篇领导干部的理论文章参加省科学社会主义学会、哲学学会、毛泽东思想研究会、邓小平理论研究会等理论学术研讨活动，并推荐其中获一、二、三等奖及优秀奖的218篇文章入编省委讲师团主编的优秀论文集。

第五章 统一战线

1949年9月初，中国人民解放军第四十六军民运部组织“株洲各界庆解支前联合大会”，成为境内统一战线工作之始。1956年6月，中共株洲市委设立统一战线工作部（简称“市委统战部”）。至20世纪60年代，由于株洲市外来人口剧增，少数民族人口亦随之增加。加强民族团结，成为这一时期株洲统战工作的重点。

“文化大革命”初期，市委统战部停止办公，1972年11月又恢复统战工作。1973年8月，设立市委统一战线工作组，负责联络工商界、少数民族和党外知识分子中的代表人士，继续做他们的思想教育工作。1979年3月，市委统战组改为市委统战部。至1987年，境内统战工作主要是全面落实党的各项统战政策，建立或恢复统一战线组织，服从并服务于经济建设。与此同时，政协株洲市委员会、各民主党派株洲市委员会、工商联都陆续得到恢复或建立。其间，1983年12月市委对台工作办公室、市人民政府侨务办公室、市归国华侨联合会归口市委统战部领导；1984年1月，设立株洲市人民政府民族宗教事务处，其业务、人事均由市委统战部负责管理。

1990年12月，株洲市统战工作领导小组成立，同时调整对台工作领导小组，与市统战工作领导小组实行两块牌子一套人马。1996年，设立株洲市社会主义学院，归口市委统战部管理。1997年，民主党派机关行政科更名为民主党派机关行政事务管理领导小组办公室，负责全市民主党派的行政事务工作，归口市委统战部领导。至2000年，境内统战工作的重心开始向团结一切可以团结的力量、调动一切积极因素为社会主义现代化建设服务的方向转变。同时，统战的服务领域逐步向经济、向基层、向海外延伸，使共产党领导的多党合作和政治协商制度进一步得到加强和完善。

第一节 统战政策宣传

1949年9月初，中国人民解放军第四十六军民运部推动组织的“株洲各界庆解支前联合大会”，下设研究组，组织各界知识分子每周六晚上学习研究《新民主主义论》。同年10月开始，组织株洲镇党内外干部和群众学习中国人民政治协商会议通过的《共同纲领》及有关新民主主义经济政策和时事。中共株洲镇委也在各种会议上向党内外干部、群众宣传党对民族资产阶级的政策，在经济上坚持“公私兼顾，劳资两利”，教育和推动政府有关部门和工人群众主动团结私营工商业者，共同为恢复和发展国民经济而努力。随后中共株洲市委向各界群众宣传贯彻1951年7月全国政协制定的《省、市各界人民代表会议协商委员会组织通则》和1952年8月中央人民政府政务院公布的《中国工商业联合会组织通则》。1952年，围绕“三反”“五反”运动进行宣传，使各界人士特别是工商界人士认清了“三害”“五毒”危害国家的严重性，揭露和批判了工商界少数人中存在的不法行为。

1953年，全市进行过渡时期总路线的宣传教育，并反复宣传对资本主义工商业改造的具体方针政策。1954年，对各界人士进行新宪法的宣传教育，推动工商界举办了700余人的骨干学习班，提高他们爱国守法的思想，其中18人被树立为典型。1955年，市委召开扩大会议和市委干部会议，宣讲中央对资改造会议精神，并向全市人民和各界上层人士作对资改造报告，在资方人员中召开座谈会，从而掀起了公私合营高潮。

全行业实行公私合营后，市委及时召开有关统战干部会议，明确指出教育工作已经成为统战工作的中心任务，要重视抓中上层知识分子和原工商业者的团结、教育、改造工作。这时期，先后2次共调派51名资从人员参加湘潭专区干校学习，又在市区工商界举办为期2个月的学习班。随后又开办工商界理论业余学校，相继组织250余人分2期学习理论和政策。

1957年5月，分别召开工商界、知识界、文教界和医卫界的代表人士座谈会，宣讲《关于正确处理人民内部矛盾的问题》。从30日起，分别召集工商业者参加专题座谈会，讨论研究“怎样看工人阶级？向工人阶级学习什么？”“要不要公方代表？”以及关于“民族资产阶级两面性问题”等。

1957年，“整风”运动发展成“反右斗争”，一些统战对象被错划为“右派”，还批判了一批有“右派言论”的统战对象，致使党内党外人士关系一度紧张。1958年，将社会主义经济建设中的“大跃进”“高速度”“高指标”等一套“左”的做法，机械地搬到统战工作中来，号召知识分子和工商业者的思想改造要“高速度”“把心交出来”，使他们精神上倍受压力。从1959年开始，先后召开3次全市统战工作会议，组织“改造资产阶级知识分子现场会”、对资改造现场会，组织工商界、知识界人士参观工厂或农村，开“神仙会”等，以“贯彻政策，调整关系，调动服务，继续改造”，宣传党的“包一头，包到底”的工商界政策。

1961年7月，对资产阶级分子、知识分子、少数民族、归国华侨进行形势教育，组织他们参加政治学校的学习，举行各种报告会、座谈会。向他们讲清国民经济遇到暂时困难的原因和农业遭受特大自然灾害的情况，坦率地说明工作中的失误和问题，从而稳定了大多数人的情绪，增强了克服困难的信心。同年，还对回民进行爱国主义民族团结教育。

1962年下半年，开始批判“大反复”（复辟资本主义），揭盖子，算老账，伤害了部分党外人士的感情。

1963年6月，召开统战工作会议，市委领导就工人阶级同资产阶级的矛盾、包下来包到底、对统战工作的认识等问题作了报告。同年底，对“吐出去”的原工商业者就收回了75%，并制止了给资方人员多付定息或不给评奖等错误做法。

1963—1964年，对工商界和知识界人士开展了社会主义、爱国主义、国际主义的教育活动。

1962年、1964年，根据中共中央统战部的要求，先后2次错误地开展了对统战工作中所谓“投降主义”“修正主义”的批判，在1965年7月召开的全市统战工作会议上，又批判了“过早消灭阶级”的错误，造成统战理论政策上和统战干部思想上的混乱。

“文化大革命”期间，统战理论政策横遭攻击，市委统战部被污蔑为“投降部”“修正主义部”，并停止了工作。

1979年12月，在全市统战工作会议上，批判了“江青反革命集团”强加在统战工作上的“投降主义”“黑线专政”谬论，大体上澄清了被“左”倾路线搞乱了的理论是非、政策是非。

1983年3月、1986年3月，先后2次召开统战理论政策宣传教育工作会议。1985年4月，举办市辖5县统战系统领导干部理论学习班。市、县委党校和各单位党训班也都将新时期统战理论政策列入干部教育的内容。

1987年3月，召开全市统战工作会议，后又分别召开全市厂矿企业、农村统战工作会议、9县市区统战部长工作会议。贯彻全国、全省统战工作会议精神，根据新时期爱国统一战线的新形势、新特点、新任务、新格局，宣传做好“两个范围”的联盟和统战工作的“三个服务”。据不完全统计，市和所辖县市区共作传达报告46场次，与会者8500人次。城市传达到各企业、街道办事处和居民委员会，农村传达到村党支部。

这次全市统战工作会议后，涌现出东区（荷塘区）宋家桥街道办事处、攸县皇图岭镇、茶陵县马江乡和株洲洗煤厂、株洲选矿药剂厂等一大批统战工作的先进典型。1988年，将全市的统战先进典型汇编成《株洲市“三胞”亲属脱贫致富经验交流会议材料》和《株洲市大中型厂矿企业统战工作经验交流会议材料》，同时还编纂《统一战线基本知识问答一百题》。这3本书共印3000册发到各基层单位，以点带面，推动全市统战工作更深入地发展。

1988年5月，成立株洲市统战理论研究会，首批会员有36名。在首次召开的研讨会上，共发表论文23篇，对新时期统一战线出现的新情况、新问题，从理论上进行了研究和阐述，其中3篇论文先后在《统战理论研究》杂志上发表，实现了株洲市和湖南省统战系统在中央理论刊物上发表论文零的突破。

1989年，春夏之交的政治风波前后，市委统战部多次邀请民主党派、工商联负责人学习座谈、通报情况，使之清楚地认识到四项基本原则是立国之本，也是统一战线之本。《株洲日报》在报道学习情况时，刊登了《没有共产党就没有民主党派的今天》的文章，对维护安定团结的政治局面起了很好的作用。同时，重申党的统战政策，使广大统战对象消除了“民主会收缩、统战政策会改变、知识分子又会靠边站”的疑虑。同年10月，首次举办统战理论政策咨询活动，直接向市民宣传党的统战政策、解答疑难，接待和答复38人提出的有关港澳台探亲会亲、出国自费留学的条件和手续以及落实统战政策等20多个方面的问题。

1990年4月，市委统战部与市委宣传部联合开展统战理论政策宣传月活动，运用报纸、广播、黑板报、墙报、宣传栏（窗）等形式，宣传统战理论和政策，报道统战对象中的先进人物、先进事迹。部分厂矿与机关还举办统战理论政策基本知识竞赛和统战工作成果展。《株洲日报》刊登2期统战专版，宣传党的统战政策不变，以及如何正确看待台湾与大陆经济的发展等内容。株洲电视台专题播放了《湖南和平解放》《乡情》《两岸情》3部电视片。

1991年，组织各级统战干部学习讨论中共中央统战部“关于90年代统一战线工作思路”。4月，在全市范围举办“团结杯”统一战线知识答题竞赛，全市有278个单位、9520名干部群众参加了竞赛。在庆祝中国共产党成立70周年、株洲建市40周年活动中，举办“株洲市统一战线系统咨询服务宣传日”暨“株洲统一战线40年光辉成就板报展览”活动，共展出板报32块，发放宣传资料1000余份。

1992年，全市统战系统在各级报纸、杂志发表统战文章108篇，撰写信息稿件35篇，出各种墙报、专刊163期，印发各种宣传资料9800余份。同时，聘专家上课辅导，组织县市区统战系统机关干部深入学习。各县市区分别举办各种培训班37期次，讲座40余次。从1993年起，市委党校在各类干部培训班开设统一战线课程。

从1995年8月底开始，集中3个多月时间，在全市城乡开展统战理论政策的大学习、大宣传、大教育活动，先后举办板报赛、报刊评比、理论研讨、报纸专版、典型报道等系列活动，编印17万多字的《统战资料选编》发至各单位宣讲。各县市区印发宣传资料4.6万份，出宣传专栏382期，广播电视宣传141次。

从1996年开始，中共株洲市委和县市区委中心学习组把统战理论列入学习内容，市委党校把统战理论作为必修课。当年，全市各级中共党组织召开研究统战工作常委会和统战工作会议250余次，参加人员8100多人次；各级统战部门编写专刊258期，编写统战信息稿件1086件。先后举办了250余人参加的统战干部培训班、非中共党员干部培训班和各宗教教会负责人培训班，选送176人到中央、省社会主义学院培训学习。

1997 — 2000年，株洲市统战政策宣传、理论学习、教育培训等工作进一步深入开展，成效更加明显。1998年下半年，邀请湖南省委统战部领导为各县市区统战部分管办公室的副部长和办公室主任讲信息课，推动了全市统战信息工作的开展。当年全市上报信息95条，被中共中央统战部采用2条、省委统战部采用55条。同时，举办统战知识竞赛，印制1万份试卷，分发到9个赛区，试卷回收率98.3%，有10名市级领导、430名县处级干部、2000余名科级干部参加了竞赛；株洲县和株洲县三门镇等6个乡镇获全省统战宣传教育先进单位。1999年，围绕国庆50周年庆典和澳门回归2件大事，统战系统多次召开座谈会，学习江泽民讲话和《人民日报》社论。与市政协一起组织庆祝人民政协成立50周年和湖南和平解放50周年纪念大会，抒发爱国热情；组织全市统战系统举办“迎澳门回归演讲比赛”“庆澳门回归迎接新世纪”文艺会演；在以美国为首的北约对中国驻南联盟大使馆进行轰炸事件发生后，统战系统开展了强烈的声讨活动，召开座谈会、报告会、撰写文章和发表电视讲话等抒发心中愤慨；李登辉“两国论”发表后，全市开展了声势浩大的对台宣传教育活动。举办“台湾形势报告会”“对台宣传周”，组织全市副县级以上领导干部参加“对台政策知识”考试。为做好台商工作，市委批准成立“株洲涉台法律服务中心”。2000年6月，市委召开各民主党派、工商联和政府职能部门联系会议；邀请省宗教局负责人在市委党校干训班讲授宗教工作及政策；邀请省台办负责人，就台湾问题作形势报告。市台办编写出版了近20万字反映两岸同根文化精神纽带和株台交往现状的《寻根谒祖炎帝陵》一书；攸县统战部配合株洲电视台拍摄了《王无冕将军故乡行》专题片，选送到中央电视4台《海峡两岸》栏目播出。全年，统战系统写出调研文章140余篇。

第二节 工商业者工作

1949年12月，中共株洲区委、区政府帮助成立了工商联筹备委员会，取代商会开展工作。

1950年年底，成立株洲工商界抗美援朝委员会。翌年春，掀起捐献1架“毛泽东故乡株洲号”战斗机的热潮，工商界满怀爱国热情，捐献金饰或银元，折合人民币11万多元，中南军政委员会特致电嘉奖。

20世纪50年代初期，株洲镇工商户仅500余户，资金不足30万元。人民政府通过调整批零差价、改善公私关系和劳资关系、发放贷款、组织物资交流和生猪蛋品出口等措施，使私营工商业得到恢复和发展。1951年年底，工商业户增至923户，资金增到95.9万元。被工商业者称为“难忘的黄金时代”。

从1951年年底开始，中共株洲市委根据中央部署，相继开展增产节约和“五反”运动，组织工商界揭露和批判一些资本家的不法行为，法办奸商5人。1952年，部分私营工商业不景气，有46户停业。下半年，市政府通过对110户实行委托加工订货、组织30户转产、委托工商户经销代销并且采取调整批零差价、帮助组织货源、发放贷款、协助改善经营管理等措施，帮助工商界克服困难，调动生产经营者的积极性，使市场逐步活跃。1953年3月，株洲市工商业联合会（简称“市工商联”）成立，该组织是以非公有制经济为主体的工商业界组织的人民团体和民间商会，负责联系和组织非公有制经济代表人士，在国家政治经济活动中参政议政和民主监督。同年10月，中央公布过渡时期总路线，株洲市开始为期3年的资本主义工商业改造。市委先后建立由市委统战部具体负责的5人小组办公室和私人企业改造工作组，并从1954年6月开始，对棉布、屠宰、煤炭、百货4个行业进行社会主义改造，8月将其纳入国家资本主义经济的轨道。1955年，贯彻“统筹兼顾，全面安排，积极改造”的方针，对私营资本主义工商业进行初级形式的全面改造。同年11月，全市抽调45名干部组成城乡郊区3个改造工作组，分别到各行业开展工作。同时分别召开全市工人代表会、工商界代表会、工商界核心分子会、青年从业人员会，学习《人民日报》社论和中华工商业联合会主委陈叔通的报告，宣传共产党的和平转变和赎买政策，迎接业已到来的全国农业合作化运动高潮，从而加快了公私合营的步伐。私营工商业者敲锣打鼓向市委、市政府申请公私合营。市委采取一次批准、全面合营的办法，到1956年1月，全市城乡15个行业的215户工商户，小商小贩592户，从业人员1134人，职工165人，资金35.31万元，其中流动资金1.95万元，全部改造成为公私合营企业、合营商店或合作小组。1月20日，全市私营企业的工人、店员、工商业者以及手工业者、小商小贩小业主和各界代表5000余人，举行游行和联欢活动，庆祝株洲市完成手工业和资本主义工商业的社会主义改造。

对资改造中，坚决贯彻“和平改造”与“赎买政策”。做到自愿申请，自愿清产核资，自愿填报资产。把工商业资本家企业的资本清理核定，作股定息，分作若干年，由工人替他们生产一部分利润，用“四马分肥”（国家所得税、企业公积金、工人福利费、资方红利）的办法，定期、定息给资本家一部分利润，到期停止付息，资本家私人所有制转为全民所有制，用阶级联盟的办法消灭阶级。私营工商业折价股额，按定息5厘，支付7年定息（后增至10年）。在人事方面，有私方实职人员1077人，按“全部包下来”和“量才录用”的原则。在政治方面，市区有7人分别安排为省级人民代表、政协委员、工商联委员。在实职安排上，从专业公司经理到工长的各级干部，共安排73人。还根据需要，安排了13位家属。私营工商业改造完成后，遵照毛泽东主席“工商联可以长期存在，在定息取消后还要进行思想改造工作”的指示精神，对工商业者贯彻“以政治为统帅，以企业为基地，以劳动为基础”的改造方针，强调对人的改造。从1956年9月起，帮助工商联具体抓文化学习和理论教育工作。组织有小学以上文化的391人，重点学习理论和时事政策；文盲、半文盲则重点学习文化。本着“自觉、自愿、自由”原则，实行“自由辩论、不查思想、不查历史、一视同仁”的政策，使学员轻松愉快，自觉接受教育和改造，“听毛主席话，跟共产党走，走社会主义道路”成为工商界的行动口号。1958年，发动工商业者参加为社会主义献智慧、献力量的“双献”运动，工商业者公开秘方6项，提出革新项目和试制新产品240余项，当年投产17项，为国家节约资金4.5万元。

1957年“反右”斗争中，工商界一批人士遭到批斗，12人被错划为“右派”。1958年，多次召开“跃进誓师大会”，对工商界的思想改造提出“高速度”，要求一年内改造成为自食其力的劳动者，不适当地开展“交心运动”，给工商界人士造成很大压力。1959年下半年起开始纠“左”，对原工商业者贯彻“和风细雨，自我教育”的方针。1960年3月，传达民建、工商联“两会”精神，号召全市工商业者及其家属“顾一头（顾国家利益和人民利益这一头），一边倒（倒向共产党和社会主义这一边）”。会上现身说法，骨干先行，组织参观访问、谈心活动。与会者轻松愉快，称赞道：“和风细雨真正好，铁石心肠也熔化”。纷纷表示一定要倒向社会主义这一边，要改造成为名副其实自食其力的劳动者。同年，市委组织工作组下基层落实对私改造政策，纠正工商界在“大跃进”中被取消的定息、高薪和职务安排；退还、赔偿被平调的生产资料、生活资料等；对退职和下放的原工商业者110人，均收回作了安置；对年老病残人员均按“量力而行，尽力而为”的原则安排工作；对体弱多病者，执行“请长假、薪金照发”的规定；对在1960年“新三反”（反贪污、反浪费、反官僚主义）运动中的错案一律甄别平反。

1962年下半年以后，教育工作对原工商业者的思想改造起到一定作用，但党内“左”倾思想重新抬头，以致把原工商业者在对“大跃进”中的一些不满言论和对形势的不同看法，一概视为“反党反社会主义”。片面提出工商界的思想改造，主要是克服“大反复”和“认账改错”。在1964年的社会主义教育运动中，有33名私方人员新划为资本家，相当一部分工商界人士的思想处于紧张和不安状态。

1965年11月，根据中共中央继续贯彻对资方人员政策安排的意见，对1956年公私合营时安排人员中被陆续挤掉职务的18人，在“四清”运动中重新安排了相应职务。

“文化大革命”期间，原工商业者凡被划过资产阶级分子的，均被视为“牛鬼蛇神”，列为专政对象，多数人受到冲击。

从1979年开始，认真落实党对原工商界的各项政策。到1987年，被错划“右派”的人员全部得到平反，落实区别“三小”、甄别冤假错案、退还公私房屋和私人财物等各项政策。

1981年9月，市委统战部着手重建工商联组织，1982年1月市工商联正式恢复办公。恢复后，工商联积极组织原工商界人士参加各种座谈会、报告会、学习会、协商会、骨干联席会、成果汇报会等，学习党的政策，领会党的文件精神，提高政治思想觉悟；开展专业培训、技术咨询、智力支边等活动。同时，先后安排58位工商联会员任省、市、县三级人大代表、政协委员。

从1987年开始，帮助工商联进行发展新会员的工作。同年9月首次吸收国有、集体企业会员40家，经济团体会员1家，个体工商户1家。1988年，市属县市相继发展166户团体、企业和个人新会员。

1991年，通过工商界人士牵线搭桥，来株洲考察、洽谈投资的团体有10余个，引进外资项目7个、资金190万美元。

1992年，全市各级工商联通过调查，掌握了全市原工商业者仍健在的有1185人，个体工商户4.2万户；私营企业230家，从业人员8万余人，注册资金2亿元，年上缴利税0.68亿元，约占全部税收的10%；市工商联为120名代表人士建立了档案，并发展新会员679名。

1993年11月，举行300多人参加的新老工商联会员、非公有制经济代表人士大会，成立株洲市总商会。全年共吸收非公有制经济组织共112个团体和个人加入工商联。次年，市工商联、审计师事务所，为非公有制经济提供资产评估、财务审计等服务。

1995—1996年，组织民营企业家赴湘西泸溪和炎陵县考察洽谈项目，2名民营企业家投资300万元。同时，成立非公有制经济人士职称评定领导小组，为非公经济人士评定职称服务。1995年，各级工商联走访代表人士962人次，举行联谊活动18次，为会员提供各种服务131件。非公有制经济中的各级人大代表和政协委员提交提案和建议152份，被采纳48条。非公经济人士为抗洪救灾、希望工程和公益事业捐款近70万元。1996年，成立株洲市光彩事业推动委员会，号召民营企业家为老少边穷人民献上一份爱心。同年，分3批选送6人去省社院和中央社院进行培训，为186名非公有制经济代表人士评定了职称。

从1997年开始，为进一步加强对非公有制经济人士的工作，促进非公有制经济发展，市政府下发《进一步加强个体私营经济发展的意见》及《关于在乡镇、街道组建和健全工商联分会的通知》，为非公经济发展营造良好的外部环境。市工商联发挥桥梁纽带作用，帮助民营企业引进项目、人才、技术和设备，组织部分民营企业家到东南亚等国家及中国香港、澳门地区进行经贸考察。全年民营企业家投入光彩事业资金达700万元，其中为防洪救灾、企业解困、支持特困学生资金250万元。同时还在全市个体工商户中开展“扶助百名贫困学生大行动”。1998年，在非公有制经济人士中开展“做好事、实事”活动，有影响的好事、实事就达156件，解决2.9万人下岗职工就业。1999年，在全省开展的“双百”评选中，株洲有6家私营企业获“湖南省百强私营企业”、7名私营企业家获“湖南省百名优秀私营企业家”称号。2000年，为维护台资企业合法权益，株洲市成立“涉台法律协调服务中心”。举行“入世报告会”和“现代企业制度”等讲座，帮助私营企业招商引资和加强管理。攸县在芦淞区成立了攸县工商联株洲商会协作发展会，使近2万名在株从业的攸籍个体户有了自己的管理组织。

第三节　非党知识分子工作

1949年9月，人民解放军驻株洲第四十六军民运部通过“支前会”，组织各界知识分子学习《新民主主义论》《全国政治协商会议共同纲领》和《社会发展史》等，动员他们参军参干，投身建设。对旧时代的知识分子，除坚持反动立场者外，都安排适当的工作。其中少数具有代表性人物，则给予较高的政治和经济待遇。

在国民经济恢复和社会主义改造时期，株洲市被列为国家重点新建设城市之一，工业、科技、文教卫生事业迅速发展，知识分子人数剧增，具有中专以上文化程度的达2000多人，其中从旧时代过来的知识分子就有219人。市委贯彻“团结、教育、改造”的方针，有计划地组织知识分子干部参加“抗美援朝”“镇压反革命”“土改”“三反”“五反”和“三大改造”等运动。

1956年1月，中共中央召开知识分子问题工作会议。中共株洲市委认真贯彻会议精神。至年底，株洲市就安排担任副局长、处长、副厂长、校长、正副总工程师、副院长、主治医师以上职务的知识分子15人，担任省、市两级人民代表、人民委员和政协委员有49人，先后吸收202名优秀知识分子入党。

1957年，“反右派斗争”扩大化，全市错划的“右派”中，知识分子占绝大部分。1958年以后，又要求知识分子思想改造“跃进再跃进”，给他们造成极大压力。在“红专辩论”“批判资产阶级学术思想”“反右倾”运动中，作出了知识分子中“多数人的立场观点是资产阶级的”错误论断，致使10%以上的知识分子遭到错误批判和处理。对知识分子的安排使用上也存在歧视现象，甚至遭到排斥，使部分知识分子感到无所适从，精神苦闷。

1960年2月，市委统战部在铁路地区召开“改造资产阶级知识分子现场会”，有7个单位介绍了经验。这些经验主要是把知识分子下放到车间跟班劳动，从组织上创造知识分子从“三脱离”走向“三结合”的条件，在劳动锻炼中改造思想。

从1961年开始，对自1958年以后在政治上受到错误处理的知识分子一律甄别复查、平反复职。同时召开知识分子工作会议，传达1961年8省9市统战工作会议精神，并传达陶铸在中南地区高级知识分子座谈会上的讲话。

1962年1月，总结对知识分子工作“团结注意不够，教育方法简单，改造要求过急”的缺点，先后多次召开学习会、座谈会，让他们出怨气、解疙瘩。重申知识分子政策和“双百”方针，对知识分子在生活上适当照顾，在当时国家经济困难、供应紧张的情况下，确定104名高级知识分子享受特需生活供应；一些大中型企业对工程师以上的知识分子还给予一些其他的照顾。在政治上，宣布他们是劳动人民的知识分子，使他们思想开朗，心情舒畅，敢于讲话，敢于负责，工作积极性明显提高。株洲电力机车厂的工程技术人员，就突破225个重大生产关键项目，实现并巩固367项重大技术革新。同年下半年，中共八届十中全会后，又把知识分子列入资产阶级范畴，在对待知识分子的问题又出现“左”的倾向。在1963—1965年的社会主义教育运动中查成分，又给知识分子带来新的压力。

1964年10月、1965年3月和6月，先后3次组织工交、文教卫系统的非党知识分子分批参加市委统战部举办的政治学校，进行系统的理论学习。1966年2月，市委统战部组织轻、重工业系统和文教卫系统的非党知识分子参观韶山灌区和毛泽东旧居，目的是配合社教运动，促进思想革命化。

“文化大革命”期间，知识分子被视为“臭老九”“反动学术权威”，有的被下放到农村，在身体和心灵上受到摧残。“文化大革命”结束后，特别是1978年的全国科学大会以后，逐步落实知识分子的各项政策，使他们在政治思想上获得解放，卸下了长期背在身上的精神包袱。

中共十一届三中全会以后，“尊重知识，尊重人才”蔚然成风，知识分子工作得到了各级党委的重视。1980年4月，市委统战部在《当前知识分子工作的一些问题及今后工作意见》中，要求各级党委重视知识分子在建设“四化”中的地位和作用，要提出一些切实可行的措施，充分调动他们为“四化”建设的积极性。要做好工程技术干部职称的鉴定、提升和套改复查工作。要把优秀人才选拔到领导岗位上来。同年8月，规定了“发给高级工程师购物优待证，尽快解决高中级知识分子两地分居问题，克服平均主义思想，以后新建宿舍应优先考虑高中级科技人员的需要，在住房面积上要适当照顾”等政策。

从1980年开始，境内大中型企业普遍建立了总工程师制和技术岗位责任制，一部分中小型企业也建立了主任工程师制，使工程技术人员职、责、权得到进一步落实。株洲电力机车厂建立总工程师制度后，全厂技术问题统由总工程师负责。株洲冶炼厂建立了三级技术岗位责任制，进一步明确了工程技术人员的职责，调动了他们的工作积极性。当年，全市获全省科技成果奖20项，成为全省获奖最多的地市。全市有140项产品实现了升级换代，有10项产品的质量跃居全国同行业第一位，有11种产品填补了国内空白。知识分子的政治地位也得到提高。在市七届人大446名代表中，大中专以上文化程度的有121人，占代表总数的27%，其中1名总工程师被选为市人大副主任；191名市政协委员中，大中专以上文化的124人，占委员总数的65%，其中有3名知识分子被选为市政协副主席。

1981年5月，市委统战部统计：全市共有知识分子14678人。其中，在职高级工程师和正副总工程师有53人，工程师、讲师、主治医师等中级技术职称的有840人。同年7月，中共株洲市委成立由市委副书记任组长、市委统战部部长、市委组织部副部长任副组长的知识分子联系小组，并召开全市知识分子工作会议。1984年8月，市委批转市委统战部《关于加强知识分子工作的意见》，提出了检查落实“保护老年知识分子，并发挥他们的作用”等十条意见。

1987年，在企业统战调查报告中，1952年以后出生的中青年知识分子占了知识分子总数的一半以上，已成为四化建设的中坚力量。报告提出：各级党委今后在注重做中老年知识分子工作的同时，也要注重中青年知识分子的工作，改善他们的工作条件，关心他们的生活，特别要在政治上关心和帮助他们的进步。这一建议得到中央统战部的高度重视。

1990年，株洲市有各类专业技术人员57591人，其中有6人先后被评为国家级有突出贡献的科技专家，4人被评为省优秀科技工作者，47人评为市有突出贡献专家，20人获得市优秀专业技术工作者的光荣称号。“七五”计划期间，全市科研成果有393项获奖，其中国家发明奖3项，国家科技进步奖15项，省部级科技进步奖125项。1990年全市企业领导职务中，知识分子占到一半以上。在市九届人大366名代表中，大专以上文化的112人，占代表总数的30.60%，9名正副人大主任中，知识分子占 4 人。在市三届政协 256 名委员中，大专以上知识分子 147 人，占委员总数的 57.4%，9 名正副主席中，知识分子占 6 名。

1993 年，重点总结和推介了中南林学院党委、株洲工学院党委，调动非中共高中级知识分子积极性，围绕教学和科研，开展岗位争做贡献活动的经验。

1994 年后，株洲市非党知识分子工作重点放在非党干部选拔任用上。当年，市委统战部先后走访了 20 个单位，考察 36 名知识分子，从中推荐 10 名给市委选择任用干部。各县市区提拔科级以上党外干部 27 人，安排乡镇场领导 48 人，建立科级以上后备干部 132 人，株洲县安排 1 名副县长，郊区安排 1 名区长助理。1995 年，各县市区提拔党外干部 43 人，安排乡镇场领导 26 人；选送 26 名党外干部参加省、市党校和社院培训学习；建立 140 人的党外后备干部档案和卡片。1996 年，市委统战部走访全市 50 多个单位，物色考察党外干部代表 200 多人，从中筛选出 51 人作为党外后备干部，向市委推荐。6 月份，市委在这批人选中安排了 9 人到县区和市直机关担任实职。1997 年，县级人大、政府、政协相继换届。市委统战部组成县市、城区、企事业单位 3 个工作组，对全市近 1000 名党外干部进行考察考核，确定了近 500 人的重点名单。9 个县市区三套班子在换届中，除一个县人大、政府领导班子党外副职落选外，其余都全部配齐党外干部。1998 年，在市人大和政府换届时，推荐 2 名党外人士分别作为人大副主任、政府副市长人选，并顺利当选。2000 年，定期考察考核党外实职干部，向市委推荐一批政府职能部门担任实职的后备干部。株洲县采取公开招考的办法，安排一批党外实职干部，实现法院、检察、监察部门实职安排的突破。株洲市政府还聘请 7 位院士、教授专家为政策咨询顾问；并对一批有突出贡献的党外知识分子确立为“科技带头人”，给予奖励，并召开专门的命名大会。

第四节　民主党派工作

1975 年，境内有中国国民党革命委员会会员 3 人，中国农工民主党党员 1 人，中国民主建国会会员 1 人，没有建立民主党派组织。

中共十一届三中全会以后，随着爱国统一战线工作的开展，中共株洲市委统战部着力帮助发展民主党派成员，建立民主党派组织。1980 年 12 月，帮助中国国民党革命委员会建立起株洲第一个省直属支部。1981 年 5 月，帮助中国民主同盟建立筹备组。1982 — 1985 年，帮助中国民主建国会、中国民主促进会、中国农工民主党、中国致公党和九三学社相继建立直属支部（支社）。1985 年，市政府拨专款 20 万元购买 20 套商品房，解决 7 个民主党派的办公用房和工作人员住房问题，还先后拨专款购买 2 部小汽车，为其提供工作和生活条件。到 1986 年，7 个民主党派人数发展到 500 余人，党派机关有行政编制 17 人。至 1987 年 5 月，境内除台湾民主同盟外，各民主党派先后建立了市委员会。

各民主党派在中共株洲市委领导下，积极组织和发动成员，运用各自的人才优势，或办学讲学，或办经济实体，或搞经济咨询，或搞科技服务，或参与支边活动等，为株洲发展做出了贡献。

中共株洲市委注重发挥民主党派的参政议政作用，做好共产党领导的多党合作和政治协商。1989

年统计，株洲市民主党派人士的政治安排情况是：省人大代表6人，市人大代表10人，其中市人大常委4人；省政协委员12人，其中省政协常委1人；市政协委员66人，其中市政协常委10人，市政协副主席4人。中共株洲市委在每年的人大、政协会议上，发动民主党派提合理化建议，并对他们的提案和建议认真督办落实。每年都邀请民主党派负责人参加各种形式的座谈会、民主协商会，交换和通报全市国计民生重大问题的情况，并在重大问题的决策之前征询意见，听取建议，并形成了制度。中共株洲市委每年召开2～3次政治协商会，市政府每年举行2～3次政情通报会，市政协每季度召开1次民主党派、工商联负责人联席会，市委统战部每年召开4次协商座谈会。1989年，中共株洲市委、市政府研究并解决了民主党派阅读文件和参加有关会议的问题，7个党派市委会享受到县团级单位阅文和参加会议的待遇。市里的重大活动，都邀请民主党派参加。政府聘请民主党派成员作为“特邀监察员”“民主监督员”“教育督导员”“人民陪审员”的“四员”。1990年12月，建立政府有关部门与民主党派对口联系制度，市政府12个委、办、局就有关问题邀请民主党派参与讨论。

各厂矿也重视经常听取民主党派的意见和建议，注意发挥他们的民主评议、行政监督等职能；株洲化工厂每年拨经费给民主党派开展活动，先后推荐7名民主党派成员担任市、区政协委员，提拔3名民主党派成员担任中层干部。

中共株洲市委还采取措施，加强民主党派的思想建设和组织建设，帮助民主党派提高素质，健康成长。1988—1989年，境内民主党派在组织发展上出现不注意政治素质和过分追求数量、发展速度的倾向，先后发展民主党派成员577人，2年发展的人数超过以往历年发展人数的总和。中共株洲市委通过帮助民主党派学习《中共中央关于坚持和完善共产党领导的多党合作和政治协商制度的意见》，采用“自己提出问题、自己分析问题、自己解决问题”的办法统一思想，并就各民主党派在株洲的历史情况作专题调查和详细分析，强调加强自身建设的必要性、迫切性。1990年，在提高成员素质的基础上，各民主党派降低了发展速度，当年只发展55人。同年，市政府拨出207万元购进一栋总面积2700平方米的综合大楼，解决了民主党派和工商联、侨联的办公和住房条件。

1991年，举办一期有82名民主党派支部负责人参加的学习班，进行爱国主义、社会主义和坚定共产党的领导、坚定社会主义信念教育。帮助民盟、民建、民进、九三学社4个党派完成换届工作。确定37名非党人员担任市监察局特邀监察员、市审计局特邀审计员、市检察院特邀检察员，推荐689名特邀信息员，推举8名非党人员担任党外副市长及县长助理。1992年，各民主党派发挥人才优势，大力兴办各类学校和培训班，成立6个各种咨询服务机构，开展服务20多次，参与成员130多名。民建、民盟、致公党等党派还开办4个大专班，培训各类学员1375人；民建组织科技队伍，开展扶贫和支援贵州省纺织厂活动；民革培训100多名电冰箱维修售货员。

1994年，中共株洲市委、市政府重新修订了《进一步完善同各民主党派政治协商的规定》，调整各民主党派与政府有关部门的对口联系。制定每季度召开一次民主党派、工商联负责人参加的工作联系会制度，学习政策、交流情况、反映意见。围绕全市改革开放和现代化建设等重大课题，各民主党派先后组织10次、有63名成员参加的社会调查，提建议27条；在各级人大、政协会上提交提案198件；参加咨询活动2188人次，参与经济决策405人次，智力支边10人次，协助引进项目2个，巩固与创办经济实体20个，创利税123.5万元。

1997年10月，市委书记、市长主持和参加各民主党派、工商联负责人座谈会，听取他们对“贯彻十五大精神，办好株洲的事情”的意见和建议。南方航空动力机械公司等一些企业，建立政协委员、民主党派成员、无党派人士列席单位职代会制度。当年各民主党派人士的提案议案达530件。同年，各民主党派成员提交调查报告47篇，其中民建市委关于《在抓大放小的过程中，必须加强政府宏观经济导向的建议》、农工党市委关于《坚决纠正医药行业乱收费问题》、民革市委关于《以企业的开放带动株洲的开放》等调查报告，得到省、市高度重视。1998年，组织各民主党派学习中共中央和省市委《关于学习邓小平理论通知和实施意见》，掀起学习邓小平理论和统战理论的自我学习、自我教育、自我提高的热潮，并推荐15名民主党派、无党派人士参加省社院培训。同时，各民主党派机关开展争先创优活动，调整和充实对口联系单位，使对口联系工作更加规范化、制度化。

1999年，进一步完善“政情通报会”“党派负责人列席政府常务会”“神仙会”“党派调研”“党政负责人与党外人士联系交朋友”“聘请四员”等各项具体工作措施和制度，增拨18万元用于各党派机关硬件设施建设和调研工作。各民主党派都成立参政议政领导小组，并注重把参政议政职能由市委向基层、由少数向群体推进。2000年，各民主党派提交提案议案达到780件，专题调查报告57篇。农工民主党株洲市委的《关于医疗卫生体制改革的建议》受到中央统战部的肯定。致公党市委《提高经济结构，摆脱企业困境》的提案，引起省有关部门重视，加大了对株洲洗煤厂的投资改造。年末，全市各民主党派共有成员1837人，基层支部118个，直属小组24个。

第五节　落实统战政策

1959年，开始分批摘掉错划“右派分子”的帽子。中共十一届三中全会以后，全面落实党的统战政策。1983年8月，成立了市委检查落实统战政策领导小组，全市有91个省市属县以上企事业单位成立了落实政策工作领导小组或办公室，有427名专职干部，加上所辖5县市共计有1000余名专职干部。至1987年，全市共落实统战对象政策11580人，占全部统战对象的11.58%。

落实错划“右派”政策　1959年4月，执行中共中央《关于摘掉确实悔改的右派分子的帽子》的规定，株洲市首批摘帽100名。1960年8月，市委统战部督促并配合各部门对全市“右派”全面开展摸底调查，在此基础上摘帽144名，并适当安置他们的工作和生活。翌年2月统计，全市共有被错划“右派分子”1272名，其中在市内“改造”的55名，在新生工程队“改造”的719名。同年，摘掉232名“右派”帽子，还为25名已去世“右派”摘帽。1962年，摘掉197名“右派”帽子。4年中共摘掉“右派”帽子698人。仍在监督劳动的“右派”，其生活费由22元提高到25元。之后，摘帽工作继续进行。1981年，全市复查“右派言行分子”“反党反社会主义分子”“中右言行分子”共349人，全部予以纠正。至1983年，株洲市（含南4县）原错划“右派”1756人，除酃县1人待再研究外，全部得到改正和妥善安置。

落实私营工商业者政策　1956年实行公私合营时，将属于劳动者范围的小手工业者、小商小贩、小业主（统称“三小”），同工商业者一样地对待，进行公私合营、改造，混淆了剥削者和劳动者的界线，挫伤了他们的积极性。有的误认为不拿定息即可摘帽，有的在“文化大革命”初期将股折交出烧毁，有的被抄走，无法领取定息。1976 年后，经过调查，共补发定息共 15.89 万元（市区为 10.6 万元），补发“文化大革命”期间扣发的工资共 62.94 万元。

1972 — 1979 年，经调查鉴定，从全市 4490 名工商业者中区别为“三小”的有 3851 名，由各县市和市内各区政府颁发区别通知书。1981 年又经过复查，查明原工商业者在“文化大革命”期间被查抄财物的有 324 户，折算金额 30317 元，先后全部予以清退。全市统战对象在“文化大革命”中被抄走财物的有 1179 户，对查有实据的，由政府部门作了清退。工商界被挤占的私房 95 户计 4000 多平方米，也在 1989 年之前全部清退。

“文化大革命”前，市区工商界有 21 人被清理、遣送农村，除死亡、因贪污开除的 10 人外，其余 11 人均在 20 世纪 80 年代初收回城镇，并安置了工作。“文化大革命”中下放农村的原工商业者 68 户共 291 人，也全部收回城市作了适当安置。其他各县在几个时期下放的工商业者亦收回安置。其他工商业者的福利待遇均得以恢复。醴陵市原工商业者罗叔纯，当她错案得到改正后，深为感动，把其母埋在地下 40 年的 1000 块银元献给国家。

落实原国民党起义投诚人员和地方武装人员政策 从 1979 年开始，市委落实政策领导小组和市委统战部，督促各基层单位办理原国民党起义投诚人员和地方武装人员的政策落实工作。经内查外调，全市认定起义投诚人员 2939 人，地方武装人员 1647 人。颁发起义投诚人员证明书 2682 份，地方武装人员通知书 1636 份。同时纠正了其中 1170 人曾受到的各种错误处理。

1984 年，省里拨给株洲市起义投诚人员生活困难补助费 20 万元，按比例分配给各区县。1985 年 8 月，省里又拨给上述人员定期生活补助和定期社会救济款 4.3 万元。遵照发放规定，对 1129 人给予一次性的困难补助；对部分错判人员的定期生活补助，按月人均 25 元发给；对定期社会救济，按总人数的 12.45% 为拨款人数，按月人均 15 元发给。另外，根据起义投诚人员的身份和当时起义的贡献，分别安排为市、县政协工作人员 23 名。

落实台胞政策 1981 年 7 月，市委统战部会同市公安局、市委对台办、市侨办联合发出通知，要求各单位认真落实好海外归来人员、台湾回归人员、台胞及去台人员在大陆亲属的政策。1982 年秋，市委设立落实台胞台属政策办公室。至 1987 年 6 月，查明全市去台人员共 7000 余人，其中少将以上的有 230 多人，其中醴陵去台人员近 3000 人。全市有台属 3.2 万多人，对其中需要落实政策的 1694 人的各种问题进行落实，清退了他们在“文化大革命”中被查抄的财物和私房，帮助他们解决住房和城镇户口等问题，一些人还被安排为市、县政协委员和人大代表。

落实归侨、侨眷政策 至 1985 年，侨属在“文化大革命”中被抄家的 20 户，原物全部追回；“文化大革命”中立案审查处理的 15 人全部予以纠正，下放的 5 人得到安置。至 1988 年，“文化大革命”前的历史老案，97% 的给予了平反，冤假错案纠正了 98.8%。

到 1990 年，返还的归侨、侨眷私房共 44 户，面积为 13729.59 平方米，原房在的归还原房，部分因破损或已改造他用不能归还的均作经济补偿，累计发放补偿金额 235718.74 元。对代管的 259

户城市华侨私房，均退还了产权。

落实政协委员政策　对28名市政协委员提出自己政治结论留有问题的，组织人员逐一查阅档案，个别结论得到了纠正。至1987年6月，市县区共294位委员提出的各种问题，均全部查清，得到合理解决。攸县政协委员陈谷珠，过去一直未清查的他家被查抄的银元和金银器问题，经查清核实，如数折价予以退还。她召开家庭会向子女说："这充分说明中国共产党是实事求是的，完全是为人民服务的。我们全家在任何情况下都不能动摇对共产党的信念。"

第六节　企业统战工作

从1983年开始，市委帮助和推动大中型企业建立统战工作机构。部分企业确定由宣传部主管统战工作，由企业党委副书记分管，配有专兼职干部。有的大中型企业则设立统战工作办公室。

1984年5月，市工商联集资创办统战系统中第一个经济实体"株洲市工商贸易服务公司"，主营农副土特产品。各县工商联以及市侨联、市县两级对台办、民主党派也先后创办经济实体。

1987年，全国统战工作会议要求寓统战工作于经济工作之中，做统战工作的要有经济观念，做经济工作的要有统战观念。同年4月，市委统战部对企业统战工作进行了调查研究，其《调查报告》肯定了企业统战工作在经济建设中的重要地位和作用，提出进一步加强企业统战工作的5条建议，引起中共中央统战部的重视，并派专人来株洲了解情况，并将这篇调查报告刊登在全国统战理论刊物上。同年10月，市委统战部组织南方航空动力机械公司等5个大中型企业的统战干部赴武汉、沈阳、本溪等地学习做企业统战工作的经验，开阔了企业统战工作的视野。

1988年1月，市委统战部召开全市企业统战工作经验交流会，推广株洲洗煤厂和株洲选矿药剂厂党政齐抓共管统战工作的经验。这2个企业的党政工领导通过与统战对象交朋友、家访、座谈等形式，疏通感情，把统战工作寓于友情之中。党委和行政不受党派、民族、地域、宗教信仰和社会偏见的影响，在厂内创造良好的环境和条件，大胆启用统战对象，充分发挥他们的聪明才智，为振兴企业作出贡献。其经验对全市企业统战工作起到了示范、推动作用。同年4月，市委统战部派出2个调查组先后到市区、醴陵、郊区对部分私营企业进行调查，并总结出10个先进典型，在私营企业主中进行宣传和教育。市工商联举办个体、私营企业主学习班，进行爱国守法等有关内容的学习。

1988年，对统战系统自办的经济实体进行了治理整顿。在市台联企业总公司召开现场经验交流会，总结和推广了5个单位的经验。年底，全市统战系统自办的经济实体共50个，其中有8个公司，37个企业，5个咨询服务部，共有资金400万元，从业人员400余人，年总产值2000万元。其中，台联企业总公司产值突破1000万元。

1989年4月，市委统战部再次召开全市大中型企业统战工作经验交流会，并在会上宣布在55家大中型企业开展统战工作目标管理评比竞赛活动。当年被评为统战工作先进单位的有15个，红旗单位2个，先进个人20名。

1990年11月，对52个大中型企业进行调查，其中有48个建立了统战工作领导小组，有7个设立了党委统战部或统战科；52 个企业共建立政协委员活动小组、侨联活动小组、“三胞”亲属联谊会、少数民族联谊会、统战理论研讨小组等统战活动组织 113 个。各民主党派在这些企业中建立了 30 个支部。这些企业还积极安排党外干部，推荐担任省、市、县区三级人大代表的有 37 人，政协委员 201 人，安排党外副处级以上干部 43 名，新提拔党外副科级以上干部 113 人。企业的统战对象积极参加“提建议、办实事、比贡献”“为建设祖国发光发热”等形式的竞赛活动，在经济领域为企业的科研项目、技术改造、经营管理、方案选优以及“三引进”（技术、设备、资金）和推动企业产品打入国际市场等方面，取得令人瞩目的成果。同年，全市台属企业发展到 17 家，引进台资 1000 多万元，由台胞资助台属兴办的经济实体有 126 家，注册资金 500 万元。

1991 — 1992 年，在国有大中型企业统战对象中，开展“为八五计划作贡献”“为搞活企业献良策”的“五个一”（提一条合理化建议，提供一条经济信息，开展一次咨询服务活动，攻克一个技术或质量难题，办一件实事）的竞赛活动。两年间，各企业统战对象提合理化建议 4066 条，被采纳 785 条；提供经济信息 200 条；开展服务 212 人次；攻克技术质量难题 370 个，发明专利 15 项，累计创经济价值 5102 万元。

1994 年，以炎帝陵公祭招商活动为契机，组织企业统战对象牵线搭桥，共引进外资 1.03 亿元，引进项目 5 个。在统战对象中开展“立足岗位，发光发热，开展各种攻关服务”活动，促成一批科研成果转化为生产力。1996 年，组织相关部门和国有企业学习中央统战部《关于加强国有企业统战工作的意见》，并召开部分大中型企业党委书记和大中专院校、科研单位党委书记座谈会，研讨开展统战工作的途径和方法。省政协委员、南方公司教授级高工周定伍，获“全国讲理想比贡献竞赛活动”先进个人、航天部“有突出贡献的出国留学人员”等荣誉称号。

1997 年，动员和组织企业统战对象为国有企业走出困境提建议、献良策。4 月份，在全市大中型企业中开展“争先进，做贡献，树典型”活动，20 家企业的统战对象共提合理化建议 700 多条，被采纳的达 65%。

1999 — 2000 年，要求企业统战工作要服从和服务于企业的生产经营，立足于企业的稳定、改革和发展。共有 50 多家国有大中型企业组织统战成员积极投身企业的生产经营、转体改制活动。

第七节　海外统战工作

1956 年 10 月，成立株洲市归国华侨联合小组，隶属长沙归国华侨联合会。其任务是联络株洲市的归国华侨，宣传中共的方针政策。同年 10 月，成立中共株洲市委对台工作领导小组，下设“三三三”办公室，由市委宣传部、市人民武装部、市公安局等单位抽调干部组成，办公室设在市委宣传部，主要是对去台人员进行调查摸底，对其亲属做团结教育工作。

1961 年 8 月，中共株洲市委召集归侨、侨眷、归侨学生所在单位的负责人和民政、银行、车站、旅社、公安等有关部门人员参加侨务工作座谈会，传达贯彻省侨务工作会议精神，贯彻中共对归侨、侨眷“团结、教育、改造”的方针和“一视同仁”“适当照顾”的政策。通过座谈、组织参观访问等，让归侨、侨眷、归侨学生了解政策和形势，加深他们对社会主义祖国的了解。同时，关心他们的生活，在国家遭受自然灾害、生活物资紧缺的条件下，给予优先照顾和生活困难补助。

同年12月，中共株洲市委调整对台工作领导小组成员，“三三三”办公室设在市公安局。1964年5月，“三三三”办公室设在市委统战部。

由于1957年以后“左”的影响，特别是“文化大革命”期间，把一切同台港澳和海外有联系的人统统列为有“海外关系”“反动的政治关系”等行列，影响了中共对“三胞”的统一战线工作。1966年下半年起，对台工作和侨务工作被迫中断。直到1970年2月才恢复对台工作，1972年恢复侨务工作。20世纪70年代，极“左”思潮仍较严重，对海外通信的渠道仍有阻塞，对台写宣传稿件的一些特约对象受到冲击。

1979年元旦，全国人大常委会的《告台湾同胞书》发表后，株洲市的对台工作和侨务工作活跃起来，“三三三”办公室更名为市委对台工作领导小组办公室。同年6月28日，召开株洲市第一次归国华侨代表大会，正式成立株洲市归国华侨联合会。从当年11月起，宣传和推动贯彻落实统一战线的各项政策，包括对去台人员在大陆亲属的政策，居住在祖国大陆的台胞的政策，台胞来大陆定居的规定，台胞经港澳回乡探亲、参观，退还“文化大革命”中占用“三胞”及其眷属的私房，落实台胞台属和起义投诚人员的政策等。到1987年全部得到落实。全市13户26名台湾藉人员中，有6人被选为市县区人大代表、政协委员，4人提拔到领导岗位，4人加入中国共产党。

1983年，市侨联与侨办合署办公，两块牌子，一套人马，为县团级单位。市委对台工作领导小组办公室定为副县级单位。他们均归口市委统战部领导。翌年，市委对台工作领导小组办公室更名为市委对台工作办公室。1985年后，市属各县市相继成立对台工作办公室和侨务工作办公室。全市各级统战部门积极贯彻中共中央的海外统战精神，加强同“三胞”的联系和团结，执行“放宽视野，广交朋友，宣传政策，争取人心”的海外统战方针，多渠道、多形式地开展工作。

（一）开展“三胞”亲友联谊

1986年6月，东区第一个成立“三胞”亲属联谊会，到1989年全市有7个县市区成立了“三胞”亲友联谊会，全市165个乡镇场和街道办事处中建立有125个“三胞”联谊小组，还建立了一支294人的“三胞”亲属联络员队伍，建立联络点21个。1988年5月，成立“株洲市海外联谊会”，市委统战部联络科作为联谊会的常设办事机构。1989年10月，成立“株洲市黄埔军校同学会”，为联络国内外黄埔同学、促进祖国统一服务。各级统战部门指导各联谊组织开展经常性的“三胞”亲友联欢，学习座谈，交流信息、沟通感情、指导会亲和通信，帮助寻找海外亲人等活动，发挥了“三胞”亲属联系爱国统一战线中两个联盟之间的纽带和桥梁作用。1990年，株洲市有去台人员4669户7188人；有去台人员家属6492户、53000人；在外的华侨、外籍华人、港澳同胞7724人，分布在47个国家和地区，有归侨、侨眷、外籍华人眷属、港澳回归同胞及其眷属7000余人，国内外侨务对象总共1.47万余人。1994年，各级统战部门坚持内外并举，广泛开展联络联谊工作，组织“三胞”亲属座谈联欢、走访慰问，共召开“三胞”家属座谈会86次，走访1804户次。同时，注重加强与国内的联络沟通，做好重点人士和社团工作，寄出海外通信24876封，收到信件19043封。

（二）台胞回乡探亲接待

从1979年开始，去台人员陆续返乡探亲，各有关单位均注意热情接待，并注意对“三胞”的亲属进行重人格、重亲情、重国格、自尊、自强、自爱、不索钱要物、不弄虚作假、实事求是地宣传中共政策和介绍情况等教育，使“三胞”消除疑虑，增强对祖国大陆的信任感和向心力。1987年11月间，台当局开始采取放宽台胞来大陆探亲的措施，来大陆探亲人数增加。同年10月，成立株洲市台湾同胞接待处。至1990年，共接待5156人次，安排接待用车5600次。

“三胞”接待工作中，多次邀请华人学者、教授、企业家来株洲市讲学，促进学术交流。据不完全统计，1988 — 1992年的5年中，重点接待311人，接受“三胞”用于办学、修庙、兴办公益事业、修缮文物等捐助折合人民币770万元，其中株洲县一台胞为修复“空灵岸”捐款20万美元。一位台湾海军少将探亲回台后，在攸县同乡会作了还乡探亲报告，对大陆建设成就和政府诚意作了客观评价。有的台胞来时存有恐惧心理，怕算旧账，找麻烦，不认亲，却想不到乡亲们都能相逢一笑泯恩仇，亲属更是热情接待，使他们深受感动。一位台胞临走时说：“我一个罪人，回到家乡，没有嫌弃，相反关怀备至，使我体味到‘月是故乡明，人是家乡好’的真正含意。我回台后一定要为统一祖国出力。”

1991年，全市共接待“三胞”800多人次，处理“三胞”及其亲属来信来访200多人次（件），走访“三胞”及其亲属4000多户，与30多位港台和海外重点人物建立了经常书信往来。举办了120多名“三胞”亲属与市党政主要领导参加的国庆、中秋赏月晚会。召开100名“三胞”亲属代表经验交流会。

（三）扶持“三胞”亲属脱贫致富

各级统战部门在教育“三胞”亲属树立敢于致富、劳动致富、科学致富的思想的同时，与有关部门协作，把“三胞”的扶贫工作纳入整个社会的扶贫计划当中，在政策、物资、经费等方面给予适当优惠，同时采用科技扶贫、信息扶贫、筹集联谊资金等措施，引导“三胞”亲属把海外亲人的汇赠款用于兴办实业，发展生产，使“三胞”亲属的贫困面貌很快改观。茶陵县1393户“三胞”亲属中有1226户脱贫，其中致富的占23.3%。1987年12月，市委统战部在茶陵召开“三胞”亲属脱贫致富现场经验交流会，促进了帮扶工作的进一步开展。一位茶陵藉台胞得知其子脱贫的消息后来信说：“喜悉长儿脱贫致富，我牵挂之心得以放下。从家乡的富裕情况看，足以说明中华儿女在人民政府的领导下，改变了落后面貌，我们这些海外游子、炎黄子孙也感到脸上有光”。

（四）对台对外宣传

自中共中央宣布台湾回归祖国是20世纪80年代三大任务之一以后，全市对台对外宣传撰稿队伍逐步扩大，逐渐形成对台办、宣传部外宣科、文化局、文联、外经委、新闻单位、文艺团体为骨干的对台对外宣传网络。宣传的形式由过去单一的文字稿件向音像、书画等方向发展。有反映株洲市建设成就的《株洲画册》，有为反映湖南乡土民俗而录制的13首创作歌曲磁带《重逢》，有电视专辑《攸舆掠影》《炎帝陵》等。至1990年，全市投送各类稿件1400多篇，由对台新闻单位和报纸采用800多篇，录音带100余盘，录像带30多盘。1990年，对台对外宣传突出了经济建设、科研成果的宣传。全市160多篇宣传稿件中，介绍株洲市研制的中国第一台航空发动机、第一台电力机车、第一批硬质合金、世界首创的宇宙星盘等科技成就的稿件就占80%。

1991年，组织省市40多名书画家与“台湾海峡两岸书画家联谊会”交流书画艺术。1995年，组织各界人士学习《为促进祖国统一大业的完成而继续奋斗》的重要讲话，宣传对台工作政策和形势，组织对台宣传稿件、图片，利用各种形式揭露李登辉的“台独”行径。市海联会发展海内外理事成员129人，市黄埔同学会编写了《黄埔昭辉》史料专辑。1997年，全市举行“港人话回归报告会”“各民主党派工商联负责人、无党派知名人士迎回归座谈会”“统战对象回归知识竞赛”“统战系统迎回归演讲卡拉OK比赛”等系列活动。11月，原国民党将军、党外知名人士李明灏先生诞辰100周年纪念活动在株洲市举行，中央、省市领导、李明灏先生亲友代表、株洲各界人士200余人参加纪念活动。2000年，在对台联谊上注重文化交流，攸县将240份《攸州文学》杂志发行到台湾；台胞吴伯卿先生在台湾出版的《湖南文选》上专门发表推介株洲人文、反映株洲建设成就的文章，开辟了两岸联络的新途径。

（五）引进“三资”

1991年，为配合组团参加国际烟花节，市委统战部向港台、海外知名人士发出邀请书，协助有关单位与港台及美国客商签订13个合约，金额达1860多万美元。1992年，株洲市举办“中国湖南（株洲）国际烟花节暨经贸洽谈会”，各级统战组织向港台、海外客商发出邀请信函700余封，接待来客400多人次，牵线搭桥，引进外资、合资项目26个，引进资金94.9万美元，人民币6.5亿元，接受“三胞”捐赠77.5万美元，人民币184.65万元。1993年，统战系统举办小型座谈会，登门拜访，组织参观，为“三胞”解答有关政策，办理有关手续，调解家庭矛盾等，与“三胞”增进了解，沟通感情。有69位台胞为家乡办教育，办慈善事业，修水利，修筑桥路捐款49.8万元。还帮助黄埔同学会自筹资金创办经济实体，新建办公用房。1994年，市黄埔同学会自筹20万元资金兴建的综合楼竣工。帮助台胞遗产继承带回资金1000多万元，兴办台资企业6家，总投资3250万美元。

1996年，在炎帝节和交易会期间，向海外朋友发出邀请信110多封，请来了22名港台及海外客商，签订意向合同3项。通过以侨引外，做好株洲市与加拿大芭蕾市缔结友好城市的前期准备工作。在市委、市政府的支持下，成立株洲市华侨事业发展基金会，筹集资金23.6万元。

1998年，积极探索海外统战工作为经济建设服务的新路子，健全海外联谊会组织，通过“炎帝节”招商引资。共发信函、电报、电话300多次，引进资金2000余万元，技术20余项。台湾文化交流协会一行6人参观考察炎帝陵，投资新建神龙庙。台商陈珍麟与炎陵大院农场签订租赁200公顷荒山合同，种植优质水果。

1999年，加强对港澳台和海外重点人物的联系。由中国光彩事业促进会深圳分会组织的有香港创维集团等12家海内外企业老总和代表组成的考察团来株洲进行投资考察，与有关单位达成意向合作项目。炎陵县与中华双龙国际投资集团公司签订的“新建炎帝陵世界华人归根安居园”，与香港中华炎黄子孙爱国促进会签订的“兴建炎帝陵文化旅游综合开发区”2个合同，引资达5000多万元人民币。

第八节 民族宗教工作

一 民族工作

中华人民共和国成立后，株洲随着工业新城的建设发展，少数民族人口陆续从省内外迁入。到1965年人口普查表明，全市有16个少数民族1138人，不到全市人口的2‰。其中100人以上的有回族（352人）、土家族（227人）、苗族（218人）、侗族（127人）和满族（101人）。

自1960年2月起，回民多次向市委统战部、市政府民政科以及省民委提出建立回民组织，建清真寺、公葬墓地、请阿訇等问题，有的还上书国家民委。市委统战部对各基层单位民族政策的执行情况进行检查，对少数不注意照顾回民风俗习惯的现象进行教育；帮助解决回民食堂、伙食补贴等问题，采取“三定”措施解决牛肉供应，进而逐步解决肉食、饮食、副食的供应。同时也对回民进行爱国主义和民族团结教育。

1979年8月，召开全市民族宗教工作会议，明确新时期中国共产党的民族宗教工作方针政策和任务。陆续采取了增设回民特需供应网点，采用平时凭票购买、节日补助、优先供应牛杂货、增加鱼蛋供应、给予肉食补贴等措施，受到回民欢迎。

1983年，市管县后，全市共有21个少数民族计5000余人。1984年1月，设立株洲市人民政府民族宗教事务处。同年10月，召开全市民族团结座谈会，讨论进一步加强民族团结、为四化作贡献问题。先后制定给予少数民族在住房分配、子女升学就业等方面的优惠政策。

1986 — 1987年，市政府拨款5万元，在株洲县鸿仙乡征地1公顷作为回族、维吾尔族公葬墓地；还在石峰区新建3家回民饮食店。经多方筹资200多万元，在火车站南侧兴建3700平方米共9层的民族饭店，为本市及南来北往的少数民族在生活上提供了方便。

1988年，市政府又筹资70多万元，在市区沿江路解放西街口81号破土动工兴建1座1300平方米5层高的清真寺，1989年竣工，成为少数民族活动中心。同年，在全国民族团结进步表彰大会上，株洲市被国务院授予民族工作先进单位。

1990年，全市少数民族增至31个，共7427人，占全市人口的2.1‰，其中超过500人的有土家族（1523人）、瑶族（1264人）、苗族（1237人）、回族（883人）、壮族（662人）、满族（665人）、侗族（546人），占全市少数民族总人数的91.29%。同年12月，成立了湖南省地市中第一个少数民族联谊会。至1990年，全市共培训少数民族干部300多人次，提拔或调入的少数民族干部1100多人，占少数民族人口的15.48%，大大高于汉族干部比例。其中有40多人担任省市县人大代表、政协委员；有高级技术职称和县团级以上干部70余人。

1991年，市委统战部走访调查一些重点厂矿、乡镇、协助解决一些民族纠纷；在省财会学校为藏族同胞专门开办了财会班。1992年，举办了少数民族迎春联欢晚会、迎春座谈会；帮助兴办民族企业7个，举办有9个民族，32名少数民族干部参加的民族理论政策培训班。

1994年，帮助炎陵县中村乡创办一所民族中学。1995年，协助炎陵县十都乡畲族3人布龙舞代表队的组建、训练，该队代表湖南省参加全国第五届少数民族运动会，夺得表演一等奖。

1996年，召开全市民族团结进步表彰大会，总结几年来株洲市搞好民族团结进步的经验。配合公安部门处理解决了5起80余人的民族方面的纠纷。1998年，特别注意协调处理民族宗教方面可能引发的社会矛盾，杜绝各种因民族方面可能引发的社会矛盾和纠纷。同年，召开支持民族乡建设和少数民族界人士富民强市座谈会，开展庆“四月八”评选少数民族“十佳”个人，组团参加全省第四届少数民族传统运动会。1999年，株洲市荣获国务院授予的“城市民族团结进步先进单位”称号，实现“三连冠”。

1985年2月，酃县成立龙渣瑶族自治乡，是株洲市唯一的一个少数民族乡，市县各有关单位前往庆贺并赠送瑶族乡所需物资和资金近10万元。至1990年，仅市财政就陆续为龙渣瑶族乡拨款200多万元，先后帮助兴办粮站、林业站、信用分社、农贸市场、卫生院，扩办中小学以及架设高压电线、铺设自来水管道、建卫星地面接收站等，加快了瑶乡经济文化卫生事业的发展。至1990年，该乡有小学6所，9年制学校1所，入学率达到100%，初中毕业生升学率达75%。全年人均收入达360元，人均口粮516千克，解决了温饱问题。1991—2000年间，市政府拨款60万元为龙渣瑶族乡兴建了一座960千瓦的电站。帮助该乡调整产业结构，开发高效农业。为该乡乡村中学改善办学条件。1996年，促成市东区荷塘埔乡与炎陵县龙渣瑶族乡的对口支援。1997年，争取各级政府和社会支援20多万元，为该乡兴建一栋“经贸楼”，修了一条“团结路”。

二　宗教工作

株洲有天主教、基督教、佛教、伊斯兰教、道教5个教派。中华人民共和国成立后，帮助宗教界开展“自治、自养、自传”为内容的“三自革命运动”，不再接受外国教会和牧师的干涉和“援助”，也不接受外国教士的传道，原7名外国牧师被限令出境。选举中国牧师和长老，主持教务，开展正常的宗教活动。根据“信教自由、不信教也自由”的政策，至1965年，有120人放弃宗教信仰，72人新入宗教。

1965年，市委统战部对全市宗教情况调查统计，民国时期市区和株洲县范围，有天主教堂5座，基督教福音堂7座，佛教寺庙2座。几经战火洗劫，只剩下基督教堂2座，佛教的观音岩佛寺即空灵岸1座（“文化大革命”中被毁）。天主教有传教士2人，教徒98人，其中在各企业工作的35人。基督教尚有牧师、执士、长老7人，教徒173人，其中在各企业工作的有59人，农民77人。佛教有和尚2人。

“文化大革命”期间取消了一些宗教活动场地，部分宗教界人士也受到冲击。

中共十一届三中全会以后，逐步落实各项宗教政策，陆续开放了醴陵的云岩寺、护国寺，攸县的灵龟寺、茶陵的云岩仙等主要寺庙。

1984年，帮助宗教界整顿秩序以维持宗教活动的正常开展。醴陵县“真耶稣教会”自1979年恢复活动后，另立山头，阻碍教会联合，跨县跨省串连，散发非法书刊，拉青少年入教，同时大搞迷信活动，影响社会治安。对此，帮助教会对“真耶稣教”进行了思想和组织整顿，加强了各活动堂点的管理。市区上月塘村的基督教“呼喊派”搞家庭聚会，并与外国教会来往，与广东“呼喊派”骨干分子勾结，散发非法书刊大搞反动活动，被公安部门依法取缔。

1985年，市政府拨资万余元修复了位于市解放西街的福音堂，基督教徒们于同年6月9日举行开堂典礼。1986年4月，在攸县灵龟寺召开第一届佛教代表大会，成立株洲市佛教协会。同年8月，在醴陵举行第一届基督教代表大会，成立株洲基督教“三自”爱国运动委员会。10月，在市区召开第一届穆斯林代表大会，成立株洲伊斯兰教协会。1988年，全市恢复道教活动场所5处，140多名道教徒参加活动。由台胞唐应涛等海外100余人先后捐款20万美元修缮的空灵岸佛寺1989年竣工，方毅为其题名“空灵寺”。1990年，集资修缮了位于市区解放西街口的天主堂。同年11月在天主堂成立天主教筹备小组。

1990年年底，全市有宗教信徒10070人，宗教活动堂点75处。并在全市宗教界宣传和推广了茶陵县普提庵“农禅并重”的经验。

1992年，对全市宗教职业人员和信教群众开展调查摸底及有关宗教政策的宣传。全市有宗教活动场所78处，宗教信徒7000余人，信教群众近2万人；进一步落实宗教房地产政策，归还基督教堂地产权。1993年，株洲市依法管理宗教事务，对部分教会存在的管理混乱问题，依照党的政策进行整顿。醴陵真耶稣教非法跨地区活动，拒不听从党和政府的教育与劝告，在宗教界内部制造分裂，“真耶稣教会醴陵教务组”被依法取缔。

1994年，成立市宗教工作领导小组，着重抓好佛教和基督教教会的换届工作，加强对宗教界人士的爱国主义、社会主义教育和对宗教事务的管理、寺观教堂的行政领导，妥善解决宗教方面存在的一些问题。

加强对宗教法规的宣传教育工作。1995年，醴陵市印发宗教宣传资料500多份，组织宗教人士2000余人次学习法律法规，并举办100多名基督教骨干培训班。株洲县在全县开展“保护合法宗教活动，制止非法宗教活动，打击违法宗教活动”的宣传；协同做好对“门徒会”的取缔工作。这一年，全市1573名“门徒会”成员，都按有关政策作了教育和处理，还取缔2处非法活动场所，拆除和阻止了13处滥建的寺庙。1996年，进一步贯彻落实国务院2个宗教法规，举办全市宗教教会主要负责人学习班，近50人参加了学习。帮助支持市天主教、佛教、基督教搞好教堂选址工作，落实宗教房产政策。坚决打击邪教、“门徒会”等反动组织，依法传讯一批骨干分子，收审6名主要头目。1997年，全市共登记宗教活动场所136处，通过“一拆二并三改四定”措施，对乱建的164座庙宇、2尊露天佛像进行了专项治理，节约土地750平方米，节约资金75万余元。同时，筹资近200万元，改造教堂危房。1998年，完成了市基督教堂改扩工程，解决宗教活动场所的遗留问题。开展宗教活动场所创“五好”活动。醴陵市佛教协会还成功制止了一起和尚煽动群众冲击镇政府事件。

1999年，针对邪教“法轮功”问题，市县两级加强了对宗教人员的思想教育，使大家认清邪教“法轮功”的本质和危害，正确区别正常宗教活动与邪教的界限，坚决打击邪教组织。当年帮助市基督教、佛教协会顺利完成换届工作，新建的市天主教新教堂也于次年竣工。

第六章　纪检　监察

第一节　纪　检

中华人民共和国成立之初，株洲镇只有11个基层党支部，党员不足500人。1951年年底，经市委第三次会议决定，成立株洲市委纪律检查委员会（简称“市委纪委”）。1954年，市委纪委内设常务委员会。1956年，在中共株洲市第一次代表大会上，选举产生中共株洲市监察委员会（简称“市监委”），取代市委纪委，承担党的纪律检查工作。市监委由7名委员组成。机关配备专职副书记、秘书、监察员和干事等职。全市9个县级单位中，有5个先后成立监察委员会，配备专职干部15人；未成立监察机构的单位均配备了兼职干部；在全市174个党支部中，确定175名干部兼管监察工作。

1958年10月，市监委改称为中共株洲市委监察委员会（简称“市委监委”）。按照“紧缩机构、下放人员”的精神，市委监委编制减至5人，全市监察专职干部减至19人。

1959年2月，在中共株洲市第二次代表大会上，选举产生市委二届监委，由9名委员组成。由于行政区划的扩大、党组织和党员人数的增加，纪检机构、人员亦随之增加，市委监委编制增为9人，1963年又增至13人。1965年底，全市共建立17个监委，配备46余名专职纪检干部。

1960年3月，市委全会选举产生由9名委员组成的市委三届监委。1964年1月，市委第三次代表大会选举产生四届监委，由11名委员组成，其中专职委员4名。

1966年“文化大革命”开始后，各级监委受到严重冲击，处于瘫痪状态，全市纪检工作因而中止。1967年11月，市委监委和各级监委随着市革命委员会筹备小组的成立而取消。

1971年4月，市委决定由市委组织部接管监察工作。1973年7月，在市委组织部设立纪律检查科。

1979年，中共株洲市第五次代表大会选举产生市委纪委，纪检工作恢复正常。是年，贯彻执行中纪委、中组部《关于迅速建立健全各级纪律检查机构的意见》，全市先后有36个单位建立了纪检机构，配备专职干部63名。

从1983年起，市委纪委名称更改为“中共株洲市纪律检查委员会”（简称“市纪委”），受同级党委和上级纪委双重领导。1983年年底，全市139个县级以上单位中，有90个建立了纪检机构，配备专职干部270名。1984年，全市已有128个县以上单位建立纪检机构，有专职干部586名。1990年，全市应建立的各级纪委、纪检组392个，已全部建立。其中，县以上单位的纪委、纪检组142个，科级单位的纪委、纪检组250个。配专职干部920名。

1993年3月，市纪委、市监察局正式合署办公，内设职能机构比合署前减少25%；各县市区纪委、监察局于4月全部完成合署办公。均实行一套人马，两块牌子，在纪委常委的统一领导下，履行纪律检查和行政监察职能。市监察局属政府系列，正、副局长仍按法定程序办理任免手续。1995年7月和2000年8月，先后召开中共株洲市第八、第九次党员代表大会，分别选举产生新的纪律检查委员会。

一 案件查处

(一)违纪案件查处

1949 — 1951 年，纪检工作主要是查处民主建政、清匪反霸、镇压反革命和土地改革中被揭发出来的党员违纪案件。1952 — 1956 年，全市对农业、手工业和资本主义工商业实行社会主义改造，株洲市被列为全国重点工业建设城市之后，开始大规模经济建设。其间，市监委针对一些党员开始滋生骄傲自满、以功臣自居、停顿下来不求进步以及贪图享乐不愿再过艰苦生活的情绪，主要查处工厂、企业中违反计划管理、不重视工程（产品）质量、忽视安全生产、铺张浪费、违反粮棉布统购统销政策、造成严重损失的党员违纪案件。同时对一些党员贪污、腐化、欺压群众和犯有严重官僚主义等违法乱纪案件进行查处。1957 — 1958 年 2 月，在“整风反右”中，全市 7480 名党员中，被定为有严重问题的 460 余名。1958 年 2 月“整风反右”进入大批判阶段，市监委召开全市监察工作会议，组织贯彻落实中共中央监委第三次全国会议提出的“三抓”任务：抓属于资本主义与社会主义两条道路斗争的案件；抓破坏党的团结和统一的案件；抓危害国民经济大跃进的案件。当年，全市监察系统共查处党内违纪案件 366 件，受党纪处分的党员 238 名，其中开除党籍的 117 名、留党察看的 43 名、撤销党内职务的 4 名。1959 年，市委监委根据第四次全国监察工作会议精神，认真检查全市监察系统的右倾保守思想，保证工农业生产的“大跃进”。继续检查危害生产、忽视安全、不重视工程（产品）质量等方面的案件。1960 — 1961 年，监察工作结合当时“三反”运动及其他中心工作，查处一批反革命分子、阶级异己分子、蜕化变质分子和其他违纪案件。1963 — 1966 年上半年，在社会主义教育运动中，市委监委协助市委查处党员中一批“政治、经济、组织、思想四不清”案件。1957 — 1966 年，全市监察系统共查处各种违纪案件 1021 件，处分违纪党员 337 名，其中开除党籍 133 名、留党察看 92 名、撤销党内职务的 4 名。受处分的党员中，属于政治问题的 56 名，属于工作、生活作风和经济问题的 281 名。1967 — 1978 年，因“文化大革命”的干扰，纪检工作陷于停顿。

1979 年纪检机构恢复后，纪检工作始终围绕经济建设服务。到 1990 年，全市纪检系统共查处各种违纪案件 8217 件，处分党员 4766 名。其中，开除党籍的 856 名，留党察看的 1360 名，撤销党内职务的 181 名。受处分的党员中，属于政治问题的 274 名，属于工作、生活作风问题的 839 名，属于经济问题的 2017 名，属于其他问题的 1170 名。1990 — 1995 年，全市各级纪检监察组织按照中央要求，以查处党政机关、领导干部和司法部门、行政执法监督部门、经济管理部门及其工作人员的违纪违法案件为重点对象，以查处贪污贿赂、以权谋私、失职渎职、徇私枉法等问题为重点内容，严肃查处违纪违法案件。1990 — 1992 年，全市立案查办违纪党员案件 1889 件，结案 1526 件，处分违纪党员 1515 名；全市监察系统，受理案件 496 件，立案查办 330 件，结案 341 件，处分干部 344 人。全市纪检监察机关合署办公后，1993 — 1995 年 3 年中共立案 1367 件，结案 1221 件，给予党纪政纪处分的 1134 人。1995 — 2000 年，全市各级纪检监察机关始终把查办违纪违法案件作为从严治党、惩治腐败的重中之重。以党政领导机关、行政执法机关、司法机关和经济管理部门以及县处级以上领导干部的违纪违法案件为重点领域和重点对象，着重查处了贪污、贿赂、挪用公款、失职渎职、贪赃枉法、腐化堕落方面的案件。5年中，共立案3304件，结案3230件，给予党纪政纪处分3222人，其中处分县处级干部111人、乡科级干部607人，挽回直接经济损失7215.4万元。

（二）信访案件查处

纪检监察机关在查处案件中，十分重视群众来信来访，将其作为办案的主要线索。1951—1990年，全市纪检系统共接待和处理党内外群众来信来访9.78万余件次。其中，接收、处理来信来访69090件，接待、处理来访28740余次；来信来访中，属于控告内容的32480件次，属于申诉内容的10340件次，属于其他内容的55000件次。其中，1979年以前接待处理的11850件次，1979年以后接待处理的57200件次。1979年以后比1979年以前，平均每年多3780件次。

1984年12月，中纪委提出信访工作“三率”指标，即当年结案率达到90%以上，初信初访结案率达到80%以上，重信重访和越级信访率降低到15%以下。为此，市纪委加强对信访工作领导，建立健全信访工作责任制，坚持多办少转，抓好信访初访工作。自1987年起，市县两级纪检信访工作，连续4年达到“三率”标准，名列湖南省纪检信访工作之首。

1991—1992年，全市纪检系统接待和处理来信来访共6594件次；1993—2000年，受理的群众信访举报25072件次；1994—2000年，初步核实案件线索6228件次。

二 甄别平反

（一）经常性甄别复查

从纪检机构成立后，除“文化大革命”中纪委机构消失期间外，每年都要对申诉案件进行及时复查。历年来经常性甄别复查案件共3929件。其中，维持原处分的1988件，减轻处分的372件，取消处分的1569件。

（二）集中甄别复查

1962—1986年，先后进行3次较大规模的案件集中甄别复查，共复查案件13871件。其中，维持原处分的8823件，减轻处分的1922件，撤销处分的3126件。第一次集中甄别复查，从1962年3月至年底，重点甄别复查1957年“反右派”、1959年“反右倾”、1960—1961年“三反”和整风整社运动中所处理的党内违纪案件。共甄别复查案件3236件，其中维持原处分的1560件、撤销处分的835件。第二次集中甄别复查是1979年，重点复查“文化大革命”和“四清”中的遗留问题。这次共甄别复查案件798件，其中维持原处分的466件、减轻处分的69件、撤销处分的263件。通过甄别平反，基本上解决了历史遗留问题，澄清了“文化大革命”中一些重大政治是非问题，较好地落实了党的政策。第三次集中甄别复查，从1985年11月上旬开始至1986年12月底结束，全面、系统地甄别复查1949年10月至1978年处理的党内各种违纪案件。这次全市共甄别复查案件9837件，维持原处分的6597件，减轻处分的1012件，撤销处分的2228件（含恢复党籍的1765人）。其中，市纪委直接处理的1101起案件中，维持原处分的810件，减轻处分的99件，撤销处分的192件（含恢复党籍的 105 名）。

三 党纪法规教育

1991 年，市纪委成立党风党纪教育室，组织全市党员干部开展党风党纪、党的基本知识竞赛，用正反典型事例进行形式多样的教育活动。1992 年年初，开始在全市推行党风党纪教育目标管理。全市各级纪检机关宣扬表彰一大批锐意改革、廉洁奉公的好党员、好干部。在全市城乡组织开展以“讲党性、讲团结、讲奉献”为主题的演讲活动，共有 5200 多个党支部、17000 多名党员和积极分子参加演讲活动。1994 年，在部分市直单位进行职业道德教育试点工作，先后组织先进事迹报告会 51 场，演讲会 108 场，抢答赛 11 次，知识测验 30 场，形成弘扬正气、遏制歪风的社会氛围。

1996 年，全市各级党委和纪检监察机关，组织了党纪政纪条规教育竞赛活动。全市 8.8 万多名党员干部参加答题竞赛，株洲市获得全国、全省的优秀组织奖，有 28 个单位，882 人获中央、省、市纪委的表彰。1997 年，针对党政领导干部特别是单位法人违纪违规呈上升趋势的特点，市纪委联合市委组织部，举办全市县以上单位法人代表党纪条规培训班。1998 年，按照市委、市政府要求，全市广泛开展以“讲学习、讲政治、讲正气”为主要内容的党性党风党纪教育，先后开展了反腐治奢主题教育、“抓四治、兴三风”专题教育、“学唱廉政歌、争做廉政人”活动和新提拔县处级干部的任前党纪政纪条规教育等教育活动。在全国《行政监察法》学习竞赛中，全市有 3 万人参赛，株洲市获中纪委、监察部授予的优秀组织奖。1999 — 2000 年，结合“三讲教育”，在全市 86 个单位中开展党风廉政电化教育活动月活动，播放教育片 530 多场次；并利用成克杰、胡长清等反面典型着力开展警示教育。

四 廉洁自律

在改革开放和社会主义市场经济的发展进程中，一部分党员干部中产生了贪图享受、挥霍浪费、以权谋私等问题，引起群众的强烈不满。株洲各级纪检监察机关认真贯彻中央和省委的指示精神，积极开展和不断深化领导干部廉洁自律和反腐败工作。1989 年 8 月至 1990 年 10 月，开展干部违纪违章营建私房的清理工作，收缴违纪资金 223 万余元，责成退出公房 2020 套，处分违纪违法干部 60 人，移送司法机关处理 20 人。

市第七次党代会以后，市纪委围绕市委在严格民主生活会制度、检查党委及其成员廉洁从政情况方面开展工作。1990 — 1992 年，市纪委先后派人参加了 100 多个党委（党组）的民主生活会，督促 30 多个县以上单位和 50 多名领导干部就自身问题进行了整改，并立案查处了一批侵犯群众利益、严重脱离群众的案件。中纪委二次全会以后，全市各级纪检机关坚持把落实两个“五条规定”及相关补充规定作为反腐败斗争的首要任务，对一些群众关注的热点问题进行了治理和整改。1993 年 8 月至 1994 年年底，市纪委要求全市县以上单位党委（党组）对照“十一个不准，一个不得”召开民主生活会，开展自清自查自纠，清退上缴红包礼金14.7万元，信用卡36个和一批贵重物品。1994年，在市委常委的带动下，全市在职县以上领导干部在营建私房、买房、超标准装修和超面积住房、用车、接受礼金礼品等6个方面进行自纠整改，有284人次拒收、上缴红包礼金款37万元，44人清退超标准装修住房款16万元。

1995—2000年，全市各级纪检监察机关加强对廉洁自律的监督检查和贯彻落实，廉洁自律民主生活会由县处级以上党政机关延伸到企事业单位和乡镇站所。全市有1.1万人次检查纠正了违反廉洁自律规定的问题，7055人次拒收、清退、上缴红包礼金445.23万元。全市纪检监察机关每年确定1～2个重点，开展廉洁自律专项治理。1995年，狠刹公款吃喝玩乐之风，全市用于公款接待的费用下降20%，用于支付营业性娱乐活动的费用下降30%；对地厅级领导乘坐的小车全面进行清理登记造册，对警车号牌进行清理，对公款学习驾驶技术的行为进行遏止。1996年，市委、市政府先后制定出台《关于加强市区机关干部队伍建设的决定》《关于深化住房制度改革中有关政策纪律的规定》《关于加强移动电话等通信工具管理的若干规定》，将廉洁自律列为县以上领导班子及其成员工作实绩考核的重要内容。1997年，抓了厉行节约、制止奢侈浪费行为，通过取消兴建、装修办公楼项目、压缩会议、取消庆典、取消达标评比和健全财务管理、接待制度等，共节约资金6892万元；在通信工具的清理规范工作中，对公款购置的移动电话、住宅电话和寻呼机全部进行作价处理，收回折价款9617多万元，通过规范话费开支标准每年可节约公费话费240万元。1998年，开展政法机关不再从事经商活动的清理工作，全市政法机关与所办经营性企业全部脱钩。1999—2000年，清房工作取得了显著成效，收缴各类款项1527.75多万元。对1992年以来反映县处级领导班子和领导干部的问题进行了全面梳理，建立了廉政档案；对领导干部亲属经商办企业和党政机关领导干部借用小车问题，进行广泛调查摸底和清理。

五　纠正行业不正之风

1990年，全市纪检部门立案查处严重的行业不正之风问题295起，处理违纪干部78人，追回各类款项96.7万元。1991年，以教育为主、自清自查为原则，组织开展“用公款送子女上学”和“违规着装”两类问题的清理。1992—1994年，先后开展清理干部职工拖欠公款问题，共收回欠款1811万元。在治理行政事业性乱收费问题上，共取消收费项目655项，降低收费标准357项，查处乱收费金额614万元。根据中央要求，对全市1992年以来用公款出国出境旅游问题进行全面清理，共清理出用公款出国出境旅游人员633人次，查处违纪金额65万元，有效制止了这股歪风。从1992年起，连续3年开展乡村财务清理工作，共清出各种违纪违法违章资金2890万元，收回2620万元，处分党员干部389人，其中77人受到法律制裁。省纪委对株洲市的清理工作予以充分肯定，并在攸县召开了现场经验交流会。1995年，根据人大代表和政协委员的建议、提案，市纪委、监察局就落实“三严禁规定”（严禁公车参与婚事、严禁用公款公车参与钓鱼、严禁用公车公款参与跳舞）组织7次突击检查，对查获的51辆违禁公车进行了处罚。

1996 — 2000 年，全市纪检监察机关坚持纠建并举，把治理群众反映强烈的问题同树立职业道德、加强精神文明建设和创建文明行业结合，先后开展了一系列的专项治理活动和 5 次行风评议，建立和完善了 4000 多项廉政勤政制度。1996 年，对全市境内的国道、省道和县乡道多次组织明察暗访，公路“三乱”现象得到有效治理。12 月，省政府召开新闻发布会，宣布株洲市为“国道省道基本无三乱地市”。1996 年，在继续抓好减轻农民和企业的负担的同时，重点开展清理预算外资金工作，共清出违纪资金 9671 万元，清出“小金库”金额 661.84 万元。1998 年 7 月，根据市委、市政府的要求，成立市优化经济环境办公室，市纪委、监察局承担了办公室的日常工作。到 2000 年，通过治理优化经济发展环境，减轻企业和个体工商户负担，取消各类收费项目 568 个，减负 9200 多万元，处理投诉 2130 起，处分违纪人员 254 人。1999 — 2000 年，开展整治医药购销不正之风和报刊发行不正之风工作。

六　治理和预防腐败

1995 年，株洲市廉政领导小组在攸县开展推行办事公开制度的试点工作，得到省纪委、监察厅的高度评价，并向全省推介。

1996 — 2000 年，在严肃查处违纪违法行为的同时，全市各级纪检监察组织努力从源头上遏制腐败现象的滋生蔓延。在全市范围内全面推行村务、厂务、政务公开的办事公开制度和重点岗位轮换制度，实行领导干部重大事项报告、收入申报、礼品登记、任期经济责任审计、企业招待费向职代会报告等制度和执收执罚单位以收缴分离为主要内容的“收支两条线”制度，推广政府集中采购制度和企业大宗物资采购招投标制度，逐步规范有形建筑市场，从源头上预防和治理腐败。1996 年 3 月，在市直机关以市人事局等 10 个单位为试点，推行办事公开制度，9 月开始在市直机关全面推行，并逐年深化完善。2000 年年底，全市各乡镇、街道办事处政务公开达到 100%，建立政务公开栏达到 100%。

第二节　监　察

1953 年 6 月，株洲市人民政府人民监察委员会正式成立，由 7 名委员组成，副市长兼主任，配备 3 名专职干部。其职责是监督本市各级政府机关、企业部门及其工作人员是否履行职责，有无违反国家法律、法规、政策或损害人民及国家利益之行为，并追究违法失职的机关、部门和人员，予以惩戒或纠正；接受及处理人民或人民团体对政府机关、企业部门及其工作人员违法失职行为的控告。

为加强对市政府重点部门的监督检查，1953 年在市人民政府财政科内设立专职财政监察员，后设立财政监察组。1956 年市财政局、税务局先后设立监察科，市粮食局亦设立人事监察科。同时，市监委还在基层单位发展了 21 名监察通讯员，征集群众对政策、法令、设施的意见，监督政府部门、企业及其公务人员的违法失职等行为，向监委作通信报告。

1955年5月，市人民代表大会选举产生株洲市人民委员会，市人民委员会设立监察科，为市人委负责行政监督、惩戒工作的办事机构。1956年，监察通讯员发展到47人。1958年4月，在机构调整中，市人委监察科与人事科合署办公。1959年4月，市人委监察科与市委监察委员会合署办公，对外保持各自的名称不变。同年，监察通讯员发展到101人。

1960年1月，在精简机构中，市人委监察科被撤销。至1987年，行政监察工作归口到市人委人事科（后归口市人民政府人事局），成为人事工作的组成部分，其行政监察决策权、处分权由市人委（后为市人民政府）行使。行政监察案件的查处由党的纪检、组织部门和政府人事部门负责。

1987年11月，设立株洲市监察局，为市人民政府行使监察职能的专门机构，依照国家法律、法规和政策独立行使职权，市人民政府各部门及其工作人员、市人民政府及其各部门任命的其他人员和市辖县市区长、副县市区长是其监察的主要对象。1988年，株洲市辖9个县市区监察局相继成立。同年11月，市人民政府设立廉政举报中心。到1990年，株洲市、县市区政府工作部门设监察室78个；市属县级企事业单位设监察室11个；5县市在154个乡镇中设专职监察员30人，兼职监察员123人；各级监察机关还在有关部门以及民主党派人士中聘请特邀监察员34人。1993年3月后，市县监察部门均与纪检部门合署办公。

一 执法监察

20世纪50年代，监察机关根据国家对实行粮食计划收购与计划供应、粮食统购统销和粮食保管、工业部门物资供应、增产节约措施等情况进行检查，并开展一系列的执法监督检查活动。

1955年，市人民监察委员会在检查物资保管和市土产公司的经营管理中，发现有商品霉变、失效、溶化的情况，及时协助并监督有关部门采取措施，改善储存条件，为国家挽回损失58115.5元。通过检查，还帮助株洲大米厂、市土产公司等单位健全了管理制度，堵塞了工作中的漏洞。1956年，市人委监察科联合有关主管单位，先后抽调66人对农业、商业、基建等22个专题或专案进行监督检查，维护了国家法纪，保证了政令畅通和国家计划的顺利完成。1957年1月，国家统计局对各地库存物资进行普查，市人委监察科会同相关部门对中南第五工程公司等3个基建单位的钢材、木材、水泥等国家控制物资库存进行检查，发现这些单位隐瞒少报钢材1161.79吨，木材802.41立方米，水泥946.3吨，予以及时更正。1958年，市人委监察科围绕挖掘工业设备潜力，大力支持工业建设，认真检查了基建厂矿的物资库存情况，查出积压钢材1049吨，工具4000余件，橡皮线1341米和各类机器设备。调出部分积压材料和机器设备，配给急需的厂矿，平衡了部分余缺。1959年，对违反市场管理、违反“全国一盘棋”精神的本位主义、贪污盗窃和铺张浪费的问题先后进行13次检查。并对市煤建公司不按计划供应焦炭，违反规定用焦炭换取铝板2吨、轧钢4.5吨、合金工具钢1.9吨、生铁3吨、车床2台、电动机3台、台钻4台等问题，严肃处理了该公司的相关负责人。

1988年，根据国务院清理涉外经济合同中的违法违纪问题的指示，市监察局对全市1979年以来45个单位签订的60份涉外经济合同（金额3575.265万美元）进行清理。清理中，发现有问题的合同15份，向外商提出部分索赔，挽回经济损失50.5万元人民币和7.1万美元及部分零配件。同时配合监察部、省监察厅对株洲市木材厂在引进板式家具生产线中存在的可行性研究不够，论证不足，造成的一系列问题，进行了认真查处。同年6月，市委、市政府分别作出决定，免去株洲市木材公司党政主要负责人的职务，并派工作组进厂整顿班子和企业，帮助恢复和发展生产。1989年，市县两级监察机关先后参加了农业生产资料供应、统计执法、民政经费使用、渔民转城、招生招干等问题的监督检查。特别在农资供应上，严肃查处了市供销社农业生产资料公司倒卖进口氯化钾复合肥120吨、获差价款29177.4元的问题，没收并上缴市财政19177.4元。攸县监察局查处了酒埠江镇倒卖劣质杂交种子坑农案；茶陵县监察局对县氮肥厂擅自销售碳铵846吨的问题进行了查处；醴陵市监察局查处了石亭乡乡长倒卖平价尿素2.75吨和计划农用柴油3.82吨获利4190元的问题。1990年，市政府批转市监察局《关于加强执法监察、确保政令畅通的报告》，对全市开展执法监察进行了具体部署。各级监察机关着重对一些执法部门乱收费、乱罚款、乱摊派问题进行认真查处。市监察局根据市人大代表反映和群众举报，制止了市某派出所向有关单位摊派价值3万元建筑材料的行为。酃县监察局查处了策源乡乱设卡收费1.9万元、水口镇在发放居民身份证中，擅自提高收费标准超收7463.80元的问题，责令将超收的款项全部退给群众。醴陵市监察局对30个单位的执法情况进行抽查，先后发出9份监察建议书，提出54条建议，帮助一些单位建立和完善了规章制度。检查中，重点查处了该市农业局种子公司经理倒卖杂交种子、虚报冒领种子款52718元的案子，作开除其公职处理。攸县监察局对一些经营农资的单位掺杂使假、提高价格坑害农民的问题进行专项检查，在生产资料的生产、分配、供应、管理等环节找漏洞，及时查处了倒卖平价煤油等5件“坑农”案件，查出违纪经营农资金额3万多元，收缴2.7万多元退给农民，维护了农民的利益。这一年，市监察局会同市国土局、市计委、建委、纪委、公安、财政等单位，对全市越权审批土地问题进行为期1个月的清理检查，查出越权批地881起，计土地面积87.49公顷。市监察局还组织对市职改经费使用情况进行了检查清理。

1990—1992年，市县两级监察部门着重对一些执法部门乱收费、乱罚款、乱摊派问题进行了检查清理。1992年，各级纪检监察机关围绕市委、市政府关于“两减两清”（减轻农民和企业负担，清理干部职工拖欠公款和清理国家、集体资产）的决定精神，开展执法监察，挽回经济损失1365.2万元。1995年，全市纪检监察机关采取建立执法监察联系点的形式，切实维护企业合法权益，先后对51家省、市、县属骨干企业挂上“保护牌”。

1996年，株洲市切实开展减轻农民负担工作，获得省委、省政府的高度评价，被评为“1996年全省减负工作先进地市”；根据市委、市政府关于发展多种经济成分、保护企业合法权益的要求，市、县纪检监察机关新增重点保护企业，全市受挂牌重点保护的各类企业增至148家。1997年，突出对建设工程的执法监察，查处违纪金额17904万元，核减工程造价4117万元，处理上缴财政679.9万元。1999 年，各级纪检监察机关着重对执行粮食流通体制改革措施、整顿金融秩序和重大事故的执法监察，在茶陵县开展的行政效能监察试点工作，受到省纪委、监察厅的充分肯定，并在全省的监察局长会议上介绍了经验。1999 — 2000 年，由市监察局牵头，组建粮改执法监察办公室。切实加强对水利工程建设资金的监督检查，重点开展建设领域专项治理和对国债资金、社保资金管理使用情况的监督检查。

二　案件查处

1953 — 1959 年，市人民政府人民监察委员会（市人民委员会监察科）共受理行政监察案件 276 件，立案查处 171 件，结案 158 件，处分干部 150 人。1957 年，重点查处了商业、服务系统有贪污、盗窃、挪用行为的 85 人，违纪金额 4504.55 元。其中贪污的 51 人，挪用 28 人，盗窃的 6 人。处分干部 23 人，其中开除 6 人（法办 1 人），撤职 5 人，记大过 7 人，记过 4 人，警告 1 人。1959 年上半年，结合整社运动，联合有关部门对农村基层干部不关心群众疾苦，作风粗暴、强迫命令、违法乱纪造成市郊区洲坪公社胡姓社员服毒自杀和朱亭公社谢姓社员被打伤致死等案件进行认真检查。

1988 — 1990 年，市、县市区监察机关共受理行政监察案件 465 件，立案查处 344 件。按性质分：贪污 49 件，贿赂 36 件，违反财经纪律 49 件，以权谋私 45 件，官僚主义失职渎职 24 件，腐化堕落 25 件，投机倒把 4 件，违反外事纪律 2 件，其他违纪 110 件；按干部级别分：县处级 16 人，科级 93 人，一般干部 237 人；按干部职业分：国家行政机关 178 人，企事业单位 168 人。在 306 件结案案件中，处分干部 287 人，其中监察机关直接处分 158 人，向各级政府建议行政处分 129 人，另外建议有关党组织给予党纪处分 19 人，移送司法机关处理 11 人。通过查处经济违纪案件，为国家挽回经济损失 631.84 万元，其中查处万元以上经济违纪案件 45 件。1989 年 8 月，监察部颁布《关于有贪污、贿赂行为的国家行政机关工作人员必须在限期内交待问题的通告》，市、县市区监察局普遍设立举报电话、举报箱，建立昼夜值班和局长接待日制度。《通告》期间（1989 年 8 月 19 日至 10 月 31 日），全市共受理群众举报 475 件次，占全年信访举报量的 20.86%，有 57 人到监察机关坦白交待违纪违法问题，共交待违纪金额 39.95 万元，退赃款 27.43 万元。对坦白交待者，监察机关严格按《通告》规定，作了从宽处理或免予行政处分。《通告》的贯彻，有力地震慑了违法违纪者，教育和挽救了一批干部，促进了株洲反腐倡廉工作的深入开展。当年全市监察机关立案查处贪污贿赂案件 32 件。1990 年，市县两级监察机关围绕治理经济环境、整顿经济秩序和深化改革，集中力量查处了一批大、要案件。其中贪污受贿 46 件。

1993 年纪检、监察合署办公后，案件查处工作与纪检部门共同实施。

三　信访举报

市人民监察委员会成立时，设立了群众信访接待室，明确专人负责信访工作，并建立信访工作制度。1953 — 1959 年，市人民监察委员会（监察科）共受理来信来访 961 件，其中来信 786 件、来访 175 件。信访结案 861 件，占总数的 89.59%。反映的问题主要有贪污、失职渎职、腐化堕落、违章违纪等。1953 — 1956 年，年信访量在 100 件以上。1957 年，受理来信来访 267 件，比 1956 年的 117 件增加 129%，1958 年，共受理信访 87 件，只有 1957 年的 32.6%。下降的主要原因是通过整风运动，广大干部的政治觉悟有显著提高，能够正确贯彻执行党和政府的政策法令，遵守和维护国家法律。

1988 — 1990 年年末，市县两级监察机关共受理信访、举报 5204 件，其中来信 4102 件，来访 927 件，电话举报 175 件；属监察业务范围的 3429 件，其中检举控告 2593 件，申诉 51 件，其他 785 件。在检举控告信访件中，按干部级别分：县处级 273 件，科级 1311 件，一般干部 1009 件；按干部职业分：国家机关 1440 件，企事业单位 1153 件；按性质分：贪污 264 件，贿赂 308 件，违反财经纪律 307 件，挥霍浪费请客送礼 15 件，投机倒把非法经营 77 件，违反经济政策 157 件，以权谋私弄权勒索 875 件，官僚主义失职渎职 116 件，腐化堕落道德败坏 109 件；其他：165 件。信访举报立案查处 701 件，1990 年结案 593 件。3 年中，全市监察系统年信访量都在 1000 件以上。其中，1989 年，信访举报总数达 2277 件。信访举报增加的主要原因：一是一些机关干部和工作人员经不起改革开放的考验，利用职权贪污受贿、以权谋私，人民群众对此反映强烈；二是 1989 年 8 月 16 日，最高人民法院、最高人民检察院《关于贪污贿赂投机倒把犯罪分子必须在限期内自首坦白通告》和监察部 1989 年 8 月 19 日《关于有贪污、贿赂行为的国家行政机关工作人员必须在限期内交待问题的通告》的发布，激起了广大群众检举揭发国家行政机关及其工作人员在经济领域里违法犯罪行为的积极性；三是各级监察机关采取各种有力措施认真受理群众举报，坚决查处违法违纪案件，受到人民群众的信赖。

1988 — 1990 年，市监察局共受理信访举报 2652 件，其中，信访举报立案查处 122 件，初查案件线索 87 件，自办和协助有关部门查处信访举报案件 38 起。通过直接处理信访举报，为国家挽回和避免经济损失 381 万元。

1988 年，一些人乘城市房改之机谋取私利，群众意见很大，有人举报市某开发公司建造高规格商品房私自低价内售给本单位职工，市廉政举报中心迅速开展初查，及时同市委、市政府提出调查处理建议。责成该单位将已低价内售的 18 套宿舍收回，公开按规定价格出售，为国家避免经济损失 55 万多元。1989 年 7 月，群众举报市某单位通过海南省进出口贸易促进委员会联系组织干部出国旅游，第一批已经出国，第二批即将出发，第三批正在组织，人均费用 1.5 万 ~ 2 万元。市监察局立即将情况向市委汇报，市委常委迅速作出“停止出国”的决定，为国家节约开支近 60 万元。同年 8 月，市廉政举报中心接到一起关于市某学会组织有关单位财务人员以办班名义于本月 7 日去深圳旅游的电话举报，当即找到该学会主管部门核实情况，并予以制止。从接到群众举报到主管部门采取措施，前后不足 20 分钟，为国家节省开支近万元。

1993 年纪检、监察合署办公后，抓信访举报工作的力度更大，办理更加及时。

株洲市纪检、监察系统来信来访及违纪案件查处一览表

表 15-31

年　份	来信来访（件次）	党员干部违纪立案总数(件)	党员、干部受处分数（人）
1953 — 1978	11460	9837	9837
1979	19579	311	263
1980	13978	228	143
1981	5650	273	93
1982	5520	529	148
1983	7665	995	424
1984	8157	888	406
1985	7842	610	329
1986	5212	1105	1017
1987	3661	1315	515
1988	5323	443	274
1989	5757	784	594
1990	5057	904	710
1991	3899	738	678
1992	4502	577	471
1993	4206	363	262
1994	2408	465	397
1995	2781	539	475
1996	3386	581	608
1997	2406	604	616
1998	2699	568	514
1999	2419	552	576
2000	1986	460	433

说明：1. 来信来访 1979 — 1987 年不含监察部门数据。2. 立案数、党员、干部受到处分数 1989 年及以前不含监察部门数据

株洲市监察局历任负责人名录

表 15-32

局　长	任职时间	副 局 长	任职时间
何文新	1988.3 — 1993.5	易迪安	1988.4 — 1993.3
陈泳涛	1993.5 — 1998.3	何先社	1991.2 — 1993.3
王丽沙（女）	1998.3 — 2000.12	陈泳涛	1991.3 — 1993.4
–	–	徐建平	1994.10 — 2000.9
–	–	郭学文	1994.10 — 2000.12

第七章　其他党务工作

第一节　党校教育

中共株洲市委党校（简称“市委党校”）始建于1958年3月，当时无固定校址，有教员、干部6人。1966年，迁至市郊金钩山，有教职工24人。1968年，党校停办，改为“五七”干校。1977年，恢复党校。1979年，“五七”干校停办，成立党校党委会。1983年，党校不设党委，成立校务委员会。1984年3月，党校实行干部教育培训正规化，公开招聘教师，教职员工增加到66人。1991年2月，设立中央党校函授学院湖南分院株洲学区，全校在职职工为92人，其中教员23人。1993年11月，兼办行政学院，实行两块牌子、一套人马，并成立院校工作委员会。1997年12月，被省委干部教育工作领导小组授予首批合格地市级党校。2000年，全校在职职工102人，其中教员38人。校园占地面积6.67公顷，校宿建筑面积4万平方米，其中学员宿舍4栋，有教室16间，多功能报告厅2间，可供1500名学员同时上课，校图书馆藏书65815册。

一　干部培训

1958—1967年，根据中组部、中宣部关于“地、市委党校的主要任务，应该是为当前的中心工作服务，对受训干部进行初步理论常识和当前工作的教育”的指示，株洲市委党校开设课程主要是：中共八届八中全会、十中全会公报、决议、中共中央：七千人大会“精神；关于总路线、“大跃进”、人民公社问题；中宣部编发的《关于社会主义建设问题》《关于党内生活问题》《反对现代修正主义问题》；中共党的建设和党的知识、党的领导、群众路线和领导方法和《中国共产党章程》《论共产党员修养》《做一个好共产党员》等；《毛泽东选集》1～4卷有关篇目等内容。

1968—1978年，由于不适当地把社会主义社会在一定范围内存在的阶级斗争，夸大为整个社会的主要矛盾，市委党校改为“五七”干校，干部教育培训也坚持“以路线教育为纲”，立足重新教育干部，提高干部的“阶级斗争、路线斗争觉悟”，认真改造世界观。学习内容以有关阶级和阶级斗争的论述为主要教材。主要内容为：马列著作和毛泽东著作，主要学习《共产党宣言》《国家与革命》《哥达纲领批判》《实践论》《矛盾论》《关于正确处理人民内部矛盾的问题》《毛泽东选集》第五卷有关篇章；中共党内十次路线斗争史；中共九大、十大文件，中央领导讲话、有关方针政策；无产阶级专政和无产阶级专政条件下继续革命理论；“批林批孔”“儒法斗争史”“反击右倾翻案风”等。

1979—1980年，随着中共十一届三中全会的召开和真理标准问题的讨论，市委党校也开始围绕社会主义建设新时期总任务，教育引导学员深刻领会党的政治路线和思想路线，用中共十一届三中全会和五届人大二次会议精神来统一思想和行动，专心进行“四化”建设，学习内容主要有：选学马列和毛泽东著作，学习中共十一大、全国五届人大文件，着重领会社会主义建设新时期的纲领、路线、方针、政策、任务、规划、方法和步骤等，学习社会主义经济规律和企业管理知识，配合形势学习中共十一届三中全会、四中全会、中央工作会议和五届人大二次会议文件，学习邓小平在党的理论务虚会上的讲话和叶剑英的庆祝国庆节上的讲话，着重开展了关于真理标准问题的讨论。

1981 — 1983 年，根据中央、省、市有关精神，在开办短期轮训班的同时，开始举办 1 年制中青年干部培训班，学习内容主要有：马克思主义哲学、政治经济学、科学社会主义的基本原理，中共中央《关于建国以来党的若干历史问题的决议》、中共十二大文件、全国人大五届五次会议文件、中共党史、党的建设以及写作、修辞、形式逻辑等课程。

1984 — 1990 年，党校开设有进修班和短训班 2 种学制。半年制进修班开设党政干部必修课，3 个月以下的进修班分若干单元进行专题教学。半年制进修班的教学内容主要有：中共十三大文件、《马克思主义哲学纲要》《关于社会主义若干问题纲要》、建设有中国特色社会主义的几个问题、生产力标准、法学基础知识、关于领导科学的几个问题、中共党的知识、社会调查，每个单元分若干个专题。短训班一般围绕一个中心内容安排若干个专题进行教学。8 年中，共举办干部培训班 138 期，培训学员 19374 人次，其中 1 年制培训班 4 期，共 412 人；3 个月到半年的进修班 11 期，共 682 人；3 个月以内的短训班 123 期，共 18280 人次。

1991 — 1995 年，根据新形势发展需要和株洲的改革和现代化建设的实践，按照“精学管用”的原则，坚持以中共十三大和十四大精神为指导，以建立社会主义市场经济为主题，教学内容进一步突出时代特色和株洲特色，开设了《邓小平文选》第三卷，《中共中央关于建立社会主义市场经济体制若干问题的决定》《中共中央关于加强党的建设几个重大问题的决定》及改革开放的方针、政策，经济与管理理论，市场经济法律法规，外经外贸知识，党史党建理论，基本技能知识、市情市策等教学专题。5 年中，共举办干部培训班 170 余期，培训干部 14437 人，其中主体班 67 期，共 4661 人；1 个月以内的计划外班 103 期，共 9776 人。

1996 — 2000 年，市委党校提出“教学立校，科研兴校，开放强校”的办学思想和“紧跟上头，贴近下头，精学管用，服务株洲”的总体思路，开设了邓小平理论、国家公务员制度基本知识、现代管理基础知识、国家公务员行为规范、法律基础知识、当前热点难点问题研究、党性修养、计算机知识等专题课程。5 年中，共举办干部培训班 292 期，培训干部 25891 人。其中，主体班 90 期，共 8555 人；1 个月以内的计划外班 202 期，共 17336 人。

二　学历教育

市委党校学历教育始于 1984 年。1984 — 1987 年，开办 2 年制和 1 年制大专班、中专班，培训对象主要为市管党政主要领导干部的后备人员和新提拔的年轻现职干部。2 年制大专培训班开设马列主义、毛泽东思想基础理论课、科学文化知识课、党政干部业务知识课；1 年制大专经济管理专业培训班开设哲学、政治经济学、科学社会主义、国民经济管理、市场学、经济法、生产力经济学、企业经营管理、管理心理学、调查研究、统计会计学、电子计算机原理、领导科学等课程。2 年制中专培训班开设了马克思主义基础理论、自然科学常识、乡镇经济学、领导科学、法律常识等课程；1年制中专培训班开设马克思主义理论基础课、文化科学知识课、专业知识课、行政法学、行政管理学、新学科讲座、管理心理学、人口生态环境、系统论、信息论、控制论、统战理论等课程。4年中，共培训学员469人，其中，2年制大专班学员281人，1年制大专班学员34人，2年制中专班学员58人，1年制中专班96人。

1988—1990年，开始开办省委党校的“行政管理”和“经济管理”2个专业函授教育大专班，面向社会招生，学制3年，开设马克思主义哲学、政治经济学、中共党史、国民经济管理理论与实践、行政管理学、企业经营管理、财政金融管理、市场学等课程。3年共培训学员463人。从1991年起，在开办省委党校函授教育大专班的同时，还开办中央党校函授教育本科班，学制2年半，设置“行政管理”与“经济管理”2个专业，开设马克思主义哲学经典文选、毛泽东思想概论、领导学原理、政策学教程、现代管理学、会计与统计学等课程。至2000年，共培训学员4192人。其中，中央党校函授教育本科班3420人，省委党校函授大专班772人。

1993年，为满足干部学习需要，开办了株洲市委党校业余大学大专班，面向社会招生，设置“经济管理”与“法律”2个专业，学制3年，开设马克思主义哲学、政治经济学、大学语文、形式逻辑、涉外经济、公共关系学、会计学概论、市场营销学等课程。2000年，停办业大大专班。8年中，共培训学员4599人。

1997年，开办湖南行政学院函授教育大专班。2000年，增开湖南行政学院函授教育本科班。大专班学制3年，本科班学制2年半，开设“经济管理”与“法律”2个专业，设置马克思主义哲学、政治经济学、国民经济管理理论与实践、财政金融管理、人事管理学等课程。至2000年，共培训学员1097人，其中本科班305人，大专班792人。

三 科研成果

市委党校自实施正规化培训以来，一直把科研工作作为提高教学质量、提升培训效果的重要途径。出台了《科研工作管理条例（暂行）》文件，鼓励教员根据教学和学校学科建设需要，开展对经济社会发展实际问题和社会重大理论及热点、难点问题的研究。

1984—1990年期间，全校共在各级刊物和各级理论研讨会上发表、交流论文139篇，其中国家级6篇、省级21篇，主编、参编教材10本，编写电影剧本1部。其中，吴正根撰写的《函授点线教学经验》，先后被东北、中南12省市的函授教学经验交流会采用。

1991—1995年，共在各级刊物和各级理论研讨会上发表、交流论文219篇，其中国家级16篇、省级73篇，主编、参编著作和教材25本，出版调研报告集2本。其中，何迪平的《唯物辩证法的“度”与实践中的最佳适度》，被《中国“八五”科研成果选》收录；刘家城的《关于农产品价格改革的问题》被《中国经济文库》收录，《我国城乡家庭生育决策的经济效应》获全国第二届“人口与计划生育”征文三等奖；文慧敏的《攸县加强基层组织建设的几点启示》被《中国领导科学文库》收录；有2篇调研报告被市委、市政府以文件形式下发，实现了科研成果进决策的目标。

1996 — 2000 年，共在各级刊物和各级理论研讨会上发表、交流论文 456 篇，其中国家级刊物 49 篇、省级刊物 208 篇，主编教材 4 本。

第二节　机构编制

1956 年 12 月，成立株洲市机构编制委员会（简称“市编委”），未配专职干部。1957 年，市直机关机构调整，市编委列为市人委机构系列。1958 年，市编委与市委组织部、市直机关党委合署办公。1960 年，市编委并入市委组织部。1963 年，市编委成为市政府的一级机构，与市委组织部合署办公。“文化大革命”中，市编委处于瘫痪状态。1972 年 9 月，成立株洲市革命委员会机构编制领导小组。1979 年 4 月，成立市编制委员会，属局级机构。1981 年 2 月，市委决定市编制委员会由委员制改为主任制。1983 年机构改革，市编委为市委、市政府的直属机构，归口市委组织部管理。1994 年，改设株洲市机构编制委员会办公室（简称“编委办”）。1996 年，增设事业单位登记管理办公室。2000 年，改为在市编委办加挂株洲市事业单位登记管理局的牌子，对内仍为内设科室。

一　地方党政群机关机构编制

1949 年 8 月 12 日，设立湘潭县株洲区人民政府，区机关未设职能机构，实有 58 名专职干部，其中区委 5 人、区政府 53 人。1950 年 6 月，株洲区分为株洲镇和湘潭县第一区。株洲镇按丙等城关区配备编制 60 名。1951 年 7 月 1 日，株洲镇改为株洲市（县级）。中共株洲市委工作部门设秘书处、组织部、宣传部；群众团体有农会、共青团、妇联；市人民政府工作部门设秘书室、办公室、工商科、民政科、人事科、财政科、文教科、建设科、劳动科、合作科、房地产科、财经委、人民法院、公安局、税务局、卫生科 16 个科室，另有 1 个临时机构为保密委员会。同年 7 月，设株洲市郊区，成立市郊区党委和人民政府。市、郊两级党政群机关共有编制 226 名。1952 — 1955 年，市区行政区划几经调整，机构数量增设，市委先后增设了办公室、纪检会；群团的农会改为工会，市人委（人民政府）增设了爱国卫生运动委员会、人民监察委员会、建设委员会、计划委员会、城市办事处、市人民防空委员会及卫生科、农林科、手工业管理科、计划统计科等机构。至 1955 年年末，株洲市党政群机关总编制达到 838 名，其中市级 782 名，区、乡级 56 名。

1956 年，株洲市升格为省辖地级市，市直一级机构随之升格，市人委一些科均改为局。当年市委先后增设基建部、董家塅和田心 2 个工作委员会，市编制委员会和直属机关委员会；市人委增设交际科、科学技术普及委员会等机构。年末，省委核定株洲市编制为 1429 名，党政群机关实际配备 948 人，市直党政群机构共 42 个。

1957 — 1966 年，根据中央关于“精简机构，紧缩编制，重点加强，全面照顾”的精神，株洲市党政群机关先后进行了几次较大调整。1957 年，重点精简行政事务人员。经市委同意，将市人委院内的各办、组、科、局、委、文化干校、广播站等单位的打字、收发、管理、公务、通讯、炊事等人员的编制，均交由人委办公室统一掌管使用。对部分工作性质相同、任务相似的单位，采取合并或合署办公的办法。同时相应增设和扩大部分机构，增设市加工订货办公室、市直属机关团委、市服务局、贺家土办事处和贺家土工委；扩大的有教育科技局，交际科改为交际处。年末，市党政群机关共有编制 1268 名，其中党群 278 名、政法 322 名、工业 177 名、交通 7 名、财贸 276 名、文教 38 名、乡干 170 名。1958 年，根据中央和省委关于“紧缩机构”的精神，又进行几次机构调整，先后撤销了市委秘书处、市财贸办公室、市工业交通办公室、市人委工业、基建、财贸三部办公室等机构；合并了一批机构，部分机构实行合署办公；新成立市物资供应局、市国防体育协会、轻工业局、市冶金机械局、市机械工业局、市化工局、市人委政法办公室等机构（其中部分合署办公）。年底，编制总数为 1415 名。1959 年，为适应“大跃进”的形势，重点加强了工业部门的管理机构，新设立市委交通部、市委工业部、市委农村办公室、市外事办公室、市基本建设委员会、市科学技术委员会、市农业机械局，市文化科改为市文化局；撤销市委建基部、市人委监察科；成立市中心区、清水塘区、荷塘铺区、田心区、董家塅区 5 个市属区级政权机构。年底，省委核定株洲市机关团体总编制为 2464 名，其中行政编制 1994 名，分配情况是：市级机关 1326 名，6 个城区机关 529 名，10 个人民公社 548 名。1960 年，市直机关又作了相应一些调整。至年末，市委工作部门有 11 个，直接管理的单位 3 个；人民团体 4 个，市人委工作部门 30 个，市直接管理的城区 6 个，当年全市党政群机关编制总数为 2541 名。1961 — 1962 年，由于国民经济处于困难时期，本着“精兵简政”和“少用人，多办事”的原则，机构编制作了必要的调整和压缩。1962 年全市党政群机关编制数减为 2400 人。1963 — 1966 年，根据国民经济执行“调整、巩固、充实、提高”的方针，增设、撤并一些市直机构，但编制有较大精简。1965 年，全市党政群机关编制为 1272 名（不含株洲县）。1966 年，市、区直党政群机关设有 64 个机构。因“文化大革命”运动开始，全市未定编，党政群机关实有 1200 人，其中市直机关 1060 人，城区和郊区的区、乡、社 140 人。

“文化大革命”初期，株洲市党政群机关受到冲击，各职能部门基本处于瘫痪状态，由当时成立的一些临时机构取而代之。1967 年 11 月成立的市革命委员会筹备小组，下设 12 个机构，全面接管原市委、市人委的工作职能。1968 年 1 月，株洲市革命委员会（简称“市革委会”）成立，为市一级唯一的党政合一权力机构，设办公室、政治部、政法部（6 月改为人民保卫部）、生产指挥部。同年四季度对原市局、行、社、委机构进行改革。改革后，市革委会办公室下设秘书组、行政组、直工组；政治部下设组织组、政工组、教卫组、群工组、斗批改组；生产指挥部下设工交组、财贸组、农业组、基建组、科技组、经济计划组、办公室；人民保卫部未下设机构。此外，还有直属机构 2 个，其他机构 7 个。“三部一室”工作人员共 106 人。1969 — 1970 年，市革委会机构又相继作了一些调整，恢复了部分市直局的机构设置，撤销了部分组和以公司命名的二级机构。至 1970 年年末，市直党政群机关机构共有 28 个。全市党政群机关实有工作人员 2625 人，其中市直机关 1667 人。1973 年，恢复成立了中共株洲市委，市革委会“三部一室”的机构设置模式逐步取消，恢复市委、市政府（革委会）、人民团体三大块版机构设置。至 1976 年，市直党政群机关机构共有 45 个，其中市革委会工作机构 36 个，市委工作部门 6 个，人民团体 3 个。

中共十一届三中全会把党的工作重心转移到社会主义现代化建设上来，提出了改革经济管理体制和行政管理体制的任务。这一时期，株洲市结合具体实际，以机构改革为重点，对党政群机构的设置和人员编制不断进行调整。1977 年，恢复成立中共株洲市委党校，与“五七”干校合署办公。1978 年，先后增设市革委会工交办事室、市革委会经济领导小组、市科学技术委员会（同时撤销市革委会科技局）、市建筑材料工业公司、市房地产管理局，恢复市文学艺术界联合会、株洲市经济委员会（同时撤销市革委会工交办公室）、市安全生产委员会、市税务局，恢复市科学技术协会和市物价委员会，成立市副食品生产局、市电业局等单位；升格的单位有市环境保护办公室和市档案处，原合署办公的市中级人民法院与市人民法院改为单独设立，分开办公。1979 — 1980 年，株洲市又增设（恢复）了农业机械管理局，人民武装委员会、市委纪律检查委员会、市委统战部（撤销原市委统一战线工作组）、市人事局、市统计局、市医药管理局、农业银行株洲市支行、市林业园林委员会、市标准处、市建筑工程局、政协株洲市委员会、市司法局、市轻工业局、二轻工业局、纺织工业局等机构。撤并了少量机构，其中市人民法院撤销后，在市东区、南区、北区和郊区分别设立了人民法院。1980 年年末，市直党政群机构共有 63 个，其中市人民政府工作部们 52 个，市委工作部们 6 个，人民团体 3 个和市人大办公室、市政协办公室；编制数 2232 名，实有人数达到 2541 人。1981 — 1982 年，市直党政群机构又相继增设了市人民政府视察室（未配人员自然消失）、市文教办、市党史办、市职教办、市政法委、市委政研室、市绿化委员会、市委市政府信访办、市城市管理委员会，恢复了市工商联，基本上没有撤并机构。至 1982 年年底，市直党政群机构 66 个，其中市委工作部门 8 个，人民团体 4 个，市政府工作部门 50 个，全市编制数 1985 名，市直机关实有 2461 人。

1983 年，株洲市进行了一次大规模的机构改革。基本要求是精简机构、简政放权和按照“革命化、年轻化、知识化、专业化”的要求，配备领导班子。市委设工作部门 7 个，市纪委单独设立，市直机关党委改为直属机构；市政府工作部门 40 个，比原来减少 10 个；人民团体增加科协和侨联 2 个机构；设立市委、市政府直属机构 11 个，分别归口有关工作部门管理。市直党政群机构共有 69 个，编制为 1985 名，年末实有 2289 人。1988 年，市直党政群机构达到 77 个，其中市政府工作部门有 44 个；编制数也增加到 2171 人，而实有人数则达到 2780 人。

1993年，市直机关一级机构有78个，实有人数为2613人。1994年，开始新一轮机构改革。根据省有关规定，市直党政机构从73个减为51个，精简30%，其中市委工作机构8个，市政府工作机构38个（政府组成单位22个），部委办局管理的机构5个。具体是：纪检会与监察局合署办公；撤销文卫办，职能划归政府办；标准局与计量局合并组成技术监督局；侨务办与外事办合并组成外事侨务办公室；将一商业局、二商业局、轻工业局、二轻工业局、建材工业局、纺织工业局、纺织工业公司（局）、煤炭工业局、物资局、医药总公司（管理局）、食品工业局、包装公司12个机构转为经济实体；城市建设局、档案局（局馆合一）、广播电视局、体育运动委员会、畜牧水产局、接待处、房地产公司（管理局）7个机构改为事业单位。新设立地方税务局、国家安全局和国有资产管理局（副县级机构改革后当年升为正县级）。保留化工局、电子工业局和冶金机械局3个经济管理机构。定为议事协调机构有保密委员会及其办事机构、台湾工作领导小组及其办事机构、人民防空委员会及其办事机构、蔬菜领导小组及其办事机构、爱国卫生运动委员会及其办事机构等5个。具有一定行政管理职能的14个副县级事业单位多数由有关委办局归口管理。另有建筑工程管理处升格更名为建筑工程管理局，归口市建委；房改办并入市经济体制改革委员会；撤销供销委员会，其职能划归经委；撤销技术协作办，其职能划归市计委。新设立旅游事业管理局，归外事侨务办管理。市级党政群机关行政编制总额2632名（不含税务98名），比改革前的1993年减少1018人，精减27.9%；机关后勤服务人员事业编制按新规定行政编制的12%核定。市直、城郊四区（含街道办事处）的行政编制分配比例为6.5∶3.5。市直党委机关、政府机关和其他机关的行政编制分配比例为12∶77∶11左右。

1995—2000年，市直党政群机构又陆续作了一些局部调整，先后升级的机构有市劳动教育管理所、社科联、住房制度改革领导小组办公室、残疾人联合会；在市文化局加挂新闻出版局和版权局的牌子；改为省垂直管理的机构有市无线电管理局、市工商局、市技术监督局。1998年，改革公安机构体制，将株洲市南方动力机械公司、株洲田心电力机车厂等9家大中型国有企业的公安处收归市公安局下属的分局或派出所，共收编217人。同年，在市水利水电局内设立株洲市移民开发领导小组办公室，配备工作人员2名。至2000年，株洲市直党政群机构共有53个，其中市委工作机构8个，人民团体7个，市政府工作部门38个，全市编制数17286名，实有人员15552人。

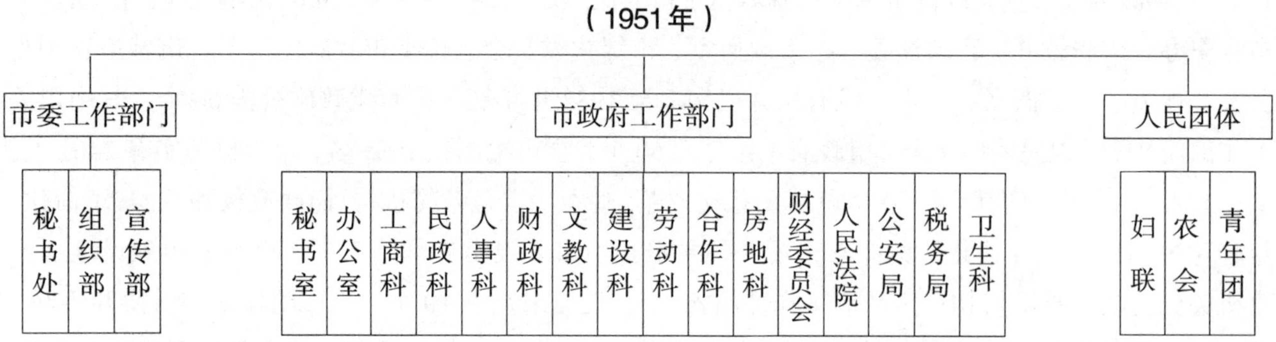

图15-1　株洲市（县级）市直党政群机关机构设置图

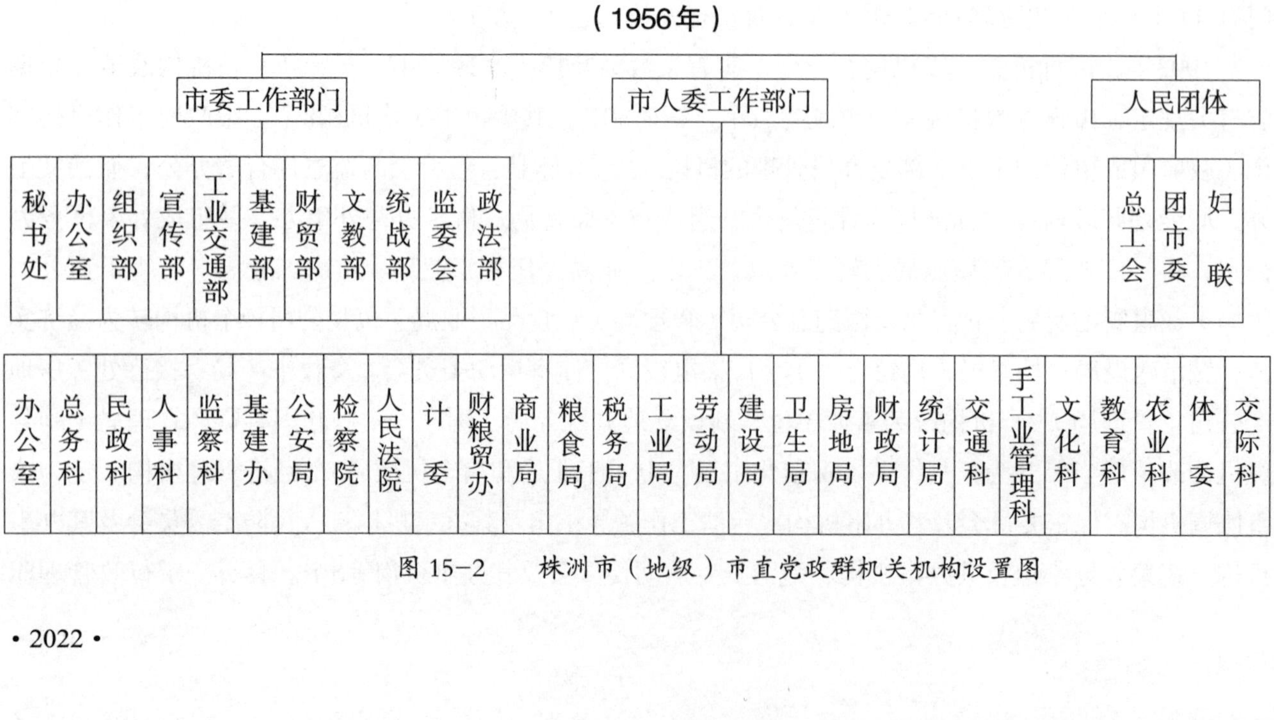

图15-2　株洲市（地级）市直党政群机关机构设置图

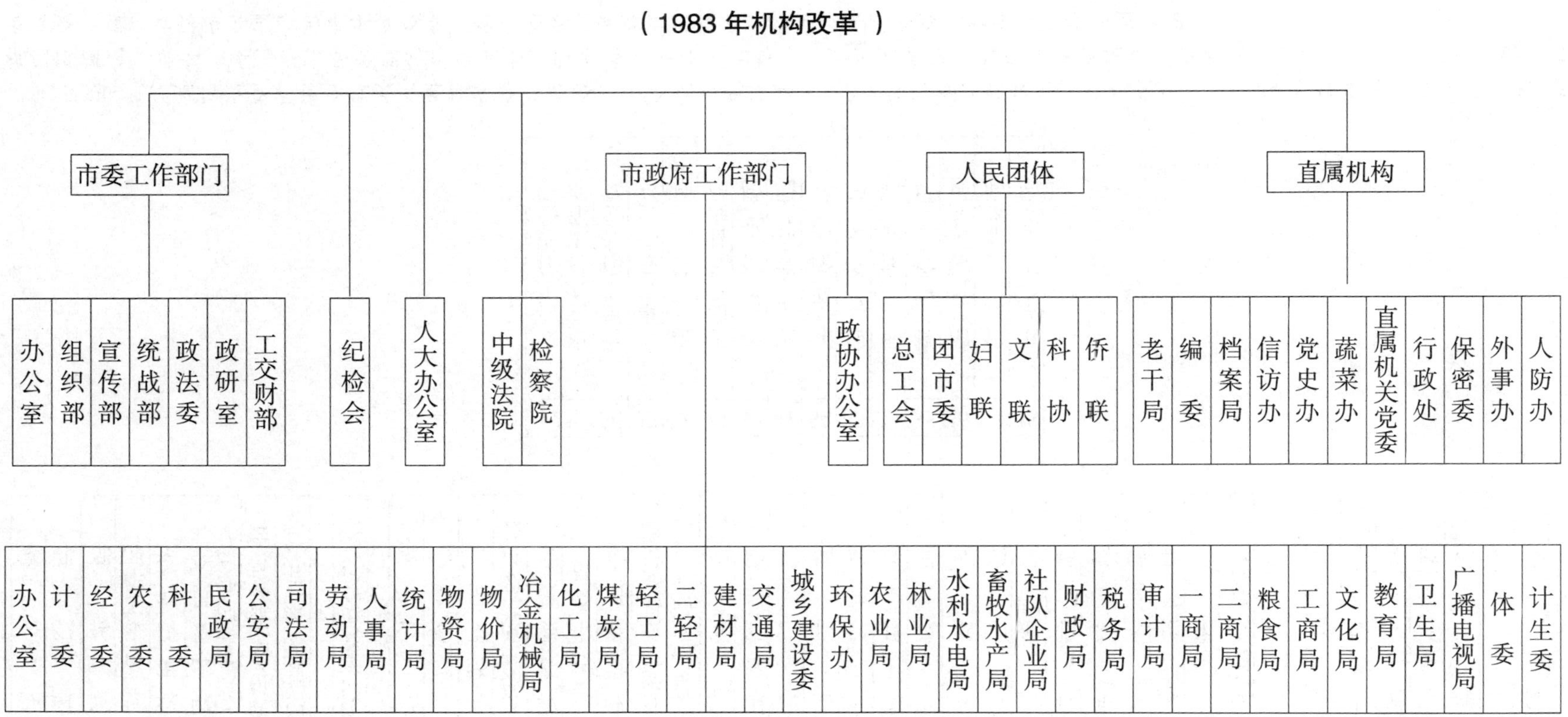

说明：1．市委农村工作部与市政府农委合署办公，一套人员，两块牌子，未单列；2．市人大按宪法、组织法决定设立的各委员会，市政协按章程设立的各委员会均未列入；3．市委对台办、市职教办，为副局级机构均未列入；4．市委党校、株洲日报社、市政府经济研究室均未列入；5．1983年机构改革时由局改的市对外经济贸易公司（局）、电子仪表工业公司、纺织工业公司、建筑工程总公司、房地产公司（局）、供销联社，均未列入

图 15-3　株洲市市直党政群机关机构设置图

（1994年机构改革）

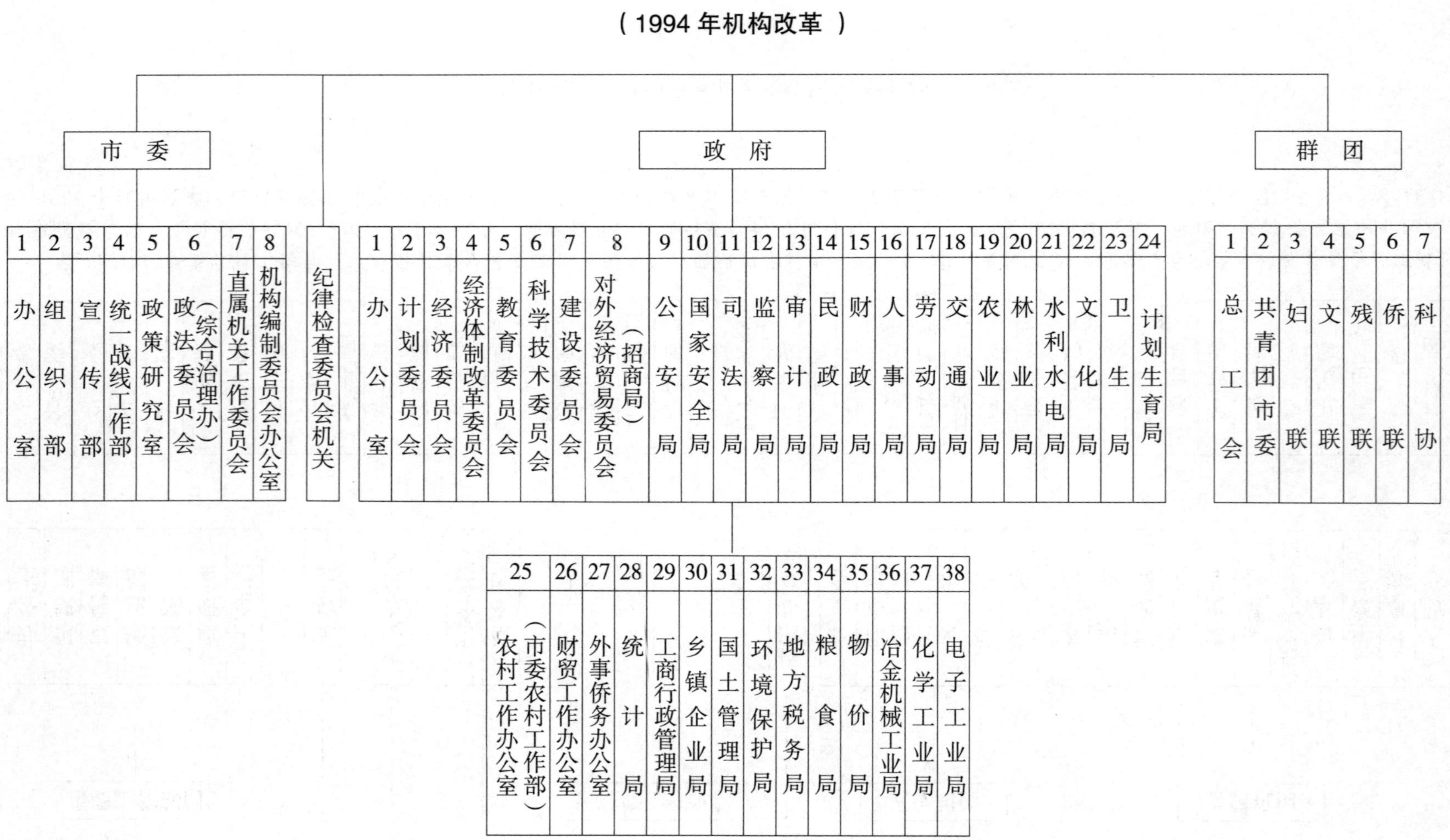

说明：1. 纪律检查委员会机关与监察局合署办公，一个机构两块牌子。2. 本图所列的政府工作机构中，1～24号为政府组成单位。3. 在机构限额内，设部、委、办、局管理的机构五个，即市委老干部工作局，由组织部管理；国有资产管理局，由财政局管理；技术监察局，由经济委员会管理；信访办公室，由市委办公室、政府办公室管理，以政府办为主；法制办公室，由政府办公室管理

图 15-4　株洲市市直党政群机关机构设置图

（2000年）

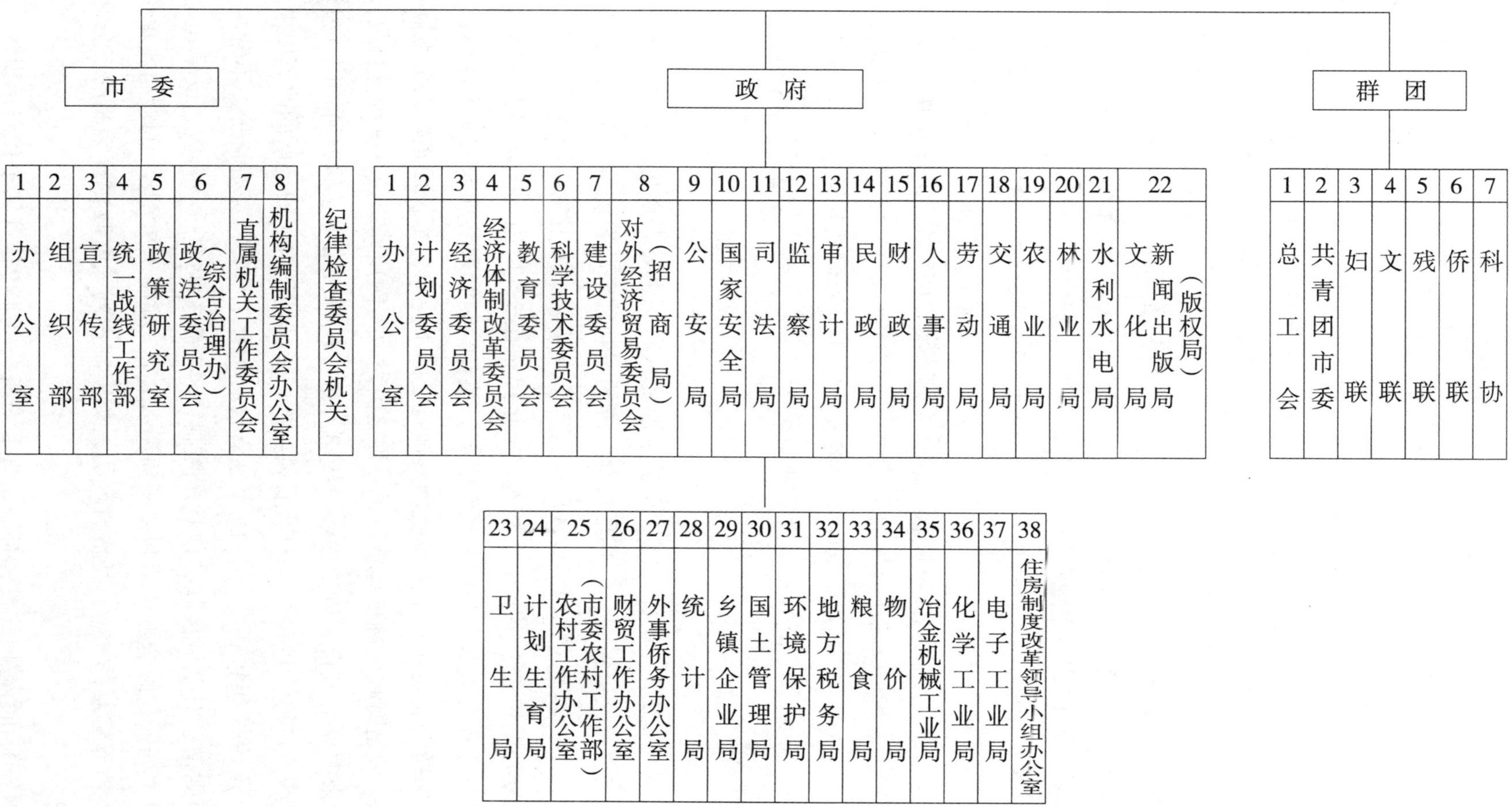

说明：1．纪律检查委员会机关与监察局合署办公，一个机构两块牌子。2．本图所列的政府工作机构中，1～24号为政府组成单位。3．部、委、办、局管理的机构五个，即市委老干部工作局，由组织部管理；国有资产管理局，由财政局管理；信访办公室，由市委办公室、政府办公室管理，以政府办为主；法制办公室，由政府办公室管理；社科联，由市委宣传部管理。4．国家税务局、工商局、技术监督局属垂直管理

图15－5　株洲市直党政机构设置图

二 事业单位机构编制

（一）编制机构设置

1932年，株洲镇成立建宁小学，1942年成立建宁中学。1951年设立店员工会、手工业联合会工会、搬运工会、教育工会、建筑工会和市总工会业余学校。1951年7月株洲市（县级）成立后至1955年，又增加卫生医疗机构和中学等6个事业单位。1956年株洲升格为地级市后，事业单位发展较快。当年新增城市建设、学校等事业单位8个。1957—1960年，全市又设立事业单位22个。1960年，株洲市定事业编制1193名，实有人数1187人。1961—1966年，全市又设立事业单位30个。由于“文化大革命”，1967—1968年没有增设新的事业单位。1969—1973年，全市先后增设事业单位5个。至此，全市共有事业单位65个，市直事业单位实有人数2126人。至1977年，市直事业机构增至78个，实有人数4819人。1978—1983年，市直事业单位发展较快。1983年，全市共有市直事业单位413个，实有人数14126人。1984—2000年，市直事业单位加速发展，编制管理部门对事业单位的管理也逐步加强。1990年，全市市直事业单位有315个，编制数15655名，实有人数14498人。其中，全额拨款实有人数6532人，差额拨款实有人数4783人，自收自支实有人数3183人。1991—2000年，又增加市直事业单位197个，其中包括1994年机构改革中7个行政机构改为事业机构，撤销市直事业单位59个。2000年年末，全市共有市直事业单位453个，实有人数15759人，其中企业化管理单位7个，人员194人。

（二）编制管理

1952—1953年，株洲市事业单位编制管理处于混乱状态。主要表现为企事业不分，有的单位核定了编制，有的单位没有核定编制，尤其是教育系统的编制处于动态定编，每年由市教委根据国家教委、国家编委规定，按学生人数和班级数所占比例核定编制。市卫生系统各医院，由市财政按床位核发经费，属差额补贴单位。事业单位增人，每年控制在3%以内。国家编委编制的《机构编制年报表》中，亦只统计实有人数。1984—2000年，随着编制管理的加强，对事业单位管理工作逐步加强，各学校仍保持动态定编；卫生系统和其他行业的事业单位都全面核定人员编制。同时明确了3条经费渠道，一种是财政全额预算单位，一种是由财政差额预算单位，一种是自收自支单位。一些事业单位对经费来源渠道进行了改革探索。1978年成立的株洲市电子研究所，以开发试制新产品创收养科研，实行经费自筹。1984年4月，省科委推广了株洲市电子研究所的改革成果后，国务院号召在全国推广。至1988年年底，全市16个独立科研所有7个实行经费自理，不拿国家科研经费。编制部门控编原则是：对全额拨款单位从严控制，对差额补贴单位、自收自支单位适当放宽。2000年，市直事业单位列入财政全额预算和差额预算261个，编制12706名；自收自支单位191个，编制7400名，占财政预算编制的58%；经费自筹的人员编制占列入财政预算编制的三分之一还多。

（三）法人登记

1991年，根据国务院和省政府文件精神，市编委对机关事业单位开展了代码标识赋码工作，历时5个月完成。每个事业单位赋予一个在全国独一无二的代码。1997年，株洲市根据《事业单位登记管理暂行条列》《湖南省事业单位登记管理办法》，对事业单位开展法人登记工作。对“符合规定的名称、组织机构章程，有明确的业务范围，有与其业务范围及规模相适应的从业人员，有稳定合法的经济来源，有固定的办公场所和必要的设施，有国家授予事业单位管理的财产或者事业单位所有的财产，有健全的财务制度，实施独立核算，能独立承担民事责任”条件的事业单位进行法人登记，发给“事业单位法人证书”。不具备上述条件的事业单位发给“事业单位证书”。每年1月1日至4月30日对事业单位进行年检，其结果在《株洲日报》进行公告。

三　工资基金管理

从1964年3月开始，编制部门审批市机关事业单位的工资基金计划，其目的是用经济手段控制机关事业单位的人员膨胀。市编制部门会同人民银行联合制发《机关事业单位工资基金手册》，每季度由各单位编制人员工资名册，连同《工资基金手册》，报编制部门审批，下达工资总额计划，单位再按月到银行支取职工工资。在计划经济时期，用工资基金控制人员膨胀起到了非常重要的作用。1980年后，由于银行体制改革，各专业银行之间开展竞争，一度对机关事业单位支取工资把关不严，出现银行不需要编制部门的审批计划就支付职工工资的情况。1990年，人事部和中国人民银行联合下发文件。省编委办也会同省人民银行、省工商银行、省农业银行、省中国银行联合发文，要求统一使用劳动部同中国人民银行联合制发的《工资基金手册》，各地（州）市机关事业单位的工资基金计划移交人事部门审批。但唯有株洲市仍由编制部门审批，各银行对机关事业单位支取职工工资严格按市编委办的计划执行。1999年，全市财政拨款发放的单位职工工资，一律改由财政统发。至此，工资基金计划审批职能终结。

第三节　政策研究

1957年5月，市委办公室下设研究组。次年5月，增设调查研究组。1960年3月，成立市委政策研究室。1960年12月，市湘江杂志社与市委政策研究室合署办公。1962年6月，市委政策研究室并入市委办公室改为政研科。“文化大革命”期间未设机构。1981年11月，设市委研究室，为市直一级机构。1983年，恢复市委政策研究室名称。

一　调查研究

调查研究是政策研究室的基本任务之一，目的是为市委实施决策提供可靠依据。通过宏观调查和微观调查相结合，侧重研究带普遍性和倾向性的问题及解决问题的方式、方法，提出可供选择的决策预案。宏观调查一般每年开展3 ~ 5次；微观调查每年要进行20 ~ 30次。

"文化大革命"前，调查工作主要是围绕整风、工业生产、城市管理、城市居民生活等问题展开。先后形成的调查报告有《关于知识分子思想情况调查的报告》《关于城市人民群众生活问题的调查报告》《关于贯彻"工业工作七十条"，加强企业管理情况的调查报告》等。1961 年 8 月完成的《关于工业生产的调查报告》，总结了株洲工业发展的成绩：工厂企业由 1949 年的 2 个增加到 137 个，工业总产值由 85.30 万元上升到 7.72 亿元，主要产品发展到 759 种，职工由几百人增加到 11 万人，形成了初具规模的工业城市。同时，指出存在的两个根本性问题：一是商品可供量少，与购买力之间有 700 多万元的差距；二是工业生产内部供销不平衡，设备老化，企业管理混乱，生产关系未理顺。对存在的这两大问题，调查报告着重分析形成的主要原因：一是贯彻农轻重方针不够得力，忽视了农业；二是计划安排欠妥，忽视了综合平衡，不问需求，盲目搞高指标。围绕这些问题和成因，调查报告提出进一步加强对农业的支援，调整农轻重关系，实行综合平衡，加强企业管理等几个方面的具体措施。市委转发这个调查报告，对尽快恢复和发展全市的工农业生产起到了积极作用。

1981 — 1987 年，这一期间的调研工作主要围绕发挥中心城市作用，以市带县，抓两个文明建设，实行改革开放，发展商品生产等问题为重点展开。形成的调查报告主要有《发挥中心城市作用，加快城乡工业经济网络的建设》《关于第三产业情况的调查》《关于农村经济组织、耕地资源、商品生产基地的调查》《全市思想政治工作情况的调查》《横向经济联系调查》《攸县股份合作经济调查》《发展乡镇企业情况调查》《五县市油茶生产情况调查》等。1984 年 4 月间，为探索小城镇的建设与发展，组织力量深入攸县网岭镇进行调查，形成《攸县网岭镇积极做好农民到集镇落户的工作》的调查报告，市委肯定了网岭镇的做法，并批转全市推广。5 月，新华社《内部参考》《经济参考》分别采用了这个调查报告。6 月份，《人民日报》发表《不要用二号文件管一号文件》的评论员文章，文章对农民到小城镇务工、经商、办服务业的问题作了正反两方面的比照，肯定了"敞开城门"，为农民进城开绿灯的经验；批评了"红灯高挂"，把农民拒之城外的做法，明确指出不能用地方的"二号文件"管中央的"一号文件"。当年 10 月，网岭镇镇长被中央建设部特邀参加小城镇建设座谈会，会上印发了网岭镇调查报告并作了专题发言。

1986 年秋冬，全国出现一些不稳定因素，少数城市发生闹事现象。1987 年春，为稳定株洲大局，市委书记率领政研室人员深入工厂、学校、商店进行调查，并围绕物价、社会治安等热点问题进行问卷调查，形成 7000 余字的调查报告。报告分析了少数群众特别是部分青年思想波动的原因，提出坚持四项基本原则，加强思想政治工作的意见。通过这次调查，市委有针对性地采取措施，加强思想政治工作，维护了株洲的稳定，促进了发展。调查形成的调研文章《旗帜鲜明地坚持四项基本原则，理直气壮地加强思想政治工作》，被《红旗》杂志内部文稿采用，省委《摘报与交流》也予以刊载。

1988 — 1992 年间，重点围绕中共十三大提出的中心任务，以及贯彻中央《关于经济体制改革的决定》展开调查。这一时期的调查研究的主要特点是突出改革，对许多涉及到管理体制的问题进行调研和探讨。为制定株洲市 1988 — 1989 年政治体制改革实施方案，市委政研室先后调查走访 50 多个单位，召开理论讨论会，提出政治体制改革"整体跟进，局部先导；内部小配套，外部大协调；

分步实施，循序渐进”的思路和步骤。市委就此下发文件，湖南省委也批转下发。

1989 年，对攸县发展股份合作经济的问题进行调查，写出《发展农村经济的现实选择 —— 对攸县发展股份合作经济的调查》报告，作为发展农村经济的增长点予以推介。市委批转了这个调查报告，省委的《湖南工作》还为此出了专辑，省委《学习导报》也予以转载。攸县发展股份合作经济的经验在省内外推介后，产生了积极的影响，不少地市县来攸县学习经验。1992 年，省农经委在攸县召开现场经验交流会，攸县应邀介绍了经验。同年，政研室对影响株洲经济发展的主要制约因素进行调研，形成《株洲市委书记访谈录》，该文载于《小平你好 —— 中国第二次改革浪潮报告文学集》（第二辑），同时《湖南工作》予以刊载。

1992 — 2000 年，市委政研室重点围绕加快推进株洲发展、扩大改革开放进行调查研究。1993 年 8 月，深入 13 家困难企业，形成《困难企业亟待解困》的调研文章，引起市委、市政府高度重视。市委派出了 4 支由 31 名市级领导挂帅的支帮促服务队，深入 34 户困难企业开展帮扶工作，使这些企业大多扭亏转盈。同年，进行了高新技术产业发展状况调查，突出“科教兴市”的市策和利用高新技术“改造河东，会战河西”的战略思想，市委将调查报告通报全市。1994 年，牵头组织市政府经济研究室、体改委等部门，对全市股份制改革和股份制企业运作情况进行为期 3 个月得调查，调查撰写得文稿进入政府决策，并先后在中央、省、市刊物上发表。当年还组成课题且对株洲高新技术生产得发展状况进行了为期半年得调查研究。1995 年，完成 10 个重点调研课题，先后完成《中共株洲市委关于“九五”计划的建议》《关于进一步扩大对外开放的决定》等 11 个文件。1996 年，直接承担的和参与的“百乡千村万村调查”、《株洲跨世纪发展战略研究报告》《开放型经济与企业走向国际市场战略研究》等 10 个重点调研课题，以不同形式全部进入省、市委决策层。1997 年，完成“株洲市 1997 — 2000 年经济发展预测”“株洲中长期战略研究”等多个课题。1999 年，开展农民增收、城镇建设、农村村级民主政治建设、乡镇机关人员分流等 8 项重点课题调研。2000 年，开展了加快发展第三产业的意见、改进和转变干部作风、县域经济发展的调查等 7 项调查，撰写 35 篇重点调研文稿。

二　决策论证

力求全面掌握社会经济发展信息，把握理论、思想动态和发展趋向，超前研究新情况、新信息、新问题，为市委指导全市工作，实施正确决策提供服务。尤其是改革开放以来，以政研室为主或与有关部门联合组织、多次召开的各种研讨会，根据中央、省委的重大决策，结合株洲实际，力求在理论和实践上探索符合株洲发展的路子。

1987 年，组织召开“培植企业精神”研讨会，市内有 200 多名企业及机关负责人参加，收到论文 50 多篇，汇编成《企业之光》一书。这次研讨会使“火车头”精神、“钻石”精神、“国光”精神、“火炬”精神以及乐于奉献、团结进取、顽强拼搏等企业形象在株洲应运而生，成为激励职工奋发进取的强大精神力量，使企业的凝聚力、向心力和推动力大大增强。同年，株洲被列为全国劳动、人事、工资三项制度改革的试点城市之一。为发挥试点作用，进一步深化企业改革，以政研室为主，组织多方力量完成了《为有源头活水来——株洲市企业劳动人事工资制度改革的实践与探索》的编纂工作，从理论与实践的结合上系统地提出深化和完善这些改革的思路和举措，在市内外产生积极的影响，获湖南省首届社会科学优秀成果奖。

1988年，市委六届九次扩大会议召开前，为总结本地区十年改革建设的基本经验，市委确定以政研室为主进行追踪调查。在掌握大量第一手材料的基础上，系统地总结了株洲十年来的经验：坚持“两个文明”一起抓，正确处理物质和精神的关系；坚持“两个改革”一起抓，全面领会政治体制改革与经济体制改革之间的关系；坚持“两个整顿”一起抓，注重整顿经济秩序与整顿社会治安秩序之间的关系；坚持“两个建设”一起抓，把干部队伍思想作风建设和组织建设有机地统一起来。成为全会报告主体内容。

1991年12月，与市政府经研室联合召开“株洲市变交通优势为流通优势，促进经济发展研讨会”，大会宣读和发表论文37篇。当年还总结了株洲钢厂、市制革厂、市无线电十厂三个企业的改革经验，市委、市政府作出向“三厂”学习的决定。同年，针对株洲市经济发展中的薄弱环节，为市委、市政府起草了“三个搞活”“一个管理”的4个文件。1992年，起草了株洲市《加快建立和发展社会主义市场经济的若干意见》，以市委文件的形式在全市颁布施行。1993年，政研室组织召开“走向市场经济”研讨会，收到论文45篇，就社会主义市场经济的内涵和特征、株洲走向市场经济过程中所面临的问题及应对措施等问题，进行了深入分析和探索。

1994年，在市委关于学习贯彻《中共中央加强党的建设几个重大问题的决定》的草案形成的过程中，与市委组织部人员反复讨论和征求意见，先后收回书面反馈意见、建议130多份，并对这些意见、建议进行整理、筛选和修改，经过市委常委集体审定，最终形成正式文件下达。同年，召开“商贸活市”研讨会，收到论文50多篇。1995年起草《关于搞活地方国有企业，推进建立现代企业制度的若干意见》《关于支持在株中央、省属企业放开搞活的意见》《关于深化城镇企业职工社会保险制度改革，改善社会保障体系的若干意见》《关于实施科教兴市战略，加速科技进步的决定》等系列政策性文件。1996年，开展实施“开放强市”战略研究，形成《株洲市开放型经济与企业走向国际市场战略研究》的报告，被反映全省“开放策动战略”成果《三湘大趋势》一书所收录。同年，起草了《株洲市乡镇企业股份合作制改革试行办法》及《关于集中力量抓好国有大中型企业，放开放活公有小型企业的若干意见》《关于扩大招商引资的若干规定》《关于加快发展乡镇企业的意见》《关于加快发展个体私营经济的意见》4个政策性文件。1998年，起草形成《关于加快株洲高新技术产业开发区建设的若干决定》《关于在高新区实行“无费区”试点的通知》《关于株洲高新区税务管理体制的意见》《关于进一步优化投资软环境的若干意见》《关于切实做好国有企业下岗职工基本生活保障和再就业工作的实施意见》。1999年，起草了《中共株洲市委、株洲市人民政府关于放开搞活中小企业的若干意见》。2000年，组织开展全市“迈向新的世纪，进行新的创业”理论研讨会和“全市发展个私经济理论研讨会”。同时，为市委起草了《关于加快第三产业发展的意见》及《关于改进干部作风的若干规定》，为市政府起草了《关于鼓励和支持社会力量办学的暂行规定》。

三　编辑党刊

市委指导全市工作的期刊是由市委政策研究室负责采编出版，先后用过《株洲情况》《株洲工作》等刊名。1990 年以前，作为活页式不定期期刊，每期编发稿件少则 1 ～ 2 篇，多则 3 ～ 5 篇，每年约 20 期左右，一般发送到县级以上单位党委。1990 年 3 月，经省出版局批准，《株洲工作》作为市委综合性机关刊物改版发行，为双月刊，每期 56 页内芯，约 9 万字左右；每年除出版 6 期正刊外，还增出 2 ～ 3 期专辑；发行到全市各机关科室、科以上单位及城乡基层党支部，并与全国 100 多个大中城市交流，每期印数为 6000 份左右。

按照“贯彻党的路线，坚持实事求是，指导工作为主，结合理论探讨，突出经验交流，反馈各方信息，弘扬株洲精神，展示城乡风貌”的办刊宗旨，不断革新栏目，丰富内容，为领导决策服务，为城乡基层服务。

通过《工作导向》《天下大事》《中观决策》《领导论坛》等几个固定栏目，着力宣传党的路线、方针和政策，传达市委的重大决策和重要部署。刊物每期的《卷首语》以“专论”形式，就全市当前的中心工作或重要议题发表评论。1990 年，刊发的专论《稳定压倒一切》《历史和人民的选择》《沿着社会主义道路奋勇前进》《当务之急是要把工业生产促上去》等，都阐述和贯彻了市委的决策意图。

通过《区域经济》《乡村建设》《我与株洲》《本刊专访》《新风赞》《先锋颂》《群英谱》等栏目，从不同角度、不同层次反映改革开放给株洲各行各业、各条战线带来的新面貌，以及涌现出来的新人、新事和英模人物，从而有效地发挥激励人民、宣传株洲的作用。1990 年，刊发的《他一心为了多炼铜 —— 记铁人式的工人易铁鑫》和《生命在铁道线上闪光 —— 记焦裕禄式的干部孙明道》等重点稿件，都产生了很好的宣传效果，引起强烈的社会反响。

1990 — 2000 年年底，《株洲工作》共出版 126 期，发稿近 300 篇，63 万余字，刊登照片 180 幅，共印 40 万份。1999 年后，《株洲工作》停止征订发行，改为免费赠阅。

第四节　党史编研

1981 年 4 月，成立株洲市党史资料征集小组，下设临时性办公室，对市区和郊区的工人农民运动作一般性的调查了解。1983 年 8 月，设立中共株洲市委党史资料征集研究办公室（简称“市委党史办”），为市委一级机构，归口市委办公室管理，指导全市地方党史资料的征集整理研究与编纂任务。

（一）征集党史资料

通过交换资料目录、走访调查、上门征集、信函索取等多种方式，市委党史办先后在中央和北京、江西等 5 个省份、15 个地市、33 个县（市）档案馆、博物馆、纪念馆，征集各种历史文件（包括建国后文件汇编）、报纸杂志、图册、旧政权档案中反映党的活动的有关资料以及老同志回忆资料等3800多万字。其中有一批极为珍贵的史料。如：在中央档案馆发现的1928年2月株洲火车站、转运局10名青年工人入团的登记表；在江西新余、永新和本省档案馆发现的1929年中共株洲区委、1930年中共株洲特别区委、1932年中共长湘区委建立及遭破坏的重要资料；在安化县档案馆发现的1928年毛泽东在井冈山创办的近20期湘赣边界特委机关报《特委通讯》中的第1期和第12期，其中有湖南省委给润之（毛泽东）、玉阶（朱德）及第四军的指示信，第一届特委、军委委员名单；在保靖县档案馆发现的1930年10月成立湘东工农兵苏维埃政府的第一号布告，有政府主席、委员名单，施政纲领等。

从1990年开始，市委党史办的工作重点开始由民主革命时期向社会主义时期转移，在继续征集民主革命党史资料的同时，主要征集社会主义时期的党史资料。10年间通过互相交换、走访调查、信函索取和到省、市档案馆、株洲日报社等单位查、抄、复印等多种形式，征集了各种历史文件、报纸、历史照片、图册、图表、老同志回忆录等历史资料1200多万字。其中，有中共株洲市第一次党员代表大会至第九次党员代表大会的一整套资料、株洲解放的准确时间等一批珍贵史料。

（二）井冈山、湘赣革命根据地党史征编协作

历时8年，征集900多万字的基础资料，整理打印475万字的历史文件、回忆、调访资料汇编。在此基础上，经过筛选，编纂了110万字的《井冈山革命根据地》和140万字的《湘赣革命根据地》2部党史丛书，分别于1987年9月和1991年3月由中央党史资料出版社出版。

（三）民主革命时期和社会主义时期专题调查研究

1984—2000年，市委党史办完成中央、省下达和自立专题227个。上述专题，市委党史办直接完成的33个。其中，民主革命时期的《湖南省委同湘赣边界特委的关系》《湖南省委对井冈山根据地的联系与指示》《1930年红一方面军总前委株洲会议》，社会主义时期的《党和国家领导人视察株洲》《株洲田心机车厂整班批派》《试析刘少奇“自建公助”设想》《株洲市企业三项制度改革》《一九五八年大跃进运动》等，在内容和观点上都有新的突破，填补了湖南党史的空白，对中央、省党史研究有很好的利用价值。

（四）编纂组织史资料

从1986年开始，到1990年10月，与市委组织部合作，经过广泛征集，反复鉴别核实，整理编纂了57万字的“中国共产党湖南省株洲市组织史资料”，收录了从1921年有第一个党员（酃县何孟雄）、1923年冬有第一个党支部（中共株洲市转运局支部）到1987年12月全市党、政、军、统、群的组织机构沿革、领导人名录（建国后只收到县级机构）。其中，民主革命时期还收录了“湘赣边界特委”“湘东（湘东南）特委、湘东（湘东南）工农兵苏维埃政府”“湘东（湘东南）独立师”等23个跨省、跨县的党政军群组织。同时还指导5县4区完成组织史资料编纂任务，共230万字，是全省组织史资料编纂完成最早的2个地市之一。

（五）整理编纂党史资料

在开展资料征集、专题研究、组织史编纂的同时，根据掌握的资料，经过鉴别，分门别类、系统地加以整理编纂。1984—2000年，除编印组织史资料、《株洲党史通讯》共18期外，还编印

19 种 40 册各种专集、人物资料和革命史料。其中，《民主革命时期株洲党史资料》第一、二、三辑；与民政部门合作，编印 5 集《株洲英烈》传，收录株洲籍革命烈士的经历与事迹；编印《株洲党史人物》1 ～ 2 卷，收录 45 位党史人物的传纪资料；与党史联络组编印 9 集《老干部回忆录》。为纪念建党七十周年，编印了《株洲人民革命史略》《株洲地方党史精萃》《民主革命时期株洲党史大事记》等专辑；反映党和国家领导人到株洲视察活动，编印了《永恒的春天》和《党和国家领导人视察株洲》专辑；为促进社会主义时期的专题调查，编印《社会主义时期专题研究》专辑。此外，为配合重大历史事件的纪念活动，编印了相关的专集资料。1986 年 2 月，同郊区合作编印过《八叠乡农协成立、汪先宗烈士牺牲六十周年纪念选辑》；1987 年 10 月，为纪念井冈山革命根据地创建六十周年编印《湘东烽火》；1993 年，为纪念毛泽东诞生一百周年，同市委办合编《毛泽东在湘东》一书；2000 年，为向建党 80 周年献礼，编写出版《中国共产党株洲史记》，全书共 100 万字，是全省市州第一部公开出版的系列党史丛书。

第五节　保密工作

1951 年，根据《中华人民共和国政务院保守国家机密暂行条例》和《加强保守党和国家机密的补充决定》的精神，株洲市委设保密委员会（简称“市委保密委”），委员会主任由市委分管党群的副书记兼任，成员由涉及国家秘密的有关部门负责人兼任，由市委一位副秘书长主管日常工作。“文化大革命”初期，各级保密组织遭到破坏，1972 年恢复，日常工作放在市革委会人保组（即市公安局）。1978 年 7 月根据《中共中央关于恢复和健全保密委员会的通知》，市委保密委进行调整，委员会日常工作移交市委办公室。1983 年 9 月，设立中共株洲市委保密委，内设办公室，归口市委办公室管理。1990 年 10 月，根据《中华人民共和国保守国家秘密法》和省委精神，市委保密委加挂市保密局牌子，实行两个机构一套人员，成为市委的保密工作部门和市政府的保密工作职能机构。市委保密委主任由市委常委、市委秘书长兼任，办公室主任由市保密局局长担任。

一　保密教育

20 世纪 90 年代以前，保密宣传教育对象主要有 3 个层次：一是保密干部的学习培训教育。《保密法》公布后，以《保密法》为基本内容，举办保密干部培圳班，培训干部 625 人次，提高保密干部的执法水平；二是领导干部、涉密人员保密教育。共发放保密宣传教育辅导资料和《国家机关工作人员保密手册》2.5 万多本，供县、处级以上领导干部和涉密人员学习；三是全民普法宣传教育。1983 — 1990 年，全市共出保密教育的板报、漫画、书法、摄影、宣传专刊等 560 多期，举办保密知识抢答赛 6 场，放映《为了国家利益》保密教育电影 128 场，放映保密教育录像片 5300 多场次，全市城乡 120 多万人不同程度地接受了保密教育。

1991 — 2000 年，保密宣传教育具有 2 个新特点：一是形式多样。保密教育深入各级党校课堂，利用电台、报纸、电视、电子公告牌、征集保密论文、开展法律知识竞赛等形式，开展保密教育。“二五”普法教育期间，全市有保密法制宣传教育骨干 1858 人，举办各种保密培训班 1018 期，参加训练的各类专业人员 34698 人次；分发保密教育资料 221917 份（期），165401 人次参加了保密法规知识考试，其中参加考试的地市级干部 83 人、科以上干部 5617 人，334.23 万人次接受了以影视为媒体的保密法制教育；举办以保密教育为主题的大型活动 308 次；出各种板报 7898 块；开展理论研讨活动 214 次，征集论文 2000 余篇；对保密工作提出改进意见和建议 445 条，其中 311 条已被采纳。二是层次分明。市委保密委每年召开 2 次会议，专题学习保密法律、法规，加强自身保密教育，实行领导干部保密工作责任制；在学校、党校承办的主体班，开设保密教育课；人事部门招聘的新任公务员培训，同时进行保密知识教育；党政机关聘用工勤人员实行持证上岗。

二　确定密级

1984 — 1985 年，依据新时期保密工作指导思想，株洲市由下至上进行第一次划定密级工作。市委保密委以攸县为样板，推动全市各单位划定密级工作。此次划定密级工作，发动面广、行动快，但由于定密方法是由下至上，中央尚无规范法律条文，至使整个划定密级主观随意性强，普遍存在保密范围定得过宽、项目过多、密级过高的现象，出现单位内部事项与国家秘密相混淆的问题。1989 — 1990 年，依据《国家秘密法》，株洲市进行由上至下的第二次定密工作。根据《国家秘密及其密级具体范围的规定》，编印《国家秘密及其密级具体范围的规定》1、2、3 辑，在党政机关及企事业单位、大专院校、科研院所，按照业务归口，分别由上至下进行“对号入座”，确定各部门、单位的国家秘密范围和密级、保密期限，严格区分核心秘密与非核心秘密、国家秘密与单位内部事项的界限。

三　配套法规建设

《中华人民共和国保密法》颁布后，市保密工作依据《保密法》《保密法实施办法》，指导各涉密单位和部门重新修定和制定了科技、外事、通信、办公自动化、印刷复印行业管理、宣传报道等一系列保密规章制度，保密工作在各个行业、各个环节做到有章可循。1991 — 2000 年，先后制订了《株洲市涉密载体管理制度》《株洲市废旧涉密载体回收销毁制度》《株洲市内部刊物保密管理规定》《株洲市保密行政执法工作规范》《株洲市涉密计算机信息系统保密管理规定》等规定。

四　保密检查监督

一是定期检查、量化考核。1983 年以来，市保密部门每年定期对基层单位进行一次保密检查。对涉密重点部门、单位除定期检查外，还经常不定期地进行抽查，发现问题及时督促解决。如市保密部门配合相关部门对印刷复印行业、废旧回收行业进行保密检查，及时发现和解决涉密问题。从1988年起，市保密部门借鉴和移植经济体制改革和企业管理的成功经验，在全国首创保密工作管理目标责任制，把保密工作变成硬性指标，实行量化，年终考核评分，使保密工作走上从人治到法治、从感情评价到依责评定的有序轨道，得到国家和省保密部门的肯定和推广。二是建立联系会议制度。1991年后，市保密局先后与全市12家重点部门建立保密工作联系会议制度，定期召开联系会，交流保密工作经验，研究、分析保密工作出现的新情况和新问题。1998年，对全市17家大中型企事业单位调研，共确定商业秘密726项，在注重国家秘密保密保护的同时，也对商业秘密、工作秘密进行了较好的保护。同时，还对全市党政机关、重点涉密单位的涉密信息系统进行保密审批，对涉密印刷、复印行业进行保密审查，强化了涉密单位的保密意识。

第六节　公务接待

1956年12月，株洲市人委设置交际科，负责公务接待工作的管理和协调。1959年，交际科更名为接待处，为正处级机构，仍属市政府领导，与新组建的市外事办公室合署办公，两块牌子一套人马，归口市委办公室。1966年下半年，因“文化大革命”，交际处名存实亡。1968年市革委会成立后，接待工作归口市委办公室行政科负责。1969年1月，市革命委员会将交际处建为市革命委员会招待所，管理与服务融为一体。1971年，设立市革命委员会外事组，行使原市交际处的职责。1973年7月，市委撤销外事组，设立市革命委员会接待办公室、市革命委员会外事办公室，仍为两块牌子一套人马，正处级机构，由市委办归口管理，下辖市委第一和第二招待所。1983年机构改革中，保留市委外事办公室，属市人民政府领导；撤销市接待办公室，其职能划归新设立的市委行政处，归口市委办公室。1985年7月，市委行政处撤销，接待职能分别由市委办公室和市人民政府办公室归口管理。1988年7月，成立中共株洲市委、市人民政府接待处，定为市委直属正处级机构，归口市委办公室。

一　接待基地

中华人民共和国成立初期，株洲镇没有公务接待用房。1951年，在市政府院内建有一栋8间客房及食堂的招待所，用于公务接待。招待所设备简陋，吃水、用水靠人力去湘江挑，开水、热水用普通炉灶烧。1956年，市委、市政府将上级分配的一辆华沙轿车转给交际处，用于接待中外贵宾。同年，新建一栋有8个套间、16个单间的“迎宾楼”（后称2号楼）。1958年又建起了3号楼（4层），客房数量有所增加，但仍不能满足接待需要，尤其是一些大型会议难以接待。1962年，市委、市政府通过协商，将一家旅社接收过来，改建为市委第二招待所，分流了部分会议和内宾接待任务。20世纪60年代末期，市一招待所添置了一台锅炉，结束了普通炉灶烧水做饭的历史，室外安装了8盏玉兰灯照明。1978年，市一招待所更名为株洲宾馆。1979年，为适应新形势，市委、市政府决定在株洲宾馆新建一栋档次高于2、3号楼的5层迎宾楼，1981年建成投入使用。该楼使株洲的公务接待能力和水平得到进一步提升。株洲宾馆共拥有豪华套间、商务套间、标准双人间、三人间162间，高中档床位336张；3号楼主要用于对外租赁。1989年，株洲宾馆又在3号楼西头建成可容纳300～400人开会的中型会议室，解决了多年困扰的会议接待难题。1992年，株洲宾馆被评为国家二星级旅游涉外饭店。此后，株洲宾馆几乎每年都要进行设备更新和设施改造，并拆除围墙，建起商场、餐饮店、歌舞厅等。1997年，株洲宾馆多渠道筹资1700万元，进行升级改造。年底，获“国家旅游涉外三星级宾馆”称号。

1984年，市委第二招待所更名为“株洲市人民政府招待所”，划归市政府办管理。1985年，为适应城市整体规划调整需要，市政府招待所拆除，原址改建为商务性的庆云大厦。市政府接待基地则在河西高新区征地重建，更名为“天台山庄”（市会议中心），20世纪90年代中期建成并投入使用。其占地面积达37000平方米，设有豪华套间、单间及标准2人间、3人间等客房248间，床位600余个和包括可容纳400余人的多功能会议厅等16个分布合理、风格各异的会议室。大、小餐厅可容纳800人同时就餐。

二 接待对象

1978年以前，市委第一、二招待所主要是接待来株洲视察的中央和省级领导以及国外政要、专家，承接有关重要会议。1953—1962年，是国家“一五”“二五”计划时期，株洲作为新兴的工业城市，引起众多党和国家领导人的重视与关注。其间，先后有刘少奇、周恩来、朱德、邓小平等19名党和国家领导人到株洲视察，陈赓等6名解放军将领和胡耀邦、谢觉哉等时任省部级领导。1963—1978年，到株洲视察的中央领导有毛泽东、叶剑英、陶铸、许世友、陈永贵、江华6人；时任省部级领导有华国锋、万里、洪学智、杨得志等。

中共十一届三中全会以后，随着株洲改革开放的不断深入和经济的迅速发展，到株洲视察、指导工作的党和国家领导人、解放军高级将领、省部级领导显著增多。据统计，1979—2000年，到株洲视察的中央领导共有35人，其中包括江泽民、彭真、乔石、朱镕基、胡启立等中央政治局常委；解放军、武警部队将领有洪学智、杨得志、刘华清、朱敦法、史玉孝、李希林等18人；省部级领导有刘复之、丁关根、韩杼斌、陈至立及中共湖南省委、省政府主要领导等近百人。

在接待内宾的同时，还接待众多国际友人。包括外国政要、驻华使节、援华专家及前来进行学术交流、专业考察、商贸洽谈、旅游观光、留学实习等各类外宾。20世纪50年代，接待了前苏联专家援株洲专家组、波兰统一工人党代表团共23人。中共十一届三中全会后，实行对外开放政策，到株洲各类外宾人数剧增。1978—1990年，全市共接待各类外宾17129人。其中考察株洲县人工林区和酃县桃源洞自然保护区物种资源的就有30个国家的145名外国人士。1990—2000年，先后到株洲考察访问的外国代表团共有12个，涉及罗马尼亚、越南、韩国、德国、哥伦比亚等10个国家。1995年6月和2000年6月，共有25个国家的水稻专家先后2次到株洲与市农科所科研人员交流水稻研究成果。

至 2000 年，先后接待了在株召开的全国水稻插秧机现场会、全国林业现场会经验交流会、南方 13 省水稻会议、全国人防工程业务会议、首届长株潭经济区发展研讨会等全国性会议。

党和国家领导人到株洲视察一览表

表 15–33

姓　名	首次视察时间	时任职务	备注
陈　云	1955 年 6 月 9 日	中共中央政治局委员、书记处书记、国务院副总理	–
李先念	1957 年 3 月 24 日	中共中央政治局委员、国务院副总理、财政部部长	2 次
刘少奇	1957 年 3 月 25 — 29 日	中共中央副主席、全国人大常委会委员长	–
谭震林	1957 年 4 月 21 日	中共中央书记处书记	8 次
周恩来	1958 年 4 月	中共中央副主席、国务院总理、全国政协主席	–
程　潜	1958 年 8 月 15 日	全国人大常委会副委员长、国防委员会副主席、湖南省省长	–
彭德怀	1958 年 12 月 8 日	中共中央政治局委员、国务院副总理兼国防部部长	–
薄一波	1958 年 12 月 9 日	中共中央政治局候补委员、国务院副总理、国家经委主任	–
邓子恢	1958 年 12 月 19 日	国务院副总理	–
朱　德	1959 年 2 月 28 日	中共中央副主席、国家副主席、中央军委副主席	–
董必武	1959 年 2 月 28 日	中共中央政治局委员、中央监察委员会书记、最高人民法院院长	–
罗荣桓	1959 年 2 月 28 日	中共中央政治局委员、全国人大常委会副委员长	–
聂荣臻	1959 年 2 — 3 月	国务院副总理	–
谭　政	1959 年 2 — 3 月	中共中央书记处书记、解放军总政治部主任	–
罗瑞卿	1959 年 6 月 24 日	国务院副总理、公安部部长	–
陈　毅	1959 年 10 月	中共中央政治局委员、国务院副总理兼外交部部长	–
贺　龙	1960 年 5 月 31 日 — 6 月 2 日	中央军委副主席、国务院副总理	–
邓小平	1961 年 4 月 23 日	中共中央总书记、国务院副总理	–
叶剑英	1963 年 3 月 27 日	中央军委常委、军事科学院院长	–
陶　铸	1965 年 3 月 28 日	中南局第一书记、国务院副总理	–
毛泽东	1965 年 5 月 21 日	中共中央主席、中央军委主席	–
许世友	1976 年 3 月 28 日	中共中央政治局委员、广州军区司令员	–
陈永贵	1977 年 7 月 3 日	中共中央政治局委员、国务院副总理	–
江　华	1977 年 9 月	最高人民法院院长	2 次
王　震	1979 年 4 月 3 日	国务院副总理	2 次
陈慕华	1979 年 10 月 22 日	中共中央政治局候补委员、国务院副总理	–
荣毅仁	1981 年 4 月 1 日	全国政协副主席、中国国际信托投资公司董事长	–

续表 15-33

姓 名	首次视察时间	时任职务	备注
王首道	1981 年 4 月 2 日	全国政协副主席	–
方 毅	1982 年 11 月 1—6 日	中共中央政治局委员、国务委员	–
耿 飚	1983 年 2 月 2 日	中央顾问委员会常委、中共中央政治局委员、国务院副总理、国防部部长	–
余秋里	1983 年 5 月 24 日	中共中央政治局委员、书记处书记、解放军总政治部主任	–
张劲夫	1983 年 11 月 25 日	国务委员、国家经委主任	–
宋 平	1985 年 10 月 18 日	国务委员、国家计委主任	–
吕正操	1986 年 5 月 19	全国政协副主席	–
邓力群	1986 年 11 月 12—14 日	中央书记处书记	–
乔 石	1988 年 2 月 6 日	中共中央政治局常委、中央纪律检查委员会书记	–
王任重	1988 年 2 月 9 日	全国人大常委会副委员长	2 次
宋任穷	1988 年 5 月 19—20 日	中央顾问委员会副主任	–
宋 健	1988 年 11 月 20 日	国务委员、国家科委主任	2 次
倪志福	1988 年 11 月 26 日	全国人大常委会副委员长	–
胡启立	1988 年 11 月 30 日	中共中央政治局常委、书记处书记	–
彭 真	1989 年 3 月 24 日	原全国人大常委会委员长	–
江泽民	1991 年 3 月 12 日	中共中央总书记、中央军委主席	–
肖 克	1991 年 10 月 11 日	中央顾问委员会常委	–
程思远	1992 年 8 月 30 日	全国政协副主席	–
王光英	1992 年 12 月 20 日	全国政协副主席	–
朱镕基	1993 年 4 月 18 日	中共中央政治局常委、国务院副总理	–
李铁映	1993 年 6 月 12 日	中共中央政治局委员、国务委员	3 次
李沛瑶	1994 年 5 月 1 日	全国人大常委会副委员长、民革中央主席	–
温家宝	1994 年 6 月 22 日	中共中央政治局候补委员、书记处书记	3 次
尉健行	1994 年 10 月 10 日	中共中央政治局委员、中央纪律检查委员会书记	2 次
杨汝岱	1995 年 6 月 17 日	全国政协副主席	–
吴学谦	1995 年 10 月 19 日	全国政协副主席	–
廖汉生	1996 年 4 月 7 日	原全国人大常委会副委员长	–
孙孚凌	1996 年 4 月 23 日	全国政协副主席	2 次
吴邦国	1997 年 7 月 22 日	中共中央政治局委员、中央书记处书记、国务院副总理	2 次
蒋正华	1998 年 6 月 13 日	全国人大常委会副委员长	–
李岚清	1999 年 3 月 24 日	中共中央政治局常委、国务院副总理	–
费孝通	1999 年 5 月 22 日	全国人大常委会副委员长	–

专 记

土地革命战争时期
株洲境内的中共党组织及其活动

1927年大革命失败后，9月9日，毛泽东根据中央“八七”会议的精神，在湘赣边界领导和发动了秋收起义。起义受挫后，毛泽东率起义军南移。中共醴陵县委根据形势变化，及时将工作重心转移到农村，在农村发展党的组织，组建工农武装，开展革命斗争。

1928年2月，中共湖南省委在醴陵成立中共湘东特委，滕代远任书记，领导以醴陵为中心的湘东地区革命斗争，组织了醴陵年关暴动，组建工农武装在当地开展游击斗争。在建立的22万人口的割据区域内普遍建立了区、乡苏维埃政权，进行土地革命。4月，国民党军队大规模进攻醴陵，经过一个多月的血腥屠杀和镇压，醴陵的革命斗争遭到失败。9月特委遭破坏，以醴陵为中心的湘东革命斗争进入低潮。

10月，毛泽东率领工农革命军到井冈山地区，先后恢复酃县、茶陵等6个县的共产党组织，建立工农兵政府，团结改造了袁文才、王佐两支地方武装，组织地方游击队，发动农民暴动，开展土地革命，创建了中国共产党领导的第一块农村革命根据地——井冈山革命根据地。同年4月，朱德、陈毅率领南昌起义时保留下来的一部分部队和湘南起义部队，在酃县沔渡与毛泽东会合。5月4日，在宁冈砻市正式组成工农革命军第四军（后改称“中国工农红军第四军”），并于5月成立中共湘赣边界特委和湘赣边界苏维埃工农兵政府。在毛泽东、朱德的正确指挥下，击退了国民党军队对井冈山根据地的多次“围剿”。井冈山革命根据地的建立，为中国革命以农村包围城市最后夺取城市开辟了正确道路。

在国民党发动的第三次“围剿”时，毛泽东、朱德率红军主力出击赣南闽西开辟新的根据地，留在井冈山的红军因敌众我寡被迫撤出井冈山。1930年8月，湘东特委重建，张启龙任书记，管辖浏阳、醴陵、攸县、株洲、萍乡、万载、宜春、莲花、安源特区等县（区），并将湘赣边界特委领导的茶陵、酃县划归湘东特委领导。随后建立了湘东苏维埃政府以及有2个团的湘东独立师。各县也普遍建立了县委、县苏维埃政府与独立营团地方武装，形成了小块分散的红色区域。同年10月底，湘东党、团特委以及合并为武装起义的“湘东南行动委员会”，管辖上述各县。发动湘东南总暴动，先后进攻了攸县、茶陵、安仁、酃县、资兴，还袭击了株萍路，使武装割据区域进一步扩大，形成整块红色根据地。

1931年2月，取消行委，成立中共湘东南特委、湘东南工农兵苏维埃政府，湘东独立师改为湘东南独立师，由2个团增加到3个团，党员发展到1.4万多名。并且开展了土地分配。8月，根据中共中央和苏区中央局的决定，将湘东南特委和赣西南特委所属的西路、北路分委合并，成立中共湘赣省委和省苏维埃政府，这一地区正式形成为湘赣革命根据地。湘赣革命根据地，地处罗霄山脉中段两翼、赣江以西，大庚岭以北、粤汉路以东，袁水以南的湘东南、赣西南广大地区，茶陵、攸县、鄠县、醴陵的大部和一部及长湘区委领导的株洲，均在此列。根据地总面积达1.65万平方千米、人口400多万。比较稳固的苏区人口逾百万。根据地的省、县均建立了省（县）委、省（县）苏维埃政府，军队、少共、工会、妇运、反帝大同盟等党政军群组织和地方武装。根据地内开展分配土地，创办工农银行、供销合作社，建立铁业、煤矿等小型手工业工厂，开办700多所列宁学校，其他交通邮电、文化卫生事业也有很大的发展。

由于王明“左”倾错误，中央根据地第五次反“围剿”失败，湘赣苏区随后不断缩小。1934年8月，红六军团根据中央军委命令突围西征，留下部分党政军干部和红军队伍，在湘赣边界坚持了3年游击战争。

在10年的土地革命战争中，在中国共产党的领导下，境内先后成为井冈山和湘赣两块革命根据地的重要组成部分，党领导人民群众在发展党的组织、建立苏维埃政权、发展地方武装、开展军事斗争、进行土地革命、建立各种群众组织和发展经济等方面，都做了大量卓有成效的工作。随后，在抗日战争和解放战争中，党团结和带领各界人民群众，积极投入抗日救亡运动和爱国民主运动，为夺取抗日战争和解放战争胜利进行了英勇斗争。株洲人民为了中国革命的胜利和民族的解放，前仆后继、英勇奋战，既做出了巨大的贡献，也付出了巨大的牺牲。英勇牺牲的著名烈士有左权、蔡升熙、蔡会文、袁德生、朱克靖、谭思聪、陈韶、曾毅之等。中华人民共和国成立后，成为党和国家、军队领导人的有李立三、谭震林、杨得志、耿飚、宋时轮，被授予中将军衔的有谭家述、张经武、刘转连、刘培善、刘道生、郭鹏、周仁杰、杨梅生、晏福生、刘先胜，被授予少将军衔的有段苏权、颜金生、龙书金、谭善和、邓东哲、龙开富、刘文学、肖友明、刘克、李振声、刘月生、陈外欧、李俭珠、段焕竞、曾敬凡、幸元林、贺东生、廖海光、谭文邦、颜德明、周则盛、谭天哲、唐子安、袁福生、陈志彬、颜吉连、李政、陈浩，担任过省部级以上领导干部的有张平化、陈希云、谭余保、周里、肖道生、蓝亦农等。他们在中国革命史上写下了光辉灿烂的一页。

一 以醴陵为中心的革命斗争

（一）党的建设

1927年大革命失败后，醴陵除一些基层党组织遭到破坏外，中共醴陵地方执行委员会由于及时转移到安源，县级组织保存完好。7月23日，中共湖南省委将醴陵地执委改为中共醴陵县委。到8月中旬，全县秘密恢复和建立30多个党支部，发展党员200多人。其中北二区、西一区、南四区恢复了区委。此时，罗学瓒调任湘潭县委书记，邓乾元接任醴陵县委书记。9月初，中共湘赣边界秋收起义前敌委员会书记毛泽东，在安源张家湾召开军事会议后，邓乾元连夜返回醴陵，传达会议精神，迅速做好参加起义的各项准备工作。至秋收起义时，全县15个区有13个区恢复了区委，恢复和新建近百个支部，新发展党员600余人，党员总计有1100多人。为加强领导，对部分区委书记作了调整，周不论兼任南四区区委书记，汪夫吟接替罗启厚任西一区区委书记，黄龙任西二区区委书记，胡丕烈接替田礼成任西三区区委书记，曾毅之任南三区区委书记，易足三、孙筱山、孙少朴负责城区敢死队和东三区的组织工作，田礼成等负责筹集武器、开设“枪炮局”（兵工厂）等工作。

9月9日，湘赣边界秋收起义爆发，中共醴陵县委亦于10日在全县组织暴动。12日，组织暴动队伍配合工农革命军第二团攻占醴陵城，成立了“中国革命委员会湖南醴陵分会”。秋收起义受挫后，醴陵县委及时将工作重心转入农村，在广大农村发展党的组织，组建工农武装，积蓄革命力量，与敌人展开反清乡斗争。

1927年9月下旬，醴陵县委在西乡长水召开扩大会议，认真总结秋收起义失利的经验教训，广泛听取基层意见，并制定下步行动方案。到10月下旬，一个月内共发展党员700多名，连同马日事件后保存下来的500多名和秋收起义失利后从安源回来的1300多名党员，全县党员发展到2400多人。

为加强对醴陵革命斗争的领导，中共湖南省委派准备担中共湘东特委书记的滕代远到醴陵指导工作，同时派省委委员林蔚接任10月离开醴陵的邓乾元。林蔚到任后，在南四区贺家桥妙泉仰山殿召开县委扩大会议，决定利用年关，举行暴动，攻打县城。1928年1月27日，第一次攻打县城未果。

2月上旬，滕代远在妙泉仰山殿组织召开醴陵、浏阳、萍乡、安源、株洲等县、市委负责人会议，正式成立中共湘东特委。由滕代远、袁德生（省委委派）、朱少连、廖保庭、曾干庭（以上系安源人）、林蔚、陈恭、罗启厚、周不论、周之德（以上系醴陵人）、潘心源、慕容楚强、聂永辉（以上系浏阳人）、蒋长卿（株洲人）、郭炳昆（萍乡人）等组成特委，滕代远任书记。根据省委指示，滕代远部署了继续组织革命武装，发动暴动，建立苏维埃政府，开展土地革命，杀尽土豪劣绅等工作，特别强调要醴陵继续组织攻城暴动。

2月27日，根据湘东特委会议精神，第二次攻打醴陵县城未克。县委决定将工作重点转到扩大割据区域，并在割据区建立区、乡苏维埃政权和进行土地分配上。

4月，国民党调集2万多人正规军队对醴陵割据区发动“会剿”。8日，中共醴陵县委在东三区富里召开紧急会议，研究对策。会后，与会人员连夜返回各地去做应敌准备，由于叛徒告密，途中与前来抓捕的敌清乡队相遇，其他成员分路跑脱，县委书记林蔚，县委常委、军事科长陈恭被捕，4月14日在县城状元洲英勇就义。其他县委委员因敌人的“搜捕”也没有按计划返回原地，县委的决定未能贯彻。

敌人从4月11日进入醴陵后，就进行疯狂的血腥屠杀。到8月，被屠杀达1万多人，其中共产党员有3000多人。中共县委及16个区委、350个支部、100多个农会、5个区、178个乡苏维埃政府的党政军群组织全被摧垮。包括林蔚、陈恭、陈觉、周不论、潘疆爪、孙筱山等十余名各县委委员在内的100多名县区干部被杀，全县4200多名共产党员除部分逃往外地外，县内只剩下170多名党员转入地下斗争，经营半年的苏区全部沦为白区，革命斗争遭遇失败。

（二）醴陵区、乡苏维埃政权的建立

1927年12月14日，中共中央发表《中国共产党为广东工农兵暴动建立苏维埃告民众》书。中共湖南省委根据中央的精神立即部署开展武装割据，建立苏维埃政权。而此时的醴陵在南四、二、三区和西一区已建立有10多万人口，数百平方千米的武装割据地，西二区、北二区、南一区、东三区等地也形成一些插花割据地，并有工农革命军和游击队的保卫，具备建立苏维埃政权的条件。为此，湖南省委将醴陵作为建立苏维埃政权的重点地区。

1928年初，中共醴陵县委就建立苏维埃政权和开展土地革命等问题，专门召开各区委书记会议，决定先在武装割据开展得比较好的南四区进行。南四区先在东铺岭、江边铺、申明亭、沙洲湾、西林冲、水口山6个乡建立苏维埃政府。1月30日，南四区区委在马恋塅陈家洲召开近2万人的群众大会，宣布醴陵县南四区苏维埃政府正式成立，谢运才任委员长（主席）。并提出“一切权力归苏维埃”的口号。区苏维埃政府下设秘书处、军事部、土地部、宣传部、组织部、财政部、文化部、裁判部及军事委员会、土地委员会、裁判委员会与妇女委员会；同时，区农民协会继续保留；并建立少年先锋队、儿童团等组织。

南四区区、乡苏维埃政府的建立，实现了工农群众自己组成管理自己的政府，是中国共产党领导人民进行新民主主义革命的目的之一。县委强调，已形成割据区域的地方，要公开成立苏维埃政府，未形成割据区域的游击区，亦可成立秘密苏维埃政府，并创造条件形成割据区域。根据县委的要求，全县苏维埃政权建设发展很快，到2月上旬，先后有南三、南二、西一、西二、北二5个区和所属全部乡及南一、东三等部分插花乡建立了苏维埃政府。到1928年3月，全县15个区的6个区，及所有乡和另2个区的部分乡共178个乡（“乡”是按1951年醴陵县15个区509个乡的建制统计），均建立了苏维埃政府。另有属南四区苏维埃政府领导的攸县大桥、瓦子坪、大架坑、黄公庙等10个乡也建立了苏维埃政府，西南乡连成一片，连同东乡的插花苏区、游击区，总面积约1200平方千米，占全县（包括后株洲县所辖范围）总面积的40%左右，建立苏维埃政权的地盘约占36%左右，苏区人口22万多人，耕地面积1.6万余公顷，几乎是全县的一半区域。开创了“湖南有苏维埃之组织，实由醴陵开始”的历史。

各地苏维埃政府成立后，实行全民武装、军事管制的政务体制。同时，打破家族观念和封建礼教，破除封建迷信，提出“杀绝土豪劣绅”。严禁赌博、吸食鸦片等社会恶习，树立新的社会风尚。实行男女平等，婚姻自由。苏维埃政府实行经济封锁，凡是武装割据区域的粮食、农副产品，禁止送往城市，物质流通完全断绝。要求成立各种“合作社”，“尤其如公社的组织更有必要”。

醴陵苏维埃政权的建立，是继广东海陆丰苏维埃政权和茶陵县工农兵政府建立之后，中国共产党领导的建立革命政权最早的地方，它所制定和实施的管理方针、政策，对以后各根据地苏维埃政权的建设提供了借鉴，在中国政权建设史上产生了深远的影响。

（三）湘赣边界秋收起义在株洲

1927年大革命失败后，8月7日中共中央在汉口召开紧急会议，会议确定了土地革命和武装反抗国民党反动派的总方针，把发动农民举行秋收暴动作为党的主要任务。

会后，中央临时政治局候补委员毛泽东被派回湖南，组织和领导湖南的秋收起义。毛泽东回到湖南后，与中共湖南省委研究决定，在湘赣边界发动秋收起义，并成立以毛泽东为书记的前方抗敌委员会。30日，毛泽东前往安源，主持召开军事会议。趁在株洲换乘火车的间隙，召集株洲区委书记陈永清、委员朱少连开会，传达了中央“八七”会议和省委会议关于发动秋收暴动的精神，详细了解了株洲党组织与工农武装的情况，并部署株洲区委做好秋收暴动的准备。其主要任务是：组织工农武装，攻打团防局，夺取武器弹药；破坏株洲至易家湾和白关铺的铁路；炸毁白石港铁桥，以截断长沙与萍乡的铁路交通，防止敌人利用铁路调兵增援；配合安源、醴陵暴动进攻长沙。

9月初，毛泽东在安源张家湾召开军事会议，具体部署秋收起义。会议决定起义的部队名称为“工农革命军第一军第一师”。师长余洒度、副师长余贲民、参谋长钟文璋。下辖三个团。会议决定起义分三路，分别从修水、安源、铜鼓出发，向长沙进攻，在长沙城内工人的响应下，夺取长沙。株洲区委和醴陵县委根据毛泽东的部署，分别进行紧急动员和准备工作。

9月9日，中共湖南省委和毛泽东领导的湘赣边界秋收起义正式暴发。毛泽东的《西江月·秋收起义》一词记述了当时的起义情况：“军叫工农革命，旗号镰刀斧头。匡庐一带不停留，要向潇湘直进。地主重重压迫，农民个个同仇。秋收时节暮云愁，霹雳一声暴动。”

秋收起义从破坏铁路开始，起义群众首先破坏了长沙至株洲、长沙至岳阳、株洲至萍乡的铁路。

在工农革命军发动起义的同时，9日上午，醴陵县委书记邓乾元接到中共湖南省委书记彭公达和行动委员会书记易礼容联合向各地发布的《关于夺取长沙的命令》。县委立即召开紧急会议，部署行动方案：一是立即通知各区委按照省委命令，于9月11日凌晨组织暴动，开展“一夜光”行动，捕杀当地主要清乡头目与罪大恶极的土豪劣绅，务必在9月10日（中秋节）夜集中暴动队伍，听候命令；二是由易足三、孙筱山负责组织城区“敢死队”与城郊暴动队，迎接工农革命军第二团由安源、萍乡前来攻城的部队；三是由潘疆爪负责指挥密捕清乡司令彭承美押解至泗汾。会后各执其事，当晚就处死了“清乡司令”彭承美。

9月10日夜，东、南、西、北四乡，全面开展“一夜光”行动，镇压土豪劣绅与清乡反动分子。南二区捕杀了心狠手辣、屠杀60多名共产党员和革命群众的清乡委员、恶霸易翠轩；南三区、西一区、南四区、南二区，东三、四区和北二、三区也相继镇压了一批土豪劣绅与清乡反动分子。随后，县委组织起义的工农武装和群众做好迎接二团进入醴陵，攻打县城的准备工作。

中共株洲区委遵照安源地委的决定，于11日夜幕降临，按照分工，涂正楚、袁德生率领白关、残梅与八叠的农军和朱少连率领的近百名运煤工人与纠察队埋伏在易家祠后面的山林里，攻打团防局；陈永清、蒋长卿等率领200多名餐宿处、炭厂工人与宣传队隐蔽在餐宿处附近；破坏铁路，炸毁白石港铁桥的部队也各就各位。12时，涂正楚、袁德生率领的数百名农军准时向团防局进攻，团防局长冯福林紧急集合团丁，直奔湘江乘船逃遁。暴动队伍缴到12支步枪和20把刺刀。陈永清等带领工人纠察队与其他起义工人，迅速占领火车站。宣传队在提升街一带张贴标语，散发传单，召开市民大会，宣布武装起义。但担负炸毁白石港铁桥任务的工人，因意见不统一，未能完成任务。

工农革命军第二团12日上午在老关歼灭罗定独立团1个排后，占领老关，随后乘火车直达醴陵。下午3点抵达醴陵阳三石，与易足三领导的醴陵四乡起义的工农武装会合。团长王新亚，党代表张明生与醴陵县委领导一起立即部署攻打县城。

醴陵城内守敌张毂中营，除机枪连设在城东营盘山（湘东医院所在地）制高点外，其余兵力部署在渌江桥头及东、西、北“三门”与渡口。根据张明生、易足三等提议，王新亚分三路攻取县城。左路，一营负责，涉水过河，夺取姜湾凤凰山高地，主攻北门；右路，三营负责，分2组过河，夺取营盘山机枪阵地，占据制高点后转入东门巷战；中路，由二营主攻渌江桥面，牵制敌人火力，其余战士从状元洲涉水过河，与攻克东门的三营一部合击沿岸守敌，并从敌背袭击桥头守敌，敌人腹背受击，弃阵而逃，二营直冲县城中心。敌人大部利用北面空虚乘机逃遁，小部敌人一部被歼，一部缴械投降，俘敌100余人，缴枪60多支。

与此同时，潜入城内的“敢死队”在三营的支持下，由易足三、孙少朴等带领暴动队，冲击监狱，救出被判处死刑未执行的原地执委委员刘绍基及其他300多名干部群众。傍晚，城内守敌全被肃清，工农革命军第二团在醴陵县委与暴动农民的支援下，夺取了秋收起义中的第一个县城。

起义部队进城后，军纪严明，全部露宿街头。起义前，二团就制定并宣布“三不准”纪律：不准奸淫虏抢，不准强买强卖，不准强占民房，违者问罪。共产党员带头遵守，所有战士，无一违犯。

二团攻占县城，一面张贴安民告示，安定市民情绪；一面与县委负责人研究政务管理工作。12日晚，连夜召开旧公法团联席会议，决议并进行了以下工作：一是建立革命政权。在何家码头兴贤堂成立由7人组成的“中国革命委员会湖南醴陵分会”，张明生任分会主任（县长），宁迪卿（安源市委委员）任副主任；二是恢复农民协会、工会、商会等革命群众团体，重建工人纠察队，维护县城治安秩序；三是组织宣传队，开展革命大宣传。“暴动！打倒国民政府！”“暴动！杀土豪劣绅！”“暴动！建立革命委员会！”“暴动！农民夺取土地！”“暴动！革命胜利万岁！”等标语口号，贴满大街小巷；四是接济贫困工农，打开东门和谢家巷等处盐仓、粮仓和粉坊，把食盐、粮食分给贫苦工农群众。

株洲、醴陵的起义和工农革命军攻占醴陵县城，使湖南反动统治者大为震惊，代省长周斓立即令张国威调谭崇鄹部前往株洲、醴陵镇压；同时令三十五军王东原教导团派第一大队，从西乡神福港侧面进攻醴陵，并急电江西朱培德派兵从萍乡夹击，又令罗定独立团在攸县皇图岭堵截，企图将工农革命军第二团围歼于醴陵县城。二团领导人王新亚遂决定放弃原来经株洲进攻长沙计划，14日下午率领二团和醴陵起义农军3000多人撤出醴陵，分两路进攻浏阳，于16日攻下浏阳县城。

后三路起义部队都在平江和浏阳受挫，毛泽东命令三路部队到浏阳文家市会合，并于19日在里仁学校召开前委会议，决定起义部队改变攻打长沙的计划，向南转移到广大农村去开展革命斗争。

（四）醴陵地方武装的发展

1927年9月，秋收起义受挫后，中共醴陵县委在广大农村发展党的组织，组建工农武装，开展游击战争，形势较好的区、乡都成立了大小不等的游击队，使部分农村开始形成割据区域。

同年10月13日，中共醴陵县委根据湖南省委书记王一飞巡视醴陵时的指示，在西乡长水将以西一区、西四区和北二区的游击队合编成“醴陵游击营”，周志刚（化名周云甫）任营长，共300多人，60多支枪，下辖3个中队。

“醴陵游击营”组建后，北二区以张子意、张湘云为首，组建北二区游击营；南三区组建由游龙为营长的游击营，后与萍西刘型游击营合并为萍醴游击营，均有50多人，30多支枪。

12 月，中共醴陵县委以醴陵游击营为基础，再从南四区、西一区游击队、南三区游龙游击营和北二区游击营抽调部分兵力，组成“醴陵工农革命军第一团”（简称“第一团”），由周云甫任团长、张子意任副团长、张香云任政治部主任、戴金藩任参谋长、易兆乾任军需主任、后滕代远任党代表。下辖 3 个营 9 个连，共 800 多人，200 多支枪，其中机枪 2 挺。第一团刚组建，就同郭天保清乡队、罗定独立团连打两仗，皆获全胜。北二区游击营不到半个月，又发展到 600 多人、200 多支枪。

1928 年年初，新任县委书记林蔚为组织全面暴动，扩大割据地域，决定将北二区游击营改建为“醴陵工农革命军第三团”（简称“第三团”），仍由周云甫兼任团长，张子意兼任副团长和总指挥，下辖主力营和补充营。第一、第三团成为醴陵游击战争和武装暴动的主力，共 1500 多人，500 多支枪。此时，西一区、南四区完全掌握在党领导的农民游击队手中，成为红色割据区域。一、三 2 团组建之后，多次击败前来“进剿”的强敌，其中有南四区、罗家岭、北二区、泗汾、攸湘萍 5 次较大的战斗。这些战斗，都是农民用少量的武器，大量的梭镖、鸟铳同荷枪实弹的敌军交战，除北二区之役进攻渌口团防局因出现叛变队伍遭受损失外，其余都以胜利而结束。

从 1927 年 11 月到 1928 年 2 月，醴陵地方武装与敌战斗达 110 多次，有力地打击了敌人的猖狂进攻，保卫了割据区域。

醴陵革命斗争的蓬勃发展，得到湖南省委的高度评价，1928 年 2 月 6 日伍桐在向中央的报告中称：“醴陵全县的农民都起来了，都做到杀豪绅，夺取武装”，醴陵的武装斗争，“是全省最先进最激烈的地方”“是全省的模范县”。

1928 年 4 月，国民党三十五军军长兼湖南清乡督办署会办何键，派 2 万多正规军对醴陵苏区发动大规模军事“会剿”。由于敌我力量悬殊，无法阻挡敌人对苏区的进攻。苏区武装力量遭到很大的损失。为保存武装力量，周云甫带领 80 多名工农革命军和南二区刘型、游龙带领的游击营 100 多人转移到井冈山，唐寄凡带领北二区数十人 “化整为零”，分别转移到安源、华容等地，其余 1000 多人，全被打散或剿杀。

8 月，转移到井冈山的工农革命军向红四军借 70 支枪，组织成“醴陵赤卫团”，由周云甫任团长、黄龙任党代表，作为恢复醴陵革命斗争的基本力量返回醴陵。一部分党委成员不听从湘赣边界特委“先在萍乡小西区建立根据地，而后向醴陵发展”的指示，直接回到醴陵南乡，结果还没站住脚，就遭到敌人的包围，周云甫带领队伍冲出包围后，转到攸县皇图岭遭第八军追击，又转战网岭，多数党委成员主张接受团防局收编，后被敌人缴械。

（五）醴陵年关暴动

南昌起义和湘赣边秋收起义失败后，中共中央继续指示各地组织农民暴动，打倒土豪劣绅，开展土地革命，并把湖南作为湘鄂赣粤四省农民暴动的中心。1928 年年初，中共中央又发出《关于立即暴动给湖南省委的信》，指示湖南省委利用“宁汉战争”之机，发起年关暴动。省委根据湖南的实际，把湘东和湘南列为全省暴动的中心，又把醴陵列为湘东暴动的中心。

省委为加强对醴陵年关暴动的领导和准备工作，先派从苏联学习回国的陈觉及夫人赵云霄回到醴陵。随后又将省委委员林蔚、省委代理军事部长陈恭、准备担任湘东特委书记的滕代远派往醴陵，并由林蔚兼任已离任的邓乾元的县委书记之职。

新县委组成后，在南四区贺家桥妙泉仰山殿召开扩大会议，专题研究年关暴动。决定正月初五（1928 年 1 月 27 日）发起攻打县城的暴动。为统一指挥，成立由林蔚、陈恭任正副总指挥、潘疆爪任前敌指挥的指挥部，下设东、南、西、北四路分指挥部，成员由各区委和军事负责人组成。县委还拟就了《工农暴动宣言》《告国民党兵士书》及“打倒土豪劣绅”“没收地主土地”等标语口号。27 日凌晨 5 时，除北路队伍因故未能如期到达之外，东、南、西三路队伍都准时抵达县城周围，将县城包围。

早上 6 时，总指挥部下达攻城命令，农军冒着枪弹，向前冲杀。西乡的队伍冲到渌江河边被水阻住，东乡的队伍在阳三石捣毁了敌人的军火仓库，杀到了三宫殿、邓光塘一带，威逼县城中心；南乡的队伍攻进了南门，冲过观音桥，涌向渌江桥的南岸。敌人凭险据守渌江桥，用沙袋垒了三层坚固的工事，用机枪组织了密集的火网，激战至上午 9 时，农军终因武器太差，伤亡较大，无法攻克。总指挥部下令“红旗后倒”。10 时整，四路队伍全部撤离县城。各自回乡休整，准备再战。第一次攻城失败。

2 月 20 日，中共醴陵县委根据湘东特委会议精神，在妙泉仰山殿召开全县党员代表大会，讨论再次攻打县城的问题。根据代表们的强烈要求，县委决定于 2 月 27 日（农历二月初七）凌晨开始组织第二次攻打县城。会议还推举湘东特委书记滕代远任工农革命军第一团党代表，湘东特委还布置浏阳、安源、萍乡、株洲等地配合，声援醴陵攻城。同时指示株洲、安源破坏株萍铁路，防止敌人利用火车增援。

27 日凌晨，攻城战斗打响，2 万余人工农武装分四路向县城进攻。工农革命军第一团和西南乡的队伍，冲过南门，打到渌江桥。渌江桥仍然是攻击的重点，敌人利用桥上的几挺机关枪，向进攻队伍扫射，战斗十分惨烈。加之城里的守军比上次增加了 1000 多人枪，并加强了桥上的防守力量，农军的几次冲锋受阻。指挥部考虑，农军武器太差，再攻于我军不利，乃下令“红旗后倒”。1 万多农民退到四周山上，至下午 2 时各自回乡，继续维持农村武装割据的局面。

醴陵 2 次攻打县城的年关暴动，虽未攻下县城，但在当时的白色恐怖下，对敌人进行反击，组织参战人数之多，声势之大，战斗之英勇，前所未有。同时，这次暴动，是秋收起义以来湖南最大的暴动之一，给反动统治阶级以沉重打击，不仅声援了井冈山革命根据地的斗争和湘南暴动，推动了周边各县的武装斗争，“醴陵革命高潮遂振动全省”，“波及邻县，如萍乡、浏阳、株洲、安源，攸县（武装斗争）皆继续兴起”。而且把醴陵的革命斗争推向了建立苏维埃政权，进行土地革命的新阶段。

（六）攸县农民暴动

醴陵革命斗争的迅速发展，对周边地区的攸县、株洲和萍乡的革命斗争产生了积极影响，特别对攸县影响最深。

攸县北乡皇图岭、坪阳庙、大桥、上市坪与醴陵的南四区、南三区接壤。1927 年 9 月，皇图岭共产党员刘迪生与醴陵南四区区委取得联系后，立即邀集大革命时期的农运骨干李寿寒、皮春棋、余桂生、谢德生等人在攸醴边界的瓦子坪、荫泉一带秘密组织发动群众。此时，在外做过兵运工作的共产党员贺延年也返乡参加领导农民斗争。10月下旬，组织600多农民，成立了“攸北农民暴动队”，刘迪生任总队长，贺延年任副总队长，下设先锋、后防、后勤3个分队，有10余支枪，200多支鸟铳和梭镖。这是大革命失败后攸县建立的第一支工农武装。随后刘迪生、贺延年率领暴动农民1000多人，奔赴皇图岭抄了团防局长、大恶霸陈子海的家。又到坪阳庙镇压了作恶多端的大恶霸陈寿嵩，并将没收土豪劣绅的财产分给了当地贫苦农民，一时声威大震。从11月到1928年2月，暴动农军多次与罗定部交战，曾一次歼敌10余人，其中连长1人，缴枪数支。

与此同时，大革命时期大桥地区的农运骨干贺筱凤、杨凤楼、孟宗益等，在中共醴陵南四区区委的支持下，在攸醴交界的乌石冲、凤头冲等地组织400余名农民，于12月成立了大桥农民暴动队。

农民暴动队在醴陵南四区数百农军的支援下，一举占领了大桥团防局等保乡机关，并开展打土豪，杀劣绅，放火焚烧土豪劣绅的庄院，没收他们的财产，分发给广大贫苦农民。在“工农暴动万岁”的欢呼声中，成立了攸县第一个革命政权——第三十六乡苏维埃政府，贺筱凤任主席。在斗争中，南四区区委根据贺筱凤、杨凤楼的表现和申请，发展他们为共产党员。接着又攻打攸北“保产党”的老巢丫江桥严湖，击毙“保产党”首领、大恶霸易长云及其豢养的地主武装10余人，缴枪10余支。农军割据地迅速扩大到丫江桥、樌山等地，与刘迪生、贺延年领导的活跃在皇图岭、坪阳庙地区的农民武装相呼应。

1928年1月27日，刘迪生、贺延年和贺筱凤、杨凤楼分别率领攸北、大桥农军配合醴陵工农武装攻打县城，攻城失败后，于次日撤回攸县。此时，罗定部乘虚占领了攸醴交通要冲皇图岭，并派密探监视贺延年的老家湖鸭塘。后贺延年在取道茶攸边界寻找上级党组织途中不幸被捕，28日被押往县城惨遭杀害。2月中旬，刘迪生在坪阳庙一带发动群众，扩大暴动队伍。贺筱凤、杨凤楼领导的大桥农军，因在历次战斗中有所缴获，士气很高。2月下旬，罗定亲自率领2个连向大桥进攻，企图歼灭正在休整的大桥暴动农军。贺筱凤和杨凤楼指挥大桥农军分成几路扑向已经占领墟场的敌人，同时组织群众隐蔽在附近山村里鸣放鞭炮，呐喊助阵，数百名敌人四处逃窜。战斗结束后，当地群众高兴地唱着：“红军举红旗，白军打白旗，何键吹牛皮，罗定爬壕箕”的歌谣。

由于醴陵的革命斗争惨遭镇压，攸北农军孤军作战，处境更加艰险。3月，刘迪生在坪阳庙再次召开攸北农军大会，不料被罗定部突然包围，正在讲话的农军领导人当场牺牲，刘迪生立即指挥农军突围，因力量悬殊，农军全部被打散。刘迪生在荫泉隐蔽多日，为不连累当地群众，他挺身而出，结果被捕，4月在皇图岭壮烈牺牲。大桥农军领导人贺筱凤、杨凤楼也不幸被捕，于4月中旬，在大桥墟场英勇就义，攸北农民暴动失败。

1928年3月，根据中共湘东特委关于“湘东各县的暴动应一致向醴陵发展”的指示，为响应醴南和攸北农民暴动，江西萍乡南部的农民与攸县柏树下的农民近千人集合于攸东坪丰，举行暴动。暴动农军只有几支枪，其余人都拿着梭镖或木棍，兵分两路夹击，捣毁了挨户团驻地——湖里祠堂，团丁全被吓得四处逃窜，大土豪陈钝如被杀伤，土豪陈继承当场被镇压，其他土豪劣绅仓惶外逃。农民暴动队所到之处，墙上都书写着“工农暴动万岁！”等标语。与此同时，鸾山上垅也暴发了农民暴动。

与此同时，攸南高和梓陂的共产党员蔡阳和、徐元清，菜花坪谭家洲党员谭龙听到湘南暴动军队攻克安仁后，即秘密前往安仁县城与湘南农军取得联系，决定发动攸县南乡农民进行暴动，配合安仁农军攻打攸县。

4月4日，唐天际率领安仁农军攻打渌田和攸县县城。蔡阳和、徐元清、谭龙立即带领刚刚组织起来的千余农军，手拿大刀、梭镖、鸟铳和木棍，配合唐天际部首先占领渌田，然后又随部向攸县城进击。他们沿途在渌田、址陂、存阳一带放火焚烧了蔡仁斋等土豪的房子几十栋，收缴了100多户豪绅家的钱、物和粮食，还到处张贴着“暴动、杀尽土豪劣绅！”“暴动，实现耕者有其田！”等标语。安仁农军因故当天返回原地，蔡阳和与徐元清率领攸南农军仍坚持战斗了3天，逼得南乡各地的土豪劣绅纷纷逃走。后因罗定部疯狂反扑，暴动农军由于武器粗劣，又缺乏战斗训练，除谭龙为首的100多名战士进至安仁加入湘南暴动队伍外，其余全被打散。

从1927年10月到1928年4月，在醴陵革命斗争的蓬勃发展和湘南暴动的影响下，攸县各地农民在共产党员的组织和领导下，发动的这些暴动，虽然遭到国民党军队的弹压而失败，但它给反动统治阶级以沉重的打击。同时，幸存的党员坚贞不屈，继续坚持斗争，为以后攸县革命斗争的发展奠定了基础。

（七）开展土地革命

醴陵区、乡苏维埃政府建立后，立即进行土地分配。从1928年年初开始，在南四、二、三区、西一区、北二区全部和西二区、南一区、东三区等部分地区进行，当时大部分土豪劣绅已被镇压，一部分逃进县城和大中城市，土地分配是在“已无土劣踪迹”的情况下进行的。首先，区、乡苏维埃政府号召群众并组织专门队伍搜查，把过去土豪劣绅、贪官污吏剥削压迫工农群众所强加的各种土地、山林、房屋或房屋基地的买卖、租赁、借贷、典当等契约、凭据、簿册，以及禁锢摧残人民思想的反动书刊，一律当众焚烧。并将过去土豪劣绅经管或耕作的土地、山林、水塘、房屋，以及宗祠庙宇庵堂寺观的祀租庙产，全部没收归苏维埃政府所有。然后由区、乡苏维埃政府设立的“土地部”或“土地革命委员会”具体负责土地分配，按照区苏维埃政府制定的“分耕制”和“共耕制”两种形式进行分配。实行“分耕制”的，由土地委员会组织丈量队，逐一确定面积，然后按照农户人口和原有土地情况，采取“抽多补少，抽肥补瘦”的原则，将土地分配到户，并插牌署名为记。一般人均一斗二升（合0.08公顷）左右。这种分耕的农户，大多住在人烟稀少、不便集中管理的偏僻地区。全由个人耕种，产品由个人支配。

实行“共耕制”的地方，由土地委员会出面，将没收豪绅地主与祠堂、庙宇的土地，以及农民自耕或佃耕的土地，全部集中，成立“耕作委员会”与耕作小组，“共同生产，共同消费”。其组织形式有两种：一种是以农民为主，成立“耕作委员会”，由3～7人组成，推1名委员长负责劳动组合与生产安排。委员长根据人口、土地、劳力的具体情况，再分若干个耕作组，每组10人，推一组长领导集体出工生产。实行8小时工作制，统一作息时间，基本上是半军事化的性质。“由于战争不息”，敌人常来“进剿”，每个劳动者都要携带梭镖、鸟铳或大刀等武器，置于生产工地，遇有紧急情况，放下农活，“马上集合，各执武器以对。”另外，以手工业工人为主，组织“手工业委员会”。凡属泥水匠、木工、篾工、油漆工、石匠、织布、缝纫、理发、铁匠等，统由苏维埃政府登记。除个别自愿放弃手工业的，由耕委会安排从事农业外，均编成小组，由手工业委员会统一管理和调派。每天工作8小时，雇主只给饭吃、不给工资。

“共耕制”的粮食，统由苏维埃政府管理。当时没有收割，没收土豪劣绅的存粮，集中统一保管。对家里没有粮食的贫雇农、回乡工人、兵士及手工业者，报告苏维埃政府，调查确实后，发给领谷条，到指定的公食存粮处领取2日的口粮，以防敌人清乡，不让清乡队抄家夺粮。

“共耕制”的生产生活管理，有严格的纪律。提出“不工作不给饭吃”的口号。每个成员必须服从领导，听从领导，不得懒惰怠工，不得违犯纪律，更不得不听指挥。如有违犯，经耕作小组报告，耕作委员会“严厉警告”，如不接受或不改变态度，则实施严厉处罚：“开除饭籍，就是不给饭吃，并将其家中所有一切没收归公，对其人处以死刑”。

这种“纪律”，非常严酷，执行也非常坚决，毫不留情，组员无不绝对服从，并互相帮助，互相勉励。少数无业流氓，到耕作组后，规规矩矩，老实劳动，不会的向老农学习，偷懒怠工的现象极少。这种严格的管理，使社会风气好转，相互之间很少发生争执、殴斗之事，晚上可以不关门睡觉，当时做到了“人人有事做，个个有饭吃”、“路不拾遗，夜不闭户”。

到1928年4月，醴陵全县有南四区、西一区、南三区全部，南二区、西二区大部共37个乡实行了土地分配，有14万农业人口分得土地1.2万余公顷，其中南四、二、三区，西一区动手较早，农民在分得的土地上，自己播种插秧，到反动派调集军队来血洗屠杀时，政权被摧垮，分得的土地又全部丧失，播种的农作物也未能收获。北二区、东三区、南一区等地，动手较迟，分得的土地还没动手耕种，又被敌人夺走。

醴陵的土地革命，虽然只有几个月的时间，但他充分体现了广大农民对土地的要求与渴望，土地分配中所制定和执行的有关分配政策和做法，为全国各根据地的土地革命积累了经验。而“共耕制”，是特殊条件下的一种特殊产物，当时之所以采取这种组织形式与生产方式，是因为醴陵苏区是全省的“共产独立王国”，是湖南新军阀和反动势力的眼中钉、肉中刺，无时无刻不在策划“剿灭”之列。苏区则时刻要以武力自卫，才能立足。这就需要全民皆兵，实行“共耕制”，共同生产，劳力集中，一旦遇有参战任务，可随时调集，省时省事。

二 井冈山根据地茶陵、酃县的革命斗争

（一）军队和地方党组织建设

1.毛泽东水口连队建党 1927年9月23日，毛泽东率秋收起义的工农革命军到达江西永新的三湾，在这里进行三湾改编，将一个师缩编为一个团；党的支部建在连上；在军队内实行民主制度。但改编后，除第一项实施外，其他两项都未实施。

10月14日，工农革命军到达酃县水口，停留一个星期。毛泽东在水口抓紧对工农革命军进行

军事训练的同时，主要考虑在部队内建立健全各级党组织。从文家市南下以来，军官违抗命令、打骂士兵、士兵逃跑离队事件时有发生，部队很不稳定，主要是党的核心领导作用不够和政治思想工作薄弱所致。

为此，毛泽东在水口召开团、营、连党代表会议，认真研究和部署连队建党工作，并亲自找建党对象谈话。根据各连党代表的提名，通过了鄢辉、赖毅、欧阳健、陈士榘、刘炎、李恒6名战士为新党员。15日晚，在水口叶家祠楼上举行新党员入党仪式。毛泽东亲自带新党员宣读誓词："牺牲个人，努力革命，阶级斗争，服从组织，严守秘密，永不叛党。"宣誓后，毛泽东要求新党员在以后的战斗和工作中起模范带头作用，团结群众，多做工作，严格要求。并指示各连要按照三湾整编中提出的"把支部建在连上"的原则，迅速建立连队党支部，抓紧发展新党员工作。当晚，一营二连率先成立党支部。不久，各连普遍建立党支部，也举行了类似入党宣誓仪式。

"水口连队建党"，是"党指挥枪"的重要标志，也是人民军队政治工作上的伟大创举，党在军队中的核心领导，成为人民军队打不烂、拖不垮的坚强堡垒。正如毛泽东在《井冈山的斗争》一文中所说："红军所以艰难奋战而不溃散，'支部建在连上'是一个重要原因。"

2.茶陵、酃县党组织 1927年10月，毛泽东率工农革命军到井冈山地区时，酃县、茶陵党的组织都遭到严重破坏，酃县只有周礼任支部书记的凉桥党支部几名党员，茶陵的部分党员和工农武装被迫转移到潭湾山区开展游击战争。毛泽东率部在井冈山创建根据地的同时，酃县和茶陵党的组织获得了较大发展的时机。11月18日，工农革命军第二次攻打茶陵城后，在潭湾山区活动的党员陈韶等也都进入县城协助工农革命军开展工作。下旬，在工农革命军第一营党代表宛希先主持下，成立中共茶陵县委，陈韶任书记。县委在工农革命军的帮助下，成立了茶陵县工农兵政府。12月，工农革命军撤出茶陵，茶陵县委和政府也随工农革命军撤往江西宁冈。

1928年1月，茶陵县委由谭震林任书记，率茶陵游击队在茶陵边界的九陇山开展游击斗争。2月，茶陵县委奉命率游击队向茶陵、安仁边境开展游击战争，县委书记由谭思聪接任，并于4月配合朱德部队攻占茶陵县城。随后，由于茶陵反动统治力量比较强大，党的工作遇到很大困难，因工作难以做进去，基层组织不多。5月中旬，茶陵县委改为特别区委，宛希先在"军队的党帮助地方的党"的方针指引下，到茶陵担任特别区委书记。茶陵党、政府和游击队的大本营也由潭湾转移到九陇山中的大亚山、倒坪和梓木冲。

茶陵党组织在发展的同时，在1927年12月成立中共酃县特别支部，由从湘南特委回来的刘寅生任特支书记。1928年2月，特别支部改为特别区委，组织和领导了酃县"三月暴动"。3月，酃县特别区委改为中共酃县县委，仍由刘寅生任书记。5月20日，由于叛徒林立卓告密，设在垅溪段家坳山冲里的县委机关被包围，突围时县委书记刘寅生牺牲，中共酃县第一届县委遭到破坏。

为统一边界6县党的领导，加强边界斗争，经湖南、江西两省委批准，5月20—23日，毛泽东在宁冈茅坪主持召开中共湘赣边界第一次代表大会，正式成立中共湘赣边界特委，毛泽东任书记，在选举的19名委员中，攸县的谭震林、茶陵的代表宛希先、陈韶、谭普祥当选为委员，酃县的刘寅生在开会的同一天牺牲，但大会不知道，也被选为委员。从此，酃县、茶陵的党组织属中共湘赣边界特委领导。

湘赣边界特委成立后，毛泽东根据酃县县委遭破坏的情况，将在特委工作的李却非、黎育教派回酃县工作。6月上旬，酃县在大院西坑召开党员代表大会，选举产生新一届县委，李却非任书记，继续领导酃县的革命斗争。

10月4日，中共湘赣边界第二次代表大会在宁冈茅坪步云山召开，毛泽东主持会议并作《政治问题及边界党的任务》的报告。5日，通过了《中国共产党湘赣边界第二次代表大会决议案》（《中国的红色政权为什么能够存在》是其中的一部分），就党的改造与建设，苏维埃、土地等17个问题作了精辟的阐述和部署，酃县代表李却非、盘园珠（瑶族），茶陵代表宛希先、谭思聪被选为特委委员。

1929年1月，井冈山革命根据地被敌人占领后，中共湘赣边界特委和酃县县委被打散。不久，特委和酃县县委得到恢复，湘赣边界的革命斗争进入了湘赣革命根据地时期。

（二）成立茶陵县工农兵政府

1927年10月21日，工农革命军第一营党代表宛希先根据毛泽东的决定，乘敌不备攻占茶陵县城。工农革命军占领茶陵县城后，砸开监狱，救出80余名在押待毙的共产党员和工农运动骨干。在这些骨干的配合下，查抄了县署内卷房和财产保管处，没收了报纸资料和钱财，并遵循毛泽东的吩咐，以工农革命军第一军第一师第一团团长郭亮的名义张贴布告和革命标语，当日下午4时撤离茶陵，23日回到宁冈茅坪。史称“一打茶陵城”。11月18日，工农革命军在毛泽东的部署下，第二次占领茶陵县城，这是毛泽东率工农革命军进军井冈山之后占领的第一座县城。工农革命军没有管理一个县的实践经验，进城后不知如何管理，仍沿用“茶陵县政府”牌子，派谭梓生当县长，照旧政府模样，升堂审案，纳税完粮。团长陈皓由于旧军队的积习很深，进茶陵城后故态复萌，每日由馆子里送饭菜吃，后来发展到私吞黄金。群众对此大失所望，认为是“换汤不换药”的政府。

“马日事变”后一直躲在徐文元书纸店工作的共产党员谭震林与宛希先接上头，宛希先安排他去做恢复工会的工作。19日，召集原有工运骨干恢复了茶陵县总工会，会址设在江西会馆。接着恢复了各行业工会。谭震林被选为县总工会主席。

与此同时，随军回茶陵并负责恢复茶陵县农会工作的李炳荣，设法与在潭湾山区打游击的“茶陵游击队”取得了联系，游击队负责人、共产党员陈韶、谭趋新、谭思聪、袁肇鸿等迅速来到茶陵县城，与宛希先取得联系。11月下旬，在宛希先主持下，在福音堂成立了中共茶陵县委，陈韶任书记。

在力促中共茶陵县委成立和工、农群众组织恢复的同时，宛希先目睹了新成立的茶陵县政府的种种弊端，及陈皓等军官的所作所为，写信给远在茅坪的毛泽东。毛泽东复信指示：由部队派人当县长是不对的，不能按国民党那一套办。要成立工农兵政府，要保护商店，保护邮局，保护学校，保护医院。接到毛泽东的指示后，宛希先便开始组建茶陵县工农兵政府的筹备工作。从农会、工会、士兵委员会各选出1名代表，组织工农兵代表会议，谭震林当选县工农兵政府主席。11月28日，举行茶陵县工农兵政府成立大会。

茶陵县工农兵政府设立民政、财经、青工、妇女等部门，任命杨绍震，罗尚德、罗青山、陈叔同分别担任民政、财经、青工、妇女部门的领导职务。以“茶陵县工农兵政府”名义发布告，号召广大工农群众起来革命，巩固政权，惩治土豪劣绅。布告署上工人代表谭震林、农民代表李炳荣、士兵代表陈士榘的名字。

工农兵政府成立后，恢复了茶陵县共青团支部和工人纠察队。同时，从政府各部门、总工会、农会和部队抽调人员组成工作组，深入农村开展基层政权建设。11月底，工作队在马江区建立区工农兵政府、区工会和妇代会，并组建了暴动队。中瑶村也恢复了农会、妇代会、儿童团（童子团）等组织，各地普遍地建立了赤卫队或暴动队，维护社会秩序，打击豪绅地主的破坏，保卫新的革命政权。茶陵县工农兵政府，是毛泽东指示建立井冈山革命根据地的第一个县级革命政权，是革命根据地将武装斗争、政权建设和土地革命三者有机结合的开端。

1928年6月，酃县在大院召开全县工农兵代表大会，正式成立酃县工农兵政府，徐鼎燕任主席。县以下有大院、青石冈等区苏维埃政府。随着斗争的深入，酃县根据地面积达1363平方千米，占全县面积的68.22%。

茶陵、酃县工农兵苏维埃政府归属湘赣边界工农兵苏维埃政府领导。1929年1月，井冈山根据地被敌占领后，边界各县工农兵苏维埃政府也都被摧垮。

（三）毛泽东湖口肃反

1927年12月26日，工农革命军遭国民党军疯狂反扑，在力量相差悬殊的情况下，撤出了茶陵城。本应东撤直接回宁冈大本营，但县城东门渡口浮桥早已被团长陈皓以部队“背水一战”为借口下令拆除了，部队不得已南撤。此前，陈皓等因对前途悲观，又不甘忍受革命队伍内的约束，早已密派副团长韩昌剑带一个排去湘南找国民党十三军军长方鼎英联系，意欲投靠。方鼎英曾是黄埔军校教育长，与陈皓有师生之谊。因韩昌剑寻找无果，回到宁冈乔林落脚。事情被在乔林工作的毛泽覃、赵英、赵发仲获悉，报告毛泽东。经查证属实，毛泽东下令将韩昌剑秘密处决，并动身赴茶陵，去拯救在茶陵的工农革命军。

12月25日，毛泽东带着毛泽覃、陈伯钧、黎育教等人，从宁冈茅坪出发，急行35余千米赶到茶陵坑口宿营。次日入夜，他们来到与茶陵城一水之隔的中瑶村时，因对城里情况不明，便在中瑶村陈韶家住下。不久，毛泽东得到城东门浮桥已被拆掉和东门外没有发现敌人的报告。27日拂晓，赤卫队向毛泽东报告部队已向南撤的消息，毛泽东当即决定追赶南撤的部队。

陈皓率部已先于毛泽东到达茶陵南大墟镇湖口。部队到达湖口即发生争执。陈皓意欲向方鼎英靠拢，以去湘南发展、扩大队伍再回井冈山为借口，命令部队继续南进，得到团参谋长徐庶、一营营长黄子吉的附和。以宛希先为首（包括陈韶、谭震林等在内）的人则主张部队东向宁冈，回到毛泽东身边去。两种意见相持不下，陈皓以团长身份强令部队南进。在部队离开湖口南去的关键时刻，毛泽东一行赶至湖口，传令部队开回湖口宿营。当晚，毛泽东主持连以上干部参加的紧急会议。会上揭露了陈皓企图将部队拉向湘南投敌的阴谋，当即将陈皓、徐庶、黄子吉一伙看押(后在砻市处决)。

28日晨，毛泽东在湖口墟东侧的一块稻田里召开工农革命军全体指战员会议。公布了陈皓一伙的罪行，宣传逮捕陈皓一伙和由张子清代理团长的命令。随后毛泽东发表讲话，与会人员深受教育和鼓舞，当场茶陵200多名赤卫队员、纠察队员、游击队员报名入伍。经毛泽东批准，入伍人员编为工农革命军第一团第二营。会后，毛泽东率工农革命军撤回宁冈。

毛泽东在茶陵湖口挫败陈皓等人的叛变阴谋，是中国共产党和人民军队内部的第一次成功肃反，在极端危机时刻挽救了工农革命军。

（四）酃县三月暴动

1927年10月，工农革命军第一次来酃县时，毛泽东就会见了共产党员周里等人，指示他们要建立和发展党的组织，恢复农民协会，组织工农武装，以革命的武装反抗国民党的武装。与此同时，湘南特委委员刘寅生根据湖南省委的指示，回到酃县进行武装暴动的组织发动工作。经2个多月的工作，在原桥梁支部基础上发展了100多名党员，成立了10多个支部。1928年1月和2月，刘寅生和周里先后2次上井冈山向毛泽东汇报和请示工作。回去后，立即建立县级党的组织，组建工农武装，进行武装暴动。2月，在黄挪潭召开全县党员代表大会，成立中共酃县特别区委，刘寅生任书记。随后，又召开会议，决定组织全县暴动，首先夺取团防局的枪支，建立工农武装。4月，全县进行暴动，接着潘祖浩在西乡成立酃县西乡暴动队。周里、张平化、邝光前、朱才亮、周介甫分别在黄挪潭、石州、八都、水口、中村组织了5支暴动队，队员近千人。

3月上旬，湖南省委军事部、湘南特委宣传部部长周鲁，奉省委之命到宁冈砻市，传达中央临时政治局上海扩大会议精神，撤销以毛泽东为书记的前敌委员会，将前委改组为师党委，变成单管军队中党的机关，由一团党代表何挺颖任师党委书记，毛泽东任师长。并命令工农革命军开往湘南，攻打郴州，策应湘南暴动。

为使酃县的暴动能在工农革命军前往湘南经过酃县时举行，毛泽东在出发前派酃县籍干部戴奇（戴寿凯）、邱笛带着他的亲笔信回酃县协助工作，并指示将原计划4月举行的暴动提前举行。

刘寅生接到毛泽东的指示信后，立即召开特别区委扩大会议，就提前组织暴动的发动、地区、指挥等问题进行认真研究。由于时间紧迫，会议决定，以现有支部为核心，选择五、七、八、九、十都，黄挪潭、中村、水口、坂溪与西乡为暴动点，由刘寅生全面指挥，周里、邝光前、刘平章、段瑞、周介甫、潘祖浩、刘清黎、张平化等区委委员与支部书记各负责一个暴动点，组织队伍，做好准备。

3月9日夜，暴动首先在周里、张平化负责的石洲开始。接着，酃县下村、水口、两江口、西乡等地暴动也风起云涌。打土豪分浮财，镇压了霍凤梧、金世群等4个恶霸豪绅，暴动威震全县。

正当酃县暴动高潮之际，工农革命军为策应湘南暴动分3路进入酃县。毛泽东率工农革命军第一团于14日攻克酃县城。15日，工农革命军和酃县特别区委在县城的洣泉书院召开群众大会，庆祝酃县暴动的胜利。第一团第一营党代表宛希先在会上发表讲话，号召人民起来打土豪，分田地，建立人民自己的政权和革命武装。

随后，酃县特别区委和暴动农民3000多人随工农革命军一起来到中村。刘寅生向毛泽东汇报了三月暴动的全面情况和下一步打算。毛泽东对酃县特别区委提前举行暴动并取得预期效果表示满意，对下一步酃县党组织建设，建立革命武装和革命政权，开展土地革命等作了重要指示。为此，3月19日毛泽东与师委书记何挺颖商量决定，在中村周南学校召开师委和酃县特别区委联席会议，研究酃县开展革命斗争的一些具体问题。参加会议的有毛泽东、何挺颖、张子清、宛希先、刘寅生、周里、邝光前、戴奇等人。会议总结了暴动成功的经验，经讨论决定：将中共酃县特别区委升为中共酃县县委，刘寅生任书记，周里任宣传部部长，邝光前任组织部部长；成立共青团酃县县委；建立酃县赤卫大队，建立中村区委和工农兵政府等事项，毛泽东决定从工农革命军中拨出 8 支步枪，送给酃县赤卫大队。

（五）朱毛会师

1928 年 4 月 5 日，朱德率湘南起义主力由安仁进入茶陵，占领县城，并在这里休息了 5 天。此时，国民党吴尚第八军程泽润师张敬兮团尾追而来。张敬兮团进入茶陵后，得知朱德部已经东撤，以为是沿茶、酃大道前往酃县城，遂纠集罗定独立团和茶陵罗克绍挨户团，直向酃县城扑来。

这时，进入湖南掩护湘南起义部队向东转移的工农革命军第一团，在完成掩护任务后，回到酃县，并已占领酃县城。当得知敌人将进攻酃县城的情报后，毛泽东与何挺颖、张子清决定以城西湘山寺、天鹅仙为阵地，阻击来犯之敌，控制敌军必经之地接龙桥这个咽喉要道。

第二天中午，张敬兮团凭借人多武器精良，蜂涌向接龙桥挺进，遭两边山上工农革命军火力阻击。张敬兮亲自指挥，用重机枪与迫击炮掩护，企图争夺湘山寺和天鹅仙两个制高点，先后组织 10 次冲锋和两路突击包抄，均被工农革命军打得抬不起头来，战至傍晚，敌人不得不往茶陵方向撤退。

“接龙桥战斗”，工农革命军第一团只用 2 个营，击溃敌 1 个正规团和 1 个挨户团，使敌人没能靠近酃县城，有效地掩护了分几路转移到酃县的湘南起义部队，为朱毛的胜利会师创造了条件。这次战斗中，团长张子清踝骨负伤，后因无药医治牺牲，时年 29 岁。

4 月中旬，朱德率主力 2000 余人经茶陵到达酃县沔渡；陈毅率农军 8000 余人在资兴与何长工、袁文才率领的第二团会合后，也来到沔渡，与朱德主力部队会合。后何长工和袁文才率二团回了宁冈。

毛泽东率工农革命军第一团在酃县城将湘敌张敬兮团击溃后，于当天撤出酃县城，经坂溪、石州、十都返回宁冈砻市。在得知朱德、陈毅率领的湘南起义部队已转移沔渡后，非常高兴，率三营一连直奔沔渡，第一次见到了朱德，欣喜之情溢于言表，朱德对在场的陈毅、王尔琢等一一向毛泽东作了介绍。

下午，毛泽东首先介绍了秋收起义受挫后转移到井冈山建立根据地的一些情况，并着重对井冈山周围 6 县的地理、政治环境、党组织等情况进行了详细介绍，朱德对毛泽东率工农革命军在井冈山创建根据地，开展土地革命和政权建设表示高度赞扬。同时也批评了湘南起义后湘南特委执行中央“左”倾错误的危害。随后，对两军会师后的部队建制、人事安排和今后任务等进行协商，最后决定：

第一，两军合并成立中国工农革命军第四军（6 月改为“中国工农红军第四军”）的建制。由朱德任军长，毛泽东任党代表，王尔琢任参谋长，陈毅任士兵委员会（后改为“政治部”）主任，并成立第四军军委，由毛泽东、朱德、陈毅、王尔琢、龚楚、胡少海、张子清、何挺颖、何长工等 23 人为委员，毛泽东任书记（5 月以后，由陈毅任书记）。下设第十、第十一、第十二 3 个师，第二十八至第三十六 9 个团。

第二，建立井冈山周围6县为根据地，并以此扩大到更大的地区作为今后的任务。对于这一任务的确定，1936年毛泽东在与斯诺的谈话中谈到："1928年5月（应为4月），朱德来到井冈山，我们的队伍汇合了。我们共同制定一个计划，建立一个6县苏区，逐步地在湘赣粤交界地区稳固苏维埃政权，并以此为根据地，扩大到更大的地区。"

商定之后，两支部队进行联欢会，毛泽东、朱德分别在会上讲了话。毛泽东指出这次会师的意义，分析了工农革命军的光明前途。他说我们有马克思列宁主义，有群众支持，有如来佛的本事。因此完全有办法对付敌人。朱德指出：党领导的两支革命武装的会合，意味着中国革命的新起点。又有井冈山作依托，我们就可以不断地发展革命。会师后，两支部队开往宁冈砻市，一星期后在砻市召开会师大会，宣告中国工农革命军第四军正式成立。

朱毛会师，是中国共产党发展史上重大历史事件，对中国革命的胜利产生了巨大影响。

（六）根据地重要会议

1.中共湘赣边界第一次代表大会　经湖南和江西省委批准，1928年5月20—23日，中共湘赣第一次代表大会在江西宁冈茅坪召开。参加大会的代表有永新、宁冈、莲花、遂川、酃县县委、茶陵特别区委和红四军党党代表共60多人。毛泽东主持大会并作重要讲话，他分析了中国革命的形势和中国革命战争的特点，回答了"红旗打得多久"的疑问。会上总结了开展武装割据，建立根据地的经验，讨论决定了建立革命政权，深入开展土地革命，扩大和巩固以井冈山为中心的革命根据地的任务。大会选举产生了毛泽东、朱德、宛希先、陈毅、谭震林、刘寅生、谭普祥、陈韶等19人为委员，毛泽东为书记。特委受湖南、江西省委双重领导。

2.红四军军委沔渡扩大会议　1928年7月初，为打破湘赣两省国民党军对井冈山革命根据地的"会剿"，红四军决定兵分两路。一路由朱德、陈毅率二十八团、二十九团进攻酃县；一路由毛泽东、宛希先率三十一团驻守永新，截断湘赣两敌，达到打破湘赣两敌会合的目的。12日，二十八团、二十九团攻克酃县城后，当晚二十九团部分官兵私下开会，提出要回湘南。在朱德等人的说服和劝阻下，才决定返回宁冈。14日，由酃县城向沔渡进发，由于二十九团官兵回乡心切，军心涣散，到沔渡30华里路竟走了1天，当晚在沔渡宿营后，二十九团大部分官兵仍要求回湘南，提出"打回湘南去"等口号；同时，二十八团也节外生枝，虽不愿去湘南，但也不愿回宁冈，而要去遂川和赣南。在此情况下，当天军委在沔渡召开军委扩大会议，讨论部队去向问题。会议由军长朱德、军委书记陈毅主持。由于军委表现软弱，过于民主，在二十九团部分官兵的要求下，会议最后决定部队开往湘南，攻打郴州。结果导致二十八团、二十九团在郴州的失利和井冈山根据地大部被敌占领的"八月失败"。

3.中共湘赣边界第二次代表大会　1928年10月4日，为系统总结井冈山斗争的经验和教训，明确边界党今后的任务，在宁冈步云山召开中共湘赣边界第二次代表大会。参加会议的有酃县、茶陵、宁冈、永新、莲花、遂川和红四军的代表100多人。会议由毛泽东主持并作题为《政治问题及边界党的任务》的报告，总结武装割据以来的成功经验，从理论和实践上阐述了在白色恐怖中，红色政权为什么能够存在的原因和条件。并对武装割据、建设根据地的成功经验，作了科学阐述。会议还对如何巩固根据地的问题进行了研究。

10月5日，大会通过了《中国共产党湘赣边界第二次代表大会决议案》（《中国的红色政权为什么能够存在》是决议案的一部分），就国内国际政治状况，边界割据与八月失败，军事根据地、党的改造和建设，苏维埃、土地问题，CY（青年团）等17个问题作了精辟的阐述与部署。大会选举了谭震林、毛泽东、杨开明、朱德、陈毅、宛希先、谭思聪、李却非、盘园珠等19人为第二届中共湘赣边界特委委员，杨开明为书记（杨开明患病由谭震林代理），11月谭震林任书记，陈正人为副书记。

4.湘赣边界特委第四次执委扩大会议 1929年1月，红四军主力和红五军相继离开井冈山根据地后，根据地被敌人占领，只有湘赣边界特委和各县委、各县地方武装仍然在这里坚持斗争。

5月10日，中共湘赣边界特委第四次执委扩大会议在宁冈古城文昌宫召开，后因敌人进攻，会议转移到八面山下继续进行。会议讨论了前委给特委的信，根据东固根据地的经验和边界斗争实际，决定对边界的工作采取由公开割据转为秘密割据的方式；对地方武装采取集中统一指挥和分散游击的战术；并制定了游击工作大纲，划分游击工作区域以及解决了根据地的区域中心等问题。会议根据许多执委不在边界的情况，增选了几名委员，共15人为委员，邓乾元任书记。会后，特委从宁冈迁到永新的小江区，继续坚持领导边界的工作。

（七）中村插牌分田

土地革命，是中国民主革命的基本内容，是实现中国亿万农民"耕者有其田"的根本要求。为此，毛泽东在决定建立井冈山革命根据地后，根据中央解决农民土地问题的政策，就开始着手考虑这个问题。酃县三月暴动的胜利和工农革命军来到酃县中村，为中村开展土地革命提供了条件。

毛泽东到中村后，组织和带领工农革命军进行访贫问苦，但当战士将打土豪没收来的粮食和衣物挑到农民家去的时候，有的农民不敢收。毛泽东认为："农民不敢要东西，不敢分土豪的土地，是因为大革命失败后，豪绅地主反扑，心有余悸，担心我们一走，豪绅地主会带领挨户团抓人杀头！"。于是，他一面叫县委和区工农兵苏维埃政府召开全区农民大会，进行宣传发动，镇压恶霸豪绅；另一方面亲自带领干部战士给附近雇农叶老汉家里送粮食，做宣传示范。当叶老汉害怕接受粮食时，毛泽东叫战士拿一把筷子，先给一根叫叶老汉折，一折就断了；接着将一把筷子叫叶老汉折，怎么也折不断。毛泽东即用"一根筷子容易断，一把筷子硬如铁"的比喻，启发叶老汉和在座的其他农民，只要团结起来，打倒土豪劣绅，有了自己的政府，就不怕土豪劣绅反攻倒算了的道理。然后鼓励大家说："一块小石头，能砸破大水缸，只要我们受苦的工农群众团结起来，就像一块坚硬的石头，不仅能砸破你们村里土豪劣绅这些小水缸，还能砸烂蒋介石这个大水缸。"

次日，酃县县委和中村区委在中村墟台召开3000余人参加的诉苦大会，毛泽东在会上讲了话。他说：我们种田人一年到头累得要死，还没有吃，没有穿，土豪劣绅不劳动，都吃得好，穿得好，其原因就是土豪劣绅剥削贫苦农民的结果。我们要吃饭，要穿衣，要翻身求解放，就要起来闹革命、打土豪、分田地。并发动邓瑞莲、邓国秀等十几位穷苦农民上台诉说他们祖祖辈辈受剥削受压迫的血泪史，给到会农民很大的启发和教育。在震耳欲聋的"打倒土豪劣绅"的口号声中，处决了2名罪大恶极的土豪劣绅，使广大农民的思想觉悟和革命热情得到了提高。

在广泛发动群众的同时，毛泽东组织工农革命军和中村苏维埃政府一起，对中村的土地占有情况进行了详细调查。当时中村的土地70%以上掌握在地主手中，其中道任村90%以上的土地被地主霸占，这个村只有18.67公顷水田，劣绅钟伦元就占有16.67余公顷，农民全靠租种他的土地度日。这里地处高山，居住分散，历年干旱，粮食欠收，农民交租后，所剩无几。

3月24日，毛泽东在周南学校召开县委、区委和区工农兵政府负责会议，专门研究开展土地分配的问题，并先在道任村开始试点。首先是发动群众，选出土地委员，成立分配土地的班子。接着由土地委员、乡政府干部深入各村各户，将户主、人口、占有土地的亩积、分丘分块登记造册，没有面积的组织丈量。其次是确定分配原则，将所有土地全部"收之公有"，然后以原耕为基础，按人口平均分配，多退少补，好差搭配；对少地无地农民，特别是无农具、无资金的雇农、长工，给予适当照顾，多分好田。其三是根据各户人口分得的土地，由农会统一写好竹牌，写明户主姓名、田土位置、面积及四界地名，并由土地委员按登记册核对。最后召开群众大会，将写好的竹牌分发给户主，并将牌子插到所得田（土）里。

这种分田方法，当时群众叫做"插牌分田"。这个乡18.67余公顷土地，217人，人均分得0.08公顷。道任村试点结束后，中村、联西、心田、深度、龙潭等乡也照道任村的方法，全部分配了土地。

中村插牌分田，是井冈山革命根据地进行的第一次土地分配。为以后井冈山根据地土地分配和《井冈山土地法》《兴国土地法》的制定，为中国共产党土地政策的完善，进行了有益的探索。

三　湘赣革命根据地株洲境内的革命斗争

（一）党的建设

井冈山革命根据地被国民党占领后，中共湘赣边界特委和酃县县委被打散。1929年2月中旬，边界特委常委、特委巡视员兼茶陵特别区委书记宛希先，与永新、宁冈党组织取得联系，并在九陇山召开茶陵、永新、宁冈三县党的联席会，成立边界临时特委。临时特委由宛希先、朱昌偕、刘真任常委，朱昌偕为书记。主要任务是负责收容地方武装，整理党的组织，指导各县恢复党的工作。3月11日，原边界特委副书记陈正人，从遂川来到永新，召开特委常委会议，分析了边界形势，研究斗争策略与今后任务，决定取消原边界特委和2月成立的临时特委，重新组建新的临时特委。

1929年3月，蒋桂战争爆发，进攻井冈山根据地的湘赣两省军队，为了各自利益，将参加"会剿"的部队调离湘赣边界，开往前线，参加军阀混战，使边界的反动武装力量大大减少。4月间，去上海汇报工作的边界特委书记邓乾元回到边界，仍恢复原来特委继续工作。特委抓住军阀混战、边界比较空虚的有利时机，重建武装力量，并以此推动党组织的发展。

2月，酃县县委组织部部长黎育教秘密联络分散隐蔽在各地的周里、张平化、郭天禄等10多名党员，在三区石禾坪召开会议，决定成立"中共酃县临时县委"，推选黎育教为临时县委书记（5月，黎育教调特委工作，由周里接任书记），周里任组织部部长，张平化任宣传部部长，郭天禄为团县委书记，使一度瘫痪的酃县党组织得到恢复。会上还决定将党的工作由公开转向秘密活动，收容串连幸存下来的党员，恢复与建立党组织；并以石禾坪为基础，逐步开辟石洲、黄挪潭等4个工作区域，建立革命政权和地方武装。同年冬，秘密恢复了石洲、黄挪潭、坂溪3个区委，使酃县的革命形势有了好转。1930年1月，周里因病住院，临时县委书记由张平化接任。2月，中共酃县临时县委改为中共酃县县委。

同时，茶陵党组织利用军阀混战的有利时机，积极向茶陵境内开展革命斗争，并将中共茶陵特别区委和县革命委员会机关由九陇山移驻境内的小田。特别区委组织机关干部，利用亲友关系，串联发动，发展党员，建立秘密党支部；用“先红一点，再红一片”的推进式方法，扩大红色区域。到1930年初，恢复和建立了3个区委，一批插花红色区域也建立了党支部。同年3月，随着党组织的不断发展壮大，中共茶陵特别区委改为县委。4月，在小田寨下坪召开了中共茶陵县第一次代表大会，选举陈韶为县委书记。

1930年2月6—9日，毛泽东在吉安陂头主持召开红四军前委，红四军、红五军军委和湘赣边界特委，赣西、赣南特委联席会议。会议决定将湘赣边界、赣西、赣南3个特委合并为赣西南特委。3月22—29日，在吉安富田召开赣西南党的第一次代表大会，茶陵、酃县派代表出席了会议。特委领导湖南茶陵、攸县、酃县和赣西南32县的党组织与广大区域。为便于领导，特委下分别设立东、西、北、中、河东、河西6路行委。茶陵、攸县、酃县三县，由周高潮任书记的西路行委领导。

1930年6月，中共湖南省委根据湘东革命斗争的发展，决定重建湘东特委。8月5日，中共湘东特委在萍乡桐木正式成立，由张启龙、石青（夏尺冰）、袁德生任常委，谭思聪、李孟弼、袁肇鸿（茶陵人）等为委员，张启龙任书记，石青任组织部部长，李孟弼任宣传部部长。特委的管辖范围与领导关系，根据省委的调整，将原属湘鄂赣特委领导的浏阳、万载、宜春、赣西南特委领导的莲花、攸县、茶陵、酃县，安源特区领导的醴陵、萍乡、株洲等县（区）归湘东特委领导，使湘东的革命斗争得到恢复和发展。

1928年4月，醴陵党的组织被打散以后，于1929年5月，在省委巡视员夏尺冰的指导和浏阳县委的帮助下，在渠塘重建了中共醴陵县委，易克仁任书记。同时，1928年4月、5月被迫逃往莲花的刘文辉、杨奇等数十名共产党员，于1929年7月先后回到醴陵南乡恢复和发展党组织的工作。到9月发展了100多名党员，并成立了南四区和南二区2个区委。由于不知道北乡已成立了醴陵县委，刘文辉根据多数人的意见，在茂田召开南二、南四2个区委、10个支部的负责人会议。决定成立县委，推选刘文辉任书记。以清水江轧塘为中心，主要在南二、三、四区活动。当刘文辉得到易克仁在北乡渠塘组建了县委的消息后，于12月找到易克仁，决定2个县委合并，易克仁任书记，刘文辉任副书记，其他县委成员不变。醴陵的革命斗争开始得到恢复。

1930年3月，罗启厚从中央苏区回到醴陵西一区恢复和发展党组织的工作。先后建立冷越、溪越、廖越、攸越、焦越、石月、黎月、姚月、明月、石塘、塘山口、漂沙井、关王庙等10多个支部，发展党员200多人，成立由胡攸任书记的西二区区委。到湘东特委成立时，全县东西南北都建立了党组织，共5个区委、60多个支部，党员达500多人。

同时，大革命失败后，攸县也于1928年6月正式成立中共攸县县委，但不到1个月就被遭到破坏。

株洲于 1929 年 8 月建立中共株洲区委，由易万全任书记。

1930 年 9 月，红一方面军第二次攻打长沙久攻不克后，撤退时进入株洲地区，红三军、红四军进入醴陵，红十二军进入攸县、茶陵，任务是发动群众，筹款和征集新兵。17 日晚，毛泽东在醴陵状元洲召开湘东特委会议，对主力红军撤出湘东地区后湘东特委的工作提出要求和指示。会后，湘东特委根据毛泽东的指示，决定从醴陵调南三区区委书记曾毅之、六大代表丁继盛分别去攸县、株洲组建县、区委。10 月上旬，攸县在漕泊东冲召开党的第一次代表大会，正式成立中共攸县县委，曾毅之任书记；丁继盛也于 10 月上旬在株洲镇、八叠、河西天台等地恢复了 10 多个支部，成立中共株洲特别区委，丁继盛任书记。至此，湘东各县区普遍建立了县（区）委机关。

10 月下旬，特委根据中共中央 6 月 11 日通过的《新的革命高潮与一省或数省的首先胜利》的决议精神，撤销党、团特委，将党、团机关和工会合并成立“湘东南行动委员会”，发动了湘东南总暴动。

1931 年 2 月中旬，中共中央代表黄火青在湘东南行委所在地莲花县花塘村召开行委和各县党政负责人会议，传达中央六届三中全会和中共中央 1930 年 11 月会议精神，纠正李立三“左”倾错误对湘东南根据地的影响。决定取消领导湘东南起义的行动委员会，恢复党、团特委与工会组织，中共湘东特委更名为“中共湘东南特委”。湖南的浏阳、醴陵、株洲（特区）、攸县、茶陵、酃县、安仁、耒阳、永兴、资兴、桂东、桂阳和江西的万载、宜春、安福、莲花、萍乡、安源特区、分宜等县均在其管辖范围。为了便于领导，下设北路、南路分委。南路分委先在莲花城外塘桥上办公，后迁至茶陵尧水花棚里。管辖醴陵、株洲、攸县、茶陵、酃县等湖南境内各县党组织。到 1931 年 8 月，株洲境内中共党员发展到 3000 多人。

1931 年 8 月 1 日，根据中央临时政治局和苏区中央局的决定，在江西永新县城将湘东南特委和赣西南特委的西路、北路、南路分委所管辖的地区统一组成中共湘赣省委，由王首道任书记。中共湘赣省委的成立，标志着湘赣革命根据地正式形成，境内各县（区）成为湘赣革命根据地的重要组成部分。

中共湘赣省委成立后，在当时的战争环境下，为保证党的路线、方针和政策在军队和地方得到贯彻落实，省委决定大力发展积极分子入党，特别吸收“忠实勇敢积极的工人、雇农、贫农分子进党，尤其要广泛地介绍雇农手工业工人、苦力贫农进党”；只要符合条件，“对其他革命分子和中农不应该一味地拒绝”，经过“慎重的严格的考察，规定更严格的地条件，可以介绍入党”。这项工作境内各县区都做得很好，尤以茶陵最为突出。根据 1932 年 9 月《湘赣党组织与党员数量成分比较表》，茶陵、酃县、攸县、醴陵、株洲 5 个县（区）委的统计，有 20 个区委，210 个支部，党员 4511 人。其中茶陵 3135 名，占 69.3%，占湘赣全省 29920 名党员的 16%，仅次于永新 (7806 名)；酃县 543 名，攸县 463 名，醴陵 177 名，株洲 193 名。从性别上看：男性党员 4231 名，女性党员 280 名。从成分上看：产业工人 55 人，手工业工人 108 人，苦力工人 97 人，雇员工人 9 人，雇农工人 387 人，贫农 3113 人，中农 308 人，知识分子 37 人，小商人 18 人，独立劳动者 62 人，自由职业者 9 人，富农 4 人，其他 4 人。在发展党员中，境内各县还参与了全省竞赛，在“群众中举行公开征收党员运动”，“反对拉伕式地吸收党员”。1932年1月，新发展党员1419人，其中茶陵972人、酃县183人、攸县181人、株洲83人。

1930年冬，为提高党员的理论水平和政治素质，茶陵、攸县、醴陵、酃县选送一批党员干部到萍乡大安里和河西红军教导队进行培训；1931年和1932年，茶陵、攸县县委都开办短期“党务训练班”，学习党的基本知识，进行“列宁主义教育”，提高党员的政治素质。

省委从各县选拔一批政治思想强、有工作能力的党员到省委、省苏维埃政府和红军中担任领导工作。湘赣省党的第一次代表大会选举产生的11名省委委员中有株洲的袁德生（常委）、醴陵的罗启厚2人，5名候补委员中有茶陵的胡香美（1932年2月接替牺牲的罗启厚为委员）。1932年11月，湘赣省党的二大选举的19名委员中就有株洲的袁德生，醴陵的张子意、刘士杰，茶陵的胡香美，攸县的蔡会文5人；6名候补委员中有株洲的易灭非、攸县的谭理成、茶陵的龙福3人。袁德生、张子意被选为省委常委，刘士杰为候补常委。1933年2月，根据中央临时政治局改组湘赣省委的决定，湘赣省委改组后的22名委员中，有张子意、刘士杰、蔡会文、胡香美、龙福、谭余保6人；4名候补委员中有醴陵的杨奇、茶陵的陈为、李运田3人。在省苏维埃政府中有担任省政府主席的谭余保、副主席的陈珠妹、财政部长的陈希云以及原湘东南特委常委、共青团特委书记罗青山（均为茶陵人）等。除在省委、省苏维埃政府机关中有不少是株洲的领导干部外，在红军中还有不少株洲籍领导人。湘赣独立一师政委谭思聪、红八军参谋长兼二十二师师长谭家述，二十三师政委谢国瑜，湘赣新编独立第一师政委陈韶，均为茶陵人；还有曾任过攸县、茶陵县委书记，后调任湘赣独立师政委的曾毅之（醴陵人），都是株洲各县培养和输送的干部。

各级党组织严格组织纪律，坚持民主集中制原则，积极开展批评与自我批评，加强党员干部自身建设。所有党员都要牢固树立“党的组织观念，养成行动纪律化的习惯”；尤其是“负责党员，都要遵守苏维埃的纪律和红军三大纪律八项注意”；工作方法上，强调民主集中制，遇事要深入调查研究，倾听群众意见，“防止官僚主义倾向”。强调健全机关工作制度与支部政治生活制度，经常召开生活会议，开展积极的批评和自我批评，保证“党的布尔什维克化”。对于犯了错误的党员，强调耐心帮助教育，要允许在实际工作中改正错误，但发现投敌叛变分子或阶级异己分子，则严厉制裁。据统计，仅1932年一年内，通过“改造”党组织，株洲3县“洗刷”党员194名（茶陵101名，攸县78名，酃县15名），其中“阶级异己分子”30名，“反动分子”70名，消极腐化分子76名，叛变分子18名。

1933年年初，攸县苏区大部分失陷，县委机关迁入江西莲花。8月，酃县和江西遂川苏区大部分失陷，湘赣省委决定两县委合并为酃遂中心县委，涂步云任书记。1934年，茶陵苏区几乎全被敌占领，县委机关迁入江西永新县高坑，同时江西宁冈县委也因同样原因迁入高坑。4月，湘赣省委决定两县委合并为茶宁县委，李运田任书记。

（二）政权建设

井冈山革命根据地被敌人占领后，1929年3—4月和10月先后爆发了蒋桂、蒋冯两次军阀混战，占领井冈山根据地的军队也纷纷调往前线参加军阀混战，这给湘赣边界诸县红色势力的发展以契机。境内各县党组织领导的地方武装积极开展游击战争，开辟红色区域，建立红色政权。

1930 年 1 月中旬，酃县第一次苏维埃代表大会在石洲板坑楼召开，正式成立酃县苏维埃政府，选举刘清远为主席，下辖坂溪、石洲、黄挪潭 3 个区苏维埃政府；6 月 15 — 25 日，茶陵在秩堂寨下坪召开第一次工农兵代表大会，正式成立茶陵县苏维埃政府，选举陈德发为主席。8 月，中共湘东特委重建后，在萍乡城成立“湘东工农兵苏维埃政府”，袁德生、张启龙、夏尺冰（石青）、李孟弼、谢云鹏、蔡会文（攸县人）、谭思聪、陈韶、谭家述（以上 3 人为茶陵人）、张子意、张可（以上 2 人为醴陵人）、黄仁、王聘葛、朱映华、朱义祖、李忠民、李贞、杨一农等 19 人为执行委员，受湖南省工农兵苏维埃领导。政府主席由特委常委袁德生担任。同时，还以安源工人纠察队为基础，建立苏维埃政府纠察队，从萍乡、浏阳、醴陵、茶陵、莲花赤卫队抽调部分武装，组成“警卫队”。

红一方面军进入株洲境内，推动了湘东革命斗争的发展。9 月下旬，醴陵县苏维埃代表随红三军进入萍乡，在萍乡城南一饭店召开第一次苏维埃代表大会，正式成立醴陵县工农兵苏维埃政府，选举骆有生为主席，王豪为副主席。随后，攸县在红十二军的帮助下，于 10 月下旬在东冲召开全县工农兵代表大会，正式成立攸县工农兵苏维埃政府，选举周允怀为主席。到 1931 年 7 月底，茶陵 11 个区中建立了 9 个区苏维埃政府、137 个乡苏维埃政府，苏区面积达到全县的四分之三；酃县建立了 4 个区苏维埃政府、34 个乡苏维埃政府；攸县建立了 6 个区苏维埃政府、24 个乡苏维埃政府。3 县苏区人口达到 20 多万人。

1931 年 10 月 17 — 25 日，湘赣省苏维埃第一次代表大会在莲花县花塘村召开。会议选举执委 21 人，袁德生任主席，张启龙、彭德怀任副主席。省苏政府下设土地、军事、裁判、行政、内务、粮食、劳动、文化等部。

湘赣省苏维埃政府成立后，由于国民党连续不断地发动“围剿”，根据地有所缩小，苏维埃政权建设也受到了影响，但到 1932 年 10 月，仍有 4 个县苏维埃政府、14 个区苏维埃政府、106 个乡苏维埃政府，9 个革命委员会。

各级苏维埃政府在同级党组织的领导下，负责组织和领导工农业生产、土地分配、商业贸易、财政税收、文化和教育事业；同时，组织和领导地方武装开展游击战争，发动群众支援前线红军作战以及优抚红军及家属等工作。

1933 年初，攸县苏区大部分失陷，只剩下鸾山高楼与茶陵八团交界的边界是苏区，县苏维埃政府机关迁至莲花。湘赣省委、省苏维埃政府为巩固现有苏区，对行政区划作了调整，将莲花县的南村、高洲、浯塘和茶陵八团 4 个区苏维埃政府划归攸县管辖；8 月，酃县和江西遂川县根据地大部分被敌占领，只剩下 11 个乡苏维埃政权，湘赣省委决定两县合并为酃遂中心县苏维埃政府；1934 年春，茶陵苏区几乎被敌占领，领导机关迁入永新的高坑，湘赣省委将永新高坑区划归茶陵领导。此时，江西宁冈县领导机关也因同样原因迁入高坑。4 月湘赣省委决定两县政府合并为茶宁县苏维埃政府，直到湘赣革命根据地第五次反“围剿”失败。

（三）组建湘东独立师

1930 年 8 月 1 日，湖南省委在决定重建湘东特委时，为“帮助湘东各县的农民土地斗争，解除地主武装，向长沙发展，与湘北取联系，同时向湘南发展”，省委决定将浏阳、万载、宜春、萍乡、醴陵、攸县、茶陵、莲花等县的赤卫队（游击队）、安源工人纠察队编为中国红军独立团。湘东特委、苏维埃政府根据省委决定，给各县发出了集中各县游击队、赤卫队到萍乡大安里（湘东工农兵苏维埃政府所在地）的“编队训令”。各县的游击队于9月中旬相继到达。因特委领导随红军攻打长沙，又缺少指挥人才，推迟了组建“红军独立团”的进程。9月17日，在毛泽东召开的醴陵湘东特委会议上，决定建立“湘东独立师”。醴陵会议结束后，张启龙、袁德生、谭思聪等随同毛泽东前往萍乡，着手筹建“湘东独立师”工作。9月下旬，湘东独立师成立大会在萍乡大安里举行。张启龙、袁德生、谭思聪和红军代表张纯清出席大会。张启龙主持大会，宣布“中国工农红军湘东独立师”（简称“独立师”）正式成立，由毛泽东派来的刘沛云任师长，特委委员谭思聪任政委，田可平任政治部主任。下辖一、三2个团，共800多人，500多支枪。

湘东独立师是湘东地区主要的武装力量，它的组建不仅成为湘东特委、苏维埃政府的坚强后盾，而且为湘东、湘东南革命根据地的创建、发展和巩固，起到了决定性作用。后来又成为湘赣革命根据地红八军、红六军团和抗日战争时期八路军三五九旅的核心队伍，为中国革命的胜利做出了杰出贡献。

（四）湘东南总暴动

1930年9月24—28日，党中央在上海召开六届三中全会，停止并批判了李立三“左”倾错误，取消了进攻城市的“行动委员会”，恢复党、团、工会组织独立活动。但由于敌人封锁，交通闭塞，信息不灵，这一信息当时并未传达到湘东特委。特委书记石青仍然根据李立三6月11日主持政治局会议通过的《新的革命高潮与一省或数省的首先胜利》的决议，于10月下旬，撤销党、团湘东特委，将党、团机关与工会合并成立专门为进攻城市的“湘东南行动委员会”（简称“湘东南行委”），决定以攸县为中心，向四周的萍乡、醴陵、茶陵、湘南发展。当时提出的口号为：“湘东工农兵组织起来，举行总暴动！”“夺取攸县城，赤化茶、醴、萍！”“巩固湘东南苏维埃区域，配合中国工农红军争取一省或数省革命的首先胜利。”

湘东南行委成立后，以湘东独立师为主力，以莲花苏区的赤卫队为基础，将全县16～45岁的青壮年全部编入“三队”（赤卫队、少先队、童子队），参加“湘东南总暴动”，亦称“湘东南五次暴动”。

莲花县第四路纵队，配合湘东独立师三团共2000多人进攻攸县。11月上旬，从莲花兰村出发，进入攸县漕泊，在攸县地方武装配合下，在漕泊歼灭攸县挨户团第三中队，俘敌余佛成副队长以下50余人，缴枪13支；然后分左右两路进逼攸县县城。右路部队在界江歼敌1个排，左路队伍经银坑、莲塘坳进抵与攸县城一河之隔的攸水渡、拓桑渡一线。由于驻守攸县城的李觉十九师五十五旅1个营，在接官亭沿河一线筑有坚固工事，早将攸水、洣水中的民船全部掳往下游；独立师与莲花暴动队只有1条渡船，渡口又有敌人机枪火力封锁。战斗从拂晓打响，激战1整天，红军不仅未能过河，且数十人伤亡，暴动失败。于是动员莲花暴动农民返乡。

三团攻打茶陵县城。在茶陵苏区党政、团、工会机关和茶陵游击队的密切配合下，11月下旬一举袭占茶陵城。随后，茶陵游击队又组织部分群众配合湘东独立师三团打下安仁县城，接着又攻打攸县城，未克。这时，湘东独立师得知距攸县城40千米的皇图岭，驻有衡山、醴陵、攸县三县保安团和皇图岭守望队700多人。湘东独立师决定攻打这股敌人。11月25日，独立师抵达皇图岭附近，战斗于26日拂晓打响，在攸县游击队配合下，独立师全歼守敌，毙敌200多名，俘虏400多名，缴枪200多支。皇图岭战斗，是湘东独立师成立后取得的第一次较大规模战斗的胜利，消灭了三支地主武装，为后来湘东革命斗争的发展起了一定的作用。皇图岭战斗后，由于国民党党军新三十一师来攻，湘东独立师放弃了北进醴陵计划，被迫折向莲花、永新，奉命担负迟滞国民十九路军的行动，以配合中央根据地的第一次反"围剿"。各县起义群众均回各县。

随后，湘东南行动委员会将暴动的重点转向湘南的酃县、永兴、资兴等地。根据中央根据地通报，进入湘南迎接正转战在湘、粤、桂边境地区、准备进入中央根据地或湘东南一带的原在广西左右江根据地的红军。

1931年1月，湘东独立师奉命开往湘南途中在茶陵游击队配合下，在茶陵严塘歼灭国民党军1个营，接着袭击酃县城，直取资兴。2月6日占领永兴城。当湘东独立师在永兴城等待红七军时，遭到国民党刘建绪二十八军的包围，情况紧急，独立师政委谭思聪命令挑银元的战士，向地里和路上撒银元，趁敌军哄抢银元之机，冲出重围，返回莲花参加第一次反"围剿"战斗，至此湘东南总暴动结束。

（五）地方武装的建立和发展

1932年8月，省苏维埃政府和省军区规定，除独立营连长、游击队和赤卫队负责干部由县军事部任命外，营以上指挥员和政治委员"均须直接受军区指挥部和政治部的指示和命令执行之"。为加强对地方武装的领导，便于统一指挥，省苏维埃政府和军区决定，在东西南北各建立一个分区（后改为一、二、三、四分区），茶陵、攸县属第一分区指挥；酃县属第三分区指挥，中共酃县县委书记张平化还兼任第三分区政治委员。为培养地方武装的军事和政治人才，省军区和分区还经常选派地方武装的干部、战士到红军学校第四分校进行学习和训练。

各县为切实加强对地方武装的领导，县苏维埃政府均设立军事部，还成立由县委、县苏维埃政府主要领导人组成的军事委员会，统一指挥军事行动；沿用红军建制与政治工作制度，团、营设立政治部，团、营、连、排设政治委员，在连建立党、团支部，加强政治思想教育，严格组织纪律。茶陵县第二次苏维埃代表大会还就建立赤卫军、少先队作出《决议案》，制定了"三大纪律"和"八项注意"，以规范队伍的行动。"三大纪律"是：（1）一切行动听指挥；（2）打土豪、要归公；（3）不乱拿工农贫苦小商人一点东西。"八项注意"是：（1）捆禾草；（2）上门板；（3）借老百姓东西要还；（4）损坏老百姓东西要赔；（5）说话要和气；（6）买卖要公平；（7）不能搜敌人的腰包；（8）不能胡乱解大小便。

到1932年春，境内各县地方武装的发展进入鼎盛时期，除编入正规红军外，茶陵、攸县成立了独立团，酃县成立了警卫团，醴陵有游击队，共千余人（其中茶陵400多人、攸县200多人、酃县356人）。同时各区还有警卫连，乡有警卫排，区、乡还普遍建立了赤卫军和少先队。凡21岁以上至45岁的成年男女编为赤卫军，16岁以上至21岁的青年男女编为少先队。攸县、酃县各编一个少先队团，茶陵少先队编成一个师，9个区各编一个团，可谓"全民皆兵"。

境内各县党组织在积极发展自身地方武装的同时，从当时湘赣革命根据地整个战局考虑，还源源不断地向主力红军输送了大批兵员。1930 年 9 月，红一方面军攻打长沙后，红十二军进入攸县、茶陵，茶陵县委将 400 多名地方武装人员输入红十二军。同年 10 月，以茶陵游击第二纵队为主力和醴陵等地游击队组建湘东独立师第二团。1932 年 6 月，将茶陵独立团大部和红八军的 1 个连及省军区新动员的 1 个连共 500 余人组成新编红色独立三师，由茶陵县委书记曾毅之任政委，谭家述任师长，后编入红八军改为二十三师。12 月 11 日，省军区以茶陵独立团为基础，加上红军学校和莲花、萍乡独立营干部战士，组成新编红色独立一师，由侯梯云任师长，茶陵人陈韶任政委。1933 年夏，为扩大红军，湘赣省军区除将醴陵游击队与萍乡独立团编入独立师外，又将茶陵新组建的独立团和红八军 3 个连组建新编红色独立二师，茶陵独立团编为第二团。同年 7 月，省军区又决定组建独立师，并奉中央军委命令，将酃县和遂川独立营编成赣南独立团；攸县和萍乡、莲花独立营组建独立三团。1934 年 1 月，湘赣省军区将茶陵独立团编入红十八师五十三团。在湘赣革命根据地斗争中，境内各县除直接参加正规红军人员外，仅从地方武装中直接输送的正规红军人员就有 5000 余人，尤以茶陵最多。

株洲境域当时是湘赣革命根据地的西大门，为此，湘敌将株洲地区作为向湘赣革命根据地进攻的重点区域，长期派重兵驻守，最多时有陈光中六十三师、李觉十九师、陶广六十二师、彭位仁十六师及衡阳、衡山、安仁、耒阳等八九个保安团。为打击进攻之敌，保卫根据地，境内各县地方武装在积极配合主力红军在株洲地区作战的同时，单独地采取游击战形式，主动出击打击进犯之敌，或扰乱敌人后方，保卫根据地。从 1931 年 8 月至 1934 年上半年，境内各县地方武装单独作战 100 多次，既牵制了敌人向根据地的进攻，也锻炼和发展了自己。

（六）土地革命

1. 第一次土地分配 湘东南总暴动后，特别是恢复和组建湘东南特委和苏维埃政府后，湘东地区的革命形势发展很快。随着军事力量的增强和武装斗争的胜利，根据地不断扩大，各级苏维埃政权普遍建立，到 1931 年 7 月底，茶陵、攸县、酃县三县根据地人口已达到 20 多万人。并由过去零星、分散的红色区域，连成沿湘赣边界由北到南一块狭长的整体，为土地革命的开展创造了条件。湘东南根据地的土地分配是在“二七”陂头会议精神指导下，以《赣西南临时苏维埃土地法》为依据开展起来的大规模分配土地运动。

这次土地分配是按“没收一切土地彻底平均分配的原则”进行的。“而且不论反动派的家属，豪绅的家属，只要在赤色政权下能遵守赤色纪律而不应杀的，一律平均分得田地，孤儿寡妇老弱残废大小男女均一律平均分得田地。”同时，根据湘东南根据地各地政权建立有先有后，群众觉悟程度不同，社会状况不一等情况，在新苏区则以劳动力为标准分配，“能劳动的比不能劳动的多分一倍”土地。土地所有权属于苏维埃政府，土地分配后不准出租。方法上实行以乡为单位，以原耕为基础，“抽多补少”的原则，反对“采取绝对平均主义，重新瓜分”的做法。步骤上首先建立领导土地分配的机构，县苏维埃政府设立土地部、区乡设土地委员会，并根据土地占有情况，首先划分阶级，清理田产，造册登记，然后进行分配。

同年 8 月，湘东南根据地的茶陵、酃县的大部，攸县的部分根据地都分配了土地。

由于这次土地分配时间比较仓促，加之经验不足，在分配过程中存在不少问题。一是采取以原耕为基础，“抽多补少”，平均分配的办法，在一定程度上和一定时期内满足了广大贫雇农的土地要求。但这个办法只解决了土地数量上的差别问题，没有解决土地质量上的差别问题。对富农只实行“抽多补少”的办法，有利于富农，不利于贫雇农。因为分田是在原耕的基础上进行“抽多补少”，出田户抽出哪些田来，完全由自己决定。富农就钻了这个空子，自己把持肥田、近田，抽出来的都是瘦田、远田。贫雇农分的田与富农留的田相比收获相差很大。同时，一些政府工作人员多分了田，而且都是好田；乡、村政府还留了不少公田，没有分下去。这就不能完全满足贫雇农的土地要求，他们迫切要求调整和彻底分配土地。二是分田时没有分青苗，进田的人要补偿原耕者本钱。有的富农乘机讹诈，要求每石谷田补偿小洋二元。有的贫雇农及工人因无耕牛、农具，无法马上过耕。同时，有的地方土地分配后没有焚烧田契，贫雇农思想有顾虑，怕“靠不住”。因此同意富农提出的“收获完了再过耕，其收获分给进田者四成”的要求。由于这类原因，分田后没有过耕的仍占30%左右。三是由于土地所有权属于苏维埃政府，农民只有使用权没有所有权，使农民感觉到田不是自己的，自己没有权来支配，因此不安心耕种，影响了生产积极性。同时，分田后规定不准出租、收租，那些无劳动力耕种的孤寡残废老幼，表面上得了田，实际上没有得到分田的好处，生活上仍然十分困难。这些都表现为土地分配的不彻底和不完善。

为此，湘东南苏维埃政府根据红一方面军前委和江西省行动委员会发出的“在那富农把持肥田的区域，要迅速的再来一个质量上的平分土地，实行抽肥补瘦”和“分得公平的不动，分得不公平的再分”的指示。1930年10月，又普遍地在苏区内再进行土地分配运动。

这次土地分配的方法和前面大体相同，但增加了若干新规定，在土地的数量和质量上，除执行以前的“按人口平均分配，以原耕为基础，抽多补少”的原则外，增加了“抽肥补瘦、好坏搭匀”的原则。即由乡苏维埃政府根据土地质量和水利等条件，把土地分成三等，以生产量为标准折成谷担数，在原分土地的基础上进行好坏搭匀，并根据平原与山区的不同条件，实行“近山的多分山，近田的多分田”的政策。这不仅解决了土地分配中的数量和质量问题，而且根据不同的条件，因地制宜，采取不同的政策，解决了过去山区的农民跑到平原来分田，给耕种带来不便的问题。同时实行贫雇农“无偿得田，分亩分青”，彻底分完土地的政策。1931年年初，又实行“得田地的人即由他管所分的田，这田由他私有，别人不得侵犯，一家的田一家定业，生的不补，死的不退，租赁买卖由他自主”。到1931年8月，湘赣临时省委成立前，苏区范围内70%以上建立革命政权的地区，实行了平均分配土地，苏区农民平均获得6担或8担谷以上的土地。同时，分配了山林、池塘、房屋和耕牛、农具，基本上解决了农民对土地的要求。

2.重新分配土地运动　1931年8月湘赣省委成立后，根据1931年3月中央在王明“左”倾错误领导下起草的《土地法草案》，对湘赣根据地以前的土地分配进行了全面的否定，决定按《土地法草案》，在湘赣根据地内进行一次重新彻底平均分配一切土地运动。

为保证彻底平均分配一切土地运动的进行，省委和省苏维埃政府根据《土地法草案》，先后颁布了《关于重新彻底平均分配土地条例》和《土地问题决议案》，在片面强调“明确阶级路线”的前提下，按“地主不分田，富农分坏田”的政策，重新分配土地运动在湘赣根据地内全面开展，也使王明“左”倾土地政策在湘赣根据地开始全面贯彻和执行。

境内各县根据省苏维埃政府的部署，于1931年10月前后相继召开县苏维埃代表大会，根据《条例》精神，作出了与之相适应的《决议》或办法。如，茶陵县于1931年10月召开第二次苏维埃代表大会，制定了茶陵县《土地问题决议》，内容与《条例》大同小异，有的地方比条例还具体详细，体现了“首先保证雇农贫农革命战士的利益”的精神，满足贫苦农民对土地的要求。

重新分配土地的具体做法是，以乡或村为单位，将以前分配给豪绅地主及反革命分子的家属、富农、和尚、尼姑、道士、流氓的土地和财产全部重新没收，连同雇农、贫农、苦力、中农以前分的土地一起打乱，全部分配给雇农、贫农、中农。分配标准：雇农、贫农、苦力、中农实行人口为标准，红军本人及其家属分给较好的田地；凡参加土地革命、游击战争的积极分子，按其阶级地位定出给以土地的标准；贫苦的老弱残废及孤寡不能自己劳动者，也分给一份土地或由苏维埃政府实行救济。富农则按劳动力与人口“混合为标准”分给坏田，有劳动力的分给一份坏田，无劳动力的则不分。“尼姑、和尚、道士如能自己劳动来谋生活出路，则可分给较坏的土地（但过去专以流氓为生活的剥削分子不分给土地）”。豪绅地主、反革命分子“有反动能力的在各县得到群众同意条件下大部分被杀掉了”，其家属在土地和财物被没收后，将其驱逐到白区。同时重新分配一切财产、池塘和山林，大的山林不便分配的则由苏维埃政府管理。土地分配后“实行土地归农民的所有权，准许买卖出租”，以便“雇农、贫农、苦力、中农全部得到土地革命的利益”。到1932年8月，湘赣根据地除部分地区因敌人进攻而搁置外，大部分地区都重新分配了土地，新发展的根据地也按重新分配土地的政策分配了土地。其中茶陵的一、二区全部，其他区的部分地区；攸县的一、三、四区的10多个乡；酃县的黄挪潭区、石洲区部分地区都重新分配了土地。

湘赣根据地的重新分配土地运动，尽管也发动了群众，分配土地的区域随着苏区范围的扩大而扩大，纠正了过去土地分配中少数不合理现象，并客观上继承了以前分配土地中部分的正确政策和方法，但是从总体和效果上看，它是在王明“左”倾政策指导下进行的，其政策和方法是错误的，给根据地带来了不良的后果。

3.查田运动及其后果 在王明“左”倾错误的指导下，重新分配土地运动由于片面强调贫雇农的利益，在许多问题上背离正确的土地革命政策，在实践中出现一些难以掌握的政策性问题。如有个别地方豪绅地主家的寡妇嫁给贫雇农，或贫雇农上门入赘，或贫雇农带养了地主劣绅家的子女，没有把她们“驱逐出境”，也和贫雇农一样分得土地；有些地方从实际出发，作出了本来是正确的但与上级政策相左的决定。这些本来是局部的，甚至是个别地方的问题，然而湘赣省委受中共六届四中全会和苏区中央局“左”倾政策的影响，把这些属于局部的、个别的问题，看成是全局性的“严重的错误”，将工作上的问题看成是阶级斗争问题，并根据苏区中央局的指示，在全省范围内开展“查田运动”。

1932年8月1日，湘赣省召开全省第二次苏维埃代表大会，讨论通过并正式公布了《土地法执行条例》（简称《条例》）。《条例》规定：凡“在分配土地的地方，须号召群众作一次查田运动”“除了把富农当中农分了好田的全面改过来以外，凡是豪绅地主反动富农的老婆媳妇男女和工人雇农贫农中农结婚的，以及贫苦工农收养豪绅地主儿女的，一律不得分给土地”。同时还要查祖宗三代、五代，二三十年以前家境富裕，后来破产了的也要补划地主或富农。1933 年 6 月 1 日，中华苏维埃临时中央政府颁布《关于查田运动的训令》。9 月 18 日，湘赣省颁布了《迅速完成查田运动》训令，要求省内纠正前段“和平查田”，按户土地登记的错误做法，明令“要深入阶级斗争，把所有隐藏的地主富农彻底查出来”“要没收豪绅地主残余的土地财产和富农的好田、剩余的耕牛农具”。同年 10 月 4 日，湘赣省苏维埃政府召开永新、莲花、茶陵、安福、攸县、酃县、宁冈、萍乡、安仁县九县会议。会议提出“在查田运动中，清查出一切隐藏的地主、富农和阶级异己分子，不使一个豪绅地主家中有一寸土地，不使一个富农分得好田”。这样，“查田运动”被纳入了极“左”的轨道。境内各县根据九县查田会议精神，迅速部署和开展“查田运动”。这次“查田运动”的工作重心实际上放在查阶级层面上。一开始，往往注意富裕中农，将其上升为富农或地主。没有富裕中农的乡，便不顾现有经济状况，通过查 3 代、5 代，将有的中农、贫农甚至雇农上升为地主或富农。据《红色湘赣》第七、十期载茶陵情况：“坑口区查出富农 7 名，严尧区同样查出了 3 名”，高坑区（由永新划归茶陵）“查出了地主 18 家，富农 24 家”。对这些地富一经查出，便没收其“猪、鸡、鸭等食品举行群众会餐”。总之，“已经确定是地主的便立即将全家财产宣布没收，确定是富农的便立即收回其好田，清查其家里多余的农具并宣布没收”，还要把“主要的豪绅捕起来……举行群众审判”。其结果是把一些本来不是地主、富农成分的划成地主富农，把一些本来工作积极而因查出是“地主、富农家庭”出身的共产党员、干部清除出革命队伍。

湘赣根据地的重新分配土地和查田运动，由于政策上的错误，给根据地人民不是带来土地问题的彻底解决，而是混淆了阶级阵线，扩大了打击面，进一步激化了矛盾，引起了农民群众的恐慌、生产的停滞和经济上的困境，给根据地的存在和发展造成了严重后果。

（七）白区工作

1. 建立地下交通站　湘赣省委成立后，在湖南境内曾建立了永新 — 茶陵 — 湘南交通线，使省委经常保持与湘南特委的联系。1932 年年初，国民党重兵进攻茶陵，使茶陵与湘南的联络被切断。4 月，湘赣省委“决定在株洲、湘潭、易家湾择一个适当的地方建立交通大站，建立由湘潭到省委的交通线及由湘潭到湘南特委的交通线”，并指定设在株洲的中共长湘区委书记易灭非负责选择地方与筹建工作。

易灭非根据省委的指示，经过认真考察，最终选择在党的基础好，地处湘潭、株洲、易家湾三地中心的清水塘老街“同仁昌”药铺为大站地址（株洲市石峰区冶炼厂生活区湘黔铁路南侧，原址已不存在）。并在“同仁昌”药铺旁开设了“刘西泰饭店”，作为过往交通情报人员的餐宿与活动场所；同时，在湘潭宝塔岭、易家湾也建立了联络点。清水塘交通站和“刘西泰饭店”分别由清水塘党支部书记郭国荃、党员刘利生负责，湘赣省委交通员张子岗和上海中央交通员陈烈、苏区中央局交通员等长驻清水塘转递机要文件，交换情报。与此同时，湘赣省委为开通永（新）— 莲（花）— 攸（县）— 醴（陵）— 株（洲）交通线，在醴陵宏夏桥与北二区关王庙（苏奇来家）建立 2 个中转站，分别由刘彪、林国山和张可（北二区区委书记）负责，与株洲大站接头。为方便交通员夜间行动（到白区多在夜间行走）应付突然事件，省委还在醴陵白区的沈潭、大障、神福巷、旱禾冲、杉仙殿、三口里、夏宏桥、三星里等地建立了以开饭铺、小商店为掩护的秘密交通站，作为从株洲到根据地的第二条交通线路。

株洲交通大站建立后，长湘区委书记易灭非和湘潭宝塔岭、易家湾支部书记殷笛文（郎中）、肖福生等，以货郎、游医等名义，为苏区收集了大量情报，采购不少药品、油墨、油印机等紧缺物资，送关王庙交通站再由交通队运回根据地。1932年农历十月十三日，醴陵交通员刘彪、林国山叛变，供出株洲大站的情况，株洲交通大站遭破坏，清水塘郭国荃、刘利生等4人被捕，后被杀害，只有省委、中央交通员幸免于难。湘赣省委在湖南境内的秘密交通被中断，以后也没有得到有效的恢复和重建。

各县委为保持与白区党组织的联系，传递秘密文件，收集和传送情报，购买紧缺物资，在白区建立了各种秘密交通线和联络站。如茶陵五、八区区委在1931年4月9日的《通告第五号》第二条中就写道："建立秘密交通线，此间建立于上山田刘思连家，代名字刘五生，如果发生恐慌时，各支有信可送到此间来。"1933年秋，省委派金玉祥、罗明昌到茶陵，帮助重建秘密联络站，在茶陵建立了洲陂、高陇等5个秘密联络站。同时，在攸县柏树下设立1个与县委直接联系的秘密交通站，在尧水的前山建立了水头转运站。

2.组建武装交通队 湘赣革命根据地建立后，为打破敌人的军事封锁，沟通根据地与在上海的党中央、湘鄂赣根据地及其他根据地和白区的联系，省委于1931年冬决定在原来"长江局交通队"的基础上（1930年4月成立）成立一支便衣武装交通队，称"湘赣省委交通队"，往返于永新、莲花、攸县、醴陵、株洲之间。

省委交通队的人员都是驻在永新、莲花的醴陵游击队员，最初只有12人，由李光畴任队长，后发展到24人，由易连宗任队长，彭建赤任副队长，人手一枪（手枪）。这些队员不仅斗争坚决勇敢，能征善战，经验丰富，而且对攸县、醴陵、株洲的地形，社会情况十分熟悉。早在湘东南斗争时期，就成功地护送湘东南特委书记夏尺冰去上海、长沙汇报工作。1931年1月，又顺利地迎送了中央特派员黄火青出入根据地。

交通队建立3年多的时间里，为湘赣省委、省苏维埃政府担负数十次护送任务。其中先后4次迎送白区党代表、苏维埃代表；2次运输黄金，从渌口下河经水路送达武汉；30多次运输药品医疗器材、腊纸、油墨、汽车电瓶等技术材料。还协助醴陵北乡党组织处决了双牌铺、沙仙店、关王庙3个清乡主任、1个铲共队长，得到了湘赣省委、省苏、省军区的多次表扬。

1934年3月，关王庙交通站负责人张可叛变后，长湘区委副书记林岗也投敌自首，醴陵、株洲各秘密联络站点全遭破坏，交通队也被迫终止了活动。

3.开展白区工作 境内开展的白区工作，从1928年中共湘东特委成立就已开始，因特委成立不久，醴陵的苏维埃运动遭到失败，此后特委的一切活动都是在国民党统治区秘密开展。同时井冈山革命根据地建立后，中共湘赣边界特委也在根据地周围积极开展白区工作。1930年湘东特委重建后，特别是改为湘东南特委后，白区工作有了新的发展。1931年年初，特委专门成立白区工作团，调酃县县委书记黎育教任主任，并派王任、谢家林、陈判林、韩燕山、朱消熬等到酃县、茶陵、攸县、醴陵、株洲等地开展工作。中共湘赣省委成立后，设立了白区工作部，由省委常委、宣传部部长张子意（醴陵人）兼任部长。

境内各县县委根据省委要求，相继成立由县委常委直接领导的、3 ~ 5 人组成的白区工作团，负责本县的白区工作。同时，3 县先后开办白区干部训练班，酃县还编印了《怎样去白区工作》的教材，培训白区工作干部。由于白区工作具有秘密与公开工作相结合，政治斗争与军事、经济斗争相结合的特点，任务极其艰巨复杂，要求十分严格，虽然斗争目标侧重点各有不同，斗争方式方法也因地因人而异，但总的任务、方法与要求大致相同。

在发展党和群众组织方面。白区工作人员进入白区后，首先选择好立足之地，然后开始发展党、团员，建立秘密党、团支部。在此基础上，通过秘密串连发动群众，组织秘密工会、农民协会和反帝大同盟、互济会等群众团体，达到一定的条件建立秘密革命委员会。条件完全成熟的，则建立乡苏维埃政府，成为根据地；达不到这个要求的，则作为秘密据点、地下交通联络站或转运点、交换所，为根据地斗争服务。1932 年，茶陵、攸县、酃县曾派出 48 名干部到白区工作，建立了 26 个党支部，28 个团支部，发展了 682 名党员，132 名团员，8 个革命委员会，17 个反帝大同盟 670 名会员，3 个工会 16 名会员。攸县在温水、柏树下、黄丰桥、网岭，茶陵在洲陂、高陇冲、龙头坳等地建立了 10 多个地下交通站、转运站，为苏区输送情报、护送干部、接转秘密文件与物资。

在军事方面。为配合根据地的反“围剿”斗争，白区工作一方面是在敌军中开展兵运，策反敌军倒戈；另一方面在敌人后方组织游击队、积极开展消灭地主武装，牵制敌人阵地，断绝敌人交通，截获敌人辎重的游击战争，同时发动宣传攻势。为此，1932 年 10 月前后，3 个县相继在召开的县党或苏维埃代表大会上，作出了白区工作决议，在白区和赤白交界的游击区发动游击战，以分散敌人的兵力，减缓对根据地“围剿”的压力。攸县县委还开办 2 期白区干部训练班，组成白区工作团，分 2 路出击：一路由根据地到白区平原地区，主要是在白区张贴标语，散发传单，声东击西，虚张声势，骚扰敌人；另一路由失陷区发动群众配合地方武装打击敌人，恢复根据地。攸县曾恢复了失陷的一、六 2 个区部分根据地，酃县也恢复了 7 个乡 46 个村的游击区。茶陵的白区工作，1932 年 10 月 17 月的《中共湘赣省委给中央局的报告》中指出：“白区和白军中的工作在……茶陵等县有些成绩”；1933 年 2 月 1 日，《中共湘赣省委报告》中又表扬“茶陵、北路游击队时常出入白区……捕杀豪绅反动派，扰乱敌人后方，起了相当作用”。

在经济斗争方面。一是为根据地筹款，提供“肉票”（土豪）对象，并协助“吊羊”（捉土豪）。攸县县委设在山关的白区工作点为县独立营提供东塘欧家有“肉票”的信息后，通过挺进队的“吊羊”，一次就为根据地筹款 3 万多元。二是为根据地采运物资。尤其是根据地紧缺的西药、食盐、布匹等。1931 年五六月间，茶陵独立团组织挺进队进入西乡白区，通过地下党到市场和乡村购买了 500 多千克食盐，运到根据地，解决了当时部队和根据地人民吃盐难的问题。1932 年 11 月下旬，攸县地方武装组织挺进队在莲花独立团的配合下袭击水头和殷家坳 2 个火油食盐公卖处，获得 10 多石食盐，同时 12 月在白区干部周允怀（原县苏维埃政府主席）引导下，带领 40 多人到小集和衡山石湾，采购了 1000 多千克食盐和一批中西药材，安全转运到设在莲花的县苏维埃政府，为解决根据地的经济和物资困难起了积极作用。

4.中共长湘区委及其活动 中共长湘区委是由原湘东南特委领导的中共株洲特别区委演变而来的，全称为中共长（沙）湘（潭）区委员会，主要负责长沙、湘潭、醴陵的白区工作，地址设在株洲，是湘赣省委领导的唯一的县级白区区委。

1931年湘赣省委成立后，为加强湖南境内的白区工作，将株洲特别区委改为省领导的直属区委，因株洲地处株萍路、粤汉路交会点，水陆交通方便，又离长沙、湘潭城市较近，加上湘东南特委曾以株洲为中心，建立了易家湾，株洲到醴陵渌口、关王庙、早禾冲（属株洲县）等地的秘密交通联络站，负责搜集输送情报、转运物资，战略地位十分重要。中央曾指示湘赣省委，“株萍等处的工作立即有一转变”。

湘赣省委根据中央指示，于1932年3月下旬将株洲直属区委改为长湘区委，仍由易灭非任书记。

中共长湘区委根据省委的要求，积极开展工作，区委书记易灭非与副书记林岗，委员郭国荃、谭忠、易荣生、王爱朝等分工负责，在株洲镇、白关铺、渌口、易家湾、大托铺、长沙城、湘潭等地恢复发展党组织，使“长湘区工作在组织上有相当的进步”。到1932年10月，湘赣省第二次党代表会前夕，全区党组织由原来的40多名党员，发展到22个支部、193名党员。其中“长沙城市支部2个，湘潭支部2个，株洲支部2个，株洲至易家湾支部5个，易家湾至大托铺支部2个，株洲对河支部6个，株洲以上支部5个”；发展了株洲铁路、理发、轿夫，长沙泥木、湘河海员等工会30个，会员143人，其中党员42人；派人打进团防局，并派十多人在敌十五、十八、十九各师做兵运工作。1932年8月，长湘区委将革命标语贴到株洲、易家湾一带，并在长沙市浏阳门外侯家塘一带破坏电网电线2段，影响很大，何键派2团兵分驻易家湾、株洲一带20多天，设军事检查五六处。与此同时，长湘区委还为湘赣省委、中央在株洲建立与上海中央和苏区中央局的地下交通大站，为省委搜集输送情报、接送机要文件报告、护送干部安全过境、采购转运物资做了大量工作。由于长湘区委工作卓有成效，白区工作成绩突出，1932年10月长湘区派易灭非等3名代表参加了全省党的第二次代表大会，易灭非被选为湘赣省第二届委员会候补委员。同时，湘赣省委在向中央的多次报告中，对长湘区委的工作给予了肯定和表扬。

1934年2月，由于区委副书记林岗叛变投敌，致使区委及22个支部全遭破坏。4月，区委书记易灭非被迫离开株洲，进入湘赣省委所在地江西永新，安排到红六军团政治部工作，整个长湘区委的工作被迫停止。

5.中共攸、衡、潭、醴边委 1932年6月，蒋介石调集60万军队向中央根据地再次发动第四次“围剿”，并令何键组织10万兵力向湘赣革命根据地发动进攻。为了粉碎敌人的“围剿”，中共湘赣省委根据中央关于深入敌人后方，发动群众，牵制敌人，开辟新的赤色游击区，冲破敌人对根据地的经济封锁，扰乱敌后秩序的指示精神，由白区工作部派遣省保卫局干部陈向民等2人回攸县开展白区工作。

12月中旬，陈向民等在湘赣省委白区武装交通队的护送下，从江西永新出发，乔装成生意人，日宿夜行，进入攸衡交界的槚山地区。12月26日，陈向民与原在上海坚持地下斗争，后因党组织被破坏而潜回家乡的共产党员吴仲华、吴文斐（共青团员）兄妹接头。几天后，陈向民、吴仲华介绍吴文斐、罗梅轩入党，并传达了湘赣省委关于开创新的赤色游击区的指示精神。1933年1月2日，中共攸（县）、衡（阳）、潭（湘潭）、醴（陵）边区委员会在吴仲华家成立。陈向民任负责人，吴文斐任组织委员，吴仲华任宣传委员，罗梅轩任交通员。为分散敌人的注意力，吴文斐、吴仲华兄妹分别到新市青冲小学和槚山黄泥冲小学任教，以教员身份作掩护，开展秘密活动。同年6月，陈向民调回省委机关工作，边区委员会由吴文斐负责。不久，省委派谭龙、颜若华来边区，指定谭龙担任边区委员会书记。

中共攸、衡、潭、醴边区委员会成立后，根据湘赣省委的指示，积极开展工作。

陈向民、吴文斐、吴仲华等经常化装深入边区各地，组织发动群众，建立党的地下支部和赤色农会。1933年2月，边区第一个地下党支部在新市青冲吴荣九家成立。吴文斐兼任支部书记。到1933年冬，边区党组织发展党员50多人，赤色农会会员100多人，同时成立了边区武装交通队，有30多人枪，吴仲华兼任队长。

1933年2月间，边区委员会在吴文斐家创办地下印刷室，由吴仲华负责。印发多种传单，内容是：反对国民党的苛捐杂税，反对国民党剥削压迫人民；打倒土豪劣绅；穷人联合起来，建立自己的工农政府；拥护工农红军，拥护中国共产党等。传单被四处散发、张贴。他们还利用各种社会关系，深入敌人内部，分化瓦解敌人。

开展白区武装斗争，打破敌人对根据地的经济封锁，扰乱敌后秩序。4月，得知湘赣省军区第一分区独立团攻打皇图岭的消息，边区委员会马上组织边区武装交通队配合作战，一举捣毁皇图岭公卖局，歼敌保安团一部，夺得食盐5000多千克。边区武装交通队还缴获步枪5支，并主动派出20多人参加运输队，把盐运到湘赣根据地。9月，武装交通队配合红十七师攻打新市公卖局，夺枪5支，缴获食盐1万多斤和几十箱药品，边区武装交通队还多次与湘赣省委白区武装交通队配合行动，在攸县县城、新市、小集、八合冲、土楼、长岭、石湾、湘潭和醴陵等地活动。边区武装交通队还用“吊羊”罚款的办法，给湘赣苏区输送了上万元的物资。

正当边委开展的各项斗争时，设在莲花的攸县苏维埃政府干部夏星恒叛逃回攸县，供出颜若华，颜若华又供出边区委员会的大部分组织。农历十月二十五日，攸县保安团周抚万带攸县铲共义勇队1个排兵力，由夏星恒、颜若华带路，将吴文斐、吴仲华、夏开仔、谭龙等50多人逮捕。他们对吴文斐进行多次严刑拷打，但她没有屈服，从而保存了涟滩、樟树下、横板桥3个地下党支部。1934年1月18日，吴文斐、吴仲华、谭龙、夏开仔、唐回仔、陈耀先、郭苟乃等11人，被枪杀于攸城南门沙洲。叛徒颜若华也未能得到敌人的“开恩”，一同被处死，从此边区委员会的活动被迫停止。

6.湘南工作委员会　1932年10月，茶陵县委奉湘赣省委指示，为恢复和发展湘南地区的革命斗争，分散和牵制国民党军队向根据地的进攻，抽调县工会主席徐克全（耒阳人）带领干部谭石冰、谭善生等赴茶、安、酃边界的潭湾山区开展工作。他们进入潭湾山区后，即以羊脑墟及附近山区为据点积极开展工作。12月，正式成立湘南工作委员会，徐克全任主任委员。与此同时，重建了湘南游击队，周汉哲任队长，重新开展茶、安、酃边界武装斗争。

湘南工作委员会成立后，除领导游击队积极开展游击战争外，在茶陵、安仁、酃县、耒阳、资兴等地发展党员，恢复和成立党的组织，加强对耒、安、永地区的领导。

（八）重要会议

1.红一方面军总前委株洲扩大会议 1930年8月，毛泽东、朱德根据中央攻打南昌的命令，率红一军团来到赣西北地区。23日，红一军团和红三军团在浏阳永和会师，随后召开联席会议。在彭德怀提议下，会议一致同意成立中国工农红军第一方面军，推举毛泽东为总前委书记和总政治委员，朱德为总司令，彭德怀为副总司令，滕代远为副总政治委员，朱云卿为参谋长，杨岳彬为总政治部主任。会议还讨论决定第二次攻打长沙，并于24日发布进攻长沙的命令。但在攻打长沙过程中，久攻不克，伤亡严重。

9月12日，毛泽东在白田铺总指挥部召开军以上干部会议，会议最后决定撤长沙之围，向株洲、醴陵方向转移。13日清晨，毛泽东率总前委机关30余人，在警卫营护送下，由白田铺向株洲进发。当日中午抵达株洲镇中正街（解放街）宿营，总前委机关驻协丰长绸布店，为总结攻打长沙的经验教训，解决红一方面军放弃攻打大城市，建立巩固的农村革命根据地的问题，13日下午毛泽东在协丰长绸布店召开了红一方面军总前委扩大会议，参加会议的有总司令朱德、副总司令兼三军团军团长彭德怀，三军团副军团长兼红三军军长黄公略、副总政委滕代远、政治部主任杨岳彬，总前委秘书长古柏、总参谋长朱云卿、参谋处长郭化若，红三军政委蔡会文，红四军军长林彪、政委罗荣桓，红十二军军长罗炳辉、政委谭震林，红三军团政治部主任袁国平、长江局特派员周以栗等。毛泽东在会上分析了此次攻打长沙不克的主要原因：（1）未能消灭敌人主力于工事之前……，敌有余力守城；（2）群众条件不具备，城内无工人暴动、士兵暴动以为响应……，不能断绝敌人之水陆交通，不能封锁敌人之经济及军事运输；（3）技术条件不具备……。毛泽东认为“如果第一次占领长沙，只是一种暂时的行动，不想固守这个城市，并在那里建立政权的话，那么，它的效果也可以认为是有益的，因为这对全国革命运动所产生的反响是非常大的，企图把长沙当做一种根据地，而不在后面巩固苏维埃政权，这在战略上和战术上都是错误的”。朱德也认为红军不具备攻打大城市的条件，即使打下了也守不住。但红军中不少将领由于受李立三“左”倾错误的影响，仍要求攻打长沙或南昌这样的大城市。毛泽东从红军自身的条件和敌我力量悬殊的实际情况，经过耐心的说服工作，才基本上统一了暂时放弃攻打长沙的认识，作出了“东进赣西，进攻吉安”的正确决策，并于当日晚8时发布进攻吉安的命令。

美国作家史沫特莱在《伟大的道路》一书中也说：“9月13日下午8点，朱德和毛泽东采取了一生中最重大的步骤之一，这一步骤扭转了中国革命运动中的一次严重危机。他们推翻了李立三路线，亦即党中央委员会所通过的政策、而命令部队从长沙撤退。”株洲会议只是反对李立三错误的开始，为后来红一方面军彻底肃清李立三“左”倾错误，统一红一方面军指战员的思想起了先导作用。株洲前总委扩大会议后，当月24—28日，中央召开六届三中全会，纠正了李立三“左”倾冒险错误。

2.毛泽东在醴陵召开湘东特委会议 株洲总前委扩大会议后，红一方面军于9月14日分8路纵队向江西挺进。毛泽东、朱德率领总部也于当天乘火车前往萍乡，在全面部署攻打吉安的准备工作后，于15日偕同长江局代表周以栗和湘东特委书记张启龙等人乘火车返回醴陵。

毛泽东在醴陵状元洲用2天时间，向中央写出了关于第二次攻打长沙失败的原因和今后打算的报告后，考虑到红军主力一撤离湘东，敌人一定会对湘东地区的革命力量发动进攻；同时湘东战略地位重要，做好湘东地区的工作，发动群众，开展武装斗争，建立革命政权，进行土地革命，将有助于支援红军攻打赣西；也有利于湖南发展革命斗争，将来能与赣西连成一片，是一块十分理想的根据地。因此，毛泽东决定当晚召开湘东特委会议。

9月17日晚，湘东特委会议在状元洲桥公所召开，参加会议的有特委书记张启龙、常委石青、湘东工农兵苏维埃政府主席袁德生，委员谭思聪、李孟弼、袁肇鸣、妇运书记李贞、醴陵县委（北边）书记易克仁等。

毛泽东扼要地总结攻打长沙失败的原因，分析了当前形势，指出：湘东战略地位重要，对于夺取湖南政权，打通湘赣联系颇为要紧，攸县与萍乡、莲花毗邻，是连接茶陵、醴陵的要津；株洲交通方便，西北连接湘赣、长沙，有利于了解各方面的情况，这两个地方都对发展湘东革命十分重要，应该从干部力量较强的地方，选派干部去开展工作。湘东有1000多名游击队员、赤卫队员，可以组建湘东独立师，缺少干部，将来从红一军团选派个人来当师长。同时，还指示要加强武装斗争，防止敌人反扑破坏，要采取有效措施，尽快地发展湘东红色区域，将来和赣西连成一片。

毛泽东亲自主持召开的湘东特委会议，是特委成立后召开的一次重要会议。会后，湘东特委根据毛泽东的指示，决定从醴陵调南三区区委书记曾毅之、六大代表丁继盛分别去攸县、株洲组建县、区委；从浏阳县苏维埃政府调杨中尧去攸县组建苏维埃政府。9月下旬刚到攸县漕泊的杨中尧即担任了攸县工农革命委员会主席。10月上旬，攸县在漕泊东冲召开党的第一次代表大会，正式成立中共攸县县委，由曾毅之任书记；10月下旬在东冲召开攸县工农兵代表大会，在攸县工农革命委员会的基础上，成立了攸县工农兵苏维埃政府，选举周允怀任主席。丁继盛也于10月上旬在株洲镇、八叠、河西天台等地恢复10多个支部，成立中共株洲特别区委，由丁继盛任书记。至此，湘东各县区普遍建立了县（区）委机关，除株洲外，醴陵、攸县、茶陵、酃县都建立了苏维埃政府、县赤卫队或游击队，革命斗争进入了一个新的历史阶段。

（九）湘赣边三年游击战争

1.中共湘赣省委领导下的游击战争　1934年，在反对敌人对湘赣革命根据地发动的第三次“围剿”中，由于执行了王明“左”倾错误政策，导致反“围剿”斗争遭到失败，根据地大部分被敌人占领，中央革命军事委员会根据湘赣根据地实际情况，命令红六军团撤出湘赣根据地，进入湖南与贺龙领导的红二军团汇合。

7月，红六军团西征前，中共湘赣省委根据《中共中央书记处、中央革命军事委员会给红六军团及湘赣军区训令》的规定，决定留下陈洪时（省委副书记）、谭余保（省苏维埃政府主席）、周杰（省军区参谋长）、旷光明（省军区政治部主任）、王用济（少共省委书记）、旷金媛（省妇运书记）、姚厚德、张云逸等组成的中共湘赣省委，坚持游击斗争。陈洪任省委书记，其他为省委常委，后姚厚德、张云逸因病未到职，增补彭辉明（省军区司令员）、刘发云（省政治保卫局长）为常委。湘赣省军区有5个独立团及军直属队3000余人。其中，独立一团刘日为团长；独立三团刘石明为团长，政委刘培善；独立五团曾开福为团长；均为茶陵人。外加5个军分区机关和各县地方武装共约5000余人，留在湘赣根据地坚持游击斗争。

8月7日，任弼时、萧克、王震率红六军团9000余人从遂川横石突围西征后，湘赣革命根据地完全丧失，根据地斗争进入了艰苦的游击战争岁月。

敌人在根据地将各级党政群机关摧垮后，首先建立各级反动政权，严密保甲制度，并组织“铲共义勇队”反动武装。一些逃亡在外或被驱逐出境的土豪劣绅、恶霸地主也纷纷回乡，组成“还乡团”，对根据地人民进行疯狂报复，手段特别残忍。据1951年9月中央人民政府南方老革命根据地访问团湘赣分团在茶陵、酃县、攸县和湘鄂赣分团在醴陵4县的调查，土地革命时期被杀害的共产党员、革命干部与群众达5万余人，其中茶陵、醴陵就达4万余人。据酃县石洲、策源、坂溪等13个乡的调查统计，有烈属546户，被杀1000多人，其中全家被杀绝的达249户。大量山林、房屋被焚烧，牲畜被掠夺，劳力、耕牛被掠杀一空，大批田土荒芜，真是“闾阎不见炊烟，田野但闻鬼哭”。

1934年10月，湘赣省委率红五团等部属离开永新牛田，经吉安抵达安福泰山，以界于江西安福、莲花、萍乡和湖南攸县、茶陵之间的武功山为依托，继续坚持斗争。

此时，红一、二、四团在转移途中被敌人分割包围，被打散，与省委失去联系。只有红三团和红五团保持完整建制，在省委驻地泰山区。省委机关刚一驻定，国民党西路军就调集6个师6万余人，连同地方民团向泰山区扑来。

面对强敌进攻，省委本应避敌锋芒。但由于陈洪时坚持王明“左”倾错误，命令部队四处烧碉堡，打民团，贴标语，甚至重施碉堡对碉堡的消极防御办法，将自己暴露在敌人面前，使反“清剿”节节失利，红军损失惨重，最后导致省委、红军游击队与中央和红六军团的联系完全中断。省委书记陈洪时只好带领部队向茶陵、攸县方向转移。

1935年2月下旬，到达离茶陵、攸县边界不远的莲花鼻上，召开常委会议，总结反“清剿”失利的原因与教训。迫使陈洪时放弃“开辟城市工作”的“左”倾错误思想。最后决定缩小目标，分散行动，将独立三团余部组成“湘东挺进队”，由刘培善任队长兼政委，到攸县东北乡的排山、东塘、山关、杜口一带筹粮筹款；将红五团补充到800人，令其在茶陵及其附近活动；省苏维埃主席谭余保带领部分队伍去茶攸莲边界恢复发展党组织；省苏维埃副主席刘燕玉到五里山与莲安萍中心县委联系，发展地方武装；保卫局局长刘发云、参谋长周杰去攸萍醴边界开展工作；特务队负责保护省委机关向攸县太平山转移。

太平山位于攸县东北乡的柏树下境内（柏市乡坪丰村），地势险要，易守难攻；但山上只有9户村民，既无党的组织和群众基础，又无回旋余地，并不是屯兵扎寨的理想之地。而陈洪时选择这里作省委、省苏维埃政府机关的落脚点，其背后隐藏着不可告人的目的。

1935年5月下旬，陈洪时召开常委扩大会议，以了解外部情况、设法与上级取得联系和解决目前困境为由，安排一批干部外出。陈洪时精心策划，把妨碍他投敌叛变的干部，不露风声地一一排除。6月12日，陈洪时偕同妻子张运秀（攸县柏树下人）、秘书长龙承绪（茶陵人）、警卫、机要人员来到蛤蟆山其干爹陈正祥家里，通过陈正祥与其父陈霞仙见面。6月14日，由陈霞仙、陈正祥带领，陈洪时率领随从人员携枪支、译电密码、军用地图，省委、省苏维埃政府文件、公章以及黄金等，去萍乡县政府投敌。6月19日在江西《国民日报》上发表《反共宣言》。29日到长沙，向何键呈报“共党崩溃情形与铲共计划”，将他所掌握的省委、省苏维埃干部名单、活动地点、联络暗号等倾其所知，全部密报何键。他被何键委以“招抚员”头衔，成为何键反共的鹰犬。他曾亲率“清剿”部队在湘赣边界“清剿”达半年之久，使边界党组织遭到严重破坏，不少革命群众、共产党员惨遭杀害，党的组织和红军游击队陷入崩溃的边缘。

被陈洪时“调虎离山”派往湘南寻找蔡会文（时任赣南军区司令员）部的谭余保，因去湘南计划暴露，决定返回太平山，当他得悉陈洪时早已叛变投敌时，立即折向茶陵、莲花边界的棋盘山，通知有关人员来棋盘山举行紧急会议。

7月下旬，谭余保在棋盘山主持召开有40多名干部参加的紧急会议，通报陈洪时、刘发云叛变投敌的情况，分析了陈、刘叛变的影响与斗争形势，确定新的任务和要求，提出“不怕死，不动摇，执行党的方针，紧紧依靠群众，坚持斗争到底，胜利必属我们”的口号，制定“保存实力，稳步发展，以待时机”的战略方针。会上作出四项决定：一是撤销原湘赣省委、省苏维埃政府和省军区，成立中共湘赣临时省委、湘赣省军政委员会和游击支队司令部，组成以谭余保、曾开福（茶陵人，后叛变）、龙珍、刘培善（茶陵人）、段焕竞（茶陵人）、谭汤池（茶陵人）、王用济、周杰（后叛变）、颜福华（茶陵人，后叛变）、陈珍媛（茶陵人）、朱水生（后叛变）等为常委的中共湘赣临时省委，由谭余保任书记兼省军政委员会主席和游击支队政委；二是开展反动摇、反叛变斗争，肃清陈洪时、刘发云叛变造成的恶劣影响；三是重新确定以武功山为依托，开展灵活机动的游击战争；四是印发《告群众书》以安定民心，昭示群众共产党还在湘赣边界，并没有被斩尽杀绝，使人民群众在黑暗中看到胜利的曙光。

为尽快地开创新的工作局面，临时省委首先是整编部队、健全武装力量，将集中起来的200多名红军战士改编为4个游击大队和1个教导队，将茶陵、攸县、莲花的游击队合编为茶攸莲游击队。其次是积极恢复和发展地方党组织，除将中共茶攸莲县委升格为中共茶攸莲中心县委外，还决定建立中共萍（乡）宜（春）安（福）中心县委。扩大地方支部，组建区委，并依靠地方党组织开展游击战争。其三是确定游击大队的任务、作战方针与活动范围。

临时省委成立后，决定将棋盘山作为临时省委、省军政委员会与游击支队司令部驻地。这里山高林密，地势险要，有利于向茶陵、攸县、醴陵、萍乡、安福、莲花、永新四周发展。然而，新组建的临时省委成员中，有少数动摇分子对前途悲观失望，不愿坚持艰苦斗争。8月底，临时省委常委、宣传部部长周杰与供给部部长徐德甫先后叛逃。周杰投敌后，带领莲花靖卫团到棋盘山“清剿”红军游击队。

周杰的叛变，对刚刚组建的党政军机关与开创新的局面构成严重威胁。谭余保决定将临时省委机关迅速撤出棋盘山，分散到茶攸边境的柑子山、太阳山一带，通知各游击队严加防范，伺机除掉叛徒。

10月18日，谭余保随茶攸莲中心县委书记吴金莲到攸县荷树下桐树坡，决定将临时省委、军政委员会与游击支队司令部设在地势险要的金山岭。谭余保令特务队与二大队抽出部分战士，开发北斗岭与七星窑，建筑营棚，开辟了以金山岭为中心的游击根据地。

当茶攸莲、莲安萍、萍宜安几块游击根据地有了长足发展的时侯，1935年10月，临时省委决定恢复九陇山根据地。派出以傅茨喜（傅云飞）为组长的工作组，到茶陵、永新、宁冈边界的九陇山开展恢复和发展党的组织，建立游击根据地的工作。省委派游击一大队进驻九陇山，并将茶陵小田的独立班（守望队）缴械，使茶陵一侧的冠子山、木冲、小田等地形成九陇山游击根据地的一部分。

10月，攸县在原有三区区委基础上，在上坪建立四区区委。到1935年年底，三区先后在荷树下、南源、皮佳、官田、皇图岭和茶陵的八团等地发展党员50多人，建立11个党支部。四区区委在上坪、下坪、江冲、利洞、上洞、下洞、阳升观、廖公铺、余家湾和茶陵的朱家湾、潞水等地建立了10个地下党支部，发展党员80余人。同时，中心县委派冯秋姑、刘苟仔、陈春林等，在茶陵的大英田、小英田、茶山陇、太和仙、竹咀壶、卧龙、白水龙、九度等地建立了党支部，这些支部直接归中心县委领导。中心县委还在江西莲花建立了南村区委。1936年10月，为开展以太平山为中心的攸县、醴陵、萍乡边界的游击战争，湘赣临时省委又决定建立中共攸醴萍县委，由茶攸莲中心县委组织部部长尹德光任书记，下辖1个区委、5个支部，有党员40多人。攸醴萍县委受中共茶攸莲中心县委领导。

在解决给养的同时，积极开展游击战争。1936年2月，游击队急行军40千米，夜袭攸县网岭附近的宠翘陂，捣毁一座碉堡，筹款1000多光洋，缴获一批药材、食盐等生活物资。4月，省教导队在攸县周家全歼攸县别动队，缴枪13支。同月，湘赣游击队乘虚捣毁攸县黄丰桥伪区公所，缴枪27支。同时捣毁了攸县皮家和茶陵大陇这2个严重威胁临时省委驻地的敌碉堡。

九陇山游击根据地恢复后，段焕竞、刘培善率一大队经常向茶陵方面的敌人出击。1937年10月，又袭击几十里以外的高陇区公所和义勇队营房谭家祠，缴枪上百支，使革命势力向茶陵境内又推进了一步。接着段焕竞、刘培善又率部从九陇山出发，经小田、花棚，进入茶陵腹地尧水，后奔袭腰陂墟，捣毁区公所，将缴获的财物分给当地群众。

“七七事变”爆发后，国民党终于被迫接受国共两党合作抗日的主张。1937年10月2日，国共两党经过谈判，达成了将南方8省13块游击根据地的红军游击队编为新四军的协议，中共中央东南局书记项英在南昌发表宣言，宣布将游击队改编为抗日武装，统一于国民政府之下。10月4日，陈毅从赣州到吉安，与吉安专员公署谈判，就双方停止军事行动，游击队集中整编的地点和设立新四军通讯处等问题达成协议。然后，他带着项英的亲笔信和党的《抗日救国十大纲领》，离开吉安，经安福、莲花、永新进入九陇山，与段焕竞和刘培善接上头。

在陈毅进九陇山之前，项英曾派干部曹书良到九陇山，向湘赣游击队传达国共第二次合作的有关指示。由于国共两党长时期的对立和与外界长时期隔离，湘赣游击队根本不相信国共两党再次合作的事实，错误地把曹书良当作国民党的说客给处死了。陈毅进山之后，刘培善、段焕竞起初也怀疑其叛变投敌，也是上山来作说客的。为慎重起见，他们决定派人将陈毅送往铁镜山去见谭余保。

陈毅被送到铁镜山后，谭余保拒绝单独与陈毅见面，认为他是个“叛徒”。遂令人将他羁押，并派人带着陈毅的名片与新四军吉安通讯处的地址下山调查核实。核实后谭余保后悔不及，深感内疚，亲自给陈毅松绑，赔礼道歉。陈毅又向谭余保详细地传达了中央指示和抗日形势，商定队伍下山接受整编等具体事宜，谭余保表示坚决服从。毛泽东事后得知此事原委，称赞谭余保“粗中有细”。

谭余保送走陈毅之后，召开地方党组织负责人会议，部署红军游击队下山整编事宜。11月下旬，湘赣游击队共350多人全部到垄上，开始进行学习和整训。

此间，项英、曾山还就红军游击队开赴前线抗日后，湘赣边界党的组织问题与谭余保进行研究和商讨，决定撤销中共湘赣临时省委，成立新的中共湘赣特委，继续由谭余保担任书记，和其他 80 多人留下，坚持湘赣边界开展抗日救亡的活动。

整编期间，湘赣边游击队在莲花、茶陵等地招收一批新战士入队，经过整训，将湘赣边游击队整编为新四军第一支队第二团第一大队，任命段焕竞为大队长，刘培善为政治委员，下辖 3 个中队，共 350 余人，开赴抗日前线。

2. 中共湘南工委和湘粤赣特委领导的游击战争　1934 年 8 月，红六军团西征后，中共茶宁县委、游击队从永新柞坑突围进入茶陵东坑后被敌人打散，与湘赣省委失去联系。县委书记李运田带 40 多人 20 余支枪，继续向南转移，行至茶陵浣溪溪江，与中共湘南工作委员会取得联系而进入潭湾地区。湘南工委为更好地开辟以潭湾为中心的游击根据地，于 9 月在安仁的高源洞正式成立中共茶（陵）、安（仁）、酃（县）、永（兴）边区委员会，仍由李运田任书记，下设茶陵、安仁、酃县、永兴（一、二、三、四）4 个区委。同时，将陈美连领导的湘南游击队和茶宁游击队合并，组成“湘南赤色游击队”，均受湘南工委领导，在潭湾一带活动。

潭湾地处茶陵、酃县、安仁 3 县交界，方圆百里，四处崇山峻岭，是一处进可攻、退可守的理想游击根据地。陈美连率领的游击队一直在这里活动。茶安酃永边委成立后，敌人加紧了对这一地区的进攻。在日益残酷的斗争面前，李运田对革命前途悲观失望，于 12 月拐带银洋 1000 多元逃跑。边委书记由陈美连接任。

为打破酃县、永兴敌人的军事“清剿”与经济封锁，陈美连一面带领游击队秘密潜入山口圩，镇压了酃县参议员、恶霸古家谟和永兴深洞大恶霸李壬绅等，夺取一批资财，分给贫苦农民过春节。同时，组织游击队捣毁了酃县白鹤仙、潭湾半面山等地的碉堡，缴获了一批武器，为边委和游击队活动创造了良好的条件。1935 年年初，在潭湾成立了苏维埃政府，建立地下交通站、联络运输站，使生活物资能顺利运回游击根据地。

同时，活动在湘南的红军独立四团 400 多人，周里任队长兼政委的酃遂游击队 100 多人以及 1935 年 2 月由陈洪时派往湘南的红独五团第三营被打散后的 80 多人，均与湘赣省委失去了联系。1935 年春，赣南军区司令员蔡会文率领 300 多人到桂东的东边山地区，先后与红独四团、红五团余部和中央红军长征后留下的二十四师七十一团、七十二团余部会合。因各余部领导人有的叛变，有的牺牲，群龙无首，纷纷要求统一建制。4 月，蔡会文在桂东赤水仙寺庙里召集会议进行研究，决定将现有武装力量组成“湘粤赣边区游击支队”，蔡会文任支队长兼政委，同时成立“中共湘粤赣特委”，陈山任书记。同年初秋，周里率酃遂游击队也到桂东与蔡会文部会合后，蔡会文将周里所部编入支队司令部直属队，周里担任特委组织部部长兼支队政治部主任。

特委和游击支队司令部根据革命处于低潮、敌强我弱的实际，决定改变斗争方式，准备作长期艰苦的敌后斗争，将部队化整为零，分散活动，每个大队编成十几人至三四十人的小分队，隐蔽在各个山林，一面做群众工作，一面进行游击战，并采取声东击西，避实就虚的游击战术。为了开辟新的游击区，特委和支队还派出 7 个工作团分散到湖南茶陵、酃县、桂东、资兴、永兴和赣南、粤北等地，发动群众，组织贫农团，建立党的组织，开展游击活动。

特委和支队正确的游击战策略，使这支来自湘赣省和湘南和赣南的红军游击队，在湘粤赣边境开辟了方圆450余千米的游击根据地。游击队扩大到八九百人。

湘粤赣边区游击根据地不断巩固和壮大，引起湖南、江西和广东反动当局的极大恐慌。1936年初春，蒋介石指令在广东的第一军余汉谋部对蔡会文领导的游击支队进行“围剿”，由于敌我力量悬殊，游击队被打散，蔡会文身边只有10多名战士，与周里又失去了联系。在转移途中，他遇到谭余保派来的湘赣少共省委书记王用济的1个班。后因派下山买米的管理员被捕叛变，遭敌军1个营的“围剿”。王用济壮烈牺牲，蔡会文身负重伤，被敌俘获，惨遭割喉，牺牲时年仅28岁。

蔡会文牺牲后，周里率领游击支队第六大队和直属大队突出重围，回到酃县西坑，在这里与突出重围的游世雄、李国兴率领的一个大队会合，共200余人。为加强统一领导，经过商定，由游世雄代理湘粤赣游击支队司令员，周里任湘粤赣特委书记兼游击支队政委，李国兴任政治部主任。

1936年4月下旬，周里率湘粤赣游击队到安仁潭湾的神福堂，与茶安酃永边委负责人陈美连领导的游击队100多人会合。随后，陈美连导引周里等人与湘南特委书记徐克全（原书记王涛参加长征之后，由徐克全继任）、特委组织部长刘霞等见面。5月27日，在潭湾杉木陇召开两个特委联席会，会议决定撤销湘粤赣特委，合并成立新的湘南军政委员会及其领导下的新的湘南特委。会议推选徐克全为军政委员会主席，周里任军政委员会副主席兼湘南特委书记，陈美连等为委员。

1936年6月，敌人调动多于湘南游击队数十倍的兵力，对潭湾实行重兵“清剿”，革命队伍中一些意志薄弱者被吓倒了，湘南军政委员会主席徐克全弃枪携票款和黄金潜往一个庙里当了和尚，湘南军政委员会也在无形中撤销。只剩下中共湘南特委，周里随即在潭湾土坡里召开紧急会议，决定部分游击队仍回东边山、西边山开展游击活动。为打开新局面，周里等到衡阳、耒阳一带活动，设法与在郴州和广东乐昌等地活动的李林“湘南红军游击第一大队”取得联系，离开潭湾，留下陈美连领导的茶安酃永边委和游击队在潭湾坚持斗争。

为了对付陈美连这支革命武装，国民党茶、安、酃三县反动势力在各边境要隘，实施封锁“清剿”。陈美连率部先后在寒江六担陇和茶陵与酃县交界处的岩鸡陇，与茶陵县“义勇队”副总队长段镇那部遭遇进行激战，陈美连及其部属弹尽粮绝，战斗失败。1937年2月5日，陈美连被“义勇队”俘获，段镇那部残忍地用铁丝将其双耳双手串起，并押至茶陵县城。2月21日，茶陵县国民党政府将陈美连剖腹取肝、砍头示众，陈美连壮烈牺牲。

陈美连牺牲不久，边委副书记谭积金在安仁县境内发生的一次战斗中牺牲，边委自然停止了活动，但湘南游击队还存在，刘功云继任政委，谭经武继任队长。在尔后的一次战斗中，谭经武牺牲，刘功云被敌俘获。颜克剑继任队长，张松生继任政委，游击队的力量被大大削弱。

第二次国共合作开始后，上级派员来到潭湾山区向颜克剑和张松生传达上级指示，要求他们下山与国民党合作抗日，颜克剑相信此事属实，但张松生坚决不信，不分青红皂白，将上级来人杀了，还视颜克剑为动摇分子，将其也杀了。这支出生入死、久经考验留存下来的队伍，断绝了与上级的一切联系。直到1941年年初，剩下7人被茶陵“义勇队”全部抓捕。

第十六篇　人民代表大会

1950年7月，根据《中国人民政治协商会议共同纲领》的“在普选的地方人民代表大会召开之前，由地方各界人民代表会议逐步代行人民代表大会职权”的规定，株洲镇召开第一届各界人民代表会议。株洲的各界人民代表会议和人民代表大会制度，经历建立、发展、曲折到逐步完善的发展过程。

1950—1956年，是初创和发展时期。这一时期，人民群众十分珍视自己的主人翁地位，参政议政热情高；人民政府各级干部听取群众意见，民主空气活跃；各界人民代表会议讲求实效，作出明确的决议，付诸实施，卓有成效。1953年，在胜利完成土地改革、民主改革、镇压反革命、“三反”“五反”、抗美援朝等各项任务的同时，国民经济也得到迅速恢复和发展，人民的组织程度和觉悟程度大有提高，人民民主专政制度进一步巩固，进行普选，实行人民代表大会制度的条件已经具备。当年秋季，株洲市城乡进行普选市人大代表的试点，1954年4月全面完成普选工作，6月召开株洲市首届人民代表大会第一次会议。一届人大任期内，株洲市被列为全国重点新建设工业城市之一，国家一批重点企业在株洲市选址建厂，城市建设迅速发展，市人民政府提出一切工作以工业建设为中心，得到人大代表的积极支持。

1957—1966年，人民代表大会制度受到政治运动冲击，民主政治建设有所削弱。主要表现为：代表大会不能依法按期召开；人委会在代表会上的工作报告由向人民代表报告工作逐步变相成部署工作；各战线各部门的发言逐步替代人大代表发言；人大代表提案办理落实程度逐步下降。

1966年以后的10年，开展“文化大革命”，国家宪法和人民民主遭到践踏，人民代表大会停止，14年里没有开过市人民代表大会。

中共十一届三中全会提出健全社会主义民主和加强社会主义法制。1980年11月，株洲市召开七届人大一次会议。至2000年年末，市人大经历七、八、九、十、十一届，人民代表大会制度经过恢复、发展，进入新的阶段。这一时期，国家宪法扩大人民代表大会的职权，县级以上地方各级人民代表大会设立常务委员会，国家法律对人民代表大会及其常务委员会的任期、会期、职权，都作了较为明确规定，使人大工作逐步走向法律化、规范化、制度化，较好地保障人民当家做主、依法行使管理国家和社会各项事务的权力。株洲市人民代表大会和常务委员会，在中共株洲市委的领导下，严格执行法定的开会时间，适时审查、决定、批准职权范围内的重大事项。每届人大常委会组成人员，政府、法院、检察院（简称“一府两院”）的主要领导人员，均由人民代表大会选举产生，每年“一府两院”的工作方针和各项措施、国民经济和社会发展计划、财政预算和决算，都要经过市人民代表大会审查批准。市人大常委会依法行使决定权、监督权、任免权。通过定期召开会议，听取和审议“一府两院”的工作报告，决定本行政区域内政治、经济、教育、科学、文化、卫生、民政、民族工作等重大事项，受理人民群众对本级“一府两院”工作人员的申诉和意见，决定本级政府组成人员，法院副院长、审判员，检察院副检察长、检察员的任免事项。

市人大代表参政议政的活动日益活跃，运用法律赋予的权力管理本行政区域内的事务。代表大会召开之前，人大代表通过视察，评议“一府两院”工作，为出席人民代表大会，依法行使代表职权，作好充分准备。代表大会闭会期间，人大代表通过小组活动或持证视察，提出意见，要求“一府两院”及时解决人民群众普遍关心、反映强烈的问题，表达广大人民群众的愿望，促进“一府两院”工作。2000 年，全市有全国、省、市三级人大代表 432 人，代表人民管理国家和社会事务。

第一章 各界人民代表会议

第一节 代表产生与构成

1950 — 1953 年，株洲镇和株洲市共计召开 8 届 10 次各界人民代表会议。代表的产生，由人民政府与各界人民代表会议常务委员会（1951 年改称协商委员会），共同确定代表总名额和各界名额，再由各界分别推荐产生。

株洲镇各界人民代表会议代表，每届 150 人左右。工人、农民代表一般占 60%，工商界代表占 15%，干部和部队代表占 16%，文教界代表占 5%，其他各界代表占 4% 左右。

株洲市首届各界人民代表会议代表为 200 人，一次会议到会代表 176 人，二次会议到会 178 人。市二届各界人民代表会议代表为 205 人，一次会议到会 176 人。市各界人民代表会议代表比例，工人、农民代表一般占 50%，工商界代表占 12%，干部和部队代表占 20%，文教界代表占 5%，其他各界占 13% 左右。

第二节 代表会议

各界人民代表会议，由人民政府与各界人民代表会议常务（或协商）委员会负责召集。预备会议则推选 10 ~ 20 人组成大会主席团，作为会议领导机构，主持会议。主席团下设大会秘书处，由秘书、会务、组织宣传等工作组组成，作为会议办事机构。各界人民代表会议一般是代表人民检查政府的工作，听取政府施政工作报告；代表人民向政府工作提出批评和建议；讨论中心工作任务；选举常设机构和出席上一级各界人民代表会议代表；向人民群众传达解释各界人民代表会议决议。

1950 年 7 月 3 — 5 日，株洲镇首届各界人民代表会议在福音堂举行，到会代表 136 人。会议选举镇委书记张犀文为大会主席团主席，张犀文致开幕词，镇长韩瑾行作政府工作报告。报告指出：“我们过去的工作重点在农村，因为株洲区 52 个保，农村占 48 个。去年（1949 年）以来，我们在农村进行秋征支前、清匪反霸、减租退押、渡荒自救等工作；在城镇完成接收任务，建立 4 个基层工会，进行工商登记，取得很大成绩。”韩瑾行宣布株洲镇正式成立，镇公所开始办公。其时，株洲镇成立 4 个居民委员会，郊区设立 3 个乡。本届各界人民代表会议的主要任务是：加强工人的组织和教育，工商业要搞好公私关系、劳资关系、摊贩整顿，搞好卫生防疫，党团登记，保护耕牛，改进干部作风。会议选举产生了株洲镇各界人民代表会议常务委员会组成人员。到 1951 年 7 月，株洲镇共召开 6 次各界人民代表会议，主要讨论秋季征粮、工商登记、劳资协议、冬季防火、土地改革、市政规划、公私关系、劳资关系、私商改造、工会组织失业救济、摊贩整顿、居委会和乡政权建设等问题，并先后通过相应决议。

1951 年 10 月 25 — 27 日，株洲市首届各界人民代表会第一次会议在福音堂举行。主要议程：听取政府施政工作报告，讨论抗美援朝、民主改革、土改复查、镇压反革命、市政建设问题，选举出席省各界人民代表会议代表和市各界人民代表会议协商委员会成员。韩瑾行作市政府施政工作报告，吴占魁作码头民主改革的发言。经分组讨论，最后通过决议案：一是继续深入开展抗美援朝运动，把支援中国人民志愿军打击美帝国主义作为一切工作的动力。加强时事宣传，修订爱国公约，扩大捐献运动，加强优抚工作，努力增产节约，支援前线作战。二是在城市搞好码头民主改革，彻底肃清反革命残余势力。三是在郊区搞好土改复查，管制地主分子，发展农业生产。四是加宽加高建宁港河堤，防止水患。五是发动群众控诉、检举反革命分子，加强管制，巩固社会秩序。会议选举产生协商委员会，选举叶炳吾、郭建辉、易丽川、易汉民、王云岫 5 人为出席湖南省各界人民代表会议代表。市长陈继昌作总结报告，并通过了给中国人民志愿军的致敬电文。1952 年 9 月 21 — 23 日，市首届各界人民代表会第二次会议在市一中礼堂召开，市长陈继昌报告 11 个月来在支援抗美援朝、开展增产节约、“三反”和郊区土改复查等情况，提出下一步工作的主要任务。

1953 年 4 月 11 — 13 日，市二届各界人民代表会第一次会议，在新建的人民剧院召开。会议中心任务是：进一步搞好城乡生产建设，继续支援抗美援朝，开展爱国卫生运动，贯彻《婚姻法》，取缔反动会道门。会议坚决响应和完成毛泽东主席提出的 1953 年全国人民三大任务，即加强抗美援朝斗争，争取更大胜利；开始执行国家建设第一个五年计划；召开全国人民代表大会，通过《中华人民共和国宪法》，通过国家建设计划。会议听取副市长刘恒胜关于前段施政工作情况和今后工作任务的报告。报告阐述了株洲人民支援抗美援朝，以实际行动完成捐献一架战斗机的任务；在市政建设上，修筑南北干道、沿港路和株董路，整修建宁港；郊区进行查田定产，成立互助组，整修塘坝等项工作都按计划完成。报告提出，1953 年要进一步开展增产节约运动，积极完成生产计划，以实际行动进一步支援抗美援朝。市政建设要整修建宁路（火车站至徐家桥），新修东西干线（火车站至湘江边）。会议选出二届各界人民代表会议协商委员会，通过了关于支援抗美援朝，加强经济建设，搞好普选工作，搞好文教工作的决议案。1953 年 8 月 29 — 31 日，市二届各界人民代表二次会议在人民剧院召开。各界代表听取二届一次会议以后的施政工作报告，政府听取各界人民代表的意见和批评；动员全市各阶层人民参加和支援国家大规模经济建设。会议由侯锡义致开幕词，市长吴占魁作施政工作报告。报告指出：4 个月来，抗美援朝进一步深入，报名参军人数超过计划 2 倍以上，超额完成扩军任务，完成对 429 户烈军属的优抚代耕工作，工业、农业、商业和市政建设有较快发展，卫生、民兵、消防工作取得新成绩。代表们讨论施政工作报告后，吴占魁作《关于朝鲜停战后的形势和任务的报告》。报告中，经济建设方面：全市大规模的经济建设已经开始，要求搬运工人积极完成搬运任务；全市成立劳动调配处，调集劳力支援基本建设；财贸部门和公私企业，要保证基建物资供应。市政建设方面：要根据国家基本建设的需要，依照城市规划，统一划拨地皮，全力支援基本建设。同时，筹建电影院、工人俱乐部和工人文化宫，丰富城市人民的文化生活。会议通过的决议案说：代表们对市政府施政工作报告表示满意。

各界人民代表会议召开之前，人民代表一般都根据会议中心议题走访群众，听取意见，准备会议议案。1952 年 9 月，市人民政府向首届各界人大二次会议报告办理结果称：市政府于 1951 年 10 月收到首届各界人民代表会一次会议代表议案 40 件，归纳为 26 件，即抗美援朝 3 件，民主改革 2 件，市政建设 17 件，文教 4 件，除修公园、幼儿园、托儿所因目前财力不够未能办理外，其他都转交有关主管部门分别办理。首届各界人民代表会二次会议议案增至 86 件，二届一次会议又增至 159 件。

株洲镇首届各界人民代表会议，选举韩瑾行、张犀文、连俊章、杨采莲、李炳生、陈桂秋、王显延、潘明理、唐仕仁为各界人民代表会议常务委员会成员。

株洲市首届各界人民代表会第一次会议，选举产生常设机构协商委员会。陈继昌任主席，王树秋、刘春景任副主席，吴占魁、王孝成、王功大、王云岫等 22 人为委员。市首届二次会议选举产生新的协商委员会，陈继昌任主席，黄常存、成兆洪和成德润任副主席，侯锡义、韩瑾行、王连富、李章、李枝叶、郭建辉、罗立洲、吴占魁、王云岫等 24 人为委员。市首届各界人民代表会议共召开四次。市二届各界人民代表会第一次会议选举产生协商委员会成员 28 人，侯锡义任主席，刘恒胜任副主席，李守绪、李枝叶、郭建辉、罗立洲、杨开武、唐耀星等为委员。市首届各界代表会议协商委员会共召开 4 次会议。

各界人民代表会议协商委员会主要任务是：检查和推进大会决议的施行以及筹备下一次各界人民代表会议的有关事项。

第二章 历届人民代表大会

第一节 代表产生与构成

1953年2月，《中华人民共和国全国人民代表大会及地方各级人民代表大会选举法》颁布，株洲市政府于当年秋季在永良乡和市区第二街道居民委员会进行株洲市首届人民代表大会人大代表普选试点。1954年3—4月，普选工作全面铺开。全市选民66465人，参选者59240人，参选率89.13%。城区500～1000人中选举1名市人大代表，农村1000～2000人中选举1名代表，城乡共122名。

市二届和三届人大代表选举，分别于1956年10—11月和1958年春季进行，分别选出二届市人大代表199名，三届市人大代表215名。任期均为2年。

1960年10—11月，进行市四届人大代表选举，吴占魁任选举委员会主席，杨忠文等6人任委员。1959年设立的中心区、田心区、董家塅区、荷塘铺区和清水塘区，均已建立区级人代会制度，各区经过基层选举，召开区人代会，选举市四届人大代表；郊区人民公社于1960年11月召开社员代表大会，选举市四届人大代表。城乡共选出代表389名，任期2年。

1962年10月，副市长曲钦甲主持部署市五届人大代表选举工作。全市和各区（社）分别成立选举委员会及办公室，选出市五届人大代表384人。

“文化大革命”期间，未召开人民代表大会，株洲市革命委员会取代市第六届人民代表的位置。

1980年年初，株洲市成立市七届人大代表选举工作领导小组，朱远明任组长，郁宝云、张茂林、周素珍、阎安广任副组长，黄道奇等15人为成员。按照《选举法》，株洲市首先在南区和郊区进行试点，7月在各区和株洲县全面铺开。选举产生株洲市七届人大代表446名，按宪法规定，市七届人大代表任期改为3年。

根据1982年的《中华人民共和国宪法》规定，市八届人大代表任期5年。株洲市由于实行机构改革和市管县的体制，行政区域扩大到醴陵、攸县、茶陵、酃县，辖区人口由90多万人增至300余万人，因此市八届人大提前至1983年换届。省人大常委会确定市八届人大代表名额400人，其中350名由区、县从基层单位选举，50名安排市里各方面领导干部，带指标到县区选举产生。城镇人口每3300人选1名市人大代表，农村1.65万人选1名市人大代表。代表名额中，工人、农民各88人，干部和知识分子各96人，民主党派和无党派人士24人，驻株部队和武装警察8人。各区、县人民代表大会于1983年9月先后召开，实选出市八届人大代表420名。

1987年9月，株洲市成立九届人大换届领导小组，省人大规定市九届人大代表名额378人，市区每4100人选1名市人大代表，农村每1.84万人选1名市人大代表。市辖各县市区人民代表大会在10月前后召开会议，选举产生市九届人大代表366名，预留名额12个。市九届人大六次会议召开前，人大代表为375名，缺额3名。

1992年10—12月，全市市、县、乡三级人大换届选举全面铺开。9个县市区和驻株部队依法选举产生市十届人大代表371名（代表名额378名）。全市确认有选民资格的244.95万人，参加投票选举的选民226.14万人，参选率为92.3%。代表中，非中共党员93人，占25.4%；妇女78人，占21.3%；工人、农民116人，占31%；干部245人，占66%。具有高中、中专以上文化的260人，占70%。市十届人大五次会议召开前，市人大代表为374名，缺额4名。

1997年7月，根据省八届人大常委会确定株洲市第十一届人大代表名额为386名，各县市区应选代表名额以1996年末本行政区域人口总数为依据，按《选举法》关于直辖市、市、市辖区的农村每1代表所代表的人口数应多于市区每1代表所代表的人口数的规定分配，妇女代表名额比例应高于第十届所占的比例，军队代表占代表总名额3%。按上述原则，分配9个县市区代表名额314名，驻株部队代表12名，市直有关部门提名推荐到各选举单位48名，预留名额12名。各选举单位由上而下，由下而上反复协商，按多于应选代表名额五分之一至二分之一推荐，确定代表候选人495名，设差额121名（差额率32.35%），选出代表374名。市十一届人大四次会议召开前，人大代表为385名，缺额1名。

株洲市第七至十一届人大代表基本情况一览表

表16-1

届次		七届		八届		九届		十届		十一届	
项目		人数	占比（%）	人数	占比（%）	人数	占比（%）	人数	占比（%）	人数	占比（%）
代表总数		446	100	420	100	366	100	371	100	374	100
性别	男	334	71.0	317	75.0	284	77.0	293	79.0	319	85.2
	女	112	29.0	103	25.0	82	23.0	78	21.0	155	14.7
中共党员		278	62.3	252	60.0	264	72.1	278	74.93	331	88.5
非中共党员		168	37.7	168	39.97	102	27.8	93	25.07	43	11.5
少数民族		10	2.2	14	3.3	10	2.7	8	2.16	4	1.07
文化程度	大专以上	55	12.5	103	24.5	112	30.6	260	72.77	338	90.5
	中学	290	67.2	238	56.6	224	61.2	–	–	–	–
	小学	101	20.3	79	18.8	30	8.2	–	–	–	–
代表界别	工人	171	38.3	94	22.4	62	16.9	116	31.24	84	22.46
	农民	89	19.9	92	21.9	87	23.3	–	–	98	26.2
	知识分子	49	10.9	119	24.2	89	24.3	83	22.37	64	17.1
	干部	87	19.5	105	25.0	118	32.8	162	43.67	116	31.03
	军人	9	2.0	10	2.5	10	2.6	10	2.7	12	3.2
	其他	41	9.4	–	–	–	–	–	–	–	–

第二节 会议选举

历届人民代表大会首次会议，选举产生本级人大常委会组成人员、正副市长（一至五届选举人民委员会组成人员）、人民法院院长、人民检察院检察长和出席湖南省人民代表大会代表。

株洲市一至五届人大，执行1954年颁布的《地方组织法》。候选人由市人大代表联合提名或单独提名，无记名投票方法，进行大会选举。

市一届人大一次会议，选举李守绪、侯锡义、吴占魁、刘恒胜、李枝叶、罗立洲、赖阜云、常友广、谷义亭、杨子英、王爱芳、张振斌、任德永、毛俊高、王构堂、晏有才、叶先荃、黄兢业、王天任、袁意渊、吴克、刘金平、杨中申、岳徵林、杨锡诰为人民政府委员，选举陶大有等7人为湖南省首届人大代表。市一届人大二次会议，选举马壮昆为市长，吴占魁、杨恺为副市长，王爱芳、成德润、李铸、汪佛航、言铀、林熙业、原学仁、徐通康、万迁、叶嵩高、栗汇川、刘恒胜、湛松波、蔺常禧、罗传卫、龚瑞麟为市人民委员会委员，选举毛俊高为市人民法院院长。

市二届人大一次会议，选举吴占魁为市长，张小辉、杨恺为副市长，王文郁、王守彪、叶嵩高、刘恒胜、成德润、马壮昆、何桂兰、李铸、武耀、汪佛航、陈文玉、林熙业、房儒培、罗传卫、罗传志、张茂林、徐通康、龚瑞麟、湛松波、黎锋、谢和根、严国光为市人民委员会委员，田育农为市人民法院院长，补选何桂兰为省首届人大代表。

市三届人大一次会议，选举吴占魁为市长，张小辉、杨忠文、陈文玉为副市长，马壮昆、王又民、王云礼、王文郁、刘恒胜、田莉、任之、严国光、何桂兰、李源森、罗振坤、罗传志、林熙业、房儒培、张锦华、殷师轼、徐通康、龚瑞麟、谢和根、彭道德、魏永平为市人民委员会委员，王立群为市人民法院院长，吴占魁等10人为省二届人大代表。

市四届人大一次会议，选举吴占魁为市长，张小辉、杨忠文、陈文玉、刘恒胜为副市长，马壮昆、马金琢、王云礼、王振华、包秀龙、田莉、刘洪英、朱远明、曲钦甲、宋仰云、何桂兰、岳齐宣、肖庆禧、李铸、匡永连、李源森、严国光、袁国荫、罗传志、罗振坤、姜贺林、赵琦、唐国泉、殷师轼、郭治平、彭道德、杨耀辉、杨升三为市人民委员会委员，贾同来为市人民法院院长。

市五届人大一次会议，选举吴占魁为市长，张小辉、陈文玉、刘恒胜、曲钦甲为副市长，马壮昆、朱远明、张宝瑄、包秀龙、何桂兰、赵书空、姜贺林、王宗胜、岳徵林、吴一醒、马金琢、田莉、李林森、王振时、唐国泉、林熙业、严国光、李源森、罗传志、彭道德、杨亚辉、殷师轼、杨升三、赵质彬、支阳光、罗春莲、匡永连、夏丕明为市人民委员会委员，贾同来为市人民法院院长，吴占魁等17人为省三届人大代表。

市五届人大之后，发生了“文化大革命”，1968年1月26日成立株洲市革命委员会，按照五届全国人大一次会议通过的宪法第37条之规定，排列在第六届市人民政府的位置。

市七届人大一次会议，根据1979年颁布的《地方组织法》，采用无记名投票、差额选举办法。选举张小辉任市七届人大常委会主任，王永青、邢连兴、李志远、张茂林、张恒英、陈文玉、周素珍任副主任，马际恒、王仲元、田玉生、艾新、朱冬林、孙国栋、杨开武、李建国、李警宇、张宜俊、陈立民、陈顺华、陈敦锡、欧阳铁城、胡庭翥、袁继馨、郭羽凤、唐自光、谢治和、彭菊英、彭道德、熊妙玲、滕中民为七届人大常委会委员，选举吴占魁任市长，王雨海、马金琢、李路、何尚文、周敬文、黄道奇任副市长，贾同来任市中级人民法院院长，岳齐宣任市人民检察院检察长。七届人大三次会议，选举王玉荣等39人为湖南省六届人大代表。

市八届人大一次会议，根据1982年颁布的《地方组织法》的规定，大会主席团根据中共株洲市委与各民主党派、各人民团体的充分协商，提出八届人大常委会组成人员，市长、副市长、法院院长、检察院检察长候选人建议名单37人，交各代表团讨论酝酿。经2轮讨论酝酿，新提出2名人大常委会副主任候选人、6名人大常委会委员候选人、1名副市长候选人，都没有过全体代表的半数。因此，主席团决定，原提出的37名候选人为正式候选人，以等额选举，无记名投票办法。选举吴占魁为市八届人大常委会主任，李文源、邢连兴、马金琢、周素珍、艾新、王志歧、王永青、李建国、彭道德为副主任，王仲元、王芳惠、左克广、叶慧昭、刘景林、关辉钧、巫炳华、邹抗战、何友三、余清源、沈良桂、陈敦锡、罗吉林、罗志钧、易锡林、周继耀、施访梅、袁继馨、廖光碧、潘定祥为八届人大常委会委员；选举薛厚民为市人民政府市长，周吉太、李颖、谭松山、龙德发为副市长，选举贾同来为市中级人民法院院长，岳齐宣为市人民检察院检察长。市八届人大四次会议上，吴占魁、邢连兴、马金琢、艾新、王永青、易锡林、贾同来、岳齐宣因年事已高，辞去职务；以无记名投票、等额选举办法，选举李文源、施访梅分别担任人大常委会正、副主任，增选刘鼎中、朱育生、赵庆云、郭福安为市人大常委会委员。选举宋炳仁任市中级人民法院院长，彭物苟任市人民检察院检察长。市八届人大五次会议，以无记名投票、等额选举办法，增选肖林菊、梁文辉、王德生为八届人大常委会委员。

市九届人大一次会议，用差额选举和无记名投票办法，选举李文源任九届人大常委会主任，周素珍、何尚文、栾宗友、刘辉、黄秉东、刘友梅任副主任，王仲元、左克广、邢克华、刘琢、刘鼎中、许晋祥、余清源、沈良桂、张昔兰、陈振秀、陈南梅、陈常光、肖林菊、易乃光、罗志钧、赵庆云、胡明隆、钟富安、施访梅、郭福安、梁文辉、彭长华为人大常委会委员；选举周吉太任市长，周伯华、刘迪恺、曾雨农、龙德发任副市长，宋炳仁任市中级人民法院院长，彭物苟任市人民检察院检察长；选举马光芒等54人为省七届人大代表。九届人大二次会议，补选刘朝前任市人大常委会副主任，九届人大三次会议，补选刘铁强为市人大常委会委员。市九届人大四次会议，市长周吉太和副市长刘迪恺、龙德发因工作变动辞去职务。会议以等额选举、无记名投票办法，选举周伯华任市长，王汀明、刘健民任副市长。市九届人大六次会议，经主席团提名、代表酝酿，以无记名投票等额选举方式，选举张国志为市人大常委会副主任，夏仁麟、廖铁生为市人民政府副市长。

市十届人大一次会议，大会主席团建议名单和代表10人以上联名提出的候选人名单，交代表酝酿讨论、主席团决定，市人大常委会主任、市长、市人民检察院检察长各提出1名正式候选人，为等额选举；市人大常委会副主任、秘书长、委员，副市长，市中级人民法院院长以及省八届人大代表候选人，为差额选举。选举刘迪恺为市人大常委会主任，刘朝前、袁征敏、张国志、刘友梅、朱汉钦、张昔兰、张启福、陶维善为副主任；选举王汀明为市长，黄自能、廖铁生、夏仁麟、陈登高、朱桂生为副市长，曾庆鹏为法院院长，彭物苟为检察长，周伯华、孙文盛等55人为省八届人大代表；邓岩山为市人大常委会秘书长，王功祥、石家济、石瑞坤、向绍祖、刘鼎中、李兴隆、邹东元、陈秀振、陈英霞、罗传坤、周如龙、施访梅、贺霞林、郭福安、高端云、黄定欧、彭长华、曾庆荣、谭炳林为委员。市十届人大三次会议，以等额选举，补选刘祥林为市人大常委会副主任，丁发华、帅凤莲为委员。

市十一届人大一次会议，大会选举刘迪恺为人大常委会主任，王汀明为政府市长，吴成志为法院院长，龚启国为检察院检察长；王汀明等45人为省九届人大代表。选举刘祥林、张昔兰、陶维善、万宁、曾庆鹏、刘建初、李博文、周定伍为市人大常委会副主任，侯林青、廖铁生、陈登高、朱桂生、赵湘珍、杨维刚为政府副市长，邓岩山为人大常委会秘书长，丁发华、王水莲、王特乔、邓子和、田丽亚、孙林燕、李兴隆、吴凯建、张亚军、张静缺、陈金莲、周如龙、贺夏盛、徐海风、唐虎奇、黄玉成、彭长华、董岩、谢罗生、谭炳林为委员。市十一届人大二次会议，补选李国辛、王建之为人大常委会委员。

第三节 议 案

市人大代表在出席大会之前，先通过调查或视察，走访人民群众或选举单位，听取意见和要求，把人民群众对政府工作的批评、建议和意见，经过加工和筛选，写成代表议案（1986年颁布的《地方组织法》之前将议案视为提案），交大会专门审查委员会审议、归纳和整理之后，会后分别交由人大常委会、人民政府、法院和检察院具体办理。办理情况须在下一次人民代表大会召开之前，向代表作出书面答复。从市八届人大一次会议开始，要求在会后6个月内办理并答复代表。对不能解决的问题须向当事代表解释清楚。

市一届人大一次会议至十一届人大三次会议，市人大代表共提出议案共计8139件。其中，一至七届议案4029件，八至十一届三次会议的建议、批评和意见4110件。

市首届人大一次会议，代表议案123件，除9件报请上级解决外，其余作为政府施政依据；二次会议，代表议案112件，大会作出决议5件，交人委办理80件，作为工作参考25件，报上级参考2件，最后解决90件，占80%；三次会议，代表议案114件，会上解决11件，交人委办理98件，解释3件，报上级参考2件。

市二、三届人大任期较短，两届历时仅3年，代表提交议案较少。市四届人大一、二次会议，代表提交议案302件。第五届人大只在1964年召开一次会议，因“文化大革命”影响，至1980年11月前未能召开新的人大会议。

对各届人大各次会议交办的代表议案，市“一府两院”都高度重视，办理了许多重要议案。如：市二届人大一次会议上，人大代表李淑芳等提出：“株洲的基本建设项目上得多，征地拆迁也多，许多拆迁户反映，不但不给补偿，而且要求搬家快，搬到哪里去，政府也不作妥善安排，群众对此作法意见大，请政府认真解决。”市房地产管理局办理答复：“株洲市国家建设征地拆迁采取以下步骤，一是当确定某单位建设需要征地拆迁时，首先通知征地范围内的拆迁户，并作好思想动员工作。二是由政府和建设单位组成联合拆迁工作组，到实地丈量土地和拆迁房屋面积，合理给予补偿，安排好拆迁户重建房屋地点，留出一定时间，让拆迁户重新建好房屋再搬家。在拆迁户搬家后，才准建设单位开工。”

市七届人大一次会议上，人大代表李洪显等提出：“目前市立一、二医院仅有80多张产科病床，一些工厂和郊区农村的妇女生小孩都想进条件好些的市立医院，群众纷纷要求政府拨款增设产科床位。”市政府办公室办理结案，作出答复：将市立一医院调出一层单身职工宿舍楼改建，设50张妇产床位；将东区医院改为结核病医院，原市立二医院的结核病科调至东区医院，在市立二医院增设12张产床；在市中医院新建的病房中，安排产科床位50张。这3个医院的产床共增加112张。

市七届人大二次会议上，人大代表马际恒等提出：“株洲市蔬菜供应紧张，品种少，质量差，常脱销，群众意见大，主要是蔬菜地少。”市政府办公室办理答复：“为解决吃菜难问题，市委、市政府作出《关于加强蔬菜生产和供应的规定》，市政府分工1名副市长专抓蔬菜生产供应；加强蔬菜供销办公室人员；增加33.34公顷蔬菜种植面积；签订按计划上市合同；实行以粮换菜；增加蔬菜调进数量；适当提高本地蔬菜收购价格；市财政给蔬菜经营单位亏损适当补贴；搞好豆制品供应。这些措施的执行，今年（1981年）头5个月，基地菜上市量比去年（1980年）同期增长21%，销售量增加37.3%。”

市八届人大一次会议上，人大代表谢顺华等提出建议：“株洲市中小学教育质量低，历年高考成绩总是名列全省倒数第二或第三。应加强对教育工作的领导；加强师资队伍建设；重视师范教育和教师培训工作。”市教育局办理答复说：“目前正积极采取以下措施：一是加强对教育工作的领导，从1983年下半年开始，对局机关和下属单位进行机构改革，建立一支符合“四化”的干部队伍，同时进行中等教育结构改革；二是加强教师队伍建设，教育局增设师训科，增加教师进修学校和师范学校的力量，整顿好株洲市6所教师进修学校；三是改善办学条件，1983年以来，全市动用省、市、县投资700多万元，集资800多万元，用于修筑校舍20多万平方米，添置课桌5万多套。我们决心下功夫提高中小学教育质量”。

市八届人大二次会议，东区代表团提出质询案称“株洲市城区道路长期以来，无一条好路”。并举出北面的建设路、南面的株董路和东面的新华路为例，指出这些路段路况极差，经常堵塞，交通事故较严重。为此，向市建委提出质询：“株洲市每年1000多万元城市维护费，在道路建设、维修上历年来是怎样安排的？”“株洲市城区道路路况与全国同等城市比较居于什么水平？对于改善城市道路有什么打算？”等。大会主席团审议通过该质询案，市建委主任就质询案中提出的问题作了口头答复。代表们认为：质询案的提出和办理，充分发扬了民主，受质询机关的负责人作了诚恳的自我批评。市政府主要负责人表示要把质询当成接受人民监督、改进工作的动力。

市九届人大二次会议上，人大代表何玉东等7人，建议大力发展区街工业。市计划委员会承办后答复：一是继续落实好省政府有关发展区街工业的优惠政策，不平调上收，增长速度不限；二是市政府已确定周伯华副市长负责主管，市计委设置区街（镇）工业科，管理日常具体工作；三是市里正在制定“八五”计划，拟将区街（镇）经济发展计划纳入，进行统一综合平衡；四是原材料供应，市计委进一步沟通，建立供销渠道和协作关系，在组织地方材料时，尽可能多给支持。”本次会议上，人大代表唐升梅提出给农业劳动模范生活补助的建议称：“解放以来，农业战线一批被评为全国劳动模范的同志，现大都年过花甲，无固定工资收入，生活困难，建议有关部门调查解决。”大会以后，市政府有关部门组织联合调查，1990 年 1 月 2 日市政府常委会议决定：凡男满 60 周岁、女满 55 周岁，获全国农业劳动模范称号者，每月补助生活费 50 元，获省农业劳动模范称号者，每月补助生活费 30 元。

市九届人大三次会议上，株洲、攸县、茶陵和醴陵 4 个代表团分别提出解决退下来的村干部的生活待遇问题的议案，建议市政府应统筹考虑，每年给他们适当生活补贴费。市人大财经委员会经审议，建议市政府拿出具体补贴办法，予以实施。市政府会后制订《关于农村村级干部离任后待遇问题的若干规定》，对任职 10 年以上的村党支部书记、村长、秘书（会计）和任职 20 年以上的村党支部委员、村委员会委员，由乡（镇）人民政府颁发荣誉证书；任职 30 年以上的村支部书记、村长、秘书（会计）由县人民政府颁发荣誉证书。凡解放初期小乡乡长、农会主席、秘书（会计），公社化初期的大队党支部书记、村主任、秘书（会计），任职期间，尽职尽责，完成任务，任职 10 年以上，男满 60 周岁，女满 55 周岁或丧失劳动能力者，可每人每年享受生活补贴 120 元；县、乡、村财力较好的补贴范围和补贴标准可适当提高。补贴经费来源，市政府每年安排 20 万元，其余由县、乡、村三级财政负担。对现在任职的村干部实行养老保险制度。

市九届人大五次会议，对《关于在全市公民中继续普及法律常识》和《关于加强社会治安综合治理》等议案，分别作出相关决议，即《株洲市人民代表大会关于在全市公民中继续普及法律常识的决议》和《株洲市人民代表大会关于加强社会治安综合治理的决议》，两个“决议”分别就相关工作提出目标要求和具体措施。“决议”实施后，株洲市的普法工作和社会治安综合治理工作均取得了扎实的成效。

市十届人大一次会议陈立新等 11 名代表提出的《加快炎帝陵建设，增进民族团结，促进经济发展的议案》，经教科文卫委员会审议，常委会决定交由市政府依照职权，先行调查论证，尽快提出方案。市政府在十届人大二次会议召开前，向市人大常委会报告称：1993 年 8 月 15 日，由株洲市筹办、省长陈邦柱主祭的省政府公祭炎帝陵典礼隆重举行，扫墓祭祖礼制正式恢复。炎帝陵已被国家确定为全国文物重点保护单位。年内已完成对炎帝陵的维修和新建工程 620 万元。同时申报酃县更名为炎陵县。

市十届人大二次会议上，常委会提出的议案，经大会审议，作出《株洲市人民代表大会关于组织市人大代表评议有关国家机关及其工作人员的决议》。决议称，组织部分株洲市人大代表对株洲市人民政府及其所属部门、株洲市中级人民法院、株洲市人民检察院和上述机关负责人的工作进行评议。评议的重点是，被评议的国家机关及其负责人依法行政、严肃执法、勤政廉政等情况，评议的具体工作由株洲市人大常委会组织实施。

市十一届人大一次会议，市人民政府提请代表大会审议开展依法治市的议案，经大会审议，作出《关于深入开展依法治市的决议》。决议指出：要全面实施“三五”普法规划。强调要建立健全各级领导干部定期学法和干部上岗前法律知识考试制度，在全市逐步实施干部普法合格证制度，对干部学法用法情况进行考试考核，并作为干部政绩评议、考核的重要依据之一。

第四节 讨论决定重大事项

市首届人民代表大会第一次会议于 1954 年 6 月 26 — 29 日召开，到 2000 年 2 月 14 — 18 日市十一届人大三次会议，共召开过 32 次会议。

根据 1954 年《中华人民共和国地方各级人民代表大会和地方各级人民政府组织法》（简称《地方组织法》）规定，市人大的主要职权和会议议程：一是听取和审查人民委员会和人民法院的工作报告；二是审查批准市财政预、决算；三是选举市人民委员会组成人员、人民法院院长和出席省人大代表；四是讨论决定株洲市经济、文化、公共事业等重大事项。1986 年颁布的《地方组织法》，进一步扩大了地方人大的职权：审查和批准本行政区域的国民经济计划和财政预算、决算；讨论决定本行政区域的政治、经济、文化、教育、卫生、民政、民族工作等重大事项；选举本级人民代表大会常务委员会组成人员和检察院检察长；听取人大常委会的工作报告和检察院工作报告。

株洲市人民代表大会根据上述职权，安排大会议程。第一届至第五届人民代表大会会议主要议程是：传达省人民代表大会会议精神，听取和审查政府工作报告，审查和批准市财政预算、决算，听取和审查人民法院工作报告，选举市人民委员会组成人员、市中级人民法院院长和出席省人大代表，通过各项决议案。第七届至十一届三次人民代表大会会议议程增加内容：审查和批准国民经济和社会发展计划，听取人大常委会和人民检察院工作报告，并作出相应决议，选举人大常委会组成人员和人民检察院检察长等内容。

市人民代表大会举行会议时，从代表中选举若干人组成大会主席团主持会议。大会设秘书长 1 人、副秘书长若干人，会议设立代表资格审查委员会和提案审查委员会，并设大会秘书处，办理会务工作。第七届人民代表大会主席团下还设立了预算委员会。从第八届开始，代表资格审查委员会设在市人大常委会，八届人大只设预算委员会和议案审查委员会。九届人大主席团在设立大会秘书处的同时，大会设立法制、财经、教科文卫、城乡建设 4 个专门委员会。十届人大增设农业委员会。十一届人大设内务司法、财经、教科文卫、农业、城乡建设环境资源保护、联络工作 6 个专门委员会和研究室。

株洲市首届人民代表大会，任期为 1954 — 1956 年。1954 年 6 月 26 — 29 日市首届人民代表大会一次会议的中心议题是：执行以支援工业建设为全市一切工作的中心，审查市政府工作报告，学习与讨论《中华人民共和国宪法（草案）》。副市长刘恒胜作政府工作报告。市委宣传部部长杨中申宣讲国家宪法（草案）。市委书记侯锡义讲话强调：随着国家逐步实现社会主义工业化，株洲将成为我国的社会主义工业城市之一，我们今后的工作任务，必须以支援工业建设为一切工作的中心，城市建设、交通运输、劳力调配、物资供应和农业生产，都要为支援工业建设服务。人大代表在讨论中，一致拥护上述报告和讲话，认为："《中华人民共和国宪法（草案）》是社会主义类型的宪法，只有在中国共产党和毛主席的领导下，才能制订出这么好的宪法。一致拥护全市工作以支援工业建设为中心的决策，认为这符合过渡时期总路线与本市实际情况"。本次会议关于政府工作报告的决议指出：为实现国家社会主义工业化，逐步把株洲建设成为社会主义工业城市，我们今后的光荣任务是把支援工业建设作为一切工作的中心。城市建设要积极建设自来水厂，铺设上下水道，搞好地形测量，作好城市总体规划，作好征购拆迁，保证国家用地需要；同时要搞好交通运输、物资供应、劳力调配；全市人民都要节衣缩食，艰苦奋斗，加倍努力，从各方面支援工业建设。决议还提出要逐步实现资本主义工商业、手工业和农业的社会主义改造。

1955 年 5 月 16 — 18 日市首届人大二次会议，传达省一届人大二次会议精神，审查市政府工作报告。吴占魁作政府工作报告说：株洲是我们国家第一期重点建设的工业城市，重点工程经反复勘察，最后已经定下来。我们在支援基本建设方面，主要任务是为国家重点工程作好收集资料和厂址选择，保证与监督国家重点工程在快、好、省、安全的原则下按期完成任务，争取早日投产，依照经济、适用并在可能条件下注意美观的原则，规划和有计划地建设城市。1954 年，全市新建道路 6 千米，修建百货公司、邮电局、株洲饭店和栗树山完全小学，第一水厂已经开工，年底可以供水。城市总体规划经中央工作组和苏联专家反复实地勘察，确定今后城市建设以贺家土为中心，在白石港、晏家湾建立工业区，居民区摆在旧市区和白石港以南，将来根据需要城市向清水塘方向发展，今年在郊区划拨 174 万平方米土地，调配劳动力 1.4 万多人（次）支援基本建设，成立基本建设办公室，组织砖瓦灰砂石的供应。1954 年，工业生产比上年增长 39.45%，农业生产战胜百年未遇的大洪水，保持上年生产水平，商业和其他各项工作都有新发展。《报告》说：我们从事社会主义建设的伟大事业，需要一个和平的环境，我们对美帝国主义妄想以原子武器毁灭人类的阴谋极为愤慨，全市反对使用原子武器的签名运动，有 120124 人签名，占总人口的 94%。会议通过《向伟大的人民领袖毛主席致敬电》《向中国人民解放军致敬电》《向中国人民志愿军致敬电》《致全市基本建设战线上全体工人、干部的慰问信》。

1956 年 3 月 8 — 10 日市首届人大三次会议，传达省一届人大三次会议精神，作市人民政府工作报告。《报告》指出：1955 年是株洲大工业建设开始的第一年，全市基本建设任务完成 94.81%，除工厂建设外，修铁路专用线 1.3 千米，专用道路 11 千米，市区干道建成 2 千米，防洪堤 2.5 千米，新建住宅 11.48 万平方米，新建和扩建市立医院、土产公司、食品公司和幼儿园，第一水厂已经建成供水。为基本建设划拨土地 384 万平方米，调配劳力 26866 人（次）……。由于工厂选址工作做得好，地质资料供应及时，又争来国家几个限额以上工业项目。株洲市已按一个中等工业城市规模进行规划。1955 年，工业劳动生产率比上年提高 29.93%，地方工业增长 180%，稻谷增产 11.6%，商品流通增长 15.13%，财政收入增长 50%，小学生增加 24%，中学生增加 54%，病床增加 150%。郊区农业合作化由 2.4% 增加到 85%，手工业已全部合作化，资本主义工商业全部完成社会主义改造。中共株洲市委第一书记马壮昆在讲话中要求：新建的5个国有企业在“一五”计划期内建成投产；地方工业5年计划总产值前3年已完成70%，1956年要全部完成5年计划指标；城市建设投资额，前3年已完成5年计划的57%，今年（1956年）要完成5年计划指标的107%，交通运输、商业和郊区粮食、蔬菜生产，今年（1956年）都要达到“一五”计划指标。大会有10位人大代表发言。会议通过《关于拥护中共株洲市委争取四年完成五年计划号召的决议》《关于拥护中共株洲市委1956年至1967年全面规划纲要（草案）的决议》《关于拥护省人大一届三次会议精神传达报告的决议》《关于人民委员会1955年工作基本总结的决议》和《关于株洲市1955年财政决算的决议》。

市二届人大，从1956年12月至1958年5月，任期一年半。这个时期，株洲市已经完成对农业、手工业和资本主义工商业的社会主义改造，以生产资料公有制为基础的社会主义经济已经建立起来，开始组织全市人民集中力量发展社会生产力，全面开始社会主义建设。

1956年12月28—31日二届人大一次会议的议题是：贯彻“八大”精神，勤俭建国，增产节约，全面完成和超额完成国家第一个五年建设计划。《政府工作报告》指出：1954年以来，国家先后确定在株洲市扩建和新建430厂、601厂、选煤厂、电厂、化工厂、磷肥厂、麻纺厂、冶炼厂等十几个大厂和5个建筑业基地，建设速度快、质量好。郊区已有97.2%的农户加入了农业高级社，粮食亩产达276千克。各项社会主义事业都有很大发展。当前的主要任务是：集中力量搞社会主义建设，大力发展生产，进一步抓好工业基本建设，抓好城市的规划和建设，抓好粮食生产和供应。国民经济建设一定要有计划按比例协调发展，文化、教育、卫生、科技事业的发展要赶上来，勤俭办好一切事业。关心群众生活。13名人大代表和7名部门负责人在大会作口头或书面发言。

1957年12月29—31日市二届人大二次会议，中心议题是：动员全市人民，争取整风运动全面胜利，掀起工业建设新高潮和组织农业生产大跃进。《政府工作报告》指出：1957年开展的整风运动和反右派斗争取得初步胜利，人们的社会主义思想觉悟有提高。工业总产值预计完成计划的105.7%，国家确定在株洲市新建10个限额以上工厂有7个正在积极施工。全市60个基建项目都基本可以完成投资计划，其他各项工作亦有新发展。市政府在抓基本建设和工业生产的同时，全面考虑农业生产和地方工业不够，市场供应不足。1958年要坚持以基本建设、工业生产为中心，大力发展农业，相应发展其他各项事业；要继续深入开展整风运动、增产节约运动，保证各项计划完成。13名人大代表和20名部门负责人在大会作口头或书面发言。

1958年6月至1961年1月，市三届人大任期内，是全市人民贯彻执行总路线、开展大跃进、建立人民公社高潮时期。在优先发展重工业的同时，注重地方工业、农业、商业、交通和科教文卫等事业全面发展。

1958年6月1—4日市三届人大一次会议，主要听取和审查政府工作报告，审查批准财政预算和决算。《政府工作报告》指出：1958年1—4月，全市基本建设完成投资比去年同期增长15.2%，工业总产值完成年计划的21.3%。《报告》批评一些单位只有先进的计划，没有完成计划的先进措施，少数领导干部有自满松劲情绪，群众观念淡薄。在大会上14名人大代表作口头或书面发言。大会对4个报告作出相应的决议。关于《政府工作报告》的决议指出：必须把“鼓足干劲，力争上游，多快好省地建设社会主义”总战线，贯彻到一切工作中去，实现全面更大的跃进，力争整风运动的全面胜利。郊区要尽快实现农业机械化、电气化、水利化，在优先发展重工业的条件下，贯彻工业和农业同时并举，中央工业和地方工业同时并举，大型企业和中、小型企业同时并举的方针，农业确保粮食亩产700 ~ 800千克。

1959年12月25 — 28日市三届人大二次会议，系统地总结株洲市工人、农民及各阶层人民2年来，在党的领导和总路线指引下，各方面工作取得的成就，讨论1960年计划。《政府工作报告》指出：1960年的工作，中心是抓好工业生产建设，大力支援农业生产，夺取粮食丰收；各方面工作都要贯彻“发展、整顿、巩固、提高”的方针；深入开展增产节约、技术革新和技术革命运动，发扬勤俭办一切事业的精神，努力克服各种困难，认真总结经验教训，保证完成各项计划。15名人大代表和15名部门负责人在大会上作书面或口头发言。会议对《政府工作报告》《计划工作报告》《财政工作报告》《人民法院工作报告》作出相应决议。

市四届人大任期从1961年2月至1964年8月，任期内，国民经济遇到严重困难，国家实行“调整、巩固、充实、提高”的方针。

1961年2月11 — 13日市四届人大一次会议，总结1958年以来，全市城乡反对右倾保守和反对官僚主义、反对贪污浪费和违法乱纪的斗争所取得的胜利。《政府工作报告》指出大办钢铁、大办农业、开展技术革新和技术革命以及增产节约运动的成就：钢产量1957年为2600多吨，1958年为1.3万吨，1959年达3.6万吨，1960年达到5万吨；生铁1958年白手起家生产385吨，1959年达到15089吨，1960年达到15767吨；原煤1959年产量为14260吨，1960年达到26907吨。焦炭、电力、水泥、棉布等工业品和全市工业总产值连年都有较大增长。基本建设投资每年都超额完成计划。农田水利建设，1958年修建的水利工程为1957年以前水利工程总和的8.6倍；1959年大战100天，筑堤185千米，建成大小水库576座，增加蓄水量1.2亿立方米，当年遇到百日大旱，仍能保持丰收。1960年3 — 4月，连续遭受7次寒潮侵袭，烂掉100多万千克谷种，推迟季节，秋季又遇到不同程度的旱灾、虫灾，特别在晚稻扬花吐穗时又受到寒潮侵袭，粮食产量仍有0.91亿千克，保持平年收成。《报告》最后提出1961年发展国民经济的主要任务，号召全市人民，艰苦奋斗，发奋图强，夺取新的胜利。大会组织部分代表和部门负责人共70人分别在大会上发言。《政府工作报告》的决议指出：要大办农业，大办粮食，巩固重工业，大力发展轻工业，大力发展小商品生产和修补服务业，切实安排好群众生活，做到政治到食堂，干部下伙房。

1962年12月26 — 29日市四届人大二次会议，《政府工作报告》指出：1961年以来，全市认真贯彻中央的路线方针，组织全市人民战胜暂时经济困难，取得了新的成绩。粮食产量，1961年为0.93亿千克，1962年为1亿千克，增长8.2%，但人平口粮只有220千克，比1957年人平235千克下降6.5%。人平口粮拥有量也不平衡，一部分严重灾区的用粮水平还在100千克以下。生猪存栏数，1961年发展为8.12万头，1962年为12万头，增长47.7%。城市经济建设，由于摊子铺的过大，出现与农业生产水平不相适应的状况。根据中央“调整、巩固、充实、提高”

的方针，全市按照农、轻、重的次序，采取措施，解决工业生产摊子过大，基本建设项目过多，职工人数和城镇人口过多的问题；解决工业内部重工业过重，轻工业过轻，恢复发展手工业的问题。全市精减职工约4.9万人，减少统销粮1450万千克，减少工资支出1205万元，占工资计划的22%。1963年要进一步认真贯彻以农业为基础，工业为主导的发展国民经济的总方针，为全面完成工农业总产值计划而奋斗。

1964年8月27—30日召开市五届人大会议，《政府工作报告》指出：四届人大二次会议以来，株洲和全国、全省各地一样，取得新的成就：1963年5月以来，全市由点到面，分期分批地开始社会主义教育运动，取得很大进展。工业生产继续贯彻“八字方针”，重工业局所属15个企业，为农业服务的由1963年3个单位调整为8个单位。通过调整，工业生产稳步上升，1963年总产值完成23500万元，比1962年增长5.5%，1964年上半年完成14400余万元，比上年同期增长15.85%。农业遇到百年未遇的干旱，夏秋之间连续百余日未下透雨，94%的水库干涸，97%的塘底开拆，86%的河坝无水，渌江基本断流，全市86%的晚稻受旱，脱水龟裂的占75%。广大群众千方百计寻找水源，夜以继日地打井开渠、引水、车水、担水荫禾。郊区80%以上的劳力投入抗旱，出动各种水车1.6万条、抽水机422台，打井3200多处，整修、新开渠道1000余条，从而使去年（1963年）粮食总产量达到10178.5万千克。在科学实验上，中央、省属企业的科学研究重点项目100多项，地方科学研究重点项目14项。全部完成的有7项，创造不少新工艺、新技术。《报告》最后指出：1965年计划地方工业总产值增加39%，产品品种增加23%；农业总产值增加23%，粮食增加12%，多种经营面积增加57%，生猪增加31%，市内货运量增加13%，社会商品零售额增加98%，其他各项事业都有相应发展。通过《政府工作报告》的决议：要求工业战线贯彻“调整、巩固、充实、提高”的八字方针，农业战线要进一步贯彻以粮为纲，多种经营，全面发展的方针。财贸战线进一步加强市场管理，坚决打击投机倒把活动。

市七届人大任期，从1980年11月至1983年10月，这一时期是贯彻十一届三中全会精神，纠正“文化大革命”错误，国民经济实行“调整、改革、整顿、提高”的八字方针，也是执行国民经济“六五”计划的头3年。

1980年11月30日至12月6日市七届人大一次会议，是市人民代表大会中止14个年头后的第一次会议，面临着“文化大革命”遗留下来的许多问题。吴占魁作《政府工作报告》。到会代表着重围绕《政府工作报告》中关于“全市人民应当进一步动员起来，同心同德，艰苦创业，努力把株洲市建设成为一个工农业生产技术和管理比较先进，‘骨头’与‘肉’的比例关系比较协调，社会安定，经济繁荣，文明整洁的社会主义新型城市”。这一目标和第六个五年计划期间，株洲市工农业生产平均每年递增4.8% ~ 6.9%的指标，以及市政府计划为人民群众办10件实事等问题展开充分讨论，提出补充修改意见。通过的决议，要求政府全面贯彻“调整、改革、整顿、提高”八字方针，在搞好经济建设的同时，抓好物价管理、环境保护、文教卫生、市政建设、城市管理、社会治安、住宅建设和分配工作。

1981年12月15—19日市七届人大二次会议，《政府工作报告》称，1981年全市工业总产值预计完成16.2亿元，超额完成年计划4%；由于自然灾害频繁，粮食减产2500万千克，但农业总产值与上年持平；基本建设压缩投资。上年提出为全市人民办10件实事基本实现，但“乘车难”“买煤难”等问题，还没有明显好转。1982年继续贯彻“在经济上实行进一步调整，在政治上实现进一步安定”的方针，工业总产值增长4%，农业总产值增长10%，粮食增长一成。围绕人民生活急需解决的问题，再为群众办好10件事。在《关于政府工作报告的决议》中指出：一年来，市政府工作取得较好成绩，但是由于多年来受“左”的影响，经济建设问题较多，特别是生产效率低的问题，人民生活欠账问题急待解决，社会治安还没有根本好转，必须采取有力措施，逐步妥善解决。

1983年3月25—30日市七届人大三次会议，《政府工作报告》指出：1982年，株洲市出现建国以来少有的好形势，农业比上年增长9.06%，粮食增长20%，创历史最好水平；完成工业总产值17.9417亿元，增长8.18%；完成基建投资增长4.2%，其他各项工作都有新的发展。1983年，是贯彻落实党的十二大精神，实施新《宪法》，全面开创社会主义建设新局面，为国家长治久安而奋斗的一年，面临着全面改革，振兴经济的新形势，要积极推进改革，实行市管县的体制，抓好企业整顿和完善农村联产承包责任制，工业增长速度“保四争八”，农村“保四争五”。与会代表对政府工作报告给予认同，同时也提出了一些新的意见和建议。

市八届人大从1983年10月至1987年12月，任期5年。这一时期是执行国民经济“六五”计划的后2年和“七五”计划的头3年，全面贯彻改革开放的方针，实行市管县的体制，坚持以经济建设为中心，集中力量发展工农业生产。

1983年10月21—25日八届人大一次会议，由于实行改革和市管县的新体制，提前2年换届，主要任务是选举人大常委会组成人员、正副市长、市中级法院院长、市人民检察院检察长。人大常委会和一府两院都未作工作报告，新当选人大常委会主任吴占魁和市长薛厚民分别发表讲话。薛厚民说：本届政府要继续深入贯彻中共十二大和六届全国人大一次会议精神，组织全市人民，狠抓当前，着眼长远，立足改革，励精图治，争取各项工作有新的突破。今后工作的指导思想要从比较注重城市转到城市、农村一起抓；从比较注重生产转到生产流通一起抓；从比较注重生产投资转到生产投资、智力投资一起抓。

1984年7月5—10日市八届人大二次会议，《政府工作报告》称：近一年来，通过认真贯彻“调整、改革、整顿、提高”的方针，1983年完成工农业总产值33.985亿元，粮食总产16.28亿千克，1984年上半年工业总产值完成计划的53.85%，其他各项事业都有新的发展。今后着重抓好体制改革和对外开放2件大事，进一步简政放权，做好利改税工作，职工奖金实行不封顶、不保底、不拉平的办法。大力推行劳动合同制，允许长途贩运，建立工业品、农副产品中心贸易市场。基本建设实行招标投标。鼓励发展集体企业和乡镇企业，发展专业户和个体户，科研单位实行有偿合同制、课题承包制。学校实行校长负责制，增加职业中学和职业高中班等改革措施。在分组审议的基础上，8名人大代表分别就工业、农业、教育、科研等专题在大会上作审议发言。熊光照呼吁市政府给企业松绑放权，希望市财政对企业上缴利润要实行递增包干，以销定产，防止盲目追求产值；银行要以企业经济效益好坏来决定贷款，企业对机构设置要有自主权。大会期间，东区代表团提出关于城市道路建设质询案，主席团决定交由受质询机关在东区代表团作口头答复。

1985 年 5 月 25 — 30 日市八届人大三次会议，《政府工作报告》指出：株洲市经济体制改革有新的进展，制订发展农业生产，搞活农村经济“十允许，十鼓励”的措施，稳定和完善联产承包责任制。全市 1383 个工交企业中，有 70% 的集体企业和 20% 的全民企业把奖金与工资挂钩，一起浮动。1984 年完成工农业总产值 38.11 亿元，比上年增长 13.38%；粮食总产达 16.17 亿千克，其他各项工作都有新的发展。《报告》阐述 1985 年突出抓好 4 项工作和所采取的措施。大会上，有 7 位代表作专题发言。大会收到东区代表团提出的关于解决“买煤难”问题质询案，主席团决定由受质询机关在主席团会议上作口头答复，各代表团派 2 名代表参加。大会通过《政府工作报告决议》指出：要有步骤地继续进行经济体制改革，增加企业活力，调整农村产业结构，加强市场物价管理，防止片面追求经济增长速度，同各种不正之风作斗争。同时会议作出《关于向全市公民普及法律常识的决议》。

1986 年 6 月 2 — 7 日市八届人大四次会议，《政府工作报告》称：“六五”计划期间，株洲市工农业生产持续增长，期末工农业总产值计划为 35.35 亿元，1985 年实际完成 43.99 亿元，为计划的 124.44%，其中工业总产值完成 31.79 亿元（不含村以下企业），为计划的 122.98%；农业总产值完成 12.20 亿元（含村以下企业），为计划的 128.42%。粮食总产量计划为 16.5 亿千克，1984 年达到 16.64 亿千克，1985 年虽受自然灾害影响，仍达到 16.40 亿千克。1985 年国民经济计划指标完成较好，工农业总产值计划为 41.65 亿元，实际完成 43.90 亿元，财政收入完成 3.37 亿元。政府提出抓好与人民密切相关的 11 件大事进展顺利。《报告》阐述“七五”计划的主要奋斗目标和措施。1986 年抓好的几项主要工作是：加强农业和农村商品经济发展；工交战线主攻企业管理，提高质量，降低消耗，讲求效益；财贸工作要实现财政、信贷、物资平衡和市场物价基本稳定；城镇方面要切实抓好村镇规划、河西区规划。在分组审议的基础上，有 8 位代表在大会上作专题发言。本次会议作出《关于组织检查宪法、法律执行的决议》。

1987 年 4 月 11 — 16 日市八届人大五次会议，《政府工作报告》称：1986 年，认真贯彻中央提出的“巩固、消化、补充、改善”的八字方针。工交企业配套改革着重抓落实已出台的改革措施，进一步落实以经营承包为主要内容的经济责任制、厂长负责制，探索所有权和经营权分开的新路子。1986年全市工农业总产值完成49.12亿元，比上年增长11.67%。农村改革主要抓完善农业生产责任制，调整生产结构，大力推广农业科学技术。粮食总产量因受自然灾害减少 2.83%，仍完成 159.33 万吨，农业总产值完成 9.26 亿元，比上年增长 1.57%，其他各项事业都有新的发展。存在的主要问题是经济效益不够理想、亏损企业有所上升、农业投入较少、企业管理费用增加。1987 年的工作，要坚持四项基本原则，旗帜鲜明地反对资产阶级自由化，以经济建设为中心，两个文明建设一起抓，继续深入进行各项改革，推动生产，保证全面完成全年国民经济计划。经过分组审议，对政府工作报告作出决议。

市九届人大从 1988 年 1 月至 1992 年 12 月，任期 5 年。这一时期，继续执行“七五”“八五”

计划和改革开放方针，治理经济环境，整顿经济秩序，国民经济逐步走上健康发展道路。

1988 年 1 月 8 — 16 日九届人大一次会议，《政府工作报告》称：5 年中，全市上下认真贯彻执行党的十一届三中全会以来的路线、方针、政策，社会生产力发展较快，社会总产值平均递增 12.06%，财政收入平均递增 9.64%。银行存款由 5.1 亿元增加到 14.5 亿元，社会商品零售额平均递增 16.8%。集市贸易成交额增长 46.34%，投资结构趋向合理，城镇建设步伐加快。城市职工人平收入由 1982 年 816.5 元增加到 1413 元，农村人平收入由 219 元增加到 500 元，科教文卫等工作取得可喜成绩，民主与法制建设有所加强。1988 年计划完成工业总产值 48.8 亿元，农业总产值 10 亿元，粮食总产量 160 万吨，财政总收入 43810 万元，并计划为全市城乡人民各办 10 件实事。与会代表分组审议后，大会作出《政府工作报告的决议》，授权九届人大常委会对 1988 年国民经济和社会发展计划，1988 年财政预算正式编制后，予以审查批准。大会通过九届人民代表大会设立法制、财经、教科文卫、城乡建设 4 个专门委员会的决定。本次会议作出《依法治市的决议》，要求坚持一手抓建设，一手抓法制的方针，做到一切依法办事。

1989 年 3 月 14 — 19 日市九届人大二次会议，代表分组审议政府工作、计划、财政 3 个报告，并对农业、工业、城建、科技教育、法制 5 个专题进行分项审议，一府两院负责人分别就专题审议提出的问题和询问当场作解答。与会代表对治理整顿、市场物价、农业升温、社会治安、廉政建设等几个问题反映强烈。在《关于政府工作报告的决议》中指出：市政府在 1989 年工作中，要着重治理经济环境，整顿经济秩序，在治理整顿中求稳定，在稳定中求发展；要切实加强市场管理和物价管理，使物价上涨低于去年；要加强民主和法制建设，严厉打击犯罪活动，使社会治安好于去年；要加强廉政建设，增加工作透明度。会议针对农业生产不够景气和人大代表要求大力发展农业的呼声，作出《关于大力发展农业的决议》，要求各级领导提高农业意识，建立以家庭为主导、农民为主体、农用工业为后盾、各个部门一齐上的多元投入机制；收好、管好、用好农业发展基金，建立每年每个农村劳动力投工 15 ~ 20 个的农业积累用工制度；要大力植树造林，5 年消灭荒山，10 年绿化株洲；搞好农业生产资料供应，对生产化肥、农药、农膜、农机具生产所需煤、电和其它原材料做到优先供应；要严格控制占用耕地。稳定粮食生产面积 26.67 万公顷以上，充分发挥科学技术在农业发展中的作用。

1990 年 3 月 30 日至 4 月 4 日市九届人大三次会议，《政府工作报告》称：1989 年，认真落实九届人大二次会议各项决议，排除动乱干扰，克服资金紧张、能源短缺、市场疲软等困难，完成和超额完成全年国民经济和社会发展计划，工农业总产值达到 66.66 亿元，为年计划的 100.24%，比上年增长 8.14%；市场物价涨幅回落，治理整顿取得明显成效，各项改革稳定发展，教科文卫各项事业，都取得新的成绩。大会作出《政府工作报告的决议》，要求政府各个部门，切实加强廉政建设，改进机关作风，密切联系人民群众，为人民多办实事，进一步增强民主意识和法制观念，努力做好各项工作。九届人大法制、财经、教科文卫、城乡建设 4 个专门委员会，分别向大会作书面工作报告和议案审议情况的书面报告。市人大常委会代表联络工作委员会作人大代表建议办理情况的书面报告。

1990年8月21—23日九届人大四次会议，新任市长周伯华作《勤政为民，求实创新，紧紧依靠全市人民，夺取改革和建设的更大胜利》的讲话。

1991年3月19—24日市九届人大五次会议，主要任务是审查批准株洲市十年规划和“八五”计划，审查批准全市1991年计划和预算。《政府工作报告》提出“八五”期间全市国民经济和社会发展的主要目标和要求：国民生产总值由1990年的32.3亿元增加到45.3亿元，年均递增7%；工农业总产值由1990年的70.6亿元增加到94.5亿元，年均递增6%；地方财政收入由1990年的5.5亿元增加到7.54亿元，年均递增6.5%。《政府工作报告》称，1991年全市国民经济和社会发展的主要目标和要求：工农业总产值达到74.5亿元，粮食产量突破17亿千克，农民人均纯收入增加30元，财政总收入达到5.87亿元，社会商品零售物价指数控制在106%以下，人口自然增长率控制在14.5‰以内。大会分组审议1991年工作安排、“八五”计划任务的安排以及十年发展规划的各项指标，作出了《株洲市国民济和社会发展十年规划和“八五”计划的决议》以及《政府工作报告决议》。《政府工作报告决议》强调，要坚持以经济建设为中心，集中精力，把国民经济搞上去；继续推进“治理整顿，深化改革”，把整顿、改革和发展经济密切结合起来；要继续加强和发展农业生产，稳定家庭联产承包责任制，增加对农业的投入，依靠科技、教育兴农；要把提高经济效益作为全部经济工作的中心，广泛深入开展“质量、品种、效益年”活动，下功夫增强企业活力，不断提高产品质量；积极开拓市场，搞活商品流通；控制物价，搞好供应，保障人民生活；加强精神文明建设，进一步发展教育、科技、文化、卫生、体育等各项事业；严格控制人口，切实保护耕地，加强城市管理和环境保护工作。会议通过了计划、财政、人大常委会、法院和检察院工作报告决议，还通过了《关于加强社会治安综合治理的决议》《关于加强保护耕地、稳定耕地面积的决议》和《关于在全市公民中继续普及法律常识的决议》；通过了《株洲市人民代表大会议案提出和审议程序》。

1992年3月25—30日市九届人大六次会议，听取和审查政府、计划和财政3个报告，及市人大常委会、市中级人民法院和市人民检察院的工作报告，并作出相应决议。

市十届人大任期，从1993年1月至1997年12月，任期5年。本届人大以“富民强市”为目标，正确处理改革、发展、稳定的关系，围绕经济建设中心，以民主法制建设为重点，认真履行宪法和法律赋予的职权，促进各项工作和建设不断取得新的进展。

1993年1月3—9日市十届人大一次会议，主要任务是选举出席省八届人大代表，选举人大常委会组成人员、正副市长、中级人民法院院长、人民检察院检察长，通过人大各专门委员会组成人员。听取和审议各项工作报告并作出相应决议。

1994年3月5—8日市十届人大二次会议，《政府工作报告》称，全年国民经济和社会发展的主要目标：国民生产总值计划比上年增长12%，达到90.3亿元，力争达到100亿元，工农业总产值增长14.33%，达到194亿元，力争突破200亿元，地方财政收入按同口径比上年增长10%以上。各代表团分小组在对政府工作报告及其他报告进行审议的基础上，又组织分行业和战线进行专题审议。大会作出关于《政府工作报告的决议》。本次会议株洲县代表团12名代表联名提出质询案，主席团决定由受质询的市检察院负责人口头答复。

1995 年 2 月 26 日至 3 月 2 日市十届人大三次会议，《政府工作报告》称，1994 年株洲遭受百年罕见的特大洪水灾害，全市上下奋起抗灾救灾，最大限度地减少了灾害损失，赢得了农业全面丰收。全市实现农业总产值 42.94 亿元，比上年增长 4.52%，粮食产量达到 167.49 万吨，比上年增产 4.48%，醴陵、攸县、郊区已建成双季稻吨粮县（市、区）。1995 年，要致力于改革开放发展经济，致力于社会稳定政通人和，致力于人民富裕安居乐业，努力控制物价上涨幅度，实现国民经济持续稳定健康发展和社会各项事业全面进步。《政府工作报告的决议》强调：1995 年是“八五”计划最后一年，也是为“九五”计划作准备的一年，各项任务十分繁重。必须坚持“两手抓，两手都要硬”的方针，大力倡导和弘扬“开拓奉献创业争先”的株洲精神，进一步加强社会主义精神文明建设，积极推进民主法制建设，维护社会稳定，夺取两个文明建设的新胜利。

1996 年 2 月 29 日至 3 月 3 日市十届人大四次会议，《政府工作报告》称，1995 年全市国内生产总值达到 176 亿元，比 1990 年增长 94.1%，完成“八五”计划指标的 106.2%，工业总产值和财政收入提前 5 年实现翻两番的目标。“九五”期间全市经济和社会发展的奋斗目标：国内生产总值达到 324 亿元，年均递增 13%；工业总产值达到 553 亿元，年均递增 15%；农业总产值达到 80 亿元，年均递增 6%；粮食总产量稳定在人均 400 千克以上；第三产业增加值达到 113 亿元，年均递增 15%，第三产业占国内生产总值的比重达到 35%；全市财政收入达到 25.7 亿元，年均递增 13%。1996 年，要求国内生产总值完成 206 亿元，增长 12%，工业总产值完成 340 亿元，增长 17%，农业总产值完成 67.6 亿元，增长 6%，全市财政总收入完成 15 亿元，增长 12%。代表们对《政府工作报告》及《株洲市国民经济和社会发展“九五”计划和 2010 年远景目标纲要》进行分组审议。《政府工作报告决议》指出：“八五”期间是株洲市国民经济和社会发展速度最快的 5 年，对市人民政府 1995 年及“八五”期间的工作表示满意。同时也希望市人民政府高度重视目前经济和社会生活中存在的一些困难和问题，采取切实有力措施，逐步加以解决。会议批准了株洲市国民经济和社会发展“九五”计划和 2010 年远景目标纲要。会议还作出法制委员会更名为内务司法委员会、城乡建设委员会更名为城乡建设环境资源保护委员会的决定。

1997 年 2 月 26 日至 3 月 1 日市十届人大五次会议，《政府工作报告》称：1996 年是“九五”计划的头一年。全市国内生产总值达到 214.7 亿元，比 1995 年增长 13.53%，提前两年实现翻两番的目标”。完成工业总产值 319.69 亿元，比上年增长 30.9%；农林牧渔业总产值达到 71.01 亿元，比上年增长 10.24%，首次实现两位数增长。代表们在分组审议各项工作报告时，要求用小康目标总揽农村全局，发展农村经济，提高工业经济运行质量和效益，加快第三产业发展，提高全民科学文化素质和株洲经济外向度，推进依法治市，实现 1997 年全市国内生产总值达到 240 亿元，财政收入达到 17.77 亿元以及其他经济和社会发展的各项主要目标。《关于政府工作报告的决议》指出，市人民政府及其部门的广大干部特别是领导干部，要进一步解放思想，实事求是，找准上级精神与本地区、本部门实际的结合点，勇于开拓，真抓实干；树立全市工作“一盘棋”的思想，严肃政纪，保证政令畅通。

1998 年 1 月 3 — 9 日市十一届人大一次会议，《政府工作报告》称：1998 年国内生产总值要达到 275 亿元，增长 13%，农业总产值达到 82 亿元，增长 6.5%，全市财政收入达到 19.75 亿元，增长 11%。《关于政府工作报告的决议》指出，第十一届人民政府任期的 5 年，是跨世纪发展的关键时期。市人民政府及其各部门要大力推进机构改革，切实转变政府职能，进一步提高办事效率。各代表团分组审议各专门委员会向大会提交的工作总结。会议作出《关于深入开展依法治市的决议》。

1999 年 2 月 5 — 8 日市十一届人大二次会议，《政府工作报告》称：1999 年全年工作应把握好以下四点：一是要正确处理好外部环境、主观努力与发展目标的关系，二是要正确处理好保持适度快速增长与优化经济结构和提高经济效益的关系，三是要正确处理好改革、发展和稳定的关系，四是要正确处理好抓大事、办实事、攻难关的关系，坚持着力提高人民群众的物质文化生活水平，及时解决人民群众关注的热点、难点和重点问题，努力为老百姓多办实事。报告称，要加大对老、少、边、穷地区的扶持，帮助贫困地区、偏远山区农民和库区移民、农村特困户解决温饱问题。多渠道、多形式妥善安置企业富余人员，积极推广多种就业形式，推进国有企业下岗职工再就业，落实好有关下岗职工基本生活保障、城市居民最低生活保障和离、退休人员生活保障的政策。会议还审议通过了《株洲市人民代表大会议事规则》。

2000 年 2 月 14 — 18 日市十一届人大三次会议，审查了政府工作报告，计划、财政报告，人大常委会工作报告及法院、检察院工作报告。代表们对株洲的农业、乡镇债务、县域经济运行质量、企业办社会包袱沉重、加快科技创新步伐、城市规划管理、增强全民创建国家卫生城市意识、“小城镇、大战略”、依法治市、国防建设等提出意见和建议。

株洲市历届人代会《工作报告》报告人一览表

表 16-2

届	次	《市人民政府工作报告》报告人	《市人大常委会工作报告》报告人	《市人民法院工作报告》报告人	《市人民检察院工作报告》报告人
一	一	副市长 刘恒胜	–	–	–
	二	市　长 吴占魁	–	–	–
	三	市　长 吴占魁	–	–	–
二	一	市　长 吴占魁	–	–	–
	二	副市长 张小辉	–	–	–
三	一	副市长 张小辉	–	院　长 田育农	–
	二	市　长 吴占魁	–	院　长 贾同来	–
四	一	市　长 吴占魁	–	院　长 贾同来	–

续表 16–2

届	次	《市人民政府工作报告》报告人	《市人大常委会工作报告》报告人	《市人民法院工作报告》报告人	《市人民检察院工作报告》报告人
四	二	市　长 吴占魁	–	院　长 贾同来	–
五	一	市　长 吴占魁	–	院　长 贾同来	–
七	一	市　长 吴占魁	–	院　长 贾同来	检 察 长 岳齐宣
	二	市　长 吴占魁	副主任 邢连兴	院　长 贾同来	检 察 长 岳齐宣
	三	市　长 吴占魁	副主任 邢连兴	院　长 贾同来	检 察 长 岳齐宣
八	一	–	–	–	–
	二	市　长 薛厚民	副主任 李文源	院　长 贾同来	检 察 长 岳齐宣
	三	副市长 周吉太	副主任 李文源	院　长 贾同来	检 察 长 岳齐宣
	四	副市长 匡彦博	副主任 李文源	院　长 贾同来	检 察 长 岳齐宣
	五	市　长 周吉太	主　任 李文源	院　长 宋炳仁	检 察 长 彭物苟
九	一	市　长 周吉太	主　任 李文源	院　长 宋炳仁	检 察 长 彭物苟
	二	市　长 周吉太	主　任 李文源	院　长 宋炳仁	检 察 长 彭物苟
	三	市　长 周吉太	主　任 李文源	副院长 章亚曦	检 察 长 彭物苟
	五	市　长 周伯华	主　任 李文源	院　长 宋炳仁	检 察 长 彭物苟
	六	市　长 周伯华	主　任 李文源	院　长 宋炳仁	副检察长 程海涛
十	一	市　长 王汀明	副主任 刘朝前	–	–
	二	市　长 王汀明	主　任 刘迪恺	院　长 曾庆鹏	检 察 长 彭　盛
	三	市　长 王汀明	主　任 刘迪恺	院　长 曾庆鹏	检 察 长 彭　盛
	四	市　长 王汀明	主　任 刘迪恺	院　长 曾庆鹏	检 察 长 彭　盛
	五	市　长 工汀明	副主任 刘朝前	院　长 曾庆鹏	检 察 长 彭　盛
十一	一	市　长 王汀明	主　任 刘迪恺	院　长 吴成志	副检察长 龚启国
	二	市　长 王汀明	主　任 刘迪恺	院　长 吴成志	检 察 长 龚启国
	三	市　长 王汀明	主　任 刘迪恺	院　长 吴成志	检 察 长 龚启国

第三章 人大常委会

第一节 组织机构

株洲市人民代表大会常务委员会是市人民代表大会的常设机关。七、八、九、十、十一届人大一次会议，分别在代表中选举主任、副主任、秘书长和委员组成人大常委会。在代表大会闭会期间，依法行使职权，对本级人民代表大会负责并报告工作，任期与本届人民代表大会相同。市人大常委会实行民主集中制，重大事项由委员会会议集体决定；人大常委会的重要的日常工作，由人大常委会主任、副主任、秘书长组成主任会议主持处理。主任会议成员中的共产党员组成党组，接受中共株洲市委领导，对中共株洲市委负责。

市人大常委会工作机构设立秘书长，协助人大常委会正副主任处理日常事务，副秘书长协助秘书长工作。

市七届、八届人大任期中，市人民代表大会相继设立办公室、财政经济工作委员会、教育科学文化卫生工作委员会、建设工作委员会、法制工作委员会，作为市人大常委会的常设机构，围绕人大常委会行使监督权和决定权，分别与对口单位加强联系，为人大常委会会议做好服务工作，承办主任会议交办的有关事项。

九届人大一次会议决定，市人民代表大会设立法制、财政经济、教科文卫、城乡建设 4 个专门工作委员会，大会闭会期间，其工作受人大常委会领导。九届人大常委会办事机构为办公室、人大工作研究室和人大常委会代表联络工作委员会。办公室在秘书长领导下，负责参谋、综合信息、组织协调、后勤服务工作。代表联络工作委员会负责代表议案和建议的征集、督办工作，人大代表工作和县市区人大联络工作。人大工作研究室进行地方人大工作理论探讨，总结人大工作经验，汇集人大工作信息，起草有关文稿，编辑人大工作刊物。1991 年 5 月，市人大常委会决定设立农业工作委员会，负责检查、督促农业法律、法规、上级人大、市人大及其常委会决议、决定的执行情况，调查研究提出建议及处理意见，参与涉农法律、法规草案征求意见的讨论、收集、修改等。

市十届人大常委会办事机构仍设办公室、人大工作研究室和代表联络工作委员会。十届人大一次会议决定设立法制、财政经济、教科文卫、城乡建设、农业 5 个专门工作委员会。1996 年 3 月，法制委员会和城乡建设委员会分别更名为内务司法委员会和城乡建设环境资源保护委员会。2000 年 11 月，代表联络工作委员会更名为选举任免联络工作委员会，增加办理任免事项职责。

常委会议一般每 2 个月召开一次，1980 — 2000 年共召开 146 次会议。根据《地方组织法》规定的地方人大常委会 14 项职权，市人大常委会行使决定权、监督权和任免权，审议本行政区域内政治、经济、教育、科学、文化、卫生、民政、民族工作的重大事项。包括法律规定必须例行审议的事项；根据党和国家的总目标总任务或者一个时期中心任务需要审议的事项；“一府两院”提请审议的事项；市人大代表和广大群众迫切要求解决的关系人民群众切身利益的重大事项；市人大常委会认为需要审议的其它重大事项。20 年来，市人大常委会听取和审议人大专门委员会、常委会办事机构和“一府两院”各项工作汇报 541 项次。

主任会议一般半个月至 1 个月召开一次，1981 — 2000 年共召开主任会议 326 次。主要处理决定人大常委会议的召开日期、地点；拟定人大常委会议的议程草案；研究法定单位和法定人向人大常委会提出的议案、质询案；向人大常委会会议提出年度工作计划草案；听取人大常委会办事机构和专门委员会的工作汇报；讨论为人大常委会会议审议服务的调查和视察报告；听取“一府两院”有关没有列入人大常委会会议审议的重要事项汇报；讨论本行政区域内人大换届选举和市人民代表大会会议筹备工作；听取有关人大及其常委会决议决定执行情况和人大代表建议办理情况的汇报等等。

株洲市第七至十一届人大常委会主任、副主任名录

表 16–3

届 别	主 任	任职时间	副 主 任	任职时间
七届	张小辉	1980.12 — 1983.3	李志远	1980.12 — 1983.3
	–	–	邢连兴	1980.12 — 1983.10
	–	–	张茂林	1980.12 — 1983.3
	–	–	周素珍	1980.12 — 1983.10
	–	–	陈文玉	1980.12 — 1983.10
	–	–	张恒英	1980.12 — 1983.10（兼）
	–	–	王永青	1980.12 — 1983.10（兼）
八届	吴占魁	1983.10 — 1986.6	李文源	1983.10 — 1986.6
	李文源	1986.6 — 1987.12	邢连兴	1983.10 — 1986.6
	–	–	周素珍	1983.10 — 1987.12
	–	–	马金琢	1983.10 — 1986.6
	–	–	艾 新	1983.10 — 1986.6
	–	–	王志岐	1983.10 — 1987.12
	–	–	李建国	1983.10 — 1986.1
	–	–	王永青	1983.10 — 1986.6（兼）
	–	–	彭道德	1983.10 — 1985.8（兼）
	–	–	何尚文	1984.7 — 1987.12
	–	–	施访梅	1986.6 — 1987.12（兼）
九届	李文源	1988.1 — 1993.1	周素珍	1988.1 — 1993.1
	–	–	何尚文	1988.1 — 1993.1
	–	–	栾宗友	1988.1 — 1993.1

续表 16-3

届 别	主 任	任职时间	副 主 任	任职时间
	–	–	刘 辉	1988.1 — 1993.1
	–	–	黄秉东	1988.1 — 1993.1
	–	–	刘友梅	1988.1 — 1993.1（兼）
	–	–	刘朝前	1989.3 — 1993.1
	–	–	张国志	1992.3 — 1993.1
十届	刘迪恺	1993.1 ~ 1998.1	刘朝前	1993.1 — 1998.1
	–	–	袁征敏	1993.1 — 1998.1
	–	–	张国志	1993.1 — 1998.1
	–	–	刘友梅	1993.1 — 1998.1（兼）
	–	–	朱汉钦	1993.1 — 1998.1
	–	–	张昔兰	1993.1 — 1998.1
	–	–	张启福	1993.1 — 1998.1
	–	–	陶维善	1993.1 — 1998.1
	–	–	刘祥林	1995.3 — 1998.1
十一届	刘迪恺	1998.1 ~ 2000.12	刘祥林	1998.1 — 2000.12
	–	–	张昔兰	1998.1 — 2000.12
	–	–	陶维善	1998.1 — 2000.12
	–	–	万 宁	1998.1 — 2000.12
	–	–	曾庆鹏	1998.1 — 2000.12
	–	–	刘建初	1998.1 — 2000.12
	–	–	李博文	1998.1 — 2000.12
	–	–	周定伍	1998.1 — 2000.12（兼）

株洲市人大常委会机关历届负责人名录

第七届

表 16-4

职 务	姓 名	任职时间
秘 书 长	李建国	1980.12 — 1983.10
副秘书长	罗志钧	1981.1 — 1983.10
副秘书长	潘明理	1980.12 — 1983.10
副秘书长	李连启	1980.12 — 1983.10
办公室主任	罗志钧	1981.1 — 1983.10（兼）
办公室副主任	沈昌咸	1980.12 — 1983.10
办公室副主任	肖林菊	1980.12 — 1983.10（兼）

第八届

续表 16-4

职 务	姓 名	任职时间
秘 书 长	王仲元	1983.10 — 1987.12
副秘书长	赵启湘	1983.10 — 1987.12
副秘书长	肖林菊	1983.10 — 1987.12
副秘书长	彭长华	1984.1 — 1987.12
财经工作委员会主任委员	马金琢	1983.11 — 1986.4（兼）
财经工作委员会主任委员	赵庆云	1986.4 — 1987.12
财经工作委员会副主任委员	易锡林	1983.11 — 1986.4
财经工作委员会副主任委员	王子干	1983.11 — 1986.4
财经工作委员会副主任委员	沈昌咸	1984.3 — 1987.12
财经工作委员会副主任委员	江文志	1986.4 — 1987.12
教科文卫工作委员会主任委员	余清源	1983.10 — 1987.12
教科文卫工作委员会副主任委员	胡明隆	1983.10 — 1987.12
建设工作委员会主任委员	罗志钧	1983.10 — 1987.12
建设工作委员会副主任委员	刘鼎中	1983.10 — 1987.12（兼）
法制工作委员会主任委员	李建国	1983.10 — 1986.1（兼）
法制工作委员会主任委员	郭福安	1987.6 — 1987.12
法制工作委员会副主任委员	梁文辉	1983.11 — 1987.12

第九届

续表 16-4

职 务	姓 名	任职时间
秘 书 长	王仲元	1988.1 — 1993.1
副秘书长	赵启湘	1988.1 — 1990.8
副秘书长	肖林菊	1988.1 — 1993.1
副秘书长	邓岩山	1988.1 — 1989.8
副秘书长	谭炳林	1988.1 — 1990.5
办公室主任	肖林菊	1988.1 — 1993.1（兼）
办公室副主任	周继政	1988.1 — 1993.1
法制委员会主任委员	郭福安	1988.1 — 1993.1
法制委员会副主任委员	梁文辉	1988.1 — 1993.1
法制委员会副主任委员	杨伯勋	1988.1 — 1993.1
财政经济委员会主任委员	赵庆云	1988.1 — 1993.1
财政经济委员会副主任委员	沈昌咸	1988.1 — 1993.1

续表 16-4

职　务	姓　名	任职时间
财政经济委员会副主任委员	江文志	1988.1 — 1993.1
财政经济委员会副主任委员	田丽亚	1988.11 — 1993.1
教科文卫委员会主任委员	彭长华	1988.1 — 1993.1
教科文卫委员会副主任委员	胡明隆	1988.1 — 1993.1
教科文卫委员会副主任委员	向绍祖	1988.3 — 1993.1
城乡建设委员会主任委员	刘鼎中	1988.1 — 1993.1
城乡建设委员会副主任委员	李兴隆	1988.3 — 1993.1
人大工作研究室主任	邓岩山	1989.8 — 1993.1
人大工作研究室副主任	王特乔	1989.7 — 1993.1
代表联络工作委员会主任	谭炳林	1990.5 — 1993.1
农业委员会主任委员	王德生	1991.5 — 1993.1
农业委员会副主任委员	王功祥	1992.3 — 1993.1

第十届

续表 16-4

职　务	姓　名	任职时间
秘 书 长	邓岩山	1993.1 — 1998.1
副秘书长	肖林菊	1993.1 — 1994.11
副秘书长	向绍祖	1993.6 — 1994.12
副秘书长	王特乔	1996.8 — 1998.1
副秘书长	谢罗生	1997.7 — 1998.1
办公室主任	肖林菊	1993.1 — 1993.6（兼）
办公室主任	向绍祖	1993.6 — 1994.11（兼）
办公室副主任	周继政	1993.1 — 1998.1
办公室副主任	黄栋家	1993.6 — 1998.1
办公室副主任	谢罗生	1993.6 — 1994.9
办公室副主任	杨靖云	1996.8 — 1998.1
办公室副主任	董忠良	1996.8 — 1998.1
办公室副主任	宾兴林	1997.9 — 1998.1
法制委员会主任委员	郭福安	1993.1 — 1996.3
法制委员会副主任委员	邓子和	1993.1 — 1996.3
内务司法委员会主任委员	郭福安	1996.3 — 1998.1
内务司法委员会副主任委员	邓子和	1996.3 — 1998.1
财政经济委员会主任委员	周如龙	1993.1 — 1998.1

续表 16–4

职　务	姓　名	任职时间
财政经济委员会副主任委员	田丽亚	1993.1 — 1998.1
教科文卫委员会主任委员	彭长华	1993.1 — 1998.1
教科文卫委员会副主任委员	言项珍	1993.1 — 1998.1
城乡建设委员会主任委员	李兴隆	1993.1 — 1996.3
城乡建设环境资源保护委员会主任委员	李兴隆	1996.3 — 1998.1
农业委员会主任委员	王功祥	1993.1 — 1998.1
农业委员会副主任委员	唐怀忠	1996.8 — 1998.1
代表联络工作委员会主任	谭炳林	1993.1 — 1998.1
代表联络工作委员会副主任	刘爱国	1993.6 — 1994.9
人大工作研究室主任	邓岩山	1993.1 — 1996.8（兼）
人大工作研究室主任	王特乔	1996.8 — 1998.1
人大工作研究室副主任	王特乔	1993.1 — 1996.8
人大工作研究室副主任	李恂予	1993.6 — 1998.1
人大工作研究室副主任	杨长春	1996.8 — 1998.1

第十一届

续表 16–4

职　务	姓　名	任职时间
秘 书 长	邓岩山	1998.1 — 2000.12
副秘书长	王特乔	1998.1 — 1999.12
副秘书长	谢罗生	1998.1 — 2000.12
副秘书长	林良才	2000.11 — 2000.12
副秘书长	黄栋家	2000.12 — 2000.12
副秘书长	董忠良	2000.12 — 2000.12
办公室主任	谢罗生	1998.2 — 2000.12（兼）
办公室副主任	黄栋家	1998.1 — 2000.12
办公室副主任	董忠良	1998.1 — 2000.12
办公室副主任	宾兴林	1998.1 — 2000.12
内务司法委员会主任委员	邓子和	1998.1 — 2000.12
内务司法委员会副主任委员	钟学群	1998.1 — 2000.12
财政经济委员会主任委员	周如龙	1998.1 — 2000.12
财政经济委员会副主任委员	田丽亚	1998.1 — 2000.12
财政经济委员会副主任委员	胡长发	2000.7 — 2000.12
教科文卫委员会主任委员	彭长华	1998.1 — 2000.12

续表 16-4

职　务	姓　名	任职时间
城乡建设环境资源保护委员会主任委员	李兴隆	1998.1 — 2000.12
城乡建设环境资源保护委员会副主任委员	周可仁	1998.1 — 2000.12
农业委员会主任委员	王建之	1999.2 — 2000.11
农业委员会副主任委员	唐怀忠	1998.1 — 2000.12
代表联络工作委员会主任	谭炳林	1998.1 — 2000.12
代表联络工作委员会副主任	杨靖云	1998.2 — 2000.11
代表联络工作委员会副主任	李佑邦	1998.2 — 2000.11
选举任免联络工作委员会主任	谭炳林	2000.12 — 2000.12
选举任免联络工作委员会主任	王特乔	2000.12 — 2000.12
选举任免联络工作委员会副主任	杨靖云	2000.12 — 2000.12
选举任免联络工作委员会副主任	李佑邦	2000.12 — 2000.12
人大工作研究室主任	王特乔	1998.1 — 2000.12（兼）
人大工作研究室主任	杨长春	2000.12 — 2000.12
人大工作研究室副主任	李恂予	1998.1 — 2000.9
人大工作研究室副主任	杨长春	1998.1 — 2000.12
人大工作研究室副主任	言项珍	1998.2 — 2000.12
人大工作研究室副主任	邓丽芝	2000.12 — 2000.12
人大工作研究室副主任	谢建平	2000.12 — 2000.12

第二节　职能行使

一　决议决定

市第七届人大一次会议至第十一届三次会议期间，市人大常委会依法行使决定权，对全市的政治、经济、教育、科技、文化、卫生、环境和资源保护、民政、民族等工作的重大事项，经过讨论，先后共作出重要决议、决定 167 项。

（一）依法治理、保障法律实施

1981 年 4 月，市七届人大常委会第三次会议，通过《关于进一步整顿社会治安的决定》，强调“治安问题是一个社会问题，切实整顿好社会治安是全市人民的共同愿望，是实行国民经济进一步调整、实现政治上进一步安定团结的迫切需要”，要求“一齐动手、密切配合，并动员整个社会力量，从各方面进行综合治理”。要求结合开展“五讲”“四美”，加强法制宣传教育；要求加强职工思想政治工作，帮助违法青少年转化；要求切实加强治安管理和安全防范工作；建议政府颁发布告，刹住危害治安的歪风；要求搞好治安联防和巡逻值班，建立安全责任制度；要求加强治保调解组织，坚持以防为主，预防和减少案件、事故发生；公安、检察、法院要紧密配合，准确及时地打击各种犯罪。1982年7月，七届人大常委会第十二次会议，听取公安、检察、法院关于社会治安情况汇报后，根据社会治安形势依然严峻的情况，又作出《关于继续抓紧社会治安综合治理的决议》，对强化治安管理提出了新的具体要求，促进了社会治安的进一步好转。

1982年5月13日，市七届人大常委会第十一次会议，作出《关于组织全市人民认真讨论中华人民共和国宪法修改草案的决议》，要求全市机关、部队、团体、学校、企事业单位和街道、农村社队，逐章逐条讨论，提出修改意见，汇总上报。全市人民认真执行这一决议，参加讨论的占成年人的88.7%，提出修改意见307条，对宪法草案的50个条文的56处，提出具体修改意见。

农村经济体制改革以后，农村专业户、重点户、联合体蓬勃发展。1984年11月，市八届人大常委会第七次会议针对当时农村多处发生任意破坏“两户一体”生产、侵犯“两户一体”权益的问题，及时作出《关于保护农村专业户合法权益的决定》。强调专业户必须在法律、政策规定的范围内活动，任何单位和个人不得刁难、阻碍、限制他们的正常生产和经营，不得以任何借口夺取他们的财产，不得利用职权强行“借、摊、吃、占”他们的劳动成果。国家企事业单位和集体经济组织同专业户签订承包、购销、服务等经济合同，双方要严格遵守，不得以任何借口单方毁约，违者必须承担经济损失。对乱收费、乱征税，以及敲诈、哄抢、盗窃、骗取专业户财物和放毒、纵火、爆炸等手段破坏专业户生产或经营的要认真查处。通过贯彻这一决定，保护农村生产力发展。

1985年12月，八届人大常委会十六次会议，通过《关于劳改劳教工作的决议》，要求认真贯彻“改造第一，生产第二”的劳改方针和“教育、感化、挽救”的劳教方针，掌握运用法律武器，充分发挥政策威力，化消极因素为积极因素。

1986年7月16日，市八届人大常委会第二十次会议，审议市政府关于加强土地管理、确保农业用地的汇报，作出《关于认真学习宣传土地管理法，制止乱占滥用耕地的决议》，指出“当前在株洲市广大农村，乱占耕地、滥用耕地、破坏农田的问题普遍存在，必须组织学习宣传土地管理法，深刻认识、十分珍惜和合理利用每一寸土地，是我国的又一基本国策”。要求各级政府，按照《村镇建房用地管理条例》和《国家征用土地条例》有关规定，对非农业用地进行一次清理，“凡不符合法定原则和手续的，都要认真处理，该补办手续的补办手续，该收回的要收回，该另选址的要另选址，该罚款的要罚款，该还田的要还田。对不听劝阻强行占用耕地建房的，要严肃处理”。各级政府及其土地管理部门，通过执行这一决议，乱占耕地建房的歪风基本得以遏制。

1987年，全国人大常委会发布《关于加强法制教育维护安定团结的决定》。2月25日，市八届人大常委会第二十五次会议作出《贯彻决定》的决议。要求全市各级组织干部职工学习和贯彻，做到家喻户晓；要求对全市人民进行以《宪法》为核心的法制教育，使广大干部群众和青少年学生增强法制观念和公民意识，做到人人知法、守法、依法正确行使公民的权利，自觉履行公民的义务，学会运用法律武器，同违宪违法行为作斗争。1989年8月，市九届人大常委会十次会议作出《关于保护公民举报的决定》。规定“公民对国家机关和国家机关工作人员的违纪、违法和犯罪行为有举报的权利和义务，任何单位和个人不得压制和刁难”。规定公民举报，“可以采用电话、信函、面述和其他形式”。受理举报的单位“要切实做到事事有着落，件件有回声”。“切实保护举报人的合法权益，受理举报机关要为之保守秘密，未经举报人同意，不得任意公布举报人的材料、身份和姓名。对举报人有打击行为的要追究责任，对举报有功者，要给予物质和精神鼓励。”

市九届人大常委会第二十九次会议，在听取和审议市政府关于贯彻实施《全民所有制工业企业法》情况汇报后认为，全市《企业法》实施中仍然存在一些困难和问题，政府及职能部门职能转变不快，企业外部环境不够宽松，企业的权利和义务还有不少没有得到落实。常委会作出《关于进一步贯彻实施〈中华人民共和国全民所有制工业企业法〉的决议》，要求广泛深入地对企业法进行再宣传、再学习；各级政府及职能部门要按照政企分开、所有权和经营权分离的原则，切实转变职能。依法实施对企业的管理；企业要按照企业法的规定，履行各项义务，大胆行使法律赋予的各项权利。

市十届人大常委会第四次会议作出《关于保护乡镇企业合法权益，促进乡镇企业发展的决议》，强调“任何组织和个人都不得侵犯乡镇企业的合法权益及利益。要尊重和维护乡镇企业的所有权、经营自主权，尊重和维护厂长(经理)的合法权益；保护乡镇企业经营责任合同，保护其合理用地。坚决制止乱收费、乱罚款，努力减轻乡镇企业负担”。

十届人大常委会第二十五次会议作出《关于在全市公民中继续开展法制宣传教育的决议》。决定1996 — 2000年，在全市公民中实施深入开展法制宣传教育的第三个5年计划。全面开展依法治县（市、区），依法治乡（镇）、村、街、厂（店）、校，依法治理各行各业的工作。要在国家公务员、党务工作者、大中型企业管理人员中推行普法合格证制度。十一届人大常委会第十六次会议作出《关于深入贯彻实施〈中华人民共和国公路法〉的决议》。决议要求，在加大公路法宣传力度的同时，加大路政执法力度和交通规费征收力度，各级政府及交通、公安、国土、规划、电力、通信等部门应加强工作协调，加大综合治理力度。

市十届人大常委会第二十五次会议通过《关于加强基本农田保护工作的决议》。决议强调坚决贯彻执行“十分珍惜和合理利用每寸土地，切实保护耕地”的基本国策，依法审批、控制非农业建设用地，做到不占或少占耕地，特别是不占或少占一、二级基本农田，保证“用一开一”。市十届人大常委会第三十四次会议《关于保护国有、乡村集体林场合法权益的决议》指出，保护林场合法权益，当前要稳定林场的山林权属和隶属关系，保护林场资源不受破坏，切实减轻林场不合理负担，加快林场发展。

市十一届人大常委会第十六次会议作出《关于进一步治理与优化经济发展环境的决议》。决议强调：治理与优化经济发展环境，必须突出重点，即治理司法不公、执法不公和干扰企业、个体经营者正常生产经营活动和合法权益的乱检查、乱罚款；治理外商投资环境；治理重点工程建设环境；治理国有企业周边环境；治理交通秩序和市场秩序；继续治理乱收费、乱集资、乱摊派、乱罚款行为等。要通过专项治理和对典型案件的严肃处理，从源头上消除阻碍经济发展的弊端，防止和消除经济发展环境中出现的腐败行为。

十一届人大常委会第十八次会议审议并通过了《关于保护个体工商户和私营企业合法权益若干问题的决定》。决定指出：个体经济、私营经济等非公有制经济，是社会主义市场经济的重要组成部分；个体工商户和私营企业及其从业人员的合法权益受法律保护，任何单位和个人不得侵犯。决定从依法明确个体工商户、私营企业及其从业人员的权益和义务、为保障其合法权益创造良好的社会经济环境以及严肃查处侵害其合法权益的行为三个方面，作出了 22 条规定。

（二）环境保护

1981 年 6 月，市七届人大常委会第四次会议作出《关于加强环境保护的决议》，要求各级领导机关必须高度重视，在国民经济调整中，认真贯彻环境保护法，切实作好环境保护工作。要全面加强环境管理，抓紧治理老污染，切实控制新污染。对污染严重、一时难以治理的项目，要实行关、停、并、转、迁；新建、改建、扩建项目，严格执行主体工程与环保设施同时设计、同时施工、同时投入使用的“三同时”规定。市政府认真执行这个决议，积极治理一批老污染项目，关闭和搬迁了几个难以治理的污染企业。大中型企业执行“三同时”的比例由 60% 左右逐步提高到 100%。1984 年 8 月，市八届人大常委会第六次会议作出《关于保护环境的决议》，就进一步加强株洲市环境保护问题，提出明确要求：要求充分认识环境保护是我们的基本国策，增强环境意识，讲究环境公德；认真执法，抓紧治理老污染，切实控制新污染；市长、县长每年在环境保护方面要为人民办几件实事。市政府认真执行这一《决议》，《决议》提出城区要办的 7 件实事， 其中 5 件都得到及时解决；农村建立生态村试点、推广生物防治也取得进展。

市十届人大常委会第三十七次会议审议通过了《关于进一步加强环境保护工作的决议》。决议要求切实解决当前环境保护中的突出问题：一是对少数依法应取缔、关停而尚未取缔、关停的企业，要采取坚决措施予以取缔、关停；二是市政府和有关部门要加快湘江株洲段水污染防治的步伐；三是积极防治二氧化硫对大气的污染，积极开展对清水塘地区污染的综合整治。

保护森林资源，搞好城镇绿化，既是保护环境，也是发展林业生产的重大措施。1981 年 10 月，市七届人大常委会第六次会议作出《关于保护森林发展林业的决议》，要求各级政府立即组织力量，大张旗鼓地宣传森林法和有关保护森林发展林业的法令、条例，以法治林；对滥伐盗伐、非法收购、非法加工的情况要进行全面清理，并绳之以法，各级公安、检察、法院对破坏森林的犯罪分子，要从快从严给以打击；坚决执行木材集中统一经营，立即关闭竹木自由市场，停止议购议销，所有竹木一律由林业部门统一经营；要尽快稳定山权林权，落实林业生产责任制；整顿、巩固社队林场，不得解散和下放；抓紧造林季节，大力开展育林造林。1985 年 11 月，市八届人大常委会第十五次会议通过《关于进一步贯彻森林法，保护森林资源，加速发展林业生产的决定》，针对当时森林破坏仍然严重的情况，要求继续深入学习贯彻森林法，大造护林光荣、毁林有罪的舆论，做到家喻户晓，人人知法、懂法、守法，提高执行森林法的自觉性和责任感。要求进一步稳定山林权属，完善林业生产责任制；坚持以营林为基础，普遍护林，大力造林，采育结合，永续利用；切实加强林业管理，及时打击破坏森林的犯罪分子。1986 年 2 月，市八届人大常委会第十七次会议，作出《关于加强城镇绿化的决议》。要求坚决制止任意侵占公共绿地，破坏城镇绿化的行为，逐步更新城区主要街道早衰老化的行道树，争取 10 年左右时间，使株洲市公共绿地和绿化覆盖率达到国家规定标准。市政府认真执行这些决议，尤其在城市绿化方面，取得突出成效。任意侵占公共绿地、砍伐城镇树木的行为得到有效制止，市区绿化覆盖率由20.4%，提高到31.2%。全市出现一批园林式工厂企业。

市人大常委会在审议历次城市总体规划时，都对环境保护工作提出了审议意见。市九届人大常委会第二十次会议对市政府第四次城市总体规划审议意见中，对环保、园林绿化提出具体要求。市十届人大常委会第三十四次会议听取和审议株洲市城市总体规划纲要时，指出“根治清水塘地区的工业污染，保护好湘江水质，保护好生态环境”应作为本次规划的基本要求。1998 年 7 月，市十一届人大常委会第五次会议通过的《关于批准株洲市城市总体规划纲要的决定》指出：要重视环境建设，加强污染防治，切实保护现有的港、渠、塘坝和公共绿地等自然生态环境。7 月 29 日听取和审议《株洲市第五次城市总体规划》。常委会组成人员认为，总体规划个别内容仍需论证，各方意见尚待征求，政府需作补充说明。8 月 12 日复会审议，通过《关于批准株洲市第五次城市总体规划的决议》。决议指出，总体规划是龙头，要在总体规划的指导下，尽快做好各类专业规划和不同层次的详细规划，以满足城市规划实施与管理的要求；要正确处理“建设旧城开发新城”并重的关系，加快城市基础设施建设的步伐；要维护规划的连续性和严肃性，坚持“规划一张图，建设一盘棋”，提高城市建设与管理水平；要依法加强规划管理，加大对违法、违章建设的查处力度，坚决防止随意改变或任意违反规划的行为。

（三）发展科教文化事业

发展科教文化事业一直是人大常委会的重要议程。1983 年 1 月，市七届人大常委会第十八次会议，通过《关于抓好教育这一战略重点的决议》，要求尽快改变“重智育，轻德育、体育；重毕业班，轻肄业班；重少数尖子，轻大多数；重中心地区，轻边远地区的现象”。同时指出：“提高教育质量，教师是关键，要继续通过调整、培养、补充和加强管理等措施，加强教师队伍建设，提高教师质量。要求积极改革中等教育结构，新办一批职业中学，高中试办职业班。”同时强调保护学校的财产和权益，不许任何人侵占学校的土地和财产，保持教学的良好环境，尊师爱校的社会风尚。1986 年 7 月，市八届人大常委会第二十次会议作出《关于认真贯彻实施义务教育法的决定》。决定指出：实行义务教育法，必须坚持实事求是，因地制宜，积极稳妥，不搞攀比，不搞一刀切，不盲目追求速度，切实注意提高教学质量，对入学率、巩固率、合格率、普及率进行全面检查。决定要求大力加强教师队伍建设，办好电大师资班，办好株洲、攸县 2 所师范学校，加快教师进修学院建设。

炎帝神农氏是中华民族的始祖，各级人大代表和广大人民群众，要求在酃县炎陵山重建炎帝陵的呼声很高。1985 年 8 月，市八届人大常委会第六次会议通过《关于成立修复炎帝陵筹备委员会的决定》，指出：尽早修复炎帝陵，有利于振兴中华，促进国内外炎黄子孙的团结，有利于贯彻落实对外开放政策，有利于加速实现台湾回归祖国，决定由 17 人组成株洲市修复炎帝陵筹备委员会，负责征集炎帝陵修复方案，收集散落在民间的文物资料，保护现存古迹，绿化炎陵山，以及向国内进行宣传等工作。1988 年 10 月，千年古陵修复开放，受到海内外好评。

市九届人大常委会第二十四次会议作出《关于批准“株洲市普及九年制义务教育实施方案”的决定》，要求深入学习《义务教育法》和《湖南省义务教育实施办法》，认真组织实施《株洲市普及九年制义务教育实施方案》，进一步增强广大干部和人民群众的教育意识与执法水平，严格遵循国家的教育方针，全面提高教育质量；依法筹措和管理好教育经费，努力改善办学条件，加强师资队伍建设，强化学校内部管理，确保全市在2000年前普及九年制义务教育。市十届人大常委会第二十一次会议听取了普及九年制义务教育实施方案4年来的进展情况汇报，常委会组成人员同意加快“普九”步伐。争取1997年全市基本实现“普九”。为此，会议作出了《关于批准〈株洲市“九七”教育工程方案〉的决定》。根据市人民政府提请审议《跨世纪教育工程》方案的议案，市十一届人大常委会第五次会议审议同意《跨世纪教育工程》提出的目标、任务及保障措施，作出了《关于依法保障〈跨世纪教育工程〉实施的决议》。市十一届人大常委会第九次会议作出了《关于依法保障〈科技创新工程〉实施的决议》。认为在全市实施《科技创新工程》，是世纪之交推进“科教兴国”战略，加速科技进步，促进全市经济结构调整和经济增长方式转变的重大举措。要求各级政府加大对《科技进步法》等法律法规的宣传力度和执法监督的工作力度，保证科技投入和科技创新专项资金及时、足额到位，切实办好株洲高新技术产业开发区，积极构建企业技术创新体系和加快农业科技创新步伐，扶植民营科技企业发展，促进科技成果转化，深化科技体制改革和加强科技队伍建设。

（四）保障人民群众切身利益方面

市十届人大常委会第十次会议作出《关于修建湘江防洪工程的决议》。决议要求全市各级人民政府要充分动员和组织人民群众打好修建湘江防洪工程的总体战，按照规范、适用、安全、节约的原则，精心组织，精心安排，尊重科学，注重效益，奋力拼搏，夺取修建湘江防洪工程的全面胜利。十届人大常委会第十九次会议通过《关于加速我市蔬菜基地建设，搞好“菜篮子工程”的决议》。决议指出：“菜篮子工程”涉及千家万户，是关系到“保稳定、促发展”的一项带全局性的重要工作。决议要求市政府采取得力措施，限期收回拖欠的2400万元菜地开发基金，同时搞好菜地开发基金的征收，保证菜地建设的顺利进行；确保1995年新扩133.34公顷菜地面积的完成；加快农贸市场建设，搞好蔬菜供应。

（五）其他决议决定

市人大常委会还先后决定批准株洲市与乌兹别克斯坦共和国纳沃依市、比利时王国拉鲁维耶市缔结为友好城市；通过了《关于组织人大代表评议国家行政执法部门和司法机关工作人员的决定》《关于国家机关工作人员必须具备相关法律知识的决定》《关于法官、检察官、人民警察违法办案和错案责任追究监督办法》等强化监督方面的决定。此外，对人大机关自身建设通过一系列决定，建立健全相关制度，使人大工作更加规范有效地开展。

二　监督职能

市人大常委会通过听取“一府两院”工作汇报，行使监督权。市第七至十一届三次人大常委会先后听取“一府两院”专题汇报339项次。

（一）财政、经济监督

1981年8月20日，副市长王雨海汇报1—7月国民经济计划执行情况。委员们关注产值计划比上年同期下降 2%，利润下降 29.16% 的情况，要求政府采取措施，抓好企业领导班子整顿，推行经济责任制，搞好民主管理，努力完成进度计划，并补上前 8 个月的欠产。1982 年 7 月 16 日，副市长何尚文汇报工业生产形势和经济效益情况。审议认为：必须把工作重点转到经济效益上来，抓好企业整顿，改善经营管理，围绕产品升级换代搞好技术改造，充分挖掘企业潜力。同年 12 月 6 日，听取市政府农业生产责任制情况汇报。审议要求：进一步处理好集体财产的“统、分”关系，积极扶植专业户、重点户的发展。1983 年 6 月 21 日，听取市政府《关于 1 — 5 月工交生产情况的汇报》。审议提出：要注意解决重生产、轻经营，重产值、轻效益，重数量、轻质量，重外延、轻内涵的问题。同年 8 月 16 日，审议市政府《蔬菜产销改革试行办法》。次年 12 月 20 日，再次审议蔬菜产销改革方案，同意市政府取消统购办法。两次审议都强调必须加强具体措施，保障市民蔬菜供应。这次会议，同时听取工交战线经济体制改革和国营企业第二步利改税的情况汇报。审议要求突破行业界限冲出本地区搞经济技术联营。关于第二步利改税问题，审议提出新开征城市维护建设税、恢复征收房产税、土地使用税和车船使用税。1985 年 9 月 11 日，听取市政府《关于流通体制改革和工业体制改革情况》汇报。审议认为：市政府要采取措施，扭转生猪收购、销售滑坡局面。要求市政府切实解决市民吃菜难、吃肉难的问题，做好安定民心的大事。关于工业体制改革，审议认为，要进一步完善经济责任制，抓紧技术改造，加强横向联系，大力推销产品，并尽快清理对企业的集资摊派问题。1987 年 8 月 11 日，听取市政府《关于工交企业推行承包经营责任制情况的汇报》。审议认为：承包企业要注意搞好技术改造，扩大再生产，正确处理好国家、集体和个人利益，防止分光吃光。1988 年 7 月 26 日，进一步审议市政府关于全民工业企业责任制承包情况汇报。审议认为须进一步引入竞争机制，抓好企业内部承包，建立约束机制。同年 5 月 30 日，听取市政府关于粮食生产情况汇报。审议指出：株洲粮食生产连续 5 年徘徊不前，形势十分严峻，市政府要把粮食生产放在最重要位置，采取措施，增加投入，加强农田水利建设，完善农业科技服务，突破徘徊局面。要求市政府建立健全农业生产服务体系。1990 年 5 月 28 日，进一步审议农业问题，围绕科技兴农和建立健全乡镇农业生产服务体系，提出 8 项建议。经过 3 年连续审议，市政府采取措施加强农业领导，增加资金投入，搞好种子、化肥和农药供应，推广优良品种，加强农田水利建设，促进农业升温，1990 年粮食产量达 169 万吨。同年 7 月 26 日，市人大常委会听取市政府预算内工业企业上半年经济形势汇报。审议指出：预算内工业企业亏损增加，销售收入和税利下降，资金占用率上升，市政府要调整产品结构，开发新产品，抓好企业管理，帮助企业解决难题。1991 年 3 月，市九届人大常委会第二十次会议指出：必须坚决执行省禁止向农民乱收费乱派款的规定，认真清理整顿，建立健全农民负担监督管理体系，查处违法违规行为，解决农民反映强烈的问题。同年 11 月，市九届人大常委会第二十五次会议再次指出：农村“三乱”未能从根本上得到治理，乡村企业和农民负担过重问题仍然没有得到有效解决。必须深化认识，加强领导，对乱收费、乱罚款、乱集资的“三乱”进行综合治理。市九届人大常委会第二十三次会议听取市政府关于开展“质量、品种、效益年”活动情况汇报。要求强化企业管理，强化质量意识，严格检验制度，推行质量与职工利益挂钩的责任制，提高产品的一次投入合格率和优质产品产值率；发挥科研人员及科研机构的作用，提高劳动者的素质；进一步贯彻落实企业法、标准化法、计量法和工业产品质量责任条例，使企业的生产、经营活动，逐步走上法制的轨道。市九届人大常委会第二十八次会议就发展农业社会化服务体系问题，要求政府部门转变职能，转变观念，发挥供销社、信用社在农村流通的金融服务中的主渠道作用。要建立合作经济组织，支持农民联办、自办服务组织，引导其健康发展。1993 年 3 月 4 日，市十届人大常委会对全市《1993 年国民经济和社会发展计划草案》《1992 年财政决算和 1993 年财政预算草案》进行审查。会议要求市人民政府：一是要服从和服务于改革开放和经济建设，重点工程的资金安排要抓紧落实，并确保专款专用；二是资金的安排要向农业、教育、城市建设和人民群众关心的热点问题有所倾斜；三是要加强资金的管理，改革财政投入渠道；四是要加强城市维护费的使用管理，城市建设维修工程要引入竞争机制。市十届人大常委会第四次会议听取和审议全市《贯彻实施全民所有制工业企业法和全民所有制工业企业转换经营机制条例》的情况汇报。强调从改革入手，引导企业进入市场；加速政府职能转变；推动企业“自主经营、自负盈亏、自我发展、自我约束”的“四自”同步到位；改善企业外部环境。十届人大常委会第六次会议指出，全市发展第三产业必须深化改革，转换机制，开阔思路，高瞻远瞩，使第三产业迅速成为全市的新的经济增长点。市十届人大常委会第十次会议针对全市个体私营经济发展中存在的问题，要求依法行政，理顺管理体制，狠治“三乱”“放水养鱼”。市十届人大常委会第十二次会议听取发展高效农业情况汇报时指出，政府应着重搞好宏观调控、科学管理和服务体系建设。发展优质高效农业，应坚定的走农业产业化的道路。市十届人大常委会针对一些单位和部门生产、制造、销售假冒伪劣商品问题，强调指出：必须搞好综合治理，严厉打击生产、制造、销售假冒伪劣商品的行为。市十届人大常委会第二十次会议强调：1995 年 1 — 8 月的企业收入，全市仅完成计划的 30.34%，因此，必须依法加强征管，紧缩开支，严格执行预算支出计划，优先保证预算中的人头经费和生产性支出。第二十五次常委会会议指出：全市预算外资金管理存在的主要问题是，很多预算外资金游离于财政管理之外，资金使用混乱。因此，必须设立预算外资金管理机构。会议还要求，把农村社会养老保险事业纳入各级政府重要议事日程，理顺关系，协调配合，以解除农民后顾之忧。市十届人大常委会第三十三次会议再次强调，市政府及有关部门要认真解决预算外资金收支分散、条块分割等问题，认真推行综合财政预算管理，规范收费秩序，依法从严控制预算外资金的支出管理。会议建议市政府建立审计局长列席必要的政府会议制度。十届人大常委会第三十四次会议针对全市计划执行情况，提出切实解决好农业增产与农民增收问题，大力培植财源，协调第三产业发展。并就企业改革、改组、企业技术改造及加强企业内部管理（“三改一加强”）问题提出若干解决办法。市十届人大常委会第三十五次会议听取预算调整情况汇报后，要求市政府有关部门切实解决财政收入滞后和随机增支的机动性太大等问题。1998 年 3 月，市十一届人大常委会第二次会议提出：财政支出的安排原则要进一步规范，要逐步加大对社会公益事业和城乡基础设施的支持力度；对房改基金、社保基金不能随意调用借用，财政要抵制违规操作。市十一届人大常委会第三次会议要求市政府扩大对房改基金、社保基金、财政周转金、财政信贷资金的审计范围。市十一届人大常委会第六次会议指出：要坚决执行预算法，重申凡财政拨款在 500 万元以上的新建项目事先要向市人大常委会或市人大专门委员会报告。市十一届人大常委会第十一次会议对全市1999年计划执行情况存在地方财政收入占国内生产总值比重下降，整体经济效益有待提高等问题，要求政府加大工作力度，努力缓解这些矛盾。市十一届人大常委会第十三次会议听取全市执行中央提出的在三年内使大多数国有大中型骨干企业初步建立现代企业制度，大多数国有大中型亏损企业基本摆脱贫困的目标的情况汇报。会议指出：为实现国有企业“三年两大目标”，必须抓教育，抓重点，抓巩固，抓协同，抓就业，以统一认识，促进平衡，讲求实效，形成合力，维持稳定。市十一届人大常委会第十八次会议听取审计部门对1999年度市本级财政预算执行情况的审计结果汇报，以及对公安税侦部门、信托投资公司、水利资金、价格调节基金和1999年度市本级教育经费预算执行情况5项基（资）金的审计结果的汇报，对上述审计工作报告表示满意。要求从下一年开始，对各项财政切块资金的审计，纳入同级审计范围。市十一届人大常委会第二十二次会议认为：全市县域经济仍呈现经济总量规模偏小，经济效益不尽如人意状况。提出，必须尽快解决“农”字观念过于浓厚，产业依托单薄，投入不足，高效农业与高新技术产业发展不快，经济外向度不高等问题。本次会议还认为，全市实施《中华人民共和国森林法》取得了可喜成效，森林覆盖率达54.71%。强调要加快林业结构调整步伐，深化林业体制改革，发展林产品加工，转移剩余劳力，调整树种、林种结构，按“改杉育松扩竹兴果增油”十字方针，发展林业支柱产业。

（二）社会治安、打击经济犯罪监督

1981年4月、6月和1982年7月，连续3次听取“一府两院”关于社会治安的汇报。1982年10月18日，专题听取法院、检察院和民政局汇报。审议认为：少数单位对案件查处不力，重罚轻刑，社会治安恶性案件回升，自流人员遣送后倒流，公安、司法、民政部门要高度重视解决，为争取社会治安根本好转作出努力。1984年3月26日，听取打击刑事犯罪的汇报，审议认为：全市1983年以来，打击刑事犯罪取得初战成果，但绝不能松劲，要进一步稳、准、狠地打击各类犯罪分子，切实搞好综合治理。1987年8月12日，听取两院打击严重经济犯罪和查处玩忽职守案件情况汇报，审议认为：4年来，市检察院立案查处经济犯罪案件、玩忽职守案件，中级人民法院依法审理，稳、准、狠地打击犯罪分子，是有成绩的。要进一步贯彻“严打”方针，做到证据确凿，程序合法，定性准确，量刑适当，严格依法办事，经得起历史检验。1988年11月25日，听取“一府两院”社会治安和打击经济犯罪情况汇报，审议指出：社会治安问题是社会、政治、经济问题的综合反映，执法部门要抓，全社会都要参与综合治理。公安部门要从严治警，维护好公安司法机关的形象。1989年5月11日，听取两院从重从快惩处经济犯罪分子的情况汇报。审议认为：全市经济犯罪活动查处不严、打击不力、立案多、结案少的情况比较突出，要求公安司法部门坚决从严惩处。1990年10月5日，听取执法检查汇报，审议要求：要进一步抓好各项法律、法规的宣传贯彻，重点抓好依法行政，依法办事，严肃执法，对检查出来的问题要坚决整改。1991年9月，听取“一府两院”关于社会治安综合治理情况汇报，要求进一步提高认识，解决好齐抓共管问题，深入发动群众，落实群防群治，贯彻“严打”方针，使大面积治理收到成效。市十届人大常委会第五次会议继续强调，社会治安综合治理，要始终抓住“打击”首要的一环，狠抓重点治理，并与“二五”普法结合起来。市十一届人大常委会第二次会议要求尽快形成全市依法治理网络，进一步抓基层，打基础，确保一方平安。

市十一届人大常委会第十二次会议听取全市实施治安管理处罚条例情况汇报时强调：加强社会治安综合治理，首先还是要把内部治理好，会议对少数干警不按程序办事，不文明办案；有的干警有特殊思想，打人现象禁而不止；少数案件处理不当等问题，要求坚决予以整改。

（三）教育、科学、文化、卫生监督

1981 年 10 月 15 日，听取市政府《关于全市教育工作的汇报》。审议提出：要努力提高对教育在“四化”建设中地位和作用的认识，坚持国家办、集体办两条腿走路的方针，解决入学难的问题，积极改革中等教育结构，高校教师政治地位，改善他们的工作和生活条件，解决民办教师报酬问题。1982 年 12 月 7 日，听取市政府《关于计划生育工作情况汇报》。审议认为：要进一步大造舆论，做细致思想工作，加强技术指导和药物供应，落实有关政策，充实计划生育工作机构。1983 年 4 月 19 日，听取市政府科学技术和知识分子工作情况汇报。审议认为：全市拥有专业知识分子 16767 人，是一支强大力量，要进一步提高对科学技术是生产力的认识，大胆使用知识分子，逐步形成知识型的领导机构；要进一步明确科学研究为生产服务的方向和任务；要重视解决科技手段，每年要多拨一点科技经费，用于发展新技术、新工艺、新材料、新设备。1984 年 5 月 25 日，听取普教工作汇报，审议认为：普及全市初等教育要合理调整中小学布局，努力改善办学条件，拨足教育经费，工厂企业和农村乡镇可以集资办学，对边远山区和少数民族地区，要多方面予以扶助和照顾，稳定教师队伍，防止外流；争取 1990 年学龄儿童入学率达到 95%；小学巩固率达 90%，合格率达 80%；升初中城市达到 95%，农村达到 85%；升高中城市达到 70%，农村达到 50%。同年 8 月 29 日，听取市政府食品卫生执法情况汇报，审议指出：对 58 个食品生产经营单位，抽样检验 36 种食品，问题不少，生产工艺落后，卫生条件差，管理机构不健全，建议政府采取措施解决。食品卫生和经营单位片面追求经济效益、不顾人民健康的倾向必须扭转，腐烂变质食品要及时销毁。1986 年 7 月 14 日，听取市政府贯彻义务教育法情况汇报，审议要求各级政府因地制宜地制订和完善九年制义务教育规划和实施步骤，抓好师资队伍建设，办好攸县师范和株洲师范，积极筹办教师进修学院，尊师重教，保障教师合法权益，管好用好教育经费，努力改善办学条件，维护学校良好秩序。1986 年 12 月 27 日，听取市政府群众文化工作汇报，要求市政府把农村文化工作列入目标管理，建立一支稳定的农村文化队伍，因地制宜，积极开展多层次、多渠道、多形式的群众文化活动。1987 年 6 月 12 日，听取市政府农村科技工作汇报。审议要求：市政府作出农村科技规划，培养科技人材，做好产前、产中、产后科技服务，使科学技术为发展农村经济服务。1987 年 10 月 13 日，审议市政府关于农村卫生体制改革汇报指出：目前乡镇卫生院服务态度差、医疗质量差、设备条件差，急待政府重视和解决。1988 年 5 月 31 日，再次听取市政府义务教育法执行情况汇报，要求进一步修订普及九年制义务教育规划，把义务教育的重点放在农村。同年 11 月 23 日，听取市政府《中华人民共和国技术合同法》执行情况汇报，审议指出：建议市政府加强科技管理机构，把技术合同的认定、登记、论证、调解、仲裁等工作统一管理起来，维护技术市场秩序。1989 年 11 月 24 日，听取市政府改革中等教育结构、发展职工技术教育汇报。1990 年 7 月 25 日，听取市政府关于实施省计划生育条例情况汇报。会议均进行了认真审议，针对存在的问题提出了若干建议。市九届人大常委会第二十四次会议听取

《全市实施义务教育法及普及九年义务教育方案》汇报。指出：实施《中华人民共和国义务教育法》，在2000年如期普及九年义务教育，需要政府下大的决心和采取得力措施。十届人大常委会第十三次会议听取和审议《中华人民共和国教师法》实施情况，要求各级政府加强对教育工作的领导，搞好教师职称评定，认真研究和解决教师进修、培训问题，尊师重教，加强师资队伍建设，保障教师合法权益，提高教师的社会地位。市九届人大常委会第二十五次会议听取《中华人民共和国传染病防治法》实施情况汇报时指出：部分传染病发病率呈上升趋势，1990年肝炎发病3195人，发病率92.59/10万；茶陵县1989年肝炎发病仅68例，1991年1—9月达139例。会议要求：进一步加强基层卫生防疫工作，扩大宣传，提高认识，制定办法，部门配合，保证传染病防治法得到有效实施。1992年7月，市九届人大常委会第二十九次会议听取株洲高新区建设情况汇报。会议寄希望株洲高新技术产业开发区尽早进入国家级开发区行列。要求政府各部门不设关卡不干预，多服务，打破传统观念，特事特办，促进全市高新技术产业的发展。市十届人大常委会第二次会议听取全市实施《湖南省计划生育条例》情况汇报。会议强调：计划生育工作坚持党政一把手“负总责”，各部门各单位紧密配合，齐抓共管；坚持县、乡、村和村民组层层建立责任。市十届人大常委会第六次会议听取和审议《中华人民共和国专利法》实施情况时指出：要使政府各部门、有关企业领导和科研单位绝大多数人树立“专利是企业生存发展的支柱”“专利是企业产品竞争的保护神”的意识。市十届人大常委会第九次会议指出，文化市场必须刹住当前盗版、淫秽书刊和音像制品在市场上屡禁不止以及色情、赌博问题，理顺管理体制，解决乱批证、乱布点，依法加强管理。市十届人大常委会第十七次会议针对《科技进步法实施》和高新区建设中出现的问题，强调提高全市整体科技意识与贯彻“科教兴市”的市策紧密结合，保证科技三项费用占1995年当年财政支出的1%，今后逐年提高。扶持促进株洲高新技术产业开发区的形成和发展，加快民营科技企业发展，抓好技术市场建设和管理，保护知识产权，制定科技发展规划。市十届人大常委会第二十一次会议强调：农村初级卫生保健工作要努力实现“2000年人人享有卫生保健”为根本目的的农村卫生保健工作的各项任务，加强卫生院建设，突出改水改厕工作，巩固合作医疗，解决农民看病难的问题，加强执法力度，形成“政府负责，卫生为主，社会配合，群众参与”的农村大卫生格局。市十届人大常委会第二十九次会议听取全市农村科技工作情况汇报时指出：株洲作为全国科技兴市的先进城市和国家星火密集区，但农村整体科技意识相对薄弱，农村科技投入不足，科技队伍不够稳定以及农村技术市场不健全、不活跃的现状，必须着力解决。市十届人大常委会第三十二次会议对全市贯彻实施《中华人民共和国职业教育法》存在的问题，要求加强职业技能培训，搞好教研教改，改善教学培训条件，理顺中等职业学校之间关系，积极发展高等职业教育，发挥农校及乡村农科教中心的作用。市十届人大常委会第三十四次会议要求，加强农村文化工作，必须加强对乡镇文化站及农村文化工作的领导，搞好农村文化队伍建设，加强对乡镇文化站设施和农村文化市场管理力度，既要确保政府投入到位，又要开展“以文补文”的创收活动，提高农村文化自我积累和发展的能力。十一届人大常委会第三次会议对全市学前教育及幼儿园建设提出：要禁止小学开办学前班；要调整农村学前班的布局及收费标准，有的放矢地开展学前教育的科研教改活动。十一届人大常委会第五次会议听取全市实施《中华人民共和国体育法》情况汇报，要求大力提高竞技体育水平，适应体育社会化的要求，增强体育事业自我积累，自我发展的造血功能。市十一届人大常委会第九次会议要求，将《中华人民共和国食品卫生法》《中华人民共和国水污染防治法》等相关法律、法规与《中华人民共和国传染病防治法》的实施结合起来，加强城乡生活环境治理，进一步将农村改水改厕工作和城市爱国卫生工作引向深入；要尽快建设好市、县两级疾病控制和检测中心，组织好以防治霍乱为主的卫生防疫大行动。市十一届人大常委会第十一次会议对全市实施《中华人民共和国促进科技成果转化法》提出要求：建立健全规范、配套、有效的人才激励机制，培育、发展、规范技术市场，建立多元化、多层次的科技投入，为促进科技成果转化提供经费保障。市十一届人大常委会第十九次会议认为，当前城乡实施《中华人民共和国食品卫生法》情况不容乐观，片面强调经济效益而忽视社会效益的状况比较严重。芦淞区卫生防疫站在贺家土3个地段抽查餐具清洗消毒情况，合格率仅3%。会议要求，开展宣传、总结经验，增强全社会食品卫生法制观念，加强监督、监测队伍建设，强化综合治理，大力提高食品卫生质量。

（四）城建环保监督

1982年1月17日，听取市政府城市总体规划纲要汇报，就郊区规划、住宅建设用地、道路建设、公园建设等7个问题进行审议，并提出具体意见。同年3月9日，审议通过市政府《关于城市建设暂行管理办法》。1985年7月2日，听取市政府关于城市总体规划实施情况汇报。审议建议进一步搞好环境质量评价，完善工程规划和专业规划，编制小区详细规划，建立健全规划管理机构。1987年6月12日，听取市政府关于修订城市总体规划汇报。审议中对城市性质、城市规模、用地布局结构、基础设施、对外交通、文教科技、公共建筑、环保规划、郊区规划、景观规划和近期建设计划等13个方面提出具体意见，并要求市规划部门尽快完善工程和专业规划，报省政府批准实施。1989年1月24日，听取市政府关于城建管理工作汇报，审议中对株洲环境卫生脏、交通秩序差、市政设施损坏严重等问题提出批评，要求政府抓好规划管理和维护建设，从根本上治理城市脏、乱、差。1990年5月30日，听取市政府关于城市总体规划实施情况汇报，审议中，对1987年通过的城市总体规划决定和审议意见，没有全面贯彻执行，3年多来，仍然没有作好配套的专业规划和工程规划，迟迟没有报省批准实施，给城市建设、规划管理带来不利影响提出批评，要求市政府尽快深化完善城市总体规划，解决上述问题。1982年3月11日，听取市政府《加强环境保护决议》执行情况汇报，对市政府积极治理老污染，严格防止新污染，对难于治理的项目实行关、停、并、转、迁措施和效果，表示满意。1986年11月1日，听取市政府环境保护工作汇报，审议要求进一步健全环保监测网，严格依法办事；市中心地区要率先创建烟尘控制区，农村防止水土流失。制止乱采矿，污染严重的乡镇企业要控制发展。1988年7月27日，听取政府关于农村环境保护汇报。审议认为：城市工业污染转嫁给农村的情况比较突出，必须统筹规划，建立监测网络；加强污染治理，防止农村环境恶化。次年7月11日，听取市政府《加强执法管理，防治大气污染》的汇报。审议指出：株洲市大气质量趋向恶化。老污染未得及时治理，重点治理项目进展不快，环境管理比较薄弱，要求市政府统一规划，综合治理，严格执法，强化管理。通过这次审议，年末市区烟尘控制区由3平方千米扩大到23.3平方千米。1990年12月6日，审议建筑业改革问题，认为：建筑工程项目管理有法不依，有章不循，政出多门，行政干预过多，有待进一步理顺关系，抓好整顿工作，在工程项目分配上实行由建筑主管部门集体决定与实行招标投标相结合的办法。市九届人大常委会第二十二次会议审议关于环保法律、法规执行情况。审议指出：全市在抓“三废”全面清理的同时，要狠抓灰渣综合利用工作，灰渣综合利用率在近年内要达到50%以上，5 ~ 10年达到100%，做到煤灰不排湘江，不占地堆放；要下决心整顿小纸厂和那些污染严重的扰民企业，下决心抓好噪声达标区的创建工作。市九届人大常委会第二十五次会议强调：市容整顿要解决火车站及市中心广场市容环境卫生差的状况，理顺城市环境卫生管理体制，解决基础设施欠帐太多的问题。市九届人大常委会第三十次会议要求，按照国家标准保证城市绿化用地，保护城市园林绿化及其基础设施，打击乱砍滥伐，破坏园林设施的违法犯罪行为，调整现有机构，理顺职能关系。市九届人大常委会第二十八次会议认为，为了防止城镇国有土地资产流失，市政府要根据中共中央精神，放开土地交易市场。由政府统一征购土地，定向开发，确定使用年限，确保科学合理使用土地，公开拍卖土地使用权，提高土地的利用率。市十届人大常委会第二次会议，强调要做好县市区以上11个开发区的清理整顿工作，乡（镇）、村不允许搞开发区，把保护耕地作为一项重要议程抓到实处。十届人大常委会第五次会议认为，理顺城市道路管理体制，城市道路的修建和维护要引入竞争机制。市十届人大常委会第十次会议听取小城镇建设情况汇报，要求政府制定小城镇发展的战略目标和任务，力争本世纪末建制镇发展到90个，城镇人口增加到186万人，城市化水平达到50%。市十届人大常委会第十六次会议强调，要进一步收好、管好、用好城市维护建设资金，确保重点，足额收取，按预算法的要求加强监管。十届人大常委会第二十六次会议听取《湖南省建筑市场管理条例》等3个法规实施情况汇报，针对不报建、少报多建、先建后报、扰乱建筑市场招投标及行业垄断等违法现象，要求市政府建立有形、有序、公开、平等积极竞争的建筑市场，理顺各方关系，加强资质管理，搞好质量监督。十一届人大常委会第二次会议听取城市防涝排渍工程汇报指出，城市存在水系管理混乱，管理失控等问题，应科学规划，高度重视，突出重点，分期治理。市十一届人大常委会第十次会议对全市实施《中华人民共和国矿产资源法》中存在的乱采滥挖屡禁不止、无证开采较为普遍、污染重等问题，要求各级政府增强法制意识及国策意识，认真整顿矿业，搞好资源保护。市十一届人大常委会第十二次会议听取全市实施《中华人民共和国建筑法》情况汇报，建议市政府对报建所需费用进行一次全面清查并严加规范，以减轻建设、施工单位不合理的负担。十一届人大常委会第十六次会议严肃要求市政府认真解决实施《中华人民共和国城市规划法》中存在的问题，特别是城市四区违法违章建设面积达40万平方米，必须从2000年4月开始，以火车站和4条通道为重点，全市大行动拆除违法建设。市十一届人大常委会第十八次会议审议认为：株洲市环境卫生管理和城管监察体制改革方案是可行的，要求大力精减管理机构和管理人员，减少人头费支出，提高工作效率和资金使用效益。市十一届人大常委会第十九次会议认为，要加快石峰大桥、霞湾污水处理厂等八大重点工程的建设进度，争取国家开发银行7.5亿元贷款尽快到位。市十一届人大常委会第二十一次会议再次指出，重点工程重点办，要进一步优化重点工程建设环境，任何单位和个人都不得乱收费、乱摊派。要确保工程质量，不能出现“豆腐渣工程”。本次会议还听取和审议了《土地管理法》实施情况，要求严格执行土地利用总体规划，强化用途管理，支持城乡建设；突出重点，切实保护耕地；清除土地隐形市场，防止国有资产流失。强调2000年年底全市农村都必须实行县(市)、乡(镇)土地垂直管理体制。

(五)办理代表提案(建议)监督

市七届人大二次会议上政府工作报告中提出1982年围绕城市人民生活办10件实事。当年8月30日，市人大常委会听取办理10件实事进展情况，认为进展不够理想，建议市政府进一步落实。1988年九届政府在九届人大一次会议上，提出当年为城乡人民各办10件实事。当年9月23日，市人大常委会听取落实情况汇报，审议指出：对各项在建工程应分轻、重、缓、急，重点建好湘江大桥、煤气工程、天台山路，力争年底达到原定目标。年末这3项工程均竣工投入使用。市十届人大常委会第五次会议指出，办理代表建议，重在抓质量。要组织代表评议办理建议的结果，组织代表实地察看，跟踪督办。市十届人大常委会第二十次会议要求，对代表所提的问题涉及到几个部门的，市政府要研究作出一个可操作性的规定，防止踢皮球的现象发生。十届人大常委会第二十八次会议，要求“一府两院”增强工作透明度，凡能公开的重大举措，应通过新闻发布会、记者招待会、代表座谈会等形式与代表见面，并建立人大代表接待制度。在这次会议上，听取了市卫生局局长、市文化局局长等7人述职。在审议市民政局局长述职时，对其工作失职等违纪问题提出严肃批评。十届人大常委会第三十四次会议听取13名政府组成人员述职后提出要求：要多花些时间学习法律知识及理论，要少讲空话多办实事，要不讲排场，不摆阔气，更不搞奢侈浪费，要增强法律意识，依法办事，依法行政，依法律己。市十一届人大常委会第十二次会议对市体改委主任等5人向市人大常委会的述职报告进行评议，指出他们共同的不足是考虑全市发展的全局观念不强，对本单位思想政治工作关注不够，工作人员依法行政、依法办事不严。被评议单位或部门领导虚心接受人大常委会的评议，努力改进工作，依法行政得到进一步落实。

(六)反腐败建设监督

市九届人大常委会第二十三次会议听取法院和检察院关于反腐败、反贿赂工作情况汇报。会议指出：反腐败、反贿赂是一项长期的、艰巨的、复杂的任务，必须坚持“一要坚决，二要慎重，务必搞准”的方针，认真抓举报，维护公民人身权利，加强对侵权案件的查处，把“两反”斗争进行到底。市十届人大常委会第六次会议专题听取反腐败斗争和查处大案要案情况汇报，要求在1993年11月至1994年1月中，按照全省统一部署和要求，打一场反腐败的总体战，坚决刹住公费出国出境旅游、行政事业性乱收费歪风，认真清理公款购买高档小汽车及党政机关办实体等问题。1994年7月，市十届人大常委会第十次会议听取查处大案要案情况汇报。会议指出：要把查处大案要案提高到端正党风，改善党群关系和干群关系，维护社会稳定，保证国家长治久安的高度来认识。

三 人事任免

市人大常委会根据《中华人民共和国宪法》和《中华人民共和国地方各级人民代表大会和地方

各级人民政府组织法》规定，行使人事任免权，任免“一府两院”工作人员，包括任免政府秘书长、政府组成人员；中级人民法院副院长、庭长、副庭长、审判员和审判委员会委员；市人民检察院副检察长、检察员和检察委员会委员；市人大常委会秘书长（1986年以后改为人民代表大会选举）、副秘书长、工作委员会组成人员、人大常委会办公室和研究室主任、副主任。人大常委会决定任免的人员，包括市人民政府市长、市中级人民法院院长、市人民检察院检察长和市人大常委会主任的代理人选，并决定个别副市长的任免。市人大常委会批准任免的人员，包括市辖县区人民检察院检察长的任免和人民法院院长的撤换。同时，接受市人大常委会组成人员的个别辞职请求。

1981年4月18日，根据市长吴占魁的提请，市七届人大常委会三次会议任命李凤森等38人分别担任市人民政府各委、办、局的主任和局长职务。根据市中级人民法院院长贾同来的提请，任命李树祥等3人为市中级人民法院副院长，任命贾同来等8人为法院审判委员会委员，任命郭绍雄等6人分别担任审判庭正副庭长，任命肖翠娥等2人为审判员。根据市人民检察院检察长岳齐宣的提请，任命刘林茂等2人为副检察长，范菊秋等13人为检察员。在市七届人大任期内，人大常委会决定任命栾宗友、赵立春为副市长，任命人大常委会机关负责工作人员4人，任免市人民政府其它组成人员15人，任命法院副院长和人民检察院副检察长各1人，法院和检察院其他司法人员24人。1983年1月25日，市人大常委会主任张小辉统一颁发任命书。

1983年11月23日，市八届人大常委会一次会议，根据人大常委会主任吴占魁提请，任命王仲元等3人分别担任人大常委会正副秘书长，马金琢等8人为人大常委会财政经济工作委员会组成人员，余清源等9人为人大常委会教科文卫工作委员会组成人员，罗志钧等8人为人大常委会建设工作委员会组成人员，李建国等7人为市人大常委会法制工作委员会组成人员。根据市长薛厚民提请，任命董志武等25人分别担任政府各委、办、局的主任和局长。1984年11月，市八届人大常委会第七次会议通过人事任免暂行办法。根据宪法和两院组织法规定，市七届人大已经任命的法院副院长、正副庭长、审判委员会委员和检察院副检察长、检察员、检察委员会委员，不须重新任命，其职务继续有效。市八届人大任期内，人大常委会决定同意薛厚民辞去市长职务，先后决定任命朱洪富、栾宗友、匡彦博、周伯华为副市长，先后决定免去谭松山、匡彦博、李颖副市长职务，个别任免政府组成人员48人次，人大常委会工作人员15人次，法院副院长4人，检察院副检察长1人，法院和检察院其他司法人员34人。批准任免县市区人民检察院检察长21人次。1984年8月31日，市人大常委会主任吴占魁向任命的“一府两院”负责工作人员颁发任命书。市八届人大常委会从1987年第二十五次常委会开始，对副处级以上人员的任命，将举手表决改为无记名投票表决，其他人员仍实行举手表决。

1988年3月26日，市九届人大常委会第一次常委会议上，根据人大常委会主任李文源提请，任命邓岩山等4人分别担任人大常委会副秘书长、办公室主任和副主任，会议听取上届政府组成人员陈海林等29人的述职报告。根据市长周吉太的提请，任命马建述等38人分别担任市政府委、办、局主任和局长，其中本届新上任的8人。在审议过程中，提出异议暂缓通过3人。市九届人大常委会从二次会议开始，被任命的政府组成人员、市中级人民法院副院长、市人民检察院副检察长和人大常委会副处级以上工作人员，都在任命表决前到人大常委会会议上阐明自己的政见，为人大常委会组成人员审议提供依据。1988 年 9 月 23 日，决定任命袁征敏、乔钟涛为副市长。1988 — 1990 年，先后个别任免政府组成人员 19 人次，任命市中级人民法院副院长 1 人，任免市中级人民法院和市人民检察院司法人员 30 人，任免人大常委会机关负责工作人员 4 名。在上述个别任免过程中，暂缓通过 1 人。1988 年 4 月 2 日，市人大常委会主任李文源向第一批任命的 38 名市政府组成人员颁发任命书。市九届人大常委会第二十至三十二次会议，任免 67 人次，接受 2 人辞去职务请求。其间，九届人大常委会第二十次会议以无记名投票表决方式，决定任命黄自能为副市长；以举手表决方式，任命陈由昆为人大教科文卫委员会委员，任命李松柏等 6 人为中级人民法院庭长、副庭长，免去吴震华等 4 人副庭长、审判委员会委员职务。市九届人大常委会第二十五次会议任命贺大美等 3 人为人大常委会农业工作委员会委员；任命肖石仙为计划委员会主任；任命丁良华等 3 人为检察院检察员；任命匡世高为法院副庭长。市九届人大常委会第二十七次会议决定接受乔钟涛、刘健民辞去副市长职务的请求；任命王功祥为人大常委会农业工作委员会副主任；任命谭建新等 13 人为法院审判委员会委员、庭长、副庭长、审判员，免去罗立冬等 8 人庭长、副庭长、审判委员会委员、审判员职务。

市十届人大常委会有 25 次会议安排有任免议程，共任免国家机关工作人员 242 人次，补选省人大代表 1 人，接受 2 人辞去职务请求，撤职 1 人，暂停行使市人大代表职务 1 人。其间，市十届人大常委会第一次会议任命颜启龙等 30 人为人民政府秘书长、局长、主任；批准任命吴功传等 9 人为区市县人民检察院检察长；任命曾庆鹏等 10 人为法院审判委员会委员、庭长、审判员。市十届人大常委会第三次会议任命向绍祖等 6 人为人大常委会副秘书长、副主任、委员，免去肖林菊人大常委会办公室主任职务。市十届人大常委会第四次会议，通过了《株洲市人民代表大会常务委员会人事任免办法》。第七次会议补选王茂林为省八届人大代表。第十一次会议决定撤销市物资局局长石磊职务。第十二次会议决定任命赵湘珍为副市长。第十四次会议接受陈英霞辞去人大常委会委员职务的请求；同意肖湘鄂暂停行使市人大代表职务。第十八次会议决定接受夏仁麟辞去副市长职务的请求。第十九次会议决定任命侯林青为副市长。第二十四次会议批准任命谢永格等 5 人为区县人民检察院检察长。第二十七次会议任命王特乔等 8 人为人大常委会副秘书长、副主任、委员；免去邓岩山人大工作研究室主任职务。第三十六次会议和三十七次会议，分别批准任命李益安等 9 人为区市县人民检察院检察长。

市十一届人大常委会第一次会议通过了《关于国家机关工作人员必须具备相关法律知识的决定》，要求凡应由市人大常委会任命的市人大常委会和“一府两院”的工作人员，在提请任命前，均由市人大常委会对其进行法律知识考试，未经考试的，市人大常委会不予审议，考试不合格的暂缓审议。至第二十三次会议，共任免国家机关工作人员 140 人次，其中人大常委会 24 人次，政府 33 人次，法院 43 人次，检察院 40 人次，接受 5 人辞去职务的请求和补选省人大代表 1 人。其间，市十一届人大常委会第一次会议任命谢罗生等 4 人为人大常委会办公室主任、研究室副主任、联工委副主任；免去周继政等 2 人人大常委会办公室副主任职务；批准免去尹冠林攸县人民检察院检察长职务。第二次会议任命彭德等 24 人为政府秘书长、局长、主任；批准任命文团元为攸县人民检察院检察长。第三次会议任命谈敬纯、谭建新2人为法院副院长；任命夏云华为检察院副检察长，免去胡辉平、易庆云2人检察院副检察长职务。第四次会议任命陈天星等2人为人大教科文卫委员会委员，接受黄济荣辞去人大教科文卫委员会委员职务的请求。第五次会议任命李见青等14人为法院审判委员会委员、庭长、副庭长，免去匡世高等14人法院庭长、副庭长职务。第六次会议任命彭建军等12人为检察院检察员；任命沈建平为法院审判员。第十一次会议任命龙年喜等7人为检察院检察员。第十六次会议任命孙林燕为人大教科文卫委员会委员，任命黄承波为人大财经委员会委员。第十七次会议决定接受王汀明辞去政府市长职务的请求；任命肖雅瑜为市人民政府副市长、代理市长。第十九次会议任命胡长发为人大财经委员会副主任委员。第二十次会议决定免去陈登高副市长职务，任命毛爱良、张雄为副市长；任命王志刚为市政府秘书长，免去彭德市政府秘书长职务。第二十一次会议接受周春文辞去省九届人大代表职务的请求；决定免去赵湘珍副市长职务；任命彭建军等3人为检察院检察委员会委员、检察员，免去夏昭仁等2人检察院检察委员会委员职务；任命李国斌等3人为法院庭长、副庭长。第二十二次会议任命林良才为人大常委会副秘书长；任命汤少云为农业局局长，免去邹云享农业局局长职务；补选贺德余为省九届人大代表；接受王建之辞去人大常委会委员、人大农业委员会主任委员职务的请求。第二十三次会议接受谭炳林辞去人大常委会委员、选举任免联络工作委员会主任职务的请求；免去王特乔等3人人大常委会副秘书长、副主任职务，任命杨长春等7人为工作委员会主任、副秘书长、副主任、委员。

四 参与立法

株洲市人大及其常委会没有制定地方性法规的职权，在立法方面主要是在株洲市行政区域内，保证宪法、法律、行政法规和上级人大及其常委会决议的遵守和执行；组织本行政区域内的人民群众讨论国家宪法、法律、行政法规草案及本省地方性法规草案，提出补充或修改意见。市七届至十一届人大常委会，根据省人大常委会的通知，市人大常委会共参与102个法律法规草案的立法讨论、修改工作。其中，宪法、法律草案33个，国务院行政法规草案3个，湖南省地方性法规草案66个。

1981年8月，组织有关人员座谈讨论、修改国家《选举法》和《地方组织法》，共提出修改建议18条。对选举法草案第二十六条“任何选民或者代表，有三人以上附议，也可以推荐代表候选人”，建议修改为“有十人以上附议”。对地方组织法草案第十三条“地方各级人民代表大会举行会议的时候，可以设立代表资格审查委员会”，建议修改为“地方各级人大常委会设立代表资格审查委员会，在代表大会召开前对代表资格进行审查”。以上建议均被采纳。1982年5月，组织全市机关、部队、政党、人民团体、学校、企业、事业、街道和农村社队，讨论《中华人民共和国宪法修改（草案）》。讨论历时55天，全市共计培训骨干29115名，宣讲会9233场，编写翻印宣传资料5万余份，出板报4100多期，广播4700余次，召开座谈会682次，参加人数8200多人。共收到各种修改、补充意见307条，经综合归纳，对宪法草案56处提出修改、补充意见。

有 2 条意见被最终采纳。

1988 年 7 月，省人大财经委员会转发全国人大关于制定《国家预算法（调查提纲）》，征求各级地方人大意见。市人大常委会主任会议决定，将《提纲》翻印发至所辖县市区人大常委会和 30 个专家、学者进行调查和讨论。9 月上旬市财经委员会汇总意见，写出关于制定国家预算法的建议，于 9 月 13 日组织代表中的专家、学者进行讨论。此次活动历时近 50 天，提出关于制定国家预算法的指导思想和应遵循的原则、预算法的基本内容和基本规定、以及人大实施监督的方式等意见和建议。同年 6 月，市人大财经委员会组织 20 多名市人大代表和“一府两院”有关工作人员，座谈讨论《湖南省统计工作管理条例（草案）》，提出 7 条修改意见，对其中第十八条规定“被处罚单位和个人收到县级以上人民政府统计机构发出的罚款、没收决定书后，必须于 15 日内如数上缴”，建议修改为“如数上缴国库”。鉴于一些单位和个人，为谋取小集团或个人私利，弄虚作假、虚报、瞒报现象严重，建议对违反统计工作法规的单位或个人，严厉追究责任，对在统计工作中作出显著成绩的单位和个人给予奖励。同年 11 月，全国七届人大常委会第四次会议决定将《行政诉讼法（草案）》全文公布，广泛征求意见。市人大法制委员会组织在株的 7 名全国人大代表先视察 2 天后座谈讨论，提出修改补充意见 14 条，由在株的全国人大代表将建议带到全国七届人大二次会议。1989 年 11 月，市人大城乡建设委员会组织部分人大代表和“一府两院”及相关部门工作人员共 19 人，讨论修改《中华人民共和国城市规划法（草案）》，提出修改意见 17 条。其中，草案第二十二条第五款“城市人民政府在向上级人民政府报请审批城市总体规划前，须经同级人民代表大会或其常务委员会审议”建议修改为“城市人民政府在向上级人民政府报请审批城市总体规划前，须经同级人民代表大会或常务委员会审议通过”。第二十三条“涉及城市性质、发展方向和总体布局重大变更的，须经同级人民代表大会或其常委会审议后报原批准机关审批”建议修改为“须经同级人民代表大会或其常务委员会审议通过后报原批准机关审批”。以上意见均被采纳。1991 年 3 月，组织各县市区人大常委会座谈，讨论《代表法（草案）》，提出“代表法应完善”、增写“代表接受原选区人民群众或原选举单位的监督”的意见被采纳。1992 年 7 月，汇总各县市区人大常委会以及部分人大代表的意见，提出《地方组织法（草案）》修改意见，“乡镇人大主席团可考虑增加副主席”的建议被采纳。1994 年，组织对《妇女权益保障法（草案）》等 10 个法律法规征求意见稿进行座谈讨论，整理上报意见。其中，市人大财经委在 5 月组织 7 个部门座谈，对《湖南省预算外资金管理条例（草案）》提出意见，省人大财经委和法制委认为：有的意见很中肯，可以考虑采纳。1995 — 1998 年，市人大常委会还参与了《湖南省实施〈中华人民共和国教师法〉办法（草案）》《湖南省农机管理条例（草案）》《信访工作条例（草案）》《湖南省职业教育条例（草案）》等 21 个地方性法规草案的立法调查和讨论修改。其中，1999 年 6 月份对《湖南省乡镇财政管理条例（草案）》的立法调查历时 3 天，整理出《当前乡镇财政存在的主要问题和立法的有关建议》，印送省人大常委会参阅。2000 年，市人大常委会参与《湖南省实施〈中华人民共和国老年人保护法〉办法（草案）》等 5 个法律法规草案的立法调查和讨论修改。同年 9 月，配合全国人大常委会委员万绍芬率领的全国人大法工委和省人大法制委组成的调查组，对《物权法》立法进行调查，召开由市发改委、法院、经委、财政局等部门负责人参加的座谈会，并深入市、区进行调查、走访。

五 代表工作

人大代表工作主要是为人大代表开展活动、履行职责提供服务。从市七届人大开始，市人大代表按选举单位成立代表小组，七届人大代表，就近编成46个代表小组；市八届人大城区144名代表，编成21个组，农村200名代表和县、郊人大代表混合编组。市九届人大代表就近编成33个组。代表小组一般每季开展一次活动，活动内容包括学习有关理论和文件，走访选民，就近视察，根据人民群众关心的热点难点问题进行调查，向"一府两院"或人大常委会提出建议。1988年6月2日，市九届人大常委会二次会议通过《代表持证视察试行办法》。1988年8月至1990年年末，市人大代表参加持证视察2075人次，视察单位584个，向政府有关部门提出意见和建议942件，得到解决的587件。

从1989年开始，市人大常委会组织人大代表在代表大会召开前走访选民和选举单位，视察"一府两院"的工作，听取意见和要求，征集议案或意见，为开好大会做准备。

1989年3月，市九届人大二次会议前夕，市人大代表围绕大会即将审议的议题开展视察，阅读政府工作报告（讨论稿），提出78处修改意见。1990年3月，市九届人大三次会议前夕，代表通过视察，对政府工作报告（讨论稿）提出修改意见67处。株洲县的市人大代表会前视察县境湘江大堤，发现十多处险段长达4800米，在大会上提出《抓紧治理湘江大堤》的议案。市政府当年拨出40万元治理险段，并决定分期拨款，逐年治理。

20世纪80年代，市人大常委会以代表为主体，不定期地组织代表们进行专题视察。1981年5月，组织部分人大代表视察45家工厂的环境保护，提出老污染要尽快治理，必要时实行关、停、并、转、迁，新建项目要积极执行"三同时"（即：防治污染措施与主体工程同时设计、同时施工、同时投产使用）。1982年7月28日至8月3日，部分人大代表专题视察烟囱治理情况。发现全市492台锅炉，323台没有消烟除尘设施，年排废气120亿立方米。建议市政府统一把关，严格管理，逐步实行集中供热。

1984年8月，部分人大代表视察30个食品生产、经营单位和卫生监督机构，发现卫生条件差，污染环节多，抽检样品757个，总达标率只有57.1%。酱制品仅3.4%合格，22件食具合格率为31.8%。要求市政府进一步加强《中华人民共和国食品卫生法》的宣传，尽快健全卫生管理和检验机构，具体解决冷冻厂、清水塘肉食到达场、钟鼓岭垃圾转运站和株洲饭店的卫生条件。1986年7月，继续组织部分人大代表视察食品卫生，据对106个食品生产和经营单位察看，按好、中、差进行评议，评出最好和最差各15家。对最差的15家，由防疫部门分别给予罚款、销毁食品、关门整顿、限期改进等处罚措施。个别极差的典型，通过广播、电视、报纸予以曝光。

1987—1989年，市人大代表连续3年视察农业和粮食生产问题。1987年8—9月，市人大代表视察醴陵、攸县、茶陵、株洲县10多个乡、镇水利建设情况，建议市政府增加水利投入，增强抗旱能力。1988 年 5 月，市人大代表视察茶陵和郊区粮食生产，发现茶陵粮食库存由 1982 年的 3400 万斤，减少到 1987 年的 150 万千克，全县 3 万户 15 万人缺口粮 450 万千克；郊区龙头铺、五里墩、曲尺、云田 4 个乡，5 年来粮食总产和亩产逐年减少，主要原因是粮价太低，化肥农药连年涨价。人大代表建议市政府理顺好粮食、生资差价。1989 年 4 月，市人大代表视察醴、攸、株 3 县农业生产，提出 39 条建议，要求市政府整顿农业生产资料价格，为政清廉，把化肥农药及时送到农民手上，确保农业升温。

1992 年 4 月，七届全国人大五次会议通过的《全国人民代表大会和地方各级人民代表大会代表法》，对代表在本级人民代表大会期间的工作和闭会期间的活动、代表执行职务的保障等方面作出了明确规定，代表工作更加规范，活动内容更加丰富，形式更加多样。

1991 — 2000 年的 10 年中，代表小组在市人大常委会的安排和各县市区人大常委会的组织下，闭会期间共开展各种形式的小组活动 281 次，提出建议 1250 多件，通过督促办理，代表建议所反映的问题解决率达到 30%。市人大常委会在代表大会召开前，都要安排市人大代表分县市区进行一次视察，各县市区人大常委会按市人大常委会的部署，组织代表小组，结合对政府工作报告及市人大常委会工作报告稿的初审，集中调查 4 — 6 天。1992 年 2 月、1994 年 2 月、1996 年 1 月、1997 年 1 月、1999 年 1 月和 2000 年 1 月，分别就减轻农民不合理负担、社会治安综合治理、反腐败、经济体制改革、城市管理等不同专题进行调查视察。调查和视察情况以及对政府工作报告初稿的意见经汇总，由市人大常委会召开“一府两院”联席会议，向政府、法院、检察院通报，提出整改要求。1994 年 2 月的“一府两院”联席会议，共向政府提出 174 条建议、意见。1998 年 11 — 12 月，攸县人大常委会组织以市县人大代表为主、有省人大代表和乡镇人大代表参加的四级人大代表“扶贫帮困”视察活动。参加视察的代表共走访贫困户 2862 户，捐物 1036 件，代表当场解囊相助 1199 户，近三分之一的代表与贫困户结成“手拉手帮扶对子”。1999 年 4 月，市人大常委会根据群众的反映，组织荷塘区范围内的部分全国、省、市、区四级人大代表，并邀请市政府及有关部门领导参加，专题视察和研究解决荷塘区部分地段的水患问题。由于城市扩建，没有及时解决对周边环境的影响，导致荷塘区南华路部分塘坝沟渠逐年被填占，殃及周边生活小区下水堵塞，严重影响当地人民群众的生产生活。视察后，一致认定解决该地内涝水患应列入市防洪排渍重点工程。市政府为此拨出专项资金，责成有关部门撤除违章建筑，安排力量清淤进行排水改道，年底问题得到彻底解决。

20 世纪 90 年代初开始，市人大常委会以“厂矿企业人大代表联组”的形式开展活动。1991 年 10 月，市人大常委会在醴陵市召开全市厂矿人大代表座谈会。根据全市部分大中型企业有全国、省、市、区四级（或三级、二级）人大代表的特点和座谈会代表提出的意见，决定进一步加强厂矿企业中的代表工作。实践中，将厂矿企业的各级人大代表编成代表联组，协商确定正副组长及职责，由厂（企业）确定专人服务与联络。代表联组每年制定活动计划及方案，建立活动制度。株洲冶炼厂、田心机厂、331 厂等有 3 名以上人大代表的 22 个企业的代表联组活动开展得有声有色，较好地发挥了人大代表的作用。田心机厂代表联组从 1998 年起，坚持开展“代表接待日”活动，每月定期由厂区的人大代表开设接待窗口，接待群众来访。当年，该厂区代表联组共接待选民210人次，收集意见和建议220件，根据职工反映住房难的问题，在广泛听取各方意见的基础上，促成工厂下决心集资建房。当年集资7270万元，新建住宅1049套，计10.7万平方米，使全厂90%的无房户解决了住房问题。省九届人大代表、醴陵市东富集团公司董事长王日新，从1998年起，坚持每月27—28日两天接待选民。这两天，他将公司会议室改为接待室，对选民反映的问题除尽其所能就地解决外，对有的问题还在醴陵、株洲、长沙之间奔波联系，向有关部门反映。

从1994年开始，市人大常委会组织市人大代表评议国家机关及其工作人员。当年9月，市人大常委会召开评议大会，对市公安局、农业局、教委、城建局、检察院和法院6个单位的工作及其负责人进行评议。评议会前，人大常委会对集中参加评议活动的32位人大代表进行有关法律知识和本次评议活动安排的学习培训。32位代表分成6个组先后用近2个月时间，深入各县市区调查、走访、听取和核实各方面的意见，共召开各类座谈会49个，走访干部、职工、村民558人。评议会上，6名代表作评议主题发言，12名代表就几个典型问题作补充发言。评议要求公安、法院、检察院严格执法，端正作风，不办人情案；要求农业局尽快解决机关办公司的严重亏损问题；要求教育局解决学生负担过重及乱收费问题；要求城建局立即刹住随意动用城市维护费作其他支出问题。这一年，全市有310名市人大代表分别走访或分组调查走访了871个单位、部门，召开321个座谈会，走访选民21300余人次，收集整理建议604条。1995年8—11月，人大常委会集中20名市人大代表，分3个组调查走访选民，对工商局、国土局、林业局及分管副市长进行评议。全市有307名市人大代表参加评议前的调查走访，收集建议、批评和意见209条。1996年开始，“代表评议”改为“述职评议”。

20世纪90年代，人大代表工作建立和完善相关制度。市人大常委会每年都作出表彰决定，并在代表大会的预备会议上，表彰代表活动积极分子及先进代表小组。1991—1992年度，表彰九届人大代表活动积极分子182人次，表彰先进代表小组17个次。1993—1997年度，表彰十届人大代表活动积极分子319人次和先进代表小组44个次。1998—2000年度表彰十一届人大代表活动积极分子236人次、先进代表小组30个次。此外，代表提出的建议，有13件被评为优秀建议，给予了表彰。

1991年后，市人大常委会逐步建立由人大常委会主任或副主任带队的走访慰问代表制度。每年元旦、春节期间走访农村代表，“三八”妇女节走访妇女代表，“五一”劳动节走访工交、科技战线代表，“八一”建军节走访慰问驻军代表，教师节走访慰问教育战线代表。1999年12月，市十一届人大常委会制定了《关于常委会联系代表、代表联系人民群众的办法》，规定市人大常委会通过邀请代表列席常委会会议、参加专题调研，组织视察、调查、评议、执法检查，接待来信来访，建立主任接待日制度，加强通信联系、分发《会刊》及《株洲人大》等资料，走访代表，参加县市区组织的代表小组活动以及加强与全国、省人大代表的联系这8条渠道，加强与代表的联系。

2000年9月，为促使代表更好地行使职权，接受原选举单位的监督，市十一届人大常委会第二十一次会议通过《株洲市人民代表大会代表向原选举单位述职的暂行办法》。规定市人大代表每届任期内至少述职一次，由代表原选举单位的人大常委会安排或组织，在常委会会议上或人民代表大会上书面或口头述职，并进行评议。

市人大常委会注意提高代表行使职权的能力和增强代表意识。市九届人大六次会议、市十届人大二次会议和十一届人大一次会议，市人大常委会向到会代表作了《认识我国选举制度的基本特征，始终不渝地为完善人民代表大会制度而努力》《学习和实施代表法》《努力学习代表法，认真实施代表法》的代表知识辅导报告。

除及时总结厂矿人大代表工作、乡镇人大代表工作和县区人大代表工作经验之外，市人大常委会注意适时召开全市人大代表工作经验交流会，总结、推介各方面代表工作经验。

六 受理信访

市人大常委会受理信访工作，按照“分级负责，归口管理”的原则，主要采取简易信访直接答复，一般信访转办，重要信访交办并限期回报结果，群众反映强烈、影响大的典型信访直接调查，督促各有关部门查处等不同方式进行处理。市七届至十一届三次人大会议期间，市人大常委会接待人大代表和群众来访19608人次，收到人大代表和人民群众来信5996封。市人大常委会各专门委员会在受理信访工作中发挥了相应作用。2000年，市人大常委会受理信访2450件次，其中财经委受理130件次、教科文卫委受理76件次、城环委受理110件次。信访主要反映贪污受贿、徇私枉法、冤假错案、环境保护、市场物价等问题。其间，市人大信访工作逐步建立健全了《信访信息报告制度》《回信复告制度》《督办制度》《审查结案制度》《领导接待制度》等信访工作制度。

市人大代表刘赞明，在1984年上半年数次来信来访，要求帮助郊区荷塘铺乡陡岭坡小学解决“喝水难”的问题。市人大联络科和刘赞明一起，找自来水公司、郊区城建局、教育局等单位协商，共同投资铺设供水管道，解决该小学喝水问题。

1985年，攸县村民王某某在债务纠纷中，与蔡某发生扭打，一审法院认定王打断蔡5根肋骨，判处王有期徒刑4年。二审法院认定王轻伤，改判2年。王在服刑期间，多次申诉“伤害是假，诬告是真”。1986年10月，市人大代表陈佩芝向市人大常委会反映此案判决不当，要求为民作主，重新审理。1987年经复查确认，王连生没有伤人，蔡伤是28年前的旧伤，法庭仅凭一张照片作结论，以致酿成“旧痕当新伤”的错案。王连生平反后，十分感激，给人大法制委员会送来“执法如山”的镜匾。

1988年1月，市人大财经委员会受理市人大代表倪海正的来访，反映1987年7—8月间，市合成树脂厂销售劣质氨水，给农民造成损失，被发觉后拒不退还多收农民货款的问题。财经委员会认为，该厂违反国家《工业产品责任条例》，应将多收货款退还农户。经多方协调，退还货款13311元，落实到400多户农民手中。同年9月，市人大教科文卫委员会接待市文化局来访，反映南区政府8月11日颁布《南区文化市场管理暂行条例》的标题和内容与有关法律规定不符。当即邀请市政府法规科、文教组、文化局和南区人大常委会共同学习有关法律法规，对照检查，认定“条例”确有错误，事后由南区政府主动撤销这一文件。

1989年2月，贺家土小学、十一中师生和纺织路居民联名来信反映：纺织路是2所学校、1座工厂的上学、上班必经之道，但因个体户乱设摊点，占道营业，煤气工程迟迟未能竣工，多处违章建筑，使不到500米长的纺织路严重堵塞，连续发生3起伤亡事故。因涉及部门多，一直没有得到妥善解决。通过人大信访部门出面协调，召集交警、工商、城管、煤气等有关部门商量，共同采取措施，仅1个多月时间，就使这个多年难以解决的问题得到妥善解决。同年4月，市人大代表、攸县一中教师徐敬业来信反映：酒埠江钢铁厂因缺电停产，三分之一的工人没有事干，影响安定团结。人大信访科将信件呈送人大和政府领导阅示，曾雨农副市长4月9日指示经委落实办好。4月13日零点起，酒埠江钢厂的用电基数从0.06万千瓦增加到0.1万千瓦，满足了该厂生产用电，钢厂职工全部复工。同年9月，城乡建设委员会接待100余名群众上访，抗议地毯厂生产的废气和噪音污染住宅区，并申请上街游行。接待人员努力劝说，稳定上访群众情绪，邀请环保局和上访群众代表一道踏勘现场，了解生产和污染情况，召开座谈会，决定由厂方限期完成隔音墙，改变排气方向等，使问题得到解决。

1991年，郊区人大代表宾先芝给万里委员长写信，要求公正处理其3名子女被杀害一案的善后问题。该信由全国人大常委会办公厅通过省人大法制委转市人大常委会办理。经与郊区人大常委会联系，并督促有关部门复查整改，该问题于1991年6月办结并报省人大常委会及全国人大常委会。

1993年，市人大代表王强在珠海经营房地产期间，因涉嫌贪污，长沙铁路运输检察院拟采取强制措施。是年8月，王强给市人大常委会寄来无罪申述的信件。市人大常委会及时与长铁运输检察院联系，调阅案卷，并会同市司法机关研究，认为王强确有利用职务之便贪污受贿之嫌，同意长铁运输检察院对其采取强制措施。

1994年，市人大常委会受理信访共1595件次，其中转办417件次，自办、督办41件，改变原处理结果的21件。哈尔滨化工原材料公司采购员任某某在株洲选矿药剂厂购草酸，4.5万元货款被没收。1994年5月，任某某来市人大常委会上访申述。市人大常委会对该问题经自办和督办，认为作为经济纠纷案件处理更为妥当。与各方协商后，市人大常委会责成有关部门纠正没收货款的决定，依法公正处理。

市人大常委会各专门委员会也明确了受理信访事宜的负责人和具体经办人，在受理信访工作中发挥了相应作用。1995年，市人大法制委接待来访1045人次，受理来信182件。2000年，市人大常委会受理信访2450件次，其中财经委受理130件次，教科文卫委受理76件次，城环委受理110件次。同年4月，城环委对群众反映有人在神农公园桂花林内新建茶馆，损坏绿地问题十分重视，督促有关部门整改，使问题得到妥善解决。

第十七篇　人民政府

第一章　行政机构

1949 年 8 月 8 日，湘潭县设株洲区，区人民政府在旧乡公所驻地（大胜岭万寿宫）正式成立，胡维新任区长。下辖株洲乡、藕灵乡。1950 年 6 月，湘潭县下设株洲镇，株洲镇设镇公所，韩瑾行任镇长。1951 年 3 月，镇公所改为镇人民政府。

1951 年 4 月，湖南省人民政府筹建株洲市，委派杨第甫、阎善才、吴占魁等负责筹建工作。6 月 6 日，中央人民政府政务院批准株洲设市，隶属长沙区专员公署。7 月 1 日，株洲市人民政府正式对外办公，陈继昌为市长。

“一五”计划期间，株洲市被列为国家重点新建的工业城市之一，1953 年 4 月 14 日，政务院批准株洲市改为省辖市，仍为县级，吴占魁任市长。同年 6 月 5 日，湖南省政府授权湘潭专署领导株洲市。

1954 年 6 月 26 — 29 日，市第一届人民代表大会召开，吴占魁、侯锡义、刘恒胜等 25 人，被选举为市人民委员会委员。1955 年 5 月，市人民政府改称为市人民委员会。5 月 16 — 18 日，市第一届人民代表大会第二次会议选举产生株洲市人民委员会，选举马壮昆为市长，吴占魁、杨恺为副市长，刘恒胜、成德润等 16 人为委员。

1956 年 4 月 9 日，株洲市由县级市升为地级市，株洲市人民委员会改由湖南省人民委员会直接领导。

1967 年 11 月 6 日，经湖南省革命委员会筹备领导小组批准，成立株洲市革命委员会筹备小组，同时撤销株洲市人民委员会。筹备小组由军队代表王大举、王天河、蔡虹，干部代表吴占魁、曲钦甲、张宝瑄、罗立洲、郭殿臣，群众组织代表霍世华、刘辉、熊德祥、吕保湘、周光海、许云秋、柳清胜、夏玉成组成，王大举任组长，吴占魁任副组长。11 月 19 日对外办公。1968 年 1 月 24 日，株洲市革命委员会正式成立，革委会由 51 名委员组成。

1980 年 12 月，市第七届人大第一次会议决定，撤销株洲市革命委员会，成立株洲市人民政府。

株洲市人民政府成立后，在中共株洲市委领导下，充分发挥政府职能，建立和健全各级机构，建立和完善施政方式。施政过程中，执行上级国家机关的决议、命令、规定，执行株洲市人民代表大会及其常务委员会的决议，接受株洲市人民代表大会及其常务委员会的监督，接受人民代表的监督。凡制定有关地方性重大政策，作出重大决策，制定全市社会经济发展计划，制定全市财政预决算均须经市人民代表大会或其常务委员会审议批准，并定期向其报告工作。

经过50多年的奋斗，株洲市已发展成为市管县的区域性中心城市，形成以冶金、机械、化工、建材为支柱，以大中型企业为骨干，以原材料生产和制造为主体，制药、食品、电子等产业迅速发展，高新技术产业蓬勃兴起的工业体系，成为国家重要的工业基地，江南重要的交通枢纽和物流中心。

到2000年，株洲市城区面积由1949年的1.5平方千米扩大到63平方千米，城市人口由7000余人发展到74.85万人；全市完成国民生产总值308.42亿元；人均国民生产总值达8413元；实现财政收入20.17亿元；全市城镇单位从业人员33.9万人；城镇居民就业率达96%；全市城市居民人均可支配收入7271元，农民人均纯收入2689元；科教文卫体等各项社会事业都得到了长足发展。

株洲市人民政府（人民委员会、革命委员会）历任正副市长（主任）名录

表17–1

行政机关名称	市　长（主任）	任职时间	副市长（副主任）	任职时间
株洲市人民政府	杨第甫	1951.4—1951.7（筹备期）	阎善才	1951.4—1951.7（筹备期）
	陈继昌	1951.7—1953.4	张犀文	1951.8—1951.9
	吴占魁	1953.4—1955.5	李　章	1951.10—1952.12
	–	–	刘恒胜	1952.4—1954.10
	–	–	杨　恺	1954.9—1955.5
株洲市人民委员会	马壮昆	1955.5—1956.12	吴占魁	1955.5—1956.12
	吴占魁	1956.12—1968.1	杨　恺	1955.5—1958.6
	–	–	魏永平	1956.4—1957.3
	–	–	张小辉	1957.1—1968.1
	–	–	杨忠文	1958.6—1961.5
	–	–	陈文玉	1958.6—1968.1
	–	–	刘恒胜	1961.3—1968.1
	–	–	曲钦甲	1963.1—1968.1
	–	–	何尚文	1966.4—1968.1
	–	–	滕中民	1966.4—1968.1
	–	–	邢连兴	1966.4—1968.1
	–	–	马金琢	1966.4—1968.1
株洲市革命委员	王大举	1968.1—1968.10	孙敬民	1968.10—1980.11
	高继唐	1968.10—1977.11	吴占魁	1968.10—1980.11
	周　政	1977.11—1980.5	陈庆文	1968.10—1980.11
	–	–	张宝瑄	1968.10—1980.11
	–	–	许云秋	1968.1—1977.3

续表 17–1

行政机关名称	市 长（主任）	任职时间	副市长（副主任）	任职时间
	–	–	朱远明	1969.11 — 1980.11
	–	–	马万贵	1968.12 — 1973.5
	–	–	李俊德	1968.12 — 1971.7
	–	–	刘海波	1971.2 — 1977.11
	–	–	张小辉	1971.2 — 1980.11
	–	–	周守业	1971.7 — 1980.11
	–	–	赵冰岩	1972.9 — 1972.12
	–	–	李明礼	1972.11 — 1973.5
	–	–	李　路	1973.6 — 1980.11
	–	–	李文源	1974.1 — 1980.11
	–	–	李志远	1975.3 — 1980.11
	–	–	肖　抗	1978.3 — 1979.3
	–	–	张肃斋	1978.4 — 1980.11
	–	–	张茂林	1978.4 — 1980.11
	–	–	马金琢	1978.4 — 1980.11
	–	–	田　莉	1980.8 — 1980.11
株洲市人民政府	吴占魁	1980.12 — 1983.10	王雨海	1980.12 — 1983.10
	薛厚民	1983.10 — 1984.12	李　路	1980.12 — 1983.6
	周吉太	1985.5 — 1990.7	马金琢	1980.12 — 1983.5
	周伯华	1990.7 — 1993.1	何尚文	1980.12 — 1984.7
	王汀明	1993.1 — 2000.4	周敬文	1980.12 — 1983.5
	肖雅瑜	2000.4 — 2000.12	黄道奇	1980.12 — 1983.5
	–	–	栾宗友	1982.1 — 1983.5
	–	–		1985.2 — 1988.1
	–	–	赵立春	1982.5 — 1983.5
	–	–	周吉太	1983.5 — 1985.5
	–	–	李　颖	1983.5 — 1987.6
	–	–	谭松山	1983.10 — 1984.12
	–	–	龙德发	1983.10 — 1990.7
	–	–	朱洪富	1984.2 — 1988.8
	–	–	刘迪恺	1984.12 — 1990.7
	–	–	曾雨农	1984.12 — 1993.1

续表 17–1

行政机关名称	市 长（主任）	任职时间	副市长（副主任）	任职时间
	–	–	匡彦博	1985.7 — 1986.9
	–	–	周伯华	1986.9 — 1990.7
	–	–	袁征敏	1988.9 — 1993.1
	–	–	乔钟涛	1988.9 — 1992.3
	–	–	王汀明	1990.7 — 1993.1
	–	–	刘健民	1990.7 — 1992.3
	–	–	黄自能	1991.2 — 1997.12
	–	–	廖铁生	1992.3 — 2000.12
	–	–	夏仁麟	1992.3 — 1995.5
	–	–	陈登高	1993.1 — 2000.8
	–	–	朱桂生	1993.1 — 2000.12
	–	–	赵湘珍（女）	1994.9 — 2000.8
	–	–	侯林青	1995.7 — 2000.12
	–	–	杨维刚	1998.1 — 2000.12
	–	–	毛爱良	2000.8 — 2000.12
	–	–	张 雄	2000.8 — 2000.12

株洲市人民政府（人民委员会）历任正副秘书长名录

表 17–2

秘书长	任职时间	副秘书长	任职时间
杨 恺	1956.12 — 1959.6（兼）	罗立洲	1956.3 — 1966.12
马金琢	1959.6 — 1962.6	李 健	1955.9 — 1962.9
			1966.4 — 1968.1
赵书空	1962.7 — 1966.12	刘文朴	1959.5 — 1960.1
栾宗友	1979.6 — 1980.11	田育农	1959.7 — 1964.4
	1981.4 — 1982.2	范异彪	1962.4 — 1966.12
王仲元	1982.1 — 1983.9	蒋成林	1966.4 — 1967.11
刘 盛	1985.9 — 1989.9	欧阳凡	1979.7 — 1993.3
侯林青	1989.9 — 1990.9	郭增臣	1981.12 — 1990.11
陶维善	1990.9 — 1993.1	欧祝华	1983.7 — 1993.2
颜启龙	1993.3 — 1994.12	王汀明	1983.7 — 1983.12
刘岁文	1994.12 — 1995.7	颜启龙	1985.11 — 1993.3

续表 17–2

秘书长	任职时间	副秘书长	任职时间
彭　德	1995.7 — 2000.7	汪碧秋	1986.6 — 2000.12
王志刚	2000.7 — 2000.12	陶维善	1990.3 — 1990.9
–	–	刘本良	1990.9 — 2000.11
–	–	彭　德	1992.7 — 1995.7
–	–	崔清臣	1993.5 — 1994.8
–	–	李甲顺	1993.5 — 2000.12
–	–	曹泽和	1994.10 — 1998.4
–	–	王　群	1996.2 — 2000.2
–	–	谢云山	1996.2 — 2000.12
–	–	李正刚	1996.4 — 1997.6
–	–	朱时炎	1996.4 — 2000.12
–	–	肖石仙	1996.8 — 1999.4
–	–	李茂祥	1996.8 — 1998.8
–	–	欧阳文勇	1996.8 — 2000.8
–	–	周汉林	1997.7 — 2000.12
–	–	聂方红	2000.8 — 2000.12

第一节　市级行政机构

1951 年年底，株洲市人民政府设秘书室、人事科、民政科、劳动科、公安局、卫生科、房地科、税务局、财政科、文教科、建设科、工商科、财经委员会、邮电局、供销合作社 15 个机构。工作人员由中共湖南省委按丁等县列编制，定编 200 人，除从湘潭调来少数干部外，大部分从农村和店员中抽调。

“一五”计划期间，国家把株洲市列为重点新建的工业城市。1953 年，市人民政府增设城市建设委员会，市供销合作社改为合作总社。干部定编增加到 465 人。1956 年，株洲市由县级市升格为地级市，市人民委员会增设农业科、基本建设办公室、城市建设局；将劳动科、卫生科、房地科、商业科、工业科分别改为劳动局、卫生局、房地产管理局、商业局、工业局，计划统计科改为统计科，财经委员会改为财粮贸办公室；城市建设委员会与城市建设局合并；文教科分为教育科、文化科。年底共有 23 个机构，定编 664 人，实有 755 人。

1967 年 11 月成立市革命委员会筹备小组，全面接管原市委、市人委。市革命委员会筹备小组下设办事组、组织组、政宣组、政法组、工交组、农水组、贸财组、统战群工组、文卫组、计统科组、群众来访接待站、生产指挥部 12 个工作组，工作人员 1060 人。1968 年，市革命委员会成立，原市人民委员会机构除邮电局外，全部撤销。市革委会设办公室、政治部、人民保卫部、生产指挥部。

工作人员106人。原机关干部除少数留用外，余皆下放或去“五七”干校劳动。1970年，市革命委员会恢复冶金机械工业局、化学燃料工业局、交通邮政局、轻工业局、城市建设局、劳动局、粮食局、卫生局、民政局、农林水利局、商业局、财政金融局、电信局，撤销邮电局。1972年年底，撤销生产指挥部。1973年，撤销办公室、政治部、人民保卫部，恢复委、办、局建制。工作人员为1691人。

1980年12月，市人民政府重新成立。1983年6月进行机构改革，原市政府市长、副市长全部免职，大部分委、办、局机构的领导或退居“二线”或重新安排工作；同时增设水利水电局、审计局、经济研究室、蔬菜办公室、信访办公室、编制委员会、物价局、煤炭工业局；农村办公室改为农业委员会，接待处改为外事办公室，化学燃料工业局改为化学工业局，电子仪表工业局改为电子工业局，供销合作社改为供销合作联社，副食品生产局改为畜牧水产局，房地产管理局改为房地产公司，农业水电局改为农业局，纺织工业局改为纺织工业公司，医药管理局改为药材公司，林业园林委员会办公室改为林业局，计划生育办公室改为计划生育委员会，建筑工程管理局改为建筑总公司，广播事业管理局改为广播电视局；撤销文教办公室、财贸办公室、农业机械管理局；8月，基本建设委员会与城市建设局、环境保护办公室、人民防空办公室合并，成立城乡建设环境保护局；12月，撤销城乡建设环境保护局，成立环境保护局、城乡建设委员会、人民防空办公室。工作人员1901人，比机构改革前的1982年减少232人。

1983年，原湘潭地区管辖的醴陵县、攸县、茶陵县、酃县改由株洲市管辖，市政府机关工作人员增加至1997人。

1990年年底，市政府设办公室、经济研究室、文卫办公室、计划委员会、经济委员会、基本建设委员会、科学技术委员会、财贸委员会、农业委员会、对外经济贸易委员会、教育委员会、计划生育委员会、体育运动委员会、经济体制改革办公室、人民防空办公室、外事办公室、地方志编纂委员会办公室、蔬菜办公室、经济技术协作办公室、公安局、司法局、监察局、人事局、劳动局、国土管理局、物价局、档案局、民政局、物资局、统计局、冶金机械工业局、化学工业局、煤炭工业局、轻工业局、二轻工业局、建筑材料工业局、交通局、纺织工业局、电子仪表工业局、医药总公司、城市建设局、环境保护局、税务局、一商业局、二商业局、粮食局、财政局、工商行政管理局、审计局、广播电视局、文化局、卫生局、农业局、水利水电局、畜牧水产局、林业局、乡镇企业局、供销合作社、房地产管理局等73个工作部门和直属部门，分别由市政府办、计划委员会、经济委员会、基本建设委员会、农业委员会、科学技术委员会、财贸委员会、对外经济贸易委员会、文卫办公室归口管理。1991年，设立市供销委员会，挂靠市经委。1992年，市委对台办公室更名市委台湾工作办公室，同时加挂市人民政府台湾事务办公室的牌子。

1994年，市级行政机构改革，市政府设工作机构38个（其中政府组成单位24个），部委办局管理的机构5个。此次机构改革，撤销文卫办公室，职能划归政府办公室；标准局与计量局合并，组建技术监督局；侨务办公室与外事办公室合并，组建外事侨务办公室。转为经济实体的有一商业局、二商业局、轻工业局、二轻工业局、建材工业局、纺织工业公司（局）、煤炭工业局、物资局、医药总公司（管理局）、食品工业办、包装公司11个单位。改为事业单位的有城市建设局、档案局、广播电视局、体育运动委员会、畜牧水产局、接待处、房地产公司（管理局）7个单位，其中房产公司（管理局）改为房产管理局（其他行政管理职能划归国土管理局）。更名的机构3个有农业委员会改为市农村工作办公室，与市委农村工作部一个机构两块牌子；市财贸委员会改为财贸工作办公室；市计划生育委员会更名为市计划生育局。新设立的机构有市地方税务局、国家安全局、国有资产管理局3个。供销合作联合社性质不变，保留化工局、电子工业局、冶金机械局。议事协调机构有3个，即人民防空委员会、蔬菜领导小组、爱国卫生运动委员会。对有一定管理职能的14个事业单位进行变动，建筑工程管理处更名为建筑工程管理局、城市规划办公室更名为城市规划管理局、房改办并入市经济体制改革委员会、地方志编纂委员会办公室归口政府办、农业机械管理局归口市农村工作办公室、社会劳动保险局归口市劳动局管理、劳动就业管理处归口市劳动局管理、交通规费征稽处归口市交通局、机关事业社会保险局设在人事局内、经济研究室设在市政府办、撤销供销委员会其职能划归市经委、撤销技术协作办公室其职能划归市计委。同年，市国有资产管理处更名为市国有资产管理局，归口市财政局管理。

1995年，株洲市外事侨务办公室更名为株洲市人民政府外事侨务办公室，市计划生育局更名为市计划生育委员会。1996年5月，在市文化局加挂市新闻出版局、市版权局的牌子。同年，市住房制度改革领导小组办公室定为县级机构，直属市人民政府管理；将株洲公路总段更名为株洲市公路管理局。1997年，市无线电管理处划为湖南省无线电管理委员会办公室的派出机构。1997年，株洲市残疾人联合会为正县级群团机构。1998年，在市水利水电局内设立株洲市移民开发工作领导小组办公室。1999年，市工商行政管理局上属湖南省垂直管理。2000年，市技术监督局上属湖南省垂直管理。

2000年，市政府组成单位和直属部门有：市政府办公室、计委、经委、经济体制改革委员会、教委、科委、建委、对外经贸委（加挂招商局牌子）、公安局、国家安全局、司法局、监察局、审计局、民政局、财政局、人事局、劳动局、交通局、农业局、林业局、水利水电局、文化局、卫生局、计生局、农村工作办（市委农村工作部）、财贸工作办、外事侨务办、统计局、工商行政管理局、乡镇企业局、国土管理局、环境保护局、地方税务局、粮食局、物价局、冶金机械工业局、化学工业局、电子工业局。

株洲市人民政府办公室机构：1951年7月，株洲市人民政府设置秘书室，编制35名（含正、副市长），其日常工作由秘书负责。1956年，株洲市升为地级市。同年6月，省委组织部批准同意设株洲市人民委员会办公室，编制38名，日常工作由市人委会正副秘书长负责。“文化大革命”开始至1967年11月成立市革委会筹备小组，市人委各级职能机构基本维持原状。1968年5月，成立株洲市革命委员会办公室，取代市委和市人委办公室职能。1973年5月，恢复设立中共株洲市委办公室，与市革委会办公室合署办公，两块牌子一套人马。1979年2月，中共市委办公室与市革委会办公室分开办公。1980年12月，株洲市人民政府恢复后，将市革委会办公室改为市人民政府办公室。原市革委会设立的办公室和科室随即撤销。1983年国家体制、机构改革全面进行。同年12月，撤销市财贸办、文教办，在市政府办设立财贸组、文教组，经济研究科划入市政府经济研究室，原市政府办行政科与市委办行政科合并，成立市委行政处。1984年10月，撤销政府办财贸组。1985年4月，成立市无线电管理委员会办公室，对内为政府办的科室。1988年，市政府办公室设6科1组1办。为适应工作需要，已先后将法规科更名为市人民政府法制办公室，并升格为副县级单位；文教组更名为市人民政府文教卫办公室（正县级）。1989年，成立市人民政府经济研究室（正县级），归口政府办公室管理。1991年，市政府办公室下设8科3办。1994年，在机构改革中撤销市政府文卫办，职能划归政府办公室；经济研究室设在市政府办，为内设机构。

株洲市人民政府（革命委员会）办公室历任负责人名录

表17-3

主 任	任职时间	副 主 任	任职时间
张景云	1968.6 — 1969	缪尔贵	1968.12 — 1969
缪尔贵	1969 — 1971.5	吕保湘	1968.12 — 1972.6
高承仁	1971.5 — 1973.5	廖明权	1968.12 — 1972.6
袁菊初	1973.7 — 1979.2（兼）	高志新	1970. — 1972.1
欧阳凡	1979.2 — 1980.4（兼）	刘恒胜	1972.1 — 1973.5
欧祝华	1980.4 — 1993.4（兼）	杨汝琴	1971.8 — 1973.10
刘本良	1993.4 — 1994.11（兼）	何桂兰	1971.10 — 1973.5
彭 德	1994.11 — 1995.7	欧祝华	1973.6 — 1979.2
王 群	1996.8 — 2000.2	王建国	1980.2 — 1983.9
王志刚	2000.8 — 2000.12（兼）	严智卿	1980.12 — 1985.7
–	–	谢 尼	1981.11 — 1983.8
–	–	刘发科	1981.11 — 1983.8
–	–	黄幼如	1984.5 — 1985.3
–	–	周福云	1985.7 — 1992.10 1994.10 — 2000.8
–	–	郭子光	1986.6 — 1991.11
–	–	谢云山	1991.4 — 1996.2
–	–	朱时炎	1991.11 — 1996.4
–	–	欧阳文勇	1994.10 — 1996.8
–	–	强国跃	1994.12 — 1996.4
–	–	聂方红	1997.6 — 2000.8

株洲市人民政府文卫办公室负责人名录

表 17–4

主　任	任职时间	副 主 任	任职时间
曹泽和	1989.12 — 1994.9	唐升光	1992.4 — 1994.9

株洲市经济体制改革委员会办公室历任负责人名录

表 17–5

主　任	任职时间	副 主 任	任职时间
李峻起	1985.6 — 1994.9	乐常全	1983.12 — 1985.5
崔清臣	1994.10 — 1995.8	吴静春	1983.12 — 1990.5
刘发科	1995.11 — 2000.12	刘发科	1985.6 — 1995.10
–	–	石克炤	1985.6 — 1992.11
–	–	宋国元	1987.6 — 1991.5
–	–	李正刚	1992.10 — 1995
–	–	罗前进	1994.4 — 1998
–	–	邹松林	1994.10 — 1996
–	–	刘建洲	1997 — 2000.12

株洲市人民政府经济研究室历任负责人名录

表 17–6

主　任	任职时间	副 主 任	任职时间
汪碧秋	1990.10 — 1993.5	刘本良	1989.8 — 1990.10
–	–	周汉林	1990.10 — 1994.8
–	–	欧阳文勇	1992.10 — 1994.10
–	–	黄志军	1992.10 — 1993.8

株洲市人民政府法制办公室历任负责人名录

表 17–7

主　任	任职时间
李学军	1990.10 — 1994.8
吴志建	1994.10 — 1998.11
胡楚解	1998.12 — 2000.12

株洲市老龄工作委员会办公室历任负责人名录

表 17-8

主 任	任职时间	副 主 任	任职时间
李 东	1985.8 — 1990.2	谢家定	1997.6 — 2000.12
邹修立	1990.10 — 1995.5	–	–
全德理	1995.12 — 2000.12	–	–

株洲市人民政府城市管理委员会办公室负责人名录

表 17-9

主 任	任职时间
旷竹生	1997.6 — 2000.12

第二节 县（市）区级行政机构

1965 年 4 月，经国务院第 155 次全体会议决定株洲市下置株洲县、郊区。县的行政机关称县人民委员会，设县长 1 人，副县长 2 ~ 3 人，下设办公室、工交办公室、财贸办公室、计委、人事科、工交科、财政科、劳动科、文教科、卫生科、公安局、统计局、手工业局、农林局、商业局、畜牧水产蔬菜局、体育运动委员会、税务局、粮食局、水利水电机电排灌局、供销合作社等机构。郊区的行政机关称郊区人民委员会，设区长 1 人，设组宣部、生产办公室、经营管理科等机构。1966 年，郊区人民委员会办事机构改设政工组、办事组、人保组、生产组。

1968 年 2 月，株洲县和郊区分别成立革命委员会，设主任 1 人，副主任 4 ~ 6 人，委员若干人。县革命委员会设办公室、政治部、抓革命促生产指挥部；郊区革命委员会设办公室、抓革命促生产指挥部、保卫组。

1970 年 7 月，经国务院批准，株洲市城市置南区、东区、北区 3 区。12 月，3 区成立革命委员会，设主任 1 人，副主任 5 ~ 6 人，委员若干人，设政治工作组、生产指挥部、办事组、人民保卫组等机构。同年，株洲县、郊区革命委员会办事机构均改设政治工作组、生产指挥组、办事组、人民保卫组。

1973 年 11 月，4 区革命委员会撤销政治工作组、生产指挥组、办事组、人民保卫组；城市 3 区设办公室、工交办公室、民政科、教卫科、人防办公室、公安分局；郊区设办公室、农村办公室、工交科、公安分局、教卫科、计财科、农机管理科、社队企业科、供销合作社等机构。

1974 年 1 月，株洲县革命委员会撤销政治工作组、生产指挥组、办事组、人民保卫组，设办公室、农村办公室、财贸办公室、工交办公室、计委、科学技术办公室、交通局、物资局、农业局、林业局、工业局、粮食局、商业局、供销合作社、公安局、卫生局、水电局、农村管理局、教育局、文化科、体育运动委员会、广播事业局、民政科、劳动科、财政税务局、工商行政管理局、经营管理科等机构。

1980年年底，县、区革命委员会撤销，分别成立县、区人民政府。县人民政府设县长1人，副县长4～6人，设办公室、农委、财委、经委、计委、建委、科委等53个机构；郊区人民政府设区长1人，副区长3～4人，设办公室、农委、计经委、物价委、科委、财政局、蔬菜局、畜牧水产局等30个机构；城市3区人民政府设区长1人，副区长4～5人，设办公室、工交科、民政科、劳动科、商业科、人防办公室等21个机构。

1983年下半年，市辖5县4区，即株洲县、醴陵县、攸县、茶陵县、酃县、郊区、东区、北区、南区。

1985年，经国务院批准，醴陵县改为醴陵市。醴陵市人民政府设市长1人，副市长5～6人。1994年，经国务院批准，酃县更名为炎陵县。

1997年，经国务院批准，撤销市辖东、南、北、郊4区，重新设立天元区、芦淞区、荷塘区、石峰区4区。

2000年，株洲市辖5县（市）4区，即株洲县、醴陵市、攸县、茶陵县、炎陵县、天元区、荷塘区、石峰区、芦淞区。县（市）人民政府设县（市）长1人，副县（市）长7～9人，设办公室、经委、计委、科委等40个机构。城市4区人民政府设区长1人，副区长3～7人，设办公室、城管局、经委、财政局、蔬菜办等28个机构。

第三节 基层行政机构

1951年8月，株洲市辖1郊区和4个街道居民委员会。郊区设区公所，设区长、副区长、秘书、财粮助理、生产助理、工商助理、文教助理、治安助理等职。区下辖12个乡，乡的行政机关称乡人民政府，设乡长、副乡长、秘书等职，委员数人。乡下设村，称村人民政府，设村长1人，委员数人，村以下设村民小组。街道居民委员会设主任、副主任等职，设治安、民政优抚等委员会，下辖居民小组。

1952年2月，市辖2个郊区，即郊东区、郊北区。

1953年，城市通过民主建政工作，将原4个街道居民委员会改为4个街道人民代表会议办事处，设主任、副主任等职，选举人民代表委员、妇女代表委员、治安委员若干。

1955年3月，撤销郊东区、郊北区，成立郊区办事处，办事处设主任、副主任、秘书等职，设财粮股、民政股、教卫股、生产股等机构。郊区办事处下辖乡。城市撤销4个街道人民代表会议办事处，设城市、田心、董家塅3个街道办事处，街道办事处置主任、副主任、秘书及民政、财粮、文教卫生干事等职。街道办事处下辖居民委员会，设委员7～17人，选举主任、副主任等职，设优抚、救济、治安保卫、调解、妇女等工作委员会。居民委员会下辖居民小组，设组长。

1956年，郊区办事处机构改设办公室、合作科、组织宣传科、财贸副业科。乡人民政府改称乡人民委员会，选举委员若干，设乡长、副乡长、秘书和生产合作、财粮、民政、文教卫生、治安、妇女等干事。乡下辖农业合作社，合作社设管理委员会，设社长、副社长、会计、保管、民兵队长、治安委员等职。

1958年9月，在人民公社化运动中，郊区撤销乡级建置，建立政社合一的人民公社，公社设管理委员会，设社长、副社长、秘书和农水、工交、公安、财贸、文教、妇女、武装等部长或委员。公社下辖生产大队，设大队管理委员，设大队长、副大队长、会计、妇女主任、民兵营长、治保主任等职。大队下辖生产队，设队委会，由队长、会计、出纳、记工员、妇女队长、保管员等组成。

1959年，城市设立中心、清水塘、荷塘铺、田心、董家塅5个区，区行政机关称区人民委员会，设区长、副区长等职和委员若干，设办公室、农业科、工业科等机构。区下辖生产大队和街道居民委员会。农村将郊区办事处改为区人民委员会，设区长、副区长等职和委员若干，设秘书室、人事科、监委会、副业生产部、政治部、民政福利部、计委、水产部、人武部等机构。

1961年，郊区设8个区公所，为郊区人民委员会派出机构，置区长、副区长、秘书等职，设民政、人武、生产等部，区公所下辖人民公社。

1962年，郊区人民委员会机构增至19个科、局。

1963年，撤销郊区人民委员会，由株洲市农林水办公室直接管理农村各区、社。

1966年1月，设立株洲市郊区。

1968年，农村人民公社成立革命委员会，设主任、副主任和委员若干，生产大队设大队革命委员会，设主任、副主任和委员。

1969年7月，撤销城市5区，改设南区、北区、东区3区，区行政机关称区革命委员会筹备小组，设组长1人、副组长3～4人，设政治工作组、生产指挥组、办事组、人民保卫组等机构。恢复街道办事处，为区的派出机构，设主任、副主任和干事若干。

1970年1月，郊区、东区、南区、北区成立区革命委员会，设主任、副主任和委员若干。

1971年，街道办事处设革命委员会，办事处改称街道革命委员会，设办事组、政治工作组、生产指挥组、人民保卫组等机构。1972年，街道革命委员会撤销，恢复街道办事处。农村区革命委员会改为区革命领导小组。

1978年，农村区革命领导小组撤销，成立区公所，设区长、副区长、秘书等职，设民政、治安、武装等干事或机构。

1980年10月，人民公社和生产大队革命委员会撤销，恢复公社和生产大队管理委员会。

1984年4月，恢复乡镇建置。乡镇人民政府设乡镇长、副乡镇长，另设财税所、农林站、民政、司法、计划生育等机构助理员、专干。乡镇以下设村民委员会，设主任和委员。村下辖村民小组，设组长。1986年，撤销区公所。

1997年，株洲市行政区域调整后，全市共有84个乡、56个镇、17个街道办事处，有2226个村民委员会、328个居民委员会。

2000年12月，株洲市共有71个乡、69个镇、17个街道办事处，有2222个村民委员会、345个居民委员会。

第二章 施政方式

第一节 常务会议

常务会议制度始于1951年7月市人民政府成立，时称政务会议。参加人员为市长、副市长、秘书及有关科（局、室）负责人，每月召开2～3次，由市长主持。会议主要研究贯彻上级指示精神、对本市较大问题作出决定、通报工作等。

1968年，市革命委员会成立，同时建立常务会议制度。会议由革命委员会主任、副主任、常务委员参加，不定期召开。

1980年，建立市长办公会议制度。会议由市长主持，或由市长委托常务副市长主持。市长、副市长、秘书长参加，副秘书长和有关委、办、局负责人列席。会议主要是传达、研究贯彻中共中央和国务院、中共湖南省委和省政府、市委的指示，研究贯彻市人民代表大会和市人民代表大会常务委员会的决议；讨论研究市政府工作中的重大问题；讨论准备请示省政府和中共市委的事项；讨论通过提请市人民代表大会审议的议案；讨论决定各部门、各单位、县（区）政府请示市政府的重要事项；讨论决定全民所有制企业的建立、改变隶属关系以及关、停、并、转事项；讨论其它重大问题，互通情况。每星期1次，由秘书长或市政府办公室主任负责组织、收集会议议题，呈市长或常务副市长审定。需要会议决定的重大事项由有关部门提出几套方案供其决策。决定事项一般形成会议纪要。

1986年，根据《中华人民共和国地方各级人民代表大会和地方各级政府组织法》规定，市长办公会议改称为市政府常务会议。市长、副市长、顾问、秘书长出席，副秘书长及有关委、办、局负责人列席。一般规定每个星期一召开。会议内容为：讨论研究中共中央、国务院关于经济和政治体制改革、经济建设及文教、科技事业发展方针、政策的贯彻方案措施；听取国务院、国务院各部委以及省政府召开的重要会议精神的传达汇报，并结合本市实际研究相应的贯彻意见；讨论研究全市经济和社会发展中、长期规划，年度经济和社会发展计划，年度财政预算，年度城市维护建设费用安排；讨论研究生产性300万元以上、非生产性100万元以上、引进100万美元以上的基本建设项目、技术改造和引进项目；分析政府各口的形势，讨论决定市政府年度、季度和每个月的工作部署；讨论决定政府职能机构和全市临时工作领导机构的设置和调整，管理体制、管理制度和管理方法的重要改革；讨论通过以市政府名义发布的重要文件，以及向市人民代表大会及其常务委员会提交的工作报告或汇报材料；研究解决日常工作中出现的涉及全局或多部门交叉的突出矛盾。

1987年后，市政府常务会议制度确定：凡递交市政府常务会议讨论研究的议题，由市政府办公室预先印发给市长、副市长、秘书长及列席会议有关人员，使其作好充分准备。1997年后，市政府常务会议制度规定出席会议的成员有：市政府市长、副市长、助理巡视员、市长助理、秘书长；邀请株洲警备区负责人参加会议。列席会议的成员有：市政府副秘书长、市政府办公室主任、市监察局局长以及与会议议题研究有关的部门和单位的负责人。

第二节　全体会议

1954年，市政府为发挥集体领导作用，加强政策业务和各项工作的分析研究，密切各科、室的联系，提高工作效率，开始建立和形成市政府集体办公制度。集体办公按工作性质分成公安局、民政科、法院、监委、人事科；建设科、劳动科、劳动调配处、房地科；财政经济委员会、税务局、粮食局、工商科、财政科；协商委员会、文教科、卫生科4个组轮流进行，每月每组召开一次，必要时吸收他组有关单位参加。参加人员为市长、副市长、秘书、各科正副科长、各局正副局长、委员会正副主任。由市长或副市长主持。会议主要内容为：研究解决科、室较大的问题；研究上级指示及有关部门的政策业务；重点汇报工作检查和政策执行情况。集体办公准备工作由秘书负责。各有关单位提出中心议题，于集体办公前送交市长、副市长、秘书。集体办公每次解决1～2个较大问题，并形成相应决议。

1955年，市人民委员会建立政务会议制度。政务会议每月召开2次。参加人员为市长、副市长、各科正副科长、各局正副局长及各办公室、委员会正副主任。会议主要内容为：传达并研究市人民委员会各项决议和上级指示精神；听取市长有关工作报告；总结过去和研究、安排当前重要工作；重点听取有关科、室、局、委的工作汇报；研究市内拟订的各种必要政策、法令和措施，以提交市人民委员会通过；作出各项相应的决议。

1968年，市革命委员会成立，政务会议被全体会议取代，称之为市革命委员会第几次全体会议。参加人员为主任、副主任、委员，还吸收其他人员参加，不定期召开。会议主要是听取市革命委员会主任或副主任的报告。

1980年12月，市政府成立并形成市政府全体组成人员会议制度。会议主要内容为：传达贯彻上级指令、决定，传达贯彻市人民代表大会及其常务委员会的决议；讨论决定市政府的重要工作部署；讨论通过法律规定要由市政府组成人员全体会议决定的事项；通报情况，协调各部门工作。参加人员为市长、副市长、秘书长、各局局长、办公室主任、委员会主任。每季度召开1次。每次会议都由市长或常务副市长作政府工作报告，邀请中共市委、市人大常委会、市政协的领导参加。1986年，根据《组织法》，市政府全体组成人员会议改称为全体会议。不论是全体组成人员会议，还是全体会议，会议召开形式多种多样，有专题研究讨论某一重大问题的专题会议，有的会议由各委、办、局在会上报告工作，有的会议由各委、办在会上分战线作综合发言，有的会议由各位副市长报告分管工作情况，多数会议开展讨论。

第三节　分工负责制

1951年，实行市长领导下的副市长分工负责制度。市政府各职能部门均由副市长分工负责，由于市委直接领导的部门较多，难以形成固定战线，多以抓城市建设、支援国家工业建设为主。

1957年，市人民委员会制定《加强市人委各科、局统一领导的暂行办法》，把各科、室、局按其工作性质分为基建、工业交通、农业、财经、文教卫生、计统、政法7个系统，各系统由市长、副市长或主任分工管理和领导。凡一个部门的工作涉及到其他部门工作范围，首先由主办单位直接与对方协商解决；如协商意见不能取得一致时，属于同系统的单位，报主管委、办、组负责研究解决，属于其他系统的单位，则由主管办、组直接与有关办、组共同研究解决；凡各办、组之间共同协商不能解决或无权决定的问题，由主管办、组将问题协商过程及各方面的意见写成书面材料，提请市长解决。市长对各系统有关工作的请示，采取直接批答和组织有关单位研究解决。重大问题则由市长、副市长、主任集体办公讨论解决，必要时召开行政会议进行讨论。凡有关全市性的重大问题决定和政策、法令的制订，交市人民委员会全体会议审议。

1980年以后，市长领导下的副市长分工负责制度日趋完善。对各部门、各单位请示的问题，属上级和市委、市政府有原则、有规定的，主管副市长自行负责处理；涉及其他副市长主管的工作，由有关副市长之间与有关部门商量决定；再不能解决，有关部门提交协商情况、各方面意见和解决问题的建议，由市长、常务副市长协调。政府各部门参加上级召开的业务会议，一般由主管副市长听取汇报。各部门召开的全市性业务工作会议，一般由主管副市长代表市政府参加。

市政府（市人民委员会、市革命委员会）的施政方式，除上述主要形式之外，还有市长、副市长下厂矿、农村“蹲点”，与职工、农民同吃、同住、同劳动；深入基层开展调查研究，召开座谈会；召开现场办公会议，带领有关委、办、局领导，到厂矿、农村、街道、学校现场办公，帮助解决具体问题，办联系点。为了解决各项工作的贯彻落实情况，听取群众意见，采取定单位、定领导、定期下基层的办法，与基层单位建立联系点等。市政府每部署重大工作，先是开展调查研究，先搞试点，取得经验之后，再向全市推广。

第三章　政事纪要

第一节　政权建设

接管政权　1949年8月3日，中国人民解放军一三六师进驻株洲，株洲宣布解放。3—6日，中国人民解放军长沙军事管制委员会株洲办事处主任袁福清、中共湘潭县委书记刘旭、县长杨第甫、株洲区区长胡维新等地方党政人员随部队由浏阳进入株洲，地下党湘潭工委派张犀文来株洲协助工作。随即成立军管会株洲办事处，张贴安民告示，积极进行接管株洲乡政权及筹粮支前工作，成立筹粮支前指挥部，由胡维新任指挥长，由解放军部队和地方工作人员51人组成2个工作队到各保筹粮支前。短时间内即筹粮、柴火、饲料草各20多万千克，有力地支援了南下大军。

8月8日，湘潭县株洲区人民政府在旧乡公所驻地（解放街）正式成立，刘慎志任区委书记、胡维新任区长。株洲区政府成立后原湘潭藕灵乡20个保划归株洲区。

8月12日，人民政府派胡维新等接管株洲乡公所，宣布乡公所所有财产、房屋、枪支弹药统归人民政府所有，并通知乡公所速派人下乡，命乡长邱岳带领武装向人民政府投诚。当日下午，乡公所即派人下乡，传达省政府及程潜、陈明仁将军的命令和地下党的油印文件。邱岳向大家公布了文件，先派乡公所职员6人携带乡公所印鉴及部分档案回株洲向人民政府报到。不久，邱岳所带领的武装向军管会投诚，交出步枪10多支及一批弹药和文书档案。后邱岳出逃。

民主建政　1950年6月，株洲区析为湘潭一区和株洲镇。株洲镇辖株洲城内1～4保，及5、10、18、19保的各一部分；1951年2月25日并村建乡，株洲镇1～4保改为4个居民委员会，建田心、董家塅、石子头3个乡。3月6日，株洲镇公所更名为湘潭县株洲镇人民政府，韩瑾行任镇长。镇政府成立后，废除保甲制，建立村政权，城市进行民主改革，对居委会及村委会组成人员进行调整、充实、加强。

1951年6月6日，湘潭县辖株洲镇升格为株洲市（县级），湘潭县委书记杨第甫、湘潭县财政科长阎善才、区委书记侯锡义、湘潭县公安局株洲分局局长李枝叶、湘潭县10区区委书记吴占魁、株洲镇委书记张犀文等7人筹建中共株洲市委、株洲市人民政府。杨第甫调离后，陈继昌任市委书记兼市长。以原株洲镇和湘潭县太平桥、荷塘、白关、大京、百井、南华、龙洲7个乡及荷花乡5个村为株洲市行政区域，市人民政府设殷家祠堂（芦淞区政府旧址）。

1955年2月22日，成立株洲郊区。1956年3月23日，株洲市改为省辖市（地级），直属省领导。1965年析置株洲县，县城设渌口镇。朱亭、白关、淦田、龙头铺、雷打石、三门、古岳峰8区1镇归株洲县管辖。

1970年7月8日，经国务院批复：城区设东区、南区、北区。1983年2月，经国务院批准，原湘潭地区的醴陵县、攸县、茶陵县、酃县划归株洲市管辖。

1985 年 5 月，经国务院批准撤销醴陵县，设立醴陵市（县级）。1994 年 4 月，经国务院批准，同意酃县更名为炎陵县。

1997 年，经国务院批准，省政府批复，撤销市辖的东、南、北、郊 4 区。设立天元、芦淞、荷塘、石峰 4 区。

2000 年，株洲市管辖天元区、芦淞区、荷塘区、石峰区及醴陵市、株洲县、攸县、茶陵县、炎陵县的 140 个乡（镇）、17 个街道办事处、345 个居委会。

第二节　城市建设

修建建宁闸　株洲市地势低洼，每年春夏洪水季节，湘水倒灌，加上建宁港渍水，李家坪、建宁街尽成泽国。民国时期曾提出修堤建闸，并集资沿港勘察，但集资款被中饱私囊，修堤建闸告吹。中华人民共和国成立后，建宁港一带居民强烈要求建闸。1950 年 4 月，株洲镇委书记张犀文带领镇工商联筹委会叶炳吾专程赴湘潭，请示修筑建宁闸事宜。9 月底，株洲镇成立建闸指挥部，并召开镇各界人民代表大会讨论修闸问题。代表们认为人民政权建立不到一年，就着手解决历史上从未解决的洪水灾害，一致表示有钱出钱、有力出力，全力修好水闸。省水利厅为此支援大米 1.5 万千克，湘潭专署支援大米 3.3 万千克，湘潭县抽调建设、工程技术人员负责工程设计施工。9 月底，清淤挖泥全面动工。由于缺乏机械，全凭肩挑手挖，排除污泥深达 13 米。经各方努力，桥闸于次年 7 月竣工并交付使用。水闸建成第 2 年又以工代赈款修筑建宁港内堤，安装排灌设备。1954 年，湘江株洲段出现百年不遇的特大洪水，建宁堤闸经受住了考验。20 世纪 70 年代，又建成建宁排渍站，洪涝问题得到彻底解决。

修筑株易公路　国民政府时期，株洲镇没有一条通向外地的公路。永利久大化学工业公司曾在贺家土建厂，购进 4 辆福特牌货车，由于没有公路，汽车长期摆在仓库里，变成一堆废铁。中华人民共和国成立后，株洲市决定修筑株洲市至易家湾的公路。1952 年年初，湘潭专署召集湘潭、株洲和 331 厂协商，决定易家湾至黄茅塘段由湘潭负责修建，黄茅塘至杉木塘段由株洲市负责修建。9 月，株易公路株洲段指挥部成立，由副市长李章任总指挥，抽调干部 30 余人，组成办公室，下设工程、民工管理、宣传等组。土方工程由各乡民工划片包干，民工以民兵连、排组织形式，沿途搭棚驻扎。至 1953 年年初，土石方工程基本完成，年底全线通车。株洲段全长 19.5 千米，路面宽 8 米。至此，株洲至长沙、湘潭的公路开通，结束了株洲市没有通向外地公路的历史。

修筑防洪大堤　1953年，株洲市开始城市规划设计，初步确定以贺家土为中心，向北、南、东方向扩建延伸。为引进大工厂，必须先解决地势低洼、水患灾害的威胁，修建湘江防洪大堤就成为城市建设的首要任务。此项工程规划由建委工程技术人员与国家城建总局、设计院工程技术人员共同负责。1955年10月，第一期工程设计方案经国家城建总局批准。该工程全长5032.20米，土方28.37万立方米，沿线有24口池塘，整个预算57.30万元；第二期工程长1740米，土方23

万立方米，投资53.70万元。整个防洪工程的防洪标准按50年频率设计，以200年频率校核堤顶标高45.40米，堤项宽3米，外坡度1：2.5，内坡度1：2。第一期工程于1955年9月报省建工局批准后破土动工，搭盖工棚32处，清除淤泥7923.70立方米，回填路基土11877立方米，修便道20条，向铁路局租借铁轨4000多米，铺设轻便轨道1700米。为加强对修建大堤的领导，市政府指派副市长兼城建局长杨恺任总指挥，并从政府机关抽调干部40多人组成指挥部。由于工程浩大，民工严重不足。经报请省政府同意，从衡阳、长沙、益阳等地农村调集民工5000人参加建设。组织板车570辆、土车2000辆、平板车与翻斗车49部、汽车38辆、压路机2台参加修堤。经省、市两级严格验收，质量达到设计要求。经历年洪水考验，堤身坚固。湘江东岸大堤长达5千米，标高45.4米，较历史上最高洪峰高1米。第二期工程因与京广铁路复线紧密相关，设计方案取得铁道部设计四院同意后，按时开工并顺利完成。1994年，株洲市连续5次遭受洪涝灾害袭击。6月12日，湘江段水位从33.4米涨至44.59米。超过警戒水位5.59米，全市有45个城镇进水，37个城镇渍水，有45.8万人被困。7月，市委作出《全面整修湘、渌江防洪堤的决定》。整个防洪工程8月开工，全市230多个县级单位，1800多个基层单位，城区30万职工居民，株洲县、醴陵市、郊区50万农民投入修建防洪大堤。1995年4月，整个湘江、渌江大堤均按照防洪标准进行全面整修加固、加高、加厚，其中市区段29.4千米大堤按100年一遇防洪标准，农村段120多千米大堤按50年或20年一遇防洪标准修建。工程共完成土石方1000多万立方米，投工3000多万个，总投资5亿元。1998年，全国发生特大洪灾后，国家又投资3236万元对境内湘江干流进行整治。整个工程包括白石港河堤、霞湾大堤、曲尺大堤、马家河大堤、群丰、堂市、湖塘、淦田堤，全长16千米，工程土石方104万立方米，于1999年6月全部竣工。

城市路网建设 中华人民共和国成立初期，株洲镇交通极不方便，一条丁字形老街，还有一条湘江边至董家塅简易公路，对外交通除铁路外主要靠水运。株洲镇公所成立后，为防止洪水灾害，于1951年将火车站至栗树街一段300多米的街道加高。同年，镇公所发动群众集资修筑长1360米的建宁堤和建宁闸。从1952年开始，修建株洲市第一条主干道长1120米（建设路的沿港路至车站路段）；将建宁港从芦淞桥至徐家桥长300米段进行开港取直，再次修建宁闸。1953年，开通火车站至湘江边的东面干线（车站路），从而沟通了水陆运输。

1954—1960年，是株洲市建设的高潮时期，市人委为适应工业基本建设和人民生活需要，发动全市人民采取国家投资与群众运动相结合修筑防洪堤6千米和沿江路、沿港路、建宁堤路、滨江路、水厂路、市府路等市区内道路，以及通往各区的支干道和重要进厂路。同时，结合建设大道工程修建了白石港桥闸和白石港防洪堤。到1960年，市区道路骨架基本形成。1965年，配合铁道部门兴建中心跨线桥（新华桥），改善京广线两侧的联系，缩短运输里程1.4千米。1966年，将白清路（建设路北段）拉直拓宽，使株洲市南北第一条主干道建设路（南起建宁港，北至省化学工业学校）的9.5千米全线通车。1969年，为解决株董路与京广线平交，影响市南大门的交通运输和锻压机床厂的安全，经与广州铁路局协商，共同投资19万元，将株董路绕道与京广线立交，修建立交桥。同年8月，决定从市汽车配件厂至田心机车厂北门修建南北第二条主要干道红旗路。

至1977年，红旗中路、北路扩建到6.5千米，路幅宽40米。1972年，为保护中心地区湘江河岸，在资金不足的情况下，发动全市各大中型厂矿、各部门、各区分段包干，修筑一条从车站路至神农公园一段的沿江路。

1978年以后，对城市主干道采取"一年一路"打歼灭战的办法，先后对人民路、红旗中路及北路、建设北路、新华路和株董路进行较大规模的扩建和改造，消除卡口和断头路，新修了至市委党校的文化路、月塘北路、天台山路等。1982年，为了彻底解决建宁港域的内涝灾害，投资450万元，在建宁港口建一座防洪排渍站。1988年5月开工修建天台路，全长1454米，路幅宽60米，总投资837万元，年底竣工。至1990年，全市主次干道总长89.94千米，面积143.78万平方米，排水管渠总长31.33千米。

1991—2000年，城市道路建设以开发河西为主体。1992年8月，长江南路、泰山路竣工。之后，珠江南路、黄河南路、黄河北路、黄山路、长江北路等主次干道先后开工建设，总长10.81千米，至1993年9月全部建成通车。1994年，结合整修湘江防洪大堤，投资1亿元建成9.1千米的滨江路，并完成7条（段）城市主干道的二期工程。1995年，完成6条道路共2.33万平方米混凝土路面的浇灌。1996—2000年，先后修建了泰山路延伸段、府前商业步行街、华天路、天伦路等10余条街区道路。截至2000年年底，市区铺设道路面积共计341万平方米。

株洲大桥建设　修建横跨湘江的株洲大桥，被省、市列为"七五"计划重点建设项目之一。设立株洲市大桥建设指挥部，副市长朱洪富任指挥长，黄秉东、张承弗任副指挥长。株洲大桥全长1192.38米，桥面净宽34米，由铁道部第一勘测院设计并总承包，铁道部第三工程局六处负责施工。大桥6孔，每孔90米跨度，梁体采用悬臂法施工。主孔跨度达3级航道标准，可通千吨级船舶。大桥总投资3200万元，于1986年1月破土动工，1988年12月建成通车。全桥造型简洁，桥头刻有国务院副总理方毅所题"株洲大桥"四个字。株洲湘江大桥的建成，为开发河西创造了重要条件，并缩短了株洲至衡阳的公路里程。

城市煤气工程　1985年3月，国家计委节能局同意将株洲煤气工程列为"七五"计划的节能项目。同年12月，省建委批准初步设计方案。设计规模为日供城市煤气10万立方米，供应居民4.2万户，工程总概算为6898万元。市委、市政府确定了分阶段实施、逐步受益的建设方针。整个工程从1986—1988年为第一阶段，建成日供混煤气4万立方米的能力，供应居民1万户；第二阶段年产10万吨焦炭、日产煤气12万立方米，供应居民5万户和一部分工业用气。第一期工程于1988年12月正式投产送气；1996年8月，总投资1.1亿元的煤气第二期工程破土动工，1997年12月投产。至此，株洲市全城停供水煤气。到2000年，株洲城市煤气（人工天然气）供气总量为3570万立方米，用气人口22.7万人，城市煤气和液化气普及率达93.21%。

城市排水工程　1953年，331厂兴建了生活区分流至下水系统工程和污水处理厂，设计规模日处理污水3900吨。投产后，用处理后的污水试验灌田，年年获得丰收。市政府立即总结331厂的经验，于1956年请中南给排水设计院作了全市排水规划，确定市区采用分流系统（宋家桥地区单独成片另行考虑）。1957年，将贯穿市区的建设路两旁铺设下水管。1958年，在贺家土株洲麻纺厂北侧兴建污水过江灌溉工程（江底铺设 2 根直径 300 毫米钢管，共 659 米），1959 年工程全部建成。贺家土污水过江工程灌溉河西稻田 190.87 公顷、蔬菜 63.34 公顷。331 厂污水处理工程灌溉本地农田 80 多公顷。后来按照城市总体规划布局，采取因地制宜、就近灌溉的办法，又将清水塘、田心、晏家湾划为 3 个灌区，受益农田面积达 667 余公顷。1973 年，为利用湘江氮肥厂的废水灌田，市人委发动市郊区、龙头铺的干部、群众，在冶建二公司、湘江氮肥厂等单位的支持下，开山凿石，兴建一条 100 多千米长的湘氮废水渠道，其中架渡槽 1400 多米，灌溉田土 4667 余公顷。进入 20 世纪 90 年代，株洲市区污水排放量增至每年 2.3 亿立方米，其中工业废水占 80%。大量的工业废水未经有效治理直接排入湘江，对株洲、湘潭、长沙三市人民饮用水源及水生物资源构成严重危害。市委、市政府采取一系列举措，强化城市排水管理，组建株洲市城市排水监测站，对城市排水设施及水质进行监测、指导、检查，参与有关城市排水事故的调查处理。1995 年 8 月，总投资 848.2 万元的董家塅污水处理厂投入使用，日处理污水 1.2 万吨，排放水质达到国家污水综合排放标准。1997 年，株洲冶炼厂废水处理扩建工程投入使用，废水处理率提高到 98% 以上。同期，株洲桥梁厂建成废水年处理 100 万吨工程。1998 年 10 月，治理工业废水污染的重点工程霞湾污水处理厂破土动工。该工程占地 3.69 公顷，主要由污水处理厂、霞湾港截流管、铜塘港截流管及污水加压泵组成，截流干道总长 5.5 千米，污水日处理规模为 10 万吨，总投资 1.24 亿元人民币，工期 3 年。2000 年，城市集中饮用水源水质达标率 96%；工业废水排放达标率 68.94%；工业废水处理率 83.04%，新增废水日处理能力 80 万吨。

城市供水工程　1954 年，国家确定在株洲市新建与扩建株洲电厂、601 厂、株洲洗煤厂、331 厂等重点工厂。市委、市政府为统一集中解决工业生产用水和城市居民饮用水，经与 331 厂、601 厂、株洲洗煤厂、株洲电厂等单位协商，决定联合投资 157 万元，采取一次设计分期建设的办法，新建株洲市第一水厂。该工程于当年 12 月动工，1956 年 1 月竣工。第一期工程日供水能力 1.5 万吨，后经扩建至 1977 年日供水能力达到 10 万吨。实行集资建厂，统一供水，有利于降低生产成本，提高经济效益。因此，1957 年，市人委又将株洲化工厂、株洲冶炼厂、株洲玻璃厂、湘江氮肥厂的给水项目的投资集中起来兴建株洲市第二水厂，于当年 9 月正式开工，1959 年 9 月投产，日供水能力 24 万吨，后经扩建，至 1971 年日供水能力已达 55 万吨。1973 年，市革委会为解决清水塘工业区生活用水（原生活、生产用水没有分开）和调剂全市用水问题，经报请国家批准兴建株洲市第三水厂，于同年 10 月破土动工，1979 年 7 月投产，日供水能力 50 万吨。市 3 个水厂的日供水能力达到 115 万吨，其中过滤水 30 万吨，集中供水居全国大中城市第 7 位。1993 年年初，自来水过江解决了河西高新区的用水需求。1996 年 10 月，河西第四水厂工程破土动工，1999 年 12 月第一期工程竣工供水，总投资 1.17 亿元。到 2000 年，株洲城区拥有 4 个水厂、3 个加压站、3 座水库；供水管线 360 千米，日供水能力 125 万立方米；城市自来水普及率达到 100%。

城市公共交通　1958 年 1 月，市汽车运输公司公共汽车分公司成立，时有公共汽车 8 台（其中 2 台由旧货车改装，6 台为抽调工厂旧进口客车），营运线路 3 条。1959 年 4 月，市汽车运输公司公共汽车分公司更名为市公共汽车公司。1990 年，公司拥有各种车辆 158 台（其中营运车

138台），营运线路18条，线路总长351.90千米，全年行驶里程747.40万千米。1991年，增设主站点19个。1992年，开通20路，21路两条跨线车线路。1994年12月，1、5、9路公交车试行“准无人”售票。1995年9月，购置68台标准无人售票车投入运营，实现由“准无人”售票车到标准无人售票的过渡。1996年，市区所有公交车全部实行无人售票。1997年，全国公交行业首家跨省联合企业“巴士股份株洲公交有限责任公司”成立。当年购置新车50辆投入运营。2000年，株洲公交公司营运车辆发展到722台，城市每万人拥有公交车辆由1990年的3.4台发展到8.96台。

城市住房建设　20世纪50年代初期，全市房屋建筑面积有35.17万平方米。1953—1960年，市政府实施公建、自建公助两条腿走路的方针，并制定《奖励私人建房暂行办法》。1953—1954年，私人共建房304栋，面积18959.70平方米。此间，对331厂采取自建公助办法，鼓励职工建房。1957年3月25日，国家主席刘少奇视察株洲市时，对住房建设作了重要指示，对331厂采取自建公助解决职工宿舍问题进行表扬。《人民日报》于1958年12月19日发表《一个解决职工宿舍问题的好办法》的文章，对此予以充分肯定。市人委总结推广331厂经验，株洲木工厂、株洲铁路地区等单位亦采用自建公助办法，动员职工建“干打垒”住房，对节约国家投资、解决住房紧张起到了积极的推动作用。与此同时，各企事业单位新建了一批住房，市里建设一批直管公房。但由于资金不足等原因，住宅建设仍然缓慢，住房非常紧张。1978年，城市人平居住面积只有4.34平方米。中共十一届三中全会以后，市政府把城市住宅建设列为全市重要工程之一，先后新建了新华一、二村、建宁村、响石村、红旗村等7个居民住宅村。到1983年，全市人平居住面积已达5.17平方米。1984年，市政府根据第六届全国人民代表大会第二次会议《政府工作报告》提出的“城市住宅建设，要进一步推行商品试点”的精神，成立了株洲市城市建设综合开发公司。1985年8月，制定《株洲城市建设综合开发的暂行规定》。至1990年，已开发庆云山、鸟树下、株洲冶炼厂馒头山、滨江新村等住宅区；改造结谷街，共开发住房18.50万平方米。市区共有房屋1437万平方米，其中直管公房43万平方米，自管集体公房1320万平方米，私有房屋74万平方米。市区人均居住面积达到7.96平方米。1995年2月，市政府出台《深化城镇住房制度改革实施方案》。房改政策的实施，使市区的房地产开发由零星步入成片集中，先后有近百家开发公司参与城市住房的建设，每年有15亿～18亿元的资金投入住宅房的开发建设。1996—2000年，建成住宅小区30个，竣工住宅面积1235万平方米，住宅建设由6层以下的低矮房逐渐向二三十层的高层电梯房发展，城市居民人均居住面积达14.63平方米，住房条件得以改善。

开发河西　1988年10月，经省科委批准，株洲市在湘江河西建立株洲高新技术产业开发试验区。年底，株洲大桥建成通车，有力地推动了河西的开发建设。至1991年，先后有58家企业进区，部分机关、事业单位也开始搬迁河西。1992年2月，经省人民政府批准，河西开发区为省级开发区。同年5月，设立开发区管理委员会，辖区占地35平方千米。至1993年，开发区先后有3条道路的一期工程竣工通车，3.78平方千米的路网基本形成，自来水、煤气管道先后过江，公交河西线路开始营运，各类企业增加到855家。同年12月，国务院正式批准株洲高新技术产业开发区为国家级高新技术产业开发区。先后有德国、意大利等10多个国家和中国台湾地区的客商来开发区投资兴业，共引进高新技术企业和三资企业100多家，开发新技术、新产品200余个，区内兴建了工业科技园、农业科技园、民营科技园。1992—1997年5年间，区内高新技术企业及其产品形成的产值、利税分别以年均85.71%和199%的速度递增，在全国52个国家级高新技术开发区五大经济指标考核中，株洲高新区居第6位。到2000年，河西开发区人口达9.78万人，实现工业总产值47亿元，实现利润5.8亿元，年销售收入过1000万元的企业47家，过亿元的企业6家。

实施城建“五大工程”　为加快城市基础设施建设步伐，适应区域发展战略和长株潭一体化发展要求，从1998年起，市政府开始实施城市建设“五大工程”，即以“城市快速环道工程”为重点的“市政工程”，以防洪排渍、防火消防为重点的“安保工程”，以环卫治污、绿化为重点的“优化环境工程”，以经济适用住房为重点的“安居工程”，以路灯、灯饰为点缀的“亮丽工程”。当年，“五大工程”完成投资近1亿元。对天台山路、红港路、建设中路、沿江中路、人民路、新华西路、建设北路、建设南路、滨江路、纺织路等10条路段18.5千米的路灯进行新建和改造，装灯1094基、4219盏，总造价1180万元。1999年，完成投资8000万元，启动石峰大桥、霞湾污水处理厂等大型重点工程。为确保“五大工程”快速高效实施，着重在投资体制、管理体制和运行机制上加大改革力度，在实践中学会经营城市。到2000年，城区“五大通道”（南方通道、文化路、田心通道、果园通道、长江北路）、火车站广场、霞湾污水处理厂、南郊垃圾场等工程项目相继完工；启动十里长街美化工程和七一路样板街建设、城市亮丽工程。建成区绿化覆盖率达38.8%，空气污染、水污染亦得到有效控制。

第三节　工业建设

争取国家重点项目　“一五”计划期间，国家把株洲市列为国家重点新建工业城市之一。从1953年开始，国家各工交部委纷纷派人来株洲勘测地形，选择厂址。首先确定国家重点工程中的601厂（株洲硬质合金厂）、331厂（南方航空动力机械公司），在株洲市新建和扩建。其时市内交通等基础设施差，服务项目跟不上。为完成国家重点工业的建厂任务和吸引更多的工厂来株建设，市委、市政府提出全市一切工作以支援国家工业建设为中心，要求树立“工业建设第一，城市建设第一”的指导思想，号召全市人民以满腔的政治热情支援国家工业建设。在此期间，市委、市政府为争取更多的建设项目，市委书记马壮昆、市长吴占魁等经常到省政府和国务院各部委汇报情况，了解信息，争取项目。每当各部委和建设单位派人来株洲选址时，在不影响城市总体规划的前提下，总能从厂址的选择到征地面积以及厂区的布局等方面尽量满足工厂的设计要求。1956年，纺织工业部筹建中国第一个苎麻纺织厂，看中贺家土这片早已平整好的土地。为争取这一项目，在建厂过程中，抽调干部组成各工地工作组，从征地、拆迁、安置、补偿到进厂公路的修建等工作，均由市里的工作组负责；把各建设工厂的给水工程投资加地方筹集的资金集中起来统建株洲一、二水厂；帮助耗电大、连续生产性强的工厂架设专用输电线路，及时做到“三通一平”（通电、通水、通路、平整土地）；所需地方建筑材料，按照“三就”（就地取材、就地生产、就地供应）原则，统一组织供应。所需施工队伍和劳动力，由市政府劳动调配处统一调配安排。为争取主要施工队伍落户株洲，市政府为有色一公司（冶金三建二公司）、省建五公司、省工业设备安装公司、省机电一、三处等单位在市中心何家坳、学堂冲、贺家土等地建设公司基地。为改善基建工地的职工生活、调动其生产积极性，市政府围绕基建工地布设商业、服务网点，组织医疗卫生服务队下工地看病送药，文艺宣传队送戏上门。到20世纪50年代末，有601厂、331厂、株洲电厂、株洲洗煤厂、株洲冶炼厂、株洲化工厂、株洲氮肥厂、株洲玻璃厂、株洲车辆厂、株洲麻纺厂等13家大型骨干企业在株洲市相继建成或动工兴建。

20世纪60年代初期，国民经济出现暂时困难，市场多种物资供应紧张，市政府对全市副食品的供应，仍优先国家工业企业。对蔬菜的供应，实行定厂矿、定社队对口供应的办法，保证大型厂矿企业职工的生活需要。

20世纪80年代初，随着国民经济的发展和工业布局的调整，国家有部分“三线”企业需要搬迁建厂，为争取这些企业搬建株洲，市政府多方为之创造条件，优先解决土地，并帮助选择厂址。中南无线电厂、五三机械厂、湘华机械厂、乳胶研究所等单位，很快就搬到株洲市。在国家搞活大中型企业政策的指导下，市长、副市长经常深入大中型企业了解情况，帮助解决具体问题，制订搞活企业的“承包经营”、大型企业招标承包等具体措施，促进了企业的发展。

发展地方工业 随着一批大、中型工厂落户株洲，为地方工业发展创造了得天独厚的条件。市委、市人委及时作出“支援大厂建设，发展地方工业”的决定，并作为全市的中心任务，掀起“全党办工业”，发展地方工业的热潮。其间，市里财力、物力非常薄弱，市里的一切开支，全靠省里按月拨给。市委、市人委号召全市人民发扬艰苦创业精神，打破常规，因陋就简，自力更生，从修旧利废着手，由小到大，土法上马，先土后洋，创办地方工业。

地方建筑材料是生产单位的急需物资，且建设建筑材料的工厂投资少、见效快。市政府抓住有利时机，开办了石料厂、石灰厂、红砖厂、采砂场和电机砖厂等；把基建单位的给水投资、三材指标，集中统一兴建了株洲市一、二水厂。这些工厂投产后，不仅保证了全市工业生产和基建的需要，又增加了地方财政收入，为发展地方工业提供了资金。

在开始办厂时，市人委就提出因陋就简、因地制宜、先生产、后基建、边生产、边基建的建厂方针。从20世纪50年代末开始，先后利用鲁班殿、基督教堂、工商联礼堂等办低压开关厂、电器厂等；利用湖南橡胶厂下马的厂房和市建公司的工棚，创办市电焊条厂、轴承厂、汽车修配厂、床单厂等；利用株洲钢厂等下马的车间，创办市制药厂、东风冶炼厂、新城化工厂、化工助剂厂、筛网厂等。

组织手工业社、地方工艺匠人，创办地方工业。1956年，市人委为适应城市建设需要，把原镇公所与王兴记锉刀厂、冷连记电器承装联合集资办的公私合营五金厂，逐步扩建发展为株洲市机械厂；1957年，组织陈敬庭、帅绍南、凌福明等7个皮鞋匠在徐家桥由皮鞋、自行车修理社起家，发展为年生产能力50万套的株洲市轮胎厂；20世纪50年代中期，把公私合营的铁、木、补锅、修配等联社组织合并成市起重机厂、柴油机厂。

从20世纪60年代开始，把地方比较老、产品比较多的工业企业的某项产品，连同专用设备、技术人员、管理干部、生产工人分出去，新建专业工厂。株洲市机械厂先后分出锻压机床厂、机床维修厂、机床配件厂等10多家工厂；株洲电焊条厂先后分出水玻璃厂、人造金红石厂、电焊机厂、有色焊条厂。

全市大工业企业建成投产后，依托大厂办小厂，大厂每年排出大量的废渣、废气和边角余料需要处理，同时需要大量包装用品、零部件向外采购和加工。为帮助工厂解除后顾之忧，充分利用废渣、边角余料作原材料发展地方工业，市政府提出在全市开展综合利用化害为利、变废为宝和以大带小、以老带新的措施。经过协商，采取由排渣单位投资、市里筹建的有株洲电厂投资的市煤灰砖厂（市建材厂）和市碳化砖厂（市建材水泥厂），湘江氮肥厂投资的灰渣砖厂（市新型材料厂），株洲洗煤厂投资的煤矸石砖厂（市珍珠岩厂）。由大厂带小厂、老厂带新厂的有601厂帮助建成市纸箱厂；株洲冶炼厂帮助株洲县洲坪、东区创办的2个化工厂；株洲化工厂帮助建成新城化工厂和郊区化肥厂等。

市人委还把支援农业，发展支农产品，作为发展地方工业的重要项目之一。从20世纪60年代开始，先后办起了市农机厂（市柴油机厂）、市农药厂、骨粉厂、杉木塘化工厂、市磷肥厂（市化工助剂厂）、市合成氨厂（株洲化工集团公司分厂）以及生产农用薄膜、小型拖拉机和各种农机配件等工厂。

利用开展科学研究，发展新产品、新技术，壮大地方工业。从1958年开始，先后成立市化工研究所、电子研究所、轻工研究所、机械研究所、建材研究所等10多个科研机构和部分工厂的科研小组。市化工研究所研究试制的毒杀酚、治螟磷等农药，经过大田试验，效果好，市里为之专建市农药厂。该所研究的橡胶促进剂（CE）、市电焊条厂研究的人造金红石、三门松脂厂研究的氢化松香等，都成为市化工助剂厂、东风冶炼厂、三门松脂厂的主要产品。

到1960年，全市地方工业企业达到148个，经贯彻中央“调整、巩固、充实、提高”的八字方针后，1962年全市保留并基本定型的地方工业有47个。按行业分类有机械、冶金、木材、橡胶、医药、玻璃、陶瓷、纺织、造纸、塑料制品等20多个行业，产品品种达2000余种。

1978年，市委、市革命委员会为发展农村经济，发动全市机关、团体、企事业单位，以厂社挂钩形式，开展“百厂”运动。由城市各挂钩单位支援技术、设备，扩散产品，协助县、郊兴办社队企业。株洲硬质合金厂援助株洲县三门和堂市公社联合兴办三堂粉末冶金厂，南方航空动力机械公司为株洲县白关公社兴办白关机械厂等。由城市工厂“脱壳”的产品有株洲县洲坪碳酸钙厂、东区荷塘铺水玻璃厂、郊区清水塘三氯化铁厂、白马垄日用瓷厂等。

“工业学大庆” 1964年，毛泽东发出“工业学大庆”的号召，市政府把学大庆与学毛主席著作、学解放军、开展增产节约和“五反”运动、发展生产作为当时城市工作的中心任务。至1966年，“工业学大庆”因“文化大革命”而停止。1970年，《人民日报》发表社论，号召工业学大庆。市革委会为振兴株洲工业，提高企业素质，继续动员全市各行各业学大庆。在学大庆运动中，组织工业生产大会战，围绕“吃、穿、用、卖、打、防”。学习攸县办地方工业、学习湘西钨矿和长沙向东五金电器厂的经验，发动城市区街、农村社队发展小煤窑、小钢铁、小化纤、小化肥、小有色冶炼、小水泥、小机械、小五金、小商品、小医药等十小工业，扭转了工业生产滑坡的局面。在“工业学大庆”过程中，针对电力紧张、原材料短缺、影响生产的严峻情况，开展节电、代电、办电和清仓查库、回收废铁等群众运动。同时，按照组织、思想革命化的要求整顿企业领导班子、企业劳动纪律和企业管理。在企业中大搞技术创新和技术革命，大力推广应用“优选法”“统筹法”。据不完全统计，1973 年全市共实现技术革新 2510 项，其中重大的 213 项。1977 年，工业学大庆形成高潮，市革委会授予株洲车辆厂等 37 家企业为“大庆式企业”称号，授予 190 家企业为“学大庆先进单位”称号，授予李临庄、蒋梅香等 98 人为“学大庆标兵”、“先进生产（工作）者”称号；制订《株洲工业学大庆，普及大庆式企业规划》；组织与江西省萍乡市及衡阳市、长沙市、湘潭市、邵阳市等地开展学大庆竞赛活动；组织学习参观团到无锡等地学习他们大搞协作，打破行业之间、城乡之间、市与区之间界限，改组工业，按行业归口组织专业生产的经验，有力地推动着全市工业生产稳步上升。

企业实行经济责任制 1981 年下半年，遵照中央“改革、开放、搞活”的方针，市政府根据全市生产下降、利润减少、亏损增加的情况，决定在全市工业企业中实行经济责任制。经过调查，决定对市属全民所有制工交、基建 62 家企业实行亏损包干、利润超收分成、超计划利润全留的经济责任制；对 11 家扩权企业实行以税代利、自负盈亏的经济责任制，并与财政分别签订经济合同。帮助企业建立以计件工资、超定额计件工资、承包合同计奖、联产计奖等为主要内容的内部经济责任制。1982 年 1 月，制订《关于实行工业生产经济责任制几个具体问题的试行意见》，明确承包期限为一年。1987 年，市政府总结前几年实行以盈亏为主的经济责任制的经验和教训，对市属全民所有制工业企业实行承包经营责任制，让厂长、经理承包经营，期限为 3 年。实现承包经营后，当年全市工业技术改造、技术引进的投资比上年增长 5.53%，企业归还贷款额比上年增长 43%，企业留利增加 591 万元。1987 年 11 月和 1988 年年初，市政府先后在株洲化工厂、湘江氮肥厂进行大型企业招标承包试点。株洲化工厂承包后，1988 年总产值和实现利润分别比 1987 年增长 8.45% 和 46.4%。化工厂和氮肥厂招标承包经验，中共中央办公厅《综合与摘报》、省委《摘报与交流》《湖南工作》及《学习导报》《湖南日报》等均载专文报道。1988 年，市政府为提高企业素质，明确承包经营者的职责权利，根据国务院和省政府指示，规定承包经营除保上交利润外，还要保技术进步、保企业升级，实行工资总额与经济效益挂钩。对出口商品生产企业加保出口创汇。规定承包经营实行资产抵押。明确承包经营企业的人事权、内部经营管理权。对集体所有制企业实行效益目标承包责任制。1987 — 1989 年承包经营的 3 年与没有承包的前 3 年相比，市属预算内工业企业产值、实现利润、上缴利税分别年平均增长 36.3%、43.16% 和 26%，新增固定资产 3.4 亿元，增长 47.9%。1988 年底，随着市属预算内工业企业第一轮承包经营到期，市政府采取相对稳定承包经营者，合理调整承包基数、具体规定承包内容与承包形式、建立“共保合同”制和厂长任期目标责任制及全员风险抵押承包制等办法，在全国率先落实第二轮承包。《人民日报》、《湖南日报》、中央电视台、中央人民广播电台等新闻媒体均先后报道了株洲市经验。

1991年，市政府决定株洲火花塞厂、株洲轴承总厂、株洲汽车制造总厂、株洲化工总厂、株洲玻璃厂、株洲轮胎厂、株洲纤维水泥制品厂、株洲市制药厂8家企业实行投入产出总承包试点，承包期限从1992年1月至2000年12月。在省内率先揭开第三轮承包的序幕。市经委、体改办等11个部门联合制定了《株洲市投入产出总承包试点企业实施细则》，确定承包原则为控定基数，递增包干，确保上缴，超收全留或分成，歉收自补，工效挂钩，对承包试点企业在承包期内按国有资产增值，利税统算，递增包干，利润超收全留，按年实行税收效益目标管理，歉收自补的形式上缴国家利税，承包基数原则上以承包前3年的实际上缴利税平均水平为准，年递增比为8%以上，并且对承包企业实行一系列优惠政策。

第四节 农业建设

“农业学大寨” 1964年，毛泽东向全国发出“农业学大寨”的号召。在十多年的时间里，境内各级党组织、政府、公社及农村工作部门都把学大寨作为农村经济工作和思想工作的大事来抓。全市农村小集镇、田头、山坡上，到处可见“农业学大寨”“愚公移山、改造中国”等宣传标语。市县还多次组织农业学大寨工作团，由主要领导带队，深入大队、生产队，与群众同吃、同住、同劳动，组织群众学大寨。这期间，各县大搞农田水利基本建设，兴建水利，平整土地，建设高标准田园化农田（大寨田）。建成岩口等中型水库5座，小Ⅰ型、小Ⅱ型水库161座，蓄、引、提水量由10.37亿立方米增加到15.96亿立方米，增加54%；旱涝保收面积由7.65万公顷增加到12.44万公顷，增加62.7%；完成水利工程量24016.17万立方米，年均1715.41万立方米。人工每年造林少则1.34万～2万公顷，1972年高达3.43万公顷。茶陵县、攸县被评为“大寨式”县，株洲县被评为学大寨先进县，3县县委书记均在1975年全国“农业学大寨”会上作了发言或书面发言。学大寨的过程包含整个“文化大革命”的过程，大寨经验不断拉向左转。记工员只记出勤，不记工作数量和质量；农民被称为“大寨工”“大概工”；批判家庭副业，批判自由市场，连发展集体副业也有资本主义之嫌；有些县、社不从实际出发，搞“人造平原”“飞机坪”之类的建设，破坏了生态平衡，造成水土流失；分配上，集体提留多一点，上交多一点，分配少一点，以至在这段时期内，生产虽有所发展，农民生活却没有得到多大改善。

农田水利建设 境内湘江两岸地势低洼，易涝面积达0.8万公顷。20世纪50年代初、中期，发动群众搞义务劳动，采取多受益多负担和民办公助的办法，修建建宁港、湘江防洪大堤，整修塘坝。1958年，提出“苦战一冬，消灭水旱，实现水利自流化”“治港百条，筑堤千里，征服百里湘江，誓夺万担粮棉”等口号。1959年，又提出“二年任务，一年完成”。1958—1960年，共完成土石方1900万立方米，建水闸103座，增加有效灌溉面积1.47万公顷，减轻了0.67万公顷湘江两岸“大水田”的洪水威胁；增加排灌机械419台计6889千瓦，受益面积增加0.87万公顷。根据地形修建撇洪渠（即高排灌渠），辅以机电排渍，全市第一条撇洪渠株洲县漂沙井撇洪工程，1959年冬至1960年春建成，全长6.04千米，撇洪面积86平方千米，漂沙井公社的高泉、黄霞、王竹、漂沙井、梅仙、晓岭6个大队受益。雨季结束后，撇洪渠内的节制闸关闭又可蓄水灌溉，成为灌溉渠，漂沙井、黄霞、王竹等4个大队的120公顷农田得到灌溉。

1968年冬，株洲县马家河公社集中全社14个大队的劳动力新建万丰撇洪渠，全长5560米，撇洪面积27.5平方千米，解决了万丰、高塘2个大队114公顷农田的内渍之患。随后又新建万丰排渍站，装机2台，容量110千瓦，使2个大队高而不稳的农田实现旱涝保收。

1970—1980年，湘江两岸重点是治理内渍。株洲县马家河公社中路、栗雨、南塘，群丰公社的旗云、七零、合花，雷打石镇的胜利，堂市公社的黄竹港，淦田公社的淦田，市郊区陈浦港、韶溪港等撇洪渠和排渍站相继建成。1970年建成撇洪渠67条，全长15.2千米，新建电力排渍站90处105台电机，装机3827千瓦，电力排渍面积2387公顷，共治理内渍面积6020公顷。

十一届三中全会后，全市的农田水利工作进入“建管并重、综合治理”的新时期。1983年，株洲市提出建管并重，加强水利建设的办法和原则。1987年，市政府对新建小型水库实行以奖代补政策，出现了农民个人建水库的壮举。1987年，市委总结推广茶陵县的“两工制”（积累工、义务工），依靠群众兴修水利的经验，鼓励各地运用劳动积累兴修水利。1988年《水法》颁布后，市各级水利部门更新观念，转变职能，一手抓建设，一手抓法制。

1991年，全市投工2195万个，完成土石方2008万立方米，建成54座小Ⅱ型水库。到2000年的10年间，全市共修建小Ⅰ型水库1座，小Ⅱ型水库142座。兴修水利投工55144万个，完成土石方工程31753万立方米。

截至2000年，全市通过兴修整修，拥有各类水利工程11万多处，其中大型水库2座，中型水库13座，小Ⅰ型水库62座，小Ⅱ型水库810座，山平塘9.76万口，堤防656.7千米，水闸103座，建成固定电力排灌站装机3514台，总容量7.21万千瓦。全市蓄、引、提水量达17.49亿立方米，比1949年增长3.25倍。有效浇灌面积15.01万公顷，旱涝保收面积13.34万公顷，为1949年的6.8倍。

兴建蔬菜生产基地　从20世纪50年代开始，市政府为确保国家工业建设和城市人民生活需要，把蔬菜生产和供应一直作为大事来抓。50年代中期，建立以生产蔬菜为主的中心、荷塘铺、田心、董家塅、清水塘5个农场和河西园艺场，对蔬菜生产、供应、销售实行“计划种植，统购包销”。从1958年开始，大量增加蔬菜生产面积，比1957年增加156.6%，1959年又比上年增加259.6%，发展专业菜区。到60年代初，蔬菜生产开始实行“菜粮结合”政策。从1981年开始，改革蔬菜生产供应管理体制。推行专业承包、联产计酬，适当放开购销渠道。1982年后，全面实行家庭联产承包责任制，推行“市管品种计划收购、粮菜挂钩，其它蔬菜自产自销”。经营上多渠道、多层次，实行蔬菜生产、销售补贴办法。还发展了一、二、三线蔬菜基地。1991年，全市有蔬菜基地面积2114.20公顷，其中市区921.87公顷，市管蔬菜基地年产蔬菜8540万千克。1994年，全市投资300万元，完成新扩面积106.67公顷，恢复种菜面积54公顷，新建反季节菜栽培基地1个，面积83.67公顷。1995年，完成新扩常年蔬菜生产基地137公顷，新建反季节菜栽培基地139.27公顷，建立集中连片上千亩的基地3个，生产蔬菜71.82万吨。1997年，围绕“建基地、抓产业、兴市场、保供应、上效益”做文章，全年完成扩面134公顷，有常年一线基地1100公顷，完成了城市居民人均菜地3.3厘的目标。2000年，全市开始无公害蔬菜生产，建立荷塘区明照乡桂花村无公害蔬菜生产示范基地。同时，重点建成天元区隆兴24公顷高标准蔬菜基地。当年，全市蔬菜大棚有11129座，占一线基地12.36%。全市蔬菜种植面积3.17万公顷，总产94.19万吨，基本解决了全市的蔬菜供应问题。

发展乡镇企业 1954年，市政府指示将手工业者组织起来，在农业生产合作社成立副业组。20世纪50年代末，组织城市工业帮助每个农村公社建立农业机械厂、发电站。60年代初，绝大部分社队工业停办。70年代后，市委、市政府为发展“十小”工业，组织城市工矿企业帮助公社建农机修配厂，明确提出社队走“一种二养三加工”发展的路子。70年代末，在“百厂运动”中组织城市工厂向社队扩散产品，社队企业开始实行低税或部分免税政策。进入80年代，坚持“城乡并重，工农并重，厂乡并重”的指导思想，提出“以乡办为重点，村办为骨干，联户个体一齐上，各行各业齐发展”的思路，鼓励城市干部、科技人员下乡发展乡镇企业，鼓励城市企业与农村联营，全市乡镇企业得到迅速发展。1990年，全市乡镇建筑安装企业达113家，从业人员达10.3万人，产值达3.75亿元，乡镇企业生产水泥达29.1万吨，红砖达57亿块，分别占全市总产量的58%和82%。1989—1991年，国家治理经济环境，整顿经济秩序，在国家压基建、抑消费、紧银根等一系列宏观调控下，境内部分乡镇企业资金严重不足，银行、信用社只收不贷，电力供应量减少20%，使部分企业处于停产和半停产状态。1992年5月，市委、市政府组织“城市支援农村、工业支援农业、大力发展乡镇企业”的大型活动，全市有90多个城市企业、科研院所共200多人，分别下到6个县市区建立对口支持关系，共向乡镇企业选派125名专业技术干部，新办联营企业34个，新增产值9190万元。1993—1996年，先后从城市企事业单位抽调3869名工程技术人员和管理干部，在乡镇企业建立865个支帮点，共引进项目786个，合资办企业72个，创办、领办和承包企业676个，引进资金1.37亿元，新增产值55.9亿元，新增利税5.16亿元。1996年10月，总结推广郊区乡镇企业改制经验。到1997年年底，全市有4800家乡村集体企业实行了产权制度改革，占乡村集体企业70%。2000年，全市乡镇企业完成总产值393.65亿元，占农村社会总产值83.81%，占全市国内生产总值51%。全市乡镇企业职工270万人，年销售收入500万元以上工业规模企业167家，其中过千万元的62家，过亿元的4家。

植树造林 1964年，在毛泽东“绿化祖国”的号召下，株洲市制定杉木林基地规划，制定“社队联营，合造共有，山权不变，比例分成”的林业合作经济政策。明确规定林业收益一成归山权、二成留积累、七成归劳力。推广株洲县黄龙公社的三深法（深挖整地、深栽苗木、深挖抚育）丘陵造林经验，造林效果逐步提高、规模不断扩大，丘陵造林技术获全国科技成果奖。杉木林基地主要部分在全国农业展览馆内展出，获得国内外人士好评。另外还推行了“三改”措施和“穴大、根舒、深栽、压实、不反向”的11字植杉经验，每年组织8万～10万劳动力在夏收前、秋收后、春节前上山造林。20 世纪 70 年代，在建设林业基地的基础上，积极发展社队林场、果园、茶园。株洲市的林业建设在全省乃至全国有很大影响，许多中央、省领导来株视察林业基地建设，国内各省、市、自治区均派团来株参观，41 个国家和地区的外国专家到株参观考察，赞誉朱亭林区为“人工林海”。1967 年，株洲县的公社林场发展到 16 个，大队林场 63 个，专业人员 743 人，经营新林 0.94 万公顷。酃县、茶陵、攸县、醴陵县集体林场 224 个，专业人员 1230 人，经营面积 2.58 万公顷。1989 年 9 月，株洲市作出“五年消灭宜林荒山，十年绿化株洲”的决定，5 年间全市投工 540 万个，集资 2960 万元，造林 9.52 万公顷。1995 年 10 月，株洲市作出“全面绿化株洲，建设高效林业”的决定。1996 年年底，顺利通过省政府工作组“全面绿化检查验收”，提前半年全面实现了绿化达标。为保护森林资源，全市从 1991 年开始，进行大规模的封山育林、封山护林，10 年间全市新封面积 50.38 万公顷，平均每年新封 5 万公顷以上。到 2000 年，全市有林地面积 56.85 万公顷，森林覆盖率为 56.03%，森林资源蓄积量为 1423.3 万立方米。

吨粮田建设 1994 年 2 月，省政府正式批准株洲列入首批双季稻成建制亩产过吨粮的重点市。当年市委、市政府颁发建设吨粮市动员令，市县积极行动，加大投入和推广先进技术。1995 年，全市双季稻田 11.32 万公顷，总产 173.83 万吨，平均亩产 1024 千克，成为全国第一个双季稻亩产成建制过吨粮的地级市。

启动实施“十二大农业工程” 从 1999 年起，株洲市全面启动实施种苗体系建设工程，早籼稻品改工程、种植业结构优化工程、农业技术推广工程、动植物保护工程、高标准农田建设工程、农业信息产业工程等十二大农业工程，以此促进全市农业结构进一步优化，农民收入进一步提高，农业部门服务功能进一步增强。当年，全市优质稻面积 5.99 万公顷、高标准三系杂交不育系繁殖基地 67 公顷、制种基地 900 公顷，蔬菜种子种苗基地 3.34 公顷、引进新品种(组合)35 个，全市 10.22 万公顷早稻，新品种更换率 52.1%，柑橘品改 400 公顷，落叶水果品改 267 公顷。2000 年，农业结构调整步伐加快，全市农作物总播面积 35.10 万公顷，其中粮食作物 25.09 万公顷，经济作物 0.68 万公顷；“订单农业”品种 10 多个，面积达 1.27 余万公顷。优质农产品 16 万公顷，占农作物总播面积的 45.6%。改良中低产田 1.21 万公顷。

第五节 发展商业

20 世纪 50 年代初期，根据国家统一部署，贯彻实行统购统销政策。1956 年，境内粮食、食油、生猪、棉花、棉布、蔬菜、麻类、茶叶、桐油、木材、楠竹等全部实行统购统销。同时，对市内工业品实行统一收购、包销。市政府为支援国家工业建设，围绕工厂办商业，基本做到每个大厂都有一个比较齐全的商业服务体系，形成了以国营商业为主导的商业布局。

1970 年年末，在市区建 100 个以集体所有制为主体的商店、服务网点。20 世纪 80 年代初，为搞活经济，方便群众生活，决定发展集体、个体商业、服务业。在人民路、建设路、新华路、车站路设置一批临时售货亭，让集体、个体商业、服务业经营；放开办证条件和进货渠道；各临街单位建设“围墙”商店，街道两侧底层宿舍逐步改作营业间，并将新华路、建设路等主要街道两侧空坪隙地利用起来，作为发展集体、个体商业、服务业场所；将堤升街、栗树街、建宁街、解放街作为小商品市场，安排个体工商户经营。到1983年年底，全市集体、个体商业、服务业网点发展到15826个，大大超过国营商业、服务业网点。

尔后，又将市区钟鼓岭、贺家土两处街道辟为集贸市场，并搭建部分边棚。后又开辟湘天桥、堤升街、响石岭、建宁街等集贸市场，将堤升街辟为以服装为主的工业品专业市场，将钟鼓岭市场建为顶棚式市场，集农副产品、工业品、饮食为一体，成为当时省内城市集贸市场建设的样板。1985年，将工商行政管理罚没款全部返回用于建设集贸市场，兴建芦淞路服装专业市场、堤升街饮食专业市场、沿港路农副产品市场、乌龟塘综合市场、沿江南路农副产品批发市场、纺织西路农副产品市场。1987年，市、县、镇（乡）共同投资200余万元，征地4.37公顷，建设新集贸市场4.50万余平方米，搬迁了株洲县伞铺，醴陵市仙霞，攸县皇图岭、网岭、新市、渌田，茶陵县马江、浣溪、湖口，酃县沔渡等集镇的“马路市场”。1988年开始，投资新建南大门、湘天桥、芦淞、钟鼓岭4个大型室内集贸市场。南大门、芦淞、结谷门3个集贸市场结成一片，成为全省最大的服装专业市场。

从1991年开始，全面推行商业的经营、价格、分配、用工“四放开”，为搞活企业经营、繁荣经济创造了条件。1992年，市委、市政府确立了建设批发大市场、大型综合市场、专业化商场为主，延伸营业网点，发展运输市场，搬迁“马路市场”，改造“以街为市”的市场建设思路。当年投资2亿元，新建和改扩建项目8个，面积39万平方米。株洲百货大楼、前进百货大楼、桥东百货大楼先后改造，金融大厦开始兴建，芦淞市场规模扩大。到1995年，金融大厦、金龙大酒店、江南商城、金都商厦、株洲百货大楼三期改造、福达商城、泰之岛、环洲城、星通商厦、堤升街等一批商业网点先后兴建和改扩建，初步形成市商业服务网络。1996—1998年，新建了电脑、电器市场；调整了蔬菜批发市场、江南商城等市场的经营结构。并且根据“大流通、大市场”的要求调整经营策略，积极对外招商，引入一批名店、名品落户株洲，开设连锁店、店中店、专卖店。

2000年，全市有百货商店30个，超级市场18个，限额以上餐饮企业3个，每万人拥有商业营业点204个，营业员542名。当年，全市完成社会消费品零售额112亿元。

第六节　发展社会事业

发展科技事业　从20世纪50年代末开始，株洲发动厂矿企业建立厂办科研所37个，非独立科研机构在全市逐步发展。60年代初期，在全市开展技术革新、技术革命运动，采取领导、工人、技术人员三结合的办法，建立业余科研队伍。70年代末，市革委会要求境内大中型厂矿围绕生产、增加品种、提高质量建立科研所，并在全市独立科研机构中，总结推广市电子、化工、农业等研究所围绕经济建设自选课题，找米下锅，服务社会，对外实行课题承包责任制，对内实行有偿合同制的经验，受到省内外的关注和国家科委的重视。80 年代初，完善了科技体制改革方案，同时开放技术市场。市电子研究所经过改革取得了较好的经济效益和社会效益。1984 年上半年，湖南省政府召开科技体制改革现场会，重点推广市电子研究所等单位的经验。同年 5 月 15 日，在第六届全国人大二次会议上的《政府工作报告》中充分肯定了株洲市电子研究所的经验，并号召在全国推广。为鼓励技术发明、技术革新，1984 年市政府制定《关于颁发科技成果奖金的暂行办法》。1989 年，全市有独立科研机构 27 所，非独立科研机构 88 个。到 1990 年，全市有 1443 项科技成果获国家、省、部、市级奖励，其中获国家奖 121 项，省级奖 450 项，部级奖 321 项，市级奖 550 项。全市向国家专利局提出了各类专利申请 592 件，居全省各地、州、市第 4 位，获国家专利局授权项 340 件。1991 年，市政府发布了“科技兴市”的决定。1995 年，中共株洲市委、市政府以科教兴市战略为龙头，提出以科教兴市为首选战略、主体战略。并发布了《“九五”至 2010 年科技发展规划》，从政策上确立科技发展的主体地位。2000 年，市本级科技三项费用达 1400 万元，占财政总支出的 2%，2000 万元科技创新基金和 1500 万元高技术产业发展基金提前到位。同时争取到国家、部、省各类科技资金 3030 万元，国有大中型企业投入的研发经费占销售收入的 1.28%。高新技术企业提取的研发经费占到销售收入的 2%。科技进步对经济增长贡献率达到 51.8%。

发展教育事业 1950 年，株洲接管、改造了旧政权留下来的各级各类公立、私立学校后，为扫除文盲、半文盲，开展以时事政策教育为主，结合文化学习、生产技术教育、卫生知识教育的群众性冬学运动。在 20 世纪 50 年代末和 60 年代初期，全市农村、工厂、街道掀起兴办民办学校的办学风，仅 50 年代末，办民办学校性质的工业专科等大、中专学校 4 所。1962 年，全市农村办简易小学 254 所，缓解了就学的矛盾。20 世纪 60 年代末和 70 年代末，在毛泽东“五七”指示下，提出全市普及高中教育，创办一大批农场、林场式的“五七”学校。到 1975 年，全市中学由 1969 年的 57 所，增加到 370 所。70 年代中期，还创办“七二一”工人大学、农民“五七”大学、株洲铁路机械学校、湖南省化工学校等一批中专学校。从 70 年代末开始，发展函大、电大教育。为提高工矿企业职工的技术水平和管理能力，从 80 年代初开始，对 1966 年后参加工作的年龄在 40 岁以下的 8 万余名职工进行文化测试，以初中文化补课为主，发展了职业高等、中等、初等教育，开展干部培训、青壮年工人初级技术补课、职工岗位培训和班组长培训工作。1991 — 2000 年，全市教育事业在改善办学条件、加强师资队伍建设和完善教育体系方面做了大量工作。到 2000 年，全市有 2220 所各级各类学校，其中有高等院校 5 所、中等专业学校 10 所、职业中学 30 所、普通中学 237 所、小学 1810 所。在校学生 712704 人，教职工 38149 人。基本形成从学前教育、初等教育、中等教育到普通高等教育，普通教育、职业教育到特殊教育，成人教育到少数民族教育，学历教育到业余训练、岗位培训、继续教育等较为完整的教育体系。

发展职业技术教育 清光绪三十一年（1905）四月，熊希龄在醴陵创办瓷业学校招生办学，为境内职业教育之始。民国初期，职校逐步扩建至攸县、茶陵县。据民国 19 年（1930）统计，攸县当年设职校 12 所，学生 393 人。至 1949 年上学期，境内各县仅存职校 3 所。

中华人民共和国成立后，人民政府支持私人开办蔚文、育才等会计学校。20世纪50年代，依托厂矿优势，开办株洲铁路工厂技校、中南二四八技工学校、株洲铁路机械学校和株洲航空学校，在全省首先形成职技教育体系。1958年，职业教育又掀高潮，特别是农业职业教育发展迅猛，当年株洲市郊区有农中29所、攸县33所、酃县18所。醴陵县、茶陵县在大办农业职校的同时，还创办一批财贸、医卫、工交初级技校，但这些学校因经费、师资力量不足，在1961年调整中绝大部分停办。1964年，株洲市开始创办工读学校，并成立工读教育委员会。当年，市区成立工读学校4所、共产主义劳动大学株洲分校1所、农业职校2所、耕读学校24所，后因"文化大革命"停办。

1982年，市委、市政府作出《关于改革中等教育结构和发展技术教育的决定》。1983年，在全省率先开办职业高中班，在市五中招生工艺美术服装设计2个班。同年，市区13家工厂、5个局和3所市属中学开办高中职业班32个班，招生1173人。

技工教育在中等教育结构调整中，进入全面发展大提高阶段。1984年，株洲玻璃厂技校改为湖南省建材技校；次年，市技校更名为株洲中级技校。1986年3月，株洲电力机车厂将田心铁路二中改为株洲中级技校电力机车厂分校。至1989年3月，改建和新建中等技校13所。

1990年，全市共有职业中学16所、中等专业学校8所、技校27所，在校学生21399人，占全市高级中学学生总数的45.8%。有各类职业技术学校33所，在校学生15386人，占市区高级中等教育学生总数的74.6%。

1995年5月，市政府提出"职教发展"的奋斗目标。1998年，又提出"普教、职教、成教"统筹、协调发展的战略目标。到2000年，全市共有中等职业学校62所，占地300多万平方米，校舍建筑面积100多万平方米，仪器设备总值1.2亿元，图书资料200多万册，校办实习厂（场）120多个，生产实习农场种植基地约534公顷。各类职业学校招生人数1.56万人，在校生人数3.97万人，招生数和在校生数占整个高中阶段招生和在校生数比列分别达到59.72%和60.64%，超过国家规定的发展水平。

发展医疗卫生事业 中华人民共和国成立后，市人民政府狠抓医疗卫生工作，医疗卫生事业取得较大发展。1950年，七一兵工厂（南方航空动力机械公司）在董家塅成立工人医院。1952年8月，市政府设卫生科，下设卫生所、防疫站。1952年卫生所扩建为株洲医院，1954年改为株洲市立第一医院，设病床100张，分内外妇等科。1954年，创办市立中医院。1955年，成立市妇幼保健院。1957年，成立工人疗养院。1958年，在清水塘工业区成立市立第二医院，病床100张。东、南、北区分别创办结核病医院、伤科医院、痔瘘专科医院。株洲冶炼厂、南方航空动力机械公司、株洲化工厂、湘江氮肥厂、田心机车厂、株洲钢铁厂、株洲车辆厂、硬质合金厂和株洲铁路地区等大厂矿企业，先后成立职工医院，撑起市区医疗卫生的"半边天"。1975年，组建株洲市职业病防治医院，开展工业卫生监督和职业病检查及防治工作。1990年，全市共有卫生机构736个（其中县以上医院49所），病床9246张，卫生技术人员11651人，平均每千人拥有卫生技术人员3.3人。

1993 年，株洲市确定为农村卫生建设年，以乡镇卫生院危房改造为重点，连续 5 年累计投入农村卫生“三项建设”资金 5494 万元，使 125 家乡镇卫生院按标准完成设备配套建设，消灭了乡镇卫生院危房，从根本上改变了农村医疗卫生的落后局面。1996 年，全市有 94 家医院通过分级管理评审，其中三甲医院 2 家，二甲医院 19 家，一甲医院 35 家。有 18 家医院达到了“爱婴医院”标准，22 家乡镇卫生院达到“爱婴单位”标准。1997 年建成全省第一个“爱婴市”。市中医院创建成全省地市级第一家“全国示范中医院”和三甲医院，并成为湖南中医学院第三附属医院。市一医院成为湖南医科大学第四临床医院和全省地市级三甲综合医院。1998 年，株洲市率先在全省开展城市医院特色中心、特色专科创建工作，有 13 家特色中心、特色专科达到验收标准并授牌。

2000 年，全市拥有各类卫生机构 219 个，其中医院、卫生院 189 个，卫生防疫机构 11 个，妇幼卫生机构 8 个；卫生工作人员 15577 人，专业卫生技术人员 12790 人，其中医生 5266 人、护师 4417 人，每万人拥有医生 14 人，卫生机构床位 9807 张。

计划生育 1957 年，市委、市人委成立节制生育领导机构，提出“先城市、后农村，先干部、后群众，先试点、后普及”的工作原则，在工厂、农村、街道办事处宣传节育避孕。20 世纪 70 年代，计划生育工作由城市向农村全面铺开，工作重点是控制多胎。1980 年 9 月，中共中央、国务院号召一对夫妇只生育一个孩子，全市掀起了自觉坚持一对夫妇只生育一个孩子，积极领取独生子女证的热潮。1982 年，国家把计划生育作为一项基本国策，全市层层建立计划生育责任制，逐级签订人口目标责任书，实行党政一把手亲自抓、负总责和“一票否决权”制度。1990 年 1 月，《湖南省计划生育条例》颁布实施，攸县在全市率先贯彻《条例》，收到好的效果。1992 年 5 月后，全市把制止早婚早育作为计划生育工作重点。翌年 8 月，要求民政部门严把婚姻登记关，坚决制止早婚和违法婚姻。“八五”计划期间，全市年平均净增人口 4.73 万人，全市实现从“出生高峰”向“低生育水平”的平稳过渡。育龄妇女的总和生育率，由 90 年代初的 2.26% 降到 2000 年的 1.58% 左右。按 1978 年的生育水平推算，1996 — 2000 年的 5 年间全市少出生 34.82 万人，1979 — 2000 年的 22 年间全市少出生 100.13 万人。

第七节 环境保护

随着一批大中小型企业先后建成投产，株洲市每年排放废水 1.6 亿多吨、废气 200 多亿立方米、废渣 120 多万吨，严重污染环境，危害人们身体健康和农业生产。从 20 世纪 60 年代开始，株洲市即着手治理污染源和“三废”综合利用。

综合利用、生产建筑材料 1964 年以来，市人委采取由排渣单位投资、地方筹建或地方自筹自建等办法，先后建起粉煤灰砖厂、灰渣砖厂、煤矸石厂、碳化砖厂 4 个专业厂和 8 个单位的家属工厂。利用废渣生产粉煤灰砖、灰渣砖、煤矸石砖、粉煤灰碳化砖、水泥、灰渣瓦、矸石瓦、小型空心砌块、中型空心砌块等。到 1989 年，市属建材企业共生产上述砖 21 亿块，灰渣瓦 1.33 亿片，共利用废渣455.32万吨，按每亩生产黏土砖150万块计算，节约良田100公顷。利用煤矸石作燃料。市人委从1966年开始，责成市煤建公司在生活用煤中组织试烧煤矸石。首先动员广铁三大队、省建五公司一处等单位食堂，改革炉灶，用煤矸石作燃料，获得成功后推广；组织发动各单位把煤矸石作燃料用于生产（烧红砖、烧石灰和烧生产用锅炉）。截至1972年，全市生活、生产共利用煤矸石60.21万吨。以后，根据全省的安排，株洲电厂的粉煤灰和株洲洗煤厂的煤矸石，除株洲市自用外，一部分调往岳阳、常德、湘潭等地进行利用。同时还组织发动有“三废”的生产单位，从“三废”中回收金、铜、铝、锌、镍、银、二氧化硫、硫酸钠、燃料气、氨、废油等产品。1972—1988年，共建成“三废”综合利用项目228项，综合利用产品112种，累计创产值12.19亿元。株洲市开展废渣综合利用的经验，在1973年召开的全国环境保护会议上作了介绍，受到好评。

全面规划、综合治理 清水塘是化工、冶金、建筑工业较为集中的工业区，成为全国闻名的重污区之一。1982年，市政府邀请清华大学环境工程研究所等单位到株洲进行系统研究，编制了《清水塘工业区环境污染综合治理方案》。其中工业废水治理项目3个，工业废气治理项目4个，区域环境综合治理项目9个，共需投资2.166亿元。按照方案，株洲化工厂、株洲冶炼厂、湘江氮肥厂、株洲选矿药剂厂等有关单位各自作出治理计划，先后对本单位废水、废气、废渣进行了综合治理。1990年，株洲化工厂投资483万元，建成酞污水处理站，采用新工艺去除砷、汞、氟化物等污染。株洲烧碱厂投资4090万元，搬迁新址，更新设备，消除铜塘湾一带多年的氯气污染。1996年，株洲冶炼厂投资3310万元对废水处理工程和渣场进行扩建。同期，株洲冶炼厂、株洲化工厂、株洲水泥厂、株洲钢厂等企业投入大批资金，对工业粉尘进行治理，减少了清水塘地区粉尘排放量。到1991—2000年的10年间，全市投入2.3亿元资金用于工业污染防治，完成治理项目824个。2000年，全市工业废水处理率达83.04%，工业废气处理率81.81%，烟控区覆盖率95%，噪声达标区覆盖率55%，饮用水源水质合格率为96%。

第八节 城乡改革

土地制度改革 自20世纪80年代初开始，株洲市在农村改革农业生产经营管理体制。首先在生产队推行专业分工、分组联产计酬、定额计酬加评工记分等多种形式的生产责任制。1982年，境内实行家庭联产承包责任制、推广双层经营、打破旧的农产品购销体制、发展农产品的商品市场和农业生产要素市场。到1983年年底，全市99.5%的大田实行了家庭承包。1993年，中央规定在原土地承包到期后再延长30年不变政策。株洲市组织大批干部下乡宣讲中央政策，鼓励农村土地有条件地逐渐向种田能手集中，发展粮食生产专业户。1998年，大多数农户承包土地15年的期限已到，全市正式开展第二轮延长土地承包期工作。到2000年，全市农村土地延包工作全部到位，2233个村签订承包合同76万份，其中承包期在30年及以上的村有1766个。全市8.84万公顷责任田，按人承包的8.79万公顷，按劳承包的100公顷，招标承包的474公顷。

三项制度改革　1981 年 8 月，市政府发布《关于发展集体、个体经济、扩大劳动就业若干问题的暂行规定》，把原来依靠全民所有制单位统包统配的就业制度，转为劳动部门介绍就业、自愿组织起来就业、自谋职业相结合的就业制度。1984 年，针对企业工资管理统得过多过死的弊端，在 23 个市属企业和 6 个集体企业中试行工资总额与经济效益挂钩，使企业工资随效益浮动。1986 年 6 月，市政府批转了《株洲市企、事业单位退休基金统筹暂行办法》，对市属全民所有制单位的退休费用进行统筹。1987 年 1 月，统筹范围扩大到在株的中央、省属企业（不含铁路、水电系统）。同年 6 月，国家劳动人事部办公厅、国家计委办公厅批准株洲市进行劳动计划体制改革试点。7 月，国务院确定株洲市为企业劳动、人事、工资制度综合改革试点城市。1988 年 4 月，市政府向省政府和国家劳动部、人事部上报《株洲市企业劳动人事工资制度综合改革实施方案》，在 24 个企业开展综合配套改革试点。同月，株洲市实行地区工资总额与经济效益挂钩。在地区总挂钩基础上，全市 283 个市、县属企业实行工效挂钩。并下发《关于深入企业劳动、人事、工资制度改革若干问题的意见》《企业职工制度试行办法》《企业辞退职工和职工辞职试行办法》《企业女职工弹性工作制试行办法》《企业职工、城镇个体劳动者退休、养老社会保险试行办法》等系列文件，指导和推动三项制度改革。初步把企业用工推向劳务市场，实行由用人单位和求职人员双向选择，冲破了沿袭 30 多年由国家统包统分配的制度。逐步推行全员劳动合同制，通过合同使企业与劳动者建立劳动关系，冲破了国家职工、固定工的传统观念，把用工权落实到企业。初步建立了企业工资机制和约束机制，至 1990 年实行工资总额与效益挂钩的市属企业 370 家，集体企业 391 家，挂钩企业职工总数 17 万人，使企业有了内部分配的自主权。

1991 年，全市 20 家大中型企业列为深化企业劳动、人事、工资分配、社会保险制度综合配套改革试点单位，涉及 54659 名企业职工。企业将原有的固定工、合同工、计划用工通过考试、考核上岗，在双方平等自愿协商一致原则的基础上签订劳动合同。打破工人与干部的界限，变干部的任命制为聘任制，实行岗位技能工资，工资随职务走，待遇随岗位变。据统计，全市有 17 家企业，28806 名职工实行劳动合同化管理，27793 名职工分别与企业签订了企业职工劳动合同，占企业职工总人数的 96.5%。20 家试点企业管理人员实行聘任制 7109 人，占管理人员的 62.8%，优秀工人走上管理岗位 2056 人，占管理人员的 28.6%。

1995 年，工资宏观调控机制逐步建立，全市有 1052 家企业，20.73 万职工实行了工资总额宏观调控办法。1999 年，发布年度工资指导线，全市有 1150 家企业纳入工资指导线范围，调控面 95%，40 多家大中型企业实行岗位薪级工资制或类似办法，2 家企业进行集体协商工资制试点，26 家国有、集体和改制企业实行了经营者年薪制。

国合商业企业改革　为促进国合商业企业转换经营机制和运行机制，逐步使企业成为自主经营、自负盈亏、自我发展、自我约束的商品经营者，增强企业活力。1991 年，市政府决定在国合商业企业积极、稳步推行“四放开”改革试点。一是放开经营，一业为主，多业经营，零售企业可兼营批发、加工、服务等业务；二是放开价格，属省和省以下管理的商品零售价格，除几种重要商品外，全部下放给企业，零售企业可以进行议价柜台试点；三是放开分配，改进和完善“工效”挂钩办法，改单纯与现实利税挂钩为与实际利税及资产增值等指标挂钩，企业内部职工分配由企业坚持按劳分配，自主确定；四是放开用工，企业新增职工可面向社会公开招聘，全面考核、择优录用，实行企业职工制度，进行全员劳动合同化管理，实行内部待业制度，试点企业实行“双辞”制度。到1992年，实行“四放开”的企业达284家，占全部企业总户数的90.2%。

开放建筑市场 1992年，株洲市取消建筑市场治理整顿期间制定的地方保护政策，拆除壁垒，开放建筑市场。凡创建过地市级以上优良工程，省内外三级以上建安施工企业，可进入株洲市场。对县以上专业施工企业，在施工任务上不再照顾保护，一律实行平等竞争；对建筑面积在2500平方米以上，投资在75万元以上的建设工程，要实行招标、投标，择优选择施工队伍。到1995年，先后实施工程质量监督制、施工报建制、施工招投标制，建筑市场初步放开。1999年10月，成立株洲市有形建筑市场，完善工程交易制度。工程招标开始发布招标公告，以求公开、公平、公正。

粮食购销体制改革 1993年以前，境内农民仍实行粮食统购派购政策，农民每年须向国家交缴一定数量的农业税和国家订购粮。从1992年11月起，按照省委、省政府的统一部署，全面放开粮油销价，价格随行就市，废止各种粮票、粮券、粮证。1993年1月，取消国家对农民的粮油定购任务，取消对农民“三挂钩”物资的平价供应，粮食收购价格随行就市，农业税仍由粮食企业代征实物，按市价同财政部门结算。1994年，为确保粮食安全，株洲又按全省部署，恢复国家粮食定购，调整粮食购销价格，比上年确定的指导价格调高42% ~ 45%。1995年，全市粮食购销体制改革迈出较大步伐：一是实行粮食“三包一放”政策，国家订购粮食实行一定三年不变政策；二是粮食部门政策性业务和商业性经营彻底分开；三是调整粮食价格，实行价外补贴。1998年，粮食购销体制改革的主要内容是“四分开，一完善”和“三项政策、一项改革”。“四分开、一完善”即实行政企分开，中央与地方责任分开，储备与经营分开，新老账分开，完善粮食价格机制。“三项政策、一项改革”即按保护价敞开收购农民余粮，粮食企业实行顺价销售，粮食收购资金实行封闭运行，加快国有粮食企业自身改革。此后，株洲市一直实行粮食收购最低保护价制度，稳定了全市粮食生产，巩固了吨粮田成果。

住房制度改革 1990年12月，市政府发出《关于颁发住房制度改革实施方案的通知》。1991年1月，“以息代租”房改方案正式出台。全市近8万户计300多万平方米公房落实了房改方案，共回收房屋抵押金8100余万元。1993年4月，组建住房资金管理中心，提出“存一贷二”，支持住房建设。从1995年3月开始，市政府推出系列房改政策，即建立住房公积金制度、积极推进租金改革、稳步出售公有住房、加快经济适用住房建设等。1996年，公房出售价格为638元/平方米，租金标准为1.18元/平方米，职工住房公积金交缴比列为5%。从1999年起，全市城镇一律停止住房实物分配，实行住房货币分配，调整公房出售价为738元/平方米，月租金标准提高至2元/平方米。到2000年，市区共出售公房30345套，累计归集公积金4.2亿元。

第四章 民 政

中华人民共和国成立初期，株洲镇的民政工作是由湘潭县人民政府民政科管理。1951 年 7 月，新成立的株洲市人民政府设立民政科，定编 3 人。

1951 — 1953 年，民政工作部门积极参与民主建政，收容、遣送散兵游勇和难民灾民，开展以抗美援朝为中心工作的拥军优属活动，动员全市人民开展增产捐献运动，提前完成捐献一架飞机、一门大炮的光荣任务。同时，对生活贫困的烈属、军属、革命工作人员家属进行紧急的优抚救济，全面推行优属代耕，组织烈军属和城市贫民生产自救。对城市贫民和失业工人采取以工代赈形式，解决他们的生活出路。

1954 — 1959 年，农村撤区并乡，继而撤销乡镇，建立政社合一的人民公社。烈军属的群众优待由代耕过渡到优待劳动日。农村无依无靠、无劳动能力的孤老、残幼实行了保吃、保穿、保住、保医、保葬（幼儿保教）的“五保”政策。自然灾害救济，分别采取灾害抢救、灾民转移、生产自救、以工代赈、发放救灾款物等措施，保障灾区人民渡过灾荒。

1962 年 4 月，成立株洲市民政局，负责全市的民政工作。1960 — 1965 年，随着优抚、救济经费增长，优抚补助和贫困救济面的扩大，孤老优抚对象从临时补助逐步过渡到定期定量补助。

“文化大革命”期间。民政工作机构瘫痪，其工作由市革委会下设的群工组和其后设立的民政组管理。1970 年 11 月，市革委会民政组改为市革委会民政局。1980 年 12 月，恢复株洲市民政局名称。

1978 年中共十一届三中全会以后，民政工作随着党和国家工作重心的转移，步入改革发展的新阶段，在保障人民群众基本生活权益和民主政治权利，维护社会稳定，促进经济发展和社会进步等方面为社会经济建设服务。

第一节 村（居）民委员会自治建设

一 村民委员会建设

1950 年，境内废除保甲制，乡以下建制名称不统一，一般设村，村设主席、农协组长等。攸县乡以下分设大组（也称中心组或联组），大组以下设行政小组。后逐步由初级农业社和高级农业合作社代替。

1958 年，人民公社化后，村变为生产大队，生产大队下设生产小队或专业性生产队。大队设大队长、会计、治保主任、民兵营长、妇女主任等。

1984 年 7 月，全市陆续开展了建村工作，生产大队又变为村民委员会，生产队变为村民小组。全市建村 2235 个，建村民小组 26580 个。村民委员会一般由 5 ~ 7 人组成，民主选举产生。在完成组建基础上，各村普遍开展整章建制，订立村规民约。

1987年11月，颁布了《中华人民共和国村民委员会组织法（试行）》。株洲市于次年4月在醴陵市新阳乡和株洲县均坝乡进行实施《村民委员会组织法》的试点工作，至1990年，全市150个乡镇的2220个村已全部实施完毕。通过依法投票选举，全市产生新的村民委员会成员10240人。新村民委员会建立后，普遍建立和完善了村民委员会干部岗位责任制、任期3年的村级经济发展规划及村规民约。各县市、郊区对新当选的村民委员会干部进行分期分批的培训。

1991—2000年，先后对全市2200多个村民委员会进行4次换届选举工作，并对村民委员会干部进行培训工作。给新当选的村委会成员颁发全省统一印制的“当选证书”。通过健全村民自治制度，村民委员会的自我教育、自我管理、自我服务的功能和稳定基层、稳定社会的作用得到了充分发挥。1995年，株洲县均坝乡思梅桥村村民委员会被民政部评为“全国模范村民委员会”，醴陵市白兔潭镇蛇青村村民委员会主任李运根被评为“全国优秀村民委员会主任”。

二　居民委员会建设

1950年7月，醴陵县经过户籍整理，将原9个街政府按照一定人口的数量与工商业分布情况划为7个居民委员会。居民委员会管辖范围以1000户为原则，人口在4000人左右，由群众选举居民委员会委员7～9人，居民委员会下设若干居民小组。

1951年7月，株洲市内设4个居民委员会，隶属市人民政府直接领导，由公安局、派出所具体指导，主要从事传递政府的政策法令、协助派出所管理户籍、拥军优属和处理群众轻微纠纷等工作。

1953年2月，建立各界人民代表办事处。1954年6月，改街道人民代表办事处为居民委员会。1960年年底，在农村人民公社化影响下，城市居民委员会挂上人民公社分社的牌子。1962年前后撤销。

1983—1984年上半年，对全市的居民委员会从组织上、思想上、制度上分期分批进行整顿。选举产生居民委员会领导班子，形成以集体职工为主体的居民委员会干部队伍。全市134个城市居民委员会254名正、副主任中，集体职工有129人，占51%；退休职工89人，占35%；纯居民24人，占9%；全民单位职工12人，占5%。整顿工作结束后，对居民委员会干部进行业务培训。为提高居委会干部的积极性，市委、市政府2次发文要求各区妥善解决居委会干部的待遇和退休问题。

1986年和1988年，株洲市先后2次召开居委会建设总结表彰大会，一批先进单位和先进个人受到表彰。

1988年，对市区10个街道办事处78个居民委员会开展调查，市政府下发《株洲市关于加强城镇居民委员会建设的通知》，对居委会干部来源、福利待遇、活动经费、办公活动用房等问题作出明确规定。据年底统计，全市各企事业单位向居民委员会输送干部90余人，市、县财政给每个居民委员会增拨350元活动经费，各单位为居民委员会提供办公用房70余间，支持办小型工厂和服务网点50多个。

1989年5月，在市东区进行贯彻《中华人民共和国城市居民委员会组织法》试点工作。10月底，东区居委会整顿换届工作完成。1990 年，全市 267 个居委会实施《居委会组织法》工作全面铺开。按照法律程序，在整顿换届工作中采取“三轮”“四程序”的步骤，充分发扬民主，公开、公平、公正进行。对新当选的居委会干部进行培训，并制订 3 年任期规划，完善和充实居民公约、工作、学习、会议、管理等多项规章制度。整个工作到 1991 年 11 月结束。

1994 年，除南区的居委会延期换届外，其他各区全部完成第二次换届选举工作。1997 年，全市 328 个居委会顺利完成了城区区划调整后的首届换届选举。到 2000 年，株洲市区共有居民委员会 171 个。

第二节　优抚安置

一　优　抚

（一）国家抚恤

1. 牺牲、病故抚恤　1950 年 12 月，中央人民政府内务部颁布抚恤条例，对解放军、公安、国家机关、参战民兵等牺牲、病故的抚恤标准作了具体规定。根据上级规定，株洲市对在历次革命战争中牺牲和因公牺牲及病故的军人、人民警察、国家机关工作人员、解放军无军籍职工，以及民主党派、人民团体工作人员和参战民兵民工的家属，按规定给予一次性抚恤，对生活有困难者予以照顾。随着国民经济的发展和人民生活水平的提高，国家抚恤标准先后作过多次调整，株洲市均遵照执行。1952 年 12 月底前抚恤方式为粮食，之后改为现金抚恤。

牺牲、病故抚恤标准（1950 年 12 月）一览表

表 17–10

军队指战员	国家机关工作人员	牺牲抚恤粮（千克）	病故抚恤粮（千克）
战　士	勤警人员	300	225
班排连长	区长县科长以下	400	300
团 营 长	县　长	500	375
旅长以上	专员以上	600	450
民兵民工	–	250	–

牺牲、病故抚恤标准（1952 年）一览表

表 17–11

军队指战员	国家机关工作人员	牺牲抚恤粮（千克）	病故抚恤粮（千克）
战　士	勤警人员	600	450
班排连长	区长县科长以下	900	675
团 营 长	县　长	1500	1125
旅长以上	专员以上	2400	1800
民兵民工	–	600	–

牺牲、病故抚恤标准（1953 年 1 月）一览表

表 17–12

军队指战员	国家机关工作人员	牺牲抚恤粮（千克）	病故抚恤粮（千克）
师旅长以上	专员以上	550	410
营 团 长	县 长	350	260
班排连长	区长县科长	210	160
战 士	勤杂人员	140	110
参战民兵民工	–	140	–

牺牲、病故抚恤标准（1955 年 3 月）一览表

表 17–13

军队指战员	国家机关工作人员	牺牲抚恤粮（千克）	病故抚恤粮（千克）
师长以上	13 级以上	650	520
团 长	14 ~ 16 级	450	360
营 长	17 ~ 18 级	350	280
排 连 长	19 ~ 22 级	280	230
班 长	23 ~ 24 级	230	200
战 士	25 ~ 29 级	180	150
参战民兵民工	–	150	–

牺牲、病故抚恤标准（1979 年 1 月）一览表

表 17–14

军队	国家机关工作人员	牺牲抚恤粮（千克）	病故抚恤粮（千克）
师职或 13 级以上干部	副专员以上及行政 13 级以上干部	700	600
团职或 14 ~ 17 级干部	副县级以上及行政 14 ~ 17 级干部	650	550
营职或 18 ~ 20 级干部	副科长以上及行政 18 ~ 20 级干部	550	450
连排职或 21 级以下干部	行政 21 级以下干部	500	400
–	参战民兵民工	470	370

革命烈士抚恤标准（1980 年 6 月）一览表

表 17–15

现役军人职级	国家机关工作人员职级	抚恤金（元）
师职或 13 级以上干部	副专员以上及相当行政 13 级以上干部	1000
团职或 14 ~ 17 级干部	副县级以上及行政 14 ~ 17 级干部	950
营职或 18 ~ 20 级干部	县政府副局长或行政 18 ~ 20 级以上干部，以及相当上述职级的其他人员	900
连排职或 21 级以下干部	行政 21 级以下干部	850
班长、战士级	工勤人员、参战民兵民工、人民群众	800

革命烈士抚恤标准（1984 年 4 月）一览表

表 17–16

军队职级	抚恤金（元）
班长、战士	2000
连排长或 21 级以下干部	2100
营职或 19 ~ 20 级干部	2200
团职或 15 ~ 18 级干部	2300
师职或 14 级以上干部	2400

1985 年 4 月，第三次调高革命烈士抚恤金标准：烈士生前有工资收入的，按其牺牲时的 40 个月工资计发；烈士生前无工资收入或工资低于军队 23 级正排职干部工资标准的，照军队 23 级正排职干部的 40 个月工资计发。被军委或大军区授予英雄模范称号的烈士，增发应领一次抚恤金的三分之一，荣立二等功以上的军人，参战民兵民工被批准为烈士的，增发应领一次抚恤金的四分之一。

1986 年 4 月，调整了军队、机关工作人员，参战民兵民工、因公牺牲、病故的一次性抚恤标准：军队干部、志愿兵、机关工作人员因公牺牲的，一次性抚恤金，按其牺牲时的 20 个月工资计发。病故的，按其病故时 10 个月工资计发。义务兵、参战民兵民工和工资低于所在部队 23 级正排职干部的军队院校学员，志愿兵因公牺牲的一次性抚恤金，均按军队 23 级正排职干部的 20 个月工资计发，病故的按 10 个月工资计发。

1994 年 11 月，规定革命烈士，按其生前的 40 个月工资计发；因公死亡，按其生前 20 个月工资计发；病故的，按其生前 10 个月工资计发，取消 1986 年规定的一次性抚恤金不得超过 3000 元的规定。

2.伤残抚恤 中华人民共和国成立以后，株洲市按照规定对革命伤残军人实行终身抚恤（复员回乡的三等残废军人自 1965 年起实行终身抚恤）。

伤残抚恤标准（1950 年）

表 17–17 单位：千克 / 年

类别 / 数目 / 等级	参战负伤			因公致残		伤残民兵、民工抚恤粮
	在职残废金（粮）	复员回乡		在职优待（粮）	复员回乡优待（粮）	
		残废金（粮）	抚恤粮			
特等	200	150	650	150	750	500
一等	150	100	500	100	550	400
二等甲级	100	75	450	75	450	300
二等乙级	75	50	300	50	300	250
三等甲级	50	200	300	40	300	300
三等乙级	40	150	200	30	200	200

伤残抚恤标准（1952 年 1 月）一览表

表 17–18　　单位：千克 / 年

类别 / 数目 / 等级	参战负伤			因公致残		伤残民兵、民工抚恤粮
	在职残废金（粮）	复员回乡		在职优待（粮）	复员回乡优待（粮）	
		残废金（粮）	抚恤粮			
特　等	250	250	1400	200	1000	900
一　等	200	200	1200	160	700	600
二等甲级	150	150	550	120	600	550
二等乙级	125	125	400	100	500	450
三等甲级	100	300	500	80	600	500
三等乙级	75	250	400	60	600	400

从 1953 年起，伤残抚恤粮改为发人民币，残废金、优待金只发给参加工作、学习和教养院的伤残军人；抚恤金（包括残废金）是给退伍或复员回乡的伤残军人。

伤残抚恤标准（1953 年）一览表

表 17–19　　单位：元 / 年

类别 / 数目 / 等级	因战致残		因公致残		参战民兵、民工伤残抚恤金
	残废金优待金	抚恤金（包括残废金）	残废金优待金	抚恤金（包括残废金）	
特　等	66	390	53	360	350
一　等	53	330	42	300	280
二等甲级	40	168	33	150	150
二等乙级	33	125	27	115	100
三等甲级	27	200	21	160	130
三等乙级	20	150	16	130	100

伤残抚恤标准（1955 年）一览表

表 17–20　　单位：元 / 年

类别 / 数目 / 等级	因战致残		因公致残		参战民兵、民工伤残抚恤金
	在职伤残金	在乡伤残抚恤金	在职伤残金	在乡伤残抚恤金	
特　等	72	420	62	380	360
一　等	60	360	50	330	300
二等甲级	44	190	36	170	160
二等乙级	36	136	30	126	110
三等甲级	30	220	24	176	140
三等乙级	24	165	20	140	110

1965年8月，在乡三等残废补助费的标准，不分因战残废和因公残废，均按统一的标准补助。在乡残废军人享受残废补助费以后，对于家住农村原来享受定期定量补助的对象，一般应该停发定期定量补助。生活如有困难，可由公社、大队给予劳动工分优待，或者由当地政府酌情予以临时补助。

1977年12月、1982年1月，两次对残废军人抚恤金标准进行了调整。对在乡三等残废人员由发残废补助费调为长期抚恤。

伤残抚恤标准（1978年、1982年）一览表

表17-21　　单位：元/年

类别／抚恤金额／伤残等级	参战负伤		因公致残		参战伤残民兵、民工抚恤金（1978年）
	在职残废金（1982年）	在乡伤残抚恤金（1978年）	在职残废金（1982年）	在乡伤残抚恤金（1978年）	
特　等	90	520	78	480	460
一　等	76	460	66	430	400
二等甲级	60	260	54	240	230
二等乙级	52	196	46	186	170
三等甲级	46	100	40	100	100
三等乙级	40	80	36	80	80

伤残抚恤标准（1984年）一览表

表17-22　　单位：元/年

伤残等级	在乡残废抚恤金		在职残废金	
	因战	因公	因战	因公
特　等	570	518	132	120
一　等	498	464	118	108
二等甲级	390	350	96	86
二等乙级	296	268	84	76
三等甲级	180	180	70	64
三等乙级	140	140	60	56

伤残抚恤标准（1988年）一览表

表17-23　　单位：元/年

伤残等级	在乡残废抚恤金			在职残废金	
	因战	因公	因病	因战	因公
特　等	1200	1100	–	240	216
一　等	1020	950	860	204	184
二等甲级	740	660	600	156	140
二等乙级	538	480	450	135	122

续表 17-23

伤残等级	在乡残废抚恤金			在职残废金	
	因战	因公	因病	因战	因公
三等甲级	336	322	–	108	98
三等乙级	272	272	–	90	82

1991 年，调整了 842 名在乡革命伤残人员抚恤标准，人年均增加 85.5 元。

伤残抚恤标准（1991 年）一览表

表 17-24　　　　单位：元 / 年

伤残等级	伤残性质		
	因战	因公	因病
特　等	1560	1440	–
一　等	1260	1170	1060
二等甲级	920	830	760
二等乙级	656	590	554
三等甲级	416	400	–
三等乙级	–	340	–

1992 年，调整在乡退伍红军老战士和失散人员生活补助标准：在乡老红军从 1992 年 7 月 1 日起每人每月增加 81 元；红军失散人员从 1993 年 1 月 1 日起每人每月增加 10 元。调整部分在乡复员军人定期定量补助标准：对已享受“定补”的抗日战争入伍的在乡复员军人，每人每月由 20 元提高到 26 元；对已享受“定补”的解放战争时期入伍的在乡复员军人，每人每月由 17 元提高到 22 元；孤老在乡复员军人的“定补”标准应比同一时期的在乡复员军人的“定补”标准高 5 元。

1993 年，提高特等、一等革命伤残军人护理费标准：从 66 元到 110 元不等。提高“三属”（烈属、因公牺牲军人家属、病故军人家属）定期抚恤金，每人每月提高 10 元。

伤残抚恤标准（1994 年）一览表

表 17-25　　　　单位：元 / 年

抚恤类别	伤残等级	伤残性质		
		因战	因公	因病
伤残抚恤金	特　等	2240	2100	–
	一　等	1860	1740	1620
	二等甲级	1250	1150	1070
	二等乙级	856	780	740
	三等甲级	536	516	–
	三等乙级	–	442	–

续表 17–25

抚恤类别	伤残等级	伤残性质		
		因战	因公	因病
伤残保健金	特　等	450	420	–
	一　等	374	354	332
	二等甲级	288	268	250
	二等乙级	231	214	210
	三等甲级	174	160	–
	三等乙级	132	122	–

1995 年，提高“三属”定期抚恤金标准：每人每月增加 5 元；在乡退伍红军战士每人每月增加 25 元；红军失散人员每人每月增加 10 元。

伤残抚恤标准（1996 年）一览表

表 17–26　　单位：元 / 年

抚恤类别	伤残等级	伤残性质		
		因战	因公	因病
伤残抚恤金	特　等	3240	3080	–
	一　等	2460	2330	2200
	二等甲级	1430	1320	1230
	二等乙级	960	880	840
	三等甲级	628	608	–
	三等乙级	–	526	–
伤残保健金	特　等	600	570	–
	一　等	500	460	450
	二等甲级	380	360	340
	二等乙级	300	280	270
	三等甲级	220	200	–
	三等乙级	170	160	–

1996 年，全市有在乡复员军人 10600 余人（系指 1954 年 10 月 31 日前入伍），其中有 1600 余人为红军失散人员、抗日战争和解放战争时期入伍的。享受定期补助的有 6800 人，享受下放救济及起义投诚补助的有 1500 人，共计 8300 人，对其补助标准每人每月增加 10 元。

1996 年调整了“三属”定期抚恤金标准和“三红”生活补助标准。

“三属”定期抚恤金标准（1996 年 7 月 1 日）一览表

表 17-27　　单位：元 / 月

居住地	烈属、因公牺牲军人家属	病故军人家属
农　村	60 ~ 65	55 ~ 60
小城镇	70 ~ 75	65 ~ 70
中等城市	75 ~ 80	70 ~ 75

“三红”生活补助标准（1996 年 7 月 1 日）一览表

表 17-28　　单位：元 / 月

类　别	在乡退伍红军老战士	在乡西路军红军老战士	红军失散人员
补助标准	300	200	70

（二）优待补助与供养

1.优　待

农村优待　1951 — 2000 年，境内农村群众优待，先后分为 3 个阶段。第一阶段为田土代耕（1951 — 1955 年），第二阶段为优待劳动日（1956 — 1980 年），第三阶段为优待现金（1981 — 2000 年）。

中华人民共和国成立初期，对缺乏劳力的烈军属由乡政府临时派人帮工，田土代耕。但工作未能普遍发动。

1952 年年初，成立株洲市优抚工作委员会，并制定《关于优抚代耕暂行办法》。代耕方式是：由适合负担代耕勤务的劳动力实行固定代耕。当年，全市有烈属 18 户，军属 425 户。田土代耕实行大包耕的 7 户，小包耕的 35 户，工票制的 127 户。烈属有田土 4.95 公顷，代耕 2.58 公顷，占 52%；军属有田土 105.45 公顷，代耕 43.25 公顷，占 40%。田土代耕的推行，使缺劳力的烈军属基本生活得到了保障。

1954 年，享受代耕的烈军属 128 户，代耕田土 33.10 公顷，代耕工 1842 个，享受代耕的烈军属占总数的 26%。

1955 年，农村优抚对象开始加入农业生产合作社，田土代耕逐步和合作社相结合，享受代耕的人数显著减少。1956 年，农村互助合作运动广泛发展。农村烈军属、伤残军人绝大多数已加入农业生产合作社，土地已由合作社统一经营。农业社内分配以劳动者所做劳动日为依据，优待以农业社每人平均所做劳动日数为标准，补足其自做劳动日的不足部分，以确保优抚对象达到当地社员平均收入水平。优待劳动日取代了田土代耕的优待形式。

1957 年，全市享受优待的烈军属 93 户，占农村烈军属总数的 28%，共优待劳动日 4046 个，平均每户优待 43.5 个。最多的优待 200 个劳动日，最少的优待 10 个劳动日。

1962 年，全市 486 个生产大队。其中有优待任务的 461 个大队，评定享受优待劳动日的优抚对象 2219 户 10119 人，分别占优抚对象总数的 43.9% 和 47.8%，年优待劳动日 10.86 万个，户平 48.9 个。

优待劳动日一般都由生产队负担。1963 年，全市 39 个公社的 461 个有优待任务的生产大队中，有 190 个是由生产大队负担。后来逐步全面转向生产大队负担。“文化大革命”期间，优待工作虽有起有落，但由于各区、社坚持春评、夏查、秋预分、冬兑现的办法，优待劳动日仍然得到贯彻执行。

1979 年，农村优待由过去困难大的多优、困难少的少优、不困难的不优的原则，发展为普遍优待，户户优待。优待的标准提高到优待一个同等劳力的工分，优待最高的达 500 个工日。是年，全市农村优待烈军属、残废军人、带病回乡的复员退伍军人 3311 户，占农村优抚对象总户数的 24%，优待工日 79.6 万个，以每个工日工值 0.70 元，粮 1 千克计算，折合优待金额 55.76 万元，优待工分粮 79.66 万千克，平均每户优待 240.6 个工日，折合人民币 168.42 元，工分粮 240.6 千克。

20 世纪 80 年代初，农村普遍实行家庭联产承包生产责任制，劳动日作为分配依据的作用已经消失。1981 年，株洲市对农村优待烈军属的办法、形式、标准与负担范围等问题作出“五改”规定：一改优待劳动日为优待现金；二改按义务兵家属困难程度评定优待为普遍优待；三改优待标准按参军青年当地同等劳动力收入的三分之二确定优待金数额；四改由生产队负担为生产大队或公社统筹负担；五改优待金全部由其家属使用，将 50% ~ 70% 留存信用社，待战士退伍时一次提取，作退伍军人生产、安家之用。是年，优待工作改革进展顺利，义务兵家属的普遍优待已全面推开。

1984 年，优待金已普遍实行以乡镇统筹。全市农村共优待烈军属、荣誉复员军人 9652 户，优待金 247.39 万元，其中义务兵家属 8672 户，优待金额 236.30 万元，户平 273 元，高的每户达 600 元，低的也不少于 250 元。与此同时，从 1985 年开始，全市还开展军人立功、军属受奖活动，规定凡义务兵在部队立功者，除按原标准发给优待金外，再按立功大小发给优待奖金。

1991 年，农村优待义务兵 4918 户，优待金额 177 万多元，户平 360 元。1992 年，提高农村义务兵的优待标准。1993 年，为 7500 余户军属落实优待金额 250 多万元。1995 年，全市农村优待金总额达 300 万元，户年平达 500 元，取其一部分留存，以利退伍安置，并动员加入养老保险，以解后顾之忧。1996 年农村义务兵优待金最高户年达 1500 元，最低户年 300 元，平均每户年达 600 元。

城镇优待　中华人民共和国成立初期，株洲市从政府的临时优抚救济中解决城镇烈军属的生活困难。1951 年以后，实行救济与生产自救相结合，以介绍职业、组织生产为主，辅以物资补助，同等条件下烈军属享有优先就业权。据 1952 年统计，市区有烈军属 120 户 496 人。其时安排长期工作的有 50 多人，仅在 331 厂和田心机厂安排临时工作的就有 40 人。烈军属子女入学，优先享受助学金，贫困的烈军属子女一律免费入学，经费由地方财政和群众帮助解决。直至 1985 年，城镇义务兵家属生活有困难的，一直由民政部门或所在单位给予临时补助或定期定量补助。

1986 年，按省统一规定，株洲市对城镇义务兵家属优待作出具体规定：在职工人，应征服役期间，按本人入伍前标准工资的 70%，学徒工按本人入伍前学徒工资的 100%，发给优待金。优待金由原工作单位按月发给其家属或代储。工人在服役期间，遇原单位职工转正定级、调整工资、分配住房时，应按同类人员对待。参军无固定工作的城镇待业青年（包括技校学生）在服役期间，市区每人每年优待现金 250 ~ 280 元。优待金的发放，由各街道办事处在每年 6 月底以前登记造册，经区民政部门审定后，向优待金负担的单位发出通知书，各单位在 9 月底前发放到户。各县市城镇义务兵家属优待标准均自行确定，标准略低于市区。是年，全市城镇有义务兵家属 2456 户，发给优待金的 2350 户，优待金额 55.31 万元，户平 235.38 元。

1995 年，依照农村义务兵优待办法，株洲市出台《拥军优属群众优待金社会统筹办法》，当年从各机关、厂矿企事业单位筹集优待金 20 万元。次年收缴优待金 60 多万元。因大部分厂矿企业单位效益逐年下降，无力继续承担此项费用，此办法仅维持了 2 年。

2.补 助

临时补助 1950 年，株洲市开始办理烈军属与失踪、病故军人家属登记工作。到 1951 年，全市统计有烈属 37 户 145 人，军属 426 户 2524 人，荣誉军人 87 人，复员军人 774 人。是年，对生产、生活有困难的烈军属、残废军人、带病回乡的复员军人进行临时补助救济，共有 162 户 862 名优抚对象，发放生产、生活补助金 2746.25 元。

1955 年春，按照“重点发放、集中使用、扶持生产”的原则，对全市烈军属、复员军人进行一次重点补助，农村补助 99 户 394 人，补助金额 6255.12 元，补助面占农村烈军属、复员军人的 25%；城市补助 16 户，补助金额 1192 元，补助面占城市烈军属的 7%。

1960 年，对部分困难较大的烈军属、荣复军人采取集中补助的办法，共发放优抚补助费 20539.32 元。社队发优待金 6835 元，补助烈军属 643 户 2572 人，荣复军人 451 人。

1979 年，全市给予临时补助的 565 人，总金额 6.05 万元。1983 年年底，全市（含南四县）给予临时补助的 12300 人，总金额 15.40 万元。

1996 年，建立市拥军优属保障基金，落实资金 20 万元。1998 年重点解决优抚对象住房、就医、生活困难的问题。为解决在乡老复员军人特困户建房问题，省民政厅分配建房 133 户，市级配套 6.65 万元，各县市区落实每户 1000 元的配套经费，其中醴陵市为每户配套标准提高到 3000 元。1999 年，开展“爱心献功臣”活动，全市确定对象 513 人。共投入资金 110.6 万元，为 153 人解决住房问题。同时，解决城镇退伍兵待安置期间的基本生活费每人 720 元。

定期定量补助 1960 年，国家开始对孤老烈属、烈属遗孤、人多劳力少的烈属和复员退伍老红军、老革命实行定期定量补助。补助标准为：农村每人每月 3 ~ 5 元，城市每人每月 4 ~ 8 元。是年，全市已享受定期定量补助的 61 户 199 人，发优抚补助费 1143 元。

1963 年，重新确定定期定量补助范围：孤老烈属和孤老病故、失踪军人家属；烈士、病故军人的遗孤和虽有亲属而无力抚养的烈士、病故、失踪军人的未成年子女；已经失去劳动能力而其子女又确实无力供养的烈士、病故、失踪军人的父母和配偶；生活有困难的在乡三等残废军人；生活困难的退伍老红军，抗日战争时期入伍、现在年老体弱丧失劳动能力而生活经常有困难的复员军人；带病回乡长期不能劳动，生活有困难的复员退伍军人；已审查承认的生活有困难的老革命工作人员；劳动收入不能维持城市一般居民生活水平的城镇烈军属。补助标准：农村每人每月 4 ~ 6 元，城镇每人每月 8 ~ 13 元。是年，全市享受定期定量补助的优抚对象 133 户，补助金额 10944 元。

1980 年，株洲市期定量补助农村每人每月提高到 8 ~ 12 元，并扩大了补助面。据统计，全市定期定量补助由 1979 年的 192 户 222 人，增加到 853 户 908 人，占优抚对象总数的 6%；补助总金额 10.88 万元，较 1979 年的 16900 元，增加 6.42 倍。定补经费占烈军属、复员退伍军人补助经费的 63%。

1983 年，提高部分孤老优抚对象的定期定量补助标准，退伍红军战士的定期定量补助，每人每月增加 10 元。孤老烈属与牺牲、病故、失踪军人家属和孤老复员军人的定期定量补助，每人每月增加 5 元，全市有 839 名孤老优抚对象提高了补助金。

1986 年，全市在乡复员军人定期定量补助标准由原来的 8 ~ 10 元，提高到 15 ~ 20 元，并适当扩大补助面。当年，全市享受定期定量补助的复员军人达 5626 人，占在乡复员军人总数的 50%。

1987 年 9 月，对红军失散人员进行定期定量补助，按照军龄长短，分为三个档次：在红军服役期不满 2 年的，每人每月补助 15 元；服役 2 ~ 3 年的，每人每月补助 20 ~ 25 元；服役 5 年以上者，每人每月补助 30 元。1988 年年底，全市已认定红军失散人员 1425 人，全年发放定期定量补助金 52.84 万元。

1996 年，全市老复员军人及有关对象共有 8300 人，每人每月提高生活补助金标准 10 元。

3.供　养

分散供养　20 世纪 50 年代初，株洲市孤老优抚对象很少，其生活主要靠土改中分得的田土收入，田土由当地农民或农业社代耕，生活仍有困难的，由政府再给予临时补助。

1958 年人民公社化以后，孤老优抚对象的生活主要靠居住地的社队照顾、供养。公社、生产大队给予优待劳动日，生产队供给基本口粮和其它生活物资等。同时政府按照规定给予定期定量补助，生活略高于当地一般群众的水平。

实行家庭联产承包责任制后，全市推行护理合同制和村组供养承包的办法。据 1985 年统计，全市 1804 名孤老优抚对象，除进光荣院的和极少数人生活能自理外，其余 1628 人都实行了护理合同制，其中近亲护理的 842 人，近邻护理的 786 人，较好地解决了分散优抚孤老的供养问题。

随着第二轮联产承包责任制改革的深入开展，农村优抚对象的供养发生了很大的变化。无论优抚对象是单独居住还是与家人同住，都由村民小组对其基本生活进行定量供养，且供养标准随各自村组的经济发展情况进行逐年调整，但最低不得低于当地人均生活水平，且远远高于以前所订的“三个六”的标准（每年由村组供给 300 千克粮食、3 千克食油、600 元生活费）。

集中供养　1960 年，茶陵县在人民公社对孤老人员实行“五保”的基础上，办起 2 个烈属敬老院（后改称光荣院），随后建起 5 所光荣院，入院老人 85 人。院里的管理经费和入院人员的生活费，由公社负担 70%，国家负担 30%。

1983 年后，酃县、攸县、株洲县、醴陵县和市郊都陆续办起了光荣院。茶陵县对原有的 5 所光荣院进行了维修、扩建或重建。同时，又新办 3 所光荣院。株洲市先后拨给各县光荣院建院经费 71 万元。光荣院老人生活物资和经费来源主要由所在乡村按每年每人供给粮食 300 ~ 350 千克、食油 3 ~ 6 千克；国家给的定期抚恤和补助，每年按规定标准拨付，除用于生活需要外，按月发给老人零用钱；工作人员的工资及住院老人的公杂、医药补助费，按在院人数和规定的标准，从优抚费中拨付；光荣院自办农副业、工商业所得收入，弥补院内开支不足。

1990 年，全市有光荣院 19 所，设光荣间的敬老院 11 所，其中县办光荣院 2 所，乡办光荣院 17 所。

在院老人 194 人，其中烈属 57 人、伤残军人 11 人、复员军人 88 人、其他优抚对象 38 人。

1991 年，按照省民政厅的要求，对全市 21 所光荣院进行整顿，光荣院工作的整体水平有所提高，住光荣院的人数由整顿前的 132 人增加到 163 人，床位利用率达 90%，占地面积 35.34 公顷，固定资产 234 万元。1992 年，攸县投资 120 多万元兴建了一所多功能的县办光荣院。1995 年，茶陵县策源乡光荣院被评为民政部“全国模范敬老院”。1999 年，攸县光荣院和茶陵舲舫乡光荣院被评为“全省文明光荣院”。2000 年，全市有光荣院 68 所，大部分是光荣院与敬老院合办。

（三）拥军优属

1.拥军支前 1950 年 6 月，美国对朝鲜民主主义人民共和国发动侵略战争，中国人民掀起抗美援朝、保家卫国的群众运动。1951 年 8 月 8 日，株洲市召开第一次各界人民抗美援朝代表会议，号召全市人民进一步开展增产捐献运动，普遍检查修订爱国公约。至同年 11 月，全市捐款 16 万多元，完成了捐献 1 架飞机、1 门大炮的光荣任务。同时，还募集了毛巾、牙膏、手电筒、雨靴、脸盆、手套等支前慰问品共 560 件，还有香烟 30 条，猪油 75 千克。向前线写出慰问信 21 封。

1979 年，中国对越南进行自卫还击战。全市动员各方面力量，积极调运支前物资，搞好过往部队指战员的饮食、茶水供应，组织慰问作战部队的伤病员和参战人员，进行广泛的拥军支前工作。

1985 年 6 — 7 月，株洲市先后接待从老山前线换防部队 41 个专列。市委、市政府、军分区的主要负责人亲自迎接这些凯旋的将士，并组织部分工人、学生、机关干部代表列队欢迎。在此期间，城郊 4 区有 65 个企事业单位共募集拥军慰问费 1.60 万元，赠送慰问西瓜 2 万多千克，汽水、汽酒 1 万多瓶，毛巾 2000 多条。寄发慰问信 2000 多封。还赠送给“硬骨头六连”20 吋彩色电视机 1 台。

2.优属活动 1950 年冬，株洲镇根据湖南省政府《关于春节拥军优属的指示》，成立了株洲镇拥军优属委员会，且召开第一次烈军属座谈会。春节期间，镇干部组织秧歌队向烈军属拜年，给烈军属挂光荣匾。同时，对全镇 29 户生活有困难的烈军属发放慰问大米 775 千克、猪肉 75 千克、鲜鱼 90 千克、慰问金 32 元。之后，每逢节日，特别是春节，从城市到农村，各级政府和各单位都召开烈军属和荣复转退军人座谈会，给烈军属拜年，赠送礼品、年画、慰问信等。商业部门把紧俏的物资优先安排供应烈军属和残废军人，粮店、煤店、肉食店、蔬菜店等都制定了拥军优属公约，定期组织职工送货上门。

1951 年 12 月，株洲市第一次召开烈军属、优抚模范代表会议，对 21 名烈军属、荣军和拥军优属模范进行了表彰。

1952 — 1969 年，每逢节日都开展拥军优属活动。20 世纪 70 年代，群众性的拥军优属活动进一步发展，涌现出许多拥军优属的先进个人和单位。湘天桥煤店的郭清明和店里的同志长年累月为烈军属送煤上门，6 年里为烈军属义务送煤达 4.55 万千克。田心蔬菜店根据优抚对象居住情况，出动流动服务车，为烈军属送菜上门，做到紧俏商品及时送、逢年过节保证送、风雨无阻坚持送。

20 世纪 80 年代后，群众性的拥军优属活动从城市到农村，逐步建立起了拥军优属服务网络。1988 年，东区政府为解决优抚对象的生活难题，在全区范围内建立帮工组 474 个，当年为优抚对象做好事 1100 件，其中送煤 94 吨，送米、面粉、面条、糯米、食用油等总计 9 万多千克。到 2000 年，全市已建立各种类型的拥军优属服务组织1200个，参加服务活动的人数3.67万人，为23602户优抚对象提供经常性的服务；全市先后召开优抚对象代表会议17次，参加代表会议的优抚对象达3770人次。

3.慰问驻军 中华人民共和国成立后，每年“八一”建军节和春节前夕，境内各级人民政府都部署节日拥军优属活动，组织慰问团（组）走访慰问驻株部队，与部队座谈、联欢、征求工作意见。

1955年建军节和春节，株洲市党政机关及工、青、妇各界代表组成湖南省拥军优属慰问代表总团株洲分团，走访慰问驻株部队，到医院给伤病员发放慰问金、慰问品，并组织剧团、电影队为部队指战员演出、放映。

1977年建军节，境内市、县、区都成立庆祝中国人民解放军建军50周年领导小组。节日期间，株洲市各级党政负责人和各方代表4000余人，组成若干个慰问团（组），慰问了驻株的24个部队单位及4500户烈军属和荣复转退军人，发慰问信5万份。2个专业剧团和400多位业余文艺爱好者组成的49个文艺宣传队，为驻军和烈军属、荣复转退军人慰问演出140多场。市里还举行党政军首长、老红军、老干部座谈会和电影周，庆祝中国人民解放军建军50周年。

1983年，正逢延安兴起“双拥运动”40周年，春节前夕，市县区从有关部门抽专人到驻军单位征求意见，了解情况，然后将部队要求地方帮助解决的问题，分门别类整理后，拿出整改方案，交市相关部门分期分批加以解决。春节期间，成立湖南省株洲市春节拥军优属慰问分团，分团由市委书记任分团长的41人组成，慰问驻株36个部队单位。各县、区、公社、办事处和农村生产大队都组织了慰问队伍，对所在地区的驻军、烈军属和荣誉军人进行慰问。

1987年，是中国人民解放军建军60周年，也是秋收起义和井冈山革命根据地创建60周年。株洲市广泛开展了宣传慰问活动，据城市3区和醴陵市统计，“八一”前夕，寄给云南、广西前线和株洲舰以及驻株洲部队的慰问品达11451件，价值3.51万元。节日期间，市、县市区的负责人走访慰问驻军、部队医院、军队干休所等34个单位，并举办党政军负责人和老红军、老干部参加的座谈会。

1997年，市委、市政府提出保证全市驻军的每个战士每天1个鸡蛋的新举措，并为此专门配置1台送蛋专车。至2000年年底，共为各驻军单位送去价值120余万元的鸡蛋，也为驻军送去了株洲人民对子弟兵的关爱之心。

4.军民共建 1983年，南方航空动力机械公司、株洲电力机车厂、市科技进修学院率先与驻军开展军民共建精神文明活动。到2000年，全市已有60多家单位先后与近100个军队单位建立了共建关系，共建内容由开始局限于相互做好事，逐步发展到同台演讲、参观互访、科技拥军、智力拥军、培养军地两用人才等内容。

南方航空动力机械公司技工学校与54039部队开展军民共建活动。双方签订了军、校共建协议书。1985—1987年，先后在部队营地举办了机械、电工、电器维修3个专业初级技术培训班，开设9门技术基础和专业课程，培养军地两用人才72名，他们退伍后，有21名成为农村兴办水利和乡镇企业的技术骨干，1名试制成功防火警报器，并获得广州军区后勤部科技成果奖。1984年，54039部队出席在北京召开的全国“双拥”先代会。1987年，南方航空动力机械公司技校出席全国在黑龙江省佳木斯市召开的拥军优属经验交流现场会。1988年，南方航空动力机械公司被评为全国拥军优属先进单位。

1987年，经中央军委批准，海军38162部队845舰命名为“株洲舰”。6月，市委、市政府派访问团赴株洲舰，开展军民共建联谊活动。7月，海军38162部队和株洲舰派代表到株洲市回访，回访期间，参加了株洲市建军60周年庆祝活动，并参观韶山、花明楼和株洲市的市容市貌及部分工厂企业。株洲电力机车厂代表全市人民与“株洲舰”签订了共建公约。后该厂为“株洲舰”培训军地两用人才13名。

1991年，株洲市成立双拥工作领导小组，各县区都制定颁布了拥军优属实施细则，将创建双拥模范城活动列入各级政府的工作目标，认真落实了优抚安置政策。1993年，南区被省政府、省军区授予“省双拥模范区”称号。1996年，株洲市荣获“省双拥模范城”称号。1997年，株洲市首次被授予“全国双拥模范城”称号。同年，株洲铁路电机学校和空军87452部队被中宣部和解放军总政治部授予“全国军民共建先进单位”称号，株洲电力机车厂被民政部评为拥军优属先进单位。2000年1月，株洲市再次被授予“全国双拥模范城”称号。

5.军用供应 株洲市地处铁路交通枢纽，过往部队频繁。1953年，株洲市就在株洲火车站设供水站，配工作人员6名，有烧水间20平方米，每日供过往部队开水20～40担，多时每天达100担。同年10月，成立株洲市军用供应站，地点在火车站旁，建有餐厅、伙房等临时建筑。1955年国家开始实行义务兵役制，出现新兵集中入伍、老兵成批退役高峰期。1956年年初，军供站第一次出现军供任务高峰，时间持续达3个月之久。

1962年，省民政厅拨专款5万元，将军供站原有的临时建筑拆除，就地进行改造和扩建，并增添了一些新的设备。同年正值战备开始，部队调动频繁，途经株洲至福建前线的部队较多，由于站小，只好在街道两旁露天开餐，大批的任务持续4个月之久。1968年年底至1969年年初，由于很多超期服役的老兵集中退伍，加上新兵入伍人数较多，株洲军供站第三次出现军供任务高峰。株洲市设立临时中转接待站，并分设接待、生活、交通、医疗4个组，负责中转接待工作。

1972年，因株洲车站改建，将株洲军供站搬迁到市郊，于1974年交付使用，全部固定资产总值48万元，是当时中南地区条件较好、规模较大的供应站。

1978年12月至1979年6月，在自卫还击战期间，军供站圆满完成了供应任务。1984年，是中转接待任务最大的一年，1个月时间内过境新老兵达4.05万人。市里成立中转指挥站，从有关单位和驻军抽调干部、战士20多人参加中转接待工作，实行昼夜值班。1987年8月，株洲军供站被民政部、总后勤部评为正规化建设先进单位；1994年，被评为广州军区后勤部先进单位；1985—2000年，先后5次受到湖南省民政厅、广州军区的表彰。1998年，接待就餐军列94列，35531人次。

二　退役军人安置

（一）复员退伍军人安置

1950年，株洲镇设复员委员会。1952年3月，成立株洲市转业建设委员会，1960年撤销。复员退伍军人接收安置工作由民政、劳动、武装部门负责。1964 年 12 月，株洲市成立复员退伍军人接收安置办公室。1968 年 3 月，成立市退伍工作领导小组。1981 年 9 月，更名为市复员退伍军人和军队离退休干部安置工作领导小组，由市委、市政府主要领导和民政局、公安局、劳动局、粮食局等 19 个部门的负责人组成，下设市复员退伍军人接待安置办公室。1950 — 2000 年，全市共接收安置复员、退伍军人 102058 人，其中城镇安置 26866 人，农村安置 75167 人，未安置 25 人。随着就业形式的日益严峻，2000 年全市共需安置退伍军人 2113 人，其中在城镇安置就业有 1028 人，仅占应安置总数的 48.7%。

1.城镇安置

城镇籍复员退伍军人安置 城镇籍复员退伍军人的就业，不同时期具体规定不同。1950 — 1957 年，是志愿兵成批复员回乡时期。凡复员军人有初中文化程度或有一定专门技术，身体健康，用人单位需要的，即可介绍就业。1955 年 5 月，株洲市对复员军人的就业安置，按照参军前的职业及参军后在部队所学专门技术知识，实行行业归口包干安置和优先录用的原则。1950 — 1957 年，共接收复员军人 3129 人，其中在城镇安置就业的 1062 人，占总数的 34%。

1955 年 2 月，《中华人民共和国兵役法》颁布实施，国家开始实行义务兵役制。1958 年 3 月，国务院公布《关于处理义务兵退伍的暂行规定》，确定“从哪里来，回哪里去”的安置原则。是年，株洲市为适应工业建设发展需要，回乡退伍军人由劳动部门统一分配到厂矿企业工作。当年回乡的 178 名退伍军人，有 114 人分配了工作，占总数的 62%。

从 1963 年起，株洲市对城郊参军的退伍军人，因土地多被征用，田少人多，根据其具体情况，作了适当安置。自 1968 年起，城镇退伍军人安置，由省划拨专项指标。对城镇退伍军人中的技术兵，尽量做到对口安置，发挥他们一技之长。

从 1981 年开始。城镇籍退伍军人安置，实行“按系统分配任务包干安置”的办法。一般由退伍军人父母所在单位或系统包干安置，无安置能力的党政机关单位，由安置部门统一分配。对有专业技术者予以对口安置，对荣立二等功的在安排工作时照顾本人志愿，优先安排。1991 年后，对父母单位无安置能力（主要指单位破产、倒闭，或其父母为党政机关单位人员、纯居民等），仍由安置部门统一分配。由于当时国有企业效益普遍下降，大部分都在进行股份制改造，效益较好的企业也在进行减员增效，各企事业单位除接受本单位的子弟外，很难接受统配名额，每年都有少量复退军人不能安置到位。但在全省范围内，株洲市的安置工作仍超过了全省的平均水平。1991 — 2000 年，全市共安置城镇复退军人 9000 多人。

下乡知青退伍军人安置 从 1975 年起，城市下乡知识青年入伍的退伍军人陆续回乡，对他们的安置因无文件规定，致使他们滞留城市待分配。当年回乡的 30 名知青退伍军人，直到年底才全部安置就业。1978 年，中央文件规定下乡知青退伍军人可到父母所在地安置就业。至此，下乡知青退伍军人安置才得以完全解决。株洲市先后共安置下乡知青退伍军人 200 余人。

复员干部安置 1969 年 1 月至 1975 年，军队有大批连以下干部复员回原籍。1972 年，根据中央、国务院文件规定，对安置回农村的复员干部，根据工作需要和本人条件，优先考虑在企业、事业单位安置工作。当年年末，株洲市先后在企业、事业单位安置回乡复员干部409人。1980年，中央文件又规定，对上述期间复员的干部，原则上改为转业，均为国家干部。株洲市对回乡复员干部593人全部安排就业，并对其家属子女也作了适当安置。从农村入伍，在复员退伍之前其户口已转入城镇的复退军人，按城镇复退军人进行安置。这是安置中的难点，因其户籍基本上都是随父母农转非或挂靠在亲戚家中，无法按城镇复退人员实行“按系统包干安置”的办法，只能按其户口所在区、县进行统筹分配。在全市各县市区的统分对象中，这种现象占有很大比例。

伤残军人及二等功臣安置 1980—1985年，根据国务院、中央军委对参加对越自卫还击作战中负伤致残的二、三等伤残军人适当安排工作的指示精神，全市对在乡的33名二、三等伤残军人，全部安排了工作。1984年，国务院规定对1984年8月25日之后退伍回乡的二、三等伤残军人，不论因战因公致残，均可安排工作。1986年8月，株洲市退伍办公室、市劳动局派员逐县进行摸底调查，对全市农村的41名伤残军人全部安排就业。到1990年年末，全市共安置农村籍的二、三等伤残军人154人。同时，从1984年起，株洲市对农村籍荣立二等功的退伍军人，均在城镇安排了工作。

“半边户”（指夫妻一方在城区）安置 1980—1982年，市区先后为51名配偶在市区有固定工作的农村退伍军人安排了工作。1983年，市纪委在向市委、市政府汇报“农转非”问题的材料中指出，民政部门解决“半边户”的安置问题中，仅凭结婚证，给一些动机不纯者以可乘之机，在他们达到进城工作的目的后，就闹离婚，造成婚姻悲剧。建议在没有新的文件规定之前，应予停办。同年12月，市“双退”领导小组会议决定，对“半边户”原则上不予接收安置，但对三等以上伤残退伍军人和孤儿参军的退伍军人，由退伍办公室负责查明确认后可在城镇落户，并由其爱人所在单位安排工作。此后，“半边户”的安置控制较严。截至1989年，共接收安置70人。1989年9月，市“双退”领导小组再次研究“半边户”问题，决定对家居农村服役期间与城镇女青年结婚的退伍军人，不再办理照顾安置。至此，“半边户”的安置停办。

转业志愿兵安置 1983年冬季，株洲市开始接收安置转业志愿兵，至2000年，全市共安置转业志愿兵925人。转业志愿兵原则上回原籍县、市安置。对少数外地入伍，其爱人在株洲市有固定工作又有接收单位的志愿兵，一般也照顾进株洲市安置。

农村退伍军人“特招” 从1988年冬季开始，株洲市对有一定特殊情况的农村退伍军人，按照省下达的招工指标，予以在城镇安排工作。其招收对象主要是服役时间长、立功（指三等功）受奖次数多、回乡后表现好、年龄在35岁以下的农村退伍军人。起初还包括招收烈士的弟妹入伍“接枪”的农村退伍兵、女兵、停飞学员。在办理“特招”工作中，各级民政部门坚持按招工条件，严格审批手续，较好地完成了任务。攸县民政局组织专人，对1979年以后回乡的3864名退伍军人进行摸底登记，按其立功、嘉奖次数、军龄长短排出名单，初步确定招收对象，再征求其所在乡镇的意见后张榜公布，同时在县电视台新闻中报道，广泛接受群众监督。

2.农村安置

帮助解决住房困难 1950年，回乡从事农业生产的复员军人，无住房者由乡政府分给住房、生活用具等。1958年后，回乡退伍军人逐年增多，住房成为优先解决的突出问题。为此，国家和集体每年都安排一定数量的经费和木材指标，动员群众帮工帮料，为退伍军人维修和新建住房。1968年，株洲县回乡的539名退伍军人中，住房困难的有180多人，县里将500立方米民用木材的大部分用于退伍军人修建住房。1980—1983年，全市农村回乡退伍军人2020人，其中住房有困难的410人，市里下拨建房补助费20.10万元、木材指标485立方米，郊区还加工水泥屋檩1.4万根，用于为退伍军人修建住房。1984—1986年，建房补助经费逐年减少，主要由各县自行解决。自1987年起，根据退伍军人住房困难突出的情况，省民政厅每年拨给株洲市专款8万元。建房木材由于市场价格放开，从而停止木材指标分配。

安排当年口粮和工分补贴 从1970年起，株洲市对退伍军人回乡后当年的口粮供应及工分补贴进行统一规定。当年口粮（指从回乡之月起至7月底止）指标，由生产队安排，略高于同等劳动力标准，粮款原则上自理。生活有困难的，给予补助工分参加年终分配。1974年1月，株洲市规定，回乡退伍军人当年口粮由生产队或大队优待解决。工分补贴从上年度决算分配后至回乡时止，按本队同等劳动力实做工分补记，另记半个月探亲假工分，参加当年决算分配。1975年，对口粮供应的规定更明确，口粮标准每个月不低于22.5千克。生产队出粮食，大队出钱。据株洲县1974—1978年统计，共为回乡退伍军人解决口粮6.5万千克，折合价款12.10万元。同时还供应食油455千克、棉花1650千克、布票2400米。农村实行联产承包责任制后，从1981年开始，主要通过优待军属留存优待金来解决退伍军人回乡安置困难。据1984年统计，全市农村9298户义务兵家属，全年优待金额达264万元，其中有7400户实行留存，留存金额208万元。1991年，全市有农村义务兵4918户，提留优待金177万多元，户平360元；1996年，全市农村优待金最高户年平1500元，最低有300元，户平均为600元。做好留存工作，有利于退伍安置，同时还动员他们参加养老保险，以解决后顾之忧。

培养军地两用人才 1980年以来，军队在义务兵服役期间，根据需要进行一定的军地两用专业培训。1982年，株洲市开始对农村退伍军人中的“两用”人才开发使用。各县、郊区相继建立两用人才介绍所，开展登记、推荐工作。1982—1988年，酃县有回乡退伍军人487人，其中有专长的两用人才221人，先后安置使用208人，占总数的94.1%。1982年后，全市农村共开发使用军地两用人才15450人。

（二）军队离退休干部安置

1963年，株洲市开始零星接收安置军队退休干部，至1980年8月，先后接收45人，其中团职8人、营职25人、连排职12人。1980年9月之后，开始成批接收安置军队离退休干部。

1981年8月，湖南省民政厅分配株洲市第一批接收安置军队离退休干部46人，同时下达46套住宅建设任务，市区由市房产局分别在南区建宁巷（后调整到石塘冲）、东区新华一村，兴建军队离、退休干部住房40套，株洲县在渌口迎宾路建住房6套。

1984年3月，市区所建40套住房产权全部移交市民政局。此后，军队离退休干部住房的兴建、分配、管理、维修均由民政部门负责。

1986年3月，株洲市下发《关于认真做好军队离退休干部接收安置工作的通知》，对按政策规定随迁的家属和子女，均得到妥善安置。市区2个军队干休所离退休干部子女除参军、升学的以外，先后有19人安排了工作。

至2000年年末，全市先后建立军队离退休干部休养所6个，共接收安置离退休人员300余人。

第三节　社会救济

一　城镇社会救济

（一）城镇临时救济

1950年，株洲镇成立失业工人救济办事处，在董家塅、田心塅设立工作组，通过审查登记，全镇有失业工人2200余人。组织失业工人与城市贫民组成联合工赈大队，参加修建株洲火车站至仁爱医院（堤升街）的道路，每人每天可得工赈大米3千克左右。

1952—1954年，国家对株洲市失业工人救济大米15060千克，先后采取以工代赈的形式组织城市贫民和失业工人2000余人参加修筑沿港路。

1954年，城市开始组织贫民生产自救，1000余人参加了锤砂石等25种不同项目的生产。据第三街居委会统计，全年贫民生产收入达2.70万元。

1955年，对城市贫民进行摸底调查，城市有贫民1354户、4547人，其中全劳力599人，半劳力623人。为解决城市贫民生活问题，组织贫民组成生产合作社，下设7个生产组，由政府投资，开发缝纫、削筷子、打草鞋等5个生产项目，吸收贫民中有劳动能力的50余人参加生产，每月总收入达500多元。另外，与有关部门配合，组织城市贫民、失业工人850余人，参加修筑沿江路和市中心道路等基本建设工作。通过以工代赈的形式，解决了部分城市贫民的生活问题。

1960—1963年，城市困难户每年有4000多人，共组织2400余人参加了各种劳动生产，通过生产自救，基本解决了生活问题。

对于街道居民中，一时找不到生产门路或因季节气候、疾病等原因，不能维持基本生活的；遭受意外灾害造成临时生活困难的；精简职工及家属生活有困难的，分别情况，由民政部门给予临时救济。

（二）定期定量救济

对于城镇丧失劳动能力、生活无依无靠的鳏、寡、孤、独、残疾者；家庭人口多、劳动力少、收入无法维持基本生活，且在半年以上不能改变生活现状的社会困难户、老弱残退职职工，由民政部门给予定期定量救济（20世纪50年代称长期救济，救济费的数量，年初一次评定，分月发放）。株洲市救济标准，1960—1969年，每人每月7～10元；1970—1979年，每人每月10～15元；1980—1986年，每人每月16～25元；1987—1990年，每人每月31元。

（三）最低生活保障

1996年12月，株洲市开始实施城市居民最低生活保障制度。先后出台《株洲市城市居民最低生活保障线制度暂行办法实施意见》和《株洲市城镇居民最低生活保障制度实施细则》。对享受低保的对象做出明确规定：无劳动能力、无生活来源、无法定赡养人或抚养人的居民；领取失业救济期间或失业救济期满仍未能重新就业、家庭人均收入低于最低生活保障标准的居民；在职人员和下岗人员领取工资或最低工资、基本生活费后以及退休人员领取退休金，其家庭人均收入仍低于生活保障标准的居民。

1997 — 2000 年，全市城镇享受低保对象 18466 人，共发放保障金 1408.84 万元。其中，2000 年，全市享受低保对象 9056 人，累计发放保障金 739.84 万元。

二　农村社会救济

（一）春夏荒救济

1952 年上半年，白关等 7 个乡先后 2 次发放春夏荒救济大米 2.25 万千克，帮助 174 户 866 人解决度荒困难。同年，郊东、郊北 2 个区、21 个乡、56 个村遭受不同程度的自然灾害，村民生活发生严重困难。市政府决定组织农民生产自救，配合城市建设工作，用以工代赈的方式解决农民春夏荒生活问题。介绍农村剩余劳力 3000 多人去 331 厂和田心机厂做临时工，3000 多人去修筑株易公路。

1953 年春荒时，郊东、郊北 2 区，给农村鳏、寡、孤、独的 52 户 92 人和严重缺口粮及生产资料的农民 186 户 715 人，发放救济粮 25449 千克。1954 年，给农村确有严重困难的鳏、寡、孤、独和人多劳少的严重贫困户 107 户 608 人，发放了救济粮 3250 千克。

1956 年 9 月初，省民政厅派人实地勘察了田心塅乡五星农业社受灾情况。该社受灾有 37 户 200 人，因旱灾粮食减产 3.5 万千克。该乡积极组织灾民生产自救，发挥临近工厂的优势大搞副业生产，增加收入，同时抓冬种作物生产，争取春熟作物丰收，解决春夏荒吃饭的问题。

1961 年冬，市委组织工作组，分 3 批深入马家河、群丰、堂市、淦田、南阳桥等受灾严重的公社检查生产自救情况。据统计，全市播种小麦 4709.80 公顷、豆类 2018.67 公顷。1962 年入春以后，市委又组织工作组，检查春收作物培育管理情况，稳定灾民生产自救情绪，坚定度过春夏荒的信心。

1964 年 3 月，市委在布置农村生活安排时，强调要认真做好春夏荒救济，大力开展群众性的互助互济和余缺调剂工作。同时，安排有关部门深入灾区，组织开展生产自救，节约度荒的群众运动。全市先后下拨春夏荒救济款 21 万元。在救济款的发放中，坚持粮款结合和重点使用的原则，帮助既无钱又无粮的灾民 2.47 万户 7.43 万人，买回口粮 147.71 万千克。

1965 年春夏荒期间，市民政等有关部门组成 6 个工作组，分赴 8 个区，协助社队调剂了 40 多万千克粮食给贫困户度荒。

1981 年，株洲县、郊区受灾严重，次年春夏荒全市缺口粮 1439.92 万千克，为减轻国家统销粮负担，市政府号召全市农村开展生产自救，调剂粮食 593 万千克，解决 6.25 万人的春夏荒吃饭问题。

国家每年都拨付了一定的春夏荒救济款，用于解决贫困农民的生活问题，在受灾严重的年份视情况有所增加。1951 — 2000 年，全市累计发放春夏荒救济款 1920.71 万元，口粮 29385.15 万千克，救济 469.24 万人次。

（二）冬令救济

1955 年冬，市委、市人委决定，对城市贫民和农村贫困户中缺衣少被的情况进行调查摸底，发放防寒衣被。全市共发放棉衣棉被 933 件 591 户，发放救济款 4841 元。其中，农村发放棉衣棉被 859 件 530 户，救济款 4173 元。

1959 年，本着“国家支持集体，集体保证个人”的原则，进行冬令救济工作。人民公社化后，仍有一些劳少或主劳长期患病的贫困社员，在过冬生活和御寒等方面存在困难，全市发放冬令救济款 25880 元，发放棉被 50 床，棉衣棉裤 1470 件，解决了 1500 人过冬的困难。

1961 年，市郊区发放冬令救济款 14.65 万元，布票 2367 米，棉花票 1600 千克到各公社，由各公社组织缝制棉被，送发到户。

1990 年发放棉衣棉裤 2940 件，棉被 1200 床，冬令救济款 37200 元，救济 6120 人。1991 年以后，全市每年从救灾款中安排 20 万～40 万元用于加工冬寒衣被。其中，1993 年从省民政厅下拨的救灾款中安排 60 万元用于加工冬寒衣被，100 万元用于解决灾民口粮。

1951 — 2000 年，全市累计发放棉衣棉裤 102820 件，棉被 36208 床，冬令救济款 425.52 万元，解决了 19.35 万人次的过冬御寒困难。

（三）治病救济

1960 — 1963 年，国民经济处于暂时困难时期，社会用粮水平低，部分人挖葛根、扯野草充饥，健康受到很大的影响，患有水肿病、妇科病、小儿营养不良症的人数达 58070 人。为帮助这部分人医治疾病，国家、省、市安排了“三病”救济款 19.4 万元，治愈 22764 人。其中，1961 年插秧前全市患“三病”的人数有 21028 人，其中水肿病 7408 人、妇科病 10509 人、小儿营养不良症 3111 人。为迅速治好“三病”，支持春耕生产，湖南省财政厅、民政厅、卫生厅追拨株洲市“三病”治疗救济款 5 万元，市民政也安排救济款 3 万元，分发到“三病”人数较多、病情较重地区。通过治疗，据插秧后统计已治好“三病”人数 5979 人，其中水肿病 1700 人、妇科病 2929 人、小儿营养不良症 1350 人。

从 1962 年起，对非传染性的急性病，根据病情轻重和家庭困难程度，民政部门酌情给予贫病医疗救济。一般采用“重点救济，自行就医”的办法。每年民政部门下拨贫病医疗减免费 2 万元左右，此项经费由社（镇）掌握使用。社镇解决不了的由县、市民政部门直接发放治病救济款。1962 — 1978 年，民政部门共发放治病救济款 32 万多元。1978 年以后，贫病医疗减免改由卫生部门掌管。

（四）自然灾害救济

中华人民共和国成立后，贯彻“防重于治”的抗灾救灾方针，依靠群众和集体力量，兴修水利，提高防旱、防汛和排涝排渍等抗御自然灾害的能力。1950 — 2000 年，株洲市共发生各种自然灾害 159 次，其中水灾 42 次、旱灾 37 次、病虫害 18 次、霜冻灾 10 次、风雹灾 24 次，共发放救灾救济款 4732.83 万元，救济 115.39 万户、505.09 万人（次）。

1. 水灾救济 1953 年 5 — 7 月，湘江洪水陡涨，南华乡曲尺村（后属“曲尺乡”）受灾严重，粮食减产 5750 石（每石 100 升），市政府决定对曲尺村免征一年农业税。

1954 年 5 月 25 — 28 日，全市连降暴雨，湘江水位超过历史最高洪峰水位，淹没田地 1337.34 公顷，损失种谷 44713 千克，倒塌房屋 186 间，崩垮山塘 46 口，受灾 2636 户，死 1 人，伤 2 人。洪水期间，郊北区区长带领有关部门干部赶赴农营乡（即后来的“园艺场”）与群众 400 多人一道抢救陈埠港险堤，经 3 天 3 夜奋战，保住险堤未溃。灾情发生后，市委统一部署救灾工作，组织农民互助合作恢复生产，市民政部门发放救灾款 1620 元。

1959 年 6 月，发生多年未见的水灾。6 个公社 56 个大队被洪水围困，淹没水田 4902.47 公顷，成灾面积 2560 公顷，粮食减产 447.7 万千克。按照“国家扶持集体，集体保证个人”的救灾方针，国家重点扶持经济条件较差的大队，发放救济款 49272 元。各公社、大队从公益金中划拨 1.62 万元，用于贫困户救济。全市救济 5258 户 15420 人。

1964 年 6 月 16 日晚，突降特大暴雨，10 个小时内降雨量达 303.6 毫米，湘江最高水位达 42.78 米。郊区有 18 个公社的 2788 个生产队、28543 人遭受不同程度的灾害，共淹没早稻 6569.34 公顷，淹没和冲坏旱土作物 200 多公顷，减产粮食 300 多万千克，倒塌房屋 395 户、604 间，死亡 2 人，伤 6 人。灾情发生后，市委多次召开紧急会议，部署抗洪救灾工作。正在训练的农村工作队 650 名干部也投入抗洪抢险。市委从财政安排资金 5 万元，调用木材 300 立方米，大米 3 万多千克，生产贷款 6 万元，以及部分其他物资救灾。民政安排救灾款 1.50 万元，以解决灾民急需。还发动非灾区社员，从劳力、秧苗、种子、耕牛等方面支持灾区，帮助受灾队恢复生产。

1975 年 8 月 3 日凌晨，株洲县朱亭、淦田 2 区普降特大暴雨，7 个小时降雨量达 240 毫米，2 区受灾农作物 4540 公顷，倒塌房屋 423 户 1020 间，死亡 5 人，伤 4 人。8 月 11 日，市委组织市民政、财贸、卫生等部门组成慰问团慰问灾民。卫生部门抽调 10 名医务人员组成医疗队，帮助灾区人民看病治伤。市委拨给木材 200 立方米、水泥 200 吨、钢材 20 吨、铁丝 10.5 吨、煤 10 吨、平瓦 10 万片、炸药 2 吨、资金 11 万元，用于救灾。

1983 年春夏期间，全市多次普降大暴雨，连续遭受 3 次洪水灾害。5 县 1 郊有 143 个公社（镇）、1534 个大队、13290 个生产队，17.7 万户、171.88 万人，遭受不同程度的灾害。粮食作物受灾面积 5.99 万公顷，经济作物受灾面积 0.68 万公顷。倒塌房屋 15520 间，损坏房屋 24010 间，死亡 54 人，伤 424 人，直接经济损失 281 万元。灾情发生后，市委、市政府组织民政等有关部门迅速深入灾区，安排灾民生产生活，号召全市机关、企事业单位有固定收入的职工，给灾区人民捐献钱、粮和衣物，以帮助灾区战胜困难。6 月上旬，城市 3 区有 336 个单位的 7.85 万多名干部职工共捐献现金 5.60 万元，粮票 29.5 万千克，衣被等物 21.5 万件。省民政厅下拨救灾款 280.40 万元。省民政厅、驻湘部队、湘潭地区还募集了救灾衣被等物 14640 件支援株洲市灾区，其中省民政厅 10980 件、驻湘部队 960 件、湘潭地区 2700 件。

1985 年入夏后，连续普降暴雨，全市 5 县 1 郊有 122 个乡（镇）的 1593 个村、3822 个村民小组，遭受不同程度的灾害。因灾死亡 38 人，伤 128 人，死亡大牲畜 1912 头，倒塌房屋 4601 间，损坏房屋 11850 间，早稻受灾面积 3.93 万公顷，成灾面积 3.04 万公顷，粮食减产 4600 万千克，直接经济损失351万元。灾情发生后，市委、市政府要求对伤亡人员做好抢救治疗和安葬工作；对倒塌房屋的村民，先由各村、组出面租借房屋安置；迅速抽调人员深入重灾区，组织生产自救。省、市及时下拨救灾款276万元，以解决18万特重灾民的吃饭、住房和治疗等困难。

1988年秋，湖南洞庭湖一带发生严重的洪涝灾害。市委、市政府号召全市人民捐献钱、粮、物支援灾区。8月30日至10月20日，市区有315个单位、35万市民参加捐献活动，共捐献人民币215.06万元、粮票26.46万千克、衣被等物25.81万件、尿素50吨、水泥24吨、磷肥24吨、食盐10吨、农药5吨。所捐钱、物均及时分送至益阳、常德、岳阳、怀化、湘西、新化等重灾区。各县市也开展了救灾募捐活动。所捐款物除调剂支援常德、益阳外，其余部分留各县市以解决本地灾民的困难。

1990年7月初，全市遭受严重的洪水灾害，5县市1郊有93个乡（镇）的1633个村、17714个村民小组、36.78万户、182.33万人遭受不同程度的灾害，死亡7人，伤113人。农作物受灾面积达10.67万公顷，成灾面积2.45万公顷，绝收面积0.39万公顷，死亡大牲畜1125头，倒塌房屋1103间。直接经济损失154.30万元。灾情发生以后，市委、市政府先后派出6个工作组察看灾情，慰问灾民。市民政局下拨救灾款305万元，以帮助解决灾民生活、住房、治伤等困难。

1992年3月和5月，攸县暴风雨频繁，造成部分村民房屋倒塌。为帮助灾民恢复生产，重建家园，顺利渡过春夏荒，省、市民政部门拨给该县救济款20万元，棉衣1000件，县政府发放救济衣物620套，重点解决“五保户”和受灾困难户。

1994年6月12—17日，全市普降暴雨，各县市平均降雨量208毫米，其中茶陵县394毫米，塘坝、水库、河渠水位迅速上涨，堤坝普遍漫水溃决，多处地方山洪暴发，加上湘江上游各大中型水库泄洪，致使湘江水位陡涨，最高水位达44.59米，超过历史最高水位0.72米，超过警界水位5.49米，湘江大堤到处出现险情，有15处垮堤缺口，沿江两岸一片汪洋。由于湘江水位过高，渌江、洣江等主要河流泄洪不畅，全市出现前所未有的特大洪涝灾害，五县市1郊的152个乡（镇、场）全部受灾，其中50%的乡（镇）为重灾乡镇，受灾农户41.8万户151.6万人，成灾人口100.1万人，占全市农村人口的40%；全市16多万公顷农作物（其中水田14.33万公顷）有12.65万公顷受灾，5.4万公顷成灾，2.49万公顷绝收，由于正值早稻抽穗扬花和晚稻播种育秧时期，粮食作物损失相当严重。因灾死亡36人，伤894人，其中重伤473人；倒塌房屋22775间，村民无家可归的达12.38万人；冲坏公路936处、154千米，冲垮桥梁114座，冲垮涵洞139处，冲垮堤防5281处、92.5千米，冲垮渠道10861处、84.84千米，损坏塘坝12847座。直接经济损失15亿多元。中共中央政治局候补委员、书记处书记温家宝受党中央、国务院的委托率工作组于6月22日亲临株洲视察灾情，省委书记王茂林、副省长周伯华亲临株洲市指挥并参加抗洪抢险工作。株洲市委、市政府先后3次召开全市性抗洪抢险紧急会议，35名市级领导分别深入灾区组织指挥抗洪抢险救灾工作。据不完全统计，全市军民投入抗洪抢险的人数超过百万人次，投入车辆船只3000余辆（只）、木材250立方米、钢材100余吨，粮食、食品450吨。全市各级民政部门拨出救灾救济款物522.92万元，连同社会各界和兄弟地市捐赠的救灾款共计743.20万元，全部发放到灾区。对倒塌房屋较多的灾区，市民政部门利用国家拨款，在集体补助和港澳同胞捐款资助下，在全市受灾乡村共投资1802.66万元，建起

60个灾民新村，使954户3399名受灾群众搬进了新居。

1996年8月1—3日，受8号台风的影响，全市持续普降大暴雨，加之湘江上游大部分地区普降暴雨，导致全市发生严重洪涝灾害。全市120个乡（镇）、135.94万人受灾，成灾人口64.88万人，3座县城受淹，被洪水围困村庄197个、14.62万人。特别是炎陵县的三河、王家渡、塘田3个乡被围困群众达8000多人，醴陵市96个自然村被洪水围困10万人，攸县有2.6万人被围困，其中有上万人被洪水围困达30多个小时。农作物受灾77967公顷，成灾面积41392公顷，绝收13882公顷；倒塌房屋8878间，死亡26人，伤1106人；死亡大牲畜2.33万头；冲垮河堤3816处、217.7千米，渠道决口3328处、85.4千米，损坏和冲毁塘坝2303处，冲垮桥涵911处，毁坏路基480.7千米，中断通讯线路741.5千米、供电线路66条。直接经济损失13.74亿元。灾情发生后，市委、市政府主要领导带领有关部门负责人深入灾区坐镇指挥。株洲预备役师出动舟桥分队4艘冲锋舟奔赴灾区，营救被困群众。市民政部门除赶赴灾区查灾、勘灾外，还全力组织全市的赈灾募捐工作，将336.47万元救灾款和756.79万元募捐款以及募捐的39万多件衣物送到灾区。

2.旱灾救济　1950年7月12—30日无雨，株洲镇5个乡受旱，早稻受灾268.93公顷，一般减产3～5成。镇公所组织发动群众800余人投入抗旱。出动水车220架，开挖渠道2100余米，疏通圳沟80多条，引水灌田抗旱保苗54多公顷。镇公所拨生产贷谷82石，以救济受灾群众急需。

1963年7月20日至9月16日，57天没有下雨，渌江断流，湘江的昭陵段人可徒步过江，干涸大小河溪311条。全市28个公社的468个大队、5169个生产队遭受旱灾。受灾面积31247公顷，占总面积的78.5%，其中脱水9560公顷、脱水开裂8080公顷、严重失收的2588公顷，减产粮食357.6万千克。旱灾发生后，市政府成立抗旱指挥部，全市组织劳动力4.44万人，水车12130架、抽水机241台、电动机284台投入抗旱，减轻了旱灾的损失。

1971年8月13至10月27日，夏秋特大干旱，76天仅降雨42毫米。株洲县、郊区29个公社的345个大队15260公顷农田受灾，成灾面积5680公顷，干涸水库5座、山塘586口，坝溪断流，部分地区饮水困难。全市派出干部325人，发动组织群众5.34万人投入抗旱，出动水车2.51万架、电动机825台、柴油机540台，打井1250口，拦溪筑坝580座，新开渠道850条，缓和了旱情，减轻了损失。

1982年"立秋"后，发生旱灾，全市39个公社（镇）的487个大队、4987个生产队、9.7万多户、48万多人受灾。农作物受灾面积3.45万公顷，其中水稻2.71万公顷。成灾面积2.43万公顷，其中水稻2.03万公顷，粮食减产2550万千克。灾情发生后，市、县两级党委、政府紧急动员部署抗旱工作。全市出动水车3.25万架、电动机1250台、柴油机892台，新开渠道5480条，计长85千米，拦河筑坝152座，打水井3510个，抢插晚稻3334多公顷。当年，省、市拨给救灾款29.74万元。

1984年6月11日至7月31日，境内降雨少，天气持续高温，全市有149个乡（镇）的1720个大队（村）、11977个村民小组受到不同程度的旱灾，受灾面积达5.26万公顷，脱水开裂25.20万亩，因缺水难以插上晚稻的2.46万公顷。各县郊均成立了抗旱指挥部，全市调集县、乡、村三级干部8770人投入抗旱。7月19日，分别对茶陵县、醴陵县、株洲县实施人工降雨。株洲县连续8

天实施人工降雨，人工降雨量达80多毫米，受益面积1000公顷，有效地缓解了旱情。7月31日，市委发出“关于抓紧抗旱保苗，夺取晚稻丰收的通知”，全市各部门紧急行动起来，从物资、人员上积极支农抗旱。

1988年7月，持续高温少雨，全市有153个乡（镇）的2000个村、14330个村民小组、37万户163.30万人遭受不同程度的旱灾，水稻受灾面积达7.86万公顷，其中脱水的4.64万公顷，开裂1.55万公顷，枯苗的3567公顷，无法插上晚稻的13134公顷。还有其他受灾农作物近1.34万公顷，部分地方人畜饮水困难。灾情发生后，市政府及有关部门负责人深入各县抗旱第一线，帮助解决农村缺水、缺肥、缺农药、缺柴油、缺电、缺资金等具体困难。7月25日，市政府拨出25万元投入抗旱。其间，全市投入抗旱劳力95.15万人，出动电动机5524台、柴油机6244台、水车11854架、其他提水工具45.93万件，开疏渠道1611千米，拦河筑坝12770座，架枧13.40万米，并对醴陵市、攸县、茶陵县、株洲县进行人工降雨，作业39次，人工总降雨量330毫米，4个县市的60个乡（镇）受益。

2000年7月，全市出现了几十天的晴热高温天气，105个乡（镇）受旱，受旱耕地52720千公顷，有200多口山塘、15条溪河干涸，部分地区出现人畜饮水困难。全市为抗旱出动内燃机1.46万台、5.7万马力，电动机0.77万台、7.72万千瓦，出动其他抗旱机具23.2万件，投入抗旱资金484万元，缓解受旱面积8.17万公顷。

3.虫灾救济 1950年6月中旬，株洲镇百井、南华等乡螟虫危害早稻，两乡受灾面积100多公顷。镇公所组织乡镇干部下乡帮助灭虫，发动群众1200多人，采取点诱蛾灯，摘卵稻叶，挖黄药（土农药）浸水浇苗等办法，奋战5天5夜，基本消灭螟虫。

1959年，郊区晚稻螟虫危害严重，全区受灾面积2.08万公顷，成灾面积0.95万公顷，其中螟害白穗率84.4%，粮食减产1250万千克。虫灾发生后，市政府筹集农药27.25万千克，组织农技人员和群众5万多人，进行灭螟工作。通过3昼夜的灭杀，基本阻止了虫灾蔓延。

1965年秋末，晚稻发生螟虫，全市有15个公社受灾。洲坪公社有2134公顷发生螟虫灾害，占晚稻面积的91.43%，成灾面积827公顷，失收面积127公顷。其他社队及时投喷农药，减轻了损失。

4.风雹灾救济 1951年8月8日，市区第四街靠近火车站一带遭受狂风暴雨袭击，倒塌房屋12栋、56间，倒塌商贩的经营棚屋4个，受灾21户，死亡2人，重伤11人，轻伤18人。灾情发生后，市政府领导组织民政科、当地派出所和第四街居委会干部，挨家挨户察看灾情，慰问灾民。共发放救济大米501.5千克。同时受灾的还有田心塅乡的10位农民在车水灌田时，因躲避不及，被雷电击死5人。9日，株洲各界开展救灾捐献活动，工商、妇女、居民均组织慰问队伍，前往受灾地区进行慰问。

1957年5月上旬，突遭狂风冰雹袭击，田心塅、清水塘、古大桥3个乡的14个农业社受灾，受灾农户602户3042人，击毁房屋654间。灾情发生后，市政府组织民政等有关部门干部，到3个乡组织抗灾救灾，安置灾民。拨给救济款11950元，用于灾民生活和修复灾民住房。

1973年4月10日夜，突发10级以上狂风冰雹，株洲县、郊区部分社队3540户、15240人受灾，死亡 11 人，重伤 48 人，轻伤 30 人，倒塌房屋 874 间，损坏住房 1214 间，损坏秧苗 119.60 公顷，损失稻种谷 12.3 万斤，损坏小麦 245 公顷、油菜 363 公顷、绿肥 1784 公顷。特别是马家河公社，全社 12 个大队全部受灾，受灾农户 1624 户 7308 人，死亡 9 人，伤 32 人，其中重伤 6 人，倒塌房屋 210 间，损坏房屋 125 间。灾情发生后，市委组织人力、物力，组织生产救灾。拨给县、郊木材 470 立方米、楠竹 5000 根、油毛毡 1000 卷，元钉、铁丝各 1 吨，棉絮 200 床、布票 3333.33 米，还有其他生产、生活救灾物资。湖南省政府给株洲市下拨救灾款 30 万元。

1987 年 4 月上旬，连遭狂风冰雹袭击，全市 67 个乡（镇）的 786 个村、5604 个村民小组、74250 户 30.52 万人受灾。死亡 5 人，重伤 5 人，轻伤 13 人。倒塌房屋 480 间，损坏房屋 5010 间。损坏农具 1.54 万件，家具 8420 件。春粮作物和经济作物受灾面积 7667 公顷，减产粮食 270 万千克，损坏农膜 3125 千克，损坏稻种 405.5 万千克，直接经济损失 985 万元。灾情发生后，市政府拨救灾款 50 万元和部分救灾物资，以解决灾民生活急需。同时组织工作组，分赴灾区慰问灾民，指导救灾工作。

1991 年 3 月 7 日晚，茶陵县遭受 10 ~ 11 级狂风袭击，全县 194 个村 21627 户受灾，倒塌房屋 1511 户，死亡 43 人，受伤 403 人。全县城乡通信、电力线路中断，造成企业停产、春收作物受灾，直接经济损失 2550 万元。灾情发生后，省民政厅、株洲市委、市政府负责人前往灾区视察，市总工会、团市委、市妇联、市民政局联合向全市人民发出支援灾区的倡议。3 月 8 — 31 日，茶陵县救灾募捐办公室先后收到捐款 61 万多元、粮食 9 万多千克、衣物 4.8 万件，全部送到灾民手中，使全县灾民暂时安顿下来。

1992 年，茶陵县由于遭受多种自然灾害的袭击，农民生产收入减少，时近寒冬仍有部分农民和城镇孤老没有御寒棉衣。市、县民政部门积极组织了 1620 件棉衣和近 20 万元救济款，及时送到受灾重点户、“五保户”、烈军属、复退军人中的特困户和城镇孤老手中。

三　农村社会养老保险

1991 年 11 月，株洲市被列为全国农村社会养老保险连片试验区。12 月，市郊区被民政部列为全国的试点单位，并在清水乡首先进行试点。该乡当年有人口 6882 人，应参加社保的有 2646 人，占总人口的 38.44%，仅 1 个月时间，该乡就有 2558 人投保，其中一次性交足一年保费的就有 1340 人，投保率达应参加投保人数的 96.6%，收取保费 49382 元。

1992 年，农村社会养老保险在全市全面推行，在试点阶段将保费标准设立为每月 2 ~ 10 元等多个档位。在进入全面推广阶段后，改为每份 100 元一年。投保者投保金额越高，投保年限越长，则在日后领取的养老保险金额就越多。

1996 年，市、县市分别在民政部门设立农村社会保险局，各县市在乡镇一级设立农村社会保险办（所），村和乡镇企业设有兼职代办员，基本形成市、县、乡三级工作网络。当年，全市共有 22.87 万农村人口参加社会养老保险，占农村应入保人数的 6.27%。全市累计纯保费收入达 2800 万元，积累基金 4487.16 万元，并有 810 人领取了养老金。1998 年以后，农村社会养老保险移交给劳动和社会保障部门管理，停止办理新的业务，并积极稳妥地开展退保工作。

第四节 扶贫与老区建设

一 扶 贫

（一）扶持贫困户和经济实体

1965 年，民政部门结合农村社会主义教育，开始扶持严重贫困户的工作。陆续在株洲县的云田、龙头铺、蝶屏、平山 4 个公社扶持贫困户 101 户 531 人，投入扶贫资金 7074 元，平均每户 70 元。

1970 年，先后对株洲县的王十万、古岳峰、群丰等 7 个公社的常年困难户的生活状况，进行历时 40 天的走访调查。这 7 个公社中，常年困难户有 3780 户 1.56 万人，占到总户数的 10%。其中，严重困难户 453 户 1870 人，占常年困难户数的 12%。列为当年扶持的严重困难户有 302 户 1547 人，占常年困难户数的 8%，每户扶持金额 200 ~ 400 元，合计投入扶持金额 93650 元。扶持资金用于解决吃饭和添置衣物的 33 户，用于治病的 84 户，用于建房的 185 户。

1975 — 1982 年，分期分批组织各级民政干部 50 多人，大队干部 300 多人，对株洲县、郊区 36 个社（镇）的贫困户进行重点扶持。共扶持贫困户 2283 户 13546 人，投入资金 50.37 万元。扶持资金用于修建房屋的 1029 户，用于治病的 723 户，用于吃穿严重困难的 531 户。经扶持摆脱贫困的 1720 户，占扶贫总户数的 75.34%。

1983 年，株洲市成立市扶贫领导小组，各县、郊也成立了扶贫领导机构。市委、市政府决定，从 1983 年起对全市 4.99 万户 25.5 万名农村贫困对象，进行分期分批扶助。每年扶助全市贫困户总数的 15% ~ 25%。对贫困户中的烈军属、复员退伍军人、伤残军人等优抚对象，在同等条件下，给予优先扶助。当年，全市 153 个社（镇）有 110 个开展了扶贫工作，共筹集扶贫资金 274.20 万元，其中民政部门下拨 74.20 万元，共扶助贫困户 5175 户。当年已摆脱贫困的 3090 户，占扶助户的 59.71%。12 月初，市委召开扶贫工作经验交流会，攸县酒埠江、市上坪公社，醴陵县东富、浦口公社，株洲县黄龙公社介绍了经验，推动全市扶贫工作向前发展。

1984 年，扶持贫困户与扶持优抚对象勤劳致富（简称“双扶”）同时进行，坚持“扶志”“扶本”，发展生产的原则，改变过去单纯扶助资金，治标不治本的作法。全市“双扶”资金全部实行无息有偿扶助。由扶持对象本人、承包人和乡“双扶”领导小组三方签订扶持合同，制定脱贫规划。是年，共扶持贫困户 12212 户 54954 人。其中，优抚对象 2206 户，投入资金 813 万元。当年脱贫 5456 户，占扶持户数的 44.68%。在相关部门的支持下，全市 125 个乡（镇）举办了各种农业科技培训班，参加培训班的“双扶”对象达 4500 多人（次），在“双扶”对象中涌现出一批种植、养殖、修理、商业、运输、建筑等方面会经营、懂技术的人才。

1985 年，株洲市开始扶持兴办“双扶”经济实体和经济联合体，利用“双扶”对象的特长和当地资源，因地制宜扶持兴办养殖、种植、采矿、经商、运输、加工等各类经济实体 362 个，经济联合体 580 个，投入资金 124 万元，安排农村劳动力 1.6 万人，年实现纯利润 740 万元。不仅使大部分从业的贫困户和优抚对象摆脱了贫困，而且有力地促进了贫困地区的技术交流和乡镇企业的发展。1986 年，茶陵县政府和攸县莲塘坳乡政府获全国“双扶”工作先进集体称号。

1987 年，扶持贫困户和优抚对象 20559 户 92520 人，其中优抚对象 3820 户。投入扶持资金 832 万元，当年脱贫 14391 户，占扶持户数的 70%。

1989 年，重点抓扶贫点建设和扶贫经济实体的发展巩固工作。全市 110 个扶贫经济实体，通过指导和扶持，发挥了良好的社会效益和经济效益，共安置劳动力 2350 人，其中贫困户 890 人，优抚对象 701 人，残疾人 759 人，年总产值达 1689 万元，实现利润 243.60 万元。1990 年，扶持贫困户 8841 户，44775 人，其中优抚对象 4280 户，投入扶持资金 354 万元。当年脱贫 4621 户，占扶持户数的 52.27%。全市 76 家扶贫经济实体，投入扶持资金 250 万元，安置农村劳动力 1090 人，实现利润 1210.50 万元。1985 — 1990 年，全市对扶贫经济实体和经济联合体共投入扶持资金 801.82 万元，累计安排农村劳动力 31200 人，实现利润 2747.83 万元。

（二）互助储金会

1986 年，民政部推广江西波阳县创办救灾扶贫互助储金会，利用农村闲散资金扶助贫困户发展生产、脱贫致富的做法和经验。同年株洲市在部分县进行试点。救灾扶贫互助储金会，是以村民委员会为单位，群众自办自治、互助互利、自我服务的群众性社会服务组织。它通过筹集社会闲散资金，采用借贷的形式，帮助群众解决生产、生活中的临时困难，发挥救灾扶贫的作用，增强群众自我保障能力。

1990 年，全市有 1953 个村建立救灾扶贫互助储金会，占全市总村数的 88%；入会农户达 46.64 万户，占农户总数的 79.6%。拥有互助储金 947 万元，储金在 3 万 ~ 5 万元的村有 69 个，5 万元以上的村有 36 个，10 万元以上的村有 8 个。到 1998 年年底，全市共有储金会 656 个。其中，乡镇互助储金联合会和互助储金中心管理站 17 个，村会 656 个，储金融资总额 3.11 亿元。同年，根据国务院办公厅、民政部清理整顿农村救灾扶贫互助储金会的工作部署，开始对农村互助储金会进行清理整顿和清欠工作。至 2000 年年末，全市农村互助储金会储金总额下降到 1.3 亿元。

二　老区建设

中华人民共和国成立以后，湖南省政府审查认定酃县、茶陵县、攸县、醴陵县为革命老根据地县。1988 年，认定株洲县为革命老根据地县。1990 年，认定郊区为革命老根据地区。全市经认定的革命老根据地乡镇有 100 个。

20 世纪 50 — 60 年代，各级政府对老区人民进行了必要的经济扶持。1985 年恢复老区经济开发工作，对老区实行优惠政策，采取减免税收，返回税利，专款扶持等办法扶持老区经济发展。

1988 年，酃县、茶陵县被列为中央、省、市的重点扶持县。株洲市委、市政府于 1988 年 7 月召开“井冈山老区酃县、茶陵县经济开发座谈会”。张平化、卓康宁、史杰、刘宗舜等领导到会作重要讲话。经省有关部门议定，并得到湖南省委、省政府认可，给2县减免部分农业附加税、屠宰税和增拨建设资金等6条优惠政策。1985—1990年，省老区经济开发促进会和省民政厅先后下拨老区开发资金526.90万元，帮助50多个老区乡镇开发种植、养殖、加工等项目138个，累计创产值8059.04万元，实现利税1267.50万元。

1989年，株洲市设立老区办公室，负责全市的老区工作。1991—2000年，省老区经济开发促进会和省民政厅先后下拨全市老区开发资金671.1万元，投放到老区的基础设施、乡镇企业、科教文卫、农业开发等项目中，取得了良好的经济效益和社会效益，推动了老区的经济建设快速发展。

湖南省民政厅和湖南省老区办公室在株洲市选择炎陵县平乐乡和茶陵县湖口镇作为扶贫重点乡镇。炎陵县平乐乡是全市最偏远的高寒山区乡，扶贫工作组利用扶贫资金和技术，帮助该乡修公路、水利等基础设施，改变了山区农民因交通不便而世代不出山村的封闭局面。在“八七”扶贫攻坚计划期间，省、市先后有42个县、市级单位组织力量对平乐乡进行重点扶持，共投入各种扶贫资金300多万元，支持各种物资近100万元；架设、维修便民桥200多座。2000年，该乡人均收入1200元，比1990年翻了两番。茶陵县湖口镇小潭村，1990年全村人平纯收入只有196元，居全县最低，大部分农户极端贫困。在扶贫工作组的帮扶下，帮助开发千亩沙洲为桑园和13.34公顷山地为橘园，组织农民种桑养蚕、引进种植优质脐橙等，增强农民的商品经济意识。同时，投入资金为该村修路、建桥、建市场。通过多年的帮扶，小潭村传统的“稻谷加稻草”的小农经济观念已被现代的商品经济观念所取代。2000年，该村人均纯收入2900元，达到全县的平均水平，成为茶陵县脱贫致富的典型。

到2000年，株洲市为革命老区投入资金1200.4万元，其中炎陵县357万元、茶陵县316万元。

第五节 社会福利

一 福利生产

1954年，株洲市民政部门为安置烈军属、城市贫民和残疾人就业，开始兴办小型工厂。1990年，全市已办福利企业144个，产品有冶金、化工、建材、电子以及各类轻工产品等310多种。

1993年，市民政局成立社会福利生产管理处，负责全市福利生产企业的行政管理。随着市场经济的不断发展，境内福利企业不断受到市场的洗礼，到2000年减少到80家。但福利企业的质量却得到大幅提高，全市生产产值从1991年的7943.6万元增长到2000年的2.84亿元，在全省福利企业中名列前茅。

（一）城市福利生产

1.民政直属福利企业 1954年，民政部门创办机械、缝纫2个小型工厂，安置军属29人，贫困户14人。

1955年冬，街道上有10多名盲人要求组织生产，经批准成立盲人生产组，分为南湖塘、堤升街2个生产点，做纸眉、蚊烟等产品。因销路不好，生产不正常。1957年3月，市民政科向银行贷款300元，并充实领导力量，生产逐步正常，人员增加到30多人。1957年年底，流动资金和固定资产已有3000多元。

1958年，市民政部门自筹资金，办起了株洲市烈军属贫民发火柴组、株洲市民生综合工厂和株洲市螺丝制钉厂。1958年总产值达28万元，安置残疾人、贫困户、烈军属等各类人员339人。同年9月，中央内务部谢觉哉部长来株洲市视察民政工作时，特意去堤升街民生综合工厂进行视察，并作“鼓足干劲，力争上游，多、快、好、省地建设社会主义”的题词。

1959年以后，对各生产组织进行整顿，陆续下放不属于民政对象的职工205人，继续生产纸眉、蚊烟、篾器、童鞋等10余种产品。1962年12月，将民生综合工厂、社会福利五金厂（螺丝制钉厂前身）和郊区白关盲人工厂合并为株洲市社会福利综合工厂，为国家全民所有制单位。三厂合并后共安排残疾人44人，继续生产原来三个厂的产品。1978年，市社会福利综合工厂更名为市社会福利工厂，产品主要有布鞋、纱手套和农机纸垫圈等。1985年以后，该厂因受资金、管理、市场等多种因素影响，生产开始滑坡。1990年，生产处于半停产状态。

民政部门直属福利企业，还有醴陵市、攸县、郊区民政局办的3家。其中郊区康力橡胶厂生产规模较大。进入20世纪90年代，民政直属福利企业数量大减，仅存市社会福利工厂等6家。至2000年年底，市福利工厂有在职职工260余人，退休职工近100人。该厂原有的生产项目已基本停产，并先后进行多次生产经营转向，从事过房地产开发、印刷、机械加工、餐饮等，最后定位在招商引资、厂房出租等项目上，以厂房出租、联营管理费、社会救济款等资金基本维持了全厂职工的基本生活费用。

2.厂矿办福利企业　1984年，市民政部门在株洲电力机车厂和株洲冶炼厂开展厂办福利企业的试点工作。工厂在计划安排、物资供应、资金筹集、技术力量等方面给予重点扶持。株洲电力机车厂无偿调拨车床4台，厂房500平方米，将工艺简单、操作方便、利润较高而又适合残疾人生产的棕丝乳胶板转让给福利工厂生产，仅此一项年产值就达20多万元，当年就安置32名各类残疾人进厂。

1985年，市政府召开大中型企业办福利工厂经验交流会和各大中型企业的主要领导会议，号召有条件的企业创办福利企业。株洲硬质合金厂、南方航空动力机械公司、株洲化工厂、株洲桥梁厂等先后办起了福利工厂。

1986年，株洲冶炼厂福利工厂出席了在北京召开的全国福利企业经验交流会，并荣获湖南省福利企业红旗单位称号。株洲硬质合金厂福利工厂生产的硬质合金轧辊，替代了首钢、鞍钢等6大钢铁基地所需国外进口产品，仅此一项就为国家节约外汇26.40万元，新创产值140万元。

截至2000年年底，全市有20多家大中型企业办起了福利工厂，安置残疾人近千人，产品有冶金、机械、电子、塑料等15大类200多种，年产值近亿元。其中，株洲电力机车厂附件厂（福利工厂），安置残疾人102人，年生产总值1497万元，残疾人年人均收入由1984年的900元增长到6680元。

3.街道办福利企业　1984年，市区开始发展街道福利企业。北区福利化工厂，原是街道小厂，建于20世纪70年代，经济效益一直不好。1985年3月转为福利工厂后，生产逐年上升，经过几年的努力，成为湖南省唯一专业生产聚丙烯酰胺的厂家。

1990年，全市街道福利工厂发展到13个，有固定资产170.68万元，流动资金129.70万元，年产值445.18万元。职工224人，其中残疾人108人。

2000年，全市有街道办福利企业21家。其中，石峰区福利工厂有职工13人（含6名残疾人），拥有固定资产76万元，年产值172万元，职工人平均工资年收入8000余元，企业曾先后多次被评为省、市、区的先进单位。

（二）农村福利生产

从1958年8月开始，境内有醴陵、攸县、茶陵、酃县在3个月时间内，就办起了3508个福利工厂，有57335人参加生产，由于都不具备办厂条件，因此逐步停办。

1959—1971年，市郊区和株洲县先后在三门、雷打石、朱亭、淦田、渌口办起福利工厂，安排部分救济户和残疾人进厂工作，从事简单加工生产。

农村办福利工厂几起几落，到1983年底仅存8家。1985年以后，农村福利生产得到较快发展，到1986年增加到37个，有职工2408人，其中残疾人968人。年产值616.40万元，利润44.20万元。1987年，农村福利企业有较大发展，攸县有20个乡镇办福利工厂21个；醴陵市有福利工厂37家，安置残疾人451人。至1989年年底，农村社会福利工厂增加到115个，经济效益和社会效益是历史上最好的一年。

1990年，为加强对福利企业的管理，株洲市对福利生产进行全面清理整顿。对合格的发给合格证，对基本合格的限期整改，对不合格的予以撤销。经清理整顿，全市农村保留的福利企业有107个，有固定资产1780.71万元，流动资金1060.55万元，年产值4229.61万元。职工3160人，其中残疾人1081人。

随着市场经济的发展，不少农村福利企业先后被淘汰。到2000年年末，全市仅有农村福利企业39家。其中部分企业办得很成功，如醴陵市橡胶一厂是1986年为安置残疾人就业而创办的，该厂经过一、二期技术改造，调整产品结构，大胆开拓市场，产品以生产三角带、铁路胶垫为主，1999年年产值突破2800万元，实现利税300万元，是全市初具规模的骨干型福利企业。

二 福利事业

中华人民共和国成立后，各项福利事业发展较快，遍布城乡，市区先后建立起儿童社会福利院、按摩医院，全面开展社会福利募捐活动。市区内还普遍建起敬老助残服务站、孤寡老人包户服务组；农村多数乡镇建起光荣院、敬老院。

（一）弃婴收养

1960年10月，在南区（芦淞区）麻蛔塘设立株洲市育婴所，有平房120平方米。建所初期，收养的社会弃婴较多，到1966年共收养弃婴480人。由于育婴所条件、设备简陋，当时为减轻所内压力，将部分婴儿分散带养，对在所生活已满3个月且无亲人认领的，允许群众“抱养”。

1966 年，育婴所迁至市郊茅山下，新建住房 300 平方米，婴幼儿住房拥挤现象得到缓解。1967—1976 年，共收容 755 人，每年除“抱养”的外，一般留所人数在 50 ~ 80 人之间，留所的婴儿 90% 是属残障者。1976 年，对育婴所进行翻新，扩建成 660 平方米的小四合院。婴幼儿生活、卫生条件得到改善。1982 年，市育婴所更名为株洲市儿童社会福利院。

从 1983 年开始，对孤残儿童进行康复训练和启蒙教育，一改过去重养轻教的偏向。每逢春节、“六一”儿童节，市有关领导和社会各界都要到儿童社会福利院慰问职工，看望孤儿，经常捐资捐物，特别是一些青年、学生把福利院当作学雷锋活动的场所，经常帮助打扫卫生等。

1990 年，在石塘冲新建市儿童社会福利院，新院设有 80 个床位，开展聋儿语言和弱智儿童训练教育。开办 30 年间，该院共收养社会弃婴 1733 人，其中残障婴儿 1110 人。到 2000 年，全市有儿童福利院 2 家，主要从事社会弃婴和孤儿的收养和管教工作。自《中华人民共和国收养法》实施以来，全市儿童福利院的弃婴大部分被国内外人士领养，部分孤残儿童安排读书和参加工作。

（二）按摩医疗

1966 年 3 月，为解决盲人就业问题，株洲市建立盲人按摩诊所，受到病患者欢迎。1982 年，市按摩诊所更名为株洲市按摩医院。1984 年，该院搬至人民南路，有房屋面积 982 平方米，并添置了 TDP 治疗器、颈椎牵引器、腰椎牵引器、骨盘牵引器等医疗设备。1990 年，该院共收治病人 1.3 万人次。

1992 年，市按摩医院与市卫生局联营开办专家门诊，年收入达 4.5 万元。全院 1992 年创收 13 万元。1995 年，积极改革挖潜，拓宽经营范围，全年总收入超过 25 万元。1996—2000 年，收入逐年提高，取得良好的经济和社会效益。

（三）社会福利有奖募捐

1988 年，株洲市开始发行传统型社会福利有奖募捐奖券。同年 5 月 28 日，成立由市有关单位负责人组成的株洲市社会福利有奖募捐委员会，在民政局设立办公室，负责社会福利有奖募捐工作的日常事务。首期计划在市区发行传统型奖券 60 万元，通过团市委、市总工会、各街道办事处，共发行 20.70 万元。1989 年，开始发行即开型奖券，在市区设立多个固定销售点和流动销售点，下半年开始在各县市郊试销。全年销售奖券 39.30 万元。

1990 年，传统型奖券和即开型奖券同时发行，为调动各县市区的积极性，采取谁发行谁受益的办法。社会福利资金全部留给各县市区作为发展社会福利事业基金。当年，全市销售社会福利奖券 89 万元，累计发行 149 万元，社会福利资金收入 34.70 万元，投入发展社会福利事业 15.90 万元，投放率 45.8%。1995 年，开通电脑彩票发行，实现传统型彩票、即开型彩票与电脑彩票多管齐下的发行局面。到 2000 年，全市的社会福利有奖募捐共发行各种彩票 1.51 亿元，募集社会福利资金 3198.7 万元。

（四）五保供养

1. 分散供养　中华人民共和国成立初期，境内农村中丧失劳动能力且无依无靠的老人、残疾人、孤儿，其生活来源主要靠田土收入和政府临时救济，生产靠邻里亲友的帮助。1956 年，随着农业合作化的深入发展，这部分人的生活由农业社在公益金、社减农业税和国家发放的社会救济款中解决。

1957年4月，株洲农村开始进行“五保户”的评定工作。1961年，市民政部门组织人员对“五保户”进行调查摸底，共有孤老3400人。据堂市、苍霞、南阳桥、洲坪、古岳峰等公社的7个大队调查，享受“五保”的孤老、孤儿有50人，其中有自理能力的18人，寄养在社员家中的12人，安置在亲戚家的20人。他们的生活物资由大队供给，寄养户还可以得到适当的劳动报酬。

1981年，再次对农村“五保户”工作进行大检查，据株洲县、郊区28个公社（镇、场）统计，共有“五保户”1294户1576人，其中孤老1233户1481人，幼保61户95人。口粮供给在250～300千克的1134人、350～400千克的442人，每月发给3～8元零用钱的有932人。对其中生活不能自理的198户225人，一般由生产队雇请护理人员或委托亲友护理，也有生产队每户轮流护理照顾的。

1983年年底，全市农村（含南四县）有“五保户”9349人，其中孤老7509人、残疾人1080人、孤儿760人；入敬老院的246人，包户小组照顾的259人，集体派人照料的142人，亲属照料的480人，亲属代耕包养的521人，生活能自理的7701人。

1986年，为解决村、组负担不平衡，供养标准不统一，个别地方“五保”不落实的问题，推行“五保”供养由乡（镇）统筹的办法。当年有40个乡镇实行统筹，占全市乡（镇）总数的26.67%。供养标准：口粮提高到350千克，油4千克以上，零花钱100元以上。同年市、县、乡、村四级组织各种慰问团、组，对“五保户”进行普遍慰问走访，慰问“五保户”9137户9848人。

1987年，根据湖南省农村“五保户”供养办法，境内各县市郊在供养方式上普遍推行以乡（镇）统筹，乡（镇）、村、组三级负担的办法。规定每人每年口粮不得少于300千克，食油不得少于5千克，零花钱不得少于120～180元；患病要及时医治，其医疗费、护理费，由乡或村给予解决；五保对象去世后及时安葬，其经费由乡、村两级解决，村民小组负责安葬等。

1990年年末，全市有“五保户”7795户8393人，有105个乡（镇）的5636人落实了以乡为单位统筹供养，其他均由村组统筹供养。

1995年，全省第二次“五保”工作普查统计，全市农村当年共有“五保”老人10122户11151人。其后，全市分散供养的“五保户”的生活标准略高于当地平均水平，且逐年有所提高。至2000年，全市共有10265名“五保”老人属于分散供养，最高的生活费达到每人每年1300元，最低的也保证了每年统筹供给600元钱、300千克粮食和6千克食用油。

2.集中供养 1958年，全市农村兴办敬老院15所，入院老人175人。1959年，全市农村敬老院猛增到103所，入院老人达2064人，配备218人为老人服务。因经济困难等诸多原因，不久敬老院纷纷解散，“五保户”又由各地分散供养，仅朱亭镇敬老院坚持到1970年才停办。

1983年年末，全市（含南四县）有敬老院23个，有工作人员64人，收养老人227人。到1986年年底，全市敬老院发展到48所，其中当年新建15所，入院老人983人。

1987年，全市农村敬老院又增至53所，供养对象717人，其中优抚孤老122人、社会孤老482人、孤幼9人、孤残81人、其他23人。管理人员、服务人员、医护人员及聘请生产人员等共139名，房屋总建筑面积35732平方米，生产基地14.67公顷。郊区荷塘铺乡敬老院，建于1985年，占地4505平方米，建筑面积1500平方米，建有24个套间，每个套间为20.23平方米。建院后有中共中央书记处书记邓立群、湖南省委书记毛致用等领导到该院视察，看望老人，还先后接待过美国、英国、加拿大等国家到访的国际友人。

1990年，全市农村敬老院发展到62所，集中供养840人。为搞活敬老院经济，改善住院老人的生活条件，提出“以厂补院，以商补院，以副补院，筹补结合”的路子。全市所有敬老院都建立了生产基地，开展种植、养殖业生产，部分敬老院还开办工厂、商店、旅店、饭店等，用于改善老人生活条件。

1991—2000年，全市敬老院发展迅速，共投资1200多万元新建敬老院19所，全市敬老院达到81所，在院老人近千人。1992年，攸县在县城新建一所高标准的社会福利院（敬老院、光荣院、儿童收养中心、社会老年公寓四合一），占地1.34公顷，建筑主体风格为仿古四合院。全市每年都投入敬老院新建和改扩建资金，其中1999年就投资460多万元。各院从发展庭院经济入手，大力发展种植业、养殖业，兴办各种经济实体，以此来弥补经费不足。同时，敬老院向老年公寓发展也成为一种趋势。

第六节　社会事务管理

一　婚姻登记

1950年4月，《中华人民共和国婚姻法》（简称《婚姻法》）颁布，规定了婚姻自由、一夫一妻、男女平等的婚姻制度。株洲镇为此举办了《婚姻法》学习培训班。由镇人民政府民政股办理婚姻登记。1951年7月，婚姻登记工作由市人民政府民政科负责。

1956年6月，农村婚姻登记由乡人民委员会办理。婚姻登记要求男女双方到婚姻登记机关申请登记结婚时，必须持有所在工作单位（居住村、居委会）的婚姻状况证明书、本人户口簿；登记机关工作人员审查双方恋爱过程，双方感情是否牢靠，是否有包办情况；禁止近亲或三代以内旁系亲属及患有麻风病、性病、精神病等未治愈疾病者结婚。对申请离婚的，夫妻双方须持所在单位经调解无效的证明书，如双方都自愿离婚，则填写离婚申请书及对子女、财产的处理协议书；对有一方不同意离婚，经调解无效而又不能协议离婚的，由当事人向人民法院起诉。

1962年，农村婚姻登记手续仍由人民公社办理，城市改由街道办事处办理。

1980年，第五届全国人大三次会议通过修改新的《婚姻法》。是年，株洲市对婚姻登记工作进行检查。1982年，全市依法准予登记结婚的10111对，其中再婚的150对，恢复婚姻关系的74对。不符合法律规定未予登记的114对。准予离婚的178对，经调解撤回离婚申请的230对。

1983年后，农村婚姻登记由乡镇人民政府办理，城市仍由街道办事处办理。是年，申请登记结婚的28175对，经审查符合法律规定准予登记的24440对，其中涉外婚姻4对；未准予登记的3735

对。申请离婚的1466对，其中经调解不离的828对、准予离婚的406对。

1984年，株洲市第三次人口普查统计，全市已婚人口147.87万人，占15岁以上人数的72.59%（其中男性72.35万人，占35.52%；女性75.52万人，占37.07%）。符合法定结婚年龄结婚的有146.43万人，占已婚人数的99.03%。在已婚人口中离婚的13087人，离婚率为0.98%。城市3区已婚人口17.26万人，其中离婚1201人，离婚率为0.73%。5县1郊农村已婚人口130.6万人，离婚11886人，离婚率为1.02%，农村离婚率高于城市。

1986年，全市开展清理违法婚姻工作，设违法婚姻举报箱540个。是年，全市共办理结婚登记29117对，其中再婚615对；办理离婚登记527对。对近亲、包办婚姻及未到法定婚龄的当事人1326人依法进行说服教育，未予登记。

1987年5月，市民政局对全市164名婚姻管理人员进行业务考试，成绩合格者统一发文认定，并颁发婚姻管理员"胸章"和"台证"。

1988年，全市对违法婚姻开展综合治理，共清出违法婚姻11180对。对清出的违法婚姻当事人进行批评教育后，分别作了补办登记手续、劝其分居或罚款等处理。同时，各级政府为防止违法婚姻的发生而制定了具体措施。是年，全市依法准予登记结婚的33416对；双方自愿准予登记离婚的678对。

1990年，为全市各基层婚姻登记机关颁发钢印，规定结婚证和结婚申请书上须贴双方免冠半身合影照片，加盖婚姻登记专用章钢印方能有效。是年，全市依法办理结婚登记33078对，离婚登记866对。建立婚姻档案4205卷，纠正和处理违法婚姻1148起。

1992年6月，市城区和醴陵城区的婚姻登记工作由街道办事处办理改为由民政部门直接办理，农村婚姻登记也开展了集中办理工作试点，有效地提高了婚姻登记的合格率。茶陵县加强对外出务工人员出具未婚证明的管理，证明一律由乡民政办统一办理。

1996年以后，全市进一步加强婚姻登记管理工作，严禁利用婚姻登记乱收费，加强对《中华人民共和国婚姻法》《婚姻登记管理条例》的宣传及婚姻登记员的培训；每年全市依法办理各类婚姻登记在2.5万～3万对。

二 殡葬管理

中华人民共和国成立后，各级人民政府积极倡导移风易俗，破除封建迷信办丧事，丧葬程式要求简单。1967年，株洲市火葬场建成投入使用，总建筑面积684平方米，有土炉2座，每天可火化尸体6具。同时，火葬场设有悼念间62平方米，停尸间38平方米，骨灰寄存间41平方米，火化间110平方米。

20世纪70年代初，株洲市为推行火葬，先后印发各种宣传资料4次。各单位利用有关会议对推行火葬进行宣传。1971—1974年，全市火化尸体1472具，市区内火化率达到50%以上。

1979年，醴陵县在杨梅坳兴建的火葬场竣工，占地2.83万平方米，设有火化间、悼念堂、接待室等场所，至1981年共计火化尸体102具。1982年，攸县民政局颁发《关于实行殡葬改革，推行遗体火化的公告》。1982 — 1984 年，攸县送火化尸体 84 具。

1985 年 7 月，市人民政府颁发《关于殡葬管理的暂行规定》。要求全市城乡各机关、团体、部队、学校、厂矿企业、事业单位大力宣传殡葬改革的意义，改革土葬，积极推行火葬，破除迷信的丧葬习俗。全市城乡各级干部和实行劳保、社会保险单位的职工死亡后必须实行火葬。城镇居民死亡，应积极动员火葬。农村村民死亡，要积极提倡火葬，对实行火葬者，乡、村应予支持。暂无条件推行火葬的边远山村，要以村或村民小组为单位划定荒山瘠地作为公墓区，不得乱埋乱葬。少数民族、归侨和宗教神职人员的丧事，应尊重其习俗，丧事简办。

1988 年，茶陵县、北区分别颁发《关于倡导丧事简办的通知》和《对办理婚丧喜事的具体规定》，倡导移风易俗，文明、节俭办丧事。攸县 30 个乡镇成立了红白理事会，30% 的村成立红白理事分会。

1989 年，株洲市在白石港大桥北端新建市殡仪馆，整个工程投资 100 万元，主体工程建筑面积为 1450 平方米，设有 5 个悼念厅。当年，全市火化尸体 1610 具，市区火化率由 1988 年的 37% 上升到 41%。同时市火葬场开发了高、中、低 3 个档次的骨灰安葬墓地，开设接尸、整容、防腐、冷藏、停放悼念、火化、骨灰寄存和埋入公墓等系列服务。至 1990 年，全市农村已成立红白理事会 1639 个，市火葬场共火化尸体 12574 具，骨灰埋入公墓的 2351 人；醴陵市殡仪馆共火化尸体 1901 具。

殡葬管理服务工作在“八五”计划期间得到长足发展，建成占地 1.34 公顷的市殡仪馆以及近 900 平方米的生活服务楼，完善一批殡葬服务基础设施。市区居民死亡火化率逐年提高。

1996 年，在殡葬改革方面以醴陵市为试点，扩大推行火葬工作。株洲市召开有关厂矿座谈会，争取各单位支持，促进火化率的提高。1997 年，在全国第三次殡葬管理工作会议上，醴陵市被授予“全国殡葬管理先进单位”。株洲市认真贯彻《殡葬管理条例》和《株洲市殡葬管理条例实施办法》，使殡葬管理工作有章可循。11 月，全省殡葬管理工作现场会在株洲市召开。1998 年，株洲市区火化率达到 40%，醴陵市城区火化率达到 100%。

2000 年，全市组织开展系列宣传活动，加大执法力度，共查处各类违规殡葬行为 89 起，使市区火化率上升到 67%。

至 2000 年年底，全市共设 12 个殡仪馆、2 个火化场、3 个公墓陵园，共占地 17 公顷（其中市区 12 公顷、醴陵市 3.34 公顷、攸县 1 公顷、炎陵县 0.66 公顷）。

三　收容管教与遣送安置

中华人民共和国成立以后，外流人员收容遣送工作由民政部门负责管理。1954 年 4 月，株洲市设立临时收容所。1958 年 5 月，成立株洲市收容遣送站，为全国 12 大中转站之一。除担负省、市收遣安置工作外，还肩负中南、华东地区部分省、市的遣送中转任务，是湖南省唯一与天津、上海、广州等大型收容遣送站齐名的中转站，收容遣送任务居全省之首。

1954 年，株洲市临时收容机构当年就收容 148 人，其中盲目外流找工作的 95 人，小偷乞丐 30 人，残老及无依无靠的 12 人，精神病患者 11 人。之后，收容人数逐年增多。1957 年，收容人数达 7367 人，其中本市收容 2607 人，外省市送株洲市中转遣送的 4760 人。本市收容人员中，有豫皖一带的灾民 487 人，一贯流浪的 524 人，盲目外流找工作的 578 人，其他 1018 人。对收容的外流人员进行短期的劳动教育，查明其家庭地址后，遣送回原籍的有 2588 人，安置就业的 3 人，送残老院的 3 人，被人领养的 5 人，送劳动教养的 1 人，被公安局逮捕的 7 人。

20 世纪 50 年代末 60 年代初，正值国民经济处于暂时困难时期，外流乞讨人员猛增，多数为生活困难盲目外流谋生者。据统计，1958 — 1963 年，收容遣送外流人员达 47607 人，仅 1961 年收容遣送达 22198 人。其中遣送回原籍的有 5869 人，接走自走的 2310 人，送公安部门处理的 15 人，因病治疗无效而死亡的 17 人，其他 405 人。

1961 年，市收容遣送站开办红砖厂，作为外流人员的劳动场所，先后临时安置外流人员 60 人左右。同时，对收容进站人员，安排一定的时间组织对他们进行法纪、形势、劳动观念、人格等教育，把劳动和教育结合起来，有针对性地进行帮助。

1962 年，湖南省民政厅就长沙、株洲两市自流人员安置发出文件，凡本市无家可归，无依无靠，长期在外流浪者，可送省办农场安置。株洲市当年送千山红农场安置 90 人。后对上述人员中少数政治条件较好，经过教育之后表现突出，又有一定文化和劳动技能者，通过严格审查，在市区内安排就业。

为搞好农村外流人员的安置，市收容遣送站派人与乡村基层组织配合，做屡遣屡返人员的安置工作。1963 年，市收容遣送站收容屡遣屡返的外流人员 270 人，经过做工作全部在原籍农村得到了安置，其中株洲市郊区安置 69 人。是年，经过教育，有 1200 人写出保证书，表示决心改掉恶习，回家安心生产。一些有轻微违法行为的人，写出坦白书 700 份、检举材料 560 份。

1964 年，株洲市人委要求切实帮助外流回乡人员解决生产、生活困难，对其口粮要按规定供应，尚未回乡的应留足基本口粮。对个别购买口粮却有困难的，按社会救济对象予以适当救济，并安排他们做力所能及的劳动，使其成为自食其力的劳动者。

1966 年“文化大革命”开始，收容对象的情况比较复杂，收容人员不服管教，遣送途中逃走、起哄围攻工作人员的情况时有发生。20 世纪 70 年代，收容对象主要是农村外流乞讨人员，不安心农村的下乡知青、外出搞副业人员以及上访、流窜作案人员等。这期间年均收容外流人员 4000 人左右。

醴陵县、攸县、茶陵县、酃县分别于 20 世纪 50 年代和 70 年代设立收容遣送站。1977 年，酃县革命委员会决定撤销收容遣送站。1980 年，省民政厅撤销攸县、茶陵县收容遣送站。至此，除醴陵县设收容遣送站外，其他各县只在民政部门配 1 ~ 2 名专职或兼职干部，负责管理外流人员收容遣送工作。

1978 年以后，农村实行联产承包责任制，农村盲目外流人员逐年减少。但是，其他成份的外流人员有上升势头。20 世纪 80 年代，收容人员中以偷扒、诈骗、卖淫等违法犯罪人员以及好逸恶劳者居多，真正因灾生活无着落外流者极少。收容人数仍然保持年均 4000 人左右。以 1986 年为例，全年收容 4162 人，其中盲流 3018 人（其中有偷扒行为的 520 人，诈骗的 127 人，卖淫的 57 人，搞迷信活动的 23 人）、好逸恶劳的 673 人、精神病患者 46 人。

20 世纪 90 年代以后，收容遣送的对象已从过去的“纯流浪型”向“社会治安型”转变，收容遣送工作呈现出社会化、多元化、复杂化的特征。至 1990 年，全市累计收容遣送外流人员 22.46 万人次，其中市收容遣送站收容 16.30 万人次。后因财力等缘故，收容遣送站只在重大节假日进行短期的收容遣送工作。1990 年 9 月，为迎接第十一届亚运会和国庆 41 周年，4 天时间就收容外流人员 349 人。

1998 年 7 月，株洲市收容遣送工作并纳入“110”联动体系，当年就收容外流人员 2468 人，其中生活无着落、露宿街头的 1604 人，少年儿童 126 人，有违法行为的 543 人，痴呆傻人员 81 人，“110”联动送来的伤残、病危、走失人员 114 人，遣送外站 1461 人，家属接回的 462 人，送医院治疗的 27 人，移交本市和外地公安机关的 108 人。1999 年，共收容各类外流人员 2588 人，其中涉嫌卖淫的 38 人，有抢夺行为的 108 人，跟车扒窃 147 人，抽头赌博 94 人，小偷小摸 256 人，强讨 173 人，务工不着的 682 人，投亲不遇 924 人，“110”联动送来痴呆傻 66 人。

株洲市民政局历任负责人名录

表 17-29

局长（组长）	任职时间	副 局 长	任职时间
胡　昆	1962.6 — 1968.10	常友广	1962.6 — 1963.1
赵家斌	1969. — 1969.11（组长）	杨开武	1962.6 — 1968.10
董立元	1969.11 — 1970.11（组长）	文兆丰	1970.11 — 1979.10
董立元	1970.11 — 1979.8	李　健	1972.7 — 1978.5
文兆丰	1980.12 — 1986.11	周松林	1972.7 — 1974.3
胡友松	1986.11 — 1993.3	张文喜	1974.3 — 1984.4
李洪军	1993.3 — 2000.12	王爱芳	1979.5 — 1983.6
–	–	陈立民	1979.8 — 1983.12
–	–	孙海庭	1981.6 — 1992.3
–	–	贺斌海	1983.12 — 1992.3
–	–	全德理	1984.4 — 1995.12
–	–	江振涛	1988.7 — 2000.12
–	–	苏俊中	1992.3 — 1997.8
–	–	侯庆忠	1992.3 — 2000.12
–	–	文　武	1996.8 — 2000.12
–	–	习志芳	1997.6 — 2000.12

第五章 劳 动

中华人民共和国成立后，境内劳动工作开始纳入政府管理。1951 年 7 月，市人民政府设劳动科，开展失业工人登记、救济工作，组织以工代赈、生产自救，并采取劳动部门介绍就业与自谋职业相结合的措施，缓解了社会失业现象。在私营企业中，通过劳资协商、签订劳资集体合同，有计划地推进民主改革、废除歧视工人的规章制度、改善劳资关系。在工资分配中实行工资分制，解决了因物价波动对人民生活的影响。以后，劳动工作的中心随即转入支援基本建设的轨道上来。1954 — 1957 年，由劳动部门统一组织调配的临时技工和普工，平均每年有 2 万多人次。

1956 年 4 月，成立株洲市劳动局，主要负责协助、推动企业改进劳动管理、建立社会主义劳动制度、调动职工积极性、提高劳动生产率。同时，有组织地开展劳动组织整顿，推动技术培训，建立劳动定员、定额制度，推行计件工资、改革工资制度，理顺各类产业、各类企业之间和企业内部工资关系，实行按劳分配。在劳动保护方面以贯彻《工厂安全卫生规程》《建筑安装工程安全技术规程》《工人职员伤亡事故报告规程》的"三大规程"为重点，加强安全生产宣传教育和安全生产检查，并制定株洲市《限制企业加班加点暂行规定》《石方爆破安全规程》等地方性规章制度。1958 年"大跃进"后，过多过早的增加职工，全民所有制单位职工人数由 1957 年的 50044 人，增加到 1960 年的 12 万人，3 年增长内了 1.4 倍；技工学校发展过快，有些不具备办学条件，招收的学生文化程度过低、年龄过小；在工资分配中取消了计件工资和奖励制度。经过 1961 — 1963 年国民经济调整，精简职工。3 年净精减职工 47783 人，其中直接回农村的有 42270 人，支援了农业生产。通过试行"两种劳动制度"和"两种教育制度"，逐步取代过去"包的过多、统的过死"的用工制度，同时逐步恢复定员、定额管理制度，有条件地恢复计件工资和奖励制度。

1966 年开展"文化大革命"后，停止招工，使城镇待业人员急剧增加。同时否定了一些行之有效的劳动管理制度，批判了"两种劳动制度"，废除了定员和劳动定额，再次取消计件工资和奖金制度。1968 年 11 月，劳动局被撤销，在市革命委员会生产指挥部计划组下设劳资小组，承担日常劳动工作。1969 年 7 月，设立市革命委员会生产指挥部劳资管理处。1970 年 11 月，恢复株洲市劳动局。此后，随着生产建设的恢复和发展，推进劳动计划和工资的统一管理，进行低工资调整，加强安全技术培训，恢复必要的安全生产制度。由于只靠全民单位有限的招工指标，使城市就业更加困难。

中共十一届三中全会以后，市劳动部门为维护改革、发展、稳定的大局，许多工作走在全省乃至全国的前列。在全省率先实行农民工保障金制度，社区劳动保障平台规范运作模式在全国推广，对灵活就业人员进行社会保险补贴的办法被国家采纳；在全省率先实行的职业培训下农村、进军营的做法，也得到上级劳动部门的高度认可。特别是20世纪80年代末90年代初，株洲市作为全国试点城市之一，开展劳动、人事、工资三项制度综合配套改革。培育了以市场为走向的劳动力供求体系和供求主体双向选择的就业机制；突破了传统的用工制度，推进全员劳动合同制；养老保险、失业保险覆盖面逐步扩大，形成了以全民所有制单位、集体所有制单位为主体，有个体、私营及其他所有制企业参加的社会保险。

第一节 劳动力资源

1949年8月，株洲区所辖株洲镇，人口有7264人，职工不满800人。1951年改为县级市后，辖区面积增加至44平方千米，城市人口增至8.92万人。1983年，醴陵、攸县、茶陵、酃县划归株洲管辖后，辖区面积又增加至11247.6平方千米。至2000年年末，全市总人口增加到372万人，全社会的劳动者202.64万人。其中，职工人数43.56万人，城市个体劳动者7.49万人，城镇私营企业从业人员2.58万人，其他从业人员1.36万人；农村劳动力147.63万人。

中华人民共和国成立初期，有民国时期遗留下来的失业人员，也有社会经济结构重组游离出的劳动力，形成待业高峰。1951—1954年，共登记待业1255人，待业率约为6%～8%。

1962年，随着国民经济调整和精简职工，城镇待业人员数量明显上升。是年，城市5区共有闲散劳动力3061人，其中精减的职工1883人、未能升学青年617人。至1963年5月，待业人员增加到3564人。形成第二次待业高峰期。

1966年“文化大革命”时期，也是第一个人口出生高峰期出生的人员进入劳动年龄的时期，加之受极“左”的影响，片面追求“一大二公”，强调个体向集体转化，集体向全民过渡，限制集体经济，打击个体经济，使就业的渠道越走越窄，形成1978年年底和1979年的待业高峰。全市共积累的待业人员达4.14万人（含上山下乡返城知青6779人），且以新成长劳动力为主，几乎每10个城镇人口就有1个待业的，成为一个严重的社会问题。为尽快改善就业问题，市委、市革委会下发文件，支持和鼓励发展集体经济和个体经济，1979年全市就安排19300人就业。至1985年逐年缓解了就业难的问题。

20世纪80年代末，随着经济体制改革的不断深入，加之治理经济环境、整顿经济秩序的深入进行，许多企业面临产品结构和产业结构的调整，许多企业开工不足，劳动力过剩，已经缓解了的待业问题再度严重起来。1989年，全市待业人员有21588人，待业率上升到4.34%，形成第四次待业高峰期。

“九五”计划期间，全市除城镇待业、失业人员达10余万人外，还有常年保持在30万人以上的农村富余劳动力需要转移，加之国企改革、改制的不断深入，下岗职工及富余人员年均达到6万人左右，就业形式严峻，形成了第五个待业高峰期。市委、市政府为此出台了一系列促进就业和再就业政策，建立多层次、多类型的再就业市场和企业再就业服务中心，广开就业门路。至2000年，全市累计有4.71万名国企下岗职工实现了再就业。

第二节 劳动就业

中华人民共和国成立后，着手解决民国时期遗留下来的失业问题。开展失业登记和失业救济。举办工赈工程，组织700多名失业人员的工赈队修沿港路、湘江河堤和由火车站至仁爱医院的道路。并对一些有手工业技术或其他专长的失业人员，由政府拨给一定数量的生产资金，组织他们实行生产自救。截至1954年，共组织皮鞋、制缆、针织等8个生产自救单位，安置失业人员96人，共计贷款1220元，贷粮815千克。

1952年9月和1953年3月举办2期失业工人训练班，对143名失业人员进行转业训练。通过政府介绍就业和自谋职业相结合的措施，至1954年共安置失业、求业人员1412人，缓解了失业问题。

“一五”计划期间，株洲市开始大规模的经济建设，先后从长沙、湘潭、衡阳、邵阳等6个城市、19个县组织民工和泥、木建筑工人万余人参加重点工程的土石方和营建工作，仅1956年就调入普通劳动力和泥木技工1.37万人。

1958年“大跃进”，一大批小型地方工业相继上马，国家重点建设项目也相继建成，各项事业迅速发展。在大办城市人民公社的高潮中，组织动员10390名有劳动能力的家庭妇女走上生产建设岗位或生活服务岗位，占市区总人口的9.3%。

从1961年起，国家实行“调整、巩固、充实、提高”的方针后，大幅度压缩基本建设，对部分企业实行关、停、并、转及全面实行精简职工，城市闲散劳动力骤增。1963年6月，通过动员下乡上山或到农村插社插队，组织从事临时性工作，组织与扩大社会劳动服务队，从事社会服务性工作。至1965年共安置7991人，其中安置上山下乡1635人。

1968年，毛泽东关于“知识青年到农村去”的讲话发表后，仅1968年8月至1969年5月，共有7972名知识青年上山下乡，其中1966届、1967届、1968届三届毕业生6100多人，社会青年1800多人。自1968—1979年的12年间，株洲市共下放知青32268人，同期从农村招收职工27447人（含下乡知青19109人），形成劳动力城乡大对流。

中共十一届三中全会以后，贯彻“劳动部门介绍就业、自愿组织起来就业和自谋职业相结合”的就业方针，使城镇待业人员由消极待业转向积极创业，拓宽了就业门路。1979—1990年，共安置城镇待业人员19.12万人。

1991—2000年，坚持竞争就业与安置就业相结合的方针，面向市场，采取考试考核双向选择办法，择优招收；同时重点解决好就业难点，确保国家重点工程用工和安置征地劳动力。

1993年，开始培育和发展劳动力市场，全市已建立各级各类职业介绍机构84家，形成以职业介绍、技能开发、劳动力交流、劳务输出、社会保险为一体的市场服务体系。当年，全市通过市场介绍就业19600人，并为250家单位公开供职8100人。

1995年，全市“再就业工程”全面实施，共安置企业富余人员1.7万人就业，转移农村剩余劳动力4.2万人，其中对外劳务输出5000人。全市建立职业介绍机构90家，其中劳动部门主办11家，乡镇、街道办 57 家，民办职业介绍所 22 家，劳动力市场秩序逐步规范，劳动就业机制基本形成，城镇失业率稳定在 2% 以内。

到 2000 年，全市组建再就业市场 9 个，再就业服务中心、服务队 40 多家，职业介绍机构 100 余家。当年，全市求职登记人数 60260 人次，介绍成功 21200 人次，办理外来人员审批备案手续 26737 人，用工单位用工管理面达到 85%，政策性安置率 80%，为下岗、失业、残疾人员提供免费服务 9348 人次，城镇登记失业率为 3.1%。全市累计已有 4.71 万名国有企业下岗职工实现再就业，再就业率为 48%。

一　安置就业

（一）全民企业招工、补员

1956 年，一批新建项目投产，陆续在基建工地招收一部分符合条件的民工。1958 年，企业招工大量增加，转入从农村招收，年末职工净增 4.63 万人。1959 — 1960 年上半年，从农村招收 11209 人，从城市招收 5411 人。1960 年下半年，根据中央指示，停止招工。此后，对全民所有制单位招工实行了严格的计划控制。1962 年和 1963 年，除矿山井下、森林采伐、野外地质勘探等艰苦行业的职工退休退职，可以顶替招收 1 名子女，农场职工进入劳动年龄的子女可以安置在农场以外，其他行业只对家居城市的老弱残职工、退休退职后家庭生活困难的，经批准可以吸收 1 名符合条件的子女参加工作。1966 — 1968 年，全民企业停止招工和补员。1970 — 1971 年，恢复招工，实行“统招统分”的招工办法。到农村招工，不论招收下乡知青或农村知青一律由“贫下中农推荐”。从 1974 年 4 月起，对因工死亡职工、家属生活特别困难的照顾招收 1 名符合条件的家属参加工作。自 1976 年起，对因病、因工死亡或按年限离、退休职工干部采取照顾招收 1 名符合招工条件的子女参加工作。

1981 年，除矿山井下、野外勘探、森林采伐 3 个行业在本单位有招工指标，可按规定照顾招收本单位符合条件的子女外，其他单位取消“内招”。只对独生子女、多子女无一子女就业在全民单位、下乡回城未安排的职工子女及老红军离休干部子女、港澳台胞子女适当照顾。1982 年，全面取消“内招”。1984 年，扩大企业招工权利；1986 年，全面实行“面向社会，公开招收，全面考核，择优录用”；1988 年，举办首届劳务交流大会，把企业招工纳入市场竞争，由招工单位与求职人员双向选择。同年 7 月以后，全市取消指令性招工计划，把招工权交给企业。企业招工自此全部进入劳务市场，面向社会、公开招收、双向选择。2000 年，全市国有单位职工人数共有 235548 人。

（二）集体企业安置

1955 年，全市共有集体职工 1161 人，至 1960 年增加到 15673 人。国民经济调整期间，关停并转和精简下放，集体企业从业人员到 1965 年仍有 18874 人。“文化大革命”开始后，对集体经济采取了种种限制政策，只留下少数大集体单位，集体职工人数锐减至 1.04 万人。

1978 年后，通过劳动服务公司、全民所有制单位、街道和居委会、群众自办集体企业等措施，使集体经济得到迅速发展。从业人数持续增加，每年通过集体企业安置的待业青年占当年安置人数的 50% 左右。1979 — 1990 年，集体企业共安置待业人员 10.49 万人，占安置总数的 54.78%。1990 年，集体企业从业职工人数增加到11.52万人。1991—2000年，随着就业渠道的增多，集体企业发展放缓，职工人数有所下降。到2000年，全市集体企业从业人员降至53712人。

（三）劳动服务企业安置

1963年，为加强对城市闲散劳动力安置和管理工作，开始组织由区、镇主办的城市劳动服务队。“文化大革命”后，这些城市劳动服务队均转为“五七”工厂或“综合工厂”。

1976年，采取厂街挂钩办街道“五七”服务队，市区10个办事处全部成立街道“五七”劳动服务队，人数达3850人，组织面达到93%。1979年，开始创办劳动服务公司，全年共办57家，公司兴办各类集体性质的劳服企业。此后，城市劳服公司发展迅速，大批回城知青、城镇下放居民和失业人员在劳服企业中得到安置就业。至1990年，全市共建各级各类劳动服务公司达451个，1995年达到488个，生产经营网点1109个，独立核算企业649个，从业人员41946人，总积累6.21亿元，固定资产原值5.70亿元，职工人平年收入5853元。

1979—1995年，全市劳服企业累计安置人员27470人次。劳服企业在20世纪90年代初期是发展兴旺的鼎盛时期，为全市经济发展和社会安定起到了重大作用。1996年以后，随着国企改革改制的启动和深化，主办单位的扶持力度大大减弱，加上市场经济竞争十分激烈，劳服企业逐渐呈萎缩状态。至1997年，全市劳服企业下降到400个。此后几年，劳服企业更是步履艰难，多数不得不注销停办。

（四）个体就业

1955年，株洲市共有个体劳动者1929人。通过合作化运动，至1960年个体劳动者降到21人。国民经济调整时期，1965年个体劳动者增加至822人。“文化大革命”中，采取打击和限制个体经济的政策，至1978年，在总人口84万的株洲市，只有个体劳动者10人。

中共十一届三中全会后，随着国家开放政策的贯彻执行，通过各种措施鼓励有条件的城镇待业人员从事个体经营，扭转了城镇个体经济萎缩的局面。1979—1990年的12年间，全市共有11467名城镇待业人员走上个体劳动的生产经营岗位，成为国民经济的重要补充。2000年年末，全市共有城镇个体劳动者74971人。

（五）三产业安置

20世纪90年代初，工交企业内部深化改革，安置富余人员成为新的课题。1992年，株洲电力机车工厂率先迈出“主辅分离”，创办三产业安置富余人员。株洲市政府及时总结、推广该厂做法，鼓励、引导和规范各企事业单位兴办三产、实行主辅分离，安置富余人员。至1996年，株洲市56家大中型国有企业中，有48家实行主辅分离、分流，有33家创办了“三产”公司，分流安置富余人员11713人，占总数的63%。株洲市186家工交企业，通过分离、分流办“三产”，安置富余人员17677人，占总数的66%。市劳动部门积极配合企业的改革，坚持用管理劳服企业的模式管理“三产”公司，用优惠劳服企业的政策优惠“三产”公司，做好综合协调服务。1996—1998年，共安置富余人员2万多人。

（六）再就业安置

1994年，株洲市作为国务院确定的“优化资本结构、增强企业实力”全国试点城市之一。在企业改革不断深化，实施主辅分离、减员增效、兼并破产改制、推进现代企业制度、调整产业结构、优化资本结构、转换经营机制的过程中，企业大批富余职工成为下岗失业人员。1996—1998年，年均下岗失业在5.5万人左右，1999年达到7万多人。

1996年7月，面对严峻的就业和再就业形势，中共株洲市委、市政府成立了株洲市再就业工程领导小组，由市政府主要领导为组长，劳动、财政、工商、计委、经委、财贸办等部门负责人为小组成员，开展国有企业下岗职工基本生活保障和再就业工作。到1998年年底，县市区亦相继成立再就业工作领导小组及办公室，县市区和21个行业管理部门建立了再就业指导中心，全市企业共建立448个再就业服务中心，形成相互联通的再就业工作网络。每年市政府对县市区、市直有关部门、大中型企业下达再就业工作目标责任书。市劳动和社会保障部门发挥服务职能作用，督促、支持企业和单位创建再就业市场、再就业基地、再就业一条街、社区经济实体等，兴办“三产”、劳服企业，组织劳务输出，发展劳务经济。开展“再就业援助”行动，优先免费重点推介“4050”（女40周岁、男50周岁以上）人员就业，使就业形势得到有效缓解。至2000年，全市累计有4.71万国企下岗职工实现再就业。

二 市场就业

（一）劳务市场

1987年1月，株洲市成立职业介绍所。1988年1月首次召开劳务交流大会。当年6月，在9个县市区均设立劳务市场办事机构，在部分大中型企业中也建立了厂内劳务市场。至1990年，进入劳务市场的求职人员达到15.78万人次，各县市区通过各种渠道、各种形式实现交流劳动力达9.39万人次，为求职人员总数的59.5%。

1996年7月，组建市职业介绍服务中心，各县市区也相继成立职业介绍服务机构，并各自办有劳动力市场，承担职业介绍、企业用工管理（临时用工批办手续）、招工补员、退伍军人和随军干部家属安置、民工职介所管理、农村劳动力转移就业管理和劳动事务代理等工作。当年，全市还兴建民办职介机构43家。

从1998年开始，对民办、职介机构实行集中统一管理。同时，对各类职介服务机构实行目标管理，并形成劳务集市日制度，每周逢一、三、五为劳务集市日。1999年以后，各级劳动保障部门采取与公安、工商部门联手，每年取缔不合格的民办职介机构或黑职介机构20多家。

为扩大职介容量，株洲市职介服务中心建立一支100余人的职介信息员队伍，广泛收集和及时发布用工和求职信息。实行全市企事业单位定期申报空岗制度，年平均提供万余个空岗岗位。开展职业指导，组织全市大中型企业、企业主管局、各级各类学校、再就业服务中心职业指导员进行业务培训。2000年，取消企业招录职工审批制度并成功介绍4000多人入职，其中下岗失业人员1800人。

（二）劳务输出

境内各县素有“劳务之乡”之称。1986年，株洲县在普遍建立乡级劳动服务站基础上，组织劳务输出达1万人次以上。1988年，组织2批共700多名劳动力到广东东莞市从事玩具制作。1989年，批准成立了第一家民办性质的朱亭劳务输出服务部，归县职业介绍所直接管理。攸县劳动服务公司从1987年开始共组织4万农村劳动力南下广东、广西等地搞劳务，得到省长熊清泉的赞扬。1988年，攸县劳动部门直接组织劳务输出1267人，其中向深圳输出客车司机38人。同时在渌田镇成立第一家劳务输出公司，当年输出劳动力5500余人。到1990年，全市共输出劳动力1.24万人。

1993年3月，随着全市劳务输出的发展壮大，市劳动部门成立了市劳务输出服务中心，先后与北京、广东、上海、福建等省及“长三角”“珠三角”、京津地区的数百家知名企业建立了长期合作关系。至2000年，该中心累计输出劳动力1万余人，务工收入累计约15亿元，接收单位有“飞利浦”“松下”“佳能”“英业达”等大型工业企业。

三　知青下乡及回城安置

1961年，动员在城镇就业有困难的知识青年和其他社会闲散劳动力上山下乡。至“文化大革命”前，全市组织动员1667人，其中学生和社会青年1180人，社会闲散劳动力487人。1962年，有110人安置在国营林场，有9人落户插队，其余全部安置在城镇周围。其中，国营农牧渔场、果树园艺场安置157人，新办集体农林场23个，共计安置城市社会青年和闲散劳动力1187人。据1965年11月对20个农场统计（不含财贸农场、工交农场、白马农场），共有荒山877.20公顷，开垦384公顷。绿化造林325公顷、种植各种作物172公顷。

1964年9月，创办“共产主义劳动大学”（简称“共大”），采取半耕半读、城来社去，为农业生产培训专业技术人员。当年录取学生100人，翌年又招收新生108人。“共大”学生视同上山下乡任务，从市安置经费中按标准拨付。1966年2月停止招生。1969年1月，208名“共大”学生集体安置到大通湖农场插队。

1968年，株洲市恢复中断2年的上山下乡工作，11月组织第一批知识青年到浏阳安家落户。同年12月22日《人民日报》发表毛泽东关于“再教育”的指示后，形成“上山下乡”热。至1969年3月，2批共下乡毕业学生6118人、社会青年1847人。

随着生产建设的恢复，城市用人增加。1969—1970年，株洲市共招工1.3万人，其中从农村招收8324人，但招回下乡知青仅142人。因此，在对1969届、1970届中学毕业生定向时，根据生产需要，除留城招工外，定向下乡488人，连同社会青年共计下乡746人。

1972年6月，湖南省革委会批评株洲市下乡工作“人数不多，进展缓慢”。这年全市动员上山下乡1725人，其中参加三线铁路建设有1157人。

1973年10月，在总结株洲县王十万公社党委将知识青年相对集中安置在公社林场、红湘江机器厂和株洲县大京水库采取厂社挂钩、干部带队、城乡配合、共同搞好安置、教育工作的经验后，确定了“厂社挂钩，实行下乡安置、支农、战备疏散三结合”的安置形式。这年，全市又动员3791名知识青年上山下乡。

1974年1月12日，《人民日报》内刊刊登《湖南日报》记者采写的《株洲市实行厂社挂钩，举办社队林、茶场安置上山下乡知识青年》的报道，引起中央和各方关切。6月12日，《人民日报》发表题为《一个很好的典型》的调查报告和短评《大有希望的事业》。此后，各级党委对知青工作的领导进一步加强，增派70名带队干部。许多问题都由各级党委直接予以解决，特别是各大工厂党委对挂钩社队知青点全力支援。《人民日报》调查报告和短评发表后，扩大了株洲市知青工作在全国的影响。2月12日至7月25日，全国有25个省份的市、县和企业单位派人到株洲参观考察，仅调查报告发表后的1个月内，到株洲考察的就有5595人。截至1976年5月，共接待参观考察人数达6.5万余人。

1974年8月，市委召开知青上山下乡工作会议，重申了一些具体政策。对完善“厂社挂钩、集体安置”知青工作、统筹解决历届下乡青年的困难等问题做了研究部署。这年，全市应届毕业生共5625人，应动员上山下乡有4805人，连同社会定向人员共有上山下乡青年5478人，年底下乡4663人。根据当年9月18日市委知青工作领导小组办公室的统计，全市安置知识青年的农林茶渔场有276个，在场知青9551人，在场基层干部838人，贫下中农社员2335人，带队干部206人。共为知青点建房265栋3137间计12万平方米。

1975年，全市应届毕业生中因残疾、独生子女等原因，共留城532人。定向上山下乡4827人，总计下乡知青4941人。1976年，应届毕业生4713人，按政策留城1108人，缓下46人，定向下乡3559人，连同社会青年共下乡3650人。1977年，定向下乡4523人，动员下乡4576人。

1978年，按照实事求是、统筹安排的原则，调整了上山下乡政策，扩大留城面。这年应届毕业生3694人，定向下乡739人，实际下乡只有11人。

1979年4月，中共株洲市委发出《关于统筹安排知识青年若干问题的规定》，要求各地大力发展生产，办好集体企业，广开安置门路，对于在农村的6000多名知识青年要求在2年内逐步解决就业问题。至此，全市除硬质合金厂安置知识青年200人外，全部停止上山下乡动员工作。是年年初，在农村的6779名知青中，除回老家的102人外，其余全部收回城镇，各级知青办也全部撤销。历经10年的株洲市知识青年上山下乡工作宣告全面结束。

第三节　企业劳动力管理

一　劳动计划

从1954年起，株洲市对城市零散建筑工人进行统一组织、编组编队，由劳动调配处统一管理，按计划实行挂牌调配。随着基建任务逐年加大，用工量逐年增多，对劳动力计划管理范围扩大到所有单位，都必须按季、月向市劳动部门报送本单位在册工人增减变动情况和劳动力平衡计划，在市劳动部门统一安排下进行调配和招用。1957年5月，进一步强化计划管理，严格控制多招工人。

1958年“大跃进”，国家重点项目相继投产，各项事业也迅速发展，劳动力的需求量急剧增长。1958—1960年，先后从农村招收职工近5万人。其中，全民所有制单位职工人数（按地区口径）

由1957年年末的50044人，增至1960年年末的119935人，3年增长1.4倍，年均递增33.82%。

1961年，精简职工和减少城镇人口，至1963年年末株洲市职工人数减少到72152人，3年净减少职工47783人，减少39.84%。自此，劳动部门进一步加强了职工人数计划、工资基金计划的控制。

1969年年底，恢复招工，至1972年4年间，株洲市职工人数净增加37586人，增长40%，年均递增8.78%。由于全国都出现“职工人数、工资总额、粮食销量”三突破，国家控制招工、停止补员和控制临时工，1973—1974年株洲市全民所有制单位职工净减少1282人，减少0.97%。

1975—1987年，通过加强劳动计划控制，固定职工增长47.1%，平均每年递增3.01%。但自1975年以后，有部分企业在劳动计划外常年性生产岗位上再次使用临时工，有的全民所有制企业还以集体的名义招收职工进行混岗生产。自1979年起通过清理，减少了1万多名计划外用工，1983年年末全市仍有计划外用工28151人，其中使用混岗的城镇集体职工18116人；1987年，计划外用工增加到33620人，其中混岗的集体职工16173人。4年间，计划外用工增加了5469人，增长了19.43%。

1988年6月，开展劳动计划体制改革的试点工作。实行职工人数增加与生产发展挂钩，初步解决了计划与实际脱节的问题，使劳动力的增长与生产的发展保持了大体适应的水平。1988年，市、县市属全民所有制单位职工较上年增长3.46%，1989年增长1.72%，1990年增长2.7%，都低于1987年8.08%的增长幅度。

1991—2000年，企业用工制度改革不断深化，实行定编、定员、定岗制度，将企业用工科学地引入竞争机制。1991年，全市217个全民工业企业中，实行定额人数63456人，占实际定额人数的93.5%。通过“三项制度”改革，企业将原有的固定工、合同制工、临时工、计划用工，通过考试考核、双方自愿签订劳动合同，实行劳动合同制管理。当年，全市17家企业、28806名职工实行了劳动合同化管理，27793名职工分别与企业签订了劳动合同，占企业职工总数的96.5%。1992年后，株洲市全面放开企业用工计划，企业用工则根据企业本身的需求，直接进入劳务市场进行招工，计划用工退出历史舞台。

二　用工制度

1950年春，为配合农村的清匪反霸运动，株洲镇组织搬运工人开展“废箩保权运动”，烧毁箩契220张。1951年8月，成立株洲市民主改革运动委员会，在搬运行业中开展民主改革运动。截至1953年，彻底废除搬运业、建筑业、煤炭业中封建把头的剥削制度。在私营企业中，建立起劳资协商制度，将有关职工的雇用、解雇及工资、工时、福利待遇等，列为劳资双方协商的主要内容，签订集体劳动合同。1950—1953年11月，有58个私营企业、厂店签订了集体合同，368个公营企业也和职工签订集体合同。在此期间，为稳定经济、稳定社会和解决民国时期遗留下来的失业现象，国家采取了“包下来”的政策。对所有公私企业辞退、解雇职工采取严格的限制措施，逐步形成了以固定工为主的用工形式。但在职工总数中，临时工、季节性预约工所占比重仍然很大，人员能进能出，用工形式较为灵活。特别是建筑业使用的临时工约占全部职工的70%，制砖业除少数基本骨干外，全部为预约工。1956年后，厂矿企业将生产需要的临时工逐步转为正式工人（长期工人）。此后，固定工（长期工、正式工）的比重逐步扩大。至1963年精简职工以后，固定工占全部职工的比重达到97.66%。

1964年，为解决劳动制度中“包的过多”“统的过死”，企业招用的人员“只能进、不能出”的弊端，逐步推行“两种劳动制度”。1965年，在生产建设企业招收1年以上长期合同工862人，至1966年年末，全市计划内的各种临时工、合同工和轮换工共8769人（不含企业使用发包工），占职工年末人数9.85%，比1963年增加2.34个百分点。

1966年6月，停止辞退临时工、合同工，也不再续订1967年合同协议书。

1971年，对临时工、合同工进行改制，至1973年2月13日统计，全市临时工16549人中有11499人改为固定工，占临时工总数的69.5%。改制后规定，常年性生产岗位不能使用临时工，只能使用固定工，进而强化了“固定工”制度。至此，固定职工占职工总数的比重上升到99.6%，比1966年增加9.45个百分点。

1983年，经湖南省批准进行合同制试点。是年，招收劳动合同制职工266人，至1985年年末劳动合同制职工增加到3316人。1988年，在国营企业新增职工中全面实行劳动合同制。至1990年末，全市合同制职工人数增加到45727人。至此，形成了多种用工形式。

株洲市被列为“三项制度”改革试点城市后，按照“大范围”、“大动作”、配套改革的设想，推动用工制度改革，实行全员化劳动合同管理并转化为“企业职工”。消除了固定工、合同制职工、临时工、集体工的差别。

1994年，劳动合同制在全市企业中普遍推行，全市签订劳动合同的职工达20余万人，占全市企业职工总数的54%，有株洲县、市一商局、粮食局、外经委等行业和221家企业实行了全员劳动合同制。通过改革，劳动合同制度作为一种新型的用人管理制度，已被广大用人单位与职工所接受。1999年年底，全市共有46万职工与用人单位签订了劳动合同，占应签劳动合同职工人数的98%。

三　精简职工

1961—1963年，株洲市开展大规模的精简职工、减少城市人口工作。3年共迁往农村的城镇人口达63261人，其中全民所有制单位回农村的职工42270人，职工年末人数由1960年的12万人（系地区口径）减至72152人，增减相抵，3年净减少47783人。

四　整顿劳动组织

1955年，大型基本建设进入紧张施工阶段，市劳动部门组织开展以贯彻劳动定额、推行计件工资、减少窝工浪费、提高劳动效率、缩短施工期限为内容的劳动组合调整工作。结合劳动组合调整进行劳动力平衡调剂。1956 — 1957 年，组织开展以推行先进操作方法，推广先进工具，挖掘劳动潜力为内容的劳动组合调整工作。

1958 年，新建企业投产或部分投产。为及时发挥效益，组织开展全市性“技术革新、技术革命”的群众运动和“社会主义劳动竞赛”，结合技术革新、技术革命，提高技术水平及时调整劳动组织。

1960 年，在全市开展以编制定员为内容的整顿劳动组织的工作。着重点是解决班组内部、班组之间、生产部门和辅助部门、生产人员和非生产人员的比例关系。要求大刀阔斧合并业务相近的机构，减少层次，加强班组建设。1961 年 2 月，开展以节约劳动力为中心进行“五定”的群众运动。1964 年，开展以压缩企业非生产人员为内容的劳动组织调整。

1978 年，全市普遍开展整顿劳动组织的工作，这次整顿劳动组织的重点是清理各种用工及利用非法手段招收的农村劳动力。通过清理建立企业劳动管理制度。

1982 年，中共中央、国务院发布《关于国营工业企业进行全面整顿的决定》后，株洲市有 329 户市属企业开展了企业建设性的劳动组织整顿。这次整顿的最大特点是整顿与企业改革和经济体制改革的有机结合，并取得较好的效果。

1987 年 7 月“三项制度”改革试点后，为搞活固定工制度，许多企业实行了优化劳动组合。即根据生产需要，在定员内打破原有组织结构，通过优化调整，形成新的劳动组合。1988 年，优化调整劳动组合的有 351 个单位，占 84.96%。

1989 年，通过建立厂内劳务市场，使企业富余人员的登记、管理、培训、组织生产自救成为常态。1991 — 2000 年，全市企业逐步实行全员劳动合同化管理。

五　劳动定额与定员

（一）劳动定额

1952 年，田心机厂和 331 厂在中央主管部门统一组织下，培训专业定额工作人员。通过发动群众开展劳动竞赛，进行技术测定，制定劳动定额，建立了一套完整的劳动定额管理制度。

1954 年，株洲市政府在建筑施工企业中大力组织推行《全国建筑施工预算定额办法》。1955 年，市政府成立建筑业推行计件工资办公室，负责在建筑、施工企业贯彻 1954 年中南行政委员会制定的《建筑工程劳动定额实施细则》和湖南省人民政府制定的《建筑业计件工资制度细则》，巡回检查劳动定额贯彻执行情况及达到劳动定额程度等事宜。国家、省、市三级定额站建立后，在建筑业中建立了定期修改、补充劳动定额的制度。劳动部门对建筑业劳动定额管理转向以监督检查为主。这时建筑业执行劳动定额面不少于 80%。在强体力劳动的人工土方、人力运输及泥、木、副工种中实行劳动定额面达到 100%。

1958 年，在“破除资产阶级法权残余”的号召下，废除了计件工资，取消定额管理。

1959 年 5 月，在重体力劳动中恢复定额管理并陆续在 1.2 万名土石方工人及搬运工人中恢复计件。

1961 年，“五定”群众运动中，不少企业恢复和建立了劳动定额。1964 年实行定额面为 39.98%。“文化大革命”后，劳动定额又被全面否定。

自1978年以来，企业进入恢复性整顿和建设性整顿时期，逐步恢复劳动定额工作的业务建设。1985年，列入整顿验收合格的307户市属企业中，设置定额管理机构的209户，专职定额人员927人。根据预算内122个市属企业统计，按可比产品定额水平比较，1985年比1982年提高5%的有27个单位，提高6%～10%的有18个单位，提高11%以上的有32个单位。1989年，成立株洲市劳动定额标准化协调小组和劳动定额、定员研究会，在全市611户全民企业中开展定额标准化的工作，至年底已有定额标准23203个。其中国家标准298个，占1.3%；行业标准15856个，占68.3%；地方标准330个，占1.4%；企业标准6719个，占29%。1991年，全市217个全民工业企业中，有国家标准292个，行业标准2471个，地方标准93个，企业标准6561个。

（二）劳动定员

1958年“大跃进”后，新建的一批地方企业，采取边基建边生产的办法，基本上没有设计定员。1960年，开展以编制定员为内容的整顿劳动组织的工作。1961年，进行“五定”群众运动，把编制定员列为重要内容。1964年，对企业机构设置、非生产人员配备，提出了具体标准。“文化大革命”中，编制定员被取消。

1983—1985年经过企业整顿，在市属122个预算内单位中有120个恢复了定员管理，厂部机构由整顿前1082个（1982年）压缩到1031个，减少51个。一线直接生产人员由整顿前的57.54%上升为58.48%，二线辅助人员由20%上升为21.29%，管理人员由12.03%上升为12.16%，服务人员由8.22%下降为8.07%。但因企业缺少“内动力”，加之富余人员要消化，还要安排国家统一分配的人员以及上级要求设置一些机构，影响了企业编制定员的积极性。机构庞大、人员机构不合理、人浮于事的现象仍很严重。1989年，全市611个全民企业中，实行定额人数达70203人，占应实行定额人数的92.9%。1991年，全市217个全民企业统计，实行定额人数63456人。

六　劳动纪律

1954年5月，株洲市国营企业把贯彻《内部劳动规则纲要》作为企业劳动管理的一项中心工作。1964年以后，又把劳动纪律纳入社会主义教育运动的范畴。

“文化大革命”开始后，工厂纪律涣散，出勤率降低。1982年，实施《关于国营工业企业进行全面整顿的决定》《企业职工奖惩条例》《全国职工守则》和《国营企业辞退违纪职工暂行规定》，推动企业劳动管理工作。1987年，“三项制度”改革中各企业进一步加强厂规厂纪的整顿和建设。1988年，株洲市制定和完善厂规厂纪的全民企业581个，占企业总数的93%。1990年，775个全民企业全部制定完善厂规厂纪。实施暂行规定以来，累计辞退人数180人，按照《企业职工奖惩条例》的规定，1988—1990年除名、开除、解除劳动合同共770余人。1991年，处分712人，开除160人，除名149人。随着用工市场的逐步放开，各企业则按照劳动合同管理要求，对违反合同规定的职工，企业有自主决定去留的权力。

第四节 劳动工资

一 工资方式

（一）工薪制

中华人民共和国成立后，在码头业废除封建把头控制的“箩契”制度。在私人工商企业中，对工资实行劳资两利的政策。在政府指导下，通过劳资双方协商，调整薪资，并实行以米折发工资的办法。1950 年下半年，多数企业改为按工资分计算工资的办法。

（二）工资分制

1952 年，进行第一次全国性的工资改革，实行统一的以“工资分”为计算单位的工资制度。

（三）货币工资制

1956 年，工资改革取消工资分制，实行货币工资制和新等级工资标准。按照分级管理体制，参加这次工资改革的市属全民所有制单位共 62 个，职工 6514 人，有 50% 的职工工资升级。改革后职工月平均工资水平由改革前的 35.74 元提高到 43.14 元；公私合营企业通过工资改革有 1138 人增加了工资，占公私合营企业职工的 79.69%，人均月增加工资 4.87 元。

（四）新企业工资制

1985 年，工资制度改革，目的是建立新的企业工资制度。在简化、归并和提高企业工资标准的基础上，开展企业内部工资制度改革。通过简化、归并，市、县属企业由 153 种工资标准简化为 3 类产业、3 种工资标准；同时，提高地区类别，原执行四类工资区的企业提高为五类工资区；进行职工工资升级，在市、县属企业全部职工 99344 人中，列入升级范围的 82441 人，升级的 80079 人，占全部职工人数的 80.61%，占升级范围人数的 97.13%。以上用于工资改革的总增资水平为人均 12.70 元，包括定级在内实际月增加工资 18.08 元。

（五）岗位技能工资

1990 年，株洲市开始岗位结构工资试点，第一批试点的企业有株洲化工厂、湘江氮肥厂等 7 家企业。1991 年，全市有 12 家企业试点制定岗位技能工资制度。同时加强企业经营者的工资收入管理，对企业经营者（集团）的收入实行分离管理、分别考核、单独结算、单列申报审批的办法。经营者的收入与企业当年实际完成的实现利税、上缴利税、产品质量、劳动生产率四项指标挂钩。在对 158 家企业调查表明，经营者的收入是职工的 1.37 倍；但不同企业间的收入差距很大，最大有 4.2 倍。2000 年，株洲市有 80 家企业进行岗位制度试点，当年已有 40 家企业出台岗位工资实施办法。

（六）计时等级工资

1952 年，在废除旧的不合理的工资制度后，全国实行统一的等级工资制度。其中，工人一般执行八级制，建筑业实行七级制，少数行业实行六级制。按不同产业，分别制定国营、地方国营不同类型企业的工资标准。在职员中普遍实行职务等级制度。

1963年，结合调整工资，改进职工等级工资制度，一是调整偏低工资标准；二是取消按科室、人员分类的等级制度，简化职员的工资等级标准；三是改革商业部门按商品分类的工资等级制度，实行全国商业、饮食、服务、外贸业务人员十一级工资标准制度。据统计，1963年以后共有工资标准153种。

1985年，简化归并工资标准，在工人中统一实行新八级工资制，按不同产业分为三种工资标准。工人和干部工资标准按照“一条龙”排列，工人分八个等级，干部按企业规模确定。大型联合企业有十七个等级，大型企业十四至十五个等级，中型企业十二至十三个等级，小型企业十至十一个等级。

在高度集中统一的工资管理体制下，等级工资成为企业内部分配的根本制度和主要形式，也是计算劳保费用、核定奖金、计发停工工资的依据。

（七）奖励工资

“一五”计划期间，企业奖励制度主要是超产奖和劳动竞赛奖。1956年，奖励制度发展较大，奖励名目较多。1958年，取消了各种奖励制度。

1959年1月，发放1958年跃进奖，奖金总额为1958年12月份（或11月份）一个月实支工资总额的二分之一，个人奖金额相当于半个月工资的奖金，学徒工每人发给10元。1959年跃进奖的发放办法，仍按生产工人标准工资的百分比规定，每人最高不超过本人月标准工资的50%，生产工人以外的其他职工以绝对数规定，每人最高不超过40元，学徒的奖金每人不超过12元。

1960年，建立综合奖，奖金率按季计算，不超过职工月标准工资的20%。1961年，奖金率调整为每月不超过月标准工资的7%，少数重点企业的奖金率不超过实行奖励制度职工标准工资总额的10%。1964年，工业部门统计全年共支付奖金128.83万元，占全部工资总额的6.18%，占标准工资总额的7.15%。1966年以后奖励工资被取消，改成为附加工资。

1978年年后，在部分企业恢复了奖励制度，奖金总额的提取比例为施行奖励制度职工标准工资总额的10%。未实行奖励制度的单位，在全面完成国家计划条件下对职工发给一次性年终奖，奖金总额按本单位固定职工人数平均每人10元提取；没有全面完成国家计划，但已完成主要计划指标的奖金总额按人平5元提取。是年，共支付奖金259.83万元（含中央、省属企业），占工资总额的3.38%，人均奖金22元，连同附加工资共500.27万元，占工资总额的6.51%，人均42元。

1984年，国营企业第二步利改税以后，实行奖金税的办法，取消奖金封顶。全年发放奖金2个半月标准工资以内的不征奖金税，超过2个半月的按超额累进法征收奖金调节税。1986年，奖金税起征点改为4个月，超过4个月的部分征收奖金调节税。1988年，改为超过4个半月征收奖金调节税。

（八）计件工资

“一五”计划期间，在机械、建筑行业实行计件工资。1955年，建筑业计件面达到78%。1958年取消计件工资。

1959年后，在重体力劳动中逐步恢复计件工资。“文化大革命”中全部取消计件工资。

1978年后，在少数重体力劳动和手工操作的工种中试行有限制的计件。至1989年统计，全市国营企业实行计件工资的人数共有42298人，占全部职工总数的13.35%，共支付计件工资7326万元，占年工资总额的 10.78%。

（九）岗位工资

1963 年，苎麻纺织印染厂实行了全省统一的十五岗工资制。“文化大革命”以后，新工人进厂一律改为执行保全工八级制工资制度。1971 年，调整工资对原实行岗位工资的职工，采取按岗位对应八级制工资标准，即一岗对应一级，三岗对应二级，五岗对应三级进行升级。1985 年，全部改为八级制工资标准。1986 年，在株洲苎麻纺织印染厂的一线生产岗位试行新五岗工资制，1987 年，扩大到市属各纺织工厂，1988 年又扩大到玻璃厂的玻璃纤维分厂。1998 年，在全市选择 80 家企业进行岗位工薪制试点，并在当年被列为全国试点城市。经过 4 年的推行，全市企业逐步废止等级工资制，普遍实行岗位工薪制，企业内部分配制度开始适应市场经济和现代企业的要求。

（十）津　贴

1976年以前，津贴、补贴项目很少，执行范围面很窄，标准也低，占工资总额的比重很小。1964年，工业部门各种津贴共 20.17 万元，人均 5 元，为工资总额的 0.97%。津贴种类主要有保健津贴、高空津贴、夜班津贴、回民津贴及小伙食单位补贴等。1978 年年后，津贴、补贴名目逐渐增多，执行范围逐渐扩大，津贴总额占工资总额的比重也逐年加大。1978 年，全市全民所有制单位津贴总额为 377.68 万元，占工资总额的 4.91%，人均 32 元。至 1990 年，津贴总额为 13778.40 万元（含区域变动的机械增长因素），占工资总额的比重为 17.91%，比 1978 年增加了 13 个百分点，人均达到 427 元，增加 12.34 倍，平均每年递增 24.1%。1991 年 7 月，根据湖南省关于适当调整企业中夜班津贴标准的通知，株洲市将 1987 年制定的夜班（零时至 8 时）津贴标准由原来的每人每班 0.80 元提高到 1.50 元，中晚班（16 时至 24 时）津贴标准由原来的 0.60 元提高到 1.00 元。

（十一）承包挂钩工资

1984 年，第二步利改税和企业工资总额与经济效益挂钩后，部分企业根据本企业的生产特点改革内部分配制度，形成企业内部分配多样化的格局，其共同特点是在保持现行等级工资制度的同时，与承包经营责任制结合起来，即把标准工资、奖金及除物价补贴以外的津贴，捆在一起与承包经营责任制挂钩进行浮动。按照职工实际劳动成果和劳动贡献支付工资，多劳多得，少劳少得。

（十二）结构工资

1985 年以后，株洲硬质合金厂、株洲冶炼厂、株洲选矿药剂厂、株洲钢厂等 16 个单位实行以“岗位”为特点的结构工资。结构工资一般分成基础工资、岗位工资、技能工资、年功工资、各种津贴、奖金等6个单元。6个单元除按照各自职能独立运行外，并与车间内部承包经营责任制挂钩浮动。1990 年，经省政府批准，株洲化工厂、湘江氮肥厂、株洲苎麻纺织印染厂等 9 个企业，实行“岗位技能”工资试点。与此同时，航空航天工业部批准南方航空动力机械公司试行“岗位技能”工资，从而进入企业内部工资制度改革的新时期。

（十三）加分红工资

从 1997 年开始，株洲市对股份制和股份合作制企业推行工资加分红收入制，鼓励企业职工持股，允许职工在企业确定的基本工资基础上，享受劳动分红、技术分红、资金分红等，使职工劳动投入具体化，工资收入多元化。株洲千金药业公司职工364名，人均持股1万股，职工不仅得到正常的工资，每年还享受股份分红。

（十四）工资年薪制

1995年，株洲市选择5家国有和国有控股企业在全省率先实行经营者年薪制试点。1997年，株洲市被列为全国经营者年薪试点城市，市政府组织劳动、财政、税务等部门进一步完善试点方案和具体政策，各项考核指标的数学模型更趋科学。1999年，全市经批准实行经营者年薪制的企业有20户，在岗职工9795人，在岗职工年平均工资8190元，经营者年收入平均为5.33万元，是职工平均工资的6.5倍。经政府其他部门批准实行经营者年薪制的企业有4户，在岗职工4354人，在岗职工年平均工资11454元，经营者年薪收入平均为9.10万元，是职工平均工资的7.9倍。2000年，经批准实行经营者年薪制的企业20户，在岗职工10265人，在岗职工年平均工资9225元，经营者年收入平均为6.61万元，是职工平均工资的7.2倍。经政府其他部门批准的企业有4户，在岗职工4340人，在岗职工年平均工资12302元，经营者年薪收入平均为9.24万元，是职工平均工资的7.5倍。参加试行企业经营者年薪最低有1万元左右，最高者达到30多万元。

二　工资调控

（一）工效挂钩

1984年，株洲市在7个大中型企业、9个经济困难的小企业、8个交通企业、2个施工企业、3个煤矿试行工资与效益挂钩。总计试行工资总额与经济效益挂钩的国营企业29个。据21个挂钩的国营企业统计，1984年实现工业总产值2.86亿元，较上年增长7.47%；实现利税7572万元，增长18.11%；上缴利税5401.40万元，增长7.21%；实发工资增长28.06%。1985年，试行工资总额同经济效益挂钩的单位47个，职工46140人。至年末经正式批准的试点单位只有10个企业。

“三项制度”改革后，试点单位增至42个、职工4.5万人。1988年，市、县属企业有283个实行了工资总额与经济效益挂钩，挂钩企业职工10.48万人。挂钩当年随效益增长新增效益工资4244万元，增长27%，相当人均增加效益工资420元。1988年年末，结存的工资储备金共计4384万元，相当于人均储备工资430元。暂不具备挂钩条件的164户企业，实行工资总额包干。1988年，市县属企业实发工资23324.60万元（含物、副贴约3490万元），较上年增长20.18%，平均工资1761元。增长16.01%。挂钩单位实际支付挂钩工资16842万元（不含物、副补贴及原材料奖），人均1637元；未挂钩单位实际支付工资1771.02万元（不含物、副贴及原材料奖），人均1429元。

1989年，着重推进工效挂钩制度化、规范化、程序化和透明化。这年工效挂钩总户数仍维持283户，新增效益工资1472.50万元，增长7.63%，考核扣减效益工资71.75万元，实提效益工资1400.75万元，增长7.26%。当年实发挂钩工资9130.59万元，人均1860元，增长13.62%。在283户挂钩企业中，有175个单位随效益增长增加了工资，占61.8%，共增加效益工资1926.20万元，增长14.3%，人均增加工资274元；有90个单位效益下降、工资下浮的占31.8%，下浮工资453.67万元，下浮 9.71%，人均下浮 172 元；有 18 个单位没有效益工资，占 6.36%。在集体企业中 1989 年实行工资同经济效益挂钩的共 365 个，职工 53125 人，挂钩企业面为 47%，挂钩企业职工人数占总人数的 61%。

1990 年，实行工效挂钩的国营企业已发展到 370 个，职工 11.58 万人，分别占国营企业的 89.35% 和 92.1%。集体企业实行挂钩的共 391 个，职工 57542 人，分别占集体企业的 44.1% 和 68.2%。

1996 年，株洲市下发《关于进一步改进和完善企业工资宏观调控有关问题的通知》，在挂钩经济指标上明确了对国有资产的保值增值考核。同时，对原来的挂钩办法做进一步改进和完善，在部分企业中试行税利分挂。根据企业亏损严重的实际情况，把减亏作为工效挂钩的重要指标，规定完不成减亏目标的，不得增加工资和发放奖金。当年，全市工效挂钩及工资调控的企业户数和职工人数分别达到 95.2% 和 93.4%；挂钩企业提取新增工资的有 75 户，新增工资 820.5 万元，未完成效益指标工资下浮的企业 197 户，下浮工资 6426.3 万元。对暂不具备条件挂钩的企业，仍实行工资总额包干和计划控制的办法。

（二）最低工资

1996 年 7 月，株洲市首次发布全市最低工资标准。市区最低工资标准为每月 205 元，县市区最低工资标准为每月 190 元。到 2000 年，全市最低工资标准经过 5 次调整，城区由每月 205 元调整到 325 元，县市调整到每月 300 元。

（三）工资指导线

1997 年，株洲等 7 个城市被列为湖南省工资指导线试点城市，保留弹性工资计划作为过渡，采取工资指导线办法与弹性工资计划并行，在试点中逐步转向运用工资指导线调节企业工资水平和工资增长速度。以全市经济增长率、社会劳动生产率、城镇居民消费价格指数为主要依据，并综合考虑城镇就业状况、劳动力市场价格、人工成本水平等相关因素，确定科学的工资指导线，坚持以工资增长基准线作为职工平均货币工资增长的调控目标，以工资增长上线作为控制工资增长的最高限度，以工资增长下线作为保障职工实际生活水平不下降的最低工资增长幅度。历年来全市上线最高达到 20%，最低为 15%；基准线最高达到 14%，最低为 6%；下线最高达到 3%，最低为零。2000 年，全市运用工资指导线进行调控的企业达到 95%。

（四）市场工资指导价

1999 年，株洲市被列入全国 100 个劳动力市场“三化”建设试点城市。市政府下发《株洲市劳动力市场工资指导价位制度试行办法》，确定了劳动力市场工资价位和适用范围。2000 年，首次发布 52 个工种的劳动力价位（劳动力市场工资价位是采集 1998 年的基础数据，综合考虑 1999 年工资增长水平确定的）。

（五）集体协商工资

1999 年，株洲市开展推行企业工资集体协商，动员外商企业和民营企业先行试点，旨在对国有、集体企业的工资分配试行集体协商。并确定南方雅马哈摩托车公司和湘大实业公司试点。南方雅马哈摩托车公司的工资总量和职工工资标准，由该公司劳资部门参照政府工资调控政策提出方案，交由董事会与职工工会平等协商、修改调整后决定，对新职工均采取协商确定工资水平的办法。

三　工资调整

（一）统一安排升级

自 1956 年工资改革以来，由国家统一安排的职工升级或工资调整共有 8 次。（不含 1956 年工资升级和 1985 — 1986 年套改新工资标准升级）

1959 年职工升级　按工业、建筑、交通运输、邮电和公用事业工人升级面为 30%，职员升级面为 10%，农、林、水利部门和商业、服务饮食业的工人升级面为 5% 的规定进行。全市纳入这次升级范围的生产工人共 19554 人，升级 5466 人，占 27.95%；技职人员 6560 人，升级 667 人，占 10.17%。工人升级每月人均增资 7.99 元，技职人员升级人均每月增加 6.96 元。

1961 年职工升级　升级的范围只限于矿山和林区的工人及井下和采伐现场的基层干部。其中主要生产工人升级面为 30%，辅助生产工人为 15%。列入这次升级范围的只有 2 个铁矿、1 个煤矿和木材公司 4 个单位，升级人数 192 人，人均增资 6.81 元。

1963 年工资调整　工人和干部升级面区别对待，工人一般都按 40% 升级，十七级至十一级行政干部升级面为 25% 和 5%。全市纳入这次升级范围的职工人数为 60913 人，升级 24738 人，升级面为 40.61%。升级人均增加工资 7.44 元；提高过低工资标准增加工资 706 人，人均增加 2.90 元；调整工资区类别增加工资 43722 人，人均增加 1.23 元。

1971 年工资调整　这次调整工资的是 1957 年底以前参加工作的三级工、1960 年以前参加工作的二级工、1966 年底以前参加工作的一级工和低于一级的工人，以及工作年限相同、工资等级相似的工作人员。矿山井下主要生产工人的调资范围，可以分别放宽一级。全市列入这次调整范围的全部职工总数 97475 人，升级的 22379 人，占 22.3%，平均每人每月增加工资 6.85 元。在调级人数中属于调高 2 级范围的 2636 人，实际提高 2 级的 2033 人。未调级人员与调级人员平衡而增加了工资的 4149 人，人均月增资 0.85 元。在集体企业中除 8 个单位实行工分制，1 个单位经济条件差以外，参加工资调整的单位共 90 个，职工 14131 人，其中调整了工资的 3040 人，占 21.51%，人均增加工资 6.55 元。实际调高 2 级的 506 人。未调级与调级人员平衡而增加了工资的 1386 人，人均增加 0.60 元。国营农场工资调整，于 1974 年进行，全市 4 个农场调整工资，增加工资面 89.2%。

1977 年工资调整　这次工资调整的范围是 1971 年年底以前参加工作的一级工、1966 年年底以前参加工作的二级工，以及工作年限相同、工资等级相似的职工。对 1971 年年底以前参加工作的其他职工（不包括 17 级及其以上干部和工资相当的其他干部），也按照这部分职工的总数调整 40%，列入这次调整工资范围的全民所有制单位职工总数 14.22 万人，其中按参加工作年限调级 19264 人，人均增加工资 6.20 元；按 40% 调级面调整工资的 41634 人，人均增加 6.69 元；适当增加工资的 11834 人，人均增加 1.73 元。连同大学生定级全部增加工资的人数为 73728 人，占固定工的 51.86%，占 1971

年底以前参加工作职工的59.2%；人均增加5.73元。县及县以上主管部门所属的集体企业22017人中，按参加工作年限调级的3932人，人均增加5.42元；按40%升级面调级3730人，人均增加6.17元；适当增加工资的2697人，人均增加2.70元；总计增加工资的10370人，人均增加4.99元。在县以下小集体企业也有3984人适当增加了工资，占职工总数的44.55%，人均增加4.57元。

1978年职工升级 给工作成绩特别突出的职工进行升级，升级面为2%。全民所有制单位共升级2082人，人均增加7.06元。集体企业给工作成绩特别突出的职工升级501人，人均增加工资5.95元。

1979年工资调整 这次升级纳入市审批范围的职工总数59963人，实升24249人，升级面为40.44%，人均增加5.87元。其中：高等学校、科研、设计、医疗卫生、体育、文艺等事业单位实升1333人，升级面为44.82%，人均月增加工资6.44元；工业部门实升12849人，升级面为39.14%，人均月增加工资5.83元；商业部门实升4102人，升级面41.43%，人均月增加工资5.80元。

1983年工资调整 参加这次工资调整的市属国营企业607个，职工85585人；其中1978年底以前参加工作的职工66843人，升级的有63076人，占94.36%，增加工资较多的3242人，占升级人数的5.14%，人均增加工资6.86元；升1级的人均增加6.23元，增加工资较多的职工人均增加15.25元。参加工资调整的集体企业427个，全部职工62538人；1978年以前参加工作的职工41924人，升了级的39685人，占94.66%，其中增加工资较多的332人，占升级人数的0.84%，人均增加6.57元。升1级职工人均增加6.47元，增加工资较多的职工人均月增资15.57元。

（二）企业自主升级

自1984年以来，企业职工升级有两种类型，一种是国家统一安排和指导下的档案工资升级，一种是企业内部效益浮动工资升级。

档案工资升级 厂长对有特殊贡献的职工晋级。1985 — 1989年年底，市直属企业共计升级5775.5人级；市县属国营企业10.61万人中，符合五项升级的人均升级1.71级；集体企业6.71万人中，人均升级1.47级。1989年根据《国务院关于国营企业工资工作的安排》，增加（转）一级标准工资进行的升级。全市列入增加（转）一级标准工资的市县属国营企业421户，职工11.81万人，实际升级10.66万人，升级面为90.26%，人均增加工资13.20元；集体企业662户，职工67094人，实际升级60253人，升级面89.8%，人均增加工资11.75元。此外，提高学徒期、熟练期及转正定级待遇的全民单位职工10230人，人均增加工资9.99元；集体单位职工5829人，人均增加工资8.64元。

企业内部效益浮动升级 自1984年年底起，部分企业相继进行内部浮动升级。经增加（转）一级标准工资后，仍有部分企业保留内部浮动升级。据统计，在市属全民企业10.61万人中，人均保留内部浮动升级0.65级；集体企业31538人中，人均保留0.3级。

第五节 劳动保险

中华人民共和国成立后，株洲市国营企业逐步实行《中华人民共和国劳动保险条例》，使职工生、老、病、伤、残、死等保险福利待遇有了保障。1954 年，劳动保险交由工会办理。到 1957 年，实行劳动保险条例的单位达 54 家，职工 39872 人。1962 年，实行劳动保险条例的单位增加到 90 家，职工 57435 人。不实行劳动保险条例的企业，有关职工劳动保险的问题由行政与工会组织，依据本企业实际情况协商后，订立集体合同，在合同中予以规定。至 1969 年，劳动保险费用的支付方法分为由企业行政直接支付和行政依照工资总额的 3% 拨交劳动保险金两部分，由工会组织办理劳动保险业务。1969 年，停止拨缴劳动保险金，改由企业营业外列支。1971 年，市劳动部门重新接管劳动保险工作。1986 年 2 月，成立株洲市劳动保险管理处，1991 年更名为市社会劳动保险事业管理局，负责全市职工的养老、医疗、待业、工伤、生育等社会保险基金的征缴、发放和管理。

一　职工养老保险

从 1984 年 1 月起，境内集体所有制单位职工养老保险由人民保险公司实行积累式保险，养老金按工资的 15% ~ 20% 提取。自 1986 年 7 月起，对市属全民所有制单位、合同制工、临时工的退休费用实行统筹，统筹基金的提取比例为统筹单位职工工资总额和退休费总额的 13%。市内参加统筹的全民所有制单位共 118 家、职工 6.97 万人，其中离退休职工 13210 人，收缴统筹金 626.89 万元，支付统筹基金 594.45 万元。1987 年 1 月，统筹范围扩大到在株的中央、省属企业（不含铁路、水电系统，邮电系统 1988 年 4 月改为行业统筹）。提取统筹基金的基数改为按统筹单位上年度月人平工资乘结算月人数，加退休费总额；结算办法，由差额结算改为全额结算。1988 年 1 月，市劳动服务公司所属的集体企事业单位退休费用，统一参加市劳动保险社会统筹，统筹比例按工资总额加退休费两项之和的 10%。同年 9 月，全市所有集体单位全部参加市劳动保险社会统筹。统筹范围扩大到自收自支的事业单位。且将全民单位职工退休基金与全民合同制职工养老金合并统筹。统筹基金的提取比例，单位按全部职工工资总额的 18%，个人按月实发工资的 3% 缴付。两项基金合并统筹后，合同制工人转移养老保险金在统筹积累金中支付。统筹项目也由 4 项扩大为 9 项。同年 12 月，开始实行私营企业职工、个体劳动者及帮工社会养老保险。到 1990 年年底，全市参加统筹的全民单位达 489 个，职工 15.85 万人，退休职工 45145 人；参加统筹的集体单位 702 个，在职职工 63425 人，退休职工 15837 人；参加合同制职工养老保险的单位 1131 个，计劳动合同制职工 37482 人；市区范围共有 41 户私营企业 213 人参加了养老保险。

从 1993 年 3 月起，对株洲市全民和集体所有制单位退休费用的统筹比例作适当调整，单位缴纳部分由原工资总额的 18% 提高到 22%，个人缴纳部分由每人每月 3 元提高到 5 元；集体所有制单位的退休费用实行以地区为单位统筹。同时，全民和集体两种所有制的退休费用统筹基金按规定合并使用。同年，县以下集体单位和劳动服务公司所办县以下集体单位的职工，以及县以上单位的县以下集体职工均纳入社会养老保险范畴。

从 1994 年 4 月起，各类职工统一按本人上年度实发工资总额的 2% 缴纳个人养老保险费。

1995年，国务院《关于深化企业职工养老保险制度改革的通知》下发后，株洲市规定单位按本单位上年度职工月缴费工资总额的23%缴纳，职工个人按本人缴费工资的3%缴纳，以后每2年提高一个百分点，最终达到8%。养老金计发办法由原来单一的按工龄长短、工资高低计发养老金，转变为与职工缴费工资和缴费情况挂钩的计发办法。同年9月，株洲市正式建立了社会统筹和个人账户相结合的制度，开始为参保人员建立个人账户。个人账户金额分为个人缴纳部分、单位代缴部分、单位划转部分组成。

1996年1月，株洲市建立缴费工资年审制度，4月启动了新的结算办法，由按上年度统计年报工资为基数改为每月按实际人数和工资计征并采取企业填报缴费工资基数。同时，建立统一的社会保险基金核算制度和企业离退休人员养老保险待遇调节机制，基本上做到每2年为离退休人员调整一次待遇。同年6月，株洲市机关事业单位养老保险正式启动，全市1187家单位、54880人参保。7月，全市离休、退休、退职人员分别月增加30元、20元、10元。1997年7月，按退休年份是否参加工资套改、退职等情况，株洲市对企业离退休人员养老金待遇标准进行了调整，分别月增加8～30元不等，离休人员月增加20～25元不等，并与机关工作人员，平衡离休金，按职务工资、级别工资、基础工资和工龄工资之和进行平衡。

1998年1月，株洲市企业养老保险个人账户规模调整为个人缴费基数为11%，个人缴费部分（8%）全部记入，另外3%从单位缴费中划入。同年3月，株洲市统一调整养老保险费的征缴比例和个人账户记录，与国家养老保险制度正式接轨，养老保险关系可以在全国范围内流动。

1999年1月，养老保险实行收支两条线管理，养老保险费纳入财政社会保障基金专户，取消从基金中提取经办机构工作经费，由财政在预算中安排。同时，开始实行养老金社会化发放试点，将全市1125名离休人员和246名退休的市以上劳动模范养老金的发放由社保机构委托工商银行直接发放。随后与建设银行签约，展开了全市性的养老金社会化发放工作。同年7月，株洲市调整了企业离退休人员养老金标准，为离休人员月增加40～60元不等，退休人员月增加20～30元不等，离休人员按机关事业单位同类人员调整离休金，其中干部基础工资110元增加至180元，工人增加90元。

2000年，全市参加养老保险的单位有1558家，参保职工31.54万人，国有、集体企业覆盖面均为100%，城镇私营企业和个体工商户参保人数8940人。全市共征收养老保险费3.17亿元，收回历年欠费3959万元。全市已有7.24万名离退休人员养老金实行社会化发放，社会化发放面达80%。

二　职工待业保险

1986年10月，株洲市对全市所有的国营企业和实行企业化管理的事业单位，以及国家机关、事业单位、人民团体的合同制职工均实行待业保险。其缴纳标准：国营企业（包括企业附属的事业单位，如厂办学校、医院等）和实行企业化管理的事业单位，均按单位现有全部职工月标准工资总额的 1% 缴纳，在企业管理费中列支；机关、团体和其他事业单位，按本单位现有全部劳动合同制工人月标准工资总额的 1% 缴纳，在行政、事业费中列支。企业职工在待业期间可按规定享受待业救济金、离退休金、医疗费和医疗补助费、死亡丧葬补助费等待遇。

1988 年 1 月，待业保险的范围扩大到集体所有制企业。集体企业按其全部职工工资总额的 0.7% 缴纳。同年 10 月，全市待业保险基金缴纳标准统一按全部工资总额 1% 缴纳。为配合劳动制度改革，享受待业救济的对象扩大到企业通过优化劳动组合、择优上岗后剥离到社会上的富余人员，按“双辞”办法辞退、辞职的人员。其待业救济金的发放标准按全市上年度人均月工资的 70% 发给，待业职工每人每月可领取救济金 87.50 元。

1990 年年末，全市参加待业保险的全民所有制单位 917 个、职工 26.08 万人，集体所有制单位 531 个、职工 62300 人。全市共收缴待业保险基金 1720.20 万元。累计有 601 名待业职工领取待业救济金 43.60 万元。

从 1993 年 1 月起，株洲市待业保险实行企业负担与职工个人负担相结合的办法，企业缴费标准由原来按全部职工标准工资总额的 1% 调整为按职工工资总额的 1% 缴纳。1994 年 1 月，在株独资、合资和中外合资企业的中方职工实行待业保险，小集体企业、私营企业职工及个体工商户也逐步实行待业保险。失业保险金的缴纳标准调整为企业全部职工工资总额的 1.5%，个人缴费调整为每人每月 3 元。

1995 年 7 月，株洲市城区区属企业待业保险基金的征缴、管理和发放工作正式移交区里管理。

从 1998 年 1 月起，全市失业保险缴费比例提高为按全部职工工资总额的 3% 缴纳，其中企业缴纳 2%、个人缴纳 1%。征缴范围扩大到所有集体企业职工。再就业服务中心负责发放下岗职工基本生活费，承担代缴养老、医疗、失业三项社会保险费用。再就业服务中心所需资金，原则上采取“三三制”的办法，即财政预算安排、企业负担、社会筹集各占三分之一，社会筹集主要从失业保险基金中调剂。1998 — 2000 年，全市从失业保险基金中共调剂资金 9517 万元，用于解决国有企业下岗职工基本生活和缴纳社会保险费。

1999 年 1 月，国务院颁布《失业保险条例》和《社会保险费征缴暂行条例》，规定城镇企事业单位按本单位工资总额的 2% 缴纳，职工按本人工资的 1% 缴纳。失业保险待遇包括失业保险金、领取失业保险金期间的医疗补助金、领取失业保险金期间死亡的失业人员丧葬补助金和其供养直系亲属的抚恤金以及领取失业保险金期间接受职业培训、职业介绍的补贴等。

截至 2000 年年底，全市失业保险参保单位达 1785 家，参保人数 31 万人，其中市本级参保单位 718 家、人数 22.53 万人。全年征缴失业保险金 4225 万元，累计基金结余 1.15 亿元，其中市本级结余 7872 万元。全市办理失业职工登记 3673 人，发放失业救济金 389.5 万元。

三 女工生育保险

1988 年 8 月，株洲市在女职工生育期间试行息工制度。凡是只生一个孩子的女职工，从怀孕开始至婴儿出生后年满 3 周岁止，均可自愿申请实行息工，息工期一般在 4 年以内。其中超过国家规定假期的时间，由社会保险部门从社会统筹生育基金中，发给女职工息工期生活补助费。统筹办法按企业全部职工工资总额的 0.5% 提取生育基金，由市、县劳动服务公司职工待业管理所管理。是年，参加生育基金社会统筹的职工总数达 21.5 万人，其中全民所有制企业 16.7 万人，集体所有制企业 4.8 万人，收缴生育基金 43.40 万元。当年息工 155 人，其中息工 1 年以内的 43 人、息工 1 ~ 2 年的 75 人、息工 2 年以上的 37 人。至 1990 年，参加女工生育基金统筹的单位 522 个，职工总数 23.1 万人。累计收缴女职工生育基金 449.90 万元，共有 4772 名女职工办理生育息工手续，总计支付息工生育补助费 409.70 万元。2000 年，全市收缴生育保险基金 462 万元，为 171 个企业女工办理息工手续 1355 人，拨付生育息工补贴 341 万元。

四　工伤保险

1996 年以前，株洲市企业职工工伤善后处理一直执行 1951 年 2 月政务院颁发的《中华人民共和国劳动保险条例》。

1996 年 4 月，株洲市设立市工伤保险管理所。随后，市政府相继发布《株洲市企业职工工伤保险试行办法》《株洲市企业职工工伤保险试行办法实施细则》《株洲市企业职工工伤保险医疗管理的试行办法》和《关于外地来株、农村进城施工队伍工伤保险基金收缴的实施细则》等系列文件，在全省率先实行工伤保险制度。同年 8 月，国家劳动部颁发《企业职工工伤保险试行办法》。1997 年 6 月，市工伤保险管理所更名为株洲市工伤保险处。

1996 年，全市工伤保险参保单位 265 家，参保人数 13.03 万人。2000 年，参保单位 206 家，参保人数 9.07 万人，全年征收工伤保险费 393.8 万元，发放工伤待遇 203 万元。

五　医疗保险

1988 年 10 月，随着“三项制度”改革的不断深入，市政府将医疗制度改革纳入重要的议事日程，随即成立市医疗制度改革领导小组，下设机关事业单位公费医疗和企业劳保医疗改革办公室，负责起草医疗改革方案。全市企业医疗制度改革出现了由松散管理向集中管理、由企业医疗保险向社会医疗保险的转变。1991 年，全市 771 个全民企业中，有 586 个单位试行内部医疗制度改革，覆盖面为 76%。其中，央企 27 个，占 126 个央企的 21%；省企 97 个，占 161 个省企的 60%；市企 237 个，占 245 个市企的 97%；县企 225 个，占 239 个县企的 94%。企业医疗制度改革主要是企业对职工医院或卫生所实行医疗经费总承包，门诊医疗费同职工个人利益挂钩包干，离退休职工一般被列为从优享受医疗待遇的对象，对工伤、特殊疾病及不治之症的医疗费，基本上由企业实报实销。同时，按行业实行医疗费统筹。

1999 年 6 月，成立株洲市医疗保险服务中心，负责医疗保险基金的征缴、结算和管理。同年 8 月，市政府发布《株洲市城镇职工基本医疗保险试行办法》，标志全市城镇医疗保险制度正式进入实施阶段。2000年，全市已有525家单位、17.4万名职工参加基本医疗保险。全年共征收医疗保险基金2059万元，征缴率100%，基金在确保支付的前提下，实现收支平衡、略有结余。

第六节　劳动争议调处

一　劳动争议

1950—1951年，经劳动部门受理的劳资纠纷案件共21起，其中解雇纠纷7起、占33.3%，工资纠纷9起、占42.86%，其他纠纷5起、占23.81%。纠纷一般集中在私营工商业中。1952年，开展“三反”运动后，劳资关系一度紧张。是年，共受理劳动争议案件55起。其中，解雇纠纷26起、占47.3%，工资纠纷19起、占34.6%，其他10起、占18.1%。1953年，随着资本主义工商业改造的深入进行，劳资纠纷逐年减少，当年劳动部门受理的劳动争议案件51起，而发生在私营工商企业中的劳资纠纷只18起、占35%，国营企业发生的争议22起、占43%。1956年，全行业公私合营，私营企业1355人进入公私合营或国营企业，劳资纠纷已不复存在。

1957年，曾发生多起临时工因退场不服的集体申诉和学徒工、技校毕业学生对延长学徒期限，推迟定级时间、调整定级水平不服的集体申诉，累计参加人数千人，其中仅学徒、技校毕业生集体请愿就有9次。

中共十一届三中全会以后，随着改革开放的深入，劳动争议案件发生率趋于正常，集体申诉现象逐步减少，争议范围主要是国营企业开除、除名、辞退违纪职工和解除劳动合同所发生的争议。1988—1992年，全市处理50起争议案件，全部发生在国企，其中开除、除名、违纪辞退争议44起，占88%。

1995年，《中华人民共和国劳动法》实施后，国有企业与职工之间的劳动争议比重逐年下降，而其他各类用人单位与职工之间的劳动争议比重逐年增加。

二　调解仲裁

中华人民共和国成立后，根据“发展生产、繁荣经济、公私兼顾、劳资两利”的指导方针，为了通过调解疏导的办法解决劳资纠纷，稳定劳资关系，组成市劳动争议仲裁委员会。针对每个劳动争议案件涉及范围及处理需要予以组成和进行仲裁。为避免和减少劳资纠纷，积极推动劳资双方签订集体合同，建立劳资协商会议。1950年6月至1953年11月，经劳动部门审核备案的劳资集体合同54份，受理劳动争议案件127起，都是通过仲裁或调解结案的。1953年7月，市政府劳动科针对发生劳动争议最多的手工业行业，召开手工业代表大会，在明确手工业的前途和作用的同时，重点解决劳资、雇用、师徒三者关系，达成6项协议，消除了手工业者的顾虑，稳定了手工业的发展。

对于发生的各种劳动争议，在查明案情的基础上，依法处理，保护劳资双方的合法权益。

1956年，撤销劳动争议处理机构后，有关劳动争议案件基本上按照信访方式处理。这年1—8月共受理人民来信378件，其中要求工作（或调换工作）或照顾夫妻关系的共299件，劳动保护工伤处理的10件，工资争议29件，辞退争议5件，其他35件。接待来访5210人次，来信基本上在10日内按政策进行了答复。

1963—1964年，来信来访集中反映精简职工的遗留问题和城镇闲散劳动力的安置问题。

“文化大革命”中，人民信访处理工作基本上处于停顿状态，后期也基本上采取只转不办，或多转少办。1978年，全国第二次信访工作会议后，市劳动信访工作得到恢复，来信来访多是反映就业问题。

在各阶段历次政治运动中，有不少职工因冤假错案受到开除处理，是信访中长期反映的突出问题。根据中央有关落实政策的指示，株洲市在1978—1988年的10年里，共为2619名因受错误处理被开除的职工恢复了工作，连同1978年前落实政策收回的404人，共计落实政策收回3023人。此外，尚有402人落实政策后办理了退休手续，享受退休待遇。

1986年9月，株洲市建立专职仲裁机构，恢复中断多年的劳动仲裁工作。1987年8月，成立株洲市劳动争议仲裁委员会，各县市区也先后设立了劳动争议仲裁委员会，各国营企业也普遍建立劳动争议调解委员会。1990年止，全市共设企业劳动争议调解委员会105个。

截至1990年年底，全市共受理劳动争议案件324起，通过调解处理228起，仲裁35起，其他形式处理61起。市本级共立案受理劳动争议案件15起，其中通过调解解决的4起、撤诉1起、仲裁的10起。仲裁裁决处理的10起案件中，企业行政胜诉的6起，职工胜诉的4起。当年，株洲市制定统一的《企业职工劳动合同书》，对签约双方权利、义务、劳动报酬、劳动保险、福利待遇、劳动纪律、劳动合同的终止、解除及违约责任做了规定，为调解纠纷提供了法律依据。

1990年至1993年8月，仲裁委员会受理劳动争议案件的范围主要限于国营企业、集体企业因开除、除名、辞退违纪职工发生的争议和履行劳动合同发生的争议。因此，这一期间市劳动争议仲裁委员会共处理的32起劳动争议案件，全部是国营企业与职工之间的劳动争议，其中因开除、除名、辞退违纪职工发生的争议28起、占88%，因劳动合同发生的争议4起、占12%。从1993年8月开始，市、县市区劳动争议仲裁正式实行仲裁员、仲裁庭制度，并对劳动争议案件的受理、立案、调查、仲裁庭庭审、调解和裁决，以及期间送达、仲裁文书制度归档等办案工作程序和过程进行规范和完善。同时，按《仲裁条例》规定，仲裁受理案件的主体范围由国营企业、集体企业扩大到全市范围内所有企业和职工，劳动争议内容增加了职工辞职、自动离职发生的争议和执行国家有关工资、保险、福利、培训、劳动保护规定发生的争议，以及法律、法规规定的其他劳动争议。

1998年6月，市劳动争议仲裁委员会调整为由市劳动、工会、建委、经委、财委等部门的代表组成的委员会。2000年，株洲市各级劳动争议仲裁委员会共有72人，其中市本级8人，县市区64人。全年，劳动争议仲裁共受理争议案件50起，立案查处22起，结案率100%；接待群众、职工上访2000余人次，处理群众来信、领导批件110件；审查鉴证劳动合同2.65万份，纠正无效合同 8000 余份。

第七节 职业培训

一 学徒培训

1951 年 7 月，株洲镇人民政府发文，正式废除如办学徒出师、进师酒及工食米等旧学徒制度中一些陈规，并且采取签订师徒合同的办法进行学徒培训，建立平等的师徒关系。

1954 年后，一批重点建设项目委托老工业城市和老厂采取以师傅带徒弟的办法培训了大量技工。

1958 年，普遍采用以师带徒的培训方法。年末，学徒人数达 12393 人，占全部职工的 12.87%，1960 年达到 14776 人。1965 年，改革学徒培训制度，凡是新招收的学徒工，都签订劳动合同。当年共招收合同学徒工 972 人。“文化大革命”中，取消了稳定的师徒关系和正规的学徒培训制度。

1981 年，贯彻国家劳动总局《关于加强和改进学徒培训工作的意见》，加强了学徒培训的指导。首先在招收学徒中严格把关，坚持德智体全面考核，择优录用。建立培训合同制度，严格执行学徒期限的规定，坚持按照培训目标制定培训计划，落实培训任务，严格实行考核制度。此后，学徒培训工作逐步走向正规。

二 在职工人培训

1950 — 1955 年，全市在职工中开展以扫盲为内容的速成文化学习，通过办夜校吸引了大批职工业余学习文化。

1956 年中共中央提出“向科学技术进军”的号召后，田心机厂、331 厂、株洲机械厂、木工厂等单位都开展了职工业余政治、文化、技术培训。

1957 年后，601 厂、株洲冶炼厂、株洲化工厂、电厂、洗煤厂、430 厂、桥梁厂、苎麻纺织厂等一批新建企业开展大练兵、大培训。职工业余自学也蔚然成风。

“文化大革命”中，职工的文化技术教育停顿了整整 10 年。

中共十一届三中全会以后，加强对职工业余文化、技术的培训。1982 年 10 月，市人民政府确定对全市中青年工人进行技术摸底测试。测试包括“应知”“应会”。凡测试达不到三级工专业技术水平的，都要参加补课。结合国营工业企业全面整顿，在 32 个单位中进行试点。1983 年，结合工资调整，在全市普遍开展工人技术培训，各企业单位都制定了补课规划。至年底统计，全市企业办学面达 96%，比上年提高 11.45%；全员培训入学 11.33 万人，占全部职工总数的 40%，技术补课对象 8.47 万人中，合格 4.99 万人，占补课对象的 58.86%。技术补课结束时，按三级技术等级标准进行考试、考核，成绩合格者发给技术补课合格证书。1984 年，仍以“双补”为重点继续抓青壮年职工技术补课。同时，适当开展中级技术培训，培训对象是 40 岁以下，未经过系统理论培训的中级技术工人和经过初级技术补课合格的工人。至1988年，在全市151个企业中对400多个工种的5.6万余名3 ~ 6级的在职工人，进行考工，合格者发给技术等级证书。

1996年10月，国家颁布《企业职工培训规定》后，株洲市各企业通过自有培训中心、自办培训班或委托社会公共培训机构，采取脱产、业余、自培、联合班等形式，对职工广泛开展职业培训。1997—2000年，全市企业职工培训共计6460人，其中初级工3898人、中级工690人、高级工478人、技师和高级技师110人，其他类人员1284人。

三 技工学校培训

1951年6月，在株洲建立衡阳铁路局株洲机厂工人技术学校，学制2年，当年招生391人。1952年12月，该校为国家输送了第一届毕业生383人。同年3月，331厂开办技工训练班，从社会招收约500名学员，学制1年，同年10月改为中南248工人技术学校。1958年9月，市属第一所技工学校（劳动技校）正式建立。至1960年，全市各级、各部门办的技工学校发展到22所，学生人数达8746人。

1961年，撤并14所不具备办学条件的技工学校，留下8所技工学校，学生2004人。1962年，根据中央和省有关“技工学校除保留个别重点学校外，一律停办。”的指示，又停办、关闭技工学校6所，仅留下2所技校，教职工238人，学生368人。“文化大革命”开始后，学生停课闹“革命”。1967年，技工学校停止正式招生。1969年，株洲技工学校先后撤销或停办。田心机厂技校停办后，改为该厂第二车间；市劳动技校改办为第二机床厂。

1972年，红湘江机器厂恢复技工学校，开始以3、5个月的短期班形式，培训在职青年工人。3年办了5期，培训各工种技术工人881名。1976年，该校秋季正式按计划招收新生100人。1973年田心机厂技工学校恢复办学，1974年株洲玻璃厂技校恢复办学，1975年株洲开办炊事员训练班，1978年煤田地质技校开办，1979年株洲市劳动局直属技工学校、二十三冶技校、株洲硬质合金厂技校、株洲化工厂技工班恢复办学。至此，株洲市共有技工学校7所（含醴陵县、攸县、茶陵县共11所），技工班3处，开设55个班，33个专业，在校学生2058人。1990年，全市技工学校已达25所，开设工种（专业）92个。1952—1990年，累计培训毕业生33054人，其中1979—1990年毕业生21787人。此外，技工学校培训在职职工19841人。

1991—1995年，在国家“统招统分”政策指导下，株洲技工教育得到迅速发展，5年累计招生22764人，毕业生人数20637人，毕业生年均就业率100%。1995年，全市25所技工学校有在校学生5064人，校舍面积为30.13万平方米，教职员工1656人，固定资产9617.64万元。

1996年后，在计划经济向市场经济转轨过程中，国家取消毕业生“包分配”的政策，株洲市技工学校的招生受到严重影响，当年全市技校招生只有4440人。随后，生源数量和质量每况愈下。2000年9月，株洲市出台《技工学校改革工作和机构调整的意见》，重新调整布局全市技工学校结构，对无法起死回生的坚决撤并，对尚能生存的大力支持，对实力较强的提升办学档次。全市技工学校数量减少，但整体实力迅速增强。5所规模小、条件差、不具备继续办学能力和名存实亡的技工学校被撤销。

截至2000年年底，全市共有技工学校25所，拥有校舍面积38.99万平方米，教职员工1546人，在校学生3585人。1991—2000年，全市技校累计招收学生42237人，毕业生年均就业率达到90%。

四 就业培训

1952年，开展失业工人就业和转业训练，帮助失业工人创造就业条件。

1979年，大批下乡知青返城，城镇也积累了大量待业青年。这年仅3个月时间，就依靠各方面力量办起各种训练班72个，培训待业青年1088人。

1980年，通过贯彻"劳动部门介绍就业、自愿组织起来就业、自谋职业相结合"的就业方针，推动就业前培训。1981年，根据"先培训后就业"的原则，市劳动部门建立起能容纳400人的培训基地和教学设施，成立市劳动就业培训中心。至1982年，市就业培训中心共举办了43个工种的培训班。

1983年，统筹规划全市就业训练，在各级就业管理机构或劳动服务公司，建立就业培训机构，形成一体化训练、管理网络。此后各县市区相继成立培训中心，共建立培训基地17个，各企、事业单位也创办各类分校66所。截至1990年，全市就业培训中心已发展到25个，拥有固定培训网点79个，开设68个工种（专业）培训，有教师199人，一次培训能力达万人。1990年，在培人数12298人，结业7770人。结业人员经用人单位招收聘用，有2103人进入全民所有制单位，有1993人进入集体所有制单位，有137人进入"三资"企业和乡镇企业，有112人从事个体经营，有1397人从事劳务。1979—1990年累计培训96544人，累计结业72301人。

1997年，湖南省全面铺开劳动预备制培训工作。当年，株洲市被确定为全省实施劳动预备制培训试点城市。株洲市遵循"先培训、后就业""先培训、后上岗"、从业准入资格和培训与就业相结合的原则，采取全日制、非全日制及学分制与学时制相结合等培训形式，对城镇未能继续升学的初高中毕业生以及农村未能继续升学，准备从事非农产业工作或进城务工的初高中毕业生进行劳动预备制培训。1997—2000年，全市累计培训31978人，其中劳动部门培训8305人、社会培训8298人、职业学校培训15375人；培训毕（结）业人数31484人，其中劳动部门和社会培训毕（结）业人数15939人、职业学校15545人；获得职业资格证书5992人；培训后实现就业人数26366人。

五 再就业培训

"九五"计划后期，党和政府制定出台一系列关于开展再就业培训的服务政策和措施。1998

年7月，市委、市政府印发《关于切实做好国有企业下岗职工基本生活保障和再就业工作的实施意见》，正式启动再就业培训工作，对企业下岗职工和失业职工进行再就业政策教育、法制教育、新岗位业务学习、专业知识学习以及其他创业知识培训。1998 — 2000年，全市累计投入再就业培训经费800多万元，免费进行再就业培训68400人，其中培训下岗职工42220人、失业人员26180人；劳动部门自培人数41000人、企业自培人数27400人；培训后实现再就业人数50616人，再就业率达74%。

六 农村劳动力转移培训

1991 — 2000年，全市培训农村劳动力60万人次以上。其中，2000年全市农村劳动力转移培训13480人，经培训后实现异地就业人数8875人，当地就业人数3661人，就业率为93%。

境内各县市农村劳动力转移培训也迅速发展。炎陵县采取以会代培的形式进行业务培训，使29164名农村富余劳动力实现转移就业，其中8700人在本县就地转移，21000人走出山区前往广东、浙江、福建、上海、北京等省市务工。1998 — 2000年，攸县农村劳动力转移培训6076人，醴陵市农村劳动力转移培训6248人，茶陵县农村劳动力转移培训3848人。

七 民办职业培训

1993年，株洲市民办职业培训开始起步。其时的民办职业培训规模较小，时停时办，且常有借培训名义乱收费等现象出现。

1996年以后，国家和省、市陆续出台一系列扶持民办职业培训的法规政策，明确劳动保障行政部门对民办职业培训工作的综合管理和监督评估权限。株洲市民办职业培训进入健康、快速发展阶段。到2000年年底，全市经过劳动部门考察和审批的民办职业培训机构发展到63个，其中市区43个、株洲县3个、醴陵市10个、攸县4个、茶陵县3个。在职教职工634人，其中教师468人，兼职教师166人。1993 — 2000年，全市民办培训机构累计培训21287人，获得结业证书的18698人，其中获取初级职业资格证书的4680人、中级职业资格证书的2635人、高级职业资格证书的78人、技师和高级技师资格证书的16人，经培训后35604人实现了就业。

八 职业技能鉴定

1949 — 1978年，株洲市劳动工作全面建立考工定级和晋级制度；1978 — 1987年，推行工人技术等级制度；1988 — 1993年，实行职业资格等级制度。1994年3月，国家颁布《职业资格证书规定》，并选择50个职业（工种），依据工人技术等级标准、职业技能标准，制定了职业技能鉴定规范。6月，市劳动局设立职业技能鉴定中心，开始实行职业资格证书制度，随后9个县市区相继建立职业鉴定中心。全市拥有技能鉴定所22家，完善了初级、中级、高级职称和技师、高级技师五级职业资格鉴定体系。2000年，株洲市又出台《关于实行就业准入控制的通知》等系列文件，建立就业准入制度框架，对焊工、锅炉操作工、车工等90个职业（工种）实行职业准入控制，全年共鉴定各类人员1.2万余人。

第八节　安全监察

一　生产安全监察

境内自明代起就有民间开采矿产。截至1949年年初，境内共有商办煤矿2家、集资煤矿65家，还有4家公司采掘钨矿、1家公司采掘铅锌矿。

中华人民共和国成立后，人民政府把工人在生产过程中的劳动保护列为各级政府和各企业的一项重要任务。1951年，通过贯彻“安全生产方针”，把安全生产列入计划、布置、检查生产的重要内容。企业也在编制生产财务计划的同时编制安全技术措施计划，逐步改善劳动环境、消除事故隐患。

1956年，贯彻国务院颁发的《工厂安全卫生规程》《建筑安装工程技术规程》《工人职员伤亡事故报告规程》和《关于加强防止矽尘危害的决定》，当年就有18个单位的19453人参加规程学习。对照规程，检查揭发安全方面存在的问题23428个。

1958年后，在“大跃进”中，曾一度出现忽视科学技术、忽视安全生产的现象。

1963年3月，国务院颁发《关于加强企业生产中安全工作的几项规定》，市劳动局及时组织人员对贯彻情况进行督促检查，推动和协助企业举办安全员、班组长、电工、起重工、司炉工、制氧工等安全培训班，共培训3875人。

“文化大革命”开始后，劳动保护工作几乎完全停顿。

1970年，中共中央《关于加强安全生产的通知》下达后，市革委会于1971年1月开展安全生产检查和安全生产教育。1972年4月，在全市职工中开展声势浩大的“安全、优质、高产”的群众运动，抽调人员组成安全生产检查组深入企业进行安全检查，并形成经常性的制度。

1980年5月，株洲市开展第一个“安全月”活动，组织2次安全生产大检查。1981年，安全月活动，重点进行安全教育，印发《一季度安全生产情况综合分析》等材料，组织放映安全故事片。以后每年“安全月”活动，都提出相应的活动重点和目标。1985年，停止这项活动，实行安全生产目标管理和挂牌制度，对有突出成绩的授予“安全生产红旗单位”，对发生死亡事故的单位挂警告牌。2年时间里有10多家企业获安全生产红旗单位，40余家企业挂了事故警告牌。

1986年，《湖南省工业企业劳动保护条例》和《湖南省工业企业劳动保护监察办法》发布后，株洲市将监察管理和群众监督紧密结合起来，形成安全生产监督网络。

1991年，劳动安全监察工作由经验型向科学型、定性型向定量型、事故处理向预防为主转变，对建筑业和危险性较大的生产设备实行安全认证制度。全年，举办各类劳动保护培训班88期，培训人员4217人。1992年，全市组织十年重大伤亡事故回顾展览，并对烟花鞭炮、化工和煤矿等重灾行业安全生产进行专题调查，全年查出矿山安全事故隐患70余处，提出整改意见130余条。对18起矿山伤亡事故进行及时的结案处理。1993—1994年，全市通过狠抓安全生产责任制，广泛开展安全教育和安全大检查，特别是对特殊行业实行重点监察，有效预防和遏制了重特大恶性事故的发生。1994年，全市对1800余名特种作业人员和建筑施工项目负责人进行培训和资格认证。1995年，查处结案重伤以上安全事故64起，结案率86%。1997年，全市劳动监察共受理群众举报投诉案件360起，结案率为87%，查处严重违法案件20起，共对110起伤亡事故进行了处理，结案率达到93.5%。

1999年，对劳动安全现场监察400余次，下达安全监察指令书100余份，指出事故隐患350余条，提出整改意见3000余次。2000年，安全生产现场监察300余次，下达监察指令书15份，查出事故隐患1150余处，提出整改意见3000余条。全年事故数、死亡人数、重伤人数分别比上年同期下降23.7%、37.5%和12%。

二　锅炉压力容器安全监察

1960年7月，国家发布《蒸汽锅炉制造暂行规定》《蒸汽锅炉安全使用暂行规定》，株洲市开始对锅炉制造、安装维修、使用实行监察制度。1962年1月，组织检查小组对株洲玻璃厂等35个单位、71台锅炉进行检查。1963年，组织开展蒸汽锅炉登记工作，全市共有124台锅炉按规定建立健全了技术资料，并进行登记发证，占应登记锅炉总数的82%。同时，通过技术鉴定，分别对83台锅炉进行维修、降压或报废处理。

1973年，全市开展第二次锅炉登记发证工作，全年共登记锅炉291台，其中发电用16台、工业用147台、生活用128台，分布在188个使用单位。

1984年6月，进行第三次锅炉普查登记换证工作。全市共普查709个单位、600个锅炉房、780台锅炉，其中淘汰48台、报废15台、拆除停用47台、实际使用670台，化验水样2635个。1972—1990年，全市共发生锅炉容器爆炸事故35起（压力容器爆炸28起、锅炉爆炸5起，气瓶爆炸2起），重大事故128起。由爆炸而造成人员伤亡的事故共6起。

1991年，锅炉压力容器安全监察坚持“预防为主，综合治理”的方针，全市锅炉房综合治理合格率达96%，在用锅炉定期检验率达96.7%，在用压力容器定期检验率达94.3%，特种行业人员上岗率达98%。1992年，对全市139家锅炉房的综合治理工作进行复查，并培训作业人员1627人，复查533人。审查验收企业检验站1家，气体充装站14家，

1997年，对全市139台锅炉压力容器核发使用证，对40家气体充装站进行安全检查，对19台在用医用氧舱进行全面检查。检验锅炉压力容器产品248台件，检验压力容器308台，检验锅炉427台。1998年，定检锅炉384台、压力容器294台，特种设备624台。

株洲市劳动局历任负责人名录

表 17–30

局　长	任职时间	副 局 长	任职时间
孙义智	1956.1 — 1960.5	李树明	1956.1 — 1960.9
李树明	1960.9 — 1968.11	夏富贵	1961.12 — 1965.4
常有广	1970.10 — 1973.10	吴力野	1965.5 — 1968.11
李树明	1973.10 — 1975.5	冯佑云	1970.10 — 1984.4
陈　岳	1975.5 — 1993.3	童时若	1970.10 — 1973.10
廖明贵	1993.3 — 2000.12	唐章德	1974.5 — 1983.12
–	–	王擎先	1980.10 — 1982.7
–	–	李　东	1981.12 — 1995.12
–	–	李义普	1981.11 — 1983.4
–	–	何梓林	1982.1 — 1984.4
–	–	周达熙	1984.9 — 1991.7
–	–	廖明贵	1987.1 — 1993.3
–	–	胡万峰	1991.7 — 1998.2
–	–	王伯秋	1995.12 — 2000.12
–	–	刘泽贵	1996.5 — 2000.12
–	–	李国华	1998.8 — 2000.12

株洲市社会保险事业管理局负责人名录

表 17–31

局　长	任职时间
刘桂秋	1991.7 — 1994.9
周光耀	1994.9 — 2000.12

株洲市劳动就业管理处（劳服公司）负责人名录

表 17–32

处长（经理）	任职时间
胡万峰	1985.2 — 1987.7
谢一希	1987.7 — 1990.3
董清华	1991.7 — 1995.6
厉　鸣	1995.12 — 2000.12

第六章 人 事

株洲建市初期，市政府民政科配备2名专干，专门负责人事工作。1951年7月，设立株洲市人民政府人事科；1955年5月，改称株洲市人民委员会人事科；1966年5月，改称株洲市人事局。1968年1月，市人事局撤销，人事工作由市革委会政治部组织组负责。1971年，人事工作移交市委组织部管理。1979年4月，成立株洲市革委会人事局。1980年12月，恢复株洲市人事局称呼。至此，株洲市人事管理机构逐步得到健全，各项人事管理制度日趋完善，在干部吸收录用、任免奖惩、考核培训、调配交流、工资福利、退休退职、职称评定、科技人员管理等方面，随着不同时期的要求，形成一套较为规范和科学的管理制度。

第一节 干部来源

1949年8月，株洲区政府的36名干部中，有20名是新录用干部。1951年7月建市后，从店员工会、乡村干部、教师和土改队员中录用43人。至1952年年底，全市共有干部765人，其中接纳南下干部40人、本地录用和外地调入722人、旧职员留用3人。1953年，又从机关勤杂人员和农民积极分子中录用20人。1954年，全市录用工人、农民、资本主义工商业店员和初中未升学的学生174人。1955年，录用未安置的复员、转业军人，各单位雇试用人员和其他人员146人。

1956年，株洲市升格为省辖地级市后，开始不断从社会上吸收录用干部，接收军队转业干部和国家分配到地方工作的大、中专毕业生。到1959年年底，全市党政机关、事业单位和中央、省属、地方企业干部达12077人。1961年，全市干部总数增加到16169人，其中中央、省属企业干部10087人，地方干部6082人。

“文化大革命”期间，人事机构被撤销，吸收录用干部工作中断，一些厂矿企业干部不足，因此选调大批工人从事干部岗位的工作，未办提干手续，从而出现大量的“以工代干”现象。

中共十一届三中全会后，干部录用工作逐步得到恢复，干部录用渠道也逐步拓宽。为解决年轻干部不足的问题，到1979年，全市从“社来社去”的大中专毕业生中录用2390人，从知青和民办教师中录用30人，“以工代干”转正1997人。其后，还从民警、社会科技人员、部队转业干部、大中专毕业生、乡镇聘用干部中陆续安置和录用部分人员为国家干部。

1983年4月，开始对“以工代干”人员进行全面清理整顿，对确实符合干部条件的8515名代干人员办理了转干手续。此外，还审批抽调到卫生技术等岗位的代干人员转干93人。当年在实行市管县体制后，全市干部总数增至42021人。

1985年，开始录用国家承认学历的电大、函大、职大、夜大、业大毕业生（简称“五大生”）

和国家计划内通过全国高校统一招生录取的自费走读生。全面所有制单位“五大生”和自费走读生从事专业技术工作一年后，符合条件的可吸收为国家干部。

1987 年，全市干部总数达 63844 人。1987 年 4 月，国家发布《关于制止机构、编制和干部队伍膨胀的通知》后，干部队伍数量增长平缓。1990 年，全市干部总数为 64891 人，比上年净减 2614 人，其中：市区 29937 人，株洲县 5236 人，醴陵市 11606 人，攸县 8197 人，茶陵 6260 人，酃县 3655 人；党政群机关 14975 人，事业单位 28996 人，企业单位 20920 人；专业技术人员 57591 人（自然科学领域 20442 人，社会科学领域 37149 人），占干部总数的 88.8%。

1991 年，株洲市共吸收录用干部 504 人，其中从优秀工人中录用 130 人，从乡镇聘用制干部、乡镇企业负责人中录用 88 人，从民办教师录用 101 人，面向社会为林业公安、法庭、乡镇税务所等录用 185 人。从 1992 年 7 月开始，为适应企业全面推行聘用制的要求，在全市企业中不再录用国家干部。

1993 年 4 月，《国家公务员暂行条例》颁布后，为提高对公务员的科学和效能管理，全市干部录用工作更加趋于科学和严谨，严控录用人员数量，确保公务员队伍的高素质。1996 年，市县两级行政机关 5221 名机关工作人员首批过渡为公务员，乡镇行政机关开始推行公务员制度。市直机关先后 15 次面向社会公开招考公务员（干部）130 余名。

1997 年年初，株洲市下发《关于加强机关事业单位增人计划管理和考试录用工作的意见》，对机关事业单位干部实行严格的计划管理，坚持“增人服从计划、计划在编制内安排”的原则，并通过下达增人计划卡的办法实施管理。对机关、社会团体及履行行政职能的事业单位补充主任科员以下非领导职务人员，一律实行“凡进必考、择优录用”。是年 9 月，全市首次统一集中面向社会公开招考 99 名公务员。当年，全市还办理优秀工人农民录干 494 人；企业聘用干部总数达 18000 余人，占企业管理人员和专业技术人员总数的 83%。

第二节　干部任免与奖惩

一　行政任免

1956 年 1 月以前，市人事部门代市政府任免市人民政府的各局股长、副股长、法院审判员、检查署检查员、监委会监察员、各科科员及其同级以下的工作人员；公安局派出所与税务所正副所长，粮食局直属粮库正副主任；市中心小学正副校长，卫生院正副院长，卫生所正副所长，文教馆正副馆长；保险公司正副经理，交通银行办事处正副主任；区公所、区政府秘书和助理员，各办事处正副主任。市人民政府提请省政府任免或批准的工作人员，如市属科、局长一级干部任免，要先报湘潭专署审核后，转送湖南省人事部门办理。

1956 年 4 月，株洲市由县级市升格为省辖市，直属湖南省人民委员会领导。此后，市人民委员会所属各委、办、局等单位的科长、副科长及企业、事业单位相当科长、副科长职务的工作人员，由市人民委员会任免或批准任免。1957年，市人民委员会任免权限扩大到市人民委员会的副秘书长，各委、办、局等单位的副主任、副局长，以及其他相当于上列职务的人员。

1980年以后，干部的任免范围是：市人民政府办公室副主任，各科正副科长；市人民政府所属各委、办的科（室）正副科长（主任）；市人民政府所属各局（办、公司）副局长、副主任、副经理、顾问，各科（室）正副科长（主任）；株洲基础大学、株洲卫校、株洲财会学校、市立一医院正副校（院）长、顾问、政工、人事、保卫科长；市属二级院、校、所、公司、站、店行政正职；株洲县、城郊4区人民政府所属委办正副主任，县和城市3区人民政府派出机构的区公所、街道办事处的正副区长（主任）；株洲玻璃厂、株洲苎麻纺织厂、株洲汽车齿轮厂、株洲火花塞厂副厂长和正副总工程师、顾问；株洲选矿药剂厂、株洲石棉制品厂、木材公司、株洲肉联厂、八一五油库、石油储存技术研究所正副厂长（经理、所长）、正副总工程师、顾问，以上单位行政科（室）和车间正职。市属县级厂的正副厂长、正副总工程师、顾问，市属科级厂的厂长。

1984年以后，省、市政府试行下放一部分干部管理权限，市人事部门只代市人民政府任免下一级行政领导干部，主要是政府系统和部分事业单位行政领导的任免，包括县级行政单位和局级公司的行政正副职。县级事业单位行政正副职，以及由上述职务改任顾问、巡视员、调研员等，属于市政府组成单位的各委、办主任、各局（处）的局（处）长由市人大常委会任免，其他由市人民政府发文任免。市人民政府的委、办主任，局（处）的局（处）长，市属各县及市辖区的县长、区长的任免，需报省人民政府备案。

1992年7月，再次对企业人事管理权限进行下放，企业从工人中聘用管理人员和专业技术人员，由企业自主进行，政府人事部门只从幅度上控制聘用数量，以岗位管理代替身份管理。

二 行政奖励

行政奖励是精神奖励与物质奖励相结合并以精神奖励为主的一种激励机制。1957年后，株洲市执行《国务院奖惩暂行规定》，开展行政奖励工作。1962年12月，株洲市人委颁发《关于执行〈国务院关于国家行政机关工作人员的奖惩暂行规定〉的实施办法》，凡行政职务由省人委任命的人员，其记功、记大功、授予奖品或奖金，由市人委决定给予，报省人委备案，凡需通令嘉奖者则由市人委报经省人委批准后，由市人委通令嘉奖；凡由市人委任命的人员，其记功、记大功、授予奖品或奖金者，均由市人委决定授予，凡需通令嘉奖者，由市人委报省人委批准后执行；凡各局属正、副科长，正、副股长，各区人委正、副科长以及相当职务的人员，需记功、记大功、授予奖品或奖金者，均由局、区给予通令嘉奖，报市人委批准后执行；区、局属各企业、事业机关一般干部需记功、记大功、授予奖品或奖金者，均由本单位批准给予，报上级主管区、局备案；凡通令嘉奖，须报市人委批准后执行；凡报请市人委给予奖励的人员，必须报送被奖励人的简历和平日工作表现，受奖的详细事迹，群众评定及领导的意见，决定给予何种奖励等材料。

1982年9月，市政府下发《开展国家行政机关工作人员奖励工作意见》。规定奖励工作批准权限和审批手续为：记功，省管干部报省人民政府批准，副局级干部由市人民政府批准，科级以下干部由县或相当县级机关批准；记大功，副局级以上干部报省人民政府批准，其他干部均由市人民政府批准；升级、通令嘉奖均报省人民政府批准；升职，按干部管理权限报任免机关批准；奖品或奖金，由批准立功的机关同时给予。同时给予两种以上奖励，而批准机关又是两个以上的，由其中较高的机关批准，统一由市、县、区人事部门承办。凡需呈请上级机关批准给予奖励的县、区以人民政府的名义，市直属单位以行政机关名义向市人民政府呈报，并以市人民政府名义向省人民政府呈报。奖励指标，先进工作者按职工总数的 15% 评选，立功奖励按职工总数的 4% 评选，立大功按 1% 评选，浮动升级奖励按职工总数的 5‰评选。奖励经费按工资总额的 0.4% 的标准，由市财政局一年一次拨给市人事局统一掌握使用；其中县、区奖励经费的 0.1% 由市人事局统一使用；0.3% 由县、区人事部门掌握使用；国家行政机关任命的企事业单位的工作人员奖励经费，由企事业费用开支。

1987 年，市政府下发《株洲市国家机关、事业单位工作人员浮动升级奖励条件》，开展浮动升级奖励工作。

1982 — 1990 年，全市行政奖励：先进工作者 42469 人次，记功 9636 人次，记大功 806 人，浮动晋升一级工资 1256 人次，固定晋升一级工资 634 人次。

1992 年，株洲市扩大县（市）区奖励审批权，县级以下（不含县级）干部的记大功和工资升级奖励，在市下达的名额和有关比例之内，由县（市）区自行审批。

三　岗位责任制

1981 年 11 月，株洲市开始建立健全岗位责任制。到 1983 年 6 月，全市 80% 的县以上机关和全民事业单位建立和实行岗位责任制。

1984 年 8 月，建立岗位责任制奖金制度，按年人平 120 元计奖。奖金来源在本单位预算内包干经费提取 60 元，财政补贴 60 元，分半年和年终两次发放。到 9 月底，全市 94% 的县以上党政机关、事业单位建立健全岗位责任制。12 月，成立株洲市党政机关岗位责任制考核委员会，负责全市岗位责任制考核和评比奖励的组织领导、审核批准。1985 年 11 月，湖南省机关岗位责任制大检查评比总结会在醴陵县召开，株洲市及醴陵县、株洲市税务局、公安局同时被评为全省实行岗位责任制先进单位。

1987 年，经市政府批准，岗位责任制奖金增加到 200 元。同时，市直机关县以上单位的全面工作被国家部级以上或省委、省政府评为先进的，其单位人平增发岗位目标责任制奖金不超过 50 元；凡单位专项工作被国家部级以上或省委、省政府评为先进的，参照以上办法给受奖单位的主管领导及有关人员人平增发奖金不超过 30 元。其经费均从本单位办公费或业务经费中解决。奖金的发放由市人事局负责审批。

1990 年，株洲市发布《关于完善机关岗位目标管理责任制年度考核及奖惩工作的意见》，将考核的原则、内容、程序和方法以及考核结果为依据实施奖惩的条款用文件形式下发各单位执行，全市岗位责任制工作进一步规范化和制度化。

1994年，株洲市推行国家公务员制度正式起步，明确机关岗位责任制的年度考评从1993年起按照公务员考核制度的有关规定予以实施。考核分为优秀、称职、不称职3个等次。规定连续3年考核为优秀等级的，级别工资可提前晋一级。

1999年，进一步完善公务员考核办法，在“称职”和“不称职”之间增加“基本称职”考核档次。

第三节　干部调配

一　调配原则

中华人民共和国成立初期，干部调配由组织人事部门负责。干部调配的原则是按照国民经济发展，保证重点建设，为边远艰苦地区和技术薄弱的部门调配干部，对使用不当的专业技术人员和机构改革中的编余人员进行调整。在具体调配中，对于从小城市调往中等城市或大城市的，从县区调往市区的，从基层调往上层机关的，从严掌握。积极保证流向合理的调配，并注意帮助解决干部家庭困难和夫妻分居。1955年，干部调动实行各部门分管，市委组织部具体负责市委管理干部和成批的干部调动。不属市委管理的干部，均由市人事科负责审查办理调动手续。1960年以后，市人委人事科负责综合管理干部，政府系统内国家机关、企业、事业单位的干部调动，均由人事科负责。

“文化大革命”中，干部调配均由市革委政治部组织组和干部组负责。

1979年，株洲市人事局恢复后，市政府各部门之间、市政府各部门与各区、县之间，需要调动干部时，均报市人事局办理，跨省、市、自治区的干部调配一律报市人事局审批办理。

1986年，规定各级政府人事部门负责一般干部（含股级）和专业技术干部的调配，5县市1郊调入城区（包括中央、省属单位）；基层调入市直机关、事业单位；市属以下企、事业的专业技术干部调往中央、省在株单位以及全市各单位跨省、市调动干部一律由市人事部门审批办理调动手续，除此以外的干部调动，由县级、县级以上各单位之间相互协商直接办理。1987年，明确全市各单位，包括中央、省属在株单位，凡跨省、市干部的调出、调入，以及市辖各县市郊（含中央、省属所在单位）的干部调入市区各单位，一律由市人事部门审批办理调动手续，公安、粮食部门凭市人事部门的干部行政介绍信办理户口、粮油关系的转迁手续。

为严控株洲市人口的增长，从1990年6月起，株洲市试行《关于严格控制干部调入市区的规定》，其主要内容为：年龄超过40周岁的中级专业技术人员和年龄超过45周岁的高级专业技术人员，专业不对口的技术人员、行政干部，大中专毕业后参加工作时间不到5年的，原则上不调入市区。与此同时，对于调入市区的干部，要通过市委组织部、市人事局、市公安局、市粮食局等单位主要负责人参加的联席会议，进行集体研究审定。

20 世纪 90 年代初，株洲市根据国家人事局颁发的《干部调配工作规定》，重新修改完善本市干部流动调配的规定，突出强调专业技术人才流动调配“三宽三严”的原则，即：技术人才进市从宽、出市从严；市内流动从宽，从企业调入机关从严；市区到县乡从宽，县郊进市从严。由于经济发达的沿海地区对境内人才的吸引，1992 年上半年，全市调出人员达 200 多人。对此，在加强思想工作的同时，又根据有关政策采取必要的经济制约手段，制定对人才不合理流动收取补偿费的若干规定，控制专业技术人才外流。下半年，实际调出人数比上半年减少 30%。同时，株洲市重新修定有关流动调配办法，采取对市内急需、紧缺人才坚持积极引进、对不合理流动收取人才补偿费等措施，有效稳定了全市专业技术人员队伍。是年，全市流动调配干部（含聘用制干部）1414 人，其中出市 423 人、进市 709 人、市内流动 282 人。进市人员中专业技术人员占 82%，其中具有高级职称的 21 人，中级 152 人，初级 364 人；出市人员中专业技术人员占 76.6%，其中高级职称 11 人，中级 86 人，初级 227 人。

2000 年，进一步强化机关工作人员调入、录用管理。坚持和完善机关事业单位进入审批均由市人事、组织、编制部门三家联席会议共同审批，严把进口关。

二　干部配备

1955 年，为充实农村战线干部队伍，集中为农业战线的市委农村工作部、市人委农业科、市郊区调配干部 26 人。1958 年，市人事部门调配一般干部 416 人，其中支援工业战线的 208 人，财贸战线 16 人，党群的 46 人，政法的 54 人，文教卫生的 49 人，其他 43 人。1962 年，市人事科根据中央、省委的指示，以精兵简政、调整干部和充实加强基层干部力量为中心，从市级机关、厂矿、企业单位选调 268 名干部到农业、财贸和文教基层单位。1963 年，为进一步优化干部结构，结合精简机构，对直属机关干部进行适当调整，调整后的干部到基层企事业单位的有 67 人，充实农村基层有 129 人。1974 年，根据“照顾、平衡、需要”的原则，办理 465 名干部的调配。1979 年，市人事局恢复建立后，全年共调配干部 1722 人，并把调配工作重点放在加强农业、轻纺、集体工业干部力量的充实上，通过各种途径为农业战线增派 311 名干部，为轻纺工业增派干部 188 人，给集体企业调配国家干部 155 人（行政 9 人，技术干部 58 人）。此后，干部调配工作任务逐年增大，调配形式也多样化。1983 年，由于行政区域的变动，茶陵、醴陵、攸县、酃县从湘潭划归株洲市管理，这 4 县的干部随之转入株洲市。另由湘潭地区把关，调配 124 名干部充实到株洲市直机关。1987 年 12 月，株洲市人事局、市委组织部、市编制委员会联合颁发《关于调整干部结构和增加政法部门编制的意见》，采取主要从专业经济管理部门及超编单位的在职干部中选调的办法，补充株洲市政法、税务、工商行政管理、银行保险系统干部 959 名。1980 — 1990 年，全市还解决干部夫妻分居调配 4948 人。

20 世纪 90 年代初，境内一方面区街、集体、乡镇企业缺乏人才，另方面大量的城镇“五大生”、自费大中专毕业生闲置待业。1993 年，株洲市按照国家、省有关政策，录用这部分人才，引导他们到区街、集体、乡镇企业施展才干，对自愿去、专业基本对口、企业确实需要的人才，签订5年以上合同的，纳入专业技术人员管理。同时，还通过人才市场，专题举办“五大生”、自费大中专毕业生的招聘集市，向用人单位推荐各类人才1188人，其中60%流到“三资”企业、民营企业。1996年就安排800名。1998年，市政府规定由人事部门统一集中管理国家不包分配的大中专毕业生。

由于各企业减员增效，有不少下岗的技术人员、管理人员。为开发这部分人才资源。1995年5月，株洲市举办专场“下岗专业技术人员和管理人员再就业”人才集市。进场招聘单位44个，招聘空缺职位407个，进场求职人员达2000余名，其中下岗专业人员、管理人员343人，当场42人应聘成功。

第四节　人才交流

1984年，中共株洲市委、市政府联合下发《关于调整和招聘专业技术人员的暂行规定》，对全市调整和招聘专业技术干部作了7项暂行规定，市政府随后又对人才流动和技术服务问题作了4条规定，并成立了人才交流办公室。全年，全市从外地调进各类专业技术人员444人，其中有工程师32人，助理工程师60人，技术员91人；大学本科的110人，大专的116人，中专的191人。1985年，市委、市政府就人才交流的问题发布一系列文件。同年7月，株洲市首次召开人才交流会，参加人才交流的专业技术人员共8530人次。各单位根据需要，在大会上初步选定各类人才500余名，现场办理调动、聘用、录用手续35名。同年，全市还接收外地辞职人员93人，其中经省人才交流办批准的14人，市人才交流办审批的79人。

1988年，成立人才交流开发服务中心，人才交流工作由市委组织部、市人事局组织实施，具体工作由市人事局人才交流办公室、市人才交流开发服务中心办理。同年11月，专门召开人才交流会，为来自城镇待业的“五大”毕业生、自费走读大中专毕业生以及工人中愿意到县以下中学任教的或到乡镇企业工作5年以上的“五大”毕业生，解决求职问题，需求人才的单位或部门到人才交流会选才，实行双向选择。参加此次人才交流会的单位253个，计2300多人，先后有1087人登记交流，最后办理233名各类人才到乡镇工作手续。到1990年，全市通过交流引进人才2488人。

1992年，市人才市场正式挂牌成立，建成面积200平方米、设有30个洽谈摊位的人才市场，实行供求登记、信息咨询、招聘招考、办理流动手续、合同签证等一条龙服务。1996年，新建了占地400多平方米、设有38个洽谈摊位、装置有储存、发布人才信息计算机系统和电子显示屏幕的人才市场。年内组织小型人才交流会12次，全市性大型交流会2次，接待各类求职人员4358人次，发布提供人才供求信息547人次，有256名专业技术人员获得流动。1998年，株洲网上人才市场开通，实现了与省级人才市场联网。同时醴陵、攸县、炎陵等县级农村人才市场起步运作。到2000年，随着科技服务于经济建设、服务于社会的功能的加大，株洲市人才市场扩建到600平方米，共举办各类人才交流会200多场，其中大中专毕业生、下岗职工再就业供需见面等专题集市10场；进场招聘单位总计 3000 多家，提供职数 4 万多个，接待求职应聘人员 15 万人次，近 6 万名各类人才通过人才市场找到了能够发挥自己才能的岗位。

第五节　干部培训

株洲建市前后，分期分批抽调干部到省委党校、省行政学院、湘潭地委党校、专区干校轮训。1953 年，市委开办干部文化学习班，配备专职教师 1 名。1956 年，开设干部业余文化学校 1 所，中、初级干部业余政治学校各 1 所。

1958 年，根据培养又红又专、红透专深干部队伍的工作方针，境内普遍开办干部业余红专学校，9 月第一批 9 所干部红专学校开学，入学干部 2592 人，学校设置政治理论课、业务 (技术) 课和文化课 3 门课程。教师就地取材，能者为师。至 1961 年，全市先后抽调 150 名科级以上干部到省委党校、50 多名老干部离职到省干部文化学校、1136 名基层党员干部到市委党校学习。此外还举办了 6 个读书会以及 150 多所红专学校和夜党校以及各种形式举办的短训班。

1962 年，全市轮训市直机关副科长、农村公社副书记、公社主任以上干部 429 名，大型厂矿企业自己培训干部 126 名。

“文化大革命”期间，干部培训教育工作受到干扰。1974 年选送到韶山参加省第 42、43、44 期毛泽东思想学习班学习的干部 300 名，抽调到省、市“五七”干校学习的干部 835 名。

中共十一届三中全会以后，干部培训教育工作逐步恢复正常，培训的对象和内容主要有人事系统干部业务培训、军队转业干部上岗前培训、行政管理专业证书培训、新干部转正定级培训、国家机关工作人员行为规范教育。1979 — 1986 年，市人事局共分期分批培训各级人事干部 527 人次，委托株洲硬质合金厂电大工作站开办人事管理专业电大班，招收人事干部 26 名进行学历教育。1987 年后，对没有参加过培训的人事干部普遍进行了培训。1986 年开始对新安置的军队转业干部进行上岗前培训，至 1990 年，市人事局配合有关单位培训军队转业干部共 653 名。1989 — 1990 年，市人事局举办了 2 期行政管理专业证书班，市区和醴陵市、茶陵县、酃县 382 名党政机关、企事业单位从事行政管理 5 年以上、年龄 35 岁以上、具有高中或中专文化程度的在职干部参加了为期一年半（半脱产）的学习，绝大多数获得省电大颁发的“行政管理专业证书”。市人事局对新招收录用的国家干部和企事业单位管理人员、专业技术人员进行转正定级前培训，2 年共培训新干部 843 名。1990 年 9 月，市人事局以人事部编写的《公务员行为规范教程》为教材，开始对国家行政机关工作人员进行行为规范教育，参加学习的人数达 1.15 万人，教育面达 8%。

1991 — 2000 年，干部培训主要是对专业技术人员和各类行政管理干部（公务员）的初任培训、任职培训、继续教育培训、职称资格与外语考前培训、计算机等培训。1991 年，为提高新进干部队伍人员的政治、业务素质，对 2588 名新吸收录用到国家机关、企事业单位的大中专毕业生进行入门培训。1993 年，全市举办专业继续教育培训班（讲座）238 个，参培 3700 多人；举办人事干部岗位培训 869 人；举办新干部教育培训班 28 期，参培 3012 人；采取函授培训形式，培训企业聘用制干部2105人。经过长期摸索，1997年推出“培训成绩=理论考试+日常评定”的考评模式，对不合格学员取消补考制度，实行“免费重培”以及采用“短线为主体，长短结合”的培训办法。仅在当年，全市就组织干部（公务员）初任培训5658人，任职培训145人，技术等级、职称资格与外语考前培训885人，计算机合格证培训2215人，军转干部上岗培训56人。据统计，1991—2000年株洲市干部培训共组织了近30万人次。

第六节　科技干部管理

据1956年4月统计，全市共有知识分子干部1137人。其中高级知识分子9人，大学、专科以上文化水平的91人，高中文化程度的465人，初中文化水平的572人。到1982年8月，全市共有专业技术干部16667人，占全市干部总数的51%。其中具有大学文化程度的8563人，占51.4%；中专文化程度的5385人，占32%；取得各种技术职称的11453人。1986年职称改革前，全市有专业技术干部32095人，占干部总数55%，获得各种职称的11627人，占专业技术干部36.3%。而1990年发展到76499人（含中央、省在株单位）。全市市属各类专业技术干部为57591人。其中按门类划分：自然科学类20442人，社会科学类37149人；按部门划分：国家机关3712人，企业19222人，事业34657人；按行政区划分：市级24973人，县市区级32259人，乡镇级359人。2000年3月，全市确定76名专业技术人员为首批市级跨世纪学术技术带头人，推荐上报2名国家级政府特殊津贴专家。到年底，全市有各类专业技术人员16.56万人，其中从事工程技术、经济管理、卫生技术人员分别占到技术人员的18.7%、15.1%、8.7%。

一　专业技术职称（务）评聘

建市初期，株洲科技人员数量极少，没有授予技术职称。据1952年统计，株洲市有专业技术人员12人，仅1人有工程师职称。1956年，全市具有不同职务名称的工程技术人员626人。至1966年，全市有各类技术职称的科技人员4608人。“文化大革命”期间，科技干部的考核晋升制度被破坏。1977年9月，全国科学大会以后，恢复3529名科技人员的职称，通过考核晋升280名科技人员的职称（正、副工程师以上217人）。株洲市专业技术职称评聘工作走上正轨。

1980年4月，株洲市开展技术干部技术职称套改复查工作。从4月开始集中3个多月时间，对全市属于套改复查范围的1759名工程师技术干部的技术职称进行复查。其中套改高级工程师4人，工程师106人，技师21人，助理工程师868人，技术员757人，保留工人工程师称号3人。农技干部技术职称全面复查套改，给139名农业技术干部分别确定新的职称，套改评定农艺师4人，讲师1人，助理农艺畜牧师50人，农艺畜牧技术员84人。

1981年，市政府成立职称晋升办公室，整顿和建立健全13个市级职称评定委员会，聘请145名评委。职称评定晋升工作先试点，后分批进行。当年，除重点对农林2个系列开展职称晋升工作外，并对医药、卫生、会计、经济、统计等专业的技术职称评定与晋升进行试点。全年，共评定或晋升1727人的技术（业务）职称，其中工程师310人。截至1982年11月，全市晋升工程技术干部技术职称1772人，其中工程师及以上479人，助工745人，技术员548人，占工程技术干部总数的90%；晋升卫生技术人员职称1588人，占卫生人员总数的78.7%，其中主治医师43人、主任医师2人；晋升农业技术人员职称130人，占农技人员总数的52%，其中农艺师29人。

由于专业技术干部的职称评定方面遗留问题太多，评定工作缺乏经验等原因，从1983年9月起，按照中央和国务院精神，全市停办职称晋升工作，着手进行复查整顿。复查主要对象是1979年恢复职称评定工作以来评定的各类技术职称人员。据对37个单位6276名职称获得者调查统计，符合条件的3717人，占59.1%；基本符合条件的2337人，占37.2%；尚未达到标准的222人（中级职称的51人，初级职称的171人）。

1985年5月，株洲市选择市中医院、市药检所、市技工学校3个单位进行试点，改革职称评定制度，实行专业技术职务聘任制。1986年，全市组建21个中级专业技术职务评审委员会。1987年5月，试点基本结束，全面铺开事业单位24个系列的职称改革工作。1988年年底，全市事业单位首次专业技术职务任职资格的评审工作结束，聘任和工资兑现也基本完成。全市参加事业职改有1312个单位，29004名专业技术干部中获得高级职务资格的1015人，占3.5%；获得中级职务资格的8198人，占28.3%；获得初级职务资格的15478人，占53.4%。还同时完成民办教师首次专业技术职务评聘工作。集体事业单位评审出高级职务10人，中级职务473人。1989年9月底，评审工作结束。全市企业专业技术干部16448人，获得高级技术职务资格者615人，占3.7%；获得中级技术职务资格4816人，占29.3%；获得初级技术职务资格8892人，占54.1%。集体企业和乡镇企业的职称改革工作亦同时进行，集体企业评审高级职务资格45人，中级职务资格1340人。职称改革，在一定程度上改善专业技术干部队伍的结构比例，提高工资待遇。通过聘任，事业单位有75.5%专业技术人员增加工资，高、中级职务人员人平增资13.50元，整体人平增资4.78元。

首次专业技术人员职称评定与职务聘任工作涉及面广，难度大，因而出现一些不平衡、互相攀比、降低评审质量的情况。1989年12月至1990年4月，株洲市全面开展职称评聘复查工作。通过复查，共查出各类问题719起，涉及719人。结果取消资格的96人（其中高级1人、中级15人），解聘151人，缓聘46人，不聘372人，低聘54人。

1991—2000年，株洲市的职称评定工作不断在创新中发展，实现人才评价从重学历、重资历向重能力、重业绩转变，形成政府、用人单位、社会中介组织共同发挥作用的人才评价体系，对各系列实行“总量控制、科学设岗”的办法，加强技术职务岗位职数宏观管理。

1995年，全市各级、各单位申报高级专业技术职务403人，报省评审通过274人；中级专业技术职务申报2187人，经参评资格审查送评2050人，评审通过1897人。1996年，全市申报高、中级专业技术职务任职资格3858人。其中，申报高职440人，经省评审通过285人；申报中职3418人，经市评审通过3018人。

1997年，首次对全市工程系列破格申报工程师的人员，试行“个人申请、单位推荐、专家评议、论文答辩”的办法。全年参评破格人员32人，通过24人，改变了以往评审委员与参评者本人不见面的作法，有利于全面了解考察个人的实际工作能力和学识水平，确保了评审质量，为人才脱颖而出创造了公开平等竞争的环境。

1998年，全年评审高级职称352人、中级2779人、初级3600人。同时，株洲市还把职评范围延伸到农村，在醴陵市、芦淞区各选择一个乡（镇）为试点，采取自愿报名、免费培训、资格审查、专家评审的方式，首次为54名农民评定技术职称。其中，农民助理技师13人，农民技术员41人。据普查统计，至1999年年底，全市拥有各类人才总数为16.22万人，其中党政机关、审判机关、群团机关占1.79万人；市属企业单位各类专业技术人员10.74万人；中央和省在株单位3.69万人。2000年，为加大对农村人才资源的开发，株洲市出台《关于做好农民技术人员职称认定工作的意见》。经资格审查、组织考核等程序，共认定农民技术职称1200多人，其中农民技师102人，农民助理技师318人，农民技术员780人。

二　专业技术干部调整归队

1963年，对全市外语人员进行登记，当时全市共有外语人员88人，其中现行的10人，兼长的18人，闲散在社会上的17人。根据当时的政策规定和实际情况，调整归队9人。1978年，对科技人员普查统计，株洲市共有用非所学人员3427人，其中未从事科技工作的2983人，专业不对口的489人，按照湖南省关于科技人员“六归六不归”的原则和具体办法规定，截至1979年5月，全市调整科技人员561人，占能调整的99.8%，其中调整到工业战线的487人，农业战线的5人，科研部门24人，文教战线45人。1980年，对闲散在社会上的科技人员、外语人员的情况进行普查，全市有闲散科技人员31人、外语人员58人，根据实际情况，调整归队46人。1981年，配合有关部门给190名“文化大革命”期间遭受冤假错案的科技人员全部安排工作。

第七节　工资福利

一　工　资

（一）工资制度

1949年8月，株洲区人民政府共有干部36名，除2名留用人员享受薪给制外，其他人员一律享受供给制。薪给制起初大体上参照原薪标准，采用临时办法支付。同年10月，开始执行《湖南临时省政府员工薪资标准暂行办法》，凡适用该办法员工每月按下列等级数额折发薪资：市长以上级大米200～250千克，处（局）长级175～200千克，科长级150～175千克，科员级125～150千克，办事员级100～125千克，勤杂人员90～100千克。据1950年12月统计，株洲区人民政府有干部 76 人，其中南下干部 8 人，留用人员 1 人，新吸收干部 67 人，都是供给制。供给（包干）制由伙食费、服装费、津贴费 3 部分组成。

1952 年 2 月，中央政务院发出《关于全国供给制工作人员统一增加津贴的通知》，规定从中央人民政府主席至勤杂人员共分十等二十四级，由各级财政部门按照津贴标准统一支发。其时，株洲市干部供给（包干）制人数 248 人，经长沙地委和专署研究批准，市委书记定为六等一级，市委组织部部长、副市长为六等二级，市总工会主席、市公安局副局长定为六等三级。六等伙食费、服装费分别为 16.36 元和 4.16 元。津贴每级相差 4 元，一、二、三级分别为 28、24、20 元。其他均为七等以下，其中七等一级 9 人、二级 15 人、三级 9 人、四级 56 人；八等一级 56 人、二级 65 人；九等一级 47 人；十等一级 23 人。同年 7 月，政务院颁发《各级人民政府供给制工作人员津贴标准及工资制工作人员工资标准》，株洲市即按国家统一部署进行首次工资改革。根据从国家主席至勤杂人员划分为 29 级的规定，核定国家机关工作人员工资等级，并统一以“工资分”作为工资计算单位。每一工资分所含实物种类与数量规定为：食粮 0.4 千克，白布 0.07 米，油 0.025 千克，食盐 0.01 千克，煤 1 千克。这些实物，根据每月报纸上公布的物价，计算出每一工资分的分值，再乘以本人的工资分，就是当月本人的月工资。9 月，株洲市采取领导、群众相结合，依据干部现任职务，结合“德”“才”、照顾“资历”的原则，对市党政群团 486 名工作人员普遍定级，其中供给制 282 人、工资制 204 人。

1954 年，国务院再次颁发《国家机关工作人员工资、包干费标准及有关事项的规定》，将原来实行供给制人员的个人生活费(生活费、服装费)和津贴费合并以“包干费”计发，同时取消灶别待遇。株洲市于当年 6 月起执行此规定。

1955 年 7 月，株洲市执行国务院决定，将干部供给（包干）制一律改为工资制，至此结束了供给（包干）制和工资（薪给）制并存的局面。

1956 年，株洲市按照国务院的工资方案，进行第二次工资改革，实行职务等级工资制。其中，行政工作人员由 30 个等级组成，工程技术人员的工资按产业分为 5 类 19 个等级。各类人员级别工资标准均有不同程度的提高。在工资改革的同时，国务院根据各地区物价及生活水平的高低，将全国划分为十一类工资区，株洲市当时定为三类工资区。参加工资改革的市级国家机关工作人员有 776 人。改革前月工资总额为 37750.50 元，改革后月工资总额为 40183.50 元，人平月增加工资 3.06 元。在普遍提高工资标准的基础上，又对职务提升或工作表现突出的 361 人进行升级。

1985 年 6 月，株洲市按照国家统一部署进行第三次工资制度改革。其主要内容是：国家机关行政人员、专业技术人员均改为以职务工资为主要内容的结构工资制，具体包括基础工资、职务工资、工龄津贴、奖励工资 4 个组成部分；事业单位行政人员和专业技术人员的工资制度，允许根据各行各业的特点因行业制宜。并对中小学校和中等专业学校、技工学校的教师、幼儿教师和护士，除按规定发给工龄津贴外，另发教龄津贴或护龄津贴；国家机关事业单位的工人可以实行以岗位（技术）工资为主要内容的结构工资制，也可以实行其它工资制度；建立正常的晋级增资制度，即“依工作人员担任的实际职务确定相应的职务工资，并随职务的变动而变动。全市行政机关 675 名正副局（处）级干部人平月增加工资 31.80 元，3251 名正副科级干部人平月增加工资 24.30 元，419 名工程师人平增加工资 23 元，分别高于这次改革人平月增资额 10.73 元、3.23 元、1.93 元。中小学教师由于实行教龄津贴，人平月增加工资 23.32 元，比全市人平增资额高出 2.25 元，比行政人员人平月增资额高出 3.50 元。同时，实行新的公安干警工资标准，比同级国家机关行政人员工资标准高 15%。

1994 年，株洲市在部分企业化管理的事业单位中试行“三包一挂”的工资分配改革，完善了工效挂钩的工资分配管理。同时，根据国务院和省政府关于机关、事业单位工资改革的统一部署，实施机关事业单位第四次工资改革。此次改革实行职级工资制，具体包括职务工资、级别工资、工龄工资、基础工资 4 个部分组成。市直及城郊 4 区参加工资套改的单位共 388 个 20550 人，套改后人平月增资 116 元。其中，机关 94 元、事业 126 元，5 个县市参加套改的单位 1084 个 47832 人，套改后人平月增资 88 元。其中，机关 82 元、事业 91 元。机关、事业单位离退人员按新工资标准增加了离退休费，市直及城区机关、事业单位离退休人员共计 3945 人，调整后人平月增资 158 元。其中，机关 165 元、事业单位 151 元、离休的 213.9 元、退休的 148.3 元、退职的 61.8 元。

（二）工资调整

1959 年 10 月，根据上级指示精神，株洲市对部分机关工作人员进行工资调整，主要解决个别职级悬殊较大和工作好、思想好、工资特别偏低的一般工作人员的工资问题。其时，株洲市国家机关共有工作人员 2786 人，按规定指标升级的有 56 人，升级面为 2%。其中，行政经费开支的 47 人，企事业费开支的 9 人。月增加工资总额 399.50 元，人平月增加工资 7 元多。

1963 年 5 月，按上级部署株洲市对国家机关工作人员工资进行一次较大的调整。其时，株洲市（包括农村区、社）共有国家机关工作人员 2531 人，实际升级 1124 人，占总人数的 44.4%。其中，升 2 级 73 人，升 1 级 1051 人。另有 635 人按国家机关工作人员工资标准定级，定级后增加工资的 457 人，占定级人数的 72%。升、定级共增加月工资额 8431.30 元，比计划升、定级增加工资额节余 885.62 元。同年 8 月，根据国务院关于调整工资区类别和生活补贴的通知，株洲市由三类工资区提高为四类工资区。

1971 年 7 月，株洲市对国家机关、文教卫生和全民所有制企事业单位部分职工进行低工资调整，调整面为 20%。1957 年以前参加工作的行政 24 级，1960 年年底以前参加工作的行政 25 级，1966 年年底以前参加工作的行政 26 级的国家工作人员分别升 1 级工资。

1977 年 10 月，株洲市对工作多年且工资偏低的职工进行工资调整。调整范围是 1971 年年底以前参加工作的行政 26 级和 1966 年底以前参加工作的行政 25 级都可以提升 1 级；1971 年年底以前参加工作的其他人员（不包括行政 17 级以上）可以有 40% 的升级。株洲市国家工作人员的实际调整面为 60%（包括原来未定级的人员），平均每人月增加工资 5 元多。此系“文化大革命”后第一次较大范围地给职工增加工资。

1978 年，株洲市有重点的对工作成绩优异、贡献较大和提职后工作表现好且工资特别偏低的国家工作人员调整工资。上级下达升级指标为 2%。经市委组织部、市劳动局、市直机关党委共同审批，实际升级为49人，比下达指标节余18个。

1979年年底，株洲市第二次较大范围地给国家机关工作人员调整工资。升级人员主要是1979年10月底现有人数中的1978年年底以前参加工作的人员，此次调整升级面为40%。同年，株洲市由四类工资区调整为五类工资区标准。

1981年10月，株洲市给教、卫、体系统1978年底以前参加工作的职工调整工资。截至当年9月30日，株洲市教、卫、体系统固定职工9172人，属1978年年底以前参加工作的8041人。其中补级差217人，靠标准3437人；升1级7682人，占总人数95.5%；升2级359人，占总人数4.5%。调整后，月增加工资总额63332.20元，人平月增加工资6.90元。

1982年10月，株洲市对国家机关、党派、团体、科研及其他事业单位1981年年底在册职工中，属于1978年年底以前参加工作的国家正式职工进行第三次较大范围地调整工资。列入调资范围的单位199个（其中国家机关69个、全民事业单位109个、集体事业单位21个），1982年9月底在册人数9944人，属于调资范围的7600人，调整后升1级的6404人，升2级的1106人，因违反计划生育规定和犯有各种错误不能升级90人。按规定补满级差，靠新标准，冲销附加工资和保留工资后，月增加工资总额58880.75元，人平月增加工资7.84元。同时，将1956年公安干警工资标准套改为国家机关行政人员工资标准，并增加1级岗位工资。次年7月，株洲市为在农村第一线工作的农林水技术干部每人上浮1级工资，人平月增加工资6.51元，连续浮动8年可以固定。

1987年4月，株洲市对国家机关事业单位职工工资进行微调，列入微调的机关事业单位职工共62425人，实际升级人数41648人，占总人数66.7%。月增工资额162342元，人平月增工资6.89元。同年10月，株洲市及所辖县市均由五类工资区标准调整为六类工资区标准。次年3月，株洲市中小学和幼儿园教师从1987年10月起，均提高10%的工资标准。

1988年12月，株洲市调整部分中年专业技术人员和部分职工的工资。主要对象是1956年年底以前参加工作、现工资为122元；1960年以前参加工作、现工资为133元；1966年以前参加工作、现工资为105元；1971年以前参加工作、现工资为97.89元的专业技术人员；以及1972 — 1982年参加工作的、1985年套改后从未升过级的职工。株洲市列入上述调资范围的人数为60035人，实际升级41490人，升级面为69%，月增加工资总额302374.00元，人平月增资5.03元。同年3月，株洲市国家机关、事业单位护士从1988年10月起，均提高10%的工资标准。从1988年5月起，对中小学、幼儿园行政人员职务标准进行调整提高。

1990年4月，株洲市对国家机关、事业单位职工进行工资普调。列入调资范围的单位1461个，实际参加工资普调的固定职工56886人，月增加工资总额804124元，人平月增加工资14.14元。此次工资调整，全市升2级的有51137人，占调级面的89.89%，成为1985年工资改革以来升级面最大，增资最多的一次。其中，全市专业技术人员25265人，升2级的23519人，升2级的面为93.08%，分别高出行政人员、工人9个和2个百分点。

1992年，是国家事业单位工资增长幅度较大的一年。首先是调整机关、事业单位工作人员工龄津贴标准。列入调整范围的机关、事业单位1500个，总人数为64510人，共增资632892元，人平增资9.79元。其次是调整国家机关和部分事业单位工作人员奖励工资（奖金）标准。列入调整范围人数为63993人，共增资183.10万元，人平增资28.6元。通过上述两项调资和增加物价补贴，机关、事业单位人平增加工资补贴计63元。从1993年4月起，全市机关、事业单位工作人员（含离退休人员）书报、洗理费补贴标准由原来每人每月8元，分别提高到18元；误餐费按每人每月不超过2元的标准发放，由各单位根据自身财力情况执行。是年，全市机关、事业单位离、退休人员，按照省、市有关规定提高了生活待遇，人平月增资11.55元。

1996年，进一步补充和完善机关事业单位新工资制度，组织实施机关事业单位工资正常晋档工作。全市共完成晋档审批64272人，人均增资23.2元。其中，机关单位18129人、人均增资16.3元，事业单位46143人、人均增资25.9元。

1999年，按照国家文件精神，株洲市为机关、事业单位工作人员调标增资和增加离退人员离休费。全市审批在职人员77432人，其中市本级21800人、人均增资133元，城市4区8670人、人均增资116元，市辖5县市46962人、人均增资121元。审批离退休人员17800名，其中市本级5090名、人均增资115元，4区2050人、人均增资117元，5县市10660人、人均增资114元。

二 福 利

（一）补 贴

株洲市国家机关、全民事业单位工作人员历年来享受过以下几种福利补贴：

1.粮价补贴 1965年，粮食统销价格提高后，国务院决定给收入低的职工包括国家工作人员以粮价补贴。每一职工享受补贴的具体数额相当于3个人的粮食提价金额。1979年以前，株洲市每个职工每月粮价补贴为2.50元。1979年，市区由四类调到五类工资区类别，按规定冲销部分粮价补贴。具体办法是每增加0.50元工资，减粮贴0.10元，以此类推。同时，1979年10月以后参加工作的职工，不再给予粮价补贴。

2.房租补贴 为适应低工资制度，国家一直实行普遍的房租补贴。国家职工住房，只交很低的房租，其余均由国家和单位补贴。株洲市国家机关单位对工作人员住房的房租补贴办法是：凡居住市区房产部门的房屋，每平方米补贴0.03 ~ 0.05元；住单位自筹建房国家不予补贴，由单位确定房租标准时考虑补贴因素。

3.副食品补贴 1979年，国务院在提高肉、禽、蛋等主要副食品销售价格时，决定同时发给职工副食品价格补贴，其标准是每人每月补贴5元。1985年，国家机关、事业单位进行工资改革时，此项补贴并入了职务工资标准。1988年，株洲市根据湖南省统一规定，给每个工作人员增发副食品补贴15元，1989年增至20元。

4.交通补贴 1978年9月，湖南省财政局、劳动局确定，株洲市为全省实行职工上下班交通费补贴的5个城市之一。补贴的标准是：上下班乘公共汽车的职工，凭票每人每月负担1.50元，超过部分由工作单位予以补贴。乘坐工作单位交通车上下班的，应适当收费。骑个人自行车上下班的，每人每月补贴修车费 1.50 元（后增至 3 元）。1989 年 4 月，株洲市财政局规定，乘坐公共汽车上下班工作人员，按票价 0.10 元、0.15 元、0.30 元，凭票分别报销 4 元、6 元、8 元；骑个人自行车上下班，每人每月补贴修理费 5 元。1990 年 9 月，株洲市根据市内公共汽车票价调整的情况，再次提高上下班交通费补贴。具体规定是：上下班乘坐公共汽车的职工，单程车票为 0.20 元，每月凭据报销 8 元，单程车票为 0.30 元及以上的，每月凭据报销 12 元，由工作单位从行政事业费中列支。1991 年，株洲市积极落实退休人员生活待遇，从 4 月 1 日起，每月给退休人员增发 5 元交通费，并根据地区生活待遇不平衡的情况，临时增发了地区生活补助费，两项合计人平月增加 14.80 元。

5.取暖费补贴与防暑降温费 1978 年以前，株洲市不属于国家规定的发放取暖费补贴地区。1978 年以后，国家明确扩大取暖费补贴范围，全市国家机关、事业单位一般都从福利费中发给每个工作人员 18 ~ 25 元的冬季取暖补贴。同时，每年第三季度，按人平每天 0.40 元发放防暑降温费，最高不超过 40 元。

6.其他补贴 从 1982 年起，株洲市行政、事业单位开始从包干节余经费中，发给职工每人每月书报费 3 元；洗理费每人每月 2.50 ~ 3 元，1985 年增加到 4 元，1989 年再增加至 5 元。从 1984 年起，发给职工水电补助费，每人每月 1.85 元，1989 年 4 月有所提高，但人平每月不超过 3 元。此外，还根据工作需要发给夜班补贴和节假日加班补贴，一个夜班、假日、节日加班补贴分别为 1 元、2 元、3 元。1993 年，对本市机关事业单位工作人员（含离退休人员）的书报费、洗理费补贴标准，分别从每人每月 8 元提高到 18 元；误餐费发放标准，由单位根据自身财力按每人每天不超 2 元的标准执行。1997 年，为机关事业单位 14500 余名离退休人员增加生活补贴。1998 年，市人事局与市财政局下发《关于加强机关事业单位津贴（补贴）管理的通知》，将津贴的发放纳入规范化管理的轨道。

（二）福利费

1955 年以前，株洲市福利费标准按每人每月 0.06 元提取。1955 年，市内按工资总额的 5% 提取，乡镇按工资总额 3.5% 提取。1957 年以后，分别改按 3% 和 1% 提取。1958 年，分别又改按 2% 和 1% 提取。1964 年 1 月，市直机关改按 2.5% 提取。1979 年，福利费提取方法改按每个工作人员一定绝对数提取，其标准为每人每月 1.27 元。1981 年 1 月，改为 1.5 元，全年每人为 18 元，其中 16 元由单位掌握使用，2 元由市人事局掌握使用。从 1986 年 1 月起，全市国家机关、全民事业单位福利费统一按工资总额（含离休、退休金）2.5% 提取，全年每人为 30 元，其中 24 元由单位掌握使用，6 元由市人事局掌握使用。

20 世纪 50 — 60 年代，福利费除补助集体福利事业外，主要用于对工作人员及其家属生活困难的补助。1952 — 1965 年，株洲市国家机关共提取福利费 22.39 万元。实际开支 17.54 万元，其中用于集体福利开支 46680 元，占开支总数的 26.61%；用于困难补助 13394.76 元，占开支总数的 7.64%。从 1980 年开始，市直机关福利费由财政按比例拨到各单位掌握使用，主要用于干部困难补助、各种慰问及补贴子女统筹医疗等。

第八节 人事制度改革

一 实施国家公务员制度

1993年8月，国务院签发《国家公务员暂行条例》，提出用3年左右时间初步建立起国家公务员制度。1994年起，株洲市开始着手公务员入轨的准备工作。1996年，株洲市先后颁发《株洲市国家公务员制度实施方案》《株洲市国家公务员制度实施范围意见》《株洲市国家公务员职位设置工作实施办法》《株洲市国家公务员非领导职务设置的实施意见》等具体实施方案，在宏观指导和政策规范上为全市入轨工作实施提供依据。坚持“因事设岗”“对事不对人”的设置工作原则，严格审定各单位职位设置和非领导职务设置方案。

全市坚持在编制数内过渡，超编单位的超编人员一律不予过渡。同时，妥善做好人员分流。截至1996年11月，市直行政机关已分流173人，其中达到退休年龄办理退休手续的9人，提前离岗的64人，分流到事业单位去的53人，分流到企业的11人，分流到其他单位的36人。

截至1997年10月，全市市县乡三级政府机关全部完成公务员制度入轨工作，8000余名机关工作人员过渡为公务员，全市公务员队伍步入依法管理的轨道。

公务员入轨工作完成后，为完善和规范公务员的考录工作，严把公务员“入口”关，建立实行全市集中统一考试录用和组织、人事、编制三家联席会议制度。从1996年年底开始，坚持机关进人一律实行公开招考、择优录用。当年，市直机关先后15次公开招考公务员（干部），通过笔试、面试、体检与考核等程序，报名人数达1900余人，共录取人员130名，充分体现了公开、平等、竞争、择优的原则。到2000年，株洲市共组织公开招考32次，考试录用410人。从2000年起，实行全省统一考试录用公务员，当年6月至年底，共组织1524人报考全市159个职位，最后录用123人。

在严把“入口”关的同时，株洲市还积极推动公务员轮岗和竞争上岗工作。1999年，按照市委对公务员轮岗的硬性规定，党政机关公务员普遍进行了轮岗。截至当年9月30日，全市共有公务员12583人，应轮岗3525人。市直、县市区党政机关分别轮岗519名和2682名，各占应轮岗总数的82.9%和97.5%。机构改革中，结合内设机构定人定岗，轮岗面市、县两级分别为98%和97.5%。同时，公务员回避、辞职、辞退制度也得到实施。至2001年全市机构改革时，市直机关实行公务员管理制度的46个单位中，有43个单位完成竞争上岗工作，2142人参加1234个职位的上岗竞争，有417人通过竞争晋升到机关中层干部岗位，有238名原任人员落岗。

严格考核制度，株洲市在全省人事系统率先实行公务员年度考核结果登记证制度，在市人事局设置并向社会公布了公务员不良行为举报电话。1996年以来，全市通过考核共辞退不称职公务员（干部）52人，其中开除2人。为提高公务员队伍的思想和业务素质，至2000年，全市共组织公务员各类学习班、培训班537期，参加人员达36436人次，其中公务员初任培训及新干部入门培训9613人，公务员任职培训510人。还组织全市公务员学习《行政管理学习新论》、依法行政知识、WTO知识、英语等内容。

二　企业人事制度改革

1992年7月，市委工作会议上公布企业人事改革的简政放权措施，把属于企业的人事管理权还给企业。其主要内容：下放企业非领导职务管理人员与专业技术人员在市区内的流动调配权、退休审批权，以及机构设置和人员编制权；允许企业评聘内部专业技术职务；允许“三资”企业、高新技术开发区企业自行制定人事管理办法，明确政府人事部门在企业坚持聘任制不搞录用制，不以行政手段向企业调派人员；对企业的各项人事管理业务不搞统一的检查评比等。同时，在株洲市火花塞厂、湘中化工厂进行干部聘用制试点工作。在此基础上，由企业确定机构和干部岗位，提出聘用计划，自主实施聘用。政府人事部门只对计划进行审批，重点引导和指导企业制定具体管理制度和办法，做到聘用程序规范化、培养教育经常化、考核考评制度化。聘用干部坚持公开、平等、竞争的原则，做到按岗聘人、择优上岗。企业人事部门负责对聘用干部进行考核，考核结果作为解聘、晋升和奖励的主要依据。据对全市15家企业634名聘用制干部情况统计，聘用制干部考核优秀率为17%，称职率为34%，基本称职率为47.8%，不称职率为1.2%，考核后解聘率为2.7%。实行企业管理人员和技术人员聘任制，推进了企业原有固定干部制度的改革。根据400家企业1993年干部聘任情况统计，共有4786名固定干部被聘任到管理和技术岗位。另有1038名干部落聘，占固定干部总数的21.6%，其中企业高层干部26人、中层干部746人、一般干部266人。至2000年，全市企业聘任制干部总数达2万余人，占企业管理人员和专业技术人员总数的83%，其中26%是从工人中聘任的。

1996年，株洲市推行人事代理制度，这是市场经济条件下产生的新的人事管理方式，政府人事部门所属人才交流服务机构，接受用人单位或个人的委托，代理其相关的人事业务。先后在市一商局系统、株洲电力机车厂、汽齿厂、冶炼厂等单位进行人事代理制试点。采取“先易后难，先少后多，先‘新人’后‘老人’，先进入后规范”的具体操作办法，使株洲市企业人事代理制得到迅速发展，基本实现了企业用人能进能出、人事管理社会化的发展方向。从1997年的代理企业16家、代理人数及档案寄存人数2000人，发展到2000年的50家、4000余人。

三　事业单位人事制度改革

1997年，根据全国事业单位机构和人事制度改革精神，株洲市全面开展事业单位人事制度改革。在对10余个事业单位进行调查研究的基础上，明确株洲市事业单位人事制度改革按照“脱钩、分类、放权、搞活”的要求，建立起符合事业单位自身特点的政事职责分开、单位自主用人、人员自主择业、政府依法监督、科学分类管理、配套措施完善的人事管理体制。选择市第四中学、二医院、化工局和醴陵市进行先行试点。一是管理模式的改革，使事业单位的人事管理制度与党政机关的人事管理制度区别开来；二是全面实行管理人员职员制、专业技术人员职务聘任制、工勤人员考核聘用制；三是下放人事管理权，赋予不同类型的事业单位人事自主权；四是重点解决事业单位分配制度改革，总结推广市化工研究所实行“工效挂钩”“总量包干”的经验，支持市教委、市卫生局等事业单位开展搞活分配制度试点工作。

1998 年，扩大事业单位人事制度改革试点的覆盖面。市一医院推行全员聘约，针对管理人员、卫生人员、工勤人员的不同特点，分别实行职务聘任制、技术职务聘任制以及岗位聘用制，并授予科室具有奖金两次分配的权力，建立了绩酬挂钩的激励机制，取得明显效果。

1999 年，结合卫生系统医疗配套改革，对事业单位的管理人员、专业技术人员实行聘用管理，对新进人员实行人事代理和把工资“活”的部分用活，搞活分配制度。在部分科研、设计单位还实行了内部用人自主聘用、工资总额包干、搞活内部分配办法。总结推广试点单位“按需设岗、按岗聘用；优化组合、动态管理；公平竞争，能上能下”的经验和做法。2000 年，事业单位改革已初见成效。

株洲市人事局历任负责人名录

表 17–33

局　长	任职时间	副 局 长	任职时间
董立元	1966.5 — 1968.11	宋善妙	1979.4 — 1983.9
常有广	1979.4 — 1983.9	曾宪林	1979.4 — 1983.9
刘气云	1983.9 — 1994.4	蒋兴初	1983.9 — 1993.5
程绍光	1994.10 — 2000.12	彭泽民	1983.12 — 1985.12
–	–	程绍光	1986.11 — 1994.10
–	–	李兴隆	1987.2 — 1988.11
–	–	李海洋	1990.6 — 2000.12
–	–	陈社平	1996.8 — 2000.12
–	–	马民杰	1999.10 — 2000.12

株洲市机关事业社会保险局负责人名录

表 17–34

局　长	任职时间
孟岁乔	1995.8 — 2000.12

第七章　外事　侨务

第一节　外　事

一　外事管理

清光绪二十年（1894），意大利牧师进醴陵刘家巷，租地建立天主教堂，附设俊民小学，传播天主教。

光绪三十二年（1906），醴陵人文俊铎、凤凰县人熊希龄，在醴陵创办“湖南瓷业学堂”和“湖南瓷业公司”，聘请日本人马场梅吉等5人为教员，安田乙吉为技师。民国5年（1916），从日本购进脚踏辘轳车，这是株洲市最早的技术引进。

光绪三十一年（1905），醴陵送公费生刘彦等5人留学日本，张冀枢留欧，易鼎新留美。民国7年（1918）醴陵人李立三、株洲县人罗学瓒、包光溢等10余人，赴法勤工俭学。

中华人民共和国成立后的第一个“五年”计划期间，苏联援助的156项建设项目中，株洲市有3项，即南方航空动力机械公司（原331厂）、株洲电厂、株洲硬质合金厂（原601厂），波兰援建的株洲洗煤厂，加上国家投资的重点项目株洲冶炼厂、株洲玻璃厂、株洲桥梁厂、株洲电力机车厂（原田心机车厂）等，在苏联、波兰、捷克、民主德国专家帮助下，相继建成投产，为株洲市发展成为新兴的工业城市奠定了基础。

1951年11月，醴陵农民、全国劳模李呈桂随中国人民赴朝慰问团到朝鲜慰问中国人民志愿军。

同年12月，朝鲜访华团来市区和茶陵县报告志愿军战功。

1953—1975年，株洲电力机车厂、株洲市邮电局等单位，为越南培训实习生16批232人；南方航空动力机械公司为孟加拉培训实习生16人。这一时期，外事管理机构也开始建立并逐步完善。1959年5月11日，成立株洲市外事办公室（交际处），为县级单位，由市委办公室主管，下设交际科、行政科，编制为9人。1971年改为株洲市革命委员会外事组。1973年改为外事办公室（又名接待办公室），下属单位有市委第一和第二招待所。

1978年，中共十一届三中全会以后，株洲市对外交流迅速扩大，来株洲参观考察的外国代表团大量增加。许多工矿企业在派出大批专家、技术人员援助亚洲国家的同时，积极聘请外国专家，引进国外先进技术设备，有些企业还与外国企业合资创办新的企业。市、县之间的友好城市往来也逐步开展。1978—2000年，株洲市共接待外宾7879批46915人。

外事管理机构也根据形势发展需要变动。1983年9月，市接待办撤销，留株洲市人民政府外事办公室（简称“市外事办”），为局级机构、编制4人。1985年，市外事办由市委办主管改为由市政府主管，并成立株洲市中国旅行社和国际旅行社株洲支社。1985 — 1989 年，醴陵市、攸县、茶陵县先后成立外事办公室，株洲县、酃县和郊区的外事工作由县（区）政府办公室归口兼管。中南林学院、中南无线电厂、株洲硬质合金厂、株洲冶炼厂和株洲火花塞厂设外事办公室。株洲市钨钼材料厂、株洲苎麻纺织印染厂、南方航空动力机械公司也设立了专门的外事工作机构。其他各涉外工厂、院校、科研所等单位的外事工作，由行政办公室归口主管。同年 4 月，成立株洲市引进国外智力领导小组，办公室设在市政府外事办，一套人马，合署办公。1989 年 8 月 7 日，成立株洲市人民政府对外友好协会。1994 年，根据市委有关机构改革的文件精神，市人民政府外事办公室与市侨务办公室合并，新组建市人民政府外事侨务办公室（简称“市外侨办”），为市人民政府直属正县级单位，行政编制 13 人，事业编制 3 人。1996 年 12 月，成立株洲市外事服务中心，为市侨务办下属的自收自支科级事业单位。20 世纪 90 年代，各县市外事机构均进行了调整。醴陵市外事侨务办成为市政府议事协调机构；攸县外事办、侨务办改为县政府办公室的内设机构，茶陵县政府办 1998 年设立社会事务组，负责外事、侨务等工作；炎陵县外事办与县旅游局实行两块牌子、一套人马；株洲县原侨务办公室于 2000 年 10 月成为县政府办的内设机构。

株洲市区各区没有单独设立外事办公室，其工作归口区政府办公室。1991 — 1993 年，各市区的侨务工作由区民政局承担，1994 — 2000 年，归口区委统战部。

1983 年以前，株洲市虽有外事管理机构，但无系统的涉外管理制度和办法。

1983 年 5 月，市外事办根据上级指示，结合本地区实际制定了《关于涉外活动保密工作的暂行规定》，10 月印发文件，明确了外事办公室的职责范围。1984 年 11 月，印发《对外旅游宣传工作的指导思想》。1985 年 9 月，印发《株洲市外事工作的任务和统一领导问题》。1990 年 6 月，株洲市人民政府转发市外事办《关于加强涉外工作管理的意见》。至此，在对涉外工作的归口管理、涉外活动的实施及市级领导参加外事活动等工作逐步实现制度化、规范化。

1991 — 2000 年，随着因公出国 (境) 访问、考察、培训人员的逐渐增多，外事部门也相应出台了相关规定。1994 年 4 月，根据湖南省政府外事办公室规定，从当年 5 月 1 日起，全市因公出国 (境) 护照不再由各单位自行申报，直接到省外办统一办理，改为由市外事办统一审核申办、统一回收管理。醴陵市和南方动力机械公司，仍直接向省外办申办因公出国 (境) 护照。1996 年 2 月，市政府办公室下发通知，规定从 4 月 1 日起在全市实行因公出国 (境) 护照办理专人负责制度，使用统一的“申办护照签证介绍信”，同时实行护照押金制度。1998 年 7 月，中共株洲市外事工作领导小组办公室下发《关于进一步做好党政机关干部因公出国 (境) 管理工作的通知》，就株洲市党政机关干部因公出国 (境) 的报批程序和审批权限作出了规定。

1999 年 12 月 29 日，市政府制定了《友谊奖和株洲市荣誉市民评选暂行办法》，决定在应聘来株洲工作的外国专家、外籍工作人员中评选“友谊奖”和“株洲市荣誉市民”。2000 年 10 月 12 日，市人民政府授予昂特 · 皮特逊等 4 人“株洲市荣誉市民”称号；授予大卫 · 本豪等 4 人“友谊奖”。

二　团体友好访问

（一）来访接待

20世纪50年代初、中期，株洲市先后接待了朝鲜访华团，苏联、波兰、捷克、民主德国专家和越南实习学生。

1959年，接待泰国副议长乃沙英一行3人，英国驻华代办夫妇2人，越南劳动青年访华团一行30人。1960年，接待柬埔寨宾努亲王一行4人。

20世纪60年代至1977年，株洲市陆续接待了一些外国政府领导人、驻华大使、友好访问团和专业考察团。

1978年以后，学术交流、专业考察和智力引进方面的来访人员增幅较大。据统计，1978—1989年，全市接待外宾11456人，其中专家、科技人员有2989人。1978—2000年，株洲市接待外宾7879批共46915人。

1974—1990年，先后有联合国粮农组织林业考察组、联合国粮农组织“林业支援农业”专察组、墨西哥农业青年小组、瑞典林业代表团、日中农交协会访华团、朝鲜建材工业部代表团、新西兰林业服务局代表团，以及美国、英国等30个国家145名外宾考察了株洲县人工林区和酃县桃源洞自然保护区物种资源。

1978年9月15日，朝鲜农业科学家代表团一行15人，考察株洲县白关公社的大面积水稻杂交制种、栽培，并举行了座谈会。

1981年5月，美国米·沃滋华斯教授一行6人到株洲选矿药剂厂进行学术交流。5月23日，法国透博梅卡公司副经理代理瓦尼亚一行3人到南方航空动力机械公司交流研制技术。8月13日，巴基斯坦国防部军工生产部主任巴沙少将一行8人到南方航空动力机械公司交流研制技术。

1987年，株洲市接待日本松沪市议会议长沙谷新大郎率领的北六市议员访华团一行44人，意大利驻华大使及商务参赞一行3人。

1988年，株洲市接待美国驻华大使一行3人，日中文化代表团一行23人，联合国组织50个国家代表团一行65人，英、法等8国驻华科技参赞一行8人。

1990年，美国佐治亚大学卡尔·乔丹教授，在中南林学院举办有全国10多个科研、教学机构学者、专家参加的森林生态学研讨班，促成中南林学院生态研究室与美国夏威夷水文学信息中心建立了联系。

1994年1月，美国加利福尼亚州红木市副市长克耐尔一行2人到株洲进行为期3天的参观访问。11月21日，以总工程师克拉彼内夫·弗拉基米尔·安东诺维奇为团长的俄罗斯远东铁路管理局访华团一行7人，对株洲进行为期4天的访问。

1997年1月6—11日，应常务副市长黄自能的邀请，日本奥希利斯株式会社伊东弘行社长一行3人对株洲进行访问，双方就株洲城市废水、垃圾处理以及农业方面的合作举行会谈，并签署了

《关于城市生活垃圾无害处理及综合利用合作项目的会谈备忘录》和《关于优质精制米加工合作项目会谈备忘录》。2月21—25日，应黄自能常务副市长的邀请，以执行董事萨姆锡为首的迪拜伊斯兰银行考察团一行4人对株洲进行考察访问。双方对株洲市四水厂、株洲冶炼厂、株洲电厂等单位的建设与改造项目的融资合作举行了会谈，并就株洲冶炼厂融资3000万美元达成初步意向。3月27—28日，阿联酋内阁成员、阿联酋阿治曼酋长国王子、经济部部长阿哈穆德·修穆德·努埃米和部长助理道尔顿·杰一行对株洲进行工作访问，双方就湖南(株洲)海外国际合作有限公司与努埃米王子殿下合资兴建中东轮胎厂的有关事项，以及进一步加强政府间的交往、广泛开展高新技术领域等方面的合作进行了会谈。11月14日，应侯林青副市长的邀请，德国西门子公司董事会成员、西门子公司副总裁、交通运输集团总裁沃尔拉姆·O·马丁逊博士和世界犹太人大会欧洲代表处主任马拉姆·斯特恩先生一行6人到株洲进行工作访问。通过宾主双方的友好交谈，使株洲电力机车厂、株洲电力机车研究所与西门子公司历经3年谈判而陷入僵局的合资生产交流传动电力机车项目重新恢复谈判，并于1998年4月在北京签约。

1998年5月17日，津巴布韦总统办公室主任、国务部长塞法斯·姆西帕一行访问株洲。代表团对株洲国有企业改革情况，进行了全面了解，并参观了南方动力公司、千金药业公司等企业。

2000年9月27—28日，以意大利对外贸易委员会北京办事处副代表和国家环保总局外经办副主任罗高来为首的中意环保合作项目考察团，考察了株洲洗煤厂和市煤气公司等企业，与市有关部门就节能、提高能效、开发利用清洁能源以及甲基溴替代技术等进行了会谈，利用意大利先进的环保技术与设备，帮助株洲建设能源与大气污染防治示范城市。

1989年4月，株洲市成立引进国外智力领导小组，办公室设市政府外事办。由国家资助、聘请外国专家，来华帮助企事业单位解决技术难题、进行技术指导、培训和提高管理水平的引智工作在株洲开始启动。至1996年，全市引进国外人才项目不是很多，引进人才项目2个，引进专家3人。从1997年开始，引智工作力度加大。至2000年共批准引进国外人才项目31个，引进外国专家53人。获国家引智资助款58.4万元；贷款贴息24万元。

1997—2000年，先后有25名外国文教专家在株洲各类学校从事教学工作。1999—2000年，有50名外国教师到中南林学院进行短期教学访问。2000年，有41名外国技术、工程和管理专家在株洲工作。

株洲市1978—2000年接待外宾统计表

表17-35

年 份	接待批次	接待人数	年 份	接待批次	接待人数
1978	50	262	1990	286	3972
1979	75	284	1991	408	2884
1980	131	412	1992	429	3396
1981	87	350	1993	309	2756

续表 17-35

年 份	接待批次	接待人数	年 份	接待批次	接待人数
1982	61	223	1994	503	2984
1983	322	2096	1995	449	2372
1984	514	1989	1996	412	2567
1985	487	1577	1997	387	3142
1986	371	1364	1998	319	2842
1987	425	1213	1999	472	3297
1988	666	1578	2000	456	3546
1989	260	1900	合计	7879	46915

株洲市 1997 — 2000 年智力引进情况一览表

表 17-36

年 份	引进国外人才项目数（个）	引进国外专家人数（人）	国家引智资助（万元）	引智贷款贴息（万元）	备 注
1997	5	8	14.9	–	–
1998	10	18	17.8	12	–
1999	11	13	16.5	4	–
2000	5	9	9.2	8	–
合 计	31	47	58.4	24	–

（二）出 访

1983年、1986年，醴陵市市长吴干生和朱汉钦率代表团访问日本瑞浪市，商谈缔结友好城市事宜。

1985 年，市长周吉太率塑料板引进考察组一行 5 人访问意大利。副市长刘迪恺率塑料工业设备考察组一行 5 人，访问日本。副市长龙德发率电子工业考察组一行 7 人，访问美国。

1990 年 5 月，市长周伯华参加由建设部组织的市长考察团，赴苏联考察。10 月，醴陵市政府代表团一行 5 人，赴日本访问友好城市 —— 瑞浪市。

1997 年 4 月 30 日至 5 月 6 日，应阿联酋阿治曼酋长国修穆德 · 努埃米陛下的邀请，以副市长侯林青、市人大常委会副主任朱汉钦为首的市经贸考察团对阿联酋进行考察访问。考察团重点对株洲海湾集团公司在阿联酋的经营及与阿方合作的情况进行了考察，与迪拜伊斯兰银行就株洲冶炼厂融资贷款利率进行协商，取得了满意的结果。同年 12 月，应新西兰曼努考市市长巴金 · 阿蒂斯爵士的邀请，以市委副书记肖雅瑜为团长的市友好代表团一行 7 人，对曼努考市的农业、工业、畜牧业、城建、环保等方面进行了考察，就两市建立友好城市关系，开展经贸和科技等领域的交流与合作举行了会谈。据统计，1995 — 2000 年，全市共组织出访团次 1711 个，人员 5108 人，出访国家和地区每年在 30 ~ 40 多个。

株洲市 1995 — 2000 年出国（境）访问情况一览表

表 17–37

年 份	出访团组数（个）	出访人数（人次）	出访国家、地区数（个）
1995	222	663	34
1996	258	884	38
1997	270	840	45
1998	326	866	45
1999	311	876	48
2000	324	979	49
合 计	1711	5108	259

三 友好城市交往

（一）缔结友好城市

1980 年 9 月 28 日至 10 月 7 日，日本瑞浪市市长足立达夫一行 26 人到醴陵县访问，表达了结为友好城市的意愿。

1981 年 2 月，瑞浪市友好团一行 8 人，第 2 次访问醴陵县，团长水野正夫转达了瑞浪市长足立达夫和全体市民的愿望，并请求两市尽快结为友好城市。

1982 年 2 月，以安藤三郎为团长的瑞浪市代表团一行 8 人，第 3 次访问醴陵，转交了瑞浪市长足立达夫致醴陵县长吴干生的信："我们成立了瑞浪 — 醴陵友好城市推进协议会，并以此为中心，为友好关系实现而努力。"

1983 年，以醴陵县县长吴干生为团长的醴陵瓷业考察团，赴日本瑞浪市考察，参观了日本第 18 届陶瓷机械展览。

1985 年 11 月，以水野正夫为团长的瑞浪市友好代表团一行 25 人第 4 次访问醴陵市，转达了足立达夫市长希望在他任期内 (1987 年 3 月期满) 与醴陵结为友好城市的意愿。

1986 年 4 月，醴陵市长朱汉钦参加中国市长访日团赴日本访问，瑞浪市政府领导人专程拜访，并设宴招待。同年 9 月 28 日至 10 月 1 日，日本瑞浪市缔结友好城市事前协议团一行 4 人，应醴陵市市长的邀请，到醴陵就缔结友好城市事项进行具体磋商。9 月 29 日，通过了《缔结友好城市协定书》、友好旗的制作和互访的经费等协议。

1987 年 1 月，醴陵市市长朱汉钦一行 7 人，应邀访问瑞浪市。1 月 14 日，在瑞浪市举行了醴陵 — 瑞浪缔结城市友好大会，瑞浪市长足立达夫和醴陵市长朱汉钦签署了协议书，正式建立了友好城市关系。

1992 年 6 月，湖南省副省长陈彬藩受乌兹别克斯坦共和国塔什干州和纳沃依州的邀请，率省经贸代表团访问乌兹别克斯坦。根据双方签署的会谈纪要，随团访问的湖南省对外友协秘书长张文能代表株洲市与纳沃依市市长签署了《缔结友好城市意向协议书》。1992 年 7 月，中国人民对外友好协会正式批复，同意株洲市与纳沃依市缔结友好城市。1995 年 10 月，收到对方正式答复：确认原两市《缔结友好城市意向协议书》有效。1996 年 3 月 6 日，以副市长拉季波夫 · 谢尔盖 · 纳斯里丁诺维奇为团长的纳沃依市政府代表团应王汀明市长的邀请，对株洲进行了为期6天的访问。访问期间，经过双方共同努力，两市正式签订《建立友好城市关系协议书》《文化、教育、体育、卫生合作协议》和《经济贸易合作意向书》。

1995 年 4 月，以挪威佛瑞德克斯特市（简称“F 市”）环境部主任昂特 · 皮特逊先生为团长的环境考察代表团访问株洲。访问期间，双方签署了两市《建立友好城市关系意向书》和《环保合作意向书》。此后，双方就环保合作项目多次派团互访。1997 年 6 月，应 F 市的邀请，市人大常委会主任刘迪恺率领市政府代表团访问了 F 市。1998 年 10 月，以副市长欧勒 · 啥贝斯为首的 F 市政府代表团回访株洲。此间，双方一致认为：经过几年的密切交往和深入了解，两市建立友好城市关系的条件已经成熟，各自应积极办理报批手续，争取尽早正式结好。1999 年 6 月 7 日，应 F 市政府的邀请，以杨维刚副市长为团长的市政府代表团访问 F 市，双方正式签署《建立友好城市关系协议书》。这是中国与挪威王国首对结好的城市。

1995 年 4 月，在湖南省与比利时王国埃诺省结好九周年之际，以米歇尔 · 德博克为首的拉鲁维耶尔市（简称“拉市”）政府代表团来访株洲。通过 3 天的访问考察，双方认为：两市均为各自省内的重要工业基地，在经济、贸易、科学、技术等领域合作的潜力很大，并就缔结友好城市等事宜达成共识。1995 年 11 月，以市委副书记肖雅瑜为团长的株洲市经贸代表团应邀访问拉市，就两市企业家之间的合作与交流等问题进行了考察和会谈。访问期间，代表团获悉拉市政府提交的与株洲市缔结友好城市的报告已由该市议会批准。1996 年 6 月，侯林青副市长应拉市政府邀请，率市政府代表团访问比利时，准备与拉市正式签署结好协议。在结好会谈中，拉市要求在协议中增加有关“人权”的内容，市代表团当即表示不能接受。从巩固、发展两市人民的友好关系和维护国家尊严出发，市代表团积极做工作，争取对方取消这段文字，并明确表示，若对方坚持在协议中加进这段文字，株洲市代表团将不在协议上签字。此次访问，虽未按计划签署结好协议，但通过会谈，申明了中国在人权问题上的原则立场，宣传了中国通过改革开放，在经济发展、法制建设和社会进步方面取得的成就，维护了国家和民族的尊严。

1999 年，经越南归国华侨何宗祧牵线，株洲市与越南社会主义共和国庆和省芽庄市建立联系，并开始交往。2000 年 2 月 22 日，应芽庄市人民委员会主席黎青光的邀请，由肖雅瑜市长率领的株洲市政府代表团访问芽庄市，双方签订了两市《建立友好城市关系意向书》。2001 年 4 月 24 日，株洲市与芽庄市结为友好城市。次年 4 月 25 日，应肖雅瑜市长的邀请，黎青光主席率芽庄市政府代表团访问株洲市。4 月 26 日，肖雅瑜市长与黎青光主席共同签署《建立友好城市协议书》。至此，株洲市已与国际上 3 个城市缔结了友好城市关系。

至 2000 年年底，株洲市还与德国的奥斯拉市、波兰的凯尔省奥斯特罗维茨市、加拿大的伦敦市和芭蕃市、美国的特莱多市、澳大利亚的马里克维尔市、新西兰的曼努考市保持着密切的联系。

（二）相互交往

自 1996 年 3 月乌兹别克斯坦纳沃依市代表团首次访问株洲，并正式结为友好城市之后，两市之间的互访交流不断，增进了两市人民间的友谊，促进了经济发展和文化、教育、体育等方面的交往。1996 年 10 月，市政协副主席罗利生率市文化代表团访问纳沃依市，并在该市举办了株洲美术、摄影作品展览。1997 年 4 月，以市外侨办副主任胡友松为团长的市经贸代表团对纳沃依市的投资环境和投资政策进行考察，双方就有关合作项目和交流计划进行洽谈，并达成部分合作意向。1998 年 1 月，以巴扎诺夫副市长为团长的纳沃依市经贸代表团访问株洲。双方就开展经贸合作进行探讨和协商，签署由市外贸集团有限公司在纳沃依市合作生产自行车的项目合同。1998 年 9 月，市政府助理巡视员张伟率市政府代表团和市艺术代表团访问纳沃依市，并参加了乌兹别克斯坦共和国独立七周年和纳沃依市建市四十周年庆祝活动。1999 年 10 月，纳沃依市副市长依斯曼洛夫·依斯曼依尔率领该市政府代表团和艺术代表团，对株洲进行友好访问，并参加“中国·株洲炎帝节”的部分活动。

1995 年 12 月，应挪威国际咨询公司的邀请，以中南林学院院长粟显才为团长的市友好代表团回访 F 市，双方就在株洲市合作建立环保示范工程事项进行了深入的探讨，对下一步的工作达成了共识。1996 年 11 月，经过中国国家科委与挪威发展合作委员会、株洲市人民政府与挪威国际咨询公司的多轮谈判，双方最终达成协议：由挪方向株洲市无偿提供 981 万挪威克朗（约合人民币 1255 万元），用于建立饮用水净化示范工程、废水处理示范工程、遥控监测系统等 8 个项目和两市之间的友好交往。1998 年 11 月，由挪威贸促会举办的“中挪（湖南）水环境研讨会”在株洲市召开，挪威驻华使馆环保参赞率领 20 多位挪威环保专家和经贸、金融界的人士与湖南省的环保专家及省市有关部门的负责人进行交流、探讨各自在环保领域的研究成果与经验，特别就双方合作项目的技术内涵和融资方式进行了深入交流。会议期间，株洲市“建宁港综合治理”和“龙泉污水处理厂”两个大型市政环保项目与挪方达成合作意向。1999 年 6 月和 1999 年 10 月，株洲市与 F 市的政府代表团分别进行互访。双方签署了《建立友好城市关系协议书》《文化合作协议》《教育合作协议》和《红旗路小学与奇波洛德小学友好交往协议》。1999 年 3 月 19 — 20 日，挪威环境大臣弗耶兰格女士一行访问株洲。弗耶兰格大臣对中挪在株洲的合作项目给予高度评价，并向该合作项目追加 167 万挪威克朗（约合人民币 214 万元）拨款。

1987 年 1 月，醴陵市与日本国瑞浪市正式缔结为友好城市之后，两市交往频繁。1990 — 2000 年，醴陵市政府 5 次派代表团访问瑞浪，日本瑞浪市政府代表团先后 6 次访问醴陵。1991 年 1 月和 1995 年 7 月，醴陵民间书画代表团、醴陵市中小学生代表团分别访问瑞浪，进行文化交流。瑞浪中学生代表团于 1994 年 8 月和 1995 年 8 月 2 次访问醴陵。瑞浪市民间友好访问团曾 8 次共 121 人访问醴陵，进行两市之间的民间交往。此外瑞浪市还 2 次派出经济代表团来醴陵考察经济工作。作为两市交往的重要内容，醴陵市从 1993 年开始，每年派遣陶瓷研修生或农业研修生前往瑞浪市从事研修工作。到 2000 年年底，醴陵市共派出陶瓷研修生 316 人，农业研修生 8 人。

在 20 世纪 80 年代湖南省与日本国滋贺县的友好交往中，经赴日研修的株洲塑料厂技术员林安国的宣传、介绍，滋贺县高岛町的大过一良开始了对株洲的了解。在大过一良的努力下，于

1990年实现了市清水塘小学与高岛小学学生之间的作文、绘画、手工艺品和作品的交流。日本《朝日新闻》《京都新闻》、湖南电视台、株洲电视台和《株洲日报》均作了报道。株洲市北区（石峰区）和清水塘小学与滋贺县高岛町和高岛小学开始正式交往。1992年8月，高岛町第二次有志友好访中团和高岛小学第一次友好亲善使节团首次访问株洲。1993年11月，株洲市北区区长方以清、区人大主任蒋天球率北区友好访问团和清水塘小学歌舞团访问高岛，祝贺高岛町实行"町制"50年，并进行访问演出。1994年3月，以高岛町议会副议长坚田昭麼为团长的第3次有志友好访中团访问株洲，重点与北区政府就加强文化、教育和经济方面的交流与合作进行会谈，并参观厂矿、学校。同年7月，高岛小学第二次友好亲善使节团在高岛町教育长河方荣次的率领下访问株洲，代表团与株洲教育界人士进行了友好交流，与清水塘小学的师生进行一系列的联欢活动。1994年6月，株洲市市长王汀明率中国市长代表团访问日本时，高岛町町长万木纲一一行10人专程从高岛赴京都与株洲市市长王汀明会见。1995年7月，80高龄的原高岛町教育长小川浩率高岛町第4次有志友好访中团访问株洲。10月，滋贺县琵琶湖博物馆摄制组一行3人到株洲，摄制专题片"中国湖南孩子们的生活"，拍摄株洲的市容、名胜和清水塘小学教育、课外活动等情况，并制成光碟在琵琶湖博物馆播放，供游客观看。1996年3月，副市长赵湘珍、市人大副主任张昔兰率市文化教育代表团对高岛町的文化教育事业进行考察访问，就如何进一步扩大交流与日方举行了会谈。1996年7月，由校长桑原率领的高岛小学第三次友好亲善使节团访问株洲。1997年1月，高岛町町长万木纲一率高岛町政府代表团一行14人访问株洲。代表团对株洲的工业、农业、教育进行了参观考察。双方经过多轮会谈，共同签署了《关于发展友好合作关系的意向书》。1997年7月，以北区区长陈德浩为团长的株洲市友好访问团和清水塘小学歌舞团一行24人访问高岛町，并签订日本国高岛町高岛小学与中国湖南省株洲市石峰区清水塘小学的友好学校协定书。1998年6月，以石峰区区委副书记黄宏明为团长的石峰区农业考察团一行8人，对高岛町及邻近地区的种植业、养殖业和畜牧业进行了考察访问。1998年7月，以高岛町教育长矶野宏为团长的高岛小学第四次友好亲善使节团访问株洲。2000年8月2日，高岛小学第五次友好亲善使节团访问株洲。2000年9月，应日本滋贺县高岛町寓木纲一町长的邀请，肖雅瑜市长率市政府友好代表团对高岛町进行了访问，双方就进一步发展市町之间的友好关系举行会谈。

第二节　侨　务

从1954年8月泰国归侨陈立民由广东省侨委分配到株洲木材公司工作，成为株洲归侨第一人开始，伴随国家和省属企业在株洲集中兴建的契机，一批20岁左右的归侨汇集株洲。20世纪50年代后期到60年代，又有一批刚从大学或中专毕业的归侨分配到株洲科研院所、学校和国有企业工作。

1956年10月，株洲市归国华侨小组成立，隶属于湖南省长沙归国华侨联合会。"文化大革命”开始后，小组停止一切活动。1978年市民政局设侨务科，1979年年底民政局侨务科改为株洲市侨务办公室，对内仍为民政局的一个科室。中共十一届三中全会以后，随着全国侨联恢复活动和湖南省归国华侨联合会的成立，株洲市归国华侨联合会于1979年6月29日正式成立。1983年12月，市委根据中央有关精神，明确市侨联为一级人民团体，市侨办为市政府的下属办事机构，侨联与侨办合署办公，两块牌子、一套人马，为县团级单位，归口市委统战部。1994年，市外事办与市侨务办合并后，外事侨务办公室内设侨务科。至2000年年底，全市有旅居海外华侨、华人9257人（其中新移民315人），主要来自47个国家和地区，国内归侨、侨眷34011人（其中归侨157人）。全市共有侨务工作对象43268人。

一 保护归侨侨眷权益

从1979年开始，全市各级侨务组织和机构，积极宣传、贯彻中共中央有关文件和上级侨务、归侨工作会议精神，认真落实党的侨务政策，及时平反冤假错案，帮助归侨侨眷解决实际困难。先后收回20世纪60年代初期被精简下放的归侨及其亲属10人。对归侨的人事档案进行清理，将其中不应归档的材料予以清除。落实发还农村华侨私房44户，面积13729.59平方米，发放住房补助款247023.30元。解决23个因情况特殊的归侨、侨眷子女家属户口在城市落户，解决住房困难户50余户，解决子女升学就业100余人。株洲电力机车厂、株洲冶炼厂等6个单位，通过落实政策，先后为归侨侨眷平反了因“海外关系”而受到诬陷迫害的6起案件，其中为被错判、错划、错处分的3起案件的当事人重新安排了工作。

1991年1月1日，《中华人民共和国归侨侨眷权益保护法》（简称《保护法》）颁布实施。全市共发放《保护法》及相关的学习、辅导材料8000多册（份）。将《保护法》发到每户归侨、侨眷家中外，各县、市、区和各单位主管侨务工作的领导、侨务专干也人手1册，并在市区中心广场开展《保护法》的大型宣传、咨询活动。2000年召开全市庆祝《保护法》颁布十周年座谈会。借助各种宣传媒体对《保护法》进行宣传，办板报240期，电视报道5次，在各类报刊上发表文章51篇。先后召开各种类型的宣传贯彻侨务政策座谈会26次，参加人数400多人。依法办理维护归侨侨眷合法权益案6起。1992年4月和1993年5月，市人大科教文卫委员会2次对部分县、市及部分大中型厂矿企事业单位和高等院校贯彻落实《保护法》情况进行调查和执法检查。1996年9月，省人大民族华侨外事委员会与省政府侨务办公室组成联合执法检查组，对株洲市执行《保护法》和《湖南省归侨侨眷权益保护实施办法》的情况进行了检查。

1991—2000年，帮助归侨、侨眷办理出国(境)探亲定居321人，解决住房18户，购侨汇房34户，帮助调动工作16人，解决职称评定12人，帮助归侨侨眷子女升学178人，寻找海外亲人32人，安排农转非24人，补发工资29人，看望到株洲治病的华侨、华人8人，走访慰问归侨侨眷458人，发放困难补助费32000元。根据湖南省有关文件精神，为全市131位退休归侨办理每月享受50元生活补助费的手续，办理归侨侨眷证2741张。

二 华人华侨接待

株洲市与7380名华侨、华人同胞保持着经常性的往来。从20世纪80年代中期开始，每年接待回国探亲、旅游、讲学及经商贸易的侨胞达400人次以上。1988—1990年，邀请美籍华人教授肖镜如、徐育珠和加拿大籍旅美华人专家文席谋到株就企业管理及冷冻技术等进行讲学，受到企业界和科技界的好评。90年代，先后接待的知名人士有美籍华人、著名经济学家徐育珠先生，美国纳米材料集团、英佛曼高科技集团董事长兼行政总裁肖镜如博士、钟武雄，英国华人总商会副主席叶谋迪。请海外学者来株洲讲学6人次。邀请境外客商参加株洲炎帝节招商洽谈活动66人次。1997年11月经德国华侨黄昌龄出面联络，促成德国西门子公司交通运输集团总裁沃尔拉姆·O·马丁逊博士一行6人于1997年11月访问株洲，使株洲电力机车厂、株洲电力机车研究所与西门子公司于1998年4月共同组建“株洲西门子牵引设备有限公司”。同年3月，株洲市组团赴越南、柬埔寨考察，成功地将株洲的石膏板、收录机、火花塞等产品打入越南和柬埔寨市场，同时还为株洲的企业和产品在这两个国家找到了新的发展机遇和销售渠道。1999年，越南归侨何宗祧为株洲市与越南芽庄结好牵线搭桥，并促成市政府代表团成功地访问了芽庄市。1991—2000年，接待人数为1546人次。

截至2000年年底，全市共有侨资企业28家。由侨务部门直接引进的外资5000多万元。

三 公益事业

从1985年起，援助家乡办学的华侨、华人不断涌现，捐款数量日渐增多，1990年以前，先后有美籍华人钟武雄、唐之寿、文席谋、宋谷怀、张吕仙、旅美华侨夏新民和旅印度华人谭中等，捐赠家乡办学、办公益事业款104万元人民币和1.1万美元，钟武雄还投资45万元与醴陵湘山瓷厂合资办厂，并向醴陵侨办捐赠1台国产旅行车。1990年，旅美华人文席谋，创建“兰芷工程”，用60万元人民币作创业准备金，并且每年固定的预算资金不间断地援助家乡亲属和同村乡邻，帮助兴家创业，脱贫致富，并成立了兰芷工程互助会，亲自担任会长进行管理。1997年，文席谋还一次性向家乡捐赠12.3万元，用于发展养猪和沼气事业、建立教学奖励基金。至2000年，累计投入预算资金50万元。该项资金的50%济助亲属，28%帮助乡亲，22%用于互助会工作人员开支。美籍华人钟武雄1997年回醴陵观光，向家乡捐赠52万元，用于兴建学校校舍，改善办学条件和司法扶贫。自1985年以来，钟武雄累计为醴陵的公益事业捐款达298万元。美籍华人刘立、谭辉也分别向醴陵捐赠77万元和8.5万元，用于办学、修路、建设自来水工程等。加拿大籍华人刘海康，先后投资4000多万元，在攸县兴建商住楼、酒店和市场，捐赠16万元用于莲塘坳小学的改造，同时成立了攸县侨联海康教育基金会，以发展家乡的教育事业。美籍华人唐应涛自1985年以来，累计捐赠113万元修复空灵岸。美籍华人常湘滨1998年向炎陵县捐款13万元，用于修建炎陵县鹿原镇1900

米的公路。从 1993 年到 2000 年，海外华人、华侨共 33 批 192 人次赴炎帝陵祭祖，向炎帝陵捐款 7 万元。1990 — 2000 年，全市累计接受华侨、华人捐赠人民币 837 万元，其中醴陵市 570 万元，株洲县 113 万元，攸县 106 万元、炎陵县 48 万元。继承海外遗产 160 万元。

四 服务新移民

自 20 世纪 80 年代末期开始，全市的大中型企业、科研机构和大专院校的专业科技人员陆续出国(境)定居，从事技术、科研、教学等方面工作，成为新移民。经 2000 年摸底调查，全市共有新移民 315 人，并建立完整的新移民信息库。株洲新移民，旅居德国华人化学化工学会常务副理事长李又欣博士是一位从事生物降解性高分子及药物缓解研究与开发的高科技人才，发明多种用于组织工程和与药物缓释性材料，并有多项发明获得专利，多次应邀到株洲，通过对株洲千金药业股份公司、株洲化工厂、湘江氮肥厂、株洲高新技术开发区的参观考察，与有关部门和单位达成有关项目的合作意向。

株洲市外事侨务办公室历任负责人名录

表 17-38

单位名称	主任(处长)	任职时间	副主任(副处长)	任职时间
市委交际处	宋仰云	1959.5 — 1964	包秀龙	1959.5 — 1960.7
	栾宗友	1964 — 1965.5	杨汝琴	1959.5 — 1963
	杨汝琴	1966.5 — 1971	杨汝琴	1964 — 1966.5
	–	–	葛忠贵	1966.5 — 1971
市革委会接待办	杨汝琴	1973.9 — 1978.11	刘振山	1973.9 — 1975.8
	张家树	1978.11 — 1980.12	易庚华	1973.9 — 1978.11
	–	–	苏先林	1973.9 — 1980.12
	–	–	孙昭生	1976.1 — 1980.12
	–	–	边沛潭	1978.11 — 1980.12
市接待办	张家树	1980.12 — 1983.9	边沛潭	1980.12 — 1981
	–	–	孙昭生	1980.12 — 1981
	–	–	苏先林	1980.12 — 1983.9
市外事办	张家树	1983.9 — 1983.12	苏先林	1983.9 — 1994.10
	颜启龙	1985.9 — 1993.3	胡友松	1993.3 — 1994.10
	彭 德	1993.3 — 1994.10	–	–
市外事侨务办	刘本良	1994.10 — 2000.10	胡友松	1994.10 — 2000.12
	陈德浩	2000.10 — 2000.12	林凤西	1994.10 — 1997.6
	–	–	曾达瑜	1994.10 — 2000.12
	–	–	邓尚文	1998.12 — 2000.12

第八章 信 访

第一节 网 络

1983年以前，株洲市信访工作由中共株洲市委办公室信访科负责，一套人马、两块牌子，对外称中共株洲市委、株洲市人民政府信访办公室。1983年，株洲市党政机构进行改革，同年12月24日，正式成立株洲市信访办公室（简称“市信访办”），属县（处）级单位，编制7人。至1985年，从市到县（区）、乡（镇）、村和街道办事处，以及县以上厂矿企事业单位、市直机关各部门建立了信访工作网络，配备了工作人员，其中，县（区）一级均成立了信访办公室，配备专职干部1～3人。信访任务大的市直有关部门及厂矿企事业单位配备3～7人；县以下的农村乡（镇）、村和城市街道办事处、居委会，厂矿企事业单位的车间、班组，除攸县7个乡（镇）配有专职干部外，均配备1名兼职信访员；村（居委会）一级均采取信访、民调、治安“三位一体”的办法，由民调人员负责日常信访工作，全市信访网络基本形成。1988年9月，市信访办归口市委办公室领导。至1990年，全市各级各部门各单位包括人大系统有专职信访干部186人，兼职人员1589人。

1995年，株洲市党政机构再次改革。当年12月28日市编委批复市信访办行政编制10人，事业编制1人，归口市委办公室、市人民政府办公室管理，以市人民政府管理为主。1997年9月30日，增设市信访办后勤服务中心，为正科级事业单位，编制3名。至2000年，市信访办有3个职能科室，1个后勤服务中心，行政编制人员10人，事业编制人员4人。5县4区均设有信访办公室，归口政府办管理，配备专职信访人员2～3人。全市158个乡镇、街道办事处都配备了副科级信访干部。城市256个县以上厂矿企事业单位，有12个大型企事业单位设立了信访机构，配备专干36人。各机关部门都明确了专人做信访工作，其中有16个部门设有信访机构，配有专职信访干部42人。

第二节 信访处理

1983年，市信访办共受理来信2787件，来访1051人次，集体上访25批、569人次；全市信访部门共受理来信10512件，来访3283人次，集体上访51批、1510人次，及时处理和化解了一批矛盾纠纷。1984年2月初，市信访办在听取茶陵县信访办汇报情况时，发现该县于1968年6月在全县农村追查“扶蒋反共救国军”反动组织期间，有不少群众受到迫害，不但没有帮助群众平反，而且个别地方对受害群众的上访采取不予接谈的态度。对此，市信访办及时派员对茶陵6个公社（乡镇）进行调查，并以《茶陵县一个最大的冤案至今还未彻底落实》为题，将调查情况报送市委常委、市人大领导，每个常委和市人大领导均作了重要批示。经多次会议研究，决定从有关单位抽出骨干力量，组成市委工作组赴茶陵调查，工作组经过半年时间调查，否定了这个纯属无中生有的反革命组织，并按照法律程序追究有关人员责任，为无辜群众彻底平反，由省、市、县三级财政拨款对已经死亡及伤残人员作了善后工作，对当时因同一问题涉及到攸县、酃县的那些被打成反革命的无辜群众也进行了彻底平反和善后处理。

1983 — 1990 年，市县（郊）信访办共受理来信 75229 件，接待来访 23338 人次，集体上访 365 批，9835 人次。市信访办共受理来信 26643 件，接待来访 11068 人次，集体上访 154 批、3459 人次。这些来信来访，大都集中在落实政策、检举揭发、冤假错案、党风廉政建设等问题上。来访者有的全家上访，有的集体上访，有的赴京赴省上访。市信访办从来信来访中精心筛选，认真综合，采取来信摘抄、重要件呈阅、专题汇报、编印《信访反映》内参简报等多种形式向党政领导提供信访信息 2560 条（篇）。市委、市政府主要领导对大要难案均进行了批示，使这些来信来访均得到妥善处理。这段时期，市信访部门认真实行“五个办理”（分级负责办、分工归口办、大要难案领导亲自办、涉及多部门单位的问题牵头联合办、信访干部直接调查办）的办法，采取层层把关、超前防范、耐心疏导与帮助解决具体问题相结合的措施，较好地解决了全市 326 名上访老户（含中央、省交办的 181 名上访老户）395 批 34252 人的集体上访，使 90% 以上的问题在县和县以下基层得到处理。全市无集体到北京上访，越级到省以上的上访老户和集体上访是全省最少的地市之一。8 年共立案查办 5497 起信访案件（含中央、省、市领导索要查处结果件 1755 起），办结 5380 起，办结率 96.6%。

1991 年，市、县市及郊区信访办共受理人民来信来访 13914 件次，其中，越级到省委、省政府机关信访 850 件次（越级信 699 件，越级访 151 人次），赴京上访 16 人次。面对越级信访多、集体上访多、老户纠缠多和各类纠纷矛盾多的新情况，市信访办在全市乡镇和厂矿企业中开展了信访工作达标活动，对农村县、乡、村和城市区、大中型厂矿企业，实行信访工作目标管理；积极推介典型经验。在全市推广攸县统转信访件实行件件结账，茶陵县坚持多立案、多办案，醴陵把信访问题处理在萌芽和初发阶段，郊区把信访工作纳入乡镇全面工作进行考核，株洲玻璃厂实行信访回执单，南方公司坚持星期日挂牌轮流接待群众来访的经验。制定《株洲市信访工作考评指标》和《株洲市信访办公室工作岗位责任制》；在全市信访部门开展“假如我是一个上访者”的大讨论和“最佳基层”竞赛活动。这样一来，调动了全市各级各部门和信访工作人员办信访的积极性，全年立案率、结案率普遍提高，县市区信访办平均立案率 18%，结案率 94%。全市信访工作呈现出越级写信的减少，赴京“告状”的减少，到市以上集体上访的减少，基层拖欠案件的减少；坚持只办不转的乡镇增多，建立有领导接待日的基层增多，信访制度健全的乡镇增多，无上访老户、无信访积案、无越级上访的乡增多的“四减少”“四增多”好势头。

1992 年，《湖南省乡、镇、街道信访工作暂行规定》（简称《规定》）颁布后，全市利用办学习培训班、挂横幅、贴标语、放广播、办黑板报等形式进行宣传。6 月市信访局分别在茶陵、攸县召开贯彻《规定》现场会，7 月分别在东区、株洲桥梁厂召开片会进行贯彻。年底，市信访办对全市贯彻《规定》进行检查，普遍反映干部群众信访意识增强，信访机构设施落实，制度比较健全。全市企业把信访工作纳入企业全面考核，5 县、郊区的乡镇和城市办事处把信访工作纳入“双文明”建设全面工作目标管理进行考核。当年全市共受理人民来信来访 11092 件，其中来信 5151 件，来访 5941 人次，与上年相比，下降 20%。市信访办受理来信来访 2050 件，其中来信 1586 件，来访464人次，比上年下降48%。对南方公司200多人为农转非、小孩顶职问题（20世纪60年代半边户），硬质合金厂200多人为污染问题上街游行，郊区荷塘铺村为320国道征地拆迁，株洲县、醴陵市复员军人因婚姻纠纷集体上访，以及厂矿企业离退休人员为工资升级等集体上访涉及面广的信访问题，都本着积极疏导、妥善处理的原则，化解在市以下，避免了矛盾纠纷扩大化。

1993年，随着改革开放的深入，新矛盾、新问题不断出现。按照中共湖南省委、省人民政府提出的“控制、降低、提高、加强”工作目标，着力抓好《规定》落实。1994年，市委、市政府批转攸县县委、县政府《关于引导群众逐级上访的实施细则》，在全市推广群众逐级上访。1994—1995年，集体上访的批数、人数均超历史。市、县（区）两级信访部门共受理集体上访276批，计7236人，以反映320国道、湘江防洪堤和株北枢纽工程征地拆迁安置问题、离退休人员工资福利无保障、特困企业要工作要生活、基层干部违法乱纪、各类纠纷居多。人数多、规模大、群众情绪激昂。市县两级信访部门采取争取领导重视亲自抓，调查研究超前抓，发现苗头及时抓，上下左右配合抓的“四抓”办法和“凡群众越级集体上访，通过做工作不走的，必须由有关单位的主要负责人把人领回去，按问题性质作出妥善处理”的规定进行处理。积极抓好初信初访的处理，开展文明接访，认真处理每一件信访，对群众来信来访做到及时处理，不压、不推、不拖。两年内市县两级信访办给群众复信、复函1500多封，市委、市政府主要领导批阅、督办信访问题366件，其中市委书记程兴汉阅批督办280件。成批解决“热点”问题96批。全市信访工作出现越级信访下降，重复信访下降、老户稳定、无越级上访、无信访积案、无上访老户、无集体上访单位增多的可喜局面。

1995年10月28日，全国第一部信访法规《信访条例》颁布。1996年，中共中央和湖南省委先后召开信访工作会议进行贯彻落实。市委、市政府领导为此3次听取信访工作汇报，市长王汀明于4月15日主持召开政府常务会议专题研究贯彻措施。5月2日，召开全市有史以来规模最大、规格最高，有350多人参会的全市信访工作会议。市委书记程兴汉、市长王汀明、常务副市长黄自能都在会上作重要讲话。会上，市委、市政府授予市信访办受理、督办、协调裁决、督查检查、建议追究责任等6项权力。成立株洲市信访工作领导小组，由常务副市长任组长，定期研究和协调信访工作问题；建立了市领导不定期约访制度。全市各级各单位信访部门还认真对照《信访条例》，建立健全各项规章制度，特别对处信、接访、办案等制度进行了重新补充和修改。当年，根据湖南省委办公厅、省政府办公厅5月19日《关于切实解决当前几个信访热点问题的通知》精神，在全面进行调查摸底，认真排查后，列出全市亏损企业离退休人员待遇、库区移民、退伍军人安置、残疾人员、“三乱”反弹、征地拆迁、各类纠纷、基层个别干部违法乱纪和城市环境污染等10个信访热点问题上报市委、市政府领导。市委、市政府为解决存在的热点问题发出系列文件。为制止乱收费，对全市行政性、事业性、专项性收费进行了全面清理整顿，取消和调整部门自立收费项目21个。市委、市政府先后出台一系列文件，并筹集资金1500余万元用于企业解困，缓解了部分矛盾，减少了信访数量。

1997年，群众来访大量增加、信访老户明显增多、群众集体上访猛增，市县两级信访部门共受理群众来访11915人次，比1996年增加5673人次，同期增加48%；接待群众集体上访347批，8767人次，比1996年同期分别增加33.7%和37.8%。为减少集体和越级信访，全市各级党政主要领导对信访“热点”和集体上访问题，坚持亲自检查、亲自督办、亲自处理。1996—1997年，全市各级各部门各单位党政领导参加接待日共接待处理各类老大难问题4500余起，其中，市委、市政府领导阅批来信528件，亲自处理重大信访案件111起。两年内共查办热点信访案件380件，按照“可散不可聚，可顺不可激，可解不可结”的原则，妥善处理老户集体上访258批3186人，为热点问题“降温”起了调节作用。这两年株洲市越级上访，特别是赴京上访人员明显低于全省各地市。

1998年8月4日，《湖南省信访条例》发布实施。株洲市于11月7日在市中心广场开展了宣传《条例》活动。市委、市政府、市人大、市政协领导在现场接受市电视台、株洲日报采访。12月12日还在市广播电台举办“让我们都来了解信访”专题节目，采取一问一答形式，15名听众抢答，使更多人了解了《条例》。当年市县两级信访办向各级领导提供信息893条，经领导批示827条（篇）。对市特困厂矿企业离退休人员工资未及时发放的问题，市信访办及时综合汇报，市委、市政府及时批示，在市社保等部门的配合下，涉及1100余人的离休人员工资问题全部落实到位。株洲县农村“两会”（合作基金会、互助储金会）问题突出，事态严重，集体上访苗头多起。县信访办对问题进行调查综合后及时报告县领导，引起县委、县政府高度重视，立即责成相关部门对“两会”进行整顿，采取思想教育与行政、法律手段相结合办法，使一起由群众酝酿的集体上访得到平息。

1999—2000年，全市信访工作围绕建设社会主义民主政治、维护社会稳定、促进经济发展、巩固执政党地位开展。随着改革开放的不断推进，城市建设力度的加大，70%以上的来信来访集中在城市特困企业、干部违法乱纪、乱收费、农民负担过重、房屋拆迁等方面。市委、市政府多次召开专题会议研究，15次下发文件；市主要领导亲自深入基层调查研究，针对存在问题进行现场办公，解决老大难问题48起。为加大控源治本，对2200种收费项目进行全面清理，取消400多项收费。为解决城市特困企业信访热点问题，市委、市政府成立解困工作领导小组，一把手任组长，其他市领导分片分线负责一个重点困难企业。至2000年，全市各级95%以上的单位建立了信访工作党政领导责任制，阅信接访制度、领导接待日制度、听汇报制度、定期排查制度、分线分片包干处理制度、督促检查制度均基本落到实处。

市委、市政府把信访工作作为考核各级党政领导政绩内容，纳入“双文明”目标管理考核和稳定工作的重要组成部分等做法，得到上级信访部门的充分肯定。2000年，株洲市被评为“湖南省信访工作先进集体”，市信访办被评为“全国优秀信访工作办公室”。

株洲市信访办公室历任负责人名录

表17–39

主　任	任职时间	副主任	任职时间
李茂祥	1987.11—1998.4	李茂祥	1983.12—1987.11
谢云山	1998.4—2000.12	王银竹	1983.12—1998.12
–	–	沈贻光	1987.11—1997.7
–	–	刘国和	1994.5—2000.12
–	–	游　米	1996.8—1998.12
–	–	袁建军	1998.4—2000.12
–	–	叶定海	1998.4—2000.12

第十八篇　人民政协

第一章　组织机构

第一节　株洲市协商委员会

1951年10月，根据《中国人民政治协商会议共同纲领》的规定，株洲市召开首届各界人民代表会议，选举产生株洲市各界人民代表会议协商委员会（简称“市协商委员会”），为各界人民代表会议休会期间的常设机构。陈继昌任主席，王树秋、刘景春任副主席，吴占魁、李守绪、李枝叶、侯锡义、韩瑾行、王连福等为委员。委员的任期与各界人民代表大会代表任期相同，日常工作由市人民政府秘书室代办。

10月28日，市协商委员会召开第一次委员会议，会议主要讨论提出出席湖南省第一届二次各界人民代表会议提案、学习《中国人民政治协商会议共同纲领》和民主建政文件、研究贯彻市第一届一次各界人民代表会议精神和决议案。12月25日，市协商委员会召开第二次委员会议，通过了《市协商委员会工作决议》；学习全国政协常委会通过的《关于各省、市各界人民代表会议协商委员会工作的意见》；明确协商委员会的职责和任务；全体委员向所代表的各阶层人士传达省第一届二次各界人民代表会议决议，并听取人民群众意见；审议市政府交议的土改复查、农业生产等各项工作。

市协商委员会分别召集各阶层人士座谈，听取对政府工作的意见和人民群众的呼声。每月2次向市政府反映情况，供市政府领导和有关部门参考。

1952年1月，市协商委员会召开第三次委员会议，主要学习毛泽东《1952年元旦中央人民政府团拜祝词》和研究筹备市第一届二次各界人民代表会议相关事宜。同年5月6日，市协商委员会召开第四次委员会议，再次协商市第一届二次各界人民代表会议事项。

1952年9月，召开市第一届二次各界人民代表大会，改选市协商委员会。选举陈继昌为主席，黄常存、成兆洪、成德润为副主席。

市协商委员会在整饬纳税人工作中，面对当时工商业者的账务不健全，有的根本无账、无单、无实在的依据，不利课征营业税和所得税的实际，要求工商界人士率先自查补报，以带动全市工商户，推动自我教育的进程，保证税款的合理、及时征缴。

1953年3月，市协商委员会发起和组织株洲市各界人士反对美帝国主义使用原子武器的签名运动。

1953年4月，召开市第二届一次各界人民代表会议，选举产生市协商委员会。侯锡义为主席，刘恒胜为副主席，李守绪、李枝叶、郭建辉、杨开武、罗立洲、唐耀星等为委员。

同年 7 月 20 日，市协商委员会召开第五次委员会议，协商如何帮助有关人民团体开展工作和调解各团体之间的关系，发挥各团体的作用，为株洲市的民主改革服务以及如何动员各界人士支援工厂建设。

1954 年 6 月 26 — 29 日，经过普选，株洲市召开第一届人民代表大会，取代市协商委员会。

第二节　政协株洲市委员会

1979 年 5 月，根据中共湖南省委关于在省辖市设立政协地方委员会的指示，株洲市着手筹建中国人民政治协商会议株洲市委员会(简称“政协株洲市委员会”)。株洲市政协筹备委员会由市委书记朱远明任主任，后改由市委副书记郁宝云任主任。陈文玉、黄道奇、阎安广、杨恺、赵琦、王永青、谢和根任副主任，李健任秘书长。

政协株洲市第一届委员会：1980 年 11 月至 1983 年 10 月，任期 3 年。1980 年 11 月 28 日至 12 月 7 日，召开市政协第一届一次会议，选举郁宝云为主席，杨恺、阎安广、刘钧、孙举东、林熙业、杨升三、朱瞻云为副主席，杨恺兼任秘书长，并选举 32 名常务委员会委员，委员会由 20 个界别 186 位委员组成。1981 年 2 月 28 日至 3 月 2 日，召开第一届二次会议，增选田莉（女）、滕中民为副主席，李耀红为秘书长。同年 12 月 14 — 20 日，召开第一届三次会议，着重协商促进株洲的社会主义物质文明和精神文明建设。1983 年 3 月 23 — 30 日，召开第一届四次会议，主要协商讨论《政府工作报告》，并提出意见和建议。

政协株洲市第二届委员会：1983 年 10 月至 1988 年 1 月，任期 5 年。1983 年 10 月 20 — 27 日，召开第二届一次会议，选举杨恺为政协株洲市第二届委员会主席，袁菊初、帅伯髦、杨升三、林熙业、罗立洲、潘明理、张承佛、周藩、郑睿贤为副主席，王人爵为秘书长，选举 38 名常务委员，委员会由 25 个界别 248 位委员组成。1984 年 7 月 4 — 9 日，召开第二届二次会议，贯彻中共湖南省委政协工作会议精神，听取中共株洲市委领导赴广东学习改革开放经验的报告，协商市政府工作。1985 年 5 月 22 — 29 日，召开第二届三次会议，通报全市落实政协委员政策工作情况，增选谭松山为副主席。1986 年 6 月 1 — 7 日，召开第二届四次会议，会议协商讨论株洲市“七五”计划；接受杨恺辞去市政协主席、委员职务的请求，接受帅伯髦、罗立洲、潘明理辞去副主席、委员职务的请求；增选周继耀为副主席。1987 年 4 月 9 — 15 日，举行第二届五次会议，传达贯彻全国统战工作会议和省委统战工作会议精神，协商讨论政府工作报告，选举李颖为市政协主席，罗吉林为副主席。

政协株洲市第三届委员会：1988 年 1 月至 1992 年 12 月，任期 5 年。1988 年 1 月 7 — 14 日，召开第三届一次会议，选举陈满之为市政协第三届委员会主席，周继耀、罗吉林、谭松山、张承佛、郑睿贤、彭国雄、萧玉麟、申善吾、吴志成为副主席，尹常纪为秘书长，选举 33 名常务委员，委员会由 29 个界别 256 名委员组成。1989 年 3 月 1 — 4 日，召开第三届二次会议，传达贯彻《政协全国委员会关于政治协商、民主监督的暂行规定》精神。全会本着“政治协商一般应在决策之前进行”的精神，先于市人民代表大会召开，市党政领导集中时间直接听取委员的参政意见，共商株洲改革发展大计，是提高政治协商层次的一次有益尝试。1990 年 3 月 20 — 25 日，召开第三届三次会议，会议同意陈满之因工作调动辞去政协主席的请求，选举程兴汉为市政协主席。1991 年 3 月 5 — 9 日，召开第三届四次会议，着重讨论协商株洲市国民经济和社会发展“十年规划”和“八五”计划。1992 年 3 月 24 — 28 日，召开第三届五次会议，学习贯彻中共中央文件精神，学习邓小平在武昌、深圳、珠海和上海等地视察时的重要谈话，强调进一步解放思想，加快改革开放和建设步伐。会议增选陈鑫为市政协副主席。

政协株洲市第四届委员会：1993 年 1 月至 1998 年 1 月，任期 5 年。1993 年 1 月 1 — 6 日，召开第四届一次会议，选举曾雨农为政协株洲市第四届委员会主席，陈鑫、刘定中、陈广续、罗利生、郑睿贤、彭国雄、萧玉麟、申善吾、吴志成为副主席，罗利生兼任秘书长，选举 31 名常务委员，委员会由 30 个界别 270 名委员组成。1994 年 3 月 4 — 7 日，召开第四届二次会议。1995 年 2 月 25 — 28 日，召开第四届三次会议，会议学习了《政协全国委员会关于政治协商、民主监督、参政议政的规定》和江泽民总书记《为促进祖国统一大业完成而继续奋斗》的重要讲话。会议期间，委员们为炎陵县龙渣瑶族自治乡“希望工程”捐款 38945 元。1996 年 2 月 28 至 3 月 2 日，召开第四届四次会议，着重协商讨论了《政府工作报告》和《株洲市国民经济和社会发展“九五”计划和 2010 年远景目标纲要（草案）》，围绕富民强市总目标献计献策。1997 年 2 月 25 — 28 日，召开第四届五次会议，协商讨论《政府工作报告》，着重就农业产业化、下岗职工再就业、深化企业改革、振兴株洲体育、查处医药行业乱收费等问题进行协商。会议同意罗利生辞去秘书长职务，选举钟桂池为秘书长。

政协株洲市第五届委员会：任期 5 年。从 1998 年 1 月到 2000 年 12 月止，共举行全委会议 3 次。1997 年 12 月 31 至 1998 年 1 月 5 日召开第五届一次会议，选举赵占一为政协株洲市第五届委员会主席，张定珠、罗利生、彭国雄、胡辉平、姚先恕、罗维根、颜佑启、章亮芝、邱丽萍为副主席，历铁夫为秘书长，选举 35 名常务委员，委员会由 31 个界别 278 名委员组成。1999 年 2 月 4 — 7 日，召开第五届二次会议，协商讨论《政府工作报告》，着重就发展株洲旅游产业、丘岗山地开发、保护知识产权、发展个私经济、加强民主政治建设、加大扶贫力度、全面推行素质教育等问题进行协商。2000 年 2 月 13 — 16 日，召开第五届三次会议，委员们围绕“株洲改革、发展、稳定大局和加快发展、增强后劲”的主题建言献策。

第三节　办事机构

1980 年 12 月，市政协办公室成立，下设行政科，负责政协机关日常行政工作。1981 年 6 月，增设秘书科。1984 年 3 月，增设组织联络科。1996 年 8 月，市政协办公室加挂研究室牌子，研究室属正县级单位，归办公室管理。

1980 年 12 月，市政协一届一次常委会议通过设置提案审查、学习、文史资料研究 3 个委员会和对台宣传、侨务、科学技术、文化教育、医药卫生、妇女青年6个工作组。1983年3月，市政协一届五次常委会议决定，将原6个工作组增至8个，即文化教育组分设为教育和文艺体育组，妇女青年组分设妇女组和青年组。

1983年10月，市政协二届一次常委会议通过设置提案审查、学习、文史资料3个委员会和祖国统一、科技、城乡建设环保、经济、农林、教育、文体、医药卫生、青年、妇女、工商11个工作组。各委员会由委员若干人组成；各工作组设正、副组长2～3人，委员若干。

1988年1月，市政协三届二次常委会议决定设置提案工作、学习、联络、文史资料4个委员会和祖国统一、工交、农林、经济、文化体育、城建、教育、民族宗教、妇女、青年、职工、社会科学、工商财贸等14个工作组。

1991年2月，市政协三届十五次常委会议决定设立提案、经济科技、联谊联络、文史资料研究、群团法制、学习文教6个委员会，改设农业、工业、城建、财贸、科技、联谊、联络、群团、法制、社科新闻、教育、文体、卫生13个工作组，分属各委员会管理。

1993年1月，市政协四届一次常委会议决定设社科新闻、教育、文化、体育、医卫、农村、工交、城建、财贸、科技、工会、青年、妇女、法制、民族宗教、联谊、联络17个工作组。1996年6月，四届二十三次常委会议决定将学习文教委员会与文史资料委员会合并为学习文史委员会。

1998年1月，市政协五届一次常委会议决定工作机构设置为办公室、提案委员会、经济科技委员会、学习文史委员会、群团法制委员会、联络联谊委员会和文史资料、社科新闻、文化体育、教育、医卫、农村、企业、经济、科技、社会发展、工会、法制、妇女、青年、民族宗教、联谊、侨务、党派、联络19个工作组。

中国人民政治协商会议株洲市委员会历届领导人名录

表18-1

届别	主席	副主席	秘书长	副秘书长
一届	郁宝云	杨恺、阎安广、刘钧、孙举东、林熙业（兼）、杨升三（兼）、朱瞻云（兼）、田莉、滕中民	杨恺（兼） 李耀红	张宏鼎、罗立洲
二届	杨恺 李颖	袁菊初、帅伯髦、杨升三（兼）、林熙业、罗立洲、潘明理、张承佛（兼）、周藩（兼）、郑睿贤（兼）、谭松山、周继耀、罗吉林	王人爵	丁亚辛、罗传卫、蔡崇来、刘人要
三届	陈满之 程兴汉	周继耀、罗吉林、谭松山、张承佛（兼）、郑睿贤（兼）、彭国雄（兼）、萧玉麟（兼）、申善吾（兼）、吴志成（兼）、陈鑫	尹常纪	刘人要、聂浩然
四届	曾雨农	陈鑫、刘定中、陈广续、罗利生、郑睿贤（兼）、彭国雄（兼）、萧玉麟（兼）、申善吾（兼）、吴志成（兼）	罗利生（兼） 钟桂池	聂浩然、蒋孔湘、钟桂池、谭志宏（兼）、历铁夫、郑理高、冯磐石、刘云辉（兼）、罗乃宇（兼）、李德庆（兼）
五届	赵占一	张定珠、罗利生、彭国雄（兼）、胡辉平、姚先恕、罗维根（兼）、颜佑启（兼）、章亮芝（兼）、邱丽萍（兼）	历铁夫	聂浩然、郑理高、冯磐石、汪世维（兼）、罗乃宇（兼）

中国人民政治协商会议株洲市委员会历届委办负责人名录

表 18–2

届别	部门	主任	副主任
一届	提案审查委员会	阎安广（兼）	林熙业（兼）、罗吉林（兼）、包秀龙（兼）
	学习委员会	孙举东（兼）	石瑞坤（兼）、尹常纪（兼）、庄楚浩（兼）
	文史资料研究委员会	刘　钧（兼）	帅伯髦（兼）、罗立洲（兼）、谢训祥（兼）
	办公室	张宏鼎（兼）	左重庆
二届	提案审查委员会	袁菊初（兼）	林熙业（兼）、郑睿贤（兼）、左重庆
	学习委员会	潘明理（兼）	左重庆、尹常纪（兼）、庄楚浩（兼）
	文史资料研究委员会	罗立洲（兼）	丁亚辛（兼）、言乃克（兼）
	办公室	（缺）	（缺）
三届	提案工作委员会	左重庆	周培根（兼）、罗泽贤（兼）、钟桂池、
	学习委员会	冉济民	古建佳（兼）、陈胜利（兼）
	文史资料研究委员会	（缺）	罗章生、言乃克（兼）
	工作组委员会	蔡崇来	蒋孔湘、张静缺（兼）
	办公室	（缺）	郑理高、熊成钧
三届	提案工作委员会	钟桂池	周培根（兼）
	学习文教委员会	刘人要	田章夫（兼）、刘铁奇（兼）、熊成钧
	文史资料委员会	（缺）	罗章生、言乃克（兼）、罗泽贤（兼）
	经济科技委员会	（缺）	蒋孔湘、张静缺（兼）、邹云享（兼）、谢德一（兼）
	群团法制委员会	（缺）	黄云焕、谭隆英
	联谊联络委员会	（缺）	郑理高
	办公室	聂浩然（兼）	熊成钧、余世和
	提案工作委员会	钟桂池	龙淑达、雷太来（兼）、罗泽贤（兼）、汪碧秋（兼）

续表 18-2

届别	部门	主任	副主任
四届	学习文教委员会	刘人要	熊成钧、周密（兼）、陈建泽（兼）、唐异生（兼）
	文史资料委员会	罗章生	言乃克（兼）
	经济科技委员会	聂浩然	龚帜（兼）、苏正根（兼）、伍辉安（兼）、邓年高（兼）
	群团法制委员会	谭隆英	李映和（兼）、龙玉良（兼）、张静缺（兼）
	联谊联络委员会	（缺）	郑理高、易春霖（兼）、陈文茜（兼）、曾达瑜（兼）
	办公室	聂浩然（兼）、蒋孔湘、钟桂池	余世和、冯磐石、程国权
四届	学习文史委员会	熊成钧	罗章生、周密（兼）、陈建泽（兼）、唐异生（兼）、言乃克（兼）
	提案工作委员会	（缺）	龙淑达、罗泽贤（兼）、汪碧秋（兼）
	经济科技委员会	聂浩然（兼）	龚帜（兼）、苏正根（兼）、伍辉安（兼）、邓年高（兼）
	群团法制委员会	谭隆英	李映和（兼）、龙玉良（兼）、张静缺（兼）
	联谊联络委员会	（缺）	阎建湘、易春霖（兼）、陈文茜（兼）、曾达瑜（兼）
	办公室	郑理高	尹群辉、欧名瑾
	研究室	（缺）	周邦发
五届	提案工作委员会	龙淑达	罗乃宇（兼）、汪碧秋（兼）
	学习文史委员会	熊成钧	罗章生、廖雪文（兼）、毛先钰（兼）、苏仲明（兼）、李耀中（兼）
	经济科技委员会	聂浩然	张汉华（兼）、蒋贡明（兼）、肖光国（兼）、肖渊泉（兼）、罗有元（兼）
	群团法制委员会	谭隆英	谈敬纯（兼）、潘凤岐（兼）、蔡典维（兼）、帅凤莲（兼）
	联谊联络委员会	（缺）	阎建湘、陈文茜（兼）、刘周（兼）、谭科军（兼）、王守敏（兼）
	办公室	郑理高	尹群辉、欧名瑾
	研究室	（缺）	周邦发

说明：1. 1990 年 11 月，市政协三届委员会第 14 次常委会议决定工作机构改设 6 个，1992 年 2 月任命各机构负责人。2. 1996 年 9 月，市政协四届委员会第 22 次常委会议决定学习文教委员会与文史资料委员会合并为学习文史委员会，同时设立研究室，归办公室管理

第二章 政协委员

第一节 委员的产生

市政协委员的产生一般为：提名推荐，由各党派、人民团体、无党派民主人士、各个界别协商提出；对各方面提出的委员推荐名单由同级中共党委组织有关部门进行综合平衡，反复同各推荐方协商，形成建议名单；将委员建议名单提交本级政协常务委员会会议进行协商和表决，经全体常务委员过半数同意予以通过；经常务委员会通过的委员，由政协办公室分别通知推荐单位和个人，向委员发委员证书，并通过新闻媒体向社会公布。

第二节 委员构成

1980年11月，政协株洲市第一届委员会由20个界别组成，委员186人。其中，中共16人，占8.6%；共青团5人，占2.6%；总工会10人，占5.3%；农民4人，占2.2%；妇联8人，占4.3%；青联2人，占1%；工商7人，占3.7%；科学技术39人，占21%；社会科学4人，占2%；教育18人，占9.7%；体育2人，占1%；新闻出版2人，占1%；医药卫生12人，占6.5%；对外友好1人，占0.5%；社会福利2人，占1%；少数民族5人，占2.7%；归国华侨6人，占3%；宗教1人，占0.5%；文化艺术4人，占2.2%；特邀38人，占20.4%。委员平均年龄50.02岁。大专以上文化程度76人，占委员总数的40.9%。本届委员会先后2次增补委员6名，实有委员192名。

1983年10月，市政协第二届委员会比第一届委员会增加了民革、民盟、民建、无党派、台联5个界别，由25个界别组成，委员248名。其中，中共12人，占4.8%；民革5人，占2%；民盟7人，占2.8%；民建5人，占2%；无党派6人，占2.4%；共青团7人，占2.8%；总工会11人，占4.4%；妇联9人，占3.6%；青联3人，占1.2%；工商联6人，占2.4%；台联3人，占1.2%；文学艺术10人，占4%；科学技术46人，占18.5%；社会科学5人，占2%；农林10人，占4%；教育23人，占9.2%；新闻出版3人，占1.2%；医药卫生18人，占7.2%；体育4人，占1.6%；对外友好1人，占0.4%；社会福利2人，占0.8%；少数民族6人，占2.4%；归国华侨7人，占2.8%；宗教3人，占1.2%；特邀36人，占14.5%。委员平均年龄46.12岁。大专以上文化程度137人，占委员总数的55.2%。委员中有工程师、会计师、经济师、农艺师、主治医师、讲师以上技术职称的95人，占委员总数的38.3%。本届先后5次增补委员33名，实有委员281名。

1988年1月，市政协第三届委员会由29个界别组成，比第二届委员会增加了民进、九三、农工、致公4个界别，委员256名。其中，中共12人，占4.7%；民革5人，占1.9%；民盟7人，占2.7%；民建5人，占1.9%；农工党5人，占1.9%；致公党4人，占1.6%；九三学社5人，占1.9%；民进4人，占1.6%；无党派人士6人，占2.3%；总工会11人，占4.3%；共青团5人，占1.9%；妇联7人，占2.7%；青联3人，占1.2%；文学艺术8人，占3.1%；科学技术28人，占11%；社会科学7人，占2.7%；农林19人，占7.4%；教育23人，占9%；医药卫生13人，占5%；对外友好1人，占0.4%；社会福利2人，占0.8%；少数民族6人，占2.3%；归国华侨7人，占2.7%；宗教3人，占1.2%；特邀44人，占17%，委员平均年龄48.36岁。大专以上文化程度147名，占委员总数的57.4%。委员中有工程师、农艺师、讲师、主治医师以上技术职称的106人，占委员总数的41.4%。由于界别扩大，民主党派委员的增加，形成了更广泛的统一战线。本届因工作需要免去委员职务或调离株洲的27人，病故2人，先后6次增补委员42人。

1993年1月，市政协第四届委员会由30个界别组成，比第三届委员会增加了科协1个界别，委员270名。其中，中共17人，占6.3%；民革7人，占2.6%；民盟10人，占3.7%；民建8人，占2.9%；民进7人，占2.3%；农工党3人，占1.1%；致公党6人，占2.2%；九三学社7人，占2.6%；无党派人士6人，占2.2%；总工会9人，占3.3%；共青团5人，占1.8%；妇联7人，占2.6%；青联3人，占1.1%；工商联9人，占3.3%；台联3人，占1.1%；科协18人，占6.7%；文学艺术8人，占2.9%；科学技术18人，占6.7%；社会科学8人，占2.9%；农林13人，占4.8%；教育14人，占5.2%；体育4人，占1.5%；新闻出版4人，占1.5%；医药卫生12人，占4.4%；对外友好1人，占0.4%；社会福利2人，占0.7%；少数民族6人，占2.2%；侨联8人，占2.9%；宗教3人，占1.1%；特邀44人，占16.3%。委员平均年龄48.3岁。大专以上文化程度的205名，占委员总数的75.9%。委员中有工程师、会计师、经济师、农艺师、讲师、主治医师以上技术职称的163人，占委员总数的60.4%。本届委员会因工作需要免去委员职务或调离株洲的24人，先后4次增补委员34人。

1998年1月，市政协第五届委员会比第四届委员会增加了经济界1个界别，由31个界别组成，委员278名。其中，中共18人，占6.5%；民革8人，占2.8%；民盟10人，占3.6%；民建8人，占2.8%；民进8人，占2.8%；农工党7人，占2.5%；致公党6人，占2.2%；九三学社7人，占2.5%；无党派人士6人，占2.2%；总工会9人，占3.2%；共青团5人，占1.8%；妇联7人，占2.5%；青联3人，占1.1%；工商联8人，占2.8%；科协16人，占5.7%；台联3人，占1.1%；侨联8人，占2.8%；文学艺术8人，占2.8%；科学技术16人，占5.7%；经济16人，占5.7%；哲学社会科学7人，占2.5%；农业12人，占4.3%；教育12人，占4.3%；体育4人，占1.4%；新闻出版4人，占1.4%；医药卫生10人，占3.6%；对外友好2人，占0.7%；社会福利2人，占0.7%；少数民族6人，占2.2%；宗教2人，占0.7%；特邀40人，占14.2%。委员平均年龄48.9岁。大专以上文化程度的254名，占委员总数的91.4%。委员中有工程师、经济师、农艺师、讲师、主治医师以上技术职称的134人，占委员总数的48.2%。本届因工作需要免去委员职务7人，先后3次增补委员8人，到2000年年底实有委员279人。

第三章　职能履行

第一节　协商监督

1980 年 11 月至 1983 年 10 月，市政协第一届委员会共召开全委会议 4 次，常委会议 18 次，小型座谈会 36 次；中共株洲市委、市人大、市政府直接邀请政协委员协商 18 次。协商有对中共中央文件和全国人大会议报告的讨论与贯彻；株洲市打击经济犯罪、刑事犯罪活动等措施的落实；市级领导（人大、政府、政协）人事安排、行政区划、企业整顿、市场物价、党风党纪、城区绿化美化、长远和近期规划、文明礼貌月活动等内容。1981 年市政协一届二次全会，就株洲市如何落实“经济上实行进一步调整，政治上实现进一步安定”献计献策，委员们提出的坚持四项基本原则，维护株洲的安定团结；狠抓各项政策的落实，纠正历次政治运动中的冤假错案；调整工农业经济结构，使株洲市经济稳步发展等 70 多条意见和建议，得到中共株洲市委、市政府的重视和采纳。1982 年 4 月在市政协一届九次常委会议上，委员们提出打击经济犯罪要得力，防止雷声大雨点小；执法要严，防止心慈手软，姑息养奸；建立健全制度，防止前紧后松等重要建议并形成决议，得到中共株洲市委领导的肯定。同年 5 月，市政协针对城区一些黄色书刊、淫秽录相充斥文化市场，一些人利用扑克、象棋在街头赌博，以及“看相”“算命”等封建迷信活动抬头等现象，建议采取断然措施加以整治。市政府及时采纳，对书店、书摊进行清理整顿，并对其它不良现象进行综合治理。1983 年 4 月，中共株洲市委和省委工作组先后 3 次邀请市政协常委、委员，协商株洲市机构改革问题。委员们提出了要建立适应四化建设的领导机构；精简机构，讲求效能；党政分工、政企分开等诸多建议，得到省、市委工作组重视。

1983 年 10 月至 1988 年 1 月，市政协二届委员会共举行全委会议 5 次，常委会议 29 次。1984 年年初，参与把株洲市建设成“政治安定、经济繁荣、道德高尚、文化发达、环境优美、生活方便”的文明城市目标的商讨。同年 9 月，与市卫生局联合召开全市药政管理会议，并向中共株洲市委写出专题报告。市委批转报告，要求各级党委和政府本着为人民服务、对人民负责的精神，把药政管理作为一件大事来抓。1985 年年初，就《株洲市经济体制改革方案（草案）》及株洲大桥、煤气工程建设方案进行协商，重点对 2 项重大工程项目的设计、筹资、工程协议等进行协商和咨询，并提出意见和建议。3 月，针对某些机关和个人在招工招干、子女升学、“农转非”方面以权谋私等问题，向株洲市委进行专题反映，提出 20 余条意见和建议，得到市委的高度重视。同年 5 月，召开民主议政会，就教育、科技、计生、旅游事业提出意见和建议：要在办好中小学教育的同时办好高等教育，尽快充实株洲大学的图书、实验设备，新建一所师专，利用中南林学院的师资优势和条件代培大专班；要搞好科技体制改革，重视农林水利方面的科学研究。制定智力支边支农的特殊政策，鼓励科技人员去边远山区和小型企业工作；计划生育工作要尽快形成一个集机构、设备、科研、技术为一体的完整体系；改变旅游业落后的状况，市政府应把炎帝陵、桃源洞、空灵岸、庆霞寺、杜甫草堂、大京水库开发建设好，发展株洲的旅游事业。市政府领导当场表示采纳，将逐项付诸实施。1986年4月，对《株洲市经济、社会发展“七五”计划（草案）》进行全面研讨，还集中研讨了株洲市建设总体规划，并对河西开发方案参与评审。5月，市政协召开民主监督会，对倒卖、抢购化肥，市场乱涨价，社会治安等问题提出意见和建议，市政府先后采取措施整顿化肥市场，组织物价大检查。12月，在市政协二届二十二次常委会议上，委员们就株洲经济体制改革、保持农业生产发展后劲、变交通优势为流通优势、控制市中心区房屋建筑密度、扭转挤占人行道和“马路市场”等问题进行协商和建议，市政府责成有关部门予以落实。1987年，市政协常委会议上，委员们就开源节流、土地管理、增加农业投入等问题提出建议，市委、市政府领导当即责成有关部门具体研究落实，并将落实情况反馈市政协。

1988年1月至1993年1月，市政协三届委员会召开全委会议5次，常委会议25次。随着政协全国委员会《关于政治协商、民主监督的暂行规定》的贯彻实施，市政协强化决策前的协商，开展多层次多渠道多形式的协商与监督。1988年，市政协先后2次召开专题协商会议，邀请市委、市政府及有关部门负责人参加，重点就株洲市农业后劲、蔬菜产销、4种副食品价格放开对株洲市的影响及对策等进行协商。市政府和有关部门予以采纳，在农村建立市、县领导联系点，帮助进一步完善农业责任制，控制侵占耕地现象，当年追加财政对农业投入500万元，扩大蔬菜基地67.53公顷。在中共株洲市委六届九次全体扩大会议的报告中，对市政协专题协商成果给予充分的肯定和赞扬。1989年，市政协先后召开2次常委会议，邀请市委和市政府领导及有关部门负责人参加，就二轻集体经济、企业思想政治工作进行协商，并以建议案方式送市委、市政府。加强企业思想政治工作的建议，被全市思想政治工作会议报告所采纳；关于发展二轻集体经济的建议，市政府多次召开专题会议进行研究，采取逐步建立二轻集体经济发展周转金，择优扶持二轻、区街企业，减免税收等项措施，并下发《关于发展二轻、区街集体经济的几点意见》。此次协商及落实情况，得到省二轻局和国家轻工业部及全国合作联社的好评，被《中国集体工业经济》《轻工信息》《人民政协报》等刊载。同年3月，在三届二次全会上，部分委员对一些干部违章违纪营建私房问题提出了批评意见，市党政领导当即表态支持，确定把清查干部违章违纪建私房作为株洲市廉政建设的突破口，并请市政协委员专题讨论市纪委制订的《关于干部违章违纪建私房的处理规定（征求意见稿）》，还邀请委员参与清房工作。全市有1788名违章违纪建私房的干部受到相应的处理。1990年，市政协把学习、贯彻《中共中央关于坚持和完善中国共产党领导的多党合作和政治协商制度的意见》作为推动本市民主政治建设的大事来抓。市政协研究制订的《提案工作暂行规定》由中共株洲市委办公室、市政府办公室、市政协办公室联合发文，印发全市县以上单位。在市政协内部，建立健全了民主党派、工商联负责人和秘书长联席会议制度、政情通报制度、兼职副主席轮流驻会制度、走访委员制度，从而在制度上为履行政协职能提供了保障。1991年3月市政协三届四次全会期间，就株洲市十年规划、“八五”计划、《政府工作报告》、国民经济和社会发展计划、财政预决算等大事认真开展了协商监督，提出意见和建议 138 条，以建议案移送市政府，许多意见被采纳。同年 9 月，市政协三届十九次常委会议讨论通过了《政协株洲市委员会关于政治协商、民主监督的规定》，中共株洲市委批转全市各单位贯彻执行。1992 年，市政协就如何克服企业短期行为、搞好河西高新技术开发区、增加农民收入 3 个重要课题开展调研和协商，受到市委、市政府的高度重视。同年 4 月，市政协领导带领联合调查组，对城区部分单位生产销售假冒伪劣商品问题进行专题调查，检查 89 个国有集体商店、150 个个体户，抽查样品 1050 个，品种 100 多个，其合格率低于 50%，在取得市政府和新闻舆论的支持下，先后 3 次对生产和销售假冒伪劣商品的单位和个人予以曝光，并会同公安、法院、工商、卫生等部门联合行动，当场销毁 2000 多瓶不合格的龙宝酸奶、没收 1060 瓶不合格的紫云英蜂蜜。5 月 20 日，市政府根据市政协反映的情况和提出的建议，召开全市打假动员大会，部署打假工作。

1993 年 1 月至 1998 年 1 月，市政协第四届委员会召开全委会议 5 次，常委会议 27 次。1993 年，围绕群众关心的热点、难点问题，市政协组织 3 次政情通报会，市党政领导先后向委员通报了 6 个方面的情况。是年，市政协开展了 6 次大的督查视察活动，坦诚进言，反映社情民意。其中，减轻农民负担的督查将市减负总结的“五个同时抓”的经验材料推荐在湖南《湘声报》上全文刊载。同年 3 月，省、市政协联合考察炎帝陵、桃源洞，提出“建立健全炎帝陵基金会和专业学术团体，开展募捐和学术活动；从 1993 年秋起恢复公祭炎帝陵的礼制”等 4 条建设性意见，将《整修炎陵，刻不容缓》的考察报告送省委、省政府，被省政府采纳。同年秋首次举行了由省长杨正午主持的公祭炎帝陵典礼和纪念活动。此后每年坚持以举办中国株洲炎帝节为契机，开展文化和经贸活动。1994 年，市政协先后组织 4 次 9 个专题的政情通报会，通报市情市策、经济形势改革、社会治安、反腐倡廉等方面的情况，为委员知情参政创造了条件。在市政协四届二次全会期间，还专门安排了“振兴株洲、发展株洲”献计献策座谈会，委员们和市党政领导一起共商发展株洲大计。在全市开展“株洲精神”大讨论中，市政协召开 7 次各种座谈会，撰写论文 46 篇。10 月，组织视察文化市场，协助有关部门查封 11 处有问题的放映点，收缴音像带 1133 本。同时，还对社会保障、维护三资企业职工合法权益、《残疾人保护法》的实施、流动人口计划生育工作等进行督查。其中，《维护三资企业职工合法权益》的督查报告引起省总工会的高度重视。1995 年，经市委、市政府同意，制定政协委员持证视察的规定，为规范委员履行民主监督职能创造了条件。委员们全年提出 30 多条意见和建议，得到市党政领导的重视和采纳。提出的《搞活国有企业的关键在于企业领导班子的建设》，被省委统战部《情况反映》刊登，并提供中央统战部和省委领导参阅。1996 年市政协召开全委会议、常委会议、主席会议、专题座谈协商会议 34 次，就株洲经济与社会发展、精神文明建设、廉政建设、开放强市等提出 90 多条意见和建议。“以小康建设统率农村工作”的建议，写入了市委八届四次全会工作报告和株洲市《九五发展纲要》。委员先后就乱收费、交通状况、音像市场、城市文明卫生等进行了 21 次持证视察。40 多名委员被聘为特邀监督员，全年参加监督活动 180 多人次，扩大了民主监督的影响。1997 年，市政协先后组织委员就创建国家卫生城市、刹住建房购房中的不正之风、下岗职工再就业、企业破产重组等内容开展视察活动，提出意见和建议。委员持证视察 150 多人次。

1998年1月至2000年12月，市政协第五届委员会召开全委会议3次，常委会议11次。1998年，在五届一次全会上，8位委员就农业、工业、教育、社会保险、水利建设等问题进行坦诚进言。全年，组织160多位委员对京珠高速公路建设、“110”报警台、城区学校周边环境、保护消费者合法权益、政法队伍整顿、娱乐场所秩序整顿、机动车污染等20个专题进行视察，提出意见和建议，得到市政府和有关部门采纳。如对水利建设的建议中，提出的对湘江和洣、渌两江综合治理、加大建设投入、开征水利基金、理顺城市防汛管理体制、筹建市防汛抗旱指挥中心等意见和建议均被采纳。视察中发现市地税局四分局是株洲文明窗口的典型，及时进行总结推荐。市委根据建议向湖南省精神文明建设委员会推荐，该局成为全省重点宣传的5个文明窗口典型之一，有效地推动了株洲精神文明建设。1999年，开展株洲发展战略研讨活动，组织市、县政协委员和各党派团体、各界人士参与调研，撰写论文13篇，形成的《株洲发展战略研讨综述》，就株洲市国民经济战略性调整、发展高新技术产业、发展教育产业、扩大内需、农业和农村工作、可持续发展等9个方面的问题，提出了建设性意见和建议，市委以《参阅件》刊发至市级领导和有关部门，为制定株洲市“十五”计划提供了重要参考。高新技术开发区区外建区、把铁路装备制造业高新技术化作为市高新技术产业化的突破口、提高人口城镇化水平、保护和扩大就业、加快中小企业发展、大幅度增加投资提高发展能力等建议，被市委、市政府列入工作安排。同年上半年，市政协通过“发展高新技术产业”专题调研，提出“区外设园，贴近依托，充分发挥国有大中型企业的优势，创办各具特色的工业园”的建议，均被市委、市政府采纳并付诸实施。2000年，天元区与高新区2套机构职能归并，实行“两块牌子、一套人马”的管理体制，并任命2名市级领导出任高新区负责人。在株洲电力机车厂和南方公司分别设立了工业园，奠定株洲高新区“一区三园”的格局。2000年，市政协召开全委会议、常委会议、主席会议和各种协商座谈会34次，组织考察视察活动18次，参加视察委员300多人次。组织协商了《政府工作报告》《株洲市国民经济与社会发展“十五”计划和到2010年长期规划纲要（草案）》《实施十里长街美化工程方案》等大事要事，提出了70多条重要意见和建议，大都被采纳。市政协同时制定《关于民主监督员的管理办法》，完善了《信访工作制度》。选送50多名委员任聘为执法、党风、廉政等方面的监督员，先后3次组织监督员深入派出所、交通岗亭查访，了解执法情况，反映群众呼声。

第二节　调查研究

政协委员在履行协商监督职能的过程中，调查研究是其协商监督的基础性工作。1980 — 1982年，市政协先后就城市建设、市场管理、农村生产责任制、环境保护、开展文明礼貌月活动等方面，进行14次调查、视察，提出200多条意见和建议，得到市政府及有关方面的重视。1983年，市政协组织7次调查，提出建议30条，被政府有关部门采纳。在民宅调查中，发现建宁新村有25栋计43476平方米、822户居民住宅的墙体是煤矸石粉砖建造，墙体受潮后，砖块灰化分解，墙体普遍开裂，严重危及住户安全。调查组及时向有关部门反映，并向市委、市政府提出采取措施加以解决的建议，受到市委和政府的重视，决定逐年拆除予以重建。

1984 — 1985 年，市政协组织调查、考察等活动 36 次，写出专题报告 9 份。先后对攸县和茶陵县的水土流失情况、长醴公路改造、水稻氮素调控施肥技术、株洲市小学教育存在的师生负担过重、部分企业经济改革等情况进行了调研考察。1985 年 7 月，向中共株洲市委报送关于株洲县政协配合有关部门兴办农民文化技术学校情况的报告，得到中共株洲市委的充分肯定，并要求各县（区）学习推广株洲县的经验。

1986 年，组织各工作组和部分省、市政协委员，开展调查考察活动 8 次。5 月，城乡建设环保工作组邀请市人大、环保局、卫生局、防疫站一道，对市区 6 家医院污水处理情况进行考察，发现仅 1 家污水处理合格。针对这种情况，除提请有关部门责成限期整改外，还提出拨出经费，添置设施，对专管人员加强技术培训等建议，被卫生、环保部门采纳。7 月，农林工作组对醴陵市白兔潭、王仙、渌江 3 个乡镇土地管理情况进行专题调查，针对乱占耕地、滥用土地的严重情况，提出加强土地管理的 6 条建议。中共株洲市委在批转报告中，要求各县（市）区认真加强土地管理工作，制止乱占耕地、滥用土地现象。

1987 年，市政协及其各工作组先后进行调查考察 17 次。其中，城建环保工作组就株洲市工业污染治理情况开展重点调查。通过对株洲冶炼厂、株洲化工厂、湘江氮肥厂、株洲电厂等 14 家企业和铜塘港、霞湾港及湘江东岸地段的考察了解，就废水、废气、废渣“三废”治理和综合利用提出了严格执行环保法规、改善工业布局、推行既有利于经济发展又利于环境保护的具体建议。市政府主要领导及时召开有关工厂及部门负责人会议，责成市环保局及有关工厂迅速拿出切实可行的治理“三废”方案，采取措施，限期治理，取得较好效果。

1988 — 1992 年的 5 年中，市政协第三届委员会组织 139 次大的调查、视察活动，形成 100 余万字的调查材料。1988 年 4 月，针对株洲市粮食生产连续几年滑坡，农民种粮积极性不高，农业后劲不足等问题，赴醴陵、攸县、株洲县、酃县进行调查，写出《对解决株洲农业生产后劲严重不足问题的建议》调研报告。提出农村深化改革、增加投入、改善生产条件、加强土地使用的管理、兴修水利、科技兴农、增加智力投资等意见和建议。市委、市政府对调查报告高度重视，所提建议均在农村工作中予以采纳，对农业增收产生良好效果。到 1990 年，株洲市粮食产量超过历史最好水平，并涌现全国第一个成建制亩产过吨粮的醴陵市。1989 年，围绕治理经济环境、整顿经济秩序、深化改革的指导思想，先后组织委员 198 人次，调查项目 32 项，写出专题报告 21 份。5 月，为了解学校贯彻落实中共中央《关于改革和加强德育工作的通知》和贯彻《中共中央关于教育体制改革的决定》的情况，分别对 35 所学校进行调查，形成株洲市中小学德育工作和职业技术教育的专题报告，建议市委和市政府责成有关部门开展清除精神污染，创造有利于青少年健康成长的良好环境；开办“家长学校”，以利学校、社会、家庭三者教育的协调配合等建议，被教育部门采纳。9 月，对酃县缺医少药的情况进行调查，提出要理顺县卫生局与乡政府管理卫生院的关系、充实农村医卫力量、解决好卫生院的资金渠道等建议。11 月，对城市公共交通情况进行调查，提出尽快解决市公交公司停车场问题；尽快修通田心至化校、烧碱厂至霞湾地段的公路，疏通市南区地段的道路，便于车辆分流；严厉打击无票乘车、扒窃犯罪活动；改善油库、加油站的设施和场站等建议，被城建部门采纳。

1990年5月，对株洲市地方日用工业品销售情况进行调查，提出7条建议，被市政府及有关部门采纳。根据建议，市政府组建了销售委员会，组织销售处理积压产品；清理整顿公司，撤销169个公司；狠抓企业的产品质量管理和效益。这些措施给地方日用工业注入了新的活力。1991年，组织委员和专家、学者268人次，深入197个单位，开展14项专题调查。同年7月，市政协与酃县政协组成联合调查组，就举办“炎帝陵公祭活动”的可行性进行专题调查，《株洲日报》以《文化搭台，经贸唱戏，举办炎帝陵公祭活动切实可行》为题作了报道。国家旅游局获悉后，向市旅游局函询“公祭”活动可行性。市委、市政府采纳市政协建议，将公祭炎帝陵列入“1992年中国湖南株洲国际烟花节活动计划和外事旅游计划”。这次调查引起全国政协和省政协的高度重视，1992年2月省政协徐君虎副主席率部分委员对炎帝陵的建设进行了视察，并向正在北京开会的在湘全国政协委员们反映了视察情况，刘正主席等全国政协委员根据省市县政协关于加快炎帝陵建设的强烈呼吁，向全国政协提交了将炎帝陵列为全国重点文物保护单位的提案。全国政协在1992年11月组织部分委员和国家文物局专家专程拜谒和考察炎帝陵，认定炎帝葬于酃县，炎帝陵是中华农耕文化起源的象征。考察组回京后提出了书面报告，得到党和国家主要领导的高度重视。1993年，国家主席江泽民亲自为炎帝陵题字。尔后炎帝陵获批为全国重点文物保护单位，将酃县改为炎陵县。1992年，就如何办好河西高新技术开发区、如何增加农民收入、如何克服企业短期行为的课题开展调研，其建议案受到市委、市政府的重视和采纳。年初，市政协组织各党派团体、各工作组、活动组的委员就关系全市改革、开放、稳定的25个专题进行广泛的调查论证，形成25个专题调查考察报告，作为市政协三届五次全会的发言材料。

1993年至1997年的5年中，市政协围绕株洲两个文明建设开展了116次大的调查、视察活动，涉及180多个专题。1993年，组织23项（次）调查考察活动。其中，受市党政领导委托开展的第三产业调查，市、县两级政协联动，组成13个调查小组，提出5条加快发展第三产业的建议。市委书记周吉太批示市政府尽快落实，同时安排市政协就此项调查情况在市委七届八次全体（扩大）会议上作专题发言。在市政府制定的《株洲市第三产业发展规划纲要》中，采纳了市政协的建议，到第二年全市有36万人从事第三产业。同年3月，湖南省政协、株洲市政协联合考察组又一次考察炎帝陵、桃源洞，将《整修炎陵，刻不容缓》的考察报告送省委、省政府，被省政府采纳，1993年秋首次举行湖南省政府公祭炎帝陵典礼和纪念活动。1994年，组织“加快乡镇企业发展新思路”和“‘三资’企业现状及发展前景”的大型调查。在加快发展乡镇企业方面，提出了树立“五个观念”、工作上实现“五个突破”、政策上实行“四个优惠”的建议。在发展“三资”企业方面，提出由“计划型”转为“市场型”，由“平面型”转为“立体型”，由向“区域”倾斜转为向“产业”倾斜，由“重招商”转为“重留商”，由“重兴办”转为“重管理”等6条建议。市委、市政府高度重视并积极采纳，其中发展“三资”企业的建议写入市委七届十次全委会议报告。1995年，组织开展调查视察活动15次，重点调查了困难企业如何走出困境；开发丘岗地，发展高效农业；搞好招商引资，加快外向型经济发展；发展旅游业4个专题，形成4个常委会议建议案移送市政府。其中困难企业走出困境谋求发展的建议案移送市政府后，市政府领导立即作重要批示，并采取相关措施，使部分企业减亏、扭亏。在发展高效农业、开发丘岗地这个课题的跟踪调查上，市委、市政府根据市政协提出的建议，作出《关于全面绿化株洲，建设高效林业的决定》。1996 年，市政协通过连续第 3 年对丘岗山地产业化的跟踪调查，向市政府移送《关于丘岗山地实行产业化经营》建议案，市政府认为市政协所提建议具有较高的参考价值，并制定措施，加快了全市丘岗山地开发的进程。1997 年，围绕全市小康村建设、搞活国有大中型企业 2 大主题展开调查。其中，小流域综合治理调查建议案，市政府召开专题会议研究落实，对防止境内水土流失、保护生态环境起了积极作用。

1998 年至 2000 年，组织 45 次大的专题调研。1998 年，市政协围绕市委提出的“五大战略”，组织委员和有关人士对全市个私经济发展、再就业、依法治市、专利保护、农村卫生等 18 个专题进行调研，分别移送了建议案和书面建议，提出意见和建议 60 多条。《关于我市个私经济发展现状及对策》的建议案，市政府专题召开个私经济领导小组会议进行研究，制定了相关政策。收到《关于我市专利工作调查报告》后，市政府采取措施，促进知识产权保护工作，当年全市专利申请量比上年增长 15%。1999 年，组织委员对株洲市高新技术产业、信息产业、中小企业、三级医疗保健、市区防洪工程、社区服务等方面进行调查视察，提出了一些重要意见和建议，被市政府及有关部门采纳。对个私经济规范收费情况的视察，形成《关于我市个私经济收费情况的视察报告》，作为主席会议建议案移送市政府，市政府出台了进一步规范个私经济收费、优化个私经济发展环境的措施。2000 年，围绕全市经济建设和社会发展中的重大问题，进行了 18 个专题调研，形成调研报告 18 份，其中向市委、市政府提交建议案 4 份、专题报告 3 份，被转发和作大会发言的 11 份。《关于我市分离企业自办中小学校工作的主席会议建议案》，市政府领导认为“为我市企业办学改革提出了很好的思路”。市政协与民盟市委、县市区政协，就发展株洲旅游产业进行为期 4 个月的调查，先后考察景点 20 多处，搜集各类调查资料 10 余万字，收集问卷 1300 余份，基本摸清了株洲旅游资源分布情况，提出了深化认识，理顺机制，突出特色，总体规划，吸纳资金的 5 点建议，受到市党政领导的重视和采纳，助推了株洲旅游产业的发展。同年，市政协与省政协共同完成《迎接入世挑战，加快软环境建设》等课题调研，其中市政协提出的“政府部门适应入世规则是搞好我省入世软环境的重点”“湖南适应入世要求人才是关键”等观点被省政协建议案所采纳。

第三节　提案工作

1980 年 12 月至 2000 年 12 月，市政协委员在 20 年中共提出提案 5972 件。其中，有关经济建设方面的提案 4046 件，占提案总数的 67.7%；科学、教育、文化、卫生等方面的提案 1073 件，占 18%；党群、政法、统战方面的提案 853 件，占 14.3%。通过这些提案的办理和落实，对株洲市党政决策的民主化、科学化，对沟通党和政府与各界人士和广大人民群众的联系，对“三个文明”建设和社会发展起到了积极促进作用。

1980 年 12 月市政协第一届一次会议期间，委员提案有 249 件，经提案审查委员会立案后，分送 28 个部门和单位办理。截至 1981 年 11 月底，提案已经得到解决或基本解决的有 47 件，占

19%；正在积极解决的125件，占50%；因条件不具备暂不能解决的33件，占13%。“增加中小学教育经费、改善中小学教师待遇”等提案得到落实；“加强城市建设、改善城市交通”的提案，城建部门投资30万元，将白石港大桥拓宽12米，对交通事故频发的新华路汽车齿轮厂地段进行拓宽和降坡大修；对“有的粮店出售大米以次充好、变相涨价”问题，市粮食局通过整顿，各粮店都设置复称台和意见簿，陈设标样，接受顾客的监督。

市政协第一届二次会议没有征集提案。

市政协第一届三次会议期间，提交提案111件。到1982年12月，提案所提问题已经解决或基本解决的54件，占49%；正在解决的41件，占37%；不具备解决条件的16件，占14%。“搞好回民食品供应”的提案，市二商业局3次召开党组会和党组扩大会，2次现场办公，专题研究回民物资供应问题，并下发2个文件，派出3名干部对回民饮食店进行4个月的整顿，在人民路新开设了回民商店；“关于物价问题”的提案，市政府先后组织6次全市性物价大检查，对经营作风不正、短斤少两、克扣顾客、质次价高、变相涨价等违反物价政策等问题进行整顿，稳定了市场物价。

市政协第一届四次会议期间，提交提案104件。至1983年9月，提案所提问题已经解决或基本解决的42件，占41%。“解决市仪表厂污水淹到新华一村宿舍区”的提案，市爱卫办组织召开市仪表厂、市房产局、市环保办等相关单位联席会议，现场分析解决问题，在1个月内，由仪表厂负责砌好护坡和管道，市房产局负责砌好暗沟，解决了该村的污水问题；工商界委员通过提案要求“退还市工商联原有房屋”问题，鉴于工商联原房屋已被市糕点厂改建为厂房，市长办公会决定另建工商联办公用房。

1983年10月，市政协第二届一次会议印发《委员提案注意事项》，要求委员提案所提建议尽量做到明确、具体，一事一案。第二届一次会议提交提案183件。截至1984年6月底，已办复174件，办复率95.1%。所提问题得到解决和正在解决的占69%。“关于制定山、水、田、林、路综合治理长远规划，根治水旱沙灾”的提案，市水利局邀请市政协出面，组织市、县、乡23人参加的三级联合考察组，对攸县沙河流域的水土流失情况作专题考察，并写出调查报告送市政府，市政府和市水利局在水土流失严重的攸县、茶陵、醴陵成立了水土保持站，专抓此项工作；“尽快修复攸县皇图岭至坪阳庙的公路桥”的提案，得到湖南省公路总段重视，组织人员加快施工进度，于1984年4月修复通车；“关于给予工程技术人员智力投资”的提案，市政府在全市科技工作会议上予以明确，各单位可用公费为助理工程师以上科技人员订阅工具书籍，每人每年书报费15～20元；“关于修复炎帝陵”的提案，市政府认为修复炎帝陵势在必行，遂向省政府写出专题报告，受到省政府的重视。

市政协第二届二次会议提交提案61件。截至1985年4月，已办理60件。从办理情况看，67%的提案得到采纳，所提问题得到解决和正在解决。“关于维护和支持个体经济发展”的提案、“关于切实帮助亏损企业扭亏转盈”的提案、“关于在五县发展食用牛养殖业及副业”的建议，分别得到市城管办、市经委、市畜牧水产局等相关部门的重视；“多发放低息贷款支援专业户发展林业生产”的提案，市农业银行经请示上级银行同意，1984年安排茶陵县开发林业贷款20万元。

1985年5月市政协第二届三次会议至年底，共收到提案142件，办复率为99%。“组织企业横向联系”的提案、“部属企业下放后如何进行管理”的意见，市体改办据此提出了4条管理措施；“加强对个体工商户的领导和思想政治工作”的提案，市工商局在全市各级工商行政管理部门设立了个体经营管理科（股），配备26名干部，并充实、完善各级个体劳动者协会，充分发挥协会“自我教育、自我管理、自我服务”的作用，普遍开展“争创文明经商户”活动。

1986年6月市政协第二届四次会议至当年底，收到提案103件，已全部办复。从提案办理情况看，越来越多的党政机关把承办好委员提案作为自觉接受民主监督、听取人民群众意见、改进工作作风、促进生产和各项工作的重要渠道。“关于加强党的艰苦奋斗优良传统教育”的建议，5名市委常委在答复件上作了批示，市委组织部、宣传部、市委办根据批示，对有关活动作具体安排部署，并通过全市新闻媒体开辟《党的生活》专栏；“关于加强部、省属大中型企业和市属中小型企业横向联系”的提案，市委、市政府召开全市横向联合大会，成立了市政府经济技术协作办公室，制订促进本地区横向联合的具体政策。株洲冶炼厂与攸县、湘化机厂与茶陵县、南方公司与株洲县和酃县，均建立了全面的经济技术协作关系；“解决矿山待业青年就业难”的提案，市劳动局组成调查组，到桃水煤矿、华石煤矿等地作调查，向省劳动人事厅写出专题调查报告，召开就业专题座谈会，安置了矿山职工子女240人。纠正人事上的不正之风、加强食品卫生检查、保护矿产资源、解决南湖塘幸福村污水侵害等一批提案，都得到认真办理和落实。一些提了多年的提案也通过督办得到解决。言乃克委员连续在市政协第二届一、二、三次全会上提出修复荷塘铺抗日阵亡将士墓的提案，一直未能落实。当年，提案委员会会同有关部门实地察看，最终进入市委常委会议议题，定名“流芳园”作为烈士陵园重点修复，并列入株洲市“七五”计划城建项目之一。

1987年4月市政协第二届五次会议提案126件。市政府将全部提案统一分发给各有关单位承办。到1987年12月底，126件提案全部办复，结案率为100%。“关于在红旗路设立中学”的提案，市政府召集相关部门进行协商，由荷塘铺、明照两乡向市四中投资35万元，市郊区投资5万元、市政府投资20万元，在市四中新建一栋2000平方米教学大楼，扩大其招生规模，解决荷塘、明照两乡部分农村学生入四中学习问题；“关于建立株洲师专”的提案，经市文教组的努力，省政府拨款400万元，1987年破土动工，一年内建成；“刹住赌博风”的提案，1987年5月市有关部门在全市县级以上工矿企业单位大张旗鼓地开展查禁赌博活动，登记参赌人员2012人次，收缴赌资12000多元，打击处理赌头、赌徒815名，994名参赌人员受到单位行政处分；“为酃县乡村解决图书困难”的提案，市文化局在全市发动一次为农村献书活动，共献书15万余册，其中8万余册送给酃县。

1988年1月，市政协第三届一次会议提交提案310件，除1件涉及国务院的提案外，其他全部办理完毕。“要挖掘现有企业潜力、开发新产品、建设新企业”的提案，当年全市安排贷款300多万元，开发新产品157项；“把乡镇企业作为五县一郊工作的战略重点来抓”的提案，市政府召开发展乡镇企业专题会议，重新制定鼓励科技人员下乡办企业的优惠政策，当年全市乡镇企业总产值达21.4亿元，比上年增长30%以上。

1989年3月市政协第三届二次会议，提交提案230件，除1件提案涉及外地未答复外，其他提案均已办复。“设立市长接待日”的提案，设立了市长值班室，由正副市长、正副秘书长和办公室有关人员轮流值班，负责接待来访者；“加强能源交通投资，增强工业生产后劲”“加强对区街经济的领导与扶植”“发展油茶生产”“开发冬季农业”“稳定农业生产资料价格，减轻农民负担”等提案，都得到认真办理和落实。

1990年3月市政协第三届三次会议至年底共收到提案323件，其中闭会期间提案80件，党派团体提案和联名提案74件。截至1991年1月，所有提案全部办复，已经解决或正在解决的占提案总数的84%，因条件限制目前不能解决的占16%。“重点解决当前工业生产流动资金问题”的提案，市人民银行作了认真研究，1990年全市金融机构新增工业流动资金贷款3.25亿元，帮助企业渡过难关；“调整工业产品结构”的建议，市政协形成常委会议建议案，市政府采取转产、联合、兼并、技术改造、研制新产品等办法，调整市无线电五厂、湘中化工厂、橡胶厂等企业的产品结构；“彻底整顿市容”的提案，市政府常务会议决定成立城市管理委员会，并成立城市管理办公室，组建执法监督队伍，履行市容环境管理监督职能；“引导贫困农民搞好庭院经济尽快致富”的建议，在农村开展百村庭院经济竞赛，把发展庭院经济列入扶贫工作目标管理内容。

1991年3月市政协第三届四次会议至年底，共收到提案373件。在本次全会上，试行会期办案，由市财政局、城建局等承办单位负责人当面答复委员，办理提案11件，探索了办理提案的新途径。并决定从本年起，提案委员会每年评选优秀提案，市政协给予表彰奖励。同年，市政府印发《关于办理人大代表建议和政协委员提案工作的暂行办法》和《建议提案办理工作目标管理评比计分标准考核办法（试行）》。本次会议提案在年底以前全部办复，有18件提案评为优秀提案。“关于株洲市发展高新技术享受优惠政策”的提案，在全市科技工作会议上提出把搞好高新技术产业的开发作为市“八五”计划期间科技战线的重要任务来抓，并重新制订《株洲市高新技术产业开发若干政策的暂行规定》；“关于我市农村、郊区可发展养蚕”的提案，国家科委同意株洲市报送的洣江流域蚕桑基地综合技术开发规划，并把发展蚕桑作为老区扶贫开发项目，当年对茶陵、酃县各拨款30万元，支持将养蚕作为支柱产业开发，两县共发展桑林100公顷；“把质量、品种、效益年活动开展得更热烈、更扎实些”的建议，市政府制定了《株洲市开展质量、品种、效益年活动的实施方案》，下发《关于进一步加强质量管理工作的决定》，设立株洲市工业开发基金，大力开发新产品。经一年的努力，全市产品质量稳定提高率达到93.1%，优质产品率比上年同期增长9.15%，有98个项目列入省重点新产品的开发计划；“株洲市应设立见义勇为奖”的提案，当年成立了株洲市见义勇为基金会，并征集奖励基金14.5万元。

1992年4月市政协第三届五次会议至年末共收到提案472件，同年12月底全部办复，其中有123件提案是在全会期间办理的。所提问题已经解决和基本解决的占58.1%，所提问题正在解决或列入计划逐步解决的占35.4%，所提问题当时不能解决或留作参考的占6.5%。“关于改善民主党派机关办公条件、从民主党派中选拔优秀人才到政府部门任职、政协机关增加民主党派成份”等提案，市委、市政府当年从市财政拨款200万元购买一栋七层大楼，民主党派办公费用和工作用车也逐年有了改善。“关于举办炎帝陵公祭活动”的建议，市政府、市政协通过各种渠道向上级反映，省政府于1993年秋季举行首次公祭炎帝陵典礼，从此形成每年由一级政府主持的公祭炎帝陵活动；“关于兴建株洲市科学技术展览馆”的建议，该馆于 1992 年 5 月动工兴建，投资 600 余万元，建筑面积 5500 平方米，同年 9 月竣工交付使用。

1993 年 1 月市政协第四届一次会议至年末收到提案 413 件，当年全部办理完毕。“关于建立社会主义市场经济运行机制，形成劳动力、人才等市场配置环境”的提案，当年 5 月市政府公布了引导人才流向区街企业的 10 条激励政策，并召开株洲市首届人才交流大会，同年 7 月开始筹建包括人才市场、劳务市场、科技市场、信息市场、产权市场、房地产市场、证券交易市场在内的生产要素市场；“关于加速发展第三产业”的建议，市政府制定了《株洲市第三产业发展规划纲要》，颁布了发展第三产业的优惠政策，市委、市政府还委托市政协对全市发展第三产业进行专题调查，提出发挥株洲市大中型企业优势、扶持带动乡镇企业发展的提案，得到了市政府的积极回应，制定了工业支援农业、城市支援农村的一系列优惠政策，全市抽调 3700 多名干部和科技人员下乡帮助乡镇企业工作，为乡镇企业新上项目、技改项目 100 多个，企业产值过亿元乡镇达到 21 个；“对有重大贡献科技人员实行重奖”的提案，市政府在同年制定并公布了《株洲市科技进步奖励暂行办法》，召开科技兴市表彰奖励大会，拿出 100 万元重奖科技人员；市政府根据委员们关于维护消费者利益的呼吁，于 11 月成立株洲市消费者委员会。

1994 年 3 月市政协第四届二次会议收到提案 404 件，当年底全部办复。“关于加强对大中小学生爱国主义教育”的提案，在全市中小学生中开展百部爱国主义影片教育活动，全年观看人数 22 万余人次，有 15 万余学生参加电视知识问答赛和讲故事比赛；“培训外贸营销人员”的提案，把中南林学院作为株洲市培训外经贸人员的基地，当年 10 月招收了第一期培训班学员 57 人；“关于加强精神文明建设”的提案，市精神文明办在全市广泛开展评选最佳公仆、最佳岗位能手、最佳园丁、最佳干警、最佳白衣天使、十佳青年等活动，使株洲市精神文明建设上了新台阶；“煤气供应不正常”的提案，分管副市长带领城建局、煤气公司主要负责人到现场办案，决定筹资 1310 万元，安装一台 6 吨蒸汽锅炉，建一座 5.4 万立方米的气柜及其它配套工程，并加强煤气公司的内部管理，到同年 4 月煤气供应正常。

1995 年 2 月市政协第四届三次会议至 11 月底提交提案 522 件，同年 12 月初全部办理完毕。“深化改革、增强企业活力，狠抓扭亏增盈、提高经济效益”的提案，市政府加大了企业改革和扭亏增盈工作力度，出台 12 个政策性文件，34 名市级领导带领 200 多名机关干部组成支帮促服务队到企业进行支帮促，当年全市亏损面和亏损总额都有所下降；“解决古桑洲等无电村用电”的提案，市委书记到株洲县马家河古桑洲现场办公，确定市、县、乡三级筹资 110 万元，结束了古桑洲无电的历史，1995 年年底全市 57 个无电村就有 40 个村通了电；“结束茶陵不能村村通公路的历史”的提案，引起市、县政府和交通部门的重视，制定了“村村通公路实施方案”，市政府召开了“消灭无路村”工作会议，全市 65 个无路村当年有 58 个村开工筑路，其中 29 个村通了车，原定三年消灭无路村的目标可提前一年实现；“关于东区红旗村、前进村用水难、排污难”的提案，市建委主要领导 2 次赴现场办公，调剂 30 万元资金用于自来水管线扩容、增压，使困扰当地居民多年的问题得到彻底解决。

1996年2月市政协第四届四次会议至11月底提交提案507件，同年12月初全部办理完毕。“深化企业改革、加强企业管理、减轻企业负担、帮助企业走出困境”等一批提案，市政府及有关部门认真采纳，开展了“百厂万人”调查，出台《关于清理整顿行政性、事业性、专项性收费公告》，建立市级领导与困难企业对口联系制度，筹措6亿多元发展和扶植一批企业；“关于加强城市建设规划和管理、建设人行天桥”等提案，当年修通了沿江北路、大坪路、北站路和清石路，建成了七一路口人行天桥和白石港彩虹大桥，建设南路延伸和响石广场工程正在施工，推行了公交售票无人化和垃圾袋装化。

1997年2月市政协第四届五次会议至年末提交提案340件，同年年底全部办理完毕。“在株洲建一个塑料建材基地”的提案，当年市政府投资1500万元引进设备，使湘瑞塑钢门窗这一高新技术项目建成投产；“改道S1827线在株洲车辆厂厂区通过”的提案，市政府当年投资1356万元，完成S1827线改道工程；“解决云田、五里墩乡两所中学饮水难”的提案，郊区政府当年投资70多万元，解决了两所中学喝水和教师住房问题；“为特困企业职工建立消费合作社”的建议，得到市总工会的重视和认真办理，到年底全市已建立消费合作分社37个。

1998年1月市政协第五届一次会议至10月底提交提案365件，同年11月初全部办理完毕。“再就业工作的意见和建议”，到年底，有下岗职工的国有企业建立再就业服务中心448个，全市3.6万下岗职工全部进入服务中心，其中66%的人签订了下岗职工基本生活保障与再就业协议。通过生产自救、转业转岗培训、鼓励自谋职业、创办再就业市场、组织劳务输出等措施，全市60%的下岗职工实现再就业；“有关城乡建设方面”的意见和建议、“加大科技投入、发展高新技术产业、稳定科技人员队伍，搞好素质教育，加强对卫生、文化市场管理”等方面的意见和建议，都得到承办单位的采纳和落实。

1999年2月市政协第五届二次会议提案347件，其中有15件是大会发言材料，中共株洲市委书记、市长作出批示，转作集体提案处理。全年市级领导批办的提案71件，占提案总数的20.3%；各承办单位主要领导办案率达81.6%。当年提案办复见面率提高到93.2%，委员对提案办理满意率为94.5%。根据委员提案，全市以转换机制为目标，坚持“三改一加强”，制定了《关于放开搞活中小企业的若干意见》，促进了企业改革与发展。是年，根据委员提案建议，株洲市加快了城市快速环道建设，石峰大桥已动工修建；全市实施了亮丽工程；新开通了5条公交线路；第二期煤气配套工程全面铺开；投资1.39亿元修建第四水厂，已竣工投产。

2000年2月市政协第五届三次会议提交提案287件，其中19件为大会发言转作集体提案，当年11月底所有提案全部办理完毕，办复率为100%。“培养高素质综合型人才”的建议，得到市政府和有关部门的认真采纳，成立工商管理培训工作领导小组，建立高素质人才培训基地。“城乡建设、环境保护、居民生活”等方面的75件提案，大多数意见和建议已落实到工作之中。实施了十里长街改造工程，提出湘江风光带建设方案，完成果园通道、东湖路、文化路等道路兴修和改造工程，改造了火车站广场，改善了公共交通，拆除了许多违章建筑；在“居民生活、社区服务、市场秩序、殡葬改革”等建议都得到实施。同年3月，市委办、市政府办、市政协办联合印发了《关于开展对市政协五届一次会议以来提案办理情况“回头看”活动的通知》。10月底至11月初，市政协组织部分委员分成5个组，对市区涉及691件提案办理的69个承办单位进行视察。绝大多数承办单位重视提案办理，委员们对视察结果表示满意。

第四节　学习宣传

1980—1983年第一届政协期间，由于人们对政协还存在不少模糊认识，市政协学习委员会先后组织委员学习《政协章程》，学习邓小平在全国政协第五届二次会议上的《新时期统一战线和人民政协的任务》讲话，学习《全国统战工作会议纪要》和胡耀邦《在全国统战工作会议上的讲话》，学习党的统一战线理论和政策。先后举办4期全市县以上单位统战、宣传、政工干部共200多人参加的学习班。学委会还通过报刊发表近100篇文章，印发宣传资料1万余份，举行座谈会20多次，广泛宣传人民政协的性质、地位和作用，不断清除“左”的影响。第一届政协期间，先后组织委员学习中共十一届六中全会《关于建国以来党的若干历史问题的决议》《马克思再生产理论》《陈云同志文稿选编》《中国社会主义经济理论问题》等重要文献。通过学习，委员们表示要用《决议》精神武装自己，清除“左”的思想影响，在共产党领导下团结一致向前看，当维护安定团结、献身社会主义现代化建设的促进派。

1984—1987年第二届政协期间，通过常委扩大会议等形式，组织民主党派、工商联负责人和部分委员参加学习活动。从1985年8月起建立政协委员“双周学习日制度”，每月双周星期六为学习日，通过报告会、政情通报会、座谈会等形式，组织在市区的各级政协委员自愿参加学习。其间，着重学习邓小平《建设有中国特色的社会主义》《坚持四项基本原则，反对资产阶级自由化》两本书和社会主义初级阶段理论。通过学习，明确什么是社会主义初级阶段的基本路线，加深对坚持四项基本原则、坚持改革开放两个基本点的理解，把委员的思想统一到党中央的重大决策上来。1986年6月，市政协学委会在省政协召开的第一次学习工作座谈会上介绍了组织委员学习注重处理好“三个关系”和搞好“七个结合”的经验，得到与会者的肯定和好评。第二届政协期间，先后组织委员学习中共中央关于经济体制改革、教育体制改革、科技体制改革、政治体制改革和社会主义精神文明建设的一系列决议、决定和指示精神，并组织委员和有关人士70多人次外出考察，学习沿海和内地的改革开放的经验，加深对改革开放的认识，从而积极投身改革实践，献计献策促改革。同时，市政协召开抗日战争和反法西斯战争胜利40周年座谈会，举办纪念孙中山先生诞生120周年活动，激发委员的国际主义和爱国主义精神。市政协还联合有关部门共同举办“台湾问题”“一国两制”“中苏关系”“海峡两岸两种社会制度对比”等报告会、座谈会、政情通报会，学习宣传党和国家的方针、政策，激发委员的爱国热忱，并为委员参政议政创造了条件。

1988—1992年第三届政协期间，组织委员认真学习《邓小平文选》，学习江泽民《在庆祝中华人民共和国成立40周年大会上的讲话》，学习社会主义初级阶段理论，联系实际开展生产力标准大讨论，以不断提高委员对社会主义初级阶段理论的认识。在学习方法上，根据委员年龄、职业、文化程度及身体状况，做到因人、因时、因地制宜，突出重点。为推动学习活动的深入发展，1988年、1990年，分别在酃县、茶陵县召开第三、第四次学习工作座谈会，总结交流了各县市区政协组织和推动委员学习的经验。1989年11月，市政协总结坚持因人、因时、因地制宜搞好委员学习的作法，在省政协召开的学习工作经验交流会上作了介绍。1988—1990年，组织委员认真学习中共十三届三中、四中、五中、六中全会精神。通过学习，委员加深了对中共中央、国务院关于"整顿经济秩序，治理经济环境"的有关方针、政策的理解，从而积极参与到开展增产节约、增收节支等各项经济治理整顿活动中来，主动献计献策。1989年春夏之交发生政治风波，其间，市政协有步骤、分阶段、分层次组织委员和各界人士，认真学习《人民日报》社论《必须旗帜鲜明地反对动乱》，学习中共中央、国务院《告全体共产党员和人民书》和中央领导同志的重要讲话，提高对制止动乱、平息反革命暴乱的重要性和必要性的认识，从而进一步坚定了中国共产党是中国人民的领导核心的信心和只有社会主义才能救中国的信念。《关于政治协商、民主监督的暂行规定》和《中共中央关于坚持和完善中国共产党领导的多党合作和政治协商制度的意见》下达后，市政协相继召开党组会、主席会、民主党派负责人座谈会，采取自学和集中辅导等形式，学习《规定》《意见》。同时，在《株洲日报》、株洲电视台、株洲广播电台开辟专栏、专题，持续报道学习贯彻《规定》《意见》情况，还播发各民主党派负责人撰写的学习心得体会文章。在纪念人民政协成立40周年活动中，举行报告会、座谈会，运用多种形式开展宣传教育，并创办《株洲政协》期刊，宣传人民政协的性质、地位和作用，宣传人民政协的光辉历程和业绩，提高社会各界对人民政协的认识。1991年，市政协先后组织委员学习江泽民视察湖南特别是视察株洲时的一系列讲话和在《庆祝中国共产党成立70周年大会上的讲话》，学习建设有中国特色的社会主义理论，组织委员观看《海湾战争》和《没有硝烟的战争》等录像片，组织"二重温"学习座谈会和有关苏联解体、东欧剧变情况的形势报告会，听取全市廉政建设情况通报。同年，市政协还组织学习中国近代革命史，加深了委员对中国共产党领导的多党合作和政治协商制度的形成过程和客观必然性的认识，坚信没有共产党就没有新中国，只有社会主义才能救中国，才能发展中国。1992年，组织委员着重学习中共十四大文件，学习社会主义市场经济理论和邓小平视察南方重要讲话精神及《邓小平文选》一、二、三卷。

1993—1998年第四届政协期间，围绕提高政协委员思想理论水平和参政议政能力，先后组织委员学习中共十四大、十五大文件、全国"两会"精神、《邓小平文选》第三卷、《中共中央关于建立社会主义市场经济体制若干问题的决定》《爱国主义教育实施纲要》《政协章程修正案》《关于政治协商、民主监督、参政议政的规定》、江泽民《为促进祖国统一大业的完成而继续奋斗》、统战理论和人民政协基本知识等内容。本届初期，组织100多名新委员参加学习班，政协委员撰写的学习心得、理论文章，有300余篇在各级各类报刊发表。1994年，市政协在学习中坚持学习理论与开展"株洲精神"大讨论相结合、学习理论与开展政协工作研讨相结合、学习理论与参政议政实践相结合的"三个结合"，召开各类座谈会7次，收集论文136篇。1996年，在政协委员中开展了学习李国安、徐虎、李素丽、王于化等先进人物的活动，编印了《人民政协基本知识讲座提纲》，作为市委党校培训班教材，让各级领导干部了解政协基本知识。1997年，先后组织《港人话回归》

报告会，主办了《喜迎香港回归大型书画展览》等活动。

1998 — 2000 年年底市政协第五届一、二、三次会议期间，举办了 130 多名新委员学习培训班，重点学习邓小平理论、中共十五大文件和十五届三中全会《关于农业和农村工作若干重大问题的决定》及统战政协理论。1999 年，组织委员学习中共中央《关于国有企业改革和发展若干重大问题的决定》、举办迎澳门回归报告会。还组织委员学习中共中央有关取缔“法轮功”邪教组织的决定和国家有关法律条文。2000 年，组织委员重点学习“三个代表”的重要思想和中共十五届五中全会通过的《中共中央关于制定国民经济和社会发展第十个五年计划的建议》，深入学习江泽民在全国统战工作会议上的重要讲话，坚持用“三个代表”的重要思想总揽政协各项工作。同时，健全和完善了《市政协党组议事规则》《学习中心组学习制度》《政治学习制度》《思想政治工作制度》等规章制度，使政协工作进一步规范化、制度化。

第五节　文史工作

1981 年 5 月，市政协文史委组织专人分赴市内老革命根据地和邻近县、市开展调查，走访有关知情人士，收集大革命时期境内革命斗争史料。同时派人到长沙、湘潭、醴陵等地图书馆、文化局和有关院校查阅报刊文献，摘抄境内有史以来的政治、经济、军事、人文、地理等历史资料。年底，共收集各类资料达 80 余万字，完成《株洲历代大事记述》初稿和马福益、刘昌炎、汪起凤、袁德生、袁德喜、罗学瓒、罗哲、殷顺存、汪先宗、易足三等烈士传略或简介的撰写。其中罗学瓒、汪起凤 2 位烈士的传略，分别送中央《中共党史人物汇编》办公室和全国妇联《女英烈传》编写组正式出版。

1982 年，本着“抢救第一”的方针，文史委开展史料的收集和调访。除对城乡知情人士进行重点调查和采访外，还先后派人赴北京、贵阳、武汉等地及长沙、湘潭等县、市，走访株洲籍知名人士 70 余人，收集各类资料 30 万字。其中，叶镜吾提供的有关株洲历史的日记、诗文和笔记，潘昌松提供的袁德生烈士的家庭情况，贺果提供的罗学瓒烈士在法国与徐特立讨论勤工俭学问题的信件等，都是极为珍贵的重要史料。在调查中，还寻找到罗哲烈士仅存的一张手迹照片，发现罗梓铭烈士于民国 24 年（1935）长征在遵义期间，担任遵义革命委员会主席的活动情况。同时，对湘潭东二区农民运动及“三门惨案”、淦田农民运动、辛亥革命前秋瑾在大冲活动的情况进行调查，掌握第一手材料。还征集到国民党要员张翼鹏、旷若谷，自立会重要人物王四爵主（原名王秀芳）等史料，撰写出唐士谦、易进修、周荫棠等烈士的传略，编辑出版《株洲文史》第一、二辑，共 30 万余字。

1983 年，广泛发动社会各界人士提供线索，撰写史料。全年共征集中国共产党领导的地下武装斗争史、工矿企业史、社会史料、人物传记等 70 余万字。其中，株洲地区铁路史、株洲邮政史和民国 27 年（1938）株洲街道图，均有较高价值。同年 9 月，根据全国政协第四次文史资料工作会议精神，文史委认真总结前几年文史资料工作的成绩、经验和教训，纠正过去只注重革命史料，忽视非革命史料；只注重写正面人物，忽视写反面人物；只注重政治、军事、经济方面的大事件，忽视反映社会其他领域的事件的倾向，全年编辑出版《株洲文史》第三、四辑，共 25 万余字。

1984 年，文史委根据株洲市行政区域扩大，相应扩大了摸底调查的范围，编印《株洲地区文史资料征稿选题》，向社会广为寄发，同时派工作人员深入县区基层单位调查走访，初步掌握了市属各县的历史概况、近现代历史上发生的重大事件和重要历史人物的基本情况。通过书信来往，广交朋友，联系省内外知名人士和史学专家近 100 人，与全国县以上政协文史委、党史办、行业史部门等 160 个单位建立史料交换关系，还与重庆、石家庄、沈阳等地文史书店建立联系，扩大《株洲文史》的读者面。当年共征集文史资料 174 篇，73.6 万字，文献资料 11 件，136.2 万余字，抢救了一批重要史料。如对醴陵瓷业发展作过重要贡献的荣庆祥老人的史料、湖南最大的木材商唐春和的史料、酃县龙渣瑶族史料等。为配合中华人民共和国成立和株洲解放 35 周年的庆祝活动，出版《株洲文史》第五、六辑，共 32.7 万余字。

1985 年，为纪念抗日战争胜利 40 周年，真实再现株洲人民同日本侵略者进行不屈不挠的斗争，文史委广征博采，同时加强与县市区政协文史办和史志部门的协作，多方面组织稿件。原国民革命军第四十四军参谋长邱正民《在攸县茶陵地区抗战亲历记》、原国民革命军第五军二〇〇师某连特务长陈德明《在缅甸抗日的艰苦征途中》、原国民革命军坚守上海“四行仓库”的排长陈岂凡《“八百壮士”历险记》、原国民革命军少将副军长周藩《太行山下国共合作的游击战回忆片断》，以及谭树德、陈扬明等《从“横展社”到延安》、黄福祥《我与巫家拳》、尚星云的《我的舞台生涯》等篇，从各个不同侧面反映抗日战争时期和中华人民共和国成立前株洲人民的生活和斗争。全年共征集各种史料 230 篇，92 万字，出版《株洲文史》第七辑（纪念抗日战争胜利 40 周年专辑）和第八辑（综合史料），近 36 万字。

1986 年，是萍浏醴起义 80 周年和北伐战争 60 周年。近现代史上发生的这两件大事都与株洲有着密切关系。文史办工作人员先后 4 次深入各县市区进行实地调查采访，组织稿件，帮助撰稿人修订核实史料。同时，有计划地开始中华人民共和国成立后史料和港澳台及海外史料的征集。全年共征集抢救史料 169 篇，60 余万字，文献资料 12 件，160 余万字，出版以纪念北伐战争和萍浏醴起义为专题的《株洲文史》第九辑和以文化教育和科技史料为主的《株洲文史》第十辑，刊载史料 68 篇、历史照片 10 幅，共 25.4 万字。

1987 年，文史委着力挖掘各个历史时期反映株洲人民振兴中华、统一祖国、推动社会进步发展方面的史料，重点征集纪念“七七”抗战、文化教育、邮政、医卫和著名人物史料专题。特别是海外史料征集工作有了新的发展，征集到旅居美国的钟贤英女士撰写的《怀念先夫王芃生》和历史资料《王芃生自述》等 4 万余字。原新群中学校长黄笃杰先生的女儿黄守傅女士从加拿大回国探亲，专程来市政协感谢文史委出版其父亲的史料。全年共征集史料 171 篇，38.1 万字，出版《株洲文史》第十一辑，刊载史料 27 篇，13.97 万字。

1988 年，文史委充分发挥政协委员、文史委员和“三胞”亲属的作用，采取协作征稿、委托征稿和直接采写相结合的办法，紧紧围绕近现代史上发生在株洲市的重大历史事件和重要历史人物，征集抢救一批珍贵史料。如“马日事变”前后的农民运动、国民党反动派的大屠杀、十万农民围攻长沙、秋收起义等史料。同时，通过政协委员和“三胞”亲属征集到原国民党军事委员会国际问题研究所中将主任王芃生、国民党陆军上将邹云彪、侨居美国的国际城市研究所所长彭佐治等株洲籍人士的史料。全年共征集各种史料 170 篇，69.7 万字。整理出版了《株洲文史》第十二辑，即“马日事变前后的株洲地区”专辑，共 18 余万字。

1989 年，文史委紧紧围绕改革开放、统一祖国的战略任务，着重征集株洲地区的解放史料、文化教育史料和汪泽楷、谭延闿以及原国民党行政院参事兼机要室主任、台湾银行顾问刘慕曾等重要历史人物的史料，总计 178 篇，90 余万字，出版《株洲文史》第十三辑（文化教育专辑）、第十四辑（株洲解放史料专辑），共 38 万余字。在 9 月全省首届文史书刊评比中，《株洲文史》第十二辑荣获二等奖。文史委总结的《开展港澳台及海外史料征集的几点体会》的经验，得到全国政协文史委的肯定，湖南省政协《湖南文史通讯》向全省进行推介。

1990 年，文史工作在加大经济、科技、文化、教育、民族地区史料和香港、澳门、台湾及海外史料的征集和交流的同时，不断开拓新中国成立后史料的征集工作。香港、澳门、台湾及海外史料征集工作本着以文会友、扩大交往、增进感情的精神，通过政协委员和“三胞”亲属，先后与台湾国民党株洲籍人士邓文仪、刘咏尧、邓文来、台湾著名学者周文湘、旅美侨胞何凤山等取得联系，征集到了一批有价值的史料。如邓文仪的《冒险犯难记》、周文湘的《谭延闿的一生》，何凤山的《怀念好友王芃生》等。到年底，市政协与茶陵县政协文史委协作征集的谭延闿史料已达 13 万余字，与酃县政协文史委协作征集的炎帝陵史料已达 5 万余字。

1991 年，文史委以征集抢救新中国成立后史料为重点，全面展开史料的征集、整理、编辑、出版和发行工作。全年共征集“三亲”（亲历、亲见、亲闻）史料 145 篇，69 万余字。为纪念株洲建市 40 周年和中国共产党诞生 70 周年，编辑出版了《株洲文史》第十六辑，即《新城创业纪实（一）》，刊用史料 39 篇，计 24 万字，历史照片 18 幅，从不同角度反映了株洲工业新城初创时期的精神风貌和创业事迹。同时，结合纪念辛亥革命 80 周年活动，征集辛亥革命史料 26 篇，14.7 万余字。征集到港台及海外史料 5 篇，2 万余字；谭延闿、刘建绪专题史料 40 篇，30 万字。

1992 年，文史委在征集新中国成立前史料的同时，广泛开展中华人民共和国成立后史料的征集，全年共征集各种史料 89 篇，35.61 万字，题词、照片 35 幅。与酃县政协文史委联合编辑出版《神州第一陵 —— 炎帝陵史话》一书，刊用史料和文献共 40 篇，计 13 万字，照片 33 幅，比较全面地反映了炎帝陵的历史和现状。

1993 年，对原拟定的《建国后史料征集提纲》进行补充和完善，普遍开展中华人民共和国成立后史料的征集工作。全年共征集各种史料 53 篇，18 万余字，文献资料近 20 万字。编辑出版了《株洲文史》第十七辑，即《劳人·汪泽楷》专辑，刊用史料 24 篇，11 万余字。

1994 年 4 月，市文史委围绕新中国诞生 45 周年纪念活动进行，召开中华人民共和国成立后史料征集工作座谈会，同时发动文史委员深入工矿企业、学校等单位组稿。全年共征集各种史料 52 篇，25.1 万字，历史照片 11 幅，文献资料 5 册（件）近 60 万字。同年完成了炎陵丛书之一《炎帝陵帝王祭祀碑文译注》的撰写工作。

1995 年，是中国抗日战争胜利 50 周年。也是世界反法西斯战争胜利 50 周年。文史委紧扣这一重大事件，共征集各种史料 78 篇，35.93 万字，历史照片 7 幅，文献资料近 70 万字。在此基础上，与市黄埔同学会协作编辑出版了《株洲文史》第十八辑《黄埔昭辉 —— 株洲籍黄埔军校同学史料专辑》，刊用史料 55 篇，人物简介 30 余篇，题词照片 18 幅，计 25 万余字，比较全面地反映了株洲市黄埔军校同学的情况。

1996 年，共征集各种“三亲”史料 65 篇，计 32.5 万字，历史照片 18 幅。编辑出版了《株洲文史》第十九辑，即《新城创业纪实（二）》，选用史料 49 篇，历史照片 11 幅，计 25 万字。

1997 年，文史委全年共征集各种史料 53 篇，29.89 万字，历史图照片 45 幅。编辑出版了《株洲文史》第二十辑，即株洲名人《高级编辑宋家修》专辑，刊用史料 46 篇，其中宋家修先生遗著和通信 30 篇，共计 24 万余字，历史图照片 19 幅。

1998 年，文史委史料征集重点放在新中国成立初期的重大历史事件和农业合作化、水利水电建设、城市建设、非公有制企业等史料的征集和出版上，3 次到各县市区组稿采访。全年共征集史料 46 篇，34.5 万字，左权、李明灏、程潜等人的照片 12 幅。编辑出版了《株洲文史》第二十一辑，即《黎明烽火映潇湘 —— 江南地下第四军史料专辑》，刊用史料 47 篇，其中文献资料 8 篇，共 22 万字，历史图照片、题词 14 幅，真实地反映了湖南和平解放前夕，中共在国民党统治区实行统一战线方针，建立“第二条战线”情况。

1999 年，文史委重点征集株洲城市建设史料，得到了各委办局和离退休老干部的大力支持，全年共征集史料 105 篇，47.1 万字，图照片 32 幅。

2000 年，文史委围绕市政协成立 20 周年和抗美援朝 50 周年纪念活动征集史料，得到各民主党派、工商联、各县市区政协、市政协各专门委员会的大力支持，共征集各种史料 66 篇，36.4 万字，委员生平简介 101 篇，4.9 万字，编辑出版了《株洲文史》第二十二辑，即《团结民主铸辉煌 —— 株洲市政协成立 20 周年史料专辑》，采用史稿 30 篇，文献资料 9 篇，委员简介 101 篇，图照片、题词等 36 幅，共 28 万余字。

第六节　联谊联络

1980 年 11 月，市政协一届委员会安排“三胞”（台湾同胞、港澳同胞、海外侨胞）亲属委员 40 人。

1981 年 9 月，全国人大常委会叶剑英委员长发表“关于台湾回归祖国，实现和平统一”的 9 条方针，市政协组织“三胞”亲属委员认真学习、座谈，激发大家盼统一、会亲人的心愿。从 1981 年起，坚持每 1 ~ 2 年由主席、副主席、秘书长带队，走访委员，通过与委员交心谈心，沟通情况，联络感情，广集众言，促进了政协工作的发展。

1982 年 7 月，廖承志副委员长致蒋经国的信发表后，市政协召开“三胞”亲属委员及各界人士座谈会，认真学习讨论。1983 年 5 月，市政协召开“三胞”亲属为祖国统一作贡献座谈会，要求他们围绕株洲的经济文化建设献计出力，增强统一祖国、振兴中华的主人翁观念。

1984 年 1 月，市政协组织“三胞”亲属代表学习座谈邓颖超主席在全国政协新年茶话会上的讲话。5月，市政协组织部分“三胞”和“三胞”亲友赴岳阳、张家界、桃花源等地观光。时逢台属邓宁辉委员的亲属张女士从香港到株洲，市政协特邀她一同参观游览岳阳楼和君山。不少台胞、台属填词赋诗，歌颂祖国大好河山。同年，市政协对市、县区的“三胞”亲属委员140人逐个进行走访了解，对其中71人在历次政治运动中特别是“文化大革命”中被错误处理、应予落实政策的问题，会同有关单位逐个调查处理，到1987年8月，所有问题均得到落实，使“三胞”亲属委员放下了多年的精神包袱，心情舒畅。

1985年4月，围绕联谊工作如何延伸到经济领域中去、与经济工作结合起来这一议题，市政协邀请从国外归来的科技人员和“三胞”亲属一起座谈，为株洲的改革开放特别是“三引进”出谋献策。还走访重点“三胞”亲属27户，鼓励他们做好对外联谊工作，帮助他们解决一些具体问题，进一步激发了他们爱国爱乡热情。攸县丫江桥乡易镜清委员自1985年以来，每年对全乡43户“三胞”亲属家访一次，他通过在台湾的父亲的帮助，找到台属在台亲人10多人。他还接待三胞亲属100余人次，接待回乡探亲“三胞”30多人次。6月，市政协总结推介了茶陵县政协建立政协委员活动小组的经验，继而又推介醴陵市政协团结原起义投诚人员、“三胞”和“三胞”亲属、原工商业者为四化建设作贡献的经验。醴陵经验，在全国、全省召开的地方政协工作座谈会上作了介绍。

1986年，市政协会同市委统战部、民革株洲市委举办纪念孙中山先生诞生100周年大型报告会和座谈会，宣传国共合作和“一国两制”的方针。祖国统一工作组开展每人交3个海外朋友的活动，扩大与海外联系。

1988年，回大陆探亲、旅游的台胞日益增多。市政协配合有关部门协助“三胞”亲属做好接待亲人的有关工作。当年，先后召开“三胞”委员座谈会2次，“三胞”亲属座谈会1次，还深入厂矿、学校、医院和农村走访“三胞”委员，帮助他们解决某些接待工作的困难。1989年春夏之交的政治风波后，市政协适时召开常委扩大会议，发出致全市政协委员公开信，号召政协委员做好所联系的有关人士的宣传疏导工作。委员们积极地给港、澳、台和旅居海外的亲人写信，介绍政治风波的事实真相，告知国内稳定、亲人平安，宣传中共提出的“一国两制”基本国策不变，改革开放政策不变，消除亲友的疑惑。当年7—12月，仅台胞就有800多人回株洲探亲观光。

1990年6月，市政协与有关部门一道，举行黄埔军校66周年校庆纪念活动。通过“三胞”亲属与“三胞”人员的密切联系与交往，激发了“三胞”人员热爱祖国、热爱家乡、热爱亲人之情。同年霍南华委员赴台探望其父霍立人先生（原国民党少将），还广泛联络在台湾的酃县乡亲，与他们叙乡情，亲手为他们做家乡菜，以唤起他们思乡恋乡之情。通过她的广泛联络，酃县1990年探亲台胞达140人，为历年之最。至年底，株洲市与台湾通信达5600人，来往信件14万多封，回株洲探亲、旅游台胞6000多人次。1988年至1990年年底，通过多种渠道，引进台资3000万美元，其中企业利用台资550万元人民币；台胞捐款人民币150万元，用于铺路建桥、接电打井、修复文物、兴办学校等。茶陵县政协联络全省70多位“三胞”亲属，自愿集资9万多元，办起自负盈亏、按股分红的“三胞”亲属联谊公司，为23户贫困户借资6000元，使8户贫困户先后脱贫。郊区政协委员活动组组织28位先富起来的“三胞”亲属，自愿提供资金5000元，借给暂有困难的10

户“三胞”亲属，使其尽快走出困境。

1991年2月，市政协联谊联络委员会提出“联谊先联情，联情先联心”的原则，加强纵横联络，沟通海内外联谊。当年普遍走访委员中的“三胞”亲属，有重点地接待回乡探亲、观光的“三胞”17人次，为株洲的“三引进”牵线搭桥，使部分回乡“三胞”与市有关企业洽谈了经济合作意向。

1992年，为促进对外联谊工作，市政协对委员所联系的“三胞”及亲友情况进行了一次普遍摸底，并对全市政协从事海外联谊工作的专干和兼职人员集中进行业务培训。通过走访慰问，召开春节、中秋节茶话会和参与当年中国湖南（株洲）国际烟花节等活动，接待“三胞”103人。为协助办好烟花节暨经贸洽谈会，市政协向160多位“三胞”发出邀请函，接待境外客商40余人，牵线搭桥引进外资项目12个，引进资金人民币9458万元。

1993年，为进一步改善株洲投资环境，市政协对全市三资企业进行调查，形成《进一步改善投资环境，争取招商引资更上一层楼》的调查报告，供市委、市政府决策参考。同年，市政协邀请18名外商来株洲，签订经济合同和投资意向书16项，接待“三胞”和外籍华人10批25人次，引进资金折合人民币7500万元、178万美元、台币40万元。

1994年炎帝节前，市政协寄出公祭炎帝始祖的宣传资料和株洲招商项目资料，邀请“三胞”祭祖，有7位港、台和泰国朋友专程来株洲参加祭祖活动，敬献花篮，赠送书法作品，并签订经济合作意向书。台湾《天下日报》社长薛人豪向炎帝陵基金会捐献人民币10万元，并在《天下日报》连载11篇宣传炎帝陵的资料。据统计，全年市、县区政协共接待境外“三胞”802人次，签订外商投资项目21个，投资额16450万元，为株洲各项建设捐款201万元。1995年，市政协与有关部门一道，先后举行全市各界人士新年座谈会、“三胞”及其亲友中秋联谊会、纪念抗日战争胜利50周年各界人士座谈会；参与本市各民主党派组织的纪念活动。全年接待“三胞”来访团12个40多人次。同年10月，市政协“三胞”委员林荫民的胞兄、原新加坡东风集团董事会主席、新加坡中华工商总会会长林荫华先生访问株洲，诚恳地对株洲工作提出很多意见和建议，并热情邀请市长王汀明访问新加坡。1996年5月，市长王汀明率团出访新加坡，考察了10余家企业，发布了46个招商项目，达成7个项目的合作意向，签订了贸易合同，株洲市政府将新加坡列为株洲市对外开放重点国家之一。

1996年，市政协接待境外客人7批40人次。受市委、市政府委托，市政协副主席罗利生率市文化代表团出访乌兹别克斯坦纳沃依市，交流文化艺术，增进相互了解和友谊。曾留学挪威的市政协委员、中南林学院副院长吴晓芙，在牵线促进株洲与挪威佛瑞德克斯特市（简称“F市”）友好交往的基础上，1996年牵头引进由挪威、瑞典资助的“农业生态环境中的重金属元素”和“中国人工林培育与施肥”2项国际合作项目；同时由挪威国际咨询公司无偿资助株洲市981万挪威克朗和环保工程技术，兴建“株洲环境示范工程”。在双方多次正式互访的基础上，吴晓芙委员牵线促成株洲市与挪威F市结为友好城市。

1997年，市政协就全市“三胞”及其亲友的状况进行了专题调查，初步掌握了“三胞”及其亲友的基本情况，当时株洲籍香港、澳门、台湾侨胞约有30000多人，分布在美国、英国、德国、日本、韩国等40多个国家和中国香港、澳门、台湾地区，其境内亲友约17000户。

1993—1997年的5年中，市政协先后联系海外人士1100多人次，接待境外客商200余人次，向美国、日本、德国等20多个国家和地区寄发信件、资料数千份，引进外资项目19个，引进外资近2亿元人民币。

1998年，共接待美国、加拿大、挪威、丹麦等15个国家和中国香港、澳门、台湾地区客人187人次，全市政协委员协助引进项目13个。引进资金3108万美元，实际到位资金1792万美元。

1999年，市政协广泛开展联谊、联情、联心活动，为招商引资牵线搭桥，接待来访的美日等国家和中国香港、澳门、台湾地区客商365人次，全市政协系统协助引进外资项目7项，合作完成科研项目5项，协助引进资金660万美元。当年协助高新技术开发区在留学生创业园内引进新加坡外商独资的“赫氏科技有限公司”。在当年株洲炎帝节期间，配合炎帝陵基金会邀请一批香港、澳门、台湾知名人士参加炎帝节祭祖典礼活动并捐款。在台湾地震时，联谊联络委发动全市有亲友在台的委员主动联系问候，使湘籍台胞深受感动。攸县籍著名台胞王无冕将军在台湾余震未息情况下仍率团参加了株洲炎帝节。2000年，台湾“大选”前夕，市政协请省台办负责人作《台湾形势报告会》，介绍岛内政治斗争形势，揭露“台独”分子分裂祖国的阴谋。当年，市政协共接待境外客人111人次，协助引进外资项目4个，引进资金折合人民币3854万元。到2000年，市政协已与美国、法国、德国、日本、新加坡等20多个国家和中国香港、澳门、台湾地区有关人士建立了经常联系。

第七节　群团法制工作

1991年2月，市政协新设立群团法制委员会，将原工作组委员会负责联络的工会、青联、妇女、共青团、民族、宗教、社会福利和特邀人士中的法律界委员纳入群团法制委员会的工作范畴，分设了法制、工会、青年、妇女和民族宗教5个专业工作组。同年3月，市政协三届四次全会决定，与市委、市人大建立工作联系制度，并决定推荐政协委员担任特邀监督员、检察员、督导员等，使民主监督与政治协商同步发展。当年有5名委员受聘担任市监察局特邀监察员，6名委员担任市中级法院特邀监督员。同年，市政协主要领导与组织提案委、群团法制委和有关部门多次进行协商，解决基督教株洲堂部分用房被侵占问题。同时，还先后解决了茶陵县云阳山佛教人员的基本生活问题、攸县天主教房产问题，并配合市公安局、市民委妥善处理了几起外地少数民族同胞在株洲的民事纠纷，维护了民族团结。

1992年，《中华人民共和国义务教育法》颁布5周年，市政协发动全体委员对《中华人民共和国义务教育法》开展宣传和调查。配合有关部门先后对《中华人民共和国企业法》《中华人民共和国工会法》等法律、法规执行情况进行调查和宣传教育。根据市委“一五”“二五”普法的要求，先后7次邀请法律界人士为委员和政协机关工作人员辅导授课，增强他们的法律意识，注重发挥委员在执法领域的民主监督作用。到1992年年底，先后有49名政协委员和民主党派成员、无党派人士分别担任特约监督员、审计员、监察员、督导员。

1993年5月，市政协组织法律界委员在市中心广场开展法律咨询活动，宣传《中华人民共和国行政诉讼法》《中华人民共和国企业法》《中华人民共和国工会法》《中华人民共和国妇女法》《中华人民共和国律师法》，接待200多人次。为建立社会主义市场经济提供法律服务，以法律界委员为主要力量，承担了22家企事业单位的法律顾问工作，设立3个警民调解点，共处理非诉讼案件80多起，受理各类诉讼案件125件，为国家、集体和个人挽回经济损失627万元。

1994年，市政协组织委员分成7个组，调查《中华人民共和国残疾人保障法》贯彻执行情况，先后走访了27个乡镇、办事处的78个村、居委会和11家福利工厂、485个残疾人及家庭。通过走访，宣传党对残疾人的政策与法律。随后与市委、市政府、省民政厅、省残联和有关部门负责人对口协商，解决了市残联工作经费和办公场地等问题，还为市福利工厂免费提供法律服务。同年5月，群团法制委就维护三资企业职工合法权益问题进行考察，写出《工会要旗帜鲜明地维护三资企业职工合法权益》的考察报告，在《湖南工人报》上发表，引起了省总工会高度重视。

1995年6月，《中华人民共和国劳动法》颁布5周年，市政协邀请市人大、劳动局、总工会组成联合调查组，对企业实施《中华人民共和国劳动法》情况进行视察。视察发现：部分单位对《中华人民共和国劳动法》宣传不够，部分效益差的企业工资支付难、周五工作制执行难、职工医疗费落实难，企业留不住人才等问题。遂向市政府和相关部门提出相应建议。1996年6月，对特困企业下岗职工情况开展调查，了解99家停产企业、77家半停产企业、48家破产企业的9822名下岗职工的生活状况。通过调查，提出成立市扶贫解困领导小组；健全职工互助互济会；实施再就业工程；“送温暖”活动经常化、制度化、社会化；加快社会保障制度改革等建议措施。这些建议，受到省总工会和市委、市政府的重视和采纳。1998年6月，市政协第二次调查下岗职工再就业和基本生活保障问题，提出再就业工程的“五个一”建议。同年7月，市委、市政府出台了《关于切实做好国有企业下岗职工基本生活保障和再就业工作的实施意见》。同年3月，组织委员开展“3·15”打假视察活动，到徐家桥、南大门、粮食局沿街烟酒批发门市部、华都酒楼、金龙大酒店、钟鼓岭烟酒库房，查出一批假烟假酒，并督促有关部门查封处罚、新闻媒体进行曝光处理，受到群众欢迎。

1999年3月，市政协组织对城市四区的4个办事处、4个居委会、12个便民网点进行视察，认为社区服务大有市场，需要对社区服务产业进行扶植、引导和规范。为此，向市政府移送了主席会议建议案，对加快株洲市社区服务的步伐起了促进作用。4月中旬，对20个新经济组织建立工会问题进行督查，向企业负责人宣传成立工会组织的意义，有11个被督查的企业成立了工会。同年8月，市政协视察了市劳教所和省属茶陵监狱。为解决监狱干警子女入学、就业，协调监狱与周边单位的矛盾方面做了大量工作，引起省、市有关部门的高度重视。

2000年，市政协组织委员对社区建设问题进行跟踪调查，发现市区基层组织居委会划分不科学，有的厂矿区被几个居委会分割管理，导致房地产、物业管理与居委会之间存在诸多矛盾。据此，市政协主席会议建议案向市委、市政府提出“应成立社区建设指导机构；制订社区发展规划，重新调整划分基层组织管辖区域”等建议。市党政领导对市政协建议，及时研究并作批复，为推动全市社区建设和基层组织建设起了积极作用。同年，选送50余名政协委员担任执法、党风廉政建设等方面的特邀监督员，并先后3次组织监督员深入派出所、交通岗亭查访，了解执法情况；参加和开展了公正执法和“二五”普法检查、机关干部作风调查、重点单位服务经济建设情况测评，较好地发挥了民主监督作用。

第八节　服务经济和社会

1980年到1990年，市政协组织各民主党派、工商联中的政协委员，在有关部门的支持下，先后举办工业会计、工民建与建筑管理、电工、冷饮、电冰箱修理、农业科技、沼气、军地两用人才、书法、美术、铜管乐等培训班，培训2.8万多人次；市政协利用委员“知识密集”的优势，先后组织学术交流、报告、讲座会等60多次，向城乡群众传授科技知识，听众达1.5万余人次。左重庆委员利用业余时间举办书法学习班数十期，授业学员达5000多名，培养了一批书法新秀，推动了全市书法活动的开展。第一、二届市政协副主席杨升三，医术精湛，年逾古稀，著书授业笔耕不辍。他编写的《中医妇科要诀》《中医妇科发展史》《历代名医论妇科》《中医妇科常用方剂》《深山妇科述要》等教材，独具特色，既探本求源又辅张目，既勤求古训又不忘今说。

1982年，市政协工商工作组会同市民建、市工商联，派出10名老工商业者处理和推销商品，金额达30余万元，增利3万余元；同时为一些工厂出谋划策，增产节约1100多万元；还协助街道和工厂开办3个商店，安置10多名待业青年。

1983年，担任何家坳小学实验班语文教师的何树芳委员研究的“认、说、写三同步教学法”比传统教学法识字效率提高30%，她教的13名学生先后在全国和省、市作文比赛中获奖或在报刊上发表作品。1984年，市民盟开办的“育才学校”，举办普通高考补习、成人高考辅导、中级英语培训班。同年秋，茶陵政协委员活动组发动“台湾茶陵同乡会”捐资办学，并聘请一批退休的名老教师，不花国家一分钱，办起“云麓高级中学”，招收落第初中毕业生。办学8年共招收17个班1168名学生，培养高中生503人，为大专院校输送新生185人，通过考试招工招干143人，95人担任农村基层干部。同年，市政协医卫组邀请北京、长沙等地医学专家、学者来株洲讲学，交流学术经验；麻纺厂委员活动组与厂计生办合作，举办妇女保健讲座14次，听众达1000多人次；医卫组分赴市辖县（市）郊巡回讲授4个专题，并组织“优生学”“清晰与模糊”“老年人健康”等报告会，听众达2000余人次；城建环保组委员对长醴公路株洲段改造进行专题考察，为修建320国道萍乡至株洲段提供了设计资料；农林组赴醴陵咨询水稻氮素调控施肥技术效果，总结出根据土壤普查氮、磷、钾三要素的适宜比例，采取以氮为主，调节“三要素”的比例结构，较习惯施肥法具有增产优势、降低成本、减少虫害三大好处，在150户、68.93公顷水稻试验中，“氮调法”比习惯法平均每亩增产65千克左右；农林组邀请有关部门负责人、专家、教授参加技术咨询组，为攸县沙河治理举办科技讲座，听众300余人，培训骨干80余人。杨升三、叶嵩高等委员坚持开展定点义诊、技术咨询服务活动，分别在市政协机关、妇幼保健院、北区医院、东区政协机关等地交叉义诊4.7万多人次，有的患者来自长沙、浏阳、天津、大连，治愈不少疑难杂症。

1985 年，市政协成立“外文翻译组”，为社会和大中型企业的外文翻译服务；医卫组与市卫生局、市计生委联合组织巡回讲学团赴酃县、攸县、株洲县、醴陵市讲授以节育手术并发症防治为课题的计划生育知识，听众 500 多人；妇女工作组还与市妇联、市计生委、妇幼保健院等部门和单位联合创办家长学校，开设遗传与优生、孕期卫生、儿童心理学、教育学、婴儿早期护理等课程，培训学员上万人；王军委员 1985 — 1986 年与 30 多位科技人员协作，举办农业科技培训班 61 期，培训农民 3768 人次，使柑橘、生猪、水产等生产取得好收益，同时他们还帮助 3998 户农户改灶和建沼气池；城建环保组组织一批富有经验的退休建筑设计师，成立新华建筑设计咨询事务所，为株洲城市建设贡献“余热”；龚帜委员将自己从事商贸工作所积累的经验和摸索到的理论知识，编写成《柜台操作技术》《储蓄经营管理》《商业美学》3 本共 60 多万字的专著。

1986 年，攸县委员活动组成立科技咨询服务所，帮助农民解决科普中难题，至 1987 年共接待 5300 多人次，解答 3916 个问题，挽回经济损失 80.5 万元；邓壮行委员帮助醴陵东富乡轮胎厂，对翻胎工艺规程、质量标准、炼胶工艺规程、岗位责任制等进行全面技术指导，使轮胎质量提高，仅节电一项，1 年节约 16.5 万度，使工厂扭亏为盈；市政协委员、醴陵市政协主席黎修荣采纳委员倡议在醴陵市设立奖教基金会，醴陵奖教基金会成立 4 年来，有 100 多个单位、2.5 万多人次捐款，先后奖励教师 267 名，教学辅导组 3 个；株洲车辆厂委员活动组当年对工厂生产、经营管理、产品质量、安全、职工生活等方面提出意见和建议 22 项，9 项被采纳实施，同时还组织人力为厂技术开发和技术引进翻译 4 万多字国外文献资料和设备说明书，为工厂的生产和建设作出了贡献；孙明道委员主持和参与 7 个铁路货车新产品的设计和改造设计工作，其中以他为主设计的 150 吨落下孔车、350 吨 D35 型钳夹式长大货车、90 吨三支点式平车，分别获全国科学大会科技奖、国家科技进步二等奖、国家经委优秀新产品奖；卿龄委员，为工厂解决硫酸价格倒挂亏损问题，每年为厂里增加经济效益 130 万元，同时他还代表株洲冶炼厂科协去云南少数民族地区支援边疆建设，为该地建成金银生产工艺流程线，每年可增加利润 300 多万元。

1989 年，市政协各界别活动组广泛开展专题调查论证活动。株洲麻纺厂委员活动组组织委员进行技术攻关，开发 26 个新产品，产值达 1235 万元，其中获部颁新产品开发一等奖 2 个，二等奖 2 个，三等奖 5 个，获省颁新产品开发一等奖 1 个，三等奖 2 个，在中国妇女儿童 40 周年博览会上，获得 2 枚金牌，1 枚银牌，5 枚铜牌。

1990 年 3 月，决定在政协委员中开展“我为振兴株洲争作贡献”的“四个一”争先创优活动，即我为株洲经济建设提一件有采纳价值的提案和建议、协助办成一个“外引内联”项目、帮助引进或开发一项新技术新产品新工艺、办一件有影响的实事。在市政协全会上，评选表彰了 1990 年度“四个一”活动的 9 个先进集体和 65 名政协工作积极分子，并要求政协委员长期坚持开展“四个一”活动。

1991 年，学习文教委员会在茶陵县开展《义务教育法》的咨询服务活动；医卫组的委员在茶陵县建立医疗技术服务联络点，开展义诊、义训活动，在城乡看病 386 例，培训计划生育手术骨干和妇幼保健人员100余人，为茶陵县城乡部分医务人员（主要是乡镇卫生医护人员）讲授了妇产科、皮肤科、计划生育、护理、药剂、保健等科目的13个专题，深受当地欢迎。各企业的政协委员活动组把“四个一”活动化为“我为工厂发展发光发热”的具体行动。株洲冶炼厂政协委员活动组全年提出合理化建议46条，科技攻关10项。仅张盛辉委员关于从废渣中回收黄金一项建议，就为工厂创收150万元。同年，在全国遭受罕见的旱涝灾害后，全市政协委员开展了多种形式的支援灾区活动。1991年度“四个一”活动受到表彰的政协工作先进集体20个，先进个人71人。

1992年，市政协围绕经济建设开展调研和帮扶服务。帮助市木器厂搜集新产品、新技术的信息，使该厂家具产品上了一个新台阶；为使中南林学院研制的“醒酒露”成果尽快转化为商品，推向市场，市政协多次派人赴茶陵等县帮助落实生产厂家。市政协还先后5次为推销地方产品和引进株洲急需的原材料作“红娘”。同年，组建“株洲市政协委员经济技术协会”，积极开展经济技术咨询服务，还为市属有关企业和乡镇企业的“三引进”穿针引线、铺路搭桥；体育组委员在醴陵市建立工作联系点，积极组织培训竞技运动骨干。1993年，政协委员在“四个一”活动中增强了为经济建设服务的参与意识，据不完全统计，269名委员中有581人次提出了有采纳价值的建议，78人次办成了一个外引内联项目，276人次开发了新技术、新工艺，183人次单独或联合办了一件有影响的实事。株洲冶炼厂委员活动组参与6项科技攻关，提出合理化建议25条，组织技术咨询4次，提供信息23条，申请专利5项，为企业创造经济效益1000多万元。同时，开展“锌、铅深加工产品”的课题研究，提出7条建议被工厂采纳。洗煤厂、608所、工学院的委员活动组积极主动为“三胞”亲友牵线搭桥，引进项目5个，引资1000多万元。其中工学院活动组组长李郴生牵线引进的马来西亚国际现代设计集团与株洲工学院合办“株洲工学院国际现代设计艺术学院”的项目，成为湖南省高等院校开放办学的新尝试。

1994年，据市区15个企事业单位的委员活动组统计，委员在“四个一”活动中共提出合理化建议324条，开展专题调查56次，促进外引内联项目8个，帮助引进和开发新技术、新工艺、新产品54项，提供有价值信息96条，实现产值9000余万元。当年5月，经济科技委员会组织委员开展“为高新技术开发区发展出谋献策”活动，伍志庚委员针对在外地注册而在株洲投资，污染留在株洲市、税收流往外地的情况，提出“用优惠政策吸引高效企业进区”的建议，被市委常委会议及时研究采纳。经各方协商达成协议，于1994年12月在株洲电厂组建华银株洲子公司，在市开发区落户，1995年为株洲开发区创税收1290万元，华银公司年利润突破1亿元，效益在全国同类技改中名列榜首，得到国家经贸委的高度赞扬。1996年12月国家经贸委批准投资38.9亿元在株洲电厂再建2台30万千瓦的发电机组，成为株洲建市以来单项投资最大的项目；株洲车辆厂委员活动组围绕扭亏增盈搞调研，提出14项具体措施，有8项被采纳并获奖。刘国鼎委员为工厂申请和提供专利8项，其中“沸腾炉浸出装置”被评为省“十佳”项目，每年可创利润几百万元。1994年，市政协还为株洲郊区推荐5名有高级职称的委员担任经济顾问，成为郊区经济发展的“参谋团”；南方公司委员活动组献计献策，促成日本雅马哈和南方公司九分厂合资兴办全国规模最大、技术最先进的摩托车减震器厂；港澳委员冯丹藜以 20 万元港币设立“平安卫士”基金，奖励为株洲社会稳定作出突出贡献的政法干警；湘氮活动组围绕企业生产献计出力，参与 11 个攻关项目，创效益 250 万元；株洲化工厂活动组全年提出合理化建议 7 条，写出可行性报告 20 篇，组织或参与技术攻关项目 23 个，完成节能降耗创效益的项目 13 个。

1996 年，有关部门反映华石煤矿由于资源枯竭，1700 多名职工、家属生计艰难。市政协组织部分委员深入矿区了解情况，向市委、市政府提出转产、分流、救助等建议。该矿在市煤炭局、劳动局、社保局、财政局的支持下，开始转产五金加工和种养业，并分流部分职工到其他企业，维持了该矿稳定，也为煤矿解困提供了思路。这年，市政协机关为扶贫救灾捐款 23200 元，捐衣物 780 件，为希望工程捐款 4200 元。同年，对 80 名委员统计，提出合理化建议 246 条，开展技术咨询 72 项次，个人救灾捐款 12.2 万元，捐物价值 59.8 万元。株洲冶炼厂活动组提出合理化建议 74 条，参与科技攻关、技术咨询 54 项次。中南林学院活动组开展科技扶贫，帮助醴陵市新力化工厂解困，实现年产值 360 万元，利税 60 万元，使一个濒临倒闭的企业起死回生。1997 年，市政协与各民主党派、工商联、各人民团体，在继续推进“光彩事业”的同时，开展向县（市）郊送信息、送项目、送技术、送医送药的“四送”活动，促进县域经济的发展。深入开展“四个一”活动，激励委员在本职岗位上作出贡献。1998 年，长江、松花江流域发生特大洪灾，市政协委员顾大局、献爱心，仅据 42 名委员统计，个人共捐款 106.3 万元，捐衣被 576 件，为帮困筹资 35 万元。据不完全统计，当年各委员活动组提合理化建议 350 多条，创经济效益 4500 多万元。电力机车厂活动组在科技攻关、技术革新方面提出合理化建议 50 余条，创经济效益近 1000 万元；株洲冶炼厂活动组开展委员接待日活动，全年接待群众来访 65 人次，反映意见 116 条；株洲化工厂活动组开展提合理化建议活动，有 184 条被采纳，还集体承包工厂重大技改项目，共创经济效益 870 余万元；市一医院活动组组织委员到老少边穷地区开展义诊，送医药上门。

1999 年，市政协在开展“机关联系困难企业，机关党员干部联系困难职工”活动中，领导带领机关干部经常深入企业帮困解难，访贫问苦，捐款相助，还组织部分委员和所在单位向龙渣瑶族乡捐赠 10 万元的医疗器械等物资。同年，市工商银行凌建和委员向上级银行推荐 11 个企业大型改造项目，并申报成功，争取到国债资金 8000 多万元，解决银行配套贷款资金 2 亿多元，为国有企业发展提供了资金保障。醴陵体校游泳教练吴雄辉委员，先后培养了国家二级运动员 15 名，还培训伤残运动员参加国际游泳比赛，获得金牌 22 枚，银牌 14 枚，铜牌 13 枚，2 人打破世界伤残人游泳纪录；参加国家级伤残人游泳比赛获得金牌 44 枚，银牌 16 枚，铜牌 9 枚，有 16 人次破全国伤残人游泳纪录。湘赣煤炭公司卢力委员致富不忘社会，近年向贫困学生和孤寡老人捐助资金 70 余万元，其中有 30 多名农村特困生在他的爱心召唤下重返校园。2000 年，为使炎陵县龙渣乡尽快脱贫致富，市政协召集有关部门现场办公，助资扶贫资金 50 多万元；还组织部分委员赴该乡送医送药，义诊服务。据 17 个专业组、活动组统计，全年委员提出合理化建议 258 条，被采纳 147 条，参与科技攻关 81 项，共创效益 3400 多万元；为民服务活动 524 人次，做好事 130 多人次、170 余件。

第十九篇
中国国民党　民主党派和工商联

第一章　中国国民党株洲市地方组织

第一节　组　织

清光绪三十三年（1907），中国同盟会（中国国民党前身）醴陵籍会员刘彦、张冈风、潘昉、周大钧、刘俊斌在醴陵县城朱子祠建立秘密通讯机关。民国1年（1912）8月，刘彦等人公开成立中国同盟会醴陵分会，组成中国国民党醴陵县分党部。民国2年（1913）11月，汤芗铭督湘，宣布解散国民党。醴陵县国民党解散后，少数人加入孙中山新组建的中华革命党。民国8年（1919）10月，醴陵县中华革命党改名为中国国民党醴陵支部。

民国13年（1924），国民党醴陵县支部在株洲县姚家坝张氏选青学校成立国民党县直属二十五区分部。同年冬，醴陵县国民党召开第一次党员大会，在文庙尚志学校成立临时县党部，选举杨人杞（中共党员）为执行委员，以姜湾开元学校、城东县立女中、西山县立中学为据点，进行秘密活动。翌年，国民党醴陵县临时党部在开元学校召开第二次党员代表大会，公开在工人、农民中发展党员。不久，又转入秘密活动。

民国15年（1926）5月，国民党醴陵县临时党部在现株洲县渌口镇伏波岭成立第二十二区党部。此后，攸县、茶陵、酃县相继成立国民党县党部。年底，株洲镇正式成立国民党湘潭县党部第二区党部，辖白关、昭阳、空灵、藕花乡及株洲镇。

民国16年（1927）4月，蒋介石发动“四一二”反革命政变，国共合作破裂，醴陵县、攸县、茶陵县先后成立救党委员会，进行清党运动，将加入国民党的共产党员全部清除出党。不久，救党委员会被撤销，醴陵县、攸县、茶陵县、酃县分别成立国民党县党部改组委员会。

民国17年（1928）7—9月，攸县、茶陵县、酃县、醴陵县分别成立党务指导委员会，由湖南省指导委员会派党务指导员，对国民党员进行登记。大批国民党员被清除出党或自行退党。醴陵县国民党党员总数从民国15年（1926）的1万余人锐减至465人。

民国18年（1929）6月，酃县召开第一次党员代表大会，正式建立中国国民党酃县独立区党部（后改称直属区党部），下设8个区分部，共有党员123人。同年7月，醴陵县召开国民党党员代表大会，正式成立国民党醴陵县党部，选举产生执行委员会和监察委员会。执委会设秘书处及组织、训练、宣传3部，辖区党部4个，直属区分部10个，国民党党员432人。翌年，茶陵县、攸县相继正式建立国民党县党部，恢复执、监委员会。酃县直属区党部更名中国国民党酃县直属区执行委员会。民国21年（1932），酃县直属区执行委员会改称国民党酃县区执行委员会。

民国27年（1938），国民党醴陵县、攸县、茶陵县党部由常务委员会制改为书记长制，设书记长1人，下设干事、录事。9月，国民党酃县区执行委员会改称酃县执行委员会。是年，随着行政区域的变更，国民党湘潭县党部按乡镇设区党部，株洲镇仍为第二区党部；白关、昭阳、空灵和藕花乡分别建立国民党湘潭县第十九、十四、二十七、三十区党部，现株洲县境内的国民党醴陵县第二十二区党部改为第二区党部，下设4个区分部。

民国30年（1941）10月，国民党长沙县党部在嵩南乡（荷塘区仙庾镇）设立第九区党部，辖今蝶屏、云田、龙头铺及长沙县跳马乡部分地域。

民国36年（1947），隶属湘潭县管辖的株洲、藕灵、天衢、龙华、建宁、天台6个乡镇10个区党部重新合并为第二、三、四、五、六、七区党部。4月，湘潭县党部在株洲镇设立国民党湘潭县党部株洲办事处，由县党部委员罗天俊担任主任，常驻株洲镇督导党务。各区党部亦设党务督导员。湘潭县第二区党部下设33个区分部，共有区分部委员以上骨干123人，国民党党员958人。是年底，各县中国三民主义青年团（简称“三青团”）分团部奉令与国民党县党部合并，组建党团统一委员会。各县三青团分团部干事、监委一律转为县党部执行委员和监察委员，部分三青团员转为国民党党员。湘潭县三青团分团部株洲督导办事处延至次年初与本地域国民党组织合并。

民国37年（1948）8月，国民党攸县县党部书记长樊玉龙弃职赴省立第二师范任教。国民党湖南省党部先后派董达夫、龙腾任国民党攸县县党部书记长，两人均不肯就职。至此，国民党攸县县党部陷入瘫痪状态。

民国38年（1949）夏，醴陵县党部书记长殷德钧潜逃，县党部停止活动。是年8—10月，境内国民党组织全面瓦解。

第二节　活　动

民国13年（1924）1月，国民党第一次全国代表大会通过接受中国共产党党员和中国社会主义青年团（中国共产主义青年团前身）员以个人资格加入国民党的决议，国共合作正式确立。民国14年（1925）至民国16年（1927）4月，各县国民党组织骨干均以加入国民党的共产党员居多。

民国14年（1925）“五卅”惨案后，醴陵县党部领导全县人民声援“五卅”运动，举行20多万人参加的示威游行，并发动罢工、罢课、罢市、查禁仇货等活动。攸县县党部提倡男女平权，发动妇女剪掉长发髻、松放裹脚，同时培养青年妇女干部。

北伐军攻打攸县、醴陵县时，两县党部组织民众对官兵进行慰劳、救助和发放粮饷，并组织农民武装配合作战，为北伐提供帮助。

帮助各县分别建立总工会、农民协会、妇女联合会、学生联合会、商民协会、工人纠察队、农民自卫军、儿童团等群众组织。至民国16年（1927）春，醴陵县农民协会会员发展到20多万人。同时，各县还镇压了一批罪恶昭彰、民愤极大的土豪劣绅。民国 16 年（1927）2 月，攸县、醴陵县、茶陵县联合组织近万人的工农武装，讨伐屠杀工农干部的湘东保安司令罗定，罗定被迫逃至安仁县。

民国 16 年（1927）5 月，第一次国共合作破裂后，各县先后成立救党委员会，将共产党员和国民党左派清除出党。6 月，茶陵县国民党右派袁汉章、谭玉麟操纵的县救党委员会，配合县政府，利用挨户团的武装力量，镇压工农运动，捕杀原县党部的共产党员和国民党左派及社会进步人士。翌年 4 月，醴陵县改组委员会配合清乡队、挨户团，向该县农村苏区展开大规模“清剿”。半个月内，屠杀革命干部、共产党员 3000 多人，杀害拥护革命的群众 1 万多人。

民国 19 — 23 年（1930 — 1934），攸县、酃县、茶陵县党部先后撤销挨户团，成立“铲共义勇（总）队”，配合国民党军队对共产党建立的根据地进行围剿，并先后设立中央调查统计室，进行反共防共的侦防活动。

民国 26 年（1937），日本发动侵华战争。西安事变后，国共开始第二次合作。八年抗战时期，境内国民党各县党部与共产党合作，开展抗日救亡活动，组织抗日宣传、追悼阵亡将士及死难同胞、征募寒衣等活动。但各县党部却仍暗中坚持反共，各县中央调查统计室一直进行侦防活动。民国 30 年，茶陵县党部协同县政府派兵围攻共产党领导的湘南游击队，将张松生等 8 人杀害。

民国 34 年（1945）8 月，日本宣布投降，抗战结束，境内各县国民党组织加紧反共活动。11 月，茶陵县党部以密电形式向全县基层组织发出 10 条反共口号，命令各区分部进行反共宣传，尽量发挥其组织力量，反共防共。

民国 38 年（1949）5 月，在共产党领导下的解放战争即将胜利时，国民党茶陵县党部组织“自救会”，并将民国时期档案文卷全部焚毁。酃县县党部组织地方“情报网”“反共救国军”和“应变会”，进行反共宣传。是年 10 月，境内国民党党务活动终止。

株洲境内国民党组织演变一览表

表 19–1

地域 / 民国年月 / 负责人 / 机构名称	醴陵县	攸县
临时县党部	民国 13 年（1924），执委杨人杞 民国 14 年（1925），执委李味农等 3 人	–
县党部	民国 15 年（1926）， 常委张握筹等 5 人	民国 15 年（1926）7 月，书记谭志道
救党委员会	民国 16 年（1927）5 月	民国 16 年（1927）6 月，常委罗定
改组委员会	民国 16 年（1927）10 月， 执委马炯等 5 人	民国 16 年 7 月（1927），常委罗定
党务指导委员会	民国 17 年（1928）9 月， 指委宁仙云等 5 人	民国 17 年（1928）7 月，常委喻焕生、邓玉生

续表 19-1

地域 / 民国年月 / 负责人 / 机构名称	醴陵县	攸县
县党部	民国 18 年（1929）7 月，执委宁仙云等 4 人 民国 19 年（1930）12 月，执委宁仙云等 5 人 民国 21 年（1932）4 月，执委胡庭梁等 6 人 民国 23 年（1934）5 月，执委傅霖 民国 24 年（1935）9 月，执委张秉钧	民国 19 年（1930）8 月，常委焦大凤、李仁仙；民国 22 年（1933）5 月，执委常委李仁仙，监委常委褚世航
指导委员会	民国 26 年（1937）7 月，指委丁荣举等 5 人	–
县党部	民国 27 年（1938）9 月，书记长丁荣举； 民国 28 年（1939）2 月，书记长张秉钧； 民国 33 年（1944）6 月，书记长袁尧民； 民国 34 年（1945）12 月，书记长殷德钧； 民国 35 年（1946）7 月，书记长殷德钧	民国 27 年（1938）11 月，书记长黄石； 民国 30 年（1941）1 月，书记长王起舞； 民国 32 年（1943）7 月，书记长何明大； 民国 35 年（1946）3 月，书记长樊玉龙，监委贺英会；民国 36 年（1947）12 月，书记长樊玉龙，监委朱亦贤
县党团统一委员会	民国 36 年（1947）11 月，书记长殷德钧，副书记长晏光前	–

续表 19-1

地域 / 民国年月 / 负责人 / 机构名称	茶陵县	酃县
县党部	民国 15 年（1926）7 月，执委常委王镇汉	民国 15 年（1926）7 月，执委李却非
救党委员会	民国 16 年（1927）6 月，常委袁汉章、谭玉麟	–
改组委员会	民国 16 年（1927）8 月，常委张文瑞	–
党务指导委员会	民国 17 年（1928）8 月，委员马玉屏等 8 人	–
县党部	民国 19 年（1930）7 月，常委陈载阳，委员谭省吾等 3 人	–

续表 19-1

机构名称 \ 负责人 \ 民国年月 \ 地域	醴陵县	攸县
省独立（直属）区党部	–	民国 18 年（1929），执委唐汇海、唐振寰、孟宪斌，监委尹志汤；民国 20 年（1931），执委唐汇海、张艺、钟为黄；民国 22 年（1933），执委尹志汤，监委唐华嵩
县党部	民国 22 年（1933）5 月，常委刘粹平 民国 27 年（1938）10 月，书记长曾新民 民国 28 年（1939）2 月，书记长袁汉章 民国 32 年（1943）5 月，书记长康有光 民国 34 年（1945）11 月，书记长刘奇益 民国 35 年（1946）8 月，书记长刘奇益，监委常委王道行	民国 27 年（1938）9 月，书记长罗鸿运 民国 28 年（1939）2 月，书记长尹就汤 民国 33 年（1944）10 月，书记长孟奇甫
县党团统一委员会	民国 36 年（1947）2 月，书记长刘奇益 民国 38 年（1949）2 月，书记长窦匡时 民国 38 年（1949）5 月，书记长李珪	民国 36 年（1947）11 月，书记长欧阳光，副书记长邱崎岳 民国 37 年（1948）8 月，书记长尹就汤，副书记长邱崎岳，监委戴德沃

株洲县	株洲市区
①醴陵县党部第二（渌口）、第四（洲坪）区党部和直属二十五区分部（姚家坝），民国 31 — 35 年（1942 — 1946），书记分别由唐运询、丁民早、张怀德担任。 ②湘潭县党部第三（雷打石、三门）、第四（雷打石、古岳峰）、第五（龙华乡）、第六（淦田）、第七（三门、朱亭、龙潭）、第一十九（白关）区党部和华石煤矿办事处，民国 36 — 38 年（1947 — 1949），书记分别由袁植吾、李文任、李人茂、曾广诚、何廉、涂振汉（主任）担任	①湘潭县党部株洲（第二）区党部，民国 15 — 27 年（1926 — 1938）负责人邓达谥、袁法信、文廉澄、余志常、王仲纯、陈根亚、李干夫；民国 27 — 31 年（1938 — 1942），执委常委贺国臣，书记汪介澄；民国 36 — 38 年（1947 — 1949），书记周运宜 ②长沙县党部第九区党部（嵩南乡），民国 32 年（1943）4 月至民国 36 年（1947）3 月，书记黄宗渡； 民国 36 年（1947）4 月至民国 38 年（1949）7 月，书记周立成

第二章 民主党派和工商联地方组织

第一节 民革株洲市委员会

一 组织建设

1978年下半年，中国国民党革命委员会（简称“民革”）湖南省委恢复活动后，将株洲市在20世纪50年代已参加民革的张肇、黄丰孚、罗学宪3名党员，编入湖南省直属支部，定期寄发学习资料。

1985年4月，根据民革湖南省委指示，成立民革株洲市委筹备委员会。1986年1月，召开民革株洲市第一次代表大会，选举言乃克为主委，张肇、谭志宏为副主委，黄丰孚为顾问，委员9人，组成第一届民革株洲市委。党员发展至37名，下设2个支部。1989年1月，民革市委扩大会议增补委员3人。

1986—1990年，在中共株洲市委、市政协、民革省委领导和关怀下，民革组织朝着“调整、巩固、发展”的目标发展。1990年年初，民革市委会设立组织人秘处、宣传联络处和咨询处；同时，成立经济建设促进会，并设立理事会，成员12人。当年，全市共有党员116人，设6个基层支部、1个小组，即：东区、南区和北区3个区域支部，株洲冶炼厂支部、株洲电力机车厂支部、市工商银行支部；株洲县小组。党员平均年龄53岁，其中有“三胞”关系的62人。

1991年11月，经市委会研究决定成立3个支部，即：株洲桥梁厂支部、中南林学院支部和民革市委机关支部。年底，醴陵民革市委正式划归株洲管理。

1992年1月，召开民革株洲市第二次代表大会，出席大会代表69人，其中特邀代表9人。通过民主讨论、酝酿，选举产生了民革株洲市第二届委员会，张肇为主任委员，谭志宏、游克尚、文立仁为副主任委员，委员共14人。换届时，株洲民革党员105人，中上层人士76人，占总数62.4%，中高级职称60人，平均年龄47.3岁。醴陵民革党员63人，中上层人士27人，占总数43%，平均年龄58岁。

1993年5月，设置妇女工作委员会。1995年3月，民革市委批准成立省电力设备总厂支部。同年10月，成立市民革参政议政领导小组。

1996年12月，召开民革株洲市第三次党员代表大会，出席代表67人，特邀代表2人，其中女代表15人。会员选举产生了民革株洲市第三届委员会，罗维根为主任委员，文立仁、刘春生、胡熙文为副主任委员，委员共12人。换届时，株洲民革党员145人，中上层人士109人，占总数75%，平均年龄52岁；醴陵民革党员113人，中上层人士48人，占总数42.5%，平均年龄48.4%。

1997年9月，民革市委会工作机构调整为组宣科、经联科、办公室。1998年5月成立株洲河西支部。

到2000年，株洲民革共有党员184人、11个支部和1个小组；醴陵有党员121人、7个支部和1个小组。

二　主要工作

（一）参政议政

20世纪90年代，株洲市一批民革成员先后当选为省市人大代表、政协委员和行政领导职务，更便于参政议政。1991年，市民革成员有湖南省人大代表1人，湖南省政协委员1人，株洲市政协委员10人、常委1人，醴陵市人大副主任1人。言乃克作为省政府参事室终身参事和省政协委员、市政协常委，带头撰写提案，为株洲的发展献计献策。其在市政协提案《大力扶持乡镇企业》和在省政协会议上针对洞庭湖淤泥问题、呼吁株洲抗日将士墓“流芳园”的修造等提案，引起省市领导的高度重视并得到落实。

株洲冶炼厂高级工程师、市政协委员、支部主委刘国鼎被省政府参事室聘为参事，其《关于加强在我市尽快实施特邀监察员制度》《关于加快我市企业股份制改造》《关于进一步加强和改善我市环境卫生》等提案均被市政府采纳并评为优秀提案，《关于加强企业厂长（经理）约束机制》《会议下放问题已到了非解决不可的时候了》等文章，分别被中共中央统战部、新华社湖南分社的刊物《零讯》和《内情参阅》转载。8年间，刘国鼎的提案有100余件。

1994年，省人大代表、市政协常委、民革株洲市委主委张肇，针对金融、税务部门中的不正之风进行调研，撰写了一系列有关银行信贷工作、减免税工作中领导干部的廉政等问题的提案和议案。

1995年在市政协四届三次会议上，民革株洲市委撰写集体提案《搞活国有企业的关键在于企业领导班子的建设》《关于搞活国有中小型企业的建议》，得到中共株洲市委、市政府的高度重视。

1996年，市民革成员的省政协委员增至2人，市人大常委1人，市政协常委增至2人，委员增至11人。1998年，调整市政协副主席1人。2000年，市区副区长增至2人，市政协常委减少1人；醴陵市人大领导增至3人，政协常委4人，委员10人。

1998—2000年，民革株洲市委组织撰写了《株洲市下岗职工再就业存在的问题及对策建议》《高度重视健康教育工作》《精神文明也要讲实干》《略论社会主义市场经济与统一战线》《要把城市精神文明建设摆在重要位置》《抓住加入世贸组织机遇，加快株洲产业结构调整》《合理布局商业网点》等提案。此外，《建设生态城市，推进城市可持续发展》一文在“跨世纪芦淞发展战略论坛有奖征文”活动中被评为二等奖；《抓住机遇大力发展县域经济》一文在《湖南日报》发表。以上提案均被评为市政协优秀提案。

这一时期，民革株洲市委按照中共株洲市委、市政府的要求与株洲市计委、市监察局实行对口联系。每年平均3～5名成员被聘请为特邀监察员、特邀审计员和行风评议员。

（二）联络联谊

1991 年 11 月，应民革株洲市委和市海外联谊会的邀请，以台湾海峡两岸书画家联谊会齐奇云为团长、中华水墨艺术学会秘书长黄运球为副团长的台湾书画界一行 19 人，来株洲参观考察和书画艺术交流，省市著名的书画家李立、杨白一等 10 余位书画名人也应邀参加交流，两岸书画家共同泼墨挥毫，切磋技艺，在市群众艺术馆展出作品 200 余幅，并以“海峡情”为题，即席创作 10 余篇佳作。台湾客人还参观考察了河西开发区、株洲硬质合金厂、醴陵陶瓷研究所等单位。

到 1992 年，民革株洲市委先后举办了 5 期全国性的《海峡情》征文活动，共收到全国各地的稿件 1200 余件，宣传国家对台工作方针。征文转发至全国各地及美国和港、澳、台地区，以及《人民日报》海外版、《光明日报》《团结报》《湖南统一战线》等报刊。民革中央领导屈武、贾亦斌，台湾知名人士胡秋原、胡君虎、邓文来曾为刊物题词赋诗。

1993 年 8 月，民革株洲市委促成株洲 4 岁的小书法家陈晓彦赴台举办个人书画展。

1997 年 6 月 24 日，为迎接香港回归，民革株洲市委在党内举办“香港回归知识抢答赛”，有 5 个队、20 名选手参赛，140 余名党员参加了活动。

民革党员中有“三胞”亲属达 70% 以上，每年中秋、国庆期间都举办形式多样的座谈会，学习贯彻对台方针，分析两岸形势，交流去台湾探亲访友后的感想；向台湾同胞、朋友寄送贺卡，建立牢固的友谊。民革党员吴守楷通过台湾的姐夫刘贤甫的联系和返乡探亲的机会，多次做工作，促成在株洲县三门镇医院捐资 7000 美元的医疗设备；在三门小学（刘贤甫父亲的创始人）设立“优秀学生奖学金”“贫困学生资助金”，并负责一名三门籍大学生每期 200 美元的学习、生活补助等。

（三）参与经济建设

1990 年以来，在已兴办株洲市中山电冰箱维修服务中心、中山节能电器厂的基础上，陆续开办泰安商场、现代办公设备服务部及计算机技术工程部、中山汽车修理厂、天和医疗制品厂等经济实体，每年产值达 250 多万元，为减轻政府负担、活跃组织生活和加强社会服务工作。

1993 年，通过市场调研，经市政府体改办联审领导小组批准，由民革株洲市委会、广州铁路局第三工程公司和省申湘汽车股份公司联合出资 180 万元，组建了株洲中湘汽车股份有限公司。

1998 年，民革株洲市委根据党内人才的特点，以从事法律工作的成员牵头成立中山法律援助服务中心。

民革副主委谭志宏创办的株洲海联实业发展总公司至 2000 年，已安排下岗职工 160 多人，上缴税费 100 多万元；民革党员周建新创办实体安排下岗职工 25 人，上缴税费 5 万元；醴陵民革党员唐建金、张明等创办实体共安置下岗职工 320 多人。

（四）活动开展

1986 年 10 月底，民革株洲市委组织党员前往广东省中山市瞻仰孙中山先生故居和广州市黄花岗七十二烈士陵园，并参加广东省、广州市民革举办的“纪念孙中山先生诞辰 120 周年学术研讨会”。

1987 年 12 月，为纪念中国国民党革命委员会成立 40 周年，民革株洲市委在株洲宾馆召开座谈会。中共株洲市委、市人大、市政协、市委统战部的领导及各民主党派负责人到会祝贺，充分肯定民革作为多党合作的一个民主党派和爱国统一战线组织，广泛地参与社会主义革命与建设，为促进祖国统一作出的积极贡献。

1989年，为纪念《告台湾同胞书》发表10周年，民革株洲市委出版第一期《海峡情》报，得到株洲市广大三胞亲属的欢迎，受到省、市领导和对台工作部门的好评。同年12月24日，湖南省祖国统一联谊工作研讨会在株洲宾馆召开，民革中央副主席贾亦斌到会。来自全省各地的民革组织负责人，就民革的“三资引进”和文化交流，以及在接待台胞工作中如何贯彻民革中央方针政策等问题进行研究探讨。中共湖南省委统战部部长佟英、民革省委主委潘基质参加会议，贾亦斌就台湾形势作了专题报告。

民革株洲市委结合省市党派工作特点和要求，分期分批选送领导及基层骨干参加省市社会主义学院的培训班，总人数达60多人。市委根据工作计划，为提高党员自身素质，曾在南岳、炎陵、井冈山等地举办2年一期形式多样的新党员学习班。

1995年8月15日是中国人民抗日战争和世界反法西斯战争胜利50周年纪念日，为不忘国耻，振兴中华民族的爱国主义精神，增强民革党员热爱祖国的政治热情，民革株洲市委和中共株洲冶炼厂党委联合举办座谈会。

到2000年，每2年在党内开展创先评优活动，评出1 ~ 2个先进支部和20多名优秀党员，进行表彰。2000年，民革株洲冶炼厂支部被评为全国优秀基层支部。

第二节　民盟株洲市委员会

一　组织建设

中国民主同盟（简称“民盟”）是株洲境内唯一在中华人民共和国成立前建立组织、开展活动的民主党派。1948年12月至1949年8月，中国民主同盟盟员尹华民、蔡其昌、赖文彬先后在酃县、攸县、醴陵发展盟员，分别成立民盟区分部。继而发动盟员积极参加中共地下党领导的策动敌军官兵起义、组建游击武装、从事革命宣传、游行示威、清匪反霸、支援前线、迎接解放等革命活动。1950年，酃、攸、醴3县区分部遵照民盟中央关于“不在县以下单位开展活动”的指示，均停止活动。

中华人民共和国成立后，由各地调入株洲市工作的盟员陆续增多，但其组织关系仍属原调出单位。1956年5月，民盟湖南省委派员到株洲与中共有关部门协商，决定由盟员王理煌负责在株洲筹建民盟组织。同年6月，开始盟内整风，建盟活动暂告中止。

1980年年初，株洲市区已有盟员11人。根据中共中央文件精神和民盟湖南省委指示，开始恢复民盟的组织活动。当年11月，马廉干、何道凡首次代表株洲市盟员参加民盟湖南省委召开的工作会议。1981年年初，民盟省委派员到株洲市，协商传达民盟省委在株洲市筹建直属支部的决定。当年5月4日，成立民盟株洲市直属支部筹备组。11月20日，正式成立由张承弗、王理煌任正副主委的民盟湖南省直属株洲市支部委员会，盟员14人。

1983年6月，全市盟员总数达75人。通过协商，于6月18日成立由张承弗、刘琢、王理煌等7人组成的民盟株洲市委筹备委员会。同年11月，盟员总数发展为104人。基层组织设4个支部，2个小组。11月25日，在全市盟员会上，选举产生中国民主同盟株洲市第一届委员会，由张承弗任主委，刘琢、王理煌为副主委，王理煌兼秘书长。1985年11月18日，在民盟株洲市委一届十一次全会上选举张承弗、王理煌、刘琢、刘云辉、陈蔚农、陈祖德、石碧山7人组成常委会，并改选刘云辉任秘书长。

1988年11月25日，召开民盟株洲市第二次代表大会，选举产生民盟株洲市第二届委员会，李溉民为主委，刘琢为副主委，刘云辉为秘书长。

至1991年，盟员发展至384人。平均年龄53岁。其中，教育界214人，占55.8%；科技界96人，占25%；文化界22人，占5.7%；医卫界37人，占9.6%；其他6人，占1.56%。盟员中有高级职称的127人，中级职称的219人，共占90.1%。民盟基层组织共25个支部7个直属小组。同年12月6—8日，株洲市民盟召开第三次代表大会，选举产生民盟株洲市第三届委员会，委员17人，届内增选2人。三届一次全会选举李溉民为主委，刘琢、刘云辉、周崇义为副主委，刘云辉兼秘书长。三届十二次扩大会议，增选杨维刚为三届委员会第一副主委。至1996年，基层组织增至39个，其中党总支2个，支部6个，直属小组8个。

1996年10月，召开民盟株洲市第四次代表大会，选举第四届委员会，委员18人，届内增选3人。四届一次全会选举杨维刚为主委，胡景初、汪世维、周平、刘海华为副主委，尹剑峰为秘书长。至2000年，盟员482人，基层组织达到41个，其中总支部2个、支部34个、直属小组5个。

二　主要工作

（一）参政议政

1980年以来，民盟株洲市委先后组织盟员考察株洲市大中型厂矿、股份制和股份合作制企业、4区5县（市），并组织到外地考察，就株洲工业振兴、高新技术产业发展、旅游产业发展、小城镇建设问题和长株潭“融城”、文化教育、社情民意问题等进行调研，分别形成了《振兴株洲工业的十项建议》《关于促进人才合理流动的几点意见》《加快河西开发的几点建议》《规范股份合作制企业内部行为和优化外部环境》《关于株洲旅游产业的调查和有关建议》《走出优势误区，真诚面对现实》《加快我市长、株、潭接壤处小城镇建设，以抢占“融城”制高点》《软硬兼施，实施城市发展带动战略》《增强长株潭三市结合部的城市意识，发挥其带动效应》《当前高校教育存在的问题及其对策》《加强和改进我市职业技术教育的几点建议》《当前我市职业技术教育的现状及思考》《增加投入，统筹规划，配套管理，进一步改进和加强我市文化工作》等调研报告和理论文章，分别由市政协委员、市人大常委民盟委员代表盟市委作政协大会发言及向人大常委会作出书面建议。

为配合株洲市各级政府开展落实知识分子政策工作，1991—2000年，盟员多次对离退休老教师待遇偏低等问题进行调查、协商探讨和规劝安抚工作，较圆满地解决了教师待遇等问题。同时，民盟还分别就国有资产变活问题、“三农”问题以及共同富裕问题、创新企业文化问题等进行调研，撰写调研文章或政协提案。

2000年，民盟株洲市委与对口联系协商单位市劳动和社会保障局联合就非公有制企业劳动合同管理的现状和存在的问题开展调研，写出《关于加强非公有制企业劳动合同管理的调查和建议》的调研报告，并在市政协五届四次会议上作大会发言，并形成以市劳动和社会保障局名义下发的《株洲市非公有制企业劳动合同管理实施意见》。

在做好调研工作的同时，广大盟员还积极关注社情民意，做好协调关系、化解矛盾、凝聚人心的工作。如中南林学院的南迁、“九郎神水”事件、洗煤厂洁净煤基地选址等敏感问题，向中共株洲市委、市政府坦陈意见和建议，起到积极的推动作用。

（二）开办学校、咨询、讲座

1984年6月，创建株洲市民盟育才学校，至1993年6月，学校共主办一年期成人高考和自学高考补习班49个，其他各类培训班、补习班30个，共培训学员近4000人，为国家输送大、中专毕业生150余人，发高中毕业文凭96人，发单科结业证书100余人。1994—1996年，学校因故停止招生。1996—1999年，学校先后与富岳出国留学培训服务中心、湖南省外经委培训中心建立紧密联系，办短期出国留学培训班3期，输送赴俄罗斯、加拿大出国留学生22人；开办外经贸培训班、二年期外经贸大专班，13名学员获北京外经贸大学颁发的函授毕业证书。1999年下半年，开办剑桥少儿英语班。到2000年年末，剑桥少儿英语班10个，300名学生。与湖南富岳出国留学服务中心签订合作协议，开设办事处，当年推荐赴俄罗斯自费留学1人。

民盟株洲市委成立到2000年，盟员或邀请盟内外专家、教授举办“新技术革命和我们年青的一代”“理想、自学和成才”“‘一二·九’爱国学生运动”“出国访问见闻”“近代史和爱国主义”“海峡两岸关系和台湾形势”“普法和法律学习”等报告会和演讲会及讲座40余场次，听众近万人次。应邀为有关单位作《从中国近现代历史的发展看中国共产党的领导作用和领导地位》《长江文明是中华文明的先驱》《中国古彝文是西方表音文字的始祖》等专题报告。

（三）创办经济实体

20世纪80年代中后期，民盟机关先后组建、开办了为民社会服务部、牙科诊所、复印社、中医门诊服务点等经济实体，还有挂靠民盟株洲市委的长风装饰公司、电讯器材公司、金鸡科技开发公司等经济实体，安排下岗人员就业。90年代，先后创办光华实业公司和均裕公司。上述自办公司或挂靠公司先后进行改制，与盟市委脱钩或停办、解体。1998年，盟员所办企业株洲市亚联通信有限责任公司和九龙装饰工程公司进行改制，支持盟员创办了微格铁磁流体公司。

（四）对外交流

加强与外地民盟组织的联系与交流。先后与上海、福建、海南、云南、山西等盟省、市委，省内各市州盟委保持联系，互赠盟讯，互相交流盟务。先后组织赴长沙、湘潭、岳阳、益阳、邵阳、张家界、自治州及省外的广州、佛山、海口、福州、泉州、厦门等地学习考察。接待了上海黄埔区、广东佛山市、云南开远市、江苏徐州市、江西萍乡市、广西桂林市、山东青岛市等盟市（区）委，海南保亭县委以及省内部分市州委盟组织的来访。

同时，开展海外联谊活动。民盟株洲市委成立后，即成立“三胞”联络委员会，每年召开一次盟内有“三胞”（台湾同胞、港澳同胞、海外侨胞）关系的盟员联谊会，鼓励他们向海外亲属联系，宣传、推介株洲，吸引和争取投资。2000 年，接待台北市中国大众康宁互助会理事长袁大松、尚义投资顾问公司董事长张国威一行。

（五）开展公益活动

民盟株洲市委发动盟员特别是机关干部开展广泛的扶贫、支边爱心捐款活动，常年坚持为“希望工程”“光彩事业”“炎帝陵基金会”“株洲市教师奖励基金”、特困企业和困难职工等捐款赞助。20 世纪 80 年代中期，安排盟员教师夏鄂群随民盟湖南省委组织的智力支边队伍，赴湘西少数民族地区从事英语教学。支持儿科专家、名老中医叶嵩高创办专家门诊。经常性的组织义务体检和健康咨询服务活动。1992 — 1993 年，与佛山民盟市委联合组建“株洲市光明时装表演队”，在湖南、广东等地巡回演出。1996 — 1998 年，对口扶贫株洲县龙凤乡，组织到该乡考察调研 4 次；察看灾情和水毁修复工程 2 次；义务送医送药 3 次。1997 年，发动全市盟员募集救灾款和救灾衣物到龙凤乡慰问。还先后与湘华焊接设备厂、新城化工厂、蝶屏乡蝶屏村、张家界市永定区、澳联装饰公司建立联系和服务关系。1998 年，醴陵民盟总支所属左权外国语学校为常德、岳阳灾区免费招收 23 名学生。1999 年，对口扶持特困企业新城化工厂和该厂 2 个特困职工家庭。同年 12 月，民盟市委会同株洲桥梁厂党委工作部、厂工会、民盟株洲桥梁厂支部以及对口联系单位市文化局、劳动局联合举办了“庆澳门回归，迎千年新禧文艺演出”。

第三节　民建株洲市委员会

一　组织建设

1981 年 9 月，中国民主建国会（简称“民建”）湖南省委员会派员到株洲市，发展 3 名会员。同年 10 月，在中共株洲市委、市政府、市政协的支持帮助下，株洲市成立民建城市支部筹备小组，李明德为组长。1983 年 4 月，民建株洲市城市支部委员会成立，会员 27 人，黄竞业当选为支部主任，李明德、彭道德为副主任。

1984 年 11 月，民建株洲市委筹备委员会成立，代行民建株洲市委职权，黄竞业任主任委员，李明德、余先贵任副主任委员。其时，会员有 50 人。

1986 年 10 月，民建株洲市委正式成立，召开第一次代表大会，选举彭国雄为主任委员，李明德为副主任委员，王湘南担任秘书长。委员会由 5 名委员组成，会员有 73 名。至 1989 年年底，会员人数发展至 114 名，有专业技术职称的占总数的 69%，其中有高级技术职称的占总数的 12%，会员平均年龄 52 岁。具有大专以上文化程度的占总数 47%，具有高中文化程度的占 30%。经与中共各级组织协商，民建株洲市委建立支部（含直属小组）12个，即：株洲化工厂支部、株洲冶炼厂支部、株洲苎麻纺织印染厂支部、株洲汽车齿轮支部、综合支部、商业支部、医药支部、妇女支部、机关支部、金融组等。民建市委机关设组织宣传科、办公室及社会服务专门机构。

1990年，民建株洲市委员会共有会员150人，设基层支部和直属小组13个，会员大专文化程度以上者占47.3%，有专业技术职称的达66%；会员中有各级人大代表、政协委员26人。

1992年，民建株洲市委召开第二次代表大会，与会代表59人，特邀代表10人，代表全市158名会员。会议选举产生了9名委员组成民建株洲市第二届委员会，彭国雄为主任委员，杨俭吾为副主任委员。在11月召开的民建第六次全国代表大会上，彭国雄主委再次当选为民建中央委员。1993年，全市共有会员165人，支部11个，小组3个，成员中担任省、市、区各级人大代表、政协委员的有19人。

1995年，发展中青年优秀人士16人，其特点是年纪轻、文化素质高。会员中40岁以下的有13人，平均年龄35岁，有大专以上文化程度的13人，高级职称12人，会员年龄老化和后继乏人的状况有所改观。

1996年9月，民建株洲市第三次代表大会在株洲宾馆召开，出席会议代表74人，大会选举产生了民建株洲市第三届委员会，彭国雄再次当选为主任委员，杨俭吾、孙林燕当选为副主任委员，市委会由12名委员组成。

1997年，民建株洲市委共有会员219人。年内发展新会员14人，其中大学本科8人，中级以上技术职称的10人，平均年龄34.2岁。共有基层组织14个；会员中，有湖南省政协委员3名，株洲市政协委员8名（含副主席1名），区政协委员13名（含常委2名），株洲市人大代表1名（常委），区人大代表2名（含常委1名）。

2000年，会员发展至242人，大部分是经济界人士，有4个支部被评为民建湖南省先进支部，有7名会员被评为湖南省优秀会员，其中刘扩军被评为民建全国优秀会员。

二　主要工作

民建株洲市委注重发挥政党职能，提高会员的政党意识，按照中共“长期共存、肝胆相照、荣辱与共”的方针，坚持和完善中共领导的多党合作和政治协商制度，积极组织会员参政议政。民建市委对落实政策、改革开放、治理整顿、廉政建设、人事安排、人民生活等方面的重要事务，开展多形式、多层次的活动方式，提出建设性意见和建议。1988年、1989年，民建株洲市委派员参加全市税收、物价、财务大检查和市清理违规营建私房工作组。1990年，会员中有29人当选为各级人大代表、政协委员，占全员总数的19%，民建组织和会员共提出书面提案、建议140项。

民建株洲市委发挥其经济管理和专业人员多的优势，发动和组织会员为株洲经济和社会服务。20世纪80年代中后期，与有关部门合作，参加创办和整顿5个企业，向各企业提合理化建议102条，为受益单位创经济价值36万多元。先后举办会计、统计、预算、珠算、电器、营业员、商业管理等培训班，累计结业学员 1340 人。1984 年，在全市首创“建联会计业务咨询服务部”，开展会计咨询、专业培训、办理决算等业务。共计办理鉴定 24 件，核查 14 件，金额异动达 32 万元。同时开设工业会计、商业会计中专班、大专班，1987 — 1989 年共培训 2585 人，平均合格率达 90%。1989 年 9 月，在市有关部门支持下，开办“市经济类社会自修大学”，设计专业 2 年制大专班，学员 119 人。

民建株洲市委积极发动、鼓励、支持会员在本职岗位上做贡献。20 世纪 80 年代中后期，高级工程师严树钢研制的硅整流装置制造工艺技术，达到世界先进水平；高级工程师郭懋全为主研制的“爽丽纱”纯麻高级薄型织物，填补了国内一项空白；高级工程师彭国雄任修建庆云大厦总指挥长，工程质量、建设速度都创造了株洲市建筑史上最好的成绩。民建株洲市委还组织会员撰写统战理论研讨文章 31 篇；工业、商业、金融、法律等方面的论文 12 篇。

1990 年，民建株洲市委进一步抓好宣传教育工作，坚持“自己提出问题，自己分析问题，自己解决问题”的学习形式，对会员进行参政议政的教育和培养。会员中的各级人大代表、政协委员分别以个人或集体名义在规划管理地方经济建设、治理整顿等方面提出了建设性的议案。参加全市税收、物价、财务大检查，组织 2 个小组进驻 12 个企事业单位，查出违纪金额 22 万余元。市建联会计业务咨询部开设短期会计培训班 7 个，学员 412 人，结业合格率为 74.6%；株洲市达信自修学校开办会计大专班 2 个；株洲市民建职工学校开办中专班 1 个。

1991 年，全市会员围绕企业管理、技术革新、科技进步、思想工作等方面，提出合理化建议 247 条，年内实施的建议数达 71%，增加经济效益 405.3 万元。民建会员、经济师彭国兴，历年来提出合理化建议多项，为市洗煤厂累计创经济效益 540 多万元。1991 年，他又提出生产“动力专用配合煤”将工厂选出精煤后丢弃的废料变废为宝，经科学配制成一定比例的精煤、泥煤后，供有关单位做为工业动力煤使用的建议，为工厂节约了大量能源， 当年创收 48 万多元。4 月，市委会成立“社会服务部”，举办会计大专班和短期培训班，并将 1990 年 7 月成立的“株洲市民建经济技术服务部”正式纳入工作计划。至年底，为贫困山区和乡镇企业技术服务两次，为工厂技术攻关两次，累计创经济效益达 545 万元。

1992 年，民建株洲市委在加强自身建设、发挥政党职能的同时，大力开展横向联系和社会服务工作，先后接待了衡阳、常德、厦门市的民建同仁来访，交流了会务活动情况。

1993 年，民建株洲市委 4 次参加中共株洲市委及对口单位召开的经济工作会议，就全市经济建设及市场经济体制下的统战工作发表了具体意见。同年，民建株洲市委向民建省委呈报了《关于反腐败工作的几点建议》。当年，为实施新会计制度培训会计人员 200 余名，会计专业成人自考辅导培训学员 125 人。受市“三查办”委托，组织有关人员对 6 个企业进行了财务检查，共查出违纪金额 69.2 万元。其中确定应上缴财政 20.5 万元。年内，市民建会员马长兴参与编写全国第一部《伊斯兰教简明词典》，为 36 位撰稿人之一。

1994 年 11 月，民建株洲市委员会举办新会员学习班，25 位会员系统学习了统一战线的基本知识、本会章程及会史。

1996年，民建株洲市委就市区街企业经济发展状况进行调查，写成《我市区街企业经济发展状况》的调查报告。民建株洲市委还派员参加市廉政办组织的行风评议工作，对文化局、卫生局、民政局等单位进行考察评议。组织成员参加市财务、税务、物价大检查，共检查了12个企事业单位，查出违纪金额56万余元。年内，民建株洲市委号召全体会员开展“救灾助学”活动，14个支部共捐款5000余元，送至龙潭乡灾区。

1997年，民建株洲市委在政协全会上作了《区街企业发展现状与对策》的发言。《在抓大放小过程中，加强政府宏观经济导向的建议》《深化企业改革，必须全心全意依靠工人阶级》提案被评为市政协优秀提案。围绕香港回归这一重大活动民建株洲市委召开了部分会员迎回归座谈会，印发香港回归专辑，组织会员参加“迎回归书画展”。

1998年，会员中的市政协委员撰写各类提案39件，在市政协全会上作了题为《进一步培养造就一大批现代化企业家》的发言。会员、民建省委委员、省政协委员、株洲电力机车研究所刘扩军获“湖南省十大杰出发明革新能手”称号。

1999年，民建株洲市委会员郭照华所办的民营科技企业“株洲田龙铁道电器有限公司”大力开发铁路机车所需的电子控制产品，公司被列为铁道部机车电子装置定点生产单位，被湖南省科委认定为高新技术企业，给国家创利税达140多万元。会员张瑞华、曾运才开发出新药“唑吡坦”为国内首创产品。会员叶明强创办“天一焊接有限公司”安排下岗工人20多名，年创利税50多万元。

2000年，民建会员、市政协委员欧阳天星关于《建筑市场的“挂靠”经营应当彻底整治》提案，引起中共株洲市委、市政府的高度重视。3月28日，株洲市召开全市建筑领域治理工作会议，成立专项治理领导小组对此进行了全面整顿，促进了全市建筑行业健康发展。

第四节　民进株洲市委员会

一　组织建设

1982年12月，中国民主促进会（简称“民进”）湖南省筹备委员会吸收株洲卫校（湖南省中医药学校前身）教师晏才伟为会员。此后，晏在株洲卫校、株洲大学、株洲市五中、十中等单位发展会员。至1984年5月，会员发展至26人。

1984年5月，王高泳、晏才伟、张善铎、徐隆庆、罗泽贤组成民进株洲市联合支部，王高泳为主要召集人。

1986年上半年，民进在株洲市发展会员至49人，配备专职干部2名。为发挥民进组织的群体作用，4月12日经民进湖南省委批准，成立“民进株洲市委会筹备委员会”，任克平任主任委员，罗泽贤任副主任委员。

1987年6月，民进株洲市一届一次会议在株洲宾馆召开，正式成立中国民主促进会株洲市委员会，大会选举产生第一届委员会，由7人组成，任克平任主任委员，罗泽贤为副主任委员，罗乃宇为秘书长。1989年2月，经民进市委全体会议讨论，民进湖南省委批准，罗泽贤任主任委员，罗乃宇任副主任委员兼秘书长。民进株洲市委为促进各项工作顺利开展，设科技咨询委员会、“三胞”工作组、妇女工作组、组织工作领导小组、办公室、宣传科等职能部门，配专职干部4人（含醴陵市联合支部专干1人）。截至1990年，民进株洲市委会下辖株洲工学院、湖南省中医药学校、三中、四中、五中、十中、实验小学、市郊区、一医院、职工疗养院、机关、醴陵市等12个支部和10个直属小组，共有会员204名，其中株洲市区161人、醴陵市40人、株洲县3人；会员构成界别为教育界127人，文艺界9人，科技界15人，医卫界41人，其他界别12人；平均年龄44.5岁。

1991年11月30日至12月1日。民进株洲市委召开第二次代表大会，56名代表出席会议。大会民主选举产生了由11名委员组成的第二届委员会，罗泽贤为主任委员，罗乃宇、颜佑启为副主任委员，罗乃宇、郝建东先后任秘书长。

1996年11月，民进株洲市委第三次代表大会在株洲宾馆举行，62人名代表出席会议。会议选举产生了民进第三届委员会，委员11人，颜佑启任主任委员，罗乃宇、孙曼莉任副主任委员，郝建东任秘书长。市委会设文教咨询委员会、“三胞”工作组、妇女工作组、办公室、组织科、宣传科等职能部门，配备专职干部5人（含醴陵总支1人）。民进组织亦不断巩固和发展，至2000年7月底止，会员共268名，其中株洲市区227人、醴陵市38人、株洲县3人；会员构成界别是教育界162人，文化界20人、科技界15人、医卫界49人、其他界别22人；平均年龄50.2岁。其中，有20位会员先后加入了中国共产党，成为交叉成员。

二　主要工作

民进株洲市地方组织自创建以来，始终遵循中国共产党倡导的“长期共存，互相监督，肝胆相照，荣辱与共”的方针，在民进湖南省委和中共株洲市委领导下，密切联系教育、文化、医卫界知识分子及其他人士，团结和带领广大会员，围绕株洲经济建设中心，在参政议政、自身建设、服务社会、海外联谊等诸项工作中竭智尽力，为维护团结稳定、促进社会发展进步做了卓有成效的工作。

民进株洲市委认真履行参政议政职能，为改革开放、经济发展、社会稳定建言献策。民进市委主要负责人经常应邀参加中共市委、人大及政府、政协系统召开的民主协商会、政情通报会，并与市主要党政领导交朋友，结“对子”，就全市大政方针、政府工作、人事安排等重大问题坦诚谏言，反映实情，促进了决策的民主化、科学化。民进株洲市委推荐政治上有代表性、专业知识硬、议政能力强的会员担任政府部门实职及各级人大、政协及监察工作。会员中先后有76人次担任省、市、区政协委员、人大代表及特邀监察员、行风评议员，5人先后担任人大、政协的领导职务。他们经常开展社会调查，倾听群众呼声，充分履行职责。从1982年到2000年，民进株洲市委及会员中的委员、代表在人大、政协会议上提交了大量的提案、议案和调查报告，其内容涉及治理整顿、廉政建设、文化教育、环保卫生、群众生活等方面，引起政府及有关部门的重视，多数被采纳、实施。不少委员、代表被评为优秀政协委员、人大代表活动积极分子及优秀行风评议员，许多提案被评为优秀提案。民进株洲市委先后在市政协全会上作题为《农村教育费附加征收问题亟待解决》《积极推行殡葬改革，促进我市社会主义精神文明建设》《关于我市专业技术人才队伍建设的几点思考》等发言，引起强烈反响，得到中共株洲市委、市政府的高度重视。民进株洲市委把与市教委、国土局的对口联系协商工作列入重要议事日程，坚持合作、监督、服务的主题，互通情报，联合调研，拓宽了参政议政的工作领域。

民进株洲市委历来注重自身建设和自我完善，始终把思想建设和组织建设作为工作重点。根据新时期改革开放的新形势，把坚持四项基本原则，维护社会稳定，与中共在政治上、思想上保持高度一致，作为思想政治工作的核心和准则。在反对“两国论”、邪教“法轮功”、北约轰炸中国驻南联盟使馆等严重政治事件中，民进株洲市委领导人或发表电视讲话，或刊载文章，表达鲜明的政治立场，与中共保持一致。为加强政治思想工作，民进株洲市委开展形式多样的活动，如报告会、纪念会、学习班、参观访问、理论研讨、总结表彰等，促进自身素质的提高。截至2000年，民进举行由全体会员参加的会议及活动18次；召开统战理论研讨会6场，收到论文百余篇，其中60多篇被评为省、市优秀论文。

民进株洲市委成立到2000年，积极开展争创“先进支部”“优秀会员”活动，先后有16个支部和170余名会员受到省、市表彰。编印会刊《株洲民进》36期，在新闻媒体和上级机关刊物稿件120余篇，宣传工作经验在民进湖南省委召开的会议上作大会典型发言。市委会下属的基层支部（小组）围绕单位工作重心开展各具特色的组织生活，会员的政治觉悟和政党意识得到提高。民进四中支部、十三中支部评为省级先进基层支部。会员中具有高、中级职称，各类业务骨干248人，占92.5%，担任全国、省、市各类专业学术职务的85人，占32%。这些会员立足本职，共撰写专著21部，有230人在各类报刊杂志及学术会议上发表、宣读论文600余篇，有26项科研成果获国家发明专利，获全国、省、市级以上奖励和表彰的65人。

民进株洲市委利用自身的智力优势，开展面向社会的各种服务活动。1992年创办楚帆学校，连续9年招收英语大专预科班14个，学生400余名，为国家培养了急需的外语人才，其典型经验被《株洲日报》《株洲年鉴》《株洲市社会力量办学先进材料汇编》《中国社会力量办学大辞典》予以报道、收录。为解决疑难病症、边远地区农民看病难的问题，民进株洲市委还先后开办了放射学专家诊断组、医疗诊所。民进株洲市委及支部在开展医疗扶贫、慰问孤残、对口“双联”、灾区捐款捐物等活动中积极作为，树立了良好的党派形象。

民进株洲市委鼓励有“三胞”关系的会员，与港台、海外亲人保持联系，沟通感情，为和平统一祖国尽心尽力，并为引进资金、技术、人才做了许多有益工作。副主委罗乃宇，在赴台探亲奔丧期间，与台军政要员、知名人士广泛接触，介绍大陆现状，宣传中共的方针、政策，为促进两岸沟通做了许多有益的工作。

第五节　农工党株洲市委员会

一　组织建设

1985年7月，中国农工民主党（简称“农工党”）株洲市总支委员会成立，刘家明任总支委员会主任委员，赵质彬、施访梅为委员。下设南区、北区、一医院、中医院4个支部，成员37名。

1986年5月，正式成立农工党株洲市委员会，召开全体党员大会，选举产生6人组成的第一届委员会，刘家明任主任委员、施访梅任副主任委员。其时全市有党员47名，主要由副教授、主治医师以及高年资深的医师、护士等组成，其中有12人在单位或部门担任领导职务。

1987年，农工党市委下设总支部1个、支部7个、直属小组3个，党员发展至86人，主要分布在医药卫生界、科技界、教育界、文艺界。同年，农工党株洲市委会根据党员情况成立“妇女工作委员会”“青年党员联谊会”“三胞联络小组”。

1988年3月，召开农工党株洲市委一届三次全体会议，增选章亮芝为市委副主任委员，增补3名市委委员，刘亚林为秘书长，同时建立市委机关，建立和健全各项规章制度。至1991年，农工党株洲市委下设总支部1个、支部15个、直属小组2个，共有党员188名，在职168名，40岁以下76名，平均年龄44.9岁；其中，具有高级职称的34人，中级职称105人，各类业务骨干49人；医卫界134人，占总数的71.3%。党员主要分布在市区和醴陵的40多家单位。有8人先后加入中国共产党，成为交叉党员。

1993年12月，召开农工党株洲市第二次党员代表大会，党员代表67人，通过民主讨论酝酿，选举产生农工党株洲市第二届委员会。施访梅任主任委员，关继华任副主任委员，周星熙任秘书长，委员会由7人组成。1994年11月，增补2名市委委员。1996年12月，第二届二十二次市委会议选举章亮芝任主任委员。1997年5月，第二届二十六次市委会议选举周星熙任副主任委员兼秘书长。1998年7月，市委扩大会议增补2名市委委员。1999年11月，农工党株洲市委扩大会议再次增补5名市委委员。2000年，全市农工党基层组织发展到13个，党员246人，其中上中层人士183名，占总数的74%，平均年龄50.5岁。

二　主要工作

（一）参政议政

农工党株洲市委本着“长期共存、互相监督、肝胆相照、荣辱与共”的方针，积极组织党员参政议政。市委主要负责人经常应邀参加中共株洲市委、人大、政府、政协召开的民主协商会，就株洲市大政方针、人事安排等重大问题进行协商，以高度负责的态度，反映社情民意，提出意见和建议。至1990年，党员中先后有27人担任省、市、区政协委员或常委、人大代表或常委。还有2人担任特邀监察员。

1990 — 2000 年，担任上述职务的农工党员达 56 人次。他们经常开展社会调查，参加考察、视察活动，倾听群众呼声，履行职责。农工党员在人大、政协召开的会议上提出一些议案、提案和建设性意见，内容涉及交通、卫生、教育、科技、党派建设等多方面，得到有关部门重视，为株洲市两个文明建设起到积极推进作用。农工党主委、市政协常委刘家明提出《对机动车驾驶员和交通民警进行急救训练》的提案，被湖南省公安厅采纳，并委托湖南省红十字会办理。谢树芳提出《建设南路应接通南湖塘》的提案，纳入株洲市“八五”计划。农工党株洲市委对每年在市政协会议上的发言十分重视，从选题到调查、定稿，市委会主要领导全部参加，认真研究。1991 — 2000 年，先后在政协会议上作《医德医风教育，必须常抓不懈》《坚决纠正医药行业乱收费问题》《加强管理，理顺关系，为创建国家级卫生城市而奋斗》《社会保险亟待加强和完善》《我市城区乡镇企业制约机制及对策》《关于调整我市城区医疗卫生资源配置的几点建议》《关于加强我市纳税申报工作的几点建议》等发言，其中有多篇文章被《湖南零讯》《株洲日报》转载，引起了强烈的反响，取得了良好的社会和经济效益。

对口联系是民主党派参政议政的很好方式，农工党株洲市委会的对口联系单位是市卫生局和市计生委，市委会多次组织和参加对口联系工作座谈会，互相通报情况，联合调查研究，农工党株洲市委先后参加了株洲市流动人口计划生育管理工作、农村卫生工作、城区公共场所卫生状况的调查，为建言献策提供准确资料。

（二）自身建设

农工党株洲市委成立以后，始终把思想建设作为工作的重点，针对党员中新党员多、女党员多和青年党员多的“三多”特点，成立妇女工作委员会和青年党员联谊会。开展横向学习和联系，要求女党员做到“自尊、自强、自重、自爱”，充分发挥女党员群体和自身优势，为社会和经济建设服务。对青年党员着重进行传统和党史教育，提倡在本职岗位上成才，通过举办学习班，使青年党员进一步了解农工党员应尽的责任和义务，增强使命感。同时，还多次举办骨干党员学习班，对党员进行示范教育。通过多渠道、多形式、多层次的思想教育，使全体党员更深刻地了解到中国农工民主党接受中国共产党的领导具有悠久的历史根源，各基层支部组织得到了健康发展，党员思想认识不断得到提升。20 世纪 80 年代，先后有 513 人次被评为省、市、区和各单位的劳动模范、先进工作者。90 年代，市一医院总支部被评为全国优秀基层组织，市中医院和中南林学院支部被评为省先进支部，18 位党员被农工党省委授予先进称号。

（三）社会服务

农工党党员大多属医卫界人士，市委在积极推动党员做好本职工作的同时，充分发挥其自身优势，面向社会开展各种服务活动。广大党员经常深入农村、学校、工厂、街道和社会福利院，为广大群众开展义诊和咨询活动。1986 年，为迎接中国第一个教师节，全体党员分赴市一中、二中、荷塘铺乡及南区各小学，为 14 个学校的教师进行义诊。仅谢树芳、陈毅述等为女教师做妇科检查就达 145 人次，查出各种疾病 83 例。

1990 — 2000 年，农工党株洲市委先后聘请省中医研究院、湘雅医学院和本市党员中的专家，举办学术讲座 6 次，在中南林学院、茶陵县、炎陵龙潭乡、攸县、泸溪县、市儿童福利院、市中心广场、五里墩乡等地举办义诊活动10余次，义诊病人3000余人。

1998年洪水灾害期间，全市农工党员共捐款2万余元，捐助衣物600余件。市一医院农工党员易新群、周恕、周铁牛、杨洪亮参加赴沅江的抗洪医疗队，为灾区群众提供了优良的医疗服务，受到当地政府和人民群众的高度评价。

第六节　致公党株洲市委员会

一　组织建设

1983年5月，中国致公党成立株洲市小组。1985年5月，成立株洲市支部，有党员17人。1986年12月，成立致公党株洲市工作委员会，党员发展到83人。

1989年3月，召开致公党株洲市第一次代表大会，出席大会代表41人，选举产生由8人组成的致公党株洲市第一届委员会，曾维明任主任委员，张自浩、李德庆任副主任委员。市委共辖9个支部，即：中南林学院支部、株洲冶炼厂支部、株洲洗煤厂支部、株洲电力机车厂支部、株洲市铁路地区支部、株洲市三中支部、东区联合支部、南区联合支部、北区联合支部。时有党员93人，其中归侨29人，侨眷63人；大专以上学历63人，中专学历17人；高级职称30人，中级职称50人，初级职称9人。党员所在界别有：科技界36人，文教界29人，医卫界10人，财经界14人，党派机关2人，侨务机关2人，侨务1人。党员平均年龄51.4岁。

1996年12月，召开致公党株洲市第二次代表大会，选举产生了致公党株洲市第二届委员会，委员11人，张盛辉当选为主任委员，吴迎学、叶长根为副主任委员，曾恩华为秘书长，申善吾、曾维明、张自浩、李德庆为顾问。

2000年，全市致公党共有15个基层支部，1个直属小组，党员188名。

二　主要工作

1987—1990年，株洲市致公党员担任历届省市区人大代表、政协委员有36人次。这些人大代表、政协委员在各次会议上认真履行政治协商、民主监督职能，就株洲市改革开放、工业、农业、交通、文教、医卫、体育、社会治安、廉政、物价、环境保护、侨务等方面人民群众关心的问题提出议案、提案。申善吾等《关于开发区建设》的提案，曾维明等《关于调整本市轻工产业结构》的提案和《牵线搭桥兴办侨资企业》的发言，张自浩等《关于改进本市驻特区工作机构工作》的提案，李德庆《关于改善投资环境》的提案和《加强华侨、华人第二、三代人的联谊工作，为统一祖国，振兴中华服务》的大会发言，简用康等《关于对农产品进行加工和成立市消费者协会》的提案，张盛辉等《关于加快发展教育事业》的提案，许文海等《关于提高本市体育水平》的提案，陈增庆等《关于改进交通管理》的提案，林伟华等《关于红旗路市场》的提案，区国彬等《关于加强青少年教育》的提案等

60余条均得到有关部门重视，多数被采纳。

致公党株洲市委主委、副主委多次参加中共株洲市委、市政协党组和统战部召开的座谈会、政情通报会和市政府换届人选协商会，就株洲的大政方针、改革开放政策、政府工作，提出自己的意见和建议，履行自己的职责。

市委主委、省市政协委员曾维明参加2次市政协组织的社会调查，并参与《株洲市乡镇企业调查报告》及《株洲市轻工产业调查报告》的讨论。这两个报告受到市政府的重视，并作出相应的决定，对加快株洲市乡镇企业的发展和调整株洲市轻工产业结构起很好的作用。

1983—1990年，接待回国观光、探亲、旅游、经商等海外亲友1000多人次，出国探亲100多人次。随着海峡两岸交往的不断深入，1988年以来接待台胞100多人次。在1989年春夏之交的政治风波中，通过200多封信，向不明真相的海外亲友坦诚相告，说明事实真相，消除他们的疑虑，保持和发展中国人民同世界各国人民的友谊和合作。在开展海外联谊活动的同时，为"三引进"牵线搭桥。

致公党株洲市委注意发挥自身优势，面向社会开展咨询服务、办学、创办经济实体。1987年2月，成立株洲市致公经济技术咨询服务部，开展以微机应用为主的技术服务活动。1989年9月，成立株洲市致公学校，开设英语、电子技术和财会与审计专业班共计26个，学员1300多人相继结业。

1991年，致公党株洲市委举办党员学习班，50多名党员参加市委统战部举办的"团结杯"万人统战知识竞赛。号召党员在工作中爱岗敬业，树立致公党的良好形象。在参政议政方面，担任三级人大代表、政协委员的党员，共撰写建议案、提案71件，有些被政府部门采纳后，收到较好的社会效益。市委发挥"侨党"优势，为"三引进"铺路搭桥，党员吴敬华通过介绍海外华商为长沙卷烟厂牵线，从联邦德国引进了3条卷烟生产线，受到各方面的好评。

1992年，致公党株洲市委开展邓小平视察南方重要讲话和中共十四大文件的学习、讨论，举办党员学习班。市委有15名代表出席了致公党湖南省一大会议，申善吾、曾维明、李德庆3人当选为致公党湖南省一届省委委员，曾维明、李德庆被选为致公党中央十大代表，出席了全国十大会议。在履行参政议政职能中，担任三级人大代表、政协委员的党员积极撰写议（提）案30多件，受到政府和有关部门的重视和答复。在市政协三届四次会议上，市委主委曾维明增补为市政协常委。党员与海外亲友交往联系的渠道不断拓宽，年内，有7人次到境外探亲访友，接待回国观光、旅游、探亲的"三胞"达100多人。

1993年，致公党株洲市委在开展社会工作、服务经济建设中，继续开办电大财会与审计专业2个班，招收了100多名学员。年初，在市政协全会上，市委作了《对大中型企业转换经营机制的几点看法》的发言。各级人大代表、政协委员就"加强市场管理""维护归侨、侨眷合法权益"、"三资"企业存在的问题撰写提案，受到政府的重视和采纳。年内，党员接待"三胞"亲友50多人次，出境探访12人次。

1994年，致公党有13人分别获国家、省、市级荣誉和奖励。在国家级刊物上发表论文13篇。在参政议政工作中，致公党株洲市委负责人积极参加中共株洲市委、市政府召开的协商会、政情通报会，就人民群众关心的热点、难点问题发表意见。三级人大代表、政协委员共撰写议（提）案30

多件，有10余件被采纳。在海外联谊和社会服务方面，据不完全统计，支部党员为株洲市引进项目2个，外资400多万元港币。同时，为国内引进项目4个，外资1亿多元港币。党员共接待“三胞”和外宾100多人次，随团出访、出境探亲访友18人次。在社会服务和献爱心活动中，全市党员为抗洪救灾捐款9000多元。

1995年，致公党株洲市委以致公党建党70周年及株洲市支部成立10周年为契机，对中南林学院、株洲冶炼厂、株洲洗煤厂、铁路地区、株洲市三中5个支部和申善吾等43名党员进行了表彰奖励。年初，在市政协全会上，致公党株洲市委作《关于加强爱国主义教育的几点意见》的发言，受到市政府的重视。各级人大代表、政协委员撰写议（提）案20多件。致公党株洲市委及支部党员全年共接待“三胞”和外宾100多人次，出境探亲访友14人次。为国内引进项目2个，外资累计达2000多万美元。

1996年，各级人大代表、政协委员共撰写议（提）案43件，有2名党员担任特邀审计员和特邀监察员。在社会服务工作中，致公党市委组织4名专家、教授赴攸县湖南坳乡开展扶贫活动，协助解决当地竹木资源的应用和销售问题，得到当地政府和村民的好评。

1997年，在市政协四届五次全会上，张盛辉主委代表致公党市委作《积极稳妥开拓国际市场，带动我市中小型企业发展》的发言，引起市政府和有关部门的重视。在各级人大、政协组织换届中，市委有1人担任市人大代表，9人为市政协委员，9人担任区政协委员，其中1人担任区政协副主席。在海外联谊方面，市委及成员共接待海外华人、华侨、“三胞”亲友共48人次。

1998年，在市政协五届一次全会上，主委张盛辉代表市委作《加快企业改革，焕发企业活力》的发言。各级人大代表、政协委员撰写议（提）案40多件，内容涉及政治、经济、科技成果推广等。年内，完成《株洲生态大环境的战略思考与建议》等3个调研报告。在海外联谊工作中，致公党株洲市委从一般的探亲访友和招商引资转变为引进智力、开展技术合作上来，通过牵线搭桥，邀请外籍华人来株作《世界高科技发展概况》报告会，由此带动一批企事业单位上网与境外联络。

1999年，在市政协五届二次全会上，致公党株洲市委作《我市生态环境建设的战略思考与建议》的大会发言，得到中共株洲市委、市政府领导的高度重视。政协委员共递交提案17件，集体提案3件。2000年，在市政协五届三次全会上，致公党株洲市委作《充分发挥海外留学人员在株洲经济建设中的作用》的发言，受到市政府领导的高度重视。党员中各级人大代表、政协委员共撰写议（提）案23件，集体提案3件。在“世界糖尿病日”，市一医院支部组织党员专家深入全市各大社区，开展医务宣传、义诊、保健知识讲座等活动。

第七节　九三学社株洲市委员会

一　组织建设

1984年年初，九三学社在株洲市建立直隶小组，成员3人，组长萧玉麟。同年12月，建立九三学社湖南省株洲支社，成员 22 人（包括中南林学院从广东迁入株洲的社员 9 人）。萧玉麟、刘松龄、钱同一为支社负责人。

1985 年 6 月，建立九三学社株洲市委员会筹备小组。

1986 年 3 月，九三学社株洲市第一次社员大会召开，与会社员 43 人。会议选举产生九三学社株洲市第一届委员会委员 5 人，萧玉麟当选为主任委员，刘洪恩为副主任委员，段斌奇为秘书长。

1987 年 7 月、1988 年 5 月、1989 年 12 月先后增补 6 名社株洲市委委员，社株洲市委委员达到 10 人。

1990 年，社株洲市委设立办公室、科技咨询服务部、妇女工作委员会、海外联谊委员会等工作部门，基层组织发展到 10 个，社员共 105 人。其中，具有高级职称的 45 人，中级职称的 55 人。

1991 年 3 月，召开九三学社株洲市第二次社员代表大会，选举产生九三学社株洲市第二届委员会，共 8 人，萧玉麟为主任委员，罗硕夫、周理查为副主任委员，顾以良为秘书长。

1996 年 10 月，召开九三学社株洲市第三次代表大会，出席大会的代表共 70 人。大会选举产生 17 人组成地第三届市委会。会议选举邱丽萍为主任委员，张国浩、周理查、朱龙驹、顾以良为副主任委员，顾以良兼秘书长。

1999 年，组建成立株洲工学院支社。至 2000 年年底，九三学社株洲市委共有社员 172 人，下辖 10 个支社、2 个直属小组。社株洲市委机关设办公室、专职副主委办公室、组织科和宣传科。

二　主要工作

（一）参政议政

社株洲市委成立以来，积极参加中共株洲市委召集的民主协商活动，就株洲市重大施政措施和人事安排进行协商；参与重大问题的决策和咨询工作，反映真实情况，提出建议；参加视察、考察和检查中心工作；对中共的方针、政策积极宣传、认真贯彻执行。

1985 — 1990 年，学社社员先后有 27 人担任省、市、区人大代表和政协委员，他们本着对国家建设事业和人民利益负责的精神，大胆进言，就科技进步、市政建设管理、重大经济决策以及教育、文化、卫生、环保、社会福利、公益事业等方面深入调查，广泛收集基层组织、社员及其所联系的群众的意见，提交各类提案 70 多件，由政协交有关部门办理。

在市政协年会上，社株洲市委通过专项调查研究，精心准备，以组织名义，分别作了《关于株洲市星火计划、火炬计划实施情况的调查与建议》《关于株洲市城市规划建设的几个问题的探讨和建议》《当前株洲环保问题的分析与建议》等大会发言，引起市政府有关部门的重视，不少问题得到解决。同时，学社社员通过社内组织的各种座谈会、学习讨论会等，为社株洲市委参政议政献智献策，如对科技人才未得到应有重视、职称评定工作中的问题、女高知退休过早、分配中的脑体倒挂以及社会不正之风等问题，都发表了见解。在成员较为集中的单位，社员还为本单位的重大决策和提高经济效益等问题提出集体建议。

社株洲市委为发挥民主监督作用，应有关部门要求，推荐社员担任特邀审计员、监察员等，行使民主监督权利。1989 年，推荐市政协委员会刘圣驿参加对郊区副县（团）级以上干部违纪营建私房问题进行清理，历时 80 余天，对 19 名违纪干部提出中肯的处理意见和建议，得到市政府采纳。

社株洲市委建立 3 个对口协商联络组，与市科委、市经委、市计生委建立了对口联系，参加有关会议，沟通情况，收集意见，开展专题调研。社市委 2 次讨论株洲市高科技发展问题会议，发出《关于开展高科技调查的通知》，组织部署社员开展调研工作。全市 107 名社员参加讨论、调查，整理出调查报告 7 份，在与市科委对口协商座谈会上，从发展高科技的环境要求和科技人才的合理使用、管理等方面提出建议。

1991 — 2000 年，株洲市九三学社成员中，担任历届全国、省、市、区人大代表、政协委员的有 231 人次，在各次会议上他们认真履行政治协商、民主监督职能，就人民群众关心的问题提出议案、提案共 305 条，受到政府及有关部门的重视和采纳。社株洲市委负责人通过参加中国杂志社委、市政协、市委统战部召开的各种座谈会、政情通报会和协商会，就株洲市的大政方针、政府工作、经济建设等提出意见和建议，为民主政治建设与中共坦诚相见。此外，担任各级人大代表、政协委员的社员，积极参加社会调查和持证视察。十年间，共写出调查报告 200 余份，并将调研报告征集有关部门意见后，向中共株洲市委、市政府反映，供领导决策时参考。担任审计员、监察员和行风评议员的社员认真履行职责，积极开展工作，受到社会好评。

（二）参加社会活动

九三学社株洲市委注重发挥科技人才优势，面向社会开展科技咨询和科技扶贫活动，创办经济实体，为科技兴市牵线搭桥。

1985 年，社员钱同一首先在株洲市开展世界语教学，创建株洲市世界语协会，并担任该会第一届理事会理事长。同年 3 月，社株洲市委在株洲宾馆举办“九三学社株洲市委组织发展科技成果展览会”，介绍株洲市九三学社发展过程及株洲社员所取得的科技成果。

1987 年，社株洲市委成立九三学社株洲市科技咨询部，面向社会发挥社员中科技人员的智力优势，开展科技服务。先后为 10 多个省、市完成服务项目 60 个，创造经济价值每年数百万元。其中，有贵州清江镇电厂设计的综合利用工程项目，为茶陵七地乡培训防腐工程队项目等。

1990年，组织社员李建同等专家对酃县稀土矿进行实地考察，为该县稀土矿的开发提供可靠参考。

1991 年 6 月，承办九三湖南省委“科技服务，支边扶贫研讨会”，省政协副主席张德仁等省市领导和社内的著名专家学者 50 余人出席会议。1992 年，自筹资金创办了株洲高新技术开发区德赛实业公司，从事新技术、新产品研发和生产。1997 年，炎陵县石洲乡中心小学建立图书室，社市委捐书 1000 余册。1999 年，社株洲市委邀请著名计算机文字信息处理专家王选和电子物理学家吴全德院士到株洲作学术报告。

（三）自身建设

社株洲市委成立到 2000 年，先后组织社员学习邓小平视察南方重要讲话、中共十四大文献、《邓小平文选》、中共中央和中共省、市委关于处理“法轮功”的文件；组织开展纪念毛泽东诞辰 100

周年活动、香港回归、声讨北约轰炸中国驻南联盟大使馆等活动，确保社员在政治上与中共保持高度一致。同时，进行统战理论教育。社市委组织社员学习了中共中央关于《坚持和完善中国共产党领导的多党合作和政治协商制度的意见》，多次召开多党合作理论研讨会，并推荐优秀论文参加社省委和社中央的研讨会。社株洲市委还举办统战理论学习班 10 期，90% 以上的社员参加了学习。

多次组织社章、社史专题辅导报告会，让社员充分了解社章、社史，增强爱国、爱社意识。创办机关刊物《株洲社讯》，至 2000 年年底共编印 7 期，较好地发挥了宣传教育作用。

第八节 工商业联合会

一 组织建设

1949 年 12 月，株洲镇成立首届工商联筹备委员会。1950 年 9 月，选举产生以叶炳吾为主任、刘春景为副主任等 11 人组成的第二届株洲镇工商联筹委会。随即将 40 多个行业编并为 25 个，共有工商户 1159 户，并将 2 个摊贩组整编为摊贩管理委员会。

1953 年 5 月，株洲市根据上级工商联和株洲市第二届一次各界人民代表会议关于通过民主选举成立株洲市工商业联合会的决议，召开株洲市工商业联合会首届会员代表大会。出席会议的代表 130 人，列席代表 7 人。会议宣告成立株洲市工商业联合会。大会选举产生执行委员 21 名、候补执行委员 3 名、监委 7 名、候补监委 2 人。选举黄竞业为主任委员，曲贵成、成德润为副主任委员，陈俊生为秘书长。会后，即对各行业进行调整，成立 20 个同业公会、1 个摊贩联、3 个工商组。

1957 年 4 月，株洲市工商联召开第二届会员代表大会，正式代表 162 人，实到 125 人。大会选出第二届执委 37 人、常委 15 人。黄竞业再次当选为主任委员，武应彝、成德润为副主任委员，湛松波为秘书长。

1958 年 9 月，召开株洲市第三届工商联会员代表大会，选出执委 33 人、常委 9 人，选举彭道德为主任委员，马金琢、叶庆吾为副主任委员，陈贻章为秘书长。

1962 年 2 月，召开株洲市工商联第四届会员代表大会，代表 157 人。大会选出第四届执行委员 45 人，常务委员 17 人。彭道德再次当选为主任委员，滕中民、郭殿臣、王明东、雷子规、叶庆吾当选为副主任委员，欧阳见为秘书长。

“文化大革命”中，市工商联被迫停止活动，工商界人士多数受到冲击，有些遭受迫害。

“文化大革命”结束后，市工商联逐步恢复活动。经过 1982 — 1984 年的筹备，1984 年 11 月，市工商联第五届会员代表大会与民主建国会株洲市会员代表大会合并召开。出席大会的工商界代表 126 名（含各县代表 38 名）。大会选出执行委员 29 名、常务委员 15 名。五届一次执委会选举彭道德为主任委员，余石林、成德润、易泽富为副主任委员，易福荣为秘书长，叶炳吾、叶庆吾为顾问。第一次联席会议决定成立经济咨询、工商史料、妇女工作和互助金管理 4 个工作委员会。

1981 — 1986 年，醴陵市、攸县、茶陵、酃县、株洲县相继召开会员代表大会，恢复和成立工商联组织。

1990 年 6 月，经中共株洲市委批准，工商联成立党组，冯树亮为党组书记。

1991 年 1 月，召开市工商联第六届会员代表大会。由 142 人代表全市 2208 名会员出席会议，选出第六届执委 30 名、常委 12 名。申善吾当选为主任委员，冯树亮、侯子义当选副主任委员，易泽烈为秘书长，余石林、成德润、易泽富为顾问。代表中有企业会员 65 名，占 45.5%；团体会员 5 名，占 3.5%；特邀代表 28 名，占 19.7%；个人会员 33 名，占 23.3%；工商联机关干部 11 名，占 7.7%。同年 11 月，市委统战部副部长李运开任市工商联党组书记。1993 年 6 月，杨大纯任党组成员。同年 11 月，朱冬林任党组副书记。

1993 年 6 月，为落实中共株洲市委关于设立城郊工商联的要求，在南区（芦淞区）率先成立南区工商联。在 12 月底前，郊区、北区、东区相继召开了首届会员大会，建立了县区一级工商联组织。

1993 年 11 月，按照国务院批准全国工商联又称“中国民间商会”的精神，市工商联报经市编委批准，成立“株洲市总商会”，与市工商联两块牌子一套班子。1994 年 3 月，市工商联第六届执行委员会第三次（扩大）会议，增补朱冬林、杨大纯为副会长。同年 12 月，市委统战部副部长邹龙云任市工商联党组书记。1995 年 3 月，第六届执委会第四次（扩大）会议，增补易泽烈为副会长。

1997 年 1 月，市工商联召开第七届会员代表大会。出席大会的代表 169 名，其中企业会员 88 名，占 52%；民营企业会员 74 名，占代表总数 43.3%；个体工商户会员 54 名，占 32%；团体会员 5 名，占 3%；工商联机关干部和经济工作者 22 名，占 13%；原工商业者 2 名。非公有制经济代表 137 名，占代表总数的 81.1%。大会选举产生了株洲市工商业联合会第七届执行委员会委员共 44 人，其中常务委员 20 名。彭国雄（兼）当选为会长，邹龙云、侯子义、杨大纯、易泽烈、孟祥明（兼）、言新民（兼）、彭达义（兼）、唐勇（兼）当选为副会长，罗炳炎任秘书长。第七届执行委员会第一次会议推选申善吾为本届名誉会长。

1998 年 8 月，为落实株洲市委《关于建立健全乡镇、街道工商联分会的通知》精神，召开全市工商联基层组织建设现场会，推广荷塘区工商联建立乡镇街道分会的经验。期后，各县市区纷纷组建乡镇、街道分会。

1999 年 3 月，第七届执行委员会第三次会议，增补黄秋蓉（兼）为副会长。2000 年 3 月，第七届执行委员会第四次会议增补卢力（兼）为副会长。

至 2000 年年末，市、县市区工商联共有 10 个，乡镇分会 38 个，行业商会 7 个。会员共 4993 名，其中 1991 — 2000 年发展的新会员有 4422 名，占 88.6%。新会员中企业会员 1250 名，个人会员 3150 名，团体会员 22 名。

二 宣传教育

（一）培训学习

1950 年，镇工商联第二届筹委会成立后，积极贯彻执行中共对民族资产阶级“既团结又斗争”

的方针、对资本主义工商业“利用、限制、改造”的政策和“发展生产、繁荣经济、城乡互助、内外交流”的工商政策，扶助民族资本主义工商业的发展。

1951年，市工商联筹委会遵照中共株洲市委指示，针对少数工商业者中出现的偷税漏税、偷工减料等不法行为，协助党和政府在工商业界开展“三反”“五反”运动，揭露批判自身的“五毒”行为，提高其改造的自觉性。

1954年3月，召开工商联第一届二次代表会议，深入学习总路线。通过学习，代表们表示：主动接受国营经济的领导和工人阶级的监督，自觉接受社会主义改造。5月，工商联召开第二次手工业代表会议，通过学习讨论，使代表们明确“为广大群众服务、发展生产、劳资两利”的原则。6月，政府开始对棉布、屠宰、煤炭3个行业和部分百货业实行社会主义改造。8月，这些行业基本纳入国家资本主义轨道。1955年，贯彻执行“统筹兼顾、全面安排、积极改造”的方针，对私营工商业实行初级形式的全行业改造。5—6月，先后召集行业委员、厂店经理、工商联执委137人次，举行多次座谈、讨论会，使大家进一步认清私营工商业的地位、作用和前途，表示愿以爱国守法、积极经营的实际行动迎接安排和接受改造。年底，全市掀起公私合营的高潮。至1956年1月20日，全行业215户全部实现公私合营。合营以后，产品品种增多，营业额增大。百货业品种由原来300多种，增至500多种。绝大部分工商业者成为国家公职人员，逐步转变为自食其力的劳动者。在1077名私方人员中，有73人被安排担任工区主任以上至专业公司副经理的职务。至1956年9月，工商业者中已有12%的人员参加工会组织。有的还加入了中共党、团组织，有的当选为人民代表。但在实现公私合营后，对商业网点大裁大并，将800多户调整为160多个网点，网点分布不合理，造成人民生活不便。

1957年下半年，在“反右派斗争”中，工商界中有人被错划为“右派”，并伤害了一批积极分子。在1958年2月召开的500多名工商业者和家属参加的“跃进誓师大会”上，提出“在一年内改造成为自食其力的劳动者，坚决放弃定息”的口号，使工商业者一度紧张。在7月召开的400人的“立功献计誓师大会”后，工商业者提出近百条合理化建议，公开祖传秘方6项，情绪稍有缓和。

1960年3月，市工商联号召工商业者及其家属“顾一头，一边倒”，投入技术革新和技术革命群众运动，在服务中加强自我教育和自我改造。工商业者积极响应，据7个单位的统计，共试制新工具、改造旧设备166项。4月份，私方人员被评为先进工作者出席市财贸系统群英会的有19人。工商业者家属也纷纷走出家门参加街道生产或服务工作。据5个街道统计，203名工商业者家属中，就有162人参加工作。11月，配合市政府对工商业者进行安置，中心区零贸处有私方人员193人，其中年老病残的82人，除16人因病失去劳动能力外，其余66人全部安排为营业员或安排在修补业参加轻微劳动；对110名退职或精简下放农村的人员，除个别人不愿回城外，均回城予以安置。

在三年国民经济困难时期，市工商联在中共市委统战部的帮助下，先后举办3期工商业者政治学习班，采取“和风细雨、开神仙会”“自己提出问题，自己分析问题，自己解决问题”的方法，进行自我教育。通过学习，大家初步认识到困难是暂时的，增强了克服困难的信心，同时在“工商界大有进步，还有问题，还要改造”的提法上，基本统一了认识。其后，贯彻市委统战工作会议精神，对反右派斗争以来错误处理的案件进行初步清理和甄别，恢复了叶庆吾、黄晚秋等工商界上层人士的职务，对15名资本家和小商贩重新作了安排。

1964—1965年，组织全市工商业者接受爱国主义、国际主义和社会主义教育，对当时反对贪污盗窃、投机倒把、挪用公款、多吃多占等问题，起到一定作用。

1982年，组织工商业者学习五届人大二次会议关于“资本家阶级不再存在，原工商业者已经改造成为自食其力的劳动者”的精神，大家深受鼓舞，纷纷表示：“现在地位变了，责任更加重大了。振兴中华，人人有责。我们只有坚定不移跟党走，尽心竭力为四化的责任，没有纠缠历史旧账、计较个人得失的权力。”

1983年，市工商联先后召开座谈会、学习会、领导成员和骨干联席会11次。市主要领导对市内会员普遍进行了走访，把思想工作做到各家各户。

1987年年初，市工商联组织常委和机关工作人员学习中共中央“坚持四项基本原则、反对资产阶级自由化”的有关文件，统一了思想认识，在1989年春夏之交的政治风波中，工商界经受住了考验，保持了稳定。

1984—1990年，工商联共举办各种学习班、座谈会38次，组织委员和骨干听取形势报告、辅导报告10次，组织11次共80余人分赴10多个城市参观学习。

1992年，市工商联编印《关于新时期工商联的性质、地位、任务、职能和作用》的学习资料2000余份，发到全市各级工商联组织，作为组织非公有制经济代表人士培训学习的宣讲材料。1998年5月和1999年6月，在市委党校举办2期全市非公有制经济代表人士培训班，参加人数80名，每期集中学习7天时间，系统地学习了现代企业管理、有关法律、网络技术及工商联组织知识。期间，市工商联还选送了20名会员到中央党校和省社会主义学院学习。

1991—2000年，市工商联共举办各类培训班、报告会37次，参加者达2252人次。1992—2000年，市工商联为宣传国家改革开放的方针政策、推介创业经验、通报经济信息、交流会务情况，主办、编发了《工作简讯》，共计63期7560份。

（二）举办活动

1993年11月5日，市工商联举办“株洲市工商业联合会成立四十周年暨株洲市总商会挂牌成立”的庆祝活动。全市150多名个体工商户和私营企业老板与原工商业者代表一起，回顾工商联40年来的光荣历史，畅谈新时期党和国家改革开放的富民政策。市政府、市政协主要领导和各民主党派负责人出席庆祝活动。

1994年3月，市工商联召开第六届执行委员会第三次会议，通过决议，采纳会员们自发提议，确立每年11月5日为株洲市“老板活动日”。至2000年，每年11月5日前后都举办“老板活动日”活动，共计参加活动的人数达3000多人。活动内容主要围绕党和政府中心工作，结合非公有制经济的特点，每次主题各异，形式多样。活动有效地增进了会员之间、会员与组织之间感情，增强了工商联的凝聚力。这一活动形式在省内首开先河。

1999年9月，市工商联举办庆祝中华人民共和国50华诞酒会，全市工商界人士有150多名代表参加，市人大、市政协、市委统战部的领导应邀出席酒会。市政协副主席、市工商联会长彭国雄致祝酒词，表达了工商界人士的爱国深情。

每逢春节、中秋节、国庆节，各级工商联组织都举办迎春座谈会、中秋迎国庆茶话会，向会员进行爱国主义、社会主义及价值观、道德观教育。2000年9月，市工商联在株洲宾馆举办了“话中秋、迎入世”座谈会，有60多名非公有制经济代表人士参加。市委、市人大、市政协、市委统战部主要负责人参加了座谈会。座谈会还请市委讲师团的教授作了应对“入世”的专题讲座。

（三）表彰先进

1991—1996年，全市工商联会员中有187名受到全国、省、市表彰，获得了全国商业明星、全省十佳私营企业家、市五一劳动模范、“双文明”积极分子、遵纪守法户、纳税大户、文明经营户、质量信得过单位等光荣称号。1995年，市工商联被评为省工商联思想政治工作先进单位。

1997—1999年，市工商联在会员中开展了全市性评比表彰活动，先后对4个先进单位、15个单项先进集体、7名先进工作、50名优秀会员进行了表彰和奖励。1994—2000年，市工商联妇委会开展了争当“好妻子、好母亲”、“三八”红旗手、巾帼建功标兵等评比竞赛活动。2000年，被市妇联评为妇女工作先进单位。1997—2000年，全市工商联会员中被评为湖南省劳动模范、湖南省“百优”“百强”私营企业家、私营企业和质量信得过单位，“全国巾帼建功标兵”、株洲市“双文明”先进工作（生产）者和株洲市“三八”红旗手，受到省、市政府表彰奖励的有69人次。1999年，湖南省人民政府表彰100名“百优”私营企业家和“百强”私营企业，株洲获此殊荣的有7家“百强”私营企业、6名“百优”私营企业家。

三　参政议政

（一）协助党委和政府落实政策

市工商联积极配合、协助市委、市政府落实对工商业者的各项政策。对原错划为右派的工商界人士，全部予以纠正，有的恢复干籍，安排相应的工作，经济上给予适当补偿。对在1956年公私合营时当作资产阶级对待的3851名属于小商小贩、小手工业者、小业主，经过调查鉴定加以区别，不再作为资产阶级对待，并由各级政府颁发区别通知书。共补发工商业者定息158868元，补发“文化大革命”期间扣发的工资629424元。原工商业者在“文化大革命”中被查抄的金额全部予以清退。市区工商界被遣送回农村的除死亡7人按政策落实外，其余全部收回城镇落户或予以安置。“文化大革命”中，市区和株洲县下放农村的工商界人士及其家属子女，全部收回城市，分别安排工作或批准退休，适龄子女则全部入学。茶陵等县在20世纪60年代初及“文化大革命”

中下放的原工商业者也全部收回城镇作了安置。1984年，配合市委协同各专业公司、厂矿和主管局，对1956年公私合营时的私方人员安排为门市部主任以上干部72人，会计出纳18人，业务员14人，其中为84人（市区64人）恢复了干部身份，并清退给工商界节余的互助金6400余元。

（二）人物推荐

1990年，市工商联会员担任省、市、县三级人大代表、政协委员58人。1997年，市工商界人士担任三级代表、委员增至324名。其中市人大代表10名，市人大常委会委员1人，市政协委员13名，市政协常委2名，省人大代表和省政协委员各2名。非公有制经济代表人士在各级人大、政协占有239个席位，占安排总人数的74%。此外，市各级工商联组织共推荐34名会员担任了市、县司法机关和行政执法机关监督员、评议员。

（三）递交提案

1990年，市工商联会员中有省市县三级人大代表、政协委员58人，这些工商联会员代表（委员）分别就有关落实工商业者政策、城市建设、清水塘工业区污染问题等有关株洲发展的重大问题提出多项建议、提案，多数被采纳。

1991—1996年，市工商联组织会员中的市人大代表、市政协委员撰写议案、提案共486件，其中议案87件、提案399件。《关于建议在市繁华闹市地段建立治安岗亭》《在市中心的军分区所在地建一个大商场》《要采取有力措施制止“三乱”》等提案，都得到市政府有关部门的重视和采纳，并付诸实施。

市工商联在市政协第四届委员会第三、四次会议上作《加快我市私营企业发展的几点建议》和《贯彻市委工作会议精神，促进全市民营经济更大发展》的大会发言。在市政协第五届委员会第二次会议上作了《非公有制经济发展需要一个宽松环境》的大会发言。

1997—2000年，全市非公有制经济人士的人大代表、政协委员共撰写递交提案、议案619件，其中《加强环境保护防范工业污染》《在个体私营经济中应加强党建工作》等被评为优秀提案。1997年12月，锦云摩托车市场遭受特大火灾，200多个摊主财产受灾损失达亿元，情绪激动，市工商联深入现场，了解灾情，提交《紧急处理火灾事故》的提案，得到株洲市委、市政府的重视，及时做好善后处理工作，稳定了社会秩序。

（四）调查研究

20世纪80年代中期，市工商联就“促进私营企业发展”和“重视发挥民间商会作用”等议题，先后撰写3篇调查报告和2篇论文，分别在省、市政协报刊发表，受到有关部门的重视。

1991—1996年，市工商联对在社会主义市场经济条件下非公有制经济发展中出现的带有普遍性和政策性的问题，对全市第三产业现状、非公有制经济发展环境、新税制实行后私营经济的反应等问题进行调查，撰写了《如何看待个体私营经济的发展》《个体工商户、私营企业是发展“三产业”的生力军》的调查报告。对全市乱收费、乱罚款、乱摊派现象及影响个体私营经济发展的问题进行了调查，向市政府、市人大、市政协及有关部门递交了专题报告，引起了市政府的重视，出台了相关政策，取消了 134 种行政事业性收费项目。

1997 — 2000 年，市工商联针对非公有制经济发展过程中的热点、难点问题开展调查研究活动，共撰写调研报告 34 篇。其中，《发展专业大户，推动农业产业化情况的调查》提出 6 点加速发展个体私营经济以加快农业产业化进程的具体意见和措施，受到湖南省委统战部的关注，原文被刊登在《湖南零讯》上。关于芦淞服装市场的兴与衰的调查，引起了株洲市委、市政府的重视。市政府为此专门组织了 9 个督查组，对全市经济发展环境治理工作进行督查，市长亲自带队到芦淞市场督查规范收费项目。1998 年 6 月，市工商联在省工商联召开调研工作会议上，作了题为《调研，为个私经济发展垫石铺路》的典型发言。

（五）参与检查

1989 — 1990 年，工商联先后 2 次参加了全市财务、物价、税收大检查，在 34 个受检单位中，罚没收入达 63 万元，同时帮助企业建立了两级成本核算和厂内银行核算制度。

1991 — 2000 年，市工商联派员参加市人大、政协组织的农业考察、物价检查、环卫视察等活动 14 次。同时，1991 — 1997 年，按照全市统一部署，市工商联审计师事务所组织检查组共计 100 余人次，参加了一年一度的全市“财务、税收、物价”三大检查及预算外资金、“小金库”清理等专项财务检查，共检查单位 115 个，查出违纪金额 1470 万元。同时，还承办了厂长经理离任审计、财务收支审计、基建决算审计等项目 39 个。

四　参与公益活动

1995 年 6 月，市工商联在茶陵县召开全市工商联工作会议上，积极响应由全国工商联的 10 位常务委员向全国民营企业发出的“光彩事业”倡议，就开展“光彩事业”进行动员和部署。9 月，市工商联召开株洲市光彩事业、炎陵县招商引资座谈会，有 30 家私营企参加。10 月，株洲市超强实业公司签订了承租炎陵县萤石矿厂的合同，投资 120 万元。同年，市工商联妇女工作委员会，发动女会员投身市“春蕾计划”“巾帼救灾”大行动，并为“希望工程”捐资 6 万元，荣获湖南省工商联妇委会工作先进单位称号。

1996 年，市工商联号召全体会员为社会公益事业、抗洪救灾、希望工程捐款 220 多万元。

1997 — 2000 年，市工商联推动光彩事业，坚持“自愿参与、互利互惠、义利兼顾、市场运作”及“进村入户、项目落实”的原则，为“老、少、边、穷”地区办实事。先后组织 200 多名非公有制经济人士参与实施 37 个项目，共投入 4277.73 万元资金；资助 1000 多名贫困家庭孩子上学，安置下岗职工 3.2 万人，收购、租赁、兼并、承包国有中小企业 18 家，扶贫和社会公益事业捐款 734 万元。1997 年市工商联获湖南省工商联光彩事业优秀组织奖，市第一通用机械厂、市亿达实业总公司被评为全省光彩事业先进单位。

1998 年，市工商联配合市政府对国有资产战略性重组活动，实施“都市光彩工程”，有 3 家会员骨干企业投资入股152万元参与国企改制，投资600万元参与西部开发，投资280万元认购国有企业。

1998年7月，市工商联与市总工会、市乡镇企业局、市招商局联合组织下岗职工再就业现场招聘会，有61家企业参加，提供33个工种近1000个就业岗位。参加应聘的下岗职工有4000余人，当场承聘210人。

1997—1998年，市工商联引导会员为社会做好事、办实事达200件，为修路、建桥共捐资135万元；为长江流域及东北地区洪涝灾民共计捐款101.25万元，捐衣物6018件。

五　提供社会服务

1950年4月，为消除水患，中共株洲镇委决定采用自建公助的办法兴建建宁闸。株洲镇领导带领工商联筹委会代表叶炳吾等人，同赴省水电厅、湘潭专署请求拨粮资助，获粮食3.9万千克，其他建筑材料，由工商界筹集，至1951年竣工。为解决照明用电，中共株洲镇委与工商联筹委会协商，由工商联筹委会发动工商界捐献杉木电杆，由下摄司电厂协助架通湘潭下摄司电厂至株洲高压线路。

1951年，在为抗美援朝捐献飞机大炮活动中，镇工商联筹委会发动工商界捐献11万余元，占全镇捐献的70%，受到中南军政委员会来电嘉奖。同年，镇工商联筹委会因清缴春季工商税有功，受到长沙专署、湘潭县政府通报表扬，并获奖旗。

1952年，一部分工商业者经营消极，出现贸易停滞状态。全市921户工商户中就有46户申请停业。同年秋，市工商联筹委会协助市政府采取委托加工、计划定货、委托经销代销、调整批零差价、组织货源、发放贷款等措施，调动工商业者的积极性，从而促使私营工商业迅速回升，市场日渐繁荣。

1982年8月，市工商联、民建、市政协工商组联合举办“为四化服务成果”汇报会，收到汇报材料16份，出席会议的25人中，有7人近年来为国营和集体事业单位进行了有经济价值的咨询服务。1984年后，建立株洲工商信息培训咨询服务部，与全国100多个市县工商联和市内100多家企业建立了经济信息系统，为社会提供服务。酃县工商联通过7名“三胞”亲属，将信息发往美国、新加坡、泰国及中国香港、澳门、台湾等地。市工商联与民建市委联合组织成员125人次，参加各种经济技术咨询活动。

1991—2000年，工商联各级组织为会员排忧解难，维护合法权益，协调解决事件900多起，挽回经济损失500多万元。1998年，市工商联为缓解会员企业征地难、用电难、贷款难问题，帮助3家科技型私营企业在银行贷款300万元，征地1.34公顷；帮助16家科技型民营企业争取为市科委“双十工程”重点扶持企业。

第二十篇　法　治

第一章　社会治安综合治理

社会治安综合治理是由株洲市委政法委员会组织实施，市政法系统的公安、检察、法院、司法等部门以及其他相关部门共同参与的一项系统工程。

1956年，株洲市委决定成立政法党组。同年8月，设立株洲市委政法工作部。1957年5月，更名为党群政法科，与市人委办公室政法组合署办公。1958年7月，政法党组更名为政法战线党组。1960年，政法战线党组撤销，建立政法战线领导小组，下设市委政法办公室。同年10月，领导小组和办公室均撤销，业务归口市人委办公室管理。1962年10月，市委决定恢复政法战线领导小组，但无办事机构。“文化大革命”期间，政法工作机构被冲击。1969年10月，成立株洲市革命委员会人民保卫部和中国人民解放军株洲公、检、法军事管制委员会临时委员会，两块牌子、一套人马，行使政法工作党政领导权。1973年7月，撤销人民保卫部和军管会，9月恢复政法战线领导小组。1981年11月，根据湖南省委“各地（州）市、县委均应成立党的政法委员会”的指示，成立株洲市委政法委员会。1985年，成立株洲市社会治安综合治理领导小组，下设办公室，办公室与政法委员会合署办公，两块牌子、一套人马。

第一节　综治实施

1956年，政法党组和政法工作部成立后，建立由中共株洲市委和政法各部门负责人参加的政法工作党内联合办公会议制度，分析形势，讨论决定政法工作重大问题，部署全市行动，协调政法机关内部关系重大疑难案件。

1958年2月，联合办公会议讨论并报市委批准，在全市开展法制宣传教育活动，重点宣传《中华人民共和国治安管理处罚条例》《中华人民共和国消防监督条例》《中华人民共和国户口登记条例》等法规。公安机关、人民法院配合法制宣传活动，召开公捕公判大会，逮捕和判处一批违法犯罪分子，促进了治安稳定和3个条例的贯彻实施。3月，决定在企业单位内部开展消灭破坏事故、消灭火灾、消灭百元以上的盗窃案件的“三灭”竞赛活动，各单位加强要害部位的安全保卫工作，建立健全安全防范制度，严格查处一批隐患，保障了国家和集体财产安全。1961年8月，根据市委部署，政法机关开展清理劳动教养分子、刑满留厂就业人员和在监劳改罪犯的工作，从公、检、法抽调专门力量，对在“肃反”斗争中逮捕、刑拘、劳教、判刑和管制的人员处理情况进行清理检查，对错案进行平反纠正。1962年1月，针对困难时期粮食、牲畜被盗被杀情况严重的状况，政法战线领导小组及时召开联合办公会议，在全市部署开展以保粮护畜、防火防盗为中心的冬防工作。采取打防相结合，依靠群众与专门工作相结合的方法，打击了一批盗窃国家、集体资财，投机倒把和盗杀牲畜的犯罪分子，建立健全了治保会、义务消防队、护仓护路队等群防组织，在全市形成了保卫国家集体利益光荣、劳动光荣、守法光荣的风气。

“文化大革命”开始后，政法工作党内联合办公会议制度中止。1973年开始恢复并根据工作需要，除政法机关参加外，还吸收其他有关部门参加。

1981年6月，政法战线领导小组报中共株洲市委批准，召开全市整顿社会治安，加强青少年教育工作会议，部署以加强青少年教育为重点的社会治安综合治理工作。市县区分别成立了青少年教育领导小组，中学配备专职团干，小学配少先队辅导员专门负责青少年教育工作。全市各厂矿、企事业单位、机关团体，按照中宣部、组织部、文化部、公安部等9部委联合发出的《在青少年教育工作中各有关部门的职责和分工试行意见》精神，以坚持四项基本原则为核心，以解决人生观问题为重点，对青少年开展马列主义毛泽东思想教育、热爱中国共产党教育、社会主义教育、共产主义道德风尚教育和艰苦奋斗教育。同时，组织帮教队伍，教育、挽救和改造失足青少年。全市列帮教对象16348名。同年12月，召开全市政法工作会议，推广株洲冶炼厂、湘江机器厂加强青少年教育和帮教失足青少年的经验。1983年7月，全市综合治理工作重点转移到对企事业单位、机关团体内部治理上来，各单位进一步建立健全安全保卫制度，充实治安保卫和调解工作力量，全面落实安全保卫工作责任制，加强对职工的思想教育，完善物防、人防、技防措施，并开展反内盗斗争，内部单位治安状况明显改观。株洲电力机车厂、株洲车辆厂、株洲硬质合金厂、株洲冶炼厂、南方航空动力机械公司等一批大型企业，率先实行职工住宅楼栋守护制度，减少了住宅区盗窃案件和其他刑事案件的发生。1985年年初，市委批准成立株洲市社会治安综合治理领导小组，下设办公室。社会治安综合治理由单位内部向城镇和农村辐射，广泛动员全社会各方面力量齐抓共管，进一步落实打击犯罪、治安管理、安全防范、群防群治、法制教育、对违法犯罪人员帮教安置等措施，全面实行治安工作承包责任制，并把责任制与各级党政领导经济利益挂钩，社会治安综合治理工作走上制度化、规范化、经常化轨道，初步形成社会各方面齐抓共管的局面。

1983年8月至1986年8月，全市开展严厉打击严重刑事犯罪分子的斗争（简称“严打”），市委政法委组织召开联合办公会议124次，组织部署集中统一打击行动27次，讨论审定“严打”方案、安排意见等文件10个，讨论重大疑难案件65起。为加强对“严打”的指导，联合办公会议还实行现场办公制度，先后13次组织公、检、法、司主要负责人深入基层，了解斗争情况，排查重大案件，掌握办理进度，帮助解决疑难问题。

1988年11月，市委、市人民政府针对全市社会治安出现反复波动的情况，决定开展以整顿治安秩序、整顿交通秩序、打击严重刑事犯罪、打击经济犯罪为主要内容的“两整两打”总体战，成立“两整两打”领导小组，在市委政法委设立专门办公室，建立由市委宣传部、公安、检察、法院、司法、民政、文化、工商、税务、交通、广播电视、团市委、工会、妇联等部门参加的联合办公会议制度，定期分析汇报情况，研究制定方案，组织部署集中打击犯罪、查赌禁赌、整顿废旧收购业、文化娱乐业、旅店业、清理交通路障、收遣外流人员、治理城乡结合部和整顿公路、铁路治安秩序等行动。截至 1989 年 3 月，“两整两打”共破获各类刑事案件和经济犯罪案件 2852 起，抓获各类违法犯罪嫌疑人 2171 人，判处犯罪分子 666 名，社会治安恢复了稳定，交通秩序良好，市容市貌得到改观。中央和省、市新闻单位为此进行了多次报道。1989 年 11 月，中共湖南省委、省政府在株洲召开全省城镇社会治安综合治理经验交流会，推广株洲市的工作经验。

1990 年，开展打击现行犯罪、反窃车、反内盗专项斗争，集中整顿重点地区的治安问题，使社会治安综合治理工作开始向制度化、法制化方向发展。1991 — 1992 年，围绕打击严重刑事犯罪这个环节，市县两级成立以党政领导为主、有关单位负责人参加的综合治理委员会，设立专门办公室。多数党政机关和企事业单位也相继设立社会治安综合治理机构。

1991 — 2000 年，联合办公会议制度为执法监督所取代，坚持依法从重从快的开展“严打”斗争。1991 年，开展侦破战役 26 次，组织专项斗争 64 次，召开公开打击处理大会 120 多场次，打击处理各类违法犯罪人员 29122 人，一些多发性案件得到有效控制。在打击经济犯罪工作中，开展以“两反”为主要内容的“经打”斗争，审查立案经济犯罪案 351 件 425 人。1992 年，全市组织开展“两反、两查”（反扒窃，反窃车；查卖淫嫖娼和聚众赌博，查拐卖妇女儿童和吸毒）、“三打、三清”（打抢劫，打流氓，打黑扫邪；清流追逃，清理暂住人员，清理废旧收购业）等专项行动，破获各类刑事案件 9071 件，批捕各类嫌疑人 1679 人，起诉案犯 1759 人。从 1993 年 11 月开始，开展以打击地痞地霸为主要内容的农村社会治安整治工作，排查和确定 13 种打击对象，统一组织 3 次集中搜捕行动，使农村社会治安形势明显好转。对社会治安存在严重问题、工作开展不力的地区和单位实行“一票否决权”制度。当年，全市否决了 16 个单位和 24 名个人的评先晋级资格。全市选派了 70 多名优秀中青年干部到部分乡镇（街道）挂职，专门负责治安工作。全市有专业联防队 572 个，队员 6713 人；义务联防队 1888 个，队员近 4 万人。1994 年，在城市区实行了巡警制度。1995 — 1996 年，在全市城乡开展创建治安模范小区竞赛活动，并开通 110 报警服务台。1997 年，开展了创高标准安全文明小区、安全文明村镇、治安模范单位的竞赛活动。1998 — 1999 年，按照“一手抓巩固，一手抓提高”的总体思路，继续深化基层创建活动，夯实综治基层基础，推介醴陵抓“集镇型”安全文明小区和“十乡百里治安长廊”的工作经验，全市有 204 个乡镇、居委会、公共场所、内部单位达到了市级治安模范标准，全市创建达标面达到了 69%。2000 年，坚持“面上抓巩固、点上创红旗、突出一点一线”的工作思路，把重点放在实施“畅通工程”，创建“交通治安安全示范村”和企地共建，形成了点面结合的社会综合治理环境。1993 — 1996 年度、1997 — 2000 年度，株洲市社会治安综合治理工作得到中央综治委的通报表扬。

第二节　维护稳定

1997 年，株洲市设立维护稳定工作领导小组办公室，坚持每月对全市不安定隐患进行一次定期排查。当年，全市共排查出 12 个热点问题、45 个重点单位和 7 个重点区域。按矛盾性质划分，建立了 93 份台账，并跟踪调查，对可能发生的群体性事件提出处理预案 25 份，向省稳定办和市委、市政府写出有分析、有对策、有建议的专题调查报告 41 份，协助处理重大疑难问题 39 个。全市没有发生一起影响较大的群体性事件。

1998 — 1999 年，全市维护社会稳定的工作机制进一步完善。建立健全以公安、国家安全机关为骨干，以基层排查为基础的情报信息网络。市、县两级政法委均成立了维护稳定工作领导小组和办公室。建立健全维稳责任制，按照“谁主管、谁负责”的原则，落实维稳工作措施。1999 年 1 月，在市委八届九次全会上，市委就维护稳定工作提出要实行党政一把手负责制、分级负责制、分线负责制、部门负责制、单位负责制、离退休人员生活保障负责制、政法机关负责制、定期排查制、督查检查制和领导责任追究制等 10 项制度，并要求签订责任状，把维护稳定的任务落实到领导、部门和单位，全市形成了一级抓一级，一级对一级负责，层层抓落实的维稳工作格局。同时，建立健全处置工作预案和处置机制，确保预防、处置群体性事件的各项措施落实到位，积极稳妥地处置了各类突发事件，一批集体上访、闹事苗头被处置在萌芽状态，化解在基层。1999 年，共处理各类群体性上访请愿、堵路等事件 63 起，群体性闹事苗头 107 起。

2000 年，株洲市把维护社会政治稳定作为首要任务，加强情报信息工作。全市建立的情报信息网络，形成以块为主、条块结合、归口管理、信息共享的信息管理模式，推行以稳定办为中心，各职能部门为辐射、各部门下属基层单位为触角的三级排查反馈制度。全年共排查各类不稳定因素 657 起，全部得到有效化解。同时，把维护稳定工作纳入综合指数和目标管理考核。积极预防、妥善处理因人民内部矛盾引发的群体性事件，开展可能导致群体性事件的排查和调处工作，全年发生的 84 起群体性事件均得到有效化解。

第三节　普法教育

1985 年 6 月，市委批转市委宣传部、市司法局制定的《株洲市向全体公民普及法律常识的五年规划》（简称《规划》）。《规划》要求用 5 年时间，有计划、分步骤组织全市公民学习宪法、刑法、刑事诉讼法、民事诉讼法、婚姻法、兵役法、经济合同法、森林法、继承法、民法通则、治安管理处罚条例等法律法规，提高公民的法律意识。6 月中下旬，先后在株洲电厂和攸县召开城镇、农村普法工作动员大会，全市“一五”普法教育在城乡全面铺开。1986 年 1 月，为加强对普法工作的领导，成立了株洲市普法领导小组，下设办公室。尔后，全市各县市区和大型厂矿企业均成立普法工作领导机构和办事机构。

1986 年，全市普法教育进入全面实施阶段，各部门各单位通过办学法班、办板报墙报、举行广播电视讲座、举办法律知识竞赛等形式，开展以“十法一条例”为主要内容的法制宣传教育活动。7 月，湖南省普法领导小组和《湖南法制报》举办全省法律知识有奖赛，全市共有 580 人获奖，占全省获奖总数的 69.6%，名列第一，其中一等奖 6 名，二等奖 28 名，三等奖 106 名，纪念奖 440 名，省工业设备安装公司、株洲化工厂、市火花塞厂获竞赛组织奖。1987年8月，由全国总工会举办的全国职工法律知识竞赛揭晓，全市有32.8万职工群众参赛，参赛人数、订阅法律书籍数、获奖总数名列全国第一。

从1988年8月开始，全市普法教育由一般学法转向重点学法，突出抓企业、领导干部、在校学生的学法用法。在全市各企业组织职工重点学习《经济合同法》《全民所有制工业企业法》《破产法》等与经济活动相关的法律法规，开展“重合同，守信用”单位竞赛活动。在学校组织学生重点学习《刑法》和《治安管理处罚条例》，全市各学校把法制教育列入教学内容。在行政机关和行政执法部门广泛开展学习与本部门业务相关的“当家法”活动，废除一些与法律法规相违背的操作规程和规定，把社会管理活动纳入法制管理轨道。

在“一五”普法考核验收中，全市229.32万名普法对象中有222.96万名参加学法，普及率达97.2%，有645个企事业机关单位和40个乡镇取得“普法合格证”。

1991年，开始实施“二五”普法。当年，全市各级调整、充实了普法领导小组及其办事机构，确立50个普法试点单位，培训了13万余名普法骨干，征订发放普法教材32万册，落实普法经费26.5万余元。先后出动普法宣传车1500多台次，书写张贴普法横幅、标语9.7万余条，办各种宣传栏3600多期。组织全市各级干部学习《社会主义法制建设若干问题讲话》和《中华人民共和国宪法讲话》，编印辅导资料2万多份，举办专题学习班3021期，培训学生6.23万人次。

1992年，普法学习的重点是以宪法为核心的基本法律和专业法律法规。市档案局、国土、统计、税务等10多个部门先后举办各类专业法培训班3710期，培训量达11.48万人次。168个部门和单位组织了专业法知识竞赛和考试。市直机关单位在学习《企业法》和《企业转换经营机制条例》中，共清理文件1600余份，废止700余件与法律法规有抵触内容的文件，14个职能部门还制定240多条简政放权的措施。通过普法教育，许多企业有效地维护了自己的合法权益。市电焊条厂学习运用商标法，在工商部门支持下，查封假冒产品折合人民币59万多元，取缔假冒商标和产品所签订的合同金额达1500万元。当年11 — 12月，全市开展了《宪法》颁布10周年的宣传活动，全市共举办各种报告会、座谈会、演讲会233场，文艺演唱会12场，电视专题节目320个，广播讲座240次，影、幻宣传320次，板报宣传165期。北区组织的《宪法》知识竞赛，参加者达10万余人。

1993年，在全市党政机关干部中开展了“市场经济法律法规学习”竞赛活动，参加人数达5300余人。1994年，市农村办公室组织发动农村干部和农民群众学习《减轻农民负担条例》，印发宣传资料110多万份，帮助乡、村、组建立宣传栏571个，帮助46.5万农民领到了由市人民政府统一印制的统筹提留上交登记卡，较好地制止了“三乱”行为。同年8月，株洲县在全国百县（市）法制宣传经验交流会上，其《把普法、依法治理作为“一把手”工程》的经验，受到中宣部、司法部的充分肯定。1996年，该县被评为“全国普法依法治理先进县”。

1996 — 2000年，全市进行“三五”普法教育，内容突出宪法、市场经济法律法规及与公民工作、生活密切相关的法律法规知识和维护社会稳定有关的法律法规知识，对象以各级领导干部为重点。1996年，全市发放“三五”普法教材资料近10万册，组织7万多名公民参加全省百万公民学法用法竞赛活动，开展了“以案释法报告会”等大规模的法制宣传活动。

从1997年开始，全市陆续实施了干部年度学法用法考试考核制度、干部普法合格证制度、领导干部法制讲座制度、人大常委会对“一府两院”领导干部任职前法律知识培训考试制度等干部学法用法制度，并在市委党校干部培训中开设法律知识课程。全市每年有70余名市（厅）级干部、2400余名县(处)级干部和7万余名其他干部参加年度学法用法考试考核，考试考核面达100%。市、县两级党校每年有1万余名受训干部学习了法律知识。全市干部“普法合格证”实施到位率达96%，位居全省前列。

“三五”普法期间，全市共举办市、县市区党委中心学习组法律讲座146期，市人大对5批72名“一府两院”组成单位负责人和有关拟任人选进行任前法律知识考试，其中8名拟任干部因未参加学法考试或考试不合格而未被任命或缓任。这一做法得到中组部和司法部的充分肯定。全市先后建立法制教育培训中心、法制学校、夜校等宣传教育基地2429个，组建普法讲师团10个、宣讲队630多个。共举办各类大型法律知识竞赛活动20多次，参赛人员超过50万人次。5年中，市普治办结合贯彻实施《刑法》，围绕“严打”“禁毒”等重要工作和专项斗争，开展了法制宣传月、宣传周和宣传日活动。其中，在1997年开展的《新刑法》宣传月中，全市共制作333幅《新刑法》挂图进行巡回展出，在街道两旁形成了图文并茂的“普法长廊”，市民争相观看，场面蔚为壮观，中央电视台2、4频道分别对株洲这一盛况作了报道。1998年，由市普治办、市司法局、市文化局联合组织创作的法制花鼓戏《太平村的锣声》在全市城乡巡回演出30多场，观众8万多人。省依法治市办将其评为法制宣传教育的好戏，该剧和快板舞《普法之路》同获湖南省“涟源杯”工程奖。炎陵县普治办编撰的《依法治乡村五字经》和《个体从业人员知法学法五字歌》通俗易懂，朗朗上口，受到农民群众和个体从业人员欢迎。市南区普法“娃娃工程”的经验在全省、全国都产生了重大影响，被称之为“充满希望的试验田”，新华社向全国发通稿予以报道，湖南省教委将其列入省“九五”计划期间小学生普法教育教学科研课题。

第四节　依法治市

1988年1月，市委作出《关于依法治市的决定》(简称《决定》)，号召全市人民进一步学法用法，把全市政治、经济、文化、教育等各项社会事务逐步纳入法制管理轨道。株洲市第九次人民代表大会和市政府根据《决定》，分别作出《关于依法治市决议》和《依法治市实施规划》。同时成立依法治市领导小组，下设依法治市办公室。同月，召开全市首次依法治市理论讨论会，对实行依法治市进行了广泛、深入的研究探讨。7月，全市举行依法治市宣传月活动，广泛运用报纸、电视、广播、横幅、标语、宣传栏、幻灯等各种宣传工具，做好依法治市舆论引导，编印《依法治市学习资料》3万余册，发至工厂、农村、机关、学校，组织干部群众学习，使依法治市决策变为广大群众自觉参与的行动。

在宣传发动的基础上，明确各部分单位在依法治市中的主要职责，并结合本职业务抓落实。在宣传发动、深入法制教育、依法治理群众反映强烈的问题等方面办了 13 件实事。同时，还开展依法治县、依法治乡、依法治厂、依法治校等区域治理活动，推动依法治市的全面铺开。1988 年年底，组织对政法机关和行政执法机关进行执法大检查，纠正了一些有法不依、执法不严现象。

依法治市推动了全市民主政治和社会主义法制建设，得到司法部和省委、省政府的高度肯定。1988 年，副市长刘迪恺被司法部邀请参加了全国部分城市学法用法座谈会，介绍了株洲市依法治市情况。株洲依法治市经验在全省推广。

为把依法治市的工作引向深入，1992 年年初株洲市人民政府批准建立行政执法考核制度，每年年终考核一次，由市人民政府发文通报考核结果。当年，全市各部门直接作出具体行政执法 15 万余件，罚款 2000 万元，合格率达 98%；全市办理行政复议案件 136 件，撤销更变率为 11.8%，承办应诉案件 155 件，经法院判决撤销变更率仅为 1.8%。1994 年，市委将依法治市列为市策之一，全市逐步形成了以基层为基础、行业为支柱、地区为重点、部门单位为网络的依法治市工作格局。同年 7 月和 1995 年 2 月，市委、市人民政府先后下发了《关于加强依法治村、民主管理工作的通知》和《关于开展创建治安模范村竞赛活动的决定》。随后，各县市和郊区分别制定工作计划，成立领导工作机构。截至 1995 年年底，共组织试点 176 个，召开现场经验交流会 66 场次，全市共有 94.5% 的行政村开展了依法治村，民主管理的活动，达到验收标准的占 60%。

“三五”普法期间，株洲市依法治市工作得到全面推进，先后出台并完善了 6 个依法治市的规范性文件和依法治理地方、行业、基层 8 个工作标准，整体推进依法治理“三大工程”。各县市区和 80% 以上的机关、学校、乡镇、厂矿企业和商店都开展了依法治市活动，全市基本上形成了以依法治市为龙头、基层依法治理为基础、区域依法治理为主体、行业依法治理为支柱的全方位、多层次的依法治理格局。从 1996 年起，全市在农村开展依法治村和创建治安模范村的活动中，向 69 万多农户免费发放了《农民普法简明读本》，给农民上法制课 1000 余场次，组织农民参加学法用法知识竞赛，为依法治村奠定了基础。通过依法治村，境内农村普遍推行了村民委员会民主选举制度、民主议事制度和村务公开制度，村民自治章程入户率达 85% 以上；有 536 个村镇创建治安模范单位达到省、市标准，10 个村被授予全省依法治理模范村称号；评出“遵纪守法户”“五好家庭户”“十好文明户”共 60 万余户；城市依法治厂（企）、依法治校、依法治商店、依法治社区工作也取得一定成效。2000 年 7 月，在全国基层普法依法治理工作会议上，株洲市作了《突出重点、注重实效、深入开展基层普法依法治理》的发言。

在行业依法治理中，将优化经济发展环境作为行业依法治理的重点，有效遏制了四乱（乱收费、乱集资、乱摊派、乱罚款）、执法和司法不公、服务意识淡薄、部门行业不正之风等现象的蔓延。仅 1999 年市优化办就受理投诉案件 794 件，办理结案 734 件，清理收费项目 3196 个，其中取消收费项目 568 个，降低收费标准 669 个。

株洲市依法治理工作在全省、全国都有一定影响，市政府有关领导先后 5 次参加了全国依法治理市长座谈会、经验交流会，株洲依法治市、依法治农和株洲县的依法治县经验，分别在全国性经验交流会上进行交流。

第二章 公 安

清朝末年，境内各县设刑科、简科、警察所、警察署、巡警署等警察机构，执行维护社会秩序、捉捕盗贼、查禁赌博、嫖娼等案件。民国1年（1912），境内各县知事公署设警察科，乡设警察所。民国14年（1925），湘潭县在株洲设立警察所。民国17—18年（1928—1929），境内各县警察科改为公安局。民国19年（1930）10月，湘潭县公安局设株洲分局。民国21年（1932），株洲公安分局改为公安分所。民国22年（1933），湘潭县警察局改株洲公安分所为直辖警察分驻所。民国23年（1934），境内各县公安局改为县政府下设的公安科或警佐室，另增设保安警察队。同年8月，湘潭县警察局在朱亭设丙种警察所。民国27年（1938），境内各县政府警佐室与保安警察队编为警察局。民国28年（1939）9月，渌口镇设立渌口警察所。民国29年（1940）2月，在株洲镇设立警察局。此后，国民党的特务机关也在株洲设立机构。

1930年10月，中共领导的攸县苏维埃政府设立肃反委员会，区乡设裁判兼肃反委员，负责镇压反革命、管制地主豪绅、维护地方治安、保卫革命政权。1931年7月，肃反委员会改为政治保卫局，以后又改称裁判肃反部。同年年底，国民党军队进攻苏区，县苏维埃政府保卫机构撤销。1932年，茶陵县建立中华苏维埃共和国国家政治保卫局湘赣省茶陵县分局，下设侦察科、执行科和看守所，共有80余人，负责保卫苏维埃政府机关、检查安全、预审起诉、看守犯人、侦察破案、惩治地主恶霸、反革命和刑事犯罪分子。1933年9月，国民党军队占领茶陵县，保卫局迁驻江西永新。1934年10月，遭白崇禧部袭击而终止活动。

1949年8月3日，中国人民解放军南下工作队接管株洲警察所。9月18日，组建湘潭县公安局株洲派出所，干警15名，配合人民政府积极开展清匪反霸、减租退押、保卫土地革命工作。

1950年10月，成立湘潭县公安局株洲公安分局，负责户口管理、重点人口出入和对国民党军统人员、中统人员、特务分子和土匪、反动会道门头子查实、管理，取缔赌博、嫖娼、贩毒场所。1951年7月，株洲公安分局升格为株洲市公安局。至1953年7月，市公安机关积极开展镇压反革命运动，镇压一批罪大恶极的反革命分子，摧毁反动组织30个，抓获反动会道门头目、烟毒犯470名。1954—1956年，株洲市公安机关继续深入开展社会镇反和内部肃反运动。1956年3月，株洲市升格为地级市，市公安局升格为正县团级单位。

1960年11月至1961年5月，开展社会镇反运动。1964年，公安机关全力以赴保卫城乡社会主义教育运动，担负政治清理任务。

“文化大革命”初期，“砸烂公、检、法”，政法部门由群众组织把持。部分公安干警挨批受斗，90%富有经验的公安干警下放农村和“五七”干校劳动，公安工作处于瘫痪状态。是年7月，公安机关实行军事管制，成立株洲市公安、检察、法院军事管制委员会（简称“市军管会”）。1969年

10 月，株洲市革命委员会设立人民保卫部，与市军管会合署办公，行使公、检、法职权。

1973 年 7 月，恢复公安局建制。1976 年 10 月，“文化大革命”结束后设立株洲县公安局，组建东区、南区、北区、郊区公安分局，扩建市公安交通、消防大队。1978 年，公安机关积极配合党政机关拨乱反正，摘掉“右派分子”和“四类”分子帽子，平反纠正冤、假、错案。

1983 年 6 月，醴、攸、茶、酃 4 县划归株洲市管理，4 县公安机关同时划归株洲市公安局管辖。同年 8 月，根据中共中央和省、市部署，公安机关投入“严打”斗争。打击处理一大批违法犯罪分子，摧毁一批犯罪团伙，侦破一批重、特大案件，打击了严重刑事犯罪分子的嚣张气焰，社会治安秩序好转。

1986 年，增设林业公安科。公安消防大队隶属市公安局管理。1987 年 4 月，株洲交通监理总所移交公安局管理，与交通大队建立交通警察支队。5 月，设置株洲市保安服务公司，为科级事业单位。

1988 年，市公安系统开展反盗扒、禁赌博，治理流氓滋扰、哄抢，清理流窜犯罪，查禁盗伐林木等专项治理，对交通秩序、消防监督、旅店、印刷、刻字行业、复杂公共场所、爆炸物品、暂住人口、内部单位治安秩序进行治理和整顿。

1989 年，开展专项治理和专门整顿工作，确保社会治安稳定，同时开展“抓流窜、打抢劫、摧团伙”、反盗窃、除“六害”（卖淫嫖娼、制作贩卖传播淫秽物品、拐卖妇女儿童、私种吸食贩运毒品、聚众赌博、利用封建迷信骗财害人）等侦破战役。1990 年，坚持稳定压倒一切的方针，开展“严打”斗争和专项治理。全年共打击处理刑事犯罪人员 2008 名，打击处理违法犯罪人员 21738 名，收缴赃款赃物折合 396 万元。

1991 年，市公安局增设出入境管理科，成立公安干部学校，建立防暴队。当年按照省公安厅的统一部署，开展“91 工程”调查，全市共排查复杂人员、重点人口等 9 种调查对象 56443 名，收集调查对象材料 10 万余份，建立了犯罪情报资料。1993 年，针对社会治安工作出现的新情况和新特点，组建巡警支队。形成了以巡警支队为主，各公安分局干警、派出所民警、联防队员协作的巡逻网络，有效地控制了社会面。

1994 年 12 月，撤销市局安全科，成立市国家安全局。次年，在全省 12 个地市刑事案件发案数普遍上扬的情况下，株洲市比上年减少 0.5%，公安机关百人破一般刑事案件、破重特大案均居全省第一；开展创建安全小区、整顿公共场所竞赛活动，获全省第一名。1996 年，实施“科技强警”战略，110 报警服务台和指挥监控系统投入运行。当年发案率为近年来最低水平，干警人均破刑事案件数、逮捕数、劳教数、追逃数居全省第一，共破获刑事案件 11667 起，摧毁各类犯罪团伙 666 个，依法打击处理各类违法犯罪人员 10532 名，挽回经济损失 1715 万元。

1997 年 8 月，根据区划调整，撤销原郊区公安分局，新设天元区公安分局，另 3 个区的分局分别更名为芦淞、荷塘、石峰公安分局。2000 年年底，市公安局设有办公室（指挥中心）、技侦支队等内设机构 21 个，公安干校、拘留所等直属机构 14 个，管辖市区 4 个公安分局和 5 个县市公安局。

株洲市公安局历任负责人名录

表 20–1

局　长	任职时间	副 局 长	任职时间
李枝叶	1956.3 — 1957.7	李枝叶	1951.7 — 1956.3
杨忠文	1957.7 — 1960.2（兼）	岳齐宣	1952.10 — 1960.4
曲钦甲	1960.2 — 1962.11（兼）		1964.1 — 1967.7
李建国	1962.11 — 1967.7		1973.7 — 1977.8
	1973.7 — 1981.5	沈　辉	1958.1 — 1962.11
刘　辉	1981.6 — 1988.1	刘　辉	1960.4 — 1967.7
马建述	1988.3 — 1998.3		1973.7 — 1981.6
刘益鸿	1998.3 — 2000.12	袁爱成	1961.9 — 1963.4
–	–	张承忠	1961.9 — 1967.7
–	–	周辛林	1964.5 — 1964.9
–	–	赵勤习	1965.10 — 1967.7
–	–	易凤林	1973.7 — 1988.4
–	–	王占庭	1973.7 — 1983.3
–	–	郭绍雄	1973.7 — 1975.10
–	–	胡湘荣	1974. — 1978.4
–	–	李豪则	1973.7 — 1975.5
–	–	李义生	1976.2 — 1978.9
–	–	刘兆新	1978.9 — 1992.10
–	–	贺述明	1978.9 — 1984.3
–	–	邱英堂	1978.9 — 1983.3
–	–	秦永年	1982.4 — 1984.3
–	–	丁可安	1980.12 — 1994.11
–	–	马建述	1984.3 — 1988.2
–	–	方玉文	1984.3 — 1984.5
–	–	邬顺林	1988.4 — 1992.10
–	–	刘益鸿	1989.4 — 1998.3
–	–	杨立荣	1991.7 — 1998.3
–	–	周新民	1992.10 — 1994.11
–	–	黄桂生	1992.10 — 2000.12
–	–	侯建国	1994.12 — 2000.12
–	–	罗高其	1994.12 — 2000.12
–	–	谈敬纯	1994.12 — 1996.8
–	–	王民权	1998.3 — 2000.12
–	–	黄启华	1998.3 — 2000.12
–	–	靳立华	1998.8 — 2000.12
–	–	陈招生	1999.6 — 2000.12

说明：1967 年 7 月，实行军事管制。1968 年成立了市革命委员会人民保卫部，同人民解放军株洲市公检法军事管制委员会一起办公，行使公检法三家职权。1973 年 7 月，恢复株洲市公安局

第一节 政治保卫

一 社会镇反

1950年12月至1953年6月，根据中央《关于镇压反革命活动的指示》，株洲（镇、市）开展了镇压反革命运动。为配合土地改革，组织学习《中华人民共和国惩治反革命条例》，通过召开控诉会、举办反革命罪行展览会等形式，进行广泛宣传发动。1951年7月，成立株洲市镇反委员会。同时，成立清案委员会，抽调干警组成清案复查小组，对错捕、错杀、不应管制的、轻罪重判的，及时予以平反和纠正。同年8—12月，为配合土改复查、民主改革，针对前期镇反特务、土匪、恶霸、反动党团骨干和反动会道门头子打击不彻底情况，重点打击反革命分子和反革命现行破坏活动，查获反革命分子、封建恶霸、“地头蛇”等近百名，促进了民主建政。1952年夏至1953年5月，取缔反动会道门。对少数罪大恶极、民愤极大、拒不悔改的道首，坚决依法惩办；一般罪恶不大的中、小道首，只要诚心悔改，彻底坦白，从宽处理；对广大受骗道众，只要自觉积极退道，不予追究。根据政策界限，查处反动会道门头子122名，烟毒犯348名，同时还查处了一些特务、恶霸、土匪和反动党团骨干分子。

1953年4月，市委成立镇反判定办公室，全面铺开镇反判定工作，至6月15日结束。对查证属实的反革命分子，根据其罪恶大小，依照政策法律，采取杀、关（判刑劳改）、管（管制）办法，摧毁潜伏特务据点和反动会道门据点各3个，发现特务线索13起。对反动会道门35名道首和812名道徒进行登记，办理退道手续，摧毁组织。

1954—1956年，深入开展社会铲反运动，以“坦白从宽、抗拒从严”政策，分化瓦解隐藏在机关、学校、企事业单位内的反革命分子和特务分子，宣传动员一切反革命分子投案自首。

1960年11月至1961年5月，开展社会镇反运动，挖出一批隐藏的反革命分子、坏分子。1964年，市公安机关全力以赴开展保卫城乡社会主义教育运动，派出工作人员承担政治清理任务，严格管制专政对象。

二 内部肃反

1955年10月至1958年年底，首次在城市内部单位开展肃清反革命运动。1955年11月，设立中共株洲市委肃反5人小组，下设办公室，负责领导全市肃反工作。政法、财经、工业基建、文教卫生4条战线设立战线肃反办公室。1956年3—9月，进行第一批肃反运动，参加单位28个，干部职工1659人，确定肃反对象若干名，分别予以逮捕、管制、劳动教养和行政处分。1956年年底至1958年10月，进行第二、三、四批肃反运动，清查出反革命分子，打击处理占72.30%，其中捕判占44.80%、管制占14.30%、劳动教养占31.30%、开除公职占9.60%。1957年1月，组成内部敌情考察小组，对残存内部的肃反对象进行考察。1958 年 11 月，结合肃反开展挤反扫残运动。对通过肃反运动，原确定下降的、新发现线索的、肃反中新暴露出来的 3 种对象进行复查，清查出残余的反革命分子。

1960 年 11 至 1961 年 3 月，开展第二次肃反运动。重点是国防尖端保密单位、新建与扩建厂矿企业，首次肃反不彻底的单位和各类学校教师、水上船民、公社大队国家工作人员及社办企业职工、农林畜牧场干部。各单位均成立肃反领导小组。1962 年，在第二次肃反基础上，结合精简下放，清出一批公开身份的地、富、反、坏分子和其他政治不纯人员。

1963 年，根据省委肃反领导小组部署，在市区 200 多个单位继续开展内部肃反。在已进行过肃反但不够彻底的机关、重要厂矿、尖端科研部门、广播电台及政治情况复杂、敌情严重的单位，开展肃反复查工作。

三　取缔反动会道门和邪教组织

清同治元年（1862），大乘教、先天教、归根教、紫霞教、同善社、三期普渡、宗教哲学研究社、白莲教、一贯道等道门组织相继传入株洲。北洋军阀时期，被官僚军阀势力操纵利用。抗日战争时期，勾结投靠日本帝国主义，散布不抵抗主义，道首直接为日本特务机关搜集军事、政治情报，成为日本侵华工具。日本投降后，又被国民党特务机关所控制利用，不少道首参加国民党特务组织，从事破坏活动。民国 37 年（1948），境内有道首 1383 人，道徒 28392 人。中华人民共和国成立初期，他们在帝国主义和国民党特务机关指使、策动下，或在残余反革命分子的操纵下，组织武装暴乱，杀害干部群众，奸污妇女，诈骗钱财。

1952 年 3 月至 1953 年 3 月，对境内反动会道门进行全面调查摸底，确定逮捕对象。1953 年 3 月，各县均成立取缔反动会道门委员会，组织苦主检举控诉反动会道门的罪行，动员中小道首和道徒退道登记。召开大会公审道首 40 余名，其中处决、判处有期徒刑、管制分别占总数的 25.80%、45.90% 和 28.30%。责令 4508 名一般道首具结悔过，退道，清退道费，处理道产。全市共缴获各种经书 5312 本，坛经道证 450 件，三师证 59 份，批文 6 份，法宝 182 个，串珠 7 串，神像 56 宗，印版 1000 块。反动会道门组织体系被相继取缔，绝大多数道首、道徒真诚悔过，重做新人。只有少数道首和骨干分子以宗教信仰自由为幌子，利用部分群众封建迷信思想进行复辟活动。1952 年，宗教哲学研究社道首彭太炎被判刑时，将天德普道堂印章藏匿在女道徒李某家，1962 年彭释放后从李家取回天德普道堂印章，1964 年又秘密串连恢复道务活动，1967 年以市南区分社主坛、开导师身份发展道徒，1978 年又乘落实政策之机，公开使用天德普道堂印章，发展道徒 33 名，秘密集会，布建道堂，传授经书咒语、画符敕水、“驱鬼治病”，诈骗钱财，被人民政府依法管制。1966 年，醴陵县三期普渡道首李丕瑞将隐藏在墙壁中的《三期普渡历史概况十五章》取出，与道首李臻仁和浏阳的钟沅仁，先后在醴陵县、株洲县、浏阳县、湘潭县、益阳县及萍乡县的 26 个乡串连，发展道徒 159 人，长期进行“发降求批”“降温灭魔”“造红黑册”“洗人盘”“勒款募捐”“仙福庆寿”等道务活动，企图建立“大中华佛国”，1983 年将此案侦破，李臻仁、李丕瑞被判处死刑，钟沅仁被判处无期徒刑。20 世纪 80 年代中期，境内反动会道门活动基本销声匿迹。

从 20 世纪 90 年代开始，境内先后又出现一批打着宗教旗号或以所谓练功健身为幌子的邪教组织，市、县公安部门按照上级的部署、指挥，及时予以取缔。

取缔“门徒会”组织　1995 年 3 月，省、市先后召开取缔邪教组织“门徒会”会议。市公安局政保支队迅速开展调查摸底工作，醴陵市、炎陵县及株洲县的 21 个乡（镇）的 33 个村，共设“门徒会”小分会 3 个，教会 26 个，聚会点 192 个；有小分会执事 7 名，教会执事 20 名，聚会点执事 168 名，信徒达 2144 名。根据省、市统一部署，于 6 月对“门徒会”组织进行取缔，对其骨干成员进行处理，其中治安处罚 29 人，党员受组织处理 8 人，干部受到行政处理 1 人，参加教育提高班 138 人。1996 年，根据“门徒会”邪教组织死灰复燃的情况，公安部门集中时间和力量，对涉及有“门徒会”非法活动的醴陵市、炎陵县、株洲县的 23 个乡（镇）统一开展查禁取缔行动。共查处“门徒会”骨干分子 189 名，其中收审 5 名、劳教 4 名、治安拘留 19 名、治安警告 21 名、受到党纪政纪处分 10 名，有效打击了“门徒会”的非法活动。

取缔“观音法门”组织　1997 年 4 月，政保部门获悉市化工厂研究所退休工人张某某系邪教“观音法门”骨干分子，是株洲地区联络员。根据侦查调查取证，证实张某某多次与境外“观音法门”出家师联系，非法进行邪教传播、发展信徒和散发邪教宣传品等活动，张系“观音法门”非法组织在株首领。经省、市局批准立为“9710”专案，对其依法进行查禁和取缔。

取缔“主神教”组织　1998 年，省公安厅“5・15”打邪工作会议后，市公安局根据调查，对“主神教”邪教组织的 38 个聚会点、50 名骨干及 2520 名信徒人员登记造册，并对 20 名重点对象逐一建立详细档卡。6 月 11 日，政保支队在省厅统一指挥下，先后抓获该组织二号人物“盼望主”朱爱清及其他 2 名骨干成员，拉开全省彻底摧毁“主神教”邪教组织的序幕。7 月 20 — 30 日，大规模查禁取缔邪教专项行动在境内各县同时展开。全市共依法逮捕 1 人、劳教 4 人、治安拘留 39 人、治安处罚 35 人，摧毁邪教组织聚会点 25 个。在这次行动中，各县召开公开打击处理大会 9 场，举办法制学习班 16 期，受教育群众 2160 人次。

取缔“圆顿法门”组织　2000 年 11 月，在荷塘区一居民房内端掉“圆顿法门”邪教组织一秘密聚会点，抓获骨干成员 3 名，当场收缴“圆顿”所著《东林梵风》等书籍 45 本，光盘 1 套，磁带 200 盒，练功笔记本 5 本，宣传品、照片、挂像共 30 条张。

取缔“法轮功”邪教组织　1999 年 4 月 25 日“法轮功”邪教组织人员围攻中南海事件后，市公安局成立取缔“法轮功”邪教组织领导小组。从 5 月份起，全市政保部门全面排查“法轮功”邪教组织情况，查清全市“法轮功”邪教组织有 1 个总站、4 个分站、50 个练功点及站点负责人、辅导员基本情况。在掌握“法轮功”邪教组织骨干成员策划准备在 5 月 22 日非法聚会信息后，及时截获一批从外地传递过来的邪教“法轮功”资料，并对全市 20 名“法轮功”邪教组织站点负责人及骨干人员落实监控措施。7 月 22 日《公告》发布后，先后对 5 名重点邪教“法轮功”对象采取强制措施，阻止 3 名重点对象的外逃行动。在文化、工商等部门配合下，依法收缴、销毁邪教“法轮功”

类非法出版物9830册、音像制品715盒、资料992份。10月中旬，又将3名法轮功邪教组织骨干分子当场抓获并予以治安处罚，并赴京将3名“法轮功”邪教组织上访人员接回，交当地公安机关监管。2000年2月，外地“法轮功”邪教分子张某某等3人携带李洪志讲话资料先后窜至醴陵、攸县、芦淞区、石峰区等地，纠集40余名邪教“法轮功”练习者进行串联、“弘法”，煽动到北京为“法轮功”邪教组织鸣冤叫屈，蛊惑攸县14名、茶陵17名“法轮功”邪教组织人员分批进京“护法”。案发后，政保部门依法将张等3人刑事拘留。8月26日，“法轮功”邪教组织重点人员李某某、卜某某在石峰区公开散发邪教“法轮功”资料，被当场抓获。10月1日，天元区财政局干部赵某某进京护法，被北京市公安局抓获，其在株洲驻京办事处脱逃回株洲后又被抓获，在其住处、办公室内搜出邪教“法轮功”宣传品49份和1本邪教“法轮功”书籍。同时，查出赵曾利用职务之便在其办公室下载“经文”、复印宣传品，并寄给大学的76名同学，在社会上造成极坏影响。同年10月，株洲破获湖南省首例“法轮功”邪教组织利用国际互联网大量下载、拷贝邪教“法轮功”经文和攻击党和国家领导人的传单案。作案人胡某系“法轮功”邪教组织顽固分子，多次受到打击处理，在结束转化班学习的第二天，他就在办公室内下载“经文”和资料，并进行散发。案发后，在胡的办公室及住处收缴尚未散发的资料800余份。针对境内“法轮功”邪教组织活动情况，公安部门开展专项查缴邪教“法轮功”资料行动，共查缴邪教“法轮功”宣传品1867份、书籍251本、音像制品124盒、挂图23幅、刊物17本、其他资料671件，并进行统一销毁。

针对“门徒会”“观音法门”“东方闪电”等8种邪教组织在境内仍有所活动的情况，政保部门遵循“露头就打”的原则，始终保持高压态势。1998年8—9月，全市共破获邪教专案9起，依法打击处理邪教骨干成员229人，摧毁邪教聚会点183个，收缴非法宣传品1532份，召开打击处理大会12场次，举办法制学习班23期，受教育群众5820人。1999年，共破获各类邪教专案9起，依法打击处理骨干成员229人，治安拘留210人。2000年，全市共立邪教案件（线）36起，破（查明）28起，有效遏制了邪教组织在境内的发展、蔓延势头。

四 打击反革命活动

（一）反间谍斗争

20世纪50—70年代中叶，台海两岸没有直接来往，国民党特务利用台胞与大陆亲友的通信，采取“辅导通讯”的方式进行夹密勾联。境内公安机关开展反渗透、反颠覆、反情报窃密斗争，维护国家安全和利益，对间谍特务案件，实行专案专办，严厉惩处。1962年6月，为反击台湾国民党特务机关利用广播电台进行“心战”的阴谋，公安机关抽调技术人员实施反击。

1979年，外国和台湾间谍特务乘改革开放之机向大陆加紧渗透。台湾大陆工作委员会和军事情报局制订的“天丽作业”“先茎专案”和“策建敌后武力工作据点”等特务计划中，把株洲作为重要目标区。利用台胞回大陆探亲，直接派遣特务进行间谍活动。几年中，立台湾特务专案若干起，破获率达78.60%，并捕获派遣特务和境内发展对象。公安部门则会同宣传部、武装部、广播局等部门，印发《提高认识，认清形势，坚决同敌人的心战破坏活动作斗争》等反心战宣传资料20多万份。

1980年4月，株洲县洲坪乡大观村村民田秋生，先后10次向敌特机关投寄挂勾信，5月田被国民党大陆工作委员会发展为特务，编定代号，委任“兵运组长”，曾4次汇给田活动经费800元港币，海鸥牌手表2块。1980年7月，公安机关将田抓获，依法判处有期徒刑5年。

1981年，台湾国民党派遣行动特务张某，化名黄胜球潜伏大陆发展特务组织，收集军事情报，并将烈性炸药安装在收录机内，伺机炸毁广州火车站。3月入湘后，市公安机关及时进行布控，4月在黄脱逃前将其抓获。1985年3月，市公安机关发现署名“张望”的人向敌台广播通讯地址投寄反革命挂号信3封，经侦查破获该案，将张移交其所在地江西省吉安县公安机关处理。

1987—1988年，日本一电视台、一陶瓷考察团和一商事株式会社3次企图窃取醴陵市某瓷厂釉下彩工艺，被公安安全部门及时发现，并采取措施，阻止了传统工艺的失密。

至1990年，在全市组建涉外单位国家安全小组近100个，成员400多人，对公派和因私出国人员、株洲籍在台人员、出境探亲和与敌特地址、敌特分子通信通汇人员及境外特务、“三资”企业开展基础调查。对近千人次公派出国人员进行出国前的宣传教育和出国后的回访工作，没有发生公派出国人员叛逃和策反事件。利用侦察技术，侦破台湾特务机关在株洲市派遣、勾联策反、区内发展、情报窃密案件的92.90%。

1991—2000年，境内公安机关先后破获多起台湾国民党特务机关写挂钩信案件。1991年，公安机关通过调查摸底，新发现反革命特务线索7起。1997年2月，市公安机关发现株洲湘火炬有限公司技术员肖某与美国德菲尔公司比尔及美籍华人李某书信密切，且肖多次于深夜滞留公司电脑室，行动诡秘。经调查侦控，掌握了肖某向境外间谍机构出卖绝密情报的证据，并迅速破获该案。该案为破获的境内首起向外国间谍机构出卖技术情报案件。

（二）打击现行活动

20世纪50年代初，茶陵县秩堂公社东首大队地主龙某某、姚某某夫妇，对本村贫农龙某某检举其破坏土地改革罪行怀恨在心，拉拢6人密谋策划，于1954年3月29日清晨，乘龙某某早炊之机，用菜刀将其头部连砍15刀致死，把尸体吊于二楼。茶陵县公安局立即出动干警赶赴现场，经过一周走访侦查，获取罪证抓获犯罪分子。1955年，龙、姚2犯被依法处决。

1956年，醴陵县2人串联，秘密组织“中国共和党”“民族新军”反革命集团，制定党旗、党章、军衔、肩章和行动计划，自封主席、司令，任命部长、军长、师长，搜集台湾当局空投的反共传单；针对波兰、匈牙利事件，制造谣言；书写反革命标语、传单。准备派人混入国家机关、部队；计划抢劫公安局、兵役局枪支和银行、粮仓、商店钱粮物资后，搞武装暴乱，迎合台湾国民党反攻大陆。公安机关及时侦破，逮捕法办了犯罪分子。

1963年11月12日，茶陵县湖口公社石湖大队谭某某，对治保主任颜某某检举其偷盗不满，暗将1059剧毒农药投入颜家茶油灌中，致使颜和岳父陈某某2家9人中毒，7人死亡。县公安局经过15天侦查，获取全部罪证，逮捕犯罪嫌疑人。1964年，将谭犯判处死刑。

1964年8月，株洲市解除劳教人员关某某、李某伙同3名对现实不满人员组织“中国民间反共救国游击纵队”，炮制反革命“宣言书”，筹凑经费，准备印发反革命传单，到益阳等地物色反革命成员，抢夺武器，上山为匪，建立反革命根据地，妄图与海外敌特机关取得联系，推翻无产阶级政权。1973年5月，将“中国民间反共救国游击纵队”重新组织为“中国工农革命党”，委任主席、副主席、作战部部长、内务部部长、宣传部部长。1974年2月21日，召开“一大”筹备会议，起草“宣言”“组织原则”“入党誓词”“政治报告”、制作“党旗”、刻制印章，决定4月1日召开“一大”会议。公安机关将其一网打尽，首犯关、李被判处死刑。

1976年4—5月，署名“中国劳动党”、冠以“华社记者”“五一打字机厂”“北京钢院”“内祥”落款的信件内夹寄油印反革命传单，分别从江西省萍乡市和湖南省长沙市发往北京、上海、天津、沈阳、长春等省、市。9月15日，601厂工会收得同一封油印件。案发后，湖南、江西2省公安机关协同作战，由株洲、长沙、萍乡3市联合成立专案组。以株洲市为重点，围绕作案工具和收件人开展调查，经周密侦查取证核实，将案犯抓获判刑。

1981年以来，株洲市一基督教小群派教徒6次去广州，与海外“呼喊派”设在广州的秘密联络点4名负责人以“交通聚会”、作“见证”为名，秘密串联。1982年5月，又去广州，向其索取收录机1台，海外“呼喊派”反动头目讲道录音带40盒、反动书刊及港版经书10种1400余本，转递河南、浙江、湖南3省10个县、市的“呼喊派”反动组织和人员。1980年以来，基督教聚会处又一活动分子4次去广州，与广州“呼喊派”骨干分子联系串通进行同类活动。经侦察部门周密侦控调查，获取这2名“呼喊派”罪证材料。1984年4月，对反动组织“呼喊派”予以取缔、打击，分别判处首犯、主犯有期徒刑12年和10年。

1991年，根据全省隐蔽斗争工作会议精神和省公安厅转发的“91工程”实施方案的要求，历时5个多月，摸排确定“91工程”对象1104名，组织22个。22个组织中，非法宗教聚会点12个，“三资”企业11个。调查中，新发现对象331名，其中新发现重点对象95名，加上原掌握的重点对象，共有重点对象191名。当年，全市共发生反革命案件1起、政治案件1起。2起案件全部查破。查明向敌台广播通讯地址写挂钩信的5起，处理各类人员8人。重点对醴陵署名“民阵长沙支部”反标案进行侦查。

1994年，对市某大学学生与外地学生密谋成立的“团结进步党”非法组织，市公安部门获取其纲领、章程等重要物证书证后，报经省厅批准，与北京市公安局联合行动予以打击，对其成员给予教育、具结悔过处理。对5月份新发现的株洲市某大学学生与外地某大学学生通信密谋成立黑社会性质组织“中国青年友谊协会”一案进行立案侦查。1995年，全市政保部门积极开展专案侦察，共立反革命案件2起，查破1起；发现政治问题8起，查破6起，查获作案成员7名。对非法组织“中国青年友谊协会”线索，在充分掌握证据的基础上，报请上级批准，予以揭露。1996年，发现反革命案件线索嫌疑4起，其中反标1起、反动信件2起、其他1起，已查证3起。发现非法组织嫌疑线索6起，查证5起，对5起非法组织线索予以取缔。1997年，全市共立政治案件3起，破3起；发现各类嫌疑线索10起，查明7起。

1998年年初，破获发生在醴陵市多处路段共53处计112条的涂写煽动性标语案件。全年共立各类政治案件10起，查破9起；发现各类嫌疑线索7起，查明4起。1999年，全市共立政保专案18起，发现各类嫌疑线索16起。其中破案14起，查明线索12条。对8起影响社会安定事件和苗头果断立案、立线，有效控制了事态发展，及时打击犯罪分子的破坏活动。摧毁醴陵市“中国志立工农红军四团突击队”以实施爆炸、破坏社会稳定为目的、妄图推翻政府的非法组织。

第二节 打击刑事犯罪

一 预防犯罪

（一）宣传教育

1954年8月18日，市公安局举办打击刑事犯罪活动展览会，采用典型案例宣传教育群众，激发群众防范意识，检举揭发刑事犯罪人员，严防盗窃和破坏事件发生。1957年，举办打击刑事犯罪罪证、图片展览会，观众40427人，会后收到检举案件线索材料400余份，根据线索破获各类案件52起。

1982年，进行法制宣传和安全防范教育。印发宣传资料5.6万份，召开职工、居民、村民群众会4800余场，参会55.9万多人次。923名群众检举或直接扭送犯罪嫌疑人1120名，破获各类案件719起，其中重大案件9起。在法律宣传震慑下，63名违法犯罪嫌疑人投案自首，交待案件63起，其中重大案件7起。1983年8月，全市开展“严打”（依法严厉打击刑事犯罪活动）斗争。当月25—27日，全市城乡先后集中召开宣判大会92场，公开逮捕、刑事拘留、劳动教养、收容审查违法犯罪人员691名，参加群众49万多人次。1984年，先后召开公捕大会173场，参加群众56万人次。与此同时，印发严厉打击刑事犯罪活动通告等法制宣传资料15.36万份，各单位、街道及农村乡、镇召开干部、群众大会2400多场，办法制宣传专刊2300多期，举办法制图解宣传、赃款赃物展览160多场次。株洲电视台、《株洲日报》开设打击刑事犯罪专栏予以宣传。

1986年3月，印发反盗窃专项斗争宣传资料8.97万份，张贴反盗窃布告35.45万张，出动宣传车202次，召开群众和知情人会议1002场次，参会群众93万人次。历时4月反盗窃斗争，全市1870名群众主动向公安机关提供犯罪线索1230条，查证破案1680起。720名群众将510名现行违法犯罪嫌疑人扭送公安机关。621名犯罪嫌疑人亲属，将479名犯罪嫌疑人送往公安机关投案自首。2425名违法人员主动到公安机关登记，其中38名犯罪嫌疑人交代重大案件21起。1988—1990年，为推动各项专项斗争，全市召开公捕大会160场，逮捕各类犯罪嫌疑人2339名。1991年，针对各个时期犯罪活动突出的情况，适时召开集中打击大会。全年共召开集中打击大会91场，公开逮捕犯罪嫌疑人826名。

1996年，全国开展“严打”斗争，全市各级公安机关坚持宣传发动群众打击犯罪，全市召开各层次的群众大会9959场，有237.54万人参加教育。举办“严打”成果展览会103场，有50万名群众参加。全市印发《关于敦促犯罪分子投案自首期限的通告》《关于延长犯罪分子投案自首期限的通告》5500份，各县市还编印了《严打斗争宣传提纲》《致居民群众的一封信》《给逃犯家属的信》等，使人民群众了解“严打”，支持“严打”，积极与违法犯罪作斗争。“严打”期间，中央电视台、《人民日报》刊发株洲市新闻稿件28篇，在社会上引起了较大反响。湘大集团、建设银行、啤酒厂、楚神药业公司等单位和芦淞市场的个体户等自发为“严打”斗争捐款捐物。全市有1307名群众主动检举犯罪线索1838条，主动扭送424名犯罪嫌疑人到政法机关，协助破获各类刑事案件2195起。有594名犯罪嫌疑人投案自首。

（二）群防群治

1958年，市区在旅社、轮渡码头、剧场等公共复杂场所组建64名群众参加的联防组，包干负责防范工作。1975年，市区建立各种群众性防范组织300余个，成员2000余人，昼夜值班巡逻，护仓守店。同年，成立以派出所为主，附近单位参加的治安联防组，组织民兵和治安积极分子在辖区内巡逻执勤。株洲火车站联防组全年抓获犯罪嫌疑人60余名，破获刑事案件21起。

1978年，设联防关卡27处，抓获流窜犯罪嫌疑人375人，破获刑事案件120余起。同时，加强居民区安全防治措施，组建由治安员、退休工人组成的厂、街道治安联防组196个，800余人，负责巡逻守护工作。

1980年，组织民兵建立夜间哨卡，全年出动民兵14102人次，抓获刑事犯罪嫌疑人2255人，破获各类案件154起。1986年5月，在市区和各县城镇建立“以防为主，防打结合”的治安联防队。一个月内抓获违法犯罪嫌疑人776人,破获刑事案件155起,挽回经济损失2.27万元,预防发案127起。

1990—1993年，进一步巩固完善各级群防群治组织，全市有专业联防队40余个500多人，内部单位健全和充实护厂、护院、护店队伍，共有治安巡逻队756个队员8651人，城市3区6300余栋居民宿舍的守护率达到90%。1994年，全市共有治保会3516个13431人，治保小组13491个，治保人员40747人。开展“创治安模范小区”、挽救失足青年、帮教“两劳”回归人员等活动，预防了一大批“民转刑”案的发生。

1996年，建立出租车出城登记制度，全市900余辆出租车安装了防护网。全市7家金融单位600余个营业网点建立了与巡逻岗亭联网的技术防控系统。“严打”期间，全市50个内保单位、30个公共场所、27个居委会、3个办事处、38个行政村、12个乡镇达到创建治安模范小区标准。

2000年，全市进一步深化派出所、刑侦、巡警“三警一体”运行机制，逐步形成了以110报警服务台为龙头，以巡警为骨干，以派出所为基础，以治保会等群防群治组织为补充的社会治安防控网络。

二　案件侦破

1950—1958年，境内公安机关通过开展“反盗窃斗争”和“搜捕刑事犯罪统一行动”，破获各类案件1353起，破案率为60.30%，打击处理刑事犯罪分子1696名。

1959—1960年，刑事侦查推行“闪电式”方法破案，刑事案件实行“三光”（月月光、季季光、年年光）、防范工作要求做到“四灭”（消灭暴乱、闹事、灾害、事故）、搞“玻璃板、水晶石”（社会治安像玻璃板一样平静，察觉阶级斗争动向像水晶石一样透明）运动。1960年1—9月，抓获流窜犯罪分子2177名，流窜犯罪案件占全部刑事案件42%。刑侦工作一度出现案件不破不立、不实事求是的“浮夸风”。

1961—1963年，受严重自然灾害影响，偷摸粮、牛、猪、菜和诈骗、抢劫案件骤增。1961年，刑事案件发案2163起，比1960年上升149%。刑侦部门紧密依靠地方基层组织，抓紧案件侦破、严厉打击刑事犯罪分子。1962年年初至1963年5月，先后两次开展“打击流窜犯”统一行动，共抓获流窜犯罪分子124名，破获刑事案件178起，挽回经济损失2.44万元。全市3年累计破获各类刑事案件3364起，打击处理犯罪分子6380名。但打击面过大，对群众小偷小摸实施逮捕、拘留和劳动教养，直至1982年才按政策给予平反。

“文化大革命”时期，公安机关瘫痪，后实行军事管制，同刑事犯罪斗争能力严重削弱，但公安机关仍侦破了一批重大案件。

20世纪80年代初，杀人、抢劫、伤害、放火、强奸等重大暴力、恶性案件有所上升。1983年，全市发生刑事案件较多，且重特大案件突出，分别比1979年上升54.30%和66.70%。同年9月，遵照中共中央《关于严厉打击刑事犯罪活动的决定》，集中警力，开展严厉打击严重刑事犯罪活动。到1986年8月，先后组织3次“严打”运动，对各类刑事犯罪分子进行集中搜捕，依法从重从快打击处理，破获一批刑事案件，缴获赃款赃物价值265万元。通过“严打”，刑事罪犯得到有效抑制，1986年全市刑事案件发案比1983年下降28%。

1985—1990年，多次组织开展反扒、反盗、打击车匪路霸等专项斗争，共抓获、打击处理扒窃、盗窃犯罪分子4033名。1989年5月，市公安局破获全市首起绑架人质案，抓获犯罪嫌疑人陈跃文。

1990年，继续开展严厉打击刑事犯罪活动，把破大案、打团伙、追逃犯作主攻目标，打击重点是杀人、抢劫、流氓、强奸、重大盗窃等7类21种对象。坚持打防结合，对治安情况复杂的重点地区实行重点治理；相继开展“春季反扒会战”“反盗单车行动”等专项斗争，组织“打抢劫、反盗窃、除三害”侦破战役和4次集中清查扫荡流窜犯、在逃犯统一行动。全年共收缴赃款赃物价值523.50万元；破获盗窃自行车案件1379起，抓获盗窃自行车违法犯罪分子739名。同年8—9月，在境内铁路、公路沿线开展打击“车匪路霸”行动，共破获刑事案件844起，其中重特大案件381起，摧毁“车匪路霸”团伙31个，成员271名，路、车秩序明显改观。

1991年，继续贯彻执行依法从重从快严厉打击刑事犯罪分子的方针，因情施策开展“打流窜、追逃犯、破积案”“打击车匪路霸”“抓现行、反盗窃、打抢劫、摧团伙、破大案”等专项斗争。

1991—1992年，全市共破获各类刑事案件15612起，其中重特大案件1590起。1993年，全市开展以围歼“车匪路霸”为重点的“三打两整一查禁”总体战（打击车匪路霸、打击抢劫重大盗窃犯罪、打击拐卖妇女儿童犯罪、整顿交通秩序、整治重点地区和重点路段、查禁卖淫嫖娼）。10个月内，全市共破获各类刑事案件8533起，其中重特大案件1799起、车匪路霸案件389起；查破治安案件22701起，摧毁犯罪团伙506个，成员2193人，其中车匪路霸团伙154个725人；捕获各类逃犯266名，依法打击犯罪分子3117名，收缴赃款396.57万元，赃物价值折款856.9万元。

1995年3月1日至5月31日，根据全省统一部署，在全市范围内开展春季“严打”总体战。7月10日至10月31日，在城区范围内开展“打击持枪持械犯罪；打击团伙犯罪，尤其是带黑社会性质的团伙犯罪；打击市痞巷霸、寻衅滋事等流氓犯罪”为内容的“三打”战役，城区公安机关1026名干警参战。两次行动共破获各类刑事案件5037起，其中重特大案件1387起，依法打击处理违法犯罪人员28295名，摧毁犯罪团伙233个，抓获各类逃犯132名，缴获赃款赃物价值544.97万元。

从1997年1月15日开始，全市开展打抢劫、打公路沿线犯罪、打流氓恶势力，反重大盗窃、反扒窃、反拎包的打击车匪路霸、江贼水盗行动。共出动警力2085人次，出动车辆1234台次，参加群众2万余人次，重点整治了320国道、106国道重点路段和火车站、汽车站、轮渡码头等重点部位的治安秩序，抓获车匪路霸等违法犯罪人员2788名，破现行案件149起，其中重特大案件44起，查获盗抢团伙10个36人，打击处理违法人员2131人。

1999年7—9月，根据公安部统一部署，在全国范围内开展“追逃专项斗争”。通过深入细致地调查摸底，3个月内全市共抓获逃犯856名，其中网上追逃犯463名、省级督捕逃犯4名、市级督捕逃犯10名，破获各类刑事案件745起，其中大案363起。

2000年4—7月，全市各级公安机关开展“打拐”专项斗争，全市共摸排出人贩子、被拐卖妇女儿童线索2660条，破获拐卖人口犯罪案件174起，摧毁拐卖团伙9个，瓦解团伙成员51名，抓获人贩子321名，解救被拐卖妇女872名，解救被拐卖儿童814名。是年，市公安机关通过专案专办，成功破获省公安厅当年首起挂牌督办案件“2·29”绑架、杀人、碎尸案和“2·10”攸县邮政储蓄金库被盗案等一大批大要恶性案件。

第三节　内部保卫

从1950年开始，境内市、县公安机关及各单位内部陆续建立了保卫机构和组织。公安机关一般设立保卫科、股，负责管理各单位保卫组织，指导其开展工作。同时，还向部分大型企业派驻了保卫机构。一些重要单位和大型企业还建立了经济民警组织，设有武装、经济民警的大型企业和大专院校，大多建立了护厂（矿、校）队。内部保卫机构几经变动、更名，至20世纪90年代末期，市公安局成立经文保支队，管辖44个首脑机关、大型企业、重点要害等单位的保卫工作，10余家大中型企业设立了公安处、科；企业内部保卫机构931个，保卫干部2519人；市区有治安巡逻队684个，队员2371人，护厂（校）队556个，队员3294人。此外，各单位从50年代开始建立群众性的治保组织，后统称治保会，市区有746个，治保成员3590人。由于企业普遍效益下滑，治保会真正发挥作用的不多。

一　防范措施

1958年，境内残余反动势力被基本肃清，对生产资料社会主义改造已经完成，大规模经济建设业已开始。公安机关围绕生产，结合中心，分级负责，保障安全，在内部单位开展群众性安全运动，5 万多名职工受到安全教育。

1959 年 6 月 28 至 8 月 5 日，对全市内部单位各个环节、要害部位进行检查，查出不安全隐患、漏洞 23429 处，其中重大隐患 618 处，整改 21046 处，138 名不纯人员调离要害部位，建立健全安全制度 1868 个，增添消防设备 2068 件，安全设备 1410 件。“文化大革命”中，推行民兵、消防队、治保会“三位一体”，正常安全防范受到削弱。

1980 年 1 月，全市经文保系统积极开展社会主义法制和“防特、防盗、防火、防治安灾害事故”为中心内容的“四防”安全教育；加强对重点人口管理；建立以人防、物防、技防三结合安全防范体系，开展安全防范专项治理活动。在全市基层财贸网点安装防盗报警器 529 台，明锁改暗锁 6000 余把，改善基层财贸网点安全防范设施。

1987 年 9 月，全市开展以防火灾、防爆炸、防盗窃、防泄密窃密、防破坏为主要内容的安全大检查。对内部单位现金安全管理、库存过夜限额，运钞及现金库房、财务室安全设施实行规范化管理。

1989 年，与财政、银行系统共同配合，开展安全合格财务（事务）室活动。全年财务室被盗案件较前年下降 76.19%，预防 36 起财务室被盗案件发生。1990 年 7 月，在全市内部单位开展“安全合格仓库”活动，核发安全仓库合格证 1430 个，占仓库总数的 86.5%，全市内部单位刑事案件发案数较上年下降 19.90%。是年 7 月，对全市 589 处金融网点和金库进行检查验收，对验收合格的 581 处颁发了合格证，合格率为 98%。

1991 年，根据省公安厅《“91 工程”实施方案》要求，全市组织 381 名专人开始“91 工程”调查，共摸排出基础工程 9 类对象 13654 人。通过调查核实，全市内部单位共确定“91 工程”对象 362 名，三资企业组织 8 个。各单位注重将基础调查与现行案件侦破相结合，破获了一批案件。是年，开展“创达标门卫活动”，制定出《门卫值勤制度》《门卫设施、物资出入制度》等 3 类 12 条标准。全市内保单位调出了不合格值班人员，添置了电话、自卫工具、报警器等设施，列入活动范围的 578 个门卫中有 507 个验收合格，合格率为 85.6%。据统计，全市内部单位门卫人员查堵非法出厂物资折款 400 多万元，协助公安机关破获各类案件 360 多起，查获违法犯罪分子 137 名。

1995 年，开展创建“长治久安工程”竞赛活动，制定了创建工作的 72 项具体标准和社会治安综合治理责任制量化标准 100 分制考核细则。确定株洲电力机车厂、株洲硬质合金厂、株洲洗煤厂等 16 个单位为第一批试点单位。6 月份，全市共确立试点单位 327 个。在创建活动中，全市内部单位投入资金 4900 万元，加大创建工作硬件投人，建治安岗亭 32 个，安防盗门 3500 个。各大中型企业中的要害部位、银行系统的金库均配置了防火、防盗、报警设备，电力机车厂、336 处等单位还专门采用电视监控。全年，市区创建单位中，共发生各类刑事案件 651 起，较上年下降 13%，实现了 72% 的单位无刑事案件，60% 的单位无刑事犯罪。各级公安机关在创建治安模范单位竞赛活动中，开展创建安全文明小区活动，建立“院落式”“村护式”“散户式”的安全小区 420 个，创建面达 94.5%。1996 年开始，各县区普遍成立了创建工作领导小组，把“创建”工作纳入了综合治理目标管理，全市内部单位创建活动参与率达 99.7%，达标总数 679 个，达标率 68%。

1998年，制定“创建”工作3年规划。在11月份省检查组验收中，5个示范点中有3个达省标。在“示范点”的带动下，全市列入创建目标的1016个内部单位有38个达省标，221个达市标。

2000年，制定《企地共建安全社区活动方案》，市局指挥中心、经文保支队、刑侦、交警、治安等8个成员单位与企业结对，签订《企地共建公约》。当年，全市公安机关在企地共建中为企业解决难点、热点问题，办实事好事18件；为株洲电力机车厂侦破销售假冒伪劣电力机车配件案，总值达76万元；清理整治了16家生产销售假冒伪劣产品的私营工厂；为湖南中成化工责任有限公司侦破了5起假冒伪劣案件，挽回经济损失近百万元，摧毁制假窝点2处。

二　要害保卫

（一）首脑机关、重要领导人保卫

20世纪50年代，市公安局负责做好首长保卫，对人员进行严格政治审查，加强保密教育，反泄密、窃密事故。1956年，市公安局设立警卫科，专管负责首脑机关的保卫工作。1991年，市委成立了保卫科，配备保卫干部3人。1995年，警卫科升格为正处级单位，改称市公安局警卫处。次年，市公安局警卫处、武警市警卫处在2块牌子的基础上，加挂“中共株洲市委警卫处”，合为3块牌子1套人马。90年代，株洲警卫执勤工作重点是保证过境、视察的党和国家领导人及省部级等重要领导人及外宾、重要会议、重大活动的安全。共完成党和国家领导人警卫任务39批次，其中一级10批次、二级17批次、三级12批次；重要外宾警卫任务2批次，重要会议、重大活动警卫任务19批次，省（部）级领导保卫任务226批次，其他安全保卫任务445批次。

（二）重要单位、工程保卫

1953年，苏联援建的331厂转产扩建工程，601厂、株洲电厂、株洲洗煤厂及省重点工程20多个相继动工，市公安机关按工厂重要程度分成3个小组，包干负责。1954年年底，抽调干警10人，以防洪堤、自来水工程、601厂工地为重点开展重点工程保卫。1959年，要害保卫围绕苏联、东欧援建的重点工程和动力要害部门及机密程度较高的国防工程开展工作。1983年以来，与有关单位一道建立重点工程保卫领导小组，先后在科研、新闻媒体、水电气重点要害部门、金融、校园等单位设立保卫处（科）机构，确保重点单位和工程的社会治安。

第四节　社会治安管理

一　维护公共秩序

民国37年（1948），株洲镇有戏剧院3家，茶楼4座。警察所根据湖南省政府《公共娱乐场所及剧团登记管理规则》负责管理，颁发营业许可证。

1950年，株洲公安分局将3家剧院、4座茶楼、5户照相馆、5户酒社、刻字店列入特种行业，由基层派出所实施管理。1964 年 2 月，对剧院、茶楼、照相等行业进行审定，颁发“特种行业许可证”，对市区 751 名特业从业人员进行政治审查。

1978 年 8 月，市公安局与城市建设局联合制定《公园管理制度》。规定游人要自觉遵守公园纪律和各项制度，谨防坏人破坏、捣乱。

1980 年 6 月，根据公安部、文化部《关于取缔营业性舞会和公共场所自发性舞会通知》精神，规定任何单位和个人一律禁止办营业性舞会；公园、广场、饭店、街道等公共场所，禁止聚众跳交际舞，制止不听的坚决取缔。

1981 年秋，城区新辟旱冰场 7 处，参加滑冰娱乐人员 108.12 万人次。滑冰时因互相碰撞，引起杀人案 1 起，伤害案 4 起，打架斗殴 42 起，偷盗、扒窃、流氓案件 22 起。为此，公安、文化部门联合制定了《关于旱冰场治安管理暂行规定》，管理人员按场内容量人数的 8% ~ 10% 配备。1982 年，市公安、文化、工商局联合制发《加强街道出租书摊管理联合通知》。摆设书摊，需经居委会、办事处、文化站签署意见，工商部门领取执照，取缔一切内容反动、宣扬封建迷信、色情淫秽的非法出版物或复制品。1983 年，会同市卫生、工商、医药部门制发《加强医药市场管理，坚决取缔游医药贩的联合通知》，取缔游医药贩。对悬挂锦旗、摆设地摊或以魔术杂戏招揽观众行医卖药的，一律没收；对伪造证件，制造贩卖伪劣假药或将成药改换包装，巧立名目或夸大宣传，抬高药价骗取钱财的，没收物品并罚款；对骗钱巨额，加重病人病情及致人死、伤、残者，追究法律责任。

1984 年，下发《关于取缔伤风败俗舞会的通知》，取缔营业性舞会、公共场所自发性舞会、家庭舞会和伤风败俗性舞会。夏季，每晚派出 40 名干警，对火车站广场、公园等公共场所进行巡逻。6 月 8 日，会同市电视台、工商局发出《加强录像设备和录像放映管理的通知》，对审批权限、播放内容、收费标准、活动范围和场所管理作了具体规定。12 月，组织 81 名干警对 30 家舞厅、41 家录像放映点进行突击清查，依法取缔 10 家非法和有问题的舞厅，收缴淫秽录像带 83 本，没收反动录像带《我是中国人》117 本，黄色录像带 121 本，收审录放人员 2 名。同时，改进完善对市区 6 个农贸市场治安管理办法。钟鼓岭蔬菜市场由市工商局拨出 6 个干部编制隶属公安领导，建立市场公安执勤室。根据市文化、工商、公安局《关于加强书报市场管理的通知》，对未经批准、擅自经销行为，以及火车站广场、汽车站的书摊、书贩进行清理整顿。1985 年 2 月，市委宣传部与文化、公安部门制发《关于加强对舞会组织管理的通知》，凡单位举办舞会不得向外出售门票，申报须经主管部门签署意见，文化局审批，公安局备案。1987 年 2 月，市文化、公安、工商、物价局联合下发《关于改进舞会管理问题的通知》，规定凡举办营业性舞会的，由主办单位的上级管理部门审查签署意见，报县、市、区公安机关审查，经验收合格发给“安全许可证”。1988 年 6 月，报经市政府同意，制定《公共场所治安管理规定》，市政府组织公安、工商、文化、广播电视部门 300 多人，对全市 160 家电影院、俱乐部、录像放映点、舞厅、游乐场进行安全检查验收和治安整顿，检查验收合格的颁发《公共场所治安管理合格证》。同年 11 月，市政府发布《关于整顿社会治安秩序的布告》。市公安局根据“两整两打”（整顿社会秩序和经济秩序，打击刑事犯罪和经济犯罪）精神，与市文化、工商局对全市 533 家集体和个体营业性桌球室进行清理整顿，重新登记。

1989年7—9月，结合“打抢劫、反盗扒，除‘六害’”专项斗争，与文化、工商、广播局配合，对全市123家录像放映点、159家音像磁带批发销售点、50家舞厅、100多个书摊、12家书刊发行站及部分电游室进行清理整顿，查封音像销售店2家，收缴禁带298盒，各种禁书、杂志3.76万册。

1993年3月，市公安局治安支队成立后，公共场所的管理权下放到城市4区。“三资”企业开办的涉外公共场所由市局审批，由市局与派出所共同管理，其它公共场所的审批与管理以派出所为主，分局发证。1995年，全市开展创建治安模范公共场所竞赛活动，集中整顿突出的社会治安问题。5—6月，全市组织1000余名干警和联防、保安、治保人员对200余家公共娱乐场所进行清理整顿，整顿不安全隐患108处。7月，全市按省公安厅部署开展城市治安管理百日竞赛活动。活动中，共清查各类公共场所3198家次，发现隐患702处，整改622处，对145家存在问题又不及时采取措施的场所予以停业整顿，对101家违法经营场所予以查封取缔，并对35户业主进行了处罚。在全省检查评比中，株洲市获全省城市治安管理百日竞赛第一名。

1997年，强化群防群治工作，加大创建安全文明小区力度，全市422家创建单位中有320家达到了市级验收标准，达标率为75.8%，有47家达到省级验收标准。1998年，修改后的《湖南省公共场所治安管理办法》正式实施。针对七一路沿河一线卡拉0K厅治安秩序乱、噪音大、消防隐患多、交通堵塞等问题进行综合执法。通过2次整治，该地段噪音减少、消防隐患得到整改，交通秩序、治安状况得到明显改善。

1999年5月，与市劳动局、市卫生局、市工商局联合发文，组织对全市按摩服务场所进行2次清理整顿。2000年7—9月，全市开展加强娱乐服务场所管理暨电子游戏经营场所专项治理工作，压缩娱乐服务场所500余家，取缔无证营场所105家，吊销证照16家，停业整顿79家，限期整改786家。清整期间，全市共遣送“三无”人员1400余人，清整电游室56家，查处37家。

二　查禁“黄赌毒”

（一）查处卖淫嫖娼

民国14年（1925），湘潭县警察局规定：“花捐不列入地方财政开支，作为警察经费不足之补偿。”民国34年（1945）11月，湘潭县警察局颁布《管理乐户乐女暂行规则》，逐一登记领证，娼妓合法化。

中华人民共和国成立后，人民政府坚决取缔卖淫嫖娼。1951年，市公安机关清理登记暗娼25人。堤升街派出所在清理特种行业管理中，查获暗娼7人。1953年，市公安、民政、卫生、妇联组成改造娼妓领导小组，抽调专门力量，将娼妇集中送到湖南省新生教育院，培养劳动生产技能，改造成为自食其力的新人。此后30多年，娼妓活动基本绝迹。

1980年以来，卖淫嫖娼现象死灰复燃。公安机关开展了打击卖淫嫖娼专项斗争。1982年，开展为期1个月的清查取缔暗娼卖淫行动。市公安局组织30人在车站、码头、公园、旅店开展调查摸底，发现卖淫场所36处，查获卖淫嫖娼人员38名。

1985年7月下旬，组织查禁淫秽录像和嫖娼卖淫专项斗争，每天组织100多名干警采取公开与秘密相结合办法，在市区公共场所、城郊结合部、偏僻地段开展治安巡逻，查获卖淫妇女13名。醴陵市在17家个体旅店查获卖淫妇女90名，嫖客135名。1986年夏季，与工商、交通等部门密切配合，对市中心区36家国营、集体、个体旅店，90家个体饭店（摊）进行清理，查获暗娼76名，嫖客62人，容留妇女卖淫窝主5处8人。1988年5月，市区查获卖淫嫖娼案件298起，卖淫妇女、嫖客543人，其中引诱卖淫的42名，卖淫窝点51个，卖淫妇女223人。1989年1—10月，查处卖淫嫖娼案件比上年同期上升1.3倍。同年12月，市政府发布《关于禁止卖淫嫖娼、扫除“六害”的通告》。市公安机关开展为期60天扫除“六害”总体战，市工商、卫生、民政、妇联配合，集中清查，查获卖淫嫖娼案件663起，打击处理738人。1990年，全市公安机关结合打抢劫、反盗扒、除“六害”专项斗争，查处卖淫嫖娼案件515起，526人，取缔卖淫窝点4个。

1991年11月，全国人大常委会发布《关于严禁卖淫嫖娼的决定》。全市公安机关开展取缔卖淫嫖娼专项斗争，重点清查旅馆、个体餐馆、按摩店、洗浴店、娱乐场所。针对攸县境内106国道沿线个体旅（饭）店卖淫嫖娼活动猖獗的情况，攸县公安局抽调警力在106国道沿线的菜花坪、城关地区查处卖淫嫖娼案件101起，抓获嫖客68名，卖淫妇女28人，取缔窝点12家，勒令停业整顿18家。

1990—2000年，全市共查处卖淫嫖娼案件17146起，涉案人数23006人次，打击处理18277人次，其中劳教225人，治安拘留3474人。

（二）查禁赌博

民国15年（1926），湘潭县公安局贴出告示，限期禁止生产赌具，查封制作纸牌商店。对以营利为目的的聚赌者予以治罪。民国37年（1948）7月，湘潭县政府下禁赌令3条，号召公务人员带头戒赌。由于官场腐败，禁令成一纸空文。株洲军警稽查处处长、保安司令贺石生，每逢生日喜丧日，告邀湘潭、醴陵、攸县等地土豪劣绅、军警匪首开堂聚赌15～30天，赌徒上千人，赌注银元数万元。

中华人民共和国成立后，人民政府厉行禁赌、查赌、抓赌，打击赌头、赌棍。1950—1953年，查获赌博案3起，成员16名，逮捕5名，没收赌资，对11名参赌人员进行批评教育。1957年冬和1958年春，向群众进行禁赌教育，移风易俗，文明为人。1958年1季度，醴陵县公安局以乡为单位集训赌头、赌棍1178名，收缴赌具1789件。此后20多年，赌博现象基本得到抑制。

1980年以来，赌博现象抬头。醴陵县王坊公社某大队党支部书记、大队长、大队会计带头赌博，全大队参赌人员806名，占全大队人口21.25%。败坏社会风气，影响生产、工作和学习，造成许多家庭不和，甚至倾家荡产、妻离子散。为维护城乡社会治安秩序，1981年3—4月，全市开展禁赌活动，查获赌博167伙1636人，缴获赌资2.5万余元，捣毁窝点154处。各级党委和政府将禁赌作为建设社会主义精神文明活动内容来抓，通过多种形式的宣传，开展法制教育和赌博危害性、腐蚀性、禁赌必要性教育。对聚众赌博、屡经处罚不改的23人予以劳动教养；对赌博财物和用其他方法变相赌博、屡教不改的，依照治安管理处罚条例拘留252人，罚款405人，警告18人。

1983年春节后，开展查禁赌博专项斗争。株洲市人民政府发布《关于查禁赌博的通告》，凡在1981年以来参与赌博的，要在通告之日起15天内，到当地派出所或本单位保卫、政工部门进行登记，敦促赌头、赌棍、聚众抽头的窝主、教唆犯，15天内向公安机关和保卫部门坦白交代，逾期拒不坦白交代的，依法惩处。此次禁赌，市区共查处赌博案291起，参赌人员1347人，其中1106人主动登记，占参赌总数的82.10%，交代赌博342场，交出赌博所得40.30万元。对拒不交待的608人，根据情节轻重和悔改表现，分别给予劳教、拘留、罚款、警告处分。

1985年，赌博之风继续蔓延。公安机关于当年开展3次禁赌活动。市区18011名参赌成员主动坦白进行登记，具结悔过；抓现行赌博721场，成员3851人，缴获赌资26万余元。对于大多数偶尔参赌、情节轻微者，以教育为主。对屡教不改、恶习较深的赌头、赌棍和惯赌分子，分别给予劳动教养、收容教育、治安拘留、罚款、警告处罚。对1名以营利为目的聚众赌博犯，依照刑法逮捕判刑。1987—1989年，每年持续开展查赌博、除“六害”专项斗争，赌风屡禁屡长。1990年，在开展扫除“六害”总体战中，查处赌博案11090起，治安处罚8383人，案数和人数分别为1985年的20.31倍和8.56倍。

1991—2000年，境内赌博形式和工具都有所变化，除传统的麻将、纸牌等形式外，新增了电子赌博机。1993年10—11月，市公安、文化部门联手，对市内利用电游、麻将、摇骰子赌博的娱乐场所进行9次大清理，查获参赌人员136人，收缴赌资4.6万元。1998年，关闭12家有赌博现象的麻将馆。2000年4—5月，在全市查禁赌博电游的专项行动中，共查处电游室18家，收缴电游板400块，查处电游业主及参赌人员80名，没收非法所得近40万元。1991—2000年，全市共查处赌博案105224起，涉案人数168983人次，打击处理153796人次，其中劳教11人、治安拘留10430人，治安罚款143355人次。

（三）查禁毒品

清道光十七年（1837），烟毒由武汉、长沙流入株洲境内。民国18年（1929），株洲在湘潭县禁烟委员会领导下，宣布禁烟禁毒。民国25年（1936），国民政府推行烟毒政策，株洲镇贩烟吸烟泛滥，有土膏店2家，售吃场所10余家，吸食者300余人。

中华人民共和国成立后，境内各级公安机关贯彻国务院颁布的《严禁鸦片烟毒的通令》和湖南省政府颁发关于禁烟禁毒布告。1952年6月，开展禁烟毒运动，宣传烟毒的危害，受教育群众达21608人次。株洲市公安局设立烟毒人员悔过登记站，协同检察、民政部门组成禁烟禁毒办公室，查获烟毒偶犯13人，惯犯14人，现行犯10人，贩毒犯25人，零卖11人，吸食场所10个，吸毒者321人。本着“教育挽救多数、打击惩处少数”原则，管制10人，判刑26人，处决3人。收缴烟毒20余两，烟枪39支，小烟秤10把，其他毒具2件。是年年底，禁烟禁毒运动结束，尔后没有出现烟毒案件。

随着中国与国际交往的增多，国际贩毒活动也乘中国改革开放之机，逐渐侵袭中国，使绝迹多年的毒品犯罪活动死灰复燃。株洲是重要的水、陆交通枢纽，流动人口频繁，贩毒、吸毒现象日益严重。1985年2月，茶陵县下东乡东山坳村七组村民王某某，从安徽省淮南市带回罂粟种子，种植罂粟0.12公顷，收取罂粟果浆1500克，1986年5月被查获，王被予以治安处罚。1987年10月7日晚，市电焊条厂一工人与市住宅二公司一工人，从贵州水城县贩回鸦片1000克，在庆云宾馆被查获。1990 年 6 月 23 日，株洲县黄龙乡一村妇回广西靖县娘家，买回鸦片 100 克在朱亭镇出售，被判处有期徒刑 6 个月，缓刑 6 个月。

1990 年 12 月，全国人大常委会颁布了《关于禁毒的决定》。当年，全市查处涉毒案件 2 起。为适应禁毒工作的需要，1993 年 6 月株洲市成立禁毒领导小组，各县市区也先后成立了禁毒工作领导小组，部署开展一系列禁毒工作。1994 年，市公安局刑侦支队四大队成为市公安局第一支专业缉毒队伍。全市公安机关强化涉毒案件的侦破工作，坚持禁贩、禁吸、禁种、禁制“四禁”并举，严厉打击毒品违法犯罪活动，抓获了一大批吸贩毒犯罪嫌疑人，成功地破获了一大批毒品案件，有效遏制了毒品犯罪发展蔓延势头。每年的“6·26”国际禁毒日，都开展各种形式的禁毒宣传活动。1994 — 2000 年，全市共破获涉毒刑事案件 2021 起，涉毒治安案件 2733 起，抓获涉毒人员 2374 人，缴获海洛因 3719.7 克、摇头丸 220 粒、鸦片 1722.5 克。

三　特种行业管理

民国 26 年（1937），日本侵略中国，外地商贩在株洲镇落宿较多，旅舍客栈迅速增加到 177 户。民国 33 年（1944），抗日战争趋于胜利，外埠客商各归其所，株洲镇旅舍客栈退落到 13 户。民国 37 年（1948），株洲警察所对各戏院及娱乐场所颁部 9 条注意事项和领取营业许可证规定，对特种行业着手进行管理。1949 年 9 月，人民公安机关列管特种行业 118 处，其中旅社 32 处、客栈 20 处、印刷 11 处、刻字 8 处、照相 21 处、寄卖 14 处、运输 12 处，实行申请登记，发证营业，配备治安保卫人员，建立健全昼夜值班、来客登记制度。

1952 年，对 82 户特业（旅馆 38 户，客栈 9 户，印刷刻字业 13 家，旧货业 14 家，古衣业 5 家，脚踏车行 3 家）以派出所为主，对从业人员进行职业教育，健全各种制度，加强治安管理，提高从业人员政治觉悟。全年，共协助公安机关查获各类案件 21 起，捕获逃亡地主 1 人，刑事案犯 18 人。

1956 年，通过对资本主义工商业社会主义改造，私营旅社予以公私合营，由市饮食服务公司领导，公司设立保卫课，所辖特业按党支部范围建立治保会，加强制度建设和对服务人员培训。

1964 年 2 月，市公安机关对全市 77 户旅社客栈、印铸刻字和戏院重新进行审定，符合规定要求的，颁发“特种行业许可证”。对 751 名从业人员进行政治审查，严格把住政治、业务素质关，凡不符合条件的，予以清理。

中共十一届三中全会以来，国家实行改革开放政策，促进了特种行业发展。1978 年，市区有旅社 57 家，印刷刻字业 28 家，旧货业 34 家，修理业 147 家。由于从业人员单纯追求盈利，忽视安全，给犯罪分子可乘之机，致使特业领域一度案件剧增。为堵塞漏洞，预防犯罪，旅社实行分楼开票，对服务、售票、守卡员制定岗位责任制，健全住宿登记、财物保管、凭证出入、按时查店制度。

1982 年，颁布《关于加强废旧物资收购经营管理的规定》，对市区废旧收购站（店）进行检查整顿，对违反规定的收购站（店），进行通报批评或停业整顿。8 月，市公安局会同工商、供销、商业、社队企业等单位，抽调 110 名干部，对全市特种行业进行整顿，取缔 532 家，破获各类案件

540起，抓获违法人员14名，挽回经济损失6409元，全年旅社发案率比上年下降62.99%。

1986年，《湖南省旅社治安管理办法》颁布施行。株洲市结合反盗斗争，对旅社、废旧收购等行业进行清理整顿，取缔无证经营和有严重问题站（店）491家。按照“谁主管、谁负责”的原则，对全市113家国营、集体、个体旅社，推行治安承包责任制，占总数的59.39%；与115家废旧业签订治安承包守法合同，占总数52.40%。1989年，市政府颁布《关于清理整顿废旧行业加强废旧金属收购管理的通告》和《关于加强废旧物品收购管理的若干规定》，对全市352家废旧收购站（店）进行资格审查，重新换证。制定《旅馆业安全管理规定》《印刷业、刻字业治安管理规定》，对符合规定的特业单位，颁发“特种行业许可证”，并结合“打抢劫、反盗窃、除六害”专项斗争，建立旅店业管理协会，依靠协会力量，自己管好自己，实行社会治安综合治理。

1990年，对全市1750家特种行业进行重新审核，换发“特种行业许可证”和“特种行业经营许可证”。1—11月，会同工商、物资、供销部门，查处销赃、收赃废旧收购站（店）44家和非法、违章收购人员447名，全年工业器材被盗案件较上年下降42.80%。

1991年，市公安局下发《关于加强社会治安管理，清理整顿特种行业、公共娱乐场所》文件。1992年8—10月，对全市特种行业进行全面清理整顿，依法取缔特种行业309家，对保留的1671家特种行业，换发省公安厅统一的“特种行业许可证”。在清理整顿中，共发现各类案件线索132条，破获刑事案件128起，查处治安案件474起，逮捕7名，劳教4名，治安拘留72名，治安罚款403名。

1994年，《中华人民共和国废旧金属收购业治安管理办法》正式实施。1996年1月，南区公安分局召开66家大型场所主要负责人和保卫干部教训例会，通报了市文化局招待所因旅客住宿登记不严、安全防范意识不强而引发“1·20”特大抢劫案件。5月，南方动力机械公司发生价值30余万元的飞机涡轮被盗案件，治安管理支队通过废旧行业查控获得案件线索，将犯罪嫌疑人抓获。9月，市公安局出入境管理部门和治安管理支队协同配合，实现与省公安厅出入境管理处以及市内9家涉外宾馆招待所的入境人员管理三级微机联网。

1997年4—7月，全市开展清理整顿废旧金属收购站点，严厉打击盗窃工业器材犯罪活动的专项斗争。共清理废旧收购站点789家，吊销特业证照22个，关闭站点147家，查处各类案件352起，查处违法犯罪人员172人，其中逮捕犯罪嫌疑人16人、劳教26人、治安处罚130人。同时在大型厂矿企业周边500米范围内划定禁设区36个。工矿企业盗窃工业器材案件发案数比上年同期下降80%。6—7月，同新闻出版、工商部门对全市422家印刷企业进行清理整顿，严厉打击非法出版物，重新审核发放“特种行业经营许可证”，发现和取缔无证印刷厂点17家，对不符合安全要求或制度不健全的57家印刷企业责令停业整顿。7月，对旅店业进行清理整顿，共整改不安全隐患398家521处，改造旅客行李寄存室565间，添置防盗保险柜181个，对一批经营不好又不合安全条件的予以查封，限期整改。建立安全责任制度，签订治安责任书。全市旅馆业共增加治保组织124个，治保人员372人。通过清理整顿，共查处各类案件412起，抓获各类违法犯罪人员814人，其中逮捕35人、收容教育211人、治安处罚562人，有效地维护了旅馆业正常经营秩序。

2000年，全市共有特种行业1578家，其中旅店业688家、旧货业507家、刻字业35家、印刷业321家、寄卖业19家、拍卖业3家、典当业5家。

四 危爆物品管理

民国36年（1947），株洲警察所奉行国民政府当年6月颁布的《自卫枪枝管理条例》，登记自卫枪枝32支。

1951年6月，株洲市公安局规定，除国家兵工厂、修械所及国家委托的工厂修械所外，任何个人、团体或企业，均不得制造或改造枪支、弹药。佩带枪支的范围是：市、县以上人民政府科长以上干部；区级人民政府主要负责干部；各级公安人员；各机关交通、通讯、警卫人员；高级干部学校及具有武装性质的训练班，有工作或学习必要者，经过批准，可以佩带枪支。凡携带枪支人员，必须领取“持枪证”，接受公安人员或部队检查，如有丢失，及时申报立案追查。缴获或拾获的枪支、弹药，一律由当地政府或公安机关处理。

1958年5月，将单双管猎枪、鸟枪和其他发射枪均列入猎枪管理。制造猎枪、弹药的工厂、手工业合作社，须事先向市工业局领取技术许可证，并报经市公安局批准后方可生产。猎枪限在土产经理部生产资料门市部订货，其发货、订货单位回单交公安机关备查。

1959年6月26日，市公安局下发《关于加强对爆炸物品管理的紧急指示》，针对爆炸物品保管人员不纯、储存保管、使用不善情况，对储存、使用爆炸物品单位职工、仓库保管员、爆破员进行安全教育，开展安全大检查。爆炸物品必须储存在安全、可靠的专用仓库，市区中心、居民集结点、公共场所、建筑物附近不准放置爆炸危险物品，更不准放入宿舍食堂或办公桌内，清理不可靠仓库保管员。7月，下发《关于换发新枪证和加强枪支管理工作的紧急通知》，要求各保卫科、股和派出所及其他政法部门，对已佩带枪支人员，持单位介绍信及本人照片重填“枪支登记表”，重新换发持枪证，澄清枪支底数。同时与体育协会联合颁布《关于射击运动枪支、弹药使用暂行规定和射击场设置管理规程》，对射击运动枪弹设有专人保管，经常清点校对，严防丢失，严禁私人购买和借用。

1961年，成立武器清理委员会，并结合整风整社运动，对各区机关、企业、厂矿等单位自卫枪支和民兵使用武器进行清查，调整佩带范围。民兵配长枪288支，政法干部配手枪695支，收缴不符合配枪人员短枪88支。

1964年3月，市政府发布换发猎枪证通知，由市公安局办理猎枪证407本，运动枪证150本，气枪证747本，对来历不明的15支小口径步枪予以收缴。

1966年下半年，由于开展“文化大革命”，一些群众组织抢夺枪支弹药进行武斗。1967年9月，根据中央、国务院、中央军委、中央文革小组《关于不准抢夺人民解放军武器、装备和各种军用物资的命令》，市政府组织公安、保卫部门组成挖黑枪领导小组，对未作登记和私藏的枪支、弹药进行清理追查，清缴的长枪、刺刀交人武部，短枪交市公安、检察、法院军事管制委员会。1968年2月，市军管会发出《关于枪支集中保管的决定》，各办、组、队、所枪支、弹药，一律由各单位选出的政治可靠、工作负责的群众组织集中保管，动用武器需由单位军代表批准。

1976年，爆炸物品管理制度尚未建立健全，账实严重不符。经对城区35个使用爆炸物品单位调查，私自转售炸药10222.5千克，雷管45767发，导火索22047米；发生被盗爆炸物品案件9起，盗走炸药6千克，雷管242发，起爆机1台。

1981年，贯彻执行《中华人民共和国枪支管理办法》。7月，市政府发布《关于收缴凶器的通知》，按照《管理办法》规定管理范围进行清理登记。通过清理，全市共收缴各种枪支124支，子弹2740发，手榴弹3枚，其他凶器359件，雷管4186发，炸药1100千克，导火索214米；拘留违反枪支、弹药、爆炸物品管理规定的16人。是年12月22日，市公安局制定《公安业务用枪保管、使用的规定》，枪支需发给工作需要的干警，由本人妥善保管；派出所的枪支集中由内勤保管。使用枪支，限于执行公务逮捕、拘留、押解人犯。

1983年5月，市公安局制发《关于收回不属佩枪范围领导干部枪支的通知》。9个县市区领导干部交回公安牌、64式手枪28支，收缴厂矿、企事业单位小口径手枪1支，火药枪24支，非法购买的气枪11支，子弹170发。办理气枪证931本。

1984年，株洲市根据《中华人民共和国民用爆炸物品管理条例》，由市公安局牵头，从物资、煤炭、乡镇企业等部门抽调117人，组成清整办公室。对全市508家生产、储存、销售使用爆炸物品单位和1819个有生产、储存、转运、批发经营烟花炮竹单位进行清理整顿，责令限期整改的单位有316家，封查和停产整顿有14家。1984 — 1986年，先后发出关于《加强统配民用爆炸器材购销管理规定》《关于加强烟花鞭炮运输、销售、燃放的通告》等系列文件。经清理整顿，发现近70%的单位存在问题和隐患，1984年和1985共发现隐患1550处。1985年发生爆炸事故60起，死亡27人、伤97人，财产损失25.1万元。是年，株洲市专设了花炮安全办公室，严格花炮生产、销售、储运各环节的安全监管和审批程序。1986年，市公安、物资、供销部门联合组织654人组成116个清理小组，组织14人上路设关堵卡，查获非法贩运、贩卖烟花鞭炮和携带雷管、炸药乘车事件66起，依法扣押非法运销烟花鞭炮折价26万余元，查出无证经营爆炸物品的833家，取缔非法经营厂418家，责令停业整顿42家。据1984年和1986年统计，两年共查处违反危爆物品管理，盗窃、贩卖危爆物品案件164起、625人，收缴失散雷管62619发、炸药7630千克、导火索12470米、手榴弹2枚。通过清理整顿，1986年爆炸事故比上年同期下降50.3%，各类隐患明显减少。

1986年，株洲市设立清理整顿枪支、弹药办公室，市政法部门和5县市公安机关抽调63人分别组建13个清理枪支、弹药小组，对全市民用枪支进行清理整顿。收缴流散在社会上驳壳枪1支，小口径步枪7支，小口径手枪2支，56式步枪8支，各种子弹1970发，收回不属佩枪范围枪枝36支。为严密枪支管理，市公安局于12月制订签发《关于加强枪支、警械管理的几项具体规定》，控制配发枪支范围，建立存放、携带、使用保管制度。建立枪支档卡，逐枪发证。对303支需报废枪支，由市公安局进行统一造册，监督销毁。

1988年，建立健全爆破专业队审批程序及爆破员、监督员、安全员职责和守则，实行全市归口审批爆破队伍。4月，协同市物资、供销、煤炭部门对全市532个烟花鞭炮生产厂家、1136家雷管炸药使用单位和60家储存爆炸物品单位进行安全检查，依法取缔无照经营小煤窑116个，关闭不符合安全条件工厂6家，责令92家烟花鞭炮生产厂家和23个爆破器材使用单位停业整顿隐患1168处，依法打击处理违反爆炸危险物品管理和盗窃贩卖雷管炸药人员381名。同时对76名爆破员、保管员、安全员进行技术考核、培训颁发合格证，取消38名不合格爆破人员资格，有效地减少事故发生。全市爆炸事故起数、死人、伤人、经济损失分别比上年下降77.30%、12.50%、73.60%和13.10%。

1990年，对配备公安、检察、法院、厂矿保卫处（科）的手枪、冲锋枪、气枪、运动射击枪进行经常性检查、发证，全部建立档卡，办理持枪证。5月，与物资局联合签发《关于严格爆破器材统购统销管理的通知》，民用爆破器材供应、经销由市物资局化轻公司统一管理，凭省下达民用爆破器材调拨单到株洲市公安局统一申请办理“爆破物品购买证”“爆炸物品运输证”，严禁自由买卖和转手倒卖。8月，与矿产资源管理办公室联合规定，各类矿产企业凭“采矿许可证”“爆炸物品贮存和使用许可证”办理民用爆炸器材购买手续。同年，市公安局会同有关部门抽调824人，组成169个清理检查小组，以铁路沿线和内部单位为重点，清理检查1892家厂矿，依法取缔无证经营工厂36家，查封责令限期补办手续的58家，对有重大隐患的52家单位予以停业整顿；整改各种隐患1497处，督促1352家建立健全各种安全管理制度；制定印发《建筑爆破施工安全管理规定》，举办8期计261名爆破人员培训班。查获制造爆炸案件、盗窃爆破器材案件14起。

1991年，发出《关于爆炸危险物品管理工作分工协作问题的通知》，明确各类爆炸物品、危险货物分类，由治安部门负责安全监督管理。3月，明确规定民用爆破器材的经销工作由市物资局化轻公司统一管理，严禁民用爆破器材自由买卖和转手倒卖。7月，组织对全市化学危险物品、放射性物品生产、使用单位进行清理登记，对90家化学危险物品生产、使用、储存单位和258家放射性同位素、放射性装置使用、储存单位建立了档案。

1992年，公安部门对全市公、检、法、司、内保单位的公安保卫枪支和射击运动枪支进行重新登记，换发了枪证。4月，在全市开展清理整顿枪支弹药、管制刀具、爆炸危险物品的“三清缴”统一行动。查破涉枪、涉爆案件97起，打击处理116人。据1988年、1990年、1992年3年统计，共收缴倒卖和流散炸药8825.4千克、雷管19933发、导火索8594米、枪支272支、子弹48发、手榴弹72枚、管制刀具253把。

1994年，株洲市接连发生持枪犯罪案件，作案枪支多为自制火药枪和用发令枪改制的自制小口径手枪。5月，全市公安机关共出动警力2000人，收缴枪支226支、查处涉枪涉爆案件54起，抓获涉枪涉爆犯罪嫌疑人89名。8月，市公安局将收缴的非法枪支在株洲钢厂予以集中销毁。

1996年4月，市公安局、计委、物资总公司联合开展集中查缴清理爆炸物品的行动。行动中，全市共出动人员17946人次，清查部位11964处，查处隐患4778处，依法取缔涉爆单位1149家，共查破涉爆案件事故232起，抓获犯罪嫌疑人员303名，收缴了一批违禁炸药、雷管、导火索、烟花爆竹。市公安局依据《民爆条例》和《爆破安全规程》制定了《仓库主任职责》《安全员职责》《爆破员职责》《押运员职责》《守库员职责》《保管员职责》《库房爆破器材堆放规定》等7项职责及烟花爆竹生产的11项制度。8月，发布《关于清理收缴枪支弹药的通知》，全面开展枪支弹药的清理、登记和收缴工作，澄清全市公务用枪及射击运动枪支的数量，封存11家民用枪支销售点的352支气枪，收缴不符合枪支管理法及流散在社会上的民用枪支260支。

1997年，先后组织全市5480名持枪人员进行业务培训和3000名爆破员业务技术、安全知识培训。对涉枪涉爆单位以及流散在社会上的枪支和爆炸物品进行4次检查和收缴行动，发现并消除隐患769处，收缴各类枪支1042支、子弹500发和大量炸药、雷管、导火索、烟花爆竹、易燃易爆物品，查获涉枪涉爆案件79起。

自1998年6月开始，将机关团体、企业事业单位的枪支实行集中保管制度，将机关团体、企事业单位的589支公务用枪支弹药全部收回，由公安机关集中保管。

1999年1月，公安部在山东淄博召开的“全国农村‘三小’企业爆炸物品管理工作现场会”上，市公安局作了经验介绍。为确保国庆50周年和澳门回归的绝对安全，全市共检查涉爆单位1244家，整改各类隐患605处，查处涉枪涉爆案件60起，抓获涉枪涉爆违法犯罪人员144人，收缴各类枪支216支，子弹189发，管制刀具268把和一批炸药、雷管、导火索，收回超范围配备公务用枪158支。

2000年，市人民政府部署全市清理整顿烟花鞭炮安全生产经营专项行动。全市成立各级清理整顿领导小组301个，参加人员1200人。共举办6期涉爆从业人员培训班，并成立市烟花爆竹经营市场稽查队。对全市203家有证烟花爆竹生产经营厂家进行检查，发出整改通知140份，责令停业整顿88家，吊销76家。对非法生产作坊下达《停产、取缔通知书》6125份。全市刑事拘留1人，治安拘留45人，没收、销毁烟花爆竹350箱。市公安局依法将政法机关、保卫部门淘汰的公务用枪予以集中报废，同时收缴流散在社会上的各类枪支823支（其中军用枪247支、民用枪436支、其他枪140支）、管制刀具1291把，在车辆厂铸钢车间全部予以销毁。

五　路牌、门牌管理

1988年6月，市政府城镇科、市公安局、城建局、规划办、邮电局、房产局组成株洲市地址门牌整顿办公室，对市区26条主支干道、1500个临街门牌、10万户居民住址门牌进行整顿。根据“统一、规范”的原则，据实缴销原临街门牌62块，异动229块，新编828块，制发新门牌1484块，更改居民住址2018处，制发、更换居民住址门牌7.46万块，收集住址信息2034条。按区、派出所、居委会、村、路、街、巷行政区划和地域划分，对居民住址（村、组以上）进行代码分配和集中汇总，编印出《株洲市住址代码本》。同时，对城郊4区的服务处所进行了调查摸底，以第三次人口普查行业分类为标准，收集3685个服务处所统一汇总、校对。按行业、隶属关系、所有制类型、规模大小、所在地域及属性进行代码分配，编制出《株洲市服务处所代码本》。

1992年2月，市公安局组织城市4区派出所核发“房屋出租管理证”，订出租户门牌5223块。1996年4月，实行农村户口城市化管理，郊区订门牌149730块，树村牌898块，绘制村级方位图6477套。1999年3月，针对城市旧城改造、居民住宅变化、道路数量增多、临街店面多等情况，在全市城乡开展对常住人口进行清理核对，解决户籍管理滞后于城市发展速度的局面，城市换订门、栋、路号牌193300块。农村装订门牌634723块，设置村碑3671块，绘制村级方位图25286套。

六 水上治安

清光绪三十年（1904），株洲水上属湘潭警察厅、局管理。民国1年（1912），株洲属湘潭1～8总，总部设在渌口。其时，株洲有水上木划子300余只。民国27年（1938），株洲警察所在水上设缉查组5人。民国34年（1945），水上设立杨泗庙，主管水上治安，鲁班殿设3个船总，分段管理。还有船民工会组织50人巡逻队，维护日常水上治安秩序。

1949年10月，株洲水上属湘潭县水上公安派出所管辖。1952年9月，水上派出所管理船舶户346户1346人。1953年7月，设立株洲市公安局水上派出所。1957年，水上以船舶为单位立户，发给船舶户口簿。1965年，水上派出所与解放街派出所合并办公，更名水陆派出所，管辖湘江上至王十万、下至湘潭水域交界处码头26个，全长100千米。1975年1月，撤销水陆派出所，恢复水上派出所。1989年5月，水上派出所隶属郊区公安分局管理，管辖小麦港至霞湾白沙园20千米水域，码头7个。

1990年3月，株洲县组建水上派出所，负责县域湘江水上治安管理工作。1997年8月，因区划调整，市水上派出所归属市公安局天元分局管辖。两水上派出所管辖湘江159.8千米长的水域，码头34个，加油站2个，水厂水泵房4个，淘金、挖沙船57艘，运输船429艘，渔船1851条，水上渔民及工副业人员8350人。

（一）打击水上刑事犯罪

1952年，株洲水上开展镇反运动，挖出惯匪12人，土匪25人，封建把头39人，各种反动组织27个。镇压2人，逮捕12人，管制25人。

1959年，株洲水上旧社会遗留的残余势力，不服从政府领导，逃避改造，乔装打扮成船民，潜伏水上设立组织，搞破坏，制造事端，为非作歹。9月20日，有10人冒充解放军检查船只，抢走船上布匹、毛毯等物。10月11日，匪特20余人，佩带枪支，盗走株洲永利工厂光洋200余元和其他物件。

1963年，为打击水上现行破坏活动，全市破获刑事案件7起、未报案件3起，协助外地破案2起，打击处理24名，收容流浪人员16名。1975年，开展水上运输安全防范宣传教育，发动群众组成防范网，落实防范措施。组织昼夜巡逻，设立霞湾、铜塘湾、白石港、客运站、汽渡、轮渡6个联防卡，查获盗窃工业用煤500余千克，破刑事案件4起，抓获罪犯嫌疑人10名。

1990—2000年，水上治安工作始终坚持严厉打击刑事犯罪方针，水上民警针对辖区发案少、人口流动量大的特点，主动出击，共破获各类水上刑事案件223起，依法打击处理1808人，其中逮捕49人，劳动教养28人，治安处罚1731人。

（二）维护水上治安

民国30年（1941），为抵抗日本侵略，维护水上治安秩序，39名船民自发组织抗日，全部被侵略日军杀害，损失船只30余艘。船民们抗日的行为，受到人民赞颂，湖南省政府授予“民族之魂”光荣匾。民国34年（1945），株洲建造土炮船1艘，巡视水上治安，捉拿抢劫犯、强奸犯和赌棍置于炮船上游河示众。民国37年（1948），株洲镇有码头12个，各码头把头称霸一方。是年，杨泗庙派巡缉队4人维护经常性及每年龙船比赛治安秩序。是年冬，湘潭县警察局对湘江实行冬防宵禁，派出水警队分段昼夜巡逻，稽查往来船只，夜间不准通航。

中华人民共和国成立后，加强水上治安管理。1978年，组织对湘江两岸13个公社、3个镇、1个场航行违章作业情况进行全面检查，查获严重违章作业船只2028艘，非法炸鱼27次，抓获违反治安管理人员16人，扣押违章船只75艘，证书85本，收缴赃物44件，行政拘留8人。

1984年，一些陆地居民与水上船民聚集在水上船只进行赌博，3艘船停靠在河里，10多人参赌10余天。为刹住水上赌博之风，水上公安及时修正与建立健全船舶管理规章制度，对船民发布禁赌公告，并派专人巡逻执勤。

1985年7月，为维护夏季湘江天然游泳场秩序，将国营、集体和个体在河西湘江岸边设置的87个凉棚、摊点，进行统一管理、审批和规划，逐一进行安全检查，制定更换、寄存、摊点、凉棚管理暂行规定，干警与联防队员定点巡逻执勤，确保游泳场的安全。通过执勤巡逻，查获流氓团伙3个，抓获违法犯罪人员14名，收缴自行车、摩托车各1辆，挽回经济损失4000余元，遣送外流人员200多人次。

1987年，制定船舶治安责任制，开展防火、防爆、防盗安全检查，逐船订立治安公约，船舶到、离必须向派出所进行船民暂住人口登记和注销手续，登记暂住人口610人次，注销191人次。

1989年，组织对管辖渔民、船民进行全面清理整顿，登记、重新核发船民证。4—9月，完成换发船民证489人，实行持新证上岗。从1999年开始，水上派出所对档案按省级标准进行清理归档，库存档案630卷。并按市局要求，又建立各种基础台账37本。为抓好水上治安管理，2个水上派出所全面进行发牌、发证工作，共发放船民、渔民证8538个，签订治安承包合同298份，船户牌853块。1990年5—12月，抓获破坏水上资源违法人员44人，没收船只5条、电屏25个，销毁捕鱼工具25件、麻鱼机16人，保障了湘江水域安全。

1991—2000年，随着环境保护意识的增强，水上公安适时调整工作重心，将湘江河道的环境保护作为工作的重点来抓。其间，参与“保护湘江母亲河”活动，共出动宣传车67台次，民警186人次，向沿线15家单位及836名船民宣传湘江环境保护的重要意义，动员群众自觉保护湘江。配合其他部门整治湘江中的非法淘金、挖沙活动，共出动警力225人次，船只89次，毁掉非法淘金、挖沙船只5艘，行政处罚112人，确保了湘江航道的畅通。配合渔政、水利、自来水等部门对湘江流域的炸鱼、毒鱼、电鱼现象进行整治，共出动警力 887 人次，船只 317 次，抓获违法人员 239 名，治安罚款 186 人，治安拘留 53 人。同时，水上派出所共取缔岸边无证经营户 195 户，出动警力 1328 人次，公安艇 723 艘次，及时抢救、打捞不幸落水的群众 269 名。

七　林业治安

1961 年 8 月，酃县公安局设木湾派出所，专司林业管理。1963 年 12 月，湘潭专署洣水水运局在茶陵县设东门森工派出所。1964 年 3 月，酃县木湾派出所更名为林业派出所。1966 年，茶陵县公安局成立林业派出所。1968 年，林业公安实行军事管制。1982 年 11 月，酃县恢复建立林业派出所。同年 12 月，攸县设立林业派出所。1983 年，茶陵县恢复设立林业派出所，增设桃坑林业派出所。1984 年 3 月，株洲县设立林业派出所。1985 年 7 月，攸县、茶陵县分别成立林业公安股。10 月，醴陵市成立林业派出所。1986 年 1 月 6 日，建立株洲市公安局林业公安科，实行业务对口管理。1990 年，林业公安形成行业管理、侦察破案体系，设有林业公安科、分局各 1 个，林业股 4 个，林业派出所 13 个，配备林业公安干警 105 名。1993 年 1 月，将全市 22 个森林防火编制纳入林业公安编制序列，全市林业公安编制增加到 139 个。森林防火办事机构与林业公安机构合并，合并后林业公安机关既担负着林业公安工作任务，又履行森林防火指挥部办公室的职责和权限。2000 年年底，全市共有林业公安机构 18 个，定编 147 人。其中，炎陵、茶陵两县设立了林业公安分局，醴陵市、攸县和株洲县设立了林业公安科、股，在国有林区和集体林区设立了 12 个林业派出所。

（一）林区治安

1961 年下半年，酃县木湾派出所建立后，受理反革命、刑事案件 24 起。破获盗窃、投机倒把、贪污、隐瞒私分案件 11 起，破案率 45.8%。

1963 年，林业公安侦破盗窃木材、贪污、诈骗、奸污军属、杀人、反革命集团案件 15 起，破案率 100%。逮捕 3 人，治安拘留 2 人，训诫 15 人，挽回经济损失 2025.50 元。

“文化大革命”期间，林业公安受到冲击，工作无法正常开展。

1978 年后，境内林业实行联产承包责任制，部分国有、集体山林分户管理经营。部分农民对责任山林木、他人山林、集体和国营林场林木乱砍滥伐，有的甚至发展到结伙盗伐，且愈演愈烈。1985 — 1987 年，共破坏森林 2053.27 公顷，盗伐林木 29715 立方米，经济损失 110 万元。1987 年 8 月，根据中央、国务院《关于加强南方集体林区资源管理，坚决制止乱砍滥伐的指示》精神，全市开展了打击破坏森林犯罪的专项斗争。株洲市设立专项斗争指挥部，由市公安局、林业局负责人任指挥长；各县市郊亦相应设立领导小组及办公室，由副县长、纪委书记、政法委书记、公安、林业局长为领导小组成员，以 56 个林区乡镇为重点，历时 5 个月，查破一般刑事案件 48 起，重大案件 10 起，治安案件 157 起，捣毁团伙 7 个，抓获违法犯罪人员 238 名，打击处理 161 名，收缴木材 463 立方米，挽回经济损失 41 万元。

通过几次整治，境内林区治安秩序基本稳定。但局部的盗伐、滥伐林木，抢劫、偷运木材和冲关闯卡现象依然存在。1991年1月，酃县分路口检查站人员被茶陵县浣溪乡溪江村的十几个村民殴打，偷运木材并冲关。当市林业公安执法检查组组织追捕时，又遭到村民及家属100多人的围攻、殴打。是年6月13日，茶陵县火田乡陈某为首100余人，乘9台拖拉机窜到江西省莲花县韩山乡白竹村抢夺林木，当莲花县林业公安分局民警前来制止时，陈等将3名民警打伤，抢走五四和六四手枪各1支，子弹13发，电棒1支，手铐1副，并将3名受伤民警绑架回火田。1992年3月，醴陵市船湾乡门冲村书记谢某带领上百人分乘4辆手扶拖拉机和数十辆自行车，赶到攸县皇图岭木材检查站，强行拖走被该站扣留的木材，并打伤前来制止事态执法人员，撞倒检查站的铁门，砸烂餐具等物件，造成直接经济损失3000多元。

为进一步整顿林区治安秩序，保护森林资源，从1991开始连续3年开展了打击盗伐滥伐森木、毁林犯罪的专项斗争。1991年11月至1992年5月，全市共破获各类森林案件473起，抓获违法犯罪人员644人。特别是1993年，全市共破获各类森林案件1882起（其中，刑事案件308起、治安案件272起、行政案件1302起），打击处理违法犯罪人员2290人，挽回经济损失123.4万元。其间，市林业公安配合工商等部门对城区野生动物经营市场进行了一次全面清理，清查蛙类300余千克和上万只（条）鸟、蛇，有效制止了非法捕杀、经营野生动物的行为。

1995年4月，全市开展林区严打整治工作。是年，全市共破获各类森林案件1467起（其中，刑事案164起、治安案103起、行政案1200起），打击处理各类违法犯罪人员1645人，摧毁犯罪团伙36个，为国家集体挽回经济损失103.8万元。1997年，全市发生的森林刑事案件、治安案件、森林重特大案件和团伙案件分别比上年度减少53.2%、56.9%、85.7%和55.6%，连续3年在全省林业公安工作目标考核中进入前三名。

1998年6月，下发《株洲市创建安全文明林区实施方案》，在全市国有林场、自然保护区、风景区及集体林场、股份制林场开展创建“安全文明林区活动”，通过加强林区重点人口、流动人口的管理，建立和完善治保、护林等组织和规章制度，与周边县市公安机关建立协查联防协定。炎陵县作为境内林业大县，成为全省创建安全文明林区试点县。至年底，全县共发生森林刑事案和治安案件21起和8起，分别比上年度下降9%和11%。1999年3月，全省创建安全文明林区活动经验交流会在炎陵县召开，推广了株洲市和炎陵县开展创建安全文明林区活动的经验。至2000年年底，全市共有省级授牌达标的单位2个，市级授牌达标的22个，县级授牌达标的37个。2000年，全市共破获林业案件758起，其中刑事案件83起，处罚757人，其中逮捕45人，挽回损失82.5万元，收缴木材335立方米。

（二）森林防火

防火宣传教育 1952—1973年，茶陵县、酃县、醴陵县、攸县相继成立季节性护林防火指挥部，由湘潭专署护林防火指挥部管理。利用幻灯、彩色宣传画、文娱、黑板报、报告会等形式，向群众宣传森林防火知识。1964年，酃县水口山林场建立境内第一座森林防火瞭望台。1983年，株洲市设立护林防火指挥部，办公室由株洲市林业局森保站兼管。1988年，市护林防火指挥部办公室翻印《森林防火条例》《家家防火，人人防火》等宣传手册10万份，发至林区成年村民。1989年，各县市在林区公路、机耕道、道路两旁树起水泥、钢筋结构的永久性防火牌1000余块，刻有“森林防火，人人有责”“增强森林防火意识，消除火灾隐患”等防火警语。同时，出动宣传车150台次，放映防火知识题材影片、录像80场次。并在《株洲日报》刊出“严格控制火源，杜绝森林火灾”专版，发至全市各县市郊的乡、村、组，使森林防火知识家喻户晓，人人皆知。1991—2000年，随着广播电视的快速发展，相关部门还经常通过广播电视发布森林火警。特别是在清明扫墓期间和秋冬少雨季节，发出森林防火警示，提醒人们注意野外用火，提高防范森林火灾意识。1999年，市林业局投资4万元，初步建成市森林防火指挥室，并与国家和省森林防火林火监测网组网。

查处火灾案件 中华人民共和国成立初期，茶陵县匪特陈自荣纵火烧山，被判处死刑。攸县匪特陈澡芳，故意纵火烧山，烧毁林木1.27万株，被镇压。1950—1984年，境内发生森林火灾1387起，烧毁森林4.30万公顷。1985—1990年，全市发生森林火灾140起，各级林业公安机关破获火灾案件111起，打击处理95人。1991—2000年，境内发生森林火灾319起，火场总面积1796.98公顷，受害森林面积1136.3公顷，火案处理274起，处理273人，其中刑事处罚39人。2000年，全市发生森林火灾42次，受灾森林面积182.9公顷，受刑事处分11人。

八 治安联防

1950年12月，株洲兵工厂抽调20多名革命老区工人协助地方参加土地改革，调查工厂邻近农村政治、社会情况，对农民进行护厂教育，组建农村护厂组织。1951年，建立3个乡的联合安全分会，下设8个治安小组，昼夜担负护厂盘查工作。同年9月，在工厂周围居民及建厂的基建施工队伍中建立6个治安小组。

1953年8月，成立由第四公安派出所（卫门口派出所）、第七工程处、五里墩火车站、区公所、株洲兵工厂及工厂周围各乡参加的联合治保会，定期或不定期召开会议，共同研究和解决治安问题。

1958年，在旅社、轮船码头、剧场等公共复杂场所组建64名群众参加的联防组，包干负责防范工作。1965年，田心、宋家桥地区成立联合治保会，实行厂社、厂街联防。1975年7月，召开全市财贸系统基层党支部和保卫干部会议，总结推广郊区供销社依靠发动群众，抓好安全防范，两年未发生1起刑事案件经验。会后，建立各种群众性防范组织300多个，成员2000余人，昼夜值班巡逻，护仓守店。下半年发案率比上半年下降26%。同年，成立以派出所为主，附近单位参加的治安联防组，组织民兵和治安积极分子在辖区公共复杂场所巡逻执勤，维护社会秩序。株洲火车站治安联防组全年抓获各类犯罪分子60多名，破获刑事案件21起。1976年，全市共建立厂社、厂街、街所、店队治安联防组织和青少年防范、守护、巡逻组500多个，成员1万余人，参加业余巡逻执勤。1978年8月，430地区厂、社、街治安联防组织成立，参加单位30个。这年，全市设联防关卡27处，抓获流窜犯罪分子375名，破获刑事案件120余起。同时，加强居民宿舍区安全防范措施，建立由治安员、退休老工人、少先队员组成的厂、街治安联防组 196 个，800 余人，担负宿舍区巡逻守护工作。

1980 年，组织民兵在要害部位和刑事犯罪分子经常出没地段建立夜间哨卡 84 处，进行夜间巡逻放哨。全年出动民兵 14102 人次，抓获刑事犯罪分子 2255 名，破获各类案件 154 起。

1982 年，加强居民宿舍安全防范工作。每栋宿舍每天派人专门负责守栋看户，在城市 3 个区 144 栋高层居民楼实施分栋包干，轮流值班守护制度。全市 15 个居民委员会组织老工人巡逻执勤。同时，在浙赣、京广、湘黔铁路及长株、株浏、株潭公路沿线和城乡结合部增设关卡。全市关卡总数 92 处，守卡员 496 名，抓获流窜犯罪分子 140 名。

1986 年 4 月，株洲市组建联防指挥机构，市、县区设立治安联防总指挥部或指挥部，下设办公室。街道办事处（镇）设联防办公室或领导小组。至 6 月底，全市组建专业联防队 32 个 423 人，义务护厂、护院、护店、护库、场所联防队 712 个 4768 人。是年 5 月，在市区和各县市城镇建立“以防为主，防打结合”治安联防队。1989 — 1990 年，治安联防破各类案件 9115 起，抓获违法犯罪 10589 人，打击处理 8963 人。

1990 — 1993 年，全市共有专业联防队 40 多个 500 余人，治安巡逻队 756 个 8651 人，城市 3 区 6300 多栋宿舍守护率达 90%。

1994 年，市公安局设立群防科，由巡警支队管辖。全市共有治保会 3516 个 13431 人，治保小组 13491 个 40747 人。各行各业开展护厂、校、店“保一方平安”“创治安模范小区”活动，开展挽救失足青年，帮教“两劳”回归人员工作，防止了一大批“民转刑”案的发生。是年，治安联防队抽调 104 名队员积极配合巡警上岗执勤，以治安岗亭为依托，点线面结合，辖区周围形成维护社会防范网络。1996 年，在全国开展的严打斗争中，全市治安联防队员在“百日”战役中，共查获各类违法嫌疑人 10840 人，配合公安机关打击处理 7662 人，协助查破各类案件 6772 起，挽回损失 362.83 万元。1997 年 10 月，根据省厅统一部署，株洲市人民政府决定撤销株洲市巡警支队群防科。1998 年 6 月，全市 120 个专业治安联防队全部撤销，清退联防队员 690 人，群防群治、治安防范工作由治安支队基层基础建设科负责。当年，派出所、刑侦、巡警“三警一体”运行机制进一步深化，全市逐步形成了以 110 报警服务台为龙头，以巡警为骨干，以派出所和治保会等群防群治组织为基础的社会治安防控网络。当年，各级公安机关接到报警、求助电话 106 万个，经现场处置抓获违法犯罪嫌疑人 3730 名，破获各类案件 2620 起，调处各类纠纷 14136 起。

2000 年，加强社区警务建设，加大创建安全文明小区的力度，创建了田心社区警务、群丰中心联系户、七一路警务联勤等一批具有株洲特色的公安基层基础工作模式。

九　保安服务

1988 年 5 月，株洲市建立保安服务公司。至 1990 年，共有保安队员 253 名，为市区 29 家机关企事业单位提供保安服务。为市内 22 场次大型文艺演出、8 次订货会、4 个橘园进行安全保卫，为

54 个单位实施土石方爆破，为 1843 个企事业单位提供保安器材，为 33 个单位培训 35 名保安、保卫干部，协助公安保卫部门查破重大刑事案件 14 起、一般刑事案件 114 起、治安案件 581 起。抓获违法犯罪 1944 人，送公安机关打击处理 561 名。调处纠纷 2563 起，纠正违章 8975 起，消除事故隐患 543 起，挽回直接经济损失 16.2 万元。当年 2 月 17 日，市纪委办公室被盗，罪犯持枪拒捕，保安队员谢首红中弹牺牲，被省人民政府追认为革命烈士。

1991 年，保安公司担负全市 43 家单位的安保服务，保安队员达到 500 名，全年协助抓获违法犯罪嫌疑人 983 名，纠正各类违章 6120 人次。

1993 年，市保安服务公司开展了“文明执勤，预防事故，客户满意，群众喜爱”的活动以及“岗位练兵，业务知识抢答赛”活动。是年，株洲钢厂保安中队协助公安机关抓获违法犯罪嫌疑人 122 名，破获刑事案件 9 起、治安案件 29 起，为工厂挽回损失 15000 元。

1994 年，修改《株洲市保安人员内务条例》。全市东、南、北、直属队的保安中（分）队共划分 9 个责任区，每个责任区配备队员 60 ~ 80 人。全年，共协助抓获违法犯罪嫌疑人 198 名，扑救火灾 5 起，制止、劝阻上访闹事 965 人次，纠正违章 3835 起，杜绝重大生产事故、火灾事故 151 起。

1995 年 7 — 8 月，对全市保安服务市场进行清理整顿。全市共清理自建的保安、联防、经警等队伍 73 家，从业人员 698 人。6 家自建保安组织纳入保安服务公司统一管理，5 家自建保安队伍被撤销。1998 年，全市共有合法的保安公司 3 家，自建保安组织 216 家，经警从事保安的 51 家，共有保安人员 2218 人。4 月，根据公安部、省公安厅部署，开展对全市保安服务市场进行为期 3 个月的清理整顿。共取缔自建保安组织 216 家，收缴警服 325 套，摘除所谓的“警务所”“治安值班室”“治安大队”“保安部”等牌匾 11 块。明确公安机关治安部门为保安服务机构归口的管理部门。同时，对 516 名保安员进行培训考核和资质审查，核发上岗证件。通过整顿，全市保安组织做到“统一审批、统一培训、统一证件、统一服装标志、统一管理”。

到 2000 年，市保安公司有公安民警 5 名，干部 39 名，职工 36 名，设有 9 个职能部门，4 个保安大队，79 个中（分）队，保安队员 560 名，共为 79 家单位提供保安服务。全年，共预防和制止刑事案件 5186 起，重大治安灾害事故 490 起，避免直接经济损失 968 万元，挽回经济损失 3600 万元，抓获各类违法犯罪嫌疑人 1865 名，劝阻、制止上访闹事 13 万余人次，为市内 86 场次大型文艺演出、15 次订货会、4 个橘园进行保安服务。市保安服务公司被公安部、中华全国总工会、共青团中央联合授予“全国首届先进保安服务公司”称号。

第五节　居民身份证、边境通行证管理

一　颁发居民身份证

1986 年，根据《中华人民共和国居民身份证条例》，株洲市开始颁发居民身份证工作。在完成

城市发证的基础上，1987—1988年，相继在株洲县、攸县、茶陵县、酃县、醴陵县实施。

1986年6月，株洲市成立以副市长刘迪恺为组长的颁发居民身份证领导小组，下设居民身份证办公室，配备工作人员17名。7月，城市4区及所属10个街道办事处、11个乡（场），按照400：1的比例，选调2256名具有初中以上文化程度，身体素质好，工作认真负责，书写能力强的工作人员投入颁发居民身份证工作。根据颁证需要，印刷“常住人口登记表”“居民身份证编号登记表”“居民身份证过录底卡”“居民身份证年龄索引卡”“居民身份证照相袋”等资料24种，计431万份。购置打字机17台，添置居民身份证资料柜60个，发至城市派出所。全市共培训业务骨干1518名，工作人员受训率达91.88%。颁证工作按计划程序全面铺开。

市区各办事处组织2503名颁证临时工作人员对134042户499059人的户口进行了核对。经核实，城市应发证371834人，不发证1634人，缓发8433人，分别占16周岁以上人口数的96.5%、0.33%和1.41%。补充户口登记项目34396项，纠正人头差错2208人，解决人户分离3025人。9月份，将371834人全部重新填写“常住户口登记表”，为居民身份证编码工作提供依据。城市参加照相居民364377人，占应照相人数的98%。11月上旬，完成376855人的基础制证任务，占应发证人数的93.9%。

市、区、办事处分别建立质量检查验收组，经组织验收，“常住人口登记表”13个项目的准确率、编码准确率、照相率、相片合格率分别为99.9%、99.9%、98%、99%。11月下旬，将居民身份证底卡全部交公安部第一研究所进行技术制证。至1987年3月，市区387059个居民身份证分3批发给了居民。

1987年4月，株洲市公安局根据《中华人民共和国居民身份证条例实施细则》，制定《户口管理和居民身份证管理暂行规定》。实施居民身份证后，“常住人口登记表”取代“户口登记簿”，居民身份证“底卡”取代“口卡”。城市以派出所为单位将30多万居民身份证“底卡”集中由市公安局户籍科保管使用。各县根据农村特点，采取以乡、镇设柜或按姓氏将居民身份证底卡排列入柜，为查找工作提供了方便。在对劳动、人事、邮电、银行、民航等部门调查中，使用247次，起作用的225次，作用率为91%。

1988年3月。市公安局发出《关于查验居民身份证制度的通告》，从5月1日起实行查验制度。要求凡已领取居民身份证的公民必须随身携带居民身份证，以便查验。外地来株洲暂住或做工、经商必须持有当地身份证，市区各旅店、招待所、宾馆、租赁房屋等必须凭居民身份证登记住宿，公民在办理户口、婚姻登记、入学、就业、参加诉讼、社会保险、前往边境、申请出境、办理机动车（船）驾驶证、非机动车执照、个体营业执照、个人贷款、搭乘民航飞机等，都要查验居民身份证。

1989年9月15日，国务院批准全国制发临时身份证。公安部发布了《临时居民身份证管理暂行规定》，于10月15日实施。至2000年年底，全市共办理临时身份证182177人。

2000年1月，株洲市根据国务院《关于实行公民身份号码制度的决定》和公安部《关于认真做好公民身份号码编制工作的通知》，统一同步实施年满16周岁进人领证年龄和丢失补领，有效期满换领证件的公民颁发18位号码的居民身份证。对发证人原则上还是采用行政区划码、出生日期码、分配顺序三结合的办法，由18位阿位伯数字组成。2000年2月，根据省公安厅《关于推广无底卡居民身份证制作技术的通知》，市公安局试行无底卡居民身份证制作，逐步停止有底卡制证。当年，全市颁发居民身份证52547人。

二 边境通行证管理

1973年10月1日起，株洲市启用湖南省公安厅统一制发的“前往边境地区通行证”。1983年11月起，内地人员前往边境管理区，通行证期限一般不超过3个月。1981—2000年，全市共审核签发“边境通行证”664765人次。

第六节 交通管理

1952年，境内公安部门开始负责城市交通管理，经历了由户籍民警兼管、指定专职交通民警管理交通到设立交通组、交通队、交消大队、交通大队等专职管理机构。

1987年4月，根据国务院《关于改革道路交通管理体制的通知》，株洲交通监理总所及所辖6县市郊的监理所从市交通局移交市公安局管理，与市公安局交通大队合并建立市公安局交通警察支队，下设9个交警队。全市共有交通民警205名，其中城区民警119名，负责全市城乡道路交通管理。

1989年5月，市交警支队升为副处级单位，市区民警增至216人。1990年，增设道路设施维护队和法制科。1994年，增设龙头铺、分路口、红旗路交通警察中队。1995年4月，组建市交警支队高等级公路交通警察大队。1997年1月，将交警支队和各县市区交警队、高等级公路管理大队及各交警中队，分别组建为公路巡逻民警支队、大队、中队，实行“两块牌子、一套人马”的管理体系，加强公路统一执法工作。2000年，全市共有交通民警658名，其中市区411名、县市247名。

一 车辆管理

（一）机动车管理

入户管理 1953年，株洲市机动车辆统一由长沙监理所办理入户手续，接受车辆检验机关检验，领取牌照。1960年2月，机动车入户需填写“机动车检验异动登记表”，由车辆管理机关审查，检验车辆合格后，发放号牌和行车执照。1972年，机动车经公安机关或公路交通管理机关检验核发号牌、行驶证，方准行驶。1989年，严格国产新机动车注册审查，凡新机动车注册，凭用车单位证明，联组签章；私人机动车，农村凭乡（镇）、城市凭办事处证明，所在地区交通安全联组

（管理组）签章，各县市区交警队签章以及购车发票、车辆合格证，经机动车检测线检验合格后，到市车管所办理注册手续。1991年，各县市交警队机动车注册，由支队车管所派民警到各县市交警队办理。1993年，六轮农用机动车注册，凭购车手续申请办理，核发小型汽车牌证，其驾驶员必须办准驾记录。原已核发的，更换小汽车牌证。1998年，完善新机动车注册手续。对未上《全国汽车、民用改装车和摩托车生产企业及产品目录》的机动车辆，各级车管部门不得办理注册手续；已上国家目录的机动车辆，按管理权限划分进行逐级审批。办理新机动车注册手续时，须核对车辆数据，将发动机、车架的型号及车辆编号进行拓印，以待备查。进口机动车凭海关货物进口证明书、省商品检验局的商检证，或《没收走私汽车、摩托车证明书》《湖南省处理走私汽车、摩托车上户通知单》及准购证、购置附加税凭证，报市交警支队进口车审批领导小组审批。1999年，机动车注册坚持属地管理原则，机动车所有人如确系临时居住的个人，须持有临时居住的有效证明方能注册。2000年，按照国家确定的“助动车”产品目录，执行“助力车”注册登记，对已发非机动牌证的助动车辆，务必办理换牌手续，将助力车纳于机动车管理范围。

转出、转入管理　1989年，凡机动车辆过户，须凭检测合格报告单和车辆交易发票。各种机动车辆注册1年内或已经达到报废年限或接近报废2年以内的机动车辆，不准过户。1993年规定，右置方向盘汽车不办理转出手续。1995年，机动车辆过户须先将发动机、车架号、厂牌型号、颜色等数据报支队审查，经与《全国被盗抢机动车数据库》逐台比对并确认无嫌疑后，方可办理过户手续。过户机动车检测时，须认真核对发动机、车架号和厂牌编号，并进行拓印，贴在过户表上。

变型改装管理　凡需改型、改装的机动车辆，须经用车单位或车主提出书面申请，联组签章，县市区交警队初审并签署意见，将申请报告单送市车管所。经审核符合变更规定的，报省总队车管所批准后方生效。1993年，规定右置方向盘汽车不予办理变更手续。1999年，规定凡距报废期2年以上的机动车进行改型、改装的，车主应填写“机动车变更、过户、改装、停驶、复驶、报废审批申请表”，并提供改装部件的合法来历凭证，市车管所对符合改型、改装规定的，签具意见后，呈报省总队车管所审批。

注销管理　对已经达到报废年限的机动车辆，都要进行清理。已停止行驶的，要办理报废手续归档管理；应报废的机动车辆，下达报废通知书，强行报废；对少数特种车辆和部队退役转入地方车辆，由用车单位或车主提出书面申请，报各县市交警队审查，交警支队批准，上检测线检验合格后视情延缓限期使用。报废车辆延期，须报支队车管所批准后方有效。1991年，规定凡载重汽车使用12年行程50万千米；矿山特种车使用10年或行程40万千米；客车使用15年或行程80万千米；其他车辆使用13年或行程55万千米和车辆严重损坏，无法修复或一次大修费用为新车价格50%以上者及车型老旧，无配件来源，技术状况低劣，不宜修复的机动车辆，予以强行报废。1999年，规定凡已达到报废期的机动车辆，车主确因特殊情况要求延缓的，由所辖地检测站检验合格后，由检测站站长和主管队长签出意见，报交警支队主管领导或车管所所长批准后，方可延缓。

牌证管理　车辆的牌照和行驶证由市交警支队车管所发放、收缴。严防牌证的丢失和损坏。确实损坏不能使用者，可持原牌证到市车管所换发；遗失1块牌照需补发者，需持另1块牌照到市车管所办理补照手续；2块牌照均遗失者，原则上不予办理。对遗失行驶证要求补发者，必须严格按有关规定办理，不得任意办理补发手续。1998年，办理机动车制证工作时，须携带机动车原始档案，经市车管所审查档案合格后，方予制作行驶证。2000年，建立牌证管理、领发制度，严格牌证的保管、发放手续，健全制约机制，消除流失漏洞，是年8月始，农用运输机动车辆发牌发证工作，由公安交警部门审核办理。

档案管理 凡新购和迁入株洲市的机动车辆，均需建立机动车技术档案。1988年，全市机动车技术档案由市交警支队集中统一管理，各年度车辆年检资料需存入每台车技术档案。1989年6月，将所辖县市交警队管理的汽车档案统一收回市车管所管理。各县市暂管的轻便、二轮、三轮摩托车和小四轮、简易机动车档案，不得直接转出，需要转出时，各县市交警队持档案到市车管所，填写“机动车转籍介绍信”，由市车管所办理转出手续。1990年，全市有28993卷机动车档案。1999年，对全市60752卷机动车辆档案，组织力量全面进行整理归档。

车辆检验 从1961年开始，株洲市根据交通规则要求，每年对机动车辆进行一次年度技术检查，用“一摸、二看、三听（声音）、四试（车）”的方法对车辆进行检验。合格后在行车执照上签章。未经年检的车辆和年检不合格的车辆不准行使。1988年4月，检测线建成投入使用，全线分轴重、废气分析、噪声、侧滑、制动、速度、灯光、外观、烟度9项检测项目，负责市区、株洲县、醴陵市范围的机动车辆检测。当年检测机动车16967台，合格率99.6%。9月，茶陵县建成第2条机动车检测线，负责攸县、茶陵县、酃县的车辆检测，结束了境内传统的人工检测机动车的方法。全市共检测机动车21344台，合格率99.2%。凡属更新、报废的老旧机动车辆，原则上不予年检。从事专业客运的机动车辆，新车已行驶2年以上的大小客车，每年检测2次。1991年，对1年未参加年检的机动车辆，下发“催检通知书”，督促其上线检测；连续2年以上未参加年检的，收回牌照和行驶证，视情处理。客运中巴车辆，在驾驶室必须设置安全隔离室，客运车辆必须在两侧车门上喷涂载客人数。凡达报废年限理应强行报废的机动车辆，一律不许参加年检。从事专业客运中巴、的士机动车辆，每年须检测2次。1993年，接受检验的机动车辆必须安装防盗锁，小型客车前排座位必须装备安全带，严禁在汽车上喷涂、绘制和张贴广告。1994年，醴陵市、攸县相继建成机动车检测线。1995年，机动车辆一律按国标《机动车运行安全技术条件》《摩托车安全基准》《农用车安全基准》的规定检测。大小客货汽车车门上涂喷驾驶室乘坐人数或载货吨位。1997年，凡从事专业营运的大客、中巴、的士机动车辆，每季度检测1次。炎陵县建成机动车检测线。1998年，株洲县建成机动车检验线。至此，全市拥有机动车、摩托车检测线6条，市属各县市均有机动车检测线。2000年，全市拥有机动车157859台。

（二）非机动车管理

立户登记 1951年7月，湘潭县分给株洲市1辆自行车。1954年，全市自行车、板车和土车增到1518辆。1978年前，非机动车辆凭购车发票，由所在地财税机关办理登记，换发牌照手续。自1979年1月起，停征私人自行车使用牌照税，自行车管理、发证、发牌照均由公安交警部门办理。并对市区60640辆自行车实行在车把和车架上打钢印和号码，建立卡片，做到车牌、车证、钢印、卡片4对口。新自行车上户，需凭购车发票和单位证明。更换车把、车架，凭旧件和新件发票及执照办理补打钢印手续。4月，市公安局交通大队设立自行车管理办公室，由市公安局刑侦大队、市税务局及市公安交通大队组成工作班子。5—12月，共登记、审批、打钢印自行车51250辆，待查、扣留自行车66辆。1984年8—9月，市交警部门对145691辆自行车进行第一次审验。合格的发给第一次审验牌，并在自行车执照上加盖“审验”章。1986年12月至1987年1月，在市区设点15处，对市区机关、厂矿、部队、学校、街道和农村以及从事工、副业生产人员的公、私自行车216391辆进行第二次年度审验，通过审验破获自行车被盗案件6917起。1989年，在清查整顿的基础上，对自行车开展打钢印登记，城市共登记打钢印29800辆，补证133件，换车把、车架79辆，迁出311辆，过户133辆，报失411辆，查对9980辆，协助提供线索破盗自行车案件286起。1997年5月，市车管所下设非机动车管理股，县市区交警大队增设非机动车管理股，落实非机动车管理。

行驶管理 1955年，规定三轮车、自行车在指定部位装置车闸、车铃、车灯，酒醉人员不准驾车。自行车不得2人共乘和扶肩平行，不得撑伞或牵引车辆，须靠右边道路行驶；三轮车载物不得超出车箱规定尺度。1960年，市公安局交通队派1名民警专管非机动车。板车不得在街道上并排行驶；不准逆行，不准“接龙放坡”，不准拉回空车，骑自行车不准带人。1971年，市革委会人民保卫部和中国人民解放军市公检法军管会联合发出通令：非机动车必须严格遵守交通规则，听从民警指挥。自行车做到闸、铃完整有效，不准抢道行驶，拐弯时伸手示意，不准抢行猛拐，不准并行交谈，不准在人行道上骑车和在街道、公路上学练自行车。胶轮板车靠右行驶依次排队，单列行走，不准放坡、超载、超高、越宽。需要装载大型物品时，须事先办理手续，方可行驶。1972年，规定非机动车须按规定路线行驶。自行车须在慢车道行驶，不准闯红灯。板车行驶须给机动车让道，不准并行挡道、抢道；不准驶入快车道；不准少年儿童拉“回空车”。非机动车违章，民警在行车执照栏内作违章登记。对情节严重的驾车者，予以扣留车辆，持个人检讨及单位证明领取车辆。屡教不改者，视情节轻重处15元内罚款，情节后果严重的处以没收车辆，直至依法惩处。1983年8月，组织4个检查组，在人民南路、新华西路和北区范围，纠正自行车违章。同年9月，在市中心繁华地段设置车行道隔离带1.3万多米，控制非机动车越线行驶。1984年，在城、郊设立检查关卡，出动摩托警车巡逻，纠正自行车违章30638辆次。1985年，对车辆拥挤的新华桥交叉路口限时禁止非机动车辆左拐弯行驶。1988年，编印《非机动车驾驶人员管理常识》，规定非机动车通过陡坡和横穿4条以上机动车道，须下车推行。三轮车不准并行。畜力车不准使用未经驯服的牲畜驾车，随车幼畜须拴系，行经繁华路段、交叉路口、铁道口、人行横道线或危险路段，不准超车。赶二轮畜力车人员须下车牵引牲畜。1989年5月，在市中心地段设立自行车停放点27处，统一制作54块站牌。1991年，全市拥有非机动车100万余辆，其中市郊占30%以上。1993年，在全市组织开展整顿自行车交通秩序活动，集中民警、安全员、违章驾驶员、学生“小交警”上路，对自行车技术状况开展全面检查。2000年9月，加强市区人力三轮车的营运管理，限定在芦淞市场范围从事零担货物人力三轮车运输服务，严格实行定营运数量、管理机构、营运区域、定点停靠、路线运输、定时通行、车辆式样、收费标准、从业服装、经营证照、管理制度、营运范围等 12 条管理措施。

二 路面管理

（一）占道管理

20 世纪 50 年代初，随着工业建设兴起，株洲市先后发布有关路面管理布告、通告、通令。1953 年，摊贩不准上人行道，菜担子不准上街道。1957 年，实行公安部《城市交通规则》，严格道路交通管理。市区内任何单位和个人未经公安机关允许，不得挖掘、占用道路堆物作业，不准设立广告牌。

“文化大革命”期间，占道管理无人问津。1973 年，加强占道管理，对未经批准占用车行道和人行道堆物作业、支搭棚架、施工挖掘的；在主要街道晾晒衣物、倒垃圾、污水的；占用道路妨碍交通，造成事故等，予以罚款，没收物资，承负发生事故赔偿费。1978 年，印发《交通安全须知》和《交通安全公约》，制止在街道、公路上堆物作业、摆设摊点、积肥、挖沟引水和支搭棚架。因基建施工需要临时占用街道（包括人行道）公路，须经公安机关和城建部门批准。一切临街（路）违章建筑，令其立即拆除。1984 年，市政府公布《株洲市城市道路交通管理暂行规则》及《株洲市城市道路交通管理处罚规定》。强行拆除违章建筑 94 处，制止在公路上乱摆摊担 2542 处，取缔无证摊点 82 处，清理占道面积 16639 平方米。1987 年 4 月，市交警支队设置道路工程设施管理科，各交警队设置道管股，加强道路管理工作。同年，市交警支队会同城建、工商、交通等有关部门对全市道路进行全面清理整顿，共清理乱摆摊、担、乱搭棚店、基建占道、乱堆物资等各种违章占道 71080 处，占道面积 43051 平方米；清除各种路障 2944 处，对市区 717 个占道摊点，实行归行归市，定点定位，统一管理，改善交通环境。同时，筹集资金 170.6 万元，选址搬迁 12 个“马路市场”，解决马路集贸市场的问题，保证了行车安全。

1991 年 7 月，根据省公安厅、省建委文件通知精神，对市区道路管理作了调整，重申市区建设大道、新华路、人民路等 8 条主干道两侧人行道上，一律不准摆摊设点，其他路段也原则上停止审批办理各类摊点的临时占道手续；棚店棚架的占道一律停止审批；施工基建占道和挖、破道路也要严格控制，尽量少占少挖，并缩短占用时间。1997 年 8 月，市委、政府组织对城区和 320、106 国道交通秩序进行督查，并现场办公解决马路市场等非交通占道的问题，共搬迁马路市场 23 个，拆除违章建筑棚店 376 处，堆物放料 5772 处。1998 年，在市区取缔临时停车场 12 个，清理违章占道 2756 处，拆除违章建筑棚店 35 处，整顿马路市场 11 处。

（二）交通指挥

1957 年，在车站路口、栗树山、贺家土、麻纺厂路口建立 4 处执勤流动岗。1958 年冬，在邮电局前交叉路口中心设置市区第一个六角木质无灯光交通指挥台，交通民警以手势和指挥棒指挥交通。在栗树山、贺家土交叉路口设立木质岗亭，安装悬式灯光信号指挥交通，红色停止，绿色放行，黄色准备。

1972年5月，在车站路、百货大楼、贺家土和白石港4个交叉路口设置水泥结构两节指挥台。交通民警以灯光信号和指挥棒指挥交通。1973年，城区7个交通指挥岗亭安装自动电话，便于纠正违章时联络。1979年5月，在7个岗亭普及自动控制指挥交通信号机。

1984年6月，自行设计安装水银玻璃梅花反光交通指挥信号灯。9月，交通大队建立无线电通讯网络，设25瓦基地总台1部，15瓦分台2部，3瓦对讲机25部，规定统一的联络频率，便于及时纠正交通违章。1990年，无线电通信设备分台增加到5个，城区对讲机186台。

1989年4月，为加强路面民警执勤工作，将疏导交通堵塞作为一项硬指标，分解到路段，承包给股、室、值勤队、警务区。并要求路面执勤民警加强对重大交通堵塞情况进行统计。

1990年2月，调整岗位执勤时间，保证交通早、中、晚高峰期实行双岗执勤；在市府路、七一路、湘运公司门口、清水塘铁桥设立点岗，固定执勤位置；原则上取消桥西、银行岗台的信号指挥灯，民警采用手势指挥。

1992年，为加强全市交通管理，强化路面控制，新建13个公安交警执勤中队。至年底，全市交警执勤中队已达到23个，计有民警164人，配备小汽车12台，摩托车25台，车用电台11座，手机39台。1993年，将城区原有的13个警务区撤销，新组建5个公安交警执勤中队。

1998年8月，改革传统的交通管理模式，执勤方式由传统的多人一岗、手势指挥变为以动制动、动静结合、保留形象岗和以点带线、流动巡逻相结合的多种勤务管理。纠章方式变传统的面对面单一纠章为多形式的纠章方式。监控中心利用录像系统、视频打印纠章；闯红灯自动拍照纠章；监控中心广播诱导系统喊话纠章；巡逻民警发现车辆违章后在车身上贴违章通知书纠章；执勤民警在路面上直接纠章；巡逻执勤民警纠正交通违章。对外地车辆初次一般违章实行“不扣车、不扣证、不罚款，提供咨询服务”的原则。对城区驾驶员违章，依法纠正，开具《交通违章罚款通知书》，违章者限期到指定银行交纳罚款。

2000年5月，进一步改革交通民警的执勤方式。城区执勤民警，以定点执勤与巡逻执勤相结合。执勤、执法时，对没有明显违章行为的外埠过境车辆不得停车检查；对装载鲜活货物的车辆，一般违章只纠正并警告后立即放行；涉及严重影响安全的违章行为，应快速处理，迅速放行，不得因违章处理不及时而造成损失，更不能对驾驶员“罚态度款”或与被处罚人“讨价还价”。

（三）路检路查

1972年，交通民警和监理员互相配合，进行路检路查，纠正违章，排除路障。1985年，全市机动车12491辆，事故增加30.70%。为加强对车辆管理，3—6月交警定期上路设关堵卡，检查违章车辆1159台。7月，在主要路口路段，设立检查站、点，纠正车况不良、“带病”行驶以及超长、超宽、超载、超速、超高、人货混装等违章51239台次。

1989年，加强出租车辆检查。车辆必须车况良好，设备齐全，标志明显，有计量表，整洁卫生，符合车辆管理检验标准，按照指定路线、站点营运和停靠，不得在人行道上停、驶，禁止招手即停。同年12月，在全市国、省道主要交通干线上，设立了由公安交通管理机关为主，有关部门参加的21个联合检查站昼夜值班执勤，加强沿线道路的交通管理。

1994年8月，设立龙头铺、分路口、红旗路交通警察中队，加强重点路段的交通管理和沿线巡逻检查。1995年11，组建交警支队高等级公路管理大队，加强对境内高等级公路的管理，实行24小时巡逻制度，遇大雾、冰雪天气适时封闭道路，保障国家财产和人民群众的生命安全。

1997年3月，市交警支队所辖11个大队、36个中队，按“一套人马、两块牌子”的要求，组建公路巡逻民警队，实施公路综合执法，公路巡逻民警负责对320、106国道及1813、1815、1817、1820、1827、1856、1857省道和株洲县的雷潭线、攸县的网酒线，城区的建设路、人民路、新华路、沿江路、天台山路等8条主干道实施综合执法。

1999年4—6月，在全省严打集中整治行动中，市交警支队共出动警力13426次，破获重大交通肇事逃逸案4起，查获盗抢车辆5台，纠正各类交通违章7670起，吊扣驾驶证548本，滞留车辆4583台，抓获犯罪嫌疑人8人，抓获在逃人员2人，治安拘留49人，刑拘8人，移诉12人。1999—2000年，共处置堵路、堵桥等各类突发事件173次，疏导路面交通堵塞250次，协助公安机关其它警种侦破案件15起。

（四）交通设施

隔离设施 1973年，在栗树山、火车站、文化宫和百货大楼、白石港交叉路口行人道两侧边沿设置铁质行人护栏800米，使行人道与车行道隔离，避免行人横穿街道，保护行人安全。1983年，在市区主要街道采取人车分流措施。从建设路省安装公司路口至栗树山路口，车站路东段设置钢管水泥墩隔离带2048米。使非机动车和机动车有效隔离，提高机动车流量。是年冬，在中心繁华路段和易发生事故的地段，安装行人护栏951米，车行道隔离带2770米。建红旗广场至红旗桥非机动车与机动车绿化隔离带5000米。1984年，增设从体育馆至白石港车行道隔离带4000米。1986年，建成新华路中心广场至荷塘铺绿化隔离带1.2万米。1987年8月，在新华西路、建设北路、芦淞路、株董路增设车行道隔离带1.02万米，行人护栏700米。1988—1989年，全市增设行人护栏3310米，车行道隔离带10327米。撤销新华桥西至市总工会车行道隔离带4483米。至1990年年底，市区有车行道隔离带22910米，行人护栏6740米，绿化隔离带1.72万米，形成交通安全设施防护网络，交通事故起数、死亡、伤人、经济损失4项指数连续3年下降。1994年8月，投资80万元完善城区主干道标志标线，配合中心广场人行天桥设置了高位人行护栏，机动车与非机动车隔离地带4000米。1996年，在市区内主干道设置高位护栏15300米，链式隔离带5600米。1997—1998年，增设高位护栏4970米，刷新护栏18640米。2000年，安装不锈钢人行隔离栏1005米，增设隔离护栏343处，计1100米。

交通标志 1956年以前，由公路养护班制作木质交通标志，埋在市中心区街沿。1958年，在城区设立木制交通标志30处。1972年，在建宁街、栗树街、结谷街、堤升街、龙山塘、何家坳、学塘冲、大塘冲街沿设立铁质禁令标志，禁止大型货车、拖拉机通行。在城区设限速标志，小汽车、摩托车最高时速不得超过 40 千米，货车限速 30 千米；经批准拖拉机进城车速不得超过 20 千米；繁华街道以及遇有雾、雨、雪天气，各种机动车最高时速不得超过 20 千米。1982 年，交通大队统一制作市区各机关团体、企事业单位大中型客车接送上下班职工停靠站、点牌，埋设在市区主要街道边沿。1983 年，新设置交通标志 110 块，埋设新命名的街名、路牌 162 块。1987 年 8 月，新华西路、建设北路、芦淞路、株董路 4 条道路交通标志基本配齐。1988 — 1989 年，全市增设各种交通标志 685 块，对城市出租客运汽车规定专线行驶路线，核发起止站名专线牌，放置在驾驶室玻璃窗内侧。在建设路、新华路和芦淞路设置出租汽车停靠站、点牌。1996 — 1998 年，增设交通标志、标牌 1410 块，增划道路标牌线 89334 米。2000 年，在城区共设立各类交通标志 425 块。其中，指示、指路标志 225 块，警告标志 15 块，禁令标志 185 块。新建悬臂式车道和进入路口车道选择标志 194 块，单向通行指示标志 7 块。新划分道路各类标线总长度 67 千米，标线面积 18494.01 平方米。新划建主要路口、路段的人行横道标线 115 处，并设置了人行横道预告标志。

三　驾驶员管理

（一）驾驶员培训、考证

1954 年，机动车驾驶员考核、发证，统一由长沙监理所办理。1959 年，株洲市建立车辆监理所。驾驶机动车人员，须年满 18 周岁，经驾驶员培训单位考试合格，发给实习职业驾驶执照或非职业驾驶执照，经半年以上实习且具有一定驾驶技术，由车辆管理机关考核合格，换发职业驾驶执照。

1972 年 3 月，实施《城市和公路交通管理规则》，机动车驾驶员须符合政治条件和技术要求规定，没有其他妨碍驾驶车辆疾病和身体缺陷。驾驶员、学习驾驶员和实习驾驶员，须经过公安机关和公路交通管理机关考核，取得驾驶证，方准驾车。

1982 年，停止各单位自行培训汽车驾驶员，交通监理部门不再受理自行培训汽车驾驶员考核。学习驾驶统一由交通技术学校培训，经车辆管理部门进行交通法规及安全驾驶常识、机械常识、场内驾驶、道路驾驶专试考核，合格后转为实习驾驶员。实习期满 1 年的前 1 个月内办理申请转正手续，换发“机动车驾驶证”。1987 年 5 月，市交通警察支队设立车辆管理所、培训科和机动车驾驶员培训中心，负责全市机动车驾驶员培训管理。1989 年 5 月，市交警支队增设机动车驾驶员培训中心。是年，对新增驾驶员的驾驶技术、职业道德、交通法规培训 38 期。规定不经培训不得参加考试，2 次考试不及格的重新培训。9 月中旬，开始分期分批举办换证驾驶员学习班，参加学习 15616 人，统一换发“中华人民共和国机动车驾驶证”。

1990 年，培训中心办驾驶员培训班 11 期 1835 人，经考试及格率 88%；办实习驾驶员培训班 12 期计 2577 人，考试合格率 82.50%。考试转正驾驶员 96 人。完成全市换发驾驶员新证工作。

1996 年 9 月，市机动车驾驶员培训中心更名为市道路交通安全法制教育学校。规定凡具有准驾车型 5 年 8 万千米以上的机动车驾驶员，凭公安交通管理部门出具的安全驾驶证明以及有关手续，方可报考教练员证，经省公安厅车辆管理所考核合格后，核发“机动车教练员证”。1997 — 2000 年，学校共培训汽车驾驶员 23673 人，摩托车驾驶员 15185 人（1998 年停止办理摩托车驾驶员考试）。

（二）纠正违章

1955 年，市区有驾驶员 61 名。根据《城市交通规则》，对驾驶员违章进行检查。驾驶员驾车时，必须携带驾驶执照；饮酒后不准驾车；不准驾驶与驾驶执照不相符车辆；在驾驶车辆时，不准吸烟、饮食、谈话、赤脚、穿拖鞋；不准将车交给没有驾驶执照的人驾驶；不准将驾驶执照转借他人；驾驶室不准超坐。

1968 年“文化大革命”中，群众组织无照驾驶机动车辆甚多，交通秩序混乱。1972 年 4 月，市革委会生产指挥部、人民保卫部抽调人员成立安全检查组，检查无照开车、违章驾车者，扣留驾驶执照或责令停开。

1978 年，根据《株洲市机动车非机动车违章肇事和道路堆放障碍物的处理规定》，对违反操作规程，妨碍交通安全，在城市使用高音喇叭，货车载客不办手续，客货混装，开车饮食、吸烟、谈话和闯红灯，追究驾驶员的责任，视情节轻重分别予以批评、警告或罚款。非驾驶员开车或驾驶员酒后开车、违章行车、强行超车，未经允许在街道公路上试车、练车、抢信号、闯禁行线和禁止停车地段停车以及停车不轨，造成事故或不服纠正的处以 5 ~ 20 元罚款，或扣留驾驶证 1 ~ 3 个月。互相赌气，故意别车，不按规定礼让车辆；情节恶劣，违章后不服纠正，无理取闹造成交通事故，后果严重的，处以 3 — 15 天拘留，吊销驾驶证，直至追究刑事责任。全年共吊销违章违纪驾驶执照 96 人，注销技术档案 8 人，吊扣执照 7 人，行政拘留 2 人，治安警告 6 人，罚款 1 人，记过 3 人，复验技术和学科 51 人。

1982 年，对机动车驾驶员违章实行记分考核办法。每个驾驶员发给“湖南省机动车驾驶安全考核扣分证”，每证基本分为 10 分，一般违章每次扣 1 分，严重违章每次扣 2 分，造成交通事故扣 3 ~ 5 分，根据全年扣分考核驾驶员。

1984 年 4 月，贯彻落实《株洲市城市道路交通管理暂行规则》和《株洲市道路交通管理处罚规定》，组织市区各车属单位 2926 名驾驶员分期分批轮流参加交通执勤，参与交通安全管理，提高驾驶员遵章守纪自觉性。1985 年 7 月，加强行车安全管理，开展路检路查，制止无证开车和学习、实习人员单独驾车，查出非驾驶人员开车和学习、实习驾驶人员单独开车 3683 人次，纠正各种违章 77188 台人次，其中对有的人给予了行政拘留、取消学习资格、吊扣驾驶证的处分。

1989 — 1990 年，严格纠正驾驶员违章，打击交通肇事犯罪。交警上路和深入重点单位，抽调 3731 名驾驶员纠章，纠正机动车驾驶员违章 33.23 万人次，查处交通肇事者 648 名，其中吊扣驾驶证 310 人，注销驾驶证 76 人，治安拘留 123 人，罚款 63 人，警告 15 人，逮捕法办 61 人。

从 2000 年 6 月起，实施公安部发布的《机动车驾驶员交通违章记分办法》，对驾驶员交通违章进行记分管理。一次记分的分值，依据违章行为的严重程度，分为 12 分、6 分、3 分、2 分、1 分五种。机动车驾驶员造成交通事故尚不够追究刑事责任，除按交通法规处理和对违章行为记分外，还应追加记分。造成交通事故被吊销机动车驾驶证的，不予记分。公安机动车驾驶员管理所和交通警察大队的执勤民警，其他交通民警发现机动车驾驶员记分分值已满 12 分的，滞留其机动车驾驶证正证和副证，考试合格后，及时发还。

四 交通事故查处

1959 — 1980 年，市内交通事故，由市交通大队与车辆监理所共同调处。1981 — 1986 年，市交通大队负责市区交通事故调处，监理所负责农村交通事故调处。1987 年以后，事故调解由县市区交警队负责。1990 年 9 月，株洲市制定并实行《关于执行道路交通管理复议程序的意见》。

1991 年 9 月，国务院颁布《道路交通事故处理办法》，市交警支队规定：在处理交通事故中，必须贯彻“按责论处”的原则，防止经济赔偿代替刑事、行政处罚，切实避免发生侵犯当事人合法权益的行为。1992 年 2 月，对道路交通事故中伤、残、死亡人员，进行法医检验鉴定，由支队聘请有关专家或专业技术人员进行复议、鉴定。

1993 年 5 月，为增强全市道路交通救护能力，市交警支队、市红十字会、市保险中心支公司共同协作，在市二医院成立市道路交通事故伤员急救中心，并在主要道路设立红十字救护标牌，提示驾驶员和群众就地寻找救护站（点），以减轻伤员痛苦，减少死亡率。

1996 年 3 月，株洲市“122”交通事故报警服务台建成开通，受理交通事故报警、群众求助、救护等工作。1999 年 5 月，成立市道路交通事故重新评定委员会和道路交通事故伤残重新评定委员会。是年 8 月，各县市区交警队推行交通事故处理“阳光作业”，杜绝暗箱操作和办人情案，增加事故处理透明度，接受群众监督。

1955 — 2000 年，全市共发生交通事故 19942 起，死亡 3052 人，伤 12923 人。其中，2000 年发生 3083 起，死亡 220 人、伤 2265 人，直接经济损失 406.64 万元。

第七节 消 防

民国 22 年（1933），株洲成立义勇消防分会，队员有 70 名。民国 33 年（1944），日军入侵株洲镇后，消防组织解散。1950 年，株洲镇公安机关将消防队员改编，自报公议组织群众消防组织 18 个，210 余人，负责镇区消防工作。1951 年，株洲铁路工务段建立消防队。1952 年，市政府组织 3 个志愿消防队，共 157 人。同年，331 厂组建消防队，此后一些大中型企业陆续组建了专职消防队。1953 年，市公安局治安科内设消防组，翌年成立消防队。1960 年，消防队与交通队合并，建立交消大队，设消防中队。1965 年，恢复消防队。1973 年，扩编为消防大队。1983 年，消防大队列入武警序列。1986 年，组建市公安消防大队。1988 年 10 月，建立株洲市公安消防支队。至 2000 年，全市设有市级消防支队（团级）1 个和营级公安消防大队 9 个，直属连级消防中队 2 个；企业专职消防队 13 个，消防队员 270 人，消防车 29 台；义务消防队 823 个，消防队员 68744 人，消防车 4 台，消防机动泵 282 台。

一　火灾预防

（一）防火宣传

民国32年（1943），株洲镇消防分会在主要街道张贴湘潭县消防联合会布告，其一：“照得夏令当权，物质异常枯脆，火警时刻堪虞，自应事先防卫，本会职责攸关，努力消防设备，举行防卫检查，取缔严密周虑，大家防患未然，以免损失无谓，特此布告通知，幸勿发生误会。”其二：“值此炎炎夏令，消防工作紧张，屋外茅蓬破楷，室内柴草硝磺，皆属起火媒介，务宜拆毁慎藏，不准楼上建灶，小心蚊烟烧光，倘遇空袭警报，灶上多备水汤，大家时刻防范，免得临难遭殃。”

1950年，株洲公安分局治安股和各派出所经常深入工厂、居民聚居区进行防火知识宣传教育。1953年，市公安局消防组规定每月到各家各户检查宣传1次，在街头巷尾张贴“一方失火，四邻遭殃，小心火烛”等防火警语，共印发防火宣传资料1200余份。1955年12月，市防火检查委员会利用有线广播、大字报、黑板报、消防宣传车、电影、幻灯、音乐队、腰鼓队，在株洲市城乡进行冬防知识宣传。

1964年，对重点单位的“三员五工”（安全员、营业员、保管员和电工、锅炉工、油漆工、电焊工、木工）238人采取以单位为主，分期分批进行防火知识轮训。

20世纪80年代，消防宣传主要内容是国家有关消防安全法律规范。贯彻国务院提出的“谁主管、谁负责”原则，各级人民政府颁布地方消防管理以及处罚办法，宣传消防基本常识，制订重点单位消防目标管理，公布历年来发生重大火灾典型案例和消防工作正反两方面典型单位和个人。1989年11月，市防火安全委员会联合市经委、财委、公安局、劳动局、总工会、保险公司、广播电视局和株洲日报社，开展冬防宣传周活动，组织宣传车150多台次，印发宣传资料5万余份，制作消防版报310多块，深入大街小巷进行巡回宣传教育。全市召开火灾事故现场观察分析会30余场次。组织放映消防影片、消防文艺演出1224场。同年12月，市消防支队与省花鼓剧院举办为期1月消防文艺专场演出，共演出102场，观众12万余人。

1991—2000年，贯彻“预防为主，防消结合”的工作方针，加大宣传力度，千方百计提高全民消防意识和自防自救能力。1990年11月，在全市城乡开展为期1个月的消防安全“宣传月”活动，重点宣传党和国家的消防工作方针和法律法规、以冬季防火为重点的消防知识。据统计，在“宣传月”活动中，全市共出动宣传车300余台，演出60多场次，书写张贴标语和悬挂横幅3万多条，有45条新闻和180多篇消防知识文章，刊登在《株洲日报》和县、区、厂矿的报刊上，有35条消防新闻在省、市电视台播映。1991年，据9个县市区统计，政府和公安机关共发文件197件，召开消防工作会议183次，发表消防工作电视讲话5次，印发宣传资料42340份，举办消防培训班20期受训1311人。同时，开展“消防工作难忘的一件事”征文活动。与上年同期相比，全市火灾次数、经济损失分别下降38.6%和19.4%。自1997年始，每年由市消防支队制订消防责任书，由市政府领导与县市区领导签订，增强政府领导消防工作的责任意识。是年，在市广播电台设立了

“119祝您平安”专栏，在《株洲日报》设立了“消防安全岛”专栏。同时，在全市中、小学校学生中，组织开展“消防征文”活动，在石峰区的大、中专院校组织了消防知识抢答赛活动。1998年下半年，组织开展“创建119安全小区”的活动，并在11月举行了“消防安全进万家”活动启动仪式，将10万册的《家庭消防常识》读本赠送给居民家庭，还购置了3000个居家用灭火器赠送给荷塘区的居民，并在荷塘区聘请了148名家庭防火督查员督促家庭防火。消防知识进居民家庭的这一做法得到了省政府肯定，在全省推广了株洲的做法。2000年，与株洲电视台联合举办了首届大中专学生消防话题电视辨论赛，促进了群众消防意识的提高。

（二）依法治火

1950年，针对特种行业人员复杂，易燃易爆物品集中和街道狭窄，居民棚户区集中特点，制定灯火用电管理制度。1953年，市公安消防部门组织、指导志愿消防队，定期深入企业和街道居民检查防火安全，督促防火制度落实。晚上志愿队员鸣逻唤告市民“注意防火，小心火烛，加满水缸，以防火灾”。

1956年，根据《企业消防组织暂行各项工作制度》《防卫火警暂行条例》和《国营企业仓库消防管理责任制试行办法》，各企业层层建立消防组织。各旅社、公共娱乐场所须备太平门、沙包等灭火设施，太平门随时保持畅通无阻，各仓库保持堆放物品间距。1958年，对汽油、柴油储存、运输、使用，以及危险物品仓库实施防火监督检查，对火灾隐患发出书面通知，限期整改。1964年，按照国务院《消防监督条例》，对全市各单位实行全面防火管理。是年，实行建筑防火审核，与城建、规划、环保等部门配合，制定报建、察看、审核、验收制度，审核建筑工程8197个，为安全生产起了重要作用。“文化大革命”期间，消防监督一度削弱。1973年，根据《消防监督条例》，在火灾危险性大，发生火灾后损失、伤亡、影响大和轻纺、化工、商业、交电、能源等重点行业重点单位，实施重点防火管理。

1980年以后，依照公安部、商业部建筑设计防火的原则规定和仓库防火基本措施及石油安全管理规定，全市有210多个大、中型企业和街道居委会结合本单位实际，制定《防火手册》。673个单位建立生产部位防火制度。全市火灾得到有效控制。据1981年记载，全市火灾损失每人平均5分钱，创30年来最低水平。

1985年，对20世纪70年代建审制度和办法进行修改和完善，建立建筑设计防火审核申请、现场勘察记录、审核复函、消防设施配备、重点工程内部呈报、内部审批通知书和建筑防火、消防设施竣工验收等7种表格和依据建筑类别制定审批制度。通过实施建审工作，使各项消防措施在新建、扩建、改建项目中得到较好落实。1987年，市消防大队对重点防火管理单位实行市公安局、公安分局、派出所3级管理。市公安消防大队负责管理一级防火单位；城市分局消防股管理二级防火单位；居委会商业网点、区街工业、外地驻区单位，以块划分，由所在派出所管理。

1990—1995年期间，公安部先后颁布了《消防监督程序规定》《公共娱乐场所消防安全管理规定》等系列规定。同期，省政府也颁布了《消防管理条例》和若干具体规定。1998年，颁布了《中华人民共和国消防法》，至此，全市的消防监管工作逐步走上了依法治火的轨道。

为了确保各项规定和制度的落实，1991年在元旦、春节、国庆、夏防、冬防以及商品交易会、商品一条街等大型活动期间，全市共组织10次消防安全大检查，抽调人员组成293个防火安全检查组，对全市2793个单位进行检查，发现火险隐患3845处，整改3280处；责令停产停业整顿8家，罚款6家，治安拘留1人，受到党纪、政纪处分2人；对重大火险隐患立案133起，均下达了整改通知书，全部整改合格。

1991—2000年，主要开展对易燃易爆、化学物品管理单位的专项治理，对公共娱乐场所的专项治理，对“三合一”厂房的专项治理，对集贸市场的专项治理。1997年12月，市锦云摩托车市场发生特大火灾，损失惨重。为吸取这次火灾教训，市消防支队组织力量于当月18—26日对芦淞区内的32家集贸市场进行消防安全大检查，发现芦淞市场群多处存在火险隐患，被列为全省26处重大火险隐患之一。支队及时向市政府汇报，责成芦淞区政府、工商局、消防支队、建委等单位分头负责落实整改措施，于春节前全部整改完毕。1995—2000年，全市共开展各种专项治理43次，检查单位2325个次，发现火险隐患1897处次，当场整改1352处。

从1991年开始，市消防支队制定建筑防火各级把关制度。规定凡100万元以上的工程由支队防火科审核，1000万元以上的工程由省总队防火处审核，严格把好审核关。1992年开始，又对建筑室内装饰工程设计、施工作了规定。规定建筑单位必须在工程开工前将室内装修和改造有关防火设计、施工图表报消防部门审查同意后方可施工，高层建筑、酒家、饭店、宾馆、大型公共活动场所室内装修严禁采用可燃材料，室内装修工程必须经消防部门和有关保卫部门联合进行安全验收，隐蔽工程必须经市消防部门验收合格后方可封闭。到2000年，全市共审核建筑项目2089个，提出整改意见6238条，消除先天性隐患2374处，把住了火灾隐患的源头关。

二 火灾扑救

（一）灭火训练

1953年，消防战士每天进行2～3小时使用拖泵训练和操作，报警后2分钟内人员出动，拖泵出水灭火。1954年，使用消防车进行铺设水带实战演练，每天训练4小时，并指导志愿消防队训练工作。1965年，市公安消防队执行部队条令，每年3—10月为消防队员练兵期，每天训练7小时，训练内容包括原地着装、水带连接、攀登消防梯等22项基本功和适量军事训练。1980年，推行技术训练与战术训练相结合。市消防大队一、二中队制定灭火作战计划68项，按计划进行实地演练。

1991年，实施《消防技能训练规则》和《公安消防部队战斗员业务技术等级考试实施办法》，消防人员必须接受规定的训练科目和通过相应的考试，分别达到一、二、三级战斗员标准，获得国家颁发的统一证书才能担任战斗员。到年底，全支队共考核7个中队、116名官兵，其中59人达三级标准、11人达二级标准、7人达一级标准，占总参考人数的50.9%。同年，为配合等级考试，组织开展单兵、单车和夜间训练。1992年，全市部队进行了两盘水带、五盘水带、两节拉梯、着装等23个项目训练，训练达6174小时。1993年，全市消防战斗员达到三级、二级、一级标准的百分率分别达到100%、50%、25%。1995年9月，在市政府的组织下，全市7个公安消防队和12个厂矿队的183名消防员进行了消防业务技能比武。

1997年，消防训练由“应试型”向“实战型”转变，由简单训练向复杂训练过渡，推出排烟操、水幕操、内攻操等十几个应用性训练项目。是年8月，组织18个公安、专职消防队举行了“第二届消防业务技能比赛”。全年消防支队共接警384次，灭火成功率100%。

1998年，以“科学施训，质量建队”的模式，开展大规模的针对灭火预案的演练，并开展消防水源道路、重点单位情况调查摸底。2000年8月，为提高对特大火灾事故的处置能力，组建了株洲第一支消防特别勤务中队，并开展防护训练、侦检训练、救生训练、堵漏训练、破拆训练、排烟训练、照明训练、洗消训练、潜水训练等几十种特种勤务训练，并设置“沙林”毒气事件处置等特殊训练科目。

（二）灭火装备

民国初期，境内灭火器主要具有桶、盆、壶、罐等民用工具。民国22年（1933），株洲义勇消防分会添置2台手抬式打板机和人力唧筒。民国33年（1944），2台打板机被日军飞机炸坏。

1951年，株洲镇有打板机1台，人力唧筒24支，太平水桶179个，麻塔36部，沙包2000个。1953年，购置工农式打板机2台，拖泵1台。1954年，铁路工务段、331厂、田心机厂消防队各有美式小道奇消防车1台，市区共有离心泵、拖泵各2台，消防桶160个，消防斧4把。1957年，市公安消防队、601厂、331厂、田心机厂消防队先后购置国产解放牌敞开式水罐消防车4辆，泡沫车1辆。1989年，全市配备消防车57台，消防人员配有战斗服、安全帽、钩、绳、三防靴、防毒面具等，指挥员用无线电对讲机联络。

1991—2000年，随着高层建筑的日益增多，公共娱乐场所大量涌现，给消防工作增加了难度，同时对消防装备提出了新的要求。前期，全市新购置了指挥车2台，添置了无线对讲机27台，基本实现了市区无线电组网。1995年，市消防支队购置了1台大功率水罐消防车和2台指挥车，补充了大量随车装备器材，并建立了“119”火警调度总机。

1997年，全市新购进1台云梯消防车、3台大中型水罐车、中低压泵浦车及大批消防员防护装备。当年，市消防支队还购进、安装了全省第一套城市火灾自动无线报警系统，支队建立了200门“119”程控交换机，成立了火警调度指挥中心，实现全市火警集中统一调度。购置了32台手持对讲机和4个基地转发台，1个移动转发台，17个车载基地台，实现支队与市区中队和专职队的无线组网。消防通讯实现了“有线程控化、无线网络化”的目标。到2000年，全市消防部队和企业专职消防队共有各型消防车辆58台。

（三）火灾扑救

民国时期，发生火灾由更夫沿街鸣锣报警，救火队出救，先议价格后救火。由于出救迟缓，器械落后，扑救不力，损失惨重。

中华人民共和国成立后，随着灭火技术的逐步提高，实行义务灭火。1954年12月15日17时，堤升街一居民家因生活用火不慎引起火灾，时逢大风，顿时一片火海，市公安消防队、志愿消防队一、二分队及时赶到，仅用 50 分钟就将大火扑灭，被群众称为“神速队”。

1957 年，市公安、企业专职消防队设专人值班，市公安消防支队设立火警报警电话“09”，各志愿消防队设报警组，轮流值日，一般火灾扑救以公安队为主，必要时调集企业专职消防队、义勇消防队和群众。1956 年 9 月 27 日 10 时，省建五公司家属宿舍起火，市消防队接警后立即出动，在返队途中发生车祸，造成 10 名消防队员受伤，601 厂消防队长李继宜牺牲。

从 1973 年始，公安消防大队昼夜值班，接到报警立即发出信号，执勤人员冬季 1 分钟内、其他季节 30 秒内着装登车出发。1976 年，市消队大队设总值班室，对各公安队和企事业专职消防队实行统一调度，根据火灾性质、部位和周围环境、水源、风向等不同情况，选用不同灭火剂。1987 年 1 月 1 日 18 时 20 分，株洲玻璃厂压延车间容积为 380 多吨的熔化炉进料口突然崩塌引起火灾，市公安消防二中队迅速赶到火场，以 2 支水枪控制火势蔓延，消防大队和公安消防一中队、选矿、化工、冶炼、氮肥等工厂专职消防队紧急出动 12 台消防车增援。经过 3 个多小时奋力扑救，将烈火扑灭。1952 — 1990 年，全市共扑救火灾 2650 起，因火灾死亡 190 人、伤 459 人，经济损失 1369.78 万元（1984 年后的统计数，含株洲县、醴陵市、攸县、茶陵县、酃县数据）。

20 世纪 90 年代，灭火的主要方法是冷却、隔离、窒息、抑制法，使用的灭火剂有水、泡沫、沙石，主要以水为主。1990 — 1999 年，全市共扑救大小火灾 3496 次，投入兵力 4300 人次，抢救人员 146 人，挽回经济损失 8.1 亿元。其间，成功扑救了绿园大酒店、供销大厦、锦云摩托车城等特大火灾。

第八节 出入境管理

1951 年 7 月，株洲出境由市公安局治安科管理，境外人员管理归口政保科。1979 年，因隐蔽斗争需要，出境从治安科划归政保科管理。1991 年 6 月，组建市公安局出入境管理科。1993 年 3 月，出入境管理科隶属政保支队内设机构，1995 年 2 月改为出入境管理室。1997 年 11 月，组建出入境管理处，下设出境科和入境科。

一 公民因私出国（境）管理

（一）因私出国

1978 年以前，境内公民因私出国现象极少。改革开放后，境内与世界各国在经济、文化、科技等方面的交流不断扩大，出国探亲、访友、留学、商务、劳务、旅游等人员也越来越多。1993 年，为适应和加强涉外信息规范管理，市公安局启用写照机打印 92 版护照，全年共办理护照 359 本。1996 年 11 月，根据公安部制定的《公民因私事出国护照申请、审批管理工作规范》，因私出境实行“统一申请办理，统一审批条件，统一办事时限，统一收费标准”。

1997 年，国家旅游局、公安部发布实施《中国公民自费出国旅游管理暂行办法》，放宽出国旅游条件，当年全市共办理出国旅游 371 人次，至 2000 年年底，共批准 3562 人出国旅游。

1998 年 9 月，执行省公安厅《居民出国从事商务、培训等非公务活动的暂行规定》，当年全市共办理公民商务出国 70 余人次。为维护国家安全、荣誉和利益，保障公民的合法权益，维护正常的出入境秩序，1998 年 11 月，根据公安部、省公安厅的有关精神，株洲市公安局与市法院、检察院、司法局、国家安全局联合制定了《关于对法定不准出境人员实行通报备案制度的实施意见》，至 2000 年年底共报备 144 人。

1990 — 2000 年，全市公民因私出国人员已达 6902 人，其中出国旅游人员达 3562 人。出国目的地有美国、英国、日本、加拿大、澳大利亚、法国、德国、新加坡、泰国、马来西亚、缅甸、新西兰、尼泊尔、加纳、南非、俄罗斯、印度、印度尼西亚、马绍尔等国家。

（二）因私往来香港、澳门地区

1983 年 9 月，按照国家规定，株洲市启用全国统一的"往来港澳通行证"。凡批准去香港、澳门定居的，发给"单程""中华人民共和国前往港澳通行证"；短期去香港、澳门探亲或会亲的，发给"双程""中华人民共和国往来港澳通行证"。1986 年 12 月后，执行公安部发布的《中国公民因私往香港地区或澳门地区的暂行管理办法》。

1990 — 1995 年，境内共有 546 人去香港，14 人去澳门。1997 年 7 月，香港回归后，单程赴港澳申请全国实行由电脑打分排队，申请人达到规定分数即可依次安排出境，当年全市共有 38 人被批准去香港定居。对短期去港澳的，按配额审批安排出境，当年全市 217 人短期赴港澳。1998 年，贯彻公安部《内地居民从事商务、培训、就业等非公务活动往来香港特别行政区的暂行管理办法》，对境内居民因商务、培训、就业等非公务活动往来香港特别行政区实施规范管理。1999 年 4 月，简化再次商务赴港手续，对夫妻再探，父（母）子（女）等直系亲属再探的申请，实行一年可申请出境 2 次，审批时限由 30 天缩短为 15 个工作日。1996 — 2000 年，全市赴港澳人数已达到 1702 人次。

（三）因私往来台湾地区

1987 年 10 月，台湾当局取消大陆居民赴台禁令，允许大陆同胞探望在台湾的父母、配偶及子女等直系亲属。1988 年 11 月，执行公安部发布《关于内地公民申请去台湾探亲的规定》，株洲对公民申请前往台湾探亲的，由户口所在地县、市公安机关受理，凭入台许可手续批准，发给"往来港澳通行证"，有效期为 3 个月。1991 年 12 月，国务院发布《中国公民往来台湾地区管理办法》。按照《办法》，大陆居民申请前往台湾定居、探亲、访友、旅游、接受和处理财产、处理婚丧事宜等，可直接向户口所在地公安机关出入境管理部门申请办理前往台湾的手续；申请前往台湾参加经济、科技、文化、教育、体育、学术交流等活动，须先办理有关单位的上级主管部门审批手续，再向公安机关出入境管理部门申请办理前往台湾的手续。当年全市有 35 人被批准赴台。因两岸没有直接通航，大陆居民前往台湾还须途经香港，仍须领取"往来港澳通行证"。1996 年 8 月，启用"往来台湾通行证"，大陆居民往来台湾不再使用"往来港澳通行证"，当年即办理去台通行证 224 人次。1990 — 2000 年共批准 2008 人赴台。

二 境外人员入出境管理

（一）外国人入出境管理

中华人民共和国成立初期，境内有民国时期在株洲居住的日本侨民 1 人。1951 年，按照《外国侨民出入及居留暂行规则》，规定外侨居留中国，要向所在地公安机关申请居留登记，并遵守中国政策法律。出境时向所在地公安机关办理出境手续；外侨未持合法证照入境，或伪造证照及居留证逾期的，限令出境。1954 年，全国开展外侨登记，经过调查核实，株洲共有外侨 2 人，其中日本 1 人、朝鲜 1 人。1956 年，国家放宽对外国侨民的管理政策。1981 年 7 月，根据省公安厅《关于管理外国侨民的若干规定》，提出维护国家主权与安全，维护外侨正当权益，规定外侨必须遵守中国法律，并享有财产、人身受到法律保护和信仰自由、劳动、福利等权利。据统计，至 2000 年年底，全市共有外侨 2 人，其中朝鲜 1 人、越南 1 人。

1985 年 8 月，根据省公安厅《外国人临时住宿登记管理办法》，规定外国人在本省接待单位或居民家中住宿，必须交验有效证件，24 小时内到当地公安机关办理临时住宿登记。1992 年 9 月，中国湖南（株洲）国际烟花节暨经贸洽谈会召开，187 名临时入境的外国人和港澳台同胞参加了活动。当年共掌握临时入境人员 3742 人次。1995 年 6 月，外交部、公安部等部门下发《关于处理涉外案件若干问题的规定》。1996 — 2000 年，全市共依法处理涉外案（事）件 35 起，分别予以拘留审查和遣送出境等。

2000 年 2 月，省公安厅出台了《关于出入境管理工作服务经济建设的若干规定》，使境外人员来湘投资、经商等办理签证、延期手续进一步简化，缩短了审批时限。1992 — 2000 年，全市共掌握临时入境人员 23444 人次，其中临时入境人员 23199 人次，常驻外国人 245 人。1996 — 2000 年，共为外国人办理签证延期 202 人次。

（二）香港、澳门地区居民入出境管理

1951 年 8 月，公安部公布《关于往来香港、澳门旅客的管理规定》，明确港澳同胞回内地须事先向目的地市、县公安机关申请办理出入通行证，从开放地点出入。以后又经 3 次改进，1986 年 12 月，公安部公布了经国务院批准的《中国公民因私事往来香港地区或澳门地区的暂行管理办法》后，根据规定，港澳居民回内地洽谈业务、交流技术、投资办厂、探亲访友等必须申请领取“港澳同胞回乡证”，该证为 10 年内多次入出有效。1996 — 2000 年，港澳同胞到株洲达 1860 人。

（三）台湾地区居民入出境管理

1992 年以前，台湾同胞回湘定居受理工作由统战、公安两部门联合审批。1997 年 4 月，改为统战部门受理，统战、公安联合审批。2000 年 4 月，调整为由公安部门受理审批。1986 — 2000 年，全市共有 86 名台胞回株定居。

随着两岸交往的日益增多，来境内经商、购置房产的台商也逐年增加。1998 年 5 月，为完善各项对台政策和法规，简化台胞入境手续，公安部六局制定了一系列放宽限制、方便台商入出境

的政策。是年5月，省公安厅进一步简化在湘投资台商申请办理多次入出境及居留手续。2000年4月，将台湾居民多次入出境签注审批权下放株洲，当年全市共办理台湾居民多次入出境签注3人。1996—2000年，有2697名台湾同胞来境内探亲访友、旅游观光、经商办厂。2000年11月，醴陵市出入境管理科成立后，将办理台胞延期、暂住等权限下放到醴陵市公安局。

第九节 武装警察

1950年8月，从湘潭专区公安大队和湘潭军分区抽调26人组建株洲市公安队，隶属湘潭专区公安大队领导。1955年8月，株洲市公安队扩编为87人，改由湖南省军区行政管理处管辖。1958年7月，公安队改编为株洲市公安局人民武装警察大队，属湖南省公安总队管理。1962年5月，株洲市公安局人民武装警察大队改称为中国人民公安部队株洲市大队。1966年7月，公安部队编入中国人民解放军序列，株洲市公安大队移交中国人民解放军株洲市人民武装部。

1976年1月，市公安局设立武装民警科，市人民武装部独立连第一排与三排七班组成株洲市人民武装警察中队，并与株洲县武装警察中队一起移交民警科建制管理。

1983年1月，株洲市公安局民警科与消防大队合并，组建中国人民武装警察部队株洲市支队。机关设司令部、政治处、后勤处、消防处，担负株洲市内卫执勤和消防任务。是年8月1日，中国人民武装警察部队湘潭地区支队所辖醴陵县、攸县、茶陵县、酃县4个内卫中队和湘潭军分区独立营涞江一连及6个消防中队、股移交株洲市支队建制管理。

1985年5月，组建中国人民武装警察部队株洲市消防大队，消防处撤销，原支队所属消防部队移交消防大队。1988年10月，撤销株洲市消防大队，组建武警株洲市消防支队，业务工作隶属市公安局领导。

1990年，武警株洲市支队辖直属大队、直属机动中队、轮训队和6县、市武警中队。实行义务兵与志愿兵相结合体制，执行中国人民解放军条令条例和供应标准待遇，接受中国人民武装警察部队湖南省总队和株洲市公安局双重领导。1992年3月，支队为正团级，属三类支队；轮训队改编为教导队，由连级升为正营级。1994年6月，酃县中队更名为炎陵县中队。1996年6月，增设直属五中队编制。2000年12月，原支队所属株洲市中队更名为芦淞区中队，直属五中队更名为荷塘区中队。

一 内卫执勤

（一）正常勤务

20世纪50年代初，市公安队在市公安局领导下，进行剿匪肃特、镇反工作，协同公安机关镇压反革命，维护社会治安，执行处决一批罪大恶极、血债累累的反革命分子。

1956年，武装警察担负市公安局看守所监区看押任务。1958—1962年，还担负劳改单位警戒和镇守任务。1965 年，武警哨兵有效制止犯人预谋逃跑 8 次，避免自杀事故 12 起。“文化大革命”期间，株洲市、县看守所分别由解放军市、县中队负责。1976 年，市、县看守任务由市公安局民警科管理，一名副局长负责武装警戒工作。

1983 年，从湘潭地区支队接收醴陵县、攸县、茶陵县、酃县 4 个看守所和 2 个劳改农场看守任务。1988 年，支队与用兵单位密切配合，全年定期与不定期清查监房 694 次，查出各种危险物品 346 件，制止犯人逃跑 43 起、行凶 4 起、自杀 27 起。

1990 年，推广酃县中队监狱安装先进防逃设施，及时、快速准确抓获越狱逃跑罪犯。清出危险物品 3112 件，制止逃跑 289 次，防止自杀 151 人次。

1991 年，支队全年担负 14 个执勤目标看守看押任务，共看守人犯 2400 余名，看守犯人 3700 余名。1992 年，支队看守（押）工作开展“优秀哨兵”“执勤能手”“红旗哨所”“五好执勤中队”等活动，全年执勤无事故，无严重违法乱纪行为，执勤工作实现了依法、文明、正规、安全。共看守人犯 1600 余名，看押犯人 3500 余名，制止犯人逃跑 3 起 12 人，制止闹监、自杀 6 起 10 人。担负押解勤务 591 次，行程 19391 千米；执行逮捕勤务 14 次，逮捕罪犯 172 名；执行处决勤务 11 次。

1997 年，支队狠抓执勤正规化建设，全年制止犯人逃跑 10 起 21 人次，制止犯人闹事、行凶、自杀 6 起 9 人；押解犯人 1373 人，处决罪犯 21 名。1998 年，全支队看守犯罪嫌疑人 2294 名，看押犯人 6896 名，制止犯人行凶、闹事、自杀 7 起 11 人，押解犯人 277 名，行程 892 千米，处决死刑犯 6 名。2000 年，深入开展“红旗哨所”“优秀哨兵”评选活动，做好“内转外”过渡期各项工作。6 月底，6 个县（市）中队全部由原来的“内看守”转入“外看守”，株洲县中队执勤连续 35 年实现安全无事故。

（二）临时勤务

1951 年，公安队负责城区警备工作，协助公安机关逮捕押解、处决罪犯，打击各种犯罪活动。组织小分队，深入街头巷尾，维护社会治安。1954 年，城区警备任务由市人民武装部担任。

20 世纪 60 — 70 年代，徒步在城区巡逻，每组 2 ~ 4 人，规定巡逻范围，明确巡逻纪律。80 年代，巡逻采用摩托车并辅以徒步形式，一般 3 ~ 4 台车，每台 3 人；重大节日和重要活动，视情增加台人次。

1988 年 10 月，株洲大桥合拢时，市支队在大桥两端各设 1 固定哨，执行守卫任务。1989 年春夏之交，市支队奉命担负株洲市党政机关、电台、电视台、株洲火车站等重要目标守护任务。1988 — 1990 年，武警市支队根据不同时期的社会治安情况和任务需要，不定期派出机动中队配合公安干警，加强城市巡逻，共出动兵力 2064 人次，抓获犯罪嫌疑人 48 名，制止聚众斗殴 32 起，缴获各类凶器 151 件。1990 年，支队先后处置各类突发事件 19 起，出动兵力 420 人次。1991 — 1993 年，支队担负临时勤务 780 次，出动兵力 16377 人次。完成“首届株洲灯花艺术节”和“湖南株洲国际烟花节暨经贸洽谈会”等重大警卫任务。1993 年，执行警卫任务 10 次，出动兵力 468 人次，执行城市武装巡逻 145 次，出动车辆 1015 台次，出动兵力 3045 次，抢险救灾 3 次，出动车辆 8 台次，兵力 260 人次。完成“炎黄杯”世界华侨、华人系列龙舟赛、炎帝陵公祭、取火种仪式等活动的安全保卫工作。

1994 — 1996 年，市支队积极参加社会治安的综合治理和严打专项斗争，共执行临时勤务 352 次，出动兵力 14786 人次，车辆 533 台次，摧毁犯罪团伙 506 个，瓦解其成员 2193 人，检查车辆 450 多台。积极参与地方抢险救灾 53 次，出动兵力 3384 人次，车辆 208 台次，转移物资 80 多吨，抢救被洪水围困群众 150 人次，抢救伤员 29 人，抢运沙袋等堵堤物资 5380 多吨，挽回直接经济损失达 2080 万元。1997 年，醴陵市中队成功捕歼 1996 年“10 · 13”特大持枪抢劫团伙，抓获犯罪嫌疑人 4 名，2 名官兵荣立二等功。1998 年 8 — 9 月，支队奉省防汛抗旱指挥部和省武警总队命令，出动兵力 329 人次，车辆 24 台，奔赴岳阳云溪区抗洪抢险，共搬运土方、沙包 1743 万立方米。是年，担负 9810 次专列警戒勤务 3 次，出动兵力 184 人次，车辆 12 台次。7 — 8 月，支队奉省防汛抗旱指挥部和省武警总队命令，出动兵力 150 人，车辆 12 台，前往岳阳钱粮湖农场抗洪抢险。支队所属各中队积极参加当地抗洪抢险 4 次，出动兵力 187 人次。是年，支队积极参与株洲市严打整治斗争 4 次，出动兵力 480 人次，协助公安抓获犯罪嫌疑人 27 名，查获假公安、武警车辆 6 台，摧毁犯罪团伙 5 个。2000 年，支队还先后担负株洲市“两会”“世纪之光大型文艺晚会”“中华炎黄圣火采集传递暨株洲炎帝节大型文艺晚会”的现场警卫勤务，出动兵力 580 多人次。2 次参与石峰区扑救森林火灾，出动兵力 258 人次，车辆 8 台次。

二 军事训练

20 世纪 50 — 60 年代，公安大队进行射击、投弹、刺杀训练，有时还把爆破与土工作业作训练内容。1962 年，以“强化训练，保证执勤，做坚强后盾”为目标，进行战备整军，全队射击及格率达到 100%，优秀率 98%，41% 的人投弹距离超过 60 米。

20 世纪 70 年代，训练逐步实行正规化，进行执勤业务训练、技术训练和共同科目训练。执勤业务训练主要学习政策、法律、法令和执勤业务知识、情况处置原则、方法等基础训练；技术训练以射击和擒拿技术为主，通常每年进行 4 ~ 6 次实弹射击，要求达到快速准确，以动制动和首发命中；共同科目训练重点是队列动作训练、体能训练、器械体操训练。

1983 年以后，市支队军事训练严格按《军事业务训练大纲》进行实训。1990 年，支队着重抓机动中队非杀伤性武器的使用、训练和警官“五能”训练与比武竞赛活动。针对机动中队处置突发事件需要，支队加强了机动中队防暴队形的训练。警官“五能”训练突出能组织所属分队、能熟练使用武器装备、能识图用图、能使用对讲机、能组织所属分队的战术等训练。是年 9 月，支队在参加总队组织的第二届军事比武中荣获团体总分第二名。

1991 年，支队严格按照军委颁布的《军事训练大纲》和武警总部的《军事训练若干规定》施训。在部队中普遍开展郭兴福“四会”教学法训练和“四会教学法”活动。7 月 22 — 24 日，支队采取以赛促训的形式，举办自组建以来的首届军事比武，共 10 个代表队进行了射击、擒敌技术、军事体育和共同科目的角逐，株洲市中队、机动中队、茶陵县中队获团体总分前三名。

1992 年 3 月，支队组织新兵集训队、市区部队和机关进行了代号为“9203”的野营拉练。共

200余名官兵参加，历时5天，行程5个乡镇100千米。1994年，支队从严、从难、从实战出发抓训练，涌现“武状元”18人，擒敌能手23人，神枪手11人，“四会教练员”32人。直属四中队从实战需要出发，强化战备机动训练，成功参加株洲市“4·28”公、检、法、司联合防暴演练。1995年，训练中注重抓好新兵训练、骨干集训和竞赛、汇操、表演三个环节，以赛促训。7月，支队举行机动中队训练成果汇报表演，支队机关、机动中队共200人表演了擒敌技术、气功和“处突”中的紧急出动、防暴器械使用、解救人质等13个科目。是年9月，支队200余名官兵参加了武警湖南总队组织的“湘武2号”军事演习。

1996年，支队按照总队下发的《警官军事业务训练规定》，举办2期干部、骨干集训班。“八一”建军节前夕，支队组织所属10个基层中队进行为期3天的第二届军事比武，共100名代表参加了射击、擒敌技术、队列、军事体育、战术等6个科目的角逐。1998年8月，支队组织基层部队10个代表队举行第三届军事比武，120名代表参加射击、军事体育等6个科目角逐。

2000年，支队认真贯彻中央军委科技兴训的指示，坚持“四个贴近”，从严治训，科技兴训，科学组训，量化管理。加强军事高科技知识学习和战法研究。同时，6个中队建设好防暴小分队。机动分队结合“处突”“打黑”任务特点，从难从严训练，重点抓好防暴队形、紧急出动、抓捕、追捕、攀登、排爆、解救人质等内容训练。10月7日，支队组织部队在株洲县举行处置“群体性闹事事件”演变成解救“劫持人质事件”的战术演练。

中国人民武装警察株洲市支队历任军、政主官名录

表20-2

姓　名	职　务	任职时间
王占廷	支队长	1983.1—1985.4
杨立荣	支队长	1985.5—1991.8
蔡卫国	支队长	1991.9—1994.8
靳立华	支队长	1994.9—1997.12
孟祥智	支队长	1998.1—1998.12
周祥会	支队长	1999.1—2000.12
刘　辉	政　委（第一政委）	1983.1—1987.12
曾献南	政　委	1984.11—1992.2
马建述	第一政委	1988.1—1998.12
刘益鸿	第一政委	1999.1—2000.12
管纲大	政　委	1992.2—1994.8
戴金益	政　委	1994.9—1997.12
夏湘沅	政　委	1998.1—2000.12

第三章 检 察

1954 年 12 月，成立株洲市人民检察署。1955 年 6 月，更名为市人民检察院，担负起法律所赋予的审查批捕、审查起诉、出庭支持公诉等各项检察职能。

1957 — 1961 年，在公安、检察、法院 3 个机关的工作关系上，只讲配合，不讲制约；在办案工作中实行“一长代三长”（公安局长、检察长、法院院长）、“一员代三员”（预审员、检察员、审判员）和“一竿子到底”的办案方法，检察机关的监督职能被削弱，办案质量下降，错案增多。1959 年，市郊区设立人民检察院。

1962 年 1 月，公安、检察、法院依法开始履行各司其责的诉讼程序和办案制度。到 1965 年，市检察机关在做好审查批捕、审查起诉、出庭公诉工作的同时，还依法查办了国家机关工作人员和基层干部严重违法乱纪和贪污、侵犯人权方面的案件。同年，株洲县设立人民检察院。

1967 年 7 月，成立株洲市公检法军事管制委员会，检察工作由军管会所取代。1975 年，全国人大颁布的《宪法》规定：检察机关的职权由公安部门行使，一度取消了检察职能。

1978 年 9 月，市人民检察院正式恢复设置，并先后重建株洲县、市郊区人民检察院。同时，分别成立市东区、南区、北区 3 个人民检察院。1981 年，成立株洲市人民检察院检察委员会，在检察长主持下，实行民主集中制，讨论决定重大疑难案件和检察长提请讨论的重大问题。

1983 年 7 月，醴陵县、攸县、茶陵县、酃县 4 个人民检察院由湘潭地区划归株洲市人民检察院管辖。至此全市共有 9 个基层检察院，实有干警 331 人。同年，根据中共中央和全国人大常委会作出的《关于严厉打击刑事犯罪活动的决定》和《关于严惩严重危害社会治安的犯罪分子的决定》精神，全市检察机关在市委、市政府的统一部署下，历经 3 年，开展了 3 个战役的“严打”斗争。嗣后，继续贯彻执行依法“从重从快”惩治严重刑事犯罪分子的方针，有针对性地开展集中打击和专项斗争，及时批捕、起诉了各类严重刑事犯罪分子，促使全市社会治安秩序逐步稳定好转。

1988 年，检察机关先后在税务、审计、银行、粮食等系统和大型厂矿企业相继建立检察室（组）34 个，配备专、兼职检察员 119 名。同年 8 月，市检察院建立了经济、法纪罪案举报中心，所辖各县检察院同时建立了经济、法纪罪案举报站。1990 年 2 月，市检察院成立反贪污贿赂工作局，至年底市检察院有 12 个内设科（室），9 个基层人民检察院，共有干警 413 人。

1991 年，围绕党和国家的中心工作，株洲市两级检察机关继续坚持“严打”方针，与公安、法院、司法紧密配合，对危害国家安全的反革命犯罪和杀人、抢劫、强奸、爆炸、贩毒、盗窃“七类”犯罪进行重点打击，并在当地党委、政府的统一部署下，重点整治了农村的社会治安秩序。1992 年，检察工作重点为改革开放保驾护航，自觉服务于经济建设。1993 年，根据中央关于开展反腐败斗争的指示精神，全市检察机关在深入开展自身反腐败的同时，重点查办了发生在党政机关、司法机关、行政执法机关和经济管理部门工作人员中的贪污、贿赂、渎职、侵权犯罪案件。到1995年，全市共查处此类案件179件197人，保证了改革开放和经济建设的顺利发展。

1994年3月，反贪污贿赂工作局更名为市人民检察院反贪污贿赂局。随着改革开放的不断深化，一些不法分子在金融证券、土地批租、房地产开发以及税制改革等领域开始了新型的犯罪活动。至1995年年底，全市检察机关共查处趁税收体制改革之机盗窃、倒卖、伪造、虚开、代开增值税发票进行偷税、骗税、投机倒把等犯罪以及法人犯罪，为私人牟取暴利而贪污、挪用公款炒股，生产、销售假冒伪劣产品等新型犯罪案件88件，涉税总额8.3亿元，防止税款流失1.7亿元。为国家和企业挽回经济损失3120余万元。

1996年，市检察院制定了《关于预防经济违法犯罪的实施意见》，在全市设12个预防联络处，建立预防工作联系点16个，同时加大了对涉税犯罪的打击力度。1997年，检察院的涉税犯罪的查处职能移交给公安机关。同年，全市两级检察机关共建立预防机构10个，新设立检察联络处28个，聘请联络员112人，广泛开展个案预防、行业预防和项目预防。9月，成立株洲市人民检察院渎职犯罪侦查局。

1998—2000年，全市两级检察机关紧紧围绕反腐败斗争，重点查处国家机关工作人员的渎职犯罪，特别是徇私舞弊犯罪案件和贪污贿赂犯罪大要案，为国有企业改革和发展服务。到2000年，市检察院共有14个内设机构，9个基层人民检察院，643名干警，其中有393名检察员。

第一节 刑事检察

1955年下半年，市人民检察院开始审查起诉工作，并选择少量典型案件出庭支持公诉。从1956年5月开始，刑事检察工作从重点担负刑事案件的侦查转入全面担负审查批捕，审查起诉和部分案件的出庭支持公诉工作。

1958—1961年，检察、公安、法院实行联合办公，削弱了法律监督机关的职能作用，某些案件草率处理，导致一些错案发生。1961年6月，根据全国检察长会议和全省政法工作会议提出公、检、法分工负责、互相配合、互相制约的要求，切实加强并正确发挥检察机关法律监督职能作用，上述问题逐步得以纠正，刑事检察职能恢复正常。

从1964年始，刑事检察工作，贯彻“依靠群众力量，加强人民民主专政”和“依靠群众，少捕，矛盾不上交”的方针，实现了“捕人少，治安好”。这种做法，一直持续到“文化大革命”初期。此后，刑事检察随着整个检察机关的工作中断而中断。

1978年，恢复刑事检察工作。1980年，《中华人民共和国刑法》和《中华人民共和国刑事诉讼法》公布实施后，检察机关坚持“以事实为根据，以法律为准绳”的原则，在严厉打击各类刑事犯罪，维护社会稳定方面，发挥了应有的重要作用。

1983年，中共中央和全国人大常委会相继作出了严惩严重刑事犯罪的决定。全市检察机关从重从快批捕、起诉了一大批严重刑事犯罪分子。至1986年年底，历时3年多，先后进行了3场战役，狠狠打击了刑事犯罪分子的嚣张气焰。1987 年 7 月，根据省检察院的指示，市检察院将原由自侦部门承担的自行侦查案件的批捕、起诉、出庭支持公诉任务统一归口由刑检部门办理。

1991 年，围绕“严打”斗争，全市检察机关坚持从重从快打击严重刑事犯罪和反盗窃专项斗争，重点整治部分农村的社会治安秩序，加强侦查监督和审判监督，认真落实了检察环节上的综合治理。1992 年，紧密配合公安、法院开展打抢劫、反盗窃、捣团伙、严惩车匪路霸、扫除卖淫嫖娼、查禁赌博贩毒等专项斗争，开展社会治安综合治理工作。1993 年，刑检工作响应和参加在全省范围内开展的“321”统一行动和集中整治农村社会治安专项斗争，依法严惩一批严重危害社会治安的刑事犯罪分子。

1994 — 1998 年，市人民检察院先后制定出台《关于检察机关有选择性地直接立案查办刑事案件有关问题的具体规定》《关于加强刑事立案监督工作的意见》《批捕侦查监督、执行监督细则》《刑检部门与自侦部门互相配合的九条意见》等一系列制度，使刑事检察工作更规范、具体，更便于操作，提高了办案质量。

一　审查批捕

1956 年 3 月至 1959 年 10 月，根据中央关于开展肃清暗藏反革命分子斗争的指示，全市检察机关在中共株洲市委的统一领导下，配合公安、法院进行了第一次肃反运动，清查出一批各类反革命分子，主要是暗藏下来的特务、间谍分子和罪大恶极的土匪、恶霸、反动党团骨干以及反动会道门的头目。

1960 年 11 月至 1963 年，检察机关根据“有反必肃，有错必纠”的精神，查处一批反革命案件。在坚决镇压反革命分子，捍卫人民政权的同时，加强对一般刑事犯罪的打击和处理，维护了社会治安秩序。从 1955 年至 1958 年，共批捕各类刑事犯罪嫌疑人 1351 人。

1959 年，按照中央“捕人、杀人要少，管制也要比过去少”的指示（时称“三少”政策），注意严格把关，正确处理两类不同性质的矛盾。坚持可捕可不捕的不捕。是年，批捕人犯 336 人。

1958 — 1961 年，弱化了审查批捕的职能，3 年错捕率达 7.6%。1961 年下半年，根据中央的指示纠正了上述错误作法，并通过清案复查，使错捕错拘案件得以平反。

1962 — 1965 年，继续贯彻执行“三少”政策，批捕对象主要是进行重大破坏活动的反革命分子和严重危害社会治安的重大刑事犯罪嫌疑人。对一般刑事犯和虽有破坏活动但情节较轻的“四类”分子，采取“一个不杀，大部分（95% 以上）不捉”的方针，依靠群众就地将他们改造成为新人。这段时期，社会治安秩序良好，犯罪率大幅度下降，批捕犯罪嫌疑人数逐年减少。1964 年，全市批捕犯罪嫌疑人 180 人，比上年减少 14.50%，1965 年批捕犯罪嫌疑人 25 人。

1979 年 2 月，新的《中华人民共和国逮捕拘留条例》公布施行。全市检察机关严格执行条例，加强审查批捕工作，是年共受理公安部门提请批捕犯罪嫌疑人 196 人，经审查批准逮捕 158 人，不批准逮捕 30 人，退回公安部门补充侦查 8 人。

1980年，新修订的《刑法》《刑事诉讼法》颁布实施。市检察机关在审查批捕工作中，坚持重事实、重证据，不轻信口供。至1982年，3年中共受理公安部门提请批捕人犯995人，经审查后批准逮捕848人，批捕准确率达98%以上。

1983年8月，中央作出《关于严厉打击刑事犯罪活动的决定》，确立了“对严重刑事犯罪分子实行依法从重从快的方针”。同年9月，全国人大常委会颁布了《关于严惩严重危害社会治安的犯罪分子的决定》。检察机关集中力量、集中时间，积极投入“严打”斗争，自1983年8月至1986年8月，历经3个战役，审结公安部门提请批捕犯罪嫌疑人5726人，经审查批准逮捕4975人，不批准逮捕652人，退回公安部门补充侦查99人。在“严打”斗争中，检察机关提前介入公安部门的侦查活动，对重大现行案件，及时派员参与公安部门的调查取证、现场勘验、审讯人犯、案情分析等侦查、预审活动，把审查工作做在公安部门提请批捕之前。如发生在醴陵市的汪某某等9人强奸、流氓、拐卖人口团伙案，9名被告人既有共同犯罪，又有单个作案，案情十分复杂。为及时摧毁这一犯罪团伙，醴陵市公安部门刚一破案，该市检察院就派员提前介入调查取证、审讯犯罪嫌疑人等侦查活动，收案后仅用2天时间就完成了审查批捕任务，及时作出批准逮捕的决定。属刑事拘留的犯罪嫌疑人，均依法在收案的3日内予以审结，其余一般刑事案件审查批捕的时间平均只有7.8天；严格坚持个人阅卷、集体讨论，检察长批准或检察委员会讨论决定的办案制度，层层把好事实关、证据关、定性关和处理关，避免冤假错案，防止遗漏罪犯。市检察院先后组织32个工作组共160人次下到基层院进行业务指导，及时处理了一批疑难案件，批捕犯罪嫌疑人的准确率达99.20%。

1987 — 1993年，市两级检察机关采取经常性打击同开展专项斗争相结合的方式，继续严厉打击严重刑事犯罪活动，7年共受理公安机关提请批准逮捕14260人，经审查批准逮捕12186人，不批准逮捕1295人，退回公安补充侦查641人，公安部门撤回提请批捕76人。1991 — 1993年，受理检察机关自侦部门提请逮捕246件291人，经审查决定逮捕213件243人，决定不捕21件33人，退补侦查9件12人，自侦部门撤回3件3人。

从1991年起，全市检察机关围绕“确保办案质量”这一中心环节，加强对全市审查批捕工作的业务指导，严格办案程序，坚持案件复核制度，积极开展办案提前介入侦查工作，抓好快审快结。至1993年，共复核案件2400件，补充证据1417份，否定犯罪事实68条，改变公安机关定性64人；经审查不捕164人，追捕犯罪分子41人。

1994年，全市审查批捕部门根据全国第三次刑检工作会议精神，继续坚持严厉打击刑事犯罪、积极查处经济犯罪的方针。在批捕的刑事案件中，重特大案犯836人，占批捕人数的40.29%；批捕“七类”案犯1852人，占批捕人数的85.9%。

1998年，市检察院根据《刑诉法》等有关规定，制定了株洲市检察机关《批捕部门侦查监督、执行监督细则》和《批捕部门立案监督实施办法》，促进了批捕工作的依法有序开展。

1994 — 2000年，全市检察机关共受理公安机关提请批准逮捕案件10060件17524人，经审查批准逮捕8813件14673人，不批准逮捕905件1690人，退回公安机关补充侦查199件426人；公安机关撤回142件235人。受理检察机关自侦部门提请逮捕611件675人，经审查批准逮捕553件

609人，不批准逮捕26件33人，退回补充侦查15件16人，自侦部门撤回16件16人。

二 审查起诉

1955年9月，市检察机关开始受理公安部门侦查终结移送审查起诉的案件。是年，共受案38件，经审查决定起诉32件。其中，受理反革命案10件10人，作出起诉决定的有9件9人。

1956—1957年，在审查起诉工作中坚持合法、准确、敏捷的原则，对现行反革命案件随到随审，及时作出决定，不拖延积压。在坚决镇压反革命分子的同时，加强对刑事犯罪案件的审查起诉工作，2年间，检察机关共受理公安部门移送审查起诉案件259件，审查后，决定起诉219件，法院作出有罪判决的占90.60%。

1958年，审查起诉工作出现了片面追求办案数量的现象，有的检察员1天办结起诉3～4件，办案质量下降，出现了冤假错案。1959年，针对起诉案件质量下降的情况，明确要求对每一起案件的审理必须做到：核对逮捕报告书和起诉意见书是否一致，核对检举揭发材料与被告人口供是否相符，核对犯罪事实与案件性质有无矛盾，核对引用法律条文与定性是否正确。同时，规定所有审查起诉案件，均需集体讨论才能作出决定。是年，受理公安部门移送审查起诉案267件，经审查决定起诉251件，起诉准确率达97%。

1960年，根据全国政法工作会议精神，贯彻执行“把对敌斗争搞紧一些”的方针，确保办案质量，对审查起诉工作提出了“要审查罪名是否正确，审查引用法律是否适当，审查侦查活动有无违法，审查被告人行为是否构成犯罪”的“四审”要求，使审查起诉案件的质量又有所提高。

1961年上半年，公、检、法采取“一竿子插到底”办案方法，一度取代审查起诉职能。1—5月，全市有42%的起诉案件未经检察机关审查。同年6月，通过对已起诉的303名被告人检查，发现不应起诉的有17名，错诉率达5.60%。下半年，纠正这种错误做法，审查起诉监督职能得以正常行使。

1962年，中央强调要“区别对待，多种处理”。据此，各地加强了法制教育、预防犯罪方面的工作，社会治安不断好转，提起公诉案件有所减少。当年决定起诉269人，1963年减少到206人，1964年又减少到95人，1965年只有43人。

1979年，市人民检察院恢复了审查起诉职能。针对当时干警中新成份多，出庭经验不足的状况，市检察院及时提出了审查起诉必须全面阅卷、严格把关，做到“五看”“五核对”的要求。当年，检察机关共受理公安部门移送审查起诉案犯147人，经审查决定起诉106人，作出有罪判决率达94.50%。

1980年，审查起诉工作严格依法办案，实行专人阅卷，集体讨论，检察长或检察委员会决定和定期复查案件的制度；在优先办理重大案件的同时，兼顾一般案件，根据办案人员的业务素质和能力，实行难易搭配，交叉进行；主动加强与公安、法院的相互配合，做到互通情况，协同作战，提高审查起诉工作的效率和质量。从1980年至1982年，共受理公安部门移送审查起诉案件612件1152人，经审查决定起诉的有559件975人，免予起诉17件88人，不起诉7件20人，退回公安部门补充侦查23件51人。

1983—1986年，在“严打”斗争中充实审查起诉部门的办案力量，最多时集中178名干警参与办理审查起诉案件，占当时实有干警总数的56%。二级检察院有26名正、副检察长亲自办案和出庭，占当时院领导的87%。检察机关采取提前介入案情、自行补充侦查等措施，深挖犯罪。4年共受理公安移送审查起诉案犯5615人，经审查决定起诉4850人，免予起诉304人，不起诉91人，退回公安部门补充侦查370人，并对142名构成犯罪应负刑事责任而公安部门遗漏移送起诉的刑事犯罪分子进行了追诉。

1987—1989年，根据最高检的指示精神，审查起诉做到了“五个坚持”，即坚持对杀人、抢劫、爆炸、放火、强奸、流氓团伙、重大盗窃等严重危害社会治安的刑事犯罪分子依法从重从快和集中打击；坚持重特大案件提前介入公安部门的侦查、预审活动，做到准中求快；坚持专人审查、集体讨论、检察长或检察委员会决定的办案制度；坚持由党委召开联合办公会议，讨论决定重大疑难案件，然后由公、检、法各负其责，提高了办案质量和工作效率。3年中，共受理公安部门移送审查起诉案犯4672人，经审查决定起诉4177人；法院作有罪判决的有4175人，有罪判决率达99.80%；决定免予起诉279人，不予起诉14人，退回公安部门补充侦查122人。同时，依法追诉漏犯147人。对公安部门移送起诉的重、特大案件，均在15天内审结并向法院提起公诉。如中华人民共和国成立后株洲首例绑架案，被告人陈跃文为索取巨额钱财，绑架一私人企业家的5岁孙子。破案后，市检察院仅用5天时间审结全案材料，依法向市中级人民法院提起公诉。

1987年7月，起诉部门全面承担起检察机关自行立案侦查的经济罪案和法纪罪案的审查起诉任务。截至1990年年底，共受案1048件1384人，经审查起诉412件505人，免诉586件736人，改作其它处理50件143人。

1991年，全市检察机关审查起诉部门与公安、法院配合，进行“反盗窃、打抢劫、惩流氓、捣团伙”“扫黄”“除六害”等专项斗争。受理公安机关移送审查起诉、免诉案件1191件2710人，经审查起诉1008件1996人、免诉54人，不起诉9人。其中，从重从快起诉“七类”犯罪分子1120人，重特大案1007人，团伙案937人，盗窃案912人。受理检察机关自侦部门移送审查起诉免诉案件414件544人，经审查起诉148件194人，免诉170件212人。

1992年，全市检察机关坚持服务经济建设，为改革者撑腰；从快打击破坏重点工程建设的犯罪案件，为重点工程建设保驾护航；打击破坏农业生产和农田水利建设的犯罪案件，增强农业发展后劲。全年起诉报复厂长、经理案件9件9人；并与公安、法院相配合，开展打击盗窃重点工程建设物资专项斗争7次，从快起诉39人，挽回经济损失20多万元；全市5县先后开展打击盗窃耕牛犯罪专项斗争7次，起诉盗窃耕牛犯罪分子47人，为农民追回耕牛147头，挽回经济损失3万余元。全年共受理公安机关和检察机关自侦部门移送审查起诉、免诉案件1353件2565人，审结1330件2525人，其中提起公诉991件1770人，免诉240件450人。1993年，开展“三打两整一查禁”斗争，全市起诉刑事案件841件1603人，摧毁犯罪团伙205个，起诉杀人、强奸、抢劫等“七类”案件990人。

1994年，全市审查起诉部门配合公安、法院组织了4次大规模的“集中打击”行动。共起诉车匪路霸512人，杀害儿童的犯罪嫌疑人52人；起诉进行股票诈骗、滥开增值税发票等经济犯罪嫌疑人363人。在起诉的案件中，经法院审理被判处有期徒刑以上刑罚的2007人，占判处数的91.6%；被判处死刑的69人，死缓12人，无期徒刑34人。

1997年，株洲市刑检起诉部门率先在全省推出了《案件管理制度》《出庭公诉制度》等10项办案制度，科学地规范了办案程序。

1999—2000年，全市审查起诉部门以公诉改革为契机，试行主诉检察官办案责任制，全力投入“严打”斗争和“禁毒”“打拐”“打击法轮功邪教组织”等专项行动。出庭公诉一批重、特大案件，经法院审理判处死刑68人（其中死缓20人），无期徒刑30人，有期徒刑2653人。巩固反腐败斗争成果，审查起诉了一批在株洲地区有影响、有震动的贪污、受贿大要案。

1993—2000年的8年中，全市检察机关共受理公安（含安全、监狱）机关移送审查起诉、不起诉案件12994件22673人，经审查起诉11017件18342人，免诉424件839人，不起诉68件168人。

三 出庭公诉

1955年年底，市检察机关开始出席法庭支持公诉，至1957年全面担负起出庭支持公诉任务。是年，向法院提起公诉199件，出庭支持公诉157件，出庭率达78.90%。

1958年，检察机关出庭支持公诉受到各种限制，市检察院出庭支持公诉率仅占法院开庭数的29.30%。

1959—1961年，公、检、法实行联合办案，开庭前框定罪名和刑期，出庭支持公诉已无法律监督的实际意义。3年间，出庭支持公诉率仅占法院开庭审理数的6.42%。

1962—1965年，因办案力量不足，主要选择罪行严重应判处重刑的公诉案件；在当地危害大、影响大的公诉案件以及多发性犯罪典型案件出庭支持公诉。4年间，共出庭支持公诉97场次，占法院开庭审理公诉案的14.90%。

1980年1月，检察机关全面开展出庭支持公诉工作。是年，出庭支持公诉117次，发表公诉词94篇。1981—1982年，出庭支持公诉388场次，出庭率达97.90%，发表公诉词321篇，占出庭数的82.73%。

1983—1986年，随着“严打”斗争的深入，审查起诉案件成倍增加，为确保办案质量，提高出庭公诉水平，采取以老带新、组织观摩、就地评议等办法，组织公诉人学习政治、法律和有关自然科学，帮助他们掌握和提高出庭公诉技巧。4年间，检察机关派员出庭支持公诉2869场次，未出现指控不实、答辩不力等问题。

1987—1990年，各级检察机关把提高出庭公诉水平，扩大出庭公诉社会效果作为工作的重点，在全系统广泛开展评选最佳法律文书、优秀公诉人、优秀书记员，经常组织竞赛、跟庭观摩评议等活动，使出庭公诉水平得以全面提高。4年间，全市检察机关共出席法庭支持公诉4127场次，发表公诉词 4127 篇，参加旁听群众逾 70 万人。收到了公诉一场、教育一片的效果。

1991 年，全市审查起诉部门向法院提起公诉 1422 件，出庭公诉 1042 场，出庭率达 73.7%。是年与法院一道，选择了 40 件对社会危害大、影响深的案件，到治安问题突出的单位进行开庭审理，以案析法，宣传法制。受教育群众达 12 万余人。

1992 — 1996 年，以出庭公诉为中心，全面提高公诉干警的公诉水平。开展了“跟庭评析”“模拟出庭”和开“示范庭”等系列活动。5 年间共出庭公诉 4928 场，出庭率占法院开庭审理的 70% 左右，旁听群众 70 余万人。其中，1996 年还对 12 件法院判决不当的案件依法提出了抗诉。

1997 年，市检察院依据修改后的《刑法》《刑事诉讼法》制定了《出庭公诉制度》。1999 年，全市审查起诉部门开展“执法效果年”活动。坚持检察长、主管检察长带头出大庭、难庭，作干警的表率。全年检察长出庭支持公诉 19 场，发表公诉词 19 篇，旁听群众 3900 余人。2000 年，全市审查起诉部门出庭公诉了一批重、特大刑事犯罪案件。如李贵菊等 13 人的走私、运输、贩卖毒品案，旁听群众达 3000 余人。李贵菊等 4 人被判处死刑，其余 9 人分别被判处无期徒刑和有期徒刑。这些重大案件，及时通过电视台、报刊等媒体报道，得到社会的好评。1997 — 2000 年，两级检察机关共出庭支持公诉 4300 场，旁听达 38.64 万人。

四 侦查审判监督

（一）侦查监督

1956 年，市检察机关通过审查批捕、审查起诉、参与审案、查错查漏，对公安部门的侦查活动是否合法行使监督权。是年纠正错案、漏案 5 起。

1957 年，根据最高人民检察院关于紧缩侦查监督范围的指示，检察机关将侦查监督的范围局限在案卷材料的审查上。1958 — 1961 年，由于办案工作实行“三道工序一起抓”，侦查监督实则有名无实。

1962 年，根据中央和省委有关指示，纠正了取消侦查监督的错误做法，恢复了检察机关独立行使审查批捕、审查起诉的职权，明确侦查监督是保证办案质量必不可少的法律程序，侦查监督工作有所加强。截至 1965 年年底，4 年间，检察机关通过审查批捕和审查起诉，纠正错案、漏案 17 起。

1978 年 12 月随着“文化大革命”中一度中断的检察机关职能的恢复，审查批捕工作和侦查监督职能也全面运转，对监督中发现的一般违法行为，口头提出意见，督促纠正；对违法情节严重或多次口头提出意见无效的，发《纠正违法通知书》督促纠正；对徇私枉法、包庇罪犯或刑讯逼供及其他严重违法构成犯罪的，则依法追究其刑事责任。

在 1983 — 1986 年的 3 次“严打”战役中，检察机关注意解决片面强调配合，忽视制约，不敢监督和不愿监督的问题，按有法必依、执法必严、违法必究的原则，积极开展侦查监督工作，特别是在深挖犯罪做到了“注意发现新的犯罪线索，注意深挖犯罪事实，注意从群众的检举、控告及有关单位的反映中了解和发现新的犯罪”的“三个注意”。

据统计，1980 — 1990 年，全市检察机关通过行使侦查监督权，在审查批捕和审查起诉中，共追捕公安部门漏报捕的犯罪分子 187 人，追诉公安部门漏移送起诉的犯罪分子 389 人。对公安机关在侦查活动中的各种违法行为，共提出书面纠正意见 108 次，口头纠正意见 540 次。

1991 — 1993 年，全市检察机关对 253 件因证据、事实不清的案件退回公安和自侦部门补充侦查或自行补充侦查，依法追诉漏罪 133 条，否定罪行罪名 129 条，追诉漏网罪犯 57 名。

1994 年，全市检察机关携卷复核案件 754 件，补充证据 1226 份，复核率达 61.35%。攸县检察院在审查谭建云杀人案时，依法追捕了谭守连等 3 名人犯。后经法院审判，谭被判处无期徒刑，另 2 人分别被判处有期徒刑。

1995 年，全市检察机关细微审查打击漏犯。对已构成犯罪，应予打击而公安没有追究的 44 名漏犯进行了追捕；向公安机关提出的报捕建议人犯 38 名，是年公安采纳建议，报捕 31 人，均已批捕。

1996 年，遵循“不枉不纵，不错不漏”的标准，对公安机关报捕的 135 件 368 人作出了不捕决定，其中防止错捕 164 人；对 19 件该立而未立的犯罪案件，向公安提出立案建议，公安采纳 12 件；对 66 名应捕而公安未报捕的人犯，向公安提出报捕建议，是年已追捕 29 人；追捕漏犯 22 名；并建议公安追诉罪犯 46 人，直接追诉罪犯 17 人。

1997 年，修改后的《刑诉法》的施行，加大了检察机关刑检部门监督把关责任。全市检察机关对全年办理的 1229 件案件，复核 1112 件，复核率达 90.48%。通过严审细查，复核证据，退回侦查机关补充侦查 119 案，建议作撤案处理的 39 案，作出不起诉的 20 件 30 人，其中绝对不诉 2 件 2 人，存疑不诉 5 件 7 人，相对不诉 13 件 21 人。

1998 — 1999 年，全市检察机关加大法律监督力度，对公安机关在侦查活动中出现的违法违纪现象提出纠正意见 170 次，其中口头提出纠正 82 次，发出纠正违法通知书 88 份。公安全部采纳，并进行了整改。同时通过“走出去、请进来”的方法，初查通知立案线索 140 余起，向公安机关发出说明不立案理由通知书 138 份，要求公安机关立案侦查的 99 件 116 人。全市检察机关通过对起诉书注明在逃和另案处理的案犯审查，共追诉案犯 114 人，追诉罪行 89 条。

2000 年，全市检察机关，将立案监督重点放在公安机关不该立案而立案的案件和自侦部门该立未立案件上。全年向公安机关发出要求说明不立案理由通知书 95 份，检察机关通知立案 72 件 86 人。以纠正刑讯逼供、违法取保候审、监视居住和超期羁押为重点，向公安机关发出纠正违法通知书 79 份，提出检察建议和纠正违法意见 108 条。

（二）审判监督

1956 年，市检察机关开始依法行使审判监督权，在向法院提起公诉案件的同时，注意对人民法院的审判活动是否合法进行监督。是年，市检察机关参加人民法院庭审 9 次，审阅刑事判决书副本 115 份，民事判决书和裁定书副本 102 份。对发现的不合法行为除口头提出纠正建议外，还书面提出纠正建议 4 次。

1957 年，审判监督以纠正重罪轻判、轻罪重判为重点。对提起公诉的案件，坚持派员出席法庭支持公诉，监督审判活动的进行。但到下半年，由于受“左”的干扰，审判监督已名存实亡。直至

1966年，除公、检、法联合不定期的组织清查、复查案件、纠正错案外，检察机关的审判监督已无人再提。

1978年，市检察机关恢复后，审判监督工作逐步开展，审判监督的重点是对判刑畸轻畸重的案件，依法提起抗诉。1980—1982年，检察机关依法向人民法院提起抗诉的案件有16件20人，经重审，改判13件17人，抗诉准确率达81.25%。

从1983年起，进一步加强审判监督工作。市检察院提出“三抗、三不抗”的原则，即认定犯罪事实有出入的，认定性质错误并影响刑期的，量刑畸轻畸重的，都要依法进行抗诉；对定性是否错误、认识存在分歧且把握不大的，定性虽然不当但不影响量刑的，在法定刑期幅度内处刑偏轻偏重的，原则上不予抗诉。做到把住事实关、证据关、定性关，凡需要提起抗诉的案件，交由检察委员会讨论决定。至1990年，8年间市检察机关共向人民法院提起抗诉72件119人，法院改判41件75人。株洲县人民检察院起诉的文某故意伤害、盗伐林木和付某故意伤害案，一审法院以文某故意伤害罪判处有期徒刑9年，付某故意伤害罪判处有期徒刑1年。县检察院认为该判决遗漏了文的盗伐林木罪，且对两被告人量刑畸轻，遂依法提出抗诉。经市中级法院二审认定抗诉有理，以故意伤害罪改判文某有期徒刑15年，盗伐林木罪有期徒刑3年，决定合并执行有期徒刑18年；以故意伤害罪改判付某有期徒刑3年。

1991年，在审判监督中，突出对人民法院审判活动、适用法律、定罪量刑方面进行监督，全年提起抗诉14件，当年法院改判9件。

1992年，全市检察机关采取自查、抽查、互查等形式，先后对172件226人的刑事案件和自侦案件进行检查。纠正处理偏重、偏轻案件7件，对已构成犯罪，应追究刑事责任而没有追究的6人，建议有关单位依法追究刑事责任，对2件判决畸轻畸重的案件提出书面纠正意见。是年还对法院定性不准、量刑不当的6件案件，依法提起抗诉。

1994年，加大对有罪判无罪、重罪轻判、轻罪重判、定性不准、判决明显不当案件的抗诉工作。共抗诉18件，是年审结8件，其中改判5件，维持原判3件。

2000年，全市检察机关坚持“慎抗、善抗、敢抗”的原则，运用“对照、比较、衡量、听证”等方法，共提出抗诉15件17人，法院审结改判8件9人（含上年抗诉当年改判数）。其中，最高人民法院改判1件、省高级人民法院改判1件，市中级人民法院改判6件；由死缓改判为死刑的2人，由有期徒刑改判为无期徒刑的1人。

第二节 经济检察

1956年5月，市检察院设置侦查科，依法直接受理并立案查处经济、法纪罪案，重点侦查贪污、盗窃，破坏基本建设、粮食政策、农村互助合作运动，不法资本家的“五毒”（即行贿、偷税漏税、盗窃国家资产、偷工减料、盗窃国家经济情报）案以及侵害国家财产案件。

1957—1959年，市检察机关积极配合开展“十无”安全活动和财贸系统开展的反贪污、反浪费、增产节约运动，3 年间共查处经济案件 530 起。

1960 — 1962 年，市检察机关配合以“反官僚主义、命令主义、违法乱纪”为主要内容的“三反”运动和“清仓核资”运动，累计查处经济案件 600 起。

1963 — 1965 年，市检察机关配合“五反”（反贪污、反盗窃、反投机倒把、反分散主义、反官僚主义）运动，先后查处有经济违法犯罪行为的 3864 人。

1980 年，根据《刑法》《刑事诉讼法》有关案件管理范围的规定，经济检察部门直接受理贪污案、贿赂案、偷税抗税案、假冒商标案、盗伐滥伐林木、挪用救灾救济款物案等经济罪案。是年，共立案侦查经济罪案 14 件 16 人。侦查终结后，决定撤案 2 人，免予起诉 3 人，向法院提起公诉 11 人，法院都作出了有罪判决。

1982 年，全国人大常委会和中共中央、国务院相继作出《关于严惩严重经济犯罪的决定》和《关于打击经济领域严重犯罪活动的决定》（简称两个《决定》）。株洲市委和各级党委相继成立“打击经济犯罪办公室”（简称“经打办”）。是年，全市检察机关立案查处经济犯罪案 58 件，通过办案挽回经济损失 27.50 万元。

1983 — 1986 年，遵照最高人民检察院关于“要把经济犯罪活动的嚣张气焰压下去”的指示，继续贯彻执行两个《决定》，主动出击，把“经打”斗争不断引向深入。据统计，4 年间，全市检察机关共立案查处经济罪案 663 件 880 人。其中大要案 166 件 289 人，占立案案件数的 25%。通过办案，为国家集体挽回经济损失 1243.07 万元。

1987 年，各级党委撤销了“经打办”。为缓解检察机关办案力量不足问题，市检察院根据上级指示精神，在 14 个重点厂矿企业建立了检察室，作为检察机关的派出机构，并在 10 个单位配备了兼职检察联络员。检察室人员主动收集和反映经济犯罪情况，积极配合检察机关侦查经济犯罪案件，促进了“经打”斗争的开展。当年，检察机关立案查处经济罪案 117 件 139 人。通过办案，挽回经济损失 223.44 万元。

1988 年 1 月，全国人大常委会颁布了《关于惩治贪污贿赂罪的补充规定》(简称《补充规定》)。全市检察机关根据《补充规定》和中央文件精神，加强反贪污、反贿赂的斗争。当年 8 月 2 日，市检察院建立经济、法纪罪案举报中心，各基层检察院也相继建立了经济、法纪罪案举报站，逐步建立和完善举报工作制度。是年，立案查处各类经济罪案 112 件 134 人，其中贪污、贿赂案 68 件 79 人，分别占立案总数的 60.70% 和 59%。通过办案，挽回经济损失 124 万元。

1989 年，根据中共十三届三中全会精神和最高人民检察院的指示，把反贪污、反贿赂斗争列为检察机关打击经济犯罪首要工作。1 月，市检察院建议各个部门紧密配合，协同作战，在全市范围展开惩治腐败的斗争。同年 8 月，最高人民法院、最高人民检察院发布了《关于贪污贿赂投机倒把等犯罪分子必须在限期内自首坦白的通告》（简称《通告》），全市检察机关共出动宣传车 220 台次，张贴《通告》及其他宣传材料 10.5 万多份；并及时组织侦破战役，集中力量查处万元以上大案和县（处）级以上干部犯罪要案，形成强大攻势；及时兑现宽严政策，取信于民，分化瓦解犯罪分子，敦促有经济违法犯罪行为的人投案自首。在《通告》规定的 2 个半月内，向检察机关自首坦白的经济违法犯罪人员有 552 人。其中，投案自首的 443 人，坦白交待的 129 人；有厅级干部 2 人，处级干部 15 人，科级干部 48 人，犯罪金额在万元以上的 114 人；违法犯罪金额累计达 305.76 万元，追回赃款 237.30 万元。是年，检察机关共立案查处经济罪案 470 件 580 人，其中贪污、贿赂案 345 件 417 人，分别占立案总数的 73.40% 和 71.90%；万元以上大案 99 件 129 人，县处级以上干部犯罪要案 10 件 12 人，分别占立案总数的 23.20% 和 24.30%。共为国家、集体挽回经济损失 598.30 万元。

1990 年 3 月，市人民检察院成立反贪污贿赂工作局，理顺内部工作关系，提高了突破大案要案的能力。全市检察机关根据中共株洲市委决定，从本地实际出发，制造“小气候”，不断掀起反贪污、贿赂斗争的“小高潮”，做到“多办案，办大案，办好案”，侦破了一批又一批的“串案”“窝案”，尤其是发生在党政部门和执法部门的“权钱交易”案。是年，共立案查处各类经济罪案 451 件 538 人，其中串案 21 串计 125 案 146 人，大要案 109 件 137 人，挽回损失 717.57 万元。

1991 年，全市检察机关把深入开展反贪污、贿赂斗争作为反腐倡廉、保障社会经济建设顺利进行的主要工作来抓。是年，立案查处经济罪案 351 件 425 人，其中贪污、贿赂案 223 件 263 人，占立案数的 63.5%，为国家、集体挽回经济损失 341.5 万元。同时，市检察机关在厂矿企业查办经济罪案时注意“五保”，即保企业指挥系统不间断，保企业产、供、销渠道不间断，保企业资金流通不间断，保企业生产作业和科学实验不间断，保企业信誉不下降。通过办案，促使 8 家企业扭亏为盈或走出了生产发展的低谷。

1991 — 1995 年，全市检察机关根据改革开放和经济建设的实际需要，从“穷庙”中查“富方丈”，在濒临倒闭的企业里挖“蛀虫”，从单个罪案线索挖串案窝案，把查处万元以上贪污贿赂大案和县处级以上干部犯罪要案以及发生在党政机关中搞“权钱”交易、贪赃枉法的贪污受贿案作为工作的重点。5 年间，共立案侦查各类经济案件 1341 件，其中贪污贿赂案 907 件，占立案数的 67.6%。据 1992 — 1994 年统计，大要案占立案数的 47%。

1996 年，组织春季“开门红”，夏季“百日侦破战”和“秋季攻势”3 个战役。查办的大要案明显增多，全年立案 265 件 287 人，其中大要案 246 件，比上年增长 14.3%；亏损企业案件多，共在 80 余家亏损企业立案查办 142 件 146 人，占查办经济罪案总数的 53.5%；通过办案挽回经济损失 2659 万元。

1997 — 2000 年，检察机关严格按照修改后的《刑法》《刑事诉讼法》的新要求，坚持把查办贪污贿赂犯罪大要案作为工作重点，4 年间共立案查处贪污、贿赂、挪用公款等犯罪案件 675 件 821 人，为国家挽回直接经济损失 7155.89 万元，其中大要案 379 件，大要案占立案总数的 56.1%。1998 — 2000 年，向法院起诉 344 件，起诉占立案总数的 98.3%，起诉后法院 100% 作了有罪判决。2000 年，全市检察机关查办国有企业贪污贿赂等职务犯罪案件 103 件 121 人，占立案数的 68%，涉案金额达 2000 余万元。同时，开展“走百家企业，访千名职工”活动，共走访国企 203 家，走访职工 1850 人次；与 11 家企业开展检企共建，约定双方职责，规范企业管理，为企业的发展营造了良好的法制环境。

株洲市1980—2000年检察机关办理经济罪案统计表

表20-3 单位：件

项目/数量/年份	受理	立案				挽回经济损失（万元）
		小计	大要案	贪污贿赂	其他经济犯罪	
1980	114	32	2	15	17	22.93
1981	272	53	5	27	26	15.62
1982	354	150	23	107	43	58.80
1983	376	105	32	55	50	53.04
1984	418	113	27	63	50	31.88
1985	263	192	59	135	57	187.80
1986	490	251	95	185	66	954.96
1987	356	117	22	102	15	223.44
1988	267	116	12	83	33	122.82
1989	1275	472	103	346	126	616.00
1990	872	451	114	320	131	717.57
1991	615	351	107	223	128	341.50
1992	406	226	71	133	93	2882.77
1993	544	194	114	136	58	1029.00
1994	1214	282	155	187	95	1126.70
1995	693	288	226	228	60	1943.68
1996	863	265	246	178	87	2659.00
1997	637	197	169	115	82	2652.55
1998	280	152	54	148	4	1520.99
1999	224	174	75	154	20	1199.65
2000	257	152	81	149	3	1782.70
总计	10790	4333	1792	3089	1244	20143.40

一 贪污案件检察

1956年5月，市检察院建立侦查科，具体负责查处贪污案件。是年，共受理贪污案25件。

1958年，公、检、法实行合署办公，贪污案件的检察工作未能正常开展。

1959年，检察机关配合财贸系统开展增产节约运动和反贪污斗争，共受理并查处贪污案505件562人，其中贪污500～1000元的11人，1000元以上的3人。通过侦查，依法决定逮捕的有17人。

1960年，对贪污问题进行了专项调查，发现有贪污行为者559人，其中，贪污300～1000元的102人，1000元以上的20人。尤以财贸系统居多，计458人，占总数的81.90%。

1962—1964年，配合清仓核资和“五反”运动，查处有贪污违法犯罪问题的人1791名，逮捕法办85人。

1965年，市检察院对社会主义教育运动中揭发出来的贪污、挪用等经济违法犯罪情况进行了一次全面调查，发现全市各单位立专案审查的有2113人，其中金额在300元以下的916人、300～1000元的701人、1000～5000元的247人、5000～10000元的12人、10000元以上的4人。根据当时的有关规定，案值在千元以下的，由本单位调查处理，案值在千元以上的重大复杂案件由公安部门侦查后，再报检察机关审查批捕和起诉。

1982年，全国人大常委会和中共中央、国务院发布了关于严惩严重刑事犯罪和严重经济犯罪的两个《决定》，全市检察机关认真贯彻执行。当年，立案查处贪污案32件37人，其中万元以上大案3件4人。在《决定》的震慑下，有2名罪犯主动到检察机关投案自首。

1983年，全市检察机关查处贪污案53件76人（含南四县）。1984年，检察机关加强对贪污、贿赂等经济犯罪的检察，全市有17名正副检察长参与办案，占正副检察长总数的56.70%，投入干警172人，占干警总数的45.95%。查处贪污案58件83人，其中万元以上大案4件13人。

1985年，全市检察机关配合各系统各部门开展的整党、财务清理和整顿公司工作，采取“分级办理、分工包案、分批突破”的办法，先后立案并侦破贪污案102件121人，立案数比上年增加61.60%，挽回经济损失比前5年的总和还多30.50万元。

从1986年开始，全国掀起第二次打击严重经济犯罪的高潮。至1988年，全市检察机关共立案查处贪污案274件324人，其中大案和特大案29件51人。市检察院直接立案查处的株洲市纺织品采购供应站批发部会计朱某某勾结个体工商户王某某等13人贪污挪用公款案，犯罪金额达77.80万元。此案犯从1985年5月至1986年案发前，采取弄虚作假、开假发票冒支货款等手段大肆进行贪污、挪用，案发后携巨款企图潜逃出境，被政法机关抓获。经市检察院侦查及时向法院提起公诉，经法庭公开审理，依法判处朱、王死刑，其余11名被告分别被判处无期徒刑和有期徒刑。

1989年，全市两级检察机关贯彻两院《通告》，不断向经济犯罪分子发起强大攻势，先后选择46名自首金额大、认罪态度好、退赃积极的对象和47名罪行严重、负隅顽抗的经济犯罪分子，适时召开大会，敦促犯罪分子自首坦白。在《通告》期间，投案自首的贪污分子有115名，其中万元以上的有10人。《通告》期限过后，市检察机关于11月5日凌晨，在公安部门的配合下采取统一行动，一举拘捕了10名拒不自首坦白的贪污贿赂犯罪分子。这次行动极大地震慑了经济犯罪分子，1周之内，全市又有20名经济违法犯罪人员向检察机关投案自首。是年，检察机关立案侦查贪污案177件194人。

1991年，检察机关反贪污、贿赂斗争结合本地实际，有针对性地深入到粮食、肉食、银行以及一些亏损严重的企业进行调查、走访，受理群众举报547件，挖出一批贪污犯罪串案窝案。全年共立案查办贪污犯罪分子105人。

1993年，两级检察院加强对反贪污案件工作的领导，成立以检察长为首的反贪污贿赂斗争指挥协调中心，由检察长、分管副检察长直接办理或参与办理的重特大贪污罪案占68%。

1992—2000年，全市立案查办贪污犯罪嫌疑人745人。据市检察院反贪污贿赂局对2000年立案查处贪污犯罪案件有关数据统计和资料显示，贪污犯罪呈现“三多”的特点：一是查办窝案串案多，计58件66人，占查处人数的38.9%；二是查办国有企业中的贪污犯罪案多，占立案查处的69.1%，比上年同期上升12.8个百分点；三是查办大要案多，查办大案63件，比上年增长12.5%，查办要案18件，比上年增长80%。

二 贿赂案件检察

1980年颁布《中华人民共和国刑法》，将贿赂罪从贪污罪中分离出来，单立罪名。是年，检察机关开始受理贿赂案件。到1985年止，立案查处贿赂犯罪67件86人，侦查终结后，向法院起诉43人，决定免于起诉37人，撤案6人。

1986年，检察机关按照最高人民检察院的部署，把打击贿赂犯罪作为严惩严重经济犯罪的重点，发动和依靠人民群众，积极查处党政干部和执法人员利用职务之便，凭借手中掌握的权力进行索贿受贿的案件。是年，共立案侦查贿赂案件46件57人，其中万元以上的案件3件4人。1987—1988年，全市立案查处贿赂犯罪案件31件36人。侦查终结后，起诉16人，免诉17人，撤案3人。

1989年8月，两院《通告》发布后，在规定期限内，全市有83人先后向检察机关自首坦白了受贿犯罪事实。其中，犯罪金额超过万元的有7人，县处级干部5人，副厅级干部2人。市检察机关抓住有利时机主动出击，加强侦破工作。是年，立案查处贿赂案件180件196人，比前10年的总和138件还多42件。惩治腐败的斗争，对促进廉政和经济建设发挥了较好的作用。市水泥厂过去由于极少数人员损公肥私，索贿受贿，工人看在眼里，怨在心上，出勤不出力，生产上不去。当年1—8月，该厂月平均生产水泥3229吨。9月份，检察机关深入该厂通过立案侦查，把经济蛀虫挖出来后，工人的生产积极性空前高涨，第四季度，月平均生产水泥5775吨，增产78.80%。

1991年，全市检察机关紧密联系改革开放实际、因地制宜，深入重点系统、行业和部门，立案查处贿赂犯罪95件98人，其中万元以上大案24件27人。攸县检察院在小煤窑、小水泥厂、小电站、小建筑队等“四小”亏损企业中，挖出贿赂犯罪串案窝案22件67人。

1992年，惩治贿赂犯罪与为企业整章建制、保驾护航进行有机结合，收到较好效果。市检察院年初在查处市属某厂一副厂长索贿受贿犯罪的事实后，又帮助该厂进行综合治理。在新领导班子带领下，全厂生产蒸蒸日上，至年底该厂共完成产品270吨产值560万元，分别比上年同期增长23.97%和34.76%。

1993年，检察机关针对贿赂犯罪分子作案手段越来越诡秘狡诈、侦查工作难度越来越大的特点，研究立案前的初查工作办法，强化在获取能够破案的关键证据上下功夫，成功突破了一批窝案、大案。从1994年至1996年，立案查办贿赂犯罪嫌疑人384人。北区检察院在查处株洲冶炼厂劳动服务公司二分厂厂长张某受贿案时，侦查人员先以商人身份赴永兴县寻觅购银锌渣客户，获取了客户为购买银锌渣而向张某行贿的一对金戒指和2000元现金的重要证据，为突破案件、深挖犯罪找到了突破口，一举挖出该厂9人索贿受贿50余万元的大窝案，其中超过10万元的特大案2件。

1998—1999年，全市检察机关根据上级检察机关的部署，结合株洲实际，重点在司法机关、行政执法机关、金融领域、建筑工程领域和国有企业中查办了一批贿赂犯罪大要案，惩治犯罪分子106人，其中索贿受贿5万元以上和县处级以上大要案件占36%。2000年，全市两级检察机关共立案查处贿赂犯罪嫌疑人55人，逮捕54人，起诉54人，起诉率98%。

三 其他经济案件检察

（一）偷税抗税案

1955—1966年，市检察机关共办理偷税案4件。1978年，市检察院先后抽查156个国营和集体企业偷税漏税情况，发现从当年7月至1979年4月，有89个单位采取开假票、作假账或浮报耗料、虚增成本等，共隐瞒利润313.30万元，偷漏税款150.30万元。调查结束后，市院写出专题材料，分别向市委和上级检察院作了报告，提出打击偷税、抗税犯罪的若干对策。

1980年，检察机关开始直接受理偷税抗税案件。至1987年，全市共立案查处偷税案14件。市链条厂原厂长宋某指使他人隐瞒库存物资并虚增成本，偷税16万元，事发后又对检举人进行打击报复。此案被新闻界披露后，全国各地反映强烈，在国家经委、财政部等上级领导机关的支持下，市检察机关排除各种阻力和干扰，依法追究了该厂长的刑事责任。

1988年，国务院发出关于开展财务、税收、物价大检查的通知。市检察机关配合税务部门，开展了打击偷税抗税犯罪活动的专项斗争。为及时掌握情况，全市两级检察院先后成立10个税务检察室。茶陵县检察院税务检察室先后组织15名检察干警和税务干部深入偷税严重的乡镇，一边宣传税法、整顿税收秩序，一边受理举报、打击犯罪，先后立案侦查偷税案4件8人。纳税人深受教育，主动申报税额，缴纳税金。当年，该县共增收税款54万余元。1989年，继续加强对偷税抗税案件的检察，全年立案侦查的就有55件65人。查处重、特大偷税案26件，占立案总数的47.2%。挽回经济损失216.4万元，较上年增加420%。立案侦查个体工商户偷税案44件，为上年的850%。1990年，市检察院进一步充实税检室的办案力量，改善办案条件，共立案侦查偷税抗税案68件83人，其中大案 35 件 41 人，为国家挽回税收 350 多万元。

1991 — 1993 年，全市检察机关认真贯彻最高人民检察院“一要坚决，二要慎重，务必搞准”的办案原则，充分运用法律武器为税收征管工作服务。3 年间，全市共立案查处涉税案件 165 件，为国家追回税款 491.39 万元，协助税收检查和市场整顿，增收补税税款 2430 万元。

1994 年，结合国家税收体制改革，重点立案查处了盗窃、倒卖、虚开、代开增值税发票进行偷税、骗税犯罪和法人犯罪案件。是年，立案 22 件，防止税款流失 7000 万元，为企业追回资金 100 余万元。1995 年，立案查办伪造、虚开、代开、倒卖增值税发票等犯罪案件 31 件，其中大要案 16 件，价税总金额 7.6 亿元，防止国家税款流失近亿元。醴陵瓷业总公司副总经理邓某虚开增值税发票价税 1388 万余元骗税大案；株洲市轿车零部件公司经理罗某等 3 人虚开增值税发票价税 3100 余万元，抵扣国家税款 440 万元大案，经侦查终结后，均依法向法院提起了公诉。

1996 年 5 月，市检察院成立税务检察局，攸县、东区、醴陵市检察院也先后成立了税务检察局。全年共受理各类涉税案件线索 254 件，初查后立案侦查 55 件，追缴税款 427.9 万元、罚没款项 146.9 万元。最为典型的是侦破了省院督办、涉及 5 个地州市、涉税金额百余万元的彭某某虚开增值税专用发票案。

1997 年 8 月，根据修改后的《刑事诉讼法》对刑事案件管辖的调整和最高人民检察院的有关规定，停止了对涉税案件的直接受理和立案查处工作。

（二）挪用公款案

1988 年，全国人大常委会颁布《关于惩治贪污罪贿赂罪的补充规定》，将挪用公款从贪污罪中分离出来，作为一个单独的罪名。检察机关对挪用公款归个人使用、进行非法活动的，或挪用公款数额较大进行营利活动的，或挪用公款数额较大拒不退还或不能退还的，以贪污罪论处。是年，市县两级检察院立案查处挪用公款案 19 件 19 人。1989 年，随着严惩严重经济犯罪斗争的不断深入，揭露出来的挪用公款案线索大幅度增加，全年共立案侦查挪用公款案 32 件 37 人。

1990 年，立案查处挪用公款案 34 件 41 人，其中重特大案 8 件 9 人。醴陵市农业银行信用合作联社第二营业部会计朱某某挪用公款 23 万元，进行非法活动，造成 10 多万元无法追回，案发后又畏罪潜逃。该市检察院接到单位举报后，采取查帐调查和追捕人犯同步进行的办法，及时将朱犯追捕归案。侦查终结后依法向法院提起公诉，经法庭公开审理，以挪用公款、贪污、贿赂罪判处朱某某死刑。

1991 — 1993 年，两级检察院立案查处挪用公款案分别为 39 件、34 件、20 件。1994 年，立案查处挪用公款案 30 件，比上年上升 33%。其中，挪用公款 50 万 ~ 100 万元的有 2 件 2 人，100 万元以上的 1 件 1 人。株洲证券公司大户室报单员屈某，利用职务之便先后 15 次挪用公款 118.84 万元炒股，被南区检察院立案侦查，追回其用公款购买的全部股票。

1995 — 1998 年，立案查处挪用公款案分别为 20 件、29 件、30 件和 29 件。有影响的重特大案件有：株洲县检察院 1996 年立案查处的该县农业银行南阳桥信用社鲁某挪用、侵占公款 51.32 万元，石峰区检察院 1997 年立案查处的株洲钢厂厂长顾某挪用公款 855 万元案和 1998 年查处的湘江氮肥厂工会副主席尹某挪用救灾款 12 万元用于赌博、炒股案。

1999 — 2000 年，立案查处挪用公款案 19 件和 17 件，分别比上年下降 52% 和 12%。

（三）盗伐滥伐林木案

1980 年，根据案件管辖规定，原由公安部门负责侦查的盗伐滥伐林木案件，改由检察机关直接受理，并负责侦查、批捕和提起公诉。

1981 — 1983 年，坚决贯彻执行中央、国务院《关于制止乱砍滥伐森林的紧急通知》，派出干警深入林区，及时打击毁林犯罪活动。3 年共受案 160 件，立案查处 46 件 56 人。其中，盗伐滥伐林木超过 50 立方米的重、特大案 18 件。通过办案，收缴木材 1771 立方米，挽回经济损失 45.50 万元。1982 年 11 月，市检察院针对办案中出现一些林区盗伐滥伐林木现象严重，有的成群结伙进入林区明火执仗地盗伐盗窃木材，有的内外勾结买卖青山，有的持械斗殴争夺山权林权等情况，向市委写出专题报告，提出“广泛宣传森林法规，开展集中打击和综合治理”的建议被采纳。1984 年，市检察机关先后在毁林犯罪活动突出的酃县、茶陵县、攸县等重点林区组织 3 次集中打击，共立案查处盗伐滥伐林木案 51 件 66 人，逮捕人犯 33 人。

1985 年，根据上级规定，盗伐滥伐林木案件仍划归公安部门管辖，检察机关只负责此类案件的审查批捕和审查起诉工作。

1990 年 1 月，根据工作需要，市检察院恢复成立了林业检察科，所属有林区的 5 个县从 1988 年开始至 1991 年先后恢复成立了林业检察机构。

1990 年，全市林业检察部门共受理公安机关移送提清批准逮捕案件 34 件 96 人，经审查批准逮捕 25 件 50 人，不捕 4 件 17 人，退捕 5 件 29 人；受理公安机关移送审查起诉、免诉案件 31 件 80 人，经审查提起公诉 23 件 64 人，挽回经济损失 14 万余元。

1991 — 1994 年，全市检察机关共受理公安机关提请批准逮捕盗伐滥伐林木案件 146 件 268 人，经审查批准逮捕 123 件 222 人，受理公安机关移送审查起诉、免诉案件 183 件 343 人，其中提起公诉 153 件 266 人。严厉打击了毁林犯罪。

1995 — 1996 年，全市林业检察部门深入调查了 15 件村干部滥伐林木案件，处理 9 件，8 名村支书、主任受到了法律制裁。同时，对伤害林政执法人员的案件进行坚决查处。被告人胡某某拖运无证木材，3 次拒绝检查，并开车闯关，将护林员沈小宝撞死。市院林检科受理案件后严把证据关，到现场实地勘验复核证据，向市中级人民法院提起公诉，胡某某被一审判处死刑。1996 年，市林业检察部门向公安机关发出书面建议 10 份，口头建议 17 次，公安采纳建议、立案侦查 9 件 10 人。

1997 年，全市林业检察部门贯彻执行修改后的《刑法》和《刑事诉讼法》，突出抓林区的综合治理工作。在林区乡镇、村、林场、林业站建立综治联系点 12 个，广泛开展法制宣传。处理群众上访举报事件 15 件。重点查处了“卖青山”的滥伐林木案和经济犯罪案。依法起诉滥伐、盗伐林木案 19 件 28 人。

1998 — 1999 年，全市林业检察部门建立综治联系点 16 个，参加综合治理活动 46 次，并积极参加林业部门的整治林政秩序活动，清查了 229 家单位与个人，提出检察建议 34 条。株洲县检察院林检科在定期走访综治联系点黄龙林业站时，获悉该乡高伏、黄洲两村村民因山地纠纷引起乱砍滥伐并酝酿大规模械斗，即与林业站的人员赶到事发地，通过处罚乱砍滥伐人员，调解矛盾，平息了纠纷。

2000年，全市林业检察部门加大监督力度，深入到58个林区乡镇、村，36个林业站，14个林业派出所进行走访调查。向林业公安发出《说明不立案理由通知书》16份，《立案通知书》1份，口头建议公安立案9件，公安机关采纳意见共立案22件。

1995—2000年，全市检察机关共受理公安机关提请批准逮捕涉林案件233件338人，经审查批准逮捕211件288人，不批准逮捕18件35人；受理公安机关移送起诉案件261件365人，经审查，提起公诉240件229人。实现了无错捕、错诉、漏捕、漏诉和判无罪案件。

（四）私分国有资产案

1997年，修订后的《刑法》将私分国有资产的问题从贪污罪中分离出来，作为一个单独的罪名。检察机关对私分国有资产的行为区别下列情形定性处理：国家机关、国有公司、企业、事业单位、人民团体，违反国家规定，以单位名义将国有资产集体私分给个人、数额较大的；司法机关、行政执法机关违反国家规定，将应当上缴国家的罚没财物，以单位名义集体私分给个人的，对其直接负责的主管人员和其他直接责任人员，处以刑罚，并处或者单处罚金。2000年，共立案查处私分国有资产案3件8人，涉案数额171.7万元。

第三节　法纪检察

1954年，市人民检察署根据第二次全国检察工作会议关于“逐步建立一般监督制度”的规定，以“一般监督”作为法纪检察的重点，对有关机关、企事业干部在执行政策、法律、法规和政令中的违法乱纪情况，特别是对危害党的中心工作、违法失职犯罪进行检察。

1956年5月，市检察院侦查科承担了侵犯人身权利、渎职等案件的侦查工作，并兼顾一般监督工作。是年，共受理一般监督的违法案42件，其中渎职9件、违反劳动保护法令7件、侵犯人权17件、违法乱纪9件，经调查后建议有关单位作记过处理的8件、开除公职处理的4件、罚款处理的2件、警告处理的3件、纠正错误处理的2件、向法院提起公诉的13件。

1957年下半年至1965年，检察机关停止了一般监督工作。法纪检察自行立案侦查的案件有所减少。

1978年，检察机关重建后成立了法纪检察机构。此后，法纪检察工作根据国家政治、经济形势和法制建设的发展，经历了3个重要阶段。

1979—1982年为第一阶段，法纪检察的重点是平反和纠正冤假错案，经复查历史老案，共平反、纠正冤假错案81件。

1983—1985年为第二阶段，法纪检察工作根据《刑法》《刑事诉讼法》和高检院关于案件管辖分工的规定，开始全面承担法纪检察业务。3年中共计依法立案查处法纪罪案73件。逐步摸索了规律，积累了经验，使法纪检察工作开始走上正轨。

1986 — 2000 年为第三阶段，法纪检察工作随着国家法制建设的步伐，不断得到加强和发展。1986 — 2000 年，确定了以查处“侵权”“渎职和重大责任事故”等 3 类案件为法检工作的重点，并以此带动一般案件的查处。5 年中，共计立案查处各类法纪案件 245 件，其中重、特大案和要案 49 件，分别为前 5 年的 3.5 倍和 12 倍。1991 — 1992 年，渎职、侵权检察的重点有三类：一是非法拘禁案，计 44 件 79 人，占立案总数 104 件的 42.3%；二是玩忽职守案，共立案查处了 15 件 20 人，占立案总数的 14.4%；三是重大责任事故案，共 29 件 41 人，占立案总数的 27.8%。1993 — 1996 年，渎职、侵权检察的重点有五类：一是非法拘禁、非法侵入他人住宅案，计 79 件 109 人，占立案总数 267 件的 29.5%；二是刑讯逼供案，计 7 件 10 人，占立案总数的 2.6%；三是玩忽职守案，计 51 件 58 人，占立案总数的 19.1%；四是徇私舞弊案，计 8 件 8 人，占立案总数的 3%；五是重大责任事故案，计 98 件 108 人，占立案总数的 36.7%。1997 — 2000 年，渎职、侵权检察的重点是四类案件：一是侵权案件，共 8 件 13 人；二是滥用职权案，共 22 件 26 人；三是玩忽职守案，共 42 件 47 人；四是徇私舞弊案，共 18 件 22 人。

株洲市 1986 — 2000 年检察机关查处法纪罪案统计表

表 20-4　　单位：件

年　份	立案总数	三类案件		
		侵权案	玩忽职守案	重大责任事故
1986	42	6	24	6
1987	33	10	11	9
1988	53	21	11	12
1989	50	15	14	18
1990	67	18	24	20
1991	55	20	9	17
1992	49	24	6	12
1993	54	24	9	17
1994	72	21	9	28
1995	74	23	13	26
1996	67	11	20	27
1997	62	2	29	13
1998	22	1	9	–
1999	32	3	3	–
2000	29	2	7	–
合 计	761	201	198	205

一 侵犯公民人身权利和民主权利案件检察

1955年至1957年上半年，市检察院在行使一般监督检察时，共调查处理侵犯人身权利案39件。

1958—1959年，市检察院对群众反映强烈的农村基层干部违法乱纪情况进行调查，发现少数基层干部作风恶劣、粗暴，任意侵犯公民人身权利，非法捆绑、殴打群众，挟嫌报复的情况比较突出。如株洲县雷打石人民公社有违法乱纪行为的干部达30人，其中公社干部3人，大队干部15人，属严重违法乱纪的5人。调查结束后，向市委作了专题汇报，并提出了纠正的意见与对策，得到了市委的肯定。

1961年，市检察院对违法乱纪较突出的地区和单位，先后进行19次调查，发现少数基层干部对有小偷小摸行为的群众，轻则罚钱粮、剪头发、晒太阳、游垅；重则非法搜查，捆绑吊打，随意关押和批判斗争。这年1—8月，市检察院办理严重违法乱纪案87件，其中打死或逼死人命案12件，捆绑吊打45件，乱捕乱押5件，非法搜查和罚款10件。经查证后，逮捕“侵权”案犯14人，送劳动教养2人。

1963—1965年，法纪检察主要是配合社会主义教育运动加强对人民群众的法制教育，很少立案查处法纪罪案。

1966年，根据上级指示，对城乡社会主义教育运动中发生的56起违法乱纪事件进行调查处理。重点查处了非法批斗并捆绑吊打、关押群众，非法搜查，造成严重后果的案件。

1979年，受理侵犯公民人身权利、民主权利案件152件，直接调查处理18件，其中刑讯逼供8件，非法拘禁1件，报复陷害1件，其他8件。

1980年，检察机关结合办案调查了98个单位的执法情况，先后走访群众3600余人，发现不同程度地存在“为公违法”（在执行公务时违法）、少数人员刑讯逼供非法拘禁、一般“侵权”行为多构成犯罪的案件情况。株洲县古岳峰公社金盘大队党支部书记熊某利用职权，挟私报复，将曾揭露过他索取钱财的社员刘某当坏分子批斗，并在批斗会上亲自用梭标柄狠击刘的头部，致刘重伤死亡。县检察院立案后遇到多方阻力，在县委的支持下，直至市检察院派员协助侦查，才依法逮捕熊某，由法院判处熊某有期徒刑7年。1981年，市检察院还根据群众的检举控告，重点调查了15起公安干警严重违法乱纪事件。

1983—1984年，群众举报的“侵权”案件逐渐增多，2年立“侵权”案22件。市县两极检察机关在执法中始终坚持原则，依法办案，优先查处非法拘禁、刑讯逼供、诬告陷害等严重“侵权”案。1989年12月，醴陵市新阳乡派出所所长黄某、新阳乡党委副书记王某等6人将盗窃嫌疑人文某反铐施以肉刑、逼取口供，以电警棍、木棍、拳头将文某打得遍体鳞伤，肋骨骨折，血肿达100余处，导致文损伤性休克死亡。醴陵市检察院依法将此案提起公诉，法院分别判处黄某等人2～13年有期徒刑。1990年3月，省检察院将办理此案经验材料通报全省。

1989年下半年至1990年，全市检察机关遵照中央“稳定压倒一切”的方针，在法纪检察工作中，将处理容易诱发、激化矛盾、导致群众起哄闹事的案件，作为首要任务，主动、及时做好疏导工作。据统计，在这期间，共处理陈尸闹事事件37起，有效地防止了事态恶化或蔓延。

自1985年至1990年，共立案查处侵犯公民人身权利、民主权利案77件，占同期法纪罪案总数的28.10%。

1992—1995年，检察机关加大了对侵权案件的查处力度，4年立案查处法纪罪案49件88人，侵权案件24件52人，其中非法侵入他人住宅10件25人，占立案总数的21.7%。

1996年，随着国家“三五”普法的开展和公民法律意识的增强，侵权案件呈下降趋势。至2000年，立案查处侵权案件19件，年均3.8件。

二 玩忽职守案件检察

1981年12月，市检察机关开始受理玩忽职守罪案。至1984年，共立案查处5件6人。

1985年，把查处玩忽职守案件列为法纪检察重点之一，当年立案侦查14件，为前4年总和的2.8倍。

1986年，立玩忽职守案24件，比上年上升71.40%。11月，法纪检察科在全省法纪工作会议上作了题为“运用法律武器，服务于四化建设，积极认真查处玩忽职守案件”的经验介绍。1987—1990年，深化同玩忽职守犯罪的斗争，注重查大案要案，4年共立案侦查直接经济损失10万元以上或1次死亡3人的玩忽职守大案以及县处级以上干部犯罪要案32件，占玩忽职守罪案的53.30%；注重查处与经济犯罪案件有联系的玩忽职守案件；注重从重大责任事故中查处玩忽职守案件。如攸县检察院在查处一煤矿重大责任事故案时，发现县矿产资源开发管理办公室工程师周某违反矿产法规，给一些不符合安全生产条件的乡镇和个体煤矿颁发采矿许可证，进而侦破周某滥用职权，违章发证，造成死亡11人、重伤7人、直接经济损失20余万元的玩忽职守案，依法追究了周某的刑事责任。

1988—1990年，玩忽职守犯罪呈上升趋势，全市检察机关共受理95件，立案查处49件，年均16.3件。

1991—1995年，共立案查处玩忽职守案件46件57人，年均9.2件。

1996年，加大对法纪检察宣传和对渎职侵权、滥用职权、玩忽职守、徇私舞弊、重大责任事故5类案件的查处力度。是年，立案查处玩忽职守案20件21人，占当年法纪罪案总数的30%，比上年增长53.8%。市环保局办公室主任兼环境监督大队长胡某利用职权、违法担保贷款导致国家损失234万元，被南区检察院立案查处。

1997年，市两级检察院根据省检察院的部署，渎职犯罪侦查部门查办了一批有影响、有震慑的大要案件。是年，立案查处渎职犯罪案件62件74人。其中，玩忽职守罪案29件32人，占立案总数的46.7%，比上年增长48%。1998—2000年，共立案查处玩忽职守案19件22人，占同期渎职侵权罪案总数的22.9%。

三 重大责任事故案件检察

1958年，市检察院配合全市开展大规模工业基本建设的中心任务，积极参加全市性的安全大检查，以确保工业建设的顺利进行。1959—1960年，在安全检查中，广泛宣传，发动群众，发现不安全隐患5.1万多处，帮助建立安全制度4624条，建立安全组织1021个，实现各种安全革新项目555项，防止了648起事故发生；对检查发现的7起较大破坏事故和51起责任事故作了严肃处理，逮捕27人，行政拘留31人。

1981年，省人民检察院决定由法纪检察部门直接受理并立案侦查重大责任事故案件。至1984年，市检察机关共立案查处9件10人。

1983—1986年，北区检察院共受理重大责任事故案74件，立案查处16件，建议单位给当事人行政处分的有224人。

攸县煤炭资源丰富，个体集资煤窑发展迅猛，且无证开采的小煤窑占相当大的比例，因而煤矿安全事故频繁。攸县检察院从保障人民生命、财产安全出发，把查处煤矿重大责任事故作为法纪检察的主要工作来抓。1988—1990年，该院共立案查处煤矿重大责任事故案27件，占同期法纪罪案总数的60%。

1986—2000年，全市检察机关共立案查办了重大责任事故案件205件。通过查办重大责任事故案件，对保护公民的民主权利、人身权利和企业、单位的合法权益，优化经济环境，起到了积极的作用。

四 滥用职权、徇私舞弊案件检察

1993年，市两级检察机关开始受理滥用职权罪案，至1996年共立案查处7件10人。1997年，市检察院渎职犯罪侦查局成立后，把滥用职权、刑讯逼供列为渎职犯罪检察工作重点之一。当年，立案侦查4件7人，比上年增长1倍。1998—2000年，共立案查处滥用职权、刑讯逼供案22件30人。

1993年，市两级检察机关开始受理徇私舞弊罪案，至1994年，共立案查办3件3人。1995年，检察机关坚持把查处司法和行政执法人员违法犯罪案件作为严格执法的突破口，排除各种干扰和阻力，立案查办徇私舞弊案件5件5人，比上年增长1.5倍。1997年，全市检察院加大渎侦案件特别是司法人员和行政执法人员徇私枉法案件查处力度；注意从刑事案件、人民群众举报和党委（人大）交办的案件中发现和筛选线索。当年立案查处徇私舞弊案件4件6人，占立案总数的14.5%。2000年，共立案查处徇私舞弊案件18件22人。

五 其他法纪案件检察

1980—1990年，检察机关在重点查处侵权、玩忽职守、重大责任事故等类案件的同时，还立案查处了其他严重违法犯罪的法纪罪案31件，其中妨害邮电通信案10件，徇私舞弊案3件，私放罪犯案1件，泄露国家重要机密案1件，重婚案16件。1991—2000年，市检察机关共立案查办了类似上述其他严重违法犯罪的案件71件。

第四节　监所检察

一　看守所检察

1965年7月，根据中央关于"矛盾不上交，依靠群众就地改造"的方针，市检察院配合省、市委政法工作组，对看守所在押未决犯，逐一进行清理，针对以拘代侦、以拘代教、以拘代惩和长期羁押等问题，提出纠正意见，并清退在押人员125名。

1979年，根据全国检察工作会议精神和省检察院关于加强看守所检察工作的指示，对收押手续不完备和被押犯罪嫌疑人久押不决的问题进行了重点检察。发现市公安局和株洲县公安局2个看守所关押的137名未决犯多数超过了羁押期限，其中关押1年以上的有30人；同时，有些犯罪嫌疑人收押手续不健全，少数犯罪嫌疑人是先由领导写条子或打电话收押后再补办手续的。针对存在的问题，检察机关及时向公安部门提出纠正意见。

1980年，制订看守所检察制度，规定对市看守所每周检查1～2次，对县看守所每月检查1次，重大节日则定期检查，是年共检查91次，对3名判决未发生法律效力而提前释放的、10名超期羁押的、15起非法拘留逮捕以及5起干警违法问题，均及时向主管机关、办案单位提出了纠正意见。

1981年，派出驻市看守所检察员，实行驻所检察。发现有的办案人员提审、提押犯罪嫌疑人时，未严格执行法律规定，存在疏漏现象。对此，市检察院会同市公安局、市中级法院、市司法局于5月联合发出通知，对提审提押犯罪嫌疑人作出8条规定，以保障监所安全和刑事诉讼活动依法进行。同年，还对市、县看守所检查落实文明执法和文明管理工作。次年，发现未及时执行已发生法律效力的判决1起，超办案时限的2起，干警违法现象4起，并及时提出检察建议。

1983年8月，"严打"斗争开始后，看守所检察工作重点放在严厉打击在押犯罪嫌疑人的重新犯罪活动上，并针对看守所收押犯罪嫌疑人急剧增加，干警力量不足，不安全事故时有发生的情况，加强巡回检察和重点检察。共受理看守所在押犯罪嫌疑人重新犯罪案11件18人，整理重新犯罪材料转有关办案单位合并处罚22件。1984年，狠抓以防行凶、防自杀、防越狱逃跑、防哄监闹狱、防传染病为主要内容的安全防范检察。是年，共防止哄监闹狱苗头30起，预防逃跑64起105人，预防自杀23人，预防报复行凶123人次，保证了诉讼活动的正常进行。

1986年，通过对在押犯罪嫌疑人检察，纠正超期羁押犯罪嫌疑人59人次；通过文明执法、文明管理检察发现并纠正干警打骂犯罪嫌疑人等问题17起；纠正对已决犯不按期交付执行或违法提前释放共37人次；通过安全防范检察，防止逃脱、自杀等重大事故36次。

1987—1989年，市检察院进一步完善驻所检察工作，先后制定《驻所检察人员岗位责任制》《驻所检察人员目标管理》和《看守所检察工作规范化办法》（试行）。1989年年底，组织对驻所检察室进行达标验收检查，全市6个驻所检察室全部达到验收标准。3年间，检察机关重点加强对看守所执行法律政策和安全防范检察，共催办和纠正超期羁押犯罪嫌疑人197人次，纠正法院错计刑期19件，督促有关部门将7名判决发生法律效力而未收监的犯罪嫌疑人及时收监执行，配合看守所清理监室54人次，收缴各类违禁物品2000余件。

1989年5月，最高人民法院、最高人民检察院、公安部、司法部《关于抓紧清理看守所在押人员的紧急通知》下达后，市检察机关配合公安部门对全市6个看守所进行清理，共清出被收审人员126名，占清理数的50.20%，超期羁押28人，使监管秩序进一步好转。

1990年，以执行法律和政策为重点，对看守所活动是否合法进行全面检察。是年，共发现各类违法现象112起，发出书面纠正意见书20次，口头纠正100余次，看守所3名干警受到处理；上半年发现超期羁押125人，其中公安26人，检察5人，法院94人，经督促纠正，各办案部门都及时作了处理。

1991年，全市驻所检察室开展打击牢头狱霸的专项检察。起诉牢头狱霸12名，整理材料合并处理15人。株洲市看守所发生一起牢头狱霸打死同监犯罪嫌疑人的事件，市检察院配合监管单位在处理该案的同时，对7名牢头狱霸进行了打击，其中2名被判处死刑。

1992年，全市检察机关提出书面纠正违法11次。对超期羁押问题，在全市6个看守所进行专题检查。对久押未决的58名犯罪嫌疑人写出专题检察报告，督促办案单位依法解决。是年，督促看守所催办案件362次，预防超期羁押268起。

1993年，全市驻所检察室加强了对看守所收押法律文书、羁押犯罪嫌疑人诉讼期限、看守所管理教育活动和武警执勤活动的检查。醴陵市院监所科通过检查，查出体罚虐待犯罪嫌疑人、违反规定使用在押犯罪嫌疑人劳动5起5人，查出违禁物品76件，预防凶杀报复1起等问题和隐患，提出口头和书面建议35条；株洲县院监所科在检查中发现看守所非法收取保外就医罪犯保证金15300元，及时督促退还给25名保外就医犯手中。

1994年，全市监所检察部门配合公安机关对留所服刑人员进行了全面清理，对其中9名不宜留所服刑的罪犯，建议公安机关交付劳改单位执行。

1995年，全市驻所检察室按照“执行监督不留空档”的要求，全年参加清监114次，查出违禁物品508件，发现和消除隐患5起，发现违法现象9次，预防事故3起。提出纠正意见9次，均被采纳。召开与参加各类联席会议33次，提出检察建议48条。组织开展看守所执法检查。醴陵市院在执法检查中发现：1995年4月12日，醴陵市公安局宣布对李都民解除收审，而看守所干警黎某不按规定程序先查明登记名单及监号，仅凭主观印象将关押在16号监房的重大案犯李超民误认为李都民，导致错放。而黎某发现错放犯罪嫌疑人后，既不及时查明原因，也不向领导报告，竟自作主张，将16号监房的李超民改为李都民，23号监房的李都民改为李超民。醴陵市院依法认定：黎某的行为是一种职务犯罪，遂以玩忽职守罪对其立案侦查。

1996年，全市看守所首次杜绝了超期羁押现象的发生。是年，按照省公安厅、省检察院《关于在看守所开展打击牢头狱霸专项斗争的通知》和株洲市的统一部署，在全市看守所查出有牢头狱霸行为的在押人员 41 人。经查证处理 36 人，其中重新起诉从重处罚 14 人（死刑 6 人），作其他处理 22 人。

1998 年，全市驻所检察室加强执法监督，攸县看守所接受攸县检察院提出的检察建议，从当年 4 月起，取消收取接见费、请假费、赞助费的做法；炎陵县看守所接受炎陵县检察院的检察建议，停止对律师和在押人员家属会见费的收取。是年全市共进行各项执法检查 285 次，发现违法违纪现象 13 次，查出违禁物品 343 件，提出纠正意见 98 次。

1999 年，全市驻所检察室加大对超期羁押违法办案的监督力度，检察全市看守所超期羁押 89 人，仅攸县看守所就超期羁押 55 人，攸县检察院驻所检察室向法院发出纠正超期羁押通知书 20 份，当年纠正 19 件；向公安机关发出纠正超期羁押通知书 25 份，当年纠正 30 件。2000 年，全市看守所未发生超期羁押现象。

二　劳改检察

从 1955 年开始，市检察院担负起对劳改工作实行检察的任务，除每 2 个月派员检察 1 次外，针对劳改场所发生的问题进行专题检察，及时提出检察建议或纠正意见。

1958 年，株洲市新成立了新生水泥厂和新生机床厂 2 个劳改单位，另有从长沙调来的湖南新生工程队和岳阳调来的城陵矶新生工程队。犯人中打架、行凶、逃跑、不服管教等事故时有发生，监管秩序比较混乱。市检察院 3 次派员进行检察，对管教工作中存在的问题及时提出了改进建议。同时，配合劳改单位对不服管教、重新犯罪的罪犯召开大会斗争 154 人，记过 26 人；对表现积极、接受改造的罪犯，协同法院及劳改单位减刑 18 人，假释 3 人，物资奖励 124 人，记功 50 人，促使监管秩序明显好转。

1959 年，先后 10 次对劳改单位进行检察，发现并处理违法和重新犯罪在押犯 249 人，发现并纠正干警体罚犯人等违反政策事件 12 起。新生机床厂反革命罪犯刘某，在劳改期间组织反革命集团，图谋暴动，经配合公安、劳改部门及时侦破。法院依法判处刘犯死刑，缓期执行。公开处理刘犯后，收到坦白、检举材料 649 份和隐藏枪支线索 5 起，收缴手枪 1 支，子弹 38 发，反动证件 6 个。

1962 — 1965 年，监所检察的重点放在打击重新犯罪，维护监管秩序上，先后配合公安和司法行政部门，打击重新犯罪的在押犯 59 人，办理加刑案件 8 起，并对劳改管教工作中违反法律政策的问题及时提出了纠正意见。

1983 年 8 月，严厉打击严重刑事犯罪斗争开始后，加强了对劳改场所又犯罪案件的检察。市检察院和茶陵县检察院监所检察部门深入到省第三劳改支队（后更名“茶陵监狱”），与公安、法院、劳改单位密切配合，摸底排队，掌握案情，主动上案，严厉打击劳改犯又犯罪活动。是年共审查起诉又犯罪案 14 件 14 人，其中 3 人被判处死刑。

1984 年，遵照全国人大常委会《关于处理逃跑或者重新犯罪的劳改犯和劳教人员的决定》和最高人民法院、最高人民检察院、公安部、司法部联合发出的《关于严厉打击劳改犯和劳教人员在改造期间犯罪活动的通知》，继续深入地开展严厉打击劳改犯又犯罪斗争。全年受理公安、“两劳”单位移送起诉又犯罪案件70件91人，经审查，向法院起诉了52件66人，分别比上年增加24%和32%，免诉2案3人，劳改单位撤案8案8人，法院审结44案56人，均作了有罪判决，其中被判无期徒刑的2人。

1985年，茶陵、攸县检察院分别在省第三劳改队和省第八劳改队（后更名“网岭监狱”）设置了驻场检察组，受理劳改场所重新犯罪案件。1986年，劳改场所干警打骂、体罚犯人的问题较突出。当年，对此类问题重点检察了24次，专题检察了4次，发出检察建议9份、《纠正违法通知书》5件。劳改单位给4名干警以党纪处分，6名干警受到政纪处分。

1989年3月，攸县检察院在省第八劳改支队进行执法检查时，发现该支队未报请法院裁定擅自提前释放余刑犯13人。市检察院派员调查核实后，及时提出了检察建议。

1991年，驻监狱检察室组织专题检察12次，发现违规现象70起，不安全隐患和漏洞9处，提出口头建议34次，发出书面检察建议2份。督促监狱机关处理了9名违纪违法干部和工人。驻网岭监狱检察室，发现监狱部分干部、工人有体罚、虐待犯人以及利用犯人外出劳务抓收入等现象，先后7次提出纠正意见，引起上级业务部门及省劳改局的重视。

1992年，驻监狱检察室全年开展执法检查10次，发现违法行为41起，提出口头建议70人次，被监狱机关采纳67件，预防违法6次。根据检查情况，给罪犯上法制教育课4堂，与罪犯开展个别谈话教育140余人次，帮助建立健全监改组织14个。

1995年，驻监狱检察室受理劳改犯重新犯罪案件24件35人，移送市检察院审查2件5人，向法院提起公诉21件26人，法院均作出有罪判决。

1996—1997年，驻茶陵监狱检察室共受理劳改单位移送审查起诉又犯罪案件37件45人次，其中脱逃25件27人，盗窃6件11人，流氓1件2人，强奸（未遂）1件1人，故意伤害3件3人，重大责任事故1件1人，向法院提起公诉后，均作了有罪判决。同时对2年收押的1501名罪犯的收押情况和有关法律文书进行了检查，做到发现问题及时纠正。

1998年，驻网岭监狱检察室，通过深入监区检查发现，不少罪犯对减刑、假释问题有牢骚、怨气，为此他们多次深入五监区进行访谈，调查了8名假释人员，13名犯人家属，获取证言、书证、物证50余份（件），侦破了五监区原监区长王某、副监区长陈某的受贿事实，促进了监狱的廉政建设。

1999年，驻网岭监狱检察室，根据上级有关指示精神，对敏感和热点问题作了4次专题检查，发现各类违法问题74件，提出纠正74件，其中纠正减刑、假释、保外就医不当案件61件，纠正其他违法13件，发出纠正违法通知书23份，检察建议书55份。

1998—2000年，驻监狱检察室共受理监狱移送审查起诉又犯罪案53件56人，受理罪犯及其家属申诉、控告案件38件38人，做到件件有着落。

三 劳教检察

1960年1—4月，市检察院派员配合公安部门在新生水泥厂开展一次政治攻势，发动劳教人员开展坦白检举、“四交”（交罪证、赃证、人证、物证）和评审划类等活动，共收到坦白材料1376件，挖出隐蔽的反革命分子18人，刑事犯罪分子9人，特务分子6人。通过打击、教育和改造，落后面由原来的18.22%减少到12.7%。

1981年年底，省白马垄少年管教所成立，市检察院担负该所劳教检察任务。1982年，在该所开展检察3次，针对劳教所防范设施、干警管教方法等方面存在的问题提出了5条检察建议。是年，省公安厅劳教处调整该所的收容对象，由原收容少年劳教人员改为收女劳教人员。

1984年5月，省白马垄劳教所连续3天发生6名女劳教人员因想达到所外就医的目的而吞食玻璃和铁钉的事件，严重影响管教秩序和安全。市检察院及时进行检察，并提出了改进意见。1985年8月，市检察院向白马垄劳教所派驻1人，开始驻所检察工作。

1986—1987年，根据最高人民检察院、最高人民法院、公安部、司法部《关于严厉打击劳改犯和劳教人员在改造期间犯罪活动的通知》，主动配合公安、法院在劳教场所开展打击又犯罪活动的专项斗争。先后处理14名殴打、勒索同室劳教人员和传授犯罪方法的“所霸”，整顿和维护劳教场所的管理秩序。

1988年10月，市检察院派员与攸县检察院共同对市劳教所的执法情况进行专题检察。对少数管教干部惩罚、殴打劳教人员；同劳教人员吃吃喝喝；对劳教人员请假控制不严，超假现象严重；在百分制考核中掌握不准，任意给少数人加分提前释放等问题，提出了纠正意见或检察建议。

1991—2000年，北（石峰）区检察院负责驻湖南省白马垄女子劳教所检察工作；1991—1996年，攸县检察院负责驻株洲市新市劳教所检察工作；1996年，株洲市劳教所从攸县新市迁入株洲市内后，天元区检察院负责驻株洲市劳教所检察工作。

1992—1996年，北区检察院驻劳教所检察室坚持“以消除犯罪隐患，稳定社会”为宗旨，抓好对劳教人员的法制教育，搞好安全防范检查。共驻所1156天，给劳教人员谈话教育493人次。召集和参加联系会议114次，深入“三大场所”检查404次，提出检察建议25次，均被采纳。办理劳教人员申诉案5件5人。

1997年，驻劳教所检察室共受理劳教人员及其家属申诉案件57件，对其中认定事实和适用法律确有错误的提出检察建议，经相关部门审理，确认后予以纠正。驻所检察室通过开展对劳教人员个别谈话教育和深入“三大场所”的经常性检查，发现各类违规现象38起，提出纠正意见27起，书面纠正意见11起，纠正率为百分之百。

1998年，石峰区检察院驻所检察室坚持对新收容的劳教人员在入所2天内、对将要解除劳教人员在解教前3天内谈话1次。全年找劳教人员谈话705人次，开展法律咨询36人次。对新收容的和将解教的劳教人员、法律文书及时检查，杜绝错收错放的现象。同时深入“三大现场”进行安全检查345次，向劳教所提出检察建议35份，纠正违法11次，均被采纳。

1999—2000年，石峰区检察院驻劳教所检察室共受理劳教人员及其家属的申诉案件112件113人，其中经审理被改变劳教期的9件9人、停止劳教期执行的8件8人、撤销劳教决定的1件1人。同时，通过深入“三大现场”与劳教人员的谈话、调取入教人员档案等方式，发现有的劳教人员行为已构成犯罪，2 年间共通知公安立案 19 件 19 人，公安机关撤销劳教决定立案侦查的 8 件 8 人。

四 监外执行检察

根据法律规定，监所检察部门对被判处管制、拘役、判处有期徒刑宣告缓刑、被判处剥夺权利、被处刑（保外就医）暂予监外执行、被裁定假释的五种人的罪犯，每年检察 1 ～ 2 次。1981 年年底，通过对分散在市区各地的 31 名监外执行罪犯进行检察，发现表现较好的有 8 名，一般的 12 名，较差的 5 名。因有余罪被重新起诉的 2 名，刑期已满的 2 名，重新犯罪的 2 名。

1991 年 4 — 6 月，市监所检察部门对全市 604 名监外罪犯的执行情况进行一次全面检查。9 — 10 月，又对 271 名假释罪犯的执行情况进行专项检查。其中，株洲县检察院与县公安局、县人大法制委对全县 46 名假释犯的专题检查，并根据检查情况，与公安局联合制定《监外改造人员守则》，印制 200 余份发到监外改造人员手中。

1992 年，全市监所检察部门分 3 次对监外罪犯进行检查，共检查监外罪犯 2557 人次，通过检查发现问题 869 起。其中法律文书不全的 150 起，不符合监外执行条件的 12 起，监外改造组织措施不落实的 326 起，重新犯罪的 14 人，不按规定释放解除的 89 人，检查发现问题占监外罪犯总数 33.9%。针对检查发现的情况，向当地政法委和人大常委会报告后引起重视，当年督促解决 386 件。

1993 年，市两级检察院对监外服刑犯进行了一次普遍检查和重点检查。发现脱管、漏管 104 人，不符合监外执行条件 1 人，重新犯罪 16 人。同时，还对 116 名刑释解教人员的接荐教育进行了调查，协助解决就业 50 人，协助解决责任田 28 人，受帮教的劳教人员 275 人，建立法制宣传教育联系点 2 个。

各县市区人大和检察机关发挥人大代表执法监督的作用，组织人大代表参与监外执行检查。1994 年，郊区检察院由区人大组织监外服刑犯所在地区的人大代表 53 名，对 90 余名监外罪犯的现实表现进行了全面考察，并提出合理化建议 41 条。1995 年，市检察院监所检察科根据各基层院监所科人员少、监外执行检查任务繁重的实际情况，邀请同级人大代表视察监外执行工作。醴陵市人大代表对全市 191 名监外服刑犯进行视察后，认为表现好的有 63 名、有违法行为和重新犯罪的 51 名、失控的 36 名，建议司法机关应收监的 11 人，是年收监 6 人。

1996 年，全市监所检察部门发现交付、执行和监管违法等各类问题 26 起，口头提出纠正 21 次，书面检察建议 5 份。是年，已纠正 26 起，收回监外罪犯 13 人，建议对立功表现的监外罪犯减刑 1 人。对全市 837 名监外罪犯，执行机关全部列入了重点人口管理。

1998 年，醴陵市检察院针对监外服刑犯管理工作存在的薄弱环节，向醴陵市政法委呈报专题报告。醴陵市政法委研究后，由一副书记带领公、检、法组成联合检察组，调阅 150 余份罪犯档案，审查了 800 多份判决、裁定书与材料，澄清监外罪犯底数。并针对检查中发现的问题，边检查，边整改，边建制，边落实，这一做法在全市范围内推广，收到了良好的效果。

1999 — 2000 年，攸县院、醴陵市院对 91 名监外执行罪犯进行了专项检查，发现有 7 名罪犯不服监管、经商脱管，监外执行条件消失，遂依法向公安机关和监狱发出收监检察建议书，是年收监

5 名。同时他们还协同公安派出所干警深入到村组，对 20 名监外罪犯进行帮教，并协助当地政府解决一些罪犯的实际困难。2000 年，株洲县、攸县、芦淞区院检查了 225 名监外执行罪犯，对其中 5 名不符合监外执行条件和不服改造的，建议执行机关收监；对其中 10 名表现较差的罪犯进行面对面的帮教，并督促乡镇普遍建立起帮教组织，制定责任考核制度，成立监外执行工作领导小组，落实对监外执行罪犯的改造工作。

第五节 控告申诉检察

一 来信来访

1954 年，株洲市检察署，根据政务院颁布的《关于处理人民来信接待人民来访工作的决定》，开展接待人民来信来访工作。是年，受理信访 21 件，其中自行办理 17 件，转交有关部门处理 4 件。

1955 年，人民来信来访的内容是检举、告发他人侵犯民主权利和人身权利的案件。当时，检察机关受理信访的范围和责任还不明确，转办多于自办。是年，共受理来信 32 件，转办 20 件，占受理数的 62%。

1957 年，全国第一次信访工作会议后，市检察院建立群众来访接待室，配备专职干部处理人民来信来访，并且明确受案范围，制定来信来访工作制度，确定检察长接待日，由检察长亲自指导和处理重要的申诉案件，从而密切了检察机关与人民群众的关系，来信来访大幅度增加。是年，受理信访 203 件，为上年的 4.32 倍，其中自行处理 196 件，占受理总数的 96.50%。

1958 — 1961 年，受理群众来信来访 698 件，其中自行处理 454 件，占受理总数的 65%，转有关单位 244 件。来信来访中，群众要求解决生产、生活及内部纠纷问题较多，占信访总数的 40.90%；控告基层干部强迫命令、违纪乱纪问题的占 36%；不服政法机关处罚的申诉案件占 23.10%。

1962 — 1956 年，认真贯彻中央政法工作会议精神，进一步加强信访工作，坚持“多办少转”的原则，做到“有信必复，有问必答、及时处理”。4 年中，共受理群众来信来访 895 件，其中自行办理 717 件，占受理数的 81%，转办 168 件。

1979 — 1981 年，群众来信来访急剧增加，3 年受理 8362 件，其中自办 1979 件。信访内容大多数为要求落实政策、平反冤假错案的申诉和检举违法乱纪等问题。为及时受理群众来信来访，市检察机关组织专门班子，全面复查“文化大革命”前检察机关承办的 373 件历史老案，纠正、平反错案 66 件。

1982 年，把信访工作重点放在受理检举、控告和自首的经济案件上，共受理经济犯罪线索 295 起，立案侦查 58 起。1983 — 1984 年，受理信访 4471 件，其中自行查办 1435 件，获取各类犯罪线索 681 件，经公安和检察机关自行立案侦查，追究 279 人的刑事责任，挽回经济损失 44.60 万余元。

1985年，全国检察机关第二次信访工作会议后，市检察院信访科更名控告申诉检察科，各县区院也随之设立相应的机构。针对群众"告状难"的问题，两级控告申诉检察部门改变工作作风，走出机关接待控告、申诉。全年受理信访2634件，比上年上升10.60%，其中自办1236件，比上年上升56.50%。酃县检察院根据山区交通不便的实际，深入16个乡镇，直接接待群众控告申诉425件，占受理信访总数的49.60%；查处信访案件33件，获取办案线索176件。

1986年，随着"严打"斗争深入发展，到检察机关求情或对判决不服的增多，有的还提供一些假情况进行申辩。在接待来信、来访时，检察干警注意宣传"有法必依、执法必严、违法必究"的法制原则，对那些提供不真实情况或无理取闹者，进行批评教育和据理予以驳斥，使接待处理信访的过程变为宣传社会主义民主与法制的过程。

1988—1990年，控申检察工作逐步走向规范化。市县两级检察院健全了目标管理，完善了信访登记和自办、转办反馈制度。3年中，全市检察机关共受理群众来信来访10176件次，其中自行查办2807件，为业务部门提供各类犯罪案件线索1305件。

1991—1995年，两级检察机关围绕服务大局、促进社会稳定做好信访工作。5年中，共受理信访10651件。其中来信7777件，自行办理4245件，占来信总数的54.6%。1992—1994年，处理"两访一户"240件，其中集体信访98件、告急信访40件。

1997年，全市两级检察院分别成立了稳定领导小组，设立检察长接待日和来信来访意见簿等，共受理信访2279件，其中检察长接待日接待722人次，控申部门及时处理重要信访331件。

1998—1999年，在开展"文明接待室"活动中，发挥"窗口"作用，把处理"两访一户"作为信访工作的重点。2年中，共受理信访4205件，自行办理606件，处理"两访一户"信访574件，占信访总数的13.6%，其中集体信访268件、告急信访272件、上访老户30件。没有发生因处理不当造成矛盾激化的情况。1998年，茶陵县院、石峰区院被最高人民检察院授予"全国文明接待室"称号；市院、石峰区院、荷塘区院、芦淞区院、茶陵县院、醴陵市院及株洲县院被省院评为"省文明接待室"。

2000年，以"人民满意不满意"作为信访工作的标准，共处理信访1819件，其中处理来信661件，接待来访1158人次。全市两级检察院检察长接待415天，接待来访1097人次，批阅来信625件。

二 控告检察

1955年，开始受理查处来自人民群众的控告、检举案件。1962—1965年，群众控告、检举的内容多为基层干部侵犯人权、打骂群众，以及贪污、挪用公款、监守自盗方面的问题。市检察机关根据控告材料，主动配合有关部门查处了47起干部违法违纪和贪污案件，其中依法逮捕13人，拘留2人，作其他处理32人。

1980—1982年，受理群众检举控告560件，占受理信访总数6.40%。按照案件管辖范围，对于属于检察机关管辖的控告、检举材料都及时转给有关部门处理。对属检察机关管辖的做到件件有人办，事事有答复。

1983 — 1986 年，打击严重刑事犯罪和打击严重经济犯罪的斗争逐步深入，受理人民群众控告信访 3175 件，占信访总数的 33.90%。其中提供经济犯罪线索 865 件，立案查处 407 件，提供刑事犯罪案件线索 945 件，转有关部门办理了 917 件。

1989 年 8 月，两院《通知》发布后，广大群众举报经济、法纪和其他罪案的积极性空前高涨。仅 8 月 15 — 31 日的半个月内全市检察机关就收到各类举报线索 2422 起，比 7 月份上升 8.20%。同时，匿名举报信降 13%，署名举报的逐渐增多。为保护群众举报的积极性，检察机关作出奖励举报有功者的决定，并对打击报复者进行制裁。1988 — 1990 年，共受理控告信访 9078 件，其中经济、法纪罪案举报中心（站）受理 4831 件，占受理总数的 51%。

1991 年，共受理控告信访 900 件，占信访总数的 38.4%，按照案件管辖范围，对非属检察机关管辖的控告及时转给有关单位处理。对属于检察机关管辖的控告信访，按照自办、移送、转办和直接答复的方式进行了处理。

1992 — 1993 年，根据“解放思想，敢于制约，实事求是”的原则，积极查办控告案件。2 年中，全市控申部门共受理控告信访 1499 件，其中转交有关单位处理 1317 件，自行立案查处 71 件，待查、缓办 111 件。

1994 年，受理控告 494 件，其中转交有关单位处理 73 件，处理一般违法控告 158 件，直接答复当事人 10 件。控申部门立案查处紧急控告 10 件。醴陵市检察院受理因民事纠纷扣押人质的紧急控告 6 件，解救出被扣人员 6 名。

1995 — 1996 年，控告信访上升。共受理控告 1437 件，其中转办 125 件，处理一般违法控告 348 件。属检察机关管辖的控告案件中，非法拘禁 121 件，刑讯逼供 60 件。醴陵市检察院接到该市渌江乡滴水井村 32 名村民控告派出所刑讯逼供的控告后，及时深入现场调查处理，安抚民心，宣传法制，救治伤员，平息事态。

1997 年，受理控告信访 712 件，占信访总数的 31.2%，其中转办刑事犯罪控告 232 件，处理一般违法控告 292 件。控申部门初查经济犯罪控告 5 件。株洲县雷打石瓷厂千名职工控告该厂厂长等人严重腐败，生产亏损，工资停发，要求尽快查处，否则上街游行。株洲县检察院及时开展调查，查出厂长宋某等 11 人贪污受贿 20 余万元的窝案，其中 5 人被判处有期徒刑。

1998 — 1999 年，全市举报控申部门突出文明接待和举报初查工作，坚持检察长接待日制度以及控申举报的承诺制度。受理控告信访 1698 件，转办 1362 件，控告部门自查或移送有关部门处理 491 件。妥善处理集体信访和告急信访 483 件，排除不安定因素和事件 50 起，没有发生因处理不当造成矛盾激化的情况。

2000 年，坚持把办理控告信访作为稳定大局的重点，及时处理办结紧急控告，防止矛盾激化。是年，共受理控告信访 729 件，转办和处理刑事犯罪和一般违法控告 368 件，移送其他单位处理 113 件，直接答复 139 件，控申部门初查 11 件，经审查后，做到件件有答复。

三 受理举报

1991年，根据最高检院关于由控申部门统一管辖举报工作的要求，市两级检察机关把受理举报作为控申部门的工作重点，配备专人负责举报工作。是年，共受理经济、法纪罪案线索举报958件，其中贪污犯罪线索405件，贿赂207件，侵权渎职162件，做到受理一件处理一件。1992年，举报线索有所减少，受理经济、法纪罪案线索739件，比上年减少22.8%。

1993年，贯彻关于深入开展反腐败斗争的决策，成立市反腐败斗争指挥中心，检察长亲自抓举报工作。随着举报宣传力度的加大，群众举报热情明显高涨。全年受理举报线索1042件，比上年增加41%，其中贪污385件，贿赂181件，法纪240件，其他236件。控申部门初查举报线索93件，其中立案侦查8件，为国家和集体挽回经济损失139.8万元。1994年，举报工作更加规范化和制度化，建立健全了检察长接待日制度、下乡（厂）巡回接待制度、信息反馈制度和横向联系制度。受理群众和单位举报1464件，比上年上升40.5%。自行初查167件，参与和协助其他部门初查29件，立案初查经济犯罪案10件，为国家和集体挽回经济损失206万元。攸县检察院一举突破省第八劳改管教支队（网岭监狱）管教干警受贿窝案，9名正副处级干部被查处。

1995年，通过新闻媒体和印发资料广泛宣传，建立举报奖励制度等形式，激发群众举报热情。是年，共受理举报线索1753件，比上年上升20%。1996年，市两级检察院加强办案力量，改善接待和办公条件，并筹集举报奖励基金36万元。是年奖励举报有功人员41人，发放奖励金17258元。通过举办反贪污贿赂成果展览和各种形式的举报宣传，扩大了社会影响，广辟了举报线索。

1997年，《刑事诉讼法》和《刑法》相继修改并实行。为使群众举报符合法律规定和便于开展举报工作，市检察院集中开展了一系列举报宣传活动，派出车辆宣传“两法”条文、检察长发表电视讲话、对115名举报有功人员及时奖励等，有效地保障了举报线索的连续性。全年共受理举报线索2012件，比上年上升19%。初查283件，移送自侦部门立案侦查41件，自行立案16件，为国家和集体挽回经济损失378万元。

1998 — 1999年，两级检察院建立了举报线索审查协调小组，严格初查审批程序。3年共受理举报线索4182件，控申部门自行初查线索1374件。同时查处打击举报人案件2起，有效地保护了举报人的民主权利不受侵犯。

四 申诉检察

1956年，受理申诉案47件，复查处理38件。1957 — 1961年，根据“冤案要平反，漏案要追究，合理意见与要求要接受，无理要求要批驳”的处理原则，检察机关对受理的申诉案件认真地进行复查，并根据复查情况做了实事求是的处理。

1979 — 1982年，根据全国检察工作会议关于“发现冤假错案，要认真做好复查、平反工作”

的指示精神，市两级检察机关对所受理的1952件申诉案件（其中，不服判决的1099件），进行复查处理，纠正冤假错案204件。

1983年，随着“严打”斗争的深入开展，受理劳改、劳教、在押人犯及其家属申诉的信访大大减少，是年仅受理15件，自行查办10件，转办5件。

1984—1987年，申诉案件呈逐年上升趋势。全市检察机关4年受理2352件。两级检察院把查处“上访老户”以及容易导致矛盾激化的和历史遗留的案件作为申诉检察的重点，采取领导亲自批阅重要申诉案件和组成专门班子复查历史老案以及“分级负责，归口办理”的方法办理。通过自行查办，纠正冤假错案174件。1985年，市检察院受理在押犯谭某某、雷某某不服判刑的申诉。此案自1982年至1984年经过7次审理，都维持原判，被告人始终不服，其家属不惜变卖家产，长期奔波，向有关部门申诉上百次。市检察院受案后会同市中级法院、茶陵县检察院和法院共同复查认为，原判事实确实有误，判处谭某某有期徒刑9年、雷某某有期徒刑2年属错判。经向市中级法院提出纠正建议后，该院依法对谭、雷2人宣告无罪。

1988—1990年，共受理申诉信访1178件，其中不服拘留、逮捕的87件，占受理总数的7.4%；不服起诉和免予起诉的144件，占受理总数的12.2%；不服判刑的578件，占受理总数的49%；不服劳教的42件，占受理总数的3.7%。自行办理794件，占受理总数的67.4%；建议有关单位复议或改变原决定的有43件，驳回无理申诉56件。

1991年，两级检察院共受理申诉483件，复查处理62件。其中市检察院受理40件，办结34件，改变或部分改变原处理决定9件。

1992—1993年，市两级检察机关把办理申诉案件作为控申检察的工作重点，实事求是地复查每件申诉案件。两年中，共受理申诉845件，立案查处68件，其中驳回申诉30件，维持11件，建议复议4件，作其他处理11件，撤销原处理决定12件。

1994—1999年，根据“实事求是，仔细甄别，严格执法，有错必纠”的原则，全市检察机关6年共受理申诉案件1223起，立案复查157件，复查后改变原决定46件。认真开展刑事案件的复查工作，共受理申诉643件，立案复查40件，其中维持21件，改变原决定15件。2000年，随着司法公正和内部制约机制的加强，刑事申诉案件减少，当年受理申诉72件，比上年减少68%，其中不服不捕和不服免诉各1件，不服不诉4件，不服没收6件。立案复查17件，改变或部分改变原决定6件，并积极做好申诉人员的善后工作。

五　刑事赔偿

1995年，根据《中华人民共和国刑事赔偿法》的规定和高检院第三次控申举报工作会议精神，市检察院成立刑事案件赔偿办公室，制定了《刑事赔偿实施办法》，全面启动刑事赔偿工作，并受理刑事赔偿申诉案1件。

1996—1998年，按照“积极受理，认真办理”的原则，正确处理维护检察机关权威与维护申诉人合法权益的关系。3年中，共受理刑事赔偿申诉6件，复查后作其他处理3件，立案审查不服逮捕3件，均决定不予赔偿。

1999年，刑事赔偿案件有所增多，共受理赔偿请求15件，立案审查13件，均结案并作出了维护原决定的处理意见。对其中不服的开展了艰苦细致的说服教育工作。

2000年，根据"实事求是，有错必纠"的原则开展刑事赔偿工作。全年共受理赔偿请求8件，立案审查7件，其中决定不予赔偿3件，作其他处理3件，决定予以赔偿1件。市检察院办理的株洲县龙凤乡龙凤村闫某某等5人不服基层院不起诉决定和请求刑事赔偿一案，经检察委员会研究，认为原案定性错误，闫等人不构成犯罪，作出撤销原决定的处理。株洲县检察院决定予以刑事赔偿19284.10元。

第六节 民事行政检察

根据《中华人民共和国民事诉讼法》和《中华人民共和国行政诉讼法》的规定，人民检察院有权对人民法院的民事审判活动和行政诉讼实行法律监督。以维护公民、法人及其他组织的合法权益。

一 接待与受理

1991年3月，市检察院设置民事行政检察科，直接受理民事（经济）行政申诉案件，接待来信来访和宣传民行检察工作。是年，接待信访128人次，建立接待、受理案件等8个制度、走访法院和行政执法单位15个，印发宣传资料560份，受理民事申诉案29件，其中立案审查17件。对不符合受案规定或申诉理由不成立的12名当事人进行了法制宣传。

1992年，境内9基层检察院都设置了民行检察机构，配备了1～3名不等的专职干部。通过宣传、走访等形式，拓宽案源渠道。全年共接待信访187人次，走访单位127个，上街宣传2次，接待群众咨询105人。共受理民事行政申诉案85件，其中立案审查38件。针对当事人因不懂法律而不服法院判决和不服检察机关决定的情况，市检察院在全省率先总结出一套做好息诉服判工作的方法，得到省检察院和高检院的肯定和推广。是年息诉10件，其中农民9人，均为民事申诉案件当事人。1993年，针对人民群众对民行检察不了解，申诉案件较少的情况，市县两级检察院变坐堂接待、等案上门为走向社会，送法上门，积极探索民行检察为经济建设服务的新思路，加强调查研究和信息反馈工作。是年，受理民事行政申诉案53件，其中立案审查26件，息诉服判21件，接待来信来访336人次，走访大中型企业等单位226个，直接受理申诉15件，与企业建立法律服务联系点18个，为企业挽回经济损失52万元。

1994年，随着民行检察工作的深入开展，申诉案件大幅度上升，接待任务加重。全年共接待信访309人次，受理民行申诉95件，其中立案审查56件，息诉37件。在工作中特别注重对反复申诉的当事人做好息诉工作。1995年，各项民行检察业务普遍开展。共受理民行申诉案107件，其中立案审查 61 件，息诉服判 20 件。接待信访 740 人次。

1996 — 1998 年，市、县两级检察机关认真贯彻高检院关于“整顿队伍、端正执法思想”的指示精神，强化内部管理机制。3 年中，共受理民行申诉案 747 件，平均每年受案 249 件，接待信访 2140 人次、息诉 91 件。

1999 年，在开展“争创人民满意检察院”活动中，积极推行办事公开、服务承诺等制度。市两级检察机关民行部门向企业等单位发出征求意见函 84 份，聘请 17 名律师为民行检察信息联络员。与大中型企业建立联系点 10 个，接待信访 480 人次；受理民行申诉案 256 件，立案审查 114 件。律师代理申诉 105 件，占受案总数的 41%。醴陵市检察院聘请 6 名有影响的律师为民行检察联络员，申诉案件的数量和质量明显上升，共受理申诉 28 件，其中来自律师代理申诉的 23 件。

2000 年，市检察院开展争创“文明示范窗口”“走百家企业，访千名群众”的活动，拓宽民行检察服务领域。全年共走访企业厂矿 203 家，走访群众 1850 人，直接受案 55 件，接待群众信访 425 人。受理申诉 259 件，立案审查 147 件，息诉 85 件。炎陵县检察院民行科同志克服山高路远、人口分散等困难，通过走访乡镇企业和案件当事人，申诉案件比上年增加 50%，为历年来受案数最多的一年。

二 民事案件检察

1991 — 1992 年，按照最高检《办理民事抗诉案件暂行规定》的要求，逐步规范和完善办案制度。2 年中，市检察院向中级法院提出民事（经济）抗诉案 2 件，向省检察院提请抗诉 4 件。对不够抗诉条件但判决明显存在问题的案件，向市、县两级法院提出建议或纠正意见 13 件，法院采纳纠正 3 件。

1993 — 1994 年，优先办理标的大、损害严重的经济纠纷案件和矛盾尖锐容易激化为刑事案件的民事案件。2 年中，向法院提出抗诉 3 件，其中错判标的较大的 2 件。提请省院抗诉 8 件，省院决定抗诉 6 件，其中在本地区有较大影响的民事案件 2 件。向两级法院提出建议或纠正意见 21 件，法院采纳纠正 13 件。

1995 年，把办理民事抗诉案件和促进法院再审判决作为工作重点，加大对民事审判活动的监督力度。是年，提出抗诉 10 件，提请省院抗诉 7 件，其中决定抗诉 7 件。提出书面或口头建议 17 件，法院采纳纠正 12 件。在“两高”对抗诉案件的“审级”问题未达成一致意见的情况下，主动向市人大汇报，积极与同级法院协商。

1996 — 1998 年，市两级检察机关集中精力办理抗诉案件。3 年中，向省院提请抗诉 33 件，省院决定抗诉 13 件，向市中级法院提出抗诉 176 件。加强与法院的协调，大力促进再审和改判。法院共再审判决 114 件，其中改判 82 件（含再审开庭调解 4 件），改判率为 71.9%。

1999 — 2000 年，市检察院把涉及金融改革、国有企业改革、防止国有资产流失、维护社会稳定等大案作为办案重点，严把抗诉质量关。2 年中，提出抗诉 187 件，法院再审判决 144 件，改判 109 件（含调解 32 件），改判率为 75.7%；提请省院抗诉 18 件，省院决定抗诉 9 件。抗诉案件中，涉案标的大、涉农、涉稳、涉国企的大案 53 件，维护企业合法权益的 22 件。纠正法院错判而为企业挽回经济损失 530 万元。

三 行政案件检察

1991 — 1993 年，受理不服人民法院行政裁判的申诉案件 12 件，占申诉案件总和的 7.1%，经审查均不符合抗诉条件。

1994 — 1996 年，市检察院根据省院的要求，把社会影响大、群众反映强烈的行政申诉案件，作为优先办理的案件之一。3 年中，共受理行政申诉 27 件。针对不服行政处罚的申诉较多的情况，市检察院民行检察部门专门走访了法院行政审判庭和市农业局，掌握和熟悉有关法律法规，做到受理一案，办结一案。

1997 — 2000 年，针对行政申诉案件的特殊性和办案中存在的具体问题，加大对行政案件的监督力度，集中力量，调查取证，集中研讨，快审快结。共受理申诉案 40 件，提出抗诉 8 件，再审判决 8 件，改判 6 件。1999 年 5 月，杨某经区城建部门批准，办理了临时摆摊经营香烟等许可证，同月 15 日，市城管部门以违章占道为由将其冰柜等物扣押，同年 7 月 22 日作出罚款处理决定。杨不服提起行政诉讼，一审法院以杨某自行改变经营地点为由，维持原所作出的处罚。市检察院受理杨某的申诉后，组织干警调查取证。查清事实后，以原审法院判决认定事实证据不足，适应法律法规错误提出抗诉。法院再审判决撤销其原判，判令市城建局重新作出具体行政行为。

株洲市 1991 — 2000 年民事行政检察基本数据统计表

表 20-5　　单位：件

项目／年份	受理	其中			立案	抗诉	其中			判决	其中			改判	调解
		民事	经济	行政			民事	经济	行政		民事	经济	行政		
1991	29	20	7	2	17	–	–	–	–	–	–	–	–	–	–
1992	85	76	3	6	38	2	2	–	–	–	–	–	–	–	–
1993	53	38	11	4	26	–	–	–	–	–	–	–	–	–	–
1994	95	54	30	11	56	3	1	2	–	–	–	–	–	–	–
1995	107	69	29	9	61	1	8	2	–	7	7	–	–	5	–
1996	141	86	48	7	78	31	21	10	–	16	11	5	–	10	–
1997	284	205	73	6	221	67	43	23	1	41	28	12	1	31	–
1998	312	218	80	14	159	80	55	23	2	58	44	14	–	39	4
1999	256	193	50	13	124	92	66	21	5	77	57	15	5	47	9
2000	259	162	91	6	89	97	85	12	–	72	61	11	–	35	23
合计	1621	–	–	–	869	382	–	–	–	271	–	–	–	167	36

株洲市人民检察院历任正、副检察长名录

表 20-6

检 察 长	任职时间	副检察长副检察长	任职时间
阴海生	1955.6 — 1958.7	贾同来	1954.12 — 1958.12
沈　辉	1963.12 — 1968.1	刘先农	1958.2 — 1964.10
岳齐宣	1978.8 — 1979.12（代）	刘林茂	1964.12 — 1968.1
	1980.1 — 1986.5		1978.8 — 1982.5
彭物苟（彭盛）	1986.6 — 1998.1	李映和	1979.11 — 1997.1
龚启国	1998.1 — 2000.12	刘　发	1982.4 — 1988.10
–	–	易庆云	1984.7 — 1998.4
–	–	程海涛	1986.9 — 1996.11
–	–	胡辉平	1987.4 — 1998.4
–	–	夏云华	1993.7 — 1996.8
			1998.5 — 2000.12
–	–	刘富生	1996.1 — 2000.12
–	–	龚启国	1997.3 — 1998.1
–	–	魏启敏	1997.2 — 2000.12
–	–	成隆华	1997.2 — 2000.12

第四章　审　判

清代以前，境内的司法与行政合一，县衙即是司法机关，知府、知县集行政权和司法权于一身，审案刑、民不分，常常施以刑讯逼供。民国时期，开始倡导司法独立。

中华人民共和国成立后，建立人民司法制度，重大刑事案件由公安、检察、法院分工负责，互相配合，互相制约，审判权由法院独立行使，公民在适用法律上一律平等。

1950年8月，湘潭县人民法院在株洲镇设立第一分庭。1951年7月，株洲建市时设立市人民法庭。1952年1月，株洲市人民法院正式成立。1954年，法院内部分设刑事和民事审判庭。1959年，在市郊区设立政法部，派出巡回法庭，定期巡回办案。1961年，在三门、朱亭、雷打石、渌口设立4个人民法庭，作为市人民法院在农村的派出机构。

1949—1956年，市人民法庭、法院坚持“有法必依，执法必严”和“重证据，重调查研究，不轻信口供”的原则，贯彻执行“首恶必办，胁从不问，坦白从宽，抗拒从严，立功折罪，立大功受奖”的镇压与宽大相结合的政策，开展审判活动。8年里共审结反革命案292件，镇压一批土匪、恶霸、反动党团骨干等首恶分子；审结普通刑事案件918件，严惩一批抢劫、凶杀、强奸、贪污、盗窃、贩毒吸毒、嫖娼卖淫等犯罪分子中的首犯、主犯和惯犯；审结民事案1387件，解决离婚案1031件。

1957—1961年期间，审判人员中产生“宁左勿右”“左比右好”的办案观点，不依法定审判制度和程序，实行快审快结，审理反革命案和各类破坏案件时，用“左”的观点草率定案，混淆敌我矛盾与人民内部矛盾，混淆罪与非罪界限，扩大打击面，出现冤假错案。民事纠纷和公民正当合法权益也处于不正常状态。

1961年8月以后，市人民法院着手对“大跃进”期间以反革命罪、盗窃罪判刑的案件进行复查和纠错。恢复和健全城市、农村基层的人民调解组织，及时调解民间纠纷。1964年，执行“依靠群众专政，少捕，矛盾不上交”的方针，对“地、富、反、坏”四类分子的破坏活动，依法定程序立案，查清事实，大多数不捕，少数判处管制交群众监督改造。

1965年9月，株洲县人民法院成立，市人民法院分立为湖南省株洲市中级人民法院和株洲市人民法院。原市人民法院派出的4个人民法庭由株洲县人民法院接管。市中院管辖市人民法院和株洲县人民法院的审判工作，并受理法律规定由中院审理的一审案件和不服基层法院判决而上诉的二审案件。1966年2月，市人民法院在田心、荷塘铺、清水塘增设3个人民法庭。

1968年，审判机关职能由市公检法军事委员会和市革委会人保组所取代。1973年3月，市各级人民法院得到恢复。1978年，设立荷塘铺、董家塅、清水塘、郊区4个人民法庭，为市人民法院的派出机构。1979年10月，上述4个法庭分别升为东区、南区、北区、郊区4个县级人民法院，市人民法院随之被撤销。

从1979年起，境内各级人民法院开始平反假案、纠正错案、昭雪冤案，全面复查“文化大革命”到1978年期间所判处的反革命案件和有申诉的刑事案件，有1623人宣告无罪或免于刑事处分。为刘少奇、邓小平、陶铸遭迫害而鸣不平，誓死捍卫真理而遭冤杀的汤玲英，得到昭雪并被民政部批准追认为革命烈士；大批遭受迫害的干部群众，也都得到落实复职和平反。1983—1987年，又复查了镇反、反右派、挤反扫残、小教肃反等各种历史旧案7286件7436人，改判4670人，为复查人数的62.80%，同时还对1126名投诚起义人员、知识分子、台胞台属、侨胞侨眷、宗教界人士落实了政策，宣告无罪998人，安排工作367人。全市发给平反人员冤狱费，生活困难补助费33万多元。

1983年7月，市中院接管原属湘潭地区中院管辖的醴陵县、攸县、茶陵县、酃县4个县人民法院。8月，全市两级人民法院贯彻“从重从快，一网打尽”的方针，配合公安、检察机关，严惩严重破坏社会治安的刑事犯罪分子和严重破坏经济秩序的犯罪分子。1980—1990年，审结各类刑事案件1万多件，其中杀人、强奸、抢劫、流氓团伙、重大盗窃、拐卖妇女儿童、复辟反动会道门七个方面的案件有2965件5636人；审理经济犯罪案2584件2796人；审理民事案3万多件。1982—1990年，审结经济合同纠纷等经济案1.45万件，诉讼标的5.57亿元，解决争议金额2亿多元。

1987年，市中院和基层人民法院，专门设立审理“民告官”案件的行政审判庭，至1990年共审结行政案件152件，既为公民、法人和其他组织的合法权益提供法律保护，也促使行政机关在行使行政权力时更加法制化。

20世纪90年代，是中国社会主义法制建设不断加强和完善的重要时期，随着依法治国基本方略的渐次推进，人民法院审判工作的领域越来越宽广，承担的任务越来越重。1991—2000年，株洲市两级人民法院共审理各类刑事一审案件17383件29082人，其中判处10年以上有期徒刑的6002人，判处无期徒刑、死刑的737人。

2000年，株洲市中级人民法院有内设机构18个，其中审判机构有刑事、民事、经济、行政、林业等9个审判庭；指导醴陵市、攸县、茶陵县、炎陵县、株洲县、天元区、芦淞区、荷塘区、石峰区9个基层人民法院、37个基层人民法庭。

第一节 刑事案件审判

一 危害国家安全案件审判

中华人民共和国成立前夕，境内反动组织盘根错节，除有国民党株洲区党部、三青团区队部、“株洲稽查据点”“株洲通讯站”等特务机关外，还有粤汉铁路、浙赣铁路、军政部十一兵工厂（南方航空动力机械公司）、田心机车厂等单位的警务处和国民党特别区党部等。这些反革命残余势力与当地土匪、恶霸、封建把头、反动会道门等互相勾结，进行各种破坏活动。

1950年7月，开展第一次镇压反革命运动。株洲人民法庭配合土地改革、清匪反霸、抗美援朝、民主改革等运动，深入群众调查访问，到1952年年底，先后撤销由土匪恶霸、特务为首的“湘鄂赣边区人民反共救国军和武装安全委员会”两个反革命集团，审理各类案件159件，其中破坏土改案43件，占总数的27%。不法地主文如松以抗拒土改罪被判处死刑。还审判处理了土匪6名、特务16名、恶霸和反动党团骨干20名、不法地主12名、封建把头8名、反动会道门42名、造谣和破坏生产的分子等55名。对罪大恶极的首恶分子判处死刑，对有立功表现的4人免予刑事处分。土匪恶霸罗亚夫、罗雄，欺压群众，组织反动武装，杀害共产党员和解放军战士，罪大恶极，被执行死刑；国民党派遣特务郭鹤林，组织反动组织、阴谋武装暴动，被捕后被依法镇压。

1953年后，在第二次镇反和内部肃反中，贯彻“严肃谨慎”方针，执行“少杀长判和今后从严”及“一个不杀、大部不捕”政策。对坚持反动立场，继续进行破坏的敌特分子，依法从严惩处。至1957年，株洲市人民法院审理反动会道门头目35名，徒众83人，反动会道门头目宾寿松制造谣言、阴谋组织暴乱，被判处死刑。1958年以后，执行“少捕、多管、大改造和现行从严”的方针，但由于“大跃进”实行快审快结，提倡办一个案子“早不过午，午不过夜”。对各种破坏农业生产、破坏大炼钢铁、破坏“三面红旗”等现行反革命案件，抱着“宁左勿右”的观点而迅速定案，把内部矛盾当成敌我矛盾，扩大了打击面，产生错案，到1961年年底，得以纠正。到1961年，株洲市人民法院审结恶霸案9件，土匪案24件，合计35人，从严惩处1人，教育释放12人。

1962年后，法定审判程序、制度得到恢复，并在纠正“大跃进”错案中吸取教训，加以完善。1964年，执行“依靠群众专政，少捕，矛盾不上交”的方针，对地、富、反、坏“四类”分子破坏案件，多数教育，少数判处管制，交群众监督改造。

“文化大革命”期间，阶级斗争扩大化，法制遭到破坏。后在复查中发现：1969年公检法军管会审理的34件现行反革命案中，有31件是冤假错案。1973年3月恢复法院后至1979年，审理反革命案63件，占同期刑事案件总数的12%。

20世纪70年代，醴陵县“三期普渡”老道首李丕瑞、李臻仁，四处活动访主寻根，先后与老道徒钟某某、曾某某、杨某某等人串通策划道务活动，促使97名道徒重操旧业，并发展新道徒67名。他们到处散布谣言，诽谤党和国家领导人，拥护湘潭三期普渡首领石顶武的后人石某某出任“大中华佛国”王位，活动范围遍及醴陵、浏阳、湘潭、益阳和江西萍乡等7个县市。经立案侦察、审批，将19名罪犯全部抓获，由株洲市中院一审和湖南省高院二审，报最高人民法院核准，依法判处主犯李丕瑞、李臻仁死刑，剥夺政治权利终身；判处主犯钟某某无期徒刑，剥夺政治权利终身；其余16名罪犯，分别被判处3 ~ 15年有期徒刑。

20世纪50年代末至“文化大革命”后期，境内先后出现了“亚丽共和国”“民粹党”“中国红旭共和党”“大中华义勇救国委员会”“中国民间反共救国游击队”“红星党”6个反革命集团案件。集团有反革命誓言、纲领、行动计划，有主席、司令、书记、特派员等分工，企图推翻人民民主专政和社会主义制度，反革命目的十分明显。集团首犯关玉琢，辽宁本溪人，其父因反革命罪被镇压，

1960年在株洲市配件厂工作时，因多次偷盗被劳动教养2年；主犯李勇，原株洲市民生机械厂铁工，2个哥哥系反革命被镇压，自己因流氓罪被判刑劳教1年。1964年关、李相互相勾结，企图偷越边境投敌，受阻后订立攻守同盟。1972年9月，邀集对现实严重不满的盖仙山、唐治军、任某某组织“中国民间反共救国游击纵队”，1973年5月又组成“中国工农国民党”。1975年，经中院审理，关玉琢被依法判处死刑；李勇系担任“副主席、司令”的主犯，扬言要为哥哥报仇，被判处死刑缓期2年执行；主犯唐治军被判处无期徒刑。

另外5个反革命集团，主要成员22个，有的趁3年困难时期和西藏发生反革命叛乱之际，在狱中串联，策划冲监暴动；有的在建筑工人中，以种种借口，制造骚乱；有的利用迷信，以带徒弟、替人治病为掩护，组织反动集团。都受到相应的法律制裁。

中共十一届三中全会后，经济和社会发生了深刻变革，反革命案总体呈下降趋势。1980年1月起，反革命案件均由市中级人民法院审理。1980—1990年，共审理54件83人，反革命案数占同期刑案总数的0.5%。20世纪80年代，共审理6件特务案，其人员都是中华人民共和国成立后参加敌特组织的，这批新特务全部有犯罪前科，受到过惩罚打击或好逸恶劳对现实严重不满的人。攸县新市江宜教，其父是中华人民共和国成立时外逃的特务。1982年7月，江收到其父回信，约往广州会晤，由其继母黄福娥吸收为特务。江回攸县后，多次输送情报，领取活动经费，造谣生事，发展组织，阴谋叛国投敌。经市中级人民法院审理，构成反革命罪，江被判处无期徒刑。

1991—2000年，反革命案尚未绝迹或以新的面孔出现，市中院审理几起案件，并对犯罪分子予以严厉打击。1997年，修改后的《刑法》以“危害国家安全罪”取代“反革命罪”，主要包括为境外获取、提供国家秘密情报罪；间谍罪；颠覆国家政权罪；“法轮功”等邪教组织和反动会道门等犯罪行为。1994年5月至1999年，醴陵市农民周某作因承包果园未得到扶助资金，对政府怀恨在心，秘密组织成立“综合立志劳动单位”，并吸收成员，商议取得政权后对政府及干部进行处置。1998年8月，其骨干成员周某山负责起草了“综合立志劳动单位总指挥内部法制执行0政字第九号文件”，并召集20余名成员集会，宣读“九号文件”，煽动反对政府，谋划暴乱。1999年5月，以周某山为首又秘密成立“中国立志工农红军突击队118030部队”，并商议炸桥、张贴发动标语。2000年3月，市中院公开审理了周某作、周某山等7人，以颠覆国家政权犯罪作出一审判决，分别对7人判处1～10年不等的有期徒刑，维护了国家安全。

二　侵犯公民人身权利案件审判

20世纪50年代，经过镇反和一系列社会主义改造运动，境内侵犯公民人身权利的犯罪案件较少，期间仅审结杀人案22件，且大部分是土匪杀人和反革命历史杀人案件。同时，审结了少量抢劫、强奸等案件。

20世纪60年代，杀人案件有所增加，杀人动机主要有谋财、奸情、报复、为逃脱罪责而杀人灭口等。

“文化大革命”时期到20世纪80年代，侵犯公民人身权利案件特别是杀人、抢劫、强奸、流氓等严重刑事犯罪案件急剧上升，原已绝迹的卖淫嫖娼、吸毒贩毒等案件又重新出现。犯罪手段由单人犯罪发展到团伙犯罪，累犯、惯犯、多种犯罪增多。罪犯谢某某一人单独作案或结伙作案87次，一度造成“上班家里怕偷盗，出门坐车怕掏包，妇女夜班怕流氓，正义干涉怕捅刀”的社会恐慌，严重威胁人民生命财产安全，妨碍经济建设的顺利进行。

1983年，全市两级人民法院，展开“从重从快”，严厉打击刑事犯罪活动（简称“严打”），到1986年抓获大批侵犯公民人身权利的案犯，被判处死刑立即执行的首犯、主犯、惯犯、杀人犯、强奸犯有85名，其中杀人犯18人。在严打中，各级法院大张旗鼓地宣扬法制，召开公审大会，印发布告和资料，震慑犯罪，弘扬正义，提高了群众共同制止犯罪的积极性。3年中，群众主动扭送犯罪分子1867人，检举揭发犯罪线索2727条，479名家长或亲属送亲人归案，1375名罪犯主动投案，9249名失足青年主动向保卫部门坦白劣迹，登记悔悟。

20世纪80年代，共审结杀人案300件，因抢劫、奸情、流氓而杀人的居多。田心唐放军抢劫团伙，先后3次谋财抢劫杀死3人。1986年2月，市烟草局朱精华将从江西萍乡到株洲采购香烟的个体商贩刘某某引入家中作客，乘刘不备用秤砣将其打死，抢夺现金2.4万元，后将刘砍成3段，抛尸荒野。茶陵县桃坑乡农民范冬娥，把患有精神病、无独立生活能力的儿子视为累赘，范设计将其子手足捆住，带至山上，极其残忍地用柴刀先砍伤其双腿，又在其肩胛、头、胸、腰、臀等处连砍80余刀，最后将其头颅割断，用杉枝掩盖尸体，逃离现场。这些恶性杀人案件经中院审理、省高院核准，犯罪分子均被依法判处死刑，受到了法律的严惩。

1980—1990年，全市审结抢劫案534件，为前30年62件的8.61倍。抢劫方式由单人抢劫、结伙抢劫到组织抢劫团伙。1987年，郊区园艺场青工和群丰乡农民易某某、龙某某、段某某等13人组成流氓抢劫团伙，在公路上拦阻汽车和行人抢劫9次，在城镇集市墟场上横行霸道，寻衅滋事，强拿索要26次，打伤群众30多人。有的跨县市流窜抢劫，衡山长江乡村民刘某某、李某某等3人，为抢夺本村刘某等人出售陶器所得资金，竟沿湘江而下，跟踪追至株洲、长沙的码头实施抢劫。80年代抢劫矛头指向银行、仓库、信用社、商店及来往商人，并行凶杀人，“严打”中被镇压的有14名是因抢劫杀人的首犯。

20世纪80年代，强奸案件、流氓犯罪猖獗。仅1982年全市审结强奸案件41案59名罪犯。被强奸、轮奸的妇女达25人、少女18人，被猥亵的妇女、幼女26人。上述69名被害人中，1人含恨自缢身亡，5人怀孕打胎，7人重伤住院，2名孕妇因遭奸早产，1名少女生下非婚孩子，2名病妇病情因遭奸而加剧。人民法院依法对上述罪犯进行了判处，其中2人死刑、2人无期徒刑、45人获3年以上有期徒刑。

1981—1991年，全市共审理流氓案件382起，比前30年审理的案件还多出230件。犯罪人员中17～25岁青少年占70%～80%。1983年3月，醴陵县阳三石刘向年、丁佳春等流氓团伙成员在醴陵丝厂看电影时，丁佳春用手搭在黎建辉肩上，挡了后排刘轲、石振勇的视线而发生口角。散电影后，丁佳春即邀集刘向年等10余人将石振勇打成重伤，将刘轲活活打死。案发后，刘向年、丁佳春、黎建辉3名主犯都被依法判处死刑。

1991—2000年，随着经济社会的发展，社会矛盾和诱发犯罪的因素进一步增多，境内侵犯公民人身权利的刑事案件总量上升，危害增大。爆炸、杀人、抢劫、绑架、投毒、拐卖妇女儿童等严重犯罪活动猖獗，一些地方黑社会性质组织犯罪横行乡里，公共场所寻畔滋事、盗窃、抢夺等多发性案件居高不下，各种重大侵犯公民人身权利案件不断发生。市两级法院认真贯彻中央提出的竭尽全力维护社会稳定的政法工作总方针，与公安、检察密切配合，始终把刑事审判工作摆在各项审判工作的首位，坚持“严打”方针，突出打击重点，不间断地开展多种形式的专项打击，并注重利用公开审判和公开宣判的形式，宣传法制、震慑犯罪，促进社会治安综合治理。10年间，全市共审结侵害公民人身权利和民主权利案件4154件。

1991年，市中级人民法院部署开展集中打击活动。其中，配合反盗窃专项斗争，两级法院判处各类盗窃犯罪案539件1031人，召开案例发布会8次，召开大型宣判大会45场次，到案发地开展以案讲法活动80次，印发宣传资料18000份，张贴布告10000张，出《严打特刊》2期计15000份，通过新闻媒体发宣传稿件640篇，向有关单位提出司法建议560余条。从而较好地发挥了审判机关打击犯罪、宣传法制、促进社会治安综合治理的职能作用。

1992年，全市一审审结刑事案件1205件2257人，其中判处杀人、抢劫、强奸、爆炸、流氓犯罪分子1273名。1993年，全市法院一审审结刑事案件1201件2268人。但农村一些地方社会治安仍然很差，有些地方黑恶势力横行乡里。1994年，根据省委、省政府和省高院的指示精神，市中院又部署开展以整顿农村社会治安为中心的专项行动，市两级法院共受理一审刑事案372件712人，比1993年同期的246件458人，分别上升51.2%和55.45%。1995年，个体出租车司机宁某某出车时被杀害，车辆被劫，这起“8·19”重大抢劫、杀人案轰动了全市，造成个体司机人心惶惶。为保护公民的人身和财产安全，稳定民心，市中院刑事审判人员提前介入，依法从重从快判处杀人、抢劫犯胡兵、周光明死刑。当年，市中院还审理侵犯个体、私营企业合法权益的抢劫、杀人、盗窃案28件82人，其中判处10年以上有期徒刑和死刑的有75人，有力地打击了犯罪分子的嚣张气焰，保护公民的合法权益。

1996年4月，根据全国、省、市“严打”工作会议精神，市两级法院迅速动员、部署，又掀起了一场力度强劲的打击严重刑事犯罪的集中行动。至5月底，市两级法院共判处杀人、抢劫、强奸、流氓、重大盗窃、拐卖妇女儿童、组织妇女卖淫等犯罪386人。其中，判处15年以上有期徒刑的165人，判处死刑、无期徒刑的16人；属流氓恶势力的31人，抢劫团伙、盗窃团伙、杀人团伙犯罪的63人；醴陵法院判处车匪路霸5案11人，攸县法院对被当地群众称为“南霸天”的团伙主犯雷某某以数罪并罚判处有期徒刑20年。是年，全市法院共审理刑事一审案件2701件4572人，其中判处死刑、无期徒刑的123人，判处5年以上有期徒刑的911人，取得了“严打”阶段性胜利。

1999—2000年，在“打黑除恶”专项治理中，市两级法院将非法持有枪支、弹药、爆炸物品和管制刀具的，组织多次参与聚众斗殴、寻衅滋事、敲诈勒索的，组织、强迫妇女卖淫的，团伙抢劫，团伙盗窃，走私贩卖运输毒品及其他“涉黑恶”案件作为打击重点。各级法院根据当地实际，严厉打击当地最突出的犯罪。茶陵县法院重点打击容留、强迫妇女卖淫和强奸案 12 件 23 人，其中判处 5 年以上有期徒刑的 14 人，占总数的 61%；芦淞区法院重点打击雇凶杀人、伤害案件；醴陵法院将“打黑除恶”作为工作的重点，2000 年下半年该院共审结各类刑事案件 122 件 170 人，其中涉黑恶案件 39 件 67 人。

三　经济犯罪案件审判

1950 — 1957 年，境内法院审结贪污案 79 件，占经济犯罪案第一位。1952 年，在进行“三反”（反贪污、反浪费、反官僚主义）运动时，市人民法院专门成立“三反法庭”展开审判。1958 — 1967 年，审结贪污案 296 件，为同期经济犯罪案总数的 68.5%。贪污罪犯大多是国有企事业单位、农村社队财会人员。他们以少记收入，重报支出，克扣上级下拨款项等手段，贪污国家和集体公款。另外，截至 1967 年，市人民法院审理投机倒把案件 65 件。

1968 — 1979 年，市人民法院还审理诈骗案 467 件。诈骗方法主要是编造谎言，假冒身份，伪造证明，随后以代购化肥、木材、名牌单车等为名到处行骗。

20 世纪 80 年代，境内经济犯罪案件显著上升，10 年内共审结各类经济犯罪案件 5721 件，其中贪污案件 537 件、诈骗案件 401 件、投机倒把案件 75 件，盗窃案件 4391 件、行贿受贿案 127 件、偷税抗税和盗伐林木等审结 198 件。贪污案件明显增多，且手段翻新，数额巨大、人员复杂。株洲苎麻纺织厂库工马某某，收购苎麻时一个人既过磅又验收，与送货人串通，以多报数量和提高等级的手段，造成厂方多付货款 64962 元，而马从中获送礼及赃款 2.46 万多元。株洲化工厂驻广州采购员易某，利用厂方钱物分管互相脱节，伪造单据，进行贪污，一次提款 2 万元，购买洗衣机、彩电、冰箱等高档商品 15 台，回单位以装车用的防腐杂品的虚假发票来报账。有的利用职权，以公款进行营利性活动，结伙贪污挥霍。长春市南方贸易公司业务员王某某，1984 年 1 月来株洲市办理麻袋业务时，得知株洲苎麻纺织厂苎麻紧缺，谎称有苎麻 200 吨，并拿出样品，骗取厂方信任，双方订立 221 吨苎麻购销合同，并由厂方预付提货款 100 万元，后无货兑现，厂方仅追回货款 21 万元，王经中院审理，以诈骗罪判处无期徒刑。有的开设“皮包公司”，行贿拉关系，买空卖空，到处诈骗。醴陵县李某某在县工业供销公司诈骗现金 165.5 万元，先后以 3 万多元的钱物向 8 位国家工作人员行贿，并倒卖汽车 5 辆，牟利 1.7 万多元，案发后，追回现金 106.7 万元，15 万元诈骗未遂，其余款项被李挥霍。经中院审理，以诈骗罪判处李某某无期徒刑、行贿罪判处有期徒刑 3 年、投机倒把罪判处有期徒刑 3 年，合并执行无期徒刑。盗窃惯犯黄世厢，30 多年时间先后因盗窃被拘留 7 次、判刑 3 次，屡教不改，1985 年再次作案被捕后被判处死刑。

1991 — 2000 年，由于计划经济与市场经济关系等基本经济关系尚未完全理顺，商品货币流通日益扩大，许多法规和制度尚未健全，以及管理监督不严等多方面原因，经济领域犯罪十分严重，贪污、贿赂、挪用公款等大案要案时有发生，走私、金融诈骗、非法集资、生产销售伪劣产品、假冒商标、非法出售增值税专用发票、偷税抗税等严重经济犯罪活动猖獗，且呈现犯罪人职务高、金额大、影响广之势。这些犯罪严重损害了国家、集体利益，严重阻碍了社会主义市场经济的发展。10年间，全市法院共审理一审经济犯罪案件2963件4317人，为国家挽回经济损失30115万元，其中判处5年以上有期徒刑718人。在审结的经济犯罪案中，属贪污、受贿、挪用公款三大类犯罪的730件911人。

1991年，坚持严惩严重经济犯罪分子，全市法院审结一审经济犯罪案件426件733人，为国家和集体挽回经济损失236.51万元，其中处5年以上有期徒刑206人。1992年年初，全市法院共审结一审贪污、受贿、挪用公款案102件119人，占经济犯罪案件的32.8%，处5年以上刑罚的26人。依法严惩走私、诈骗、投机倒把、偷税抗税等犯罪分子，共审理诈骗、投机倒把、走私、偷税、伪造国家货币、盗伐林木等经济犯罪案64件107人。1993年，全市审理经济犯罪案件115件170人，审结112件，判决发生法律效力的被告77人，为国家、集体挽回经济损失114.6万元。1994年，全市法院审结贪污、受贿、挪用公款三类犯罪57件156人，比1993年上升近5倍。

1995 — 1996年，全市两级法院审理一审经济犯罪案件836件1369人，判处发生法律效力的1038人，其中处以5年以上重刑的327人。株洲物资贸易中心和惠阳株惠物资开发公司总经理罗某某玩忽职守，造成200万元国有资产损失，私设银行账户、截留钢材差价款44.75万元，构成贪污案，市中院审理后两罪并罚，决定执行死刑，缓期2年执行。

1998年，全市法院受理一审经济犯罪案件287件393人，判决发生法律效力的256人，其中科级以上干部34人，涉案50万元以上的12人，判处5年以上重刑的33人。市中级人民法院审理了原株洲钢厂厂长顾某某经济犯罪案，顾在任职期间，收受贿赂3万余元，挪用公款855万元，致使钢厂面临破产，顾被依法判处17年有期徒刑。1999年，市两级法院还把发生在“三部门，两领域”的案件作为审批重点，始终保持对走私、骗汇逃汇、金融诈骗、贪污贿赂、偷税抗税等扰乱社会经济秩序的打击力度。两级法院共审理一审经济犯罪案件313件454人，判处发生法律效力的291人，判处5年以上重刑的36人。同时，组织开展了打击金融领域犯罪的专项斗争。1991 — 2000年，全市法院共审理一审经济犯罪案件2963件4317人（不含盗窃），为国家挽回经济损失30115万元，其中判处5年以上有期徒刑的有718人，属贪污、受贿、挪用公款三大类犯罪的730件911人。

四　减刑、假释、特赦案件审判

减刑、假释　1979年《中华人民共和国刑法》规定：被判处管制、拘役、有期徒刑、无期徒刑的犯罪分子，在执行期间确有悔改或有立功表现的，可以减刑；1997年修改后的《刑法》规定：以暴力严重危害社会的犯罪分子及累犯不适用假释。市中院负责辖区内网岭监狱、茶陵监狱、市第一看守所、市第二看守所等刑罚执行机关的减刑、假释。1983 — 1990年，市中院裁定减刑罪犯7014人，裁定假释罪犯1698人。1991年，共审结减刑假释1644件（人），但部分地区减刑假释面过宽，少数案件减刑假释不当，引起不良社会影响。当年市检察院对中院当年审理网岭监狱假释案件中，对

38人提出检察建议书，要求中院予以纠正，中院当即对这些案件进行逐一审查，还对全年审理的减刑假释案件进行检查。经查，可以假释的有13人，不具备假释条件的有2人，但这2人家中也有特殊情况，经当地政府请求假释，因2人假释后表现较好，未予纠正。1992年，中院针对减刑假释案件传统书面审理方式的弊端进行改革，有选择地对减刑假释案件在监所进行公开审理，审结减刑假释案件3799件。1996年，依据《监狱法》、修改后的《刑事诉讼法》，中院与网岭监狱共同设计了呈报减刑假释建议书，并制定《关于呈报减刑、假释案件的意见》，对管辖、减刑假释的条件、控制面、呈报要求以及保外就医等作了具体规定。1991—2000年，全市共审结减刑假释案件20988件。

特　赦　1959年国庆节前后，遵照国家主席刘少奇发布的特赦令，人民法院对一部分确实改恶从善的反革命罪犯和普通刑事罪犯实行特赦。株洲市当时有劳改犯人858名，其中反革命罪犯325名，普通刑事犯533名，共赦罪犯35名，占在押人犯4.06%，其中反革命罪犯6名、普通刑事罪犯29名。特赦分3批实行，第一批国庆节前赦免5名，第二批国庆日赦免24名，第三批11月6日赦免6名。反革命罪犯李修斋，化名李步青，1901年生，河南峡县人。该犯曾在国民党军队任连长、营长、联防大队长、保安团长、代理县长、许昌专署剿共副总司令等职29年，攻击人民解放军5次，1947年反攻峡县时，被解放军击溃潜逃。共和国成立后为西南公安部作了有利于人民的好事，1953年将其安置在株洲市落户。1956年4月，被峡县抓回以历史反革命罪判处有期徒刑7年。同年12月许昌地区中院二审予以改判，免予刑事处分，1970年“文化大革命”期间，又被拘留，1973年1月，株洲公检法军管会将其错判有期徒刑12年。1975年，经省高级人民法院决定，对李修斋实行特赦。

第二节　民事案件审判

1951—1957年，境内民事纠纷逐渐增多，特别是贯彻执行新《婚姻法》，为支持广大群众、妇女从封建婚姻枷锁中解放出来，人民法院受理780多件离婚案件。同时还审理房屋、债务、劳资、土地、山林、水利等案件230多件，调整社会变革中财产和人际关系，保护国家、集体和人民利益。

1958年“大跃进”期间，社会主义法制遭到冲击，公民人身权利和合法财产受到侵犯，财产权益等案件下降为零。1962—1965年，法制迅速恢复，错误很快得以纠正，民事审判制度和程序进一步得到完善和发展。

“文化大革命”中，民事案件急剧下降。1973年人民法院恢复后，建立民事审判庭，增设人民法庭和巡回法庭办案，深入各地，就地审理民事案件。1979年以后，国家陆续公布《民事诉讼法（试行）》《民法通则》以及《中华人民共和国婚姻法》《中华人民共和国继承法》《中华人民共和国经济合同法》等民事法律，使民事审判工作，走上有法可依、有章可循新阶段。

20世纪80年代，境内审结民事案件，经人民法庭和巡回法庭深入当地，依靠听取群众反映，就地解决的占民事案件总数80%；经充分协商调解结案的占民事案件总数74%。其中，离婚案占

73.40%，赔偿案占 65.10%，继承案占 74%，债务案占 74%，土地房屋案占 70%。

1991 — 2000 年，境内民事权益之争日趋增多，公民权利意识日益增强，传统的由法院审判人员先行调查取证，后开庭调解或判决的审判方式越来越不适应形势的要求。1991 年以来，市两级法院开始探索民事审判“一步到庭”的新思路，即原告和被告双方当事人有话讲在法庭，有理讲在法庭，有证摆在法庭，法官质证、认证在法庭，事实查明在法庭，是非分明在法庭。1994 年 6 月，组织全市民事审判庭庭长到株洲县法院实地观摩“一步到庭”的做法，并召开“审判方式改革与一步到庭”理论研讨会。自 1996 年以来，市两级法院民事案件直接开庭占 90%。既缩短了办案周期，又提高了办案质量。1998 年，在全市法院建立了 26 个示范合议庭并扩大其独立裁判权，减少审判过程中的中间环节，次年 26 个示范合议庭已审理案件 600 余件。1998 年，市两级法院建立天平基金，实行了冤错案责任追究办法。1999 年，又制定并实行《瑕疵案件处理暂行办法》，形成了一个定制度、定领导责任、定部门责任、定办案人员责任、包案件质量的“四定一包”的质量保障机制。同年，市中院就有 7 人次受到案件质量责任处罚，共罚扣天平基金 430 余元。同年，又加强了立案庭对审判工作的跟踪、监督和协调，形成了以案件质量研究室为主体，立案庭、审监庭、监察室共同参与，各司其职的案件质量监控网络，并实行以“三卡一档”（即案件跟踪管理卡、收结案件卡及廉洁公正执法征求意见卡、审判人员个人办案档案）作为管理工具的案件全程跟踪管理办法。当年，民事二审发回重审核全案改判率比上年同期下降了 15%；2000 年，民事二审发回重审和全案改判率又比上年同期下降了 10%，发回重审率为 5%, 全案改判率 5%。同年 4 月，市中院民事庭对全市 37 个农村法庭的 316 案进行抽查，没有发现严重违反法定程序和实体裁判不当的案件，仅有 2 案有超期审理的问题。

1951 — 1990 年，全市共审理民事案 36099 件，其中离婚案 17743 件，占民事案件总数的 49.10%；“三养”、继承等家庭案件 2082 件，占 5.76%；房屋、债务等财产权益案件 14642 件，占 40.60%；劳资纠纷等其他案件 1632 件，占 4.54%。

1991 — 2000 年，市两级法院共审理民事一审案件 74164 件。其中，离婚、债务、房产、赔偿 4 大类案件占总数的 90.1%，审理民事二审案件 4100 件，民事一、二审案件合计 78264 件，占全市法院审理案件总数的 65%；审理一审权属侵权案件 10372 件；审理一审房地产争议案件 1144 件。

一 离婚案件

离婚案件是民事案件审理中的大宗。1951 — 1956 年审理离婚案件 784 件，占同期民事案总数的 77.30%，1957 — 1965 年占 88.20%，1966 — 1979 年占 91%，1980 — 1990 年占 40.70%，1991 — 2000 年 28765 件占 38.79%。

中华人民共和国成立初期，离婚案基本上是封建婚姻造成的，有强迫包办、童养媳、夫权严重殴打虐待妇女等。《中华人民共和国婚姻法》公布实施后，广大受封建婚姻束缚的妇女为摆脱封建势力束缚，争取婚姻自由，纷纷向人民法院投诉，其中妇女提出离婚的占80%。审理离婚案件，对包办强迫、童养媳、殴打虐待妇女，没有夫妻感情的，一般判决离婚。对虽是包办婚姻，但婚后已建立一定感情的，尽量多调解工作或判决不准离婚。1951 — 1956年，审结784件离婚案，调解和好的170对，占22%。对待解放前重婚纳妾的婚姻问题，一般不告不理。

1957年后，随着所有制变革，包办强迫封建婚姻明显减少，但因家庭经济问题、劳力强弱问题、一方喜新厌旧等引起离婚的增加，夫妻一方有“政治问题”或违法犯罪而提出离婚的也有不少。三年困难时期，农村妇女有的外流，在外非法姘居或草率结婚，后提出离婚的，也有一定数量。在离婚案件大量增加情况下，法院审理时，采取“三看，两考虑，一根本”（看婚姻基础、看婚后感情、看离婚理由，考虑子女利益、考虑社会影响，感情是否破裂这个根本点）的方法，对感情确已破裂，不在一起的名义夫妻及时判离，对尚有一线和好希望的婚姻，则反复作调解工作，促其和好。

“文化大革命”期间，许多婚姻纠纷得不到及时处理，有的造成严重后果。1979年以后，随着经济发展，物质生活提高，思想观念变化，加之受到西方婚姻观念的影响，导致离婚年龄结构和离婚原因呈现新的特点。

1981年，新颁布的《中华人民共和国婚姻法》实施。是年结案的254件离婚案中，当事人年龄30岁以下的129对，占50.80%；结婚不满1年而离婚的29对，占11.40%；不满5年而离婚的112对，占33%。离婚原因，归纳起来有：性格不合经常争吵的84件；草率结婚，喜新厌旧的54件；不堪夫权虐待的50件；第三者插足或互相猜疑的44件；拜金主义商品式的包办婚姻7件；因生理缺陷或有病的15件。人民法院审理这些案件时，既体现婚姻自由、男女平等，也反对对家庭不负责任、以高价买离婚，以离婚索高价的婚姻观，对第三者插足、喜新厌旧、搞婚外恋的行为，进行严肃批评。对离婚中争执子女抚养、财产分割问题，根据婚姻法规定，夫妻双方权利义务平等，必须互相扶养，共同承担抚养小孩、赡养老人的义务。实事求是照顾困难一方，并批评无理要求。

1991 — 2000年，全市法院共审理离婚案件32765件，其中经调解不离的15278件，占该类案件总数的46.6%。法院在办理过程中对离婚判决持慎重态度，对夫妻双方的婚姻基础、婚后感情、离婚原因等进行评估，凡有可能和好的，进行调解和好或作不准离婚的裁决。对夫妻感情确已破裂的，依法准予离婚。对现役军人离婚案依照《婚姻法》第26条规定的特别程序办理，体现对军人婚姻的特别保护。对不符合《婚姻法》规定的重婚、不到法定结婚条件的同居，均按法律规定办理。

二 抚养、扶养、赡养案件

中华人民共和国成立初期，抚养纠纷较多，20世纪50年代共审理75件。原因主要是夫妻离婚后，负责抚养子女一方，要求增加抚养费或改变抚养关系；也有父母不顾子女利益，不尽抚养义务。法院审判抚养案件，以有利于保护儿童身心健康成长为原则。哺乳期子女，一般由母亲抚养，男方付给抚养费；争执子女的，考虑再婚后生育有困难一方的合理要求。抚养费、教育费、生活费视实际需要、父母承担能力和当地生活水平而定。

扶养纠纷，主要是离婚后女方要求男方支持扶养费。法院根据离婚原因、男方经济情况，适当照顾女方困难，判给适当生活费用。

赡养案件20世纪50年代初期很少发生，60年代审理19件，以继父母与继子女之间、养父母与养子女之间赡养纠纷为多，主要原因是经济困难引发纠纷。80年代，经济结构变化，生活一般不成问题，但因个人主义、超前享受、“向钱看”等不良风气影响，少数人视老人为累赘，有的看父母有无钱财为赡养先决条件，有的因妯娌不和、婆媳不睦、父母有所偏心而拒绝承担赡养义务，个别的甚至伤害或折磨老人。1980—1990年受理赡养纠纷476件，为前30年赡养案件总数的17倍。法院依照法律规定，对负有赡养义务的人，进行法律、道德教育，召集有关亲属和单位代表参加，公开审理，让社会舆论予以谴责，所判赡养费由单位配合执行。伤害情节恶劣，追究刑事责任。

1951—2000年，全市共审理“三养”案件2318件，年均46.36件。依法保护了妇女、儿童、老人的合法权益。

三　继承案件

随着改革开放的深入发展，属于个人的生产资料、生活资料都有增加，继承案件显著上升。

1985年《中华人民共和国继承法》公布实施后，继承权有了明确具体的法律保障。审理继承纠纷时，首先将被继承人遗产从家庭共同财产中划出，然后按继承顺序进行分割。分配遗产时，男女平等，照顾对被继承人尽了较多义务的、或有特殊困难的继承人，虐待被继承人情节严重的，丧失继承权。1980年至2000年，全市共审结808件，每年平均达38.48件。

第三节　经济案件审判

计划经济时期，境内经济纠纷案件较少。随着改革开放和社会主义市场经济的日趋活跃，经济交往增多，由此而产生的经济纠纷案件也大量增加。1982年，市中院经济审判庭建立以后，受理的经济纠纷案件，逐年大幅度增长。主要为债务、劳资纠纷、经济合同、贪污、诈骗、贿赂等经济犯罪案件。

1982—1990年，全市审结各类经济纠纷案14531件，诉讼标的5.57亿元。其中，以经济合同纠纷最多，为1.18万件，占总案的81.60%，农村承包合同822件，占5.70%。经济损害赔偿纠纷25件，占0.20%。1983年审结各类经济纠纷案172件，其后逐年增加，1989年达5253件。诉讼标的也越来越大。1985年3月，市中院召开会议，部署各县市区法院领导，带头办理大案难案20件，探索审理经验，加强业务指导。同时加强经济审判庭力量，及时审理各种经济纠纷案件，各县市区人民法院派出的人民法庭，也于1985年起受理本辖区内经济纠纷案件。1987年，各县市人民法院开展巡回办案，深入各地，就地审理，使日益繁重的经济审判，取得突破性进展。1987—1990年，审结经济纠纷案件12798件，挽回经济损失1.5亿多元。攸县人民法院1988年抽调干警153人次，到21个乡镇巡回办案1004件，为国家、集体和公民挽回经济损失209.53万元，收回干部挪用集体资金等欠款1.9万多元。

1984—1987年，境内农村承包合同纠纷每年发案在40件左右，1988年106件，1989年246件，1990年322件，发案逐年增多。在农村承包合同纠纷中，还审结了一批侵害“两户一体”经济权益赔偿案件，维护生产正常发展，保护有关方面经济利益。

1980—1990年，审结经济损害赔偿纠纷案件28件，其中环境污染纠纷7件，商标纠纷4件，其他侵权损害纠纷17件。1980年3—4月，株洲苎麻纺织厂约有4000吨煮麻工业废水，通过城市下水道流入鹅颈洲渔场，造成渔场溶氧量降低，鱼大量窒息死亡，直接经济损失81710元。鹅颈洲渔场向中院起诉，要求株洲苎麻纺织厂赔偿其经济损失。经法院勘测现场，取得市环保监测站3月13—31日到鹅颈洲渔场水质采样化验，证明当时水中溶氧量是0.3～2.3毫克/升之间，而鱼类生存于水中的溶氧量要求，最低不能少于4毫克/升，证明渔场死鱼确是煮麻工业废水流入渔场所致。依照《环境保护法（试行）》对严重污染环境，造成人畜伤亡或农林牧副渔业重大损失的单位或人员，要追究行政、经济责任的规定，和渔场经过补救措施已挽回部分损失的情况，通过调解由株洲苎麻纺织厂赔偿鹅颈洲渔场经济损失4.6万元。

1991—2000年，改革开放的深入和市场经济体制确立，经济纠纷案件也由过去的单一化逐步发展为复杂化和新型化，不仅案件数量增多，诉讼标的也增大。市两级法院紧跟改革发展的形势，转变观念，由传统的坐堂办案、不告不理，转变为主动上门服务；全方位、多层次、大力度，高效地开展经济审判。1991—2000年，市两级法院审理一审经济纠纷案件47170件，标的57.47亿元，比20世纪80年代的案件数量增加了3.25倍，标的增加了10.32倍。

1991年，全市法院以保障社会稳定、促进经济发展为目标，加强经济审判工作，进一步落实中央搞活大中型企业、加强农业和农村工作的指示精神，及时审理与企业深化改革、与生产经营密切相关的经济案件。当年，全市法院共审结购销合同、建筑工程承包合同、企业内部承包合同、技术服务合同、借贷合同等纠纷2820件，为企业、法人挽回经济损失3943.7万元；审理各类承包纠纷563件，解决诉讼争议标的额394.01万元；及时处理假种子、假化肥、假农药及伪劣商品而引起的纠纷案件。

1992年，市中院制定《为加强农业和农村工作，为搞好国营大中型企业服务的若干措施》，设立经济审判联络站106个，联络企业236家，受聘联络员339人。全市共审结各类经济纠纷案件4536件，结案标的5915万元，其中共受理经济一审案件4366件，结案4115件，结案率达到94.20%。

全市法院为企业清欠共收案4894件，标的5657.5万元，为150余家企业收回欠款3570.43万元。1994年，审理一批企业承包租赁经营、企业联合兼并案件，同时还审理一批融资、证券、技术合同、股票等新类型案件，并首次受理了2起破产案件。当年，全市法院500余名干警参加了"加强宏观调控、缓解资金紧张、促进财政好转"的集中行动，共清理各类资金3.9亿元，用法律手段收回各种款项1.56亿元。1995年，全市法院投入干警800余人次，清理债权债务45.65亿元，通过诉讼程序审结各类经济纠纷4280件，收回资金2亿多元，通过督促、催告程序解决纠纷753件，收回欠款462.25万元。同时，市中院还成立了审理涉外、涉"三资"企业纠纷的专门合议庭，审结涉外、涉港澳台、涉"三资"企业案件80余件，诉讼标的达4000余万元。

1997年4月，市中院组织全市法院经济庭长赴上海，学习其破产案、涉外、期货、证券等新类型案件的审理。当年，全市共审结新类型案件420件，涉案标的4.1亿元。其中，涉及企业租赁、联营、分立、股份制改造、承包案件365件，涉及票据、股票、期货、证券等案件7件。1998—1999年，全市两级法院共审理一审经济纠纷案件14415件，审结13814件，总结案标的18.63亿元。2000年，全市法院一审审结经济纠纷案件6305件，其中合同类案件5021件、申请支付令公示催告案件973件、农村承包合同案件25件。

第四节 行政案件审判和国家赔偿

行政案件 1987年，境内两级人民法院相继成立行政审判庭，受理公民、法人不服行政机关作出的行政处罚或裁定，而向人民法院提起诉讼的行政案件，被告是行政机关，又称"民告官"案件。人民法院审理行政案件，一方面支持行政机关依法行使职权，维护国家利益；另一方面纠正行政机关某些错误处理，保护公民、法人或者其他组织合法权益。案件类型有治安、土地、林业、环保、矿产资源、食品卫生、城市规划、工商、税务等行政案件，其中以不服治安处罚、土地管理较多。发展趋势是案件逐年增多，内容范围不断扩大，如诉行政机关侵犯经营自主权、违法摊派等。反映了《行政诉讼法》的颁布，行政审判为公民、法人和其他组织合法权益提供广泛法律服务和保护。

1987—1990年，全市共审结各类行政案件152件，其中：维持原处理决定的89件，占59.50%；判决撤销或变更原处理的21件，占13.80%；撤诉或作其他处理的42件，占26.70%。其中，治安行政案件，先后审结34件，占总数22.3%，审理治安案件时，既要维护社会治安秩序，同时又要注重原告人的合法权益不受侵害；土地行政案件39件，居法院审理行政案件总数第一位；林业行政案件10件，其中4件因事实不清手续不合格，被判撤销原处罚决定或终止审理；城市规划行政案件发案12件，7件维持，限令立即拆除强制执行，4件自动变更或撤诉，1件原处罚决定法规依据不足，判令撤销；食品卫生监督行政案件6起，5件维持卫生部门处罚决定，依法制止伪劣商品和有毒食品上市；矿产资源行政案件8件；其他如医药卫生、工商、税务、计量、拒发许可证、侵犯商标权等行政案件62件，维持39件，撤销原处理决定或部分变更5件，撤诉9件，终止或作其他处理9件。

1990年10月正式实施《中华人民共和国行政诉讼法》以来，境内行政案件的受案范围领域不断拓宽，到2000年发展到30多个行政执法部门，40多种类型，几乎涉及所有行政管理部门的执法领域。行政案件数量直线上升。1991—1994年，全市共审理一审行政案件493件，平均每年有123.25件。针对行政案件收案不多的状况，市两级法院行政审判庭从宣传入手，多次深入基层了解行政诉讼难的原因，研究改进措施，并进一步理顺与行政机关的关系。为宣传《行政诉讼法》，市中院印刷1600多份《关于依法受理行政案件的公告》发至县市区及街道乡镇有关行政机关。同时，全市又组织了6次巡回法庭办案活动，又发宣传资料6000余份。天元区、荷塘区法院还推行“民告官”巡回法庭，利用节假日到辖区的边远乡镇巡回宣传，就地办案，拓展案源。局面迅速打开，办案数量成倍增长。1995年，全市审结行政案件345件，比1994年的151件上升了228%；1996年审结700件，1999年达到1057件。

1991—2000年，市两级法院共审结行政一审案件4714件，市中院审结行政二审案件346件，一、二审共计5060件。其中，按判决结果划分，判决维持具体行政行为的433件占总数的9%，判决撤销或部分撤销的397件占8%，原告撤回起诉的1963件占41%；按行业划分，公安为981件占20.81%，工商187件占3.97%，土地711件占15.08%，城建156件占3.31%。

国家赔偿 1994年5月，第八届全国人大常委会第七次会议通过了《中华人民共和国国家赔偿法》（简称《国家赔偿法》），1995年3月市中院成立了赔偿委员会，下设办公室和审判监督庭联合办公，各县市区法院设立赔偿业务专干，负责承办基层法院受理的赔偿案件。为进一步规范审判程序，至1997年市中院组织举办院负责人《国家赔偿法》学习班2期，选派2名骨干参加最高法院举办的学习班，组织40余人参加省高院的学习班。为使《国家赔偿法》尽快被人们所了解，1996年，在市委党校、市领导、执法部门、厂矿企事业单位举办多期培训班，接待赔偿法律咨询300余人次，发放宣传资料5000余份。1999年，两级法院共受理各类国家赔偿案件12件，审结12件。从2000年开始，市中院在审理国家赔偿案件中引入听证程序，赔偿申请人、赔偿义务机关对赔偿请求、赔偿依据和事实进行公开质证、听证。

第五节　复查、审判监督

复查案件 1979—1987年，全市两级人民法院调集审判员、干部74人，开展对起义投诚人员、知识分子案件、“文化大革命”前历史旧案、“文化大革命”中案件进行案件复查工作。总计复查11441件12364人，平反纠正冤假错案6968件7636人，占复查案件总人数61.80%，平反人员中宣告无罪的6121人，免于刑事处分455人，改变性质115人，减轻刑罚356人，其他监外执行等538人。其中，复查“文化大革命”前旧案7286件7436人，维持2766人、改判4670人；复查起义投诚人员，清理档案32172件，清出线索人886人，复查结果495人，维持原判70人、改判425人；复查知识分子等人员案件888人，复查结果853人，维持原判221人、改判632人；复查“文化大革命”中案件2880件3055人，改判案件1888件1922人。

审判监督 1980年以后的案件，依据《中华人民共和国刑事诉讼法》规定复查按照审判监督程序进行。1980 — 1990 年，全市法院系统根据当事人及其亲属申诉；人民群众的来信来访；公安、检察、法院在检察执行工作中发现；人大常委会检查监督交办案等来源中，依照审判监督程序决定立案再审已发生法律效力的刑事案件 937 件 1390 人，再审后维持原判 766 件 1084 人，改判 171 件 263 人，其中改判无罪 43 人。1989 — 1990 年，中院受理再审民事案件 30 件、经济案件 14 件，再审后民事案维持原判 13 件、改判 9 件，经济案件维持原判 2 件、改判 7 件。

1991 年，全市法院受理刑事、民事、经济审判监督案 357 件，审结 307 件。1992 年，中院进一步完善告诉申诉制度，健全办理工作程序，全年共接待告诉申诉来访 7251 人次，处理告诉来信 6480 件次，通过审查决定立案 6008 件，通过审查申诉，办理审判监督案件 387 件。

1994 年，两级法院坚持“方便群众诉讼，办好交办案件，促使服判息诉，维持社会稳定”的目标，全年共接待、处理信访 1717 件次，其中说服息诉 127 人次，处理非诉信访 231 人次，办理申诉、交办审判监督案 67 件，经再审依法改判 28 件，依法宣告无罪 13 人。特别是重点开展做好上访老户息诉，敏感时期的信访工作以及交办案件的审理和无罪申诉案件的复查，为《国家赔偿法》的实施做了积极的准备。

1997 年，市中院设立审判监督庭，对全市法院已生效的判决进行监督。9 个基层法院单独设立了审监庭，按照“有错必纠”的原则，依法予以改判。1999 年，市中院在审理株洲奔龙商厦与株洲化工集团公司、程某某借款一案，打破“审者不判、判者不审”的做法，当庭进行了宣判，开创了再审案件当庭宣判的先例。1991 — 2000 年，全市两级法院共办理监督案件和再审案件 2801 件。

第六节 案件执行

人民法院的判决、裁定和调解协议，对当事人具有法律约束和强制性，当事人必须履行。一方拒绝履行的，对方当事人可以向人民法院申请执行，也可以由审判员移送执行员执行。经过执行员法制教育和作多次思想工作而拒不执行判决或裁定、调解书的当事人，则强制执行。审理民事案件，实行审执合一。绝大部分当事人都能自觉履行结付义务，也有因案件多或执行难度较大而拖延未决的。1979 年建立经济审判庭后，实行审、执合一，从审理到执行由承办审判员负责到底。到 20 世纪 80 年代末期，经济案件成倍增加，有的区县建立执行庭，实行审、执分立，案件经审理终结后，原审人员 2 次以上督促仍未履行判决义务的，即移送执行庭依法执行。

从 20 世纪 80 年代开始，随着商品经济的迅速发展，经济关系发生了深刻变化，生产、流通、消费、分配等领域的争诉大量出现，两级法院为解决这些纠纷做出具有财产给付内容的判决需要执行。但全市法院执行难度越来越大，有的当事人蛮横无理，拒不执行；有的自恃“特困企业”以“稳定”为借口，或以“连环债”为由拖延、逃避执行；有的外出经商、务工，留下巨额债务无法执行；有的以暴力抗法，对抗执行。审执合一的方式已不能适应经济和社会发展的新需要。1991 年 3 月，市中院设立执行庭，各基层法院亦相继设立执行庭，专门负责执行工作。通过集中领导、集中力量、集中时间的“三集中”活动，改变了困扰法院多年的执行工作被动局面，上半年就执行各类案件1081件，执行标的459.24万元，执行案件数比上年增加24.8%，执行率有了进一步提高。全年全市共受理执行案件6546件，已执行5967件，执行率达到91.5%，执行标的达2912万元。

1992年，全市法院根据企业和经济生活中的突出问题，部署专项服务和巡回办案活动。向经济开发区、国家和省市重点工程派驻临时法庭，提前介入法制宣传工作。同时，做到审理、执行一条龙，确保重点工程的顺利进行。全年执行各类案件2569件，执行标的1177.57万元，执行率达85.38%。1995—1997年，共受理执行案件14581件，年递增率达10.13%；执行积案3435件，年递增率达56%。1998年，结合“百日办案竞赛”活动，开展了声势浩大的“清理执行积案”大会战，共清理积案1361件，执行标的7023万元，清积率达到85.9%。2000年，全市法院执结各类案件5261件，执结标的4.5亿元。其中，执结涉企案件1582件，执结标的2.27亿元。

株洲市中级人民法院历任正、副院长名录

表20–7

院 长	任职时间	副 院 长	任职时间
李 章	1951.7—1952.1（兼）	谷义亭	1952.1—1954.12
陈继昌	1952.1—1953.1（兼）	毛俊高	1954.12—1958.9
吴占魁	1953.1—1956.3（兼）	欧阳铁城	1965.3—1968.9
田育农	1956.3—1958.9	刘林茂	1973.6—1978.9
王立群	1958.9—1959.12	李树祥	1973.6—1984.3
贾同来	1959.12—1968.9	宋炳仁	1976.8—1980.12
	1973.3—1986.6	程海涛	1980.2—1984.3
宋炳仁	1986.6—1993.1	易中和	1981.1—1984.3
曾庆鹏	1993.1—1998.1	章亚曦	1982.5—1993.8
吴成志	1998.1—2000.12	杨天祥	1984.3—1997.6
–	–	臧玉荣	1984.3—1992.11
–	–	贺胜生	1990.12—2000.12
–	–	韦 东	1993.7—2000.12
–	–	张鼎立	1993.11—2000.12
–	–	吴成志	1996.8—1998.1
–	–	谈敬纯	1998.4—2000.12
–	–	谭建新	1998.4—2000.12

第五章　司法行政

清代，境内司法行政权由地方行政长官兼理。

民国1年（1912），醴陵县、攸县推行民主宪政，将知县改成知事，设置知事公署，由知事兼理司法行政。是年，醴陵县设临时司法员。民国2年（1913），醴陵县撤销临时司法员，设置初级审判厅和检察厅，实行司法独立，但司法行政仍由知事兼理。

民国3年（1914）4月，民国政府公布《县知事兼理司法暂行录例》，醴陵县初级审判厅和检察厅被裁撤，仍以知事兼理司法，设帮审员（由省高等法院委任，旋又改称为承审员）佐之，下设司法书记、检察官、典狱官和雇员，协助知事审理刑事案件，兼理司法行政事务和管理监狱。

民国17—27年（1928—1938），攸县、醴陵县、茶陵县先后成立司法处。司法处职权与地方法院同，隶属省高等法院管理。民国37年（1948），醴陵县撤销司法处，成立地方法院，司法行政归口地方法院管理。

中华人民共和国成立后，司法行政业务分别由人民法院和公安机关管理。1959年，公证、律师工作停办，机构相应撤销。1966—1976年，法制遭到严重破坏，司法行政工作处于停滞状态。1980年12月，成立株洲市司法局，负责管理人民调解、法制宣传教育、干部培训、公证、律师等业务。同时，各县区司法局（科）相继建立。1983年，劳动改造、劳动教养工作也由公安机关移交司法行政机关管理。

从1985年开始，市司法行政机关利用多种形式和途径，在全市进行法制宣传教育工作，先后开展了“一五”“二五”“三五”普法，向全市公民进行社会主义市场经济法律法规常识和专业法律法规知识的普及教育，使公民增强了法律意识，取得良好社会效果，株洲市被授予全国“三五”普法先进城市称号。

全市各级人民调解工作本着“调防结合，以防为主”的原则，调解网络进一步完善，把大量的民间纠纷解决在萌芽状态，同时建立和完善了乡镇法律服务体系和预防民间纠纷激化奖励基金，对维护社会安定、繁荣城乡经济起了重要作用。

公证业务服务领域不断拓宽，涉外公证书使用范围遍及30多个国家和地区，全市公证处已发展到9家。

律师通过大量参与刑事辩护、民事诉讼与非诉讼代理、担任法律顾问等，有效地维护当事人合法权益。从1987年开始，法律顾问工作向政府部门延伸，促进政府转变职能、实行依法治市。为大中型企业担任法律顾问，曾受到省委、省政府和司法部的充分肯定，其经验多次在全国和全省推广。20世纪90年代，株洲市加大了律师行业的改革力度，积极推进律师聘任制和律师的专业化进程，使司法行政机关对律师的管理从微观管理转变为宏观管理。1998年，成立了市法律援助中心，次年又开通“148”法律服务专线，深受人民群众的好评。至2000年，全市律师事务所已发展到24家，从业人员300多人，担任各类常年法律顾问有1212家，办理各类法律事务9399件，为企业清理债权债务1600余件，追回欠款和挽回损失1400余万元。

劳改劳教部门认真贯彻“教育、感化、挽救”的工作方针，积极做好犯人和劳教人员教育转化工作。大部分刑满释放人员和解教人员回到社会后，能遵纪守法，积极参加社会主义现代化建设。1995—1998年，全市共有刑释解教人员6343人，安置率达92.2%，列帮教率94%，重新犯罪率控制在3.5%以内。劳改劳教工作已经形成了由党委、政府牵头，各成员单位协调配合，全社会齐抓共管的工作机制和社会化工作体系。

依法治市工作得到全面推进。“三五”普法期间，先后出台并完善了依法治市6个规范性文件和依法治理地方、行业、基层8个工作指导标准，整体推进依法治理“三大工程”。全市80%的机关、学校、乡镇、厂矿（企业）和商店都开展了依法治理活动，已基本形成了以依法治市为龙头、基层依法治理为基础、区域依法治理为主体、行业依法治理为支柱的依法治理格局。2000年，市司法局内设机构和直属机构共有18个。

第一节　法制宣传教育

一　法制宣传

清廷规定：凡成文法公布后，百官有熟读与宣讲义务。司官考核，若有不能讲解、不晓律意者，官罚俸1月，笞40。对于百姓也规定有学习和宣传法律的义务，通晓法律和讲解法律有成绩的人，犯了法可以免予处罚1次。

民国37年（1948）4月，湖南省高等法院颁布《司法宣传办法》，规定法院指定1～2人负责办理司法宣传事项。

中华人民共和国成立后，境内市、县法制宣传教育分别由公安、检察、法院和党委宣传等部门承担。1949年11月，公安机关宣传《镇压反革命活动的指示》《中华人民共和国惩治反革命条例》，发动人民群众举报、捕捉土匪、反革命，敦促土匪、反革命自动归降。1950年，打击经济犯罪活动，人民法院责令有关人员在报纸上公开悔过，藉以教育群众。

1951—1953年，株洲市成立贯彻《婚姻法》委员会，派出干部深入群众，宣传“婚姻自主、男女平等、一夫一妻、禁止重婚纳妾”等新婚姻制度。法院判处案件也尽可能邀请群众参加陪审或公开宣判，扩大影响，提高群众觉悟，教育、鼓舞妇女与旧的婚姻习俗进行坚决斗争。1954年，中华人民共和国第一部《宪法》颁布，政法、宣传机关采用口头、文字等形式向群众进行宣传。1955年，大张旗鼓开展深入肃清一切反革命分子和对反革命分子实行“镇压与宽大相结合”政策的宣传。醴陵、攸县共组织法律演讲701场，听众达31.22万人。

1978年，第三部《中华人民共和国宪法》颁布实施，市政法机关通过举办报告会、培训班、宣传栏和印发资料等多种形式广泛开展学习宣传活动。攸县以皇图岭公社笔塘大队为试点，以政治夜校方式举办中共党员、生产队长、政治夜校辅导员、小学教师参加的骨干学习班，骨干又采取包队、包屋场的办法进行宣传，使新《宪法》家喻户晓，其经验在全县推广。

1979 年，株洲市开展以整顿城市治安秩序为主要内容的法制宣传活动，先后召开 3 次规模较大的宣判大会，15 万余人参加。同时利用宣传车、广播、黑板报、墙报等宣传工具，《株洲日报》配合整顿城市治安秩序编发社论和消息。通过法制宣传，增强了群众的法制观念，群众检举揭发犯罪线索 300 多起，扭送犯罪分子 298 名，有 31 名违法犯罪分子投案自首。

1980 年，市司法局设立宣教科，各县区司法局（科）也相应设立了宣教股，专门负责法制宣传教育工作。同时，会同公安、检察、法院等部门组织全市法制宣传教育活动，重点宣传《刑法》《刑事诉讼法》《治安管理处罚条例》《森林法》《婚姻法》等重要法律、法令和法规，并采取以案释法、印发宣传资料、组织广播讲座和通信报道、举办宣传栏、上法制课等形式进行宣传。全市举办各种法制讲座（课）423 场，听众 6.88 万余人次；组织群众讨论案件 169 件，参加人数近 4000 人次；编写宣传资料 11 期，3.78 万余份；出宣传栏、黑板报 280 多期；放映法制教育幻灯片 380 多场次；撰写“法律知识问答”3 万余字。1981 年 10 — 11 月，又利用少年犯罪事例，在《株洲日报》开辟专栏讨论，发表文章 36 篇。通过广泛深入宣传教育，全市出现许多父教子、妻劝夫守法和拾金不昧等感人事迹。株洲冶炼厂原有 70 对夫妻不和、婆媳不睦的家庭中有 63 对重归于好，该厂所属综合工厂 36 名打架斗殴、偷摸扒窃、被群众称为“飞天蜈蚣”的青年工人，28 人有明显进步，并向共青团组织递交了入团申请书。

1982 年，全市司法行政机关重点开展打击经济犯罪的法制宣传，共编印法制宣传资料 31 篇，17832 份；举办法制报告会 1551 场，听众 53.24 万人次；建立固定宣传窗（栏）259 处，出刊 686 期；写广播稿 541 篇；放映幻灯 204 场；书写法制标语 1457 张。在法律震慑和感召下，有 380 人投案自首，揭发各类经济问题 430 起，金额 96.8 万余元，退出赃款、赃物 54.69 万余元。是年 12 月，第四部《中华人民共和国宪法》颁布，全市组织编写《宪法》宣传资料 39 篇，出宣传窗（栏）142 期，办黑板报 536 期，写广播稿 637 篇。

1983 年 7 月，市公、检、法、司等 13 个单位联合开展法制宣传周活动，在市区设置法律咨询台 25 个，接待来访群众 682 人，解答法律询问 672 人次，发放《法制宣传》资料 3000 余份。是年 8 月，市司法行政机关采取集中领导、集中力量、集中时间、集中宣传的办法，配合公安、检察、法院部门开展“严打”宣传活动，运用广播、电影、幻灯、图解、法律知识问答和文艺演出等形式，出动宣传车 264 台次，设立宣传站 229 个，编写宣传资料 16.63 万份，悬挂横幅和标语 55.32 万幅（张），举办法制报告和法制课 3963 场，受教育群众 144.63 万余人次，培训宣传骨干 12.81 万人次，展出《宪法》《刑法》和其他法律图解 506 幅，新建法制宣传窗（栏）2778 处，出黑板报、墙报、门板报 57126 块，放映幻灯 2495 场，办违法人员学习班 344 期，共 16348 人次参加，召开控诉会、声讨会和群众大会 2590 场，受教育群众 206.31 万余人次。通过法制宣传，群众检举揭发犯罪分子 1591 人，公安、司法机关收到各种检举材料 320 份，主动投案自首交待问题 360 人，退出赃款 16321 元、赃物

100366件，交出凶器208件，形成严厉打击严重刑事犯罪分子高潮，打击犯罪分子嚣张气焰。是年9月，为配合“严打”斗争，市司法局创办《株洲法制报》，开设“法制文艺”“法制论坛”“法律咨询”等栏目。同时，各县司法局也相继创办法制宣传小报，深受群众欢迎。

1985年3月，中央作出要用5年时间在全国范围内系统地向全体公民普及法律常识的决定。同年5月，市八届人大三次会议通过了《向全市公民普及法律常识的决议》。随后，市委批转了《向全市人民普及法律常识的报告》，规定普法对象是成年公民，重点是干部，特别是县以上领导干部和青少年。主要普及内容是《宪法》《刑法》《刑诉法》《民诉法》《婚姻法》《兵役法》《经济合同法》《森林法》《继承法》《民法通则》《治安管理处罚条例》等。与此同时，各市县区及部分乡镇和企事业单位先后建立普法领导机构，制定了5年普法规划。是年年底，全市办普法试点145个，建立了3.84万人的法制宣传队伍，举办普法培训班112期，培训骨干11434人，其中县以上领导干部412人。编印普法教材27471份，购买和翻印普法读本5.6万册，干部、职工达到人手1册，居民达到每户1册。同时，放映法制教育影片317场，观众达347899人次。

1986年1月，成立株洲市普法领导小组，下设普法办公室，抽调11人组成普法授课团，分别到机关、工厂、学校进行法律辅导，授课194堂。是年5月，市普法办举办法制宣传一条街活动，在市中心广场展出“十法一条例”典型案例及部分学法用法和社会治安综合治理先进单位事迹，受教育观众7.3万余人次。7月下旬，省普法领导小组和《湖南法制报》举办全省法律知识竞赛活动，株洲市3个单位获组织奖，占获奖单位总数50%，580名个人获优胜奖，占获奖个人总数69.60%，受到省普法领导小组表彰和奖励。

1987年1月，全国人大常委会颁布《关于加强法制教育、维护安定团结的决定》。全市司法行政机关先后翻印《决定》3.3万份，征订《宣传挂图》7000余套，编印《宣传提纲》1800余册、辅导资料500余套，张贴到机关、学校、工厂车间、村委会和公共场所。同时，举办300个单位600多名领导和普法宣传员参加的《决定》学习班，一些单位通过宣传车、举办电视讲座和报告会、座谈会等形式，宣讲《决定》精神。是年7月，全国总工会举办全国职工法律知识竞赛活动，全市设赛区162个，聘请普法辅导员8482名，购买《法律、法规选编》5.1万余册，组织32.8万职工参赛，分别获得参赛人数、购买法律书籍数、荣获单位和个人一等奖数“四个全国第一”，受到全国总工会表彰。南方航空动力机械公司采取脱产轮训、半脱产政治学习、集中辅导、开展竞赛和开设法制课等方式，公司81.80%的副科级以上干部、98.34%的青年工人、96.57%的职工和100%的在校中、小学生受到系统法律知识教育；通过普法教育，该公司刑事案件和治安案件比1986年同期分别下降59%和32%。是年8月，省普法领导小组在该公司召开全省厂矿企业普法经验交流会。其经验材料被编入《湖南省厂矿企业普法经验材料选编》一书。翌年1月，南方航空动力机械公司作为湖南代表之一，参加全国企业法制宣传教育工作会议。

1988年1月，市委、市人大、市政府分别作出依法治市的决定、决议和实施规划，成立依法治市领导小组，下设办公室。市委宣传部、市司法局联合编印《关于依法治市宣传提纲》和《关于做好依法治市宣传工作的意见》，先后6次召开全市普法和依法治市工作会议，总结推广酃县、株洲车辆厂、株洲玻璃厂、株洲市、株洲县个体劳动者协会和北区教育科等单位普法和依法治市工作经验。城市普法查漏补课，县以上领导干部、一般干部和职工“十法一条例”的普法面分别达到100%、96%和84%。农村普法抓骨干培训，举办培训班206期，培训骨干2.1万多人次。同年6月，市农委和市司法局联合组织以“十法一条例”和《国土法》《森林法》《水法》《渔业法》《道路交通管理条例》等法律法规为主要内容的百万农民法律知识竞赛，全市76.96万人参加答卷，农村普法对象参学面提高到84%。全市先后有18家县以上单位通过普法验收，取得合格证书。是年9月，副市长刘迪恺作为湖南代表之一，应邀参加在庐山召开的全国部分城市市长学法用法座谈会，介绍株洲市依法治市经验。先后有武汉、柳州、新余和衡阳等地党政领导和新闻单位来株洲市考察、采访株洲依法治市情况。

1989年，司法行政机关配合“两整两打”（整顿社会治安、整顿交通秩序、打击严重刑事犯罪、打击严重经济犯罪）、制止动乱和平息反革命暴乱、扫除“六害”以及反贪污贿赂等项活动，开展法制宣传教育，召开报告会6000多场，举办学习班7500多期，印发宣传画7000多套、宣传单4.2万多份、《农村普法学习资料》15万多册。这一年，在全面完成县级以上领导干部普及“十法一条例”基础上，一般干部和职工学完“十法一条例”普及面分别达到100%和95%，有645个单位通过普法考核验收；160万名农村普法对象参加学法，基本学完“十法一条例”的约75万人，分别占农村普法对象总数的95%和45%；基本达到验收标准的40个乡镇，占全市乡镇总数26%。在3月召开的全市普法教育先进单位和先进个人以及百万农民（居民）法律知识竞赛表彰会上，分别对147个普法先进单位、86名普法先进工作者、1942名学法用法先进个人进行表彰。是年年底，市司法局被评为全省法制宣传工作先进单位。

1990年，配合农村社会主义思想教育，全面深入开展“十法一条例”的普及，参加学法人数达233万人，基本学完“十法一条例”的达200万人，分别占普法对象总数96%、83%，其中县级以上干部1662人全部学完“十法一条例”。至此，全市“一五”普法考核验收基本完成，通过省普法领导小组考核验收，实现“一五”普法达标合格。株洲市和东区分别被省委、省政府和中宣部、司法部授予“湖南省‘一五’普法先进单位”“全国普法先进集体”荣誉称号。

1991年，开始实施“二五”普法，全面部署普法依法治理工作，全市9个县市区和市直机关106个单位、97%的县以上企事业单位、81%的科级单位和88%的乡镇都制定和上报了普法规划。全市确立了50个普法试点单位，培训13万余名普法骨干，征订发放普法教材32万册，落实普法经费26.5万元。同时，出动宣传车1500多台次，张贴横幅、标语9.7万多条，办各种宣传栏3600多期。1991年下半年到1992年上半年，在全市干部中组织开展了学习《社会主义法制建设若干问题讲话》和《中华人民共和国宪法讲话》，共购书4万多册，编印辅导资料2万多份，举办学习班3021期，培训62277人次。学完“两本书”的干部达54821人。

1992年，普法学习重点是以《宪法》为核心的基本法律和专业法律法规。同年11—12月，全市各行各业开展了《宪法》颁布十周年宣传月、宣传周和宣传日活动，举办各种报告会、座谈会、演讲会等233场次以及文艺演唱会12场，组织电视专题节目320个，广播讲座240次，影片、幻灯片宣传320次，抢答赛12次，板报宣传165期，出动宣传车61台。全市档案、国土、统计、税务等10多个部门，先后举办各类专业法培训班3710期，培训11.48万人次。市直机关在学习贯彻《企业法》和《企业转换经营机制条例》中，共清理文件1600余份，废止了700余件有抵触内容的文件。14个职能部门制定了240多条简政放权的措施。市电焊条厂学习运用《商标法》，在工商部门的支持下，查封假冒产品折合人民币59万多元，取缔假冒商标和产品所签订的合同金额达1500万元。为适应对外开放的扩大和涉外活动增多的需要，市普法办组织相关人员参加的涉外经贸法律知识培训班和县以上干部参加的有关知识讲座。同年，市人民政府还批准建立了行政执法考核制度，有效地提高了行政执法水平。是年，全市各部门直接作出具体行政行为15万余件，罚款2000万元，合法率达98%；全市共办理行政复议案件136件，撤销变更率为11.8%，承办应诉案件155件，经法院判决撤销变更率仅为18%。

1993年，在全市各级党政机关干部中开展“市场经济法律法规的学习、竞赛活动”，参赛人数达53000人。株洲县组织普法宣传队深入到全县406所中小学7万多名学生中巡回放映法制教育片1798场，受到广大师生的欢迎和上级的好评。1994年，市委宣传部、市司法局等单位组建了市场经济法律法规宣传团，深入全市大中型企业授课35场次；各区相继举办了210场次市场经济法律知识讲座，参加学习的有11200多人次，其中1100多名公司、企业法人代表参加了专业法培训班。市农村办公室组织发动农村干部和农民学习《减轻农民负担条例》，先后印发宣传资料110多万份，帮助乡、村、组建立宣传栏571个，帮助46.5万名农户领到了由市政府统一印制的乡、村统筹提留上交登记卡，有力地制止了“三乱”的发生。通过督查条例的贯彻执行情况，查处违纪案件27起，清理“三乱”资金2062万元。全市工商、技术监督部门通过学习有关专业法律法规，依法整治市场秩序取得明显成效，维护了消费者的合法权益。同年8月，株洲县《把普法、依法治理作为“一把手”工程》的经验被推荐参加全国百县（市）法制宣传教育经验交流会。1995年7月，全省开展的“二五”普法知识考试，全市有48名市级领导，1148名县处级干部，16894名科级及以下干部参加。1994年7月和1995年2月，市委、市人民政府先后下发了《关于加强依法治村、民主管理工作的通知》和《关于开展创建治安模范村竞赛活动的决定》两个文件。随后，各县市郊分别制定了工作计划，成立了领导机构和工作班子。至1995年年底，共组织试点176个，召开现场经验交流会66场次。全市有94.5%的行政村开展了依法治村、民主管理的活动，达到验收标准的占60%。1996年，株洲县被评为全国普法依法治理先进县。茶陵县开展“两评一创”（评文明富裕户、评遵纪守法户、创文明富裕村）活动，攸县推行社会治安综合治理联户、联员承包责任制和开展“三评一帮”（评双文明户、评遵纪守法户、评待评户和帮教重点户）等也收到了良好效果。

1996年，全市深入开展“三五”普法、依法治理工作。全面实施地方、行业、基层依法治理“三大工程”。全市发放“三五”普法教材资料近10万册，组织7.7万多名公民参加全省百万公民学法用法知识竞赛活动，开展了“法在你身边”“以案释法报告会”等大规模的法制宣传活动。

从1997年开始，全市陆续实施了干部年度学法用法考试考核制度，干部普法合格证制度，领导干部法制讲座制度、人大对“一府两院”干部进行任职前法律知识培训考试制度等干部学法用法制度，并在党校干部培训中开设法律知识课程。全市每年有70余名市（厅）级领导干部，2400余名县处级干部、7万余名其他干部参加年度学法用法考试考核，考试考核面达100%。市、县两级党校在干部培训中每年有1万余人学习了法律知识，干部“普法合格证”实施到位率达96%。4年中，全市共举办市、县市区党委中心学习组法制讲座146期，市人大对5批72名“一府两院”组成单位负责人和有关拟任人选进行了任职前法律知识考试，有8名拟任干部因未参加考试或考试考核不合格而未被任命或缓任。1999年5月，中组部、司法部的领导来株洲就领导干部学法用法进行专题调查研究，对株洲市的作法给予高度评价。

“三五”普法期间，法制宣传在形式、方法和内容领域取得了新的突破。先后举办了全市“走向法治”演讲和诗歌朗诵比赛，摄制了反映株洲市10年来依法治市历史的5集电视专题片公映。1998年，由市普治办、司法局、文化局联合组织创作编演的法制花鼓戏《太平村的锣声》，在全市城乡巡回演出30多场，受教育的观众达8万多人，还先后为省政法工作会议和市人大、政协会议作了汇报演出，被省依法治省办评定为法制宣传教育的好戏。该剧和快板舞《普法之路》同获湖南省“涟钢杯”工程奖。炎陵县普法依法治县办从群众中收集资料，编撰了《依法治乡村“五字经”》和《个体从业人员知法守法“五字歌”》，受到农村群众和个体从业人员欢迎，适时开展有针对性的专题宣传活动。1997年9月，开展的新《刑法》宣传活动月中，全市共举办10项大的宣传活动，市依法治市办、市司法局联合市直有关单位联合制作的333幅新《刑法》挂图巡回展出，陈列于街道两旁，形成“普法长廊”，市民争相观看，省、市领导给予高度评价。中央电视台在二、四频道的《中国报道》栏目中将株洲市这一活动盛况进行了转播。同时，在《株洲日报》、市电视台、市广播电台分别开设了“民主与法制”“依法治市”“法制纵横”“法苑传真”等10多个专栏和专题节目。《株洲通讯》《株洲经济》等刊物和县市区、大中型企事业单位也在媒体或内刊上开设了法制宣传的专栏和专题节目。举办系列法律知识竞赛等大型宣传活动20余次，参赛人员达50余万人次。推广总结南区“娃娃工程”经验，全市中小学法制宣传教育取得重大突破。加强了法制教育管理与育人网络建设、法制教育师资队伍建设、法制教育课程建设。1999年10月，全市中心小学以上学校普遍聘任了法制副校长。一些单位、学校开展了“警民共建”“学生带法进家”等活动，初步形成了学校—家庭—社会的普法“金锁链”。“娃娃工程”的经验在全国和全省都产生了重大影响，被司法部领导称之为“充满希望的试验田”，新华社曾向全国发通稿予以报道。

二 法学教育

（一）正规教育

1984年10月，市司法局和湘潭大学共同开设法律专业株洲市函授专科班，学制3年，学员54人，主要来自公、检、法、司在职干部，教学按照国家统一设置课程进行，方法以自学为主、面授为辅，各门课程考试及格者发给毕业证书，国家承认其大专学历。

1985年11月，市司法局设置法律专业电大、函大工作站，作为管理、协调全市法学教育专门机构。

是年，市司法局和醴陵市、攸县、茶陵县开设7个电视法律专业教学班，招收学员252名，其中全脱产班3个，学制2年，学员141人；半脱产班4个，学制3年，学员111人。学员来自全市公、检、法、司机关和厂矿企业司法干部、在职职工以及待业青年。

1988年，全市开设法律专业大专班6个、中专班2个，学员495人。1989年，全市法律教学班增加到17个，分别开设电大、函大、律师函授大专和普通大专、中专班。学员发展到749人。班次和人数分别名列全省各地（州）市司法行政系统第一位和第二位。是年9月，为解决全市司法行政系统"两下"（年龄45周岁以下，初中文化以下）干部专业知识和学历问题，又与省政法管理干部学院、省司法学校联合开办法律大专、中专专业证书班，学制分别为1年和1年半，招收学员45人。

1990年5月，成立株洲市经济法律法规培训班领导小组，下设办公室，由经委、财委、工商局、税务局、司法局组成，负责处理教务教学及日常工作。主要培训各厂矿企事业单位厂长、经理、党委（支部）书记，以及法律顾问、供销和财务等人员，学制1年。开设《市场经济秩序总论》《企业组织规范》《企业内部管理规范》等课程。是年，全市招收学员2231人，经考试2190人成绩合格，获得结业证书。

1991年，全国律师函授中心在株洲招收新生261人，招生数居全省地（州）市第一，湖南省政法管理干部学院株洲大专专业证书班毕业考试成绩获全省第一名。应届学生毕业分配完成了普通大专班19人和城镇待业大专毕业生的安置任务。

1993—1997年，株洲市各级司法行政机关认真实施法学教育五年规划。5年共招生2745人，毕业803人。1993年，全系统成人法学教育招本、专科班5个，大专专业证书班1个，共有在册学生347人；招收律函自考学生共189人。在全省法学教育目标管理考核中获总分第一名。1994年，全系统组织招成人法学学历教育本、专科班、中专班、普招班、函授班、自考班15个，学历教育在册人数880人。1995年，全市法学学历教育新办教学班14个，招收学生870余名，接近前10年学历班毕业人数的总和。是年已拥有各类教学班30个，在校学生达1617人，比上年增加84%，其中本科生189人，专科生459人，中专生130人，律函自考生517人。为提高办学质量，注重培养学生的实际操作能力，组织学生到法院旁听庭审，举办模拟法庭，开展街头咨询等活动。市、县两级司法行政部门分别设立教育科、股，配备29名专职管理人员，改建、扩建了教室和学生宿舍，全市已有教学用房1800平方米，学生宿舍300平方米，课桌620套，电视机、录放机27台，图书上万册，投入的资金达200万元。保证了教学工作的顺利进行。1996年3月，株洲市司法局荣获全省"法学教育先进单位"称号。是年，新开办了8个班，共招收成招、普招、自考各类学历层次的学生800人。自考律师专业报名达600多人，超额完成省厅下达计划指标的3倍多。1997年，新开设3个大专班和2个中专班，办班总数达到17个，在册学生926人。全市法学教育连续3年在全省目标考核中名列前茅。

1997年，市司法局又制定了1998—2002年《法学教育五年规划》。1998—2000年3年中，法学学历教育3年新增教学班16个，招收学员2000余名。至2000年，学历教育在校学生数为854

人。是年 12 月，株洲法学教育辅导站被司法部评为全国先进辅导站。

（二）短期培训

1981 年，市司法局在军分区教导队举办军队转业干部培训班，培训军队转业到司法战线工作的干部 97 名。至 1990 年，市局先后举办短期培训班（含以会代训）48 期，培训 3412 人次，培训人员有检察、法院、司法行政以及厂矿企事业单位、基层司法办（法律服务所）司法工作人员和调解专（兼）干。

从 1990 年开始，根据省司法厅部署，市司法局与有关部门配合，连续 5 年举办了 5 期经济法律法规（后改为社会主义市场经济法律法规）培训班，每期学制 1 年。5 年中，全市共招收学员 11299 人。1992 年，为贯彻邓小平视察南方重要讲话精神，加快开放步伐，组织举办涉外经济法律知识培训班和相关知识讲座，共培训法律工作人员和普法骨干 200 多人。1993 年，举办社会主义市场经济法律法规骨干学习班 63 期，参加学习的有 3100 人。1992 — 1993 年，全市掀起了普及专业法律法规的热潮，各行政执法部门纷纷举办有关专业法培训班，仅市档案局等 10 余个部门就办培训班 3710 期，培训了 114828 人次。

“三五”普法期间，全市普法实行“面授为主，分级办班培训”的方法，先后建立法制教育培训中心、法制总校、分校、夜校达 2429 个，组建普法讲师团 10 个，普法宣传团、宣讲队 630 多个。参加学习、培训的达 1 万多人次。此外，对轻微违法人员和刑释解教人员也普遍通过办理培训班的办法进行法制教育，帮助他们提高素质，遵纪守法，做合格公民。其间，全市各级各单位普遍建立了法律法规知识培训制度。实施党委中心组学法制度，每年有 70 多名地（市）级干部和 2000 多名县处级干部参加党委（党组）中心组法制讲座的学习，参加听课的科、乡级干部达 16 万余人次。市、县市区、大中型企业以各级党校、干校、团校和县、乡、村三级法制学校为阵地，分期分批对各级领导干部进行学法培训。1996 — 1998 年，仅市、县两级举办的普法骨干培训班就达 150 余期，受训骨干达 24100 余人次；市、县党校还将法律知识纳入干部培训、轮训的常规教学计划，3 年培训各级领导干部达 61000 余人次。

第二节 人民调解

一 调 解

民国 20 年（1931），中共湖南区委《农民政纲》规定：“由公民大会选举组织乡、村公断处，调解乡村中之争执。”是年，酃县经苏区乡民大会选举组成乡村公断处，评判乡村之争。由于处于战争环境中，公断处无法履行职责。

民国 35 年（1946）4 月，湘潭县政府颁发《乡镇调解委员会组织规程》训令。是年，境内湘潭所辖大部分区、乡、镇调解委员会相继建立。调解委员会由乡民代表推选 5 ~ 9 人组成，设主任委员 1 人，委员若干人，造具名册，由县政府会同县司法处发给当选证明书。

1952 — 1953 年，株洲市、醴陵县、茶陵县、酃县人民法院结合民主建政、司法改革，建立调解委员会，株洲市城区解放街、建宁街、结谷街、堤升街 4 个街道调解委员会有调解人员 17 人。调解委员会主任一般由居委会主任、乡（村）长或治安主任兼任。调解组织主要是调解轻微刑事案件、侵害个人权益事件以及除法律规定禁止以外的其他民事纠纷等。这一时期，以调解婚姻纠纷为主，数量一般占 80% 左右。由于当时调解工作性质、任务、原则不甚明确，局部地方出现强迫调解罚工罚款甚至越权判决等问题。

1954 年 2 月，政务院颁布《人民调解委员会暂行组织通则》，对人民调解委员会的性质、任务、纪律、工作方法以及调解的原则作出详细规定。当年，株洲市 90% 的乡（镇）、街道建立人民调解委员会，有调解委员 52 人。随着农业合作化运动兴起，重点调处各种生产纠纷。是年 7 — 9 月，调处此类纠纷达 200 余件。

1955 年，调解工作由民政脱产专职干部负责管理，称民政调解委员，调解委员会改称民政调解委员会。是年，株洲市、醴陵县、茶陵县、攸县共有民政调解委员会 287 个，民政调解员 2318 人。1956 年 2 月，株洲市召开首届人民调解工作会议，规定以城镇居委会和农村乡（镇）为单位建立调解委员会，由 7 ～ 11 人组成。农村生产合作社设调解小组，由 3 ～ 5 人组成。后高级社扩大，全乡为一社建制的以生产队为单位建立调解委员会，一乡数社的则根据户数多少建立调解委员会，统一由乡民政调解委员专管。其时，株洲市建立调解委员会 35 个，调解人员 151 人。

1959 年，公、检、法联合办公，人民调解委员会亦与治安保卫委员会合并，改称治保调解委员会，下设治保调解小组、治保调解员，属公安、法院基层组织，既调处一般民事纠纷，又对敌实行专政，推行爱国公约，结合开展“五好社员”“五好职工”“五好家庭”活动。是年，株洲市建立治保调解委员会 379 个，治保调解小组 1439 个，有治保调解员 8204 人。

1963 年，总结过去的经验教训，全市治安保卫和人民调解两种不同性质的组织分开建立，人民调解工作又走上正轨。

“文化大革命”期间，指责人民调解工作为“阶级调和”“修正主义货色”“阶级斗争熄灭论的产物”，调解积极分子被批斗，调解组织被撤销。

1978 年，人民调解工作作为社会主义民主与法制建设的一项内容，重新受到肯定和重视。是年 5 月，市中级人民法院召开人民调解工作会议，在株洲硬质合金厂试点。通过宣传发动、以点带面、逐个落实，全市建立调解领导小组和调解委员会 365 个，占应建数 98.63%，有各级调解人员 3393 人、调解专（兼）干 34 人。

1979 年，市中级人民法院编印调解工作业务学习资料 1200 余份，发到各级调解组织，组织调解人员学习，总结推广株洲硬质合金厂、株洲冶炼厂、南区解放街居委会的调解经验，推动调解工作全面开展。是年，全市调处各类民间纠纷 1250 多起，其中由工厂、社队处理的 720 多起，初步实现小纠纷不出车间、不出队，大纠纷不出厂、不出社，矛盾就地解决不上交。

1980 年，市两级司法局（科）成立，人民调解工作改归司法局（科）管理，分别设业务科、股，管理、指导人民调解工作。

1981年7月，市司法局对全市人民调解组织机构和调解工作开展情况进行全面检查，在株洲冶炼厂、郊区建宁公社、南区解放街居委会进行整顿调解组织提高业务水平的试点。对全市人民调解组织分批进行整顿，建立调解组织949个，配备调解人员5070人、兼职司法助理员48人、厂矿企业调解专干59人，设立工厂调解办7个；216个调解组织通过整顿制定了岗位责任、学习培训、调解统训等制度，建立调解人员、调解活动、来信来访、调解纠纷和卷宗登记等制度，人民调解工作逐步实现规范化、制度化。是年8月，株洲冶炼厂评为全国人民调解工作先进单位。

1982年后，农村开始推行家庭联产承包责任制，出现争水利、争田土山林、争耕牛、争宅基地、争晒谷坪、争集体财产等纠纷（简称“六争”纠纷）。株洲县马家河公社年内发生“六争”纠纷546件，占全社纠纷总数82.2%，严重影响农业生产和治安秩序。对此，司法行政机关采取积极预防和优先调处措施，调解处理“六争”纠纷6340起，占全年民间纠纷总数68%。是年11月，株洲机车车辆工厂（株洲电力机车厂前身）积多年调解工作经验，编成“调解工作三字经”，即：调解斗殴纠纷“快、安、冷”，调解婚姻纠纷“劝、促、细”，调解邻里纠纷“讲、疏、帮”，提高了民间纠纷预防和控制能力。

1983年2月，中共株洲市委、市政府批转市司法局《关于开创基层司法调解工作新局面的报告》，规定各街道、居委会、工厂、车间、工段（班组）和农村人民公社（乡）、大队（村）、生产队（组）都分别成立调解领导小组、调解委员会、调解小组或调解员，县以上厂矿企业设调解兼干或专干，152个公社（乡）、镇、447个厂矿企事业单位健全调解领导小组（调解委员会），设立调解办公室，2242个大队（村）、193个居委会以及大部分工厂的车间健全调解委员会（调解小组），生产队（村民小组）设立调解员。是年，全市有调解人员26190名，调解人员由群众民主选举产生，张榜公布，造册备案。各区（镇）、社（乡）配备专职司法助理员151名，兼职司法助理员29名。全年调解各类民间纠纷18873件，调解率92.6%；防止可能发生的自杀209起、凶杀135起、群众性械斗161起。通过调处纠纷，为公安机关提供犯罪线索1247条，揭发违法犯罪人员232人。

1984年，贯彻“调防结合、以防为主”的人民调解工作方针，将防止民间纠纷激化、减少由纠纷激化导致刑事犯罪和自杀事件作为人民调解工作重点。当年，调处民间纠纷21744件，防止可能发生的非正常死亡308人。对已发生的民间纠纷，分别轻重缓急，优先处理那些矛盾可能激化、影响生产以及侵犯重点户、专业户和经济联合体合法权益的案件。全年，调处此类纠纷5837件，占全年发生民间纠纷总数30%。同时，还处理历史遗留下来的老大难纠纷积案866件。

1986年7月，组织对全市司法助理员进行全面考核、调整、选配和任命工作，调整30人，新调进69人。全市配备司法助理员176人，其中40岁以下115人，占65.30%；初中以上文化150人，占82.50%。

1987年，全市各级调解组织认真贯彻《民法通则》，对涉及面宽、难度大、基层司法调解组织难以解决的重大疑难纠纷，集中力量，统一组织，统一部署，深入实地进行调处。全年调处此类纠纷29887件。是年12月，全市分别实行农村以10户村民、城镇以门栋、厂矿企事业以生产班组为单位，设立义务调解员1.23万余名，调解各类民间纠纷9600余起，占全市纠纷总数40%，防止可能发生的非正常死亡681人。

1988年，市司法局在全市建立调解工作承包责任制和抓预防纠纷激化奖励基金，先后在54%的乡（镇）、街道和64%的村民（居民）委员会设立奖励基金16.80万元。是年调处各类民间纠纷34733件，比上年增长11.20%，防止自杀事件317件，预防民转刑案件303件、械斗322件，全年因民间纠纷引起的非正常死亡由上年540多人下降到120多人。株洲电力机车工厂调解专干朱悟文连续5年评为工厂"先进工作者标兵"，多次被铁道部、司法部、省司法厅和株洲市总工会授予"精神文明先进个人"和"人民调解先进工作者"等光荣称号，被评为"全国十佳人民调解员"。

1990年，市委、市政府拨出2万元专款作为市防止民间纠纷激化奖励基金。株洲市和各县市区政府以及88个乡镇、街道办事处，259个村（居）委会，76个厂矿企事业单位建立防止纠纷激化奖励基金39.40万元，成为全省唯一实行市、县两级全部建立奖励基金的地市。

1991年，人民调解工作在社会治安综合治理和抗灾救灾中发挥了重要作用。全年全市各级调委会共受理各类纠纷24042起，调解纠纷23800起，调解率和成功率分别达到99%和95%。民转刑案件24起，比上年减少78%，因民间纠纷引起的非正常死亡124人，比上年减少48%。通过调解，全年防止自杀性案件132起，民转刑案件196起，非正常死亡168人，群众性械斗145起。全市调解部门查出遗留积案1320件，通过专项治理，已调处1280件，化解了不安定因素。是年还成功地开展了边界地区民间纠纷联防联调，工作面已达到4县56个乡镇的246个村和28个工、农贸市场。1991年6月，在酃县成立了全市第一个跨省、县边境地区民间纠纷联防调解组织，为江西宁岗县、株洲茶陵、酃县三县边境地区的稳定和社会治安综合治理发挥了积极作用。各级调委会通过整顿，合格调委会由上年的1015个增加到2016个，占全市调委会总数的90%。全市司法助理员中有28人因不适合司法行政工作被调出，有32人因实绩突出得到晋升，补充了新生力量86人。全年举办调解人员培训班169期，受训者达到8127人次。

1992年，全市发生各类民间纠纷23304起，比上年下降3.5%；发生民转刑案件24件，比上年减少1件；因民间纠纷引起的非正常死亡29人，比上年减少95人，下降76%；边界纠纷392件，比上年减少221起，下降率为36%。全市建立防纠纷激化奖励基金累计72.754万元。全市防止民转刑案件305件，群众性械斗260起，防止非正常死亡212人。

1993年，全市发生各类民间纠纷19173起，比上年下降18%，各级调解组织共调处各类民间纠纷占总纠纷数的87%，比上年提高8个百分点，调解率为99%，成功率为97%。有效防止因民间纠纷可能引起的自杀311起，预防群体性械斗147起，防止民转刑案件361起。区界联调联防工作进一步加强。株洲县与衡东县接边的11个乡镇和58个村建立了联调联防组织，江西宁岗、株洲茶陵和酃县3个县8个乡38个村的民调负责人在宁岗召开了联防联调工作经验交流会。是年12月，郊区蝶屏乡董家冲村调委会、攸县鸭塘铺乡洪家洲村调委会主任洪冬如分别被司法部授予模范调委会、模范调解员称号。至1994年年底，全市已建立各类人民调解委员会3283个，其中行政区划接边地区和城乡结合部的联合调解组织462个。

1995年，人民调解工作重点突出了纠纷排查，促进城乡稳定。全年共调处民间纠纷16903件，防止因纠纷引起的自杀案件339件346人，防止纠纷激化911起。同时，全市广泛深入地开展了以“创四无”（无因纠纷引起自杀，无民转刑案件，无群体性械斗，无上访闹事）为内容的多种形式的创建活动。茶陵县实行的“四联”（联责到户、联防到组、联调到村、联治到乡）和攸县实行人民调解工作“双联”承包责任制（联户联员、联责联利）等都有效地控制了民间纠纷的发生和激化。

1996年，全市调整、建立基层调委会3190个，建立跨省、市、县、乡（厂）的联防联调组织212个，全年共调处各类民间纠纷12949件，防止民转刑、群体性械斗475起。收编建所工作扎实进行，全市161个乡（镇）、街道已有146个建立了司法所，建所率达91%。芦淞区的45家市场的调解组织克服主体广泛、客体复杂、调解难度大等困难，共调处经营、劳务、经济合同、转租管理、经济赔偿等纠纷2395起，成功率达94%。防止因纠纷引起的自杀4人，防止民转刑案件10起，防止群体性械斗12起和群众上访5起，避免和挽回经济损失278万多元。

1997年，全市基层调委会已发展到3192个，其中农村调委会2243个、居民调委会263个、厂矿企业调委会528个、城乡集贸市场调委会158个，有调解小组31493个。全市各级联防联调组织246个，其中跨省15个、跨地市18个、跨县区46个、跨乡镇167个。全市已达到规范化要求的调委会1547个，基本达到规范化的调委会541个，评选“五好调委会”855个。全市一类调委会2425个，二类调委会1082个，分别比上年增加5%和7%。全年调解人员已达75378人，纠纷信息员48703人，调解人员总数比上年增加了2%。全市举办调解人员培训班57期，培训调解主任和调解人员4152人次。同年，根据省司法厅的统一部署，组织农村调解组织参加“千乡万村创‘四无’，百万大军抓排治”的活动。全市成立各级活动领导小组10个，有88501名各级干部和调解人员参加。当年1—11月，全市共排查治理各类纠纷24267起，调处成功率98%，防止因民间纠纷引起的非正常死亡220起230人，防止民转刑案件228起371人，防止因民间纠纷引起的群体性上访33起658人，避免或挽回经济损失1059.33万元。全市有140个乡（镇）、街道2387个村（居）委会实现了“四无”。

1998年，全面开展“一创（创四无）、二防（防纠纷激化、预防重新犯罪）、三到（法律服务到村、排查治理到组、安置帮教到人）、四千（进千家门、访千家事、分千家忧、帮千家困）”活动。全年共排查各类纠纷26770起，调处成功率97.8%，防止自杀162起177人，防止民转刑案件301起422人，防止群众性械斗446起3262人，防止群体性上访372起4892人。

1999年，人民调解工作有新的发展，各地初步建立了纠纷台账，使调解工作更有针对性和主动性。各县市区普遍建立重大疑难纠纷调处中心或应急分队，直接参与调处重大疑难纠纷和处置群体突发事件50余起。这一年，是全省性为期三年开展“千乡万村创‘四无’，百万大军抓排治”活动的最后一年。各地召开专题会议22场次，发布制止纠纷公告10万份。全市6000余名基层司法行政和调解人员以“三户”（常调户、隔阂户、纠纷易发户）、“三种重点人口”（刑释人员、解除劳动教养人员、轻微违法人员）、“三类纠纷隐患”（遗留纠纷、苗头纠纷、隐患纠纷）为重点，对全市重点地段、重点部位纠纷进行重点治理。至年底，全市又组织了“百日纠纷大排治”活动。全年共排查各类纠纷25428起，调处24763起，调处成功率97.3%。防止因民间纠纷引起非正常死亡154起183人，防止刑事案件178起252人，防止群众性械斗192起1598人，防止群体性上访156

起2446人。全市有127个乡（镇）、街道和1554个村（居）委员会实现了“四无”目标。

2000年，株洲市加快乡（镇）、街道司法调解中心的建设，组建乡（镇）街道司法调解中心134个。重点参与整治铁路周边治安统一行动，重点化解预防敏感期、敏感问题等因素引起的各类纠纷。全年共排查各类纠纷29970起，调处纠纷29670起，调处成功率98.90%。防止因民间纠纷引起的自杀事件181起214人，防止群众性械斗239起4400人，防止群体性上访188起5457人。全市有7个县市区、156个乡（镇）街道、2443个村（居）委会实现了“四无”。

二 基层法律服务

1985年5月，株洲市第一个基层法律服务机构——攸县湖南坳乡司法办公室正式挂牌成立。至此，人民调解工作由单纯的调解开始向综合的多项法律服务领域延伸。是年底，全市建立基层司法办公室165个，占应建数73%，配备基层司法人员495人，司法办公室主任分别由乡镇党政领导或司法助理员兼任，成员一般为聘请的司法人员。司法办主要开展法律顾问、协助办理公证、调解纠纷、法制宣传、指导和管理人民调解等业务。基层司法办一般实行有偿服务。是年，基层司法办公室直接为乡镇企业挽回经济损失221万元，调解民间纠纷2万多件，调解成功率95%。

1987年，全国基层法律服务机构统一称为乡镇法律服务所，工作人员由司法部统一印制工作证。翌年1月，市、县市区司法行政机关对全市基层司法办进行调整撤并，建立基层法律服务所129个，配备司法人员263人。1989年，基层法律服务所和司法人员分别发展到135个、412人。

1990年，全省组织基层法律工作者进行业务知识统考，株洲市227人参加考试，成绩合格226人。是年底，基层法律服务所担任法律顾问608家，协办公证2795件，直接调解各类民间纠纷4121件，其中经济纠纷2010件，为国家、集体、个人避免和挽回经济损失1388.87万元，诉讼和非诉讼代理2433件，代写法律事务文书2780件，解答法律咨询18302人次，业务收费48.194万元。

1991年，根据司法部“巩固、提高、完善、发展”的方针，对全市138个法律服务所进行全面整顿，使达到省颁标准的由上年的70个增加到118个，占总数85%，其中达到部颁标准的有50个。全市基层法律服务所共担任常年法律顾问1026家，比上年增加68.75%，比省厅下达任务超过87%；完成协办公证（含见证）14638件，比上年增加4.2倍，超省厅任务3.7倍，完成两个代理3085件，比上年同期增加26.8%，为服务单位挽回经济损失820多万元，业务收入达42万多元。

1992年，郊区荷花乡法律服务所和醴陵市八里坳区法律服务所被司法部评为全国优秀法律服务所。八里坳法律服务所建所5年来，先后为57家乡村企业担任常年法律顾问。采取法制宣传、法律咨询、司法建议、参与商务谈判、起草合同、审查合同、参与诉讼和非诉讼代理等方式，帮助乡村企业加强依法管理，挽回经济损失6955万元，使25个濒临倒闭的企业起死回生，34个不景气的企业现出生机。当年，全市乡镇法律服务所为农村收回“三欠”款（村民欠集体公款、当事人欠乡村企业贷款、债务人欠信用社贷款）1674.97元。

1993年，开始改革基层法律服务所的体制，将行政和事业于一体（法律服务所与乡镇司法办、所，两块牌子、一套人马）改为政事分离、所办分离。法律服务所收归司法局直接领导和管理，变为独立核算、自收自支的事业单位。对法律事务所主任实行公开招聘，分配上实行效益浮动工资制。是年，基层法律服务担任常年法律顾问 1113 家，协办公证（含见证）3104 件，办理诉讼和非诉讼事务 4845 件，分别完成省司法厅规定任务的 120%、185% 和 123%，为乡村（区街）企业和公民挽回经济损失 180.15 万元。

1994 — 2000 年，基层法律服务工作顺应改革开放和经济发展的新形势，成为全市法律服务体系的重要组成部分，担任常年法律顾问平均每年在 1000 家以上。据统计，7 年中，全市基层法律服务所共完成协办公证 988 件，办理诉讼代理和非诉讼事务代理 23559 件，代写法律事务文书 9784 件，解答法律咨询 55791 人次。挽回和避免经济损失 6353.7 万元，业务收费共 474.18 万元。1999 年，通过对清理整顿，全市有注册法律服务所 53 家，注册法律工作者 307 人。全年共担任法律顾问 1239 家，诉讼代理 2413 起，处理非诉讼法律事务 6367 起，调解纠纷 1935 件，协办公证 262 件，见证 1687 件，避免和挽回经济损失 2259.9 万元，业务总收入 180.5 万元。是年，还开展为农村“两会”清欠提供专项法律服务活动，担任金融机构法律顾问 491 家，接受金融机构委托代理诉讼 4050 起（其中 2532 起为无偿代理），非诉讼代理 11966 起（其中 9528 起为无偿代理），代写追欠文书 13170 件，出具法律意见书 5833 件，解答金融法律咨询 15907 件，制止不当贷款合同 1226 份，审查贷款合同 3840 份，为农村“两会”追回欠款 4182.8 万元，配合其他部门追回“两会”欠款 19973.6 万元，直接为其他金融机构追回欠款 906.9 万元。2000 年，境内注册的基层法律服务机构为 54 个，注册法律工作者 325 人，担任法律顾问 1983 家，代理诉讼、非诉讼事务 7626 件，协办公证 237 件，办理见证 1815 件，解答咨询 24173 人次，办理法律援助事务 281 件，避免和挽回经济损失 1958.7 万元。基层法律服务工作全面步入规范化、制度化的发展轨道。

三　安置帮教

随着“严打”整治工作的不断深入，维护社会治安、对刑满释放和解除劳教人员的安置帮教工作日显重要。从 1994 年起，茶陵县建立帮教组织 403 个，形成工作有组织、活动有内容、帮教有专人的帮教工作网络。全县刑释解教人员改邪归正的占 95% 以上，重新犯罪率控制在 5‰以内。当年，一些刑释解教人员上缴火药枪 4 支，炸药 40 千克，雷管 20 支，匕首 22 把，检举违法人员 1215 人。一些生活上有困难的刑释解教人员也得到了妥善解决。

1996 年，刑释解教人员帮教管理工作力度继续加大，全市完成对 1991 年以来 4296 名刑释解教人员的清理、登记和建档工作。市县两级管理机构和帮教组织创办刑释解教人员再就业培训基地，使他们的就业率得到提高，重新犯罪率得到有效控制。

1997 年 9 月，株洲市成立刑满释放、解除劳动教养人员帮教和过渡性安置工作领导小组，由四大家及其 24 个职能部门和单位的 29 名领导干部组成，领导小组下设办公室。是年 10 月，召开全市第一次刑释解教人员安置帮教工作会议，正式启动“安帮工程”。各县市区均建立了安置帮教工作领导小组，设立办事机构，乡镇和厂矿企业建立的相关机构有196个，帮教组织3183个，明确帮教责任人6341人，提供了1994—1997年刑释解教人员底数5694名，分别建立台账和档案。举办法制学习班936期，组织5000多人次参加学习，形成对所有刑释解教人员实行结对帮教制度，落实“三定一包”（定帮教人员、定帮教对象、定帮教措施、定帮教转化效果）责任制。株洲硬质合金厂101名刑释解教人员，转化率达94%，工厂安置就业79人，其中38人成为生产骨干，15人评为先进生产者，11人入了团。该厂被省社会治安综合治理委员会评为“社会帮教工作先进单位”。12月，全市组织5名刑释解教人员到市劳教所、南方动力机构公司等单位巡回演讲，现身说法，听众达5400多人，产生了良好的社会影响。南方动力机械公司创办的刑释解教人员过渡性安置经济实体南园工读学校，培训刑释解教人员176名，无一人重新犯罪，结业的141人通过不同途径全部安置就业。是年，全市刑释解教人员安置率城市为70%，农村达到86%，重新犯罪率降至2.4%。

1998年，全市市、县市区、乡、村四级安帮网络完善，市、县市区机构组建率达到100%。140个乡（镇）、街道建立了工作站，占应建总数的86.4%，村（居）委会和企事业单位建立帮教组织2255个，占应建率的91%。为确保帮教安置工作顺利发展，全市多渠道解决安帮经费26.8万元。自7月起，完善与监所、派出所的接茬手续，初步形成了由党委、政府牵头，各成员单位协调配合，全社会齐抓共管的工作机制和社会化工作体系。按照“安置是第一帮教”的原则，各级和有关部门、单位加大安置工作力度，多渠道、多途径、多形式做好安置工作，通过5个定点企业、6个实体，安置705人，城镇回原单位安置570人，农村落实责任田5916人，介绍、鼓励自谋职业人员646人，共妥善安置5916人，安置率达到92.2%。

1999年，全市新建群众性帮教组织318个，基本消灭了安帮工作的空白点。市、县两级政府按每年市级8万元、县级1万元的专项经费标准将安帮经费列入财政预算，攸县、芦淞区按每个乡镇0.2万元标准将乡镇街道安帮工作经费列入财政预算。新建炎陵龙溪新生装饰材料厂、石峰区化学镀锌厂、芦淞区建设地区刑释解教人员安帮基地（人民印刷厂）3个安置帮教实体。是年，围绕创建“无刑释解教人员重新犯罪活动”这一目标，全市共接受刑释解教人员511人，全部落实了帮教责任人。上述人员中回原单位安置125人，落实责任田土334人，安置基地和安置实体过渡性安置56人。全市有124个乡镇、1824个村（居）委会没有发生刑释解教人员重新违法犯罪。自1995年以来，全市共有刑释解教人员6124人，帮教率为95%，安置率为96%，重新犯罪率为2.3%，有效地维护了社会稳定，促进了经济发展。

第三节 律 师

民国6年（1917）4月，攸县余厥中由湖南省高等法院登录加入长沙律师公会，是境内从事律师活动最早的律师。此后，刘泽运、夏璜等10余人先后经湖南省高等法院登录加入长沙律师公会，分别在攸县、醴陵县从事律师活动，均为自由职业，直到中华人民共和国成立。

1956年7月，株洲市法律顾问处成立，定编4人。1958年，律师工作受“左”的干扰，有2

人被错划为“右派分子”，下放农村监督劳动，其他人员被视为右倾错误，不予信任，调离岗位。是年11月，醴陵县、攸县、茶陵县、酃县法律顾问处撤销，株洲市法律顾问处1959年被撤销。

中共十一届三中全会以后，律师制度得以重建和发展。1979年下半年，恢复株洲市法律顾问处，有律师3人，1980年发展到6人。自1979年10月至1987年7月，境内各县市区法律顾问处亦先后恢复和建立，分别受市、县司法局行政领导和业务监督。

1985年1月，成立株洲市经济律师事务所。1986年1月，法律顾问处改为“自收自支、自负盈亏”的独立核算单位。1988年7月，全省第一家合作制律师事务所株洲市奔龙经济律师事务所成立，该所实行律师人员自由组合、自负盈亏。1989年7月，经湖南省司法厅批准，市法律顾问处改称为市第一律师事务所，市经济律师事务所改称为市第二律师事务所，奔龙经济律师事务所改称为株洲奔龙律师事务所，各县市区法律顾问处均改为律师事务所。1981 — 1990年，全市律师事务所承办刑事辩护6126件，民事代理及非诉讼代理7585件，解答法律咨询25377人次，代写法律文书3826件，担任政府和企事业单位法律顾问334家，业务收费由1981年的560元增加1990年的74.30万元。1990年，全市有律师239人，其中专职律师56人、兼职律师和兼职律师工作者179人、特邀律师4人。

1992年9月，株洲市成立了全省首家合作制涉外律师事务所。同时，律师事务所逐步向专业律师事务所过渡，变单一的公办律师事务所为多种性质的律师机构并存。1993年，醴陵市创办了全省第一家乡镇律师事务所。1994年，全市律师事务所达到22家，发展专职、兼职、特邀律师100余名。年底，成立全市首家合伙制律师事务所。

1996 — 1997年，各律师事务所开辟了“私人律师”、房地产法律服务、参与仲裁、交通规费等新业务领域，业务指标、业务收费继续上升。1998 — 2000年，律师工作的改革继续深化和完善。1998年，组织全市律师参加了《律师法》及部颁规章制度注册前的考试，分3期举办了新刑法和股份制知识培训班。1999年，又组织28名律师参加了部、省两级《合同法》培训，市举办《合同法》培训班3期，受训律师达241人，占年度注册律师的93%。据调查，律师为当事人提供法律服务的满意率在95%以上。2000年，对直属和部分县区所属的律师事务所进行改制，对9家不规范的律师事务所进行了整改处理。3年中，强化对律师队伍的管理，共有3名律师受到行政处分，5名不予注册，受通报批评、过错追究、扣除执业纪律保证金等处分的14人，送交有关部门查处的2人。

一 常年法律顾问

1981年2月，醴陵县法律顾问处律师黄子奉受聘担任醴陵国光瓷厂常年法律顾问，成为全省第一位担任企业常年法律顾问的律师。当年，该厂铁路专线大修，按先例更换的旧材料全部归铁路承修单位所有。厂法律顾问发现后，向厂领导提出紧急法律建议，指出这是侵占主权单位利益的行为，必须纠正。并积极与承修单位协商，在承修铁路合同中明确写下更换的旧材料一律归厂方所有的条文，为工厂收回旧钢材101吨、旧枕木650根，价值6.5万元。受聘期间，协助厂方制定《经济合同管理办法》《劳动用工管理制度》《法定代表人授权委托书》等规章制度9类，审查经济合同705件，解决经济纠纷28件，挽回和避免经济损失91.4万元。

1982年，市法律顾问处试办常年法律顾问工作，担任市房产局、省机电三处、省冷冻厂、市电子研究所临时法律顾问。1983年担任株洲冶炼厂等3个单位常年法律顾问，为聘请单位办理经济纠纷案件5件，代写法律文书7件，协助处理法律事务32件，解答法律咨询340余人次。1985年年底，常年法律顾问单位上升到52家。

1986年6月，市司法局组成检查组，对全市61个单位常年法律顾问工作质量进行抽查，质量好的25个，质量较好的36个，无质量不合格单位。

1987 — 1988年，株洲市、醴陵市、酃县、株洲县、攸县、茶陵县和东区人民政府分别聘请律师担任常年法律顾问。常年法律顾问代理政府参与诉讼1次，参与谈判4次，参与非诉讼调解20次，修改各类法律文书120余份，提出各类法律意见200余条。市政府专门设立市长法律顾问室，制定每周1天的法律顾问值班日和每月1次的正副市长与法律顾问例会制度，市政府常务会议和有关决策性会议，凡涉及法律的都吸收法律顾问参加。1988 — 1990年，市政府发布48个规范性文件，没有发生与法规、政策相悖的问题。1990年，全市律师应聘担任政府、企事业单位常年法律顾问327家，其中县以上政府7家，超额完成省司法厅下达任务52.80%，为聘请单位办理各类经济法律事务997件，其中参与诉讼370件，参与调解494件，参与仲裁130件，为聘请单位避免和挽回经济损失1422.70万元。

1991年，株洲市总结常年法律顾问为国营大中型企业服务“五个搞活”（搞活思想、搞活资金、搞活流通、搞活内部管理、搞活外部环境）的经验，司法部以《情况反映》形式上报党和国家领导人，司法部副部长鲁坚来株洲进行实地考察，对株洲经验给予充分肯定。这一年，全市律师共担任46家大中型企业的常年法律顾问，占全市大中型企业总数的82.1%。1992年3月，市司法局组织对82个企业进行有关法律服务的专题调查，收集企业意见和建议200余条，起草《进一步搞好国营大中型企业法律服务工作的意见》呈报市委、市政府，转发给全市各单位贯彻执行。同年6月，全省律师为国营大中型企业深化改革服务经验交流会在株洲召开，司法部副部长鲁坚，省委常委、省政法委书记朱冬阳参加会议，新华社、《人民日报》、《法制日报》、《工人日报》、《湖南日报》、湖南电视台等12家中央、省、市新闻媒体对株洲的经验作了专题采访报道。是年，全市律师担任常年法律顾问553家，比上年增加161家。

1993 — 1997年，全市律师担任常年法律顾问为1180家。5年中，共为顾问单位和当事人解答法律咨询62460人次，草拟合同、代写法律文书14545份，帮助追加赔欠款、挽回和避免经济损失6.4亿元。1993年，有55家外商投资企业聘请了常年法律顾问，其中市涉外律师事务所就为16家“三资”企业担任了常年法律顾问，全年业务收费达25万元。1994年，常年法律顾问突出为亏损企业扭亏增盈提供优质法律服务，帮助亏损企业开拓经营路子，扫除经营障碍，盘活经营资金，强化经营管理，共为亏损企业追回欠款2016万元，挽回或避免经济损失2772.5万元。是年，常年法律顾问将工作重点转向帮助金融机构和企业防范和化解金融风险。全市律师共为63家金融机构担任常年法律顾问，出具法律意见书和提供咨询意见1422条，审查贷款合同830

份，制止签订不当贷款合同 34 件，为金融机构追贷、挽回和避免经济损失 4000 万元。1997 年，着重开展了扶助困难、亏损企业的“定点帮困”服务活动，全市共建立帮困联系点 360 余个，运用解答咨询、提法律意见、参与资信调查、合同把关、风险办案、减免收费等手段为困难企业排忧解难。全年解答企业法律咨询 5 万余人次，提出法律意见 4000 多条，提供法律援助 400 多件，清理企业债务、挽回或避免经济损失 8000 多万元。

1998 — 2000 年，全市律师担任法律顾问分别为 1712 家、1264 家和 1212 家。3 年来，办理各类法律事务 21947 件，非诉讼事务 15304 件。1998 年，法律服务部门突出服务困难企业和下岗职工。全市共建立困难企业联系点 1375 个，联系下岗职工家庭 1000 余个，共为困难企业和下岗职工提供各类法律服务 6435 件，组织清欠队为企业清理债务 2050 件，追加赔欠款 2258 万元。2000 年，全市律师担任国有大中型企业常年法律顾问达 992 家，建立联系点 58 家，出具法律意见书 361 份，审查、修改合同 697 份，参与谈判 231 次，参与企业改造、改制等活动 50 家，为企业清理债权债务 1600 余件，追加赔欠款和挽回经济损失共 1400 余万元。

二　刑事辩护

民国 29 年（1940）2 月，醴陵县律师成先杰为本县均楚乡因连续侵占他人财物一案的被告人廖添佑担任辩护人出庭辩护。

1953 年，市人民法院建立公开审理和辩护制度。刑事案件辩护人由国家机关工作人员担任。1956 — 1958 年，株洲市、醴陵县、攸县、茶陵县、酃县法律顾问处成立后，律师正式接受刑事被告人的委托，担任辩护人。既维护被告人合法权益，又有助于审判机关正确执行法律，提高办案质量。市法律顾问处在 1956 — 1958 年，共担任刑事辩护案件 43 件，其中法院采纳律师意见对原起诉认定事实与性质进行变更的 14 件，占受理数 30.70%。

1959 — 1978 年，刑事辩护制度中断。1979 年年末，市、县法院配备专职律师，恢复刑事辩护活动。

1981 年，律师工作以办理刑事辩护为主，全年办理此类案件 111 件。1982 — 1987 年，律师配合严惩严重破坏经济的犯罪和严厉打击严重刑事犯罪的斗争，为 3206 起刑事案件被告出庭辩护。1988 年，律师担任刑事辩护 770 起。1981 — 1990 年全市律师共承办刑事辩护案件 6126 件。

1992 年，是全市律师承办刑事辩护案件最多的一年，达到 11252 件。1996 年 10 月，市司法局抽阅了市区 12 个律师事务所当年办理的 23 个刑事辩护案卷。经查核，律师主要辩护观点被采纳的有 6 案占 26%，部分被采纳的 6 案占 26%，被否定的 11 案占 48%。总体来看，律师对法律的正确实施发挥了应有的作用。针对阅卷中发现的一些不足和问题，要求律师在办理刑事辩护案的过程中，要把好犯罪嫌疑人取保候审关、证据真伪审查关、辩护要点确定关、辩方证人保护关、自身行为规范关。1998 年，对当年开庭审理赵某某交通肇事和危害公共安全案、原株洲钢厂厂长顾某某贪污受贿案等数起在全市影响较大的案件，都由有关领导主持进行集体讨论和辩护词把关。1991 — 2000 年，全市律师共承办刑事辩护案件是前 10 年的一倍多，达到近 2 万起。

三 其他律师业务

1954—1958年，市法律顾问处共代理民事案件21件。1982年，全市民事代理工作重心开始转向经济合同纠纷，当年受理民事代理案件13件。到1990年年底，全市办理民事代理案件5789件，其中代理经济案件2737件，占47.30%。

1995年12月，全省首家专业性法律援助机构株洲市南区律师法律援助中心正式成立。该中心旨在为经济困难、无力支付法律服务费用合法权益受到侵害的当事人伸张正义，以实现法律对每个公民和法人的有效保护。该中心采取结对子的方式，为经济实力薄弱的区街企业、居委会提供法律援助，与49个居委会结对子，免费为经济困难的残疾人、教师及其弱势群体代理起诉。该中心还与市邮电局合作，联办160律师咨询热线，坚持每周一、三、六晚由律师值班解答群众法律问题，年均解答难题上千人次。此后，醴陵市也成立了法律援助机构，各律师事务所也陆续开展法律援助工作。1996年，全市律师共为特困企业提供法律援助26起，自垫资金办案37起，免收、少收办案费64万余元。1997年，在开展“维权工程”活动中，律师为农民提供法律援助187人次，减免收费6.7万元，协助有关部门制止、取缔“三乱”收费62万元。1998年，市司法局抽调5名律师成立市法律援助中心，年内共接待电话咨询182人次，上门咨询86人次，接受法院刑事指定辩护39件，办理民事援助案件24件，全市共为困难企业和下岗职工的诉讼案件提供法律援助762件，减、免费公证4000余件。1999年，全市办理法律援助案件112件，义务提供法律咨询3425人次，代写文书284份，减免收费30余万元。对困难企业的下岗职工，普遍做到优惠收费、优先办理、优质办结。株洲县法律服务机构免费为24家困难企业办理法律事务117件，下岗职工法律事务785件。天元区司法局设立的“下岗职工合法权益法律咨询服务窗口”，德信律师事务所制定的《为下岗职工提供法律援助办法》，受到困难企业和下岗职工的欢迎和好评。2000年，市法律援助中心在着手规范建立县区法律援助机构的同时，也从制度上逐步进行规范。是年，全市共接待法律咨询2165人次，义务代书120份，受理援助案件239起，其中刑事辩护案137件，减免收费23万元。市法律援助中心办理援助案104件，并在株洲工学院设立了法律援助机构。

1999年5月，株洲市在全省地级市中率先开通“148”法律服务专用电话，统一组织律师、公证、基层法律服务组织和基层司法所面向广大群众和社会组织，提供便捷、高效的法律服务。至当年年底，“148”专线共解答各类法律咨询电话3195个，接待来访894批1265人次，提供上门服务158次，调解各类纠纷452起，到有关部门协调或移送处理案件300余起，提供法律援助60余件。荷塘区司法局接到明照乡太阳村农民因土地延包纠纷打来的求助电话后，先后4次派人挨门挨户宣传法律、政策，使纠纷得到妥善解决。2000年，全市“148”协调指挥中心由上年的6个增加到9个，在全市基本形成了以司法行政为主，政法单位和其他相关职能部门参与的社会联动态势，成为维护稳定，促进经济建设的新渠道。是年，“148”专线共解答各类咨询电话3316个，接待来访1041批3286人次，调解各类纠纷712件，提供法律服务573起，提供法律援助406件，为各级政府提供农村“两会”纠纷、土地延包纠纷等带普遍性的纠纷信息389条，其他影响社会稳定的信息461条，出警228次。

第四节 公 证

民国32年（1943）10月至翌年9月，湘潭县法院按民国政府《公证法》规定，聘请白关乡粟镜清、天台乡齐幼竹、建宁乡齐柏泉、株洲镇宾沛芳、叶炳吾、龙华乡严汉章、黄龙乡朱传经为公证劝导员和公证宣传员，并规定凡由其宣传和劝导而来办理公证的，即在公证收费中提取百分之十给予奖励。据记载，民国37年（1948），建宁乡、黄龙乡共有公证协进委员会委员80余人。但办理公证数量极少，民间如土地、房屋买卖、典当、租赁等财产权益交换，仍沿袭清末时订立契约由“中人”作证的办法，不办理公证。

1952年9月至1956年8月，株洲市、攸县、酃县、茶陵县、醴陵县分别在人民法院附设公证室，各配1名兼职公证员。这一时期的公证业务，主要是配合社会主义建设和社会主义改造，办理国营企业与私营工商业间签订加工、订货、经销、代销等经济合同公证，运用法律帮助订约双方建立合法、合理、明确、完备的权利义务关系，严格履行合同；其次，办理收养子女、房屋买卖、财产继承等公证。是年年底，市人民法院公证室办理此类公证事项725件，收费1767.59元。

1958年，各公证机关在办理公证时由申请公证受益人缴纳公证费，对有关社会福利或救济事业的捐赠行为以及证明抚养关系等，确实无力缴纳公证费者，均予免收。翌年，市、县公证处相继撤销，公证业务由人民法院兼办。

1979年，市中级人民法院公证室改为株洲市公证处，配公证人员2人，以涉外公证业务为主。1980年，扩大公证业务范围，开始受理收养子女、遗嘱、继承、委托、赠予以及房屋买卖等项公证业务。到1989年，酃县、茶陵县、醴陵市、攸县、株洲县、郊区、东区公证处都先后恢复和建立，分属市、县市区司法行政机关领导。1981—1990年，全市共办理各类公证45716件。

1991年，市公证工作把提高办证质量放在第一位，强化公证员队伍建设。修订完善了《公证人员岗位责任制》《公证人员职业道德规范》等规章制度和守则，增强公证人员服务意识。全市全年办理各类公证总数达50091件，创历史最好水平。其中，市公证处办证数就比上年增长5倍多，为前10年办证总数的1.14倍，公证收费19.8万元，比上年增长90.5%，为前10年的5倍。

1992年，市公证工作改革的目标是把公证处逐步变成自收自支的事业单位，各公证处对目标管理实行按职定岗、定数量、定质量、定效率等项目计分，使业务开展、工作实绩与奖金分配紧密挂钩，促进了竞争机制的形成。为适应形势的发展，市公证处积极扩大公证联络员队伍，全年发展公证联络员单位8个，公证联络员12名，公证联络员当年协助办证1041件，占办证总数的18.5%。按照市场经济发展要求，公证领域不断拓宽。先后开拓了土地使用权拍卖、电话号码拍卖、委托商品拍卖、法人资格、公司章程、融资租赁、委托代理、有奖销售、社会福利募捐、基建招标、基建安装合同、出租汽车承包等数十项新的公证业务，收到了良好的经济效益和社会效益。1993—1997年，全市公证部门共办理各类公证68950件。

1998年，市公证工作突出为困难企业的下岗职工服务，全年减、免费公证达4000余件。1999年，各公证单位强化公证质量，开展了“百案大评查”活动，组织了公证、律师队伍执业执法监督，通过3次核查，1名公证员受到通报批评，1名被调离岗位，撤销2件错误公证，使办证质量和公证信誉得到进一步提升。2000年，全市公证部门共办理各类公证11873件，办证收入169.68万元，分别比上年增加5%和20%。是年，全市有60人报名参加了全国第四次公证员资格考试，居全省第二名。8人被授予公证员资格，3人被评为四级公证员，1人被评为二级公证员。全市各公证处共拒办不合理民事公证50件、经济公证111件，制止不法公证36件，涉及金额2243万元。

一 国内公证

1952年10月，株洲市举办首届物资交流会，市人民法院在中心会场设置临时公证室，办理公证事项16件，其中经济合同公证14件。到1959年撤销公证机关时止，共办理经济合同公证1208件，占办证总数94%。这一时期随着各种经济关系发生，经济合同增多，需公证机关帮助审查合同的真实性和合法性，用法律手段保障合同双方权利义务，提高合同执行率。

1954年6月，市人民法院公证室开始办理收养子女、遗嘱、财产继承和契约（如房屋、租赁、买卖、典押）公证事项，到1958年共公证1067件。

1981年，重新恢复公证业务，各项公证大幅度增加。同年，醴陵县公证处成立，办理经济合同公证8件。

1982年，市公证处对市建筑工程公司、郊区曲尺、均坝、漂沙井公社建筑队等单位未办公证77件建筑承包合同执行情况进行调查，发现因建筑工程质量不合要求、偷工减料造成质量事故，不按期交付使用等违反合同行为达58件，占79.50%。市肉联厂、市副食品公司等单位经过公证又已执行完毕的5件经济合同，严格履行合同条款，保障双方利益未受损害。

1983年，先后在《株洲日报》《株洲法制报》开辟经济合同公证专栏，刊载经济合同稿件11篇，上街举办经济合同公证知识咨询活动4次，解答咨询600多人次，印发公证法规和经济合同公证案例选编资料1万多份，经济合同公证工作社会影响扩大。是年，全市办理经济合同公证215件。

1984年，农村“两户一体”（个体户、专业户、经济联合体）迅速发展，全市公证机关为各种专业承包合同开展公证，办理经济合同公证547件，保护“两户一体”合法权益，促进经济体制改革和经济建设发展。郊区明照乡天台村石灰厂严重亏损，承包人自杀身亡。市公证处对石灰厂承包合同进行认真审查、修改和补充，及时进行公证，保证承包合同顺利履行。

1985年年初，全市公证机关将经济合同公证作为公证工作重点，做到优先接待、优先办证、优先回访、优先调处，当年办理经济合同公证3345件，是上年的6.12倍。为提高经济合同公证办证效率和办证质量，总结推广攸县公证处在经济合同公证中“十不办”（违反国家政策、法律、法规的不办；当事人超越经营范围和受托人超越权限的不办，当事人居中转手、买空卖空的不办，当事人未履行工商行政登记、无营业执照的不办，合同内容不完善的不办，未查明当事人身份的不办，必要的证明和手续不齐全的不办，单方申办的公证不办，办证程序不完善的不办，疑难公证未经2人以上的研究和领导审批的不办）的原则和纪律。组织两级公证处主任在全市进行以经济合同公证为重点的公证质量检查，检查各类公证案卷207卷，其中经济合同公证案卷124卷，办证质量好的和比较好的121卷，占96.30%。

1986—1987年，企事业单位资产经营、租赁承包形式逐步实行，全市公证机关办理此类公证事项320多件。贺家土饮食店实行集体租赁经营后，市公证处为之公证，帮助改革完善内部管理和分配制度，该店承租后3个月营业收入比上年同期增长11.60%。

1990年，市场销售出现疲软、经济合同公证业务下降，株洲市和东区、攸县、株洲县、酃县公证处广开门路，广辟渠道，扩大经济合同公证范围和领域，开辟房改、联营造林、山林承包、山场租赁、入股等合同公证。是年年底，全市经济合同公证5204件，比上年增长4%。全市各公证处办理经济合同公证履约率达95%以上。各公证机关运用公证手段，审查合同中不真实、不公平和违背法律规定的条款，堵塞可能引起纠纷的漏洞，保障国家、集体和个人利益。1981—1990年，全市公证机关拒办违法经济合同公证3003件，揭露犯罪行为727起，涉及资金标的5037万元，为国家避免经济损失1562万元。在收养子女、继承权、遗嘱、房屋买卖、房屋租赁、分家析产、确认产权、亲属关系、协议书、委托书、赠予书、声明书、证明书、房屋搬迁等涉及公民权利义务的公证，到1990年全市共办理22812件。

20世纪90年代初期，株洲市国内公证的重点是为城市住房制度改革提供法律公证服务。1991年6月，全市已有400家机关、厂矿事业单位申请办理住房抵押制合同公证，占全市参加房改单位的75%，共办结住房制度改革公证32000余件（其中商品房买卖合同公证500余件，住房抵押合同公证31450件），公证住房面积300万平方米，占房改面积的60%，协助房管部门清查多占住房300余套，协助各专业银行收回住房抵押金4500余万元，可转化为住房建设资金近1亿元。至年底，全年住房合同公证数突破4万件，加之其他公证，全市国内公证共办理44343件，刷新了历史纪录。

1992年，在加快改革开放的新形势推动下，全市国内公证，特别是经济公证工作继续发展。市公证处全年办理的国内公证达4938件，拒办不真实、不合法公证事项134件，为国家、集体和公民个人避免经济损失580余万元；为企业办理各类公证事项2500余件，其中绝大多数为内部承包、产供销、劳动用工、抵押贷款等经济合同公证。

1993—1997年，国内公证工作稳步发展。5年来，公证人员担任常年公证单位118家，办理国内公证62833件，平均每年达1万余件。不断增加新的公证服务项目。先后开辟了金融、房地产、证券、产权交易、技术转让、劳务市场、农村土地延包、基建招标、商业门面、柜台招租等多种新的公证领域，并在不同时期突出不同的主攻目标。1993年，市公证处集中力量，为国有企业办理各类公证3300余件，其中经济合同公证1800件，涉及标的金额近2亿元，为推进企业走向市场发挥了积极作用。1996年，公证工作致力于为“企业护航”和“农村维权”两大工程，办证数量大幅上升。

1998年，公证工作突出了为特困企业和下岗职工以及农村土地延包服务。市公证处为江南商城调解门面柜台纠纷20余起，及时建议市饮食服务公司与承租户签订了退押协议，并免费为其办理退押协议公证150余件。还为两家企业办理了50余件职工买断工龄协议公证。芦淞区公证处为农民办理了土地延包公证60多件。

1999年，针对东南亚金融风波的影响，市公证机关与律师机构等法律服务部门配合，帮助金融机构大力防范和化解金融风险。共担任金融机构律师、公证常年法律顾问63家，办理金融信贷公证600余件，提供咨询意见1422条，审查贷款合同830余份，制止签订不当贷款合同34件，拒办公证16件，为金融机构追贷、挽回和避免损失4000万元。

2000年，株洲市国内公证继续为国有企业改革、脱困提供服务。全市担任企业常年公证法律服务33家，建立国有企业公证联系点45处，减免公证收费41万元。市公证处为110名困难企业职工再就业办理公证，减免收费16080元。该处还主动介入株洲华丽服装批发大市场与1000多户新租户的租金纠纷，为承租户办理换存公证，维护了承租户的合法利益。该处还为市第三次城市出租车经营权拍卖提供公证服务，280个经营权指标全部拍卖成功，成交金额达2600多万元。石峰区公证处为重点工程石峰大桥第二批征地拆迁办理公证，99户征地补偿费一次性到位。荷塘区公证处为株洲硬质合金厂一投资逾4亿元的生产科研项目提供公证服务，保证了招标的公正性。全市公证机关还为乡镇企业改制提供公证82件，涉及金额4500万元，使企业增加利润300万元；为全市金融单位办理公证100余份，涉及金额5000多万元，审查合同200多份，化解风险3000多万元。

二 涉外及中国香港、澳门、台湾地区公证

20世纪70年代中、后期，市中级人民法院开始办理涉外公证事项。1980年，境内出现因出国探亲、定居、留学、升学、谋职、继承域外财产、援外建设、对外承包建筑工程项目和提供劳务以及技术服务等法律行为需要办理公证日益增多。1981—1990年，全市办理涉外公证1312件，其项目有委托、收养关系、亲属关系、身份证明、学历、经历、资历证明、营业证明、出生、婚姻状况、死亡证明、声明书、未受刑事处分、签名、印鉴属实、副本、节本、译本、影印本与原件相符等34种公证证明。公证书使用范围遍及美国、英国、日本、科威特、加拿大、澳大利亚等国家。醴陵县人民医院医师岑某某，1977年去印度尼西亚继承遗产，由于印度尼西亚对华关系紧张，不能入境，只好改在香港购置房屋，挂起"祖传中医"招牌，开设中医诊所。港英当局检查无证，强令其摘除招牌，查封诊所。1982年1月，醴陵县公证处接受岑的申请，为他办理经历公证，港英当局立即解封，诊所得以重新开业。

1990年5月，株洲市、株洲县、醴陵市、攸县、茶陵县、炎陵县6家公证处被湖南省司法厅确定为办理涉台公证事项单位。是年年底，全年办理涉外及中国香港、澳门、台湾地区公证事项409件，比上年增长48%。

1991—1992年，随着国家改革开放的力度加大，涉外及中国香港、澳门、台湾地区公证事项日益增多。1991年，全市办理此类公证490件，1992年仅市公证处就办理了涉外及中国香港、澳门、

台湾地区公证690件。公证书发往的国家和地区达到20多个，无一错证、假证。

1994—1998年，全市共办理涉外及中国香港、澳门、台湾地区公证6117件，平均每年超千件。1998—2000年，全市涉外及中国香港、澳门、台湾地区公证共办理了7254件。其中涉外收养公证得到充分重视和加强。市公证处当年的涉外及中国香港、澳门、台湾地区公证达6300多件，年均2000件以上，为以往年份的3倍以上。

第五节　劳动改造和劳动教养

一　劳动改造

清代前期，醴陵县于县署仪门西侧设置典史署，建有仓所3间、监房1间，四周置木栅。清雍正六年（1728），攸县县署设置监狱、班房、监所，配有司狱员和男女禁卒。乾隆五十五年（1790），醴陵县令樊宣捷将清朝前期留下的仓所和监房于四周构筑围墙，罪轻者押于仓所，候讯发落，罪重者囚于监房，防范严谨。清道光六年（1826），醴陵县发生水灾，仓所和监房被毁。翌年，知县陈心炳下令重新修建，狱舍潮湿阴暗，关押时间稍长犯人非死即病。光绪中期，该县经绅士倡议建立一个待质所，将罪行较轻及待讯者与盗贼另行拘禁。清光绪三十年（1904），醴陵县知事张致安又在县城西门万寿宫对面设立罪犯自新习艺所，后迁至姜湾先农殿，不久停办。

民国1年（1912），攸县、茶陵县改监狱、班房为看守所。是年，醴陵县由地方拨款复办工厂，并将原有监狱分为一、二、三监，待质所改为女监。民国2年（1913），攸县、茶陵县署设典狱官（后称典狱员、管狱员），典狱官由省高等法院委任。县署委任看守所长、技士、看守、教诲师等人员。民国19年（1930），茶陵县监狱被毁，租借该县龙氏宗祠为监所。民国22年（1933），醴陵县将典史署改为监狱署，分列监舍，新建监舍较前有所改进，可容犯人200人，内设简易活动场、室。民国33年（1944），茶陵县将监所迁至县城对河的麻田祠，并加派4名武装警戒。民国33年（1944），日军进犯，醴陵县监狱署被毁，民国36年（1947）修复。是年，茶陵县监狱从麻田祠迁至县城观音庵。

中华人民共和国成立前，各县的监狱，房屋简陋，生活、卫生条件极差。民国24年（1935），攸县监狱囚犯生活日支国币1角，监所内垫铺禾草，囚犯席地而卧，吃饭、大小便都在监所1间房内，臭气难闻，蚤虱甚多，不少犯人发牢瘟病死。

中华人民共和国成立后，醴陵县、攸县、茶陵县旧监狱由人民法院接管，1951年由法院移交公安部门管理。这一时期，在土改、镇反、抗美援朝、“三反”、“五反”等运动中，特别在镇反运动中，除了杀掉一批不杀不足以平民愤的反革命分子外，大批反革命分子和其他刑事犯罪分子则被依法判处有期徒刑、无期徒刑和死缓。为解决犯人管理问题，1951年株洲市、醴陵县、攸县、茶陵县、酃县公安局相继设置审讯股（后改为劳改工作管理股），管理各自区域的监所及劳改工作。是年7月，株洲市公安局将福裕绸庄，改建为临时监狱，用板条粉灰隔成楼上楼下监房5间，容犯人80余人。并将罗文彬公馆改建为临时劳改场所。同年年底，株洲市、醴陵县和茶陵县先后建立株洲新生工程队、醴陵陶画加工厂、茶陵建设红砖厂等劳动场所。

1953年，劳改生产逐步规范化、定型化，攸县又先后增加织布厂、建设加工米厂和劳改农场3个劳改单位。

1954年9月，《中华人民共和国劳动改造条例》颁布实施。随着劳改犯人增加，劳改管教队向大型化、法律化方向发展。攸县、茶陵县劳改单位以及株洲市和各县公安局劳改股于同年相继撤销，干部、犯人全部上交。1956年，株洲市重新建立劳改队，由于生产和管理条件困难较大，于1957年撤销。

1958年3月，建新生机械修配厂，由2名干部负责，有生产工人和犯人若干人。是年9月，开始基建，改称新生机床厂，属市公安局和市重工业局双重领导。

1959年，增建新生水泥石灰厂和新生铅锌矿，实行劳改犯人和劳教人员一起管理。是年底，市公安局建立劳改科（第四科），负责劳改企业管理工作。

1960年，增设新建煤矿、新建工程队、消防器材厂、新生服装厂、印刷厂和制鞋厂（关押女犯）等劳改企业。1961年，全市有劳改企业9个。是年年底，依照“地市不办劳改企业”的精神，株洲市劳改企业交省公安厅管理，劳改犯、劳教人员和就业人员全部上交省属劳改、劳教单位。1962年7月，劳改企业全部厂房、设备、工人和部分干部又移交地方管理。1964年，在茶陵县下东乡建立茶陵县监狱。

1983年6月，劳改工作划归司法行政机关管理。11月，省下达株洲市收押罪犯任务。1984年2月，接收原湘潭钢铁厂攸县网岭农场，成立株洲市网岭劳动改造管教支队，为县（团）级单位，归口市司法局领导。有土地面积78公顷，鱼塘水面3.34公顷，监房面积2894平方米。另有干部宿舍、办公室、武警营房、仓库、食堂、医务室、值班室、接见室、禁闭室共1.2万余平方米，岗楼5座。管教干部定编92人，实配52名，看守武警30名，工人23名。生产塑料防水油膏、铁钉、红砖等建筑材料以及从事农副业生产。醴陵县司法局也接收县肉食水产公司榇木岭养殖场成立县拘役所（后并入株洲市网岭劳改支队，改称株洲市网岭劳改管教支队四大队，1985年8月撤销）。1987年4月，株洲市网岭劳改支队撤销，短期劳改犯人移送省直劳改单位，劳改支队场地及财产有偿转让给攸县黄丰桥林场。1993年，茶陵监狱、网岭监狱为湖南省监狱管理局的直属单位，1995年5月更名为湖南省茶陵监狱、湖南省网岭监狱。

（一）狱政管理

1983年，株洲市网岭劳改支队成立后，先后制订“三要求”（要求深入监房做过细思想教育工作；要求底子清、情况明，做到敌动我知；要求执法必严，不打骂犯人，把犯人当人看）、“四知道”（知道犯人姓名、籍贯、性质、刑期；知犯人犯罪事实；知犯人家庭情况；知犯人现实表现）、“三不准”（不准擅离职守，不准打骂体罚犯人，不准徇私枉法）、“三清楚”（清楚犯人人数，清楚重点犯人情况，清楚犯人思想动态）的岗位职责。对愿意接受教育改造的罪犯，依照“依法办事，文明管理”原则，实行严格教育、严格管理。对认罪服法确有悔改表现的予以鼓励，直至减刑、假释；对认罪态度不够好改造中时反时复的切实加强思想政治教育，促其改造；对拒不认罪服法，抗拒改造，难于管理的罪犯，则采取办“严管队”的办法，分别监禁，从严管理；对极少数重新犯罪的罪犯，坚决予以打击直至加刑。1984 年，网岭劳改支队贯彻司法部关于劳改工作要“收得下、管得住、跑不了、改造好”的指示精神，制定《防逃承包责任制》，将全队防逃指标逐一分解到科室、大队（车间）、中队，层层落实，责任到人。每个单位和个人任务明确，责任清楚，要求具体，制度严明，优者奖，劣者罚。对因工作不负责任造成逃跑事故的干警，分别情节轻重给予扣发工资、津贴、奖金和行政处分，触犯刑律者依法追究刑事责任。从而建立起以责为主、责权利相结合的防逃承包责任制，增强广大劳改工作干警事业心和责任感，有效地控制犯人脱逃事故发生。

1985 年 2 月，网岭劳改支队在犯人中实行“日准则”的监管措施和“百分制”考核制度，使每个罪犯从起床到睡觉、从学习到劳动、从监规纪律到生活卫生，都通过“日准则”受到严格考核，并根据“百分制”考核办法，使表现好的可以得到奖分，违反规定和达不到要求的相应扣分，继而试行“以分计奖(惩)，以分计刑”。是年 5 月，市司法局制定《关于对确有悔改表现的罪犯试行准假奖励的规定》和《对罪犯实行包改造、包生产奖罚责任制》，监管秩序明显好转。犯人减刑 58 人，假释 14 人，记功 310 人次。是年 10 月，该支队又在全省反逃防逃竞赛中，无逃跑事故，受到湖南省司法厅表彰。

1986 年 7 月，网岭劳改支队召开邻近乡(镇)、村联防会议，制定联防公约。是年下半年先后有 5 名犯人脱逃，其中 3 名被联防组织及时抓获归案。同年 9 月，认真贯彻省司法厅“南岳会议”精神，深化内部防范措施，制定对不服改造的犯人采取干部包管教、改造积极分子包夹控、定期考查的管教制度，截至 1987 年 4 月，全队不服改造的犯人由 68 名减少到 29 名。

1993 年，茶陵监狱推行监社分离改革，狱政管理从重劳动向重教育感化转变，从管得住向教育好发展。1995 年，《监狱法》颁布，境内网岭、茶陵监狱管理工作进入法制化、规范化、科学化、社会化的轨道。以确保监管、改造、安全为首要目标，以预防监内重特大案件为工作重点，不断规范罪犯的日常改造行为，强化狱政管理和狱内侦查工作。同时，加强预防罪犯自杀等非正常死亡等工作，注重研究罪犯心里健康问题，采取各种人防、物防、技防等措施加以预防。同时，加强罪犯伙食和生活卫生管理，积极开展防病治病工作，确保监狱罪犯身体健康。

（二）教育改造

民国时期，醴陵县、攸县、茶陵县地方法院看守所附设监狱，曾提出对囚犯管理：以感化为主，以人力戒护为辅，请各界名流或监所协进委员会定期给囚犯讲演。

中华人民共和国成立后，劳改单位根据不同时期，不同对象，对犯人进行教育。1951 年，劳改犯人主要是特务、土匪、恶霸、反动党团骨干、反动会道门头子，劳改队组织犯人学习《社会发展简史》《论人民民主专政》《我的思想是怎样转变过来的》等，转化其反动立场。1952 年，株洲市劳改队组织犯人学习《惩治反革命条例》、政治形势和“三反”文件；在劳改犯人中开展坦白检举和“反隐瞒、反盗窃、反破坏”的“三反”运动，挖出隐瞒特务身份的伪党团骨干分子 4 名、土匪 3 名、反革命分子 11 名、封建把头 8 名、反动军官 2 名、反动会道门头子 1 名，犯人中交待余罪 83 条，收缴了一批金银首饰和枪支弹药。“三反”运动结束后，有 34 名犯人立功、受奖、减刑。各劳改单位按文化程度对犯人分别建立学习班，每周上课4小时，教员分别由管教干警和文化程度较高的犯人担任，制定文化学习考勤、考试、升级、留级、毕业等制度，考试成绩合格的，由教育部门发给毕业证书。

1957年，“匈牙利事件”发生，社会不安定因素增加，波及劳改单位，致使劳改场所歪风邪气滋长，反改造情绪上升。株洲市劳改单位开展“反破坏、反违法、反抗拒改造”为内容的“三反”运动，揭发各类案件200余起。“三反”结束后，又在犯人中开展“四好”（思想改造好、劳动生产好、响应政府号召好、遵守纪律制度好）竞赛活动，发动犯人个人之间、小组之间、队（车间）与队（车间）之间竞赛，每个犯人订出改造规划或保证，促进罪犯改造，38名犯人获得表扬、记功，或减刑。

1958年，劳改犯人和劳教人员实行共同管理，市公安局在犯人和劳教人员中开展一次政治攻势，经过交心、坦白检举、认罪服法3个阶段，收到明显效果。揭发出枪支线索23起、命案7起、反动组织5个，收到检举信600余份，101名犯人、劳教人员和就业人员受到减刑、减教、记功和物资奖励。33名不认罪服法的罪犯和劳教人员中，有27名对所犯罪行有新认识，表示要洗心革面，重新做人。

1959年，醴陵县劳改队结合社会主义教育运动，举办社会主义教育图片展览，全队318名犯人普遍受到教育。1960年，株洲市9个劳改队在劳改犯人、劳教人员和就业人员中开展“坦白检举，交待余罪”“写一封信”和“评审划类”等政治攻势，收到坦白检举材料16756份，经查证属实8281份，破获刑事治安案件1780起，通过政治思想教育，89.20%的犯人表现较好。

1961年，国家经济暂时困难，在监人员思想混乱，情绪消极悲观。株洲市各劳改单位对他们进行形势教育，继续组织开展交心交罪坦白检举运动，收到坦白检举材料19009份。对于改造和生产表现好的与那些坚持反动立场进行破坏或抗拒改造的，本着惩办与宽大相结合的精神，酌情奖罚。

1984年11月，集中15天，在全监重新进行入监教育和秩序整顿，组织全体犯人学习《犯人守则》和监规纪律，对他们从起居作息、站队集合等方面，实行军事化管制，使之逐步走上正轨，养成良好生活习惯。狱内办黑板报、墙报、宣传栏8个，每月出刊2期。为活跃犯人文化生活，各中队建立文娱活动室，购买电视机，组织犯人进行书法、绘画和文艺演出。在抓好入监教育同时，在劳改犯人中开展政治攻势，邀请公安、检察、法院、司法行政等有关部门负责人给劳改人员作报告；劳改支队还向罪犯原所在单位、乡、村发出邀请信，请他们派人到劳改队给犯人“送温暖”，协助做好教育改造工作。38个单位领导到劳改支队看望犯人，同时召开犯人家属座谈会，向他们宣传劳改工作方针政策，介绍他们子女、配偶的改造表现，组织他们到监内参观，消除疑虑，进行规劝。对表现突出的犯人及时进行表扬。在犯人中经常进行以自我改造为内容的巡回讲演和形势教育、法制教育、前途教育、以及“五讲四美”教育，收到较好效果。服刑犯人坦白检举各类犯罪线索50余件，协助公安机关破获一批大案要案。185名犯人分别被记功、受奖、减刑，1名犯人评为全省劳改积极分子。1985年，劳改支队根据罪犯中青年人多、出身工人、农民家庭的多、不懂法犯罪的多、文盲多的特点，重点进行政治思想教育、文化知识教育、技术教育。根据犯人的分工，分别开办机械修理班、农技班和花卉班，参加学习犯人289人。通过“三课”教育，犯人中出现“三多三少”新气象：安心改造的人多了，逃跑的人少了；敢于同抗拒改造等不良倾向作斗争的人多了，不良现象少了；立功受奖的人多了，重新犯罪的人少了。

1986 年年初，网岭劳改支队在犯人中开展“三反一打击”（反赌博、反盗窃、反逃跑、严厉打击反改造破坏）活动，组织犯人算抗拒改造的刑期账、前途账、经济账。同时，对犯人进行共产主义道德品质教育，进行 2 次考试，及格率均为 90% 以上。之后，有 120 人交待余罪，171 人检举揭发同伙，坦白检举各种罪行 423 条，346 人次分别受到减刑、假释、记功的奖励，37 人评为改造积极分子，犯人逃跑率和监内各种违纪现象分别比上年下降 24.80% 和 37.60%，犯人出勤率和“三课”到课率达到 95% 以上。

（三）劳改生产

民国 11 — 13 年（1922 — 1924），攸县监狱设有劳动工场，组织部分犯人参加编织草鞋等生产劳动。

中华人民共和国成立后，劳改生产以“改造第一、生产第二”为方针，目的是通过劳动，教育改造罪犯。20 世纪 50 年代初期，在押罪犯多，为解决犯人坐吃闲饭问题，各劳改单位在一无资金、二无场地情况下自寻生产门路。有的带着犯人做零工、搞建筑，有的种田办农场，有的开办小型手工业作坊。这一时期劳改生产特点是：场所小，人员分散，不易管理，难于固定，说干就干，说散就散。随着生产发展，劳改生产逐步稳定，1952 年，株洲市、醴陵县、茶陵县有劳改生产单位 4 处，计有建筑、烧砖、陶瓷、纽扣、铸锉、织蛋篓、撮箕、碾米、挑运零货、沙石等生产门路。到 1960 年，株洲市建立劳改生产单位 9 个，计有机械制造、水泥、石灰、铅锌、煤炭、建筑、消防器材、服装、印刷、制鞋等 10 多种生产门路。1961 年年底，株洲市劳改企业收归省公安厅管理。

1984 年，株洲市网岭劳改支队劳改生产油膏、圆钉、红砖，种花生、黄豆、西瓜、蔬莱、养猪、养鱼，全年劳动收入，除留一定再生产资金外，用于补贴犯人生活。

1985 年，网岭劳改支队新辟竹架板、制瓦和建筑施工等项目。养殖水面增到 5.34 公顷，果林面积增到 4 公顷，蔬菜增到 9.5 万千克，生猪增到 636 头，分别比 1984 年增长 430%、20%、22% 和 120%。产鲜鱼 0.68 万千克，西瓜 4145 千克，花生 1892.5 千克，工农业总产值达 44.60 万元，比上年增长 12.50%，达到省司法厅提出的劳改单位要解决犯人 30% 生活费的规定。

1986 年，网岭劳改支队制定《关于 1986 年完成生产上交任务的奖罚办法》，提高犯人生产积极性。至 1987 年 4 月，生产油膏 268 吨、圆钉 110 吨、红砖 96 万块、生猪 654 头、鲜鱼 0.9 万千克，比 1985 年有较大增长。新开垦耕种面积 6.67 公顷，新辟花木苗圃生产项目，蔬菜生产自给有余。

1993 年，茶陵监狱为湖南省第三劳动改造管教支队，企业名称为湖南省洣江茶厂，同时开设饲料厂、机修厂、茶叶研究所、园艺队（种猪厂）等。监狱开始时以茶叶、柑橘、生猪等农牧业生产为主。1992 年，新建出栏 1.5 万头规模的大型工厂化养猪场。1993 年，监狱坚持稳定茶叶、扩大牧业、发展工业的经济发展思路。当年新建年产 2 万吨的饲料厂，生产“春潇”牌饲料。1997 年开始，争取国家政策支持，将茶叶种植纳入国家综合开发项目，先后将 66.67 多公顷老化茶园分期分批进行品种改革更新。1998 年，陆续引进电子、足球、服装等项目。服刑人员逐步由室外劳动转移到监内从事生产。

二 劳动教养

1957年，成立株洲市劳动教养工作办公室，开始试办劳动教养工作。劳动教养对象主要是4种人：不务正业，有流氓行为或者有不追究刑事责任的盗窃、诈骗行为，违反治安管理，屡教不改的；罪行轻微，不追究刑事责任的反革命分子、反社会主义的反动分子，受机关、团体、企业、学校开除处分，无生活出路的；机关、团体、企业内，有劳动能力，但长期拒绝劳动或者破坏纪律、妨害公共秩序，受到开除处分，无生活出路的；不服从工作分配，或者不接受从事劳动生产的劝导，不断无理取闹、妨害公务、屡教不改的。

1958年9月，撤销株洲市劳动教养工作办公室，成立株洲市劳动教养工作委员会。1959年，株洲市公安局增设劳改科，配专职干部5人。负责全市劳改、劳教企业管理。

1957—1961年，株洲市收容的劳教人员就地消化。市办9个劳教劳改企业，实行劳教人员和劳改犯人混合管理。与此同时，醴陵县、攸县、酃县也相继办起劳动教养队。

1962年，劳动教养收容范围调整为3种人：有轻微罪行、可以不追究刑事责任的反革命分子和有流氓、盗窃、诈骗等行为的屡教不改而又不给予刑事处分的坏分子；少数极端仇视社会主义、政治上有危险而又不给予刑事处分的右派分子和反动分子；某些好逸恶劳、长期拒绝劳动、破坏劳动纪律、不断无理取闹、妨害公共秩序、屡教不改的分子。是年，劳教劳改企业撤销，并相继移交地方管理经营，劳教人员移送省属劳教单位执行。

1973年，恢复劳动教养工作，审批工作由市公安局负责。1981年10月，成立市人民政府劳动教养管理委员会。

1983年6月，劳动教养工作由公安部门移交司法行政部门管理。同年11月，市司法局接收湘潭地区公安处劳动教养管理所，成立株洲市新市劳动教养管理所（简称“新市劳教所”）。1984年2月，新市劳教所开始收容劳教人员。1987年12月，新市劳教所被株洲市劳教委员会命名为株洲市新市劳动教养学校，成为全省第一家办成特殊学校的地市劳教所。

1991年，经株洲市委、市人民政府和省司法厅同意新市劳教所搬迁新址。1993年11月，新市劳教所全面搬迁至位于株洲市东郊的新址。至1995年，已具备收容800名劳教人员的能力。劳教所也更名为株洲市劳动教养管理所。当年共收容劳教人员803人，年末在教人员达608人，为建所以来之最。

1996年，市劳教所全年收容劳教人员1067人，创历史最高纪录，场所秩序实现“三无”（无劳教人员逃跑、无非正常死亡、无重大恶性事故），实现了军事化管理达标，教育工作达到省级劳动教养学校标准，生活卫生管理达到省一级标准。2000年，市劳教所被评定为“省级现代文明劳教所”，同时被评为部级劳动教养学校，荣立集体二等功。

（一）所政管理

1959年6月，醴陵县公安局劳动教养所将“八无五好”（无盗窃、无逃跑、无反动小集团活动、无破坏活动、五怠工旷工、无互相殴斗、无挑拨是非、无流氓活动；完成生产任务好、遵守纪律制度好、思想改造好、向坏人坏事作斗争好、安全卫生好）作为劳教人员行为准则，做到10天一小结，月末一大评，经常开展队与队、组与组、个人与个人评比竞赛活动。

1960年上半年，市劳动教养队对违反制度、抗拒改造的劳教人员组织集训，67名劳教人员表示悔改，12名继续违法犯罪的劳教人员被判刑。

1984年，新市劳教所加强警戒设施和场地建设。对劳教人员严格收容手续，规定凡无《劳动教养决定书》《劳动教养通知书》和《呈请劳动教养综合材料》或与上述文件记载不符的不予接收。劳教所除严格执行公安部制定的《劳教场所文明管理八件事》和《劳教干警五不准》等制度外，还先后制定劳教人员学习、劳动、生活、卫生、家属接见以及奖罚细则等共20项185条制度。为加强防逃工作，建立干部岗位责任制，对劳教人员24小时不脱管；中队每周、管理股每半个月、所部每月召开1次劳教人员思想动态分析会，对重点对象、危险分子开展“包管、包教、包转化”的“三包”工作；中队、股、室与所部签订“管教、生产双承包责任书”，防逃与干警的责、权、利直接挂钩。制定《紧急追逃方案》，成立追捕小组，与驻地开展警民联防。为使各项制度得到落实，劳教所还制定“日评分”考核制，把劳教人员每天生活、学习、劳动、纪律、卫生情况按百分制分解，逐日考评，实行“以分计奖惩，以分计加减教期”。并先后召开2次奖惩兑现大会，分别给予记功13人，嘉奖31人，减教35人，延长劳教期18人，依法判处劳改1人。是年，新市劳教所被评为全省劳教先进单位。

1985年，新市劳教所建立严管队，对有逃跑危险的、逃跑捕回的、不服管教严重违犯所规所纪、破坏改造秩序的劳教人员实施严格管理；改革管理措施，制定《进一步加强对劳教人员严格管理工作办法》，将过去对劳教人员以罚为主改为以奖为主，由干部单一管理改为吸收转变比较好的劳教人员参与管理；对外出劳动的劳教人员，实行人员、劳动场地、休息“三集中”，出工、收工、休息“三清点”，干部勤巡查、勤注意危险分子动向，控制劳教人员单独活动的管理办法。先后检举揭发各类案件线索30余条，173人分别受到嘉奖、记功、减教的奖励。是年年底，又被评为全省劳教系统文明管理先进单位。

1988年，新市劳教所实现“四无”（无干警严重违法乱纪和虐待劳教人员的事件，无凶杀、纵火、爆炸、骚乱等重大恶性事故，无非正常死亡，无集体脱逃）管理目标。难改造人员的改好率达到89%，比1987年提高18%，逃跑和发案率分别比1987年下降3.80%和0.44%。1989年，新市劳教所逃跑率为0.37%，杜绝重大恶性事故和非正常死亡事件发生。在全省劳教单位“百日三无”安全竞赛中，被评为先进单位。1990年，新市劳教所克服干警力量和物资准备不足，收容能力有限等困难，先后购置棕垫250床，修理添置床铺170余套。

1991—1995年，劳教所管理继续以“四防”（防脱逃、防重大恶性事故、防非正常死亡、防安全生产事故）为重点，开展“百日三无”竞赛活动。1991年，劳教所实现了“三无”目标，历史上初次做到了劳教人员无逃跑。该所“守住围子，看住场子，把住口子，盯住尖子，管好棚子”的经验，在全省有关会议上作了介绍。

1996年，市劳教所对劳教人员实行划等分级和定位管理。干警对劳教人员活动的三大现场实行全方位、全天候的监控，使劳教人员的活动完全置于干警的直接管理之中。同时，组织护卫队对劳教人员生活区、生产区实行定点巡逻，形成干警、护卫队双层夹控体系，这种由干警直接管理的方法，使“劳教整劳教、劳教敲诈劳教”的现象得以从根本上纠正。全年共撤销劳教7人，禁闭7人，警告4人，记过9人，延教18人，震慑了重新违法犯罪人员，促进了场所秩序的稳定。当年，劳教收容、在教人员超历史最高记录，第二次实现了劳教人员全年无逃跑，无非正常死亡，无重大恶性事故发生。

1997—1998年，市劳教所在确保收容的基础上，依法严格管理，狠抓安全防范措施的落实。建立了市局、所部和大队、机关科室三级督查体制，坚持市局每月、所部每周进行一次督查，管教职能科室每日进行一次巡查，大队每周进行一次自查。既查干警执纪执法，又查劳教人员违纪现象，认真排查安全隐患，发现问题及时纠正。1997年，市劳教所加强应急分队训练，开展打击所王所霸、反逃跑、反违规违纪专项斗争，公开打击处理了违规人员17人，及时制止了2起预谋逃跑事故。

1999年，市劳教所建立了安全稳定领导小组，实施安全稳定责任制，明确各级主要行政领导人为安全稳定第一责任人。将安全稳定的任务落实到人、到岗，一级对一级负责。凡发生安全责任事故的单位，年终考核评优评先一票否决。切实加强对重点人员的管理，对民管人员、班组长、内值班人员的选拔，实行由劳教人员投票选举产生。并加强对这些人员的管理和监督，年内撤换班组长11人。严厉打击了反改造尖子，年内加教18人，禁闭27人，制止自杀事故1起。2000年，市劳教所所政管理以规范化管理为主线，以保护劳教人员合法权益为主题，坚持严格、公正、文明执法，所政管理科学化水平有较大的提高。劳教人员定员管理、分编分管、民管会活动、安全检查等活动、安全检查等制度得到较好落实；档案基础工作有很大加强，各类表卡、薄册登记齐全，内容基本完整，立卷建档规范；坚持公开办事制度，建立了所领导接待日制度，劳教人员申诉、控告及时受理，转递。全年共受理、转递不服劳教决定的申诉35人次，经市劳教委复议、变更劳教期限4人。

（二）教育改造

1983—1984年，劳教人员中青少年居多。新市劳教所把教育、感化、挽救劳教人员作为劳教工作的重点，抓好劳教人员入所教育，全年办班5期，每期1个月，由所领导亲自主持；利用多种形式进行形势、政策、前途、法制、认罪认错政治教育，劳教所除自行对劳教人员教育外，还不定期邀请公安、检察、法院、司法行政机关的负责人作报告；注重抓好劳教人员的个别教育，因人施教；动员劳教人员亲属进行规劝，促进改造。通过教育，认罪认错、安心改造、明确表示要以实际行动争取提前解教的分别占劳教人员总数的90%、80%、24.20%。省司法厅以《教育挽救尽心育人》为题在全省劳教系统推广其经验。

1985年，新市劳教所在认真开展政治教育的同时，全面开展文化知识和生产技术教育，先后开设扫盲、小学和初中6个文化教学班，组织劳教人员学习语文、数学、物理、化学，全年授课480课时，考试及格率达75%，获全省劳教单位文化统考第二名。在技术教育上，开办养猪、养鱼、种植茉莉花、柑橘栽培、摩托车修理和无线电维修等技术培训班。

1986年，新市劳教所开展以防逃为中心的“三反”（反逃跑、反盗窃、反赌博）和“三个一”（管教干警分别找劳教人员谈一次话，向劳教人员家长或亲属写一封信，走访一次劳教人员家庭）教育活动，与劳教人员谈心1400余人次，写信200余封，走访劳教人员家庭40余户，召开劳教人员家属和单位领导座谈会2次，收到坦白检举材料132份。劳教所还向株洲冶炼厂、株洲化工厂等16家单位征集画册、图书500余本，供劳教人员阅读。通过教育，90%的劳教人员表现较好，其中77人有拾金不昧、舍己救人或挺身而出保护国家财产的事迹，85人受到提前解教、减教、记功或评为改造积极分子的奖励。

1987年，新市劳教所请株洲市关心下一代协会老干部来所进行传统教育；与劳教人员签订帮教改造合同；对少数问题严重，认罪态度不好的劳教人员，实行“惩办与宽大相结合”的政策，进行个别谈话，重点教育；对那些思想包袱重，畏罪心理强的劳教人员则邀请其家属来所、来信规劝，配合教育。通过教育，全所70%的难改造尖子有明显转变。是年12月，新市劳教所被命名为劳动教养学校。到1988年，劳教学校教室增到7间，共计面积320平方米，添置课桌椅300套，配教师19名（其中专职教师3名），新建阅览室3间，成立教育管理委员会。组织2次教师听课和公开评教、评学活动。是年，先后有230名劳教人员评为文明学员，98名劳教人员获得教育部门颁发的毕业证书。

1989年，新市劳教所结合制止动乱、扫除“六害”等专项斗争，开展“交余罪，揭团伙”的政治攻势，教育改造质量明显提高。在全省组织地、州、市劳教单位政治、文化统考中分别获得第一名和第三名，文化补习、专业技术教育拿证率分别达到95%、14%。

1990年3月，新市劳教所制定《个别谈话教育考核办法》，成立个别谈话教育考核领导小组，开展个别谈话教育活动，管教干警找劳教人员个别谈话教育5216人次，人均每月谈话13.1人次，劳教人员受教育面达84%。通过教育，劳教人员转好率达78%，提前解教19人，减教249人，记功37人，评为改造积极分子37人，18名难改造尖子中有14名有明显进步，有的还被选为班组长。为搞好劳教人员接茬教育，是年8月，市司法局对172名解教人员进行考察，现实表现好的和比较好的占61.40%，其中大部分解教人员接茬帮教措施落实较好，他们解教后能够继续受到社会与有关单位严格管理和帮助教育。株洲选矿药剂厂对历年解除劳动教养回厂的11人妥善安置，将2名解教职工子弟安排在本厂工作，对他们制定帮教措施，指定专人负责，定期谈话、组织学习，帮教抓得扎实，全厂13名解教人员无一重新犯罪。

1991年，组织劳教人员学习了《爱国主义基本知识》《法律常识》《行为规范》三本书，参加全省统考人平90.3分。文化教育的入学率、及格率、获证率均超过省局下达的目标要求。32名干警与劳教人员进行个别谈心4785人次，人平谈话20.4次，转化后进劳教人员11名。是年，劳教学员受训减教奖励702次，受记功奖励169人次，受其他表扬奖励81人次，劳教人员服教率达95%，反改造尖子转化率为92%。1994年、1995年，政治教育的入学率和及格率均达到100%；参加文化教育的115人中有114人获得扫盲和小学毕业证书；参加技术教育的有420人，全部获得了岗位培训合格证书。

1996年，市劳教所设置了政治、文化、技术教研室，设置了心理矫治室、图书阅览室，配备专、兼职教师48人。教师比例占劳教人员总数的6%。同时，投资3.6万元改造教室6间，购置课桌椅250套、教学器材24套。组织捐助图书5000册。全年干警找劳教人员谈话达5845人次，5名难改造人员全部得以转化。先后邀请市劳模和检察机关领导来所作报告，召开了劳教人员家属座谈会，与有关单位和劳教人员层层签订帮教合同书333份，与株洲警备区开展军警共建文明单位活动。全年给予减教奖励的达759人次。经省司法厅劳教局考评，40项教育考评指标总积分为90.8分，批准升级为省级劳动教养学校。

从1997年开始，教育改造工作实现了“三个转移”，即技术教育由岗前培训向技能培训转移，个别谈话教育由抓指标完成向提高质量转移，辅助教育由单一型向多样化转移。当年，市劳教所成立了荷塘区技术培训中心第一分校，开设了电脑、摄影2个职业技术培训班，89名劳教人员参加培训并获得劳动部门颁发的合格证书。全年个别谈话教育6098人次，干警人平完成145人次。在社会帮教方面，市劳教所与株洲团市委签订以开展“重塑工程”为主要内容的警民共建协议，还由团市委牵头，5个大队分别与市区10个大中型企业建立警民共建联系点，负责“重塑工程”的具体实施。

1998年，市劳教所还邀请市武警支队的抗洪英模和舍已救人的英雄戴碧蓉给劳教人员作报告，坚定了他们改造好的决心和信心。全年有361人获得减教奖励。

1999年，市劳教所围绕国庆50周年、澳门回归等盛事在劳教人员中开展了多形式的爱国主义教育。4次邀请全国人大、省人大代表和市委讲师团负责同志以及解除劳教人员回所作报告，举办了国庆50周年文艺汇报演出，其中反映本所劳教人员教育改造的真实故事的节目《丢了一只羊》被司法部和省司法厅选用，劳教人员受到了生动、直观的形势政策和理想前途教育。年内所里还举办电脑培训班5期，选送33名劳教人员参加了省劳教局举办的汽车驾驶员培训班。全年共有120名劳教人员获得技术等级证书，获证率100%。举办入所教育12期，受教育面100%。干警找劳教人员个别谈话教育5412人次，谈话效果有新的提高。

2000年，市劳教所共举办入（出）所教育18期，受教育面100%；举办职业技术教育培训班3期，参训人员295人，获证率100%；政治、文化教育，每周教育时间达到15课时，政治统考及格率97%。举办个别谈话教育专题讲座2次，组织个别谈话专项检查4次。邀请市人大代表、市劳模到所作报告2次，签订帮教协议345份。审查认定难改造对象3人，帮教转化3人，转化率100%。通过对攸县、株洲县境内解教人员的跟踪考察，劳教人员改好率达93.2%。

（三）生活待遇

1984—1990年，劳教所在经费紧缺情况下，坚持因陋就简原则，逐步完善劳教人员生活设施。劳教人员宿舍通风向阳、防潮保暖，安装电风扇等生活设施，人平住房面积3平方米，备有二层铁床，居住较为舒适。劳教人员食堂配有专职干部管理伙食，建立生活委员会，按月公布帐目，实行民主管理。伙食在不超过供应标准前提下，尽量调剂改善，花样更新，每周3餐肉食，每人日平蔬菜0.75千克，保证吃熟、吃热、吃饱、吃得卫生。对于缺衣少被又无家庭供给的劳教人员，劳教所想方设法予以解决，使其冬能御寒、夏能遮体，每年都从有限劳动生产收入中挤出一部分经费进行生活补贴。所内设医务室，配3名医生，备常用药品，建立劳教人员病历卡，做到无病抓防，有病早治，急病急诊。实行卫生值日员制度，保持室内外整齐清洁，勤洗衣服勤洗澡，做到无虫、无虱、无疥疮、无传染病。经常组织有益身体健康的文体活动。1989 年，株洲市劳教所被省爱委会授予“全省文明卫生单位”。

1991 — 1995 年，随着改革开放的深入发展和经济实力的逐步增强，市劳教所加强文明管理，改进思想政治教育，注重改善劳教人员的生活待遇。劳教人员生活水平不断提高，生产条件和环境卫生逐步改善，健康向上的文体活动日益丰富。1991 年，市劳教所解决了劳教人员喝开水和洗澡用水问题，宿舍都安装了吊风扇，由劳教人员组成的篮球队参加全省劳教系统“交苏杯”篮球赛，获第四名。1993 年，劳教所搬迁新址后，劳教人员的居住、生活、学习、生产、卫生条件得到明显改善，为教育改造好劳教人员创造更加良好的物质条件。1995 年 1 月，市劳教所实现了生活卫生二级达标。

1996 — 2000 年，劳教人员的生活待遇继续稳步提高。生活卫生工作的投入逐步加大，生活卫生经费标准得到落实，继续开展大种大养，提高种养自给率，月平伙食费大多在 90 元以上；生活服务和文娱体育活动设施日益完善，所、队二级多种项目、多种形式的文娱、体育活动经常开展，劳教人员生活、住宿、卫生条件进一步改善。生活卫生基础工作得到加强，建立健全了劳教人员健康档案，劳教人员入所体检、性病普查率达 100%，性病治愈率 90% 以上。常规医疗管理进一步加强，劳教人员有病及时治疗，危重病人及时转院，杜绝了恶性传染病、流行病和重大医疗事故发生。

1996 年，市劳教所投资 30 万元，安装生活锅炉 1 台，蒸饭柜 1 个，添置棉被 350 套，床单 500 条，校服 400 套及洗漱用具多套，实现了服装、发型、床上用品和洗漱用具、餐具的统一规范，保证了开水、热水供应。当年，市劳教所养猪 193 头，自产蔬菜 2 万千克，肉食自给率为 100%，蔬菜自给率为 20%。从当年 8 月起大米饭敞开供应，保证劳教人员吃足、吃热、吃卫生。经省劳教局考评，市劳教所 36 项生活卫生管理工作指标总积分为 95.2 分，批准为省一级达标单位。1997 年，市劳教所养猪 343 头，产肉 24900 千克，种植蔬菜 0.54 公顷，产量达 7.6 万千克，肉食、蔬菜自给率达到 100%，劳教人员月平均伙食费标准达到 99.5 元。当年，还投资 18 万元对场所进行绿化，对宿舍进行维修，对路坪进行硬化，基本实现了园林景观布局合理，无裸泥土地面，实现了园林化达标；劳教人员的生活居住环境进一步美化。1999 年，劳教所对部分经济窘迫、无人接见的特困人员给予了特殊关照。所里给他们配发了卧具和日常用品，发动干警和其他劳教人员捐赠衣物 130 余件，解决了无换洗衣服的困难。2000 年，市劳教所喂养的生猪达到 759 头，产肉 37003.5 千克，种植蔬菜达 1 公顷，产菜 4.5 万多千克，伙食补贴率达 26.2%。2424 平方米的新管教大楼投入使用。劳教人员的宿舍也进行了全面改造、装修和修缮。新铺设劳教人员生活用水专用管道 400 余米，劳教人员的居住、生活条件得到明显改善。

（四）劳动生产

劳教所劳动生产以“教育感化第一，生产劳动第二”为方针，通过劳动、教育改造劳教人员，为其解教就业创造条件。

1984年，新市劳教所组建农副业生产中队和工业修理服务中队，组织劳教人员从事养猪、养鱼，种水稻、花生、黄豆、蔬菜，培育管理茶叶、柑橘、茉莉花和电气、电机、车辆修理等劳动项目。是年，工农业总产值达39509元。1985年，组织冷饮、蓄电池和水泥地板花砖生产。1987年以后，为解决劳教人员坐吃闲饭和解决干警家属生产门路问题，承揽醴陵市出口花炮厂花炮滚珠筒生产、加工任务，兴建生产车间5间，购置机械设备10台（件），实行生产承包责任制。

1991—1995年，劳教经济逐步实现规范化和制度化，产值、利润逐步增加，达到163.2万元。

1996年，市劳教所积极拓宽生产门路，开辟了宝石、琉璃瓦生产线。生产管理也进一步加强，理顺了财务管理制度，确保资金及时到位；建立健全了生产、质量管理制度，实现了安全生产；加强了技术培训，提高了产品质量，产品合格率达219.2%。生产管理不断加强，降低了产品成本，提高了经济效益。全年劳教经济创收达75万元，比上年增长7.2%。

1997年，市劳教所新开辟了落水管生产和湘绣加工2个新项目，所外则依托大厂搞开发，开辟了雷打石片石生产基地，引进摩托车配件机加工生产线。在市场疲软和劳教人员收容数锐减的情况下，全年劳教经济总产值达到600万元，实现纯利润70万元。

1998年，劳教经济在困难中求发展。这一年，经济大环境无明显改善，劳教人员收容继续锐减。按照政策规定，移交下属企业。全年劳教经济总产值为370万元，实现纯利润39万元。1999年，劳教经济持续下滑，全年经济总产值只有167万元，实现纯利润19.1万元。

2000年，劳教经济走出低谷，市劳教所通过挖掘创收潜力、强化大队生产管理、激活内部经营机制等措施，积极与台商合作，创办了合资企业湘龙竹制品有限公司，全年生产总值达718万元，实现纯利润75万元。

株洲市司法局历任负责人名录

表20–8

局　长	任职时间	副 局 长	任职时间
宋炳仁	1981.1—1986.5	刘纬新	1981.1—1984.2
吕品图	1986.5—1988.11	邓岩山	1982.3—1983.9
秦卓夫	1989.8—1995.7	伍友明	1982.3—1984.2
李玉斌	1995.7—2000.12	罗士章	1984.3—1994.10
–	–	杨伯勋	1984.3—1988.1
–	–	李玉斌	1984.7—1995.7
–	–	朱江奇	1990.11—2000.12
–	–	黄成德	1996.4—2000.12
–	–	李学军	1997.7—2000.12

第二十一篇　群众团体

第一章　工人团体

第一节　组织形式

一　行帮组织

明清时期，各行业工人和业主为维护本身利益，协调同业关系，自发地组织一些行会。株洲、醴陵、攸县、渌口船业有“杨泗会”，泥木业有“鲁班会”。此外，制药业有“药王会”，缝纫业有“轩辕会”，皮革业有“孙膑会”，造纸业有“蔡伦会”，漂染业有“梅葛会”，知识界有“孔圣会”等组织。这些行会组织基本以其行业宗师命名，各自建有本会的“庙、堂、殿、宫”。

民国年间，境内会党林立，影响最大的有黄道之的“楚南山”、杨文熙的“混元山”、贺石生的“军山”等。“楚南山”的创始人是株洲马家河凿石船民王秀方。王与洪帮另一组织“回龙山”首领马福益两人同为清末人。人称其势力“上通两广、下通两江”，其会众部分为辛亥革命的先驱者。后王秀方被清兵捕杀，“楚南山”即为黄道之、王德胜继承下来，他们两人都是船民，其时株洲成立了“五邑船帮”，他们两人就在船帮里发展会党。株洲船员和码头工人中参加的人数很多。据1952年民主改革时统计，株洲船民工人参加会党的107人。清光绪二十年（1894），洪帮会党首领马福益来到雷打石，成立了帮会组织“同心堂”。

二　工会组织

（一）大革命时期的工会

1.株洲运煤工会　民国11年（1922）7月30日，中共安源地委派共产党员朱少连来株洲开展工人运动。朱少连依靠工人刘步卿在运煤工人中发展200多名工会会员。9月23日，在株洲铁路南站杨氏墓庐召开会员代表大会，正式成立株洲第一个工人组织 —— 株洲运煤工会，袁文俊当选为总干事。运煤工会成立后，为改善工人生活，向转运局提出7条要求：1.将工资由铜元折成银元；2.提高工资，每吨煤运价由1分5厘提高到9分，挑煤每担加1角1分（折成银元）；3.发年终双薪；4.工人由自己选出代表管理，不归工头管理，工头和职员的工资由转运局发给，不得在工人工资中抽扣；5.工人中的问题由工会负责处理，转运局不得直接处理工人；6.增加工人生活用煤，由每月10千克提高到75千克，每年重阳节后发烤火煤；7.实行8小时工作制。由于转运局局长胡省三对工人的要求采取拖延应付，使要求得不到解决，工会决定率全体工人罢工。民国12年（1923）1月26日上午，工会在株洲火车站南站前面的临时会场召开罢工誓师大会，袁文俊代表工会宣布5条罢工纪律：1.统一听工人代表指挥；2.不准私自回家；3.不准通风报信；4.不准私自出工；5.不准与转运局私自接头。大会选举袁文俊和谭明德为罢工全权代表。罢工第4天，从安源发来的第8次列车运来原煤240吨，转运局为拖垮罢工斗争，企图将在株洲卸车的煤转到武昌卸车。火车司机李福杰密将转线消息告之运煤工会，工会即组织400多人卧轨阻车。胡省三率路警企图镇压，铁路职工拿出卸株洲的调运单据理力争，阻车斗争获胜。但转运局对工人提出的7条要求仍未答复，时年关已近，工人急需钱用，安源工人和湖北大冶工人纷纷捐款支援救济罢工工人。安源路矿工人俱乐部派李得炳、朱少连到株洲支援工人罢工斗争，使工人斗争意志更加坚定。到2月下旬，资本家因煤运不出去，“炭围子”万吨官煤堆积如山，汉阳要煤的电报“十万火急”，又见工人团结很紧，无复工迹象，迫于形势，最后除年终双薪1条外，其余6条全部同意。罢工于2月28日结束。

2.安源路矿工人俱乐部株洲办事处 民国12年（1923）9月，中共安源地委派共产党员黄静源来株洲，组建安源路矿工人俱乐部株洲办事处（又称“株洲分部”），并任办事员（主任）。办事处成立后，共发展部员376人，开办了工人补习学校，称安源第七校，有学员80多人。在办事处的帮助下亦先后成立起运木、篓业、摆排、泥木、漆业、五金、理发等16个行业工会，发展会员1515人。民国14年（1925）年初，黄静源调安源，办事处继续活动，后由株洲工会取代。

3.株洲工会和株洲总工会 民国14年（1925）9月，成立株洲工会，委员长游梅生，副委员长王义和。民国15年（1926）7月，株洲区的基层行业工会发展到27个，会员达2300人。同年10月，湘潭县总工会委员长杨昭植来株筹建株洲总工会，11月1日在港口街召开有500多工人参加的成立大会，选举湖南省总工会特派员谢墩山为委员长，刘步卿、罗桂林、张治有、陈福生、张昆一、宾有如为执委。会址设在殷家祠堂（后迁南湖塘抚民府），隶属省总工会直接领导。株洲总工会建立后，积极组织株洲城区的工人运动，打击封建势力。“马日事变”后，为反击国民党的屠杀，中共临时湖南省委决定在省城附近各县组织10万工农武装进攻长沙。株洲总工会委员长谢墩山受命担任株洲工农义勇军总指挥。29日，株洲义勇军先期到达易家湾，与许克祥军遭遇，激战中义勇军首先取得胜利，但因许军不断增援，而义勇军枪支太少，缺乏军事指挥经验，相持于白马垄、白石港之间，三进三退。战斗中打死许军连长李谷顺、许云及士兵多人。工农义勇军易兰洲、刘三益等3人牺牲。6月1日奉命撤退，反击遂告失败。此后，许军在各地进行血腥镇压，株洲总工会委员长谢墩山被杀，总工会被封闭。

4.株萍路总工会 民国14年（1925）9月，安源惨案发生后，湖南省总工会为恢复株萍路矿的工会，在醴陵阳三石成立株萍路总工会，下辖老关、醴陵、株洲3个分会。由石作东、王义和、吴汉卿任负责人，会员1200余人。株萍路总工会成立后，在阳三石建立工人补习学校，称安源第六校。

同年 11 月 11 日，株萍、粤汉两路工人，因路局欠发半年薪饷，工会组织罢工，经多次谈判，路局答应先发 2 个月欠薪，其余待路局经费充足后补发，以后则按月照发。罢工历时 9 天，11 月 20 日照常通车。

5.醴陵县总工会　民国 14 年（1925）4 月建立醴陵县工会，汪泽楷任会长。民国 15 年（1926）9 月 26 日，成立醴陵县总工会，选举易足三为执行委员长。到 11 月，发展 22 个行业工会，会员 9300 多人。民国 16 年（1927）2 月，成立醴陵工人纠察队，有队员 100 多人，步枪 60 余支，还有一支 500 多人的梭标队。“马日事变”后县总工会组织工人纠察队参加围攻长沙的战斗，后遭破坏，部分工人纠察队员后参加了秋收起义。

6.攸县总工会　民国 15 年（1926）7 月中旬，成立攸县总工会筹备处，余来兼筹备处主任，蒋春生任副主任。8 月下旬召开第一次工人代表大会，正式成立攸县总工会。余来任委员长。在总工会的领导和具体组织下，先后成立 30 个行业基层工会，还建立了联合工会形式的二级工会，包括攸县店员联合工会、篾业工会联合会、泥木工联合会。一些工矿产业工会也相继成立，在农村建立了雇农工会，30 多个乡镇工会。民国 15 年（1926）统计，全县城乡共有各种工人 1.3 万多人，基层工会组织 300 多个，发展会员 1.18 万余人。挑选青壮年工会骨干组成攸县工人纠察队，由谭震林、欧阳伟任正、副队长。“马日事变”后，县总工会遭破坏，工人纠察队解散。

7.茶陵县总工会　民国 15 年（1926）10 月中旬召开全县工人代表大会，正式成立茶陵县总工会，中共党员王友德任委员长，陈焕新任副委员长。随后，建立了店员、缝纫、泥木、油漆、造船、厨工等 7 个基层工会，会员 742 人，后发展到 970 人，还创办了工人文化夜校，成立了纠察队，配有 30 支短枪。民国 16 年（1927）6 月，县总工会遭破坏。

8.酃县工人协会　民国 15 年（1926）10 月，酃县工人协会成立，段梓任会长。民国 16 年（1927）2 月，酃县第一所工人职业学校成立，设针织、织布 2 个班，学员 70 人。“马日事变”后，协会遭破坏。

（二）湘赣苏区工会

民国 16 年（1927）11 月 18 日，工农革命军第二次攻克茶陵城，城内徐文元书店的印刷工人谭震林与工农革命军代表宛希先接上头，并串联原工运骨干在江西会馆成立茶陵县总工会，谭震林被选为委员长。此后，苏区各县工会组织相继建立。

民国 19 年（1930），茶陵县苏维埃运动进入全盛时期，工人运动蓬勃发展，全县有 3 个区 60 个乡建立了工会组织，9 月成立茶陵县赤色职工联合会（总工会），稍后，茶陵县雇农工会成立。同年 10 月，攸县赤色总工会在漕泊苏区成立。10 月，酃县赤色总工会筹备委员会成立，随后在石洲召开第一次执委会议，正式成立酃县赤色总工会，同时在石洲成立酃县雇农工会。醴陵县于 1930 年 7 月，在姜湾成立醴陵县瓷业工会，10 月因国民党军队“围剿”，瓷业工会停止活动。

3 个县赤色工会组织的建立，对发展苏区工业、手工业生产，培养与输送干部，支援革命战争起了重要作用。为支援革命战争，酃、茶、攸 3 县苏区工人运动做了大量的工作：从民国 20 年（1931）1 月开始，酃县办缝纫工厂 1 个、兵工厂 1 个、硝盐厂 1 个、邮电局 1 个、红军医院 1 个；茶陵办兵工厂1个、缝纫厂1个、红军医院1个、煤矿3个、樟脑厂1个、铁厂1个、工农饭店1个；攸县办兵工厂1个、被服加工厂1个、土纸加工厂1个、硝厂1个、竹木篾综合加工厂1个、铁厂1个、工农饭店2个、苏区中药店4个。茶陵马首兵工厂有58名工人，从民国20年（1931）1月开办到民国21年（1932）3月，制造雷火枪2500支，单筒湘造马枪1800余支，还有土炮与马尾炸弹。民国21年（1932）4月，湘赣省第一次职工代表大会通过了《生产合作社简章》，号召工人踊跃集股，大办工人生产合作社。这一年湘赣省职工联合会提出开办120个生产合作社的计划，作为与湘赣省委赤色工会竞赛条件之一。至10月，攸县办了36个，茶陵办了4个，酃县办了2个。攸县七里消费合作社在1年里，组织销售200担茶油，赚银洋2000元；销售湘包纸600担，赚银洋3000元，年末结算，每股分猪肉0.5千克，盐0.5千克，股金退还。到民国23年（1934）年末，每股又分红利银洋5元。

购买公债支援经济建设。民国21年（1932）下半年，湘赣省苏维埃政府发行短期革命公债，湘赣省职工联合会号召每个会员起码购买1元公债。各县工人都超额完成任务。茶陵县工会会员每人最少的购买1元，多的100余元。茶陵县总工会副主席彭积云带头认购102元，推动了认购公债的高潮。

发动工人积极参军参战，保卫革命根据地。为反对国民党对苏区进行的反革命"围剿"，从民国21年（1932）3—10月，湘赣苏区掀起两次扩大红军的高潮。5月6日，湘赣省职工联合会第一次执委会通过了《两个月工作竞赛条约》，规定各县在5月、6月动员650～800名工人去当红军。茶陵县在竞赛中，共有1400名工人报名参军，名列第一，茶陵县工人纠察队一个不缺地集体报名参加红军。攸县、酃县也突破了800名工人参军的任务。民国23年（1934）1月6日，湘赣省农业工人工会召开13个县的代表会，要求在2个月内完成扩大红军10个连5个排的任务。通过竞赛，2个月内仅茶陵县就动员了工农青年620人参加红军十七、十八师，300名参加茶陵工人团。民国21年（1932）10月，酃县总工会发动工会会员配合赤少队和红军在十都墟击退来犯的陈光中部队和酃（县）、宁（冈）、茶（陵）3县联防的挨户团，保卫了红色区域。民国22年（1933）1月17日，湘赣省雇农工会表彰茶陵县雇农工会："雇农斗争，第一算茶陵，能经常探消息，打垮守望军，活捉守望队长"。由于国民党军队残酷的军事"围剿"与经济封锁，苏区屡遭失陷，到民国23年（1934）4月，3个县工会大都停止了活动。

（三）国民政府领导的株洲工会

民国18年（1929），国民政府颁布《工会法》，民国22年（1933）又公布《组织市、县总工会准则》。国民党湖南省党部指示各县对工会进行整理重建。民国18—37年（1929—1948），由国民党领导的湘潭县总工会报湘潭县政府批准，株洲先后重建了箩业、船员、泥木锯、肩舆、摇排、起木、缝纫、理发、锞锢、纽扣、锯木、泥水、旅馆、竹木、木工等14个基层行业或职业工会（泥木锯工会后撤销），会员1350人。

民国23年（1934）12月15日，醴陵县由文一松发起，经国民党醴陵县党部核准并发给证书，重建了醴陵县总工会，至民国38年（1949）8月止共9届，先后建立37个职业、行业工会，总计会员11064人。民国31年（1942），茶陵县由鞭炮业同业工会理事长肖佐飞备文报请国民党茶陵县党部批准，于8月16日召集各行业手工业者在县城从富寺开会，重建茶陵县总工会，截至民国36年（1947），先后建立14个行业或职业工会，会员1083人。攸县总工会于民国31年（1942）重建，隶属县政府社会科管理。

各县工会的重建，其基层工会数量与会员人数，均少于大革命时期，且多数成为县、镇政府收捐、派款、调解民间纠纷的御用工具，有的则为封建把头、地主恶霸、流氓所操控，变成压迫工人，争权夺势的宗派团体。如株洲箩业职业工会，自民国20年（1931）成立以后，为封建把头易福生、郭润生所把持，2人均为国民党党员兼中统和军统特务，把持箩业工会各拉一派势力互相争斗。箩业工会外号“箩业政府”，工人干活要交120～200元银元买箩（称自箩），临时“租箩”，每年交银洋30～40元。平时还有“二、八扣”“三、七抽”，想方设法榨取工人血汗。工人稍有不从，轻则打骂、罚工资、停业，重则革箩、开除、赶出株洲，工人命运听其摆布。也有少数工会领导是由劳动工人选举产生，或受中国共产党的影响，做过一些有益于工人群众的事情，如抗日战争时期宣传抗日、抗捐、抗丁，查封仇货，慰劳抗日将士等。

这一时期，由于帝国主义、封建主义和官僚资本主义的压迫和国民党政权的残酷统治，工人群众的政治和经济地位每况愈下，株洲工人反剥削反压迫、反帝反封建的斗争在中共地下组织的领导和支持下时有发生，到中华人民共和国成立前，境内工人反对资本家压迫和剥削的大小罢工斗争在20多次以上。抗战八年，株洲民船船员工会和株洲箩业职业工会会员为抗战运输，不少工人壮烈牺牲。据株洲民船船员工会民国36年（1947）7月给湘潭县政府的报告，有邓德福等36名工人在抗战期间担任军差牺牲。湖南省政府主席王东元当年12月训令：“……株洲民船船民工会会员邓德福等三十六名于抗战期间因协助军运不惜牺牲殊堪嘉许应予传令嘉奖……”据民国37年（1948）3月《湘潭大事记》记载：“三月一日，株洲船民抗战有功王主席题赠《民族之光》匾额褒扬。”同年4月19日，株洲箩业职业工会给湘潭县政府为抗战殉难的汤厚生等25名会员请求旌奖的报告。湖南省政府于民国37年（1948）6月17日下文给湘潭县政府：“请褒扬株洲箩业职业工会会员汤厚生等一案……查该会会员等协助军运尚能恪尽职责，以致成仁殉难，忠勇可嘉，兹颁发《忠勇可风》四方匾额一方，随电检发，仰即转发该会具领。”

（四）中华人民共和国成立后的工会

1949年9月2日，湘潭县成立总工会，株洲设办事处，负责株洲的工作。19日，株洲第一个基层工会——株洲起运装卸木码头工会成立。随后，邮政、电信、店员、码头、铁路等基层工会相继成立。1950年，湘潭县总工会迁来株洲。1951年7月15日，成立株洲市总工会筹备委员会，机关设秘书室、组织部、文教部、生产部、女工部、财务部，共有工作人员15人。至1951年年末，全市共有4个市级产业联合工会，1个铁路工会，16个基层工会委员会，8个直属基层工会，3个直属工会小组，共计职工4496人，会员4282人。另有331厂工会、株洲机厂工会由省工会联合会直接领导。1953年10月，株洲市总工会筹备委员会更名为株洲市工会联合会筹备委员会。1954年7月，召开株洲市首届工会会员代表大会，正式成立株洲市工会联合会。1956年，株洲改为省辖地级市，市工会联合会编制增至22人，设7部1室，即组织部、宣传部、劳保部、生产部、工资部、女工部、财务部、办公室。翌年，精简机构，7部1室合并为3部1室。1959年，株洲市工会联合会改名为株洲市总工会。1965年，市总工会机关调整为6部1室，工作人员73人。1966年6月“文化大革命”开始，市总工会组织瘫痪，继而又被派性组织操纵的“工代会”取代。1973年6月，根据中共中央《关于整顿、健全工会工作的指示》，恢复株洲市总工会，仅有5名工作人员，未设内设机构。1974年11月，市总工会设4部1室，行政编制25人。1976年10月粉碎“江青反革命集团”后，株洲市总工会经过整顿，恢复工作。1983年机构改革，市总工会机关设6部1室。1984年增至7部1室。1991—2000年，株洲市总工会又进行2次机构调整。1991年调整后，市总工会设有办公室、组织部、宣教部、生产部、财务部、生活部、女工部、实业部、法律维护部、政策研究室、基层工作部11个部（室），并拥有技协办公室、职工旅行社、干校3个直属事业单位。1996年机构改革后，市总工会编制55人，其中行政编制30名，事业编制25名，内设机构为办公室、工运研究室、生产保护部、法律工作部、企事业管理部、宣教文体部、女工部、财务部、经费审查委员会办公室、机关党委等10个部（室）。

株洲市总工会下属基层工会组织，1990年年末1756个，共有会员34.63万人。1994年，全市基层工会组织1832个，会员36.87万人。1995年，全市基层工会组织达1887个，会员43.2万人；全市专职工会干部2100名。1998年，因企业改制、重组等原因，全市基层工会组织缩减为1565个，所辖职工37.36万人，会员人数减至36.09万人，职工入会率为96.6%；有新经济组织工会192个。1999年，全市基层工会组织1623个，所辖职工39.39万人，会员人数37.84万人，职工入会率96%；建立工会小组19589个；有工会专职干部1906人。

第二节　工会活动

一　开展劳动竞赛

1954年，株洲市城市建设和工业建设刚刚开始，市总工会在职工及其家属中进行总路线教育的基础上，组织“红五月”竞赛活动。此后，各个时期都根据中心工作开展各种形式的劳动竞赛。1958年年初，《人民日报》发表“向技术革命进军”的社论，省委和市委先后召开会议，号召“大搞群众运动、大搞技术革命”。全市很快掀起了以“两大、两高”（大搞技术革新、大搞技术革命，高质量、高产量）为中心的劳动竞赛。随后，技术表演赛很快席卷全市，形成了行行表演，事事表演，人人参加表演的竞赛高潮。据1958年12月份26家工厂的统计，有3万多名职工参加了表演赛，占职工总数95%，共表演253个项目，有33.93万人次创造了高工效纪录，其中最高的提高工效200倍。1969年年初，劳动竞赛以“双革”（技术革新、技术革命）、“四化”（机械化、半机械化、自动化、半自动化）为中心。2月，组织开展全市性的10万职工技术表演选拔运动大会。这一年，全市“四化”水平由1959年的35.5%提高到56.3%，提出革新建议38.04万条，实现36.19万件，出现了生产自动线260条，单机自动化、半自动化576台，自动化、半自动化车间和工段13个，节约劳动力19163个，节约钢材6408吨、水泥458吨、煤21486吨、木材5236立方米、电66.45万千瓦时。1963年10月，全市掀起争创“五好企业”、争当“五好职工”的竞赛活动。

“文化大革命”期间，各级工会组织瘫痪，劳动竞赛停顿。

1978年年初，全面开展“工业学大庆”，普及“大庆式企业”的群众运动。市总工会提出了“五比五赛”为主要内容的社会主义劳动竞赛。同年，全市共评出学大庆标兵500多名，先进生产者3.5万名，先进单位、先进集体3100多个。1989年12月，市总工会召开株洲市职工“为四化立功”竞赛10周年庆功大会。1979—1989年，据不完全统计有50万人（次）立了功，其中569人被评为全国、省、市劳动模范，23人获全国“五一劳动奖章”。4个企业获得全国“五一”劳动奖状，全市职工提合理化建议70.40万条，年均创经济效益1亿多元。

1991—2000年，主要围绕产品的“质量、品种、效益”开展劳动竞赛，各级工会立足于“四创”（创优质产品、创新产品、创最佳效益、创生产纪录），发动职工群众讨论并制定竞赛方案。1991年，市总工会第九届九次全委会议提出：各级工会要在劳动竞赛的广度和深度上做文章，使劳动竞赛从比速度型向效益型转变，从单纯的生产竞赛向依靠科技进步和提高劳动者素质转变。各级工会针对各自的生产关键和影响生产的主要问题，扎实地开展多形式、多层次、各具特色的劳动竞赛。是年，市总工会组织120个单位女职工中开展“自强杯（芙蓉杯）”竞赛，参赛面达90%，创经济价值达数十万元。1992年，株洲冶炼厂组织“四赛一会”（创先竞赛、业务竞赛、班组升级竞赛、立功竞赛和第十三届生产运动会）活动；南方公司开展的“四关”（批量关、质量关、市场关、效益关）竞赛，通过“攻、创、破、跨”四个字把职工的积极性和竞赛目标引向一个新的高度。针对全市企业普遍亏损的不利形势，市总工会还组织开展以“双增双节、扭亏为盈”为主要内容的竞赛活动。1996年，市总工会、市劳动局等5部门联合组织了全市车工和金融系统职工练兵比武活动，并评选表彰10名技术标兵和50名技术能手，调动了职工学技术的积极性。1997年，市总工会在全市开展了“抓管理、练内功、挖潜力、增效益”的劳动竞赛和技术练兵活动，参赛职工达20.83万人次，创经济效益8728万元，提合理化建议54212条，创造（节约）价值14369万元。2000年，组织开展经济技术创新活动，全市16万余人参加，提合理化建议4.3万条，完成技术革新、技术攻关13270项，技术比武、技术培训172场次。通过技术比武，选拔3名优胜者参加省赛，并取得优异成绩。株洲电力机车厂选手左振宇代表株洲市参加全国大赛，获得一等奖。1991—2000年10年间，全市有671个基层工会常年坚持开展劳动竞赛，参加职工达300多万人次；有930个基层工会常年坚持开展提合理化建议活动，提合理建议45万余条，其中采纳22万多条，实施19万多条，创造和节约价值达10亿多元。

二 职工技术协作

1964年6月，市总工会发动株洲机厂（株洲电力机车厂）、株洲硬质合金厂等部分厂矿，组织以先进生产者和老工人为主的职工群众技术协作小组，除在厂内开展技术协作活动外，还利用业余时间或节假日到外厂传授经验，协助解决生产技术难题。1975年，市总工会在全市开展技术革新和技术交流活动，成立先进刀具推广队，重点推广硬质合金机夹不重磨式先进刀具，在全市8个单位进行了9场技术表演，解决了机械加工中的一些关键问题。1978年，举办全市金属切削技术表演运动会，80多个单位的2700名金属切削青工参加。1979年，全国总工会颁发《职工技术协作组织条例（草案）》。1980年，全市各厂矿已组织群众技术协作组织44个，专职推广队21个，队员575人。1981年11月，成立“株洲市职工技术协作委员会”（简称“市技协”）。随后，建立了金属切削、热处理、铸造、焊接、节油5个专业队，全市22个企业单位成立了基层技协组织。随着技术市场的兴起，从1983年开始，职工技协以无偿和有偿技术服务相结合，开展内促外、以外养内的技术服务、技术咨询、技术转让等有偿技术活动，拓宽技协领域。1984年，市技协把为振兴乡镇企业做贡献作为工作重点，派出人员深入乡镇企业，帮助企业改造、攻关、解决技术难题61个。株洲市技术扶贫工作，连续3年被湖南省技协授予先进单位，1987年授予全国技术协作先进集体。1989年，市职工技术协作委员会更名为市职工技术协会，基层也相应更名。到1990年，全市共发展基层技协组织163个，会员14647人；开展技术讲座和技术培训达22703次，培训67.15万人；推广新技术3981项，攻破技术关键11291项，其中2项创社会效益6.545亿元；帮助老、少、边、穷乡办企业共37家；获全国重大技协成果奖2项。

1991年，全市有707个企业工会组织职工群众进行技术练兵、比武，并完成85%以上的基层技协的整顿工作，理顺内、外关系。1993 — 1998年，各级职工技协发明创造和推广新产品、新技术3520项，实施技术攻关5760项，为企业创造经济效益2.3亿元。1999年，职工技协完成技术攻关和新产品开发700多项，有12项职工重大技术活动受到全国和全省表彰。1991 — 2000年，全市共发布技术创新成果1.63万项，创造经济效益19亿元；进行技术革新、技术改造10余万项，开发新产品3.5万项，采用新技术7600余项，新工艺5200多项，新材料3900多项，新设备4000余项。

三　劳动模范选树和管理

中华人民共和国成立以后，职工劳动模范的评选工作主要是由各级工会负责，以政府的名义进行表彰奖励。市总工会制订评选条件和办法，发到基层，各基层单位结合年终考核，评选出本单位的先进生产（工作）者和先进集体，其中事迹突出、贡献特大的由市总工会报请市政府批准，授予市劳动模范称号。到2000年，株洲市累计被授予全国劳动模范共56名，全国“五一劳动奖章”获得者26名，国家部委办授予及湖南省授予劳动模范597名，市授予劳动模范1116名（含各县数）。

劳动模范的管理，主要是解决政治待遇，同时在劳动保险、集体福利等方面享受一定的优待。“文化大革命”中，劳动模范遭到冷落，有的甚至被批斗。1978年后，劳动模范政治地位才逐步为社会所公认。全市各级工会根据上级有关规定，承担了历届劳模的认定、退休待遇的呈报、逢年过节的慰问和解决特殊困难等一系列工作。1985年，市委批转了市总工会制定的《关于劳动模范享受优惠待遇的几个问题的意见》。其中，提出对市级以上劳动模范在发展党员、团员、提干、住房分配、子女就业、疗养旅游等，在同等条件下优先照顾，并规定凡评上市级以上劳模的职工，除表彰时一次性奖励外，还晋升1级浮动工资，退休时在不超过原工资的前提下增加5%的退休金。1998年，市政府下发《株洲市劳动模范管理暂行办法》，使劳模管理工作有了操作性较强的文件。到2000年，全市共组织1.2万人次劳动模范和先进个人外出疗休养；为近7000人次劳动模范进行了身体检查；为600多名劳模落实了离退休荣誉津贴，选送了21名劳动模范到高等学府进行深造。1991—2000年，通过争取上级和市政府拨款等形式，对生活困难的劳动模范筹资30余万元进行慰问，帮助各级劳模近800人次。

四　民主管理与监督

20世纪50年代，境内私营工商业劳资纠纷时有发生，市工会联合会根据全国总工会关于《私营工商企业中劳资双方签订集体合同暂行办法（草案）》，在各私营企业中和基层行业中建立民主管理委员会和民主管理小组，同时建立劳资协商会议制度。在国营、地方国营企业，注意吸收职工群众参与管理，建立民主管理委员会或生产会议制度，解决企业管理和生产中的问题，定期或不定期召开职工代表会议，发挥职工群众的管理和监督作用。1956年，中共中央确定在全民所有制企业中实行党委领导下的职工代表大会制。到1965年，全市工交企业召开职工代表大会的单位发展到51个。200人以上的企业都建立了职代会制度。“文化大革命”期间，企业民主管理工作受到不同程度的损害，职工代表大会制度也被迫中断。“文化大革命”结束后，职工代表大会制度才逐步得到恢复和发展。1978年下半年，全市先后有200多个工厂企业召开了职工代表大会，其中有141个工厂建立了职工代表大会制，占全市企业总数的40%。1980年7月，株洲市空压机厂最早试行民主选举厂长，其后，企业民主选举行政领导的逐年增多。1984年，市总工会成立株洲市企业民主管理办公室，加强对企业民主管理工作的领导。1985年，株洲火花塞厂、株洲钢厂等企业在经营承包责任制中，率先推行由行政领导代表企业、工会代表职工群众签订“共保合同”。南方航空动力机械公司紧扣年度经营目标，生产、生活同步发展，连续4年在职代会上由经理代表行政、工会主席代表职工签订了“共保合同”，每年合同所规定的内容如期实现，经济效益逐年增长。1991年3月，中共中央总书记江泽民视察株洲市时，充分肯定了该公司职工与企业“共振”的方法。在推行“共保合同”中，全市各基层工会认真总结经验，将研究成果在《湖南经济》上发表专辑，在全国发行。1988年，成立市企业民主管理研究会，随后全市有56个县团级企业相继成立了研究会。到1989年，全市有414家全民企业，21万职工参与了“共保合同”改革，占全民企业总数的81.8%。1990年，为落实中共中央《关于加强和改善党对工会、共青团、妇联工作领导的通知》的精神，市总工会与市政府建立了联席会议制度。是年，全市建立职代会制度的单位已发展到1261个，占应建制单位的98%，共有职工代表42888名。54个大、中型企业制订了职代会条例实施细则，46 个企业建立健全了各项民主管理制度。全市建制单位职代会召开率达到 94.1%。有 397 个单位开展了民主评议干部的工作，共评议各级领导 5135 人，其中受职代会表彰的有 392 人，被免职的有 72 人。1986 — 1990 年，全市职代会共征集提案 12.17 万件，实现提案 6.12 万件。其中生产经营方面的 5.82 万件，生产经营管理方面的 3.15 万件。工厂、车间、班组三级民主管理网络在全市各单位基本形成。

1991 — 2000 年，境内企业民主管理在改革中有了新的发展。厂务公开制度的实行，使职工的知情权、参与权和监督权得到较好的落实。1991 年，在南方航空动力机械公司召开现场经验交流会，推广该公司认真落实职代会"五项职权"，党、政、工组织重视民主管理，依靠职工群众办好企业的经验。各企业在进一步完善企业承包经营机制的同时，大力推广"共保合同"制度。为总结和推广"共保合同"经验，市总工会组织编著了《共保合同 —— 搞活企业的金钥匙》一书在全国发行，在社会上产生了积极影响。20 世纪 90 年代中期，各级工会在党委的支持下，积极推进"全心全意依靠工人阶级"的方针落实。株洲冶炼厂的"全心全意依靠职工办企业 40 条"被省委、省政府肯定和推广，市委、市政府做出"向株洲冶炼厂学习"的决定。到 1998 年为止，全市已有 26 个企业制订了依靠职工办企业的《实施细则》。1993 — 1998 年，全市有 1123 家单位坚持和完善职工代表大会制度，有 448 家企业建立健全了民主评议领导干部制度，有 432 家企业建立业务招待费向职代会报告制度和公开办事制度。公司制、股份合作制、外商投资企业的职工民主管理在探索中得到发展，职工董事、职工监事制度基本建立起来。

20 世纪 90 年代末期，境内企业民主管理在深化改革中取得新的进展。绝大多数企业做到每年召开 2 次以上职代会，将企业的生产经营计划、发展规划等重大决策提交职代会审议通过。部分困难企业也从实际出发，坚持职工代表大会制度，依靠职工群众克服困难，千方百计保障职工的基本生活，维护职工队伍的稳定。厂务公开制度向纵深方向发展，通过典型引路，加大督查力度，厂务公开制度已在全市企事业单位由点到面逐步建立起来。国有、集体及其控股企业建立了"四个一"（一份厂务公开的实施细则或办法，一项职代会制度，一块厂务公开栏，一整套保障和民主监督机制）的运行机制和民主监督机制。非公有制企业厂务公开实行"集体合同的签订、履行情况公开，企业贯彻落实劳动法律法规的情况如实公开"。2000 年，全市有 800 多家企事业单位建立了厂务、校务、所务、院务公开制度，80% 建立"四个一"机制。有 649 家企业签订了集体合同，公有制和公有控股企事业单位建制率达到 95% 以上。有 500 多个企事业单位的职代会审议了全年的生产经营计划和工作计划；有 600 多个企业公开了集体合同的履约情况和业务经费的使用情况；实行股份制改造的国有、集体企业 94% 以上都建立了职工董事、监事会制度。

五 维护职工权益

（一）劳动保险

1951 年 2 月，政务院公布《劳动保险条例（草案）》。1952 年，株洲邮电局工会 61 名职工第一个实行劳动保险。1955 年 7 月，市工会代表何宗连与市工商联合会代表黄競业共同签订《株洲市私营商业职工医药集体合同》。同年，市政府下发《株洲市地方国营工厂集体劳保福利实施办法》。1957 年，株洲市商业工会和市商业局协议签订《株洲市公私合营企业单位劳动保险集体合同》，从当年 6 月 1 日起实行。到 1962 年，全市实行劳动保险的工矿企业单位达到 82 个，享受保险的职工 54703 人。1980 年 5 月至 1982 年年末，市总工会会同市劳动局对全市劳动保险工作进行整顿，全市应进行整顿的单位有 171 个（其中县以上单位 44 个，市属单位 127 个），按 5 条标准验收合格的单位有 161 个，为应验收单位的 94.2%。全市登记劳保卡片、发放劳保待遇证的职工有 13.05 万人，重新划定为供养直系亲属的有 11.84 万人，验收合格的单位恢复正常的劳动保险工作。职工的生、老、病、残、伤均能凭卡按政策及时办理劳保待遇。到 1990 年，全市由工会主管劳动保险的单位有 302 个，所属职工 22.60 万人。工会从事劳动保险的专、兼职干部达 430 人，企事业单位建立职工退（离）休管理机构 676 个，享受保险待遇的退（离）休职工 7.75 万人。

1991 — 2000 年，随着劳动保险事业的进一步完善，工会组织的劳动保险逐步由劳动部门的“五险”（养老保险、待业保险、生育保险、工伤保险、医疗保险）所取代，但各级工会组织仍保留部分大病医疗保险。

（二）劳动保护

20 世纪 50 年代中期，株洲市工业建设刚刚起步，不少单位单纯强调生产，对劳动保护和安全生产不大重视。1956 年 6 月，市总工会对企业劳动保护和职工生活进行检查，并写出专题报告，市委向全市批转此报告。1961 年，市总工会对 28 个矽尘作业工厂进行调查。1981 年，市总工会配合全市开展安全月活动，按照“预防为主，群防群治”的方针，组织各级工会加强安全宣传教育，开展安全大检查。1986 年，市总工会对全市企业 11974 个生产班组全部发放了群众劳动保护检查员证。300 人以上的企业，500 人以上的车间全部建立劳动保护监督监察委员会。90 年代，各级工会组织广泛开展学习贯彻《工会劳动保护监督委员会工作条例》《工会小组劳动保护检查员工作条例》的活动，建立基层劳动保护监督检查组织；在全市涉害企业和岗位开展“推广有毒有害化学物质信息卡工作”；坚持每年与委员会一道共同组织“安全生产周”的宣传活动，使广大职工在活动中学到安全知识，提高自我防范意识。10 年间，累计同安全委员会共同组织近 30 次全市性的安全检查，抽查 4820 个企业，下发《责令当场整改通知书》850 余份，下发《责令限期整改通知书》120 余份。

（三）女工保护

1960 年，市总工会制定《株洲市女职工劳动保护暂行办法（草案）》。1985 年统计，全市基层建立女工委员会 83 个，培训女工干部 4736 人，74 个单位制定了《女职工劳动保护实施细则》，组织女职工 35235 人参加读书活动，建立女工卫生室 276 个。据 93 个单位统计，有 66552 人参加妇科普查，治愈率达 85% 以上，全市妇科普查，做到隔年一次。1991 — 2000 年，市总工会坚持开展“爱心互助”活动，切实为困难女职工解决实际问题，通过捐款、捐物、捐资助学、走访慰问、再就业服务等方式为特困女职工、下岗女职工、单身母亲排忧解难。各级女工组织还在参与女职工劳动争议，落实女职工保险待遇，推进下岗女职工再就业，调解女职工家庭婚姻矛盾等方面做了大量工作。市总工会每年都聘请妇科专家到基层免费为女职工上女性保健课，组织全市3万多名女职工参加女性“两癌”团体保险。

（四）调解劳动争议

1957年10月，市总工会建立专人处理来信来访制度，对职工来信来访，做到件件有答复，事事有回音。1981年，共受理职工来信373件，接待职工来访78人次。1985年4月，市总工会成立法律顾问室，为职工代理诉讼，息讼解纷，用法律手段保障广大职工、工会会员的合法权益。随着改革的深入，企业中各种因素引起的劳动争议日益增多，各级工会积极主动参与调解和处理，按照政策切实维护职工的合法权益。据1990年统计，全市各级工会组织建立劳动争议委员会209个，参加劳动争议调解委员的1279名工作人员中，职工代表有546人，工会代表357人，全年受理劳动争议240件，受理劳动争议661人，经调解达成协议的有157件，调解达成协议涉及职工456人。1991—2000年，市总工会接待各类上访事件10万人次，调解各类纠纷8万起。各级工会组织积极参与突发事件的处理，维护职工队伍的稳定。

（五）职工物价监督

1984年6月，成立由市总工会、物价局、工商局组成的职工物价监督小组，同时建立了株洲市职工物价监督总站。1985年，在常德市召开湖南省物价监督经验交流会，株洲总站、田心分站在会上作了经验介绍。同年7月，《工人日报》报道了株洲市物价检查员为“市场上的铁包公”，《湖南日报》也在头条作了报道。到1990年，职工物价监督领导小组已由7个部门联合主管，全市共有监督站41个，监督检查员202名。1991年，共组织检查10416次，出动检查员14297人次，查处违纪行为5800起，查出非法所得6.8万余元，维护了职工的合法利益。

六 关心职工生活

（一）困难救济

1952年，市总工会筹委会拨出会员困难补助费5493万元（旧币），补助市区困难职工159人。1956年11月，市工会拨款9万余元，帮助职工偿还欠债。同年年末，根据市商业工会报告，对商业部门486名生活困难职工，补助金额8894元，补助寒衣棉被43人，金额638元；职工因病和意外灾害以及生活困难负债的275人，共计负债12825元，其中工会拨款2655元，其余为职工和企业共同负担，职工欠债基本得到解决。1956年，市工会用于全市职工的生活福利费（附加工资、奖励基金、劳动保险、公费医疗、困难补助等）共400余万元，占工资总数的20%以上。1959年以后的3年中，国民经济处于困难时期，职工生活困难面有所加大。全市相继共发困难补助金额214万元，补助人数82742人。“文化大革命”中，因工会组织瘫痪，职工困难补助停止。“文化大革命”结束后，各级工会陆续恢复了职工困难补助，并逐步形成制度。1983年，5县暴雨成灾，为帮助灾区职工渡过难关，市总工会下拨救灾款3万元。20世纪80年代，随着改革开放和商品经济的发展以及物价改革的进行，在职工生活指数大幅度提高的同时，职工收入也有较大增长。因而职工中困难户有所减少。据1990年统计，开展困难补助的1110个单位，定期补助2699人，金额22万元；临时补助22194人，补助金额277万元。困难补助资金的来源80%从福利费中提取，20%由工会经费节余或行政拨款解决。当年，省总工会和市总工会拨款3万元，对全市停工停产企业的部分困难职工进行补助。1985年，市总工会鼓励困难职工生产自救、勤劳致富，并制订《扶贫致富工作办法》。是年，共筹集资金42万元，采取无息贷款和无偿公助的形式，层层开展扶贫活动。全市扶贫的困难职工4138户，其中贷款扶贫654户，无息贷款40.4万元，安排临时工1398户，安排做零活624户，集体组织生产1444户，已脱贫3946户。株洲桥梁厂工会开办福利工厂，将厂内残疾人都组织起来参加工作。每年春节前，各级工会组织都开展走访慰问活动，给特困、病残职工家庭送去慰问金、困难补助金和生活物资。1995年春节前夕，市总工会和市劳动局共同筹集资金38万元，送到特困企业特困职工家庭，全市951个基层工会普遍开展了走访慰问活动。1996年1月3日，中央电视台对株洲开展“送温暖工程”进行了重点报道。1999年开始，各级工会组织逐步形成对困难职工进行档案动态管理制度。是年“两节”期间，各级工会共筹集606.8万元，走访慰问困难职工32657人，市总工会筹集63万元，对部分贫困职工、困难劳模、患重病职工进行走访慰问。

（二）互助互济

1952年，株洲邮电局等少数单位开始成立互助储金组织。到1990年，全市建立互助储金会的单位有1057个，有互助储金会6182个，21.55万名职工参加。1991—2000年，各级工会筹资2000多万元，走访慰问近12万户（次）特困职工和困难劳模。工会就下岗职工生活状况、再就业工作情况进行调查研究，参与市政府有关下岗职工生活保障、再就业政策法规的起草工作，成立职工再就业信息服务中心，帮助300多名下岗职工重新走上了工作岗位。全市各级工会组织建立了机关干部联系特困职工家庭、机关各部室联系特困企业的制度。1994年，市总工会为帮助亏损企业中的困难职工解决生活上的暂时困难，开展了“走千家、访万户、送温暖、献爱心”的活动，向全市发出《向困难企业和职工献爱心的倡议书》，号召大厂帮小厂、富厂帮穷厂。1995年，市总工会成立株洲市职工互助互济会。随后，各级工会普遍建立了特困职工档案、职工互助互济会，大中型企业基本建立了职工互助互济补充保险组织，市总工会职工互助互济基金达200多万元。1996年，成立株洲市职工消费合作总社，并有近30个基层工会的职工消费合作分社开业，为解决困难职工生活发挥了一定的作用。1998年，组织36家企业开展“一帮一”“富帮穷”结对活动，捐款346万元，大米23吨。由株洲冶炼厂、株洲电力机车厂职工技协分别实行技术扶贫的2个困难企业，提高了产品质量，开发了新产品，使之摆脱了困境，取得较好的经济效益；由市总工会牵头，组织株洲汽车齿轮厂、电力机车配件工业总公司和电力机车研究所共同帮扶市三汽运公司，使该公司在较短时间里顺利实现转产，扭转了长期亏损的局面，职工工资大幅度上升，生活有了明显改善。市总工会开展的“富帮穷”“大帮小”结对子扶贫活动影响很大，得到了省总工会、全国总工会的推介，并被中央电视台、《人民日报》专题报道。1999年，市总工会在各级工会中开展“机关联系困难企业，机关干部联系困难职工”的“双联”活动，后被市委推广到全市机关，在全省产生了较大影响。同时，市总工会坚持以落实“低保”制度为突破口，推动“三条保障线”规范运作。2000年年末，全市有105家企业的1850户贫困职工进入低保，保障人口4612人，保障资金323万余元。全市有1322个基层工会建立了贫困职工档案，对贫困职工实行动态管理。“送温暖工程”已实现了经常化、制度化。

（三）集体福利

1953年年初，市总工会筹委会建立起工人澡堂和工人理发室，解决职工洗澡和理发问题。1956年，随着株洲工业和城市建设的迅速发展，职工大量增加。为解决职工住房问题，是年全市由国家投资新建职工宿舍14万多平方米，发动“自建公助”13869平方米，使704户职工住进了新房。全市职工数量快速增长，但由于受“先生产、后生活”和重生产轻生活的思想指导，忽视了住房建设，职工住房紧张问题成了一大社会问题。中共十一届三中全会以后，市政府成立职工生活领导小组，把住房建设作为重要工作。市总工会制定《职代会民主分房条例（草案）》。1981年后，职工住房条件有很大改善。据市统计局调查，1990年居民住房面积人均10.1平方米，较1981年增长3.67平方米，比1959年增长5倍。托儿所、幼儿园、妇女卫生室、浴池等集体设施建设都取得很大成绩。

1959—1962年，中国经济处于困难时期，给职工生活带来许多困难。市委发出“一手抓生产、一手抓生活”的指示，在全市掀起大抓生活、办好食堂的热潮。各级工会组织积极响应号召，开展以炊具改革为中心的红旗食堂竞赛活动。市总工会倡导开展大种蔬菜、大搞副业的“1、3、4”运动（即3人养1头猪、1人种3分地、1人1季度生产蔬菜200千克）。市总工会机关带头开荒1.97公顷、养猪16头、养鱼3000尾。各基层工会积极响应，发动职工开荒种地，大搞生产自救。全市开展种养的单位118个，耕种土地面积102.68公顷，收获蔬菜10.48万千克，饲料200.5万千克，饲养家禽57.07万只，养猪7.4万头，其他牲畜21.44万头。1979年，市总工会和市经委联合召开职工生活工作会议，随之组织开展全市红旗食堂竞赛，共有373个食堂参加。1981年，全市开展职工生活“一条龙”竞赛活动。1985年统计，经过全市生活后勤工作“一条龙”竞赛，食堂由原来的1022个增加到2505个，澡堂由125个增加到1249个，托儿园所由214个增至426个，女工冲洗室278个，新建9个游泳池，5个职工疗养院，5个敬老院。全市职工生活设施面貌大有改观。1986年，市政府制订《职工生活后勤工作达标竞赛条例》，竞赛内容由原来6项增加了生活管理和大种大养内容。全市参赛单位由原来91个县级以上单位增到143个，分21个赛区进行。到1990年，县级以上单位生活后勤工作达标率达86%。具备“十小”生活设施的小型企业已逾70%。全市有职工食堂2918个，为“六五”初期的11倍；职工澡堂1713个，比“六五”初期增加13.5倍；新建、扩建幼儿园81个，新增医疗点519个，新建游乐园56个，办液化汽站23个，有45个大型企业安装了闭路电视，有138个县级以上单位建立种养点2270多处，建立种养基地24处。1996年9月，组建株洲市职工消费合作总社，到年末，全市各企事业单位工会已经和正在兴办职工消费合作社30余个。是年，各级工会兴办的企事业单位369家。据对77家工会企事业单位统计，全年营业收入6950万元，上交利税1133万元，提供就业岗位2284个。1997年，市职工消费合作总社已建成配送中心1个，发展分社63个，零售店、门市部76个，为职工提供各种生活必需品200多种，让利职工200多万元。

七　思想文化教育

（一）思想政治教育

1952年9月，株洲市总工会筹委会举办第一期工人业余政治培训班，学员222人。以后又连续以夜校、讲座等不同形式进行教育。3年暂时困难时期，市总工会采取回忆对比、举办报告会、座谈会等形式，对职工进行阶级教育、形势教育和革命传统教育，动员职工及其家属自力更生、艰苦奋斗、勤俭持家、战胜困难。市总工会请来当年安源罢工工人总代表袁品高作报告9场，听众达2.5万人；组织6名老工人讲师团，分赴全市60多个单位作“忆苦思甜”报告43场，使1.6万名职工受到教育。1963—1965年，开展学习毛泽东著作和学习雷锋的群众运动。市总工会组织学习毛泽东著作经验交流会和学习辅导讲座57场，听众18490人，翻印学习资料1.3万份，购发有关图书2万余册。1983年和1984年，贯彻中央召开的职工思想政治工作会议精神，广泛深入地开展了振兴中华读书活动。全市成立各类读书小组6420个，参加读书活动的职工9.74万人，占全市职工总数的32%；举办各类知识竞赛1746次，共有16.52万人参加；推广集体与个人典型50个；召开经验交流会32场；先后举办“我们的旗帜是共产主义”“振兴中华”“中国近代史”“理想、改革与实践”和女职工的“四自、四有”（自尊、自信、自立、自强、有理想、有道德、有文化、有纪律）等演讲比赛，参加演讲的职工4800多人次；组织优秀演讲员在全市巡回演讲160场，直接听众达12万人以上。1986年6月，在南方航空动力机械公司召开的全省职工读书自学活动现场经验交流及表彰大会上，职工鲁开伦等9人获自学成才奖，杨自平等7人被评为读书自学活动积极分子。此外，组织职工参加全国“职工振兴中华读书知识百题竞赛”活动，株洲市获全省参赛人数、质量、组织3个第一。南方航空动力机械公司411车间工人刘明德获全国特别奖，市总工会授予他“学习标兵”称号。1987年，中华全国总工会委托《工人日报》和29个城市总工会举办全国法律知识竞赛，市总工会受委托举办湖南赛区，承担全省竞赛的组织工作。10月19日，在市工人文化宫举行全国职工法律知识竞赛（湖南赛区）表彰大会，株洲市总工会获得全国人民代表大会法制委员会、中共中央宣传部、司法部、全国总工会授予的“特别组织奖”，杨文坝（株洲车辆厂）、林芳生（株洲选矿药剂厂）、贺幕桥（株洲通讯元件厂）、廖龙（株洲硬质合金厂）4人获全国个人以及优秀奖，攸县总工会等4个单位或全国一级组织奖，300人获全国个人二级奖，400人获全国个人三级奖，1000人获纪念奖，有15万职工受到本单位的表彰和奖励。

1991—2000年，主要围绕改革开放和党的中心工作开展职工教育。1994年，各级工会在广大职工中开展学习《邓小平文选》和社会主义市场经济知识读书活动，并荣获“全国班组职工社会主义市场经济知识竞赛”三等奖。根据中共中央关于《爱国主义教育实施纲要》的要求，在广大职工中广泛开展“爱党、爱国、爱社会主义”与“爱株洲、爱工厂、爱岗位”为主线的爱国主义教育，组织和引导广大职工参与“株洲精神”的大讨论。《中华人民共和国劳动法》颁布后，市总工会积极与劳动部门协同配合，先后开展《中华人民共和国劳动法》咨询日、宣传周活动，举办学习班、培训班和黑板报汇展，参加全省《中华人民共和国劳动法》知识竞赛。工会文化宫、俱乐部等文化娱乐阵地较好地发挥了“学校与乐园”作用，株洲电力机车厂、市工人文化宫被评为全国先进文化宫、俱乐部。1994 年，市总工会在株洲电视台开辟“主人翁风采”专栏，全年共播出 42 期，进一步强化了职工的主人翁地位和作用，也使广大职工深受教育和鼓舞。1999 年，在组织职工声讨以美国为首的北约袭击中国驻南使馆、深入开展揭批“法轮功”邪教组织、反对李登辉散布“两国论”分裂行径斗争中，各级工会组织坚定不移地与党中央保持高度一致，及时把广大职工的爱国热情引导到为改革开放和现代化建设作贡献上来。同时，各级工会还组织职工深入学习邓小平理论和党的十五大精神，帮助广大职工进一步解放思想，转变观念，正确处理国家、集体和个人利益关系，遵纪守法，共同维护了安定团结政治局面。

（二）文化技术教育

在进行职工思想政治教育的同时，各级工会还开展了职工文化技术教育。1951 年，市总工会筹委会开办第一期职工业余学校，12 个班共有学员 420 人。1952 年开办手工联、搬运联、店联 3 所分校，共有学员 1057 人，其中文盲 640 人，占入学总数的 60.5%。同时开办 3 个速成识字群师班，学员 117 人。1953 — 1955 年，市工会开办业余文化高小班 68 期，初小班（扫盲班）69 期，入学职工 5577 人。通过学习有 220 人达到高小毕业，1028 人达到初小毕业程度，扫除文盲 2100 人。1959 年，市委成立职工教育领导小组，下设职工教育办公室。1960 年，全市上下齐动员，掀起了一个“千人教万人学”的职工教育高潮。开办政治、文化、技术三结合的职工红专学校 294 所，入学职工达 96241 人，占应入学职工的 89%。据这年年末统计：前 3 年共扫除青壮年文盲、半文盲 17151 人（其中 1960 年扫除 9374 人），使职工中非文盲比例达到 96.3%。1960 年与 1959 年比较，文盲由 11% 下降到 3.7%，小学由 56% 上升到 59%，初中由 25.2% 上升到 28.6%，高中由 5.8% 上升到 6.3%，大学由 3% 上升到 6.4%。全市已初步形成由小学到大学完整的业余教育体系。1964 年春，市总工会成立株洲市地方工业、财贸职工业余学校（简称“市职校”）。1966 年，市总工会经市人委会、市城建局批准，在钟鼓岭南路段建 800 平方米三层教学楼一栋。“文化大革命”期间，职工教育停顿。“文化大革命”后，职工教育逐步恢复。1981 年 2 月，中共中央、国务院发出《关于加强职工教育工作的决定》。此后全市职工教育发展迅速，职工学校从小学到大学在数量上迅速增加，办学单位由原来工会主办到市办、战线办、局办、公司办、厂办、车间办、大厂带小厂办、多厂联合办等形式。至 1985 年全市共有职工大学 6 所，专职和固定兼职教师 200 余人。1980 年，市总工会创办职工业余大学（1983 年更名为株洲市职工大学），设 9 个专业，年平在校学生 500 人，到 1990 年止，共为国家输送大专毕业生 964 人，各类专业技术短期培训 1400 人，高中文化补习及成人高考复习 2600 人。1991 — 2000 年，全市各级工会组织与当地劳动部门一起，经常性地组织下岗职工再就业培训，使这些职工有一技之长，能够顺利实现再就业。1991 年，全市各级工会举办工人理论骨干培训班 400 余期，培训骨干 2 万余人。1992 年，培训职工代表 25179 人。1998 年，全市各级工会共开展职工技术培训 56286 人次，开展技术比武 3201 场次。

八　组织开展业余文体活动

（一）文艺活动

1955 年，市工人俱乐部建成，市工会组织职工参加各种文艺活动。基层企业职工文艺活动也相继开展起来。从 1980 年起，市总工会在全市开展俱乐部工作竞赛活动，每半年进行一次检查，年终总结评比形成制度。据 1982 年对 22 所俱乐部检查统计，当年共放映电影 4337 场次，放映幻灯 8435 块，组织职工业余文艺演出 414 场次，创作文艺作品 905 件，组织各种游艺活动 177 场次，组织美术书法、摄影等展览 307 场次，出黑板报 5407 期（块），出墙报宣传栏 2113 期，播出广播稿件 13707 件，举办各种讲座、训练班 600 期，共有 952.81 万人次参加了上述活动。1961 —1968 年，市工人文化宫共放映电影 23707 场，观众达 1564.1 万人次。1987 — 1990 年，举办科技、文化、体育、美术等专业培训班达 340 期，培训学员 2 万多人。建立文艺轻骑队、故事队、曲艺队、文艺创作队、影评组等 18 支业余队伍共 400 余人。中华人民共和国成立以来，市总工会共组织 20 次全市性职工文艺会演或调演。此外，从 1979 年开始，连续 6 年春节前后举办全市迎春诗会。1999 年，各级工会以国庆 50 周年、迎澳门回归等重大喜庆节日为契机，组织全市职工开展“祖国颂”合唱比赛、“庆国庆、应回归”职工书法、美术、摄影、文艺会演和征文活动，“庆五一”职工趣味运动会等，激发职工群众的爱国热情和民族自豪感。2000 年 4 月，市总工会举办“工人之声”大型文艺晚会，20 个单位组织 3000 多名职工编排了 20 个文艺节目，晚会气势恢宏，吸引了 2 万多职工群众观看。

（二）体育活动

1958 年 5 月，株洲市总工会在株洲铁路地区运动场举行全市第一届职工运动会。同年，株洲市参加湖南省首届工人运动大会获得男子篮球、足球 2 项冠军。1969 年，全市经常参加体育锻炼的职工有 8 万人，同年参加湖南省职工运动会，株洲市男子篮球、乒乓球、射击均获第二名。1984 年，市总工会组成 5 个男女代表队，参加湖南省第二届职工运动会，获金牌 5 枚、银牌 11 枚、铜牌 9 枚。1991 — 2000 年，为丰富职工体育生活，各级文化宫加大投入，相继建立和完善了健身厅、桌球室、乒乓球室等活动场所。1991 年，市工人文化宫投资 240 万元进行扩建改造，使活动面积达 5000 平方米，较好地满足职工的休育文化生活。1995 年，全市有 231 个单位开展了创建先进、模范职工之家活动，76 个单位获县、区、局先进、模范职工之家。经市总工会验收，全市有 10 个模范职工之家、20 个模范职工小家。年底向全国推荐模范职工之家 1 个、职工模范小家 2 个，向省推荐模范职工之家 5 个。1999 年，为庆祝五一国际劳动节，各级工会组织纷纷举办职工趣味运动会等，激发了职工的参与热情和工作热情。

株洲市总工会历任负责人名录

表 21-1

主席（主任）	任职时间	副主席（副主任）	任职时间
吴占魁	1951.7 — 1953.4	樊辛酉	1953.1 — 1956.7
任德永	1954.2 — 1956.7	原学仁	1953.4 — 1956.7
武　耀	1956.8 — 1957.3	庞文述	1956.5 — 1957.8
魏永平	1957.3 — 1960.4	赵家斌	1961.8 — 1967.10
郭冶平	1960.4 — 1961.5	郭润阳	1960.4 — 1961.2
王宗胜	1961.5 — 1973.6	林书江	1961.8 — 1978
王志歧	1973.6 — 1978.1	许云秋	1974.6 — 1978.6
刘福生	1978.9 — 1982.12	周光海	1974.6 — 1978.6
袁继馨	1982.12 — 1985.1	王树秋	1974.6 — 1975.12
楚　楚	1985.1 — 1990.7	刘春台	1974.6 — 1978.6
万　宁	1990.7 — 2000.12	刘　洁（女）	1974.6 — 1982.12
–	–	李蜀安	1974.6 — 1978.6
–	–	吕保湘	1974.6 — 1978.6
–	–	陈志高	1975.6 — 1978.6
–	–	袁继馨	1978.6 — 1982.12
–	–	易庚华	1978.6 — 1985.1
–	–	史家鸾（女）	1980.1 — 1983.9
–	–	陈　岳（兼）	1980.1 — 1982.12
–	–	刘铁强	1982.11 — 1992.8
–	–	张静缺（女）	1983.7 — 1992.4
–	–	龙玉良	1985.10 — 2000.12
–	–	邹东元	1986.8 — 1997.5
–	–	潘凤歧（女）	1992.4 — 2000.12
–	–	尹来彬	1998.5 — 2000.12

第二章　农民团体

第一节　中华人民共和国成立前的农民团体

农　会　民国1年（1912），根据国民政府农林部“农会暂行章程”规定，茶陵、醴陵和原属湘潭县的株洲、马家河、三门、朱亭、淦田等区建立过县（区）农会（醴陵于翌年撤销）。其宗旨为：“以图农事之改良发达”，倡导畜牧业，“并拟具白话布告张贴”“派人分赴各地演导，并拟邀集同人组织畜牧公司，以资提倡”。民国6年（1917）3月，湖南公署以省长谭延闿名义，指令茶陵县农会会长周宣光“切实举办”“并将以后畜牧情况据实具报”。

民国13年（1924），国民党湘潭县党部指出，农会“成立日久，成绩毫无”，应予筹备改选，并分5路推举改选委员，株洲、朱亭等东路推举林益卓为改筹委委员。同年，实行国共合作，建立新的“农民协会”，原来的旧农会终止活动。

民国20年（1931），国民党醴陵县党部奉命组建农会，并由财政拨出专门经费，到民国35年（1946），5次更换“干事长”，并将“干事长”改名“理事长”。是年湖南省政府发出通令，将醴陵县农会定为“示范县农会”。

上述农会，表面上以“发展农民经济，增进农民知识，改善农民生活，而图农业发达”为宗旨，实际为地主所持，并不代表农民利益。

农民协会　民国14年（1925）5月，经湘潭县知事公署批准，株洲八叠乡（芦淞区曲尺乡八叠村）成立“湘潭县东一区八叠乡农民协会”，由共产党员汪先宗任总干事。这是境内第一个农民协会，也是全省最早的农民协会之一。不久，毛泽东从韶山派共产党员贺尔康到株洲、三门、朱亭、淦田一带从事组建秘密农民协会工作，这些地方农协组织迅速建立起来。其时，国民党湘潭县党部称八叠乡是“东一区农民运动模范第一乡”。

民国14年（1925）冬，中共湖南区委分别从株洲、醴陵、株萍路选派共产党员罗哲、张明生、谢福初、袁德生等到广州农民运动讲习所学习，结业后开展农民运动，组建秘密农民协会。醴陵张明生在西一区栗山坝、攸坞一带先行试点，到民国15年（1926）2月，组建醴陵农村第一个农民组织——攸坞村农民联合会。后改为醴陵西一区第一乡农民协会。在这同时，中共安源地委书记汪泽楷（醴陵人）先后派醴陵籍共产党员刘义、旷德喜、袁品高、李人桃、唐德秋等10余人回醴陵，以开办农民夜校、提高农民文化知识为由，在西一区、北二区等地组建秘密农协；袁德生在姚家坝、板杉铺铁路沿线组建秘密农协。到是年6月，该县已建立基层秘密农民协会40多个，会员1.7万余人，为全省之冠。

同年4月，中共湖南区委以国民党湖南省党部农民部的名义，派共产党员何键础（鄠县人）、潘鹏举（湘潭人）分赴酃县、攸县发展党组织与组建秘密农协，何组建酃县第一个乡农协——龙潭乡农民协会，自任委员长。潘在攸县建立中共攸县支部，并在新市、皇图岭等地发展农协组织。是年6月，北伐军叶挺独立团首战攸县渌田告捷，随即进入县城，帮助攸县建立国民党县党部，公开建立区乡农民协会。与此同时，中共湖南区委派周振汉、杨孔万、陈汤、刘复汉等人，以省农运特派员的身份分赴攸县、茶陵、酃县指导农民运动，发展农协组织。7月，北伐军攻克泗汾，进驻醴陵，醴陵农协公开发展。大部分区、乡早已成立农协组织，北伐军一到，发展更快。中共醴陵地委以国民党醴陵县党部名义，于7月26日召开全县农民协会代表大会，正式成立“醴陵县农民协会”，选举孙小山为委员长、唐寄凡为副委员长。攸县、茶陵、酃县分别召开农协代表大会，成立县农民协会筹备处或农民协会，株洲附近各区乡也相继成立农协组织。各县农协成立后，旋即开办“农民运动研究所”“讲习所”或“训练班”，培训600多名区乡农协骨干，境内农协组织迅猛发展，会员达10万人以上。是年12月，省党部在长沙召开全省第一次农民代表大会，株洲区和醴陵、攸县、茶陵、酃县及株萍路农协派出11名代表出席这次代表大会。会议之初，大会资格审查委员会发现酃县农民协会沿用“国民党酃县农民协会”印章，大会对此不予承认。会后，决定派共产党员朱子和去酃县重建农民协会，成立由朱子和任主任的“酃县农民协会筹备委员会”。这次大会，决定醴陵县代理县长潘疆爪为湘东农协总监，负责指挥湘东各县农协工作。

民国16年（1927）1月底至2月初，毛泽东考察醴陵农民运动，先后到县城、东富寺、龙凤庵、渌口进行实地考察。对醴陵农民运动给予高度评价，并就整顿农协组织、选拔培养农协领导骨干、组建农民自卫军以及如何对待有缺点的农民等问题作出重要指示，这对醴陵及整个湘东农运产生极大影响，湘东农协组织得以健康、迅猛发展。4月，境内40多个区、660多个乡普遍建立农民协会，农协会员约50万人以上。

5月，长沙发生“马日事变”，逃往湘西的湘东保安司令罗定率部窜回湘东，同反动豪绅、军阀勾结一起，残酷镇压农民运动，各级农民协会全被摧跨，大批农协骨干惨遭杀害，农民协会停止活动。

贫农团、雇农工会 民国16年（1927）7月，醴、株、攸、茶、酃中共组织，在极端困难情况下，串连大革命失败后隐蔽下来的农协骨干与积极分子，恢复农会组织活动。后来，党组织发动这批农协骨干和积极分子组成秘密农民武装，直到发起株洲、醴陵秋收暴动和年关暴动，才予公开。暴动失利后，醴陵农民武装化整为零，分散到南四区、南三区、西一区、西三区、北二区等地继续从事秘密农协串连活动，有的建立农会小组，有的成立“贫农团”。后来这些地方在农会、贫农团基础上，成立区乡苏维埃政府。到民国17年（1928）4月国民党派军队镇压才解散。

民国19年（1930）冬，攸、茶、酃红色区域连成一片，成立县区苏维埃政府，将农会改为“贫农团”，作为苏维埃政府领导下的群众组织之一。到民国21年（1932）7月，茶陵有贫农团323个、会员6010人，攸县当年发展贫农团7个、会员178人，酃县发展4个、会员389人。同年，湘赣省委、苏维埃政府决定成立雇农工会，并于12月在江西永新县城召开全省雇农工会代表大会。茶、攸、酃均派代表参加。大会通过的“政治决议”案规定，雇农工会会员必须参加“贫农团”，但雇农工会有权领导“贫农团”。当时雇农工会和贫农团主要任务是负责领导农民平分土地和“查田运动”，带头参加红军与发动群众购买公债、支援红军和革命战争。到民国22年（1933）苏区沦陷，这一组织才逐渐解散。到民国23年（1934）夏，苏区全部沦为白区而停止活动。

地下农会　民国37年（1948），醴陵、攸县等地建立中共地下组织，成立县区工委的区乡，开始秘密组织“贫农团”，有的地方称“贫雇团”，有的称“农会小组”，后来统称“地下农会”。到民国38年（1949）夏，醴陵城区、西二区、西三区、北二区、南三区、南四区，攸县黄丰桥、峦山、皇图岭、新市、西乡、渌田等17个乡以及株洲、马家河、朱亭等地共成立地下农会（小组）400多个，发展地下农会会员7万余人。当时地下农会主要任务是：发动群众开展“反三征”（反征兵、反征粮、反征税）、“两抗”（抗租、抗债）斗争，建立秘密武装，开展统战工作，分化瓦解敌人营垒，打击反动势力，保护国有粮仓、桥梁设施和散发布告传单等宣传品，筹粮筹草，作好迎解支前准备。

第二节　中华人民共和国成立后的农民团体

农民协会　中华人民共和国成立后，地下农会得以公开身份，自动挂出“××保农民协会”的牌子。在1949年10月1日，庆祝中华人民共和国成立时，各地农民打着农民协会旗帜，抬着毛泽东主席、朱德总司令的画像，敲锣打鼓，游垄串冲欢庆。同年11月和1950年年初，中共各县县委、县人民政府在发动群众开展减租退押运动中，决定成立县农民协会，由县委书记或县长兼任主席，并指示基层召开农民代表大会，成立农民协会。1950年3月10日，中共湖南省委发出“在减租退押中取消保甲制度的指示”中指出：“凡是已有农协组织与一定群众基础的地方，可直接取消保甲，而以农民协会代替之。”从而把农民协会作为接管旧政权和行使农村新政权的权力机构。同年6月20日，中共湖南省委作出农村废除保甲建制，建立乡级政权机构的决定，在各乡人民政府成立同时，乡农民协会也作为行使政权的权力机关。据醴、攸、茶、酃4县统计，到1950年7月有498个乡成立农民协会，会员约40万人。

农民协会在协助政府开展减租退押、清匪反霸、生产渡荒、抗美援朝、镇压反革命、土地改革等斗争中发挥骨干作用。1952年完成土改复查后，于同年冬和1953年春，在农村公开发展中共党员，建立党支部。从此，农村由党支部领导一切。当时正值普遍开展农业互助合作运动，农村各项活动以农业生产合作社、互助组活动为主，农民协会活动逐渐停止，牌子保留到1956年撤区并乡才撤销。

贫农下中农协会　1963年，醴陵、攸县、茶陵、酃县配合社会主义教育活动，在部分社队建立“贫下中农小组”。同年12月，上述4县及株洲市郊区分别成立“贫下中农委员会筹备委员会”。

1964年1月，中共湖南省委印发《湖南省农村人民公社贫下中农委员会组织章程（草案）的通知》指出：“农村人民公社贫下中农委员会，是在党的领导下的贫下中农的阶级组织”“在巩固无产阶级专政的整个历史时期内，将长期存在。”同年3月，省委召开第一次贫下中农代表大会，成立“湖南省贫下中农协会筹备委员会”，株洲市郊区、醴陵、攸县、茶陵、酃县派出54名代表参加会议。

1964年6月，中共中央颁布《中华人民共和国贫农下中农协会组织条例（草案）》。1965年，株洲市、醴陵、攸县、茶陵、酃县分别召开贫下中农代表大会，成立由县委书记任主任的“贫农下中农协会委员会”，设立常设办事机构“贫协办公室”，配备专职干部，接待来访和办理打击报复贫下中农的控告、投诉案件等。农村人民公社、生产大队相继召开“贫协”代表大会，成立社队“贫协委员会”，生产队成立“贫协小组”。有90%的贫下中农参加“贫协”组织，会员人数近100万。

农代会 “文化大革命”中，农村在实现“革命大联合”时成立过“农代会”。有的地方“农代会”一度替代“贫农下中农协会”组织活动。1968年，株洲市、株洲县、醴陵、攸县、茶陵、酃县分别召开第一次“农代会”代表大会，选举产生“农代会”正副主任及委员、常委。各公社、大队也相继成立“农代会”。1969—1975年，各县先后召开过农民代表大会（有的县也称作“贫协”代表大会）。在筹建县级权力机构——革命委员会时，“农代会”负责人作为不脱产“群众代表”进入市、县、区革命委员会任委员、常委或副主任。由于“贫协”组织健全，农村保持稳定，各项活动照常运转。1969—1975年，各县开过多次贫农下中农代表大会，商讨农业学大寨，组织“贫下中农毛泽东思想宣传队”，进驻农村中小学校领导“教育革命”。“文化大革命”结束后，“农代会”自行消失。1978—1982年，农村推行联产承包责任制，“贫协”组织相继停止活动。

第三章　青年团体

第一节　共青团

一　组　织

民国11年（1922）8月，株洲铁路工人刘步卿在安源由周镜泉介绍加入社会主义青年团，是境内第一名团员。同年秋，中国社会主义青年团湘西执行委员会委员、组织部主任李立三回醴陵开展建团工作，在县立中学、县立女校和开元学校发展李秀泉、王德泉、吴章言、李祇欣4名进步青年入团，并成立境内第一个团小组。民国12年(1923)2月，成立社会主义青年团株洲支部，称安源第六团支部，隶属团安源地委领导，由刘步卿任团支部书记，为境内第一个团支部。

民国13年（1924）冬，中共安源地委书记汪泽楷回醴陵发展党组织，在开元女子中学发展一批团员，成立“中国社会主义青年团醴陵特别支部”，代号“李录之”，隶属团安源地委领导。民国14年（1925），团三大召开后，团安源地委和团湖南区委对株洲团支部进行整顿，改名为中国社会主义青年团株洲特别支部，代号“宋祝之”。株洲特别支部成立后，先后组建“青年学艺社”“青年娱乐社”“青农运动”等活动团体。

民国15年（1926）6月，北伐军进驻攸县，7月进驻醴陵。广大青年积极支持北伐战争，投入大革命运动。6月底，中共攸县地方执行委员会决定成立共产主义青年团攸县支部，到年底团员发展到70多名。同年7月，300多名醴陵青年学生和工人参加平民救国会，团组织活动由地下转为公开。8月，根据团湖南区委决定，醴陵特别支部改为中国共产主义青年团醴陵地方委员会，有团员185人，曾述之、吴章言相继任书记，直属团湖南区委领导。民国15年（1926）7月，茶陵团支部成立；8月，酃县特别团支部成立。“马日事变”后，这些组织均遭破坏，停止活动。

民国16年（1927）11月，刘寅生回酃县恢复团组织，并指定张平化为临时负责人。民国17年（1928）1月，共青团醴陵县执行委员会成立，4月遭到破坏。3月，中共酃县县委批准成立共青团酃县委员会，团员70余人。民国19年（1930）10月，共青团攸县县委成立，茶陵县七地、腰陂等地团组织恢复。民国20年（1931）9月，少共湘赣临时省委成立，共青团攸县县委改名少共攸县县委，团员301人。冬，共青团茶陵县委改名少共茶陵县委。民国21年（1932）2月，共青团酃县县委改名少共酃县县委，是年10月底有团员609人。

民国21—24年（1932—1935），攸县、茶陵、酃县苏区先后失陷。在此期间，团的活动受到限制甚至完全停止。

民国24年（1935）11月，中共中央发布《关于青年工作的决议》，把先进青年的群众组织——

共青团，改造为青年抗日救国组织，团组织得到迅速恢复和加强，迅速投入抗日救国运动。

民国38年（1949）1月，中共中央决定建立中国新民主主义青年团。中共醴陵地下党组织开展建团工作，发展一批先进学生入团，建立5个团支部。5月，酃县开始秘密建团活动。

1949年10月，新民主主义青年团株洲镇工作委员会成立，王连福任书记，隶属团湘潭县工委领导。到1952年，株洲市共有团员748名。

1956年3月，株洲市升为地级市，团市委直属团湖南省委领导。当年，全市共有团员6575名，基层团委9个，团总支22个，团支部418个，新发展团员1811人。1957年5月，中国新民主主义青年团三大召开，改名为中国共产主义青年团，团市委随之更名为共青团株洲市委。当年，全市有团员14107名，基层团委9个，团总支23个，团支部639个。

1965年，株洲县成立，株洲市辖范围扩大，其时全市共有团员27313名，基层团委82个，团总支93个，团支部1465个，新发展团员8612名。

1983年6月，醴陵、攸县、茶陵、酃县4县团委划归团株洲市委领导。当年，全市共有团员116722名，基层团委318个，团总支247个，团支部5810个，新发展团员15607名。1990年，全市有基层团委403个，团总支369个，团支部6472个，团员155279人。1995年，全市有团员20万名，其中，女团员86010名、少数民族团员1896名、农村团员60915名。到1999年，全市团员总数达20.2万名。2000年，发展新团员2万余名。

二　代表大会

1953年8月，株洲市第一次团代表大会召开，成立中国新民主主义青年团株洲市委员会，选举王连福为书记。

1954年5月，市第二次团代会召开。出席大会正式代表183人，实到161人，列席代表12人。大会听取并讨论团市委副书记张振宾作《动员起来，为建设一个伟大的社会主义国家而献出力量》的报告。市委宣传部长杨中申代表市委作政治报告。大会选举产生13名团市委委员，王连福再次当选为书记。

1956年7月，市第三次团代会在栗树山完小召开。大会正式代表170人，实到157人，列席代表18人，听取并讨论王守彪所作的工作报告。市委副书记任之到会作指示。大会选举出13名第三届团市委委员，选举王守彪为团市委书记。1959年4月，市第四次团代会在工人文化宫召开。大会正式代表500人，实到487人。大会听取并讨论杨佩荣作《鼓足冲天干劲，大闹技术革命，努力提高本领，在实现1959年更大更好更全面的跃进中发挥先锋突击作用》的报告，选举第四届团市委委员16人，杨佩荣、李克勤当选为副书记。1960年5月，市第五次团代会在工人文化宫召开，出席大会的正式代表500人，列席100人。市委书记刘质毅到会，大会听取并讨论杨佩荣作《在党的绝对领导下、更高举起毛泽东思想红旗、带领全市青年，为实现一九六〇年更好更全面的持续跃进而英勇奋斗》的报告。大会通过《关于开展高标号高速度跨进61年，红旗突击手竞赛活动》的决议。

大会选举产生第五届团市委委员 33 人，常委 9 人，杨佩荣当选为书记。1965 年 5 月，第六次团代会在株洲影剧院召开。大会正式代表 477 人，列席代表 104 人。市委副书记张厚在会上讲话。大会听取并讨论余清源作《高举毛泽东思想伟大红旗，带领青年积极投入三大革命运动，为促进青年革命化而斗争》的报告。大会表彰 97 个“四好团支部”，会上有 26 人作典型发言。大会选举产生第六届团市委委员 43 人，常委 9 人，余清源当选为书记。

1966 — 1972 年，因“文化大革命”运动，团市委机关工作瘫痪。1973 年 4 月，市第七次团代会在影剧院召开。出席大会正式代表 710 人，红卫兵列席代表 40 人，特邀代表 15 人。市委书记高继唐向大会作形势报告，市委副书记、市革委会第一副主任朱远明致开幕词。大会听取并讨论唐曼珊作《生气勃勃地开展共青团工作，更好地培养和造就无产阶级革命事业接班人》的报告。23 位代表在会上作典型发言。大会选举产生第七届团市委委员 65 人，常委 9 人，唐曼珊、朱冬林当选为正、副书记。1978 年 11 月，市第八次团代会在影剧院召开。大会正式代表 730 人，特邀列席代表 67 人。市委副书记、市革委会第一副主任朱远明向大会致词，团省委副书记陈岱满在会上讲话。大会听取并讨论朱冬林作《全市团员青年动员起来，破除迷信，解放思想，为高速度地实现四个现代化贡献青春》的报告。大会选举产生第八届团市委委员 64 人，常委 12 人，朱冬林当选为书记。1981 年 12 月，市第九次团代会在影剧院召开。大会代表 400 人。市委书记朱远明，团省委副书记胡梦琪在开幕式上讲话。大会听取并讨论朱冬林作《动员和带领全市青年，将火红的青春贡献给振兴中华的伟大事业》的报告。大会通过《全市共青团员、青少年积极行动起来，争当建设社会主义物质文明和精神文明的先锋》的号召书。选举产生第九届团市委委员 45 人，常委 11 人，朱冬林当选为书记。1986 年 3 月，市第十次团代会在桥东饭店召开。出席大会正式代表 377 人，特邀代表 4 人。团省委书记李建国和市委书记曹伯纯到会讲话，大会听取并讨论李微微作《锐意改革，为振兴株洲经济建功立业；奋发向上，在四化建设中做“四有新人”》的工作报告。大会选举产生第十届团市委委员 55 人，常委 9 人，李微微当选为书记。

1991 年 3 月，市第十一次团代会在市桥东饭店召开。出席大会代表 296 名，列席代表 6 名。市委副书记袁授铭、共青团湖南省委副书记刘之明在开幕式上讲话，市委书记周吉太在开幕式上致词，团市委书记黄兰香作《继往开来，团结奋进，迈上“八五”期间共青团工作新台阶》的报告。大会选举产生第十一届团市委委员会委员、常务委员，黄兰香当选为团市委书记。1996 年 3 月，市第十二次团代会在天台山庄举行，会议审议和通过共青团株洲市第十一届委员会工作报告，选举产生第十二届团市委委员会，张亚军任团市委书记。

三　主要活动

（一）政治思想教育

1955 年 6 月，团市委发出《关于对青少年进行共产主义道德思想品质教育工作的意见》，开展宣传教育活动，集中组织有 7223 名青少年参加的 3 次大型报告会。1957 年，团市委在农村、手工业中广泛开展“五好”（出工积极好，爱社如家、爱护公物好，学习技术、推广先进经验好，主持公道团结好，斗争积极保卫胜利果实好）为主要内容的社会主义教育活动。1960年3月，团市委发出《关于动员组织全市团员、青年开展学毛泽东著作运动的意见》，要求建立一支9万人的学习队伍。同年6月，中国青年学习马列主义、毛泽东思想著作观摩团来株洲，举办16场报告、9次座谈会，有4.3万人参加。截至1973年，全市组织青年学“毛著”小组达3300个。1962年10月至1963年3月，结合全市社会主义教育运动，团市委向团员、青年进行形势、方向、阶级、总方针和国际主义、爱国主义教育。据城市3个试点单位统计，57.1%的团员青年参加运动。1963年2月，团市委发出《关于号召全市青少年学习雷锋同志事迹的通知》，翻印1.2万余册学习资料发到团支部，各基层团组织通过报告、讲座、出版专刊、组织展览、广播、资料剪贴、誓师大会、参观雷锋故乡等形式，宣传雷锋事迹。1977年，全市成立2000多个学雷锋小组。同年，《毛泽东选集》1～5卷出版发行，各级团干部带头宣传学习。全市64个县以上单位成立团委中心学习小组，于6月学完五卷。当年，成立1500多个马列学习小组和青年自学小组，5200人参加学习。举办学习班3300多期，建立政治夜校460多所，涌现近万名青年理论骨干。全市80%的团员青年通读《毛泽东选集》1～5卷，涌现一批学毛选典型。1979年2月，团市委制定《株洲市青少年“学习雷锋精神，树立社会新风”公约》，推动学雷锋活动常态化。3月4日，全市2万多名青年利用假日，分赴340多个点，开展学雷锋活动。同年3月，对越自卫反击战结束后，为积极响应市委《开展学英雄，见行动，搞四化，争贡献，增产节约竞赛的决定》，4月6日株洲冶炼厂等10个单位团委联合发出倡议书，号召全市团组织和青少年积极投入活动之中。全市青少年开展“四比四赛”（赛思想、比进步；赛干劲、比贡献；赛技术、比质量；赛团结、比遵纪守法）活动。市委于当年10月召开《加强青少年教育，整顿城市治安》动员大会，成立青少年教育工作领导小组。至翌年5月，全市有活动领导小组188个，召开动员会1197次，出黑板报4613期，有287个单位10040人参加了青少年教育报告会；全市有11所学校、10个商店、10个居委会、9个青工宿舍、1条线路的公交车开展了“五条龙”树新风竞赛活动，做好事15.32万件，全市成立青少年帮教小组1691个。这次活动中，团市委争取多安置4295名待业青年，新建青少年之家574个，图书室569个，电视室327个，活动室总面积达20344平方米。1981—1984年，团市委结合“五讲四美三热爱”活动，继续开展各种形式的学雷锋活动。1983年10月，团市委在青年中广泛开展读书活动，工矿企业成立5100多个青年读书小组，8万多名青工参加读书活动。1985年8月至1986年11月，为配合全国普及法律知识“五年规划”的贯彻，促进青年知法、守法，团市委组织学法、普法工作。同年8月，团市委举办专职团干“法制百题竞赛”活动，一年多时间里，各级团组织通过学习班、学习竞赛、演讲、咨询、模拟法庭等形式，组织30多万（次）团员青年学习《中华人民共和国宪法》《中华人民共和国刑法》《中华人民共和国婚姻法》《中华人民共和国经济合同法》和《中华人民共和国治安管理处罚条例》。1986年7月，基层团委组织以团支部为单位的法律知识竞赛。同年10月，团市委在20多个点同时举行片组选拔赛，250多个代表队750名青年参加。11月，在南方航空动力机械公司举行电视决赛，7个单位参加最后角逐。1985年9—10月，团市委进行全市团的工作大调查。分农村、城市、学校3个专题调查组，组织2000多名团干部组成385个调查小组，以团的工作状况、工作基础、工作对象为题，对全市400多个基层组织和78263人进行全面调查，撰写60多篇调查报告。调查结束后，于11月在湘东化工机械厂召开“发挥城市共青团工作优势”研讨会，就市带县新体制对加速经济发展和改革步伐的意见、实行市带县新体制后如何发挥中心城市共青团工作优势问题进行探讨。1987年3月至1988年2月，团市委与民政局联合在全市团员青年中开展“学雷锋、送温暖、树新风、做新人”活动。3.5万名青少年参加拥军优属、扶贫帮困、敬老助残为主要内容的社会实践活动。同年，团市委作出《关于在全市开展“团委工作争先夺旗，团支部工作升级达标”竞赛的决定》，在株洲硬质合金厂召开团的工作科学化管理现场会，在茶陵县召开农村团支部升级达标活动观摩、交流、研讨会。通过培养典型、推广经验、培训骨干、督促检查，94%团支部参加升级达标活动。1989年春夏之交，北京发生政治风波，团市委从稳定株洲、稳定青年出发，组织团干部深入青年当中做好工作。与此同时，各级团组织开展“让思想在岗位上闪光”“我们正年轻”“祖国在我心中”等系列文化活动，稳定青年情绪，提高思想认识。1990年2月，团市委发出《关于认真组织好我市青少年第一个“学雷锋活动月”的通知》。17日，团市委举行全市中、小学生“学雷锋、学赖宁”动员大会。28日，组织30多个单位200多名团员青年赴农村服务。

1991年，团市委切实加强基层整体化建设，各级团组织根据“以团员为主体，以支部为基础，以团委为主导，以阵地为依据，以活动为联结”的工作思路，以城乡社教为契机，加强团的思想建设、组织建设、作风建设和制度建设。全市创建乡、村两级团的活动阵地1856个，团的经费基地1088处，创办青年实用技术培训学校1300多所、业余团校200多所。同年10月30日至11月4日，湖南省团的基层整体化建设会议在茶陵县召开，团省委书记李建国代表团中央为南方航空动力机械公司团委颁发“全国先进基层团委”奖章。1992年，全市各级团组织组织团员、青年认真学习邓小平视察南方重要讲话和中共十四大文件，以建设有中国特色社会主义理论教育团员、青年，致力于强化改革开放意识。团市委开展的以掌握青工思想动态的“百地千点”调查活动，被团中央评为先进单位。同年，全市广泛开展团员民主评议活动，促进了团员思想素质的提高；全市各级团组织培训兼职团干达1000余人，市团校培训团干468人，提高了各级团干的业务素质。1995年1月，团市委举办全市首届成人仪式，开全省之先河。200多名18岁代表，在庄严的国旗下宣誓，极大地唤起了成年青年的爱国热情和责任感。同年5月，团市委联合市委组织部、宣传部、政法委开展“百名杰出青年”的评选、表彰活动，还评选表彰30名优秀少先队员辅导员，16名优秀幼儿教师。当年，团市委在青年学生中举办“我爱北京天安门夏令营”活动，创办《株洲青年》杂志，读者达4万多人。1997年，全市各级团组织通过举办知识竞赛、专题讲座、报告会等多种形式，深入学习十五大文献和邓小平理论，制定《1997—2000年株洲市共青团干部培训规划》。当年全市共举办各类培训班75期，培训团干1800多人，并选送60多名团干参加团中央、团省委举办的培训学习。学校团组织和少先队组织着重实施“跨世纪青少年素质发展计划”，广泛开展以大中专（技）校学生暑期“三下乡”活动和“大学生志愿者社区援助服务”为主体的社会实践活动，以“雏鹰假日小队手拉手文明行动”和“大、中学生‘讲文明、树新风’活动”为主体的社会公德教育活动。2000年，团市委组织“迈向新的世纪进行新的创业”株洲青年论坛活动、“18 岁成人仪式”“十五”计划学习讨论、“税收与未来”征文比赛、青少年网页设计大赛、支持北京申奥万名青少年联合签名活动、“青年文明社区反邪教行动”等一系列思想政治教育活动，进一步促进了广大团员、青年思想政治素质的提高。

（二）开展劳动竞赛

1953 年，团市委围绕城市基本建设，组织 2389 名青年民工，开展红旗竞赛活动。1955 年 3 月，团市委在硬质合金厂建立全市第一支青年突击队，有队员 40 人。1958 年“大跃进”中，全市工交、基建团组织，组织青年技术革新促进队、革新研究小组、奇迹兵团等，寻找生产关键，猛攻薄弱环节。1959 年，在工业战线青工中开展“大闹技术革新和技术革命，大搞增产节约，实现高产高质”的“两大两高”生产突击活动。1964 年 4 月，团市委召开青年社会主义建设积极分子代表大会，32 个“四好”团支部、23 个先进团小组、8 个先进班组、456 名青年社会主义积极分子、12 名“三好学生”、53 名优秀团干部受到表彰。1975 年，全市农村团组织成立 1600 多个青年突击队和 335 个“铁姑娘”战斗队，开展“农业学大寨”，治理近 6.67 万公顷荒地。1977 年，工矿企业团组织深入开展“工业学大庆”运动，采取高指标赛、流动红旗赛、对手赛、技术表演赛、献礼赛等形式，普遍开展“技术能手、革新能手、节约能手、突击能手”社会主义劳动竞赛。1979 年，为尽快把共青团的工作重点转移到社会主义现代化建设上来，在全市青年中广泛开展“争当新长征突击手”活动。6 — 9 月，组织工交、基建、财贸战线的团员青年开展“青工百日立功大竞赛”活动，28516 人参加，占青工总数 64%。1980 年，团市委会同市经委等单位组织第二届“青工百日立功大竞赛”活动，35368 名青工参加。在农村，1979 — 1980 年，开展以“七增二降”为中心内容的“青年生产队长”竞赛活动。1984 年 1 — 5 月，团市委在全市农村青年中开展“万户农村青年百业致富夺标”竞赛活动，落实专业户、科技示范户 9434 户。1984 年 6 月至 1985 年 4 月，组织参加全省“百业夺标竞赛”活动，全市夺标 7 万项，创价值 1922 万元。从 1985 年 7 月中旬开始，在全市青年中开展“八十年代小能人”评选活动，历时 4 个月，评出 250 个小能人和 10 名青年标兵。团市委、市经委、市科协和市总工会从 1983 年起，在全市各行业 35 岁以下青工、技术人员和管理人员中开展以小发明、小改造、小建议、小革新、小设计为内容的“五小”智慧杯竞赛活动。第一届“五小”智慧杯竞赛活动从 1983 年 1 月至 1984 年 4 月，20 万人参加，落实“五小”项目 3900 多项。第二届“五小”智慧杯竞赛从 1986 年 3 月至 1987 年 6 月，组织 20 多万名青工参加，完成“五小”成果 4000 多项，创经济效益 3000 多万元。第三届“五小”智慧杯竞赛从 1988 年 3 月至 1989 年 10 月，20 余万名青工参加，实现“五小”成果 2850 项。连续三届团市委被评为“全国青工‘五小’智慧杯竞赛先进单位”。新华社、中央电视台、中央人民广播电台分别介绍株洲青工“五小”活动情况。

1985 年下半年，团市委在部分大型企业中开展“青工岗位成才活动”试点，南方航空动力机械公司的经验被及时总结和推广。翌年 3 月，下发《关于在全市青年职工开展“岗位成才”活动的通知》，确定“立足岗位成才，争当行业能手”的工作目标。1987 年 4 月，在南方航空动力机械公司召开县以上单位党政领导、团委书记参加的青工岗位成才观摩会。同年 5 月 30 日至 6 月 2 日，团省委在南方公司召开“湖南省青工岗位成才理论研讨、观摩交流大会”，副省长俞海潮、团省委书记李建国充分肯定了株洲和南方公司青工“岗位成才”活动经验。1987年4月，市委、市政府批转团市委、市委组织部、市经委等14家联合下发的《关于在全市青年职工中开展岗位成才活动的意见》，成立市青工岗位成才活动领导小组，84个企事业单位亦相继成立领导小组。同年3月，市政府制定和颁布《株洲市全民企业岗位成才暂行条例》，成立岗位成才奖励基金会，设立岗位成才奖，规定岗位成才分岗位合格、岗位超等、助理技师、技师4个层次。全市70多个县以上单位制定相应条例。

1990年5月，团市委、市经委、财委、建委、乡镇企业局联合发出《关于在全市青工中开展“岗位学雷锋，争当主人翁，八手一队、骏马杯”劳动竞赛的通知》，全市21.8万名青工参加这一活动，占青工总数的90%，共组成青年突击队3400个，青年班组1850个，青年机台、柜台4672个，质量控制（简称“QC”）小组1420个，青年质量、安全监督岗964个，青年工程682项，创造“QC”成果、“五小”成果、管理成果2260项，青工义务奉献工时50多万个工日，整个活动累计创直接经济效益4500万元。同年7月，团省委、省经委在株洲硬质合金厂举办全省“八手一队”现场经验交流会。这次活动共评出104名市级能手，40支市级优秀青年突击队，8名省级能手，2支省级优秀青年突击队。1990年，国家科委、团中央命名刘爱勇、罗新果为“全国青年科技星火带头人”。农村青年“学技致富”活动向“科技示范户”发展，再向“农村青年科技星火带头人”方向发展，1万多名青年农民参加，涌现出许多“学技致富标兵”、农村青年“科技示范户”和“农村青年科技星火带头人”。1991年9月，团市委举办“八手一队”劳动竞赛成果展览，共有47个单位66块展板参展，团省委副书记刘立明参观了展览。1992年，团市委成立事业发展部，创办经济实体，并指导和帮助基层团委办好经济实体。在城市继续组织青工开展“岗位创造”活动。农村团组织以“青年星火带头人”为龙头，以“致富奔小康”为重点，以“学习实用技术”为手段，开展“学技致富”和“科技工程”活动，确立25个重点乡（镇）、307个重点村，带动全市近30万名农村青年学习实用技术。1993年，城市以“共青工程”为主线，深化岗位创造，共有青年路、青年炉等“青”字号工程2000多个。农村集中抓“青年科技示范户”活动，当年评出“青年科技示范户”4800户，农村青年科技标兵50名。是年，团办经济实体得到快速发展，全市共有团办经济实体500多家，其中具有一定经济规模的26家；农村有380多家，遍布40%的乡镇。1994年，在全市青工中开展“岗位能手”竞赛活动，并推介南方公司团委和玻璃厂团委组织青工开展竞赛活动的经验。同年，团市委下发《关于进一步推进我市“共青工程”建设活动的意见》，将活动引向深入。全市各单位共评出100多项优秀“共青工程”，评出第二批市级合格“共青工程”28个。1995年“青年岗位能手”活动继续深入，经总结评比，评选出全国青年岗位能手标兵1名，全国青年岗位能手2名，省级青年岗位能手20名，市级青年岗位能手200名，厂级青年岗位能手5000多名，团市委被评为全国青年岗位能手“优秀组织奖”。农村青年“学技致富”成果喜人，涌现出146名青年致富带头人，其中13人被评为市级青年星火科技带头人。1996年，全市加大青年科技培训力度，城市青工培训总数达6000余名。推行青工导师制度以来，共召开200余场导师带徒签约会，评聘近5000名青工导师，6000余对师徒喜结对子。农村各级团组织共举办各类科技培训200多场，印发学习资料6万多份，组织经验交流80多场次，受训人员达5万多人次。1997—1998年，团市委以“实施跨世纪青年人才工程为总揽、以狠抓青年岗位能手活动为抓手、以推行青工导师制度为载体”的思路，致力于提高青工的业务素质，取得显著成效。农村各级团组织致力于创建乡镇青年科技图书站，全市藏书5000册以上的图书站有34个，总藏书20余万册。1997年11月，全省共青团“强青工素质，促企业改革”工作会议在硬质合金厂召开，团市委书记张亚军介绍了株洲经验，团省委书记刘莲玉作重要讲话。与会代表还参观了硬质合金厂导师带徒现场以及日出江南（集团）公司下岗青工再就业现场和南方公司青工技术比武现场。1998年5月，团市委荣获由团中央、科技部联合颁布的全省唯一的“全国培养青年星火带头人活动十年成就奖”。1999年，全市培养了国家级青年星火带头人4名，省级12名，市级100名，并创建市、县两级青年科技图书馆120多个。2000年，株洲团市委选送的《立足创新创效，促进企业腾飞》的经验材料在《湖南共青团》第七期全文刊登。团市委还与市农办、市科委联合开展株洲市首届“十大杰出青年星火带头人”评选活动，树立了一批科技致富典型。

（三）文化体育与社会公益活动

1954年，株洲市成立青年业余剧团，次年业余剧团发展到5个。1956年，团市委与市体委联合举办各种项目运动会6次。1978年，团市委与市体委组织1000余名青少年开展“春节环城赛跑”活动。1980年5月，团市委与市广播局、市文化局联合举办全市基层单位广播歌咏会，通过车间、工厂、片组层层选拔，最后组织“株洲市群众音乐活动汇报周”。1980年11月，组织青年参加“湖南省第二次青年文学创作竞赛”，收到作品64篇，1篇在省里获二等奖。1981年3月，全市25万多青少年参加“五讲、四美”活动。1982—1984年，又组织第一、第二、第三个“文明礼貌月”活动。1985年1月，株洲火车站、市邮电局、交通局、建委等9家单位团委联合向全市团员青少年发出开展“迎宾月”活动的倡议，推广礼貌用语，共建文明单位，促进人人争做文明青年，全市78万多人次参加了这次活动。1986年，推进“城乡团组织横向联系，文明共建”活动，56个厂矿企事业单位团委与农村县、乡团委建立联系，316个城乡团支部开展文明共建活动，城市团组织纷纷给农村团组织赠书、赠物、传授科学技术，帮助农村团组织提高团的工作水平。1986年9月，团市委等6家单位发起“纪念红军长征50周年青年火炬接力赛”。同年12月，市委宣传部、团市委举办纪念“12·9”运动50周年系列活动，1000多人在工人文化宫举办联欢会。1987年2月，团湖南省委、团江西省委、团长沙市委、团株洲市委、团萍乡市委联合组织“营造纪念秋收起义60周年纪念林”活动，株洲有1500名团员青年参加，绿化荒山26.67公顷，栽种树苗10万株。1988年，团市委组织营造各类青少年绿化工程30余个，面积达1000公顷。1989年，在市体育馆举行“12·9”大型歌舞晚会，2000多人参加活动。1992年3月，在“学雷锋活动月”期间，团市委组织和实施“温暖工程”和“公益活动”，全市1万余名团员、青年上街开展“为您服务”活动。城市共青团组织开展“送几本书、捎一片情”活动，为农村青少年捐书35万多册和价值10万多元活动器材。同年，在全市实施“希望工程”事业，建立株洲市青少年发展基金会。是年，团市委举办“新城佳丽”艺术模特大奖赛。1994年，市“希望工程”获全市下拨救助资金47310元，救助失学儿童1577名。市青基会拿出6万元下拨各县（市），修复6所因当年洪水损坏的学校，使近6000名学生及时返校复课。是年年初，市青联、团市委联合下发《关于我市青年志愿者活动的实施意见》。5月13日，株洲在全省率先成立地市级“青年志愿者总队”，并向10支青年志愿者分队授了旗。6月，株洲发生百年一遇的特大洪水灾害，全市团员青年积极投身抗洪抢险第一线。在危险堤段上，活跃着300多名青年志愿者突击队。株洲县团委书记桂林带领106名青年“敢死队”在县城最危险的堤段上坚守了3天3夜。株洲冶炼厂、株洲化工厂等30多个单位的团员青年日夜奋战在危险的大堤上。株洲青年志愿者参加抗洪抢险的事迹得到新华社和《中国青年报》等媒体的报道。在救灾捐献中，全市青少年共捐钱140多万元，衣服7万余件，团市委被评为全市“抗洪救灾”先进单位。同年，团市委还与中共株洲市委政法委、市公安局等单位联合在320、106国道沿线开展旨在维护社会治安的“株洲市青年志愿者路安行动”。此做法得到团中央、团省委和中共株洲市委的高度赞扬，省电视台等新闻媒体进行了专题报道。1995年，“希望工程”在宣传、筹集、管理、救助四个方面均有所进展。全年为希望工程筹集30余万元，成立希望工程办公室，希望工程管理逐步规范化，救助规模进一步扩大。全年新增救助对象622名，捐建学校款达9.5万元，全年下拨款达18.21万元。同年，全市新增青年志愿者大队80支，稳定了全市“一助一”结对服务1600对，长年开展扶贫、帮困、敬老、助残、拥军、教育、宗教、环保、献血等活动，产生了良好的社会影响。1997年，团市委组织团员青年积极参与社会治安综合治理，推出青年志愿者“向毒品宣战”，创建“青年文明监督岗”和“希望工程”三项举措，并成立青年志愿者禁毒队，组织全市“热爱生命，远离毒品”演讲赛。这年的希望工程共拨款19.20万元，救助失学儿童533名，援建希望小学5所。青年希望工程1（团支部）+1（助学行动）捐款共33万元。团市委还举办了“庆回归庆六一”交响音乐会、“庆回归”大型群众文艺会演、万人长跑、大学生签名等活动。1998年，团市委在农村开展创建全国、全省青年绿色文明园活动，广大团员青年开垦宜林荒山、植树造林，为沿江沿河地区水土保持、水患根治做出了贡献。为支援遭受洪水灾害的岳阳重灾区，全市少先队员捐款5万元，衣服2万件，学习用品6万余件。湖南十大杰出青年农民龙秋华捐出100头价值1万余元的良种仔猪。各级团组织支援希望工程筹资达60余万元，累计下拨43万余元，救助学生3823名，特困下岗子女31名，希望小学9所。“一助一”志愿服务结对达2400对以上，团员青年自愿无偿献血达9000余人。1999—2000年，青年志愿者活动深入发展，先后有3万余人次参加了团市委组织的一系列青年志愿者行动，“爱心投递”工程已成为株洲市青年志愿者行动的品牌。希望工程稳步推进，市希望办积极做好湖南省希望工程明信片发行工作，共回收资金80万元，市希望办被评为全省希望工程先进单位。

第二节 青年联合会

1950年，株洲镇民主青年联合会成立。1953年2月，召开株洲市各界青年代表会议，有140人参加，成立株洲市民主青年联合会筹委会。1954年2月，株洲市首届民主青年代表大会召开，正式成立株洲市民主青年联合会（简称“市青联”），选举产生首届市青联委员39人，粟先光为代理主席。1957年，市青联成立工商界青年工作委员会，举办为期2个月的工商界青年业余政治学习班，31人参加。1958年4月，市民主青年联合会更名为市青年联合会。1959年，市青联在工商界召开“青年加强自我改造，积极为社会主义服务”誓师大会，动员青年投入社会主义各项建设。1961年，市青联组织22名青年参加各界人士政治学习班。同时，市青联组织100名工商界青年举办6次小型座谈会，学习时事政治。1962年9月，市青联第二届委员会第一次会议召开，选举委员53人，常委13人，杨佩荣当选为主席，胡仲枢、夏听聪、王椿龄为副主席。1954—1962年，市青联配合劳动部门做好社会青年就业工作，董家塅区215名社会青年，105人得到妥善安置。1958—1962年，市青联先后接待6个国家代表团30多名青年外宾和1个50多人的归侨青年参观团到株洲参观访问。

“文化大革命”期间，市青联停止活动。1979年，市青联二届委员会召开委员（扩大）会议，恢复市青联的活动。1981年12月，市青联第三届委员会第一次会议召开，选举委员55人，常委11人，朱冬林当选为主席，胡友松、江小也、钱新武、刘德桓为副主席。1983年7月，陈立平接任市青联主席。1986年3月，市青联第四届委员会第一次会议召开，选举委员59人，常委11人，杨平当选为主席，陈达青、张益群、彭泽南为副主席。

从1982年起，市青联以“青年社团”为首开展活动，广泛团结青年。1988年“五四”前后，市青联与市政协青年组、团市委一起在全市发起评选“株洲市十大青年新闻人物”活动，评出10位省内外有影响的青年新闻人物。1989年，市青联考察团赴酃县调查7天，向当地有关部门提出合理化建议，撰写近万字调查报告。同年10月28日至11月5日，市青联与市政协青年组组成少年犯罪情况联合调查组，深入学校、少管所和公、检、法、司等部门，对少年犯罪的原因、性质和发展趋势撰写调查报告。1990年7月15日至8月16日，市青联组织10名青年开展“骑松鹤，迎亚运”活动，骑着湘华机械厂捐赠的“松鹤”自行车，历时15天，到达北京。同年10月，市青联组织20余名委员深入企业、车间、班组，对城市青年思想状况进行调查，撰写20余篇调研文章，对新时期怎样加强青年思想政治工作提出建议。

1991年，市青联组织全市青年积极参加全国青联组织的“全国十大杰出青年”评选活动。组织全市青年学习杰出青年候选人的先进事迹，全市共发行杰出青年候选人先进事迹专辑2万份。株洲冶炼厂优秀青年易铁鑫被评为湖南省“杰出青年”。1992年5月，为庆祝建团70周年，由团市委、市青联主办“株洲市首届青年文化节”，内容有农村青年歌手大赛、青年时装大赛、棋牌赛、国际舞赛、青年书法、美术、摄影展览及团的知识竞赛。活动吸引了全市10万青少年参与，参加各种演出和比赛的青少年达4000余人，全市95%的基层团组织，参加了1项或多项活动，500多名团员、青年受到表彰。同年9月，以市青联为主，组织中国青年广告模特大奖赛暨“新城佳丽”大奖赛，活动历时1个多月，共决出20名佳丽——“牡丹小姐”。选送前10名参加全省比赛，有8名选手进入决赛，其中有2名分别获第一和第三名，株洲市荣获“最佳组织奖”。1993年，在《关于国营大中型工业企业转换经营机制条例》颁布一周年之际，市青联组织40多名青年企业家开座谈会，提出合理化建议20余条。当年3月18日，市青联组织成立了“株洲市青年企业家协会”，90多个经济实体的负责人加入协会。3月，召开第一次会员大会，选举陶一山为会长，并策划一系列大型活动，成功组织香港动物园的海豚到株洲表演。同年5月，开展“株洲市十大杰出青年”评选活动，将30名候选人的情况刊登在《株洲日报》上，向全社会发出近10万张选票，经过2个多月的组织评选，首推张锋、张家满、江宾奴、顾东来、帅晓梅（女）、尹新辉、吴育娟（女）、张爱武、王丽香（女）、余建平为“十大杰出青年”。同年12月，召开株洲市青联五届一次全体会议，108名青联委员参加，会议民主选举产生了新一届青联领导班子，黄兰香当选为主席，吴再德当选为执行主席。1994年，市青联根据中共株洲市委指示，经过层层推荐、评比，公路总段“马路天使”古启军、株洲铁路水电段嫉恶如仇的王和平、建设银行“金融卫士”傅江洪、电力机车厂勇攀科学险峰的杨颖、南方公司福利厂轮椅上的钳工陈致远、红达实业总公司的彭达义、醴陵嘉树乡农民企业家许君奇、一医院“白衣天使”易小红、郊区信用联社的郭建军、工商银行最佳揽储能手刘新建等10位青年被评为株洲市第二届“十大杰出青年”。1996年9月，市青联在市中心广场举行全市10大窗口行业青年文明号卡首发仪式。同年10月1日，又在中心广场举办18岁成人仪式和万人签名仪式。1998年，市青联组织8名青联委员赴广东参加“庆五四湘赣粤港四地青年交流联欢活动”；市青联、青企协举办“株洲经济论坛”，就建立现代企业形象设计等问题进行交流和探讨。1997年和1999年，市青联与团市委先后开展株洲市第三届和第四届杰出青年候选活动。2000年3月，与团市委联合召开全市“青年文明号”工作会议暨株洲市“十佳青年文明号”命名表彰大会。授予株洲市房产局招待所等十个集体“十佳青年文明号”称号；授予株洲市地税局团委等十家单位创建“青年文明号”活动优秀组织单位；授予醴陵市公安局巡警大队等231个集体市级“青年文明号”称号。

1982年4月，株洲电力机车工厂几名青年自发成立全市第一个青年社团——成才文学社。市青联认为青年社团是适应青年求知、求乐需要的一种有效形式，把发展青年社团作为市青联一项主要任务。本着“热情扶持，正确引导，严格管理，搞好服务”的原则，大力发展青年社团。1990年，全市青年社团2012个，成员2.5万多人。青年社团发展经历文学社团，趣味体育类社团，科技管理社团和各种实体型、自立型社团等4个发展阶段。1988年，全市1851个社团中，文学社团61家，科技社团342家，管理社团201家，兴趣体育社团245家，研究社团272家。青年社团办有各种刊物小报108种，青年社团形成市、县（企业）、乡（车间）三个层次，普及面大，覆盖率高。《工人日报》《中国日报》《内参选编》和中央电视台等新闻机构先后就株洲市青年社团活动作了专题报道。1988年11月，在上海国际交流中心召开的共青团工作会议上，市委副书记陈满之介绍株洲青年社团活动经验，株洲市被评为“共青团全国文化工作先进单位”。1993年，市青联以求实创新和有效管理青年社团工作为重点，青年社团发展到2527个。

第三节　学生联合会

民国8年（1919），“五四”运动在北京爆发，攸县、醴陵等地进行示威游行，声援北京学生爱国行动。“五四”期间，一批在长沙求学的攸县学生组织“赴攸讲演队”，到攸县演讲宣传。6月13日，醴陵县立中学和遵道中学近千名学生举行罢课。民国12年（1923），“醴陵县学生联合会”在城区吴家巷秘密成立，王德泉任主席，是境内最早的学生组织。同年，醴陵县进步学生成立“社会问题研究社”，创办《前进》周刊，宣传马克思主义，揭露封建主义和军阀罪行，鞭挞时弊。民国13年（1924），醴陵团组织和学联组织发起抗议美国遵道会的扩张行径。

民国14年（1925）5月，英、日帝国主义在上海、青岛屠杀中国工人和学生，制造震惊中外的“五卅惨案”。醴陵、酃县等地学生示威抗议。醴陵县成立“青沪惨案湖南雪耻会醴陵分会”，印发《为青沪惨案敬告同胞书》，发动青年学生上街游行示威，组织学生纠察队到车站、码头、商店查禁英、日货物。1926年7月，在北伐军的帮助下，成立“醴陵学生联合会”，同年10—12月，“攸县学生联合会”“茶陵学生联合会”“酃县学生联合会”相继成立。民国16年（1927）“马日事变”后，各县学联相继停止活动。

民国26年（1937）7月，抗日战争爆发。攸县、酃县等地学生开展抗日宣传活动。至民国27年（1938），先后有“攸县1937年暑假学生抗日服务团”“酃县学生寒假抗日服务团”“攸县北乡学生抗日宣传队”“攸县抗日歌咏队”“攸县人人救亡队”等学生抗日宣传组织，教唱进步歌曲，贴写标语，办壁报，出画报，宣传抗日救国道理。民国29年（1940），清华大学学生、湖南省银行酃县支行行长宋绍尧发起“抗日剧团”，排演剧目宣传抗日。民国33年（1944）5月，日寇发动“湖南会战”。6月24日，攸县县城沦陷，一些在乡的青年学生，组织学生服务队，担负起维护一方生命财产安全的责任。

解放战争时期，醴陵、攸县、茶陵、酃县等地青年学生在共产党的领导下，开展“反饥饿、反迫害、反内战”宣传运动，参加反蒋示威，向民众宣传“要自由、要民主、求解放、建立新中国”等思想，启发人们阶级觉悟。

中华人民共和国成立后很长一段时间里，株洲没有学联组织。学联工作由团市委学校工作部或学少工作部代理。

1987年12月，团市委协助召开“株洲市学生联合会第一次代表大会”，宣布株洲市学生联合会成立。大会听取团市委副书记杨平所作《育“四有”新人，“三个面向”是指针，当积极进取，创新局面待吾曹》的工作报告，通过《株洲市学联章程》，市首届学联由42人组成，张成雷为学联主席，谭志明为秘书长。学联工作逐步走上正轨，市各校学生会工作也逐步恢复。

学联活动主要在各学校学生会中开展，在“五四”青年节、国庆节等重大纪念日，各学校学生会一般都组织发动学生在校园内开展书画、黑板报、演讲比赛、文艺表演、体育竞赛等丰富多彩的活动，提高学生热爱党、热爱祖国、热爱社会主义的思想觉悟和立志报国的远大理想，培养高尚的道德情操。学生会的活动都得到学校党政领导和学校共青团组织的指导和支持。1994年春季，团市委、市学联与合泰房地产开发公司联合举办“合泰杯”首届株洲市大中专院校辩论赛，经过初赛、决赛，于当年5月结束，株洲冶金工校、株洲教育学院分获第一名、第二名。

共青团株洲市委员会历任负责人名录

表 21–2

主　席	任职时间	副 主 席	任职时间
王连福	1952.12 — 1954.7	王连福	1951.7 — 1952.12
王守彪	1956.2 — 1958.9	张振宾	1954.2 — 1959.4
张宝瑄	1958.9 — 1959.4	黄秉东	1955.3 — 1957.11
杨佩荣	1960.5 — 1965.5	杨佩荣	1959.4 — 1960.5
余清源	1965.5 — 1968.11	李克勤	1959.4 — 1965.5
朱冬林	1968.11 — 1972.12	刘鼎中	1965.5 — 1968.11
唐曼珊	1973.4 — 1978.11	袁　芳	1965.5 — 1968.11
朱冬林	1978.11 — 1982.12	王　泽	1973.4 — 1978.11
胡友松	1983.7 — 1986.3	粟浦先	1973.4 — 1978.11（兼）
李微微	1986.3 — 1991.1	李树仁	1973.4 — 1978.11（兼）
黄兰香	1991.1 — 1996.3	胡友松	1978.11 — 1983.7
张亚军	1996.3 — 1999.6	邓丽芝	1978.11 — 1986.3
蔡典维	1999.6 — 2000.12	盛佑生	1978.11 — 1986.3
–	–	李微微	1983.7 — 1986.3
–	–	陈立平	1983.7 — 1986.3
–	–	綦治声	1985.1 — 1986.3
–	–	何先社	1986.3 — 1988.7
–	–	杨　平	1986.3 — 1993.11
–	–	常世雄	1988.7 — 1991.1
–	–	何先社	1989.7 — 1991.1
–	–	吴再德	1991.1 — 1995.12
–	–	王湘波	1991.3 — 1996.3（兼）
–	–	张亚军	1992.10 — 1996.3
–	–	蔡典维	1996.3 — 1999.6
–	–	文三忠	1996.3 — 2000.12
–	–	袁先华	1996.3 — 2000.12（兼）
–	–	兰　晖	1996.3 — 1997.5（兼）
–	–	蒋永清	1999.6 — 2000.12
–	–	江小忠	1999.6 — 2000.12

第四章　妇女团体

第一节　组织形式

一　女界联合会

清光绪三十二年（1906），张汉英首创醴陵女子学堂，在教学中宣传男女平等，妇女要争取受教育权、参政权和财产继承权，反对三从四德、反对包办婚姻、反对童养媳等。国民6年（1917），攸县相继创办了崇德女子小学、女子中学、女子师范、女子职业学校，妇女入学逐渐增加。民主革命先驱秋瑾，曾在石峰区荷花大冲屋场断断续续居住7年，常到农民家中劝妇女放足、读书。

大革命时期开始，妇女运动在中国共产党领导下，由个体活动转为群体活动。民国14—15年（1925—1926），各县、乡相继成立女界联合会，发动妇女学习文化知识，反对一切压迫妇女的封建枷锁，提倡放足、剪髻、废除童养媳制度，反对娶妾蓄婢。民国15年（1926）9月，醴陵女界联合会筹备会在文庙坪召开，1000多名妇女参加大会，正式成立醴陵县女界联合会，选举李祗欣为会长，李秀泉为副会长，各乡相继成立乡女界联合分会，同年冬全县有57个分会，会员6000余人。

攸县于民国15年（1926）8月，在北门龙家大屋召开有500多名妇女参加的大会。成立女界联合会，选举刘展昌、杨独清为正副会长。各区相继成立乡妇联，全县7个区、20多个乡成立妇女联合会，会员4万多人。

茶陵县于民国15年（1926）11月成立县女界联合会，谭道瑛、刘素云担任正副会长。同年12月27日，在县城滕王阁举行妇女大会。谭道瑛号召妇女冲破“十八层地狱”，从黑暗中解放出来，争取在政治、经济、文化上与男子平等。民国16年（1927）“三八”妇女节，县女联在县城文庙坪召开庆祝大会，会场张灯结彩，妇女带着孩子，带着干粮赴会。与会者达3000余人。特派员袁爽秋到会讲话，她说只有打倒土豪劣绅，铲除封建主义及反动势力，妇女才能获得真正解放。

民国14年（1925）12月，酃县在中共特别支部书记李却非和县长王发贵主持下，召开第二次妇女代表会，成立酃县妇女协会，选举凌翠贞为会长，霍九妹、谭春梅为干事。会议决定在各分会组织宣传队，宣传男女平等，放足、剪髻，禁止虐待童养媳，并规定各区乡农协要有妇女代表，法院判决妇女案件要通过妇女协会。至1927年1月，全县24个区、48个乡成立妇女协会。

女界联合会成立后，首先就是提高妇女文化知识水平和谋生技能，帮助她们从愚昧无知落后的状况下解脱出来。醴陵创办女子职业学校，由女界联合会文教委员丁树人任校长，课程设编织、印染、刺绣、缝纫4个班，分文科、家务科。女生白天做工，晚上学文化、教唱革命歌曲。学生入校一律不收学费，学费从劳动收入中解决。学生除学习生产外，还参加站岗放哨、调解纠纷、做妇女工作、学文化知识，力求懂革命道理、掌握生产技术等，受到社会普遍欢迎。女子职校办得较早的有易湘苏的兰苏女校等9所，勤工勤学，越办越好，深受欢迎。酃县中共特别支部在县城创办女子职校，聘请省妇代会代表余佩凡、孟润华、李少琼任教。攸县、茶陵也办起女子职校，入校学员说：走进女子职校，就像到了自由的天地。女校培养大批农运骨干、妇运骨干，为革命运动打下基础。

在“女联”的发动和组织下，妇女和男人一样斗地主、抓土豪、站岗放哨、传递情报、贴标语、搞宣传、查仇货。与此同时，还发动妇女放足、剪髻。攸县皇图岭“女联”主任刘八娘带头放足剪髻，还动员母亲、妹妹放足。酃县每逢赶集日，女联在墟场口设检查站，凡妇女缠足者一律须放足才能通过，经过强制与反复宣传，放足得以普及。放足妇女说：“搭帮女联使妇女减少痛苦。”女联还积极宣传禁止童养媳，反对包办婚姻，提倡自主婚姻，查禁鸦片，查禁赌博，禁嫖废娼等活动，提高妇女地位，社会风气亦大有好转。

民国16年（1927）4月，蒋介石发动“四一二”反革命政变，女联组织遭到破坏。民国17年（1928），随着各县中共重建组织，妇女组织亦相继发展。醴陵5个区35个乡设立妇女委员会，民国20年（1931）2月攸县成立妇女联合会，民国19年（1930）1月酃县和茶陵成立县苏维埃政府，均设立妇女部。妇女组织工作活跃，发动妇女参加打土豪分田地、慰问红军、支援前线、文艺宣传、交通运输、侦察敌情、送子参军等，做出很大贡献。

二　妇女联合会

（一）组织机构

1949年8月，株洲区建立民主妇女联合会，潘明理任主任。1951年7月，成立株洲市民主妇女联合会筹委会，时有干部5人。1954年4月，正式成立市民主妇女联合会，选举产生正、副主任各1人，设福利部、宣传部、生产部。1955年，增设办公室，时有干部9人。1956年，株洲升为地级市，市民主妇联成为正局（处）级机构。1957年12月，市民主妇女联合会更名为株洲市妇女联合会（简称“市妇联”）。1964年，市妇联增设农村工作部，干部增至13人。1966年“文化大革命”开始，机关工作处于瘫痪状态。1969年，市革命委员会群工组内设立妇女工作组。1973年8月，恢复市妇联机构，配备干部10人。1979年，恢复宣传部、福利部、办公室。1981年，增设托幼办公室。1983年机构改革，市妇联内设组宣部、维权部、儿少部和办公室，干部15人。1991年，市妇联设组织联络部、城乡工作部（法律顾问室）、宣传部、儿少部和办公室，共配备干部17人。1992年，市政府成立妇女儿童工作委员会，下设办公室负责日常工作，办公室设在市妇联，与儿少部两块牌子、一套人马。1996年，市妇女儿童活动中心成立，为市妇联二级机构，有事业编制20人。

1990年，将整顿农村基层妇女组织纳入农村社会主义思想教育工作当中。全市整顿妇女组织1475个，调整妇女干部42人。在城镇教科文卫机关，协助组建妇委会111个。1991年，全市152个乡镇已配备专职妇女干部148人。2229个村全部配备了妇代会主任，城市街道办事处也都配齐了兼职妇女干部。257个居委会已成立妇代会255个。党政机关、科教文卫等事业单位成立妇委会82个，作为妇联团体会员的各级工会女职工委员会已达到1011个。1993年全市有县级妇联10个（含河西开发区），乡级妇联170个，村级妇代会2620个，县以上科教文卫机关团体妇委会57个，乡镇企业妇委会320个，县以上单位团体会员288个。有专职从事妇女工作的干部232人（其中招聘干部57人）。全市基本上形成纵向到底、横向到边、条块结合、富有特色的妇女组织网络。

（二）代表大会

1954年4月，召开了株洲市妇女联合会第一次代表大会，选举产生株洲市妇女联合会第一届执行委员会。尔后，1958年4月、1961年12月分别召开了第二、第三次妇女代表大会，选举产生第二、第三届执行委员会领导成员。

“文化大革命”开始后，市妇女联合会停止活动。1973年8月，恢复株洲市妇女联合会，并召开第四次代表大会。1978年11月、1986年12月分别召开第五次、第六次妇女代表大会，选举产生了第五、第六届执行委员会。1991年11月，第七次妇女代表大会在桥东饭店召开，会议正式代表300名，特邀代表12名，列席代表14名，其中农业战线代表占40.6%，工交基建战线代表占17.4%，科教文卫战线代表占4.7%，财贸战线代表约占3%，党政领导、国家机关干部占34.3%。非党代表占35%，民主党派代表占2.6%。大会通过陈英霞所作的《积极进取，求实创新，为实现“八五”计划的宏伟目标建功立业》的工作报告，会议还发出《积极行动起来，为“五年消灭宜林荒山，十年绿化株洲”而努力奋斗》的倡议书。大会选举由37人组成的株洲市妇女联合会第七届执行委员会，常务委员会由9人组成，陈英霞任主任。1993年9月，根据中国妇女第七次代表大会决定，妇联领导人称谓由“主任”改为“主席”。

1996年11月，株洲市第八次妇女代表大会在天台山庄召开。会议正式代表302名，特邀代表10名，列席代表19名，其中农业战线代表占33.8%，工交基建战线代表占24.5%，科教文卫战线代表占11.3%，财贸战线代表约占11.6%，政法战线代表约占3.6%，党政机关、街道居民代表约占15.2%。非党代表占27.8%，民主党派代表占2.3%。大会通过了张静缺所作的《开拓创新，求实奉献，昂首阔步迈向新世纪》的工作报告，并发出《全市妇女积极行动起来，为提高全社会的文明程度而努力奋斗》的倡议书。大会选举了由37人组成的第八届执行委员会，常务委员会由10人组成，张静缺任主席。

第二节　妇联主要活动

（一）培训妇女骨干

1951年，街道举办妇女夜校速成识字班、手工业妇女学习班、工厂企业女干部培训班、工商界从业人员学习班和街道居委会、妇代会干部学习班等，分期分批轮训妇女干部。培训时间或1周或1个月。1951—1954年，共办妇女干部培训班15期，培训人数1171人。1955—1957年，在社会主义改造运动中，妇联分批举办合作社妇女骨干培训班，学习合作化运动方针、政策、妇女工作内容方法。农村、城市分开训练，共办13期，每批10天，共训1101人。1955年，株洲市郊区合作社有正副女社长 15 人，女会计 14 人，女社委 412 人；1956 年，转入高级社时，61 个社有正副女社长 43 人，女会计 16 人，女社委 33 人。茶陵县 160 个社，女社长 56 人，女会计 12 人，女社委 61 人。1958 — 1966 年，妇联组织妇女学习毛主席著作。1960 年，省妇联组织学毛著观摩团来株作 11 场报告，听众 1.66 万多人。1962 年，市委举办短期学习班，有 1300 个妇女参加学习，市、县、区妇联也举办毛著辅导员学习班，850 人参加学习。1966 年初，市妇联组织妇女学毛著巡回报告团，12 名妇女主讲学习体会，举行报告会 15 场，1 万多妇女群众听报告。1973 年，妇联组织恢复后，抓整顿组织、干部培训。1973 — 1982 年，针对干部思想状况，举办县（区）、社、街道妇联干部和女工干部培训班，有的推荐到党校、团校学习。县（区）社妇联又办妇代会主任学习班，进行远大理想和高尚情操教育。1974 — 1982 年，共办 1049 期学习班，18431 人次参加学习，妇女干部思想觉悟大大提高，出现“三多四比”的局面（多联系实际、多调查研究、多总结提高，比勤学苦练、比写心得笔记、比思想觉悟、比改进工作）。1981 — 1990 年，妇女干部队伍多数人年轻、有文化，但从事妇女工作时间短，业务不熟。市妇联继续举办妇女干部学习班，讲授关于“妇女解放问题”“妇女组织建设”“家庭教育”和写作方面的课程，提高妇女干部业务水平和写作能力，开展练笔、谈心、办点立样板活动，号召大家创先争优。

1991 — 2000 年，妇女培训主要是围绕农村开展的“双学双比”竞赛活动、城镇开展“巾帼自强杯”竞赛活动，对妇女进行技术方面的培训。同时，为加强女干部的培养，1992 年株洲市把培养选拔女干部纳入各级党委组织部门的议事日程，采取进党校、下基层、压担子等形式，使一大批优秀女干部得到锻炼成长。当年，《中华人民共和国妇女权益保障法》颁布后，全市共举办宣讲员培训班 615 期，培训宣传骨干 21744 人，举办专题讲座 735 场。1994 年，市妇联对全市女干部基本情况进行调查，制定《培养、教育跨世纪女干部系列工程计划》，健全完善女性人才资料库，当年配合组织部门举办中青年女干部培训班，培训女干部 43 名。同年 8 月，为配合第四次世界妇女大会在北京召开，举办由县以上企事业单位工会女职工委主任和机关妇委会主任共 100 余人参加的迎“四大”骨干培训班。1995 年，在农村妇女中开展“61138”（60 万妇女参赛，10 万妇女参学，掌握一门以上技术，力争 300 名女农民获绿色证书，8000 名妇女脱盲）工程活动，全市共举办各类培训班 1924 期，培训 16.35 万人，有 40.24 万名女劳动者掌握一门以上技术，51 人获“三八绿色证书”，25660 人参加扫盲学习，22217 人脱盲。1998 年，实施“千万农家女百项新技术”推广计划，有 19 万名妇女接受了种、养、加等实用技术的新培训，有 3000 余名妇女摘掉了文盲帽子。1999 年，全市各级妇联以科技培训为重点，共举办长、中、短各类实用技术培训班 7100 多期，培训妇女 25 万人次，已有 20 万农村妇女掌握了 1 ~ 3 门实用技术。2000 年，举办各类实用技术培训班 1500 余期，培训妇女 15 万人，有 1 万余名妇女获得绿色证书，各县市区免费办科技培训班 10 期，参培人数 1500 多人。

（二）发动妇女参加生产

1949 年 8 月，株洲区妇联组织妇女开展生产自救，介绍生活困难户妇女做临时工。1954 年，组织街道妇女 1765 人参加打纱、做鞋、织毛衣、做纽扣、打草鞋、洗衣、搬运等 20 多种生产，每月收入119.86元，按当时8元/月的生活费计算，可维持14982人1个月的生活，减少65%的救济户，为国家节约426.73万元救济金。妇联对农村妇女进行劳动光荣教育，在群众会上批判“男不持内，女不持外”的封建思想，为妇女争取劳动生产权。通过艰苦发动，一部分妇女参加农业生产，郊区1954年参加生产的妇女有7114人，占女劳力28366人的25%。1956年，市妇联召开万人大会，号召妇女走出家门闹革命，从家务劳动走向社会劳动，参加基建、工业、服务业等各行各业的生产。接着组织妇女民工队，参加捶石砂、担土方、搞运输、后勤服务等。1958年，1604名妇女参加8个女民工队。参加服务行业的3351人，进工厂的7770人，从事其它生产的494人，基本实现“人人搞生产，户户无闲人”。当时田心地区有家庭妇女3136人，参加生产的有2936人，占93.5%。全市1969名妇女参加炼钢，1126名妇女参加短途运输，142名妇女到攸县运铁，4262名妇女参加水泥生产，3313名妇女参加修京广复线。参加劳动生产成为社会风尚。城市“比吃、比穿、比享受”的风气转变为“比劳动、比学习、比贡献”。农村互助组到初级社、高级社，再到人民公社，每一步都贯彻发动组织妇女参加生产，妇女由家务劳动逐步转到参加农副业生产劳动。人民公社化时期，妇女办“三八”林场、“三八”猪场、“三八”鸡场、“三八”橘园等。淦田公社浒涧大队32名妇女办“三八”草席厂，将32台手摇机改为脚踏机，原来2人每天织1床草席到每人每天织2～3床草席。1960年，伞铺公社万头猪场、朱亭公社万鸡坡，都被评为出席省、全国的先进妇女集体。农村女劳力成为农业生产一支主力军。1959年，财贸战线提出以女换男实现商店妇女化，解决工业生产劳力不足问题。1961年，全市“三八”班组577个，“三八”商店22个，“三八”粮店13个，“三八”船队3个。全市女职工增加到23313人。其中工业15199人，财贸2851人，手工业3169人，文教卫1094人，有劳动能力的中青年妇女全部投入到社会主义事业中。1979年，开始开展“学技术、长才智、创一千、争贡献”竞赛活动。农村妇女开展“千元大嫂”竞赛，大搞商品生产，广辟生产门路。醴陵瓦子坪乡妇女种杜仲、白术等中草药17.34公顷；酃县每户养10头猪、种果树20株；株洲县开展“家庭经济创千元”活动；茶陵县开展植树造林、科学养猪活动。1986年，全市农村妇女15.65万人实现千元计划。年收入2000元以上的2409人，3000元以上的603人。1988年，全市27.7万名妇女跨入了“千元大嫂”行列，其中年纯收入3000元以上3.7万人，5000元以上的4000多人，150多名妇女一跃成为“万元大嫂”。1989年，响应全国妇联号召，农村妇女开展“学文化、学技术、比成绩、比贡献”（简称“双学双比”）竞赛活动。1990年，全市42.87万名妇女参加竞赛，创产值4.2亿元，占全市农业总产值三分之一。城市开展“巾帼闯关献能”活动，广大女工学技术、搞改革、节约利废，超额完成生产任务。同年，市女职工委员会开展以“增产节约，增收节支”为主要内容的立功竞赛，8.9万名参赛女职工13467名立功，节约钢材8760.18吨、煤26984.1吨、油料2822.5吨、水50.2万吨、电13.93亿千瓦时，创价值6805.88万元。在“我为单位献一计”的活动中，提合理化建议47468条，被采纳16410条，大中成果219项，小改小革3636项。

1991—2000年，农村妇女继续深入开展“双学双比”竞赛活动，城镇女职工则大力开展“巾帼建功”竞赛活动，均取得了丰硕成果。

农村“双学双比”活动以致富奔小康为目标，围绕主导产业，开展专题劳动生产竞赛。1992年，市妇女“双学双比”协调小组提出“培十万、开万亩、造千池、树百户、建十村”的竞赛目标，号召广大妇女向山坡、水面进军，开展乡与乡、村与村的规模竞赛活动。1995年，制定“61138”工程。1996年，实施巾帼扶贫、巾帼创业、巾帼扫盲、巾帼成才等巾帼系列行动。1997年以来，提出“双十”小康竞赛方案和产业化的经营思路，组织50万农村妇女围绕十大主导产业开展年创收入10万元的“双十”竞赛活动。几年来，还组织开展十小庭院经济赛、十条龙竞赛、十状元夺魁赛、养殖能手赛、“三八”林创建赛、吨粮田高产赛等各种各样的专业化劳动竞赛。全市有以妇女为主的庭院经济样板村135个，种植专业村146个，养殖专业村154个，加工专业村94个，从事服务、营销等三产业的妇女达22.32万人。有庭院经济户27万户，其中种植为主的12万户，养殖15万户，年创庭院经济收入3.8亿元，已形成一批以妇女为主体的种、养、加工基地。

开展“三八绿色工程”活动是“双学双比”活动的重要内容。各级妇联引导妇女发挥自身特点和优势，充分利用房前屋后的空坪隙地种菜、养花、种果、种茶，做蚕桑“方寸土，巧利用”，向山上进军、向荒山要宝，兴办绿色银行，发动妇女兴办家庭果园，建立“三八”林果场，为“五年消灭宜林荒山，十年绿化株洲”作出重要贡献。攸县妇联在不到1年时间里，建成面积达71.33公顷的“三八”优质油茶林基地。炎陵县妇联主席唐友福、炎陵县三河镇妇女曾禾养，在开荒造林中表现突出，双双荣获全国“三八”绿色奖章。据统计，县、乡、村三级共建“三八绿色基地”1050个，面积1.12万公顷。1990 — 2000年，全市有55万名妇女投入各种生产劳动竞赛，收入达万元的有81262人，5万元以上的有2.9万人，10万元以上的有近千人。年创庭院经济收入占全市农业总收入的30%左右，创养殖业产值120亿元、占全市养殖业总产值的85%以上。

（三）扫除文盲

1956年，城市和郊区有女文盲13776人，市妇联开办妇女夜校速成识字班，农村办冬学、办民校，城乡共办693所（班）。农村入学6185人，城市入学3100人。有一部分因家务拖累不能入学的，组织家庭邻里之间互教互学，请中小学生当先生。经过1年扫盲，城市脱盲4400人，农村脱盲4858人。攸县妇女还开展“见物识字”活动，1958年涌现156个无盲生产队、56个无盲大队。皇图岭公社成为无盲公社。扫盲后又组织妇女学习初小、高小、初中课程。1957年进入职校1763人，进入业余小学2240人，进入学习班3351人。在“文化大革命”中，出现“读书无用论”，很多家长不送女孩读书，又产生一批新文盲。1983年，全市16 ~ 40岁女文盲、半文盲达61041人。通过宣传、劝学，许多乡村制定乡规民约，促使妇女入学。酃县龙溪乡规定学龄期儿童无故不上学者，向家长征收义务教育费20元，并限期送子女入学。郊区清水乡规定，未领到脱盲证的妇女不准进乡办企业；有未脱盲妇女的家庭不评“五好家庭”；未脱盲的女青年不准领结婚证，防止产生新文盲。中青年妇女文盲都要入农村扫盲班、识字班。株洲县开展“百日识千字、造百句、写十篇”“学十篇、算百题、写千字”活动。全县办320个识字班，410个提高班，有14243人参加学习。“千、百、十”活动得到全国妇联、省妇联充分肯定。全国妇联书记处书记董边前到实地视察，《人民日报》头版进行报道。1984年，全市参加学文化妇女67795人，经各县统考43459人脱盲。同年12月，全市抽查25个乡，参加考试1175人，及格1149人，平均87.8分，合格率97.9%。全市农村青壮年妇女610049人，未脱盲17555人，脱盲97.2%，超省下达指标12.7个百分点。1991—2000年，贯彻国务院《扫盲工作条例》，开展扫盲“攻坚战”，组织妇女参加各种各样的巾帼扫盲班、农民夜校，加大扫盲工作力度。炎陵县开展了“千元大嫂”竞赛活动的经验在全国得到推广。该县针对妇女文化水平的高低，分门别类，因人施教，着重抓四个“建立”（建立档案、建立“双包共管”体制、建立规范化乡和村妇女“学习室”，建立教师队伍），充分调动了妇女学文化、学技术的积极性。1989—2000年间，全市又有12.8万名文盲、半文盲妇女实现了脱盲。为防止产生新文盲，全市发动4000多名妇女干部和小学教师进行一次“劝学堵盲”活动，使2300多名失学辍学女童重返校园。茶陵县严塘镇妇联主席谷凤娇被评为全国扫盲先进工作者。

（四）开展劳动竞赛

20世纪50年代，市妇联在妇女中开展生产、工作能手竞赛，号召妇女生手变熟手，由熟手变能手，努力完成或超额完成生产、工作任务。各级妇女组织发动妇女开展姐妹赛、对手赛、班组赛、一条龙赛，涌现出先进妇女能手1599人，先进妇女商店22个，“三八”班组、妇女突击队54个，“三八”粮店13个。

1959年，生产能手竞赛改为“三八”红旗手竞赛，开展“六比六看”活动，即：比思想，看政治学习好；比干劲，看生产工作任务完成好；比技术，看优质高产低耗品种多；比关心妇女儿童，看托幼组织多又好；比勤俭，看储蓄多节约好；比领导，看竞赛活动开展好。各级妇女组织发动妇女学技术，办技术培训班，举行操作比赛活动。株洲县、郊区3.7万名参加农业生产的妇女，1.5万名学会使用犁耙，748名妇女单独种试验田，大大促进农副业生产发展。财贸战线以女换男，实现商店妇女化，财贸女职工增加到1389个，换出男劳力624人投入炼钢铁搞基建。工业战线女职工学技术、搞革新成绩显著。1960年，市妇联召开表彰会，表彰5个红旗集体和12名三八红旗手，并受到全国妇联表彰。1961年，妇联在“五定”（定任务、定员、定额、定责任、定制度）前提下，号召女职工人人超额，个个当能手，深入开展三八红旗手竞赛。麻纺厂原要求增加109人，通过竞赛减少80人，还超额完成任务。湘江机器厂“穆桂英兵团”一年实现革新项目276项，创财富18328元。财贸战线女职工改革劳动工具，做到卷布不用手，量布不用尺，断布不用剪，盘存不停业，量油不用称。1962年，市妇联响应市委关于“征服百里湘江，誓夺万担棉粮”号召，组织妇女开荒97.20公顷种棉种粮。1964年，郊区通过开展“三八红旗手”竞赛活动，涌现出女拖拉机手58人，女插秧机手180人，女抽水机手154人，采茶制茶能手584人。妇女犁田占总面积40%，插秧占总田亩70%，4189名妇女种试验田，其中水稻试验田478.27公顷，杂粮试验田17公顷，蔬菜试验田48.07公顷。

“文化大革命”中，这一活动被迫中止。1975年，市妇联号召妇女在“工业学大庆”、“农业学大寨”活动中，争当“三八”红旗手、“三八”红旗集体。1977年，62个企业有“三八”班组99个，1978年发展到141个，其中97个评为先进班组。市航运公司造船厂“三八”班13名女工向党支部请战，要求单独造船，得到党支部大力支持。1979年4—9月，她们加班176个，新造一条80吨水泥甲板船向国庆献礼。三八船队 21 名女工驾驶 8 条船，1977 年运砂石 18794 吨，运程 89240 千米，提前 29 天完成年计划，成为交通战线先进单位。财贸战线开展“一口清、一称准、三包一扎”竞赛；纺织行业开展万米无疵布竞赛；有些单位组织操作运动会、百日献礼赛等，竞赛活动一浪高过一浪。中共十一届三中全会后，开展“千元大嫂、万元户”竞赛活动，全市 53 万农村女劳力中有 162075 人参赛，占女劳力总数 30.89%。1986 年 4 月在醴陵召开现场会，7 月召开千元大嫂经验交流会，年底 156482 人实现千元计划。在城市，开展巾帼立功竞赛，7 万多女职工参赛。形式有单项赛、为你服务赛、小改小革赛等。硬质合金厂 2901 名女工提合理化建议 85 条，创价值 55 万元。南方航空动力机械公司女工在“为你服务”活动中做好事 3000 多件。20 个企业，实现技术改革 6682 项，创产值 8895 万元，超工时 158 万小时，做好事 9811 项。1987 — 1990 年，市妇联开展“双学双比”活动，采取发倡议书、电视讲座、电视录相、举办先进事迹展览等形式，促使活动广泛开展。1989 年 3 月，举办市首届妇女科学创作成果展览，展出 244 名妇女在自然科学、社会科学领域中创造的成果，其中通过省级鉴定的科技成果 503 项。4 年中在省级以上刊物上发表论文 35 篇，发表摄影作品 102 幅，其中赴国外展出的 13 幅，获全国奖的 19 幅，获省奖的 35 幅。发表文学作品 406 篇。农村竞赛主要围绕发展商品生产需要，采取干什么、学什么、缺什么、补什么，开展多层次、多形式、多渠道的科学培训班，推广农村实用新技术，组建技术推广队。到 1990 年，办各类型的实用技术学习班 1595 期，受训妇女 101900 人。37 万农村妇女掌握 1 ～ 2 门技术。有的县还搞“庭院经济”、建起“家庭银行”。

1991 年，全国妇联与国家教委、国家科委等 12 个部委联合在全国城镇妇女中发起“巾帼建功”活动。1992 年，株洲市成立市城镇妇女“巾帼建功”活动领导小组和办公室。随即各县、市区相继成立领导小组，“巾帼建功”活动在全市范围内开展起来。同年，市总工会和市妇联将妇联系统开展的“巾帼建功”竞赛活动和工会女职工委员会开展的“自强杯”立功竞赛活动融为一体，统一命名“巾帼自强杯”立功竞赛，确定“四学、四创、两提高”的竞赛目标（即学理论、学文化、学技术、学管理；创一流、创先进、创优质、创效益；提高女职工技能和队伍整体素质），制定“四统一”（即统一制定方案、统一部署任务、统一开展活动、统一检查评比）的竞赛方法，开展形式多样的竞赛活动。在工交系统开展以“双增双节”为主要内容的效益杯竞赛；在卫生系统开展“重医德，送温暖”的天使杯竞赛；在科研单位开展“重才智、攻难关、创成果”的巾英杯竞赛；在教育系统开展“爱学生、塑灵魂”的育才杯和园丁杯竞赛；在党政机关开展“勤奋工作，勤政为民”的公仆杯竞赛。株洲硬质合金厂女工委员会在女职工中开展“大练基本功、岗位成才”活动，先后组织 32 个岗位和工种的技能竞赛。南方公司女工委组织 8000 名女职工开展“降低成本工程”，挖潜降耗增效益，每年可为企业节支降耗 120 余万元。1995 年，为迎接第四次世界妇女大会的召开，市妇联、市总工会、市财办联合发文，在公交、财贸、邮政、卫生、金融、文化等窗口行业开展“争四自、创三优、三文明、四放心”的文明窗口行业竞赛活动，有效地激发广大窗口行业女职工爱岗敬业的热情和自强不息，开拓进取的拼搏精神，取得了社会、经济和人才三方面的效益。

为使“巾帼运动”活动围绕生产建设这个主题展开，市妇联在女职工中开展“提一条合理化建议，搞一项技术革新，增收节支100元”的“三个一”活动，鼓励广大女职工为企业改革与发展出主意、想高招、献计策。株洲冶炼厂女工委自1991年以来一直坚持不懈地组织女职工开展以“四自”（自提，自采纳，自实施，自我总结）发布成果为主要内容的提合理化建议活动。全厂90%以上的女职工参与此项活动，共提合理化建议7177条，人平2.9条，产生效益1600万元。据不完全统计，20世纪90年代中后期全市女职工共提合理化建议26.65万条，被采纳4.8万多条，创经济效益3亿余元。

1996—2000年，配合全市“讲文明、树新风”活动，在女性相对集中的行业和部门，组织动员女职工开展“为人民服务、树行业新风”为主题的“巾帼文明示范岗”创建活动，全市共创建“巾帼文明示范岗”367个。这些岗位真正起到了“设一个岗，带一片人，挂一个牌，树一面旗”的作用。市邮电局特服中心被授予全国城镇妇女“巾帼文明示范岗”荣誉称号，荷塘区女子法庭、天元区园林绿化处、石峰区灯具厂、芦淞区计生委、茶陵县氮肥厂圆织车间、醴陵市凯瑞特服饰有限公司等9个单位被授予省级“巾帼文明示范岗”荣誉称号，株百股份有限责任公司还被省“巾帼建功”活动领导小组授予“十佳巾帼文明示范岗”荣誉称号。

1991—2000年，通过“巾帼建功”活动的开展，全市先后涌现2.23万名先进个人、岗位明星、技术标兵、业务尖子，其中全国的先进52名、省部级先进217名、市级先进966名。

（五）儿童少年工作

1952年，市妇联派员到郊区永良乡办农忙托儿所试点。1955年，农村办13所托儿所，收托200多个孩子。同时，在市邮电局试办正规幼儿园，市妇联帮助培训保教人员，收托60多个孩子，而后组织企业机关参观学习，动员14个单位办起幼儿园。1958年“大跃进”，大量发展托幼组织，工厂企业、街道、农村到处办托儿所（组）、幼儿园、哺乳室。为提高教学质量，妇联层层举办保教人员培训班，召开现场会，组织观摩教学。妇联与团委、教育局联合举办教育孩子、计划生育讲座，在报刊上发表文章70多篇。淦田公社宏图幼儿园成为全国先进典型。1962年，儿童工作重点转向城市，市妇联与教育局、卫生局联合成立托幼工作竞赛委员会，组织城市托幼工作竞赛，每年进行评比，1963年评出先进保教人员300人，先进园（所）7个。1974—1976年，市妇联恢复发展托幼组织，建立规章制度。举办保教人员培训班41期，培训1556人。1975—1980年，先后举办幼儿运动会、幼儿汇演、幼儿体操比赛。1977年10月，44个幼儿园参加幼儿文艺汇演，1500多位小演员演出87个节目。评出部分优秀节目，在市内进行4场演出。中央电视台、湖南电视台播放录相，《人民音乐》杂志刊登汇演情况。1979年，全国妇联副主席李宝光到株视察儿童工作，赞扬株洲市托幼工作成绩。当年下半年，市妇联作为全省唯一儿童工作先进单位赴京参加全国托幼工作经验交流会。当年11月，成立市托幼领导小组，市委副书记兼任组长。同时，52个县级单位也成立了托幼领导小组，托幼工作由妇联一家抓变为多家配合抓，每年“六一”儿童节，领导小组成员带队到各园（所）进行慰问，赠送玩具、教具。1982年，赠送教具、玩具15600余件，价值10多万元。同时，由财政拨款兴建各区幼儿园，每年建1个，东区、南区、北区都有正规幼儿园。5年内城市新建幼儿园房屋17栋。农村办学前班1149个，新建教室396间，1.22

万平方米，添置14万元幼儿教具、玩具，儿童工作大大加强。1981年，为节约经费、活跃幼儿生活，市妇联发动园（所）工作人员，利用边角废料，自制教具、玩具1466件，价值107688元。每年“六一”儿童节，市妇联和卫生局联合组织儿童健美检查。1981年城市检查22400人，其中1261人符合国家健美儿童标准。1982年5月，市儿童少年福利基金会成立，向全市人民发出捐款号召，捐款总数达4万元。市妇联与城建局配合在奔龙公园内兴建少儿乐园。从1985年起，市妇联倡导办家长学校。同年4—8月，《株洲日报》开展家庭教育大讨论。标题是《从傻瓜至神童》，介绍南方航空动力机械公司郇永兴夫妇科学育儿方法，连续发表28篇家庭教育文章。同年6—7月，湖南省妇联、省电视台联合举办考妈妈知识竞赛，株洲98人获奖，占全省个人奖的72.5%，3个单位获团体奖，占全省团体奖75%。1986年，市妇联与市计划生育办、电视台联合举办“优秀家长聪明的孩子”联播节目，报道38个家长教育子女经验。到1987年，全市共办家长学校1121所，10.23万名家长参加学习，株洲电视台拍摄“父母十万入学来”的家长学校资料片。1989年，湖南电视台来株拍摄家庭教育系列片，市妇联组织35个单位2100名家长参加省广播家长学校考试验收，合格率100%。1987年，全省举办“点燃理想的火花”儿童少年读书大奖赛，全市3.5万人参赛，7人获一等奖，35人获二等奖，86人获三等奖，17名教师获优秀园丁奖，8个单位获集体奖。1990年“六一”儿童节，市妇联与商业部门配合组织“为儿童服务一条街”，满足儿童节日礼物需要。9月，举办家庭教育知识电视大奖赛，9个县市区和11个厂矿组队参加，株洲麻纺厂代表队摘取桂冠。

1992年2月，国务院颁布《九十年代中国儿童发展规划纲要》。按照部署，株洲市于当年底颁布了《株洲市〈九十年代中国儿童发展规划纲要〉实施方案》，提出了全市儿童生存、保护和发展的具体目标和措施，全社会逐渐形成了爱护儿童、教育儿童、为儿童作表率和办实事的良好氛围。当年，全市组织3万多人参加全国“三优”知识竞赛，17人获全国奖。1993年2月，在省妇联和香港周洁冰女士的支持下，株洲市在茶陵县洣江乡办起了女童文化补习班，招收孤儿和因家庭困难可能失学的女童50名。1994年，全国妇联、中国儿童少年基金会发起“春蕾计划”，并启动“亿万爱心献春蕾”活动，株洲市各级妇联组织积极实施。1996年，各县市区均制定了《儿童纲要》的实施细则或儿少事业发展“八五”规划，使儿少工作纳入了各级政府的总体规划。同年“六一”儿童节，市妇联举办“太阳宫”杯儿童书画展和大型有奖游艺活动，有500名儿童参加了这一活动。10月，市家庭教育研究会举办论文研讨会，共收集论文92篇。1999年，市妇联组织人员对城区100多个困难企业的14岁以下的孤儿和特困家庭儿童进行全面摸底调查，为600多名孩子登记造册、建立档案。“六一”儿童节前夕，市妇联发起“社会妈妈献爱心”活动，在社会引起了很大的反响。节日当天，有120名孤儿和特困家庭的孩子相聚在太阳宫，在“社会妈妈”的关爱下，每人收到200元学费和一套新衣服。2000年年末，根据省妇联的统一部署，对全市实施《儿童纲要》的情况作了终期评估。结果表明，株洲市大多数目标已经实现，全市儿童的生存、保护和发展取得了历史性的进步。“春蕾计划”实施到2000年，全市共资助1万余名贫困女童重返校园，资助金额达200多万元。

（六）开展创“五好”家庭活动

1956年3月，市妇联召开全市职工家属代表会，动员开展以家庭生活安排好、家庭邻里团结互助好、鼓励亲人生产工作好、教育子女好、参加社会活动学习好为内容的“五好”家庭活动。年底，评出7名积极分子和85个“五好”家庭。1957年9月，对“五好”家庭条件作出新的规定：即勤劳生产好、学习政治文化技术好、勤俭持家生活安排好、团结互助教育子女好、安全卫生好。年底评出“五好”积极分子333人，五好家庭120户。1958年4月，召开第二届妇女代表大会，号召广大妇女从家务劳动走向社会劳动，以实际行动贯彻总路线，继续深入开展五好家庭活动。1960年国家经济困难时期，五好家庭活动号召妇女在生活上做到“七节约”：节约钱、粮、水、煤、电、油、布，使勤俭持家内容更加具体化。当年全市节约粮食181万千克，节约煤5984吨，节约电12万千瓦时，储钱478.4万元。市妇联教育妇女互帮互助，发挥团结友爱精神，号召成立经济互助组、劳动互助组，帮助遇到天灾人祸的困难户。在田心机厂生活区建立经济互助组75个，劳动互助组52个，劳动互助192次，生活互助78次，经济互助202次，邻里间互敬互爱、互相帮助。1962—1964年，继续深入贯彻两勤方针，提倡增产节约，爱厂如家。有的单位举办公物还家展览会，有的还举报贪污盗窃赃物展览会，掀起公物还家高潮。331厂、601厂交回公物7382件，其中生活物资5272件。

1982年4月，市妇联抓住尊老爱幼、家庭和睦和虐待遗弃父母的2个典型家庭，在《株洲日报》进行专题报道，开展群众性讨论。《株洲日报》收到稿件3700多份，选登170多篇，先后刊登8个整版。市妇联印发书刊2000余册，组织群众学习讨论72天。湖南电视台、中央电视台播放这2个典型的录像，株洲广播电台、湖南广播电台也作了专题报道。据对10万户调查，原来夫妻不和的323户，婆媳不和的62户，邻里不和的109户，通过2个家庭的对比教育，夫妻关系和好186户，婆媳关系和好45户，邻里关系和好99户，对濒临破裂的家庭，法院在处理离婚案件时，以先进事迹为例进行调解，结果撤诉的26起，调解后不离的56起，当年1—7月离婚案件比上年同期减少39%。1983年，市妇联配合全市精神文明建设活动广泛开展“五好”宿舍和“五好”家庭活动。3月，召开百日创百栋文明宿舍、千户“五好”家庭活动动员大会。各级妇女组织纷纷建立宿舍组织网，选举栋长，经常组织打扫环境卫生、轮流值勤、调解家庭邻里纠纷、生活上互相帮助，组织学习、出墙报、黑板报、表扬好人好事。百日后评出1.1万户“五好”家庭，108栋“五好”宿舍。1984年1月，省妇联转发市妇联开展“五好”家庭、“五好”宿舍活动经验。各级妇女组织发动门栋长与家庭签订合同，按评比条件，用百分法评分。1986年，全市评出“五好”家庭5.4万户，1987年，市妇联与市委宣传部联合在郊区召开现场会，推广郊区将“五好”家庭纳入目标管理的经验。年底，全市评出“五好”家庭18.05万户，占全市总户数25.4%。1988年，各县把这一活动纳入目标管理，纳入“双文明”建设总工程。攸县在村一级建立红白喜事理事会，喜事举行新的结婚仪式，酒席从简，反对比阔气，比排场；丧事开追悼会，不搞迷信，不做道场。丫江桥乡石牛头村建立红白喜事理事会后，31户自觉做到勤俭办婚事、勤俭办丧事。醴陵成立村妇女禁赌协会，刹住赌博风，王仙镇三狮村禁赌经验刊登在当年《中国妇女》杂志上。1989年，市妇联开展爱国储蓄活动，号召妇女勤俭持家，适度消费，把节余的钱存入银行，支援国家建设。妇联干部走村串户，走街下厂，收储蓄款829万元，为省下达计划的138%。1990年，市妇联把创“五好”家庭活动与学雷锋活动结合起来。6月，在株洲县召开现场经验交流会，推广“五好”家庭活动纳入干部岗位责任制、分级评述挂牌等经验。

1991年，市妇联组织开展十对“金婚佳侣”评选活动，评选条件是结婚满50周年的原配夫妻，拥护共产党，拥护社会主义，夫妻互敬互爱，相伴相依，家庭和睦团结，对子女教育好。1994年，是国际家庭年，在“5·15”国际家庭日前后，通过传媒展开宣传攻势。市妇联与中国银行株洲分行开展“中行杯”爱国爱家储蓄活动，号召全市广大妇女把闲散资金集中存到银行，为株洲经济建设作贡献。1995年，株洲市修改了“五好”家庭评比条件，注入新的内容，组织开展“六进家庭”活动（即思想教育、法律知识、科学技术、文化娱乐、计划生育、卫生保健进家庭），开展“文明家庭成员标准大讨论”和“家庭美德大家谈”两次征文活动，在“创建文明家庭，争当文明家庭成员”活动中，全市有8000多户家庭被评为各类“五好”家庭，6000余名妇女被评为好妻子、好媳妇、好婆婆。1996年，全国统一将“五好”家庭活动改为“五好”文明家庭创建活动，株洲市组织文明家庭成员先进事迹巡回报告团，在城市四区进行巡回演讲。1997年，组织举办首届“家庭风采赛”。1998年，组织开展首届十佳“好妻子、好母亲”评选活动。在《株洲日报》上刊登候选人的主要事迹，让广大读者自由投票，有数万人参加了评选活动。1999年，市妇联举办了第二届“家庭风采赛”，有14个家庭进入最后决赛。2000年，全市开展“123工程”（即每家有一个书柜、订阅两份报纸杂志、藏书三百册）活动，1.2万个家庭跨入各级“五好”文明家庭的行列，其中36户家庭被评为省、市“五好”文明家庭。

（七）维护妇女合法权益

1950年4月，《中华人民共和国婚姻法》颁布，境内各级妇女组织针对当时包办婚姻、童养媳、早婚、男女不平等现象，进行反残害、反压迫、反限制婚姻自主、力争男女平等的宣传教育。醴陵县自《婚姻法》颁布到1953年2月，处理离婚案件7259起，其中妇女主动提出离婚的占90%。有1.07万名妇女自由登记结婚，其中有苦守多年的寡妇272人、尼姑4人。1960年，市委批转市妇联和市总工会党组《对全市妇女实行劳动保护的条例（草案）》，对劳动妇女采用相应的劳动保护措施，农村妇女实行四期保护，即月经期、怀孕期、哺乳期、更年期。实行“三调三不调”，经期调干不调湿，孕期调轻不调重，哺乳期调近不调远，合理保护女职工。是年，全市建立158个医疗所，对9700名妇科病患者进行治疗。1972年，成立妇科病普查普治领导小组，组织1.7万名妇女患者进行检查治疗。从1974年起，每年普查一次，边普查、边治疗。城郊4区，1974年受检妇女18315人，患病12398人，治疗9348人。到1982年受检20437人，患病10193人，经过几年治疗收到疗效。为做到预防和治疗相结合，市卫生局、市妇联要求有50人以上女职工的单位建立女工卫生室，配医护人员，提供设施和药物，及时检查治疗。1983年9月，全市各级成立“维护妇女儿童合法权益”领导小组515个，成员2475人。市妇联于9月成立维护妇女合法权益部，规定9月20日至10月20日为“维护妇女儿童合法权益”宣传月。全市召开群众大会1.8万场，办黑板报1431块，办宣传栏416个，出动宣传车45台，举办905次广播讲座，95%的群众受到尊重妇女、保护妇幼的教育。宣传月内，打击流氓团伙201个，判决78人，解决173个家庭纠纷。1984年6月，省妇联在株召开维护妇女儿童合法权益分片汇报会，市妇联在会上介绍了株洲维权工作经验，全国妇联书记处书记王德意充分肯定了株洲维权工作：站得高、想得深、做得实。6月，各级妇联设立法律顾问室，108个乡设立法律顾问组。各级妇联法律顾问室受理案件846起，处理740起，接待来信来访1659件，处理1307件。同年11月，省广播电台在"一周要闻"中介绍株洲维权工作经验。省妇联编辑的维权专辑中，株洲占4篇。1985年9月，省妇联在攸县召开普及《中华人民共和国继承法》现场会，攸县妇联在会上介绍经验。1987年，根据《湖南省保护妇女儿童合法权益的若干规定》，市妇联编写调查问卷，对城区239个单位、农村155个乡镇进行问卷调查；发动妇女干部下基层蹲点，解决妇女责任田问题159件，拐卖妇女问题7件，包办干涉婚姻问题114件，为妇女调换工种183人次，挽救卖淫妇女33人、参赌妇女135人次。同年5月，城市妇女普法现场会在南区召开，南区妇联组织的普法教育情况典型资料，受到市委、市政府赞扬。1988年，株洲市成为全国劳动、人事、工资三项制度改革试点城市。根据妇女生理特征和特殊困难，为保护妇女及幼儿身心健康，企业女职工实施息工制度。为保证妇女在就业中的竞争条件，扩大妇女就业机会，市妇联和全国妇联、省妇联走访株洲24个企业"三项制度改革"试点单位，对31个厂、837人进行问卷调查，召开11次女工座谈会，就改革中提出的女工弹性工作初步方案，听取女工意见。就息工期限、息工期待遇、息工后返岗等6个方面问题，提出6条意见（女工息工连续计算工龄，继续由单位投保；女工息工要本人自愿，提出申请；息工符合晚婚晚育的发70%工资，单位不能因息工解除女工劳动合同；女工息工的顶岗人员应招女性；息工期满，接受上岗前培训），均被市三项制度改革办公室采纳。1988 — 1989年接待来信来访2014件，解决法律咨询1805条，帮助政法部门处理大案104起，为受害妇女代写法律文书66份。1990年，市妇联对城市3区离婚、息工、卖淫妇女思想等情况进行调查，接待来信、来访1040件次，办结率98.5%。市妇联写出《女工息工制度在株洲》的调查报告，评为湖南省一等奖、全国二等奖。1990年，市妇联和卫生部门联合进行性病防治宣传，放映性病防治录像带28场，观众4000多人次。

《中华人民共和国妇女权益保障法》颁布实施后，各级妇女组织把学习、宣传、贯彻《妇女法》作为维权工作的首要任务。1993年，市妇联对《妇女法》实施情况进行专题调查。随着社会转型，下岗女职工人数剧增。1994年，株洲县妇联被国务院妇女儿童工作委员会和湖南省妇女儿童工作委员会授予"维护妇女合法权益先进集体"光荣称号。1997年，为纪念《妇女法》颁布五周年，株洲市组织了一个月的大型宣传活动，24台精心设计的宣传车在市内主干道进行巡回宣传，同时进行法律咨询和板报宣传。1999年，市妇联注重从宏观上做好维权工作，开通"160维权热线电话"，在市县两级法院成立维权合议庭，使维权工作成为全社会的共同责任。2000年，株洲市开展妇女儿童工作"两法""两纲"宣传月活动，制作版报在市中心广场和城市四区巡展。全市有70多个单位，1万余人参加了"两法""两纲"知识竞赛，宣传活动收到了预期效果。自湖南省人大常委会《关于预防和制止家庭暴力的决议》颁布后，荷塘区妇联、公安局、司法局三家联合，在全市率先成立了防暴小分队，设立家暴举报站，推出反家暴“荷塘模式”。

（八）开展“四自”教育

1984 年，市妇联贯彻全国关于向妇女进行“四自”（自尊、自信、自立、自强）教育的指示，要求妇女振奋精神，奋发向上，普遍开展理想前途教育、道德法纪教育、革命传统教育和文化科技知识教育，使大家成为“四自”新型妇女。并以革命先烈向警予事迹为教材，组织报告会、讨论会，编印“四自”典型小册子，组织大家学习。层层组织“改革与妇女”专题讨论会，收到论文 60 多篇约达 25 万字，从妇女心理、妇女成才、妇女素质、妇女形象和妇联群体结构等方面进行探讨，提高妇女素质，使妇女实现由依附型向自立型转化，克服依赖父母、丈夫的思想，充分发挥自己的优势和特长；由封闭型向开放型转化，接受信息，开阔眼界，吸取新知识；由保守型向进取型转化，克服自卑、保守，做生活的强者、生产的能人。1986 年，14.44 万名妇女参加各种技术培训，学 1 ~ 2 门技术。1991 — 2000 年，全市共举办各类女职工培训班 9864 期，培训人数达 70 多万人次，组织各类技术比武和岗位练兵活动 8468 场，提高了女职工技能，增强了她们的市场意识和竞争能力。

株洲市妇女联合会历任负责人名录

表 21-3

主　席	任职时间	副 主 席	任职时间
潘明理	1951.7 — 1951.11	柳绍蕴	1951.11 — 1958.1
陈亚清	1951.11 — 1952.12	雷子规	1960.4 — 1962
王爱芳	1953.2 — 1956.5	孙　平	1962.4 — 1969
何桂兰	1956.5 — 1970.8	袁　毅	1965.3 — 1970.1
周素珍	1973.11 — 1980.12		1973.8 — 1980.9
袁　毅	1980.9 — 1983.7	言项珍	1973.8 — 1991.10
王四连	1983.7 — 1987.4	宾友根	1973.8 — 1978.11
蔡树华	1987.11 — 1990.6	丁春枚	1973.8 — 1978.11
陈英霞	1990.6 — 1994.4	蔡树华	1981.5 — 1987.11
张静缺	1994.4 — 2000.12	谭隆英	1983.8 — 1991.10
–	–	张静缺	1991.10 — 1994.4
–	–	帅凤莲	1991.10 — 2000.12
–	–	龙利君	1994.4 — 2000.12
–	–	刘爱国	1996.11 — 2000.12

第五章　其他团体

第一节　文学艺术界联合会

一　组织机构

1963 年 2 月，召开株洲市文学艺术工作者第一次代表大会，成立株洲市文学艺术界联合会（简称“市文联”）。株洲市文学工作者协会、株洲市戏剧工作者协会、株洲市音乐工作者协会、株洲市美术工作者协会为团体会员，共有会员 100 余人。大会选举产生 15 人组成的市文联委员会，余清源为主席，帅伯髦、李金波为副主席，任命佟亚范为秘书长，均为兼职，工作由市文化馆代管。1964 年 4 月，配备 1 名专干，在市委宣传部领导下与市文化局合署办公。1966 年“文化大革命”开始，市文联处于半瘫痪状态，1968 年市文联被撤销。

1978 年 7 月，市文联及所属各协会恢复工作，任命帅伯髦为市文联主席，方荫、李金波、易庚华为副主席，李永森为秘书长，均为兼职，配备专干 4 名。1981 年 11 月，市文联调整为市直一级机构，编制 10 人，设 2 部 1 室（协会工作部、编辑部、办公室）。1982 年 1 月，任命方荫为市文联主席，冉济民为副主席，另有兼职副主席李金波、康铁山、吴荣福、史家鸾、周纪华、黄俊义，秘书长为李永森。1982 年 7 月，召开株洲市第二次文学艺术工作者代表大会，选举产生由 33 人组成的市二届文联委员会，选举主席 1 人，副主席 7 人，任命秘书长 1 人，均同上任，接纳摄影工作者协会为团体会员。1985 — 1987 年，先后成立市文艺评论工作者协会、书法工作者协会、舞蹈工作者协会、民间文艺工作者协会，共 10 个协会，会员 700 余人。以后，文学工作者协会、美术工作者协会、曲艺工作者协会、戏剧工作者协会、书法工作者协会分别改名为作家协会、美术家协会、曲艺家协会、戏剧家协会、书法家协会。1983 年 8 月，姚天元任市文联主席，康铁山为副主席，兼职副主席为李金波、刘铁强、吴荣福、周纪华、缪桂芳、黄俊义、骆锦辉、徐凡，秘书长为李永森。1985 年 1 月，增选田章夫为副主席。1986 年 9 月，田章夫任市文联主席，康铁山、刘强为副主席，兼职副主席有李金波、吴荣福、缪桂芳、刘铁强、周纪华、黄俊义、徐凡，秘书长为李永森。至 1989 年，在株洲市的全国各文艺家协会会员由 1982 年的 5 名增至 22 名，省各协会会员由 72 名增至 244 名，市各协会会员发展到 1363 名。

1989 年 6 月，召开株洲市文联第三次代表大会，选举 44 人组成的市文联第三届委员会，田章夫为市文联主席，康铁山、刘强为副主席，李永森为秘书长，主席团成员有田章夫、刘强、李永森、李金波、聂鑫森、康铁山、缪桂芳。

1996 年 5 月，市文联第四次代表大会召开。市文学、美术、音乐、戏剧、曲艺、书法、摄影、舞蹈、民间文艺、文艺评论等文艺界人士及宣传文化部门、企业界代表共218人出席大会。大会修改了文联章程，选举产生由田章夫等60人组成的第四届委员会，召开了第四届委员会第一次会议，选举产生主席团主席、副主席。

二　主要活动

市文联在市委领导下，以“出作品、出人才”为己任，实施“联络、协调、指导、服务”的工作方针，团结广大文艺工作者，为繁荣株洲市文学艺术创作共同奋斗。

第一次文代会前后，贯彻中共中央和毛泽东重要指示，株洲市文艺创作出现繁荣局面，产生章回小说《春雷滚滚》、短篇小说集《月下》、戏剧《刘师傅组曲》、歌曲《机器隆隆开起来》、美术《搬运图》等优秀作品，创办文艺刊物《新城文艺》。在“文化大革命”中，株洲市广大文艺工作者顶住压力，创作出《毛泽民的故事》、诗歌《在广场上》、花鼓戏《送货路上》、美术《沸腾的拖拉机厂》、儿童歌曲《送饲料》等好作品，并举办大型群众音乐会。

中共十一届三中会全以后，市文联努力组织创作，使文艺事业得到进一步的繁荣和发展。文学方面，出版《地球深处的旋律》《小人鱼之歌》《三月诗选》等诗集，《我们的建国巷》《我们正年轻》等小说；戏剧曲艺方面有歌剧《毛泽建》《追求》等；美术方面有版画《早春之夜》、油画《皮影张的青春》等；音乐舞蹈方面有组歌《骄阳曲》、舞蹈《木棉花开》、歌词《礼貌歌》等；还有摄影《不堪一击》等等，都在省内外有一定影响。群众书画活动活跃，如湘江机器厂（南方航空动力机械公司）的《山鹰画刊》名闻全国。市文联组织作者深入生活，开展文艺评论，倡导工业题材，并举办各种创作班、学习班、座谈会、学术讲座、书画展览。《新城文艺》更名《株洲文艺》，后又创办《文艺窗口》小报、《株洲新貌》摄影图片，发表大批作品，培养一批新人。

第二次文代会后，市文联的工作步上新台阶。市文联相继主办《株洲文艺》《新作品》《企业家文学》和《文艺窗》，另有《株洲新貌》《活页歌选》《文联通讯》及厂县文联内刊，举办创作班30多期，组织外出观摩、采风达300多人次，创办文学艺术讲习所，共办班24个，1793人次参加学习，还不断邀请国内名家讲学。1986年9月，株洲市《新城之光》摄影展览在北京展出，受到首都和全国各地赴京群众及专家较高评价。1988年12月，《新城之光——株洲市美术作品展览》在北京中国美术馆展出，在全国美术界产生一定影响，各新闻媒介予以报道或选刊作品。1988年6月，市文联与中国美术家协会、湖南省美术家协会在株洲共同主办全国美术创作研讨会，在市内举办展览、比赛等活动。1986年的“株洲书法大赛”，为省书展输送31件作品。组织民间文学队伍编成株洲民间故事、民间歌谣、民间谚语3套集成，支持文学社团的活动。至1984年6月，全市已有文学社团57个，电力机车厂成才文学社等创作成绩显著。各协会成立17个学会或研究会，创作活动更趋活跃。1983年4月，市文联制订《株洲市文学艺术作品评奖方案》，并于当年6月、1985年6月、1987年9月、1990年9月召开4次评奖、授奖大会，获奖者1000余人次。1988年8月，成立文艺创作基金会，筹集了部分资金。1982—1989年间，各类文艺作品在中央一级报刊发表（展出、演播）的共1507件，省级3381件。其中800多件获奖，还有近百件作品在海外发表或展出，出版长篇小说和传记文学4部，小说、诗歌、评论、书法专集16部，创作连演百场的歌剧和戏曲8部，创作的电影剧本和电视剧本多部被拍成公映。

第三次文代会闭幕后，市文联即作出《关于办12件实事的决定》，进一步加强协会管理，做好联络、协调、指导、服务的工作。各协会举办融交流、娱乐和布置工作为一体的“会员活动日”，这一创举受到中国文联和省文联的充分肯定。市文联主办的征文、征歌、美术书法展览、舞蹈大赛、创作笔会、观摩研讨会等更加扎实。

1991年，市文联遵照党中央关于“一手抓整顿，一手抓繁荣”的方针，加强文艺创作队伍的理论建设，着力抓理论学习，举办纪念毛主席《讲话》、学习《邓小平论文艺》研讨会。并举办第五次创作评奖活动，262人获奖，作品250件，包括公开发表的文学、评论、美术、书法、摄影、音乐、戏剧、曲艺等门类的作品。《文艺窗》文学季刊一年来发表了101位作者的153篇作品。文艺创作以纪念“中国共产党建党70周年、株洲市建市40周年”为中心，成立领导小组，充分发挥各协会的作用，广泛动员，组织创作。先后举办歌曲创作班、文学创作班、曲艺创作班、美术书法创作班和看稿会等培训活动，在酃县召开老区革命历史题材创作座谈会。广大作者艺术激情高涨，创作出一大批好作品，有5篇文学作品获省“共产党人颂”征文优秀创作奖和创作奖，3首歌曲获全国征歌优秀创作奖。同时，一批新作相继出台，报告文学集《翱翔吧，株洲》、长篇小说《浪漫人生》、诗集《风暴蝴蝶》、诗论集《诗的灵性》、报告文学集《绿灯下的诗行》等。

1992年，为纪念毛泽东《在延安文艺座谈会上的讲话》发表50周年，市文联在醴陵举办“三月笔会”，创作一批文学作品，其中10篇被《人民文学》《湖南文学》等刊物选用。同时，选送美术、书法、摄影作品参加省纪念《讲话》展，有43件作品入选，其中6件获奖。还出版了《新城说唱》曲艺专辑。5月23日，市委宣传部与市文联共同举办座谈会，与会领导与部分作家、艺术家畅谈《讲话》的历史意义和现实意义，歌颂改革开放以来文艺创作所取得的新成就。

1993年2月，市文联和市文艺创作基金会共同组织纪念毛泽东诞辰100周年征文大赛。至10月底，共收到稿件127篇，其中5件作品获一等奖，10件作品获二等奖。10月中旬，市文联在攸县召开首届“两创”（创作、创收）经验交流会。攸县文联以摄影艺术服务创收，解决经费匮乏问题；酃县文联开展文艺活动，促进创作丰收等经验，受到与会人员赞扬，并推荐这两个县文联为湖南省文联系统先进单位。同年10月，在酃县召开湘赣边界8县文学促进会第八届年会，研讨湘赣边界文学创作的进一步发展问题，市文联刘强作《湘赣边界文学的开掘》的发言。

1994年，为庆祝中华人民共和国成立45周年，市文联组织“株洲巨变”美术、书法、摄影作品展，举办“爱我中华、振兴中华”征歌活动并出版《创作歌曲选》。当年，在全市人民抗击特大洪灾和修建湘江防洪大堤中，涌现许多可歌可泣的英雄事迹，市文联组织广大文艺工作者积极创作，通过《文艺窗》杂志为宣传窗口，出版了抗洪报告文学专辑，广为宣扬。由市文联等单位举办、市舞协承办的“1994株洲舞蹈大赛”被市委列为文化娱乐活动引导型工程。全年共举办4次大型文学讲座，听众达400余人次。

1995 — 1996 年，市文联把落实“五个一工程”作为精神文明建设的重点工程来抓，推荐 28 篇理论文章送省文联参加评选，其中 2 篇入选并获奖；还编辑出版报告文学专辑《巾帼英雄》《纪念抗战胜利 50 周年征文作品选》。同时，还组织各项创作活动，如作家创作笔会、美术创作研讨会、征歌活动、组织舞蹈节目参赛等，涌现出一批批优秀作品和文艺新人。

1997 — 2000 年，市文联在全国和湖南省“五个一工程”奖中实现了突破，一批作品获市“五个一”工程奖。1998 年，出版了报告文学集《世纪重彩 —— 株洲改革开放 20 周年》。组织 20 多名作家深入一线采风，并举办株洲市首届书画博览会。1999 年，组织采写和创作的长篇报告文学《城市的高度》，由中国文联出版社出版发行后，在读者中获得好评。还出版《国庆 50 周年专辑》等一批庆国庆的文艺作品。

1990 — 2000 年，全市文艺工作者在省以上发表、入选、展览、获奖等作品达 600 多件，获国家级大奖的有 30 多人次，出版各类文艺专著 100 多本。郑玲、聂鑫森、李晓英、周伟钊等多次获国家级大奖，并逐渐在全省、全国产生一定影响。

株洲市文学艺术界联合会历届负责人名录

表 21–4

主　席	任职时间	副 主 席	任职时间
余清源	1963.2 — 1968.11（兼）	帅伯髦	1963.2 — 1968.11（兼）
帅伯髦	1978.7 — 1982.1（兼）	李金波	1963.2 — 1968.11（兼）
方　萌	1982.1 — 1983.8	方　萌	1978.7 — 1982.1（兼）
姚天元	1983.8 — 1984.11	李金波	1978.7 — 1989.6（兼）
田章夫	1986.9 — 2000.12	易庚华	1978.7 — 1982.1（兼）
–	–	杨景山	1981.11 — 1983.9（兼）
–	–	冉济民	1982.1 — 1982.7
–	–	康铁山	1982.1 — 1994.10
–	–	吴荣福	1982.1 — 1989.6（兼）
–	–	史家鸾	1982.1 — 1984.4（兼）
–	–	周纪华	1982.1 — 1989.6（兼）
–	–	黄俊义	1982.1 — 1989.6（兼）
–	–	刘　强	1982.7 — 1999.3
–	–	田章夫	1984.11 — 1986.8
–	–	刘铁强	1984.4 — 1989.6（兼）
–	–	缪桂芳	1984.4 — 1989.6（兼）
–	–	骆绵辉	1984.4 — 1984.11（兼）
–	–	徐　凡	1984.4 — 1989.6（兼）
–	–	陈利明	1996.5 — 1999.5
–	–	易运昌	1997.5 — 2000.12

第二节 科学技术协会

一 组织机构

1959年8月，株洲市科学技术协会（简称“市科协”）成立，与株洲市科学技术委员会两块牌子一套人马，隶属于市委宣传部领导。1962年4月，市科委增设基层工作科，对外称市科协。“文化大革命”期间，机构瘫痪，活动中断。1978年6月，市科委设置群众工作科，对外称市科协。1980年，群众工作科改为市科学技术协会办公室，属委办科级机构，归口市科委管理。1983年10月，科委和科协分设，市科协成为市一级机构，设办公室、学会部、科普部。下属机构设市科技进修学院、市科技咨询服务中心。有工作人员21名。1985年，正式成立中共市科协党组。1986年11月，设置组织、宣传、学术、科普、咨询、培训等6个工作委员会，发展科协事业。至1989年，全市共设立科技咨询部62个。同年，全市学术交流、科技普及、科技咨询、科技培训、人才信息、青少年科技活动6大网络已逐步形成。

县市区科协也于1959年陆续建立。20世纪60年代，一些厂矿企业也先后建立了科协组织。至1989年，全市共有厂矿科协50个，会员15839人，工作人员230人。此外还建立了冶金机械、土木建筑、畜牧水产等一批学会（学组）。

1980年开始组建乡镇科协，至1989年，全市已有149个乡、镇建立了科协组织。

2000年，市科协基层组织包括县市区科协9个，市属企事业科协41个，市级学会（协会、研究会）64个。

二 主要活动

学术活动 1980—1989年，市环境科学学会先后组织会员参加国家“六五”重点攻关课题——湘江污染综合防治研究，市清水塘工业区、市中心片、河西开发区等区域环境质量评价，株洲车辆厂、株洲电力机车厂等新建、扩建、改建工程项目环境影响评价，株洲市环境规划，株洲市农业环境质量调查及区划，株洲市清水塘工业区污染综合防治工程研究，株洲市大气自动地面站及原子吸收光谱应用，株洲地区天然放射性水平贯穿辐射剂量调查研究，重金属废水处理研究、钨渣综合利用研究，粉煤灰选碳及综合利用研究等比较重大的科研课题共68项，获得国家级奖4个、部级奖16个，省级科技进步奖共11项，省环保系统科技进步奖22项，市级科技进步奖15项。

1981年10月，市科协召开“能源节约和合理利用”学术讨论会，向市政府提出市内节约与合理利用能源12条建议。

1982年，市农学会、市园艺学会就如何防治粮草污染问题，组织学术讨论会，发表21篇学术论文，并综合归纳4条建议，被市政府采纳。

1982 年 7 月，市科协与市经委组织以能源研究会为主的 9 人调查组，对清水塘工业区集体供热问题进行实地调查和分析，提出调查报告和可行性方案，经市政府批转上报湖南省政府和有关部门。

1988 年 1 月和 1989 年 10 月，科协连续组织 1984 — 1986 年、1987 — 1989 年两届全市优秀学术论文评选，共评出《FP-84 型镍基铸铁电焊条专用粘结剂的研究与应用》等第一届优秀论文 98 篇；《全自动铣端面打中心孔机床及机械手》等第二届优秀学术论文 164 篇。

1991 — 2000 年，市科协每年举办一届株洲科技节，围绕全市科技和经济社会发展中的重点、热点、难点问题，精心组织和选题，将科技论坛成为株洲市的高水平盛会。先后以加入 WTO、技术跨越式发展、推进株洲新型工业化进程、落实科学发展观、推动株洲经济发展、增强自主创新能力等为主题，邀请一些院士、专家作学术报告，征集学术论文，推动了学术繁荣。1996 — 2000 年，市科协所属学会和企业科协共举办学术活动 800 多次，参加科技工作者达 4 万余人次，交流论文 1.7 万余篇。

从 2000 年起，联合长沙市科协、湘潭市科协，为长株潭经济一体化进程和三市共同关心的课题建言献策，先后共举办“长株潭湘江生态经济带的开发建设与远景展望”“长株潭湘江流域生态建设与水污染治理”“推进长株潭三市先进制造业集群化发展”“长株潭循环经济与生态环保产业发展”等大型学术论坛活动。组织专家学者深入开展研究论证，形成政策建议，并汇编成册，呈送给各级党政领导和有关部门参考。

科学普及　1964 年 4 月，市科协创刊《科学与技术》，“文化大革命”期间停刊，1978 年 5 月复刊，更名为《株洲科技交流》，8 开版，月刊，每期发行 500 份。1980 年 8 月，更名为《科普小报》，4 开 4 版，月刊，发 5000 份。1986 年 2 月，又更名为《株洲科技报》，发行 6000 份，1987 年 6 月停刊。

1979 — 1980 年，市科协、市物理学会共同编制《中学生物理习题解》（上、下册）一书，全国发行 4 万余套。

1983 年 10 月，市科普创作协会与市科技辅导员协会编辑出版由中学生自己撰写的《中学生科普习作选》，受到教育部和中国科协领导的重视和表扬。

1982 年 12 月至 1984 年 7 月，市委宣传部、市政府财贸组、市科协联合举办“科普一条街”活动。市一商局、二商局沿建设路的所属商店均参加。建设百货商店半年时间销售量就增长 1 倍，6 家商店被评为商品科普宣传先进集体。

1984 年，市辖各县市区均举办科普集市。株洲县科协先后在朱亭、伞铺乡举行两次规模较大的科普集市，共组织 7 个自然科学学会、28 个单位、274 人，出动车辆 25 台，接待群众 29239 人次，解答咨询 1911 个次，发放各种科普资料 53985 份，销售实物 370 千克，展出宣传图片 447 张，展出实物 1271 种，参观人数 13320 人。

1991 — 2000 年，科普工作的组织体系和政策环境得到较大改善，成立了株洲市科普工作协调领导小组，办公室设立在市科协，一个由市委、市政府领导的，以市科协为主要力量，政府部门、社会各界共同参与的科普工作大合作、大发展的组织体系基本形成。市委办、市政府办印发了《关于进一步加强科学技术普及工作的意见》，对科普工作的指导思想、重点任务、组织领导、政策保障及社会各界职责等方面都作了明确规定。各级党政领导更加重视科普工作，各县市区亦相继成立科普工作协调领导小组，科普经费投入得到大幅度增长，市级科普专项经费预算2000年达到人平0.5元，县市区科普经费大部分超过人平0.1元，有的地区达到人平0.5元。政府部门及社会各界积极参与支持科普工作，市农业局成立实用技术讲师团，为农民进行免费培训，市广电局下发文件明确了各媒体的科普宣传任务。

农村科普工作，攸县成为株洲市第一个全国科普示范县。全市至2000年共创建16个市级科普示范乡（镇），105个县级科普示范村，104个县级科普示范培训基地，5004户科技示范户。市科协采取“百场科普电影下乡巡回放映”、组织实用技术讲师团作实用技术巡回报告、科技展览、科普赶集等多种形式，广泛开展科技下乡活动。据不完全统计，全市各级科协及所属团体共组织科技下乡活动1246次，参加科技人员23065人次，受惠群众达100多万人次。特别是在抗击“非典”过程中，科普宣传发挥出了主力军作用。市科协先后4次分发宣传挂图、资料、手册，并与有关部门联合编印宣传资料20万份，会同市委宣传部安排市、县两级电视台进行为期1周的专题片电视播放，还邀请医药预防专家在电视台开展“非典”科普宣传。

城镇科普工作，市科协每年坚持组织开展不同主题的“科技宣传周”活动，坚持开展“全国科普日”系列科普宣传活动，在城市社区掀起科普工作热潮。通过开展城镇“三、四、五”科普示范工程，加强城镇科普阵地建设，创建31个级科普示范区（荷塘区）、21个科普文明社区（其中省级7个）、170个科普文明大院。市科协与荷塘区科协创建了钻石路科普文化一条街、永红科普示范小区，与石峰区科协在响石广场创建了科普画廊等科普工作阵地，到2000年全市拥有科普橱窗总长度1526米。

同时，市科协还组织编印《农村实用技术》《身边科学》《科普挂历》等科普资料，免费赠送给群众。促进科学技术下乡村、进社区。通过举办“崇尚科学文明、反对愚昧迷信”“科学发展观”等专题展览，广泛宣传科学精神，旗帜鲜明地反对邪教，在广大干部群众中引起反响。

青少年科技活动 1981年，市科协同教育局组织青少年开展科技制作活动，参加全省首届青少年科学创造发明比赛，有5件作品获一、二、三等奖。1984—1985年，组织参加全省第四、五届科学创造发明比赛，分别获团体总分第二名、第一名，有14件作品获一、二、三等奖。1983年，市教育局、市科协、团市委、市体委联合举办全市首届小学生智力竞赛，46所学校的2万余名小学生参加。1989年，市二中学生宋瓒发明的“全自动汽车转向声光控制器”获全国第四届发明展览会金奖，并申请国家实用新型专利。

20世纪90年代中后期，市科协与市教育局、市环保局等部门联合开展青少年科技创新大赛、“大手拉小手”科技传播行动等青少年科技活动，每年都吸引上百所学校、十多万名中小学生参加。青少年科技活动示范基地和科技辅导员队伍建设得到巩固提高，市二中、茶陵一中、醴陵市二中被列为全省青少年科技活动示范基地。市二中、茶陵一中还被评为省青少年科技活动示范基地先进单位。1996—2000年，全市青少年在各类科技竞赛活动中，共获省级奖134项、国家级奖38项，青少年科技教育活动整体水平位居全省前列。

科技咨询服务　1984 — 1989 年，市科技咨询服务中心对全国 20 多个省、市、自治区进行技术咨询、技术服务、技术转让。共组织科技人员受理咨询 11222 人次，完成技术合同 4101 项，实现合同金额 5015.20 万元，上缴利税 153.45 万元。1985 年 5 月，获中国科协“金牛杯”优秀奖。

1984 — 1986 年，株洲冶炼厂科协组织科技人员开展对老、少、边、穷地区的科技咨询服务，共签订各类合同 90 多项，合同额达 100 余万元。

1985 年，株洲硬质合金厂科协采用“除杂质”技术，帮助茶陵湘东钨矿常年不能解决的“纯钨酸铵”的产品质量问题，该项目被列为有色总公司长沙公司 1990 年科技成果签订项目。1986 — 1987 年，该公司科协利用防腐技术，先后为醴陵东富乡和攸县市上坪乡培训组建 2 个“工业防腐工程队”，均取得当年投资当年见效的业绩。

1987 年，株洲洗煤厂科协组织对酃县清水笋厂罐头生产工艺和设备进行改造，当年扭亏增盈，出口创汇突破 100 万元大关，产品质量被评为 1987 年的省优，1988 年获全国首届食品博览会“金龙奖”。1989 年，该厂科协对湖南省龙山县原准备投资 100 多万元新建洗煤厂和小焦厂所提供的原煤资料进行决策咨询、论证，结论为：该原煤极难洗煤，精煤产出率只能达到 30%，损失过大，无入洗价值。为该县避免了投资损失。

1991 — 2000 年，随着社会的发展与进步，科技咨询业得到迅速发展，工作也更加规范。至 2000 年，全市科技咨询业务的单位已发展到 100 多家，从业人员数千名。为适应新形势需要，市科协成立科技咨询业协会，引导全市科技咨询业规范发展。市科协联合市财政局、地税局下发《科协系统科技咨询管理办法》，明确了 5 项优惠政策。市科技咨询业协会积极行使行业自律职能，举办科技咨询工作交流研讨会，开办科技咨询师培训班，开展注册科技咨询师考试。2000 年，全市已有注册科技咨询师 144 人。

株洲市科学技术协会历任负责人名录

表 21–5

主　席	任职时间	副 主 席	任职时间
林熙业	1959.8 — 1968.11（兼）	赵　琦	1959.8 — 1968.11（兼）
王云岫	1980.12 — 1982.6（兼）		1978.7 — 1986.11（兼）
包秀龙	1982.6 — 1983.9	包秀龙	1959.8 — 1968.11（兼）
谭松山	1986.11 — 1991.11（兼）		1978.7 — 1982.6
彭泽民	1991.11 — 1997.5	史家全	1989.8 — 1968.11（兼）
易玉楼	1997.5 — 2000.12	王永清	1980.12　1986.11（兼）
–	–	王嵩安	1980.12 — 1986.11（兼）
–	–	唐国健	1980.12 — 1991.11（兼）
–	–	贺大美	1980.12 — 1986.11（兼）
–	–	张延兴	1982.6 — 1985.10

续表 21-5

主 席	任职时间	副 主 席	任职时间
–	–	李雨田	1982.6 — 1985.10
–	–	张涌林	1985.1 — 1989.3
–	–	曾明德	1985.10 — 1991.10
–	–	王裕臣	1986.11 — 1991.11（兼）
–	–	成身江	1986.11 — 1991.11（兼）
–	–	肖玉麟	1986.11 — 1996.（兼）
–	–	罗广源	1986.11 — 1991.11（兼）
–	–	杨柏林	1986.11 — 1996（兼）
–	–	唐国键	1986.11 — 1991.11
–	–	罗利生	1987.9 — 1991.11
–	–	彭泽民	1989.12 — 1991.11
–	–	奚涤民	1991.6 — 2000.12
–	–	李绳正	1991.11 — 1997.5（兼）
–	–	沈金欣	1991.11 — 1997.5（兼）
–	–	陈登高	1991.11 — 1997.5（兼）
–	–	潘庚新	1991.11 — 1997.5（兼）
–	–	袁改进	1997.5 — 2000.12
–	–	王隆昆	1997.5 — 2001.5（兼）
–	–	颜兴国	1997.5 — 2001.5（兼）
–	–	周敬元	1997.5 — 2001.5（兼）
–	–	尹泽勇	1997.5 — 2001.5（兼）
–	–	杨远柱	1997.5 — 1999.3（兼）
–	–	孙曼莉	1997.5 — 2001.5（兼）
–	–	桂林芳	1997.5 — 2001.5（兼）
–	–	蒋贡明	1997.5 — 2001.5（兼）
–	–	谭科军	2000.1 — 2000.12

第三节　归国华侨联合会

一　组织机构

1956年10月，株洲市归国华侨联合会（简称“市侨联”）成立，前身是株洲市归国华侨小组，隶属湖南省长沙归国华侨联合会。“文化大革命”开始后，市侨联停止一切活动。1978年，在市民政局设侨务科，1979年年底民政局侨务科改为株洲市侨务办公室，对内仍为民政局的一个科室。

中共十一届三中全会以后，随着全国侨联恢复活动和湖南省归国华侨联合会的成立，市委决定成立株洲市归国华侨联合，并于1979年6月召开第一次侨联代表大会。1983年12月，市委根据中央精神，明确市侨联为一级人民团体，市侨办为市政府的下属办事机构，侨联与侨办合署办公，两块牌子、一套人马，归口市委统战部。

1985年12月，召开第二次侨代会，选举产生19名委员组成第二届侨联委员会，经上级批准设主席1人，副主席3人（专职1人），秘书长1人，常委7人。

1991年8月，召开第三次归国华侨代表大会，出席会议的正式代表105名。会议审议通过市侨联第二届委员会工作报告，选举产生第三届委员会。1994年，市委决定将市侨务办公室与市政府外事办公室合并，新组建外事侨务办公室，侨联仍为独立的一级人民群众团体。

二　主要活动

20世纪80年代，市侨联积极推动落实党的各项侨务政策，妥善解决归侨和侨眷的学习工作和生活问题。对在历届政治运动中特别是“文化大革命”中所蒙受的创伤，积极为他们平反。收回60年代初期被精简下放的归侨及其亲属10人。对归侨的人事档案进行清理，其中对不应归档的材料，予以清除。落实发放农村华侨私房44户，面积13729.59平方米，发放住房补助款247023.30元。解决23个因情况特殊的归侨、侨眷子女家属户口在城市落户。解决住房困难户50余户，解决子女升学就业100余人。

与海外417个国家或地区7380个华侨、华人保持经常性的往来。几年来，每年接待回国探亲、旅游、讲学及经商贸易的侨胞达400人次。1988 — 1990年，邀请美籍华人教授肖镜如、徐育珠和加拿大籍旅美华人专家文席谋到株就企业管理及冷冻技术等进行讲学，受到企业界和科技界的好评。从1985年起，援助家乡办学的华侨、华人不断涌现，捐款数量日渐增多，先后有美籍华人钟武雄、唐之寿、文席谋、宋谷怀、张吕仙（女）、旅美华侨夏新民和旅印度华人谭中等，捐赠家乡办学、办公益事业款104万人民币和1.1万美元，钟武雄还投资45万元与醴陵湘山瓷厂合资办厂，并向醴陵侨办捐赠1台国产旅行车。

1991 — 2000年，市侨联主要围绕服务归侨、侨眷开展工作。1991年，对生活困难的农村归侨、侨眷发放困难补助费1500元，灾区困难补助费2000元，发放侨房补助款4万元。并协同有关部门帮助解决子女升学24人，就业、参军5人，自费出国留学10人，帮助侨胞寻找亲人3人，协助办理涉外婚姻2件。同时，接待归侨、侨眷来访280余人次，收到海外来信165封。1992年，重点协助华侨、侨眷兴办侨属企业，各县市还扶持办起侨属企业12家。1994年1月，市侨联举办侨界春节联欢会，到会归侨、侨眷600余人。在中秋节来临之际，举办了“话中秋、迎国庆”联谊会，邀请株洲市党政主要领导参加，与归侨、侨眷一起参与了游艺活动。1995年，为发展株洲侨务事业，市侨联广泛发动海内外侨胞筹措华侨事业发展基金，首批收到捐款1.655万元，基金主要用于奖励归侨、侨眷在本职工作中作出的突出贡献，奖励学业优异的归侨子弟和扶持特困归侨。次年，基金收到捐款3.6万元，市委、市政府为支持侨务事业的发展，也为基金拨款20万元。1997年，市侨联发放5000元给11位特困企业归侨、侨眷，办理侨属证92个，办理出入境手续42人，落实归侨补助款14人，协助办理定居4人，走访归侨、侨眷39人次。1998年，先后组织召开5县市侨办主任及16家大型厂矿企业、大专院校侨务专干座谈会，有市财政、公安、劳动、房产等部门负责人参加的征求《中华人民共和国归侨侨眷权益保护法》及《实施意见》修订座谈会。全年，共接待来信来访51人次，为11位归侨办理了退休生活补助费，为77位归侨、侨眷办理了侨属证，走访和节日慰问归侨、侨眷35人次。1999年，为落实《湖南省归侨侨眷权益保护法》实施办法，先后进行了"归侨侨眷职工下岗再就业情况""侨资企业""海外重点新移民情况"等调查，写出专题调查报告，为市委、市政府科学决策提供依据。2000年，株洲市旅居海外的华侨华人共有9257人，国内归侨、侨眷34011人，全市共有侨务服务对象43268人。

株洲市归国华侨联合会历任负责人名录

表21-6

主　席	任职时间	副 主 席	任职时间
陈立民	1979.6 — 1985.6	王国光	1979.6 — 1985.12
李学远	1985.12 — 1991.8	李学远	1979.6 — 1985.12
曾维明	1991.8 — 2000.12（兼）	王　毅	1979.6 — 1985.12（兼）
万拾延（书记）	1997.6 — 1999.6	李　铸	1979.6 — 1985.12（兼）
苏仲明（书记）	1999.6 — 2000.12	谢燕谋	1985.6 — 1987.8（兼）
–	–	林荫民	1985.12 — 2000.12（兼）
–	–	林必连	1985.12 — 1991.8（兼）
–	–	林凤西	1990.10 — 1998.5（兼） （1991.8月改专职）
–	–	曾达瑜	1990.10 — 2000.12

第四节　社会科学界联合会

一　组织机构

1980年1月，在成立哲学、政治经济学、科学社会主义3个市级学会基础上，召开株洲市社会科学学会联合会第一次代表大会，成立株洲市社会科学界联合会（简称"市社科联"）。具体工作由市委宣传部理论科兼管。1986年，市委同意给市社科联、市职工思想政治工作研究会3个编制。1989年9月，经市委批示，同意市社科联级别参照市科协、市文联等群众团体对待，归口市委宣传部领导，与即将成立的市社会科学研究所合署办公。市社科联团体会员由成立之初的3个发展到40个，会员由269人发展到近万人。

1989年10月，市社科联召开第二次代表大会。应到代表162人，实到代表160人。67名委员组成社科联第二届委员会。第二届委员会第一次会议选举产生主席石瑞坤（兼）、专职副主席王德蓉、兼职副主席为任尚仁、李竣起、张寅南、陈胜利、邱杰雄、易定祥。

1996年4月，市社科联被确定为县级机构，定编5名。5月，市社科联召开第三次代表大会，选举产生由91名委员组成的第三届委员会，石瑞坤为主席、邓玲玲为专职副主席，兼职副主席有刘发科、任尚仁、宋益多、陈胜利、邱杰雄、盛佑生、黄玉成、曾维伦。其时，所属市级学会、协会、研究会共有56个。

二　主要活动

学术交流　市社科联成立到1990年，由市社科联参与组织的全市性理论讨论会20多次，收到论文1000余篇。据17个学会的统计，在省以上报纸、电台、杂志或理论研讨会上被采用的论文、调查报告有300余篇，公开出版发行的专著、教材18部，内部发行的论文、论著50余部，有3项成果填补了中国社会科学研究领域的空白。1985年，市社科联与市委宣传部联合举办宣传干部知识更新读书班。同时还举办系列学术报告会，邀请著名专家、学者到株洲讲学。1987年，市社科联邀请国内湘籍学者来株讲商品经济理论。1988年，邀请中国社会科学院工业经济研究所一些著名专家来株洲市作"苏联和民主德国企业改革现状及问题""中国工业企业产权研究""区域产业结构问题"等专题报告会。1990年，举办"哲学与文化"大型专题系列讲座。此外，还邀请美籍华人教授肖镜如、徐育珠来株洲讲学。这些学术活动介绍了大量有借鉴意义的经济与改革理论及外国的改革与经济社会发展情况，对株洲理论界、实业界开阔眼界、打开思路、澄清模糊认识及解决实际问题起到了积极作用。

1988年，市社科联与市委宣传部联合举办历时4个月的外国科学管理观摩活动。这套影视教材主要介绍美国和日本最新管理方法。采取组织观摩、送片上门播放，利用企业闭路电视播放等形式，使全市大多数企业的干部职工和有关部门的管理人员都观看这套影视片，向广大干部群众普及一次外国最新管理科学知识。1989年10月，在市中心广场组织工商、税务等16个学会，共400余名会员上街开展社会科学义务咨询服务日活动，共组织600多幅宣传画，接待咨询800余人次，回答各种咨询项目近500个，收到较好社会效果。

1991—2000年，市社科联共组织各种理论研讨、学术交流活动350多场次，成功举办"1992年中国湖南（株洲）国际烟花文化研讨会""1993年中国湖南（株洲）炎帝文化学术研讨会"、株洲市40年建设成就知识大奖赛、东方巨人毛泽东大型图片展、"1997年中国和湖南区域经济发展学术报告会""1999年中国经济发展与社会进步高级研讨会""2000年西部开发与湖南（株洲）经济发展战略研讨会"等大型活动。

创办刊物　1988年创办《学习与探索》；组织征文活动10次；同时还与市广播电台、《株洲日报》等新闻媒体联合举办《观察与思考》等栏目，以刊物、媒体等多种形式传播社科知识。1990年，市社科联创办株洲市首家社科理论研究刊物《知与行》，在会刊上发表一批很有见地的学术论文。当年起，市社科联组织发动广大社科工作者开展“株洲城市文化研究”，并陆续在《知与行》期刊上发布研究成果。《知与行》共出刊31期，刊登理论文章1450篇。坚持办好社科刊物。2000年创办《株洲社科信息》，出刊10期。

课题调研　20世纪80年代，市社科联充分发挥自身优势，坚持中共十三大确定的“一个中心，两个基本点”的基本路线，围绕党的中心工作抓课题调研，立足株洲实际出了较多科研成果。一些理论文章和调查报告，被各单位、各部门以文件或决定形式下发，对经济建设起到参谋作用。其中文明城市建设24字目标（政治安定、经济繁荣、道德高尚、文化发达、环境优美、生活方便）的提出和论证，为领导决策提供了很好的依据。1990年，为弘扬中华民族文化，高扬爱国主义旗帜，市社科联组织发动广大社科工作者开展“株洲城市文化研究”。同年，组织撰写出版《企业运行新视野 —— 企业社会学导论》等专著。为把社会科学理论研究的成果运用到经济建设的实处，市社科联与所属体改研究会、劳动学会、税务学会等十多个学会，共同扶持开发一批社会科学应用成果，为株洲深化改革、经济繁荣起到了积极推动作用。

1991 — 2000年，市社科联组织广大社科工作者，紧紧围绕株洲经济社会发展中的重点问题，共选定78项课题组织攻关研究。为调动社科工作者的积极性，提高研究质量，2000年首创社会科学研究重点课题向社会公开招标立项，并资助课题研究经费10多万元。据不完全统计，20世纪90年代全市各单位共出版社科类成果专著50多部，其中市社科联机关组织编辑出版了《哲学和社会主义理论专题讲座》《企业社会学导论》《烟花与文化》《“两新”理论研讨成果集》等专著。收到各类理论文章5000余篇，一些理论文章和调查报告还直接进入领导决策，被有关单位和部门以文件或决定形式下发，有力地推进了决策科学化的进程。

成果评选　1991年5月，根据湖南省社科成果评奖办公室的要求，成立“首届社科成果株洲市初评小组”，对株洲市向省申报的成果进行评审。同年，编印《株洲市社会科学应用成果选编》（第一辑）。1996年，由株洲市财政拨款20万元设立了“株洲市社会科学奖励基金”。1997年，成立株洲市社会科学成果评审委，下发《株洲市社会科学奖励办法》，设立社会科学优秀成果和社会科学重大贡献奖两大奖项。1999年3月，市社科联组织开展株洲市第三届社会科学优秀成果评奖活动。同年，以市社会科学成果评审委员会的名义起草，由市委宣传部转发了《株洲市社会科学成果鉴定暂行办法》；经与人事局等部门协商，同意将株洲市社会科学优秀成果三等奖以上的获奖者作为越级晋升工资的条件之一；重新调整、充实株洲市社会科学成果评审委员会组成人员。1989 — 2000年，市社科联共组织开展了三届全市性社会科学优秀成果评奖活动，全市社科类学会、市直机关、高校及企事业单位共推荐社科成果近300项，评出优秀成果一等奖17项，二等奖34项，三等奖42项，优秀奖93项。

科普咨询　20世纪80年代，采取“请进来”“走出去”的方法，广泛组织学术交流活动。市社科联邀请北京大学、深圳大学的著名专家、学者到株洲讲学和开展咨询活动，先后组织举办“股票知识讲座”“企业股份制改造咨询”“毛泽东思想及其发展学术报告会”和“纪念抗日战争胜利五十周年学术报告会”等活动，共举办大型专题报告和座谈会50余场次。市社科联还组织广大社会科学工作者走出去，进行考察、调研，开阔视野。先后与广州市、厦门市、海口市、四川乐山市等地的社科联联合组织举办各类培训班，组织株洲市社会科学工作者150余人前往各地学习考察，扩大了社科工作者的视野，增长了知识。大力开展智力培训。市社科联通过各种渠道组织各种智力培训，先后举办“市场营销自考辅导班”“社科类职称英语通考辅导班”“中南工大管理工程（涉外经济方向）硕士课程班”，共培训各类人才近5万人次。1991—2000年，组织全市性社科普及咨询活动2次。2000年，举办“株洲市首届社会科学科普下乡活动”；还建立工厂（株洲电力机车厂）、学校（株洲市二中）、农村（云田乡）科普基地。

学会管理　依法制定规章制度，强化自我约束力。1989年，在株洲市社科联第二次代表大会上制定并通过了《株洲市社会科学学会管理条例》。1996年，在第三次代表大会上又对《管理条例》进行了部分修改。同时，根据省社科联有关学会工作精神，制定《株洲市社会科学学会工作评估细则》。创造并坚持了学会年会和秘书长例会制度，组织学会工作者交流经验，相互促进。每年年会对学会工作先进单位和个人予以表彰。加强对社团的监督与管理，督促学会规范运作，并围绕挂靠单位中心工作开展理论研讨、学术活动和人才培训。2000年8月，邀请省社科联秘书长黄国秋作《在新时期怎样开展学会工作》的学术报告。还多次组织学会秘书长外出学习考察交流，开阔视野，先后与广州市社科联、厦门市社科联、海口市社科联、四川乐山市社科联、哈尔滨市社科联联合举办各类培训班，组织全市社科工作者100余人次前往各地学习考察。按照规范发展的要求，适时注销一批不能正常开展活动的学会，调整合并功能相近学会，成立一批新的学会，全市社科队伍不断发展壮大。

株洲市社会科学界联合会历任负责人名录

表21–7

主　席	任职时间	副 主 席	任职时间
袁菊初	1980.1—1989.10（兼）	安义堃	1980.1—1989.10（兼）
石瑞坤	1989.10—1999.11（兼）（1997年改为专职）	王德蓉	1989.10—1993.10
		任尚仁	1989.10—2000.12（兼）
黄玉成	1999.11—2000.12（兼）	李峻起	1989.10—1996.5（兼）
–	–	张寅南	1989.10—1996.5（兼）
–	–	陈胜利	1989.10—2002.6（兼）
–	–	邱杰雄	1989.10—2002.6（兼）
–	–	易定祥	1989.10—1996.5（兼）
–	–	邓玲玲	1996.5—2000.12
–	–	刘发科	1996.5—2002.6（兼）
–	–	宋益多	1996.5—2002.6（兼）
–	–	盛佑生	1996.5—2002.6（兼）
–	–	黄玉成	1996.5—1999.11（兼）
–	–	曾维伦	1996.5—2002.6（兼）
–	–	柳　波	1998.11—2000.12

第五节 残疾人联合会

一 组织机构

株洲市残疾人联合会前身为株洲市盲人聋哑人协会。1990年10月，株洲市残疾人联合会（简称“市残联”）正式成立，为副处级单位，下设办公室、群宣部、康复部，定编10个，归口株洲市民政局管理，原市盲人聋哑人协会撤销。同年12月，召开市残联第一次代表大会，参加大会的残疾人代表58人，长期从事残疾人工作的代表42人，热情关怀、积极支持残疾人事业的各级领导和各部门、各单位代表40人。会员选举产生常务副市长王汀明为主席，刘本良、胡友松、全德理、彭振球为副主席的第一届主席团；推举高继堂、薛厚民、郝诚、宋邦俊、廖瑜、刘少四为残联名誉主席。到1990年，株洲市有符合国家标准的六类残疾人17.3万人，其中视力残疾2.48万人，听力残疾5.9万人，智力残疾3.5万人，肢体残疾2.6万人，精神残疾0.64万人，综合残疾2.2万人。1991年上半年，市属9个县市区均成立残疾人联合会。至1992年11月，全市151个乡镇、11个街道办事处成立了残疾人组织。1997年9月，市残联升为正处级群团组织。1999年3月，市残联召开第二次代表大会，出席大会的代表148名，选举产生了第二届主席团及执行理事会。

二 主要活动

康复治疗 1988年至1991年年底，全市共完成白内障复明手术1317例，儿麻矫治手术742例，聋儿培训15名（在训），分别完成省下达株洲市5年总任务的77%、93.3%和15.3%。1991—1995年，全市完成白内障复明手术2663例，儿麻矫治766人次，聋儿听力语言训练129名，低视力康复292名，智残康复训练48名，培训家长106名，为特需人群投服璜油丸87060人次，提供用品用具390件。至2000年年底，全市有19812名残疾人得到不同程度的康复，128589名特需人群补服了璜油丸。

特殊教育 市聋哑盲学校自1986年10月正式招生，规模由原招收学生72名发展到能容纳300名学生就读。同时，9个县市区开设特教班，共有140余名弱智残疾儿童进入特教班学习。1991—1995年，全市创办特教学校3所，特教班17个，随班就读点847个，在校残疾儿童2300余人，视力、听力、智力残疾儿童少年入学率分别由1990年5%、12%、7%，提高到1995年的80.5%、60.1%和89.76%。1994年5月，国家特教工作组检查，攸县、东区（荷塘区）被评为“全国特教工作先进”。

安置就业 1990年，全市创办福利企业132家，安置残疾人就业5714人，其中国营企事业单位安置783人，集体单位安置1212人，联合企业安置230人，个体就业1401人，其他2088人。截至1995年年底，福利企业共安置残疾人就业5747人，社会各单位分散安置残疾人1000余人，个体就业近1万人。1998年8月，市政府出台《关于贯彻〈湖南省按比例安排残疾人就业规定〉的实施方案》，成立以常务副市长为组长的残疾人按比例就业工作领导小组和服务机构，先后召开动员会和全市就业工作大会，加大残疾人安置就业工作的力度。至2000年，有劳动能力的残疾人就业率由65%提高到75%，19800余名农村贫困残疾人得到扶持，近3万城乡特困残疾人基本生活得到保障。

文体活动　株洲市残疾人群众性文艺、体育活动广泛开展。1982—1990年，先后选拔残疾人运动员参加国际、国内残疾人运动会，在各项比赛中取得金牌82枚、银牌35枚、铜牌19枚的成绩。1991—1995年，株洲市残疾人先后组团（队）参加全省、全国和国际残疾人运动会，共获金牌91枚、银牌38枚、铜牌22枚，名列全省前列。1999年9月，组队参加全省第五届残疾人运动会，获得团体总分第四名，另获金牌17枚、银牌8枚、铜牌2枚，并破5项省纪录。2000年，参加全国第五届残疾人运动会，株洲市6名运动员参赛，共获金牌3枚、银牌5枚、铜牌4枚，破5项全国纪录。同年11月，市委、市政府为参加第十一届残疾人奥运会的女子乒乓球双料冠军陈伟召开庆功表彰会，向她颁发奖金10万元。截至2000年年底，株洲市残疾人共获得体育竞赛省级以上各类奖牌362枚，其中金牌196枚、银牌83枚、铜牌62枚，在全省市州中处于领先地位。

此外，市县两级法律服务中心对残疾人广泛开展法律服务和法律援助，接待残疾人咨询1100人次，代写法律文书60份，受理残疾人援助案件38起。

株洲市残疾人联合会历任负责人名录

表21-8

理事长	任职时间	副理事长	任职时间
全德理	1990.12—1995.12	姜升章	1990.12—1998.4
游　米	1998.4—2000.12	聂志和	1990.12—1992.6
–	–	林小军	1998.4—2000.12

第六节　红十字会

1956年9月，中国红十字会（简称“红会”）株洲分会成立，选举委员26名，主席为时任市长。同年，清水塘、中心两个区成立红十字会。有基层组织11个，会员2532名。举办红十字卫生站救护训练班，为堤升街、结谷街等五个街道红十字卫生站配红十字保健箱。1965年，重新组织红会委员会，整顿、恢复区一级红会，清理与充实基层红会组织，发展新会员。“文化大革命”期间，红十字会活动中止。1988年7月，恢复株洲市红十字会，分管文教卫的副市长任会长。1988—1989年，株洲市四区（南、东、北、郊）和醴陵市、株洲县、攸县、茶陵县、酃县相继成立红十字会，全市有红会基层组织23个，会员3000余名。到1989年和1990年煤炭工业局、教育局、经委、财委、体委等系统相继建立红会和机关红会。据1990年年底统计，全市共有红会基层组织220个，会员达27384名。1993—1995年，株洲市红十字会连续3年被中国红十字会评为“先进集体”。1996年12月，成立了株洲市红十字会中心血站，并争取中国红十字总会的支持，将20多万元国外捐赠的设备装备血站。1997—2000年，全市基层红十字会增至353个，会员增至65901人。

一　救护训练

1965年10月，市红十字会建立街道居民“红十字卫生站”，在市中心区举办有32人参加的红十字救护员训练班。1989年，市红十字会组织各县市区红会培训师资，开展外伤急救、心肺复苏等4项训练，培训红十字会员1300余人，组织义务献血，并建立血源管理和献血制度等。此后义务献血由卫生部门主管后，红十字会协助义务献血宣传工作。1991年5月，市红十字会举办3期卫生救护师资培训班，共培训县市区、市直医疗卫生单位和大中型企业医疗技术骨干84人。当年，共新训卫生救护人员21167人。此后，市红十字会每年卫生救护培训达到2万余人次，其中新训约1.5万余人。1993年，全市红十字会系统开展了机动车驾驶员的救护培训，仅7个县市区就培训了2.5万余人。市红十字会先后在106国道、320国道、三南公路等主要公路沿线建立了60个红十字救护站，1年多时间抢救伤病员1000余名。

二　红十字青少年

1988年，组建红十字青少年组织，开展“88国际体育援助活动”为儿童募捐。组织青少年开展敬老助残募捐救灾，组织“5·8”世界红十字会日宣传活动。1990年，举办首届红十字会青少年夏令营。城市学校与农村学校进行联谊活动，建立友好往来扶贫助学活动等。至1997年，全市已有87所学校建立红十字会，发展青少年会员40162人。当年学校红十字会开展红会知识竞赛、报告会、卫生救护、无偿献血、夏令营等一系列适合学生特点的活动。

三　社会救助

1990年，市南区红十字会倡导并率先为全区56名烈属、残疾孤老、五保户开展“三定一包”（定点、定时、定对象、包服务项目），得到全市红会的积极响应，当年各县市“三定一包”服务对象达300余人。酃县红十字会为残疾人做康复手术100余例，使50多名双目失明者重见光明，40多名双下肢运动严重障碍者行走自如。1991年10月，市红十字会组织市区132名医务人员设立16个服务点，开展养老爱老义务服务，受益者达1.2万人次，其中义诊4000多人次，健康咨询2000多人次。

四　救灾慰问

1989年7月，市红十字会率医疗队到酃县龙渣乡慰问贫困的瑶族同胞，为他们义诊，送蚊帐等生活救济物资。1991 年，会同攸县、株洲县、茶陵县红会，组织 70 余名红会干部和会员，分别对受灾严重的攸县大桥乡双富村、株洲县平山乡白渔村、茶陵县浣溪乡晓分村、杨柳村进行慰问，发送救灾物资和进行义诊服务等。1994 年，市红十字会参加抗洪救灾工作，协助组织 25 支医疗队（140 人）赶赴重灾区，组织 10 多万元的救灾药品和 40 吨大米送到灾区，接收群众捐款、衣物，接收香港红十字会和中国红十字总会赈灾物资价值 18 万多元。1997 年，是境内洪涝灾害多发的一年，市红十字会建立救灾备灾基金，动员社会各界人士募捐，共收到捐款近 4 万元。另外接收中国红十字会及境外捐助价值 69 万元，组织 316 个红十字医疗队赶赴灾区第一线为灾民防疫治病。市红十字会从 1995 年起把炎陵县龙景山麻风村作为定点服务单位，开展送温暖活动，1997 年为麻风病患者捐赠了价值 5 万元的大米和药品。

五　对台服务及国际交流

1989 年，市红十字会接到台湾查人转信表格和红十字通信 110 份，为市民发出台湾查人、转信表格 20 份，找到 17 人。1989 年 7 月，接收联邦德国盲人基金会的赖赫曼先生捐给市二医院 1.4 万马克的眼科治疗器械。同年 10 月，市红十字会与酃县红十字会接待瑞典皮肤病专家斯坦・斯特罗姆及夫人上龙景山为麻风病人治病 12 天，并接受捐赠价值 2000 多元人民币的 50 双防足趾溃疡的硬板鞋。同年，市红十字会还协同民政、公安部门遣送 6 名越南难民回国。1990 年，市红十字会接受中国红十字总会转来查人表格 2 宗；办理大陆台属寻找在台亲人表格 15 宗，找到 1 宗；协助本市台属办理赴台探亲和接受遗产事宜 2 件。20 世纪 90 年代，市红十字会共接到台湾查人表格和红十字通讯 110 余份；株洲市民通过市红十字会发出查人表格 60 余份，查询找到失散亲人 20 多人次；协助全市台属赴台探亲和接受遗产事宜 2 件。市红十字会共接受国际红十字会、香港红十字会、台湾红十字会等捐赠的救灾物资达 800 余万元和 1 辆福特救护车。

第二十二篇　军　事

株洲地处湘东边陲，山河众多，物产丰饶，交通便利，历来为兵家必争之地，战事频发。唐、宋时期，境内就置有军事机构及驻军。元末明初，境内曾是朱元璋、陈友谅厮杀的重要战场。明末清初，株洲、醴陵一带连年征战。清康熙十三年（1674），吴三桂屯兵渌口对岸沧岩（雷打石），曾与清军战于白关、株洲。清咸丰二、三年（1851 — 1852），洪秀全率领的太平天国军队先后在酃县、茶陵县、攸县、醴陵与清军及地方团练进行过 10 多次战斗。辛亥革命后，南北军阀混战。民国 7 年（1918），北军张怀芝部与南军刘建藩部混战于醴陵、攸县、朱亭、渌口、株洲、白关铺、姚家坝一带。

北伐战争期间，国民革命军在境内先后攻战攸县、醴陵。并取得过辉煌的战绩。

1927 年 5 月“马日事变”后，在中国共产党的领导下，株洲工人纠察队、株洲农民军、醴陵工农自卫军同安源工农自卫军一起，与许克祥的反动军队激战于易家湾、白马垄、白石港一带。同年 9 月湘赣边界秋收起义后，株洲、醴陵、攸县、酃县等地也相继爆发了反对国民党反动派的武装暴动。毛泽东亲自部署了醴陵、株洲暴动，一举攻克醴陵县城。1927 — 1933 年，红军与国民党军在境内进行过上百次的大小战斗。较为重大的战役有红军 9 克茶陵、将军山战斗、沙子岭战斗、棠市战斗、五佛岭战斗等。

抗日战争时期，境内民众和地方武装配合中国守军奋力抗击日本侵略者，有效地阻击了南犯日军。

解放战争时期，醴陵、攸县、酃县先后建立共产党领导的地下武装，为打击境内国民党军队，保护地下党组织，迎接株洲解放发挥了重要作用。1949 年，人民解放军渡江南下，四十军、四十六军、四十九军所属部队先后进驻株洲及境内各县，株洲全境解放。

在千百年的征战中，境内涌现出大批的有影响的军事人物。特别是新民主主义革命时期，境内有 10 多万人直接投入革命斗争，1 万多人参加红军或地方工作，万余人壮烈牺牲。同时也造就了一大批高级将领和杰出军事家，左权、蔡申熙、蔡会文、谭震林、耿飚、杨得志、宋时轮等，就是他们中的杰出代表。中华人民共和国第一次授衔期间，境内被授予将军军衔的就有 41 人，其中上将 3 人，中将 10 人。

中华人民共和国成立后，株洲进入快速、稳步发展的历史时期。随着经济实力的逐步增强，株洲的军事战略地位也随之得到提升，军事工作不断发展壮大。

20 世纪 50 年代，驻株洲部队实现了由战争向和平建设时期的转变，开始进入正规化、现代化建设时期。1951 年，株洲市成立军队建制的人民武装部。1953 年，株洲市被确定为全国防御爆破重点城市，人民解放军和武警部队也陆续进驻株洲。同年，全市建立 1 个基干民兵团，有基干民兵

1600 人，普通民兵 5760 人。1958 年，在中共中央和毛泽东“大办民兵师”的号召下，株洲市区和郊区普通民兵和基干民兵发展到 18 万人，占到人口总数的 33%，境内各县民兵总数达 60 多万人。

“文化大革命”期间，部队建设和民兵工作受到严重干扰和破坏，军事机关受到冲击，许多武器被抢，民兵卷入派性斗争，民兵组织频于瘫痪状态。20 世纪 70 年代初，全市掀起了群众性修建人防工程的热潮，市区短期内挖了大量人防工事，株洲市多次获“全国人防战备建设先进城市”称号。

1983 年 3 月，株洲市人武部升格为正师级机构，同年 10 月扩编为株洲军分区，下辖 9 个县区人武部和 1 个军队离职干部休养所。这一时期，境内部队和民兵建设走上正轨，驻株部队团级单位也增加到近 20 个。

1991 — 2000 年，国际国内形势发生了巨大而深刻的变化，世界新军事变革迅速发展，国家的改革开放和现代化建设步伐加快，国防和军队现代化建设也推进到一个新高度。驻株部队以新时期军事战备方针为统揽、以军事斗争准备为龙头，围绕“打得赢”“不变质”两大课题，努力实现军队现代化建设的跨世纪发展的战备目标，各项工作取得了令人瞩目的成绩。株洲市连续 3 次获“全国双拥模范城”称号。2000 年，株洲军分区党委、株洲县人武部党委被广州军区党委评为“先进党委”；5 个县区人武部被评为先进人武部；株洲市民兵高炮训练工作被广州军区评为先进，受到总参谋部的通报表彰。

第一章　军事组织

第一节　元、明、清时期军事机构及地方部队

元代初期，茶陵县已设万户府，负责军事。明洪武元年（1368）万户府改为卫，下设左、中、右千户所。明洪武二十八年（1395），茶陵卫辖宜章、桂阳、广安、宁溪等千户所。清康熙二十年（1681），醴陵县设驻防把总，始有守备。把总管领战兵 4 名，守兵 40 名，建城守营于县城。沿河设塘汛 8 处，各备守兵 2 名，全县设 19 铺处，各乡铺兵把守，共有铺兵 95 名。清康熙五十七年（1718），设茶陵汛，系长沙协分防，汛设千总 1 人。清乾隆九年（1744），长沙协标右营守备移驻湘潭，设左哨外委千总 1 员，负责城守；右哨外委把总 1 员，分防朱亭（株洲县境），共领马步战守兵 148 名。清道光二十五年（1845），千总移驻耒阳，另拨经制外委 1 员驻防城。清同治元年（1862），湘潭县曾传理奏办团防，设局于淦田（株洲县地），延至清末。

第二节　民国时期军事机构

民国初期，境内各县军事均由知事公署、县长公署兼理。以后各县曾设兵役科、军事科；但较长时间，地方武装先后由团防总局、挨户团总局、保安大队、国民兵团、抗日自卫团等机构统一指挥。

民国4年（1915），团防之风又兴。民国10年（1921），湘潭县设团防总局。其时，东一区株洲镇设团防15分局。醴陵县、攸县、茶陵县、酃县也相继成立团防局或总局。民国16年（1927），将各县、区团防总、分局改为挨户团总局、分局，总局主任由县长兼任，下设总队。

民国20年（1931），湖南清乡司令部指令撤销挨户团总局、分局，同时成立保安团（队）。醴陵挨户团改编为保安第四团，编3个大队、9个中队。为“围剿”工农红军，攸县、茶陵县、酃县成立保安大队，同时还成立了铲共义勇队。攸县、茶陵县、酃县与安仁县保安大队编成一个保安团。抗日战争爆发后，醴陵保安团调走补充国民政府军。攸县、茶陵县、酃县保安大队与铲共义勇队改编为保安警察队。

民国29年（1940）2月，根据省军管区司令部命令，境内茶陵、醴陵、攸县相继成立县国民兵团，乡（镇）设国民队。国民兵团为县政府管理国民兵役的独立机构，专司国民兵组织管理、教育、召集等职。仿军队建制，设团部。团长由县长兼任，负指挥之责；设副团长1人，执掌常务；另设团副2人，副官、督练、医官、司书、检兵员、传达员等。费用由省管区核拨。民国30年（1941），国民兵团增加对各级职员及在乡军官调查登记等职。同年4月，增设政治指导员室。民国32年（1943）3月，县国民兵团改隶于县政府，县长继兼团长，县政府军事科长兼副团长，团部其余人员及业务概并入军事科。经费由县政府统筹支给。此后，国民兵团徒有虚名。

民国33年（1944），日军进攻湖南，为抗击日寇，境内各县均成立抗日自卫团（队）。醴陵县于同年6月成立自卫总队，10月改为人民抗敌自卫团；攸县于同年6月成立自卫团司令部；茶陵县于民国34年（1945）1月1日，成立国民抗敌自卫团；酃县成立抗敌自卫团。民国34年（1945）8月，日本投降，9月各县抗战自卫团先后撤销。

民国38年（1949），湖南省政府决定，将原属长沙警备区的湘潭、株洲两地划出。同年6月，成立湘株警备司令部，司令部设湘潭，并派省保安第3旅驻湘潭。

在土地革命战争时期，境内的酃县、茶陵县、攸县等苏区县、区、乡党政机关均设有军事部和为扩大红军所设的红军委员会。各级党组织和苏维埃政府，用主要精力领导军事斗争，组建、发展地方武装，开展扩大红军等工作。

第三节　中华人民共和国时期军事机构及地方部队

株洲军分区　株洲军分区前身是株洲市人民武装部，成立于1951年8月，隶属长沙军分区；1952年11月，划归湘潭军分区管辖。1954年6月，改为株洲市兵役局，隶属湖南省兵役局；1956年，株洲改省辖市后，由省兵役局直接领导。1959年3月，恢复株洲市人民武装部。1964年，组建株洲市人民武装部独立营，下辖3个建制连。1966年4月，经广州军区批准，株洲市人民武装部由正团级升为副师级。为加强对过往军人的管理和维护社会治安，同年10月株洲市人民武装部对外称株洲警备司令部（1983年年底撤销）。1983年3月，经中央军委批准，株洲市人民武装部由副师级升格为正师级机构。同年10月，株洲市人民武装部（警备区）扩编为中国人民解放军株洲军分区，机关设司令部、政治部、后勤部。1992 年 11 月，株洲军分区机关与株洲陆军预备役机关合并，1993 年 9 月分开。1994 年 12 月，遵照广州军区指示，加挂株洲警备区牌子。2000 年，株洲军分区下辖株洲县、醴陵市、攸县、茶陵县、炎陵县和荷塘区、芦淞区、石峰区、天元区 9 个人民武装部和 1 个军队离职干部休养所。

株洲市人民武装部与株洲军分区历任领导人（军政副职以上）名录

株洲市人民武装部（1951 年 8 月 至 1954 年 6 月）

表 22-1

姓　名	职　务	任职时间
–	部长（缺）	–
–	政委（缺）	–
杨子英	副部长	1951.8 — 1954.6
傅聚庭	副政委	1951.8 — 1954.6

株洲市兵役局（1954 年 6 月 至 1959 年 3 月）

姓　名	职　务	任职时间
杨子英	局　长	1954.6 — 1957.6
谢和根	局　长	1957.6 — 1959.3
马壮昆	第一政委	1955.3 — 1957.10
杜　萤	政　委	1957.10 — 1959.3
廖伯善	副局长	1956.6 — 1959.3
姜贺林	副局长	1957.7 — 1959.3
傅聚庭	副政委	1954.6 — 1959.3

株洲市人民武装部（1959 年 3 月 至 1960 年 4 月）

姓　名	职　务	任职时间
谢和根	部　长	1959.3 — 1960.4
杜　萤	政　委	1959.3 — 1960.4
廖伯善	副部长	1959.3 — 1960.4
姜贺林	副部长	1959.3 — 1960.4
傅聚庭	副政委	1959.3 — 1959.4

（1960 年 4 月 至 1968 年 4 月）

续表 22-1

姓　名	职　务	任职时间
姜贺林	部　长	1960.4 — 1968.4
杜　莹	政　委	1960.4 — 1963.2
赵顺斌	政　委	1963.3 — 1964.12
王天河	政　委	1965.4 — 1968.4
廖伯善	副部长	1960.4 — 1961.8
倪行山	副部长	1962 — 1965.9
冯喜昆	副部长	1962 — 1968.4
杜忠和	副部长	1965.9 — 1968.4
邹元海	副部长	1965.10 — 1968.4
林　松	副政委	1963.7 — 1968.4
陈永章	副政委	1963.8 — 1968.4
张玉书	副政委	1964.10 — 1968.4

（1968 年 4 月 至 1971 年 4 月）

姓　名	职　务	任职时间
李俊德	部　长	1968.4 — 1971.4
高继唐	第一政委	1968.4 — 1971.4
王天河	政　委	1968.4 — 1971.4
杜忠和	副部长	1968.4 — 1971.4
周守业	副部长	1968.4 — 1971.4
李文源	副部长	1968.4 — 1971.4
李　路	副部长	1968.4 — 1971.4
徐培增	副部长	1970.4 — 1971.4
刘月初	副部长	1970.7 — 1971.4
安　逸	副部长	1970.7 — 1971.4
王景阳	副部长	1970.10 — 1971.4
康多铭	副部长	1970.11 — 1971.4
张玉书	副政委	1968.4 — 1971.4

续表 22–1

姓　名	职　务	任职时间
李明礼	副政委	1970.1 — 1971.4
董万和	副政委	1970.4 — 1971.4
丁本宣	副政委	1970.4 — 1971.4
饶弘范	副政委	1970.4 — 1971.4
申志贤	副政委	1970.4 — 1971.4
刘子祥	副政委	1970.4 — 1971.4
刘涤革	副政委	1970.4 — 1971.4
曹嘉范	副政委	1970.5 — 1971.4
曲子顺	副政委	1970.5 — 1971.4
韩立邦	副政委	1970.6 — 1971.4
孟庆国	副政委	1970.11 — 1971.4

（1971 年 4 月至 1979 年 7 月）

姓　名	职　务	任职时间
周守业	部　长	1971.4 — 1979.7
高继唐	第一政委	1971.4 — 1976.10
高继唐	政　委	1976.10 — 1979.7
王天河	政　委	1971.4 — 1973.7
裴文亨	政　委	1974.2 — 1977.3
吕增田	政　委	1977.3 — 1979.7
杜忠和	副部长	1971.4 — 1979.7
王景阳	副部长	1971.4 — 1979.7
李文源	副部长	1971.4 — 1977.1
魏玉文	副部长	1971.4 — 1976.10
李　路	副部长	1971.4 — 1977.1
王成功	副部长	1971.7 — 1976.10
郝士坤	副部长	1971.7 — 1976.10
顾广智	副部长	1972.11 — 1979.5
肖求如	副部长	1973.10 — 1976.10

续表 22–1

姓 名	职 务	任职时间
洪振堂	副部长	1974.12 — 1979.7
张国恩	副部长	1974.12 — 1978.5
杭 琪	副部长	1974.12 — 1978.5
徐培增	副部长	1971.4 — 1973.7
康多铭	副部长	1971.4 — 1973.7
刘月初	副部长	1971.4 — 1975.10
安 逸	副部长	1971.4 — 1977.1
张恒英	副部长	1976.10 — 1979.7
刘长忠	副部长	1976.10 — 1979.7
孟庆国	副政委	1971.4 — 1979.7
李明礼	副政委	1971.4 — 1979.7
曹嘉范	副政委	1971.4 — 1977.1
丁本宣	副政委	1971.4 — 1979.5
饶弘范	副政委	1971.4 — 1977.1
曲子顺	副政委	1971.4 — 1979.7
孙维德	副政委	1971.8 — 1979.7
王 富	副政委	1972.7 — 1979.7
李连和	副政委	1974.12 — 1979.7
李 良	副政委	1974.12 — 1979.7
马万贵	副政委	1971.4 — 1973.7
董万和	副政委	1971.4 — 1973.7
韩立邦	副政委	1971.4 — 1973.7
刘涤革	副政委	1971.4 — 1973.7
刘子祥	副政委	1971.4 — 1973.7
申成贤	副政委	1971.4 — 1973.7
吴纯祥	副政委	1976.10 — 1979.7
章亚曦	副政委	1976.10 — 1979.7
黄经略	副政委	1976.10 — 1979.7
黄世卿	副政委	1976.10 — 1979.5

（1979 年 8 月 至 1983 年 5 月）

续表 22–1

姓　名	职　务	任职时间
张恒英	部　长	1979.10 — 1983.5
周　政	第一政委	1979.10 — 1980.9
朱远明	第一政委	1980.9 — 1982.2
李照明	第一政委	1982.7 — 1983.5
吕增田	政　委	1979.8 — 1981.7
刘长忠	副部长	1979.8 — 1981.5
杜忠和	副部长	1979.8 — 1981.5
王景阳	副部长	1979.8 — 1981.8
洪振堂	副部长	1979.8 — 1983.6
陈天云	副部长	1981.5 — 1983.5
徐清业	副部长	1982.3 — 1983.5
李连和	副政委	1979.8 — 1981.5
李明礼	副政委	1979.8 — 1981.5
孙维德	副政委	1979.8 — 1981.7
黄经略	副政委	1979.8 — 1981.6
章亚曦	副政委	1979.8 — 1981.6
吴纯祥	副政委	1979.8 — 1981.6
李　良	副政委	1979.8 — 1982.10
文海萼	副政委	1981.5 — 1983.5
陈炳毅	副政委	1982.3 — 1983.5

（1983 年 6 月 至 1983 年 10 月）

姓　名	职　务	任职时间
陈天云	部　长	1983.5 — 1983.10
孙文盛	第一政委	1983.5 — 1983.10
唐方新	政　委	1983.5 — 1983.10
李厚德	副部长	1983.6 — 1983.10
高端云	副部长	1983.6 — 1983.10
巫炳华	副部长	1983.6 — 1983.10
文海萼	副政委	1983.6 — 1983.10

中国人民解放军株洲军分区（1983 年 10 月 至 1994 年 12 月）

续表 22-1

姓 名	职 务	任职时间
陈天云	司令员	1983.10 — 1990.9
刘祥林	司令员	1990.9 — 1993.11
贺望中	司令员	1993.11 — 1994.12
孙文盛	第一政委	1983.10 — 1984.9
曹伯纯	第一政委	1984.10 — 1994.12
唐方新	政 委	1983.10 — 1991.8
陈常光	政 委	1991.8 — 1994.12
李厚德	副司令员	1983.10 — 1985.12
巫炳华	副司令员	1983.10 — 1985.12
成传少	副司令员	1983.10 — 1991.8
高端云	副司令员	1983.10 — 1994.12
彭清国	副司令员	1991.8 — 1993.11
庞隆国	副政委	1983.10 — 1985.12
祝开儒	副政委	1984.10 — 1985.12
李荣光	副政委	1992.11 — 1993.11

中国人民解放军株洲军分区、警备区（1995 年 1 月 至 2000 年 12 月）

姓 名	职 务	任职时间
贺望中	司令员	1995.1 — 2000.12
陈常光	政 委	1995.1 — 1996.2
王振杰	政 委	1996.3 — 2000.12
高端云	副司令员	1995.1 — 1998.12

株洲军分区工作机构 (1983 年 10 月 至 2000 年 12 月）

姓 名	职 务	任职时间
张良谷	司令部参谋长	1983.10 — 1998.4
李国辛	司令部参谋长	1998.4 — 2000.12
张儒文	司令部副参谋长	1983.10 — 1985.12

续表 22–1

姓　名	职　务	任职时间
李增寿	司令部副参谋长	1983.10 — 1985.12
杨桂芳	司令部副参谋长	1983.10 — 1985.12
叶绍南	司令部副参谋长	1983.10 — 1985.12
李异建	司令部副参谋长	1992.11 — 1998.4
祝开儒	政治部主任	1983.11 — 1984.10
曹振山	政治部主任	1985.1 — 1987.6
李荣光	政治部主任	1987.7 — 1992.11
吴立明	政治部主任	1992.11 — 1993.10
钟六华	政治部主任	1993.10 — 1997.9
林建文	政治部主任	1998.4 — 2000.12
曹振山	政治部副主任	1983.10 — 1985.1
王德华	政治部副主任	1985.2 — 1986.10
彭昆耀	政治部副主任	1985.3 — 1986.10
郭祥生	政治部副主任	1992.11 — 1999.8
曾德华	后勤部部长	1983.10 — 1989.9
冀国斌	后勤部部长	1989.9 — 1991.12
卜贻学	后勤部部长	1992.2 — 1998.3
蒋国生	后勤部部长	1998.3 — 2000.12
黄光华	后勤部副部长	1983.10 — 1985.12
张希挺	后勤部副部长	1983.10 — 1986.12
虞盘玉	后勤部副部长	1983.10 — 1986.4
易德斌	后勤部副部长	1992.11 — 1993.11

县市区人民武装部　株洲境内各县市武装部的前身是解放初设立的县民兵支队部。1949年8月，醴陵县、攸县、茶陵县、酃县及原属湘潭县的株洲镇相继解放。为清匪反霸，防止残余反动分子危害新生的人民政权，先后组建一批民兵武装组织，且大多为基层地方政府自行组建，建制单位并不统一。1950年5月，根据中南军区军政委员会决定，民兵工作由地方政府统一移交军队管理。翌年7月，中国人民解放军中南军区司令部和湖南省军区司令部先后发出《关于建设与整顿地方民兵组织机构》的指示，上述四县分别建立了民兵支队部，属军队建制，支队长由县长兼任。

1951年8月，根据中南军区通知，醴陵等4个县民兵支队部先后改编为县人民武装部，正式列入人民解放军序列，由军队负责供给。其时，醴陵县人民武装部隶属长沙军分区，攸县、茶陵县、酃县人民武装部隶属衡阳军分区。1952年11月，4个县的人民武装部全部改属湘潭军分区。1954年7月，根据国务院、中央军委指示，各县人民武装部改称县兵役局。1959年1月，茶陵县与酃县合并，两县兵役局也合并为茶陵县兵役局。同年3月，各县兵役局又复称人民武装部，其番号不冠“中国人民解放军”字样，接受军队和地方党委双重领导。1961年7月，酃县恢复，县武装部也同时恢复。1964年5月，成立株洲市郊区人民武装部，隶属于株洲市人民武装部。1965年5月，撤销郊区人民武装部，改编为株洲县人民武装部，隶属于株洲市人民武装部。1966年10月，经广州军区批准，重新组建株洲市郊区人民武装部，为副团级单位。1966年8月，根据中国人民解放军总参谋部的通知精神，各县区人民武装部冠以“中国人民解放军”字样。1970年12月，株洲市城区分设东区、南区、北区人民武装部，均隶属株洲市人民武装部。1980年5月，市郊区人民武装部升格为正团级单位。1983年7月，醴陵县、攸县、茶陵县、酃县从湘潭地区划归株洲市管辖。同年10月，原隶属于湘潭军分区的4个县人民武装部也划归新成立的株洲军分区领导。

1986年6月，根据中共中央、中央军委决定，株洲市所属9个县市区人民武装部全部移交地方，改为地方建制，级别由正团级降为副团级，不再冠以“中国人民解放军”字样，仍从事民兵和兵役工作，由地方党委、政府和上级军事部门双重领导。

1996年4月，根据中共中央、国务院、中央军委指示，境内9个县市区人民武装部重新收为军队建制，名称仍冠以“中国人民解放军”字样，编制等级为正团级。1997年7月，株洲区划调整，撤销郊区人民武装部，成立天元区人民武装部；其余3区人民武装部依次更名为荷塘区人民武装部、芦淞区人民武装部、石峰区人民武装部。

株洲市军队离职干部休养所　该所成立于1981年7月，隶属于株洲市人民武装部，正团级单位。1983年10月，隶属于株洲军分区。1985年5月，编制体制由正团降为副团，1988年6月恢复为正团级。王景阳、李才优、陈国柄、熊大仁、贺佳良、黄小平、王细毛等先后担任过干休所所长，李国臣、袁积富、康合法、彭振、李国立、谢建国、陆友辉、许立佳、贺家良、田志高、张铁肩、李跃社等先后担任过政委一职。

武装警察部队株洲市支队　该支队前身为公安武装。1949年8月后，随着各级人民政权的建立，境内各县和株洲先后成立了公安武装，担负内卫、治安任务。1955年3月，根据中央军委、中南军区指示，公安武装改编为公安军，同年6月改编为人民武装警察，为各级公安机关领导。1963年2月，复将武装警察改为公安部队，市设大队，各县设公安队。1966年7月，改编为中国人民解放军系列。1976年1月，公安部队改为武装警察，由公安机关统一管辖，株洲市公安部队改为市公安局民警科。1983年1月，根据中共中央指示，株洲市武装民警，消防民警以及人民解放军驻株内卫部队统一组建成中国人民武装警察部队株洲市支队，机关设司令部、政治处、后勤处、消防处，辖3个内卫中队，1个消防大队。支队系正团级单位，接受市委、市政府及市公安局和上级武警部队的领导。武装警察部队及各级机关，实行义务兵与志愿兵相结合的制度，执行人民解放军的条令，条例和供给标准，享受解放军的同等待遇。1986 年 4 月，消防从武警支队划出。武警株洲市支队主要任务是担负境内 6 个看守所、2 个监狱的武装看押和处置突发事件及城市武装巡逻等任务。1992 年 3 月，支队定位正团级，隶属武警部队湖南省总队和株洲市公安局双重领导，所属轮训队改为教导队，由连级升为正营级。1994 年 6 月，酃县中队更名为炎陵县中队。1996 年 6 月，增设直属五中队编制。2000 年 12 月，原支队所属株洲市中队更名为芦淞区中队，直属五中队更名为荷塘区中队。

陆军预备役部队　1984 年 2 月，根据中央军委指示，决定在株洲市所属县市区，以复员退伍军人、经过训练合格的基干民兵和地方专业对口人员为对象，组建中国人民解放军所属株洲陆军预备役师（后更名为株洲陆军预备役步兵师）。同年 5 月，株洲陆军预备役师成立。该师平时隶属湖南省军区领导，战时编入现役野战部队。师机关设司令部、政治部、后勤部，现役师领导主要由株洲军分区相应领导兼任。1999 年 8 月，株洲陆军预备役步兵师改为省建师，师部迁往长沙市。株洲市调整组建预备役炮兵团，各营和直属部队分别在醴陵市、攸县、茶陵县、株洲县和株洲市天元区、芦淞区组建。

中国人民解放军株洲陆军预备役步兵师军、政主官名录

表 22–2

姓　名	职　务	任职时间
周吉太	第一师长（预任）	1987.8 — 1990.8
周伯华	第一师长（预任）	1990.12 — 1993.2
王汀明	第一师长（预任）	1993.4 — 1999.1
陈天云	师　长（兼）	1984.5 — 1990.7
刘祥林	师　长（兼）	1990.8 — 1993.9
贺望中	师　长（兼）	1993.10 — 1999.1
吴凯建	师　长	1999.1 — 1999.9
孙文盛	第一政委（预任）	1984.5 — 1984.11
曹伯纯	第一政委（预任）	1984.11 — 1990.8
周吉太	第一政委（预任）	1990.8 — 1994.3
程兴汉	第一政委（预任）	1994.4 — 1999.1
唐方新	政　委（兼）	1984.5 — 1991.7
陈常光	政　委（兼）	1991.8 — 1994.4
王振杰	政　委（兼）	1994.4 — 1999.9

株洲预备役炮兵团军队主官（现役）名录

表 22–3

姓　名	职　务	任职时间
团　长	卢仲良	1999.4 — 2000.12
政　委	汤岳庆	1999.3 — 2000.2
政　委	刘吉余	2000.3 — 2000.12

第二章 驻 军

第一节 清代驻军

清 军 咸丰三年（1853）四月，清参将塔齐布提军驻茶陵县，镇压农民起义。咸丰五年（1855），清统军赵焕联率部驻茶陵，在与江西莲花、永新接壤处分别修筑“九路冲堡”和“城隍界堡”，派军镇守。

太平军 咸丰五年（1855）八月，太平军将领陈荣、周培春等驻军茶陵县，十一月，被清岳州知府王葆生、统军赵焕联等部克复。咸丰五年（1855）秋，太平军首领石达开率军一部由郴州、永兴攻克安仁、茶陵县，九月抵酃县、茶陵县交界地桥头岭。尔后太平军进驻酃县西二都直取县城；随后进驻西乡船形、桐睦一带。咸丰六年（1856）三月，太平军与江西农民起义军数千人，从江西宁冈进酃县，先后在沔渡、县城等地与清兵、民团激战10余次受挫后，退守宁冈睦村。十月，太平军移驻黄烟保。

第二节 民国时期驻军

南北军 民国6年（1917）10月，北军第七十七团第二营驻淦田、昭陵一带，第七十九团第一营驻昭陵。同年，北军第八十团驻株洲，11月，开往衡山。

民国7年（1918）初，粤军第一路军司令谢文炳进驻醴陵县；该路第二旅进驻攸县。同年四月，北军第二路军由赣进攻湘南，攻克攸县，驻攸、桂、衡山县城，不久，南军进占攸县、醴陵县入江西萍乡。

民国7年（1918），以安仁县、茶陵县、耒阳县、攸县、醴陵县为第二区，潘鸿钧、张克瑶和张学颜、张福来2旅与张景德、奉军1支队李传业，联甲第三十五营驻之，民国7年（1918）6月第二师骑兵驻朱亭。

民国9年（1920）4月，由阎旅长率第二混成旅移防株洲、易家湾一带。中央陆军第一混成旅驻攸县城。

民国11年（1922）初，陆军第一混成旅第四团第一营驻防茶陵县。11月离开茶陵县，调往攸县。

民国12年（1923），护宪军第九旅进占攸县。

民国13年（1924）10月，驻防军第三十四团驻攸县。

国民革命军 民国14年（1925），国民革命军第二军集中攸县。鲁涤平副军长率第四师张辉赞师长、第六师戴岳师长所部奉令由韶关出师北伐，经过汝城、桂东、酃县、茶陵县，集中在攸县。

民国15年（1926）8月，国民革命军第一军军部和2个师，自粤抵茶陵县，经中和镇及新市一带至萍醴。

国民党军 民国18年（1929）3月，第三军朱培德部第十八师由清江进至袁州，进驻醴陵县、株洲。

民国 21 年（1932），保安第十五团第二营第四、六两个连士兵，由官田开驻攸县城。12 月，国民党军第二十八军军部移防茶陵县，“围剿”红军。

民国 22 年（1933）6 月，第十六师奉命由浏阳移防茶陵县。同年，第六十三师驻茶陵县，第四十三旅第九十团驻攸县东乡，民国 22 年 3 月开赴酃县。攸东防务，由耒阳保安团接替。4 月，第十五师第四十三旅由攸县移驻酃县。

民国 23 年（1934），第十九师驻茶陵县，四月驻攸县官田。

民国 27 年（1938），陈明仁的预二师移驻衡山，陈改兼湘潭、株洲警备司令。

民国 30 年（1941）10 月，保安第十四大队进驻株洲镇。

民国 31 年（1942）3、4 月间，第二十九军一九四师五八二团从江西安源出发进驻株洲镇。同年 9 月，陆军第七十三军第十五师驻株洲镇。

民国 33 年（1944）春，四十四军由第六战区改调到第九战区，派赴茶陵县接替原第二十军防地，全军约 2 万人，扼守茶陵县南部，军部驻在湖口乡小汾村。在茶期间，第四十四军与日军先后进行多次战斗。1945 年，日本投降后，第四十四军奉命开赴武汉整训。

民国 33 年（1944），第二军第八师第二团第二营六连驻渌口。同年 8 月，第五十八军鲁道源军长率部队进驻建宁作战，9 月奉令移驻茶陵县。

民国 34 年（1945），炮兵第四十二团第十三连以 1 排兵力、2 门六〇炮驻株洲站厂；第七十三军所属游击队由十都开往王十万。同年 9 月，第四十四军一五零师赵壁光部由茶陵县进驻天台乡、龙潭桥、黄权桥等处。

民国 37 年（1948），第六十九师二九六团驻防株洲镇。同年 6 月，第六十九师二六九团奉命调走，令本部保安部队第三大队驻防株洲，湖南省保安司令部将株洲镇附近部队拨给株洲镇保安部队第三大队。

民国 38 年（1949），陆军工兵第八团奉令移驻株洲镇。同年 7 月，第五十八军败退，驻扎朱亭镇，8 月撤离。

工农红军 民国 16 年（1927）9 月，工农革命军第一师第二团向醴陵县推进，在阳三石会合起义农军，随即攻夺醴陵县城。十月，毛泽东率领工农革命军从宁冈来至酃县，经过十都、九都地区到七都水口，驻一个星期，然后经八都、下村、遂川县的太汾，到达井冈山，创建井冈山革命根据地。11 月，工农革命军第一师第一团团长陈皓奉命率部攻下茶陵县城。

民国 17 年（1928）3 月，南昌起义部队和湖南起义农军，由朱德、陈毅率领，向井冈山革命根据地转移。4 月中旬，2 路部队先后转移到酃县沔渡和十都一带。毛泽东率领的工农革命军第一、二团回到酃县，与朱德会面。同年 3 月，工农革命军第一团进驻酃县船形乡，随后和酃县各地暴动队员随主力部队到达中村集结。同年 4 月，宜章农三师，郴县农七师，黄克诚带领永兴农军，刘泰、邝郁等带领耒阳农军，黄义藻、李厅中带领资兴农军，邓宗海、宁桥生带领水口山工人武装以及朱德主力部队和何长工等部共 1.5 万余人在沔渡会合，先到者住半个月之久，后到者也住了 5 天以上。

民国 18 年（1929）冬，彭德怀率红五军第一、三纵队进入攸县东乡柏市一带游击，帮助当地建立工、农会组织，打击攸县东乡反动武装。

民国19年（1930）9月，红军第二次攻打长沙，途经醴陵县的桃花、瓦子坪等地。在红军回师赣南时，自白关铺沿铁路线经过醴陵县，在醴陵县驻扎半月之久，司令部设在状元洲。

民国20年（1931）3月，邓小平在广西发动左右江起义的红第七军军部和第五十八团，在军长张云逸率领下，千里转战到达酃县黄挪潭、石洲等地休整。同年3月。湘东南独立师第三团在政治委员王震的带领下，至十都与红七军会合，随后，攻克酃县县城。

民国21年（1932）5月，彭德怀率红军经资兴进入酃县。

八路军　民国33年（1944），八路军三五九旅即国民革命军第十八集团军独立第一游击支队（简称“南下支队”）司令员王震、政治委员王首道，率部挺进华南，途经株洲镇。8月底，南下第四支队在周里等率领下，进入酃县船形墟。

人民解放军 1949年8月，中国人民解放军一三六师正式进驻株洲，协助成立了长沙市军事管制委员会株洲办事处和株洲人民筹粮支前指挥部。同月，中国人民解放军第二野战军第二十八军一部进驻茶陵县，在茶陵县成立军事管制委员会。同年9月，陈明仁起义部队第二十一兵团二一四师驻茶陵县整编。1950年下半年调离茶陵县。

1949年9月，衡阳军分区四八四团驻茶陵县剿匪后，一营留驻茶陵县。10月，四八四团进驻酃县剿匪。11月初，协助该县成立中共酃县委员会和酃县人民政府。12月，接管湘南支队酃县武工队60余人，编入酃县县大队。1950年2月，该营被编入茶陵县大队。

侵华日军　民国33年（1944）7月，日军侵占株洲，在马家河至园艺场一带驻有一个警备队。同年7月，日军第三师团侵占醴陵县、攸县。进驻泗汾镇及附近的为其第六联队。同年8月，日军第二十七师团第三联队侵占茶陵县，所属第一大队驻扎古城西，第二大队驻扎洣水对岸，第3大队驻扎平水。同年十月，日军于朱亭镇设警备司令部，其警备队驻火车站附近刘家大屋，守备重点为渌口镇。驻株洲警备司令部设有警备队，分驻在尖塘湾、张公井等地，桥梁部队驻石子北大屋，铁道兵驻火车站，严家乡设有伤病医院。

第三节　中华人民共和国时期驻株部队

（一）人民解放军陆军

省军区暂编第八团　1951年2月该团进驻株洲镇，主要任务是训练新兵，补充中国人民志愿军，1952年12月撤销。

省军区暂编第十九团　1953年2月该团进驻醴陵县，由湘潭军分区管辖，负责组训新兵。

54453部队　该部队始称701部队，1954年迁驻醴陵县，后改为314部队，1976年改为现代号，隶属广州军区司令部直工部。

167医院　该院原名七二陆军医院，隶属广州军区后勤部十九分部。1951年在湖南耒阳组建，1954年搬迁到醴陵县城，1987年撤销，改设地方建制的湘东医院。

76199部队　该部建于1951年5月，1954年11月驻株洲原代号为九六二部队。系正团级单位。隶属于广州军区联勤第十九分部。

广后十九分部油料仓库　该部队前身为九五九仓库。1957年8月在株洲市南郊建成，级别正团。

广后十九分部军械仓库　该部队后名四四六部队，级别正团。

广司株洲市弹药修配站　级别正团。

总装驻株洲铁路军代处　该处隶属长沙铁路局军代处，级别正营。

（二）人民解放军空军

空军驻南方航空动力机械公司军事代表室　组建于1952年2月，时称中国人民解放军空军驻331厂军事代表室，级别正团。

95106部队　该部队于1957年入驻，系空军航空器材库，级别正团。

空军航空四站株洲修理厂　隶属广空后勤部，级别正团。

空军第五训练团株洲训练大队　隶属广空后勤部，级别正团。

空军驻华南地区军事代表室　该室于1987年5月组建于株洲市，级别正团。

（三）人民解放军海军

海军驻株洲军代室　该室隶属海军航空兵军代局，级别正团。

（四）人民武装警察部队

湖南省武警第二支队　该支队的前身为人民解放军湖南省军区独立第二团。1979年由长沙进驻株洲。1982年10月，该团移交武警湖南省总队，编为直属第二支队，担负全省铁路桥梁、隧道、油库、电站等主要目标的守护（守卫）任务和处置突发事件的任务，级别正团。

中国人民武装警察湖南省第二支队军、政主官名录

表22-4

姓　名	职　务	任职时间
陈永先	支队长	1982.12—1985.11
罗长义	支队长	1985.12—1988.11
蒋启凤	支队长	1988.12—1992.4
张利杰	支队长	1992.5—1995.12
王松彪	支队长	1995.12—1998.12
孟祥智	支队长	1998.12—2000.12
张德昌	政　委	1982.12—1985.7
欧安又	政　委	1985.7—1991.6
王建安	政　委	1991.6—1995.1
卓　维	政　委	1995.1—1996.1
刘恒祥	政　委	1996.1—1997.12
万绍湘	政　委	1997.12—2000.12

第三章 重要战事

第一节 东汉至清末战事

汉马援南征 东汉建武十七年（41），伏波将军马援率部南征交趾，途中曾在渌口及昭陵滩屯宿。后人为纪其事，将马援屯兵之处取名伏波岭，五代后唐天成二年（927）在伏波岭上建伏波庙。

豫章义军攻占醴陵 东汉建安十八年（213），豫章彭才、李玉、王海所部义军一度攻占醴陵县，遭孙权镇压。

吕岱攻醴陵 东汉建安二十年（215），孙权派吕岱攻打盘踞醴陵县的中郎将袁龙，袁被擒处斩。

巴蜀流民起事 晋永嘉五年（311）正月，荆湘巴蜀流民四五万人起事，推举醴陵县令杜韬为首领。四月带领义军攻打长沙，韬自称湘州刺史。建兴三年（315）八月，陶侃起兵镇压，韬败死。

丁道贵兵败渌口 南朝梁承圣元年（552），湘州（长沙）刺史王琳部将陆纳遣潘岛累率部攻衡州刺史丁道贵部于渌口，丁败走零陵，投营州（道州）刺史李洪雅。十月，李洪雅自零陵率众讨陆纳，陆纳派部将吴藏将李打败。李退守空灵滩。翌年3月，空灵滩破，丁道贵被杀，李洪雅投降。

巴山太守进击醴陵 南朝陈光大元年（567），抚军淳于量率兵5万，讨伐叛陈附周的湘州刺史华皎；令巴山太守黄法慧从宜阳出醴陵进击，皎部败走。

黄巢攻入株洲 唐乾符六年（879），黄巢军攻入湖南，驻军朱亭狮子山及淦田一带（株洲县地）。

马殷攻醴陵 唐乾宁元年（894）五月，一度被迫归降黄巢的原奉国军节度使秦宗权部将刘建锋，率马殷统众入湖南，攻醴陵县。

信州刺史进兵醴陵 五代后周广顺元年，即南唐保大九年（951），南唐元宗李璟命信州刺史边镐进兵醴陵，迫使楚王马希萼弟希崇投降。

岳飞追剿曹成 北宋绍兴二年（1132），岳飞率部追剿曹成，途经茶陵火田，乡民尹彦德以牛、酒犒军，岳勉以“一径教子”，宋文学家杨诚斋书“一径堂”三字。岳飞在茶陵县还留有“墨庄”“光泉”题刻。

龙渊、李朝起义 南宋绍兴九年（1139），龙渊、李朝起义，拥众万余，驻茶陵，被湖南提刑使辛次膺擒杀“骁将”，相继招降。

吴希奭起兵抗元 南宋景炎元年（1276），攸县人吴希奭、陈子全、王梦应响应文天祥勤王的号召，起兵抗元。景炎二年（1277）与元军大战，曾收复攸县、萍乡、醴陵县，终因寡不敌众，陈子全、吴希奭战死，王梦应率百余人走永新，因疫病死。

赣州通判反元 元至元十三年（1276），宋赣州通判与衡山张镗等起兵攻取衡山、湘潭、攸县、醴陵诸县，声称反元复宋。十四年（1277），为元行省兵所败。

元兵攻陷茶陵　南宋景炎元年（1276），元兵攻陷茶陵，县人谭瑞伯响应江西文天祥起义，起兵抗元。后战败被俘，慷慨就义。

红巾军进占茶陵、醴陵　元至正十二年（1352），红巾军周七部进占茶陵。县人谭悦道筑寨聚众与之对抗。二十年（1360），克茶陵城。同年，红巾军将领陈友谅率部占醴陵，捣毁官署，摧富济贫，四乡穷苦农民纷起响应。

常遇春与陈友谅血战朱亭、渌口　明洪武元年至三年（1368—1370），明将常遇春与汉主陈友谅战于朱亭、渌口等地（株洲县地），杀戮甚众。

李法良起事　明永乐四年（1406），为修建北京皇宫，朝廷遣吏部侍郎师逵来湖湘，迫10万人夫上山伐木。醴陵、湘潭众多农民困苦不堪，长沙人（一说江西人）李法良起事失败。

张献忠攻醴陵　明崇祯四年（1631）八月，张献忠率部攻下长沙，分兵攻取各州县，至醴陵县。

临武蓝山义军袭击醴陵　明崇祯五年（1632），临武、蓝山的农民、矿工起义军一部袭击醴陵。十年冬，临、蓝起义军刘新宇部转战湘潭，分兵进击醴陵，毁掉城栅。

临武蓝山义军攻入攸县　明崇祯十年（1637），临武县、蓝山县矿工起义军攻入攸县城。

张献忠攻克攸县茶陵　明崇祯十六年（1643），张献忠农民起义军攻克攸县，原在县北凤凰山聚众起义的刘英保率众加入起义军。同年，攻克茶陵县，部份农民加入义军。

张献忠义军攻占醴陵　明崇祯十六年（1643）八月，张献忠起义军某部驻守长沙，分兵攻占醴陵，处死知县赖万耀。十七年（1644），明将左良玉攻张献忠，率部至醴陵，主力经浏阳至长沙，分兵由渌口经水路占湘潭。

黄朝宣举兵燕子窝　清顺治四年（1647）二月，清兵入长沙，明镇将黄朝宣举兵抗清，驻醴陵，选兵3万扼守燕子窝（凤凰山）。清将孔有德率兵进攻，黄朝宣走衡州（衡阳），不久被孔杀。其党人刘芳保、郑斯爱倚凤凰山屯营，控制衡、潭、攸、醴4县，后经文先第（醴陵人）游说，举兵降清。

南明军队抗清　清顺治五年（1648）四月，据守南昌的降清明将金声桓易帜拥戴南明桂王，所部数万自永宁入酃县；夏，向文明、张士举、盖遇时数标军队亦相继反水入酃，10余万人马屯驻城乡。九月，长沙镇总徐勇率清军追杀，反水军队退向桂东。顺治八年（1651）八月，王宗、赖龙及南明将领盖遇时率军万余自桂东杀入酃县，清知县徐鼐臣、于琨先后殂命。

吴三桂举兵反清　清康熙十三年（1674），吴三桂举兵反清，占据长沙，分兵驻醴陵，筑木城。由闽粤经江西来醴陵种麻棚民头裹红巾，组建麻棚军数万人，配合吴三桂与清兵作战。次年，清政府增兵醴陵。十五年（1676），清帅岳乐统兵由萍乡进攻守醴陵的吴三桂所部守军。后吴三桂派部将高大节反扑，绕县城筑垒开壕。十月十八日，吴三桂遣陶、马、夏、郭4将乘夜分兵袭醴陵，清兵大败。十六年（1677）六月，清帅岳乐命乌、龚2将军击败吴三桂部，复驻醴陵，筑土城于青云山。经多次反复攻占，城栅尽毁。吴三桂死后，棚民军降清。

夏国相退驻茶陵　清康熙十五年（1676），吴三桂部将夏国相引败兵退驻茶陵。次年，清将穆占战败夏部，占领茶陵。

陈丹书起兵反清 清康熙二十七年（1688），茶陵生员陈丹书起兵反清，衡州叶尔藏、王安儿起兵响应。七月，渡湘江攻衡州失败，叶、王阵亡，陈退至常宁，被捕身亡。

太平军转战湘东 清咸丰二年（1852），太平天国西王萧朝贵与曾水源、林凤祥、李开芳等率太平军先锋队2000多精兵，进军长沙。七月十九日占领攸县，二十日占领茶陵，二十四日占领醴陵。八月上旬，太平军先锋队攻长沙受挫后，天王洪秀全和东王杨秀清率全军自郴州出发北上，于八月十五日攻克茶陵州城，活捉知州刘旭。

潘应光起义 清咸丰三年（1853）三月，醴陵县贺家桥农民潘应光、石九茂等受太平军影响，在云峰庵、石笋冲等地立教设坛，策动数千农民，秘密制造军械、火药，拟秋收时起事。知县派团勇镇压，被义军击退。九月九日，遭清军及团勇围攻，义军伤亡数百人，潘应光下落不明。

天地会军攻茶陵 清咸丰五年（1855），广东何禄的天地会起义军（后加入太平军）陈荣、邓象、周培春部从郴州出发，经安仁攻茶陵，八月十四日击败知州王宠谟军，占领州城。九月九日，岳州知府王荷生、统军赵焕联率部分3路反攻茶陵。陈荣为分散清军兵力，令军师何进德率兵进占酃县。九月二十日，起义军大破赵部。九月二十七日，清军派化装难民的奸细混入城内，内外夹攻，陈荣率部突围，分途退至酃县和江西永新。

太平军转战酃县 清咸丰五年（1855）九月十一日，太平军广东会军一部在何进德率领下，自茶陵抵桥头岭，遭酃县团勇抵抗，次日晨侧翼突袭得手，遂挥师入境。十四日克县城，知县梁作霖逃龙渣。十月五日，太平军2000余人与城守金超群所率团勇激战于三口垅，大败金，乘胜克水口、入中村。二十日晚，遭酃县及兴宁县（资兴市）团勇袭击，退茶陵，转战江西永宁。

太平军攻酃县 清咸丰六年(1856)三月十八日，太平军一部会同江西农民义军数千，自永宁入酃，攻城未能得手，退永宁砻市。四月二十日又在沔渡等地与清军、团勇激战受挫。十月二十日，再移驻酃县黄烟堡，又被袭击，伤亡200余人，退回江西。

太平军进攻攸县 清咸丰六年（1856）三月，太平军由江西进兵漕泊，千总胡国安带领清兵、贡生洪思暄率领团练堵击太平军。五月，湖北通城、崇阳的太平军进攻攸县，与清兵会战于攸北邓家村。

太平军攻占攸县 清咸丰六年（1856）五月二十二日，太平军检点何名标弃醴陵县走攸县，击败知县德钧兵，占领县城，收集船筏，搭造浮桥，作进军茶陵准备。二十八日夜，何部渡河后，将浮桥拆断，清军游水来追，经何反击多溺水死，不敢强渡，何名标率部至茶陵县与清统军赵焕联战于苏家坝等处，不胜。后分9路退入江西莲花。

朱亭哥老会起义 清同治八年（1869）九月，聚集在朱亭（株洲县）的哥老会会员，缝制白旗准备起义。县丞葛治平率团勇前往缉拿，起义者何胜云等被捕解县。二十六日，哥老会大队人马赶到朱亭夺回被捕者，与团勇发生战斗，杀伤县丞葛治平。哥老会取胜后，以凤凰山为大本营，乘胜向北发展，势力扩大到昭陵、渌口、株洲。另一部分向南进入衡山白果。后清军会同各县团勇进行围剿，哥老会被击破，起义失败。

醴陵贺家桥会党起事 清同治九年（1870），醴陵县贺家桥会党与湘潭朱亭会党相约起事。清巡抚刘昆令于高胜、李光灿统兵，汇集湘潭、湘乡、醴陵、衡州各地团勇围攻，败起义军。

醴陵哥老会劫狱　清光绪十八年(1892)七月十三日晚,醴陵哥老会党数十人潜入县城,突袭县署,杀吏破狱，营救首领罗翊廷、邓云辉2人去萍乡，与当地会党配合，集众数千人踞大安里起事反清。醴陵知县沈继炎被革职。

洪江会起义　清光绪三十年（1904）八月，闽、赣、湘、鄂4省洪江会首领、醴陵均楚瓦子街人马福益，与华兴会黄兴、刘揆一等在浏阳普迹商议，拟次年十月初十日慈禧太后生日时在长沙起义。事泄，马福益于三十一年（1905）三月十六日遇害。萍、浏、醴各路会党首领在同盟会帮助下，推龚春台为头领，设指挥机关于醴陵麻石，计议合萍、浏、醴3路义军直捣长沙。三十二年（1906）十月十九日，龚春台率领会众2万余人在麻石起义。加醴陵义军西路军、东路军、北路军各路义军数千人响应，与清军和地方团练5万人相持月余，起义失败。

第二节　民国时期战事

南北军战争　民国6年（1917）8月，醴陵县人零陵镇守使刘建藩在零陵与驻衡第二旅旅长林修梅，通令起义护法，组织护法军，推程潜为湘军总司令。10月14日，程潜率义军击退北军，所部收复长沙。潜被推为省长，仍兼总司令。10月15日，北军第二十师第三十九旅旅长张纪与刘建藩部在醴陵县乌鸦山接战，刘军失利，张军乘胜攻占朱亭。10月18日，北军第二十师师长范国璋（湖南北军副司令）所部第一路军与赵恒惕在渌口（株洲县）接战，范军失利。从此，南军刘建藩、赵恒惕、马济、谭延闿、何健、张国威、唐生智所部与北军张敬尧、范国璋、张怀芝、李传业、张宗昌、吴佩孚所部之间混战不断，战火遍及境内醴陵、攸县、茶陵3县及株洲、渌口、朱亭、白关镇、姚家坝、南阳桥一线。交战双方处于拉锯状态，胜负交替。民国7年（1918）5月5日，南军刘建藩督队向株洲正街退却，经徐家桥下游港口便桥，失足落水，当即救护无效，抬至大冲而死。

民国7年（1918）6月15日，南军赵恒惕部和北军吴佩孚部在耒阳举行停战谈判达成协议。至8月15日，双方于宝庆至茶陵县一线停战。

民国15年(1926)初,吴佩孚令赣军邓玉琢部由萍乡攻醴陵。时唐生智部李品仙旅驻醴陵姜湾。县人鉴于民国7年(1918)兵祸,推举代表劝赣军邓部缓师,请南军李旅退出醴陵。李旅退出醴陵县,赣军入城，战事乃平息。

民国9年（1920）至民国15年（1926）年初，双方继续发生多次激战。南北战争持续10年，醴陵县被北军杀2万余人，毁房1.4万余栋，灾民达30万人，损失财物不计其数。据姚家坝、渌口、南阳桥、昭陵4个区的统计，平民被杀3416人，毁房2575户，伤506人。

北伐军首战攻克攸县　民国15年（1926）3月，湖南省代理省长唐生智部第三十九团驻防攸县，其时唐生智已转向国民革命军方面。5月中旬，被吴佩孚收买的粤军第一路军司令谢文炳部及赣军唐福山部由萍乡、醴陵向攸县进攻，29日占领攸县城，唐生智部退守渌田，谢部继续进攻。北伐军先遣队叶挺独立团,于6月3日清晨派遣第二营支援攸县渌田前线,第三营进入黄茅铺高地狙击谢部。

叶挺团第二、三营协同友军英勇奋战，以寡敌众，战事告急。为挽转战局，独立团由参谋长周士第率领第三连、侦察队、担架队向渌田增援；叶挺率第一营第一、二连、机关枪连、通信队、特务连赶赴龙家湾，向黄茅铺突进。两路军队趁黑夜大雨，于3日夜分别赶到前沿阵地。4日凌晨4时全线发起反攻。中共攸县地方党组织负责人余来等发动农民百余人在谢军后袭击，配合作战。叶挺独立团在地方党组织力量抢修并新搭浮桥的支援下，驱逐了王家岭、狮子岭一带城北高地的谢军后卫，于5日下午2时分数路渡河，进驻攸县城。

北伐军强攻泗汾桥 民国15年（1926）7月初，粤军谢文炳、唐福山两部在攸县战败后退驻醴陵南乡沈潭、泗汾、豆田一带，沿铁河北岸10千米地段布防，妄图阻击北伐军。

7月10日凌晨，国民革命军第四军第十师、第十二师及叶挺独立团，分两路进击醴陵。叶挺独立团为左翼，向泗汾、豆田北岸作正面进攻，相机向醴陵县城推进。独立团在农军侦察队、带路队协助下，以一部分兵力从泗汾桥下游涉水渡河偷袭。同时，平民救国团在泗汾北岸用松树炮从粤军背后轰击。粤军腹背受击，攻桥部队冒着枪弹乘势从两处渡江，夺取泗汾桥。下午1时，叶挺亲率第二营一连、八连和担架队、特务队及平民救国团共数千人攻城，下午4时30分，占领醴陵县城。北伐军在醴陵毙粤军200余人，其中团长1人，营长2人。俘营长以下军官18人，士兵320余人。缴获大炮1门、机枪3挺、步枪400余支，子弹20余万发。国民革命军伤亡70多人。

讨伐罗定 民国16年（1927）2月7日，茶陵县、攸县、醴陵县3县农民自卫军5000余人，在攸醴茶3县讨罗委员会总指挥潘疆爪率领下，讨伐湘东保安纵队司令罗定，罗逃窜湘西。

湘东赣西工农义勇军进攻长沙 民国16年（1927）5月28日，柳直荀在株洲召开军事会议，作出各路工农义勇军攻打长沙的军事部署。将醴陵县、攸县、茶陵县、株洲、萍乡、安源的工农武装合编为湘东赣西工农义勇军。5月29日，总指挥潘疆爪、总参谋长易足三率部2万余人，沿株萍铁路向长沙进军，前锋在易家湾接火。因中共中央采用和平方式解决国共分歧，合攻长沙计划未实现。各路工农义勇军自动撤退回乡。

醴陵暴动 民国16年（1927）6月，许克祥部来醴陵清乡，土豪劣绅回乡向农民反攻倒算，一个月内杀害共产党人和工农群众1000多人。9月11日晚，全县东、南、西、北4乡农军同时暴动，镇压反攻倒算的土豪劣绅。12日下午3时，湘赣边界秋收起义部队工农革命军第一军第一师第二团由安源到达阳三石火车站，在醴陵农民武装配合下，分3路攻占县城，毙敌100余名，俘100余名，缴枪80多支；从狱中救出刘绍基等300多人；开放盐仓、粮仓救济贫民；成立中国革命委员会湖南醴陵分会。9月14日，国民党调谭崇赞、王东原、罗定3个团反扑，秋收起义军转移浏阳。

工农革命军攻打株洲 民国16年（1927）9月9日，工农革命军第一师第一团攻株洲，攻打团防局、挨户团受挫。

株洲暴动 为配合湘赣边界秋收起义，根据中共湖南省委和毛泽东的部署，中共株洲区委于民国16年（1927）9月10日领导和组织株洲工农武装数百人，60余支枪，首先切断株萍、株长铁路沿线电线，烧毁白关铺铁路桥，在易家湾、大托铺、猴子石等处拆毁一部分铁轨螺丝，12日凌晨在株洲举行暴动。起义队伍命名为湖南工农革命军第一师第四团。暴动队伍分2路：一路由朱少连、涂正楚率领，攻打团防局，缴枪 12 支；一路由区委书记陈永清率领，占领株洲火车站。由于白石港铁桥没有炸毁，大托铺一带被破坏的铁轨又及时修复，国民党湖南省当局于 13 日紧急调集 1 个营乘火车赶往株洲镇压，工农武装被迫分散到乡村坚持斗争。

夜袭海公祠　民国 16 年（1927）10 月 27 日，醴陵县清乡司令部派兵 1 个连进犯该县西一区苏区，驻栗山坝海公祠。下午，中共醴陵县委委员罗启厚、醴陵游击营营长周云甫等在白鹤仙部署夜袭。农军向海公祠冲锋，毙敌 1 名，俘 17 名，缴枪 40 多支，获战马 1 匹。清乡连残部慌忙逃回县城。

革命武装 9 次攻克茶陵城　民国 16 年（1927）10 月，工农革命军第一师第一团团长陈皓、党代表宛希先受毛泽东指派，率第一营二、三连共 100 余名指战员，从宁冈古城出发，经酃县、安仁及茶陵界首、枣市，于 21 日突入茶陵县城，砸开县署及监狱，解救出李炳荣等 80 多名被关押的工农运动骨干及群众。沿街以“中国工农革命军第一师第一团团长郭亮”的名义张贴布告、标语。下午即撤离县城，经严塘、和尚庄上井冈山。同年 11 月，陈皓、宛希先率工农革命军第一团团部和第一营及特务连，遵照毛泽东的指示，第 2 次攻打茶陵。部队从宁冈出发，经酃县于 17 日夜进驻茶陵中瑶。18 日晨，部分指战员化装成赶早市的农民入城，后里应外合，打垮罗定保安团，占领县城。部队驻城 1 月余，帮助地方建立县工农兵政府。12 月 26 日，工农革命军及茶陵地方革命武装与进犯敌人激战 1 昼夜后，主动撤出茶陵。

民国 17 年（1928）4 月初，朱德、陈毅率南昌起义余部和部分湘南农军，经耒阳、安仁，从界首入境。5 日，在茶陵游击队配合下，进占县城。1 周后去酃县、宁冈。

民国 19 年（1930）8 月 13 日，为配合主力红军进攻长沙，茶陵的游击队、赤卫队、少先队和江西永新、莲花的游击队共 1200 多人分三路进攻茶陵城，击溃茶陵、攸县、安仁、酃县、衡（阳）5 县挨户团联防大队，占领县城。不久，国民党军重兵围攻，游击队主动撤出。

民国 19 年（1930）9 月 17 日，茶陵游击队乘红十二军从长沙撤退占领攸县县城之机，攻下茶陵城，迎接红十二军入茶。随后红十二军去江西，游击队亦撤出县城。

民国 19 年（1930）11 月，湘东独立师在攸县老漕泊歼灭挨户团一部之后，南下与茶陵地方武装配合，攻克茶陵城。几天后撤出。

民国 20 年（1931）6 月，湘东南独立师与红七军在茶陵地方武装配合下，歼灭 9 县联防挨户团后，于 9 日攻占茶陵城。随后，湖南省清乡司令兼第四路（西路）军剿共总指挥何键急从株洲、醴陵调十五师王东原部李国钧旅进攻茶陵。湘东南独立师与红七军主动撤出，诱其深入，以主力迂回包抄。

民国 21 年（1932）5 月 24 日，李天柱率红八军在茶陵独立团配合下，在茶陵县、莲花县等地袭击国民党军 4 个团、1 个营，俘 800 人，攻克茶陵县城。

攸北暴动　民国 16 年（1927）11 月，攸县皇图岭、坪阳庙共产党员贺延年、刘迪生，大桥共产党员贺筱凤、杨凤楼等发动农民 1400 余人，举行攸北暴动。次年 2 月，遭湘东保安司令罗定及国民党军第八军吴尚部的镇压。

醴陵南四区之役　民国 16 年（1927）11 月中旬，国民党清乡部队 2 个团进犯醴陵西一区。游击营正面抗击，二连先在南四区迎战；一、三连和农军 3 面伏击，清乡部队毙俘一批。下旬，熊震部入醴，纠集清乡队、团防局等共3000余人，进犯南四区，被南四区、西一区游击营和农民武装击退，缴枪数支，俘豪劣70多人。12月，湘东保安司令罗定率部到南四区、西一区“会剿”，被工农革命军和农民武装击溃，再俘豪劣70多人。

酃县“三月暴动” 民国17年（1928）1月上旬，刘寅生、周礼上井冈山向毛泽东汇报工作，毛指示成立中共酃县特别区委，组织“四月暴动”。中旬，在黄挪潭下坪召开中共党员活动分子会议，正式成立中共酃县特别区委，刘寅生任区委书记。会议传达毛泽东关于举行“四月暴动”的指示，由刘寅生兼任暴动总指挥。其时，县内已有中共支部10余个，党员100余人。会后，特别区委成员和活动分子分赴各地，着手组织暴动队伍。2月下旬，为策应朱德、陈毅领导的湘南起义，毛泽东决定屯驻井冈山的工农革命军进军酃县，并指示酃县将暴动提前至3月。中共酃县特别区委立即分工分赴各地组织指挥农民暴动队举行暴动。3月9日，刘寅生、周礼在黄挪潭首先暴动，组织农民捕杀大劣绅周炎卿父子。随后，周礼、张平化、邝光前、萧昌范、杨以达、朱才亮、潘祖浩等，均在各自负责区域组织暴动，开展打土豪、围攻挨户团的斗争。为支持酃县农民暴动，毛泽东指挥工农革命军及时赶到酃县，在下关铺杀挨户团团总戴同德和土豪劣绅王其可，打开老古庙同善社谷仓，将200余石稻谷分给农民。3月14日，工农革命军首次占领县城，在大操坪召开群众大会，号召农民起来打土豪闹革命。之后，毛泽东亲率工农革命军在西片发动农民捕杀土豪唐超兰，分了土豪霍兴隆的浮财。在工农革命军支持下，全县农民暴动发展迅速，暴动队员达3000余人。3月中旬，各路暴动队随工农革命军集结中村，组建酃县赤卫大队。

醴陵北二区截击 民国17年（1928）1月，国民党军第八军张国威师溃兵一部由平江经浏阳窜醴陵，驻北二区关王庙一带，被工农革命军截击，缴枪200余支，弹药数十担。不久，县团防局配合国民党军驻醴军队进犯北二区，受到工农革命军第一师第一团补充营和农民武装包围，毙30余名，俘数十人。

罗家岭保卫战 民国17年（1928）1月，工农革命军第一师第一团从渌口回营栗山坝，探知国民党军熊震部进驻西乡冷水，企图进犯苏区罗家岭一带，即布阵守候。熊震部进入伏击圈后，工农革命军突然发起冲锋，熊部在慌乱中溃散。

两次攻城 民国17年（1928）1月27日，醴陵县农民武装约1万人，分东南西北4路直逼县城。拂晓，总指挥潘疆爪下达“红旗向前”命令，主力南乡农军进逼城南渌江桥头；东乡农军捣毁阳三石军火库后，攻占三宫殿、邓公塘、瓜畲坪一带；西乡农军抵达渌水西岸；北乡农军进抵玉带桥。农军因装备太差，守军凭险以机枪封锁渌江桥，攻城主力无法进入城中接应各路队伍，伤亡较大。上午9时，奉令撤出战斗。2月27日，农军再次攻城，兵力增至2万余，北路攻姜湾凤凰楼一带，东路攻第四塘一带，西南乡农军合攻渌江桥。守军炮火优于农军，农军因伤亡过大而撤离。

农军袭击姚家坝火车站 民国17年（1928）1月初，中共湖南省委部署各地发动年关暴动。1月10日，张湘云等人率领醴陵北二区农民武装袭击姚家坝火车站列车，因侦察不准，未夺到枪支。

工农革命军攻打团防局 民国17年（1928）1月11日，渌口农运领导人李仁桃等人被渌口团防局逮捕。13日凌晨，张子意等人率领醴陵工农革命军第一师第一团和北二区农民自卫军1000余人，分3路攻打渌口团防局，营救李仁桃等人，未果。2月，湘潭东四区（三门）农运领导人肖光海率领农民军先后3次攻打王十万和坪上团防局，获枪50多支，队伍扩充到110余人枪。

农军袭击李品仙部　民国17年（1928）1月25日，国民党军李品仙部1个连行至喻家冲（鸿仙乡境）。醴陵北二区农军及当地群众，四面设伏，待其进入埋伏圈后，向其突然袭击，缴获100余支枪，弹药40担。随后，采用同样的战略，在泉水坡夺得步枪37支，左轮手枪1支。

固守泗汾　民国17年（1928）2月，醴陵南二区苏维埃政府组织农军在泗汾挖战壕，垒炮台，准备迎战进犯苏区的国民党军。国民党军2个团兵分4路进犯，又约湘东保安司令罗定率部由攸县出发攻击南二区。工农革命军第一团，在南二区农军的配合下奋起抗击。次日拂晓，国民党军向泗汾发起冲锋，工农武装用松树炮轰击国民党军阵地，毙敌5名，伤20余名，缴枪5支。国民党军败逃。

阻击罗定部　民国17年（1928）2月，国民党湘东保安司令罗定派兵3个连从攸县进攻醴陵南二区。工农革命军第一师第一团和南二区、南三区游击营配合农军击败罗部于醴攸交界处，罗部死伤数十人，其中营长1人。同时，湘潭国民党武装来袭昭陵（属株洲县），亦被西乡农民武装击溃。

残梅起义　民国17年（1928）2月23日，根据中共湖南省委关于发动年关暴动的指示，中共湘东特委委员袁德生与株洲区委委员蒋长卿、朱少连等在白关残梅矮子冲，召集株洲区农民运动骨干100人开会，部署武装起义。24 — 26日分头组织发动，组成1个团共400余人的起义队伍，朱少连任团长。27日，参加攻打醴陵县城战斗失败。

农民军击溃雷英叛部　雷英原为哥老会一名首领，有20余人枪。民国17年（1928）年初，醴陵北二区工农革命军负责人张湘云等说服雷英，使之归顺于工农革命军。在攻打渌口团防局时，雷英将队伍率至醴陵，投奔湘东“剿匪”司令王学林，充任醴陵清乡队第三大队大队长。3月，雷英率部到北二区“清乡”，北二区工农革命军补充营利用有利地形，采用夜战，毙30余人，将雷英部击溃。

朱毛两军会合　毛泽东率秋收起义部队到达井冈山后，即面临湘赣两省国民党军的包围；朱德率领的南昌起义余部在湘南也受到湘粤两省国民党军的夹击，为保存力量，两军迫切需要会合作战。民国17年（1928）3月，朱德、陈毅举行湘南起义。为策应该起义并接应朱部向井冈山转移，毛泽东决定率军进入酃县。3月14日，工农革命军第一团在酃县城打垮湘军1个营，第一次占领酃县城，并指示中共酃县特别区委举行“三月暴动”。3月底，毛泽东率部在酃县西南边界和桂东一带接应。朱德率领的南昌起义农军和部分湘南起义部队于4月初从安仁、茶陵一带进入酃县沔渡。其时，在沔渡休整的有南昌起义部队2000余人，在宜章、郴县、永兴、耒阳、资兴等地农军及水口山工人武装计1.3万余人。20日，朱德所部与何长工、王佐率领的中国工农革命军第一师第二团在沔渡会合。

同日，毛泽东率部从南片赶至县城，在接龙桥击溃尾追朱德部队的国民党军1个团和攸茶1个民团，并于当晚到达坂溪，次日到达十都。22日朱德闻讯，即从沔渡赶赴十都与毛泽东会面。毛泽东于23日返回宁冈，28日亲率工农革命军第一团三营1个连来到沔渡，迎接朱德率领的南昌起义部队和湘南农军。双方主要领导人就部队合编、干部配置进行研究。5月4日，在宁冈县砻市举行会师庆祝大会，宣布成立工农革命军第四军。朱德任军长，毛泽东任党代表。自此，井冈山工农武装割据进入全盛时期。

攸南暴动 民国17年（1928）4月，渌田共产党员徐元清发动渌田、陈家铺农民1000余人，举行攸南暴动。

工农武装上井冈山 民国17年（1928）4月，湖南新军阀调第八军十二师、第六军十八师会合清乡队、挨户团等共2万多人，对醴陵农村苏区展开“血洗火烧”的大“围剿”，先后杀害革命干部、共产党员3000多人，群众1万多人，烧屋120多栋。苏维埃政权被摧垮，工农武装被打散，全县沦为白区。刘型、游龙率萍乡、醴陵工农武装300多人合编为萍醴游击营，经萍乡、莲花去井冈山，于5月下旬在永新县浬田受到毛泽东接见。游击营编入红四军十一师三十一团第一、二2个连。

高陇战斗 民国17年（1928）5月，红四军主力从永新转移到茶陵边界。16日，红三十一团一营营长员一民、党代表毛泽覃率一营袭取高陇。随后，谭家述率茶陵游击队从梅花山赶来。17日，国民党军吴尚部1个团及茶陵挨户团围攻高陇。激战终日，红一营失利，员一民牺牲（陕西人，遗体后来安葬在秩堂大付坪），部队退至靠近大付坪的老鼠坳。集结于小田一带的红二十八团在朱德、陈毅率领下，前往增援。18日，由二十八团担任主攻任务，连同三十一团一营和茶陵游击队，分3路向高陇反击。此战击溃吴尚部1个团及茶陵挨户团，毙、伤100余人，俘200余人。

红军佯攻酃县 民国17年（1928）6月上旬，江西杨池生第九师与湖南吴尚第八师对井冈山根据地发动“会剿”。为诱杨出永新，毛泽东、朱德率红四军主力分2路佯攻酃县。红四军二十八团、二十九团在十都围歼湘军1个团，三十一团在九都全歼湘军1个营，而后3个团围攻县城，并取进军湘南态势。吴尚主力按兵茶陵不敢轻出，杨池生乘虚进入宁冈新城。红军主力迅速回师，取得龙源口大捷，国民党军第二次“围剿”被粉碎。10月底，朱德指挥红四军二十八团、三十一团和酃县赤卫大队在宁冈睦村至酃县沔渡一带对吴尚部张敬兮团发动进攻，全歼张团，张在沔渡圩化装逃走。

红军攻克酃县 民国17年（1928）7月12日，朱德、陈毅率红军第二十八团、二十九团攻克酃县，国民党军退守茶陵县。

红军再克酃县 民国18年（1929）1月，国民党军队18个团对井冈山革命根据地发动第三次“围剿”。中共酃县县委、酃县工农兵政府被破坏，政府主席徐顶燕等20名干部、群众被杀害，赤卫大队在转移中亦遭伏击，大部牺牲或被俘。4月，红四军主力返回井冈山。5月中旬，再次南下，先后攻克酃县、桂东，转战湘粤边界，6月下旬，回到湘赣边界。

鹧鸪冲战斗 9月，中共湘东办事处直属武装由师长侯梯云、政委段古相率领，与攸县殷家坊刘凯斌赤卫队配合，在鹧鸪冲与攸县挨户团激战，挨户团溃逃。

红七军攻克酃县 民国19年（1930）3月，张云逸率红七军转战湘南，克酃县。6月，与李天柱领导的独立一师会师于茶陵县严塘一带。

易家湾大捷　民国19年（1930）8月5日，彭德怀率红三军团由长沙至易家湾，击溃何键1个团，生擒十五师师长危宿钟，俘团长1名、营长7名，毙敌1200余名，其他全部缴械，旋转移株洲。

红十二军转战攸县　民国19年（1930）9月17日，由谭震林、罗炳辉、谭政率领的红十二军攻克攸县城，成立攸县革命委员会和赤色游击队。下旬，革命委员会转移到东乡山区后，红十二军退出攸县。11月，中共湘东南行委发动湘东农民总暴动，县游击队及苏区各区乡游击队、赤卫队配合湘东南独立师于漕泊歼灭挨户团1个中队，俘挨户团副队长余佛成等50余人，缴枪13支；又于界江歼国民党军1个排，并强渡攸水到达县城北郊，攻城未克，北上醴陵途中，在皇图岭歼灭攸、醴、衡3县保安团队及守望队700余人。

湘东南总暴动　民国19年（1930）11月，攸县苏区军民和莲花县群众1000余人举行湘东南总暴动，配合湘东红军独立师在漕泊歼国民党军1个排，直逼攸县城，与国民党军激战接官亭。

张云逸大胜胡凤璋　民国20年（1931）2月，红七军千里转战，到达湘粤赣边界。3月1日，军长张云逸率五十八团经黄挪潭到达石洲苏区，汝城县民团首领胡凤璋亦带1个团尾追至黄挪潭。3月2日，张云逸五十八团迎击，酃县赤卫队包抄其后。此役毙、伤胡团200余人，缴枪100余支。胡率残部仓惶逃遁。

警卫营奔袭酃县　民国20年（1931）12月5日凌晨，酃县警卫营在湘东独立一师二团配合下，从坂溪出发，奔袭酃县城。守城挨户团死伤过半，缴枪100余支，活捉县长谭仲梅。

将军山战斗　民国20年（1931）3月，红七军五十八团由军长张云逸、团长李明瑞率领，突破粤军防线，经湘南进入湘赣边界，14日与湘东南独立师第三团会师于酃县十都。两支部队绕道进入茶陵尧水乡境。国民党军急调十九师一一一团和茶陵、攸县、安仁3县的保安团、队，赶赴将军山堵击。红军及茶陵游击队、严尧区赤卫队、少先队由张云逸统一指挥，歼一一一团大部，击溃县保安团、队，活捉一一一团团长陈汉雄，毙300余人，俘100余人，缴获大批军用物资。

官田东塘之役　民国21年（1932）3月1日，攸县苏区独立营在醴陵、莲花2县苏区地方武装配合下，进攻官田，击毙攸县保安大队大队长邹慕肖。5月中旬，湘赣红军独立第一师李天柱部在攸、茶、醴、莲苏区地方武装配合下，摧毁国民党军在官田外围的酒埠江、社田2个据点，16日占领宏翘陂、网岭、马头岭、新市等地，直逼攸县城。7月下旬，国民党军第四路军总指挥刘建绪调所部六十二师、六十三师企图2路夹攻攸县苏区。红八军决定先发制人。30日晚，红军独立第一师李天柱部、第三师王震部在官田四周埋伏，31日拂晓发起攻击，大获全胜，歼灭保安团官兵300余名，俘200余名，缴枪400余支。8月2日，国民党军及攸、茶、醴、衡4县保安团队共1万余人，向攸东苏区大举进攻，在广寒坪烧毁民房48栋，杀害群众10余人。

酃县警卫营击溃铲共义勇队　民国21年（1932）3月上旬，铲共义勇总队600余人从沔渡分2路直奔十都，企图围歼酃县警卫营。警卫营分兵2路迎击，一连在连长邝光前带领下进入车溪；主力由营长何德胜、政委梁文光率领抢占九峰坳，在争夺九峰坳的战斗中，何、梁牺牲，警卫营战士更添悲愤，冒死冲向山顶。马坳、太源、安坑、垅口等乡赤卫队赶来增援。铲共义勇队死伤几十人，被俘30余人，其余溃逃。

十都伏击战 民国21年(1932)11月，国民党军六十三师师长陈光中率1个团，配合茶陵、酃县、宁冈3县联防保安团进攻十都苏区。酃县红独九营和十都区、石洲区赤卫队埋伏于十都圩背坪寨冈、小江等地。充当先头部队的酃县挨户团200余人刚进入伏击圈即被围歼。后续部队以为碰到红军主力，仓惶退沔渡。

沙子岭战斗 民国21年(1932)8月，国民党军六十三师师长陈光中率部进驻茶陵腰陂、芙江一带，构筑碉堡，堵击红军。红八军于18日潜入高陇地区集结。19日下午，国民党军六十三师三七八团一路纵队从腰陂出发，经芙江向高陇开进。当进入沙子岭（高陇镇境）时，部署在周围的红八军独立一师、三师分路出击，将其分割，予以围歼。此战毙、伤、俘700余人，缴获机枪6挺、步枪700余支及大批其他军用物资。红军只轻伤5人。

九渡冲战斗 民国22年（1933）春，国民党对中央苏区发动第4次“围剿”的同时，调动4个师和湘赣各县地方武装共10万余人，进攻湘赣苏区。5月1日，国民党第六十三师派出4个营和1个骑兵连，强行通过根据地，前往茶陵县接物资。红军第八军得知这一情报后，乘该部由茶陵县返回时，于5月6日、7日在茶陵县与莲花县交界的九渡冲将其歼灭。这时国民党第一八七、一八九2个旅和第十九师两个团的援兵已经赶到，红八军一部主力乘其援兵立足未稳之机，采取迂回和正面攻击战术发起攻击。国民党军除师长陈光中带领一部向莲花县城逃跑外，其余全部被歼。此役毙旅长以下500余人，俘团长以下2000余人，缴获机枪29挺，步枪1000多支及大批军用物资，是红八军成立以来，在地方武装配合下取得的最大胜利，受到中共中央军委的嘉奖。

塘下（棠市）战斗 民国22年（1933）5月，国民党军十五、十九师的4个团及六十三师1个营，从茶陵押解数百名挑着夏衣、弹药等物资的民夫，经高陇转道彭家祠、塘下，前往莲花县城。29日，红八军独立十二师在茶陵、莲花2县地方武装配合下，于塘下至莲花棠市一线予以截击，毙、伤敌若干人，俘团长1名及以下官兵800多人，缴获迫击炮2门、机枪4挺、无线电报机1部，其它军用物资和银元共400多担。

雪花坳战斗 民国22年（1933）秋，湘赣苏区进一步缩小，茶陵县只剩下秩堂和小田2个乡，国民党军第十六师第九十五团控制了从白区通往苏区的雪花坳。8月18日，为打破封锁，红军第十七师师长肖克率领3个团在茶陵县游击队配合下，从小田出发攻打雪花坳。战斗中，因国民党军火力严密封锁，红军伤亡300余人，最后被迫撤退。

五佛岭战斗 民国22年（1933）11月，国民党军刘建绪部组织3个师兵力向湘赣革命根据地梅花山发动进攻。8日8时，国民党军近5个团兵力，在飞机大炮掩护下，从茶陵县石龙、墨庄向茶陵县与永新县交界的梅花山五佛岭阵地发动猛烈攻击，防守五佛岭阵地的警卫团和茶陵独立团顽强抵抗。驻守在高坑地区的红军第六军团第十七师跑步赶来参加战斗。战斗中红军第十七师五十四团一营的2个连，将国民党军第十六师右翼的2个团“敢死队”全部消灭，国民党军全线溃退，红军乘胜反击。此役击溃国民党军近5个团，歼敌近千人。

网岭之战 民国22年（1933）11月，红军湘赣军区总指挥兼政治委员蔡会文率部4000余人进攻攸县柏树下、杜口、新市等处，与保安第二支队唐伯寅部在网岭作战，后红军去茶陵。

夜袭大院、下村　民国 23 年（1934）8 月，红军主力长征，周礼领导的酃遂游击队、游世雄领导的湘赣游击队在酃县坚持游击战争。民国 24 年（1935）4 月，酃遂游击队 40 余人枪编入湘粤赣游击支队，仍坚持在酃县、安仁、桂东、汝城一带活动。6 — 11 月，湘赣游击队发展到 70 余人，以酃县东南山区为依托，在大院、下村等地夜袭碉堡，歼灭敌守军 2 个班。民国 25 年（1936）1 月，湖南保安十五团血洗酃县苏区，上百村寨被烧光杀绝。2 支游击队一直坚持到民国 26 年（1937）后，改编为抗日队伍。

湘赣游击队的活动　民国 23 年（1934）8 月，红六军团突围西征。国民党采取军事、政治、经济等手段，对留下来坚持游击战争的革命武装和党政机关发动大规模的“清剿”。中共湘赣省委、省苏维埃政府和省军区率部转入武功山区。不到 1 年，省军区司令员彭辉明牺牲，省委书记陈洪时、省政治保卫局局长刘发荣等相继叛变，原来 5000 多人的队伍只剩下 400 余人。民国 24 年（1935）7 月，原中共湘赣省苏维埃政府主席谭余保在莲花境内的棋盘山召开湘赣省干部会议，建立临时省委、省军政委员会和游击支队司令部，谭余保任书记、主席和政委。游击队整编为 3 个大队，恢复地方党组织。第二大队由谭余保带领，先后进入茶、攸、莲交界的漕泊和茶、永、宁交界的九陇山等山区，在群众配合下，开展斗争。民国 25 年（1936）2 月 15 日，在茶陵龙头铁厂抓住八团大豪绅兼资本家周纪勋，筹集枪支、弹药、医药、被服等价值万余元的物资。至民国 26 年（1937），先后袭击茶陵的高陇、腰陂等地。民国 27 年（1938）1 月，游击队主力改编的新四军 1 个营，开赴华东抗日前线。谭余保率 80 余人留守湘赣边区，准备建立抗日根据地。同年 9 月，谭余保去延安。游击队后来因负责人叛变而解散。

主力红军长征后，以陈梅连为队长的湘南游击队坚持在茶陵、安仁、酃县等地开展游击斗争。民国 26 年（1937）2 月，因叛徒出卖，陈梅连被捕牺牲，游击队被打散。部分游击队员坚持斗争到民国 30 年。

醴陵军民抗击日军　民国 33 年（1944）5 月 27 日，日军再次对湖南大举进犯。6 月 1 日，平江陷落，接着进犯浏阳，醴陵县顿时紧张起来。醴陵县长陈鲲立即召开紧急会议，注意侦防，限期成立联防办事处。此时，从前线溃退来醴陵县的国民政府军第十七集团军总司令部，暂编第二军（在渌口）及五十八军、三十七军各部，沿渌江设防，构筑工事。在萍醴交界处有第四军九十九师与第四十四军一六二师。以后，又有别动队之一、二支队，挺进队第二纵队驻醴陵县城。

6 月 12 日，醴陵县城昼夜疏散。13 日，日军先后分浏西、株洲、浏南 3 个方向，向醴陵县进犯。14 日，北乡、东乡发现日军，国民政府军曾与之发生战斗。15 日，双牌铺之日军窜至八步桥、唐家冲。县治各街巷垒沙袋备战，县政府迁明月乡云岩寺办公，县长陈鲲仍留城。16 日，在清安铺、浦口、板杉铺等处，国民政府军第九十师、三十七军、四十四军等与来窜日军发生全面战斗。17 日，浦口市之日军，一股窜至王仙清潭桥，一股窜至香水渡枧头洲，与守军发生激战。18 日凌晨 3 时，日军占领县城后，即纵火焚烧数日。陷城后 10 日，日军移驻城外，又纵火烧城 1 次，经过 2 次焚烧，县城化为灰烬。

县城失陷后，日军便衣队 600 余人从渌口、渔潭洲、易家渡等处渡过渌水。驻守渌水南岸的国民政府军奉令撤退。入侵日军从神福港南下，在茶山岭的长水、牛角冲被国民政府军击退，转攸坞，出南乡。同日，国民政府军某部在过驷桥与日骑兵100余人作战1小时。6月中下旬，国民政府军驻醴陵东乡庄埠、王仙、醴萍交界处、东南乡、北乡各部，相机袭击日军。20日，入侵泗汾日军扰东富，在美田桥附近与国民政府军激战，一部回窜泗汾，一部经船湾入攸县。犯老关的日军回醴城驻守，司令部设遵道医院。28日，日军2个联队进驻泗汾，国民政府军飞机10余架轰炸、扫射，毙敌20余名，毙马20余匹。7月9日，日军一部抵王仙，架设浮桥，大部队过河，出老关、入萍乡。驻萍醴交界处国民政府军第四军九十九师和第四十四军一六二师构筑工事迎击。12日起，与万余日军在富里茅田山下激战4昼夜。

8月间，第五十八军、第七十二军谋划收复县城攻城不克。8月25日，为截断日军沿江供应线，五十八军抗日突击挺进队进入县境粤汉线东侧，围攻侵占昭陵、淦田、朱亭等地日军及日军驻防湘江水路警备队。在朱亭，用迫击炮轰击驻刘家大屋的日军警备队，炸死一批日军。挺进队还将退至朱亭街上的日军团团围住10天。日军弹尽粮绝，派飞机投食品、弹药，全被挺进队所获，逼得日军杀马充饥。在平山板桥附近挺进队击毙7名日军。驻淦田日军警备队，也遭围攻死伤数名，后与昭陵日军警备队汇合，乘机帆船退至三门、渌口。

民国34年（1945）春，驻城日军300余人进攻留仙寨，驻守山头的6名别动队员利用大雾掩护，毙40余名日军后转移。别动队初来纪律尚好，后因与流氓地痞相勾结，被调离。

日军陷醴期间，县内东、南、西、北上、北下5个联防办事处及抗敌自卫团伺机袭击日军。北下自卫队一年间与在株洲、渌口、清安铺的日军守备队大小10余战，毙敌10余名。县自卫大队协同第五十八军攻克朱亭，击退昭陵的日军，受到第九战区长官嘉奖。浦口市人江某、邬某，利贞乡腰冲农民黄加生，成竹乡陈某，三门火车站附近墩子岭农民朱瑞生等民众，伺机用铁锤、石头、刀器等或徒手搏斗袭击日军，夺取日军枪支、军刀刺杀日军，使日军四处挨打，屡遭创伤。驻汤丸子坳（株洲县古岳峰）地段四铁游击队，拥有200余人枪，在潭衡公路上和湘江水上多次给日军沉重打击。陈克俊率领的游击队，在三门、洲坪一带先后打死打伤日军数十名。民国33年（1944）9月，几十名日军窜到白果冲一带掳掠，游击队埋伏枫树桥下，打死打伤日军8名，夺回被掳掠的全部财物。南阳桥早禾冲孙韶七部游击队，多次袭击日军获胜。后因在良祝湾与日军作战时，队长和2名游击队员中弹身亡，队伍解散。

醴陵自沦陷至翌年8月，县内共发生大小抗日战斗294次，击毙日兵577人，击伤日兵452人，俘日兵28人；击毙战马13匹，夺获轻机枪11挺、步枪76支、手枪3支、马8匹、炮弹6发、子弹6343发、手榴弹51枚及其他军用物资。

攸县军民抗击日军　民国33年（1944）6月23日，日本侵华部队第三师团第六十八联队由醴陵侵犯攸县，在竹岭和县城东郊旺冲、北郊狮子岭一带被国民政府军第三十七军第一四〇师阻击，发生激烈战斗。另一路日军绕道西乡，24日拂晓攻入县城，一四〇师退往安仁。

7月6日，国民政府军一六一师代师长李侬率四八一团、四八二团在攸县沙陵陂一带，向日军进攻。第一五〇师师长赵壁光率四四八团和四五〇团占领沙陵陂东北，协同一六一师进攻攸县城。

8 日拂晓，日军第三师团主力部队及野战炮联队主力，向中国守军一五〇师及一六一师猛烈攻击，中国守军占据有利地形，大挫日军，双方持续战斗到 14 日。

7 月下旬，国民政府军第四十四军奉命再次向攸县之日军进攻。日军龟缩城内，凭借城镇与坚固工事进行顽抗。战斗进行 3 天，因无攻坚武器，不能突入城内。战斗到第 4 天，醴陵县南下之日军 2000 余人，配合茶陵之 1000 余人，增援攸县被围日军，向中国军队两翼包围。四五〇团阻击茶陵县来援之敌，激战 2 日才突围。一六一师李依代师长集合主力与另一部增援之日军激战 2 日后，由于二十七集团军他调，接第九战区薛长官命令撤到茶陵县以东湖口墟地区休整。

茶陵军民抗击日军　日军侵犯茶陵期间，茶陵军民奋起抗击，使日军南犯酃县的行动一再受阻，较大的战斗有 9 次：丫里遭遇战　民国 33 年（1944）7 月 8 日，四十四军一五〇师在潞水乡丫里（属首团村）与日军第三师团二神部队遭遇，双方为争夺制高点激战大半天。一五〇师伤亡较大，阵地失守。羊岭阻击战　7 月 8 日，四十四军一五〇师四四八团布防云阳山东麓，以阻击日军进犯县城。傍晚，日机轮番轰炸四四八团阵地，经 1 天 2 夜激战，四四八团牺牲 2 个连，防线被突破，遂放弃羊岭和县城。头铺伏击战　8 月中旬，四十四军一五〇师四四九团团长鲁宗周率便衣队在头铺伏击日军抢粮队，歼灭日军 100 多人。土桥阻击战　9 月 20 — 27 日，四十四军一五〇师 1 个营在营长曹公良率领下，于土桥至杨柳仙地段，多次击退企图向酃县方向进犯的日军。马伏江至狗子岭阻击战　10 月中旬，扼守在马伏江至枣子园一线的四十四军一五〇师，阻住日军向酃县方向的进犯，毙、伤日军中队长三山健助以下官兵 67 人。日军从县城出动骑兵驮运大批钢炮、弹药向马伏江驰援。行至狗子岭时，遭到从小汾机场起飞的 3 架美机轮番轰炸。防守在附近的一六一师趁机炮击。前后共炸死日军战马 200 多匹，官兵多人，俘 10 余名，日军退守县城。茶陵攻坚战　8 — 9 月间，日军松山联队坚守茶陵县西南阵地，二神部队占领茶陵县以东要地。此时衡阳方面战况甚为激烈，薛岳为减轻衡阳方面压力，令第四十四军向茶陵县进攻。第四十四军一五〇师四四八团先到茶陵县占领云阳山下东山坝平岭，与日军苦战 2 个昼夜后，被迫退出平岭。政府军以一六一师向黄塘狗子岭进攻；一五〇师由马伏江枣子园方向向茶陵县西南进攻。日军凭坚固工事死守，激战第 3 天，国民政府空军出动多架飞机参战，双方形成拉锯战。一六一师四八一团一营二连连长胡斌率敢死队冲入日军据点，第一连则乘势冲杀与日军展开白刃战，胡在与日军搏斗中牺牲。双方在反复冲杀中，伤亡均重。中洲伏击战　11 月中旬，日军绕过四十四军一六一师阵地，涉过洣水进犯洮水村。防守在洮水东面高地的一六二师居高临下，当日军靠近时，枪炮齐发。日军急忙横过洮水河，集结于中洲一片开阔的沙洲上。一六二师乘胜追击，毙、伤 100 余人，战马 70 多匹。日军匆忙逃回县城。敢死队夜袭日军　民国 33 年（1944），第四十四军为配合衡阳战役，由一六一师及一五〇师各选派精悍士兵组成敢死队。一六一师敢死队乘夜暗有雾泅渡洣水，进抵城垣，将日军守军杀死，乘势焚烧迎湘门城楼上之恢公亭，并随即占领一个据点。一五〇师敢死队在接近汽车站日军阵地时被发觉，未得手。日军重火器部队控制周围所有制高点，集中火力向城内恢公亭附近炮击，敢死队牺牲 30 余人，其余被迫撤回原防。八角寨争夺战　民国 34 年（1945）1 月 17 日，日军经严塘猛攻守卫在八角寨（属舲舫乡）的四十四军一六二师四八一团 1

个营。守营伤亡很大，被迫撤出阵地。日军当日下午从八角寨进驻马溪滩。四十四军军长王泽浚赶到河坞坐镇指挥，命团长胡峦亲赴前沿阵地，与阵地共存亡。胡团以第一营担任主攻，在马溪滩与日军展开肉搏战，迫使日军退出马溪滩。18日，双方炮击相持1天。19日凌晨夺回八角寨，全歼日军在义丰坳的掩护部队。此役，四八一团伤亡100多人，毙敌70余人，俘15人，2次粉碎了日军通过茶陵南犯酃县的企图。这次战斗是中日部队在茶陵的最后一仗。

日军侵占县城后，县党政机关搬迁到湖口，组建茶陵县党政战斗指挥部。县城至攸县、安仁和江西的公路以北地区，成立湘赣边区战斗指挥部，统一领导茶、攸、安及江西莲花边界的抗日斗争。县内除各乡镇组织的乡镇抗日自卫队外，还有群众自发组织的自卫队、游击队，打击日本侵略者。日军所到的多数地方，人畜疏散一空，能吃的东西大多带进深山老林，或掩埋起来。地里的粮食，群众乘黑夜赶回村收割。驻茶日军的补给主要靠公路运输。抗日自卫队、游击队和群众，重点破坏攸县至茶陵的公路，阻截日军的车辆。

第十一兵工厂起义 民国38年（1949）4月28日，国民政府联合勤务总司令部兵工署第十一兵工厂警卫队班长吴赞安率士兵8人起义，在潭街公馆遭县警察阻击，吴牺牲，起义失败。

株萍警务段起义 民国38年（1949）7月21日，袁法鹏策动株萍警务段部份干警在株洲警察所起义，20余人参加。

醴陵县长起义 民国38年（1949）7月23日，国民党军撤离醴陵县境，向攸县、衡阳方向溃退。醴陵县县长萧道柏率文职人员和自卫队、警察队1000余人枪起义。25日，中国人民解放军第四十军一一八师列队进驻醴陵县城。醴陵和平解放。

保护渌口铁桥 民国38年（1949）7月，国民党军第五十八军向南溃逃时，企图阻止人民解放军南下，在渌口铁桥每个桥墩上安放炸药，准备炸毁铁桥。25日，守军撤至桥南。天黑后，盘石乡武工队在桥北掩护，由水性好者潜水摸近第8号墩将导线割断。当晚9时，五十八军引爆失败，8号桥墩保全无损。

人民解放军强渡渌江 民国38年（1949）7月下旬，国民党军第五十八军全部撤至渌江以南布防，将江中所有船只掳于南岸或沉于水中。中国人民解放军第四野战军四十六军某部，择漂沙井响水滩作为大队徒步过江的突破口。9日拂晓，强渡渌江，攻占国民党军阵地，乘胜追击，从南岸直至朱亭。与此同时，进驻渌口镇的人民解放军某部，在当地渔民、船工的协助下，乘船过江向南岸的国民党军发起猛烈攻击。在战斗中，共毙敌200余名，俘410名，缴获轻重机枪20挺，迫击炮、六〇炮各1门，长短枪150支；解放军指战员牺牲10人。

解放株洲 民国38年（1949）8月3日，中国人民解放军一三六师进至株洲，株洲解放。

六十分战斗 攸县城北网岭乡大新村有个山头叫六十分。民国38年（1949）8月9日，中国人民解放军第四十六军一三六师从醴陵出发，直抵攸县皇图岭。当晚一〇六团和四〇八团继续沿公路南进。四〇七团于4日凌晨4时从驻地丹陵桥出发，沿公路右侧（醴、攸间）小路搜索前进，于10日上午8时进到六十分。与此同时，国民党军白崇禧部第四十八军一三八师和一七五师于8月8日，由江西永新溃退到攸县，担任守备警戒，掩护大部队南逃和破坏公路、桥梁，阻止人民解放军南下。

8月9日，占据有利地形的国民党第四十八军接到人民解放军南下攸县的情报后，所属部队对解放军南下部队形成夹击之势。10日上午8时，人民解放军四〇七团进入六十分地区，国民党军四一四团发起突然袭击。四〇七团团直和二营指战员，顽强战斗，虽付出巨大代价，最终击溃国民党军，夺回高地，打通继续南下通道。

解放攸县　民国38年（1949）8月14日，中国人民解放军一三六师进驻攸县城，攸县解放。

解放茶陵　民国38年（1949）8月15日，中国人民解放军第二野战军第十八军五十四师进驻茶陵县城，茶陵县解放。

解放酃县　民国38年（1949）9月26日，中国民主同盟成员尹华民、唐伊华在中国人民解放军四十八军一四二师支持下，率湖南省反共自卫救国军第十大队三十中队起义，成立湘赣边区酃宁游击队。盘踞在太平圩一带的反共救国军直属军第三大队83人在人民解放军四十九军一六二师四八四团强大压力下，经中共安仁、酃县地下党组织的策动，于10月21日宣布起义。27日，四八四团进驻酃县，酃县解放。当日晚，四八四团分南北2路进军水口，合围反共救国军二支队唐向荣部。28日唐部溃败，遭酃县武工队阻击。支队长唐向荣率残部逃向资兴县，中队长郑中吾率43人投诚。

酃县独立义勇大队投诚　酃县解放时，人民解放军四八四团挺进沔渡、十都，击溃盘踞在这一带的反共救国军肖炳坤所率的独立义勇大队，残部140余人进入十都深山老林，负隅顽抗。四区人民政府开展政治攻势，致其头目及下属共142人投诚，装备多为美式和法式。其中机枪2挺，冲锋枪、卡宾枪、步枪、手枪、六〇炮等，共计140多支（挺），各种子弹、手榴弹5000多发（枚）。

追剿邓戈股匪　攸县解放后，国民党军的残余武装1000多人在邓戈、王定中（解放时自封攸县县长）的率领下，退到东乡山区广寒寨一带，占山为匪，与新生的人民政权为敌。中共攸县县委决定由赵英俊任前线总指挥，消灭这股匪徒。赵请求人民解放军驻新市的第四十军某师予以协助。该师旋即派2个团分2路包围广寒寨，贺湘楚率县警卫队第二中队配合行动。民国38年（1949）9月14日，一举攻下匪巢，俘匪400多人，缴获机枪1挺，步枪364支。匪首邓戈及二号头目谭仁生、王再全、张云波率残部逃脱。在警卫大队三中队的追击下，谭仁生残部60多人在鸾山江边被歼，缴获三〇式机枪1挺，步枪57支。9月25日，人民解放军1个连和警卫大队第一、第三两个中队在银坑易寨又歼王再全、张云波残部，俘匪160人，缴获步枪108支。不久，邓戈、王定中、王再全、张云波等人先后被捉拿归案，受到惩处。至此，攸县的匪患基本肃清。

擒匪首徐国斌　广寒寨邓戈匪巢被剿灭后，匪首徐国斌仍潜藏在枧下、富厚冲一带活动。因他是拳师，在当地党徒甚众，不容易捕获。共产党员邓石生打听到他到了情妇家，便星夜组织武装民兵包围。邓石生等进入屋内，把倒悬在床底的徐匪用木棍捅了出来，随即在当地召开斗争徐国斌的大会。

活捉匪首霍远鹏　民国38年（1949）5月，以霍远鹏为司令、陈凯南为参谋长的6000多人的反共救国军盘踞湘赣边区。9月19日，在中共安仁地下党的配合下，人民解放军歼灭了反共救国军副司令吴立坚支队，解放了关王庙。此时，霍远鹏及其所部龟缩到酃县、安仁交界处的金紫仙脚下的鹏塘、太平墟一带，负隅顽抗。1949 年 10 月 20 日，在中共地下党的配合下，人民解放军一三六师四八四团从关王庙出发，黑夜行军到达鹏塘，把霍团团围住，将战士化装成霍部直属三大队的匪兵，拂晓时分，进入高路张国器家（霍远鹏住的房子），将霍远鹏擒获。

清剿酃县散匪 1949 年 10 月 27 日傍晚，中国人民解放军一六二师四八四团崔琳、徐天贵所率加强营500多人驻进酃县县城，县城匪兵全部逃走。部队当晚向水口方向进军。28日天蒙蒙亮，崔琳、徐天贵率部占领水口有利地形，兵分3路，同时向唐向荣匪部发起进攻，匪兵纷纷向黄挪潭方向逃窜，受到黎村一带武工队阻击。战斗缴获唐匪枪支 200 余支、俘虏 300 余人。上午 10 时，会同友军组织搜山，彻底歼灭溃散的小股土匪。酃县清剿土匪特务持续到 1957 年 8 月止，共清剿匪特 10 余股，计 418 人。缴获长短枪 445 支，子弹 17881 发，手榴弹 64 枚。

清剿茶陵县散匪 茶陵县土匪头子徐凤祥组织游击队，流窜八团等地。茶北行署主任颜自爱的一伙土匪常在城郊附近的思聪、小车一带骚扰，警察局长颜润泽等在雩江乡小田山区肆意活动。1949 年 9 月 5 日，5 名解放军征粮战士在东江突遭匪徒围截，劫去步枪 2 支，子弹 200 余发。17 日，公安干部张文彩率领区乡干部 3 人执行侦察任务，路经腰陂岭下，与匪徒发生遭遇战。衡阳军分区调来第四十九军四八〇团协助剿匪。全县建立 3000 多人的民兵队伍，在中共茶陵县委统一领导下，开展全面清剿匪特工作。1950 年 6 月 7 日，探悉颜润泽窝藏在雩江乡一带。县大队长派出队员化装成农民，在大前陇将其捕获。同时，剿匪军民在洲陂截获土匪谭英。8 月 21 日，又在石湖捕获潜匪周名炜。匪首徐凤祥在江西永新县路江区文竹市就擒。从徐凤祥口供获悉，匪首颜自爱藏匿于小车李家湾碧洞寺，中共茶陵县委旋即命令县大队参谋马振山率一支武装赴碧洞寺，擒获颜自爱归案。

清剿株洲散匪 1950 年 5 月，一个自称是国民党青年军官的士兵，从台湾泅水回大陆，名叫郭鹤林，株洲白石港人。他回家不久，选定衡山、湘潭交界的边沿地带，成立反革命武装“武装安全委员会”，纠集 10 多名残余匪特分子，策应国民党反攻大陆。他在发展组织时，找公安机关共产党派人打入其内部，当他伺机暴动时，被公安机关一举抓获。

第四章　地方武装

第一节　清代地方武装

清末阶级矛盾尖锐，咸丰二年（1852）太平军攻进湖南，株洲境内各县普遍兴办团练。县设团总局，县下按都设团，视丁员多寡，分大中小等第，大团编练丁50名，中团编30名，小团编20名。一般年满15～20岁的男性均编为团丁。团丁平时无事在家耕作，有事则聚集，一团有事、邻团响应，互相防守。据史料记载，清咸丰年间，醴陵县组团练100人，各乡亦分别建大、中、小团。团练所需经费按田亩摊派，统一制备旗帜、号衣、刀枪、火药，各户自制竹茅。团练操演，农忙10天一次，农闲5天一次；平时参与禁烟（毒）、禁赌，有事鸣锣为号，团总吹竹筒聚众。酃县于明正统十四年（1449）始有团练。清咸丰二年（1952）秋，为防太平军进攻，知县邱华东令设团防，次年改团练。县设总局，各都设团，共14团。咸丰五、六年间（1855–1856），该县团练多次与太平军作战，共有62名团练丧命。茶陵境内25都均举办团练，配合清军堵击太平军，至咸丰六年（1856）团练战死者达133人。咸丰九年（1859），各县团练改为团防局。

第二节　国民党领导的民团武装

团防局　民国1年（1912）至民国16年（1927）间，境内各县普遍设立团防局（队）。醴陵县于民国1年（1912）将清光绪三十三年（1907）成立的县团防局改为团防队，有队长1人，团丁20余人。民国10年（1921）复设团防局，有团防武装60人。民国14年（1925），组建乡团防，大乡有人枪百余。民国16年（1927）该县团防武装解散。同年5月“马日事变”后，恢复县团防局，组建清乡队，清剿工农武装，搜捕共产党人。至年底，该县清乡队扩充为大队，下辖4队，每队人枪百余。

民国10年（1921），攸县成立团防局、总局置枪兵4班；镇（区）都（乡）设分局，各置枪兵1、2、3班不等。民国15年（1926），株洲镇团防第15分局成立。民国16年（1927），渌口团防局成立，直属醴陵县团防局管辖。成立时只有27人，后增到40多人枪。翌年，唐生智部第八军第一团打了败仗，团防局收容一部分人枪，武装力量增到136人，枪110余支，下设3个排，每排分3个班。

挨户团　民国16年（1927）5月“马日事变”后，省政府电令各县县长，解散农民武装，成立挨户团，原解体的团防迅速得到恢复。民国16年（1927）8月，攸县成立挨户团，由县长兼县总团主任，下设7个常备队，团兵420人，各区设分团。民国17年（1928）秋，株洲、醴陵县、攸县、茶陵县、酃县均先后成立挨户团，挨户团由县长兼主任，县属分区（都）相继成立挨户团分局，由境内团甲士绅主办。挨户团总局（县局）下辖 2 ～ 3 个挨户团常备队。县、区的团兵分守望队和常备队两种。守望队队员无定额，从各乡镇 18 ～ 40 岁的壮丁中，用三丁抽一、五丁抽二的办法组建。常备队由原来有枪的乡团改编或由各守望队选送编成，服役期限 3 年，每年替换三分之一。常备队分驻县城和各乡。各队编有 3 个大队 9 个中队，中队有兵枪 60 条。这支由土豪劣绅组织和掌握的武装，主旨清乡铲共，镇压工农革命运动。民国 19 年（1930），挨户团撤销，成立保安团。

铲共义勇队 由于保安团经常外调驻防，各县兵力空虚。民国 19 年（1930），省清乡司令部将挨户团守望队改组为铲共义勇队，任务是捕拿共产党，搜索红色苏区，侦察红军革命武装力量踪迹，稽查过往行人、迫害共产党人。同年，茶陵铲共义勇队成立，总队人数 4339 人，各乡成立支队，分兵盘踞全县各乡村，搜捕屠杀共产党人和革命志士。民国 21 年（1932），酃县铲共义勇队成立，县城、东、南、西 4 个区设支队，每个支队有常备队员 400 余人，紧急情况下可召集 1 万余名壮丁，成为大革命时期酃县最庞大的一支反革命武装组织。

民国 26 年（1937），抗日战争全面爆发，国共两党合作，各县政府迫于形势的发展，铲共义勇队予以解散，大部改为保安警察队。

保安团（队） 保安团起源于民国 19 年（1930），有的地方也称自保队，后来为配合国民党军对井冈山革命根据地实施“围剿”，国民政府将各县挨户团常备队改编为甲种保安大队或自卫团(队)。民国 20 年（1931），醴陵县将挨户团总局改编为保安第四团，编 3 个大队，9 个中队，1 个特务排。民国 26 年（1937），奉中央电令，从湖南省所属保安团挑选精锐部队赴京补充国民党军，醴陵县保安团调走。民国 20 年（1931）1 月，攸县保安大队成立。民国 21 年（1932），茶陵县保安大队成立，大队长由县长兼任。大队部设正、副大队长和军需、军医、书记各 1 名，下辖 3 个分队，每队辖 3 排，官兵 365 名。民国 22 年（1933），酃县政府将挨户团总局裁撤，其兵员编为湖南第五区保安三团特务连，直属省保安旅指挥。

自卫团（总队） 民国 36 年（1947），攸县成立自卫总队，县长兼任总队长。自卫队下设常备自卫中队 3 个。民国 38 年（1949）5 月，湖南第五区保安司令蒋伏生委派余公倩、邓戈为茶（陵）、安（仁）、攸（县）边区指挥所正副指挥官。余、邓等立即成立指挥所，将原警察局、自卫总队武力各编成 1 个大队，另新编 1 个大队，2 个直属中队，将全县划为 5 个联防区。同年 11 月 17 日，茶陵县治安会议决议，于 12 月 1 日用兼总队名义先行成立自卫总队，县长兼任总队长，自卫总队成立 1 个中队。1949 年 8 月 15 日，茶陵县和平解放。16 日，自卫总队官兵在中国人民解放军的政治攻势下，缴械投降，共缴获步枪 157 支，子弹 4671 发。

民国 37 年（1948），醴陵县设军事参议会，为县军事领导机构，并成立醴陵县自卫团，有兵枪 100 余，驻守县城。各乡亦分别成立自卫团。同年 1 月，酃县政府奉省府命令，成立县自卫总队，县长兼任总队长。总队部下设参谋、军需等 5 个室，4 个中队和 1 个特务大队。9 月，总队部奉命撤销。所属中队移交县军事科管辖。10 月，增设酃县常备中队，官兵 70 余人。民国 38 年（1949）1 月，恢复县总队部，另增督训员 1 名。9 月，酃县解放，这股国民党地方武装被人民解放军一举消灭。醴陵县渌口镇的地主、资本家、劣绅、土匪为保产保命，企图扩充势力，对抗人民解放军，将原渌口镇警察队改编，纠合街坊上的流氓、地痞，于1949年4月21日成立渌口自保大队，下设3个分队。是年7月，中国人民解放军在清安铺将其全部缴械，人员遣返原籍。

第三节　中国共产党领导的工农武装

平民救国团　民国15年（1926）7月，中共醴陵党组织发动组织工人、学生参加“平民救国团”，成员300多人，有鸟枪、梭镖、大刀和松树炮。主要任务是组织侦察队、带路队、救护队协助北伐军作战，是醴陵县最早一支共产党领导的地方武装。

工人纠察队　随着北伐战争的胜利，工人运动日益发展。民国15年（1926）5月，醴陵县、茶陵县、攸县、酃县等地相继成立以工人为骨干的工人自卫队，缴获散兵游勇的枪支武装自己。同年12月，各县总工会成立。接着又在200多个基层单位相继建立起工人纠察队。民国15年（1926）10月，攸县总工会筹备处发动工人收缴原警察局30多支枪，组成一支30多人的县工人纠察队。民国16年（1927）2月，醴陵县工人纠察队成立，周昌怡任队长，李开喜任副队长，有队员100余人，枪60余支。

农民自卫军　民国15年（1926），湖南省第一次工农代表大会提出解散团局，组织农民自卫武装的号召。毛泽东在湖南考察农民运动时进一步指出建立工农革命武装的重要性。各县积极响应号召和毛泽东的指示，从地主阶级手里夺回武装大权。

民国15年（1926）6月，北伐军攻克攸县后，在共产党攸县地方执行委员会领导下。攸县革命军事委员会于当年12月成立，县长钟宪民兼任委员长。同时，成立攸县农民自卫总队，洪振扬任总队长。民国16年（1927）5月底，国民党地方武装头目罗定窜回攸县搞复辟，周振汉、刘谭豪等被害，农民自卫军被扼杀。

民国16年（1927）1月，中共湖南省委派朱子和（湘潭人，共产党员）为驻酃县农运特派员。于同年4月下令各区、乡农民协会选调900名自卫队员到县城集训，组建县农民自卫军总队，朱子和任总队长。5月，朱率自卫军总队和1个连的驻军共1000余人，攻打盘踞在十都的县团防局武装获胜，农民运动进一步得到发展。长沙“马日事变”后，国民党反共势力大肆屠杀共产党人，县城被团防局夺去，6月中旬，朱子和率农民自卫军第二次攻城，中敌人“诈降”计而被捕，3天后遭杀害。农民自卫军被迫解散，部分骨干潜伏下来，成为后来苏区武装力量的重要组成部分。

民国16年（1927）2月，茶陵县农民自卫军成立，队员300余人，尹佑汤任队长。同年2月6日，县农民自卫军受省农民协会的调遣参加茶、攸、醴3县联合对湘东保安纵队的战斗，纵队司令罗定慑于其威，逃往湘西。同年6月，罗定返回并率部1000余人进入茶陵县城“清共”，屠杀共产党人和革命群众，茶陵县农民自卫军被迫解散。

民国16年（1927）3月，醴陵县农民自卫军在县城文庙成立，有人枪200余。农民自卫军成立后，配合攸、茶2县工农讨伐湘东保安司令罗定，协助醴陵县审判土豪劣绅特别法庭，镇压和处决一批罪恶昭彰、民愤极大的土豪劣绅和反革命分子。

赤卫大队(团) 民国16年(1927)11月，毛泽东在井冈山根据地建立第一个县级红色政权——茶陵县工农兵政府时，在茶陵县建立县赤卫大队。同年，毛泽东在调查宁冈县、茶陵县、酃县等县农民武装时，把原来的暴动队统一改编为赤卫队。

民国17年（1928）6月，茶陵县赤卫团在宁冈茅坪成立。当时由红军借枪70支，召集被打散而流落在攸县、酃县、宁冈、永新等地的武装人员，周云甫任团长，黄龙任党代表。同年10月，在攸县皇图岭遭敌攻击失败。同年3月，在毛泽东的指导帮助下，酃县爆发了“三月暴动”。暴动后各地暴动队、游击队随工农革命军云集中村。3月21日，在中村坪正式组建工农地方武装——酃县赤卫大队，何国诚任大队长，戴奇任党代表。下设3个中队共130人，枪120余支。同年7月止，人员扩大到200余人，有枪130余支，赤卫大队改编为酃县赤卫总队，下设5个大队。民国18年（1929）1月，国民党军“围剿”井冈山根据地，酃县赤卫总队在转移途中遭伏击，大部牺牲和被俘。2月上旬，新任县委军事部部长邝光前，在黄挪潭石禾坪重新建立酃县赤卫队，队员15人，枪1支。10月，发展到60多人枪。县委决定恢复酃县赤卫大队建制，邝为大队长兼政治委员。

茶陵县游击武装 民国16年(1927)4月后，国共关系破裂。是年8月，共产党员谭趋新、陈韶、谭思聪、陈吉星、袁昌洪等人率部分被打散的农民自卫军战士、工农运动骨干进驻茶陵县、酃县、安仁县3县交界的潭湾地区成立茶陵县游击队，在该地区进行游击活动。同年11月，工农革命军第二次攻下茶陵县城，队伍发展到80余人。民国18年（1929）2月，茶陵县游击队会同永新、宁冈县的地方武装与国民党湖南清乡司令何键的1旅兵力激战，后突围至茶陵县境内。此时，茶陵县游击队有7个班计100余人，在茶陵县境内频繁出击，苏区范围不断扩大。民国19年（1930）9月，红十二军占领茶陵县后，茶陵县游击队改编为二纵队独立师第三团，谭家述任团长。民国21年(1932)冬，奉湘赣省委指示，中共茶陵县委派县工会主席徐克全、谭石精等赴茶陵县、安仁县边界组成湖南工作委员会，重建湘南游击队，这支队伍经常活动在茶陵县、攸县、安仁县、酃县边界。民国22年（1933），随着军事斗争胜利，茶陵县建立9个区苏维埃政权，区有游击队，县设军事部和游击大队。10月，改县游击大队为茶陵县独立团，各区游击队为警卫连。民国23年（1934）8月，茶陵县独立团编入红十八师五十三团。11月，茶陵县难民在永新七都上刑里成立一支游击队，陈为全任队长。民国24年（1935）初，转移到攸县境内，与攸县游击队合并为茶攸游击大队，共120余人，活动于茶、攸边界。这支队伍不久受挫，部分编入湘赣游击队。民国24年（1935）7月，湘赣临时省委、湘赣游击队在茶、攸、莲、永边界活动，直到民国27年（1938）1月，由刘培善、段焕竞率队开赴苏皖抗日前线，改编为新四军第一支队第二团。

攸县游击武装 民国18年(1929)4月，攸县苏区成立攸县工农委员会，同时组建攸县游击队，龙大仙任大队长，黄凤略任政治委员。民国19年（1930）9月，红十二军攻克攸县，成立攸县革命委员会，并成立攸县赤色游击队，周里仁任队长，胡畏任政委。10月，攸县第一次苏维埃代表大会决议将攸县苏区地方武装扩编为攸县游击大队，叶德明任大队长，唐玉坤任政委。民国20年(1931)

2月，县苏维埃政府由漕泊迁至凤塔，将攸县游击大队扩编为红军独立团，何铁任团长，何周武任政委。同年秋，独立团缩编为独立营。民国22年（1933）11月，攸县独立营编入湘赣红军独立第三团独立营。改编后，攸县仍有游击队2个，即攸县游击大队和茶攸游击大队。民国26年（1937）11月，攸县苏区游击队和挺进队由刘培善、段焕竞率领，在莲花县陇上集中，编入新四军第一支队第二团第一营，段焕竞任营长，开赴抗日前线。

醴陵县游击武装　民国16年（1927）10月，周云甫来醴陵县与醴陵县委在西乡栗山坝成立游击营，周云甫任营长。翌年3月，湖南军阀调集兵力，对醴陵县各级党组织和苏维埃政权进行摧毁，部分工农武装被迫转移到莲花、永新、宁冈等地。醴陵县南三区游击营与萍西游击营合编萍醴工农游击营，游龙任营长，刘型任党代表。5月，除少部留在当地坚持武装斗争外，该营大部到达井冈山。随后编入红四军第三十一团。民国36年（1947）冬，湖南省工委派南下抗日支队三五九旅耿在孝到醴陵县进行武装游击活动。次年3月，成立北乡游击队，耿任队长，周政任政委，有人枪30多，驻扎醴陵县北乡严家冲，属湖南省工委直接领导的地下武装，于民国37年（1948）9月撤销。民国38年（1949）夏，宋奇林率领湘潭保安旅20余名兵员，回到醴陵县枫林市，收集和招募零散武装人员，新兵100多人组成醴陵县北乡游击大队，宋奇林任大队长，程海波任党代表，驻防醴陵北乡。同年8月，醴陵县解放，北乡游击大队部分改编为中国人民解放军醴陵县大队。

酃县游击武装　民国22年（1933）10月，酃、遂中心县委成立，同年建立酃遂游击队。由10多人枪发展到40多人枪，周礼任队长兼政委。民国24年（1935）4月，接湘粤赣特委指示，酃遂游击队编入湘粤赣游击支队。5月，游世雄、王赤在酃县密花收集被打散的红军战士20余人，组成湘赣游击队，游世雄任队长兼政委，在密花、青石岗、桃源洞一带活动。同年11月，发展到70余人枪。民国26年（1937）10月，在桂东沙田编入新四军湘粤赣边区抗日义勇军第一支队。

醴陵县临时大队　民国19年（1930）8月，红军攻打长沙时，由醴陵县委所属醴陵总队扩编而成，骆有生任大队长，人枪100多，驻扎醴陵县北乡官庄。民国19年（1930）9月，红军返回江西后，一部参加红军，大部编入湘东独立师，其余剩下20多人枪组成苏区特务连队。

醴陵纵队部　民国19年（1930）11月，由县苏维埃特务连改编而成，杨太为负责，枪20余支，驻扎地点攸县漕泊草皮冲。

酃县警卫连及警卫营　民国20年（1931）7月，酃县赤卫大队在石洲改编为警卫连，130余人枪，连长何德胜、政委梁文光（均系红七军干部），11月，警卫连扩编为警卫营，近300人，180余支枪。

酃县新九营　民国21年（1932）9月，中共酃县县委将4个区的赤卫队合编组成酃县新九营，共100余人枪，何彬三任营长，涂步仁任政委。11月，何彬三在第二次九峰坳战斗中牺牲，吕显明接任营长。

军山义勇队　民国29年（1940），由湘潭县、攸县、醴陵县3县组成军山义勇队，贺石生兼队长，钟觉民任特务长，贺武斌任代队长，全队人枪12余。

醴陵东堡武工队　民国38年（1949）6月成立，余昌交任队长，钟文价任党代表，有人枪30多。

第五章　民　兵

第一节　组织建设

中华人民共和国成立初期，境内匪患严重，株洲区及境内各县相继组建了人民防匪武装。1950年8月，人民防匪武装改称为民兵武装。1951年，株洲市人民武装部建立。截至1953年2月，全市建立基干民兵团1个，民兵基干队38个，基干民兵1600人，普通民兵发展到5760人。同年，成立株洲市人民武装委员会，加强了党对民兵工作的领导。1955年，贯彻《中华人民共和国兵役法》，株洲市对民兵组织重新进行整顿和编组。至1957年，全市民兵总数2200余人。加上当时由湘潭管理的境内4县民兵，总数近12万人。

1958年，由于台湾海峡局势紧张，根据中央和毛泽东的指示，全国掀起“大办民兵师”的热潮。株洲市成立了民兵司令部。凡年龄16～50岁的男女公民（除身体残疾和地、富、反、坏右分子）都编入民兵组织，其中16～30岁的男性公民编入基干民兵。到1959年年初，株洲市区和郊区共组建民兵师6个，民兵团65个，民兵营241个，人数达18万人，占全市总人口的33%。境内4县民兵总数达到60多万人。后经过整顿，截至1960年，株洲市区、郊区民兵总数降至14.69万人，境内4县民兵总数也减至人口总数的20%～30%。1962年紧急备战期间，株洲市组建一个150人的脱产民兵加强连，各县组建了60～100人的脱产民兵直属中队。

“文化大革命”初期，各级人武部门无法开展工作，民兵组织处于半瘫痪状态。1969年3月，苏联军队入侵珍宝岛后，株洲市在1970年组建了一个民兵独立团和2个独立营，共6000余人。各县民兵建置亦得以恢复。1973年9月，又学习所谓“上海民兵先进经验”，以造反派武斗组织取代民兵组织，给民兵建设造成了混乱。

1973—1975年，按照总参谋部要求，逐步组建民兵专业技术分队，整顿民兵指挥部和民兵小分队。至1975年，株洲市区、郊区和株洲县民兵总数达到14.04万人，设有武装基干团1个、营6个，市区建高炮连3个、高机连9个。

1981—1990年，按照“减少数量、提高质量、抓好重点、打好基础”的原则，对民兵组织进行调整改革。民兵组织主要在有300人以上的厂矿、企事业单位组建，机关、学校、科研单位和城市街道一般不组建。将原普通民兵、基干民兵、武装基干民兵三种组织，改为基干民兵和普通民兵两种组织，年龄改为男性公民年满18～35岁，其中基干民兵为18～25岁；女性公民只参加基干民兵，人数控制在10%以内。取消人民公社民兵团和市区、县、大型厂矿的民兵师及武装基干团番号，改为市区、县建基干民兵团，公社（乡）设民兵基干连、生产大队（村）设民兵营（基干民兵、普通民兵分别编组），村民小组建立民兵排。

1990 年，为维护社会治安，保持社会稳定，市、县区分别组建了民兵应急分队。1994 年 4 月，株洲市在全省率先建立民兵摩托化应急分队。20 世纪 90 年代中、后期，株洲市重点抓了民兵应急分队和专业技术分队的建设。先后重点编组高炮、高机、地炮、导弹、情报侦察、民兵信息攻防、通信、防化等分队；组建了汽车运输、化学救援、医疗救护、邮电通信、车船维修等专业连（独立排）。

第二节　政治教育

1950 年，朝鲜战争爆发，株洲市各级武装部对民兵主要进行抗美援朝的教育。20 世纪 50 年代初，针对部分民兵怕耽误生产，不想当民兵的思想，普遍对民兵进行民兵性质与任务的教育，学习《民兵组织暂行条例》《民兵守则》等内容，提高民兵的思想认识，增强当好民兵的光荣感和责任感。

1954 — 1957 年，农业合作化时期，在民兵中开展农业集体化的社会主义教育，引导民兵积极参加农业合作化，参加高级合作社的民兵占民兵总数的 90% 以上。

从 1958 年开始，在民兵中突出形势战备教育。特别是 1958 年美国在台湾海峡制造紧张局势，1962 年台湾国民党当局叫嚣反攻大陆、1969 年苏联军队入侵珍宝岛、1979 年对越反击战、1999 年美国导弹袭击中国驻南联盟大使馆时，株洲市都适时对民兵进行集中战备教育，以推动战备教育任务的落实。

20 世纪 60 — 70 年代，对民兵广泛深入进行人民战争思想教育。1981 年，贯彻总政治部意见，在基干民兵中建立每月上一次政治课制度，后改为一年 4 课，在生产大队（民兵营）建立“青年民兵之家”，对民兵进行改革开放和经济政策教育。1985 年，全市共建立“青年民兵之家”2578 个，成立民兵读书小组、文体小组、帮教小组近 600 个。

从 1986 年开始，民兵的政治教育与全民国防教育逐步结合进行，以《湖南省全民国防教育条例》为依据，以干部为主，以民兵预备役人员为重点，层层进行。1990 年，北区人武部和南方航空动力机械公司武装部被《中国民兵杂志》评为刊授教育先进单位。

1991 — 2000 年，株洲市把《中国民兵》《华南民兵》《国防报》等报纸杂志上的民兵教育材料作为民兵政治教育的主要内容。株洲军分区和各县市区人武部则结合当地实际，定期不定期地编印一些民兵教育提纲和辅导教材，收到良好的效果。

第三节　军事训练

一　步兵分队训练

20 世纪 50 — 70 年代，对普通民兵训练由民兵营、连进行了一些分散训练，没有固定时间和要求，基干民兵则普遍参加各年度的训练。1958 年以前，民兵训练主要是学习射击、刺杀、投弹和单个军事动作。基干民兵训练时间为每年 90 ~ 100 个小时，以人武干部、民兵中队长和复员军人担任教员，以乡、厂矿为单位巡回进行训练。在省军区组织的第二周期民兵训练中，株洲市参训的基干民兵有1354人，经考核，合格率97%。1958年大办民兵师，株洲市基干民兵达到4.9万余人，配发武器200余件。由于人数太多，军事训练落实不够，质量也没有保障。在1964年全省民兵大比武中，株洲民兵夺得6个奖杯和1面风格奖锦旗。“文化大革命”期间，民兵军事训练曾一度中断，1973年开始才恢复训练。

从1981年开始，株洲市对民兵军事训练进行调整改革，参训对象改为未经过训练的基干民兵，避免重复训练现象；训练形式改为县、区（含城市区和大型厂矿）集中训练；训练内容突出专业技术兵训练。1984年，株洲市建立预备役师，基干民兵训练人数逐年减少，县市区人武部主要负责训练预备役兵员。预备役师改为省建师后，民兵训练人数又有所回升。

1991—1995年，全市共对7922名基干民兵（步兵分队）进行军事训练，合格率均在95%以上，1995年达到99%，优秀率达63%。以后平均每年训练人数近1600人左右。

二 专业分队训练

株洲市民兵专业技术分队，是20世纪50年代末组建的。到60年代初，全市组建了炮兵、工程兵、通讯兵、防化兵、铁道兵、军械兵、空军雷达等多种专业技术分队，编制7000多人。1964年，从野战部队调拨部分教学训练器材给民兵训练。同时，部队“带训”民兵骨干，解决民兵训练存在器材、教员缺乏的困难。1973年2月，株洲市组建高炮分队，每年有8个高炮连参加训练，时间在20天以上。1979年，总参谋部在株洲召开全国高炮民兵训练现场经验交流会，推广株洲的训练经验。1980年10—11月，株洲市民兵高炮团1240人分三批赴沅江靶场进行年度实弹射击考核，90个炮（枪）班中有57个为优秀，15个连射击考核有11个为优秀，2个营的集中体验射击均为优秀。全团有6个连受到省军区通报表彰。

1981年11月，中央军委炮兵司令员吴承志视察株洲民兵炮兵部队，充分肯定了株洲的经验。1982年10月，坦桑尼亚莫沙中校率领的民兵代表团参观株洲市民兵高炮训练，给予高度评价。1984年，组建预备役师后，高炮分队还利用每年实施人工降雨的机会，组织训练。同时，各专业技术分队按作战预案进行实地演练，经考核验收，民兵专业技术兵的对口度和合格度都在98%以上。1991年9月，株洲市民兵高炮分队39个班赴靶场实弹射击，实弹命中航模拖靶20个，创市民兵高炮史上最佳成绩，《解放军报》作了报道。2000年，株洲市民兵高炮建设被广州军区评为先进单位并受到总参谋部的通报表彰。

三 训练基地建设

20世纪50—60年代，境内民兵训练场地较为简陋，多利用屋场、晒谷坪进行。从1973年起，开始进行公社（乡）民兵训练场地建设。1981年民兵训练改革后，部分县市区建成固定的、有生活设施的训练基地，可供民兵集中训练。1983年，贯彻国务院、中央军委和省军区指示，株洲加快训练基地建设的步伐。到1999年，全市9个县市区全部建立了训练基地。到2000年，投入大批经费，对训练基地进行配套设施建设，民兵训、教、学朝着电化教学的方向发展。

第四节　武器装备

中华人民共和国成立初期，民兵武器除鸟铳、梭镖、大刀外，还有少量汉阳造的老套筒、七九式和日本造的三八式等步兵武器。20世纪50年代末期，部队换装的旧杂式武器陆续分发下来，开始装备轻、重机枪和六〇炮，数量也逐渐增多。1965年，部队原来使用的国产53式步枪退役下来发给民兵使用，民兵武器装备开始转向国产化。1974年，根据国务院、中央军委精神和湖南省军区要求，全市开始对旧杂式重机枪、轻机枪、冲锋枪和步骑枪进行改制，改制后的武器，全部装备民兵使用。

1975年以后，省军区每年给各县市调配一部分63式、65式半自动步枪、冲锋枪、轻机枪等装备民兵，高炮分队还装备了双管37毫米高射炮和14.5毫米四联高射机枪。武器的数量也从“文化大革命”前的2000余件增加到1976年的5000余件。

20世纪80年代，民兵专业分队陆续装备了40火箭筒，75式、82式无后坐力炮、炮兵测距机、炮队镜、无线和有线通信器材、防化器材等武器装备。民兵武器数量也显著增加。一般县市在3000件以上。旧杂式和改制武器也在80年代初期全部淘汰。

从1995年起，民兵武器装备陆续换装81式枪族，逐步朝着系列化、现代化、轻便化的方向发展。

第五节　民兵的作用

一　剿匪反霸

中华人民共和国成立初期，境内的国民党散兵游勇、地主恶霸、封建把头、流氓惯匪等形成匪患。境内各地自卫队和民兵组织发挥熟悉民情、地形和匪情的优势，遇有小股散匪单独追剿，就地围歼；遇大股土匪，则配合部队和公安机关联合围剿。1949年11月，株洲区民兵采用迂回伏击战法，歼灭在马家河一带奸淫抢劫的杨文照股匪40余人，缴获长短枪15支。

1951年，广大民兵投入土地改革，检举地主恶霸罪行，深挖潜藏的匪特，追捕捉拿逃跑的地主恶霸，协助公安机关破获反革命组织，看押、管制地主、富农和反革命分子，维护社会治安秩序。到1953年7月，民兵协助公安机关或单位破获“反共救国军”“新反共独立团”“湖南省调查统计室株洲通讯岗”及“辅仁社”“永易堂十二团”等反革命组织，捕获各种反革命分子350人，还抓回逃亡地主63人。酃县右塘村老民兵钟永泰以打猎、做商贩为掩护，查遍本县100多个山洞，还远赴广东、江西、湖北等地，抓捕逃亡地主恶霸、土匪特务达39人，成为全县肃特特等标兵，1956

年被评为湖南省一等肃特功臣，1960 年以特邀代表的身份出席了全国民兵积极分子大会。

二　守护重要目标

民兵守护的目标主要是铁路、公路桥梁、大型厂矿企业、水库、油库、物资仓库等。据 1989 年统计，境内由民兵单独守护或协助守护的重点目标有 170 多处，参加守护的民兵达 3760 多人次，共排除铁路线上的险情 90 多次，协助公安机关侦破和抓获破坏重要目标的人员 195 人。315 名民兵在守护重要目标中受到上级的表彰和奖励。

三　协助维护社会治安

20 世纪 50 年代初、中期的镇反和肃反运动中，境内民兵配合公安机关对残余匪特、反革命分子、反动会道门头目进行斗争和打击。协助公安机关侦破案件，帮助看押罪犯。同时，参与群众联防，维护车站、码头、会场等公共场所的治安秩序。

1975 年 9 月，株洲开展整顿铁路治安，清查打击流窜人员统一行动。共清查重点部位 2943 处，查获流窜人员和重大犯罪嫌疑人 370 人。破获一般刑事案件 190 起，重大刑事案件 11 起。

中共十一届三中全会以后，全市民兵多次配合公安部门对刑事犯罪活动进行大规模的集中打击。1985 年后，在民兵基层组织中逐步推行了治安承包责任制，成立民兵治安巡逻队，配合公安部门，分地区、地段进行综合治理，至 1990 年，全市有民兵治安巡逻队 917 个，参加执勤的民兵 16978 人。1993 年，市南区抽调 12000 多名民兵、预备役军人参加社会治安值班巡逻，协助公安机关抓获违法犯罪嫌疑人 94 名。1996 年，为配合新一轮严打斗争，全市出动民兵、预备役人员近 2 万人次，配合公安机关抓获各类犯罪嫌疑人 1200 多人，追捕逃犯 121 名，摧毁犯罪团伙 89 个，破获各类刑事案件 286 起，挽回经济损失 170 多万元。

四　参加大型工程建设

1953 年，国家安排 4 个重点工业项目在株洲市兴建。为加快建设步伐，株洲市人武部组织 5600 多名民兵投入建设行列。1955 年 9 月，株洲市委、市人民政府决定修筑湘江防洪大堤，防止水患灾害。市兵役局协助组织了数万人的筑堤大军，其中 70% ~ 80% 是基干民兵和普通民兵。1958 年 10 月，又发动和组织郊区 10 万军民掀起“治港千条、筑堤百里、征服百里湘江、誓夺万担粮棉”的水利建设大会战，民兵仍是主力军。1958 年，市郊区组织 4000 余名民兵参加为期 1 年的大京水库的建设。1958 — 1959 年，醴陵县各乡民兵分别参加了 46 座水库建设，其中中型水库 3 座，小 I 型水库 8 座。大型水库攸县酒埠江水库建设，攸县组织民工达 22 万人，醴陵县支援民工 5000 余人，其中均以民兵为主体。

1970 — 1976 年，株洲市和境内各县民兵参加了修建湘黔铁路、枝柳铁路和湘东铁路建设。在湘黔铁路大会战中，株洲市有 8108 名民兵在怀化靖县奋战 5 年多，共建房屋 221 栋 91 万多平方米，挖隧道 2 条长 144 米，修公路 6.3 千米，完成了怀化、靖县 2 个车站的修建任务。在修建湘东铁路中，株洲市组织了 1 万多民兵参加会战，完成土石方 70 多万立方米；醴陵、攸县、茶陵等县也各组织 2 万 ~ 3 万名民兵参加修建湘东铁路工程建设。

1987 年，国家兴建贯穿闽南、赣南、湘南的“三南”公路，其中茶陵至界首一段长 23.62 千米的四级公路需要提质改造，该县组织全县 1 万余名民兵、预备役人员参加公路建设大会战，至 1990 年年底按规划标准全面竣工。

1991 — 2000 年，株洲军分区要求各级人武部门有计划、有重点地组织民兵预备役人员参加现代化建设，广泛开展多种形式的扶贫帮困活动；引导企业民兵开展在企业技术改造中做科技兴厂的带头人、技术攻关的突击队、艰苦创业的开路人、下岗再就业的示范户活动。1993 年，1000 多名民兵、预备役军人，参加株洲市高新技术开发区的道路建设。1994 年，株洲遇到百年一遇的特大洪灾。为提高抗洪能力，从根本上解决水患，市委、市政府作出全面整修湘江、渌江防洪堤的决定。株洲市市区 30 万名职工和市郊区、株洲县、醴陵市 50 万名农民参加修建，其中主力为民兵、预备役人员。

五　参加社会主义精神文明建设

境内各级人武部门在社会主义建设中，组织广大民兵积极参与树新风、各种公益事业、为人民群众做好事活动，促进了城乡精神文明建设的发展。1981 年，组织民兵带头开展“五讲四美”活动，促进了社会风气和治安的好转。1982 年，各级人民武装部发动和组织广大民兵做好“带头学雷锋，为民服务；带头建设文明村、文明单位；带头学科学文化知识，以青年民兵之家为阵地，开办各类文化夜校、技校，努力培养建设人才；带头维护社会治安，发挥卫士作用；带头参加抢险救灾”和“创建文明村、文明单位”活动。据不完全统计，1983 — 1987 年，全市民兵共成立“学雷锋小组”8970 个，“义务帮工、扶贫帮困小组”6743 个，“送温暖小组”2413 个，“为您服务小组”7615 个，义务为群众看病、理发、修理电器、自行车等物品共 34 万多件次。1984 年，全市民兵共办文明联系点 367 个，其中评为文明村、文明单位的 325 个，占联系点的 90% 以上。1991 年 3 月，南区武装部组织区内 22 个单位 1200 多名民兵、预备役军人开展学雷锋活动，印发宣传资料 4000 多份、《雷锋日记》3000 余册，办宣传板报 500 多块，营造“雷锋林”2 万余株，绿化荒山 13.34 余公顷。1997 年，全市民兵预备役军人广泛开展以创“三优”（优秀环境、优秀秩序、优秀服务）、讲“三德”（社会公德、职业道德、家庭美德）、树新风为主要内容的精神文明创建活动。2000 年，株洲军分区在民兵中组建应急分队、乡土文化队、文明服务队，推进社会主义精神文明建设。

第六章 兵 役

第一节 募 兵

清顺治年间，境内建绿营。绿营兵丁以就地招募为原则，不得以外籍人充当。士兵一经入伍，即编入兵籍，成为终生职业军人，不能自由退伍。绿营实行余丁制，骑兵拔于步战兵，步战兵拔于守兵。守兵在平时都拔于余丁。余丁是由各营按额定人数的一定比例，选定士兵部分子弟来充当，每月发给5钱饷银，以备出缺挑补。绿营的终身制和余丁制，使士兵终身为伍，世代当兵，形成“亲族相承，视同世业”。《酃县志》载，清嘉庆时县城有马兵、步战兵和守军共24名。同治年间马兵已裁，保留步战、守兵共19名，其中步战兵每月响银18两，守兵12两。

绿营由于长期实行终身制，加上待遇微薄等原因，使得绿营兵“羸老病罢，不称行列”“坐吃空额”“兼营他业”等积弊日重，至鸦片战争和太平天国战争时期，绿营已没有多少战斗力了。绿营的腐败，加上太平天国的沉重打击，这种世袭制的兵役制度也开始崩溃。境内常有绿营官兵弃营就募，改换门庭，加入湘军或新军。清咸丰十年（1860）败退江南大营的湖南绿营被太平军击溃，对溃散兵卒，各省不准收伍，间存零星孱弱之兵，即予一律裁撤。至此，绿营兵役的各项制度实际上已基本废弛。清光绪二十三年（1897）后，境内绿营先后裁撤，士兵补拔、招募停止。

民国时期各军阀部队的兵役，都是继承清末新军的募兵制，由军队就地募兵，军阀混战时期的募兵也不必经过政府。民国7年（1918）3月，在湘军第一师见习的何键回到家乡醴陵，与保定军校的张国威等3名同学收集散枪溃兵，于当年6月组成浏醴游击队，次年游击队被改编为湘军第一师骑兵营，何随之被委任为营长。民国8年（1919），北洋军阀张守昌驻攸县，大肆收集枪支，招募兵员，将一个旅扩充到1万多人，应募者多为失去土地、生活无着的无业游民。

第二节 征 兵

民国22年（1933），国民政府颁布《兵役法》，将募兵制改为征兵制，规定凡年满18～45岁之男子均有服兵役之义务，并将兵役区分为国民兵役和常备兵役2种，国民兵役为预备役，常备兵役为正规役，分现役、正役、续役3种。现役为3年，期满后归休；正役以现役期满者充之，为期6年，平时在乡参加规定之训练，战时动员召集入营；续役以正役期满者充之，延至年满40岁止。后随时局变化，国民政府曾两次对《兵役法》条款进行修改、充实。但征兵制度未变。

民国25年（1936）9月，国民政府颁布《征兵令》，同年10月湖南省军管区根据省政府制订《征集国民兵总抽签办法》，规定各乡、保将适龄壮丁选册登记，张榜公布，然后按每年应征名额，公开抽签，出榜周知，任何人不得逃避抽签或中签后回避应征。当时人们把征兵叫“抽壮丁”。征集兵员时，实行所谓“三丁抽一、五丁抽二，独子不征”和“平等、平均、平充”等政策。凡年满20～25岁之男子，根据现役部队需要，经征兵检查合格，征集入伍服现役，服役期为3年，战时和事变之际，则延长服役期。境内醴陵县于民国25年（1936）起开始实施《兵役法》，县设征兵委员会，县长为征兵官。每年约4—6月开始征兵，10月抽签定员入伍。民国29年（1940），现役起征年龄由20岁降至18岁，按各地人口数分配征集兵员数，次年按新统计人口数分配征兵任务，确定每年分别在3月、6月、9月、12月分4期征集。人民虽对抓壮丁入伍不满，但抗日战争时期，为抗日救国，应征青年不断增加。民国26—32年（1937—1943），全县共征兵30979人。民国33年（1944）沦陷，全县停征，次年缓征。日军投降后，蒋介石发动内战，继续征兵，民国35年（1946），县征兵委员会改称兵役协会，隶属湘东师管区长沙团管区，起征年龄改为20岁。当年全县征兵745人，次年征兵895人。攸县于民国27年（1938）开始征集20～40岁男性公民服常务兵役，至民国33年（1944），全县共征兵14000多名。酃县民国26—31年（1937—1942），共征兵5162名，欠兵额550名。茶陵县在民国26年（1937）征兵不足100人。后征兵任务逐年加重，由于入营新兵常受虐待，未征召青年闻之害怕，兵员配额难以征足，征兵实为抓兵。

民国15年（1926），北伐军攻占湖南后，在湘各地招募新兵，醴陵、攸县等地均有新兵被征入伍。土地革命战争时期，茶陵、酃县的苏区红军部队曾采取志愿兵的制度征集新兵。1931年，茶陵县石陂乡竹陂村一次就有76人参加红军。1932年11月至次年2月，在湘赣省两次扩兵运动中，茶陵县共有1310名青年参加红军。1933年，为纪念广州暴动6周年，茶陵苏区政府动员250名青年加入红军，随后严尧区小田支部80多名团员也报名加入红军。1932年，湘赣省苏区政府下达酃县苏区政府的扩红任务为200～400名，参加红军的年龄为18～35岁，全部遵循自愿的原则。当年3月至次年3月，全县共有920名青壮年自愿报名加入红军。此外，该县还有部分民兵武装成建制地转入红军。

第三节 志愿兵

从中华人民共和国成立到1954年，实行志愿兵役制，人民参军参战均属自觉自愿，国家对兵员条件未作统一规定。在此期间，境内各地分期分批进行扩兵工作，动员大批青年农民、工人参军，发展地方武装和支援抗美援朝战争。醴陵县1950年年底的“抗美援朝，保家卫国”动员参军运动，次年征集志愿军1489人，到1954年，每年报名人数达5000余人，实际批准参军的人数每年约1000人。1950—1954年，茶陵县先后征集5次志愿兵共2335人，攸县4次征集志愿兵1585名，酃县共征集志愿兵487名。

1984年5月，六届全国人大二次会议通过的《中华人民共和国兵役法》，将兵役制度修订为“义务兵为主体的义务兵与志愿兵相结合”。规定超期限服役的义务兵中的专业技术骨干，根据部队需要和本人自愿，可改为志愿兵，留在部队继续服役一定年限。1998年12月，新《中华人民共和国兵役法》将志愿兵改称士官，士官共分六级，可直接从义务兵中选取，并分别授予士官军衔。

第四节　义务兵

1955年7月，一届全国人大二次会议通过《中华人民共和国兵役法》，正式实行义务兵役制。开始有计划、按年度地进行义务兵征集，征集时间除个别情况外一般在每年的冬季进行。

一　征集程序

兵役登记　根据《中华人民共和国兵役法》规定，1956年株洲市开始对应征青年实行兵役登记。登记对象为18 ~ 20岁的男性公民和具有专门技术的女性公民。其目的是摸清适龄公民的政治、身体状况，为准确掌握兵员数量及其分布做征集准备。1958年兵员登记一度中断。从1985年开始，根据1984年的新《兵役法》规定，株洲市重新进行兵役登记。登记对象为当年12月31日前年满18岁的男性公民，经初审合格的称应征公民，登记时间在当年9月30日之前。

宣传发动　征集开始前，进行7—10天的宣传发动，主要围绕《兵役法》和当年征兵特点及有关精神，开展爱国主义、国防观念等教育，一般采用报纸、广播、电视等新闻媒体，同时利用黑板报、宣传栏、标语会议等形式进行宣传，力求做到家喻户晓，人人皆知。

政治审查　按公安部、总参谋部、总政治部《关于征集兵员政治条件的规定》执行。

体格检查　依据国防部《应征公民体格检查条件》组织实施，一般每个县市区均组成1 ~ 3个体检队，设立检查站进行初检，合格者统一组织到县一级医院进行复检。特种兵一般由地市一级医院进行复查。

审批定兵　经政治审查和体检合格者，填写“应征青年入伍登记表”，连同个人档案材料，由各乡镇（公社）征兵领导小组初选应征人员，后报县市区一级征兵办公室及部队接兵人员进行正式审批。

交接运送　征兵办公室根据上级下达兵员起运计划，集中时间发放服装，并视人数情况编成连、排、班，按军、兵种和接兵单位划分，组织新兵到站或部队进行交接。

二　征集形式

平时征集　通常按征集程序进行。除少数年份未征集外，一般在每年的冬季征集，也有几年在春、夏季征集的。

紧急征集　中华人民共和国成立后，株洲市共经历2次义务兵紧急动员征集工作：1962年6月，台湾当局在美国支持下，图谋反攻大陆。为做好战备，株洲市紧急征集1200名青年补充部队；1979年2月，对越反击战开始后，株洲市7天内紧急动员301名青年补充部队。

特定征集　从20世纪50年代中期开始，株洲市陆续征召飞行员、滑翔员等特殊兵员。其征招步骤和方法基本与征集义务兵相同。1979 年停止征招滑翔学员。据不完全统计，1961 — 1985 年，株洲市区征召的飞行员共有 75 名；1965 年，醴陵、攸县、茶陵、酃县 4 县共征召飞行员 22 名。

第五节　预备役

1956 年，株洲市开始实行预备役登记工作。凡属 1950 年 6 月以后从中国人民解放军（或中国人民志愿军）退役、复员、转业的军官和士兵，其服役满 1 年以上者编入一类预备役；凡年满 18 岁至 30 岁的男性公民，经目测评议合格和 1950 年 6 月以后在部队服役不满 1 年的军官和士兵编入二类预备役；具有专业技术、年满 18 岁至 35 岁的女性公民，不论是否服过现役，一律编入二类预备役；在国民党军队服役过的旧军人，按其军事素养适合一类预备役者编入一类预备役，其余适合服役条件者编入二类预备役。

1957 年以后，预备役工作与民兵工作合而为一，一、二类预备役由基干民兵和普通民兵所代替。1958 — 1964 年，株洲市每年对民兵和预备役工作进行登记编组工作。“文化大革命”期间，预备役登记工作中断。

1980 年，全面恢复退伍军人预备役登记工作。株洲市于当年冬季对在部队服役期满和服役 1 年以上，年龄在 28 岁以下的退伍军人进行登记。

20 世纪 80 年代初期，株洲市人武部对退伍军人预备役登记资料按“四分法”归档，即一类预备役与二类预备役分开；普通兵与专业技术兵分开；技术兵按专业号码（专业名称）顺序分开；同一专业号码（枪手）按年龄大小为序分开，并做到专柜保管，分类存放，便于查找。1983 年 4 月，广州军区在株洲市召开退伍军人预备役登记统计现场经验交流会，肯定并推广了株洲市的做法。1984 年，组建株洲陆军预备役师。1986 年 8 月，预备役编入人民解放军建制，师、团授予番号、军旗，实行统一编制。从 1987 年开始，株洲市采用微机统计，储存预备役登记资料，提高了登记、统计工作的效率和准确性。1990 年 6 月，株洲预备役被总参谋部动员部确定为全军预备役部队军事训练的试点单位，1991 年 3 月底试点结束。株洲预备役师共完成各类人员训练 4570 人，其中现役军官 83 人，预备役军官 617 人，分队骨干培训和复训 332 人。同年 11 月，师机关与重点第一团、三团、炮兵团及部分分队 222 人接受广州军区军事训练考核，获全区预备役部队考核 11 个科目中 5 个科目的第一和总分第二名的好成绩。至 1994 年，全师连队全部达标。步兵第 3 团、炮兵团等 5 个单位被广州军区评为基层建设先进单位。

从 1996 年起，根据《中华人民共和国预备役军官法》，境内开展预备役军官登记工作。对军事军官、政治军官、后勤军官和专业技术军官进行分类统计。

1999 年，预备役师机关迁至长沙，师炮兵团在株洲调整组建，由原来在醴陵市组建，调整为在株洲市区及醴陵市、攸县、茶陵县、株洲县组建，团机关驻株洲市天元区，团直属分队在天元区和芦淞区组建。全团各个营和直属部队分布在株洲市 4 个县（市）、3 个区的 71 个乡（镇）、企事业单位。全团预任军官专业对口率达 89%，预编士兵复退军人比例为 52.5%，均超过总参谋部规定的指标。

第七章　国防动员

第一节　动员体制

党管武装　株洲市人武部、军分区及各县市区人武部自建立以来，始终把武装工作置于党的绝对领导之下。1953年，株洲市及境内各县均建立市、县委人民武装委员会，武委会在中共地方党委领导下，行使党管武装的职能。由地方党委书记或副书记担任主任，确保党对人民武装建设的领导，保证党的路线、方针、政策在军事系统的实现，确保本级武装工作，民兵预备役工作及兵员动员工作任务的圆满完成。市、县两级人民武装委员会一直持续到1965年，1966年“文化大革命”中中断。1979年2月，株洲市委及各县、区委恢复人民武装委员会。同时，还建立各级地方党委书记兼任军分区、武装部第一政委、党委第一书记制度，一直持续到1985年。从1986年开始，根据中央规定，中共株洲市委书记及各县市区委书记不再兼任同级武装部的第一政治委员，只兼任其党委第一书记。几十年来，各级党委分别对军分区、人武部实行了统一领导，军分区、武装部也自觉地把部队、民兵预备役工作置于地方党委的统一领导之下。各级地方党委还建立“议军会”“现场办公日”“军事日”等制度，各级坚持每年召开1次党管武装工作会议，1 ~ 2次常委议军会或武委会，组织地方党政领导过1次“军事日”活动，不定期到军事机关现场办公，使党管武装的工作制度化、经常化。2000年，市委常委议军会着重研究解决民兵预备役工作三项经费列入本级财政预算的问题，其做法和经验在全省得到推广。9个县市区人武部全部建设或改造了新营院，城区4个人武部结束了30年来没有独立营院的历史。

国防动员机构　1996年之前，市内未建立专门的国防动员机构，其人民武装动员与经济动员工作由县以上人民武装委员会负责协调，国防教育由县以上全民国防教育委员会负责，人民防空由县以上人民防空委员会负责，国防交通由县以上交通战备领导小组负责。1996年12月，经市委、市政府、株洲军分区研究决定，成立株洲市国防动员委员会，为主管全市国防动员工作的议事协调机构。主要是组织实施全市国防动员工作，协调全市的经济与军事、军队与政府、人力与物力之间的关系，指导全市各级“国动委”做好国防动员的各项准备工作，以增强国防实力，提高平战转换能力和战时快速动员能力。市国防委员会由市委书记任第一主任，市长任主任，常务副市长和军分区司令员、政治委员任副主任，委员由有关单位的负责人担任，下设综合、人民武装动员、政治动员、人民防空、交通战备、经济动员6个办公室。各级国防动员委员会与同级党委的人民武装委员会为一个机构、两块牌子。

指挥体系建设　为适应未来信息化战争的需要，从1999年开始，株洲市积极参与湖南省国防动员“三级”指挥网建设。2000年5月，省军区“三级”国防通信光缆建设现场会在株洲军分区召开，肯定了株洲军分区的建设规划和进度。拟建成市、县两级集语言、数据、图案三网合一的军事综合信息网。株洲市国防动员委员会组织各专业办公室，先后制定和完善全市国防动员计划、经济动员、交通战备动员方案和人民防空方案，在2000年广州战区组织反空袭战役演习中，预案受到实地检验，并加以修正和完善。

第二节　全民国防教育

领导体制　1988年，株洲市及县市区先后成立国防教育领导小组，由同级党委副书记为组长，军事、宣传、教育、民政、司法、新闻等部门负责人组成。1991年3月，株洲市全民国防教育委员会正式成立。年底，省全民国防教育委员会在株洲召开全省国防教育工作会议后，各县市区、乡（镇）、街道办事处及所有大中型企事业单位均建立了国防教育委员会或领导小组，在居委会、村委会和小型企事业单位明确一名领导分管此项工作。县以上全民教育办公室，选配1～3名专职办事人员，国防教育经费纳入当地财政预算。1999年，成立株洲市军事新闻中心，主任、副主任分别由委员会办公室、市新闻中心办公室和军分区政治部有关负责人担任。主要负责制定市内军事新闻宣传年度计划；围绕新时期军队建设和国防力量建设的形势和特点，做好部队和民兵预备役报道工作；开展全民国防教育宣传；组织重大军事典型和重大国防活动的宣传报道。

教育内容　1988年8—9月，市南区人武部举办全区国防教育演讲，同时开展国防教育板报宣传月和国防教育电影宣传周活动，营造宣传声势。1991—1996年，重点宣传了《湖南省国防教育条例》。1991年4—10月组织了全市性的国防知识竞赛活动，参加人数近5万人。1993年10月，陈常光的《企业国防教育若干问题探讨》，在全国国防理论研讨会上荣获优秀论文奖，并收入国防科学院出版的《中国国防新论》一书。1997年3月，《中华人民共和国国防法》颁布，株洲市5大家负责人集中进行学习。1998年，在全市城乡开展纪念《国防法》颁布一周年的系列宣传活动，并组织规模较大的国防法规知识竞赛。1999年，全市国防教育围绕国庆50周年、迎澳门回归、反对美国轰炸中国驻南斯拉夫使馆，批判李登辉“两国论”、揭批邪教“法轮功”等重大事件，开展以爱国主义为主题的宣传教育活动。当年，市国防教育委员会办公室购买各种书刊5000余册，摘录20余万字的资料下发到县市区，受到省国防教育办的通报表彰。

教育形式　境内全民国防教育是以干部为重点、民兵预备役为主体、青少年为基础、全市公民普及为对象的全市性教育。20世纪80年代，株洲市各级国教委开展了国防报告会、军事活动日、国防教育日等活动，在报刊、电视台、广播电台开设“军营风采”“红旗飘扬”“双拥之花”等专栏。1988年，株洲市开展全民国防教育的做法和经验，先后被《解放军报》《中国民兵》等10多家报刊登载发表。90年代初，军分区和各县市区人武部先后建立国防教育馆（室），成为集教学、阅览、军事游戏、军事训练于一体的国防教育实体。1993年，攸县、醴陵利用电台、电视台与当地人武部、预备役团联合开办国防教育的专题节目。1994年，株洲军分区政治部在市以上军内外媒体投稿500多篇，被广州军区授予“对台宣传先进单位”称号。1999年后，以军事新闻中心和记者站为依托，利用大众传媒和国防教育场所、革命纪念地、烈士陵园等进一步加强全民国防教育。

第八章 军民关系

清代末期，清廷调动军队和民团镇压会党起义，镇压萍浏醴起义，杀害大批革命党人，纵容军队滥杀无辜，残害百姓，民不聊生。

辛亥革命后，军阀混战，各地军阀争夺地盘，扩充军队，横征暴敛，欺压百姓。军阀部队毫无军纪，奸杀抢掠，无恶不作。民国 7 年（1918）南北战争期间，株洲成为湖南督军张敬尧与南军刘建藩部的混战地区，《湘灾纪略》载："株洲繁盛街市，烧毁悉尽"；"渌口市场，商务零落，物景萧条"；白关、龙头铺一带平民遭杀害者 1200 余人。给人民造成深重灾难。

国民革命军在北伐战争时期，曾得到广大民众拥护和支持。所到之处，纪律严明，无不受到人民群众的欢迎，群众主动组织起来，为北伐军作向导、运弹药、抬担架、送军粮、送茶水。北伐军到达酃县时，受到全县各界人士隆重迎接。部队经过攸县、醴陵县，老百姓纷纷打扫房屋，腾出房子给部队住。醴陵县发起"节食助军"运动，全县人民改每日 3 餐为 2 餐，把节余的粮食供给北伐军。民国 16 年（1927），以蒋介石为代表的国民党右派背叛革命，走上与人民为敌的道路，其军队也成为维护统治阶级利益、镇压人民群众的工具。他们欺压百姓，打家劫舍、侮辱妇女、抓丁捉夫，人民怨声载道，军民关系十分紧张。

中国共产党领导的军队，从红军、八路军（新四军）到人民解放军，始终严格执行"三大纪律八项注意"。与人民群众建立患难与共、血肉相联的鱼水关系。人民也积极支援红军，送子、送夫当红军，给红军送粮食、送盐，使红军先后粉碎敌人五次围剿。井冈山革命根据地内的酃县，1927—1937 年，在长达 10 年的苏区斗争中，全县工农地方武装和人民配合红军部队，为建立革命政权，保卫红色根据地，在"围剿"与反"围剿"的斗争中，2 万多人献出了宝贵生命。

1945 年 8 月、9 月，由王震、王首道率领的南下支队到达渌口、攸县、酃县、茶陵县。部队途经小花石时，曾张贴标语、布告，提出反抽丁、拉夫、实行二五减租等口号，模范遵守"三大纪律八项注意"。后来。部队经过攸县、茶陵县、酃县，当地人民帮助部队克服渡河及生活困难，设立茶水站，给部队带路等，南下支队胜利北返。

中华人民共和国成立后，株洲军分区、人武系统继承和发扬人民解放军密切联系人民群众的优良传统，认真做好群众工作，积极支援地方社会主义建设，大力开展军民共建社会主义精神文明活动，进一步密切了军民关系，增强了军政军民团结，促进了部队和民兵建设的发展。1996 年、1998 年和 2000 年，株洲市连续三次获"全国双拥模范城"的荣誉称号。

第一节 参与地方中心工作

1950 年冬和 1951 年春，株洲镇及境内各县陆续开展土地改革运动。各人武部均派出干部战士组成工作队（或参与地方工作队）深入农村，协同当地政府开展土地改革工作。1952 年年底至1953年秋，市、县土改任务分别完成，参加土改工作的部队指战员陆续回到部队。1953年10月，中共中央作出《关于实行粮食的计划收购与计划供应的决定》，株洲市及境内各县人武部除留少数人员在坚守岗位外，大部分人员与地方人员一起深入乡村开展粮食统购统销工作。1960年11月至1961年底，境内农村、城市普遍开展整风整社运动，各级人武部按照省军区指示，抽调一批干部与地方人员组成工作队，分赴社队宣传中共中央的有关指示，调整党在农村中的有关政策，发动群众揭发基层干部中的"五风"错误，清退人民公社平调集体和群众财物，仅市区就赔退了500万元。1963年5月，境内城乡普遍开展以"四清"（清理账目、仓库、财物、工分）为主要内容的社会主义教育运动。市、县人武部根据市、县委的要求，抽调部分干部参加社教工作队进驻城乡基层开展社教运动。1964年8月以后，根据毛泽东关于"全军排以上干部一律分期分批在两年内都到地方参加社教工作"的指示，市、县人武部增派大批干部参加社教运动。参加社教的军队干部继承和发扬人民军队密切联系群众的优良传统，积极工作。从当年开始，各级人武部门响应"农业学大寨"的号召，持续10多年参与农业学大寨运动。其间，市、县人武部及驻军部队均多次抽调干部深入农村，帮助社队开展农业学大寨运动，与人民群众实行同吃、同住、同劳动。

"文化大革命"期间，株洲市、县区人武部奉省军区命令，介入地方的"文化大革命"运动，担负"三支两军"工作任务，抽调军队干部离职投入支左、支工、支农，迅速稳定了局势。在支左部队的支持下，当年4月成立市抓革命、促生产领导小组，军队干部担任主要负责人。驻株部队还抽调一些军队干部到工矿企业和中学履行"三支两军"任务。为维持社会秩序，支左部队对市、县公检法机关、劳改场所及一些重要单位实行军事管制，对一些企业、文化教育等单位派驻毛泽东思想宣传队进行军管和军训。

第二节　参加地方经济建设

20世纪50年代末60年代初期，攸县、醴陵县、茶陵县掀起兴修水利热潮。对大型水利工程酒埠江水库、官庄水库、茶安灌区等工程，3县人武部驻军均派出干部和数万民兵参与会战，为提高当地抗旱能力，夺取粮食丰收做出了贡献。

1970年，国家作出修建湘黔、枝柳铁路的决定。境内各级人民武装部共派出现役干部210多名，与地方干部一起带领10余万民兵参加2条铁路建设大会战。会战的3年多时间里，人武干部和民兵保持和发扬人民军队谦虚谨慎、密切联系群众和艰苦奋斗、不怕牺牲的光荣传统，与地方干部、工程技术人员一道，圆满完成铁路修筑任务。在修建醴陵至茶陵的枝柳铁路会战中，醴陵、攸县、茶陵、酃县人武部派出干部率领民兵参加。仅醴陵县参加修建湘东铁路的民兵就达3万人。

1987年11月至1990年，茶陵县人武部组织近10万民兵参加修筑国家重点工程"三南"公路。株洲县实施"县城提质扩容"工程，县人武部捐款2.9万元，并组织驻县部队官兵参加工程建设，共清除污泥4000多吨，疏通水渠1000多米。20世纪90年代，军分区组织驻军官兵和民兵预备役人员，先后参加320国道、湘江防洪大堤、高新技术开发区、106国道拓宽等重点工程建设，共计义务投工24.5万多个，投入机械、车辆2500多台次。

第三节 抢险救灾

1954年6月、7月，株洲市及境内一些县发生特大洪水灾害，市、县人武部组织驻军和民兵迅速参加防汛救灾工作，参加抢运物资、解救受困群众、筑堤护堤等工作。1975年，醴陵县和攸县突降暴雨，山洪暴发，湘潭军分区派出110多名干部赶赴2县，在当地人武部门配合下，协助地方政府抗洪救灾。

1994年6月，一场百年不遇的特大洪灾使湘江株洲段水位全面超过历史最高纪录。株洲军分区把抗洪抢险当作中心工作，组织驻军和民兵、预备役参加抗洪抢险，仅市区就出动1.8万余人次，出动车辆1089台次，装沙袋17380袋，挖运土石方23250立方米，加固堤坝11.8千米，解救转移群众6700余人，抢运粮食及其他物资4000余吨。株洲陆军预备役师出动48个连队，动用车辆130台，调用防汛器材4.6万余件，搬运土石方1.3万余立方米，装草袋5万多个，加固大堤2千米，抢救受困群众2000余人，转运物资200余吨。省武警二支队先后13次参加抢险任务，派出兵员1980人次，出动车辆85台次，转战11个点抢救遇险群众27人，抢运物资180吨，搬运土石方5500立方米。武警株洲市支队在抢险救灾中紧急出动11次，兵力达390余人次，车辆190台次，转移物资近百吨，搬物堵堤5000余吨。灾情最重的株洲县境内，2000多名驻军官兵协同10万群众抗灾，处理大小险情近100处，紧急转移和营救被困群众达20余万人。

1995年，整修湘江大堤工程，驻株部队官兵捐款10万元，参加修复堤岸工程，种植的防洪林，被称之为“双拥林”。1996年6月，湖南部分地区遭受严重水灾。株洲军分区和预备役师共组织16个连、1780人参加驻地和常德地区的抗洪抢险，共解救受困群众8900多人，抢运物资810余吨。民兵舟桥连200多人在醴陵灾区连续奋战2天1夜，转移受困群众3400多人，挽回直接经济损失270多万元。市武警支队投入兵力134人次，抢运物资1000多吨。1998年，洞庭湖区出现史上罕见洪水，株洲预备役师先后出动抗洪抢险突击营，步兵一团一、二营10个连队共1030人，前往岳阳、南县等重灾区执行抗洪抢险任务，共抢运砂石1.5万余吨，运送抢险物资100余吨，修筑、加固堤坝1600米，转移、救护被困群众1500余人。省武警二支队派出180多名官兵，前往岳阳云溪参加抗洪抢险保卫战，在38个昼夜里，官兵们抢修子堤23.4千米，排除重大险情36起。8月18日晚，抢险部队获知陆城垸油港码头堤段被洪水撕开缺口，支队火速派120名突击队员前往堵口，30多名党员组成的“敢死队”下水打桩，其他队员跳入缺口，组成人墙抵挡洪水。2000年7月，石峰区荷花乡长石村排楼山发生大面积山火，严重威胁815库油库的安全。驻株武警二支队闻讯后派出二中队官兵迅速出击，与消防部队共同战斗3天，将大火扑灭，确保了大型油库的安全。

株洲军分区和当地驻军在抗旱时节，都从人力、物力、财力上给予地方政府大力支持和帮助，多次派出人员和装备，开展人工降雨缓解旱情。

第四节 军民共建与“双拥”活动

从1984年起，驻株部队各单位主动与驻地附近村庄、街道、学校、商店、厂矿企业挂钩，经常派出干部、战士和群众一起开展多种形式的军民共建活动。至1988年，全市军民共建点达到18个，其中 8 个共建点被评为省、市先进单位。市武警支队酃县中队与该县汽车运输公司共建文明单位，协助公司执勤、维护站内秩序。还成立学雷锋活动小组，义务上街为群众修单车、理发，帮助清除垃圾，帮助照顾附近的 2 位孤寡老人。1989 年 12 月，该中队被武警总部授予“全国武警部队拥政爱民先进集体”荣誉称号。

株洲军分区与栗树山小学开展共建活动，连续 4 年被评为省、市先进单位。54039 部队与南方航空动力机械公司技校开展共建共育军地两用人才活动，被国家民政部、解放军总政治部评为拥政爱民、拥军优属先进单位。

1991 — 2000 年，境内驻军和武警部队与地方共同开展创建“双拥模范城”活动，以创建文明城市、文明小区为重点，广泛开展军民共建活动。全市驻军和武警部队与 56 个企事业单位、学校、居委会等结成共建对子，在红旗路、320 国道等 11 条主要街道兴起军警民共建文明路活动，大力开展为民便民服务、维护社会治安、爱心献功臣、扶助孤寡老人、派遣校外辅导员、开展以爱国主义教育为核心的国防教育、义务献血活动等。每年 3 月，全市官兵统一行动，在城乡开展“学雷锋、树新风”活动，为民义诊、修理用品、理发、清理垃圾、走访慰问敬老院、儿童福利院等。1991 年，广空 87452 部队与株洲铁路电机学校结成军民共建对子。多年来，部队坚持每年为新生进行军训，资助贫困学生；学校也利用教学条件和师资力量，给部队培养军地两用人才。该部队先后被广州军区空军后勤部评为先进基层单位、基层建设标兵单位、“双拥”先进单位。1997 年，该部队和学校双双荣获中宣部、解放军总政治部授予的“全国军民共建社会主义精神文明先进单位”称号。

1997 — 2000 年，全市驻军通过共建活动，共为群众做好事 1 万多件，扶助孤寡老人 120 人，派遣校外辅导员 1000 余人次，为中小学校军训学生 15000 余人次，为地方无偿献血 32000 毫升。

第五节　扶贫帮困

1991 — 2000 年，株洲军分区将扶贫帮困纳入新时期军民共建、拥政爱民活动的重要内容。株洲县人武部从 1991 年开始，每年捐款 6000 元，资助 12 名失学儿童。1996 年，为帮助灾区人民重建家园，渡过难关，驻株部队共向灾区捐款 8.4 万元，捐赠衣服等大批物资。自 1997 年开始，驻株部队组织联手扶贫活动，明确军分区、预备役师及驻军联手扶助一个贫困乡，县市人武部、预备役团重点扶助一个贫困村，乡（镇、场）武装部和预备役连重点扶助一个贫困组，民兵营和预备役排每 3 ~ 5 名基干民兵、预备役军人共同扶助一个贫困户。在全市成立 180 个扶贫攻坚队、220 个科技扶贫队，成建制动用民兵预备役营连 360 个、16 万多人次，为贫困地区兴修水利、修筑路桥、垦复农村竹林、植树种果等，发展贫困地区集体经济。攻克并传播柑橘防变酸、笋竹林高产培植、萘李优质高产、水稻稳产高产等 20 多项农用技术，在贫困山区设立各类精神文明示范点 690 个。军分区机关和驻军选择炎陵县平乐乡为扶贫点，发动官兵捐款筹资近 40 万元，为该乡开通有线电视、垦复笋竹林、兴办竹筷厂，架通电线 4 千米，实现了村村通电、通路。使该乡人平收入由 1996 年的 460 元上升到 1999 年的 780 元。为解决贫困儿童失学问题，驻军团以上干部和 107 名扶贫点的贫困学生结成帮扶对子，定期联系，每人一次性出资 400 元，并通过希望工程解决他们小学至初中学业费用。

第九章　人民防空

民国时期，为防日军空袭和国民党飞机轰炸，中国共产党领导的革命根据地（包括茶陵、酃县）曾建立过防空、防毒组织，组织指挥人民群众防空。抗日战争全面爆发后，株洲镇设立防护哨，负责报告敌机侵入情况和发出防空警报，做好灯火管制和伪装。由于手段落后，难以有效抵御空袭，损失仍然惨重。

中华人民共和国成立以后，国家把人防工作作为重要的“战略措施”，促使境内的人防工作不断得以发展。20世纪50年代初期，人防主要任务是防御侵朝美军和盘踞在台湾的国民党军队的飞机空袭，在市及境内部分县域设立防空哨或瞭望哨，负责对空观察和传递空情警报。1951年7月，株洲市设立人民防空办公室，列为公安建置，对内为防空股。1954年12月，全国第一次人防工作会议确立了“长期准备、重点建设”的人防工作方针，株洲市被列为全国防御爆破弹的重点城市。为加强对人防工作的领导，1955年11月成立市人民防空委员会，下设办公室，负责全市人防工作的监督、检查以及建立人防设备、掌握空情与宣传教育工作。此后，株洲市结合工厂建设，规划和修建一批防空地下室和三级防空洞。1958年年底，根据国务院批准公安部《关于撤销各级人民防空机构的报告》，经上级批准，株洲市撤销了人民防空委员会，人防日常工作交由公安部门商同军事部门处理。1962年6月，成立株洲市战备指挥部，主要是统一指挥全市的人民武装，防(平息)暴乱、反空降，维护社会秩序、对交通桥梁的保护和人民防空工作。同时，恢复市人民防空委员会，由市战备指挥部统一指挥，负责城市治安和人民防空工作。根据统一部署，驻株洲市的中央、省属企业和市、区厂矿企业、机关团体等40个单位均分别成立了战备指挥部。1965年6月，华国锋在株洲市主持召开湖南省备战防空现场会，株洲市委负责人、田心机车厂负责人在会上介绍了株洲市防空袭的经验，与会人员还观看了田心机车厂等单位的防空演习和防空专业队的防空演练。1969年9月，撤销市战备指挥部，成立株洲市人民防空领导小组，由军队和地方有关人员组成，并相应成立办公室。1971年11月，将市人民防空指挥部办公室改为株洲市人民防空领导小组办公室，隶属市革委会，其业务工作由市人民武装部管理。1973年10月，市人民防空领导小组办公室正式成为市一级机构。

20世纪70年代，在毛泽东关于“要准备打仗”和“深挖洞，广积粮”的思想指导下，全市掀起修筑人防工事的群众运动，短期内挖掘大量的人防工事，市区人平面积达1.08平方米。1971年7月，第二次全国人防工作会议确定株洲市为国家人防重点城市。至1978年，株洲人防工程建设有较大发展，也取得许多好的经验。在当年第三次全国人防工作会议上，株洲市荣获“全国人防战备建设先进城市”称号，同时株洲田心机车厂被授予“全国先进单位”称号，市杉木塘化工厂黎胜友被授予先进个人。第二、第三次全国人防工作会议的代表专程到株洲参观考察；全国人防孔口防护现场会在株洲召开，使株洲的人防工作享誉全国。1981年11月，株洲市人民防空领导小组改为人民防空委员会，其办事机构改为株洲市人民防空办公室。1983 年 8 月，将市人防办公室合并到城乡建设环境保护局，为其下属单位。同年 12 月，市人防办公室改为市政府直属机构，归口市政府办公室管理。

中共十一届三中全会后，市人防工程建设按照“全面规划、突出重点、平战结合、质量第一”的方针缩短战线，停止部分工程的施工，重点抓已建工程的加固改造、口部处理、维护管理，同时修建部分平战两用的工程和结合民用建筑的地下室。人防工程以战备、社会、经济“三个效益”为中心，面向社会，多形式办商场、旅社、餐饮以及生产加工、种植养殖、文化娱乐等第三产业，全面开发利用地下空间。1987 年，国家人防委授予株洲市“人防工程建设平战结合先进单位”称号。据 1989 年统计，全市人防工事利用率达 46%，产值为 2633 万元，利润为 353 万元，安排从业人员 300 多人。1988 年 5 月，全国人防工程开发经营讨论会在株洲召开。在湖南省“八五”人防建设表彰会上，株洲太空城、株洲地下商场被评为全省人防平战结合的“十佳效益工程”。

这一时期，市人防工作在组织指挥方面，制定了城市防空袭预案，组训和调整防空专业队伍。1982 年省人防委赋予株洲市“拟制防空袭预案工作试点”任务，1984 年完成城市 4 区 10 个办事处的预案，1985 年醴陵市和株洲县本级预案也先后完成，经省级验收全部合格。市人防委对市级防空专业队伍进行 3 次整顿调整，完成 7 种专业队伍的组建任务。1990 年，广州军区人防委在株洲召开中南 5 省（区）化学事故应急救援现场会，进一步提升队伍的专业素质。在人防通信警报建设方面，由手摇电话转变为程控自动电话，在 1988 年建立电脑无线电遥控警报网。在宣传教育方面，将人防战备宣传纳入到国防教育内容，在全省率先普及初中学生“三防”知识教育。株洲市人防工作多次被广州军区人防委和湖南省人防委评为先进，其间广州军区和省人防办先后组织 2 次人防工作大检查，株洲均获得总分第一名的好成绩。

从 1996 年开始，贯彻实施《中华人民共和国人民防空法》及一系列的配套法规，全市人防工作逐步走上法制化、规范化、制度化的轨道。人防组织指挥日臻完善。先后 2 次修订《株洲市防空袭预案》，健全城市防空指挥体系，调整、充实防空专业队伍，提高人防组织指挥协调能力，通信警报建设提质加速。市人防办先后配置短波电台，建成计算机与短波电台结合的无线数字传播系统，添置移动警报器，2000 年建立电台移动通信指挥系统。同年 11 月，在第四次全国人防会议上，株洲市被评为“全国人防工作先进城市”，系湖南省唯一获此殊荣的城市。

第一节　组织指挥

一　制定城市防空袭预案

20 世纪 50 年代初，为配合城市防空袭、防空投、防敌特破坏，株洲市拟制了防空疏散计划。1953 年 11 月，根据上级“保卫目标”的原则，确定市首脑机关、湘江机器厂、田心机车工厂、株洲电厂、株洲冶炼厂、市自来水厂以及交通、通信、铁路等为重点防护单位和部位。

1969年12月，市革委会下发《关于加速落实人防战备工作几个问题的指示》，要求抓好临空疏散、紧急疏散、早期疏散等3种方案的落实。

1970年10月，市人防领导小组进一步修改、制订全市人防战备规划和早期人口疏散方案。要求按定人员、定方向、定路线、定地点、定方法的“五定”原则进行落实。规定离城疏散、留城人口比例，组织疏散单位与农村社队挂钩，建设疏散基地。1970年10月，广州军区司令部转发《田心机车厂人防战备工作规划》的经验。1971年9月，《株洲市军民防敌空袭作战方案》拟制工作完成。1979年10月，市人防领导小组下发《关于拟制城市人口临战疏散方案的意见》，要求在确定疏散方法和去留比例时，应通盘考虑，统一规划。

20世纪80年代，人防组织指挥转入城市防空袭预案的拟制工作。1982年，省人防委确定在株洲市进行全省拟制防空袭预案的试点。同年12月，成立株洲市防空袭预案试点领导小组，株洲市、省军区司令部、省人防办和各人防重点城市共同参与，用54天时间完成株洲市防空袭预案拟制的试点任务。省人防委于1983年8月，在株洲市召开湖南省拟制防空袭预案研究会，来自全省10个人防重点城市的交通、医疗卫生、武装部、人防系统的代表听取株洲市的经验介绍。1984年3月，市政府、株洲军分区联合下发《关于拟制区级防空袭预案的通知》，各区组织专门力量，用50天时间完成防空袭预案的拟制工作。5月，市人防办又部署市区10个办事处预案的拟制工作。到6月底，全市三级防空袭预案拟制任务全部完成。

1985年，醴陵市和株洲县人防委先后完成《接收安置株洲市防空袭疏散人口预案》，接收方案经省人防办验收合格。1987年5月，市人防委、市农委、市民政局联合发文，要求各县市区落实城乡经济技术挂钩、人口疏散计划。1988年10月，根据省人防办《关于做好经济防护重点目标调查工作的通知》，组织对预案已确定的重点目标、城区内遭核袭击后将造成严重后果的目标、新建的重点目标以及预定疏散道路和疏散区内的桥、隧道、水库、粮库、医药库等和各县市区对全局或局部构成严重影响的目标进行调查。经市人防委筛选后，列为市、县市区的重点目标。1988年5月，总参89003部队将全国人防“七五”科研项目《战时城市人口掩蔽和疏散合理比例分析》的课题研究交给株洲，该项研究完成后获得“国家人防科技进步三等奖”，这是湖南人防首次获得的国家人防科技奖。

1991年8月，市政府、株洲军分区联合下发《关于修订市、区、街道办事处三级防空袭预案的通知》，部署安排全市修订城市防空袭预案工作。1992年3月，株洲市组织修（制）订《接收城市防空袭人口疏散方案》。6月20—28日，对各区、县市预案修订情况进行检查、评比和验收。

1998年5月至1999年9月，根据省政府、省军区要求，对《株洲市防空袭预案》进行第二次修订。

二 防空专业队伍建设

1960—1965年，株洲市人防委围绕重点防护目标和按照“与民兵组织相结合，与生产组织相适应”的原则，组建消防队11个，电力抢修队2个，工程抢修队3个，并制定战时车辆、船工动员、调度计划等方案。按照“从实战需要出发”的要求，专业队伍进行经常性的训练和演习。1965 年 6 月，湖南省委、省人委在株洲市召开全省城市战备工作现场会，与会代表在田心机车厂、煤田指挥部、市体育广场参观厂矿和市防空专业队伍的演练。

1970 年 9 月，市人防领导小组在田心机车厂、株洲冶炼厂、株洲硬质合金厂、南方航空动力机械公司、株洲车辆厂、株洲化工厂组建民兵高炮营，并多次组织部分专业队伍进行防空综合演习。1974 — 1978 年，人防部门侧重抓通信、防化和医疗救护专业队伍的训练，其他专业队伍的训练主要结合生产和工作任务进行。

1980 年，省人防委发出《关于加强防空专业队伍建设的规定》，要求结合整组进行防空专业队伍的清理和整顿。株洲市经过清理，仍有对空射击、消防、通信、防化、医疗救护、抢险抢修、运输、舟桥、治安 9 种防空专业队伍。1981 — 1984 年进行 2 次整组，减少专业队伍的数量和种类，除撤销对空射击外，其余 8 种专业队伍继续保留。

1984 年 8 月，市人防委下发《株洲市防空专业队伍组建方案》和《株洲市防空专业队编成序列表》；9 月，市政府、株洲军分区在市文化宫召开新组建的市防空专业队伍成立大会，并宣布对排以上干部的任命。1986 年 10 月，根据国家人防委和省人防委的指示精神，按照“平战结合，专业对口”“便于领导，便于指挥”“减少数量，提高质量”等原则，株洲市重点调整组建抢险抢修、医疗救护、通信、防化、运输 5 种防空专业队伍，编成团、营、连、排、班建制。

1987 年 4 月，市政府、株洲军分区赋予市防空专业队防化连承担化救任务的试点，由市人防办、环保局牵头，在原编制的基础上，从环保局、株洲化工厂、市防疫站、环卫处调整 100 人，完成观察、侦毒、洗消、防原子、防生物 5 个排的组建任务。

截至 1988 年，株洲市防空专业队伍按照国家人防训练大纲进行专业训练，有效提高队员的理论水平和执行任务能力。市防化分队还探索出“平战结合，拓宽职能，为经济建设服务”的新路，平时担负各单位的安全生产、护厂任务，同时还要对城市突发化学事故进行救援。1990 年 5 月，广州军区人防委在株召开中南五省（区）人防重点城市化救现场研讨会，总参作战部、总参防化部、广州军区、湖南省政府、省军区负责人出席会议。

1992 年，株洲市对专业防空队伍又进行调整，并举办 60 多人参加的指挥干部培训班。1999 年 12 月，依据修订后的株洲市、区（县）、街道办事处三级防空袭预案，株洲市新组建防化、医疗救护、通信、抢修、运输、消防、治安 7 支人防专业队伍。

三　指挥干部训练

1962 年上半年，市人防部门组织市、区、县人防指挥干部进行多次防空训练和演习，有效地提高了他们组织指挥水平。1965 年 6 月，株洲市战备指挥部组织各级人防指挥人员结合拟制城市人口疏散和隐蔽方案，实施早期、临战、紧急三个阶段的防空演习。

为尽快培训一批人防组织指挥业务骨干，真正能够担负指挥任务，1974 — 1986 年，株洲市人防系统共有50多人次参加全国性人防专业训练。1982年至1984年6月，结合全市拟制防空袭预案任务，先后4次组织市、县、办事处的指挥干部参加集训。1987年6月，举办防化、医疗救护专业队集训班，共30人参加集训。1988年下半年至1990年，结合城市重点经济目标防护方案的拟订、核毁伤分析、战时人口疏散与隐蔽合理比例研究等，组织人防干部集训或轮训，使之熟悉和提高业务水平。1992年10月，举办全市人防干部业务学习班，1995年派干部专程赴北京参加全国人防指挥干部研讨班。

四　防空演习

1961年，市人民武装部参加由省军区导演的有长沙、衡阳、湘潭军分区参加的代号为“风暴”的防空演习。1965年6月，省革委会、省军区在株洲市召开全省城市战备工作现场会，与会代表在田心机车厂、煤田指挥部和市体育广场参观株洲市组织的防空专业队防空演习。

从1970年开始，株洲市组织通信、防化、救护、消防、治安等小型综合防空演习。1973年10月26日，组织全市防空袭演习，全市应参加演习15.9万人，实际参加演习和进洞的达13万人，占81%左右，全市统一控制的11台电动警报和各单位手摇、电动警报，以及37部防空专用电话单机都迅速传递和发放防空警报讯号，出动市防空专业队伍3500人。1977年1月26日，株洲市防空演习指挥部接到省人防领导小组发出的演习警报，立即开设“前指”和“基指”，市党、政、军领导和指挥所工作人员在9分钟内全部进入指挥位置，全市进洞8万人，占应进洞人数的70%左右。

20世纪80年代，防空演习次数减少，规模有所缩小。1988年9月，株洲市组织市人防、市环保、化工厂、防疫站、环卫处等单位进行联合化救演习，演练科目有防化观察、侦毒、化验、消防和医疗救护等。1990年5月4日，组织市、区、厂救援指挥部和专业队伍，举行化学事故应急救援研究性演习，分救援组织、实施、消除后果恢复生产3个阶段进行。同年5月，广州军区人防化救现场研讨会在株召开，中南五省（区）人防系统领导、指挥处长及所属35个人防重点城市人防办负责人100余人参加会议，80305部队、上海市、哈尔滨市人防负责人应邀出席会议。代表们观摩株洲市化救指挥部室内研究性演习，观看湘江氮肥厂和预备役师防化连化救汇报表演。会议期间，拟制和修订株洲市、区、企业的救援方案20多个，调查株洲市核、化源的资料等，广州军区人防委分别向湖南省人防办、株洲市人防办、株洲化工厂、湘江氮肥厂颁发奖旗。

第二节　通信与警报

一　负责机构

1962年6月，株洲市委制订电信保障措施，明确了有线、无线和徒步通信机构、人员由市邮电局负责，并担负全市有线、无线通信保障和发放警报信号，隶属市战备办公室指挥。1975年，市人武部向市人防办移交7011警报设备，维修人员仍由市邮电局选派，战备任务需要时，市邮电局按市战备办公室指示，在指定地点和时间开机，执行战备任务。1978年，根据国务院、中央军委关于一、二类重点城镇人防办公室设立通信科（处）的规定，株洲市人防办设指挥通信科，与市邮电局共同担负人防通信设施设备的维护、管理和使用。

1983年7月，株洲市人防通讯科和人防通信站正式组建，主要负责全市人防通信警报设施的建设、管理和维护，负责战时发放防空袭警报信号及联络工作，并负责组织人防通信人员的专业技术训练等。

二　网络与设备、设施

1950年3月，中共湖南省委确定成立正规防空哨和瞭望哨22个，其中在醴陵县、茶陵县各设1个。1951年，株洲镇公所奉湘潭县人民政府令，成立防空补助哨。1953年7月，株洲市在株洲一中山上规划设计警报瞭望台。1958年9月，株洲市制订防空警报规划方案，人防警报通信建设进入规范化管理。1962年，采取“民办公助”的办法，建设株洲市较为完善的第一个警报网。

1969年，建成三〇指挥所通信枢纽，设有总机室、电台室、电源室、通信值班室等，设备有磁石交换机2部（地面1部）、电台1部、指挥机1部，租用邮电有线电路。1975年，完善防空警报信号规定，为使警报信号迅速传递，规定各单位可利用电话、广播、汽笛、哨子、手摇警报器、信号枪等补助手段发放传递警报信号。

1980年，建成五二〇指挥所通信枢纽，设有收信、发信、电话、维修、电源、通讯值班等要素。同年，自行设计制作了有线警报电动控制台，株洲成为全省第一个实现警报控制发放的城市，音响覆盖达当时市区面积的85%。

1983年11月，广州军区通信兵部在株召开人防通信枢纽建设现场经验交流会。总参谋部通信兵部考察株洲市人防通信枢纽后，确定株洲市人防通信枢纽为总参谋部武汉通信指挥学院的现场教学场地。株洲人防通信多次为广州军区、省人防办、株洲军分区举办的各种演习提供较好的通信联络保障。同年12月，株洲市制订《人防地区通信枢纽建设标准（试行）》。1984年，经广州军区人防委检查，株洲市人防通信警报设施设备完好率被评为广州军区第一名。

1986年，市人防委继续投入100万元更新设备设施，使人防通信设施设备完好率达到95%以上。同年，株洲市建成地面指挥通信枢纽，设有总机室、电台室等，装备磁石交换机、电台、超短波无线电话机、紫金Ⅱ型微机、用户电话等。1988年，扩建地面通讯枢纽，设有程控电话室、电台室、微机房等；投资80余万元建成株洲市人民政府程控数字电话交换机，于1990年7月开通投入使用，并进入市话网络。是年，建立电脑无线电遥控警报网。

20世纪80年代末，株洲市的人防通信警报具备地下、地上相连，有线、无线结合，全方位、多种类、多功能和一点多控、多点互控的通信保障能力。1987年和1988年株洲市人防通讯站连续2年被国家人防办授予“全国先进人防通讯站”称号。

1991年，株洲市人防通信配置短波电台，与省人防办构成无线通信网。1995年，撤销日渐落后的数字程控交换机，有线通信主要依托电信公司给予保证。1996年，建成计算机与短波单边带电台结合的无线文字传输系统，人防通信进入数字时代。2000年，添置移动警报器，建立电台移动通信系统。是年年底，对地面指挥室进行改造，添置计算机、打印机等设备，配备智能短波单边带自适应电台，实现语音、文字、数据快速传输，人防指挥无线通信的自动化程度、机动通信能力都有较大的提高。

第三节　工程建设

1953年，全国第一次人防工作会议，株洲市被列为全国防御爆破弹重点城市，结合工厂基本建设，规划和修建一批防空地下室和三级防空洞。1966年，修建"三〇"指挥工程。1969年"珍宝岛事件"发生后，全市兴起"党政军民总动员，男女老少齐上阵"的大挖防空洞的备战热潮。全市修建一大批掩蔽防空工事，大部分都进行被复，有的还安装密闭门及打、防结合和防毒、通风等设施。1971年，第二次全国人防会议代表专程参观检查市主干道建宁港、市二医院、市防疫站、田心机厂、洗煤厂、化工一厂（杉化）、化工二厂（有机化工厂）等工程。根据会议精神，株洲市采取专业队伍与群众运动相结合的方法组织施工，主干道和"五二〇"工程均是以单位为主体组成专业队，分洞口掘进和被复。

1974年11月，全国人防工程技术现场经验交流会后，在硬质合金厂、杉木塘化工厂进行试点，重点解决人防工程施工技术和"三防"（防核、防化学、防生化武器）设施。

1975年1月，制订《株洲市人防工程建设规划（草案）》。根据株洲地区山多、工厂布局分散的特点，建成"九山九片、三条干道、七个重点"的防护体系。

1980年后，人防工程建设贯彻"调整、改革、巩固、提高"的方针，调整人防建设规模，缩短战线，重点做好已建工程的加固改造、口部处理以及重点工程的续建和收尾配套工作，结合基建修建防空地下室，全市人防工程建设在调整中稳步发展。

1985年以后，按照平战结合和战备、社会、经济效益相得益彰的原则，在抓好已建工程的开发利用、改造和维护管理的同时，重点开发一批大、中型的平战结合窗口工程。1986年兴建地下商场，1990年兴建太空城，1991年"8901"工程竣工营业，1995年"9301"工程投入使用，1994—1995年又兴建"9203"工程。

一　公共工程

主干道工程　市主干道工程主要是战时人员疏散机动干道，根据株洲城市人防总体规划布局，先后构筑南北、东2条干道。南北干道：北起白石港，南至建宁港，附近单位工事及骨干工事连片成网。1970年10月破土动工。1971年2月5日，组成主干道会战领导小组，下设指挥所。经过9个多月的奋战，完成了干道中段任务。1975 年 3 月，成立干道北段工程指挥部。开工后因考虑到北段所经地区地下水位偏高及干道过港等原因和全市防汛工作，6 月 3 日，中止北段干道延伸。南北干道中段，北泵房至南区指挥所全部沟通。东干道：东起东区人民政府，西至南干道中部。1975 年 4 月，东区政府组建东干道工程指挥部。由于建设经费和跨越京广铁路施工技术等原因，除东干道 9 号洞口至东区指挥所已连通外，其余 1 号、6 号、7 号等口部仅完成竖井及部分通道，共计完成东干道规划总面积的 50%。

石峰山工程 1973 年 8 月，市人防领导小组计划修建一个大型、功能齐全的工程体系，规划分两期实施。第一期为干道工程，主要解决部分人员、设备、粮油仓库、地下医院和一条能容纳几百辆汽车的通道；第二期工程是在干道两侧修建平战结合的生产车间、物资库、炮库等。1974 年 4 月，广州军区和省军区领导到株洲市检查人防工作，要求放慢、缩小石峰山工程建设，因而取消了 4 号、13 号、14 号洞口，第一期工程压缩了 30% 工程量。1975 年 3 月，成立株洲市石峰山人防工程指挥部，组织株洲桥梁厂、株洲玻璃厂、株洲化工厂、株洲冶炼厂、株洲电厂、株洲选矿药剂厂等 27 个单位分段、分洞口施工。1979 — 1985 年，全省人防工程建设作出大幅度调整，缩短战线、突出重点，株洲市人防工程建设也作出相应调整。石峰山第一期工程仅完成计划工程量的 46%。1988 年 5 月，广州军区人防委进行人防工程优秀设计评选，株洲市石峰山地下医院（土建）获优秀设计专业奖。

“8604”工程 1985 年年初，市人防委设想在火车站广场修建一个大型平战结合工程，并于同年 8 月向省人防委上报了“8604”工程计划任务书。1986 年 1 月经湖南省人防办批复，修建。其经费按照省有偿投资办法拨款，共投资 250 万元，由湖南省人防建筑设计院设计，湖南省第五工程公司施工。1986 年 10 月破土动工，1987 年建成并投入使用。同年 2 月，根据城市建设需要，又由城市三项费用投资 50 万元，继续开通地下商场南通道与人民路连接过街道工程。根据实际使用效果，建成后又进行通风改造、柜台布局改造。整个工程共设 3 个大厅、2 个通道和相应的辅助设施、口部设施，并与附近单位及市南北干道连通成为株洲市首个平战结合的大型人防工程。

“8901”工程 “8901”工程是继“8604”工程后，又一个大型平战结合窗口工程。战时是市区一个大型人员掩蔽工程和物资仓库。平时以舞厅为主，集卡拉 OK、桌球、电游、餐厅为一体的综合文化娱乐场所。工程于 1990 年 7 月动工，1991 年 7 月竣工。

“9301”工程 该工程是国家建设部首批 20 个试点规范小区之一的滨江一村同步建设的人防建设与城市建设相结合的第一个小区配套工程。地上三层，地下二层，总投资 960 多万元，全部自筹。战时为小区人员隐蔽场所，平时作为群众娱乐场所。工程于 1993 年 4 月破土动工，1995 年 1 月投入使用，1996 年 11 月被省人防办评为优良工程。

“9203”工程 “9203”工程（车站路连通道工程）地处人流密集的车站路，是连接“8604”工程和建设路南北主干道的重点工程。投资 600 多万元。平时作为商场，战时为人员隐蔽和疏散通道。工程于 1994 年 4 月 28 日破土兴建，1995 年年底建成投入使用。

区级指挥工程 根据 1975 年《株洲市人防工程建设规划（草案）》要求，重点工程建设中包括株洲市东区、南区、北区指挥所与相邻市重点工程和单位工程连片成网，随东干道建设同步进行并已“三防”处理，南区、北区2个指挥所土建基本完成，天元区随着区政府的搬迁同步规划建设区级人防指挥所。

至2000年，株洲市公共工程占全市已建人防工事总面积的12%。

二 单位工程

单位人防工事大部分建于1969—1974年期间。1970年2月，湖南省人防办在株洲市召开全省人防工程现场会，总结推广株洲市利用灰渣砖、矸石砖、片石、报废钢筋混凝土预制板、三合土、自烧红砖、水泥、三渣（灰渣、煤渣、工业废渣）等8种材料被复工事的经验。1971年，全国第二次人防会议代表参观检查株洲市人防工程建设后，对株洲市变“七废”为“七宝”的做法和自力更生烧砖、烧水泥的创业精神，给予较高评价。据统计，1969—1979年，各单位自力更生烧水泥19586吨，烧砖293万块，采石1496立方米。

单位工事中，田心机厂、株洲硬质合金厂等中央、省属大型企业，由于人力、物力、财力的优势，所建人防工事从规划、规模、质量、“三防”等方面均优于中、小企业、街道、学校工事。根据地形还在山头上构有高机、高炮阵地并与人防工事连通，实现打防结合，地上地下结合的工事格局。南方航空动力机械公司在共和国成立前就筑有一个大跨度防空工事。1965年，根据生产发展需要，又新增一个地下生产车间，并与老洞连通，这是株洲市建设最早、质量较好、能储存、能生产的两用的人防工事。20世纪60年代，该厂先后开挖人防工事，部分工事开办车间、商店、娱乐等场所。

除城区和市郊外，境内各县也修建一些人防工事。所建工事多属早期工事，幅员较小，工程效益受到很大的局限。

至2000年，全市人防工事占全市已建工事的88%。单位工事布局根据地理环境和人口密度分散的特点，以地区为片，采取以山为依托，以坑道工事为主体，分片成网，市区单位工事与市人员疏散机动干道连通，市郊结合区单位则以大厂为骨干，形成独立工事防护体系。全市共分9个片，以片山为依托，简称“九山九片”。各网片相应配置人员疏散机动干道、指挥所、电站、物资库等生活设施。

三 结建工程

第一次全国人防工作会议后，全市许多企业结合基本建设，相应规划和修建防空地下室，被称为人防结建工程。当时规定结合民用建筑修建防空地下室为二级和四级2种。1974年，全国人防领导小组发布《人民防空工程战术技术要求》，全市按要求修建防空地下室。

1978年8月，市革命委员会下发《关于在民用建筑投资中抽6%用于修建重点平战结合工事的决定》。对城区民用建筑实施了修建防空地下室和收费集中使用相结合的措施。1979—1985年，共收取结建经费几百万元，利用结建经费修建人防地下室。

1979 年，中南林学院从湘西迁来株洲市，将人防建设纳入学院建设规划，投资 119 万元，规划在教学楼、图书馆及学生宿舍楼修建地下室，做到设计、施工、地上、地下同步进行。

1985 年，市人民政府把结建工作纳入城市规划和基本建设计划。1986 年市建委设立人防科，主管此项工作。市计委、建委、人防办 3 家单位共同协调结建工作，规划、人防和设计部门实行图纸会审和基建项目报建把关等制度。

1989 年，株洲市人防建设与城市建设相结合规划领导小组编制《人防建设与城市建设相结合规划》。

1992 年 1 月，株洲市政府办转发由 6 家单位联合签发的《关于结合民用建筑修建防空地下室的规定》，要求计划、规划、建设、物价等部门在各自职责范围内共同把关，抓好防空地下室建设管理。凡建设项目没有人防部门签署意见的不办理建筑工程规划许可证，当年即收防空地下室易地建设费 108 万元。

1993 — 1996 年，全市结合基本建设共修建防空地下室 12 处。1996 — 2000 年，结合民用建筑修建防空地下室 6 个，修建的防空地下室均符合国家要求。

四　孔口防护

1974 年颁布《人民防空工程战术技术要求》，明确人防工程各种孔口的防护设备及配置数量、防护设备的抗力等内容。同年 10 月，市人防领导小组根据省下达 5 万平方米配套任务，给株洲硬质合金厂等 10 个单位下达了任务指标和经费 25 万元。

1976 年 5 月，市人防领导小组在市杉木塘化工厂召开人防工程“三防”配套经验交流会，推动全市孔口防护工作全面铺开。

1978 年 5 月 24 至 6 月 2 日，全国人防孔口防护现场会议在株洲市召开，中央军委工程兵司令员谭善和、副司令员崔萍和全国人防重点城镇领导、工程技术人员 600 多人参加会议，中共湖南省委书记、省革委会主任毛致用，省革委会副主任孔安明、省军区司令员童国贵、政委张立宪均参加会议。株洲市在会上介绍“三防”配套有关经验。同年 6 月 7 日，全国人防领导小组转发《全国人防工程孔口防护现场会议纪要》，要求各地要认真学习株洲市的经验。此次会议后，株洲市委和市革委会主要领导，先后 2 次带领城市 3 个区和县以上企事业单位人防主管领导、市直机关干部 700 多人次，参观检查 14 个单位的人防重点工程，推进全市人防工程孔口处理进程。1979 年 11 月，省人防办对株洲市 1978 — 1979 年 55 个单位人防工程孔口处理、新建工事、加固改造情况进行检查验收。至 1990 年，全市对已建人防工程进行“三防”处理的口部占总口部数的 46%。

1996 年 9 月，芦淞区人防办庆云山口部伪装房建成投入使用。该工程为 5 层砖混结构，拓宽了庆云山工程的开发利用。1997 年 6 月，市人防办投资 200 多万元分别对车站路地下商场空调设备和室内装修进行改造，将太空舞厅夹层环廊改造成卡拉 OK 包房。同年 7 月，市主干道贺家土泵房口部伪装房动工兴建。该工程地下 1 层，为干道泵房及地下室，地上 7 层，作临街铺面及职工宿舍。

总计投资310万元。1999年7—10月，结合火车站广场改造，对车站路地下商场2个口部进行改建装修，增加建筑面积。2000年10—11月，投资110余万元，对车站路地下商场临人民路3个口部进行装修改造，改造后的口部美观大方，达到改善地下商场经营环境和临街建筑美化的要求。

五　工程维护管理

（一）防治地下水

境内人防工程的早期维护，主要在防水治水，即针对一些地下水位偏高和穿港傍水的工程，采取“防、排、疏、引、封、用、治”等措施，制服地下水收到一定效果。1971年，国家人防办编发的刊物《人民防空》第43期，介绍株洲市利用木醣浆防水方法和经验。1973年，在湖南省人防工程施工专业队伍技术经验交流会上，株洲洗煤厂、株洲麻纺厂介绍防治地下水的经验。对“防、堵、引”等方面效果不明显的工事，采用水泥注浆和丙凝、氰凝等化学注浆，以及中央军委工程兵部推广的“五层抹面”，进行改造加固，效果明显。

（二）依归管理维护

1981年6月，市政府发布《关于保护人防工程的通告》。1983年12月，国务院、中央军委发出《人民防空工程维护管理规定》。1984年8月，市政府下发《关于印发人民防空工程维护管理暂行办法的通知》。全市人防工程维护管理工作，以这些文件为依据，实行统一管理，分工负责。确定市属公用工程由市人防办负责，区属公用工程由区人防办负责，市直机关及企事业单位的工程由各单位负责，平时利用的工程由使用单位负责。1985年5月，株洲市下发《株洲市平时利用人防工程安全管理暂行办法》；1986年5月，下发《株洲市人民防空工程防火暂行规定》，建立与健全规章制度。市、区人防办除逢节日和冬夏事故易发季节坚持例行检查外，每年组织1～2次大检查。

1997年7月，市人民政府签发市人防办与9家单位《关于筹集人防公用工程维护管理“四项费用”的报告的通知》，规定市内各企事业单位应按人员工资总额的8‰缴纳人防公用工程维护费。

（三）拆除报废

从1981年开始，根据省人防工作会议精神，对确认不能利用的工事实行报废处理，并严格对少数单位拆除报废人防工事补建、赔偿工作。到1990年，全市拆除报废人防工事41处。

（四）普查检查

根据国家和省人防办要求，1977年11月，市人防办组织120人对全市人防工事进行普查和工事等级的鉴定，建立《人防工事普查登记卡片》。1980年5—6月，开展第二次全市人防工事普查。按照“调整、改革、巩固、提高”方针，摸清在建、停建、缓建、加固改造、平战两用、封堵和待报废、口部处理等项目。1984年6—7月，进行第3次工事普查。1986年，为迎接全国人防工程大检查，又进行了核查。

（五）普查建档

1975年，根据省人防办通知精神，在全市范围内进行人防工事普查建档工作，这是全市人防工程首次建立档案资料。在全市29个大中企业和200多个市级单位立档，全市建档面积占已建工事总面积的80%。1981年12月，全国省、市（区）城建档案座谈会在长沙召开，株洲市人防工程档案建档做法被列为会议交流材料，会议代表80余人参观株洲市“五二〇”工程和人防科技档案室。1988年和1989年，完成全市500平方米以上单位工程和500平方米以下的单位工程建档工作，并绘制了《株洲市人防工程现状图》。1988年全省人防工程档案评比中，株洲市500平方米以上单位工程档案和株洲市人防工程现状图分别获三等奖。1996年11月，株洲县、攸县、醴陵市对其城关镇人防工事进行普查建档。

第四节　平战结合

一　工程开发利用

1979年以前，株洲市人防平战结合利用工程，有株洲市织布厂地下织布车间、株洲肉食水产公司地下蛋仓库、株洲公园地下公园、株洲新城副食品店地下糕点车间、株洲市粮食局地下粮库、石峰山地下商场、建设路地下商业一条街、湘江饭店地下商店等。部分企事业单位根据本单位生产和职工生活需要，利用人防工事储存物资，开办职工文娱活动室，利用地下冷空气和地下水为地面生产、生活服务，收到较好的社会效益和经济效益。

1979年开始，株洲市全面贯彻人防工程建设平战结合方针，对已建和新建人防工程进行规划和组织实施；设置平战结合办公室，加强组织领导；利用早期工事发展食用菌生产，以种植业开发利用带动全面开发利用。同年7月，市人防办下发《株洲市人防工事平战结合暂行办法》，提出“因地制宜”和“以洞养洞”等措施。首次召开全市人防工事平战结合经验交流会，推广株洲电力机车厂、株洲硬质合金厂等单位开发早期工事的经验，组织参观中色三建二公司、株洲市织布厂等开发利用现场。

1980年6月，株洲市人防办组成蘑菇生产实验小组，攻克技术难关，在石峰山人防工事内试种双孢菇成功。1981年，株洲电力机车厂和株洲硬质合金厂在人防工事内种植药用菌天麻获得成功，每千克天麻种子最高可产天麻7.5千克；中色三建二公司种植凤尾菇成功，最大一蔸重0.8千克；南方动力机械公司人防办不仅栽培灵芝菌获得成功，研制成功了灵芝糖浆、灵芝酒等制品，具有一定药用价值，被列入株洲市“七五”计划期间科技星火发展计划。

1983年3月，在全省人防平战结合经验交流会上，省人防委表彰株洲等3个平战结合先进城市。1984年，市人防办先后举办食用菌技术培训班、天麻栽培技术培训班、专题技术讲座16期，培训900余人次。

1986年5月，成立株洲市城市人防工程开发利用领导小组。12月，市政府批转《关于开创我市人防工作新局面若干问题的请示》的通知，从税收、用水、用电、资金、发放营业执照、地面配套工程和出入口占用土地、提供货源等方面实行优惠政策，为人防开发利用创造良好环境。随后，全市一些单位在人防工事内种植银耳、黑木耳、猴头菇、蒜黄及养殖肉鸡、牛蛙、罗非鱼均获得成功，栽培技术也不断得到提高。

1987年9月，株洲市首家大型地下商场“车站路地下商场”投入使用，商场日人流量达到4万～7万人次，日营业额8万～10万元左右。开业3年半时间，就收回工程建设的全部投资。当年，株洲硬质合金厂地下冰室、株洲电力机车厂地下青少年宫、市织布厂地下车间、市五二〇工程均被广州军区人防委评为人防平战结合优秀工程。

1988年5月，全国人防工程开发经营讨论会在株洲市召开，株洲市有4篇论文获奖。12月，广州军区人防委在株洲、湘潭两市召开中南五省（区）种养技术现场会，市人防办介绍株洲利用早期工事发展食用菌生产的做法和体会，与会代表参观株洲电力机车厂、株洲车辆厂种植点和南方航空动力机械公司灵芝种植加工场。

1989年4月，全国人防种植养殖经验交流会在株洲市召开，全国24个省（区）、直辖市的120多位代表参加，代表们参观株洲电力机车厂、南方航空动力机械公司和株洲车辆厂种植天麻、灵芝、平菇的现场。株洲市有9篇论文在会上交流，分别获一、二、三等奖和荣誉奖。这次会议后，全国人防工程情报网连续在株洲市举办2期人防种植养殖技术培训班，全国各地200多名人防系统干部参加培训，市人防办主编5万多字的人防种植养殖学习材料，供学员学习参考。随后，广州军区工程兵部又在株洲市举办国防工程、军队人防工程种植、养殖技术培训班，18个省军区、军分区和驻地方部队的19名学员参加培训。

据统计，至1990年年底，株洲市利用早期工事发展种植业有63处，面积5.6万平方米，达到已建工事面积的46.3%，全市年产值（营业额）2864万元，利润385万元，人防部门收取使用费65万元，上缴国家税利45万元，安排就业613人次。

1991年7月，株洲市大型平战结合工程“太空城”竣工并投入使用。省军区、省人防办、市委、市政府主要领导和社会各界400余人参加开业庆典。1992年7月，组织召开19个大中型企（事）业单位人防工程开发利用座谈会。1993年8月，在株洲电力机车厂召开全市人防平战结合创办实体现场会。

2000年，全市人防工事平战结合利用率达48.5%，平战结合产值（或营业额）3144.93万元，创利润555.49万元，上缴税费141.35万元，为社会提供就业岗位779个。

二　化学事故救援

1987年4月，株洲市政府、军分区联合下发《关于组训防化救援连遂行防化特种救援任务通知》，由市人防办、市环保局、株洲化工厂、市卫生防疫站、市环卫处等单位组建防化救援连，定编100人。同年6月和1988年9月，先后2次对73人次进行专业集训和组织救援演习。1988年10月，市人防办应邀参加总参谋部防化部在天津召开的全国人防化救研讨会，介绍株洲的做法与体会。

1989年，市政府批转《株洲市化救试点工作的方案》，要求各区政府、各有关企事业单位、市直机关有关单位执行。1990年5月，广州军区人防化救现场研讨会在株召开，中南5省（区）及所属 35 个人防重点城市人防办负责人、80305 部队共 115 人出席会议；总参谋部防化部、上海市、哈尔滨市人防办负责人应邀出席会议。

1991 — 2000 年，全市形成“领导挂帅、人防牵头、各方协作”的化救体制和社会动员的工作程序。开展城市化救宣传教育，全市 48 所初级中学开设“三防”知识教育课程，对企业职工、街道居民开展“三防”知识和化救常识的教育。对全市 160 多个单位涉及“两源”调查的大量原始资料整理、归档。拟制和完善市、区、企业三级化救方案。市级专业队伍是以防空专业队伍为骨干、以武警为突击力量、以预备役防化连为机动力量组成。

1993 年 12 月，市人防办参加上海承办的“联合国环境规划署地区性紧急事故意识和防备”（简称阿佩尔计划“APE11”）培训研讨会。株洲的《开展常规化学救援的几点做法》《有备无患，有效减轻化学事故危害》等 4 份材料和一部反映株洲化救工作的录像片在会上交流。巴黎阿佩尔计划高级专家会议肯定株洲的化救工作，并将株洲的化救工作情况收入论文集向世界发行。1994 年 4 月，市政府常务会议专题研究贯彻落实“阿佩尔计划会议”的具体措施，市财政拨款化救经费 3 万元，用于队伍训练。10 月，株洲市组织化救演习，演习在株洲化工助剂厂进行，治安、消防、医疗救护、侦察监测、侦察化验、洗消 6 个专业队的 130 余人参加演习，部分大中型化工企业的负责人及安全负责人等 50 余人现场观摩。

第五节　宣传与教育

一　人防宣传

1958 年，市人防委决定在机关干部、企业职工和学生中开展防空科技知识的宣传和训练，在城区范围内将“人民防空一般知识”和“居民防御原子武器常识”2 部幻灯片向职工、干部、家属和居民放映 20 多场次，观看人数约 3.4 万余人。

1962 年，针对台湾当局反攻大陆的企图，株洲市加强防空战备思想教育和防空袭宣传。1969 年 10 月，根据中共中央和毛泽东关于“要准备打仗”和加强人防工作的指示，株洲市召开誓师动员大会，开展较大的宣传声势，在全市掀起大挖人防工事的热潮。

20 世纪 70 — 80 年代，主要围绕贯彻全国第二、第三次人防工作会议开展宣传，以及贯彻实施《人民防空条例》和人防工作改革的宣传。从 1980 年开始，相继在全市各单位组织放映《人防工程孔口防护》《巴蜀洞天》《地下初春》《平战结合好》等平战结合影片。省人防办拍摄的《地下初春》记录了株洲市织布厂、株洲电力机车厂、省工业设备安装公司、株洲市二商业局、南区机关、奔龙公园等单位平战结合所取得的成果。1982 年 2 月，在《株洲日报》上开辟“防空哨所”专栏，定期报道人防工作动态，宣传人防战线上的好人好事和取得的成果及经验，介绍人民防空基本知识、“三防”常识和国外人防情况。株洲市广播站对人防工作情况进行了专题报道。

1984 年 8 月，全市范围内开展“人防战备教育宣传旬”活动。据统计，全市共放映人防电影

71 场次，观众 7 万多人；举办各种类型的报告会、座谈会、学习会 400 多场次，受教育人数 6.1 万人；结合举办团干学习班和防空专业队伍训练及组织学生夏令营活动，受教育人数 1500 人；举办宣传栏、图片展览 40 处，办黑板报 250 块；报刊报道人防稿件 60 篇，广播人防知识 300 多篇。8 月 25 日，市委宣传部、市人防办、市总工会联合举办“金钟”诗会，联合编印诗集，向社会宣传。同年，与株洲电视台联合摄制反映人防工作的电视剧《洞天情》，在省、市电视台播放。市人防办选编的《人民防空资料手册》，受到广州军区检查组首长的表彰和肯定。

1985 年 4 月，全市开展学习贯彻《人民防空条例》的活动。1986 年 5 月，联合组织举办“人防摄影、书法、美术作品竞赛活动”。6 月，拍摄的《株洲市平战结合选录》电视片，在全市各单位播放。1987 年，为配合株洲第一个人防建设平战结合工程“株洲地下商场”的建成开业，组织开展一系列宣传活动。市人防办摄制电视片《人防通信站在改革中前进》，在广州军区“汕头会议”上进行介绍，并在全市各单位闭路电视台（站）播出。1988 年 5 月，在市委宣传部主办的《宣传园地》刊物上，编辑第 4 期人防专集。同时邀请新闻媒体记者座谈、参观人防工程和平战结合项目，株洲市电视台、湖南电视台对株洲市人防建设成就进行系列专题报道。1989 年 4 月，湖南电视台对外部在国庆 40 周年献礼的专题节目中，播出株洲市人防建设成果的专题片《迷人的地下城》。1988 年 5 月和 1989 年 4 月，全国人防情报网先后在株召开“人防工程开发经营研讨会”和“全国人防种植、养殖技术经验交流会”，有 6 家报纸、4 家电台、5 家电视台、5 家电影（剧）院，先后刊（播）出宣传报道稿 53 篇（次）。1989 年 8 月，市委宣传部、军分区政治部、市教委、团市委和市人防办共同召开专题座谈会，形成《关于把人防宣传教育纳入国防教育的意见》，经市委批转各单位执行。9 月，为庆祝国庆 40 周年，与市委宣传部、军分区政治部联合组织举办人防建设演讲比赛，共有 68 个单位参加，写出演讲稿 87 篇，举办演讲会 46 场次，75 人登台，直接听众达 6400 余人，间接受教育的人数达 12.5 万余人。是年，株洲市人防办被省人防委树为全省人防宣传教育工作的典型。

1990 年 5 月，为配合“广州军区化学事故应急救援现场研讨会”在株洲市召开和全省纪念《人民防空条例》颁布 6 周年“人防宣传日”活动，《株洲日报》、株洲广播电台开辟人防专版和专栏，全面介绍株洲开展化学事故应急救援、平战结合服务经济建设情况，在省人防办和省军区司令部协助下，摄制《警惕！城市潜在的威胁》和《敢与恶魔争雄》2 部反映化学事故救援工作的电视片。7 月，株洲市召开《人民防空条例》颁布 6 周年纪念大会，全市 900 多人出席纪念大会；在全市“一个中心、一条街、二十七个点”同时展开宣传活动。由市歌舞团组成的街头文艺宣传队在市区巡回演出。

1991 年 11 月，邀请南楚诗社对“七五”计划期间株洲的人防建设成就进行采风，发表数十篇诗稿，编辑《人防礼赞》诗集。1992 年，编印《话说太空城》《株洲人防》《人防赞》3 部反映株洲人防建设成就的专题宣传材料、画册。9 月，创作的《城下还有一座城》《赞美你人防工程》2 首歌曲在全省“建设之光”文艺调演上获得特等奖和一等奖，其中《城下还有一座城》还被建设部选调参加北京演出，受到好评。1995 年 12 月，湖南省人防办组织在湘的中央、省、市新闻采访团来株洲市采访人防工作。1996 年 12 月，株洲为宣传贯彻《中华人民共和国人民防空法》，全市出动宣传车 13 台、板报 12 块，发放宣传手册 5000 份。1999 年，重点抓《防空法》的宣传教育，将其纳入全民普法教育内容。

二 “三防”教育

20 世纪 50 年代，防空知识教育主要是结合人防宣传工作一起进行，将国家人防委与科技部门编印的“三防”（防核武器、防化学武器、防生物武器）常识教材、挂图，配发到学校和基层单位，要求群众和中学生中懂得防护大规模杀伤武器的基本方法。1957 年，株洲市在干部、职工、学生中进行现代空中袭击武器、杀伤武器的种类、性能和破坏杀伤作用及防护等知识的教育，配发相关内容的幻灯片，在干部群众中放映 20 多场，观看者达 3.4 万人次；在市区举办“三防”知识讲座，受教育者 5.7 万人次。

20 世纪 60—70 年代，全市“三防”教育逐步开展，同落实简易防护措施结合起来。1964 年，采取由点到面的方法，对群众进行防空基本知识教育。同时，在全市党员、副科长以上干部中放映日本遭原子弹袭击的影片。1965 年，在全市“防空展览”中，展出“三防”知识图片和实物，观众达 40 万人。

从 1984 年开始，株洲市教育局和市人防办联合组织对中、小学在校学生进行“三防”知识教育，开展对企业职工、街道居民进行“三防”知识教育训练的试点。从 1985 年开始，在市区、醴陵市、株洲县的 1 所大学、35 所中学和 51 所小学中，全面开展“三防”知识教育训练，当年受教育学生有 265 个班，共 11778 名。1985 年暑期，市委宣传部、市教育局、市人防办联合举办全市中、小学“三防”知识智力竞赛。是年，株洲市在全省学校“三防”教育检查评比中获总分第一名。1986 年 9 月，将“三防”知识教育调整在 40 所中学（包括醴陵市城关镇 3 所、株洲县城关镇 2 所）的初中学生中进行。市人防办、市教育局组织观摩株洲车辆厂子弟中学“三防”运动会。1987 下半年，市教育局和市人防办联合部署，将“三防”教育再次调整为在城区 38 所初级中学继续开展，其中株洲市区 33 所初级中学全部开展，在全省率先实现国家重点人防城市城镇初级中学“三防”知识教育的普及。同年 10 月，国家人防委、国家教委在全国人防重点城市初级中学“三防”知识教育座谈会上，印发株洲市的“三防”知识教育经验材料。1988 年 10 月，市人防办和市教委联合成立株洲市“三防”知识教育领导小组，制定《株洲市初级中学“三防”知识教育考核验收标准（试行）》。同年暑假，利用湖南省在株洲市举行的“三防”教育师资培训班，继 1985 年后再次培训 59 名“三防”教育师资，使受“三防”培训课教师达到 109 名，占担负“三防”课教学任务的 115 名教师的 95%。1989 年 9 月，市人防办和市教委联合制定《株洲市初级中学“三防”知识教育制度化、正规化、规范化的意见》，对“三防”教育指导思想、目的，范围和对象，教学组织与时间，师资及培训等教学环节进行全面规范。同时，还对《株洲市初级中学“三防”知识教育考核验收标准》进行修订。同年，“三防”知识教育开始向醴陵市 13 所中学辐射，全市开展“三防”知识教育的学校达 48 所，每年有 8000 多名初中学生接受教育。至 1990 年，全市接受“三防”知识教育训练的学生累计 4.5 万多名。

1992 年 8 月，湖南省“三防”教育经验交流会在株洲召开。从 1996 年 7 月开始，“三防”教育由原 48 所中学拓展到醴陵 1 所、攸县 2 所中学和中南林学院，全市“三防”教育学校共计达 52 所。

株洲市人民防空历届领导机构负责人名录

表 22-5

主任（组长、指挥长）	任职时间	副主任（副组长）	任职时间
吴占魁	1955.7 — 1959.11	李枝业	1955.7 — 1959.11
朱远明	1962.6 — 1966.2	–	–
张　厚	1966.2 — 1969.9	–	–
高继唐	1969.9 — 1972.2	孙敬民	1969.9 — 1972.2
		李俊德	
高继唐	1972.2 — 1974.1	朱远明	1972.2 — 1974.1
		吴占魁	
		周守业	
朱远明	1974.1 — 1977.7	吴占魁	1974.6 — 1977.7
		张小辉	1974.1 — 1977.7
		周守业	
高继唐	1977.7 — 1978.7	朱远明	1977.7 — 1978.7
		吴占魁	
		张小辉	
		周守业	
周　政	1978.7 — 1980.8	朱远明	1978.7 — 1980.8
		吴占魁	
		张小辉	
		周守业	
		张恒英	
朱远明	1980.8 — 1981.11	张恒英	1981.3 — 1981.11
		王雨海	
		王　全	
王雨海	1981.11 — 1983.6	李　路	1981.11 — 1983.6
		张恒英	
周吉太	1983.12 — 1985.11	巫炳华	1983.12 — 1985.11
		潘国启	
匡彦博	1985.11 — 1986.8	巫炳华	1985.11 — 1986.8
		潘国启	
周伯华	1988.6 — 1990.12	高端云	1988.6 — 1990.12
		潘国启	
王汀明	1990.12 — 1993.12	黄自能	1990.12 — 1993.12
		高端云	
		欧阳凡	
		潘国启	

续表 22-5

主任（组长、指挥长）	任职时间	副主任（副组长）	任职时间
黄自能	1993.12 — 1995.3	高端云	1993.12 — 1995.3
		彭　德	
		钟腾蛟	
黄自能	1995.3 — 1999.2	赵湘珍	1995.3 — 1999.2
		高端云	
		彭　德	
		殷发保	
侯林青	1999.2 — 2000.12	彭　德	1999.2 — 2000.12
		殷发保	

株洲市人民防空办公室历任负责人名录

表 22-6

主　任	任职时间	副 主 任	任职时间
符志德	1951.7 — 1958.12	张永祥	1962.6 — 1973.10
李建国	1962.6 — 1965.6	张小辉	1969 — 1973
姜贺林	1965.7 — 1969.6	胡湘荣	1973.10 — 1975.11
杜忠和	1969.6 — 1973.10	袁文初	1973.10 — 1981.6
王　全	1973.10 — 1978.7	张　瑛	1974.12 — 1978.7
潘维翰	1978.7 — 1983.8	陈舒联	1974.10 — 1983.4
潘国启	1983.8 — 1993.5	潘维翰	1975.12 — 1978.7
钟腾蛟	1993.5 — 1994.10	钟腾蛟	1978.7 — 1993.5
殷发保	1994.10 — 2000.12	孙昭生	1981.9 — 1983.8
–	–	潘国启	1981.12 — 1983.8
–	–	李　翔	1984.4 — 1994.10
–	–	刘蒲云	1984.7 — 1999.1
–	–	殷发保	1991.11 — 1994.10
–	–	周青春	1992.10 — 2000.12
–	–	言淑光	1994.9 — 2000.12
–	–	贺最希	1997.8 — 2000.12

专　记

日军在境内暴行纪略

一　日军侵株暴行

民国 26 年（1937）10 月 8 日，6 架日机首次空袭株洲镇，在田心机车修理工厂处投弹 5 枚，炸死平民和普工10余人。在董家墩上空投弹3枚，炸死士兵2人、建筑民工40余名。11月18日，日机轰炸渌口铁桥，炸死1名桥梁工。民国27年（1938）8月31日，日机18架在株洲镇南站、北站投炸弹和燃烧弹100余枚，炸死30余人，伤40余人，毁房屋200余栋，民船8只，站内线路、天桥严重破坏。10月16日，日机4批38架轮回轰炸株洲镇8次。10月17日，日机106架轰炸株洲镇6次。10月19日，日机在浙赣线株萍段来回轰炸，死伤大批铁路工人和农民。10月24日，日机轰炸株洲镇。民国28年（1939）5月，日机轰炸姚家坝，投弹8枚，炸死6人，炸伤10余人。6月，日机轰炸朱亭火车站，3个车皮弹药被击中，引起爆炸，附近房屋化为灰烬。民国29年（1940）9月20日，日机轰炸渌口、雷打石一带，炸死29人，伤7人，烧毁稻谷数万斤。11月29日，日机6架空袭株洲镇，炸死炸伤10余人，毁房数栋。民国32年（1943）6月10日，日机炸毁渌口铁桥。6月15日，国民政府军暂二军七、八2个师在渌水以上渌口、白关、横厦桥、关王庙、油铺与日军第六十八师团交战2昼夜，战败后，溃军争木排渡河，流急排散，日军用机枪扫射，死2000余人。民国33年（1944）6月15日，日机向三门火车站轰炸、扫射，几车皮粮食中弹起火被烧光。6月17日，日军进驻渌口，将百姓财物抢劫一空，放火3天3夜，烧毁从接龙桥至关口的529栋民房，著名古迹湘山寺、天符庙、伏波庙、万寿宫、天妃宫、神农殿等无一幸存。6月18日，日军窜至均坝西塘，抓住2名青年，将其活活打死。早禾冲（南阳桥乡）2个农民，在横江石被日军捕获，用铁丝穿耳牵到社塘被日军警备队处死。8月9日，驻淦田、昭陵的60名日军，乘船至三门镇上坡后，抓民夫100多名，老者70多岁，小的13岁，押去衡阳途中，一批民夫被杀死。9月3日，从渌口沿铁路往南掠杀的日军，抓住渌口镇陈某，拉至铁桥南，丢入水塘内，未死，又拉上岸灌水，用棉絮裹身，淋上煤油，将其活活烧死。日军奸淫残害妇女、儿童更是惨绝人寰。崩坑谭某之妻带着2个小孩躲在蒋家塘铁路涵洞内，被日军搜出，将其轮奸，奸后用刺刀刺入阴部致死，2个小孩同时被害。淦田镇一青年妇女侯某，身怀有孕，日军将其轮奸，腹内胎儿被挤出，血流满地而死。龙泉村（堂市）14岁的女孩杨某，被9个日军轮奸，鲜血染满凉席。竹基村（南阳桥乡）龙某之妻带着2个小孩，躲在莲花坡里，被日军发现后捉住轮奸，连同2个小孩一起被刺死，其侄女被追至江边，拉住芦苇藏在水中，日军一刀砍断芦苇，让河水将其卷走。陈家山（鸿仙乡）一女子不甘受辱，逃入水塘内，被日兵枪击而亡。

民国33年（1944）6月16日，株洲镇沦陷，日军实行烧光、杀光、抢光的“三光”政策。首先将家家户户的家具、门窗、房屋付之一炬，株洲镇上空一片火海。龙家坊龙仲湘老人，行走不便，躲避不及，被开膛破肚杀死在屋里。同村易梅生的妻子遭日军强奸后，被杀害于东湖港一家商店里，她11岁的小孩也被戳上数刀，抛尸路旁。6月的一天，日军来到曹家湾（市园艺场徐家冲），一进村就焚烧房屋，将停泊在凿石港的几十只木船焚毁。80多岁的义五奶奶，藏身于门前几尺深的污水里，被拖上来强奸，其孙子王毛躲在大树上，日军望见，瞄准一枪，将其打落。住在槽门口的王桃叔，蹲伏在自家南瓜棚下，被子弹击中腰腹，肠子流出，哀嚎一夜，活活痛死，全家嚎啕痛哭，日军见状哈哈大笑。王桃叔的母亲被日军抽出战刀劈死，王桃叔的伯母见状怒骂，日军将其舌头割掉。

韶溪港易四嫂，头天被日军强奸，心怀恐惧，望见日军即带着十几岁的女儿奔逃，日军紧追其后，母女俩被逼跳进湘江，日军坐在河边，手舞足蹈，哈哈大笑，看着母女俩沉没死去。郭家塘郭文钦之妻在垄中牵牛，几个日军视作活靶子，争着开枪射击，死于非命。还有1名少妇，因躲避不及，被日军拖去强奸，轮奸后还将双乳割下，并用刺刀刺进其阴道，其夫闻声来救，被日军挖出双眼，活活痛死。同月，日军窜到云田朴塘。一天上午，6个日军窜到鸭婆冲，恰碰上青年汤护询逃难从山里出来，日军将汤捆住，押至月塘苛山边，汤见5个日军进屋未出来，乘其不备，飞起一脚，将另一日军打倒滚到壕基下，自己马上逃跑。被摔得半死的鬼子大声嚎叫，其他5个日军闻声赶来，沿汤逃跑方向猛追，见人就下毒手，先后杀死刘二奶奶和她带在身边15岁的小儿子，还有黄三奶奶母子等7人。一日早晨，日军到大坡岭，发现一名叫易蜜音的姑娘，便径直朝易姑娘追去，易姑娘见日军来了，连忙从树底下爬出来就跑，跳进路旁的一口小池塘里，日军便在塘基上守候着，易姑娘以为日军走了，攀上岸来，日军就朝她开了2枪。易姑娘被枪杀后，日军兽性仍未收敛，继续追赶人们。灰连冲凌克义的大女儿逼得走投无路，毅然跳进水塘，日军看其活活淹死后才扬长而去。

日军来到朱亭后，连天禅寺的和尚也不放过，大开杀戒。有一个叫岳霞的和尚，认为自己是方外之人，没有逃走，就隐蔽在庙里。日军见到他后，一口咬定他是游击队，把他关押了10多天，最后将他剖腹杀死。在朱亭，日军为了掩盖其罪行，强迫民夫在小菜园里、泉佳岭、狮子岭挖了3个大坑，每个坑都堆了十多具尸体。杨满夫妇住在新街做小生意。9月中旬的一天，杨妻到湾头洗菜，在街头碰上2个日军，被拖进一个姓许的家里轮奸，日军奸后便用刺刀乱捅。7月初的一天黄昏，河边气艇里走出4个日军，在街上他们看到屠户康桂的老婆在做饭，就扑上去把她按倒在床上，老康上前解救，被日军用枪托打倒在地。2个日军轮奸后，又抢了一些猪肉，才下河而去。日军在朱亭设立了1个慰安所，强迫10多个妇女充当慰安妇，有8名妇女在此丧生。5月底的一天，10多个日军手持火把，肩扛煤油，在正街和港街一带放火，烧了1天1夜，烧掉房屋180多栋和价值3000多块光洋的物资，使700多户居民无家可归。

民国34年（1945）农历3月12日，天还未亮，下着小雨，30多名日军摸黑赶到离三门镇约4千米的段家老屋，一进村，日军就将全村的老百姓抓起来，将20多个男的用绳子手连手捆在一起关在一间屋里，几十个女的被关在另一间屋里，日军搜抢了10多担财物后，把关着的男人分2批牵出来，第一批18人，牵到屋后竹山坡里用机枪射杀；第二批人，在屋前坪里用步枪或刺刀捅死。被杀人中，有60多岁的老人，也有十几岁的少年，大多是中青年。段友元一家就被杀害了5口，段世存全家6口全部被杀。三门乡和三门镇居民当时只有1万多人，在沦陷的1年多时间内，被日军杀害的有150多人。

民国34年（1945）8月10日，日本宣布无条件投降。19日，日军撤离时，纵火烧毁堂市街，杀死朱亭镇2名民众。在日军陷境期间，现株洲县境的成竹、遐化、渌口、利贞、元亨、长田6个乡（镇），被日军屠杀的群众达794人，伤515人；被拉夫充役的2000余人，其中只有少数人生还，被烧毁的房屋922栋，掠走耕牛674头，夺走粮食544.5万千克。

二 日军侵醴暴行

醴陵沦陷前，遭日军机轰炸12次，炸死炸伤300多人，毁房屋2000多间。民国33年（1944）4月21日，日军在黄泥坳、石子岭、板杉一带，强征粮食6000石，枪杀平民200余人。

民国33年（1944）6月18日，醴陵沦陷。日军侵占县城后，逢人便捉，女则被强奸，男则被充役，逃避者被开枪射杀。见猪牛鸡鸭，宰杀供食；剩饭残菜倾入粪坑。生火择油漆木器为燃料，居户门窗、抽屉、箱柜所剩无几。盛放食米、油、盐的缸钵、器皿，尽拉大便于其中。点燃卷成长条的被褥、蚊帐以驱蚊。八里庵汉塘里居民被日军驱赶至山中集体屠杀，横尸七八十具。新阳乡沙窝里木工杨光谷一家7口，除杨幸免外，妇婴6口皆被日军杀害。南乡官冲教师刘启明偕侄往船湾，途中遇日军，被分缚于屋柱上凌迟处死。

民国33年（1944）端午节后的一天，一伙日军到城南黎家冲抢劫，抓住黎树官，撕光衣服，绑在树上，用利刀划破他的胸部，鲜血直流，十几个日寇，每吃完1碗饭，就将瓷碗朝他身上砸去，开始时痛得大喊大叫，他越喊叫，日军就越发狂笑，直到晕死过去，日军还不罢休，最后用菜碗连莱汤一起砸在他身上，破碗片在他身体周围堆有五六寸厚。2天后，其尸满身蛆滚，面目全非。王仙周家屋后树下挂着一具被烧尸体，遍体黑如木炭，惨不忍睹。日军奸污妇女，常把许多妇女团团围住，先择年轻貌美者轮奸。当时年轻妇女常常用锅烟擦脸伪装，逃避日军奸污，也无济于事。泗汾周某之妻，被日军割去双乳，挂于树上，哀号一天一夜，惨痛而死。日军掳夫，不分青壮老弱，一律捕捉，年龄越大负荷越重，力不胜任者，动辄遭杀害。东乡瞿某82岁，日军强迫挑重41千克，瞿某气喘汗淋，不能举步，被日军推入井里溺死。醴泉镇吴斋公年过80岁，日军强迫其挑40千克重担上西山修筑工事，吴行不到1千米即倒地不起，日军抽刀剖其腹，弃尸于半山亭。日军分配挑夫食物，则与挑担相反，年龄愈大，食物愈少，令人切齿。

县城失陷后10天，日军移驻城外，纵火烧城，商店、庙宇、民屋付之一炬。境内浙赣铁路沿线，驻有日警卫队，不时派兵往各乡、保抢劫食物。黄獭咀一带被扰10余次。清安铺、梢冈铺、双牌铺均为日军驻点，附近的兰谊中学及民房多数被毁。黄泥坳、石子岭、吴家坝、板杉铺的日军驻点掳掠农民粮食五六千石，杀害居民200余人。枫树桥、大屋垅一带被日军大掠5日，农家谷种无存。日军在神福港设临时仓库，收藏掳抢的谷米、物资转运他地。驻泗汾日军在沈潭一次杀猪50多头，抢走耕牛40余头。侵醴日军在乡间到处挖毁塘基，放水捕鱼，致许多禾苗无水灌溉枯死。7月1日，一日兵往杉仙玉冲抢掠财物，被农民姚某殴伤。翌日，日军一队前往报复，杀11人，其中6人被用棉絮裹身，淋煤油烧死。7月10日，日军300余骑由潭湾奔老关，在森冲遭五十八军截击。次日五十八军撤退，日军在森冲、茅田、枧头洲一带纵火抢掠18天，枪杀平民47人。12月，日军一队自县城开赴皇图岭，在符田附近遭别动队袭击，日指挥官和士兵数人中弹。日军大队至，烧民房二三十栋，并将在泗汾快活岭捕捉的16名民夫绑在树上，逐一剖腹抽肠。民国34年（1945）2月10日（农历十二月二十八日），驻城日军骚扰庄埠一带，居民扶老携幼出走，时值大雪遍地，寒风刺骨，只得栖避山林至次年正月初四，一片“除夕灶无烟，元旦门不启”的惨景。

据不完全统计，醴陵从沦陷到次年9月日军投降期间，全县被侵华日军杀害4652人，伤4229人，烧毁房屋5523栋，掳走稻谷478857石，宰杀耕牛3799头，猪禽、衣什和其他损失不计其数。

三 日军侵攸暴行

民国33年（1944）6月24日，攸县沦陷。当时由国民党交警第二大队400余人守城，在日军围攻下，全军覆没。城内居民渡浮桥逃难的，落入日军火网，伤亡不计其数，尸首顺河而下，河水被染成红色。6月26日，日军纵火焚烧攸县县城，延续7天7夜，烧毁店铺、民房900余栋。

进犯攸县时，日军在渌田设有一个据点，到处烧杀抢劫，他们煮饭烧油漆家具，家具烧完了，就撬门窗楼板，锯房梁，有的所谓“非良民”的房子，干脆就一把火烧掉，他们见到猪牛羊就宰杀，割去瘦肉，剩下的便弃于池塘、粪坑，经暴晒，臭气熏天。一次，一伙日军在江口呆了2天，把街上的鸡鸭鹅一扫而光，日军进村时，当地老百姓闻讯而逃，日军把逃跑的人当活靶子打，那一次就有5人丧生。还有一次，约有1个排的日本鬼子到江嗓地茅坪抢劫，12岁的妹子刘菊英没来得及逃走，竟被这些野兽抓到田埂上轮奸，把这个姑娘活活地折磨至死。有个70多岁的老太太刘周氏，被抬到塘边洗了之后弄到门板上强奸，老太太死活不从，被日军一脚踢到塘里淹死。50多岁的农民刘夏仔喂养了1头肥猪，鬼子发现后，强迫他送到渌田街上，他不肯，鬼子就朝他腹部猛刺数刀，肠子都流了出来，当晚便死去。农历7月13日傍晚，在庙前、柘桑渡等地一些农民相邀去县城买盐，他们一行10余人，刚进县城南门河下，就被日军哨兵发现，当场打死几人，其余被捉，受尽折磨。活着的只剩下二三人。

日军侵攸1年余期间，全县因战争死亡15463人，伤21184人，烧毁房屋1.4万栋，杀死掳走耕牛2万头，各种经济损失计法币1670多亿元（折谷1670万石）。

四 日军侵茶暴行

日军侵茶时间不长，民国33年（1944）7月14日，茶陵沦陷；民国34年（1945）2月28日，茶陵光复，仅7个半月。县城失陷后，日本侵略军在城内到处搜寻妇女，不论老少，光天化日之下，围集轮奸。轮奸时，有的绑住其夫其父，让其旁侧目击，当面侮辱取乐，若有抗拒格杀勿论。不少妇女被轮奸至死，有的被奸昏迷，而日军却把随身所带的一种白色小丸，强迫其吞下之后，继续轮奸。有的不堪羞辱的妇女，挣扎投水自尽；有的逃出虎口，藏身于莲塘之中，久浸成病而死；更多的是深夜涉河逃生被水淹死。有个小学教师唐颜元，夫妻俩本想转移到安全地区。不料，途中被日军截获，捆住其夫，当面轮奸其妻。唐不忍目睹，奋力挣扎，被刺刀活活捅死。其妻被糟蹋得不能动弹。日军撤离县城后，被其蹂践的地方，脱光衣服的女尸及吊着反捆双手的男尸到处可见；还有的人被铁钉将手脚钉在门板上，用火活活烧死，遍地血迹斑斑。

日本侵略军为镇压反抗的民众，到处枪杀无辜，将一些老弱妇幼用绳子串绑，一次次驱赶进水塘和河里，实行集体淹灭。日兵荷枪实弹环转监视，发现挣扎抬头的，不是用长杆压顶，便是举枪射击，直到淹死方休。三总桥下的殿河，农林园上的水塘，被驱赶淹死于其中者，一批接一批。连母亲及怀中的婴儿也不放过。淹死者不计其数。县城附近农林村（原芫上村），是一个有200多户1200多人的村庄。日军侵茶期间，这个村就有897人惨遭杀害，47户全家被杀绝。现今的“三塘、一塅、一沙滩”还建有纪念碑，记载着日本侵略军3次大屠杀的血腥罪行。

国民33年（1944）8月29日，日本侵略军借口芫上城墙下杀死1名日本兵，失去枪支、军马，便闯进附近龙家湖见人就抓，将抓去的人反捆双手，又用长绳连成一串，牵到洣江河堤上，用枪把一个个打落水中，再开枪扫射，河水尽赤。继而又在邻近毛里甲搜捕无辜百姓37人，也遭到同样的厄运。龙家湖的赵孝英被抓时，手上抱着1个小孩，腹中还有身孕。日军用刺刀捅死小孩，将赵轮奸后用刺刀杀死，丢入河中。后人将这条河塅称为“阶级教育塅”。下午，日军又扑向下头园里，除了逃难未归的外，将全部老弱妇孺，统统捉住捆绑，先用枪乱刺乱捅，又将血肉模糊的尸体抛入塘中。这口面积不到1亩的池塘，被100多具尸体填满。这口塘，后被村民们称之为“血泪一塘”。30日，一些逃难在外的人，听说村子里遭了大屠杀，偷偷溜回探看，时近中午，日本侵略军突然包围了毛里甲屋场。30余名村民都被驱赶到塘坎上，被刺刀捅死，推入塘中。这口塘后被称之为“血泪二塘”。当日下午，日本侵略军又闯进了下头园里，把屋场包围起来，搜捕村子里的男女老幼，结果，一个未留，全部被其驱赶到沙滩上枪杀了，这一沙滩后被称之为“民族仇恨滩”。接连2天的大屠杀，芫上村横尸遍野，血流成河。时隔5天，逃难的人群含着满腔仇恨和泪水，回家收敛亲人的尸体。不料，嗜杀成性的日本侵略军，又冲进上头园，把村子里64名男女老幼集体屠杀，尸体全被抛进塘内，这口塘后被称之为“血泪三塘”。

日军以杀人取乐。一天，有几个日军闯入上头园，村妇谭春姑正在给其女婴喂奶。被日军看见，将女婴夺去，用刺刀从婴儿肛门捅进，再举起这具血淋淋的尸体摆舞，沿街示众。腰陂乡马加村妇女谭菊英，日军将她的手脚用4根绳子分别捆在4匹战马上，将其肢体扯成4块，以此取乐。日本侵略军进城后，天热，为乘凉，强令村民们把住房四面墙壁都打孔穿洞。为防盟军空袭，把茶陵长达1.5千米的街道两侧铺的主壁打孔穿洞，当成一条直通而过的人行道。日军一般不用集体锅灶，每人有3个铝制饭盒，各自用长杆套着煮饭。他们不用柴煤、木炭，偏把一些好家具及门窗毁了当柴烧，破坏程度亘古未有。日军经常拉夫，替其烧水打杂。行军时，一切东西都压在民夫身上，对抓来的民夫以年龄来确定担子的重量，80岁者40千克，70岁35千克，以此类推，年龄越轻，担子越轻；反之年龄越大，担子愈重。二总街锦云斋货店70余岁的店主刘作洪，挑担迈不动腿，被踢到桥下河中淹死，另一名年近70岁的编炮店主刘保贤，因挑不动担子而跌坏了东西，活活被刺刀捅死。民夫逃跑，他们并不追赶，只是瞄准射击。日本侵略军抢到猪、牛，不是宰杀，而是选择要吃的部位。他们还在一些人家的余油或缸中撒尿拉屎，尤其是临近撤逃时把炸弹藏到一些人家炉灶里，还撒满了雷管和导火线之类的东西，使不少劫后余生的归来者，遭其暗算而丧生。尤为残忍的是，日军在撤离茶陵前夕，还施放了大量化学毒剂，至使茶陵疾病盛行。

日军侵茶期间，全县死亡9440人，伤17010人。

第二十三篇　教　育

北宋时，境内各县均有县学。由于学额和经费限制，这一办学形式未获得长足发展。

南宋年间，随着全国政治、经济和文化中心的南移以及湖湘之学的传播，各地书院蓬勃兴起。先有名儒宿彦为之倡，后有乡绅富户为之捐。至南宋末，境内书院发展到8所。这种民间办学形式不以科场利禄为目的，讲求经世致用，既广开了求学之路，又洞开了培养人才的方便之门。

元、明两代重科举，官学盛而书院兴废无常。

清雍乾（1723—1795）之后，朝廷重文治，县学规模扩大，州县官热心兴办书院。至清末，各州县不但书院和民间私塾的发展超过历代，而且受维新运动影响而兴起的新式学堂和职业教育亦开始起步。

民国时期，争战连绵，社会动荡，政府办学不多，但由于社会团体、宗族纷纷出资兴教，教育事业仍有较大发展。至1949年，境内共有中学18所、师范2所、职业学校3所、小学1872所，中小学在校学生95211人，学龄儿童入学率近50%。

中华人民共和国成立后，境内教育伴随着社会主义革命和社会主义建设的发展，在曲折历程中前进。

1949—1952年，教育工作重点是接管和改造民国时期遗留下来的公、私立学校，面向工农子弟办学。

1953—1957年，普通中小学教育得到较大发展，中等职业技术教育开始起步，出现教育与国民经济协调发展的好势头。

从1958年始，超越国民经济发展水平，大搞教育“大跃进”，各级各类学校盲目上马；同时片面理解“教育为无产阶级政治服务，教育与生产劳动相结合”的教育工作方针，学校经常停课参加社会上的政治运动和生产劳动，教育质量受到严重影响。到1961年，开始全面进行调整和整顿，至1965年才逐渐回到正常发展轨道。但1957年冬至次年春的“反右斗争”扩大化，及随后开展的“拔白旗”、反“右倾”、清理阶级队伍、搞“社教”等一系列“左”的政治运动，造成不少冤假错案，严重挫伤了广大教师的积极性。

“文化大革命”期间，教育领域首当其冲成为重灾区。运动前期学校停课闹革命，教师受到打击迫害，学生到处搞“斗批改”，完全处于无政府状态。至1969年后虽复课，但以学毛泽东语录、诗词、政论文和学工、学农为主，实行所谓“开门办学”，生产劳动频繁，学制被压缩，高考升学制度被取消，文化基础课教学受到歧视。运动后期又盲目推行普及教育，教育再一次冒进。到1976年，仅中学就达到1476所，为“文化大革命”前的6.4倍。学校急剧增加，办学条件缺乏，教学质量普遍偏低。这一时期，尽管教育事业遭受严重冲击，但城区的厂矿、企事业单位办学和农村集体办学却得到发展，为后来普及初等教育奠定了基础。

从1978年始，教育领域全面拨乱反正，平反冤假错案，恢复和健全正常教学秩序及各项规章制度，全面实施普及初等教育和九年制义务教育，改革中等教育结构，努力发展高等教育、特殊教育和成人教育。至1990年，除城区已普及九年制义务教育并跨入全省先进行列外，全市已普及初等教育，中等教育结构基本趋于合理，高等教育、特殊教育和成人教育成效显著。

20世纪90年代，中共株洲市委、市人民政府按照十四大提出的“把发展科学技术和教育事业放在首要位置，使经济建设转移到依靠科技进步和提高劳动者素质的轨道上来”的要求，在1993年明确提出：党政一把手是当地教育工作的第一责任人，把发展教育工作作为领导干部任期目标和政绩考核的重要内容。1995年，把“科教兴市”列为基本市策，提出实施“九七教育工程”，形成了“党以重教为本，政以兴教为先，民以支教为荣”的良好氛围。至1997年，境内“九七教育工程”制定的各项目标、任务全面完成，提前3年基本实现《中国教育改革和发展纲要》确定的目标，成为全省率先实现普及实验教学、率先实现“基本普及九年义务教育，基本扫除青壮年文盲”的“两基”达标、率先将所有民办合格教师转为公办教师的地市。1998年年初，在全省基础教育9项主要指标排名中，株洲市有6项名列第一，综合排名列全省市州之首。同年，又提出实施《跨世纪教育工程》计划，全面推进素质教育。

至2000年，境内已有高等院校5所，在校学生16325人，教职工3789人；中等专业学校10所，在校学生24858人，教职工1597人；职业中学30所，在校学生13940人，教职工1328人；普通中学237所，在校学生249563人，教职工15777人；小学1810所，在校学生361581人，教职工15658人。形成了从学前教育、初等教育、中等教育到普通高等教育；从普通教育、职业教育到特殊教育、成人教育和少数民族教育；从学历教育到业余训练、岗位培训、继续教育等较为完整、相互衔接和沟通的教育体系。

第一章　私塾　书院　县学

第一节　私　塾

清末，境内私塾遍及城乡，尤以宗族兴办的家塾较多。据《酃县志》载，时县城西街罗姓、枧田洲段姓、西台张姓、浆村孟姓、龙潭何姓、水口朱姓、十都万姓等都办有家塾。家塾之外，还有官宦富户延师进屋的“坐馆”和塾师自行设馆的“私塾”。私塾按教学程度划分，有蒙馆和经馆两类。蒙馆招收启蒙学生，以点读、识字、写字为主；经馆招收有一定文化基础的学生入学，以讲授儒家经典为主。按办学途径划分，有家塾、学馆、义塾三类。一户或几户联合聘请塾师来家教育子弟的为家塾或称坐馆；塾师出面邀集学生设馆授课的为学馆，这类私塾为数较多；官府或宗族出钱聘请塾师，在祠堂、庙宇等处设馆，免收学费的为义塾。私塾以单个讲授为主。蒙馆一般以《百家姓》

《三字经》《千字文》为必读课本，女生另加《女儿经》；经馆以《四书》《五经》为主，诗词为辅。民国后，有的私塾也讲授文化科学知识，将普通小学的语文、算术、珠算课本列为教材。

民国时期，政府多次颁布取缔私塾兴办小学的命令，但因财力拮据，政府兴办的小学不能满足生源需求，私塾仍遍布城乡。民国18年（1929），酃县有私塾117所，在馆学生1272人，塾师117人；政府办的小学有29所，在校学生1156人，教师111人。私塾馆数、学生数和塾师数，分别是小学的4倍、1.1倍和1.05倍。民国26年（1937），醴陵县人口教育程度统计：上私塾的57029人，占全县总人口的11.95%。

塾师工资一般按年计算，工资多少取决于学生人数。蒙馆生一般每年交银元2 ~ 3圆，或大米3 ~ 5斗；经馆生则数倍于蒙馆生，高者达银元20 ~ 30圆，贫寒子弟皆难以入馆。茶陵县、酃县等地每年春插时，由学东为首邀请当地豪绅和学生家长共商学费问题，叫议学。家长则根据子弟学习成绩优劣、家庭经济状况，自报公议确定交费数额，少则银元2 ~ 5圆，多则10圆左右。塾师除工资外，尚有少量外酬，但各地不一。茶陵县八团的梯垄、东黄、石鼓等村的私塾，规定端午、中秋两节，每个学生赠塾师“恭敬米”一桶、蛋7 ~ 9个，洣江乡五龙坪塾师可得菜钱一串（1000文），大米一斗。塾师生活虽清苦，但一般教学认真。民国初，醴陵县胡敬斋（清末拔贡）、攸县符磊度创办的私塾，重言传身教，深为时人称道。醴陵县周澍芬、汤雨岩主办的王仙永庵经馆〔民国10 — 37年（1921 — 1948）〕，教学严谨，人才辈出。红二十五军军长蔡升熙、国民党爱国将领陈明仁等醴陵籍军政要员，均曾就读于该馆。民国19年（1930）秋，易家湾人王占魁因患眼疾行乞至今株洲县平山乡白鱼滩，乡人见其知书达理，能写会算，便腾屋凑桌，办起私塾，请王执教。王教学尽心，只求衣食，不收学费，学生由开馆时的10多人很快增至几十人。王执教16年，使白鱼滩数百人脱盲，乡民至今仍感其德。

第二节 书 院

据文献记载：两宋时期湖南有书院64所，分布在今株洲境内的有当时属湘潭县的主一书院，醴陵县莱山书院、西山书院、江东书院，茶陵县明经书院、南溪书院、紫微书院，酃县台山书院等。南宋书院受当时“东南三贤”（张南轩、朱熹、吕祖谦）影响较深，以研习理学著称，重视“求仁履实”，讲求“经世致用”。

元元贞二年（1296），攸县绅士谭渊捐田百亩，兴建攸县第一所书院 —— 凤山书院。该书院以其“理学节义之风”影响一代士林。元大德八年（1304），陈仁子归隐茶陵县腰陂乡东山村故里，倾其家资创办东山书院。他购置良田360亩，作为书院长年办学经费来源；亲书“万世纲常在，六经道义门”门联，以明办学宗旨；亲登讲台讲学，反对科举利禄；重修身之道和培养经世之才，一时声名大震，学者景从，成为当时湖南有名的私家书院。

明弘治十七年（1504），茶陵知州林廷玉建洣江书院，集诸生讲习。尝言：“民风不纯，士气不端，以道之不明故也。”该书院从创办至清末，数百年间，弦歌不辍。清末状元肖锦忠、榜眼曹贻孙，皆出自该院。

元明两季，为政者只推官学，书院发展缓慢。明末，朝廷令撤天下书院，书院发展停止。自元至元十六年（1279）至明崇祯十三年（1640）的361年间，境内仅增书院15所，其中醴陵县3所，攸县4所，茶陵县7所，酃县1所。

清初，战乱连绵，境内书院不少毁于兵燹。雍、乾以迄，朝廷倡导文治，地方官吏望风承旨，士绅乡党积极响应，书院发展远胜前朝。至光绪初年，全省有书院252所，境内就有43所，其中今株洲县朱亭镇1所、醴陵县6所、攸县8所、茶陵县18所、酃县10所。其佼佼者是醴陵县渌江书院。该院于乾隆十八年（1753）由醴陵县知县管乐倡议，在朱子祠右侧宋、元、明、清4代学宫故址动工兴建，历经3任知县经营建成。书院学风严谨，至光绪二十四年（1898），生员增至80人，执教者皆一时名流，前后计有进士12人，举人33人，拔贡、副贡、副榜3人主掌院务兼教授。左宗棠于道光十七至十八年（1837—1838）任院长，倡导“读书当为经世之学，科名特进身之阶耳”，重视育人。左发给生员日记本，令其记载习课情况，逐日检查。荒废学业不认错两次者，取消生活补助，错误严重者给予体罚直至除名。辛亥革命烈士宁太一、北伐军前敌总指挥部参谋长张翼鹏、八路军副总参谋长左权、中国共产党早期领导人李立三及中共中央宣传部副部长张子意等，均曾就读该院。

第三节 县 学

县学为旧时地方官学。据清同治版《攸县志》载：“庠、序的教育制度废于秦”，但自“西汉……，稍修学宫；厥后州县莫不有学。”宋初，茶陵县于城西郊狮口山建学宫。宋徽宗崇宁元年（1102），诏谕所有州县一律置学，随后境内各县皆建文庙。明代县学鼎盛。醴陵县、攸县、茶陵县县学均设文庙内，俗称学宫。元、明、清时期，皆重科举取士，学宫建设代有加强，至清同治年间（1862—1874年），各州县学宫规模宏伟，殿宇轩昂。县学的任务是应付科举考试。自宋至清末900余年间，境内各州县中进士者246人，占同一时期湖南省考中进士人数2538人的9.7%。管理县学和承担教学任务的正职叫教谕，副职叫训导。县学招收生员皆有一定份额。宋崇宁三年，规定县学生员名额为大县50，中县40，小县30。明洪武二年（1369）规定：府学生员40名，州县依次减10人。清承明制，但县学生员名额有所增加。康熙九年（1670），茶陵为大县，额取举人15名，廪膳生30名，增广生30名，与直隶州同。酃县为小县，咸丰八年（1858）前，岁科试文学、武学各8名，后各增至10名，共20名。

清制，童生入县学须经县试、府试和院试三级考试，合格者方得入学，且对家庭出身限制较严。《茶陵州志》载：“顺治九年（1652）题准童生入学，乃进学之阶，不可不严为之防，或系娼优隶习之家及曾经问革变易姓名，侥幸出身，访出严行究问，若教官纳贿容隐生员……一体究革治罪。”生员统称秀才，但资格分三等：一等称廪膳生，每年可从国库领取白银四两；二等叫增广生，不能领取廪膳银，但可补廪膳生缺；三等叫附学生。生员进学并不以课业为重，主要是多练八股文，以便通过岁科考试，取得参加乡试资格。清代湖南乡试时间，规定在子、卯、午、酉年的八月。乾隆九年（1744）规定中额正榜全省为49名，每额中举人1名，准送应试生员80名。故清代湖南历届参加乡试生员，常在四五千人之间，能够中举者，只占1%强。许多人垂髫入学，皓首穷经，到头来依然是青衿一领。光绪二十一年（1895），清廷“谕立停科举以广学校”，县学遂废。

第二章　幼儿教育

第一节　幼儿园、学前班

一　幼儿园

清光绪三十四年（1908），醴陵县张汉英于县立女子高等小学堂附设蒙养院，以音乐教师为保姆（清末称幼师为保姆）。该院比湖南省最早创办的省立蒙养院仅晚一年，为境内现代幼儿教育之开端。试办一期后，因经费不足停办。

民国25年(1936)，醴陵县李隆尹、刘少墉创办平平幼稚园于状元洲。次年，抗日战争爆发停办。民国32年（1943），醴陵县妇女工作委员会主任余慕班创办幼稚园于状元洲教育馆，后迁关家巷容园，入园幼儿30人，皆为当地富豪子女。抗日战争期间，长沙保育院迁茶陵，收容岳阳、临湘沦陷区儿童500余人及粤汉铁路员工子女100余人，施以初浅的幼儿教育，成为当时境内规模最大的一所幼稚园。民国36年（1947），攸县民众教育馆创办一所幼稚园，入园幼儿30人，未几停办。

1952年，衡阳铁路局株洲铁路段开办幼儿园，设4个班（大、中班各2个），入园幼儿100人，为株洲城区最早开办的一所幼儿园。稍后，株洲机车车辆修理厂（株洲电力机车厂前身）和331厂（南方航空动力机械公司前身）相继办起幼儿园。1953—1957年，一批中央和省属大中型企业在株洲落户，城区工矿企事业单位幼儿园开始有较大发展，到1957年年底共有幼儿园7所，保教人员96人，入园幼儿826人。

“大跃进”期间，为适应农村人民公社实行“组织军事化、行动战斗化、生活集体化”的需要，城乡幼儿园一哄而上，1960年年底境内托儿所、幼儿园剧增到1797所，入托入园幼儿51843人。这些幼儿园中，绝大多数是以婆婆姥姥带孩子的形式，既无师资，又无必要的教学设施，不具备办园条件，“大跃进”过后，又一哄而散。到1962年年底，城区仅剩下幼儿园20所，55个班，入园幼儿1482人，其中教育部门办1所，民办3所，厂矿企事业单位办16所。醴陵县城剩下幼儿园4所，入园幼儿112人，农村托儿所13所，入托幼儿579人。攸县、茶陵县、酃县农村幼儿园均停办。

1963年后，国民经济好转，城乡幼儿园略有发展。1966年“文化大革命”开始时，城区厂矿企事业单位办幼儿园，被斥为“培养修正主义的苗床”，或被迫停办，或下放基层。农村则因少受干扰和实行集体化生产的需要，幼儿园（所）有较大发展。1972年上学期，株洲县洲坪公社将军大队办“红孩子班”试点，幼师由大队记工分，略高于同等妇女劳动力，教学业务由小学统一管理。

试点成功，当年在全县推广，办班7个，入班幼儿2265人。1975年，全市幼教纳入“五七”教育网。1976年，农村掀起“农业学大寨”高潮，为集中农业劳动力，社队幼儿园（班）大兴，境内幼儿园（班）增加到3285所，其中市区699所、株洲县398所、醴陵县1394所、攸县664所、茶陵县75所、酃县55所，入园（班）幼儿67382人。与“文化大革命”前比，幼儿园（班）数和入园（班）幼儿数增长数十倍至百倍。1977年后大多停办。

1979年，推广桃江县普通教育、业余教育、幼儿教育“三教”一起抓的经验，采取农村办班、城镇办园的办法，发展幼教事业，到1980年全市有幼儿园（班）518所，入园（班）幼儿29147人。1981年后，贯彻教育部门办园、厂矿企事业单位办园、城镇办园和乡村办园并举方针，城乡幼儿园又有较大发展。至1984年，全市幼儿园（班）增加到573所，入园（班）幼儿达40583人。此后，农村普遍改办学前班，幼儿园大大减少。到1990年，全市只有幼儿园140所，其中厂矿企事业单位办135所、教育部门办3所、农村办2所，入园幼儿14309人，幼儿教师1221人。

1991—2000年，境内幼儿教育办学主体更趋多元化，社会办学逐步增加。伴随经济发展的加快，境内各级政府和厂矿企事业单位对幼儿教育加大投入，对所属幼儿园普遍进行改、扩建。20世纪90年代中期，株洲电力机车厂投资800余万元，兴建高标准的第二幼儿园；南方航空动力机械公司投入近200万元，兴建第四幼儿园；株洲麻纺厂、株洲汽车齿轮厂，株洲硬质合金厂也分别投入300多万元扩建、重建厂幼儿园。农村各县市共投入276万元，创建合格乡（镇）中心幼儿园18所。1995—1997年的“九七教育工程”，进一步推动了幼儿园建设的发展。1998年，全市幼儿园增加到206所，比1990年增长47%；在园幼儿数达到20460人，比1990年增长42%。

随着企业体制改革进程的加快，企业办的幼儿园大量减少，民办幼儿园急剧发展。1999年，社会办幼儿园有19所。2000年，全市城镇有幼儿园71所，其中企业幼儿园50所，入园幼儿1176人；农村幼儿园52所，在园幼儿3059人；民办幼儿园、托儿所只有11所（城镇）幼儿园进行了登记，有幼儿896人。20世纪90年代，为提高办园质量，市教委先后下发《株洲市乡（镇）中心幼儿园标准》《市规范幼儿园评估方案》等文件，城乡分别开展“创合格乡（镇）幼儿园”和“创市规范幼儿园”活动，达标合格乡（镇）幼儿园8所，市级规范化幼儿园10所。

二　学前班

1976年，茶陵县火田公社五门大队投资1055元兴办学前班，吸收5～6岁儿童入学，教学业务由五门完小负责。随后，全社14个大队皆办起学前班。1979年，贯彻省委桃江县教育工作会议精神，农村小学附设学前班开始在较大范围兴起和发展。1980年，醴陵县各区、社、大队普遍兴办以5～6岁儿童为主要对象的学前班，到1982年春全县共办学前班549个，入班儿童23917人，入班率为95%。1983年，株洲县开展“创先进学前班”评比竞赛活动，全县32个社、镇均办学前班，各中心小学还兴办示范学前班，经县两次检查验收，有122个学前班获奖。1984年，贯彻湖南省“乡镇中心小学必须兴办学前班”的精神，全市共办学前班1082个，年底经省验收均达到合格标准。

1987年，市教育局为加强农村幼教工作管理，颁布《株洲市农村学前班管理暂行条例（草案）》，对学前班的性质、任务、组织领导、教学管理、财产管理、幼师纪律和职责等作出明确规定。此外，市城区一些小学也自发兴办学前班。到1989年，市区有19所小学开办了28个学前班，在班幼儿达1000多人。这些学前班在一定程度上缓解了市中心幼儿"入园难"的困难，但也有不少弊端，特别是办学条件差、教学方式小学化，不利于幼儿健康成长。是年，新成立的市教育委员会对城区小学附设学前班抽样调查，发现其教学活动小学化倾向严重，收费偏高，认为不符合幼儿身心发育特点，又导致幼儿园教学体制断层，并加重家长经费负担，弊大于利。随后市教育行政部门对市区办的学前班进行整顿，14所小学举办的22个学前班予以停办，仅保留4所条件较好的学前班，并改进教学方法，其作法得到上级教育部门的肯定。

1990年，全市农村小学附设学前班1577个，入班儿童44890人。20世纪90年代初、中期，农村学前班保持稳定发展，并不断提高办班标准，积极创建合格学前班。据统计，1993—1997年，全市农村创建市、县两级合格学前班1092个。1996年以后，随着农村计划生育政策的进一步落实和乡、村办幼儿园发展较快，农村学前班不断减少。至2000年，全市农村小学学前班降至972个，在班幼儿仅16393人；市区小学全部停办学前班。

第二节　幼儿保健与教育

清末、民国时期，境内幼稚园一般以保健为主，间有少量唱歌、跳舞、识数、识字等教学活动。中华人民共和国成立后，实行保教合一。

1952—1957年，厂矿企事业单位幼儿园，按幼儿年龄分大班（6岁左右）、中班（5岁左右）、小班（3～4岁）和混合班4个层次上课，开设语言、算术、唱歌、游戏、体育等5门课程，但限于设备、师资，多数偏重以"保安全"为主。农村季节性农忙托儿所一般无教学活动。1960年，市干部幼儿园受小学教学改革影响，增设拼音课，利用图片、儿歌配合教学，其中大班每节课识字20～30个，当时被作为"成功经验"在全市推广。

1962年11月，市教育局制定《株洲市幼儿园暂行工作条例》，贯彻"以保健为基础，保教合一"的原则，课堂教学每班每日上课5节，内容为认识环境及学习语言、计算、音乐、美工、体育等项。保健方面，培训保育员，增添必要医疗设施，确保幼儿健康成长。到1963年，331厂、田心机车车辆厂、株洲冶炼厂、株洲化工厂等大型企业幼儿园，开始配备专职或兼职保健医生，建立婴幼儿定期健康检查制度。

"文化大革命"期间，保教规程被打乱，教学内容政治化，教学方式成人化。1975年，市幼儿园（原市干幼儿园）还组织过幼儿评《水浒》，到街头宣传"毛主席最新指示"等脱离幼儿实际的政治活动。

1979年，开始全面纠正"文化大革命"中"左"的作法。1981年10月，教育部颁布《幼儿园教育纲要》，规定幼儿园的教育任务是对幼儿进行体、智、德、美全面发展的教育，使其健康活泼地成长。根据《纲要》精神，境内幼儿园一般开设有生活卫生、体育、思想品德、语言、常识、计算、音乐、美术等课程。市幼儿园采取上午上课下午做游戏及自制玩具和教具的作法，激发幼儿的学习兴趣和培养幼儿动手动脑能力。株洲硬质合金厂幼儿园，采用木偶教学、情境教学、电化教学等形式施教，收到良好效果。

1981 — 1990 年，幼儿教育的办学形式发生一些变化，主要是对幼儿进行初步的全面发展教育，使幼儿健康、活泼地成长，为入小学打好基础。株洲市幼儿园、学前班的幼儿教育活动主要有：语言，包括谈话、讲述故事、歌谣、谜语等；认识环境，包括日常生活环境、社会环境、自然环境；图画、手工，包括纸工、泥工、其他材料作业等；音乐，包括唱歌、表情唱歌、听音乐、乐器表演；计算，包括认识数目，心算、度量。教学时间，小班每周 6 ~ 8 节，每节 10 ~ 15 分钟；中班每周 10 ~ 11 节，每节 20 ~ 25 分钟；大班每周 12 节，每节 25 ~ 35 分钟。寄宿制幼儿在园时间，一般每周 6 天，全日制幼儿园一般为每天 8 ~ 10 小时；半日制，季节性的幼儿园在园时间，一般为 4 ~ 5 小时。全市幼儿园（所）卫生保健工作逐步走上制度化、规范化轨道。城区成建制幼儿园配有专职医务人员，对体弱、病儿进行矫治。对幼儿早操、晨检、早饭、作业、午饭、午睡、游戏、户外活动、晚餐一天活动，进行科学安排，培养幼儿良好生活学习习惯。到 1990 年，全市在册 100 名以上幼儿的正规化幼儿园，均按部颁标准建立了卫生保健制度。全市 1200 余名专职幼师中，大多数已经过专业培训达到合格学历要求。

1991 — 2000 年，幼儿卫生保健工作规范化提高到新的水平。全日制、寄宿制幼儿园，除每班配备有 1 ~ 2 名保育员外，还配有专职或兼职的医生、护士。教育主管部门强化对保育员的岗位培训，要求保育员在取得培训合格证后方能上岗。城镇幼儿园普遍制定幼儿一日生活制度，如：两餐间隔时间不少于3.5小时。幼儿户外活动在正常情况下，每天均不少于2小时，寄宿制幼儿园不少于3小时。普遍建立健康卡或健康档案、卫生消毒、病儿隔离、主要防护等配套制度。幼儿的体育活动、合理膳食、防暑降温、防寒保暖等方面也都有新的改进和加强。株洲市幼儿园从 20 世纪 90 年代初开始，每班设有保健箱，幼儿每年进行一次体检，半年测量一次身高、体重和视力，定期分析幼儿身体健康状况，计算幼儿进食量、营养量，制定幼儿合理食谱，确保幼儿健康成长。1994 年 5 月，在市体育馆举行了株洲市第二届幼儿趣味运动会，参加初赛的幼儿达 1 万余名，经过层层选拔，挑选出 420 名小运动员参加全市表演赛。

市、县两级教育部门还每年举办优秀课观摩评优、教师基本功比武、幼儿趣味体育活动比赛、幼儿文艺节目表演评优、幼儿美术书法作品评优等活动，不断提高教学水平。攸县农村幼儿园，学前班在幼儿语言、常识教育中，采用故事教学法、观察教学法、看图讲述法、谈话教学法、智力游戏法；计算教学采用讲解演示法、教学表演法，练习教学法；音乐教学采用示范教学法、谈话提示法、简单表演法，让孩子们在做中学，学中做，寓教于乐，效果好，受到家长好评。

1995 年，市教委组织对 630 名幼儿的自我保护能力及教育情况的调查，开展专题研讨，征集“自护”活动方案设计，调查报告、游戏计划等方面的文章 60 余篇。1997 年，在幼师队伍中确定 10 名学科带头人，强化了幼教工作的理论研究。

第三章　小学教育

清末光绪二十四年（1898），醴陵县刘巨丞设兰谊小学堂，为境内创办小学之始。光绪三十三年（1907）省学务处统计，境内有小学23所，在校学生860人。宣统三年（1911），境内有小学30余所，但多数设在城镇，农村仍以私塾为主。

民国1年（1912），境内小学开始实施4年义务教育，至民国4年（1915）小学发展到265所，在校学生8951人。民国18年（1929），增加到1095所，在校学生53568人。当年，攸县小学教育普及率在全省76县中排名第三，醴陵县第六。民国38年（1949）上学期，境内小学达1872所，但其中多数规模小，设备简单，师资不齐，学龄儿童入学率不足50%。

中华人民共和国成立后，全市小学教育全面发展，到1988年实现普及小学义务教育。1990年，全市小学达2432所，在校学生368470人，教职工17193人，分别为1949年的1.46、5.27、3.67倍；适龄儿童入学率、在校学生巩固率、儿童入学普及率以及小学毕业生合格率分别达到99.5%、99.1%、98.1%和89.97%，其中毕业生合格率超过省定先进标准4.97个百分点。

随着小学适龄人口的下降，到2000年，全市小学经过合理规划和调整布局，小学数量减至1810所，在校学生361581人，教职工15658人，小学学龄人口入学率达99.97%，毕业率达99.32%，升学率达98.6%。

第一节　办学体制

一　公办小学

清光绪二十七年（1901）八月，朝廷谕令各州县的书院改设小学堂。次年，湘潭县朱亭镇（属株洲县）龙潭书院、茶陵县洣江书院、攸县东山书院相继改为县立高等小学堂，攸县还创办南云学堂和明达小学堂。光绪三十年（1904），醴陵县渌江书院改为渌江高等小学堂。至宣统三年（1911），全境有初、高等公立小学8所。

民国1年（1912），改学堂为学校。次年，醴陵县15个区皆设立高等小学校。民国3年（1914），湖南省行政公署通令各县知事，限期规划推广小学教育。次年12月，又规定“儿童限8岁一律入学，过期当罚其父兄，并处罚学董”。嗣后，都（区）、乡镇办小学渐次发展，到民国13年（1924），境内公立小学增加到823所。其中，醴陵县468所，攸县208所，茶陵县123所，酃县24所。这一时期，公立小学的发展还得力于社会贤达和宗族的资助。攸县县立第三高等小学，就是由前江西都昌县攸县籍知事尹华庵捐银元600元兴建的。该县30个都办小学的办学经费，大多由宗族捐献。

民国15年（1926），湘潭县在株洲镇旧建宁县衙内（樟树坪小学所在地）创办县立第五高等小学堂，抗日战争初迁河西藕花乡，后改为藕花乡中心国民小学。民国24年（1935），教育部颁布《实施义务教育暂行办法大纲》，境内开始实施短期国民义务教育，创办简易小学和一年制、两年制短期小学班，至民国29年（1940）共有短期小学213所。

境内民国24—29年（1935—1940）短期小学发展概况一览表

表23-1

县名＼学校数＼年份	24	25	26	27	28	29
醴陵县	30	30	60	60	80	80
攸　县	20	27	38	45	53	53
茶陵县	5	40	40	53	53	53
酃　县	12	12	27	27	27	27

民国29年（1940）4月，国民政府颁布《国民教育实施纲领》，将高等小学、简易小学、短期小学班融为一体，于乡镇设中心学校，保设国民学校。民国31年（1942），醴、攸、茶、酃4县1087个保，设国民学校915所、乡镇中心小学57所，基本实现1乡1校，1保1校。民国38年（1949）上学期，境内有公办小学1411所，在校学生69897人，专任教师4139人。

1951年，株洲市有市属完小（完全小学，下同）6所，其中城区2所（樟树坪小学和南湖塘小学），郊区4所（宋家桥小学、白关铺小学、罗塘小学、黄栗塘小学），另有街学1所（栗树山小学），村校70所，在校学生6648人（城区932人，郊区5716人）。1952年，市人民政府改造联立完小为市七完小、白石港小学为市八完小、井龙小学为市九完小、大京小学为市十完小，在校学生增加到7885人，工农子弟入学率达80%。

“一五”计划期间，中央和省属一批企业在株洲兴建，城区人口剧增，为解决入学难问题，政府扩建栗树山小学、白石港小学，兴建学堂冲小学、贺家土小学、荷塘铺小学、清水塘小学。

1959年，原属长沙、湘潭、醴陵等县的28个公社划入株洲管辖后，公办小学增加到335所，为1957年的5倍。1961—1962年，经压缩办学规模，下放超龄学生，部分公办改民办，调整为310所，在校学生（含民办）由1960年的97405人减至73302人。1963—1965年，国民经济调整见成效，又上升到318所（完小72所，初小246所），在校学生58509人，为1962年的2.5倍。

“文化大革命”期间，盲目拔高中小学办学层次，小学教育受到严重冲击。到1976年，全市公办小学只剩下163所，约为“文化大革命”前的一半。1977—1980年，经过调整充实，上升到345所，在校学生118872人。

1983年市管县后，全市公办小学因行政区域再次扩大而猛增到2523所。1984年，市政府狠抓农村办学条件的改善和乡镇标准化中心小学建设，并拟定《株洲市“十无两有”中心小学验收标准》，1985年又颁布《株洲市标准中心小学条例》，经短短几年努力，到1987年中心小学建设初见成效。

全市 155 个乡（镇）有 151 个建有中心小学，其中 70 所经验收合格，较好地发挥了中心小学的教育管理、教学研究、师资培训的示范作用和指导作用。1990 年，全市公办小学发展到 2432 所，在校学生 368470 人，办学条件全面改善，学生人均校园面积 20.2 平方米，校舍面积 5.5 平方米，超过《湖南省县市教育督导评估方案》所规定的先进标准。

株洲市小学教育自 1988 年实现"普及初等教育"后，从 1991 年到 1997 年，公办小学数大体稳定在 2374 ~ 2383 所之间；在校学生数稳定在 407294 ~ 476793 人之间；教职工总数保持在 16509 ~ 16683 名之间。1997 年后，随着小学适龄人口的下降，合理规划和调整学校布局，1998—2000 年的 3 年间，共裁减小学 345 所，优化了教育资源的配置。其间，由于企业逐步实行与所办学校分离，企业办的小学逐步减少。

二　私立小学

清光绪二十四年（1898），醴陵县刘巨丞创办醴陵兰谊小学堂，是境内私立小学之始，也是湖南省最先创办的一所新式小学。二十九年（1903），酃县绅士尹瀛臣创办新民高等小学堂。三十二年（1906），醴陵县美国基督教遵道会创办遵道小学，同盟会醴陵籍女会员张汉英创办醴陵县女子学堂，攸县绅士余德晟创办庆都小学堂。

宣统年间（1909—1911 年），族办学校兴起。现境内有红花山黄氏 豁高等小学堂，油圳易氏当务高等小学堂，高塘罗氏明德高等小学堂，梢岗铺游氏立雪、罗家湾罗氏光裕、双牌铺张氏幼吾、关王庙唐氏伦序、梅冲刘氏绍坦、迴龙庵咸崇联校等高初等 9 所小学堂。醴陵县有西林王氏槐荫、枫塘张氏选青、王仙群治、大佛寺化成等小学。攸县有城西余氏族学、西乡睦田、长岭龙氏、麒麟山廖氏等 10 余所初等小学堂。民国期间，私人办学之风仍盛，但发展不平衡。民国 13 年（1924），攸县有私立小学 124 所，醴陵县 112 所，酃县 34 所，茶陵县 3 所。私立小学教员一般生活安定，教学认真，故以族办为主的私立小学十分兴旺。至民国 32 年（1943），醴陵县有私立小学 462 所，比公办小学多 5 所；攸县有私立小学 262 所，比公办小学多 54 所；现株洲市区及株洲县域内有私立小学 195 所，与公办小学大致持平；而茶陵县、酃县等地私立小学的数量则远低于公办。民国 35 年（1946），酃县只有私立小学 12 所，仅占全县 151 所小学的 7.9%。民国 36 年（1947），根据湖南省政府"裁缩乡保"训令，原乡镇中心学校按新划乡域改名，部分私立高小改为代用中心国民学校，部分私立初小改为代用保国民学校，私立小学数量相对减少。民国 38 年（1949），境内有私立小学 456 所，为 1411 所公办小学的 32.3%。

中华人民共和国成立后，私立小学或撤或并或改为公办，至 1952 年境内已无私立小学。20 世纪 80 年代后，广开学路，私立小学又零星兴起。到 2000 年，社会办小学有 10 所左右。

三　民办（耕读）小学

1953 年，国家在发展全民公办小学的同时，提倡创办集体性质的民办小学，境内群众积极响应号召。至1957年，株洲市民办小学由1952年的1所增加到9所，在校学生由192人增加到1056人。1956年，酃县有民办小学6所。1958年，国家正式提出国家办学和人民群众集体办学并举的“两条腿走路”的办学方针，境内民办小学迅速发展。醴陵县增加民办小学400多所，攸县增加215所，茶陵县增加116所，酃县增加54所，株洲市增加民办高小30所、初小256所。1959年，对师资奇缺、教学设施严重不足、不具备办学条件的民办小学进行整顿，或撤并或停办。

1962年，为减轻国家负担，全市调整民办小学布点，将73个公办初小班转为民办，并新增民办小学8所。是年年底，全市有民办小学289所，在校学生26783人，占小学生数的36.5%。1962—1966年，境内民办小学稳步增长，其中攸县发展最快，到1966年上学期民办小学由1962年的215所发展到416所，占当时全县1346所小学的30.9%。

1964年，贯彻国家主席刘少奇倡导的“双轨制”（两种劳动制度、两种教育制度）办学方针，大办农村集体性质的耕读小学。耕读小学因人因地因时制宜，形式多样，有全日制、隔日制、半日制、早晚班，或在公办小学内附设耕读班，学生可以半天读书，半天负担家务。这一办学形式，使众多家庭经济困难的儿童获得上学机会，因而发展很快。到1966年，株洲市有农村耕读小学204所，232个教学班，在校学生9000余人；攸县有耕读小学390所，在校学生11727人。1967年，酃县耕读小学增加到109所，为1964年的4.74倍，在校学生达3122人，占全县在校小学生总数的19.8%。1969年，学习推广山东经验，将农村公办小学下放到大队管理，公办小学、民办小学、耕读小学三者合一。至此，境内民办小学、耕读小学及其独立的班级消失，但教师仍有公办、民办之分。

四　厂矿企事业子弟小学

民国31年（1942），交通部在钟鼓岭创办扶轮小学，为城区创办最早的企业子弟小学。民国35年（1946），交通部铁路总机厂株洲机厂筹备处开办员工子女临时小学，招生55人，分6个年级，采用复式教学。次年，学校更名交通部铁路总机厂株洲机厂筹备处员工子女小学。

1951年，国营331厂利用工棚创办子弟小学1所，设5个班，有教师6人，学生180人。同年，扶轮小学更名衡阳铁路局株洲铁路第一小学。1957—1962年，企业小学获得长足发展。株洲硬质合金厂、株洲冶炼厂、株洲玻璃厂、株洲钢厂、株洲化工厂、株洲桥梁厂、株洲车辆厂、株洲苎麻纺织厂等一批厂矿企业先后办起小学。到1962年年底，城区有企业小学21所，263个教学班，在校学生11989人，教职员工459人。1963—1970年，城区又新增331厂第二小学、第三小学，田心机车车辆厂第二小学，株洲铁路地区第二小学，中国有色金属冶金建筑第二公司子弟小学，株洲锻压机床厂子弟小学等7所企业小学。

1972年3月，湖南省群众办学经验交流现场会在株洲市召开，对株洲市厂矿企业办学经验予以肯定。会后，市革委会提出“大厂单独办学、小厂联合办学”的要求，企业小学又获新的发展。到1975年，城区已有企业小学33所，在校学生36165人，占城区小学生总数的62.2%。

中共十一届三中全会后，在“科技是关键，教育是基础”的思想指导下，境内企事业单位逐年增加教育投入，改善办学条件。株洲硬质合金厂原有一栋4层28间的教学大楼，因教室采光不合要求，1982年又新建一栋3层12间的教学大楼和一栋400平方米的健身房，学校占地面积达11822平方米，拥有校舍面积4962平方米，教室52间。

1981年，331厂在原有3所子弟小学、校舍总建筑面积7733平方米的基础上，又在第三小学校园内兴建一栋使用面积3084.8平方米的教学楼，并相继配给电视机、录音机等教学设备。

1990年，全市有厂矿企事业子弟小学61所，在校学生23969人，教职员工1483人。其中，城区企事业小学34所，在校学生18294人，教职员工1374人，其学校数、学生数和教职员工数，分别为城区教育部门办小学的64.2%、57.3%和66%，成为株洲城区小学教育中的一大优势。

1991—2000年，随着企业改革的深化，城区占半壁江山的企业办学遇到一些情况和问题。主要是企业办学经费从税前列支变为税后列支，办学成了负担；社会生源负担过重，平均达15%以上；部分企业效益下降，办学经费得不到保障。1996年9月，国家教委在株洲召开"优化资本结构"部分试点城市企业办中小学改革工作研讨会，株洲市作《统筹协调、积极扶持、继续办好我市企业中小学》的专题发言。此后株洲市企业办学在改革中保持稳定发展势头，一批办学条件较好的企业学校得到进一步发展，因企业效益或其他原因停办以及政府接收的企业办学校不到10所。20世纪90年代末期，随着社会主义市场经济体制的日益完善和企业体制改革的步伐加快，企业办学逐步从企业中分离已成为一种趋势。

第二节 思想品德教育

清末，小学设修身课，根据《论语》《孝经》的基本思想，授以人伦道德要领，进行"上报君恩，下立人品"教育。政府规定每级设主任教员1人，负"指导儿童生活，领导儿童思想，改进本校风纪，实施人格熏陶"之责；要求教职员对待学生做到心术宜正、品行宜端、辞气宜和平、纪律宜严明，用志宜专、用情宜恕、度量宜大、告诫宜勤、赏罚宜出之以至公、气谊宜联之以慈爱。但其时小学教育尚在初创阶段，多数教员仍崇奉"学以畏而威"的打骂教育，常用戒尺、竹板管教学童。

民国前期，主要进行尊孔读经的封建伦理道德教育，但部分学校感于内忧外患，国运衰微，而倡导爱国主义教育。民国4年（1915），醴陵县中小学为抗议袁世凯签订的"二十一条"卖国条约，开展声势浩大的"国耻讲演"比赛。民国8年（1919），醴陵县开元小学师生到集市演戏，宣传打倒军阀、打倒帝国主义；攸县第一高等小学100多名师生上街游行示威，高喊"废除二十一条""惩办卖国贼""打倒列强""抵制日货"等爱国口号，并到商店清查、烧毁日货。

北洋军阀政府被推翻后，国民政府以孙中山的"三民主义"（民族、民权、民生）及其遗嘱为基本内容，开设"党义课"和"公民训练课"，向学生灌输"一个党、一个主义、一个领袖"的党化教育。学校设训导处主管德育教育，级任负责实施，"童子军"组织配合。训导分基本训导和普通训导。基本训导由级任教员依照学校要求或训导要目，教育学生养成良好日常生活习惯；普通训导多通过仪式、集会、检查、评比、奖励、惩罚等方式进行。但不少教员及家长持"棍棒底下出好人”“不打不成材”观点，体罚或变相体罚学生的现象相当普遍。

抗日战争时期，主要进行“抗日救亡”的爱国主义教育。醴陵县行易小学印发《行易周刊》，宣传抗日形势。株洲镇小学生上街高唱抗日救亡歌曲，开展募捐活动，慰问前方将士。渌口镇小学一个10岁的家境贫寒学生，抽出晨读时间，挑卖蔬菜，将赚来的小钱作慰问捐款。

中华人民共和国成立后，小学思想品德教育以“五爱”(爱祖国、爱人民、爱劳动、爱科学、爱护公共财物)为核心，培养建设社会主义的一代新人。但不同时期各有侧重。

1951年，许多学校结合土地改革，演出《白毛女》《柴山恨》等剧目，向学生进行“阶级苦、血泪仇”教育。1952年，各校师生爱国主义和国际主义热情空前高涨，普遍开展为支援抗美援朝战争“捐献一分钱”和学习国际主义战士罗盛教、邱少云等英雄人物活动。

1954—1955年，针对部分学生认为“参加农业生产没有前途”等轻视农业劳动思想，开展正确对待升学与就业的思想政治教育，并通过贯彻教育部颁发的《小学生守则》，进行遵守校规校纪，争当“三好学生”（身体好、功课好、品德好）的教育活动。

1963年，响应毛泽东“向雷锋同志学习”的号召，一个时期里学习雷锋、助人为乐、做好人好事、拾金不昧等蔚为风气。

1964年，为提高学生阶级觉悟，普遍进行查“四史”（家史、村史、厂史、个人成长史）、访“五老”（老干部、老红军、老工人、老贫农、老党员）、续“红色家谱”等忆苦思甜活动。但又导致出现“唯成份论”等“左”的偏向。

“文化大革命”期间，推行极“左”路线，以开展“革命大批判”为主要形式，向少年儿童灌输极“左”思想。但由于党的教育方针的正确指引，广大教育工作者持续不断地开展学习毛泽东思想和学习雷锋、王杰、欧阳海等英雄人物活动，对培养儿童少年助人为乐、舍已救人的思想品德起到了积极作用。1969年9月24日，株洲铁路职工子弟小学4年级学生戴碧蓉（11岁），面对快速开来的列车，奋力扑向路轨，救出3个正在轨道上玩耍的小孩，而她自己的左臂和左腿却被碾断。《光明日报》《人民日报》等全国性报刊，及时报道了她舍己救人的英雄事迹。当年10月，她还被接到中南海。毛泽东主席3次、周恩来总理6次曾接见了戴碧蓉。

1977年以后，以邓小平提出的“四有”（有理想、有道德、有文化、有纪律）为核心，把思想品德教育与各科教学、日常行为规范教育有机结合起来。

1988年，贯彻国家教委颁布的《小学德育纲要(试行草案)》《小学生日常行为规范(试行草案)》和中共中央《关于改革和加强中小学德育工作的通知》精神，全市37万余名小学生，掀起一个“遵守行为规范，争做四有新人”的热潮。1990年，全市小学又开展学雷锋、学赖宁活动，南区何家坳小学、樟树坪小学，东区红旗路小学，被评为全国学雷锋敬老助残活动先进单位。

根据市政协1989年对市区中小学德育工作情况的调查，当时部分学生在理想情操、道德风貌、法纪观念、政治认识等方面存在不少问题。刑事犯罪作案人员中，18岁以下的青少年占37%以上。如何提高中小学德育工作的实效，始终是困扰中小学教师和领导的一个难题。1990年5月9—10日，市委、市政府召开全市学校思想政治工作会议，提出要用社会主义思想占领学校阵地；同年，市委、市政府作出《关于加强和改进学校德育工作的意见》。全市小学积极推进学校德育改革与创新，推进素质教育，许多学校根据地区和自身特点，提出了具有远见卓识的德育研究课题。1995年，市实验小学根据独生子女已占在校学生总数97%的现实，提出如何教育好这些独生子女的研究课题，并根据独生子女的特点，确定以行为规范教育、心理优化训练和智力开发为独生子女教育的主要内容。经过6年的研究与实践，独生子女基本养成了良好的行为习惯和健康的心理品质。先后有280多名独生子女拾金不昧，价值达1600多元。芦淞区个体劳动者子弟小学，从培养流动人口子女良好的行为习惯入手，通过构建“以学校系统训练为重点，以加强教师队伍建设为关键，以学生自主实践为根本，以提高家长素质为依托，以优化社区教育环境为保障”的教育模式，建立学校、家庭、社会“三结合”的教育网络，全面提高流动人口子女的整体素质。

1995年，根据《中共中央关于进一步加强和改进学校德育工作的若干意见》，株洲市、县各类小学依据中央精神，改进学校德育工作。荷塘区红旗路小学以“蓬生麻中，不扶而直；白沙在涅，与之俱黑”为理念，为学生创造良好的文化环境，并与挪威佛瑞德克斯特市阿约洛德小学结为友好学校。株洲冶炼厂子弟小学，针对清水塘区域工业污染日益严重的状况，提出在班集体中开展生态道德教育，引导学生自觉养成爱护自然环境的思想觉悟和相应的道德文明行为习惯。攸县城关镇文化路小学，强化心理健康教育，通过构建学校、家庭、社会“三位一体”的育人环境，全面提高教育质量。该校从创办以来，每年的入学率、巩固率、合格率都是100%，学校的德育工作水平跃上了一个新台阶，1997年被攸县人民政府授予素质教育窗口学校。

1999年，在中央教育科学研究所德育研究中心的指导下，市教委决定开展“整体构建学校德育体系”的研究与实践，以此作为世纪之交德育改革和创新的突破口。

第三节　文化教育

一　学　制

清光绪二十九年（1903）十一月，朝廷颁布《奏定初等小学堂章程》和《奏定高等小学堂章程》，规定小学学制，初等小学堂5年，高等小学堂4年。

民国1年（1912），政府颁布《壬子·癸丑学制》，规定初小4年（义务教育），高小3年。民国12年（1923），实施小学“四二”分段6年制，即初小4年，高小2年。民国24年（1935），湖南省推行短期义务教育，醴陵县、茶陵县、攸县、酃县等，均办过1年制短期小学。至民国30年（1941），短期小学改为保国民小学。

中华人民共和国成立初期，沿袭民国“四二”分段制。1951年，贯彻政务院《关于改革学制的决定》，推行五年一贯制。由于当时条件尚不成熟，从1953年下学期起，停止执行，仍沿用“四二”分段制。

1969年春，根据毛泽东“学制要缩短，教育要革命”的指示，全面推行五年一贯制，历时12年。

1981年春，城区恢复6年制，农村向6年制过渡。到1985年秋，全市除市实验小学保持5年制外，其余小学均实行6年制。

至1997年全市普及九年义务教育前，小学内部、小学与初中之间仍有学段的分割。农村小学一般实行“四二”分段，并不是所有读完4年小学的学生都能进入五、六年级的高级小学，小学毕业生需通过升学考试，成绩优秀者方能进入初中就读。城市小学几乎所有小学毕业生均能进入初中就读，但要进入省重点中学，仍须经过招生考试，择优录取。1997 — 2000年，境内小学内部已无分段，初中招生考试也予以取消，全部适龄少年儿童均能免试、划片、就近入学，接受九年义务教育。

二 课程设置

清末，小学主要课程有讲经、读经、中国文学〔宣统二年（1910）易名“国文”〕、算术、格致（含动物、植物、矿物、物理、化学、卫生等基础知识）、健身、唱歌、图画、体操9门课程。

民国1年（1912），教育部规定初小设修身、国文、算术、手工、图画、唱歌、体操等科，高小增设本国历史、地理、理化、农业、商业、英语。每期授课均为21周。民国12年（1923），初小增设社会（含公民、卫生、历史、地理等）、自然、工用艺术（即手工）等课，高小增设园艺、工用艺术课，高、初小将图画课改称形象艺术课，唱歌课改称音乐课。民国25年（1936），教育部颁行《修正小学课程》，将原初小社会课、自然课并为常识课，1 ~ 2年级音乐课、体育课并为唱游课，美术课与劳作课并为工作课。从4年级起，算术课加教珠算，高小取消卫生课。民国37年（1948）1月，教育部又颁行《小学课程第二次修订标准》，将团体训练课改称公民训练课，国语课包括说话、读书、写字、作文4项，图画课改称美术课。初小1 ~ 2年级音乐课与体育课改称唱游课。

中华人民共和国初期，境内小学除取消公民、童子军、纪念周活动等课程外，其余课程仍沿旧制，即为国语、算术、珠算、政治、常识、历史、地理、自然、唱游、体育、美术、劳作12门课程。

1952年，中央人民政府颁发统一的小学教学计划，将国语课改称语文课（含阅读、作文、写字），唱歌课改称音乐课，珠算课从4年级起每周增加一节，取消美术课、劳作课、唱游课，课程设置减为9个科目。

1955 — 1957年，每学年授课时间由38周减少到34周。每周各年级增加一节生产劳动课，5 ~ 6年级减少一节历史课。1957年下期起，各年级设周会课，5 ~ 6年级手工劳动课改为农业常识课。

1958年7月，省教育厅发出《关于1958 — 1959年度公立小学教学计划的通知》，强调小学语文教学的重要性。规定小学各年级每周增加写字课教学。

1963年下学期，执行教育部《全日制小学教学计划（草案）》，设置语文、数学、历史、地理、自然、生产常识、体育、音乐、图画、手工劳动10门课程。

“文化大革命”期间，课程设置无统一规定。1973年，境内小学开设社会主义文化课及学工、学农、学军课，其中社会主义文化课（包括“毛泽东著作天天读”），占每周 28 节总课时的 57% 以上。

1977 年下学期，中小学课程设置全市统一。小学 1 ~ 3 年级设语文、数学、体育、音乐、美术，4 年级起增开政治、自然常识课。每天排课 5 节。1981 年，5 ~ 6 年级恢复历史、地理课。1982 年，政治课改称思想品德课，3 年级起开设自然课。

从 1990 年秋季开始，境内小学均按《湖南省全日制农村小学教学计划》执行。各年级均开设思想品德、语文、数学、体育、音乐、美术等功课；1 ~ 2 年级增开手工劳动课，3 ~ 6 年级增开劳动课，4 ~ 6 年级增开自然课，其中 5 年级增开地理课，6 年级增开历史课。每周总课时，小学 1 ~ 3 年级为 24 课时；4 年级为 25 课时；5 ~ 6 年级为 26 课时。1991 — 2000 年，课程设置没有大的变化，部分条件较好的小学增设英语、信息技术、计算机等课程。

三　教学与科研

清末，学部规定小学教授法“以讲解为最重要”，运用“循循善诱之法”进行教学，但多数小学仍采用老师讲，学生听的注入式。

民国初，境内小学仍多采用注入式。民国 9 年（1920），许多学校推行美国教育家杜威的“设计教学法”，效果良好。民国 12 年（1923），攸县私立清华高小采用自学辅导法，要求学生动手动脑，提高自学积极性。民国 19 年（1930），醴陵县知难小学试行以“做”为中心的“做”“学”“教”三位一体教学法，效果也不错，曾荣获省教育厅厅长朱经农赠予的上镌“湖南教育一点早曦”的一个大银盾。

1952 — 1957 年，以课堂、书本、教师为中心，采用苏联凯洛夫“五性”（系统性、直观性、量力性、自觉性、巩固性）和普希金“五个环节”（组织教学、复习检查、讲授新知识、复习巩固、布置作业）教学法，评定成绩用五级分制，传授基本知识循序渐进，课堂教学质量比较高。

1958 年，开展“教育革命”，强调“教育为无产阶级政治服务，教育必须与劳动生产相结合”，凯洛夫、普希金教育学受到批判。

1959 — 1960 年，推广“双高”课（高速度、高质量），把以往需要几课时或几十课时才能教完的教材，用 1 个或几个课时教完。作文课提倡低年级写百字文，中年级写千字文，高年级写万字文；数学课“画龙点睛”，茶陵县马江公社小学的一个教师，在 1 节课时间内教了 24 节课的算术内容。未几，这种违背教学规律的“跃进”式的“双高课”被否定。1963 年以后，注重教师在教学中的主导作用，教学上“精雕细刻”“循序渐进”“因材施教”的原则重新得到肯定。

“文化大革命”中，科学的教改教研活动基本中断。1977 年以后，学习赞可夫、布鲁诺教学法，摒弃注入式，推广启发式。1981 — 1983 年，注重由单纯传授知识转向传授知识的同时注重开发智力和培养能力，由教师讲授为主转向以教师为主导、学生为主体、训练为主线，由只重课堂教学转向为课堂教学与课外活动相结合，由教学生“学会”转向教学生“会学”的“四个转变”，促进了教学质量的提高。1984 年，全省小学毕业生会考，南区和北区语文、数学两科及格率均为

100%，名列全省榜首。

1985 — 1990 年，教学改革逐步深入，全市有 33 所小学、82 个班级列为改革实验，实验内容由单科、单项向整体结构过渡。市实验小学进行的“以美促学，全面发展”整体结构改革实验成效显著，省教委、省教科所到校考察后，称赞这是“一项很有特色，很有前途和生命力的实验”。

株洲市复式教育研究享誉全国，酃县鲁坑小学特级教师马安健创导的“动”“静”搭配，增加课堂直接教学密度的复式教学“短动教学法”，被列为湖南省 1990 年 7 月教育科研成果之一。其“复式教学研究”是全国复式教学中的一支奇葩，时任国家教委副主任柳斌为鲁坑小学题词：“复式教学开鲜花，义务教育结硕果”。1997 年，攸县复式教学综合运用“短动”“注提”“三算”教学改革实验获省五届教改成果一等奖。株洲县育红小学“自学、引导、发现”的教改实验，得到国家教委和省教委的充分肯定，《中国教育报》等报刊作了专题报道。市聋哑学校“聋生劳动技术和职业教育研究”，对培养聋生自立自强自理能力有重大突破，获省第五届教改成果一等奖。市实验小学“以美促学，全面发展整体结构改革实验”，获省第五届教改成果二等奖。醴陵市实验小学以美术教育为龙头，全面带动素质教育，全面促进学生整体素质的提高和个性发展。

1991 — 2000 年，境内小学教学重点转向全面实施素质教育轨道。市教委和教科所小学教育教研室就教改课题、地方教材建设进行深入研究；同时着力抓教师培训，组织教师学习新教纲、新教材，共举办教材培训班 12 期，参加培训的市级教学骨干 2000 余人次，全面提高教育、教学质量。

附：学校简介

炎陵县鲁坑小学 鲁坑小学位于炎陵县鹿原镇澎溪村芭蕉垄，是一所全日寄宿制的六年制复式小学。创办于 1949 年，原为私塾。1950 年改为公办小学，1962 年下学期转为民办小学，1979 年下学期又恢复为公办小学。

鲁坑小学摸索出“动”“静”搭配，增加课堂直接教学密度的“短动”教学方法，打破传统的复式单教法，有效地促进了多级复式教学质量的提高。自 1978 年以来，学校统考成绩连年名列学区前茅。该校在适龄儿童入学率、在校学生巩固率、毕业生合格率一直保持 3 个 100%。学校还与全国 27 个省、直辖市、自治区的教育行政部门及北京师大、天津师大、湖南师大等高等院校建立了教研联系，多次应邀参加全国性复式教学研讨会。1988 年 9 月，又应国家教委邀请，参加联合国教科文组织在河北省召开的“中国农村复式教学研讨会”。该校在罗霄山脉复式教学的首席专家、特级教师、全国劳动模范、国务院授予有突出贡献发展农村教育专家马安健的带领下，坚持可持续发展的山区教育观，使鲁坑小学成为“县文明学校”“株洲市复式教学示范学校”“株洲市农村基础教育重点课题研究单位”“株洲市先进家长学校”“株洲市代教育技术实验学校”“湖南省复式教学实验学校”“中国教育学会复式教学专业委员会复式教学实验学校”。

第四章　普通中学教育

清光绪三十一年（1905），醴陵县改渌江高等小学堂为渌江中学，是境内设立普通中学之始。民国15年（1926），境内普通中学发展到5所。抗日战争期间，外地学校内迁和沦陷区师生涌入，境内中学陡增，仅9万余人口的酃县，中学达6所，其中5所为外地迁入。民国38年（1949）上学期，境内有公私立中学18所，在校学生2759人，其中醴陵县7所、攸县3所、茶陵县4所、酃县1所、株洲镇3所。

中华人民共和国成立初期，人民政府接管所有学校，私立中学改为公立。1952年，全境中学调整合并为11所，在校学生5110人，其中高级中学2所，学生368人。1953—1957年，中学教育稳步发展，增加学校3所，学生数翻一番。

1958年"大跃进"，境内中学激增到170所，为上年的7.7倍；在校学生26250人，为上年的2.6倍。经过1961年调整，学校数较1958年减少60%，学生数减少16%。1964年后，中学教育重新协调发展。

"文化大革命"期间，公社、大队盲目兴办中学，到1976年境内中学增至450所。中学教育"浮肿"，导致教育质量严重下降，教育结构比例失调。"文革"结束后，中学教育逐渐走上健康发展轨道。

从1978年开始，根据省教育厅的统一部署，境内市、县对"文化大革命"以来盲目发展的中学进行大幅度调整压缩，将原已下放归区、社领导的市、县中学仍收归市、县管理。调整中学布局，减少高中数，公社中学停招高中班，大队完小附设的初中班合并到公社中学，大队办的初中班予以撤销，高中集中到市、县办。大规模的调整到1983年告一段落，当年，境内普通中学压缩到275所，学生减少到114547人。学校布局也趋于基本合理。1990年，境内有高中12所、完全中学47所，在校高中学生25316人。

20世纪90年代，在"九七教育工程"推动下，1997年株洲城区基本普及了高中阶段教育。市一中等6所完全中学被评为"株洲市规范化完全中学"。1998年，株洲市应对中小学教育出现生源"双驼峰"的现象，采取"多元办学，扩大规模，初高分离，普职分流"的措施，进一步调整普通高中的学校布局。至2000年，境内普通中学有237所，其中初中达到191所（未含完全中学31所中的初中部），教学班3627个（含完全中学初中部），在校学生210847人；普通高中46所，在校学生38716人。

第一节　办学体制

一　公办中学

清光绪三十一年（1905），醴陵县渌江高等小学堂改为渌江中学，民国8年（1919）又改为醴陵县立中学。民国14年（1925），攸县开办县立初级中学，民国16年（1927）因校长等拟在该校建立反革命武装，被中共攸县党组织下令解散，民国28年（1939）复办，民国35年（1946）改称攸县县立中学。该校坚持严考、严教、严管方针，办学出色，民国32年（1943）获湖南省年级考试甲种奖励。民国28年（1939），茶陵县设初级中学，次年因经费困难停办，民国32年（1943）复办。同年，省立第一临时中学设酃县分校，开办初中、高中、师范三部，民国30年（1941）迁往茶陵。民国30年（1941），省教育厅根据"调整组织，分区设学"的原则，在第二学区（包括湘东各县）择定茶陵县洣江书院为校址，将原省立衡阳中学、省立第一临时中学酃县分校和茶陵县、攸县、安仁县、酃县联立简易乡村师范学校，拆迁合并成立省立第二中学。该校是一所以高中为主的完全中学，办学经费由省支付，师资、设备等条件较一般中学优越，教学质量高，在省内享有盛名。民国32年（1943），酃县创办县立初级中学。

中华人民共和国成立初期，公、私立中学一律由人民政府接管，公办中学成为普通中学的主体。1951年，醴陵县立中学与私立湘东中学、遵道中学合并改为醴陵县一中。同年，攸县县中改名攸县第一初级中学，株洲建宁中学改为株洲市立初级中学。1952年，办在茶陵县的省立二中改为茶陵县一中，茶陵县中改为茶陵县第二初级中学。1955年，株洲市二中建成，次年改为完全中学。1957年，市里增设三中、四中2所初中。

1956年，农民子女升中学者日众，原有中学规模已不适应形势发展需要，政府选择条件较好的完全小学戴帽附设初中班，以解决农民子女升学难问题。当年，株洲市大冲完小和田心铁小，醴陵县白兔潭、档子山、金盆山、斯陶坪完小，攸县官田、夏泉完小，茶陵县高陇完小，均招收初中新生2个班。尔后小学附设初中班者不断增多，办得较早的附中逐渐升格为初级中学。1958年，境内公办中学数量激增。株洲市有中学6所（新增五中、六中），新增茶园、霞山、白壁、石塘山、渌口、马迹6所附中。醴陵县原白兔潭、档子山、金盆山、斯陶坪4所附中，分别升为县立第五、六、七、八初级中学，县二中、三中增设高中班，新增王仙、汤家坪、杨木档、潭塘4所附中。攸县一中、二中发展为完全中学，官田附中更名县第三初级中学，新设渌田等7所附中。茶陵县增设马江、管塘等10所附中。酃县县中改为酃县一中并开始招收高中班，水口附中改为县立第二初级中学，新设河东、石洲、中村、炎陵4所附中。至1965年，境内公办全日制普通中学发展到34所，其中完全中学10所。

"文化大革命"初期，有的中学被撤销，教师下放"五七"干校劳动。1968年复课后，学校开展"斗、批、改"，县属中学多下放到所在公社管理，城区有的中学一度由工厂接管。1970年又不切实际地提出"读初中不出大队、读高中不出公社"的口号，普遍拔高小学办中学，普通中学剧增，至1976年境内中学总数达1467所，在校学生达246127人，中学教育一时"浮肿"。酃县是仅有16个公社的小县，1970年的普通中学数则由上年的4所增至23所。

"文化大革命"结束后，经过"消肿"，中学教育正常发展。株洲市二中、株洲县五中、醴陵市一中、茶陵县一中先后升为省属重点中学。至1990年，全市公办中学调整为266所，其中初中207所，高中12所，完全中学47所。在校学生136889人，教职工11471人。

1991 年以后，随着《中华人民共和国义务教育法》的贯彻实施和普及九年义务教育的启动，以公办普通中学为主体的中学教育获得长足发展，办学规模、招生数量、教育质量逐年提高。学校数始终稳定在 220 ~ 230 所之间，而在校学生数和教职员工数却逐年上升。1992 年，在校学生总数为 143629 人，教职工 12318 人。1997 年后，全市初中教育基本普及，高中教育城区也基本普及。南方中学于 1994 年、攸县一中于 1999 年也分别进入省重点中学行列。至 2000 年，全市普通中学增加到 237 所，在校学生总数增加到 249563 人，教职员工 15777 人。

二　私立、民办中学

清末，醴陵县刘佐辑创办民立中学堂，是境内最早的私立中学。民国 3 年（1914），美国基督教遵道会改遵道小学为遵道中等预备学校，民国 10 年（1921）正式改为遵道中学，民国 15 年（1926）秋被迫停办，民国 20 年（1931）秋恢复初中，向省政府补办立案手续。民国 10 年（1921），美国基督教驻攸县传教士设励德中学，男女分校，男校称励德中学，女校称崇德中学，民国 16 年（1927）在“打倒洋鬼子”的呼声中停办。民国 13 年（1924）春，茶陵县陈应炳等在原洣江书院基础上创办私立汇文中学，民国 16 年（1927）因“马日事变”，师生受迫害，被迫停办。

抗日战争期间，许多大中城市的学校、机关及文化教育界人士，避战乱纷纷迁往边远县城或偏僻山区，促进了这些地方教育事业的发展。在这期间今株洲境内开办的私立中学，有醴陵县的湘东、开明、兰谊、东方、斯陶、铁肩等 7 所初级中学，茶陵县的正本、育民、祖安 3 所初级中学，株洲城区和株洲县境内的建宁、石浦、霞峰等 4 所初级中学，从长沙等地迁入株洲镇、茶棱县、酃县的私立中学有新群、协均、五四、扶轮 4 所初级中学。比较有影响的私立中学有醴陵县湘东中学、株洲镇新群中学、茶陵县祖安中学。湘东中学是民国 27 年（1938），由醴陵县著名教育界人士张伯兰倡办并任校长，国民党要员刘建绪任董事长，程潜、何键兼董事，民国 29 年（1940）增设高中后，发展成为拥有初、高中 6 个年级的完全中学。学校师资队伍整齐，治学严谨，民国 32 年（1943）第一届高中毕业生参加湖南省会考，名列全省第一，被誉为省内后起之秀。新群中学原是民国 10 年（1921）由毛泽东、黄笃杰等 7 名湖南一师校友集资 1000 元，在湘潭开办的新群小学，民国 26 年（1937）增办初中后改名新群中学，民国 30 年（1941）从湘潭迁到秋瑾烈士之子王重民捐赠的株洲清水塘大冲王家庄屋，民国 35 年（1946）增办高中，次年返迁湘潭。祖安中学是民国 32 年（1943），茶陵县谭氏家族为纪念已故民国行政院长谭延闿，在谭氏旧居高陇兴建，以谭氏之字“祖安”定校名，民国 33 年（1944）日寇犯境时迁该县秩堂马首，民国 35 年（1946）迁南岳。至 1949 年，境内共有私立中学 14 所，其中株洲镇 3 所，醴陵县 7 所，攸县、茶陵县各 2 所。

1951 — 1953 年，境内私立中学全部由国家接管改为公办中学。株洲镇建宁中学改为株洲市初级中学。醴陵县湘东中学、遵道中学与县立中学合并为醴陵县一中，开明中学与铁肩中学合并为醴陵县第二初级中学，兰谊中学与斯陶中学合并为醴陵县第三初级中学，东方中学改为醴陵县第四初级中学。攸县清华中学与攸县简易师范合并为攸县第二初级中学，丹陵中学改为攸县第三初级中学。

茶陵县正本中学改为茶陵县第二初级中学，育民中学改为茶陵县第三初级中学。

“一五”计划期间，国家“提倡农民群众自办学校，允许私人开办学校”，要求“依靠群众的力量，在国家计划的指导下”发展中等教育事业，一时境内集体性质的民办中学应运而生。

1957年，醴陵县城关镇创办一所民办中学，1961年改为城关镇办渌江初级中学。1958年，株洲市城区在短时间内，办起蔚文、树人、联合等16所民办中学。但这些学校大都缺乏必要的办学条件，几个月后即自行停办。同年，攸县创办33所民办中学，招生67个班，在校学生3478人，教职员工大都是回乡高中毕业生和闲散知识分子，到1959年减少到13所，1961年除城关镇保留一所民办中学(后更名南泥湾中学)外，余皆停办。

1962年，市区办有群力一中、群力二中、群力三中、曙光民中、清水民中、郊区坪上民中6所民办中学，共招收初中班18个，在校学生901人。1965年8月，经市人民委员会批准，群力一中、群力二中、群力三中均改为半工半读中学。这些学校以办工厂为主，学生半工半读，学制3～4年不等，不包分配工作。

1991—2000年，随着改革开放的深入，民办中学又获得长足发展。到2000年，境内民办中学达到11所，在校学生3509人。办得较好的学校有：茶陵县的云麓中学，株洲市城区的惟楚中学、石峰中学、国亚中学，市二中所办的景炎实验中学和南方中学所办的外国语实验学校。

三　厂矿企事业子弟中学

1956年，株洲机车车辆修理厂子弟小学附设初中班，1958年改为子弟中学。1962年，城区厂矿企业子弟中学发展到5所。1963年，醴陵县境内的潘家冲铅锌矿兴办子弟学校，先办小学，后陆续设初中班和高中班，是醴陵境内第一所厂矿企业学校。攸县、茶陵县的厂矿企业中学兴起稍晚。

1972年，城区厂矿企业子弟中学发展到33所。1978年经调整，计有7年制学校4所，9年制学校13所，完全中学7所，在校学生16908人。1982年，城区有工矿企业子弟中学22所，教职员工数和在校学生数，均占城区教职员工总数和在校学生总数的59%以上。

1990年，全市厂矿企业、科研单位、高等院校等企事业子弟中学，共有41所，其中城区22所、醴陵市8所、攸县5所、茶陵县6所，在校学生14420人，教职员工2064人。

随着企业运行机制的变化，国家要求逐步实行企校分离。株洲市根据地方财力情况，确定分类、分步实施企校分离的政策，鼓励、支持企业继续办好一批学校，确实不能再办下去的，可由政府接收，或由当地社区联合办学，也可改制为民办。遵循这种策略，一批原来办学条件较好的企业学校获得了良好的发展机遇。如南方航空动力机械公司的南方中学，1994年改为董家塅社区联合办学的体制，由南方公司牵头，与该社区其他企事业单位共同组成社区办学管理委员会，共筹资金，联合办学，数年内筹集资金千万元，以每年一栋楼的速度大力改善办学条件，1999年成为省属重点中学。2000年，又开办外国语实验初中和民办凤凰高中2个附属学校，在校生达4千余人。其“社区办学，面向市场，自谋发展”的办学体制改革经验及良好的教育质量得到教育部、省政府的高度评价。株洲电力机车厂九方中学，在“扶上马，送一程，办成名校，自谋发展”的方针指引下，健康地迈开了自谋发展的道路。2000 年，投入 1000 多万元资金，一年内建成主教学楼、新田径场，改造了校园，添置了设备，顺利通过省教育厅验收，成为省重点中学。株洲车辆厂子弟中学、株洲硬质合金厂子弟中学也在实行“校企分离，自谋发展”的道路上取得可喜成绩。2000 年，这 2 所中学成为市规范化完全中学。也有一些厂矿企事业办学校，因自身无力继续办学，或由政府接收改办其他学校（如株洲化工厂中学、钢厂学校、煤田学校、湘华机械厂学校等），或自行消失（如中南林学院子弟中学、株洲电厂子弟学校等，未经政府同意，转移学生，将校产改作他用，于 1995 年消失）。

第二节 德育工作

清末，主要向中学生进行“忠君、尊孔”教育，培养效忠封建政权的人才。民国初，仍极力复古，注重封建伦理道德教育。民国 18 年（1929），国民政府颁行“三民主义”教育宗旨，对学生进行“党化教育”，开设党义、公民、童子军、军训等课程。中学设训育处，班级设级任导师。民国 27 年（1938）后，多数学校建立三民主义青年团组织，以强化法西斯主义教育。民国 36 年（1947），醴陵遵道中学设国民党区分部及三青团组织，根据省教育厅有关防范学生“赤化”的密令，成立了学生自治会与教会学生青年会，每周国民党县党部派人到校讲“三民主义”。

中华人民共和国成立后，人民政府取缔了国民党、三青团在学校的组织及其活动，取消训育处，废止公民、童子军及军训课，在学生中有计划地进行“五爱”教育，定期进行时事政策教育。1950 年 10 月，结合抗美援朝、保家卫国运动，进行爱国主义、国际主义和反对帝国主义教育，学生爱国热情高涨，踊跃参军参干。1949 — 1950 年，醴陵县中学生为“支援前线、解放全国”和参加“抗美援朝”，投笔从戎者达几百人。在紧接着开展的土地改革、镇压反革命运动中，学生受到深刻的阶级教育，中学建立了新民主主义青年团（1957 年更名“共产主义青年团”）和少年儿童队（1953 年改称共产主义少年先锋队）组织。20 世纪 50 年代中期，中学开始建立中共党支部。学校在党组织领导下，班主任、共青团、少先队、学生会、政治课教师，共同担负着对学生进行思想政治教育的职责，贯彻执行全面发展的教育方针，其他各科教师也要求管教管导，共同关心学生健康成长。50 年代后期，除以总路线、“大跃进”、人民公社作为施教的主要内容外，还普遍开展向苏联的卓娅和舒拉、奥斯特洛夫斯基及中国的罗盛教、邱少云、吴运铎等国内外英雄人物学习的活动。

1962 年冬至 1963 年春，为配合开展社会主义教育运动，学校加强对学生进行阶级教育，阶级斗争被强调到不适当的程度。从 1963 年到“文化大革命”前，“学雷锋，见行动”形成热潮。雷锋“爱憎分明、公而忘私、助人为乐、艰苦奋斗”的精神，成为学生学习的榜样。

“文化大革命”期间，思想政治教育的主要内容为学习毛泽东著作，以阶级斗争为纲，批判资产阶级。每天安排一节“天天读”，政治课以读毛泽东著作为主，并结合学工、学农、学军，进行劳动教育、形势教育和战备教育，其他各科也要以毛泽东语录贯穿始终。

中共十一届三中全会后，全面纠正极“左”错误，中学思想政治教育逐步得到改善和加强。1979年，遵照在新形势下加强思想政治教育的指示精神，对学生进行坚持四项基本原则、革命理想、共产主义道德品质教育和法制教育，同时，贯彻落实《中学生守则》。1980年，重点抓革命理想教育，着眼于把学生培养成为“有理想、有道德、有文化、有纪律”的全面发展的一代新人。1981年，学校普遍开展讲文明、讲礼貌、讲道德、讲秩序、讲卫生，心灵美、语言美、行为美、环境美，热爱祖国、热爱中国共产党、热爱社会主义的“五讲四美三热爱”的教育，强调建设社会主义精神文明。1982年，政治课教学正式使用全国统编教材。同时，通过开展“文明礼貌月”活动和反腐蚀教育，校风校纪明显好转。

1983年，学校结合学雷锋、学张海迪、创“三好”等活动，进行共产主义理想、道德、情操的教育，学生的思想政治觉悟、道德品质有不同程度的提高。但由于黄色书刊、淫秽录像暗地传播，不少学生受到思想毒害和精神污染，出现了唱黄色歌曲、看淫秽书刊、谈恋爱、讲江湖义气、厌恶公益劳动、玩赌博等不良现象。

1984年后，教育部门狠抓思想政治工作，注重清除精神污染。主要是增强思想政治工作领导力量，选配得力专职团委书记，增设党支部办公室，直属学校教学班在20个以上的均设立政教处；举办校长、党支部书记和政治课教师培训班，改革政治课教学；开展学雷锋、树理想、创文明班级、文明学校活动；在师生中进行反对资产阶级自由化、坚持四项基本原则的教育；开办家长学校，与居委会、派出所等社会组织建立联系，形成对学生思想政治教育的合力。

1988年，国家教委颁布《中学德育大纲（试行稿）》和《中学生日常行为规范（试行稿）》，境内部分中学先试行，后全面推广。

1989年年初，贯彻中共中央《关于改革和加强中小学德育工作的通知》精神，调整充实中小学德育工作队伍，建立健全了一整套德育工作制度，制定了考评办法；同时，以落实中小学生日常行为规范为突破口，在全市开展争做规范学生、争做“四有”新人活动。全市43万中小学生全部投入活动，到年底共评出规范中学生37531名，占中学生总数的86.5%。

从1991年开始，境内以“德育序列化”为主线，将全市学校德育工作整体有序地安排，做到德育目标、德育内容、德育途径序列化，德育方法多样化，德育管理科学化，逐步建立了中小学相互衔接，家庭、社会、学校互相配合的学校德育序列化工作体系。

此后，全市各级各类中学结合各学科特色，把德育教育相关内容贯穿其中，陶冶学生情操。德育教育的加强，改变了以往“教书”与“育人”两张皮现象，使德育的灵魂地位得到初步的落实。

1995年5月，市委、市政府下发《关于加强和改进学校德育工作的意见》，要求全市各级党政领导以战略眼光来认识新时期学校德育工作的重要性，相关部门要密切配合抓好落实。共青团株洲市委在以团带队的工作中，把加强和改进中小学德育工作放在首位，以实践为基础，寓教于学；注重以活动为载体，寓教于乐；以基地为依托，寓教于干，不断强化共青团的育人功能，夯实青少年学生道德基石，做出了有益的探索。炎陵县根据1997年1月15日县船形中学一学生因不堪另一学生暴力威胁，持刀将其砍成重伤的典型事例，在全县范围开展依法治教综合治理、建立法制教育网络、净化校园周边环境等工作，取得丰硕成果。市五中“学生自我教育、自我管理、自我发展”的经验，市四中“开发社区教育资源，促进学校德育工作”的探索，南方中学的“燃红炉子，铸造师魂”，九方中学的“依托社区，突出特色，培养高素质人才”等，为境内德育工作提供了可资借鉴的经验。涌现出刘洋、钱龙、欧阳帆等一批先进学生典型。全市德育教育硕果累累，《中小学德育整体改革研究》《政治学科素质教育课堂教学模式研究》先后获湖南省第四届、第五届教研成果二等奖；株洲市四中的社区教育经验，在全省中小学德育工作会议上得到表彰和推介。1999 年，株洲市决定开展“整体构建学校德育体系”的研究与实践，以此作为世纪之交德育改革和创新的突破口。

第三节　文化教育

一　学　制

清光绪二十九年（1903），“癸卯学制”规定中学修业年限为 5 年。民国 2 年（1913），“壬子癸丑学制”规定中学教育 4 年，不分段，男女分校。民国 11 年（1922），教育部公布“新学制”，又称“壬戌学制”，规定中学 6 年，初、高中“三三”分段。

1960 年 5 月，市委召开教学改革工作会议，提出对学制、课程、教学内容和方法进行彻底改革，以实现中央提出的在全日制中小学教育中“适当缩短年限、适当提高程度、适当控制学时、适当增加劳动”的要求，确定以市二中为试点，实行五年一贯制，初、高中“三二”分段。1961 年秋，根据中央调整缩小试验面的指示精神，暂停五年一贯制试验。

“文化大革命”中，境内学制缩短。1968 年始，中小学普遍实行九年一贯制，即小学 5 年，中学 4 年。中学初、高中“二二”分段。但学制太短，难以完成教学任务。1975 年秋季新生始，中学增加 1 年，实行初、高中“三二”分段的十年制。次年，又将小学改为 6 年，中学仍为 4 年，初、高中“二二”分段。1978 年，按照教育部《全日制十年制中小学教学计划试行草案》规定，初中 2 年改 3 年，至 1980 年秋所有中学均为 5 年制，初、高中“三二”分段。自 1981 年下学期始，根据教育部颁发的《全日制中学暂行工作条例（试行草案）》，1983 年 1 月，株洲市作出《关于学制改革的决定》，中学逐步恢复“三三”制。但由于师资、设备等方面的原因，改制工作到 1985 年才完成，过渡期内两种学制并存。1990 年，市政府批准将市五中改为实验中学，配合市实验小学，进行“五四”学制（小学 5 年、初中 4 年）试验。

20 世纪 90 年代，全市中学学制仍沿袭“三三制”规定执行。1991 年后，随着“九年义务教育”的逐步实施，其初中部分已纳入“九年义务教育”的范畴，初中招生考试也予以取消，全部适龄儿童少年均能免试、划片、就近入学接受九年义务教育。初中毕业考高中或中专，仍需进行升学考试。

二 课 程

清末，中学堂设修身、读经讲经、中国文学、外国语、历史、地理、算学、博物、物理及化学、法制及理财、图画、体操12门课。

民国21年（1932），按教育部课程修正标准，初中设公民、国文、英语、历史、地理、算术、物理、化学、动物、植物、生理卫生、体育、音乐、图画、劳作15门课。民国29年（1940），根据《修正中学规程》，每星期一第一节定为“纪念周”，初中增设“童子军”，国文改称“国语”，算学易名“数学”；高中设国语、数学、物理、化学、英语、历史、地理、生物、音乐、美术、体育、军事训练12门课。

中华人民共和国成立后，中学课程设置和教材内容均有重大改革。课程设置注重德、智、体、美全面发展，废弃旧教材，取消“公民”“军训”“童子军”等课。

1958 — 1959年，教育部下发《中学教学计划》，规定中学开设生产劳动课，学生每年要参加14 — 28天生产劳动，但实际上劳动时间大大超过部颁规定。1964 — 1965年，醴陵县全日制初中曾实施两类教学计划：第一类设政治、语文、外语、代数、物理、化学、生物、历史、地理、生产知识、音乐、美术、体育；第二类在第一类基础上增设平面几何、珠算、农业簿记、会计选修课，停开外语，改生产知识为农业基础，改历史、地理为史地常识。

“文化大革命”前期，根据省里统一安排，废弃国家制订的统一课程设置和统编教材，采用省编教材。省编教材与“文革”前国家统编教材相比，削减了内容，降低了程度，增设“毛泽东著作天天读”，将物理化学合称“工业基础知识”，体育改为“军体”，音乐改为“革命文艺”，历史、地理、生物一度停开。

“文化大革命”后，逐渐恢复1965年的课程设置，设政治、语文、数学、外语、物理、化学、地理、历史、生物、生理卫生、农业基础知识、体育、音乐、美术14门课。1977年，初中增开社会发展简史和科学社会主义常识，高中增开辩证唯物主义常识、政治经济学常识。1978年下学期始，停用省编教材，采用全国通用课本。

1980年下学期，按省教育厅要求，高中二年级增开“人口教育讲座”，初中改设青少年修养、政治常识和社会发展简史。1981年，教育部颁发全日制5年制中学和6年制重点中学两个教学计划，规定各年级增设劳动技术课，高二、高三开选修课。1984年上学期，市二中开设“计算机程序设计”选修班，是全市开设该课程的第一所中学。1988年，调整政治课设置，初中设公民、社会发展简史、中国社会主义建设常识，高中设共产主义人生观、经济常识、政治常识。

从1990年秋季起，全市中学开设政治、语文、数学、外语、物理、化学、历史、地理、生物、生理卫生、体育、音乐、美术、劳动技术14门课程。从1992年起，随着九年义务教育的逐步普及，按教育部统一要求，全国小学和初中开始打破分割，统一实施九年一贯制的课程计划，并将课外活动提高到“活动课程”的重要地位。从1994年起，实行5天工作制，并适当调整了高中课程，设政治、语文、数学、外语、物理、化学、生物、历史、地理、体育、艺术（音乐、美术）、劳动技术、社会实践等课程。但这一计划的执行仍不规范，主要是劳动技术、选修、课外活动等被文化课挤占，得不到保证。1995 年再次对上述计划进行了小幅度调整，语文课时、选修课时略有增加，课外活动从每周 5 节减为 4 节。20 世纪 90 年代后期，各高中学校纷纷开设一年的计算机课程，到 2000 年已经全市普及。

三 教学与科研

清末至民国时期，中学教学以“教师讲、学生听”的传统注入式为主。

1952 年，教育部颁布《中学暂行规程（草案）》，推行苏联凯洛夫、普希金教学法，强调在教学过程中狠抓 5 个原则和 5 个环节，注重基础知识教学和基本技能训练，形成以教学为中心、课堂为中心、教师为中心的教学秩序。

1958 — 1960 年，贯彻“教育为无产阶级政治服务，教育与生产劳动相结合”的工作方针，开展所谓教育革命，不适当地强调理论联系实际，师生停课参加政治运动和生产劳动的时间较多，学校正常教学秩序常常被打乱。

1961 — 1962 年，学校以教学为主的正常教学秩序逐渐得到恢复，师生绝大部分时间能用于教学和文化学习。在“狠抓教学，努力提高教学质量”方面，采取了许多措施，其中推广“启发式”教学，贯彻“少而精”“精讲多练”“讲练结合”的原则较有成效，教学质量稳步提高。但同时片面追求升学率的倾向开始抬头，学生课外作业增多，考试也频繁起来。

“文化大革命”前期，学校各项管理制度遭到破坏。1971 — 1973 年，教学管理逐步上轨，教学质量引起重视，普遍恢复了考试制度，学业成绩被重新确定为评选三好学生的重要指标。1974 年，由于极“左”路线的干扰，抓教学质量受到责难，被视为“修正主义教育路线回潮”，刚走上正轨的教学秩序再度被打乱。

1978 年，贯彻全国教育工作会议精神，教育战线的极“左”路线得到清算，教学又成为学校的中心工作，学生的基础知识学习和基本技能训练重新得到重视。各中学相继开展教学改革。茶陵一中以培养学生自学能力的“二级自学辅导站”教学改革取得满意效果。1980 年前后，一些学校开展自制幻灯投影机和幻灯片，开展电化教学。稍后，市、县相继成立电教站、仪器站，各中学陆续购置电影放映机、录音机、录像机、微电脑等电教设备，以增强直观教学。电化教学开始作为课堂教学的重要辅助手段。

1986 年，组织全市优秀教改实验课评选活动，中学教师 1478 人参加活动，上课 1600 余节，筛选出一批优秀教改实验课，推动了教改的普遍开展。到 1987 年，致力于教学研究的市物理学会、化学学会、生物学会，市中学语文、外语、政治、历史、地理、体育和电教实验等教学研究会相继成立，随后各县市区亦成立相应的学会，至此全市教研组织形成网络。

1991 — 2000 年，全市中学教育建立和健全了市、县、校三级教育、科研机构。1996 年荷塘区、株洲县、攸县及市郊区4个教研室成为市首批合格教研室。1997—1998年，经市、县两级检查评估，全市170个教研组成为首批合格教研组，同时还有20余所中学设立了教科室，全面开展教改教研活动。

1995年，市教委成立“基础教育科研与改革领导小组”，建立了科研课题申报、立项、论证、管理、鉴定、成果评奖等一系列制度。深化教育思想、课程教材和教学评价三项改革，面向全体学生，全面推进素质教育，使教改科研工作取得了丰硕成果，在省第五次和市第二次基础教育教改实验成果评比中，株洲市中学共获省奖11个，市奖74个。

1991—2000年的10年间，境内组织市级教研活动540多次，有31000多人次参加；县、区级教研活动900多次，有47000多人次参加；组织参加省级教研活动160次，有2100多人次参加；组织参加省以上优秀课调教评优活动85次，共获一等奖53个，二等奖53个，获全国奖27个；撰写教学教研论文共4200多篇，其中获国际奖4篇，国家奖350篇，省级一、二等奖1100篇，市级奖2300多篇。

中学各科教学质量也有较大提高。初中文化学科成绩合格率从20世纪80年代中期的76%，提高到90年代中期的94%。高中毕业会考成绩进入全省先进行列。以1998年为例，市高中毕业生会考人均总分居全省第二，合格率全省第三。高考成绩中，语文、外语、政治、历史、生物、化学6科成绩进入省前三名，特别是外语人均分连续4年居全省之首，文科总成绩居全省第三位。

在组织学生参加全国高、初中数学、物理、化学、生物奥林匹克赛中，有128人获全国奖，32人获省级奖。全国高中作文竞赛，株洲市3人获一等奖，5人获二等奖，6人获三等奖。外语竞赛获全国奖104人，省级奖104人。

附：学校选介

株洲市第二中学　株洲市第二中学（简称“二中”）创办于1955年5月。原坐落于市区贺嘉路13号，1996年7月，该校整体搬迁至天台路33号。1957年8月被湖南省教育厅确立为湖南省重点中学。1989年，被湖南省教委确认为省实验中学。1993年，湖南省教委对全省重点中学重新评审，该校成为全省首批挂牌的8所重点中学之一。1995年由省科委、省知识产权局、省发明协会联合授予该校“发明家摇篮”称号。1998年被教育部中央教科所确定为“中央教科所实验学校”。2000年，被教育部确定为首批“全国现代教育技术实验学校”。同年9月，该校共开设58个教学班，有学生3143人、教职工254人。

市二中始终坚持贯彻国家教育方针，注重学生德、智、体、美、劳全面发展。1980—1990年，为全国各类高校输送新生1795人。1990年，高中毕业生会考成绩名列全省第二，高考成绩在全省55所重点中学中名列第一。

该校教学教改科研成果显著。1985—1995年，市二中向传统的应试教育挑战，实现了“办学思想由面向少数向面向全体转变”“课程结构由单一的文化型向课程的多样化转变”“教学手段由落后单一的方式向先进的方式转变”。1996年2月《中国教育报》以《向素质教育迈进——来自株洲市二中的报告》为题，对“二中模式”作了专版报道。1998年12月《人民日报》“辉煌成就、世纪曙光”专栏全面介绍了二中的办学成果。同年，二中成为“中央教科所实验学校”。该校坚持创新教育十余年，其青少年科技发明创造成果366项中获国际、全国奖118项，国家专利14项，11名学生被录入《发明家辞典》，14名发明者被清华、北大录取。被媒体誉为“小发明家的摇篮”。1996年，该校开发中学生创造力研究课题获省市科技进步奖。1998年“中国科普万里行”采访团对二中进行专访，中央电视台一套和二套节目进行了报道。同年被确立为“湖南省中学生科技活动示范基地”。俄罗斯、美国、乌兹别克斯坦、挪威等国际友人考察时交口称赞。1993年、1998年两次全国性的现场经验交流会在市二中召开。1998年，成为“全国现代教育技术实验学校”，2000年实验课题通过国家级评审。

该校创办45年来，新校区占地83592平方米，建筑面积7万余平方米，总投资约5000万元。学校共培养初中毕业生12779名，高中毕业生12993名。1986年市二中党支部被评为全国先进党支部。学校还曾获省模范单位、全国体育传统项目学校先进单位、全国劳技教育先进学校等称号。

株洲市南方公司子弟中学 中国南方航空动力机械公司子弟中学（简称“南方中学”），是一所全日制厂办高级中学，座落在株洲市芦淞区凤凰山麓，是全省最先挂牌的21所省重点中学之一。学校占地面积10公顷，有近4万平方米的校舍。2000年有79个教学班，在校生4100多名。

南方中学创办于1958年9月，主要为解决工厂子弟升初中难的问题，学校借用原子弟一小山上用工棚改建的教室。此后中学校舍变动7次，直到1975年才移至凤凰山麓，正式成立南方公司子弟中学，并新建了6700平方米的教学大楼。

“文化大革命”中，学校被易名为“红卫中学”。从1978年开始，学校实行分段招生、分段教学，正式成为一所厂办全日制高级中学。

1983年，正式更名为“南方中学”。公司还专门拨款新建一栋4000多平方米的高中教学大楼。同年9月，学校实行结构改革，创办了以机械专业为主的职业高中班。实行初中毕业分流。

1994年2月，省教委批准该校晋升为省重点中学。1997年9月至1998年7月，在教师中推行全员聘用制。1998年初，学校为加强外语办学特色，聘用外籍教师，成为株洲市最先拥有外籍教师的学校。

1999年8月，为充分利用教育资源，学校创办了一所国有民办、以英语学科为特色的“株洲市外国语实验学校”。9月，开始面向全省招生，共招4个教学班168人。为学校全面走向市场，办学多元化进行了有益的尝试。2000年8月，该校又创办一所民办高中“株洲市凤凰中学”。

办学40多年来，学校共毕业400多个初中班，50多个职高班，200多个高中班，并向高校和社会输送了6217名优秀毕业生。

第五章 职业技术和特殊教育

清光绪三十一年（1905）四月，朝廷农工商部议员熊希龄与醴陵维新派士绅文俊铎上书湖南巡抚，建议于本省物产相宜之区设置实业学堂获准，省拨库银12万两，在醴陵城北姜湾创办醴陵瓷业学堂，为省内继湖南农务工艺学堂、湖南中等农业学堂后的第三所实业学堂。文俊铎出任学堂监督（校长），聘任日本安田乙吉为技师，马场梅吉等5人为术科教员。当年9月，招收专科1班，艺徒3班，每班各30人，学制半年或一年。次年校舍落成，改名湖南瓷业学堂，直隶于省学务公所，按照中等实业学堂章程招收4年制新生1个班，计60名，分制陶、模型、陶画、辘轳、窑务5科。办学经费每年由厘金、督销两局补助白银1.2万两，后由农工商部奏明饬将补助官款作为常年经费。瓷业学堂设立醴陵瓷业制造公司，作为实习工场，熊希龄出任总经理。该工场制作的细瓷器质量精良，宣统二年（1910）参赛南洋劝业会获金牌奖，列名在景德镇之上，醴陵瓷器自此名闻中外。宣统三年（1911），瓷业学堂并入湖南省高等实业学堂，设窑业科。

光绪三十二年（1906），醴陵相继开设县立女子学堂和私立女子实业学堂。县立女子学堂由醴陵女界维新人士、湖南女子同盟会创始人张汉英创设，学生初仅10余人，渐增至40多人，分文、实2科。该校历时20年，校址数度搬迁于西山史家老屋、南华宫、先农坛、朱文公祠，在湘东地区开女子求学之先河。私立女子实业学堂，由醴陵士绅王昌国创设于西林王氏公祠。

宣统元年（1909），攸县籍举人侯补道龙璋在长沙创办南云中等商业学堂（址设长沙高舆巷5号），招收攸县籍学生旅省就读，学制4年。

民国6年（1917），攸县私立湖厂女子职业学校创立，为攸县境内第一所职业学校。校长陈步逸典卖家产和妻室奁租兴学，聘请湘潭女教习传授染织及缝纫技艺，兼授文化知识。民国10年（1921），攸县择址南华宫创办县立女子职业学校，茶陵县于关帝庙创立私立女子学校，酃县在七都黄板桥创办第三区公立船山职业学校。攸县县立女子职业学校历时23年，先后易名为县立女子学校职业部、县立女子简易职业学校、县立女子初级职业学校，开创了攸县女子自谋职业走向社会的新风气。

民国12—16年（1923—1927），在北伐战争和农民运动的推动下，境内职业学校，尤其是女子职校发展迅速。醴陵县15个区均设有女子学校，并相继开办含英、培源、城西、芬兰、兴中、攸坞、黄田境7所女子职校。攸县除设有官田女职等3所县属乡村女职外，还相继开办宏文、培源、步西、夏泉4所私立女职。茶陵县在中共茶陵县特别支部领导下，共产党员谭道英创办了茶陵县女子学校，开设政治课、文化课和专业课，为农民运动培养妇女干部。酃县设有县立职业学校和私立塘田女子职业班。现株洲城区及株洲县境当时属湘潭县辖的5个区，设有区立女子职校。女子职校一般传授缝纫、染织、刺绣等技艺，兼授国文、算术。民国16年（1927）“马日事变”后，茶陵县女子学校被查封，其他各县区立女职多被解散，于是私立女职校数锐减，唯攸县赖教育界人士极力维持，县立、私立职业学校得以保存，并新设华粹、华明、维新、清华等职业学校。据民国 19 年（1930）省教育厅统计，当时攸县有职校 12 所，占当年全省 119 所职校的 10%；在校学生 393 人，占全省职校学生总数 7913 人的 5%，成为省内职业教育最为发达的一个县。

民国 22 年（1933），行政院颁布《职业学校法》，规定高级、初级、简易三类职业学校应分别等于高中、初中、高小程度，而醴陵县、攸县原有女子职校多为初小程度，整顿后被裁撤或改办为小学，按照章程新设初级职业学校。当年，茶陵县私立裕民女子职校择址二总街创立。民国 25 年（1936）春，茶陵县私立正本缝纫科职业学校于段家祠创立，次年秋私立汇文初级农业职校于七总街创立〔民国 31 年（1942）改名私立力行初级农校，址移紫云仙〕。民国 31 年（1942）省教育厅统计，全省 14 所私立初级职业学校中，株洲境内设有攸县清华、茶陵县裕民与汇文 3 所。民国 32 年（1943），醴陵县在原瓷业公司旧址开办渌江陶瓷初级职业学校。民国 34 年（1945），攸县私立清华初级职业学校改为初级中学。

1949 年下学期，境内仅有醴陵县渌江、茶陵县裕民与汇文 3 所初级职业学校，全部由人民政府接管。1950 年，渌江职校停办。1954 年，茶陵裕民职校撤销，汇文农校并入安江农校。

1958 年，市郊区开设农中 5 所，在校学生 369 人。次年，郊区行政区域扩大，农业中学增加到 29 所，在校学生 3280 人，教职工 96 人。规模最大的石亭农中（后改称“洲坪农中”），设有工业班、农业班、师范班，在校学生 978 人，教职工 32 人。从 1961 年开始国民经济调整，农业中学一再压缩，到 1962 年仅保留淦田农中，在校学生 65 人。1964 年，贯彻中央关于“两种教育制度，两种劳动制度”的指示精神，郊区开办半耕半读农业中学 3 所，在校学生 250 人。次年，全市半耕半读农中 14 所（株洲县 8 个区每区 1 所，其中白关、渌口、淦田、三门 4 个区各增设 1 所，另市农科所、市畜牧场各设 1 所）。1966 年上学期，全市半耕半读农中发展到 36 所，在校学生 2101 人。“文化大革命”开始后，农业中学或自行解散，或名存实亡，至 1973 年保留下来的农中均改办为社队普通中学。

同一时期，境内其他各县农业中学也是两起两落。攸县，1958 年开办农中 33 所，在校学生 3478 人；从 1959 年开始收缩，至 1961 年仅保留城关镇南泥湾中学 1 所；1964 年复开办半耕半读农中 37 所，“文化大革命”开始后，除保留网岭公社里旺农业中学外，其余改为社队普通中学。里旺农中坚持半耕半读，既是教育单位，又是经济实体。1975 年省委和省政府曾以里旺为现场召开全省教育工作会议，会后有来自黑龙江、内蒙古等全国许多省区的 1300 个参观团到里旺参观。里旺农中作为农业中学的先进典型可资借鉴，但将其办学体制作为一个固定模式，套到全省中小学去，违背了教育规律，教训甚为深刻。酃县，1958 年开办农中 18 所，1961 年在调整中下马，1964 年复开办半耕半读农中 5 所，次年达 10 所，在校学生 484 名；“文化大革命”开始后，因该县地处大山区，农中仍保持发展势头，至 1969 年增加到 20 所，在校学生 878 人；1970 年农中全部转为普通中学。“大跃进”中，醴陵等县在大办农业中学的同时，曾开办一批工交、农林、医卫初级技术学校，先后设有醴陵县工业学校、卫生学校；攸县机电学校、农业学校、林业学校、卫生学校；茶陵农业学校和酃县林业学校。这些学校在随后的国民经济调整中全部下马。

1964 年，贯彻全国城市职业教育座谈会精神，开始兴办半工半读职业学校。当年，全市兴办的半工半读职业学校，有湘江机器厂开办的湘江机器厂职业学校、株洲日报印刷厂开办的株洲市印刷工业中等学校、市郊区开办的株洲市农业职业学校和市畜牧场开办的株洲市畜牧职业学校（招收市区尚未到就业或上山下乡年龄的高小、初中毕业生），共有在校学生 620 人，教职工 48 人。1965 年，除保留市农业职业学校和市印刷工业中等学校外，新设市焊接器材厂开办的市焊接中级技术学校，原民办群力一中、群力二中、群力三中，分别改为市轻化工局半工半读专业学校、市东风工读学校和市重工业工读学校，共有在校学生 1768 人。市农业职业学校先在株洲县均坝公社子规大队茶园洲征地建校，开设水稻、畜牧、农机、农医等专业；随后在曲尺公社栗塘大队新建分校，开设果树、水利 2 个专业；在白关公社百井大队设 1 个初级农技班；全校共设有 9 个初技班，2 个中技班，在校学生 519 人。“文化大革命”开始后，职业学校停止招生，待在校学生毕业后于 1968 年年底全部解散。鉴于这些职业学校部分届次的培养目标和教学计划与全日制中专一样，在 1984 年前后落实政策中，其毕业生被认定为全日制中专同等学历。

1980年，国务院批转教育部、国家劳动总局《关于中等教育结构改革的报告》下发后，株洲市依托工业城市人才、技术和设备的优势，使职业中学（中专）获得较快发展。1981年，市七中招收工艺美术、服装两个班，学生69人，在全省率先办起职业高中班。1982年年底，市政府召开中等教育结构改革工作会议，次年城区13家工厂、5个业务局和5所市属中学共开办职业高中班32个，当年城区职业高中与普通高中招生比达到3.9∶10，在校学生比为1.7∶10。1984年市七中正式改为市第一职业学校，1986年市六中改为市幼儿教育职业学校，市九中改为市财会职业学校，1987年南方公司职业高中部改为独立建制的职业中学，1988年市建委开办市中等城乡建设职业技术学校。1989年，经省教委批准，市第一职业中学改为市轻工职业中等专业学校，市财会职业学校改为市环境保护职业中等专业学校，南方公司职业中学改为职业中等专业学校。

同期，市辖 5 县的职业教育发展迅速。1983 年，各县着手改办 1 ～ 2 所普通中学为职业中学。1984 年，株洲县二中改为株洲县第一职业中学。1985 年，株洲县设立渌口职业中学；醴陵永胜瓷厂、陶瓷机械厂联办中学高中部改为醴陵市第一职业中学；攸县七中改为攸县第一职业中学。1986 年，醴陵市六中改为醴陵市第二职业中学；攸县卫生学校改为攸县中等卫生职业技术学校。1987 年，醴陵市开办渌江职业中学；酃县开办酃县林业职业中学。1988 年，株洲县开办株洲县中等中医职业技术学校；醴陵市三中改为醴陵市第三职业中学；茶陵县开办茶陵农业职业中学。1989 年，醴陵市第一职业中学经省教委批准改为醴陵市陶瓷职业中等专业学校，醴陵市第二职业中学（原醴陵市六中）恢复为普通中学，醴陵市十二中改招职业高中班。株洲市轻工职业中等专业学校和攸县第一职业中学，被国家教委批准为湖南省重点职业中学。

截至 1990 年，全市有各类中等职业技术学校 51 所（含职业中学、技工学校、中等专业学校），在校学生 21399 人，占全市高级中等教育学生总数的 45.8%，位居全省各地州市的前列，中等职业技术学校招生人数达 6518 人，占高中阶段招生人数的 40.6%，比 1985 年的 29.2%增加 11.4 个百分点。株洲市区的职业教育尤为发达，1990年设有各类职业技术学校33所，在校学生15386人，占市区高级中等教育学生总数的74.6%，居全省中等城市首位。农村职业技术教育主要是对高中、初中和小学毕业生进行初级实用技术教育。20世纪80年代末期，全市农村创办了1447所乡、村农业技术学校，培训人数占人口总数的4%。

1995年后，在《中华人民共和国职业教育法》和《湖南省职业教育条例》的推动下，市委、市政府进一步加大了抓职业教育的力度，调整充实了市职业教育领导小组，出台《关于“九五”期间职业教育发展的意见》等一系列重要举措，以加快职业技术教育的发展。在经费投入上，采取以财政和主管部门拨款为主，受益者合理分担，社会捐资，校办产业创收，金融机构贷款和受教育者适当缴费筹措。此外教育附加费的15%用于职业教育。当年，市环保中专以省总分第一的评估结果顺利进入全国“百强”重点职业中专。同时，学校更名为株洲市第一职业中专学校。

到2000年，全市共有中等职业学校62所，占地面积达300多万平方米，校舍建筑面积达100多万平方米，仪器设备总值1.2亿元，图书资料200多万册，校办实习厂、场120多个，生产实习农场种植基地约533.34公顷，拥有各类教学用计算机6000多台。各类职业学校招生人数由1995年的1.23万人增长到1.56万人，增长26.83%；在校生人数由1995年的3.38万人增加到3.97万人，增长17.46%，招生数和在校生数占整个高中阶段招生和在校生数比例分别达到59.72%和60.64%，超过了国家规定到2000年的发展水平。有2所中等专业学校晋升为高等职业学院，另有4所中等专业学校和2所技工学校开办了高职班，全市高职在校生5000余人。

随着市场经济的发展和教育改革的不断深化，境内职业技术教育与成人教育逐渐融合，职业技术教育的“三驾马车”也逐步变为一体。中级技校、普通中专、职业中学的界限已难以区分，开始统称为中等职业技术学校。

第一节　技工学校

中华人民共和国成立初期，境内技工教育在省内最先起步，并一直保持领先地位，成为株洲职业技术教育的一大优势。

1951年6月，株洲机车车辆修理厂创办省内第一所技工学校，命名为株洲铁路工厂技工学校。首届从湖南、广州、武汉等地招生391名学生，设机械钳工、机车钳工、机床工、电工、锻工、焊工、铸工7个工种，教职员47人。次年，学校随工厂转归铁道部管辖，改名为株洲机车车辆修理厂技工学校。1952年3月，国营331厂举办技工训练班，同年10月转属第二机械工业部，更名为中南第二四八工人技术学校，1956年底定名为株洲第一航空工业工人技术学校。至1957年株洲市有技校2所，在校学生974人，占当年全省10所技校学生的50%。

1959年，株洲机车车辆修理厂技工学校改名为田心机车车辆厂技工学校，1960年增设中专部，办学规模扩大，在校学生达到1141人；株洲第一航空工业工人技术学校选址五里墩火车站南侧建设新校，在校学生激增到2076人。1960年，株洲市技工学校增加到22所（其中隶属中央部局5所、省厅局9所、市业务局6所）；在校学生8746人，比1957年增长8倍，与全省同期相比，技校所数占六分之一，学生人数占五分之一。

1961年，国民经济调整，株洲市技工学校压缩到8所，1962年再次裁减，只保留田心机车车辆厂技工学校和株洲市劳动局工人技术学校2所，在校学生368人，占当年全省8所技校学生数的37%。

1964年，技工学校改为半工半读。1965年，株洲化工厂开办半工半读技术学校，湘江机器厂职业学校和田心机车车辆厂技工学校改为半工半读技术学校，株洲市劳动局工人技术学校改为株洲市劳动局半工半读技术学校，次年又改名株洲市红色技术学校，全市共改办和新办半工半读技术学校12所，在校学生又增至4735人。“文化大革命”开始后技校停止招生，1969年学生毕业离校后全部关闭。这些半工半读技术学校中，有湘江机器厂技术学校等4所半工半读技术学校，因部分届次培养目标和教学计划按中专要求设置，在1984年前后落实政策中，其毕业生被认定具有全日制中专同等学历。

20世纪50年代末至60年代，境内其他各县技工学校的发展也时起时落。1958年，省煤炭局择址醴陵县阳三石开办湖南醴陵煤炭工业技术学校；1960年，省化工厅在省轻工业学校醴陵分校内开办湖南省醴陵陶瓷技工学校，省冶金局在湘东钨矿（茶陵县高陇）开办湘东冶金技工学校；1963年，湘东冶金技工学校在调整中停办；1965年，醴陵电瓷厂开办醴陵电瓷厂半工半读技术学校；1968年，省醴陵煤炭工业技术学校、省醴陵陶瓷技工学校和醴陵电瓷厂半工半读技术学校停办。1984年，落实知识分子政策，省醴陵煤炭工业技术学校等3所技校，其毕业生被认定具有全日制中专同等学历。

1972年，湘江机器厂经第二机械工业部批准，在全省率先恢复技工学校，随后田心机车车辆厂、株洲玻璃厂技工学校恢复，市饮食服务公司开办株洲市商业技工学校（初名株洲市炊事员训练班）。1974年，省醴陵陶瓷技工学校恢复，化工部湘东化工机械厂开办湘东化机厂技工学校。

中共十一届三中全会后，境内技工教育加快发展步伐。1978年，省煤田地质勘探公司开办株洲煤田地质技工学校，湘东化机厂技工学校改名湖南化工机械技工学校。1979年，株洲硬质合金厂开办株洲硬质合金厂技工学校，市劳动局恢复株洲市技工学校，中国有色金属工业总公司第三建设公司开办有色三建公司技工学校，株洲化工厂开办株洲化工厂技工学校，田心机车车辆厂技工学校改为中专，更名为田心铁路技术学校（后改名株洲铁路电机学校），醴陵电瓷厂技工学校和湘东冶金技工学校复办。1980年，市电子局开办株洲市电子技工学校，株洲火花塞厂开办株洲火花塞厂技工学校，市交通局开办株洲市交通技工学校，株洲冶炼厂开办株洲冶炼厂技工学校，株洲市商业技工学校由省饮食服务公司接管改为湖南省饮食服务公司技工学校，湘东铁矿矿务局在茶陵县辉山开办湘潭地区技工学校湘东铁矿技工班。1983年，醴陵、攸县、茶陵、酃县划归株洲市管辖，境内技工学校数为17所。1983年，湘江机器厂技工学校改名为南方动力机械公司技工学校，1989年9月底复改为华南航空工业高级联合技工学校。1984年，株洲玻璃厂技工学校由省建材工业局接管，改为省建材技工学校。1985年，株洲市技工学校改为株洲市中级技工学校；

省醴陵陶瓷技工学校改为省轻工技工学校；株洲汽车齿轮厂开办株洲汽车齿轮厂技工学校。1986年，株洲电力机车厂将田心铁二中改为株洲市中级技工学校电力机车厂分校，市麻棉纺织厂开办株洲市中级技工学校麻棉纺织分校，株洲车辆厂开办株洲市中级技工学校车辆厂分校。1987年，醴陵市劳动局开办醴陵市技工学校，醴陵国光瓷厂开办株洲市中级技工学校国光瓷厂分校（毕业一届后于1989年停办），湖南化工机械技工学校由化工部接管。1988年，中南无线电厂开办中南无线电厂技工学校，湘江氮肥厂开办湘江氮肥厂技工学校，市电焊机厂开办株洲市中级技工学校焊接技工班，株洲铁路电机学校增设技工部。1989年，株洲苎麻纺织印染厂开办株洲苎麻纺织印染厂技工学校。

1990年，全市有技工学校27所，其中属中央部委及中央企业开办的8所，省主管部门及省属企业开办的5所，市主管部门及市办企业开办的9所，株洲市中级技工学校所属分校5所。技工学校主要面向第二产业共开设48个工种，在校学生总数达7983人；教职工1785人，其中专职教师778人；校园总面积约47公顷，校舍建筑总面积16.95万平方米，其办学规模仍在全省各地州市保持领先地位。

1991—2000年，随着企业改革的深化和产业结构的升级，国有企业减人增效，吸纳就业能力明显减弱，技工学校的发展面临着种种困难。为适应新形势，市委、市政府加大投入，改善办学条件，对技校的财政拨款按12%的比例递增；拓宽技校的服务面和生源，鼓励支持有条件的技校举办中专、高职班，面向全市城乡招生；技校实行培养与培训结合，强化培训功能，改革办学模式；实施目标管理，鼓励技校走出新的办学路子。市中级技工学校80年代末设有车工、钳工、电工等15个专业工种。1991年后，根据市场需求调整专业设置，压减了仪表、化工、纺织等短线专业，增加了商业服务、汽车修理、电算会计、微机文秘、财会、电子电器、计算机应用等新的长线专业，增强了专业工种的吸引力。同时，从1993年起开始面向农村招生，面向市场开展中短期培训，允许初中毕业生自愿参加技校插班学习等。增开新技术、新知识、新工艺、新设备的相关课程。1995年，省化工机械技校申办普通中专获得化工部批准，批办规模为640人。1997年2月，湖南煤田地质技工学校增挂"株洲机电职业中等专业学校"。

在激烈的市场竞争中，也有一些办学条件差、改革不力的技工学校被兼并或停办了。至2000年，全市中等技工学校数量降至18所，其中有南方公司技校、湘东铁矿技校等6所中级技工学校成为国家和省部级重点技工学校，当年全市共招新生3198人，在校学生达9494人，毕业学生3355人。全市近16万名技术工人，大多数来自于技工学校。

第二节 中等专业学校

1956年9月，铁道部选址市建设中路开办株洲铁路运输机械学校，首届招生389人，设铁道机车、铁道车辆2个专业；第二机械工业部委托国营331厂在南区董家塅开办株洲航空工业学校，首届招生844人，设航空零件机械加工、工具设计与制造、锻造与冲压3个专业。这2所中专学制为初中后4年。

1958年5月，市教育局开办市化工学校、市机械学校2所中专。市化工学校寄办于市二中、三中和四中，当年12月由省化工局接管改为湖南省化工学校，移址石峰区清水塘（1960年7月迁往长沙）。市机械学校寄办于株洲汽车齿轮厂，不久移交市重工业局。同年，市郊区开办市农业技术学校，招生两届167人；株洲铁路运输机械学校升格为株洲铁道学院，分设大专部、中专部和技工部。1959年，市卫生局开办市卫生学校，首届招生3个班124人，校址先设杨柳冲，旋迁何家坳，复迁荷塘铺；市财政局开办市财政会计学校，首届招生54人；省轻工业厅在醴陵县姜湾开办省陶瓷工业学校，随即改为省轻工业学校醴陵分校，至1963年停办。1960年，冶金部在市东区余家冲开办株洲有色金属工业学校，首届招生6个班268人；株洲航空工业学校升格为航空工业专科学校。至1960年底，全市8所中等专业学校在校学生猛增到5827人，与初创时的1956年相比，4年内增加3.73倍。

1962年，在国民经济调整中，株洲铁道学院撤销大专部和技工部，恢复为中专，改名株洲铁路机械学校；株洲航空工业专科学校恢复为中等专业学校。1963年，对“大跃进”中新办的6所中专裁撤5所，仅保留株洲有色金属工业学校。1964年，全市剩有中等专业学校3所，在校学生减至864人。

1965年，市卫生学校复办，全市中等专业学校增至4所，在校学生增至1842人。“文化大革命”前期，各校停止招生。1969年，株洲航空工业学校和株洲有色金属工业学校相继停办，保留的另2所中等专业学校也只开展在职职工培训。

1971年后，中等专业学校渐次恢复。1971年，市卫生学校在株洲县朱亭镇新址恢复招生；株洲有色金属学校复办，改名株洲粉末冶金学校，由株洲硬质合金厂管理。1972年，株洲铁路机械学校恢复对外招生。1973年，省化工学校由长沙迁回株洲清水塘，省煤炭局在醴陵县阳三石开办省煤炭工业学校（1981年迁湘潭），省地质矿产局在攸县菜花坪开办省地质学校（1984年迁长沙），湘潭地区财政局在攸县新市开办湘潭地区财会学校（1983年迁湘潭）。到1975年，城区有中等专业学校4所，在校学生增至2226人。

中共十一届三中全会后，中等专业教育持续发展。1978年，株洲粉末冶金学校收归省冶金局管辖，更名株洲冶金工业学校。1979年，铁道部将田心机车车辆厂技工学校改制为中专，更名田心铁路技术学校。1980年，市财政局在文化路开办市财政会计学校；株洲铁路机械学校和省化工学校，被定为全国首批重点中专。1982年，全市有中等专业学校6所，在校学生2597人。

1983年始，改革中等教育结构。当年，田心铁路技术学校更名株洲铁路电机学校，市卫生学校迁回市南区高家坳（原朱亭校舍改由省公安厅开办湖南省武警学校）。1986年，市财政会计学校由省财政厅接管扩建为湖南省财会学校，市卫生学校由省卫生厅接管改名湖南省株洲中医学校，1990年复改名湖南省中医药学校。至此，全市6所中等专业学校均由中央或省业务部门主管，其中株洲铁路机械学校列为全国第一流中专，株洲铁路电机学校和株洲冶金工业学校分别成为中央、部属重点中专。

1990年，境内6所中等专业学校中，开设工科、财经、医卫三大类35个专业，在校学生6475人；

教职工总计1633人,其中专任教师667人;校园面积52.41万平方米,校舍建筑总面积22.56万平方米。

20世纪90年代，面对日益激烈的市场竞争，境内中专教育在改革中求生存、求发展，保持了平稳发展的势头。

1990—1992年，湖南省教委和省计委对全省中专学校进行了一次全面的办学水平评估，株洲市的6所中等专业学校全部在C等以上。

1992年，全国和省普通中专教育改革与发展工作会议召开以后，市中等专业教育实施招生、专业结构、办学层次等一系列改革。当年6所学校共招收2652人，比上年增长69%。专业设置由1990年的35个，增加到近100个。新增计算机管理应用及网络类、物业管理、办公自动化、电子商务等长线专业，压缩、淘汰了一些市场需求不旺的短线专业。并以普通中专班为主体，积极开办技工班、成人大、中专班和高职班。湖南化工机械学校继续坚持技工教育，株洲工业学校、省化工学校、株洲铁路机械学校、省财会学校、省中医学校先后举办了高职班。

1991—2000年，全市普通中专学校累计培养中专毕业生38027人（包括2所师范学校），比1956—1990年增加7565人。2000年，全市普通中等专业学校达到11所（含加挂普通中专牌子的职业中学3所），其中成为国家级重点中专的有株洲市冶金工业学校、株洲铁路机械学校、株洲铁路电机学校、株洲化工学校和湖南省中医药学校5所，确定为省级重点中专的有湖南省财会学校。当年全市11所中专普通学校共招收新生5972人，在校学生24858人。

第三节　中等师范学校

清光绪三十二年（1906），醴陵县开设速成师范学堂于明伦堂，为当年全省16所初级师范学堂之一，招生1班，办学1年。次年，攸县籍绅士龙璋在其私立明德学堂分校经正学堂（址长沙泰安里），附设攸县速成师范班，招生2届计165人，宣统元年（1909）停办。

民国1年（1912），政制革新，加之谭延闿督湘热心教育，醴陵县、攸县、茶陵县、酃县同时开办教员养成所，以应急需。醴陵县教员养成所借县城各祠庙为校舍，从全县塾师及在乡知识分子中考选600人入所学习，学制1年。攸县师范养成所以兴贤堂为校址，学制半年，共办4期。茶陵县教员养成所、酃县初等小学教员养成所均招生1班，学制1年。至民国3年（1914），因北洋军阀督湘摧残教育，4县教员养成所被迫停办，其中攸县改养成所为公立小学教员讲习所，延至民国7年（1918）告停。

民国10年（1921）后，湖南教育事业因北洋军阀在湘统治的结束而转盛。4县又相继开办师范讲习所，招收高小及同等学历的生员，授以初等小学各科教学法，甲种师范学制3年，乙种师范学制1～2年。民国12年（1923），醴陵县借文庙开设甲种师范讲习所，毕业2届。攸县于民国10年（1921），择址万寿宫开办乙种师范讲习所，毕业2届；民国13年（1924）借县立高小附设私立甲种师范班，毕业1届；民国14年（1925）借县女子高小开设私立女子甲种师范班，毕业2届。茶陵县于民国10年（1921），利用原州署考棚开办私立甲种师范讲习所，毕业2届。

酃县于民国15年（1926），在私立农门学校附设师范班，毕业2届。民国16年（1927）政局剧变，各县师范讲习所全部停办。

民国18年（1929），国民政府公布中华民国教育宗旨及实施方针，规定师范学校应以省立、县立为原则独立设置，以促进义务教育的推行。当年，醴陵县选址西山书院、茶陵县选址洣江书院、酃县选址南门口陈家祠堂，创办县立乡村师范学校。攸县先于民国17年（1928）选址东山书院开设县立乡村师范学校，旋于民国19年（1930）组建县女子学校，内设师范部。据民国19年（1930）统计，境内设有师范学校5所，占当年全省62所师范学校的8.1%；在校学生470人，占当年全省4800名师范生的9.8%。民国23年（1934）春，国民党第28军军长刘建绪率部驻守茶陵，先授意茶陵县当局开办一所简易师范学校，接着在其“防区”组建“茶攸安酃联立乡村师范学校”，址设茶陵县洣江书院；茶陵、攸县、安仁3所县立师范在校学生随同并入，并新招1班，学生228人，教职员26人，办学规模仅次于省立第一师范；校长先由刘建绪兼任，稍后由军部上校参议彭晋云以茶陵县长身份兼任。民国30年（1941），联立乡村师范学校归并于设在茶陵的省立二中（茶陵一中），一期后因学制有别，复并入设在常宁的省立二师。

醴陵县立乡村师范学校于民国18年（1929）初创时，招收男女师范生各2班，次年附设初中部；民国21年（1932）下期因校舍不足，将女生部迁至城东朱文公祠（亦称醴陵县立女子乡村师范学校）；民国24年（1935）遵照《修正师范学校规程》，统一更名为醴陵县立简易乡村师范学校，修业期限由3年增至4年，初中部奉令停办；民国28年（1939）春女生部迁回西山校本部，在校学生长年维持在8个班300余人；民国38年（1949）上学期始招中师新生1班，停招简师班，学校更名醴陵县立师范学校。

攸县县立女子学校（攸县师范学校前身），系于民国19年（1930）8月，由县立女子高等小学、县立女子职业学校和私立女子甲种师范班组建而成，内设师范部；民国24年（1935）其师范部独立建制，奉令统一更名为攸县县立女子简易乡村师范学校；民国30年（1941）校址由原教会学校励德中学旧址迁往原教会医院攸宜医院；民国32年（1943）男女兼收，改称县立简易乡村师范学校，次年日军攻陷攸县城，学校解散；民国34年（1945）归并到县立临时中学，内设简师部；民国35年（1946）恢复师范建制，改名攸县县立简易师范学校；民国37年（1948）下学期，学校于原励德中学旧址新建校舍，次年上期迁入新址（攸县师范学校所在地）。

中华人民共和国成立初期，境内留有醴陵县、攸县2所师范学校。1950年，醴陵县立师范学校改为醴陵县立中学。1951年，攸县县立简易师范学校改为县立第二初级中学，1953年4月恢复为攸县初级师范学校，招生范围扩及到醴陵县、攸县、茶陵县及浏阳县、平江县、湘阴县等地；1956年6月升格为中等师范，定名湖南攸县师范学校，隶属湘潭行署管辖，招生范围为醴陵县、攸县、茶陵县。

1959年上学期，株洲城区开办株洲师范学校，首届招中师生2个班75人，寄设于市一中。此后校址及办学规格多次变迁；1962年下期迁至市四中，1964年停办大专部，中师部改制为半耕半读，择址东区芙蓉冲建校；1968年年底，中师学生全部毕业离校，学校停止招收新生，开展在职教师培训；1973 年恢复中师招生，1978 年恢复大专招生（1988 年停办大专班）；1983 年行政区划异动后，招生范围扩大到醴陵市。

醴陵、茶陵、酃县师范学校均数起数落。醴陵县师范学校于 1960 年下学期复办，1962 年 7 月调整下马，1971 年 3 月再度复办；1976 年 10 月改办为醴陵县“五七”大学师范分校，1979 年 1 月恢复师范建制，1980 年 2 月改为醴陵县教师进修学校。茶陵师范学校 1960 年下学期址设茶陵县二中，1962 年上期停办，1964 年上学期复办半耕半读师范学校，1965 年改为湖南省茶陵师范学校，隶属湘潭地区教育局管辖；1969 年停办，1970 年复办， 1982 年再度停办。酃县师范学校于 1958 年下学期开办，1959 年 1 月撤并到茶陵县，1963 年复设县函授师范学校，1968 年 10 月自行解散，1970 年 9 月改设县“五七”师范学校，1974 年 2 月停办，1975 年 9 月再设县“五七”大学师范分校（址酃县三中），1978 年 8 月撤销。

1990 年，全市设有中等师范学校株洲师范学校、攸县师范学校 2 所，在校学生 36 个班 1516 人，教职工 190 人，其中专任教师 95 人。20 世纪 90 年代后期，随着高等教育事业的迅速发展，师范中专办学渐趋低迷。1999 年 6 月，株洲师范学校并入株洲师范高等专科学校。攸县师范学校从中华人民共和国成立到 2000 年，共为湘东 13 个县市和邻近的江西省部分县、区培养合格中小学教师 15000 余人。

第四节 职业中学

职业中学是 20 世纪 80 年代初期开始兴起的中等职业教育，由于其不受国家劳动指标控制，又顺应市场经济发展需求，发展的速度很快。

1981年，市第七中学率先开办全省第一个职业高中班，当年招收工艺美术、服装2个专业的学生共69人。1983年，市区共有13家工厂、5个业务局和5所市属中学开办职业高中班32个，招收初中毕业生1173人，在校学生1228人。1984年，市七中正式改制为市第一职业中学。此后，市区一些普通中学、行业或企业办的学校先后改制为职业中学。1990年，市区已办有5所独立的职业中学（中专），加上其他普通中学附设的职业高中班，共开班61个，招新生1103人，在校学生达2584人，职业高中与普通高中招生比提高到5.2：10，在校学生比增大到5：10。市辖5县依托中心城市的优势，职业中学也逐步得到发展。1983年，市辖5县共办职业高中班46个，招生1765人，与普通高中招生比为2.3：10。从1984年开始，各县市陆续兴办独立建制的职业中学。

至1990年，境内共开办职业中学（中专）16所，其中市区5所、株洲县3所、醴陵市4所、攸县2所，茶陵县、酃县各1所。普通中学附设职高班141个，共有教职工693人，面向一、三产业开设专业25个。当年，招生2390人，在校学生5737人。职业高中与普通高中招生比为2.5：10，在校学生比为2.3：10。先后有株洲市轻工业职业中专和攸县第一职业中学被省教委批准评定为省重点职业中学。

改革推动着职业中学教育事业的蓬勃发展。1983 — 2000 年，全市职业中学（中专）共培养各类专业毕业生28073人。2000年，全市有职业中学（中专）30所，专任教师850人，招收学生5957人，在校学生13940人。

第五节 高等职业学校

境内高等职业技术教育从1994年开始起步。当年10月，经国家教委批准，株洲冶金工业学校为全国10所试办高职班的中专学校之一。1998年3月，湖南冶金职大迁至株洲冶金工业学校合并，建立株洲职业技术学院。有在职教职工651人，396名专任教师。开设冶金工程系、机械工程系、电器工程系、信息工程系、建筑工程系、经济与管理系、社会科学系7个专业体系，设置有基础课部、实验室训中心、体育部、计算中心、图书馆等机构。2000年该院高职学生达到2177人。

2000年7月，铁道部工业职业大学与株洲铁路电机学校合并，成立铁道职业技术学院。有教职工530人。同年10月，株洲市工业学校与市职工大学合并。市政府确定，合并后办学思路是逐步向全日制高等职业教育发展。此外，省化工学校、省中医药学校、省财会学校、株洲铁路机械学校等中等专业学校开办了高职班。1999年3月24日，中共中央政治局常委、国务院副总理李岚清在教育部、卫生部和省、市主要领导的陪同下考察了株洲职业技术学院，并与株洲职业技术学院及长沙等地几所职业学院的负责人进行座谈。

高等职业学校的设立，充分利用了现有教育资源，采取普通中专与职工大学等成人高校合并的方式组建，在部分条件好的中专开办高职班。专业设置以一、二产业为主，每所院校重点办好2～3个骨干、特色专业。高职教育招生既面向普通高中毕业生，又面向中等职业学校毕业生及有实践经验要求深造的求学者。2000年，全市高职在校生达5000余人。

第六节 特殊教育

1985年，株洲市成立市聋哑学校，开始境内特殊教育。1986年9月，建成开学。至1990年，学校建筑面积达到5450平方米，教职工55人，其中专任教师33人，教学设施先进，设置教学班12个，在校学生达216人。

1991—2000年，该校先后完成了新教学楼、第二栋教职工宿舍等基建任务，新增建筑面积4000多平方米，学校达到容纳25个教学班、400多名学生的规模，并在全省率先设立了聋生职业高中班。该校办学规模、办学条件、办学水平均居全省同行之首。1994年，该校校长彭中亚获全国十杰中小学青年教师奖，学校于1996年获“湖南省特殊教育先进单位”称号。

在市聋哑学校的示范带动下，境内特殊教育迅速发展。采取随班就读，附设辅读班等多种形式发展特殊教育。截至1995年8月，全市共设有特教学校3所，在普通小学附设辅读班17个、随班就读点847个，在校视力残疾儿童少年132名、听力语言残疾儿童少年464名、智力残疾儿童少年1719名。盲、聋哑、弱智三类残疾儿童少年入学率分别由1990年的5%、12%和7%提高到1995年的70.5%、60.1%、89.76%，全市初步形成校—班—点相结合的特教格局，普及程度、教研教改和教育质量等方面的工作均受到了国家教委、中残联等有关部门的好评，被授予“全国特殊教育先进地市”称号。1995年后，在“九七”教育工程和“跨世纪”教育工程的推动下，株洲市特殊教育继续快速发展，至2000年，全市有特殊学校4所，特殊教职工115人，在校五类残疾儿童学生987人，初步形成了以特殊学校为骨干，办班设置相结合的特殊教育格局。

附：学校选介

株洲市聋哑盲学校　1986年10月，株洲市聋哑学校落成开学，位于市石峰区红旗北路，隶属市教委（局）领导。学校占地面积近2万平方米，首期建筑面积4230平方米，是省内一所集文化教育、职业教育、听力语言康复和特教师资培训于一体、教育层次最高的特教学校。

1986年10月，第一批72名聋生正式入学。根据学生的实际年龄，学校实施“四二”和“六一”学制实验。1987年按聋童听力开设实验班的教学改革，1990年初增设聋生初中职业技术教育班。到1990年下期，学校已达12个教学班和216名聋生的规模。

1995年，先后完成新教学楼等基建任务，新增校园建筑面积4000平方米，使学校具备容纳25个教学班400名聋生的规模。在校学生人数增至270余名。当年下学期，在省内率先设立聋生职业高中班。

1995—2000年，学校在抓好义务教育的同时，重点抓学前语训康复和职业教育。语训康复招收了2个康复班，职业教育开设了办公自动化、工艺美术、花卉、缝纫、美容美发等专业，各专业逐步探索适合聋生特点兼具地方特色的教学模式。

该校学生体育先后18次参加全国和省、市级体育竞赛，共获金牌56枚，银牌25枚，破省残疾人田径纪录9项共26人次。1998年1名在校聋生参加了丹麦举行的首届世界聋人运动会。1998年，该校培养的首批职高生有3名考入长春大学特教学院室内装潢本科专业，填补了湖南省特殊学校没有向高等学校输送特教生的历史。至2000年，学校先后有7名聋生考入长春大学特教学院室内装潢本科专业，5名聋生考入天津理工学院、北京联合大学办公自动化专科专业。

第六章 普通高等教育

1958年，境内高等教育起步。株洲工业专科学校成立，铁道部属株洲铁路运输机械学校升格为株洲铁道学院，分设大专部、中专部和技工部。醴陵县在泗汾国营农场创办醴陵农学院，从县一中高二、高三且家住农村的学生中选拔110名入学，实行半耕半读，次年下期迁往湘潭，改为湘潭农业专科学校。1960年，因陋就简，借助中专学校的校舍、师资和设备，创办株洲医学专科学校、株洲师范专科学校，株洲航空工业学校升格为株洲航空工业专科学校。1961—1963年，湖南对教育采取"积极慎重，缩短战线，提高质量"的整顿方针，对高等院校进行整顿，株洲工业专科学校、株洲医学专科学校、株洲师范专科学校停办，株洲航空工业专科学校和株洲铁道学院恢复为中专。

1964年10月，贯彻"两种教育制度，两种劳动制度"方针，创办株洲市共产主义劳动大学，址设石峰区清水塘大华园艺场，次年改名为湖南省共产主义劳动大学株洲市分校。1964—1965年，招大专班3个72人、中专班4个133人。1968年，学生下放到大通湖农场劳动，1975年收回安排工作。1975年，全省学"共大"（江西省共产主义劳动大学）、学"朝农"（辽宁朝阳农学院），醴陵县、攸县、茶陵县、酃县均创办"五七"大学，其性质相当于农业职业学校。同年8月，湖南中医学院在醴陵泗汾设湘潭分院。

1978年11月，创办株洲基础大学，同年株洲师范附设大专班。1981年，中南林学院从溆浦县迁入株洲市；湖南中医学院湘潭分院（址设醴陵泗汾镇）停办，学生转郴州地区卫校大专班继续学习。1985年，株洲基础大学改名株洲大学。1987年4月，省政府批准株洲市教师进修学院可招收部分普通师范专科班。1989年，株洲大学改名株洲工学院。至1990年，株洲市设有中南林学院、株洲工学院2所普通高等院校及株洲师范、株洲冶金工校、湖南化工学校、株洲教师进修学院举办的普通大专班4处，在校学生共4700余人。

1997年铁道部职工大学迁址株洲铁路电机学校。1999年8月，株洲电力机车厂职业学校整体并入铁路电机学校。2000年7月，省政府批准在铁道部工业职工大学和株洲铁路电机学校合并的基础上成立湖南铁道职业技术学院，定为3年制专科层次的高等职业学校。1998年3月，经国家教委批准，湖南冶金职大与株洲冶金工业学校合并，成立株洲职业技术学院。1999年12月，该院与意（英）欧洲经济学院、英格兰中部大学和马尔他大学林克学院合作，创办"湖南欧洲经济学院"。同年10月，教育部专家组对株洲教育学院考察后，于1999年3月经国家教育部和省政府批准，将株洲教育学院改制为株洲市师范高等专科学校。同年6月，又将株洲师范学校并入该校。

至2000年，株洲有中南林学院、株洲工学院、株洲师专、株洲职业技术学院、铁道职业技术学院5所高校，在校本、专科学生16325人（不含函授生和委培生），在职教职工3102人。

第一节　专业与学制

1958 — 1960 年，根据社会经济发展需求，株洲工业专科学校设冶金、化工、机械 3 个专业；株洲医学专科学校设医学专业；株洲师范专科学校设中文、数学 2 个专业；株洲铁道学院设铁道机车、铁道车辆、机械制造 3 个专业；株洲航空工业专科学校设航空发动机装备与制造、工具设计与制造 2 个专业。专科学制 2 ~ 3 年，本科 4 ~ 5 年。1964 年，开办的株洲市共产主义劳动大学设林业、经济作物、果树栽培 3 个专业，学制 3 年。

1978 年，株洲基础大学设 1 个专业，株洲师范大专班设中文、数学 2 个专业，学制 3 年。20 世纪 80 年代，中南林学院和株洲大学不断调整专业结构，增设一批短线专业和新兴学科，拓宽部分专业知识面和服务方向，以增强办学适应性。1985 年，株洲大学除设有工业与民用建筑、机械制造工艺及设备、工业企业管理、工业电气化外，增设包装设计、包装印刷 2 个新兴专业；1986 年后又增设印刷技术、城市建设、文秘 3 个短缺专业，形成以包装为主体的综合性工业高等学校；1989 — 1990 年印刷技术和电气化专业开始招本科生，学制 4 年，其他专科学制 3 年。

中南林学院迁入株洲以后，专业设置以林为主，理工结合，文理渗透。至 1990 年共开设 26 个专业，其中有植物学、生态学、造林学、森林经济学、森林保护学、木材学、经济林、森林采伐运输工程、林业与木工机械、木材与人造板工艺 10 个硕士学科专业，林学、经济林、园林、森林保护、森林采运工程、林业机械、木材加工、林产化工、家具设计与制造 9 个本科专业，还有普通专科班、林区师范专科班及干部专修科的室内设计、林业经济管理、财会、林业教育和师范性质的数学、物理、化学等 7 个专科专业。经济林、家具设计与制造、室内设计 3 个专业，为全国 7 所林业高等院校中所首创。学制硕士生 3 年，本科生 4 年，专科生 2 年。

1991 年以后，株洲工学院在学科建设上，通过“1310 工程”，建设了包装设计、包装工程等重点学科。至 2000 年，株洲工学院新上 19 个本科专业，初步形成以包装为龙头的学科群和专业群。学科方向从最初的包装工程辐射到包装设计、包装印刷等 20 多个方面，初步形成包装学科体系和“面向 21 世纪教学内容和课程体系”的包装教育理论。株洲师范高等专科学校，设有中文、政史、外语、数学、理化、美术、初教等 8 个专业。中南林学院设有 3 个博士点，15 个硕士点，1 个国家重点学科，4 个湖南省重点学科，2 个湖南省“芙蓉学者计划”；有 35 个本科专业。株洲职业技术学院与湖南铁道职业技术学院，其专业设置依据各自特点，分别设有冶金工程、机械工程、电器工程、信息工程、建筑工程、经济与管理、铁道运输、机车制造等专业，学制专科 3 年，本科 4 年。

第二节　教学与科研

一　教　学

20 世纪 50 年代末 60 年代初，株洲工业专科学校、株洲医学专科学校、株洲师范专科学校、株洲航空工业专科学校和株洲铁道学院，开展以劳动为主的教育，皆实行勤工俭学，劳动建校。

20世纪60年代中期，株洲共产主义劳动大学实行半农半读，师生每年参加农业生产劳动7个月，教学5个月；课时分配为政治课30%，文化课20%，专业课50%，实则上专业课时间仅2个月左右。

20世纪70年代末80年代初，株洲基础大学及株洲冶金工业学校、株洲铁路机械学校、株洲铁路电机学校、省财会学校、省化学工业学校等中等专业学校附设的大专班，都注重以教学为主，突出基础理论、基本知识、基本操作技能的“三基”训练。

20世纪80年代，中南林学院、株洲工学院和各中等专业学校附设的大专班，为加强理论联系实际，培养面向世界、面向未来的人才，普遍采取加强实验课、生产实习、毕业实习、毕业设计等措施，以突出实践性教学环节。中南林学院不仅有院内教学实习、实验场所，还与省内5家工厂、7个林场和园艺场协作，建立了定点实验和实习基地；研究生在导师指导下，除参加院内有关教研室的教学和科研活动外，还组织参加必要的校际学术讨论会、报告会、评议会等，以拓宽知识面，掌握科技新信息。株洲工学院建有10个实验室和4个校办工厂供学生实验和实习，并采取“厂校挂钩”“院校协作”“社会调查”等方式，培养学生的实际能力。先后有6项学生设计的方案被生产厂家和企业单位采用。这2所高校为使教材反映国内外现代化科技水平和专业实际，在使用统编教材的同时，还组织教师自编教材和讲义。至1990年，中南林学院公开出版发行教材20多种，院内出版并应用于各专业教学的有114种；株洲工学院编写教材、讲义53种，其中公开出版的有8种。

1992 — 1998年，扩大高校办学自主权，走以内涵发展为主的道路。株洲普通高等院校，以学科建设为龙头，不断深化教学改革。株洲工学院坚持把“育人”放在学校工作的首位，在各部门深入开展“教书育人”“服务育人”“管理育人”的竞赛，在学生中广泛提倡自我教育、自我管理、自我服务的工作。1993年1月，学院注重培养复合型人才，毕业生供不应求。在学生中实行考试资格审查制、主辅修制和淘汰制、成绩制、奖优促差制以及学历异动制；在日常教学上，全部采用计算机管理。1993年，学院参加全国英语等级考试，四级通过率为93%，三级通过率为98%，在省内高校中名列前茅，其中专科生的三级通过率列中南地区第一名；计算机等级考试通过率为65.8%。当年获得国家教委学士学位授予权。中南林学院加强了重点学科、重点课程和实验室、硕士点和博士点的建设。1994年3月，国务院学位委员会批准中南林学院为第三批新增博士学位授予单位，经济林为博士学位授予点，以培养复合型人才，形成博士生、硕士生、本科生、专科生、函授夜大生的多层次、多规格的育人新体系。

1999年5月，第三次全国教育工作会议以后，开始从精英教育向大众教育大转变。2000年，株洲5所普通高校招生数为7357人，3年时间增加近2倍，因扩招而带来的专业设置、课程结构、教学内容、教学方式、教学管理、毕业就业等连续改革，促成株洲高等教育进入面向新世纪，走向大众化、现代化的新阶段。

二 科 研

1978年以后，中南林学院、株洲工学院相继设置科研机构，购进国内外先进仪器设备，从应用技术和基础理论2个方面开展科学研究。至1990年，林学院设有科研生产处、2个研究所、1个设计所、15个研究室，为全省设立研究所、室较多的高校之一。该院共开展科研项目325个，发表论文1600篇。科研项目中，通过技术鉴定的有144项，获国家科技进步奖3项，获省部级重大科技成果奖和科技进步奖102项。1984年，学院承担中南地区林业生产设计任务，协助湘、鄂、黔、桂、赣、闽等省份开展林业资源调查和造林规划设计，促进了林业生产的发展。刘松龄等出版的专著《银杉木材构造与性质》一书，填补了世界木材学上一项空白。株洲工学院至1990年出版专著5种，在省级以上报刊发表论文220篇，其中4篇分别获全国包装经济研究会优秀奖和湖南省教学成果奖。应用性科研成果有5项获专利权，先后有9家国内外公司、企业要求技术转让或进行技术开发合作。

1991 — 2000年，随着“科教兴国”“科教兴湘”“科教兴市”战略的确立，“产学研三结合”方针的明确，株洲普通高校加大了科研开发的力度。中南林学院在10年中开展科研项目490项，有187项（次）获国家、省部级科技进步奖，38项获国内外专利，22项列入林业部推广项目，科技成果转化率达到40.4%。

株洲工学院1998年启动“跨世纪科技工程”和“包装科技创新计划”，全面提升科研水平，促进成果转化。学院设有包装经济、包装工程、印刷技术、计算机应用、包装防伪技术、现代射流技术、包装工程设计等13个科研所及网络中心与彩色制版中心。截至2000年，该院启动科研项目60余项，30余项取得优秀成果，出版学术专著50余套（本），在各级学术刊物发表论文300余篇，投入科研经费达1720万元。

附：学校选介

中南林学院　中南林学院是林业部直属高等院校，创建于1958年。经林业部和中共湖南省委批准，在湖南农学院林学系的基础上创办了湖南林学院，隶属于湖南省人民政府，院址在长沙市南门外烂泥冲，占地53万多平方米。1963年5月，经中共中央中南局批准开始搬迁广州。1963年6月，湖南林学院和华南农学院林学系合并，于1964年1月正式成立中南林学院，陶铸为学院题写了校名。当年中南林学院座落在广州市北郊，占地面积87公顷，归林业部直接管理。设林业、亚热带林业、森林病虫害防治、特用经济林等6个专业。

1970年10月，中南林学院与华南农学院合并，改名为广东农林学院。1974年6月，恢复湖南林学院。1975年8月，搬迁至湖南省黔阳地区溆浦县大江口，由湖南省领导。1978年7月，改由国家林业总局与湖南省双重领导，以国家林业总局为主，同时恢复中南林学院校名。1979年2月，迁往株洲市贺家土（后改为龙头铺樟树下）建立新的校址。1984年，中南林学院全部搬迁株洲龙头铺樟树下，占地73.26万平方米。学院增设了风景园林、室内装饰与家俱设计、汽车运用工程、森林、旅游、会计学、法学、建筑工程、电子电器、计算机10个本科专业和一批专科专业，加强了重点学科、重点课程和实验室、硕士点和博士点的建设。1994年3月，国务院学位委员会批准中南林学院为第三批新增博士学位授予单位。至此，形成了博士生、硕士生、本科生、专科生、函授夜大生的多层次、多规格的育人新体系。

这一时期，学院开展科研项目490项，187项（次）获国家、省部级科技进步奖，38项国内外专利，22项列入林业部推广项目，科技成果转化率达到40.4%，并与湖南省的双牌县、炎陵县、资兴市及株洲县龙凤乡开展林科教一体化的合作。改革开放以来，学院注重国际学术交流与合作，先后与美国、日本、挪威、澳大利亚等10多个国家的高校和科研机构建立了合作关系，有计划地派遣教师出国留学、考察和参加国际学术交流。

2000年，学校有在职职工1490人，正、副教授514人，各类在校学生1.3万人。学校有3个博士点，15个硕士点，有1个国家重点学科，4个湖南省重点学科，2个湖南省"芙蓉学者计划"学科；设有35个本科专业，2个研究中心，8个研究所，2个设计所，15个研究室，25个实验室。

株洲工学院 株洲工学院始建于1978年，历经了株洲基础大学、株洲大学、中国包装工程学院（筹备）变迁。1987年，隶属中国包装总公司。1989年，经国家教委批准成为全日制本科院校，并开始招收本科学生。1995年1月，成为全国首批评价合格的本科院校。学院是全国唯一从事包装教育的高等学府，中国包装技术培训中心、中国包装总公司包装设计技术专业中心、中国包装总公司包装新材料与技术重点实验室、中国包装技术协会教育委员会、全国普通高校包装工程专业教学指导委员会、湖南省包装经济研究所均设在该院。2000年，学院已发展成为占地60公顷的多科性大学，有工、文、理、管、法等学科，设有13个院系部，19个本科专业。有在岗教职工880人，专职教师417人，其中教授60人，副教授164人，博士、博士生83人，另聘有兼职教授32人。有全日制普招生在校学生7100多人，成教学生2800多人。

株洲市2000年普通教育情况一览表

表23-2

学校类别	株洲市			其中：教育部门办		
	学校所数（所）	在校学生数（人）	教职工数（人）	学校所数（所）	在校学生数（人）	教职工数（人）
高等院校	5	16325	3789	1	2538	408
中等专业学校	10	24858	1597	3	6234	434
其中：中师	1	1099	80	1	1099	80
职业中学	30	13940	1328	7	6527	755
技工学校	18	9784	1357	–	–	–
普通中学	237	249563	15777	202	232689	14111
其中：初中	191	210847	–	172	200128	–
高中	46	38716	–	30	32561	–
小学	1810	361581	15658	1766	336516	14202
特殊教育学校	4	987	115	4	987	115
幼儿园	124	35188	2882	43	20687	653
其中：学前班	–	20362	–	–	18411	–

第七章　成人教育

民国12—15年（1923—1926），随着安源工人运动、湖南农民运动的蓬勃发展和北伐军入湘，境内工农夜校勃然兴起。其中有中共党员和革命知识分子创办的株洲工人补习学校（1923年）、醴陵工人夜校（1925年）、醴陵农民运动训练班（1926年）、攸县农民运动研究所（1926年）、茶陵农民夜校（1926年）、酃县贫民夜校（1926年）等，为工农运动的开展造就了大批骨干。民国15年（1926）后，为实施孙文“唤起民众”的遗愿，国民政府逐渐注意举办民众教育。民国18年（1929），省政府颁布《湖南省民众教育实施纲要》，通令各县成立民众教育委员会，推广民众教育。民国19年（1930），醴陵、攸县、茶陵3县有民众学校335所，民众识字处62个。次年，醴、攸、茶、酃4县有民众学校514所，学员11163人。民国21年（1932），湘潭县株洲镇建宁街设民众学校，就学37人。民国25年（1936），省教育厅颁布《失学民众补习教育办法大纲》规定，一等县设民众补习学校80所，二等县53所，三等县27所，并分等拨款。至民国27年（1938），醴陵县办有民众补习学校80所，拨款3280元；攸县60所，拨款2460元；茶陵县60所，拨款2460元。株洲爱国人士叶镜吾等，在龙头铺办有“现代农村补习学校”，有学员200余人，既学文化，又宣传中共抗日主张，并曾为第十八集团军购买防毒面具募款。同年，根据省教育厅要求各县普设民众教育馆，以帮助民众解决办学、问学、升学指导等项事宜的指示，湘潭县民众教育馆设立株洲分馆。民国28—29年（1939—1940），醴陵县、攸县民众教育馆相继成立。民国32年（1943），湘潭县民众教育馆株洲分馆奉命独立。民国33年（1944）后，日军犯境，民众教育中止。

其时，政府虽号召推行民众教育，但广大民众迫于生计，无力无闲就学，文盲仍充斥城乡。据统计，民国30年（1941），攸县文盲、半文盲占75%；民国36年（1947），醴陵、酃县的文盲率分别为70%和78%。

中华人民共和国成立后，广大工人、农民在经济上翻身解放，在政治上当家作主，为适应生产建设需要，对文化需求越来越迫切。从20世纪50年代初期开展扫盲教育开始，境内中共各级党委、政府采取多种措施发展成人教育，努力提高广大劳动者的素质，以适应社会主义革命和生产建设的需要。从成人初等教育到中等教育再到高等教育，采取带薪脱产深造和在岗业余培训相结合，学习文化科学知识和生产技能，构建了多层次、多形式的成人教育体系，办学规模越来越大。

到1990年，全市有成人高等学校9所（职工大学7所、电大1所、教育学院1所），成人中专21所（职工中专7所、农民中专1所、省农业广播电视分校7所、教师进修学校6所），成人农（工）职技术学校96所（职工19所、农民77所），成人中学17所（职工10所、农民7所），成人农民初等学校374所。加上已建立的市老龄大学及其13所分校，株洲已形成较为完备的成人教育体系。

1990年，湖南省农村教育工作会议后，境内掀起“科教兴农”“科教兴市”高潮。农村成人职业技术学校由1992年的829所发展到1999年的2029所，在校学生由56334人增加到138239人。成人高校由1990年的9所发展到2000年的11所，在校学生由4097人增至7018人。2000年，全市有成人中专12所（含教师进修学校），各高等学校开设的函授站26个，职工中专27所，大、中专在校生达10243人。

第一节 职工教育

一 职工初等教育

民国12年（1923），中共党员黄静源受中共安源路矿工人俱乐部地下组织派遣，在株洲镇创办工人补习学校，初办1个班，有学员40余人，与株洲工人子弟学校合称安源第七校，次年发展到2个班，教员3人。民国14年（1925），中共安源地委书记汪泽楷等在醴陵县开展工作，创办工人夜校3所。民国27年（1938），中共党员杨亦痴等受中共攸、醴、萍中心县委派遣，在醴陵石成金煤矿从事抗日工作，以榱木岭小学教员身份，联合该校教师举办工人夜校10个班，有学员500余人。这些夜校，从识字教育入手，传播革命思想，启发工人觉悟。

1950年，株洲机车车辆修理厂、醴陵瓷业系统率先开展职工扫盲教育。次年，全市以扫盲为中心的职工业余初等教育兴起，到1953年共办业余职校、市民夜校、妇女夜校9所（处）。其中，公办（市总工会主管）4所（处），企业办2所，民办（政府领导，群众办学）3所（处）；共有学员1803人（扫盲班958人、高小班845人）。入学对象，第一类为建筑、搬运、手工业工人和店员，第二类为产业工人及职员，第三类为城市居民及职工家属。扫盲教育初期，以省编职工识字课本1～4册为教材，采取逐课教学的方式，300小时内完成。1952年冬季后，推行“祁建华速成识字法”，经市总工会试点，分教注音符号学拼音、突击识字和读写3个阶段，相对集中时间进行。高小班开设政治、语文、算术等课，每周授课6小时，修业年限1.5～2年。由于学员多系政治运动中的积极分子，故缺课多，巩固率不高。

同一时期，境内各县以扫盲为中心的职工业余教育也在同步前进。1953年，各县职工入学的人数为醴陵县3606人、攸县（仅指厂矿）727人、茶陵县162人、酃县77人。

1956年，职工业余初等教育贯彻“大量发展，注意质量”的方针，职工上扫盲班的人数由上年的1291人增至2368人，到1957年上升到2521人；上高小班的人数由上年的1304人增至2231人，到1957年上升到4481人。

1958年，全市要求自当年起，2年内扫除职工文盲，5年内将不到高小文化的职工提高到高小毕业程度。各工厂企业积极行动，采取厂部与车间结合、脱产与业余结合等形式，大办业余小学，突击扫盲，入学人数剧增。1960年，职工入扫盲班达7558人，比1957年增长近2倍，入高小的39094人，比1957年增长7.7倍。两项合计46652人，占当年职工入学总人数的54.8%。但全市89250名45岁以下职工中，仍有文盲、半文盲5894人，文盲率为6.6%，到1963年才下降到4.2%。1966年上半年，境内职工脱盲人数醴陵有5693人、酃县有1583人，达到小学程度的醴陵有5143人、鄜县有 959 人。此后，职工初等教育的重点转向以办高小为主。1979 — 1990 年，全市累计职工上高小人数达 21140 人。2000 年，全市有职工初等学校 4 所，在校学生 2246 人，教职工 42 人。

二　职工中等教育

1956 年，一些业余职校开始举办初中班。1957 年，18 所业余职校有初中学员 2643 人，高中学员 349 人，合计占该年业余职校入学人数的 30%。开设课程有语文、数学、物理、化学，采用省编职工业余学校课本。修业年限，初中 2 ~ 2.5 年，高中 3 年。教学上贯彻“速成的联系实际的”原则，强调精讲多练。有专职教师 33 名（初中 29 名、高中 4 名）、兼职教师 59 名（初中 54 名、高中 5 名）。专职教师具有大专或相当大专毕业的 16 人，高中及相当高中毕业的 16 人，初中毕业的 1 人。

1958 — 1960 年，职工每年入学人数初中在万人以上，最多达 2 万余人；高中千人以上，最多达 3000 余人。一般大中型企业实行厂部（公司）和车间（工段）两级办学，较小单位则一厂一校或系统办学，并依靠群众解决师资问题。

1962 年后，控制发展规模，健全各项制度，恢复正规办学。1956 — 1965 年，全市业余职校培养初中毕业生 764 人，高中毕业生 584 人。

从 1981 年起，对 1968 — 1980 年进厂而实际文化程度不及初中毕业的 40 岁以下的 91024 名职工，进行初中文化补课。至 1984 年，累计合格率达 80%，对 134 个县级以上企事业单位 475 名补课合格对象进行语文、数学抽考，及格率达到 92.4%，其中优秀率为 45.7%。1985 年，补课合格率累计达到 92%。1984 — 1990 年，全市职工文化补课累计达到高中毕业文化程度的有 22232 人。2000 年，全市有职工中学 27 所，在校学生 3917 人，教职工 130 人。

三　职工高等教育

(一) 职工大学

1956 年 2 月，331 厂创办业余工学院，次年经高教部批准，命名为株洲 405 业余工学院，成为省内最早创办的职工业余大学之一。1959 年，新办长江工具厂职大、株洲化工厂职大。1960 年，全市业余职大数由上年的 3 所增至 17 所，在校学员由 916 人增至 3607 人。

1961 — 1962 年，压缩职大规模，重在提高教学质量，要求学员在主要基础理论、专业知识和基本技能方面，达到或接近全日制专科毕业生水平。1963 年，保留下来的职大或大专班共 5 所 (班)，在校学员 817 人，有专职教师 16 人，兼职教师 12 人。

1969 年 12 月，株洲车辆厂响应毛泽东的号召，率先学习上海机床厂“从工人中培养技术人员”的经验，同长沙铁道学院挂钩，举办“七二一”工人大学，招学员 34 名，至 1971 年毕业 21 人。1975 年，“七二一”工人大学蜂起，到年底城区共办有“七二一”工人大学 46 所，在校学员 1500 余人，1976 年发展到 82 所，有学员 2289 人，连建宁街办事处也办起街道企业“七二一”工人大学。

1976 — 1977 年，境内各县亦先后开办各类“七二一”工人大学，计醴陵县 7 所，学员 161 人；

攸县5所，117人，酃县1所，24人。

1978年，多数“七二一”工人大学自行停办，仅城区剩下13所。1979年以后，根据国务院关于办好“七二一”工人大学的几点意见进行整顿，少数保留并改称职工大学。1986年，全市经省、部委批准，国家教育部备案的职大共7所（不含电大和市教师进修学院）。

至1990年，7所职大累计培养大专毕业生2387人，电大辅导班学员毕业669人，对科技人员进行继续教育844人，岗位培训及其他培训3742人。

（二）省广播电视大学株洲分校

1979年2月，市教育局开始举办电大教育，首届招收机械、电子2个专业701人，脱产学习3年，招英语、数学、物理、化学单科生361人，均业余自学。

1981年，成立市电大工作站。1983年8月，以市电大工作站为基础，成立湖南广播电视大学株洲分校。从1986年始，市辖5县市相继成立电大工作站。分校除直接办有6个教学班外，还选择湘江氮肥厂、株洲硬质合金厂、株洲玻璃厂、株洲车辆厂、湘东化工机械厂作为定点办班单位。各专业按中央和省电大教学计划开课，课程分公共必修课和选修课。采取收看录像、收听录音、面授辅导等教学形式。1990年，全市电大在理工科、经济科、文科等方面，开设有26个专业，累计培养专科毕业生5589人。2000年，株洲电大根据远程开放办学的需要，已形成一个覆盖全市的办学网络，校本部有教职工41人，在县市区还设有9个县级电大工作站、24个本专科教学点，有开放教育学生1266人（其中本科979人、专科287人），普通专科班学生87人，成招学生3103人，注册视听生127人。

（三）函授大学

1956年下学期，湖南师范学院函授部在株洲首批招收中文、数学、物理、化学本科学员48名，学制一般为6年，每年寒暑假由师院集中面授，并聘请当地中学知名教师担任教学辅导员。1960年，株洲学员一度增至229人，后经甄别考试，到1961年调整为122人，1963年成绩合格准予毕业者30人。1963年，醴陵县有师院函授学员43人，毕业22人，次年在籍学员111人。“文化大革命”中，高函教育中断。

1978年，省中小学教师辅导部举办高等师范专科函授教育，由省内统一招生，统一教学计划，统一教材，统一考试，由各地市管理和面授。当时醴、攸、茶、酃4县学员由湘潭地区教师进修学院负责，直至毕业。株洲城区学员，由市教师进修学院管理和面授，并颁发合格学员专科毕业证书。株洲县学员，前期由县教师辅导站负责，后期收归市教师进修学院统管。至1983年，境内在籍学员538名，成绩合格准予毕业者455人。

从1984年起，省内外多所高等院校开始在株洲设函授站，从各机关团体、厂矿企事业单位招收学员，除学历教育外，尚有少量专业证书教育。至2000年，湖南师范大学等省内外高等院校，在全市共招函授学员2000余人。

（四）自学考试

1984年，湖南省高等教育自学考试首次开考，市、县均成立自考指导委员会，下设办公室组织考试。各级政府、各工矿企业对自学考试制订了一系列鼓励性政策。各县规定，凡自考获取文凭者，在录用、提干、调资等方面与全日制大学毕业生同等对待，同时给予一定的物质奖励。株洲化工厂对自考获取专科文凭者奖 1000 元，本科 1500 元。

为加强自考指导，市委讲师团、株洲硬质合金厂等单位共设 7 个助学点进行学习辅导。1984 — 1990 年，全市开考 13 次，计 195 个专业 860 个科目，获专科文凭者 1970 人，本科文凭者 33 人。

1991 年后，境内成人学历教育快速发展，有数千名干部被录取到北京、武汉、长沙、广州等地的大专院校脱产学习。全市每年平均有 8000 余名干部职工参加全国成人高校统一考试。1991 年，全市报考成人高校、中专人数为 8961 人，录取 3518 人，录取率达 47.8%。报考人数每年以 2000 人左右递增，1996 年达到近 2 万人。还有近万人通过自学考试取得本科和大、中专学历。至 2000 年年底，全市共开自考 33 次，累计培养专科毕业生 10323 人、本科毕业生 2230 人。

四　初、中级技术教育

1952 年，株洲机车车辆修理厂业余职校办有初级技术班 5 个，参加学习的工人 154 人。1957 年，331 厂业余工学院在举办大专班的同时，开始试办职工中专班。

1958 年，随着大批徒工进厂，一批厂矿举办政治、文化、技术三结合性质的红专学校，但重点是学技术。办学形式有脱产轮训、半工半读和业余学习 3 种，而以业余学习为主。学制初技为 2 年，中技（中专）2.5 ~ 3 年。1960 年，全市办有初技班 155 个，学员 8426 人，兼职教师 383 人，专职教师 1 人。对文化程度较低的老工人，则以学专业技术知识为主，文化基础课，根据需要缺什么补什么。到“文化大革命”前，全市有 3 万多职工受到初、中级技术教育。

1979 年，对 137 个单位 112113 名职工技术状况摸底，4 级工以下 80839 人，占摸底人数的 72.1%。次年，为加强职工技术培训，城区办职工中等技术学校 46 所，其中脱产半脱产 16 所，业余 30 所，在校学员 2621 人。

1982 — 1985 年，对“文化大革命”以来进厂未经专业技术培训的 3 级以下职工进行初级技术补课。应补对象 84795 人，主要通过职校、技校、车间办学、主管部门办学等渠道实施。补课内容，主要是技术理论、工艺规程、操作技能，着重提高职工分析解决实际问题的能力。到 1984 年，累计补课合格职工 69169 人，占应补课人数的 81%，1985 年合格率达 92%。

1980 — 1990 年，境内开办的南方公司职工中专、株洲铁路成人机械学校、中国有色金属三建职工中专、省建材工业职工中专、株洲市职工中专、醴陵市卫生职工中专、湖南中华会计函授学校等 7 所职工中等专业学校，除中华会计函授学校外，其余均为脱产学习，招收具有初中实际文化程度、年龄不超过 35 岁且专业对口的正式职工，参照全日制中专同类专业教学计划授课，学制 2.5 ~ 3 年，共培养中专毕业生 2662 人。

五　职工岗位培训

自 1986 年始，根据《株洲市成人教育“七五”规划》精神，全市成人教育重点转向职工岗位培训。

岗位培训以航空、机械、冶金、粮食、轻工、建材等行业为先导，然后全面铺开。培训内容包括技术业务、文化知识、政治思想和职业道德等方面，而以技术业务为主，学用结合，按需施教，旨在全面提高职工素质和履行岗位职责的能力。办学形式不拘一格。至1990年，全市参加岗位培训的职工132738人，占全员培训入学人数的89%。

1991—2000年，职工岗位培训向规范化、制度化方向发展，强化岗位培训的基础工作，形成激励竞争机制，调动学习积极性，注重能力训练，增强培训实效。全市每年培训总人数在17万～20万人，全员培训率在30%～40%。

（一）工人技术等级培训

1985年，全市开始职工技术等级培训。培训对象为学徒工、初级工、中级工、高级工、技师，而以中级工为重点。当年，湘江氮肥厂率先举办机械、化工2个中级技术培训班试点，入学对象为40岁以下、2级工以上且“双补”过关的74名技术工人，开设课程以专业基础理论为主，教学上坚持理论联系实际，做到学以致用。其经验曾在全市推广。至1989年，全市累计培训合格42036人，占应培57152人的73.6%，提前一年超额完成国家规定指标的23.6个百分点。

1991—2000年，技术等级培训在一些行业和单位中仍是岗位培训的重点。市化工局把中级技术培训作为全行业的重点，注重发挥培训网点的作用，按专业集中培训，解决了所属企业无培训基地、无师资力量的困难。5年中，依靠市轮胎厂、湘江氮肥厂和化工助剂厂，为全行业培训橡胶、化工操作与化工机械等专业的中级技工达600余人。南方航空动力机械公司技校，在“八五”计划期间先后培训高级技工300余名，均成为生产一线的技术带头人。该公司还制定“九五”计划期间人才培养规划。5年中 共培养高级管理人才100余名，高级科技人才200余名。株洲硬质合金厂举办中、高级技工培训班39期，培训中、高级工人1031名，其中不少人在技术攻关、革新中发挥了顶梁柱的作用。通过工人技术等级培训，全市工人技术等级结构有了较大改变，高级工占16%，中级工占44%，初级工占40%。

（二）适应性培训

1986年，为适应生产经营管理转轨和技术开发需要，开始组织对职工进行各种适应性的专项培训。其特点是从岗位需求出发，干啥学啥，缺啥补啥。其内容包括工艺改造、技术引进、产品开发和转产、质量管理、法制教育等。南方动力机械公司在为胜利油田建立燃气轮机发电站时，急需发电运行和维修技工，通过举办应急短训班，培训工人50名，很快满足了需要；在该公司南方125摩托车等产品批量生产中，工厂抓住薄弱环节，组织专项培训，使产品质量稳定提高，获国家金牌产品奖1项，银牌产品奖4项，省、部优产品奖13项。1989年，该公司优质产品率达84.57%。

1991—2000年，许多企业运用适应性培训，直接有效地为企业科研生产服务，满足企业急需。市钨钼材料厂曾一度出现钨钼丝质量问题。工厂决定有关车间停产整顿，围绕影响产品质量进行适应性岗位培训，然后严格考核，择优上岗，使钨钼丝质量合格率由85%提高到97%。株洲汽车齿轮厂从美国引进的气氛炉等热处理设备，工厂采取现场岗位培训的方式，结合安装调试进行授课、考试，使工人在短期内掌握了高新技术，设备很快投入使用。株洲市公路管理局立足生产岗位，开展短期适应性培训。对班组长、记录员、政工员集中 3 ~ 5 天时间办班。“八五”计划期间，该局参加适应性培训人数达 1038 人次。1996 年，株洲车辆厂开发一种新型制动阀，引进国际劳工组织 MES 模块式技能培训模式，对 36 名机加工学员进行适应性提高训练，顺利完成了该项产品的生产。省煤田地质局采取外送培训和自办培训相结合方法，对职工进行新技术、新方法的适应性岗位培训，6 年间共培训 625 人次。

（三）资格性培训

1986 年，全市首次培训厂矿企业班组长 21338 人，其内容主要是班组现代管理知识，培训过程分理论教学、实地调查、实习考察、实践考核 4 个阶段。通过培训要按岗位规范要求，使职工取得上岗、转岗、任职、晋级资格。至 1988 年有 80.4% 的学员培训合格，1989 年基本培训完毕。1990 年，全市参加资格性培训的职工 28503 人，占当年岗位培训人数的 21.4%，比上年增加 7400 余人。

1991 — 2000 年，资格性培训、上岗前培训等其它各类岗位培训，各单位也从实际出发，有计划、有步骤地继续进行。市建委突出抓了各类管理人员岗位培训，共培训了 1861 名，其中建筑业“五大员”（施工、预算、质检、安全、材料员）有 1466 人，城建业“四大员”（市政施工、村镇助理、城建管理、建设法制管理员）241 人，房地产“三大员”（房管所长、房管员、评估员）38 人，大大提高了全系统基层管理人员的素质。市国税局、邮电局、公路局、市电焊条厂等单位坚持“先培训，后上岗”的原则，积极开展职工岗前培训，经考核达到要求才能上岗。

六　下岗再就业培训

1997 年前后，随着企业转换机制和“减员增效”，境内企业有大批职工下岗。到 1997 年 6 月底止，全市下岗职工人数达到 88076 人。为让下岗职工尽快具备切合市场需要的技能素质，迅速走上新岗位，株洲市职教部门配合市劳动部门建立 9 个再就业培训中心和 48 家企业的再就业培训基地，采用集中培训与分散培训相结合、知识性培训与技能培训相结合、自费培训与免费培训相结合的办法，积极有效地开展了对下岗职工进行教育培训。到 1998 年 9 月，全市有 70446 人先后参加一次以上集中教育培训，占下岗职工总人数的 80%。全市下岗职工中有 43000 多人重新走上新的工作岗位。株洲市教育培训下岗职工的做法和经验，受到省教委等有关部门的好评。1998 年，全省职工教育下岗职工培训再就业现场经验交流暨研讨会在株洲市召开。

第二节　干部教育

1953 年，市干部业余文化学校成立，有初小学员 40 人，高小学员 50 人，配专职教师 1 人。入学对象为党政机关工农干部。工矿企业及下乡工作工农干部，则随所在单位业余职校或农村民校入学。干部文化教育的任务是使文化水平低的干部，逐步提高到高小至初中毕业水平。

1954 年，市干校开始步入正规办学轨道，采取“速成的联系实际的但又是正规的”教学方针，通过业余学习和班级教学等适应工农特点的教学形式施教。学制高小2年，初中3年。当年，机关工作人员入学147人，编初中班1个53人，初、高小班5个94人，初中班语文、数学（代数）双科并进，初、高小班语文、算术单科独进。

1956年，市委组织部安排101名不及初中文化程度的干部入学。此后逐年有少量干部抽调离职学习。同年年底，全市有干部2782人，其中文盲半文盲102人，初小毕业不及高小毕业程度的777人，高小毕业不及初中毕业程度的1040人，初中毕业不及高中毕业程度的690人，高中毕业以上的173人。在农业合作化和中共中央“向科学文化进军”号召的推动下，干部学习热情高涨。1957年，机关干部入高小班的由1955年的152人上升到350人，入初中班的由1955年的198人上升到750人。同年，市政府还专门为农村乡干部举办离岗扫盲班，有学员30人，使全市乡以上机关干部全部脱盲。

同一时期，境内各县干部教育同步发展。攸县于1952年举办干部文化班，有初、高小学员73人；1954年与县职工业余学校合并，开设2个初中班，有学员122人。酃县于1954年在县城创办干部业余文化补习学校，至1957年共办19个班，学员840人，毕业230人，其中初小4个班108人全部毕业，高小7个班347人毕业98人，初中8个班385人毕业24人。醴陵县和茶陵县的干部文化教育，结合职工教育一起进行。

1958年8月，全市举办15所干部业余红专学校，让乡以上机关干部和厂矿企事业单位干部就近入学。9月中旬，有9所红专学校开学，其中市干校改名为直属机关红专大学，办班16个，有学员663人，内有大专班70人。各校每周学政治6小时，文化4～6小时，业务技术4小时。学习方式为统一学政治，分班学文化，分组学技术。文化课配有专职教师，技术业务课就地取材，能者为师。1959年上学期，全市干部红专学校由上年的9所增至22所，入学的各级各类干部共29312人，配有专职教师55人。尔后在“大跃进”中，干部业余红专学校多与各单位职工红专学校合并。

1962—1965年，干部文化教育呈萎缩状态，每年机关干部入学只100～150人左右，主要进行初中和高中文化教育。1953—1964年间，全市参加文化学习的机关干部累计达到高小毕业的318人，初中毕业的144人，高中毕业的60人。

1980年，对大批刚从工人中提拔或由部队转业的干部实施短期培训。培训内容主要是学管理，学业务技术。培训重点是县、科级干部、车间主任和各类专业干部。培训方式是由县级以上企事业单位举办各种类型的短期培训班，或送市、县党校及职工大中专院校学习。当年，共培训干部11800余人（县级以上300人），占干部总数的44.7%，其中市经委系统5200名干部，参加培训的达三分之二。

1982年12月，市委制定《株洲市干部培训八年规划》，开始有计划、分层次地对干部实施培训。1984年5月，成立干部教育工作领导小组。1986年，制订成人教育“七五”规划，要求到1990年力争初步形成一支有较高政治素质、数量上能基本满足需要、质量上能掌握现代管理和科学技术知识、专业配套、年龄结构比较合理的干部和专业人员队伍。

1991—2000年，党政干部教育由各级党校负责培训，企事业单位领导干部由相关部门组织培训，一般干部教育与职工教育融为一体，由市教委成教办归口管理。

一 学历教育

（一）中专（高中）教育

1983 — 1984 年，中共中央组织部和湖南省委相继下达文件，要求“两下”（1940 年 1 月 1 日后出生的年龄 45 岁以下、文化程度初中或初中以下）干部，应在 1990 年前达到中专或高中毕业文化程度。

1984 年 9 月，全市“两下”干部教育以举办电视高中开始，共招高中文科班 3477 人，学制 1 年半，开设语文、数学、政治、历史、地理 5 门课程。1986 年 2 月，首届培训结束，经全市统考全科合格者发高中毕业证书，单科及格者发单科结业证书。由于电视高中系株洲独创，覆盖面广，质量较好，多次受到省委组织部和省职教办表扬，并于 1985 年在中共中央组织部西安干部教育工作会议上作书面发言。1989 年，又举办 1 届电视高中，1 届函授高中，4 届业余高中。函授高中、业余高中课程与电视高中相同。“两下”干部除上电视高中外，还有一批进入市、县党校、成人中专或其他高等院校或中专专修班学习，其中市、县两级党校共举办 2 年制干部中专班 23 个，入学 913 名，毕业 910 名。

1988 年，全市 12882 名“两下”干部，入学 10798 人，累计毕业 9093 人，毕业率 84.2%。1989 年，未入学的 2000 余人全部入学。至 1990 年，全市基本完成“两下”干部学历教育任务。

（二）高等学历教育

1982 年，党的十二大通过的新党章明确提出“努力实现干部的革命化、年轻化、知识化、专业化”以后，各级党组织开始重视干部的学历补偿教育。特别是 1983 年开展机构改革，更促成了干部学文化、学知识的热潮。株洲市委因势利导，以改革的精神，采取多种形式，多渠道地对在职干部进行高等教育，取得了明显成效。

1. 在市委党校举办干部大专班 1984 — 1988 年，由市委组织部安排，共办班 6 个，毕、结业 315 人。其中 2 年制大专班 5 个，毕业 281 人；1 年制专业证书班 1 个，结业 34 人，入学对象为具有高中文化程度的党政干部，按上级规定开课，承认学历。

2. 委托大、中专院校培训 从 1983 年起，株洲基础大学（株洲工学院）受市委委托举办企业管理和统计专业干部专修科 6 期，对口招收工矿企事业单位干部，学制 2 年，到 1998 年，共有大专毕业生 191 人。1983 年，株洲师范受市委组织部委托开设秘书专业大专班 1 个，招生对象为市直属机关、工矿企事业单位办公室负责人或后备人员，按专科中文专业课程设置开课，学制 3 年，招学员 50 人，至 1986 年毕业。1985 年，株洲市教师进修学院受共青团株洲市委委托举办团干大专班，招生对象为全市工矿企事业单位团委（支部）干部、年龄 28 岁以下、具有高中文化程度，经成人统考招 90 人，编 2 个班，按政史专业计划开课，学制 2 年，至 1987 年毕业。

3. 组织干部参加电视大学、职工大学、业余大学、函授大学学习 这是干部大专教育的主要渠道，而与职工高等教育交叉。1983 年，中共中央高级党校函授学院湖南分院在株洲举办大专行政管理、经济管理函授班 4 个，招收企业管理干部及专业人员入学，委托市委党校代管，学制 3 年，共培训干部 189 人。同年 8 月，省广播电视大学株洲分校在株洲基础大学设立 3 个教学班（汉语言文学 2 个班、经济管理1个班），市直机关120余名干部经考试录取入学，全脱产学习，学制3年，1986年全部毕业，获得省电大颁发的大专毕业证书。全国法院干部业余法律大学株洲分部，1985年起先后招收法院在职干部247人，共10个教学班，设市区、醴陵、茶陵3个教学点，学制3年，到1988年毕业210人。湖南中华会计函授学校株洲分校举办中专班外，兼招大学本、专科班，1990年在校大专学员835人，主要为城乡财会干部。

4.鼓励干部参加高等教育自学考试　1984—1990年，开考13次。全市共有10563人参加考试，合格6639人，合格率为参考人员总数的62.85%。

1983—1989年，是全市实现干部学历教育的高峰期，至1990年，全市“两基”干部的培训任务基本完成。此后，随着高学历人员不断进入干部队伍，党政干部的学历补偿教育逐渐减少。

二　干部的继续教育

1980年以后，南方动力机械公司、株洲电力机车厂、株洲车辆厂、株洲冶炼厂、株洲硬质合金厂等单位，相继开展干部大学后继续教育。主要举办外语班、电子技术班、算法语言班、微型电脑班等，以解决科技人员知识的补缺、更新问题。入学对象为具有大学专科以上学历或中等以上职称的专业技术人员。至1985年，全市科技人员继续教育累计入学11480人次。1986年，贯彻国家制定的《关于开展大学后继续教育的暂行办法》，要求全市3万余名专业技术干部每年有1—2个月时间参加学习，争取1990年以前全部轮训一遍，以提高对新技术、新产品、新工艺的研制、吸收和管理能力。当年，专业技术人员入学6063人，后逐年增至8183人。除本市培训外，还选送部分基础较好的干部到省内外高等院校学习或出国考察、进修。

“八五”以来，境内干部继续教育得到更快的发展。不少单位采取聘请专家教授上门办学、输送到国内外高校进修、参加单位或行业举办的短训班、专家带助手在岗传授知识、举办高研班进行专题研修等形式对专业技术人员和干部进行以补缺、补低、补新为主要内容的继续教育。

株洲市1984—2000年高教自考情况一览表

表23-3

单位：人

考次	开考时间	报考人数	报考科数	实考科数	参考率（%）	合格科数	合格率（%）	毕业人数	
								专科	本科
1	1984年10月	4682	7378	5730	77.66	1510	26.35	–	–
2	1985年4月	2375	4752	3564	75.00	1461	41.00	–	–
3	1985年10月	3596	7583	6341	83.62	4126	65.06	–	–
4	1986年4月	4333	10910	8854	81.15	4740	53.50	–	–
5	1986年10月	6967	18775	15618	83.18	6838	43.78	282	–
6	1987年4月	9069	20942	15465	73.84	6087	39.36	72	–
7	1987年10月	8492	20601	16115	78.22	7061	43.82	103	–

续表 23-3

考 次	开考时间	报考人数	报考科数	实考科数	参考率（%）	合格科数	合格率（%）	毕业人数	
								专 科	本 科
8	1988年4月	7652	18027	13189	73.16	6111	46.33	304	–
9	1988年10月	6951	16368	11110	67.88	3439	39.95	347	3
10	1989年4月	7171	15887	11209	70.50	4651	29.27	236	2
11	1989年10月	6573	14766	10669	72.25	4513	42.30	212	13
12	1990年4月	8809	19694	13709	69.61	5959	43.47	191	1
13	1990年10月	10303	22912	16390	71.53	6784	41.39	200	14
14	1991年4月	11592	25234	17139	67.92	6988	40.77	165	13
15	1991年10月	12901	30003	20672	68.90	7765	37.56	272	16
16	1992年4月	14583	33160	22870	68.97	10835	47.38	166	17
17	1992年10月	15468	35202	23015	65.38	10771	46.80	246	18
18	1993年4月	14300	32757	22407	68.40	11404	50.89	227	17
19	1993年10月	14197	35590	25671	72.13	13060	50.87	599	30
20	1994年4月	16290	37860	26136	69.03	10884	41.64	310	45
21	1994年10月	16248	39087	26744	68.42	13074	48.89	299	23
22	1995年4月	21393	48708	33258	68.28	14766	44.40	355	44
23	1995年10月	18578	43198	29528	68.36	13769	46.63	444	59
24	1996年4月	21393	48708	33258	68.28	14766	44.40	566	54
25	1996年10月	23082	55906	37142	66.44	16909	45.53	587	82
26	1997年4月	24231	55800	39757	71.25	18363	46.19	388	100
27	1997年10月	25568	54444	39520	72.59	18676	47.26	417	96
28	1998年4月	21477	49440	35093	70.98	17174	48.94	615	200
29	1998年10月	25449	59343	43657	73.57	20569	47.12	469	159
30	1999年4月	28540	65080	48630	74.72	22353	45.97	689	287
31	1999年10月	29532	68836	49338	71.67	20580	41.77	382	283
32	2000年4月	29883	63106	44919	71.18	20286	45.16	552	271
33	2000年10月	28375	63614	44350	69.72	18733	42.24	628	282
总计	–	493407	1134855	804543	75.20	363051	42.74	10323	2230

第三节　农民教育

一　农民扫盲业余教育

1951年11月，郊区及其下属各乡成立以区、乡长为主任委员的文教委员会，举办冬学师资班，培训群师66名。次年春，市郊18个乡办有冬学20所，入学525人。每晚学习2小时，以识字为主，结合进行土地改革、抗美援朝和新婚姻法教育。

1952年冬至1953年春，全市在6个乡开展速成识字法教学试点工作，共办班15个，有学员634人，配专职教师5名，结合培训群师75名，此后速成识字法在扫盲中迅速推广。

自1953年始，一些基础较好的冬学逐步转为常年民校，使冬学与民校同为农村扫盲业余教育的主要形式。1954年5月，市郊18个乡（不含新从湘潭地区划入的4个乡）共办民校4所，入学141人；冬学31所，入学841人。为方便农民入学，一般以大屋场为一个教学点，吸收邻近农民参加，20人左右编1个班，对不便于集中学习的人，则采取小组形式教学。入学对象主要是基层干部、互助组长、党团员、劳动模范及青壮年积极分子，以初小以下文化水平为限。学员按识500字以内、500～900字、900～1400字3个层次，分别编64个班（组），教材采用省编《农民识字课本》《农民政治课本》《简易珠算》等。除专任教师外，有群众教师53名，并从郊东区、郊北区挑选23名干部担任政治教员。上课时间，冬学自定；常年民校以不违农时为原则，闲时多学，小忙少学，大忙放假。是年年底，市政府、团市委、市妇联又联合发出通知，要求区乡政府、团组织、妇代会、民兵中队，大力协助乡文教主任办好冬学和民校，其骨干分子要带头参加学习。由于措施得当，到课率和巩固率均达80%。

1956年，郊区6万多人口中，14～50岁青壮年农民文盲半文盲26200人，文盲率为43.6%。由于扫盲与农业合作化结合，互相促进，农民学习热情空前高潮。是年，郊区22个乡共办民校57所，参加扫盲的学员由上年的1538人增至3085人，至1957年上升到12120人。1951—1957年，郊区农民累计脱盲11160人，升入高小班学习的321人。同一时期，醴陵县累计脱盲39589人，升入高小班学习的12904人；攸县累计脱盲29120人，升入高小班学习的1647人。

1958年，“大跃进”和人民公社化高潮兴起，郊区农村再次掀起扫盲高潮，除办民校外，还推广包教保学、看物识字等方法。1960年，扫盲入学30739人，脱盲17868人，当年脱盲率达58%；应入高小的青壮年30407人，入学19964人，入学率为65%。

1961—1962年，由于国民经济严重困难，农民教育停顿。1963年，贯彻省委文教工作会议精神，农民教育开始恢复，郊区因人因地因时制宜开办扫盲班55个，入学616人；高小班181个，入学1200人。

1964年，人口普查资料表明，郊区农村青壮年中仍有文盲半文盲6万人，文盲率接近50%。为继续扫盲，郊区全日制学校及共青团、妇女会通力合作，配合每个大队办好1～2所重点民校，并以回乡学生、在乡知识青年为主体，培训骨干群师349名，其中11名后来成为省青年积极分子代表。因当时国民经济形势全面好转，农民学习文化的热情重又焕发。民谣云：“放下锄头吃罢饭，识字班里又见面，人人生产忙，处处书声朗，手是笔，地是纸，识字多的是老师；亲包亲，邻包邻，孩子包教父母亲；民校教室人满坐，读罢报纸又上课。”1966年3月，株洲县有11000名青壮年农民和基层干部参加扫盲业余学习。

“文化大革命”初期，农村扫盲工作因机构瘫痪而停顿，导致返盲和新文盲的产生。1972年调查，全市农村13岁以上人口中，文盲半文盲为47.6%，基层干部中的文盲半文盲为54%。1973年，全市农村办政治夜校 541 所，扫盲入学 14320 人。1975 年，株洲县办扫盲班 693 个，入学 16951 人。

1977 年，贯彻省桃江会议精神，株洲县制定出 1979 年以前基本实现青壮年无盲县规划。1978 年，国务院《关于扫除文盲的指示》下达后，该县采取多种形式加快扫盲步伐，至 1979 年全县 33 个公社 8172 名校外青少年文盲半文盲中，脱盲 6705 人，非文盲率达 98.1%；壮年文盲半文盲 39039 人，脱盲 32813 人，非文盲率为 83.4%。年底，经省、市扫盲工作组验收，被省授予“青少年无盲县”称号，成为全省最早基本完成扫盲任务的 19 个县之一。1980 年，为巩固扫盲成果，该县要求大队办好业余小学，做到上课时间、教室、学员、兼职教师“四固定”。年底，全县办农民业余小学 136 所，学员 2850 人。1982 年以后，该县开展“百日万字练习”“百日记工记事”“百日造千句写百篇”等活动，共有 9035 名脱盲学员参加。1984 年，县妇联又组织妇女开展“百日学千字造百句写十篇”活动，举办扫盲班 328 个，使 18200 人脱盲。

同期，攸县于 1980 年、酃县于 1981 年、醴陵县于 1983 年经湘潭地区验收合格，基本达到青少年无盲县标准，其中攸县被省授予“基本上实现青少年无盲县”锦旗。

1984 年以后，境内农村扫盲业余教育同农民学习文化技术与脱贫致富相结合。1989 年，株洲县先后有 58000 多名脱盲学员参加农民文化技术学校学习，学会一门至多门专业技术，其中有 8 人获技术职称，128 人任乡村干部，320 人成为乡镇企业骨干，4430 人成为专业户。全县 15 ~ 45 岁青壮年无盲率达 96% 以上，被省授予“扫除文盲先进县”称号，国务院副总理田纪云等先后到该县视察，对其扫盲业余教育工作给予肯定。

1989 年，市政府为迎接 1990 年国际扫盲年，将农村扫盲工作纳入各级领导目标管理，实行扫盲责任制。行政干部包宣传发动，包组织学员入学，包筹措经费，包扫盲合同兑现；教育部门包文盲注册登记，包教包学，包入学人员脱盲。醴陵市发动 600 多名中小学教师，对 689 个村 15 ~ 40 岁的文盲半文盲进行全面摸底，建立学校向学区、村民委员会向乡政府签订扫盲合同双轨承包责任制。

1990 年，全市青壮年文盲、半文盲入学 42979 人，脱盲 39325 人，占入学人数的 91.5%。1991 年，根据全省农村教育工作会议精神，组织 21413 名青壮年文盲、半文盲入学，共办扫盲班 379 个。当年 15103 人脱盲，完成省下达任务的 100.8%。在抓好扫盲教育的同时，各地还着重抓脱盲学员的继续学习。全市共办巩固提高班 516 个，参加学习的人数达 10531 人，占省下达任务的 140.4%。全市县（市）、区、乡（镇）政府和绝大多数村成立了扫盲领导小组，有 19044 人投入扫盲工作。经过采取“一堵、二扫、三提高”的办法，常抓不懈。1992 — 1996 年，全市共扫除青壮年文盲、半文盲 9.87 万人。攸县被评为“中华扫盲先进县”，该县的鸭塘铺乡和醴陵市船湾镇被评为“中华扫盲先进单位”。到 1997 年，全市已基本完成扫除青壮年文盲的任务。1998 年顺利通过扫盲工作国检。青壮年文盲半文盲的绝对数从 50 年代的几十万人下降到了 2000 余人。

二　农民文化技术教育

1956 年下半年，郊区开始举办农民业余初中，入学 45 人，其中乡村主要干部 7 人，主要学语文、数学和部分农业科学技术知识；1960 年上半年，农民业余初中人数一度上升到 5451 人，1963 年农民业余学校在举办初中班的同时，还设有初级技术班，吸收在乡知识青年和有一定文化的基层干部参加，结合生产需要，讲授应用农业科学知识。

1980 年 5 月，为使大多数青壮年农民具有中等以上文化技术水平，全市办农民技术学校 311 所，入学 33651 人，其中脱产和半脱产的 4 所 176 人；短期业余技术培训班 307 期，参加学习的 33475 人。1984 年，全市农村已初步形成县、乡、村 3 级办学网络。到 1990 年有农民中专 1 所，农业广播电视学校 7 所，乡（镇）农民文化技术学校 151 所。这些学校在农民文化技术教育中，发挥着主渠道作用。其中，办得较好的有攸县农民中专和农业广播电视学校。

境内各县市郊省农业广播学校分校于 1981 年相继成立。各校根据当地情况，先后开设农学、林学、果树、蔬菜、畜牧、畜牧兽医、淡水养鱼、农业经济管理、乡镇工业会计、乡镇企业经营管理、农产品贮藏加工、农业技术推广等专业，业余学习 3 年。学员通过收听收看电视广播、录音录像、上辅导课与实验课等方式进行学习，修完规定的全部课程，考试成绩合格者由省校统一颁发中专文凭。市、县农广分校办学 10 年间，累计招生 5989 人，已毕业 1347 人，其中录为国家干部 187 人，担任乡镇（科）长以上职务 36 人，担任村干部 208 人，被乡镇机关及企事业单位聘用的 323 人，获技术职称的 58 人（中级 1 人），成为专业户的 31 人，科技户的 12 人。各分校还因地制宜，开展短期实用技术培训、科学实验、技术承包与技术咨询服务等活动，并获省级科技成果奖 1 项。至 1990 年，市、县农广分校在籍学员 2898 人，教学班 68 个，专职干部和教师 18 人，兼职教师 108 人，兼职班主任 68 人。

除市、县办的中专性质的农民技术学校外，遍布乡村的乡镇农民技术学校，对普及农业科技知识，带领农民奔小康方面，也发挥着重要作用。1981 年，乡镇农民技术学校（简称“乡农校”）兴起。1984 年，各县农委、科委、教育局联合，协助乡镇共举办农、科、教三结合的乡农校 79 所，参加学习的 9370 人。1986 年，为适应农村商品经济发展的新形势，乡农校增至 130 所，办学面为 85%，1987 年上升到 142 所，办学面达 94%；1989 年有 101 所验收合格，居全省前列。1990 年，全市 100% 乡镇办有农校。乡镇农民技术学校教学内容，视当地自然资源和农民需要而定。株洲县洲坪乡农校利用湘江水资源，举办网箱养鱼实用新技术班，并在空洲推广，1989 年空洲网箱养鱼在全县所占比例最高，年产鲜鱼 1300 千克。

1991 — 2000 年，株洲市全面推动“科技兴农”和“农科教统筹结合”的进程。从 1993 年至 1997 年，全市普及了县乡两级农科教中心，除继续发展农业广播电视教育外，新、扩建乡镇农校 68 所，实现了“乡乡有农校，村村有农校”的目标。5 年中，共培训各级各类从业人员 42 万人次，提高了农村人口的文化技术素质，促进了农村经济的发展。醴陵市充分发挥农村成人教育三级培训网络，以 37 个乡镇农校为主体，以 683 所村农民文化技术学校为阵地，根据农村经济建设和精神文明建设的需要，大力开展培训工作，并围绕农村产业结构的调整和农民致富的需要，及时调整培训专业，进行专题攻关培训。浦口镇农校根据农民需要，开展电瓷生产、鞭炮加工等专业技术培训，促使该镇经济 3 年迈出三大步，曾 2 次评为“中国乡镇百颗星”。同时率先在境内开展农民技术人员职称评定试点，首次为22名农民技术人员评定职称。对难度较大、操作性强的高新科学技术，则采用上挂下联的办法，进行重点培训。渌江乡与省农业大学、省农科院联姻，请专家教授到渌江乡传授技术，共培训各类技术人员1000余人，引导农民发展大棚蔬菜、栽种反季节菜、饲养生猪、食品加工等，1997年全乡完成工农业总产值24.2亿元，人平纯收入3235元，1998年评为全省综合实力20强乡（镇）。

1999年，株洲市根据国务院《中国教育改革和发展纲要》中提出“要大力发展农村成人教育，积极办好乡镇农校，全面提高农村从业人员素质”的要求，经济较发达地区的乡镇农校建设，以当地产业结构调整为中心，大力发展科技含量较高的种、植、养、加工项目。经过几年的发展，醴陵市、攸县、茶陵等市县取得较好的成绩。特别是醴陵市的37个乡镇农校建设有21个具有一定的经济实力。醴陵市清水江是贫困乡，乡办企业几乎全部倒闭，唯独乡农校办得红红火火。该农校在全乡养殖、服装、彩陶的来料加工项目上大力开展培训，开展规模养猪、养牛、养鸡，开拓发展外贸型禽畜生产，建立产、供、销“一条龙”服务体系，同时利用当地人力资源优势，大力发展服装、彩陶来料加工，各地订单纷至沓来。1999年，生产总值突破500万元，纯利过20万元大关。茶陵县七地乡农校，利用实习基地6.67公顷水田开展水稻杂交稻制种，生产的稻种纯度高，成为当地农民的抢手货。他们实验的再生稻栽培技术在山区喜获成功，为在当地气候、土壤、肥力条件下的科技兴农闯出一条新路。

株洲市2000年各级各类成人教育一览表

表23-4

学校类别		学校数（所）	在校学生数（人）	教职工数（人）
高等院校		11	7018	764
中等专业学校		12	1295	238
成人技术培训学校		1899	114225	3163
其中	职工培训学校	91	8173	512
	农民培训学校	1808	106052	2656
成人中学		28	3917	130
其中	职工中学	27	3917	130
	农民中学	1	33	–
成人初等学校		959	24671	1152
其中	职工初等学校	4	2246	42
	农民初等学校	955	22425	1110
总　计		2909	151126	5447

第八章 师资队伍

第一节 师资配置

清末，境内初等小学堂，仅设监督一人，教员若干。中等以上学堂，则于监督、教员外，视事务繁简，另设教务、文牍、庶务、会计各员，少则数人，多则十数人。

民国时期，各类学校职员一般依所设班级的多寡加以确定，教员则按每班授课时数计算予以聘用。各县编制不尽相同，但教职员人数与学生人数仍保持一定比例。民国4年（1915）小学员生比例，醴陵县1：13.8，攸县1：12.7，茶陵县1：10，酃县1：12.6，与当年全省平均比例1：12大致相似。民国19年（1930）小学员生比例，醴陵县1：5.3，攸县1：13.7，茶陵县1：11.4，酃县1：10，也与当年全省平均比例1：12.5基本接近。民国23年（1934），初中与员生比例，醴陵县1：10，攸县1：9.4，茶陵县1：9.2，各县大致平衡。民国36年（1947），攸县各类学校员生比例，小学1：25.4，中学1：12.9，简师1：8.7，同当年全省平均比例小学1：20.1，中学1：14.1，师范1：10.8都较接近。

中华人民共和国成立后，各级各类学校师资编制额逐步放宽。1949年10月，省临时政府规定，各级各类学校以班定员，“约以每班占教职员3人为原则”，“学生每班名额以40～50名为适当”。1960年，教育部规定普通中学和中等师范学校教学人员，高中平均每班配2.1～2.25人，初中1.95～2人，中师2.2～2.4人，行政及职工每班配1人；小学教职员工，完小每班1.3～1.5人，初小1人。1984年，部颁标准对每班教职员工配额进行调整，规定高中每班配4人（教师2.8），农村初中3.5人（教师2.5），城镇初中3.7人（教师2.5），农村小学1.4人（教师1.3），城镇小学2.2人（教师1.7）。国家编制放宽后，每个教职员工负担学生的比例下降，工作量相对减轻。境内各级各类学校员工与学生的比是：小学，“二五”计划时期超出1：30，随后3年调整时期和“文化大革命”中，仍在1：30左右，“三五”至“五五”计划期间降至1：25左右，“六五”至“七五”计划期间稳定在1：22左右，同全省实际达到的教职员工负担量相比，各个时期每个员工平均少负担学生1～3名。普通中学，20世纪50—60年代浮动于1：13～1：16之间，较全省同期教职员工平均负担量约加重1人；“文化大革命”中控制在1：20左右，70年代稳定在1：16左右，较全省减轻1人，80年代降至1：11.8，较全省平均负担量减轻2～3人。中等专业学校，“二五”计划期间为1：4.8，较全省同期平均负担量减少6人，至“六五”计划期间降至1：2.9，较全省平均负担量仍少3人；“七五”计划期间上升到1：4.1，逐步接近全省同期水平。1990年，全市小学在校学生11176班368470人，教职员工17193人，员生之比1：21.4，班平1.5人，在部颁编制限额之内。中学在校学生2750班136889人，教职员工11471人，员生之比1：11.9，班平4.2人，超过部颁编制限额。中等专业学校在校学生7833人，教职员工1823人，员生之比1：4.3。普通高等院校在校学生3588人，教职员工1602人，员生之比1：2.4，同全省平均水平接近。

师资编制因办学层次、办学体制和地区不同而呈现不平衡性。一般大中专院校偏松，中小学偏紧，其中小学又比中学偏紧；企事业学校偏松，教育部门学校偏紧；城市学校偏松，农村学校偏紧。1990年，城区有中学班647个，配教职员工3350人，班平5.2人，高于部颁标准；市辖5县市农村有中学班2103个，配教职员工8121人，班平3.9人，在部颁标准之内，但比城区中学每班少1.3人。城区教育部门办小学班806个，配教职员工1635人，班平2人；企事业办小学班481个，配教职员工1373人，班平2.9人，比教育部门办小学高出0.9人。

1991—2000年，境内中学师资逐年略有增加，小学和幼儿园师资前期逐年增加，后期逐步下降。1991年，境内中学教职工数11946人、小学教职工数16841人、幼儿园教职工3516人，到2000年，中学教职工数达到15777人、小学教职工15658人、幼儿园教职工2882人。师生之比小学稳定在1：22左右，中学接近1：12。相对而言，学校师资城市学校比农村学校松，厂矿企业学校比国办学校松，中学比小学松。以后，师资数量的变化起伏不大，基本满足了基础教育发展和结构调整的变化需要。

第二节　师资培养

一　师资来源

清代，书院由名儒执教；私塾、义学塾师则多由秀才担任。光绪二十九年（1903）颁行《奏定学堂章程》，各地推行新学。光绪三十三年（1907），醴陵县、攸县、茶陵县、酃县共创办中、小学堂及实业学堂计26所。新式师资大致来源于三个途径：开办速成师范学堂招收青年士子，施以短期培训；选用部分文理通达的举人、秀才及塾师，以暂充国文、修身等课程的教习；延聘留学回国人士或省内外师范学堂、中学堂毕业生，以充任自然科学和外文师资。当时各县新式学堂尚在初创，师资任用较严格，茶陵县2所高等小学堂9名教习中，有7名为师范毕业生。

民国时期，境内中小学校渐次增设，师资队伍相应扩充。民国4年（1915），醴、攸、茶、酃4县教师总数为726人。民国19年（1930），增加到3941人，增长4.4倍。这些教师除原有部分外，一部分结业于各类师资培训班（各县举办的教员养成所、师范讲习所及省、县小学教员讲习会等），一部分毕业于正规师范院校（包括各县简易师范学校），还有一部分毕业于省内外高等院校或普通中学。民国后期，大学本科和专科毕业生逐步成为各县中学教师的主体。

中华人民共和国成立后，社会主义教育事业蓬勃发展，师资队伍不断壮大。到1990年，全市各级各类全日制学校教职员工总数达到34567人（不含幼儿师资、成人教育师资及教育行政机关人员），较1949年的4999人增长5.9倍，平均每年增加739人，其中小学教师由4685人增加到17193人，增长2.7倍；普通中学教师则由301人增加到11471人，增长37倍。

师资队伍主要源于5条渠道：

（一）留用原有教师

1949年下学期，各县人民政府对旧有学校采取“暂维现状，逐步改造”方针，绝大部分教职员工留下继续任职，醴陵县留用1469人，攸县1012人，茶陵县662人，酃县300余人，现城区及株洲县1055人。

（二）录用城乡知识分子

1950—1952年，各县从失业知识分子和社会青年中，相继录用一批教职工。1958—1960年，各县从复员军人、下放干部和社会青年中再度录用一批教师，以解决教育事业“大跃进”师资严重缺额问题。1978—1988年，市、县从民办教师和离退休教职工子女中录用一批教职工，以解决民办教师出路和离退休教职工子女就业问题。1986—1990年，全市录用中小学民办教师1850人。

（三）接收国家分配的师范院校毕业生

1949年后，在师资队伍构成中，国家分配的高等师范院校和中等师范学校毕业生所占的比重逐步增大。茶陵县1949—1988年，共接受中师毕业生1494人，大学专科毕业生621人，本科毕业生143人；师范生在小学教师队伍中约占二分之一，在中学教师队伍中约占五分之四。1990年，全市分配任教的大中专毕业生1002人，其中本科生58人，专科生356人，中师生588人。

（四）聘用民办教师

1955年始聘用民办教师。1958—1959年，教育事业发展贯彻“两条腿走路”方针，民办与公办并举，仅醴陵县一年内开办小学民办班598个，吸收民办教师494人，占当年全县小学教师总数2294人的21.5%。1964—1965年，农村普遍开办耕读小学，仅株洲县1965年建县时就有民办教师618人，占当年全县教职工总数的37.2%。1969—1970年，农村公办小学下放到大队管理，公办教师因回原籍分配不均，加上清理阶级队伍，部分教师出队，使教师一度奇缺，聘用民办教师成为主要应急措施，仅酃县一年内就增加民办教师498人，比上年增长2.5倍，占当年全县教职工总数的55.6%。1975—1977年，农村推行“五七”教育网，社队7年制和9年制学校盲目发展，各县民办教师剧增，其人数一般占到教职工总数的60%以上。酃县1976年民办教师达到1296人，占当年全县教职工总数的69.8%。1980年以后，全市基础教育稳步发展，民办教师人数得到控制。1990年，全市中小学民办教师总数减少到6931人，占当年全市中小学教职工总数的24.2%。

（五）社会其他部门提供

普通高等院校和中等专业学校师资，一般由主管业务部门负责配备；厂矿企事业子弟学校师资，由办学单位自己解决。1990年，城区在编教职工中，企事业单位教职工有8890名，占城区教职工总数的67.7%，是一支重要的师资力量。

尽管教师队伍不断壮大，但曾经偏离良性发展轨道。一是总体规模几度起落。1958—1960年，教师队伍急剧膨胀，由6623人猛增到13149人，3年内净增6526人；1961—1963年，贯彻调整方针精简下放教职工，3年内净减3458人。1966年，全市教职工14136人，因“文化大革命”冲击，次年减至13278人，一年内“淘汰”教职工858人。1975年，推行“五七”教育网，一年内教职工再次急剧膨胀，由25215人猛增到30447人，净增5232人。二是层次结构拔高失调。初中、高中教育两度“虚肿”，教师层层拔高任教，致使小学、初中、高中合格教师的比例层层降低。株洲县1971—1977年间，高中班由42个增至240个，初中班由210个增至799个；中学教师由694人增至2327人，净增1633人；而同一时期国家分配来县的师范院校毕业生仅232人，即令全部任教中学仍缺1401人，于是小学教师半数以上被抽去教中学。三是民办教师比重长期偏大。在各县中小学师资队伍中，民办教师所占比重，20世纪50年代末约20%～30%，60年代末上升到40%～50%，70年代末高达60%以上，严重影响着整个师资队伍的素质和稳定。

1978年后开始拨乱反正，在基础教育内部贯彻“努力充实小学，适当发展初中，严格控制高中”的方针，将原拔高任教的中小学教师大部分拨回原岗位。1981年和1985年2次全面考核和整顿民办教师，考核合格者发给任用证书，基本合格者继续留用并加强培训，不合格者精简回乡生产。这些整顿措施，使教师队伍的整体规模、层次结构、民办教师的比例基本趋于合理，从而走上健康发展轨道。到1990年，全市教师队伍稳定在3万多人，每年增减率保持在1%～2%，民办教师比例下降到20%左右。同年年底，全市在编教职员工38069人，其中公办30441人占80%，教育部门27369人占72%。按行政区域划分，城区占35%，株洲县占11%，醴陵市占21%，攸县占16%，茶陵县占12%，酃县占5%。

1991—2000年，境内师资来源主要是分配师范院校的毕业生，其中攸县师范学校、株洲师范学校和株洲教师进修学院3所中等师范学校，共培养中师毕业生7474人，师专毕业生2398人，为境内中、小学校提供了大量的师资。此外，市外高等师范学校也有部分毕业生被安排在中、小学任教。吸收民办教师任教。从20世纪80年代中期开始，株洲市采取一系列有力措施，努力使符合条件的民办教师转为公办教师，以彻底解决他们的后顾之忧。招收1195名民办教师进师范学校学习，毕业后成为公办教师；市、县从补充国家工作人员自然减员中挤出1000余个指标录用民办教师；将省分配给株洲市民办教师转公办的专项指标直接转为公办教师。至1997年10月，境内最后一批252名合格民办教师全部转为公办，在全省率先结束了民办教师的历史。

二　培训方式

自民国27年（1938）始，湖南师资培训由省教育厅直接主持改为省、区、县三级负责，由省地方行政干部训练团训练中心学校校长或教导主任，各师范学校招生区域内的省立师范学校或省立中学，训练该区域内的国民学校校长或教导主任及中心学校教员，各县政府训练国民学校教员。是年暑期，茶陵县送训中心学校校长及教导主任20人、国民学校校长及中心学校教员192人、县内调训国民学校教员172人，为境内师训之始。是年寒期，攸县和酃县开始举办国民教育师资短期训练班。民国29年（1940）暑期，醴陵县开始举办国民教育师资短期训练班，一般训练3～6周，讲习小学教材及教法，小学组织及行政等6个科目。至民国32年（1943），境内各县师训成绩显著，结业学员为醴陵县185人，攸县303人，茶陵县224人，酃县147人。

中华人民共和国成立后，针对全市中小学教师量大面广、层次繁多、培训要求不一以及教学任务繁重等实际情况，师资培训工作采取多层次、多规格、多形式、有计划、有步骤地开展，形成离岗培训、函授教育、业余自学等多渠道的系统培训。

1.离岗进修 从20世纪50年代起，高中教师输送到省内外高等师范院校代培，初中教师输送到省内师专、教师进修学院等进修，小学教师则由市、县中等师范学校和教师进修学校负责培训。1953—1965年，主要培训小学教师，以解决经过全面整顿后小学合格教师的不足。1954—1956年，攸县师范学校举办1年制或半年制离岗轮训班11个，为原湘潭地区10个县培训小学教师547名。1971—1983年，主要培训初中教师，以解决中学师资奇缺问题。株洲县举办半年制或1年制的学科进修班34期，培训初中教师1830人次。1984—1990年，主要开展中小学师资学历进修，教师离岗进修形式趋向正规化、系列化。市、县教育行政部门实行“统一规划，分级培训”的原则，分层次制订小学、初中、高中师训规划，按各县市及乡镇教师总数的3%～4%选送培训人员。离岗培训人员列入正式编制，考试成绩合格者国家承认其学历。1984—1990年，全市共招收中师进修班5届学员1094名。1990年，全市教师学历达标率，小学教师达到78.8%，初中教师为58.3%，幼儿教师为68.3%。

2.函授培训 1958年，各县设立教师函授学校（后改为函授站），配备专职干部，组织小学教师参加中师函授学习。高师函授则委托湖南师范学院函授部负责。1962年，全市参加函授学习的中小学教师1200多人，占教师总数的55%。“文化大革命”期间，函授中断。自1978年始，普遍恢复教师函授教育。市、县均建立函授机构，市教育局设立中师函授站，各县市在教师进修学校设立函授部，各乡镇学区设兼职干部协助管理。高师函授则在市教师进修学院设立函授部管理。中师函授设有4年制中师函授班、3年制卫星电视中师班。自1982年始，各县为缩短学习期限，开办“中函提前班”，分期抽送中师函授学员到县教师进修学校学习半年或1年，提早毕业。自1986年始，从应届参加全国高考上线考生中，招收高师函授普通班、中师函授普通班和电视大学师资班，毕业合格者由国家正式录用，享受大专或中师毕业生待遇。1978—1990年，全市招收中师函授学员5届6657人。

3.自学考试 从1984年开始，境内中小学教师积极参加成人高校自学考试。市县还先后开办了汉语言文学师范班、教育行政管理专业自学视听班、英语专业自学视听班等。

1978—1990年，通过进修、函授、自学等形式的培训，全市总计有4295名教师取得了合格学历，中小学教师学历偏低的状况得到较大的改变。

1991—2000年，株洲市继续抓紧教师学历达标工作。1991年，全市成人高师、中师、幼师招生达1500人。经过1年的努力，小学教师合格率已升到84.6%，初中教师达到62.6%，高中教师为53.2%。至1995年，全市高中、初中、小学教师的学历达标率分别达到56.8%、71.3%和89%，分别高于全省平均值9.9、10.1、6.2个百分点。在“九七教育工程”推动下，教师学历达标的工作进一步得到发展。至1997年，全市小学、初中、高中教师学历达标率分别上升到97.1%、90.3%和67.2%，均名列全省第一。2000年，小学、初中、高中教师的学历合格率分别达到95.6%、90.8%、78%；小学、初中的学历拔高率分别达到13.7%、14.1%，分别位居全省前茅。

随着中小学教师学历培训任务的逐步完成，师训工作重点开始转向学历后的继续教育。1996年，全市参加继续教育的中小学教师达7170人，是1995年的8倍多。其中初中、高中教师参加继续教育的分别为605人和427人。小学教师继续教育涉及面已达69.34%。1997年4月，确定继续教育5年一个轮回的运行机制，培训对象应在每一周期内参加一轮培训，完成300 ~ 450个课时的学时量，规定继续教育培训对象为中小学取得教师资格的教师、行政干部和试用期新教师。至1998年，小学继续教育已由单一的职级培训发展为多层次、多内容、多形式、多方法、多规格的综合学分制教育。当年开设小学继续教育培训班48个，结业2164人，提前2年完成第一轮培训任务。醴陵市成为小学第二轮继续教育的省级试点单位，开设了数学班、语文班、美术班，在教学方法、形式、层次、模式等方面作了有益的探索，受到省小教中心的好评。中学继续教育在市教育学院开设了8个专业，1998年新增培训教师817人，结业1351人；培训中学校长108人。至2000年，中学第一轮全员培训的任务基本完成。

第九章 教育管理

第一节 行政机构

一 县、区级教育行政机构

宋以后，境内各县均设教育行政管理机构。宋代以知县兼领。元以后，各县皆置专职学官，以司其事。州府称学官为学正或教授，县为教谕。清雍正六年（1728），始设儒学衙门。

清末，学制更新，各县教育行政机构相继改革。光绪二十九年（1903），醴陵县改儒学衙门为学务公所，三十二年（1906）更名为劝学所。其后，各县相继设立劝学所。

民国期间，县级教育行政机构虽有新定制，但未能统一执行。民国15年（1926）后，各县改劝学所为教育局，设局长1人，课长1人，课员1人，督学、产款经理若干人。民国28年（1939），各县奉命将教育局改为教育科，一直延续到民国38年（1949）。

中华人民共和国成立后，各县教育行政机关的设置，几经变易。初置教育科，后改文教科，20世纪50年代末撤科置局，60年代初又改局为科。1968年后，各县文教科在“文化大革命”中瘫痪。1972年后，又恢复教育（文教）局建制。中共十一届三中全会以后，教育事业蓬勃发展，各县教育行政机构相应得到加强。1980年，原设文教局的攸县、茶陵县、酃县、株洲县将文化和教育分开，置教育局。

1970年，市郊区设教卫组，接管区内教育。1973年，郊区和城市东、南、北三区，置教卫科。1979年，城市三区改设教育科。1983年，郊区设教育局。1988年，城市东、南、北3区改教育科为教育局。

1990年市辖5县市皆已成立教育局，一直延续到2000年。1997年调整行政区划，分别将东、南、北三区改为荷塘区、芦淞区、石峰区，河西增设天元区并撤销市郊区建制，各区均设置教育科，1998年均改教育科为教育局。

二 市级教育行政机构

1949年8月，株洲改乡为区，设文教助理，分管文化、教育、卫生工作。1950年7月，株洲改区为镇，设文教股。

1951年7月，株洲镇升为县级市，设文教科，编制4人。1956年3月，株洲市由县级市升为省辖地级市，市人民委员会撤销文教科，分设文化科和教育科，教育科定编8人。1958年6月，改教育科为教育局，定编 12 人。1960 年 3 月，教育局设人秘科、学校教育科、工农教育科、教研室。

1968 年 1 月，市革命委员会成立，撤销教育局设立教卫组，分管教育、卫生工作，隶属市革命委员会政治工作部。1969 年 4 月，市革命委员会从教卫组析置教育组。1971 年 2 月，市革命委员会改教育组为教育局，定编 24 人。同年 10 月，局机关设政工组、办事组、教育组和业务组。1976 年 12 月，教育局恢复科室建制，设办公室、政工科、普教科、工农教育科、生产管理科和学工学农供销经理部。次年 12 月，恢复教研室。

1980 年 12 月，市革命委员会教育局改为市教育局。1983 年 9 月机构改革，教育局设办公室、政工科、普教科、师训科、工农教育科、计财科、工会，定编 40 人，实有 42 人。1984 年 9 月，增设高等教育自学考试指导委员会办公室，析政工科为人事科和中共市教育局委员会办公室。1988 年，增设普通高等（中专）学校招生委员会办公室和职业技术教育科。

1989 年 8 月，市人民政府撤销市教育局和市政府职工教育办公室，设立株洲市教育委员会，定编 84 人。内设政治处（含工会、团委、纪委）、办公室、普通教育办（含招生办）、成人教育办（含自考办、成招办）、高教职教办、师范办、体育卫生科、人事保卫科、计划财务科、监督审计科和督导室。1996 年，市教委机关下设办公室、政治处、人事科、基础教育科、职业技术教育科、成人教育科、师范教育科、计划财务基建科、审计科、督导室、纪监科、招生办、自考办 13 个科室和团委办公室。另设市教育科学研究所、市教育技术装备所、勤工俭学管理办公室 3 个二级机构。人事科加挂保卫科、市大中专毕业生就业指导中心、市大中专毕业生分配办公室的牌子，2000 年又加挂市教育局人才中心牌子；成教科加挂市社会力量办学牌子；师范教育科加挂教师培训站的牌子；基础教育科加挂卫生保健所的牌子；督导室加挂政策法规科的牌子；自考办加挂市招生服务中心牌子。1997 年设立市教育建设设计监理所，2000 年 8 月设立职教中心。

第二节 行政管理

清光绪以前，境内各州县由学官管理教育行政。其主要职责是授经讲学、管理生员、掌管祭祀。据《茶陵州志》载：学官要按月训课，每月初一或十五，集中生员于明伦堂宣讲。学官还需管理殿祠、庙产，征收学田租石，收藏书籍，管理祭器、乐器，主持文庙春秋两次祀典。清光绪三十二年（1906）后，各县由劝学所专司辅佐县知事办理县教育行政事宜，管辖各区之教务。

民国时期，境内各县教育行政机构主要管理县立学校及其他教育事业之设置，私立学校之认可及考核，县属教育事业的统计、计划、经费管理，教育机关行政事务人员的委任，公立中学校长的推荐，公立小学校长的任免及私立小学校长的核定，班级、学额的分配，私塾改良，学校建设及小学师资培训、核定和委任等。教学业务和学生学籍归口省统一管理。学生毕业证书由省教育主管部门验印，方可有效。各县设督学若干人，春秋两季分赴各小学视导，评定学校优劣，发放补助谷，予以奖惩。

1950 年，株洲区文教股，负责接管和改造区内原有区属公、私立小学，按政治标准审定原有公、私立小学教师的去留，清理私立小学校产。1951 年，市政府文教科负责直接管理市属小学的人员配备、师资培训、教学设备和教学教育活动。中学由湘潭专署教育科直接领导和管理。1956年，株洲改省辖市后，教育行政、业务领导由市人民委员会教育科管理，政治、人事任免权由市委宣传部管理，区乡小学由学区主任管理。

1958年，实行“统一领导，分级管理，条块结合，块块为主”的管理体制。农村小学下放给人民公社管理，其人权和财权由县或市掌握。城区幼儿园、全日制中小学、市属中等专业学校由市教育局直接管理。20世纪50年代末期开始，境内企事业单位办学，实行办学单位和地方教育行政部门双重领导的管理体制。办学单位依据国家有关方针、政策和法规，结合本单位的实际情况，编制本单位教育事业发展规划和招生计划，合理安排经费，配备和管理好师资队伍，搞好学校一切日常管理等。地方教育行政部门根据国家有关规定，负责企事业办学的管理和工作指导，包括学校设置、合并和撤销，协调招生计划，安排学制设置，学籍管理，教育行政人员和师资队伍考核与培训，办学情况的督导评估等。

1963年，境内中小学开始由县或市教育行政部门实行“条条”管理。1965年，株洲县立县后其教育由县文教科主管，同时受县人委和市教育局双重领导。1970年10月，市办小学移交给区直接领导。

“文化大革命”期间，县郊各镇、公社所设中心学区、公社学区领导机构被撤销。1968年冬，农村小学下放到生产大队办，大队建立贫下中农管理委员会管理学校；次年，工人毛泽东思想宣传队进驻各中学。这一时期，教育管理转向以抓阶级斗争为主的轨道。

1985年，贯彻中共中央《关于教育体制改革的决定》精神，实行“分级办学，分级管理”的教育管理体制，建立“双包共包责任制”（地方政府包办学条件的改善、教育部门包教育质量提高、地方政府和教育部门共包适龄儿童的入学率和在校学生的巩固率）。1989年始，市教育委员会对全市的幼儿教育、普通中小学教育、职业技术教育、高等教育和成人教育实行统筹管理。负责全市教育事业发展规划的制定与实施、教育经费管理和使用、中小学师资培训、普通高校招生和大中专毕业生调配、高等教育自学考试、教职工队伍思想建设、推动教育改革和教育科研、市办学校管理等。市教委负责业务上指导县市区教育局，县、市教育局直接管理县属中学、教师进修学校，城区3区直接管理区办小学，乡镇学区（教育办）直接管理村小学和乡镇中心小学及乡镇初中。

1991—2000年，全市的教育行政管理机制：村小学和乡（镇）初中、中心小学由各乡（镇）学区（教育办）直接管理；县、市中学、教师进修学校和各乡（镇）学区，接受县、市教育局直接领导；市区小学、幼儿园由各区教育局管理。县市区教育局在业务上受市教委领导，党政领导人员任免由所在县市区党委、政府负责。市直属学校由市教委主管。

株洲市教育行政机关历任负责人名录

表23-5

机关名称	设立时间	职　务	负责人	任职时间
株洲镇文教股	1950年7月	股　长	晏树常	1950.7—1951.7

表 23-5

机关名称	设立时间	职　务	负责人	任职时间
市人民政府文教科	1951 年 7 月	科　长	罗立洲	1952.9 — 1954.3
		副科长	左重庆	1954.3 — 1956.9
			宋焕藩	1951.7 — 1952.11
				1953.4 — 1956.1
			杨　青	1952.4 — 1952.7
			王印东	1952.11 — 1953.4
市人民委员会教育科	1956 年 1 月	科　长	周以存	1956.9 — 1958.9
市人民委员会教育局	1958 年 6 月	局　长	周以存	1961.9 — 1968.1
		副局长	周以存	1958.9 — 1961.9
			钟前雪	1962.6 — 1966.4
			宋道乾	1965.7 — 1968.1
市革命委员会教卫组	1968 年 1 月	组　长	张耀国	1968.1 — 1969.4
		副组长	张云龙	1968.1 — 1969.4
			陈玉学	1968.1 — 1969.4
市革命委员会教育组	1969 年 4 月	组　长	杨　毅	1969.4 — 1970.10
		副组长	张云龙	1970.1 — 1970.10
			陈玉学	1969.4 — 1970.10
			曹敬庄	1969.4 — 1970.10
市革命委员会教育局	1970 年 11 月	局　长	余清源	1973.1 — 1973.11
			罗立洲	1973.11 — 1977.6
			包连生	1977.7 — 1980.12
		副局长	张云龙	1970.10 — 1973.1
			包秀龙	1973.1 — 1976.12
			周以存	1973.1 — 1976.12
			沈昌咸	1973.11 — 1980.9
			杨　忠	1973.10 — 1980.8
			冯鲁仁	1973.11 — 1980.7
市教育局	1980 年 12 月	局　长	包连生	1980.12 — 1983.7
			欧阳振贤	1984.9 — 1989.8
		副局长	杨　忠	1980.8 — 1985.12
			罗永虎	1980.9 — 1983.8
			周　密	1980.9 — 1983.8

续表 23–5

机关名称	设立时间	职 务	负责人	任职时间
		副局长	罗 聆	1981.3 — 1983.8
			胡志鹏	1981.3 — 1983.8
			丁亚辛	1983.3 — 1983.8
			颜启龙	1983.8 — 1985.1
			雷太来	1983.8 — 1986.1
			刘铁奇	1984.9 — 1989.8
市教育委员会	1989 年 8 月	主 任	欧阳振贤	1989.8 — 1998.4
			刘富喜	1998.4 — 2000.12
		党委书记	宋鹄云	1984.11 — 1997.3
			欧阳振贤	1998.3 — 2000.1
		副主任	刘铁奇	1994.8 — 2000.9
			雷太来	1989.8 — 1994
			周 密	1991.3 — 1997.7
			李耀中	1994.8 — 2000.12
			麦进城	1994.8 — 2000.12
			朱庸靖	1996.6 — 2000.12
			邓 群	1996.6 — 2000.12
			宋志达	1999.7 — 2000.12

专 记

苏区教育

1927 — 1934 年，中共领导的革命力量在湘赣边界实行武装割据。醴陵县、攸县、茶陵县、酃县均建有工农政权。酃县和茶陵县，还是井冈山革命根据地和湘赣革命根据地的重要组成部分。苏区各级政府在国民政府频繁的军事“围剿”和长期经济封锁下，仍十分注重教育事业的发展，因陋就简办各类学校。

（一）小学教育

1930 年 3 月，酃县一区（坂溪）上坪列宁小学、三区（黄搲潭）上洞列宁小学、黄草红色小学开办，是湖南境内湘赣苏区最早创办的 3 所小学。至次年年底，酃县苏区先后开办列宁小学 10 所、红色小学 6 所、工农小学 2 所（后统称为列宁小学），有教员 31 人，学生 650 多人，占全县苏区适龄儿童的 60%。同一时期，攸县三区创办列宁小学 5 所、一区 1 所，入学儿童 100 余人。茶陵县是当时苏区初等教育最发达的县，除县办列宁高级小学外，区、乡开办初级列宁小学32所。

苏区小学实行与国民党统治区域性质完全不同的教育。1932年8月，湘赣省苏维埃第二次代表大会决议规定学校教育原则：（1）反对帝国主义基督教育，宣传群众深刻了解帝国主义殖民主义的罪恶。（2）反对国民党党化教育，揭露党化教育的反动本质及其欺骗性。（3）反对复古教育，对“四书五经”“三纲五常”等孔孟诗书禁止采用，坚决批判。（4）实行共产主义教育，发扬无产阶级文化，洗刷反动教育的遗恶，用马列主义启发学生的阶级觉悟和革命斗志，以确立革命人生观。湘赣省苏维埃第三次代表大会通过的《文化教育决议草案》中规定，小学“实行免费的义务教育……采用七年义务教育制，暂定7岁起至14岁止为义务教育的时期”。攸、茶、酃3县苏区小学实行免费教育，教育经费由苏维埃政府负责。工农子弟一律免缴学费和书籍费，土豪劣绅子女须缴学费和书籍费。寄宿生伙食由家长负担，但烈军属子女及孤儿由学校津贴。

酃县的列宁小学学制为6年，不分初级小学、高级小学。每所学校学生人数不多，但年级不少。三区上洞列宁小学，全校60多名学生有5个年级，麻莱乡磨刀石工农小学8名学生，分2个年级。县苏维埃政府为节省人力、财力，规定不足20人的年级都编成复式班，全县18所小学有16所办复式班，一般是3级复式，也有4级复式的。茶陵县和攸县区、乡苏维埃办的列宁小学，均为初级复式班，学制4年。儿童入学条件，茶陵县列宁高级小学规定，无论苏区、白区，入学儿童都由区、乡苏维埃政府或党的组织保送。湘赣省文化部规定：列宁初小设国语、算术、自然、手工、图画，列宁高级小学增设政治、历史、地理、卫生等。各科教材由省文化部编写或自编，内容皆紧密结合当时的政治斗争实际，观点鲜明，文字生动，大部分采用韵文形式，便于儿童诵读和记忆。酃县刘泮远老人回忆当年学过的语文课有：

牛耕田，马吃谷，工农劳苦，土豪享福。
月光光，秋风凉，田中豆熟禾又黄。
土豪不客气，挑起箩子把谷量。
大麦青，小麦黄，太阳晒得汗水淌。
地主吃的白米饭，穷人劳苦吃杂粮。
中国农民万万千，全靠雨水来灌田。
雨水过多禾淹死，雨水过少旱禾田。
天旱农民有办法，只知拜佛求神仙。
奉劝工农靠自己，开河凿圳到田边。

算术教科书采用阶级对比的事例，向学生进行阶级教育。如第一册练习一第三题：

全世界人口十五万万，内有无产阶级十二万万五千万，资产阶级二万万五千万，试仿第一题造表。

其他如唱歌、运动课等，也都紧密结合政治斗争。唱歌课教唱拥护苏维埃的歌曲，如《共产儿童歌》《少先队歌》《当兵就要当红军》《拥护苏维埃》《工农暴动歌》等。图画课指导学生画刀、画枪、画儿童团员背着梭标站岗放哨。运动（即体育）课，做抓特务、攻碉堡等游戏。

苏区小学教育的条件非常艰苦。校舍都是设在祠堂庙宇或土豪劣绅的厅屋里，没有黑板就用油漆的柜子门，没有粉笔用石膏，没有课桌椅就自带。教科书远远不能满足，有三分之二的课本是教师手抄的。教师报酬十分微薄，开始是同红军一样，分一份田，由群众代耕；1931年后，有的教师每月领2块或3块银元，有的分2担谷，有时还得不到工资，但谁也不计较报酬的多少。

茶陵县列宁高级小学，为境内苏区一所典型学校。该校创建于1930年7月23日，由县苏维埃政府主办。校址始设小田乡寨下坪，1931年迁秩塘村雩江书院，现书院门楣上仍保留着当年书写的"茶陵县立列宁高级小学"字样。学生230余人，按文化程度分甲、乙、丙3班上课。列宁小学以共产主义教育为宗旨，以"学习马列主义与学习文化知识相结合，读书与支援前线相结合，教育与生产劳动相结合"为指导方针，始终坚持教育为革命战争服务。红军一来，学生写标语，唱歌、跳舞欢迎；红军出战，学生送信，送开水，拾子弹壳，拾战利品，照顾病号，站岗放哨，侦察敌情。每周星期六和平日课余，师生帮助红军家属种地、挑水、打柴、扯猪草，晚上学生轮流下到各乡村工农俱乐部或夜校，教农民唱歌、学文化。学校开设的课程，有国语、算学、革命常识、社会发展简史、俄共党史以及自然、地理、体育、卫生、音乐、图画等。学制2年。许多教材为教师自编，以"唤起群众，启发阶级觉悟，投身革命"为主要内容。学生入学，一律享受免费，集体在校餐宿。苏维埃政府除供应学生粮食外，另给油、盐费，每人每天4个铜板。蔬菜、柴火由学生自己生产劳动解决。学校政治气氛浓厚，学生中设有共产党和共青团支部。校办列宁室有墙报组、美术文娱组、阅览组等。陈列的图书、报纸、杂志有《战报》《捷报》《湘赣红旗》《列宁青年》《共产党十大纲领》《土地法》《劳动法》等。体育活动有跳高、跳远、拔河、游戏、荡秋千、军事操练等项目。革命纪念日或国耻纪念日，师生登台表演文艺节目以示庆贺和纪念。

1933年9月，茶陵县被国民党军占领，学校随县苏维埃政府迁至江西永新县花砂村，1934年中央苏区红军撤出井冈山，学校停办。该校办学4年，为当时红军部队和党政机关输送的200多名学生都成长为共产主义战士，学校也曾多次在湘赣边评模大会上被评为模范学校。

为纪念这所学校，1958年茶陵县人民政府在列宁小学原址办起了列宁中学。

（二）农民教育

1. 农民夜校 1930—1932年，酃县、茶陵县、攸县苏区，村村都有夜校。各校人数不等，多则40人少则20人，妇女占三分之一。学习时间，有的规定3天一次，有的5天一次。入夜校学习的青壮年多为少年先锋队、赤卫军、妇女洗衣队、慰劳队成员。夜校教员由本地小学教员或乡苏维埃秘书、乡儿童团长兼任，有的是稍有文化又革命坚决的农民，一般是1校1人。夜校教材，由湘赣省文化部编印，或由各校结合各个时期政治斗争的任务和地方实际自编辅助教材。酃县在土地革命时，农民分得了田地，但不认识界牌，夜校教员把当地的许多小地名、人名、丘名、阿拉伯数字和面积单位编写成课本。据当年酃县夜校女学员陈满英和男学员曾坤和等人回忆，夜校自编教材，有这样一些课文。

人，穷人、富人。穷人多，富人少，穷人劳苦，富人安闲。

旧衣破，新衣来。共产党兴起，国民党倒台。

喂猪喂羊好，喂猪喂羊利不少，喂羊可卖钱，粪草作肥料。

你种树，我种树，多种树木有好处，防水防风又防旱，一人种活一棵树。

老红军刘长希回忆当年在茶陵县农民夜校学过的课文有：

天地间，人最灵，创造者，工农兵。
工人们，劳不停，做长工，晨到昏。
赚利息，厂主吞，工人们，无毫分。
农民苦，写不清，租税重，难生存。
男和女，都是人，入共产，当红军。
打土豪，斗劣绅，废军阀，莫容情。
阶级敌，一扫清。

2. 识字班、识字牌 1932 年 4 — 6 月，湘赣省文化部在全省组织统一的识字运动。文化部要求 7 月前 40% 的男子识 300 个字，30% 的女子识 200 个字。茶陵县、酃县苏区各村以邻舍五六家组成一个识字班，选识字的人教文盲，选一家堂屋做识字处。每村组织一个识字委员会，负责检查指导识字班教学，每班选班长 1 人负责召集学员识字。晴天晚上学，下雨白天学，对有小孩拖累或家务繁重而不能上识字班的妇女，由教员登门教读。另外在交通道口设识字牌，每次三四个字（或配图画）贴在小板上，由站岗放哨的儿童团员教来往行人识字，使 80% 的苏区农民得到学习机会。

3. 俱乐部、列宁室 1931 年，酃县 4 个区和大多数乡苏维埃政府都办有“列宁室”。列宁室组织青少年利用晚上读书写字、唱歌跳舞、演戏、出墙报。酃县十都区苏维埃政府所在地小江李家老屋，当年办的 2 块墙报，现仍依稀可辨。县俱乐部组织的 1 个巡回演出队，教儿童和夜校学员演唱反封建和提倡妇女解放的歌曲，广为流传，现 70 岁以上的老苏区妇女都能唱上几首。

苏区成功的农民教育，连当时国民党报纸《民国日报》社论，也承认“共产党教育群众的方法可学”。

（三）职业教育

1. 师范教育 1931 年 11 月，中共酃县县委和苏维埃政府在石洲创办师范讲习所，次年 1 月结束，培训小学教师 30 多名。1932 年 2 月，开办第 2 期，至 4 月因国民党军队第 4 次“围剿”而停办，培训小学教师 17 名。招收的学员是由各区苏维埃政府选派现任的或将任的列宁小学教员，以能看懂列宁小学前三册教科书为原则，并根据考试成绩择优录取，工农分子优先，但对忠于苏维埃的旧知识分子也适当吸收。师范讲习所开设的课程，为政治、国语、算术、体育、唱歌等小学教科书以及列宁小学教学法规、苏维埃社会教育问题、教学方法等。授课教员多数是当时县党、政领导干部。教学内容，以讲解小学各科教学目的、要求和方法为主。例如国语教学，要求学员通过学习，懂得苏区小学国语教学的目的，是启发儿童的阶级意识，提高儿童的革命觉悟，培养儿童阅读报刊、看懂文件，书写信件和起草报告的能力。苏维埃社会教育问题，要求学员认识苏维埃社会教育是整个苏维埃文化教育工作的一个重要组成部分。列宁小学教师，同时又是社会教育工作者，既要负责办好列宁小学，又要负责做好社会教育工作。教师的社会教育工作任务是在列宁小学附设夜校、识字班，在要道口建立识字牌等，积极组织农民识字，消灭文盲；宣传婚姻自由，禁止包办婚姻及童养媳；要协助各区、乡机关团体建立列宁室、俱乐部、新剧团、跳舞队等，组织群众读书看报、唱歌跳舞，以活跃苏区群众文娱生活，向群众宣传革命思想。

酃县师范讲习所培养出来的40多名学生，除少数因革命需要分配到党、政、军部门工作外，绝大多数分配到列宁小学当校长、教员，其中邱家泳、谢中炎、李正荣等一批教师在参加反“围剿”战斗中牺牲。

2. 女子职业教育 1930年10月，茶陵县女子职业学校创办，招收年满16～25岁，稍识字、身体健康、出身工农家庭的女青年。校址始设东首，后迁高陇光泉祠，最后迁三都书院。学员40多人，编3个班，上午学文化，下午学职业。文化课使用的是苏区小学教材，职业课学的是打手套、织袜子、打绳衣。学校开办2期。1932年冬，因国民党发动“围剿”而停办。

1927—1932年，醴陵县女子职业学校遍及四乡。这些学校都根据自己的特点办学，向学生进行革命思想教育，提倡男女平等，反对“三从四德”、包办婚姻和童养媳制度。学生还站岗放哨，为群众排忧解难，学校职业收入还抽出一部分作农民协会活动经费。

女子职业学校根据湘赣文化部颁布的《女子职业学校暂行简章》规定的办学方针和方法办理，其中文化稍高、思想进步的学员，抽调到党政机关工作，当时的女子职校也是培养妇女干部的学校。

3. 干部教育 1927年7月大革命失败后，革命青年张平化、刘屏章、周介甫等受党的派遣，从外地回到家乡酃县进行地下革命活动，开办不同形式的补习班或夜校，以培养革命干部。8月，张平化在石洲中皇殿开办失学青年自修班，秘密学习革命道理，为石洲区和青石岗区培养了一批革命干部。11月，刘屏章在南岸烂泥湖开办南岸贫民夜校，入学青年30多人，办学5个月，培养了殷福华（曾任湘赣省酃县苏维埃政府军事部长）等一批革命干部。12月，周介甫在中村周南学校开办贫民夜校，参加学习青年20多人，为中村区及其所属各乡培养了一批党政干部；同时共产党员潘祖浩、段楠、段瑞等在玉江回龙庵举办失学青年补习班，学员10余人，后来这些人成为1928年春组建的酃县西乡游击队总指挥部及其1～5路指挥部军事领导骨干。

1930年，苏区干部教育进入全盛时期，各种形式的短训班和定期干部学校相继开办，仅茶陵县就为土地革命培养了数以千计的区、乡干部。1930年2月，酃县在石洲区板下楼举办为期1个月的党团训练班，培养了20多名县、区、乡干部。4月又在石洲窑棚里举办酃县农民讲习所1期，30多名学员是各区从农民中选送的优秀分子，这批农民学习后担任了县、区、乡农业、工业或商业干部。次年3月，中共酃县县委又在石洲横店里举办为期2个月的第2期党团训练班，有10名党员30名团员参加学习。

1931年春，中共茶陵县委在马头镇创办茶陵干部学校，学员40多人。同年8月，中共酃县县委和县苏维埃政府，在安坑龙源山创办酃县红军学校，学员是县警卫连和各区红军游击队班长以上的干部。1931—1932年，中共攸县县委在漕泊七里的大木山先后办过青年训练班、党员训练班，参加学习的是各级党政机关的青年干部，学习时间长短不定。学习的主要内容有《社会发展史》《列宁主义浅说》《马克思主义浅说》等政治理论书籍。苏区沦陷后，县委还在江西莲花县办过白区工作训练班，将培训人员组成白区工作团，返回县境白区工作。

第二十四篇　科学技术

新石器时期，境内就有栽培水稻和烧制白陶、彩陶技术。

据《中国实业调查报告》称：醴陵爆竹制造技术始于唐而发达于宋，为湘省爆竹制造中心地之一。

北宋大中祥符年间（1008 — 1016 年），茶陵县刊行木刻雕版《图经》，宋末该地成为省内三大印刷中心之一。茶陵县进士陈仁子在东山（腰陂镇）创建东山书院，以精巧技艺刻印沈括著的《梦溪笔谈》，现珍藏于北京图书馆。南宋绍定五年（1232），茶陵县令刘子迈为“镇水势”，在城南洣水河畔用亚晶白铁冶铸铁犀 1 座，重 7 吨，700 多年来，不锈不蚀。宋仁宗时（1023 — 1063 年），醴陵县栽培两熟制水稻，是全省最早的双季稻区。

明嘉靖年间（1522 — 1566 年），茶陵县已有缫丝制绢技术。万历年间（1573 — 1620 年），攸县黄丰桥乡严塘地段开始采掘煤炭。明末，茶陵县潞水、排前、高陇和攸县等地，开始冶炼生铁。

清代，一些近代科学技术亦开始传入。顺治年间（1644 — 1661 年），攸县麻鸭饲养技术得到普及推广，闻名省内外。康熙十九年（1680），醴陵爆竹制作技术改为“卷筒作纸，突以硝磺”。乾隆年间（1736 — 1795 年），醴陵陶瓷应用天然石墨粗磨制颜料作瓷器绘画图案原料；株洲县朱亭、市郊枫溪港成为省内鱼子和鱼苗繁殖基地，“湘流上下，购者云集”。同治十二年（1873），酃县“祥凤飞岩，群鹅集坂”，白鹅饲养已相当普遍。伴随畜禽饲养技术的发展，先民们还积累了相牛法、生猪育肥法、阉割去势法、中草药利用等传统兽医技术。光绪年间（1875 — 1908 年），翰林熊希龄考察日本制瓷技术后，引进日本制陶机械，采用匣钵盛坯装烧、阶级窑成型新工艺。继而改进阶级窑结构，创造出 5 种高火性釉下颜料和“双色填色”独特技巧，用“三烧制”工艺，烧制出国内前所未有的釉下五彩瓷，先后获国内金奖和意大利都朗博览会、巴拿马国际博览会最优奖、金牌奖。

民国时期，境内近代科学技术发展较快。民国初期，开始用攸县产白砒下脚料制作青矾肥田；攸县、茶陵县等地采用黑火药爆破技术开采铁矿。民国 16 年（1927），实业部地质调查所王竹泉等对境内铁矿及泥盆纪地层进行研究，著有《茶陵邓阜仙钨矿》《醴陵县矿产概要》等书。此后，从美国、英国、德国、日本等国引入铁路、机械、电气、化工、建筑、照相、缝纫、农机等技术及设备。民国 25 年（1936），在董家塅建造兵工厂（南方航空动力机械公司前身），从加拿大购进一批制造炮弹的机器设备。同年，国民政府在田心塅筹建株洲机厂（株洲电力机车厂前身），从美、英等国购进 270 多台设备，厂房采用钢结构或钢筋混凝土结构，安装 2 台 220 千瓦蒸气发电机组，供生产、生活用电。次年，国民政府在操坪筹建株洲电厂，安装 2 套各 1000 千瓦汽轮发电机组。民国 25 — 38 年（1936 — 1949），国民政府国家资源委员会负责规划建设株洲工业区，筹建汽车、化工、发电等7大工厂，并购进部分机械设备，建成部分设施，美国技术考察团和美援设计团还来到株洲镇作实地考察。但由于战争影响，均停建或迁入西南。

中华人民共和国成立后，科学技术事业受到人民政府重视，发展步伐加快。1953 — 1957年，株洲市被列为国家重点新建设的城市之一，科学技术随着社会主义建设的兴起而得以迅速发展。

工业方面，从苏联、波兰等国和国内较发达地区，引进航空、机械、冶金、发电、原煤精洗等成套工艺技术和设计资料，建成一批具有现代化技术装备和科技队伍的大中型厂矿，为建设一个新兴工业城市打下基础。这一时期，国内第一批M-11型活塞式航空发动机在境内试制成功，国内第一台航空模型发动机、第一台摩托车发动机和第一辆微型汽车也相继研制成功。农业方面，以发展双季稻为中心，进行水稻生产技术变革，提出改劣种为良种、改品种单一熟期为早、中、迟熟合理搭配等措施。至1957年，境内双季稻面积达10.34万公顷，粮食总产量比1949年增加1倍。

1959年2月，株洲市科学技术委员会（简称“市科委”）和株洲市科学技术协会（简称“市科协”）成立，各县（区）亦成立相应机构。先后建立了陶瓷、化工、电力机车、农业等独立科研所和精密机械、硬质合金、建筑等厂办科研所，组织建立机电、土建、化工、卫生、自然科学、农业、园艺、畜牧水产8个学会。

20世纪50年代后期至60年代中期，重大工业科技成果有：国产第一台电力机车合作研制成功；集中作业高强度采矿法试验成功；试验成功流态化（沸腾）净化除铜装置；在世界首创人造金红石，并建成第一条人造金红石生产线；第一台涡轮螺旋桨航空发动机。农业着重研究与推广高杆改矮杆，加速良种繁育，提纯复壮种子，建立良种繁殖体系，县级建立良种场，推行单本繁殖，实现早籼矮杆良种化。

1966 — 1977年，受“文化大革命”影响，科技管理机构处于瘫痪状态，但多数单位和科技人员仍为科技事业作出了重要贡献。特别是引进和发展了电子技术，使半导体材料、电子元器件、无线电整机制造等在市内迅速兴起，逐步提高了全市工业自动化水平。农业开展杂交水稻优势的利用，进行籼型杂交水稻“三系”（不育系、保持系、恢复系）的选育和配组，并开始大面积推广杂交晚稻。这一时期取得的重大工业科技成果有：国内首创离子氮化工艺及其设备；研制成功035型钳夹式货车，填补国内新型长大货车的空白；双梁开合式架桥机的研制成功是国内桥梁施工中的一大突破；研制成功国内第一台工业燃气轮机；研制成功国内最大的电容式储能焊机；试制成功湖南省内最大的单晶炉（5千克）；省内最早研制成功直接数字式控制计算机（DDC）和数控氧炔切割机；首家采用水溶液全循环新技术试制尿素等。

1978年6月恢复市科委，8月恢复市科协。特别在全国科学大会的推动下，知识分子政策逐步得到落实，科研工作者积极性空前高涨。到1979年，共有76项科研成果获全国科学大会奖。其中，平板玻璃浮法成型工艺和设备的研究属国内首创，65FN-50型熔融尿素泵为国内首台，GHP-25C型鼓笼式混凝土喷灌机等项目填补国内空白。

1979年3月，市科委组建“一团五网”（即：科学技术顾问团，科普活动网、科技情报网、外文科技资料查阅网、大型精密仪器协作网和计量器皿检修网），组织科技队伍，对一些难度较大或多学科交叉的课题施行综合论证和攻关会战。是年，共有63项科技成果获省重大科技成果奖。其中，黑钨精矿制取氧化钨、远红外线加热与干燥技术、湘矮早九号等项目，获省重大科技成果一等奖，获奖总数和获奖等级均名列全省前茅。

20世纪80年代，微电脑、激光、生物工程等新技术的引进与推广应用，系统工程、交叉科学、信息处理等在生产和科技管理中的运用，使境内现代科学技术发展到一个新水平。

1984年4月，湖南省科委在株洲市召开科技体制改革现场会，推广株洲市电子研究所经验。同年5月15日，在第六届全国人民代表大会第二次会议上，国务院总理的《政府工作报告》中，充分肯定株洲市电子研究所的改革成果，号召在全国推广。1985 — 1987年，株洲市被国务院电子振兴领导小组办公室列为全国计算机推广应用试点市之一。1988年10月，经湖南省人民政府授权，省科委批准在株洲市开辟高新技术产业开发试验区，并对传统产业进行技术改造。在醴陵市建立“星火”技术密集区。至年底，全市16个独立科研所中有7个所实现经费自立，有12个厂办科研机构实行相对独立经济核算。到1990年年末，全市有独立科研机构16个（不含县属），厂办科研机构89个，民办科研机构18个；厂矿科协50个；市级学会、协会、研究会119个；共有1443项科技成果获国家、省、部、市级奖励，其中国家级121项、省级450项、部级322项、市级550项；有3000多人次荣获科技成果奖或荣誉称号。1990年，全市科技进步因素对工农业增长的比重为31.6%，略高于全国31.4%的平均水平。

从1988年开始，中共株洲市委、市人民政府明确提出了“科技兴市”战略。1991年，发布《“科技兴市”的决定》，1995年作出《关于实施科教兴市战略，加速科技进步的决定》，明确提出以“科教兴市”为主体战略，并发布《“九五”至2010年科技发展规划》等系列文件。1996年8月，成立以市长为组长的科教兴市领导小组，并建立领导小组例会制度、重大科技项目联系制度、科技工作督查制度、科技工作年度考核制度等。先后出台《株洲市科学技术奖励办法》《关于实施“科技创新人才工程”的意见》《株洲市深化技术开发科研机构体制改革的实施意见》《关于加快株洲高新技术产业开发区建设，促进株洲市高新技术产业发展的决定》《加大科技创新投入力度》《加强科技队伍建设》等一系列配套性政策文件。1999年，株洲市委在全国率先作出《关于在全市实施科技创新工程的决定》，奏响了科教兴市跨世纪的强音。

1991 — 2000年，株洲市下达的国家、省、市各类科技计划1200余项，各类科技经费16287.3万元；各类科技成果2000余项，获奖成果943项，推广应用率达到80%以上；签订各类技术合同76820个；合同实际成交金额14.16亿元；申请专利2840件，其中发明专利433件，授权330件；高新技术企业（经省科技厅认定）70家；民营科技企业135家。在科技工作中，株洲市一直居于全省第二位。1995年、1997年、1999年，株洲市连续三次荣膺“全国科技兴市先进城市”称号，是全国唯一连续3次获此殊荣的城市。到2000年年末，全市共有124项工业科技产品创造了全国第一的历史纪录。

第一章 机构与队伍

第一节 科技队伍

1949年，境内有科技人员163人。

中华人民共和国成立后，为适应经济建设新形势的需要，市委、市政府和有关部门、行业、单位多渠道培养和引进人才，科技队伍不断发展壮大。1958年全市拥有科技人员452人。20世纪50年代末期至60年代中期，科技人员引进、大中专毕业生接收的力度进一步加大，至1965年全市各类专业技术人员增至6661人。

“文化大革命”时期，大中专毕业生分配停止，各项生产受到干扰，人才培训、引进工作基本处于停滞状态。1976年科技人员有6732人，与1965年相比仅增加71人。“文化大革命”结束后，通过落实知识分子政策，恢复大中专毕业生的安置等措施，全市科技人员数量又有较大幅度增加。1978年，根据国家安排，株洲市开展全市自然科学技术人员普查工作。普查结果表明：1978年全市自然科学技术人员达到13722人，每万名职工中有科技人员681人，居全省前列。

中共十一届三中全会以后，工作重点实现转移，各类专业技术人才供不应求。市委、市政府出台一系列加快人才培养和引进的举措，扩大人才培养渠道，及时恢复中断的专业技术职称评聘和晋升工作。全市科技队伍迅速发展壮大。据统计，1990年全市共有自然科学技人员39834人，其中市区28123人；有中级技术职称以上人员14940人，其中市区11894人。科技人员中，涌现出一批有突出贡献的科技专家，分别获“国家级科技专家”“株洲市有突出贡献的科技专家”“湖南省优秀专业技术工作者”等称号。其中，608研究所唐德尧、株洲车辆厂孙明道、中南林学院吴楚才、醴陵电力电器电瓷厂张俊锋、株洲硬质合金厂研究所张俊熙和薛鉴、湘江氮肥厂张学仁、市整流器厂萧芳桂8人先后被授予“国家级科技专家”称号。

1991—2000年，全市科技人才数量每年以10%的速率递增，到2000年全市拥有各类科技人才165563人，6000多人受到各级政府表彰。其中株洲电力机车研究所教授级高级工程师王于化参与了SS2型电力机车的研究及其它高科技攻关活动，先后获得铁道部科技进步一等奖、国家科技进步三等奖、湖南省劳动模范等奖项和荣誉，1996年2月病逝后，湖南省委号召全省科技人员向他学习；608研究所教授级研究员唐德尧和研究员温殿忠获全国“五一劳动奖章”；高级工程师周理查当选第八届全国人大代表；株洲电力机车厂厂长丁爱国获第二届“湖南省科技兴湘奖”。获两年一度的株洲市“科学技术重大贡献奖”的有34人（含4名“科技兴市”奖）。其间涌现出一批科技领军人物。1999年，株洲电力机车厂高速牵引研究所所长刘友梅当选为中国工程院院士，他先后参与或主持中国四代电力机车的设计、开发和研制，实现了电力机车从普载到重载、从常速到高速、从进口到出口、从交直传动到交流传动的重大跨越，先后被授予“国家有突出贡献中青年专家”“全国铁路优秀知识分子”“全国优秀科技工作者”和首届“詹天佑科技成就奖”、首届“湖南光召科技奖”“詹天佑大奖”等称号，并先后发表学术论文数十篇，出版专著3本。

第二节　科研机构

一　独立科研机构

境内独立科研机构均创建于中华人民共和国成立后。其中，创建最早的是湖南省陶瓷研究所（原湖南省醴陵陶瓷研究所），创建于1955年9月。至1978年，全市有独立研究所7个。1978年全国科学大会以后，相继成立一批新的科研机构。

1984年，境内开始进行科技体制改革，普遍推行“对外有偿合同制，对内课题承包责任制”。有7个所取消国家事业费，实现经费全部自立。

1985年，市内首批建立市电气矿热炉研究所、市华兴工业技术研究所、市东区技术服务社等5家民办科研机构。至1990年，全市先后建立29家民办科研机构，经清理整顿，撤销11家。1991—2000年，民办科研机构有的变更为科技型民营企业，有的合并或撤销。

至2000年，境内共有部、省、市、县属独立科研机构38家。其中部属4家：铁道部电力机车研究所、航空航天工业部第608研究所、化工部株洲橡胶塑料工业研究设计院、株洲石油储存研究所；省属1家：湖南省陶瓷研究所；市属11家，涵盖电子、化工、农业、机械、环境科学、科技情报、建材等领域，如株洲市农业科学研究所、株洲市环境科学研究所、株洲市电子研究所、株洲市建筑材料研究所等。这些科研机构共有科技人员2234人。其余22家为县属科研机构。

附：科研机构选介

铁道部株洲电力机车研究所　成立于1959年，是铁道部直属的产品开发型专业研究所。主要承担电力、内燃机车和电动车组变流技术、电机、电器、电子装置、绝缘材料、橡胶制品和机车走行部份的主要部件研制；大功率半导体器件研制；计算机技术在机车车辆工业上的应用开发；归口管理铁路牵引电气设备和IECTC标准化工作以及承担牵引电气设备质量、创优的试验检测。1984年，该所进行科技体制改革，取消事业费，坚持走“科研—生产—经营”一体化道路。1978—1990年，该所共取得300多项科技成果。其中获国家级科技进步一、二、三等奖7项，部、省级54项。1992年确立走科工贸一体化科研先导型企业集团发展道路，注册了“株洲时代集团公司”，先后在深圳、宁波、上海、厦门、株洲等地创建了13家具有法人资格的科技型企业，投入8亿元用于科研开发及开发手段的更新、工艺技术装备的换代，形成4条中试生产线；具有年产机车微机网络控制装置500套、机车变流器500台、机车监控装置2000台、3英寸硅片6万片、交流电机2000台等产品的生产能力。科技产品的销售收入逐年递增，年平均增长率达到25%。95%以上成果转化为产品，其中50%以上形成批量生产。2000年，实现销售收入5亿元。拥有资深专家16人，享受国家津贴的14人，研究生75人，本科学历625人，大专学历515人。其科研、试制、试验及生产手段均达到国内同行业先进水平。

航空航天工业部第六〇八研究所 1968年建立，1973年从长沙迁至株洲市董家塅。该所主要承担中、小型航空发动机的研制。1979年开始改变单一军品科研结构，面向社会，先后承担DQ-1000型惰气灭火装置、M127天然气回收装置、苎麻快速脱胶新设备研制等国家重点科技攻关项目，开发研制航空发动机用于地面发电及舰船、铁路机车牵引。至1990年，有日产面包1～20吨的系列设备、中成药加工设备、羽绒加工成套设备、JK8241系列轴承齿轮故障分析诊断仪以及电涡流传感器、微机控制等122个项目，分别获国家、部、省级重大科技成果奖。其中56项为国内先进水平，12项填补国内空白，7项达到国际先进水平。该所先后与南方航空动力机械公司一起共同研制了活塞6K、涡浆六、涡浆九、涡轴八系列、某涡扇发动机等多型号航空发动机和直六、直七、直八、直十一等多型直升机的减速传动装置。1989—1999年，3次顺利通过产品质量管理的考核、发证、认证、换证工作。1990年10月，一次性通过质量体系认证，成为中国航空总公司科研院所中首家获得认证单位。608所开发民品，先后创办深圳东方通用电器企业公司、北京唐智科技发展有限公司、华邦科技发展有限公司、深圳福田燃机电力有限公司。其民用技术与产品，覆盖全国22个省、直辖市、自治区以及东南亚和欧洲部分地区。1993年，被列入国家军工骨干科研院所。1999年，被教育部指定为具有硕士学位培养授权的单位。

化工部株洲橡胶塑料工业研究设计院 创建于1964年，原名“化工部乳胶工业研究所”。是全国首批242家转制科研单位之一，1999年转制为企业，现隶属于中国化工橡胶总公司，是全国乳胶行业唯一专业研究院，全国乳胶制品军工配套产品开发、研制、生产单位，全国乳胶制品质量监测中心、技术情报中心和标准化技术归口单位，中国气象局和总参气象水文局气象气球定点研究生产企业，也是中国仅有的2家气象气球生产企业之一。主导产品气象气球通过了ISO9001质量体系认证和军品质量体系认证，远销东欧、西亚、东南亚、北美等地区。该院下设乳胶制品、特种橡胶制品、合成材料、工程设计等4个研究所，共有科技人员180余人，其中高级专业技术人员100余人，享受国家政府津贴人员8人。建院以来，共完成各种科研课题300多项，获国家级及省部级奖的项目有60多项。其中，75型雷达校准用气球曾获全国科学大会重大贡献奖，750克天然胶乳探空气球的研制获全国优秀新产品奖；该院自主开发研制的某“新型探空气球”填补国内空白。2000年，推行了创新管理，全年共设课题12项，已鉴定应用或取得重大突破的8项。其中，新产品药用丁基橡胶瓶塞相继进入哈药、东北药、白云山等多家大型制药集团，顺利通过ISO9001质量体系认证，取得通往国际市场的通行证，成为全国胶塞行业最先通过质量体系认证的厂家之一。

湖南省陶瓷研究所 原为湖南省醴陵陶瓷研究所，1955年创建时仅有职工46人，主要从事陶瓷技术开发和应用研究。1965年9月，隶属于湖南省轻工业厅，科研技术服务于全国各陶瓷企业。1972年，被列为国家金水开发与生产基地，市场占有率在68%以上。20世纪70年代末开始高性能工程陶瓷的研究与开发。80年代建立陶瓷开发中心。到1990年，共开展科研课题320个，开发新产品1000多个，获国家、省、市级科技成果奖102项。全国陶瓷质量检测中心华中站也设在该所。2000年9月，该所整体转制为湖南省湘瓷科艺股份有限公司，实现了由科研事业单位向现代高科技股份制企业的转变。公司当年实现销售收入6200万元，比上年增长33%；实现税收367万元，比上年增长61%；实现利润601万元，比上年增长95.5%。

株洲市农业科学研究所 1962年成立。1964年从河西大坪（市园艺场范围内）迁至市郊区建宁乡南华村，1969年迁回原址。1999年有在职职工61人，其中具有高级技术职称6人、中级职称24人。设水稻、蔬菜、园艺3个研究室。该所成立以来，获地市级以上科技成果奖35项，其中国家级科技进步奖1项，省级科技进步奖3项，省农业科技进步奖2项，丰收计划奖2项，市级科技进步奖26项；选育、引进并推广应用于生产的水稻、蔬菜优良品种38个，其中，1995年以来先后选育出了株早籼1号、2号、3号、4号、5号和湘早籼13号、23号，在全省累计推广面积174.47万公顷，蔬菜品种湘椒13号、株豇二号、长白苦瓜、株茄1号享誉省内外。1998年成立农业高科技园，总投资140万元。后引进一套价值87万元的进口温室。温室有效面积2160平方米，1999年7月正式启用，并在棚内进行了洋香瓜、辣椒、樱桃、番茄等栽培试验，获得成功。

部、省、市属在株独立科研机构一览表

表24–1

序号	单位名称	建所时间	隶属关系	职工人数		成果获奖数（项）
				总数	其中科技人员数	
1	湖南省陶瓷研究所	1955年9月	湖南省轻工业厅	287	126	102
2	株洲市化学工业研究所	1958年9月	市化学工业局	177	94	15
3	铁道部株洲电力机车研究所	1959年6月	铁道部	774	518	65
4	株洲市农业科学研究所	1962年6月	市农业局	531	27	15
5	化工部橡胶塑料工业研究设计院	1965年	化工部	421	189	16
6	航空航天工业部第608研究所	1968年3月	航空航天工业部	1900	1040	122
7	株洲市环境科学研究所	1973年	市环境保护局	95	84	15
8	株洲市水产研究所	1975年	市畜牧水产局	26	9	1
9	株洲市科学技术情报研究所	1978年	市科委	18	14	9
10	株洲市电子研究所	1978年	市电子局	160	69	12
11	株洲市机械工业研究所	1978年	市冶金机械局	22	19	1
12	株洲市建筑材料研究所	1978年	市建材工业局	29	19	2
13	株洲市食品科学研究所	1979年	市二商业局	12	8	2
14	株洲市塑料研究所	1979年	市二轻工业局	8	5	1
15	中国石油销售公司株洲石油储存研究所	1980年	商业部	75	50	8
16	株洲市林业科学研究所	1984年	市林业局	25	18	–

二 非独立科研机构

20世纪50年代初期，331厂组建48所，配备科技人员14名，从事国内第一台航空发动机的设计、研制工作。尔后，该厂又于1958年建立光电精密机械设计所。50年代末60年代初，湖南省第五工程公司、株洲硬质合金厂先后建立厂办科研所，围绕生产开展科研活动。70—80年代，非独立科研机构发展迅速。1985年，市政府下发《株洲市厂办科研机构管理办法》，当年建立厂办科研机构13个。1990年，全市建立非独立科研机构89个。其中，厂办科研机构86个，高等院校科研机构3个。2000年，全市有非独立科研机构达到130余个。

1978年全国科学大会后，境内企业兴起大办科研热潮，仅2年时间全市64个大中型企业已建立起41个厂办科研所，其他企业建立起科研组织。

1987年5月，中南林学院经济林研究所建立，主要从事中南地区油料树种选优栽培技术及油脂开发、加工、综合利用技术的研究。1987年7月，株洲工学院技术开发部成立。同年年底，中国有色总公司基建部教培中心计算机站从兰州迁入株洲市，随即开展计算机应用和培训工作。

1990年，株洲有部属企业南方航空动力机械公司、株洲通信元件厂、株洲电力机车工厂、株洲车辆厂等建立的6个科研机构，省属企业建立的科研机构14个，市属企业建立的科研机构51个，县属企业建立的科研机构17个。其中，株洲硬质合金厂科研所、株洲冶炼厂有色金属研究所及设备研究所等12家科研机构，实行相对经济独立核算。

1991年，国家科委拟组建一批工程技术中心，株洲电力机车研究所获悉后，立即组织编写《关于组建铁路电传动装备工程技术中心的可行性研究报告》，1991年12月报铁道部科技司和国家科委。铁道部科技司和国家计委科技司组织人员到株洲电力机车研究所，认为具备申报条件。1995年5月，株所完成《变流技术国家工程研究中心建设项目可行性研究报告》，经过专家的多次评估及评审。同年10月，国家计委正式批准以株洲电力机车研究所为依托，建设变流技术国家工程研究中心。至此，铁道部第一家、湖南省第二家由国家计委立项的国家工程研究中心落户株洲。到2000年年底，境内已拥有国家级工程研究中心1家，国家级技术中心3家，省级技术中心3家。一批重点民营科技企业也建立了技术中心，全市61家国有大中型企业都建立了技术中心，进一步增强了技术创新能力。

依托株洲国有大企业的技术、人才、设备平台，2000年7月株洲硬质合金厂和株洲电力机车厂分别建立了企业博士后工作站。2个博士后工作站有9名博士进站工作，针对工厂技术开发中的具体问题进行联合开发与研究，为企业生产提供技术储备，拓展了企业持续创新能力。

第二章　科学活动与学术交流

第一节　科学活动

一　科学普及

（一）科普宣传

20 世纪 50 — 60 年代，基层企业运用自办小报、黑板报、广播、幻灯、群众文艺等形式，结合生产和日常生活宣传科普知识。这种形式简便易行，群众喜闻乐见，从企业扩大到农村社队（乡镇、村）、城市街道、居委会，沿袭至今。1963 年，湘江机器厂一年内曾出刊科普墙报 177 期。

1964 年 4 月，市科协主办的《科学与技术》创刊，“文化大革命”期间停刊，1978 年 5 月复刊，更名为《株洲科技交流》月刊；1980 年 8 月改名为《科普小报》月刊；1986 年 2 月更名为《株洲科技报》；1987 年 6 月因经费不足停刊。1978 年后，醴陵、茶陵、酃县、株洲县也创办了科普刊物。此外，部门自办的还有《株洲铸造》《株洲医药》《大众卫生报》等科普报刊。

1979 — 1980 年，市科协、市物理学会共同编写出《中学生物理题解》一书，在全国发行 4 万余套。

1983 年 10 月，市科普创作协会与市科技辅导员协会编辑出一本由中学生自己撰写的《中学生科普习作选》。该书的出版，受到教育部和中国科协的重视和表扬。

1982 年 12 月、1984 年 7 月，市委宣传部、市政府财贸组、市科协联合举办“科普一条街”活动，市一商局、二商局沿建设路的所属商店参加。商品科普宣传对引导消费，扩大销售，促进商品生产，起了积极作用。

1984 年，市辖各县市区均举办科普集市，丰富传统集市内容。同年，株洲县科协先后在朱亭、伞铺乡举行 2 次规模较大的科普集市，参加组织的有 7 个自然科学学会，28 个单位、274 人，出动车辆 25 台，接待群众 29239 人次，咨询 1911 人次，发放各种科普资料 53985 份，销售实物 370 千克，展出宣传图片 447 张、实物 1271 种，参观人数 13200 人次。

1991 — 2000 年，全市各级科协发挥科普主力军作用，形成以科普展览、科普讲座、科普报刊、科技一条街等形式组成的科普宣传体系。1991 年初，市科协组织 1300 名科技人员，在各人口集中地开展科普宣传活动，利用科普板报、科普影像、科普图书、科技宣传画宣传科普，并发放科普资料，进行科普咨询。6 月 28 日至 7 月 4 日，“株洲市科技进步效益展览”在市电信大楼举行，展示了各类科技计划、专利技术及科技成果等。展览会期间，签订技术合同和新产品交易合同 136 项，总成交金额 1328.8 万元。1991 年 10 月至 1992 年 10 月，市科委与有关部门联合开展“科技是第一生产力系列报道和展播活动”。共播出和展播科技报道作品 1200 多篇，共评出一、

二、三等奖作品30篇。《重走改革路》《颗颗明珠耀星空》《南方人的新绿洲》等8篇作品被评为一等奖。

1994年，市科协与市电台联合举办“科教兴市、建设株洲、发展株洲专家访谈”系列专题节目，共分8个专题，涉及工业、农业、城建、交通等内容，分别采访了22名科技专家，10月下旬至12月在每周4次的固定时间播出，每次30～60分钟。节目播出后社会反响很大，弘扬了尊重知识、尊重人才的良好社会风气。

为实现《中国2000年实现消除碘缺乏病规划纲要》的目标要求，由市科协牵头、市卫生局、市盐务局配合于1994年6月14—20日在全市首次开展了消除碘缺乏病科普宣传周活动。市区、攸县、炎陵县共设了4个碘缺乏病防治科技咨询点，有21个大中型厂矿企业的科协，170家医院参加了这一活动。由医务、盐务、科协人员组成的4个消除碘缺乏病宣传小分队下到41个乡镇或碘缺乏病的重点乡镇宣传，受益群众达到110多万人。出现了抵制劣质盐，销售、服用碘盐的局面。

（二）科技培训

20世纪50—70年代，各级各部门、工厂企业、农村公社，每年不定期举办科普知识、实用技术讲座或短期培训班，邀请有关专家、科技人员讲授科技知识，并开办工人、农民业余夜校，组织工人、农民学习文化、科技知识。60—70年代，农村普遍建立了有线广播，公社广播站根据农事季节，播放有关农业实用科技知识和相关信息。农民学科学、学技术的积极性很高，自发听各类讲座，夜校学员众多。

1979年5月，市科委成立科技培训教育科，对外称市科学技术进修学院，1983年该学院归属市科协。1985年，成立选矿药剂厂分院（北区分院）和市焊条厂分院（东区分院）。次年，成立烹饪分院（南区分院）。分院共开设7个专业，培训25个班，812人次。1985年，在中国科协召开的继续教育会议上，该学院与会人员所作《办好科技进修学院是振兴株洲经济、提高科技队伍素质的需要》的发言，被作为典型经验介绍。1986年，市科技进修学院承担市武警支队的“军地两用人才”培训任务，为部队即将离队的复员转业干警开设农村养殖、种植、农机农电维修管理3个专业班，培训干警186人，被省军区拍成记录片，在军内放映、省电视台播放。至1990年，市科技进修学院多渠道、多形式地开展科技人员的继续教育，共培训21个专业125个班，5946人次。

1991年7月，中国科协在九江市召开的全国科协系统科技院校研讨会上，株洲市科技进修学院因“发挥科协优势，培育四化人才”成绩显著，被评为全国科协系统科技教育先进单位。1992年，市科技进修学院面向社会广开办学渠道，全年共开办17个专业培训班，培训人员达636人次。

1993年，为推动“科技兴农”，加强农村科技管理和项目开发，针对农村乡（镇）换届后的具体情况，对全市154个乡（镇、场）的科技副乡（镇、场）长和科技专（兼）干共380人进行岗位培训，考试合格率达到100%。1996年，株洲市与醴陵市两级科协在醴陵市八步桥乡流碧桥村建立一个果树种植科普示范基地。在示范基地还建立全乡党员电教中心和乡农函大辅导站，集科普培训、示范于一体，引导农民向科技要财富。

“九五”计划期间，采取面授、函授和岗位培训等形式，坚持“实际、实用、实效”的原则，提高农村劳动者整体素质和依靠科技进步振兴农村经济，全市培训各类技术和管理人才3万人次，普及性培训60万人次。1996年6月，建立“株洲市科学技术普及基金”，为全市科学普及奠定了经济基础。

二　科技扶贫

1991年12月，为促进井冈山“八五”科技脱贫开发工作，国家科委、民政部和江西、湖南省人民政府在井冈山市召开“井冈山科技脱贫开发工作会议”。境内茶陵、酃县是井冈山科技脱贫的重点县。同年，酃县、茶陵县被正式纳入国家科委科技扶贫开发区。1991年4月12—14日和12月21日，国务委员、国家科委主任宋健2次前往株洲和酃县、茶陵、攸县，就如何搞好井冈山地区科技扶贫开发进行调研，提出要把资源优势转变为经济优势和商品优势，开发支柱产业。在株洲期间，宋健还为株洲题写“科技兴市”的寄语。株洲市会同酃县和茶陵县制定“八五”脱贫致富的奋斗目标。酃县确定蚕桑基地技术开发、优质水果系列技术开发、食用菌产业开发等9项支柱性产业项目开发；茶陵县也确定了名特优产品、名特优水果等系列产品开发。1992年，国家科委和湖南省科委专门驻地帮助开发，启动16个小项目，投入流动资金5163.4万元，新增产值7287万元，新增利税1452万元。同年2月，市科委组织市内15家大中型企业、科研教学单位和工业局的专家前往酃县实地考察，就该县经济、科技、社会发展提出了50余条建议。尔后，酃县13个乡镇与市内16家单位建立了合作关系，当年新办企业8个，年产值470万元，利税79万元。中南林学院、株洲工学院分别与酃县签订院县共建合作协议和长期委培大学生协议书。在各级部门支持下，炎陵、茶陵县依靠科技进步，采取国家贷一点、集体筹一点、个人出一点的原则，解决开发资金问题。到“八五”期末，两县全面实现贫困乡村农民脱贫、县财政脱“补”，全县农民稳定地解决温饱、稳定的收入来源，工农业总产值比“七五”翻番、财政收入翻番、农村人均纯收入翻番的“两脱两稳三翻番”的目标。两县通过省级考核，摘去了贫困县帽子，农民人均纯收入超过1700元，并双双通过了国家科委创建全国科技工作先进县验收。

三　群众技术革新和科学实验

20世纪50年代，境内群众性技术革新活动广泛开展，干部、技术人员和工人积极参加，个个动脑筋，人人想办法解决生产中的问题。1958年，长江工具厂职工提出1000多条革新建议，实现节约总值15万元。湘江机器厂全厂提出1200多项革新，其中四十一车间提出145项，实现75项，全年可节约工时1.7万小时，价值10万元；七车间提出168项，全年可为国家节约6万元。1959年，火电安装公司提出革新建议 300 多条，节约价值 25 万元，自制各种机具 50 余种 150 多件。建筑工程部施工总公司十一施工大队，年实现革新建议 100 余项，利用旧料、废料，代用料 47 种，节约钢材 10 吨，节约资金 7 万元。1958 年，全市共提出合理化建议 1417.5 万条，实现 1191.1 万条，替国家节约和创造财富 3058.4 万元，共试制成功新产品 600 余种。其中万能变压器、自动电焊机等通过全省土机床比武，被评选送北京参展。

20 世纪 60 年代至 70 年代中期，境内群众性科学实验、“攻关”“会诊”异常活跃，解决了生产中许多实际问题。1962 年，株洲冶炼厂科协针对电解铅质量问题，组织 2 次大型技术讨论会，制定详细的改进措施，使电解铅的一级品率提高到 86.33%，比上年增加了 15 倍。1963 年，株洲化工厂科协举办各种科技活动 52 次，参加活动 640 人次，研究解决 41 个生产中的技术问题。白关区科协组织水稻施用过磷酸钙、棉花丰产试验和稻田拖泥豆技术，向 70 多个大队推广。

1978 年 8 — 10 月，市科协、市科委、市总工会、团市委联合举办全市金属切削技术表演活动，80 多个单位、2700 多名青工参加，筛选出 54 名优秀青工参加 6 个项目的角逐。株洲电力机车厂周绍雄、株洲硬质合金厂周锋、农机齿轮厂崔新安、株洲电力机车厂杨隆泉、市电炉厂黄玉良、株洲电力机车厂仇树奇分获圆球、蜗杆、锥度、螺纹、群钻、目测项目第一名。

1978 — 1979 年，由市机械工程学会铸造学组、市化工机械厂廖元利、王得保、佟治寰、段成文研制成功的（倒、大、双）附加焦粉冷风冲天炉应用喷吹技术，既节约了焦炭又提高了炉温，使铁水温度稳定在 1430℃ ~ 1455℃，从而获得优质高温铁水。该炉与同类型炉相比，年可节约 2000 余吨焦炭，并在市内外 27 个单位推广。1979 年获市科技成果推广奖。

1981 年 1 月，市科协组织市土建学会的工程技术人员，在中国人民解放军长沙工程兵学校的协助下，对湘江氮肥厂 1 座 90 米高、3500 多吨重的砖砌烟囱进行定向爆破。从合闸起爆到全部放倒，仅用 6 秒钟，烟囱倒向准确无误，倒距比预计的缩短 20 多米，四周设施安然无损。

1982 年，市科协举办全市家庭生活用煤炉灶比赛，7 个单位 21 个类型炉灶参赛，比赛分热效率、上火速度、每分钟蒸发水量、造价、外观 5 个项目综合考评。市房地产局、市白铁制品厂、株洲电力机车厂等单位的 5 个炉灶被评为优秀炉灶。其中，市房地产局吴子军、周汝安研制的 10 厘米 60- Ⅲ型如意灶在省、市民用省煤灶评比会上获第一名。

1992 年，醴陵群力瓷厂胡勇波、阳智生、朱成魁、朱成毓、姚雪梅、邱先志等人组织釉下彩强化瓷技术攻关取得成功，获国家科学技术进步奖二等奖。

平屋面渗漏已经成为世界房屋建筑工程的质量通病。建设部曾组织建筑专家攻关，未取得突破性进展。醴陵金光化工建材厂泥工陈运祥经过 2 年反复实验，研制出“蜂巢陶瓦”产品，突破平屋面功能分项设计施工的思维定式，用陶瓷取代油膏、水泥、钢材等施工材料，用“蜜蜂筑巢”的原理，将保温材料填入陶瓷制成的“蜂巢”中进行隔热，将“防水、隔热、保温、上人”功能集于一体，比传统的“油性”和“钢性”屋面降低成本 20 ~ 30 元 / 平方米，而防渗可延长 50 年以上。1992 年 8 月获国家专利。至 2000 年，群众性技术革新和科学实验十分活跃，为全市科技进步做出了重要贡献。

四　青少年科技活动

20世纪70年代末，市科协会同教育部门在市内开展青少年科技活动。1981年，市科协、市教育局组织青少年开展科技制作活动，并选送其中的优秀作品参加全省首届青少年科学创造发明比赛，5件作品获一、二、三等奖。其中，株洲田心铁路小学沈立同学制作的火炉鼓风机获二等奖，并在上海、广州、湘潭等地先后投入生产。1982年，成立市青少年科技辅导员协会。1984年，成立市政府青少年科技活动领导小组，下设办公室。1984年、1985年，先后组织参加全省第四、第五届青少年科学创造发明比赛，分别获团体总分第二名、第一名。其中，茶陵一中科技活动小组制作的自动雨控赛场覆盖机获第四届一等奖，送展全国第一届小发明比赛获银质奖；醴陵市实验小学周日同学制作的音响二进制游戏机获第五届一等奖。

20世纪80年代，中学课外活动成为培养创造能力的重要渠道，日益受到重视，被称为“第二课堂”。各中学将各项课外活动列入正式课表，安排辅导教师、时间、地点和学习资料、活动器材等，成立各科兴趣小组、科技活动小组，有些学校还定期开展“小发明、小论文、小制作”活动。1990年，在第五届全国发明展览会上，市二中学生的展品占了全部青少年展品的近十分之一，是湖南省青少年参展项目的十分之九。《光明日报》在头版报道了株洲市二中课外科技活动的成果，盛赞该校为“小发明家的摇篮”。茶陵一中制订各学科《课外活动大纲》，成立学生科技活动中心，分无线电、化学、生物、航模、美术5个活动室，并辟有占地0.67公顷的生物园，至1989年该校课外活动小组达18个。该校学生的科技小发明多次获县级以上奖励，31件作品获省、市奖励，其中获国家银质奖、铜质奖各1件，省金质奖2件。

株洲市二中在1986 — 2000年的15年，学生的“小发明、小制作、小论文”达2000余件，其中在国际国内获奖182项，16项发明获国家专利，11名学生列入《中国发明家大辞典》，15名“小发明家”高中毕业后被保送到清华、浙大、北航等学校深造。1991年1月，该校开展学生科技发明活动培养创造型人才的经验获湖南省教委教改成果一等奖，并被确定为“湖南省青少年科技活动示范基地”。《人民日报》、《中国教育报》、《中国青年报》、中央电视台等新闻媒体先后进行专题报道。

1992年6月，南方动力机械公司青少年发明学校成立。学校定期开展活动，邀请各类专家讲课，并配备专门的科技老师进行辅导。在市第十一届青少年科技发明比赛中，13件作品参赛，11件获奖；在全省青少年信息学竞赛中，3人获奖。在首届国际宇航知识竞赛全国预赛中，该学校8名队员代表湖南省参赛，取得了第四名的好成绩。

1992年4月，为培养科技后备力量，市科协、市教委召开全市青少年科技活动表彰大会，对市二中、茶陵县一中等十多所中小学校授予先进集体称号，对在国际、国家和省市青少年科技发明创造比赛中获得奖牌的40名小发明家和他们的辅导老师给予表彰和奖励。同年，全市青少年科技活动共获国际奖1项，国家级奖16项，省级奖15项，市级奖163项。

1993 年 12 月，由市科协、市教委联合组织的全市第十二届青少年创造发明比赛降下帷幕。经组织评审，共有 14 件作品和论文获一等奖，21 件获二等奖，36 件获三等奖。1994 年，市科协、市教委联合选送部分作品参加全省第十二届青少年科技创造发明比赛，全部获奖，并获全省唯一的组织工作一等奖。全市共有 10 名学生因发明创造成绩突出而被免试保送上大学。

1996 年，在第八届全国青少年发明创造比赛和科学讨论会上，市科协获优秀组织奖，市二中刘金石同学发明的“电话机密码开关”获得三等奖。在同年举办的省第十四届青少年发明创造比赛和科学讨论会上，市科协、市教委、市二中、南方公司青少年科技发明学校均获优秀组织奖，“电话机密码开关”夺得一等奖。

1997 年 4 月，市科协会同市教委开展了株洲市第四届“青少年生物百项活动评选”活动。全市各中小学校组织广大青少年围绕“生物多样性与我们的未来”，对大自然、生物世界进行了认真的观察和研究，共有 100 多个项目参加评选。并挑选部分项目参加全国、全省生物百项活动竞赛，1 个活动获全国优秀活动奖，获全省优秀活动奖 2 个，全省优秀项目二等奖 3 个，优秀项目三等奖 7 个，全省优秀组织奖 3 个。

第二节　学术交流

1973 年 9 月，著名科学家华罗庚带领“优选法”推广小分队，应邀来株洲市推广“优选法”，并在文化宫中心会场作推广应用“优选法”报告。株洲市共组织 15 个分会场，2.5 万余人听了华罗庚的报告。推广小分队几十名专家深入基层，传授优选法。这期间，许多单位积极推广优选法，不断获得新成果。株洲硬质合金厂十车间为提高金属实收率，运行双因素平等对折法，对氢氟酸浓度进行优选，从 3% 的浓度降为 0.5% ~ 0.8%，不仅使氢氟酸减少 3/4，而且使金属实收率提高 3%；十二车间用分数法对盐酸用量进行优选，原来每一批要加 700 升盐酸，经优选后只要加 550 升，还使分解率提高 0.3%，每年可节约盐酸 621 吨；十一车间在 40 吨压力机上采用分数法对压制速度进行优选，每分钟转速由 9 转提高到 15 转，班产量提高 95.2%。还有许多单位在华罗庚推广优选法小分队的具体指导下，应用优选法，取得了实际效果。如株洲车辆工厂应用优选法，成功地用普通焊条焊接铜板，在厚度 8 毫米不开坡口的钢板对接以及铜和钢的焊接上都获得成功。株洲选矿药剂厂生产的选矿药剂二号油，对配料比进行优选试验，使班产量提高 50%，每年可增产 800 吨。

1982 年，市农学会、市园艺学会就如何防治粮菜污染问题，组织学术讨论会。会上发表 21 篇学术论文，并综合归纳 4 条建议，报市政府批转全市。

1988 年 1 月和 1989 年 10 月，市科协连续组织 1984 — 1986 年、1987 — 1989 年两届全市优秀学术论文评选，共评出《FP-84 型镍基铸铁电焊条专用粘结剂的研究与应用》等第一届优秀论文 98 篇，《全自动铣端面打中心孔机床及机械手》等第二届优秀学术论文 164 篇。

1993 年 4 月，中国科学院院士、湖南省科协副主席、国内外知名的肿瘤专家、湖南医科大学姚开泰教授应邀到株洲讲学。在市科协五届二次全委会上，姚教授作《肿瘤防治新进展》的学术报告，介绍世界最先进的各种预防和治疗肿瘤方法，全市100余名医务工作者和200余名其他科技人员听取了报告。是年，在市第三届优秀学术论文表彰大会上，共有161篇优秀学术论文获奖，其中一等奖10篇，二等奖58篇，三等奖93篇。同年11月，台湾著名预防医学家吕季儒教授应邀在长江俱乐部进行了2场现场讲学及治疗，听课者达4000余人，无不为吕教授的“刮痧排毒健康法”的神奇效果惊叹。在讲学现场，吕教授对长期患有肩周炎、腰椎病的患者进行了刮痧治疗，轰动全市。1994年，市科协组织全市科技群团和科技人员开展了“科教兴市、建设株洲、发展株洲”的献计献策活动。全年共有56个科技群团上千名科技工作者采取专题调查，召开专家座谈会，举办学术讨论会等形式，收到一大批有创见有价值的论文，市科协将其中的41篇编印成册，呈送各级领导决策参考。

为促使学术活动更好地为经济建设和社会发展服务，1995年市科协组织全市各学（协）会、研究会和基层科协开展了首届“最佳学术活动”的评选。活动评选出市土建学会的“神农阁工程创优活动”等6项活动为A级奖，湘江氮肥厂科协的“科技论文征集百日竞赛”等8项活动为B级奖，市包装技术协会的“株洲包装十年论文交流会”等4项活动为C级奖。

1997年，为给领导干部提供科技发展新信息，举办2场高科技报告会：一是邀请中国科学院院士、湖南师大刘筠教授作“克隆技术”学术报告；二是邀请中国工程院院士、省科协主席何继善教授作《当代高科技发展趋势及对策》的报告。同年，市科协牵头组织参加“湖南省科技界农村经济可持续发展论坛”。株洲市历时3个月，选送24篇建议和论文参与评选，其中12篇为具有高级职称的科技人员和市、县党政领导所写。14篇文章被省科协评为优秀学术论文，10篇文章被省科协录用。1997年年初，中共株洲市委、市政府明确《株洲市新产业发展战略研究》课题为全市重点调研课题，并经国家科委列入1997年全国科教兴市重点调研课题，邀请中国科技促进发展研究中心、北方交通大学、机械部规划设计院、北京轻工业学院的4批专家20多人组成项目课题组，历时1年，完成了4个子课题40多万字的调研报告。12月，国家科委在北京人民大会堂主持召开《株洲市工业重点产业及结构优化研究》《株洲市新型建筑材料产品及市场发展研究》2个子课题评审会。民建中央主席成思危，全国人大常委、民盟中央副主席冯之浚，国家科委党组副书记、副主任徐冠华，著名专家学者陈述彭、李泊溪、肖灼基、郝荣泰以及国务院有关部委30多位司局长与会，与会专家一致通过课题评审。

1999年，株洲市第一次启动“企业技术创新院士万里行”活动。6—12月，中国工程院副院长王淀佐等10多位相关院士、教授到株洲有关企业进行学术考察和交流。同年8月，株洲市科协汇编出版了《优秀学术论文选集》，收录自1959年8月到1999年8月的40年间的102篇优秀论文，其中大部分为1991—1999年间的佳作。据不完全统计，40多年中，市科协系统收集的各种学术论文为5万多篇，参加活动的科技人员达30多万人次，平均每年开展的学术交流活动达100多次，交流学术论文2000多篇，参加人数2万余人次。

第三章 科技引进与协作

第一节 科技引进与国际交流

一 科技引进

“一五”计划期间，株洲市被列为全国8个重点新建工业城市之一，国家安排的156个重点项目中的4个、694个限额以上的项目中的7个安排在株洲市兴建。中央、省属企业的落户，为株洲大规模工业建设拉开了帷幕。

由于中华人民共和国刚刚成立，境内工业和科技基础非常薄弱，只能依靠大规模引进国外技术和设备，推进重点项目建设。

国营331厂、中南硬质合金厂、株洲电厂是原苏联援建项目。331厂从原苏联引进主要生产设备、检测器材、高级合金钢，苏联提供发动机图纸、生产工艺规程、主要厂房车间设计等，并派14～20名专家常驻工厂进行技术指导，使331厂由一个生产炮弹厂转为修理航空发动机再到制造航空发动机，只用了短短3年的时间。中南硬质合金厂由原苏联铝美设计院莫斯科分院和苏联有色冶金工业部稀有金属管理局国立机要设计院设计。从建厂到试车投产，苏联政府先后派出2批共39位专家驻厂工作，硬质合金的技术引进，使中国生产硬质合金技术在短短5年时间内就达到世界水平。株洲电厂一期工程，由苏联莫斯科电力设计院设计，并提供全套设备。从选厂址、建厂到设备安装、试车都是在苏联专家指导下进行工作。从破土动工，到第一台机组并网发电只用了1年多的时间。

株洲洗煤厂引进波兰技术。1955年9月正式委托波兰斯大林诺格勒德设计院承担设计，由波兰采考普公司供应成套设备，并派专家指导施工安装。1957年11月，波兰先后有8位专家驻厂指导施工、安装和试车，并为工厂的工程技术人员、管理干部和工人讲课，从理论和实际操作上培训技术骨干。株洲苎麻纺织印染厂第一期工程包含日本、中国和苏联的技术。工程设计由纺织工业部设计院承担。整个设计工作在苏联专家组组长布留享指导下进行，纺纱、织布设备是从日本引进。

20世纪60—70年代，株洲市基本上没有从国外引进科技项目。中共十一届三中全会以后，随着国家对外开放政策的实施，株洲市对外技术交流逐渐增多，尤其是80年代中期以后迅速扩大。

1985年，331厂引进法国阿赫耶发动机制造许可权，试制的涡轴8填补了国内直升飞机动力空白，其质量、寿命与法国产品平齐，并返销法国。

1985—1987年，株洲玻璃厂引进日本夹丝玻璃成型工艺技术和关键设备，生产菱形夹丝玻璃获得成功，达到国际先进水平。

1985年，欧洲50赫兹集团（FCG）与株洲电力机车工厂签署技术转让和合作生产2台8K电力机车的协议。合作期间，FCG集团向该厂提供8K电力机车全套设计图纸、工艺文件、工装模具图纸及检验文件、采购文件和机车维护保养文件，并派遣专家进行现场培训和技术指导。

1986年，市毛巾厂对所引进的幅宽2.2米无纺针刺化纤地毯生产线，进行多次工艺试验和改进，所产无纺针刺化纤地毯，填补了省内空白。

1987年7月，邀请日本花甲协会成员、石英玻璃专家佐伯宽对市327厂进行2个月的技术指导和咨询。通过对该厂的技术诊断，在改进工艺技术、提高产品质量、开发新产品等方面提出了实质性建议。其生产的二段式蒸发器、旋转式蒸发器填补国内空白，为该厂创经济效益30多万元。

1988年4月，邀请日本花甲协会成员、焊条专家田中创到市电焊条厂，围绕改耐热钢焊条由直流施焊为交直流两用等技术，进行讲课和技术指导。同年5月，日本花甲协会成员、电线电缆专家林正之到株洲县湖南特种电磁线厂，对该厂产品HF聚酰亚胺复合薄膜双玻璃丝绕包电磁线的产量、质量、工艺、自动检测等进行技术指导，使产品废品率由7‰降到3‰。

1978—1990年，全市共有88家企业同日本、瑞典、意大利、奥地利、匈牙利、联邦德国、丹麦、美国、加拿大、澳大利亚、法国、英国、瑞士、新加坡、民主德国15个国家和中国香港、台湾地区成交195项技术、设备引进项目。总投资55245万元，共用外汇8330万美元。其中6项填补国内空白，13项填补省内空白。

1992年，株洲市以“引进技术、引进资金、引进人才”为突破口，先后3次组团去波兰、捷克、俄罗斯考察学习，签订了4个合同。12月，株洲化工总厂与俄罗斯石化公司签订合作经营年生产4万吨一步法甲酸项目，此项目为全省最大的中外合资项目。同年，株洲冶炼厂拟引进世界最先进的“基大赛特”工艺技术，组团赴哈萨克斯坦进行考察。在中国驻哈使馆帮助下，该厂与哈萨克斯坦签订引进10万吨铅锌及白银工程技术合同。

1994年，在中国驻德国大使馆和国家科委的指导下，株洲通信元件厂引进德国氧化锆陶瓷拉线轮技术，并投入批量生产。为此，国家科委发文至各驻外使馆科技处，推介驻德使馆和株洲市科委合作抓引进项目的经验。

1991—2000年，株洲市共引进8名日本海外协力队员到株洲工作。株洲机械电子工业中专学校在筹建校办实习工厂时，引进1名汽修专业的日本协力队员。日本队员与实习工厂员工白手起家，在简易工棚操作，培训学生与员工。由于严谨的工作作风和高水平的维修技术，逐步打开株洲汽修行业局面。1995年，再次为其引进2名队员。几年中，按日本队员在工厂工作的需要，申请获得日本政府200多万日元的设备援助。并通过队员随时获得日本国内最新车型的图纸资料和零配件。同时，又为实习工厂培养了一批技术工人。

炎陵县是株洲市最边远的一个山区，食用菌在该县形成一定规模，但品种单一，每年均需从外地购进菌种，再进行培育扩大。1994年，引进1名食用菌专业的日本海外协力队员驻县工作2年，并由日本资助180万日元的苗种培育设备，当年就培育出新品种的菌种，并贮存到第二年。

国外离退休专家组织是发达国家由政府指导的民间性专家组织，工作期间专家不计报酬，能针对性地解决某一领域专业技术难题。株洲明珠公司特种电磁线厂在进行电磁线产品开发时，引进1名日本花甲协会专家来厂工作，开发的特种电磁线产品已成为公司主导产品。株洲市彩色印刷厂引进1名德国印刷技术专家，解决了该厂长期困挠的“重影”问题。

1996年，市科委将“株洲环境工程”作为引进挪威资金的项目，上报国家科委，列入中挪政府间科技合作项目，争取到挪威政府981万挪威克朗（约合人民币1224万元）的资金援助。在全国建立第一套“可直接饮用水”的先进中试装置及污水处理装置。1998年11月，中挪（湖南）水环境研讨会在株洲市召开，挪威驻华使馆参赞古纳·马蒂森出席。

二　科技交流

民国25—38年（1936—1949），国民政府规划株洲工业区期间，美国科技考察团和美援设计团曾来实地考察。

20世纪50年代中期，苏联、波兰专家同境内有着密切的科技交往。50年代末60年代初，此种交往因苏联撕毁合同、撤走专家而逐步中断。60—70年代，株洲市派遣科技人员赴越南、罗马尼亚、阿尔巴尼亚、巴基斯坦、蒙古、坦桑尼亚、赞比亚等国执行科技合作项目，开展技术服务、技术培训，并援建一批工程项目。

1978年6月，美国民间组织“科学为人民代表团”应中国科协邀请来华访问时，专程参观访问株洲车辆厂、株洲玻璃厂、株洲苎麻纺织厂、株洲市皮革制品厂和钟鼓岭菜市场，对株洲市的科技发展水平、工厂的劳动制度、职工的劳动保护、环境保护和职工生活现状等作全面的考察。

1979年4月3—6日，应冶金部邀请，以霍斯普为首的奥地利普郎西粉末冶金公司代表团一行3人，到株洲硬质合金厂参观和交流技术，代表团的阿兴勃来纳和希德来分别作《难熔金属的应用》和《硬质深层切削刀具的进展》的学术报告，并放映自带的2部科技影片。同年7月20—25日，孟加拉、缅甸、西班牙、斐济、印度、菲律宾、泰国等11个国家组成的联合国粮农组织群众造林考察组一行22人，到株洲考察群众造林和苗圃管理工作，就植树造林运动的组织及造林成功的标准等问题进行咨询和探讨，并交流了组织农民营造用材林、固沙林、防护林、水源涵养林、护堤林、饲料林及农村小片森林等方面的经验和技术。同年11月20—22日，比利时老山公司里斯到株洲冶炼厂参观，并就铅烧结、锌高酸高温浸出和沸腾炉余热利用3个方面的问题，同厂方商谈改造方案。同时，还应邀为正在厂里召开的中国金属学会全国铅锌冶炼学术会议作题为《湿法炼锌》的学术报告，并赠送给工厂成套技术资料和湿法炼锌的幻灯片。

1982年5月8日，联合国粮农组织派遣中密度纤维工艺专家和顾问、美国梅德福公司技术厂长波希格雷维到华提供技术服务，中南林学院安排在株洲市进行2周讲学。讲学期间，对市木材公司中密度纤维板实验车间作为期3天的实地考察、技术咨询、现场指导。

1984年10月7—10日，日本日立丸红访华团一行11人到株洲电力机车工厂参观考察，与厂方就合作生产电力机车等问题进行交流。同期，英国宇航公司总经理普兰纳和奥大利亚霍克飞机公司商务董事史密斯一行 3 人对南方动力机械公司进行为期 2 天的参观访问和技术交流，就航空技术等有关问题进行座谈和商讨。10 月 15 日至 11 月 5 日，应省科委和中国有色金属加工工业协会硬质合金分会邀请，日本科技界公认的硬质合金权威东京大学铃木寿教授一行 2 人，到株洲硬质合金厂进行讲学和技术交流，就硬质合金工业的技术问题与厂方科技人员进行文化座谈和学术交流。

1987 — 1989 年，应日本富山县日中农业技术者交流协会的邀请，经省、市两级科委推荐，先后派遣 4 批 8 人赴日本富山从事农业、畜牧业科技研修。1989 — 1990 年，日本先后派遣 3 名青年协力队员到株洲职业学校等学校任教。

1991 — 2000 年，境内科技外事交流日趋活跃。1992 年 10 月，日本琉球大学校长砂川慧伸率团对中南林学院进行参观考察，中日双方就科技合作与文化交流进行讨论，在互派学者访问考察和攻读学位方面达成协议。

1993 年，株洲共办理各种科技考察和出席国际科技会议共 8 批 37 人，接待外宾来株科技交流 5 人次。12 月，市人防学会 2 名会员到上海参加由联合国环境规划署与环境办公室和国家环保总局联合举办的“亚太地区性紧急事故意识与防备研讨会”，市人防学会组织撰写的关于城市化学事故应急救援的 4 篇论文，被大会录用和宣读。

1997 年 1 月，日本奥希利斯株式会社伊东弘行社长一行 3 人对株洲进行访问，双方就城市废水、垃圾处理以及农业方面的合作举行会谈，并签署《关于城市生活垃圾无害处理及综合利用合作项目的会谈备忘录》和《关于优质精制米加工合作项目会谈备忘录》。3 月，阿联酋内阁成员、阿联酋阿治曼酋长国王子、经济部部长阿哈穆德·修穆德·努埃米和部长助理道尔顿·杰一行到株洲，就湖南（株洲）海外国际合作有限公司与努埃米王子殿下合资兴建中东轮胎厂的有关事项，以及进一步加强政府间的交往、广泛开展高新技术领域等方面的合作进行会谈。1997 年 11 月，德国西门子公司董事会成员、西门子公司副总裁、交通运输集团总裁沃尔拉姆·O·马丁逊博士和世界犹太人大会欧洲代表处主任马拉姆·斯特恩先生一行 6 人到株洲，恢复株洲电力机车厂、株洲电力机车研究所与西门子公司历经 3 年合资生产交流传动电力机车项目谈判，最终于 1998 年 4 月在北京签约。

2000 年 9 月，以意大利对外贸易委员会北京办事处副代表为首的中意环保合作项目考察团，考察了株洲洗煤厂和煤气公司等企业，与市有关单位就节能、提高能效、开发利用清洁能源以及甲基溴替代技术等进行会谈。市相关单位向考察团介绍和提供了 7 个环保、能源项目。考察团对株洲的水力发电建设、城市燃气管道扩建、固体垃圾处理、工业余热发电等项目达成初步合作意向。同时，利用意大利先进的环保技术与设备，帮助株洲建设能源与大气污染防治。

第二节 科技协作

20 世纪 60 年代，境内地方企业在技术、人才方面与大型企业相比有较大的差距。1962 年 12 月，湖南省人委下发《湖南省科学技术协作办法（草案）》，为此市委、市政府要求市科委、科协等相关部门抓好技术协作工作。

大厂协助小厂解决技术难题。1963年，湘江机器厂派出技术人员参加厂外技术协作达200多人次。1964年，全市组织22个专业组，300名技术骨干，帮助25个企业解决了84个重大关键课题。市农机厂的金属喷镀，经过机电学会组织省、市有关技术人员现场研究，提出20项改进措施，并与中南矿冶学院协作，解决了这一技术难题。三门松脂厂与株洲洗煤厂协作，试用松节油作浮选剂，使精煤回收率提高20%，药剂消耗降低60% ~ 65%，药剂成本降低71.5%。10月，市科协组织企业、科研单位的55名技术人员和老工人组成的工业技术考察团，分7个专业组，到18个工厂、企业重点考察，对51个技术关键重点研究，提出130多条技术措施和建议。市机械厂生产的空气锤由于铸造技术未过关，废品率高达40%以上。通过技术考察团的帮助，改进操作方法，使铸件正品率稳步提高到90%以上。五好职工标兵刘昆、技术革新能手李松海和工程师张见溪等14名技术骨干组成协作小组，后发展为机车、铸造、锻压、机械4个协作小组，参加人员扩大到120多人。通过对口挂钩、技术研究会、专题论证、技术考察、上门会诊等形式开展技术协作活动。

20世纪60年代末至70年代，株洲氮肥厂工程建设、联碱工业建设、电子工业建设、汽车齿轮厂盐浴炉技术改造、株洲钢厂工程建设等，均通过组织市内各有关单位技术协作、攻关，解决大量技术难题。

1969年4月，市革委会组建株洲氮肥厂工程建设会战指挥部，召集田心机厂、601厂、株洲化工厂、省安装公司等21家单位参与协作，明确各自协作任务，在土建、安装、设计、生产等互通有无，技术上互相交流，并组织多个“三结合”攻关小组，攻克技术难关，1970年2月氮肥厂生产出第一批合格的尿素产品。1970年7月，株洲化工厂多晶硅车间建成投产，至9月全市组织50多个协作单位，一次造出5台单晶炉，使株洲市的电子工业得到迅速发展。1971年7月，省内第一个联碱工程在株洲兴建，参加这次会战的协作单位有48个，后增加到60多个，自制设备240多台件，至1975年5月株洲市合成氨厂联碱车间一次试车成功。支援株洲钢厂工程建设会战由18家协作单位协作参与，钢厂投产后，利用株洲化工厂黄铁矿灼渣生产钢铁及多种有色金属。通过这些会战，协调各单位，克服种种困难，解决了不少技术难题。

1997年，开展“千厂千会协作”行动。半年时间有14对工厂、协会达成协作协议，其中协作项目较大或预计经济效益较高的有8项。实施后，受益单位年共增创经济效益达3000多万元。

1999年10月，株洲市举办科技合作洽谈会，中国工程院院士钱清泉，全国近百家高校、科研院所的代表和境内组织的代表团、企业界人士共2000多人参加。通过洽谈，结成产学研合作“对子”56个，签订技术转让合同和协议108个，达成科技合作意向42项。同年12月，中国工程院副院长王淀佐带领多位相关院士、教授到电力机车厂，开展咨询、报告、洽谈活动，达成高速列车阻力部分等6个科技合作长期协议。

第四章　科技成果

第一节　工业科技成果

一　机械制造

（一）航空机械

1954年年初，国营331厂（南方航空动力机械公司）开始试制M–11型航空发动机。7月29日，01、02、03号发动机顺利完成总装。8月16日，03号机经受225小时45分钟连续运转考核，技术性能良好。8月25日，国家鉴定委员会鉴定认为，其性能符合苏联技术资料要求，批准批量生产。10月25日，毛泽东主席写信向331厂职工祝贺勉励。M–11型航空发动机的诞生，填补中国航空工业的一项空白，揭开了中国航空发动机制造史上的新篇章。

1955年，331厂自行设计制造出1.5毫升级“和平15号”国产第一批航模发动机。该机系用于航海、航空模型竞赛的微型发动机。

1956—1957年，首台670号航空发动机样机（活塞–5发动机54号机）在该厂试制成功。次年6月，通过国家航空产品鉴定委员会鉴定，并被批准成批生产。该机是多用途飞机的动力装置。后经工艺优化，工作寿命由700小时增至900小时，获航空部优质产品称号。

1963年，331厂以604号机为基础，改型设计活塞–6甲（604–1）获得成功。1964年，经改进，该机顺利通过600小时台架试车和装机试飞50小时及57个起落的考核，获国家工业新产品一等奖。

1976年2月，南方航空动力机械公司罗展怀参加航空航天工业部技术局组织的无余量精铸叶片技术攻关组，1978年试制成功。相继用于涡喷6、涡桨6、涡轴3航空发动机共9种叶片精铸。与普通精密铸造工艺相比，叶片冶金质量提高，精度比一般精铸件提高1～2级，可以达到CT3～CT4级。1980年，经鉴定并在航空工业系统推广。1985年，获国家科技进步一等奖。

1976年10月，该公司试制成功国内第一台最大的运输飞机动力——涡桨6。据1989年6月统计，该发动机出厂十余年，累计飞行11万小时无事故，并随国产运8飞机出口。涡桨5、涡桨6等20项成果获1978年全国科学大会奖和航天航空工业部优质产品称号。

1979年，试制成功2.5毫升、10毫升航模发动机，质量达到进口样机水平。1982年，研制成功15毫升发动机。经连续改进、优化，10毫升、2.5毫升发动机分别于1981年、1984年获得国家银质奖。1986年，2.5毫升、3.5毫升、10毫升3种发动机同获国家金质奖。在国内比赛中，30多次打破或创造世界纪录，取得冠军。并销往美、英、法、挪威、南非、澳大利亚等十几个国家。

1994年，该公司桂治斌、陈曙云、周建国等进行机用9种特钢的应用研究获部级科技进步二等奖。

1995 年，608 研究所与南方动力机械公司共同研制的某涡扇发动机首台样机于 6 月底完成安装，并点火试车成功，用于某新型教练机。同年 7 月，发动机整机试车成功，航空工业总公司发动机局表示祝贺。

1995 年 10 月 18 — 26 日、11 月 5 — 15 日，中国航空工业总公司及国防科工委分别在北京组织“八五”计划期间科研成果展示会。608 研究所在两会展期间组织了某型号发动机零部件、结构完整性、发动机轴承齿轮故障自动诊断系统等项目参展。展示期间，江泽民、朱镕基、刘华清、吴邦国、李岚清等国家领导人前往观看，对“两展”给予高度评价。

1995 年 12 月，举行 608 研究所某新型飞机发动机及传动系统先期技术攻关评审验收会。总参陆航局主持会议，国防科工委、航空工业区总公司单位代表参与评审。评审组认为该发动机已达到国际 20 世纪 80 年代末水平。

大型军工企业提高了科技成果商品化、产品化转化率的研究。1996 年，608 研究所的肖光华、顾永根、吴志军、何嗣凤、张鹏翼获国家科技进步三等奖。

（二）交通运输机械

1. 电力机车

韶山 1 型电力机车（SS1） 1958 年 1 月，由一机部、铁道部、高教部派人组成考察团，赴苏联考察和引进 B60 型电力机车技术。6 月，完成国产电力机车的技术设计。7 月，修改、审定设计方案，并在湘潭电机厂组成联合设计处。电力机车的车体、转向架等机械部分由株洲机车车辆工厂试制。同年 12 月 28 日，第一台国产电力机车在湘潭电机厂总组装成功，命名为韶山型，技术型号为 6YI。1959 年，电力机车的研制工作由一机部转交铁道部主管。1960 年 2 月，6Y12 号电力机车在田心机车车辆工厂制造成功。从此开启了株洲电力机车研究制造史。1968 年 3 月，田心机车车辆厂和株洲电力机车研究所共同完成第一次重大技术改造，制成 8 号电力机车。该机车采用大功率硅半导体整流取代引燃管，采用 20 触头组调压开关，使用具有补偿绕组的四极脉流电动机等。从第 8 号车起，命名为韶山 1 型（SS1），取消 6YI 字样。1971 年和 1976 年，对 SS1 电力机车又进行 2 次重大技术改造。主电路采用过渡硅机组的少电弧级间转换结构，电阻制动励磁改用晶闸管等。1978 年，SS1 型电力机车获全国、铁道部和湖南省科学大会奖。

韶山 3 型电力机车（SS3） 1977 年 12 月，田心机车车辆工厂与株洲电力机车研究所设计、研制 SS3 型大功率客、货两用干线电力机车。主要研究设计人员为刘友梅、庞乾麟、黄凤树、李敬享、杨期翔等。1978 年 12 月 31 日，SS3 电力机车试制成功。1982 年 12 月，铁道部通过对 SS3 型电力机车的技术鉴定。SS3 型电力机车与 SS1 电力机车相比具有机车功率增大 600 千瓦、具有无级平滑升压性能、改善了机车横向动力学性能和曲线通过性能以及通风、滤尘条件、降低司机室噪音等特点。1983 年开始正式生产，同年获国家经委优秀新产品奖，1985 年获国家科技进步二等奖。

韶山 4 型电力机车（SS4） 1981 年、1983 年，国家科委、经委同株洲电力机车工厂、株洲电力机车研究所 2 次签订试制 3 台 SS4 型电力机车合同。主要研究设计人员为张有松、李春阳、许荣华等 15 人。该车由 2 节完全相同的 4 轴机车组成，可在其中任何一节的司机室对全车统一控制，2 节车可分开使用，亦可与数台 SS4 型机车重联运行。机车功率 6400 千瓦，系国内功率最大的机车。该机车由株洲电力机车工厂承担机车总体线路、牵引电动机、主变压器与平波电抗器、转向架、车体、制动电阻及励磁装置等 7 个项目的研制，由株洲电力机车研究所承担硅机组与硅元件、相控电子装置及真空断路器等 3 个项目的研制。1985 年 3 月试制第一台样车，9 月 19 日获得成功。1986 年 1 — 4 月，设计人员针对 1 号样机轴重超标等问题，改进转向架、电器等部分的设计，并且改善横向动力学性能。1986 年 12 月，试制完成第 2 台、第 3 台机车。1988 年 6 月，国家科委、国家计委委托铁道部召开 SS4 型 6400 千瓦 8 轴货运电力机车国家技术鉴定会议。鉴定确认：SS4 型电力机车具有先进的性能和结构，优良的牵引与制动性能，粘着利用充分，机车效率和功率因数提高，其性能指标达到国际 20 世纪 80 年代相控电力机车的先进水平。1988 年该成果获铁道部科技进步二等奖，1989 年国家科技进步一等奖。1993 年，“八五”重点攻关项目 SS4 改进型电力机车，株洲电力机车研究所与株洲电力机车厂研制出 2 台样车。6 月，该车参加了在中国举行的国际重载牵引会议，并演示成功。7 月，该车在大秦线上完成了万吨牵引试运考核，实现了中国万吨级机车牵引“零”的突破。

韶山 7 型电力机车（SS7）　1995 年 9 月，株洲电力机车所与大同机车厂、成都机车车辆工厂联合研制的 SS7 型电力机车样机，正式通过部级技术鉴定。鉴定认为：机车的主要技术参数的性能达到了设计任务书的要求和有关标准，标志着国产电力牵引动力开发又上了一个新台阶，机车主要性能和所采用的新技术达到国内选进水平，其中 Bo-Bo-Bo 转向架、壳式导向油循环牵引变压器、全叠片复励牵引电动机、他复励电力机车控制系统、再生制动技术等填补了国内空白。

韶山 8 型客运电力机车（SS8）　该车是株洲电力机车厂和株洲电力机车研究所为适应广深线准高速运行需要而研制的客运机车。1994 年，研制的 2 台样车，在韶关电气化区段进行 18 万千米的运行考核试验。1996 年 4 月，株洲电力机车厂根据该机车的运行情况和实际需要对 SS8 型机车进行重大技术改造，首次采用国际上高速机车广泛应用的微机控制和轮对空心轴传动系统，并装备国产功率最大的 900 千瓦脉流牵引电机，从而使该机车额定功率达到 3600 千瓦，具有优异的加速性能和运行控制性能。5 月 29 日，该机车在北京环形道上跑出 187 千米 / 小时的中国机车第一速；11 月 20 日在京广线郑州 — 漯河段创造了 185 千米 / 小时的中国既有运营线路最高速度和最大牵引载重吨位 2 项记录；1997 年 1 月，在铁道部主持的高速试验中又创下了 212.6 千米 / 小时的新的中国机车第一速，标志着中国机车已经进入高速领域，从而使中国跻身世界上少数几个拥有高速机车的国家行列。1998 年 6 月，该机车在京广线郑州 — 漯河区段的干线试验中，创造了 240 千米 / 小时中国机车新的第一速。1997 年 11 月，该机车荣获铁道部科技进步特等奖。

韶山 4B 型机车（SS4B）　1996 年 4 月，标志着国产重载货运机车最高水平的 SS4B 型 8 轴重载电力机车，在株洲电力机车厂竣工。该型机车在继承国产重载机车成熟技术的基础上，消化吸收了 18 项法国 8K 机车技术、4 项日本 6K 机车技术等大量先进技术，牵引电机由中日联合设计，达到了日立标准。机车最大功率 6400 千瓦，最高时速 100 千米。机车整机试验等采用国际 IEC 标准，是国内 8 轴重载货运电力机车标准化、系列化、简统化、型谱化水平最高的机车。该机车主要是为京广、大秦等国内繁忙铁路干线开行6000吨和10000吨重载列车需求研制的。

机车新型制动机 1974—1982年，由株洲电力机车工厂与铁道科学院等4家单位共同研制成功。该机具有先进空气制动机的各项性能，具有确保铁路运输安全、改善乘务员劳动卫生条件、缩减维修工作量、延长检修周期等效益。主要用于大功率机车牵引重载长大列车和高速客运列车。1983年获铁道部科技成果三等奖，1985年获国家科技进步三等奖。主要研究人员有：姜靖国、智廉清、赵智鹏、陆缙华。

国内首台交流传动电力机车（AC4000） 1996年6月，中国第一台交流传动电力机车在株洲电力机车厂竣工。该机车是中国铁路牵引动力从交直传动系统向交流传动系统的重大跨越。该机车为4轴，总功率4000千瓦，最高时速120千米，机车粘着利用高，起动牵引力大，加速特性好，恒功范围宽，具有优异的牵引、制动性能。同时还解决了通信信号干扰和电力系统不良影响等问题，具有良好的节能和改善环境性能。该机车采用微机控制，增加了机车故障检测、诊断和显示系统。该机车的问世，使中国成为世界上少数几个能够研制该型机车的国家之一。

韶山9型电力机车（SS9） 1998年12月，国产功率最大的SS9型准高速客运电力机车在株洲电力机车厂试制成功。该机车总功率4800千瓦，最大功率5400千瓦，最高速度170千米/小时。其牵引力大，起动加速快，爬坡性能好，可牵引大编组旅客列车，成为SS8机车后中国铁路提速机车的又一主型机车。该成果获国家科技进步一等奖。

电力机车新产品 1996年，研制成功的牵引电机自动反馈试验系统获湖南省科技进步三等奖。1997年，株洲电力机车厂和电力机车研究所共同研制的准高速旅客列车获国家科技进步一等奖；株洲电力机车研究所研制的1KJ-93型列车运行监控记录装置、DG-32型自动整平捣固机分获国家科技进步三等奖。1999年3月，株洲电力机车厂首批持续功率1000千瓦（国产最大功率）的脉流牵引电机在该厂问世；5月，中国首台200千米/小时交直传动电动旅客高速动力车研制成功，并于7月在北京环形铁道实验基地通过综合性能试验，后赴广深线承担商业营运任务；11月，该厂自行开发研制与清华同方公司“大型集装箱检查系统”配套的“传送装置分系统“交流传动牵引平车”一次通过用户验收；12月，该厂地铁工程维护车竣工，标志着该厂向城轨交通领域迈出了实质性的一步。

2.长大货车与架桥机

C17150吨落下孔车辆 铁道部计划安排，由株洲车辆工厂孙明道等于1969年研究成功。该车在调查研究国内外同类车结构优缺点基础上，将原进口同类型车的3层结构（转向架、小底架和大底架）改为2层，即用2台5轴转向架直接支承带有落下孔的大底架，使结构大为简化，车辆自重由原来的96吨降为50吨，且装载通用性好，通过曲线的偏移量小。1978年获全国科学大会奖。

D35钳夹式大型货车 1974—1975年，交通部新产品发展计划安排，由株洲车辆工厂、齐齐哈尔车辆厂、青岛四方车辆研究所、铁道部科学研究院孙明道、赵承寿等共同研制。1974—1978年，在研制过程中，经过反复试验，采用国外异向串联、液压侧移、液压起升、液压均载旁承、空重两级刚度弹簧等世界新型长大货物车的先进技术，使该车能充分利用限界，方便运输，并具有较大的超限运行能力，填补了国内新型长大货物车的空白，使铁路大件货物运输提高到世界发达国家的水平。1985 年获国家科技进步二等奖，1986 年获国家优质产品银质奖。

双梁开合式架桥机　1970 — 1973 年，由广州铁路局工程总公司和株洲车辆厂联合研制，主要研制人员为龚焕然、汤衍祥、伍琦。该机专用平车的活动横梁支撑双机臂，臂上走行桁车，吊架钢筋混凝土梁，机臂全长 102.84 米，总重 336 吨，最大起吊能力 160 吨，架设桥跨最大长 40.6 米，最大高度 3 米，架设桥跨最小曲线半径 300 米，在隧道内、复线上均能架桥，机端臂解体运送，轮廓尺寸在铁道车辆限界以内，允许侧向通过 8 号道岔，限速 15 千米 / 小时，区间限速 70 千米 / 小时。该机出厂后，先后在湘黔线、京包线、津浦线、黄浦新巷支线、三茂线、广深线、衡广复线等架梁，经十多年架桥实践证明，双梁开合式架桥机各项技术性能先进，是桥梁施工中的一项重大突破，1986 年获国家发明专利，1988 年获国家发明四等奖。

五（D）轴敞车　1993 年，株洲车辆厂的孙明道、曹阳、潘开接等共同研制的五（D）轴敞车，获湖南省企业科技进步巨龙奖一等奖。

3.汽车制造技术

微型汽车、长江 -46 吉普车　1958 年 4 月，331 厂自产国内第一台微型发动机（14 马力）和 65 马力长江 -46 吉普车发动机作动力，装制成微型汽车和长江 -46 吉普车。微型汽车长近 2 米，宽 1 米，前 1 后 2 共 3 个车轮，轻便灵活，式样美观，可乘载 4 人。5 月 19 日，《人民日报》、第一机械工业部《消息快报》以《我国第一辆微型汽车问世》刊登报道。1958 年秋季，其技术资料无偿转让北京摩托车厂。1959 年，该厂设立吉普车专业生产线。1963 年，因军品任务繁重而停产，累计生产 2373 台，所有技术资料和工装设备无偿转给南京 307 厂。

C16A 型低边敞车　1994 年，株洲车辆厂的周焕、沈慧斌、黄正江等共同研制的 C16A 低边敞车获省科技进步三等奖。

4.摩托车生产技术

1957 年 10 月，由 331 厂试制成功长江 -750 摩托车发动机，系国内第一台摩托车发动机，1958 年投入批量生产。其后，该厂相继研制出用于比赛的长江 -750X、750-1、750-1A 以及长江 -800、900、750E、750F、750H 等摩托车发动机。1983 年，又开发出南方 -125 两轮摩托车发动机。同年，长江 -750、750X、750F、750H、750D 获国家优秀新产品金龙奖。次年，南方 -125 被评为省优秀新产品。1988 年，长江 -750F 获国家优质产品银牌奖。

1993 年 3 月 15 日，株洲摩托车厂研制生产的南方 -125ZE 车通过技术鉴定。该车造型大方、款式新颖、动感强，采用单蝶式液压制动，铝合金压铸整体钢圈及组合式仪表。该厂研制、生产的南方 -250 摩托车，于同年 11 月通过技术鉴定。鉴定认为，在国内众多摩托车中，南方 -250 车是更新换代产品，有良好的经济性、动力性。款式新潮、操作灵活，乘骑舒适，各项指标在同类产品中处领先水平。

1995 年，改进湘江 750B-2 系列摩托车，产销量占总产量 80% 以上；新推出的湘江 750B-2A 车，经过完善已投入生产，恢复生产了边三轮四座车，新推出的湘江 -750 边三轮新闻车、南方 125-7 太子车、南方 250-3 太子车均已小批量上市。是年，湘江 -750 边三轮摩托车获得“中国名牌产品”

称号等。同年，开发南方125、250太子车，9月试制成功了第一辆样车，经过长试和中国摩托车检测中心检测，各项指标均达到标准，并通过省级技术鉴定，被认为在同类产品中处领先地位。是年11月，南方公司生产的南方125系列摩托车和南方50Q系列摩托车，通过国家摩托车出口质量许可。

（三）通用机械技术

1.机器制造技术

1958年，331厂为支援地方工业和扩大工厂的技术装备，开始制造机床。至1962年，已制造出3T12M万能磨床、J-36滚齿机等4176台，立式测微仪、钻岩机等2096台。

1968年，株洲洗煤厂研制成功提斗冲床，冲载压力为80吨，可连续自动冲孔、推料、排孔，且孔距均匀整齐，能冲各种不同几何形状孔眼，1978年获省科学大会奖。

1978—1979年，由湖南大学、株洲电子研究所胡惜时、刘能宝、黄剑、谭永瑜、刘越幸等研制成功的MXBS8312简易数控高速半自动凸轮轴磨床，采用开环式控制，控制砂轮步进电机的进给量和金刚步进电机的修进量，具有尺寸调整、粗磨、精磨、光磨、无火花延时、砂磨自动修整、砂轮磨损自动补偿等功能，并以磨代车一次完成，减少十多道工序。1979年获省重大科技成果四等奖。

1982年，市空气压缩机厂与华中工学院联合研制成功2V-0.3/7T-C型空气压缩机。在设计出新型舌簧阀的同时，采用扭曲刮油环和加大缸盖、气室容积、减小气流脉冲损失等先进结构，使该机主要指标处于国内同类机型领先地位，获1985年省科技进步三等奖。

1991年，省煤炭科研所、株洲煤矿机械厂联合研制成功JKY2/1.5B型矿用防爆液压提升机，获省科技进步三等奖。1992年，株洲电力机车机械厂研制的TZTF系列机车用轴流通风机获省科技进步四等奖。同年，湖南大学、湘东铁矿矿务局冶金机械厂，研究的新型耐热铸铁在烧结台车中的应用技术获省科技进步三等奖。

1993年，株洲电力机车厂吴世萍等研制的推广应用研究机夹（可转位）刀具获省科技进步二等奖。株洲汽车齿轮厂研究开发的VG12001沙漠越野车分动器获省科技进步三等奖。1994年，株洲洗煤厂研制的113-9A离心脱水机获省科技进步三等奖。株洲汽车齿轮厂研制的ZQ110（铃木）变速器总成（推广）获省科技进步三等奖，V50系列取力器（推广）获省科技进步四等奖。株洲火花塞股份有限公司研制的4114a（Z4）型火花塞获省科技进步四等奖。株洲市机床附件厂研制的高精度复锡铈合金青铜带获省科技进步三等奖。

2.焊接器材技术

DN-10型点焊机 1979年，株洲市焊接器材厂研制成功DN-10型点焊机。研制中改进原机脚踏压紧装置，采用大直径弹簧代压紧部分，以保证金属在溶化凝固时有一定压力，使焊点牢固，消除薄板变形。该机适用薄板焊接及家电行业焊件点焊作业，其特点是电气性能好，结构紧凑合理，使用维修方便，1982年获省科技成果三等奖。

自动碰焊机 1979—1986年，株洲火花塞厂研制成功，随后投入使用。该机的复合校直机构，能把稍有弯曲、扭折的侧电极丝畅送至作业点；双滚子遏止机构能制止无铁壳的壳体顶升和空运行时校直机构的工作，避免侧电极丝浪费；能同步完成碰焊、冲刷内溶块、锪出外溶块和拆卸工件，提高工效9倍多。具有结构新颖、紧凑、全自动、性能优良等特点，1988年获国家专利。

ZJ422等6种船用焊条　该6种焊条是：ZJ422、ZJ421、ZJ422–1、ZJ427、ZJ506、ZJ507。1981年1月，市焊条厂取得国家船舶检验局武汉分局监督试验认可后，按英国劳埃德船级社的劳氏海规标准研制焊条配方，探索施焊工艺，并按国际标准增添试验设备，整顿生产工艺，作各阶段试验100多次，取得数据5000多个，确认6种焊条的性能已达到国际标准水平。填补湖南省焊条出口的空白，获1982年省科技成果三等奖。

半自动二氧化碳弧焊机　1993年，株洲市湘华焊接设备厂研制的NBC1–200–2、NBC1–315–2型半自动二氧化碳弧焊机获省科技进步四等奖。

（四）农林机械技术

水稻插秧机　1958年，醴陵县清水江乡清水高级社张友秋、贺继生等首创1台由秧夹、秧箱与秧架等组成的竹木结构的夹式简易插秧机，当年9月由省农业厅选送参加在南京召开的第五次全国插秧机会议。该机取材容易，结构简单，其分秧结构是国内插秧机研究史上的一项新创举，获得农业部奖励。1959年，醴陵县农具研究所对该机作重大改进，命名为醴陵2号简易插秧机，并于当年5月和次年2月，参加在南京和东莞召开的全国第六次和第七次插秧机会议，被评为全国优良机型，并由农业部选送到柬埔寨、印度、阿富汗、尼泊尔、缅甸等国展出。该机在攸县、醴陵市等地得到推广。后因操作技术和机具质量等问题，实际很少使用。20世纪60年代末，引进广西–65型人力插秧机和动力插秧机。株洲县农机研究所与省农机所研制出70型人力插秧机，并通过省级鉴定后投入批量生产，销售省内外各地。其时，插秧机械发展迅速，仅株洲县就拥有各类人力、动力插秧机4670台，两季水稻机械插秧面积达8780公顷，在全国影响很大。1970年全国插秧机械现场会在株洲市召开。1975年发展到最高峰。随后，插秧机械开始减少，到70年代末，终因质量未完全过关基本停止使用。

3/5CP–B型喷灌机组　1976年3月，中国科学院、一机部、水电部下达题为“轻型柴油机喷灌机具的研究和定型”项目，要求1977年年底前完成适用于山区丘陵地区以3～5马力柴油机为动力的轻型喷灌机组。由茶陵农机一厂、北京农业机械化学院、华北水电学院、湖南省农机所组成的联合设计组承担。1976年5月，茶陵农机一厂试制成功第一台样机。该机以50BPZ–40自吸泵代替BX50–31离心泵，用摆电式喷头代替8y50型喷头，并定名为3/5CP–B型喷灌机，经过4轮样机试制和500小时田间考核，又经江苏工学院和省农机所作性能试验，各项性能均超过国家规定指标。1977年12月，水电部、一机部委托湖南省农机鉴定站主持国家级鉴定定型。1978年获全国科学大会奖。

湘江–62.67型轧滚机　1978年，茶陵县农机所、湘潭地区农机所开始研制与东风–12型和工农–10型手拖配套、适用于稻草还田的耕田机具——轧滚机。1980年9月获省重大科技成果四等奖。该机具是利用原犁刀轴，在耕幅尺寸内（624毫米）用4个圆盘隔成相等的距离，将圆盘从中心线处割开成2个半圆，中间用叶片连结（焊接）成半圆柱体，固定在旋耕机犁刀轴上，同轴一起转动而起切土、碎土作用。到1982年9月，为江西、湖南等地提供图纸79套，样机47台，生产销售2040台。

水稻增产机械化综合技术　1988—1989年，市农机局连续2年承担国家农牧渔业丰收计划中的

“水稻增产机械化综合技术”项目。1988年，该项目在醴陵市浦口等7个乡镇5473公顷水稻田中实施。1989年，面积扩大到16667公顷，并推广了以水田耕整机为主要机型的耕田机械，机耕面积达95%；植保、脱粒全部实现机械化和半机械化；实现了自流灌溉与机械化排灌相结合的水田灌溉机制；引进动力插秧机、小型圆盘收割机等新机具，实施了工厂化育秧、稻种破胸催芽，撩穗收割以及多种农艺新技术和措施。1988年、1989年，分别实现亩平增产69.4千克和58千克，与前3年平均数比较，每亩节约生产成本26.5元和10.6元，每亩节约用工量15.5个和15个，共创经济效益1090.4万元和2780万元，新增产值8929万元和18750万元，并连续2年获农业部农牧渔业丰收奖三等奖。

SJKD-2/3无支架转弯索道　从1973年起，中南林学院开始研制，1978年获得成功。1983—1985年，所试制的转变鞍座、跑车样机，经中试和生产性试验，达到在高山林区生产木材的要求。该项研究成果1986年获林业部科技进步二等奖。

农业机械化新机具推广　1991年，有7个农机化新技术新机具推广项目获省级奖励。其中，实施国家“丰收计划”项目获省“丰收办”一等奖；“农村饮用水技术推广”“微型水力发电机及其配套机组技术推广”“农机综合节油新技术推广”等3项目获省“农业机械化科学技术进步奖”一等奖，“水稻增产机械化综合技术”推广项目获省“农业机械化科学技术进步奖”二等奖，“山丘区水田耕整机技术推广”“南方水稻规格化育秧与机械插秧技术开发推广”2项目获省“农业机械化科学技术进步奖”三等奖。同时，株洲县农机研究所，醴陵市农机研究所，攸县农机研究所的“2CPY-750、800、1500型水稻种子破胸催芽温室设备研究”项目获省“农机化科学技术进步奖”二等奖；株洲市农机局的“稻种破胸催芽机械技术”推广项目获市“科技进步奖”二等奖。

ZBB90001-86林用索道　1992年，中南林学院、郴州地区林业局、东北林业大学、四川省林业所共同研制的ZBB90001-86林用索道、索系标准获省科技进步三等奖。

XN2515型农用运输车　1993年，湖南省农机所、株洲农用运输车制造厂研制的XN2515型农用运输车及其变型产品获省科技进步四等奖。

ZH1110柴油机　1997年，株洲市柴油机厂研制的ZH1110柴油机获省科技进步三等奖。

无泄漏磁力驱动塑料自吸泵　1997年，省农业机械研究所、株洲市力达工程塑料应用开发公司开发的无泄漏磁力驱动塑料自吸泵研究及产品开发获省科技进步三等奖。

二　冶金技术

（一）有色冶金技术

20世纪50年代，铅锌矿采用浮选、重选、磁选工艺，对可选白钨矿采用重选、浮选、磁选相结合的工艺流程。从1958年起，湘东钨矿先后试验成功横撑留矿法和十多种留矿变形方案及分层崩落法，在全国同类型矿山中推广。同年，601厂试车投产，开创了国内硬质合金生产技术的新纪元，并相继研制成功分离钨、钼、钽、铌等材料技术。株洲冶炼厂采用铜阳极精炼炉——电解精炼流程的铜系统投产，并从以杂铜为原料的旧板泥中回收金、银和锑。

20世纪60年代初，湘东钨矿研究试验集中作业高强度采矿法获得成功，创日产985吨的全国纪录，冶金部召开204个单位参加的现场会，推广该项成果。该矿总结出极薄矿脉采矿方法，在全国推广。1964年，湘东钨矿被列为冶金部矿山机械化重点矿，逐步形成一套平巷机械化作业线和一条液压科研线，并研制成功双轨液压凿岩台车。这一时期，市喻家坪冶炼厂（市东风冶炼厂前身）进行电热法生产人造金红石试验获得成功，并建成首家人造金红石生产线，结束长期依赖进口的局面；601厂研制成功酸分解白钨精矿新工艺和新型细晶粒钨钴合金，钨钴钛钽（铌）合金；株洲冶炼厂锌矿冶炼采用湿法工艺，试制成功流态化（沸腾）净化除铜装置，解决了湿法冶炼中硫酸锌浸出液净化除铜、镉的关键技术；株洲选矿药剂厂研制出首批松醇油、干黄药等选矿药剂。

20世纪70年代，湘东钨矿试验成功水平分层干式充填采矿法，完成弹簧摇床应用改进、提高钨精矿产品质量的研究、钽铌矿床的研究与勘探等多项科研成果。株洲冶炼厂锌电解直流电源采用可控硅整流取代水银整流发电机，完成全萃取法综合回收铟、锗、镓的工艺研究等项目：601厂研究成功黑钨精矿压煮—萃取—蒸发结晶制取氧化钨，用硝酸催化加氧压煮取代多膛炉焙烧—浸出工艺制钼铼，用氟钽酸钾搅拌钠还原制取钽粉和锌熔法回收废合金新工艺等课题。株洲选矿药剂厂研制成功合成甲苯砷酸专用药剂，苄基砷酸和甘苄油，将黄药生产工艺由过量醇法改为一步合成法。

1973—1980年，由中南矿冶学院和湘东钨矿研究成功CGJ-2Y型全液压凿岩台车。该机支臂运动为直角座标，带有空间液压自动平行机构，工作范围无死区，具有结构紧凑、动作灵活、稳定可靠、打完炮眼后能自动停钻和退钎等优点，适用于中、小型金属矿山平巷掘进，也可用于类似断面地下工程的开挖，是国内自行研制的第一台全液压凿岩设备，1980年获省重大科技成果三等奖和冶金部重大科技成果四等奖。

1974—1979年，由株洲冶炼厂、湖南省冶金研究所共同完成总废水石灰中和法处理研究。石灰中和法处理废水，可使废水中由所含金属元素量铜1毫克/升、铅3毫克/升、锌100毫克/升、镉2毫克/升、砷2毫克/升，分别降到0.096毫克/升、0.29毫克/升、2.94毫克/升、0.078毫克/升、0.099毫克/升，符合国家排放标准。每年从中和渣中回收锌400～675吨，镉10～13吨，铅19～30吨。该项目1979年获省重大科技成果二等奖，1980年获冶金部科技成果二等奖。

1978—1981年，以株洲冶炼厂为主，长沙有色冶金设计院协助研究，完成从湿法炼锌浸出渣中回收银技术。株洲冶炼厂锌浸出渣含银270～360克/吨，含锌20%～24%，经回转窑处理回收锌、铅等金属后，银则损失于窑渣中。至1980年年底，渣场中共积压白银120～150吨。经试验研究，采用浮选法回收银的新工艺，其流程包括浸出渣浮选、选矿水处理和银精矿冶炼，最终产品为白银。白银选冶回收率为57.28%～66.82%。年可回收白银13吨多。该成果为国内首创，获1981年中国有色金属总公司科技成果二等奖，1984年省科技成果推广二等奖、1985年国家科技进步三等奖。

1981—1983年，湘东钨矿谭志军等在桂林矿产地质研究院协助下，进行水力取心试验获得成功，与普通钻进法相比，岩心采取率提高20%，钻速提高35%，钻头寿命提高2.5倍，4次进尺长度增长4倍。

1984 年获冶金部科技成果三等奖。

1991 — 2000 年，株冶注重抓好新产品和深加工产品的开发和推广，进行了 ITO 靶材的合作开发，无汞锌粉的研制，低铝镁锌基稀土合金的试验，压铸锌合金质量攻关等，完成新产品产值率达到 17.68%。1993 年，株洲冶炼厂完成的 DB43/020-91 锌电解沉积直流电定额科研项目获省科技进步三等奖。1994 年，该厂劳服公司严青山、高雪琼等完成的从炼铋冰铜中提取白银和回收其它有价金属工艺获省科技进步三等奖；该厂还有铜电解液中脱砷研究及出口锌锭包装新技术两个研究项目获省科技进步四等奖。1995 年，该厂与中南工业大学联合开展的铅烧结专家系统研究，该厂的浸出渣回转干燥窑集散控制系统、铋光谱分析标准物质研制、铅烧结 N-90 集散控制系统开发研究分获省科技进步三等奖。1996 — 1997 年，该厂的锌净液沸腾槽及管道清洗工艺与装置的研制开发、锌锭自动堆码技术研究开发、提高湿法炼锌浓密机效率的研究及应用等 4 项分别获省科技进步三等奖。1998 年工厂有两项重大科技成果获省部科技进步奖；完成重大科研项目 9 项；推广应用科技成果 4 项；实施科研革新 300 余项，实现科技创收 1050 万元。

（二）硬质合金与材料技术

1965 年，市焊接器材厂和市东风冶炼厂进行电热焙炼法生产人造金红石的扩大试验，于次年初获得成功。1974 — 1978 年，市东风冶炼厂、长沙矿冶研究院合作攻关，采用“还原 — 锈蚀法”，用攀枝花和北海钛精矿进行人造金红石扩大试验，获得成功。其工艺流程是：钛精矿与煤粉配料 — 回转窑还原 — 充气镁蚀 — 氧化焙烧，获 1978 年省科学大会奖。

株洲硬质合金厂、冶金部钢铁研究总院等单位于 1975 — 1980 年采用粉末冶金方法，研制成功粉冶态钼合金顶头。该顶头与铸态顶头相比，具有工艺先进、成本低、质量好、使用寿命长等优点。其中，穿管寿命比铸态顶头提高 1 ~ 3 倍。它的研制成功，为国内顶头材质的发展创出了新途径。该项目获 1980 年省重大科技成果三等奖、1981 年冶金工业部科技成果四等奖、1984 年国家发明二等奖。

硬质合金新牌号、新系列的研究是“六五”计划期间国家科技攻关项目“全面提高硬质合金质量”中的第四课题。1983 — 1985 年，由株洲硬质合金厂杨超尘等研制完成。其成果是：应用粉末冶金原理，研制成功 YD05、YDS15、YC25、YC45 四种牌号切削工具，YK20、YK252、YK125 三种矿山用新合金和耐热、耐腐蚀硬质合金，Y1N05、Y1N10 和 Y1N30 等析牌号硬质合金。这 10 种合金成份各具特色，工艺先进，结构合理，合金的力学性能和使用性能均达到 20 世纪 70 年代末国外同类产品水平，新牌号产品已广泛应用于冶金、采掘、机械、化工、国防、原子能领域，1987 年获国家科技进步四等奖。

1993 年，株洲硬质合金厂、冷水滩耐火材料厂进行的耐火材料异性钢结构硬质合金模具材料成型及烧结的研究获省科技进步三等奖。同年，株洲硬质合金厂的铼酸、铼酸胺综合利用和高温钼丝开发，分获省企业科技进步巨龙奖二、三等奖。1994 年，该厂的高性能专用硬质合金牌号研制获部级科技进步二等奖。1996 年，该厂研制的 4.3 千克硬质合金大顶锤，中南工业大学粉末研究所、株洲电力机车厂共同研制的粉末冶金电触头材料在韶山型电力机车上的应用分获省科技进步三等奖。1997 年，该厂开展的三氧化钼光谱、化学标准样品的研究获省科技进步二等奖。

三　化工技术

（一）化学肥料技术

偏磷酸铵中试　1975 年，市杉木塘化工厂与湖南化工研究所采用从氨反应器中提出磷、氮，后经空气冷却器，箱式和布袋收集而成，1978 年获全国科学大会奖。

湘江氮肥厂尿素生产中循环框架位能利用研究　1978 — 1979 年，湘江氮肥厂经对国内第一次翻版设计的尿素装置循环框架进行技术改造，提高氨冷器下液口与氨缓冲槽进口位差 1.5 米，惰洗器与一段吸收塔之间物料入口位差 3.5 米，氨缓冲槽回流氨出口与一段吸收塔顶回流氨入口位差 3 米。氨泵入口位差 8 米，一甲泵入口位差 2.8 米，有效解决了一泵和氨泵打不好，一段吸收塔超温、中压分解吸收超压等问题，年新增尿素 3.7 万吨，节约液氨 1712 吨。1985 年获省科技进步四等奖。

氨合成热能回收　1981 — 1984 年，湘江氮肥厂推广氨合成塔双层并流内件和设置中置式锅炉节能技术，进行氨合成塔热能回收新工艺技术研究，并应用于生产。双层内件将催化剂层高降低一半，阻力降为单床的 1/8，提高合成塔生产负荷 33%，吨氨电耗下降 13 千瓦时，节约用水 62 吨。中置式锅炉用材，首次采用国产新钢种 10MoWVNb 代替不锈钢成功，其抗腐蚀性优于国外中置锅炉 10CrM0910 用材。1984 年 12 月通过省石油化学工业厅验收，1989 年获省科技进步三等奖。

（二）化学农药和化工原料技术

六六六原粉　1961 年，株洲化工厂试验在纯苯中加入硫磺，稳定其操作，提高六六六原粉有效成分丙体含量，获得成功。结束从省外、苏联购进六六六原粉的历史。

MC-BPPD 体系疏松型聚氯乙烯树脂生产新工艺　1976 — 1977 年，株洲化工厂开展疏松型聚氯乙烯生产工艺的研究。经采用单一分散剂甲基纤维素（MC）和低效引发剂偶氮二异丁晴（ABIN）体系，生产疏松型（XS — S 型）树脂成功，以代替原紧密型树脂生产工艺。但在大水油比条件下，聚合反应波动大，釜壁粘料严重。为此，1978 — 1979 年，株洲化工厂联合太原化工厂、安徽化工研究所进一步开展研究，并采用新型引发剂过氧化二碳酸二苯氧乙脂（BPPD）与分散剂 MC，生产 XS-2、XS-3、XS-4 树脂。比原 MC-ABIN 体系提高生产能力 15%，且聚合反应平稳。1979 年通过化工部技术鉴定，同年获省重大科技成果三等奖。

聚偏氟乙烯（PVDF）压电膜中试研究　1997 年，株洲市塑料厂、清华大学共同研制，获省科技进步二等奖。

（三）精细化工技术

有机钛高温涂料　1980 年，市化工研究所研制成功。该涂料由聚钛丁酯、填料、溶剂、防沉剂等调制而成，可耐 200℃ ~ 600℃高温和一般化学性气体腐蚀，属国内首创。1982 年获省科技成果四等奖和省优秀新产品奖。

细粒状焦锑酸纳生产工艺　1984 年，市化工研究所研制成功。该产品以三氧化二锑为主要原料，与氢化钠、双氧水反应而成，用于电视机显像管玻璃和特种玻璃生产。1986 年，通过省级鉴定并建成年产 300 吨焦锑酸钠生产装置，产品达到国内先进水平，被化工部、电子部定为电视机彩色显像管玻璃材料的定点生产厂家。1987 年获省科技进步二等奖，省经委新产品开发优秀奖。1988 年，该产品出口日本市场。

水解碱洗法提纯三氧化二锑 1987 年，市化工研究所研制成功。同年，建成 150 吨中试装置，并通过省级鉴定。该产品是采用粗三氧化二锑为原料，经溶解、水解、氨化、水洗、烘干等工序制作而成，是生产焦锑酸钠的主要原料，在电子、化工、纺织等行业广泛应用。1989 年获省科技进步四等奖。

荧光粉促进剂 -CaF2 1992 年，由株洲市化学工业研究所研制完成，获省科技进步四等奖。

竹材漂白新工艺 1992 年，由中南林学院研究成功，获省科技进步三等奖。

湿地松脂松香暨浅色 138 树脂生产工艺 1993 年，由湖南省株洲林化厂研究完成，获省科技进步三等奖。

MAB 复方汞触媒 1993 年，由株洲化工公司聚氯乙烯厂、新晃汞矿共同完成，获省科技进步三等奖。

萤石品位及杂质对无水氢氟酸收率影响研究 1994 年，由株洲化学集团、省分析测试研究所共同完成，获省科技进步三等奖。

磨机耐温橡胶衬里 1994 年，株洲市工业橡胶制品厂完成，获省科技进步四等奖。

FZ/T3000-1-92 苎麻主要化学成分系统定量分析方法（标准） 1994 年，由株洲苎麻纺织印染厂、中国纺织大学、纺织工业部标准化研究所共同完成，获省科技进步三等奖。

Y-89 黄药的试制 1996 年，由株洲选矿药剂厂、广州有色金属研究所共同研制成功，获省科技进步三等奖。

SBS 添加剂 1996 年，由株洲冶炼厂、益阳铁路冶炼厂、中南工业大学共同研制成功，获省科技进步四等奖。

抗氧抗腐剂研制 1996 年，由株洲选矿药剂厂研制成功，获省科技进步四等奖。

（四）乳胶制品技术

耐腐蚀手套的研制 1980 年。化工部乳胶研究所试验，研制出具有防氟渗透和防颗粒子渗透及耐酸、碱和油脂的耐腐蚀手套，以取代天然乳胶手套，填补国内空白。1983 年获全国优秀新产品奖、化工部重大科技成果三等奖。

750 克天然乳胶气球研制 1981 年，化工部将此项研制任务作为国家重点项目下达，乳胶所经 2 年分别对原料乳胶、防老体系、硫化体系、耐寒体系的试验和研究，确定了配方和工艺。经多次扩大试验及气象台站试放试验，其主要技术指标均超过化工部下达的要求，升空高度达到国外相应规格气球的升高水平，填补国内空白。1983 年获国家经委优秀新产品奖（金龙奖），1984 年获化工部科技成果三等奖。1992 年 9 月，化工部乳胶工业研究所研制的 N-3 型封口密封胶、RHJ-89 型化铣可剥胶乳涂料以及 750 克小柄径探空气球 3 项科研成果通过部级鉴定，1993 年投入批量生产。在性能、应用等方面领先全国同类产品。750 克小球柄径探空气球填补了国内空白。

四　陶瓷与烟花技术

（一）陶瓷技术

新石器时期，境内就烧制彩陶和白陶。尔后，制陶技术历代相传，不断发展。

清雍正七年（1729），广东兴宁人廖仲威在醴陵沩山开设瓷厂，以手工做坯、松柴为燃料、龙窑烧制粗瓷。光绪三十二年（1906），翰林熊希龄考察日本制瓷技术后，在醴陵创办湖南瓷业公司，采用匣钵盛坯装烧、阶级窑烧成新工艺，生产细瓷。并组织张振珊、王定云等改进阶级窑结构，缩小窑内温差，获得成功。这种改进后的阶级窑，称为“醴陵窑”。光绪三十三年至三十四年（1906 — 1908），瓷业公司与学堂合作，创制出玛瑙红等 5 种高火性釉下颜料，同时聘用书画名人张晓耕、彭筱琴等，以工笔画为基础，创造出烟墨勾线、分水填色的“双勾填色”独特技法；采用“三烧制”（两次素烧、一次釉烧）工艺，烧制出国内前所未有的釉下五彩瓷。宣统元年至民国 4 年（1909 — 1915），釉下五彩瓷先后赴武汉劝业会、南洋劝业会、意大利都朗博览会、巴拿马国际博览会，分别获得一等金质奖牌、一等奏奖、最优奖和金牌奖。

1955 年，成立醴陵陶瓷研究所（省陶瓷研究所前身），请回老艺人吴寿琪，带领画工唐汉初、林家湖、邓文科等进行釉下彩瓷研制。1956 — 1957 年，该所改传统的手工勾线为皮印印线，将“三烧制”改为“两烧制”（去掉一次素烧）新工艺，效率显著提高；张复生、荣庆祥试制成功长石釉，其白度、光泽度等技术指标，均超过传统的“灰釉”。同期，该所研制成功的釉下彩薄胎酒具、咖啡具等，被誉为“薄如纸、白如玉、明如镜、声如磬”。吴嘉兆等完成以煤代柴的窑炉改造，淘汰了阶级柴窑。1958 年，醴陵艺术瓷厂（群力瓷厂）与醴陵陶瓷研究所合作，专事釉下彩装饰，其产品受到毛泽东主席、周恩来总理等的赞扬。到 20 世纪 50 年代末期，釉下彩瓷质量基本恢复到 19 世纪末 20 世纪初的水平。1965 年，国光瓷厂萧传瑛等首创国内第一台滚压成型机。

1971 年，群力瓷厂研制成功网印釉下贴花纸，比手工彩绘提高工效几倍至十几倍。20 世纪 70 年代末期，永胜瓷厂研制高档西餐具成功。1979 年，国光瓷厂研制成釉下彩色边厚胎西餐具。1982 — 1984 年，醴陵陶瓷机械厂张云林、阳名伟研制成功 CY-400 单头滚压机，填补国内匣钵滚压成型的空白。1986 年，他们研制出 TC6Z350 × 500 自动喷砂雕刻机组，比手工雕刻工艺美术瓷提高工效 5 ~ 10 倍，具有 80 年代国际水平。1987 年，群力瓷厂胡涌波研制成功强化瓷新配方，使瓷器强度大为提高，为釉下彩瓷整个瓷业产品升级换代，开辟新途径。

至 1990 年，陶瓷行业共取得重大科技成果 73 项，其中 32 项获奖。1991 — 1997 年，全市陶瓷行业获省科技进步奖以上奖励的项目有 15 项，其中获国家科技进步二等奖 1 项。

釉下彩餐、茶具　1964 年，醴陵群力瓷厂与陶瓷研究所合作研制的釉下彩芙蓉成套中餐具，艺术风格典雅大方，经周恩来总理审定为国宴用瓷，被国际友人誉为“陶瓷艺术的高峰”，1979 年获国家金质奖章。同年投产的釉下蓝海棠 64 头中餐具，花面色泽与器型协调一致，白里泛蓝，清新雅致，外销美国、日本等 40 多个国家和地区，并被刚果、苏丹、扎伊尔、佛得角等国选作总统府、人民宫用瓷，1985年获国家金质奖。1998年，美国总统克林顿访华，中国政府赠给一套由湖南国光瓷业集团股份有限公司群力瓷厂制造的15头釉下彩咖啡具。该厂对礼品瓷的制作突破传统的绘画内容和工艺操作，改通常的套印、填色为国画形式，由手工绘制，保持礼品瓷庄重、美观、大方，又不失小巧玲珑。1992年，醴陵群力瓷厂研制的釉下彩强化瓷获国家科技进步二等奖。

釉下贴花餐、茶具 国光瓷厂研制45头白玉西餐具，白度居于国际先进水平，釉面光泽度为100%。1980年获轻工部优质产品奖，1984年获国家银质奖。永胜瓷厂研制的醴陵牌西餐具，造型美观大方，花面多样，白度、透光度、釉面硬度、光泽度、吸水率、热稳定性等各项指标，均超过或接近世界名牌产品——日本“劳尔蒂克”的水平，是中国陶瓷唯一进入美国梅西百货公司和高级礼品商店的商品。1980年、1981年先后获省优和部优产品证书，1984年获国家银质奖。1992年，永胜瓷厂研制的编织花果高浮雕系列西餐具获省科技进步四等奖。

金水的研制 1951年，醴陵县彩绘人员欧阳涤藩与县一中教师喻科盈共同研制金水过程中，发现金属元素铑能促使金与瓷相结合的奥秘。次年，制成供实验用的金水。1953年，省工业厅试验研究所扩大实验并投产，供全国各地瓷厂使用。其制备方法，先后传至景德镇、唐山、邯郸、淄博4个产瓷区，结束了国内瓷用金水需从国外进口的历史。1972年，为克服国内铂资源贫乏的困难，醴陵陶瓷研究所采取以钯代铂研制白金水，于1976年11月研制成功烧后呈银亮光泽的钯金水，并投入使用，质量达到国外同类产品的水平，1978年获全国科学大会奖。1980年，醴陵陶瓷研究所萧建昆等参照国外样品，试制成适用于高级日用玻璃、陶瓷装饰材料的磨光金水；长沙美术印刷厂、醴陵陶瓷研究所、国光瓷厂共同研制成功PVB薄膜印刷“磨光金”陶瓷贴花纸。2项成果均获当年省重大科技成果三等奖。随后，又研制成无光金水以及用于网印金花纸的“金膏”。1984年，醴陵陶瓷研究所以2种金属元素代替白金水中所需的真金，研制成无黄金钯金水，使内销瓷也可以用金装饰，同年获省科技成果推广三等奖。1985年，省陶瓷研究所研制的含金量10%的金水，比一般金水含金量低1.2%，在全国黄金水质量评比中，名列第一。1991年，省陶瓷研究所研制的陶瓷用6%与8%金水获省科技进步三等奖。1992年，该所研制的低含量钯金水获省科技进步四等奖。

釉下颜料的研制 1964年，醴陵陶瓷研究所李建升等先后研制出浅绿、水绿、姣黄、白色、艳黑、青松绿、海蓝、桃红8种釉下颜料。其中，后3种自然色效果达到国际先进水平。1975—1978年，该所又研制出橘黄、锰红、黑，均获1978年省科学大会奖。至1983年，除釉下大红外，各种基础颜料品种齐全，可调制上百种复色，基本实现釉下颜料系列化。1997年，省陶瓷研究所进行的降低金红陶瓷颜料含金量研究获省科技进步四等奖。

其他陶瓷产品及设施研制 1991年，省陶瓷研究所、省建湘瓷厂共同研制的高温烧成细瓷匣钵（碳化硅匣钵）获省科技进步二等奖；醴陵瓷业总公司、省轻工业厅、醴陵永胜瓷厂共同研发的日用陶瓷工业科学技术档案分类大纲获省科技进步三等奖；醴陵市理化瓷厂研制的瓷头熔断器获省科技进步四等奖。1992年，省陶瓷研究所、省铜官陶瓷总公司进行的炻器所原料新釉料及其工艺研究获省科技进步三等奖。1993年，省轻工业厅、省科委、省陶瓷研究所、国光瓷厂开展引入熔融石英铝土匣推广应用获省科技进步二等奖；省陶瓷研究所研制的高炉水渣分配器、缓冲槽钢玉衬砖获省科技进步四等奖，该所的钠长石质瓷研究和与醴陵长征彩釉砖厂研制的 F1E 型双层辊道窑用烧咀、烧咀座研究分获省科技进步四等奖；中南工业大学、醴陵市瓷土研究所开展的 C1-500 毫米周期式振动高梯度磁选机研制及应用获省科技进步三等奖。1994 年，省陶瓷研究所、常德市仪器厂研制的 TCP 陶瓷面砖破坏强度试验机获省科技进步四等奖。1997 年，湖南电力电瓷电器厂、特种陶瓷厂研制的耐磨陶瓷衬板/胶粘型、直粘型、抗冲击型、装配型、粘固型五种类型系列产品获省科技进步二等奖。

（二）烟花技术

清康熙十九年（1680），“卷纸作筒、突以硝磺”的爆竹生产技术传入醴陵县南桥乡等地。民国 11 年（1922），醴陵县城创设鞭炮讲习所，各区派人学艺，结业者 10 余人，回乡事业，促进烟花技术的推广。是年 6 月，醴陵人谢寅杰编写《鞭炮指南》一书，叙述了分切纸、扯筒、洗筒、北筒、腰筒、制眼、掺煤、上盘、钻眼、插引、轧颈、结鞭 12 项主要工序的技术及工艺要求。民国 21 年（1932），浏阳人何继明来醴陵县开设何发盛作坊，将浏阳带来的烟花，拆开研究仿制，做出醴陵县最早的烟花炮，品种有 20 余种。其中“大桶花”高约 80 厘米，燃放时分四层，第一层出现“花园跑马”，第二层是“猴子打筋斗”，第三层是“蚌壳灯”，第四层展现“荣、华、富、贵”4 个字，当时定价每个 36 块银元，销售到衡阳、长沙等地。

中华人民共和国成立后，醴陵县烟花长期停滞在手工“纸卷硝磺”的落后技术工艺得以充分改善，并不断提高。1964 年，醴陵县成立鞭炮生产办公室，重新制订鞭炮质量技术标准。同年，浦口出口花炮厂派人去浏阳学回“白药”生产技术，试制出“小鸟”“蜻蜓”“三脚火箭”等烟花。1965 年，醴陵县刘照乙、唐际乾改革鞭炮装璜，长鞭炮改用纸盒，短鞭炮改用彩色印签，废除用木板手工印刷的红、墨印传统封装，以机械印制取代，包装焕然一新，正式以醴陵鞭炮招牌销国内市场，不再使用浏阳牌名。全国各地均效仿醴陵县包装的图案模式。同年，鞭炮的验收方法改热引验收为冷引验收，并取消炕焙工艺。

1977 年，醴陵县出口花炮厂研制成功以高氯酸钾代替氯酸钾作彩色烟花火药中的氧化剂。1978 年，该厂蔺伯远研制出电光炮用高氯酸钾爆炸药。1980 年，蔺伯远、王道花、魏启祥研制出一种具有喷花、哨音综合效果的新药物“带花笛音剂”，省内广泛推广应用，使烟花品种成百的增加，产量和出口量大幅度上升，获 1983 年轻工部科技成果四等奖。1981 年，张迪生、曾俊斌、刘纪平研制出“星球献宝”烟花，外观为圆球形，燃放时，喷花之态如腊梅报春，旋转跳升有如荷花吐艳自空而降，层次分明、色彩鲜艳、气味芳香，畅销美洲、西欧、澳洲和东南亚地区，获 1982 年国家工艺美术品百花奖银杯奖。1982 年，张国栋、蔺伯远、丁冬成等研制成功 ZT8203 卷筒机，可一次完成双侧连续进料、螺旋卷筒、上胶、烘干、同步切割多道工序。经预先调节，能加工出各种规格尺寸的烟花纸筒，用机械化取代烦琐的手工操作，提高工效 10 倍。该机经省级技术鉴定，填补国内空白，1986 年获实用新型专利，1988 年获全国科技活动周金龙腾飞奖及轻工部科技进步三等奖。

1982 — 1983 年，刘青春与中南矿冶研究院科技人员共同承担省科委下达的重点科研项目（原为国家科委项目），对 32 种常用烟花爆炸药物的有关性能参数进行系统测定，综合分析研究，制定出《花炮用药物撞击感度的测定》《花炮用药物摩擦感度的测定》《花炮用药物发火点的测定》

《花炮用药物吸湿率的测定》4个测试方法标准。其中前2个标准测试方法采用“变化能量法”，突破了国内其他行业常用的“固定能量法”。这4个标准，在国内首次为烟花用药物研究，产品试制、安全生产和设计研制提供了具有科学价值的资料，属国内首创。1984年通过省级鉴定。

1985年，醴陵市出口花炮厂唐运梅研制出“音乐小烟花”，燃放时，伴随着不同音阶的悦耳音响，间隔地喷吐红、绿亮珠，获1985年中国工艺美术百花奖希望杯和市科技进步三等奖。同年，该厂魏启祥研制成功药粒闪光炮，出口国外，人称“魔鞭”。1987年，针对仍含有一定量的四氧化三铅，进一步改变配方，1988获省二轻工业局科技进步一等奖，北京国际发明展览会铜牌奖，全国科技活动周金龙腾飞奖，并获全国工艺美术百花奖的优秀新产品一等奖和省科技进步三等奖。1989年，送轻工部烟花鞭炮质量检测中心检测，证明已不含铅。同年，获轻工部科技进步三等奖。

20世纪90年代，烟花鞭炮生产技术主要是为确保安全，药粉用球磨机、粉碎机、筑药机、油压机等花炮生产专用机械相继问世。1991年，醴陵出口花炮厂生产的烟花魔球获省轻工业厅优质产品称号，该厂的药粒闪光炮获省科技进步三等奖。1996 — 1998年，多种类型的全自动鞭炮结鞭机、鞭炮插引装置的使用，结束了手工结鞭、插引的历史。另外，自动卷筒机、搓筒机、切筒封底两用机、全自动刁底机相继研制生产和使用，比手工操作提高工效15 ~ 20倍。2000年，黄沙出口花炮厂生产的旋转类新产品获乌兰巴托国际博览会金奖。

五 建材技术

（一）玻璃技术

1959年11月，株洲玻璃厂运用垂直引上九机窑平板玻璃生产线，成功引出第一块玻璃。1965年，建成全国第一条压延玻璃生产线，填补国内空白。1966年，通过调整垂直有槽引上工艺和装备，试制出10 ~ 20毫米厚的军用毛坯玻璃，改变了飞机用玻璃由苏联进口的局面。1968 — 1971年，工厂与玻璃工业设计所合作，完成平板玻璃浮法成型工艺和设备的研究，摸索出成套工艺技术，获1978年全国科学大会奖。1980年，从日本引进压延辊刻花和镀铬设备，用化学蚀刻法代替手工刻花，玻璃刻花工艺为国内第一家。1983 — 1985年，研制平板玻璃制板区玻璃液温微机控制系统和ZX1X型管理软件，获省微机应用优秀项目奖和国家计算机应用软件推广奖。1992年，株洲玻璃厂纤维分厂研制的玻璃纤维无捻粗纱获得省科技进步四等奖。

平板玻璃浮法成型工艺和设备的研究 1968 — 1971年，国家科委下达任务，建材部组织株洲玻璃厂、株洲玻璃工业设计研究所完成平板玻璃浮法成型工艺和设备研究的中间试验。在解决玻璃成份，消除雾点、料晶、擦伤等缺陷和改进锡槽加热器结构，不完全燃烧法制备保护气体，玻璃拉薄等方面做了大量工作。特别是在浮法研究中取得突破性进展，研究成功“流入法”，连续拉制出表面质量相当于机械磨光玻璃的6毫米厚、600毫米宽的浮法玻璃。1978年获全国科学大会奖。

洛阳浮法玻璃工艺 1971 — 1981年，株洲玻璃厂为国内第一条浮法玻璃工业生产试验线提供全面的技术参数，并抽调十多名科技人员到洛阳，与洛阳玻璃厂、秦皇岛玻璃研究所、杭州新型建筑材料设计院、株洲建筑材料研究院、秦皇岛玻璃设计院共同研制浮法玻璃工艺技术获得成功。1981年，通过国家鉴定，获国家发明二等奖。

芒硝代白砒作中碱5#玻璃球澄清剂 1975—1983年，株洲玻璃厂、南京玻璃纤维研究设计院合作，经8年反复试验，摸索出成套适应芒硝澄清剂生产中碱玻璃球工艺，属国内首创。开辟了代白砒的新途径，结束了国内玻璃球澄清剂唯一使用白砒的历史，避免白砒对环境和人体健康的危害。1984年获省科技成果三等奖。

菱形网夹丝玻璃 1985—1987年，株洲玻璃厂引进日本夹丝玻璃成型工艺和设备，研制菱形夹丝玻璃获得成功。研制中，坚持以国产铁丝作夹丝，根据厂内设备和技术潜力进行国内配套改造。改造后的熔化能力超过设计能力，其产品质量符合日本JISR3204-81技术标准，达到国际先进水平。1987年获省优质产品和全国建材工业玻璃专业首届技术应用优秀推广奖，1989年获省科技进步二等奖，光明牌夹丝玻璃获部优质产品称号。

（二）水泥及水泥制品技术

500毫米承插式自应力钢筋混凝土输水管 1986年，株洲水泥管厂试制成功。该管采用自应力硫铝酸盐水泥制成，工作压力为0.5兆帕、抗压强度达1.7兆帕，无渗漏和裂缝，达到国内同类产品水平，填补省内空白。

无垫板辊压钢丝网石棉水泥中波瓦 1987年，株洲纤维水泥制品厂、武汉水泥制品设计院共同研制完成，并建成国内第一条生产线。该产品采用无垫板辊压新工艺和钢丝网预成型方法，其结构、性能均达到国际标准要求，整线技术居国内领先地位。1988年获省建材局科技进步二等奖。

40米道渣桥面后张法预应力钢绞线混凝土梁 1986年，有株洲桥梁厂试制完成，该桥全长40.6米，跨度40米，轨底至梁底高3.4米、至墩台高3.9米，支座板纵向0.68米，横向1米，自重268吨，为国内跨度最大的厂制钢筋混凝土铁路桥梁，结构为双片T型。荷载试验抗裂系数达到1.23，超过规范1.20标准。

R1株洲型立筒预热器 1993年，株洲水泥机械厂、省建材研究设计院研制成功，获省科技进步三等奖。

2.8米×3.0米×10米塔式机械立窑 1993年，株洲水泥机械厂研制，获省科技进步三等奖。2.2米×7.5米管磨机获省科技进步四等奖。

六 电子技术

（一）基础原件及材料技术

氩气区熔嬗变掺杂单晶硅（NTD）的研制及其推广应用 1979年6月至1981年11月，由清华大学核能技术研究所、洛阳单晶硅厂、株洲电力机车研究所共同完成。中子嬗变掺杂单晶硅（NTD硅）是国外20世纪70年代发展起来的新材料，洛阳单晶硅厂为制备NTD硅所需原始区熔硅进行工艺试验；清华大学核能技术研究所研究中照技术和退火工艺，并改造反应堆；电力机车研究所使用工业性试验生产的NTD硅制成KP500-25、KK500-13两种晶闸管。该产品的宏观和微观电阻率均匀性接近国外同类产品的出厂水平；采用NTD硅可较大地提高等级合格率。1987年获国家科学技术进步二等奖。

大功率快速元件及其净化技术 1980—1981年，铁道部下达任务，由株洲电力机车研究所完成。其中KK500-13-3型快速晶闸管是对联邦德国同类产品的样本参数指标进行分析研究的基础上确定的技术指标，通过了JB2172-77标准的形式试验项目，产品的技术参数和等级合格率均为国内先进水平，主要技术指标达到国外主要厂家同类产品水平。ZK-650-161.7型快速整流管通过了JB1143-75标准的型式试验；技术参数和等级合格率均为国内先进水平。其净化技术采用集中式净化系统，有蒸发、封管、扩散、光刻等各主要工序，室内净化等级为1万级，其余工序为10万级，个别要求高的工序在洁净台进行。1985年获国家科技进步三等奖。

KP500-30-40风冷晶闸管、ZP800-30-40风冷整流管制造工艺及等级合格率 铁道部下达计划，1981—1985年由电力机车研究所完成。KP500-30风冷晶闸管、ZP-800-30风冷整流管是供SS4型电力机车主变流器用的大功率整流元件，技术数据完全符合JB1143-75和JB1144-75标准的规定。KP风冷晶闸管、ZP800-40风冷整流管是使用国产中子掺杂（NTD）硅单晶材料，采用快中子辐照合理控制少子寿命，经过正负角类台面造型、喷砂法双正负造型、表面腐蚀保护及阴极图形进行重点试验探索，研究出一套提高正、反向耐压，减小漏电流，改善动态参数的协调方法及合理的工艺流程。其设计合理、技术先进，在国内处于领先水平。1987年获国家科技进步三等奖。

1BN37、38、1～3系列彩电声表面波中频滤波器 省计委、科委、经委下达项目。替代日本东芝、胜利、日立、三洋等机型上的声表面波彩色中频滤波器系列。1985—1987年，由四川大学、株洲市无线电七厂共同研制。该滤波器在国内首次采用频域映射时域直接奇偶分解与积木式相结合的数字付里叶变换方式设计，具有精度高、灵活性大，能设计线性和非线性相位器件的特点。其中1BN37/38-1型解决了以铌代钽的高阻抗器件的攻关课题（以铌酸钽为基片，同时实现高输入、输出阻抗），属国内首创。1BN37/38-2和1BN37-3型器件居国内领先水平，主要指标均达到或优于日本同类器件。1987年获国家经委技术开发优秀成果奖，1988年获省科技进步二等奖、国家教委科技进步二等奖。

（二）电子仪器、设备技术

JQD-1型激光全息三维读数仪及全套激光全息摄影设备 1976—1980年，由608研究所、同济大学、三机部606研究所、六院573厂共同研制完成。实现对复杂形状物体表面的三维位移场的非接触式精确测量，为三维应力场的定量分析奠定了基础。该方法与频闪法配合，可以对复杂物体的振动进行三维定量分析，从而为航空、建筑、工程机械等领域的结构强度研究，实现应力分析提供新的定量分析手段。全息条纹三维读数仪法在国内属首创。1980年获航空航天部和省科技成果二等奖。

KGBHS-30000/250型大功率可控硅变压整流装置 1979—1982年，由市整流器厂萧芳桂、江西赣州铝厂袁希宝共同完成，是国内第一台大型可控变压整流设备及电流最大的单机可控设备。该装置实现在同一设备上调压、整变和可控整流的“三合一”变压整流，是大功率可控硅整流技术的一项重大突破。它以低廉代价首次实现24个大功率晶闸管同地触发的新技术，首次采用24路分立绕组分立桥“同相逆并联”形式，首次在整流变压器中采用分立绕组作为整流供电均流措施。年节电达410万千瓦小时，是重大的节能新设备。1983年被评为省十大科技成果之一，1985年获国家科技进步二等奖。

WB-8100旋转机械监控仪系统 1988年，608研究所受中国石化总公司洛阳炼油厂委托研制成功。该仪器系统作为安全运行的监控系统，可用来对连续运行中的发动机、电动机、汽轮机、涡轮机、压缩机等设备机组进行非接触测量轴位移、振动、转速等技术参数，并可用于转子动力学研究，如轴心轨迹测量、临界转速测量、转速振幅特性研究，以及叶片、零件的共振频率研究。其性能、功能达到20世纪80年代国际水平，填补国内空白。1986年参展于英国范堡罗航空博览会，1988年参加在武汉举办的第二届国际传感器展览会和天津国际设备监测与故障诊断展览会。1989年获航空航天部科技成果三等奖。

（三）通信技术

12米旋转抛物面散射天线 1982年，空军司令部通信部委托市无线电二厂承担于1984年完成。该产品是一种锐波束的定向通信天线，1986年获电子工业部科技进步三等奖。

JSD-422、CSD-443无线电话机 中南无线电厂在吸收国外技术基础上研制完成，该话机采用固体器件和频率合成等先进技术，具有自动转发功能，达到国内先进水平。1989年获省科技进步三等奖。

200JK-1型农村局程控交换机 1992年，株洲市无线电五厂研制成功，获省科技进步三等奖。

RS型半导体器件保护用熔断器 1993年，株洲通用电器厂研制完成，获省科技进步三等奖。

株洲市道路交通监控系统 1997年，由株洲市公安局交通警察支队完成，获省科技进步三等奖。

七 纺织技术

（一）苎麻纺织技术

苎麻前纺采用高速针梳设备试验选型 1975年，株洲苎麻纺织印染厂承担轻工业部下达的苎麻前纺采用高速针梳机的试验任务。试验小组在3年多时间里，对36支纯麻纱和54支涤麻混纺纱进行试验，确定苎麻前纺至粗纱工序中36支纯麻纱采用6道，纺制54支涤麻混纺纱采用7道，并将B423高速针梳机由第3道改为第2道使用，可纺中高支纱，质量满足工艺要求，设备运转正常，操作管理方便。1978年7月通过省级技术鉴定，1986年11月获省科技进步三等奖。

苎麻快速脱胶 1979年3月，株洲苎麻纺织印染厂开展研究。在改造立式煮麻锅后，针对2级煮练时间过长的关键技术问题，对30余种煮练助剂进行90多个方案的小样试验，从中筛选出脱胶效果较好的三聚磷酸钠作煮练助剂。次年5月，用于纺织54支涤麻纱和36支纯麻纱的原麻脱胶生产，使工序减少3道，每锅麻煮练时间缩短一半，整个生产周期缩短20%，效率提高30%，每吨精干麻生产成本降低18.95元。该项目获1980年纺织工业部科技成果四等奖和省重大科技成果二等奖，被列为全国苎麻纺织行业重点推广项目。

苎麻脱胶给油连续化工艺及设备 1986年，株洲苎麻纺织印染厂承担该项研究任务。通过采用新设计的船体式槽桶，靠5对三角滚筒在漂酸洗联合机后面转动，使打纤后的精干麻在短时间内完成给油处理，从而减掉原工艺中脱水麻、抖水麻2道工序，实现脱胶精干麻人油连续化。按日处理15吨原麻计算，可省劳力21人，1年节省植物油25吨、肥皂28吨、电9万千瓦时，节约总值达10万元。该成果获1987年省科技进步三等奖。

纯苎麻高支单纱薄型织物研究（爽丽纱） 1980年，株洲苎麻纺织印染厂采用75%的精梳麻条，配用25%的未经缩醛化的国产水溶性散纤维纶牵切条，经4道混合并条和粗细纱工序，纺成45支麻维纱。织成坯布后，经过退维漂白，成功地试制出60支×60支纯苎麻高支单纱薄型漂白细布（爽丽纱）。该工艺大大提高了织造效率，台时产量提高1倍，正品率提高36个百分点，每100米产品提供积累150余元，出口换汇率每米3美元多。该项研究成果填补国内苎麻纺织技术空白，获1984年省科技进步二等奖。60支×60支爽丽纱获1987年国家经委“金龙”奖，1990年获国家金质奖。

苎麻织物高档后整理技术研究 1997年，株洲苎麻纺织印染厂进行苎麻织物高档后整理技术研究，荣获省科技进步二等奖。

（二）色织技术

生物转盘处理印染废水 1974年，市织布厂、市环保科研所进行生物转盘处理印染废水项目研究。采用硬塑料、玻璃钢、竹席等材料，制成1600毫米大型转盘。印染废水经转盘处理后，COD去除率为60%～70%，BOD去除率为70%～85%，色度去除率为30%～50%，硫化物去除率为95%，出水pH值为中性。第4级转盘试加聚合氯化铝脱色处理，色度去除率为90%以上，悬浮物去除率达90%。1983年，该项目获省环保系统重大科技成果奖。

引进、消化、吸收无纺针刺化纤地毯及生产线 1986年7月，该项目由市毛巾厂承担。经对国内外多种产品资料分析研究，并根据国内原料和工厂实际条件，对所引进的幅宽2.2米无纺针刺化纤地毯生产线，进行多次工艺试验和改进。在吸收引进生产线先进技术的基础上，加以消化，使之适应国产原料和国内工艺技术条件，生产出满足市场需要的多种地毯。所产无纺针刺化纤地毯，填补省内空白，获1989年省科技进步四等奖。

第二节　农业科技成果

一　水稻生产技术

推广杂交水稻 20世纪70年代，主要开展杂交水稻优势利用研究。1971年，市农科所参与全省水稻雄性不育研究，进行籼型杂交水稻“三系”（不育系、保持系、恢复系）的选育和配组。自1974年起，多次派出农业科技人员赴海南、湛江、广西宾阳等地进行不育系繁殖和制种。1975年，贺大美在市农科所夏繁二九南1号不育系0.32公顷，总产不育系272.5千克，平均亩产56.5千克，其中0.16公顷亩产75.5千克，为省杂交水稻协作组编印的《杂交水稻》一书提供了部分资料。1976年，大面积推广杂交晚稻，使水稻生产出现新的突破，平均每亩杂交晚稻比常规晚稻增产134千克，增长幅度达55%。80年代，开展杂交水稻的高产、优质和吨粮田开发等项目的研究。1981年，市、县（市）、郊区农业局和市农科所开始引进杂交早稻威优35、威优64新组合，1984年推广1.77万公顷。其中，作早稻栽培0.25万公顷，亩产517千克，比常规稻亩增92.7千克，增产幅度21.8%；作晚稻栽培1.45万公顷，亩产343千克，比晚籼亩增118千克，增产幅度38.9%。同期，还开展优质米稻种的考察引进和选育。1985年，经市级评审，评选出15个优质米种（系），其中2个获二等奖。1993年，湖南省种子公司、株洲市、衡阳市、醴陵市、怀化市农业局及安乡县农业技术推广中心共同研究完成南繁杂交水稻制种高产技术研究及应用，获省科技进步三等奖。同年，株洲市、攸县、株洲县、醴陵市粮油作物站的杂交水稻威优四六的推广获省科技进步四等奖。由市农科所承担的“两系法杂交早稻亚种间强优组合选育”项目，经过6年努力，取得了突破性进展。其中有几个组合表现为结实率高、生育期适中、米质好、产量高，具有广阔的开发前景。该成果引起了省、市领导的高度重视，省拨出30万元、市拨出10万元予以扶持。

水稻栽培技术 1971—1972年，醴陵沈潭乡农民瞿永寿总结多年的壮秧经验，提出“适时下种、适量播种、适龄插秧”的壮秧法。1972—1974年，根据水稻生长的3个生育期，提出“前期浅水、中期晒田、后期湿润”的管水法。1973—1975年，归纳长期视叶色变化施肥的经验，提出“前期重速、中期空补、后期轻巧”的施肥法。从而，形成一套独特的水稻栽培技术。1972年，全生产队平均亩产稻谷达700千克，空壳率降至11%，最低的丘块仅4%。次年，他的栽培经验专著《加强水肥管理降低水稻空壳率》，由湖南人民出版社出版，被国际水稻专家称之为“瞿式水稻栽培法”。1985年6月，国际水稻研究所邀请瞿永寿参加该所成立25周年庆祝大会，授予“国际杰出稻农”称号。他还2次被授予“湖南省劳动模范”“湖南省优秀科技工作者”称号。1994年，由湖南农学院、醴陵市农业局共同完成的高产稻区水稻高产稳产低耗高效综合栽培技术研究，获省科技成果二等奖。同年，攸县植保植检站开展培训农民掌握水稻疫虫综合防治技能实践与研究。

双季稻田亩产过吨粮技术 1991年8日，省委、省政府授予醴陵市“亩产吨粮第一县”的称号。1990年，醴陵市农业发展依靠科技进步提高粮食生产。全市3.10万公顷双季稻亩平产1024.3千克，成为湖南省以及长江流域中下游双季稻产区亩产吨粮第一个县（市）。1993年，获省科技进步三等奖。由陈登高等50余人通过10年努力，使株洲市双季稻田亩产过吨粮技术得到推广，取得良好的社会效益和经济效益。1995年，全市11.32万公顷双季稻，总产173.83万吨，平均亩产1024.1千克，所辖的6个县市郊全部实现成建制过吨粮。1996年，全市吨粮田建设得到巩固和发展。为全国同类地区夺取粮食高产，实现粮食自给提供借鉴经验。经农业部审批，该项技术获得国家丰收计划一等奖。是年，株洲市建成为全国第一个双季稻田成建制亩产过吨粮的地级市，创造了株洲市农业史上的奇迹，湖南省人民政府授予株洲市“双季稻田成建制亩产吨粮第一地（市）”称号，奖励100万元；授予株洲县、茶陵县、炎陵县“双季稻田成建制亩产吨粮先进县”称号，各奖励10万元。

湘早籼13号选育与应用研究 1996年，株洲市农科所、怀化地区农科所与湖南省、益阳市、衡阳种子公司共同完成，获省科技进步二等奖。

二 畜牧水产技术

猪的人工授精技术推广 从20世纪80年代开始，攸县龙启文、李开仔、董海谷率先推广猪的人工授精技术，每年在1万头次以上。1986年以后，市畜牧水产局在茶陵县、郊区、株洲县、醴陵县亦推广该项技术。1988年，全市建立人工授精站31个，配备输精员57人，饲养公猪42头，共有64个乡镇、805个村、4013个村民小组推广。1988年获农业部科技进步一等奖。

混合猪饲料的推广与应用 从1985年起，市畜牧工作人员开始用复合添加剂养猪。1987年，市畜牧水产局、株洲县农业局、茶陵县、攸县、株洲县畜牧水产局组织3次复合添加剂养猪对比试验，并发动各县经销添加剂，以满足广大养猪农户的需要。4年中共销售复合添加剂340吨，推广到10万农户使用，大部分饲料厂在饲料生产中加入复合添加剂，该添加剂能使生猪日增重提高10%左右，该项目获1989年省农业丰收二等奖。1991年，株洲市饲料厂、湖南农学院联合研制成功骆驼牌生长肥育猪预混合饲料（快育宝），获省科技进步四等奖。

生猪品种改良 1991年，全市组织专业技术人员118名，从4月初开始，历时9个月，开展了新中国建立以来境内第一次种公猪普查、鉴定和发证工作，对468头劣杂种公猪进行阉割、淘汰处理，对567头优良种公猪发放合格证，杜绝劣杂种公猪繁衍劣质后代现象。大力推广生猪人工授精。全市共完成生猪人工授精71479头次，推广湘白I系和湖北白猪等优良母猪1348头，生猪品质明显提高。全市出栏肉猪中有二、三元杂交猪162.04万头，占出栏总数的90.85%，其中三元杂交猪62.04万头，占出栏肉猪总数的34.78%。1996年，株洲市郊区畜牧水产局大力推广湘白猪，获省科技进步推广二等奖。1997年，株洲市畜牧水产局开展瘦肉型猪生产配套技术，获得省科技进步三等奖。

湘江网箱养鱼 1979年7月，株洲县水产工作站在湘江进行网箱育种和养殖非洲鲫鱼试验，获得良好效果。共投放3口网箱，其中一号箱7月8日放入10 ~ 11.5厘米草鱼1500尾，经80天饲养育成20 ~ 23.5厘米大鱼钟1145尾，成活率76%；三号箱8月4日投放6 ~ 7厘米非洲鲫鱼5792尾，计重52.8千克，饲养54天后产鱼144.5千克，净增长91.7千克。经4年的试验探索，确定喜爱水质清新、溶氧量高环境的草鱼为江河网箱主养鱼类，并以网箱育种，就地放养以及积极防治鱼病的配套技术措施，提高了网箱养鱼的成活率，亩产达到1.5万千克。《中国水产》杂志1983年第6期发表了株洲县畜牧水产局撰写的《湘江网箱养草鱼介绍》一文。同期刊登的国家水产总局副总工程师钱丰题为《开网箱养鱼之新路》评论，赞扬湘江网箱养鱼走投饲、精养、优质、高产之路，是一个开创之举。

鱼种繁殖、养殖研究 1993年，茶陵县畜牧水产局、湖南师范大学共同进行家鱼良种繁殖体系研究，获得省科技进步三等奖。1996年，株洲市畜牧水产局、湖南师范大学开展溪水白鲳人工繁殖与养殖技术研究，获省科技进步四等奖。

湖南省畜禽肿瘤的调查研究 1993年，湖南农学院畜牧水产系与株洲市郊区、慈利县、宁远县畜牧水产局共同开展研究，获省科技进步三等奖。

三 林业生产技术

南方丘陵栽杉的研究 1972年，株洲县黄龙公社林科站开展丘陵区栽杉试验，总结深挖整地、深埋栽植、深挖抚育栽杉造林的“三深法”技术与经验，采用“三深法”栽杉造林，4年生幼树高356厘米，比一般方法造林快2倍。1976年11月，农林部在株洲县召开南方14省（区）用材林和油茶林基地造林现场会，肯定了这一技术。该项目获1978年全国科学大会奖，受到联合国粮农组织的赞扬。1991年，中南林学院开展杉木无性系品种选育研究获省科技进步三等奖、杉木无性系造林技术研究获省科技进步二等奖，1994年获部级科技进步二等奖，1996年获国家科技进步三等奖。1997年，攸县林科所参与的高世代杉木种子园建设技术研究获省科技进步二等奖。

油茶速生丰产开发 20世纪70年代中期，攸县新市公社采取“全垦撩壕、水平梯土、表土填底、施放基肥、壮苗移栽、合理密植、粮林间作、种肥埋青、修枝整形、淘汰劣株、防虫灭病、喷水抗旱”技术，营造近万亩高标准油茶林，1976年被国家科委、湖南省科委列为国家重大科研项目——万亩油茶速生丰产高产稳产试验示范基地。1991年10月，全国油茶“低改”项目建设经验交流会在株洲召开，与会代表参观了株洲县南阳桥乡建佐湾村、攸县桃水镇和新市油茶场。株洲市1991年的油茶开发工程，以“低改”为主，带动全面开发，年末完成油茶开发总面积3.97万公顷。据调查统计，经过各种类型开发的面积达7.87万公顷，全年增产茶油100万千克，农民增加收入700万元以上。其中“低改”4000公顷，“丰产示范”2700公顷，平均亩产油5.7千克，比未开发的亩产增2.8千克，增长96.6%。1992年，攸县茶油科研所、攸县新市镇油茶场、湖南省林科所开展的油茶优良无育系“5、7、17、26、29、30、36”选育，获得省科技进步三等奖。1994年，中南林学院、华南林业大学开展的油茶软腐病研究，获省科技进步三等奖。1996年，中南林学院、株洲市林业局等开展的油茶生殖过程和油茶优良单株树体结构模式研究，获省科技进步三等奖。

枣树调查与丰产栽培 枣树是湖南5大果树之一，产量居全国第五位。中南林学院胡芳名、谢碧霞在1960年对湖南枣树品种和栽培进行初步调查研究基础上，从1981年起，对茶陵县等10余县再次进行为期3年的调查研究。将湖南枣树划分为鸡蛋枣、蜜蜂枣、糖枣、珍珠枣、长枣、牛奶枣、木枣、观音枣、算盘枣、猪笼枣、圆枣、泡枣、沙枣、网枣、秤砣枣、薄皮枣、岩枣、米枣、药枣、糖头枣等20个品种。选出7个优良品种，其中生食种2个、干制良种2个、蜜枣良种2个、兼用良种1个。1986年，获林业部科技进步三等奖、省科技进步三等奖、省林业厅科技进步二等奖。1993年，中南林学院、茶陵县林业局共同开展的枣树早实丰产栽培技术研究，获得省科技进步三等奖。1994年，中南林学院、河北农业大学共同开展的枣树早期丰产技术获部级科技进步三等奖。

森林种源普查 1984年，市林业局根据《湖南省林木种源普查实施方案》要求，在全市抽调31名科技人员，从6月开始到1985年初结束。普查全市有乔、灌木树种106个科，296属，884个种；共选出杉木优良林分36块，面积262.29公顷；马尾松12块，面积95.87公顷，优良单株14株；檫树12块，面积68.60公顷；楠木2块，面积5.34公顷。还基本查清珍稀树种数量和分布情况，发现一批有推广价值的优良乡土树种和高山树种。1987 年获省林业厅科技进步三等奖。

其他林业资源研究 1994 年，中南林学院开展的竹广肩小峰及其综合治理研究获省科技进步二等奖；竹木复塑胶合板获省科技进步三等奖；南方人工药林生态系统量结构及养分循环研究获省科技进步三等奖；金钱松小卷蛾性信息研究获部级科技进步三等奖；油桐早实丰产技术获部级科技进步三等奖；柿树优质丰产技术和林业行业标准的制定成果获部级科技进步三等奖；应用系统工程方法编制大桂山林场森林经营方案研究获部级科技进步三等奖。1996 年，中南林学院等单位开展的中国油桐种质资源研究获国家科技进步三等奖；湖南省抗寒桉树适应性及丰产栽培技术和赤桉等纸浆材良种选育研究获省科技进步三等奖。1997 年，中南林学院开展的森林水文效应遥感计量分析研究获省科技进步三等奖；中国利用丘陵山地发展木本粮油生产的对策研究获省科技进步三等奖。

茶叶生产技术 1995 年，全市农业部门狠抓名优茶的生产与加工，省、市茶叶专家鉴评出了 13 个市名优茶。分别是茶陵长岭茶场的“茶陵银针”，省洣江茶场的“洣江云峰”“洣江银针”，炎陵县的“神农剑毛尖”，省网岭茶厂的“网岭毛尖”“网岭银毫”，醴陵市的“翠云峰毛尖”，株洲县的“新露毛尖”等。优质茶是：省网岭茶厂、茶陵县长岭茶场、株洲县鲇鱼山茶场等研制的炒青绿茶。1997 年，湖南农业大学、湖南省网岭茶厂和湖南省茶叶学会开展的神农藤茶研究与产品开发，获省科技进步四等奖。

第三节 节能与环保技术

一 煤炭技术

（一）煤炭勘探研究

煤炭资源与预测研究 湘赣煤田地质会战指挥部和中国科学院地质古生物研究所，1966 年组成湘赣地区中生代含煤地层调查小组，遍及湖南、广东、江西 3 省 13 个地区进行野外穿剖面、采标本和室内磨片鉴定、加工整理，于 1968 年 7 月编纂成《湘赣地区中生代含煤地层化石手册》。该书对湘赣 2 省开展中生代地层找煤和普及古生物知识具有重要意义。1996 年，湖南煤田地质局开展湖南省煤炭资源与预测研究，获省科技进步三等奖。1997 年，煤田地质局开展的湖南省二迭纪含煤地层沉积环境和聚煤规律研究，获省科技进步三等奖。

煤田钻探人造金刚石钻头合成研究 湖南省煤田地层有 30% ~ 40% 属坚硬岩石层。为突破硬岩钻进关，省煤田地质勘探公司第二勘探队于 1969 年开始金刚石钻头、扩孔器的研究与生产。1969 — 1975 年，在石炭系硬灰岩及其坚硬的石结核夹层中试验。结果表明：磨料级烧结钻头平均寿命达 69.41 米，平均时效 1.64 米，聚晶体烧结钻头平均寿命 10.68 米，平均时效 1.64 米，与钢砂钻头比较，时效提高 65%。1975 年，用无压浸渍法研制的直径 77.3 毫米和 57.3 毫米的人造聚晶体扩孔器的硬岩试验，寿命分别为 112.6 米和 150 米，均优于天然金刚石扩孔器。1978 年获全国科学大会奖。

（二）煤炭开采与精选技术

斜井提升自动摘钩装置　1976年，由桃水煤矿研制成功。该装置系在井口提升轨道一侧安装一直立螺旋杆，并在其上安装一水平（摘钩）臂，利用螺旋上升原理自动拔出矿车与钢丝绳之连接插销。与人工摘钩相比，安全条件改善，同时提高工效近2倍。1978年获省科学大会奖。

一次成型焊接筛网　1980年，株洲洗煤厂开始研制11–9型立式离心机筛网，并采用储能焊机一次成型获得成功，取代原来用12块弧形筛板装成的筛网。经2年试验，与上述离心机配套使用，证明其耐磨性好，寿命长，脱水面积比原筛网增加22.5%，洗选出的煤产品水分降低1% ~ 2%，不锈钢耗量降低34%，筛网重量减轻15.4%，每焊一个可节约一半工时，且间隙均匀、光洁美观，获1983年省科技成果三等奖。

二　电力技术

1CWB–220型高压电流互感器　1976年，渌江电瓷电器厂完成主绝缘采用多屏极、簿层绝缘的二等梯差电容或油纸绝缘的设计新方案。二次线圈设中间抽头，可获得1200安匝与600安匝2种额定安匝。0.5级二次线圈采用分数匝补偿设计。两组一次线圈分别从资套上部侧壁的4个孔引出。这样可以在外部较方便地对2组一次线圈进行串联换接，并配合二次线圈的中间抽头，获得3种不同的电流变比。该产品为全密封式、可卧式放置，高度和重量比1C1WD3–220分别少0.5米和300千克，且造型美观，在全国10多个省市推广应用，获1978年省科学大会奖。

XP–16D、21D、30D大爬距高强度盘形悬式绝缘子　1979 — 1980年，渌江电瓷电器厂选择高铝质材料，采用2次投料球磨工艺研制成功。与同吨位级的普通型绝缘子相比，在高度相等的条件下，XP–16D爬距增加17.2% ~ 20%，XP–21D增加18.7%，XP–30D增加14.3%。同时，污闪电压提高2.6% ~ 18.6%。为增强线路绝缘抗污能力、缩小杆塔尺寸创造了条件，可适用于一般地区和轻污秽区。获1980年省重大科技成果三等奖。

直流绝缘子试验方法与研制　葛洲坝至上海50万伏超高压直流输电工程，是国家“七五”计划重点工程所急需的直流绝缘子。1982 — 1985年，由水电部渌江电瓷电器厂、水电部电力科学研究院共同研制成功。既能满足交流对绝缘子的电气、机械及瓷质性能的要求，又具有良好直流污闪特性、钢脚防腐及瓷质抗老化等方面特殊技术要求。在设计、结构造型、直流瓷质配方和工艺、防腐措施、锌套工艺和人工加速腐蚀试验等方面，进行了大量的研究试验，使绝缘子的直流雾耐压特性、热电破坏、纳离子迁移老化试验等主要技术指标，均达到国外同产品水平。该产品的研制成功，为国家节约300多万美元的外汇，改变了国内直流绝缘子完全依赖进口的局面。获1985年国家科技进步二等奖。

电流、电压互感器　为解决广东珠海地区中外合资工程急需，张俊峰等在国内率先研制出1CWB3–110B电流互感器，主要技术指标达到国内先进水平。产品采用多屏薄层等梯差V形电容结构，绝缘性能好，瓷套爬距比达2.78厘米/千伏，防污能力强，有4个二次线圈，二次线圈设有中间抽头，可获得3种不同变化，装有金属波纹盘，提高了产品的防爆及密封性能，是更新换代的新产品。该成果1989年获能源部华中电管局科技进步二等奖，省科技进步三等奖，省电力局科技进步一等奖。1993年，湖南电力电瓷电器厂研制成功的1B10-Z20WB型高参数电流互感器，获省科技进步一等奖；该厂与湖南电力勘测设计院共同研制的JDCF-220WB电压互感器，获省科技进步三等奖。

筷子篓超薄型双曲砌石拱坝研究试点 1993年，酃县水电局、湖南省水电厅、株洲市水电局共同开展的筷子篓超薄型双曲砌石拱坝研究试点研究，获省科技进步二等奖。

三 工业节能技术

节能新技术 1975年，市科委、市三电办共同对全市99台盐浴炉进行技术改造，改插入式为埋入式，改造后年节电189万千瓦时。1980—1982年，市经委、三电办、科协、科技情报所共同组织全市有关工矿企业推广应用硅酸铝耐火纤维保温技术，421台电热炉、油炉采用硅酸铝耐火纤维保温，节电均在30%以上，年节电375.5万千瓦时。该项目获1983年省科技成果推广一等奖。1983年，市经委、科委、节能办推广SWB-1型数控自动补偿器，全市应用264台套，年节电264万千瓦时。1984年，市能源办组织对4886台交流接触器加装串接变换，消除噪声，年节电48.5万千瓦时。次年，有582台交流电焊机装上自动断电装置，年节电18.6万千瓦时。

节能新工艺 1978年，株洲硬质合金厂研究成功等静压成型烧结工艺，并在T2N6湿法冶金中应用矿浆萃取工艺。1981年，株洲选矿药剂厂黄药生产由干燥法改为合成法，减少电机17台，年节电96万千瓦时。株洲冶炼厂于1981—1982年研究成功沸腾焙烧——两段连续浸出——两段净化——电解的湿法冶炼工艺。新的工艺流程，用能耗低的空气冷却塔代替蒸发，能耗仅为旧工艺的12%，经营费仅为旧工艺的20.4%。1984年，株洲苎麻纺织印染厂改革苎麻脱胶工艺，减少精炼、脱水、抖麻3道工序，年节电12.2万千瓦时，节水4.9万吨。

节能新设备 1979—1983年，市能源办、煤炭公司组织二十三冶王俊盛等10余人，在301灶和马蹄回风灶的基础上提出新的设计，试制成功省煤、省电、省时的三省回风灶，并推广应用。该灶是能烧低质煤的集体食堂炊用灶。据对700多个改灶的食堂统计，改灶后年节煤1.8万吨，撤掉鼓风机485台，年节电95万千瓦时。带动全省7个地市改灶105个，获1983年省科技成果推广三等奖。1981年，株洲冶炼厂建1台50立方米的空气冷却塔代替真空蒸发冷冻机，使百万大卡制冷设备的能耗降低6/7，每吨析出锌耗电由3000千瓦小时降至2900余千瓦时，达国际先进水平。同年，由南方航空动力机械公司和交通局联合研制成功2Q-42节油器，节油10%以上。1984年，铁路株洲公寓、新华理发店、市建公司等试制成功太阳能热水装置；次年，株洲玻璃厂利用玻璃窑的烟道余热安装6台余热锅炉，停1台6.5吨锅炉。1985—1987年，醴陵群力瓷厂研制的燃油隧道窑等达到国内先进水平，成为全省推广的样板。1982—1990年，全市更新改造旧锅炉96台，计216.5蒸吨，占应更新锅炉的87%，年节煤2.8万吨。1991年，市新型建材厂在半年时间内，与有关科研院校联合攻关，生产出FP系列风机盘管和CP系列散热器2种节能高效新产品，经不断完善制造工艺，其主要技术指标有重大突破。该项目在7月份通过省级鉴定，认为该产品节能达12.5%，符合国家标准。1997年，株洲电厂、华中理工大学联合进行的株洲电厂11#炉防止结渣燃烧优化调整研究项目，获省科技进步三等奖。

四　农村节能技术

1973年，株洲市成立沼气办，开始推广沼气技术。至20世纪70年代末，以三合土为材料，因陋就简共建沼气池747个，但因质量不高，不久即全部报废。1979—1981年，全市又新建沼气池1855个。1987年，醴陵市农村能源办和省生物能开发公司利用产沼气的生化原理并参考外地经验，为该市4个单位设计建成1座16立方米的生活污水净化装置。经测试，COD_2去除率为92.6%，BOD_5去除率为93%，悬浮物去除率为99.55%，虫卵沉降率为98.2%，粪大肠菌值10^{-3}，各项技术指标符合环保要求，达到卫生标准，获1988年省农村能源科技进步三等奖。1988年，醴陵市研制成功轴流式微型水力发电机组；市郊区利用沼气保鲜柑橘效果良好。次年，市农村能源办制成以稻壳为原料的人工合成木炭。到1990年，全市共推广"两省灶"51万多户，占农村总户数的80.1%，省柴50%，省煤25%，投入正常使用的沼气池1785个，平均日产沼气3570立方米。1996年，市能源办公室完成的水压厌氧过滤沼气池获省科技进步四等奖。

五　环保技术

市清水塘地区环境质量评价　从1982年起，市环境科研所历时3年，完成省环保办公室下达的研究课题。并按其要求与国家"六五"计划期间第37项重点攻关课题湘江污染综合防治研究同步进行。评价中，通过对各环境要素和污染源进行现场采样，监测分析和实验研究，完成区域内环境普查，掌握了该地区历史演变、人口分布、土地利用、工农业生产、物质流动等概况。经筛选，对38家主要工厂构成的区域环境污染源进行评价分析，对区域环境的大气、水体、土壤、生物、人群健康等环境质量进行全面评价，对区域内环境经济损益进行了分析计算，针对主要环境问题，研究制定出综合防治方案。经鉴定，该研究系省内首次，达到国内先进水平。1987年，获省环保系统科技进步二等奖。

治污综合防治工程研究　1982年6月，市政府将清水塘区域环境污染综合防治工程研究委托清华大学环境工程研究所承担，市环境科研所参加。全课题分为株洲市清水塘区域大气扩散规律及污染控制的研究、霞湾港工业废水综合防治研究、清水塘区域铅锌废渣对环境影响及处置方案的研究、清水塘区域主要放射性污染源调查4大部分，20个子课题。课题系统地研究了清水塘区域大气污染源、大气污染气象、大气扩散规律、大气流场及其对气态污染物迁移的影响、霞湾港工业废水综合治理工程实施优化、株洲冶炼厂重金属废水处理工艺改进与流程系统优化、株洲化工厂高砷氟硫酸净化废水综合防治工艺与过程的优化、湘江氮肥厂造气洗涤废水综合防治规划及铅锌工业废渣对环境污染影响及处理方法等，提出整治污染与建立现代化城市新的动态平衡的关系。1983—1984年，邀请市气象局参加，共同完成株洲市清水塘区域大气扩散规律及污染控制研究。先后采用照相法、等容气球法、激光达法进行3次现场实测，对区域内高43米、100米的2座烟囱进行大气扩散参数的测定。实测数据20多万个，拍摄烟云胶卷584卷，绘烟云图4000余幅。并在现场测试的基础上，利用电子计算机模拟计算，得出该地区大气扩散参数和烟云抬升公式。该研究其子课题先后于1985年、1986年通过鉴定，全部达到国内先进水平，1987年获国家教委科技进步二等奖。

电镀废水治理与利用 1978年，株洲电力机车工厂开展电镀废水治理与利用研究，于1985年获得成功。该研究改铜镍工艺为多层镍工艺，用酸性镀锡替代碱性镀锡，在镀铬镀银中推行无氰工艺，并采用以废治废、一水多用技术。即利用废水的二价铁还原镀锌钝化后的六价铬；调整酸度，使有害物质产生相应的氢氧化物沉淀、过滤，达到国家排放标准后重复利用。该项研究，技术上居国内领先地位。其中，以废治废、一水多用技术属国内首创，为国内电镀废水综合治理开辟了新途径。1987年获国家专利，1988年获省科技进步四等奖。

钨水冶渣电炉还原法生产钨铁锰合金 1976年，为整治株洲硬质合金厂年产数百吨钨烧结渣的放射性污染，省冶金研究所和株洲硬质合金厂共同承担其综合利用研究。由杨道金、王福田、蔡正雄、何长仪、李春林组成研究小组，经10年小试、扩大试验和生产性试验，用火法还原熔炼工艺、成功地利用钨渣生产铁合金，使铁、锰、钨、钽、铌进入铁合金，钪和其他元素富集于熔炼渣中，进一步萃取回收钪并提取铀，1987年11月，经中国有色金属工业总公司组织鉴定，这项工艺新颖，属国内首创。1988年获中国有色公司和省科技进步三等奖。1989年获国家发明四等奖。

粉煤灰浮选技术 1974年，市环境科研所与市灰渣砖厂、长沙矿冶研究所合作，采用浮选工艺，进行从粉煤灰渣中分选碳粒的试验，获得成功。开创了国内从粉煤灰中选煤的先例，获1978年省科学大会奖。1977年，株洲电厂粉煤灰综合利用研究所和市环境科研所开展粉煤灰浮选技术及产品应用途径的研究，成功开发出颗粒活性炭、煤质炭黑、微株等多代、多品种、多用途产品，用于建材、橡胶、塑料、涂料等行业。脱炭后的尾灰作混凝土掺合料，先后就用于柘溪水电站大坝加固、京广铁路衡广复线大瑶山隧道等全国重点工程。该技术属国内首创，为粉煤灰的综合利用开创了广阔的渠道。1988年获省科技进步三等奖。

重金属废水处理 1992年，株洲硬质合金厂的劳服公司与一分厂开展的钴冶炼废水治理，获省科技进步四等奖。株洲江南环保设备厂研制成ZCJ型重金属离子废水处理机。1991年7月，第一台样机送湖北江汉油田机械厂测试成功。经该机处理后的废水达到国家排放标准，还可以利用回收废水中的原料。1994年6月，该机在湖南省新技术、新产品交易会上，评为金奖，并推荐参加日本九州国际博览会。

电炉旋转顶吸式除尘装置 株洲电力机车厂铸造分厂电炉工部，因工艺设备落后，生产过程中的粉尘超过国家卫生际准10多倍，粉尘中的二氧化硅、氟化物等严重危害工人的身体健康。该厂1993年开始进行治理。经过1年半的运行实践，证实该装置除尘效率高，每吨钢粉尘捕集量达7千克左右，烟尘排放浓度以及粉尘、氮氧化物、一氧化碳等有害物质均小于国家排放标准。1994年11月，经湖南省科委、省环保局、湖南大学以及株洲市科委、市环保局等20余名专家学者组成的专家组鉴定。

该装置获得国家专利。

第四节　医药诊疗技术

一　临床医药学

1972 — 1974 年，田心机厂职工医院与湖南医学院附一医院骨科共同研制小腿延长固定器，并将小腿延长手术用于临床，获得成功，1978 年获省科学大会奖。

1984 年 3 月，市一医院建立全市第一个医学细胞遗传室，开始检验各类染色体，进行遗传学研究。次年 7 月，该室谷军辉等分析病人临床表现，发现国内首例环状 13 号染色体核型，填补国内异常染色体病例新核型。所撰《一例 13 号环状染色体病例报告》一文，载于《遗传与疾病杂志》1987 年第 2 期。1987 年 7 月，谷军辉、楚春燕采用外周血淋巴细胞染色体培养技术，常规制片，经过 CTG、ag-NOR 显带，镜下发现二例异常染色体核型。同年 11 月，经湖南医科大学细胞遗传学国家培训中心召开的第二次研讨会鉴定，认定属世界首次报告，为临床细胞遗传学的诊断治疗、优生优育提供了实验室依据。至 1990 年，共检验各类染色体标本 958 例，发现异常染色体 53 例。

1979 — 1984 年，市一医院萧湘鄂潜心研究耻骨上前列腺切除手术方法的改进，获得成功。经 37 例临床试用，效果良好。其关键技术是：切除前列腺后在尿道内留置导尿管作牵引以暴露窝口，于导尿管两旁作“8”字缝合止血与缩窄窝口。与旧术式相比窝口暴露好，止血可靠，出血量减少，手术安全性增加，术后并发症少，具有临床实用价值，达到国内较好水平。获 1984 年省卫生厅科技成果四等奖，1985 年省科技进步四等奖。

1985 年，萧湘鄂根据临床实践中诊治 35 例膀胱颈挛缩症的完整资料，较系统地探讨该症的发病原因。在《膀胱颈挛缩症 —— 附 35 例报告》中，在国内首次提出“本症实际上是多种原因作用于膀胱颈引起的一种后果”。并就该病的命名提出见解，从诊断和治疗上作了有益探索。萧所发明的双腔膀胱造瘘管和原位肾盂造瘘管，被授予国家专利。

1986 年，萧湘鄂根据经皮肾穿刺造影是否成功的关键是穿刺点这一难题，研制成功经皮肾穿刺点定位器。该器具有临床实用价值适合于经皮肾穿刺点的水平定位，属国内首创。1986 年，被授予国家专利。所发明的经皮肾穿刺造影定位技术及其附件获全国首届“星火杯”创造发明奖。

1987 年，市一医院黄亚特自行设计筒形肛门镜，用作耻骨上膀胱取石手术，对直径 3 厘米以内结石有显效，具有手术切口小，损伤小，术后恢复快等优点。经临床 17 例实践，明显优于切开取石。其发明的双腔猪尾 T 型导管用于肾造瘘和肝胆手术引流，被授予国家专利。

1992 年，湖南中医院、南京大学吴志成孙鸣喜等开展的复方橡胶栓堵输卵管可复性绝育研究，获省科技进步三等奖；湖南省湘东医院、醴陵市人民医院、湖南师范大学共同开展的经腹输卵管硅橡胶绝育术及其可复性研究，获省科技进步三等奖；株洲市卫生防疫站、市郊区防疫站开展的接触塘水造成皮炎爆发流行的病因研究，获省科技进步四等奖。

1993年，株洲冶炼厂职工医院、上海第六人民医院共同开展的职业性牙酸蚀病研究，获省科技进步二等奖。1994年，株洲市卫生防疫站开展的利用钩虫传播体上季节反复查治控制钩虫病流行的前瞻性研究，获省科技进步四等奖。

二 医药新产品开发

1991年，株洲市医药工业系统共开发新产品11项。其中：国家级新药2项，省级新产品8项，市级新产品1项。完成省重点新产品试制计划2项，新产品产值率达29.2%，超过省局和市经委下达的10%的计划指标。

妇科千金片 株洲中药厂生产的“牡丹”牌妇科千金片，经国家质量奖审定委员会审定批准，荣获1991年国家优质产品银奖。这是湖南省医药行业当年唯一获国优称号的产品，也是株洲市医药行业中唯一的一块国优银牌。该产品从1979年投产后，应用有效率达90%以上。1983年被评为省优产品，1985年被评为部优产品，1988年，又以其命名的科学性、组织的合理性、疗效的确切性和使用的安全性，被评为中国700种基本中成药之一。1994年，株洲千金药业股份有限公司生产的妇科千金片被国家卫生部列入国家基本药物和国家中药保护品种。

新蛇胆川贝液 国家药政部门取消蛇胆川贝液地方标准后，株洲市制药三厂和株洲市药品检验所根据最新卫生部标准，共同研制、开发出新蛇胆川贝液，1995年获得了药政部门核批生产批文。该药系纯中药制剂，具有驱风止咳、除痰散结的作用，用于风热咳嗽、痰多气喘、胸闷、咳痰不爽或久咳不止。

盐酸奥昔布宁 湘江制药厂与天津药物研究院联合研制开发的国家级四类新药“盐酸奥昔布宁及片剂”，于1995年7月获得国家卫生部颁发的新药证书和生产批文，在国内首家投入小批量生产。“盐酸奥昔布宁”为第三代治尿失禁的首选药，对各种原因引起的尿急、尿频、尿失禁、夜尿和遗尿等症有明显的治疗作用。与第二代治尿失禁药物“盐酸黄酮哌酯”相比，具有服用剂量小、疗程短、治疗费用低等特点。

雷公藤多甙及片剂推广 1993年，株洲市制药三厂开展的此项研究，获省科技进步四等奖。

第五节 计算机技术应用

1971年，市无线电四厂根据省革命委员会生产指挥组下达的项目，研制出直接数字控制计算机（DDC），是全省最早研制的计算机。该机为市合成氨厂64路巡回检测控制、实现合成氨最优工艺条件的自控设备。同年，株洲电力机车厂廖必强等根据生产需要研制数控氧炔切割机，1976年10月正式投入使用，是铁道部和湖南省最早应用计算机技术的切割机。1975年9月，湘江机器厂配置电子计算机DJS–6，主要用于发动机强度、性能计算。1977年，市电子研究所将计算机用于仪器P09型计算时畴测频仪的研制，并从事微电脑开发。1979年，608研究所开始大型工程软件系统“航空燃气涡轮机辅助设计系统 GTCAD”的开发；株洲电力机车研究所夏寅等开发了计算机试验数据线分析系统。1981 年，市电子研究所开始研制 CMC-80 双板微型电脑，1982 年小批量生产并推广。1984 年，株洲市被列为全国微型计算机推广应用试点市。同年，株洲洗煤厂张鸿宾等开始开发应用微型机局部网络。1985 年后，湘江氮肥厂、株洲电力机车厂、中国工商银行株洲市支行等，相继开发计算机网络技术。1991 — 2000 年，计算机开发、推广、应用的领域已扩展到全市机关、金融、机械、矿山、冶金、石油、化工、纺织、印染、建材、建筑、交通运输、金融、水利水电、气象、医卫、食品加工、陶瓷、轻工、军工、教育、农业、林业等部门和行业。

一　计算机研制

1981 年，市电子研究所决定研制 CMC-80 双板微型电脑。1982 年投产，后推广到 29 个省、直辖市、自治区。该机与国内同类型机相比，具有接口丰富、软件功能强、使用方便、适于工业控制应用等优点。1984 年获全国微机应用成果展览交流会二等奖。

二　软件开发应用

航空燃气涡轮机计算机辅助设计系统（GTCAD）　1979 年 10 月，航空工业部下达研制任务，由 608 研究所于 1984 年 6 月完成。该系统由 14 个系统模块、约 3 万条 FORTRAN 程序语句组成。是涉及几何造型、气动设计、强度分析、传热计算、图显处理等多种学科的大型工程软件系统。1984 年获航空工业部科技成果二等奖，1986 年获全国计算机应用展览会展出项目三等奖。

编组站调度信息处理系统　由广州铁路局科技处下达课题，1983 年 4 月株洲北站电子计算机室与广州铁路局和长沙分局电子计算机所共同开发。程序用 BASIC 语言编写，在 IBM-8000S 计算机上运行。主要功能有列车确报自动收发、翻译、打印等 6 项。该软件于 1985 年 10 月进行可行性试验，同年 12 月正式使用。1987 年获国家科技进步二等奖。

自来水供水测控系统　1993 年，株洲市自来水公司、西宝计算机通讯系统工程公司共同研制完成，获省科技进步三等奖。

计算机辅助企业档案管理信息系统　1994 年，株洲电力机车厂开发研制的计算机辅助企业档案管理信息系统（含计算机辅助档案缩微管理系统），获省科技进步四等奖。

分布式计算机能源管理系统　1995 年，中南工业大学与株洲冶炼厂共同开发完成，获部级科技进步三等奖。

煤气炉两级计算机控制与管理系统　1995 年，中南工业大学与株洲冶炼厂共同研制完成，获部级科技进步三等奖。

湘江氮肥厂 UX1 计算机集散系统应用软件开发　1996 年，湖南省湘江氮肥厂研制成功，获省科技进步三等奖。

P09 型计算时畴测频仪 1977 年，电子工业部科技局和省电子局下达任务，由市电子研究所在 1979 年年末完成。这是一种将计算机技术与测量技术相结合的高精度仪器，基本功能是测量频率、周期和频率标准稳定度等物理量，测量精度可达 1 毫微（10^{-9}）秒，分辨率为 0.1 毫微秒；用于石英晶振和原子钟等的频率标准的稳定度对比测量，精度可达 5 微微（10^{-12}）秒。该仪器为国防工程及精密守时系统提供一种具有 20 世纪 70 年代水平的测量仪器。1979 年获省重大科技成果二等奖。

弹条自动成型机 608 研究所、株洲桥梁厂于 1981 年 4 月至 1984 年 6 月研制成功。该机生产 A 型、B 型弹条，实现从落料、加热到成型全过程自动控制，每 7 秒钟生产一条弹条，班产 3200 件。采用微处理机检测送料机和成型机的工步信号，按照规定的逻辑关系通过液压系统，协调送料机与成型机的工作，使其运行可靠，且能自动保护。1987 年获铁道部科技进步三等奖。

株洲市 1978 — 2000 年获国家、省、部、市级科技成果奖项目统计表

表 24–2

授奖年份	授奖名称	成果总数	授奖等级及项目数																	
			国家级					省级					部级	市级						
			小计	一	二	三	四	小计	一	二	三	四	小计	小计	特等	一	二	三	四
1978	科学大会奖	447	76	–	–	–	–	183	–	–	–	–	–	188	–	–	–	–	–
1979	科技成果奖	63	–	–	–	–	–	32	–	4	10	18	5	26	–	–	–	–	–
1980	科技成果奖	42	–	–	–	–	–	31	3	5	10	13	11	–	–	–	–	–	–
1981	科技成果奖	80	3	–	1	–	2	–	–	–	–	–	28	49	–	11	21	17	–
1982	科技成果奖	49	–	–	–	–	–	25	–	4	7	14	24	–	–	–	–	–	–
1983	科技成果奖	70	–	–	–	–	–	19	–	1	14	4	51	–	–	–	–	–	–
1984	科技成果奖	111	2	–	1	1	–	13	–	4	5	4	39	57	–	7	21	29	–
1985	科技进步奖	93	23	2	8	13	–	17	–	1	11	5	21	32	–	3	10	19	–
1986	科技进步奖	117	–	–	–	–	–	34	1	2	21	10	36	47	–	4	7	18	18
1987	科技进步奖	135	11	1	4	6	–	18	–	2	10	6	45	61	–	2	12	22	25
1988	科技进步奖	77	3	–	–	1	2	23	–	2	10	11	21	30	–	3	12	8	7
1989	科技进步奖	91	3	1	1	1	–	29	–	3	13	13	33	26	–	4	7	11	4
1990	科技进步奖	68	–	–	–	–	–	26	–	3	15	8	8	34	–	3	5	17	9
1991	科技进步奖	48	–	–	–	–	–	13	–	2	5	6	–	35	–	5	8	18	4
1992	科技进步奖	56	1	–	1	–	–	22	–	–	10	12	–	33	1	3	10	13	6
1993	科技进步奖	69	–	–	–	–	–	36	1	5	20	10	–	33	–	3	12	18	–
1994	科技进步奖	47	–	–	–	–	–	24	–	3	13	8	–	23	–	4	12	7	–
1995	科技进步奖	62	–	–	–	–	–	24	–	2	14	8	15	23	–	4	12	7	–
1996	科技进步奖	64	3	–	–	3	–	21	–	2	12	7	–	40	–	4	6	30	–
1997	科技进步奖	72	3	1	–	2	–	28	–	5	15	8	–	41	–	5	10	25	1
1998	科技进步奖	61	3	–	–	–	–	28	–	–	–	–	–	30	–	–	–	–	–
1999	科技进步奖	87	–	–	–	–	–	–	–	–	–	–	–	–	–	–	–	–	–
2000	科技进步奖	68	–	–	–	–	–	–	–	–	–	–	–	–	–	–	–	–	–

第五章　科技管理与服务

第一节　科技管理

一　计划管理

市科学技术委员会负责组织全市编制中、长期科技发展规划和年度计划及其实施；负责归口管理市级科学事业费、科技三项经费、科技专项经费和各项科技发展基础及相关经费、预决算等；负责株洲国家“星火计划”、省“火炬计划”“巨龙计划”的组织实施。

（一）长远规划

1960年，编制出全市第一个科技发展规划《株洲市1960—1962年科学技术发展规划纲要》，该《纲要》经实施后，对株洲市建成冶金、机械、化工、建材四大支柱性产业起了重要促进作用。但由于所提指标脱离实际，工业总产值等主要指标未能实现。

1963年6月，组织编制出《1963—1972年科学技术十年设想》。1966年4月，编制出《1966—1970年株洲市科学技术工作设想》。1975年1月，编制出《1975—1985年科技十年长远规划（草案）》。1981年5月，编制出《1981—1985年重大科技项目计划的大体设想》。

1984年，编制出《株洲市“七五”科技发展规划（1986—1990年）》。该规划全市共实施科技发展计划项目357项，其中科研计划186项，星火计划84项，成果推广计划87项；共安排“科技三项费用”（新产品试制费、中间试验费、重大科研项目补助费）589.55万元，其中市财政安排164.75万元，省科委“切块”下达200万元，省科委“戴帽”下达224.8万元，另外国家计委安排250万元。这一期间，全市共取得科技成果739项，获奖成果374项：其中获国家级成果奖15项，获省级成果奖121项，市级成果奖238项。

1984年12月至1985年12月，中共株洲市委、市政府组织力量，采用系统工程的方法编制《株洲市1986—2000年经济、科技、社会发展规划》。科技发展战略是：到2000年，全市40%～50%的全民所有制企业在技术装备水平上达到世界先进水平；科技进步因素占新增产值比重达到60%；全市独立科研机构增加到33个；自然科技人员达到每万名职工中含2000名；科技成果转化为社会商品率达到80%以上。战略重点是：优先发展信息技术、生物技术、新材料技术、能源技术和综合利用技术等5项技术。重点开发农业、食品、塑料、陶瓷、烟花鞭炮、苎麻纺织、电子、化工、建材、有色金属、机械、交通运输12个行业。解决城市集中供热、供气及环境保护问题。该《规划》1989年获省科技进步二等奖。

（二）年度计划

从1959年开始，市科委根据上级安排和全市经济科技社会发展情况选择科研项目，下达年度计划，并组织实施。1959 — 1960 年，称为科技发展规划；1961 — 1963 年，改为重点项目计划、新产品计划；1966 — 1971 年，又以科研重点计划与新产品试制计划合并下达，简称科研新产品计划；1972 — 1974 年，称为科学试验计划，由市革委会生产指挥部科技组下达。1975 — 1978 年，恢复科技发展计划名称，由市计委下达；自 1979 年起，科技年度计划称为三项（重大科研、中间试验和新产品试制）计划，由市科委编制，并会同市计委、市财政局联合下达。同时，市科委在计划的编制、管理和实施上开始进行改革，改单纯指令性计划为指令性计划与指导性计划相结合，年度计划采用滚动性计划，项目管理采用目标责任制合同管理办法等等。从 1984 年开始，国家设立电子振兴计划。同年，株洲市被列为国家重点支持的全国微计算机开发 4 个试点之一。市科委与市工商银行共同下达微机推广计划，后由微机推广办公室下达。1988 年起，增设科技成果推广计划。1991 — 2000 年，株洲市科技年度计划共安排项目数 1207 项，其中国家级 169 项、省级 463 项、市级 561 项；安排市级经费 7676 万元，国家和省级经费 8611.3 万元。

（三）“星火计划”

“星火计划”是 1985 年由国家科委提出，国务院批准实施的科技计划。该计划以“短、平、快”为特色，使科技成果尽快转化为生产力，振兴地方经济，特别是振兴农村经济。

1986 年，全市开始实施“星火计划”。与此同时，为配合“星火计划”的实施，当年设立“星火人才培训计划”。主要培训内容是适合农村的实用技术，特别是种、养及农副产品加工技术。培训方式主要是举办中短期培训班，并辅以广播电视、函授等。

1987 年 10 月，市科委举办首次“星火计划”成果展览会和“星火计划”表彰奖励大会，展出项目 35 项，奖励优秀项目 15 项，先进个人 37 人。

1988 年，醴陵市被列为省“星火技术密集区”，重点开发和改造传统产业陶瓷和烟花鞭炮。“密集区”内共安排星火项目 19 项，其中陶瓷、烟花项目 13 项，年创产值 4280 万元、利税 1100 万元、创（节）外汇 600 万美元。同期，在攸县建立“星火密集区”，重点开发席草草席、稻草制品、节能电机等 10 余项“星火计划”项目，取得显著的成绩。

至 1990 年，全市共安排“星火计划”项目 86 项，内含国家级 10 项，省级 33 项，市级 43 项；总投资 5056 万元，其中落实贷款 2950 万元。1989 年“星火计划”项目实现产值 1.4 亿元，利税 4391 万元，创（节）外汇 1081 万美元。76 个项目中按计划进度要求完成的有 73 项，项目完成率为 96%。并安排星火人才培训项目 76 项，安排培训经费 14 万元，举办各种培训 4200 余期，培训人数达 6.38 万多人次。

1994 年，株洲市被批准为省级“星火科技示范市”，也是全省唯一的“星火科技示范市”。1996 年，国家科委批准株洲市为国家级的“星火技术密集区”。1995 — 2000 年，株洲市星火科技示范发展规划重点抓好星火科技示范密集区（带）、区域性支柱产业开发、星火人才培训等。“九五”计划期间，株洲国家星火技术密集区制定的总体目标均已实现。建设好 3 个星火密集小区：攸县红壤山地开发、醴陵陶瓷烟花开发和株洲县以龙头铺为城区开发的星火密集小区；3 个科技示范乡镇即：株洲县三门镇、攸县桃水镇、醴陵孙家湾乡；1 个井冈山科技扶贫区即炎陵县和茶陵县；开发10大支柱产业，建立8大优质农产品基地。实施重大星火计划项目100项，培训各类专业技术和管理人才10万人次。到2000年，已实现年新增产值60亿元，利税15亿元，密集区农民人均纯收入达到3500元。

（四）“火炬计划”

从1988年开始,省科委设立“火炬计划”,市科委受省科委委托,组织实施国家和省科委下达的“火炬计划”，市级不编制“火炬计划”。

（五）“巨龙计划”

从1990年5月开始，省科委设立并下达“企业科技进步巨龙计划”（简称“巨龙计划”），首批15个项目中，株洲占有7项。至当年年底，全市列入省“巨龙计划”项目共计2批12项，并启动企业科技开发基金9568万元。1993年，全市有6个科研项目获得湖南省企业科技进步巨龙奖，其中一等奖1项、二等奖3项、三等奖2项。

二　专利管理

1985年3月，成立市专利办公室和市专利事务所，归口市科委管理。专利办行使执法和管理双重职能，专利事务所承担专利咨询、专利代理、专利许可证贸易和专利文献服务等项工作。同年12月，南方动力机械公司设立南方专利事务所，配有专职人员4人。1988年，由市专利事务所牵头，组成由专职或兼职专利代理人参加的全市专利代理网。至1990年，全市有南方航空动力机械公司、608研究所、株洲冶炼厂、株洲电力机车厂、株洲车辆厂、株洲硬质合金厂、湘东化工机械厂、湘华机械厂、株洲啤酒厂、株洲化工研究所、醴陵电焊条厂等单位的20人，取得中国专利局颁发的代理人证书，另有17人经省专利局培训获得“企业专利工作者证”。此外，还有80多个企业配备专利工作人员近100余人，各县科委亦分别有专人分管专利工作。

1994年，市知识产权协调小组成立，由市政府分管副市长担任组长。1996年10月，市专利办公室更名为株洲市专利管理局，为副县级单位，仍归口市科委管理。各县市区科委亦同时配备了专利工作专职人员或机构。株洲市一些大中型企业也建立专利管理办公室或配备专职人员。

市专利管理局自成立以来，始终把提高知识产权保护意识提到重要位置。开设专利知识讲座，有针对性的对企业、科研院所进行专利知识宣传和普及。1985—1989年，全市共举办各种类型的专利知识讲座、专利法报告会和学习班25期次，培训基层专利骨干559人，接待全市各阶层人员专利咨询1500人次，散发各类专利知识资料8500册。1990年，根据省普法领导小组、省科委、省人事厅、省专利局联合下达的《关于组织“专利法”“技术合同法”学习和考试的通知》精神，全市组织5万人参加《专利法》普法考试，涉及基层单位2020个。20世纪90年代，市专利局多次配合“知识产权保护日”开展街头、乡村、集镇现场专利知识宣传活动，使社会大众进一步了解专利工作，加深知识产权保护意识。1999年3月30日，《人民日报》、中央电视台、《工人日报》、《法制日报》、《中国专利报》5家中央新闻单位记者对株洲的专利工作进行专题采访，并制作专题评论。

专利工作已成为社会大众和新闻媒体关注的热点。

1985 年 4 月 1 日《中华人民共和国专利法》正式实施。到 1990 年年末，全市共向中国专利局提交各类专利申请 592 件，累计申请量居全省第 4 位。其中属职务发明申请 163 件，占申请总量的 27.50%；非职务发明申请 429 件，占申请总量的 72.50%；15 项专利申请项目在国内外举办的发明展览会上获奖，340 项获专利权。1991 — 2000 年，全市专利申请总量达到 2840 件，仅 2000 年就达到 410 件。其中发明专利 433 件、实用新型专利 1961 件、外观设计专利 446 件。

三 技术市场管理

20 世纪 70 年代末，随着商品经济的发展，科技成果以一种知识型商品进入流通领域，参与市场竞争，技术市场开始出现。

1979 年，株洲市电子研究所试行“对外实行有偿合同制、对内实行课题承包责任制”，率先将技术成果以贸易的方式进行自发交换。1980 年，市土建学会采用定向爆破技术将市玻璃纤维厂 45 米高的废烟囱定向安全爆破。1981 年 11 月，市化工研究所将 40% 高效磷乳油获奖成果，有偿转让郴州农药厂批量生产。同一时期，航空工业部 608 研究所转让的中国第一条面包生产自动线技术，成交金额 194 万元。1982 年，全市第一家技术贸易机构“市科技咨询服务公司”成立，1984 年改名为“市科技咨询服务中心”。同年，一批技术贸易机构相继成立。与此同时，南方航空动力机械公司、608 研究所等一批大中型厂矿企业、科研单位的技术开发部等技术贸易机构也应运而生。

1985 年 1 月，国务院颁布《关于技术转让的暂行规定》，进一步拓宽技术贸易领域，加速科技成果商品化，全市技术市场得以蓬勃发展。同年 6 月，市科委承办全市首届技术贸易会，有 86 个单位参加，共展出科技成果 266 项，技术服务项目 1887 项，情报信息 2000 余条，成交金额达 85.50 万元。1986 年 9 月，成立市技术市场管理办公室，技术市场管理工作列入政府工作议事日程。至此，技术合同法的宣传、实施、技术市场管理政策制定，技贸机构的审批、整顿，技术合同的认定登记、统计等得以有组织、有计划地开展。

1988 年 7 月，市科委、市工商局等共同制定《加强技术市场统一管理的若干规定》。文件规定市工商局、市税务局参加技术市场管理，放宽技术贸易酬金提取比例，明确允许科技人员业余兼职的有关政策，指出引进项目投资在 50 万元以上者，必须经市科委牵头论证等。该作法得到省科委肯定，并以文件形式转发全省各地市参照执行。同年 11 月，召开市第二届科技成果交易会，62 个单位参展，共展出科技成果 810 项，成交 65 项，金额 73.6 万元。

1989 年 9 月，由市科技情报研究报、市专利事务所、市新技术推广站、市郊区工业品贸易市场和技术市场管理办公室共同组织召开南方 13 省（市、区）名优特新产品、专利技术、科技成果交流交易博览会，131 个单位参展，展品共 623 项，成交 50 项，金额 500 多万元。

至 1990 年，全市技术贸易机构发展到 187 个，从业人员 6080 人，市辖五县市一郊均已成立技术市场管理办公室，形成全市技术市场管理网络。5 年中登记技术合同 2074 个，成交金额 10549 万元；其中 1989 年和 1990 年，成交金额分别为 3325 万元和 3824 万元，居全省 14 个地市之首。至 1990 年，全市共承办、参加各种形式的大型技术交易会、博览会、展销会、洽谈会 5 次，展出科技成果项目 6003 项，成交 187 项（份），金额 659.10 万元。

株洲技术市场的建立，雏形是在 1993 年。株洲高新技术开发区建立之后，即在高新区管理委员会二楼大厅（即株洲科技馆）开设技术市场。搜集了科研院所、大专院校及企业的大批研究成果，技术难题，挂牌展出。技术作为商品第一次在株洲市有形技术市场进行交易。1999 年 10 月，株洲炎帝节国际合作洽谈会前夕，再次开设有形技术市场。2000 年 11 月，株洲市生产力促进中心正式对株洲技术市场进行工商注册登记。并搜集上千项科技成果在技术市场的展架上张贴公布，定期更换科技成果内容信息。株洲技术市场从无到有、从小到大，技贸机构从初期的 10 多家发展到 2000 年的 452 家，从事技贸工作的人员从初期的几十人发展到 2000 年的 6554 人，其中高级职称 392 人，中级职称 2084 人。1991 — 2000 年，全市签订的技术开发合同、技术转让合同、技术咨询合同、技术服务合同共计 76820 个，合计成交金额 141571.52 万元。其中 1998 年最多为 62216 个，2000 年 3537 个。

四　成果管理

1959 年，株洲开始有计划地对有价值的科技成果进行总结和推广。并根据国家、省科委有关新产品、新工艺技术鉴定书的格式和报送办法，对工业新产品、新工艺会同主管部门组织评议、鉴定、颁发证书，批准投产。

1978 年，继全国科学大会召开后，株洲市每年都对国家级、省部级、市级获奖成果进行奖励，截至 2000 年，全市共计获得各级重大科技成果奖 2619 项，其中获得国家及世界性奖励的有 152 项，获得省级奖励的 685 项，获得部级奖励的 886 项，市级奖励的 896 项。

（一）评议鉴定

1980 年，省科委下发《湖南省科学技术研究成果鉴定暂行办法》，市科委按其进行科技成果鉴定。1986 年 9 月，结合全市情况制定《株洲市科技成果鉴定工作中有关问题的暂行规定》，科技成果鉴定严格按鉴定程序进行。1988 年 8 月，制定《株洲市科学技术成果鉴定办法实施细则》，明确规定市科委为成果管理机构，归口管理全市科技成果的鉴定工作，组织鉴定单位邀请同行专家对鉴定成果进行现场测试、资料审查，并对成果的先进性、新颖性、实用性、技术难度、推广应用范围及建议意见等作出书面结论，颁发证书。

（二）登记上报

1984 年，市科委开始进行科技成果登记。1986 年，制定《株洲市科学技术研究成果登记管理暂行办法》。1988 年 8 月，制定《株洲市科技成果登记办法的实施细则》。

（三）评审奖励

1978年，在全市科学大会上，对188项重大科技成果颁发奖状。1980年8月，根据省人民政府《湖南省科学技术研究成果奖励暂行办法》，对全市1979年度、1981年度重大科学技术研究成果及推广成果进行奖励。1984年，市科委制定出《株洲市科技成果暨成果推广奖励办法》。1985年11月，制定《株洲市科学技术进步奖励办法》。1987年7月，颁发《株洲市科学技术进步奖励办法实施细则》。并设立市科学技术进步奖评审委员会，负责全市科学技术进步奖的评审、批准、授予工作。同于11月，增加对软科学成果的奖励，并在行业评审中首次采用综合评定记分办法，做到定量与定性相结合。凡申报请奖的项目，须填写申报书、提交全套技术鉴定（或验收）资料及证书、经济效益证明及主要完成单位和人员表，报市科委进行形式审查，经行业评审小组和市评审委员会评审，其结果在《株洲日报》上公示，如无异议，由市科学技术进步奖评审委员会行文或召开授奖大会，颁发奖状、荣誉证书和奖金。

（四）推广应用

20世纪60年代，市科委、市科协、市总工会共同组织技术协作组，到工矿企业推广技术革新成果。1973年，成立市推广优选法领导小组，在城乡普及推广“优选法”“统筹法”。次年，先后成立刀具、热处理、铸造、远红外线等新技术推广队，在厂矿推广不重磨机夹刀具、远红外线加热与干燥、硅酸铝纤维保温等新技术、新工艺。1982年3月，成立市科技成果推广领导小组办公室，负责组织推广先进技术和经验。1983年10月，市科委设立科技管理科，主管科技成果管理工作。1984年，成立市微电脑应用推广领导小组，下设办公室。1987年，市科委成立成果科，负责全市科技成果管理与推广，成果推广主要包括制定成果推广计划，组织实施及进行合同管理。推广计划项目以指令性和指导性计划项目下达。项目完成后，计划下达部门及主管部门共同组织验收，并按合同要求加强项目管理和作好经费回收。1989年为全省科技成果推广年，市政府下发《关于加强全市科技成果推广工作的意见》，推动科技成果转化为生产力。

五　科技经费管理

科学事业费　1959 — 1979年，科学事业费由省财政厅和省科委统一下达，市科委和市财政局共同安排支出。从1980年起，省、市财政对事业单位实行“预算包干、节约留用、超支不补”的办法，科学事业费由各级财政局直接安排到各级科委，由科委掌握使用。1987年年底，根据国家科委、财政部及省科委、省财政厅关于地、市级科学事业费划归地、市科委拨款下达的精神，市科委于1988年开始，将市农科所、林科所、水产所、环保所等科研所的科学事业费统一归口管理。

科技三项费用　从1979年开始，市科委改革“科技三项费用”使用方法，将无偿使用改为部分有偿使用，对经济效益好的工业性项目，采取高比例，甚至100%的回收办法，使有偿回收经费金额占年度“科技三项费用”总量的1/3左右。1979 — 1983年，有偿回收部分由市科委直接拨给项目承担单位，到期直接收回。从1984年开始，市科委委托市工商银行或市农业银行代发、代收并付给银行手续费，从而保证经费的回收，积累一定数量的科技发展基金。1978—1990年，全市“科技三项费用”共1006.75万元，其中省科委安排“切块经费”384万元，“戴帽”下达经费348万元，市财政拨款274.75万元。此外，1983年，纺织工业部、省科委、省计委安排 株洲苎麻纺织印染厂苎麻脱胶机械化、连续化、自动化项目经费101万元，其中有偿使用经费20万元；1985年，省科委安排株洲市科技基点市经费35万元；1986年国家计委、省科委、省计委安排株洲制药厂发酵氨基酸项目总经费650万元，其中无偿拨款250万元。20世纪90年代，全市“科技三项经费”大幅度增加。1991—2000年，全市下达共计16287.3万元，其中国家、省级8611.3万元，市财政安排7676万元。此外，1997—2000年株洲市获得国外对科技项目的资助折合人民币720.9万元。

科技贷款　1984年，省科委分别与省人民银行，中国农业银行湖南分行联合行文，发出有关银行贷款支持科技发展及试办科技贷款的通知。同年，市科委与市工商银行共同选择、论证一批新产品试制项目，由市科委下达科技贷款计划，市工商银行拨出93万元作为科技贷款，支持8个项目的新产品开发。这是全市首次下达科技贷款。1984—1985年，株洲作为全国微电子技术推广应用试点城市之一，国家电子振兴办公室下达科技贷款200万元，由中国工商银行发放贷款，国家经委贴息，市微电脑推广应用领导小组办公室与中国工商银行市支行共同下达。该批贷款计划共安排微电脑应用项目26项。1986—1990年，为解决“星火计划”项目的匹配资金问题，市科委为76项“星火计划”项目向工商银行、农业银行、中国银行共争取科技贷款2950万元。20世纪90年代中期开始，全市科技贷款连年大幅增长。1995年为6000万元，2000年增至3.6亿元，1995—2000年贷款总额10.69亿元。

第二节　科技服务

一　生产力促进中心

1996年冬，株洲市人民政府相关领导到国家科委汇报工作。国家科委建议株洲市成立生产力促进中心机构。1998年4月，湖南省科委批准成立株洲市生产力促进中心。该中心是继岳阳、长沙之后成立的省内第三家地市级生产力促进中心。市生产力促进中心与市科技情报研究所合署办公。

株洲市生产力促进中心在服务上从诊断论证、技术开发、产品结构调整、人员培训、市场营销等方面服务于企业，着重在促进企业与高等院校、科研院所的技术协作。从成立至2000年年底止，共促成56对产学研对子，签订120项技术合作协议。2000年4月，由市科技情报研究所和市生产力促进中心承办的株洲科技信息港正式开通运行。这是继株洲信息港（电信）、株洲经济信息网开通后的第三大骨干网。网上开设政务指南、生产力促进中心、科技论坛、信息发布、技术市场等栏目。2000年，发布科技信息10多万条。并与北京万方、重庆维普等信息公司联系，一次性由北京万方公司无偿提供83个数据库。市生产力促进中心相继建立项目库、成果库、专家库、人才库及大型仪器设备库等诸多数据库。为株洲市的企业提供科技项目申报、查新、成果鉴定等各种便利。市生产力促进中心协助中小型企业申报国家中小型企业创新基金和申报“双高”企业认定，组织企业进行申报培训，培训人员近千名。2000年12月，通过了国家级示范生产力促进中心的评审。

二 科技情报

20世纪50年代初期，市内工厂企业根据生产发展需要，分别开展科技情报工作。331厂运用科技情报研究、科技情报翻译为研制航空发动机服务。

1959年6月，株洲市下发《关于建立株洲市科学技术情报网的意见》。要求全市国营工厂、建筑企业、专业局、铁路地区、郊区以及较大的地方国营工厂应成立专职或兼职情报小组，较小的地方国营工厂、人民公社、中等以上学校、医院以及其他单位，根据单位的具体情况设立情报员。1959年，市科委设立情报资料室。全市发展科技情报会员253名，编印内部科技情报刊物5种，与81个省、市、县建立了科技情报联系。1960年，市委技术革新技术革命办公室会同市科委联合编印不定期刊物《株洲市技术革新、技术革命资料汇编》。1959年，国营331厂通过协作交流，收到外地厂矿科技资料、图纸700多份，厂内整理300多份，共有1000多份科技资料供各部门、车间借阅。是年，铁道部株洲电力机车研究所成立技术经济情报室。1961年，市科委和市科协合编《株洲科技》，及时将科技成果、新工艺、新配方推广交流。科技情报为领导、生产、科研服务，在企业直接与生产相结合。全市相继创刊《株洲科技》《科技交流》《科学实验》《机车电传动》《电力牵引与快报》等，开展科技情报信息交流。株洲冶炼厂、株洲苎麻纺织印染厂、株洲化工厂、安装公司等各企业将科研成果及进展情况整理汇编，便于交流推广。至1964年，市科委情报资料室订有公开的技术杂志40余种，内部技术杂志20多种，并购买有关的技术参考书籍约万册，与建工部、化工部、轻工部、一机部等20多个部属专业科研机构和140个地方科委建立了联系，交换各种科技情报60种，各种技术资料4000份。

“文化大革命”期间，市科技情报机构被撤销。1978年2月，成立株洲市科技情报研究所，属公益性机关事业单位。同年6月恢复市科委后，隶属于市科委归口管理，对内是资料情报科，对外称市科技情报所。在全国科学大会的鼓舞下，株洲市科技情报工作迅速发展，境内5县1郊科委、市内大中型企业、大专院校、科研单位，相继建立专业科技情报研究机构。全市共建立科技情报网、站、室38个，县以下企事业单位大部分设立科技情报资料室。共配备专职或兼职情报员3500余人。并开始建立乡镇科技信息网络，设有信息员，壮大研究队伍，改善设施和手段，开展科技、经济、市场情报调研、信息交流。情报、信息工作，在科研、生产中发挥了一定的作用。仅1978年就依靠科技情报，全市共涌现“双革”“四新”成果2376项。有一批科技成果在全国、全省科学大会上获奖。为了达到情报资源共享，建立每 2 年召开一次全市科技情报工作交流大会的制度。

1988 年 5 月，成立“株洲市科技文献信息咨询服务联合体”，后更改为“株洲市科技信息咨询联合体”，整合资料、成果、技术、人才等资源。1988 年，株洲所与邵阳所承担并完成《南方城市科技情报协作网网史》编辑工作，曾获得湖南省科委科技情报成果一等奖，并被列为全国科技情报系统情报工作改革的示范城市之一。1994 年，市科技情报所在与中国信息所联网的基础上，充实新的数据库，建立“株洲科技经济信息专递服务网”，为不同层次、不同类型、不同要求的用户提供了 8 大类 50 多个行业（专业）的信息服务，共举办信息发布会 5 次，发布信息 6600 余条，签订中介服务及调研 30 余项，联合株洲工学院、中南林学院、省教育学院等高等院校举办各类培训班 7 个，招收学员 400 余人，为有关单位代译外文资料 60 万字，为引进或出口新技术、新产品、新设备发挥了重要作用。至 2000 年，株洲市相继加入全国部分中小城市科技情报协作网和南方城市科技情报协作网，以及湖南省辖城市科技情报协作网，后扩大到全省地（州）市情报网。

三　科技咨询服务中心

1982 年 8 月，成立株洲市科技咨询服务中心。中心主要是独立承担对外科技项目的有偿技术服务，同时归口管理各基层科协和学会的对外科技咨询服务工作。各市级学会和厂矿科协也纷纷成立科技咨询服务部。为协调管理和互通信息，市科协将 62 个市级学（协）会、企业、科研院所科协的咨询服务部组织起来，形成全市的科技咨询服务网络。1993 — 1994 年，株洲车辆厂科协成功地完成了从德国引进的钢材、预处理成套设备的国产化开发工作。转而为淮南煤矿机械厂设计制造一套同类型的钢材预处理生产线，其价格仅为进口设备的一半。1998 年，市纺织工程学会与破产重组的天源纺织责任有限公司联合开发成功了“涤粘纺纱”系列产品，科技含量高，填补了省内空白，使企业走出了困境。

株洲市科学技术委员会（科技局）历任负责人名录

表 24-3

主任（局长）	任职时间	副主任（副局长）	任职时间
任　之	1959.2 — 1961.8（兼）	孙天彪	1959.2 — 1961.8（兼）
孙天彪	1961.8 — 1964.8（兼）	宋仰云	1959.2 — 1964.8（兼）
朱远明	1964.8 — 1967.2（兼）	王又民	1959.2 — 1961.8（兼）
张秀文	1975.12 — 1978.6	史家全	1960.6 — 1964.8（主持工作）
吴占魁	1978.6 — 1981.7（兼）	包秀龙	1961.8 — 1964.8（兼）

续表 24–3

主任（局长）	任职时间	副主任（副局长）	任职时间
王云岫	1981.7 — 1983.9	张小辉	1964.8 — 1967.2
蒋道生	1983.9 — 1991.7	陈文玉	1964.8 — 1967.2（兼）
文纪可	1991.7 — 2000.12	张宝瑄	1964.8 — 1967.2（兼）
–	–	王云岫	1964.8 — 1967.2 1978.6 — 1981.7
–	–	史家全	1964.8 — 1967.2
–	–	乐常全	1976.9 — 1983.9
–	–	张秀文	1978.6 — 1983.9
–	–	包秀龙	1978.9 — 1987.12
–	–	郭远明	1980.12 — 1983.9
–	–	苏正根	1983.9 — 1991.7
–	–	陈善勋	1983.9 — 1991.11
–	–	陶维善	1985.8 — 1985.12
–	–	龚威武	1991.7 — 1996.8
–	–	樊校星	1991.7 — 1996.8
–	–	刘延福	1996.8 — 2000.12
–	–	蒋贡明	1996.8 — 2000.12
–	–	张时霖	1998.4 — 2000.12
–	–	晏素筠	1999.8 — 2000.12
–	–	王法男（专利局长）	1998.8 — 2000.12

第二十五篇　文　化

第一章　文化事业

株洲境域文化艺术源远流长。相传中华民族始祖炎帝就在今炎陵县域“削桐为琴，结丝为弦，作五弦之琴”。历年出土的石器和彩陶、商代的象尊和青铜器、西周的铜镜以及遍布城乡的寺、庙、观、碑、塔，无不闪烁着楚文化的光辉，是楚文化的策源地之一。

唐宋以后，民歌、小调的流行，燕乐打击器——方响的出现，南来北往的文人墨客留下的许多诗歌、散文，书院、学宫相继置藏书室、尊经阁，形成和发展了境内的民间音乐、文学、图书事业。

元明清以来，茶陵陈仁子刻印书籍，开创了境内出版事业之先河；弋阳腔、昆腔、弹腔相继传入，与境内民间音乐融合，促进了地方戏曲的发展。

民国时期，井冈山革命根据地的酃县、茶陵县一带，在苏维埃政府领导下，宣传马克思列宁主义的俱乐部、列宁室、歌舞队遍及乡村，反帝反封建的革命歌谣、民歌、美术作品广泛流传。抗日战争期间，株洲人民活跃而顽强地开展民族救亡的文化宣传活动，开创了境内文化艺术发展史上新的篇章。

在漫长的岁月中，株洲这块美丽而古老的土地积淀着深厚的文化艺术层，孕育着辈出的人才，但长期的封建政治体制和落后闭塞的小农经济，严重制约着文化艺术的发展和繁荣。

中华人民共和国成立后，为加强社会主义文化管理，市政府在1951年7月设立文教科，1956年市人民委员会设文化科，成为境内专门的文化管理机构。1959年5月，成立市文化局。至此，境内城乡文化管理、文化设施、文化队伍相继建立，社会主义的文化艺术事业开始起步。20世纪60年代中期，文化设施迅速增多，专业剧团演出质量不断提高，城乡群众文化活动日趋活跃，一支以工人、干部为骨干队伍的文艺创作队伍脱颖而出，一大批文艺作品问世，并在全省乃至全国产生了影响。但“反右”斗争、“大跃进”和“文化大革命”等政治运动，又使得境内文化艺术事业大起大落。

改革开放以来，市、县、乡（镇）三级文化网络基本形成，文化市场日趋繁荣，文学艺术创作不断丰收，群众的文化生活日显丰富多彩。

第一节　群众文化

一　活动场所

（一）民众教育馆

民国26—28年（1937—1939），酃县、茶陵县、攸县、醴陵县民众教育馆、湘潭县民众教育馆株洲镇分馆相继建立。民众教育馆是政府管理文化事业的机构，负责组织群众开展文化活动。每馆配 5 ~ 9 名馆员，设馆长、教导主任、总务主任主持馆务。民国 33 年（1944），日寇入侵，民众教育馆停止活动，抗日战争胜利后方恢复活动。1949 年，又因战事、经济诸多原因，活动逐渐衰落。

（二）群众艺术馆

1949 年 10 月，湘潭县人民政府接管株洲镇民众教育分馆，建立湘潭县株洲人民教育馆，为株洲城区第一家文化事业单位。馆舍设建宁街老万年金号。1951 年 7 月，人民教育馆改名株洲市人民文化馆。1953 — 1957 年，由省、市投资在建宁街、学堂冲两处建馆舍 2800 平方米，设立第一、第二文化馆，配合中心工作，开展群众歌曲教唱等活动。馆内常有近百人挤在阅览室看书读报。收音员每晚收听记录中央人民广播电台新闻，连夜刻印《收音快报》，翌日上午发出。在无市报和当日看不到省报的情况下，通过油印刊物及时传递中央信息。

1959 年，第一、二文化馆合并为株洲市文化馆。1960 年，原第一文化馆馆舍交市塑料厂，第二文化馆馆舍交市广播电台，市文化馆迁展览馆办公。“文化大革命”期间，文化馆撤销，部分工作人员下放劳动，财产流失。

1978 年，市文化馆恢复，相继调入一批骨干力量，大力整顿和发展群众文化活动，特别是歌词创作较为活跃。1981 年，全国歌词创作座谈会在株洲市召开，文化部、中国文联领导出席会议，并号召全国学习株洲经验。1984 年，市文化馆改名为市群众艺术馆，成为群众文化辅导、活动、研究中心。1986 年，在贺家土中基洲建新馆舍。设计、建筑风格独特，外观为中西合璧的二层楼群的院落，总建筑面积为 3882 平方米。内有办公室、讲座厅、排练厅、展览厅、歌舞厅及音乐制作室、摄影洗印室、美术绘画室等 40 余间，院落中央为一座古香古色的小舞台，楼前为歌咏广场，是湖南省内一流的地市级群众艺术馆。

（三）县市区文化馆

中华人民共和国成立后，醴陵县、攸县、茶陵县、酃县人民政府先后接管民众教育馆，改为人民教育馆或人民文化馆，配合当地中心工作，开展识字教育、政治宣传、文化娱乐、科普、有线广播、图书借阅、文物管理等工作。1953 年，县市区文化馆开始面向工矿企业、农村开展群众文化工作。1955 年，各县文化馆将工作重点转向农村，开展和辅导业余文化活动。酃县文化馆，在沔渡乡晓阳农业社办点，发动群众运用 18 种文艺形式开展宣传，《人民日报》曾专文介绍推广。醴陵县文化馆组织民间艺人改编的《思情鬼歌》，参加了全国民间艺术调演获一等奖，并拍成电影，灌制唱片，发行海内外。

1957 — 1966 年，县区文化馆工作受到一些挫折，但群众性的文艺创作活动仍然活跃，搜集整理出一批民间艺术作品，选编成故事集、歌谣集。茶陵县文化馆编辑的《茶陵歌谣》共 6 集，收集了革命历史歌曲、山歌、小调、民歌等，省群众艺术馆将其中大部分编入省民歌专集，中国音协《歌曲》月刊曾辟专栏介绍茶陵民歌《瓜子红》。

“文化大革命”中，文化馆被当作“封、资、修”黑窝被造反派砸烂，群众文化活动为跳“忠字舞”、唱“语录歌”和“样板戏”所取代。

中共十一届三中全会后，县区文化馆获得全面恢复和发展。1980年，县、区馆扩大活动场地，增添活动设施，加强队伍建设，既抓丰富多彩的群众文化活动，又举办各种文化、艺术、科学、技术讲座。东区文化馆的手风琴培训班、南区文化馆的庆云山文学社、北区文化馆的文学讲习会、茶陵县文化馆的农村业余剧团表演导演班，均办出了特色。

随着改革开放的不断深入，各馆挖掘潜力，开展“以文补文”活动，增强自身经济实力，全市经营项目多达30余个。醴陵市文化馆开办音像发行站、现代装饰材料门市等项目，仅1988年就创利润38万元，被文化部、财政部评为全国文化系统“以文补文”先进单位。

1991—2000年，各县市区文化馆都有了新的发展和变化。醴陵市、攸县、炎陵县的文化馆初具规模，石峰区文化馆建起了独立的办公与活动场地。1993年12月，酃县和醴陵市文化馆被文化部授予“国家标准馆”称号。

（四）乡镇（公社）街道文化站

1930年，酃县、茶陵县、攸县苏维埃政府兴办乡村俱乐部（又称“列宁室”），开展文化娱乐、政治学习活动，对提高大革命时期井冈山根据地群众思想政治觉悟，发挥过重要作用。

中华人民共和国成立后，人民政府继承和发扬老解放区群众文化的光荣传统，重视建立基层群众文化组织。1953年，醴陵县二区（浦口区）河泉乡建立了境内第一个农村俱乐部，接着各地以河泉乡为榜样，纷纷建立和发展以俱乐部为中心的农村文化网。在农业合作化、人民公社化和20世纪60年代中期的社会主义教育运动中，农村城镇群众文化组织建设出现过发展高潮，茶陵县东方红公社中瑶大队俱乐部、攸县高枧公社芳春大队俱乐部，受到省文化局表彰，被评为全省农村优秀俱乐部标兵。但大多数站、馆，因无固定设施及人员，活动时兴时歇，难以正常坚持。

1965年，公社街道文化站建设开始步入正轨。醴陵县板杉区首先试点，建设民办公助文化站。至1966年4月，境域内70%的公社基层单位建立了文化站。市、县文化馆深入基层办班，传授声乐、舞蹈、书画、文学、戏曲等基础知识，颇受群众欢迎。“文化大革命”初期，文化站被全部被“革”掉，1974年才陆续恢复。到1978年境内87%的公社恢复文化站建制，但因人员、经费问题，仍不稳定。

中共十一届三中全会后，乡镇（公社）街道文化站，作为乡镇一级文化机构，纳入各级党委、政府和文化主管部门工作职责。1980年，因醴陵县黄獭嘴文化站有领导机构、有工作人员、有任务要求、有场地设施、有活动内容，被省文化局选定醴陵县作现场，召开全省文化站工作座谈会，向全省推广黄獭嘴经验，《湖南日报》《光明日报》亦刊文介绍。同年，攸县鸾山乡文化站兴建文化宫、灯光球场、电视差转台、广播站、书店、图书室、电视室、游艺室，成立电影队、花鼓戏剧团、管弦乐队、武术队、球队、工艺美术组、技术夜校，开始向大文化迈进。1982年，鸾山乡文化站被授予“全国群众文化先进单位”称号。1985年，全市85名文化辅导员有79名录用为国家干部。这是株洲基层文化站第一次较大规模的队伍建设。1986—1987年，全市总结推广酃县“乡乡创办文化站”的经验，基本实现国家要求“乡乡有文化站”的目标。普及后又抓提高，通过制定分类指导，分期达标等措施，推动了文化站建设上等级。其中，酃县沔渡乡、茶陵县严塘镇、攸县坪阳庙乡文化站，形成教、科、文、卫、体五位一体，初步实现由“小文化”向“大文化”的转变。1990年，全市165个乡镇、街道办事处，有文化站163个，配有专职辅导员163人。

1996年，中共株洲市委发出“把文化工作的重点放到基层去”的指示，开展文化站创优争先活动。1997年全市对第一批97个合格文化站进行评估验收，评出11个明星文化站、38个先进文化站。1998年又对全市第二批合格文化站进行评估验收，评出11个明星文化站和41个先进文化站。1999年12月16日《中国文化报》在头版以《让乡镇文化站站得更稳》为题，专题介绍了株洲市创建先进文化站的经验。同年年底，《中国文化报》还以《繁荣农村文化：领导认识要先到位》为题，对株洲重视基层文化建设进行报道。醴陵市浦口镇和炎陵县十都乡被省文化厅任命为“艺术之乡”，炎陵县被文化部授予“全国文化先进县”称号。至2000年年底，全市140个乡镇文化站全部达标合格，活动场地由90年代初的28716平方米提升到59817平方米，评选出明星文化站22个，百强文化站7个，百优民间剧团5个，百优艺术之乡4个。其中，攸县黄丰桥、网岭、柏市文化站，醴陵浦口文化站，炎陵县十都文化站，株洲县黄龙文化站等，被分别授予“百强文化站”与“明星文化站”等称号。

（五）厂矿企业工人俱乐部

1927年7月，株萍路矿工人俱乐部株洲分部在沙石码头成立。该部办有工人夜校，组织工人学习文化知识和政治时事，提高他们的无产阶级政治觉悟和文化水平，培养主人翁意识，为自己的合法权益奋斗。大革命失败后，被国民党政府取缔。中华人民共和国成立后，政府十分重视和关心工人俱乐部建设。国民经济恢复时期，铁道部株洲机车车辆修理厂、株洲铁路地区、331厂相继建立工人俱乐部。其后随着国民经济的恢复和发展，中央、省（部）、市属大中型厂矿企业，利用内部场地兴建俱乐部。至1959年，厂矿企业工人俱乐部发展到44个，为职工群众看电影、文艺演出、图书阅览、体育比赛、游艺活动等提供了场所，也促进了生产的发展和工人身心健康。

20世纪60年代初期，工人俱乐部经过整顿得到进一步巩固和发展。株洲机车车辆修理厂俱乐部被树为标兵，出席全国文化战线群英会。“文化大革命”中，工人俱乐部的正常群众文化活动被迫停止。

中共十一届三中全会后，工人俱乐部活动开始全面恢复，由于各企业领导重视，一个多体制、多渠道、多层次、多方面发展的企业文化阵地初步形成，使工人俱乐部以新面貌活跃在群众文化舞台上。1983年，根据中共中央《关于加强城市、厂矿群众文化工作的几点意见》精神，工人俱乐部被列为精神文明建设的重要组成部分，各厂矿企业从人员、设施、经费等方面予以大力扶持，活力进一步增强。株洲车辆厂俱乐部拥有各种文化设施总值达57万元，成为全市设施最齐全的俱乐部之一。

20世纪80年代中期，工人俱乐部面向社会开放，活动内容更新，档次更高，逐步成为职工读书自学辅导中心、兴趣爱好活动中心、科学技术服务中心、文化艺术培训中心。1990年，全市工人俱乐部发展到69家，集人才、经费、设施、场地优势，成为全市群众文化活动主力军。当年10月，在株洲市举行的全国歌剧观摩调演，除中心剧场设在市影剧院外，分剧场分别设在株洲苎麻纺织印染厂俱乐部、株洲铁路工人俱乐部和株洲硬质合金厂俱乐部。这些俱乐部的现代化先进设施，优质服务，给来自文化部的领导和全国各地艺术家们留下深刻印象。

1991—2000年，随着市场经济的不断发展，厂矿俱乐部的活动逐步削弱。到2000年年底，全市只有九方集团、南方公司、株洲硬质合金集团、株洲铁路地区、株洲冶炼厂、株洲车辆厂等几家大企业的俱乐部仍在坚持开展活动，其余一些中小企业的俱乐部则渐渐地被淘汰了。取而代之的则是社会各部门、各行业所兴建的各种娱乐休闲活动场所。

（六）其他文化活动场所

1.工人文化宫　1954年，市总工会在建设中路建工人俱乐部，建筑面积1000平方米。1958年，在株洲公园（神农公园）内建成市工人文化宫，建筑面积4450平方米，设影剧院、舞厅、活动室等，是市区工人群众文化活动的重要场所。"文化大革命"期间被迫关闭。1978年恢复向社会开放，开展群众文化娱乐活动，进行业余文艺、科技培训。1990年，为适应形势发展，进行了改造扩建，增加新的活动项目与内容。随着株洲河西的开发建设，市总工会于1996年投资2000万元，在长江广场南侧建起12000平方米的株洲市第二文化宫，1997年正式投入使用。设有放映厅、健身健美室、乒乓球室、台球室、排球厅，开展娱乐、文体活动项目。

2.青少年宫　1987年，市青少年宫在红旗路与新华路交界处落成，建筑面积4540平方米，设有教学楼、活动室、联欢厅，开办美术、书法、舞蹈、武术、小提琴、手风琴、电子琴、英语入门等培训班，成为城区青少年活动中心和群众文化活动场所。1990年后又多次进行扩建改造。至2000年，平均每年开展青少年活动与培训项目达40余次，每年来青少年宫参加活动的青少年达5.28万人次。

3.妇女、儿童活动中心　1992年，在株洲大桥河西桥头广场投资370万元兴建太阳宫，1996年落成使用，占地1.34余公顷，总建筑面积为1万多平方米，是一座大型的、多功能的文化活动场所，成为市区妇女、儿童的活动中心。该中心外观为一座童话般的建筑群落，院内有水上乐园、儿童游艺场、塑胶运动场等大型活动场地，室内有歌舞厅、排练厅以及各类讲座厅、课堂、音乐教室、舞蹈练功房等。常年开展幼儿、少儿艺术培训以及各种妇女培训班、老年艺术团等活动，平均每年参加活动或接受培训的妇女、儿童达1万余人次。

4.老干部活动中心　1996年，在荷塘区桂花路兴建总面积为4800平方米的离退休老干部活动中心。该中心平均每年举办各种老干部活动20余次，参加活动的老干部达1万余人次。

5.休闲广场　炎帝广场是株洲最大的群众文化活动广场，坐落在天元区天台山下。该广场1996年开工建设，总面积占地22公顷，1997年完工，总投资2000万元。广场中心耸立着19.97米高的炎帝塑像，周围有大型喷泉，喷泉前为448平方米的大型露天舞台，四周为环形休闲广场，可同时容纳10万余人参加活动。此后株洲市陆续改扩建了中心广场、响石广场、新华广场、向阳广场等城区休闲广场。每当夕阳西下或旭日东升时，这些广场都吸引着众多民众前来休闲、娱乐。

二　业余文艺团体

（一）业余剧团

1930年，酃县、茶陵县、攸县苏维埃政府组建话剧团、歌咏队，上演反帝、反封建等剧目。抗日战争时期，株洲镇一批知识分子、青年学生组建“抗建剧团”等业余剧社，演出宣传抗日救国的话剧、活报剧，受到群众欢迎。中华人民共和国成立初期，为配合土地改革、民主建政、抗美援朝等中心工作，境内城乡兴办过一批业余剧团、队。郊区白马垄乡工农联合剧团，被评为全省先进。1956年，市业余剧团成立，分设红领巾合唱团、成人合唱团、舞蹈队、花鼓剧队，共100余人。1958年，县、区、公社均成立了文工团，实行生产、居住、生活、排演四集中。茶陵县的剧团多达594个，1959年举行历时4天1560多人参加的农村业余剧团调演。株洲机车车辆厂业余文工团有演职员120多人，全厂28个车间均有分团。20世纪60年代初，国民经济困难时期，境域内业余剧团减少到48个，到1964年方逐渐恢复。70年代，又出现大发展势头，尤以工厂最甚，队伍庞大，行当齐全，能演出歌舞剧、花鼓戏及《江姐》《红灯记》《沙家浜》等现代京剧剧目，影响较大。80年代，业余剧团已缺乏活力，农村多被一些半职业性剧团所取代，剧目拓展至轻音乐、现代歌舞、交谊舞、时装表演等现代内容；城市群众文化生活领域不断拓宽，各项文化活动蓬勃兴起，业余剧团多自行解散。1990年，全市只剩下业余剧团135个，且多在农村，平均每个乡镇还不到1个。

1991—2000年，厂矿业余剧团进一步衰落，取而代之的是各部门行业、各年龄段的业余文艺团体。其中，有市妇联的常春艺术团、市老年大学艺术团、市老干部活动中心的金秋艺术团、石峰区文化馆的金枫艺术团、市群艺馆的歌友会、市第一工人文化宫的晨光合唱团、天元区老年大学艺术团，以及太阳宫、青少年宫、市环保中专的少儿或青年艺术团队等。这些业余团队一般都比较松散，只是挂靠在某些单位，其活动大多为自我管理、自主经营。一些老年业余团体多带自娱自乐成份，演出则多为无偿的演出，偶尔获得一些单位与个人赞助，得以坚持生存下来。部分团队曾代表市县或行业参加一些文艺比赛。常春艺术团代表株洲市老年合唱团参加1999年在长沙举办的湖南省“金秋颂”老年合唱比赛，并获得一等奖。后该团还晋京参加文化部举办的全国老年合唱节，把《株洲，你向着太阳走》这首原创歌曲第一次唱进了北京城。这一时期，境内农村也出现过许多农民业余剧团，但多为农闲或节庆时组队演出，农忙时又分散下田劳作。厂矿业余文艺团体仅剩下九方、南方、老友等几家。

（二）业余乐队

民间业余乐队，历来以锣鼓班子为主。在唐代，醴陵就有锣鼓伴奏的土地灯。至宋代，又增加燕乐打击器“方响”。元代，茶陵县风行堂鼓班，使用的器乐分为“大乐”和“小乐”。大乐有锣鼓、铙、钹、唢呐；小乐有大筒、二胡、京胡、月胡、月琴、箫、笛、板、小锣、云锣。每逢婚丧祭祀等活动，奉主家之邀，前往演奏。

中华人民共和国成立后，民间乐队勃然兴起，除用于婚丧祭祀活动外，还用于送新兵入伍、报喜、节日集会游行、文艺演出等。20世纪50年代，株洲机车车辆修理厂、331厂等企业，在城区率先成立管弦乐队，并不断发展壮大。60年代，株洲市举行国庆庆典及其他重大集会，都有大型铜管乐队参加。

中共十一届三中全会后，农村经济发展较快，一些青年农民自筹资金购置“洋”乐器，组成农民铜管乐队。1979年，醴陵县过驷桥村和枧上村青年农民率先组建铜管乐队，农村婚丧喜庆活动出现集古今中外乐器轮番演奏的壮观场面，让人耳目一新。1984年，株洲陆军预备役师成立军乐团，各界也纷纷建立管乐队。1986年，举行市首届铜管乐大赛，城乡12支代表队360名乐手参赛，并由大赛的优胜者组建株洲市铜管乐队。1987年，市铜管乐队参加省“洞庭之秋”艺术节演出，获多项奖励。1990年，全市农村铜管乐队已发展到296支，城区47家歌舞厅和中央、省（部）、市属大中型企业，多组建了管弦乐队。其中，醴陵市浦口镇被省文化厅授予“农民铜管乐之乡”称号。株洲冶炼厂投资15万元购置乐器，成立职工管乐队协会，不断培养新手，提高演奏水平。

1991—2000年，民间业余乐队处于时断时续的状态，以民间鼓乐班子为主。正规的业余乐队，当属来自各大型企业的业余铜管乐手组成的市预备役师军乐团，并一直保持着旺盛的活力。此外，在民间业余乐队中，有许多被百姓称之为“唐四郎”的民间鼓乐班子，他们多是为普通百姓家的红白喜事进行有偿服务。

三 活 动

（一）民间传统文化活动

境内民间传统文化活动，形式多种多样。有民歌、民间故事、寓言、笑话、谚语、戏曲、弹词、报春、渔鼓、莲花落、绘画、雕塑、雕刻、纸扎、编织、印染、刺绣、剪贴，还有民间小调、灯舞、祭祀舞、劳动舞等。但长期的封建统治，使民间传统文化活动一直处于封闭的自发状态，发展缓慢。

中华人民共和国成立后，民间传统文化活动得到发展，甚至还登上了大雅之堂，成为中华民族非物质文化遗产的重要组成部分。醴陵县闺女出嫁用的蔑织麻篮送北京展出。酃县瑶族的挑花头巾、兰印花被套、金银线绣背心，作为民间工艺美术品送省展出。

20世纪80年代，随着人民生活水平的提高，民间传统文化活动更加活跃。每逢正月初一，贴春联、挂财神、福字倒贴；正月十五元宵节，玩龙灯、舞狮子、打地花鼓；五月初五端午节，挂菖蒲、插艾叶、赛龙舟；八月十五中秋节，饮酒赏月，吟诗作对；九月初九重阳节，登高远望；大年三十，燃放烟花鞭炮，围炉守岁等，显示太平盛世，国泰民安、祥和欢乐的景象。1986年以后，由市群众艺术馆牵头，组织县市区文化馆和乡镇街道文化站，用3年时间对民间舞蹈、民族音乐、民间曲艺进行了大规模的普查、挖掘、搜集、整理工作，完成《中国民间舞蹈集成·株洲分册》《中国民间音乐集成·株洲分册》和《中国曲艺音乐集成·株洲分册》，把株洲民间传统文化载入了史册。

（二）业余文艺演出

20世纪50年代，全市举行过4次规模较大的农村、工厂业余文艺调演，活跃了群众文化生活，培养了一大批文艺骨干。1960年，全市举行万人比武文艺大会，331厂的《英雄大闹开门红》、田心机厂的《一三八电气机车出厂了》等歌舞被评为优秀节目，并赴长沙、北京参加全省和全国职工文艺汇演。70年代，普及“样板戏”，一批业余文艺宣传队，常演其折子戏或清唱、联唱；一些大型厂矿企业的业余文艺宣传队，投入大量人力和资金，排演大型“样板戏”剧目。株洲硬质合金厂长江业余文工团演出的歌剧《白毛女》、株洲麻纺厂业余文艺宣传队演出的《沙家浜》，灯光、乐队、服装齐备，在群众中留下深刻印象。

20世纪80年代，业余文艺演出活动围绕“两个文明”建设展开，县市区文化馆和乡镇街道文化站，组织“两个文明”建设文艺调演及计划生育和爱国卫生等方面的专场演出。自1984年开始，一年一度的“株洲金秋”艺术节和每年国庆节期间组织的优秀节目演出，使群众文艺演出质量不断提高，并从中选拔优秀节目参加全省或全国演出。

1991—2000年，全市性的大型群众文艺演出连年不断。从1991年开始，以庆祝中国共产党建党70周年和株洲市建市40周年大型专场文艺晚会拉开序幕。1992年，举办的花灯艺术节和国际烟花节，给海内外观众留下了深刻印象。1993年，举办城市4区的大型游园活动，利用城区的公园，搭设临时舞台，邀请专业及业余剧团前来演出，吸引了全市近10万人参加观看。年底又组织了《纪念毛泽东同志诞辰100周年专场晚会》，为群众文艺演出活动增添了浓重的一笔。从1994年起，市政府每年推出中国湖南株洲“炎帝节”系列文化活动，以文化搭台经贸唱戏方式，吸引海内外嘉宾。对发展株洲经济起到穿针引线的作用。其中，1998年的“炎帝节”开幕式演出，有64个单位参演，4000余名专业和业余演员登台献艺，同时还邀请了一批国内知名演员前来助演，使晚会的品位大大提升。从当年11月起，株洲市根据本地盛夏时间长、群众有晚上纳凉的习惯，利用炎帝广场这一舞台，推出独具特色的“周周乐”群众文艺演出活动，坚持数年不衰，平均每年有1万多人次的群众演员登台表演，活动影响逐年向市外扩展，成为享誉三湘的“文化品牌”。1999年，举办“国庆50周年专场文艺晚会”与“纪念李立三百年文艺专场演出”以及“世纪之光大型文艺晚会”。其中，跨世纪大型灯展活动规模壮观，使整个株洲城区变成不夜之城，10余万市民共渡跨世纪之夜，擂响了“世纪之鼓”，跨入千禧之年。2000年，《炎黄火，中国心》专场文艺晚会更是将炎黄始祖与四海子孙紧紧连在一起，激励着海内外华人共奔民族振兴的大业。这些大型晚会从组织上、规模上、内容上和艺术特色上都已日臻成熟，既锻炼了演员队伍、提升了组织水平，又提升株洲民众的整体文化艺术素养。5月，为表彰和推广株洲市的群众文化工作经验，全省群众文化和广场文化工作现场会在株洲召开，对株洲的群众文化工作给予高度评价。

（三）群众歌咏活动

土地革命时期，酃县、茶陵县、攸县等革命根据地，教唱革命歌曲，启发人民打土豪、分田地、建设和巩固人民政权的觉悟。抗日战争时期，为增强民族自信心，唤起民众抗日救国，大批进步人士和爱国学生，在城乡组织群众学唱《大刀进行曲》等抗日救亡歌曲，影响深远。中华人民共和国成立后，各级文化干部，认真组织教唱《没有共产党就没有新中国》等歌曲，几十年长唱不衰。20世纪60年代，开展社会主义教育运动，一支《洪湖水浪打浪》、一曲《红梅赞》更是城乡老少皆知。70年代，一批产业工人、音乐爱好者，成为歌咏活动的骨干，在创作、演唱方面形成优势。1972—1973年，全市两次举办业余创作音乐会，有152个单位8000多人参加，演出节目400多个。《光明日报》发表了《工业新城遍地歌》的文章，赞扬株洲群众歌咏活动。1975年5月23日，省文化局在株洲召开全省群众歌咏活动经验交流会，株洲市100多个单位5000多名业余歌手，登台进行汇报演出。会后省革命委员会号召全省学株洲经验，开展群众歌咏活动。1977年7月，省文化局再次以株洲为现场，组织“工业学大庆”歌咏现场会。1978年，《人民音乐》歌曲编辑部派员到株洲考察，撰文作专题介绍。1979 年，市文化馆阎唱民出席全国第四次文代会，并以《工业新城遍地歌》为题介绍株洲开展群众性歌咏活动经验。

20 世纪 80 年代，境内群众性歌咏活动进一步发展。1982 年 2 月下旬至 5 月底，有 15 万人次参加了“五讲四美”、建设社会主义精神文明群众歌咏活动。1987 — 1988 年，举办历时 1 年多的市首届厂歌、校歌、行业歌曲大赛，有近 60 万人次参赛，演唱歌曲 1100 多首。1989 年，举行市首届农民歌手大赛，醴陵市农民业余歌手王娟、陈扬国获一等奖，并入选湖南 3 人代表团参加全国农民歌手大赛，分获一、二等奖，王娟当即被济南军区文工团录用入伍。1990 年，在株洲举行的全国歌剧观摩演出闭幕式上，株洲组织 45 个单位 4000 多人参加演出，中央歌剧院院长、著名作词家乔羽观后，挥笔赞誉株洲是“歌剧之乡，音乐之城”。

1991 — 2000 年，全市多次组织各种业余歌咏比赛或组队赴外地参赛。1992 年，株洲市承办了全省歌舞厅新创歌曲汇演; 1996 年组队参加全省农民歌手大赛; 1997 年组队参加全省新人、新歌大赛; 1998 年组队参加湖南“金沙杯”歌手大赛。多人次在比赛中获奖，其中歌曲《中国风》获全国奖项。

（四）美术书法摄影作品展

20 世纪 50 年代，市、县文化馆配合土地改革、抗美援朝、农业合作化、大跃进、人民公社化等运动，举办过美术、书法、摄影作品展览。60 年代，展览逐步形成规模，一些精品送省或全国展出，或被收藏。1965 年，株洲举办首届美术作品展，展出国画、年画、连环画、油画、水彩画等作品 120 余幅，其中有 10 幅被选送参加全省职工美展、9 幅参加全国职工美展。业余作者孙承浩、罗德安、陈返生的作品，被中国美术馆、天津博物馆收藏。70 年代，市美术、摄影、书法创作队伍发展较快，国画《考察归来》、油画《红线连北京》被选送参加全国画展。1980 年，株洲 13 位画家的 100 多幅作品，在安徽省芜湖市展出，观众达 10 万余人次，并受到日本、美国等外宾的称赞。1986 年，“新城之光”摄影作品在北京展出，受到首都人民欢迎。市群众艺术馆李晓英的摄影作品《嬉戏》选送出国展出。此外，1987 年为配合中国人民解放军建军 60 周年，1988 年纪念中共十一届三中全会召开 10 周年，1989 年庆祝中华人民共和国成立 40 周年，1991 年庆祝中共建党 70 周年、株洲建市 40 周年，都举办了大型美术、摄影、书法作品展。90 年代，多次举办或组织去外地参展，刘国泉、何浩中的书画作品在全国获铜奖，李晓英的《湘西的心灵》在美国展出。此间摄影创作最为活跃，曾在台湾、香港、澳门等地区举办互展。贺安成、胡君里、王辉琪的书画作品也在全国获奖。

四　文化市场

（一）娱乐市场

1. 舞　厅　1983 年，城区部分单位曾举办营业性舞会，社会上对此褒贬不一。1987 年 5 月，市政府颁发《关于加强营业性舞厅管理有关规定》，使营业性舞厅合法化。1988 年年底，城区有营业性舞厅 31 家。至 20 世纪 90 年代中期，全市营业性舞厅的发展进入高峰期。1990 年全市有营业性舞厅 47 家，1991 年发展到 77 家，1992 年达 92 家，1993 年增至 106 家。为建设舞厅，举办单位投入大量资金。据不完全统计，全市投入舞厅新建、改建、装修和购置设备的资金多达6000万元以上，舞厅硬件设施不断提高。与此同时，舞厅的活动增加了新内容，一些中高档舞厅邀请专业乐队和歌手演出，并设置卡拉OK包厢及点歌台，顾客既能跳舞，又能唱卡拉OK，有的还安排了相声、小品、时装表演等节目在中间穿插演出。其中，太空城夜总会、皇宫娱乐中心、庆云夜总会、江滨夜总会是城区舞厅中的佼佼者。1994年，文化部授予太空城舞厅“全国文明娱乐厅”荣誉称号。但是，也有少数舞厅在活动中间穿插一些熄灯舞、脱衣舞等不健康内容受到查处。1997年后，舞厅的景气度开始下降，部分舞厅转向经营。至2000年，全市共有舞厅39家，其中市区20家、5县市19家。

2.卡拉OK厅　1989年，在芦淞区南北特商场开设城区最早的卡拉OK厅。刚进入市场，就受到了民众欢迎，特别是受到年轻人的喜爱和追捧。许多单位和个人从中看到了商机，纷纷投资开办。凡是条件较好的舞厅都增设卡拉OK包厢，有的则择址新建。其发展速度出乎人们的意料。1990年底，全市只有3家卡拉OK厅，短短1年时间，全市就发展到42家，1992年发展到53家。且每家业务都很红火，几乎场场爆满。卡拉OK以其形式灵活多样、内容丰富多彩受到欢迎。参与者大多是自娱自乐，既是表演者也是欣赏者。少数卡拉OK厅还特设了小舞池，可供少数人跳舞。市区卡拉OK厅最集中的地方当属七一路湘江一带，有30多家，形成了卡拉OK一条街。营业性卡拉OK厅飞速发展的同时，一些非营业性卡拉OK以惊人的速度进入了千家万户。1997年以后，营业性卡拉OK厅数量随着舞厅数量的递减而有所减少。至2000年，全市有营业性卡拉OK厅264家，其中市区180家，5县市84家。

3.桌（台）球　桌（台）球活动是20世纪80年代初进入株洲的娱乐活动，由于管理工作不到位，出现一些负面影响，1989年被关停。1992年7月，市文化、公安、工商、物价部门根据文化部、公安部及《湖南省文化市场管理条例》精神，联合向市政府提出申请，要求在株洲市重新开放桌（台）球活动。当年，全市发展桌（台）球15户287张球台，1993年发展到234户1000余张球台。1994年后，庆云大厦、华天夜总会、株洲冶炼厂俱乐部等单位新增了英式球台，提高了桌（台）球活动的档次。刚开放时，由于发展迅猛，管理工作难以跟上，出现无证经营、马路边摆台经营、屋檐下经营等现象，个别还利用桌（台）球进行赌博活动。为此，市文化、公安、工商、物价4家联合行动，对违规者进行严肃查处。1996年以后，桌（台）球活动逐步降温，年底全市只有926张球台，其中有些是有名无实，早已停止了活动。2000年，经市政府协商，于10月30日将这项活动移交市体育局管理。

4.电子游戏　20世纪80年代末，最早在株洲文化市场出现的是普通电子游戏，经营者多数来自广东、福建等沿海地区。电子游戏参与者多为少年儿童和年轻人，特别是对中、小学生具有很大的吸引力。90年代以后，株洲人开始投入这项经营，1990年全市有普通电子游戏机806台。1993年，经市人民政府批准，在株洲文化娱乐中心、株洲影剧院、庆云大厦、株洲宾馆、奔龙商厦等场所，开放有奖电子游戏。开展这项活动，条件要求高，审批手续严。凡开设有奖电子游戏活动的单位，必须是经市外事办挂牌认可的外事活动点，活动场地还须经市文化、公安部门联合检查验收。合格者将申请报告送市文化、公安签署意见，再报市人民政府审批。尽管如此，在经营过程中还是出现了利用有奖电子游戏进行赌博的现象，负面影响较大，社会反响强烈。市文化、公安部门于 1995 年 10 月 10 日零时关闭了全市所有的有奖电子游戏活动，收回证照 21 家，封存有奖游戏机 685 台。与此同时，对普通电子游戏活动存在的无证经营、不按规定时间对中小学生开放、开设“苹果机”“麻将机”“啤酒机”等赌博机型者亦进行查处。至 1996 年，全市有普通电子游戏经营户 502 户、游戏机 3039 台。2000 年 10 月，对全市电子游戏场所进行重新审核登记，553 户中只保留了 129 户，压减 76.67%。

（二）音像市场

1991 — 1993 年，市文化局直属的 15 个基层单位和局机关工会均开办了营业性音像放映点，市电影公司和群众艺术馆创办了音像发行站，城郊 4 区文化馆、文化站均先后开办了音像放映点或出租点。5 县市文化局所属的文化单位及乡（镇）文化站、村文化活动室（文化专业户），凡是有条件的均开办了音像活动。1993 年，全市文化系统有发行和出租点 34 家、音像放映点 132 家。在开展音像活动过程中，也曾出现一些偏差。少数单位放映或出租格调低下的音像制品，极个别单位还放映或出租黄色音像制品，均受到查处。1998 年 9 月，市广播电视局将其管理的 97 家社会音像经营单位，全部移交市文化局管理，其中放像厅 48 家，出租点 49 家。至 2000 年，全市有音像放映点 100 家，音像出租点 231 家，音像制品零售店 89 家，音像批发点 3 家。

（三）出版物印刷市场

1996 年，全市有印刷企业 446 家，其中书刊印刷厂 33 家。1999 年印刷企业发展到 486 家。后经清理整顿，验收合格的只有 393 家，其中印刷厂 188 家，打字、复印社 205 家。在印刷企业中符合出版物印刷条件的有 16 家，有排制版单位 7 家，有包装装璜许可证的单位 19 家。不少印刷企业投入大量资金改造设施、更新设备。一批印刷企业购置了电脑激光照排和 8 开、4 开、对开、整张胶印机及双色、4 色胶印机、大型轮卷印刷机等。市彩印厂与市外贸包装厂联合购置 3 台国产“海德堡”4 色胶印机，用于印刷高档香烟、名酒的包装袋（盒）。市印刷厂购置了 3 台“罗兰”“北人”4 色胶印机。20 世纪 90 年代末，全市购置电脑激光照排和胶印机等先进设备的印刷厂达 80 余家，印刷质量有了显著提高，居于全省先进行列，能承印各种要求高的悬挂商标、广告、画册和书刊。市彩印厂为云南设计印刷的“石林”“玉溪”品牌的包装烟盒（袋），被评为优质品牌；市印刷厂为长沙卷烟厂承印的“白沙香烟”包装盒，被省定为免检产品。

第二节　图　书

一　藏　书

（一）市级馆藏

1960 年 7 月，市图书馆成立，设市新华书店 4 楼。1962 年，市政府调拨七号路（体育路）原市第二文化馆 320 平方米房屋作馆舍，于 1964 年元旦正式对外开放，时有藏书 2.5 万余册。

“文化大革命”初期，市图书馆停止对外开放，工作人员为防止书刊遭洗劫，日夜守护，并将中共中央、国务院关于保护图书文物的通告张贴封门，使“红卫兵”未敢冲击，图书资料得以完好保存。1969年，市图书馆并入毛泽东思想宣传站。1971年5月，馆址迁株洲公园（神农公园）内，于7月1日恢复对外开放。1975年，市图书馆将全市基层200余个图书馆按地区、系统组成19个协作片。通过互教互学、馆际互借活动，实现资源共享。《人民日报》《光明日报》曾作专题报道，全国20多个省市图书馆派人前来参观学习。1977年10月，市委宣传部副部长兼文化局局长帅伯髦，应邀出席全国文物、图书馆工作学大庆会议，并介绍经验。

中共十一届三中全会后，市图书馆通过调整藏书结构，编制联合目录，开展课题调研和跟踪服务，编印《信息报》《实用技术快报》《星火信息》等资料，为工农业生产提供科技信息服务。1979年，市图书馆通过馆际互借，为国家第六机部608研究所提供国外科技资料，使该所成功研制出中国第一条面包自动生产线。1983年，市图书馆与长沙、湘潭图书馆共同组建“长株潭公共图书馆协作网片”，并与境内5县市组建了“株洲地区公共图书馆协作网片”，开展“读者工作优质服务竞赛活动”。1984年，市图书馆藏书已达30余万册。1985年6月，市图书馆倡议，由市科技情报所牵头，联合市内18家厂矿企业和科研单位的图书馆、情报室，成立“株洲市科技文献信息咨询服务联合体”，实行全市文献资源共享，受到文化部和国家科委的赞誉。

1986年9月26日，市图书馆新馆在中基洲对外开放。新馆为江南民间庭院式建筑风格，建筑面积达5126平方米，可藏书100多万册，辟有藏书室、阅览室和报告厅。1987年，市图书馆开展送书上门、预约借书、闭馆还书、延长开放时间等30项便民措施，当年借阅图书达16.5万人次，书刊流通达33.19万册次。

1988年，市图书馆举办“读者利用图书馆成果征集活动”。资料表明：前10年中，读者利用市图书馆提供的信息资料撰写专著45册，论文、译文1100余篇，获国家、省、市奖励科研成果110项，为国家创造财富2亿多元。同年年底，市图书馆被评为省“文明图书馆”，1989年5月获全国“文明图书馆”称号。

1990年，该馆有藏书36.5万册，藏书量为建馆初期的14.6倍。其中，普通中文图书29.87万册，古籍1.52万册，外文期刊9745册，报纸合订本1.38万册，期刊合订本1.88万册，中外文期刊549种，报纸105种。

从1992年开始，固定每年的5月最后一周为图书服务“宣传周”活动日。当年在茶陵县、酃县举办了“科技兴农”服务宣传周，发布各类科技项目新产品近百项。

为提升馆藏数量与质量，根据株洲市工农业生产特点，重点收藏了化工、机械、煤炭、有色金属、医药等类图书。其中入藏的各类检索性工具书就有1万余种，社会科学类与自然科学类的入藏比例约为3∶7。1991—2000年，随着社会修志、修史的形势发展，市图书馆对党史、地方志、年鉴、厂史、厂志、族谱、图谱等进行入馆，总藏量大幅增加。1998年，市图书馆购买多媒体电脑主机2台及3套数据库和子系统、30万张条形码，建立采访、编目、流通三大子系统，初步实现计算机管理。当年，被评为“国家一级图书馆”，两次被文化部授予“全国文明图书馆”称号。2000

年，该馆拥有藏书42.4万余册，居全省地市级图书馆第二位。

（二）县级馆藏

民国15年（1926），攸县建立中山图书馆，为境内创办最早的公共图书馆。该馆设县城中山堂内，藏有大量进步书刊，许多革命先辈、进步人士曾在这里寻求革命真理。民国19年（1930），醴陵县在青云山梯云阁建图书室，次年改称醴陵县立图书馆。民国23年（1934），茶陵县建恢公图书馆，民国25年（1936）更名为茶陵县立图书馆。

民国18年（1929），攸县、酃县、醴陵县先后建立民众图书馆。藏书以省政府颁发的《万有文库》为主。民国25年（1936）后，各县民众图书馆相继并入民众教育馆。民国38年（1949），各县民众教育馆相继停止活动。湘潭县株洲镇民众教育馆图书室藏书，因管理不善，所存无几。

中华人民共和国成立后，各县文化馆先后设立图书阅览室，负责图书、报刊的收藏和借阅。1956年3月，醴陵县率先建立图书馆。1976年，攸县、酃县、株洲县先后建立图书馆。1978年，茶陵县建立图书馆。至当年年底，5座县级图书馆总面积达1980平方米，藏书14.5万册。

中共十一届三中全会后，各县图书馆藏事业发展较快。1980年，醴陵县拆除旧馆，在原址重建1481平方米的新馆舍。此后各县相继新建馆舍。1990年后，各县市图书馆总面积达9308平方米，相当于1978年的4.7倍，藏书量达39.7万册。

（三）其他藏书

1.私人藏书　明清以来，朝野文人学士，私人收藏典籍世代相传。其私人藏书，大都只供本人及其子孙阅读，不公开对外借阅。明代，茶陵人陈宗说所建汲古楼藏书过万卷。清代，酃县人罗元贯家藏典籍过千册。清末，醴陵渌江书院末任院长吴德襄和举人文浚私人藏书较丰。吴德襄好研究学问，长于考证，常以俸银的一半购买图书，前后30年藏书5万余卷，多金石、文学书刊。吴晚年居王仙镇，藏书阁取名“太山石室”，并编有书目，1950年土地改革时，其藏书由醴陵县人民政府送省文史馆收藏。文浚的藏书量超过吴德襄，并多为国内孤本，后因开矿破产偿债，名贵书籍大半被长沙藏书家叶德辉购去，后落入日本人山本之手。

民国时期，天元区马家河一带文人藏书之风颇盛，其中罗达存、黎桐生等藏书较多（1960年市文化馆曾在马家河乡政府运回私人赠书《万有文库》等图书千余册，现藏市图书馆）。民国31年（1942），酃县民主同盟会成员戴德嵩，在家乡和合乡（沔渡）创办云锋图书馆，藏书2万余册。民国35年（1946），革命家张经武从延安寄回《新观察》《西北文艺》等进步书刊，充实云锋图书馆，供民众阅读，对启迪民众觉悟，传播进步思想，产生了积极的影响。民国37年（1948），该馆停办。

2.学校藏书　境内学校图书馆，发端于书院的藏书室和县学宫的尊经阁。南宋嘉定年间（1208—1224年），酃县台山书院设置藏书室。明清两代，攸县、茶陵县、酃县县学宫相继设尊经阁，各书院设藏书室。其图书或由上级颁发，或由地方捐赠，多为儒家经典、历史著作、名人文集，供教谕、生员借阅，不对民众开放。清末民初，书院先后改为学堂，原有藏书，屡经战乱，遗失殆尽。民国时期，设在茶陵县的湖南省路南师范学堂、省立二中、酃县县立初级中学等部分条件较好的中学，均设有图书室。

中华人民共和国成立后，各级各类学校不断发展，图书室也相应增加，市一中、二中、八中等中学图书馆，馆藏面积大都在100平方米左右，藏书在1万～4万册之间。高校、中专图书馆馆舍一般在1000平方米左右。至1974年城区中等学校图书室增至51个。20世纪80年代，一些中专和普通中学相继改图书室为图书馆。株洲市二中、省化学工业学校、株洲冶金工业学校、株洲铁路电机学校、株洲铁路机械学校等，都新建了馆舍，增添了设备。株洲铁路电机学校最早使用电子计算机进行检索、著录、统计。1988年7月，株洲冶金工业学校建成6350平方米的图书馆，藏书达22.2万册，设社会科学、自然科学、文学艺术3个外借处，是全省中专学校中规模最大的图书馆。1990年，全市共有中等学校图书馆（室）122所，藏书155.6万册。

境内高等院校图书馆出现较晚。随着1978年株洲基础大学创建和1981年中南林学院迁入株洲，连同株洲教师进修学院、省广播电视大学株洲分校和株洲职工大学的图书馆，方形成高校图书馆体系。1982年，中南林学院新建6084平方米的图书馆大楼，藏书近20万册。

3.科技藏书 20世纪50年代后期，株洲科技图书馆（室）兴起，“文化大革命”初期受到冲击，至70年代中期，城区各独立科研单位、厂办科研机构，共建成科技图书馆（室）71个。这些馆（室），按机械、冶金、化工、五金、电器等行业分成6个协作片，实行馆际互借、资料交换、技术支援、技术攻关、联合举办科技书刊展览、共同编制《株洲市外文期刊联合目录》和《株洲市工具书联合目录》以及其他专题目录，促进了科技交流。

20世纪80年代，科学技术愈来愈受到人们的重视，各科技图书馆（室）不断充实图书资料，积极为科研、生产提供信息，但原有的协作网片已不能满足信息时代的要求，1985年6月由市图书馆和市科技情报所倡导和组织，株洲电力机车厂、南方动力机械公司、株洲硬质合金厂、株洲车辆厂以及株洲电力机车研究所、航空航天部608所、株洲化工研究所、中南林学院等18家图书馆和情报所，联合组成株洲市科技信息咨询服务联合体，共拥有图书100多万册，期刊3800余种及一批内部情报资料，各类专业技术人员195人，翻译人员33人。联合体实行文献资源共事，文献信息和实用技术相互传递，产生了良好的经济效益。1990年，全市科技图书馆（室）达212个，藏书387.8万册。

4.工会藏书 1963年，全市有基层工会图书室12个，1966年增加到35个，“文化大革命”初期，图书室均遭破坏，图书资料损失较多。1971年，文化部门推广株洲冶炼厂、市灰渣砖厂等单位因陋就简建图书室的经验，实施“发动群众办、依靠群众管、组织群众看”的办法，图书室发展较快。1973年，城区278家大小工厂办起图书室。1975年，市图书馆将工会图书室按地区先后组成10个协作片，成立协作领导小组，通过以大带小，以老带新，开展评比检查，组织参观学习，提高了管理人员的素质。20世纪80年代，工会图书室受工厂经济条件制约，发展不平衡。1990年，全市有工会图书室310个，藏书94.1万册。

5.农村藏书 20世纪50年代初，农村掀起学文化热潮，相继建立读报组和图书室。1958年，人民公社纷纷建立图书室。60年代初，农村经济遇到困难，公社图书室大多停办。1965年开展农村社会主义教育运动和1974年“学小靳庄”时，农村图书室再度兴起，但因受经济条件制约，未能长期坚持开放。

中共十一届三中全会后，由于农村经济的繁荣，各乡镇农村图书室增多，藏书增加，管理日趋完善。1984 年 5 月，醴陵县浦口镇在境内率先建立第一个乡镇级万册图书馆。其后，茶陵县舲舫乡、酃县策源乡、攸县桃水镇和酃县水口镇，相继建起万册图书馆。随着农村经济的繁荣，带动了农民自费兴办个人图书室（屋）的热情，在一定程度上弥补了农村图书馆事业的不足，满足了部分农民文化生活的需要。20 世纪 80 年代后期，境内农村开始出现个体图书户和图书联合体。酃县沔渡乡回乡知识青年吴石牛创办利民图书室、酃县龙渣瑶族乡农民罗四维创办四维书屋、酃县城东乡退休干部吴霆山创办寿山图书室、酃县三河乡大坑村退休干部廖章友、退休教师廖华伟、廖成美等创办案山书屋和茶陵县尹东明创办东明书屋、茶陵县洣江乡大州村彭雅笙创办家庭图书室和茶陵县八团乡向阳村农民邹贵福兴办近千册藏书的家庭图书室以及醴陵市东富乡文发族等 3 名青年联合开办的芷江学社，都办得有特色。个体图书户藏书，多系连环画册、期刊、通俗小说，借阅方便，图书更新快，收费低廉，颇受农民欢迎。芷江学社藏书 4000 余册，除开展借阅活动外，还举办学习班，相互交流学习心得，受到省文化厅奖励。20 世纪 90 年代后期，全市农村共有图书馆（室）467 个，藏书 124.3 万册。

二　发　行

（一）新华书店发行

清末、民国年间，境内图书发行，皆由私商经营。中华人民共和国成立初期，醴陵县、攸县、茶陵县、酃县相继建立新华书店。1950 年 5 月，湘潭县新华书店在株洲镇开设分店，租赁建宁街余太华金号作为店址，于当年 8 月 19 日营业。1951 年，株洲镇分店划归株洲市。4 月，改属省新华书店管理，成为省属支店。为配合土地改革、镇压反革命、“三反”“五反”和抗美援朝运动，株洲支店先后组织供应各类图书达 55.5 万册。1952 年，发行图书 20 万册，金额 4.2 万元，与 1950 年相比，分别增长 50% 和 95%。但在经营上，利用行政手段强迫摊派购书，致使烂账 5000 余元。1953 年，检查和纠正强迫摊派的作法，开始执行计划发行。1954 年，根据面向生产、加强科技图书发行的要求，株洲支店在湘江机器厂、田心机车厂、株洲车辆厂、株洲冶炼厂等处建立售书点，受到工矿企业的欢迎与支持。同时，为弥补发行网点的不足和提高服务质量，组成流动服务队为企业、机关、学校的图书馆（室）和科技人员送书上门，并在职工中开展“为读者找书，为书找读者”的竞赛活动，增加邮购代办、电话购书、新书预约、缺书登记、图书配套等服务项目。1956 年，株洲支店的人事、业务、财务，又移交给市文化行政部门管理，纳入地方计划和预算。1957 年，发行图书 86.4 万册，销售金额 22.3 万元，较 1953 年分别增长 282.8% 和 267.6%，平均年递增 38.4%。

1958 年 7 月 1 日，新华书店株洲支店更名为株洲市新华书店。1958 — 1960 年上半年，受浮夸风影响，片面地追求发行数量，调进大批 64 开小册子和单张歌片，造成严重积压，直接经济损失 3 万余元。1960 — 1962 年，贯彻“调整、巩固、充实、提高”的方针，对 1959 年以后陆续建立的发行网点进行调整撤并。7处公社书店除2处保留外，其余与当地供销社合并，由供销社兼营；城区7处厂办书店全部撤销，同时开展收售旧书业务，在一定程度上缓解了因图书发行量不足而引起的供需矛盾。

从1963年1月1日起，新华书店实行业务以省店为主，干部管理教育以地方文化行政部门为主，财务由省店统一管理的双层管理体制，并先后在董家塅、清水塘、田心、宋家桥、贺家土、响石岭、铜塘湾、火车站开设8个门市部。1963 — 1966年，吸取“大跃进”期间的教训，端正经营方向，重视发行质量，成立农村服务组，在郊区建立10个售书点，加强农村发行工作以及城市科技书籍的发行。1966年，农村销售图书83.7万册，较1964年的13.8万册增长5倍；城市图书销售额走出低谷，较1962年增长1.25倍。

“文化大革命”初期，市、县新华书店财权移交地方管理，书店的领导班子、发行队伍、业务秩序和规章制度统统被打乱，经营性亏损严重。1968 — 1969年，市店发生经营性亏损1万余元。1970年，封存处理图书17.85万余册，损失1.18万余元，但配合政治运动发行的图书却大量增加。1966 — 1970年，市店发行毛泽东著作329万册，城区人平4.5册，毛泽东单张《语录》197万张，有关“文化大革命”的“社论”“文选”1300多万册。1974年起，全省新华书店的财务、业务恢复由省店统一管理，而人事权仍归地方管理。1978年，市新华书店在新华西路新建发行大楼，建筑面积达1万余平方米，其中营业面积4400平方米、仓储面积3286平方米。

中共十一届三中全会后，市县新华书店把工作重点转移到进销业务上来。1978 — 1990年，市店平均每年售书453.9万余册，销售金额年均348.5万元，年均递增17%，为建店40年来经济效益最好的时期。1990年，市新华书店图书发行量由建店初期的14.6万册、2.2万元增加到398万册、716.5万元，平均年递增15.7%；全市新华书店销售图书2147万册，销售金额2123余万元。

1994年12月，市店将新华西路的营业大楼交由房地产公司拆除重建。至1997年12月，建成1万余平方米的图书超市，营业面积2500平方米，办公、仓储面积2300平方米。2000年，市新华书店除中心门市部外，辖董家塅、清水塘、田心、宋家桥、贺家土、响石岭、火车站7个分支网点，并对5个县市新华书店的人财物实行垂直管理。市店还开通了电子商务经营模式，成为全省首家用电子商务经营、全国第五家开通网上购书业务的书店。同年9月2日，市店中心门市部创下日零售图书额10多万元的历史纪录。当年，全市书店系统共实现销售收入1.12亿元，创历史新高。

（二）其他发行网点

1.私营书店、个体书店书摊 1949年前，株洲镇的私营书店有株洲书局、富文书局、吟章书店、美光华书店等，以经营文具纸张和印刷练习本为主，兼营一些图书和小唱本。

1950年，专营文具纸张的美光华书店，归口商业部门。株洲书局、富文书局等停业，店主另谋职业。同年，株洲新华书店根据对私营工商业“团结、利用、限制、改造”的政策，组织红星、吟章两家书店联合发行中小学生课本。1954年，市新华书店遵照“统筹兼顾、全面安排”的方针，与红星书店建立经销关系，使其与私营出版和批发商割断联系，逐步纳入社会主义轨道，营业额逐月上升。1955年，新民纸张文具店与市新华书店建立经销关系，同年12月转为公私合营，在火车站增设 1 处门市部，为方便旅客买书，每天营业时间到晚上 11 点。

1956 年，公私、合营书店全部过渡为国营新华书店门市部，城区已无私营书店。

1982 年，全国图书发行体制改革，由新华书店独家经营变为多种经济成份、多条流通渠道、多种购销形式的图书发行体制，私营书店、个体书店书摊消失 20 多年后又应运而生，并得到迅速发展。1990 年，城区有私营书店、个体书店书摊 62 户，其中经营图书零售和专营图书出租的各为 31 户。位于南区建设南路的教育书店，是规模较大的个体书店，有流动资金 3 万余元，雇工 6 人，每月营业额达 2 万余元。

1991 — 2000 年，图书个体经营户发展迅速，但其经营内容和方式没有固定模式，多数经营户以零售或出租为主，也有部分经营户兼营批发。1997 年，市彩印厂在其 2 楼创办“株洲书城”，到 1998 年 8 月，书城经营面积达 2000 多平方米，经营摊位 131 个，从业 200 余人，其中 90% 是下岗工人，年营业额最高达到 7000 余万元。2000 年，市区有个体书店书摊 200 个，且经营逐渐上了规模和档次。“先知书店”“求索书店”等部分个体经营户还改变单一零售模式，增设租借摊、阅览室、发放租书证和连锁经营等。

2.农村发行点　农村集体书店主要为农村供销社和公社书店。1956 年 1 月，根据文化部和全国供销合作总社《关于加强农村图书发行工作的联合指示》，新华书店株洲支店与市供销合作社联合共同建立发行网点。除发行课本外，农村图书发行工作全部由供销社负责，书店派 1 名工作人员进行业务指导。1959 年，市新华书店在从长沙、湘潭、醴陵等县新划入株洲的 28 个公社中，建立公社书店 13 处、代销点 2 处，后因人员、资金、设施等问题无法解决，于 1962 年全部撤销，业务统归供销社负责。据市郊供销社统计，1962 年后农村图书发行点由 2 处增加到 13 处。1980 年后，农村发行点只保留 9 处。

第三节　戏　剧

一　剧　种

境内戏剧剧种主要是歌剧、湘剧和花鼓戏。明清时期，戏班主要利用寺庙作为演出场所，有的祠堂、会馆也筑戏台。民国时期，境内出现有观众座席的戏院，但设备较为简陋。中华人民共和国成立后，戏剧主要在剧院、影剧院及厂矿企业俱乐部等场所演出。

（一）歌　剧

20 世纪 30 年代，歌剧始传入湖南。1930 — 1934 年，酃县、茶陵县等革命老区曾有歌舞队演出小型歌剧。

1959 年 4 月，市文艺工作团成立。该团以建筑部歌舞团来株洲市劳动锻炼的 21 名演员、乐手为骨干，吸收本市基层文艺积极分子等 45 人组成。成立初期，就编排上演了大型歌剧《苦菜花》。1961 年 11 月，更名为株洲市歌舞剧团。1959 — 1964 年，该团上演过《洪湖赤卫队》《红珊瑚》《刘三姐》《三月三》《年轻的一代》等歌剧 31 个。至 1964 年年底，该团上演大型现代歌剧《江姐》就多达 257 场，该剧还赴湖北、广东等地演出，深受当地观众欢迎。

“文化大革命”初期，剧团停止演出。1970 年，市歌舞剧团与市湘剧团、花鼓戏剧团合并为市文艺工作团，设歌舞剧队。1972 年，歌舞剧队上演创作的小型歌剧《送货路上》，受到好评。后该剧改编为花鼓戏参加全省会演和晋京演出，并拍成舞台剧搬上银幕，全国不少剧种也移植该剧本上演。

1979 年 7 月，市文艺工作团撤销，恢复市歌舞剧团。1980 年后，“戏剧热”开始降温，演出处于低谷，但市歌舞剧团仍坚守歌剧阵地。1985 年，轻歌剧《小巷歌声》上演，受到年轻观众的喜欢。该剧先后参加“株洲金秋”、全省歌剧调演及中国歌剧研究会举办的歌剧交流演出。1988 年 9 月，应文化部和中国歌剧研究会邀请，《小巷歌声》晋京演出，被贺敬之誉为“与青年观众直接对话的好歌剧”。

1989 年，排演的歌剧《从前有座山》，参加了湖南省庆祝建国暨湖南和平解放 40 周年新剧目调演，获得 11 个奖项。1990 年 11 月，该剧参加文化部在株洲市举办的全国歌剧观摩演出，获 6 个奖项。

至 1991 年，市歌舞剧团共演出大小剧目 200 余个，其中 80% 为该团独立创作。歌剧《江姐》先后 3 次上演，共演 634 场。

1992 年，自创歌剧《从前有座山》应文化部和中央民委邀请，赴昆明参加第三届中国艺术节演出，成为该艺术节中唯一的一台歌剧。当年，该团还创作了工业题材的歌剧《有惊无险》、移植花鼓戏《为了您的幸福》等剧目，在境内厂矿及河南等地演出。

1995 年，为宣传党的好干部孔繁森，创作了大型歌舞剧《孔繁森之歌》，在株洲城乡巡回演出 42 场。

1997 年，为贯彻“三个代表”重要思想，用先进文化感染观众，创作反映“再就业”题材的歌剧《又见梅花开》，在本市巡演 20 场后，参加了 9 月在长沙举行的全省新剧目调演，荣获“田汉新剧目奖”。

2000 年 10 月，《沥沥太阳雨》参加了在株洲举办的湖南省第三届新剧目调演，获“新剧目一等奖”和 12 个单项奖，并确定为 2001 年湖南省“隆重纪念建党 80 周年优秀剧目展演”的压轴戏。

（二）花鼓戏

花鼓戏在株洲一带原为民间小剧种。清代中期，为小丑、小旦演唱的“二小戏”，俗称地花鼓。花鼓戏经长时间演变，同时受湘剧等地方大戏影响，逐渐形成多角色的大本戏。湖南花鼓戏原有 6 个流派。流行于株洲、醴陵的属长沙花鼓，流行于茶陵、攸县、炎陵县的属衡州花鼓。境内专业花鼓戏剧团有 20 世纪 50 年代建团的攸县花鼓戏剧团、炎陵县花鼓戏剧团、醴陵市花鼓戏剧团。后各流派相互交流演出，逐渐形成共同风格，以其语言生动，通俗易懂，乡土气息浓郁，为本地群众所喜闻乐见。

1956 年 6 月，由湘潭迁来的湖南新民花鼓戏剧团在株洲定点登记，更名株洲市新民花鼓戏剧团，属民营剧团。该剧团除演出《扯笋》《刘海砍樵》《扯萝卜菜》等传统剧目外，还创作演出《同心同德》《神水曲》《革命家庭》《为钢而战》等现代剧目。1958 年，市新民花鼓戏剧团定名株洲市花鼓戏剧团，并移植上演花鼓戏《三女抢板》，连场满座，时任国务院副总理兼国防部部长彭德怀、湖南省委第一书记周小舟等领导看后，倍加赞赏。应中共中央邀请，1959 年元旦该剧在北京怀仁堂演出，周恩来、贺龙等中央领导上台接见演员并合影留念。

20 世纪 60 年代初，剧团坚持上山下乡巡回演出。1962 年，到南县、澧县等湖区一带巡回演出 595 场。1964 年 9 月后，停止古装戏演出，上演现代花鼓戏《三里湾》《杜鹃山》《李双双》《箭杆河边》等。“文化大革命”初期，剧团停演。1970 年，合并成立市文艺工作团，设花鼓队，上演花鼓戏《沙家浜》等现代剧目。

1985 年，该团改革经营管理体制，相继上演该团整理改编的古装戏《放风筝》和创作的现代戏《拦车》《竹叶和她的雇工》《为了您的幸福》等，参加省、市调演。1988 年，以宣传道路交通法为内容的大型现代花鼓喜剧《为了您的幸福》演出超过百场，省公安厅推荐该剧到全省各州市演出。至 1990 年 6 月，该团累计演出 568 场，观众达 70 多万人次。被省文化厅授予“湖南省好剧团”称号。

1991 年年初，市花鼓戏剧团响应文化“三下乡”的指示，深入厂矿企业及周边农村进行慰问演出。5 月 14 日，应文化部邀请，该团携《拦车》《杀嫂》《小砍樵》3 出小戏晋京演出，展示湖南花鼓戏的艺术精华。

1993 年 11 月，应中国戏曲现代戏研究会之邀，选调该团创作的大型现代花鼓戏《红藤草》赴武汉参加第十一届研究会年会的观摩演出。

1994 年 1 月，由市花鼓戏剧团组成春节慰问团，携大型花鼓戏《珍珠塔》赴醴陵、攸县、茶陵、酃县慰问演出，深受广大农民观众的好评。当年，市委、市政府首推炎帝节系列文化品牌。为迎接全省公祭炎帝陵活动，该团从年初就开始创作、排演大型歌舞剧《炎帝祭》，并于 9 月 16 日首演。10 月 18 日赴长沙参加湖南省新剧（节）目会演，获“会演剧目奖”。

1996 年年初，省委宣传部授予市花鼓戏剧团原创剧目《红藤草》为“五个一工程”奖推荐剧目。1997 年 5 月 7 日，《红藤草》在北京民族文化宫演出，5 月 9 日又在中南海进行了汇报演出。中央电视台 3 次播出该剧的演出录像，并获全国第十届“五个一工程”奖入选剧目。

1999 年 1 月，新创剧目《太平村的锣声》在省政府礼堂公演，并先后到市区及辖内县市进行巡回演出。2000 年 6 月，该剧参加湖南省新剧目调演，获“优秀新剧目”奖。

（三）湘 剧

湘剧是境内流传较早的地方大戏，是一种由外地传入的高腔、昆腔、弹腔、低牌子与乡土语言、民间音乐相结合的多声腔剧种。清末民初，湘剧被视为正戏，可以在城镇庙台、戏院演出，盛行一时。

1954 年茶陵县最先成立专业湘剧团。1956 年 6 月，长沙艺文湘剧团在株洲市定点登记，改称株洲市艺文湘剧团。1959 年，定名株洲市湘剧团。该团除上演《牛头山》《李三娘》《琵琶记》《天门阵》《连环计》等传统剧目外，还移植新编《祝融峰上红旗飘》《辛弃疾》《牛头寨》《琼花》《张思德》等剧目，用老调唱新戏。

1960 年后，根据剧团女演员多且年龄偏大的状况，采取师傅带徒弟的方法培养演员，更新队伍。1963 年，青少年演员占到全团人数的 57%。

“文化大革命”初期，市湘剧团部分演员学演样板戏《红灯记》《智取威虎山》等剧目。1970 年，市属三剧团合并成立市文艺工作团，湘剧团与花鼓戏剧团人员组成花鼓戏队，以后湘剧演员逐渐改演花鼓戏。1979 年 7 月，市文艺工作团撤销，市湘剧团未恢复。

二 剧目管理

民国时期，国民党湖南省党务指导委员会曾提出“改革戏剧，使戏剧党化”，规定无论新旧剧目，“凡违反本党主义政纲政策”均不准演出。民国 23 — 24 年（1934 — 1935），湘潭县公布禁演或“改良”湘剧剧目 48 个，其中包括《新花狐》《顺治门》《女过关》《酒色财气》等剧目。花鼓戏剧目则一概视为“淫戏”，予以禁止，甚至抓捕艺人，关闭戏院，使花鼓戏备受摧残。

中华人民共和国成立后，人民政府重视戏曲改革。1951 年，市、县文教科根据国务院《关于戏曲改革工作的指示》，委托文化馆及戏剧改革小组，负责剧本的改编、移植和创作，规定凡专业剧团演出的剧目都应慎重选择，对过去的古装戏须经改编方能上演，对宣扬封建迷信、色情、凶杀、恐怖等不健康剧目，如《正德游龙》《十月怀胎》《池塘洗澡》等剧目一律禁止演出。

1961 年 10 月，市戏剧工作室成立，负责组织和辅导全市剧目的整理、改编和创作。1964 年，中共中央号召大演革命现代戏，停止演出古装戏。当年 9 月，市属剧团全部停止古装戏的演出，文化行政部门积极组织各专业剧团学习演新戏，一时间《打铜锣》《补锅》《李双双》等现代戏剧目流行境内城乡。“文化大革命”期间，剧团学演“样板戏”，戏剧创作一度受到冷落。

1976 年后，恢复传统剧目的演出，城乡文艺舞台十分活跃。但在部分农村，一些早被禁演的剧目又悄悄搬上舞台，造成不良影响，文化行政部门及时予以纠正。1978 年，市戏剧工作室着手抓剧目的辅导工作，通过举办学习班、出版刊物、召开戏剧年会、座谈会等，使剧目管理出现好的势头。1981 年，出版《株洲新剧作》期刊，发表本市作者创作的剧本 31 个。

1984 — 2000 年，各专业剧团积极上演自创作的剧目，先后创作上演的优秀剧目有：花鼓戏《拦车》《竹叶和她的雇工》《勾心斗“鸽”》《千古一丐》《红藤草》《为了您的幸福》；湘剧《兰钏记》《玉姑》；歌剧《小巷歌声》《从前有座山》《天路》《又见梅花开》《有惊无险》；音乐剧《三毛学生意》《大桥下面》；电视剧《城里人，乡下人，外国人》；广播剧《孔繁森的故事》《生命之歌》；歌舞剧《炎帝祭》《孔繁森之歌》等。

第四节 电 影

一 放 映

民国 15 年（1926），攸县福音堂的外籍牧师用无声电影传授圣经，为境内电影放映之始。民国 23 — 37 年（1934 — 1948），长沙大华影业公司、中国国民党湖南省党部执委会电影教育宣传队、省教育厅巡回电影教育队、省农民教育馆电影教育队、省会电影队，偶尔在醴陵、酃县、茶陵等地放映无声和有声电影。

中华人民共和国成立后，电影由国家经营，电影在境内城乡迅速普及。

1950年，株洲铁路工厂购置电影放映机在厂内放映，是境内首家放映电影的单位。1951年，331厂购置35毫米放映机2部、16毫米放映机1部，逢重大节日或假日在露天放映，16毫米机在文娱室为苏联专家放映。同年，市政府投资兴建城区第一家电影院——株洲人民剧院，有座位947个，其中楼座245个。1952年春节前一天，人民剧院举行首映式，放映苏联故事片《沙漠苦战记》，全城轰动，争相看"洋戏"。当看到汽车对自己开来、子弹对准自己射击时，观众一片惊慌，有的躲在座位下面，有的往场外奔逃。退场时，有些观众抚摸着银幕，好奇地问剧院人员：这么多军队到哪里去了？觉得不可思议。人民剧院建院初期，因城区人口少，加上群众生活尚处在困难时期，上座率低，剧院入不敷出，只好在机关、厂矿、居民中组织基本观众，每人每月交人民币0.2元，发电影票4张，票款由单位财务或居委会按数代收，最多时每场观众达2000余人。

1953年9月，人民剧院由市政府收回作礼堂，市财政拨专款3万元修建全市第一家专业电影院——株洲人民电影院。影院投入使用后，把原来的提包放映机改为上海产黎尔雅座机，光线比提包机亮得多，但电压不稳定，放映员就把通电的电线浸泡在两口大盐水缸内，使其稳压，提高了放映质量。影院除分组分片组织观众、送票上门外，还在火车站、株洲饭店设电影流动售票窗口和宣传栏，院内设托儿间、小件寄存处方便观众，上座率逐渐上升。1954年，放映国产片《智取华山》，4天放映15场，场场爆满，观众超过上万人次。

1954年3月，市政府争得省文化厅投资，在何家坳新建株洲电影院，组织市总工会在奔龙山下新建工人文化宫放映场。1955年，醴陵县成立境内第一个县办农村电影队。至1962年，城区放映单位增至27个，为1952年的9倍，全年放映电影7465场，观众590万人次。同年，331厂购进宽银幕镜头，成为境内最早能放映宽银幕电影的单位。至此，醴陵县、攸县、茶陵县、酃县4家县城电影院也相继成立。

"文化大革命"期间，大批影片遭禁映，出于政治宣传需要，电影院只能放映一些应时的新闻纪录片和《红灯记》《沙家浜》等8个"样板戏"及《地雷战》《地道战》《南征北战》11部影片，影院放腻了，观众也看腻了，境内电影出现放映史上空前的单调和萧条。

1972年，株洲县第一家影剧院渌口镇渌江影剧院建成。1979年1月，酃县水口镇建成35毫米放映机电影院，成为境内第一家集镇电影院。同年8月后，响应省文化局发展农村集镇电影院的号召，全市农村集镇兴起集镇办电影院热。

20世纪70年代末，城区因厂矿企业放映单位成倍增长，使放映网点增加到101个。形成以专业电影院和影剧院为骨干、厂矿企业俱乐部为主体，与醴陵县、攸县、茶陵县、酃县、株洲县等6家县城电影（剧）院共同构成境内城镇电影放映网络。这一时期，由于《燎原》《怒潮》《雷锋之歌》《吉鸿昌》《陈毅市长》《高山下的花环》等50多部"解禁"影片，加之引进100多部欧美影片，让观众耳目一新，上座率激增。1979年，城区放映40756场，放映场次比1965年净增33291场，观众上座率达到82%，由590万人次增至3371万人次，净增4.7倍；全年人均看电影60.9场，发行收入达152万元，各项指标均创历史最高纪录。

20世纪80年代，电视机进入普通百姓家，多数居民可以坐在家里观看各种文艺节目，电影上座率逐渐下降。1985年，城区放映场次比1984年减少2319场，观众减少262万余人次。1984—1985年，人民电影院连续出现亏损，株洲县渌口镇及朱亭镇、三门镇影院由盈变亏，攸县有的集镇电影院观众锐减，全市电影放映进入低谷。面对电影上座率不断下滑的严峻形势，各家影（剧）院进行内部管理改革，全面改善和更新基础设施，努力开发新项目，为全市电影事业走出低谷注入了活力。

1988年，市文化局与所属各国营影（剧）院签订为期3年的经济承包合同。当年，城区放映单位共完成发行收入134.5万元，比1979年增加29.2%。同年，株洲电影院又投资35万元改造观众厅，更新放映设备，成为全市第一家立体声甲级电影院。1989年，天桥影剧院被广播电影电视部授予“全国电影发行放映先进集体”称号；酃县湘山电影院被省文化厅授予“全省电影发行放映先进集体”称号。

1990年，全市有城镇电影院18家；城区有放映电影的厂矿俱乐部73个；农村放映单位356个，平均3.3个自然村有1个电影放映队。当年全市放映100301场，观众4556.76万人次。

1991年，全市有各类放映单位762家，其中35毫米放映单位70家，16毫米放映单位443家，8.75毫米放映单位249家。随着文化市场的不断繁荣，竞争进一步加剧。设施差、设备落后的放映单位，一部分通过改造设施、更新设备后，继续发展。年底，8.75毫米放映单位全部被淘汰。还有部分35毫米和16毫米放映单位也退出了历史舞台。1999年，全市农村就放映电影30123场，观众达1204.92万人次，村平13.96场，超额完成文化部提出的村平放映12场的任务。至2000年，全市共计有放映单位54家，比1991年大幅减少，其中35毫米放映单位34家，16毫米放映单位20家。放映场次3641场，观众16.27万人次。

二 发 行

1951年2月，株洲市首次放映电影，影片由中国影片经理公司中南区公司长沙办事处供应。此后城区电影院和厂矿俱乐部相继成立，影片由省电影公司长沙市公司发行。1962年1月，市电影公司成立，负责市区27个放映单位的影片发行和放映管理。

1963年3月，市电影公司改为电影管理站，影片由长沙市电影公司代理发行。1969年5月，市电影管理站并入毛泽东思想宣传站，设电影发行组。同年6月1日，恢复影片发行，供应37个放映单位的影片。1971年8月，电影组改为市电影发行站。1973年5月10日，市电影发行站改为市电影发行放映公司。1980年，市电影发行放映公司改名湖南省电影发行放映公司株洲分公司，为省公司派出机构。1988年6月，株洲分公司再改为株洲市电影发行放映公司。1990年，公司有库存35毫米影片680多部，16毫米影片4870多部（含县）。

1991年，全市有电影发行放映管理机构11家，其中市级公司1家，县市级公司5家，区（县）级管理站1家，县属区片站4家。随着改革的不断深化，对部分电影发行放映单位进行调整。1999年，醴陵市、攸县电影公司将其所属的4个区片站撤销。至2000年，全市有电影发行放映管理机构7个。

电影发行，原则上按全省统一计划进行。市公司对放映单位首轮新片按计划排映，复映片自由选排。发行任务，以计划管理为主。市文化局根据省公司下达的工作日、场次、观众人次、放映收入、发行收入5大指标，按城市专业影（剧）院、厂矿企业俱乐部、各县市公司3个层次，并参照经济条件、人口数量、放映单位多少等因素下达业务计划指标。

发行收入，主要是两种：一是分成制；二是片租制。1983年，市电影公司在全省率先对厂矿放映单位的片租制改为分成制和试行承包制。1984年，对全市36个放映单位实行承包制，当年全市发行收入达205万元，比1982年增长49%。这项改革措施，使株洲市电影发行经济效益出现转机，发行收入连年稳步增长，改变了自1980年以后业务指标连续下降的局面。1988年后，部分放映单位推行发行收入目标管理或经营承包制，超收实行达标奖励，进一步调动了放映单位的积极性。1990年后，全市执行等级票价制，按等级确定分成比例，基本理顺发行收入经济关系。对质量高、内容好、影响大、收益好的影片，扩大宣传范围，提高影片上座率。1991年，影片发行收入达到历史最高，为396.36万元。1998年，将竞争机制引入重点影片的发行放映中，9月12日首次对影片《红色恋人》放映进行公开招标，以发行收入3万元为标的，最终株洲文化娱乐中心以5万元标出，高出底标66%。而2000年的发行收入下滑至75.03万元。

电影票价，由省物价局、省文化厅具体制定。20世纪50 — 80年代初，基本上是30年“一贯制”。城区各电影院、影剧院，执行统一票价，不分等级；县电影院票价略低；厂矿企业俱乐部执行片租制，票价自行确定。首轮片票价，普通银幕城区0.20元，县院0.15元，厂矿俱乐部0.10元；宽银幕0.25元。复映片比首轮影片低0.05元。电影院与发行部门分成比例，普通银幕为5：5，宽银幕为4：6。80年代初，电影票价相继作了一些调整和改革。对部分影片实行浮动票价，在原基本票价的基础上，向上浮动0.1～0.3元，最高浮动0.5元。1986年后，调整基本票价，并执行等级票价。基本票价，甲级电影院0.5元，乙级电影院0.4元；优座优价，甲乙座票价相差0.05元。从1990年下半年起，城区厂矿企业放映单位也开始执行等级票价和等级分成。对内俱乐部，甲级35：65，乙级32.5：67.5，丙级30：70。对内俱乐部，基本票价比专业电影院低0.05元。1993年，随着物价上涨，放映成本大幅提高，市电影公司对票价进行了调整，主要是针对国产影片，票价提升在50%左右。自1995年开始，放映进口大片，其票价在原有基础上再上浮50%左右。在票价调整中，坚持按照市场化运作，影院条件越好，票价越高；座位条件不同，票价不同，一般2人包厢票价在30～50元。

第五节　文物、名胜

一　名　胜

（一）炎帝陵

史传炎帝南巡途中，误食断肠草而崩，葬“长沙茶乡之尾”，即今炎陵县城西南17千米的鹿原陂。陵座北朝南，依山傍水。西汉末，战争连绵，世人担心掘陵，曾一度将其填平。晋代，陵恢复，医家皇甫谧并将其葬地载入所著《帝王世纪》中。唐有奉祀。五代，天下分裂，陵迹近于湮没。宋太祖登基，遣使遍访古陵，遂于乾德五年（967）在鹿原陂觅得，并立陵庙，置户守灵。自宋代始，除元代无记载外，历代王朝均设户守灵，修葺陵庙。明洪武三年（1370）、嘉靖三年（1524）、万历四十八年（1620）三次较大规模修葺陵庙，其中嘉靖三年撤除原庙，建“圣容殿”等，使庙宇始具规模。清雍正十一年（1733），按帝王陵庙格式重建，形成前三门、行礼亭、正殿、陵墓四进格局。清道光十七年（1837），按雍正十一年（1733）格局扩大重建，所有建筑覆盖琉璃瓦，祀像改帝王衣冠为普通衣裳，衣领及腰缀树叶数片，手持谷穗一束。民国 12 年（1923），省政府拨款 500 元修葺陵庙。民国 27 年（1938），酃县政府委派守陵者 2 名，月拨稻谷 1 石。民国 29 年（1940），省主席薛岳主持再修，并接通公路。

1954 年除夕之夜，香客祭祀不慎失火，主殿、行礼亭焚毁。1956 年 7 月，省人民委员会颁文列炎帝陵为省级文物保护单位。“文化大革命”期间破“四旧”，幸存建筑悉数被夷平，陵墓落荒。自 1986 年 6 月始，重建陵庙。至 1988 年 10 月竣工，11 月正式对外开放。重建的陵庙，按清皇宫建筑格局布置。共分五进，沿南北轴线布列。第一进为午门，左右分列戟门和掖门；第二进为行礼亭，中间立时任中共中央总书记、国家主席、中央军委主席江泽民题写的“炎帝陵”陵款。两厢为碑房，置历代告祭文碑。横匾“民族始祖光照人间”，系时任全国政协副主席周培源书；第三进为正殿，重檐歇山顶。横匾“炎黄子孙不忘始祖”，系时任中共中央纪律检查委员会第一书记陈云书。炎帝塑金雕像垂堂高坐，宝龛上书“齐天鼻祖”。殿内 30 根花岗岩柱，直径分别为 0.64 米和 0.58 米，其中 4 根高达 12.8 米。所有木制构件遍绘金龙，更添磅礴飞动气势；第四进为墓碑亭，四角攒尖顶，内置时任中共中央总书记胡耀邦题写“炎帝神农氏之墓”汉白玉墓碑；第五进为墓冢，在墓碑亭后为修复后的炎帝陵墓，封土高 4.75 米，围长 87 米。

陵墓周围有圣火台 、神农大殿、朝觐广场、祭祀广场、白鹭亭、崇德坊、龙垴石、龙爪石、洗药池、邑有圣陵等自然和人文景观。1996年11月，炎帝陵被国务院列为全国重点文物保护单位。1997年6月，中共中央宣传部将炎帝陵列为全国百个爱国主义教育基地之一。

（二）空灵岸

又名观音岩，位于株洲县城渌口南 5 千米的湘江西岸霞石埠，是湘江著名风景地之一。

空灵岸最早见之于史籍是郦道元的《水经注》，称空泠峡；而后有《梁书》称空灵滩，《一统志》称空灵岸，《十道四番志》称空灵滩。

唐大历四年（769），诗人杜甫以“老病孤舟”，溯湘江而南，途经空灵岸，写下《次空灵岸》诗，赞叹“空灵霞石峻，枫栝隐奔峭，青春犹无私，白日亦偏照”，“可使营吾居，终焉托长啸”，空灵岸因此名声大起。清嘉庆九年（1804）修杜公亭于岩左，道光十五年（1835）修建楼阁扩大规制，光绪五年（1879）乡人募捐修葺。当时，除观音寺外，还有杜甫草堂、长啸楼等建筑，后彭玉麟赠梅花书画一幅，人们将其镌刻于石，谓之“梅花石”，并建梅花阁。

1911 年、1935 年、1958 年又三次对空灵岸进行修葺。1968 — 1970 年间，空灵岸被毁，连雄伟的石狮头也被炸。1987 — 1990年间，株洲县政府接受湘籍台胞唐应涛先生组织的海外个人捐款，先后修复了空灵岸山门、石壁栈道、三圣殿、大雄宝殿等，中共中央政治局委员、国务院副总理方毅题写“空灵岸”匾额，全国政协副主席、中国佛教协会会长赵朴初题写“三圣殿”匾额。

（三）西　山

为醴陵市城郊渌水西岸一座秀丽的山峰。唐以来，西山人文景观荟萃，名播遐迩。

西山建有红拂墓、宁太一墓和左权将军纪念碑。红拂墓位于西山北。红拂，相传原为隋相杨素侍姬，后嫁李靖，姓张名出尘。唐初，随靖南平桂岭，驻军醴陵，染疾而亡，因葬西山。现墓为民国13年（1924）重修，墓碑正面刻“红拂之墓”，左右有对联曰：红拂有知应识我，青山何幸此埋香。墓旁原建有四角亭一座，名曰“惜红亭”，山腰有靖兴寺、渌江书院、宋名臣祠等古建筑。其中渌江书院系历史上知名学府，清末名将左宗棠发迹之前即执掌该院。书院大门前有一株大樟树，亭亭如盖，相传系唐代所植。

（四）司空山

位于攸县县城东北25千米的凉江乡阳升观村，原名麒麟山。相传南朝齐明帝年间（494 — 498年），司空张岊举家隐居于此，筑坛朝斗、结庐修道，后功就道成，白天升举，羽化成仙，自此人们便改麒麟山为司空山。唐天宝七年（748），玄宗敕令建观，赐名朱阳观。宋政和三年（1113），徽宗派员复修观宇，赐名阳升观。全观由西川门、戏台、内院、铺屋、山门、宗师房、前殿、司空殿、三清殿、夫人庙、王书宫组成，占地3000多平方米。

司空山层峦叠嶂，醴泉清冽，周围有36峰，18溪、11洞、13涧，奇峰异景聚驻。矗立在司空山右口的朝斗石，相传是司空当年朝斗、弈棋处。它厄立在危崖峭壁边缘，看似摇摇欲坠，然而却稳如磐石。山下有司空炼药池（又名“浴丹池”），是一块红石凿成，方广丈余。

历代在司空山建造了许多道教建筑，有15观、16庵、12亭馆、2寺、2书院。现存只有阳升观。1984年10月23日，市人民政府公布阳升观为市级文物保护单位。

（五）云阳山

云阳山位于茶陵县城西5千米的洣水河畔。其峰连七十二，方圆35千米。《史略循蜚记》说云阳山乃少昊氏的墓葬处。宋著名诗人黄庭坚曾到云阳山探幽揽胜。明著名旅行家、地理学家徐弘祖（号霞客）亦慕名来云阳山考察。徐的名著《楚游日记》，对云阳之胜记述详尽。

云阳山主峰紫微峰海拔963米，其东麓，有张良试剑石、五雷池、观音崖等自然景观。云阳山幽洞纷呈，秦人洞中钟乳石、石笋构成千姿百态、扑朔迷离的景观。相传罗浮真人曾在洞中修道，麻叶洞因水自洞中溢流出来，难以入内，徐霞客曾泅水入其中，大为赞赏，发出“余所见诸洞俱莫及”的慨叹。

（六）云岩寺

位于醴陵市南45千米的贺家桥乡寺冲村。相传古时有一块大岩石耸立于此，常有彩云环绕，高僧昙晟云游到此，视其祥瑞，就窟坐禅，后劈石建寺，故名“云岩寺”。寺约建于唐元和十五年（820）至长庆年间（821 — 824年），初为茅庵，历经宋、元、明初修缮，规模渐大，后毁于明末，清顺治七年（1650）重修，雍正年间（1723 — 1735 年）又作过维修。原寺座北朝南，入山门，左右有钟鼓楼，第一进 为“曹洞祖庭”，第二进为观音堂，寺内有“千人锅”“万人床”“飞来钟”等古迹。

昙晟死后谥“无住祖师”。他是中国佛教禅宗两大宗派之一“曹洞宗”的奠基人。宋宣和五年(1123)日僧永平道元来中国师事曹洞，学成而归，开立日本曹洞宗，绵延至今，成为日本佛教的主要流派，故云岩寺有佛教禅宗曹洞宗发源地之说，尊为“曹洞祖庭”。1983 年，日本佛教界派人至云岩寺寻根拜祖。

（七）灵龟寺

灵龟寺位于攸县县城东郊灵龟峰顶，始建于明末，占地面积 563 平方米，座东南朝西北，前为山门，中为观音阁，阁右侧为大殿。寺内置炎帝、如来、观音、韦驮诸神像 20 余尊及镇武大帝铜像。

灵龟峰孤峰耸峙，洣水自东南来，会攸水于峰麓，西有石牛头，东有白茅洲，峰顶平坦，灵龟寺巍然屹立。当地流传着描述灵龟峰山水之美的一副对联，曰：灵龟峰峰上生枫风吹枫动峰不动，白茅洲洲畔停舟水推舟摇洲不摇。

中华人民共和国成立后，人民政府两次拨款修缮灵龟寺，殿阁一新。1984 年，市人民政府公布为市级文物保护单位。

（八）湘山塔

湘山塔位于炎陵县县城西 0.5 千米的湘山顶，又名“永怀塔”，始建于北宋。清康熙二十四年（1685）、雍正四年（1726）、道光二十八年（1848）和咸丰元年（1851）数次重修。咸丰元年（1851）重修之砖塔系楼阁式空心砖塔，六角，七级，铸铁葫芦于顶，连基座及宝顶为 9 层，高 15 米。1950 年，酃县人民政府曾予以重修。1984 年 10 月，市人民政府公布为市级文物保护单位。

（九）仙庾塔

仙庾塔位于荷塘区蝶屏乡仙庾岭，清代建造，又名文昌阁。塔原为七层，民国 15 年(1926)倒塌，后重修为三级，八角，楼阁式花岗岩石塔。塔底边长 1.75 米，塔身高约 12 米。第一层四面辟有高 1.7 米、宽 1.02 米的拱形门。第二、三层仅南向辟一拱门。塔身层间有飞檐翘角，翘角为石雕吉祥兽；塔内中空，有阶梯盘旋直上三层。1987 年，塔顶部遭雷击被毁。1991 年，市人民政府拨款 10 万元，修复了塔顶，维修了塔身和旋梯，修筑了登山游路。

（十）茶陵铁犀

俗称茶陵铁牛，位于茶陵县城南洣水河畔，故又名“南浦铁犀”。民间传说，古时洣水河妖作怪，河水常常泛滥成灾。南宋绍定年间(1228 — 1233 年)，知县刘子迈梦见一头神犀冲入洣水之中，将河妖打得大败，顷刻，洪水便退了下去。县令梦醒，即令“括铁数千斤，铸为犀，置江岸，以杀水势”。铁犀体长 2.2 米，宽 0.8 米，卧高 1.1 米。铁层厚 0.09 米，重约 7000 千克。它造型生动，滚瓜圆壮，头顶生锋锐独角，昂首向南，怒目圆睁，嘴张似吼，牙舌可见，尾巴收卷，仿佛随时准备跃起进行搏斗。1978 年，经中南矿冶学院钢铁系化验，铁犀系用亚共晶白口生铁分 3 次铸成，铁质坚而脆，含碳 4.1% ~ 4.25%，无明显杂物。

1953年，茶陵县人民政府拨款加砌铁犀卧座，1982年又拨款万余元，重建犀亭。1983年，湖南省人民政府公布为省级文物保护单位。

（十一）光泉石刻

位于茶陵县高陇镇光泉村，距县城东40千米处。相传南宋年间，岳飞督师讨曹成，途经茶陵高陇时，疲渴不堪，遂拔剑插地，剑插处顿时泉涌，兵马畅饮，疲渴全消。恰适天亮，岳飞乘兴从稻田中取来稻草把为笔，于石壁上写下“光泉”二字，正楷，每字高2.66米，宽1.66米，后人即仿迹镌刻于石上，并在上方冠以“宋岳忠武王题”6个小字。今石刻仍保存完好，字迹清晰，石壁下仍有汩汩清泉，不盈不竭。1984年，株洲市人民政府公布为市级文物保护单位。

（十二）龙渣瑶族大屋石刻

石刻嵌于炎陵县城南55千米处的龙渣乡龙渣村瑶族大屋后花园和天井四壁，系瑶官盘成彩发迹后于清乾隆年间（1735—1796年）为装饰大屋而刻制，共有大、中、小三种规格47方。大号碑长1.46米、高0.53米；小号碑长0.82米、宽0.43米，装饰在天井四周及底部，计35方，全为青石质，浅浮雕出龙、牛头、铜钱等花纹；中号碑为汉白玉，长0.82米、高0.43米，共12方，分别浮雕出“鲤鱼跳龙门”“大战火焰山”“天马行空”“喜鹊登梅”“莲开并蒂”“马上封侯”“双蟠献宝”“金银花开”“福（蝠）禄（鹿）双全”“万象更新”“膜麟降瑞”“围山狩猎”等故事吉祥图案。整个石刻刻艺精湛，造型生动，栩栩如生，是瑶族风俗民情的实物史料。

（十三）大京风景区

地处株洲城区东南，面积约30平方千米，区内分布着数处景点。

婆仙岭耸立在景区北部，群峦叠翠，万木葱笼，历史上有“四邑名山”之称，誉为浏（阳）、醴（陵）、湘（潭）、善（长沙县）四县名山之首。

金轮古寺位于婆仙岭之巅，相传为五代后唐时（923—936年）所建。相传，昔有姑妇7人在这里一同白日升天，即所谓“婆仙”。婆仙岭因此而得名。清乾隆年间香火盛极一时，民国以来寺宇日渐萧条。1958—1968年，庙宇渐次被毁，最后夷为平地。20世纪80年代末，当地农民集资，草修了部分房舍。

1958年，在婆仙岭东南修建了大京水库。水库汇水面积19.42平方千米，有大小9条溪流流入，形成两个大水面和九曲十八弯的港叉，于崇山峻岭之间托出一个人工湖泊，波光淼淼，蓝天白云，碧树青山，尽映其中，近可观百鸟天堂——湖中月形山鸟趣，遥可望林海苍茫，塔影雄姿。

株洲市其他名胜一览表

表25-1

类 别	名 称	地 点	年 代
寺院	宝宁寺	攸县黄丰桥乡乌井冲	唐
	屏山寺	醴陵市王坊乡屏山村	唐
	灵岩寺	茶陵县严塘乡沙溪村	唐

续表 25-1

类别	名称	地点	年代
阁亭塔坊	梯云阁	醴陵市青云山	宋
	文明上塔	攸县县城对河洣水南岸	明
	文明中塔	攸县城西郊洣水南岸	明
	文明下塔	攸县鸭塘铺乡桐坝村	清
	凌云塔	攸县鸭塘铺乡阴山港村	清
	起元塔	醴陵市郊马背岭	清
	财源塔	醴陵市江源渡口渌水西岸	清
	彭家牌坊	醴陵市东堡乡柘塘坪村	清
	好善乐坊	攸县银坑乡银坑村	清
石刻造像	吴楚古刹碑	醴陵市王坊乡屏山村	唐
	瓜寮摩崖石刻	炎陵县十都乡瓜寮村	唐
	茶溪摩崖石刻	醴陵市栗山坝乡上茶村	宋
	黄冈摩崖石刻	炎陵县王家渡镇天星村	元
	红中铺摩崖石刻	醴陵市转步乡古城村	明
	朱子画像碑	醴陵市青云山	清
	瑞渌池	醴陵市一中	清
	攸萍界碑	攸县高枧镇界头村	清
	宝宁寺万峰和尚塔志铭	攸县黄丰桥乡乌井村	清
	通令碑	石峰区龙头铺乡龙头村	清
	义渡碑	荷塘区明照乡走沙港	清
其他景观	皮佳洞	攸县鸾山乡皮佳洞	清
	桃源洞	炎陵县	清

二 革命史迹

（一）毛泽东考察湖南农民运动旧址先农坛、东富寺

先农坛，又名神农殿，位于醴陵市东正街，建于清光绪三十二年（1906）。第一次国内革命战争时期，中国共产党醴陵地方委员会及醴陵县农民协会均设于此。1927 年 1 月，毛泽东考察湖南农民运动时，曾在这里居住和召开农运调查会。前厅左侧一室为毛泽东住室，主殿中厅二楼为毛泽东召开调查会的地方。1976 — 1977 年，在旧址旁新建陈列馆，占地面积 920 平方米。1983 年改名为

毛泽东同志考察湖南农民运动醴陵纪念馆。1983 年，省人民政府公布先农坛（包括东富寺）为省级文物保护单位。

东富寺位于醴陵市城南 13 千米的东富乡东富村，始建于明代，清嘉庆二十一年（1816）重修。硬山顶，封火山墙，砖木结构，5 进，有房屋 15 间，占地面积约 3300 平方米。1927 年 2 月 1 日（农历除夕），毛泽东考察湖南醴陵农民运动时，曾住在这里召开 3 次农运调查会，在大院内召开农民群众大会，高度赞扬农民打击地主豪绅，破除封建迷信的革命行动，并号召农民加强团结，坚持斗争。

（二）毛泽东主持连队建党旧址叶家祠

位于炎陵县城南 28.5 千米的水口镇。坐东南朝西北，砖木结构，两层楼瓦屋，占地面积 196.25 平方米。1927 年 10 月 13 日，毛泽东率工农革命军来到水口，次日晚即在叶家祠主持了连队新党员宣誓仪式，发展赖毅、鄢辉等 6 名工农出身的士兵骨干加入中国共产党。1969 年，叶家祠修复一新，并复原陈列了当年新党员宣誓仪式现场情景。1983 年，省人民政府公布叶家祠（含毛泽东在水口住址桥头江家）为省级文物保护单位。

（三）毛泽东、朱德第一次会见遗址万寿宫

万寿宫位于炎陵县十都镇圩场。1928 年 1 月，朱德、陈毅和湘南特委一道，发动震惊全国的湘南暴动。4 月，他们率领南昌起义部分部队和湘南农军到达沔渡。应湘南特委要求，毛泽东于 3 月上旬率工农革命军接应和支援湘南暴动部队。4 月 19 日，工农革命军占领酃县县城，经瓦铺、坂漠、石洲进入十都。朱德听说毛泽东已到十都，便从沔渡出发，专程到相距 5 千米的十都与毛泽东会见，会见地点在万寿宫。这是毛泽东、朱德第一次的会面所在地。

万寿宫是一座始建于明末清初的江南祠堂建筑，原为江西商人集资修建，是经商、集会场所。四周古木参天，绿树成荫，外筑的墙垣与品字形戏台连成一体。牌坊式山门两旁鼓墩对峙，门内三进厅依次增高。前厅有歌台与两厢回廊相接，中殿明亮宽敞，后殿位高地尊，两侧各有厢房。殿内圆柱林立。福盖空悬，石级递升，天井相错，屋宇轩昂。旁边的戏台雕梁画栋，前为台，后为房，占地约 1900 平方米，砖木结构。1978 年冬因乡办木工厂不慎失火被焚，现仅存残垣断壁。

（四）李立三故居

坐落在醴陵市东南 2 千米的渌江乡福建围村（阳三石街道立三村）。故居坐东朝西，“八”字形槽门，门额上题“芋园”二字。四周是黄色围墙，占地 2350 平方米，槽门与正屋之间是一个长 15 米，宽 30 米的院子，芳草如茵，绿荫为盖。正屋前排 5 间，中为前厅，两旁各有 2 间厢房，左第一间为李立三住房。左右两端，各有 5 间向后延伸，格局也是中为横堂屋，两旁各 2 间厢房。后排也是 5 间，布局与前排相仿。前后左右 20 间房子构成一个十分规整的长方形院落，前后两排房屋之间，中为花圃，左右为天井，花圃与天井之间，各有一间过道屋相接，加上左侧杂屋，共计房屋 32 间，建筑面积 922 平方米。

芋园始建于 19 世纪 80 年代，原系他人产业。1891 年，李立三祖父购置，后因年久失修，不少房屋倒塌，所存者也多系危房。1983 年，省人民政府公布为省级文物保护单位。1984 年 11 月 18 日，在李立三诞生 85 周年时修复对外开放。

（五）罗学瓒墓

位于天元区马家镇栗雨村简家冲，系与夫人杨全贞合葬墓。1930 年，罗学瓒牺牲后，与同时遇难烈士们的遗骸一起被掩埋在杭州清泰门外，中华人民共和国成立后，已无法寻找。1986 年 12 月，其子罗立洲将烈士遗像一帧，葬于其夫人墓侧。葬墓座西南朝东北，占地约 40 平方米。墓围以红砖砌筑，后部正中镶嵌汉白玉石碑 3 块。中间主碑，阴刻楷书“先父罗学瓒烈士、先母杨全贞之墓”。左附碑刻罗学瓒生平简介，右附碑刻谢觉哉 1961 年写的一首诗“浑身是劲陈佑魁，鞭辟入里罗学瓒。远瞩高瞻天下小，出生入死一边站。忠义之血不白流，阶级之仇彻底算。三十年前恶战场，巍然两个英雄汉。”

（六）汪先宗、汪起凤墓

汪先宗、汪起凤烈士墓均在芦淞区曲尺乡燎原村，相距约 400 米。汪先宗烈士墓在一个山坡上，水泥构筑，呈半球形，底径 2.4 米，高 0.5 米，墓围前低后高，墓口两边各有一个瓜形柱头，中间嵌一块水泥板横栏，阴刻楷书“永垂不朽”4 个大字，后部正中立墓碑，阴刻楷书“汪先宗烈士之墓”。汪起凤烈士墓坐落在山坡下不远处的田垄之中，形制大小与汪先宗墓完全一样。1986 年 2 月，中共株洲市郊区区委、区政府修汪先宗墓时一并重修。

（七）罗哲墓

位于天元区马家河乡高塘村打板塘。墓土堆为三合土筑成，底径 2.3 米，高 0.5 米。墓后立汉白玉石墓碑 3 块。正中墓碑上阴刻毛泽东手书“罗哲烈士之墓”，两侧墓碑记载罗哲生平及生卒年月。

三　古文化遗址

（一）六斗坡旧石器点

位于株洲县三门镇燕子村六斗坡，系湘江中游左岸三级台地，东距湘江 5 千米。周围均是一座座小山丘，三门河从北面 300 米处流过。1988 年 6 月，文物复查时在网纹红土层断面发现有断痕的石料，经市博物馆考古人员现场勘查，从网纹红土层内采集到石刮削器 1 件。刮削器是采用石英砂岩进行单面锤击而成，上面有明显的人工打击点。后经省考古研究所专家到石器出土点考察，确认刮削器出土于距地表 2 米以下的第四纪网纹红土层。根据此地层堆积年代推断，六斗坡旧石器点遗存距今约 20 万年。六斗坡旧石器点是湘江流域至今发现的唯一一处旧石器时代文化遗址，说明湘江流域旧石器时代文化的存在，为湖南旧石器时代人类分布与活动的研究提供重要的实物资料。

（二）磨山遗址

是株洲市目前发现的年代最早的新石器时代遗址之一，也是湘江中下游地区文化内涵最丰富、保存最好的遗址。磨山位于株洲县仙井乡黄霞垅村。它像一块叠压在田垄上的巨大的磨盘，南 3.5 千米处是湘江支流渌江，一条名为高泉港的小溪从磨山西南头缓缓流过，北 2 千米处是群山。当年的磨山人，南可渔猎渌江，北可狩猎群山。磨山四周平坦，是农耕的沃土。1986 年 6 月，文物普查时磨山遗址被发现。1987 年 8 月 11 — 23 日，由省考古研究所主持，对遗址进行试掘。

遗址文化堆积厚 1 ~ 2 米，一般为大溪、龙山两种文化堆积，商周时期遗存主要散见于地表。遗址的东、南、北区为生活居住区，西南为龙山时期墓葬区。试掘出土的遗物：大溪文化遗存主要有鼎足、双耳罐、红衣陶罐、筒形釜、双腹豆、白陶盘等，陶器的制作方法全部为手制；龙山文化遗存有磨制的石锛、石镞，陶器仍主要为手制，但出现了慢轮修整的痕迹，遗物有鼎、足、釜、罐、碗和少量的印纹硬陶等。

磨山遗址的发现，表明大溪文化越过洞庭湖区到达湘江中游地带，大大拓宽了大溪文化的分布范围。磨山遗址出土少量的印纹硬陶，说明这种由古越人创造的文化，开始出现于新石器时代的末期。参照同类型遗存碳 14 年代测定的数据，磨山遗址的大溪文化遗存距今在 5300 ~ 7000 年间，龙山文化遗存距今在 4000 ~ 5000 年间。

（三）烟墩冲遗址

位于石峰区龙头铺镇烟墩冲。遗址包括烟墩冲及附近的朴塘、蝶屏里、岱峰山 4 处遗址点，但由于长年自然雨水冲刷、文化堆积被严重破坏。1955 年，由省文物管理委员会派员对遗址进行发掘，共清理 9 个灰坑。灰坑多呈圆形，直径在 2 米左右，深 0.2 ~ 0.6 米，出土石器和陶片。出土的石器大多是用细砂岩制成，通体磨光。器形有扁平宽刃斧，有段石锛、柳叶形镞刀、砺石等。陶片有夹砂灰陶、夹砂红陶、泥质灰陶和泥质红陶，其中又以夹砂红陶所占比例最大，少量陶片的表面涂黑衣。陶器主要装饰有菱形纹、方格纹、弦纹、叶纹、曲折纹、十字纹等，器形有釜、罐等。

烟墩冲遗址是湖南发掘最早的一处新石器时代遗址，其文化遗存距今约 4500 年。

（四）晓塘古城址

位于茶陵县秩堂乡晓塘村，1988 年 10 月文物普查时发现。秩堂乡东与江西省莲花县接壤，而晓塘村与江西交界的这一段，自古被称为“吴楚雄关”。晓塘古城修建在后背坳的山上，现保存有城墙、护城河等遗迹。城墙内有大量陶器残片堆积，现存的夯土城墙，长约 400 米，宽 18 米，最高处为 6 米。城墙勾勒出城平面呈长方形，东西长约 300 米，南北宽约 200 米。紧挨城墙外，现存一段长约 100 米、宽约 20 米的护城河。城内陶器残片，有两种不同的文化类型：一种是泥质灰黄色软陶长柄浅盘豆、平折沿圆鼓腹平底钵、筒瓦等楚文化遗物；一种是印纹硬陶类的越文化遗物，其印纹饰主要有蕉叶状席纹、米字纹、小方格纹等。在调查中还发现，城址内曾出土青铜剑 7 把和一小捆铜箭镞，剑长 0.635 米，两面长刃，为典型的双格楚式剑。城址所保存的夯土城墙和出土的楚式兵器、陶器及越式陶器表明，晓塘古城修筑于东周中晚期。

晓塘古城是境内目前发现年代最早的古城址，历史文献资料对此均未有任何记载。从城所处地理位置、修筑年代来看，晓塘城是作为镇守边关的军事城堡而修筑的。

（五）建宁故城遗址

遗址有两处：今株洲城区和株洲县淦田镇。据《三国志》载，吴主孙权于汉献帝建安二十年（215）与刘备分荆州，以湘水为界，东属吴。孙权割湘南县以东和醴陵、攸县沿湘江东岸地带置建宁县，筑县城于今株洲市庆云山解放街、南湖街沿建宁港两岸。《湘潭县志》载“清同治初，土人郭氏宅旁，山裂甚广，下有甓，方若城基，即其旧址”。今尚有城隍庙、建宁桥、建宁港，亦资佐证。

渌田建宁故城，系吴帝孙亮所建。《湘潭县志》载：“昔孙氏与蜀分湘，始立建宁，及后取荆，复置湘西。”……吴孙亮于太平二年（257），“置湘西后移治”建宁城于渌田。遗址在今渌田镇建宁村湘江东岸边，现存高出地面的南北城墙残迹各一道，相距2千米。南墙长70米，宽6米，高3米；北墙长150米，较南墙稍矮，两墙均为夯筑。民国38年（1949）出土古钱百两，1963年发现数处炮台，1986年在墙基内发现灰色陶质网坠和方格隆罐，1988年出土三足园腹鼎青铜炊具。

境内其他古文化遗址一览表

表25-2

类别	名称	地点	年代	现存面积（平方米）
居落遗址	独岭坳遗址	茶陵县界首镇火星村	新石器时代商周	600
	平头岭遗址	炎陵县霞阳镇坎坪村	商周	30000
	茶子山遗址	炎陵县霞阳镇黄沙垄村	商周	3000
	黄家坳遗址	攸县莲塘坳乡柘桑渡村	商周	2000
	排上遗址	荷塘区明照乡明照村	商周	2000
	莲花形山遗址	攸县莲塘坳乡春联村	商周	10000
	更洲坳遗址	茶陵县湖口镇塘头村	商周	10000
	石斧山遗址	醴陵市大樟镇白果洲村	商周	20000
	茅园坡遗址	醴陵市八步桥乡湾江山村	商周	20000
城址	醴陵故城遗址	醴陵市转步乡古城村	汉	–
	马王故城遗址	茶陵县高陇镇古城村	五代	216000
	金州故城遗址	茶陵县思聪乡大兴村	宋	183600
	茶陵城旧址	茶陵县城关镇	南宋至清	–
窑址	楠竹山窑址	醴陵市新阳乡楠竹山村	东汉	30000
	桃岭窑址	炎陵县水口镇桃岭村	宋	1500
	中瑶窑址	茶陵县洣江乡中瑶村	南宋	30000
	窑塘下窑址	茶陵县浣溪乡龙山村	南宋	10000
	洞下窑址	炎陵县策源乡黄草村	南宋、元	2000
	窑塘子窑址	株洲县洲坪乡荷塘村	元	5000
	窑下湾窑址	醴陵市新阳乡大土村	明	20000

四 古墓葬

（一）磨山新石器时代墓群

1987年夏，省文物考古研究所和市文物工作队联合对磨山遗址进行试掘，在遗址西南部的公共墓地发掘了24座墓葬。这批墓葬均为长方形浅竖穴，坑很小，墓坑长0.8 ~ 0.9米，宽0.4 ~ 0.5米，深0.2 ~ 0.3米。墓坑均为东西向，因坑内不见人骨，葬向不明，从墓制和葬制推测，墓葬全部为二次葬。24座墓葬中有11座出土随葬品，约占总数的45.8%。1号墓10件，23号墓1件，大多数墓空无一物，说明贫富差别已露端倪。随葬品以陶器为主，石器次之。陶器有釜、鼎、豆、壶罐、鬶、杯、簋、碗。陶器有的是完整的实用器具，有的则是有意识打碎、穿底后葬入，有的纯属冥器。石器有石釜、石凿和一段石锛等生产工具，均为河砾石精磨制成。墓葬中出土陶器的陶系，依次为泥质黑皮橙黄陶、泥质黑陶、泥质砖红陶和夹砂灰陶、夹砂褐陶，纹饰以刻划人字纹和镂孔最为鲜明。器种以子母口穿足镂孔豆、长颈捏流冲天鬶以及壶和鼎最富时代特征，是长江中游龙山文化的典型器物。这批墓葬的文化内涵类似湘乡岱子坪遗址的墓葬，属长江中游龙山文化的岱子坪类型。磨山新石器时代墓群是市区已发掘的年代最早的墓葬，距今约5000年。

（二）老莱子墓

老莱子，春秋末年楚国隐士。相传居于蒙山之南，自耕而食，有孝行，70岁时，还常穿五色彩衣，作儿童游戏，使父母快乐。他著书15篇，有贤士名声，楚王召他做官，他不去，和妻子迁居江南，隐于良图塅（荷塘区宋家桥地），其事见《高士传》《太平御览》引《孝子传》等。墓葬原位于株洲市余家塅余家祠，坐南朝北，墓周砌石，呈圆形，露出地面周长4.1米，围有石墙，中嵌祁阳石墓碑，中刻“古孝子老莱子墓”，侧刻“清乾隆壬子年（1792）三月”。墓前有华表一对，墓地面积190平方米。1958年株洲车辆厂建厂时该墓被毁。距墓1千米之杉坡里，有古孝子祠，土木结构，民居形式，面积300平方米，门额书“古莱子祠”，左右有一联“灵钟楚国，迹寄蒙山”。祠左嵌清同治十三年（1874）所立石碑。碑文曰“老莱子，楚人也，墓葬此地。乾隆间，向湘邨等捐石修墓，嘉庆初宾南生等重修，竖墓表，置田业，建墓庐，同治九年（1870）墓庐被火焚毁，宾牧村等再劝捐重修”。今墓祠全毁。

（三）洋屋岭战国墓

1955年5月，湖南省文物管理委员会派人在今城区金龙大酒店一带的洋屋岭基建工地发掘10座战国墓。这10座墓葬都是土坑竖穴墓，可分为长方形窄坑和宽坑两类。窄坑墓都带壁龛，出土器物有壶、豆、钵、罐、铁片等；宽坑基不带壁龛，7号墓有伸入墓壁两侧的枕木4根，填土甚紧，有的夹有石子，但不见夯筑痕迹，方向185～290度，随葬品或放于棺外两侧，或放于棺外一端。出土陶器30件，陶系属泥质灰陶，火候低，胎质软，大多破碎，大部分器物上涂有黑衣，仅一鼎盖涂白衣、施朱彩。器形有壶、豆、鼎、敦、罐、钵、勺、盘、匜。铜器有四山纹镜、璜形饰，还有铜铃6件，似钟，形体甚小；料璧1件，乳白色，半透明，一面有谷纹。此外还有铁片、漆器残片等。洋屋岭战国墓，墓葬形制，随葬品种类形式都与长沙的战国墓相同，属楚文化系统的墓葬。

（四）杨家洲汉墓群

杨家洲汉墓群分布在攸县城东北40千米的网岭镇杨家洲村地势平坦的小山坡上。1985年文物普查时发现，山呈环带状且围成一个椭圆形，周长约2500米，宽约200米，其上分布大小墓葬近100座，且大多墓呈东西向，其中有3座墓的封土堆较大；有一座墓的封土堆呈圆形，底径60米，高8.7米，四周因取土做砖和种菜暴露的断面有四层夯土痕迹，最上层为红色夹沙土，第二层为黄色夹炭土，第三层为红色夹炭土，第四层为灰白色夹炭土；另两座墓封土堆分别为底径32米，高5米；底径24米，高4米；在西面山尖上暴露一座砖室墓，砖为青灰色，券顶，饰几何形纹。根据上述特征判断，此处为汉墓群。

（五）施粥坡东晋墓

施粥坡东晋墓位于株洲市石峰区龙头铺镇施粥坡。1983年1月，中南林学院在该地建宿舍时发现。该墓系券顶单室砖墓，有甬道，平面呈“凸”字形，方向78度，墓顶用斧形砖错缝起券，墓壁采用“三顺一丁”砌法，墙厚为一平砖宽，墓底平铺地砖一层，纵横相向，不甚规则，墓室后部是两平砖高的棺床，墓内葬具及人骨腐朽无存，葬式不明。墓内出土随葬品19件：青瓷器有虎子、鸡首壶、盏、钵、唾壶；陶器有唾壶、果盒；银器有手镯、饰件，此外有铜棺钉10个。该墓形制保存完整，墓壁采用省内东晋墓流行的“三顺一丁”砌法。出土器物除圆形青瓷虎子在省内少见外，其他器物均为省内东晋墓葬中常见的随葬品，覆斗形帽棺钉是长江下游东晋墓葬典型器物。

（六）赵玉蝶墓

墓葬位于炎陵县城沔渡镇仓背村，始筑于宋大中祥符三年（1010），清乾隆十一年（1746）重修并立碑。墓占地面积约200平方米，坐北朝南，原墓有麻石条构筑的墓围、封土堆、墓碑、石马、石人、牌坊等。墓围、石狮、石马、石人，牌坊均已毁，仅留黄泥土垒筑的封土堆，呈半圆形，底径约10米，高6.5米，墓前尚存三台九级拜堂遗址。清乾隆年间立的墓碑为青石质，高0.8米，宽0.4米，碑文阴刻楷书，碑中央刻“宋司马平阳侯尹鹏飞翁元配长沙郡主赵玉蝶之墓”，右刻“大清乾隆丙寅冬月穀旦”，左刻立碑人姓名，碑现藏于炎陵县纪念馆。

境内其他古墓葬一览表

表25-3

类别	名称	地点	年代
历代名人墓	欧林启墓	炎陵县三河镇太和村	晋
	尹鹏飞墓	茶陵县平水镇龙新村	宋
	段升墓	炎陵县鹿原镇炎陵村	宋
	吴猎墓	醴陵市八步桥乡唐家冲村	宋
	杨大异墓	醴陵市黄泥坳街道办事处五里牌村	宋
	丁应奎墓	醴陵市马恋镇井冲村	宋
	段清远墓	炎陵县三河镇霍家村	元
	唐震墓	醴陵市富里镇塘坊村	明
	徐廷用墓	醴陵市王仙镇三狮村	明
	易舒浩夫妇墓	攸县高和乡高塘村	明
	廖希颜墓	茶陵县洣江乡下瑶村	明
	刘稳墓	炎陵县霞阳镇坎坪村	明
	刘三吾墓	茶陵县腰陂镇石陂村	明
	彭维新墓	茶陵县火田镇鼓石村	清
	网岭东周、两汉墓	攸县网岭镇	东周、汉

续表 25–3

类　别	名　称	地　点	年　代
已发掘古墓葬	莲溪汉墓	茶陵县火田镇	汉
	三南公路墓	茶陵县	汉
	烈士塔墓	醴陵市烈士塔居委会	晋
	巨洲文氏墓	攸县莲塘坳乡巨洲村	明
	嘉树清墓	醴陵市嘉树乡荆林村	清
现存古墓群	新屋坳墓群	醴陵市八步桥乡简家冲村	战国
	土坡坳墓群	攸县网岭镇槐塘村	战国
	攀冲岭墓群	株洲县龙凤乡兴台村	战国
	新屋墓群	攸县高枧镇新乐村	西汉
	湾塘墓群	醴陵市长岭乡上保村	东汉
	排上墓群	醴陵市黄沙乡庄埠村	东汉
	下铺墓群	攸县网岭镇洞井村	东汉
	燕子窝墓群	攸县网岭镇洞井村	东汉
	后背山墓群	茶陵县平水镇小水洲村	东汉
	寨上墓群	茶陵县高陇镇荔市村	东汉
	庙脑山墓群	炎陵县鹿原镇泷湖村	东汉
	虎形山墓群	醴陵市高桥乡荷叶坝村	晋
	保家形墓群	茶陵县尧水乡泉山村	宋
	螺形山墓群	醴陵市大樟镇双峰村	明
	瑶族清墓群	炎陵县龙渣乡龙渣村	清

五　馆藏文物

（一）商代象尊

1975 年 2 月出土于醴陵市仙霞镇狮形山。象尊通高 0.228 米、宽 0.144 米、长 0.265 米，重 2.77 千克。呈碧绿色，形态生动逼真，花纹精致繁缛，从颈部至臀部到腿上，皆以云雷纹衬托，饰有饕餮虎、夔龙和凤鸟等图象。我国历代仅有 3 件象尊出土，醴陵出土的象尊是现存于国内唯一的一件。此尊多次到美国、日本、中国香港地区等地展出。现藏湖南省博物馆。

（二）商代铜爵

1990 年 9 月出土于株洲县南阳桥乡城塘村，离湘江边 50 米的沙丘地。爵通高 0.185 米、腹深 0.1 米、双柱高 0.035 米、三锥足长 0.055 米、流长 0.04 米、尾长 0.03 米，重 0.2 千克。器形为圜底圆体短杯式，双柱成菌形，鋬的上端有一牺首。腹的上部饰一圈云雷纹，靠近鋬的柱上阴刻有族徽“戈”的字样，鋬部的腹外壁铸金文“父乙”二字。现藏市博物馆。

（三）商代齿纹铜铙

1988年2月出土于株洲县朱亭镇兴隆村。铙通高0.432米、栾长0.302米、铣间宽0.308米、于间宽0.19米，重11.1千克。器身绿色，短甬，有旋。隧部与旋部饰变体云纹，鼓部两侧饰有足、翘首、垂头的虾状物各一。钲部主纹为一周断续不规则呈三角状的齿纹，钲中两侧各有一似猛兽张口吞食的“匚”形纹、齿纹和尖牙利齿，一龟形物衔于其中。“匚”形纹正面纵向排列扁形乳钉3枚，高0.005米，通体共12枚，以越文化纹饰、图案为主纹的铙，目前全国仅有株洲齿纹铙2枚，现藏湖南省博物馆。

（四）西周兽面纹铜簋

1979年12月出土于株洲县南阳桥乡铁西村的渌江岸边。铜簋通高0.26米、口径0.22米、方座长0.2米、宽0.19米、高0.095米，器形为敞口平沿，鼓腹下垂，腹两侧置龙首形环耳，耳下有珥，矮圈足，方形器座。纹饰深峻精美，腹部正面以大型兽面为主纹，兽面两侧各饰短尾龙纹，主纹上方有一纹带，正面饰一浮雕兽首，两侧饰两条长尾龙纹，圈足上由4条长尾龙纹组成纹带；方座的四面和四角均饰有兽面纹，腹底内铸有“作宝尊彝”4个字。现藏市博物馆。

（五）西周铜鼎

1988年4月15日出土于株洲县淦田镇上港新村建宁水闸。该鼎呈碧绿色，通高0.38米、口径0.29米，三柱足高0.105米，腹深0.2米，耳高0.06米、耳宽0.09米；器形为扁鼓腹、侈口、圆底，方耳直立于口沿，三柱足上粗下稍细，有扉棱，腹上部有一圈连勾雷纹。现藏市博物馆。

（六）战国透光镜

1984年攸县湖南坳乡一村民挖土作红砖时发现。1985年文物普查时征集。该镜为圆形，直径0.218米。镜面微凸。缘高0.007米，镜背主题花纹凸起0.001米，云雷纹地上饰龙兽纹。内区主纹饰3只首尾相衔、互相追逐、足踏祥云的神兽。外区主纹为神兽斗龙图，4龙6兽，分为两组，举爪龇牙，挟风携云，各显神威。镜背花纹在镜面隐然有迹，镜面在承受日光时，镜背图案能清晰地反射到对面的物体上，表面呈古铜色，镜面锃光发亮，仍可照人。经专家鉴定：这面铜镜是古人的透光镜，日本人称之为“魔镜”。现藏于攸县文物管理所。

（七）西汉五铢钱范

1986年出土于攸县网岭镇里旺村双江口河畔。通长0.205米、宽0.069米，浇口呈敞口三角形，沟槽两边各有“五铢”钱模6枚。背面有一小桥纽，通体呈碧绿色。现藏市博物馆。

（八）宋代铜钱窖藏

1982年10月11日，攸县大同桥镇大板村一村民在观塘坳取土做砖时发现。窖内共出土铜钱1.55万余千克，其大小不一、书法各异的古铜钱有30多个年号、150余个品种。其中以北宋钱居多，唐代、南宋次之，年代最早的是西汉“半两”“五铢”，最晚的是南宋“建炎通宝”。这些铜钱的下窖时间应在南宋建炎年间（1127—1130年）或稍晚。湖南省博物馆、株洲市博物馆、湘潭市博物馆、攸县文物管理所均有收藏。

（九）光复纪念酒杯

1986年醴陵市八步桥乡简家冲村大井头组征集。杯通高0.036米、口径0.044米、底径0.023米。

侈口、圆腹、圈足，口沿饰弦纹两圈，腹部外壁正面饰五色彩旗1面，背面毛笔楷书："光复纪念"4字，底部款识"湖南公司"方印。1911年武昌起义胜利，中华民国临时政府成立，结束了2000多年的中国封建帝制，此杯是醴陵群众为纪念孙中山领导人民光复中华而作。现藏醴陵市博物馆。

六　文物保护

（一）文物普查

1958年4月，株洲市按照湖南省统一部署，开展第一次文物普查。普查从城区扩展到郊区，主要查实了市区的老莱子墓、老莱子祠，婆仙岭的金轮寺，白关乡营盘村的杨家祠等名胜古迹和农民协会旧址；调查了建宁乡宰相坡和清水乡长石村的汉代墓葬，并收集了农民协会铜质证章等革命文物。

1963年4月，开展第二次文物普查。主要查实了市内的资福寺、鲁班殿、城隍庙，渌口的伏波庙、空灵岸、杜甫草堂遗址、怀杜崖、建宁城址等名胜古迹，并详细调查了部分烈士的革命史迹和革命文物。

1985年11月，开展第三次文物普查。历时2年零7个月，取得重大收获。共发现古文化遗址151处、古墓葬357处、古城址6处、古窑址8处、古建筑46处、古碑石刻57处、革命旧址40处，收集各种流散文物1500多件。

（二）考古发掘

1955年，省文物管理委员会派人在株洲城区洋屋岭发掘了10座战国墓，出土了一批楚文物，首次认识了株洲市楚文化的葬俗。同年12月，发掘市郊区蝶屏乡烟墩冲新石器时代遗址。它是湖南省最早发现并发掘的一处新石器时代遗址。1957年，在市郊区三门镇发掘8座楚墓，是株洲首次发现楚国衡器砝码。1973年，在攸县新市发掘4座东汉墓，其中有1座纪年墓，为汉墓断代提供了依据。1985年，在茶陵火田乡发掘6座东汉墓，出土文物120余件。同年，在攸县网岭发掘了51座东周墓和汉墓，其中春秋越人墓出土了一批越人遗物，是研究越文化的重要资料。1987年，试掘了株洲磨山遗址，清理24座龙山文化墓葬，出土40多件随葬品，在地层中发现大量文物和居住遗迹，展现了境内新石器时代中晚期的文化面貌。此外，配合基本建设，省考古所和市文物工作队对"三南"公路茶陵段、320国道郊区段进行了文物调查、发掘和清理，为研究株洲历史提供了具有价值的实物资料。1991年12月和1995年12月，分别对茶陵县界首镇独岭坳大溪文化遗址进行发掘，共清理出房址3个，墓葬34座，灰坑17个，制陶场2个，出土了被誉为"株洲第一稻"、距今约7000年的人工栽培稻谷遗存和大批动物骨头。1996年7月，对茶陵县一中基建工地上4座东汉墓进行抢救性发掘，出土文物90余件，其中出土的铁炉为境内首次发现。1998年10月，对株洲市四水厂建设工地进行文物勘探及考古发掘，发掘1座宋墓，出土铁刀1把。同年12月，在市区的省送变电二公司基建工地，出土了东方剑齿象化石，经专家测定为距今约2万～5万年。2000年6月，对醴陵市醴泉路工地发现的文物进行清理，共清理出东汉烧砖窑1座，东汉墓2座，宋代墓4座，明清墓4座。

（三）文物保护单位

1990 年以前，境内有省级文物保护单位 6 处。1984 年 10 月 23 日，株洲市人民政府公布了境内第一批市级文物保护单位 21 处。1996 年 11 月 20 日，国务院公布炎帝陵为第四批全国重点文物保护单位。1996 年 1 月 4 日，湖南省人民政府公布株洲市 7 处文物保护单位新增为省级文物保护单位。1995 年 4 月 4 日，株洲市人民政府公布境内 21 处原市级文物保护单位中，保留 18 处，撤销 3 处，新增 9 处。至 2000 年，境内有全国重点文物保护单位 1 处，即炎帝陵；湖南省省级文物保护单位 10 处，即毛泽东考察湖南农民运动旧址醴陵市先农坛、毛泽东主持连队建党旧址炎陵县水口叶家祠、工农革命军第一师第一团团部旧址洣泉书院、茶陵铁犀、中共攸县地执委旧址、攸县网岭杨家洲汉墓群、渌江书院、宁太一墓、李立三故居、渌江桥；市级文物保护单位 20 处，即罗哲墓、光泉石刻、伏波庙、灵龟寺、阳升观、红一方面军总前委株洲会议旧址 —— 协丰长绸布店、知青阁、资福寺遗址、抗日阵亡将士墓、红拂墓、红星桥、炎陵县革命烈士纪念碑、株洲大桥、谭震林墓、空灵岸、神农阁、仙庾庙、茶陵烈士陵园、左权将军塑像、炎帝塑像；县级文物保护单位 79 处。

第六节 文学创作

一 诗 歌

唐亨乾元年（758），著名诗人刘长卿贬谪岭南，途经湘江至花石，留有五言诗《花石潭》。大历四年（769），诗圣杜甫携眷载舟出三峡入洞庭，溯湘江而上经境内时，留有《宿凿石浦》《过津口》《次空灵岸》等 9 首名篇。南宋乾道二年（1166），朱熹在醴陵县留有《自题画像》诗。宋孝宗赵慎在茶陵县留有七律《皇云仙》；著名诗人黄庭坚在茶陵留有七律《云阳山》等诗作。

境内诗歌创作，始于北宋时期。攸县著名诗人彭天益，有七律《司空山》等流传至今。茶陵县诗人刘三吾留有诗文集《学业启蒙》《化鹤》《斐然堂稿》《坦坦斋集》等。茶陵县李东阳（1446 — 1516），是中国文学史上明代茶陵诗派首领，留有《茶陵竹枝词十首》，其撰写的《怀麓梦集》等被收入《四库全书》。清代，境内马家河诗人罗天闾（云皋）著有《西圹草》，现尚存《梅花百咏》等诗稿。《清史》曾为之立传，与罗典称二罗传。清末至民国年间，酃县朱梅芳著有《寒英诗稿》；茶陵县谭云山的《海畔诗集》，在南洋华人文学界很有影响。抗日战争前后，攸县蔡健（斐君）开始创作新诗。

中华人民共和国成立后，境内诗歌创作发展较快。1958 — 1966 年，一批以工农为主的诗歌作者崭露头角。他们运用群众喜闻乐见的民歌形式从事创作，作品短小精悍，通俗易懂。

“文化大革命”初期，诗坛一片凋零。1972 年，省革命委员会为纪念毛泽东《在延安文艺座谈会上讲话》发表 30 周年，举办征文活动，促使了诗歌创作的复苏。1975 年 4 月，举办市首届诗人赛诗会；12 月，又组织全市各战线 78 个代表队 5000 多人参加的赛诗大会，以推动本土诗歌创作的发展。

1978 年后，群众性的诗社和诗歌活动异常活跃，《诗刊》社曾两次在株洲举办全国青年诗人创作笔会，将株洲的诗作推向全国。1980 年，聂鑫森的《土高炉废墟》在《诗刊》发表后，《人民日报》《光明日报》《湖南日报》等报刊都有专文评论，影响较大。1982 年，田章夫的《在果园里》获《湖南日报》征文奖。1983 年，刘波的组诗《年青的布尔什维克》在《诗刊》头条发表后，获广泛好评，并被选人全国《新时期十年诗选》等多种诗集。其后，还出现了大量以工业、城市为题材的诗歌作品，拨动了时代、工业、城市的主旋律。1985 年 8 月，在市政协和市文联的支持下，一些爱好古典诗词的中老年人组成了“南楚诗社”，有社员 400 余人，先后组织 1000 多人次到工厂、矿山、农村、兵营等地采风，创作诗词 3000 余首。此后，每年出版《南楚新声》一集，每集发表近百名社员创作的诗、词、联语等，贴近生活，歌颂改革开放和各项建设中的新事、新人、新风貌、新成就。

主要诗歌作品一览表

表 25–4

作　者	主要代表作	发表时间	发表单位·刊物
杨衡钟	《生活多么美好》	1957 年	《新　苗》
郑　玲	《长江大桥》（二首）	1957 年	《人民文学》
郭德生	《开条道路上天堂》（民歌集）	1958 年	湖南人民出版社
黎福清	《山城短笛》（二首）	1958 年	《新　苗》
曹树清	《山城无处不飞花》	1959 年	《红旗歌谣》
柳松龄	《篝　火》	1959 年	《星　星》
赵延荣	《小姑娘已经成长》	1960 年	《湖南文学》
唐怀忠	《催　芽》	1974 年	《湘江文艺》
罗子英	《造　标》	1978 年	《诗　刊》
聂鑫森	《土高炉废墟》	1980 年	《诗　刊》
程　政	《赠　别》	1980 年	《诗　刊》
李光笛	《小竹桥》	1981 年	《中国词刊》
傅　滕	《织女星，你在哪里》	1982 年	《湘江文艺》
田章夫	《人》	1983 年	《诗　刊》
余　霞	《我是你的小蜗牛》	1984 年	《文学月报》
刘　波	《年轻的布尔什维克》（组诗）	1986 年	《诗　刊》
宋才逢	《“水仙”和“白兰”》	1986 年	《萌　芽》
胡的清	《静物》（外三首）	1987 年	《湖南文学》
秦　华	《罗依溪》	1988 年	《诗　刊》
姚天元	《湘南印象》	1990 年	《湖南新时期十年优秀作品选》
戴奇林	《眼　睛》	1990 年	《诗　刊》
张国梅	《致 H》	1990 年	《湖南文学》
蒋非非	《遥望爱人所在的山梁》（组诗）	1991 年	《诗　刊》

续表 25-4

作　者	主要代表作	发表时间	发表单位·刊物
李高源	《莹·树·碟》	1992 年	《星 星》
晏建怀	《溯源时光》	1993 年	《星 星》
曾庆美	《冬 雪》	1995 年	《青年诗人》
易建国	《访延安》（组诗）	1995 年	《中国建材报》
夏劲风	《湘女的故事》（歌词集）	1996 年	广西民族出版社
曹光辉	《毛泽东图书馆》（外二首）	1996 年	《湖南日报》
刘文星	《朴素的诗歌与打工的妹妹》	1997 年	《湖南文学》
李丽娟	《给 你》	1998 年	《诗 刊》
桂新华	《盲女的奋争》	1999 年	全国诗歌大赛一等奖
吴安浩	《一 夜》	2000 年	《湖南日报》

说明：每位作者只选一部代表作品

二 小 说

民国 22 年（1933），茶陵人彭柏山发表《崖边》《皮背心》《忤逆》《夜渡》和《枪》等短篇小说，是境内第一个发表小说的作家。《崖边》是以他在湘西领导武装革命的经历为题材创作的，发表在上海左翼作家联盟主编的《作品》专刊上，受到鲁迅的赞扬，并被译成日文在日本《改造》月刊上发表。民国 29 年（1940），醴陵籍女作家袁昌英出版短篇小说集《牛》。

1955 年 5 月，331 厂率先成立工人文学创作小组，在黑板报《芳声》上经常发表一些短小作品。株洲机车车辆修理厂的弘征、鼓风等开始在《湖南工人报》上发表作品。其后，作家队伍向社会发展，一批好作品相继问世。1959 年，吴荣福和刘勇作为湖南作家代表出席了中央文化工作会议。1962 年，健峰的《蒙古牛》在《湖南文学》上发表，得到周立波等老作家的欣赏。1964 年，市文联组织创作的一组新故事在《人民文学》上发表，其中有曹光辉的《老长工探亲记》、李良玉的《跟踪》和曹治理的《老兵的故事》，是本土作品第一次在《人民文学》上发表。

“文化大革命”前期，小说创作停顿。1972 年，少数作者重新执笔。

中共十一届三中全会后，小说创作出现繁荣局面，并涌现出一批较有影响的作者。1982 年，王友生的《旋涡》入选《小说选刊》（后又改编为电影文学剧本《比翼齐飞》）。晓宫的《瓦灰色的楼房》获《中国青年》五四文学奖。1983 年，叶之蓁的《我们建国巷》在《人民文学》发表，《文艺报》为这篇作品发表了专文评介。1984 年，崔德祥的遗作 —— 长篇小说《齐鲁金戈》由湖南人民出版社出版。小说写抗日战争时期，山东泰西地区一支抗日游击队从小到大、从弱到强坚持抗争的历程，歌颂了党的民族统一战线政策，揭露了敌、伪、顽的丑恶嘴脸。这部作品是新中国成立以来株洲作者创作并正式出版的第一部长篇小说。

株洲是座工业新城，工人作家一直是中短篇小说创作的主力军，他们的小说多以工厂生活或城市生活为背景，塑造了许多光鲜照人的人物形象，改革开放后的社会众生百相得到生动的反映。同时，在写人状事之外，往往带有强烈的理性思辨的色彩，具有强烈的冲击力。

表 25–5

主要小说一览表

作　者	主要代表作品	类　别	发表时间
彭柏山	《崖　边》	小　说	20 世纪 30 年代日本《改造》月刊
袁昌英	《牛》	小说集	1940 年
王以平	《风暴来了》	小说集	1956 年
吴荣福	《月　下》	小说集	1962 年
邓蜀艺	《幸福的时刻》	小说集	1962 年
梁水根	《谁该调走》	小　说	1979 年
杨蓉芳	《沅水奇尸案》	小　说	1982 年
叶之蓁	《我们建国巷》	短篇小说	1983 年
崔德祥	《齐鲁金戈》	长篇小说	1984 年
晓　宫	《瓦灰色的楼房》	小说集	1985 年
朱德英	《梅花表传奇》	中篇小说	1986 年
朱炳林	《中国——一个家庭的命运》	长篇小说	1987 年
汤子文	《还珠湖之梦》	小说集	1988 年
胡的清	《落花天》	中篇小说	1989 年
聂鑫森	《夫人党》	长篇小说	1990 年
黄　勇	《春天游戏》	中篇小说	1994 年
刘　强	《孽　变》	长篇小说	1995 年
曾　海	《九五年的烈日》	中篇小说	1996 年
柳　扬	《炊烟在密林中升起》	中篇小说	1998 年
张立士	《校花校草》	长篇小说	1999 年
桂新华	《美的平凡》	中篇小说集	2000 年

三　散　文

明崇祯十年（1637），徐霞客在茶陵游览考察时，把所见所闻逐日记载在《徐霞客游记——楚游日记》中。民国 26 年（1937），醴陵籍女作家袁昌英出版散文集《山居墨客》，民国 38 年（1949）又出版散文集《行年四十》，是境内最早出版散文集的作家。

中华人民共和国成立初期，境内散文佳作较少，没有形成创作氛围。“文化大革命”期间，散文创作更是停滞不前。

中共十一届三中全会后，散文创作群体逐步发展壮大，创作形式多样，内容更为广泛，以议论文居多，针砭时弊，也有许多侧重抒情，其思想的深刻性、结构的艺术性及语言的雅致等方面，均给读者留下深刻印象，不少作品在省、全国获奖。其中，1990年刘维的《长命乐》在《人民日报》海外版发表，获湘赣边区创作笔会征文一等奖；郑玲的《关关咚》在花城出版社等单位举办的全国散文大赛中获唯一的金羊奖。

表25-6

主要散文作品一览表

作　者	主要代表作品	类别	发表时间
袁昌英	《山居墨客》	散文集	1937年
袁昌英	《行年四十》	散文集	1949年
李永森	《火线上的大合唱》	散　文	1956年
万扬经	《民主办社》	散　文	1956年
弘　征	《何好事之多磨》	散　文	1957年
邓蜀艺	《阳春到了洞庭红》	散文集	1959年
株洲市知青	《宽广的道路》	散文集	1976年
刘小兵 曾献愠	《幸福水长流》	散文集	1977年
孙鸣皋	《太阳·黑洞·光束》	杂　文	1981年
曹敬庄 高雄飞等	《千里一家亲》	散　文	1983年
胡应南	《稻香情》	散　文	1983年
李金波	《列支敦士登一瞥》	散　文	1987年
聂鑫森	《收藏世界的诱惑》	散文集	1988年
许　宏	《中国病》	杂文集	1989年
谭元亨	《失落与追寻》	散　文	1989年
姚天元	《雨花台的孩子》	散　文	1990年
尹长纪	《“咏絮才”的联想》	杂　文	1990年
刘　强	《蓼蓝草》	散　文	1991年
刘克定	《慎　爵》	散　文	1992年
罗九湘	《乡　屋》	散　文	1993年
罗传明	《公祭炎帝陵》	散　文	1994年
桂新华	《父亲》	散　文	1995年
曾湘文	《觉圆和尚》	散　文	1996年
张人杰	《板寸头·黑嘴唇·肚脐眼》	散　文	1996年
曹光辉	《阳光的嫩芽》	散　文	1997年
杨泽南	《开祖婆的洁癖》	散　文	1998年
蒋非非	《热爱生命》	散　文	2000年

四　纪实文学

抗日战争时期，酃县刘鼎汉发表激励人民抗日的报告文学《血溅昆山》。1949 — 1961 年，境内纪实文学创作为空白。1962 年，万新华的《老红军本色 —— 钟炳勋将军参加农业生产的故事》，由湖南人民出版社出版。

1973 年，新华社播发李永森、汤子文合写的《工业新城遍地歌》，《光明日报》《湖南日报》等报刊亦同时刊载。

20 世纪 80 年代，境内纪实文学创作显露生机。1988 年，寻坚的《夕阳下的骚动》被全国数家出版社选入专集，影响较广。1987 — 1990 年，市委党史办研究员陈利明先后发表《毛泽东“伏兵”百万》《刘先胜将军早年事略》《刘培善将军传》《刘昌炎传》《一个抗命将军的归宿》《陈明仁将军传》等 10 余部纪实文学作品。其中，《陈明仁将军传》已发行到台湾和海外。

1991 — 2000 年，报告文学的创作队伍逐步扩大，内容涉猎更加广泛，产生一批有影响的作品。

主要纪实文学作品一览表

表 25–7

作　者	主要代表作品	类别	发表时间
刘鼎汉	《血溅昆山》	报告文学	抗日战争期间
王以平 胡涤非	《森林里的战斗》	纪实文学	1957 年
万新华	《老红军本色》	报告文学	1962 年
李永森 汤子文	《工业新城遍地歌》	报告文学	1973 年
康铁山 汤佩林	《拼命干革命，自觉做主人》	报告文学	1975 年
叶之蓁	《毛泽民的故事》	传记文学	1979 年
寻　坚	《夕阳下的骚动》	报告文学	1988 年
刘普庆	《革命与流放》	传记文学	1988 年
曹敬庄	《中国碳硫坩埚的脊梁》	报告文学	1988 年
陈达专 吴羡钦	《益阳在行动》	报告文学集	1989 年
周伯华等	《翱翔吧，株洲》	报告文学集	1989 年
陈利明	《陈明仁将军传》	传记文学	1989 年
梁水根 胡厚春等	《新城之光》	报告文学集	1990 年
黄润秋	《绿灯下的诗行》	报告文学集	1990 年
罗传明	《OK，中国农民》	报告文学	1990 年
谭建娥	《渌江跃出一蛟龙》	报告文学	1990 年
言和平 王元长	《桐之恋》	报告文学	1991 年
陈利明	《程潜传》	传记文学	1992 年
胡涤非	《谭余保传》	传记文学	1992 年

表 25-7

作　者	主要代表作品	类 别	发表时间
程　政	《人血不是水》	纪实文学	1996 年
朱德英	《人间自有真情在》	报告文学	2000 年

五　戏剧文学

民国时期，醴陵剧作家袁昌英曾创作多幕剧《孔雀东南飞》《饮马长城窟》和一些独幕剧。

中华人民共和国成立后，戏剧创作发展较快。“文化大革命”前期，戏剧创作停滞。1972 年以后，少数戏剧工作者开始创作。1973 年，市文工团刘国祥创作的花鼓戏《送货路上》参加省专业剧团调演，1975 年又由中央新闻电影制片厂拍成电影，发行到全国各地放映。

中共十一届三中全会后，戏剧创作比较繁荣。1979 — 2000 年，共创作发表或演出的戏剧作品 100 余部。1983 年，田雨生等创作的电视剧《为了明天的大厦》由湖南电视台摄制播放。1984 年，王德清创作的电视剧《洞天情》由湖南电视台摄制播放，赵坤创作的电影剧本《黑盗》由长春电影制片厂拍摄并在全国发行放映，刘振祥创作的大型湘剧《兰钏记》在《湖南戏剧》发表，后由湖南省电台录制播放。1986 年，杨大喜编写的大型花鼓戏《三换轿》由省电台和电视台录制播放。1987 年，杨梁斌创作的轻歌剧《小巷歌声》获省文化厅“创作剧目百场演出奖”，1988 年 9 月剧组又应中国歌剧研究会等单位之邀，晋京演出。1990 年，张林枝创作的歌剧《从前有座山》，参加在株洲市举行的第一届全国歌剧观摩会演获剧目奖，1991 年获全国首届“文华奖”；她创作的电视小品《买鞋卖鞋》在省电视台春节晚会播出后，被收入中央电视台小品专集并多次播放。同年，刘普庆的报告文学《革命与流放》被改编成电视剧《为了后一代》，由广东电视剧制作中心摄制，中共中央总书记江泽民题写了片名。

1991 — 2000 年，国家级“五个一工程”文艺奖在全国评选。张林枝创作的花鼓戏《红藤草》取材于改革开放初期，描写大学生大山自愿回乡开发山区资源红藤草，带领乡亲共同致富的故事。1992 年 5 月，该剧赴省参加新剧目调演，荣获 11 项奖励。1996 年，该剧被省委宣传部授予全省“五个一工程”奖剧目。1997 年 5 月，应文化部邀请进京展演，9 月获全国“五个一工程”奖第六届入选作品奖。1996 年，由张林枝创作的 22 集电视连续剧《乡下人、城里人、外国人》，在中央电视台一套黄金时段播出，获中央宣传部精神文明建设优秀作品“五个一工程”奖。

主要戏剧文学作品一览表

表 25-8

作　者	主要代表作品	类　别	发表时间
袁昌英	《孔雀东南飞》	多幕剧	民国时期
袁昌英	《饮马长城窟》	多幕剧	民国时期

续表 25–8

作　者	主要代表作品	类　别	发表时间
袁　岱	《抢红旗》	小话剧	1951 年
陈海沙	《事在人为》	花鼓戏	1958 年
陈扬辉	《欢度晚年》	花鼓戏	1959 年
集体创作	《清风亭》	花鼓戏	1962 年
帅伯髦　袁　岱等	《刘师傅组曲》	歌　剧	1964 年
孙湘敖	《清江红柳》	花鼓戏	1971 年
刘国祥	《送货路上》	花鼓戏	1972 年
谢时任	《洣江湾》	花鼓戏	1973 年
谢丁人等	《参观之前》	话　剧	1973 年
曹治理	《执勤哨上》	花鼓戏	1974 年
刘冰冠　荣柏枝	《抢　鸡》	花鼓戏	1979 年
柳　杨等	《追　求》	歌　剧	1980 年
刘振祥	《兰钏记》	湘　剧	1981 年
杨大喜	《好事多磨》	花鼓戏	1982 年
田雨生等	《为了明天的大厦》	电视剧	1983 年
郭细毛	《护　匾》	花鼓戏	1984 年
刘焕烈　张际平	《换　鞋》	话　剧	1984 年
赵　坤	《黑　盗》	电　影	1984 年
王友生	《比翼齐飞》	电　影	1984 年
王德清	《洞天情》	电视剧	1984 年
杨梁斌	《小巷歌声》	歌　剧	1986 年
张林枝	《从前有座山》	歌　剧	1988 年
张林枝	《为了您的幸福》	通俗喜剧	1988 年
胡涤非	《湘东挺进队》	电视剧	1990 年
刘普庆	《为了后一代》	电视剧	1990 年
张林枝	《红藤草》	花鼓戏	1991 年
夏劲风	《炎帝祭》	歌舞剧	1994 年
陈建新	《又见梅花开》	歌　剧	1997 年
马智立	《太平村的锣声》	通俗喜剧	1998 年
罗东元	《一位母亲一部书》	花鼓戏	1999 年

六 民间文学及搜集整理

境内民间文学，主要源自炎帝的传说和井冈山革命根据地时期的革命故事、革命歌谣。1983年，市民间作者协会筹备委员会着手开展民间文学的挖掘整理工作。1987年，为搜集整理民间故事、歌谣和谚语，全市组织400多名民间文学工作者，整理了上千万字的民间文学作品。酃县沔渡乡农民严建中，劳作之余潜心搜集整理了几十万字的民间故事、歌谣、谚语资料，有1000多条被选入《中国民间谚语集成·湖南卷·株洲市分卷》。1989年，市民间文学集成编委会成立，将全市3年多来搜集的资料进行筛选分类，按照全国总编委提出的"全面性、代表性、科学性"的原则，编辑成50万字近500则故事的《中国民间故事集成·湖南卷·株洲市分卷》、30万字近500首民歌的《中国歌谣集成·湖南卷·株洲市分卷》和20万字近5000余条谚语的《中国民间谚语集成·湖南卷·株洲市分卷》，并于1990年9月出版。

1991—2000年，境内民间文学的整理内容较为单一，主要在炎帝的传说和楹联方面进行搜集和整理。1996年，先后出版了曹敬庄的《炎帝的故事》、颜秋桦的《炎帝故地传奇》以及刘正洪的《对联新天地》等作品。

七 文艺评论

明弘治年间（1488—1505年），茶陵李东阳是境内第一位阐述诗歌创作有影响的文学评论家。据《明史·本传》载："明兴以来，宰臣以文章领袖缙绅者，杨士琦后，东阳而已。"《明史·文苑传》概括李东阳的诗歌主张"出入宋元，溯源唐代"。他主张诗歌要有比兴，要表现真实情思，恢复"真诗"。这些主张，对于结束台阁体的统治，恢复真诗，起了积极作用，成为"明后七子"诗歌复古运动的先导。李东阳的文学著述，集中收编在《怀麓堂全集》100卷中。

民国期间，在"五四"新文化运动影响下，茶陵人彭国栋著有《澹园文存》《澹园随笔》等大量文艺专著。攸县人蔡仪在20世纪40年代发表《新艺术论》《新美学》等著作，其主编的《文学概论》多年来一直为中国高等院校的文科教材。茶陵人颜元叔出版《文学经验》等著作，他的文学主张与批评为台湾文学界带来许多刺激与挑战，留下深远的影响和贡献。

20世纪60年代，城区群众影评活动较为普及，在省内颇有影响。1962年，市工人文化宫成立了第一个影评组，首次座谈电影《风雪大别山》。随后株洲电影院、株洲影剧院、清水塘电影院、331厂俱乐部、田心机车车辆厂俱乐部等成立影评组，并主办影评墙报。

至20世纪80年代末，境内虽有一些零星文学评论发表，但尚未出现专业文艺理论家和具有权威的文艺评论专著。1981年，市文艺评论组成立。1985年，文艺评论组更名为市文艺评论工作者协会。同年7月，市评协和株洲轮胎厂"飞鸿"诗评社举办郑玲诗作《背影》专题评论晚会。1986年，市评协召开专题讨论会，从主题思想、艺术特色、人物塑造、细节描写等方面，对聂鑫森出版的短篇小说集《太平洋乐队的最后一次演奏》进行探讨。同时，市评协以“唱一支彩色的歌”为主题，评述了汤子文的通俗长篇新作《银河天使》。同年6月，市评协与市作协联合召开罗子英诗集《爱的日环蚀》专题讨论会。与会者回顾了罗子英几十年诗歌创作的艰辛历程，并就诗人创作上从现实主义 — 现代主义 — 回归现实主义的嬗变进行了积极的批评和探讨。

1990年4月，市评协、市作协与株洲日报社联合召开座谈会，探讨工业题材小说创作的问题。6月，李铎出版书法理论专著《李铎谈书法》。年末，市评协以“从大自然中汲取灵性”为题，评析李光迪的儿歌作品。

1991 — 2000年，市文艺评论工作更趋活跃，活动更加频繁。刘强、陈达专、曹光辉等先后出版多部文艺评论专著，在文艺评论界产生较大影响。株洲师范专科学校一批中青年教师亦出版一系列文艺理论研究专著。

第七节　艺术创作

一　表演艺术

（一）音　乐

1958年，株洲钢厂青年工人邓贻照作曲的《机器隆隆开起来》被评为全国农村题材优秀歌曲，《中国青年报》予以刊载。邓成为境内最早在中央报刊发表作品的工人音乐作者。1959年，株洲电力机车厂职工刘洪志作曲的歌曲《一三八电气机车出厂了》、331厂职工叶修南作曲的歌舞《英雄大战开门红》，双双参加全国职工文艺汇演，成为株洲市最早参加全国性文艺会演的音乐作品。

1958 — 1960年，市花鼓戏剧团和市歌舞剧团努力开展戏剧音乐创作，有16部大型歌剧、10部独幕剧、15部小型音乐作品等歌剧音乐作品问世。戏曲音乐由最初的工尺谱改进为简谱，从套曲牌发展到编曲，从小剧目、传统剧目到大剧目、新创剧目，成为湖南省一支有影响的戏曲创作演出队伍。

1961年，市歌舞团演奏员徐风作曲并演奏的大提琴曲《怀念》、演奏员朱立明创作的双簧管独奏曲《洗菜心》，参加省文艺调演并被选拔参加中南5省文艺会演，成为株洲市最早参加省级公开汇演的器乐作品。

1971年，李永森改词、白诚仁编曲的合唱《浏阳河》由省歌舞团演唱、湖南电台录音，后被中央和省级电台、刊物多次播放和发表。1972年，为纪念毛泽东《在延安文艺座谈会上的讲话》发表30周年，举行市业余音乐创作作品调演，从参演的1500余件作品中，选出《我是一个红锻工》《岳麓山放歌》《送饲料》等42件优秀作品，其中选出8首经省革命歌曲征集小组选报中央并由省电台录音播放，有12首在省级报刊发表。1973年10月，株洲市出版《音乐作品选》，选编创作会演优秀作品30首，印刷1万册向全国发行。

贺家土小学教师唐瑶辉作词、市二中教师罗如鼎作曲的少儿歌曲《送饲料》，曲调活泼，具有鲜明的儿童特点，深受少年儿童喜爱。这首歌曲 1983 年获中国人民保卫儿童全国委员会等 7 个单位颁发的少儿文艺创作三等奖，并由中国唱片社制成唱片发行，中国国际书店向国外发行。

1973 年，由刘国祥编剧，李正斌、杨泽强作曲的花鼓戏《送货路上》参加全国戏曲现代戏调演，后被中央新闻电影制片厂、北京电影制片厂拍摄成彩色艺术片。该剧音乐在汲取长沙、益阳等地传统花鼓戏音乐的基础上，打破上下句的老框框，改进融汇民间小调音乐，恰如其分地表达了剧情。

1977 年，市歌舞团创作的交响组曲《骄杨曲》参加省专业文艺汇演，后由湖南人民出版社出版专集，并被列入《中国音乐辞典》。

1979 年，在全国第四次文代会上，市音协主席闰唱民以《我们是怎样建立音乐骨干队伍的》为题作经验介绍，《光明日报》《人民音乐》等全国 10 余家报纸杂志，均以显著地位报道株洲开展音乐创作活动的情况。1980 年，全国第一家歌词社团“潇湘词社”在株洲成立，并创办《潇湘词报》。

1981 年，市文化馆黄书田作词的反映农村儿童生活的歌曲《精野菜》，在《上海歌声》发表，并获文化部少儿歌曲优秀奖。1983 年 2 月，株洲电力机车厂工人李光迪作词的儿童歌曲《小竹桥》，获全国民族团结征歌评选一等奖。这首歌曲通过描写苗汉两个民族的少年朋友上学路上互相帮助过小竹桥时的欢乐情景，从侧面形象生动地表现了中华民族团结的主题。同年，夏劲风作词的《礼貌歌》《你说我该感谢谁》在《人民日报》及各省报同时刊发，并被辑入《中国音乐年鉴》。

1985 年，李光迪作词的《迷人的小山村》获全国少儿“小百灵”赛歌一等奖。1986 年，市歌舞团推出的轻歌剧《小巷歌声》获省歌剧、话剧调演音乐创作一等奖，随后在全国歌剧交流演出中获音乐创作奖，剧中主要唱段被选入《中国歌剧选曲集》。

1988 年，株洲组织厂歌、校歌、行业歌曲大赛，全市近 60 万人参赛，创作演唱声乐作品 1100 多首。

1990 年，株洲化工集团公司罗子英作词的《山雨》，获中央人民广播电台《每周一歌》节目首次评奖的金奖。年末，市歌舞团创作的大型歌剧《从前有座山》在全国歌剧观摩演出中获音乐创作奖，《人民音乐》载文称赞该剧在“音乐戏剧化、音乐对戏曲语言提炼、新音响的开掘以及舞台的时空转换等方面，皆有新意”。省文化厅先后两次在株洲召开有数千人参加的群众歌咏现场会，株洲被文艺界和新闻界赞誉为“音乐之城，歌剧之乡”。

1991 — 2000 年，株洲歌曲《天边边那树红杜鹃》等上过中央电视台《新闻联播》；《古丈茶歌》上过中央电视台《每周一歌》；《东方姑娘》《天下凤凰美》《过年啦》《谢谢你，人民公安》《换了人间》等上过中央电视台春节晚会；《甜甜的一个笑脸》和《牛背上的小姑娘》等入编大中小学音乐教材。《团圆酒》《将军的故乡》《杨梅姑娘》等上过中央电视台的《音画时尚》、中央电视台的《心连心》和中央电视台的《激情广场》；《赛龙舟》《中国风》《潇湘神韵》《乡里妹子》和《好美的一个秋》《湘女神韵》等声乐作品分获中宣部“五个一工程”奖、全国“五一文化”奖、文化部“群星奖”、国家广电总局“金鹰奖”和中国音乐“金钟奖”。

（二）舞　蹈

民国晚期，攸县欧阳雅从事舞蹈创作，作品有《炭夫曲》《船夫曲》《黎明之前》《巡春》《风暴》等，主要反映旧社会劳动人民艰苦劳动和寻求解放的心情。中华人民共和国成立后，欧阳雅创作的《各族人民大团结》《和平歌》《耕作舞》《阳光灿烂》《共产党万岁》等舞蹈，表现了各族人民翻身得解放，热爱新中国，热爱共产党，热爱和平的欢愉情绪。1960年，《共产党万岁》在北京舞蹈汇演中被评为优秀节目。

“文化大革命”初期，“忠字舞”“语录歌舞”成为舞蹈创作的主要内容。

1972年，为纪念毛泽东《在延安文艺座谈会上的讲话》发表30周年，株洲市举办群众业余音乐创作作品调演，推动了境内歌舞创作，特别是少儿歌舞创作，《送饲料》《做颗永不生锈的螺丝钉》《长大要把祖国保》3个儿童歌舞节目，被选拔参加1973年长沙、衡阳、株洲三市儿童文艺调演，后被北京电视台拍成彩色电视录像片在全国播放，湖南人民出版社又结集出版，是境内出版的第一个歌舞专集。创作的《为电力机车着新装》《纺织女工》等一批反映新型工业城市建设，具有浓郁株洲特色的舞蹈在全国获奖。

1981—1985年，市文化艺术部门组织的文化普查中，共挖掘、搜集、整理出地花鼓、宗教祭祀舞、革命历史歌舞、少数民族舞蹈等10多个舞蹈品种。1986年，这些保留楚舞遗风的舞蹈，被收入《中国民族民间舞蹈集成·湖南卷·株洲分册》。

1987年，株洲市成立舞蹈家协会，组织各种舞蹈赛事，开展舞蹈艺术培训，参加大型庆典活动，推进了境内舞蹈艺术的发展和繁荣。自1990年起，境内开始少儿舞蹈考级教育，运用规范的舞蹈教材，培养了大批舞蹈艺术新苗。1996年，株洲市成功举办“工行杯”创作舞蹈大赛。1999年，大唐华银株洲发电有限公司艺术团创作的群舞《火电大歌》分获湖南省、全国电力系统汇演金奖。2000年，双人舞《梦在湘水边》获全国第十届“群星奖”的优秀奖。

（三）曲　艺

明内阁太学士李东阳曾填《茶陵竹枝词》，记述当时说唱之盛。词曰：“绿鬓荆钗双鬓螺，青裙高系小红靴，阿婺旧是茶陵女，教得娃儿能楚歌。”明、清两代，境内民间曲艺活动尤盛，渔鼓弹词、丝弦、小调、地花鼓、快板、莲花闹、顺口溜以及赞春、赞土地、赞狮子、夜歌子（孝歌）、唱八字等民间曲艺形式流传城乡。民国时期，围鼓已成为红白喜事常用的娱乐和闹丧形式，《天仙配》《董永行孝》等几十种说唱本，经过多年的口头创作，日臻完善，广为流传。同时，萍乡春锣、宜春评话、衡阳渔鼓也传入境内。

中华人民共和国成立后，曲艺得到新生和发展。1953年，境内普遍建立农村俱乐部和业余剧团，配合宣传《婚姻法》、土地改革、抗美援朝等中心工作，创作和表演了大量曲艺作品。1951—1965年，郭德生创作的《打破常规》《引水记》《开条道路上天堂》3个曲艺节目，由湖南人民出版社出版专辑。同期，郭创作的弹词《追牛寻车》《雨过天晴》《深夜求医》，渔鼓演唱《单株密植》《猪场风波》等语言朴实、生活气息浓的作品，在《湖南文学》《湖南群众艺术》上发表。

1974—1976年，市总工会成立故事队、曲艺队编印《演唱资料》，市曲艺工作者协会编辑了3期《新城说唱》，市文化馆创办曲艺专刊《花篮》。株洲县的《革命文艺》《新蕾》《渌湘文苑》，醴陵县的《渌江文艺》，茶陵县的《铁牛潭》以及攸县、酃县、市郊区文化馆主办的文艺刊物均刊登了大量曲艺作品。

改革开放以来，株洲曲艺创作取得了长足发展，不少作品在《曲艺》《故事会》《曲艺新编》《湖南说唱》《湖南曲艺》等国家、省级刊物上发表，曹光辉、刘苏生等还出版了个人曲艺创作专集。1981年，李遐龄创作的独角戏《嫁满崽》发表在《文艺生活》上，获省艺术创作奖。黎福清创作的长沙弹词《芙蓉花》，获得1982年省首届职工文艺创作奖。1991年，马智立的小品《街头喜剧》获省“小戏小品”创作赛金奖。朱德英创作的小品《不吃饲料的猪》获1999年省“小戏小品”创作赛铜奖。2000年，故事《百兽自夸》获全国“蒲公英奖”创作银奖。

二 造型艺术

（一）美 术

境内绘画由来已久，人才辈出。醴陵籍画家杨嵩，工花草昆虫，素有“杨蝴蝶”之称。清末民初，醴陵釉下彩瓷风靡全球，屡获国际大奖，陶瓷美术创作达到较高水平。民国年间，有擅长花卉的吴雅之，长于山水的吴楚材著有《吴楚材画全集》。

土地革命时期，茶陵县、酃县红色苏维埃的纸币、邮票等物的美术图案设计朴素而美观。

中华人民共和国成立后，一支由中小学教师、工农美术爱好者及少数专业人员组成的美术创作队伍，活跃在城乡各地。1962年，周纪华等人创作的连环画《工人阶级的好战士 —— 刘昆》由湖南人民出版社出版，开株洲市美术作品正式出版之先河。

1964年，搬运工人罗德安的年画《搬运图》和陈凤生、何以正、孙承浩、刘翠英等人的21件作品，入选《全国工农业余美术作品展览》，占湖南入选作品总数的60%。罗德安的《搬运图》，是以他自己的亲身经历为生活素材创作的，画面表现了搬运工人克服重重困难，千方百计给农民兄弟送变压器下乡的深厚情谊。中国美术家协会机关刊物《美术》杂志选刊了这幅画，并配发了中国美协副主席蔡若虹的评论文章。该画展后被天津博物馆收藏。

1979年，在株洲市庆祝国庆30周年美展中，征集作品180余件，其中有50余件入选湖南省美展，10余幅作品入选全国第6～8届版画展览。1980年，张京德的版画《江南春晓》等，参加赴坦桑尼亚、加纳等非洲6国的中国版画展览；贺安成、刘人要等13人的77件作品在安徽芜湖市展出。1982年，年仅10岁的小学生贺羽创作的30幅连环画《张衡工号》获全国儿童创作奖。

1984年，为庆祝中华人民共和国成立35周年，共征集400余件作品，其中有43件入选省美展、11件入选全国美展。入选省美展的作品总数居全省各地市第二位。

1987年，有42幅作品入选湖南省纪念建军60周年美展，为全省各地市之冠。1988年12月，《新城之光 —— 株洲市美术作画展览》在北京中国美术馆展出，共展出油画、国画、版画、水彩画、雕塑等作品90件。在为期12天的展出中，观众达5万人次，赢得了首都各界的赞誉，中央电视台、《文艺报》等作了专题报道，《人民日报》《工人日报》等选刊了部分美展作品。湖南电视台还以《新城之光》为主题，拍摄一部专题片播放，把株洲市美术创作成果展现在观众面前。

1989年，有46件作品入选省美展、3件入选全国第7届美展、8件入选全国儿童美术作品展，其中郭玢的《动物组雕》获全国城市雕塑优秀奖。

1990年，杨志坚的油画《冠军的见证》、周鹏生的雕塑《球》和李明玉的漫画《迷球阵》，入选全国体育美术作品展，其中《冠军的见证》被国际奥林匹克委员会收藏。

1991年，美术创作以纪念“中国共产党成立70周年、株洲市建市40周年”为中心，在酃县召开老区革命历史题材创作座谈会，有23件作品赴省参展。同年4月，6名醴陵市民间书画代表赴日本瑞浪市，带去119件书画作品在当地展览。

1992年，为纪念毛泽东《在延安文艺座谈会上的讲话》发表50周年，洪涛的版画《多彩的路》、张吉红等创作的水彩画《情系山村》获得省展铜奖。1993年，胡君里的漫画《羊毛出在羊身上》获“五星杯”全国漫画一等奖。同年6月，陶候武用10年时间创作的总长210米的长画卷《奥运2000》，由北京艺术博物馆收藏，《光明日报》《中国青年报》等作了专题介绍，国际奥委会主席萨马兰奇亲自撰写序言，给予很高的评价。1994年，组织7件作品入选全国第8届美术展览，17件作品入选省庆祝国庆45周年美术作品展。1995年，在纪念抗日战争和世界反法西斯战争胜利50周年全省美术作品展中，株洲的6件作品入选，其中刘正湘的宣传画《功垂太行》获得一等奖。1997年，在株洲先后举办了王小龙、易水金、王辉琪、胡君里、黄礼攸等个人画展，贺安成、刘正凡在长沙举办个人画展。1999年，为庆祝国庆50周年，株洲举办美术、书法、摄影展，共展出作品314件，其中洪涛的《路在脚下》、周伟钊的《乌鸦唤来五谷祭》等6件作品入选全国美展，贺安成的《盛世丹青》、吴楚龙的《涞源笑语》等44件作品入选省展。

（二）书法、篆刻

境内书法篆刻艺术历史久远。炎陵县炎帝陵保存宋至民国的10余方碑刻，其中不乏书法佳品。北宋书法家米芾曾于空灵岸留下“怀杜崖”3个字。茶陵县灵岩古寺内有摩崖石刻80余方，今保存下来的有北宋至清代的摩崖石刻9方，其字体真、行、草俱备，风格迥异。其中，“月到岩石窟中”一方刻于宋宣和五年（1123），系当时茶陵造船监使倪巨济所书，内容为记述偕僚友于9月9日夜宴灵岩之事，全幅1.6米×0.95米，115字，字迹秀丽挺拔，颇具晋唐风骨。

今尚见于史志的书法篆刻名家，宋代攸县的冯子振，其书艺在当时有相当影响。元至明代，先后出现了易履、李淳、刘三吾、李东阳、张治、徐一鸣等一批杰出书法名家。据《茶陵州志》（明嘉靖版）载：李东阳“四岁能运笔作大字。景帝召见，亲抱至膝上，给楮、笔、果、钞归”。时人称为神童。其书法篆、隶、草俱佳，尤善小篆。今中国故宫博物馆珍藏了他的一些作品。他的家乡茶陵县高陇龙集李姓族人，珍藏着他于明成化八年（1472）回乡省亲祭祖时题写的“我家龙匣水，滚滚入南溪”的条幅。

清代，醴陵曹枝欣工行楷，得字者视若珍宝；李隆宪行草得松雪之髓，作擘隶大字，尤见骨力。茶陵陈得襄（字敬之）“工草书，踵门求词翰旨无虚日”〔清同治九年（1870）版《茶陵州志·儒林》〕。

民国时期，茶陵高陇人谭延闿以精擅颜书载誉海内外，时人称其书法“骨雄貌健”，今台湾书坛盛赞他为清至民国“仅次于何绍基的湘籍书法家。”他的《麻姑仙坛记》法帖，挺瘦瑰丽，多次再版。其弟谭泽闿亦工颜书，曾一度于京沪一带“书名大噪”。株洲县的马叔嘉，以篆刻著称于世。抗日时期他为抗日救国创作了大量篆刻作品义卖，捐献美金5.5万余元，受到时人称颂。其主要作品有《正气歌》《木兰从军》等印谱。醴陵籍驰名上海的书画雕刻艺术家吴稚之，工汉魏书法，并形成独特风格；叱咤军政界的程潜，其书法名闻湖湘。

中华人民共和国成立后，钢笔、铅笔作为实用书写工具逐步取代了毛笔，致使书法艺术一度冷落。1960年，小学恢复毛笔习字课。1962年9月，举办市首届书法展览会，展出刘通叔、刘昭怡、黎泽泰、余之楷、谢得彰、张仲年等知名书法家及一些青年书艺爱好者的作品。此后10余年间，境内几乎未开展书法展览活动。

20世纪70年代后期，醴陵籍书法家李铎、株洲县籍金石家李立崭露头角。李铎的书法广集博采，独树一帜，作品气度不凡，多次在日本、新加坡等东南亚国家展出，法帖《孙子兵法新校字帖》在日本出版，黄河碑林、华山、泰山、三峡等几十个风景名胜地，均有其刻额、刊碑。李立，善书画，精篆刻，出版了《毛泽东诗词印谱》《李立金石书画集》《文天祥正气歌印谱》。他的作品还被选作国家礼品馈赠。

20世纪80年代，境内各级各类书法篆刻协会、学会纷纷成立，书法篆刻培训、展览、竞赛活动频繁，书坛人才辈出。1985—1990年，市级举办书法篆刻展览、竞赛10余次，展品1500多件；县区级近100次，展品上万件，其中入选全省或全国展览获奖的330多件，出版专集3部，被省级以上博物馆收藏和创作于各地碑林刻石作品共50余件。1985年7月，组织582人参加“湖湘书法大赛”预赛，有459人取得初赛证，45人赴省参加决赛。1986年7—11月，举办规模最大的一次书法大赛。全市以县区为单位分成9个赛区，参加初赛者1257人，筛选出作品260件，其中入选市书法展览131件，入选省第五届书画展览31件。同年，修复炎帝陵工程指挥部向海内外征集名人书画作品，共有410人赠送书画516件，其中有胡耀邦、陈云、周谷城、严济慈、周培源等人的题词，以及法籍华人陈邦仕、日本郡马县汉字书法家米仓大谦等人的作品。

20世纪80年代，涌现出一批书法新秀。汤树林的作品入选《当代青年书法家100人作品集》和“中外草书展览”。张友福的硬笔书法作品入选《全国首届硬笔书法大展作品精选》和《中国百年硬笔书法大展精品选》。杨志达的篆刻作品入选全国首届和第二届篆刻艺术展，并应邀参加日本伊势市东丘社书道展览会。1988年7月，左重庆举办个人书法作品展，展出行、草、隶、篆、楷5体书法作品167件，全国政协副主席沈鹏为其题写展标。市书协会员陈晓彦，2岁半开始临帖，1989年参加全国“于右任杯”书法大赛获三等奖，并在全国少儿书画大赛和为第十一届亚运会集资书画扇面艺术大奖赛中获奖，被海外新闻界誉为“天才书法家”。

1991年，为纪念“中国共产党建党70周年、株洲市建市40周年”，组织美术书法创作班，15件书法作品入选省展，汤树林的草书《毛泽东诗》获铜奖。1999年，株洲市举办国庆50周年美术、书法、摄影展，共展出作品314件，其中15件书法作品入选省展。

（三）摄　影

民国16年（1927），浏阳人叶东山在株洲镇创办两谊阁照像馆到1957年国家拨款建清水塘照像馆，30年间照像馆主要从事营业性摄影，仅有少数艺术人像作品。

1961年，郭超北拍摄的《老参谋》入选全国人像艺术摄影展览，为城区摄影艺术创作之始。此后10余年无作品问世。1973年后，方有少数摄影爱好者从事艺术创作。1974年11月，举办市摄影艺术作品展，展出作品120幅，其中工农兵的作品占80%以上。次年8月，举办市美术摄影展，出现一些较好的作品。

1982年5月，市摄影工作者协会成立。同年，《株洲日报》开辟《今日株洲》摄影专栏，出现一批摄影爱好者和摄影佳作。

1983年6月，市摄影协会组织部分会员去九华山、庐山、黄山、苏州等地进行摄影创作。1984年6月，市摄影协会举办创作班，邀请省内著名摄影家讲课，提高了摄影爱好者的技巧和艺术素质。在庆祝国庆35周年的摄影活动中，征集作品400余件，有12件入选省影展。1985年，《株洲日报》举办“奋蹄”摄影比赛，出现一些新作者和新作品，有的作品在省以上报刊发表，有的入选全省及全国的摄影展。

1986年，株洲在北京举办《新城之光》摄影艺术作品展，200多名作者创作的1900多幅摄影艺术作品，经中国摄影家协会评选，有99件思想性、艺术性较好的作品在北京王府井大街宣传橱窗展出15天，向首都人民展示了株洲人民在社会主义建设中的精神风貌和摄影创作成就。其后，有齐铁城的《时间·生命》、傅特恩的《笑展红颜迎春来》入选全国第14届影展，易杰凡的《东方的龙》、彭湘生的《缕缕情丝》等入选“可爱的中华”大型影展，文新洲的《水乡黄昏》等入选上海第一届国际影展，王晚保的《母爱》、周立的《初吻》等8幅作品被选赴日本展出，《织女迪斯科》《排工晚宴》和《大厦之基》3幅作品入选中南5省“大江南北”影展。

1987年，有12位作者的14幅作品入选省第6届摄影艺术展，其中2幅获奖。1988年，傅特恩的《甜蜜的伴侣》《昔恋骏马今慕南方》入选全国广告摄影大赛并获优秀奖，《天上有个太阳地上有个南方》获全国广告设计大赛三等奖。

1989年，为庆祝中华人民共和国成立40周年，市文联和市文化局联合举办大型美术、书法、摄影展览，其中展出摄影作品65件，有9件入选省展览。

1991年，为纪念“中国共产党建党70周年、株洲市建市40周年”，组织美术书法创作班，17件摄影作品送省参展，李晓英的《织女》等3幅作品获铜奖。1992年，首次举办株洲—澳门摄影对展，在株洲展出作品200件、澳门展出101件作品。同年底，李晓英被英国皇家摄影协会吸纳为会员，成为省内第一个参加世界摄影组织的摄影家。1996年10月，株洲组织赴乌兹别克斯坦纳沃依市访问，随团参展的39幅摄影作品有20幅被乌国立外国语学院博物馆等部门收藏。1999年，全市有7件摄影作品入选全国摄影展。2000年，李晓英在北京中国美术馆举办了《湘西的心灵》个人摄影展，成为省内在中国美术馆展出个人摄影作品的第一人。

株洲市文化局历任负责人名录

表 25-9

机构名称	正职	任职时间	备注	副职	任职时间
市人民政府文教科	罗立洲	1952.7 — 1954.3	科长	宋焕藩	1951.7 — 1952.11
	–	–	–		1953.4 — 1956.1
	–	–	–	杨　青	1952.4 — 1952.7
	–	–	–	王东印	1952.11 — 1953.4
市人民委员会文化科	范　林	1958.9 — 1959.5	科长	左重庆	1954.3 — 1958.9
	–	–	–	李金波	1958.9 — 1959.5
市人民委员会文化局	帅伯髦	1961.12 — 1964.11	–	边之向	1959.5 — 1968.11
	王泽生	1966.4 — 1968.11	–	帅伯髦	1959.7 — 1961.10
	–	–	–	王家元	1960.5 — 1968.11
	–	–	–	杨景山	1960.6 — 1968.11
市革命委员会文化组	郝肖平	1970.3 — 1971.5	组长	张　辉	1970.3 — 1973.6
	钟　明	1971.5 — 1973.6	–	帅伯髦	1972.12 — 1973.6
	–	–	–	谢水穆	1971.5 — 1972
	–	–	–	刘和平	1971.5 — 1972
	–	–	–	杨景山	1971.10 — 1973.6
	–	–	–	丁华忠	1972 — 1973.6
市革命委员会文化局	帅伯髦	1973.6 — 1979.10	–	柏玉杰	1976.6 — 1979.10
	–	–	–	方　萌	1973.6 — 1979.10
	–	–	–	钟　明	1973.6 — 1979.10
	–	–	–	张　辉	1973.6 — 1977.4
	–	–	–	杨景山	1978.7 — 1979.10
市文化局	帅伯髦	1979.10 — 1982.6	–	柏玉杰	1979.10 — 1982.6
	柏玉杰	1982.6 — 1983.7	–	方　萌	1979.10 — 1981.11
	李运开	1983.7 — 1984.9	–	杨景山	1979.10 — 1983.7
	陈盛章	1983.7 — 1984.9	书记	夏正初	1982.6 — 1994.10
	刘健民	1984.11 — 1990.1	–	缪桂芳	1983.7 — 1990.2
	李运开	1984.9 — 1986.9	书记	周培校	1990.6 — 1996.4
	缪桂芳	1990.2 — 2000.12	–	苏仲明	1996.4 — 1999.6
	–	–	–	周养德	1996.4 — 2000.12

第二章　档　案

1949 年 8 月，境内人民政权开始接收部分旧政权机关移交的档案。其时，档案管理机构不健全，管理制度亦不完善。现保存下来的历史档案，有清乾隆、同治年间至民国时期的田土、房户契约及文书、办理军火的档案，有民国时期的文书档案和司法诉讼档案 7000 余卷，以及各种历史资料 4000 余册。

1951 年 7 月，株洲建市。次年，市委、市政府分别设置档案室。1955 年后，各机关、团体、企事业单位的档案机构陆续建立。1956 年 4 月，贯彻执行国务院《关于加强国家档案工作的决定》，推动了境内档案事业的发展。

1958 — 1959 年，醴陵县、攸县、茶陵县先后成立了县档案馆。1960 年 3 月 8 日，株洲市成立人民委员会档案处，确定了档案工作机构既是党委的机构，又是政府的机构，对党、政档案实行统一管理的原则。1963 — 1964 年，酃县、株洲市档案馆又相继成立。至此，境内市县综合档案馆全部建立起来。与此同时，各档案馆先后开展了旧政权档案和革命历史档案的接收、征集与整理工作，开始将直属机关的部分档案接收进馆。截至 1966 年，全市各级档案馆共保管档案 38156 卷，资料 14318 册。

“文化大革命”中，档案事业遭到严重破坏。市县档案部门和各单位的档案实体多次受到冲击。1967 年 9 月，中共中央、国务院及时发布保护档案的命令与通告，境内对档案馆实行军事管制，减少了档案损失。但一些机关、企事业单位的档案仍遭到不同程度的损毁。1973 年 7 月，市革委会办公室设置档案处，全市档案工作才从瘫痪中逐步复苏。

中共十一届三中全会以后，境内档案事业获得长足发展。1980 年，成立株洲市档案局，加强对各级党政机关、团体、企业、事业单位档案工作的指导与监督。各级档案部门在认真履行职能的同时，认真贯彻实施《中华人民共和国档案法》和《湖南省档案管理条例》，使档案工作步入法制化、正规化的轨道。

至 2000 年，全市各级共有综合、专业档案馆 12 个，企业、科技事业单位档案馆（室）337 个，各级机关、团体、事业单位档案室 4084 个。

第一节　档案网络

一　档案管理机关

株洲建市初期，档案工作由市委、市政府直接管理。1960 年 3 月 8 日，成立株洲市人民委员会档案管理处，为市委、市人民委员会直属机构，统一管理党、政档案工作。1964 年 3 月 16 日，档案处与市档案馆合署办公，实行两块牌子一套人马。1968 年 11 月 23 日，市档案管理处撤销，其工作由市革委会办事组接管。1971 年 11 月 1 日，成立市革委会办公室档案组。1973 年 7 月 2 日，档案组改为市革委会档案处，仍属市革委会办公室领导。1978 年 9 月 18 日，市革委会档案处更名为株洲市档案处，为局一级机构，与市档案馆合署办公，负责全市档案事业的行政管理工作。1980 年 6 月 13 日，市档案处改为市档案局，为市委直属的一级机构，归口市委办公室管理。

1983 年 7 月，醴陵县、攸县、茶陵县、酃县划归株洲市管辖，其档案业务开始接受市档案局指导。其时，市属各区的档案行政管理机关尚不健全，只有郊区在 1983 年 12 月成立了档案局，与郊区档案馆实为一体。

1996 年 5 月 8 日，株洲市档案局实行局、馆合一，为具有一定行政职能的事业单位。1994 年 11 月至 1995 年 3 月，县市档案局与党史、修志三家合一，成立县市档案史志局，履行档案、党史、修志职能。1996 年 3 月、5 月，市南区、北区分别建立区档案馆，同时履行档案行政管理职能。1997 年，城市区划调整，市芦淞区、荷塘区、石峰区、天元区分别设立档案区志局，赋予档案、修志两大职能，对所属单位的档案工作行使指导与监督管理。2000 年年底，境内市、县市区档案行政管理机构有 10 个。

二　档案馆

1958 年，醴陵县在境内率先成立县档案馆，攸县、茶陵县亦分别于 1959 年 3 月和 5 月成立档案馆，1963 年酃县成立档案馆。1964 年 3 月，成立株洲市档案馆，隶属市档案管理处领导。在未成立各级档案处、局（科）之前，各档案馆肩负着档案的收集、保管与提供利用，同时还负责对本行政区域内各机关、团体、企事业单位的档案工作进行业务指导和专业培训。

“文化大革命”期间，由于档案馆与市、县档案处、局(科)合署办公，因此档案馆也随着处、局(科)的撤销而撤销。1973 年 8 — 10 月，相继恢复了醴陵、攸县、茶陵、酃县 4 个档案馆，1978 年 9 月恢复市档案馆。

1960 年 10 月，隶属市建委的城建档案馆成立，是境内第一个专业档案馆。随着档案事业的发展，1988 年 2 月成立了株洲市公安档案馆，1997 年成立市房产档案馆。

1975 年 2 月，株洲县成立县档案馆。1983 年 12 月 12 日，郊区成立区档案馆。1997 年 8 月，区划调整时，分别成立天元区、芦淞区、石峰区档案馆，同时撤销郊区档案馆。

至 2000 年，全市有综合档案馆 9 个，即株洲市档案馆、醴陵市档案馆、攸县档案馆、茶陵县档案馆、炎陵县档案馆、株洲县档案馆、芦淞区档案馆、石峰区档案馆、天元区档案馆；专业档案馆 1 个，即株洲市城建档案馆；部门档案馆 2 个，即株洲市公安档案馆、房产档案馆。另有茶陵县城关镇、市芦淞区建宁乡、株洲县渌口镇、石峰区清水乡、天元区马家河乡、荷塘区明照乡 6 个乡镇档案馆和 14 个企业档案馆。

三　档案室

（一）机关档案室

1952年6月，市委、市人委分别建立档案室，负责本机关的文件收集、保管和档案管理工作，归口秘书部门。1955年，全市35个机关先后建立了档案室，负责本机关文书立卷、归档工作。1956年，国务院发布《关于加强国家档案工作的决定》，直到20世纪60年代，市、县各直属机关才普遍建立起档案室。1956年年底至1957年上半年，醴陵、攸县、茶陵、酃县4县县委机关相继建立档案室，负责管理县委、县政府内各部、办、委、局(科)的档案。至1965年年底止，市直属机关共有档案室62个。醴陵、攸县、茶陵、酃县的乡、镇（公社）一级的机关档案室，建于1958年，而市区各公社和街道办事处则在1964年才建立。“文化大革命”开始后，全市各机关档案室随着机关撤销而消失，直至1971年9月才逐渐恢复。1980年，株洲市贯彻中共中央文件精神，部署档案工作的恢复整顿工作。经过恢复整顿，市区125个市直机关和区级机关，有111个建立了档案室。株洲县、醴陵县、茶陵县、攸县、酃县5个县的259个县直机关，有193个建立了档案室。至1990年年底，境内市直机关和县市区级机关档案室共有416个，各乡、镇和街道档案室有178个。

1991年后，全市各级行政事业机关单位逐步改变了以往仅仅集中统一管理文书档案的状况，把不同门类、载体的机关档案统一由机关档案室管理，综合开发档案信息资源，促进了机关档案体制的进一步完善，提高了机关档案管理水平。2000年，株洲市副县级以上行政事业机关档案室有139个，90 %以上建立了综合档案室；县市区副科级以上机关档案室有438个，301个建立综合档案室；全市137个乡镇、54个街道办事处，有129个建有机关档案室，31个建立了联合档案室或综合档案室。

在全市3258个行政村中，有815个村建立村级档案，其中芦淞区建宁乡、石峰区清水乡的村级建档率达到100%。

（二）企、事业档案室

境内企、事业单位建档时间较早，1949年人民政府接管时，南方航空动力机械公司（原331厂）就有了相应的档案机构。20世纪50年代初期和中期，株洲电力机车厂（原田心机厂）、株洲车辆厂（原430厂）、株洲硬质合金厂（原601厂）、株洲电厂等中央、省属企业和市第一中学、市立一医院、芦淞区伤科医院等企、事业单位，均建立档案室。1959年以后，各企、事业单位除文书档案室外，又开始建立技术档案室。特别是档案工作恢复整顿以来，在企、事业单位中推行统一管理各类档案的工作机构，出现了一大批企业档案馆、科、档案信息中心和综合档案室，只有少部分企业仍保留2个档案室。1990年，全市841个企、事业单位中，有档案机构711个。

南方航空动力机械公司、株洲电力机车厂、株洲车辆厂、株洲火炬火花塞股份公司、自来水公司、省建五公司、608研究所等企、事业档案机构，在改革、转换经营机制过程中，本着管理高效、精简、合并职能的原则，将与信息技术有关的档案、图书、情报资料、经营统计等信息进行集中管理，建立便于综合开发、发挥整体功能的“一体化”管理机构。95%以上的企、事业单位建立了部门归口管理的档案馆、档案室或档案组。2000年，对全市101家大中型企业和36家科技事业单位统计，99%以上企业和 100 % 的科技事业单位都建立了档案机构，在全省企业档案工作中，始终处于领先地位。

第二节　档案资源

一　移交档案

民国时期，档案就有严格的移交制度。规定：前任县、乡、镇、保长应于后任接替之日，即印章、文卷及一切存款交待清楚，后任接到移交清册时，会合监盘员在规定内逐项清点接收，出具清结证明交前任收执，并呈报县府备案。民国 29 年（1940）6 月，株洲镇卸任镇长胡兰荪向新任镇长邹觉民移交任内文卷 1038 宗，其中旧文卷 983 宗、新收 55 宗。

1970 年，市档案馆根据国家档案局 1958 年 8 月“关于旧政权档案集中保管的意见”及省档案局的通知，将本地 18 册旧政权档案移交湖南省档案馆保管。

二　接收档案

（一）接收旧政权档案

1949 年 8 月，境内各县开始接收旧政权档案。8 月 8 日，中共株洲区委会、株洲区政府成立，12 日，国民政府株洲乡公所乡长邱岳派 6 名职员，携带乡公所印鉴及部分档案向人民政府投诚。不久，邱岳带领武装向军管会投诚，又交出一批文书档案。

（二）接收机关档案

市、县档案馆成立后，即开始接收市、县委、人委等部分机关的档案进馆。1963 年，全面接收各县直属机关 1949 — 1959 年 10 年间的档案。株洲市因建馆时间较晚，1966 年、1969 年只接收了部分市直属机关的档案，到 1985 年才开始全面接收市直属机关档案。此后，定期接收已在立档单位保管 10 年的档案及接收撤销机关、临时机构和单项工作形成的档案。1963 年，醴陵县、攸县、茶陵县档案馆及时接收“关、停、并、转”单位的档案，市城建档案馆接收市“下马”工程的档案；1966 年，接收城、乡社教档案和农村《阶级谱》档案；尔后，还相继接收了人口普查、山林普查、工业普查等专业档案。

从 1994 年 4 月开始，株洲市档案馆按照规定，对市直一级机构和相当于一级机构的具有行政职能的企事业机关、企事业独立二级机构，在 1989 年以前永久、长期保管的文书、声像、科技、业务档案及相关资料进行接收，连同检索工具、编研资料进馆。此次共接收 110 个全宗、13537 卷档案。其中文书档案 8817 卷，专门档案 4720 卷，录音、录像档案 214 盘，照片 5004 张，资料 3219 册。8 个县市区档案馆对各自所属的一级机构和乡镇机关的档案，按规定开展接收工作，共接收 542 个全宗、89154 卷档案。其中文书档案 74079 卷，科技档案 355 卷，底图 257 张，专门档案 13757 卷，声像档案 429 盒，照片 6732 张，资料 26358 册。市城建、公安、房产档案馆共接收各类档案 106906 卷，资料 8607 卷，底图 3047 张，声像档案 107 盒。2000 年统计，137 家大中型企业和科技事业单位档案馆（室），共接收各类档案3278019卷，资料731871册，声像档案489盒。

（三）接收“文化大革命”时期的档案

1967—1968年，市、县党政机关瘫痪，干部下放劳动，机关档案无人管理。为维护档案安全，市、县档案馆留守人员对机关的档案、文件进行抢救性的接收。各机关被撬门砸锁，档案馆人员会同军管会战士赶到现场，打开各机关档案室，连箱带柜将档案、文件抢救进馆。至1969年，市档案馆共抢收68个市直属机关的档案1万余卷和数十箱零散文件。醴陵、攸县、茶陵、酃县也于20世纪70年代初对“文化大革命”积存档案、文件进行接收。市档案馆还广泛收集“文化大革命”时期各群众组织的文件材料(包括传单、小报)，共整理出242卷，弥补了“文化大革命”时期的档案空白。

（四）接收撤销机关档案

自20世纪50年代后期开始，市、县所有撤销机关的档案，均由市、县档案馆派员接收。1990年年底统计，市、县、郊档案馆共接收撤销机关档案94个全宗、18371卷(盒)。

（五）接收人民公社档案

1984年以前，农村各人民公社档案，均由县、郊档案馆定期接收。1984年，农村体制改革，撤销人民公社，各县、郊档案馆开始接收人民公社的档案。截至1990年年底，境内5县市共接收158个区、社档案58535卷。

（六）接收科技档案

1983年，醴陵、攸县、茶陵、酃县4县由湘潭地区划归株洲市管辖，其水利、水电档案因利用方便需要，经国家、省档案局同意，1987年9月30日，株洲市档案馆从湘潭市第二档案馆接收科技档案(水利、水电)共386卷、底图447张。

（七）接收方志档案

1997年，市档案局与市地方志办公室联合发文，要求全市承修《株洲市志》的单位，将修志工作中收集的资料、资料长篇、初稿等进行整理归档，并制发《株洲市地方志档案资料整理方法》。同年9月开始接收。至2000年年底，市档案馆共接收方志档案25个全宗、995卷档案，声像档案11盒，照片84张。5县（市）、3区档案馆共接收161个全宗、1932卷。

（八）接收死亡干部档案

1984年，市档案馆根据中共湖南省委组织部、湖南省档案局文件精神，接收全市应由地(州)市档案馆长期保存的死亡干部档案122卷。1997年8月6日，市档案馆接收全市1981—1997年处级及以上死亡干部档案126卷。其中，副地级干部8人，处级干部104人，同时还接收科级干部11人、一般干部3人；男123人、女3人。各县市区档案馆共接收死亡干部档案349卷。

三　档案收集与征集

（一）收　集

1955年，遵照中共中央办公厅《关于收集党的历史档案的通知》，市委和各县委均组织专门班子，开展革命历史档案的收集工作。醴陵、攸县、茶陵、酃县收集到革命历史文件、资料、文物258件(本)。

其中有1921—1937年土地革命战争及新民主义革命时期攸县、茶陵、酃县革命老区人民进行革命斗争的历史资料；有中华苏维埃湘赣省执委、中共茶陵县委、广州农民协会及党组织在地下工作时期的《土改法》《红军三字经》等文件材料；有地下党领导人创办的《人民周刊》，中华苏维埃湘赣省委机关报《列宁青年》，中共湘赣省委、省团委机关报《湘赣斗争》，湖南省农协《农工参战》和中共湘赣省委编的《抗日游击战争中各种政策问题》，晋冀鲁豫太岳军分区公安局汇编的《反奸文献选集》；有土地革命战争中牺牲的烈士陈宜章、杨绍震、谭夏生、刘厚源、谭思聪、何孟雄、缪伯英、李却非、邓树霜、邓树录等烈士的书信、遗嘱及事实调查材料；有黄埔军校第四期毕业纪念册，攸县农运研究会同学录；还有国共合作时期北伐革命军的铜质纪念章，中华苏维埃共和国国家银行发行的纸钞，老苏区漕泊东冲兵工厂制造的来福枪等。此次收集的革命历史档案、文物均按规定上交省档案馆和湖南省博物馆，部分留各县档案馆保存。

自1976年以来，根据中央和省委指示精神，先后收集了中央领导人的亲笔书信、题词及著作原件、刊物等革命历史文件1700余件，一般存放在各县档案馆，市档案馆将上述革命历史档案复印、整理为131卷，收集进馆，弥补了馆藏空白。

为丰富和改善馆（室）藏结构，全市各级各类档案馆（室）通过多种渠道、多种途径拓宽收集范围，将反映本地风土人情、重大社会活动、事件、名人、名片、名优、名胜、家谱、族谱等特色型和效益型的档案收集进馆（室）。1995年11月，市委、市政府办联合发出《关于做好声像档案工作的通知》。市档案馆围绕全市中心工作，重点收集“八五”计划期间全市重大社会活动和事件2万余条；收集录音带11盒、照片34张、文件汇编3本，科技兴市、下岗再就业、吨粮田开发、两会等录像带9盒，风景名胜照片197张，《株洲市改革开放二十年成果展览》光碟5张；收集《中国出了个毛泽东》《株洲荣誉展》等光碟15张，《毛致用在株洲》录像带，李岚清、温家宝、曾庆红等党和国家领导人视察株洲的照片120张。同时收录自制的《株洲新闻》《新闻评论》《国庆五十周年庆典》等录像带81盒，自拍全市重大社会活动、重点工程、重点项目照片3517张。攸县档案系统收集全县谱牒档案58部计257卷。茶陵县档案馆收集各部门志、乡镇志45卷（册），明嘉靖四年（1525）档案2卷，茶陵州志2卷，清同治九年（1870）版8卷；县政协编印的《将军名录》2册，记载了茶陵籍中共名将25人、国民党名将29人生平等。炎陵县档案馆广泛收集红军标语120条、名片100多张、名人132名、档案161卷，清朝的名桥路会碑文实物档案7块（每块碑文高1米、宽0.8米），桃源洞自然保护区珍贵林木调查报告书1本，炎帝陵景点介绍3种、6本，新世纪梨、清水笋、磨芋丝、红薇菜等名优特新产品档案。醴陵市档案馆收集族谱100卷（本），各种照片25卷、990张。石峰区、芦淞区、天元区档案馆在新接收各类档案时，注意收集荣誉、名优特产品、市场、专业户、名人等档案。市城建档案馆加强重点建设工程档案的收集工作，共接收重点工程档案3230卷。2000年统计，大中型企业、科技事业单位档案馆（室）收集各门类档案34819卷（册）、照片10821张，声像档案894盒，电子档案119盒。

（二）征 集

1949年，醴陵、攸县、茶陵、酃县接收的旧政权档案并不齐全，尚有大量档案、文件流散在社会上。对此，各县委和档案部门进行了持续的征集工作。1957 年，4 个县的档案馆派专人深入乡村和旧政权机关所在地、革命活动地等进行调查、走访，搜索隐藏的档案，征集民国时期的档案、谱牒、史志、古籍等历史文献。1984 年，市档案局和各县档案局向全市城乡发布《征集历史档案资料的公告》，各级档案馆组织专人到社、队开展征集工作。攸县档案馆发现大同桥公社大板大队上屋生产队发掘了一窑古方孔铜钱，当即派人征集存档。还征集了清道光二十年（1840）至民国 25 年（1936）间 13 件民间契约，1926 — 1949 年攸县组织赤卫队、童子团的名册和中共地下党员及外围组织名册等。茶陵县档案馆广泛地征集明清时期的《茶陵州志》、毛泽东领导的工农兵武装民国 16 — 17 年（1927 — 1928）在茶陵湖口、高陇从事革命活动的示意图，井冈山第一个县级红色政权 —— 茶陵县工农兵政府和茶陵县苏维埃农民协会印章、红军家属证、打土豪分田的条子、互济会员登记表、革命烈士的信件、手稿和曾任湖南省督军、省长和国民政府主席谭延闿的诗册手稿，苏联列宁中央博物馆 1987 年与茶陵县列宁中学（大革命时期以列宁名字命名的学校）的来往文书及赠给学校的有关列宁从事革命活动的俄文资料、手稿和照片，毛泽东主席 1965 年重上井冈山途经茶陵时的留影，以及民国 16 年（1927）毛泽东在湖口居住的模型。酃县档案馆征集了五姓族谱 110 本。醴陵档案馆主要征集了民国时期的档案。

1998 年 10 月，市委、市政府两办批转《关于征集建国以来党和国家领来导人来株洲视察工作的声像档案材料的通知》，经几个月努力，征集到党和国家领导人及省部级领导人来株洲视察工作照片集 5 本、640 张，其中党和国家领导人 62 人 278 张，省部级领导人 109 人 362 张；录像带 4 盒；题词复印件 30 幅。其间，还征集名人档案 15 卷，名优特产品档案 41 卷。市档案馆还征集了株洲唯一的国家工程院院士、詹天佑科技成果奖获得者、株洲电力机车厂总工程师刘友梅的档案进馆，丰富了名人档案内容。攸县档案馆征集了清同治年间（1862 — 1874）的县志 12 本。其他各级各类档案馆（室）征集名人档案 148 人、152 卷（册），名优特新产品档案 189 卷（册）；科技兴市、科技兴农、农业示范户、专业户、个私户等档案 181 卷（册），突出了株洲的地方特色。

四 档案处置

在全市机构改革和城区区划调整中，市委、市政府分别转发了市档案局关于撤销机关档案的处置意见。市档案馆共接收株洲市经济技术协作办公室、计量局等撤销单位的档案 195 卷。5 县市、3 区档案馆共接收撤销机关档案 98 个全宗、4963 卷，资料 1324 册，音像档案 27 盒，照片 105 张。

1997 年 1 月，市政府批转《关于破产企业档案流向问题的处理意见》，市档案局组织人员深入 30 多家企业进行调查摸底，对企业规模、资产与产权变动形式、档案人员、设备情况、档案移交寄存、全宗设立及各门类档案的归属、流向等方面情况进行专题研究，提出具体处置方案，保障档案的归属，防止档案流失。1998 — 2000 年，共完成企业资产与产权变动的档案处置 44 家。其中破产重组企业 12 家，兼并 6 家，联合改组 7 家，股份制 13 家，股份制合作 6 家，出售 1 家。株洲县档案馆接收 6 家破产企业档案 3168 卷。茶陵县、攸县档案馆均接收了部分处置档案。

株洲市2000年各级档案馆馆藏档案情况一览表

表25-10

馆藏 / 单位	馆藏档案															馆藏资料（册）
	全宗（个）	案卷		1949年前的档案			1949年后的档案									
							文书档案		科技档案		专门档案（卷）	音像档案（盒）	照片档案（盒）	电子档案（盒）	实物档案（件）	
		总数量（卷）	长度（米）	卷	米	革命历史档案（卷）	卷	米	卷	底图（张）						
株洲市档案馆	154	55837	1017	163	2.95	163	48271	879	648	447	4938	357	296	268	57	32852
株洲县档案馆	172	26441	541	8	0.2	–	24208	519	47	29	2104	43	14	17	14	7831
醴陵市档案馆	200	30754	674	1795	59.1	2	22632	491	240	273	6065	83	22	38	37	20972
攸县档案馆	143	42929	869	751	15.2	35	39275	814	54	47	2714	71	17	47	63	16784
茶陵县档案馆	123	50975	973	4080	49	259	44197	849	83	76	2522	56	18	19	59	17849
炎陵县档案馆	115	23155	491	679	10	27	21208	475	52	37	1024	39	145	8	38	9573
芦淞区档案馆	60	5499	103	–	–	–	3899	81.9	32	24	987	51	14	11	41	1947
石峰区档案馆	62	5139	101	–	–	–	4045	93.5	43	51	924	37	12	7	31	1051
天元区档案馆	78	14996	237	–	–	–	9036	203	191	365	5840	129	12	12	43	2113
市城建档案馆	1	23538	578	–	–	–	121	2	23151	8052	137	161	186	57	17	2819
市公安档案馆	1	70482	139	–	–	–	4385	104	153	189	65905	37	20	49	29	2419
市房产档案馆	1	202569	5107	–	–	–	473	8.5	522	1154	201445	43	18	77	108	3475
合计	1110	551864	10770	7476	136.45	486	221750	4519.9	25216	10744	294605	1107	773	610	537	119685

株洲市2000年各级行政机关、团体、事业单位现存档案情况一览表

表25-11

类别		单位数	现存档案												
			总计	文书档案			科技档案		专门档案		音像档案（盘）	照片档案（张）	实物档案（件）	电子档案（盘）	现存资料（册）
				合计	其中 永久	其中 长期	案卷	底图（张）	会计档案（卷）	其他（卷）					
机关团体	市属一级机构	139	195913	23805	14681	9124	1147	871	55094	115867	1043	15012	814	127	10581
机关团体	县市区一级机构	438	296197	49056	30414	18642	9198	1017	93294	145649	2191	16578	2617	87	56064
机关团体	乡镇机关	137	106561	19817	12286	7541	7809	557	57951	20984	685	4836	457	54	8102
机关团体	街道农村办事处	54	39425	11502	7413	4089	157	110	27334	432	107	1183	213	–	3562
机关团体	行政村、居委会	3258	405579	125932	78077	47855	68417	1517	210013	1217	57	6189	4184	–	18539
事业单位	市属	11	16221	2347	1548	799	1243	183	11215	1416	104	339	51	27	1027
事业单位	县市区属	47	21056	3666	2084	1582	1794	214	12541	3055	117	1504	109	31	3115
总计		4084	1080952	236125	146503	89622	88765	4469	467442	288620	4304	45641	8455	326	100990

株洲市 2000 年企业科技事业单位现存档案情况一览表

表 25–12

	类别		大中型企业	县市区企业	科技事业单位	合计
现存资料	统计单位		101	200	36	337
	总计	案卷	5855955	230556	1105320	7191831
		底图（张）	4832869	43876	375687	5252432
	党群工作档案		214494	18347	35748	268589
	行政工作档案		25970	10418	21073	57461
	经营管理档案		37740	17314	20813	75867
	生产技术档案		136580	31093	17914	185587
	产品档案		424715	15814	11259	451788
	科学技术研究档案		74770	2107	378147	455024
	基本建设档案		545466	12837	73483	631786
	设备仪器档案		412655	11837	81034	505526
	会计档案		3983565	110789	465849	4560203
	音像档案（盘）		4059	143	2184	6386
	照片档案（张）		180900	7841	30091	218832
	电子档案（盘）		563	136	487	1186
	实物档案（件）		13987	1077	5683	20747
	现存资料（册）		1237928	20419	121089	1379436

第三节　档案整理与鉴定

一　整　理

（一）民国时期的档案整理

中华人民共和国成立后，醴陵县、攸县、茶陵县、酃县对其民国时期的档案逐步进行了整理，因民国时期的档案较为零乱，只能采用“十进位分类法”进行整理。直到20世纪90年代才整理完毕。

（二）“敌伪”档案的整理

1956年，茶陵县、醴陵县为贯彻执行公安部和国家档案局关于“清理敌伪政治档案”的指示，抽调专人对接收的旧政权档案进行突击性的整理。整理的档案质量低劣，基本上是为肃反和审查干部之需，偏重于政治、人事档案，忽视了经济、文化等方面的档案整理。

（三）建国初期积存档案的整理

1957年5月，国家档案局发出《关于积极组织力量大力进行积存档案整理工作的通知》后，境内市、县人委于1958年、1959年前后，抽调人员集中清理1949年以来积存的文件和档案。至1959年年底，共整理1.5万多卷。经整理，基本上解决了各机关文件成堆成捆、杂乱无章、无法利用的状态。但这种突击性的整理，使多数案卷不符合质量要求，存在年度不清、作者不分、文件不齐或多份重复等问题，利用十分不便。市、县档案馆又分别在20世纪80年代前后，对这部分档案重新进行加工、调整或整理。

（四）“文化大革命”时期积存档案的整理

“文化大革命”初期，档案工作被迫中断，多年的文件材料未及时立卷归档，形成大量的积存文件，已抢救进馆的档案文件也处于零乱状态，无目可查，无法利用。1971年，市革委会档案组组织人力，对这批档案进行集中整理。先后抽调了以各档案馆留守人员为主的10多人，经历1年时间，先后整理了30多个单位的积存档案。由于抽调人员文化水平低，业务不熟，加之指导力量薄弱，整理的案卷质量较差。1980 — 1988年，以档案馆的专业人员为主，组织培训了一批业务骨干进行重新整理。攸县档案馆1975年曾组织了38人的整理队伍，补充馆藏档案1355卷。

（五）档案馆的规范化整理

1985年，省档案局下发《湖南省地、县档案馆管理若干规定》，境内市县郊档案馆按照规定，系统地整理全部馆藏档案。各馆根据实际，制订《规范化工作实施方案》。调整全宗，全宗定位。市档案馆将原来的大全宗改为若干小全宗，新增革命历史档案、“文化大革命”期间群众组织材料汇集等全宗。各县郊档案馆也将原来大全宗改为小全宗。各馆调整全宗后，对所有全宗按组织系统排列定位，形成“全宗群”和全宗的有机体系。解决全宗内的案卷质量问题，经调整，解决部分案卷合年合级、问题混乱等缺陷，清理所有零散文件，核对后归入有关全宗。重新编排全宗号、目录号、案卷号和页号，改变档号重复、混乱、多变的状况，达到全宗排列系统化，案卷编号“大流水”等规范要求。

（六）年度文件材料立卷归档

从1991年开始，市档案局根据外地经验和本地实际，开展年度文件材料立卷质量竞赛活动，并制定竞赛办法和计分标准。市直机关、行政事业部门，以战线或协作片为单位，组织立卷归档学习班，开展年度文件材料整理工作。市档案局业务人员加强督促、指导，各单位进行互帮、互检、互评，把年度文件材料立卷归档工作纳入年度目标管理，并作为评先条件之一。各县市区和企事业单位档案部门也参照执行，部分企业单位还与年度奖金进行挂钩。市档案局还组织专业人员，协助因档案管理定级升级、目标管理活动、机构撤并、档案人员变动等原因，影响档案按时整理的相关单位，开展档案整理工作。至2000年，市档案局共协助整理了137个单位的档案、计46739卷。各县市区档案局（馆）也开展了相应的整理工作，共整理档案51837卷。同年8月，市政府转发了市档案局《株洲市行政、企事业单位文件材料立卷归档年检年审规定》，印发了《档案年检年审手册》和档案年检证书，使境内年度文件材料立卷归档整理工作逐步转入经常化、制度化和标准化的轨道。

二　鉴　定

（一）民国期间的档案鉴定

民国期间，县政府管卷室在立卷归档的同时，将全部文件分为重要文件、次要文件和例行文件3种。其中重要文件、次要文件的内容，相当于现在“永久”保管期限的档案内容，例行文件则主要是短时期内备查的文件。规定：对已失时效之文卷按期列表呈报，核定后予以销毁。在各县的历史档案中，均有对已失时效的例行文件和破损、失去利用价值的档案报请销毁的记载。

（二）1965年的“战备鉴定”

1964年9月，全国档案局长会议部署各级档案馆加强清理和鉴定工作，要求2年内完成。境内各档案馆均成立鉴定委员会或鉴定小组，对中华人民共和国成立以来的文书档案进行全面鉴定。此次鉴定按照立足战备、“少而精”“少而全”的原则进行。即应永久保存的档案要精练、不庞杂，能够反映立档单位的主要职能活动和基本历史面貌。具体鉴定时，按永久、长期、短期3种保管期限进行甄别，剔除失去保存价值的档案。市档案馆因成立时间短，暂无馆藏鉴定任务，主要组织市直各机关的档案鉴定。醴陵、攸县、茶陵、酃县档案馆组织60多人的队伍，办试点、办学习班，共鉴定4万余卷。此次是中华人民共和国成立后境内第一次大规模的档案鉴定工作。通过鉴定，剔除超期、重份和无保存价值的档案文件，减少了档案数量，改变了有文必档、臃肿庞杂的状况。

（三）1970年的“战备鉴定”

1969年10月，林彪借口“加强战备、防止敌人突然袭击”，擅自发布“紧急指示”，并提出“档案战备”的口号，要求全国各地以阶级斗争和战备的观点鉴定档案，湖南省则进一步提出“清、精、轻”的方针（清理档案、精简档案、减轻档案分量）。对此，株洲市在研究贯彻意见时分歧较大，各级档案部门认为这个方针有很大的片面性，只是敷衍了事，基本上没有铺开。各单位被鉴定剔除的档案文件，也未销毁，免受了一场损失。

（四）恢复、整顿时期的档案鉴定

1979年8月，根据全国档案工作会议提出“恢复、整顿、总结、提高”的方针与任务，市、县档案馆对6万余卷馆藏档案进行全面复查鉴定。此次鉴定历时2年半，对历年积存档案文件（含曾鉴定过未被销毁的）进行全面、细致、准确的清理、复查、鉴定。各级馆藏档案质量明显提高，消除积存文件，剔除失去保存价值的档案文件、重份文件，并填写销毁清册，经审批，予以监毁。市档案馆的积存档案文件，经局、馆全体人员一个多月的清理鉴定，新补充档案1000余卷、1万余份文件，几万份剔除文件按规定予以销毁。

（五）常规馆藏鉴定

按照《中华人民共和国档案法》和《湖南省档案条例》规定及国家档案局“档案保管期限表”的要求，各档案馆所保管的永久、长期档案，随着时间的推延，其保管期限并非永久不变，应按规定的时间对馆藏档案进行常规鉴定。通过鉴定，有的档案保管期限可能升高，有的可能下降。但境内各级各类档案馆还没有按照规定开展这项工作，只是在档案馆定级、升级前，因考评细则有这项计分需要，才进行一般性的鉴定工作。

第四节　档案保管与保护

一　保　管

市档案馆建馆时，馆址在原市邮电大楼4楼，面积约40多平方米；1971年，搬至原市劳动局办公楼，面积约100多平方米；1972年，市革委会拨款4.63万元，在原市委院内（沿江中路3号）建一栋3层砖木结构楼，作为处、馆办公场所和档案库房，面积为616平方米，1973年5月16日竣工验收交付使用。因兴建时国家尚未颁布统一的库房建筑规范，虽是专用库房，但库容量小，各种技术用房亦未设计安排，故市委、市政府于1983年6月再拨款56万元，在原市委院内又兴建一栋钢筋框架结构的5层局、馆办公场所与档案库房，面积为2065平方米，1985年5月竣工验收使用。其中，档案库总面积为1000平方米，共有库房15间，每层设3间，大库房可容面积80平方米，小库房可容面积为40平方米，可容案卷资料12万卷（册）。整个库房建筑具有较好的防潮、防湿、防光、通风、密闭、隔热等性能，但尚未达到国家颁布的档案库房建筑规范，特别是消防通道狭窄，给消防安全带来一定隐患。1995年，市档案馆上省二级时，对库面、库内门窗、电源等全面进行改造、装修、密封，安装了自动报警、温湿度自控装置，添置了空调机、去湿机、复印机和排风扇。1996年，市档案馆设立了专用声像档案库房，增添密集架8列，空调机1台，按声像档案保管要求进行改造，新增2台电脑。其间，共添置二合一的木质档案柜20个，满足了档案存放要求。2000年8月22日，市政府常务会议决定市档案馆列入全市“十五”规划建设，原则上办公场地、库房的建筑面积不超过7000平方米。

与此同时，各县郊档案馆也兴建了库房。市、县各档案馆的设备，在20世纪70年代以前，只有档案柜、档案箱。从70年代后期开始，各馆陆续添置了去湿机、吸尘器、打字机、复印机、照相机、空调机等设备。1990年年底统计，各馆共有去湿机7台，复印机10台，空调机11台，改善了档案保管条件。1997年，攸县档案馆搬至新库办公，建筑面积为2080平方米，其中库房面积为1500平方米，库内添置密集架12组，去湿机4台，温湿度装置5个。芦淞区、石峰区，天元区建馆后都有专用档案库房，总面积为562平方米，配备了基本的设备。

1949年至20世纪70年代，各机关、企业、事业单位的档案室，用办公用房作档案库房，专用的柜、箱数量少，规格不一，安全保护设备差。1979年后才注重档案库房与设备方面的建设，特别是1987年开展档案室定级升级活动以来，全市1271个各级机关档案室，有1087个档案室有专用库房，有441个综合档案室配备相应的设施，其中复印机134台，去湿机111台，空调机40台。各级机关档案室和企事业单位档案馆（室），随着档案门类和数量的增加，以及定级升级、开展目标管理活动的需要，95%以上都有相适应的专用库房和档案柜、箱或密集架，设备明显增加。

二 保 护

中华人民共和国成立后，境内档案部门按照上级要求，均建立了消防委员会、保密委员会等组织，指定或委任了消防安全负责人、保密员，制定了《档案资料查阅》《库房管理》《保密》等制度，在非常时期亦认真执行党和国家关于保护档案的规章制度。1966 — 1968年，中共中央、国务院曾连续颁发出多个关于档案的安全保卫和保密方面的文告与规定，各档案馆留守人员照章办事，并在派性斗争激烈的1967年，曾以布告形式封存档案馆（室），然后又接受军事管制，确保了档案的安全，进馆档案均未受到破坏。1980年以来，各档案馆（室）库房都安装灭火器，配置铁门、铁窗、铁锁、报警器等设备。1987年，《档案法》颁布。依据《档案法》，每年进行检查、督促、发整改通知、办保护技术学习班等活动，使全市档案保护工作走上正常化、法制化、制度化的轨道。全社会的档案保护和安全意识明显增强，建立健全档案收集、整理、保管、利用等制度，各馆（室）库房都配置了温湿度测量计、防虫霉药品、铁门铁窗、排风扇等，90%以上馆（室）库房配有空调、去湿机、吸尘器。1999年，市自来水公司档案馆还安装了恒温恒湿自动控制设备。为保证档案的绝对安全，市档案局配合《档案法》的执法检查，每年都开展档案安全大检查和重点抽查，发展问题，及时督查、整改。各县市区档案馆还开展抢救破损、褪变档案工作，共抢救档案4581卷，延长了档案的使用寿命。2000年，境内288个综合专门档案馆、大中型企事业单位档案馆（室）、市直机关团体档案室，共有库房面积51495平方米，档案柜13213个，密集架948个，复印件478台，空调机704台，去湿机536台，自动恒温恒湿设备10套，自动报警装置9套。

第五节 档案开发利用

一 档案检索

（一）档案室检索

中华人民共和国成立后，各机关档案室的基本检索工具有案卷目录和卷内文件目录。20世纪80年代，随着综合档案室的建立和档案馆（室）上等达标工作的开展，检索工具向标准化和多样化方向发展，但仍属于手工检索。手工目录有案卷目录、卷内文件目录或全引目录、专题目录或重要文件目录、文号索引、人名索引等。1990年，境内1271个档案室，共编制各种检索工具13530本（册），平均每个档案室有10册。1999—2000年，部分机关档案室已有机读目录，其中案卷级有2万余条、文件级3万余条。

（二）档案馆检索

各级档案馆在接收机关档案的同时，还接收各种检索工具3084本（张），其中案卷目录1395本，全引目录1338本、专题目录88本、卡片165张，重要文件目录55本、卡片51张。各级各类档案馆根据馆藏档案管理与利用的需要，编制了《档案馆指南》《全宗介绍》《专题介绍》《全宗索引》、人物卡片、专题卡片、开放档案目录等介绍性、指引性的检索工具27819本、卡片71584张，建立各种台账37种、1467本。20世纪90年代末，部分档案馆陆续有机读目录。2000年，各级各类档案馆机读目录中，案卷级的12万条，文件级的13万条。

二　档案编研

（一）汇编档案文集

民国时期，有机关、团体、大学生、氏族宗祠、贡举等20多种调查材料汇集。

20世纪50年代，市、县党委、政府开始汇编重要文件和政策法令文集，《新区农民运动重要文件汇集》《减租减息重要文件汇集》《互助合作重要文件汇集》《整风反右重要文件汇集》《三反五反运动重要文件汇集》等，就是这一时期汇编的。60年代，各档案馆（室）配合有关部门，汇编了整风整社、对敌斗争、社会主义教育、战备、人口普查、征用土地、市场物价等多种文件汇编和政策法令汇编。70年代后，随着中心工作重点转移，加强了经济、科技档案资料的汇编工作。各机关档案室汇编《株洲市科技成果资料汇编》《科学技术工作的几个管理办法汇编》《株洲三十年国民经济简要统计资料汇编》《株洲市关于市场管理政策界限文件汇编》《湘赣根据地税务史料文摘》等档案文集。

（二）编写参考资料

档案参考资料是档案馆（室）根据档案内容进行综合、加工编写而成的系统资料。市档案馆编有《株洲市四十年大事记（1949—1989）》，各县市郊编有各自区域的大事记，各机关档案室也编有本机关大事记和有关专题大事记；各档案馆（室）均编有各级各单位的组织沿革，市档案馆编有《中共株洲市委组织沿革（1951—1986）》《株洲市人民政府组织沿革（1951—1986）》，还参与《株洲市组织史资料》编辑；各市县市档案馆还编写市县历次党代会简介和历届人民代表大会简介，各机关档案室则有本机关历年先代会、工代会、妇代会和重要工作会议等简介；20世纪50—60年代，市县档案部门在开展基础数字与资料编研活动中，编有地方工业、农林牧渔业、山区经济、煤炭工业、矿产资源、文教卫生等数十种基础数字与资料汇编。80年代，各档案馆（室）的编研工作全面铺开，大都编有适应本单位和社会需求的基础数字与资料汇编。1983年，攸县档案馆编有《攸县历年自然灾害资料汇编》，记载攸县从335—1983年间发生的水、旱、虫、风等自然灾害情况，为农村干部分析自然规律、指导农业生产起了重要作用。1998年，茶陵档案史志局编写《可爱的茶陵》一书，成为该县中小学爱国主义教材。

2000年统计，境内各级档案室编辑档案资料247种296.4万字，其中公开出版的有8种、9万字；各级各类档案馆编研资料389种、2178.4万字，其中公开出版的有78种964.08万字。接收各种编研档案资料18种、4296本、2405万字。

三　档案利用

清代与民国时期，档案主要是为衙署、机关行使职能服务，仅在编修方志、汇编文献资料等方面，才体现其服务的职能。其时，县级有司衙门办理钱粮赋税，决断刑民案件、征调徭役兵差史等，均须稽查引据，全以归档为凭，因而档案成为各级官吏办理公务之依据。

境内市、县档案馆未成立之前，档案的利用仍局限于服务本机关工作。市、县档案馆成立后，贯彻“以利用为纲”的工作方针，增强了档案人员的服务观念，大力编制检索工具，汇编各种档案文集，编写各种基础数据统计资料和历年工农业生产概况等参考资料，为机关工作、经济建设等各项事业服务。“大跃进”运动中，由于受浮夸风影响，提出“大收大编大用”等不切实际的口号，因而出现虚假、浮夸和浪费现象。1959年，全国档案工作会议总结了经验教训，克服了档案编研和利用工作中的高指标和浮夸风。

20世纪60年代初期，醴陵、攸县、茶陵、酃县档案馆均接收县直属机关新中国成立10年的档案，市档案馆1966年接收市直机关部分档案后，档案成为全社会的财富。60年代中期，以阶级斗争为纲，档案为阶级斗争和各项政治运动服务，在利用工作上曾出现过繁忙景象，但对经济、科技、文化等方面的利用则有所忽视，档案的编研也处于低潮。

中共十一届三中全会后，档案利用的重点逐渐转移到为经济建设服务，面向社会开放。1988年年底，向社会开放第一批历史档案2143卷，其中旧政权档案641卷，1949 — 1957年的现行档案1502卷，同时还开放了6000多卷（册）报纸、杂志、史志、古籍等历史资料。此后，开放档案成为各级综合档案馆的一项正常工作，服务领域不断扩大，接待查阅利用档案的人数不断上升。据统计，市档案馆1990年提供档案的数量比1977年增长63倍。

各级党委、政府和机关、企业事业单位在制订政策、工作计划、建设规划、调查研究、工作总结、决定问题和召开重要会议时，均须查阅档案。市、县政府和市级机关在编制《2000年经济科技社会发展规划》时，就查阅了市县区各级档案馆的大量档案资料。在落实政策、平反冤假错案的过程中，各级档案馆提供数以万计的真实凭据，使许多沉沦数十年、牵连几代人的冤假错案得以昭雪。据1990年统计，为落实政策来市县郊档案馆查阅档案者就有1839人。此外，在落实干部、职工参加工作年限、职级、学历、离退休等问题方面，档案亦发挥了重要依据作用。

在调解房屋、土地、山林等产权归属问题、进行林业“三定”等工作中，档案中的历史凭证，解决了许多民事纠纷。

与此同时，档案在指挥生产、工程建设、技术改造、开拓市场、改善经营管理等许多方面都能发挥重要作用。株洲市塑料厂“七五”计划期间分别从澳大利亚和日本引进2台设备，在验收中发现有故障，与底图不符，根据厂档案室提供的档案资料，成功向澳大利亚、日本2国有关厂家索赔220万元，获得省进出口商检局给予的7800元奖励。1979 — 1980年，株洲苎麻纺织印染厂在试制快速脱胶科研项目时，利用厂档案馆收集的国内外有关快速脱胶资料和其他档案资料，对快速脱离新工艺试验成功起到了关键性的作用。该厂在推广这一新工艺后，每年增加产值300余万元，增加积累100多万元，提高生产效率30%以上。仅据1990年统计，市县档案馆和14个大型企业档案部门，通过利用档案所产生可测算的经济效益达5187万元，解决各类问题6018个。

此外，各级档案部门为编史、修志、学术研究等领域提供了大量的档案信息。据2000年全市各级各类档案馆（室）的档案利用情况统计，共有197.79万人次查阅档案1420.98万卷次，直接或间接产生经济效益10.18亿元，解决问题397.21万个。

株洲市档案局历任负责人名录

表25-13

正 职	任职时间	备 注	副 职	任职时间	备 注
王贵子	1973.7 — 1983.11	–	王贵子	1960.3 — 1968.11	市档案处
袁 毅	1983.12 — 1990.5	–	江耀西	1981.6 — 1992.2	–
江耀西	1992.3 — 1993.3	–	黄 鹰	1990.5 — 2000.12	–
易图遂	1993.4 — 2000.12	–	周放艺	1992.3 — 2000.12	–
–	–	–	余永安	1992.3 — 2000.12	–

第三章 地方志

境内醴陵、攸县、茶陵、炎陵县有着悠久的地方志编修传统。据境内各县市志记载，唐代至民国38年（1949），官修州志、县志40余次，其中醴陵有12修、攸县有9修、茶陵14修、酃县8修。尤以茶陵县编修最多，其中唐代的《茶陵图经》为境内最早编修的志书。除官修外，还有一些私修的县志和专修的《炎陵述古》《炎陵志》等名胜志。这些志书大部分已散失，现存则以明、清2代居多。1965年，毛泽东重上井冈山时，在茶陵县城住一晚，曾阅览清同治九年（1870）版《茶陵州志》。民国时期，由于战乱，湖南所修县志很少，但《醴陵县志》则是这一时期的佼佼者。

中华人民共和国成立后，党和政府十分重视地方志编修工作。20世纪50年代，全国各地相继开始编修社会主义新方志，醴陵县就曾编印了《醴陵县土壤志》。“文化大革命”初期，地方志编修工作被迫中断。进入80年代，中共株洲市委、市政府根据中央和省里要求，重新动议修志。1986年6月，株洲市地方志编纂委员会成立，下设办公室（简称“市志办”），为市政府直属具有一定行政管理职能的正局级（县级）事业单位，定编15人，开展编修《株洲市志》工作。境内各县市区及部分直属机关和大中型企事业单位按照要求，先后成立了修志机构。1990年，攸县率先出版了《攸县志》。1994—2000年，《株洲市志》采取分册的模式进行出版。其间，醴陵、茶陵、炎陵县、株洲县、南区、北区、郊区、东区相继出版了综合志书。

各修志职能单位在编修地方志书的同时，还组织开展编辑出版地方年鉴工作。1987年，醴陵市在境内率先编辑出版《醴陵年鉴》。从1989年开始，《株洲年鉴》逐年编辑出版。其后，攸县、茶陵县、酃县（1994年更名为炎陵县）、株洲县开始编辑出版地方综合年鉴。

第一节 编修《株洲市志》

1986年6月，株洲市开展第一轮地方志书编修工作，拉开了株洲市编纂第一部社会主义新方志的序幕。《株洲市志》是株洲文化建设的系统工程，为编纂《株洲市志》，市志办广泛进行宣传发动，帮助组建基层修志机构和队伍，对县市区实施修志业务指导，全面开展搜集、考证资料工作。1989年2月，株洲市召开第一次修志工作会议，对全市修志进行全面发动和部署，号召全市各界支持这项工程建设。12月，中共株洲市委办公室、市人民政府办公室联合下发《关于加快修志进度的通知》，提出将修志任务完成的好坏作为考核单位主要领导政绩的标准之一，要求各单位把修志工作纳入近几年的工作目标管理，加快修志步伐。1990年2月，市志办适时举办全市性的业务培训，培训修志骨干142人。尔后，各部门、各单位又相继举办业务培训班，全年累计培训400多人次。至此，《株洲市志》的编纂工作全面铺开。整个编纂过程主要分3个步骤进行：第一步，各承修单位搜集考证史料、撰写初稿。全市有108个部、委、办、局（公司、行、社）承担了《株洲市志》各篇章初稿的撰写任务，市志办派出指导编辑，深入承修单位进行业务指导。1990—1992年，各承修单位基本完成了初稿撰写。此后，各部、委、办对本系统的初稿组织评议会，提出修改意见，制定修改方案，各承修单位再根据初评意见进行修改；第二步，各部、委、办对修改后的初稿进行分纂。1993年分纂工作全面铺开，先后成立市经委、农委、财委、建委、计委、外经委、政法委、军分区、文卫办、市委办、国土局11个分纂小组，分别承担《株洲市志》各相关部类的编纂任务，对修改后的初稿适时组织分纂，进行系统平衡、修改。到1994年，分纂工作基本结束；第三步，市志办总纂。在各部、委、办分纂的基础上，市志办从1993年开始对《株洲市志》各分册进行总纂工作。总纂完毕后，一般召开省级评议会，将修改的总纂稿送交市志审稿小组审查和省地方志编委会验收。经出版社审定，由市委、市政府批准正式出版。第一轮《株洲市志》采取分册出版的方式，编成一册，出版一册。1994年6月，《株洲市志·交通邮电》分册率先出版。到2000年全部编纂出版完毕。本轮修志共编纂出版《株洲市志》17册、18本，即《总述、大事记、人口》《地理》《建设环保》《交通邮电》《工业（上下册）》《农业》《商业》《对外经济贸易》《财政金融》《经济管理》《党群政务》《政法》《军事》《教科文》《人物》《杂志》《索引》。其中，《交通邮电》分册获湖南省第二届地方志优秀成果评比一等奖；《农业》分册获全国地方志专业志一等奖;《工业》获湖南省第三届地方志优秀成果二等奖,《党群政务》《商业》《人物》分获三等奖。第一轮编修《株洲市志》，主要采取党委领导、政府主持的编修体制。各级党委、政府负责人，把修志工作当作责无旁贷的历史使命，关心和支持编修工作，帮助解决工作中遇到的具体困难和问题，做到要人给人，要钱给钱。为确保《株洲市志》出版经费的落实，市政府采取三种途径解决的办法,即财政解决一部分,主管单位自筹一部分,有关单位集资一部分。1995—1999年，市财政连续5年每年拿出80万元作为《株洲市志》各分册出版经费。市交通局、邮电局、株洲铁路地区、建委系统各局为市委、市政府分忧，不要财政一分钱，采取共同集资的办法，印刷出版了《株洲市志·交通邮电》和《株洲市志·建设环保》分册。各部、委、办、局也为修志提供大量的人力、财力、物力，促进修志工作的顺利进行。社会各界对本轮修志也给予了大力的支持。市档案馆为方便资料摘抄工作，专门腾出几间房屋，备好茶水，增加服务人员，为修志人员免费提供档案材料的查阅。市国土局为追溯古建宁县历史，两次专门召开古建宁建置沿革考证会，为株洲市提供了珍贵的史料。广大修志人员更是在艰苦、辛苦、清苦的条件下，冷凳孤灯，默默耕耘，有的甚至献出了自己宝贵的生命。

1999年12月，中共株洲市委办公室、株洲市人民政府办公室联合发出《关于续修市、县（市）区二级志书的通知》。2000年1月7日，召开全市续修市、县二级志书动员大会，在全省范围内率先启动第二轮《株洲市志》的编修工作。当年，株洲市地方志办公室被评为湖南省地方志工作先进单位。

第二节 编辑出版《株洲年鉴》

为向中华人民共和国成立40周年献礼，让社会更多了解株洲，同时为编修志书积累资料，1988年12月在株洲市地方志编纂委员会首次会议上，提出以年鉴促修志的设想，着手开展编辑出版《株洲年鉴》。1989年，市志办全体人员全力以赴投入年鉴的编纂工作。9月28日，创刊号《株洲年鉴（1989）》正式出版发行。该年鉴系统地记载了株洲的历史建置、地理环境、人口、资源、经济特点、建设成就、改革进程等内容，以概述、概况、条目、资料、图表等多种形式，分门别类地介绍了株洲的历史和现状，成为综合性、资料性的工具书，是继《长沙年鉴》之后，湖南省出版的第二部地市级年鉴。《株洲年鉴》以其出版速度快、装帧精美，为全国年鉴同行所关注，成为全国地方年鉴同业中的佼佼者。1992年11月，第三次全国年鉴学术研讨会暨第四次全国地方年鉴协作研讨会在株洲市召开，就年鉴规范化等学术问题进行广泛深入的研究和探讨。提出年鉴的发展方向就是把年鉴事业当作信息产业来生产、经营和开发。这对《株洲年鉴》的发展起到了积极的推动作用。《株洲年鉴（1994）》卷，新增设《纪念毛泽东诞辰100周年》《神农文化艺术节》《榜上有名》等部类，增加了年鉴的可读性。1995年，为使年鉴工作得到更多的社会支持，成立了以市委书记为主任的株洲年鉴编辑委员会，加强了对年鉴工作的领导。当年，《株洲年鉴》以较大篇幅记载了株洲市经济体制改革和市直机关机构改革。1996年，对年鉴工作实行目标承包责任制管理，《株洲年鉴》成立了由28个单位组成的年鉴协办理事会，由单纯依靠征刊筹措资金转为动员社会力量协助办年鉴。1998年，《株洲年鉴》由黄山书社出版，成为《株洲年鉴》创刊以来第一部由出版社公开出版的年鉴。至2000年，《株洲年鉴》连续编辑出版12部。其中，《株洲年鉴（1992）》卷获全国年鉴框架设计三等奖，《株洲年鉴（1993）》卷获湖南省优秀地方志成果一等奖。

第三节 业务指导

编修社会主义新方志，由于没有现成的方志理论作指导，对于每一位编纂者来说都是第一次。因缺乏经验，致使修志初期的工作时走时停，篇目反复变动不定。针对这种情况，市志办在《株洲市志》编纂过程中，实行指导编辑负责制度，指定每位指导编辑具体负责《株洲市志》一册或几册的指导任务。市志办还适时举办各种形式的培训班，培训骨干。同时还编印了《株洲地方志通讯》《修志动态》等刊物，开展方志理论研究，制定《株洲市志》凡例、行文通则等，为基层修志提供指导性服务。先后开展了试写稿稿评会、初稿评优、市志优稿评选和省优稿评选等活动，使编撰人员对编修方志的业务水平逐步得到提升。1991年10月，成立株洲市地方志学会，共接纳团体会员77个，个人会员3名。学会成立后，致力于组织会员开展学术交流活动，总结经验，探讨方志理论。几年来，全市广大修志、编鉴人员在省以上刊物发表论文120余篇，推动了全市修志、编鉴工作的向前发展。在不断提高自身水平的同时，市志办还组织有关编纂人员参加在河北、广东、云南、安徽、江西、海南、新疆等省、市举办的各种修志、年鉴研讨班，开扩眼界，交流经验，提高了修志、编鉴人员的理论水平和业务能力。为再现株洲首届修志盛况，为后代修志提供借鉴，市志办还组织编辑出版了《株洲志苑》一书，起到了保存历史资料的作用。

市志办在指导各部、委、办、局编纂《株洲市志》初稿、分纂稿的同时，还对各县市区志、市直机关各委办局志、各企事业单位志、院校志及乡镇志等进行指导，参与各综合志、部门志、厂矿志的篇目制定、评审和验收工作，推动了全市修志工作的健康发展。

至2000年，全市修志、编鉴工作取得了累累硕果。《攸县志》《醴陵市志》《茶陵县志》《酃县志》《株洲县志》《株洲市南区志》《株洲市北区志》《株洲市郊区志》《株洲市东区志》等先后编辑出版。同时编辑出版了《株洲行政区划》《株洲简志》《株洲巨变》《株洲之旅》《株洲烟草志》《株洲公安志》《株洲卫生志》《株洲人大志》等专业志、部门志、行业志、厂矿志、院校志、乡镇志等300余部地方志系列丛书。编辑出版《醴陵年鉴》《攸县年鉴》《炎陵年鉴》《株洲县年鉴》《株洲统计年鉴》《株洲公安年鉴》等综合性、行业性年鉴10余种。当年9月，为办好志书、年鉴的交流发行工作，开展读志用志，株洲市承办了全国第三届志书（史鉴）交流会，来自浙江、青海、河北、安徽、山东、云南、上海等省市70余位代表出席会议，扩大了株洲地方志工作在全国的影响。

株洲市地方志编纂委员会办公室历任负责人名录

表25-14

主　任	任职时间	副主任	任职时间
言　铀	1986.2—1988.8	严智卿	1986.7—1993.2
李策斌	1990.10—2000.12	陈德云	1987.2—1999.6
–	–	李学保	1997.8—2000.12
–	–	彭立地	1998.12—2000.12

第二十六篇 医疗卫生

相传，中华民族始祖炎帝神农氏来到茶乡，尝百草，发明医药，教民治病。今炎陵县的鹿原陂尚留有炎帝辨药处（味草亭）、洗药池（天池）等遗迹。

南北朝时，陶弘景晚年（505 — 536 年）隐居长沙郡之霞山，后迁株洲南郊宰相坡，曾整理《神农本草经》，并增收魏晋间名医所用新药，成《本草经集注》七卷，留传后世。

唐宋以后，医药渐次发展。明洪武十六年（1383），醴陵知县王贞在县城创办惠民药局。

清代医学有较大发展，名医辈出。境内有学术著作传世者达 20 人。其中，乾隆四十八年（1783）攸县贺升平著《脉要图注详解》，咸丰十年（1860）醴陵县黄朝坊编著《金匮启钥》，对当时和后世中医研究均产生过积极影响。清代中叶以后，西医传入境内。

民国期间，政府办的卫生院所虽有所增加，但因人力不足，财力不济，每遇疫病流行，仍无法防治。民国 29 年（1940），朱亭镇天花流行，死亡 120 余人。民国 35 年，国民党过境军队遗弃霍乱、疟疾病人，造成株洲镇至郊区百井冲方圆 10 多千米内疫病蔓延，仅陈家塘屋场染病 32 人，死 29 人。

中华人民共和国成立后，在“预防为主，面向工农兵，团结中医，卫生工作与群众运动相结合”的方针指引下，境内医疗卫生事业迅速发展。

1951 — 1952 年，株洲市卫生行政机构和事业机构相继建立。1952 年 1 月，建立市立医院。1953 年，市爱国卫生运动委员会、市卫生防疫站、市妇幼保健所相继建成，并普遍办起了中医联合诊所。

1953 — 1955 年，城镇开展以除“四害”（苍蝇、蚊子、老鼠、麻雀 —— 后改为蟑螂）为中心的爱国卫生运动；农村推广“两管”（管水、管粪）、“五改”（改水井、厕所、粪池、猪牛栏、灶），改善了城乡卫生条件。1956 年 2 月，株洲市召开第一次中医代表会议，纠正轻视中医错误思想。1958 年，成立市中医药研究所，各县办起卫生学校。1959 年，各联合诊所、中心卫生院合并成立公社卫生院，初步形成农村基层卫生行政、医疗、防疫保健网络。

1960 — 1962 年，国民经济困难时期，境内城乡水肿病等营养不良性疾病普遍发生，政府组织人力、物资开展防治，病情迅速得到控制。农村开展妇幼保健工作，自 1964 年起新法接生率一直保持在 95% 以上。

“文化大革命”期间，卫生事业机构合并，卫生事业发展受到一定的影响，但各级医疗卫生机构仍尽职尽责，保障了人民健康。1968 年，贯彻毛泽东“把医疗卫生工作的重点放到农村去”的指示，全市组织部分医药卫生人员下乡，充实农村卫生技术力量。1969 年，为解决农村缺医少药状况，在农村生产大队倡办合作医疗，颇受农民欢迎。1975 年，组建市职业病防治院，开展工业卫生监测监督和职业病普查工作。1978 年，成立市医药科学研究所，开展医药研究和推广科研成果。

1981 — 1990 年，全市卫生战线贯彻《食品卫生法》《药品管理法》《公共卫生管理条例》和《急性传染病管理条例》等法律、法规，坚持开展“爱我株洲，清洁株洲”的文明、卫生城市创建活动，人们的医药卫生法制意识普遍增强，公共卫生水平逐年提高，传染病发病率逐年下降，株洲成为全国“卫生达标市”。同时，卫生体制改革开始启动，市直属医院实行定额管理，部分医院的科室实行经济承包责任制。1984 年以后，实施全民所有制卫生机构由地方和部门同时举办，逐步放宽医疗机构的自主权，实行多层次、多渠道办医，支持个体开业行医等。到 1990 年，全市有医疗卫生机构 232 个，病床 9246 张，卫生技术人员 11651 人。其中，厂矿企事业单位有卫生机构 157 个，病床 3038 张，卫生技术人员 4957 人，分别占全市的 67.93%、32.85% 和 42.55%。甲类传染病绝迹，乙类传染病发病率降为 183.55/10 万，食品卫生合格率达 84.64%；农村乡乡（镇）有卫生院，村村有医疗点，饮用清洁卫生水人口达 72.34%，有乡村医生、卫生员和接生员等初级保健人员 7374 人，基本形成城乡卫生医疗、防疫保健体系。

1991 — 2000 年，株洲医疗卫生领域改革不断深化。1992 年，卫生体制改革全面展开。1997 年，市委、市人民政府作出《关于加速卫生体制改革与发展的决定》后，相继出台一系列深化改革的新举措，全市卫生工作登上新的发展平台。农村卫生水平整体提高，全面铺开乡镇卫生院房屋、技术、人才“三项建设”，先后投资 5494 万元，完成乡镇卫生院改造 143 所，配套升级乡镇卫生院 120 所，总建筑面积达 15.11 万平方米，在全省率先消灭了乡镇卫生院危房；1995 年建成全省第一个农村初级卫生保健成建制达标市；1995 年全市农村新、改建卫生厕所 14.43 万座，其中无害化厕所 6.27 万座；1998 年全市农村人口引用清洁卫生水达到 95.25%，提前 2 年实现了湖南省政府提出的目标；从 1996 年开始，每年在 20 个乡、300 个村推进农村合作医疗和乡镇一体化管理。城市医疗卫生全面升级，1991 — 1994 年间，县以上医院共投资 3600 万元，新建改建房屋 3 万多平方米，购置万元以上的医疗设备 150 多台件；全面实行医疗机构分级管理，创办特色专科医院，至 2000 年全市有三级甲等医院 2 所、二级医院 24 所、一级医院 48 所，命名挂牌的特色专科 21 个。此外，全市疫病防控能力进一步提高，三级防疫保健网不断健全，食品卫生、公共场所卫生在全省城市卫生检查中连续 6 年居第一；妇幼保健事业发展提速、机构逐步完善，妇幼保健用房面积达 8768 平方米，年门诊量 21596 人次，妇幼保健有偿服务保险合同试点经验在全国推广，成为全省第一个“爱婴市”；无偿献血步入全国先进行列，实现医疗临床用血 100% 来自无偿献血，是全省唯一“全国无偿献血先进城市”。2000 年，全市拥有医疗卫生机构 219 个，病床 9807 张，平均每万人口拥有病床 26.83 张；卫生工作人员 15577 人，其中卫生技术人员 12790 人。平均每万人口拥有卫生工作人员 42.62 人，其中卫生技术人员 34.99 人；诊疗人次 718.31 万人次，其中门、急诊 407.11 万人次；入（住）院人数 16.54 万人次。

多年来，株洲市卫生工作多次获得省级、国家级荣誉，1992 年、1995 年株洲市两度获得“全国卫生城市”称号；1994 年获省爱卫会“灭蟑先进市”称号；1996 年被建设部评为“全国环境综合整治先进城市”；1998 年评为全省第一个“灭蚊先进城市”；1999 年在全国卫生城市检查评比中，获得地级市甲等第二名。

第一章 卫生防疫

民国时期，国民政府曾制定传染病管理、饮食、理发、学校卫生等有关法令，开展妇婴保健安全助产和改造沟渠、厕所等工作，但终因人力财力有限，更无专门机构，未能形成免疫屏障。20世纪50年代，株洲工业崛起，市卫生防疫站、铁路和工厂等专门防疫机构亦相继建立。1958年提出创“四无”城口号，大搞爱国卫生运动，实行分区负责卫生防疫工作。1963年组建城市中心区卫生防疫站和农村卫生防疫站。1975年组建劳动卫生职业病防治所。1978年组建城郊4区防疫站。次年组建各区妇幼保健站。1985年成立市、县区食品卫生监督检验所。

20世纪90年代，全市有市、县市区、厂矿防疫站15所，食品监督所11所，设有结核病、性病、麻风病等防治机构，共配备车辆20余台，卫生防疫人员110余人，建立健全了三级防疫保健网。每个防疫机构都配置了原子吸收分光光度计、紫外分光光度计、极谱仪、500毫安X射线机、B超机、微电脑等精密仪器和设备。1996年，市卫生防疫站升格为副县级事业单位，分别于1997年、2000年成为湖南医科大学、湖南南华大学预防医学院教学基地，1999年获国家地市级一等卫生防疫站资格，卫生部评审考核名列全省地（州）市第一。2000年，全市共有卫生防疫机构10个，床位30张，卫生工作人员574人，其中卫生技术人员454人。

第一节 食品卫生

民国期间，省政府虽颁发过食品卫生管理法规，但由于执行不力，收效甚微。1952年4月，市卫生防疫站与工商、公安部门联合，对372家摊贩、103家食品商店登记造册，从业人员经体检合格发给营业卫生许可证。1953年，市防疫站、工商联组织从业人员进行卫生知识培训；饮食行业组织卫生委员会，督促检查卫生工作，成为行业自身管理的雏形。1957年，市人委颁发《株洲市饮食品工商企业卫生监督办法》及《株洲市饮食服务业卫生监督暂行办法》，在防疫站设专干任监督员，各行业设卫生监督通讯员。1958年，市水果三店出售腐烂水果被罚款，是株洲对食品行业实施行政处罚的先例。1960年，执行卫生部、商业部颁发的《食品加工、销售饮食卫生五四制》。1962年，为防止霍乱病传入，对食品行业实行“从业人员健康证”制度，推行餐具“四过关”（一洗、二刷、三冲、四消毒）制度，20多家饮食店做到餐具煮沸消毒。1965年8月，执行国务院发布的《食品卫生管理试行条例》。同年试行《株洲市家畜家禽检疫工作（暂行）规定》，并开始管理企事业单位食堂卫生。1970年，推行饮食餐具冲洗消毒“三格池”（冲洗池、洗涤池、消毒池），肉食行业门市部推行简易冰箱保鲜肉品。1976年，成立市食品卫生监督站（与市防疫站合署办公）。1979年，执行《中华人民共和国食品卫生管理条例》。1981年，市标准处将市卫生防疫站纳入全市产品质量监督网，对食品产品执行监督检验。市标准处颁布首批 15 种食品企业标准，其中卫生指标由市卫生防疫站检测。1983 年 5 月，全市举办《中华人民共和国食品卫生法》学习班 264 期，2 万余人参加学习。同年，市政府批准在城区建立食品卫生监督队伍，配备专、兼职监督员 95 人，食品卫生管理工作开始转向法制管理。1984 年，市、县区卫生防疫站为千余家国营食品单位建立卫生档案。1985 年，全市树立 19 个食品卫生标杆单位，开展食品行业挂红牌、蓝牌活动；成立市、县市区食品卫生监督检验所（简称“食监所”），125 名食品卫生监督员统一着装执法。1986 年，培训食品单位厂长、经理 205 人，职工 1.4 万人，并抽检各类食品 6844 件，合格率 84.64%，比 1985 年提高 12.4 个百分点。次年，在全省爱国卫生检查中，食品卫生获单项奖。1989 年 6 月，市政府颁布《株洲市食品行业卫生许可证发放暂行标准》，全市食品行业按标准化、规范化要求整改。1990 年 1 月、3 月，市工商局、标准局和食品工业办在城区 2 次共检查 308 家食品单位，处理过期食品 7.16 万千克，价值 15 万元；发现城区 91% 的批发销售单位未索证，25% 的食品超过保质期，83% 的食品无生产日期，15% 的包装无厂名、地址，均督促进行了整改。

1991 — 2000 年，是株洲食品行业和宾馆、饮食企业篷勃兴起和发展时期。到 2000 年，全市食品行业单位共有 11927 户，从业人员 25586 人。市、县市区防疫站实行分级管理，按照食品卫生法和《食品公共场所卫生管理规范》的要求，加强预防性卫生监督和指导，卫生质量稳步提高。市卫生监督部门，推出一系列食品卫生管理模式和措施，平均每年监督 300 店次，最高对直管单位巡回检查率达 11 次 / 月。20 世纪 90 年代末期，市场假冒伪劣食品盛行，市卫监部门加大监督查处力度，共查处假冒米、假酒、劣质肉类、油类等 13 大类 28 种食品达 10 吨多。10 年累计，市卫监部门对食品企业人员与经营户体检培训达 30000 余人次，直管单位从业人员体检培训率达 98% 以上。

一　饮食卫生管理

1953 年，贯彻卫生部颁发的《清凉饮食物管理暂行办法》，制定《株洲市饮食品管理暂行办法》，禁止出售有色饮料、刨冰、搓凉粉；饮食从业人员接受预防注射、体检，禁止活动性肺结核、花柳、麻风、传染性皮肤病、肠道传染病患者从业。20 世纪 70 年代，推行“余热消毒”。1977 年的冷饮合格率由 70 年代初的 43% 提高到 64%。80 年代，冷饮厂家先后建立自检机构，防疫站加强监督抽检，冷饮合格率达 85% 以上。1982 年 12 月，市政府颁发《株洲市冷饮卫生管理暂行规定》，要求冷饮达到“三有四一”（有自检能力、有冷藏设备、有相应的卫生设施；生产一批，检验一批，合格一批，销售一批）。1985 年，推行“冷饮生产卫生管理合同制”，全年合格率达 87.8%。1986 年，在饮食业增添冷藏设备，大饭店设熟食制作间。1988 年，市食监所抽检餐具 135 件，消毒合格率 59.2%。

20 世纪 90 年代，饮食卫生按照热饮、冷饮两条线加强管理。热饮方面，贯彻施行《株洲市食品卫生许可证发放暂行标准》和1996年推出的《株洲市食品、公共场所单位卫生管理规范》两个文件。在此期间，卫生防疫部门重点整改了卫生难以达标5桌以下规模的小型餐馆，严格实行“七个一、三个二、三个三”的规范要求（“七个一”是指必须有1台冰箱、1张保洁柜、1个垃圾桶、1个消毒锅，使用一次性卫生筷，经营户饮食店面每年维修粉刷1次，每年卫生许可证审核1次方可继续经营；“三个二”是指加工间应有2块砧板、2把菜刀、每个服务从业人员应有2件工作服；“三个三”是指加工间应有3眼灶，3口洗涤池，卫生许可、健康和培训3种证），后又增加“四个间”（即饮食店开业前须具备有食品烹调间、原料初加工间、食物储存间、凉菜制作间），同时要求加工间墙裙瓷砖化，所有卫生设施应标有由市卫生局统一制作的标志。对于大型宾馆、饭店，则实施炊具设施不锈钢化，贮存间及冷藏间码架化、高档化。冷饮方面，对城区40余家冰厂、冰淇淋厂的卫生质量（主要是细菌指标）按分级管理要求由所在区防疫站定期每周抽样检验1次，凡连续3次抽检不合格的冰厂立即停业整改。对输入的外地冷饮产品，也与本地冷饮一样严格管理。由于卫生管理措施到位，10年间没有因冰厂生产不合格冷饮或致病菌污染而导致食物中毒事件的发生。

从20世纪90年代中期开始，兴起了大办饮料厂，很快达到20多家。市卫监部门参照冷饮管理办法进行指导和监督，力求保证其卫生质量，同时针对饮料主要由“三精水”（糖精、香精、色精<素>）加自来水的状况，如实宣传其并无食用价值，这种产品很快被市场淘汰，饮料厂也陆续关停。1998年，境内纯净水生产又迅猛发展，到2000年已发展到20多家。市卫生防疫站参照饮料冷饮管理办法，严格把关，使生产的纯净水达到较高的卫生质量。

二 肉食卫生管理

1955年，株洲屠宰场从城区迁址郊区，解决了污水、污物无法排除的难题，并在市防疫站内设家畜保育站（1956年分出）。1957年，牲猪仓库及沿街一带，猪瘟有蔓延趋势，采取隔离消毒措施得以控制。“文化大革命”期间，市冷冻厂未经卫生部门审查，建在人口稠密的城区，污水污物处理不当，严重污染环境。1976年，城区各肉店推行“小冷库”、执行“三不落地”“三不带”（屠宰、运输、销售不落地，不带毛、血、污）制度。1981年，湖南省肉食公司组织卫生检查评比，株洲市连续3年获第一名。1984年，市肉食公司水产批发部从云南大理调进含高氟干鱼，湖南省防疫站检验为250毫克/千克。经法院裁决罚款5262.87元，库存干鱼虾全部销毁。20世纪80年代，个体肉食品经营者增多，部分国营肉店在租赁、承包后，自购、自宰、自销，增加肉检工作难度。市畜牧站、工商等部门，加强了集贸市场售前检验，但宰前检验困难。

20世纪90年代，境内肉食行业走向多元化，原由市肉食公司主导的肉食屠宰加工销售的供应模式，很快被个体屠宰经营所取代。这一时期市卫生监督部门重点加强了农贸市场鲜肉的卫生管理，特别是对卤腊制品加工行业的卫生把关，同时重点指导和扶持唐人神等大型肉食制品加工生产企业，对不符合卫生要求的个体卤腊制品加工小作坊和地下屠宰点进行严厉查处和打击，每年组织2～3次大型检查活动，没收并销毁不符合卫生要求的肉制品，并通过新闻媒体进行曝光，收效良好。

三　副食品卫生管理

20世纪50年代，境内副食品生产多为作坊式生产，场地较为狭窄。1962年，市防疫站提出《关于加强糕点生产、运输、销售环节卫生管理的意见》，并对月饼生产进行检测。1980年，贯彻卫生部、商业部颁发的《糕点卫生标准》和《糕点食品卫生管理办法》。

20世纪90年代，由市副食品公司主管的8个副食品加工厂和糖果糕点厂相继转产或倒闭，本地副食品生产被个体业主所取代，小作坊式生产居多，一般为前店后厂。卫生监督部门加强监督检查力度，常常查处、收缴、销毁不符合卫生要求的副食品。对月饼等季节性很强的副食品，市卫生监督部门规范其生产场所和卫生质量要求，规定检测合格后方能生产，对无证生产月饼的小作坊及时查处，没收其产品和生产工具，确保上市月饼符合卫生质量要求。

每年对白酒市场监测1～2次，同时对本地、入株啤酒进行定期抽样监测。

乳制品卫生管理始于20世纪80年代，这一时期，全市奶制品生产消费少，合格率低，主要是营养结构不合理。90年代，境内太子奶厂乳制品生产自动化程度高，其生产始终在市卫生监督部门的指导和监督下进行，卫生合格率高。同时坚持每周定期监测本地鲜牛奶生产和加工企业，分层分段查验质量水平，定期对奶牛进行各种疾病检测，以确保生产合格产品。对外地输入境内的奶制品，每年检测1次，发现卫生问题及时处理。全市尚未发现乳制品污染导致食物中毒事故。

四　食物中毒防治

1958年8月，外省红星歌舞团来株洲市演出，45人在同庆园就餐，9人发生沙门氏菌中毒。1960年，茶陵县中村塘田（炎陵县）发生118人毒蕈中毒，死8人。1961年，市卫生监督部门制发《株洲市食物中毒报告及调查处理暂行办法》。1966年3月，株洲农业机械厂发生168人氯化钡食物中毒，在湖南省委、株洲市委、市政府的指挥和兄弟省、市及有关单位的支援下，积极抢救，除2人身亡外，其余均脱险。1979年，株洲县龙凤公社发生一起109人误服氟硅酸纳食物中毒，经及时抢救均治愈。1986年，茶陵县一中发生198名师生鼠伤寒沙门氏菌中毒事件，经全力救治无死亡病例。1955—1990年，经处理的食物中毒事例共157起，中毒3793人，其中死亡17人。

1991—2000年，加大对食物中毒防治工作的力度，1991—1999年连续8年在城区未发生重大食物中毒事故，各县市也仅有少量蔬菜农药中毒个例。2000年，先后发生3起重大食物中毒事故。6月10日，株洲硬质合金厂招待所承办婚宴酒席，发生包括新婚夫妇在内的36人食物中毒事故，经救治无死亡病例。8月17日，茶陵县舲舫乡15名农民自采山蘑菇食用，全部中毒，其中8人治疗无效死亡。9月19—23日，林学院入学新生在新建的食堂就餐，连续5天发现有229名（实际约400名）学生出现腹痛、腹泻、发热症状，经多家医院救治无死亡病例。针对上述3例重大食物中毒事故，市卫生监督部门进行严肃查处，同时加强培训，有效防止了类似事件的再次发生。

五 营养卫生

1956年，株洲铁路防疫站调查1 ~ 3岁在托幼儿膳食营养状况，其蛋白质、脂肪、糖基本符合标准，但钙、磷、维生素A、B2显示不足。1960年，调查农村、工厂、学校营养状况，热量、蛋白质、脂肪摄入量为需要量的30% ~ 60%，导致营养不良出现水肿。1961年1 — 2月，全市累计发生水肿病人48544例，危重病人772人。各公社相继设立水肿病医疗站，政府调拨黄豆、糯米、红枣等物资辅助治疗，并提倡劳逸结合，次年得以控制。1982年，省营养调查队调查株洲化工厂、株洲冶炼厂工人的营养状况，其蛋白质、热量略低于需要量。1987年，市妇幼保健院开展微量元素检查，49.4%的儿童缺锌、63.6%缺铁。1990年，对市直机关幼儿园膳食调查，显示钙、维生素A、B2不足。1992年8 — 9月，协助省卫生防疫站在田心地区和贺家土地区分别采取食物称重法进行居民营养摄入量调查。

20世纪90年代中期，市区米粉业迅猛发展，生产厂家由80年代后期的2家增加到30多家，日产量由2000千克增加到5000千克以上，因卫生条件没有及时跟上，影响了米粉的质量和营养价值。从1997年起，株洲市对米粉业进行全面整顿，从原材料浸泡入手，磨粉、添加剂使用、成形（制粉）到装箱（篓）保存、出厂、运送进行全程监督，对达标厂家由颁发卫生许可证。与此同时，对全市豆制品加工生产也进行规范和整顿，提高豆制品的卫生和营养质量。市卫生监督部门坚持每年对各大宾馆、饭店的经理和厨师进行营养卫生知识培训，提高他们食品烹调营养意识。对新兴起的炸烤食品，重点监测油温和油质，抽样检测炸油及油炸食品中3，4 – 苯并芘的水平，同时广泛宣传油炸食品营养素丢失及弊端，引导市民少吃油炸食品。

第二节 学校卫生

民国时期，醴陵县湘东、兰谊等中学配有校医。民国29年（1940），攸县防疫委员会对县城中小学卫生工作进行检查指导。1955年，市中小学校建立卫生组织，配有保健箱。8月，培训保健老师51人，并开展常见肠道寄生虫病防治。1965年，制定《株洲市少儿发育评议标准》。20世纪70年代，以防治近视为重点开展学生保健、卫生知识宣传。小学设立“卫生岗”，实行“值日生”制度，检查学生手、脸、衣服卫生。80年代，学校卫生工作有新发展，定期对学生进行健康检查、生长发育调查、疾病矫治、防治近视并监测学校卫生；各校设有爱国卫生运动委员会，卫生和教育部门有专人负责学校卫生工作。1984年，制订《株洲市中小学生健康检测方案》，为学校建立卫生档案。1987年，市防疫站成立学校卫生科，各县市区防疫站均设有专人管理学校卫生。同年，在市区举办小学生卫生知识大赛，城市3区44所小学1.2万名学生参赛。90年代，株洲市严格执行《学生卫生工作条例》，校园卫生环境不断改善，学生的常见病、多发病、传染病的发病和食物中毒事故得到有效控制。

一 学生卫生保健

（一）生长发育

1963年，首次为市区6所学校学生进行生长发育调查，并首次开展视力调查。1964年，中小学普及眼保健操。1965年，株洲县对学生生长发育调查，各项指标均低于市区。1981年，对市区4432名学生作生长发育调查，与1963年比较，男生身高增加9.81厘米，女生增加8.88厘米；男生体重增加0.56千克，女生增加5.38千克；男生坐高增加6.19厘米，女生增加5.15厘米；男生胸围增加5.08厘米，女生增加3.64厘米。学生群体身体呈细高体型。1982年，调查女生月经初潮发生时间，以夏季为多并在形态发育高峰后2年左右，平均年龄为13.68岁；调查男生首次遗精时间，多发生在春夏季，平均年龄为15.04岁。1987年，检查2.19万名中小学生视力，总下降率为32.33%。醴陵市用眼明仪矫正视力有效率达85%；东区、南区用近视光学治疗仪治疗有效率达80%。1992年，株洲市分城区片和农村片共8所中小学校的5686名学生进行体质抽查，7～18岁的学生的形态与机能指标，与湖南省1985年中小学调查资料比略有增加，而在视力指标方面，城市男生视力低下率为24.4%，女生为36.7%；农村男生视力低下率为24.4%，女生为27.9%。并随着年龄增长视力低下率在增加。1998年9月，由市教委命题，组织对201132名在校中小学生进行健康知识书面测试，及格率为98.5%，优秀率为76%。1999年12月，株洲市对12所中小学学生进行体质抽查，结果表明：身高与体重的增长随年龄的增长而增加，城区男生身高突增期在12～16岁间，女生在11～13岁间；男生体重突增期为11～15岁内，女生在10～12岁内。其生长发育水平符合生长发育的一般规律，学生生长发育的主要形态指标和机能指标均达到或者超过1995年湖南省学生体质调研的相关指标。

株洲市1999年中小学生生长发育情况统计表

表26-1

男						女					
身高（厘米）		体重（千克）		胸围（厘米）		身高（厘米）		体重（千克）		胸围（厘米）	
均数	标准差	均数	标准差	均数	标准差	均数	标准差	均数	标准差	均数	标准差
112.75	1.76	18.50	3.53	52.50	3.54	112.50	0.00	17.50	0.00	55.00	0.00
117.30	5.38	20.69	2.78	56.75	2.98	114.13	5.40	19.17	2.91	54.88	2.93
119.86	5.28	22.02	2.91	58.13	2.89	120.12	5.43	21.19	2.90	56.92	2.90
126.08	5.37	24.24	3.07	60.88	3.11	125.86	5.38	24.08	2.94	60.62	2.88
130.42	6.10	27.19	4.40	63.00	3.89	132.50	5.89	27.18	4.25	61.95	4.31
135.91	5.53	30.29	5.16	63.87	5.06	136.79	6.30	29.38	5.03	62.79	4.92

续表 26-1

男						女					
身 高（厘米）		体 重（千克）		胸 围（厘米）		身 高（厘米）		体 重（千克）		胸 围（厘米）	
均 数	标准差	均 数	标准差	均 数	标准差	均 数	标准差	均 数	标准差	均 数	标准差
142.50	6.49	34.53	6.03	67.00	5.18	144.88	6.35	36.11	5.17	68.42	4.77
144.60	7.58	42.46	5.92	71.96	4.88	150.92	6.48	40.35	7.55	71.61	5.46
155.99	8.48	43.58	9.15	74.18	6.48	155.32	4.96	43.62	7.38	75.22	5.68
161.55	7.13	48.86	7.90	72.32	4.75	155.86	7.21	46.09	7.43	77.63	4.92
165.76	8.08	53.55	7.23	79.96	4.68	157.46	5.17	48.44	6.64	78.38	4.68
169.09	6.10	57.47	7.34	82.41	4.78	157.93	4.96	49.53	6.04	77.50	4.07
169.56	5.63	58.70	7.96	84.76	5.96	158.84	5.49	50.42	5.98	81.30	3.91
169.58	4.49	59.81	7.93	85.19	5.44	158.70	4.55	50.95	6.41	81.60	4.78

（二）常见病防治

1954 年，在市立第七完小为学生作肠道寄生虫检查，阳性率达 65.69%，然后用山道年甘汞驱虫。1955 年，在南湖塘小学为 211 名学生体检，患沙眼者占 69.6%，龋齿占 12.3%。1961 年，市卫生局发出《关于防止学生肺结核、肝炎及开展口腔卫生工作的通知》。1983 年，对 1.26 万名中小学生健康检查，心、肺阳性体征高于肝脾体征，沙眼患病率 50.28%，龋齿 9.69%。1985 年，检查 8721 名学生，沙眼患病率农村高于城市，龋齿患病率城市高于农村，脊柱侧弯发生率中学生为 2.57%，小学生为 0.95%。同年，调查郊区 1230 名学生肠线虫感染情况，蛔虫阳性率 56.5%，鞭虫 20.73%；在学生手指、文具、课桌椅取样 36 份，其中 4 份检出蛔虫卵。9 月对东区 393 名学生用四氯化碘萤光素检查牙菌斑，口腔卫生良好率只有 41.47%。1986 年，调查市二中学生贫血情况，男生为 12.44%，女生为 16.67%。1987 年，整理当年高考生体检资料，4992 人参加高考体检全合格率仅为 30.7%，受专业限制的 68.14%，其中因视力受限占 88.18%，是改革招生制度后影响升学最多的一年。酃县分析 1980 — 1990 年 3053 名高考生体检资料，完全合格为 23.03%，受专业限制占 76.02%。1988 — 1989 年，用氟离子透入防龋新技术，效果显著，用氟透入新生龋减少率为 60.69%。1990 年，在株洲县地甲病区和非病区，调查儿童智商，显示病区儿童平均智商 60.13，非病区为 79.63。从 1991 年开始，全市推广“利福平眼药水”“氯霉素眼药水”“金霉素眼膏”治疗沙眼，有效率 100%。同时，提倡“一人一巾法”“流水洗脸洗手法”预防沙眼病传染，取得良好效果。全市中学生沙眼患病率从 1991 年的 16.6% 降至 2000 年的 8.6%。近视预防方面出台一系列预防和治疗措施，制定中小学学生近视眼防治工作职责，建议学校增加教舍照明度、采光度，配置学生标准课桌椅、课间提倡眼保健操、为校医务室配备防治近视眼的器材设备，推荐一些有效治疗近视眼的方法供学生选用，但由于学生学习负担加重和用眼时间过长等因素，境内中小学生视力下降率一直居高不下，据1999年12月的调查统计，受检对象中视力低下率男生为43.3%，女生为51.5%。对龋齿患者，采取组织填充，氟离子电板透析等治疗方法，治疗率100%，并在全市推广使用保健牙刷、采用含氟牙膏，坚持正确的刷牙方法，收到明显效果。1999年抽样调查表明，龋齿患病率男生仅4.6%，女生5.4%。沙眼患病率城市男生为20.6%，女生为20.1%；农村男生为32.2%，女生为32.4%。肠蛔虫感染城市学生为46.9%，农村学生为74.9%。城市学生龋齿患病率为27.4%，农村学生为29.4%。1989—1995年，全市中小学生实行一年2次群体驱蛔，1996年起改为每年秋季服药一次，每次投服驱蛔药30万～40万人份，城区中小学生服药率达99.9%以上。全市中小学生常见病患病率20世纪90年代总体上大大低于80年代。此外，90年代全市中小学生缺铁性贫血成为常见病，1991年患病率达到48.5%。对贫血学生推广采用“血康宝”及“硫酸亚铁”治疗后，2000年已降至22.9%。

（三）传染病防治

1991—2000年，境内部分中小学零散出现甲肝、伤寒、风疹、麻疹等传染病，发病规模和流行强度不一，一般均能及时控制和扑灭疫情。1992年，市区有2所中学出现麻疹疫情，经对1070名学生进行应急免疫处理，控制了疫情。同年，茶陵县腰陂中学发生水型伤寒暴发流行，发病198例，经切断传染源，隔离治疗病人，同时对在校学生及时注射伤寒菌苗和环境消毒等综合处理，及时控制和扑灭了疫情。2000年4—5月，境内部分中小学校发生风疹局部暴发，通过开展疫苗应急免疫注射，疫情得到控制。

二　教学卫生

1983年，市卫生防疫站调查城区和株洲县32所中小学校519间教室，面积符合国家标准，教室双面采光的占80.34%，课桌面自然照度系数在1～1.5的占82.85%，有人工照明的占91.89%。1985年，调查城区和株洲县175间教室采光及人工照明，不符合国家标准的为70.86%，测量3949套课桌椅，能与学生身高相适应的仅为16.73%，主要原因是部分学校未使用全国统一型号的课桌椅，有的是20世纪50年代旧式桌椅。1987年，全市中小学在校学生为50.23万人，从事学校卫生工作的专职人员15人，校医87人，兼职保健老师243人。

1991—2000年，市、县市区两级卫生监督部门在制定学校卫生管理规划中，重视和设定教学卫生的达标内容和要求，包括从教学课程设计方面提出要求，对教室采光照明、教室里的亮度、教师讲台距学生课桌的距离、学生课桌椅的高度比例、教室的微小气候、环境噪声、教室人均面积、学生学习时间及运动场地、器材等进行全方位的监测，对照国家卫生部颁布的标准进行评价。市、县两级坚持每年监测，监督监测率达100%。市卫生防疫站监测的15所学校，每年的教学卫生监测各项指标合格率在86.7%～100%之间；县站所管学校监测合格率存在较大差异，其中教室照明度合格率在90%～100%之间，课桌椅合格率在35%～66%之间，教室人均面积合格率在61%～93%之间。

第三节 劳动卫生

一 工业劳动卫生

1958年，市卫生防疫站设劳动卫生股，开展预防性卫生监督。20世纪60年代，陆续开展游离二氧化硅和粉尘浓度及大气污染、工业废渣测定，并进行矽肺检查、职业中毒体检和铅、苯、汞、氰化物、锰、石油、一氧化碳等专题调查，编印《劳动卫生专辑资料》和《工厂车间保健员手册》发到车间。1963年8月，成立市首届尘肺诊断小组。1975年4月，成立市职业病防治院，设病床50张。1979—1985年，对市属县级以上全民、集体企业的铅、苯、TNT、汞、有机磷等毒物，进行劳动卫生学调查，建立劳动卫生和职业病档案。1988年7月，成立市劳动卫生监督监测站。

1991—2000年，随着经济的快速发展，境内工业劳动卫生的重点是贯彻落实《职业病防治法》和加强劳动卫生监督。市职业病防治所继续发展壮大，至2000年，业务技术人员增至73人，其中高级技术人员9名，固定资产增至669.77万元。1995年、1997年、1999年3次全省地州市职防院所业务工作综合考核中，均名列榜首。1995年荣获“全国卫生系统先进集体”称号。各县市区职业病防治机构进一步健全。

（一）尘肺调查与防治

1959—1961年，对市属28个厂矿粉尘调查测定，粉尘浓度超标5～70倍，最高达1570倍；体检6162人，查出矽肺47人。1965年，对97个厂矿10304名接尘工人进行矽肺普查，用滤膜测尘法监测136个作业点，77.2%作业点超过国家标准，确诊矽肺75人。1971—1975年，对全市54个工厂6826名职工体检，5950人进行矽肺照片，新发现矽肺16人。1984年，普查醴陵县、攸县、茶陵县、酃县等县属以上9个煤矿的井下粉尘作业工人2573人，发现矽肺50人，可疑矽肺553人；测粉尘点44个，超过国家标准4个，合格率为90.9%。

1988—1990年，市劳动卫生职业病防治所参加首次全国尘肺病流行病学调查。调查211个粉尘作业单位27758人，有各类尘肺病人3648例，其中现患病人2909例。调查发现，尘肺发病在1960—1965年和1977—1986年，形成两次高峰。Ⅰ期尘肺平均发病工龄20.73年，发病年龄49.28岁，晋期年限平均4.23年。累计病死率20.26%，各类尘肺并发肺结核的病死率明显增高。尘肺病人50%集中在醴陵市，其次是茶陵县，主要集中在陶瓷行业和有色金属砂矿和煤炭系统的开采企业。尘肺种类以矽肺、陶工尘肺、煤工尘肺发病严重。工种以凿岩工发病最高，其次是成型工、主采煤工。陶工尘肺发病率高是境内尘肺发病的一个特征。

1996年，开展全市第四次尘肺普查，调查68家企业和粉尘作业点488个，粉尘作业人员1800名，查出尘肺病人32名。1997—2000年，又先后对一批厂矿企业进行调查、检测，从近万名粉尘作业人员中确诊尘肺病人93人，尘肺晋期者34人。

对尘肺的治疗，20世纪50年代一般使用25%的枸橼酸纳静脉注射治疗矽肺，60年代主要用口服桑寄生、克矽平，70 年代使用汉防已甲素；80 年代使用胰弹性胶囊等。对长期从事粉尘作业的工人定期、分批组织易地疗养。各级职业病防治机构还制定多种防尘措施，在企业推广防治“八字方针”（革、水、密、风、管、护、教、查），建立健全劳动卫生等调查制度，设立工人健康卡片，定期组织接尘工人体检和岗位粉尘浓度监测监督等。90 年代，县以上全民、集体企业的监督率达到 100%，以便及时加强防护，发现病人及时治疗。

（二）职业中毒的调查与防治

1961 年，对株洲日报社印刷厂印刷工人的调查中检出 11 人铅中毒。原因为印刷工人用报纸包馒头放入铅水中烤黄食用和在铅作业中饮食等。1964 年，调查某厂铅作业场地，发现空气中铅浓度竟超国家标准 194.9 倍。1971 — 1975 年，对 21 个单位 15 个作业场所空气中铅浓度测定和 1380 名铅作业工人普查，诊断轻度铅中毒 13 人，铅吸收 11 人。

1962 年，对 6 个工厂 1227 名苯作业工人进行体检，疑苯中毒 92 人，中毒 58 人。1974 年，对 1445 名苯、甲苯、二甲苯作业工人体检，诊断苯中毒 4 人，观察对象 20 人；并对 17 个工厂 394 个苯作业点测定，有 43.6% 的作业点超标。1979 年，对 169 个单位普查，体检 5450 人，从事苯作业 1321 人，测定苯作业点 175 个，合格率仅占 61.93%，诊断慢性苯中毒 3 人，观察对象 21 人。1982 — 1985 年，对全市 38 个系统 132 个全民企业和 162 个县属集体企业进行苯、甲苯等毒物普查，市化工助剂厂、农药厂、印刷厂、陶瓷研究所等企业的车间，空气中苯浓度超过国家标准，最低超过 0.84 倍，最高 3 倍。1989 年，对全市进行慢性职业性苯中毒普查表明：在生产工艺过程中，全部使用含苯混合物及工业纯二甲苯，监测 65 家企业 115 个作业点，与 1979 年“五毒普查”相比，苯作业厂矿减少 99 家，合格率由 61.93% 提高到 97.30%。主要是企业革新工艺，加强密闭通风，采用无苯或低苯溶剂代替高苯溶剂，停止用苯生产有机氯农药。二硫化碳中毒的调查于 1973 — 1975 年进行，体检市选矿药剂厂 252 名作业工人，对其中 138 人进行尿肌肝酸及血清铅铜兰蛋白测定，诊断二硫化碳中毒 3 人，观察对象 5 人。1983 年，对株洲塑料厂聚氯乙烯合成树脂车间 137 名作业工人进行调查，测定 22 个作业点，其中 88 名工人进行指（趾）骨端 X 射线检查，患有肢端溶骨症者占作业工人的 39.3%。上述各项调查发现的中毒人员，均及时进行了针对性的治疗。1991 年，调查接触有毒有害作业人员 5680 名，对 81 个厂矿单位 1528 个作业点进行毒物、粉尘物 10 项因素监测，收治职业病人 107 人次。1993 — 1995 年，共监测有毒有害作业点 7551 个，进行体检的健康监护的作业人员达 30091 人，共收治各类职业病人 347 人。1996 年，监测有毒有害作业点 2957 个，对 1350 名有毒有害作业人员和 550 名噪声作业人员进行健康监护工作，查出职业性中毒 2 名，噪声性耳聋 1 名。1997 — 2000 年，每年监测有毒有害作业点均在 4000 个以上，4 年共对 12000 多名有毒有害作业人员进行了健康监护，并收治一批职业病人。

为有效防治职业中毒，各相关厂矿企业采取一系列预防措施，并使用新的药物和治疗方法以提高疗效。20 世纪 60 年代，不断更新设备，改革工艺流程，降低有毒有害物质对工人的危害。田心机车车辆厂采用无光电焊，有效地防止了电光性眼炎和皮炎，研制乙炔自动加料机，防止砷中毒。331 厂用氯化电镀液代替氰化电镀液，防止氰化物和铬中毒。1962 年，用鲨肝醇、核甙酸、维生素治疗苯中毒。1965 年，株洲冶炼厂职工医院用依地酸二纳钙和中草药治疗铅中毒，并采用苹果胶驱铅；对有毒有害作业岗位定期监督监测和作业工人体检；加强工人防护，改进工艺流程，增加通风排毒设备；及时治疗职业中毒病人等，有效地防止和降低了职业中毒。1986 — 1987 年，株洲冶炼厂职工医院职业病防治科，对“硫酸雾所致牙酸蚀病”临床特征影响因素与其他口腔疾患的关系等进行调查防治，得出了“牙酸蚀病”致病结论，该病被卫生部国家职业病标准委员会定为国家法定职业病。

二 放射卫生

1961 年，对省地质局 402 队开采的铀矿勘测区进行放射物质危害调查，洞内工作面上放射线强度最高为 10000 微仑。1966 年 2 月，对某厂一车间监测，周围 6 公顷稻田受放射污染。同年 10 月，对市郊某大队 6 公顷稻田放射污染调查，发现中稻铀含量（2.6 ~ 8.8）× 18^{-5} 克 / 千克，晚稻尤高。当年收获的 1.5 万千克稻谷调作工业用粮。1989 — 1990 年，进行建筑材料、人防工事、矿山天然放射性本底调查，对 50 家建材生产厂家进行现场监测、采样、样品处理和核素分析，50 家建材厂的建筑材料均符合国家放射卫生防护标准，但水泥中 ARα、Ak、ATh 均高于国内平均水平。1989 年，对铀矿和莹石矿放射性水平进行调查、监测、建档。铀矿工作场所氡离子浓度均在国家限值内，莹石矿井下辐射强度较高，空气中氡离子体浓度为 0.214 ~ 4.826 工作水平月，平均超出国家标准 2.044 个水平月；氡气浓度超出限值 0.33 ~ 12.2 倍，平均超出 4.95 倍。1990 年，广州军区某队对全市 22 家人防工事内的旅店、商场、加工场、种植场、娱乐场以及指挥系统进行天然辐射水平抽样检查，有 50% 的调查点氡水平超过 $75Bq/m^{-3}$，氡离子浓度几何均值分别为 $87.5Bq/m^{-3}$ 和 $0.39uJm^{-3}$。

对放射工作人员的健康防护，一是定期进行体检，对可能超过 5msv 的放射作业人员每年体检一次，其他放射作业人员每 2 ~ 3 年体检一次。1986 — 1990 年，全市放射工作人员健康体检共 1326 人，人均检查 3 次，对血象异常持续半年以上或从事放射工作 25 年以上者，分别给予减少接触，短期脱离、疗养或调离工作。在同期二次健康普查的 949 人中，发现血象异常的 190 人，对其中 11 人进行了住院观察和治疗。二是实行放射工作许可证和放射卫生建档。1958 年，对放射性同位应用等单位进行审批、登记、存档工作，全市 39 家申请许可证登记率 100%。1986 — 1988 年，建立射线装置防护技术资料、监测数据、放射工作人员的健康、个人剂量和放射事故档案。放射卫生档案分市、县两级共 20 种。1990 年，重新进行射线装置许可证发放工作，登记射线装置 371 台。对医疗卫生放射的卫生防护，主要采取降低医用 X 射线诊断输出量，医用射线装置使用单位确立受检者候诊、候疗区和受检者防护等措施进行防护。

1991 年，株洲市放射防护工作列入全国 13 个示范地市之一，并获全国考核第二名。1993 年，拥有监测放射线同位素及射线装置 134 台。1994 年放射卫生监测达到 135 家，1995 年增至 279 家。1996 年放射监测 165 家，完成放射工作人员剂量监测 97 人次。1997 年，完成预防性放射卫生监督 12 家，监督率 100%；对医用 X 射线机 99 台，工业 X 射线探伤机 22 台，放射性同位装置 204 台进行了监测，完成了“微量甲胺、乙胺示范报谱测定方法研究”课题和评奖申报工作。2000年，全市完成微波监测210点次，放射线装置同位素应用单位26个，射线装置单位83家，对254名放射工作人员进行健康监护，监护率为77.3%。

三　农业劳动卫生

20世纪50年代初，农业生产以个体分散耕作为主。盛夏“双抢”，多是自备凉茶、绿豆汤解暑。由于缺乏劳动卫生指导和科学预防知识，中暑现象时有发生。1956年，市卫生局组织巡回医疗队送医送药到田头，看病到家中，向农民宣传防暑降温、预防中暑知识，及时抢救治疗中暑病人。进入集体化和逐步普及生产机械化后，中暑病人逐年减少。

20世纪60—70年代，农村大面积使用有机磷农药，因施药方法不当，常有中毒和误服事件发生。1984年，联合调查市郊、县市的6个乡56个村87119人，农药中毒173人，其中生产性中毒108人，占62.42%。1985年，对5县市22万名施药作业者进行农业劳动卫生学调查，生产性农药中毒为29.86/10万，死亡率为12.22/10万。1989年，对市郊区园艺场农药施用及农药中毒调查，施用方法以喷洒为主，未发生生产性农药中毒。

20世纪90年代，境内进一步加强农药的管理、科学使用，生产高效低毒低残留的农药。加强作业者个人防护知识宣传，正确操作使用，农民在施用农药时戴口鼻罩，顺风喷洒，禁止赤膊或穿背心作业，施完农药后用肥皂洗手洗脸，换洗衣裤，农药中毒事故逐年减少。

第四节　环境卫生

一　预防性卫生监督

（一）水质监测

20世纪50年代初，株洲镇仅铁路系统饮用自来水，市民饮用水是由义务消毒员消毒的湘江水、港水。1956年，第一水厂投产，大部分居民饮用自来水。1958年，对第一、二水厂的水源水、沉淀水、出厂水全面检测，均达国家标准。同年，在湘江株洲段建立4个定期检测水质点。1965年，对集中式给水定期检测水源水、沉淀水、出厂水、管网水、末梢水。1982年，市防疫站参加省湘江水质资料收集整理表明，株洲市枫溪港、白石港、霞湾港3个断面属于严重污染，水质指数分别为2.3、3.5、2.5。污染源为生活污水和沿岸农田使用的农药、化肥等有机物，以及大量工业废水排入湘江（据1975年调查全市每年有4.2亿吨废水排入湘江）。1984年，开展全市饮水水质和水性传染病调查，水质基本达标；水性传染病有痢疾、肝炎、地甲病、地氟病。1985年，对117个单位自备水建档，定期监测；对湘江丰水、枯水期作卫生学监测表明，受工业三废和有机物污染而流出株洲境时尚未达到自净。1990年，在湘江枫溪、霞湾、马家河三个断面，检测氨氮、大肠菌群、总汞都有超标样品，集中式给水 4 项指标合格率在 91.7% ～ 100% 之间。90 年代，为强化城市生活用水水质监测，首先对市区 4 大自来水厂进行预防性监督，共设置监测点 21 个，管网水系水点 14 个，分别进行定时定点监测。同时开展 5 县市城镇集中式供水的管理与抽查工作。10 年中，株洲城市自来水合格率每年均达到 99% 以上，历次在全省城市卫生大检查中名列前茅。对湘江株洲段的水质坚持常年监测，按省协作组要求，仍设枫溪、霞湾、马家河三个段面 6 ～ 9 个点，每年丰水期、枯水期对湘江水在 5 月、6 月、7 月、11 月、12 月和次年 1 月定时采样 54 ～ 61 个样品、800 ～ 960 余项次的全面水质分析。10 年中主要不合格指标为有机物超标，季节上以丰水期污染最为严重，从各断面结果看又以马家河段污染最重。从 1991 年开始，株洲市开展对城市二次供水实施监督管理，市卫生防疫站管理的二次供水单位共有 32 户，水塔水箱共 9 个，城市居民房顶的分散式供水箱 47 个。除平时性卫生指导外，还对二次供水单位进行定时抽样化验，二次供水合格率在 60% ～ 90% 之间，且每年要对水塔进行 1 ～ 2 次的清洗和消毒。在历年的城市卫生大检查中，年年达到省城市卫生检查标准。

（二）环境监测

1966 年，调查市农科所污水灌区卫生状况，污水中寄生虫卵在渠道中沉降，间歇用污水灌溉效果较好，污灌区土壤有机氮、人群患病率均高于对照区。1973 年，在湘江水生物体内发现有氰化物、砷、酚等。1980 年，对湘江氮肥厂废水灌区的土壤、饮水、作物进行酚、氰、砷、铜、硫等检测，检测结果与对照区无显著差异。同年，开展新农村住宅微小气候、平面布置、采光、照度、空气污染等调查。1981 年，调查有 20 多年污灌史的湘江机器厂污水灌区，污水综合指数为 21，污染严重，土壤中重金属含量高，造成人群肠道疾病增多，污灌区的芋头煮不烂，长年污染的稻田减产十分明显，用污水养鱼鱼体内有重金属积蓄。从 20 世纪 90 年代起，环境监测由环保部门进行。

二　医院消毒

1964 年，调查 11 家医院，其污水直接排入湘江、稻田或湖塘，垃圾、废敷料等亦直接投入垃圾箱。至 1973 年，仍有半数医院污水不经处理，直接排放。1980 年，调查 16 家医院污水处理情况，多数用漂白粉或液氯消毒污水。因液氯跑冒，曾使病人中毒昏倒，树木生长受影响，后停止使用。1983 年，市防疫站进行利用株洲化工厂次氯酸钠消毒医院污水试验，消毒效果良好，次年试点推广。1990 年，贯彻《消毒管理法》，推广自动启闭式消毒盒 1000 盒。同年，对 23 家医院消毒情况检测，采样 237 个，市属医院合格率为 61.11%，厂矿企事业医院合格率 79.17%，分项合格率最低的为空气 36.36%，物体表面及医务人员手的合格率为 59.70%。按照卫生部《消毒管理办法》要求，市卫生防疫站于 1990 年专门成立消杀灭科（即消毒杀虫灭鼠科），各县区站亦配有专职或兼职人员，加强对医疗单位消毒工作的管理指导与监督监测。20 世纪 90 年代，市区出现经营性医疗单位（含个体诊所）约 200 ～ 300 家，还有非经营医疗单位（主要由市卫生局直管的临床医院及厂矿医院）33 家，所有医疗单位，均严格按照《消毒管理办法》进行规范与管理。每年市站开展定期监测与日常监督指导，加强对全市医疗单位消毒工作管理。在市区二级以上医疗单位，每年监测覆盖率

100%，同时对其污水消毒处理站的建设和使用情况进行管理和指导。市防疫站每年对医疗单位定期监测的各类物品达2000余件，其中非经营性医疗单位监测总合格率在70% ~ 94%之间，合格率较高的项目有高压灭菌器（机）、无菌用品等；经营性医院每年监测覆盖率约60%，其中各种器具监测合格率在70% ~ 90%之间，较非经营性医疗单位低。

三 环境医学

1969年，株洲化工厂氯气排空造成周边朱家塘、板塘、李家冲、龙塘4个生产队114人中毒。1970年3月30日，该厂氯气排空半小时，又致市灰渣砖厂99人急性中毒，33人入院治疗。1972年10月，市郊区农药厂生产砷酸钙，排出废水使朱家塘76人中毒，发病率为84.4%。1973年，清水塘地区二氧化硫年排放量为4.68亿立方米，氯气（因故排放时）最高浓度达84毫克/立方米，超过国家标准893倍，年排放煤粉尘约1815吨，平均降尘量每年每平方千米562.2吨。清水塘地区大气污染对人体和农作物生长的危害表现在：征兵体检因五官科疾患淘汰的占总淘汰的49.5%，化工厂子弟学校毕业生上呼吸道体征阳性检出率为61%（田心区为28%），清水塘公社建设大队3个生产队，1960年前粮食年产15万千克，1970年下种1.20万千克，仅收2.55万千克。1974年10月，中国医学科学院卫生研究所在株洲市调查镉污染状况，从水、土、动植物及人体采样330份，分析结果显示：湘江底质已有一定程度镉污染，厂区土壤含镉量比对照区高千余倍，最高含量为188.75毫克/千克，在污染源千米之内动植物含镉量较高，蔬菜叶类较茎块类含镉高，动物内脏含镉比肉高，人体检查发现体内已有一定量镉蓄积，少数人的蓄积量已达损伤肾脏的水平。1979年、1983年两次在清水塘地区小学生做唾液溶菌酶活性测定，显示工业污染区儿童溶菌酶活性下降，抵抗力低。1980年、1984年观察人群健康指数表明：污染区儿童平均出现症状数高于对照区619倍，污染区儿童症状中75%为咳嗽及一身痒痛，可能与污染物刺激有关。20世纪90年代后，环境医学未能深入其中。

四 公共场所卫生

1985年，全市开展公共场所卫生的摸底、监督、监测和建档工作。1986年，开展游泳池卫生监测，制定《株洲市游泳池卫生管理条例》，印发游泳证，全面检查各游泳池卫生。1987年，对理发工具监测：检出大肠杆菌阳性率27.8%，其他细菌51.5%，HBsAg阳性29.5%。同年，贯彻国务院发布的《公共场所卫生管理条例》，组建80人的卫生监督员队伍。1988年，全市发放公共场所卫生许可证，实行市、县市区分级管理。次年，开始公共场所执法检查以及从业人员卫生知识培训、体检。1990年，市防疫站监测公共场所56家，设监测点164个，监测结果25家合格。1991—2000年，随着各类歌舞厅、夜总会、卡拉OK厅、美容美发厅、宾馆饭店大量兴起，公共场所卫生管理任务更加繁重。为此市卫生防疫站从其单位的图审、设计到工程竣工验收，严格进行卫生学评价，各大宾馆饭店、夜总会、休闲娱乐活动等公共场所和所有大、小、新、改、扩建的公共场所企业、单位均接受了卫监部门的预防性卫生监督和管理。在市区分级管理的基础上，市站对直管的67家公共场所单位，每年进行定期卫生监测，各大宾馆、饭店微小气候合格率在98%以上，顾客用具及设施消毒质量达99%左右，但舞厅、夜总会、卡拉OK厅中的微小气候往往不合格，空气质量差（其合格率平均不到70%）。此外，卫生防疫机构还对全市托幼机构进行消毒监测，对幼儿活动室空气、玩具、茶具、餐具等项目的消毒情况，监测覆盖率80% ~ 90%左右，消毒合格率每年在85% ~ 95%之间。

五 化妆品卫生

1991—2000年间，株洲市化妆品生产厂家最多时期为9家，经营化妆品批零商店60户。按照1989年9月颁布的《化妆品卫生监督条例》，开展全市化妆品企业协管和化妆品市场的监督。每年对生产单位及经营户进行定期抽样监测2次，全市化妆品抽样合格率在60% ~ 95%之间，化妆品不合格指标以细菌指标居多。1992年、1997年对杉木塘丹丽美容院多次违反《条例》、私制祛斑霜致顾客面部过敏事故进行查处，并对其重罚4800元。

第五节 传染病防治

民国35年(1946)，醴陵县设检疫站开展预防接种，因疫苗昂贵，接种面小，不能控制传染病流行。1952年，市卫生防疫站建立疫情报告制度。1953年，列出应报告甲、乙、丙3类18种传染病。其时，常见的传染病有麻疹、百日咳、白喉、疟疾、痢疾等。1962年，东南亚国家流行霍乱，株洲市积极预防传入。1967年，为防治流行性脑脊髓膜炎，成立株洲市防治脑膜炎指挥部。1978年9月，宣传贯彻卫生部颁发的《中华人民共和国急性传染病管理条例》。1980年，整理分析1953—1979年疫情资料，编辑成册。1981年，制订《株洲市疫情管理工作细则》和《株洲市传染病访视处理工作细则》，健全三级疫情报告网。1989年8月，贯彻《中华人民共和国传染病防治法》，管理的传染病有甲、乙类24种，丙类11种。1990年，建立实行预防传染病为主，防治结合，分类依法管理的体制。90年代，突出传染病防治工作重点，在肠道病防治方面制定了以霍乱防治为主的管理对策；在计划免疫上，以消灭管髓灰质炎为突破口，全面推行“四苗”接种率“两个85%达标”战略；加强性病、艾滋病防治与监测；加大对结核病传染源的发现和管理。全市传染病发病率由1991年的178.95/10万降至2000年的97.40/10万。

一 烈性传染病

（一）天 花

清嘉庆二十五年（1820），醴陵县罗如锦从广东学得接种牛痘苗术。道光八年（1828），湘潭县始种痘。民国10年（1921），茶陵李咏梅创办牛痘局。自1950年始，境内分春秋两季接种牛痘，全年种牛痘 6.7 万余人，以后每年接种，有效地预防了天花。1966 年 10 月，全市突击接种牛痘 20 万人次。1979 年，对 1 ~ 2 岁儿童初种，7 ~ 10 岁儿童复种。1980 年 5 月，世界卫生组织宣布全世界消灭天花。1981 年，株洲市停止接种牛痘疫苗。

（二）霍乱、副霍乱（2 号病）

民国期间，境内曾数次霍乱流行。1950 年，醴陵县阳三石火车站、茶陵汽车站实行交通检疫。20 世纪 60 年代，世界霍乱流行，株洲采取控制传染源，切断传播途径，提高人群免疫力的对策。1961 年，株洲设临时留置站。1962 年，成立市防治霍乱领导小组，市二医院定为收治病院，株洲火车站建立检疫站，实行交通检疫。是年，有 8.5 万人接受预防接种。1963 年，由市公安局、卫生局组成株洲市“2 号病”防治指挥部，继续设立留置站，建立季节性肠道门诊和株洲中心检验站，负责疫源检索和病源学鉴定；组建 2 个共 40 人的机动队，4 — 6 月共预防接种 19.4 万人次。1964 年，建立 10 个肠道专科门诊，完成 22.6 万人次预防注射。70 年代，肠道门诊数量逐年增加，多次培训检疫人员，加强水源检索，每月定点检测水样 12 个，同时加强沿海地区进入市内的水产品检索。1981 — 1990 年，加强以预防“2 号病”为主的肠道传染病防治工作，开展外环境检测。1981 年，“2 号病”传入湖南省，株洲肠道门诊做到“有疑必检”、流行季节“有泻必检”。1983 年，市辖县市区健全防治“2 号病”领导小组，全市建机动队 28 支 254 人。1985 年 9 月 26 日，株洲县报告 1 例“2 号病”，现场调查后采取对患者、密切接触者及其活动场所追踪观察、采样、投药、划定疫点、实行封锁等措施，有效地控制了疫情。1989 年 9 月 5 日，城区发现 1 例“2 号病”，至年底全市共发生 42 例，其中死亡 1 人，为水型暴发流行。同年 12 月 2 — 5 日，发生第 2 次食物型暴发流行，发病 28 例。以上两起均为稻叶血清嗜菌生物型 Id。疫情发生后，各级防疫站严格封锁疫区，加强流动人口、饮食卫生管理，防止疫情蔓延。1990 年，株洲市参加全省七地市“2 号病”联防协作片，加强外环境检测。1991 — 2000 年，加强了对全市肠道门诊的督导、检查，落实专人、专室、专设备、专登记的要求。加强外环境疫原搜索检测，每年定时定点对城市污水排放、湘江水及城市自来水进行监测。同时，采取“早、小、严、突”的疫点处理原则，扩大内外环境的检索力度，及时有效地发现和控制疫情。10 年中，有 3 年发生 5 起霍乱疫情，很快得到控制，其他年份均未出现二代病例。

二　季节性传染病

（一）流行性感冒（流感）

1957 年，全国流感大流行，株洲市发病率为 428.50/10 万，部分学校、工厂停课停产。同年，流感列为乙类传染病管理范围。1958 年，流感再度大流行，株洲市发病率 2613.04/10 万，病原为甲型流感病毒。1974 年，株洲县龙潭公社 1400 多人患流感，因并发症死亡 22 人，经 13 天积极防治控制了疫情。省卫生防疫站证实为甲 3 型流感。1981 年 6 — 8 月，全市范围内发生以青少年为主的新甲 1 型流感。1987 年，市防疫站首次在省内用微量血凝试验测定各年龄组流感抗体种类和浓度，从人群抗体谱分布结合流感病毒变异的规律，可预测流感的流行规律。

（二）流行性脑脊髓膜炎（流脑）

1954年有疫情记录。1957年、1959年、1967年3次大流行，发病率分别显102.67/10万、322.1/10万、605.22/10万。1967年，“红卫兵”大串联，流脑大流行，株洲市成立市防治脑膜炎指挥部，采用熏、滴、漱、隔、查、治综合措施，取得良好效果。1972年，在火车站、公共场所等地用香芋油、呋喃西林、盐开水预防给药，并宣传预防流脑的卫生知识。同年，调查1138人，病原为A、B、C三型。1980年，用冻干A群纯疫苗接种反应和效果观察，免疫保护率达100%。1987年，采取块块轮流免疫法，发放菌苗26万人份，茶陵县、攸县、株洲县接种率达90%以上。20世纪90年代，发病率0.90/10万。

（三）白　喉

1950年，醴陵县接种白喉类毒素。1953年，城区发病86例，死15人。1977年冬至次年春，白喉发病率为历史最高纪录，达72.76/10万，呈暴发性流行。其中以株洲县鸿仙公社最为严重，共发病600人，死6人，经采取综合措施防治，45天内控制疫情。1985 — 1986年，醴陵市进行人群白喉抗体测定，成人免疫水平高于儿童。20世纪90年代，白喉发病率控制在0.03/10万，达到国家控制水平。

（四）麻　疹

1953年，株洲市麻疹流行，发病率1162.73/10万，全市成立3个麻疹防治组。1958年，发病率高达3308.96/10万。1966年，使用麻疹疫苗，发病率明显下降。1971年，发病率为1108.37/10万。流行特点农村高于城市，使用麻疹疫苗后发病无明显的季节变化。1976年以后，发病年龄高移，发病率逐渐被控制。20世纪90年代，发病率已控制在0.61/10万。

（五）脊髓灰白质炎（灰质炎）

1957年，始有疫情记载，发病率为7.02/10万。1961年，使用液体口服灰质炎疫苗。1968年，发病率达10.30/10万。1989年3月至次年2月，发生I型灰质炎暴发流行，发病60例，发病率为1.74/10万，死1人，其中茶陵县发生57例，占总发病数的95%，主要原因是计划免疫工作不落实。20世纪90年代，全市开展“强化免疫消灭脊髓灰质炎”活动，全市儿童全程接种率年均稳定在97% ~ 99.5%水平上。1993年12月5日和1994年1月5日两天，根据卫生部的统一安排，对全市20万名1 ~ 4岁适龄儿童投服2次“脊灰糖丸”。此后每年的12月5日和次年的1月5日均为“脊灰糖丸”投服日，至2000年全市共开展了7次投服活动，每年投服点达3000多个，适龄儿童投服率达99% ~ 100%，投服人数达150余万人次，实现了2000年全市消灭儿童脊髓灰质炎病的目标。

（六）传染性肝炎

1957年，流行传染性肝炎。1958年，再次流行，发病率达135.60/10万。是年，成立市防治肝炎领导小组。1973年，市防疫站制定《株洲市传染性肝炎防治方案（草案）》，开展HAA抗原检测，印发卫生防疫资料，广为宣传。20世纪80年代，以预防乙型肝炎为主。1982年，茶陵县调查人群HBsAg携带者，阳性率13.62%，高于省标准化阳性率10.66%。1986年，攸县二中因饮食卫生不良发生传染性肝炎暴发流行（300例）。1987年，上海甲型肝炎暴发流行，地处交通枢纽的株洲市，因预防措施得力，幸免流行。1990年，使用甲肝疫苗效果良好。13家厂矿医院将新生儿注射乙肝疫苗列为儿童免疫程序。年底，肝炎发病率为 92.59/10 万。

（七）痢　疾

20 世纪 50 年代，痢疾发病率最高达 1837.75/10 万。1975 年，市防疫站对痢疾菌型调查，株洲市以福氏 2a 型为主，占 81.19%。1977 年菌群变迁为宋内氏为主。1980 年以后，又转为以福氏菌型为主，发病在 120/10 万 ~ 284/10 万之间。

（八）伤寒病

1991 — 2000 年，伤寒病成为境内重点肠道病之一。1991 年 6 — 9 月攸县城关镇因水型暴发 7 例伤寒病，均由伤寒沙门氏菌引起。同年，郊区园艺场发生 49 例伤寒病例，均与水污染有关。1993 年，市郊区又发生水型伤寒暴发流行，发病 30 余例。1996 年，发生 3 起伤寒暴发，其中郊区建宁乡农民聚餐引起食物型暴发 60 例，攸县发生水型伤寒暴发 20 例，茶陵腰陂学校学生因水污染导致伤寒流行 198 例。以上各项伤寒暴发均得到有效控制，未大面积扩散。

三　自然疫源性传染病

（一）钩端螺旋体病（钩体病）

1962 年，城区首次确诊 4 例钩体病。1964 年，检测郊区茶元大队，感染率为 21%。1973 年，醴陵发现 343 例，死 8 人；株洲县发现 50 例，死 2 人，患者均未预防注射。1973 — 1974 年，进行流行病学调查证实株洲境内为疫区，带菌动物以黄胸鼠、罗寒鼠（田鼠）为主，次为牛、狗、猪。1986 年，发病 421 例，疫情波及 3 个县（市）郊。1990 年，发放菌苗 25 万毫升，年发病率 22.30/10 万。20 世纪 90 年代，市卫生防疫站全市钩体流行区域全面推行钩体菌苗预防接种工作，平均每年下发钩体菌苗 25 万 ~ 30 万毫升，同时由于钩体病防治综合性农田改造措施的落实，钩体病发病率从 1991 年的 29.07/10 万下降到 2000 年的 1.91/10 万。

（二）流行性出血病（出血病）

1981 年，株洲市首次诊断 2 例。1986 — 1987 年，在市郊区、茶陵县调查 94 份人血，用酶联免疫法测定，阳性 4 份；536 只鼠肺 EHF 病毒病。证实株洲境内存在出血病疫源地。

（三）流行型乙型脑炎（乙脑）

1952 年，株洲机车车辆修理工厂医院首次报告 2 例。1954 年，市接种乙脑疫苗。1957 年，市卫生局成立防治乙脑指导小组，采用西医诊断，中医治疗的方法积极防治。1965 年发病率为 23.25/10 万，1972 年为 24.45/10 万。这两年为发病高峰后，以后逐年下降，至 1990 年降为 6.03/10 万。

（四）狂犬病

1953 年，疫情记录发病率为 1.8/10 万。20 世纪 60 年代，开始使用狂犬疫苗，但发病率不高。1981 年，狂犬疫苗及血清实行收费供应，但仍不能满足需要。1983 年，株洲县畜牧水产部门耗资万元实施家犬免疫，收效不大。1986 年，狂犬疫苗供应紧张，发生狂犬病 27 例，死 27 人。80 年代后，市政府曾多次发文禁止城市居民养犬，但收效甚微。

四 慢性传染病

（一）性 病

民国时期，株洲镇娼妓活跃、花柳病甚多。1949 年 10 月，人民政府宣布取缔娼妓、卖淫，后经彻底查治，性病在相当长一段时间内绝迹。1982 年，株洲市又发现绝迹后的首例性病。1986 年，市立一医院门诊发现 98 例。同年，市公安局、卫生等 7 个部门，组成株洲市性病防治领导小组，建立防治监测中心。1987 年，市卫生局建立疫情报告制度及性病防治监测网点。报告的性病有淋病、梅毒、非淋菌性尿道炎。1987 — 1988 年，报告 907 例，其中淋病占 71.67%，但未见梅毒。市防疫站及时购置监测仪器，开办性病防治学习班，举办性病防治知识展览，广泛宣传性病防治知识，对重点人群强制普查普治，1990 年，成立市性病防治监测中心。1991 — 2000 年，株洲市流动人群持续增多，公共娱乐场所、桑拿、按摩、美容美发业迅速扩大，性病继续呈现逐年上升趋势。1991 年，全市报告性病 298 例，2000 年增至 2316 例。调查发现，部分大医院性病漏报率高达 21.70%，私人诊所漏报更难以查证。面对严峻形势，市防疫站加大防治力度，开展性病抽（普）查工作，10 年中共对 4 万余人进行过性病检查，共检出 348 例，其主要来源是劳教人群和卖淫人群，淋病为主要病例，尖锐湿疣上升较快，居第二位，梅毒及其他性病较少。

（二）艾滋病

株洲市从 1991 年开始对艾滋病高危人群广泛搜索病源，每年监测任务为 300 ~ 500 人份，10 年共监测 6000 余人次。至 1998 年 6 月才检查确定首例艾滋病患者，系由该人在国外工作经性接触感染。2000 年，又在献血人群中发现 1 例阳性者，在市收容所白马垅女子劳教所发现 3 例阳性者。为做好艾滋病防治工作，市防疫站于 1998 年建立艾滋病初筛实验室，尔后被卫生部指定为国家级哨点监测单位（地区）和艾滋病流行病学调查点之一。

（三）结核病

1954 年，中国防痨协会株洲支会成立，并作结核菌素试验 2423 人，接种卡介苗 1003 人。1958 年普种卡介苗，1966 年后中断，1975 年恢复。1985 年 9 月，全国第二次肺结核流行病学抽样调查，抽取攸县涟滩村、酃县中园村两个点 3217 人，确诊 37 人，患病率为 1.15%。1986 年，制定市结核病防治工作计划和考评方案，举办防痨痰检学习班，成立市结核病防治所（防疫站内），并配置 200 毫安 X 光机 1 台，组成 2266 人的防痨队伍，使防痨工作步入制度化经常化。1987 年，茶陵县被定为省防痨重点县，县政府拨专款 5000 元，成立县结核病防治领导小组，开展结核病防治管理工作。次年 10 月，经省卫生厅考核验收合格。同期，全市查出各种结核病 6610 例；开设门诊 54 个，健全 3 级防疫网，加强了防治与管理。1989 年，省卫生厅授予酃县防疫站“1988 年结核病人防治、管理和 1989 年结核病人发现达标单位”称号。1990 年，调查郊区、株洲县 3983 人，发现肺结核 24 人，患病率 0.60%。1991 — 2000 年，全市结核病疫情呈逐年上升之势。20 世纪 90 年代初期，对醴陵市 2 个乡 25 个村的 36750 人次进行结核病线索调查，发现涂阳率达 7.88%，大大高于全国和全省抽样调查结果。1992 年，株洲市接受世界银行无息贷款控制结核病项目，至 2000 年共接受世界银行项目贷款 41.852 万美元，市及各县市区政府承诺每年从本级财政中提供相应数量的配套资金用于结核病防治，配备了专业设施设备和专科门诊，县市区防疫站对符合“项目”要求的结核病人，开展免费治疗。至 1994 年，全市结核病人治疗效果比“项目”实施前提高了 2.3 ~ 11.6 倍。10 年中，市各级卫生防疫站对可疑结核病患者免费就诊人数达 70000 余人，免费胸透可疑病人 29393 例，发现涂阳病人 8431 例，实际免费治疗 9606 例结核病患者。满程治疗治愈率从 1993 年的 88.63% 提高到 2000 年的 97.68%。有效管控了传染源，使株洲市结核病疫情得到了有效的控制。1990 年，全市结核病为 764/10 万，涂阳患病率 179/10 万；2000 年全市结核病为 310/10 万，涂阳患者为 107/10 万。患病率下降了 59.4%，涂阳患病率下降 40.2%。

（四）麻风病

清康熙年间，酃县即有麻风病记载。1958 年，酃县龙景山医疗站正式收治病人。1970 年，茶陵县首次组织全面普查，历时 5 个月，调查 3000 多个生产队，查出麻风病人 13 人，随即送酃县治疗。1984 年，龙景山医疗站被评为省优等医疗站。1986 年，市卫生局委托龙景山医疗站举办 5 期麻风病防治知识学习班，培训 156 名防治人员。同年，使用 W、D、T 三联疗法（氨苯、利福平、氯苯酚嗪）治疗病人。全市经多年积极防治，至 1989 年患病率控制在 0.16‰，已接近国家基本控制麻风病的指标（0.1‰）。1997 年以前，市卫生局专门设置麻风病遣送站，承担麻风病的管理工作，1997 年以后转为市卫生防疫站负责。1998 年，在全市开展麻风病线索调查，共设查疫点 62 个居民组，计 1674 户 7206 人，检查率 98.7%，并下县搜集资料。至 2000 年，全市基本消灭了麻风病。

株洲市 1951 — 1990 年各种传染病发病率（1/10 万）一览表

表 26–2

年　份	1951	1952	1953	1954	1955	1956	1957	1958	1959	1960
年　总发病率	422.44	150.74	3067.15	1677.53	2792.18	2749.41	6673.03	7947.03	4918.60	1159.44
白　喉	–	12.47	78.18	18.75	74.26	4.60	5.40	12.22	37.79	33.16
流　脑	–	2.07	–	0.78	–	3.45	102.67	68.41	321.71	18.66
百日咳	2.24	8.13	36.36	–	216.91	151.15	276.12	307.44	234.56	40.99
麻　疹	10.08	31.18	1162.73	794.53	1787.50	1458.05	3811.13	3308.96	2422.51	26.82
流　感	–	–	–	–	–	–	428.50	2613.04	153.44	193.94
痢　疾	233.07	40.54	932.73	547.66	552.94	924.14	1837.75	1457.80	1480.51	685.27
伤　寒	1.12	2.07	3.64	1.56	–	3.45	7.02	5.29	3.91	12.00
肝　炎	–	–	–	–	–	–	44.85	135.60	170.87	125.79
灰质炎	–	–	–	–	–	–	7.02	1.63	0.81	2.33
乙　脑	–	–	9.09	9.38	16.18	8.04	5.40	6.11	2.93	2.00
疟　疾	175.92	54.05	907.27	311.72	147.06	201.72	146.98	30.13	19.22	1.83

续表 26-2

年 份	1951	1952	1953	1954	1955	1956	1957	1958	1959	1960
钩体病	–	–	–	–	–	–	–	–	–	–
斑疹伤寒	–	–	0.91	–	–	–	–	–	–	16.66
狂犬病	–	–	1.82	0.78	–	–	–	–	–	–
猩红热	–	–	–	–	–	–	0.54	0.91	0.33	–
出血热	–	–	–	–	–	–	–	–	–	–

续表 26-2

年 份	1961	1962	1963	1964	1965	1966	1967	1968	1969	1970
年总发病率	909.16	704.02	2005.08	2538.43	3511.61	1454.11	1196.85	600.67	248.78	938.69
白 喉	5.87	10.86	22.25	28.34	22.93	8.90	5.15	3.75	0.42	1.10
流 脑	5.70	2.49	8.45	4.84	4.65	18.26	605.22	44.61	20.94	22.32
百日咳	8.54	133.40	168.01	16.67	139.84	168.41	37.62	38.40	24.76	27.52
麻 疹	332.72	182.91	1095.62	1464.54	2170.92	431.28	239.46	167.04	87.31	192.40
流 感	–	44.17	18.80	119.71	60.46	41.84	16.39	179.68	–	415.88
痢 疾	394.68	189.50	512.14	737.94	837.93	622.38	274.12	160.63	80.80	175.14
伤 寒	12.90	6.23	16.56	6.00	10.10	5.46	3.75	1.26	3.68	1.10
肝 炎	76.90	99.02	110.22	97.04	172.40	97.41	23.57	13.89	5.38	26.56
灰质炎	3.56	1.42	4.66	4.50	2.08	4.37	2.65	10.30	2.55	3.15
乙 脑	0.71	2.85	5.86	5.17	23.25	19.04	14.05	6.40	9.20	–
疟 疾	19.40	27.78	42.09	53.69	66.87	33.56	9.06	3.75	11.18	–
钩体病	–	0.53	–	–	–	–	0.16	–	2.69	–
斑疹伤寒	18.16	3.38	0.52	–	0.16	0.16	0.78	0.31	–	–
狂犬病	–	–	–	–	–	–	0.47	2.03	–	–
猩红热	–	–	–	–	–	–	0.15	–	–	–
出血热	–	–	–	–	–	–	–	–	–	–

续表 26-2

年 份	1971	1972	1973	1974	1975	1976	1977	1978	1979	1980
年总发病率	1768.42	1392.85	1271.71	1466.15	1422.99	944.98	988.70	676.92	693.27	540.76
白 喉	1.85	1.43	0.38	0.50	0.25	0.24	66.46	6.37	0.82	0.11
流 脑	22.92	24.19	12.03	12.07	12.08	10.32	23.03	12.74	17.90	21.73
百日咳	151.70	78.43	141.53	43.75	117.85	104.26	63.58	52.02	22.81	12.76
麻 疹	1108.37	135.40	543.21	612.82	320.90	221.98	9.60	58.15	142.12	47.03

续表 26-2

年　份	1971	1972	1973	1974	1975	1976	1977	1978	1979	1980
流　感	38.16	475.38	65.52	519.65	630.09	244.20	380.03	51.90	42.93	39.67
痢　疾	230.39	329.32	208.97	175.65	240.92	273.81	344.64	310.92	307.04	284.00
伤　寒	5.43	1.82	1.66	0.75	0.62	1.34	2.40	6.96	3.86	3.79
肝　炎	2.87	253.76	265.66	72.30	60.54	59.71	75.21	161.24	147.15	123.26
灰质炎	0.05	5.59	1.66	0.75	0.25	0.61	0	–	–	–
乙　脑	–	–	–	–	–	–	–	–	–	–
疟　疾	–	–	–	–	–	–	–	–	–	–
钩体病	–	–	–	–	–	–	–	–	–	–
斑　疹 伤　寒	–	–	–	–	–	–	–	–	–	–
狂犬病	–	–	–	–	–	–	–	–	–	–
猩红热	–	–	–	–	–	–	–	–	–	–
出血热	–	–	–	–	–	–	–	–	–	–

续表 26-2

年　份	1981	1982	1983	1984	1985	1986	1987	1988	1989	1990
年　总 发病率	897.72	575.20	325.78	287.94	250.34	242.25	269.38	255.31	223.46	183.55
白　喉	5.40	11.55	2.82	1.47	0.41	0.16	0.18	0.03	–	0.03
流　脑	7.08	1.87	3.02	2.18	5.40	6.59	4.06	2.58	1.40	0.90
百日咳	25.07	29.59	7.89	7.40	9.34	6.99	4.51	4.03	1.10	1.22
麻　疹	146.72	23.65	85.81	63.70	44.39	24.02	4.09	5.00	0.70	0.61
流　感	336.38	87.55	11.20	18.10	9.25	1.34	1.22	–	–	–
痢　疾	275.33	326.21	157.73	150.66	124.07	103.49	134.72	127.14	120.35	52.65
伤　寒	1.46	242	1.40	0.86	1.64	0.90	1.80	1.84	1.60	1.83
肝　炎	90.84	84.58	48.10	37.09	49.12	80.34	89.96	83.36	70.73	92.59
灰质炎	–	–	–	–	–	–	–	–	–	–
乙　脑	–	–	–	–	–	–	–	–	–	–
疟　疾	–	–	–	–	–	–	–	–	–	–
钩体病	–	–	–	–	–	–	–	–	–	–
斑　疹 伤　寒	–	–	–	–	–	–	–	–	–	–
狂犬病	–	–	–	–	–	–	–	–	–	–
猩红热	–	–	–	–	–	–	–	–	–	–
出血热	–	–	–	–	–	–	–	–	–	–

株洲市 1991 — 2000 年各种传染病发病率（1/10 万）一览表

表 26–3

年度	总发病率	肝炎	痢疾	伤寒	淋病	梅毒	脊炎	麻疹	百日咳	白喉	流脑	流感	猩红热	狂犬病	钩体病	斑诊伤寒	乙脑	疟疾	新破	肺结核	霍乱
1991	178.95	79.92	54.35	2.53	3.74	0.03	0.03	0.32	0.81	0.95	0.80	–	0.03	0.09	29.58	–	5.21	0.60	–	–	–
1992	–	–	–	–	–	–	–	–	–	–	–	–	–	–	–	–	–	–	–	–	–
1993	116.67	35.59	34.09	0.65	2.82	0	0	1.95	0.48	0.14	0.20	–	0.93	0.03	13.15	–	1.41	2.00	–	–	–
1994	116.08	45.57	35.40	4.51	3.06	0	0	1.26	0.69	0.11	0.10	0.17	0.09	0.06	22.66	–	1.11	1.60	–	–	–
1995	80.06	27.26	33.70	4.80	12.80	0	0	1.12	0.42	0	0.30	0.08	0.05	0.08	8.02	0.03	2.28	0.50	–	–	–
1996	92.01	33.12	34.57	8.93	2.32	0	0	2.79	0.21	0	0.10	0.13	0.11	0.03	8.46	–	1.00	0.10	–	–	–
1997	95.93	26.86	23.53	5.15	1.98	0	0	2.60	0.72	0	0.20	0.13	0.13	0.03	3.16	0.03	0.46	0.30	0.08	30.61	–
1998	108.65	22.64	34.83	6.73	1.32	0	0	0.92	0.58	0	0.20	0.11	0.05	0.08	7.81	0.05	0.40	0	0.03	32.85	–
1999	106.36	28.53	24.54	0.13	3.02	0	0	0.32	0.30	0	0	0.19	0.03	0.16	5.86	0.03	0.46	0.10	0.05	38.95	0.08
2000	97.40	29.80	13.01	2.13	4.72	0	0	1.05	0.11	0	0	0.43	0.05	0.92	1.89	0	0.13	0.30	0.05	41.44	0.03

第六节　地方病与寄生虫病防治

一　地方病防治

株洲境内地方病有布鲁氏杆菌病（简称“布病”）、地方性甲状腺肿（简称“地甲病”）、地方性氟中毒（简称“地氟病”），其中地甲病流行区域较广，患病人数较多。1956 年，茶陵县在中堡乡、西坑乡重点调查，患病率为 14.90% 和 34%。1978 — 1986 年，普查确认株洲县长冲、八斗、龙潭、龙凤，茶陵县平水、湖口，酃县城东、城关、平乐、船形，醴陵市官庄、桃花等 12 个乡为地甲病区，查出病人 10458 人。1984 年，成立市地方病防治领导小组，市卫生局制定 1984 — 1990 年地方病防治规划，市防疫站建立地病科，各县（市）防疫站建立防保站，健全由乡村医生负责的防治网络，先后办各类学习班 85 期，培训医生、检验员 788 人次。1985 — 1990 年，醴陵市、茶陵县、酃县先后通过省卫生厅考核验收，地甲病达到基本控制标准。

1990 年，市防疫站组织对全市地甲病的摸底调查，通过对市属 4 县 5 个监测点所查 8237 人的资料分析，患病率为 13.96‰；7 ~ 14 岁学生 2674 人中，脖子甲状腺区肿大的有 150 人，肿大率 5.61%。据此，协调市盐业部门对上述区域重点供应碘盐，同时又对上述区域和市区小学进行监测，发现小学生甲状腺肿大率分别为 12.5% 和 15.0%。1994 年，在全市抽查 30 个点的 1015 名 0 ~ 8 岁儿童，其中检查“甲肿率”为 8.31%，B 超“甲肿率”为 5.0%；检验儿童尿碘 360 份，平均为 147.1 毫克 / 升，新生儿脐带血 15 份，TSH 含量在正常质内者为 14 份。从 1995 年 6 月底开始，株洲市全面供应碘盐。1996 年，市卫生防疫站对重点人群，其中包括 7 ~ 14 岁小学生 54 万余人和 0 ~ 6 岁儿童及孕妇约 3 万余人免费投服碘油胶丸。1998 年又对 79 个重点乡（镇）1170 个村重点人群投服碘胶丸 35 万余人，投服率达 99.5%。调查表明，服甲碘素地区的儿童智商明显高于未服用区。2000 年 4 月，经湖南省卫生厅专家考核验收团评估，确认株洲市已达到“消灭碘缺乏病阶段目标”。

境内地氟病仅限于醴陵市八步桥乡和攸县柏市。防疫部门对上述两地的水（丰、枯水期）及相关可能引起高氟的因素进行了专题调查与监测。1994 年，在当地政府的重视和支持下，八步桥乡实施了改水工程，并通过了省卫生厅验收。改水达标后，市卫生防疫站继续对病区水源进行常年监测，同时对儿童氟斑牙患病情况进行调查，至 1998 年八步桥儿童氟斑牙患病率为 7%，无新发病例，饮用水达到标准，防治地氟病取得实质效果。

境内原非布病疫区，1991 — 2000 年为防止布病的传入，着重对外省及国外输入境内的家畜进行布病监测，预防职业人群感染。防疫站派专人对全市奶牛场、牧羊场及饲养人员、家畜屠宰人员进行了监测，在对 235 人次的血样布病抗体检验中，发现阳性率为 5.96%，其中 1994 年 11 名牛奶场饲养人员阳性率达到 36.36%，1999 年对 78 名饲养员及屠宰人员采样其阳性率 6.41%；牛、羊血清 316 份，阳性率为 7.59%。说明境内仍有一定布病感染现象，但未见布病病人和动物流产及病死现象。

二 寄生虫病

（一）钩虫病

1958 年，开展钩虫病普查，感染率在 20% ~ 30%，郊区朱田铺公社达 80%。1960 年，茶陵县钩虫感染率在 40% 以上。1964 年，在郊区园艺场首次鉴定虫种为十二指肠钩虫、美洲板口钩虫，两者之比为 43∶1，雄雌之比为 1∶1.69。20 世纪 70 年代，使用敌百虫、灭虫宁、噻咪唑等驱虫。1978 年，推广“反复查治病人，控制传染源，消灭钩虫病”方案。1979 年，经反复查治，人群感染率由 36.3% 下降为 7.8%。1980 年，开展基本控制钩虫病流行地区自然回升规律的研究。第一年自然回升率为 0.28%，第二年为 0.71%（多为新迁入的阳性人口），第三年为 2.78%，第十年为 2.04%。1992 年，组织对酃县城东乡东风村钩虫感染自然回升率状况进行调查。检查村民 1002 人，其中阳性 124 人，阳性率为 12.4%。从 1993 年开始，在全市居民中普遍开展包括钩虫在内的肠寄生虫病普查普治工作。1994 年，投服肠虫清 1 万人次，用药 2 万片。从 1995 年开始，按照省卫生厅的安排部署及下达的任务，全市开展了全民驱虫工作。1995 — 1997 年，共完成驱虫任务 9.48 万人次；1998 年完成 97114 人次，发放肠虫清达 194228 片。2000 年，按照卫生部要求对茶陵县城东乡进行调查，发现该乡人群肠寄生虫感染率为 38%。

（二）疟 疾

民国 33 年（1944），境内流行疟疾，从湘江边至郊区百井冲 10 余千米范围内，几乎家家有病人。20 世纪 50 年代，因大批基建民工从高疟区进入株洲市，扩大了疟疾传染源。城区采用百乐君、扑疟母星、阿的平免费治疗，做到送药到手、看服到口，作为抗复发治疗。1965 年，市防疫站制定《株洲市防治疟疾 4 年规划》。1966 — 1980 年，境内疟疾发病率已小于 5/10000，其中茶陵县自 1976 年即控制在 1/10000 以下。70 年代，采取发热病人作血检；检查带虫人群，管好流动人口；用血清学方法侦察和防治效果考核；组织联防等方法防治疟疾。1980 年，着重对现症病人和休止期治疗及发热病人血检，搜索传染源。1986 年，茶陵县经省卫生厅考核灭疟达标，成为全省首批基本消灭疟疾的 5 个县之一。1987 年，攸县、酃县达到“基本无疟县”标准。同年，省卫生厅颁发株洲市基本消灭疟疾合格证书。1980 — 1990 年，全市累计根治疟疾病人 458 例，休止期根治 3303 人次，预防服药 1.42 万人次，发热病人血检 53.50 万人次，检出阳性 387 人，检出率为 0.07%。

1991 — 2000 年，境内疟疾防治主要是发现传染源和管控传染源。1991 — 1994 年，每年分别检出疟原虫阳性者 21 例、27 例、52 例、58 例，血检人数为 1 万 ~ 3 万余人。1995 年，血检阳性者下降为 18 例，1996 — 2000 年，最多年份 7 例，最少年份 2 例。对发现的疟原虫阳性者，采取现症病人规范治疗服药，休止期病人追踪根治投药，病人或带虫者的密切接触者及周围群众扩大预防服药的方法，清除疟疾疫源地。在流动人群中进行管理登记（每年在 5000 ~ 20000 人之间），并施行预防服药，服药面达 40% ~ 50% 左右。

（三）血吸虫病

1998年3月31日，市卫生防疫站通过线索调查，首次证实株洲市境内有血吸虫病流行。4月，经省、市现场调查证实，荷塘区明照乡、荷塘铺乡；石峰区龙头铺乡、响石岭办事处及芦淞区贺家土办事处所辖的17个村确定为新血吸虫病疫区。疫区易感人群达6000人。同时对荷塘区明照乡响塘村进行了重点调查，该村活螺密度达1.86只/框，钉螺感染率为0.17%，部分村民的肝脾异常率为12.39%，村民粪检阳性率为29.84%，间接血凝血检阳性率为29.84%，虫宿主带虫调查，全村共有耕牛27头，调查13头，阳性率为15.38%。同年，在全市范围内开展钉螺分布调查，调查结果钉螺主要分布白石港水系，荷塘区、芦淞区、石峰区3个区的5个乡（镇）17个村（居）委会，钉螺面积331.71公顷，其中钉螺密度高达536只/0.1平方米。1998年9月，市政府常务会议专题讨论了血防工作，要求在短期内消灭血吸虫病。同时，组织市区60余名医务人员深入疫区，防治病人7916人，发现有血吸虫病712人，得到治疗的626人，治愈率88%。并开展环境改造灭螺工作，发动群众投工45602个，反复处理水土面积95公顷次，垦植面积16公顷次，沟渠硬化800多米，实际灭螺面积205.47公顷，占总面积的46%。重度感染人群化疗2468人次，占90%以上。检查家畜361头，阳性24头，化疗的牛、羊共460余头。市、荷塘区两级血防部门共投入资金70多万元，完成了3千米的沟渠硬化，灭螺面积达1.2公顷。

第七节　精神卫生

20世纪80年代初以后，各类精神障碍总患病率呈明显上升趋势，按照国际伤残调整年指标评价各类疾病的总体负担，精神障碍在全国疾病总负担中排名居前位，超过心脑血管疾病、呼吸系统疾病及恶性肿瘤等疾患。湖南的精神病患病率在全国居前列（精神障碍14.76‰），而株洲地区精神病患病率又位居全省前列。

1991—2000年，精神病的治疗以药物治疗为主，原来的一些抗精神病药（如氯丙嗪、氟哌啶醇等药）由于其副作用大、病人大多不能耐受，其服药依从性差，造成病情反复。随着利培酮、奥氮平、洛沙平等一些服用方便、见效快、副作用低的新型抗精神病药物的问世，株洲市陆续应用于临床，提高了精神病人康复期服药的依从性和生活质量，降低复发率。突破传统的治疗模式，推广运用无抽搐电休克治疗技术，收到较好的疗效。同时，开展音乐治疗法，对住院病人实施开放性临床治疗，让病人走出病房参加娱乐、体育、音乐活动，治愈率由1995年的44.2%上升到2000年的55.9%。全市有市三医院、331医院精神科、醴陵渌江卫生院、茶陵腰陂卫生院和炎陵中医院精神科5个精神卫生医疗机构。

第八节　爱国卫生运动

1952年4月，成立株洲市防疫委员会，负责组织实施开展爱国卫生运动。1953年，市防疫委员会改称市爱国卫生运动委员会（简称“市爱卫会”）。同年，市人民委员会发布《株洲市街道清洁管理暂行办法》，开展以清除垃圾、填平污水塘、疏通沟渠、消灭蚊蝇为重点的爱国卫生运动。随后建立周末人民卫生日制度，设居民饮水消毒卫生站。1958年1月，市人委号召全市人民开展除“四害”（老鼠、苍蝇、蚊虫、麻雀）运动，并成立以市长为指挥长的“除四害”指挥部，要求年内城区达到基本无蝇，创建一批“四无单位”。全市共填平洼地287处，约18.8万平方米，疏通渠道4349条，新修沟渠4000米，拆除露天厕所、粪坑5537个，卫生积肥上亿担。4月，经上级检查验收，达到“四无城”标准。1959年，采用断鼠粮、挖鼠洞，断鼠道的办法灭鼠20.3万只。到20世纪50年代末期，全市各种传染病发病率普遍下降，疟疾、痢疾、乙型脑炎，比1957年分别下降69%、50%、80%。

1962年，市人委颁布《株洲市城市环境卫生管理办法（试行草案）》，全年清理垃圾1.1万吨，清理污水塘、垃圾堆、下水道5000多处。1963年，各企事业单位成立爱卫会组织，贯彻省爱卫会“加强饮食、饮水、环境卫生管理”的指示精神，坚持爱国卫生经常化。1965年，农村开展管水、管饮食、管粪便，灭蚊蝇、老鼠、臭虫的“三管一灭”工作。1967年春，“红卫兵”大串联，流动人口骤增，市内环境卫生差，流脑、痢疾、肝炎等病例增多。1970年，重新组建市爱卫会，负责全市环境卫生、卫生宣教、卫生检查监督等工作。20世纪70年代初，农村普遍开展“两管五改”（管水、粪，改水井、粪池、厕所、猪栏、炉灶），美化环境的爱国卫生运动，推广压把井（手动泵井），逐步实现饮水水井化。截至1976年，全市共新建、改建水井1.13万口，有22个大队1359个生产队实现饮水水井化。1979年11月，全市各县、区、郊都建立了爱卫会组织。市爱国卫生运动贯彻中央“加强领导，动员群众，措施得力，持之以恒”的方针，开展以整顿市容、厂容和治理蚊蝇孳生场所为重点的群众性运动，将卫生建设列入城市建设规划。全年共开展6次大突击，出动93.8万人次，车辆840台次，清运垃圾、余土38.3万立方米，清除蚊蝇孳生地万余处。1981年，株洲市参加联合国发起的“国际饮水供应和环境十年”活动，推广压把井，至1986年全市农村共建压把井1.49万个。株洲市、攸县被评为改水先进市县。同年，全国第一个“文明礼貌月”活动开始，各单位坚持周末劳动和月末卫生日制度，街道实行七户一岗、门前三包（包卫生、护树、秩序），治理“脏、乱、差”。1984年，开展以治脏为突破口的爱国卫生运动，组织5县4区开展爱国卫生竞赛活动。1985年，在省爱卫会组织年度评比中，全市24个单位获省文明卫生单位称号。1986年，市及各县（市）区和大厂矿企业，均成立灭鼠指挥部，实施“统一时间、统一药物、统一方法、统一范围”的春季灭鼠活动，仅南区董家塅就投毒饵5500千克，鼠密度由11.43%降为2.93%。1988年，组织灭鼠专业队，配制毒饵180吨，春、秋季灭鼠率分别达到93.53%和95.71%，年终实现省“一役达标”要求。1989年4月，开展“爱国卫生月”活动，全市出动25万人综合治理市容市貌，出动宣传车46台次，印发特刊5000份，清运垃圾6500吨，疏通下水道1.76万米，消灭卫生死角1428处，创文明卫生单位24个（含省级卫生文明单位8个）。同年，全市农村65.36%的人口饮用清洁卫生水。1990年3月，省爱卫会授予株洲市“1989年度城市爱国卫生竞赛卫生达标市”称号。同年8月，市政府决定开展“爱我株洲，清洁株洲”活动，力争5年成为国家卫生城市。年底，经全国城市卫生检查团检查和省灭鼠考核验收组考核验收，株洲获1990年度“卫生达标市”和“灭鼠先进市”称号；株洲硬质合金厂、株洲电力机车厂获全国“爱国卫生先进单位”称号。

1991—2000年，境内爱国卫生运动以建国家、省级卫生城市为重点，农村仍然以改水、改厕为主要内容。1991年，市委、市政府提出“爱我株洲，清洁株洲，美化株洲”的口号，同时拟定“八五”计划期间株洲创建“国家卫生城市”的初步规划。当年，在开展创建“国家卫生城市”活动中，有25万余人参与，出动垃圾车43台次，清除垃圾5640吨，疏通阴沟1200余条、5万余米，灭鼠投药15吨，打狗233条，新建、改建一批水冲式厕所和垃圾中转站。同年年底，全市农村改水受益人数比例达到75.45%，其中饮用自来水受益人数占17.86%。在4月份的全国“爱国卫生月”活动中，组织34个卫生突击队，消除垃圾1579吨，落实长期保洁措施365处，疏通沟渠6.5万余米，组织共青团城市卫生监督岗。全市开展春、秋两季大规模突击灭鼠活动，共投放鼠饵48.76吨，灭鼠密度分别为1.11%，0.90%，同时开展大规模灭蟑活动。当年，全国爱卫会授予株洲市“全国卫生城市”称号。1994年4月，市政府召开会议对重点治脏、上街执法、门前三包等工作进行部署。同年，由市财政拨出灭鼠、灭蟑专项经费20余万元，分别在8—9月份进行灭蟑投药，后经省灭蟑考核检查，株洲市各项指标均达到国家规定的标准，被省爱卫会授予“灭蟑先进市”称号。1995年，成立了株洲市创建国家卫生城市领导小组，将各项指标和实施要求分解到各职能部门，在省第三次全国城市卫生检查中，获得全省第二名的好成绩。

1996年年初，全市开始在城区启动生活垃圾袋装化工作。2月，在全市建设工作会议上，提出在全市实施“八不”（不随地吐痰，不乱丢果皮纸屑，不乱停放车辆，不占道经营，不破坏绿化，不说粗话、脏话，不乱贴乱画，不在禁止吸烟的公共场所吸烟）的市规民约，组织实施“八不”万人签名活动，使广大市民自觉遵守市规民约，争做文明市民。11月，在省城市卫生检查中，株洲市进入全省城市卫生工作甲级城市行例，连续5年获得省爱卫城市殊荣。

1990年，株洲市被确定为世界银行低息贷款改水项目城市。到1992年年底，全市农村改水受益人数比例已达到75.45%，其中饮用自来水受益人数占17.86%。在1995年年初级卫生保健达标评估中，株洲市农村新增饮用自来水人口为20.01万人，手压机井饮水为8.63万人；新、改建卫生厕所14.43万座，其中无害化厕所6.27万座，新改建卫生校厕414座，卫生公厕358座。1997—1998年，对农村改水情况进行全面验收，全市改水17232处，其中新打大口井6045口，改造不卫生井4759口，新建手压井365口，电动泵井2356口，新建山泉引流398处，引接自来水69处，42.49万农村人口受益。全市农村饮用清洁卫生水普及率从1996年年底的80.39%提高到95.25%，提前完成了省政府的清洁卫生水普及率95%的目标。截至2000年年底，株洲市农村自来水覆盖率达49.54%，农村居民清洁卫生水饮用率达99.71%，全市清洁卫生厕所普及率达到43.35%。

第二章　妇幼保健

民国 30 年（1941），湘潭县卫生院株洲分院有 1 名助产士开展妇幼保健工作。

从 20 世纪 50 年代起，境内相继建立市、县妇幼保健机构，配备专业人员，大力推广新法接生和开展妇幼保健工作。1979 年后，市内各区建立妇幼保健站，至 1983 年市、县区妇幼保健机构逐步健全和完善。1984 年后，各院、所、站均开设了妇保、儿保、计划生育技术指导专科门诊，开设病床 109 张。1990 年，全市有妇幼保健院、所、站 10 个（不含厂矿），专业保健人员 3196 人，基本形成县、乡、村三级妇幼保健网。

1991 — 2000 年，按照《九十年代中国儿童发展纲要》《九十年代中国妇女发展纲要》的规划要求，一方面广泛开展孕期及围产期保健工作，降低婴儿死亡率；另一方面在城市和农村相继开展围产期保健和儿童系列保健，推行妇幼保健适宜技术，促进住院分娩，推广爱婴医院，宣传母乳喂养，使孕产妇死亡率及婴儿死亡率大幅度降低。至 2000 年，妇幼保健工作的 14 个相关指标，株洲市有 10 个项目全部达到《纲要》要求，根据卫生部抽样调查，确定荷塘区为全国 5 岁以下儿童死亡监测点，历时 7 年；茶陵县纳入全国儿童疾病综合管理项目；城市四区列入全国“三网合一”（孕产妇死亡、新生儿缺陷、5 岁以下儿童死亡监测）项目；市一医院、市二医院、601 医院、市妇幼保健院承担株洲市内全国新生儿出生缺陷监测工作；株洲县列为全省健康教育项目县。

全市从 1990 年起开展初级卫生保健达标工作，1994 年醴陵市和株洲市郊区通过达标验收，1995 年 11 月其他 4 县也实现达标，株洲市比国家要求提前 5 年达标，成为全省第一个创建达标的城市。至 2000 年，全市妇幼保健院机构 8 个。其中，市妇幼保健院 1997 年顺利通过“二甲”评审，有床位 100 张，专业技术人员 198 名。

第一节　妇女保健

一　新法接生

20 世纪 50 年代，城乡普遍培训新法接生员和改造旧产婆，采取分批集中训练的方式，推行新法接生。至 1956 年，共培训新法接生员 196 人，改造旧产婆 78 人；农村每个乡建立中心接生站，每个自然村建立 3 ~ 4 人接生组，区卫生所妇幼医生定期到中心站开展业务辅导；城区街道以居委会为单位组织接生站。1957 年，全市出生 8953 人，其中新法接生 5356 人，新法接生率为 59.8%。1964 年，城市新法接生率达 95% 以上，农村为 90% 左右，成为全省普及新法接生先进市。1978 年，县、郊将接生员纳入合作医疗管理范围，合理解决接生员劳动报酬。至 1990 年全市新法接生率上升到 98%。

1991 — 2000 年，每个村培养一名具有初中以上文化的接生员，负责该乡的孕产妇期保健工作；县、乡妇幼保健人员定期对接生员进行培训、考核，基本形成以接生员为管理基础，以乡镇卫生院为管理中心的模式。为有效地降低孕产妇死亡率，实行孕产妇住院分娩。1993 年，在芦淞区曲尺乡进行住院分娩试点，然后在全市全面铺开。大部分接生员转换为乡、村保健员，不承担接生工作。1990 年，全市住院分娩率 14.55%。2000 年，全市住院分娩率为 84.51%。

二　围产期保健

1977 年，卫生部提出开展围产期保健。1982 年，城区实行新生儿、孕产妇两个系统管理后，新生儿、孕产妇死亡率均有所下降。1983 年，醴陵县妇幼保健所在栗山坝乡进行计划免疫、妇幼保健服务合同制试点，其婚前检查、产前检查、分娩以及婴儿计划免疫接种和健康检查的作法，在全国推广。1988 年，全市由有经验的妇产科、儿科、妇幼保健医师组成围产期保健协作组，加强各医疗保健机构之间的联系，提高产科、新生儿科的医疗护理质量，降低围产儿和孕产妇死亡率。同时制定出《株洲市围产期保健常规》，编印《株洲市围产期保健手册》。1990 年，孕产妇系统管理率城区达 95%，农村达 90%；全市孕产妇死亡率、围产儿死亡率分别为 65.34/10 万、43.47‰。

1991 — 2000 年，境内围产期保健重点为普及产前检查、预防胎位性难产，防治孕妇主要并发症“高血压综合症”，提倡怀孕 3 个月开始到产后 42 天对孕期实行系统保健。基本形成以接生员为管理基础，乡（镇）卫生院为管理中心、县级以上医疗保健机构为孕产妇抢救中心的围产期保健网。对城区继续实行孕产妇、新生儿两个系统管理。同时，为落实两个《纲要》提出的目标，降低孕产妇死亡率和婴儿死亡率，全市各级政府加大资金投入，改善城乡（尤其是农村）妇幼保健机构的条件。至 1999 年年底，全市乡镇卫生院配备 B 超机、X 射线机、心电图机等先进设备，产科器械增加了婴儿磅、多普勒胎心听诊仪、新生复苏囊、氧气瓶、聚血盆和各类抢救药品及辅助检查设备。2000 年，全市孕产妇死亡率、婴儿死亡率均有所下降，分别为 42.30/10 万、20.92‰。

三　妇科病防治

20 世纪 50 年代，株洲苎麻纺织厂、湘江机器厂等大中型企业在职工医院配备专职妇幼保健人员，开展女工卫生工作。市妇幼保健所组织妇幼医师深入工厂企业，推行“三期劳动保护”（即经期、孕期、哺乳期，后增加更年期）。1956 年，农村推行“三调三不调”的妇女劳动保护措施（即经期调干不调湿，孕期调轻不调重，哺乳期调近不调远），妇科病发病率有所减少。1958 年“大跃进”

中，由于劳动强度过大，加之随后的国民经济困难，营养不足，部分妇女出现水肿、闭经、子宫脱垂等疾患。1962年，市妇幼保健所对株洲苎麻纺织厂、汽车配件厂等6个单位859名女工进行妇科病普查，其宫颈炎、滴虫和霉菌性阴道炎发病率为70%。为此，全市继续推行“五期劳动保护”，积极采取防治措施，建立女工专用卫生室，改盆浴为淋浴，设置哺乳室、妈妈室、孕妇工间休息室，并为厂矿企业培训一批保健员。同年，农村恢复“三调三不调”的妇女劳动保护制度，妇科病发病率逐年下降。1973年，市妇幼保健所汇集中医名医研制“妇科千金片”，治疗妇科慢性炎症，经8600余例临床服用，显效率达95%以上。1973—1990年经过三次大规模普查，全市妇科病实查12.77万人，查出妇科病患者5.72万人。1990年，全市200名女职工以上的厂矿企业，设置专门卫生室125个。编印《女职工保健知识汇编》5万册，发至全市女职工，以增强女职工自我保健知识。每年对全市女职工开展防癌普查。城市开展以宫颈癌、乳腺癌为主，农村以子宫脱垂、尿瘘为主的普查，2年普查一次，次年复查。1990年，普查127739人，查出妇科病人57269人，患病率为44.83%；查出宫颈癌31人，宫颈癌患病率为24.27/10万；尿瘘43人，患病率63.66/10万，治疗率87.30%，治愈率100%；Ⅱ级以上子宫脱垂126人，治疗110人。2000年，全市妇科病普查普治105280人，查出患宫颈癌19人，患病率18.05/10万；乳腺癌9人，患病率8.55/10万，治疗率100%；尿瘘2人，治疗率100%，比1990年下降94.36%；Ⅱ级以上子宫脱垂30人，发病率98.64/10万，治疗25人，治疗率83.33%，比1990年下降135.34%。

四　婚前检查

1985年，市卫生、民政部门指定全市18所医疗保健单位开展婚前健康检查工作，由于检查单位多，设备简陋，导致婚检质量不高。从1988年开始，城市婚前健康检查统一由市妇幼保健院承担。检查合格者发给合格证，方可登记结婚。1989年，全市受检1.20万人中，仅乙型肝炎就有700人。1990年，市妇幼保健院婚检8233人，受检率为95%，正常为89.2%，异常为10.8%。通过婚检，查出许多不易察觉的疾病，使之得到及时治疗。1995年6月正式实施《母婴保健法》后，全市城乡婚前健康检查正式纳入法制管理。1999年11月，经湖南省卫生厅考核验收，市妇幼保健院被确定为株洲市唯一涉外婚前健康检查合格单位。

五　计划生育技术指导

计划生育技术指导，主要是对计划生育节育技术进行质量监督和指导，包括上环、取环、终止妊娠。1991—2000年，全市各妇幼保健站、所配专人负责计划生育技术指导工作。全市各级医疗保健单位共有手术网点199个，独立施行各类节育手术的医务人员672人，有各类节育手术包3344个。

第二节　儿童保健

一　托幼卫生指导

20世纪50年代末，厂矿企业、街道及农村普遍开展托幼工作。郊区淦田公社宏图大队幼儿园在防病、生活、教养、设施方面成绩突出，1960年获全国卫生先进单位称号。市妇幼保健站派出妇幼医生，到基层推行一人一巾一杯一碗的饮水、淋浴卫生制度，对农业社办的农忙托儿所着重改变喂养方法，革除不良卫生习惯，加强防病措施，指导保育员预防传染病交叉感染等常识。随后，又深入工厂企业，配合职工医院和中心联合诊所举办训练班，设专职和兼职保健员负责防病工作。70年代，各托幼园、所进一步加强对儿童饮食卫生管理，培养儿童饭前及便后洗手习惯，实行餐具消毒，把住病从口入关。80年代，一些大中型托幼园所均配备专（兼）职保健医生，定期对入托入园婴幼儿进行体检和建立健康档案，进行身长、体重等生长发育监测评估。90年代中、后期，托幼机构管理体制发生较大变化，城乡股份制和私立幼儿机构大量增加。市卫生局以《母婴保健法》为依据，按照卫生部、国家教委关于《托儿所、幼儿园卫生保健管理办法》的要求，与市教委明确规定市区托幼机构卫生保健实行分级管理，市妇幼保健院负责业务培训和指导，市、县市区三级进行属地管理，托幼机构的卫生保健指导朝着健康的方向发展。

二　儿童营养

20世纪60年代，市妇幼保健所对市干幼儿园和湘江机器厂、田心机车车辆厂等大中型企业的幼儿园，开展营养调查和小儿喂养指导。1960—1962年，市场物资供应紧张，儿童营养不良，发病率剧增。全市推广“瓜菜代”，增加副食品供应，调剂伙食花样，使营养不良及时得以控制。70年代，随着人民生活改善，一些托幼园所的伙食有很大改善，中度营养不良儿童显著减少。1980—1983年，市妇幼保健所派出儿保医师，深入园所指导儿童喂养，培养儿童良好饮食习惯。1990年，全市212个托幼园所，有85%开办伙食，实行三餐一点，代量食谱，受托儿童患病率明显下降。1992年后，株洲市认真贯彻落实《纲要》要求，保护儿童生命和健康成长。

三　儿童健康检查

从1952年起，株洲城区每年“六一”儿童节前，在托幼园所、小学开展健康检查和评比活动。各县区亦开展规模不等的健康检查和评比活动。1979年国际儿童年，全市对7岁以下儿童进行大规模健康检查。攸县组织48名医务人员，对5个厂矿、7个公社的10387名7岁以下儿童，进行健康检查并免费发放驱虫灵片6158瓶、驱虫净片936瓶，为12.58万名儿童治疗蛔虫病，驱蛔率达 90% 以上。1980 年，市妇幼保健所组织县区和大型企业医疗保健部门，开展 7 岁以下儿童的第二次大规模健康检查，受检率城区达 80%，县、郊达 50%。对查出有疾病和生长发育有缺陷的幼儿，各地采取有力措施，进行矫治，矫治率为 80%。1989 年 5 月，开展“热爱孩子月”及健美儿童评选活动，全市城乡 2.3 万 0 ~ 6 周岁儿童参检，评出健美儿童 165 名。1991 — 2000 年，全市开展第三次大规模儿童健康检查，有 113268 名 0 ~ 6 岁儿童接受检查，除对患有疾病的儿童进行治疗外，对体弱儿童建立健康档案，进行系统管理。尔后，市卫生局、计生委、教委、妇联、总工会、广电局联合开展健美儿童评比活动，全市对 315207 名 0 ~ 6 岁儿童进行健康检查，评出 100 名健美儿童。

四　小儿“四病”防治

1986 年，卫生部提出防治儿童“四病”（即婴儿佝偻病、小儿营养不良缺铁性贫血、小儿肺炎、婴幼儿腹泻），全市除 10 个保健机构开设儿保门诊外，湘江机器厂、株洲车辆厂等厂矿医疗单位也开设了儿保门诊，加强儿童“四病”防治，建立体弱儿登记卡，对体弱儿进行系统的治疗和观察并建立相应管理制度。农村乡卫生院儿童保健专干，对儿童健康检查及门诊就诊时发现的体弱儿进行登记造册，做到早发现、早管理、早治疗。市政府根据《儿童生存、保护和发展世界宣言》和两个《纲要》要求，部署对影响儿童生长发育的佝偻病、营养不良和造成儿童死亡顺位第一、二的肺炎、腹泻进行防治和监测。1994 年 5 月，株洲市被国家定为 5 岁以下儿童死亡监测点，全市在 151 个乡、348 个工厂中随机抽取 12 个乡、3 个 2 万人口以上的工厂作为监测点，对活产数和 1 ~ 4 岁儿童数和监测地区总人口数、5 岁以下儿童死亡数、卫生保健服务等进行监测。监测结果：1990 年，全市婴儿死亡率为 43.47‰、5 岁以下儿童死亡率为 63.39‰、新生儿破伤风发生率为 7.33‰；2000 年，婴儿死亡率 20.92‰、5 岁以下儿童死亡率为 20.81‰、新生儿破伤风发生率为 0.05‰，分别在 1990 年基础上下降 54.98%、60.86%、99.32%。

五　创建爱婴医院

1994 年 11 月，市妇幼保健院通过卫生部和省卫生厅评估，成为境内第一所“爱婴医院”。1996 年，市政府将创建“爱婴医院”作为重点的同时，大力倡导和普及母乳喂养、母婴同室。市卫生局组织专家督导组到 15 所医院及 25 所中心卫生院进行创建“爱婴医院”业务指导。同年 8 月和 12 月，分别经卫生部、省卫生厅专家评估验收，全市有 15 所二级以上医院、妇幼保健院及 25 所乡镇中心医院全部达标，株洲市成为湖南省第一个“爱婴市”。

第三章　医　疗

第一节　中　医

明、清以来，境内中医从业人员遍及城乡，名医辈出。据《醴陵县志》记载，该县晚清时期，出版医学著作19部，列传者达10余人。民国时期，因地方当局歧视中医，采用西医科目考中医以及登记费用昂贵等刁难办法，迫使大部分中医未获准登记而另谋出路。中华人民共和国成立后，党和政府重视中医事业发展。1950年春，株洲区成立中医师联合公会。1951年7月，株洲市郊区永良乡创办中医联合诊所。翌年市区联合诊所发展到16家。1954年，成立市中医院。1956年，全市118名中医有114人参加了联合诊所。1957年，刘少奇视察株洲时，作出“要发展中医，帮助他们（中医院）解决具体问题”的指示。是年，省卫生厅拨专款，选址曹塘坝扩建市立中医院。1958年，成立市中医药研究所，中药店统一归口卫生部门领导，农村小药店大多并入联合诊所。1959年，农村中医联合诊所并入人民公社卫生院。到1960年，境内先后建成了醴陵县立中医院、茶陵县立中医院、攸县中医院、郊区白关乡和田心塅农村中医院。1961年9月酃县创办中医院（次年9月停办，1964年复办）。1961—1962年国民经济困难时期，对年高资深名老中医师在生活物资供应方面给予特殊照顾。其时，列入市名老中医的有袁再修、沈国才等19人，其中7人列入省级名老中医。从1968年起，推广中医针灸疗法和中西医结合治疗，开办西医学习中医班，开展多种形式学术活动，掀起西医学习中医热潮。1979年，中华全国中医学会株洲分会成立。1986年，全市有中医药人员2208人，平均每千人口中有0.68人，高于全省的0.61人。1990年，全市有中医医院6所，中医伤科、中医痔瘘、中医按摩等专科医院3所，床位1176张；有省办中医药学校和县办中医职业技校各1所。中医药人员共计2404人，其中主任中医医师2人，副主任中医药师58人。随后，株洲市及各县政府积极开展创建全国示范中医院、创建中医先进县、以及实施中医医院分级管理工作。1994年，市中医院成为湖南省14个地州市中首家全国示范中医医院，1996年又被国家中医药管理局授予三级甲等中医院，炎陵县、醴陵市、攸县、茶陵县中医院先后被授予二级甲等中医院，株洲县中医院被授予二级乙等中医院；1997—1998年，醴陵市、炎陵县、株洲县经湖南省卫生厅验收为中医合格达标县，1999年醴陵市经省卫生厅、省中医药管理局验收为中医先进县。2000年，全市有市、县中医院6所，中医专科医院3所，床位1467张，中医药人员1564人，其中中医师972人、中药师592人。

一　中医医术

（一）内　科

1. 肝　病　1960年，市一医院用明矾治肝炎72例，治愈时间平均缩短7～11天。1973年，市中医院自制马鞭草合剂治疗急性黄疸型传染性肝炎47例，治愈42例，好转5例；湘江机器厂职工医院用草药螃蜞菊治疗病毒性肝炎51例，HBsAg转阴率达44.32%。1976—1977年，市中医院用菌陈、山栀、大黄、马鞭草、茅根、甘草，制成1号肝炎合剂，治疗200例，治愈率93.5%；茶陵县中医院采用逍遥散加减50剂，治愈一例右肝多发性囊肿。1977年，株洲县先锋桥医院治疗原发性肝癌一例，症状体征消失，存活6年以上。1989年11月，成立市中医肝病研究中心。该中心用鳖甲等10味中药制成丸剂治疗肝病，有效率达60%。1992年，市二医院运用中医药治疗乙型病毒性肝炎取得一定疗效，8年中收治200余例患者，有效率达70%以上。1994年，市中医院采用自制中成药“三甲复肝片”“乙肝胶囊”“重肝外敷粉”“大黄粉”“消黄胶囊”治疗各种急、慢性肝炎、肝硬化效果明显。该院董希主持开展的“中药内服外敷”为主治疗肝炎后肝硬化的临床研究获市科技进步三等奖。

2.心　病　1974年，市中医院张师艺医师运用百合科万年青煎汁保留灌肠和内服治疗风心病、肺心病引起的心衰13例，属国内首次应用报告，并总结其药效有洋地黄一样的作用，能改善呼吸功能、利尿、控制感染、止咳平喘、舒张冠脉、退黄疸和改善血栓塞征等。1987年，株洲铁路医院用熟地、五味子为主，结合辨症用药，对各种原因引起的心脏过早搏动，临床观察有效率为83.3%。1988年，市中医院以益气、温阳、利水、化淤为治则，用葶苈、生芪等10余味中药组成心衰合剂，治疗心衰33例，对Ⅰ、Ⅱ级心衰有效率达75%。

3.脾胃病　1959年，市中医院用香附等16味中草药制成“新曲”，治疗肠炎痢疾300例，具有导滞、健胃、清热、利湿的功效。1960年，用槟榔汤预防肠道传染病，使发病率下降44%。1975年，市东区医院自制小飞扬合剂，治疗急性肠炎124例，有效率98.4%。1985年，茶陵县中医院治疗巨结肠症2例，认为该病病位在肠，病根在肺，用宣肺开塞疗法疗效显著。同年，该县枣市中医院，用四磨汤治愈该病20例。1980—1984年，株洲冶炼厂职工医院用象皮粉对30例胃十二指肠疾病进行诊治观察，具有迅速止痛和促进溃疡愈合作用。2000年，市中医院唐海清主持开展的“宽肠理气袋泡剂促进腹部手术后胃肠功能恢复的临床观察”获市科技进步三等奖。

4.肺　病　1959年，市中医院自制荆苏散治疗流感，有效率100%；用抹、服、敷、注、针刺五结合，治疗麻疹合并肺炎7例，治愈率85.7%。1960年，市一医院采用气管滴入大蒜汁方法，治愈肺脓疡3例。1971年，市中医院自制胆壳丸，治疗老年性慢性支气管炎300例，有效率95%。1972年，株洲市攻老（攻克老年性慢性支气管炎）第一协作组，自制三种合剂治疗143例，次年对61例追访有效率59%；后在原方加减药物，重新选择病例122例，有效率85%以上。1987年，市北区医院以醉鱼草制成糖浆，治疗哮喘52例。该药有扩张支气管和缓解平滑肌痉挛的作用，达到宣肺平喘、降气化痰的疗效。

5.肾　病　1965年，市中医院以导赤散加鱼腥草和金钱草，治疗尿道结石效果良好。1988年，茶陵县用补中益气汤加味治疗72例肾绞痛，提出“虚而不运，助之使通”的观点，是止痛不拘于通的又一治法。1989年，株洲县中医院以甘遂外敷，甘草内服，治疗术后尿潴留27例。

6.风　症　1975年，市二医院对风湿病用中草药筛选制成风湿骨痛药，通过6000例观察，消肿止痛，优于其他药。1977年，市精神病医院和株洲县王十万公社黄丰桥大队合作医疗站合作，用民间秘方龙骨散治疗精神病16例，痊愈6例，有效10例，尤以精神分裂症疗效最好。1982年，茶陵县人民医院用补气血、温养经脉，治愈老年震栗一例。1985年，市中医院以桂枝芍药知母汤和小柴胡汤，分别治愈马尾神经炎、小儿舞蹈病各1例。1986年，茶陵县人民医院以驱蛔药，治愈蛔虫扰神致癫疾3例，实属罕见。1991年市二医院中医科自拟方"丹乌汤"加味配合电针治疗中风后遗症64例，取得一定疗效。

（二）外伤及皮肤科

1.骨　伤　民国时期，醴陵县张紫赓祖传正骨医术，对骨与关节损伤患者，依5代祖传医术治疗，十痊八九；1959年，张编写的《简明正骨手术》一书出版，远销印度尼西亚。1958年8月，市联合医院有祖传伤科医生3人，伤科病床10张，专门收治骨伤科病人。该院在继承和发扬著名伤科医师张紫赓祖传治疗方法的基础上，又吸取天津、上海中西医结合治疗经验，在全省首创袜套牵引治疗三踝骨折、蝙蝠腿手法治疗髋关节脱位的疗法。1981年，市联合医院施访梅对关节骨折，采用手法理筋，骨折整复后早期功能锻炼，治疗50例，优良率94%。1977—1982年，市中医院对胸腰椎骨折后突畸形42例，采用拨伸掌压手法复位治疗，优良率95.2%。1984—1987年，市中医院在运用传统手法基础上徒手整复骨折，效果良好。1987年，市中医伤科医院采用提按摇摆叩击法，治疗胫腓骨中下段骨折77例，显效88.3%，好转11.69%。1991年市二医院设立气功室，运用气功治疗各种功能性疾病3000余例，取得明显疗效。1994年，市中医院采取"丹参系列复合液、硬膣外腔液体疗法加牵引治疗腰椎间盘突出症"获得成功。"小针刀疗法"也正式投入治疗应用。1999年该院陈纲主持开展了"腰椎间盘突出症PJ骨盘牵引架半体量仰角牵引法临床研究"获省中医药科技进步三等奖、市科技进步四等奖。

2.伤　筋　1970年，株洲硬质合金厂医院采用中药浸泡疗法治疗软组织损伤、肌肉萎缩等效果良好。1983年，醴陵县三医院观察出手指络脉异常反应诊断损伤性疾病，证实人体任何一处损伤，都可在手掌食指、中指、无名指横纹内找到相对应的推之不动的青紫色或红紫色络脉异常反应点，为伤科诊断提出了新方法。1988年，市中医院将五积散改成汤剂治疗腰腿痛117例，根据病情或加温经通络之品，或入补益肝肾之药，或益活血之剂，或增表散之力，总则不离温经通络活血止痛，治愈率80.2%，好转率17%。

3.肛　肠　20世纪50年代，株洲市、醴陵县中医院等单位，采用适宜浓度的明矾注射液注射在直肠组织间隙，治疗脱肛329例，痊愈318例（97%），显效4例，好转4例。1977年，株洲冶炼厂职工医院用鲜胡桃叶3两，煎水熏洗治愈肛瘘及肛门急性炎症患者6例。1973—1990年，市中医痔瘘医院采用丝绒结扎疗法及术后用中草药凉血清热、消炎止血、润肠理气、活血化淤、补中益气等治疗痔疮，用切开或切开挂线法治疗肛瘘，共收治病人13400例，治愈率达99%。

4.皮　肤　1957年，市一医院用地榆、黄连治愈80%以上大面积烫伤患者2例。1960年，市一医院用明矾治疗神经性皮炎及慢性湿疹等病107例，疗效显著。1974年，市中医院用中药内服、煎水熏洗、外搽治疗慢性湿疹15例，痊愈14例，好转1例。1979年，市中医伤科医院以健脾化湿清汤治疗神经皮炎50例，有效率93%。1982年，株洲冶炼厂职工医院经8年研究，将大象皮制成外用搽剂，治疗烧伤、冻疮等，见效迅速。株洲市皮肤病诊所采用刮屑、针刺和外搽祖传秘方，治愈皮肤淀粉样变性3例，治疗牛皮癣90%显效。1991—2000年，株洲市四医院研制的解毒烧伤膏在治疗烧伤方面疗效好，于1993年11月获全国博览会银奖。1994年该药通过省药政验收，正式报卫生部。2002年获国家药品监督管理局颁发的新药证书。

5.蛇　伤　1971—1973年，株洲县龙潭卫生院采用结扎放血、扩创清洗，外敷中草药，治疗五步蛇咬伤25例，治愈21例。1976年，该院采用套封，针刺八邪穴，外敷自制蛇药散，内服解毒汤，治愈各种蛇伤13例。酃县中医院自20世纪70年代起设蛇伤科，置病床10张，至80年代中后期凡蛇伤未超过17小时来院治疗者，无一例死亡；湘赣邻县市来该院求治者甚多，并经常出外会诊。1978年，酃县中草药研究所发现草药毛萝摩具有明显的抗蛇毒、止痛、止血与消肿作用，对各种毒蛇咬伤有较好的疗效，1980年治疗65例，治愈率97%。

（三）妇科儿科

1.妇　科　1973年，市中医院名老中医杨升三编写《中医妇科要诀》，简要介绍妇科诊察和治疗原则及主方变化等，分章节介绍有关经、带、胎、产、杂病等常见症型的辨症施治。1974—1978年，他采用杨宗《内经》结者散之，留者攻之的治则，用桂枝茯苓丸加味治疗子宫肌瘤100例，痊愈43例，显效34例。杨对外阴白斑、阴道滴虫、霉菌感染、外阴湿疹等56例妇科病，则根据异病同治的原则，辨症分型均取得较好疗效。市妇幼保健院用九里光、酸桐杆等煎水冲洗，以乌贼骨、雄黄等制成药粉，治疗中、重度宫颈炎224例，治愈92例，好转107例。市中医院以地榆炭、艾叶、鸭蛋煎服，治愈功能性子宫出血5例。

2.儿　科　1963年，市中医院运用中西医结合，治愈麻疹合并肺炎284例，使死亡率下降到1.9%。1973年，株洲铁路医院采用冷藏7天的狗脾脏，埋藏于人体神经干部位，治疗小儿麻痹后遗症221例，治愈4例，显著好转100例，进步85例。市中医痔瘘医院承师前人用蜘蛛散治疗小儿腹股沟斜疝的经验，经30余年临床运用，治疗200例，有效率96.4%。茶陵县中医院用羚角龟鹿汤治小儿先天性脑积水，选用龟板、鹿角等8味为基本方，治愈11例。

（四）五官科

1.喉　科　清代，醴陵县黄方国著有《时疫白喉真诀》。民国时期，醴陵县廖庆大总结平生喉科治疗经验，著有《喉科症治便览》，以餮后来之人。1957年，市一医院用养阴清肺及吹喉散治疗白喉，挽救5例严重患儿。20世纪50年代，醴陵县中医院外用熊冰散，内服药随症化裁，即咽喉白喉用柑桔汤加味；喉气管白喉用三子降气汤加味；并发心肌炎者，轻症治以滋肾水，补心阴，用养阴清肺汤加味；重症治以益气养阴，调理心脾肾，用炙甘草汤或八味地黄汤加味；危重症用附子理中汤或人参四逆汤回阳救逆，共治疗白喉375例，治愈率97.3%。1982年，总结出治疗乳蛾经验，即把乳蛾分为先天与后天两种，辨证加味治疗。临床还常配用割法或烙法治疗。市中医院叶嵩高，采古今名家之所长，结合临床经验，创制保喉散，经40余年临床运用，对单双蛾、上下边喉痈喉癣、小儿蛾口及急慢性咽喉炎等，均有较好疗效。

2.眼　科　清代，今株洲县境名医陈家明师净空和尚祖传治眼疾之技，运用珍珠、玛瑙、琥珀、麝香、冰片等8宝，提炼成膏子眼药，专治眼疾。至清光绪中期，其眼科医术已在郴州、衡阳、湘潭、长沙等地享有盛名。民国时期，醴陵县唐载生用祖传验方红金膏、磨障丹，治疗沙眼和各种眼疾炎症，有独特疗效。1958年，唐的祖传验方入选全国近视眼防治研究会议《资料汇编》，在全国14所沙眼防治机构得到推广运用。1972—1974年，市中医院根据中医久视伤睛成近视和劳瞻竭视而损光的原理，调理肝、胆、心肾等内脏功能，以补为主，以通为用，治疗青少年近视眼100例有显效。该院还以外用补效洗眼液、万应眼药膏，治疗沙眼、睑缘炎、结膜炎、角膜炎、春季卡他性结膜炎等外眼疾病，均获良效。1977年，株洲县人民医院运用明目地黄丸和加味逍遥散，随症加减，治愈中央性视网膜脉络膜炎多例。1999年，市中医院王大海主持开展的“退敏滴鼻液治疗过敏性鼻炎的临床研究”获市科技进步三等奖。

（五）针灸推拿

1.针　灸　1956年，全市普遍推广针灸疗法，至1958年近1000人掌握一般针灸技术，使许多服药不愈疾病获得较好疗效。市中医院在9个月内针灸治疗4280人，有效率81%。株洲铁路医院针灸治疗阑尾炎、关节炎等效果良好。市一医院开展针刺麻醉施行手术、针灸治疗阑尾炎。1970年，田心机车车辆厂医院运用针刺合谷、支沟、腕骨3穴的“巨刺”疗法，治疗疾病，常一针见效。1977年，株洲冶炼厂医院采用针刺合谷、内关及阿是穴，治疗扁平疣43例，治愈率100%。1980年10月，醴陵县中医院闪火灸法和火针蚁蛳疗法，在沈阳举行的全国针灸临床学术会议上表演获得好评，次年9月向日本的中国针灸研究会访华代表团表演，受到日本朋友的重视。闪火灸法，主治风寒湿痹、伤痛、皮肤疥癣、虫伤、腹痛等。火针蚁蛳疗法，主要治疗生长缓慢、血液供应充分的皮下肿块、瘰疬、脂肪瘤等，疗效迅速可靠，一个月痊愈，大多一针即可。

2.按　摩　1964年12月，成立市盲人按摩诊所。该所接诊治疗腰椎间盘脱出、坐骨神经痛、各种腰痛、颈椎痛、落枕、软组织损伤、近视等50余例，有效率90%，治愈率65.8%。市中医伤科医院对外伤后引起的腰腿痛，选用腰三横突、臂上皮神经、臂中肌、阔筋膜张肌4个压痛点行痛点推拿，配以温经止痛散外敷，有效率100%。1988年，株洲冶炼厂医院采用揉按穴位治疗慢性单纯性鼻炎，为省内首创。

3.磁　疗　1973年，湖南省运用铈、钴、铁合金磁作贴敷经络穴位，临床疗效显著提高。株洲硬质合金厂职工医院，磁疗治急性扭挫伤206例，治愈率62.6%，有效率96.1%。株洲铁路医院采用三棱针穿刺加贴敷磁片，治疗腱鞘囊肿51例，痊愈23例，显效8例，进步12例。总有效率84.3%。331医院采用磁疗中央性视网膜脉络膜炎，同样取得较好疗效。1973—1975年，株洲铁路医院用磁穴疗法治疗风湿性关节炎、急性扭挫伤、气管炎、膜痛、腱鞘炎等病162例，有效率88.8%。磁疗除止痛、消肿止痒外，还可以止泻、解痉。磁片长期与人体接触能改变人体生物电流。1981年，株洲铁路医院总结磁麻拔牙203例，优良率51.7%，好转37.9%，有效率为89.6%。

（六）其他疗法

湘江氮肥厂职工医院采用蜂螫穴外治疗周围性面神经麻痹 30 例。省建五公司医院采用猪脑垂体组织液穴位注射治疗气管炎 50 例，近控 5 例，显效 27 例，好转 7 例，单纯型有效率 78%，喘息型 80%。市中医院晏建立主持开展的“乐尔膏穴位贴敷对痺症镇痛作用的临床研究”获市科技进步四等奖和省中医药科技进步四等奖。从 1996 年开始，市二医院开展中草药治疗继发性男性不育症的临床研究，先后治疗各种原因引起的男性不育患者 40 多例，治愈率 30% 以上。

二 中医特色专科

为保持和发扬中医特色，1998 年，株洲市在全省率先创办中医特色专科，全市各中医院都朝着专科特色发展。市中医院侧重治疗肝炎、市中医伤科医院侧重治疗骨伤，炎陵县中医院用中草药治疗蛇伤享誉省内外，攸县中医院运用中草药治疗尿毒症，受到国家卫生部的好评。1998 — 1999 年，全市经考核验收正式挂牌的中医特色专科有 4 个。

（一）肝病专科

株洲市中医院肝病科建于 20 世纪 60 年代初期，70 年代初确定为株洲市中医肝病专科，1989 年为株洲市中医肝病研究中心，设专科病床 98 张。1998 年，被株洲市卫生局授予株洲市中医特色专科。肝病专科集临床、教学、科研为一体，时有医务人员 17 人，其中主任医师 2 人，副主任医师 2 人，硕士研究生 2 人，主治医师 2 人。肝病实验室设有放免室、血液流变室、PCR 检测室。并自制肝病药，如乙肝胶囊、益肾舒肝饮片、三甲复肝片、水胶囊、重肝灌肠剂、重肝外敷、肝癌和肝硬化外敷粉等，疗效好，深受患者欢迎，部分药还远销上海等 4 个省市。肝病科坚持以中医为主，中医药治疗率达 95% 以上。在长期的医疗实践中积累了丰富的临床经验，其中：重症肝炎的治疗有效率达 80%，食道静脉破裂大出血抢救成功率达 95% 以上。

（二）针灸推拿专科

针灸推拿科是中医的重要专科，株洲市中医院在建院初期即设针灸科，20 世纪 80 年代初设病床 8 张，1986 年设病床 43 张，是省内针灸推拿科病床最多的。1998 年成立株洲市针灸康复中心。被市卫生局授予市中医特色专科。该科 1999 年有医务人员 24 人，其中博士生 1 人、副主任医师 3 人、主治医师 8 人。业务用房面积 1500 平方米，专科下设针灸、推拿、理疗、疼痛门诊及病房。该科各种针灸、理疗、牵引、康复医疗技术接近省级先进水平，并多次参加涉外医疗，为中医走向世界做出贡献。治疗腰椎间盘突出症、各种骨质增生、颈椎病、肩周炎、软组织劳损、腰腿痛坐骨神经痛、十二指肠溃疡、面瘫、风湿、类风湿性关节炎等，采用技疗药疗结合，疗效甚佳。经湖南省药品监督局审批出产的具有专科特色制剂骨刺宁酊、骨质增生理疗液、痹痛立康酊、祛风湿液、乐尔膏等疗效显著。

（三）中风科

市中医院中风科始建于 1981 年，1998 年被市卫生局授予重点中医特色专科。有医务人员 18 人，其中主任医师 1 人、副主任医师 2 人、主治医师 4 人。下设门诊和病房，设病床 35 张，设备齐全，集科研、教学、医疗为一体。对中风急性期的中医治疗在省内独具特色，对中风病人采用的石氏单元疗法是国家中医药管理局在全国推荐的 10 个重点项目之一。神经内、外科的微创技术，为脑血管病的治疗提供了康复手段，并采用针灸、按摩、理疗等手段，进一步提高了疗效。自制剂熄风活络胶囊，有改善脑供血、降低血黏度、促进脑神经功能恢复的作用，有效预防脑血管疾病、脑动脉硬化、冠心病、高血脂等。

（四）中医骨伤科

市中医伤科医院骨伤科采用提按摇摆叩击法，治疗腓骨中下段骨折、采用提按旋屈手法治疗挠骨远端骨折、手法治疗儿童肱骨髁上骨折，治愈好转率达 100%。到 1990 年有中医骨伤科副主任医师 5 人，设病床 125 张。1998 年成立骨伤科研究室，同年被株洲市卫生局授予中医特色专科。时有专业人员 124 人，其中副主任医师 6 人，主治医护师 70 人，开设病床 205 张。在治疗方面，中医手法运用娴熟且得心应手，取得治疗上的满意效果。在手术方面，各种四肢骨折手术运用熟练精细，对某些关节内手术均有较大突破，该特色专科已被列为全国百家中医骨科特色专科之一。

第二节　西　医

清光绪三十二年（1906），美国基督教中华遵道会于醴陵县青云山建遵道医院，为西医传入株洲之始。民国 30 年（1941），湘潭县卫生院在株洲镇设卫生分院，医疗设备极简陋，只能诊治小伤小病和接生。另有私人诊所 3 家，经营中药及少量西药，兼治梅毒、淋病及一般内科疾病。

1950 年，株洲镇设卫生所，有医务人员 4 名，可处理一般常见病，开展血、尿、便三大常规化验。同年 10 月，中南兵工局株洲七一兵工厂成立工人医院，设病床 40 张，有医务人员 37 人。1953 年 5 月，株洲镇卫生所扩建为株洲市立医院，设病床 30 张，有工作人员 45 名。20 世纪 50 年代末，市、县及大型企业职工医院，设有内科、外科、儿科、妇产科、五官科、传染科、放射科、检验科、药剂科、手术室、供应室等，有 X 射线机、心电图机、显微镜等医疗设备，医疗技术明显提高。60 年代初，全市外科、五官科、妇产科专业技术发展较快。株洲铁路医院首次成功进行颅内血肿清除术及脑膜癌切除术。市二医院首次进行省内断肢再植术成功，及肝叶切除治疗原发性肝癌和肝外伤。331 医院能进行剖腹产和子宫全切除术。解放军 167 医院（湖南省湘东医院前身）肺叶切除术达到国内先进水平。至 1964 年，市、县、乡三级医院卫生保健网基本建成，卫生事业发展顺利。“文化大革命”期间，医院专业分工被打乱，医疗器械更新很少，医疗技术发展缓慢。80 年代中后期，市、县医院分科日趋合理，普遍开展重点专科建设。市一医院的消化内科、内分泌科、心血管专科、神经科、胸外科、显微外科、妇科细胞遗传学、优生不育、震波碎石；市二医院的同位素科、计划生育指导科；南方动力机械公司职工医院的显微外科、骨科、神经科、五官科；省湘东医院的烧伤科、结核科；市财贸职工医院的肿瘤科等，成为全市各专业的医疗中心。市精神病医院、市职工疗养院、市职业病防治所等专科医院，均达到省内同类医院的先进水平。体外循环心脏直视手术、大脑中动脉搭桥手术、脑深部肿瘤摘除术、断肢再植、断指（趾）再植再造等十余项技术也达到省内先进水平。各种诊疗设备齐全，均处于同期先进水平。

1991 — 2000 年，医学科技迅速发展，城乡医疗水平登上了新的台阶。全市医疗机构科技成果获得国家专利的有 16 项；获得省级奖励的有 22 项，其中二等奖 3 项；获得部级奖励的有 8 项，其中二等奖 1 项；获市级奖的有 116 项，其中一等奖 10 项。其间，对医疗机构实行分级管理，全市认定为三级医院 2 所，二级医院 24 所，一级医院 48 所。成为全省第一个医院分级管理全面达标市。市一医院成为三级甲等综合医院和“全国百佳医院”，市卫生防疫站创建成全省第一家地市级一等防疫站，市妇幼保健院、市职防所、市中心血站等单位建设和管理始终名列全省各地市同行业首位。至 2000 年，全市有各类卫生医疗机构 219 个，病床 9807 张，卫生专业技术人员 12790 人，其中西医师 3154 人，平均每千人口拥有卫技人员 3.1 人，病床 3 张，基本形成了覆盖广泛、布局合理、规模适度、功能完善的医疗服务体系。当年县以上医院共接诊病人达 3561672 人次，入院病人 113732 人次。

一　医疗网

清光绪三十二年（1906），美国基督教中华遵道会创办西医醴陵遵道医院。民国期间，由于战乱等原因，医疗网点很少，时建时撤。

中华人民共和国成立后，人民政府和企事业单位，采取各种措施层层开办医院，医疗网络迅速扩大。

（一）市办医院

1953 年 5 月，成立市立医院，设病床 30 张，配备医务人员 45 人。1958 年，市立医院更名为株洲市立一医院，同时成立市二医院，设病床 150 张，配备医务人员 149 人。1959 年，成立市精神病收容所，设病床 20 张，配备医务人员 7 人。该所 1969 年迁东区向阳村，更名市精神病医院，1989 年再更名市第三人民医院，病床增至 340 张，医务人员增至 173 人。2000 年 1 月，原市财贸职工医院更名为株洲市第四人民医院，由市卫生局管理，有职工 176 人，病床 250 张。至 2000 年，4 家市办医院共有卫技人员 1208 名，病床 1570 张。

（二）县办医院

1951 年，醴陵县公医院与遵道医院合并成立醴陵县人民医院，设病床 24 张，有医务人员 25 人，1985 年更名为醴陵市人民医院。1952 年 10 月，成立衡阳专区人民医院茶陵分院。1953 年，茶陵划归湘潭专区，茶陵分院更名为茶陵县人民医院，设病床 40 张，有医务人员 41 人。1957 年，酃县卫生院扩建为酃县人民医院，设病床 32 张，医务人员 36 人。1959 年，攸县卫生院扩建为攸县人民医院，设病床 30 张，有医务人员 30 人。1965 年，郊区人民医院扩建成立株洲县人民医院，设病床 32 张，有医务人员 49 人，1976 年更名株洲县第一人民医院。同年，株洲县淦田区医院扩建为株洲县第二人民医院，设病床 70 张，有医务人员 87 人。1986 年，醴陵市白兔潭地区医院扩建为醴陵市第二人民医院，设病床 70 张，有医务人员 73 人。1988 年，醴陵市城关医院扩建为醴陵市第三人民医院，设病床 85 张，有医务人员 122 人。至 2000 年，市辖 5 县市共有 8 家人民医院，设病床 4902 张，有卫技人员近 8000 名。

（三）区办医院

自 1956 年始，市南区、东区、北区先后成立联合医院。1958 年，东区联合医院扩建为东区人民医院，南区联合医院扩建为南区人民医院，北区联合医院扩建为北区人民医院。1961 年，渌口联合医院扩建为郊区人民医院，1965 年改为株洲县人民医院。1981 年，东区人民医院改建为株洲市结核病医院。1987 年，南区人民医院改建为株洲市中医骨伤科医院。1988 年，北区人民医院改建为株洲市中医痔瘘医院。1989 年，郊区荷塘铺乡卫生院扩建为郊区人民医院。1997 年株洲市进行区划调整，市中医痔瘘医院更名为石峰区人民医院，东区人民医院更名为荷塘区人民医院，郊区人民医院更名为同济医院，2000 年 10 月天元区设立长江医院，建筑面积 5637 平方米。至 2000 年年末，区办医院共有 4 家，床位 312 张，卫技人员 376 名。

（四）企事业医疗机构

市区大型厂矿企业设有职工医院，中小型企业设有卫生所或门诊部。交通、财贸、学校则根据实际需要，设有职工医院或卫生所（医务室）。至 2000 年，全市企事业单位医疗机构（其中职工医院 27 所）共有 525 个，拥有病床 3006 张，卫技人员 4896 名。

二　诊疗技术

（一）内　科

1. 呼吸系统　20 世纪 50 年代初，肺结核、支气管炎、肺炎、肺脓肿等呼吸系统疾病发病率较高。诊疗技术主要靠望、触、叩、听初诊，常规化验及 X 射线透视等手段诊断，口服和肌注抗菌素及磺胺类药物进行治疗。50 年代中期，331 厂医院采用支气管内给药和透视下经胸壁穿刺肺空洞给药，治疗肺结核和肺脓肿获得较好疗效。同一时期，采用脑垂体后叶素静滴治疗肺咯血、奴佛卡因静滴治疗支气管哮喘。50 年代末，普遍使用 X 射线机，提高了呼吸系统疾病的诊断水平。70 年代初，部分医院设呼吸专科。80 — 90 年代，采用光导纤维支气管镜、500 ~ 100 毫安大功率 X 射线机、血气分析仪等先进医疗器械，使呼吸系疾病的诊断和鉴别诊断有了科学手段。市一医院使用纤维支气管镜、大功率多功能的 X 射线机、血气分析仪、经胸壁肺穿刺活检、痰切片病理检查，提高了诊断准确率，同时应用氧疗法、超声雾化吸入、肝素、硝普纳等药物，综合治疗肺心病收到较好疗效。市二医院设立呼吸内科，每年收治病人由 200 人次增加到 300 人次，同时，全面开展了结核病治疗与预防，积累了丰富的临床经验，治愈了 600 多例病人，形成了全市结核病防治中心，肺癌诊断准确率达 90% 以上。株洲 331 医院呼吸内科是株洲市最早（1989）开展纤维支气管镜及肺功能检查的科室之一，在慢性支气管炎、慢性阻塞性肺气肿、慢性肺源性心脏病、支气管哮喘、难治性肺结核诊治方面有独到的经验。株洲冶炼厂职工医院 1986 年首次抢救钩体病肺大出血成功，1988 年建立了结核病区，设病床 9 张。株洲田心医院将肺机起槽器应用于呼吸衰竭病人的抢救获得成功，1993 年将纤维支气管镜应用于肺部疾病检查和治疗，有效地解决了肺部疾病病因诊断的难题。

2.循环系统 20 世纪 60 年代，采用水杨酸钠和激素治疗急性风湿热，青、链霉素治疗亚急性细菌性心内膜炎，利尿剂和洋地黄治疗充血性心力衰竭。70 年代，全市各级医院普遍使用心电图机，提高了冠心病及心肌梗塞的诊治水平。70 年代末，部分医院建立循环专业，开展心血管疾病的研究和防治。80 年代，引进多种规格的心脏除颤器、起搏器、心电监测仪，对治疗严重心律失常，特别是室颤、阿－斯氏综合征有较好的效果，降低了心脏病患者的猝死率。1986 年 7 月，市一医院成功抢救 1 例急性心肌梗塞心脏骤停 25 分钟的老年患者，打破心脏停跳 4 分钟难于复苏的定论。80 年代末，市一医院开展心导管检查，市二医院开展无创心功能检查，使心功能检查增加新的手段。全市推广血栓溶解疗法，治疗早期心肌梗塞取得较好效果。

1991 年，市一医院内科开展了 24 小时动态心电监测系统，对各种心率失常、缺血性心脏监测和诊断提供了科学依据。从 1995 年起该院将心血管内科纳入重点特色专科加强建设。1999 年该科开展的应用心脏起搏器抢救大面积心梗并 III° 房室传导阻滞，开创株洲首例。2000 年开展了永久性心脏双腔房全能频率应答型起搏器的安装。市二医院于 1992 年牵头组织市内 5 家医院参加全国高血压抽样调查，调查结果受到省心血管防治办的表彰。1993 年，该院用 B 受体阻治剂治疗扩张型心肌病，疗效达国内先进水平。1997 年 2 月该院成功抢救一名心脏骤停 4 分钟的 62 岁患者。市人民医院自 20 世纪 90 年代以来，先后开展心脏临时、永久起搏器安装，24 小时动态心电图、24 小时动态血压、心房食道调搏等心血管治疗项目，1996 年开展的“心脏飘浮导管血流动力学监测”获铁路总公司新技术推广二等奖。株洲冶炼厂职工医院 1992 年开始开展急性心肌梗塞、脑栓塞的静脉溶栓治疗，肺心病呼吸衰竭肺肌起搏治疗。株洲田心医院 1990 年以后，使用心电监护仪对危重病人进行监护，并采用了心电监除颤仪开展连续监护心脏骤停、电击除颤技术获得良好效果。

3.消化系统 20 世纪 50 年代，采用腹腔穿刺、X 射线钡餐检查诊断消化系统疾病。50 年代末，331 医院采用肝穿刺和 A 型超声诊断仪，提高了肝病的诊断水平。60 年代初，市一医院开展血清淀粉酶测定，为急性胰腺炎的确诊提供可靠依据，并在县以上医院推广。70 年代末，市一医院开展食道、胃腔的内窥镜检查，市中医院开展胃气钡双重造影，对早期上消化道癌的诊断较 X 射线检查有明显的进步。80 年代中期，市一医院引进光导纤维胃镜、纤维十二指肠镜及纤维结肠镜，对胃肠道溃疡、息肉、炎症、肿瘤等各种黏膜病变，有很高的诊断价值。80 年代末，全市县级以上综合医院引进多种消化道纤维内窥镜，建立内窥镜室。各级医院普遍应用 B 型超声诊断仪，促进了肝、胆、胰、胃、肠疾病的诊断，特别是测定肝胆及泌尿系统结石、梗阻、肿瘤更具优势；各种生化及酶学检查，大大提高了诊断准确率。

1992 年，市一医院消化内科开展了经纤维支气管镜激光治疗支气管腔内阻塞性病变的临床研究，1993 年该院内二科开展 NA-YAC 激光治疗胃肠息肉；1995 年内科张选均主任医师主持的“幽门螺杆菌”“手术室视细胞”两项课题研究具有省内先进水平。1998 年，该院开展了幽门螺杆菌阳性胃炎治疗前后的组织学量化分析。1999年消化内科开展的血清胃泌素测定应用于抗幽门螺杆菌疗效监测收到良好效果，2000年又开展了内镜下鼻阻管引流术。市二医院消化内科在90年代先后开展的食道功能障碍性疾病、消化性溃疡、胃癌局部化疗、食道癌支架置入、消化道大出血、肝炎、肝硬化、胰腺疾病、肠道疾病、胃肠息肉射频治疗、食道静脉曲张套扎等疾病的诊治积累了丰富的临床经验及个体化治疗方案。1999年，开展食道静脉曲张硬化剂加套扎治疗，开展ERCP检查，确诊一例以腹泻为主、是肺癌所致的病例，达省内先进水平。1997年该院在全市率先开展无痛胃镜检查，还开展了肠镜检查，多媒体胃肠镜影像检查等，提高了疾病的诊治和准确率。20世纪90年代该院共收治消化系统疾病患者7000余人次，抢救危重疑难病人1000余人次，治愈率达95%。市人民医院90年代先后开展了内镜片逆行胰胆管造新术，内镜下消化道息肉电凝电切术，贲门失驰缓症皮审扩张治疗术，内镜直视下注射硬化剂治疗食道静脉曲张破裂大出血、胃肠直视下夹取胃粘膜检测出幽门螺杆菌等，并购置了日本、美国产先进纤维十二指肠镜、电子胃镜、电子肠镜等先进设备。331医院肝病实验室配备有先进的肝功能全自动生化仪、乙肝病毒、DNA荧光PCR分量分析仪及市内独家引进肝病治疗仪。该院1994年在全市率先开展的肝癌的介入化学治疗，并于1998年获市科技成果奖，采取化疗加生物治疗肝动脉灌注、肝动脉栓塞，已为数百例不能手术的中晚期肝癌患者进行治疗，疗效显著，最长生存期达6年。

4.泌尿系统 20世纪70年代末，市一医院设泌尿专科。80年代，随着检测手段的进步，市二医院和攸县人民医院开展同位素肾图、磷碘马尿酸检查，对诊断肾脏疾病和了解肾功能提供依据。市一医院运用人工肾透析疗法，治疗急慢性肾功能衰竭收到一定成效。全市各级医院采用中西医结合方法，治疗肾小球肾炎、肾盂肾炎、肾病综合症等疾病，取得明显疗效，积累较多的临床经验。90年代初，市二医院率先在株洲市利用国产设备开展血液透析治疗尿毒症，1993年率先在全市开展无醋酸盐血透治疗尿毒症，疗效更佳。1998年采用日本产先进透析机治疗尿毒症14000人次，效果显著。市中医院于1992年投资70万元，引进胆肾碎石机，设立体外震波碎石中心。株洲331医院肾内科于1989年在株洲市率先成立血液透析中心，1994年与本院泌尿外科联合，成功地完成株洲地区首例肾脏移植，1999年与本院检验科合作，建立肾脏病实验室。市一医院肾内科于2000年开展“树脂灌流”免疫扩散法查自身抗体，效果良好。

5.内分泌系统 1986年，市一医院成立内分泌室，收治糖尿病、甲状腺功能亢进、阿迪森氏病、柯兴氏综合症、甲状腺功能减退、肢端肥大症、尿崩症等常见内分泌系统病。1990年，该院成立内分泌科，设病床20张，先后开发和引进内分泌检测新技术20余项，首次发现胎盘绒毛膜有分泌心纳素的功能，经湖南医科大学光盘检索，属世界首报，该专科诊断技术达到了省内先进水平。市二医院于1991年成立内分泌科，先后开展和引进快速血糖测定，胰岛功能检测、C肽、甲状腺球蛋白抗体、内分泌激素测定等新技术。20世纪90年代该院共收治糖尿病、甲状腺功能减退等内分泌系统病人达3000多人次，疗效率居高。株洲331医院具备了国际上公认的三大甲状腺病治疗方法：手术治疗，碘131治疗，药物治疗。该院甲状腺病治疗中心在全省享有较高声誉。

6.神经系统 20世纪60年代，部分医院采用低分子右旋糖酐和止血药治疗缺血性和出血性脑卒中，取得较好的疗效。70 年代，脑电图、脑血流图的应用，增加了检测手段。331 医院成立脑系科，开展脑室造影和脑血管造影，诊疗水平有了提高。市一医院采用大剂量安定注射治疗癫病持续状态，激素冲击疗法治疗格林巴氏综合症及重症肌无力，取得满意效果。株洲硬质合金厂医院、市一医院、331 医院先后开展高压氧仓（单仓）治疗脑血管意外后遗症及一氧化碳中毒。80 年代中期，市一医院设神经科，开放病床 40 张，开展脑室造影、脑血管造影、脊髓腔造影等检查，诊断神经科疑难病例。从对脑血管意外病人的酸碱失衡研究后，在国内首次提出阻断呼吸性碱中毒的恶性循环，能明显降低死亡率的新观点，在治疗上有重要意义。1991 年，电子计算机 X 线断层摄影机（CT）在市一医院投入使用，能准确地诊断颅脑及全身的病变。1992 年该院神经科开展了急性脑脊液心纳素的研究。市人民医院于 1995 年开展了颅内血肿微创穿刺引流术，1997 年开展首例颅内血肿立体定向穿刺引流手术并获成功。同年该院还开展了冬菱光栓酶溶栓治疗和脑脊液置换治疗蛛网膜下腔出血。331 医院 1996 年最早在株洲市开展了钻颅血肿引流术治疗高血压脑出血的研究，至 2000 年已手术近 400 人次，降低了脑出血病人的死亡率和病残率。430 医院于 1998 年 12 月成立了脑血管病（血栓病）科，1999 年 12 月成立了上海医科大学血液流变学研究中心株洲市脑血管病防治分中心，脑血管病治疗水平明显提高。

（二）外 科

1. 普通外科 清光绪三十二年（1906），醴陵县遵道医院设外科，开展体表肿瘤切除、阑尾切除、疝修补等小型手术。20 世纪 50 年代初，331 医院率先开展下腹部手术及痔核切除，1954 年该院进行甲状腺囊肿及腺瘤摘除获得成功，1956 年又开展胆囊切除术，1957 年开展胃次全切除胃空肠吻合术、甲状腺次全切除术、脾切除术、总胆管切开取石 T 型管引流术，1958 年开展乳腺癌根治术及肝外胆肠吻合内引流术成功。60 年代初期，市二医院开展脾肾静脉吻合术治疗门静脉高压症，采用肝叶切除治疗原发性肝癌及外伤性肝破裂获得成功；对胃次全切除术中结扎血管的方法进行改良，减少术中出血，开创省内胃次全切除术不输血的先例。70 年代，市二医院开展巨脾切除治疗晚期血吸虫病，胃横断术加静脉断流术治疗急性上消化道大出血，近期疗效显著。80 年代，市一医院和市财贸职工医院对直肠癌根治术后保留肛门功能的术式进行探索，解决患者根治术后人造肛门的痛苦；市一医院采用高位胆管切开、空肠间置、胆肠盆式 X–Y 内引流等手术方式，解决肝内胆管结石、狭窄及胆石复发的问题，并引进经皮肝穿胆管造影新技术。攸县人民医院采用门脉分流术、市一医院采用脾切除加冠状静脉栓塞术治疗门脉高压症，近期疗效较好。80 年代末，各医院均可开展普外手术，中心卫生院可开展部分上腹部手术，医疗条件较好的乡卫生院还可开展下腹部手术。90 年代，市一医院先后开展了骶椎巨大索癌切除手术、腹膜透析置管手术和穿刺方法、PTCD 经皮肝管刺管胆管置管外引流手术等手术均获得成功，经股 — 股部分非转流气管肿瘤切除术临床研究达国内先进水平。市二医院普外科于 1993 年成功开展了低位直肠癌采用拖出式吻合保留肛门手术。1994 — 1998 年，先后开展了胰十二指肠切除术、腹腔镜胆囊切除术、小切口胆囊切除术。1999 年引进电脑肛肠治疗仪。市人民医院 90 年代开展的项目有胰头癌根治术，血管瘤切除术，PTC（经皮肝穿刺胆道造影）、PTCD（PTCT 引流）、腹腔镜胆囊切除术、乳腺癌扩根治术和改良根治术、肝叶切除术等10余项外科手术获得成功，株洲田心医院于1994年在株洲市首家开展电视腹腔镜胆囊切除术，并获市科技成果奖。株洲331医院肛肠科2000年在市内率先开展痔粘膜环形切除吻合术（PPH术）。

2.胸外科 20世纪50年代，中国人民解放军167医院（驻醴陵）设胸外科，开展肺叶切除、胸廓改形治疗肺结核318例，术后并发症6.8%，达到当时国内先进水平。1956年，331医院开展心包部分分离造口引流术治疗心包积液。60年代初，市二医院开展心包切除术治疗缩窄性心包炎。市一医院70年代中期，开展食道癌根治术结肠代食道重建术成功；80年代初在诊治创伤性血气胸、胸部挤压综合症取得进展，抢救大批危重病人；80年代中期开展胃肠吻合器治疗中上段食道癌获得成功，开展右上肺叶支气管契形切除手术及钳夹法右主支气管成形术，扩大了中央型肺癌外科治疗的适应症，探索尽量切除病灶而又最大限度地保存肺功能取得进展，提高了5年生存率；80年代末进行全肺叶切除及右主支气管重建术成功。1989年，株洲冶炼厂职工医院开展体外循环心脏直视手术，填补了株洲市心脏外科领域的一项空白。市立一医院90年代初开展肺动脉导管末闭结扎术、心房纤维瘤摘除术、二尖瓣狭窄扩张术及换瓣等获得成功。1996年完成支气管隆突切除成型手术，安装永久性心脏起搏器4例，临时性心脏起搏器2例。1999年开展胸腔镜在临床中的应用，当年2月首例胸腔镜下体外操作肺叶切除和首例胸腔镜下肺泡切除两侧高难度手术获得成功，达到省内先进水平。2000年胸外科开展股 — 股转流下器官下段肿瘤切除并隆突成形术。该院心胸外科成立以来，共完成各类普胸手术2000余例，体外循环心脏手术400余例；食道癌根治术、肺癌根治术、心脏换瓣术、主动脉置换术、冠脉搭桥术等20余项技术达省内先进水平。1996年以后，市中医院外科也能逐步完成肺叶切除等高难手术。市人民医院在1996年后先后开展了肺癌根治术、贲门失弛缓症手术治疗、中上段食道癌胃代食管颈部吻合术、心脏外伤穿孔修补术等十项外科手术。

3.泌尿外科 1954年，331医院为1例阴茎离断伤患者行再植术成功，恢复生殖功能；1958年开展膀胱镜检查、膀胱结石取石术、肾切除术、睾丸鞘膜积液手术；20世纪60年代初开展膀胱镜输尿管逆行插管肾盂造影、治疗外伤性后尿道断裂伤取得成功；60年代中期开展肾窦内肾盂切开取石、肾部分切除治疗肾内多发性结石。70年代末，部分医院设置泌尿外科，陆续开展泌尿系取石、前列腺切除、肾切除术等。80年代初，市一医院成立泌尿外科，设病床40张，引进纤维膀胱镜等医疗器械，开展输尿管逆行插管尿路造影，改良前列腺手术方法，具有手术时间短、术中出血少、术后恢复快的优点，达到国内先进水平，同时采取阑尾修复重建右侧输尿管及膀胱癌根治术后结肠代膀胱再造术获得成功；市二医院采用硅胶注入输精管绝育及输精管注入抗菌素治疗精囊炎、前列腺炎取得显著效果。80年代中期，市一医院发明经皮肾穿定位器、原位肾盂造瘘管、双腔膀胱造瘘管、简易自动男性动力逆行尿道造影，获国家“星火杯”发明奖及国家专利；发明双腔猪尾T型导管获国家专利。市二医院开展嗜铬细胞癌摘除术成功。株洲铁路医院采用肾盂冷藏灌注降温，应用于复杂性肾手术取得进展。80年代末，市一医院引进国产震波碎石机，成立震波碎石中心，碎石率达95%以上，免除病人手术之苦。该院1995年12月完成了全市第一例同种异体肾移植手术，患者术后恢复良好，2000年仍然存活。90年代该院购进3台具有世界先进水平的血液透析机和反渗水处理机，成立了全市首个血液净化中心，对肾病进行血液透析。1998年市卫生局命名该院泌尿外科为市特色专科。331医院泌尿外科于1994年在株洲市首家开展肾移植手术。田心医院90年代开展尿道取石、微波200电切治疗前列腺肥大等手术取得成功。

4.骨　科　1956年，331医院开展髋关节病灶清除术、腰椎间盘切除术成功，1958年该院进行股动脉造影诊断下肢肿瘤及半月板切除术。1965年6月，市二医院进行省内首例断臂再植术成功，经7个月观察功能恢复良好；同期该院开展经胸病灶清除治疗胸椎结核合并截瘫取得显著疗效。1969年6月，解放军167医院为1例右上臂完全离断的工人行再植术成功，受到广州军区嘉奖。20世纪70年代中期，株洲铁路医院开展小儿麻痹后遗症的综合治疗，取得显著疗效，获全国铁路科技成果奖，同时还成功地进行了断肢再植手术；省第五建筑工程公司职工医院采用矫形术治疗小儿麻痹后遗症356例及331医院开展小儿麻痹后遗症矫治术，疗效均显著，在省内外颇有影响；田心机车厂医院与湖南医学院附一医院协作，研究手提式肢体延长器应用于临床获得成功，为矫形手术提供了新的手段；市一医院开展断肢再植术及股总动脉断裂伤血管吻合术取得成功。80年代，331医院开展显微外科手术，施行断指再植18例，成功率72.20%；市一医院为11例患者的14个断指行再植术成功率85.70%，开展带血管蒂、皮瓣转位移植修复软组织缺损、指骨回植带血管蒂、腹股沟皮瓣急诊再造拇指等，达到省内先进水平。80年代末，市一医院、331医院用中西医结合方法，治疗四肢长骨骨折、次全滑膜切除血管束植入治疗股骨头无菌性坏死及膝关节镜检等方面，取得进展；市财贸职工医院和市一医院，成功地进行了髋关节全置换术。1992年，市一医院外二科利用短节段CD棒式固定胸胺骨折脱位并截瘫获成功。1994年开展“异体骨移植”手术，1996年开展“U”形接骨板治疗长管状骨骨折的临床应用研究，1998年进行短形钢丝环加“8”字形张力带钢丝固定术治疗髌骨骨折临床研究，2000年开展的“髋内翻矫形术”“多节段颈椎前路减压术”和“颈髓肿瘤切除术”获得成功。市二医院于1991年3月成功地开展了全国第一例双大腿完全离断再植术，患者术后2年可扶拐杖到户外活动，达到国内先进水平；1994年1月成功抢救一女工被高空坠物砸伤，左侧肢体骨骼全部损伤、右肺挫伤、左侧头皮裂伤深达骨膜的危重患者。1995年为一名青工成功施行了断臂（左臂被撕断）再植术，达省内先进水平。331医院脊柱外科从事脊柱手术近30年，完成手术近4000例。90年代开始腰椎间盘手术，至2000年已治愈近3000例，1999年在全市独家开展脊柱侧弯矫形手术。该科在湖南省率先开展经皮椎体成形术，是治疗老年骨质疏松症、压缩骨折、骨肿瘤的最佳治疗方案。市人民医院骨科在90年代先后开展了慢性骨髓炎的手术治疗、腰椎间盘摘除术、人工关节置换术、腰椎滑脱术、肋软骨膜移植、重建肢骨头关节面术等获得成功，1999年度被株洲市卫生局认定为“创伤与矫形特色专科”。该科获国家专利2项、获省、市级、铁路集团公司和总公司科技成果奖10余项。断肢再植手术处于省内领先水平。

5.烧伤科　20世纪60年代初，解放军167医院设烧伤专业及病房。70年代，部分医院陆续开设烧伤专业及病房。80年代初，解放军167医院，收治各类烧伤病人451例，治愈率达94%（重度烧伤治愈率65%），成功抢救1例烧伤总面积91%（三度烧伤占71%）的严重病人，达到国内先进水平，获广州军区科技成果奖；市一医院、市二医院、市财贸职工医院及醴陵市人民医院，采用中西结合方法成功地救治了一些大面积烧伤病人，并在合理补液平稳渡过休克关，用自体植皮、同处异体皮移植、人工皮敷盖创面等方法减轻病人痛苦，缩短疗程渡过感染关，疤痕挛缩整形整容方面积累了丰富经验，提高了抢救成功率和治愈率。90年代，市四医院（原财贸职工医院）建立了全市最早的烧伤整形美容科，能收治各种烧伤、烫伤病人，并成功开展各种整形手术，在全市有较高声誉。市人民医院能开展大面积电烧伤异种皮移植术、切痂术及自体皮移植术、烧伤疤痕整形术，自制的五味烧伤膏在烧伤外科中临床应用效果较好。

6.神经外科　20世纪60年代初，株洲铁路医院采用颅术清除颅内血肿，随后又成功地进行脑膜瘤摘除术。70年代，331医院成功地进行了颅咽管肿瘤摘除术。80年代中期，市一医院开展低温低血压全身麻醉脑膜癌切除术及大脑中动脉搭桥术，治疗脑血管病获得成功。80年代末，331医院采用贴合术治疗脑血管病，市一医院开展手术治疗三叉神经痛，市二医院采用手术治疗外伤性顽固性癫痫，均取得满意疗效；市二医院还为一重达259克的巨大脑膜瘤患者手术获得成功。1991年，市一医院开展了脑立体定向手术治疗帕金森氏病，1992年该院神经外科开展了脑立体定向手术和三叉神经、面神经微血管减压手术，1996年成功进行巨大脑膜瘤切除术2例，脑A–V畸形血管瘤切除术1例。市二医院1992年4月引进移植先进技术，开展省内首次大网膜移植手术高位截瘫2例获得成功，1995年成功为1名4岁患儿切除罕见脑瘤，1996年开展首例出生53天无脑室出血重病患儿脑室分流术获得成功，1998年为1例脑溢血患者开展微侵袭手术获得成功，上述各项手术均达到省内先进水平。331医院神经外科熟练掌握了处理各种类型颅脑损伤、各种颅内血肿清除术、引流术，各种颅内肿瘤的手术，开展了血管内栓塞治疗、面肌痉挛、三叉神经瘤封闭治疗等。市人民医院1997年开展首例颅内血肿立体定向穿刺引流手术获得成功。市四医院外科能开展颅脑外伤的各种大、中、小型手术和颅内血肿、颅内肿瘤等高难度手术。

（三）妇产科

20世纪50年代，市区及部分基层医院成立妇产科，处理常见病和一般性难产。自1954年始，331医院开展产钳助产术、刮宫术及穿颅术，1955年开展卵巢囊肿切除及宫外孕手术，1956年开展子宫次全切除术，1963年开展全宫切除术。1962年，全市各级医院妇产科陆续开展宫内节育环放置、中期妊娠引产、输卵管结扎绝育等手术；市一医院在国内首先提出阿托品可阻断胆碱系统，对抗乙酰胆碱积蓄，相对减少迷走神经的紧张度的新观点，应用阿托品治疗妊娠期下肢痉挛有效率为89%，其观点选入《内科疾病与妊娠》一书。60年代中期，市一医院开展膀胱阴道瘘修补术成功。60年代末，全市妇产科诊疗水平有明显提高，能诊断较疑难的疾病，开展较复杂的手术。70年代初，市一医院开展子宫下段剖腹产，建立孕妇高危病房，降低了产妇及新生儿死亡率；331医院开展经阴道剖宫取胎术，增加了新术式。1974年，331医院在省内首创腹膜外剖腹产成功，产后恢复快，减轻了产妇痛苦，此术式很快在全市推广并运用至今。1975年6月，市二医院成功取出21千克重的巨大卵巢囊肿。1976年，市一医院利用羊膜移植作阴道成形术成功，随后又开展会阴瓣阴道成形术，为先天性无阴道妇女解除了痛苦。1979 年，331 医院开展阴道子宫全切术，治疗子宫脱垂及复杂尿瘘修补成功。1984 年，市一医院成立全市首家医学细胞遗传室，检验各类染色体标本 958 例，发现异常核染色体 53 例，其中 1 例 13 号环状染色体病填补国内异常染色体病新核型，2 例经湖南医学院细胞遗传学国家培训中心鉴定，属世界首例。80 年代中期，市一医院妇科显微手术、腹腔镜、子宫内窥镜、阴道镜、B 超应用于临床，促进了诊疗水平的提高；引进胎心率监护仪、羊水镜等医疗器械，开展产前监督检查、胎盘功能测定，提高了围产期保健质量。同一时期，全市普遍开展液氮冷冻及激光治疗妇科宫颈炎、宫颈糜烂等疾病，获得满意效果。1987 年 2 月，市一医院开设人工冷冻精子库，开展人工授精。90 年代，市妇幼保健院成立“妇科腔镜微创”特色专科，擅长妇科镜难杂症、尤其是不孕不育、妇科内分泌、妇科肿瘤的诊治。该科拥有电视股腔镜、TCT、阴道镜、高频电波刀、膨宫仪、彩色 B 超等高精设备。1994 年该院首例宫颈癌根治术获得成功，1995 年为一农村妇女成功切除重达 22.5 千克的巨大卵巢肿瘤。1996 年以来成功地开展了腹腔镜下子宫肌瘤、子宫内膜异位症、不孕症、宫外孕、卵巢肿瘤、鞘膜内子宫切除术等手术，电视腹腔镜下子宫切除术处于国内先进水平。市一医院 1991 年开展了顺铂双路治疗卵巢癌、宫颈癌腹膜外淋巴清除手术获得成功，1992 年开展了宫膜激光摧毁术，1996 年完成腹腔镜下卵巢囊肿切除手术 1 例。市二医院 90 年代共做复方硅橡胶栓堵输卵管可复性绝育术 1051 例，绝育成功率 91.05%，达国内先进水平。此项绝育术分获湖南省和国家计生委科技进步二、三等奖。1997 年开展米索前醇配伍米非司酮用于中孕引产 200 例，成功率达 97.4%，收治子宫内膜异位 30 例，治愈率为 78.57%。同年开展妇科腹腔镜手术，治 100 例，治愈率达 100%，1998 年 5 月成功为一患者摘除腹腔内重达 15.5 千克的卵巢囊肿。1999 年开展新式剖宫产 101 例，成功率 100%。2000 年开展腹部切口美容缝合术 122 例，治愈率达 99%。331 医院对乳腺癌患者手术后规范化治疗，治愈率达 95%。市人民医院 1994 年开展“腹膜外剖腹产”和“皮下埋植避孕术”，1995 年购里惠普胎心监护仪两台，减少了新生儿窒息发生，1997 年在全市率先开展了新式剖腹产手术（横切口，美容缝合线），至 2000 年，共手术 2000 多例，受到孕妇好评。

（四）儿　科

20 世纪 50 年代初，儿科疾病由内科医师诊治。1954 年，331 医院设儿科。50 年代末，全市麻疹暴发流行，331 医院采用中西医结合方法，治疗合并肺炎重症患儿取得显著疗效，降低了死亡率。1964 年，市中医院在国内首例报告急性煤油中毒并发煤油吸入性肺炎的患儿抢救成功。60 年代中期，全市儿科专业逐渐与内科分离，自成体系，走上独立发展道路，儿科常见肺炎、消化不良等疾病的治愈率明显提高。1972 年，331 医院确诊首例尼曼匹克氏病，采用化疗和免疫治疗急性淋巴细胞白血病，使患儿症状缓解达 5 年以上。1974 年，331 医院开展胎盘脂多糖研制，临床应用取得显著效果，获全国科技进步奖。80 年代初，市二医院总结近 20 年来收治小儿蛛网膜下腔出血经验，提出综合治疗能降低该病死亡率；市一医院在普外科设小儿外科专业，开展疝气、肠梗阻、阑尾炎、先天性肛门闭锁等普外手术。80 年代中期，市一医院儿科成立呼吸、消化、心肾、神经等专业组，建立危重症监护病室，开展气管插管、心肺复苏等技术，成功地抢救很多肺炎合并休克、心力衰竭以及脑疝的危重患儿。80 年代末，市一医院采用氨苯碱治疗新生儿呼吸暂停有效率 80%，开展小儿脑脊液免疫球蛋白变化的研究。此外，全市在小儿感染性休克、重症肺炎及肠炎、营养不良、头发微量元素检测，小儿先天性隐睾及睾丸异位的手术治疗等方面，进行广泛探索并取得进展，促进了全市儿科整体医疗水平的提高。1991 — 2000 年，市二医院儿科在全市享有一定声誉，对小儿心衰、脑水肿、脑炎、消化道出血、川畸疾、新生儿黄疸、颅内出血、缺血缺氧脑疾的抢救成功率高。治疗小儿肠套叠患者治愈率达 85% 以上；治疗婴儿毛细支气管炎并器官功能衰竭患者，治愈率达 85.4%。1997 年 6 月该院儿科收治尚属首例危重结核性脑膜炎患者，经住院治疗 23 天痊愈，出院后 1 月复诊，一切正常。同年 8 月 29 日，接诊一“站立不稳，步行艰难”的 5 岁患儿，经诊断为急性小脑共济失调。该患儿曾在省某大医院、市内三家医院就诊无果，后在该院经 33 天住院治疗，患儿病愈步行出院。331 医院于 1956 年创建的儿科至 90 年代已发展成为多学科的专业科室，集儿童医疗、保健、预防于一体。该科诊断治疗了许多疑难疾病。市妇幼保健院儿科技术力量雄厚，对疑难重病及慢性病的诊断经验丰富。市一医院 90 年代先后开展了婴幼儿开胸切除肺巨大纤维瘤、切除腋动脉瘤、新生儿十二指肠闭锁、十二指肠空肠吻合术，成功进行了幼儿先心病的手术矫治术。

（五）五官科

1954 年 5 月，331 医院设五官科，随即开展扁桃体切除术、慢性上颌窦炎根治术及白内障囊外摘除术。50 年代该院五官科技术发展较快，在全市颇有声望。1955 年开展抗青光眼环钻、眼内异物摘除、鼻中隔弯曲矫正、小儿扁桃体挤切等手术；1958 年开展下唇畸形整复、腮腺混合瘤切除、白内障囊内摘除、虹膜切除及乳突根治术；1959 年开展颞颌关节成形术、支气管镜检气管内异物取出术。1957 年，市一医院成立五官科，开展上颌窦根治术、筛窦开放术、乳突根治术、虹膜切除、斜视矫正、泪囊摘除及扁桃体切除等手术。20 世纪 60 年代中期，境内部分医院设置五官科（以耳鼻喉科为主），多数医院只能作一般简单的手术，整体医疗水平还较落后。70 年代中期，331 医院开展唇、腭裂修补整形术、鼓膜修补术、全喉切除术、垂直部半喉切除术、水平部半喉切除术以及下颌骨切除等高难度手术。80 年代，市一医院引进显微裂隙灯、r 眼底照相仪、金属异物探测器、电测听器等现代化检测仪器，诊疗水平明显提高。眼科可开展白内障囊外切除、眼内异物取出、玻璃体切割、视网膜剥离、角膜移植等手术；耳鼻喉科可开展鼓膜修补、鼓室成形、全喉切除、复杂的支管及食道异物取出等手术；口腔科可开展唇、腭裂修补整形，下颌骨移植、肋腺混合瘤切除等手术。80 年代中期，331 医院开展一例耳廓再造术治疗小耳畸形和角膜全层及板层移植治疗角膜白斑症获得成功；80 年代末，成立市口腔医院，设口腔内科、外科、颌面外科、齿科矫形等专业组。90 年代，五官科分科更加专业化，一般分设为耳鼻喉科、口腔科和眼科。331 医院耳鼻喉科被市卫生局认定为特色专科，拥有日式多用手术显微镜，鼻内窥镜、纤维喉镜、功力切削系统、耳鼻喉科图文处理系统、纯音测听仪、高速电钻、Y–A–G 激光、多功能治疗仪、多参数监护仪等先进设备。该科运用电离子治疗鼻息肉、咽炎、过敏性鼻炎等收到了良好的效果。还有鼻内窥镜手术、颈段气管癌切除、喉癌的全喉切除术、电子喉镜手术、断耳再植术等多项医疗技术在省内外享有声誉。该院眼科也是市特色专科，拥有眼科专用A超、手术显微镜、超声乳化仪、准分子激光治疗仪等一套完整的先进设备。1991年以来眼科成功地开展了人工晶体植入术、角膜移植术、白内障超声乳化术、视网膜脱离术、斜视矫正术、各类抗青光眼手术、鼻腔泪囊吻合术、眼眶肿瘤摘除术、角膜移植术及眼底病的诊断和治疗。1999年组建近视眼激光手术中心，至2000年已为2万余例近视患者成功地实施了准分子激光和1AIK手术。眼科的医疗技术在省内外享有较高的声誉。市一医院于1991年开展玻璃体切割手术，1997年成立超声乳化中心治疗白内障获得成功。2000年完成1例眼眶内巨大肿瘤（4厘米 ×3厘米）切除术。市二医院五官科1991年1月为株洲首例晚期喉癌行超垂直半喉切除伴发音重建术成功，并存活10年以上，达省内先进水平。1992年为株洲市首例鼾症患者手术获得成功，至2000年共开展鼾症手术近百例，无一例出现严重并发症。1993年4月首先在市级医院开展放射状角膜（PK）切开治疗近视手术200余例，无一例出现严重并发症。1992年7月在株洲市首先成功开展听骨链重建术，至2000年手术60余例。1996年《同种材料移植听力重建临床系列研究》科研课题达国内先进水平，1997年获市科技成果二等奖，省科技成果四等奖，至2000年，临床运用同种材料移植鼓膜200余例，并采用自体颞筋膜移植修补鼓膜穿孔共600余例，疗效显著。1995年为株洲市首例得度梅尼埃氏病（内耳脑晖症）患者施行内淋巴囊引流术成功，填补了株洲市五官科一项空白。同年开展内窥镜鼻窦手术，至2000年施行300余例，疗效96%。该院口腔专科1991 — 2000年施行专科手术1920台次，接诊65700人次，用光固复合树脂制作后牙桩冠效果显著。市四医院口腔科90年代对龋齿病人、牙髓病、根尖周病、口腔颌面部常见炎症、肿瘤、各类错颌畸形等均有较高诊治水平。该院耳鼻喉科对耳鼻咽喉常见病、多发病有较好疗效。恺德微创医院（原601医院）五官科1997年购置美国鼻内窥镜手术系统并开展鼻内窥镜手术，开创株洲市五官科微创手术先河，在全省处于领先地位。1998年购置青少年近视预测系统，开展OK镜治疗近视取得一定效果。

三　急救与血液供应

（一）急　救

20世纪50年代，现场急救是采用电话传呼，医院派救护车和医护人员携带简单的急救药品及器材，到现场对病人进行伤口包扎、骨折固定、徒手心肺复苏、注射强心剂和呼吸兴奋剂等对症处理，但由于交通工具和急救器材多种因素的影响，不少伤病员仍来不及抢救或在转运途中死亡；门诊急救比较简单，一般进行对症治疗后，立即送入病房抢救。60年代，市办医院和大型职工医院门诊设急救室，装备常用抢救药品及氧气。70年代末，大部分县办医院、地区医院及大型卫生所，陆续建立急救室。1985年5月，市一医院成立急诊科，分设急救室和观察室，有床位18张，配置内、外、儿科急诊医师20人，急诊护士18人，成立7人组成的救护队，装备自动呼吸机、心电监护仪、心电图机、洗胃机、麻醉机、开胸包等急救医疗器械，24小时开放急诊和出动救护队抢救。该科 5 年内抢救危重病人 5163 人次，抢救成功率 96.5%。80 年代末，全市县以上综合医院相继成立急诊科，装备急救药品和医疗器械，培训急诊专业人员，组织模拟急救演习。1990 年，全市急诊 21.34 万人次，死亡 240 人，留观察 5.65 万人次，死亡 65 人，死亡率为 0.1%。

据统计，全市各级医院开展急救以来至 1990 年，共抢救氯气中毒 2 起 213 人，成功率达 100%；抢救食物中毒 13 起 1434 人，死亡 4 人，成功率达 99.8%。其中 1966 年 3 月 26 日，市农机厂职工食堂因误用氯化钡当明矾炸油条造成 168 人中毒，经全市总动员，省内上级医院、兄弟地市医院、解放军医院、制药厂、重庆和武汉及上海医药公司的大力支援，事故迅速得到妥善处置。

1991 — 2000 年，全市急救工作进一步加强。市二医院于 1991 年 10 月成立急诊科，至 2000 年年底，急诊科有医护人员 19 人，床位 13 张，配备多种先进设备。10 年共收治急诊病人 142899 人次，其中垂危病人 6000 余人，抢救成功率达 98%。株洲是湖南省重要的化工基地，1992 年省石化厅决定以株化集团公司医院为依托成立湖南省化工急性中毒救援抢救中心，1999 年更名为国家经贸委株洲化学事故应急救援抢救中心。该中心医疗设备齐全，技术力量雄厚，8 年来成功地对行业内外所发生多人急性氯气、光气、氨气、一氧化碳、二氧化碳、二氧化硫、硫化氢、甲醇、甲胺、苯胺、水合肼、亚硝酸盐、香蕉水、某些金属、有机磷农药及某些药物中毒救援抢救等数百次，收治化学中毒患者 1000 余人次，成功地抢救急性化学中毒所致的危重病人、多器官功能衰竭的垂危病人 500 余人次，成功率达 98%，在省内、外享有声誉。市人民医院承担了铁路旅客伤、路外伤亡及铁路各种重大交通事故的抢险救援任务，10 年间，共计收治旅客伤员路外伤亡病人 1000 余人。市四医院急诊科能处理各种危急重病和创伤治疗。市中医院也设立了“道路交通事故伤员急救站”开展急救治疗。恺德微创医院于 1991 年组建急救科。1993 年该科通过省、市急诊科达标建设考核。2000 年急诊科与门诊部合并为门、急诊科，诊治条件更加优越，当年成功救治两起农药、食物中毒患者共 56 人，受到上级卫生部门表彰。2000 年 9 月，中南林学院 100 多名学生食物中毒，经全力抢救全部康复返校。

（二）血液供应

20 世纪 50 年代初，境内血液供应多为无组织的贫困市民及农民到医院卖血。50 年代末，出现私人献血队，因缺乏必要的健康检查，血液质量难以保证，献血者和受血者的健康无保障。60 年代初，市卫生局为保障献血者的健康和受血者的安全，建立个体献血管理制度。1965 年，市红十字会成立医疗急救血站，是最早的民间供血团体。1968 年 9 月，市一医院建立血库，供血量由建库初期的每月 3 万毫升，逐渐增加到每月 15 万毫升，除供应本院用血外，还向全市无血源的医疗单位供血。1981 年 5 月，市二医院血库建成供血。1990 年，全市供血量达 500 万毫升，能基本满足临床需要。1993 年 11 月，株洲市中心血站成立，由市防疫站管理，1995 年 4 月迁至市一医院门诊楼，挂靠市一医院。1996 年 5 月，建立独立的株洲市红十字会中心血站，并于同年 12 月 1 日成立株洲市献血领导小组及其办公室。当年全市发展注册义务献血者 536 人，动员本市公民义务献血 1086 人，完成无偿献血 528 人次，捐血 10.53 万毫升。至 1997 年年底，全市无偿献血 5149 人次，安全供血 332.67 万毫升，占当年医疗用血量的 34%，居全省地市之首。1998 年 2

月，市中心血站斥资25万元从青岛购回首台现代化流动采血车，3月1日在市中心广场即有83人上车捐血16000多毫升。当年10月1日《中华人民共和国献血法》颁布实施，为庆祝该法实施，市卫生局、市红十字会和市献血办在市中心广场举行了“株洲市万人志愿无偿献血签名活动”，共有2600多人签名，71人现场献血。同年，市中心血站从市一医院门诊七楼搬迁至天元区黄河北路，当年完成无偿献血12666人次，计248.69万毫升，占全市医疗用血量的75%。1999年，全市无偿献血取得历史性突破，达到14941人次，安全供血378.7万毫升，历史上首次实现全年医疗用血100%来自无偿献血，结束了境内医疗用血长期依赖外地供血的历史，居全省各地市血站之首。当年，株洲冶炼厂职工吴朗第10次义务献血，累计献血达到3440毫升，成为株洲市第一个达到国家无偿献血“金杯奖”标准的先进个人。同年12月，株洲市在全国无偿献血总结表彰大会上荣获“全国无偿献血先进城市”称号，吴朗获“金杯奖”。2000年，全市完成无偿献血14131人次，计423.88万毫升，安全供血399.06万毫升，继续保持医疗用血100%来自无偿献血，成分用血比例达25.3%。

第三节　中西医结合

清嘉庆末年，醴陵县罗如锦从广东乳源廖风池处学得接种牛痘苗术，开境内中医学习西医之先河。1952年11月，株洲市开办第一期中医进修班，开设课程有生理解剖、内外科急救学、细菌学、防疫常识、传染病、药物学等西医知识，学员经3个月学习基本上掌握常用西药的作用和简单的西医方法诊断疾病。1956年11月，全市普及针灸疗法，经过业余针灸班学习，许多西医人员基本上掌握了针刺手法和常用穴位。株洲铁路医院80%护士能用针灸治疗阑尾炎、关节炎。市一医院用针灸代替局麻行疝气手术。1957年，组织西医人员学习中医理论，以中医概论为主，采取边学边用、中西医会诊的方式，使西医人员对常见病能用中医方法辨症处方。1958年冬，掀起“人人学中医、个个会针灸”的西医学习中医热潮。次年4月，普遍开展学习《伤寒论》《金匮要略》，瘟病、内经、中医诊断。至1960年，全市有1000余名西医生掌握针灸基本方法，使用中医中药治疗疾病达60%。1960年9月，召开全市中西医结合工作经验交流会，提倡多种形式开展中西结合治疗，形成第一次中西医结合高潮。1961年，331医院采用内服中西药物的同时，配合针刺、电针治疗粘连性肠梗阻75例，其中30例未用手术治疗而痊愈。1969年，全市普遍推广人民解放军某部针灸治疗聋哑、小儿麻痹症、半身不遂及某些急慢性疾病。自1970年起，普遍开展中西医结合工作，形成第二次高潮，其中331医院用针麻进行40多种手术取得成功。1971年8月，市中西医结合工作会议讨论进一步开展中西结合，创立统一的新医学新药学。会后全市开展针刺麻醉，中西医结合治疗急腹症、常见病、多发病。在市中医院举办第一期西医离职学习中医班，参加学习的西医师42人，系统学习中医理论5个月；市二医院、331医院、铁路医院、硬质合金厂医院均开办“西医中班”，培养一批中西医结合骨干人才。1972年，采用中西医结合治疗病人642例，疗效显著。1973年，市一医院采用遵义医学院制定的中西医结合治疗急腹症的方案，用中西医结合非手术法治疗71例，治愈54例；治疗急性肠梗阻45例，治愈35例；治疗胆道疾病111例，治愈71例。市中医院采取中西医结合治疗急性脑出血，在西药脱水、降血压、镇静、强心、抗感染，使用兴奋剂、注意水电解质平衡的同时，按中医辨症分为闭症与脱症，再根据病情辨症施治配合针刺、推拿、理疗；恢复期以中药为主，治疗45例，有效率达71.2%。1973—1975年，市南区医院采用天津整骨八法的中西医结合疗法治疗四肢骨折396例，痊愈346例，好转36例。1975—1977年，市一医院用针麻行剖腹产手术50例，优良率80%，成功率96%；331厂医院针麻下行颈部手术201例，优良率81.5%，成功率95.5%。20世纪80年代，中医和西医各朝本专业发展，但部分医务人员仍沿用中西医两法诊疗。市中医伤科医院在全省首例袜套牵引治疗三踝骨、蝙蝠手法治疗髋关节后脱位，诊疗儿童肱骨髁上骨折，老年股骨、颈骨骨折处于全省领先水平。

1991—2000年，中西医结合诊疗水平有新的提高。市中医伤科医院的髌器治疗髌骨骨折、合金骑缝钉治疗髌骨骨折，达到省、市领先水平。醴陵市中医院小夹板多重迭固定治疗四肢骨折达国内先进水平。市二医院老年病科于1991年运用中西医结合治疗泌尿系结石，收治结石患者87例，治愈64例，有效13例，有效率达88.5%。同年该院儿科用中西医结合治疗急性肾小球肾炎145例，其中住院108例，按中医辨症治疗，治愈率达95.9%，一年半后随访41例，无一例复发。1993年，该院老年科用中西医结合治疗病态窦房结综合症25例，治愈率达70%，1994年，中医科开展中西医结合治疗偏瘫、失语等脑血管意外后遗症患者100余例，有效率达90%。90年代该院老年病科引进国内最先进的脉管诊治项目，全市首创运用中西医结合的方式，结合股动脉加压泵治疗脉管炎、糖尿病足病人700余例，治愈率达100%，无一例截肢，诊疗达省内先进水平。该科采用独特的中药方剂、中西医结合治疗眩晕症500余例，治愈好转率100%，达省市先进水平。市中医院中西医结合治疗重症肝炎、肝硬化等取得新进展，“中西医结合治疗重症肝炎临床研究”于1995年通过验收评审，获市科技进步二等奖，省中医药科技进步三等奖，省科技进步四等奖。

第四节　护　理

清光绪三十二年（1906），醴陵县遵道医院开展过一般护理工作，随后开办护病学校及护病讲习所，传授护理知识和技术，培养一批专业护士。民国30年（1941），湘潭县卫生院株洲分院有护士及助产士各1名，担负打针、换药和接生工作。20世纪50年代初，长沙卫校护士毕业生陆续分配来株洲市工作，护理队伍逐渐形成。1950年，331医院配有专科护士，开展基础护理和巡回护理工作。1953年，市立医院门诊部和住院部各科配有护士，主要是执行医嘱，开展基础护理和巡回观察病情等。1958年，全市护理管理制度和指挥系统逐步建立和健全，实行总护士长、护士长、护士三级负责制，以三级护理作为护理工作的中心内容。60年代初，全市学习外地先进经验，实行病房规范化管理，建立以岗位责任制为中心内容的护士交接班制、护理查对制、危重病人抢救制、探视制度、病房管理制度、无菌操作制度等10项护理工作制度。各级医院加强护理技术训练。推广无痛肌肉注射法和开放式静脉输液法。1965年，全市有护士298人，护理员73人。“文化大革命”

期间，医护分工被打乱，医疗和护理质量下降，差错事故时有发生。1976 年，恢复护理部建制，建立护理指挥系统。市、县、区各级医院恢复护理部，建立健全各项护理工作。1977 年 12 月，举办全市护士长学习班，重点培训1966年以后提拔的护士长，提高其政治、文化、业务素质。1979 年5 月，对全市护士长进行业务考核，促进了护士长管理水平和业务素质的提高。1979 年始，先后举办全市护士复训班、护理技术操作竞赛及表演赛、护理知识抢答赛、护理文件书写赛、护理质量“天使杯”赛等，使全市护理队伍的业务素质有了较大提高。1985 年，为从事护理工作 30 年的老护士颁发荣誉证书，随后又进行优秀护士评选、开展护理人员“理想之光”演讲赛，以及护理人员职称评定及晋升，对调动广大护士的积极性，巩固和发展护理队伍起到很好的作用。80 年代中期，全市引进责任制护理，护理工作从传统的以疾病为中心的护理模式转向以人为中心的整体护理模式，对病人身心实行全面、系统、整体的护理。1989 年，成立市护理质量控制咨询领导小组，实施对全市护理质量的检查、督促和指导，加强对护理工作的领导和监督，促进护理工作技术操作常规化、各班工作程序化、病房设施规格化。

1991 年，为加大农村护理工作管理的力度，株洲市举办为期一周的“卫生院护理骨干学习班”，编印《区、乡医院护理工作手册》，下发到各卫生院，统一了护理工作标准。当年，全市基础护理合格率达到 80%，特护、一级护理合格率 85%，护理技术操作考核合格率 90%。1992 年护士节期间，组织 30 余位护理人员开展咨询活动，普及护理知识；还举办 2 期 145 人参加的护士长轮训班。1998 年 5 月，举办全市整体护理知识学习班，对全市各医院的 104 名护理骨干进行专门培训。1999 年开始，定期召开护理安全质量分析会，针对工作中出现的差错、疏忽及隐患及时提出改进措施，护理质量有了显著提高。当年基础护理合格率达到 92.2%，特护、一级护理合格率 98.5%，护理技术操作合格率 96.2%，开展整体护理病房数占 25%，急救物品完好率 99%，常规器械消毒菌合格率 98%。同时，市卫生局组织护士执业考试，有 280 人取得了合格证。2000 年，全市各医疗机构共有护士 1519 人，护理员 90 人。

第四章　药政管理

20世纪50年代，市药政管理由市卫生局医疗科负责。1961年5月，市卫生局药品检验所成立，负责药品检验。次年8月，市卫生局设置药政科，全市各医药生产、经营、医疗单位，均设立药品质量监督员。“文化大革命”期间，市卫生局药政科撤销，1979年恢复。1985年，各县（市）成立药品监督检验所，配备专、兼职药品监督员，建立健全市、县、乡药品质量监督网。1985年，《中华人民共和国药品管理法》实施，市药政药检部门依法对全市药品生产、经营企业和医院制剂单位核发许可证。1989年，在全市药品生产、经营和使用单位，设立执行《药品管理法》群众监督岗1500个，首次对全市药品从业人员进行健康检查，设置健康档案。同年10月，药政科更名药政管理处。1990年，全市有市级药检所1个，县级药品监督检验所6个，药政药检人员69人，负责全市13个药品生产企业、6个中药饮片加工厂、365个药品经营单位、23个制剂室及2920个药品使用单位的药品质量监督工作。90年代，株洲市药政管理工作加大管理力度，组织查处“白关药市”“假金水宝案”等一批违法生产、经营药品案件。从1996年起，为贯彻执行《国务院办公厅关于继续整顿和规范药品生产经营秩序、加强药品管理的通知》，市人民政府成立药品管理协调领导小组及办公室，颁布《加强药品管理工作通告》，下发《关于进一步加强药品和医疗机构管理工作的意见》，加强对药品生产、流通秩序的综合治理和对药品质量的监督、监测，加大打击制售假劣药品的违法行为，药品生产、经营秩序明显好转。2000年8月，在原市医药管理局的基础上，将市卫生局的药检所和药政科职能合并，新组建市药品监督管理局，进一步强化药政管理。

第一节　药品生产管理

中华人民共和国成立前，株洲镇部分中成药由国药店自行生产和销售，即“前店后场”，产销合一。

20世纪50年代初，市政府规定凡市内国药店自制成药，须申报药品名称、规格、处方、数量及成本与销售价格，先由政府卫生科批准，后转由市卫生工作者协会审查监制，方许发售。60年代初，药政、药检机构对生产单位的药品质量、质检机构、新药审批，均纳入生产监督管理，并经常派员深入制药厂了解生产情况，及时发现和解决存在的问题。1962年，市制药厂生产的药品原料不合格，药品质量和包装均不达标，经市药政药检部门检验作不合格产品处理。1964年，市制药厂生产的人丹从原材料质量到丸重差以及包装、保管均不合格，市卫生局责令该厂停产停销，并协助该厂修订操作规程，建立各项岗位责任制和严格的检验制度，使产品质量得以提高。1966 — 1971年，全市药品生产失控，产品质量大多不合格。如“六二六”制药厂（市中药厂）

生产的小儿驱蛔糖片、人丹、甘草流浸膏均不合格。北区化工厂生产的硫酸亚铁片重量差异大，灰黄霉素癣药水多数有絮状沉淀，并随意将有效期定为3年。1972年，市卫生局、商业局、化学燃料局组成联合检查组，对药品生产、供应、使用三个环节进行检查，督促各单位建立健全规章制度，特别是质量检验制度，要求新产品必须审批后方可生产，不合标准的产品不准出厂。1981年，开展药厂整顿工作，使产品质量明显提高。市制药厂生产的土霉素优级品率由48.77%提高到76.63%，市湘江制药厂生产的吗啉双胍一次化验合格率由63.94%提高到83.66%。1984年，醴陵县在枧头洲乡查处一起伪造商标、制售假阿膏、假龟膏6万千克的重大案件，公安部门依法逮捕8名参与制售假药的严重违法者，并对其他参与人员分别给予处罚。1985年，贯彻《中华人民共和国药品管理法》，对药品生产企业实行“许可证”制度，经省、市验收合格的单位方颁发“药品生产企业许可证”。1988年7月，对市制药厂生产的3批不合格“咳快好”糖衣片产品进行了查处，没收其产品违法所得9192.15元，限厂方对追回及库存“咳快好”片及时返工，并经市药检所检验合格后方出厂。1991年，针对全市多数药品生产企业生产条件、人员素质、企业管理先天不足的情况，在企业中开展“品种、质量、效益年”活动，市中药厂投资79万元改造和装修了丸、散冲剂车间，并经省药政局验收合格投入使用，使该厂新增5个品种，比上年同期相比盈利7.67万元。1993年3月，邵阳东方药厂驻株经营处与武汉军事经济学院卫生处签订协议，并伪造证件、批文，非法生产“东方魔粉”485件，货价47万元，销往湖南、湖北等数省。株洲市派员协助省药政局立案查处，将2名案犯抓获归案。1996年，市药政部门结合核发证照，对药品生产企业进行全面检查，对合格、基本合格的19家生产企业核发新的合格证和许可证，对1家不合格企业实行停发证照的处理。1997年，发现全市唯一国家保护药品妇科千金片有假冒现象，随即派员配合去江西、安徽和省内一些地区打假，维护了厂家声誉。

第二节　药品经营管理

20世纪50年代初，全市各级卫生行政管理机构加强对中、西药的收购、运输、分装、销售各个环节进行质量管理。1954年，全市一次清查处理虫伤霉变及伪劣药品244种，计34.5千克。1957年10月，市药材公司和医药公司由商业部门划属市卫生局，实行药政管理与经营管理统一领导。1963年，两公司恢复由商业局领导，共清查出伪劣药品441种（包括部分器械），价值达2.34万余元，予以销毁。1974—1975年，市药检所对医药库存中成药作全面普查，70批中染螨21批，占30%，市卫生局责成报废。此后，市药检所每年对中成药查螨抽检一次。1980年，市中医院调进的赤芍因收购、经营、使用各环节把关不严，其中混有毒药“三分三”，造成40例中毒。1980—1981年，市卫生局为提高药剂人员的技术水平，委托市药检所等单位举办4期共有129名药剂人员参加的学习班。1980年7月和1982年1月，2次举办中药技术操作表演赛，其项目有中药处方调配、净选、切制、炒制等。1984年，贯彻卫生部“关于查处十八种中药伪品的紧急通知”精神，对全市46个单位的中药材进行突击检查，共查出伪品药材10个品种，2688.52千克，价值3.28万元；查出伪品11种和一些假成药，一并销毁。1985年，整顿验收药品经营、批发部门，784个申报单位中合格的542个单位颁发了“药品经营企业许可证”。同年5月起，连续3次对各医疗卫生、药品经营单位进行检查，共查出假劣药品1214种次，价值33.30万元，全部焚毁。1985 — 1990年，通过对全市医疗卫生、药品经营单位的检查，共查出假劣药品66560千克，价值77.74万元。1990年是卫生执法年，全市组织药品从业人员1100人进行法律条文和专业技术考试，完成药品从业人员健康检查2800多人次。

1991年，全面开展“药品调剂许可证”的核发工作，组织全市药品从业人员3439人进行体检，查出不合格人员122人，为113名经治疗仍不合格的人员更换了工作单位；组织1062名初级中、西药上岗人员进行资格考核，其中846名获上岗证书。经3个多月的检查验收，全市原有的2741个药品调剂单位有2228个获得“药品调剂许可证”，对验收不合格的254个单位分别作出了取缔、合并、停止营业和关门整顿处理。同年7月，根据省卫生厅的部署，市卫生局组织药政、药检部门和药品监督员145人组成28个清查小组，在全市开展清查假劣药品专项斗争，共检查了3015家医药卫生单位，查出销售使用假药384家，抓获非法药贩9人，捣毁隐匿、销售假药黑窝5个，查出假土霉素片、假四环素片等假西药14种，184个批号，计85.5万件，6.5万支，价值7.1万元。这一年，全市查处的假劣药案410起，销毁假中药3.5吨、西成药50.1万（支盒），价值23.85万元。对99个违法单位和253名违法人员进行了经济处罚，罚款达5.79万元。1992年4月15日至6月21日，为配合中国质量万里行活动，全市又进行了一次药品质量大检查，由药品监督人员和药学行家32人组成的5个检查组，历时66天，行程2万多千米，对全市及县、乡镇的药品生产、经营、使用单位进行检查。有1460个单位接受检查，检查覆盖面为51.9%。检查药品438596种次，全市中西药品合格率为98.3%，其中，中药材为98.8%，中药饮片为95.5%，西药为98.8%。共检出不合格药品12577种次，其中假中药75个品种计229种次；假西药和中成药10个品种，非药品19个品种，计92种次，查出假劣药品货值达50903.3元，其中包括从40个医药卫生单位查出的假鹿茸精注射液7800盒，货值7万余元；共处罚113个违法单位和103名违法个人，当场罚款18078元，取缔无证经营户10家，责令停业整顿14家。7月14日，将查出来的假劣药品在市中心广场公开展示，之后将295个品种近10吨假劣药品集中烧毁，货值达16万余元。同年7月30日，湖省政府医药联合打假组突击检查株洲县白关药市17个门店，查出假劣药品和禁止在市场销售的毒性中药33种计10001.75千克，价值10101.22元。执法中，由于少数经营、管理人员阻碍检查，发生了拦截执法车辆和抢走被没收的假劣药品事件。此案先后被《人民日报》等多家新闻单位披露。为此，市县两级党委、政府对该市场进行了长达数个月的整顿，制定整改措施，加强对白关药市的管理。

从1993年开始，市药政部门每年都组织对药品市场进行检查和整治，破获一批违法案件。其中1993年立案40起，取缔无证经营商店35家，查处假劣药品货值16251元，罚款21.34万元。其中，株洲铁路地区某退休工人伙同他人从广东购进一批美国进口的“仙妮蕾德”系列加药食品，以丰厚的报酬向市内儿家医院销售。病人李某在市内某医院服食从一退休医师处花1167元购来的一盒“五宝粥”后不久便吐血身亡。市药政部门接到举报，经全力侦查，破获“仙妮蕾德”案，没收非法所得28604.5元，对直接责任人罚款5000元。1995 — 1996年市药品监督执法部门又查处了假白蛋白案、假安心仙案、假金水宝案、假红花油案4起重大假药案，分别给予没收非法所得、罚款、查封等处罚，其中假金水宝案为株洲建市以来最大的一起假药案，查封假药13万瓶，价值达200余万元，没收假金水宝6万多瓶。1997 — 1999年立案查处假劣药品案件81起，没收、销毁假劣药品货值77.63万元。

自1999年9月起，在全市卫生系统推行药品采购统一管理制度，设立药品采购专家评审小组和检查小组，集体审批经营公司的资质，并对采购过程全程监督。各医院药品采购计划全部进行公开招标，投标单位的标书和采购单位标底公开，由专家评审小组按价格、质量和服务最优的原则集体确定中标单位。当年举办6次药品采购招标会，10个市直医院、厂矿医院及9个医药经营单位参与招标，采购计划397.8万元，成交总额275万元，药品平均扣率从中标前的90扣下降到69.1扣，共节约药品采购资金122.8万元。2000年，市卫生局成立集中招标采购领导小组，筹建全市药品采购中心。当年举办药品采购招标24次，招标采购金额1480万元，节约采购资金310万元。

第三节　医院制剂、临床用药及特殊药品管理

一　医院制剂管理

20世纪50年代，少数能制剂的几家医院和卫生所，因房屋、设备简陋，技术力量差，仅能配制葡萄糖注射液、葡萄糖氧化钠注射液等大输液以及10多种常用普通制剂；无分析化验，药品质量难以保证，输液反应时有发生。对此，市卫生局要求用药坚持“三查、三对”（查病人姓名、查年龄、查医师签名，对药名、对剂量、对用法）制度，并在35家较大医院成立监督小组，配有56名监督员，以提高制剂质量。1976年，市一医院将一瓶氧化钾溶液误贴碳酸氢钠瓶签，造成一人中毒死亡。1979年，制定《自配中西药制剂管理办法》，要求城区8所较大医院开展自检工作。至1980年，市一医院、市二医院、331医院已能开展澄明度、pH值、含量、热源、细菌5项检查。1982年，对市区6所医院的灭菌制剂进行检查验收，市一医院、市二医院、铁路医院、331医院制剂室基本达标，核发“制剂许可证”。是年，全市建立药检室的医院由原来的3所增加到7所。1986年，全市核发“制剂许可证”单位21个。1989年，市药检所对全市医院制剂进行注册登记，大输液报验135批，不合格19批，合格率85.93%；普通制剂注册检验375批，合格335批，合格率89.33%。1990年，全市有10家医院生产大输液53种次，23家医院生产普通制剂品种480种次。1993年8月，纠正部分医院将制剂室办成了变相的食品饮料加工厂、地下制药厂，擅自为院外单位加工配制所谓“试验产品”“科研产品”，禁止非法对外出售自制药剂，为外地游医、巫医非法配制制剂提供方便等问题。1994年，市药政部

门没收了价值5000多元的非法制剂，查封非法制剂单位8家，为23家医疗单位的327个制剂品种办理了注册登记。1995年1月，株洲市规定医院自制制剂必须依法取得“医院制剂许可证”，自制制剂严禁上市销售或变相销售。1997年，市药检所共检查医院制剂598件，其中送检533件，合格率为78%；抽检65件，合格率为76%。

二　临床用药管理

1957年，株洲市贯彻实施卫生部颁发的《综合医院药房工作制度（草案）》，先后制定下发调剂室、处方、毒、麻、限、剧药等管理制度。其后，各医疗单位用药坚持“三查、三对”制度，配专人负责管理药品，监督执行配方发药、核对处方制度。20世纪80年代，市、县先后成立临床药学领导小组，负责指导临床合理用药。市、县市区所属医院分别成立医院药事管理委员会，审批自制新产品的应用，调查处理重大药物反应。1981年，组织对全市6个医疗单位处方药进行调查，抽查门诊处方3313张，内科住院病历236份。在内科病历中，用药不当和配伍禁忌有85份，占36%。随后选送6名药师参加省卫生厅举办的临床药学学习班，开展临床药学管理工作。1987年4月，组织10名资深医药人员，对15家医院1986年1—10月658份死亡病历进行临床用药回顾性调查，与1984年514份病例相比，用药严重缺陷病历占总病历数由2.3%下降到0.46%。市一医院自1981年起建立临床药学实验室，定期抽查病例进行合理用药分析，药剂人员参加疑难病例会诊，开展心血管药物不良反应监测以及庆大霉素、狄戈辛、氨茶碱等药物血液浓度监测，为临床用药提供科学依据。1989年，该院列为卫生部国家药物不良反应监测中心试点单位。1990年，组织对51家县级以上医院的药剂工作进行量化考核，其中331医院、株洲铁路医院、市一医院和钢厂卫生所、608所门诊部、航运公司卫生所，分获药剂工作第一、二、三名，酃县人民医院被评为县级医院药剂工作先进单位。

1991—2000年，市、县卫生系统多次组织对各县医院、卫生院药品处方进行检查。在20世纪90年代初的一次检查中，酃县中药处方合格率仅为60.1%、西药处方合格率为36.6%。从1993年3月开始，在株洲市范围内建立缴纳药品质量抵押金制度，缴费单位一年内未出药品质量问题，抵押金如数退还并予以奖励。同年4月，制定药剂管理十项规定，并列入医院药剂工作的目标考核和医院分级管理评审的主要内容，以遏制药品采购渠道混乱、非药品进入药店、药房擅自接受无证配制医院制剂、使用非法自制制剂欺骗病人等违法现象。1995年1月，株洲市卫生监督部门强调所有医疗机构必须从国营主渠道采购药品，严禁医疗机构把非药品当药品采购和使用，医疗机构和预防机构不得以任何方式变相从事药品批发业务。1997年，抽查5938张处方，合格率仅为57.5%，其中用药不合理的处方较多。同年，组织200名个体诊所药品从业人员进行了上岗资格培训，160多人参加换证考试。1998年，开展规范化药房评选活动，全市13家医院被评为“规范药房”。

三 特殊药品管理

民国时期，政府对毒、麻、限、剧等特殊药品管理作过一些规定，为查禁烟毒曾采取一定措施，但因无专人管理，执法不严，屡禁不止。

20 世纪 50 年代初，境内各级人民政府开展禁止贩卖、使用麻醉药品的宣传教育活动，严禁药商药贩销售罂粟壳之类毒品、严禁私种罂粟植物的禁毒活动。1959 年 9 月，市人民政府颁布《株洲市各级医疗机构毒剧、麻醉药品管理制度》，明确规定毒剧、麻醉药品的保管、销售和使用。1962 年，市区有 3 名职工因患病久用吗啡、杜冷丁成瘾。是年，市卫生局对国营医药、医疗单位麻醉药品进行检查，纠正部分单位使用无制度、无专人专柜保管及无专账登记，不经医师处方零售毒剧药等问题。为控制麻醉药品滥用成瘾现象，重新审定使用单位，更换购买手册，规定县以下医疗单位停止使用麻醉药品。1966 年，株洲市恢复具备一定医疗技术条件的公社卫生院的麻、毒、剧药品供应。1978 年，扩增市医药公司经营麻醉药品，并负责全市麻醉药品的供应。1979 年，608 所门诊部一次性给某人开吗啡和杜冷丁注射液各 40 支，被市卫生局查封，并通报全市。自 1983 年起，对使用麻醉药品单位实行年检制度。1986 年，针对麻醉药品年检中，处方书写不全，合格率低的现象，市卫生局举办 1 期麻醉药品管理学习班，并重新审订颁布《株洲市麻醉药品管理规程》。1987 年后，贯彻落实卫生部颁发的《关于加强医疗用毒性药品管理的通知》《精神药品管理办法》，规定使用精神药品和医疗用毒性药品，必须具有处方权的医师才能开处方，实行“麻醉（精神）药品购用印鉴卡”“癌症病人供应卡”制度，使麻醉（精神）药品的管理进一步制度化、法制化。

1991 — 2000 年，各医疗单位重点加强麻醉药品管理，强化癌症病人麻醉药品使用管理，严格审批麻醉药品处方权，坚持年审制度。1991 年，组织全市使用麻醉药品的单位及管理人员参加麻醉药品管理培训。对医疗单位麻醉药品进行检查中，酃县中村卫生院 2 次被盗杜冷丁、可可因共 76 支，责成该院作出书面检讨；22 位医生乱开滥用，为吸毒者署假名开出杜冷丁 31 支，还为吸毒者提供场所，受到经济处罚；1 个单位被取消使用资格；醴陵市对 7 家未按《麻醉药品管理办法》进行管理的使用单位，取消其麻醉药品使用资格。从 1992 年起，全市开始试行更换麻醉卡办法，进一步堵塞麻醉药品管理上的漏洞，加固防盗设施，防止麻醉药品、精神药品流入社会。1996 年，对全市麻醉药品及精神药品使用单位的安全设施进行全面清查，发现有 36 家不合格，及时要求进行整改。1997 年，市内麻醉药品使用单位与市卫生局签订责任状，将特殊药品的采购、保管、发药、使用责任落实到人。1998 年，组织对麻醉品使用单位使用麻醉处方权的医生进行资格考试，110 名医师取得处方权。同时，对 7 家放射性药品使用单位进行检查验收。

第四节 药品检验

20 世纪 50 年代初，株洲市和境内各县成立药品质量监督小组。传统的药材真伪鉴别主要是依靠眼看、鼻闻、口尝、水试、火试等感观方法进行。1953年，株洲市大部分药品送省药检所检验。1961年5月，市药品检验所成立，可开展一般药品的化学检验。1968年12月，药检机构被撤销，药检工作中止。1969年9月，药检工作恢复，其人员合并到市防疫站。70年代末，攸县、酃县分别成立药检所。1980年，市药检所恢复建制，相继组建化学室、生测室、中药室。1985年，株洲县、醴陵市、茶陵县先后成立药品监督检验所。1990年，市药检所配有显微镜、自动旋光仪、751型紫外分光仪、高压液相色谱仪等各种高精度仪器设备，能开展中西药品的各项检验工作。1996年，市药检所被国家卫生部列为湖南省首批认证达标单位之一。该所配有先进仪器设备35台件，实现了全国药检系统的联网，并进入INERNET网络。到2000年，全市有市级药检所1家，县级药检所5家，有高级药师5人、中级药师20人，能开展各类中药材、中药饮片、中成药、西药检验业务。

第五节　游医药贩管理

1957年，市人委颁布《株洲市关于流动医药管理暂行办法》，规定：凡未经工商行政及卫生部门审核的游医药贩，严加禁止和取缔。“文化大革命”期间，管理失控，利用“药品”进行骗人牟利的非法活动较为猖獗。从1976年始，逐步恢复和加强对医药摊贩的管理。1980年，不法商贩到处张贴虚假广告，致使一些人上当受骗，甚至危及生命。为此，株洲市翻印《湖南省医药摊贩管理办法》1万份广泛张贴，并通过报刊媒介揭露游医药贩骗财害人的伎俩。同年10月，城市三区分别组建“医药摊贩管理小组”和药品质量监督队伍。至1982年上半年，共查处游医药贩818起，收缴假劣药品140千克，1100包（盒）。1984年12月至1985年1月，全市开展贯彻《药品管理法》宣传活动月，翻印《药品管理法》手册4500本，订购宣传图片25套，在市中心开辟《药品管理法》宣传专栏，为群众辨别药品真伪起到积极作用。1989年2月，株洲县鸿仙乡檀木村与龙凤村村民自制牛胶21.7千克，造成20多人中毒，经市药检所检验，其含铅量为1.104%，超过药用最高限量1000倍。同年9月，制定《株洲市个体药店、诊所药房（柜）管理暂行办法》，确保用药安全有效。

20世纪90年代，市、县先后成立治理整顿药品市场管理办公室，会同省有关部门对药品市场实行常年监督管理。据不完全统计，1990 — 1997年市区取缔无证经营药店45家，取缔非法行医、无证行医、游医59家。

第五章　卫生行政

第一节　机构网点

一　卫生行政机构

民国23—29年（1934—1940），境内各县先后设置卫生院或卫生事务所，均为公立卫生机构，系行政、事业合一的实体。卫生院的行政事务隶属各县政府，技术事项受省卫生处指挥监督，医务人员由省卫生处委派和审批。

据民国36年（1947）省卫生处统计，醴陵县、攸县、茶陵县、酃县4所卫生院共有工作人员53人。湖南和平解放后各县人民政府相继接管县卫生院。1950—1952年7月，醴陵县、攸县、茶陵县、酃县相继成立卫生科，管理全县卫生行政工作。1952年8月，市人民政府设卫生科，编制5人。1956年4月，成立株洲市卫生局，内设3科1室，编制17人。1967年7月，市卫生局更名为株洲市革命委员会生产指挥部卫生组。1968年，各县撤销卫生科，在县革命委员会生产指挥部设卫生防疫办公室。1970年1月，恢复市卫生局，各县亦改为县革命委员会卫生局。1980年后，各级革委会撤销，恢复人民政府，市、县卫生行政机构均改称卫生局。1995年10月，市卫生局设15个内设科室，行政编制33人。到2000年，全市有1个市级卫生管理机构，9个县级卫生管理机构。

株洲市卫生局历任负责人名录

表26-4

局　长	任职时间	副局长	任职时间
齐滨海（科长）	1952.1—1956.4	霍世华（副科长）	1954.12—1956.4
郭远明	1957.4—1963.4	齐滨海	1956.4—1967.7
			1973.9—1983.7
唐自光	1963.4—1967.7	吴　健	1957.—1963.4
汪世德	1971.1—1972.8	陈耀纲	1958.9—1963.4
藏秀国	1972.8—1973.12	高荣喜	1963.4—1964.11
赵连富	1973.12—1983.7	郑秀民	1964.4—1967.7
			1972.8—1983.7
杨道成	1983.7—1991.3	李昌道	1972.7—1973.9
周运镇	1991.3—1994.9	汪世德	1972.8—1983.7
王利仁	1994.9—2000.12	窦文臣	1974.6—1983.7

续表 26–4

局　长	任职时间	副局长	任职时间
–	–	罗天立	1980.5 — 1983.7
–	–	张晓钟	1979.6 — 1983.7
–	–	周运镇	1980.10 — 1991.3
–	–	李洪显	1981.11 — 1983.7
–	–	胡月明	1983.7 — 1984.12
–	–	谢云山	1985.7 — 1991.11
–	–	毛先钰	1991.3 — 2000.7
–	–	唐异生	1991.3 — 2000.12
–	–	刘汉初	1994.9 — 2000.12
–	–	王玉生	1995.5 — 2000.12
–	–	孙曼莉	1996.6 — 2000.12
–	–	唐声光	1997.6 — 2000.12

二　农村卫生保健网

20 世纪 50 年代，市郊东五里墩、郊北白石港设立卫生所，各有医务人员 6 人，既是门诊又兼管卫生行政。农业合作化后，大多数个体从业中医药人员组成联合诊所。1956 年年底，市郊共有联合诊所 14 个，区卫生协会 2 个，卫协小组 13 个，药剂人员 22 人，接生员 196 人，为解决农村缺少医药、防疫保健问题发挥了积极作用。1957 年，农村联合医疗机构发展到 26 个，采取以乡为单位，将所属范围内的联合诊所实行人事、药物、财经三统一的管理体制。1960 年，卫生所和联合诊所合并成立人民公社卫生院。市郊有 10 个人民公社和一个园艺场建立卫生院；有 119 个大队建立了卫生所，配置简易病床 360 张，卫生技术人员增加到 6920 人，有 70 个产院和接生站，1969 — 1970 年，各大队均建立合作医疗站，医务人员称“赤脚医生”，贯彻“三土”（土方、土法、土药）、“四自”（自采、自制、自种、自养）方针，推动了合作医疗的发展。1972 年，全市农村共有合作医疗站 465 个（株洲县 413 个、郊区 52 个）。1975 年，株洲县属 8 个区建立 9 个区医院，县、郊 41 个公社场镇建立 41 个卫生院（所）；470 个生产大队有 464 个建立合作医疗站，配备赤脚医生 874 名（其中 30% 达到中专以上水平）；4615 个生产队有卫生员 4249 人。80 年代初，株洲县调整区医院布局，撤销黄龙桥、先锋桥、白关、黄塘、群丰 5 所区医院，分片保留和加强了 4 所区医院。各区分别设“四干一长”（防疫、妇幼、合作医疗、财会专干及所长）的卫生机构（区卫生所），负责区内卫生行政管理；县、郊根据《全国农村人民公社卫生院暂行条例（草案）》精神，对公社卫生院进行调整和整顿，使 438 个合作医疗站得到巩固，多数大队改变了缺医少药的局面。但自农村普遍实行联产承包责任制后，合作医疗的资金筹集和“赤脚医生”报酬受到影响，大部分合作医疗站停办，“赤脚医生”锐减。80 年代中期，全市农村合作医疗基本解体。从 1990 年开始，农村医疗卫生向地区中心卫生院、乡卫生院、村卫生室转变。至2000年，全市农村有中心卫生院31个，乡镇卫生院108个，农村医疗点2522个，村卫生室覆盖率为99%。共有乡村医师2914人，村接生员1331人。

第二节 医政管理

一 厂矿医院管理

20世纪50—60年代末，株洲企业医疗卫生单位有9家，其中市区最具规模的有湘江机器厂工人医院、株洲铁路医院、株洲田心机车车辆厂医院、湖南省第五工程公司职工医院。到1986年，全市厂矿企事业医疗机构的病床和卫技人员数，分别占全市总数的51%和58.7%，是工业新城一支强大的卫生力量。但由于部门所有，条块分割，大多数厂矿企事业医院处于封闭状态，其业务发展、医院建设及社会作用都受到很大限制。1987年8月，成立株洲市厂矿医院管理委员会，以加强对厂矿医院（含卫生所）的宏观指导和行业管理。厂矿医院管委会共有成员单位33家，病床2087张，卫技人员2894人。管委会着力抓了各医疗单位的医风医德教育，树立医务人员形象，同时促进厂矿医院由单纯医疗型，扩大到预防保健型。各成员单位根据自身特点，开展了高血压病普查、妇科病普查普治和40岁以上职工健康检查、血吸虫病普查普治以及各种职业病普查普治，仅1990年各类疾病普查普治就达79164人次。为了缓解全市人民看病难、住院难的问题，也改变厂矿医院负荷不饱满，医疗设备闲置的状况，管委会力推厂矿医院向社会开放。据1990年统计，全市厂矿医院对外服务达20余万人次，收益400多万元。

1994年，国家颁布《医疗机构管理条例》，明确各类医疗机构都必须由县以上卫生行政部门管理，加上20世纪90年代中后期国有企业改革深化，一些企业医院进行改制、拍卖，市厂矿医院管委会职能逐步弱化，至90年代末期自然解体。厂矿医疗机构均由市卫生行政部门直接管理，并自主经营，自负盈亏。

二 社会医疗机构管理

1950年，为加强个体行医管理，成立湘潭县株洲区中医师公会。1952年，全市有个体开业医生195人。1953年，大多数个体开业医生响应政府号召，自愿成立联合诊所。同年4月，成立市卫生工作者协会（简称“卫协会”）。该会在市人民政府领导下，制定卫协会章程和各项管理制度，统一全市联合诊所和个体行医处方笺，禁止白纸处方和神签检药，取缔无照行医，个体行医者逐渐减少。20世纪60年代中后期，卫协组织解体，个体行医停止。1980年9月，卫生部批准允许个体开业行医之后，个体行医人数日渐增多。1983年，成立市个体医协会。1988—1989年，在工商、物价、税务、公安部门密切配合下，全市进行了医药市场的清理整顿。1989年10月，市卫生局与个体医协会举办个体行医人员医学理论基础短期学习班，提高个体医生专业技术水平。1989—

1990 年，各县相继成立卫生工作者协会，农村乡镇卫生医疗单位相继成立卫协分会，吸收乡村医生、接生员、个体医生入会，接受卫协组织领导和管理。乡村个体医生开业条件、执业管理及按规定交纳卫生事业发展金均由卫协会监督执行。经过几年整顿，农村个体医生队伍逐步走上规范化管理，定期组织专业知识学习，进行业务考试，并按省卫生厅提出的乡村医生 5 年内达到中专水平的要求，着手建立技术档案。至 1990 年，全市有个体开业医生 523 名，其中县乡 300 人，市区 223 人。

1993 年 7 月，市卫生局成立社会医疗管理办公室，负责全市社会医疗机构和医疗市场的管理工作，同时制定《株洲市医疗市场管理暂行办法》，组织 4 次大的清理活动，取缔无证游医药贩 21 人，没收假劣药品及器械折合人民币 1200 元，责令停业整顿的 12 家。1995 年，贯彻《医疗机构管理条例》，进一步整顿社会医疗机构，取缔非法行医 36 家和城乡部分不合格的诊所。1996 年，市卫生局在全市开展创建 100 家规范化诊所活动。当年 11 月，经考核、评审，评出市内 48 家、县市区 52 家为规范化诊所。同年，组织 5 次大的清查活动，全市取缔无证行医 23 家，停业整顿 18 家，行政罚款 7500 元，收缴、销毁医疗器械和药品折合人民币 4200 元，立案查处非法行医 4 起。1997 年，组织对市区 179 家社会医疗机构进行年审，不合格有 9 家，其中 7 家停业整顿、2 家被吊销执业证；抽查病人登记本 152 本，合格率 72%；抽查处方 1560 张，合格率 82.5%。全年查处取缔无证行医 23 家，对注册持证诊所进行经常性检查，停业整顿 18 家。开展了社会医疗机构消毒监测，采样 570 份，合格率 80%。1998 — 1999 年，市卫生局进一步规范医疗市场，共取缔无证行医 76 家，停业整顿 40 家，吊销许可证 18 家，没收假劣药品、器械折合人民币 8 万多元，销毁街头违规医疗广告 300 多条、广告牌 76 块，查处擅设科目 46 家。2000 年，开展打击游医药贩、整顿医疗市场和性疾病广告为重点的专项治理活动。全市共取缔无证非法医疗机构 214 家，查处违法行医机构 225 家，责令整顿 132 家，没收药品器械货值 6.14 万元，吊销医疗机构执业许可证 128 家。查禁虚假医疗广告 14 个，销毁不规范广告牌 174 块，有效地遏制了性疾病广告过多过滥的现象。

三　医疗事故鉴定与处理

清光绪三十二年（1906），醴陵县遵道医院对收治病人实行“住院保证书”和“手术自愿书”制度，一旦发生医疗事故，与医院无干，病人无法申诉，还须交付全部费用。1952 年，各医院相继建立入院、出院检查、二级护理和医疗保护等各项新制度。医疗事故发生后，卫生行政主管部门组织年高资深专科技术骨干参予调查、鉴定与处理。1958 年“大跃进”中，正常医疗制度被打破，实行“六合一”“十合一”“护理一班到底制”等。1962 年，通过调整，恢复原来制度。“文化大革命”中，医疗制度再次受毁，造成管理混乱，医疗质量下降，医疗事故时有发生。据 1966 — 1986 年不完全统计，县以上医院发生医疗事故 48 起（其中死亡 17 人、残疾 5 人、组织损伤 26 人），属一级事故 18 例，二级 7 例，三级 23 例。发生事故有麻醉药品管理不严、技术操作不当、护理制度执行不力、忽视术后观察等原因。20 世纪 80 年代初，株洲市、县市先后建立医疗事故鉴定委员会，按辖区进行鉴定，当事人对鉴定结论不服的，可以向上一级鉴定委员会提起复议。1991 — 2000 年，市医疗事故鉴定委员会共进行医疗鉴定72起，其中涉及外科专业30起、妇产专业16起，由当事人申请鉴定62起，鉴定结论有48起不属于医疗事故。2000年，全市接待、调处、鉴定医疗事故36起，其中召开医疗事故技术鉴定会12起。

第三节 医疗制度

一 公费医疗

1953年1月，由市卫生、人事、财政等部门，组成市公费医疗预防实施管理委员会，市政府卫生科负责日常事务及承担医疗预防任务，制定《株洲市公费医疗统收统支试行办法》，审查享受公费医疗待遇的机关与人员数额、经费的预算和门诊、住院病床、设备的设计等。1966—1976年间，公费医疗组织瘫痪。1985年1月，恢复市公费医疗管理委员会，日常工作由卫生局计财科代管，同年设立市公费医疗办公室。1999年8月，公费医疗办公室合并到市医疗保险服务中心。

公费医疗医药经费，按享受人数和标准，拨给医疗单位包干使用。1953年，按年人平标准36元采取实报实销的办法，并规定在指定区域之医疗单位就诊。1966年，改为凡享受公费医疗单位，职工在50人以上者医药费自行掌握；不满50人者，由公费医疗管理委员会统一管理。1972年，全部下放到各单位自行管理。1979年，按年人均36元标准由卫生局代管，所有开支均在公费医疗办凭发票和处方实报实销。之后，公费医疗经费支出逐年递增，每人年均支出1964年为35.52元、1974年为45.60元、1984年为97.19元。1988年10月，株洲市被列为全国公费医疗制度改革试点，逐步在享受单位中推行国家、单位、个人分担费用的管理办法。1990年，全市享受公费医疗单位有722个，享受公费医疗人数63915人，全年公费医疗开支1292.4万元，人平205.18元。1999年，株洲市启动城镇职工医疗保险制度改革，全市行政事业单位公费医疗纳入统筹安排。

二 劳保医疗

1951年，株洲陆续实行劳动保险医疗制度，由市总工会、劳动局负责管理，基层单位由工会负责，享受对象为工交、厂矿、国营建筑、财贸等全民所有制及集体企事业单位的干部职工。1979年以后，相继成立劳动保险公司、职工退休管理委员会，以保证职工老有所养和病、死、伤、残后得到妥善处理。劳保医疗经费，一般由各部门、各单位的劳保经费中列支。1982年，贯彻全国总工会、劳动部、财政部《关于制止把医药费全部发给职工个人包干使用通知》精神，但仍有少数单位未予执行。1988年10月，医疗制度改革，企业对职工医药费由院或卫生所实行总承包；门诊医药费用与职工个人利益挂钩包干；实行住院费挂钩包干；商业部门独立核算单位实行职工住院床位费由个人负担10%或50%；企业改用记账单看病为现金看病，通过病历（处方）、药品、收据三核对后据实报销；离退休职工列为从优享受医疗待遇对象；对工伤、特殊疾病及不治之症的医疗费，基本上由企业实报实销；按行业实行退休职工医药费统筹。1990 年，全市享受劳保医疗的职工人数达 26.18 万人。1991 年，改革全面执行，全市 771 个全民企业中有 586 个单位试行了内部医疗制度改革，覆盖面为 76%。

1998 年年底，株洲市被国务院确定为全国城镇职工基本医疗保险制度改革试点城市。1999 年 3 月，设立株洲市医疗保险制度改革办公室，同年 6 月，成立株洲市医疗保险服务中心，负责全市医疗保险基金的征缴、结算和管理。同年 8 月，颁布了《株洲市城镇职工基本医疗保险试行办法》及实施细则。规定：基本医疗保险费由用人单位和职工个人按月按规定共同缴纳，其中用人单位的缴费率为上年度本单位职工工资总额的 6%，职工个人缴费率为上年度本人工资收入的 2%，退休人员个人不缴纳基本医疗保险费。当年第一次住院的起付标准为三级医院 600 元，二级医院 550 元，一级以下医院为 500 元；第二次（含以上）住院起付标准为 200 元，统筹基金年最高支付限额为 25000 元。2000 年 8 月，市政府下发了《株洲市城镇职工补充医疗保险暂行规定》，规定在实行基本医疗保险制度的同时，建立大病医疗互助制度，市直统筹单位大病医疗互助缴费按参保人员（含退休人士）每人每年 80 元标准缴纳，大病医疗互助保险基本医疗保险最高支付限额以上 8 万元的住院医疗费。至年底，全市已初步建立了以基本医疗保险为主体，大病医疗互助、企业补充医疗保险、公务员医疗补助为辅助的多层次医疗保险体系。全市医疗保险参保人数达 17.4 万人，定点医疗机构 58 家，定点零售药店 7 家。

三　农村合作医疗

农村合作医疗，是 20 世纪 60 年代末期兴起的由大队集体、社员个人各出一部分资金，社员看病实行免费医疗或按比例报销的一种集体性质的医疗制度和福利事业，对改变农村缺医少药、方便群众就医起到过积极作用。1970 年，全市各公社（镇、场）大队普遍建立合作医疗站。1975 年，全市农村有合作医疗站 464 个，配备“赤脚医生”874 名（其中 30% 达到中专以上水平）。1970 — 1975 年，“赤脚医生”利用一根针、一把草药，治疗病人达 55 万多人次。1978 年以后，部分社队合作医疗陆续停办，“赤脚医生”队伍锐减，群众看病又实行收费。到 1983 年年末，随着农村实行联产承包责任制，合作医疗彻底解体，逐步为集体、个体、联办等多种办医形式所取代。全市仅有 2 ~ 3 个乡坚持保留下来。20 世纪 90 年代中期，省卫生厅在调研中发现农民仍然强烈要求办合作医疗，于是部署各地卫生部门继续组织，支持农村兴办合作医疗，但由于中央没有统一部署，农村集体经济萎缩，财政没有投入，成效甚微，农村合作医疗一直未能得到全面恢复。

第四节　医疗援助

一　援藏医疗队

从中华人民共和国成立到 1990 年，株洲市为支援西藏自治区医药卫生事业建设，共分 3 批共计21人参加湖南省统一组建的赴藏医疗队，支援西藏拉萨市等10个县（区）。医疗队员赴藏期间，战胜高原缺氧、语言不通等各种困难，努力完成援藏任务。1977年，株洲市分队重点协助建好区医院，发展三级医疗网，积极开展防治疾病工作，先后办了5期“赤脚医生”和基层卫生人员培训班。协助拉萨市城关区蔡公堂办事处开办的防治点，设置了病床并能开展阑尾、疝气、白内障、甲状腺、剖腹产等10多种手术。1978年1月，拉萨市城关区委、区革委召开双学先代会，授予株洲分队以“全心全意为西藏人民服务先进集体”光荣称号，之后又被评为“先进分队”。同年5月，队长罗天立代表湖南省医疗队出席了西藏自治区科学大会。1991 — 2000年，株洲市没有组派援藏医疗人员。

二　援外医疗队

1969年至1971年4月，331医院张春参加国家援助越南医疗队。1972 — 1987年，株洲市先后4次抽调医务人员19人，参加湖南省组织的援外医疗队，分赴坦桑尼亚、塞拉利昂、津巴布韦3个非洲国家。1990年、1999年，又分别选派2名副主任医师赴塞拉利昂和津巴布韦进行医疗援助。每次援外时间约1 ~ 2年。医疗队员在出国期间，救死扶伤，弘扬人道，热心为病人服务，得到了受援国的赞扬和好评，为祖国赢得了荣誉。

三　血防医疗队

1957年9月，株洲市派出两个医疗组共6人，支援常德专区血防工作。至1975年，又先后组织9批血防医疗队，奔赴洞庭湖区各县普查普治血吸虫病。医疗队在艰苦条件下，创造出直肠拖网诊断血吸虫病新方法，提高了查病率，为近6万人查病，治疗患者2600多人，做各种手术150余例，为当地培训“赤脚医生”56名。至1990年，全市共派出14批528人的医疗队，支援血吸虫病疫区的血防工作。20世纪90年代，除继续派出少量血防医疗队支援湖区血防工作外，1998年株洲市首次发现血吸虫流行区，市卫生局于1999年5月组建市内疫区血防医疗队，47名血防医疗队员接受血防技术培训后分赴疫区工作。

四　支农医疗队

自1953年始，每逢春耕、双抢、秋收时节，市各医疗单位派出医疗队支援农业生产。1961年，农村水肿病、小儿营养不良、妇女子宫脱垂、闭经等疾病陡增，全市先后组织21批医疗队计1635名医务人员，配合当地医疗卫生部门进行普查普治。1971年1月，抽调86名医务人员组成巡回医疗队，分赴株洲县云田、龙凤、平山等公社，围绕巩固发展合作医疗开展防病治病工作。1980 — 1990年，为计划生育和紧急抗灾先后派出86批医疗队（手术队）计11260人，为灾区人民服务和农村落实计划生育绝育措施做出了贡献。1991 年 7 月，组建抗疫救灾医疗队分赴茶陵、攸县、酃县水灾灾区，16 名医务人员巡回诊疗 2738 人次，其中抢救危重病人 32 人次。同年 6 月，市直和厂矿企业 25 个医疗卫生单位 45 名医务骨干，分别下到 24 个乡镇卫生院开展对口支农工作，帮助受援单位开展新的服务项目 70 余项，支援医疗器械 1200 台（件），价值 8.5 万元。1992 年，又从 12 个城市医院抽调 38 人下到各县市区以下医疗单位，举办各类学习班 8 期，培训学员 753 人，帮助基层医院开展新项目 13 个，支援物资器械价值 53400 元，免费接收进修 15 人。此后，城市医院每年都坚持开展对口支农工作。1994 年，株洲市发生历史上最大的洪涝灾害，市卫生局先后派出 10 支医疗队赴株洲县 13 个重灾乡开展救护和防疫工作，共送去价值 5 万余元药品，防病宣传单 5 万份，义务诊治病人 24949 人次，抢救危重病人 3 人，消毒水井 4035 处，环境消毒 421 个村。1996 年，市卫生局除派出 5 支医疗队赴株洲农村灾区开展防病治病工作外，还抽调 10 名医学专家组成医疗队赴怀化泸溪县洪涝灾区救治灾民，随车送去 6 万元药品，连续工作 10 天，巡回诊疗病人 800 多人次。1998 年，市一医院组织 2 支医疗队赴益阳重灾区开展防病治病工作。

专 记

苏区医药卫生

1928 年 7 月，酃县工农兵政府组织中草药郎中，在酃县大院的大坝里成立红军休养所，有医务人员 5 名，主要采用中草药治疗伤病员，并负责宣传卫生防疫知识。井冈山根据地失守后，红军休养所停办。次年 7 月，大院西坑成立酃县红军医院，工作人员仅 2 人，廖德佑任院长，李坤光为医师，中共酃县县委从苏区各乡妇委会组织 5 名青年妇女到医院一边护理伤员，一边学习医护基本知识。至 1931 年 8 月，有医护人员 7 人，病床 20 多张。红军医院在遭严密封锁，药品奇缺时，医护人员和轻伤员上山采草药，救治了许多伤病员，手术时用野生魔芋、七叶一枝花等草药水剂作麻醉剂，减少了伤病员痛楚。1931 年，苏区中央政府设立卫生管理局。次年，湘鄂赣苏维埃政府设卫生科。1933 年，各级苏维埃政权均设置卫生运动委员会，以推动卫生运动的开展。各级卫生运动委员会组织群众打扫厅堂、除粪灰、洗沟渠、去污泥、打扫坪场、街道、整理室内及个人卫生；禁吃生冷或死腐食物；发动赤卫队、儿童团捕鼠灭蝇，开展检查竞赛，对优胜单位，予以表扬奖励。通过卫生运动，有效地改善了苏区卫生面貌，保障了苏区军民健康。1933 年冬，第五次反围剿时，江西遂川红军医院迁到酃县，与酃县红军医院合并为酃遂红军医院。该院设在策源老厂里，下设两个分院。一分院设石板头收治重伤员，二分院设田心收治轻伤员，共有 200 多名伤病员。次年冬，国民党军队数千人，分兵 4 路，围剿酃县石禾坪老厂里。县级机关人员分散打游击，留下 10 多个医护人员看护伤员。由于国民党军队四面包围，医护人员与轻伤员乘夜分 3 路强行突围，13 名医护人员中仅存 8 人，100 多名没有武装、无力抵抗的重伤员来不及转移惨遭敌人杀害。

第二十七篇 体 育

中华人民共和国成立前，境内体育工作没有固定的组织机构，且设施匮乏简陋。体育活动主要是民间自发的武术、龙舟、棋类等传统项目。中小学校的体育课及课外活动，也因受场地、器材等诸多限制而无法正常开展。

中华人民共和国成立后，境内体育事业逐步得到发展。1954 年 5 月，株洲市体育运动委员会成立，随后各县体育运动委员会和 24 个企、事业体育协会相继成立，体育设施陆续兴建，体育活动有组织地全面展开。同年，开始推行政务院颁布的《准备劳动与卫国体育制度》（简称“劳卫制”），体育项目由传统型向现代综合型发展，群众体育和竞技体育协调发展，广大职工、干部、学生积极锻炼，形成争达“劳卫制”标准的热潮。

1959 — 1965 年，株洲职工体育在全省较有名气，农村体育在全国颇有影响，株洲市郊区八斗公社被评为全国农村体育三面红旗之一。竞技体育已具相当实力，曾获湖南省第一届、第二届运动会团体总分第二名。游泳、田径项目在国内外重大比赛中，多次获得金牌，株洲体育开始走向全国。至 1965 年，株洲基层体协发展到 102 个，场地设施初具规模。

1966 — 1970 年，因“文化大革命”的冲击，境内体育事业受到影响。体育机构被撤销，基层体协组织瘫痪，场地设施被侵占，体育队伍被遣散，有组织的体育活动一度中断。1971 — 1978 年，境内体育事业进入恢复和发展时期，机构陆续恢复，基层体协组织逐步规范，千人以上厂矿企业配有专职体育专干，千人以下有兼职专干，各项业余运动队伍重新组建，场地设施恢复使用。基层单位有群众业余体校、军事体校、重点体校、体育场。群众性体育活动大面积转向健身体育，知识青年体育颇具特色，竞技体育开始正规化系统化训练，军体项目也由单一的射击扩展到无线电、航模等领域。

1979 年以后，随着国家工作重点转向以经济建设为中心，境内体育全面转向增强全民体质、增强竞技意识的发展轨道。至 1990 年，全市已有体育行政机构 7 个，企、事业单位体协 127 个，单项体协 28 个，业余体校 10 所，各种体育设施、场馆 1940 个；举办过 7 次市运会，共破 156 项（次）市纪录、10 项省纪录；组团参加过 7 届省运会，共获金牌 100 块，破 38 项省纪录，超 2 项亚洲纪录，前 6 届团体总分排在全省各地（州）市的前 5 名之中；多次派遣优秀选手参加国外重大比赛，共获金牌 90 块，银牌 20 块，为国家也为湖南、株洲争得了荣誉。

1991 — 2000 年，《中华人民共和国体育法》《全民健身计划纲要》先后颁布实施，为境内体育事业的可持续发展提供了法律保障。群众体育中的机关体育、街道体育、农村体育、老年人体育、伤残人体育等蓬勃发展。龙舟、伤残人体育、桥牌、门球已成“拳头”项目，在全省、全国多次夺冠夺牌。同时，出现一批传统体育运动学校，业余训练全面展开，田径、球类、举重、柔道、跆拳道、游泳、体操等运动项目在青少年学生中广泛推广，同时为各级体育运动队、各级体校和大中专院校输送了大量的体育后备人才。职工体育、农民体育、青少年体育、老年体育、残疾人体育不断创新，掀起了全民健身热潮。篮球、乒乓球、桌球、门球、棋牌、跑步、拳功操舞等成为人们喜闻乐见的运动项目，各类体育赛事活动经常不断。为较全面掌握人民群众身体肌体素质，有效指导群众科学健身，市国民体质监测中心及县市区国民体质监测站先后成立，为社会体育工作稳步发展夯实了基础。学校、企业、社会体育场地和设施建设不断完善，经营性的健身场馆陆续对社会开放。

2000 年，市体育运动委员会更名为市体育局，经市体育总会、民政部门批准注册的市级单项体育协会有 22 个，企业体育协会有 90 多个。株洲电力机车厂、株洲车辆厂、株洲硬质合金厂等厂矿体协多次受到省和国家表彰。群众体育组织也逐步健全完善，21 个单项体育协会纳入了市体育总会的统一管理。

第一章　群众体育

第一节　民间体育

一　武　术

元末，全国各地农民纷纷起义。茶陵人谭悦道、攸县人张子云因身材魁梧、武艺超群，被乡民推举为反元首领。明万历三十二年（1604），攸县人刘葵中武进士，任广东虎头卫守备。清初，朝廷以“少林寺等广纳明末遗臣，企图反清复明”为由，火烧少林寺，僧众被迫逃亡各地避难，其中来醴陵传授武艺的有分属南少林的林山、龙门、巫家 3 支，武术大师钟金彪、李德和、巫必达在醴陵授徒数百人，醴陵武术一时盛行。清乾隆年间，巫家拳创始人巫必达曾在株洲马家河冯南山、冯连山兄弟家招徒习武，冯氏兄弟和李大魁成为株洲巫家拳的第一代传人。清末，湖南著名武术大师“南侠”兰仙果，在株洲教武授徒，辛亥革命前夕，率众参加了光复长沙的义举。

民国初期，少林武术传人刘明喜、黎洪坚等相继在醴陵授徒千余众，其中名气较大的有刘九生、刘连生兄弟及朱家绪等人。后刘九生、刘连生考入省国术馆，经搏击专家白振东、摔跤专家纪授卿等人指导，技艺大进。民国 22 年（1933），刘九生参加在南京举行的全国第二届国术考试，只出一拳便将北平选手击死，震惊考场，无人再敢与之较量，刘共获短兵器、拳术、摔跤及个人总分 4 项第一名，被同行誉为“铁臂刘九生”。民国 25 年（1936），株洲人唐文爽在长沙举行的华中运动会上，获轻量级拳击第一名，摔跤第二名。20 世纪 30 年代末，境内李实华、李德健、李振斌和黄德兴有“三李一黄，武艺高强”的盛誉。李实华曾任省国术总队教练和湘潭县国术馆长，他擅长搏击，文武双全，一生潜心教学授徒。李德健曾获华中运动会摔跤冠军，名噪三湘。李振斌素有“小老虎”之称，一生授徒不止。黄德兴是巫家拳易忠林的高徒，他在钻研原拳种的基础上，吸收别的拳种之长处，创“汇宗拳”，在武术界颇有影响。

中华人民共和国成立后，境内武术在继承基础上得到发展，技术水平相应提高。1958 年，茶陵县陈应德在省武术运动会上获拳击第一名。1959 年，茶陵县刘件生在省全民运动会上获拳术第一名，株洲市黄彩霞在省一运会上获长拳、太极拳、短兵器 3 项第一名。1960 年，黄彩霞在全国武术运动会上，获太极拳第二名。

“文化大革命”初，武术被当作“四旧”横扫，20 世纪 70 年代方逐步解禁。1972 年，株洲县在县城渌口镇、八斗公社开办武术培训班，聘请湖南师范学院体育系黑世枚教授主教，培训武术骨干 70 多人，株洲城乡又重兴练武之风。1978 年，酃县举办为期 7 个月的青少年业余武术培训班，首次传授国家规定的长拳套路和自选套路。1979 年，老拳师李实华受市体委之托，率株洲武术队赴东安县参加全省武术观摩赛，获团体总分第一名。

20 世纪 80 年代初，株洲县挖掘整理民间传统武术套路，动员民间拳师易端胜等开馆授徒，县业余体校开设武术训练班，聘请老拳师唐文爽主教巫家拳、少林龙门派拳种和刀、枪、剑、棍、钯叉、流星锏、凳、铁尺等器械，培训学员 1532 人。醴陵县散居城乡的几十名拳师亦相继开馆授徒，共举办太极拳、南拳、长拳等训练班 28 期，培训学员 2000 余名，其中骨干 200 多人。1982 年，市武术协会成立。1983 — 1985 年，拳师黄福祥在奔龙公园设立武术辅导站，办班 11 期，教授巫家拳，培训学员 900 余人，巫家拳遂广泛植根于市民中。1987 年，民办公助的市武术运动学校落成。同年，民办株洲实华武术馆、株洲县精英武术馆获省体委、省武协颁发的办馆合格证书。1988 年，民办青龙武术馆、江东武术馆相继落成。同年，在省业余体校武术赛上，市业余体校运动员李珊获规定拳、自选拳、刀术、棍术 4 枚金牌，王超获自选拳、刀术、对练 3 枚金牌，杨群、王茜分获对练、枪术第一名。1989 年 1 月，为庆祝青龙武术馆成立 1 周年，市武协组织 108 名运动员进行巫家拳、太极拳、少林拳、国家武术套路、长短器械、徒手对练、器械对练、拳击、散打、柔道、摔跤、硬气功等表演，观众达 1000 余人；同年 6 月，派出 87 名运动员与第二次来株洲切磋武艺的美国少林武术代表团，进行了巫家拳、少林拳、硬气功、长短器械、徒手对练、器械对练、拳击散打、摔跤和柔道表演。

1991 — 2000 年，为发扬光大武术运动，市、县都创办了各类武术学校和专业培训班，株洲市武术学校、株洲市青龙武术馆、精英武术馆、实华武术馆、江东武术馆、株洲县朱亭文武学校等相继成立。武术培训门类较为齐全，拳类有巫家拳、少林门派、太极拳、国家武术套路，器械以刀、枪、剑、棍、钯钗、凳、铁尺为主，还有散打、柔道、摔跤、硬气功等。1991 年，株洲市举办了首届“振兴杯”武术擂台赛，株洲县武术运动员唐兴获拳击、棍术两个第一名，朱微获拳术、刀术两个第一名。是年，国家一级拳师、湖南省电视武打演员主教练兼武打设计师段新民在茶陵县创办了新民武馆，该馆以“高、难、严、精”的模式进行训练，至 1993 年，已培养出国家拳师 500 余名，输送安保、保镖人员 875 名，武打演员 30 多名。1994 年 4 月，举办中国南方“株洲杯”散手擂台争霸赛，历经近百场激烈搏斗，武汉体院的孙继明夺得南方武状元。

属武术运动范畴的跆拳道、柔道、摔跤等运动项目亦受到青少年喜爱。市区兴办了一些跆拳道、柔道、摔跤场馆，吸引了不少青少年的参与。1998 年，株洲籍柔道运动员周爱荣参加在法国举行的柔道世界锦标赛中，一路过关斩将，获得亚军。

二 气 功

中华人民共和国成立前，境内气功门派众多，各守门规，秘不外传，学练气功者甚少，而将其视为邪门者众。

自 20 世纪 70 年代末期始，气功从神秘的氛围中解脱出来。1978 年 4 月，市体委特邀北京气功师杨殿学、赵香全、马文慧到株举办“意拳站桩”气功训练班，分治病、健身、辅导员 3 个训练班，培养气功辅导员 150 多名。治病健身班在气功师悉心指导下，80% 以上学员经过练功，不同程度缓解了病情，增强了体质。1980 — 1985 年，各门派气功师纷纷出山，市体委因势利导举办训练班，先后推广了马王堆气功、鹤翔庄功、空劲气功、少林一指禅二指禅气功、形意静养功、导行功、五禽功、智能功、少林功、达摩功、吐纳术、点穴功、藏秘功、硬气功等功法。群众虽对各种功法认识不一，但气功能祛病健身延年益寿已成为共识，故学练气功者越来越多。1985 年 2 月，市气功协会成立。12 月，市体委特邀北京大雁气功宗师 90 高龄的杨梅君来株洲讲学，办训练班 3 期，培训学员 1000 多人，大雁气功在株洲传播开来。同年，株洲桥梁厂深得道教真传形意静养功的职工胡抑涛，练功 40 余年，藏而不露，应邀去广州传功一鸣惊人，在省内外及港台地区产生了较大影响。1988 年，市中医院对北罡门气功研究颇有造诣的按摩医师姜华林，应邀参加在西安举行的全国气功理论探讨会。1990 年年底，全市已建气功辅导站 24 个，约有 10 万人次学练过气功，各门派气功在株洲广泛传播开来，已成为群众喜爱的一项新兴的体育活动。

1991 — 2000 年，全市陆续新建了一些健身气功站点，健身气功活动得到了进一步发展，株洲经验在全国健身气功活动经验交流会上推介。

三 龙 舟

宋元以来，境内沿湘江一线，历代都有自发的龙舟赛事，曾出现过不少赛舟高手。民国年间，享誉株洲的有“黄德贵的鼓、陈汉的锣、李德桂的舵、朱隆的旗”。

中华人民共和国成立后，龙舟赛由自发转向有组织有领导地进行。20 世纪 50 年代，茶陵县、醴陵县等地龙舟赛，开始由县政府或县体委组织进行。1966 年以后，龙舟赛一度中断，直到 80 年代才逐渐恢复起来。1984 年，株洲县政府为发展龙舟运动，拨专用木材 30 立方米建造标准龙舟，一些乡镇历来爱好龙舟活动的农民也自发筹集资金建造龙舟。一年内全县新添龙舟 10 艘。株洲县男子龙舟队赴湘潭参加省龙舟赛一举夺得冠军，后代表湖南参加在广东佛山举行的全国首届“屈原杯”龙舟赛。1985 年，市政府为进一步提高株洲龙舟水平，给株洲县拨专款 8000 元，建造 2 条中型国家标准龙舟；端阳节又选择株洲县作现场举行市首届龙舟赛，有来自醴陵市、攸县、茶陵县、酃县、株洲县、郊区的6支龙舟队，进行了男子2000米直道竞速和女子1000米直道竞速的角逐。同年6月，株洲县组建株洲市第一支女子龙舟队，当年与男队一道代表株洲参加省“洞庭杯”龙舟赛，双双获得冠军。1985年、1987年、1988年，株洲县龙舟队3次代表湖南省参加在湖北宜昌、四川新津县、岳阳南湖麦子港举行的全国第二、三、四届“屈原杯”龙舟赛，分获第三、五、六名。1989年9月，株洲县女子龙舟队代表株洲参加武汉龙舟邀请赛，夺得600米、1000米和团体总分3个第三名。1990年5月，举行市首届“奔龙杯”龙舟邀请赛，来自醴陵市、茶陵县、攸县、株洲县、郊区、市木材公司、株洲玻璃厂、株洲选矿药剂厂等单位的16支男队和4支女队参与竞渡。1992年，在岳阳举行的国际龙舟邀请赛上，株洲代表队获得男子800米第六名。1993年8月，中国“炎黄杯”国际龙舟赛点圣火仪式在酃县举行。1995年，首届世界杯龙舟锦标赛在岳阳市举行，株洲运动员王联勇、朱劲作为主力队员代表中国二队参加了比赛，夺得500米、250米混合2枚金牌。1996年，株洲龙舟队参加珠海国际龙舟赛获得2个第四名。1998年10月，株洲县南阳桥乡竹鸡村农民组织龙舟队自费参加在上海举行的全国第九届龙舟锦标赛，在所参赛的5个项目中全部获得第二名。2000年，株洲县渌口镇组织龙舟队代表湖南省参加第十四届“屈原杯”全国龙舟赛，获得亚军。同年11月，该龙舟队又代表湖南参加全国农运会，取得了5000米第2名、250米第5名、总分第6名的成绩。

第二节　职工体育

民国时期，境内各县府和城镇学校公职人员，开展环城赛跑、国术大会操、篮球赛等少量体育活动，而普通工人、店员则很少介入。民国28年（1939），攸县县长李公达在机关职员中实行早操活动，亲撰牌示“早操不可缺，着由杨警佐负每日检查人数，填表呈报之责。缺操一次，罚洋伍角”，成为境内政府部门行政指导职工体育之始。

中华人民共和国成立后，职工队伍迅速壮大，职工体育亦迅速发展。1952年，中华全国体育总会湖南株洲分会成立，株洲职工体育步入有组织有领导的发展轨道。同年，举行市首次排球赛，20多个部门和单位的职工篮、排球队相继成立。1953年，各基层体育协会陆续建立，活动项目从球类扩展到田径、游泳、体操、棋类、军事体育等领域。体育活动开展十分频繁，几乎每天下午和每个星期天都有赛事，特别是篮球赛常常要排队“轮接”。经过几年发展，株洲职工体育初具规模，到1957年全市已建立篮、排、足、乒乓球队110个，长跑队233个，还有5000多名职工坚持做广播体操。

1958年，在株洲铁路地区运动场举行市第二届职工运动会，有40个单位约800名运动员参加，设田径、自行车、第三套广播体操、航空模型表演等项目。同年，组织市职工代表团参加省第一届职工运动会，男篮获冠军，并连续3年保持省冠军称号。1961年，全市有各项目业余训练队3000多个，业余体校10所，培养了近2000名等级运动员和500名等级裁判员，有18万余人通过了各级“劳卫制”锻炼标准。

1962—1966年，境内职工体育以增强职工体质，服务于生产与战备需要为重点。1962年，有

3850人次参加职工篮球、排球、足球、羽毛球、乒乓球、射击、象棋、游泳、横渡湘江9个项目36次竞赛活动。1963年，市武装部和市体委联合举办了射击通讯赛。1964—1965年，有28万人次参加游泳、射击、登山、通讯和野营等军事项目的训练。1966年，举行市职工广播操赛、篮球联赛、职工公路自行车赛和第三届职工田径运动会，有近10万人响应毛泽东“开展群众性游泳活动”的号召，到江河游泳。

1972年，举办全市职工乒乓球联赛，有98个单位172支男女球队678名运动员进行了1276场比赛。1973年，举行市职工田径运动会和职工篮球联赛。1974年，举行市职工篮球赛，有65个单位94支男女代表队1123名运动员进行了1303场比赛。1975年，举行市职工篮、排、足、乒乓球、田径等项运动会，组织万名职工开展株洲至韶山象征性冬季长跑活动，承办了省职工篮球赛。1977年，举行市职工乒乓球联赛、篮球联赛，派职工篮球、象棋代表队参加省赛均获第一名；同时组织1000余名职工参加春节环城赛跑和近4000名职工参加纪念“七一六”横渡湘江的活动。

十一届三中全会后，职工体育逐步转到以提高职工身体素质，更好地为“四化”建设服务的轨道上来。体育项目除现代田径、球类等项目外，传统的武术、气功等项目，相继成为职工群众爱好的运动。1978年，市妇联举办市第二届妇女游泳赛；市体委牵头组织体育代表团参加了省四运会。1979年，市体委和机关党委联合举行春季环城赛跑和首届市直机关运动会，有800多名机关干部参加了拔河、乒乓球、1500米和3000米跑等项目的比赛。同年，在工矿企业职工中大力提倡工间操、太极拳等健身活动。市体委因势利导举办数期太极拳骨干训练班，促进了全市太极拳活动的普遍开展，人称“太极拳年”。1980年，举行市乒乓球赛、足球选拔赛、第20届职工篮球赛、首届桥牌和第二届市直机关运动会，组织7个职工代表团参加了省赛，获男篮、男足2个第一名。1981年，在职工中开展“一操”（广播操）、“一拳”（太极拳）、“一法”（练功18法）、“一跑步”活动，人称“医疗体育年”。

1982年，株洲市出席由国家体委和全国总工会联合在沈阳召开的全国职工体育工作经验交流会，并在会上作典型发言。株洲经验得到了国家体委和全国总工会的充分肯定，与沈阳、青岛一起被誉为“全国职工体育工作的三大缩影”。同年，举行市首届职工马拉松赛、首届县局级以上领导干部运动会和第四届市直机关运动会；株洲职工代表队在省第四届厂矿职工带学生羽毛球赛上囊括所有团体冠军，其中湘江机器厂代表队获职工男女、中学女子、小学男女5项团体赛金杯，株洲硬质合金厂代表队获中学男子团体赛金杯、职工男子双打第一名。1984年，举行市乒乓球赛、排球选拔赛、甲乙级队篮球赛、足球选拔赛、田径运动会，派出由110名运动员组成的田径、游泳、篮球、足球、乒乓球5个男女代表队，参加省第二届职工运动会，获金牌5枚、银牌11枚、铜牌9枚。同年，株洲洗煤厂男子篮球队被全国总工会评为全国业余优秀运动队，市卫生防疫站和株洲选矿药剂厂男子篮球队、株洲化工厂桥牌队、株洲电力机车厂举重锻炼小组、南方动力机械公司医疗体育锻炼小组，被省总工会评为省业余优秀运动队和锻炼小组。1985年，市信鸽协会秘书长段善琪饲养的信鸽，在全国首届信鸽1000千米大赛湖南赛区中获得冠军，信鸽协会会员黄建明的信鸽以15小时45分的成绩，率先飞完800千米全程，夺得郑州比赛冠军。1986年，由各单位赞助经费举办全国“深华杯”、省“冶金杯”和省“防疫杯”篮球赛、省公安系统乒乓球赛、省健美表演赛和第六届市直机关运动会；由市各基层体协筹措资金，举行市桥牌、信鸽、钓鱼、篮球、乒乓球、象棋、围棋、足球等17次比赛，参赛职工达2484人。由株洲车辆厂职工自发组织的“黄贝利”青年足球队，自费参加了市足球赛。

1987年，株洲市第一次明确提出体育社会化概念，出现社会办体育的势头。全年由市体委牵头，基层体协、单项体协等29个单位出力出资，举办和承办了市第三届“三八杯”女子拔河赛、第三届侨务运动会、第七届钓鱼赛、首届健美邀请赛、首届“拼搏杯”排球赛、第二届“巾帼杯”桥牌赛以及首届“体育智力”赛、首届“火花杯”公路越野赛、第二届科技财税人员运动会、春秋两季信鸽赛等22项比赛。1988年，有35个基层体协和单项体协，分别承办第七届市直机关运动会、第三届“名人杯”桥牌赛、首届“电力机车杯”游泳赛、林业系统职工运动会、第三届科协科技人员运动会以及首届职工业余围棋定段定级赛等22项比赛，参赛职工达12万多人。1989年，贯彻国家体委提出的“以革命化为灵魂，以社会化科学化为两翼，振兴中国体育”的指导方针，社会各界办体育的积极性进一步高涨，银行、邮电、电业、冶金、农业、纺织、城建、公安、税务、工会、团市委等26个部门，集资1265万元，承办全市第二届围棋升段升级赛、第三届“健美杯”健美赛、第四届“名人杯”桥牌赛、第四届科技人员“马拉松”运动会、第四届侨务运动会、第六届“春节杯”桥牌赛和第九届钓鱼赛等21项比赛活动。

20世纪80年代，是境内职工体育运动最为活跃的时期，涌现出一大批先进集体和先进个人。南方公司连续荣获全国第四届、第五届和第六届运动会授予的“全国群体先进单位”称号，株洲电力机车厂连续荣获全国第五届、第六届运动会授予的“全国群体先进单位”称号，市电碳厂荣获全国第六届运动会授予的“全国群体先进单位”称号；南方公司职工李临庄、市体委干部谢家定被评为全国职工体育先进工作者，市邮电局家属刘筱英、市人民银行副行长刘怀玉、市建公司副经理张俊才、市工商局局长王树秋被国家体委授予“优秀辅导员”称号。此外，还有16个单位，20个人被评为湖南省群体先进单位和先进个人。南方公司工人李临庄，60年代末至80年代中期，一直坚持长跑锻炼，练就一副钢筋铁骨，以充沛精力进行超强度、超负荷、超时间的工作，一人同时操作3部钻床，一年完成别人3～4年的工作量，被人们誉为“跑在时间前面的人”，被评为全国劳动模范和全国职工体育锻炼标兵。

1990年，以迎“亚运”为中心开展群众性体育活动，举行迎亚运“交安保险杯”长跑活动和职工乒乓球赛，特别是“亚运之光”火炬接力仪式，其规模之大，参与人数之多都是空前的，荣获全省唯一的组织一等奖，省电视台、中央电视台均以较大篇幅予以报道。

20世纪90年代前期，由于经济体制的转轨，体育活动经费来源受到一定程度的影响，举办大规模的职工体育赛事不多，但各类小型赛事活动较为频繁。1991年，以南方公司为主体组成的株洲钓鱼代表队参加了在香港举办的国际钓鱼比赛，获得个人海竿第一名。同时，株洲桥牌代表队在全省比赛中，男女双双获得团体第一名；象棋、围棋、钓鱼均获得团体第二名。1992年6月，为纪念毛泽东“发展体育运动，增强人民体质”题词发表40周年，市体委与市教委、市总工会、团市委、市妇联共同组织了各项群众体育赛事，全市300多个单位、近100万人次参加了各种形式的体育竞赛。同年，市钓鱼代表队代表湖南参加第八届全国钓鱼比赛，夺得海竿单尾金牌、手竿单尾第四名；在无锡国际钓鱼节比赛中，获得菱塘手竿金牌、团体银牌、康乐赛单尾金银牌。

1993年，国家体委授予株洲市“全国推广第七套广播体操先进城市”称号，授予株洲电力机车厂、南方公司，株洲桥梁厂、株洲冶炼厂中学、市体委学校体育科“全国群体先进集体”称号。同年，市中青年门球队获得全国冠军，市老年门球队获得省赛亚军。同年12月，为纪念毛泽东诞辰100周年，举办了职工篮球、足球、棋类、田径等项目的比赛。

至1994年，株洲市先后有电碳厂、电厂、南方公司、株洲电力机车厂、株洲桥梁厂5家工厂被评为全国群体工作先进单位，茶陵县被评为全国体育工作先进县。

1995年，举办株洲市第八届运动会、第十届市直机关运动会，这是株洲启动全民健身计划后的第二次全市性大型活动，有72个单位3800多人参赛。1996年，株洲代表队在全国第六届体育舞蹈锦标赛中夺得1枚银牌。同年，举办400多名选手参加的“建行杯”迎春长跑赛。还举办“邮电杯”广播体操赛、“美光杯”龙舟友谊赛、市首届“楚天杯”台球赛、“精美杯”台球赛、“三好杯”赛、“团结杯”长跑比赛等群众性的赛事活动。同年6月，株洲冶炼厂举办了全民健身展示会。

1997年，为庆祝香港回归，组织了“庆回归，万人长跑”和“奔龙杯”足球赛等活动。为搞好全民健身计划，在全市城乡培训了一批社会体育指导员，他们作为群众体育的骨干力量，活跃在基层群众中，指导群众开展丰富多彩的全民健身活动。同年，南方动力机械公司、株洲电力机车厂、株洲冶炼厂、株洲车辆厂、株洲硬质合金厂、株洲桥梁厂、炎陵县文体局、醴陵市四中、田心铁中等单位被国家体委授予“全国群众体育先进集体”。

1998年11月，株洲市举办首届大众体育运动会，此届运动会经历初赛和复赛两个阶段，历时3个多月，参赛群众达10万余人次。株洲的群众体育工作得到了上级部门的充分肯定，芦淞区建宁办事处被国家体委评为“全国体育先进社区”。该社区在旧城改造时，规划兴建了26处体育活动场地，办事处还注重发挥体育积极分子和骨干力量的作用，培训了一批社会体育指导员，社区体育开展得有声有色。2000年，全市10家大型企业投入130多万元用于体育场地建设和体育活动开展。大小赛事活动举办了101次，参加人数达5.58万人次。同年，市体委被省体育局评为“全省全民健身活动优秀单位”，天元区嵩山路办事处被国家体育总局评为“全国社会体育先进单位”。

第三节　农民体育

中华人民共和国成立前，境内农民体育活动多是逢佳节或农闲，由农民自发地开展武术、游泳、龙舟等传统项目。

20世纪50年代初，醴陵县玉屏山、浦口、大障等农业社，组建了农民篮球队，常与邻近学校进行友谊赛。

1956年，根据全国首次农村体育工作会议精神，市郊及各县相继建立了体育组织，负责领导农村体育工作的开展，至1958年部分乡村相继建立体育组织，农村体育活动日益活跃。攸县、酃县等还举行了全县农民运动会。攸县进城参赛农民达3400多人。

1958年，株洲郊区八斗公社曾创办过一所农民体育大学，自制体育器材1013件，脱产学习或办短期培训班，培训体育骨干338人。公社林场职工在112个山头上修筑了125条总长达320千米的跑道，各工区在造林工地架设单双杠788副，爬竿250处，木制举重器155件，沙筒400多件以及其它大批体育用具，随时随地可以锻炼身体。据统计，全公社有34%的农民、公社林场8277人中有90%以上的人，经常参加田径、球类、爬山、举重、舞砂筒等体育锻炼，其中有1566人达“劳卫制”一级，378人达二级，154人达等级运动员。八斗公社因开展农民体育活动成绩突出，被评为全国农村体育“三面红旗”单位，公社党委书记兼公社体委主任郭术林，应邀出席全国农村社会主义建设先进单位的代表，获国家“千里马”奖章，一时间省内外体育界人士纷纷前往参观。

1959年，郊区园艺场结合民兵训练，农民体育活动也开展得有声有色，曾派出5名优秀运动员代表株洲市参加省农民运动会。

20世纪70年代初，随着城市下乡知识青年的增多，知青体育开展比较活跃。株洲县在240个知青点上，共建起篮球场69个，乒乓球台85个，添置各种体育器材800余件，组织男女运动队370个。1974年11月20日，《体育报》刊登《农村体育工作新经验 —— 湖南株洲市、县安置农村知识青年开展体育活动调查情况》一文，予以肯定。

1975年年初，市首届知识青年运动会在株洲县举行，有9个代表团387名运动员进行了篮球、乒乓球、田径、射击、拔河5个项目的比赛。会上还总结推广了白关知青点、马家河公社等知青体育先进单位的经验。同年，八斗公社、马家河公社、白关公社白关大队被评为湖南省农村体育先进单位。1976年，北京人民体育出版社发行《迎风展翅》专辑，介绍株洲知青参加体育活动的情况。1977年，组织农民篮球队等12个体育代表队，参加了湖南省比赛。

1978年后，农村经济的迅速发展和农民生活水平大幅度提高，农民体育也有了新的发展。80年代初，酃县、攸县、醴陵县的一些乡镇，相继成立了文体领导小组，以“文化站”“青年之家”为阵地，开展各项体育活动。茶陵县严塘、城关等乡镇，每逢劳动节、国庆、元旦等节日，都要举行单项比赛。1978年冬，攸县鸾山乡聘请教练集中培训武术骨干43名，又通过武术骨干利用早晚和农闲办短训班，培养农民武术运动爱好者220名。1984年，该乡投资10.3万元，兴建1个面积达0.63公顷的田径运动场，3个水泥灯光球场。至1985年，该乡有篮球队26个、乒乓球队17个、射击队17个、羽毛球队13个、武术队12个、体操队17个、龙灯49条、狮灯3班，举办过8届文体活动周。第一次乡农民运动会上，参赛农民达8200多人次，占乡总人口的42%。1984年12月，市首届农民“致富杯”运动会在鸾山乡举行，全市6个代表队、265名农民运动员，参加了田径、篮球、乒乓球、武术、自行车5个项目的比赛。1985年11月，市第二届农民“致富杯”运动会在茶陵举行。1986年7月，省体委、省农业厅、省文化厅、团省委和湖南日报社《富民周报》联手，在株洲举行省首届“富民杯”农民篮球赛，攸县鸾山乡、醴陵市浦口镇等8支农民男子篮球队参赛，浦口镇代表队获冠军，并代表湖南省参加了在湖北孝感县举行的全国“丰收杯”篮球赛。1988年10月，农民运动员胡咏梅在全国首届农民运动会上，获武术表演个人优秀奖和道德风尚奖。

1979 — 1985 年，攸县鸾山乡连续 6 年被评为省、市、县 3 级农村体育先进单位，1981 年还出席了全国群众文化工作先代会。1985 年，攸县鸾山乡、茶陵县严塘镇、醴陵市浦口镇被评为省农村体育先进典型，受到省体委表彰。1988 年，茶陵县长陈润儿、县体委主任陈阵美、攸县鸾山乡人大主任尹天佐、株洲县体委主任黄开阳，被国家体委授予全国农村体育积极分子称号。1989 年，茶陵县严塘镇被省委省政府授予“群众体育工作先进镇”称号。

1991 — 2000 年，境内农民体育工作随着农村经济的发展而出现新的变化，也引进了一些门球、桌球、健身舞蹈等新的体育项目。随着城镇化进程的提速，农村体育场所和设施建设得到了根本改善，新增一批体育活动场地，如篮球场、门球场、桌球馆、棋牌室、歌舞厅等。至 2000 年，全市共举办了六届农村老年人运动会，不定期地开展龙舟、武术等农民赛事。1993 年，茶陵县参加在益阳市举行的全省全国体育先进县田径锦标赛中，夺得 5 金、3 银、3 铜，以总分获得本届赛事季军。1996 — 2000 年，株洲龙舟代表队先后参加了珠海国际龙舟赛、上海全国第九届“屈原杯”龙舟赛、长沙石燕湖全省龙舟赛、全国第十届“屈原杯”龙舟赛和全国农民运动会等赛事。分别获得了珠海国际龙舟赛两个第四名，第九届“屈原杯”龙舟赛 5 个第二名，全省龙舟赛第一、二名。2000 年，株洲县龙舟队代表湖南出征第十届“屈原杯”和全国农民运动会，分别获得亚军，1 个第二名、1 个第五名和总分第六名的好成绩。

其间，茶陵县严塘镇 1991 年被国家体委、中国农民体协授予“全国亿万人民健身运动先进乡镇”，1993 年被湖南省人民政府授予“群众体育工作先进乡镇”，2000 年被国家体育总局和农业部授予“全国群众体育工作先进单位”；茶陵县 1995 年被评为“全国体育工作先进单位”；株洲县白关学校 1991 年被评为“全国体育达标先进单位”，全市有 15 个乡镇被评为全省农村体育工作先进乡镇；2000 年，茶陵县腰陂镇被国家体育总局评为“体育先进乡镇”，株洲市被评为全省农村体育先进单位。

境内农村体育工作，造就了一批体育优秀选手和运动员。醴陵市张家满作为伤残人运动员在国际国内比赛中取得了骄人成绩。茶陵皮划艇运动员周明霞曾获得全国皮划艇“冠军赛”冠军，该县谭金芳多次在全国“中学生运动会”夺金，且达到国家一级运动员标准。

第四节　学生体育

一　体育课

清光绪三十年（1904），朝廷颁布《奏定学堂章程》，规定各级各类学堂设体操课，蒙学堂每周 1 节，初、高等小学堂每周 3 节，中学每周 2 节。蒙学堂与初小以游戏为主，高小与初中以兵式操为主，辅以有益之运动。攸县南云学堂、明达小学堂等少数条件较好的学校，已有体育活动场地，但境内多数学校体育课有名无实。

民国初期，教育部颁布《中小学校令》，规定体操为中小学各年级必修课。民国 3 年（1914），醴陵遵道中等预备学校引入英美竞赛性体育活动，倡导篮、排球及田径运动，对当时醴陵中小学体育教学内容的更新，产生了积极影响。民国4年（1915），体操课时增加，每周小学4节，中学男生3节，女生2节，内容仍沿清制以兵式操为主。民国12年（1923），北洋军阀政府教育部颁布《新学制课程标准》，将“体操课”改为“体育课”，规定体育课以田径、球类、游戏为主，一律剔除兵式操。体育课时，中学每周90分钟，初小每周150分钟，高小每周180分钟。教材内容有田径、球类、体操、游戏、国术等。民国13年（1924），省定童子军训练为初中一、二年级必修课，高中以上实施军事训练（女生习军事看护）。据攸县、茶陵等地教育史料载：中小学童子军课的教学有队列、侦察、救护、炊事、露营等内容。民国22年（1933），茶陵城区高小童子军团练习野外生活，步行到攸县露营。

民国21年（1932），教育部公布中小学《体育课程标准》，民国29年（1940）又公布中小学和专科以上学校《体育实施方案》及《各级学校设备暂行标准》，作为学校体育管理和进行教学的依据，但由于经费奇缺，师资严重不足，这些规定多数学校未能实施。有些学校图省钱省时，合班上课，用同样的教材；有些学校聘任他校体育教师兼任，2节体育课连上，或饭前饭后上体育课，课外活动更难于开展；体育教员多数未受正规专业训练，教学颇感困难，教学内容唯篮、排球是尚；各校体育场地多狭窄，设备简陋。抗日战争胜利后，株洲镇私立建宁初级中学以及株洲、昭阳、藕花3所乡中心小学和私立南湖、道山、良图、德星、百井冲5所完小，仅有简单的体育设施，上午有课间操，下午有课外活动。保国民小学、村小均因缺少师资、经费、设施，体育课有名无实。

中华人民共和国成立初期，市、县中小学多数参照苏联中小学《教学大纲》进行教学。1952年，教育部颁布中小学校《教学计划》，规定中小学各年级均设体育课，每周2节，沿袭至今。

1953年，全市小学普遍施行《第一套少年儿童广播体操》。从1954年起，“两课”（体育课、体育课外活动课）、“两操”（晨操、课间操）正式列入中小学教学课程表，形成制度。同年5月，政务院批准颁布《准备劳动与卫国体育制度》（简称“劳卫制”）。到1956年，全市中学和城镇部分有条件的小学，均已实施“劳卫制”项目标准锻炼。

1956年，教育部颁发《中小学体育教学大纲（草案）》，全市中小学开始按部编教材和湖南省印发的体育教学参考资料进行教学。

1958年，受“大跃进”影响，体育课为生产劳动所取代。1960年，国民经济暂时困难，奉省教育厅指示，各校停开体育课。从1961年下学期起，部分学校体育教学“调整项目，改进方法”，对运动量大的耐久跑和障碍跑等减少距离、次数或缩短时间。1964年，全市各类学校体育教学恢复正常。

1969年，中小学高年级体育课改为军体课，由市县区乡4级人民武装部派员到中学向学生进行队列、刺杀、射击、野营拉练等军事训练。其后因“开门办学”，体育活动常为学工、学农所挤占。1975年，《国家体育锻炼标准》颁布，但其时株洲城乡中小学正处于“学大寨”的高潮中，对此项制度未予积极实施。1979年2月，市教育局根据教育部、国家体委、卫生部《关于加强学校体育、卫生工作的通知》精神，提出有组织、有计划地开展小型多样的体育活动，保证学生每天有1小时体育锻炼时间，推行《国家体育锻炼标准》，恢复和建立学校传统体育项目，逐步改善学校体育场地和器材设备。

1980 年，贯彻教育部、国家体委颁布的《中小学校体育工作暂行规定》，境内体育课教学开始步入经常化、制度化、规范化、科学化轨道。

自 1984 年起，市教育行政部门设置体卫科，配备专职体育干部，负责全市中小学体育工作常规管理，开展以城镇学校为主体、以提高体育教学综合效益为目标的课堂教学改革实验。1985 年 11 月，省教育厅选择株洲 4 所学校作现场，召开省首届中小学体育教学改革经验交流会。经过几年的努力，初步摸索出了“汗、会、乐、美”（汗：有一定的运动量，会：掌握一些基本的技术技能，乐：陶冶情操获得精神愉快，美：学生身心得到和谐健美的享受与发展）具有株洲特色的体育课教改经验，并在省内外产生了影响。据市教委和市教科所统计，市县区乡均逐年评选出优秀体育教改课，其中参加市级评选的 250 节、参加省级教改经验交流会的观摩课 20 节、参加株衡邵 3 市研讨会的研讨课 8 节、参加全国部分城市中小学研讨活动的研讨课 8 节、参加省首届体育评优课 2 节。省教委从中选出 4 节课拍成卫星电视教学片，收录在《三湘教育》特辑中。武汉体院从中选出 16 节课拍成教学实习片，作为培养体育师资的教材。

1991 — 2000 年，境内学校体育工作全面实施《学校体育工作条例》《中小学国家体育锻炼标准》和《中小学生体育合格标准》，既抓体育课教学，又抓课余体育训练和竞赛。围绕素质教育，开展体育教研教改活动，组织体育教学评优活动；逐步增加对学校体育工作的投入，落实体育器材配备；加强体育师资队伍建设，提高中小学体育教学水平。1997 年 3 月，为切实纠正将体育教学置于智育、“应试”的从属地位的错误观念，市教委对体育教学从 7 个方面提出 27 条意见和要求，为素质教育提供体育方面的保障。

二　体育课外活动

民国 19 年（1930），湖南省教育厅要求学校开展体育课外活动，提倡因地制宜、因陋就简开展球类、田径、毽子、秋千、跳绳、滚圈以及远足、野营、爬山等简单易行的活动。醴陵师范、湘东中学、茶陵省立二中等少数条件较好的学校，体育课外活动开展得较好，各校都有篮、排球和田径代表队经常组织活动。农村初级小学，因无活动场地，加上多数小学生家务劳动多，视课外活动为额外负担，往往上完正课即回家，学校也无心组织。

中华人民共和国成立之初，课外活动以文体为主。1954 年，体育课外活动正式列入课表，时间安排在下午第 2 节课后。活动内容一般包括田径、篮球、排球、羽毛球、乒乓球、体操等项目。其后，各校争达“劳卫制”标准成为体育课外活动的一项主要内容。1956 — 1959 年，全市 13 岁以上在校学生，全部参加“劳卫制”锻炼。据统计，1957 年攸县对 4 所中小学 981 人进行测验，有 518 人达到“劳卫制”一级，35 人达到二级，312 人达到少年级。1958 年，酃县一中 70% 以上学生体育达标。1959 年，醴陵县有 1310 人达“劳卫制”一级。

20世纪50年代，境内各校比较重视体育锻炼小组建设，积极发展有自己特色的体育项目。市二中的田径、醴陵县一中的游泳、攸县二中的长跑，在省内都小有名气。特别是醴陵县中小学游泳代表队，拥有一级运动员1人、二级15人、三级80人、少年级51人，1952—1959年一直保持着省游泳冠军称号。

三年自然灾害期间，因学生营养条件普遍较差，体育课外活动骤减。1964年，“劳卫制”改为“青少年体育锻炼标准”。

1978年后，株洲市县按照省教育厅、省体委制定的体育传统项目学校标准，选定一批学校作为传统项目训练基地，开始一批重点项目业余训练。1980—1986年，株洲有12所中小学被定为省体育重点项目学校，占全省体育重点项目学校的10%。全市中小学生体育达标率逐年上升，1983年为53.6%，1990年为86%。其中，株洲县体育达标率1983年为72.5%，1985年增加到89.4%，其后连续多年达标率均在95%以上。1988年，城区有14.52万名中小学生达到体育锻炼标准。到1990年，全市学生体育除拥有省体育重点项目学校12所外，还拥有省市2级体育传统项目学校40所，开设了田径、游泳、射击、体操等15个项目，经常参加业余训练的中小学生达1976人。

1991年，贯彻实施《学校体育工作条例》，株洲市制定了实施规划和措施。当年，全市中学生体育标准合格率达99.6%，中小学《国家体育锻炼标准》达标率为76%。1993—1997年，在“九七教育工程”的推动下，全市学生体育合格率保持在98%以上，县、郊保持在95%以上，体育锻炼达标率达90%以上；参加全省各类学校运动会，团体总分和单项成绩均在前5名以内；历届全省、全国城市体育调教成绩均居全省前3名。1997年后，连续三届全省中学生田径比赛中，株洲市代表队分别获得团体总分的第三、第二、第一的好成绩。

第五节　残疾人体育

20世纪70年代末，境内开始有组织地开展残疾人体育运动。1979年，醴陵县组织6名残疾人进行象棋、田径、乒乓球训练，并选出3名优胜者参加省伤残人运动会，其中巫炳生获象棋金牌。

1982年9月，举行市首届聋哑人运动会，来自全市35个基层单位的50多名聋哑运动员，参加了田径、篮球、乒乓球和中国象棋4个项目的比赛。同年11月，组织聋哑人体育代表团参加省首届盲聋哑人运动会。1984年7—10月，组织市残疾人体育代表团，参加省首届残疾人运动会和在合肥举行的全国首届残疾人运动会，截肢A6级伤残人运动员刘庆成，创100米跑、跳远2项省伤残人纪录和5000米跑全国伤残人纪录。1987年1月，市伤残人体育协会成立。20世纪80年代后期，株洲伤残人体育进入一个全新发展阶段，一批优秀伤残人运动员在一系列国内外重大比赛中，取得优异成绩。市伤残人体育代表团参加省一届、二届伤残人运动会，均获团体总分第二名。张家满在1988年韩国汉城第八届国际伤残人奥运会上获游泳银牌，成为湖南历史上第一个在国际伤残人奥运会上得奖的运动员；在1989年日本神户第5届远东及南太平洋地区伤残人运动会上他又获6枚游泳金牌，成为中国体育代表团在此届运动会上得金牌最多的运动员。张家满还参加了1990年9

月在云南昆明市举行的全国伤残人田径、游泳锦标赛，获S10级100米自由泳、S10级100米蝶泳、M9级200米混合泳3块金牌；获B9级100米蛙泳银牌。残疾人乒乓球运动员袁立人、陈伟红先后在远东南太平洋残疾人运动会上夺得金牌。1992年在广州举行的全国第三届伤残人运动会上，株洲6名选手参加了游泳、乒乓球、田径等项目的比赛，夺得游泳项目的4枚金牌、2枚银牌，获乒乓球项目银牌。张家满获100米自由泳、100米蝶泳2枚金牌、100米蛙泳银牌；罗国成获100米跑和跳远2枚铜牌；谢海霞获100米仰泳金牌、100米自由泳银牌、50米自由泳铜牌；袁立人获乒乓球TT8级铜牌，标枪比射获铜牌；黄程获50米自由泳金牌、100米自由泳铜牌。在1993年全国残疾人游泳、乒乓球分区赛上，株洲运动员夺得乒乓球女子团体亚军和个人银牌。游泳项目获8金1银1铜，总分名列全省各地市之首。之后，张家满、谢海霞、付卫军、袁立人、黄程入选国家残疾人运动集训队。

1994年9月，在上海举行第六届远东南太平洋残疾人运动会上，株洲有5名运动员参加，其中游泳选手4人，乒乓球选手1人，乒乓球运动员袁立人夺得女子单打、女子团体和女子轮椅公开级单打3枚金牌；游泳选手黄程获男子100米仰泳和200米仰泳2枚金牌和200米混合泳银牌，100米和50米自由泳铜牌；谢海霞夺得女子100米仰泳、100米蝶泳、4×100米混合泳接力3枚金牌及200米自由泳银牌、400米自由泳铜牌；张家满获得4×100米混合泳接力银牌和200米自由泳金牌。1995年，省第四届残疾人运动会株洲选派21名运动员参赛，共获金牌25枚、银牌11枚、铜牌3枚，团体总分名列第四。1996年，在全国第四届残疾人运动会上，株洲籍运动员取得金牌2枚、银牌3枚、铜牌1枚的战绩。

第六节　老年人体育

20世纪70年代中期，境内老年人体育活动处于自发阶段，打拳、舞剑、跑步、做操是常见的健身运动。70年代末，始转向有组织有领导方向发展。1979年，首届市直机关运动会就设立了老年组。

20世纪80年代，随着离退休人员的逐年增多，老年人体育受到重视。1982年，市老年人体育协会成立，市长办公会议解决了其开办经费、配备专干、办公地点等问题。各县区和部分机关、街道、乡镇、企事业单位亦相继成立了老年体协组织。1984年3月，举办市首届老年人运动会，有1300多名老龄运动员参加了田径、武术、乒乓球、体育游戏赛等运动项目；10月，市老年篮球队在省辖6市首届老年人篮球赛上获第二名。

境内老年体育运动项目中的强项有门球、乒乓球、桥牌、太极拳等。1985年3月，市体委从上海请来关禄昌、钱永德2位门球教练，培训门球教练员40余名，使株洲迅速掀起了老年人门球热；7月，举办市首届“奔龙杯”门球赛，全市27个单位51支代表队参赛；9月，在石家庄首届中日“樱花杯”门球邀请赛上，市老年体协队、株洲车辆厂队、株洲硬质合金厂女队分获第三、四、六名；11月，在湖南、上海联合举办的“沪湘杯”门球邀请赛上，市代表队获男女第二、三名。1986 年，全市老年门球队猛增到 600 多支，门球运动技术水平迅速提高。6 月，市老年门球代表队在省老年人门球赛上获冠军；10 月，又代表湖南省在石家庄全国老年人门球锦标赛上获冠军。1987 年 1 月 19 日，中国国际广播电台在《中国兴起“门球热”》新闻稿中，对株洲门球运动给予很高评价，谓之“全国门球运动开展得最活跃的地方”。同年，日本东京《门球月刊》第 37 号国际版刊载《在湖南醴陵举办门球赛》的消息，日本东京新宿区门球协会会长安永森五郎著《在湖南醴陵列席中国门球大赛》一文，高度赞扬株洲门球运动。1987 年 9 月，市老年人体育代表团在省第二届老年人运动会上获团体总分第三名并蝉联门球冠军。在门球运动迅速普及的同时，市老年体协积极开展篮球、乒乓球、桥牌、象棋、钓鱼、登山、健美操、武术、气功等多项活动。同年 12 月，全国第二届老年“健康杯”桥牌赛在广西梧州举行，有来自全国 24 个大中城市和香港地区的 68 对选手参赛，株洲牌手严万恒、周振扬夺得东西组冠军，捧回“健康杯”。1988 年 3 月，株洲车辆厂门球队代表湖南省在深圳全国门球八强邀请赛上获亚军，6 月市老年人门球代表队在省第二届老年人门球赛上获冠军，9 月市军干所门球代表队在省首届“长寿杯”运动会上获冠军。至 1990 年年底，全市已有一级、二级、三级门球裁判员 152 人，门球教练员 798 人，门球队 1147 个，门球运动员 13471 人，门球场 271 个。1992 年，株洲老年门球队代表中国参加在日本举行的亚洲国际门球邀请赛，并获得较好的成绩。

第七节　体育设施

清末民初，攸县在老衙坪建体育场，为境内建体育场之始，也是湖南省最早的体育场之一。民国 15 年（1926），茶陵县在中学和中心国民小学，辟简易球场、跳高、跳远、乒乓球等设施。民国 20 年（1931），攸县整修老衙坪体育场，定名攸县公共体育场。民国 22 年（1933），酃县在第一高级小学大操坪，开设第一个篮球场。民国 24 年，茶陵县在城关文庙旁修建占地 0.54 公顷的公共体育场。醴陵县已建有文庙坪和状元洲 2 个公共体育场地，该县民众教育馆还置有少量运动器具，一般公私立中学、高级小学有篮球场，遵道中学还有足球场和室内球场。民国 36 — 37 年（1947 — 1948），攸县扩建县公共体育场，拆迁场内残存民房，修建跑道，增设单双杠、高低杠、沙池，完善篮、排、足球场地设施。

中华人民共和国成立后，境内体育设施由少到多日趋改善。1956 年，攸县公共体育场由县体委接管，更名攸县人民体育场，随即修建 200 米圆圈跑道和 100 米直线跑道，添置举重“石担”8 付，更新单双杠、篮球架，修复沙池、投掷场，增设裁判台。1957 年，株洲市运动场建成。场内设有 400 米跑道的田径场、篮球场、排球场、足球场、旱冰场等。1958 年，茶陵县新建灯光篮球场，县一中操场扩建成占地 1.33 万平方米的田径、球类综合性体育场，并新建室内篮球场和体操房。1960 年，城区建成占地 208 平方米射击场。1965 年，城区在株洲公园内建成 409.62 平方米的游泳池。1968 年，醴陵县在原孤儿院旧址建成长 50 米、宽 21 米，有 8 条泳道的正规游泳池；攸县在人民体育场新建面积 864 平方米可容纳 1000 名观众的灯光水泥球场。1973 年 3 月，为迎接举办全国篮球分区赛，在株洲市运动场东侧，投资65万元，仅用43天时间，就建成一座建筑面积4489平方米、有4060个阶梯式座位的大型钢架砖体结构的二级体育馆“株洲市体育馆”，创造了工期之短、速度快、费用省、质量高的体育建筑史上的奇迹。

1974年，株洲县在县城渌口镇建成一个占地4210平方米的带看台的灯光球场。1977年，攸县网岭公社中学在省教育厅、省体委、湘潭地区体委、县体委支持下，建成有400米跑道面积达1.848万平方米的标准运动场，场内设有舞台、投掷场、沙池。1978年，在株洲市运动场南侧建成面积695平方米的简易田径风雨练习棚。该棚于1992年改扩成面积2673平方米的钢筋砖木结构二层体育训练楼。1979年，醴陵县在原游泳池旁扩建一个长25米、宽15米的浅水游泳池，并配套建成了办公楼、辅助练习房、文化学习室、宿舍等。但该池于1986年拓宽沿江路时被填毁，后又在渌江乡泉湖村征地重建游泳馆，馆内有长25米、宽16米的6条泳道训练池和长14米、宽7米的儿童学习游泳池各1个。1980年，茶陵县乡村两级自筹资金200多万元，兴建25个乡镇文体活动中心，228个村（占全县自然村63.6%）建有篮球场和文体活动室。1981年，城区在株洲公园旁建成株洲市最大的露天旱冰场，在河西渡口码头建成湘江天然游泳场。1982年，酃县在大操坪兴建了600平方米的水磨石旱冰场，上设灯光球场；茶陵县投资60万元，在烈士陵园侧建成一座拥有400米跑道，可承办省、市级体育比赛的田径场，内置可容纳3600名观众的看台、足球场、灯光球场、13个靶位的射击场、50×21米的游泳池和33×18× 7.5米的训练房。1986年，株洲县在县工人文化宫前坪修建了占地2400平方米的4个标准门球场；醴陵市将状元洲露天电影场改为老年人活动中心，置有门球场、棋室、乒乓球室等。1989年，株铁一中建成全市学校第一座木质地板篮球训练馆。同年10月，市体委教练陈圣华牵头以民办公助形式，集资300万元，在河西建成一座占地0.8公顷建筑面积3480平方米的市武术运动学校，走出一条民办公助办武校的新路，得到国家体委的肯定。1990年，醴陵建成一座占地0.3公顷可调节温度的室内游泳馆，内设训练池、儿童池、训练房，长年可进行训练和比赛。

随着《中华人民共和国体育法》和《中华人民共和国全民健身计划纲要》的全面贯彻实施，全市体育场地设施建设步伐加快。市区一些大中型企业先后兴建体育场馆。株洲电力机车厂、株洲硬质合金厂、株洲桥梁厂等单位新建多功能体育馆。株洲电力机车厂、株洲硬质合金厂体育馆就多次作为全省、全市老年人气排球、乒乓球、健身操舞的比赛场地。随后，部分大中专院校也相继建起体育场馆，中南林学院、株洲工学院体育馆可承接大型赛事活动。市二中、一中、四中、八中、南方中学、九方中学、醴陵一中、四中、株洲县一中、茶陵县云阳中学、天元区白鹤小学等学校，都先后兴建标准的体育运动场馆，运动场建了塑胶跑道，铺了天然或人造草皮。境内老年人活动场所逐步增多。市里投资400多万元兴建老干活动中心，许多单位、社区、部分乡镇村组也修建标准或简易的门球场。为改善训练环境，提高竞技成绩，市体育局对各项目的训练场地进行改造，新建网球场、羽毛球场、跆拳道、摔跤、举重馆、乒乓球中心、体操、蹦床馆、赛艇皮划艇水上训练基地等多处场地设施，市区游泳场馆就有近20家。据初步统计，1991 — 2000年的10年间，全市用于体育场地设施建设的资金达2.5亿多元。

第二章　竞技体育

第一节　球　类

一　篮、排、足球

民国时期，境内就已有篮球、排球、足球运动。民国 3 年（1914），醴陵遵道中等预备学校倡导篮排球运动。民国 20 年（1931），在长沙读书的攸县籍学生，回乡组织了该县第一个篮球队“攸扬球队”。民国 34 年（1945），酃县第二届运动会，始设球类竞赛项目。

1952 年“五四”青年节，株洲市举办首次排球赛，随后多年频繁的篮、排球赛事活动，使篮球运动成为株洲的强项。1959 年，在省一运会上，株洲男篮三战三捷获冠军。同年底，市男、女篮球专业队成立，共有队员 31 人。1960 年，在省篮球锦标赛上男篮获得冠军，在省少年篮球排球锦标赛上少女篮获第一名。同年，女篮以湖南二队名义，参加全国乙级篮球联赛。

1974 年，在省三运会上，男足获第一名。1978 年，在省四运会上，男篮获冠军。

20 世纪 80 年代初中期，三大球赛事活动频繁，先后举办了市中小学生足球赛、“奔龙杯”足球赛、首届“拼搏杯”排球赛；承办和接待了全国公安系统篮球赛、全国青年足球联赛分区赛、首届“贺龙杯”女子足球邀请赛、湖南省少年足球赛、全国篮球联赛分区赛；派出体育代表团参加了一系列省级比赛，其中获得冠军称号的有：1980 年省少年足球赛、1981 年省少年篮排足球“流动杯”第二阶段比赛少年足球赛、1982 年省少年排球“流动杯”决赛、省五运会女子篮球赛。

1990 年，株洲市第七届运动会开设了篮球和足球比赛项目。同年，省七运会上株洲代表团参加了篮球、足球等 17 个项目的比赛。1991 年 8 月，全国少年女子乙组篮球赛在株洲举行，共进行了 42 场比赛。同年，市青少年队参加了全省足球等 9 个项目的比赛。1994 年 10 月，株洲籍女篮运动员张莉参加了在北京举行的全国甲级篮球联赛，她所在的代表队取得了此届联赛第一名。1997 年，举办了全市“奔龙杯”足球赛。随着足球热潮的兴起，足球在青少年中开展较为普遍，尤其是境内的大中专院校足球运动十分活跃。

境内的篮球运动在一些大型厂矿、机关、学校开展比较普及，经常开展一些系统、行业性的比赛，大中专院校把篮球作为特长项目进行培训。株洲市十七中（原铁路中学）的篮球运动水平享誉全国，其女篮 3 次跻身全省篮球赛前 3 名，曾在中南 6 省市女篮邀请赛中荣获第三名，男篮 20 余次获全市冠军。

二　乒乓球、羽毛球

民国初期，乒乓球运动传入攸县中小学，学生们在简陋的条件下开展这项活动。民国 29 — 30

年（1940 — 1941），攸县第八、九届儿童运动会，始设乒乓球比赛项目。

20世纪50年代初，乒乓球、羽毛球运动逐步在全市学校、机关、厂矿企事业单位普及。1956年12月，举行市首届羽毛球赛，有 8 个单位 40 名运动员参赛。1957 年，市乒乓球队成立。1964 年，举行市首届乒乓球锦标赛，有 45 个单位 36 支男女队 290 名运动员参赛，进行 78 场团体赛 293 场单打赛。

“文化大革命”前期，运动队伍被迫解散，有组织的赛事活动中断。20 世纪 70 年代初，市乒乓球队恢复。1974 年，在省三运会上，乒乓球男队获团体第一名。1975 — 1976 年，两次派队参加全省羽毛球赛。1977 年 3 月，市重点体校成立，把乒乓球列入训练项目。

20 世纪 80 年代，乒乓球、羽毛球运动成为株洲强项。1980 年，在安化举行的全省少年儿童羽毛球赛上，郭小芳获少年组女子单打冠军，郭小芳和姜燕配对获少年组女子双打冠军。1981 年，在株洲承办的省少年儿童乒乓球教学赛上，王勇获男子组冠军；在凤凰县举行的全省少年儿童羽毛球赛上，湘江机器厂业余体校男女羽毛球队代表株洲参赛，获得 6 枚奖牌，郑亚虹被选拔进省队。1982 年，在省五运会上，株洲成年男子乒乓球队获团体冠军。1984 年，在省少儿乒乓球赛上，彭瑞获少女甲组第一名；在邵阳举行的省少儿羽毛球赛上，张虹获少女甲组单打第一名，陈雨红和王晓军获少女乙组双打第一名。1986 年，在省六运会上乒乓球队男子成年组获团体冠军，阮湘平和刘明水获男子双打冠军。1987 年 7 月，在省少儿乒乓球赛上，女子乙组获团体第一名。1989 年，在甘肃举行的全国业余体校乒乓球赛上，何静获少年女子单打第一名、双打第二名；在益阳举行的全国少年儿童羽毛球赛上，杨康与外地运动员配对获男子 13 岁组双打第一名，杨康和郑晓惠分获男女 13 岁组单打第三名。1990 年，在桂林举行的全国青少年羽毛球赛上，张固获男子甲组单打第二名、双打第三名；在省七运会上，朱春妮、王云获女子甲组乒乓球双打第一名。

1991 — 2000 年，随着体育步入市场化，羽毛球、乒乓球活动中心日渐兴起，南方公司羽毛球培训学校、市羽毛球活动中心、市业余体校乒乓球培训中心、市总工会第二文化宫乒乓球培训活动中心、株洲电力机车工厂乒乓球培训中心、株洲桥梁厂羽毛球活动中心等，颇具规模与特色，培养出了一批优秀运动员，羽毛球运动员郑波就是在株洲接受的启蒙培训，成长为国家羽毛球队队员，多次在国际大赛中摘金夺银，2000 年他在世界青年羽毛球比赛中获得团体和双打 2 枚金牌。

第二节 体操、技巧

清末至民国时期，境内中小学设有体操课，直到中华人民共和国成立后，体操才开始作为竞技体育项目。

1957年，株洲市首次举办体操锦标赛，并选派运动员参加省级赛。1959年，市少年业余体校成立，开设体操项目训练，1962 年体操被列为重要训练项目。1972 年，举办市体操赛，组选代表队参加省少年体操赛，运动员言雄获单杠第一名。

20 世纪 70 年代后期至 80 年代末，境内体操运动向专业化方向发展。城区 3 所重点体校，均开设了体操训练课程，培养出一批优秀运动员。1980 年，在省少年体操赛上，市重点业余体校 12 岁的丁琦一举夺得6枚金牌；株洲电力机车厂业余体校10岁的曾英姿，被选拔代表湖南省参加国家在昆明举行的世界中学生体操选拔赛。1981年8月，在省业余体校少年儿童体操赛上，丁琦夺得男子甲组7个项目中的6个冠军、1个亚军，总成绩和名次均列全省第一；9月，在宁波举行的全国业余体校体操赛上，曾英姿获女子儿童甲组4块金牌。1984年9月，在合肥举行的全国技巧锦标赛上，株洲电力机车厂业余体校学生康俊秀获女子双人全能、第一、二套3个第二名。1985年4月，康俊秀在莫斯科第14届沃尔科夫国际技巧邀请赛上获女子双人技巧全能第二名；5月，在全国技巧冠军赛上获女子双人全能和第一套第一名、第二套第三名；9月，在全国技巧冠军赛上获女子双人全能和第二套第一名、第一套第二名及国家运动健将称号；在北京举行的第五届技巧世界杯赛上获女子双人技巧全能和第一、二套第三名；在维尔纽斯国际技巧邀请赛上，又获女子双人全能第一名。1986年3月，曾英姿在美国美洲杯赛上获体操全能、高低杠、男女配对第四名、自由体操第五名、平衡木第六名。4月，康俊秀在莫斯科第15届沃尔科夫国际技巧赛上获女子双人技巧全能第三名；5月，在汉城亚洲青年体操锦标赛上康俊秀是中国队获团体冠军的主力队员之一；6月，在南宁全国技巧锦标赛上康俊秀获女子双人全能和第二套第二名、第一套第三名。9月，在澳门太平洋地区国际体操邀请赛上，中国队获团体冠军，曾英姿为主力队员并获个人跳马冠军。同年，在第比里斯国际技巧邀请赛上，康俊秀获女子双人技巧全能第一名。1987年5月，在全国体操锦标赛暨体操预赛和11月全国体操决赛上，以曾英姿为主力队员的湖南队均获女子团体冠军。

1991 — 2000年，境内体操运动开展得如火如荼，并掀起为奥运争光计划，陆续开办一批少儿体操培训学校，开展自由体操、高低杠、平衡木、吊环、技巧、跳马、鞍马、双杠、单杠等项目的培训，一批优秀的体操运动员脱颖而出，也为株洲体操运动的发展培养了一批后备人才。吉丽雅曾受训于株洲电力机车厂业余体校，1991年入选省体操队，1994年入选国家队。1995年5月，吉丽雅在全国锦标赛上，获得自由体操金牌、跳马银牌、全能总分名列第二名；6月，她在“中国杯”国际赛中摘得平衡木、自由体操金牌；10月，在日本鲭江举行的第31届世界体操锦标赛上夺得自由体操亚军；1996年，吉丽雅在第26届亚特兰大奥运会上获自由体操第八名、女子团体第五名；同年9月，首届亚洲体操锦标赛在长沙举行，吉丽雅获2枚金牌；同年，在湖南省第八届运动会上，株洲市女子体操运动员杨云一人获得3枚金牌。

2000年，在第27届悉尼奥运会上，杨云获得女子团体和高低杠2枚铜牌，为国家赢得了荣誉。由于杨云、陈伟红所取得的成绩，株洲市被省政府授予“第27届奥运会重要贡献奖”和“第11届残奥会突出贡献奖”。

第三节　游泳、皮划艇

民国32年（1943），攸县派代表队参加湖南省第十六届运动会，获男子公开组游泳第五名。

中华人民共和国成立后，以游泳为主的水上运动由自发锻炼转入正规训练。1956年，醴陵县学生游泳代表队首次在省游泳比赛中获总分第一名，破2项省纪录。1957年7月，姚佑和等4名运动员入选省代表团，参加在北京举行的全国游泳跳水锦标赛，姚佑和破女子200米、400米、800米自由泳全国纪录，成为湖南省游泳运动员在全国性比赛中获得名次的第一人。1958年，醴陵业余体校游泳重点班成立，利用课余时间和节假日进行集中训练，在参加省历年游泳比赛中，获得过19次团体总分第一名。1960年，姚佑和参加在成都举行的全国游泳赛，以10'53"9的成绩创女子800米自由泳全国纪录。1963年，姚佑和入选中国代表团赴印度尼西亚首都雅加达参加世界第一届新兴力量运动会，获4×100米自由泳接力、200米和400米自由泳金银铜牌各1枚。1964年，姚佑和赴雅加达参加世界第二届新兴力量运动会，获4×100米自由泳接力、200米自由泳第一、三名。

“文化大革命”后期，市游泳队恢复训练，游泳项目逐渐成为株洲强项。1972年，在省青少年游泳赛上，市游泳代表队创男子400米自由泳、混合泳和女子400米自由泳、混合接力省纪录，女运动员朱芝秀创100米、400米自由泳和100米蝶泳3项省纪录。1974年8月，在省三运会上，醴陵县23名游泳运动员代表湘潭地区参赛，获游泳项目7个第一名。1977年，在岳阳举行的省中小学生运动会上，市游泳队有4人创5次省纪录。同年，市重点体校开设游泳训练项目。1981年，醴陵县一中被定为省游泳重点项目布局学校。1979年，在零陵举行的省少年游泳选拔赛上，市学生游泳代表队有10人创16次省纪录。1983年，在省青少年运动会上，市游泳代表队7人创游泳8项次省纪录；运动员江立新在省潜水赛上获3枚金牌。1984年8月，在省少年游泳运动会上，市游泳代表队获400米混合泳接力儿童男子甲组第一名、女子乙组第一名，运动员袁煌获少年男子甲组100米蝶泳、200米个人混合泳和400米自由泳第一名，蒋洁获少年女子甲组100米自由泳、100米蝶泳和200米个人混合泳第一名。1985年5月，在杭州举行的全国游泳分区赛上，彭钢获200米混合泳第一名。同年夏，选拔运动员委托株洲县体委集训皮划艇，并将有培养前途的运动员送省水上基地代训。1986年4月，在南宁举行的全国潜水邀请赛暨出国选拔赛上，黄茵破800米、1500米蹼泳全国纪录，并被选入国家潜水集训队；9月在省六运会上，彭钢获4项第一名破3项省纪录，钟敏获3项第一名破2项省纪录。1987年4月，在香港举行的亚太地区游泳分龄组锦标赛上，钟敏以2'41"49的成绩获女子200米蛙泳第一名；6月，在衡阳举行的省中学生游泳选拔赛上，谢辉创200米、400米、800米自由泳省纪录；7月，在衡阳举行的省少儿运动会上，市中学生代表队创男子400米自由泳接力省纪录，彭红潮创女子50米、100米、200米蝶泳省纪录；11月，在广东肇庆举行的全国皮划艇赛中，刘建斌、王新强获男子1000米双人划艇第二名。同月，在省皮划艇赛上，株洲县代表队获男子单人划500米、1000米、2000米第一名。1988年7月，在衡阳举行的省第三届中学生运动会上，市男子少年队创400米自由泳省纪录，女子少年队创400米自由泳、混合泳省纪录，儿童男女队均创200米混合泳、自由泳省纪录，女运动员肖成瑶创50米、100米、200米个人混合泳省纪录，张向荣创800米自由泳、50米仰泳省纪录。1990年4月，在杭州举行的全国皮划艇冠军赛上，王新强获男子500米、1000米双划第一名；10月，在武汉举行的全国皮划艇锦标赛上，王新强又获500米、1000米双划、1000米4划和10000米双划第一名。

1991—2000年，游泳作为大众化的群体项目逐步进入市场化运作，市区兴建了近20家游泳场馆，进一步推动了境内水上运动的开展，一批游泳新秀脱颖而出。1993年8月，在贵州举行的全国“润达杯”少年儿童游泳比赛中，株洲籍12岁的小将杨敏代表湖南参赛，夺得50米、100米蛙泳2枚金牌，和蛙泳全能第三名。

第四节 田 径

民国2年（1913），茶陵县在文星门对河沙洲上（洣江乡下瑶村）举办首届县运动会，为境内组织田径运动之始。“五四”运动后，田径运动逐步在各地一些学校兴起，但由于条件限制，多是进行一些短距离赛跑、越野跑和投掷等项目。民国10年（1921），醴陵遵道中学学生代表队参加湖南省第五届联合运动会田径赛，打破了往届省运会仅有省城学校参赛的局面。民国20年（1931），醴陵县和攸县代表队参加了湖南省第十一届运动会田径赛。民国32年（1943），茶陵县代表队参加湖南省第十六届运动会，学生李德生以4'5" 的成绩获1500米第一名。

中华人民共和国成立后，境内田径运动在逐步普及的基础上得到较快发展。1952—1965年，中小学将田径列为重要教学内容和训练项目，田径赛事频繁，运动成绩迅速提高。1953年7月，举行市首届田径运动会，来自机关、学校等15个单位的运动员，参加了100米、1500米和手榴弹掷远等项目比赛。1956年，攸县运动员刘早生以11″6的成绩打破省男子100米纪录。1959年，在省一运会上，株洲运动员胡成师获3000米障碍冠军、宋国栋获马拉松冠军。1962年，醴陵县运动员李雁南在广州中南区田径运动会上，获男子400米、1500米、3000米第一名。1964年，株洲运动员欧阳珍在省二运会上，创女子五项全能省纪录。

“文化大革命”初期，株洲田径竞技活动中断，1971年逐渐恢复。1974年，在省三运会上，株洲运动员刘宏建获女子100米栏、200米栏冠军。1975年，在全省少年选拔赛上，株洲运动员陈宁星、湛海华创800米、3000米全国纪录。1976年8月，在省中小学生田径运动会上，醴陵县学生杨展获中学男子甲组1500米、3000米第一名；9月在广东肇庆举行的全国中学生分区田径运动会上，杨又获1500米第3名。1978年，在省四运会上湘江机器厂子弟中学学生刘国华获女子标枪冠军、周天红获男子跳高冠军、罗德懿获女子急行跳远冠军。

20世纪80年代，株洲标枪运动员刘国华脱颖而出。她在8年间，曾参加过全国田径锦标赛、国家第六届运动会和国际田径赛、第十届亚运会等14次国内外重大比赛，掷枪距离由51.48米提高到67.72米，破亚洲纪录，被国家授予运动健将称号。1982年，在省五运会上，株洲运动员夏文喜创1500米跑省纪录，刘国华以56.08米成绩创女子标枪省纪录，盛国勋获男子铅球冠军。1984年，在省少年田径赛上，株洲龚瑞林获少年男子跳高、铅球第一名；在省重点中学田径运动会上，株洲杜卫红获女子铅球、铁饼第一名。1985年，在桃源举行的省中学生田径运动会上，醴陵县二中学生姚海涛获400米、800米第一名；在河南洛阳举行的全国业余体校田径赛上，醴陵县中学生王水林获少年组铅球、铁饼、1500米全能冠军，并在湖北沙市举行的九省一市“长江杯”田径赛上，获铅球第一名。1986年，在省六运会上，醴陵县二中学生姚海涛破800米省青少年纪录，超全国中学生纪录；在省中学生田径选拔赛上，株洲铁路一中学生蒋学文获男子110米栏、跳高第一名。1987年，在省田径分龄组赛上，株洲骆军获女子跳高全能第一名。1988 年，在佛山举行的全国业余体校田径分龄赛上，株洲全宏亮获男子 15 岁短跑组第二名。1989 年 8 月，在重庆举行的全国田径少年分龄赛上，骆军获女子 13 岁组跳高、十项全能第一名。这是株洲少年女子田径运动员在全国比赛中首次获得金牌。同年 9 月，在省七运会上，株洲付党育获 110 米栏第一名，在全国部分城市“长江杯”田径邀请赛上，他又获男子 100 米、200 米、4×400 米接力 3 项第二名。1990 年，全宏亮在湘潭举行的全国少年田径赛上，获 4×100 米接力第二名。

1992 年，在全国中学生田径比赛中，田心铁路一中学生王涛夺得男子 4×100 米接力金牌、200 米银牌和 100 米铜牌；市二中学生刘佳佳夺得女子三级跳远、4×100 米 2 项金牌。

1993 年，株洲共组织青少年体育竞赛 7 次，2000 余名中、小学生参加了田径等项竞技角逐，有近 200 人达到等级运动员标准。以市二中、醴陵四中、南方中学、田心铁中为主组成的市代表队参加省中学田径赛，夺得了 8 金 4 银 6 铜的成绩，荣获甲组团体总分第四名；王涛、刘佳佳、邹铁入选省代表队，参加全国第五届中学生运动会，得分位居全省第 5；南方中学代表队参加全国体育传统项目田径比赛，获女子组总分第 3 名、男子组第 8 名。同年，在益阳举行湖南省全国体育先进县田径锦标赛中，茶陵县代表队夺得 5 金、3 银、3 铜，以团体总分 71 分的战绩获得季军。

1994 年 7 月，在重庆举行的“全国中学生田径赛”中，株洲籍选手王涛夺得男子 100 米、200 米和 4×100 米 3 枚金牌，成为这届田径赛中夺得金牌最多的运动员。株洲选手赵中、黄静、陈俐夺得 3 枚银牌、2 个第四名、3 个第六名。1995 年 8 月，在湖北孝感市举行的全国田径分龄赛中，株洲市 5 名少年田径选手夺得 9 枚金牌、3 枚银牌、4 枚铜牌，以总分 53 分的成绩，为湖南队获得男女团体总分第一名立下功劳。选手刘晓夺得男子 13 岁组中长跑全能、1500 米、3000 米 3 枚金牌，陈伶获女子 13 岁组短跑全能、100 米 2 项冠军、跳远铜牌；朱白菊夺得女子 15 岁组 100 米，4×100 米接力 2 枚金牌、短跑全能银牌、200 米铜牌；赵中获男子 15 岁组跳远全能、4×100 米接力冠军、跳远、100 米亚军；陈莉夺得女子 14 岁组短跑全能、跳远 2 枚铜牌。刘佳佳在全国田径锦标赛上，进入女子三级跳 8 强，以 13.51 米的成绩打破了她本人保持的 13.4 米的省纪录。同年 5 月，在衡阳举行的国家人材基地田径比赛中，株洲选手谭娜获女子乙组 100 米冠军，张琦亭获 400 米栏银牌。2000 年，在全省中学生田径联赛中，株洲中学生代表队获金牌和总分双第一，创市历史最好成绩。

第五节 举重、摔跤、柔道

举重，是境内民间传统项目之一，习武之人常抓石锁练习力量。攸县蔡会文烈士练武时曾举过的重达 80 多千克的石狮子，一直珍藏在其纪念馆内。

1957 年，株洲始有举重赛。1958 年，组队参加省举重、摔跤赛。1959 年 9 月，在湖南省 9 市举重锦标赛上，许志杰以 71.5 千克的成绩创中量级推举省纪录；10 月在省首届运动会上，沈永伟创举重轻量级 290 千克省纪录。1962 年，在湖南省 9 市举重锦标赛上，株洲获团体第三名，运动员吕思进以 240 千克成绩创轻量级省纪录。此后 20 年间，株洲举重竞技体育停滞不前。1982 年，在省五运会上，胡炳如以 170 千克的总成绩获男子 82.5 千克级第一名。1986 年，株洲县组队代表株洲市参加省摔跤赛，获团体总分第一名。1990 年 10 月，在郑州全国自由式摔跤冠军赛上，唐建国获 57 千克自由式摔跤第二名。1994 年 11 月，在江苏张家港市举行的全国女子举重冠军赛中，攸县 16 岁的选手侯康凤以抓举 105 千克的成绩，夺得女子 64 千克级抓举第一名，并打破该项目 103.5 千克的世界纪录。1995 年 7 月，湖南省“协合杯”青少年摔跤比赛在株洲举行，株洲冷育庚夺得自由式 47 千克级冠军，罗银锋、刘峰分别获得自由式 70 千克级和古典式 47 千克级亚军。株洲籍柔道运动员周爱荣获全国青年柔道锦标赛 72 千克组亚军。1998 年，周爱荣在法国举行的柔道世锦赛中获得亚军。

第六节　军事体育

20 世纪 50 年代后期，军事体育在境内兴起。1958 年，酃县造纸厂职工朱精华被湖南体育学院录取，后成为省摩托车队运动员，多次参加全国比赛，成为境内的第一个军事体育运动员。1959 年，市一运会设射击项目。同年，在全国首届运动会上，攸县的汤清泉、李桢良等获航海女子手旗队团体通讯冠军，刘恢文获手旗通讯健将称号。

20 世纪 60 年代，出于战备考虑军事体育开始有较大发展。1960 年，市国防体育俱乐部成立，开设以射击为主，以航海模型、跳伞等为辅的训练项目，共有 15 人参加航模、1400 人参加地面跳伞、50 人参加飞机跳伞训练。在市第一届射击个人冠军赛上，有 1 人达二级、3 人达三级运动员标准。在全省航模赛上，市队获牵引模型滑翔机冠军。1961 年，举行市“八一”民兵射击、无线电收发报分区赛。1963 年，市国防体育俱乐部举办 12 期民兵业余训练班，培训民兵 6857 人，其中射击 6 期 3997 人、投手榴弹 260 人、无线电通讯 4 期 577 人、航空模型 1 期 20 人、航海模型 1 期 7 人、其他项目 1996 人。同年，选派民兵射手参加省比赛，青少年组获 2 项团体冠军，并有 6 人被选拔到省队参加全国青少年射击通讯赛。1964 年 7 月，在市二运会暨第一届民兵比武大会上，设轻重机枪等 7 个枪种、增设手榴弹投准和 10 千米武装赛跑等军事项目；10 月，在省二运会暨第一届民兵比武大会上，市队获射击男子团体总分第一、单项 3 个第一，陈建雄、郭伯徐在小口径步枪 3×20 项目中以 471 和 452 环双破 446 环省纪录，代淑芝、孔桂荣、黄慈初在小口径 3×20 项目中以 1325 环破 1297 环省纪录，张金堂在无线电手键发报中长码以 90.6 的成绩破 89.6 省纪录。1965 年 8 月，在株洲承办的全国青少年射击赛上，株洲运动员钟克平创少年男子小口径步枪 3+10 卧姿 89 环全国纪录。

“文化大革命”中军体活动一度中断，直到后期才全面铺开。1974 年 8 月，在省三运会上，市射击队获男女团体第一名。1975 年 11 月，市业余军事体校成立，开设航模、射击、无线电收发报 3 个项目，培训学员 45 人。1976 — 1977 年，在省射击赛上，市航模队获团体总分第一名，运动员孙青兰创射击省纪录。1978 年 7 月，在省四运会上，李双仁获女子无线电收发报冠军，有 21 人次破 3 项省射击纪录，4 个队破 4 项省团体射击纪录，1 队 3 人创 1 项省团体射击纪录。

1981 — 1990 年，射击成为株洲强项。株洲多次派队参加省和国家举办的军事体育赛事，获多项冠军，并涌现出莫晓勇、汤青、易律等一批优秀军事体育人才。1981 年，在省优秀射手赛上，市业余射击代表队获团体总分第一名，莫晓勇获汽手枪、小口径手枪慢射 2 项第一名，达一级运动员标准；攸县中学生龙智升获小口径步枪 3×10 射击第一名；在全国射击通讯赛上莫晓勇创男子自选手枪 10+30 慢射和汽手枪 10+40 全国纪录。1982 年 2 月，在省优秀射手和重点项目射击赛上，莫晓勇独得 4 枚金牌，陆仲梅、冯东慧各获 1 枚金牌，王星棋以 545 环破男子自选手枪 3× 20 射击 535 环省纪录，陆仲梅、冯东慧、刘曙以 840 环破女子手枪 5× 30 射击 835 环省团体纪录；8 月，在全国青少年航空模型通讯赛湖南赛区上，市航模代表队以 925 分获团体冠军和二级橡筋动力模型第一名，运动员许伟平获一级自由飞机模型第一名，陈伟强获二级橡筋动力模型第一名，徐卫国获三级橡筋动力模型第一名，黄克武获一级牵引滑翔模型第一名；9 月，在省五运会上，市射击代表队有 6 队 28 人次破 6 项省射击纪录，获男子小口径手枪 50 米第一名，莫晓勇获男子手枪慢射 15+60 第一名。1983 年 8 月，在株洲举行的省射击赛上，市代表队创男子射击小口径运动步枪 30 发卧射、汽步枪 40 发及男女团体自选手枪慢射 10+30、汽手枪 10+40 省纪录。1984 年 2 月，在省射击赛上，沈志斌获男子汽步枪 40 发第一名；8 月，在新疆乌鲁木齐举行的全国步枪分项赛中，汤青获女子标准步枪 3×20 团体第一名和步枪 60 发卧射团体第二名；同月，在省青少年射击赛上，冯东慧获女子手枪 5+30 发慢射第一名，沈志斌获男子汽步枪 40 发立射第一名和自选步枪 3×20 第一名，创团体自选手枪慢射 10+30 和女子团体小口径运动步枪 30 发卧射省纪录。同年，在省优秀射手赛上，女子步枪一队和步枪二队均破省团体纪录，男子创小口径运动步枪 30 发卧射、汽步枪 40 发省纪录。1985 年 10 月，在合肥举行的全国步枪射击分项赛上，汤青获女子小口径步枪 3×20 队赛第三名。1986 年 9 月，在湘潭举行的省六运会上，汤青以 383 环和 570 环超女子射击汽步枪和标准步枪 3×20 两项亚洲纪录，并获 60 发卧射、汽步枪 40 发、标准步枪 3×20 卧、立、跪射 3 项第一名，易律获自选步枪 3×20、汽步枪 40 发、运动步枪 3×20 3 项第一名，王星棋、易振云获男子 60 发卧射第一名，周志斌获男子 40 发汽手枪第一名；10 月，在沙市举行的全国跳伞锦标赛上，彭斌获男子集体定点跳伞第一名。1987 年，在洞口县举办的省青少年射击赛上，市代表队获团体总分第一名，运动员罗平获女子标准步枪 60 发卧射第一名，罗平、夏晓青创女子汽步枪 40 发省纪录。1988 年 4 月，在长沙举行的全国射击冠军赛上，易律获男子自选步枪跪射第三名；6 月，在北京举行的全国射击锦标赛达标赛上，汤青获女子小口径步枪 60 发队赛和步枪 60 发卧射队赛 2 个第一名，以 1777 环超 1775 环亚洲纪录；7 月，在衡阳举行的省青少年第三届中学生运动会上，市代表队获射击团体总分第一名，运动员罗平破女子自选步枪 3×20 省纪录，创标准步枪 60 发卧射及标准步枪 3×20 省纪录，易律获男子自选步枪 3×20 及汽步枪 60 发第一名，于龙创自选步枪 60 发、梁艳创标准手枪慢加速 60 发省纪录。1989 年 10 月，在南昌举行的全国射击锦标赛上，易律获 3×40 小口径步枪项目冠军，并被选入国家集训队。1990 年 4 月，在广州举行的全国射击冠军赛上，易律获男子自选步枪立射第一名；6 月，在济南举行的全国跳伞优秀选手赛上，彭斌获男子集体定点跳伞第一名；7 月，在湘潭举行的省七运会上，易律获男子射击汽步枪 3× 20 第一名，梁艳获女子射击小口径手枪第一名；11 月，在成都举行的全国航海模型锦标赛上，彭刚获 F1-1.65 第三名。

1995 年 10 月，株洲籍运动员梁艳在印度尼西亚举行的亚洲射击锦标赛中夺得 3 项冠军，取得参赛1996年亚特兰大奥运会资格。

第七节 棋 牌

民国29年（1940），攸县民教馆曾举行中国象棋赛。中华人民共和国成立后，传统的中国象棋娱乐活动在境内工厂、农村得到迅速普及。1958年，醴陵县成立职工象棋队，开始有组织的竞赛活动。1962年，开办市象棋业余训练班，组织象棋竞赛活动。1977年3月，举行市象棋选拔赛，11月组织市队参加省职工象棋赛获团体第一名。1978年7月，在省四运会上，株洲象棋代表队获象棋团体第一名。1988年11月，在省象棋赛上，株洲队再次获得团体冠军。

境内围棋运动起步较晚，20世纪60年代始开办训练班和举办市级比赛，80年代才获得较大发展。1978年4月，市四运会设围棋项目，湘江机器厂围棋队获团体第一名。随后，李大江、张思化、陈松等围棋选手，多次在全省比赛中获得好名次，并涌现出一批女棋手和少年棋手。

20世纪70年代末，桥牌运动在株洲悄然兴起。1982年8月，市桥牌协会成立，随后3个城市区桥牌协会亦相继成立，并积极发展会员和实行市级桥牌大师分制度。1984年6月，在益阳举行的省桥牌赛上，市桥牌队获男子团体第一名，雷南平、易鹊平获女子东西组第一名。1985年，株洲承办全国桥牌赛，来自全国的25个代表队183名运动员参赛。1986年，市女子桥牌队代表湖南省参加全国桥牌赛，杨金英、易鹊平获女子双人对手赛冠军。1989年5月，在世界“埃普森”桥牌通讯赛上，株洲选手陈宗祥与长沙选手郑克明联手夺得中国赛区第一名，世界第27名。

1991 — 2000年，棋牌运动得到全面普及，成为大众喜闻乐见的体育项目。市老年人活动中心经常举办棋牌类比赛，老年人运动会均设有象棋比赛项目。市老年协会每年都举办桥牌和双百分扑克比赛，市委老干局每隔2年就举办一次全市老干部象棋比赛。每届市运会，全市大众运动会及市直机关运动会，中国象棋、围棋和桥牌均列入比赛项目。其间，株洲老年桥牌协会与全国10多个城市结成友好交往城市，每年都要参加各友好城市轮流举办的桥牌邀请赛。1992年，市桥牌队代表湖南参加在香港举办的远东桥牌赛，夺得南北组冠军。1993年，株洲车辆厂承办了友好城市“株洲车辆杯”邀请赛，来自北京等9省、市的12支桥牌队100余名桥牌高手参加角逐。1998年，株洲车辆厂还承办了全国老年桥牌赛。

株洲市运动员获省运会冠军及破省以上纪录成绩一览表

表27-1

届次	组 别	单位或姓名	性别	项 目	单 项 名 称	成 绩
	–	胡成师	男	田 径	3000米	9'33" 破省纪录
	–	李维志	男	田 径	10千米竞走	57'27"2 破省纪录
	–	沈小伟	男	举 重	轻量级抓举	90千克破省纪录
					轻量级总成绩	290千克破省纪录

续表 27–1

届次	组　别	单位或姓名	性别	项　目	单 项 名 称	成　绩
湖南省第一届运动会	–	张喜文	男	举　重	轻量级抓举	87.5 千克破省纪录
					轻量级挺举	110.5 千克破省纪录
					轻量级总成绩	277.5 千克破省纪录
	–	胡成师	男	田　径	3000 米障碍	10′ 31″ 6
	–	宋国栋	男	田　径	马拉松	3:38'5"
	–	黄彩霞	女	武　术	长　拳	8.47 分
					太极拳	8.33 分
					短器械	8.40 分
湖南省第二届运动会	–	陈建雄	男	射　击	小口径步枪 3×20 发卧、跪、立	471 环破省纪录
	–	郭伯徐	男	射　击	小口径步枪 3×20 发卧、跪、立	452 环破省纪录
	–	代淑芝	女	射　击	小口径步枪 3×20 发卧、跪、立队赛	1325 环破省纪录
	–	孔桂荣	女	射　击	小口径步枪 3×20 发卧、跪、立队赛	1325 环破省纪录
	–	黄慈初	女	射　击	小口径步枪 3×20 发卧、跪、立队赛	1325 环破省纪录
	–	张金堂	男	无线电	长　码	90.6 破省纪录
	–	市代表队	男	射　击	军用步枪 100 米，（3×10）卧、跪、立队赛	1013 环
					军用步枪 100 米，（3+10）卧射队赛	369 环
湖南省第三届运动会	–	刘宏建	女	田　径	200 米栏	30″ 5 破省纪录
	–	陈建雄	男	射　击	小口径步枪 60 发卧射	532 环破省纪录
	–	许正国	男	射　击	小口径步枪 60 发卧射	522 环破省纪录
					小口径步枪 3×20 个人	490 环破省纪录
	–	市代表队	男	射　击	小口径步枪 60 发卧射队赛	2053 环破省纪录
				射　击	小口径步枪 3×20 发队赛	1802 环破省纪录
				田　径	4×100 米接力	45″ 8
	–	熊转胜	男	田　径	铁　饼	34.82 米
	–	刘宏建	女	田　径	100 米栏	15″ 9
	–	市代表队	女	田　径	4×100 米接力	52″ 1
	–	彭运鹏	男	田　径	跳　远	6.35 米
	–	田大鹏	男	体　操	吊　环	17.6 分
					单　杠	17 分
	–	彭胜平	男	体　操	跳　马	17.3 分

续表 27-1

届次	组 别	单位或姓名	性别	项 目	单项名称	成 绩
	–	市代表队	女	射 击	小口径步枪 3× 20 发队赛	1353 环
	–	许正国	男	射 击	汽步枪 10+40 发	375 环
	–	市代表队	男	射 击	汽步枪 10+40 发队赛	1460 环
湖南省第四届运动会	-	许正国	男	射 击	小口径步枪 3×20 发	494 环破省纪录
	-	陆小林	男	射 击	小口径步枪 3×20 发	491 环破省纪录
	-	蔡方奇	男	射 击	汽步枪 40 发立射	316 环破省纪录
	-	陆小林	男	射 击	汽步枪 40 发立射	300 环破省纪录
	-	孙青兰	女	射 击	汽步枪 10+40 立射	335 环破省纪录
	-	言坚贞	女	射 击	汽步枪 10+40 立射	298 环破省纪录
	-	市代表队	男	射 击	小口径步枪 15+60 队赛	2100 环破省纪录
			男	射 击	小口径步枪 3× 20 发队赛	1881 环破省纪录
			男	射 击	汽步枪 10+40 立射队赛	1178 环破省纪录
			女	射 击	女子手枪 5+30 队赛	832 环创省纪录齿
	-	周天红	男	田 径	跳 高	1.84 米
	-	罗德懿	女	田 径	跳 远	5.22 米
	-	刘国华	女	田 径	标 枪	44.28 米
	-	唐 蓉	女	游 泳	儿童女子甲组 200 米组	3′27″4
湖南省第五届运动会	成年组	市代表队	女	篮 球	–	14 分
	成年组	盛国勋	男	田 径	铅球	12.39 米
	少年甲组	庞天兵	男	田 径	110 米栏	14″5
	少年甲组	江 艳	女	田 径	标枪	41.52 米
	少年乙组	刘 武	男	田 径	110 米栏	16″4
	儿童甲组	陈三三	女	游 泳	800 米自	11′5″9
					100 米自	1′9″8
		黄 茵	女	游 泳	100 米蝶	1′19″7
					200 米蝶	2′55″4
					200 米个人混	2′57″9
	成年组	胡炳如	男	举 重	82.5 千克级抓举	80 千克
					82.5 千克级挺举	90 千克
					总成绩	170 千克
		孙青兰	女	射 击	小口径步枪 3×20 个人	535 环
		何伟建	男	射 击	手枪慢射 15+60 队赛	2071 环
		莫晓勇	男	射 击	手枪慢射 15+60 队赛	2071 环
		李元起	男	射 击	手枪慢射 15+60 队赛	2071 环
		刘 丰	男	射 击	手枪慢射 15+60 队赛	2071 环

续表 27–1

届次	组 别	单位或姓名	性别	项 目	单项名称	成 绩
湖南省第六届运动会	成年组	汤 青	女	射 击	汽步枪	383 环超亚洲纪录
					小口径步枪 3×20 发	578 环超亚洲纪录
		黄 茵	女	游 泳	200 米	1′48″6 破省纪录
		彭 钢	男	游 泳	200 米仰 (预赛)	2′20″2 破省纪录
					200 米仰 (决赛)	2′18″1 破省纪录
					100 米仰	1′04″破省纪录
					400 米混	4′53″3 破省纪录
		钟 敏	女	游 泳	200 米蛙	2′43″破省纪录
					100 米蛙（预赛）	1′06″7 破省纪录
					100 米蛙（决赛）	1′06″2 破省纪录
	少年组	姚海涛	女	田 径	800 米	2′15″7
	成年组	黄 茵	女	潜 水	1500 米蹼	15′31″3
		周扬平	男	游 泳	100 米蛙	1′09″4
	少年组	丁慧敏	男	游 泳	200 米仰	–
	成年组	团 体	男	游 泳	4×100 米自接力	3′55″9
		王星棋	男	射 击	60 发卧射	594 环
	少年组	汤 青	女	射 击	60 发卧射	590 环
		易振云	男	射 击	60 发卧射	579 环
		易 律	男	射 击	自选步枪 3× 20 卧、立、跪	563 环
		周志斌	男	射 击	40 发汽手枪	375 环
		易 律	男	射 击	汽步枪 40 发	384 环
					运动步枪 3× 20 卧、立、跪	547 环
	成年组	康俊秀	女	技 巧	双 人	19.075
		黄克武	男	航 模	国际级牵引（F1A）	总成绩 1260+240
		刘 斌	男	航 模	线操维持技单项	326.99
湖南省第七届运动会	–	邹 筱	女	田 径	跳远全能	97 分
	–	付党育	男	田 径	110 米栏	97 分
	–	肖成瑶	女	游 泳	女甲 100 米蛙	114 分
					女甲 200 米蛙	114 分
	–	朱春妮	女	乒乓球	女甲双打	35 分
	–	王 云	女	乒乓球	女甲双打	35 分
	–	王 茜	女	武 术	女甲剑术	30 分
	–	罗 湘	男	蹼 泳	男甲 400 米	24 分
	–	易 律	男	射 击	汽步枪 3×20	76 分
	–	梁 艳	女	射 击	小口径手枪	76 分
	–	陈 钦	男	体 操	自由体操	–

株洲市运动员参加全国性比赛获前3名成绩一览表

表27-2

姓名	性别	项目	单项名称	成绩	名次	时间	地点	运动会名称
李雁南	男	田径	1500米	–	1	1962年	广州	中南区田径运动会
			3000米	–	1	1962年	广州	中南区田径运动会
杨展	男	田径	1500米	–	3	1976年8月	广东肇庆	全国中学生分区田径运动会
刘国华	女	田径	标枪	61.50米	2	1985年6月	上海	全国田径锦标赛
王水林	男	田径	铅球	–	全能冠军	1985年8月	河南洛阳	全国业余体校田径赛
			铁饼	–				
			100米	–				
			1500米	–				
			铅球	–	1	1985年	湖北沙市	九省市“长江杯”田径赛
刘国华	女	田径	标枪	61.24米	1	1985年10月	南京	全国田径冠军赛
张囹	男	田径	1500米	4′46″1	1	1986年7月	株洲	第三届“长江杯”田径邀请赛
王晓东	男	田径	跳高	1.68米	2	1986年7月	株洲	第三届“长江杯”田径邀请赛
湛毅坚	男	田径	跳远	6.25米	2	1986年7月	株洲	第三届“长江杯”田径邀请赛
刘国华	女	田径	标枪	61.50米	2	1988年6月	南京	全国田径锦标赛
全雄亮	男	田径	15岁短跑组	173.9分	2	1988年8月	佛山	全国业余体校田径分龄赛
骆军	女	田径	13岁组跳高	1.58米	1	1989年8月	重庆	全国田径少年分龄赛
			13岁组4×400米接力	4′21″9	2	1989年8月	重庆	全国田径少年分龄赛
付党育	男	田径	100米	11″7	2	1989年	杨州	全国部分城市“长江杯”田径邀请赛
			200米	24″4	2	1989年	杨州	
			4×100米接力	–	2	1989年	杨州	
孟静	女	田径	跳远	4.87米	2	1989年	杨州	全国部分城市“长江杯”田径邀请赛
邹霞	女	田径	跳远	4.86米	3	1989年	杨州	全国部分城市“长江杯”田径邀请赛
全雄亮	男	田径	4×100米接力	42″9	2	1990年8月	湘潭	全国少年田径赛
徐娟	女	乒乓球	混合双打	–	3	1986年4月	怀化	中国乒协杯赛
阮湘平	男	乒乓球	混合双打	–	3	1986年4月	怀化	中国乒协杯赛
何静	女	乒乓球	12岁组单打	–	1	1989年8月	甘肃	全国少儿乒乓球赛
何静	女	乒乓球	12岁组双打	–	2	1989年8月	甘肃	全国少儿乒乓球赛
曾英姿	女	体操	–	–	4块金牌	1981年	宁波	全国业余体校体操赛

续表 27–2

姓名	性别	项目	单项名称	成绩	名次	时间	地点	运动会名称
曾英姿	女	体操	个人全能	–	3	1983 年 5 月	宁波	全国业余体校体操赛
			跳马	–	3	1983 年 5 月	宁波	全国业余体校体操赛
			跳马	–	2	1984 年 5 月	昆明	全国女子体操赛
			个人全能	–	1	1984 年 6 月	长春	全国少年体操赛
			自由体操	–	1	1984 年 6 月	长春	全国少年体操赛
			跳马	–	3	1984 年 6 月	长春	全国少年体操赛
			跳马	–	2	1984 年 10 月	南宁	全国体操锦标赛
			跳马	–	2	1985 年 9 月	上海	全国体操锦标赛
			高低杠	–	3	1985 年 9 月	上海	全国体操锦标赛
			团体	–	1	1986 年 5 月	长沙	全国女子体操赛
			高低杠	–	3	1986 年 5 月	长沙	全国女子体操赛
			跳马	–	1	1986 年 5 月	长沙	全国女子体操赛
			团体	–	2	1986 年 10 月	沈阳	全国体操锦标赛甲组
			跳马	–	2	1986 年 10 月	沈阳	全国体操锦标赛甲组
			自由体操	–	3	1987 年 5 月	上海	全国体操锦标赛暨预赛
钟剑	男	体操	10 ~ 12 岁组团体	–	1	1988 年 8 月	许昌	全国业余体校体操赛
陈光焰	男	体操	10 ~ 12 岁组团体	–	3	1988 年 8 月	贵阳	全国体操锦标赛
曾英姿	女	体操	团体	–	2	1988 年 8 月	贵阳	全国体操锦标赛
丁琦	男	体操	单杠	–	1	1989 年 9 月	上海	全国体操锦标赛
			团体	–	3	1990 年 5 月	成都	全国体操锦标赛
陈光焰	男	体操	团体	–	3	1990 年 5 月	成都	全国体操锦标赛
			单杠	–	3	1990 年 10 月	南京	全国体操冠军赛
康俊秀	女	技巧	全能双人	–	2	1984 年 9 月	合肥	全国技巧锦标赛
			第一套双人	–	2	1984 年 9 月	合肥	全国技巧锦标赛
			第二套双人	–	2	1984 年 9 月	合肥	全国技巧锦标赛
			全能双人	–	1	1985 年 5 月	杭州	全国技巧冠军赛
			第一套双人	–	1	1985 年 5 月	杭州	全国技巧冠军赛
			第二套双人	–	3	1985 年 5 月	杭州	全国技巧冠军赛
			全能双人	–	1	1985 年 9 月	北京	全国技巧冠军赛
			第一套双人	–	2	1985 年 9 月	北京	全国技巧冠军赛
			第二套双人	–	1	1985 年 9 月	北京	全国技巧冠军赛
			全能双人	–	2	1986 年 6 月	南宁	全国技巧锦标赛
			第一套双人	–	3	1986 年 6 月	南宁	全国技巧锦标赛

续表 27–2

姓名	性别	项目	单项名称	成绩	名次	时间	地点	运动会名称
康俊秀	女	技巧	第二套双人	–	2	1986 年 6 月	南宁	全国技巧锦标赛
姚佑和	女	游泳	200 米自	–	1	1958 年	大连	全国 28 城市学生游泳赛
			400 米自	–	2	1958 年	大连	全国 28 城市学生游泳赛
			100 米自	1′23″6	2	1957 年	北京	全国游泳跳水锦标赛
			400 米自	5′54″2	2	1959 年	北京	全国第一届运动会
			200 米自	–	2	1960 年	北京	全国一级健将级游泳跳水赛
			400 米自	–	2	1960 年	北京	全国一级健将级游泳跳水赛
			200 米自	–	2	1960 年	北京	全国少年游泳跳水运动会
			400 米自	–	1	1960 年	北京	全国少年游泳跳水运动会
			400 米自	–	2	1960 年	成都	全国游泳赛
			800 米自	10′53″9	1	1960 年	成都	全国游泳赛
			200 米自	2′32″1	1	1961 年	上海	全国优秀运动员游泳赛
			400 米自	5′28″9	1	1961 年	上海	全国优秀运动员游泳赛
			400 米自	5′49″6	2	1962 年	南宁	全国游泳跳水锦标赛
			200 米自	2′39″4	2	1962 年	南宁	全国游泳跳水锦标赛
			400 米自	5′29″9	2	1965 年	北京	全国第二届运动会
			800 米自	11′6″5	3	1965 年	北京	全国第二届运动会
谢庆新	男	游泳	100 米自	1′14″4	1	1971 年	武汉	全国游泳赛
武秋香	男	游泳	1500 米自	–	3	1971 年	武汉	全国游泳赛
李建设	男	游泳	4×200 米自接力	8′51″8	1	1973 年	南宁	全国游泳赛
武秋香	男	游泳	4×200 米自接力	8′51″8	1	1973 年	南宁	全国游泳赛
			400 米混	–	2	1974 年	茂名	全国春季游泳赛
			4×200 米自接力	–	金牌	1974 年 8 月	南宁	全国游泳赛
李建设	男	游泳	400 米混	5′8″3	2	1974 年	南京	全国游泳赛
			400 米混	–	金牌	1974 年 8 月	南京	全国游泳锦标赛
曹家国	男	游泳	100 米蝶	–	2	1974 年	桂林	全国业余体校分区赛
陈跃辉	男	游泳	1500 米自	–	2	1974 年	桂林	全国业余体校分区赛
屈亚男	男	游泳	400 米混	4′59″5	1	1977 年	长沙	全国春季游泳赛
			200 米混	2′20″9	1	1977 年	长沙	全国春季游泳赛
陈跃辉	男	游泳	500 米自线定向	6′35″6	1	1978 年 8 月	柳州	全国 8 单位潜水赛
			4×100 米蹼接力	–	2	1978 年 8 月	柳州	全国 8 单位潜水赛

续表 27–2

姓名	性别	项目	单项名称	成绩	名次	时间	地点	运动会名称
崔建民	男	游泳	4×100 米蹼接力	3′17″	2	1979 年	北京	全国第四届运动会
			800 米蹼	8′30″	2	1979 年	北京	全国第四届运动会
罗光辉	女	游泳	100 米自	1′5″7	1	1979 年	保定	全国游泳分区赛
			4×100 米蹼接力	–	3	1979 年	保定	全国潜水赛
江立新	男	游泳	4×100 米蹼接力	–	2	1982 年	北京	全国潜水赛
				–	3	1983 年	河北	全国业余体校游泳赛
陈虹怡	女	游泳	100 米蛙	–	1	1984 年	–	全国青年运动会选拔赛
彭钢	男	游泳	200 米混	2′18″2	1	1985 年	杭州	全国游泳分区赛
钟敏	女	游泳	100 米蛙	1′14″3	1	1986 年 8 月	郑州	全国游泳锦标赛
			200 米蛙	2′45″2	2	1986 年 8 月	郑州	全国游泳锦标赛
			100 米蛙	–	金牌	1986 年 8 月	邯郸	全国游泳赛
彭钢	男		50 米自	25″2	1	1986 年	衡阳	全国游泳分区赛
			100 米自	55″13	3	1987 年 3 月	长沙	全国游泳春季分级分区赛
黄茵	女	游泳	三项全能	1′39″97	1	1987 年 5 月	广州	全国蹼泳预赛
			200 米蹼	3′38″80	1	1987 年 5 月	广州	全国蹼泳预赛
			400 米器泳	3′25″73	1	1987 年 5 月	广州	全国蹼泳预赛
			接力两项全能总分	3′6″71	2	1987 年 5 月	广州	全国蹼泳预赛
			800 米蹼接力	6′45″99	2	1987 年 5 月	广州	全国蹼泳预赛
肖成瑶	女	游泳	50 米蛙	39″32	2	1987 年 8 月	–	全国业余体校游泳赛
			100 米蛙	1′26″41	3	1987 年 8 月	–	全国业余体校游泳赛
			4×100 米混接力	4′54″22	2	1988 年 8 月	安徽	全国业余体校游泳赛
彭红朝	女	游泳	4×50 米混接力	2′16″23	2	1988 年 8 月	浙江	全国业余体校游泳赛
			4×50 米自接力	2′24″35	3	1988 年 8 月	浙江	全国业余体校游泳赛
钟敏	女	游泳	100 米蛙	1′15″97	2	1988 年 9 月	苏州	全国游泳锦标赛
谢辉	女	游泳	4×100 米蹼接力	3′21″7	1	1989 年 8 月	南宁	全国青年蹼泳锦标赛
林玲	女	游泳	10 岁组仰全能	71.2 分	3	1989 年 8 月	成都	全国少年儿童分龄组游泳分区赛
			10 岁组 50 米仰	38″68	3	1989 年 8 月	成都	全国少年儿童分龄组游泳分区赛
			10 岁组 200 米自接力	2′19″6	2	1989 年 8 月	成都	全国少年儿童分龄组游泳分区赛
			10 岁组 200 米混接力	2′33″46	2	1989 年 8 月	成都	全国少年儿童分龄组游泳分区赛

续表 27–2

姓名	性别	项目	单项名称	成绩	名次	时间	地点	运动会名称
郭　浪	男	游　泳	12 岁组 50 米仰	29″62	3	1989 年 8 月	成　都	全国少年儿童分龄组游泳分区赛
			12 岁组 200 米自接力	2′0″76	2	1989 年 8 月	成　都	全国少年儿童分龄组游泳分区赛
			12 岁组 200 米混接力	2′15″08	3	1989 年 8 月	成　都	全国少年儿童分龄组游泳分区赛
李　玲	女	游　泳	1500 米蹼	14′38″6	3	1989 年 8 月	成　都	全国少年儿童分龄组游泳分区赛
赵　广	男	游　泳	水　球	–	2	1989 年 8 月	成　都	全国少年儿童分龄组游泳分区赛
唐建国	男	摔　跤	自由式	57 千克级	2	1990 年 10 月	郑　州	全国自由式摔跤冠军赛
严万桓	男	桥　牌	双人赛东西组	–	冠军	1987 年 12 月	梧　州	全国老年健康杯桥牌赛
周振扬	男	桥　牌	双人赛东西组	–	冠军	1987 年 12 月	梧　州	全国老年健康杯桥牌赛
彭　斌	男	跳　伞	集体定点	0.17	1	1986 年 10 月	沙　市	全国跳伞锦标寒
			集体定点	0.28	1	1990 年 6 月	济　南	全国跳伞优秀选手赛
陈伟强	男	航　模	二级橡皮动力模型	360+50+15″	1	1982 年 8 月	衡　阳	全国青年航空模型通讯赛湖南赛区
徐卫国	男	航　模	三级橡皮筋动力模型	1063″	1	1982 年 8 月	衡　阳	全国青年航空模型通讯赛湖南赛区
许伟平	男	航　模	一级自由飞机模型	360′	1	1982 年 8 月	衡　阳	全国青年航空模型通讯赛湖南赛区
黄克武	男	航　模	一级牵引滑翔模型	205″	1	1982 年 8 月	衡　阳	全国青年航空模型通讯赛湖南赛区
胥平安	男	航　模	三级牵引滑翔模型	971″	2	1982 年 8 月	衡　阳	全国青年航空模型通讯赛湖南赛区
彭　刚	男	航　模	F1–6.5	11″7	3	1990 年 11 月	成　都	全国航海模型锦标赛
田　雷	男	皮划艇	500 米单划	–	2	1986 年 8 月	岳　阳	全国青年皮划艇锦标赛
			1000 米单划	–	3	1986 年 8 月	岳　阳	全国青年皮划艇锦标赛
刘建斌	男	皮划艇	1000 米双人	–	2	1987 年 11 月	肇　庆	全国皮划艇决赛
王新强	男	皮划艇	1000 米双人	–	2	1987 年 11 月	肇　庆	全国皮劫艇决赛
			500 米双划	1′48″33	1	1990 年 4 月	杭　州	全国皮划艇冠军赛
			1000 米双划	1′58″93	1	1990 年 4 月	杭　州	全国皮划艇冠军赛
			500 米双划	2′04″25	1	1990 年 10 月	武　汉	全国皮划艇锦标赛

续表 27–2

姓名	性别	项目	单项名称	成绩	名次	时间	地点	运动会名称
王新强	男	皮划艇	1000 米双划	4′00″54	1	1990 年 10 月	武　汉	全国皮划艇锦标赛
			1000 米四划	3′37″37	1	1990 年 10 月	武　汉	全国皮划艇锦标赛
			10000 米双划	46′22″	1	1990 年 10 月	武　汉	全国皮划艇锦标赛
			500 米四划	1′43″19	2	1990 年 10 月	武　汉	全国皮划艇锦标赛
刘佳秋	男	射　击	小口径专用步枪卧射	393 环	3	1959 年	北　京	全国第一届运动会
汤　青	女	射　击	标准步枪 3×20 团体	1706 环	1	1984 年 8 月	乌鲁木齐	全国步枪分项赛
			步枪 60 发卧射团体	1760 环	2	1984 年 8 月	乌鲁木齐	全国步枪分项赛
			小口径步枪 3×20 队赛	1717 环	3	1985 年 10 月	合　肥	全国步枪射击分项赛
			小口径步枪 60 发队赛	1777 环	1	1988 年 6 月	北　京	全国射击锦标赛达标赛
易　律	男	射　击	小口径自选步枪 60 发卧队赛	1779 环	2	1988 年 6 月	北　京	全国射击锦标赛达标赛
			小口径自选步枪 3×40 队赛	3455 环	2	1988 年 6 月	北　京	全国射击锦标赛达标赛
			小口径自选步枪 3×40 队赛	3410 环	2	1988 年 11 月	郑　州	全国射击锦标赛
			小口径自选步枪 60 发卧射队赛	1775 环	3	1988 年 11 月	郑　州	全国射击锦标赛
			自选步枪 3×40 队赛	375 环	1	1990 年 4 月	广　州	全国射击冠军赛
侯康凤	女	举　重	64 千克级	105 千克	1	1994 年 11 月	张家港	全国女子举重冠军赛
王　涛	男	田　径	100 米丙组	–	3	1991 年 8 月	遵　义	全国少年分龄组比赛
王　涛	男	田　径	4×100 米	–	3	1991 年 8 月	遵　义	全国少年分龄组比赛
王　涛	男	田　径	100 米	–	1	1994 年 7 月	重　庆	全国中学生田径赛
王　涛	男	田　径	200 米	–	1	1994 年 7 月	重　庆	全国中学生田径赛
王　涛	男	田　径	4×100 米	–	1	1994 年 7 月	重　庆	全国中学生田径赛
赵　中	男	田　径	全　能	–	2	1994 年 8 月	郑　州	全国田径分龄决赛
黄　静	男	田　径	全　能	–	2	1994 年 8 月	郑　州	全国田径分龄决赛
			标　枪	–	2	1994 年 8 月	郑　州	全国田径分龄决赛
陈　利	女	田　径	团　体	–	3	1994 年 8 月	郑　州	全国田径分龄决赛
张　莉	女	篮　球	–	–	1	1994 年 10 月	北　京	全国甲级篮球联赛

株洲市运动员参加国际比赛获前6名成绩一览表

表27–3

姓名	性别	项目	单项名称	成绩	名次	时间	地点	运动会名称
姚佑和	女	游泳	200米自	2′33″2	2	1963年	雅加达	第一届新兴力量运动会
			400米自	5′39″5	3	1963年	雅加达	第一届新兴力量运动会
			4×100米自接力	–	1	1963年	雅加达	第一届新兴力量运动会
			200米自	2′36″5	1	1963年	北京	中国–印尼游泳对抗赛
			200米自	2′34″5	2	1964年	雅加达	世界新兴力量单项游泳赛
			4×100米自接力	–	1	1964年	雅加达	世界新兴力量单项游泳赛
谢庆新	男	游泳	100米蛙	–	6	1974年	伊朗	第七届亚运会
钟敏	女	游泳	200米蛙	2′41″3	1	1987年4月	香港	亚太地区游泳分龄组锦标赛
			100米蛙	1′16″49	2	1987年4月	香港	亚太地区游泳分龄组锦标赛
黄茵	女	蹼泳	–	–	1	–	匈牙利	–
谢庆新	男	游泳	4×100米自接力	–	1	1964年	雅加达	世界新兴力量运动会单项游泳赛
			200米自	–	2	1964年	雅加达	世界新兴力量运动会单项游泳赛
吕飞华	男	田径	200米	22″2	–	1977年	南京	中日田径友谊赛
刘国华	女	田径	标枪	64.14米	2	1985年9月	北京	十六国田径邀请赛
				58.52米	2	1985年9月	南京	国际田径赛
				63.6米	1	1986年5月	日本	国际田径赛
				55.64米	2	1986年7月	北京	“燕舞杯”国际田径赛
				52.08米	4	1986年9月	韩国	第十届亚运会
				61.60米	2	1987年9月	杭州	国际田径邀请赛
				58.64米	3	1987年9月	南京	国际田径邀请赛
曾英姿	女	体操	高低杠	–	4	1986年3月	美国	美洲杯赛
			女子全能	–	4	1986年3月	美国	美洲杯赛
			男女配对	–	4	1986年3月	美国	美洲杯赛
			自由体操	–	3	1986年3月	美国	美洲杯赛
			平衡木	–	6	1986年3月	美国	美洲杯赛
			女子全能	–	4	1986年4月	美国	“美洲杯”国际体操邀请赛
			团体总分	–	1	1986年9月	澳门	太平洋联盟赛
			个人全能	–	4	1986年9月	澳门	太平洋联盟赛
			跳马	–	1	1986年9月	澳门	太平洋联盟赛
			高低杠	–	2	1986年9月	澳门	太平洋联盟赛
康俊秀	女	技巧	双人全能	–	2	1985年4月	维尔	十四届沃尔科夫国际技巧邀请赛
			双人全能	–	1	1985年	纽斯	国际技巧邀请赛

续表 27–3

姓名	性别	项目	单项名称	成绩	名次	时间	地点	运动会名称
康俊秀	女	技　巧	双人全能	–	3	1985 年 9 月	北　京	第五届技巧世界杯赛
			双人第一套	–	3	1985 年 9 月	北　京	第五届技巧世界杯赛
			双人第二套	–	3	1985 年 9 月	北　京	第五届技巧世界杯赛
			双人全能	–	3	1986 年 4 月	莫斯科	十五届沃尔科夫国际技巧邀请赛
			双人全能	–	1	1986 年 4 月	第　比利　斯	国际技巧邀请赛

株洲市体育运动委员会历任负责人名录

表 27–4

主　任	任职时间	副主任	任职时间
杨中申	1954.5 — 1957.4（兼）	任德永	1954.5 — 1957.4（兼）
杨　恺	1957.4 — 1958.9（兼）	张振宾	1954.5 — 1957.4（兼）
杨忠文	1958.9 — 1962.4（兼）	宋焕藩	1954.5 — 1957.4（兼）
曲钦甲	1962.4 — 1968.10（兼）	杨中申	1957.4 — 1958.9（兼）
冯喜琨	1973.7 — 1977.6	魏永平	1957.4 — 1962.4（兼）
张家树	1977.6 — 1978.6	王守彪	1957.4 — 1958.9（兼）
吴纯祥	1982.3 — 1983.9	傅聚庭	1957.4 — 1958.9（兼）
邓岩山	1983.9 — 1986.4	余清源	1958.9 — 1963.2（兼）
左蔚兰	1986.4 — 1997.3	许金亭	1962.3 — 1968.10
罗前进	1986.4 — 1997.3（书记）	姜贺林	1962.4 — 1968.10（兼）
申甲春	1997.3 — 2000.12	王宗胜	1962.4 — 1963.2
–	–	王英鸿	1976.4 — 1983.9
–	–	许金亭	1974.3 — 1981.11
–	–	霍世华	1974.6 — 1983.9
–	–	李蔚桥	1982.3 — 1983.9
–	–	左蔚兰	1983.9 — 1986.4
–	–	黄南生	1983.9 — 1990.1
–	–	晏云霞	1990.10 — 1997.3
–	–	夏定隆	1990.10 — 1997.3
–	–	谢家定	1990.10 — 1997.3
–	–	易可佳	1997.3 — 2000.12
–	–	梁汉秋	1998.5 — 2000.12
–	–	宋干湘	1998.5 — 2000.12

第二十八篇 新闻媒体

境内新闻业起于报业，受“五四”运动影响，自民国9年（1920）始，各县纷起办报，且办报思想活跃。抗战时期，境内报纸多达数十家。民国36年（1947），株洲镇有一家从南昌迁来的私营《一鸣晚报》，一年后迁走。中华人民共和国成立后，中共株洲市委机关报《株洲日报》及醴陵县、攸县、茶陵县、酃县、郊区各县（区）委机关报相继在20世纪50年代后期创刊。城区各大中型企业也纷纷办企业报，成为株洲报业的一大特色。1962—1964年，大多数报纸一度停刊。“文化大革命”中，各单位报纸或被封，或被当作派性斗争工具。80年代中期，株洲报业空前繁荣，不仅数量多，而且门类全。1989年，经压缩整顿，有2家报纸停刊，54家压缩篇幅，《株洲日报》成为境内唯一公开发行的报纸。2000年6月1日，《株洲晚报》正式创刊，是株洲第二个公开发行的报纸。90年代初，外地驻株记者站只保留湖南日报社站，其余撤销。

广播事业起步稍晚于报业。民国时期，仅各县政府设有收音室。中华人民共和国成立后，广播事业呈波浪式发展态势。20世纪50年代为起步和快速发展时期，60—70年代为整顿、恢复和逐步完善时期，80年代为平稳发展和逐步跃上新台阶时期。但自80年代中期始，新兴起的电视事业后来居上，人们的兴趣由单纯听广播转向视听并茂的电视，广播事业的发展开始受到挑战。

境内的电视事业起步较晚，但发展较快。1974年，酃县建成黑白电视差转台，成为境内电视事业开端。20世纪80年代初，株洲城乡掀起建电视差转台热，株洲电视台、攸县电视台相继开播，大功率转播和卫星电视地面接收站及有线电视得到迅速发展。1990年，全市电视人口覆盖率达90%以上，高出全国平均覆盖率10.6个百分点。1992年5月，醴陵电视台正式开播。1994年10月，株洲电视二台正式开播。在办好无线电视的同时，株洲积极兴办有线电视。1993年11月，株洲有线电视台正式开播，各县（市）的有线电视亦得到迅速发展，株洲电视台的节目开始采用无线和有线双向传输。2000年，株洲网内传输电视节目达40余套，90年代中期，县（市）级广播电台、电视台、有线台先后合并为广播电视台。

第一章 报 业

第一节 株洲日报、晚报

1957年8月21日，株洲试刊出版第一张报纸，定名《株洲报》。10月1日正式创刊，为4开

4 版 3 日刊，系株洲市委机关报。其时，《株洲报》主要依靠市委宣传部一台旧式收音机提供国内外要闻。1958 年元旦，《株洲报》改为周 6 刊，正式更名为《株洲日报》。同年 12 月，为迎接中共株洲市第一次代表大会召开，提前出版，并改为日报，报头字由省委宣传部长唐麟题写。

1959 年年初，报社有采编人员 41 人和 1 个印刷厂。印刷厂有 1 台北京商务印书馆淘汰下来的日本造旧式平板对开机，采用活版印刷，每小时只能印 1000 份左右，如遇上套红，往往需要 10 多个小时才能完成当天印报任务。自 1962 年 9 月 5 日始，报头采用郭沫若题写的行书字体，印报平板机也增加到 3 台。

1966 年 12 月 28 日，《株洲日报》因拒刊群众组织会议的消息，被“造反派”第一次封报。1967 年 1 月 23 日复刊，报头改用宋体字。1 周后，又被另一群众组织第二次封报。1968 年 1 月 26 日第二次复刊，改为株洲市革命委员会机关报，报头采用拼凑的毛泽东手书字体。同年 4 月 27 日，群众组织第三次封报，至 8 月 20 日再次复刊。几次封报期间，报社仍坚持出《新华电讯》。1971 年 12 月，市委宣布恢复《株洲日报》为市委机关报。次年 2 月 4 日，报头恢复郭体字。1975 年，报社印刷厂将平板机改为微型轮转机，不再用手工打版洗版。1979 年，安装小高速轮转印刷机，时速达 4 万份。

1981 年，报社第一次面向社会公开招聘采编人员，并从抓时效入手，进行新闻改革。1988 年，使用套胶印轮转机印报。

1989 年年初，报社筹集资金 110 万元，购置华光Ⅳ型光电子激光照排设备，于 4 月 28 日试印出第一张由电脑排版的报纸，领全省各报之先，结束了铅与火的印刷史。当年，《株洲日报》总印数达 199041 万印张。1990 年，完成激光照排的胶印系统配套建设。

从 1991 年 1 月 1 日起，《株洲日报》实行自办发行，发行量增至 61508 份。当年 3 月，投资 12 万元的卫星数字收稿系统正式开通，完成了由高轻印刷向电脑照排的全面过渡。

1993 年 6 — 10 月，株洲日报社承办了“全国中等城市党报昨日现场报道”大赛，共有 30 余家报社参赛，共发稿 900 多条。12 月，评出一等奖 19 篇，二等奖 38 篇，三等奖 59 篇。另有 10 家报社获组织奖。1994 年 5 月，投资 200 余万元购置的 PJ12787-02 型卷筒平板胶印机调试成功，28 日，株洲市第一张彩色对开报纸《株洲日报》第 12958 号（增刊）正式出版发行。从 1995 年 1 月起，《株洲日报》由四开四版扩为对开四版，版面设置为一版要闻、二版综合新闻、三版副刊、四版国内外时事新闻。扩版后的《株洲日报》当年共发稿 1.05 万余条，刊发照片 1750 幅，美术作品 653 件，均比上年增长近一倍，广告收入增长 71.8%。

1997 年 9 月，株洲日报社由新华西路整体搬迁至天元区黄河北路。当年 10 月 1 日，是《株洲日报》创刊 40 周年纪念日，株洲日报社举办了“名人笔会”“座谈会”等系列庆祝活动。

1999 年，报社实施以聘任制为主要内容的干部人事制度改革，实行中层干部全员竞聘上岗和其他职工重新组聘上岗，实现了由“要我干”到“我要干”、凭实绩用人才的工作机制。5 月，报社安装了接收新华社彩色新闻图片的卫星数字系统，提高了国内外图片新闻的时效和质量。12 月，开通新闻采编网络系统，成为全省第一家完全采用新闻网络系统的地市报社，实现了“编排合一”，提高了新闻的时效性，降低了出版成本。

2000年6月1日，经新闻出版署批准，《株洲晚报》正式创刊，成为《株洲日报》的子报。全年，株洲日报社广告收入首次突破千万元大关，达到1092万元，日报发行4.8万份，晚报发行1.6万份，综合经济实力在全省地市报中名列第二名。

2000年年末，株洲日报社内设机构有日报总编室、政治社会部、经济生活部、副刊部、专刊部、群工部、新闻研究室、晚编室，晚报总编办、晚报新闻中心、晚报文体中心，党总支、办公室、工会、财务科、印刷厂、发行部、信息广告部、物业管理办、保卫科。拥有以新闻系列为主的各类专业技术人员84人，其中，副高职称10人，中级职称50人，初级职称24人，专业技术人员占职工总人数的49%以上。在日报和晚报共87名编辑记者队伍中，拥有专业技术职称的达62人，占采编总人数的71%以上。

一　新闻业务

（一）报　道

创刊初期，市委领导除亲自撰写文章、审定修改某些重要新闻和社论外，还动员各级领导干部写稿。据统计，自1957年8月至1958年4月，报上发表的151篇评论和专稿中，有60%是市委主要领导及市委各部、各工厂企业党委负责人所写。其中，有影响的文章有对省人大代表、郊区农民冯久大先进事迹的连续报道，有株洲机车车辆厂“三反”“五反”的情况及331厂组织大辩论的作法和郊区民主社贯彻“三包五到丘”的经验报道等。

1960年6月，市委作出《关于进一步贯彻全党办报方针，积极提高报纸质量的决定》，要求报纸全面反映和宣传党的工作，各级党组织要把报道工作作为党的工作的一部分，各条战线和市人委各局党组、群团党组、区委、公社党委、大型企业党委要成立中心通讯组，重大事件、重大典型要由党委负责同志亲自执笔撰写或集体研究写作并配发社论。当年，全市共建立通讯组40多个。这一时期，报纸的指导性很强，但新闻业务特点不突出；各版版面分工不明确，1～4版均可发消息、通讯；长文多，特号黑体字常常横贯版面。1961年年底，对发表的一些不够成熟和带有浮夸而造成不良社会影响的稿件，及文章不够通俗，机械地按农轻重经济比例关系安排版面，大单位报道多，小单位、基层报道少的现象作了反思。

1962年秋，报社编委明确了4个版面的分工，确定一版为要闻，二版为经济版，三版为上层建筑版（包括文艺副刊），四版为时事版。在篇幅上调整城市和农村的报道比重，城市内容由过去的50%提高到70%，工业内容由原先的30%提高到40%。体现以城市读者为主，以工交企业为重点报道对象的特点。在报道题材上，组织编辑记者学习《工人报》的办报经验，把采访活动深入到班组、柜台，新辟《班组园地》《柜台内外》等一批专栏，使通讯稿件较上年增加85%，其中反映基层工作和群众事迹的稿件比上年增加40%。同时丰富报道体裁，除消息、通讯外，还推出快板、顺口溜、说唱新闻等形式。

1963 年 6 月 19 日发表《她还不知真姓》一稿，叙述株洲麻纺厂女工陈素云解放 10 多年来还不知自己身世的消息。8 月 8 日，《株洲日报》发表通讯《全是托毛主席的福啊》告诉读者，陈素云在长江冶炼厂（株洲硬质合金厂前身）找到亲弟弟，并与亲生父母团聚。这篇报道，前后呼应，成为株洲市阶级教育的生动教材。这一年，为改进编辑方法，采用化整为零、化长为短的“用几条、几十条稿件宣传党的一项政策，用几十个角度反映党委的一个意图”的办法，否定过去为突出中心而搞版面集中、内容集中、整版通版报道，挂大牌子造声势的做法。7 月，编辑部组织提高工业产品质量问题报道，发稿 24 件，采用了 7 种新闻体裁，选择了 19 个角度。其中对劳模刘昆的宣传，将原拟 2 个整版的长文，分成 30 个故事刊出。这种编辑方法，文章简短，即使文化水平较低的人，也有兴趣看报，颇受读者欢迎。

1966 年上半年，一切稿件均以阶级斗争和两条道路斗争为纲，以表扬为主，抓“活思想、活典型、活经验”。下半年，报社内部开展“文化大革命”，“造反派”大造所谓资产阶级、“专家办报”“关门办报”的反，大批编辑记者受迫害，尔后工作队进驻报社。12 月 8 日，报纸被封，编辑记者和科以上干部下车间劳动，由临时成立的株洲日报革命造反联合委员会主持报社笔政，发表《新的〈株洲日报〉诞生了！》的社论，宣称“报纸是无产阶级的重要工具”，改报纸刊期序号为“新 1 号”。以后几年时间，报纸每天登载的都是“最高指示”、“造反派”的“致敬电”、“样板戏”剧本、“大批判”文章。1972 年年初，刊登市委会议消息长达 4600 字，配社论 3100 字，占用两个版，创《株洲日报》会议新闻长稿之最。7 月下旬，刹长文、整顿文风，连续组织发表 16 篇读者批评长文的来信和短文，编辑一期改进文风的专题通讯刊物，从而刹住了长文的蔓延，短稿重登头版。但不久，由于频频爆发各种名目的“路线斗争”，只要中央报刊一登署名“梁效”（“文化大革命”中江青的写作班子）的文章，地方报纸必照转不误。一时形成“小报抄大报，大报抄梁效”的千人一面的局面，长文之风再起，新闻报道假大空滋生。

自 1975 年 8 月 22 日始，连续 3 个月开展对 331 厂全国劳模李临庄的大型报道，先后发文字与照片稿 116 件，转载了湖南省委发出的向李临庄学习的决定和《人民日报》发表的《为社会主义建设抢时间 —— 记共产党员李临庄》的文章，对当时全国工业生产建设高潮起了推动作用。

“文化大革命”结束后，1978 年编辑部提出把《株洲日报》办成一张群众报，半张工人报，三分晚报味道的报纸；版面分工重新明确，新华社稿件所占比例由“文化大革命”中 6 成降至 3 成以下；创办《学习》《党团生活》《班组建设》《青年工人》《柜台新风》《在生产队里》《文化阵地》《部队与民兵》《科学与技术》《新城短波》等专栏。《新城短波》专发本市新闻性与动态感强的短新闻。同年 9 月始，连续转载中央各报关于实践是检验真理唯一标准讨论的文章。

1981 年，开展新闻改革，主要抓报道的时效性和广泛性。《两青年拾款千元》《市摩托车厂举行集体婚礼》《王旭是怎样走上犯罪道路的？》等一批社会新闻，为报纸接近群众生活、全面反映社会现象打开了视野。同时，改变会议新闻版面过多的难点，通过采取“隐名埋姓”（只写会议布置的工作，不提会议本身）、“借题发挥”（借会议题，写会外事）、“分而治之”（将一个会议的内容分成几篇新闻发表）、“花开数朵只表一枝”（会议内容多，只写群众关心的一件事，把会议消息的篇幅压到最低限度）等改革办法。

1982年，进行不拘一格选头条的改革。只要能回答群众普遍关心或急待解决的问题，能引起社会的反响，不论其单位、职务大小，都可上头条。为配合打击经济领域的犯罪活动，头条刊发了《她为什么堕落》《一个被钱财吞噬了的灵魂》等一批典型报道；为配合“全民文明礼貌月”活动，历时2个月共刊发王玉荣、刘风林两个家庭情况的对比报道180多篇。6月21日至11月15日，报道钟鼓岭菜店营业员陈丽君坚持原则、不让本店职工开后门的事迹，先后发稿226条，在报上前后2次形成报道高潮。

1983年1月，报社编辑部制定了新闻改革的十大工作要点。在版面上，改6栏为7栏，头版设《株洲快讯》专栏，派专人编采，每天3～4条。整个头版新闻稿件的平均时效比上年加快2天。

1984年1月，编辑部决定对一些行业性或部门的会议不再作会议报道，有的只发简讯；对非报道不可的会议，只报道会议内容，免去一大串名字，克服了原来会议消息公式化、程序化、八股化的弊病。同年8月和10月，两次在一版公布5篇失实报道，配发调查附记及《真实是新闻的生命》《再论真实是新闻的生命》2篇评论文章。这是《株洲日报》创办以来，对失实报道进行的第一次大规模的公开批评。这年，还刊载了《公共汽车公司不该发生的故事》《肉联厂出售霉变腊肉》《醴陵东风、青森两队熬制假驴膏坑害顾客》等批评报道，在全市震动很大。

1985年，各版实行包版制，并增设言论栏目。具体作法是：一版要闻版，突出新、准、快；二版综合新闻版，深、广、杂；三版副刊版，短、闻、趣；四版时事版，精、准、多。各版实行采访、编辑、组版一体化。据年底统计，全年各版日均发稿量和条均字数，一版为13.7条、263字，二版11.5条、338字，三版10.1条、326字，四版14.27条、245字。整张报平均每天登载文字、图片、美术作品达49.57条。各版共设言论栏目20多个，配合新闻稿件发言论稿659篇。其中，对黄道芳的报道有13篇，约3万字，使黄道芳及其发明的《宇宙星盘》迅速走向世界。株洲林化厂2个干部写厂长诬告信的报道见报后，被新华社转发，成为《株洲日报》创刊以来，被新华社直接转发的第一篇稿件。

1987年下半年，深入报道中共十三大会议精神。各版分别设《改革专栏》《改革八年》《改革群英谱》《十三大后话改革》等栏目，刊发《改革，株洲的希望》等评论8篇以及消息、通讯46篇，全面介绍株洲市各条战线改革稿件10篇，宣传株洲车辆厂等6个改革典型、系列理论稿和宣传稿51篇。同年10月30日，一版刊发记者杨宏武写的《平民百姓赢了政府机关》的消息，被评为全国好新闻一等奖，在全省地市报界首次获此殊荣。

1988年8月，报社效仿外地报纸做法，刊登一批有偿报告文学，引起不良反响，后立即刹车。

1990年，着重抓正面典型报道。年初，发表长篇通讯《株洲铁人易铁鑫》，报道株洲冶炼厂工人易铁鑫长年坚守艰苦的工作岗位、苦干实干的事迹。5月，发表《唐波和他的无臂朋友》，颂扬少年唐波多年来坚持照顾无臂同学的事迹，7月被新华社向全国播发通稿。年底，刊出《张锋与歹徒搏斗又洒鲜血》的连续报道，反映市工商银行青工张锋前后2次勇斗歹徒的事迹。另外，报纸还辟了《普通人的奉献》等宣传正面典型的专栏，采写了《活电话号码簿——朱纯翠》《他绕地球7

圈半》等稿件，共推出正面典型报道9个。围绕打好振兴株洲工业总体战，刊发稿件近200篇，组成10个集纳，配发系列言论7篇。

《株洲日报》坚持小报小办，努力做到权威性、指导性和服务性、知识性、可读性的统一。1991年，组织7个战役性报道，其中的庆祝中国共产党成立70周年和株洲市建市40周年的“双庆”报道，为期4个月，共发稿649条，59个整版，总字数达23万多字。1992年，随着改革步伐的加快，房地产热、开发区热、股票热、下海热、入关热、移民热、第二职业热等热门话题甚多，报纸大胆触及、认真分析，发表了一批有深度的典型报道，对全市深化改革起了指导作用。1993年，就“减轻农民负担、减轻企业负担、清拖欠公款、清国家集体财产”和转换企业经营机制等问题，推出了一批典型报道。1994年，在调查研究的基础上，剖析了股市诈骗第一案，研究了私家车现象、贵族学校现象和城市交通等问题，探讨了株洲对外开放走向成熟的新趋势，并推出《四老翁无偿救厂》《株洲的徐洪刚——李卫华》等一批典型报道。

1995年1月1日，《株洲日报》正式改为对开大报，仍将落脚点放在“大报小办”上，面对群众讲话的总体思路没有改变。扩版后的版面设置为一版要闻，二版综合新闻，三版副刊，四版国内外时事新闻。全年共计发稿10569条，计752万余字，均比上年增长一倍。按照“突出经济报道，搞活社会报道，加强和改进党政报道”的思路，加强整体策划和实施。1月9日起，连续刊发《牢牢夯实农业这个基础》《走向都市的繁荣》《辉煌的一笔》《开启辉煌未来的金钥匙》等记者述评，论述“农业安市、企业富市、商贸活市、科教兴市、依法治市”的株洲市策的意义与作用。组织了围绕“富民强市”目标和打好“两个攻坚战”的系列报道，对各地吨粮田建设进行了跟踪报道。10个月时间，对以上两方面报道发稿1100条，照片81幅。同时，报道了一大批优秀教师、科技明星、优秀警察和见义勇为的典型。这一年时事报道日均发稿量达25条左右，信息量增加一倍。

1996年，把抓典型作为一部重头戏来唱，有意识、有组织地去发现和挖掘典型人物。全年推出先进个人40余名，先进群体12个。产生重大影响的典型有：以《镌刻在铁路大动脉上的不朽人生》为题的长篇通讯，报道了株洲电力机车研究所高级工程师王于化的先进事迹；以《甘洒热血写青春》为题，报道了舍己救人的好青年张骞；以《情义无价》为题，报道了株洲冶炼厂铜分厂自掏万元救民工的女工刘良君。紧跟着发出连续的跟踪报道，既反映群众学典型的动态和影响，又反映典型新的进展和新的事迹，使典型成为人人敬仰的时代楷模。

1997年，在系列报道上有所突破。全年共策划大型系列报道23次，涉及“双先工程”“严打”“科教兴市”“搞好国有企业”等。年初，以“‘九五’开局回眸”为题，编发8条反映各条战线上年成果的稿件，随后及时推出“调整经济结构，搞好国有企业”专栏，报道了一批深化改革、增效减亏的企业。配合纪念红军长征胜利60周年开辟了《将军故乡行》专栏，发稿18篇。“讲文明、树新风”活动的系列报道发稿40余条。3月，创办为“三农”服务的《今日农家》专栏，注重服务性、贴近性、新闻性，为农民提供准确实用的信息，该栏目“特别话题”提出和解答农民关切的热点、难点问题，1998年《新闻战线》载文予以推介。同年4月3日，《株洲日报·晚报版》面世，该版遵循晚报特点，以社会新闻、软新闻为主，并对群众反映强烈的问题进行干预和追踪，全年刊发39期。

1998年，将“再就业工程”和“纪念改革开放20周年”作为全年报道重点。“再就业工程”以不同形式，引导下岗职工转变择业观念，重新实现自我价值，共编发稿件400多篇。报纸还大胆地抨击不正之风和腐败现象。如湖南金狮啤酒有限公司工会主席醉驾，在撞死一人、撞伤一人、撞坏一辆出租车后，居然走入发廊享受异性按摩。对此恶性案件，《株洲日报》迅速予以披露，并历时一年多时间对案件的进展与审判给予跟踪报道。9月初，开始宣传改革开放20周年成就系列报道，举办《我看20年》大型征文活动，在一版开设《20年巨变》专栏，主要刊发了《国民经济总量20年是前30年的3.5倍，我市国内生产总值提前4年实现翻两番》《20年工业增加值是改革前30年的4.5倍》《我市出口贸易额20年增加6倍多》等系列文章。

1999年，重点对新中国成立50周年和株洲市建市50周年的报道。6月8日，在一版推出《株洲50年》专栏，集中展示建国以来株洲各行各业的成就，刊发有《中国电力机车的摇篮》《翱翔蓝天看“南方”》《荒园中立起的新城区》等，历时5个月，共发稿30余条。7月5日，以图文并茂的形式在一版开设《旧貌新颜》栏目，历时3个月，共办21期，刊发照片42幅，在读者中广获好评。7月15日，副刊部与中国报纸副刊研究会联合举办“共和国50华诞《我爱株洲》散文征文”活动，收到各界来稿100余篇，选择刊发30篇。

2000年，把“新、突、精、趣”作为新闻报道突破的重点，推出“迈向新的世纪、进行新的创业”系列报道，并对“市九次党代会”“优化经济环境”“城市管理体制改革”“城市综合治理”“快速环道”“十里长街美化”等以专栏、专版予以集中报道。先后推出株洲冶炼厂、株洲硬质合金厂、株洲电厂、醴陵陶瓷研究所等一批国企改革和国企脱困的典型报道。同时，围绕优化经济发展环境，推出了“中巴出城”“学长沙看株洲”“优化环境大家谈”等系列报道和专栏。

（二）副　刊

1957年11月7日，《株洲日报》第6版开辟第一个《副刊》专版。内容以中苏友好为主，有译作、散文、诗歌、随笔、小品文等。初期，副刊不定期，无专门名称，无专职编辑人员，内容一般在三版或四版刊登。

1961年，报社成立政治生活组，负责副刊编辑工作。6月13日，文艺副刊《晨笛》专版诞生，不定期在三版刊出。主要刊登小说、散文、随笔、诗歌、通讯、特写、回忆录、曲艺、快板等。

1962年3月，三版办《浪花集》杂文专栏，31日发表第一篇杂文《从一滴水看太阳》。文章仿《北京日报》杂文专栏《燕山夜话》作者邓拓，采用谈古说今、讽喻世风的手法，批评本市乡村男女同工不同酬现象。这种写作方法，后来形成《浪花集》的基本风格，市内外有100多人为专栏写稿。至“文化大革命”初，北京批评《燕山夜话》，随之全国抓“小邓拓”，株洲报社也进驻数十名工作队员重点审查《浪花集》，将大批作者打成“小邓拓”“三反分子”，不少人被关押、挨批斗；有的受党纪处分，有的被调离要害部门，《浪花集》停办。

1979年2月27日，《浪花集》复刊，受迫害的杂文作者及编辑得到平反。随后《晨笛》被定为综合性副刊周刊，该刊注重思想性、知识性、艺术性、趣味性的结合，为群众喜闻乐见。1982年，《晨笛》辟《道德与法》《文化与体育》《科圃》专页，新增《每周电视》《体育顾问》等栏目，连环漫画也在《晨笛》中刊出。经向读者调查，《道德与法》成为当年较受欢迎的专栏。

1983 年，报社成立副刊部，将第三版副刊化。每周 7 个版，其中 4 个《晨笛》版、1 个《学习》版、1 个《科学与生活》版、1 个《青年专页》版。年中，从《晨笛》中分出另一副刊版《奔龙》，是综合性文艺副刊，有《株洲名人》《株洲拾翠》《株洲通》《株洲风光》等栏目，重在介绍株洲古今人物、城乡历史、地理名胜古迹、风土人情等，每周 2 期。《晨笛》除原有《文艺纵横谈》栏目外，新辟《作家小史》《当代文学画廊》《作品点评》《名作欣赏》等栏目，使之成为文学副刊专版，亦每周 2 期。

1985 年，《晨笛》开辟《中学生习作》专版与专栏，收到数百名中小学生来稿。7 月，举办“村口湖畔千字问题小说”征文活动，收稿 700 篇，见报 26 篇。

1986 年 3 月 2 日，副刊性专刊《星期天》创办，为周末版，每期 4 版。第一版主要登载社会新闻；第二版为文摘专版，刊名《八面来风》；第三版刊名《憩园》，登载闲情逸事，幽默笑话及棋牌娱乐知识；第四版刊名《地球仪》，为国际文摘副刊版，登载海外珍闻趣事。《星期天》最有影响最受读者喜爱的是一版《济公游踪》专栏，该专栏仿小说《济公传》章回式标题写法，以“哪里不平哪有我”为主旨，以“济公”的身份，观察社会，反映问题，针砭时弊。

1987 年，为纪念《株洲日报》创刊 30 周年，第三版连续登出 50 篇《我与株洲日报》征文，创办《生活之友》《不妨一试》《读书》等知识性服务性强的专栏，编发《揭开失踪之谜》《同魔鬼打交道的人》等纪实文学稿件。1989 年，《星期天》专刊新辟《家庭生活》版，设《瞧这一家子》《家庭问题》《父母修养》等 10 余个栏目。

1991 年，为迎接建市 40 周年和建党 70 周年，副刊部在《奔龙》版举办《沧桑四十话株洲》和《鲜红的党旗》两个征文活动，历时 4 个月，收稿 300 余篇，采用 124 篇。秋季，为配合科普热潮的到来，《科圃》专版复刊。此外，《株洲日报·星期天》的《憩园》在保持娱乐性的基础上，推出《漫画欣赏》栏目，受到读者欢迎。1992 年，《家庭生活》版新增《家庭消费指南》《佳佳信箱》《家常话》《家庭医生》等栏目，内容更贴近百姓生活。副刊部还先后举办了“奔小康杯”散文征文、“环保杯”科普征文、“南方杯”杂文征文等活动。

从 1993 年 3 月 1 日起，副刊全面改版，文学副刊仍保留一个版，由《奔龙》更名为《神农阁》。新辟的专版有《文化广场》版，设“银屏之光”“书画鉴赏”“说俗道雅”“文化市场”“人物专访”等栏目；《现代风》版，有“都市新潮”“苦乐年华”“浪漫季节”“家事新语”等栏目；《科技园》版，有“望星空”“致富桥”“科技五色土”“外面的世界”“科学文艺”等栏目；《体坛纵横》版，有“名人与体育”“球迷看台”“体坛动态”“健身之道”等栏目。取消《憩园》版。

1994 年 5 月 23 日起，为配合联合国确定的“一个地球 一个家庭”的世界环境日主题宣传，与市环保局联合举办“环保杯”有奖征文活动，征文体裁不限，表现保护环境、美化环境的思想主题。

1996 年，副刊部开展纪念红军长征胜利 60 周年征文活动，发表作品 57 篇。配合精神文明建设，举办“石化杯”杂文征文活动，发表作品 68 篇。1997 年，开展“讲文明、树新风”杂文征文竞赛，历时 4 个月。

1998年，副刊版面的一些栏目作了调整，《家庭生活》新辟“老照片”栏目，既进行传统教育，又满足了人们的怀旧心理；《文化广场》增设“九州文澜”，报道神州大地的文化信息；《神农阁》文学版新辟“一文一评”，对好作品作简洁的评论。还有“历史资料”栏目披露一些鲜为人知的历史事件真相。

1999年，副刊版重新调整为《神农阁》《科普长廊》《文体纵横》《现代家庭》《新时代》《周末大观》6个版，其中《科普长廊》为新辟专版，旨在普及科学，抵制伪科学，批判法轮功。2000年，副刊部对原有的版面进行了大胆的调整和创新，推出《文学》《视野》《青年》《随笔》《科普》5个专版，使副刊更加贴近读者，贴近生活，同时进一步增强副刊的文化品位。

（三）图 片

1957年10月1日，创刊号第8版编发整版11幅照片，主题为《株洲在建设中》，由新华社记者王平摄影。10月2日，刊登株洲电厂提供《株洲电厂水泵房外景》照片。11月底，报上首次出现株洲日报记者拍摄的照片。1958年，报社有1名专职摄影记者，采用禄来福来120相机摄影；照片扩大设备为珠江牌斜桥式扩大机。每月刊登照片40幅左右，题材多为反映工农业生产。

20世纪60年代初，为配合阶级教育和社会主义教育运动，使初识字者增加读报兴趣，曾刊出雷锋、王杰、刘介梅、刘昆等英雄人物事迹的连环画长篇连载，最长的达80多幅。

1978年，《今日株洲》摄影专栏在刊登报道日常生产情况的照片外，还刊出《抓扒手》《市容脏乱差》《没良心的父母，可怜的孩童》《孝心在哪里》《警士与女郎》《湘江风扇飘洋过海》等现场感强、紧扣时代和社会生活主题的优秀新闻图片作品。美术作品则向与新闻报道文画相配方向发展，向多题材漫画连载发展，更加接近生活，接近读者。1982年，创办系列漫画栏目《名师高徒记》，每周一期，每期3～4幅作品，受到全国著名漫画家华君武赞扬。1983年，漫画栏目改为《啄木鸟》，1984年改为《小兵别传》，1985年定名《赤眼蜂》。

1991年7月，报社举办新闻摄影同题采访活动，来自基层的12名骨干摄影通讯员和摄影记者一起，去企业、下乡镇，培育通讯员从现场采访到独立发稿的能力。美术作品则运用速写等形式反映株洲的变化，如《笑不起来》等栏目都配有插图，形象生动，群众喜闻乐见。

1992年，对新闻摄影独立参与新闻报道进行了尝试，摄影记者的拍摄与采访独立进行。当年开辟摄影专栏《烟云花海》，有选择有步骤地报道醴陵烟花厂家生产经营情况。组织“湘赣边区行”活动，提供专题摄影报道。美术主动介入新闻，先后完成了《神农阁》《烟花节前夕的中心广场》《河西新貌》等速写近20幅。1993年7月，组织“湘赣边区行新闻摄影”采访团活动，对革命老区周边经济发展进行了深度报道。

1994年5月28日，《株洲日报》（增刊）首次发表彩色新闻照片，为以后的新闻彩色照片报道奠定了基础。《株洲日报·星期天》开设文配画《酸葡萄》栏目，文章以抨击社会不良风气为主，漫画以夸张讽刺的形式再现文内反映的情景，形式活泼，惟妙惟肖。

1995—2000年，《株洲日报》改为对开大报后，照片、美术的用稿量增多。新闻照片的月供稿在60～70张左右。为多用照片、搞活版面，报社鼓励文字记者也兼拍新闻照片，以多角度、大范围报道新闻。摄影记者除正常供稿外，还组织照片专题、照片专版的报道。为活跃版面，1995 年 1 月，漫画专栏《赤眼蜂》复刊，每月 1 ~ 2 期。1999 年，《读者来信》设“信画配”栏目，用漫画衬托稿件。这一时期，每年“六一”儿童节，都编发少儿美术作品专版《庆六一画刊》或《儿童画刊》。副刊版除发表一些书法、美术作品外，还不定期发表美术作品专版，同时对有影响的株洲书画家及其作品进行专题推介。

（四）群　工

处理读者来信、培养通讯员的群众工作，最初由各编辑组室记者分担。从试刊号起，就创办《读者来信》专栏。创刊当年有通讯员 278 人，翌年增至 550 名，到 1961 年达 1100 多名，但真正坚持为报社写稿的不到一半。为提高通讯员业务素质，报社总编辑及各组组长、记者到工厂、农村，就新闻真实性、如何确定新闻题材、当前写什么等问题，对通讯员进行专题培训，并按政治条件、写稿数量作出甄别，通讯员人数减至 713 名。

1962 年 3 月，成立群众工作组，建立通讯员业务档案，坚持每月编发 1 期通讯员刊物《党报通讯》。群工组在各基层单位建立群众读报组 54 个，开展读报用报活动。开辟《读者·作者·编者》专栏，将读者要求、对报纸的意见尽量在报上发表。对不宜公开见报的读者来信，群工组将信件转往有关部门。对必须作回复的信件，群工组建立催办制度；对拒不答复者，公开见报批评。这年前 8 个月，共催办作复信件 594 封，为 1960 年的 8.6 倍。对读者来信中反映的特别重大带倾向性的情况，群工组将其编成《内部参考》，直接交市委常委主要领导参阅，不定期出版。

“文化大革命”中，群工组中止正常工作，通联工作由各业务组分担。1972 年，报社革命委员会把 27 名“工农兵通讯员”请进报社，举办“毛泽东思想学习班”，由他们在报纸以往登过的稿件中找“阶级斗争”。1975 年，报社先后请来 8 批 27 人次“工农兵通讯员”来办报，时间最长的达 3 个月。其时，通讯员队伍已发展至 800 余人，全市各大中型企业、县级以上单位均有报道组。据统计，是年见报稿件 70% 由通讯员撰写。

1979 年，恢复群工组和社会新闻性专栏《阳台俯视》。该专栏每周一期，稿件主要由读者来信提供。编辑将来信中反映的“丑恶美善”集纳成几百字小专栏，冠以或褒或贬对称标题予以评价。1985 年，群工组更名群工部，并对 700 多名通讯员进行整顿，最后择优确定 400 人，并第一次颁发通讯员证。1986 年 8 月 4 日，《阳台俯视》停办。

1988 年，新辟小品文专栏《奔龙山下》，编辑方针与《阳台俯视》同。这一年，处理的读者来信来稿增至 1.8 万件、接待来访增至 3000 多人次。新编发《新闻专播》《采编动态》《信息网》等刊物。1990 年 12 月 13 日，编发读者来信《救救我吧，妈妈！》以一个中学生的亲身经历，呼唤父母不再赌博，社会影响较大，获全省地市报纸好新闻二等奖，也是《读者来信》专栏第一件获奖新闻作品。

1992 年，全年办理、转办读者来信 207 封。编发《内部参阅》6 期。1994 年，《读者来信》专栏新辟“第三只眼”“本周提醒您”“上情下达”“农事新语”“曝光台”等栏目，以贴近群众而受到好评。《内部参阅》发表的《居民的菜篮子越提越“重”》《城市居民贫富差距明显拉大》《明天谁来种田》《再不能让亏损厂长甩手而去》《南大门商城生意为何冷淡》等稿件，从不同角度、不同社会层次向市党政领导提供了有价值的情况。

1996年，《读者来信》推出《公开答复》栏目，《内部参阅》有6篇稿件被省委办公厅等有关部门采用，有9期得到市领导批示，所反映的问题得到相关部门重视并及时解决。1999—2000年，面对急剧增长的信访量，群工部抓住“以舆论开道，为群众解难”这个重点，努力寻求解决信访问题的最佳途径。2年内处理重大集体上访15次，避免集体越级上访6件，接待和解决了500多起来访者的投诉，有10余篇读者来信在一版发表。2000年3月，开办《民情传递》栏目，有问有答、有难必解、快速传递民情的舆论监督形式，被《新华社内参》誉为“传递民情的绿色通道”。

（五）《株洲晚报》

2000年6月1日，经新闻出版署批准，投资100多万元的《株洲晚报》正式创刊。书法家李铎为《株洲晚报》题写报头字。《株洲晚报》由株洲日报社主管主办，为四开八版周三报。其版面设置为：一版要闻，二版综合新闻，三版都市时尚，四版文娱星空，五版体育看台，六版生活空间，七版华夏纵横，八版环球扫描。截至12月16日，《株洲晚报》（包括2期试刊）共出88期，发稿6000余条、400余万字。

二　报业经营

（一）广　告

1957年9月19日，试刊期间的《株洲日报》即登载《本报刊登广告启事暂行办法》，分机关公告、工商营业、文娱戏目、文教事业、一般启事五类广告。10月19日，日报创刊不久，市国营商业工业品展览交流大会在市人委会礼堂举行，便在报上刊出日报第一则通栏30行高的广告。此后，报纸广告主要是戏剧、电影和遗失启事之类，收入甚微。

“文化大革命”前期，对戏剧等广告曾一度免费。1974年12月8日，恢复广告收费制度。

20世纪80年代，工商广告日渐增多，广告收入已成为报社的重要经济来源。1986年，报社成立信息广告部，专营广告，当年广告收入29.4万元。1988年跃为69.33万元，利润50.17万元，为全市广告经营单位之首。1990年，广告营业额达80.9万元，纯利65.29万元，上缴税费5.22万元。

20世纪90年代后，报社加强对经济产品的宣传和信息服务，内部管理引入竞争、激励机制，广告收入历年呈稳步增长态势。1994年广告收入为489万余元，1996年达716万余元，1997年为818万元，1999年达到931万元，2000年突破1000万元大关，达到1092万元。广告设计创意整体水平稳步提高，《曾经多少企盼》获1998年中南地区地市级报纸优秀广告作品一等奖，“1998年抗洪抢险系列广告”和“1998年环保系列广告”均获湖南省地市报纸广告优秀作品一等奖。

（二）发　行

《株洲日报》试刊期间，报纸交邮局发行，编辑记者有时也利用业余时间零售。创刊后，正式交邮局发行，初为3日刊，每份月价0.3元；改日报后，月价0.5元。

1957年9月，市委号召全市各单位和群众积极订阅《株洲日报》，发行量大增，同年年末达4765份，

1958年年末达6532份，1959年2月份达1.3万份。至1961年11月，由于投递制度不健全，订户不能及时看到报纸，发行数量降为3500份。1963年，根据市委增加城市发行量（当时城市订户为总发行量的51%）的要求，把报纸发行到班组、柜台、仓库、小学6年级教学班，但收效甚微。到1966年，发行量仍徘徊在8000份左右。“文化大革命”期间，最高发行量达3万份。

1983年后实行市管县体制，随着行政区域的扩大，发行数量成倍增加，报社指派编辑部各部室承包各县市郊的报纸发行。1985年年初，尽管每份报纸月价由0.5元上升为0.9元，后又升为1.2元，年末发行数量仍达4.3万份。1986年年初，发行量达5.3万份，在省内地市报中仅次于《长沙晚报》的发行量。1989年，每份报纸月价由1.2元上升到3元，发行数量为5.8万份。

1990年8月，报社成立发行部，开始自办发行，公开招聘发行站长14名，发行投递员191名。1991年，《株洲日报》自办发行全线投递开通，发行量达61508份，比上年增加3508份，创《株洲日报》发行历史之最，也是全国126家自办发行报纸中，第一年自办发行订数不下降反而上升的唯一一家。同时，一次性收回报款150余万元，占应收款的80%。1995年，因改对开大报，征订数下降至5.5万份。1996—1998年，发行量年均为5.6万份左右。1999—2000年，受企业改制和经济不景气等因素影响，全市企业报纸发行量锐减，日报年均发行量在4.8万份左右。

2000年6月创刊的《株洲晚报》，因其可读性而受到市民青睐，发行量由创刊时的0.6万份增至年底的1.6万份。

《株洲日报》1983—1990年历年获全国全省好新闻作品一览表

表28-1

题　目	品　种	见报日期	等　级	作　者
刘篾匠请求登报亮富	消　息	1983年5月18日	省优秀奖	奋　飞
农民办起出租小汽车服务部	消　息	1983年5月2日	省优秀奖	吴凯楼　杨国伟
时势造英雄	评　论	1983年4月23日	省优秀奖	沈良桂
别看一张纸，贴在墙上可镇邪	标　题	1983年9月6日	省优秀奖	陈鸣兆
烈士塔16户农民请保姆	消　息	1984年10月13日	省一等奖	吴凯楼　罗传明
一次崩了的入党谈话	通　讯	1984年8月17日	省一等奖	沈良桂
城里娃娃进了乡村幼儿园	消　息	1985年12月17日	省一等奖	胡应南　王元长
二版版面	版　面	1985年4月27日	省一等奖	谭　宪
研究生陈忠平回乡施展抱负	消　息	1986年4月11日	省一等奖	杨宏武
金融大堤内的涟漪	通　讯	1986年10月20日	省一等奖	王守勇　吴文凯　肖劲波

续表 28-1

题 目	品 种	见报日期	等 级	作 者
高级技工后继乏人令人焦虑	通 讯	1986 年 12 月 25 日	省一等奖	李硕洪 陈 波
济公游踪	专 栏	全 年	省一等奖	丁文浩 陈建国 言和平
眼睛盯着唐僧肉摊派集资何其多	标 题	1986 年 7 月 31 日	省一等奖	王守勇
谁说兔子尾巴长不了？	漫 画	1986 年 7 月 18 日	省一等奖	黄大希
平民百姓赢了政府机关	消 息	1987 年 10 月 30 日	全国一等奖	杨宏武
是繁荣是忧虑 (木材市场跟踪报道一组)	深 度 报 道	1987 年 6 月 19—21 日	省一等奖	刘西林 言和平 李硕洪
简易包装	漫 画	1987 年 5 月 20 日	省一等奖	黄大希
渌江乡七名个体户为市府 无息贷款 18 万元	消 息	1988 年 12 月 24 日	省一等奖	杨宏武 易效成 吴凯楼
0.1%，学校体育经费少得可怜； 33.32%，中学生近视眼多得惊人	标 题	1988 年 4 月 18 日	全国好标题	杨硕奇
窑工周忠林攻克世界环保难题	消 息	1989 年 12 月 21 日	省一等奖	陈鸣兆 吴凯楼
攻下世界难题的中学生	通 讯	1989 年 11 月 26 日	省一等奖	李星星
地球仪	专 栏	全 年	全国地市 报一等奖	陈开尧
中国商品在国外	专 栏	1989 年 12 月 20 日	全国地市 报一等奖	陈开尧
浦口镇跨省扶贫	消 息	1990 年 5 月 12 日	省一等奖	杨宏武 李 勇 钟斌光 吴凯楼
他给母校留下一个红包	通 讯	1990 年 12 月 30 日	省一等奖	李勇 运生 清华
祖国，永远是母亲	照 片	1990 年 8 月 30 日	全国优秀 作品	欧阳蒲芳
时事副刊版	专 栏	1990 年 11 月 18 日	全国地市 报一等奖	陈开尧
“骆驼”牌商标 70 万元身价入股湘大	消 息	1992 年	省一等奖	杨剑涛 李硕洪
笑不起来	专 栏	1992 年	省一等奖	王德智 杨硕奇 杨剑涛
安魂茶	散 文	1992 年	省一等奖	肖 芸
形体趣话	杂 文	1993 年	省一等奖	瞿军安
–	版 面	1993 年 3 月 12 日	中国时事报 道二等奖	陈开尧

续表 28–1

题　目	品　种	见报日期	等　级	作　者
危机意识与末日管理	言　论	1994 年	省一等奖	沈良桂
合资岂能打“白条”　招商也须查“李鬼”山东撤销 224 家虚假合资企业	标　题	1994 年	中国时事报道一等奖	陈开尧
–	版　面	1994 年 9 月 23 日	中国时事报道二等奖	陈树根
株洲市对企业实行减半收费	消　息	1996 年	中国时事报道二等奖	张绿林
韶 4B 和韶 8 型电力机车诞生	消　息	1996 年	中国地市报二等奖	彭质文　陈鸣兆
雅鲁藏布江畔井冈松	通　讯	1996 年	中国地市报二等奖	胡铁钢　颜青春　杨宏武　谭立群
这个混世厂长免得好	消　息	1996 年	中国地市报二等奖	杨硕奇　万　宁
株洲水稻种到马来西亚	消　息	1996 年	新华社通讯员优秀作品二等奖	张绿林　谭立群
韶 4B 和韶 8 型电力机车诞生	消　息	1996 年	省一等奖	彭质文　陈鸣兆
攸县农村出现 3 万独女户	消　息	1996 年	省一等奖	刘珍龙
从下岗职工到百万富翁	通　讯	1996 年	省一等奖	谭立群
雅鲁藏布江畔井冈松	系　列报　道	1996 年	省一等奖	胡铁钢　颜青春　杨宏武　谭立群
铁桩护栏救命，路妇虎口逃生	摄　影	1996 年	省一等奖	曹听德
警营流火	摄　影	1996 年	省一等奖	曹听德
世界冠军 —— 株洲姑娘吉丽雅	通　讯	1996 年	省一等奖	黄建秀
醴陵市 12 名老党员捐资建起我省第一个民间革命纪念馆	消　息	1997 年	省一等奖	张　莉
农民了不起 租车来献血	消　息	1997 年	省一等奖	李立洪
修鞋的老校长	消　息	1997 年	省一等奖	丁文浩
湘 B — 30819 车好霸道	来　信	1997 年	省一等奖	陈开尧
传世家风	专　栏	1997 年	省一等奖	曾湘文　丁文浩
拆车市场历时 11 年挤占国道何日还原	摄　影	1997 年	省一等奖	曹听德

续表 28-1

题　目	品　种	见报日期	等　级	作　者
十　妹	散　文	1997 年	中国报纸副刊优秀奖	曾湘文
湘赣边界千万只候鸟成为“盘中餐”	消　息	1998 年	省一等奖	颜青春　王元长　张　莉
粮食，岂容走私	通　讯	1998 年	省一等奖	杨硕奇
无偿献血	速　写	1998 年	省一等奖	周伟钊
醉酒驾车夺人命 发廊安然享按摩	消　息	1998 年	省一等奖	杨硕奇

《株洲日报》社历任行政负责人名录

表 28-2

总　编	任职时间	副 总 编	任职时间
王又民	1957.8 — 1959（兼）	冯鲁仁	1958 — 1959
余清源	1959 — 1964.4（兼）	黄　彪	1960.11 — 1965
唐尧荣	1968.3 — 1969.8	唐尧荣	1966.4 — 1968.3
刘汉帮	1969.8 — 1978.9	张学美	1968.3 — 1970
赵启湘	1978.9 — 1983.8	陈树根	1968.3 — 1978.9
骆锦辉	1983.8 — 1984.11	唐尧荣	1969.8 — 1971.1
姚天元	1984.11 — 1994.11	沈良桂	1971.5 — 1994.12
陈建泽	1994.11 — 2000.12	何文新	1971.7 — 1980.6
–	–	唐尧荣	1974.2 — 1992.4
–	–	康铁山	1980.6 — 1983.8
–	–	黄经略	1982.3 — 1983.8
–	–	张益群	1987.8 — 1992.10
–	–	胡铁钢	1990.5 — 2000.12
–	–	袁建平	1994.11 — 2000.12

第二节　县（市）报

民国 9 年（1920），醴陵驻省会学生会创办《醴陵旬报》（傅熊湘主编），攸县刘乙青创办《春秋报》。此后，茶陵刘澹、周庭藩创办《雅言报》，陈应炳、尹任创办《自治周刊》。《春秋报》以宣传新思想、新文化为主，创刊不久便停刊。《雅言报》宣扬自治维新，《自治周刊》提倡工农运动，双方在茶陵以报刊为阵地，进行激烈论战，后分别于民国15年（1926）、民国16年（1927）停刊。《醴陵旬报》受新文化运动影响，在省内带头用白话文撰写新闻与评论，宣传三民主义，抨击北洋军阀。该报于民国16年（1927）停刊。

民国12年（1923），在中共党员李立三影响下，醴陵县中学左权、陈觉、蔡升熙、宋时轮等一批进步学生，组织"社会问题研究社"，创办油印《前进》周刊，宣传革命，鞭挞时弊。

民国13年（1924），醴陵报商廖策群办文摘周刊《渌江星报》，民国26年（1937）改名《星期报》，不久即停刊，历时13年。民国14年（1925），国民党茶陵县党部最早创办机关报《洣声报》，因办报人与县党部另成体系而停刊。民国16年（1927），茶陵农民运动讲习所创办《农运周刊》，刊载内容以短小精悍的顺口溜为主，如"牛作田，马吃谷，农民受辛苦，土豪享现福"，旨在唤起农民觉醒，参加革命。仅出4期，马日事变后停刊。

民国17—21年（1928—1932），《茶陵民报》《攸县民报》（初为《攸县通俗报》）《醴陵民报》《酃县民报》相继创刊，均为国民党各县党部机关报，于民国38年（1949）夏秋先后停刊。民国23年（1934），茶陵国民党甲乙两派为进行派系斗争，创办过《大道报》与《云阳报》，出版均不到1年。

1927—1934年，酃县红色政权报刊最为活跃。其时，中共苏区和湘赣省委在此创办刊物《红旗》《湘赣红旗》《列宁青年》。1931年8—10月，中共酃（县）遂（宁）中心县委、县苏维埃在石洲创办油印机关报《酃县报》，栏目有《红军口号》《作战快讯》《革命歌曲》《红军纪律》《苏区政策》等，由交通员送往各乡村口头宣传或张贴，推动打土豪分田地运动。

抗日时期，中国共产党和国民党都十分注意利用报纸进行宣传。这一时期，境内报纸有数十家，其中最著名的为《民锋日报》和《开明日报》。1938年冬，醴陵文湘岩独资办《民锋日报》。1939年3月，中共地下党员余志宏、徐邵年介绍厉刚任该报总编辑。该报宣传国共合作抗日，反对屈敌投降，间或宣传共产主义理论，刊登反映农民疾苦、揭露国民党腐败的文章，常遭国民党县党部警告，报纸"开天窗"。不久，厉刚被排挤，报纸查封。同年8月，中共湖南省委派遣地下党员黎澍，联络国民党进步人士刘岳厚在茶陵创办《开明日报》，1940年年初迁衡阳，次年10月被国民党当局以"言论荒谬"为由封闭。该报十分重视运用木刻艺术增强报纸的感染和号召力，曾出过《抗战木刻》《诗与木刻》共9期，还用红黑2色套印2幅4开大小《抗战门神》，随报送与订户。1946年，醴陵教育界进步人士殷德饶、李石静等集资创办《儿童周报》，图文兼备，服务少儿。但因经费不足，仅办5期。

1949年4月，中共地下组织在《醴陵通俗报》建立以蔡日峰为书记的地下党支部。蔡兼任总编辑，编辑记者和骨干技术工人中有8名共产党员。这家本为国民党的外围报纸，逐步变成了共产党揭露国民党腐败，宣传人民解放军胜利进军，迎接解放的合法斗争工具。7月25日，中国人民解放军进驻醴陵，第四野战军118师政治部接管该报，更名《前进报》。8月底，部队离境，报纸停刊，人员转入湘潭《建设报》。

1956年，《醴陵报》《鄠县报》《攸县报》《茶陵报》先后创刊，均为中共各县县委机关报。1958年，市郊区创办8种油印小报。1959年10月，中共郊区区委机关报《株洲郊区报》创刊。该报办报期间，与《株洲日报》多次合刊出版。20世纪60年代初，各县报相继停刊。《郊区报》于1961年2月并入《株洲日报》，少数采编人员亦随之转入。

1981年3月，《攸县报》复刊，1985年4月停刊。1983—1986年，所辖各县市均办有农业科学技术报，至1990年仅《鄠县科技报》尚在发行。

《醴陵报》1962年5月停刊后，又于1993年3月25日出版复刊试刊号；5月3日，湖南省新闻出版局正式批准《醴陵报》复刊。为周报，4开4版。

第三节 专业报

《工商时报》 1988年5月1日，由株洲市工商局牵头，岳阳、常德、大庸、吉首等12个地州市工商局联合创办。4开4版，周报。每期发行3.1万份。1990年1月曾停刊，至5月31日又复刊，改为周二报。

《株洲个体私营》 1994年3月，株洲市个体协会创办《晨光报》，主要服务个体私营业主。1997年，《晨光报》更名为《株洲个体私营》，面向全市个体私营协会员，每期发行2万余份。

《劳动时报》 1988年8月，由市劳动局创办，初名《劳动与生活》。4开4版，周报。每期发行3万份。1990年1月停刊，5月复刊，改名《劳动时报》。每期发行1.2万份，自办发行。

《株洲广播电视报》 1985年10月，市广播电视局试办《株洲广播电视报》。1986年9月26日正式创刊，围绕广播电视组稿。4开4版周刊。一版为综合版，辟《新闻发射台》《本市要闻集锦》《银屏信息》。二版为节目预告版，辟《一周电视节目》《一周广播文艺节目》《市区一周电影》。三版辟《演播厅》《录像放映厅》《新电影》《为您服务》，介绍广播电视节目的内容、影视人物以及广播电视趣味知识。四版为副刊版，命名“云峰阁”，辟有《电视小品》《小说》《知识窗》《本报来访》等栏目。1988年1月，该报从市广播电视局析出成立株洲广播电视报社，实行单独核算，自负盈亏。自1989年1月始，由原邮局发行改自办发行，期平均发行约4万份。从1992年1月起，该报转为正式报纸，周一刊，4开4版。1993年1月，扩至4开8版。

企业、院校报 境内一批企业和大专院校也办了报纸，主要在企业、学院内部发行和同行业交流。通常为周刊、旬刊、半月刊或月刊。创办于20世纪50年代的有：南方动力机械公司的《工人导报》（曾名《湘东报》《红湘江》），株洲电力机车厂的《电力机车报》（曾名《株厂工人》《火车头》《铁龙》），株洲玻璃厂的《株洲玻璃报》。60年代创刊的有中南林学院的《中南林学院报》。70年代创刊的有株洲化工厂的《株化周报》。80年代创刊的有株洲硬质合金厂的《钻石报》、株洲冶炼厂的《株冶报》、株洲车辆厂的《株洲车辆报》、市电焊条厂的《焊花报》等19家企业报和株洲工学院的《株洲工学院报》。因企业经营状况和改制等原因，有的企业报时办时停。

第二章　广　播

民国26年（1937），攸县政府建立收音室，为境内广播事业之始。民国38年（1949），茶陵县、酃县、醴陵县分别设立收音室。

中华人民共和国成立后，株洲广播事业蓬勃兴起。20世纪50年代初，部分企事业单位，纷纷建立广播收音站（室）。1953年10月，市广播收音站改建为广播站。1956年，根据中共湖南省委《关于建立农村有线广播站》的指示，酃县率先将广播收音站改建成有线广播站，并于次年5月实现乡乡有广播。随后茶陵县、攸县、醴陵县相继将广播收音站改建成有线广播站。

1958年10月，株洲人民广播电台筹建，翌年元旦开播。到1960年年初，全市已有公社（含工厂）广播放大站42个，广播站30个，高音喇叭6500只，收音机7300部，一个完整的广播收听网基本形成。同年5月，在省文教群英会上，株洲人民广播电台、田心机车车辆工厂广播站、茶陵县广播站被评为先进集体，并于6月出席全国文教群英会。

1962年，贯彻广播事业“紧缩规模、合理布局、精减人员、提高质量”的方针，株洲人民广播电台、醴陵县广播站和各县公社广播站被撤销。同年9月，建立株洲实验台，成为湖南省地市级第一座实验台，发射功率为500瓦、1000瓦。1964年后，城市各区和农村各县相继恢复广播站，重建广播放大站，架设广播专线。至1969年，各县（区）广播站架起了县至公社广播专杆专线。1970年，因战备需要，实行“三网（电话网、电力网、广播网）合一”，各县至公社广播专线移交公社管理使用，广播信号仍与邮电部门电话线共用，广播信号难以正常传输。

1974年，市、县相继建立广播事业管理局，实行专业对口管理。1975年，在“广播要走自己的路”的方针指导下，各级广播事业管理局积极筹措资金，重建县至公社的广播专线。到1978年，株洲县、攸县、醴陵县、酃县、茶陵县及市郊区共建县（区）至公社广播专线1506杆程千米，其中株洲县成为全省第一批架通县至公社专线的5县之一。至此，一个以县（区）广播站为中心，以公社广播放大站为基础，以专杆专线传输为主的新的农村有线广播网和一个以市站为中心，连通城区东、南、北3区207个工矿企事业等单位的新的城区有线广播网基本形成。

20世纪80年代初，随着改革开放和城乡经济的振兴，全市广播事业亦相应得到发展。1983年，贯彻中央关于“实行中央、省、市、县四级办广播，四级混合覆盖”的建设方针，各县着手改变县至乡的广播信号，将广播站改为广播电台，建成调频广播与有线广播相结合的传输系统。80年代中期，市人民广播电台恢复建制，各县有线广播电台改建成调频广播电台。到1990年，全市有无线广播电台7座，乡镇有线广播站150个，村广播室993个，已装喇叭的农户34.64万户，入户率为51.43%。

20世纪90年代，株洲的广播事业采取“调频调幅结合、有线无线互补、广播电视并重”的方针。

株洲人民广播电台以发展调频广播为突破口，调频发射功率由1991年年初的50瓦扩大到2000年的4000瓦；自办节目由1套变2套，播出时长由12小时增加到30小时45分；并且在全省率先由录播改为直播，优秀节目和稿件数量不断增加。90年代，先后有4件作品获中国广播电视奖，25件作品获湖南省广播电视奖。1999年8月，市电台的广播短新闻“中华火车第一速”获中国广播电视奖二等奖。

1991—1995年，境内的醴陵市、攸县、茶陵县、炎陵县、株洲县、市郊区都办有广播电台（站），通过调频和中波发射，信号传输到各乡镇广播站，乡镇则采取有线进村入户。从20世纪90年代中期起，根据上级有关精神，各县市改单独办电台为办综合广播电视台，仍保留广播节目。2000年，全市办广播节目7套，中波发射功率6.3千瓦，调频发射功率10.7千瓦，全市广播覆盖率达96%。

第一节 广播站

一 网 络

（一）市广播站

1951年，市广播收音站建立，配备收音员1名，收音机1台。收音站主要任务是管好市区收音机，及时通知各单位收听上级电台重要节目，协助有关部门禁收敌台广播，抄录中央电台要闻，油印《广播节目》，报送市委、市政府机关。

1953年10月，市政府与市总工会联合建立广播站，配备75瓦扩音机1台，安装高音喇叭8只。1954年，市政府在政府大礼堂单独设广播站，配备1000瓦扩大机1台，安装高音喇叭和入户低音喇叭80多只，到1956年配工作人员3人，主要转播中央人民广播电台和省人民广播电台节目。

1958年10月，市广播站因筹建株洲人民广播电台停止播音。1964年9月，市广播站恢复，购置500瓦扩音机2台，安装高音喇叭20多只，于1965年春节正式播音。到1966年年底发展低音喇叭入户1000只。1967年4月，市广播站选址曹塘坝新建670平方米的广播楼，至1968年竣工，入户喇叭发展到1200只。

1974年10月，市广播事业管理局成立，与市广播站合署办公。1984年12月，着手恢复株洲人民广播电台。1985年元旦，市广播站停止播音。

（二）城郊四区广播站

1971年，郊区广播站建成。1975年，架通区至各社、场55杆程千米专线。翌年4月，开始用无线传输信号播音。1981年，在区级广播站中郊区广播站率先采用小调频，建立频率为152.1兆赫、功率为1瓦的小电台。1984年，又建立101.7兆赫30瓦调频广播电台，次年功率增为50瓦，信号覆盖全区。1990年，全区有区广播电台1座，乡（场）广播站11个，村通广播率达89%。

1975年，东区广播站建成。站房16平方米。该区有线广播网以区站为中心，新华路、红旗路为主干线，全长 30 杆程千米，喇叭 240 只，通达 50 多个单位。广播设备主要有 250 瓦扩音机 1 台，录音机 3 台，电唱机 2 台，调频收转机 1 台。后因新华路和红旗路扩建，拆除部分主干线路电杆。1984 年停播，更名东区广播电视管理站。

1976 年 12 月，南区广播站开始筹建，1977 年正式播音。站房 50 平方米。该区总干线为 15 杆程千米，总线路 39.9 千米，入户喇叭 1000 余只。主要设备有 1000 瓦、800 瓦、500 瓦扩音机各 1 台，调频收转机 1 台，增音机 2 台。

1977 年，北区广播站开始筹建，1978 年正式播音。站房 45 平方米。主要设备有扩音机 4 台，录音机 3 台，电唱机 2 台，调频收转机 1 台。该区广播专线以建设北路、响石路为主线，全长 10 杆程千米，喇叭 50 多只。因线路系借用电线杆挂线，加之清水塘地区空气污染严重，线路腐蚀快，又年久失修，于 1980 年后停止播音。

（三）县、乡镇（公社）广播站

民国 26 年（1937），攸县政府购置收音机 1 台，建立收音室。民国 30 年（1941），茶陵县建立收音室，因条件不完备，不久中断工作。民国 31 年（1942），酃县民众教育馆购置收音机 2 台，建立收音室。民国 38 年（1949）5 — 6 月，中共攸县地下组织皇图岭区工委组装收音机 1 台，收听解放区广播，出版《日日新闻》。

1950 年 9 — 12 月，根据省人民政府《关于建立广播收音站工作》的指示，攸县、酃县、醴陵县、茶陵县先后建立广播收音站。

1956 年，酃县将收音站改建成有线广播站，随后茶陵县、攸县、醴陵县也相继将收音站改建成有线广播站。各站均配有专职采、编、播人员 3 ~ 4 人，凭借邮电部门的电话线传输广播信号。

1957 年 5 月，酃县广播站装高音喇叭 4 只，舌簧喇叭 300 只，全县 15 个乡接通广播。1959 年 3 月，酃县与茶陵县合并，原酃县广播站改为酃城放大站。合县后的茶陵县广播站工作人员增至 17 人，架设广播专线 200 多千米，喇叭 3200 余只。同年，攸县广播站首建公社放大站 3 个。

1962 — 1964 年，国民经济困难时期，各县公社广播放大站被撤销。1965 年，茶陵县、攸县重建公社广播放大站。1966 年 1 月，株洲县建广播站。1968 年，株洲县架通县城至 33 个公社（镇、场）广播专线 300 多千米，建立各公社（镇、场）广播放大站，架设公社以下广播专线 1941 千米，使 413 个大队的 3633 个生产队接通广播。1969 年，酃县有 15 个公社建成广播放大站，攸县架设广播专线 207 单线杆程千米。

1970 年 1 月，醴陵县广播站根据战备需要，在站院内兴建地下广播室 3 间计 40 平方米，水井、通风设施齐全，与城区人防设施贯通，配有 2×275 瓦有线广播机 2 台。同年，攸县 30 个公社（镇），茶陵 24 个公社建立广播放大站。1974 年 10 月，醴陵县 42 个公社（镇）全部建成广播放大站。

1975 — 1980 年，各县再次掀起建设农村有线广播网的高潮。1975 年，酃县架通县城至公社专线 176 千米，公社以下专线 4167 千米。1977 年，茶陵县重架县城至 25 个公社广播专线 283 千米。1978 年，攸县、醴陵县、株洲县分别架通县城至公社广播专线 274.6 杆程千米、366 杆程千米、350 杆程千米，公社以下专线合计 33557 千米。其中株洲县还解决了广播信号过湘江、不与电话线共用的问题，用独立专线向各公社（镇、场）输送广播信号，成为全省第一批架通专线的5个县之一。

1982年4月，根据全国科技档案工作会议和省广播事业局统一布置，开展农村广播网大普查。1983年，全市156个公社（镇、场）全部建立广播放大站，建站率100%；大队、生产队通播率为89.7%和75.7%；县城至公社广播专线1764杆程千米，比1978年增加258杆程千米。

1990年，全市农村有线广播网新架广播专线1078千米；整顿广播专线1613千米，增置喇叭1549只。1991年，又新架设广播专线641千米，整顿喇叭35018只，发展喇叭16491只，改造乡镇机房28个，更新广播设备82台。1992年，各县市投入农网改造资金207万元，整顿广播专线1493.5千米。新架广播专线305.5千米，整顿入户喇叭21746只，新增入户喇叭902只。广播电视达省标乡镇共106个。

20世纪90年代中期，随着电视事业的快速发展，广播面临着巨大挑战，而农村有线广播逐步被电视所取代。

（四）企事业单位广播站

20世纪50年代中期，331厂、株洲机车车辆修理厂、株洲化工厂、株洲硬质合金厂、株洲铁路文化宫等一批国有大中型企业都建立广播站。60年代，株洲电厂、株洲冶炼厂、株洲战备材料总厂、株洲钨钼材料厂、株洲汽车齿轮厂、湘江氮肥厂、株洲汽车轮胎厂等县级以上企业相继建立广播站。到1980年，城区有207个企事业单位建立广播站（室），其中株洲冶炼厂广播站于1979年在厂区内架广播专线单程30多千米，逐户安装低音喇叭2980只，1980年又改为小型音箱，增安2000多户。该站每天定时播音，除转播中央台、省电台节目外，还自办《本厂新闻》、各种专题及文艺节目。90年代，随着电台、电视事业发展的冲击，境内企事业单位广播站点逐渐萎缩。

二　节　目

20世纪50年代前期，境内各级广播收音站以收音为主，每天按时收抄中央人民广播电台、中南台、湖南人民广播电台的新闻、政令、通告等，及时油印《收音小报》和出《广播节目》刊，供基层党政领导参阅和学校宣传使用。遇重要宣传节目，组织人民群众收听。

20世纪50年代后期，各级广播站在转播中央台和湖南台节目的同时，开始自办《本市新闻》《本县新闻》《农业技术讲座》《天气预报》和当地文艺等节目。

1958—1960年，重点宣传社会主义建设总路线和中共八大二次会议精神。但在“大跃进”“反右倾”以及瞎指挥、浮夸风影响下，搞过一些违背事实、歪曲事实的报道。

“文化大革命”期间，除转播中央台和湖南台节目外，自办节目基本取消。醴陵县广播站专题节目增设《文化大革命好》《广播体操》，《农业科技讲座》改为《广播讲课》。在《本县新闻》节目中，宣传军山公社“自觉革命”，介绍全国水稻丰产模范瞿永寿“降低空壳率”经验，宣传“农业学大寨”“工业学大庆”和学“小靳庄”，每年播出稿件在1000篇以上。文艺节目主要播送《红灯记》《沙家浜》《海港》《智取威虎山》等8个“样板戏”。株洲县广播站主要播送县革委会宣传“文化大革命”的通告、决定，毛主席诗词、语录，摘播《株洲日报》农村版有关本县的新闻等。但该站1970年创办的《新闻联播》每天播音30分钟，内容较广泛；1971年创办的《农业科技》按农事季节系统介绍科学种田知识，对推广和普及农业科学技术，起了积极的作用。

1978年后，全市广播宣传工作逐步走上正轨。1979年，各县站（台）每天早、中、晚3次播音，全天开机时间达6小时以上；采编播人员从2～3人增至8～12人，自办节目从30分钟增至90分钟，内容更丰富，形式也多样化。当年，市广播站举办8个专题节目，每周播出3次，共播出稿件495篇。

1980年，市广播站全年播出自办新闻295次，自办文艺节目355次，比上年增加201次，服务节目360次。每天文艺节目和服务性节目300分钟，占全天播出时间的70%，其中文艺节目260分钟，占61%。当年，市广播站增辟《党的生活》专栏。1981年，酃县广播站增辟广播教学节目，并得到省广播事业局的肯定。

1982年，各级广播站自办节目时间增加，市广播站比1980年增加24%，株洲县广播站增加4%，郊区广播站增加6%。在内容上，除及时报道“两个文明”建设中涌现出来的好人好事、新人新事外，也批评社会上的不良现象。

1983年，贯彻全国第十一次广播电视工作会议精神，进一步明确新闻报道要以发生在所辖境内的政治、经济、社会生活等方面的新事为主要内容，用消息、通讯、录音报道、评论广播对话、连续报道、设立小栏目等多种形式播出。市广播站延长了新闻节目时间，加强组稿和通联工作。醴陵县广播站在《本县新闻》节目中，辟有“新风赞”“小言论”“听众信箱”“今日新闻”“改革新风”等小栏目，每天3次，每次15分钟。攸县广播站恢复《全县各广播站联播》，新辟“攸县快讯”“简讯”等小栏目，每日1次，每次5分钟。

1984年，各县广播站（台）平均每天开机380～465分钟，其中自办节目为70～160分钟。是年，开展市首届广播站“好新闻”“好节目”评比，其中醴陵县广播站的《烈士塔村16户农民请保姆》评为一等奖；攸县广播电台《改革农技节目，适应农村需要》的经验材料，分别在《湖南广播电视通讯》和中央广播电视部主办的《广播电视战线》上刊载。

1987年，各广播站（台）新闻改革的主要目标是“创名牌、上台阶”，要求每开办1个节目，就要办好1个节目，提高节目的知名度和收听率。醴陵市广播电台的专题《希望的田野》、株洲县广播电台的专题《信息台》，进入全省27个名牌节目的行列。

1990年，全市各站（台）共发稿50025条（农村各台站31414条），创办了一批听众喜爱的专栏节目。醴陵市电台的《希望的田野》、茶陵县电台的《三月春风满人间》、攸县电台的《乡镇广播系列联播》、株洲县电台的《八面来风十分钟》、郊区电台的《新闻与综合》、酃县电台的《农村生活》等，均具有浓郁的乡土气息，为听众喜闻。

20世纪90年代初、中期，各级广播台（站）的节目主要是围绕当地党委、政府的工作意图，多角度、多层次、多样化开展宣传报道。1994年，醴陵市广播电台广播新闻《一片陶瓦救活18

家企业》获湖南广播电视奖一等奖、中国广播电视奖二等奖。1995年，炎陵县广播电台写的科普专稿《空气负离子可以治多种疾病》，分别获湖南广播电视奖一等奖、中国广播电视奖三等奖。茶陵广播站制作的《茶陵县不建小区建老区》获全国省（市、县）广播台（站）优秀节目三等奖。1991—2000年，攸县广播电台有2件作品获得中国广播电视奖，7件作品获湖南广播电视奖。其中广播社教节目《从提篮小卖到进入大流通》获中国广播奖一等奖，是境内广播有史以来，首次获得最高荣誉的奖项。

第二节　广播电台

一　市广播电台

（一）设　备

1958年，市委决定将市广播站改造扩建为株洲人民广播电台，兴办无线广播。当年10月，利用学堂冲原文化系统1栋400平方米旧房，建起高27.5米、长40米的木制天线；12月中旬，从长沙运回省广播电台支援的1台原国民党政府留下的500瓦中波旧发射机，同时购进收音机2台、增音机1台、手摇式录音机2台等设备。1959年元旦，正式播音，频率1400千周，成为全省最早建立无线电台的城市之一。后发射功率由500瓦增大到1000瓦，可覆盖株洲、长沙、湘潭、醴陵等地。1960年6月，株洲广播电台因建台成绩显著，出席全国文教群英会，其事迹被编入《全国文教群英会广播方面先进经验选集》。1962年6月，根据国民经济调整计划，电台被撤销，停止播音。

1984年12月，市政府批准恢复株洲人民广播电台。1985年9月，市财政拨10万元，市广播站筹资4.7万元，向全市231个单位集资6万元，选址鹅颈洲开工重建，完成发射机房等900平方米基建工程，架设高76米和83米的铁塔两座，维修和改造原有播音室、机房等设施，1986年7月1日正式恢复播音。

1990年年底，市广播电台主要设备有1000瓦中波发射机2台，50瓦调频发射机1台，各类播出调音台7台，监听机组4台，各种录音机22台，主体声唱盘4台。

1991年5月，投入15万元，购进1000瓦调频发射机和天馈系统，在石峰山的电视发射塔上安装调试成功，信号覆盖了株洲市区、醴陵市、株洲县及临近地市部分范围。同年7月1日，在全省率先由录播改直播，一套调频立体声广播节目与市民见面。1992年3月26日，国家广播电影电视部同意株洲开办经济广播电台，为“株洲人民广播电台经济台”。这是全国除部分省会城市外，地、市、州、盟中第一家经济电台。9月28日，市电台及经济台，首次采用“大哥大”（模拟移动电话）现场直播“1992年中国湖南（株洲）国际烟花节暨经贸洽谈会”开幕。1993年6月，再投入40多万元，购进3000瓦调频发射机和一套微波设备，电台讯号覆盖范围扩大到湘潭、长沙、衡阳、江西萍乡等地。1995年，市广播电台的改革向纵深发展，采用一体多台，兴办新闻台、经济台、文艺台，开发经济台副讯道资源办起证券台和“潇潇洒洒星期天”特别节目，形成了4个频点4个专业台和1套特别节目的格局。1996年11月，全国经济电台宣传改革研讨会在株洲召开，来自全国近60家经济电台的90多位代表出席会议，株洲经济电台在会上介绍了自身发展经验。1999年3月，市广播电台试办新闻频道与交通频道2套节目，同年8月将2套节目传送到市有线电视网络中，听众能在家中利用有线网络就能收听到市电台的广播节目。同年，市电台把发射机房迁到海拔365米的株洲广播电视塔发射，覆盖范围进一步扩大。2000年，市电台调频发射功率扩大到4000瓦，12月试办的交通频道正式开播。

（二）节　目

从1959年市广播电台开播之日起，节目播出始终坚持以市委的工作中心为广播宣传的中心。到1962年停播为止，每天早、中、晚播音3次，共9个小时。除转播中央电台新闻和重大节目外，自办节目有本地新闻、专题、文艺、广播体操、气象预报等。1961年，该台“依靠党委，精办节目”的经验，被中央广播事业局的《广播业务》第1期中予以介绍。

1986年7月1日恢复播音后，每天18：00～20：35播音1次，共155分钟。1987年元旦后，每天播音2次，共360分钟。同年5月18日起，每天早、中、晚播音3次，共500分钟。1991年，每天播音为12小时，1994年增加到15小时，1997年又增加到18小时。1999年，实现2套节目播出，播出时长每天达30小时45分钟。除转播中央电台和省电台新闻和重要节目外，自办节目有本地新闻、专题、文艺、谈话类节目和热线投诉类等节目，每天自办节目时长达28小时。2000年，市电台共录制播出各类节目9858小时，其中新闻364小时，专题1092小时，教育205小时，文艺5447小时，广告1200小时，服务信息1300小时，其他类节目250小时。

1.新闻节目　1986年恢复播音初期，每天除转播中央台《新闻和报纸摘要》《各地人民广播电台联播节目》和省电台的《全省人民广播电台广播站联播节目》外，还自办《株洲新闻》，每次播音10分钟，每天重播1次。1987年5月，《株洲新闻》更名为《新闻综合》，以本市新闻为主，综合兄弟电台新闻、国内外要闻、经济信息、市场动态等时效性很强的新闻和信息。按照真、短、快、活、强的要求，每次节目不少于10条，采取口播、音响和消息、通讯、言论、今日新闻等搭配播出。1989年6月，在节目中新辟《新时期的共产党员》和《简要新闻》2个专栏。《新时期的共产党员》主要宣传共产党员发挥先锋模范作用的典型事迹，每次10分钟，每天重播2次；《简要新闻》则以当天新闻为主，每次5分钟，每天重播1次。其后，又先后新开了《马路新闻》《今日新闻》《新闻评述》《记者视线》《时政与公众生活》等栏目，分每天早、中、晚3次播出，每次节目不少于10条。1991年7月，录音通讯《狂风吹去始见金——记茶陵县“三·七”风灾中的共产党员》被中央台采用，这是市电台首次被中央广播电台采用的长篇通讯。1992年1月，新闻稿“使企业有更宽松的外部环境，有更多的生产经营自主权，株洲市8家企业与政府签订9年投入产出承包合同”，在中央台《新闻和报纸摘要》栏目中头条播出。1994年6月，株洲遭受特大洪灾，市电台把报道做到现场，架设了10千米长的广播专线，安装高音喇叭20多只，建起现场直播室，传达市委、市政府抗洪指令，鼓舞修堤大军士气。1996年，农业宣传主要围绕成建制亩产过吨粮的成果和改革传统农业经营模式为重点报道，其中5条新闻稿件被省以上新闻单位采用。1997年，是香港回归和党的十五大召开的时候，市电台新辟《东方明珠》《漫步香港》《话说香港基本法》栏目，开办贯彻十五大精神的述评节目《迎接新世纪的曙光》栏目，报道声势大、形式新、影响好。自1998年以来，市电台在新闻节目上提质提量，涌现出“中华火车第一速”等一批优秀新闻节目。1999年3月，市电台交通频道正式试播，推出综合性新闻节目《马路新闻》，栏目以平民百姓的视角来观看市井生活，捕捉都市中发生的鲜活新闻，成为广播节目收听率最高的栏目之一。

2.专题节目 1987年元旦，市电台开辟专题节目《今日十分钟》，5月改为《今日十五分钟》。该节目采用板块形式，设有《听众信箱》《生活顾问》《两分钟论谈》《法制园地》《青年之友》《家庭生活》《市场巡视》等20多个小栏目，定期轮换。同年2月，创办《学习与实践》理论专题节目，设有《指南针》《广播论坛》《经济漫谈》《人生哲理ABC》《法制园地》《大众美学》《理论信息》《成才之路》等8个小栏目，每次安排3～4个，有机组合，穿插进行。每月播音1次，每次15分钟，重播1次。同年5月，创办《奔龙之声》，以宣传新人新事、新成就、新经验为主体。每周播音1次，每次15分钟，重播1次。1988年6月，创办《株洲春秋》，介绍株洲的名人、名胜古迹、名优特产、英烈、民俗、民间故事、民间传说、地名来历等，采用游记、专访、散文、报告文学、特写、杂文、故事等形式，对广大听众进行爱国爱乡教育，1989年5月停办。1991年1月，为庆祝建党70周年和建市40周年，开办了《老党员话当年》《当代共产党人》《先锋赞》《株洲四十年》栏目，还举办“没有共产党，就没有新株洲——我爱株洲”有奖征文活动。1992年7月，市电台经济频道开设《市场经纬》《巾帼英雄》等专题栏目，同时开展“科学技术是第一生产力”的系列报道活动。1993年2月，市电台与市交通局联合举办的历时一年的“株洲交通面面观”报道活动结束，播出系列稿件134篇。1993年3月，市电台开办《招商引资》《经济透视》栏目，播出专稿200余篇。1995年9月，市电台开办《都市论坛》栏目，播发稿件120余篇。1997年6月，开办《将军故乡行》采访活动，赴境内县市33位将军的家乡进行采访，历时1个多月，发稿57篇。1998年，推出《抗洪英雄事迹展播》和《市劳模系列报道》。1999年，市电台推出《改革开放20年》《纪念五·四运动80周年》《建国50周年》《澳门回归祖国的日子》等各类专题报道，特别是《五十年五十人》栏目，把与共和国同年同月生的50人请进播音室，讲述国家发展变化和本人成长历程。

3.服务节目 天气预报节目，每天早、晚各1次。1987年5月，开办《广告》节目，每天6次，每次5分钟。1989年4月创办的《空中大观园》，1992年的《信息特快》《热线回音壁》等栏目，主要介绍与人们衣食住行密切联系的商品知识，报道各类市场商品信息，预测市场行情变化。1993年初，新设的《经济市场信息》栏目，主持人先后与农业部、经贸部、国家科委、国家经委等10个国家部委的信息部门建立了联系，定期播出各种技术转让、来料加工等信息，安排在黄金时间播出，每天播6次。该栏目除接待本市400多家企业外，还接待长沙、湘潭、岳阳、郴州、邵阳等地50多名企业家的咨询。年初，开辟《市长话新年》专栏，市政府7位正、副市长全部在电台接受采访，沟通了市长与市民的感情，节目在社会上产生很大反响。该板块还先后开办《热线点心曲》《过关斩将》《潇雅信箱》《湘江夜话》《空中服务台》等小栏目。每逢星期天，热线电话不断，策划者和主持人都尽力满足听众的要求。1998年，改版新办《101投诉台》栏目，邀请市政府各部门负责人进直播室接受采访，直接回答听众提出的社会治安、教育收费、征地拆迁等问题以及解决办法。搭建了政府与市民的桥梁，宣传了党的政策、化解了社会矛盾。1999年3月，试播的交通频道开办《每日关注》《路况报道》《交通帮办》《风雨同路人》等栏目，及时报道车情路况，侧重宣传交通战线的新人、新事、新经验，漫话交通安全，展示汽车文化，介绍汽车维修保养知识。

4.文艺节目　1986年7月，市电台开办《长篇连播》文艺节目。从1987年元旦起，增加《音乐天地》《戏曲之友》《文学之窗》《听众点播》栏目，每天播音2次。5月18日后，又增设《音乐讲座》《空中影院》《快乐今宵》《周末文艺》。1989年，新辟《文学立交桥》《中外名曲》《南腔北调》《笑口常开》《多彩的星期天》《广播剧》《音乐专题》等。当年录制的文艺节目达270多个小时。1987—1990年，市电台文艺节目连续4年在全国城市电台、连续3年在全省优秀广播文艺节目评比中获奖。获奖作品有文学专题《暮年游湘思中原，留得诗歌千古传》，音乐专题《潇湘新歌情悠悠》《童心在歌唱》，广播诗剧《火车轰隆隆驶来》等。各个节目前后都配有音乐，同时还办有音乐和娱乐专题专栏，文艺宣传节目所占比重达55%。1993年，增加《夜色阑珊伴你行》文艺专题。1994—1997年，开办文艺台，辟有《曲艺风景线》《东方俱乐部》《流行风景线》《金曲龙虎榜》《渌湘艺苑风情》《音乐方舟》等栏目。1998年，《故事男女》专栏节目，每期讲1个故事或编排1集广播剧，被评为当年度的名牌栏目。在办好专题专栏基础上，还自编自导广播剧，如《教授的困惑》《孔繁森的故事》《生命之歌》《王于化》《南方故事》等成为电台广播剧的代表作，弘扬了时代的主旋律。

二　县市郊广播电台

1972年，市郊区广播站开始使用无线传输信号向全区广播。1981年，郊区建立频率为152.1兆赫、功率为1瓦的小电台。1984年，市郊区建立101.7兆赫、功率为30瓦的调频广播电台。1985年，郊区广播电台功率增至50瓦，信号覆盖全区，并实现有线与无线相结合的广播网。1997年7月，市郊区撤销，广播电台停播。

1982年9月，株洲县广播站改为县广播电台。1985年2月，正式开通无线广播，发射频率97兆赫，功率50瓦，实现有线与无线相结合的广播网。株洲县广播电台采用调频发射，发射功率增至110瓦，自办节目有《本县新闻》《农业科技》《八面来风十分钟》等，每天播出时间6小时25分钟。1996年，该县广播与电视合并，仍保留广播节目。

攸县在1974年就建成中波实验台，购置6台广播发射机，建有3座45米高的发射铁塔，发射功率1000瓦，主要转播中央和省台节目。1983年9月，改为攸县广播电台，改有线传输为调频发射。县城频率104兆赫，白龙庵转播台频率99.4兆赫，覆盖全县30个乡镇。除转播中央和省电台节目外，还办有《攸县新闻》《农村百事通》《生活之友》《梅城夜话》《欢乐星期天》《人口与计生》《本县一周要闻》等自办栏目，每天播音 8 小时。

醴陵实验台在 1975 年 12 月建成开播，安装 2 台频率为 600 千赫发射机，转播中央和省台节目。1984 年 2 月，该县建立调频广播发射台，翌年 4 月又设调频信号中转站，解决边远山区 4 个公社调频信号的接收问题，实现了有线与无线相结合的系统传输。1985 年，醴陵市广播站改为醴陵市广播电台。1991 年，醴陵广播电台发射频率改为 98.7 兆赫，发射功率 150 瓦，每天播音 9 小时。节目有《醴陵新闻》《法制 600 秒》《经济纵横》《改革新风》《希望的田野》等栏目。1995 年，该台购置 1000 瓦调频广播发射机，功率增大，讯号覆盖到周边县（市）部分地区。1996 年，发射频率改为 102.7 兆赫。1998 年，广播网络纳入有线电视网络光纤进行整体改造，新建成的网络可以收看电视、收听广播。

1983 年 11 月，茶陵县广播站更名为广播电台。1986 年 10 月，50 瓦 105.1 兆赫的无线调频广播电台开播，每天播出 5 个半小时，讯号覆盖全县 25 个乡镇的大部分地区。1987 年，调频广播发射功率增至 150 瓦。自办栏目有《新闻联播》《农业科技》《文化生活》《为您服务》《专题与综合》等，年播稿量 3000 余条，每天播音 8 小时。1993 年，该县采用无线有线同时覆盖方式，广播人口覆盖率达 95%。1998 年 2 月，经广电部批准合并为茶陵县广播电视台，仍保留一套自办广播节目。

1987 年 1 月，酃县在海拔 1131.8 米的笔架峰安装 1 台功率 50 瓦的调频广播发射机，15 个乡镇广播站均使用调频接收机，实现了有线与无线相结合，调频广播人口覆盖率 85%。1994 年 12 月，经省广电局批准，炎陵县广播站改为炎陵县广播电台，采用调频发射，发射功率 50 瓦，全县有 11 个乡镇安装了调频接收机，并配有扩音机，总功率 8730 瓦。自办节目有《炎陵新闻》《本县文艺》《农业科技》《广告》等，每天播音 6 小时 20 分钟。1999 年 12 月，电台与电视台合并，继续保留一套广播节目。

第三章　电　视

1974年9月，酃县在海拔1131.8米的笔架峰山顶建成湖南省第一批、株洲境内第一座县级电视差转台，功率为10瓦，信号场强达68分贝，能直接收看湖南电视台的节目。1975年，茶陵县在云阳林场黄竹蒲建成功率为10瓦的电视差转台，主要差转湖南电视台1频道节目。1978年2月，株洲铁路机械学校成功研制并安装了全省第一套闭路电视教学设备。

20世纪80年代初期，随着人民物质生活水平的提高，境内城乡开始出现一股“电视热”，为满足民众看到、看好、看多套电视节目的迫切愿望，很快形成建设电视差转台的热潮。株洲玻璃厂率先在城区建起电视差转台。1982年春节前夕，株洲电视差转台建成开播。同年11月，株洲化工厂领先筹建闭路电视。随后，醴陵县、攸县、茶陵县、酃县相继建立功率为1～10瓦的电视差转台13座。1983年7月，株洲电视台正式开播，使用三频道，成为湖南省第一座地（市）级电视台。1984年，攸县电视台正式开播，成为湖南省首家县级电视台。此后5年内，全市扩建电视转播台32座，建卫星电视地面站35座，有线电视124家，一个从城市到农村、无线和有线相结合的电视覆盖网基本形成。到1990年底，全市有市级电视台1座，县（市）郊级电视台5座，各级电视转播台57座，卫星电视地面站70座，企事业有线广播电视台5座，有线电视（含闭路、共用天线系统）168家。电视人口覆盖率达90%以上，高出全国平均覆盖率10.6个百分点。

20世纪90年代后，境内电视事业跨入“黄金”发展期。1992年5月，醴陵电视台正式开播。1993年11月，株洲有线电视台开播，各县市亦相继建立了有线电视台，主要向用户传递卫星电视节目。1994年2月，市、县间广播电视双向微波传输全线开通。同年10月，经省广播电视厅批准设立“株洲电视二台”，实行台中台管理体制。90年代中期，根据上级有关精神，县级广播电台、电视台、有线台先后合并为广播电视台。从1999年开始，境内全面启动的“村村通”工程，2000年9月全部完成了311个盲村通广播电视的建设任务。

到2000年年底，全市有市级无线电视台、有线电视台各1座，县市级广播电视台5座；各级电视转播（发射）台17座，发射功率23.5千瓦；市级微波总站1个，县级微波接收站4个；卫星电视地面站45座；企事业有线广播电视站7座；有线电视用户23.52万户，电缆长度2683千米，光缆长度239千米；电视人口覆盖率达96%。

第一节　无线电视

一　株洲电视台

（一）基础建设

1981年6月，株洲市政府市长办公会议作出向社会集资筹建株洲电视台的决定。到1983年年年底，城区 81 个企事业单位共捐资 52 万多元和部分基建材料，加上市财政拨款 20 万，共筹建台资金 72 万多元。1982 年，选定北区石峰山北麓原株洲实验台为台址，将 67.5 米高的电视发射铁塔置于海拔 140.2 米的石峰山上。1983 年年初，兴建 1 栋 304 平方米的发射机房；4 月调试安装一套彩色电视中心设备和 300 瓦电视发射机，7 月一次试播成功。1984 年，从国外购进成套摄录设备，兴建 330 平方米的制作中心机房和 500 多平方米的各类附属用房。1985 年 2 月，用 1000 瓦的彩色电视发射机替换 300 瓦的发射机，讯号平均覆盖半径可达 50 千米，周边的湘潭、长沙市区和株洲县、醴陵、湘乡、浏阳等县（市）的部分农村地区均可获得信号；3 月自行改装成功 6 台电视监视器；7 月与外单位合作研制成功 APCS- Ⅰ型电视广播自动播出系统。1986 年 5 月，添置 VO-4800PS 便携录像机 1 台；12 月架设 1 座卫星电视地面接收站，于次年元旦始，可直接接收转播中央电视台的节目。

1988 年，从国外进口主要播出、制作设备 35 台（件）。次年，添置 1000 瓦彩色电视发射机 1 台（备用）。1990 年，兴建电视业务楼，新置摄像机、控制器、录像机、便携录像机、调音台、卫星电视地面接收天线等 20 多件设备。至年底，全台拥有 350 万元固定资产，主要设备有摄录设备 29 台，视频设备 67 台（套），音响制作设备 12 台（件），录像机 4 台，视音频切换器 2 台，微机自动播出系统 1 套，网状和板状卫星电视接收天线各 1 套，1000 瓦单通道彩色电视发射机 2 套，控制台 1 台，各种测试仪器 5 台，监视器 10 台。

1991 年 11 月，投资 200 万元建成一栋 6 层框架结构、建筑面积 2250 平方米的综合电视大楼。内设有 300 平方米的演播厅，近 100 平方米的大、小播音室，104 平方米的片库，还有电子编辑机房，录制、复制、审片、特技、录音、导播、灯控等业务室。1993 年，播控系统由手控发展到全自动播控，并拥有 5 套编辑机、4 台字幕机、5 辆采访车，增添摄录设备器材，新建播控机房，建设了 10 千瓦的双匣电源工程。1994 年 2 月，投资 200 万元兴建的市县两级双向微波工程全线开通，电视覆盖率由 24% 上升到 85%。同年 5 月，在醴陵市成立驻湘东记者站。同年 9 月，完成了 10 千瓦的天馈和发射机增容工程，发射功率由 1000 瓦扩大到 10000 瓦，覆盖面进一步扩大。与此同时，新建一座 6M 地面卫星接收系统。

1996 年 5 月，位于天元区炎帝广场的株洲广播电视塔正式奠基开工。该塔是株洲市“九五”计划期间的重点工程，由国家广电研究院设计，山东青岛东方铁塔公司承建。1999 年 12 月，第一期工程完工，占地 1 公顷，总投资约 8000 万元。此塔海拔高度为 365 米，净高 293 米。塔的顶部设有长度为 80 米的天线桅杆，安装有广播电视发射天线和部分通讯用天线。时为中国最高钢结构电视塔。

1997 年，市电视台投入 430 多万元，添置专用设备 60 多台（件）。摄录设备由分体式改为一体化，同时还购置了三维动画设备。2000 年，市电视台固定资产增至 3500 万元。

（二）节　目

株洲电视台建台初期，主要是转播中央和省台的电视节目，随后，开始自办节目和与外地台交换节目。自办节目主要有新闻、教育、文艺和服务等内容。

1.新闻及教育节目　1982年9月，市电视台仅凭一台单管摄像机，成功录制了株洲市文明礼貌月活动、给省劳模陈丽君授奖等电视新闻。1983年4月，自制第一部电视教学片《计算导论》，共播出46讲，后被湖南电视台和江西省萍乡市电视台转播。1984年3月，开始自办《株洲新闻》节目，每周1晚，8月增至每周2晚。在全年播出的1360小时节目中，自办节目有543小时，主要有《株洲新闻》369条。其中有6条被湖南电视台采用，《株洲市成立陆军预备役师》新闻片被中央电视台采用，也是株洲台的新闻片首次被中央台采用。从1985年10月开始，自办节目增至周二、四、六晚上，全年共播出自办新闻1041条，其中被中央台和省台采用的有42条。1984—1985年，与市政府职教办、市委宣传部联合开办《电视高中》和《干部自修大学》两套教学节目，播出1071课时。自1987年元旦始，自办节目增至周一、二、四、六晚，当年播出自办电视新闻1464条，其中录像新闻959条，有100条被湖南台采用，3条被中央台采用。录像新闻片《研究生陈忠平下乡当乡长》获省台新闻一等奖，《聋哑人学法律》获首届全国城市台新闻三等奖。当年，摄制播出38讲电教片《电子琴讲座》和《吉它讲座》。1990年，播出各类电视节目379次，其中自办新闻1692条、录像新闻1367条。总停播时间215秒，停播率12.7秒/百小时，达到甲级指标。是年2月，《株洲新闻》更名《株洲新闻联播》，成为株洲电视台新闻综合型骨干节目，主要围绕市委、市政府的中心工作，进行正面为主的宣传报道，每次10～15分钟。节目中辟有《简讯》《城市工业总体战》《乡镇企业面面观》《城市卫生面面观》《石峰夜话》《株洲四十年》《新风赞》《风华年代》等栏目和不定期的《大江南北》《金三角》等新闻展播专栏。从1992年3月起，《株洲新闻联播》每周改为6次播出。从1999年3月起，《株洲新闻联播》率先在省内地市电视台中采用直播形式，并推出《晚间报道》栏目。2000年6月，推出评论性栏目《触点》。

《党的生活》专栏，是1986年7月为配合“从严治党”而创办。先每周播出2次，后改为不定期播出，每次10～15分钟，到1990年共播出62期。它是个侧重新闻性又含教育性的综合专栏节目，主要宣传党的路线、方针、政策，报道新时期党员的先锋模范作用，简介株洲历史上的共产党员、革命先烈的事迹。办刊形式除采访报道外，还配有历史图片、评论、讲党课、党的基本知识抢答等。《石峰夜话》是1988年1月创办的言论专题节目，旨在银屏上和观众对话，针砭时弊。每月播出2次，每次3～5分钟。《神农八面风》是1992年创办的星期日播出的新闻性专题。1993年新设《经济十分钟》《社会生活面面观》栏目，均为每周播出1次。1994年6月，株洲市遭受特大洪灾，株洲电视台全力以赴投入抗灾救灾报道，共发抗洪抢险稿360多条，制作了《洪水猛如虎，株洲众志城》《丰碑》2个专题片。1995年2月，开办新栏目《社会视点》。4月9日起，在全省地市台中率先办起星期天白天大板块节目《欢乐好时光》。该节目主要包括《综艺1995》《新闻综述》《经济十分钟》《万家灯火》等13个小栏目，播出时间为每周星期日9时到16时，受到观众的热烈欢迎，全年收到观众来信4万多封。1996年1月，株洲电视台派员随湖南电视文化代表团赴美国洛杉矶市，参加熊猫电视台《毛泽东的故乡》电视专题片的展播，带去的25分钟电视专题片“电力机车的摇篮”播出后受到好评。1997年，围绕香港回归和中共十五大开展系列的宣传报道，电视述评“迎接新世纪的曙光”“探索改革新思路”和“弘扬民族精神、开创美好未来”等报道。

2.文艺节目 文艺性节目是株洲电视台的主要节目，约占播出时间的70%以上。1984年，株洲电视台播放《女奴》《人生》《洞天情》等引进或自编自制的电视剧51部（集）。1985年2月，开办《一支歌》栏目，8月30日开办《观众点播》专栏。这一年，自拍电视剧《世外桃源》被省台转播、《龙腾虎跃》获全国城市电视台文艺专题评比三等奖、《滴水不漏》获全国城市电视台联盟广告评比三等奖。1987年，株洲电视台首次录制了春节联欢晚会节目《与您同乐》，并被湖南台和中央电视二台转播，拍制《林中人》《湘妃命案》《五彩虹》3部电视剧。到1990年止，辟有《万紫千红》《体坛集锦》《万花筒》《少儿节目》《文艺舞台》《职工文艺》《艺苑一束花》等定期或不定期的文艺专栏，共播出电视剧610多部4440多集。文艺节目的组织安排注重弘扬民族文化的主旋律，除定期举办文艺专栏《缤纷世界》《快乐千万家》等节目外，还举办全市的文艺比赛和文艺晚会，自筹资金拍摄电视剧。1991年初，株洲电视台在全省首播《渴望》后，全年共播出电视剧909部（集）。1993年，特别组织摄制了16集电视连续剧《黄埔虎将》，介绍湖南醴陵籍陈明仁将军的传奇故事，获该年度全省广播电视优秀节目评比一等奖。随后，又拍摄制作5集电视剧《荷香》和6集电视剧《炎帝铜碑传奇》，先后在中央电视台播出。1994年2月，株洲电视台首次在演播厅举办迎新春文艺晚会。摄制的一组音乐电视《中国的思念》《幸福是那温馨的家》《瓜子红》在1996年11月获“全国百家城市电视台电视音乐大赛”综合节目奖，其中《中国的思念》获节目金奖和编导奖，并获1997年湖南省“五个一工程奖”。1998年3月，开办现场直播大型综艺娱乐节目《大飞镖》，每周六晚播出，每期1个半小时。当年，株洲的春节直播电视文艺晚会还在中央电视台播出。同年，制作的电视短片“生命如歌”获中国电视奖一等奖，电视新闻“袁老汉为镇干部普法”获二等奖。1999年，电视长片“爱与你同在”、电视新闻“尘封10年的科技成果转让了”均获中国电视奖二等奖。2000年，电视长片“小月”获中国电视奖三等奖。至此，市电视台共拍摄制作电视剧8部48集。

3.服务节目 株洲电视台开播时起，开辟了《天气预报》《商品信息》《四通八达》《生活什景》《下周影视》等服务性节目。为做大做强电视文化产业，从20世纪90年代起，在上级拨款逐年减少的情况下，市电视台按国家有关政策开展创收工作，在拍好广告宣传片的同时，还与有关单位联办节目及点歌、点剧等增加收入。同时，推出“广告套餐”和“首选购物品牌”等广告新形式，广告创收连年上升。1992年首次突破200万元，1994年突破500万元，1997年突破千万元大关，2000年达1350.55万元。

1994年10月，开办经济宣传为主的电视节目，称为“株洲电视二台”。该台于1995年元旦正式播出，辟有《社会广角》《经济视点》《相约在周末》等6个栏目。1998年5月，株洲电视二台划归株洲电视台，开办经济生活频道，于1999年2月正式开播。

二　县市电视台

（一）攸县电视台

1984年9月，攸县电视台架起105米高的拉线式调频电视铁塔，使用7频道及功率50瓦彩色电视差转机，1985年元旦正式开播。成为全省第一家、全国第二家开播的县级电视台。是年10月，改50瓦差转机为300瓦发射机，有效覆盖半径达35千米，部分地方可达60千米，茶陵县、安仁县、衡东县等邻县的部分乡镇也能收到该台的节目信号。自1985年5月始，每周自办节目增至2晚，辟有《攸县新闻》《观众信箱》《每周一歌》《快乐十分钟》（后改为《艺苑采英》）、电视剧等栏目。自1989年始，每周自办节目增至3晚，新辟《雷锋在你身边》《说长道短》《人民与公仆》《来自兄弟县（市）信息》等专栏，全年共播出新闻998条，其中录像新闻540条，有49条被省电视台、18条被株洲电视台采用。1990年，拍摄的《活思公过德生凿山引水为老区农民造福》的新闻片，获年度全省电视新闻一等奖、全国电视新闻三等奖；《不为金钱为人民》的新闻照片，获年度《人民日报》征文竞赛优秀奖；电视风光片《攸舆掠影》《攸水吟》和专题片《千里共婵娟》等，流传到台湾、香港、美国、加拿大等国家和地区，受到海外攸县籍人士及华侨的欢迎。20世纪90年代，攸县电视台加快发展步伐，非线性编辑系统、数字摄录系统等先进的电视设备在全省县级电视台中处于领先地位，网岭白龙庵电视转播塔的建成，使信号覆盖率达95%。到1998年，主要自办栏目有《攸县新闻》《记者目击》《科教兴县》《经济广角》《周日说法》《相约荧屏》等。每天播出8小时30分，自办节目1小时30分。同年拍摄的9集电视系列片《特区的攸县人》、1999年摄制的《巨变》，在观众中引起了较大的反响。

（二）醴陵电视台

1992年5月，醴陵电视台正式开播，发射功率逐步扩大到1000瓦，人口覆盖率达95%。该台自办有《醴陵新闻》《瓷城经纬》《经济纵横》等栏目。每天播出时间8小时40分。先后建成全套非线性编辑、播出网络系统，更新添置数字摄像机，新建采用全套冷光源系统和数字调音设备的120平方米多功能演播室，实现了电视节目编辑、传输、播出的无片带操作，全面完成了从模拟制式向数字制式的转变。1995年，拍摄了一部专题献礼片《崛起的醴陵》，采用纪实与艺术相结合的手法，展现醴陵改革与建设的风貌。同时还拍摄了一部20集的大型系列片《渌江行》，系统地介绍了渌江两岸的风土人情、名人掌故、建设成就。1996年6月，电视新闻《醴陵30万干群垦复油茶30万亩》首次在中央电视台《新闻联播》中播出。同年，电视评论片《一墙之隔隔什么——从两个厂的兴衰看名牌的效应》，获1996年度湖南电视奖一等奖，中国电视奖三等奖。1998年5月，首次与湖南经济电视台合作，拍摄5集电视专题片《醴陵，转战民营》，该片以醴陵国有企业进行股份制改造，全面向民营企业转化的新闻事实的背景，系统地报道了醴陵国有企业改革的经验。省经贸委主办的国内外公开发行的《经贸导刊》，全文刊登了该片的解说词。

三　电视转播台

1974年9月，酃县在其城北海拔1131.8米的笔架峰顶架设电视差转台，黑白差转机功率为10瓦，县城及附近6个公社（镇）可收看到湖南电视台节目。1975年7月，茶陵县在云阳林场黄竹蒲建10瓦电视差转台，转湖南电视台1频道节目。次年，差转台迁至海拔936米的云阳山主峰，扩大覆盖地域。1981年1月，醴陵县自筹资金创建功率10瓦电视差转台，差转湖南电视台节目。同年，株洲玻璃厂为让本厂职工收看省台9频道节目，在城区率先架起电视差转台。是年冬，市广播事业管理局利用原广播站楼顶，架设40米高铁塔和十字型天线，次年1月用功率50瓦彩色电视差转机，差转湖南电视台9频道节目。至1982年年底，攸县、茶陵县、酃县相继建立小功率电视差转台11座，差转湖南电视台1频道节目。

1983年10月，醴陵县在城北寨子岭建成功率50瓦电视差转台，收转株洲电视台3频道节目。1984年5月，茶陵县在县广播电视服务公司营业大楼4楼顶上建成功率50瓦电视差转台，差转湖南台12频道节目。同年8月，酃县在笔架峰建成功率50瓦电视转播台，收转湖南台12频道节目。1986年，酃县乡镇以下建立功率1～5瓦电视差转台12个，其中策源乡长兴村潭观坳村民小组8户村民，自筹资金在半山腰安装功率1瓦电视差转机，自行解决收看电视难的问题，开全省村民自筹资金办小型电视差转台之先河。

1986年10月，茶陵县在烈士公园建功率300瓦电视差转台，收转中央电视台综合节目和电教节目，覆盖全县面积82%，人口90%。1987年，攸县在海拔176.4米的网岭镇荷叶塘村白龙庵山顶，架设110米高铁塔，于国庆前夕以功率300瓦试播，同时发射调频广播和差转电视节目。同年12月，醴陵市在仙岳山架设高102.5米立式发射塔，设3、6、18三个电视发射频道。6频道差转机功率10瓦，用双层十字天线差转中央电教台节目，覆盖半径10千米；8频道差转机功率100瓦，用6层蝙蝠翼天线差转中央电视1台节目，覆盖半径31千米；18频道差转机功率1000瓦，用4层偶极子板状发射天线3幅，差转湖南电视台12频道节目，覆盖半径22千米。

自1988年9月始，市广播电视局在石峰山筹建中央电视台株洲转播台，于次年3月以功率10千瓦电视发射机，或24频道或30频道试播转播，效果良好，覆盖半径50千米。1990年3月正式开播。后因电力、经费等问题，8月20日暂停转播，9月20日重新开机转播中央电视台第1套节目。1991年10月，成立了中央电视台株洲转播台。

第二节　有线电视

一　城区有线电视

1983年，南方动力机械公司开始筹建有线电视台，次年在部分家属区开通试播。经3年发展，该台占地约900平方米，建筑面积580平方米，拥有固定资产170多万元，开通用户8000多户。设有演播室、节目制作室、播控室、编辑室、记者室、卫星电视接收室等，配备摄录机5台、编辑机2台、特技机1台、录放机9台、监制机12台、字幕机1台、6米板状天线卫星电视接收设备1套及场强仪等设施，可同时收转和自办7套节目，自办节目每周播出3次。1984年，株洲化工厂安装闭路电视系统，置有卫星地面接收设施1套、摄像机2台、编辑录放设备9台、监视器7台、录音机2台，接通用户3100多户，每天固定播出7套节目，每周日、一、三、五晚自办节目。1985年3月，株洲冶炼厂建成有线广播电视台，接通用户3800户，每天定时向厂内播出，除每周自办节目2次外，同时收转中央、省、市共6个频道电视节目。该台主要设备有卫星地面接收设施、专业摄、录、编辑机等。

1985年年底，城区建有线电视台（站）14座，1986年达58座，1987年82座，1988年124座。通过申请、考核，经省广播电视厅正式批准为企业有线广播电视台的，有株洲冶炼厂台、株洲化工厂台、株洲硬质合金厂台、南方动力机械公司台、湘江氮肥厂台，形成“一城多网”的局面。1990年年底，全市共建有线电视台（站）173座，其中城区104座、株洲县15座、醴陵市48座、攸县5座、茶陵县1座。这些有线台（站）可分为三种类型：第一类是接收、传送无线电视节目，播放自制电视节目和录像片，约占10%；第二类是接收、传送无线电视节目，播放录像片，约占80%；第三类是纯接收、传送无线电视节目的共用天线系统，约占10%。有自办节目能力的台（站），主要节目有《厂内新闻》《校园生活》《百花园》《观众点播》《职工文艺》等，还能配合企业中心工作办专题性节目。

1993年4月，株洲有线电视台成立，11月26日正式开播。最初每天播出几部电视剧，没有开办自办节目。1994年，开始自办节目，设有《有线新闻》和《有线点歌》2个栏目。当年还现场对南方“株洲杯”中华武术散手擂台争霸赛进行了全程直播。1996年11月，株洲有线电视台实行台、网分离，另组建网络中心负责经营，株洲有线电视台成为单纯的宣传单位。1997年，株洲有线电视台将每周的2次新闻改为每周4次，并推出《有线经纬》和《有线综艺》2个自办专题节目。从当年起，该台连续4年均有新闻作品在全省广播电视奖评比中获一等奖，其中系列报道《资本运营：1997株洲国企改革备忘录》获得中国电视奖三等奖。至6月底，共建光缆传输主干线160千米，架设光接点88个，有线用户发展到4万余户，小型企业有线电视全部整合并网。1998年，有线电视传输网络开始全市联网整合。到2000年，有线电视直接用户发展到7万多户，联网送信号的企业有线用户达6万余户，覆盖城市4区，并与省有线光纤干线网互联。同时，完成了机房手动改自动的改造，投入近80万元购置数字化摄像机和非编系统及2个附频道的设备更新改造。

二　县市有线电视

（一）醴陵市有线电视

1991年7月，醴陵市广电局自筹资金107万元筹建的有线电视台投入运行。1995年10月，该台投资150万元建成16路MMDS多路微波传输系统，将城区有线电视延伸到农村，在各乡（镇）组建有线电视网，与已建有线电视网络的乡（镇）、村并网。1998年，开始有线电视网络光纤改造工程，同时也传输广播信号。1999年，组建HFC宽带网络系统，架设光缆43.17千米，连通用户38291户。网络带宽750兆赫，传输35套节目。与此同时，对乡（镇）有线电视网络架设光缆176.65千米，沿线17个乡镇的用户均可收看到30多套电视节目。2000年，撤销醴陵有线电视台，与湖南电广传媒股份有限公司共同组建醴陵广达广播电视宽带网络有限公司。

（二）攸县有线电视

1990年，攸县有线电视台在县城开通7套电视节目。1995年，增加到10个频道11套节目。1996年，开通中央4套加密节目，节目增至17套。同年12月，该台在海拔1045米的紫云峰多路微波有线电视发射台开播成功，向全县发送12套电视节目。到1997年，全县共发展微波有线电视用户7100户。在以后的几年中，该台完成了全县乡村和驻攸县单位有线电视区域小网的联网、并网工作。1998年，对网络前端的主干线进行扩容改造，开通北京、上海、重庆等30多个省市33套卫视节目。到2000年，在全县除县城外的29个乡镇发展微波有线电视用户2万多户，用户可以收看到包括中央8套节目在内的16套电视节目。

（三）茶陵县有线电视

1991年5月，茶陵县开始在城区兴建有线电视网络，当年共架设同轴电缆44千米，安装有线电视用户880户。10月1日，正式播出8套电视节目。到1997年，县城有线电视已发展到9600户，农村乡（镇）村共有有线电视用户2.1万户。1998年，全面启动城区有线电视光纤网络升级改造，采用以光缆为主干网和电缆相结合的用户分配网，网络带宽由原来的300兆赫提高到550兆赫。向广大用户传送有线电视节目数量增加到35套。到2000年，全县25个乡（镇）已有14个乡镇与县城有线电视进行光缆联网，占乡镇总数的56%；有213个村发展了有线电视网络，占村总数的59.3%，其中有82个村已进入县光缆网。县城网络还开通了8套加密付费电视节目，发展付费电视用户300余户。

（四）炎陵县有线电视

1992年6月，该县建成有线电视前端机房；7月县委、县政府、县政协机关大院有线电视用户实验小区全面开通；到12月底，架通总长8.5千米的4条主干线路，共安装用户1050户。可收看到中央和部分省台的7套电视节目。到1997年，县城有线网络共架设主干线路10.1千米，分支线30千米，用户线50千米，发展用户4192户，占县城住户60%。开通了包括中央加密频道在内的17套电视节目。以后几年，城区有线电视网络进行了光纤改造，网络带宽达750兆赫，传输节目40套。

（五）株洲县有线电视

1992年2月，株洲县有线电视台正式开播，带宽300兆赫，传输11套电视节目。首批开通县政府机关及学堂路一带用户500家。到年底，传送16套电视节目，用户发展到5000户。随后，对城区有线电视网络进行光缆传输更新改造，带宽升到750兆赫。到2000年，传送32套电视节目，县城用户达7000户。农村利用卫星接收装置建立了有线电视站33个，传输节目在15套左右，用户达8000多户。

第四章　音　像

第一节　管　理

20世纪80年代初，各种录音录像制品经不同渠道流入境内。1982年，为加强对音像市场的管理，市广播事业局与市公安局、工商行政管理局等单位配合，对全市各公共娱乐场所和各有关单位的进口音像制品进行清理，查处内容反动、黄色录音带1000多盒。翌年，又进行4次清理，查处近2000盒。

1984年4月，南区出现市区第一个对外营业的录像放映点；5月市广播电视局成立录像放映队，负责承办营业性录像放映业务；6—7月城区营业性录像放映点陡增至38个。由于放映网点的迅速增加，出现了节目带源乱、复制乱、销售乱、放映乱的状况。有些放映点为追求上座率，放映一些格调低下的海外打斗带和禁放带，给观众特别是青少年观众带来不良影响。面对音像市场混乱状况，市委、市政府及时成立了市音像制品管理领导小组，下设音像管理办公室，颁布《株洲市音像制品管理试行条例》，着手对已审批的放映队进行整顿，对放映的节目进行清理登记。到年底，全市有营业性放映队45个，审查其节目160个、录像带480盒，查处禁放片、违章供片和违章流动放映队5个，取缔录音带复制点6个。1985年，市音像管理办协助各县市区建立健全音像制品管理机构，整顿录像放映队伍，取缔违章违纪录像放映队13个，吊销“录像放映许可证”“营业执照”48个，查处放映过淫秽录像的单位和个人78个，收缴淫秽录像片75盒、录音带2504盒、禁片304盒。

1986年4月，制定《株洲市录像管理暂行办法》，11月又与市一商业局、市工商局联合发出《关于整顿录音录像市场、制止违章录像销售活动的通知》，采取城市与农村、录像与录音、发行与管理齐抓共管的办法，进一步加强和完善音像市场管理。年底，全市批准开办录像放映队（点）489个，其中宣传文化单位136个、闭路电视录像放映单位42个、内部放映单位101个、家庭放映207个，查处内容不健康音像制品13051盒、外地淫秽录像向境内渗透案4起。同时，还开展文明音像管理和文明录像放映竞赛活动，引导录像放映队从以经济效益为主以放海外片为主的纯营业性录像放映，向以注重社会效益为主以放国产片为主的宣传文化性录像放映方面转变。1987年，中宣部主办的《宣传动态》第19期载文，赞扬株洲开展文明放映活动；3月31日，《人民日报》第4版以《宣传革命理想，普及科学文化知识，提供健康娱乐》为题，介绍株洲在这一活动中的具体做法。8月，在公安、工商等部门配合下，对音像市场进行突击检查，查封无证经营单位9个，封存录音磁带2万余盒，收缴非法出版的录音磁带146盒；年末，共核发经销录音磁带许可证356个、录像放映许可证556个，颁发录像放映员执机证825个，检查32个录像放映队（点）的场地及规章制度执行情况，查获放淫秽片事件6起，收缴各种非法录音带27865盒、录像带 125 盒。1990 年，严厉打击非法出版物和“扫黄”，整顿处理无证经营录像点和音带店 7 家，督促闭路电视、科研教学单位办证和换证 27 家，查收走私带和非法复制录像带 130 盒、禁放带 380 盒。至年底，全市有录像放映队（点）598 个，其中城区 168 个、县市 430 个；有录音制品销售点 285 个，其中城区 84 个、县市 201 个。

从 1992 年开始，音像市场管理一度出现失控，走私、翻版、盗版、“制黄”“贩黄”等非法活动严重。是年，市音像管理办与市公安部门配合，收缴非法录像带 2000 多盒，取缔无证经营点 8 个，责令停业整顿 16 户。1993 年，先后 10 次与有关部门共同检查音像市场，收缴非法录像带 4125 盒、非法录音带 3000 多盒，抓获、取缔无证经营点 8 个，对按规定不能办理录像带出租业务的 25 个出租点限期关门停业，查处放映色情录像带行为 23 起，责令停业的放映单位 16 家。1994 年，共进行检查 190 多次，收缴、烧毁非法音像制品 1.6 万余盒，吊销 8 家放映点、出租点的营业执照，停业整顿 6 家。1995 年，与公安等部门联手开展大行动 7 次，进行小检查 128 次，收缴非法录像带 16320 盒，查封无证经营点 8 个、非法放映点 12 个。1996 — 1998 年，共查收非法出版的音像制品 2 万余盒，查处非法经营单位 65 家，进一步净化了音像市场。

第二节 发 行

1984 年，株洲市在对音像市场进行清理整顿的同时，开始抓音像制品的发行工作。初期，为湖南音像出版社出版、复录、生产、发行录像带的代销业务，向各录像放映队提供节目带源。不久，录像放映单位增多，带源供应已不适应市场需求。1985 年 1 月，市音像管理站制定《录像节目发行办法》，购进由国家统一出版发行的各类录像节目带近 1000 盒，以“出租保发行”的方式，向各县市区广播局系统录像放映队发行，基本保证了放映市场需求。同年，各县市相继成立音像发行站，负责本区域音像制品发行放映，各县市站又自购一批录像节目带。是年 1 — 11 月统计，市音像发行站共发行录像节目 162 个，节目带 1946 盒。翌年，全市发行录像节目带 2594 盒，各县市郊发行 897 盒。

1987 年上半年，市音像发行站调进《中华人民共和国宪法》《中华人民共和国民法》《中华人民共和国婚姻法》《中华人民共和国刑法》等 21 种法制教育带，组织全市性“法律知识抢答赛”活动。音像部门以低于正常门票 30% 的票价，放映各类法制节目 18451 场，其中免费 4286 场，观众达 186 万多人次。1989 年，株洲电影发行放映公司相继成立音像发行站，加上市广播电视局音像发行站，全市有 3 家音像发行单位。1990 年，全市除发行各类录像带 1722 本、对外销售 702 本外，还组织《我心目中的共产党员》《雷锋足迹》《湘东挺进队》《伟大转折》等政治教育片放映。1992 年，市音像办发行经上级审批合格的音像制品 1000 余盒，1996 年上升到 12000 多盒。7 年间，共向各放映、营业单位提供内容丰富、健康的音像节目带 3 万余盒（本），丰富了人民群众的精神文化生活。1998 年以后，根据省委办、省政府办精神，株洲的音像管理工作移交市文化局归口管理。

获中国广播电视奖作品一览表

表 28–3

单　位	获奖年份	作 品 名 称	作　者	获奖等级
攸县电台	1991	从提篮小卖进入大流通	夏永晖　王三艳	1
攸县电视台	1992	渌田稻草变金条	颜家连　陈忠恕　王宇平	3
广播电视报	1992	他仍然走着一条战士的路	贺为民	3
攸县电台	1993	说说“空壳市场”现象	陈劲飞　王三艳	3
市电台	1993	黄金有价情无价	谭福涛	3
市电台	1994	小不点热线	童绮霞　贾　芳　周华英	3
醴陵市电台	1994	一片陶瓦救活十八家企业	陈雪球　陈晓军　张春泉	3
广播电视报	1994	我市声屏记者英勇奋战在抗洪抢险第一线	贺为民	3
炎陵县电台	1995	空气负离子可以治多种疾病	钟春生　李晓辉	3
醴陵电视台	1996	一墙之隔隔什么——从两个厂的兴衰看名牌威力	谭晓宁　陈晓军　易运兰	3
市有线电视台	1997	资本运营：1997 株洲国企改革备忘录	宁光辉　陈　庆　聂　雄	3
广播电视报	1997	一个家庭伦理道德的回归	龙　婴	2
市电台	1998	中华火车第一速	于　波　沈雪兰 谭福涛　张亚非	2
市电视台	1998	生命如歌	曾庆智　蒋　萍　马建平 罗　坚　朱建华	1
市电视台	1992	袁老汉为镇干部普法	欧　斌　吴　凝　游盟长	2
市电视台	1999	爱与你同在	马建平　蒋　萍 罗　坚　朱建华	2
市电视台	1999	尘封十年的科技成果转让了	叶强胜　杨庆华	2
市电视台	2000	小　月	刁俊峰　夏永晖 王友元　翁方平	3
市电台	1999	浴火的凤凰——株洲冶炼厂走出困境记实	沈雪兰　范立明	2

获湖南广播电视奖一等奖作品一览表

表 28–4

单　位	获奖年份	作 品 名 称	作　者
攸县电台	1991	从提篮小卖进入大流通	夏永晖 王三艳
株洲市电视台	1991	山里有条小溪	侯安林 曾庆智 伍安靖
株洲电台	1992	重走改革路——来自株洲电子研究所的报道	范立明 童绮霞
攸县电视台	1992	渌田稻草变金条	颜家连 陈忠恕 王宇平
攸县电台	1993	说说“空壳市场”现象	陈劲飞 王三艳
株洲电视台	1993	黄埔虎将（电视剧）	吴履新 陈金玉 李宗平
醴陵市电台	1994	一片陶瓦救活 18 家企业	陈雪球 陈晓军 张春泉
株洲广播电视报	1994	从曹操割发代首说起	贺为民
株洲有线电视台	1995	稻香时节话吨粮	宁光辉 傅　忠 陈京燕

续表 28-4

单　位	获奖年份	作品名称	作　者
株洲电台	1995	优化资本结构增强企业实力	童绮霞 范立明 谭福涛 刘益斌 张亚非
醴陵电视台	1996	一墙之隔隔什么——从两个厂的兴衰看名牌威力	谭晓宁 陈晓军 易运兰
株洲电视台	1996	“五·五”大案侦破纪实	王受鹏 刁俊峰
株洲有线电视台	1997	资本运营：1997 株洲国企改革备忘录	宁光辉 陈　庆 聂　雄
株洲电视台	1998	生命如歌	曾庆智 蒋　萍 马建平 罗　坚 朱建华
株洲电视台	1998	袁老汉为镇干部普法	欧　斌 吴　凝 游盟长
株洲电台	1998	中华火车第一速	曾庆智 蒋　萍 马建平 罗　坚 朱建华
株洲有线电视台	1998	成败得失话投资	彭大康 宁光辉 段圣伟 王宇平
株洲电台	1998	南方故事（广播剧）	周养德 陈建新 王建忠 于　波 倪　伟 陈　静
株洲电台	1999	交叉持股壮国企	沈雪兰 陈建新
株洲电台	1999	创新，为株洲国企插上腾飞的翅膀	范立明 陈建新 沈雪兰
株洲电视台	1999	尘封十年的科技成果转让了	叶强胜 杨庆华
株洲有线电视台	1999	救救湖里湿地	宁光辉 王宇平 段圣伟 李　涛 彭大康
株洲电视台	1999	爱与你同在	蒋　萍 罗　坚 朱建华 马建平
株洲电台	2000	浴火的凤凰——株洲冶炼厂走出困境纪实	沈雪兰 范立明
株洲有线电视台	2000	产权突围——株洲国企三年两大目标攻坚纪实	陈　庆 宁光辉 杨　兵 罗广荣
株洲电视台	2000	田大妈的心事	曾炎高 曾庆智 蒋　萍 罗　坚

株洲市广播电视局历任负责人名录

表 28-5

局　长	任职时间	副局长	任职时间
杨汝琴	1978.6—1983.6	张　辉	1975.4—1981.8
黄经略	1983.7—1986.6	吴怀义	1975.12—1982.8
罗永虎	1986.6—1997.6	郭子凡	1980.1—1983.6
颜波平	1997.6—2000.12	王圣谊	1981.6—1998.12
–	–	陈尧盛	1982.3—1986.6
–	–	高雄飞	1986.4—2000.2
–	–	曾炎高	1994.10—2000.12
–	–	吴履新	1997.6—2000.12
–	–	钟正国	1998.5—2000.12
–	–	邓建平	1998.5—2000.12

第二十九篇　旅游　宗教

第一章　旅　游

株洲，湘江孔道，南北通衢，历代既是兵争重地，又是旅游之所经。风流人物，要闻轶事，代有传述，名胜古迹，遍布湘、渌、洣水之滨。历史上，由于开发不力，未能有效形成旅游规模和较高知名度的热点旅游景区（点）。

中华人民共和国成立以后，境内旅游业基础仍然比较薄弱。1985 年，设立中国国际旅行社株洲支社，境内逐步开展相关的旅游业务活动。1990 年以前，株洲的旅游管理工作是由市政府外事办公室兼管，主要是接待外宾，至当年年底，共接待外宾和中国香港、澳门、台湾同胞 2.8 万多人。

1990 年 10 月，正式设立株洲市旅游事业管理局，仍与市外事办一套人马、两块牌子。1994 年，重新设立株洲市旅游事业管理局，为市政府赋予一定行政管理职能的正县级单位，主要负责制订本市旅游事业发展规划、旅游宣传、辖区内国内旅行社的设立资格审查工作，以及一、二星级宾馆的评定和三星级宾馆的初评、推荐，同时负责对各旅游企业进行业务指导、服务质量监督和年检、年审以及受理旅游服务投诉工作。

1991 — 2000 年，随着经济的快速发展，城市化进程加快，人们收入增加，对外交往扩大，全市旅游业务发展迅速，行业管理逐步规范，旅游资源得到有效开发和利用，接待游客范围和规模也不断扩大，旅游收入大幅上升。1995 — 2000 年，全市共接待海内外游客 150.68 万人次，收入累计达到 10.79 亿元。

第一节　旅游资源

一　自然资源

境内山峦起伏，江河纵横，气候温暖，森林茂盛，物产富饶，可供旅游的自然资源非常丰富。

境内地貌结构以山地为主，占总面积的 41.9%，地势东南高、西北低，平原、岗地、丘陵、山地呈梯式排列。山高、坡陡、谷深，河、溪落差大、峡谷多，瀑布、跌水较为发育。境内溪河纵横，均属湘江水系，其中 5 千米以上的河流达 340 多条，30 千米以上的 19 条，100 千米以上的 7 条。罗霄山、武功山、万洋山之余脉分支横亘各县市，形成一幅群山迭翠、河流回环的天然美景。全境大部分地区属于亚热带季风湿润气候区，年平均气温 17.51℃，四季分明，雨量充沛，光热充足，宜于耕作，农、林、矿产资源丰富。全市森林覆盖率为41.97%，树种多达884种，其中稀有珍贵树种70多种，“东湖木”曾大量运至皇宫建筑栋梁之材；盛产茶油、棕片、松脂、香菇、木耳、玉兰片等林副产品。

境内有野生动物141种，其中兽类40种，鸟类61种，爬行类31种，两栖类9种。野生动物中，属国家Ⅰ类保护的有华南虎等7种，属国家Ⅱ类保护的有猕猴等15种，属国家Ⅲ类保护的有数十种。矿产资源已初步查明的有39种，其中煤炭储量1亿多吨，铁矿石1.5亿多吨，高岭土2000多万吨。

境内农业、畜牧业也很发达。各县市不仅是湖南省传统的产粮大户，而且许多土特产声名远扬。茶陵一带种植的大蒜、生姜、白芷被誉为“茶陵三宝”，醴陵、攸县、茶陵一带所产的辣椒亦为一大特产，其中醴陵大障镇所产的“牛角椒”更是驰名中外。炎陵县出产的奈李、香菇、魔芋、红薇菜、高山雪晶梨等土特产深受群众喜爱。攸县的麻鸭、炎陵县的白鹅、醴陵市的黑山羊等禽畜在省内外享有盛誉。

多种自然生态资源经过组合和开发，形成了一些具有广泛吸引力的景区（点）。

桃源洞国家森林公园 位于炎陵县东部，罗霄山脉中段，东起万洋山，西抵吊楼垴，南至石圳坳，北达千丈岩。南北长约15千米，东西宽约9千米。面积约130平方千米。园内山体主要由燕山早期斑状黑云母花岗岩和奥陶系页岩、砂岩，以及泥盆系砂岩、砂砾岩构成。土壤主要为山地黄棕壤，属中亚热带季风湿润气候区，年平均气温11.7℃。植被系亚热带常绿阔叶林，有木本植物81科、191属、478种。其中国家保护树种有17种，为钟萼木、冷杉、巨紫荆、胡桃、红椿、青钱柳、福建柏、花榈木、楠木、木莲、白辛树、观光木、华榛、天师栗等。珍贵动物有猕猴、角蛙、金猫、水鹿、金鸡、白鹇、黄腹角雉、鼯鼠、相思鸟、画眉、穿山甲等。中药材有鸡爪黄连、田三七、川桂、杜仲、厚朴、牛奶菜等。园内群山密集，险峰林立，山涧湍流飞瀑，河川滩险浪急，高山之巅云雾缭绕，奇峰隐现。林木多原始森林和原始次森林。园内有桃源洞、桃花洞和珠帘瀑布等30多个景点，空气中负离子浓度每立方厘米高达6.5万个，全国罕见，乃观光、探险、度假、疗养的理想之地。1994年10月，经林业部批准为国家森林公园，并正式对外迎客。2000年，接待游客1.2万人次。

空洲旅游度假区 位于株洲县雷打石镇，距县城渌口镇南5千米，距株洲市区23千米处。由空灵岸佛事文化区和空洲岛休闲度假区组成。空灵岸又名观音岩，昔为风景区。“盘石踞波，苍壁嵌空”，乃潇湘八景之一，是千里湘江著名风景胜地，民间素有“上有观音岩，下有岳阳楼”之谓。唐大历四年（769），诗人杜甫途经此地，甚羡其美妙，留有“空灵霞石峻，枫栝隐奔峭，青春犹无私，白日亦偏照”的《次空灵岸》一诗。1726年，邑人依岩修建观音寺。1911年、1935年、1958年曾三次对空灵岸进行修葺。1968 — 1970年间，空灵岸被毁。1987 — 1990年，株洲台胞在海外组织个人捐资，先后修复了空灵岸山门、石壁栈道、三圣殿、空灵洞、大雄宝殿、藏经阁。中共中央政治局委员、国务院副总理方毅题写“空灵岸”门额，全国政协副主席、中国佛教协会会长赵朴初题写“三圣殿”匾额。

空洲岛原名箭洲，处于湘江之中，南北长约 2 千米，总面积 12 公顷。岛上土地肥沃，景色秀丽，有跑马场、网球场、烧烤场、茶楼、歌舞厅、情侣屋、别墅、水上运动营、射箭场等，是休闲、度假的好地方。

大京风景区　位于株洲市区东南 12 千米处，总面积 29.76 平方千米。景区由京水湖、仙峰岭、屏风岭三大景区共 34 个景点组成，其中Ⅰ级景点 4 个，Ⅱ级景点 10 个，Ⅲ级景点 20 个。中心景点京水湖曲曲弯弯几十里，水面近 200 公顷，蓄水量达 1500 万立方米。1991 年，株洲县人民政府着手景区开发，从 1992 年开始全面建设。至 2000 年，景区初具规模，年接待游客在 40 万人次以上，已成为长、株、潭三市城郊休闲、度假的热点旅游区。

石峰公园　地处市区北部石峰区境内，占地 155.47 公顷，是以森林景观为主的城市休闲公园。园内有北大门、西大门、云峰阁、蔷薇园等景区。公园始建于 1964 年。园中曲径盘旋，长达 24 千米，沿路绿荫掩映，格外清幽。园内峰峦叠翠，花木葱茏，建筑明丽。地处湘江之滨，水光山色，交相辉映，美不胜收。结构新颖的“云峰阁”，建在尖峰岭上，高达 26 米，条石混凝土结构，为四角攒尖顶的塔式阁楼。登顶近瞰全园，举目远眺，湘江蜿蜒北去，群楼闹市车水马龙，尽收眼底。公园建筑均取民族形式，归类成景。园中有蔷薇园、漪湘楼、动物园、植物园、山水风景园等园中之园。并设有影苑、音乐茶座、电游、旱冰场等娱乐场所。

仙庾岭　位于荷塘区蝶屏乡境内，距株洲市区 15 千米，西北毗邻长沙。主峰仙庾岭海拔 233 米，古樟蔽日，风景优美；半山腰有仙庾庙、文昌阁等古建筑。景区于 1992 年启动开发，一期规划面积 10 平方千米，设有 10 多个景点，乃一天然生态公园。

神农公园　位于市中心，占地 32.27 公顷，共分 4 个区，位于公园中部的文化活动区，东南部的游乐区，西北部的游览休息区，东北部的生活服务区。公园始建于 1955 年，1959 年建成，初名株洲公园。1981 年改为奔龙公园，1998 年更名为神农公园。园内有水面 4800 平方米，景物采用自然式布局，充分利用天然湖光山色，附以人工雕琢点缀而成。奔龙山自湘江滨蜿蜒而上，为公园主体部分，山上林木葱茏，枝条扶疏，林间武术室、亭阁错落有致，山顶建有奔龙阁，登阁环顾，湘江两岸市区历历在目。山下北侧有龙池，沿池石桥曲径，银柳丝丝。池东有小桥达湖心亭；池南设游船码头，供游人泛舟龙池；池北有水上津津园，它以拾翠楼为中心，与左、右的曲廊水榭、水上船形楼台连为一体，配假山、喷泉、荷花池、雕塑等相映成趣。园内设有地下公园，深入奔龙山下 20 余米，平时为游览胜地，战时乃人防工事。龙池西岸建有温室长春苑，四季花草聚集宛中，争芳斗艳，美不胜收。园东侧设有旱冰场、电动飞机、电木马等少儿娱乐设施。建成于 1992 年 9 月的“神农阁”高 52.5 米，共九层，是公园的主景建筑，也是株洲市区的标志性建筑之一。公园已成为株洲市休闲、游览胜地。

挽　洲　位于株洲县城西南 34 千米王十万乡境内，湘江中洲。又名晚洲。唐杜甫《次晚洲》之晚洲即此。清设塘讯。洲呈梭形。长约 2 千米，最宽处约 800 米。面积 1.1 平方千米。洲上驻挽洲村。海拔 46 米，略低于两岸。洲东江岸有古樟一株，干围 3.5 米，约历 400 年，大半已枯，仅一枝尚秀，洲人视为珍宝。洲上有耕地 56.5 公顷，土质肥沃，盛产辣椒、花生。

醴泉井 位于醴陵市城区北部姜岭北麓。明崇祯《长沙府志》谓“涌泉如醴”，故名。清康熙年间建亭其上，咸丰年间建石坊，俱毁。碑刻“醴泉涌瑞”“醴泉浸月”尚存，昔为醴陵八景之一。几经修复，井仍完好，泉水甘冽，四时不竭。

文笔峰 位于醴陵市城区黄泥坳街道办事处境内中和街右侧凤凰山腰，有石矗立如笔，高二丈许，昔称“文笔笏石”。世传“渌江渌水绿悠悠，三刀石下状元洲，马脑潭前龙现爪，一支文笔点春秋”。至今仍广为流传，“文笔”即指“文笔峰”。

沩山古洞天 醴陵东堡沩山，众山环绕，绵亘数十里，清泉林茂，风景秀丽，称“古洞天”。相传为仙人花邱林和傅天师修炼之仙居。唐代，大缘禅师在沩山建寺。清雍正七年（1729），自广东兴宁移居醴陵的廖仲威，在沩山及附近广大地区发现瓷泥，即向小沩山寺住持智慧赁山采泥，并邀约同乡技工20余人，在当地招工，传授技艺，创办瓷厂，生产釉下青花瓷，是醴陵瓷业发源地。后逐渐向周边等地扩展。兴旺时，沩山有瓷厂百余家，成为醴陵的瓷业生产、经营中心。

仙岳山 又名丁仙山，海拔351.9米，位于醴陵城南。登山远眺，既可俯瞰全城，又见渌江如带，群山起伏，林木葱郁。相传东晋时，县令丁令威，弃官学道，云游醴陵，筑观于城南山上，得道后，乘鹤飞升，因此山为丁仙山，故观为丁仙观。明成化间（1465—1487年），道士姚安禅重建丁仙观。清光绪（1875—1908年）时，在已毁观址建药王宫。民国22年（1933），改建南岳行宫，规模居醴陵境内寺观神庙之首。1945年被侵华日军炸毁。1986年以后，信徒捐款新建护国寺，前进为天王殿，中进为圣帝殿，后进为大雄宝殿。前殿左首有丁仙观。

官庄水库 位于醴陵官庄乡境内。水库于1958年修建，集水面积210平方千米，坝高40米，库容量1亿立方米，最大面积667公顷。官庄水库被群山环抱，库中有岛，四周山高林密，飞禽走兽栖息山林，空气清新，环境优美，建有环库公路。夏秋之际，库区成为重要的休闲游乐之地。

燕子崖 位于醴陵浦口镇合水村雪峰山南麓，为一多层发育期溶洞，内有阴河急流，钟乳石装点着龙口、聚仙厅、仙人伞、金狮、河马等景观，已开发面积5000平方米。洞外山峦叠嶂，林木苍翠，有涓涓清流汇入水库，山、水、洞相连，令人流连忘返。

三狮洞 醴陵王仙镇东有大山，三峰矗立，外形似狮，下有深洞，名三狮洞。世传仙人王乔炼药于此，因名王仙山，又名王乔山。《荆州记》：“醴陵县东四十里，有大山，山有三石室。室中有石床，石臼。”卧狮伏光洞上，洞口高、宽、深各十余米，可容数百人，洞顶清泉滴沥。内设如来佛祖、观音菩萨、十八罗汉、二十四位诸天等神像。光洞左30米有黑洞，内分三洞，洞内似楼阁。两旁分列观音和包公神像。有一伏流，总面积6000平方米。

灵龟峰和灵龟寺 位于攸县县城东约1.5千米的上云桥镇万古桥村境内。洣水北岸，一峰独立，如龟出穴，踞水上游，故名灵龟峰。峰上松柏并茂，古枫参天。清乾隆丙午年间，邑侯张健曾书为“梅城第一峰”。峰顶有一古寺。名曰灵龟寺。据清同治《攸县志》载，该寺系明朝攸人张镗所建（峰左原有张镗墓）。奇峰古刹，岗环岭抱，烟波浩荡，气象万千。正如县志所云，此“攸邑亘古之胜迹也”。

仙人桥 位于攸县东北部漕泊乡桃源、三联、七里三村交界处，距县城约65千米。仙人桥飞架于鸾山至漕泊公路左侧的溪流上，似桥非桥，天然成桥。桥高 41 米，长 5 米，宽 1.5 米，中间不足 0.67 米，两岩悬崖峭壁，下有深潭，凌空飞架，极为险峻。相传为八仙之铁拐李云游至此，杖指而成，故名仙人桥。

酒埠江旅游区　位于攸县东部。核心区酒埠江水库距 106 国道 13 千米。区内有酒埠江水库、太阳山、玉龙洞、孟子山、天蓬岩五大景区，共 57 个景点，其中Ⅰ级景点 3 个，Ⅱ级景点 16 个，Ⅲ级景点 22 个。从 20 世纪 90 年代初开始，酒埠江水库附近部分村民，先后自发兴办了部分水上游乐项目。2000 年 6 月，攸县成立酒埠江旅游开发办公室。2000 年 12 月，酒埠江旅游区建设规划经省级评审，获得通过。

白龙洞　地处攸县漕泊乡境内，为天然碳酸盐溶洞，长 7 千米，洞内宽大幽深，景色奇秀，钟乳石千奇百怪，三步一景，洞内 29 米高的石笋号称“天下第一柱”，更有各类奇石似唐僧师徒，最有名的是洞顶一条活灵活现的“小白龙”，栩栩如生，白龙洞因此得名。白龙马、古河床、古生物化石、石钟音乐号称白龙洞“四绝”。此洞有“奇比张家界黄龙洞，秀超桂林芦笛岩”的美誉，被评为湖南百景之一。

皮佳洞　位于攸县鸾山镇，是酒埠江国家地质公园的核心景区之一，由旱洞和水洞两部分组成。旱洞有 9 层，其中一线天、二龙戏珠、三峡、四潭、五湖、六湾等构成了神秘的地下龙宫。而水洞的暗河漂流最吸引游客。

湘山公园　位于炎陵县城。1995 年开始建设。有知青阁、五子庙、湘山塔、名人园牌坊等景点。园内还有游泳池、度假村，是一处新的休闲观光场所。

云阳山森林公园　距茶陵县城 3 千米。从 1991 年开始建设。公园总面积 8688 公顷，其中核心景区面积 1099 公顷。园内有自然景观 25 处，人文景观 12 处。1993 年被列为省级森林公园，也是省重点宗教场所。被佛教和道教学家称为“可以隐居，可以长生”的福地。每年有近 10 万人来自湖南、江西、广东、福建、浙江等地的香客来此敬香。

灵岩夜月　位于茶陵县严塘镇沙溪村一石山洞，名“灵岩”。夜月初升时，光辉映其中，独具风貌。《茶陵州志》载：“石室方敞，可二十丈许，每月出岩中，明如昼。”为“茶陵八景”之一。

秦人古洞　古名秦人洞、真仙洞。位于茶陵县城西南 12 千米云阳山南麓、枣市镇岩口村境内。系石灰岩溶洞。《茶陵州志》载：“云阳山阴，有上、中、下三洞，其水三伏三见，洞深睿不可入，时闻有声，铿若钟鼓。”“深逾千里，流水桃花，寒暑长茂，有异人居之，餐松食柏，以草蔓为衣，山下采薪者，往往遇之，但云秦人，莫知年代矣。”故名“秦人洞”。洞口呈圆形，直径约 4 米，幽深难测。其中钟乳石千姿百态，不一其形，色皆莹白，纹若刻镂。洞中有泉水、溪流，深则成潭，浅仅没足，流至洞外，涓涓不绝。明徐霞客《楚游日记》称秦人洞，并谓有“秦人三洞”。其时霞客遍游诸洞，认为“其中洁净干燥，余所见洞，俱莫能及”。清光绪《湖南通志》又称真仙洞。

皇雩仙　位于茶陵县火田乡东坑村境内。相传宋孝宗曾游览此地，并为仪宾谭斗南（附马）进呈里居山水图并题七律诗一首：“仙鹅飞去是何年，灵迹犹存古岭边。藤老龙蟠疑护法，山深禽语似谈禅。手攀枯木身忘俗，口吸清泉骨欲仙。邻叟不知唐世远，犹言谢母旧因缘。”描述此地山青水秀，林木茂盛，郁郁葱葱之优美风景。山麓建有皇雩仙古庙，庙侧有七口清泉涌出，终年不断，流量甚大，是茶水主要发源地之一，也是东坑水库主要水源。

深垄古杉 位于炎陵县十都镇深垄村境内。乃一千年古樟，高72米，直径1.7米。枝叶婆娑，四季常青，浓郁如盖，高耸入云，乃当今少有之奇观。

二 人文景点

株洲历史悠久，境内地灵人杰。在历史发展的进程中，涌现出大批叱咤风云的风流俊杰，产生过许多惊天壮举，留下了大量有纪念意义的名胜古迹。特别是中国共产党成立后，在党的领导下，株洲人民为推翻旧制度、建立新政权进行了艰苦卓绝的革命斗争。境内是井冈山革命根据地的重要组成部分和毗邻地区，各县均被国家认定为革命老区。在与国内反动派和帝国主义侵略者的斗争中，被认定的革命烈士达11234人，1964年以前有41人被授予人民解放军将军军衔，其中上将3人，中将10人。还有一批识时达务，高举义旗的国民党军政要人。中华人民共和国成立后，株洲人民发扬革命传统，大力发展经济，将株洲市迅速建设成为一个在国内外有一定影响的中等工业城市。株洲悠久而辉煌的历史，造就了大量的人文旅游资源，形成了许多有吸引力的人文旅游景点。

（一）名胜古迹

炎帝陵 位于炎陵县城西南19千米处的鹿原陂，是中华民族始祖炎帝神农氏安寝之地。属全国重点文物保护单位、全国爱国主义教育示范基地、中华归国华侨爱国主义教育基地、国家AAAA级景区、中国井冈山干部学院教学实践基地。

北宋乾德五年（967），建祠庙祀之。后经元、明、清历代修葺。1954年除夕，遭火焚毁。1986年，据原貌重新修复，1988年10月竣工并正式对外开放。党和国家领导人江泽民、陈云、胡耀邦、耿飚、周谷城、严济慈、赵朴初、周培源、杨静仁等分别为其题词。炎帝陵风景区规划面积111.8平方千米，陵区面积5平方千米。炎帝陵陵殿为其主体建筑，共分五进，分别为：午门、行礼亭、主殿、墓碑亭、陵墓。历史建筑及重要附属景点有天使馆、奉圣尊、咏丰台、御碑园、神农大桥、神农大殿、圣火台、皇山碑林、九龙印、鹿原亭、龙脑石、龙爪石、洗药池。陵前洣水环流，西南云秋山拱峙，东南黄杨山耸立。陵区古木荫翳，风景清幽。炎帝陵已成为海内外炎黄子孙寻根谒祖的圣地。至2000年，累计接待海内外游客150万人次。

湘山塔 位于炎陵县城西侧湘山。塔以山名。明万历四十五年（1617）始建，名永怀塔。清康熙二十四年（1685）改建，高七层，六角、实心，砖石结构，更名文塔。咸丰元年（1851）重建，高九层，八角，空心，砖石结构。塔门题额“湘山宝塔”。塔侧昔有明万历二十四年（1596）始建湘山寺。古塔今安然犹存，孤峰拔起，二水夹流，宝塔倒映于碧波潆洄之中。登临鸟瞰，尽收城郭之壮丽。

飞凤仙 位于炎陵县城南约15千米、水口镇官仓村境内，106国道东侧。乃建于半山腰的一座

3层楼庙宇。庙内原有菩萨和石器。壁立千仞，形如飞凤。庙后有一石洞，可容数百人。

茶陵铁犀 俗称茶陵铁牛，又名“南浦铁犀”，位于茶陵县城城南洣水河畔。建造于南宋绍光年间（1228 — 1233年），距今700多年。铁犀造型为卧姿，体长2.1米，宽0.8米，高1.1米，重约7000千克，为优质铁铸造。年长日久，日晒雨淋，并无锈蚀，至今完好如初。在艺术上、冶铸技术上均有较高价值。1983年，湖南省人民政府公布为省级文物保护单位。

赤松丹井 位于茶陵县云阳山东麓之赤松山（又名赤松仙）。相传为赤松子炼丹处。清同治《茶陵州志》载，山西南有炼丹灶一所，皆石为之，灰烬如新。石杵臼一所，其色莹澈类真玉，取求之不见，不求自见。并有“子房炼丹地”“捣药槽”“张良试剑”诸胜迹。徐霞客《楚游日记》谓：“乃从赤松而附会留侯也”。1938年建有“赤云亭”。乃古茶陵八景之一。

笔支塔 俗称东门塔。位于茶陵县城关镇东、洣江乡荣华山麓的洣、茶二水合襟处。系明嘉靖八年（1529）茶陵知州高仕桂“谕士民捐建”。是一座螺旋式阶梯的七级空心石块浆砌塔。塔高数丈，巍然屹立，蔚为壮观，拾级登临其巅，举目眺望，洣水、云山尽收眼底。

凌云塔 位于攸县鸭塘铺乡西南阴山港村，洣水河西岸，距县城约12千米。此处有座山，形似马鞍，名马鞍山。山巅有一座凌云塔。系清嘉庆丙子年间，县令赵襄合邑绅士建。塔高16米，七层八方，全由条石砌成，塔门呈拱形，门上嵌有“凌云”白石匾额，系赵襄所书。从下而上，共有九十四级石梯，登览者，可沿石梯盘旋而上。每层塔楼，均有石雕龙狮兽象与人物典故。第六层塔内石壁刻有《新建马鞍山凌云塔记》，第七层塔内四壁，各嵌有一石雕神像，现清晰可见的有“观音坐莲”浮雕一座。山上树木青翠，山下洣水长流，登上塔顶，可尽览攸衡两县边境风光。

阳升观 位于攸县东部莲塘坳乡境升观村，距县城约18千米。原名朱阳观。南朝梁司空张岊弃官倾家至麒麟山（司空山）隐居修炼得道。唐天宝七年（748），玄宗得悉司空故事，敕建朱阳观于司空山东约4千米之珠丽江畔，以作张岊之祠宇。取南岳朱陵洞当此山之南，故名。北宋政和三年（1113）重建，更今名；明洪武元年（1368）重修。清道光年间扩建。原有新老两观，新观已毁，老观尚存。今存建筑面积2807平方米，坐北朝南，砖、石、木结构。由山门、广坪、戏台、观门、前殿、正殿、后殿、玉虚宫、蕊珠宫等建筑群组成。东、西山门楣额为“道通天地”、“法贯古今”。戏台建筑华丽。经广坪有31级台阶，象征古攸县31都。沿阶上有三观门，中门上书“阳升观”三字。大殿前石阶三级。殿面宽五间，进深三间。斗拱驼峰，重檐飞翘，保存宋、明以来建筑风格。附近景色秀逸，为攸县著名游览胜地。

宝宁寺 原名保宁禅寺，又名保宁寺。位于攸县黄丰桥镇乌井冲村境内。坐落于群山环抱，峰峦重叠的峡谷之中。系中唐以来禅宗胜地。有千佛岩、凤凰台、绝顶松、莲花峰、钟山、乐潭等十八景。唐天宝十年（751）长髭禅师创建，明洪武三十年（1397）、永乐十五年（1417）重修。清康熙四年（1665）广筑禅林。昔有殿、楼、阁、台42座，房屋100间，全院分为三大进，占地0.93公顷，一时成为吴楚间寺院之佼佼者。清同治年间两次修葺。今尚存殿堂、厢房两进，长约60米，系青砖白粉墙，飞檐四出，古朴清幽。寺院后有十二座墓塔。后山有盘根错节古樟一株，干围5米。

渌江书院 渌江书院位于醴陵市城区西山山腰。原建于县城东正街青云山下（醴陵市第一中学境内），为宋、元、明学宫故址。宋吕东莱曾讲学于此。清道光五年（1825）迁今址。清道光十六年（1836），左宗棠曾在此任过山长。清末废科举，将书院改为学堂。1919 年更名为县立中学。1939 年又更名为县立乡村师范学校。现为市立教师进修学校。

状元洲 位于醴陵市城区渌江中游，渌江桥上侧。洲身呈纺锤形，长约 510 米，宽 90 米。北岸历为县署。明崇祯《长沙府志》载，谶云："洲过县前，即出状元。"洲名源此。明初为菜园，后为武童试马场；清光绪末辟为桑园，曾有浮桥通渌江两岸。1925 年渌江桥建成，造引桥与洲相接，昔为醴陵八景之一，名"状元芳洲"。1930 年 9 月，红军回师赣南时，路过醴陵，毛泽东及红一方面军司令部曾驻此地。20 世纪 30 年代曾设知难小学；抗日战争后，创立县公医院；现原房屋已拆除，新建有市文化局、文化馆、图书馆。

富里麻石 醴陵富里镇麻石村是花炮祖师李畋的故乡。唐贞观年间（627 — 649 年），流传李畋用火着竹，为唐大宗驱鬼治病的故事。后吴楚间瘟疫流行，李畋在麻石及其附近地区，用竹筒装填火药燃放，利用其爆炸时产生的气浪和硝烟驱散疫瘴。李畋开创用火药做爆竹的先河，故被尊为花炮业的祖师爷。麻石的栗江两岸，仍保留有古老的呆脚楼和湘赣两省共有的麻石老街。这里还是萍浏醴起义的策源地。清光绪三十二年十月十九日（1906 年 12 月 4 日），同盟会成立后第一次大规模武装起义，是在麻石率先发难。龚春台率会众 2 万余人在麻石起义，清政府调集湘、赣、鄂、苏 4 省军队 5 万余人围剿，相持月余。起义虽然失败，但却敲响了清王朝的丧钟。

渌江桥 醴陵城区渌江桥最早建于南宋，为木桥。此后 800 多年屡建屡毁。民国 13 年（1924），醴陵富绅陈盛芳捐资倡建石拱桥，次年竣工。桥长 186.7 米，宽 8 米，有 2 台、9 墩、10 孔。桥侧有引桥与状元洲连接，康有为题"渌江桥"三字刻嵌于桥侧。

红官窑 即醴陵群力艺术陶瓷有限公司，创建于 1958 年，位于醴陵城凤凰山北麓。是全国 50 家工业旅游示范点之一。生产的釉下五彩艺术瓷曾 3 次获国家金质奖，并先后为中国军事博物馆、民族文化宫、工人体育馆生产一批釉下五彩陈设瓷，为人民大会堂生产国宴瓷，为中南海、天安门、钓鱼台国宾馆、毛主席纪念堂和联合国大厦生产专用瓷，1974 年为毛泽东主席特制的生活用瓷，以极高品质被誉为"毛瓷"，此外还为邓小平、江泽民、朱镕基等党和国家领导人出访特制礼品瓷。因此被誉为当代红色官窑。

云岩寺 位于醴陵贺家桥镇寺冲村九峰山麓。所在地群峰回护，山崖陡峭，寒林滴翠，古松参天，清泉涌流，祥云缭绕，俨然佛境。唐代法师昙晟云游来此，即面壁坐禅，后投澧州药山惟俨门下得法。唐代大和年间（827 — 835 年），昙晟法师再次来此处，在原坐禅岩旁建云岩寺，开堂说法，一时僧侣云集。后经洞山良价、曹山本寂操持完善，形成独特禅风的曹洞宗，成为中国佛教禅宗五个门派之一。醴陵云岩寺为曹洞宗发祥地，故被尊为曹洞祖庭。

长庆寺 位于醴陵黄沙钟鼓山，始建于明代。相传观音菩萨携善财童子云游来此，见此人间仙境，便降下云头观赏，并在山石上留下深深足迹。后人便在此建长庆寺。此寺屡经损毁重建，1990 年由张全英居士修复扩建长庆寺。大雄宝殿右侧建有罗汉堂，正中为如来卧佛，四周列形态各异的五百罗汉，均为各信士捐献。

梯云阁　位醴陵市城区东正街北侧青云山上（醴陵市一中内），宋嘉定十二年（1219）建，因阁高而收揽秀气，命名“梯云阁”。历代均加修葺。1929 年，知县向焯募款扩修；为砖木结构，阁高三层。登高可览环城数十里。后因顶层被蚁蛀，于 1965 年拆毁，更为两层。

三刀石　位于醴陵城东巫家巷路东端的青云山下，渌水折弯西转入城处江北一侧。现址在三刀石路南端与先农坛路接口处。这里傍山临水，有一苍颜古貌之巨石拔地而起，高约丈余，且连接山岩。石理横勒三道深痕，如剑砍刀削一般。其痕迹清晰可辨，因而称之为三刀石。民间传说是西晋许逊（许旌阳）斩孽龙为民除害，就石试剑所留。明正统时醴陵教谕周谔有诗云：“仙人试剑昔曾游，石有遗痕映碧流。犹想风威临古道，深含剑气啸长洲。寒侵巨蜃方惊晓，冷透潜蛟似报秋。所过江山存胜迹，旌阳鹤驾竟难留。”原为醴陵八景之一，称之“剑石含霜”。

起元塔　为醴陵第一高塔，雄伟挺拔，朴素典雅，矗立于醴陵城南马背岭。高 18.6 米，砖灰结构，阁楼式，8 面，11 级。底层直径 5.3 米，往上逐层递减。墙厚 1.26 米，拱门高 1.8 米，宽 0.9 米。塔内通空，每层塔檐叠涩为菱角状上翘。清咸丰元年（1815），邑人廖鸿举倡建。

财源塔　初名大观塔，醴陵著名历史遗迹。财源塔，取财源滚滚意而得名。清同治八年（1869），醴陵东堡人彭之冕捐资修缮江东书院时，在院前建起这座大观塔，后多次修缮，民国时期，改为现名财源塔。1989 年，被列为市级文物保护单位。

建宁城址　位于株洲县淦田镇建宁村，西滨湘江。三国时孙吴改建建宁县城，现尚存古城基遗迹。

太湖西周遗址　位于株洲县太湖乡太湖村境内之头坝上自然村。1972 年 9 月，此地山坡上出土窖藏西周青铜铙（又名“甬钟”）8 件，乃湖南少见之古物珍品，现存湖南省博物馆。

凿石浦　位于天元区马家河镇境内，凿石港入湘江处。有岩如凿，故名。清光绪《湘潭县志》谓故有集市。唐贞观二年（628）始建庆霞寺，经历代修缮。唐大历四年（769）春，杜甫历湘江游此，并借宿寺内，有《宿凿石浦》诗。南宋书画家米芾莅此，书“怀杜崖”三字，邑人临摹镌刻岩上。因湘江岸，清光绪年间已岩倾字湮。乾隆五年（1740）、嘉庆二十三年（1818），邑人两度募修少陵草堂于石侧。1958 年，寺宇毁圮。今遗址仅存光绪八年（1882）及 1941 年庆霞寺四修、五修碑记。江中有滩，名凿石滩，长约 3.5 千米，河床多沙石，水浅，为湘江水道株衡段三大浅滩之一。

烟墩冲遗址　位于市城区北 11.7 千米的石峰区龙头铺镇烟墩周家祠堂。实际尚含云田乡朴塘及荷塘区仙庾镇蝶屏里、岱峰山等地。因 1955 年 7 月于此地发现古遗址，从而定名。出土石器有扁平宽刃斧、石奔、石镞、石刀、砺石及石纺轮残片等。陶器以夹砂红陶居多，纹饰有菱形纹、方格纹、弦纹、十字纹、折曲纹等。文化遗址年代为新石器时代晚期。

（二）革命纪念地

秋瑾故居——大冲　位于石峰区白马乡大冲村，距市中心约 12 千米。从石壁口入村，有一片较大开阔地，名大冲。冲北王家大屋乃辛亥女革命志士秋瑾故居。今日旧居，原屋虽留无几，但春有玉兰，秋有金桂，青山常在，绿水永存。亲临其境，如感一代巾帼英雄的浩然气概，亦可领当年鉴湖女侠缕缕诗魂。此处曾为湘潭一中前身新辟中学校址，湘潭县一区政府、大冲完小亦曾设于此。

1962年，成立荷花公社时（后改为荷花乡），公社（乡）机关亦驻此。

罗哲墓 位于天元区马家河镇高塘村打板塘。罗哲（1902—1928年），字以恒，马家河镇打板塘人。1926年，任广东农民运动讲习所教员，由毛泽东介绍加入中国共产党。1927年年初，任全国农民协会筹委会秘书。1928年任中共湘潭县工委委员，坚持秘密工作。同年8月被捕。农历9月11日被国民党政府杀害于长沙，遗体葬打板塘。1956年，修建罗哲墓。毛泽东亲题“罗哲烈士墓”墓碑。

八 叠 位于芦淞区曲尺乡境内，面积6平方千米，因周围有八山重叠，故名。此地具有光荣革命传统，乃中共湖南第二特别支部诞生地，涌现过汪先宗、汪起凤等革命先烈。土地革命时期，此地农民运动如火如荼，为毛泽东《湖南农民运动考察报告》所盛赞。

洣泉书院 位于炎陵县西北部，井冈路与解放路交叉地西南侧。清光绪《湖南通志》载，始建于康熙五十二年（1713），初名黄龙书院。乾隆十九年（1754）重修，易名烈山书院。嘉庆二年（1797）增修。道光五年（1825）迁建北城外校场坪，更名酃湖书院。同治二年（1863）迁建原址，取“洣水之滨”“学者诚能如泉之涓涓不息，则百川学海无不可至”之义，命名“洣泉书院”。1924年扩建。1928年3—4月，毛泽东率工农革命军驻此，指挥部队与敌军激战于接龙桥，以接应朱德所率部分南昌起义部队和湘南年关暴动部队。同年7月，朱德率领中国工农红军两团攻克酃县县城亦驻此。后书院被毁。1970年依原貌修复。今书院砖木结构。书院左侧建陈列馆，大门为郭沫若题“毛主席在酃县革命活动陈列馆”，内陈列革命文物30余件。

叶家祠 位于炎陵县水口镇水口村。1927年10月中旬，毛泽东率秋收起义部队进军井冈山，途经今炎陵县水口镇，驻军叶家祠，于此主持连队建党。1947年祠被毁，1969年修复。纪念地今题有“毛泽东同志主持连队建党旧址”。附近桥头江家为当年毛泽东住所。为省级文物保护单位。

酃县革命烈士纪念碑 为纪念革命战争时期在酃县牺牲的一万多名烈士，1980年建此碑于县城西0.5千米的小山上。碑高19.28米，巍然屹立，矗入云霄，与湘山古寺并峙，遥相呼应。四面重峦迭翠，山上劲松挺拔。

周南小学 位于炎陵县中村乡中村村。1928年3月中旬，毛泽东率工农革命军来到中村，曾于此住宿、办公，并在楼下教室里，参加了中共师委、县委联席会议和农会骨干会议。

接龙桥 位于炎陵县城西缘。砖石单孔拱桥，跨河漠水，1928年4月，毛泽东于此亲自指挥战斗，击溃敌军一个团，有力地掩护了工农革命军和“八一”南昌起义的部分部队顺利地向井冈山转移。

中共茶陵县委会旧址 位于茶陵县城关镇解放街福音堂。1927年11月，毛泽东指示工农革命军第二次打下茶陵以后，为领导工农群众展开革命斗争，便在福音堂成立了中共茶陵县委机构，此房墙壁上尚存有当年书写的革命标语。

茶陵县工农兵政府旧址 位于茶陵县城关镇东门三角坪。1927年11月，中国工农革命军第二次攻克茶陵县城后，镇压了作恶多端的伪县官，从监狱里救出了被囚禁的农运干部。接着，又帮助建设红色政权，在伪县政府衙门成立了茶陵县工农兵政府，选举了谭震林为政府主席。这是井冈山革命根据地第一个县级工农兵政权。原房屋1928年毁于战火。2005年以来，茶陵县按照“修旧如旧、还原历史”的原则，投资近 2000 万元，对工农兵政府旧址进行了全面修复，并丰富了展馆陈列内容，建成了游客服务中心，高标准完成旧址内绿化设施建设，形成了古朴、典雅、悠闲的园林风格。

茶陵县总工会旧址 位于茶陵县城关镇解放街建国路，原为江西会馆。1927 年 11 月，中国工农革命军第二次攻克茶陵县城后，在此成立了茶陵县总工会，由谭震林任总工会主席。

中共茶陵县委会、茶陵县苏维埃政府旧址 位于茶陵县严塘镇湾里村。此地乃 1930 年至 1932 年茶陵县委会、茶陵县苏维埃政府驻地，现仍保留原驻地房舍。

列宁学校旧址 位于茶陵县秩堂乡毗塘村洲头之毗塘书院，始建于清嘉庆年间，占地面积 960 平方米。1930 年，红军于此创办茶陵县列宁高级小学，免费为红军培训干部和当年区乡政府保送的工农子弟。1949 年以后扩为初级中学。现占地面积 3200 平方米。校门两侧，仍保存当年“实现祖国统一”“讨伐日本”等标语。1958 年辟为纪念地，后复为列宁学校。现列为省级文物保护单位。

茶陵烈士陵园 位于茶陵县城关镇交通街西南侧，原为城郊乱葬山。1953 年，茶陵县人民政府于此兴建了烈士陵园。园内先后建有烈士纪念塔、纪念亭以及谭思聪等著名烈士陵墓，并设有革命纪念馆和革命烈士纪念堂，乃全县人民缅怀革命先烈和进行革命传统教育的重要场所。陵园面积 26.7 公顷，园内苍松翠柏，繁花似锦，风景宜人，也是人们游览之胜地。

攸县苏维埃兵工厂 位于攸县县城东北约 70 千米的漕泊乡东冲。1930 年中国工农红军转战漕泊、鸾山、柏树下（柏市）等山区，建立湘赣边界革命根据地。1930 年 9 月 25 日，谭震林等率红 12 军和攸县工农革命委员会成员来到漕泊，建立中共攸县委员会、县苏维埃政府和县赤卫队，开展土地革命，将漕泊东冲的程氏宗祠改建为兵工厂。祠堂前后两厅，中有天井。长 15.6 米，宽 1.7 米，青砖、木梁结构。组织了 20 多个铁、木、银匠，设置 7 座小铁炉，3 座车架，修理枪支，制造梭标、大刀、匕首、雷火枪、松树炮等武器。1932 年随军迁移江西。1977 年按原貌修复旧址。复制保存原用土制设备以及梭标、大刀、雷火炮、松树炮等重武器。现列为湖南省重点文物保护单位之一。

南岸列宁室 位于攸县县城东北约 53 千米的鸾山镇南岸村。原为两间楼房，面积约 50 平方米，青砖木梁结构。1932 年 6 月 6 日，中国工农红军第一方面军独立一师三团团部进驻后，特将指挥部驻地两间楼房辟为列宁室，成为红军指战员和地方武装负责人集会、学习场所。室内书有“国际歌”“少年先锋队之歌”“共产党万岁”“共同努力奋斗”“铲除豪绅地主”等标语。“马日事变”时，群众曾用白粉覆盖保存。今依原貌修复。

革命死难烈士纪念坊 位于攸县县城东北约 56 千米的鸾山镇皮佳村。1932 年，红军部队驻此，为缅怀革命先烈，将一座“贞节坊”改为“革命死难烈士纪念坊”。并由当时少共书记唐尧书写坊名，至今犹在。

先农坛 位于醴陵市城区东正街。北倚青云山，东临渌水。昔为祭祀神农氏祠宇，故名。建于清光绪三十二年（1906）。1910 年醴陵县女子中学设此。第一次国内革命战争时期，中共醴陵县委和县农民协会设此。1927年1月，毛泽东莅此考察农民运动，曾于前厅留住5天，并于正殿楼上召开农民运动骨干会议。前厅左室为当时毛泽东卧室。建筑为砖木结构，坐北朝南，红墙碧瓦。占地950余平方米。以铁栅栏与街区分隔。前厅以六根方形石柱顶托屋梁，东、西各一侧室。正殿高17米，重檐歇山顶。殿内可容百余人。今为醴陵革命烈士事迹展览室，陈列左权、陈觉等34位烈士事迹。1976年于先农坛西侧修建“毛泽东考察湖南农民运动醴陵纪念馆”。为省级文物保护单位。

东富寺 位于醴陵市东部东富镇境南，距市区约14千米。初建于1816年，1906年重修。昔南联高等小学创办于此。1927年毛泽东考察湖南农民运动时，在此住过3天，在寺内召开了农运骨干调查会和群众大会，并到附近作了调查、宣传。属省重点文物保护单位。

李立三旧居 位于醴陵市阳三街道办事处福建围村。李立三（1899—1967年），中国无产阶级革命家，工人运动领导人。故居为砖木结构，占地2300多平方米。始建于清光绪年间，历经天灾人祸，大部分坍塌，1984年依原貌修复。院门上方题“芋园”二字，进门庭院植以树木。院后一排平房，中门上有祁阳石雕“李立三同志故居”横额。厅后为堂屋，中有李立三半身塑像。堂屋左、右室、杂物间等。今设陈列室，展示李立三生平事迹。为省级文物保护单位。

左权将军纪念碑 位于醴陵市城区西山。左权（1906—1942年），号叔仁，醴陵市新阳乡黄猫岭人。1925年加入中国共产党，黄埔军校第一期毕业后，赴苏陆军大学学习。1936年回国后，历任中央苏区红军学校教官、中国工农红军第五军政委、军长，第一军团参谋长、八路军副参谋长等职。1942年6月在山西辽县（左权县）麻田指挥部队与日军作战中牺牲。左权将军纪念碑于1987年建，基座高2.8米，钢筋混凝土结构，深灰色大理石贴面。碑名由邓小平题，背面刻彭德怀所撰左权生平简介。基座上有左权将军全身塑像，高5.5米，水泥制作。碑前有广场，周围有水泥护栏。

宁太一墓 位于醴陵市城区西山北麓。宁调元（1883—1913年），字仙霞，别号太一，醴陵市东富乡人。近代民主革命烈士。1905年，留学日本，加入同盟会。曾先后在上海、北京创办杂志《洞庭波》和《帝国日报》，宣传革命。1913年，到汉口开展秘密讨袁活动，遭黎元洪逮捕，于同年9月25日就义武昌，返葬西山。1936年修墓立碑，石碑高3米，镌刻程潜手书“宁太一先生之墓”。旁建太一亭，今亭已毁，墓封土依旧，墓碑保存完好。

伏波岭 位于株洲县城南，渌江北岸。前有石崖壁立，下有潭。东汉伏波将军马援曾驻兵岭上，后人遂以伏波名其山。唐时建有伏波庙。大革命时期为渌口镇一带农民运动的领导中心。1944年，庙被日寇焚毁，1968年作为农民运动旧址重建，外表依如旧貌。

流芳园 位于荷塘区宋家桥街道办事处境内、向阳广场南。园内有抗日阵亡将士墓，乃市区抗日战争时期之唯一遗迹和日军侵华历史的有力见证。环境优雅，并设有游泳池等设施，亦成为市民休闲、游览之地。

（三）工业旅游

株洲境内水陆交通较发达，是中国南方最大的铁路交通枢纽。得天独厚的交通优势，使株洲成为兴办工业的理想之地。民国时期，国民党政府曾经规划建设工业株洲。但由于战乱而落空。中华人民共和国成立后，中共中央、政务院于1953年将株洲市列为全国15个重点大工业城市和8个新建工业城市之一。经过半个世纪的建设，株洲成为了江南工业重镇，形成了以机械、冶金、化工、建材等重工业为主导，拥有电力、煤炭、电子、陶瓷、烟花、麻纺、塑料、皮革、服装、森工、制药、食品、造纸等门类齐全的工业体系。在株洲，有世界第二大硬质合金生产厂家——株洲硬质合金厂，有中国电力机车的摇篮——株洲电力机车厂，有中国航空工业科研生产基地——南方航空动力机械公司，有中国大型铅锌冶炼企业——株洲冶炼厂，有中国南方全钢货车生产基地——株洲车辆厂，有湖南重要的化工原料生产基地——株洲化工厂。它们都跻身于全国企业500强之列。国家礼品瓷生产基地——醴陵红官窑，1995年被国家旅游局列为“全国工业旅游示范点”。全市有100多个工业产品填补了国内空白，许多企业的产品在全省、全国乃至世界，都享有较高的声誉。主要出口产品有铅、锌、硬质合金、航空发动机、陶瓷、电力机车，烟花鞭炮等，出口市场遍及100多个国家和地区。据有关资料显示：1998年，全市拥有工业企业1800多个，其中国有大中型企业61个；完成工业总产值401亿元，工业固定资产原值达169亿元；11项产品产量居全国第一，9种产品的出口量居全国之冠；在全国42个中心城市中，株洲市工业实力名列第26位。至1998年，先后有17个产品获得金奖，175个产品获银奖，54个产品获部优奖。新兴工业城市已成为株洲旅游的一个亮点。

第二节　旅游管理及开发经营

一　旅游管理

1990年以前，境内旅游工作由市人民政府外事办公室兼管，主要是接待为数不多的外宾。1990年10月，设立株洲市旅游事业管理局，与市外事办一套人马、两块牌子。1993年设立旅游开发管理科。1994年重新设立株洲市旅游事业管理局，为市人民政府赋予一定行政管理职能的正县级事业单位。负责管理全市旅游事业。

1993年12月，市旅游局制订《株洲市2000年旅游发展规划（纲要）》，提出全市旅游开发的总体布局，发展目标及相关措施。1995年1月，国家旅游局发布2号、3号局长令，决定对旅行社实行质量保证金制度。至2000年年底，全市旅行社共缴纳质量保证金120万元。因不能按时足额缴纳质量保证金，先后有3家旅行社的经营许可证自愿注销，3家被公告注销，1家旅行社受到停业整顿处罚。为进一步规范旅游市场，1999年1月，市旅游局制定了《关于加强旅行社办理旅游意外保险管理的暂行规定》《关于加强旅行社从业人员管理的暂行规定》《关于加强旅行社合同管理的暂行规定》《关于加强旅行社广告管理的暂行规定》。1997年5月以前，凡要求担负涉外接待工作的单位，均由市外事办牵头，市旅游局、市公安局、市国家安全局、市保密局联合参与审批。市旅游局负责其设施和服务的审查。1995年，市旅游局会同公安、国家安全和保密部门，对已获批准的26家涉外定点接待单位进行重新审核登记。随着形势的变化，从1997年

12月开始，涉外接待逐步放开，全市不再由5部门联合对涉外接待单位进行审批，改为各部门按业务分工分别对其进行指导和审查。市旅游局以星级评定代替了涉外接待审批。

二 开发经营

20世纪90年代以后，株洲市加大对旅游事业的投入，通过加强旅游基础设施建设，积极开发旅游资源，切实抓好旅游景点建设，扩大旅游产品的生产和供应，精心设计旅游线路，抓紧培养旅游经营管理人才，大力组织旅游客源，不断扩大旅游市场等措施，加快了旅游产业的发展。1995—2000年，全市旅游收入累计达到107851万元，共接待海内外游客150.68万人次。

（一）旅行社

1985年，为满足外事工作的需要，由市外事办组建成立了株洲市中国旅行社（简称“株洲中旅”）和国际旅行社株洲支社（简称“株洲国旅”），三块牌子、一套人员。1990年8月，原株洲市航运站注册成立了株洲交通旅行社，成为株洲市首家由企业兴办且面向全社会的旅行社。随着人民生活水平的提高,外出旅游逐渐成为新的消费时尚,旅游需求不断扩大,使旅行社的数量迅速增加。1992—2000年间，株洲市相继成立了青年、华联、铁路、职工、妇女、醴陵中旅、攸县中旅、巴士、假日、中联、湘运、环宇、炎陵金叶等旅行社。1997年以前，国家旅游局对旅行社按一、二、三类进行分类管理。株洲中旅和株洲国旅为二类旅行社，允许经营境外公民入境游和国内游业务，其他均为三类社，只允许经营国内游业务。1997年以后，国家旅游局对旅行社不再分为三类，而只分国际旅行社和国内旅行社两种。其中，株洲市中联旅行社为国际旅行社，允许接待国（境）外来华旅游者和经营国内旅游业务；其他各国内旅行社只允许经营国内公民的国内游业务。湖南省国际旅行社株洲分公司属省国旅在株洲的分支机构，为出境游代办点。

（二）星级宾馆

1988年，国家旅游局为与国际接轨，制定了《中华人民共和国评定旅游涉外饭店星级的规定和标准》。株洲市星级宾馆的建设和评定工作开始起步。1987年12月25日，由株洲市劳动局等单位共同出资，株洲市首家按国家星级标准兴建的庆云宾馆开业。1989年庆云宾馆参与湖南省第一批星级宾馆评定，1990年被省旅游局批准为二星级宾馆。1992年，株洲宾馆被评为二星级。1995年10月，庆云宾馆经过近一年的改造后，荣膺三星级。成为国家技术监督局1993年9月1日正式发布《旅游涉外饭店星级的划分与评定》（GB/T14308-1993）为国家标准之后，湖南省地州市级首家被评定为三星级的宾馆。

1995年3月，庆云宾馆在国家旅游局组织的星级旅游饭店综合经济指标评比中，被评为1994年度全国最佳星级宾馆，湖南省仅有2家星级宾馆获此殊荣。1995年，庆云宾馆、株洲宾馆被省旅游局评为全省优秀星级宾馆。1997—2000年，西苑宾馆、株洲宾馆、东苑宾馆、国宾酒店分别被评为全省最佳星级宾馆，其中西苑宾馆于1997年、1998年连续2次被评为最佳星级宾馆。

到2000年12月31日，先后有西苑宾馆、株洲宾馆、黄金大酒店、东苑宾馆、金龙大酒店、天台山庄先后被评定为三星级宾馆；攸县天隆宾馆，炎陵县神农宾馆、瀚森宾馆、小西苑宾馆，醴陵市仙园宾馆，市委明楼宾馆被评为二星级宾馆；国宾酒店于2000年12月通过四星级评定，成为株洲市第一家高星级宾馆。

2000年株洲市星级宾馆一览表

表29–1

宾馆名称	星 级	评定时间	主 办 单 位	地 址
国宾酒店	四	2000年12月	株洲电业局等	株洲市建设南路58号
庆云宾馆	三	1995年12月	宏元集团控股	株洲市车站路1号
株洲宾馆	三	1997年12月	市委接待处	株洲市沿江中路2号
西苑宾馆	三	1996年10月	株洲市国税局	株洲市天元区税务大楼后院
黄金大酒店	三	1998年7月	株洲神龙集团	株洲县渌口镇向阳北路
东苑宾馆	三	1998年8月	株洲市国税局	株洲市建设中路181号
金龙大酒店	三	1999年3月	株洲市粮食局	株洲市建设南路80号
天台山庄	三	2000年9月	市政府接待处	株洲市天台路146号
明 楼	二	1998年12月	市委机关服务中心	株洲市天台路286号
神农宾馆	二	1998年12月	炎陵县粮食局	炎陵县霞阳镇井冈路6号
瀚森宾馆	二	1998年12月	炎陵县绿银集团	炎陵县霞阳镇解放路20号
天隆宾馆	二	1998年12月	攸县粮食局	攸县城关北街大巷2号
仙园宾馆	二	1998年12月	醴陵市政府办	醴陵市左权路59号
小西苑宾馆	二	2000年9月	炎陵县国税局	炎陵县霞阳镇井冈路78号

（三）旅游线路

株洲境内主要旅游线路：

1. 株洲 — 炎帝陵 — 桃源洞，三日游；2. 株洲 — 酒埠江 — 炎帝陵，三日游；3. 株洲 — 酒埠江 — 茶陵，二日游；4. 株洲 — 酒埠江 — 醴陵，二日游；5. 一日游主要活动项目：醴陵：参观李立三故居、渌江书院、省陶研所陈列馆、红官窑，游西山公园，品醴陵土菜。大京：乘船游京水湖，登婆仙岭，品乡里菜。空洲岛：游观音岩，登空洲岛赏田园风光、骑马、打网球、射箭，开摩托艇，烧烤等。仙庾岭：登仙庾岭主峰、观仙庾庙、仙庾塔、天圣泉、大戏台等景点，品农家宴，体味农家生活。市区工厂：参观株洲电力机车厂、南方动力机械公司、唐人神集团等。

（四）旅游宣传

1993—2000年，市旅游局每年组团参加国家旅游局分别在广州、昆明、海口、上海、大连、泉州、石家庄、乌鲁木齐举办的国内旅游交易会，共发放各种旅游宣传资料14000多册（份）。1994年，市旅游局与炎陵县共同组团参加了省招商局在日本举行的招商洽谈会和香港旅游交易会。这是株洲市第一次组团到境外进行旅游宣传促销。会上共散发招商资料及宣传介绍炎帝陵的材料2500多册（份）。为了向海内外炎黄子孙宣传介绍炎帝陵，打造株洲市以炎帝陵为龙头的寻根谒祖旅游精品，省政府分别于1995年、1997年、1999年举行了湖南省各界公祭炎帝陵活动。中央、省、市电视台，广播电台、新华社、《人民日报》、《光明日报》、《经济日报》、《湖南日报》、香港《文汇报》、香港《商报》、香港凤凰电视台等20多家新闻单位先后对这一系列活动进行了报道。株洲市政府从1994年起，每年举办炎帝节及公祭炎帝陵活动。1998年10月28日，湖南省邮政局向全国发行《炎帝陵》邮票。炎陵县摄制了炎帝陵专题片《神州第一陵》，印制了大型画册《炎帝陵》。2000年，市旅游局编辑制作了全面介绍株洲旅游的VCD碟片《走进株洲》。

株洲市1995—2000年旅游经营情况一览表

表29-2

年　份	入境旅游者（人次）	旅游创汇（万美元）	国内旅游者（人次）	国内旅游收入（万元）	总收入（万元）
1995	1009	37.29	113766	9249	9551
1996	1579	54.30	145568	10200	10600
1997	2409	72.41	147583	10400	11000
1998	1101	29.67	176826	11200	11400
1999	967	27.19	380789	26800	27000
2000	1491	47.88	533758	37900	38300
合　计	8556	268.74	1498290	105749	107851

株洲市旅游局负责人名录

表29-3

局　长	任职时间	副　局　长	任职时间
胡友松	1990.10—2000.12	–	–

第二章 宗 教

第一节 佛 教

佛教自南北朝时期传入境内以来，历代有修建佛寺、庵林之风。唐宋时期，境内佛教庙宇众多，香火旺盛，且信徒众多。明、元时期渐趋衰落。

南朝梁天监年间（502—519年），唐仁卿在今株洲县太湖乡建开利寺，唐贞观十五年（641）重修。寺中有圆通阁，高21.33米，阁中铜佛高17.33米。旧时庙会极盛。

唐贞观二年（628），在天元区马家河镇凿石临江处建有庆霞寺。该寺经历代扩建，至清末，已形成颇具规模的建筑群落。正寺3进，供有佛祖、观音、关帝、十八罗汉等神像，屋宇雕梁画栋，僧房、斋舍俱全，古刹充满神秘肃穆气氛。唐大历四年（769），诗人杜甫由蜀南行，宿于寺，作《宿凿石浦》诗。寺内长住僧为禅宗南岳派曹洞传人。此庙毁于民国。

唐开元七年（719），在今株洲县漂沙井涌泉山建有复兴寺。皈依弟子100余人，住寺僧人先后有僧修正、僧觉林、僧必山等。此寺有千余年历史，因年久失修，以致坍塌而停止宗教活动。1983年5月，漂沙井乡高泉村张有先等人，募捐集资，将复兴寺修复为1栋3间。

唐代，在今株洲市区解放西街南侧建有资福寺，香火旺盛，南宋名将淮北宣抚判官刘锜曾游资福寺。南宋大儒朱熹、张南轩亦先后来此游观住宿，并题诗。资福寺是当时佛教禅宗慧能门徒在南方活动来往必经之地，常为僧尼云游栖息之所。寺宇巍峨，正殿3进2亭，两厢住房杂屋环绕，颇为壮观。民国33年（1944），日军侵华，该寺僧尼大部疏散，住持峨眉法师奔南岳，留株洲籍比丘尼仇觉性、陈佛静2人守寺，仇去世后交陈佛静住寺。1964年，陈搬出，寺由株洲市房地局辖管、市镜花厂租用，后又转市低压开关厂作宿舍。1997年，市政府决定易地搬迁资福寺。1998年4月26日，经湖南省宗教事务局同意，将天元区龙门寺更名为资福寺。并无偿划拨近2.67公顷土地重建资福寺，减免寺庙建设中的所有税费。1999年，由青年法师释妙开住持重建历史悠久的资福寺。

唐天宝十年（751），开山祖师慧能门下第三代法嗣旷长髭禅师在攸县黄丰桥乌井冲建宝宁寺，弘法数十年，名重一时。宝宁寺的第二代法师是石室道者。宝宁寺几度兴废。明洪武三十年（1397），僧无暇重修。明永乐十五年（1417），僧一峰又进行复修。清康熙二年（1663），僧万峰再修。据《宝宁志》记载，宝宁寺有殿堂、楼阁、台共计24座，被誉为“十方丛林”，全院分为3大进，其鼎盛之况，一时成为吴楚间寺院之佼佼者。清同治元年（1862）、同治八年（1869），又修葺2次。其时房屋100间，占地0.93公顷。宝宁寺每3年开期一次，传经设坛，此传统延续至中华人民共和国成立前夕，宗教活动停止。现宝宁寺仅存2大进，前殿全长约60米，青砖白粉墙，上端书有“南无阿弥陀佛”6个大字。

唐文宗太和五年至九年（831—835），无住禅师昙晟在醴陵市贺家桥乡寺冲村，建有云岩寺。有孟峰、放生池、谷口奇松、西坡神松、九峰五柏及气洞、老龙井诸胜。明洪武三年（1370），云岩寺有过一次重修，明末寺毁。清顺治七年（1650），拙斌、一足禅师又重修过，且有一派中兴蕃盛景象，清末云岩寺又遭破坏，民国初年再次重修。“文化大革命”期间，山门、祖庭、大雄宝殿、舍利塔等被毁。1986年，重建昙晟舍利塔，继修复观音殿等。列为省重点寺庙和醴陵市重点文物保护单位。

后唐同光二年（924），邑人尹正在今炎陵县建有慧日寺、同莲寺。

明洪武十六年（1383），茶陵知喇尚公晖，捐资改茅舍为土房，名为皇雩仙。皇雩仙经明清陆续修建并有一定的规模。

民国20年（1931），醴陵居士林成立，林址设城隍庙后天妃宫，设理事15人，常务理事5人。民国25年（1936），居士林在治西7.5千米狮子山建净明精舍，集男女居士千余人进行佛事活动。民国29年（1940），中国佛教醴陵分会成立，会址在城隍庙内。

民国36年（1947）11月12日，成立中国佛教协会湖南分会茶陵支会，推选释群善、释法慧、孙云庆为常务理事，释定慧为理事长。释群善建龙虎寺于潞水庙坪村，有受戒皈依弟子100余人。

至1949年，境内曾有佛寺、庵林、阁、刹等618处，有佛徒4000余人。其中市区1处，佛徒30余人；醴陵佛寺76处，佛庵153处，佛阁、仙、刹20处，佛徒1120余人；株洲县佛寺6处，佛庵10处，佛阁、刹10处，佛徒110余人；攸县佛寺40处，佛庵87处，佛林、阁、殿、刹30处，佛徒1220人；茶陵佛寺24处，佛庵57处，仙、阁、刹13处，佛徒1464人；炎陵县佛寺37处，佛庵45处，阁、刹9处，佛徒220余人。

从中华人民共和国成立到中共十一届三中全会前夕，境内佛事活动基本停止。中共十一届三中全会后，落实党的宗教政策，境内佛事活动陆续恢复。

1986年5月，经株洲市人民政府宗教事务处研究同意，召开株洲市佛教第一届代表大会，成立株洲市佛教协会，释海田任会长，海田去世后由茶陵释倍德继任会长，肖伯良任副会长兼秘书长，僧月莲任副会长，会址设攸县灵龟寺。

1987年，湘籍台胞唐应涛先生组织的海外个人捐款，修葺株洲县空灵寺，现空灵寺日香客上百，有住寺僧尼11人。成为株洲县第一个佛教活动场所。

到1990年，境内有寺、庵29处，住寺僧尼69人，佛教信徒2500余人。

1994年12月8日，株洲市佛教协会第二届代表大会召开，选举茶陵县白云寺住持释信德法师为会长，醴陵市广目天山寺住持释思禅法师为副会长兼秘书长，株洲县空灵寺住持释正光为副会长，会址由攸县灵龟寺迁至醴陵市广目天山寺。

1999年12月13—14日，株洲市第三次佛教代表大会在醴陵市广目天山寺召开，选举产生理事13人，广目天山寺住持释思禅为会长，茶陵县紫云寺住持释常青为副会长，株洲县空灵寺住持释灵石为秘书长。

至2000年年底，境内正式登记的佛教场所有55处，佛教教职人员101人，信众20.4万人。

第二节 道 教

南朝梁武帝大同年间（535 — 547年），茶陵饶道亨弃官居家设坛修道，死后其宅被门徒辟为洞真观。宋初扩建改造，更名青霞观。元延祐四年（1317）奉旨改为青霞万寿宫。元至顺二年（1331）该宫毁于火。元至元二年（1336）修复扩建，为全国新建5处宫观之一。明末更名为云阳仙。云阳仙素有“古南岳”“亚衡山”之称，每年农历6月、7月、8月是朝圣避暑佳地，日朝圣者达千余人，现有住观道僧8人。

唐天宝七年（748），唐玄宗因搜郡国图籍，发现在攸县凉江乡之洣水河流向西，一反“世间无水不东流”胜境，又闻张司空全家升举成仙的故事，便于当年五月十三日下敕建观造宇。因此山在南岳朱陵洞之南，故赐标额为“朱阳观”。北宋政和三年（1113），“天子览国籍异其事，惜其迹废”，便命中奉大夫湖南路转运使程元佐主持修复，改“朱阳观”为“阳升观”。一时间，宫殿亭台，碧瓦朱楹，金碧辉煌，盛极三湘。仅屋柱就达110根。同年七月十五日和八月二十五日，徽宗又连下两敕，加封张司空为“太素冲升真人”。后经历朝，又有加封、修复。该观东西宽29米、南北长83.50米，占地面积为2422平方米。阳升观至今已有1200余年历史，一直香火未断，其间亦曾出现过谭卿倍、唐一中、李子真等具有代表性的道士道徒。1984年10月，株洲市人民政府将阳升观列为市级重点文物保护单位。

醴陵于唐代建金华观，清道光六年（1826）毁于水。道光二十五年（1845）改建祝融宫（火宫殿），现已改作他用。

南宋嘉定年间（1208 — 1224年），邑人陈胜清施地2.67余公顷与道士刘有心在今炎陵县城北建洞真观。明景泰元年（1450）、清康熙九年（1670）、明成化年间（1465 — 1487年），先后重建、扩建。洞真观是炎陵县旧时道教活动的主要场所，民国16年被毁。

明成化年间（1465 — 1487年），道士姚安禅在醴陵县修建的丁仙观，清末倒塌。

陆续修建的宫观还有：株洲县境内明清至民国修建的道观有14座，即渌口镇的回龙观，洲坪乡的通真观、真人庙，古岳峰镇的云阳观、元坛观，三门镇的三泉观，堂市乡的真武宫，马家河镇的通灵观，朱亭镇的真人庙，龙凤乡的毛塘观，龙潭乡的龙岭观，八斗乡的通湘观、真武祠，长冲乡的灵应观；醴陵境内唐代至民国修建的道观有金华观、寿仙、登真、白云、永兴、作福地、丁仙观、清风、增加、鷬真、通灵、佑圣、朝真、玄坛、杉仙、白鹤、章仙、青云、三元、玉虚、云泉山、钟灵、庆云、紫云、望仙、大极、玉清、会仙、上清、真元、太阳山等41处；攸县境内历朝至民国修建的道观有三元宫、洞灵观、北仙观、金仙观、洞仙观等17处；茶陵修建的有奉先、小槎、长生、龙泉、露仙等7处。

至1949年8月前，境内曾有道观81处，道宫20处，道徒720余人。在之后近30年里，这些宫观有些坍塌，有些改作他用，所剩无几。中共十一届三中全会后，道教活动逐渐恢复。1990年，全市共有道观5处，全真派住观道士32人，正一派火居道士500余人。

1993年，攸县在桃水镇重建三元宫。三元官始建于清康熙六十年（1721），后被毁。重建后，规模宏厚，风格典雅。

1996年，醴陵市新建仙岳新山龙图宫。该宫位于醴陵仙岳山麓，前有山门，内有麻衣殿、圣帝殿、龙图宫。由全真道宋雪梅任住持。

1999年11月12日，株洲市道教协会筹备组成立，醴陵龙图宫道长宋雪梅任组长，攸县正一派道士周泽成任副组长，办公室设醴陵龙图宫。

到2000年年底，境内正式登记的道教场所有31处，道教教职人员24人，信众3.2万人。

第三节　伊斯兰教

民国36年（1947），浙赣、粤汉、湘黔三路总机厂（株洲电力机车厂）从南京交通部总机厂转调伊斯兰信徒王振声一家4口到株洲镇安家落户，伊斯兰教始传入境内。1953年以来，株洲市从全国各地转调一批干部工人到株洲工作，又在省内邵阳、常德等地招收一批新工人，其中有回、维吾尔、撒拉、哈萨克4个信仰伊斯兰教的民族。1990年，境内有信徒1100余人。其中市区有1000余人，株洲县40余人，醴陵30余人，攸县27人，茶陵31人，酃县5人。1984年9月28日，株洲市成立伊斯兰教协会筹备小组。1986年10月16日，正式成立株洲市伊斯兰教协会，选举产生由13人组成的伊斯兰教协会委员会。定正良当选为主任，王乃焜、张君奇为副主任，刘玉生任秘书长。为解决穆斯林活动场所，1988年市政府拨款60万元，在沿江南路建成清真寺，房高5层，总面积1000余平方米，殿内设礼拜殿、资料室、接待室、活动室等。

1991年10月，市伊斯兰协会聘请常德籍阿訇黄信主持教务活动，1993年7月由邵阳籍阿訇苏才进接任，1998年5月由常德籍阿訇马达新接任。

1992年10月，市伊斯兰教第二届换届选举大会在清真寺进行，选举产生新一届市伊斯兰协会13名委员，李锡忠任会长，苏易、王乃焜、张君奇、马长兴任副会长。1999年5月，增补蒯相富为委员兼秘书长。

1997年9月，市伊斯兰协会组织汇编《株洲穆斯林实用常识》，发行1200册。自制阿拉伯语门牌400块，发至穆斯林家庭。

1999年4月，市伊斯兰协会成立殡葬服务组，全面规范穆斯林丧葬事务，制定出台“株洲穆斯林墓地管理规定”，对排列顺序、丧葬程序，坟坑规格、丧事收费和标准等进行统一规定。

1991—2000年，全市共接待本省穆斯林44人，国内穆斯林114人，国外穆斯林32人。

到2000年年底，全市共有6个信仰伊斯兰教的民族，人口1334人，加上在株洲经商的外地常住人口中的伊斯兰教信众约为1700人，建有清真寺1座，阿訇1人。

第四节 基督教

一 中华基督教派

清光绪二十九年（1903），美国基督教教士德慕登、邓维真与醴陵人游云程、胡安桃从长沙来渌口传教，在渌口设立福音堂，中华基督教派正式传入境内。

清光绪三十年（1904），德慕登在茶陵城关四总街设立福音堂。发展教徒36人。民国3年—31年（1914—1942），先后在高陇彭家祠、辉山、栗陂等镇发展教徒，修建房屋，设立堂会和祈祷所，以扩大其组织。民国38年（1949）6月，合并到中华基督教会湖南大会湘东区会，1958年停止宗教事务活动。

清光绪三十年（1904），总监督派中国牧师游鹏久、彭兰荪、李湘山（醴陵人）等职牧，在茶陵创办遵道会茶陵支会。清光绪三十一年（1905），德慕登和游鹏久来株洲镇传教。在解放西街租佃一间民房为礼拜堂进行传教活动。发展何发祥3兄弟为教徒，何发祥后升为长者，主持临时福音堂宗教活动。

清宣统元年（1909），德慕登派刘作霖、周双到醴陵县传教，在城关镇胜利路筹设福音堂。清宣统二年（1910），刘作霖在醴陵县东门设遵道医院，租用黄氏祠开办1所遵道小学。后改为遵道中学，并在福音堂开办成德完全小学。胜利路福音堂发展到中华人民共和国成立初有信徒500余名。中华人民共和国成立后，宗教活动减少。1983年陆续开展宗教活动，至1990年，有信徒51人。

清宣统二年（1910），中国传教士刘怀清在攸县宏市设堂，发展信徒37人。由试牧祖耀斌、长老虞冬妹等主持宗教活动，中华人民共和国成立后中止。

清宣统三年（1911），牧师周汉卿在攸县堂市设新市堂会，发展信徒19人。同期传教士赵月漆在攸县皇图岭设皇图岭堂。民国8年（1919）新建教堂1所，民国16年（1927）房危停办。

民国6年（1917），总监督又派游鹏久、刘作霖等在攸县小集创办遵道会小集堂。在攸县城关设立“遵道会”“福音堂”，民国10年（1921）改称“中华遵道会”，在城关建立“攸迎医院”和“励德学校”，民国10年（1921）停办。民国17年（1928），攸县堂会会址设在城关来宝巷5号，并陆续在新市、皇图岭、黄公庙、丫江桥、小集、宏市、草田设立堂会。游鹏久先后在株洲临时建礼拜堂主持教务。

民国7年（1918），传教士刘清怀在攸县三联村同湾设黄公庙，发展信徒48名，中华人民共和国成立初停止活动。

民国13年（1924），美国牧师和中国传教士谭子明等人在朱亭镇办朱亭教堂，发展信徒67人，中华人民共和国成立后停止宗教活动。

民国20年（1931），醴陵传教士易洪仁到渌口镇建国街建教堂，发展信徒17人，该堂后被日飞机炸毁，活动中止。从民国20年（1931）至中华人民共和国成立初，株洲县还先后设有黄龙桥、淦田、谭家湾、马家河等基督教堂，发展信徒 265 人。中华人民共和国成立后活动停止。

民国29年（1940），游鹏久上任醴、攸、茶、湘东区会监牧。湖南总会总监牧，先后派职牧彭兰荪、李恩义、李湘山来株洲办道。美籍牧师戴一真为纪念妻子文利加夫人在华去世，将其遗款600多银元，加上当时信徒捐献的300多银元，利用旧屋的材料兴礼拜堂和住宅，民国29年（1940）建成交付使用。在此期间，常有美国驻湖南总监德慕登、戴一真、范礼门、向人道等来堂巡视讲道。

民国35年（1946），总监督派职牧罗永图来株洲堂主持工作，民国37年（1948）派职牧徐仲荫（江苏镇江人）到株办道。

1957 年，省总会派职牧颜宝庭到株洲堂传道。

1964 年，教堂房屋收为公有，宗教活动基本停止。

1983 年，落实宗教政策，房屋退还教会。

1985 年修复使用。以职牧罗永图等人主持宗教活动。

1986 年，株洲市成立基督教三自（自治、自养、自传）爱国运动委员会，罗永图当选为主席，会址设株洲堂。1989 年，中南神学院龙省蛟到株洲市主持教务工作。中华人民共和国成立至 1990 年，株洲堂共发展信徒 800 余人。

二　真耶稣教派

民国 9 年（1920）6 月 30 日，衡山县曹日新到攸县创立祈祷所。民国 13 年（1924）9 月，醴陵县谭桂生和省支会委派的周安烈德、黄以利亚创立皇图岭祈祷所，发展信徒 23 人。同年，周安烈德等人在攸县建立真耶稣教会，设 1 个区会，4 个祈祷所。民国 22 年（1933），醴陵县传道人郭明兴在株洲县堂市传道，发展信徒 30 余人。民国 24 年（1935），醴陵县人黄提多在今株洲县姚家坝乡东方冲村设真耶稣教区分会，发展信徒40余人，该堂1951年被征收，活动中止。民国27年（1938）6月，醴陵县廖东光创攸县田星桥祈祷所，民国28年（1939）田星桥祈祷所改为区会。民国35年（1946），周安烈德在攸县建新福音堂，活动延至中华人民共和国成立初期。同时，醴陵县真耶稣教活动迅速发展。从民国 15 年（1926）至中华人民共和国成立初，醴陵县先后设立祈祷所 22 处，信徒达 1160 名。1950 年，真耶稣教开展“三自革新”，1952 年省基督教三自革新委员会派传道郭尊荣到醴陵县开展革新。截至 1959 年，22 个真耶稣会祈祷所合并为 16 个。1960 年，真耶稣教派停止活动。1979 — 1983 年，真耶稣教恢复活动。由郭尊荣等分别在醴陵县、攸县、株洲县等地恢复安息日。

自中共十一届三中全会至 1990 年，基督教（包括中华基督教派和真耶稣教派）共有堂点 37 处，神职人员 14 名，信徒 5300 余人。

1994 年 12 月 17 日，株洲市基督教三自爱国运动委员会第二届代表大会在醴陵市玉屏山教堂召开，与会代表51人，大会选举真耶稣教派郭尊荣为主席，基督教株洲堂牧师龙省蛟为副主席兼秘书长，会址设基督教株洲堂。

1997 年 8 月 14 日，澳门回归筹备委员会兰牧师一行到炎陵县麻风村看望麻风村村民，帮助他们改善生产、生活条件，送羊 38 头，北京牌吉普车 1 辆，捐资 40 多万元改造住房，并给 38 名麻风村村民每月增加生活补助 50 元。兰牧师还在炎陵县石州、龙渣、东风和攸县八盒捐资办学，共计 42 万余元。

基督教株洲堂由于年久失修，已成危房，1996 年 6 月拆除，在原址重建新教堂。新教堂面积为 3389 平方米，高 31 米，投资 300 万元，于 1998 年 5 月 18 日落成，有信众 2000 余人。

1999 年 11 月，基督教第三届代表大会在基督教株洲堂召开，到会代表 73 人，选举产生委员 13 人，常务委员 7 人，牧师龙省蛟为主席，醴陵基督教北堂女牧师刘迪君为副主席兼秘书长，刘佑恩、贺学良、李纪才为副主席，会址设基督教株洲堂。

到 2000 年年底，境内正式登记的基督教活动场所有 55 处，基督教教职人员 39 人，信众 7650 人。

第五节　天主教

清光绪二十八年（1902），意大利神甫兰良出资在今株洲县渌口镇胜利街建天主堂，胡周和、晏宗益为首筹建创办。附设教会学校 1 所，发展教徒 32 人。民国 33 年（1944），教堂房屋和学校全部被日机炸毁，教徒自行解散，停止活动。

清光绪三十三年（1907），由渌口天主堂领导，在漂沙井乡设天主堂，发展教徒 31 人，1951 年土地改革时，教堂房屋分给农民居住，宗教活动停止。

清宣统二年（1910），兰良在今株洲县朱亭镇狮子岭建天主堂，发展教徒 11 人。民国 33 年（1944），教堂被日机炸毁，教会亦自行解散，活动中止。

清宣统二年（1910），由省政府拨款，在酃县十都买罗姓大屋 1 栋，建天主堂，并设立 1 所小学。衡阳教区派传教士曾仕贤、肖红德负责传教活动。十都天主堂由钟姓天主徒（广东人）任堂管理，先后有钟、阳、曾、李、肖、余、范等姓人领洗，发展教徒 100 余人。后美国巴神甫来十都天主堂传教，分别在沔渡、城东、王家渡设立天主分堂。民国 16 年（1927），十都天主堂被红军烧毁，活动中止。

清宣统三年（1911），天主教在茶陵高陇镇设天主堂。民国 22 年（1933），传教士兰玉田来城关善首镇四总和平巷租 1 间房，设立临时天主堂，发展教徒 10 余人。该堂由攸县神甫乐仁来主持宗教活动，兰玉田还在江口乡小枫林设立坑口天主堂，发展教徒 15 人。天主教徒刘志成在湖口镇建天主堂，发展教徒 6 人。茶陵天主堂人数不多，抗日战争胜利后，活动中止。

民国 6 年（1917），戴礼在醴陵白兔潭设天主分堂，堂址设白市镇中街。教堂房屋因是租赁，民国 30 年（1941）被房主收回，戴即在渐岭新建一处教堂，由易平桂管理教堂事务。该堂活动至 1959 年停止，1965 年教堂拆除，该堂先后发展教徒 19 名。

民国 7 年（1918），宋厚斋在王仙镇设立天主分堂。1953 年停止活动，1971 年，堂被拆毁，该堂先后发展教徒 65 名。

民国 9 年（1920），意大利高神甫在攸县“万寿宫”内设天主堂，民国 14 年（1925）意大利文神甫接替高神甫主持教务。民国 18 年（1929），意大利宝神甫又在攸县城西门（立新小学）兴建天主堂，教堂内设“高文小学”（高文表示纪念高文神甫），城区天主堂辖管宏市、小集、苛市、茶陵分堂。民国 18 — 33 年（1929 — 1944）间，攸县丫江桥、网岭、新市、大同桥、上云桥、尧尼潭、城关镇等地发展教徒 400 余人。民国 33 年（1944），城区教堂被日机炸毁。民国 37 年（1948），乐仁、瞿卫善维修天主堂，主持教务。同年，湘潭教区又派神甫骆嘉宾，以开设“和平诊所”为名，在攸县继续进行教务活动。1965 年，教会活动中止。1983 年，教徒邓维新等人在网岭镇宏市村邓维新家中做礼拜，发展教徒 22 人。

民国 11 年（1922），意大利神甫兰良到株洲传教，发展教徒 22 人，先后有翁神甫等到株洲传教。同年，在今市区沿江南路建天主堂。天主堂总建筑面积约 1000 余平方米，房屋大门面湘江而开，高 2.5 米的围墙将整个教堂包围，围墙正面有 300 余平方米的 2 层楼房，为天主堂正屋，往里走，是礼拜堂和神甫住宅，全部为西洋式设计。株洲天主堂建堂以来至民国 33 年（1944），兰良在堂中开办圣经学习班 3 期，还在马家河镇王家坪开办圣经学习班 2 期，发展教徒 10 余人。肖阜兰在株洲任传教士时曾以教会名义开办过“天佑诊所”。

民国 27 年（1938），传教士朱义甫在今株洲县淦田镇盆岭设天主堂，先后发展教徒 40 人。1951 年土地改革时，教堂房屋、田土被征收，信众自行解散，活动停止。

民国 29 年（1940），兰良筹资，传教士刘俊德创办三门天主堂，堂址设在今株洲县三门镇红星居委会。先后发展教徒 32 人。1949 年刘俊德迁朱亭镇，教会停止活动。中华人民共和国成立后，教堂财产房屋由三门镇房管所征收，1958 年房屋拆除。

民国 30 年（1941），兰良筹资与刘俊德在今株洲县太湖乡桐子坪建天主堂，发展教徒 40 人。1951 年土地改革时，教堂房屋被征收，分给传教士朱义甫 4 间，2 间半做桐子坪合作医疗站，活动中止。

民国 35 年（1946），株洲镇共有教徒 67 名。1951 年，意大利神甫康乐宁从株洲被逐后，教堂宗教活动停止，教堂房屋和财产由曹金玉出租和使用。1964 年，天主堂房屋交由市房产公司辖管，财产折价上缴财政。

天主教自传入至中华人民共和国成立初期，共设立天主堂 19 处，先后有 13 个意大利神甫和 2 个中国神甫传教，提升传教士 34 名，发展教徒 896 名。从 1983 年恢复活动至 1990 年，境内有天主教活动场所 4 处，神职人员 2 名，天主教徒 500 余人。

1990 年 11 月，湖南省天主教爱国会主任屈天赐主教出席株洲市天主教堂宗教活动。11 月 4 日，株洲市天主教爱国会筹备小组成立，由曹金玉任组长，恢复正常活动。1995 年，攸县网岭镇网岭天主教堂落成。

1999 年 11 月，株洲市召开宗教工作会议，组织贯彻全国宗教工作会议精神，成立了天主教工作协调小组，办公室设在市民族宗教事务处。

2000 年 11 月 24 日，株洲市天主教新堂落成，新天主教堂为哥特式建筑，面积 2035 平方米，钟楼高 35 米，投资近 200 万元。

至 2000 年年底，境内正式登记的天主教场所共有 3 处，天主教教职人员 2 人，信众 930 人。

第三十篇　炎帝陵

史传炎帝神农氏播五谷以兴农耕，尝百草而有医药，功利天下，泽及万世。南巡中误食断肠草而崩，葬“长沙茶乡之尾”，即今株洲市炎陵县鹿原镇之鹿原陂。

历代以来，炎帝与黄帝并称，被尊为中华民族始祖。炎帝陵自唐即有奉祀，宋初立庙，香火从此不绝。

20世纪50—60年代，炎帝陵遭受严重破坏。从80年代起，海内外要求修复炎帝陵呼声日高。1986年4月17日，中共中央总书记胡耀邦为炎帝墓题字：“炎帝神农氏之墓”。当年10月动工修复炎帝陵，第一期修复至1988年结束。

1991—2000年，陵区范围扩大，增加配套设施。1993年7月，炎帝陵被湖南省人民政府批准为省级风景名胜区；9月4日，中华人民共和国主席江泽民为炎帝陵题写陵款“炎帝陵”三字。同月，湖南省炎帝陵基金会成立，负责向海内外筹集资金支持炎帝陵建设。1996年，国务院批准炎帝陵为国家级重点文物保护单位。1997年，中共中央宣传部确定炎帝陵为全国百个爱国主义教育示范基地之一。1998年炎帝陵评为湖南省最佳旅游景区，次年又评为湖南省模范景区。2000年，中华全国归国华侨联合会确定炎帝陵为爱国主义教育基地。2002年，国家旅游局评定炎帝陵为国家AAAA级旅游景区。

图30-1 炎帝神农氏祀像

（载自清道光十八年（1838）版《炎帝志》）

第一章　陵　庙

第一节　风水形胜

炎帝陵位于罗霄山之黄茅墩支脉的北端，古代风水家据此认为炎帝陵的“龙脉”是“岭表之山势自南来”，“与粤东之南华寺地脉相过”。这与古代星占学“南方火，其帝炎帝”的观点相吻合，也与古代阴阳学“（炎帝）以火承木，位在南方”的表述相一致。

中国传统文化尊昆仑山为“万山之祖”、中华“龙脉之根”，考之炎帝陵山势，亦当源自昆仑，经唐古拉山至横断山，穿云贵，出南岭，北上诸广山，达于黄茅墩支脉，再顺炎陵山转身向南，结穴于山尾之鹿原陂。对比中国地势图，整个走势乃一回龙，近于北斗七星之连线。

炎帝陵的地形环境是中国古代风水观最完美的表达。陵墓枕山面水，坐北朝南。朝山为黄杨山，携千峰之秀，罗拜于前；靠山为炎陵山，挟万钧之势，落脉其后。左辅黄茅墩如青龙直出，右弼金花岩似白虎驯卧。“青龙”“白虎”之外，又有万洋山、八面山左右护持，两砂交锁于百里之外的桂东县境，足显中华第一皇陵之气势。款款南来的斜濑水从陵前淌过，宛如玉带缠腰，曲致有情。登临眺望，但见山环水抱，阴阳缠绕，天下灵秀尽在其中。

第二节 陵 墓

炎帝墓葬在汉代已有史载。西汉末，天下动荡，有人担心掘坟，一度将其夷平。晋代，陵寝已恢复，医家皇甫谧复将炎帝葬地载入所著《帝王世纪》中。五代时，天下分裂，煌煌圣迹近于湮没。

宋初，有人奏谏太祖奉炎帝为感生帝，遂于乾德五年（967）遣使遍访炎陵，终在鹿原陂觅得。当年置五户守陵，禁在坟山樵牧。此后，历代王朝均在炎陵设专户守视。民国27年（1938），酃县政府委派守陵者2名，月拨稻谷一担。

1955年1月，炎帝陵庙因香客失火焚毁。之后，陵寝荒落。1972年9月和1983年10月，湖南省革命委员会、湖南省人民政府先后颁文，将炎帝墓葬列为省级文物保护单位。1984年4月，酃县人民政府办公室唐才喜等人从附近乡间寻回一块旧碑，上刻“炎帝神农氏墓道”，为清道光七年（1827）酃知县沈道宽书，八分书体，青石质料，遂于清明厝陵前。1987年，经过修葺，陵寝封土高4.75米，围长87米。墓碑仍为1984年寻回之沈碑，隐去一“道”字。

1992年11月，全国政协副秘书长、国家文物局原局长孙轶青，全国政协委员、国家文物研究所原所长罗哲文，全国政协委员、国家城市规划委员会原主任委员郑孝燮等组成全国政协炎帝陵考察组，对炎帝陵进行7天考察，认定“炎帝陵墓确实坐落在湖南酃县境内”，并要求加高墓冢封土、消除现代痕迹、恢复陵区原貌。2003年12月，湖南省文物局原局长、省博物馆馆长熊传新率队赴炎帝陵勘察，制订方案。12月上旬动工修缮。修缮后的墓冢依山为陵，气势宏大。

第三节 寝 庙

唐代，陵前有唐兴寺。

宋乾德五年（967）始在陵侧立庙，肖像而祀。太平兴国年间，主祭官怯于舟行之险，将祀庙迁到茶陵县城南五里之神农殿（其时酃县尚未从茶陵析出），鹿原陂祀庙渐废。南宋淳熙十三年（1186），衡州知守刘清之上奏，请将祀庙迁回鹿原陂，并认为以前将佛寺设在陵前而将祀庙建在陵侧，不唯名份不正，而且三皇五帝时也还没有“西方之教君”。朝廷准奏，遂将祀庙移到破败不堪的唐兴寺中。次年大旱，朝廷诏衡州府修庙祈雨，中途停工。淳佑八年（1248）再修。

元代无修复记载，时人江存礼诗云："断碑独载前朝梦，乔木犹含太古春。"

明洪武三年（1370），朱元璋诏修天下帝王陵殿，炎陵亦得修葺。明初至正德年间虽屡有修复，但无"更易之举"。嘉靖三年（1524），酃知县易宗周拆除原庙，建"圣容殿"，殿外又建高阁，另设东西庑各三间；前列三门，周环垣墙，庙宇始具规模。万历四十八年（1620），酃知县廖松"睹栋宇之非故，感人心之难忘"，派人在路旁募捐，陵庙得到修葺，东阁大学士吴道南为此撰文勒碑。

清顺治四年（1647），南明将领盖遇时军次炎陵庙侧，拆大殿壁柱蔽营，栋宇渐次凋残。康熙三十五年（1696），太仆寺少卿王绅奉钦命告灾致祭炎陵，惜其残破，使酃县县令龚佳蔚督工修葺，终未恢复旧观。雍正十一年（1733），酃知县张浚奉文动支国帑，按清廷所颁帝王陵殿统一格式重建，形成前三门 — 行礼亭 — 正殿 — 陵墓的四进格局。整个建筑群深 66.67 米，宽 16.67 米。乾隆元年（1736）诏谕认定其"殿宇墙垣丹雘合度"。道光十七年（1837），酃知县俞昌会主持的重修，是清代规模最大的修复。庙宇维持雍正十一年（1733）的格局，所有建筑均覆琉璃瓦。祀像一改从前帝王衣冠，著普通衣裳，衣领及腰缀树叶数枚，手把谷穗一束。

民国 4 年（1915），酃县知事瞿爕捐资百元（银元），连同炎帝陵修葺费 14 元（银元）交人筹划修复。土木将兴，又因湘军屯驻而废。经连年摧残，庙宇倾圮在即。民国 12 年（1923），省政府拨 500 元令知事欧阳枚鸠工修复。民国 29 年（1940），国民革命军第九战区司令长官兼湖南省主席薛岳主持再修，并修通三河坪形至炎帝陵的公路。

1955 年 1 月 22 日（除夕前一天），香火酿成大火，主殿、行礼亭尽焚。1956 年 7 月，湖南省人民委员会颁文将炎帝祠列为省级文物保护单位。"文化大革命"中，幸存建筑悉为平地。1983 年 7 月 6 日，《湖南日报》刊文呼吁"炎黄子孙要救救炎帝陵"。6 月，马安健、吴占魁、周士一等 23 名全国人大代表在第六届全国人民代表大会第一次会议期间联名上交提案，吁请修复炎帝陵，受到国家领导及文化部重视。1984 年 8 月，株洲市人民政府成立修复炎帝陵筹备委员会，并由酃县人民政府成立专门机构负责修复。

图 30–2　种谷图

摹武梁祠画像　长沙姚大经

修复工程于 1986 年 10 月 17 日开工。修复期间，全国 32 家报刊、10 家电台先后宣传报道。中共中央顾问委员会副主席宋任穷，中共中央委员、中共湖南省委书记熊清泉，中共中央顾问委员会委员张平化和中国国民党革命委员会副主席贾亦斌等先后到工地视察。到 1988 年，湖南省、株洲市两级政府拨款 130 万元，其中省拨 110 万元，市拨 20 万元。另收到海内外捐款 23.65 万元。修复工程于 1988 年 10 月竣工。

重修后的寝庙基本承袭清庙风格，多以砖、木、石构筑。庙宇分四进，沿南北轴线布列。第一进为午门，左右分列戟门和掖门。进午门第二台阶中轴线上矗立着国家主席江泽民题写的"炎帝陵"

汉白玉碑。第二进为行礼亭，庑殿顶，为祭祀处所。横匾“民族始祖光照人间”系全国政协副主席周培源书。行礼亭左右分列碑房，硬山卷棚顶，内树历代告祭文碑。第三进为主殿，重檐歇山顶，横匾“炎黄子孙不忘始祖”系中共中央纪律检查委员会第一书记陈云书。炎帝塑金雕像垂堂高坐，宝龛上书“齐天鼻祖”。殿内30根花岗石柱，直径分别为64厘米和58厘米，其中4根高达12.8米。所有木制构件遍绘金龙，更添磅礴飞动气势。第四进为墓碑亭，四角攒尖顶，内置胡耀邦题写的汉白玉墓碑。墓碑亭后为陵墓。庙内陈列一如清制。门内左右分竖一白鹿和山鹰石雕，附和着炎帝幼时鹿哺乳、鹰遮荫的传说。从午门至行礼亭而主殿的三个系列台阶中，各设一座汉白玉云龙石雕。第一座所雕之龙威武雄放，象征龙蟠虎踞、江山稳固；第二座双龙戏珠，取盛世逢年之意；第三座为团龙，喻意炎帝至尊至贵。藻井、梁坊和斗拱多用和玺彩画，以青、绿、红作底色，祥云衬以龙、凤、鹤，显得富丽堂皇、雍容华贵。庙宇周环红色垣墙，蓝天白云之下，俨然一座巍峨殿堂。

炎帝陵庙主要建筑三次大修规模情况一览表

表30-1

<table>
<tr><th colspan="2">年度
建筑</th><th>雍正十一年（1733）</th><th>道光十七年（1837）</th><th>1986</th></tr>
<tr><td rowspan="3">前三门</td><td>总　长</td><td>6丈5尺</td><td>7丈2尺5寸</td><td>13丈3尺</td></tr>
<tr><td>午门高</td><td>1丈9尺</td><td>2丈2尺</td><td>2丈6尺</td></tr>
<tr><td>戟门高</td><td>1丈5尺</td><td>1丈7尺9寸</td><td>1丈8尺</td></tr>
<tr><td rowspan="3">行礼亭</td><td>深</td><td>1丈6尺</td><td>1丈8尺</td><td>2丈</td></tr>
<tr><td>宽</td><td>3丈6尺7寸</td><td>5丈4尺</td><td>4丈2尺</td></tr>
<tr><td>高</td><td>不 详</td><td>不 详</td><td>2丈5尺</td></tr>
<tr><td rowspan="3">主 殿</td><td>深</td><td>3丈8尺</td><td>4丈4尺</td><td>4丈8尺</td></tr>
<tr><td>宽</td><td>4丈2尺</td><td>5丈4尺</td><td>6丈2尺</td></tr>
<tr><td>高</td><td>3丈3尺</td><td>3丈9尺</td><td>5丈8尺</td></tr>
<tr><td rowspan="3">墓碑亭</td><td>深</td><td rowspan="3">无</td><td rowspan="3">无</td><td>1丈5尺</td></tr>
<tr><td>宽</td><td>1丈5尺</td></tr>
<tr><td>高</td><td>2丈4尺</td></tr>
<tr><td rowspan="2">寝 门</td><td>宽</td><td>8尺2寸</td><td>1丈</td><td rowspan="2">无</td></tr>
<tr><td>高</td><td>7尺2寸</td><td>9尺</td></tr>
<tr><td rowspan="3">左右碑房</td><td>深</td><td rowspan="3">甚狭矮</td><td>1丈5尺</td><td>1丈7尺</td></tr>
<tr><td>宽</td><td>3丈1尺</td><td>4丈6尺</td></tr>
<tr><td>高</td><td>1丈9尺</td><td>1丈9尺</td></tr>
<tr><td rowspan="3">左右朝房</td><td>深</td><td>9尺4尺</td><td>1丈4尺8寸</td><td rowspan="3">无</td></tr>
<tr><td>宽</td><td>3丈1尺</td><td>3丈1尺</td></tr>
<tr><td>高</td><td>1丈8尺</td><td>1丈9尺</td></tr>
<tr><td rowspan="2">围 墙</td><td>周长</td><td>16丈3尺</td><td>17丈8尺</td><td>42丈</td></tr>
<tr><td>高</td><td>5尺5寸</td><td>6尺</td><td>6尺9寸</td></tr>
</table>

第二章　公祭区

为适应现代祭祀之需，湖南省人民政府批准在炎陵山另建公祭区，2001 年动工，投资 7000 余万元，2002 年 9 月竣工。公祭区丰富了炎帝陵的建筑环境和景观层次，强化了庄严肃穆的纪念气氛。当年重阳节，湖南省各界公祭炎帝陵即在此举行。

第一节　神农大殿

神农大殿为清式仿古建筑，座落于炎帝寝庙中轴线东侧，结穴于炎陵山之“龙脉”与“龙爪”之间的山凹处，与陵墓、陵庙朝向一致，为公祭区核心。

大殿占地 2 万余平方米，建筑面积 1413 平方米，面宽 37 米，进深 24 米，高 19.6 米，由大殿、东西配殿、连廊和两个四方亭组成，大殿外廊挺立着 10 根高浮雕蟠龙石柱，高 5.4 米，直径 0.8 米，为福建花岗岩整石制成。

殿内正中座立炎帝石雕祀像。炎帝左手持耒耜，右手揽谷穗，面容舒展，像貌祥和。像高 9.7 米，座长 8.9 米，宽 4.7 米，为福建光泽红花岗岩雕琢。雕像两旁立有一对联石柱，5.2 ~ 7.9 米，总长 53 米，总面积 321 平方米，柱画内容为歌颂炎帝八大功德。

第二节　配套建筑

神农大殿以南依次为祭祀广场、朝觐大道、龙珠桥、朝觐广场、咏丰台、龙珠大道、圣德广场。祭祀广场南端的两侧和大殿平台边上，是双面雕刻百草图案的花岗岩栏板，纪念炎帝遍尝百草、发明医药之功绩；二级平台正中，立有一只高浮雕九龙戏珠石制圆形香炉，高 0.98 米，直径 1.2 米，为公祭敬香、焚烧帛书之用；两边立一对整石雕琢的福建青石香炉，高 3.9 米，直径 1.5 米，每只重达 24 吨，堪称中华之最。平台踏步间，是一块高浮雕九龙戏珠御路石，长 3.2 米宽 2.8 米，厚 0.7 米，重约 17 吨，福建青石整石雕制。龙珠桥由三座拱桥组成，中间为主桥，宽 6 米，两边为边桥，宽各 3 米，桥栏板镌有琴、筝、竽、笙、笛、箫、云板、编钟、月琴、琵琶等古代乐器图案。朝觐广场为正八边形广场，中轴距离 48 米，按“乾、坎、艮、震、巽、离、坤、兑”的顺序嵌入八卦图案，纪念炎帝神农氏“重八卦为六十四卦”之神功。

第三章 陵园园林

鹿原陂林间旧产鹿，相传曾产下一白鹿，故又名白鹿原。昔时，原上古树千本，枝枝覆盖，叶叶交通，禽鹿隐现无常。每至冬春，江面水汽漫入原上，致使绿树亭台间，时而烟霞飘举，时而雾幔轻垂；及至夏秋，又见岗峦明丽，绿水环流。元至治元年（1321），顺天通判霍卷嵩（江西余干人）受命陪祭炎陵，深爱其间山水灵秀。复命后，辞官携眷定居炎陵山下。

明清时有炎陵十景之说，名“味草凝芳”“石龙鼓饕”“云秋雨霁”“晓阁烟岚”“芳洲春景”“禽鹿和鸣”“空樟洞明”“虬张灵木”“龙潭鱼跃”“异树飞香”。清末以来，各类景观相继衰败。所剩“石龙鼓饕”“云秋雨霁”犹存皇陵气象。龙脑石前，一石大张如龙口，江水磅礴进退，恰如巨龙鼓饕。云秋山上，烟雨常驻，若夫日出雨霁，彩虹飞架，前景则朗丽如画。

20世纪80年代，园林得以恢复，陵区面积2.4平方千米，主陵区3898平方米。

第一节 馆 寺

天使馆 又名天使行台，为历代告祭官斋居之所。初在陵东北侧数十步，临斜濑水，明初建。平列三所，中为钦遣主祭官斋居处，左右住陪祭官，后为水圮，基址荡然。清道光十七年（1837），于原址北数十步之高阜又建，规模仅次陵庙。光绪三十一年（1905）援办炎陵高等小学堂，后作酃县三中校舍。20世纪80年代已呈危象，为学校改造危房时拆。1988年于炎帝陵西北400米处山坡重建，为三层重檐歇山式砖混木结构，占地513平方米，青砖黄瓦大红柱、花格门窗，如意斗拱支撑。配以杜英、桂花、女贞、松柏等园林植物环绕，显得幽静典雅。

奉圣寺 初名陵寝寺，处陵右，明嘉靖三十七年（1558）建，为祈祷还愿场所，寺内住有寺僧，专司洒扫、鸣钟、供香诸事。清康熙、乾隆间数有修葺，后几经改建，今不存。

胡真官祠 史传胡真官为炎帝侍臣。祠建于宋，处陵侧。清代屡有兴废，今不存。

第二节 亭 台

宰牲亭 处明天使公馆前，建年无考。道光十七年（1837）重建，今不存。

飞香亭 建于宋初，处清天使公馆左侧。相传钦使致祭时，一叶飞坠，满殿皆香，因建亭志之。沈道宽曾书“飞香旧迹”四字勒碑亭内。道光七年（1827）县人唐湘英重建，后圮；道光十七年（1837）又重建，今不存。

味草亭 处奉圣寺前，相传炎帝辨药于此。建年无考，今不存。

鹿原亭　座于炎陵山顶，1989由株洲市林业局捐资兴建。建筑面积25平方米，为飞檐翘角式亭盖，六角，花岗石柱支撑。亭外置花岗石雕鹿群，或立、或卧、或跃、或哺，形态各异，栩栩如生。

白鹭亭　座落于皇山碑林“九龙印”上方40米处，为重檐圆顶结构，由6根直径30厘米花岗石柱支撑。亭中立汉白玉碑一块，铭志株洲市各界为炎帝陵建设捐款者名单。1997年建成并对外开放。

咏邮亭　1998年10月28日为纪念国家邮政部《炎帝陵》特种邮票发行而建。咏邮亭位于炎帝陵“皇山碑林”名碑北侧山坡上，系庑殿结构，黄色琉璃瓦，亭宽6.05米，进深4.3米，高5.2米。亭中一汉白玉石碑，正面镌刻《炎帝陵》邮票小全张，背面刻邮票发行纪念碑文。碑座高0.68米，碑高1.28米，宽2.4米，厚0.25米。

金沙亭　位于炎帝陵东侧山顶，与鹿原亭隔谷相望，为捐款纪念亭。八角，枯黄色琉璃瓦，辉绿岩地面，占地30平方米，亭高6米，碧树团护，绿草成荫，是游客理想的观光休憩处所。亭侧立一石碑，彰扬长沙卷烟厂1998年为炎帝陵建设捐款400万元。

强辉亭　位于环山游道1千米处北坡。1998年为彰扬香港黄河实业集团有限公司董事长郑强辉先生为炎帝陵建设捐款100万元所建。飞檐翘角式，六角，亭高5.5米，绿色琉璃瓦，辉绿岩地面，翘角置有鸡、马、牛等动物群雕。

希贵亭　1998年为褒扬著名慈善家侯希贵为炎帝陵建设捐款100万元而建。位于炎帝陵殿前东南山坡，与神农大殿隔墙相望，黄色琉璃瓦配以绿岩地面，亭顶六角，花岗石柱支撑。亭中远眺，可俯瞰炎帝陵殿全貌及杨钱洲景区。

圣火台　位于神农大殿南之龙珠山，处祭祀大道东侧。1993年为点取首届“炎黄杯”世界华人华侨系列龙舟赛之圣火而建。台高40米，中央立有高3.9米、体积为31立方米的褐红色点火石，正面刻有1.5米高的朱红象形体“炎”字。台面三层，呈宝塔形，每层高0.6米，直径自下至上依次为9米、6米、3米，为梯形圆台状。底层铺设花岗岩石板，外护正方形花岗石栏板，边长100米，取天圆地方之义。2002年建设炎帝陵公祭区，圣火台原南北石阶被废，换之从台西辟一石砌台阶，共132阶，下接咏丰台。登临眺望，千古形胜恰似卧龙饮水。

咏丰台　初建于寝庙之南。清道光七年（1827），酃知县沈道宽有感于任内连年丰登，遂建此台，意欲附雅炎帝丰年之咏。道光十七年（1837）酃知县俞昌会重修，民国初年坍塌。1988年于原址之上重建，占地1500平方米，建筑面积200平方米。台上有咏丰亭，八角重檐，顶高7米，周砌护栏。额悬“咏丰台”三字，系中国书法家协会常务理事、北京市书法家协会副主席张西帆题。台前树一碑，所勒“耕不尽”三字为日本群马大学教授米仓大谦书。2002年修建炎帝陵公祭区时，改建于龙珠山西面平台之上，与圣火台相呼应。现咏丰台石碑由花岗岩整石制作，碑高2米，边长1米，重约5.5吨，碑顶雕有四方龙陛。

第三节　牌坊、桥梁

炎帝陵牌坊　为1994年湖南省各界公祭炎帝陵建造。牌坊位于106国道至炎帝陵分道口，距炎帝陵9千米，占地2000余平方米。牌坊高18.66米，主跨22米，系四柱三间式结构，外为花岗石板贴面。碑坊北面镶刻国家主席江泽民手书“炎帝陵”三字。

题词碑坊 位于皇山碑林南面，碑坊高2.4米，长24米，嵌当代名人、名家题字、题词碑30块。

崇德坊 位于皇山碑林九龙印左侧，崇德坊高2.5米，1997年建。碑嵌为炎帝陵建设捐款单位及个人名单。顶刻“崇德坊”三字并配以双龙戏珠瓷塑。

神农大桥 座落于寝庙午门前50米右侧东西纵轴线上，横跨斜濑水，沟通杨钱洲。大桥1×70米+4×40米五跨钢筋混凝土双曲拱桥，全长269米，宽9米，其中车道宽7.5米，双侧栏杆及安全带宽2×0.75米，东西坡度为1.43%，大桥于1996年12月动工，1997年7月1日竣工。桥名为中国书法家协会主席沈鹏题写。

第四节 碑 园

位于寝庙中轴线以北，占地6400平方米，建筑面积280平方米。内分四区：

御碑廊 硬山卷棚式仿古建筑，分列东西两侧，廊长84米，宽3.3米，壁上镶嵌明清御祭碑51块及记事碑5块。56块石碑象征五十六个民族的团结。

“神农功绩图”壁画 位于碑园之北，为弧形照壁，长40米，高1.5米，由160块黛青色花岗石镶成。画幅60平方米，刻画人物99个，动物30种，植物30种，器物60种。壁画兼融传统雕刻艺术和绘画艺术，用10个相对独立的活动画面再现炎帝功绩，曰：“弦木为弧、剡木为矢”，“重八卦为六十四卦”，“遍尝百草、宣医疗疾”，“斫木为耜、揉木为耒”，“教民耕种、播植五谷”，“削桐为琴、始作蜡祭”，“始造明堂、相土而居”，“耕而作陶、埏埴为器”，“绩麻为布、制作衣裳”，“日中为市、首倡交易”。壁画有传音、扩音之功效，又被称为“神农传音壁”。

现代碑群

1.“中国恢复对香港行使主权”纪念碑和“中国恢复对澳门行使主权”纪念碑 处九鼎台北面花池平台东西两侧，分别于1997年6月30日和1999年12月20日立，均为整块汉白玉制作，碑座连同碑身高3.3米，其中碑身高2.2米，厚25.5厘米，宽1.2米，正面刻有九龙云图，又称“九龙碑”。背面分别刻有港、澳行政区划图及邓小平、江泽民语录。

2.“企盼祖国完全统一”碑 于九鼎台中轴线以北，正面刻中国行政区域全图，配以日期转换牌，每日换新。背面刻邓小平论述“一国两制”语录。

3.“炎帝神农祭”文碑 立于“统一碑”之后，为中共中央政治局委员、国务委员李铁映题。

九鼎台 立于御碑园中心。台基为双层结构，底层为圆形，直径18米，高0.9米，嵌鹅卵石面。上层为方形，边长9.999米，高0.5999米，嵌水磨花岗石板。俯视台基，呈外圆内方，颇具深长意味。方台之上放置九尊花岗石方鼎，每尊重1.11吨，三行平行均等排列。九尊者，华夏九州也，寄寓国家利益至高无上。

第五节　陵园绿化

宋乾德五年（923），诏谕封禁炎陵山，至南宋淳熙年间（1174 — 1179年），已是“林木茂密，数里不可入”。据《路史·后记》载，陵前并立两杉，“逾四十周”。明正统十年（1445）农历七月十七日两杉遭雷击而枝叶完好，后人称“虬张灵木”。江边一盘江古樟，中空，昔人曾于洞中置几席，持觞吟唱。秋冬水涸，有獭伏藏于内。至清代，鹿原陂上仍是“绿海松风”“盛暑生寒”。民国28年（1939），湖南省政府为避日本侵略军锋芒，拟迁炎陵山。除在山上建造大批住舍，还修筑工事、防空洞。民国29年（1940），国民政府主席林森（字子超）令拨专款4万元，在炎帝陵西北之皇岭背和井水坳两地造林26.93公顷。第九战区司令长官、湖南省政府主席薛岳为之建亭竖碑，名“林子超先生纪念林”。

1958年，全县“大办粮食”“大炼钢铁”，炎陵山成为开荒烧炭场所，封禁千年陵园所剩古木无几。1962年4月21日，酃县人民委员会发出保护炎帝陵风景林的通知。次年4月，又制定《炎陵山封山育林规则》，责成五里排林场补植封禁，但无知刀斧仍有禁不止。20世纪80年代初，酃县人民政府加强对炎陵山风景林的管理，并于每年冬春组织机关干部前往植树，山上植被渐得恢复。1990年，炎陵山森林覆盖率达95%，主陵区更是古枝偃仰、新枝婆娑。

1993年，酃县人民政府开始对炎帝陵景点全面绿化，至2000年，完成绿化面积230万平方米，其中天使馆景点1500平方米，御碑园区1.4万平方米，圣火台2.58万平方米，皇山碑林1.2万平方米。主要绿化树种计102科286属，花卉87种，植草10万平方米。另有野生动物15科29种，野生花草万余种。

图30−3　　清代炎帝陵园林图

（原载道光十七年（1837）《炎陵志》）

第四章 祭 祀

第一节 朝廷祭祀

朝廷祭祀又称大祭，封建王朝每有大庆，如即位、立储、寿辰及战争告捷等，必遣在京大臣诣陵致祭。后晋时，朝廷曾派春官尚书欧阳林启赴炎陵领祭。宋有定期，凡三岁一举，由御祭大臣“赍香帛诣陵”。元代，梠《炎陵霍氏五修族谱》知，至治元年（1321），朝廷曾派大学士阿沙不花谒陵。

明代大祭，有史可查的15次，其中14次告即位，另外1次为天顺初年，惊魂甫定的英宗朱祁镇告复辟。

清室为明正统，对炎帝祭祀更为殷勤。祭文由翰林院制作，程序亦按礼部定式，分“迎神”“初献”“亚献”“终献”“受胙”“撤馔”“辞神”七道。每一程序均有颂词，是为乐章。乐章及祭祀图式，旧《酃县志》均有详载。每遇祭，鹿原陂上官宦军民云集，奉圣寺内晨钟暮鼓，梵音绕梁，数里之内殷殷若有雷声。如此数日，礼毕而止。清代大祭，有史可查的38次，其中告即位9次，告靖边军功6次，告灾1次，告万寿12次，告复储1次，告后宫晋徽4次（中有3次兼告），告先人后事礼成7次。还有1次是乾隆帝弘历庆幸当皇帝50年，遣人前来谢恩。所告靖边军功，包括康熙二十一年（1682）平吴三桂之乱、康熙三十六年（1697）漠北之战、乾隆二十年（1755）准噶尔之战等历史上的重大事件。

民国以后无大祭。

第二节 地方祭祀

地方祭祀由地方行政长官主持。自宋至清有定期，故又称时祭。宋代，每岁春秋各一次，此为朝廷令典，有司不敢懈怠。明清两季，定于春秋之仲月，岁凡两次。时祭与大祭比，仅无乐章，其程序、铺设则无异。民国以来无定时。民国23年（1934）县内遇旱，后又遭水灾，酃县县长宛方舟、陈莹冰先后致祭。

民国29年（1940），炎帝陵修复工程竣工，适逢上年湘省抗击日寇获大捷，湖南省政府主席薛岳遣省府秘书长李扬敬率员赴炎陵致祭，小车结队20余辆。

1989年月4月，时逢清明节，湖南省人民政府顾问刘亚南率省参事室及港台同胞70余人专赴炎帝陵祭祀，召唤统一，企盼回归。

1990年4月5日，酃县人民政府首次公祭炎帝陵，1000余人参加。《人民日报》（海外版）以专版报道。

20 世纪 90 年代，省、市两级政府多次公祭炎帝陵。

一 省府公祭

1993 年 8 月 15 日，湖南省人民政府首次公祭炎帝陵。株洲市人民政府市长王汀明司仪，全国侨联主席庄炎林、湖南省人民政府省长陈邦柱主祭。2000 余人参加公祭。当天，“炎黄杯华人华侨系列龙舟赛”取圣火仪式在炎帝陵同时举行，中国工程院院士、杂交水稻育种专家袁隆平点燃圣火。

1994 年 10 月 13 日，时逢重阳节，湖南省各界公祭炎帝陵。省人大常委会主任刘夫生司仪，省长陈邦柱主祭。2000 余人参加公祭。国家主席江泽民所题“炎帝陵”揭碑仪式在炎帝陵同日举行。

1997 年 10 月 8 日，湖南省各界公祭炎帝陵。中共中央政治局委员、国务委员李铁映代表国务院向公祭大会发来贺电。省政协主席刘正司仪，省长杨正午主祭。2000 余人参加公祭。

同日，中共湖南省委副书记郑培民为炎帝陵“全国爱国主义教育示范基地”揭碑，省人大常委会副主任刘玉娥为炎帝陵“全国重点文物保护单位”揭碑。

1999 年 10 月 16 日，“1999 年湖南省各界公祭炎帝陵典礼”在炎帝陵举行。全国政协副主席毛致用出席，省政协主席刘夫生司仪，省长储波主祭。3000 余人参加公祭。

2002 年 10 月 14 日，“壬午重阳湖南省各界公祭炎帝陵典礼”在新落成的神农大殿举行 。全国政协副主席毛致用出席，常务副省长周伯华司仪，省长张云川主祭。3000 余人参加公祭。

二 市府公祭

1995 年 10 月 2 日，株洲市社会各界首次公祭炎帝陵。市人大常委会主任刘迪恺司仪，市长王汀明主祭。1200 余人参加公祭。

1996 年 10 月 21 日，株洲市社会各界公祭炎帝陵。市政协主席曾雨农司仪，中共株洲市委书记程兴汉主祭。1500 余人参加公祭。

1998 年 10 月 22 日，株洲市社会各界公祭炎帝陵。中共株洲市委书记程兴汉司仪，市长王汀明主祭。1500 余人参加公祭。

2000 年 8 月 24 日，“2000 年中国株洲炎帝陵节公祭炎帝陵典礼”暨“中华炎黄圣火”采集传递仪式在炎帝陵举行。中国侨联副主席郭麟恭，湖南省副省长贺同新，省政协副主席、中国工程院院士、杂交水稻育种专家袁隆平出席。中共株洲市委书记王汀明司仪，代市长肖雅瑜主祭。1800余人参加公祭。

第三节 民间祭祀

民间祭祀俗称“朝天子坟”，多在除夕、清明和炎帝生辰（农历四月二十五日）进行，也有择时还愿或遇灾祈祷的。民国 37 年（1948），县内稻瘟暴作，酃县中正乡（炎陵县霞阳镇）组织千余人祭陵，祈求消灾。1953年，酃县西片农家贮谷中出现大量飞蛾，农民以为是神农皇帝放下来收五谷的虫子，纷纷涌进炎帝大殿朝拜。1954年除夕，进香者络绎纷至，殿内悬幡挂榜，香火大盛，终于酿成火灾。20世纪50年代末以后，祭陵活动渐少。至“文化大革命”已近绝迹。“文化大革命”结束后，又有人柱以香火，浇以醽醁。荒冢草地，时见牲血散漫。至除夕，更是人头攒动若闹市。1986年修复工程开始后，民间祭祀波及海外。1989年1月15日，台湾省台中县神农大帝庙主任委员林文卿率团祭祖，奉回炎帝塑金雕像一尊，彼岸一时轰动。次年5月6日，台南镇安殿信徒进香团又渡海南来，亦奉金像回。6月20日，新加坡华人黄正乌率回国探亲团15人到炎帝陵拜祭。9月23日，日本群马县前桥市立图书馆馆长米仓忍一行3人慕名祭拜。1990年月1月，台湾省台北市姜氏宗亲会姜竹到县谒陵祭祖。当年炎帝陵管理局接待海内外观光谒祖者6.7万人次。

1991年4月26日，台湾省屏东县东港神农宫组织190余人到炎帝陵谒祖。5月3日，该神农宫谢新兴一行342人又组成信徒参拜团拜祭炎帝陵。

1996年8月19日，台湾省神农大庙总会、济圣影视公司考察团100余人拜祭炎帝陵并进行文化访问。当年11月1日，台湾神农大帝联谊会560余名信众寻根谒祖。

1999年10月17日，中华炎黄子孙爱国促进会200余人拜祭炎帝陵并进行文化访问。2000年7月29日，湘台学子友好夏令营100余人拜祭炎帝陵。

附：祭文

一　明清朝廷祭文选录

明洪武四年（1371），钦遣国史院编修雷燧告即位致祭祭文

朕生后世，为庶民于草野之间。当有元失驭，天下纷纭，乃乘群雄大乱之秋，集众用武，荷皇天后土眷祐，遂平暴乱，以有天下，主宰庶民，今四年矣。君生上古，继天立极，作蒸民主，神功圣德，垂泽于今。朕典百神之祀，考君陵墓在此，然相去历年久远。朕观经典所载，虽切慕于心，奈秉性之独愚，时有今古，民俗亦异。仰惟神圣，万世所法，特遣官奠祀修陵，圣灵不昧，尚祈鉴纳。

明天顺初年，钦遣尚宝司卿凌信告复辟致祭祭文

粤惟自古帝王，圣神挺生，继天出治，爰立人极，功德之隆，延于永世。兹予复正大位，祇严祀事，恭祈灵贶，佑我邦家，永臻熙皞。

清康熙二十一年（1682），钦遣督捕理事官魏双凤告平滇大功致祭祭文

自古帝王，受天显命，继道统而新治统，圣贤代起，先后一揆，成功盛德，炳如日星。朕诞膺天眷，临制万方，扫除凶残，廓清区宇，告功古后，殷礼肇称。敬遣专官，代将牲帛，爰修禋祀之忱，用展景行之志。仰企明灵，尚其鉴享。

清康熙三十五年（1696），钦遣太仆寺少卿王绅告灾致祭祭文

自古帝王，继天出治，道法兼隆，莫不慈惠嘉师，覃恩遐迩。朕勤恤民依，永期殷阜。迩年以来，郡县水旱间告，年谷歉登。蚤夜孜孜，深切轸念。用是专官秩祀，为民祈福，冀灵爽之默赞，溥乐利于群生。尚鉴精忱，俯垂歆格。

清乾隆二十年（1755），钦遣大理寺卿罗原汉告平定准噶尔大功、加上皇太后徽号致祭祭文

朕惟帝王建极，乘时绥猷驭世。制临无外，德威之服远者神；教化有源，孝道以尊亲为大。景典型于在昔，实天经地义之丕昭，宏佑启于方来，惟文治武功之交凛。兹以平定准噶尔大功告成，加上皇太后徽号，神人洽庆，中外蒙庥，敬遣专官，用申禋祀，伏惟鉴格。

二　中共中央政治局委员、中国社会科学院院长李铁映亲撰祭文

维公元一九九九年十二月二十日，中国社会科学院院长李铁映敬献鲜花雅乐，恭祭始祖炎帝神农氏之陵曰：

洣水汤汤，鹿原苍苍。巍巍古陵，赫赫农皇。伟哉始祖，拓土开疆，启迪洪濛，文明肇张。制作耒耜，奠基农桑，发明医药，百草是尝。治麻冶陶，弦弧剡矢，市设日中，琴传宫商。教民稼穑，疗民疾伤，为民造福，猝断寸肠。天下共尊，子孙齐仰。轨范百世，德泽万方。华夏文化，源远流长，震古烁今，既显且扬。茫茫禹迹，春风艳阳，河清海晏，改革开放。经济振翅，科教兴邦，九州同德，物阜民康。香江扬眉，五星耀港。澳岛回归，千禧在望。龙鳞裔孙，翘首一统，金瓯无缺，雄踞东方。壮哉中华，蒸蒸日上。吾辈有幸，再添辉煌。世纪之替，波澜阔壮。扬帆启征，慨当以慷。精励图治，公仆唯当。夙夜孜孜，毋敢或忘。沥尽赤诚，顷怀炎皇。沐浴馨香，伏惟尚飨。

三　湖南省人民政府祭文

1993年湖南省人民政府祭炎帝陵文

维公元一千九百九十三年八月十五日，湖南省省长陈邦柱，敬告于中华民族始祖炎帝神农氏之陵曰：

惟我始祖，功盖乾坤。其创业也，始制耒耜，五谷丰登；遍尝百草，医药发明；治麻为布，制作衣裙；日中为市，有无互通；剡木为弓，削桐为琴。立生民养育之本源，开农耕文化之先声，缔创我华夏古国最早之文化，启迪我人类社会悠久之文明。

惟我始祖，德被蒸民。其为政也，治理天下，风俗朴淳，不忿争而财足，无制令而民臣，威厉而不杀，法省而不烦，不贪天下之财而天下共富，不以自贵于人而天下共尊，堪称圣德之楷模，勤政之明君。

惟我始祖，万古垂名。其为德也，贵为首领，暮年南巡，跋山涉水，不避艰辛，传播教化，察访民情；越岭采药，治病救人，误中剧毒，为民献身。伟哉始祖，峻德鸿勋，永享祭典，光照子孙。

惟我始祖，崩葬茶陵，酃县有幸，奉圣安灵。惟我湖南，荟萃人文。古有蔡侯造纸，蒋琬参军；近有魏源师夷，嗣同维新，松坡护国，克强起兵。爰及现代，辈出人才，毛刘彭贺，一代精英，改天换地，富国强兵。惟我湖南，风光宜人。东瞻罗霄之险峻，南仰九嶷之嶙峋，西盈武陵源之奇秀，北拥岳阳楼之烟云。衡山岳麓，青葱挺拔，韶峰沩水，毓秀钟灵。惟我湖南，物产富殷。洞庭素为鱼米之乡，钨锑诸金尤享国际盛名。湘人自古勤劳勇武，智慧聪明，承先祖之基业，拓人类之文明。四水三湘，日臻繁荣。

惟我始祖，荫庇无穷。今逢盛世，四海升平，改革开放，政治清明。海内海外，炎黄裔孙，和衷共济，戮力同心，振兴中华，众志成城，完成统一祖国之伟业，建树实现四化之奇勋。以辉煌显赫之业绩，跨入崭新世纪，使古老文明之家邦，跻身强国之林。吾辈公仆，身膺重任，兴湘强国，夙夜惟寅，用告始祖，助我政成，伏惟尚飨，来格来歆。

1994年湖南省人民政府祭炎帝陵文

公元一九九四年十月吉日，湖南省省长陈邦柱，敬奉时珍，率六千三百万三湘炎黄子孙偕同台湾同胞、港澳同胞与海外侨胞代表，祭始祖神农氏于寝陵之前曰：

惟我炎帝，创世远古。合众开疆，地平天成。孜孜为民，急其所患。于是制耒耜，兴农业；尝百草，创医药。竭智竭力，拯先民弃茹毛饮血。跋涉南岭，食毒卉终殉寝鹿原。我祖恩高五岳，泽被九州，致中华民族繁衍于华夏，为普天下所共敬共尊。

夫创业者道艰，承之者任重。亿万子孙，矢志图强，继我祖德，贤哲代兴。百家争鸣于先世，六艺发扬于后人。四大发明，开世界科技之先河；三代礼乐，弘中华文明于举世。开辟丝路，扩商贸繁荣于全球；慕仁而至，万国友朋汇我都京。

自清中叶以还，世势丕变。民主之时潮兴起，科学之运用日新。而当道者塞听，安常习旧，频遭外侮，祸国良深。兹后百余年，内则革命迭起，外则侨旅同心，屡除蟊贼敌寇，奋起力挽狂澜。更有新中国成立，社会主义事业蓬勃发展；改革开放，神州大地正展翅飞翔。得道多助，共卫世界和平于四海；一国两制，可望祖国统一之早成。值此吉日，谨怀赤子之心，宏祖盛德，并以民族振兴伟绩，慰我先灵。尚飨！

1997年湖南省人民政府祭炎帝陵文

维公元一九九七年十月吉日，湖南省省长杨正午率六千四百万湖南人民，敬献花篮时馐，致祭于中华民族始祖炎帝神农氏之圣陵曰：

吾祖炎黄，兄弟同袍，兴于神州，声震九皋。启农奠居，辛勤劬劳，百业昌盛，立国建朝。弘扬文化，伟绩功高，中华繁荣，宇宙同褒。五千年之绵延，如江河之滔滔；十二亿之胤裔，如星辰之昊昊。

迨至近世，列强煎熬，侵疆掠夺，挑唆兵鏖。幸出贤胄，挽澜平涛，振靡隆兴，大展宏图。改革开放，文略武韬，民殷物阜，国旺政皓。一国两制，人心乐陶，香港回归，澳门踵后。祈两岸之一统，联台湾之同胞。久分必将久合，长抑必将长翱。同心合力，共固寰都。创和平之环境，领科技之英豪。为全国文物之典范，树爱国教育之旌旄。

今逢丁丑，佑我三湘，经济繁荣，五谷满廒。风调雨顺，不旱不涝；安定团结，不扰不嚣。罗山东峙，洣 水西绕，鹿原陵寝，龙体长遨。

正午膺任，谨率百曹，俎豆馨香，陈献太牢，伏惟尚飨，功德永浩。

1999 年湖南省各界公祭炎帝陵文

公元一九九九年十月吉日，湖南省人民政府省长储波，谨代表全省同胞，敬具花篮鲜果时馐之仪，祭奠中华始祖炎帝神农氏于陵寝之前而告曰：

惟帝神农，华夏之宗。肇启文明，以袪愚蒙。创制耒耜，五谷乃丰。治麻为布，琢琴以桐，冶陶为器，剡木为弓；日中为市，有无始通；亲尝百草，罹毒殒躬。肤功厚泽，万世尊崇。洣水鹿原，陵寝巍然，历代奉祀，以致诚虔。方今我国，盛业超前，小康为阶，大同是瞻。举旗尚法，奋志扬鞭。兴利除弊，风和日暄。一国两制，成效昭著，惟盼台湾，早日归聚，共振华风，光我先绪。吾等菲才，主政湖湘，临深履薄，寝食难忘。率我同胞，乘风驶航；并力四化，以跻富强。及时报祭，谨遵旧章，缅怀祖德，敬献心香。尚飨！

四　株洲市人民政府祭文

1995 年株洲市各界祭炎帝陵文

公元一九九五年十月二日，岁次乙亥。湖南省株洲市市长王汀明，率全市三百六十万炎黄子孙，谨以庶馐酒果不腆之仪，致祭于始祖炎帝神农氏之陵前曰：

巍巍华夏，悠久其史。岁越五千，绳绳不已。革故鼎新，前赴后继。灿烂文明，声飞举世。谁开其源，惟我炎帝。炎帝神农，先民之雄。德配三皇，功迈五龙。筚路蓝缕，奋智竭忠。始创耒耜，教稼亲躬。万民安居，五谷乃丰。牲繁六畜，艺启百工。窑业兴起，陶彩玲珑。日中为市，货乃畅通。哀此生灵，疾苦时撄。乃尝百草，毒及其身。发明医药，福我民生。又辟疆土，惨淡经营。剡木为弓，以御强凌。道承伏羲，八卦以弘。琴设五弦，韵协八音。文明肇造，人道乃尊。凝聚有力，渊源有根。五洲华裔，景仰心倾。爱国旗帜，高举前奔。亹亹神农，风范堪仪，夫负妻戴，四时不违。与民共富，公尔忘私。智不自贵，政树清规。共产美德，千古扬晖。凡我子孙，何以承继。绳其祖武，小心翼翼。鸿图远业，弘扬勿替。观今赤县，丕振先声。阴霾扫去，锦绣前程。雄才辈出，经济飞腾。改革致富，两建文明。科教兴国，大转乾坤。安不忘危，演武强兵。百族骋力，虎跃龙腾。统一大业，指日可成。和平共处，天下归仁。慰我始祖，在天之灵。惟我株洲，始祖奠陵。光宗耀祖，岂敢后人。廉洁务实，开拓创新。无私奉献，一德一心。艰苦奋斗，强市富民。振兴百业，壮我新城。兹行公祭，俎豆以陈。

鞠躬礼奠，布此下情。望我始祖，鉴此赤诚。伏惟尚飨!

1996年株洲市各界祭炎帝陵文

维公元一九九六年十月二十日，中共株洲市委书记程兴汉、市长王汀明、市人大常委会主任刘迪恺、政协株洲市委员会主席曾雨农，率株洲市各界及台湾同胞、港澳同胞、海外侨胞代表，致祭于炎帝神农氏之陵曰：

伟哉炎帝，功盖乾坤。创业垂德，为华夏民族之祖；绵绵瓜瓞，奠文明古国之基。巍巍亚东，数千年俊哲云起，为世界文明，贡献孔多。近百载衰微贫弱，而列强暴戾，侵侮频仍。新中国崛起，国运昌隆。改革开放，发展经济。政通人和，民康物阜。小康之前景在望，大同之理想情殷。然而振兴中华，任重而道远。凝集众心以志同道合，须张爱国之义；发自衷肠且根深蒂固者，恒有血族之情。故昭此节日，祀我本根。五洋华胄，共乐篪埙。为宏扬爱国精神之盛典，亦礼所谓“亲亲故尊祖”也。

我祖创业垂德，泽被后昆，德昭大本而业与时新。始作耒耜，启农业社会之先声；今则兴农，为发展经济之基础。丰年穰穰，亩产吨粮矣。体恤民瘼，亲尝百草，献身之诚，楷模万世。今日保惠于民，医药昌盛。发展体育，全民健身。洗病夫耻辱于往昔，展健将雄风于当今。人皆孔武，寿考且宁矣。日中为市，有无互通，乃商品经济之滥觞。今倡改革开放，为振兴中华之良策。招商四海，引资九域。工商辐辏，城邑翼翼。至于斫木为琴，以和民心，百花齐放，文艺繁荣。陶冶情操，化民成俗。精神文明建设，亦始祖发轫也。

夫缵戎祖考，其命维新。发扬光大，与时偕行。光前裕后，张其纲目，爰订市策为“农业安市，企业富市，商贸活市，科教兴市，依法治市”。更树文明城市之目标，务期“社会稳定，经济繁荣，科教发达，法制健全，市民文明，环境优美”。此亦绳厥祖武，广昭令德也。

盛典既彰，聚货交市；出口商会，宾朋沓至；服装博览，异彩纷呈；艺放新葩，百戏杂陈，新城鼎沸矣!

呜呼，讦谟定命，党有经纶。敬慎仔肩，夙夜惟勤。严以自律，顺动悦随。乃倡“开拓奉献，创业争先”之株洲精神；立“务实廉洁”之干部形象。追远报本，允迪厥德。穆穆英灵，伏祈鉴临，尚飨!

1998年株洲市各界公祭炎帝陵文

公元一九九八年十月二十二日，株洲市市长王汀明代表全市三百七十万人民，偕台湾同胞、港澳同胞、海外华人华侨代表，谨以鲜花束帛之仪，致祭于始祖炎帝神农氏之陵曰：

伟哉炎帝，功盖乾坤；始作耒耜，导民耕耘；亲尝百草，医药发明；治麻为布，制作衣裙；日中为市，贸易初形；结丝为弦，削桐为琴；制弧剡矢，以御侵凌；为农业生产之先导，创华夏远古之文明。鹿原陂上，奉圣安灵。永享祭典，光耀九垠。

惟我始祖，荫庇无穷；绵绵瓜瓞，俊哲如林；振兴邦国，史册标名；强敌服膺于中华文化，灾厄锻就我民族精神。历五千年泱泱大国屹立东亚，亘古长青。

今我株洲，工业新城，神州腹地，交通要津；航空技术，冶炼化工，电力机车，硬质合金，烟花瓷器，中外驰名，各行各业，俊彩纷呈。扬始祖炎帝之伟业，建富民强市之奇勋。开拓奉献，创业争先，跨越世纪，更立新功。

炎黄华胄，遍及寰瀛。凡我同胞，骨肉情亲。乃枝叶之相沿，根同一体；虽海天之遥隔，灵府梦萦。振兴中华，祖国统一，世运所趋，竭力尽心。愿丹凤之高翥，托巨人兮飞腾。虔诚致祭，来格来歆。尚飨。

1999年株洲市各界祭炎帝陵文

维公元一九九九年十二月二十日吉辰，中共株洲市委副书记肖雅瑜代表全市三百七十万炎黄子孙，谨以鲜花雅乐、时馐素果不腆之仪，告祭于炎帝神农氏之陵前曰：

惟我中华，历史悠久，岁越五千，古国芳馨。始祖炎帝，创世艰辛，德泽黎庶，功满乾坤。奠基农工，启迪先声，八方承运，万代铭恩。

泱泱华夏，荟萃人文；地大物博，百业蒸蒸。齐楚燕赵，诸侯朝秦；唐宗宋祖，天下闻名。天骄辈出，彪炳汗青；教化蛮荒，四海归心。疆界迢迢，国威凛凛；万里河山，壮美如锦。

东南疆土，史有濠镜；千年澳门，不可离分。自唐以降，岛居汉民：设县而治，驻节吏丞。欧亚贸易，澳航似金；海上丝路，商贾如云。

无耐清府暗弱，中葡议成，“和好通商”，国权伤损。之洞抗疏，大澄履勘；国威遭辱，举国震惊；工商请愿，民众义愤；收回澳岛，呼声干云。

共和国立，三代伟人，统一祖国，不舍晨昏。一国两制，澳人治澳，中葡声明，天下皆闻。一九九九，一二·二〇，行使主权，收回澳门。游子还乡，手足亲情；中华领土，终将完整。举国上下，歌舞欢庆；数典念祖，我辈裔孙，聚会陵前，慷慨陈情，秉告于帝，慰我先灵，愿祈庇佑，国家永盛。伏惟尚飨！

2000年株洲市各界祭炎帝陵文

维公元二〇〇〇年八月二十四日，采集传递“中华炎黄圣火”暨二〇〇〇年株洲炎帝节祀祖盛典，株洲市代市长肖雅瑜偕各界人士，致祭于炎帝神农氏之陵曰：

炎帝神农，首创耕耘。艺获五谷，粒食烝民。日中为市，贸易是萌。经济发展，文明肇兴。亲尝百草，医药养生。子孙繁衍，四海留踪。今日号召，三个代表。我祖德性，堪称典型。当前世界，竞争日烈。身强体健，方担大业。场上争锋，龙盘狮跃。江干竞渡，风驰电掣。夺标夺锦，健将云从。祈我始祖，赐我威灵。锡我圣火，播我文明。亲亲尊祖，情浓血热。本根不忘，人性之则。蕞尔台独，不孝妖孽。数典忘祖，枭獍其心。人神共殛，天地不容。一国两制，港澳隆兴。两岸团圆，计日功成。炎黄华胄，众志成城。发展经济，中华振兴。世纪新页，且看龙腾。祀我始祖，鉴我赤诚。伏维歆格，尚飨。

人　物

一　人物传记

古代人物
（38人）

老莱子	李　畋	昙　晟	陈光问	谭进峰	谭进鸿	谭进颇	彭天益	谭　申
谭世勷	吴　猎	杨大异	皮龙荣	冯子振	陈仁子	李　祁	刘三吾	易绍宗
王　伟	邹章周	李东阳	廖希颜	张　治	刘应峰	刘　稳	罗　熙	洪云蒸
谭希思	廖仲威	彭维新	罗云皋	周　泰	罗　典	萧锦忠	郭松林	黄彭年
谭钟麟	龙汝霖							

近现代人物
（159人）

马福益	杨卓霖	宁调元	易宗羲	张汉英	袁树勋	文俊铎	邹云彪	龙　璋
刘建藩	帅福姣	漆荃姣	汪先宗	张挹兰	刘昌炎	张国威	段振拔	尹子斌
尹长年	陈　恭	周介甫	潘疆爪	尹宁万	刘寅生	孙筱山	罗　哲	朱昌炎
宋乔生	陈　觉	赵云霄	罗学瓒	傅熊湘	谭延闿	汪起凤	何德彪	李隆光
何孟雄	谭思聪	蔡申熙	贾纡青	袁德生	陈　韶	黄海珊	易灭非	蔡会文
陈梅连	张空逸	邓永耀	胡香美	陈文彬	左　权	张翼鹏	陈冬尧	王艽生
朱克靖	陶　柳	郭春涛	罗正纬	李雪瑞	陶　广	宁迪卿	霍揆彰	何　键
陈希云	汪泽楷	汤飞凡	贺光谦	傅角今	何炳麟	李立三	叶　克	彭柏山
程　潜	刘培善	胡庶华	傅正模	吴树基	马良骥	刘岳厚	沈芝生	刘　昆
宋新怀	张经武	余志宏	唐　拔	袁昌英	李振声	陈明仁	吴寿祺	邓光晋
马松生	龙开富	郭　鹏	刘先胜	杨梅生	刘建绪	杨东莼	朱传千	谭余保
李明灏	张子意	刘　型	翁徐文	唐　纵	周则盛	唐子安	叶镜吾	王海清
谭云山	张际泰	刘　斐	谭震林	晏福生	陈外欧	颜德明	幸元林	凌兆尧

胡仲紫	谭家述	谭文邦	程星铃	陈健民	黄树群	彭国栋	黎　澍	傅道伸
李君九	刘柔远	陈小平	曾敬凡	林汉藩	陈　逵	吴运铎	谭善和	宋时轮
刘转连	廖海光	袁福生	段苏权	颜金生	王于化	周吉太	杨得志	刘文学
刘道生	颜珍珠	邓东哲	苏本善	李俭珠	贺东生	段焕竞	谭天哲	文于一
李　改	陈继昌	陈志彬	耿　飚	周　里	刘　克			

古代人物

老莱子　春秋时楚国人，与孔子同一时期，春秋晚期思想家。因世乱，老莱子避居于蒙山，垦山播谷，自耕自食。楚王闻其贤，想请他出任辅宰，乃备聘礼、登门迎接。老莱子拒不应召，携眷远迁江南，隐于良图埆（株洲市荷塘区宋家桥地）。

老莱子一生著书十五篇，阐述道家理论，是道家代表人物之一。其对父母至孝，成为中国历史上二十四孝之一。

老莱子死后，人们敬仰其德，在良图埆建有老莱子墓、老莱子祠，其门联云“灵钟楚国，业继蒙山”，旧湖南省志、湘潭县志均有记载。1958 年，株洲车辆厂在宋家桥建厂，墓被迁到附近山上，墓中掘出石碑一块，其文人莫能识。

李　畋　唐高祖武德四年（621）农历四月十八日生于醴陵富里麻石村。自幼天资聪慧，精思创研，曾以打猎为生。据传，唐初因连年战乱，吴楚间疫病流行，百姓苦不堪言。李畋在小竹筒内置硝磺，引爆后声震四周，硝烟气浪弥漫，驱散瘴气，遏制疫病流行。唐太宗李世民曾召李畋入宫，用此法为其“驱鬼祛邪”。此后爆竹逐步被广泛应用于民间祛邪驱瘴。爆竹的生产亦渐成产业。继而易竹筒为纸卷，变单发为连响，屡经改进而成当今之鞭炮。

李畋开火药用于爆竹之先河，故被鞭炮行业尊为祖师爷，称“李畋仙师”。自古以来，制作鞭炮人家均立有李畋仙师神位。在鞭炮集中产区醴陵富里、南桥、白兔潭、浦口等地，以及临近的浏阳金刚、大瑶，江西上栗县等普遍设有“李畋仙师会”、李畋庙，置有恒产。每年四月十八日李畋生辰举行祭奠礼仪，以示纪念，一直沿袭至今。醴陵于 1999 年在城区西山建有气势宏伟的李畋殿，生产厂家注册有“李畋牌”花炮商标。

昙　晟　俗姓王。钟陵建昌（江西奉新）人。唐贞元二年（786）生。少年出家，师事百丈慧海禅师 20 年。因缘不契，由江西百丈山云游至醴陵市贺家桥九峰山麓，见山岩陡峭，常有云气蒸郁环绕，俨然佛境，即傍岩下面壁坐禅。后投澧州药山惟俨禅师门下，于言下得法。唐大和年间（827 — 835 年），再来醴陵九峰山，在原坐禅岩旁建云岩寺。寺冲即由此得名。

昙晟与沩山灵佑禅师曾共侍百丈慧海禅师。灵佑指示门下弟子良价转参昙晟为师。昙晟继承青原宗从石头希迁开始即更具哲学思维的禅风，在传法接引方式上，稳顺绵密。洞山良价传法给曹山本寂时，特别强调从云岩昙晟所学的《宝镜三昧歌》："如临宝镜，形影相睹，汝不是渠，渠正是汝。"昙晟与良价的多次对话，成为公案，成为禅法教材。由洞山良价系统发展，经曹山本寂不断完善，逐开创曹洞宗。云岩昙晟的《宝镜三昧歌》与洞山良价的《五位君臣》成为曹洞宗传法接引的主旨。

昙晟传徒4人：抚州洞山良价、琢州杏山鉴洪、潭州神山僧密及幽溪和尚。价祖既得法，主持豫章高安之洞山。昙晟则前往江西分宁之云岩，于唐会昌元年（841）十月圆寂，得舍利1000余粒。醴陵市云岩与分宁云岩平分舍利、灵骨，2处建塔。谥无住大师。

南宋宝庆三年（1227），曹洞宗传入日本，至今仍然兴旺。1983年，日本国驹泽大学佛教史迹访华团专程来醴陵市云岩寺礼祖，并考察曹洞宗遗迹。

陈光问 茶陵县严塘镇人。唐大和七年（833）生。家贫，不妄交游，隐居灵岩读书治学，以授徒为乐。灵岩"每月出，岩中明如昼"，故又名月到岩。以"灵岩夜月"之称列为"茶陵八景"之一，是对月夜读的好地方。唐天复元年（901）举进士，是茶陵县有文字记载的第一位进士。其时69岁，授秘书省正字，掌管校订典籍，刊正文字。后以时局动乱退归故里不仕。

谭进峰、谭进鸿、谭进颇 为同胞3兄弟，茶陵县尧水乡人。谭进峰生于唐乾宁三年（896），谭进鸿生于唐乾宁四年（897），谭进颇生于唐光化三年（900）。五代后梁凤历元年（913）四月，楚王马殷召3兄弟入王府，赐谭进峰管武库，谭进鸿统兵司马，谭进颇充左殿将军。历五七月，摄政勤谨，征战有功，谭进峰封为朝议大夫，谭进鸿封为司马朝奉大夫，谭进颇封为武功大夫、金吾左殿镇国上将军。马殷之子马希范为王后，奢淫无度。3兄弟知国事日非，隐忧胸中。五代后晋天福八年（943）三月，谭进颇接家书，报父丧母病，上书乞归。楚王不允，谭进颇拂袖而归。楚王以"罪同叛逆"为名率兵征讨。谭进峰连夜快骑回家报信。然楚王率兵已近，谭进颇咬破手指，滴血上书，陈情并无敌意，劝楚王以国为重。遂自刎而死。待楚王到茶陵县后，见血书，流涕对诸将说："丧我股肱。"兄弟三人，子十八，称谭氏"十八宏"。

彭天益 攸县人，北宋元祐年间（1086—1094年）进士，任武骑尉；崇宁年间（1102—1106年）至大观年间（1107—1110年）任太学博士。北宋末年，内忧外患，国事日非，彭天益深为忧虑，力图匡补时弊，因与权奸蔡京等政见不合，被外调为湖南提举。大观初年，彭天益密封奏事，力言蔡京等擅权误国的严重后果，未被采纳，知事不可为，年50岁，辞官还乡。

彭天益才思敏捷，一日上朝，徽宗问攸县风土何如，他答道："鸾山配凤岭，金水绕银坑。"时人传为美谈。离开宦海后，居司空山（攸县莲塘坳镇地），因赋诗曰："扶筇疑是上天台，云锁岩扃次第开。未得路通游紫府，且随溪转上丹台。藤萝映带皆天设，山水萦回总地裁。历历仙家遗旧迹，清奇端不让蓬莱。"从此超然世俗之外，寄情山水之间，以度晚年。

谭　申、谭世勣 谭申，字焕之。谭世勣，字彦成。为两父子，茶陵县潞水镇人。谭申，北宋政和五年（1115）进士，为王府赞读。张邦昌任他为屯田郎中，谭申力拒不任。靖康之难发，日夜号哭，竟至一目失明，及知儿子谭世勣不屈而死，乃慨然曰："吾子得死所矣！父子之情，一己之私；力国尽节，天下之公也，吾何憾哉！"南宋绍兴四年（1134）知筠州，岁饥，谭申为民请罢征，未准，致仕归。卒后封右朝仪大夫，人们思之，立祠曰"古谭"。谭世勣，北宋熙宁六年（1073）生。北宋元符三年（1100）进士。因不阿附奸相蔡京，久不得调用，而教授郴州。北宋崇宁五年（1106）又中词学兼茂科，授秘书省正字，再迁中书舍人。曾向徽宗面陈"惜名器，省浮费"等六事，切中时弊，晋给事中兼侍读，改礼部侍郎。北宋靖康元年（1126）金兵再次南下，逼钦宗幸其营。谭世勣为随驾大臣，劝说"守边为上策"，未被采纳。张邦昌僭国，责令出仕，谭世勣称疾不起，次年以忧卒。初赠端明殿学士，封端洁公，后赠延康殿大学士，蒙受"松柏有心，岁寒始见，璠玙至宝，岂烈火能迁"之宸褒，郡祀乡贤第一。有文集奏仪及《师陶集》传世。

吴　猎　字德夫，醴陵市八步桥乡人。南宋绍兴十二年（1142）生。23岁入岳麓书院，师事张栻，继受教于朱熹。吴猎为理学门人，湖湘学派巨子，政治上主张"民为邦本，本固邦宁"，力主抗金，反对议和；学术上重视经世致用；实践上提倡务实，身体力行，并敢于直言陈谏。

南宋淳熙十六年（1189）赐同进士出身。张栻经略广西，檄摄静江府教授。由陈傅良推荐，召试，守正字。

南宋绍熙五年（1194）十月，宁宗即位，相继迁校书郎、监察御史。韩侂胄专权，罢朱熹等官职。吴猎上书请留朱熹，劝谏宁宗不要随意罢免大臣、言官；请以张浚配享阜陵，因所议不合韩意，出为江西转运判官，不久即被罢免。

南宋嘉泰三年（1203），起用吴猎为广西转运判官。南宋开禧元年（1205）四月，授户部员外郎，总领湖广、江西、京西财赋与湖北、京西军马钱粮。时韩侂胄计议北伐抗金，吴猎致书建议召募兵员，调储粮秣，选拔人才，调整部署，充实边防；同时调湘米50万石、马料130余万石至襄阳，调鄂米30万石，分别储备于荆、郢、安、信4郡，筹银100万两以备军需，为后来防守郢、隋、南漳、襄阳、安阳、郢州之战做出贡献。开禧二年（1206）任江陵知府，主管荆湖北路安抚司事，加强防务，重修五代时高氏所筑"三海"水防工程。后金兵多次侵犯荆襄等地，均因吴猎备战充分，运筹得当而被击退。后金兵围困襄阳、德安，进迫竟陵时，吴猎亲临战场指挥，节制本路兵马，遣张荣率兵援竟陵，又招神马坡溃卒得万人，分援襄阳、德安。开禧三年（1203），加宝谟阁待制，出任湖北、京西宣抚使。金兵再犯竟陵，张荣战死，襄阳、德安告急，吴猎请魏了翁摄参议官，募死士入竟陵，命部将王宗廉死守，调大军及忠义军、保捷军分道夹击，解竟陵之围。督董逵军自京山援德安，配合忠义军救襄阳，终使转危为安。

抗金战事吃紧时，四川宣抚使兼陕西河东路招抚使吴曦派员赴金乞降，献关外4州，求封蜀王。吴猎部署兵力，西防叛臣吴曦夹击，并请命入川平叛，兵未发，吴曦已被部将所诛。吴猎任刑部侍郎，充四川宣抚使。旋授敷文阁直学士，四川安抚制置使兼知成都府。在四川数载，举贤任能，惩恶除奸，体察民情，减轻民赋，修学官，培养人才，为张栻学派传入四川起了重大作用。

南宋嘉定六年(1213)召还，十一月病故，归葬醴陵市北乡擂鼓桥。吴猎为官清正，死后，家无余资，“蜀人思其政，画像祀之”。遗著有《吴氏解经》《畏斋文集》《洙泗言仁录》《吴文定公奏议》。

杨大异 字同伯，醴陵市大障镇人。少从胡宏受业。南宋嘉定十三年(1220)进士，授衡阳主薄。随调龙泉尉，摄邑令。时浙西提刑赵与筐向龙泉购大米2万石，致米价陡涨，民皆怨愤。杨大异按原价卖出，以平民愤。赵与筐大怒，企图加害，因无借口，调杨大异为安远尉。安远峒民因不堪压迫聚众反抗，朝廷用兵多年未能平息。杨大异轻车简从，亲见峒民领袖，示以诚信，劝说罢战，解多年纷扰。遂迁吉州户漕，旋改广西经历。

南宋嘉熙三年（1239），任四川制置司参议官。值蒙古兵伪树宋军旗，偷袭成都，杨随制置使丁辅巷战，宋军败，辅战死，全家遇难。杨大异身负重伤，晕倒在地，部下均以为死，翌日凌晨前来收葬时杨方苏醒，被部下救走。后进封奉朝郎宰石门县，任溧阳通判，摄州事，皆有惠政。离任之时，老百姓执意挽留，痛哭哀号。杨大异只得化装，偷偷出境。后擢升大理寺丞，7次平反冤狱。因敢于直言朝政得失，得罪宰相，贬为澧州知州。后进直秘阁，提点广东刑狱兼庾事。

广州监狱所系囚犯，多为农民，因反抗地方官吏横征暴敛、敲诈勒索而被关押，杨大异将这些囚犯一律释放，约定交税期限，民皆按期纳税。后改任广西提点刑狱兼漕、庾二司，所至奸吏收敛，盗寇绝迹，政清民安，道不拾遗。

杨在广东曲江张九龄故宅建曲江书院，以祀张九龄。继在广西建宣城书院，以纪念张栻与吕祖谦。

杨大异未满60岁，4次上章请退，进秘阁修撰太中大夫，提举崇禧观，封醴陵开国男，食邑300户。归故里，食禄凡24年，享年82岁。著有《春秋奥旨》《春秋笺疏》。

皮龙荣 字起霖，又名季远，醴陵人，生年不详。南宋淳祐四年(1244)进士。主管吏部架阁文字，历任宗学谕诸王宫教授，兼资善堂直讲。皮龙荣向理宗赵昀进言：“以改过之实，易运化之名……一过改则一善著，百过改则百善融。”所说被理宗赞赏，由秘书郎升著作郎。帝召见皮龙荣，谈及真德秀、崔与之哪个最廉？皮对曰：“今天下岂无廉者，愿陛下崇奖之，以风天下，执赏罚之公以示劝惩。”帝以为然。兼兵部郎官，任嘉兴府知府。后升右侍郎兼资善堂赞读，继升吏部员外郎兼直讲。帝问皮龙荣“帝王之学”，答曰：“愿陛下身教之于内。”帝嘉许。再迁吏部侍郎兼赞读，封醴陵男。后屡迁集贤殿修撰、提举大平兴国宫、刑部侍郎加宝章阁待制、荆湖南路转运使、权刑部尚书兼翊善。景定元年（1260），拜端明殿学士，签书枢密院，进封为醴陵伯。二年（1261），拜参知政事兼太子宾客，封长沙郡公。三年（1262），贬为荆湖南路安抚使判潭州。四年(1263)，拟资政殿大学士提举洞霄宫，因右正言曹孝庆论罢。咸淳元年（1265），以旧职奉祠，侍御史陈宗礼与监察御史林拾先后论劾。又削一官。一日，宋度宗赵禥问皮龙荣何在？贾似道惟恐起用皮龙荣，阴使党羽荆湖南路提刑李雷应弹劾，诬皮龙荣曾有“吾拥至尊于膝上”之语，再徙衡州。衡州为李雷应治地，自知难逃贾似道毒手，于途中愤恨饮药而卒。

皮龙荣精于《春秋》，有文集30卷。德祐元年(1275)冤案得以昭雪，复其官致仕。次年拟加追赠，未成而南宋亡。衡人在城北正街建祠祀之。文天祥称皮龙荣有“晏殊之学问，杨亿之文章，仲淹之声名，器之之气节”。

冯子振　字海粟，攸县人。南宋宝祐五年（1257）生。元大德二年（1298）登进士及第。曾任元朝集贤院待制，博学善文词。《元史·陈孚传》：“子振于天下之书，无所不记。当其为文，酒酣耳热，命侍史二三人润笔以俟。据案疾书，随纸数多寡，倾刻辄尽。尝著《居庸赋》，首尾凡五千言，闳衍巨丽，时争购而宝之。”明初宋濂也说：“海粟冯公以英词博学著名于世，下笔一挥万言，少亦不下数千言，真一世之雄。”他的著作《居庸赋》已不存，《海粟集》也已散失，《十八公赋》见存于《元文类》，单本印行于世的只有他在画传中所题的数十首诗和与中峰禅师唱和的《梅花百咏》。《梅花百咏》后编入清修《四库全书》。约卒于元延祐元年（1314）。

陈仁子　字同倩，号古迂，茶陵县腰陂镇东山村人。南宋宝祐元年（1253）生。景炎二年（1277）漕试中举，授登士郎。宋亡，绝意仕进，建别墅于东山，从事教育与刻书事业，人称“东山陈氏”。元大德七年（1303）私建东山书院（又称古迂书院），购置良田24公顷，田租作为书院办学基金。他边教学、边著述、边刻书。先后撰刻了《迂褚燕说》《诸儒议论》《韵史》《唐史卮言》《牧莱脞语》，镌刻了《考古图》《增补六臣注文选》《梦溪笔谈》《尹文子》《说苑》《叶石林诗稿》《文选补遗》《续文选补遗》等，共计550余卷。所刻《梦溪笔谈》《尹文子》，今北京图书馆珍藏，为海内孤本。撰写并刻印的《牧莱脞语》20卷和编辑刻印的《文选补遗》40卷。被收入《四库全书》。元至顺二年（1331）去世。

李　祁　字一初，别号希蘧翁，又号危行翁。茶陵县高陇镇龙集人。元大德三年（1299）生。元元统元年（1333）进士，授应奉翰林文学，改婺源州同知，迁江浙儒学副提举。时农民起义爆发，元朝统治岌岌可危。李祁归隐云阳山中，后又避入江西永新。明洪武初年，开礼乐馆，征聘儒宿，李祁力辞不赴。自号不二心老人。蛰居穷乡30年，吟咏不辍，诗作达1000余首，被誉为元、明之际湖湘诗人第一。后人编辑成《云阳集》，收入《四库全书》。明洪武五年（1372）逝世。

刘三吾　初名崑，后名如孙，字三吾，自称坦坦翁。茶陵县腰陂镇石陂村人。元皇庆二年（1313）出生。时农民起义蜂起，刘三吾避兵广西，授靖江教授，后迁靖江儒学副提举。明洪武元年（1368），明兵克广西，遂归隐故里，潜心著述。

明洪武十八年（1385），73岁的刘三吾由茹瑺举荐，“以文学应聘”入朝，授左春坊左赞善，后迁翰林学士。因其“博览善记，应对详敏，屡承顾问，悉多称旨”，朱元璋常向他请教治国安民之道、选贤任能之策，并委以刊定典章礼制及三场取士之法的重任。其间，主纂的《存心灵》《省躬录》《书传会选》《礼制集要》《寰宇通志》等御用典籍，深受朱元璋的赞扬，朱对其为御制《大诰》《洪范注》所作的序更为赏识，御批“理道精详，始终无疵，畅然哉，用。”当时，朝廷征召了一批称之为“经明行修，练达时务之士”的元朝遗臣和宿儒，“以备顾问”，其中被并尊为“三老”的刘三吾、汪睿、朱善所受礼遇最优厚，而刘三吾所受恩宠尤隆。

《明史·刘三吾列传》称刘三吾“为人慷慨，不设城府，……至临大节，讫乎不可夺”。正因为如此，他得罪了不少权贵，甚至皇上，险送性命。

明洪武二十五年（1392），皇太子死后，朱元璋召群臣于东阁门议立太子，对此立储大事，百官谁敢多言。此时刘三吾却挺身而出劝谏“皇孙年富，世嫡之子，子殁孙承，适统礼也。即立燕王，置秦晋二王何地？”朱元璋听后不答，大哭而入。后立懿文太子之子允炆为皇太孙。刘三吾因此“忤旨”，再次由翰林学士降为国子监博士。此时，他对宦途已心灰意懒。后其女婿赵勉“坐赃”处死，他即以避嫌为由奏请引退。获准致仕回乡。途经长沙时写下《得告致仕过长沙》一诗：“老夫今日到长沙，风送归舟日未斜。两岸青山如走马，一林红叶似飞霞。买鱼沽酒寻常事，抚掌长歌喜到家。八十还乡能有几，当时画锦亦堪夸。”但回家不久又被召还朝廷，官复原职。

明洪武三十年（1397）二月，刘三吾与纪善、白信蹈主持会试。所取61名进士均为“南士”，北方落榜诸生告“三吾等南人私其乡”。朱元璋为平息北方举子的不满，笼络人心，召见刘三吾，谕示他更改黄榜，取录几名“北士”以息风波。刘三吾据理力陈：“会试榜次已定，擢录者名副其实，不可更换。”朱元璋十分气恼，说其中有“私弊”并另委翰林院侍讲张信主持复阅全部试卷，又派锦衣卫暗中监视。刘三吾好友劝其向皇上认错，取几名“北士”。可刘三吾宁死不认错。张信复阅试卷后，认为并无“私弊”，如实奏报，说所取“南士”中最末一名也远远超过北方举子中的佼佼者。朱元璋大怒，竟罗织罪名，将纪善、白信蹈、张信等主考、复阅试卷的8名官员凌迟处死。85岁的刘三吾被发配戍边，连第一名进士宋琮亦遭遣戍。秋，朱元璋亲自主考重新会试，另行擢选的61名进士都是“北士”。后人称之为“南北榜”，又谓“春秋榜”，称此案为“南北榜糊涂案”。明惠帝朱允炆登基后，刘三吾再度被征召还京，复原职，主修《春秋大成》，明建文二年（1400）卒。

刘三吾著有《学业启蒙》《表忠发微》《正气知非》《化鹤》《坦斋文集》《斐然堂稿》等书，但多毁于火灾。仅有《坦斋文集》《斐然堂稿》《孟子节文》传世。《坦斋文集》后入《四库全书》。经他“大手术切割”的《孟子节文》，民国24年（1935）在英国伦敦国际展览会上展出。

易绍宗　攸县人，生于元末，为推翻元朝统治曾参加农民起义军。明洪武（1368—1398年）时，从明军北征，勇敢击敌，以功被任命为浙江象山钱仓所千户。

明建文三年（1401），倭寇剽掠沿海一带，人民惨遭其害，易绍宗义愤填膺，在墙上大书道：“设将御敌，设军卫民；纵敌不忠，弃民不仁；不忠不仁，何以为臣！”于是与妻子诀别，部署出击倭寇。秘密派遣游兵从偏辟小路烧贼船，在敌惊恐自救之时，率部乘势袭击，追奔逐北，杀伤甚众。后身陷海边泥淖中，还杀敌数十人，殉国。易绍宗牺牲后，其妻携带遗孤，将他为国捐躯的事迹报告朝廷。朝廷指示由国家祭奠安葬，并树碑表彰。

王　伟　字士英，攸县人，明永乐十六年（1418）生。明正统元年（1436）举进士，以庶吉士为翰林，旋任户部主事。明正统十四年（1449），瓦剌犯境，朝廷命他行监察御史权，募集军民防守广平（河北广平县）。嗣后调任兵部职方司郎中，得少保于谦赏识，升为兵部右侍郎。土木堡（河北怀来县）战役，英宗被俘，朝中众多文武官员主张投降乞和，南迁国都，放弃北方领土。他佐于谦力排众议，反对南迁，拥立景帝（英宗弟），奋力抗战，击败敌军。瓦剌被迫讲和，放回英宗。明天顺元年（1457），英宗复辟，废景帝，杀于谦，他被株连，免官放归。

明成化三年（1467），王伟被朝廷召回，复任兵部右侍郎。在任期间，曾上疏呈述二事：一为"勤政务"，认为"忧勤者图治之本，逸乐者弛政之端，人君一心之勤怠，天下庶政兴弛所系"；二为"专将权"，认为"……帝王命将征伐，往往假以重权，不从中制。……庶可以成大功而殄强寇"。

成化五年（1469），因病请归，行至山东济宁去世，终年52岁。所著《桐山文集》已散失；《桐山诗集》十卷，收入《四库全书》。

邹章周 字中石，清初时酃县（炎陵县）人。他17岁作《屈原赋》，很有名气。当时黄冈何某在县任职，偶翻阅《两京赋》《三都赋》，因字迹模糊，无法卒读，邹章周为他背诵，并一一书写，一字不讹，何称奇。他父亲谢拒仕途，闭门食斋，邹章周侍奉左右，极其周到。母亲病逝后，邹在墓侧搭一茅棚守孝，恸哭成疾。一过路道士为之感动，送给一丸丹药，服食即愈。邹章周参与过湖南省志编修，与县人周仕仪同修《衡郡志》《临武县志》《衡阳县志》。在《衡阳县志》将脱稿时病逝，时年72岁。还著有《蛩响集》《焚余草》《粕遗草》。

李东阳 字宾之，号西涯，祖籍茶陵县高陇镇龙集村。明正统十二年（1447）六月生于北京西涯。明洪武初年，曾祖父文祥在茶陵参加义兵，后为"金吾左卫"，以"戍籍"居住北京。祖父永兴曾任制造兵器的小军官。父淳，做过渡船船夫，参加科举考试名落孙山后，以教私塾为生，一直住在北京。

李东阳幼时父教甚严，4岁会写直径1尺的大字，在北京城里称为"神童"。明代宗于景泰元年（1450）、三年（1452）和五年（1454）3次召见，李东阳出口成章。代宗夸奖"是儿他日作宰相"，赐上林珍果及内府镪宝。后荐入顺天府念书。英宗天顺六年（1462）中举人。天顺八年（1464）取进士，授翰林院庶吉士。

明成化八年（1472）二月，陪同父亲回乡省墓，作生平唯一的一次故乡之行。南行北返，历时7月，所写诗、文，编入《南行稿》。

明弘治五年（1492），由左庶子兼侍讲学士进太常寺少卿，礼部右侍郎。明弘治八年（1495），直文渊阁参预机务，后进太子少保、礼部尚书兼文渊阁大学士。参预内阁机务18年，其中实际行使宰相职15年。弘治十七年（1504）四月，奉命前往山东曲阜孔庙祭祀。回京后，将沿途见闻写成《通达下情》的报告，叙述民间疾苦，阐明在上者通达下情、不受蒙弊的重要性，为孝宗采纳。东行诗、文编为《东祀录》。

时称他与刘健、谢迁为"三公"。《明史·谢迁传》中赞扬"李公谋、刘公断、谢公尤侃侃"，皇帝不直呼其名而尊称先生。弘治十八年（1505），孝宗临终前一天，召“三公”入乾清官，以太子相托，诏命三人辅政。明正德元年（1506）十月，朝廷官吏联名请诛武宗宠信的太监刘谨，未成，“三公”上疏辞官。武宗罢免刘、谢，独留李东阳。一些人对李东阳“因循隐忍”的政治态度有所非议，投寄“回首长沙芳草绿，鹧鸪啼罢子规啼”的诗句，讽刺他留恋相位，劝其早日辞政还乡，李东阳一笑置之。他利用刘瑾表面上的礼敬，周旋内阁，使刘健、谢迁、刘大夏、杨一清等一批重臣免遭杀害，一批百姓免受牵连。

《明史·李梦阳传》载：“弘治时，宰相李东阳主文柄，天下翕然宗之。”他的政治地位和“以诗文引后进”的主张，使许多有文学才能的人环绕在他周围，形成以他为领袖的文学流派，史称茶陵诗派。其成员多为同年进士、翰林院同官和门生。还有储罐、汪俊等，主要在弘治、正德年间活跃于诗坛。茶陵诗派活跃于“三杨”（杨士奇等）为代表的台阁体之后，“前七子”（李梦阳等）为代表的复古派之前，结束了台阁体的统治，开辟了“真诗复生”的局面。沈德潜在《明诗别裁》中写道：“永乐以后诗，茶陵起而振之，如老鹤一鸣，喧啾一废。”茶陵诗派强调诗歌要有比兴，要表现真实的情思。李东阳说：“诗有三义，赋止居一，而比兴居其二。所谓比与兴者，皆托物寓情而为之者也……此诗之所以贵情思而轻事实也。”这比“兴象不存”的台阁体前进了一大步。在他的创作实践中，继承了唐宋以来的现实主义传统，写了不少有关国计民生的诗作，或吟咏祖国山河，洋溢着真情实感。但由于地位和经历所囿，并未完全摆脱台阁体影响，却在“导源唐宋”方面，成为前七子的先河。他在《春雨堂稿》序中说：“近代之诗，李杜为极。”后来，以李梦阳为首的前七子提出“诗必盛唐”的口号，明显受到李东阳的启发。明代中叶，以王世贞为首的后七子掀起复古主义的狂澜，淹挤了李东阳和茶陵诗派的领导地位。明末，钱谦益、程孟阳等有名的文学家“又复理东阳旧说”“论诗则推茶陵”，茶陵诗派又曾“复开生面”。

《明史·李东阳传》称：“朝廷大著作，多出其手。”弘治初年（1488）负责最后校正《宪宗实录》（293卷），弘治年间担任总裁主编《大明会典》（180卷），正德初年（1506）主编《孝宗实录》（224卷）。他的文学著作，集中收编在《怀麓堂集》100卷中，包括诗文90卷，杂记10卷。

明正德五年（1510），刘瑾被处死，武宗继续宠信宦官佞臣，荒淫无度。李东阳一再上疏极谏，未被采纳。眼见政局无法挽回，坚决要求引退。明正德八年（1513）辞政家居。在家常与门生、故吏议及国事，忧国忧民之心不变。门生陆深诗曰：“白发门生思往事，每看忧国泪双涟”。明正德十一年（1516）七月二十日病逝。葬北京城西宛平县畏吾村。赠太师，谥文正。

廖希颜 字叔愚，号东雩，茶陵县秩堂乡东首村人。明正德四年（1509）生。明嘉靖十一年（1532）进士，任高安知县。任期，整顿户口，设常平仓，修筑堤防，民得其利，迁工部主事。因护驾有功晋升郎中，又因刚直，与国公郭某产生嫌隙，但皇帝嘉奖其诚恳，加俸迁山西提学道。后讲学河汾书院，人们以范仲淹视之。并于暇时考察云代至延绥沿边武备，著《三关志》4图10卷，甚得边防要备，军事价值大，后入《四库全书》。迁浙江按察使，积极御倭。明嘉靖二十七年（1548），以劳累在任上病逝。著有《东雩诗集》《思复堂诗文集》等。

张 治 字文邦，号龙湖，茶陵县秩堂乡毗塘村人。明弘治元年（1488）生。幼聪慧，5岁能写大字，知州董豫赏识，补州学生员。督学张文定赞为“前代文豪刘三吾、李东阳再世”。明正德十一年（1516）中举人，十五年（1520）中进士，由庶吉士授编修。嘉靖初，因不满时政，心念八旬老母，借病弃官家居。明嘉靖四年（1525），编修《茶陵州志》，系茶陵存刻的第一部地方志。越13年再起，毅然以辩邪正、明黜陟为己任。历官南京吏部侍郎、吏部尚书。持身方正，刻意汲引善类，铨政称善。2次主持南京会试，2次主持京师会试，皆称得人，归有光、杨继盛皆其所得之士。后以礼部尚书兼文渊阁大学士参与机务，加太子少保。博学有文词，明习典故。入阁后锐意振刷，但因严嵩擅权，悒悒不得志。嘉靖二十九年（1550），最后一次主持会试时，命题“权臣不可有，重臣不可无”，切中时弊。同年卒，谥文隐。隆庆元年（1567），诰曰太子太保礼部尚书文渊阁大学士，改谥文毅。文章为文人学士所崇尚，有《龙湖文集》传世，并曾编修《明伦大典》，纂修《长沙府志》。

刘应峰 字绍衡。茶陵县洣江乡人。明嘉靖三十五年（1556）举进士，任南昌知县。其时，南昌为省府所在地，号称难治。他均粮赋、省徭役，民赖以安。累官吏部主事、郎中，迁江西省参议、广西参议、云南提学道，所至均有贤声。以养亲致仕归，潜心研究理学，建旌忠书院以培育士子。著有《衡云山集》《辅仁会规》等书传世。

刘 稳 字朝重，号仁山，炎陵县人，明正德十三年（1518）生。刘稳幼时学习《春秋》《易经》。16岁授博士弟子。嘉靖二十二年（1543）中举人，三十五年（1556）中进士，三十八年（1559）任命为南京兵部主司。任职期满升为广东按察司佥事。旋又任命为南韶兵备道。其时，南韶奸商借盐禁之机挑拨，煽动乡民造反，刘稳单骑前往劝解，乱平后被升为副使。任期因病回家休养，先后在明经书院、龙雁书院讲学。不久又协助广东督府平定朱良宝叛乱，因战功官至南京太仆寺少卿。明万历三年（1575）病卒于行署。著有《山房漫稿》《粤政纪》《二南猺训》《易经折衷》。

罗 熙 字子元，号兰畹，明末时天元区马家河镇人。少时勇气绝伦，据传他家有2石狮各重数百斤，他可双手并举，面不改色。又常白马素衣，手执一鞭。与一群儿童相约，各以竹竿染黄泥，罗熙策马而过，有能污其马和衣者，奖百钱。群儿竞相投之，百数十次，终无一能中者。罗亦好读书，常以忠义自许。明崇祯时，先随何腾蛟转战湘桂，累建战功，升为广东游击，授安远将军。后随南明桂王入云南。为保护桂王，他每次率部殿后，奋力抗敌，曾数次使桂王转危为安。于是被提拔为锦衣卫副总兵，晋授奉国将军，专负保卫桂王之责。清顺治十六年（1659），清军攻占云南，桂王走入缅甸，罗熙因居后，为清兵冲阻，未能随桂王入缅，所部亦皆逃散，乃只身携印章从小路还家，其时夫人和二女，皆死于兵难。乃削发为僧，隐居于法源寺。而心仍念明朝，思欲为之死节。归家之初，常手持印章相对而泣，及为僧方止。不久，闻桂王被擒，被吴三桂杀害于云南。乃丧服痛哭三昼夜，埋其印章投湘江沙头潭而殁，家人求其尸不得，于其故居为衣冠冢以作纪念。

因他的事迹感人至深，于是诗人作诗悼念之，起而和者数十人，咏诗数百首，汇集成《兰畹流芳录》，其集已遗失，今见于罗氏族谱者仅有五律7首，其第一首云："总结南明局，从容就义人。血凝袍上泪，气尽马头尘。披衲多同志，怀沙岂后身。欣逢南董笔，独鉴锦衣臣。""怀沙岂后身"，即表彰他为爱国诗人屈原的继承者。又有"兰畹同梅岭，馨香羡两臣"，则认为他的节义，可与史可法共馨香。

洪云蒸 号紫云，明万历八年（1580）生，攸县漕泊乡人。洪少时师事江西安城（莲花县）刘泸潇先生。喜读《王阳明文集》。为发扬儒学，万历三十四年（1606）在家乡创建金仙书院，邀集吴楚名儒讲学。万历三十八年（1610）进士，四十三年（1615）做许州通判时，增修学宫，讲学西湖书院，力辟佛、老。四十四年（1616）在昌平州学正任内，捐钱扩大学校规模，每月到校讲学3次。

洪云蒸对魏忠贤等权奸持反对态度。在治道上，他认为"备边宜以能战为守，饷不可吝以困军，文武将臣必择人久任，重其权勿使中制。"后任广州知府，任内积极筹备兵饷，设置常平义仓，反对贪污兵饷和向富商索贿。

洪在广东镇压农民起义军钟国让、李之奇部后，迁岭南道副使，对农民起义军采用"剿、抚"结合的策略，分化瓦解，予以镇压。迁广西参议、湖西道参政、岭东按察史。明崇祯七年（1634），当刘香佬率渔民起义军进攻海丰时，为缓兵计，他赴起义军营进行"招抚"。被拘留后，故作镇静，每日读《易》赋诗，表示没有其他意图。但暗中与总督熊文灿、福建守将郑芝龙联系，促其"进剿"。不久，郑芝龙率部到达，广东军队也来"会剿"，洪云蒸站在船头大呼："速速进击！"刘香佬将他一刀推落水中而死。死后追赠右副都御史。

洪云蒸著有《易说评驳》《许州语录》《广州运甓斋启草》《小影诗集》《紫云文集》。

谭希思 字子诚，号岳南，茶陵秩堂乡毗塘村人。明嘉靖二十一年（1542）生，明万历二年（1574）登进士。历任万安、永丰知县，皆有患政。迁南京御史，上疏大事，皆有关戚畹、内臣等权贵，人所不敢言。帝怒，谪外任。次年，迁主事，后任郎中、尚宝司丞、大理寺丞、顺天府丞，皆以廉政著称，擢佥都御史，巡抚四川。当时播州反谋初露，朝议主剿，唯他力主安抚。他认为：以全蜀之兵压一州，固然易事，但不忍荼毒数万生灵以邀军功。帝纳之。他以理学治蜀，诸弊剔除，授中宪大夫，致仕归，纵情山水，研究理学。纂《明大政纂要》63卷，著《四川土夷考》4卷，后均入《四库全书》。戏曲作家、文学家汤显祖有《送谭侍御归茶陵》诗。明天启三年（1623）卒。

廖仲威 广东兴宁移民，生卒年不详。清雍正初，廖于醴陵县北沩山发现瓷泥矿。雍正七年（1729），向寺僧智慧赁山采泥，并约同乡技工20余人创设瓷厂，招工传艺。为醴陵粗瓷之创始者。廖仲威等为先师樊进德（明朝人）建樊公庙于沩山，每开窑必祀，沿袭至1956年。

瓷厂以手工做坯，阳光晒坯，松柴为燃料，龙窑烧制。产品以碗、碟为主，次为壶、酒盏、羹匙、罐、坛、钵、灯座等粗瓷。产品销往全国一些大中城市。后逐渐发展提高，成为醴陵主要产业。

彭维新　字肇周，号石原，茶陵县秩堂乡人。清康熙十九年（1680）生。康熙四十五年（1706）进士，选庶吉士，授编修，转翰林院检讨。迁赞善、谕德。乾隆九年（1744）、十五年（1750），2次主持陕西乡试，督学山东、浙江，均称得士。擢少詹事，出任直隶、河南按察使、浙江布政使，奉查江南积欠钱粮，一一得实。继以侍郎衔署江苏巡抚。奏免民欠，校准和改制漕粮量器，赈济江北水灾，救活数十万人；查办积案，剔除奸顽，深得民心。清雍正九年(1731)升左都御史，十年（1732）兼署户部尚书，十一年（1733）以协办大学士署刑部尚书。持身廉洁，清操毅然，不畏权贵，4次被贬斥，但屡踬屡起。历官礼、吏、刑、户4部侍郎，户、刑、兵3部尚书，4授左都御使，2授协办大学士。又任三礼馆总裁、经筵讲官，皆受嘉奖。后辞官回归故里，以著述自娱。居乡19年，于清乾隆三十四年（1769）卒。著《墨香阁文集》13卷。

罗云皋　字天闾，一字开九，号西塘，天元区马家河镇人。清康熙六十年（1721）十月生。少时才华出众，出口成章，名噪一时。一日，云皋至清水塘，一长者出联求对。其联云："清水塘，清钱打清酒，清清楚楚。"云皋随口对云："大石桥，大人办大事，大大方方。"

罗云皋与罗典同为清康熙至乾隆时代人。于族谊为兄弟。罗典出长沙岳麓书院时，闻其贤，乃亲到乡间访问。在马家河大石桥边相遇，时田中荞麦正旺，罗典出联请对，其联云："风吹荞动桥不动"，罗云皋见路旁有桑树，乃即对云："日晒霜溶桑未溶。"罗典闻之大喜，因问其所学，乃知其好周易；醉心于溪洛关闽之学。于是邀请他去岳麓书院讲学，罗云皋如约赴岳麓时，罗典派一些高才生去湘岸迎接。诸生见他布衣徒步，相貌朴拙，有轻视之意，及与之唱和，题咏数日，得诗200余首，才思不竭。由是诸生大为敬佩，以是闻名国中。罗典向乾隆推荐其才。一日，乾隆召见，罗典陪同罗云皋上殿。乾隆因问：你如何"徒进师未进"。罗云皋初见皇帝，不免有些拘谨，一时瞠目不知所对，罗典无奈，只好引其退殿。刚出殿门，罗云皋叹曰："时乖命不乖。"罗典深为惋惜道：适才皇上问，你为何不这样答？自此，罗云皋终生不仕。惟博览群书，穷探学术，以育人为志，讲学于西塘之阴，其学生多有高中者。以史书繁博，学徒不能尽识，乃仿南北朝史例，删繁择要，抄为280卷。敏于诗，每一提笔，或数十韵，或数百篇，思如泉涌。遗稿《梅花百咏》《题桃花扇》100余韵可以概见。

罗云皋性旷达，慷慨好施，不论贫交疏族，有困难竭尽力扶助，毫无吝啬。即使家中衰落，也不变其义举。清乾隆五十六年（1791）卒。著有《西塘草》《学古初稿》《周易补义》及《明史指掌录》《史约偶评》等著作，已散佚。今湖南省名人资料中心尚存《西塘草余稿》4卷和诗集2本。

周　焘　字迪循，号桐圃，清康熙四十七年（1708）年生，茶陵县枣市镇岩口人。清乾隆元年（1736）中湖南乡试第十一名举人。乾隆四年（1739）登庄有恭榜进士，选为庶吉士。乾隆十年（1745）授翰林院检讨。乾隆十二年（1747）任国史馆纂修。次年十月任广东道监察御史，不久改任山西道监察御史，奉旨稽查大同粮仓，一次弹劾贪赃枉法者数十人，得罪了不少权贵和地方官员，后来被谪贬为吏部郎中。乾隆十五年（1750）任广东乡试主考官。乾隆十九年（1754）任吏科给事中。后因厌恶官场阿承曲迎，辞官归乡。乾隆二十一至二十四年（1756—1759）先后执掌洣江书院、岳麓书院和常德郎江书院，湖广名士多出其门。善为诗，曾受业于彭维新，著有《爱莲堂集》传世。乾隆四十七年（1782）卒。

罗 典 字徽五，号慎斋。天元区马家河镇高塘村人。清康熙五十七年（1718）生。罗典自幼聪明好学，才思敏捷。7岁入私塾读书。清乾隆十二年（1747）乡试第一名。清乾隆十六年（1751）进京会试进士，授编修，转江南道监察御史。历任吏、工二科给事中，擢鸿胪寺少卿。清乾隆二十一年（1756）为丙子科河南乡试副考官，二十四年（1759）为己卯科顺天乡试主考官，二十七年（1762）为壬午科河南乡试主考官，二十八年（1763）为癸未科会试同考官，三十年（1765）督四川学政。罗典入川时，恰逢阆中令治狱不平，生童不服，群起聚诉。保宁知府即要镇将发兵逮捕百余人，城中民众对此极为气愤。罗典到任时，许多生童和百姓拦路申诉。罗典乃出告示要民众安心，静候处理。于是以檄文向知府提调生童应试。知府派镇将出面见罗典，以纵叛相恐吓。罗典说：若诸生果然反叛，你不上报朝廷仅凭知府一张牒子就发兵捕人，我将要上告。现在只要你放出诸生，等他们考试完毕，再要他们归案就是了。知府无奈，只好将人释放。一场风波就此平息。时人称罗典办事“敏决静镇”。

罗典主持学政，不纯评论诗文优劣，而主要在培育人才，每于试前召集诸位学生讲学、试毕复行规劝教诲。外出巡视，闻私塾读书声，即往视察，并常开导人说：教师育人之道，贵在以亲爱和洽的方式去启发人，不能用官场那一套。罗典性刚介廉洁，任工科给事中时，有部属冒领肥私，以银3000两贿罗典，罗典不纳，并痛加惩诫。后皆按款核销，再无人虚报冒领。

清乾隆四十七年（1782），因母老，罗典辞官回乡，先在武陵主持朗江书院5年，后又主持岳麓书院27年，教人治学以坚毅为要，力求读书明理，兼通时务，经他培养的学生中显达者数百人。罗典为人刚直不阿。嘉庆戊午年（1798）湖南乡试，考官舞弊，把罗典的学生彭莪取第一名的试卷，改为湘潭大盐商的儿子傅进贤的名字，被罗典揭发。傅家慌忙许彭莪银万两，巡抚姜晟也许彭莪为纳捐道员，请掩盖其事。罗典坚持不肯，秉公上奏，结果考官与傅进贤均判死刑，姜晟也受革职留任处分，震惊朝野。书院学租收入，除为学生办理膏火外，全用于修建书院斋舍。清嘉庆十二年（1807）无疾而终。著有《凝园读书管见》《凝园诗钞》《罗鸿胪集》等书。

萧锦忠 号史楼，茶陵县下东乡东山坝人，清嘉庆七年（1803）生。道光三年（1823）州试拔冠，以优等廪生入岳麓书院。道光十二年（1832）中湖南乡试第九名举人，后选为爱新觉罗（皇家）教习。道光二十五年（1845）殿试第一名，为状元，授翰林院修撰（正六品）。不久，皇太后古稀寿辰，道光皇帝命令朝廷官员和新科进士撰写寿联，以纪盛事。萧锦忠撰写长联志贺。其长联是：“元后嬗聪明，二百载继继承承，顺天心，康民物，雍和其德，乾健其身，嘉惠溥群生，道德昭羲农尧舜；维皇臻福寿，亿万年锦锦翼翼，治功懋，熙绩勋，正直在朝，隆平在野，庆云辉五色，光华联日月星辰。”这一长联将清朝历代帝号：顺治、康熙、雍正、乾隆、嘉庆、道光全部嵌入，从立意到句式，均工整、对仗，从文辞到书法，均精彩、精湛，博得满朝文武百官的称赞和道光皇帝的赞许，一时名噪京城。不料，因以一“群”字，被奸臣诬为“君”“羊”并立，“辱没皇上”，道光皇帝一闻此言，顿时勃然大怒，诏令午门斩首。幸亏肃亲王既对萧錦忠旷世之才非常器重，又对萧錦忠所犯“欺君大罪”抱不平，向皇帝进言：“老祖宗的《康熙字典》有此写法，并注解为五经文字，群俗作羣”。这才使萧錦忠避免一场杀身之祸。经此一击，原来“须眉有骨凌山斗，肝胆无根树古今”的抱负化作烟云。

尔后，以小弟浚明、文振相继去世，需赡养老母为由，辞官回乡。居家后主讲洣江书院，工于书法、诗词。不论官员、百姓，凡需要者，有求必应。体现了“乐而无怨，和光国尘”的处事态度，被称为“风流才子”。咸丰四年（1854）去世。卒后，诰赠承德郎。著有《舆地汇参》《孺庐集》《自然斋时文辞赋集》《分类文选》传世。

郭松林　字子美。株洲县雷打石镇人。清道光十三年（1833）生。清咸丰二年（1852）十一月入湘军。咸丰三年（1853），随部在南岳一带作战，屠杀农民起义军。咸丰四年（1854），参加罗泽南部敢死队由湘奔南昌，支援清军，得到罗的器重，呈报曾国藩，受曾的嘉奖。咸丰六年（1856），他率兵转战江西各地，先后攻克安福等十余处城镇，后克吉安等地由把总提为守备。咸丰十年（1860），随曾国荃部围攻安庆太平军，在小池驿战胜陈玉成部，在集贤关与太平军鏖战数日。翌年，击败太平军侍王李世贤部援军。后领兵独立作战，攻陷安庆后，升游击。旋随湘军长驱东向，连占庐江、无为州、运漕镇及沿江各要隘，得保为参将。

清同治元年（1862），郭从湘军转入李鸿章淮军，升副将。时国洋枪队镇压清浦太平军，郭率军协同作战，抢先攻下清浦城池。同治二年（1863），会合英国人戈登攻陷太仓，进占茜泾、支塘、昆山、新阳，升总兵，加赏二品封典。后随清军进攻江阴、无锡太平军援军，郭奉令为先锋，毁太平军营垒，邀赏加提督衔。在进攻无锡战中，双方相持不下，郭率轻骑从小路突击，袭占无锡城，邀赏头品顶戴。开始统松字 2 营，后增至 8 营。同治三年（1864），协同刘铭传、戈登等军连陷太平军于宜兴、溧阳、常州、常熟、丹阳，授福山镇总兵，赏穿黄马褂。随后进入浙江，攻占湖州等地，邀赏云骑尉世职，署理福建陆路提督。同治四年（1865），率部从海路抵厦门，会同各军围攻漳州、漳浦太平军李世贤部，攻陷堡垒，太平军退走广东，郭松林到江苏，得假 4 个月回籍探亲。

同治五年（1866）初，捻军从河南进入湖北，郭松林受湖北巡抚曾国荃奏调之命赴鄂镇压。首战应城和云梦县捻军，后抵安陆臼口，遭捻军伏击，受伤 10 余处，被部属救出。伤愈后，复入李鸿章营，独领一军，改松字营为武毅军。时东捻军赖文光部退到山东寿光，郭率部追击，在弥河大败捻军。十二月，在扬州瓦窑铺击灭东捻军。同治七年（1868），西捻军领袖张宗禹率部由陕西、山西履冰渡河，郭奉李鸿章令驰援，与西捻军激战 16 昼夜，在沙河与潘鼎新会攻，西捻军覆灭，张宗禹投水自尽，郭被赏穿黄马褂，封一等轻车都尉。同治八年（1869），被调补湖北提督。同治九年（1870），任直隶巡抚李鸿章麾下直隶提督。清光绪六年（1880）病逝。

黄彭年 字子寿，世居醴陵市枫林市乡。清道光二年（1822）生。清道光二十七年（1847）进士，选翰林院庶吉士，授编修。

清咸丰初，随父黄辅辰赴贵筑办团练。继将苗、汉丁壮混合编团，镇压起义农民。清同治元年（1862），四川总督骆秉章统兵防堵、围剿入川石达开部太平军，黄彭年应聘参赞军机有功，骆拟上奏擢升，黄力辞保荐。清光绪八年（1882），授湖北襄郧荆道，又署粮道。时有会党活动，黄彭年采用内部分化招抚与外施军事清剿两手，镇压会党。

清光绪八年至十年（1882 — 1884），黄彭年拒收武当山住持奉送八百金，屏绝僚属馈赠，禁止胥吏需索，停工程局摊捐，查禁烟毒。年余结京控案40余起，平反大狱10余起，督促承审官断结积案数百。光绪十一年（1885），任陕西按察使、权布政使，整顿保甲，行连坐法，镇压会党残部，诛杀数十人。光绪十三年（1887），滨临渭水的长安县西北60余村，因水决堤堰，淹没20余千米。黄彭年捐廉、筹款赈济并修复堤堰。继任江苏布政使，值大旱，黄减低漕粮折价。光绪十五年（1889），护理巡抚期间，惩治贪污，敦倡俭朴；募集救灾赈款数十万缗；请以赈余30万缗整修吴淞口、白茆河、蕴藻滨等工程。光绪十六年（1890），调湖北布政使，随迁巡抚，到职2月，卒于任所。

黄彭年著有《畿辅通志》《东三省边防考略》《历代关隘津梁考存》《金沙江考略》《铜运考略》《明代冠服图志考略》《道德经集解》《紫泥日记》《陶楼诗文集》等传世。

谭钟麟 字文卿，茶陵县高陇镇石床村人。清道光二年（1822）生。清咸丰六年（1856）进士，由庶吉士授翰林院编修。咸丰十年（1860），任会试同考官。清同治元年（1862），任湖北乡试副考官；二年（1863）十一月，补江南道监察御史；四年（1865）十二月，授杭州知府，以恤流亡、理狱讼、清赋税为务；六年（1867）冬，署杭嘉湖道，督治海塘，疏通长安河被称道；七年（1868），擢河南按察使；十年（1871），授陕西布政使，次年正月护理巡抚事。时值回、汉民族不和，汉民禁止回民出城，谭钟麟开放禁令，劝导回、汉民不得相仇。同时，兴义学，立书局，浚郑白渠，教民种桑养蚕纺织，陕西“谭公绸”由此而来。清光绪元年（1875），擢陕西巡抚；三年（1877），陕西大旱，谭钟麟将依社仓法积谷数万石，赈济灾民，并严治囤积私吞积谷者，有惠于民。五年（1879）八月，调浙江巡抚，加兵部尚书衔，核实漕平，更定厘税，商民称便；筑炮台，修海塘，重建文澜阁，保存高宗所赐四库书，著称一时。七年（1881）八月，迁陕甘总督，立官车局，以供转运；罢苛捐浮税，减轻百姓负担。十四年（1888），因目疾离职回家治疗。十七年（1891）四月，以尚书衔补吏部左侍郎；八月，兼署户部左侍郎兼管三库事务。十八年（1892）三月，署工部尚书；五月，授闽浙总督。二十年（1894）正月，加太子少保衔；七月，兼署福州将军。二十一年（1895）四月，调两广总督。时粤境多年来盗匪不断，赌风尤甚。谭钟麟至任，以为赌风为盗源，不禁赌则盗匪难止，而官征赌款，尤伤政体，乃罢赌饷，封赌馆。但不得行其志，乃以病乞归。三十一年（1905）卒，谥文勤。

龙汝霖　号润生。攸县槚山人。清道光二十六年（1846）举人，由教习历任山西曲沃、高平，江西安远、铅山等县知县，升为直隶州知州。

龙汝霖任山西曲沃县知县时，当地百姓苦于徭役太重。汝霖体察民情，将徭役均摊于田赋之中，公务既没废弛，百姓的负担却得到了减轻。

在高平任职时，因高平百姓多弃农经商，农业生产不振，他特刊印《农桑辑要》一书，劝民务农桑，解决衣食问题。当地百姓喜赛神，每年为此耗费万金，他严加禁止，并着令将用于赛神的钱设义塾（不收学费的学塾）117 所，使穷人子弟也能入学。当地还有厚葬陋俗，穷苦人家死了人，无力营葬，致有 5 万多付灵柩停放多年未葬。他极力劝谕，打破厚葬陋俗，主张节俭办丧事，使停柩得以安葬。

龙汝霖一生勤政爱民，对上司却刚正不阿，敢于抵制。布政司文某过境，其仆从索取贿赂，龙汝霖不给，该仆从便将馆舍的器物掳去。龙汝霖发觉后，派人追赶，搜回原物。巡抚沈某介绍一人请他录用，他知此人吸鸦片，不拟用。便对巡抚说："我用人有两个条件：即不赌博，不吸鸦片，如合乎这两个条件，我当遵命录用。"巡抚自知不合条件，就不再说了。湘潭王闿运有诗赞扬龙汝霖："戆搜文布政，狂斗沈尚书。"就是指的这两件事。

龙汝霖擅文学，尤以诗见长，名重当世，与武冈邓弥之兄弟等并称为"湘中五子"。著有《坚白斋诗文集》8 卷及日记等。

近现代人物

马福益　原名福一，又名乾。清同治四年（1865）出生于湘潭县碧水湾佃农家，后迁居醴陵均楚瓦子坪，务农。

马福益幼年常听父亲马大良讲述清王朝统治者残杀人民的往事，萌发反抗清廷念头，认为"既是要死，何不聚众反抗？"

马福益为人正直、果敢、善辩。遇邻里争端或不平事，即出面干预，且处断公平。曾在雷打石石灰窑做工，后入哥老会，不徇私情，按会规办事，会众倾服。后赴渌口镇谋生。渌口有赌窑十数家，多为会党首领开设。流氓、地痞、盗贼、小偷麇集，屡起事端，商民深以为虑。马福益邀请各邦首领，商定条规，秩序得以维持。市民纷纷加入所属会党。

光绪十七年（1891），马创立会党山堂"回仑山"，开堂收徒近万。自任总统，委谢受祺、郭福、何士才、尹庆廷分任东西南北四路头目，势力遍布醴陵、湘潭、浏阳等地，远及江西、湖北等省。光绪二十年（1894），有徒众数万，由闽、赣、湘、鄂四省"洪江会"推为领袖。成为清末湖南省势力影响最大的会党首领。黄兴派刘道一携亲笔信至湘潭，策动马福益共举大义。光绪三十年（1904），黄兴与马福益、刘揆一密会于湘潭茶园铺矿山岩洞中，谋划推翻清王朝大事，商定次年十月初十慈禧太后 70 寿辰时在长沙起义；推黄兴为主帅，刘揆一、马福益分任正副总指挥；省城以武备学堂学生联络新旧各军为主，省城外以会党为主，五路策应。马福益拟定各路会党负责人，并组成浏阳醴陵军、衡州军、常德军、岳州军、宝庆军。由华兴会向各路派遣指挥和监军。黄兴派刘揆一赴浏阳普迹，主持授马福益少将衔仪式。赠送长枪20支，短枪40支，马40匹。待大批军械运到，即如期起义。

华兴会哥老会活动频繁，引起官吏注意，会党头目何少卿、郭鹏卿、萧桂生、游德胜先后在湘潭、醴陵、长沙等地被捕，事机尽泄。黄兴潜逃上海，马避走广西，起义未成。

光绪三十一年（1905），马福益由广西返湘，图谋再举，三月初八在萍乡江口被清兵捕获，三月十六日在长沙浏阳门外英勇就义。

杨卓霖 又名恢，字公朴，醴陵市枧头洲乡人。清光绪二年（1876）生。好武，喜读兵书及战争稗史，常与乡间会党交游。

光绪十九年（1893），入清军江南福字营当目兵。次年，参加中日甲午战争。光绪二十六年（1900），任张春发营武卫左军队官。开赴京津，抗击侵华八国联军，在张家湾战役中，奋勇当先，亲手刺死日军骑兵斥侯，左足受枪伤。2年后，入南京将备学堂。光绪三十年（1904）时，德国无理要求划南京狮子山为租借地，两江总督周馥拟允诺，苏沪人士集议反对，杨激于爱国热忱，慷慨陈词，谓“国家土地，不可以尺寸与人，否则以卖国论罪。”首倡刺杀周馥，常携手枪外出，准备相机行事。事为周馥所闻，欲致之死地，租借之议遂寝。故交陶森甲，劝杨勿作无谓牺牲，并资助东渡日本，先后入铁道学校与神田区高等警监学校。常至横滨，从粤人李植生学制炸药、炸弹。

光绪三十一年（1905）秋，由黄兴介绍入同盟会。后，杨介绍数百人入同盟会。杨所论军事问题深为孙中山称许。冬，日本政府循清廷之请，颁布《清国留学生取缔规则》。杨与姚宏业、宁调元、陈天华等组织反对“取缔规则”斗争，鼓动留学生回国革命。陈天华在日本投海殉国后，杨乃迁居横滨，继续研习制造各种炸弹及使用方法。

光绪三十二年（1906）夏，杨闻姚宏业忧愤投江死难，遂返国，在南京、上海等地活动。萍浏醴起义爆发，杨卓霖在南京运动军队、会党响应。起义失败，杨偕同李发群、廖德璠携炸弹至扬州联络会党，并谋刺两江总督端方。因混入会党之督署密探告密，杨等3人同在扬州被捕，押解南京。

光绪三十三年（1907）一月，端方派要员审讯，杨慷慨陈词：“我是革命党，尝阅欧州历史，知中国非实行政治革命不足以救亡，法国卢梭云：‘不自由毋宁死’。佛家云：‘众生一日不出地狱，即余一日不出地狱’。白种迫我黄种，杨卓霖立志保种救国，是非俟千百年后史家评论。”端方亲自审讯，杨且骂且起，掀翻案桌！慨然道：“我志不遂，死耳，天下岂有畏死杨卓霖耶！”三月二十日在南京东市英勇就义。县人潘晋等收葬于南京。民国1年（1912）2月，南京临时政府在南京玄武湖原端方私宅建烈士祠，祀殉难烈士杨卓霖等，后改葬长沙岳麓山。

宁调元 字仙霞，号太一，曾化名林士逸。醴陵东富镇人。清光绪九年（1883）生。幼受业于刘师陶。稍长入渌江书院，从院长吴德襄习训诂、考据。光绪二十九年（1903）闰五月，入长沙明德学堂第一期速成师范班。受教师黄兴、周震鳞、张继等思想影响，加入黄兴等组织的革命团体“大成会”“华兴会”。光绪三十年（1904）九月，华兴会筹划长沙起义失败后返回醴陵，倡办渌江中学。次年夏，赴日本早稻田大学学法学，参与反对日本政府颁布《清国留学生取缔规则》的斗争，主张全体留日学生回国，以示抗议。

光绪三十二年（1906）一月，与姚宏业等在上海创办中国公学，接纳归国学生。不久回醴陵主持渌江中学校务，暗中与洪江会首领李香阁、龚春台联络，从事反对帝制革命活动。夏，加入同盟会。将陈天华、姚宏业灵柩从上海运回长沙，与禹之漠等首倡公葬烈士遗骨于岳麓山，遭湖南地方当局和豪劣迫害，逃往上海。八月下旬，孙中山自西贡至日本途中，船泊吴淞口。他与陈其美、秋瑾等上船会见孙中山，共商大计。后与傅熊湘等在上海创办《洞庭波》杂志（后易名《汉帜》），针砭时政，宣传革命；撰文揭露王公贵族的腐败无能和卖国行径，批判梁启超“革命可以召瓜分”等谬论；主张采取革命行动推翻帝制。遭两江总督端方缉捕，再次逃亡日本，任《民报》干事。冬，萍浏醴起义爆发，宁调元受孙中山、黄兴委派回上海与秋瑾、陈其美、杨卓霖等商议在湖南、江苏、浙江等省分头发动起义。回到湖南时，萍浏醴起义已经失败，只得折回上海。途径岳州时，被清军水师截捕，押解长沙监禁。

光绪三十三年（1907）春，委托刘谦、李隆建联络在湘同盟会员，重建同盟会湖南支部。次年。爱国诗人陈去病、高旭、柳亚子等在上海发起成立革命文学团体“南社”，致书宁调元。宁欣然应允，并在狱中撰写《南社序》，主张诗人作品应反映时代，揭露清王朝的腐败统治。又致书《民报》编辑章太炎，劝其以团结为重，顾全大局，不要辞去编辑职务，以免内讧，继续办好杂志。在狱中还以“此身一日尚存，即不可一日不致力于学”自勉，自订运动、读书、习字、作文四者为日课，持之以恒。狱中3年，共读书2000余种，作诗填词600首，是一生中文学创作最旺盛时期，人称“囚徒诗人”。

清宣统元年（1909）冬，宁调元经各界人士和亲友多方奔走、周旋，由谭延闿、龙璋等人联名具结，保释出狱。次年二月，应聘为北京《帝国日报》总编辑，刊文抨击时政，宣传革命。宣统三年（1911）八月抵上海，恰逢武昌起义爆发。改赴湖南，都督谭延闿聘宁为秘书。

南北议和成功，宁调元去上海，参与发起组织“民社”，创办《民声日报》。后回湘奔祖母丧。返回上海时，民社已与统一党等合并为共和党，反对同盟会的倾向更加明显。民国1年（1912）8月，宁调元登报脱离民社和《民声日报》，赴广东任三佛铁路总办，对路事严加整治，成绩显著。

袁世凯称帝野心日益暴露，宁调元辞去铁路总办职务，由粤至沪、皖、赣，与陈其美、柏文蔚、李烈钧等秘密协商，拟订讨袁计划。民国2年（1913）2月，由南昌密电谭延闿等，指责袁世凯破坏共和，希望湘人团结一致，与各省协筹对付。宋教仁被刺，宁调元赶至上海会见孙中山、黄兴，主张武力讨袁。孙中山委任宁为秘书长。由黄兴派赴武汉，参与策划运动鄂军发难。6月下旬，黎元洪突然派兵搜查《民国日报》报馆，发现第二次革命有关计划、文告。6月26日，宁调元与熊樾山在汉口德租界富贵旅馆同时被捕。7月12日，李烈钧在江西湖口宣布独立，以反袁为主旨的“二次革命”爆发。8月4日，袁世凯下令将宁调元“在鄂就近讯明，按法惩办”。9月25日，宁调元以“内乱罪”被杀害于武昌抱冰堂，年仅30岁。后归葬醴陵西山。北伐后，国民政府下令褒扬，并拨款修墓建亭。于右任撰书碑文，柳亚子与傅熊湘编印《太一遗书》传世。

易宗羲 字佑恂，石峰区云田乡人。清同治十二年（1873）生。清光绪三十一年（1905）补县学生员。援例发江西巡检。未几，辞官归里，锐意兴学，创办嵩山女子学堂。

清宣统元年（1909）八月，省咨议局成立，易宗羲当选为议员。宣统三年（1911），清廷颁布铁道国有政策，出卖路权，湘省绅商组成湘路协赞会，他被举为干事。议论激烈，力主拒债，推广集股，争取湘路商办。又愤而与人共立体育社，开始与焦达峰等革命党人联络。

辛亥武昌起义后，易宗羲参与革命党人对新旧军队进行策反活动。谭延闿继焦达峰为湖南都督，他被任为会计检院院长。民国1年（1912），提倡在湘省发展实业，又发起创立湖南纺纱公司和麓山玻璃公司。民国2年（1913）“二次革命”失败后，汤芗铭督湘，大肆捕杀革命党人，他于同年11月14日与杨德邻、文经纬等16人同时遇难。年仅40岁。

张汉英 女，字慧芳，号惠风。醴陵来龙门街道丁家坊人。清同治十一年（1872）生。肄业于长沙女子学堂。清光绪三十年（1904）夏，留学日本，后加入同盟会。光绪三十二年（1906）冬，张一度回醴陵，筹集经费，借史家老屋为校舍，首创女子学堂，自任校长。清宣统二年（1910）毕业回国，在上海从事革命活动。

民国1年（1912），南京临时政府成立，参议院制订《临时约法》，张汉英提议将女子参政权载入，遭参议员中守旧人士反对，张据理力争，语惊四座，议案得以通过。继而和留日同学回湘创立“湖南女子参政同盟会”，创办《女权日报》，宣传女子参政，是湖南妇女界办报之先声。

民国2年（1913）7月，其夫李发群死难。次年，张汉英回醴陵女子学堂任教。向学生宣传男女平等，反对“三从四德”、包办买卖婚姻、收养童养媳及寡妇不再嫁等陋习，争取女子有受教育权、选举权、被选举权、财产继承权。豪绅视张汉英的言行为异端邪说，要求取缔女子学堂。毁谤张汉英“不安霜居，不守妇道。”张汉英顶住压力，治学更为严谨，认真勤奋。终因积劳成疾，于民国4年（1915）咯血而死。《南社集》存其《日本纪胜》绝句四首，其余诗文俱散失。

袁树勋 字海观。天元区群丰镇人。清道光二十七年（1847）生。年20岁，出外谋生。投奔时任南京上新河厘金局总办的族长袁某，被派充杆子（检查过往船只的差役）。袁树勋后任江苏某处厘金局局长。清同治十年（1871），袁树勋妻兄唐子明为曾国藩任两江总督时幕友，袁得唐的引荐，被列入上奏名单，遂为慈禧所知。袁被分发江苏候补知县，随即补实缺。历任上海、无锡等6县知县。又奉派天津巡道。适逢八国联军陷天津，慈禧与光绪出奔西安。江西总督刘坤一号召东南各省派兵勤王，江西布政使冯煦、巡抚李兴锐见袁树勋身材魁伟，做事机敏，乃命其充当统带，率部兼程北上勤王。既抵潼关，慈禧及两宫人员已先期到达。袁树勋得太监李莲英帮助，见到慈禧。次年冬，与八国联军和约成，慈禧回京，提升袁树勋为上海兵备道，深得清廷信任。

地方政治、军事、外交、警察关税厘金都在他掌握中，清廷还让他总理庚子赔款。不久，又提升为山东巡抚。清宣统元年（1909），又以山东巡抚署理两广总督。时广东赌风猖獗，奸商纷纷开设赌馆，政府则以抽赌捐渔利，政风腐败，舆论哗然。袁树勋到任后，即奏革除赌博，政府所收数百万赌捐全摊入盐税。此举引起赌商和盐商反对，致被清廷撤职查办。自此，袁树勋于南京石板桥营建别墅，有台亭楼阁花木之胜。居约一年，正拟贿通清廷，以图再起，而辛亥革命军兴，民国成立，乃避居上海租界。民国3年（1914），袁世凯复辟，电邀袁树勋为内政部部长，袁以年老多病辞谢。民国4年（1915），死于上海。

文俊铎　字代耕，醴陵东堡乡人。清咸丰三年（1853）生。清光绪十七年（1891）中举，以一等知县候补湖北，因耻于纳金行贿，未参加竞补。后相继主管发审局、硝磺局与来凤厘局。中日甲午之战，随吴大澄出关抗击日军，因其计谋不被采用，辞归乡里。

光绪二十二年（1896）秋，文赴京应试。各省举人相约公车上书，抨击朝政，力主变革。湖南由文俊铎首署。谭嗣同等在湘成立南学会，由文领衔，呈请巡抚拨省会孝廉堂为会址，附设湘报，鼓吹革新变法。戊戌变法失败，幸免于难，避隐家乡。回乡后，致力于公益事业，建议当局征收田赋时，附收捐款，并商得严作霖同意，拨赈灾余款3000银元，存庄取息，用作育婴堂经费。

光绪三十年（1904）冬，熊希龄赴日考察教育与实业，三十一年（1905）到醴陵，文陪同赴东乡沩山、王仙等粗瓷产区和县城考察瓷业。并与熊希龄创办湖南官立瓷业学堂于姜湾，招生数百人。次年，创办湖南瓷业公司，聘请日籍技师，引进部分技术、设备。熊任公司总理，文任学堂监督。

光绪三十一年（1905）冬，文俊铎与宁调元等将渌江高等小学堂改办渌江中学堂。知县鲁晋与守旧士绅反对不成，收买长沙狱囚，诬陷文俊铎为勾结外商盗卖矿山之主谋，得按察司兼学务处长张鹤龄鼎力昭雪，得免于祸。学制变革，新学兴起，师资缺乏，文俊铎独排众议，于光绪三十二年（1906）创设速成师范学堂于明伦堂，招学生1个班，为醴陵师范教育之始。文以兴贤堂田租抵押巨款，选送德才兼优之士留学日本。民国1年（1912）7月，文创办教员养成所，自任所长。从全县私塾教师及在乡知识分子中选拔600人入学，一年后毕业，分赴各地任教。短期内，全县城乡小学增加200余所。

清末，文入同盟会。民国1年（1912）8月，同盟会支部与统一共和党合并，组建中国国民党醴陵支部，文任支部长。文精医术，常为邻里治病，诊费药资俱免。民国5年（1916）逝世。著有《劫余吟草集》刻本，惜已散失。

邹云彪　字寿延。株洲县龙凤乡天石村人。清咸丰十年（1860）生。读过1年私塾。辍学后，邹因勤奋好学，手不释卷，会作顺口溜，喜玩各种乡土乐器，有“土秀才”之称。

他臂力过人，能举50余千克石墩，会拳击，信守武德，不伤人，受乡邻爱戴。因受地主的奚落，愤然投左宗棠部，赴闽从军。半年后，突患癫痫，被遣送回乡。3个月病愈，复赴闽入伍。一次练兵途中，遇一采药人，得知采药人会武功，遂拜其为师，利用业余时间习武学医，休暇之日随师出诊，历时3年，尽得师传。兵营中有患疾或骨折者，经他医治，无不见效。时福建汀州统领温大人夫人病危，求遍福建名医，不见病愈。他受营官推荐施药，一剂即愈。此后，被百姓称为“神医”。附近军旅官兵、百姓慕名求医者络绎不绝。不久，被提升为什长、队长。

清光绪八年（1882），提督钟紫云闻其名，委他任长门炮营哨官。光绪二十四年（1898），朝廷命他赴武昌学习德国军操。光绪二十五年（1899），赴日本会操，著《六德论》，阐扬兵法，集军学大成。光绪二十六年（1900），任祥胜军总教习、营管带，兼领炮队长。光绪二十九年（1903），闽督崇公禀奉军机处命派他赴日看操，受日皇奖以勋六位，赏佩六等瑞宝星章。同仁前为求教，称他具有军事学术之能。自后，历任常备陆军各标营长及右镇第二标标统。光绪三十四年（1908）。建扬五谷会之乱，他奉命征讨，诛其匪首，胁从不究，政绩声震朝野，诰授其为武功将军，赐封三代。

清宣统三年（1911），任延平协兼带2营。是年秋，革命军武昌起义，他举义旗响应，为光复福建立下首功。其时，多次与孙中山会晤，深受教诲，致力于革命。因时局动荡，福建社会秩序混乱，他下令严密监视，维护治安。顺昌、永安等县匪盗猖獗，率部平乱，将匪首正法。沙县县官徐坤堡伏诛后，邹云彪威震闽粤，各地匪徒，闻声慑服。民众感其恩德，送猪送羊，酿酒劳军。他立门审视，见抬酒劳夫特别费力，心知有异，令人开樽查看，发现前10樽是酒，后38樽是金银，愤然道：“我为民事尽责，何能居功削刮民膏？尔等欲害我于不义耶！”下令将金银尽数归还于民。他廉能卓著，深得闽督孙道仁器重，升任福建省水陆总司令部总参谋。

民国3年（1914），兼督刘冠雄莅闽，裁遣军队，邹云彪被升为福建省西路警备队统领，镇守汀州。民国4年（1915）春，剿办宁化吴坡头匪，他开3炮即毁灭匪指挥部，不血刃使匪众从服。是年冬，复办盐营逃兵，生擒数十名，截获一批军械，使盐营逃兵诚服，荣获四等嘉禾、二等文虎勋章。民国5年（1916），任闽西警备司令，晋升陆军中将。军务繁冗，凡是公文等事，必亲手批阅，案无积牍，常深入营房为士兵治病医伤，亲如兄弟。军队每驻一地，印发布告，安定民心，有“一纸胜过毛瑟枪十万”之称。因长期劳累，积疾于身。民国6年（1917）6月14日，病逝于官署。数千人顶着汀州民众敬献的“万民伞”，跋涉数千里护送灵柩，葬归故土。后临时执政府特予追赠陆军上将衔，并准其将生平事迹交付国史馆传记，以嘉勋劳而彰优异。

龙　璋　字研仙，号特甫，攸县槚山乡人。清咸丰四年（1854）生。11岁随父至山西高平课读，15岁能诵“十三经”及诗古文辞。清光绪二年（1876）参加乡试，中举人。后多次参与会试，均未录取。

光绪二十年（1894），龙璋以知县分发江苏。初为沭阳县令。二十三年（1897），调如皋县，时值维新运动兴起，他以为“改革当始教育”，乃集资创办新式小学堂一所，致力于培养人才。龙与谭嗣同过从甚密，将其长女许配谭从子传赞。

光绪二十六年（1900），义和团运动形成高潮，八国联军大举侵华，南方唐才常、林圭等发放“富有票”，在长江中下游地区组织自立军起义。龙璋时任上元县令，看到外敌心怀叵测，弥天奇祸立在旦夕；又认为，联军侵华乃由义和团“启衅”所激。据此他上书两江总督刘坤一，认为“目前救急之计，舍速行痛剿拳匪外，实无辞以退各国之兵，而弭不测之变”，恳求清廷“务请即日明降谕旨，从速剿办，先免外人借口开衅，庶可徐图转机”。又在上湖广总督张之洞书中说“今日之势国脉民命，关系匪轻，古大臣厉声彻窗，请清君侧，但使志在公忠，原不必拘拘小节”等等。及“自立军”起义案发，各省穷究党人，捕杀无虚日。龙璋向刘坤一劝说：“富有票”多有无辜株连，请其通电各省从宽发落，使不少党人得免于难。

义和团运动后，革命运动迅速兴起。龙璋时已调任泰兴县知县，与革命志士多有联系，倾心结纳。并认为要革新政治，必须启发民智，发展工商。光绪二十八年（1902）冬，胡元倓由日本归国，以兴学事去泰兴访问，龙璋立即捐钱1000串，并写信给龙绂瑞也捐1000串。胡回湘后，先后创办明德、经正两学堂。光绪二十九年（1903）夏，黄兴由日归国，也去泰兴龙璋处访问，其后，黄兴在湖南组织华兴会，刊印革命书报，联络会党，运动军队，组织起义，所需军费，多为龙璋提供。据统计，其先后为革命捐输款项，至少在银元20万元以上。光绪三十年（1904），万福华谋刺广西巡抚王之春案发，黄兴等在上海被捕，龙璋获讯后立措巨金，奔走营救其出狱。光绪三十二年（1906），龙璋调江宁，复创办旅宁中学堂。

光绪三十三年（1907），龙璋因母忧回籍，绝意仕途。居乡致力兴办教育、实业。先后参与创办瓷业、铁路、南方商业诸学堂，汽船公司，开济、利济轮船公司，并组织商船公会、农会、工会等。宣统三年（1911）春，黄兴策划广州黄花岗起义，派人至湘筹款，他即予3万金以助。武昌起义爆发后，湖南党人积极活动，龙宅为主要策划地点。

宣统三年（1911）九月初一，长沙光复，龙璋出任湖南都督府交通司司长。西路招抚使扬任等被杀害，湘西较为动乱，他又受任为西路巡按使，前往常德和湘西各属招抚。计杀抗命游击杨让梨，事定返省。民国1年（1912）9月，国民党湖南支部正式成立，龙璋被推为评议长。

民国2年（1913）“二次革命”中，龙璋在湖南主持筹款事宜。事败，湘督汤芗铭下令通缉，即避居上海，至民国5年（1916）反袁驱汤运动中返湘。民国7年（1918）春，以南北军阀在湘混战，他避居长沙南乡白泉铺，旋病卒，终年64岁。遗著有《小学蒐逸》《甓勤斋诗文集》等。

刘建藩　字昆涛，醴陵市仙霞镇清安铺何寺冲人。清光绪十三年（1887）十月十八日生。先后入湖北武备普通学堂、保定陆军学堂骑兵科学习。毕业后分发广西新军，任混成协督队官、骑兵管带、学兵营教官等。民国1年（1912）4月，南北和议告成，刘建藩任南京第八师参谋长兼骑兵第八团团长。奉命回湘招募新兵3000人，充实第八师。民国2年（1913）7月，爆发反对袁世凯的“二次革命”。江苏讨袁军总司令黄兴，任刘建藩为第八师前敌指挥，率部攻占徐州。后奉令回师江宁。讨袁失败后，随黄兴、李烈钧避走日本，入早稻田大学，研究法政。民国5年（1916）返国，相继任湘军第二师团长、第一师第一旅旅长。民国6年（1917），段祺瑞解散国会，撕毁《约法》。孙中山南下广州，召集“非常国会”，号召“护法”。8月29日，刘建藩出任零陵镇守使，所部由12营扩编为20营。

9月18日，与衡阳湘军第一师第二旅旅长林修梅联名通电，宣布“衡、永自立，与段政府脱离关系，以湘南24县为戒严区域”，并宣称“一切军民政务，均与海军及两广、云南各省一致进行，直至约法有效、国会恢复、正式政府成立为止。”如“段政府视为反抗，一味迫以兵力，则我湖南军民为正当防卫，亦惟有抵死以待，保持正义，与国存亡”，举武装“护法”旗帜。段棋瑞派第八师师长王汝贤、第二十师师长范国璋为正副司令，率3路大军进逼湘南，护法军分3路迎战，刘建藩部任右翼。

民国7年（1918）1月下旬，护法军分3路向岳州进击，刘建藩率部从右翼出平江。1月27日，北军全线溃退，岳州宣告收复。北洋军部队分3路攻湘。护法军后兵不足，粤、桂军态度消极。3月13日，南军开始全线撤退。24日北军攻陷醴陵，25日湘粤桂联军总司令谭浩明自长沙出走。4月下旬，粤、桂军分别撤至湘粤、湘桂边境；刘所部不足3000人，遇10倍于己之张怀芝部大军，经英勇机智抗击，张怀芝部溃败。刘率部反攻，收复醴陵、攸县大片地区。刘建藩因孤军奋战，迅速南撤。5月7日，刘建藩过株洲镇徐家桥地，遭北军伏击，坠水殉难，护法军政府追赠为陆军中将，国葬于长沙岳麓山，墓门题“护国元勋”。

帅福姣、漆荃姣 帅福姣，女，原名登富，艺名福姣，人称铁菩萨，清光绪元年（1875）生，醴陵市人。漆荃姣，女，原名尚鹏，艺名荃姣，人称玉菩萨，清光绪六年（1880）生，醴陵市黄獭嘴人。帅、漆幼年先后入长沙福临科班学艺，均系花旦名角高徒。出科后仍刻苦钻研戏艺，成就颇大，与长沙清华班郭韵姣合称湘剧名伶“三姣”。

帅福姣声誉居“三姣”之首。年轻时，常演刀马旦和跷子戏。在《打围》中饰穆桂英，踩跷子在戏台边雕花框上走碎步，轻松自如，人称绝技。中年时多演正旦，在弹腔《落花图》中饰陈杏元，在高腔《琵琶上路》中饰赵五娘，声腔凄婉哀怨，催人泪下，观众叫绝。光绪三十三年（1907），回醴陵鸿秀科班执教。驰名省内外的男旦陈鸿春、陈鸿菊，均为帅嫡传弟子。民国13年（1924）病逝。

漆荃姣长闺门唱工，在《百花亭》《大审探监》《坐寨盗令》《赏荷穿帘》《偷诗赶船》《调翠戏凤》《抢伞》《盘貂》等唱工戏中，声情并茂；在《昭君和番》中怀抱琵琶一段，怨恨分明，令人梦魂俱碎。湘剧爱好者樊庵作诗赞誉：“玉菩萨号冠当时，品作梅花恰似伊；绝调和番兼抢伞，幽情醉酒复偷诗；色因调翠妆狐艳，艺更盘貂戏凤奇；坐寨坐宫还大审，淡妆浓抹总相宜。”民国8年（1919）病逝。

汪先宗 又名桂林、秋生，芦淞区曲尺乡人。清光绪十六年（1890）八月五日生。11岁进私塾读书，12岁因母病逝辍学，后随父到株萍路矿株洲转运局挑煤。清光绪三十二年（1906），经转运局熟人介绍，弃苦力而转学织布，3年出徒，回乡当了织布匠。因手艺精湛，为人正直，人称“秋机子”。时值军阀混战，苛捐杂税多如牛毛，加上帝国主义列强推行经济渗透，洋纱洋布充斥城乡，汪被迫失业。民国9年（1920），汪卖身顶替当壮丁，到军阀赵恒惕部当兵。不到1年，升为排长。因厌恶军阀混战，发誓不再替军阀卖命，遂于民国 10 年（1921）冬逃回家乡。回乡后，仍以种田、织布、挑煤为生，且热心公益，深得相邻信赖，被推为一都九甲保正。

民国 13 年（1924）6 月，八叠乡遭受洪水，又值青黄不接之际，地主豪绅勾结奸商趁机囤积居奇，哄抬粮价。汪先宗发动和领导当地农民开展平粜和阻运谷米出境斗争，并率领农民到豪绅邓声秀家进行平粜，迫使邓开仓粜粮。9 月 12 日，汪加入中国共产党。民国 14 年（1925）春，成立八叠乡农民协会，任农会总干事。不久，农会会员扩展到附近 3 个乡，达 800 余人，成为湘潭县东一区农民运动的中心和东一区农民运动模范第一乡。12 月下旬，豪绅汪孝逵勾结白关铺团防局局长袁良汉，以汪孝逵家遭抢劫，汪弟被掳为借口，诬陷汪先宗为土匪，将他逮捕，用扁担、藤条、夹棍等刑具严刑拷打，逼汪先宗承认是“匪首”、是共产党员，要他交出党的机构和党员名单。汪先宗被打得死去活来，血肉模糊，仍大义凛然，坚贞不屈。这时，党组织和农民协会正多方进行营救，汪孝逵等见苦打不招，深恐农民暴动劫狱，又贿通军阀叶开鑫部炮兵营长蒋径，将汪先宗转移至三门镇杉木桥，并于民国 15 年（1926）2 月 4 日凌晨将汪先宗杀害，时年 35 岁。

张挹兰　女，原名秀兰。株洲县洲坪乡许家湾村人。清光绪十九年（1893）生。民国 4 年（1915）春，考入醴陵县立女子高等小学，读书一年，回乡当家庭教师，成为当地有名的“女秀才”。民国 8 年（1919），被北京女子师范专科学校预科录取。民国 10 年（1921）夏，和胞弟张友松赴印度尼西亚苏门答腊首府棉兰华侨小学任教。翌年回国，被北京大学教育系录取。民国 13 年（1924），正值第一次国共合作，受李大钊等共产党人思想熏陶，毅然走出课堂，投身革命运动。民国 14 年（1925），加入中山主义实践社，当选为理事。创办《妇女之友》杂志，任主编。

民国 15 年（1926）春，当选为国民党北京市党部执行委员，并兼任缦云女子学校校长。9 月，利用《妇女之友》杂志和缦云女子学校所在地，联络北京各大院校女生，组织群众集会，演出话剧《复活》，宣传革命道理，扩大政治影响。民国 16 年（1927）年初，任国民党北京市党部妇女部部长。在《妇女之友》杂志上发表的《妇女运动述略》《新妇女的使命》等文，对中国妇女政治状况作了精湛的分析和精辟论述，号召妇女努力寻求国家和自身解放，加入救国运动，受到李大钊等共产党人的赞赏。她多次向李大钊要求加入中国共产党，正当党组织进行考验的时候，奉系军阀张作霖与蒋介石暗中勾结，加紧镇压革命党人，北京一片白色恐怖。同年 4 月。大批特务跟踪共产党员和其他革命人士，李大钊、张挹兰等 20 人先后被捕入狱。在狱中，多次受到刑讯，面对威胁和利诱，张挹兰坚贞不屈。4 月 28 日，李大钊第一个被押上绞刑台，壮烈牺牲。19 个革命党人先后惨遭杀害，她是最后被押上绞刑台的，面露微笑，从容就义。

刘昌炎　字深埔，号昌竹。株洲县仙井乡王竹村人。清光绪二十年（1894）生。民国 3 年（1914），到安源煤矿谋生。民国 10 年（1921），入安源工人夜校读书，逐渐懂得革命道理。民国 11 年（1922）3 月，投入工人运动，在李立三领导下，参加安源路矿俱乐部筹建工作。同年 7 月，加入中国共产党。不久，任窿内党支部书记。民国 13 年（1924）4 月，任俱乐部第三届经济委员会委员。9 月，被选派到莫斯科东方劳动者共产主义大学学习。民国 14 年（1925）4 月回国，奉命赴河南郑州、焦作等地开展工人运动，并负责组建中共焦作地方执行委员会，任书记。

民国15年（1926），被调回安源，任安源地方执行委员会书记。民国16年（1927），在中共湖南区委第六次全省代表大会上，当选为省区委委员。2月7日，在萍乡县第一次工农代表大会上，他号召工农群众联合起来，打倒土豪劣绅，实行“二五”减租（减轻佃农田租百分之二十五）。4月，组织萍乡县特别法庭，召开宣判大会，处决大恶霸地主叶紫屏。9月，组织工人积极分子，在湘赣边境迎接北伐军，派工人骨干写标语，发传单，护送情报，充当向导。将芦溪、袁州（宜春）之间的电话线路破坏，切断通讯联络，使北伐军顺利占领萍乡城。旋即到安源，成立“国共合作”安源市党部，他任市党部书记，领导萍乡地区工人运动。

“马日事变”后，湖南各地工农武装进攻长沙，他和朱少连率领安源工人纠察队2万余人，在湘潭易家湾与国民党军李仲任部队发生激战，后奉命撤退返安源。国民党军许克祥部趁机反扑，相继占领株洲、醴陵、萍乡等地，屠杀工农群众。6月6日，许克祥部进犯安源，中共安源地方执行委员会为保存革命力量，命令安源工农武装分两路转移。他和周怀德等4人因处理善后工作，最后撤离安源，行至芦溪苦竹山，遭地主武装袭击，壮烈牺牲。

张国威 字剑欧，名绪煌，又名声传。株洲县姚家坝乡光明山村人。清光绪十八年（1892）生，毕业于醴陵渌江中学。民国4年（1915）秋，入保定陆军军官学校第三期学习军事，民国6年（1917）夏毕业回乡入湘军。民国7年（1918）春，奉程潜命令回醴陵，在樟仙岭、白茅岭一带募集乡勇，收集溃兵散枪，组织游击队，抗击占据湘东一带的北洋奉军。6月，成立浏醴游击司令部，他任副司令。时驻醴陵的数万奉军以“剿匪”为名，分数路并进，下乡搜查无获，大肆烧杀。他率部伺机截击，在明月桥战斗中，重创奉军，使得奉军不敢轻易复出。奉军张敬尧谋增大军来犯，县知事王伟彤告之，张国威随何键率部往郴州资兴，投湘军宋鹤庚旅。部队开赴永兴县公平墟后，宋任他为骑兵第二营营长。民国9年（1920）5月29日，随何键率湘军先锋队入醴陵，北军张宗昌部退入江西。民国10年（1921）。他不愿受何键节制，率部投李品仙部，任八团营长，负责常德城防。民国12年（1923），赵恒惕将湘军整编为一、二、三、四师，他调入四师任团长，随唐生智在衡阳专心训练队伍。民国15年（1926）6月，任第二师团长，随军北伐。同年冬，任第八军一师师长，在湖北屏济战役中立功。北洋军阀政府征召杨森率军10万由川东下，进逼仙桃镇。张国威与鲁涤平任防御，沿汉水布阵，相持月余，最终击溃杨部，毙1名师长，自此川军不敢东出。

蒋介石在上海发动“四一二”政变后，他率部驻湖南。8月2日，任长沙卫戍司令。9月8日，令部队戒严5天，防共产党领导中秋节暴动。9月12日，湖南省政府代主席周文澜与他制定“会剿”工农革命军计划，派队分3路围攻湘赣边界起义部队，攻陷醴陵。11月6日，唐生智在武汉派副官陈复初骗张国威到唐公馆开会，用绳子将他勒死。尔后，尸体运到长沙，程潜亲自主祭，葬于岳麓山。南京国民政府追认他为上将军衔。

段振拔 茶陵县浣溪镇梅林人，清光绪三十二年（1906）生。民国3年（1914），就读于五雷仙私塾。民国13年（1924）考入黄埔军校。同年冬，在军校加入中国共产党。

段振拔黄埔军校毕业后，回长沙工作。民国15年（1926）3月20日，蒋介石在广州炮制“中山舰事件”，全国各地纷纷成立“倒蒋会”，段振拔是当时湖南倒蒋委员会的5个常委之一。他组织群众上街游行，散发传单，宣传倒蒋。蒋介石下令通缉、悬赏捉拿5名常委。经党组织安排，段振拔秘密潜回家乡，协助哥哥段振起开展农民运动。动员母亲和兄弟姐妹都参加农民协会，使当地的农运工作开展得有声有色。当地豪绅联名密报省府，中共组织闻讯后将他派往香港，参加“省港大罢工”的斗争，被任命为罢工委员会纠察大队大队长。他组织工人群众对香港实行封锁，使在港的洋人和资本家办的工厂一度陷入瘫痪状态。

“马日事变”后，段振拔被迫撤离香港，带领一支广东农军回到株洲一带，与新军阀继续开展斗争。在他任湖南省委军委书记时，化装深入国民党士兵中宣传革命道理，深受士兵喜爱。民国16年（1927）冬，段振拔被捕，牺牲于长沙。

尹子斌、尹长年　茶陵县尧水乡人，同胞兄弟。兄尹子斌，字源滋，号长青，清光绪十九年（1893）九月生；弟尹长年，字源渊，号吉努，清光绪二十三年（1897）正月生。兄弟俩先后到尹氏祠堂读书，爱惩强扶弱。

民国15年（1926）8月，尹氏兄弟等发动300多名农民成立尧水农民协会，尹子斌任委员长，尹长年为委员之一。开展打土豪、吃大户，清算“公款”，开仓分粮，烧毁地契租约，发动妇女放足、剪发等活动。由尧水农民协会带头，办起7所农民夜校，学员有370多人，学孙中山总理的遗嘱，读自编的农民识字课本。

民国16年（1927），尹子斌在尧水从农会中挑选30多名身强力壮的会员，组建茶陵县第一支农民革命武装“尧水农民自卫军”。尹子斌被公推为队长，尹长年任副队长。严塘等外乡的农民也赶来参加，自卫军迅速发展到120多人。自卫军背着自制武器，鸣锣为号，打击土豪劣绅，维持社会治安。“马日事变”后不久，湘东保安司令罗定带兵到茶陵镇压工农运动，尹子斌、尹长年带领自卫军转移到严塘，以百丈潭山地为依托，开展游击斗争。他们昼伏夜出，常出其不意地用梭镖、大刀刺杀敌人。罗定面对出没无常的自卫军毫无办法，于同年8月撤离尧水。

民国16年（1927）11月，尹子斌、尹长年得知毛泽东领导的工农革命军攻克茶陵城的消息，赶到县城，找到部队。党代表宛希先高度赞扬尧水农民自卫军的革命行动，并介绍兄弟俩加入中国共产党，勉励他们继续留在尧水坚持斗争。12月，蒋介石派重兵进犯茶陵，工农革命军退回井冈山。尹子斌派人送信到井冈山下的砻市，表示自己决不因革命暂处困境而停止战斗。民国17年（1928）1月的一个夜晚，茶陵县挨户团包围农民自卫军驻地。自卫军分3路突围，牺牲7人，被捕13人。尹氏兄弟带领其他战士冲出重围，转移到严塘一带山林中，准备上井冈山。因叛徒告密，在路途遭茶陵挨户团包围，尹子斌身负重伤，被挨户团凶残地砍下头颅，提到县城“示众”7天7夜，其妻子刘车英也被捉住，被杀害在尧水墟上。

尹长年突围后上了井冈山，参加工农革命军。民国17年（1928）5月，参加井冈山会师。民国

18 年（1929）年初，化名饶宋生回到茶陵开展革命活动，发展党员，建立党组织。4 月 20 日，建立严尧地区第一乡苏维埃政府“一区一乡苏维埃政府”。9 月 26 日夜晚，尹长年与郭桂化在严塘湾里召集群众开会，遭地方反动武装袭击。撤退中，尹长年身中数弹，壮烈牺牲。

陈　恭　字子平，号仿篪。醴陵市泗汾镇湾塘人。清光绪三十一年（1905）生。民国 8 年（1919），入醴陵县立中学。民国 12 年（1923），与陈觉、蔡申熙、左权等组织社会问题研究社。创办《前进》周刊，常发表文章，抨击时弊。民国 13 年（1924）10 月，入黄埔军校第二期步科。年底加入中国共产党。

民国 14 年（1925），2 次参加平定陈炯明叛变的作战，在东征军政治部宣传队以出色的宣传和演讲能力，蜚声潮汕，多次受政治部主任周恩来赞许。民国 15 年（1926）年初，任国民政府海军局政治部秘书，主持部务工作。3 月 26 日，蒋介石制造“中山舰事件”后，被迫退出海军局，任国民革命军军事委员会政治训练部宣传科秘书。7 月，任国民革命军北伐左翼军宣传队副队长；在长沙开办政治训练班，培训新改编唐生智第八军政治工作人员。旋应第九军第一师师长贺龙要求，在澧县开办政治讲习所，训练第一师中下级军官。12 月，贺部改编为国民革命军独立第十五师，陈恭任政治部秘书。民国 16 年（1927）6 月，独立师扩编为第二十军，陈恭任军政治部秘书。后参加“八一”南昌起义，陈恭任二十军第二师党代表，协助贺龙率部攻打朱培德总部，解除南昌守敌武装。起义军南下广东途中，任第二十军军部秘书长。第二师作为起义军的总预备队，驻守揭阳，在汤坑激战的关键时刻，率部投入战斗，保护指挥部突出重围，安全到达海陆丰地区。12 月，任广州起义总指挥部副官长。起义失败后，辗转去上海。

民国 17 年（1928）1 月，参加中共湘鄂赣特委，负责军事工作。旋任中共湖南省委军事部部长，到湘东组织工农武装，开展苏维埃运动与土地革命。与省特派员陈觉、湘东特委书记腾代远、醴陵县委书记林蔚等，2 次组织农军攻打醴陵县城。4 月 8 日，陈恭和林蔚去东乡主持军事会议返回途中被捕。12 日上午，陈恭、林蔚被国民党军军警押往县城状元洲执行死刑。陈恭跨上渌江桥头，挺立在刺刀丛中，向周围群众高呼：“杀不尽的工农兵，杀不尽的共产党！”当子弹穿过他的身躯时，他晃动一下跌倒了，但仍然挣扎转向南方，并竭力高呼：“我要面向南方，永别了，同志们！”（醴陵南方是苏区，又是陈恭的家乡）。

周介甫　原名传纶，化名毅夫。酃县中村乡周家湾人。清光绪二十九年（1903）十月生。6 岁启蒙读书，17 岁考入长沙岳云中学。民国 14 年（1925）毕业，回到家乡任周南小学校长。他上任后，聘任一批进步青年任教，提倡民主与科学新风，使学校呈现生机。

民国 15 年（1926），周介甫在周南小学创办贫民夜校，组织青年农民学文化、学政治、练武术，教演文明戏、教唱革命歌，夜校办得十分活跃。5 月，常安团农民协会成立，他被推选为委员长。6 月，当选中村区农民协会副委员长。9 月，他又当选首届酃县农民协会委员长。民国 16 年（1927）11 月，加入中国共产党，并在中村一带秘密组织队伍，准备暴动。

民国 17 年（1928）3 月，中共酃县特别区委发动全县武装暴动。他与何国诚带领中村暴动队配合水口暴动队攻下南区团防分局，歼灭中村一带的地主武装，迎接工农革命军到中村集结。后任中共酃县中村区委委员。在中村分田运动中，把家里保存的土地契约全部拿出当众烧毁，以示革命到底决心。

4 月上旬，带领游击队在新开村活动时，突遭挨户团包围。他临危不惧，要游击队长率队向资兴方向突围，自己只带几个队员把敌人全部引向龙渣坳。当他退到一处断崖顶时，敌人大喊“要抓活的”，周介甫用大刀砍倒几个团丁后纵身跳下悬崖。

当他苏醒后，发现自己跌伤左腿，动弹不得，后被附近农民转移到道任村的一个山洞里养伤。十多天后，被堂弟周传绅带着挨户团将他逮捕。他自知必死，当晚写下遗书，托人交给母亲。信上说：“母亲大人，我这次是牺牲了，这也是我个人的最后目的达到了，你老人家不要挂念啊！”并写上“为主义而牺牲，虽九死犹不悔”12 个大字。第 2 天，被押到龙潭村挨户团主任何国于家。何软硬兼施，逼他交代，却没能从他口中得到半点情况，便用铁丝穿透他的掌心，派 10 个兵丁押往县城。行至中村圩时，大劣绅张济坤用长烟竿将其头部砸了一个窟窿，鲜血直涌，当即昏死过去。醒来后，敌人仍拖着他上路。行至狮形坳，无法举步，被团丁枪杀，头颅被割下送到县城示众，葬中村圩背。

潘疆爪　原名乔发，字继岳，醴陵市清水江乡井头冲人。清光绪二十年（1894）生。早年毕业于县立中学和长沙政法学校。

民国 11 年（1922），在栗山坝开元小学任教，参加王力天等组织的马克思主义学习小组，后加入中国国民党。民国 15 年（1926）2 月，任东富文富高等小学校长和国民党东富区分部书记。支持中共东富支部，秘密组织农民协会。9 月，在国民党醴陵县第五次代表大会上，当选为执行委员会常务委员。后兼任湘东农运总监。

民国 16 年（1927）年初，潘疆爪任讨伐罗定军事委员会总指挥，调集工农武装 1 万多人，于 2 月 17 日出师攸县皇图岭，配合攸县、茶陵县工农武装出击，罗部逃窜安仁。4 月 7 日，南四区劣绅贺勋臣等制造杀害乡农协执行委员颜启寿等共产党员的反革命事件。代理县长潘疆爪率工人纠察队 200 多人，驰往档梓山，当场处决制造惨案主犯贺高秋、贺鸿庆。在逃首犯贺勋臣在秋收起义时被捕获处决。4 月 13 日，潘疆爪以县审判土豪劣绅特别法庭委员身份，在县城文庙坪主持群众大会，宣布一批民愤极大的土豪劣绅和反革命分子名单，下令悬赏通缉，动员全县人民镇压反革命。

“马日事变”后，潘疆爪任湘东赣西工农义勇军总司令，率湘东赣西工农义勇军 2 万多人，向长沙进军。5 月 29 日，潘疆爪率干部、武装战士 300 多名，转移萍乡安源。7 月，潘疆爪脱离国民党，加入中国共产党。后转移江西安福，从事秘密工作。中共“八七”会议后回醴陵，增补为中共醴陵县委委员，投入秋收起义准备工作。起义部队上井冈山后，潘疆爪等坚持在醴陵发展革命武装，建立农民赤卫队，开展“反清乡”武装斗争。民国 17 年（1928）1 月 27 日和 2 月 27 日，2 次发起年关暴动，潘疆爪任攻城总指挥，率 1 万多名工农武装，攻打县城不果。继在南三区领导建立苏维埃政权，开展土地革命。4 月，湖南省国民党当局派兵“围剿”醴陵苏区，潘疆爪等被悬赏通缉，遂转移江西安福大平寺。因叛徒出卖，父子俩同时被捕。16岁的儿子潘青云即遭杀害，潘疆爪被关押在长沙监狱，任凭严刑拷打，供词只有三句话：“我是潘疆爪!”“我是共产党员!”“我是进攻长沙时工农义勇军总司令!”。5月19日在长沙英勇就义。

尹宁万 茶陵县舲舫乡毛冲村人。清光绪三十四年（1908）8月生。民国14年（1925）春，茶陵县汇文中学成立学生自治会，尹宁万任会长。在进步老师的支持、鼓励下，学生会开展爱国主义宣传。上海“五卅”惨案和广东省港大罢工的消息传来，尹宁万及其学友义愤填膺，集会于县城文庙前，组织数百民众上街游行，高呼“打倒英帝国主义!”“打倒日本帝国主义!”等口号。并张贴标语、散发传单，发动民众抵制和销毁日货。

民国15年（1926），茶陵县学生联合会成立，尹宁万被选为主席。他与县女界联合会会长谭道瑛等人一起，回到毛冲成立农民协会，发动农民与豪绅展开斗争。当年10月，经李炳荣、李芬介绍，尹宁万加入中国共产党，是茶陵县青年学生中第一批发展的共产党员之一。这年冬，他被选为茶陵县学联代表，赴长沙出席湖南省学生联合会代表大会。

民国16年（1927）2月，尹被选派到湖北武昌湘鄂赣农民运动讲习所（后改为中央农民运动讲习所）学习。其间，多次聆听瞿秋白、毛泽东、恽代英、彭湃等人的演讲。星期天和节假日，由讲习所分派到武昌附近的农村进行社会调查，宣传和发动农民运动。

“马日事变”后，武昌农讲所因时局紧张停办。尹冒险潜回茶陵，串联罗青山、尹绩熙等人，坚持地下斗争。

同年10月，毛泽东率领工农革命军上井冈山，11月建立茶陵县第一个工农兵政府。尹宁万担任茶陵县农民协会委员长，领导农民打土豪、斗劣绅。他与工农革命军团党代表宛希先一道，深入马江、浪滩一带开展革命活动，建立马江区工农兵政府。12月下旬，国民党重兵进占茶陵。尹宁万正带领30多个农协会员在舲舫乡打土豪，得知工农革命军撤退的消息，当即率领部分农协会员到湖口赶上部队，跟随毛泽东上井冈山，被毛泽东留在中共湘赣边界特委机关做了一段时间文书与刻写工作。

民国17年（1928）春，受毛泽东和湘赣特委指派，尹宁万到酃县、茶陵、安仁、攸县一带白区开展工作。他化装成商人，很快与各县的党组织和地方武装取得联系，及时传达特委的指示。这年5月，因劳累过度染上疟疾，潜回家乡，隐居在农民尹栋仔家里治病。不料被一个劣绅发现，密报到县里。县挨户团连夜派出30多个兵丁，包围村子，抓了40多个农民关在尹家祠堂，扬言如不交出尹宁万，就要血洗毛冲。尹宁万从隐蔽的地方从容地走了出来，厉声喝道：“抓老百姓干什么?我就是尹宁万，抓我一个人就够了！”挨户团兵将他带上手铐脚镣，押往县城。临行，将他家的房屋全部烧为灰烬。

尹宁万被押到县城，县长方直亲自审讯，毒刑拷打，逼他讲出中共地下组织和游击队的情况，又利用他父亲的老友劝其“自首”。他回答：“怕死不革命，要杀要剐，随他们的便吧！”2天后，被杀害在茶陵县城水坝口堤界上。后安葬在洣水河畔的堤洲窑下。

刘寅生　字兴让，号日勤。炎陵县策源乡下坪村人。清光绪三十年（1904）八月生。11岁才启蒙读书，民国11年（1922）在县城梅冈高小毕业后，考入衡阳第三师范。在“三师”时，他经常阅读传播马克思主义的书刊，接受进步思想熏陶。民国12年（1923），他加入社会主义青年团，民国13年加入中国共产党，先后担任中共三师特别党支部书记、衡阳各中学社会主义青年团总支书记和湘南学生联合会会长。民国14年（1925）冬，被选为中共湘南特委委员。民国15年（1926）10月，任共产主义青年团衡阳地委书记兼中共湘南行委青年工作委员。刘寅生在“三师”期间，先后介绍黄克诚、黄庭芳等十多名青年加入中国共产党。

民国16年（1927）5月27日，衡阳继长沙“马日事变”后发生“沁日事变”，大批共产党人和革命群众遭屠杀。7月中旬，他随中共湘南特委机关转移到耒阳。10月，毛泽东去信湘南特委，要求选派干部领导酃县革命斗争。11月，受特委指派，刘寅生回到家乡建立根据地。

其时，酃县刚经历“白色恐怖”，全县农会被迫解散，农民武装被缴械，大批共产党员和农会骨干被杀害，中共酃县特别支部也停止活动。刘寅生以黄挪潭为中心，秘密联络隐蔽下来的党员，鼓励他们继续斗争。民国17年（1928）1月初，他和周礼上井冈山，向毛泽东请示工作。根据毛泽东关于成立中共酃县特别区委、组织农民暴动的指示，1月中旬，在他家中召开地下党员会议，正式成立中共酃县特别区委，并担任书记。随即制定暴动计划，分东、南、西3片建立武装暴动指挥系统，自任暴动总指挥。3月9日，他与周礼率领黄挪潭暴动队首举义旗，揭开酃县“三月暴动”序幕。3月19日，中共酃县特别区委升编为中共酃县县委，刘寅生为首任书记。下旬，他深入道任村领导插牌分田，并在中村区铺开。为井冈山革命根据地最早的土地改革。5月20日，刘被湘赣边界第一次党员代表大会选为边界特委委员。22日，与县委单线联系的党员林立卓叛变。23日清晨，县委机关被挨户团包围，刘寅生果断命令县委其他同志突围，自己留下销毁机密文件，当他烧完文件，从屋顶跳向后山时，被敌人发现，连中数弹，壮烈牺牲。

孙筱山　字崇铎，号正梅。清光绪十七年（1891）生，醴陵来龙门街道丁家坊人。清宣统元年（1909）加入同盟会。民国13年（1924）冬，在县立中学加入中国共产党。国共合作期间，以个人身份加入国民党。任教县立中学时，支持陈恭、陈觉、蔡申熙、左权、宋时轮等30名学生组成社会问题研究社，创办《前进》周刊，传播马克思主义。“五卅”惨案后，倡导成立青沪惨案湖南雪耻会醴陵分会，印发《为青沪惨案敬告同胞书》。率领学生查禁日货，募集捐款，唤起民众参加反帝爱国斗争。民国14年（1925）冬，当选为中共醴陵地方执行委员会委员。后兼任中共渌口埠委书记。

民国15年（1926）7月，组织群众支援北伐军进入醴陵。后当选为醴陵农民协会执行委员会委员长。冬，与程炳生、易学咏、旷家喜等在渌口建立中共基层党组织和渌口总工会，发动农协会员，开展工农运动，破除封建迷信，革命浪潮波及全县。毛泽东来醴陵考察农民运动时，给予很高评价。民国16年（1927）3月，在领导农民运动的同时，整顿农协组织，建立农民武装，全县农民协会会员发展到20余万人。组织醴陵各公法团体代表，赴省请愿，要求当局处决县团防局长彭志潘，撤销县团防局。组建农民自卫军。领导农民丈量土地，在南四区、西一区部分乡村，试行土地分配。“马日事变”后，为对抗反革命武装镇压，醴陵工农武装和萍乡部分农军以及安源煤矿工人纠察队组建湘东赣西工农义勇军，孙筱山任党代表。5月29日，进攻长沙，前锋到达易家湾时，奉命撤退，领导骨干和武装战士300余人转移安源。9月，湘赣边界举行秋收起义，率醴陵在安源工农武装参加起义部队，编为工农革命军第一军第一师第二团。9月10日，从安源出发，12日攻克醴陵县城，建立工农革命政权——中国革命委员会湖南醴陵分会。

在艰苦的革命斗争中，孙筱山积劳成疾。党组织安排回家养病，仍带病到官庄、桃花、纱帽尖一带进行革命活动。后因被叛徒告密，于民国17年（1928）4月23日被捕，在醴陵状元洲壮烈牺牲。

罗　哲　字以恒，天元区马家河镇高塘村人。清光绪二十八年（1902）生。少时，在乡读私塾。民国7年（1918），考入长沙高等工业学校。“五四”运动后，加入毛泽东为代表的新民学会，参加长沙工人、学生及各界人士开展的反帝反封建运动，组织“爱国十人团”，创办《岳麓周刊》，宣传革命。

民国11年（1922）秋，到北京俄文专修馆（后改为中俄大学）读书。积极参与北方党委和李大钊领导的反帝反军阀斗争。民国15年（1926）3月18日，北京各界人士召开抗议日本联合八国武装干涉中国内政大会，组织驱逐八国公使请愿团，他被选为请愿代表。在震动全国的“三一八”惨案中，他被击伤足部。4月，离开北京到广州，任农民运动讲习所教员，经毛泽东介绍加入中国共产党。8月，奉命回到湖南，任湖南省农民协会组织干事。以特派员身份来往粤汉铁路沿线各县，传达省农民协会指示。民国16年（1927）年初，赴武汉任全国农民协会筹委会秘书，和毛泽东居住在一起，共同研究斗争策略。

“马日事变”后，奉毛泽东之命，秘密回到长沙，准备秋收起义。10月，任中共湘潭县委组织部长。在白色恐怖下，奔走于易俗河、株洲、朱亭等地，恢复和发展党组织，建立农民武装。至民国17年（1928）3月，在湘潭地区建立30多个党支部，发展党员400多人，筹集150多支枪，和张宗汉等人在湘潭东二区、东三区率部攻打团防局，镇压土豪劣绅。5月底，任中共湘潭县委书记。其时，中共党组织连遭破坏，大批革命同志英勇牺牲。他在处境十分艰难的情况下，通过多种秘密途径开展活动，重整旗鼓。因叛徒告密，不幸被捕，押送长沙陆军监狱，遭严刑折磨，坚强不屈。10月23日，临刑时高呼“中国共产党万岁！”慷慨就义于长沙浏阳门外，遗体归葬家乡。

1956年8月11日，中共中央主席毛泽东给罗哲烈士遗属曹云芳写信说：“罗哲为党艰苦工作，我可作证，汇款300元给罗哲修墓。”还亲笔题写碑名：“罗哲烈士之墓”。

朱昌炎　字永寿，号德炳。株洲县南阳桥乡城塘村人。光绪二十六年（1900）生。光绪三十三年（1907），随父去安源，后入安源煤矿做工。民国11年（1922），加入社会主义青年团，同年转入中国共产党，分管青工部和游艺部。其时，青年工人多好牌赌、游荡，朱昌炎善于诱导，辟球场七八处，开展各种体育活动，组织新剧研究社，歌颂革命。民国14年（1925），工人俱乐部遭厂主破坏，工人领袖黄静源被杀害。他号召1000余工人为黄静源举丧，高呼打倒军阀等口号。嗣后，遭四处追捕，不能立足，考入广东黄埔军校第五期受训。毕业后，入国民革命军，任第四军司令部侦察队副队长。民国15年（1926）7月，北伐军入湘，任独立团向导队队长。国共分裂后，随叶挺部参加南昌起义。失利后返醴陵，组织农军参加秋收暴动。复转安源，任特派员。国民党得知朱昌炎系湘东一带斗争的领导，乃四处搜捕。民国17年（1928）4月，和易足三赴上海。9月，到朱德和毛泽东领导的军队内工作，并受中央指派到南昌，任中共南昌市委书记。其时，南昌白色恐怖严重，他利用各种机会开展隐蔽斗争，秘密建立工会，发展党组织。他装扮商人，设店佯为贸易，四出活动，积极开展党的地下工作。一日，偶遇曾在安源同过事的唐士友，唐自称到南昌找党组织。朱昌炎见与熟人相逢，未加介意。不料，唐已叛变，朱昌炎被捕。10月28日，惨遭杀害。

民国18年（1929）2月5日，周恩来、瞿秋白、王若飞、蔡和森等11人编写组编写的传记中，对他短暂的一生作出评价："昌炎之死，不独革命青年失却一个领导，确为中国革命前途失却一根支柱也！"

宋乔生　号增桥，字春生。株洲县淦田镇山峡村人。清光绪十七年（1891）生。少时学打铁，后到常宁水口山铅锌矿当吊车工。民国11年（1922）夏，入矿局工会创办的夜校学习，加入社会主义青年团。成立工人俱乐部后，任俱乐部代表和纠察股委员，参加俱乐部秘密召开的工人骨干会议和工人纠察军事训练，创办工人消费合作社，参加水口山铅锌矿大罢工。民国12年（1923）5月，加入中国共产党。6月，任机械科党支部书记。冬，工人俱乐部被矿局封闭，开除工人2000多人。他领导工人不畏强暴，坚持斗争，并以俱乐部名义发布《告全国同胞书》，揭露反动矿局镇压工人罪行。

民国14年（1925），他与中共湖南省委特派员彭平之等人，组织工人罢工、募捐、讲演、示威，以实际行动声援"五卅"爱国运动。民国15年（1926），和陈章甫组织工人运动，恢复党组织，建立矿工会，深入水口山周围农村，宣传革命，组建18个农民协会，开展农民运动。

"马日事变"后，与全矿工人一道配合各地农军攻打衡阳、进军长沙的战斗。随后，他任水口山特别区委书记。为积蓄革命力量，他带领水口山部分工人武装奔耒阳桐梓山开展游击活动。在水口山火车坪开设"合配酒店"，建立党的秘密联络站，组织地下武装斗争。民国17年（1928）年初，配合"湘南暴动"，率领水口山地下党员和工人举行起义，先后2次夺取矿警队100余支枪，组建800多名工人、200多名农民的游击队。3月下旬，反动矿局和劣绅血洗水口山，杀害工人100多人。他闻讯，率游击队速返水口山，镇压罪大恶极的土豪劣绅，烧毁矿局办公大楼，给反动矿局有力回击。旋即转耒阳桐梓山击溃敌武装进攻，缴获一批枪支弹药，牵制向湘南暴动地区进犯的敌军。将游击队整编为工农革命军第一师独立第三团，他任团长。并率团参加朱德、陈毅领导的湘南起义部队，向井冈山转移，经安仁、茶陵到酃县沔渡，与毛泽东部会师。5月20日，出席湘赣边界中共第一次代表大会。22日，湘赣边界工农兵政府成立，他为工农运动委员会负责人之一。7月，指挥特务营随军部和二十八、二十九团进攻郴州，攻打国民党范石生部失利，被调军委工作。11月，他被选为前敌委员，成为井冈山革命根据地党政军领导人之一。

民国 18 年（1929）1 月，红四军进入赣南，他沿途宣传红军宗旨，帮助部队筹粮、筹款。进入大余县城后，遭敌人袭击，在突围时牺牲。

陈　觉、赵云霄　陈觉，原名炳祥，号秉强，醴陵市泗汾镇陈家垅人。清光绪二十九年（1903）生。民国 11 年（1922）入醴陵县立中学，组织社会问题研究社，任《前进》周刊主编。民国 13 年（1924）加入社会主义青年团，并担任醴陵县学生联合会负责人。民国 14 年（1925）春，加入中国共产党。9 月，赴苏联莫斯科中山大学学习，在校结识赵云霄，成为革命伴侣。赵云霄，女，河北阜平县人，清光绪三十二年（1906）生。民国 14 年（1925）夏加入中国共产党。

民国 16 年（1927）9 月，陈觉、赵云霄奉调回国，在湖南参与领导农民武装斗争和土地革命运动。陈觉以中共湖南省委特派员身份，偕赵云霄回到醴陵，协助县委领导武装斗争。

民国 17 年（1928）春节前后，中共湘东特委和醴陵县委 2 次组织农军攻城，陈觉参加指挥。后，陈、赵回长沙。8 月陈赴常德组建湘西特委。赵云霄身怀有孕，留省委机关。9 月，赵被清乡督办署逮捕。10 月，陈觉亦因叛徒告密而被捕，与赵云霄同囚于长沙陆军监狱。湖南省清乡督办公署会办何键，派家住醴陵泗汾法官何彦湘，利用其与陈父世交关系劝降陈觉，遭怒斥。省惩共法院以“策动暴动，图谋不轨”罪判处陈觉死刑。10 月 14 日陈在长沙岳麓山英勇就义。临刑前致爱妻赵云霄遗书：“谁无父母，谁无儿女，谁无情人！我们正是为了救助全中国人民的父母和妻儿，所以牺牲了自己的一切。我们虽然死了，但我们的遗志自有未死的同志来完成。”

民国 18 年（1929）3 月，在女儿“启明”出生一个半月后，赵云霄在长沙被害。刑前在给女儿的遗书中写道：“希望你长大好好读书，且要知道你的父母是怎样死的。”

罗学瓒　号荣熙。天元区马家河镇中路村人。清光绪十九年（1893）生。民国 2 年（1913），考入湖南第四师范。后转入第一师范，与毛泽东同窗共读。在毛泽东、蔡和森倡导下，组织新民学会，探讨救国救民真理。

民国 7 年（1918）夏，罗学瓒在一师毕业。8 月，入北京大学预备班，学习法文。民国 8 年（1919）7 月 13 日，和包光溢等 58 人赴法，进入蒙达尼公学读书 3 个月，后到克鲁梭施奈德钢铁厂当电工。他和蔡和森、向警予、李维汉等人以新民学会名义，组织学习马克思主义、探讨改造中国与世界的真理。民国 9 年（1920）2 月，组织勤工俭学励进会，尔后又组织工学世界通信社，他负责向国内发稿。报道留法勤工俭学和华工运动情况，商讨各类社会问题，受到毛泽东和国内新民学会成员高度赞扬。他们的活动引起北洋军阀政府恐慌，蓄意刁难赴法勤工俭学学生，激起学生愤慨。民国 10 年（1921）9 月，各厂、各校勤工俭学学生代表组成 116 人先发队进占里昂大学。罗学瓒、李立三率先发表宣言，得到法国各界人士响应。其时，北洋军阀政府驻法公使勾结法国政府将罗学瓒、李立三、蔡和森、陈毅、张昆弟等 104 人囚禁于兵营 28 天。民国 10 年（1921）冬，他和蔡和森等人以“过激党”罪名被遣送回国，赴上海与党中央取得联系，加入中国共产党，被派往北平中法大学学习。

民国11年（1922）秋，到长沙从事工人运动，在湘区党委领导下，从事对人力车工人的组织发动工作，培养谭汉俊等人入党，建立长沙第七党支部。成功地领导人力车工人向把头开展改善生活待遇的斗争。先后任中共湘区区委委员、湖南省委委员、湖南省工团联合会某部主任、湖南外交后援会文书主任、青年救国团主席等职。民国13年（1924），带领学生、工人群众查抄焚烧日货，以特派员身份在湘潭、醴陵等地活动，并组织无声电影放映队在马家河、伞铺等地放映，宣传孙中山的"联俄、联共、扶助农工"三大政策，号召人民洗雪国耻，打倒军阀。民国14年（1925）冬，任中共醴陵地方执行委员会书记，发展党员、团员，在各区乡建立区委和党支部，宣传中国共产党的主张，发展同国民党左派的统一战线，支持学生组织社会问题研究社，动员和团结大批进步青年开展反帝爱国运动。民国15年（1926），罗学瓒等人组织工会、农民协会、商会、女子联合会等群众组织，支援北伐军攻克醴陵城。农民协会活动公开后，举办农民干部培训班，醴陵农协会员迅猛发展到20余万人，受毛泽东赞许。民国16年（1927）春，协助毛泽东在醴陵考察农民运动。9月，以中共湖南省委委员兼湘潭工委书记的身份进入湘潭，与罗哲、成正青等人奔走易俗河、马家河、株洲等地，组建30多个党支部。民国17年（1928）3月，中共湘潭县委机关遭到破坏，张仪、黄逸夫等被杀害，罗学瓒被当局通辑。5月，罗奉命赴上海，负责党的宣传工作。民国18年（1929）1月，转中共浙江省委工作，任中央巡视员。后任中共浙江省委书记。4月，中共浙江省委给兰溪县委的秘密通告被敌人发现，叛徒暴露了省委机关的通信联络。4月30日下午，罗学瓒被捕入狱。在狱中，多次组织绝食斗争，以抗击国民党反动派的凌辱，并与同狱同志创办《夜光报》，给难友们讲解《资本论》，激励斗志。民国19年（1930）8月27日临刑前，他对同牢战友们说："死有什么可怕！革命者，只要死得其所。希望大家继续努力，为共产主义革命奋斗到底。"与战友一一告别，高呼："打倒国民党！""共产党万岁！"等口号，英勇就义。

傅熊湘　名专，字文渠，一字君剑，号钝安，又别署钝根，或省为屯艮。醴陵市黄獭嘴镇人。清光绪八年(1882)生。幼随父就读。入渌江、岳麓两书院，师事长沙王先谦、同邑吴德襄。后留学日本弘文学院，归国后，在王仙创办小学并任教。

清光绪三十二年（1906），在上海与宁调元等创办《洞庭波》杂志，又与胡适、丁洪海等编辑《竞业旬报》，宣传推翻帝制。后与柳亚子诸人结"南社"，常与宁调元、郑淑容、陈豪生、黄梦邃诗文唱和。萍浏醴起义失败后，傅熊湘回湘，先后在渌江中学、萍乡中学、正本女校、长沙明德学堂任教5年。宣统二年(1910)，至苏州与张默君编辑江苏《大汉报》。次年返湘，主编《长沙日报》。辛亥革命后，袁世凯窃取政权，傅常在报刊著文反袁。民国2年（1913），汤芗铭督湘，傅被通缉，友人刘镜心掩护，方脱险归醴，重在王仙教学，著有《环中集》。民国5年（1916）袁败汤遁，程潜督师入湘，傅出主持《长沙日报》，因抨击北洋军阀，报馆被毁。民国7年（1918），醴城遭北兵劫掠一空，傅赴上海请赈，与湘绅聂其杰、彭兆璜、袁家普等创设湖南善后协会，为《湖南日报》

《天问周刊》撰稿，并参予编写《醴陵兵燹纪略》，声讨张敬尧祸湘罪行。民国9年（1920），张被逐出湖南，傅回醴陵，在县城创办醴泉小学，主编《醴陵旬报》《通俗报》。后历任湖南省参议员、省长署秘书、湖南通俗教育馆馆长、中山图书馆馆长、第三十五军参议、沅江县县长、安徽省民政厅秘书、省棉税局局长等职。民国13年（1924）参予倡修渌江石拱桥，推为主修，陈盛芳为工程经理。民国19年（1930）12月病逝，葬于西山。傅熊湘遗著已刊印有《钝安遗集》23卷，《离骚章义》《段注说文部首》《国学概略》《文字学大意》《新闻学讲义》《琼湖唱和集》《红薇感旧集》《醴陵兵燹纪略》《醴陵乡土志》各一卷，《湖南中山图书馆图书分类目录》10卷。

谭延闿 字祖安（组阉），号无畏（切斋），茶陵县高陇镇石床村人。清光绪五年十二月（1880年1月）生。其父谭钟麟曾任陕西巡抚和陕甘、闽浙、两广总督等职。

谭延闿于光绪十一年（1885）入私塾，十八年（1892）入府学，二十三年（1897）为优贡，三十年（1904）三月开封会试第一名，填补湖南在清代200余年无会元的空白。同年七月殿试中进士，授翰林院编修。时逢清政府举办“新政”，谭延闿回湘，积极投入兴办学堂活动。先后任长沙中路师范学堂（后改为湖南第一师范学校）监督和湖南教育会会长；创立简易师范学堂，曾捐银元1000元资助明德学堂。

光绪三十三年（1907），谭延闿参与组织湖南宪政公会，积极进行立宪活动。三十四年（1908），被湖南巡抚委任为筹办省咨议局的会办之一。宣统元年（1909），任省咨议局议长，成为湖南立宪派的首脑人物。宣统三年（1911），参加各省咨议局联合会第二次会议，被选为联合会议主席。并与汤化龙等人发起成立宪友会，任湖南宪友会干事。

武昌起义爆发后，谭延闿从立宪派的立场出发，提出“文明革命”的主张。长沙起义胜利的当天（10月22日），革命党人焦达峰、陈作新被推举为正、副都督。立宪派以“模仿英国立宪之精神”为名，迫使焦、陈同意成立湖南参议院，推举谭延闿为院长。接着，以“军民分治”为名，在都督府内设立军政、民政2部，谭延闿任民政长。焦、陈遇害后，谭延闿被同盟会领导人之一谭人凤及绅士们推为都督。当时长沙紧张而混乱，他下令礼葬焦、陈，亲往灵前致哀，发给家属恤银1万两。

谭延闿主湘后，在黄兴、周震麟等支持下，湖南局势很快稳定下来。此时，清廷重兵直扑武汉，情势危急，黄兴急待湖南援助。谭延闿先后派出3批湘军增援，并组织大批财物运至武昌支援革命军。又派人致电，利用湘人关系，推动四川、广西、福建、云南、甘肃、广东、安徽7省独立。孙中山自欧美返国，谭延闿首先通电：“代表全湘百万生民欢迎”。民国1年（1912）3月，袁世凯就任临时大总统，谭亦首先通电表示拥护。7月，被袁世凯正式任命为湖南都督。8月，同盟会改组为国民党，谭延闿加入，9月任国民党湖南支部长。谭延闿既同袁世凯保持联系，又注重联络国民党，还与湖北黎元洪、广西陆荣廷等军阀拉关系，故有“纵横捭阖，八面玲珑”之称。民国2年（1913）7月，孙中山发动讨袁的“二次革命”，谭延闿在湖南革命党人促进下，于25日宣布湖南独立。江西、南京方面讨袁失败，谭延闿于8月13日取消独立。袁世凯虽表面声称“谭延闿素明大义，谅非本心”。

但终究视谭为异己，10月，改派汤芗铭为湖南督军。谭延闿结束第一次督湘，进京向袁请罪，被判处四等有期徒刑。后经黎元洪说情，得到特赦。

民国4年（1915）12月，护国运动爆发，湖南人民掀起反袁驱汤斗争。护国运动结束，以段祺瑞为国务总理的北洋政府，不得不于8月任命谭为湖南省长兼督军。民国6年（1917）8月，改派傅良佐为湖南督军。谭延闿不愿做空头省长，以省亲为名于9月1日回到茶陵。在茶陵向北京政府电辞省长，随后微服离湘赴沪，结束了他的第二次督湘。

民国7年（1918）6月，谭延闿在桂系军阀陆荣廷等支持下，由上海到零陵重任湖南督军。民国9年（1920）5月28日，孙中山密电谭延闿，令其率湘军追击张敬尧部。6月，张敬尧仓惶逃走，谭延闿进入长沙，集湖南督军、省长与湘军总司令职于一身。他提出“湘事湘人自决”“还政于民”的主张，于7月22日向全国发出“祃电”宣布“湖南自治”，主张制定省宪，民选省长，遭到湖南各界的反对。这时，赵恒惕掌握湘军实力，自成派系，与程潜派联合，逼谭延闿下台。谭辞职后于11月离湘赴沪。“自治”活动停止，他第三次督湘宣告结束。

谭延闿在3次督湘期间，曾首设湖南实业科，创办湖南金工厂、陆军工厂（后改为湖南机械厂）、省农事试验场、模范制丝厂、茶叶讲习所，开办陆军讲武堂和邮电学校，发布一系列发展农业生产的训令。特别是民国2年（1913）春，决定设立湖南军路局，以省方收入节余，建筑长潭军用公路，于民国10年（1921）竣工，是为湖南建筑公路之始。他还拨款扶持私立学校，并顺应新文化运动的潮流，接受毛泽东和一师进步学生的要求，委派有相当政治地位的易培基兼任一师校长，推动湖南教育的复苏和发展。

民国12年（1923）2月21日，谭随孙中山由沪抵粤，先后任大元帅大本营内政部部长和建设部部长，逐步得到孙中山信任。8月9日，在衡州就任孙中山任命的湖南省长兼湘军总司令。陈炯明在广东叛变，孙中山急电谭延闿回师救粤。谭率领湘军5个军于11月底入粤。广州解围后，谭被孙中山任命为湘军总司令兼大本营秘书长。民国13年（1924）9月，任建国军北伐总司令，率军入赣北伐。民国14年（1925）7月，国民政府在广州成立，谭被推为常务委员兼军事委员会委员。所部改编为国民革命军第二军，谭兼任军长。

民国15年（1926）1月，在国民党第二次全国代表大会上，谭延闿当选为中央常务委员。3月，汪精卫出国后，谭代理国民政府主席。4月，选为中央政治委员会主席。7月，代理政治会议主席。民国16年（1927）1月，国民政府迁都武汉后，谭延闿当选为中央常委、国民政府常委，代理国民政府主席。蒋介石发动“四一二”反革命政变，在南京另立“国民政府”，宁、汉分裂。谭兼任军长的第二军倒向武汉国民政府，没有奉行蒋介石关于“清党”和捕杀共产党员的命令，并设法使共产党员萧劲光（第六师党代表）等安全脱险。但另一方面，谭又附和在湖南农运高潮中受到清算斗争的地主豪绅的造谣诽谤，指责农民运动，并派亲信吴芯等前往南京，暗地与蒋介石勾结。7月，武汉汪精卫集团正式宣布反共。8月13日，蒋介石通电下野。22日，谭延闿作为汉方代表之一，与南京政府代表李宗仁等在庐山开会，筹划宁、汉合流。9月15日，宁、汉、沪三方代表在上海成立国民党中央特别委员会，作为合流后过渡性的党的最高执行机关，谭延闿被推为成立大会主席，并被任命为改组后的国民政府常委。

民国17年（1928）2月2日，国民党二届四中全会在南京召开，蒋介石重新上台，推谭延闿为国民政府主席。10月，国民政府再次改组，蒋介石自任国民政府主席，谭延闿退居行政院院长。在新军阀混战中，蒋介石率师督战，让谭延闿代理国民政府主席。谭在国民党及其政府中，为维护蒋介石的统治，能忍则忍，能让则让，周旋在国民党各派系之间，从中调和，被胡汉民比喻为“药中甘草”。民国19年（1930）9月22日，因脑溢血症卒于南京，时年50岁，次年9月葬于紫金山灵谷寺侧。

谭延闿工书法、诗文。书法兼汇众家之长，尤得颜书神髓，一生临颜鲁公《麻姑仙坛记》200多通，大可乱真。诗作《组阉诗集》曾影印问世。谭延闿好美食，是“组庵湘菜”创始人。

汪起凤 女，原名董桂贞，芦淞区曲尺乡人。清光绪十九年（1893）十月生。父董定和，以中医为业。汪起凤少时读过小学。17岁嫁到本乡地主汪连山家做儿媳，乡邻称她冬嫂子。民国6年（1917），汪起凤丈夫病逝，汪连山为保家产，多次逼她改嫁，汪起凤不从，反而闹着要分家。民国13年（1924）年底，汪起凤终于分得80担谷田和几间房屋的产业。于是她把儿子送进学校读书，把女儿寄托亲戚家抚养，自己改名汪起凤，赴长沙求学。

到长沙后，先进长沙衡萃女子职业学校学习，后转学到崇实女子职业学校就读。民国15年（1926）9月，回到八叠，在中共地下党支部的领导下，建立全区第一个公开的乡农民协会，她任女子联合会主任。她白天在汪家祠堂小学任教，晚上开办农民夜校，宣传革命真理，并开展禁赌、宣传男女平等、破除封建迷信等革命活动。同年秋加入中国共产党。11月1日，先后任湘潭县东一区缝纫工会主席、农民协会妇联主任、中共东一区区委委员。此期，她把全区36个乡的妇女骨干分批进行培训，组织各乡女子联合会投入轰轰烈烈的破除封建迷信、打击土豪劣绅的斗争，有力地推动当地农民运动的深入发展。民国16年（1927）2月4日，毛泽东在考察湘潭、湘乡、衡山、醴陵、长沙等县的农民运动后，来到她家里，召开湘潭农运骨干代表会议，高度赞扬东一区的农民运动，肯定她领导的妇女反封建的斗争。

“四一二”反革命政变后，东一区的土豪劣绅伺机反扑，她根据上级指示，在株洲建宁港锯木场内组织一个2万余人的群众大会，声讨蒋介石屠杀工农的罪行。同时根据群众揭发，将破坏农民运动的“保产党”头子、劣绅邓有山公审处决。大革命失败后，区工会、农会被解散，她潜回八叠，担任八叠党总支书记，领导党的地下革命斗争。她以做缝纫为掩护，以自己家为据点，秘密串联和发动农会会员和革命群众，组建地下武装，参加毛泽东领导的秋收暴动，并担任八叠农军连的政治指导员。9月11日晚，株洲暴动打响，她率领八叠农军和株洲工人武装联合攻打株洲团防局，缴获步枪12支、刺刀20把及大批弹药物资。秋收起义部队上井冈山后，八叠农民武装在她的领导下，白天分散潜伏，晚上集中行动，先后镇压了醴陵清安铺大恶霸刘先岩、严惩东二区罗家冲大恶霸黄十一。民国17年（1928）春，株洲工农武装在上井冈山途中，因攻打醴陵失败，队伍被冲散。她按照党的指示，潜伏长沙市区活动，随后党组织派她去华容工作，改名言其华。她以做缝纫为掩护，在华容建立联络站，与株洲避难华容的党内骨干建立联系，成立地下党支部，继续开展地下革命活动。接着又在岳阳丁头镇开设茶馆，作为地下党的联络点。民国 18 年（1929）7 月，她被调回长沙工作。民国 19 年（1930）6 月，中共长沙地下党组织成立迎接红军进城筹备会，她为筹委之一，积极开展筹备活动。她设法通过结识国民党军十九师王副官的夫人，接近王副官，打入敌人内部，搜集敌军活动的情况，为红军提供军事情报，使红军一举攻下长沙城。红军撤出长沙后，她担任省委的地下交通员，并建成一个秘密特区通讯联络站，负责接待上海、江西莲花和安源、华容等地的联络工作。同年 8 月，红军第二次攻打长沙，她又为红军攻城奔忙。这次，因长沙守军力量过强，红军攻城未果，被迫撤走。同年 9 月间，她与王副官的关系被国民党特务发觉，王副官被秘密逮捕，严刑拷打，供出她的真实身份。中旬，汪起凤被敌人逮捕。被捕后，经受多次审问和酷刑逼供，腿骨被打断，牙齿被打掉，她始终坚贞不屈。9 月 26 日，敌人将她押往刑场。因腿骨被打断，敌人只好用人力车拖着走，沿途汪起凤高呼“打倒蒋介石！”“共产党万岁！”等口号，敌人恐慌，急用石头、破布等物堵塞其口，在长沙浏阳门外识字岭壮烈牺牲，时年 37 岁。

何德彪　株洲县仙井乡龙凤村人。清光绪二十五年（1899）生。民国 13 年（1924），参加安源工人运动。民国 14 年（1925），安源“九月惨案”后回乡，从事农民运动。民国 15 年（1926），任醴陵县北二区第二十六乡农民协会纠察队队长。同年冬，加入中国共产党，任檀木党支部书记。大革命失败后，参加秋收起义、醴陵年关暴动，参与建立北二区苏维埃政权，坚持地下工作，恢复党组织，发展新党员。民国 19 年（1930），将北二区团防沉没在傅家冲水塘里的 20 多支枪捞上交给红军，协助红四军第十二师政委刘亚楼召开群众大会，宣传红军宗旨，带头参军。他带领红军在渌口、漂沙井、鸿仙一带组建的 100 余人新兵连，赴江西编入红一、三军团部队和湘东独立师，壮大革命队伍。民国 24 年（1935）7 月，在中共湘赣省委领导下，活动于茶陵、攸县、莲花等地，坚持游击战争。民国 25 年（1936）10 月，在醴陵南乡、北乡一带，恢复发展中共组织，建立 7 个党支部，任中共攸醴萍县委组织部部长。民国 26 年（1937）11 月。中共攸醴萍县委改中共攸醴萍中心县委，他任县委书记。民国 27 年（1938）春，先后在醴陵县城东门焕文堂和天符庙开办前进书店和新地书店，秘密发行马列著作等书刊。

民国 28 年（1939）9 月。中共攸醴萍中心县委在醴陵建立南六区（含攸县、萍乡）、南四区、城关区、北乡区 4 个区委，辖 56 个党支部，共发展党员 400 多人。当年秋，国民党反动派对中共攸醴萍中心县委成员严密监视，禁止异党活动，逮捕县委委员谢逸平。不久，他和 7 名县委主要成员相继被捕入狱。民国 30 年（1941）1 月，被杀害于醴陵县城。

李隆光　又名谦、刚，别号仲武。醴陵城关镇人。清宣统元年（1909）生。民国 13 年（1924）2 月，入广州大本营陆军讲武学校第一队习军事，后转入黄埔军校第一期第六队。在军校加入青年军人联合会和中国共产党。毕业后，先后任黄埔军校教导团、国民革命军第一军排长、连长。2 次参加平定反动军队叛乱。民国 15 年（1926）蒋介石制造“中山舰事件”后，李被排挤出第一军。后任第六军十九师营长。同年秋参加北伐战争，率部参加攻占南昌、南京等重要战斗，擢升团长。“四一二”政变后，赴日本东京士官学校学习。

民国18年（1929）5月，学成回沪。6月，被中共中央军事部派往广西南宁从事兵运工作。为避免国民党军界注意，改名李谦。9月，任广西省第四警备大队副大队长，协助张云逸大队长改造部队。建立中共秘密组织，加强思想政治教育，部队扩大到2000人。10月，进入右江地区恩隆、平马，参与指挥大队消灭反动势力，支持当地工农运动，发展地方武装。12月11日，参加领导以百色为中心的武装起义，任红七军第一纵队队长、中共红七军前敌委员会委员，参加创建右江革命根据地。

民国19年（1930）2月，奉令率部进攻南宁，在隆安战斗中负伤。3月，率第一纵队向河池方向扩大根据地，占怀远，进入苗民聚居的南丹。4月，奔袭军阀王家烈后方供给站榕江县城，全歼守敌600余人，缴获大批枪支弹药和粮款。5月底，回师收复百色、平马。9月，红七军被迫执行“攻打中心城市”计划，放弃左、右江根据地。11月，红七军实行整编，全军改编为3个师，李谦任红七军前委委员、第二十师师长。12月，二十师作为红七军先头部队，东征粤北，转战湖南，先后组织罗城、武冈、长安等战斗。武冈一战红七军受挫，向广西全州进军，李率部断后，全军得以脱险，李是红七军早期的优秀指挥员之一。民国20年（1931）1月，红七军前委会决定放弃“攻打中心城市”计划，将队伍拉出粤桂边界，绕道去江西与毛泽东领导的中央红军汇合。在江华县城遭敌偷袭，李指挥部队突出重围，越过湘、粤、桂交界的老苗山。红七军将3个师3000多武装改编为2个团，李改任五十八团副团长兼第一营营长，协助团长攻打连州镇，继续向中央苏区前进。2月1日。部队到达广东乳源县梅花村时，遭粤军4个团包围，激战2日，击退敌人8次进攻，突围时李中弹牺牲，时年22岁。

何孟雄 原名定礼，字国正。炎陵县中村乡龙潭村人。清光绪二十四年（1898）生。

民国2年（1913），考入长沙岳云中学，寄住在堂叔何炳麟（岳云校长）家。民国6年（1917）春，考入湖南公立工业专门学校。其时，教育家杨昌济先生在校教修身课，他在杨先生家结识毛泽东、蔡和森等进步青年，经常参加他们组织的哲学小组和长沙学联活动。民国7年（1918）6月，又与蔡和森等人一道赴北京，进入翊教寺留法预备学校攻读法文。这时，杨昌济在北大任教，毛泽东在北大图书馆工作，何经常利用星期天与他们相聚，纵谈天下大事，探索救国救民真理。

民国8年（1919）春，考入北京大学理科。不久，“五四”运动爆发，何投身革命风暴中心，参与集会游行、殴打国贼、火烧曹宅、营救同学等斗争，成为学生运动骨干。6月3日在街头演讲，被当局关押5天。

“五四”运动后，他为研究社会改学文科。在李大钊启发下转而研读马克思著作，并于民国9年（1920）3月加入李大钊创办的“北京大学马克思学说研究会”。10月，加入北京社会主义青年团，成为首批团员。11月，被吸收为北京共产主义小组成员，成为中国共产党的创始人之一。

民国10年（1921）4月，何被北京社会主义青年团选为代表，赴莫斯科参加少共国际第二次代表大会，途经满洲里被奉系军阀逮捕，受尽酷刑，后经蔡元培、李大钊营救获释。7月，中国共产党成立，何孟雄与北京共产主义小组成员一道转为中共党员。10月，与中共党员缪伯英（长沙县人）结为夫妻。当年冬，何担任中共北京地委书记兼社会主义青年团北京地委书记、京绥铁路特派员。经常去长辛店、南口、张家口等地调查，多次发表文章指导工人运动。民国11年（1922），先后领导京绥铁路工人反对“亡路合同”大罢工和索薪大罢工。这一时期，他代表中共北京地委出席中共第二次和第三次全国代表大会。民国13年（1924）3月，中共北方区委成立，何当选为区委常委。民国15年（1926）5月，又兼任中共唐山地委书记，开展对冯玉祥部的统一战线工作。

民国16年（1927）4月，何奉令南下，任中共中央机关所在地汉口市委组织部部长。在宁汉合流之前，及时隐蔽、转移一批中共党员，使之免遭蒋、汪屠杀。8月初，奉调上海，任中共江苏省委临时执行委员，组织过苏北农民暴动。不久，又调任中共南京市委书记。

民国17年（1928）4月，何孟雄担任中共江苏省委常委、农委书记、组织部部长和军委书记。从此开始了他与党内“左”倾路线斗争的艰难历程。中共六大召开前夕，江苏省委在讨论中央起草的《政治报告（草案）》时，何不同意报告中关于“当前中国革命处于高涨时期”的基本估计，遭到中央负责人打击。民国18年（1929）1月，被撤销省委常委等职，先后调至沪西、沪东、沪中等地任中共区委书记。在11月举行的中共江苏省委第二次代表大会期间，又因反对李立三“城市中心论”的主张被扣上“调和派”帽子。大会选举时，经多数代表力争，才被选为省委候补执行委员。民国19年（1930）9月，江苏总行委又宣布撤销何的沪中区委书记职务，并责令写出检查。在严重的打击下，何孟雄在区委亭子间以其忧国忧民的赤子之心写下2万余言的《政治意见书》递交中央政治局，继续与李立三“左”倾路线斗争。半个月后，李立三路线跨台，但在中共中央六届三中全会上，不但没有对何孟雄作出肯定，反而将其当作右倾机会主义典型，进行更高级别的批判。10月28日，何在党内仅有的一个职务——中共江苏省委候补执行委员亦被褫夺。其时正逢妻子缪伯英去世，接二连三的打击并未夺其志向。他对共青团江苏省委青工部部长欧阳立安说：“一个革命者要像暴风雨中的海燕，经得起任何考验。”

民国20年（1931）1月7日，在共产国际代表米夫操纵下，中共中央召开六届四中全会，何列席会议。会议以突然袭击方式扶持王明上台，遭到部分与会人员的强烈反对。8日，何与张金保、林育南等18人联名发表《告同志书》，公开揭露米夫、王明践踏党内民主的恶劣行为。此后，受王明宗派主义的迫害更甚。当月17日，因叛徒告密，何在上海市天津路中山旅社被捕。次日，王明在上海活动分子会上，称何是右倾机会主义分子，通知狱中党组织不转接其组织关系。2月5日，在龙华淞沪警备司令部军法处看守所的囚室里，何孟雄与同室的林育南、李求实联名致信共产国际，指出米夫犯了教条主义和宗派主义错误。民国20年（1931）2月7日夜，何孟雄与23名难友被秘密枪杀于龙华看守所内，时年33岁。何牺牲后，党籍被王明开除。

民国34年（1945），中共中央在延安召开六届七中全会。在毛泽东主持下，中央政治局作出了《关于若干历史问题的决议》，替何孟雄等为反对党内“左”倾路线遭受迫害的重要干部平反昭雪，号召全党永远纪念他们的无产阶级英雄气概。1986年，人民出版社出版了《何孟雄文集》。

谭思聪　茶陵县原虎溪乡（思聪乡）唐家坳村（思聪村）人。清光绪三十四年（1908）生。

民国15年（1926）秋，谭思聪加入中国共产党。随后，在家乡发展党员20多名，建立党小组。并建立共青团的外围组织——青年奋斗社。

“马日事变”后，按照中共组织决议，谭思聪转移至平水的裘家、雷家冲一带坚持斗争。同年8月，他串连从省城回乡的青年知识分子、共产党员谭趋新、陈韶、袁肇鸿等，聚集几十名工农运动骨干，组建茶陵游击队，在茶陵、安仁、酃县边界的潭湾山区，与团防局周旋。后率茶陵游击队九队活动于茶、攸边界。其间，帮助建立清水游击队。11月，谭思聪和陈韶等人在县城组建中共茶陵县委。12月底，随工农革命军转移到宁冈砻市，留在毛泽东身边工作。

民国17年（1928）2月，他任中共茶陵县委书记。与谭家述率领的茶陵游击队于4月初，在界首与朱德率领的部分南昌起义部队汇合，攻克茶陵县城。5月16日，配合员一民、毛泽覃率领的红四军三十一团一营和朱德率领的二十八团攻占高陇。18日，又配合红四军攻占江西永新城。6月，率部在严塘井头村消灭团防局40余人，缴枪39支。10月，在中共湘赣边界特委第二次代表会上，当选为特委委员。

民国18—20年（1929—1931），他先后任中共湘赣边界特委候补常委、特执行委员、赣西南特委委员和江西莲花县农工部长以及中国工农红军湘东独立师政委。民国20年（1931）4月，率独立师配合红七军在江西永阳、安福等地作战，连连获捷。7月，任湘赣独立一师政委。至9月，率部与其他地方武装一起，钳制住国民党部署在湘赣根据地的7个师计6万余兵力。10月28日，又率部在茶陵洮水击溃国民党六十三师一八八旅，随后急速往南，恢复和发展江西上崇苏区，帮助组建赣南独立团。民国21年（1932）1月3日，在江西永新县钱市街伏击战中，身先士卒，打退敌军一次又一次进攻。在跃出战壕指挥作战时，中弹牺牲。湘赣省苏维埃政府破例批准将茶陵县第四区命名为“思聪区”。茶陵解放后，县人民政府将原虎溪乡命名为“思聪乡”，唐家坳村命名为“思聪村”。1967年2月，谭思聪烈士的遗骨迁葬茶陵烈士陵园。

蔡申熙　字旭初，又名升熙、申善，化名刘辑明。醴陵市黄沙乡汤家湾人。清光绪三十二年（1906）出生。民国11年（1922）春，入醴陵县立中学读书，参与组织社会问题研究社，投入爱国学生运动，带头抵制洋货，投身反帝、反封建军阀斗争。民国13年（1924）春，与左权等人在广州大本营陆军讲武学校习军事。11月入黄埔军校第一期第六队。同年加入中国共产党。毕业后留军校教导团任排长。曾参加平定广州商团叛乱和平定军阀刘震寰、杨希闵叛乱的战斗及讨伐军阀陈炯明的2次东征。民国15年（1926），参加北伐，任国民革命军第四军第十二师营长。在攻打汀泗桥、贺胜桥战役中立功。民国16年（1927），擢升国民革命军第二十军第二师第二团团长。大革命失败后参加南昌起义，任起义部队第十一军第二十四师参谋长，随部南下广东，参加会昌、汤坑战斗。后辗转到广州，被派入第四军警卫团工作，参加广州起义，任广州市公安局局长。起义失败后到上海中共中央军事部工作。民国17年（1928），任中共江西省委军委书记。曾到吉安靖卫大队工作。为争取罗炳辉部起义进行秘密活动。民国18年（1929），任吉安东固游击第一路指挥。参与整顿、发展革命武装，先后建立江西红军第二、三、四 3 个团。率部攻克峡江县城，扩大革命根据地。

民国 19 年（1930）夏，任中共中央长江局军委书记。秋，在湖北阳新一带领导游击战争，参与指挥攻打宿松、六村、广济、漕河、英山等战斗。同年 10 月，领导组建中国工农红军第十五军，任军长，是红十五军主要创始人之一。后与政委陈奇率部攻打黄梅、张家塝、桐梓河、大湖等城镇。12 月到达鄂豫皖革命根据地，参加第一次反“围剿”作战。民国 20 年（1931）1 月，红十五军和红一军合编为红四军，蔡任第十师师长，参与创建鄂豫边、鄂东南、皖西 3 个根据地联成的鄂豫皖根据地，并任中共鄂豫皖特委委员、军委副主席。为粉碎蒋介石对鄂豫皖根据地的“围剿”，蔡率红十师参加麻城磨角塘战役。全歼守敌 1 个营。继又攻克河南光山敌重要据点新集，歼敌 1000 余人。后与红十一师奔袭双桥镇，全歼敌三十四师，生俘师长岳维竣。蔡在作战中臂部负重伤。5 月，任中共中央鄂豫皖分局委员、中共中央鄂豫皖分局军事委员会参谋长。继当选鄂豫皖监察委员会主席，后代理分局军委主席。蔡申熙伤势稍好，即任以彭湃、杨殷二烈士命名的彭杨军政学校校长，为鄂豫皖苏区培养一批军事和政治干部，并任中国工农红军第四方面军副总指挥。民国 21 年（1932）7 月，任红二十五军军长，指挥部队粉碎敌军第四次“围剿”。10 月 8 日，在湖北黄安县（红安）河口镇东北仙人洞战斗中，身负重伤，仍指挥部队顽强拼杀。因流血过多，抢救无效，壮烈牺牲。

徐向前元帅在《历史的回顾》中赞蔡申熙：“不仅具有战略家的胆识和气度，而且在历次战役和战斗中机智果断，勇猛顽强，因而在红四方面军有很高的威望。”1989 年，中央军委确认蔡申熙为 36 个军事家之一。

贾纡青　字进升，号骏犹，化名太榕、卢世芳。炎陵县十都镇红南村人。清光绪二十四年（1898）四月生。17 岁考入长沙岳云中学。民国 8 年（1919）考入北京大学。

在北大结识同乡同学何孟雄，受何影响先后参加工读互助团和北大马克思学说研究会。民国 10 年（1921），加入社会主义青年团。民国 11 年（1922）春，转为中共党员。10 月，参加北方劳动组合书记部工作，赴唐山参与组织开滦煤矿工人大罢工，并任罢工指挥部领导成员。11 月中旬，被派往石家庄，担任正太铁路工人运动特派员，帮助建立正太铁路总工会和党小组。12 月，组织正太铁路大罢工，在全国引起极大反响，迫使铁路全部答应工人条件，罢工斗争取得胜利。

民国 12 年（1923），京汉铁路“二七”大罢工发生后，他又组织正太铁路工人举行 4 天同情大罢工，由于北洋军阀的血腥镇压，工人运动转入低潮。12 月底回京，不久被派往张家口，以京绥铁路职工文化教员身份，在内蒙一带从事党的地下工作。民国 14 年（1925）秋，派往莫斯科学习军事。民国 15 年（1926）冬毕业回国，分配到冯玉祥的国民联军工作，后任该军政治部组织科科长。

“四一二”政变后，他和政治部的共产党员秘密在潼关街上贴出大批“打倒蒋介石，挽救国民革命”的标语，并向冯玉祥进言：联合武汉国民政府，声讨蒋介石。同年 6 月，当冯参加蒋介石的徐州会议后，在军队和辖区内进行清党。贾以共产党嫌疑被关押，直到蒋冯战争爆发才释放。后经中共河南省委送至上海宝隆医院治疗。民国 19 年（1930）冬病愈出院，由党组织分配到全国互济会工作。

民国 21 年（1932）春，调任中共江苏省委巡视员。5 月派往南通，帮助恢复南通中心县委，纠正过去一些“左”倾错误，使南通的革命力量迅速壮大。民国 22 年（1933）4 月，南通中心县委组织工人罢工，抗议南通县政府无理逮捕工人，要求资方改善劳动条件，增加工人工资。5 月中旬，数千人从唐闸列队进城请愿，军警开枪镇压。贾及时指导，一面继续发动群众抗议县政府镇压工人，一面在城乡组织工农武装，使南通地区逐步走上武装斗争道路。6 月 8 日夜，贾和少年共产党江苏省委巡视员周振国、南通中心县委书记顾臣贤、组织委员施亚夫在唐闸开会时，一起被捕，关进南通看守所。在看守所里，贾向被捕的同志提出“无条件保卫党”，要经得起一切刑讯的折磨。敌人采取指认套供、叛徒对质、酷刑逼供等手段，都未掏出半句口供。7 月 2 日，他和其他二十几名同志被押到镇江，关在小市口监狱，又组织难友进行“防利诱、反叛变”的斗争。9 月初，江苏省军法会审处对他进行最后一次审讯。贾回到牢房后，交给同室难友李砥平（共产党员）2 封信，一封是写给党中央的，信中说：“虽然将要为革命牺牲，但无半点后悔，内心一片赤诚。”另一封是给儿子的遗书，请李设法转出。9 月 14 日晨 6 点，贾纡青慷慨就义，时年 35 岁。

袁德生　株洲市荷塘区明照乡曹家塘村人。清光绪二十年 (1894) 生。6 岁时，父母双亡，寄居在浏阳普迹姨妈家。早年在安源煤矿做工，在朱少连、周怀德的鼓励下，进入工人夜校学习。在安源大罢工时，率领直井五段工人参加斗争。民国 11 年（1922），罢工胜利后，安源路矿俱乐部召开第一次工人代表大会，袁德生当选为直井五段工人总代表。他以路矿青年团代表的身份，出席南京第二次全国团代表大会。民国 12 年（1923），经李立三、刘少奇介绍加入中国共产党，成为安源地委负责人之一。

民国 14 年（1925）10 月，中共安源党组织选送他去广州农民运动讲习所学习。毕业后，被派往湖南开展铁路沿线的农民运动，为迎接北伐做准备。回湘后，袁德生任国民党湖南省党部特派员，辗转于株洲、萍乡铁路沿线开展农运工作，恢复湘潭、株洲、醴陵等地的一批区、乡农会。民国 15 年（1926）2 月，他秘密抵达湘赣交界的老关，开展地下活动，成立江西省最早的召圣乡农民协会。

民国 16 年（1927）2 月，他出席江西省召开的第一次农民代表大会，在大会上，被选为江西省农协执行委员会委员。秋收暴动后，经常奔走于安源、萍乡等地收集情报，与各地的中共组织联络、检查和部署工作。民国 17 年（1928），袁德生被任命为中共湖南省委委员，留在安源地区活动。是年冬，红军打到莲花后，他奉中共的指示，在萍乡南门桥头设立交通机关 —— 赣西采运站，直接领导安源、芦溪、莲花、王陂下等处交通联络和采运军用物资，护送文件、经费和干部安全过境。同年被派往井冈山任特委委员，后转任中共湘东南特委委员、湘东革命委员会主席。

民国 20 年（1931）8 月，中共湘赣省第一次党代表大会在莲花县花塘村召开，袁德生当选为湘赣临时省委常委。尔后召开省苏维埃代表会议，袁德生当选省苏维埃政府主席。10 月，袁德生和王震出席全国苏维埃第一次代表大会，袁被选为全国苏维埃政府委员。

民国 22 年（1933），张启龙、王首道被撤职，袁德生被诬告为“AB 团”骨干。长征开始时，将袁德生逮捕杀害于泰和壁江洲，时年 40 岁。民国 27 年（1938）春节，毛泽东在延安同王首道、张启龙谈话时，对袁德生表示深切怀念，认为袁德生是个好同志。民国 33 年（1944），任弼时在延安召开原湘赣根据地领导干部座谈会，代表中共中央作湘赣根据地工作总结报告，宣布为袁德生平反，恢复名誉，并追认为烈士。

陈 韶 茶陵县洣江乡中瑶村人。清光绪三十一年（1905）四月生。少时聪颖好学，以优异成绩考入茶陵县城中学。民国 14 年（1925），为摆脱包办婚姻，到长沙长郡中学求学。在学校他大量阅读进步书籍，开始接受马列主义，投入革命实践，参加驱逐反动军阀赵恒惕的斗争。

民国 15 年（1926）7 月，陈韶从长沙返回家乡，成立中瑶农民协会，惩罚土豪劣绅，在周围乡村中影响颇大。10 月，陈韶被中共茶陵特别支部吸收为中共党员。寒假期间，陈韶将茶陵旅省学生组织起来，成立茶陵旅省学生宣传队，开展革命宣传。

“马日事变”后，中共茶陵特别支部成员四处流散，革命群众惨遭屠杀。陈韶潜伏于群众基础较好的平水袭家、鸡公石一带，与共产党员谭思聪取得联系，义无反顾地走上武装反抗国民党的道路。他们联络一批同仁，发起组织茶陵游击队，由陈韶任队长，活动于茶陵与酃县、安仁、攸县交界的山区，频频打击反动武装和土豪劣绅。民国 16 年（1927）10 月，工农革命军攻占茶陵县城后，陈韶率队来到县城。11 月，中共茶陵县委成立，陈韶首任书记。12 月下旬，国民党派重兵围攻茶陵，陈韶率茶陵党政军民配合工农革命军顽强抵抗，终因力量悬殊，率部随工农革命军转移。途中，他旗帜鲜明地支持工农革命军团党代表宛希先等人，抵制团长陈皓一伙的叛变阴谋。毛泽东赶赴湖口惩处陈皓一伙后，陈韶随部到达宁冈，留在毛泽东身边工作一段时间。

民国 17 年（1928）2 月，陈韶奉令率茶陵游击队进驻潭湾开展游击战争，扩大革命武装。4 月初，陈韶、宛希先率部在界首导引朱德部攻占茶陵县城。后随朱德部到宁冈，实现朱毛两支部队的大会师。5 月，陈韶带领茶陵游击队配合工农革命军攻占了茶陵东部重镇高陇。在中共湘赣边界特委第一次代表大会上，陈韶当选为特委委员。年底，陈韶率茶陵游击队和永新、宁冈、莲花三县赤卫队，坚守九陇山革命根据地，多次打退湘赣两省敌军的“会剿”。12 月 29 日，率游击队直插和尚庄，歼灭挨户团武装，随即奔袭百里之外的界首镇，再次获胜。

在湘赣边界革命斗争时期，陈韶历任中共茶陵特别区委书记、县委书记、湘东苏维埃政府委员兼肃反部部长、湘东独立师师委书记兼政治部主任、湘赣独立一师师委书记兼政治部主任、红八军代政治部代主任、湘赣红军新编独立一师政委兼政治部主任等职。

民国 22 年（1933），在“左”倾路线的影响下，陈韶被诬陷为“改组派”，被迫害致死。在中共第七次全国代表大会上，陈韶沉冤昭雪，被追认为革命烈士。

黄海珊 天元区马家河乡人。清同治元年（1862）生。出身中医世家，为黄氏六代中医传人。幼年就读家塾，塾师极为器重。16 岁独立行医于株洲、湘潭等地，求诊者日众。诊后常不断钻研中医经典著作及祖辈遗术。不但医学理论造诣益深，且积累了丰富的临床经验，以内科、妇科、儿科见长，尤以治疗急性热病和疑难杂症称著。黄海珊非常称道东垣先生脾胃为本的论述，强调调整脏腑之间升清降浊之功能，以及把握阴阳五行相互制约、相互依存之关系。在临证中非常重视调理脾胃和善用活血祛淤之法。常挽逆症于轻灵之方，起沉疴于平淡之剂。在治疗外感内伤疾病中，他时时注意脾胃状况，不轻易用芩、莲、大黄等苦寒克伐之品。亦不能一见阴血不足，不念脾胃之功，轻便以熟地、阿胶等腻补之药，影响脾胃运化功能。辨症施治中，善别脏腑经络的不同情况，决定升降润燥之不同治法。治疗胃痛，辨在气在血，属寒属热，偏实偏虚。以调气法为主，解决胃实肝旺、脾虚的矛盾。黄海珊亦擅长用活血祛淤法，对淤血的辨症，非常重视“望、闻、问、切”。见舌质暗红，日眶微晦，面部隐隐灰滞，就能防微杜渐地作淤血论治。结合病程久暂，痛处之移著而察淤血之所在，加以随证施治。出血证，不仅需要止血，还须活血祛淤，有时活血祛淤比止血药更重要，因离经之血不去，新血不能归经，出血亦不能止，即使止血，淤血停滞于脉络，必然遗患无穷。

黄海珊医术精湛、医德高尚。家境贫寒，取之有道。遇贫患家，难支药费，即解囊援助；穷乡僻壤，跋涉艰难，不论路途远近，心无二端。为起沉疴，常侍患者床前达旦。清宣统三年（1911）春，乡人捐资，出版《验方纂要》一册（即300单方）传世，活人无数。因诊务繁忙，积劳成疾，民国11年（1922），昏迷数日，水米不入，双目失明。但求诊者仍络绎不绝，黄海珊仍用心诊治。并相继命长子震益、四子美君、七子庚吉为其抬轿出诊抄方。四邻百姓，无不赞美。9年后眼明复如常人，能亲自看病处方。民国23年（1934）病逝。

易灭非 原名进修，字先尚，号世盖，别名道生，绰号“日一木”。天元区园艺场天台工区南方冲人，清光绪二十二（1896）年十二月生。7岁起，随父读私塾，12岁时辍学从耕。民国5年（1916），到长沙学木工手艺，3年后出师回家，开设门窗家具木器行，兼做农活。易灭非在长沙学徒时，看见青年学生声援“五四”运动的行动，深受启发，对不平等的社会现象产生不满。他曾一面学艺，一面习武，练就一身武艺。

民国15年（1926）7月，成立湘潭县东二区第六乡农民协会，易当选为农协执行委员长。10月，由汪春华、胡光生介绍加入中国共产党。他在第六乡发展一批党员，成立第六乡党支部，担任支部书记。

“马日事变”后，他按照区委决定，组织第六乡农民数百人参加攻打易家湾、准备围攻长沙的战斗，担任侦察工作。同年9月，他又组织第六区农民参加株洲暴动。起义失利后，坚持地下活动。民国17年（1928）2月，参加省委在残梅举行的会议，受中共株洲区委派遣，带领小分队攻打渌口和淦田团防局，夺取一批武器，支援醴陵年关暴动。不久，遭株洲团防局逮捕。经中共组织营救脱险出狱。

出狱后，中共株洲区委委员汪起凤将易灭非等一批党员转移到华容、南县一带。易利用他在华容住滋口定居的侄女婿郭志高的亲戚关系，以郭父开设的“湘华裕木器行”为据点，安排一批党员从事木工、水运工作，以此作掩护开展秘密活动。他在湖北监利、公安、石首一带找到了贺龙部刘德云大队。民国 18 年（1929）春节，协同刘德云大队攻下杨林所（当时属岳阳）团防局，夺取一批武器。然后，又化装成团防局的士兵，先后攻打南县和安乡等地的一些团防局，共夺得步枪 22 枝、手枪 8 枝和一批弹药，并组织易汉云等以装枯饼、豆子作掩护，将武器秘密水运回株洲再转送平江、浏阳等地，资助红五军。同年 7 月，奉命与省委特派员陶尧夫回株洲，恢复凿石、天台、新市 3 个党支部，成立直属省委领导的中共株洲区委。9 月，因叛徒告密，陶尧夫及区委书记易万泉等被捕遭杀害。易灭非因得群众报信，而免遭逮捕。他先后在安源、醴陵、浏阳、长沙等地从事地下斗争。直到民国 19 年（1930）9 月，随同红一方面军撤围长沙，回到株洲，和湘东特委派来的丁继盛、易汉文一道，组建株洲特别区委。民国 20 年（1931）4 月，由易灭非接任特别区委书记。同年 8 月，中共湘赣省委成立，株洲特别区委成为湘赣省委的直属区委（后改为长湘区委）。经过 1 年的积极工作，区委由 7 个支部 40 多名党员，发展为 22 个支部 193 名党员，还建立了 10 个秘密工会，发展 100 多名会员。党的组织由株洲附近扩大到醴陵姚家坝、渌口、湘潭县城、易家湾、暮云市、大托铺和长沙城内。同时，还在株洲清水塘老街同仁昌药铺，建立为湘赣省委与在上海的中共中央、中央苏区以及湖南联络的秘密交通联络站；组织一批党员以挑货郎担、收旧货、磨剪刀等为掩护，在长沙、湘潭等地搜集情报，筹集急需的战备物资，由秘密交通线从株洲转送到中共湘赣省委驻地 —— 江西永新。易灭非出色的工作，中共湘赣省委在民国 21 年（1932）8 月、12 月和次年 1 月向中央的报告中，多次予以表扬。在同年 12 月召开的中共湘赣省第二次代表大会上，易被选为省委候补委员。

民国 23 年（1934）2 月，区委副书记林岗叛变投敌，易灭非潜往永新。同年 8 月，易随红六军团突围西征，从事政治宣传工作。民国 24 年（1935）5 月，在夺取泸定桥的战斗中，不幸牺牲，终年 38 岁。

蔡会文 号赤潮。攸县凉江乡山田人。清光绪三十四年（1908）生。在长郡中学读书时，组织“南星读书社”“攸邑旅省同学会”，主办《攸县同学报》，进行革命宣传活动。民国 15 年（1926）3 月，参加共产主义青年团。同年暑期，他偕刘振国等同学回到攸县，在榄山、丫江桥一带宣传发动群众，组织农民协会，积极参加农民运动。返校后，在长郡中学加入中国共产党。

民国 16 年（1927）2 月，中共湖南省委成立湖南农民自卫军干部训练总队，蔡会文应选到总队训练，编在第二大队第三中队任第二班班长兼党小组长，不久升任排长。“马日事变”时，干训总队遭到袭击，他与胞兄蔡忠（中共党员）化装回到攸县。在家乡受到反动当局的追捕，蔡会文辗转来到武汉，党组织派他去卢德铭领导的警卫团，任第一营第一连党代表。8 月，随部队挺进浏阳，参加了毛泽东领导的秋收起义。秋收起义失败后，他随毛泽东向井冈山进军，在攻克莲花、古城、宁冈时，立下战功。民国 17 年（1928）8 月，蔡会文被调至中国工农红军第四军教导队任党代表。

民国 18 年（1929）年初，红四军从井冈山突围，到达瑞金中央苏区，蔡会文任支队政委。同年 12 月 28 日，出席毛泽东主持召开的中国共产党红军第四军第九次代表大会（即古田会议）。民国 19 年（1930）6 月，以江西地方武装二、四团为基础，扩编组成红三军，由黄公略任军长，蔡会文任政委。8 月，黄公略、蔡会文率领红三军挺进浏阳文家市，在兄弟部队配合下，一举击毙国民党军旅长戴斗垣，并歼其部属 5000 余人。不久回师江西，在第一次反"围剿"中，与红四军等部在龙冈附近歼国民党军第十八师，活捉国民党前敌总指挥张辉瓒，全歼其部 9000 余众。在第二次反"围剿"中，红三军又消灭国民党军二十八师公秉藩部和王金玉之四十七师。在第三次反"围剿"中，在老营盘全歼国民党军蒋鼎文旅，在东固彻底消灭国民党军韩德勤之五十二师。

民国 21 年（1932）10 月，蔡会文调任湘赣省军区任总指挥和政委，并兼红八军政委。

民国 22 年（1933）春，国民党军对湘赣苏区发动第四次"围剿"，先后占领北线之吉安，西线之茶、攸苏区和南端的上犹、崇义苏区，10 万国民党军分 4 路压向苏区中心之永新。蔡会文决定首先向安福进攻苏区之国民党军五十二师发动还击，并命令各独立师、团及地方武装进入西南边沿地带牵制敌人，配合作战。红八军在给进入安福之敌以沉重打击之后，经过仔细分析改变了中央规定红八军主要行动方向。率红八军进入敌人力量比较薄弱而群众基础较好的遂（川）、万（安）、泰（和）地区，并在于田墟一举击溃敌二十八师 4 个营。4 月 7 日，将一六五团一营和 1 个机枪连及该师迫击炮营等部歼灭。扭转湘赣红军在战斗中的被动局面。5 月初，蔡会文从赣南挥师北上，在九渡冲、棠市一带连战皆捷，击溃敌六十三师 3 个团，全歼其 2 个营，打垮十五师 1 个旅，消灭十九师 1 个团，俘敌 1000 人，缴获步枪 1000 多枝，轻重机枪 30 余挺，电台 1 架，并截获 8000 多套军装及大量辎重，从而粉碎敌人第四次"围剿"，得到中共中央的嘉奖。

在第五次"围剿"中，国民党军西路总指挥刘建绪于民国 22 年（1933）6 月统率 5 师之众，向湘赣苏区进攻。由于"左"倾路线的指挥失误，造成红八军梅花、七溪岭失守，秋溪和莲花战斗不能获胜，使苏区之中心永新城陷落。11 月底，中共中央撤销蔡会文湘赣军区总指挥职务，送其到中央党校学习。

民国 23 年（1934）4 月。中央军委重新任命蔡会文担任粤赣省军区司令员，担负保卫中央根据地南大门的重任。主力红军长征前夕，中央又于 9 月委派蔡会文任赣南省军区司令员，与项英、方维夏、陈毅、贺昌、阮啸仙等坚持中央根据地斗争。

民国 24 年（1935）3 月，中央根据地红军在仁凤山区分 5 路突围。蔡会文、陈丕显、阮啸仙、刘伯坚等率领赣南军区部队 1800 多人突围。部队在马岭遭到的埋伏，损失惨重，4 月初到达油山时只剩下 300 多人，与先期到达的项英、陈毅和贺昌等会师。会师后蔡会文带领一支 300 人的红军武装，到上犹、崇义、桂东、汝城开辟新的游击根据地。4 月中旬，蔡会文和他率领的部队来到湖南桂东县的东边山，与方维夏、周礼、陈山领导的游击队汇合，成立中共湘粤赣边游击支队。蔡会文任特委委员、游击支队队长兼政委。

由于蔡会文卓有成效的工作，湘粤赣边游击根据地得到迅速发展，纵横数百里。游击支队也很快壮大到 1000 多人。尽管敌人纠集 3 个师的兵力对游击根据地进行严密封锁和疯狂"围剿"，但湘粤赣边游击支队，在根据地人民的支持下，仍然在 3 省边界坚持斗争。

由于战争越来越残酷，生活越来越艰苦，游击根据地缩小，战士叛逃时有发生。蔡会文把游击队编成十几人至三四十人一个小分队，实行“保存实力，等待时机”的方针。民国25年（1936）初春，在一次与余汉谋部的遭遇战中，由于敌我力量悬殊，游击队全部被打散，蔡会文身边仅有10多名战士，跟周礼也失掉了联系，只得向朱冠山转移，途中又遭敌袭击。最后他带领9名战士来到一幢破房子里稍事休息时，被敌人包围，为掩护其他同志突围，自己带2名警卫员断后。突围到麻婆垄的一座山脚下，1名警卫员中弹牺牲，蔡会文也多处受伤，警卫员要背他撤离，他不同意。他伏在地上举枪还击，掩护战士突围。这时，他背部又中一弹，昏倒在血泊中，被敌俘获。敌人得知他是蔡会文，立即备了竹椅抬回去请功。蔡会文醒后，多次从椅子上跳下来，不准敌人将他抬走。敌人恼羞成怒，竟残忍地用刺刀切断了他的脖子。牺牲时年仅28岁。

陈梅连　字方培，号家龙，茶陵县湖口镇塘头人，清光绪二十六年（1900）生。民国15年（1926）下半年，茶陵农运兴起。陈梅连和大哥初仔、小弟晚仔同时参加农民协会，他被选为乡农民协会委员长。民国18年（1929），参加中国工农红军，加入中国共产党。民国20年（1931），转入湘南游击队，先后任大队长、政委，中共湘南工作委员会委员，白区工作委员会主任，茶（陵）、安（仁）、酃（县）、永（兴）边区委员会常委、书记及湘南特委委员等职。

民国21年（1932），任湘南游击队队长。在国民党军中当营长的表兄周雄飞上门劝降，许愿封官。陈梅连顿时翻脸，说道：“我生是革命人，死是革命鬼。你走你的阳关道，我过我的独木桥。”8月的一天，游击队与周部相遇，陈梅连毫不犹豫，下令痛击。

民国24年（1935）9月15日，湖口义勇队武装包围陈梅连家，抓住其母亲、妻子、弟弟、弟媳4人，押至塘头一丘田里，除弟媳被刺刀捅伤未死外，其余3人均遭杀害。

民国25年（1936）9月，陈梅连任湘南特委委员兼茶安酃永边区委员会书记，领导湘南游击队。他们先后袭击安仁县保安团，资兴和茶陵浣溪、十八团义勇队；摧毁敌军在酃县白鹤仙、安仁半面山筑的碉堡，烧毁驻安仁县羊脑墟的营房，捣毁茶陵舲舫区公所；抓住派往潭湾刺探情报的特务范利贵，处决茶陵十八团义勇队长周玉成、反共组长段明咀、杀害洮水农会干部和群众15人的叛徒于秋明及安仁山口墟土豪古家蒙、永兴土豪李壬绅等；活捉茶陵土豪陈启余，令其缴纳银元1500元及其他物资。

湖南省保安司令部为对付陈梅连的游击队，将茶安酃永和耒阳、资兴等县边境划为特别“清乡”区，焚毁森林，拆掉民房，将群众赶下山，强行并村，制造无人区；茶陵县长陈必闻将全县有枪的义勇队安排到边境各要隘，施行封锁，与安、酃2县联合悬赏1000元，缉拿陈梅连，还亲自到湖口，与当地反动头目策划搜剿办法。民国26年（1937）1月，陈梅连及所率游击队在寒江与茶陵县义勇总队激战，退入茶、酃交界地。游击队被打散。2月5日，副大队长周二苟叛变，陈梅连被捕。敌人将其双耳、双手和肩胛骨用铁丝穿住，关在笼子里“示众”。他刚强不屈，怒斥敌人。2月21日，被惨杀于茶陵县城。其一家，包括不满3岁的儿子和他本人，先后有8人被反动派杀害。

张空逸 原名毅，醴陵王仙镇下塅人，清光绪十七年（1891）生。清宣统三年（1911），肄业于渌江中学。辛亥革命时，参加武昌学生军，转战阳夏，坚守武昌。湖北军官学校毕业后，参加护国、护法战争。后参加“围剿”红军。历任连长、营长和二十八军六十二师三六七团团长。

“七七”事变后，日军大举进犯，北陷平津，东侵淞沪。二十八军六十二师奉命从永绥屯地调杭州湾，防守乍浦、金山卫和漕径等。张空逸团在柘林至泥城一带要隘深沟筑垒布防，日军窥伺2个月，调集兵舰50艘，配合陆军炮击国民党军阵地。激战1日，张率部挫败日军多次进攻。是夜天黑如漆，张攻其不备，奇袭海滩敌营，缴获长短枪70余枝。11月4日，日军在金山卫登陆，淞沪告急，张奉命率部冒雨至亭林堵截，日军已抢先占据亭林镇。张用火攻，歼敌无数。8日，淞沪守军以六十二师为掩护，全部退却，旅长谢龙令张空逸赴松隐镇阻击，部队刚到即遭日军突袭，粮尽援绝，连夜转移北桥。9日，六十二师奉调驻青浦。时日军已抢先抵泗泾，占据天马、凤凰2山。张向谢龙进言：“天马山、凤凰山互为犄角，现凤凰山敌军较少，如能夺回，可控制天马山之敌。”请战获准，张大呼：“不愿做亡国奴者同我来！”一营长谢康全带头响应，从者七八百人，一举攻破日军第一道防线，保证中国军队大部安全撤退，但所部遭日军包围与空袭，血战通宵，终因寡不敌众，张空逸及所部官兵于11月9日黎明全部壮烈牺牲。张空逸牺牲后，第十集团军总司令刘建绪亲撰纪念碑文。

邓永耀 茶陵县腰陂镇大南村人，民国1年（1912）1月24日生。民国16年（1927）11月，工农革命军攻占茶陵县城后，邓永耀参加革命，年底随工农革命军上井冈山。民国17年（1928），加入共产主义青年团，民国19年（1930）加入中国共产党，相继任共青团湘东特委委员，区、县苏维埃政府文书。7月，茶陵县苏维埃政府创办列宁高级小学，邓永耀任副校长，主持学校日常工作。该校为红军部队和苏区地方党政机关培养和输送上百名骨干。

民国21年（1932），邓永耀担任茶陵县苏维埃政府总务处长。翌年参加红军，任红六军团政治部支部书记。民国23年（1934）8月，随军团参加西征。11月，调任红二军团政治部总务处长。以后任红六军团宣传部长。民国25年（1936）7月，随肖克调到红四方面军工作。

民国27年（1938）年初，邓永耀任八路军一二九师骑兵团政委，挺进冀南，创建抗日根据地。他率领400名新兵一次击毁日军40多辆汽车。同年5月，任八路军东进纵队政治部主任兼东纵二团（又称一支队）政委，进驻冀南永年县境。他们在地方党组织的配合下，开展政治攻势，活捉当地最大的土匪头子肖孝成，收编其部1000余人。5—7月，他率部相继克复肥乡、曲周2个县城，帮助建立当地中共党的县委和抗日民主政府，举办军政干部、农民抗日积极分子训练班，他亲自上课，讲政治、讲游击战术，培训抗日骨干。随后，率部踏遍武邑、丘县、鸡泽、成安等县，肃清土匪，将这一带的地方抗日游击武装编成东进纵队第五支队，兼任该支队政委。

民国28年（1939）年初，日军集中5个师团分几路扫荡冀南抗日根据地。邓永耀率部在冀南五分区开展反“扫荡”，转战于武邑、景县、阜城一带，拦截和伏击日军，取得一次次胜利。日军占领武邑、阜城等县城后，他多次率部夜袭县城，使日军不得安宁。3月3日晨，盘踞在武邑县城的日军出城扫荡，偷袭西屯。正在西屯集中部队开会的邓永耀当即决定兵分3路，一部分组织和掩护群众转移，一部分撤向邓庄村南，构成伏击圈，一部分约30多人由他率领奔向西屯村西，抢占有利地形，阻击日军并将其引向邓庄村南伏击圈，打退日军的第一次冲锋。后，日军疯狂再次进行冲锋，邓永耀带领战士们撤出阵地，将敌人引向预设的埋伏圈。途中，不幸头部和腿部中弹。2名战士急忙将他抬到一个小土坑边。他苏醒过来，急促地对战士说；“我不行了，不要管我，赶快把敌人引过去！”说完，他拼力支起身子，用手枪朝日军射击。终因流血过多壮烈牺牲。日军进入埋伏圈，遭迎头痛击，狼狈逃回县城。

同年4月11日，《新华日报》华北版刊文，讴歌了邓永耀烈士的光辉事迹。一年后，武邑县军政机关在邓永耀烈士墓前立碑纪念，碑文曰：“邓公永耀，江南有志之士……领导东纵驻军来武，英勇杀敌，先后数十役……革命队里损支柱，杀敌场上消先锋，武邑群众相见最切，相感最深。”

胡香美　乳名香苟，又名湘美，茶陵县城关镇人，清光绪二十七年（1901）生。民国15年（1926），胡香美投身农民运动，同年8月加入中国共产党。民国16年（1927）8月，参加茶陵县游击队。后被选为中共茶陵县委常务委员，担负党组织的组建工作。他深入腰陂、尧水、严塘、七地、八团、秩堂等地发展党员，建立基层党组织。并以经商作掩护，从事地下工作。

民国20年（1931）8月，在中共湘赣临时省委第一次代表大会上，胡香美当选为省委候补委员。民国21年（1932）2月，补选为省委执行委员。同年5月，被选为省委候补常委兼省委巡视员。同年11月，在中共湘赣省委第二次代表大会上，仍当选为省委执行委员。其时，上犹、崇义两县被敌人占领，省委派他重新组织河西道委，并任命他为河西道委书记。胡香美到职后，采取一系列措施，重振河西道委机关，整顿红十二师和游击队，健全遂川、上崇两县的工作，使部队士气高昂，苏区失而复得。民国22年（1933）4月，在中共湘赣省委第一次执委扩大会上，胡香美当选为省委委员。民国23年（1934），主力红军长征后，被中共中央选派赴苏联学习。

民国25年（1936），胡香美从苏联回国，在湖南坚持地下工作。民国28年（1939）4月，潜回茶陵县城，以开设小粉馆作掩护开展秘密活动，并往返衡阳、茶陵之间，担负重要的组织与联络工作。民国29年（1940）1月4日晚，被国民党暗杀于茶陵县城。

陈文彬　茶陵县腰陂镇人。清宣统三年（1911）六月生。民国19年（1930）参加革命，在茶陵县第三区苏维埃政府做宣传工作。同年加入共青团，不久转入共产党，参加工农红军。先后在茶陵县独立营、湘赣独立一师、湘赣省红军学校担任文书，参加反击国民党反动军“围剿”苏区的斗争。民国23年（1934）秋，任红六军团政治部组织干事，随军突围西征。先后参加攻占酉阳、永顺县城和龙家寨等战斗，被派往永顺、桑植、大庸、龙山、保靖、慈利等地发动群众，开展土地革命斗争，组织地方革命武装，消灭地主、土匪武装，建党建政，动员群众参加红军。民国24年（1935），任红六军团十七师五十团政委。这年4月与团长一道，指挥全团配合兄弟部队，在陈家河歼灭国民党军五十八师的主力，活捉师长张振汉。同年10月，率部参加长征，抢渡金沙江，爬过雪山，趟过草地。其间，曾任红六军团组织部长，参加反对张国焘分裂活动的斗争。民国25年（1936）10月，部队整编后，改任红六军团五十一团政委。

民国26年（1937）8月，红军改编为八路军，陈文彬任一二〇师三五九旅七一七团二营营长。一二〇师进入晋西北，开展游击战争，创建抗日根据地。七一七团在忻县、崞县发动群众，组织地方抗日武装，仅2个多月时间，新组建三五九旅七一九团，陈文彬任政委。民国27年（1938）3月，该团与兄弟部队协同作战，首战告捷，歼灭日军300多人，收复宁武县城。战斗中，陈文彬左臂负伤，仍坚持在火线指挥。7月，深入冀中，按照中国共产党的抗日民族统一政策，团结张仲翰领导的民军 — 津南自卫军，陈文彬兼任自卫军政委，共同领导军民开展平原游击战。9月，在白头山阻击日军，毙伤敌1200余人，缴获轻重机枪23挺、步枪500余支，给日军以沉重打击。

民国29年（1940）年初，冀南地区的国民党顽固派军队石友三部执行国民党中央名为“限共”实为反共的政策，加紧制造磨擦，多次对抗日军民发动进攻，配合日军对抗日根据地进行“扫荡”。抗日军民被迫展开反对磨擦、反击顽军的斗争。2月24日，陈文彬率津南自卫军在广平县西张孟村与石友三部温大可团相遇，进行激战。温大可向驻扎在曲周县城的日军求援，日军扑向西张孟村。陈文彬率领自卫军连续击退日军与顽军的7次进攻。穷凶极恶的日军竟然不顾国际公约。对自卫军施放毒气。陈文彬等84名指战员壮烈牺牲。在广平县抗日支队的支援下，自卫军以更猛烈的火力压向敌人，夺得了胜利。战斗结束后，广平县举行隆重的追悼大会，沉痛悼念为国捐躯的陈文彬等烈士。

为纪念陈文彬烈士，陕北南泥湾人民曾将七一七团驻地改名为“文彬庄”。1958年，河北省广平县人民政府将陈文彬等84名烈士的遗骨迁葬于县烈士陵园，并竖碑纪念。

左　权　原名纪权，号叔仁。醴陵新阳乡人。清光绪三十一年（1905）生。民国11年（1922）春，入醴陵县立中学。与陈恭、陈觉、蔡申熙、宋时轮、王亚文等组织社会问题研究社，并投身反帝、反军阀的爱国运动。民国13年（1924）春。入广州陆军讲武学校第一队学习。11月19日，转入黄埔军校第一期第六队。经中共黄埔特别支部教育培养，周恩来2次接见谈话，于民国14年（1925）2月加入中国共产党。任教导一团二营六连排长，参加东征。6月回师广州，参加平定军阀杨希闵、刘震寰叛乱，提任攻鄂军总司令部卫队营连长。继又参加第2次东征。11月，奉派先后入莫斯科中山大学、伏龙芝军事学院学习。

民国19年（1930）6月奉调回国，进入中央革命根据地，任中国工农红军军官学校第一分校（闽西分校）教育长。11月，任闽西工农革命委员会常委。12月，任新编红十二军军长。民国20年（1931）2月，任红一方面军总司令作战参谋、参谋处长。12月，任红五军团第十五军政委。民国21年（1932）1月，中央红军组织东路军东征福建漳州。左权率红十五军攻克龙岩城，打开东征漳州大门，继又攻破天宝山防线，歼灭福建军阀张贞主力王祖清旅和杨逢年旅大部。4月20日，解放闽南重镇漳州。左权任红十五军军长兼政委，6月率部回赣南，受王明左倾错误路线打击，受留党察看8个月和撤职处分。旋调瑞金中国工农红军中央军事政治学校训练处任军事教员。民国22年（1933）1月，任中央军事革命委员会作战局参谋，参与黄陂战役的全盘指挥。2月6日，全歼蒋介石嫡系五十二、五十九师，活捉师长李明、陈时骥。12月，任中国工农红军红一军团参谋长。在中央革命根据地工作4年中，曾参加开辟革命根据地和历次反“围剿”战斗，屡建战功。民国23年（1934）10月，随中央红军主力长征。红一军团斩关夺隘，打破敌军的围追堵截，突破四道封锁线，掩护中央机关胜利渡过湘江。民国24年（1935）5月20日，右路纵队司令员左权率部佯动，一举攻克大树堡，使富林告急，成都人心摇荡，钳制川军主力，为红军主力夺取安顺场、抢渡乌江、飞夺泸定桥、胜利渡过天险大渡河创造了有利条件。民国25年（1936），参加2月开始的东征和5月开始的西征。5月，任红一军团代理军团长。11月21日，指挥山城堡战役，全歼胡宗南第一军七十八师。民国26年（1937）8月，左权任中国国民革命军第八路军副参谋长，八路军前方指挥部参谋长，随同朱德、彭德怀东渡黄河，指挥八路军深入敌后，开展独立自主的游击战争，创建吕梁、五台、太行山根据地，奠定华北敌后抗日基础。民国27年（1938）4月初，日军一〇八师团3万余众，妄图摧毁八路军太行山抗日腹地。左权协助朱德、彭德怀研究敌情，制定作战计划，并赴前线指挥。长乐村一战，取得粉碎日军9路围攻，歼灭日军一〇八师团2200余人，缴获步枪千余支，收复和顺、榆次等18座县城，扩大了晋东南根据地，为建立晋、冀、鲁、豫解放区奠定了基础。

民国29年（1940）2月6日，左权兼任八路军第二纵队司令员。3月5—8日，展开磁武、涉林战役，歼灭朱怀冰部九十七军1万余人。7月，左权协助彭德怀精心制定“百团大战”战役计划。8月20日至12月5日，历时3个半月，八路军在华北2500千米的战线上，大小战斗1824次，毙、伤、俘日军4.4万余人，拔掉日军据点2993个。

民国30年（1941）11月，日军井关仞中将所部三十六师团之步兵二二二联队、独立第四混成旅团和第九混成旅团3个混成大队共5000多人，向黄崖洞兵工厂扑袭，左权指挥警卫团保卫黄崖洞战斗，歼敌1000余人。中央军委指出：“黄崖洞战斗，不仅八路军受到损失少，同时给日军数倍杀伤，应作为1941年以来反扫荡模范战斗。”

左权从未放松军事理论和战略战术研究，写有《战术问题》《开展反对敌人蚕食政策的斗争》《埋伏战术》《扫荡与反扫荡的一年》《论我军的后勤建设》等40多篇军事论文，并和刘伯承合译《苏联工农红军步兵战斗条令》第一部。左权是中国杰出的军事家和游击战术创始人之一。

民国31年（1942）2月，日军发动以辽县麻田八路军总部为目标的扫荡，左权指挥部队打退日军多次进攻。5月，日军集结3万余兵力，分5路向八路军总部进行报复性大“扫荡”。八路军总部决定首脑机关及后勤部门寻机穿隙转移外线作战。24日，总部各机关开始向东转移。25日上午10时，八路军总部、中共北方局、党校、新华社大队人马，集结在南艾铺、高家坡一线山沟里。日军缩小包围圈，情况十分紧急，总部分3路突围，左权指挥突围战斗。中午，总部机关终于突出重围，但担文件箱的人员未上来。左权命令身边的警卫员去找，也没有同意警卫团要他转移的要求。下午2时，在十字岭东山坡，一颗炮弹落在他身边爆炸，被弹片击中头部，血染太行，以身殉国。朱德总司令挥泪写下“名将以身殉国家，愿拼热血卫吾华，太行浩气传千古，留得清漳吐血花”的挽诗。彭德怀副总司令撰写和手书《左权同志碑铭》。华北军民唱起发自肺腑的《左权将军之歌》。9月

18日，山西人民为纪念左权将军，将辽县改名为左权县。左权是中央军委认定的36位军事家之一，也是抗日战争期间中国共产党领导的军队中牺牲的最高级别将领。

张翼鹏 字毓鲲，号麓森，晚年号南溟饮者。株洲县渌口镇接龙桥人。清光绪二年（1876）生。少年入私塾，后肄业于醴陵渌江书院、长沙岳麓书院及求实学堂。清光绪二十四年（1898）县试为秀才，清光绪三十年（1904）省试为贡生。见清政府腐败，国势日危，慨然与程潜、袁德宣东渡日本，学习军事，先后毕业于振武、成城两校及士官学校骑兵科。在日期间，与袁德宣等人在东京组织湖南日月学会，接受孙中山革命纲领，参加同盟会。

清光绪三十四年（1908），入清新军，派充湖南陆军第二十五混成协教练官，旋任马兵模范队管带。清宣统三年（1911）武昌起义，湖南新军响应者多为他的部下。民国1年（1912），任保定军官学校战术教官。在护国护法运动中，他2次辅佐谭延闿主持湘政，任督府参议，赵恒惕主湘，他任湖南造纸厂厂长。民国12年（1923）2月，孙中山返回广州，重建大元帅府，他任陆、海军大本营高级参谋。力赞创建黄埔军校，任炮科主任，曾一度兼湘边宣慰使。

民国15年（1926），国民革命军誓师北伐，他任前敌总指挥部参谋长。北伐军占领湖南后，他先后任湖南省军事厅、土地厅厅长、代理省政府主席、国民党省党部执行委员。“马日事变”时，支持何键反共阴谋，将许克祥三十三团从湘潭、湘乡调回长沙。“马日事变”后，武汉国民党政府派谭平山、陈公博、彭泽湘、邓绍芬等人组织查办代表团，来长沙处理马日事件。至岳阳后，他急电岳阳驻军周盘，指令将谭平山等人就地处决。幸周盘急电告之代表团，谭平山等人中途撤退，返回武汉。

民国17年（1928），郑州会议后，唐生智回师武汉，张任国民军第四集团军总司令部总参谋长兼平汉路运输司令。同年11月，因追随唐生智倒蒋失败，与唐东渡日本。民国18年（1929）1月，任军事参议院中将参议。民国21年（1932）晋升上将参议、代理院长。民国27年（1938），任国民政府军事参议院参议长。民国33年（1944），日寇陷湘时，离开湖南到重庆。同年11月，死于重庆官署。

陈冬尧 乳名冬苟，又名宗尧。茶陵县严塘镇井头村龙潭山冲人。清光绪三十四年（1908）生。民国15年（1926）参加革命，次年加入中国共产党，先后任严尧区苏维埃政府经济委员、湖口区与桃坑区的区委书记、县独立营政委。

民国19年（1930）秋，入红军学校学习，结业后任江西省莲花县苏维埃政府军事部长。民国22年（1933），调红七军任团政治部主任。民国23年（1934）5月，率部在江西的沙市、浬田伏击战中，配合兄弟部队歼敌1个旅，活捉敌旅长，立大功。同年8月，任红六军团十七师野战医院政委。

“七七”事变后，他先后任八路军一二〇师三五九旅的副团长、团长。在田家庄战斗中，他率部歼灭日军1个纵队，并缴获大批武器弹药。为此，毛泽东亲笔题词：“英勇善战的战斗英雄陈冬尧同志”。

民国 30 年（1941）4 月，响应毛泽东“自己动手，丰衣足食”的号召，率七一八团随三五九旅抵达南泥湾开荒。他起早摸黑，以普通一兵的身份带头实干。按规定，每人每天开荒 0.07 公顷，可他的团每人每天开荒 0.087 公顷。《解放日报》报导他的模范事迹，并登载《生产忙坏了陈团长》的歌曲。

民国 31 年（1942）2 月，陈冬尧出席在延安召开的陕甘宁边区英模会。会上，毛泽东紧紧握住他的手说：“你陈冬尧这个名字，我早有所闻，你有本子吗？”冬尧立即从口袋里掏出笔记本，双手递给毛泽东。毛泽东接过笔记本，用钢笔在封面上写了“模范团长”四个字。

民国 32 年（1943）5 月 26 日，毛泽东在《关于共产国际的解散问题》的报告中指出：“陈冬尧同志是八路军的团长，他率领全团走了几百里路去背米。他不骑马，自己背米，马也驮米，全团的指战员为他的精神所感动，人人精神百倍，无一个开小差。”并号召全体党的干部学习他：“和广大群众打成一片，克服一切脱离群众的官僚主义。”《解放日报》第 3 天发表这一消息。同年 9 月，毛泽东视察七一八团时，又一次夸奖陈冬尧“打仗是英雄，生产是模范”。

民国 33 年（1944），七一八团改编为南下支队第二大队，陈冬尧任大队长。在挺进华南的万里征途中，他率部突破敌人的重重封锁线。民国 34 年（1945）6 月 7 日，在湖南省岳阳黄岸寺遭国民党九十九军袭击。在打退第 6 次进攻时，他身负重伤，肠子漏出来，仍安慰身旁的战友：“人总是要死的，为党和革命事业牺牲，算不了什么！”医生要给他注射葡萄糖液，他坚持要留给别的伤员用；支队政委罗章要用担架抬他下火线，他坚决不离战斗岗位，仍指挥部队攻下 3 个山头。战斗结束，他已昏迷。抬到宿营地，因流血过多而牺牲。战士们流着泪写诗追悼：“牺牲换人类幸福，革命乃吾侪生涯。且将点滴血和泪，洒遍天下自由花。”

1983 年 6 月 10 日，中共湖南省委在长沙革命公墓悼念厅，为陈冬尧烈士举行骨灰安放仪式。王震等中央领导送了花圈。王首道在题词中称“陈冬尧烈士是我党的优秀党员，我军的模范指挥员……一生艰苦朴素，联系群众、英勇善战的光辉业绩，必然荣标青史，激励后人”。

王芃生 原名大桢，别署曰叟，醴陵市八步桥乡枫树桥人。清光绪十九年（1893）生。少年就读于醴陵县立高等小学堂。湖南瓷业学堂毕业后，留任瓷业公司技工。后考入长沙陆军小学，加入同盟会。

民国 1 年（1912）年初，王投入黄兴部，2 月入陆军军需学校。9 月，加入中国国民党。开始研习日文，阅读《日本源流考》《日本国志》《中国近时外交史》等史料。利用课余，翻译日本《物权》及《海商法》等书。毕业后留校任教。

民国 5 年（1916），入日本陆军经理学校，进一步广泛搜集、精心研究日本史料典籍、政论专刊及新闻杂志；利用假日遍游各重要城镇，查访当地典章文物，了解日本外交、兵备、山川形势及民俗利弊，随时记录汇编，被时人誉为“日本通”。毕业后，王以见习日本后方勤务为名，经朝鲜、中国东北 3 省至西伯利亚各地考察。又以参谋旅行团为名，考察蒙古。返北平后，著有《外蒙见闻纪》。

不久，再返日本，入东京帝国大学经济部学习。

第一次世界大战，王撰文揭露指斥日本侵略野心。第一次世界大战结束后，美日、英日之间矛盾加剧。美国、英国、日本、法国、意大利、中国、荷兰、比利时、葡萄牙9国，于民国10年（1921）11月至11年2月6日在华盛顿开会。王针对会议，写出《华会预测与中国应有之准备纲目》。外交耆宿汪大燮，为出席华盛顿会议中国代表团高等顾问，行前得《纲目》，赞赏其知识广博精湛，专电邀王至北平，交谈间称："后生可畏，国有望矣！"汪推荐王芃生应聘为中国代表团咨议，参与筹划会谈策略。会后，王芃生到鲁案善后督办王正廷处，任督办公署调查委员会调查部副部长、行政处副处长，自始至终参加中国收回青岛有关事宜。后任胶澳督办公署政务处长兼法规编查委员长，年余解职。

民国13年（1924），王应山东省长熊炳琦之召，掌管统计。民国14年（1925），参加反对张宗昌督办山东军务计划，被张侦破，避走日本。于是，集中研究考证日本古代文化、语言源流和古文书，搜集被日本政府查禁之《日本纪》《汉和帝系图谱》《衡口发》《天地开辟史谈》等书。弄清日本古代史编修来龙去脉，编著《日本古史辩证》《日本古史之伪造及山海经》《盖国及倭属燕之义证》等书，推翻关于中国人统治日本、日本古人夺还统治权等传说，恢复百济人侵略中国的历史本来面目。

民国15年（1926），王相继任北伐军第二师上校参谋长、三十五军少将参谋长、江右军总指挥部参谋长、中将总参议和安徽省民政厅代理厅长等职。

民国17年（1928）6月，济南惨案发生后，日本欲乘中国通告废止中日商约时，以武力保护既得利益，发动侵华战争。于是王奉外交部密令，东渡日本交涉。迫使日本暂时放弃武力行动。回国后，自撰《孤军舌战三岛纪要》。后相继任驻土耳其大使馆参事、驻日本大使馆参事。民国18年（1929），任湖南省政府顾问。

民国20年（1931）4月，王根据情报资料研究分析，判定不出半年，日本必向东三省发动事变，特赴北平请张学良备战。未晤，忧愤成疾。

"七七"事变后，王任交通部次长，赴越南、缅甸，开展外交活动，协商开辟滇缅公路事宜。9月，任国际问题研究所中将所长。抗战八年中，王广泛搜集敌友情报，剖析国际形势，对德军进犯苏联、日本偷袭珍珠港等重大事件，均预先提出了情报分析资料，陈上供裁决军机；在国内外报刊发表文章，宣传抗日必胜。民国34年（1945），当选为国民党"候补中委"。民国35年（1946）7月17日在南京病逝。

朱克靖　原名宏夏，字竹懿，曾用名朱笃一。醴陵板杉乡株树下人。清光绪二十一年（1895）生。民国8年（1919）入北京大学，开始研究马克思主义。民国11年（1922），在北大加入中国共产党。民国13年（1924），到莫斯科东方劳动者共产主义大学学习。民国14年（1925）7月回国，在广州任国民革命军第三军党代表兼政治部主任。民国15年（1926）7月，参加北伐战争。10月底，第三军奉命讨伐军阀邓本殷，协助军长朱培德指挥作战。11月，当选为共产国际执行委员。

民国15年（1926）3月，蒋介石制造"中山舰事件"，第三军军官学校教育长熊式辉带兵包围

第三军政治部，朱克靖据理力争，并迫使朱培德将熊撤职。北伐战争期间，第三军经乐昌、衡阳、醴陵，攻克萍乡，11月攻克南昌。民国16年（1927）4月，朱克靖任江西省政府秘书长。蒋介石“四一二”反革命政变后，朱培德随蒋反共，朱克靖化装到武汉，受中共中央指派秘密返回南昌，做第三军工作。南昌起义时任第九军党代表。起义部队南下后，化名李有才，先后在北平、天津、桂林、郑州、南昌等地坚持革命活动。

民国27年（1938）1月6日，朱克靖任新四军政治顾问兼直属战地服务团团长。民国29年（1940），负责统战工作，争取泰州地方实力派人物李明扬、李长江中立，使新四军顺利通过二李防区。新四军取得黄桥战役重大胜利后，在海安召开苏北参政会议，朱当选副议长，后任苏中三分区行政专员公署专员。

民国34年（1945），朱克靖随军北上山东，任新四军联络部部长，在强大政治攻势和军事压力下，以新四军秘书长身份，策动淮海绥靖公署行政长官郝鹏举起义。郝部改编为华东民主联军，赴山东解放区整训。朱克靖任华东民主联军政治委员，创办教导团，培训中下级军官。民国35年（1946）11月，郝鹏举叛变革命，诱捕朱克靖，连夜送海州，向参谋总长陈诚邀功。朱克靖被捕后，先后关押于徐州、苏州、南京监狱。民国36年（1947）10月，朱克靖在南京英勇就义。临刑前高吟：“一颗为民心，万古终不泯。壮士非无泪，不为断头流，身心许党国，一死何足愁！”

陶　柳　醴陵市大障镇人。清光绪十六年（1890）生。清宣统三年（1911）投入陶广部任文书。后考入湖南讲武堂。毕业后，历任连长、营长、团长、旅长。民国23年（1934），任国民党第二十八军六十二师师长。曾多次参加“围剿”红军。

民国26年（1937），陶柳率六十二师离湘赴沪。8月13日，日军侵犯上海，陶柳率部在金山卫、萧山一带阻击日军，掩护主力安全转移。

民国27年（1938）6月，为策应浙赣大会战，牵制在南京、上海之日军，陶柳率六十二师在海宁、海盐、平湖、余杭、德清、吴兴、崇德、嘉兴等地区开展游击战争，袭击日军盘踞的杭州、富阳、海盐等城市，拔除日军水陆要隘据点；挖断京杭国道，破坏沪杭铁路；堵塞崇德、杭州、吴兴、上海间运河航段；炸车、炸艇、炸桥、炸碉堡，孤立、牵制日军；配合主力部队作战，消灭日军有生力量。民国31年（1942）8月，陶柳晋升为第二十八军军长，授中将衔。民国36年（1947），任湖南洞庭屯垦局局长。民国38年（1949）1月6日病逝。

郭春涛　原名名忠，化名胡君健，炎陵县水口镇水西村人。清光绪二十四年（1898）四月生。清光绪三十四年（1908），考入长沙市湖南第一中学。民国7年（1918），经何孟雄介绍在北京翊教寺留法预备班学法文。民国8年（1919）春，考入北京大学法文系。5月和北大学生一道参加“五四”爱国运动。同年10月，赴法国勤工俭学。民国9年（1920），和蔡和森一起发起并组织以赴法勤工俭学人员为主体的“世界工学社”，蔡和森当选社长，郭春涛当选秘书长。民国10年（1921），留法学生为争“生存权、求学权”，向中国驻法公使请愿，进驻里昂大学，法国当局将郭春涛等

104 名中国留学生囚禁 28 天，并武装押送回国。在广州登陆入境时，郭和其他几位学生代表受到孙中山接见。不久重入北京大学，攻读外国文学，兼任《北京晨报》文艺副刊编辑，撰文宣传苏联革命文学。同年冬，参加社会主义青年团，并协助李大钊组织“保障民权大同盟”。为团结进步青年，郭还发起成立以研究中国革命为宗旨的“少年建国社”。由于他追求进步，为人正直，深受湖南在京同学信任，被推选担任湖南同学会主席。民国 12 年（1923），孙中山提出“联俄、联共、扶助农工”主张，郭加入中国国民党。秘密组织北京国民俱乐部，与乐天宇、陈毅等共同策划反对醒狮派（即国家主义派）的斗争。民国 13 年（1924）1 月，郭被选为北京市代表，出席在广州召开的国民党第一次全国代表大会。回京后，协助李大钊筹建国民党北京市特别党部，先后担任执行部秘书、宣传委员、常委兼组织部部长。民国 15 年（1926）春，出席在广州召开的国民党第二次全国代表大会，当选中央委员。

民国 16 年（1927），调冯玉祥部任国民革命军第二集团军总政治部组织处处长。北伐军进入河南，冯部出师潼关与之会师，郭升任第二集团军总政治部主任。4 月，蒋介石发动反革命政变时，他竭力保护属下一批共产党员，并参加中国国民党改组同志会，多次参加反蒋讨蒋活动。民国 20 年（1931），出席国民党第三次代表大会，当选中央监察委员。民国 21 年（1932），任国民政府实业部次长。民国 22 年（1933），率团前往英、法、德、意等国考察，并发表考察报告及论文多篇，指出资本主义危机将更加深化，暗示中国不能步其后尘。民国 25 年（1936），任川康绥靖公署秘书长，后任第七战区战地委员会主席，参与指挥南京保卫战，在撤离时负伤。

民国 26 年（1937）冬，郭因反蒋被排斥在野。民国 27 年（1938），与王炳南在重庆发起组织“东方文化协会”，旨在唤起东方各国人民共同抗日。此后，郭又将其弟松涛及一批爱国青年送到中共领导的延安抗日军政大学学习。民国 34 年（1945）10 月，在重庆曾家岩成立三民主义同志联合会，团结国民党民主派，反对蒋介石独裁统治，郭任常委兼秘书长。第三次国内革命战争期间，郭又将其子郭志坚及一批进步青年送至中共解放区参加革命工作。民国 37 年（1948），李济深、何香凝写信给谭平山、郭春涛等人，商讨在香港成立中国国民党革命委员会，郭力表赞同，并与中共联系，以加强对国民党高级军官的策反工作。中共中央副主席周恩来指定中共上海地下组织负责人吴克坚与郭联系。在郭的参与下，先后成功策动国民党“重庆号”军舰、虹桥机场机械化师和吴淞要塞司令部的倒戈起义。国民党右派将化名胡君健的郭春涛当作中共上海“地下市长”，悬赏 20 根金条通缉捉拿。民国 38 年（1949）5 月 17 日，搜捕郭春涛未得，遂将其妻秦德君抓去并判死刑，执行前夜，幸得人民解放军进军迅速而获救。

民国 38 年（1949）7 月，郭应邀赴北京参加中国人民政治协商会议筹备工作，9 月当选为全国政协委员。中华人民共和国成立后，任中央人民政府政务院副秘书长、政务院政法法律委员会委员、参事室主任、全国政协副秘书长、民革中央常委。1950 年 6 月 30 日病逝，时年 52 岁，安葬北京香山万来公墓，周恩来亲题墓碑。

罗正纬　字达存，号涵原。天元区马家河镇大石桥人。清光绪十年（1884）四月生。相继就读于明德速成师范学校、中路师范、湖南优级师范，因成绩优异，清廷奖给举人加中事科中书衔。民国 1 年（1912），与友人符定一在长沙创办湖南省高等中学，他任教务主任兼国文教员。后学校改名为湖南省第一中学。是年，毛泽东考入一中，名列前茅，先生见其才华出众，深器重之。

谭延闿第一次督湘时，罗正纬任省财政厅审计处长兼湖南都督府和巡按使署的顾问，后又任湖南省参议会议员。与教育界人士将清末教育总会改组为湖南教育会，被选为该会干事和第二教育会评议员。

民国 4 年（1915），罗正纬受聘于袁世凯，任参议院一等一级主事，袁奖给四等嘉禾章。段祺瑞组织安福俱乐部时，被选聘为新国会众议院议员，迁居北京。“五四”运动爆发。他以众议员的名义与李大钊、黄右昌等发动各界人士数百名向北洋军阀政府提出弹劾交通总长曹汝霖，要求撤职查办，以支持当时声势浩大的“三罢”运动。民国 10 年（1921）10 月间，与蔡元培、刘揆一等邀约北京 70 个团体及各界爱国人士发动组织全国国民外交大会，以作国家外交的后盾，获得全国响应，各省区纷纷组织外交分会，以示支持。终于迫使华府会议列强瓜分中国的阴谋未能得逞。

南北和会兴起，他与湖南各界知名人士和国会议员周勃、符定一等 22 人，提出 4 条建议，致电南北和会，请求解决湖南善后事宜。以谋湘省人民之休养生息。张敬尧在湖南实行禁运，影响谷米流通，民怨甚大。乃与湘籍议员 8 人致电张敬尧，请开米禁，以苏民困。湖南驱张运动兴起，以毛泽东为首的驱张代表团抵京活动。他邀约湘籍议员周勃、王毅等 10 人，组织旅京驱张委员会于湖南会馆，决议驱张 5 条，起草驱张檄文，迭次出面质问北洋政府，要求将张撤职查办。后来他追随谭延闿，时谭方率湘军入粤讨伐陈炯明，因亦随军入粤。

民国 15 年（1926）3 月，谭延闿代理国民革命政府主席，聘他为顾问，乃又南下入粤。6 月，与方维夏、蒋式嘉等从军北伐，11 月抵武汉。宁汉分裂后，他离开武汉，去安徽巢县任皖中区检查烟苗特派员公署会办。不久，该公署撤销，改任山东省财政厅预算委员会委员。民国 23 年（1934），他在南京张之江部骑兵十四旅任顾问。是时，国民政府令纂辛亥革命史，他受冯玉祥之委托，编纂滦州革命史。事毕，抗日军兴，乃迁居长沙。时，何键将国学馆改为湖南国学专修学校，他任教务长，兼湖南省政府顾问，省参议会参议。

长沙“文夕大火”，他携眷回乡暂住。民国 28 年（1939）乃携眷入蜀，居重庆金刚坡。后任国民党国史馆编审委员兼顾问，被聘为行政院参议，居歌乐山。

民国 36 年（1947），他居长沙之妙高峰，被聘为省府顾问，犹瘁心于经学与孙文之道，与胡庶华、曹典球等人组织大同学会湖南分会。又与赵恒惕、仇鳌等人发起修建南轩公园和南轩图书馆，并为图书馆作记。民国 37 年（1948），回乡劝族人以族产兴学，未果。乃营新居，收集藏石，拟著书立说以终余年。1951 年 6 月，突患脑溢血在北京病逝。

他著书甚多，有《又我斋联语》《鲁联》《戊辰宁皖集》《读经评议》《读经问题》《涵原学书》《涵原政书》《涵原杂著》《涵原读存》《涵原文存》《东南西北集》《中国学术纲要》《民族文化原理》《治学讨论集》《建国学术设计书》《东方文化与现在中国及世界的关系》《现代人物评》

《对于青年之贡献》《青年时习录》等，惜多散佚。

李雪瑞 茶陵县火田镇人。民国3年（1914）生。少年时给地主放牛，12岁后下田耕地。民国19年（1930）参加儿童团，次年投入中国工农红军，加入共青团。民国21年（1932），加入中国共产党。民国22—26年（1933—1937），先后任班、排、连长，参加反“围剿”和长征。抗日战争时期，历任副团长、团长、军分区司令员等职。民国35年（1946）7月，以中共代表身份调处美国海军陆战队7名军人入侵解放区的“河西南事件”，出色地完成使命。民国36年（1947），在滦东战斗中，率部与友军协作，俘获国民党交通警备中将司令汤毅生。民国37年（1948），攻占秦皇岛后先后任秦榆市警备司令部司令员、中共秦皇岛市市委代理书记、华北军区独立第二一〇师副师长。1951年1月，任中国人民志愿军六十七军二〇〇师师长，赴朝作战，多次受嘉奖。7月18日，遭美机袭击牺牲。遗骨葬沈阳市北陵公园。

陶 广 号思安，醴陵大障镇陶家垄人。清光绪十三年（1887）生。18岁入湖南瓷业学堂，毕业后为湖南瓷业公司彩绘工人。后入北京宪兵学校及南京江南讲武堂。学成后在蔡锷部下任参谋。继回湖南，在程潜、唐生智部下任职。民国15年（1926），任北伐军第八军二十六团团长。参加汀泗桥、贺胜桥等战役有战功，升任旅长。10月，在攻克武昌战役中，缴获枪支近万，晋升师长。“四一二”反革命政变后，率部参加“围剿”中国工农红军。民国24年（1935），任第二十八军中将军长。

民国26年（1937）9月，陶广奉命率二十八军所辖六十二师、一九二师、十六师、六十三师，由湘西开赴第三战区浙江东海前沿阵地布防。日军在金山卫登陆，遭到陶部顽强抵抗。天马山、凤凰山之役，日军伤亡惨重，六十二师三六七团团长张空逸、一营长谢康全等800多名将士全部壮烈牺牲。陶广升任第十集团军副总司令、第三战区第一游击区总指挥兼二十八军军长。

民国28年（1939）5月，陶广率六十二师进入浙西杭嘉湖地区，在敌后开展游击战争。陶拥护抗日民族统一战线政策，与新四军共同作战，多次粉碎日军对游击区“扫荡”。民国30年（1941）1月，因未卷入蒋介石、顾祝同制造的“皖南事变”。蒋介石对陶广猜忌更深，视为异己。调走十六、六十三师，削弱陶广军事实力，并派特工人员监视。民国32年（1943），陶广任浙苏皖边区挺进军总司令。抗日战争胜利后，蒋介石裁撤挺进军总部，令陶广部原地待命，不得向杭沪地区推进；陶部中下级军官均编入军官教导总队。陶广退役，隐居杭州。

民国35年（1946），李济深从香港到杭州，与陶广在净慈寺密议策反工作。陶广向李济深申请加入中国国民党革命委员会。后陶密嘱旧部，弃暗投明，相机起义。陶的活动引起特务怀疑，而遭秘密监视。民国38年（1949）3月30日，被密捕，经程潜多方营救，4月25日获释。

1951年8月25日，陶广病逝于杭州西湖智果寺。

宁迪卿 化名周荣华。芦淞区建宁街道早禾坪人。清光绪十八年（1892）生。民国11年（1922）

9月，参加安源工人大罢工，被选为直井八段总代表。民国12年（1923）1月，由李立三介绍加入社会主义青年团，不久又由李立三介绍加入中国共产党，并担任窿内党支部书记，同时还被选为安源路矿工人消费合作社新街合作社南货股经理、分社社长、第三届裁判委员会委员。民国13年(1924)，被任命为中共安源地方执行委员会委员，并被指派到突塘子领导工人罢工斗争，取得胜利。同年秋，当选为中共安源地方执委书记。

民国14年(1925)，由中共湘区委员会推荐，宁迪卿被送往莫斯科东方劳动者共产主义大学学习。2年后结业，于民国16年（1927）2月回国，随后奉中共湖南省委决定，仍回安源担任地区执委书记。同年6月，作为湖南10名代表之一，出席在汉口召开的第四次全国劳动大会，并当选为中华全国总工会执行委员。

民国16年（1927）8月，宁迪卿在长沙参加毛泽东主持召开的湖南省委会议和安源军事会议，参与组织发动湘赣边界秋收起义的决策工作，在安源为毛泽东办理了一张“采购护照”，派易子义等2名工人护送毛泽东离开安源前往浏阳、铜鼓。9月12日，按照省委部署，宁迪卿领导并参与以安源矿井队为主的工农革命军第一军第一师第二团的暴动，进攻萍乡不克，改攻老关，攻克醴陵，宁担任政治部副主任兼团部军需。因敌人反扑，撤出醴陵攻克浏阳县城后，遭敌包围，二团被打散，宁只身逃回株洲，收集部分逃回来的干部战士，于12月前往醴陵，参加土地革命。民国17年（1928）3月，奉省委指示任湘潭县委书记。同年5月，重新成立湖南省委，宁当选为省委常委，因省委书记杨福涛未归，书记由宁代理。不久省委迁安源，因叛徒告密，省委机关遭破坏。同年9月，湖南省委在湘不能立足，宁赴上海，向中央报告湖南情况。

根据中共中央指示，中共湖南省委于10月在上海成立，由宁迪卿任省委书记。民国18年（1929）4月，宁迪卿从上海来到汉口（省委机关设汉口），10月初省委机关迁回湘阴，并成立省委机关职工运动委员会，宁迪卿兼任书记。民国19年（1930）5月，宁去湘鄂豫边境巡视工作时，省委机关在湘阴遭破坏，省委机关先后迁往益阳、长沙等地，均遭破坏。7月，宁又将省委机关重迁益阳。同年8月，中共中央决定，将湖南省委划归长江局领导，并通知宁去汉口商定工作。9月，宁迪卿去省委驻汉口交通机关时遭逮捕，被押往陆军监狱署。恰在此时，湖南省主席何键路经汉口，得知宁迪卿被捕，何即将宁带回长沙关押。在狱中的前2个月，宁始终不招供，被带上脚镣手拷。后经威胁利诱，宁迪卿叛变投敌，除供认自己的身份职务外，还把湖南省委所有成员及下属组织全部供出，军法处为一网打尽中共湖南党组织，决定释放宁迪卿。出狱那日，宁向军法处处长张同凤献计，在报纸上刊发假消息“宁迪卿收买看守士兵乘机潜逃”。2天后，湖南《国民日报》果然刊登这一“花边新闻”。中共省委领导信以为真，布置各地交通机关，如见到宁迪卿即送到益阳并转常德。结果，宁迪卿带领军法处一批密探，将中共省委在益阳、常德、长沙所有基层组织全部破坏，代理省委书记蒋长卿及夫人、秘书等遭杀害。不久，宁迪卿还带领军法处密查前往上海，企图捕杀中共中央领导成员，因中共中央交通机关对宁登报寻找机关已有戒备。秘密监视其行动，其阴谋未能得逞，宁返回长沙。其后，担任过一段时期军法处密查，民国21年（1932）后从事铁路运输工作，民国23年（1934）回株洲老家购置田产，及包筑铁路，过着优裕生活。1951年，在镇反中将其逮捕，不久被人民政府镇压。

霍揆彰 字嵩山，炎陵县东风乡三口村人。清光绪二十七年（1901）生。少时曾先后就读私塾、康乐小学和衡阳成章中学。民国9年（1920），因家庭经济拮据辍学。民国13年（1924）4月，赴粤考入黄埔陆军军官学校第一期，编入学生三队。毕业后，历任国民革命军排、连长及团附，随东路军参加北伐。民国17年（1928），任陆军十一师六十四团团长，率部参加蒋冯、蒋唐（生智）战争和蒋、冯、阎中原大战。民国19年（1930）年底，升任十一师独立旅旅长。民国22年（1933）9月，升任十四师师长，连续3年率部参加对井冈山革命根据地第三、四、五次“围剿”。民国24年（1935）4月升为陆军少将，民国26年（1937）5月晋升陆军中将。8月，淞沪抗战爆发，霍率十四师赴沪对日作战，担负阻击进犯昆山之敌。其坚守阵地之久，歼敌之多，均超过友邻部队，受到嘉奖，升任五十四军军长。

民国27年（1938）年初，兼任田南要塞指挥官，参加武汉保卫战，率部驻守长沙富池口要塞。秋，驻防洞庭湖，在桃源县创办一所抗日小学，自任校长，学生免费入学。接着又在衡山南岳创办“五四”中学。

民国28年（1939）春，捐资5000银元，在其家乡三口建望云小学。并在常德创办《新潮报》，宣传抗日。夏，升任二十集团军副总司令兼洞庭湖警备司令，驻防常德、益阳、桃源一带。日寇3次进攻长沙，他配合友军进行侧击，3次获捷。民国31年（1942），升任二十集团军总司令。

民国32年（1943）4月，霍率部入滇，加入中国远征军，配合盟军合歼中缅边境日军。霍部为右翼，担负收复腾冲大任。腾冲为滇西战略要地，前有怒江、高黎、贡山等天险作屏障，易守难攻。日军滇缅战区总司令部曾设此，并有五十六师团精锐部队防守。临战前，远征军司令部从霍的二十集团军调走一个军和一个师的兵力，霍一度不满，电告蒋介石，蒋来电抚慰，并拨2个美式装备的炮团给他指挥，霍遂担负起右翼主攻任务。5月，霍指挥部队扫荡怒山南麓之敌，强渡怒江，血战高黎贡山，7月上旬直逼腾冲。腾冲城高数丈，均用花岗岩砌成，铁扇城门，内设3层火力网。霍命令炮团昼夜轰击，盟军飞机亦从保山起飞，对腾冲城轮番轰炸。10天后，腾冲城墙全部炸平，日军伤亡过半。8月2日，霍下达攻城命令。至9月14日，全歼腾冲守敌。整个战役毙敌6000余人，中国军队伤亡1.3万余人。因对日作战有功，国民政府军事委员会给霍授予青天白日勋章，美国政府给他授予嘉猷勋章，并升任青年远征军编练总监部副监、第三方面军副司令官。

民国34年（1945）12月，霍调任云南警备司令部任总司令。民国35年（1946）7月，受陈诚密令，派遣特务营配合国民政府军事委员会调查统计局云南稽查处的特务，先后在昆明暗杀著名爱国人士、中国民主同盟中央委员李公朴和闻一多，激起全国人民公愤，蒋介石为欺骗舆论，于同年10月将霍撤职。民国36年（1947）11月，又让霍当选第一届国民代表大会代表，并任命其为第十六绥靖区中将司令，总揽湘、鄂、赣边区军政大权。民国38年（1949）5月，改任第十一兵团中将司令。长沙和平解放前夕，离开大陆去台湾。1953年3月在台北去世。

何　键　号芸樵，醴陵茶山岭镇东岗人。清光绪十三年（1887）生。少时入长沙岳麓山崇古学堂，肄业于湖南法政学堂。

辛亥革命后，何任湖南都督府民政司警务科办事员，旋弃职入湖南将校养成所。后相继在南京入伍生队、湖北陆军第三中学、保定军官学校第三期步科学习。民国5年（1916）毕业，任湘军暂编第一旅见习排长。

民国7年（1918）3月，南北战争中湘军战败，回醴陵收缴溃兵散枪，组织游击队，自封独立旅旅长，与北军作战。后任游击队司令。民国8年（1919）春任骑兵营营长。民国10年（1921），任骑兵团团长。

民国15年（1926）7月，任北伐军第八军第一师师长，并加入中国国民党。攻克武汉，升任三十五军军长。

民国16年（1927）4月，在武汉国民党中央土地委员会会议上，攻击共产党，诬蔑农民运动，幕后策动"马日事变"。6月下旬，发表宣言，要求武汉政府明令"分共"，充当汪精卫、蒋介石的反革命急先锋。

宁汉战争中，第四集团军总司令兼第二方面军总指挥唐生智任何键为江左军总指挥，兼代安徽省主席。11月，唐生智通电下野，何键退回湖南。民国17年（1928）1月，南京政府西征军占领长沙。3月4日，何键通电求和，所部建制在唐军改编后得以保留，并兼湖南清乡督办署会办。11月，何任"湘赣剿匪总指挥部"代总指挥。12月，率20个团参与"围剿"井冈山革命根据地。民国18年（1929）2月，代理湖南省政府主席。

蒋桂战争爆发，民国18年（1929）2月，何键先后任讨逆军第四军军长、湖南编遣特派员、湖南省政府主席、讨逆军第四路军总指挥。

民国18年（1929）9月，张发奎在宜昌举兵反蒋，拟取道湘西入桂，他亲赴宝庆督师堵击。民国19年1月，率部入桂讨伐张桂联军。5月，中原大战爆发，张桂联军乘机攻入湖南，何退守岳阳、常德。援湘粤军入湘，何督师反攻。中国工农红军红三军团乘虚占领平江，进攻长沙，何赶回长沙镇守。红军于7月27日攻入长沙，何逃沅江。8月5日组织反扑，红军撤离长沙。月末，红军再攻长沙后撤退。何在长沙屠杀大批共产党员和工农群众。

从民国19年（1930）冬开始，何键参加对江西中央革命根据地第一、二次"围剿"，并反复"扫荡"湘赣革命根据地。民国22年（1933）5月，何任赣、粤、闽、湘、鄂5省"剿匪"联军西路军总司令，参加对中央苏区第五次"围剿"。民国23年（1934）10月，中央红军撤离瑞金，突围到赣、湘、粤边境，何部依湘江东岸布防堵截。11月上旬，何任追剿总司令，率军尾追红军到贵州。民国24年（1935），任"剿匪"军第一路司令，"围剿"、追赶、堵截北上红二方面军。他因反共反人民"有功"，先后擢升为国民政府委员、中国国民党第五届中央执行委员、陆军二级上将。

红军北上抗日后，他被迫辞去第四路军总指挥职务，所部全调江浙，军事实力被削夺。民国26年（1937）11月，任国民政府内政部长。民国28年（1939）春，任军事委员会抚恤委员会主任委员，抗日战争胜利后辞职，长住南岳。

民国38年（1949）春，何键迁居香港，次年夏到台湾，被聘为台湾当局"总统府国策顾问"。

1956 年 4 月，死于台北。

陈希云 茶陵县秩堂乡人。清光绪二十八年（1902）生。仅读 1 年半小学就被迫休学。陈一面协助父亲做事，一面坚持自学，学得一手好算盘。民国 16 年（1927），组织墨庄乡农民协会，被选为会长。“马日事变”后，坚持地下斗争。同年 10 月，工农革命军第二次攻打茶陵，他闻讯参加部队上井冈山。民国 17 年（1928）到九龙山参加游击战争，次年加入中国共产党。民国 19 年（1930），被选为茶陵县苏维埃政府财政部长，后调湘赣省苏维埃政府从事财政工作。民国 23 年（1934），任湘鄂川黔革命委员会财政部部长和代理主席，后调任红二军团任供给部部长。抗日战争时期，先后任八路军一二〇师供给部部长、晋绥军区后勤部部长、陕北西德地区财政委员会主任、晋绥行署财委副主任等职。解放战争时期，先后任中国人民解放军西北军区、西南军区的后勤部部长。

中华人民共和国成立后，陈先后任西南军政委员会财政经济委员会副主任兼财政部部长。1952 年冬，调任粮食部党组书记兼副部长。1956 年回乡省亲时，发现一些地方粮食统购过多影响群众生活，便立即与当地政府商量，并要求省粮食厅进行全面检查，纠正了统购统销中“左”的偏向。1957 年 2 月，因病在北京逝世。

汪泽楷 曾用名杜叔林、杜竹君、汪士楷，醴陵栗山坝镇人。清光绪二十年（1894）生。民国 8 年（1919），毕业于湖南省立第一中学。同年 9 月赴法勤工俭学，加入工学世界社。民国 10 年（1921）9 月，参加勤工俭学学生进驻里昂中法大学的斗争。民国 11 年（1922），加入中国社会主义青年团，与周恩来等 4 人当选旅欧支部执行委员。

民国 12 年（1923），入莫斯科东方劳动者共产主义大学，转为中国共产党党员。民国 13 年（1924）回国，任中共安源地方执行委员会书记。10 月回醴陵，以县立中学教员身份开辟工作，发展中共党员，11 月建立醴陵第一个中共基层组织 —— 醴陵县特别支部。民国 14 年（1925）春，新建醴陵县工会。6 月，汪泽楷任中共豫陕区区委委员，并在国民革命军第二集团军政治部任职。民国 15 年（1926），任中共湖北区委组织部长。民国 16 年（1927），出席中共第五次全国代表大会。“八一”南昌起义前后任中共江西省委书记。民国 17 年（1928），出席在莫斯科召开的中共第六次全国代表大会。

汪泽楷因追随陈独秀机会主义路线，违犯组织纪律，于民国 18 年（1929）夏被中共江苏省委开除党籍。民国 19 年（1930），汪参加托派组织“无产者社”。在上海以杜竹君笔名翻译出版马克思《哲学的贫困》等书。民国 20 — 26 年（1931 — 1937），在北平、桂林高等学校任教。抗日战争期间，拥护中共抗日民族统一战线主张，支持爱国学生运动。民国 28 — 31 年（1939 — 1942），先后任国民党军预备第二师（师长陈明仁）顾问，陆军军官学校第六分校教官。后在桂林汉民中学、广西师范学院执教。民国 38 年（1949）4 月，因支持学生运动被广西南宁法院传讯，遂辞职回湘，参加程潜、陈明仁起义活动。

中华人民共和国成立后，汪泽楷任湖南省第一届各界人民代表会议代表、省政协委员、湖南大学图书馆馆长。1951年，加入国民党革命委员会。1953年，任武汉中南财经学院教授、综合资料室主任。1958年，以“历史反革命罪”被捕，被判处5年徒刑。12月，病逝于湖北潜江劳改农场。

1979年，湖北省高级人民法院撤销对汪泽楷的错误判决。12月，中共中南财经学院临时党委为汪泽楷恢复名誉。

汤飞凡　醴陵神福港镇泉塘人。清光绪二十三年（1897）生。民国10年（1921），毕业于湘雅医学院。民国12年（1923），入北平协和医学院进修。民国14年（1925），入美国哈佛大学医学院进修细菌学。民国18年（1929），学成归国，先后任中央大学医学院细菌学教授、上海雷士德研究院细菌系主任、上海医学院教授、中央防疫处处长、第八届国际微生物学会常务理事。民国24年（1935），任英国国立医学研究院研究员。

民国27年（1938），汤在昆明重建中央防疫处。战时科研条件十分困难，设备简陋，汤仍带领工作人员，成功地利用废琼脂、乙醚处理牛痘杂菌，改良马丁氏白喉毒素培养基等，生产出大批疫苗血清，满足大西南的防疫需要，并支援陕北解放区和在远东作战的英、美盟军。

民国32年（1943），汤指导研究人员，用自己分离的菌种，研制出中国第一批5万单位一瓶的青霉素。

中华人民共和国成立后，汤主持组建中央生物制品检定所，并兼任所长，制定中国第一部《生物制品制造及检定规程》。

1950年，中国部分地区烈性传染病暴发，汤组织力量赶制出防疫所急需疫苗和血清，生产出大批优质痘苗，满足全国普种牛痘的需求。春，察北鼠疫流行，汤飞凡领导突击组，赶制出鼠疫减毒活疫苗，得以迅速制止鼠疫流行。汤承担对黄热病疫苗研究，解决病毒毒力变异问题，并首次制成黄热病减毒活疫苗，解决海港检疫接种黄热病疫苗的需要。

1954年后，汤致力于沙眼病源研究。19世纪末以来，即有“细菌病源说”和“病毒病源说”之争，一直未能证实。1955年，汤同助手黄元酮一起，经数百次试验，采用鸡胚卵黄囊接种和抗生素抑菌方法，分离出世界上第一株沙眼病毒，并种入自己眼里。结果，引起典型的沙眼症状与病变。继又从自己眼里分离出这株病毒。为观察整个病理过程，让眼睛红肿40多天，直至证实所分离培养沙眼病毒的致病性，彻底解决这一延续半个多世纪的沙眼病源争论问题，才接受治疗。

1956年，汤发表分离沙眼病毒报告，引起世界医学界重视。分离沙眼病毒的方法，被许多学者用于研究鹦鹉热和鼠蹊淋巴肉芽肿，并取得突破性进展，导致微生物分类学中增添一个介乎细菌和病毒之间的衣原体目。沙眼病原体被命名为沙眼衣原体，被世界科学界誉为汤氏病毒。

汤飞凡几十年从事微生物学、病毒学、免疫学研究，硕果累累，先后发表论文44篇，翻译美国秦思尔教授巨著《秦氏细菌学》。汤飞凡热爱祖国，多次拒绝国外高薪聘请，一心为祖国科学研究贡献力量。1958年，在“拔白旗”运动中，不堪受辱，自缢身亡。1979年，卫生部为其平反昭雪。

1981年5月，在巴黎召开的第25届国际沙眼防治组织大会上，授予中国已故病毒学家汤飞凡防治沙眼金质奖章。1982年11月，国家追授汤飞凡成功分离沙眼衣原体科学发明奖。英国科学史权威、《中国科学技术发展史》作者李约瑟在著作中称汤飞凡为“他是国家的优秀科学公仆”“人类的朋友”“预防医学领域里的一名顽强战士”。

贺光谦 字挥吉，醴陵板杉乡竹花山人。清光绪二十九年（1903）生。自幼随父攻读，后入长沙省立甲种工业学校。为首组织驱逐军阀唐继尧之学潮，被开除学籍。民国12年（1923），毕业于长沙省立商业专门学校。次年考入黄埔军校第1期，毕业后即参加讨伐陈炯明战斗，率部攻入惠州城，以1连的兵力，缴敌1个团的枪械，擢升为营长、团长。民国17年（1928），贺任第三师第七旅副旅长、少将副师长，参与“围剿”红军。

民国23年（1934），贺考入德国柏林陆军大学步科及骑兵专科。组织留欧军学研究会，写有《留德》等专文。民国25年（1936）9月学成归国。

民国26年（1937），贺任武昌军校军官教育队队长、第十二期学生队总队长。编译《小部队之战斗》一书。

民国28年（1939），任国民政府军政部第一补训处处长，以丹麦、美国最新装备，自训官兵12个团。次年奉命将12个团改编为陆军第三十九军五十一师，并任师长，驻防南津关。时日军以3个师团兵力，向麻城进犯，贺奉命率部阻击，掩护主力转移。在麻城木子店伏击战中，全歼日军第七旅团，击毙旅团长，师团长受重伤，胜利完成阻击任务。民国32年（1943）9月，先后任九十八军副军长、骑兵第三军中将军长，驻防陕西陇县。民国34年（1945）任西安军委会中将参议、中央训练团将官班第二组中将组长。民国36年（1947）11月12日，参与组织300名将官到紫金山中山陵哭陵。次年2月，任国民政府国防部中将部员兼点验督导组长。

民国38年（1949）8月，贺光谦随程潜、陈明仁在长沙起义，任中国国民党人民解放军第一兵团第二军副军长。

中华人民共和国成立后，任中南行政委员会参事室参事。1954年，任河南省人民政府参事室参事。1958年在郑州病逝。

傅角今 醴陵王仙镇李山人。清光绪二十一年（1895）生。民国1年（1912），入长沙长郡中学，毕业后回乡任小学教师。民国9年（1920），考入北京师范大学地理系半工半读。后留学德国莱比锡大学。

民国15年（1926），加入中国国民党，立志科学救国。回湘后，先后在长沙一中、二中、长郡中学任教，著有《中学地理》教科书。后任湖南省政府秘书处统计室主任，编辑湖南气象、物价、人口、特产等资料。民国25年（1936），去法国莱比锡大学地理研究室进修。民国27年（1938）回国，任复旦大学教授，继任国民政府内政部技正、方域司司长，主管国土疆域，领导尖高山至南定河620千米的中缅国界线勘测工作，为确定疆界和制绘疆域版图提供实据。傅所编著《南海诸岛地理志略》《琉球地理志略》，多方引证国际公论，提出琉球群岛应归属中国的有力证据。还编写有《湖南地理志》《地理学导论》《重划中国省区论》《世界地理志》《世界经济地理》等著作。

中华人民共和国成立后，傅角今先后任西北师范学院、兰州大学、西北大学教授、地理系主任、中国地理学会西安分会理事、西安市政协委员。著有《世界石油地理》。对南北极地理、世界海洋地理及琉球地理均有较深的研究，惜未成书。1965 年病逝。

何炳麟　字周台，号迥程。炎陵县中村乡龙潭村人。清光绪三年（1877）生。幼时在父亲主持的蒙馆启蒙，后就读于龙门书院和县城梅冈书院。清光绪二十六年（1900），参加衡州府试，考取秀才。次年进入武昌文普通学堂，开始接触数学、理化、博物等新课，受到近代科学的启蒙教育。光绪二十八年（1902），转学长沙进入湖南师范馆。甲午战争后，参加官费留日考试，被录取。光绪二十九年（1903）八月，进入日本东京工业学校电气科学习。

光绪三十二年（1906）秋，留日同学刘道一回国，在长沙发动新军起义，被清政府杀害。他闻讯后，悲愤不已。次年十月回国探亲，被人诬告企图为刘道一报仇，被拘。后经多方营救才获自由，但不能再去日本卒业。不久应聘到湖南高等实业学堂教几何学、制图学。并在省立优级师范、第一师范、长郡中学兼课。此时，编写出版《几何图学教科书》3 卷，长沙各中、高等学校都列为教本，被称为湖南制图学教学的鼻祖。

清宣统元年（1909），他与刘光前等 15 人集资 2500 元银洋创办南路公学堂，推选刘为校长，租赁长沙星子桥陶宅为校舍，招生 52 人，为旧制中学第一班。民国 1 年（1912），改为湖南第二公学。7 月公推何为校长。民国 3 年（1914），改名为湖南私立岳云中学。此间由于财力竭蹶，恶势力摧残，学校难以为继。有时债主讨债，学校无钱，只好将自己的皮袍、怀表当钱还债。每遇无什典当，年关只得外出躲债。

民国 4 年（1915），经多方集资筹划，在荷花池经武门旁兴建教室宿舍，建立固定校址。后经郴州名中医陈宜诚捐资万余，初步解决资金问题。何适时提出“延聘好教师、招收好学生、办成好学校”的要求。省内名师何叔衡、徐特立都应聘到岳云执教。何还聘来河北篮球主力朱恩德主持体育，增加体育教学内容，开省内体育教学改革先河。为保证高质量教师来源，还从岳云选拔高材生送入高师，毕业后回校任教。为拓开优秀学生来源，他从社会捐款中拿出一笔经费作奖学金，招收免费生班，使一批品学兼优学生争相报考岳云中学。

民国 6 年（1917），他在学校设置农、工、商、文等科，并开设校办工厂和农场作实习基地。民国 10 年（1921），招收杨开慧、丁铃等 6 名女生旁听，长沙《大公报》称此举“打开男女同校的先路”。民国 11 — 13 年（1922 — 1924）。又相继开办体育、艺术、教育等专修课。

何提出“德智体”并进，德育为首脑、智体为翅膀”的主张，以指导学生全面发展。学生操行分甲、乙、丙、丁 4 等，列丁等者退学。数学、体育 1 科不及格或其他 2 科不及格者留级，旷课 18 节除名。他的义子旷课 18 小时，他亲书布告除名。

民国 13 年（1924）6 月，省教育厅举办中等学校选优会考，前 3 名均为岳云学生，学校总分也名列第一。其时，岳云高中毕业生升学率均在 70% 以上。岳云在省内体育比赛中多次夺冠。民国 14 年（1925），派队参加第三届华中运动会，夺 10000 米和 400 米跑 2 块金牌。当时学界称誉“北有南开，南有岳云”。

“办学敛钱，天诛地灭；误人子弟，男盗女娼”，这是他的治校箴言。民国20年（1931），校董事会决定校长每月开支40元作为办公费，他一直未领。民国22年（1933）1月，校董事会一再催促，他将这笔钱专折存入银行，作为学校百年基金。当时，岳云的副校长、教导主任和骨干教师月薪平均有140～160元，而他作为校长，每月只领100元。他不仅未置任何家产，连祖传百亩杉山也卖掉捐给岳云，另30担田则捐给家乡龙门小学。同事送他一件羊皮袍子，总舍不得穿，几次送进当铺为学校抵债。

民国24年（1935），针对农业生产日渐凋零现状，又在衡山创办岳云分校（后改为岳云职业学校），建果园、苗圃、林场等学农基地，为省内培养出一批农业技术力量。

民国26年（1937），蒋介石到南岳。教育部一督学将岳云中学情况禀告蒋，蒋欲召见何炳麟，何以下乡就医为托辞，避而不见。

20世纪50年代初，何参加中国民主促进会，并任民进长沙市筹委副主任，后当选主任委员。还先后当选省人民代表、省人民委员会委员、省政协副主席。1959年4月，何以83岁高龄出席全国政协三届委员会议，受到毛泽东单独接见。

1966年10月2日，何在长沙病逝，时年90岁。1988年，岳云中学举行“八十周年校庆暨何老校长诞辰110周年”纪念活动，岳云校友、中共中央组织部原副部长李锐寄来五言律诗：“衡岳白云耕，春风桃李情，悠悠八十载，能不忆先生。”

李立三 原名隆郅，曾用名能至、成、柏山、明、敏然等。醴陵阳三街道立三村人。清光绪二十五年（1899）11月18日生。先后入渌江中学、长郡中学和广益中学。经罗章龙介绍，同毛泽东会见。广益中学毕业后，到护国军当兵。民国8年（1919）9月，赴法勤工俭学，在克鲁梭施奈德钢铁厂当翻砂工，并积极参加留法学生的爱国运动。民国10年（1921）春，同赵世炎、陈公培、刘伯坚等酝酿建立共产主义同盟，组成劳动学会和勤工俭学学会，成立华工组合书记部，为华工谋福利。后与赵世炎、蔡和森等就建立少年共产党取得一致意见。9—10月，参与蔡和森、陈毅等领导的留法学生进驻里昂中法大学斗争，被法国当局遣送回国。12月中旬，在上海加入中国共产党。后回湖南，由中共湘区委员会派往安源路矿。民国11年（1922），在安源创办平民学校和工人补习学校，发展党员，建立中共安源支部，并任书记。5月1日，安源路矿工人俱乐部成立，当选主任。7月，成立安源路矿工人消费合作社，兼任经理。9月14日，和刘少奇、蒋先云等发动和领导安源路矿工人大罢工。罢工胜利后，当选为安源路矿工人俱乐部总主任。参与创建汉冶萍公司总工会。在安源从事工人运动期间，常回醴陵县立中学、开元学校、县立女校宣传马克思主义，介绍工人运动情况。同年9月，陪同毛泽东来醴陵师范讲习所发表演说。

民国12年（1923）3月，任中共武汉区委书记。次年1月，当选国民党武汉区代表，出席国民党第一次全国代表大会。旋任中共上海区委职工运动委员会书记，同邓中夏、刘华等创办工人补习学校，在小沙渡、杨树浦、吴淞等地成立工友俱乐部和工人进德会。民国14年（1925）1月，当选为中共四大代表。2月和邓中夏等领导上海日本纱厂的“二月罢工”。在抗议日本纱厂枪杀工人顾正红的斗争中，任上海市反帝大示威总指挥。“五卅”惨案发生后，当选上海市总工会委员长。曾遭奉系军阀追捕。年底，与蔡和森等赴莫斯科出席共产国际第六次扩大执行委员会会议和赤色职工国际会议。民国15年（1926）5月，在全国劳动大会上当选中华全国总工会执行委员，任总工会组织部部长。9月17日，任全国总工会驻汉办事处主任。民国16年（1927）1月3日、5日，武汉分别举行10万、30万人的反英、反奉系军阀示威大会，李立三任大会总指挥。大会首次提出收回英租界口号。4月27日，出席在武汉召开的中共第五次代表大会，当选中共中央委员、政治局委员，后任中共中央工人部长兼中华全国总工会党团干事会书记。6月，在第四次全国劳动大会上，当选中华全国总工会执行委员和执行委员会常务委员。7月12日，中共中央成立临时政治局，李立三为5名常委之一。大革命失败后，在九江与谭平山、邓中夏研究当地军事政治形势后，向中共中央建议组织南昌起义，李立三任南昌起义中共前敌委员会委员、革命委员会委员和政治保卫处处长。南昌起义部队撤至潮汕突围后，赴上海。中共“八七”会议改选李立三为政治局候补委员。11月9日，中共中央政治局扩大会议，通过“左”的《政治纪律决议案》，给予李立三等警告处分。广州起义失败，张太雷牺牲。12月18日，李立三任中共广东省委书记，赴香港重建广东省委，恢复党的工作，曾提出在广大农村实行武装割据，然后夺取广州的战略思想。

民国17年（1928）6月。李立三出席在莫斯科召开的中共第六次代表大会，当选为中央委员、政治局候补委员和政治局常委候补委员，担任中央农民运动委员会书记。民国17年（1928）至民国19年（1930）秋，任中央政治局常委兼秘书长和宣传部部长。在“六大”以后近2年时间内，和中共中央其他领导人一起贯彻执行“六大”决议，使全党工作取得很大进步。民国19年（1930）夏，受共产国际“左”倾错误理论和反右倾斗争影响，错误估计革命形势，于6月11日主持中共中央政治局会议，通过《新的革命高潮与一省或几省的首先胜利》决议案。对中国革命形势、性质和任务等问题提出一整套“左”倾错误主张，要求全国各地准备马上起义。不久定出组织全国中心城市武装起义和集中全国红军进攻中心城市的冒险主义计划，又将共产党、青年团、工会的各级领导机关合并为准备武装起义的各级行动委员会。这种“左”倾冒险主义错误被称为“立三路线”，曾使革命事业遭到重大损失。9月24日，瞿秋白、周恩来回国召开中共六届三中全会，纠正“立三路线”的错误，结束了它在党中央的统治。李立三很快认识并检查错误，全会改选中央政治局，李立三当选中央政治局委员。年底，李立三到莫斯科向共产国际汇报，接受远东局和共产国际对“立三路线”错误的批判，并作自我检查。李立三态度诚恳，得到共产国际执委的赞许。民国21年（1932），任中共中央驻共产国际代表兼中华全国总工会驻赤色职工国际代表。

民国24年（1935），任苏联国际工人出版社中文部主任，并主编《救国时报》，对传播马克思主义和宣传党的民族统一战线方针作出了贡献。7月，出席共产国际七大。民国27年（1938）2月23日，因“日特嫌疑”被苏联内务部逮捕。民国28年（1939）11月4日，无罪释放，仍被共产国际停止党籍，便在莫斯科外文书籍出版局中文部担任校对，为翻译出版马克思主义著作做了大量工作。同时翻译文学作品《考验》《俄罗斯人物》等书。李立三多次申请回国参加抗日战争，均遭苏联内务部拒绝。中共第七次代表大会选举李立三为中央委员。

民国35年（1946）1月，离苏回国，任军调部东北3人小组成员、首席代表。同美蒋反动派发动内战阴谋作针锋相对的斗争。次年5月，任中共中央东北局敌工部、城工部部长等职，争取滇军六十军、九十三军起义，为解放战争的胜利和东北根据地的开辟、建设做出了积极贡献。民国37年（1948）8月1日，在第六次全国劳动大会上当选为全国总工会常务副主席，主持日常工作。民国38年（1949）2月，出席中共七届二中全会，深刻检讨自己的历史错误。李立三任新的政治协商会议筹备委员会常务委员，为中国人民政治协商会议的召开作组织准备工作。

1949年10月后，历任中共中央工委书记，中华全国总工会副主席、党组书记，中国人民政治协商会议常委，中央人民政府委员、政务院委员、劳动部部长兼党组书记，中央政策讨论委员会委员，中央人民政府财经委员会委员，中共中央书记处第三办公室副主任，中共中央工业交通工作部副部长。主持制定《中华人民共和国工会法》，在组织全国工人阶级为巩固新生的人民政权、恢复国民经济等方面做了大量的工作。

1956年9月23日，在党的八大会议上发言，对过去的错误进行了“总清算”，诚恳坦率解剖自己，进行自我批评，受到全会好评，并当选为中央委员。

1958年年初，李立三率中共中央工业交通工作部部分干部下工厂调查研究，召开部分省市工交部长会议，提出“干部参加生产，工人参加管理，领导干部、工人、技术人员三结合管理工业”的思想，据此撰写社论在《人民日报》发表。后毛泽东将其主要内容归纳为“两参一改三结合”，定为“鞍钢宪法”，为促进中国工业体制的民主化和科学管理做出重要贡献。1960年，任中共中央华北局书记处书记。

“文化大革命”中，被诬为“老牌反革命修正主义分子、里通外国分子”，受到残酷斗争。1967年6月22日，受林彪、江青反革命集团迫害致死。

1980年3月22日，中共中央召开追悼大会为其平反昭雪，认定李立三为中国共产党的优秀党员、无产阶级革命家、中国工人运动杰出领导人之一。为纪念他的革命功勋，修复李立三故居，设陈列馆，展览其生平事迹。时任中共中央总书记胡耀邦为李立三故居题额。

叶 克 字荫隆，石峰区龙头铺镇人。民国1年（1912）生。7岁就读于家乡小学，后考入长沙广益中学，因家境衰落，无力继续升学，即在家乡小学任教。后经亲戚介绍，到陕西武功西北农业大学当会计。民国27年（1938）3月，奔赴中央革命根据地延安。先入陕北公学学习，5月加入中国共产党，后调陕甘宁边区政府保安处训练班学习。翌年，组织派他到鲁迅艺术文学院工作，后留该院文学系学习。

民国34年（1945），叶调延安中学任教员。民国35年（1946）秋，离延安赴山东烟台胶东公学教书。不久，叶克调到《烟台日报》任记者，并负责通联工作。民国36年（1947）年底，调辽宁大连大众书店任总编辑。

民国37年（1948）10月沈阳解放，叶克随解放军接收国民党军新六军报《前进报》，把几家报社合并为《工人报》，后《工人报》改为《沈阳日报》，叶克任代理社长兼总编辑。《工人报》创刊之初，困难重重。为办好党报，叶对内抓新闻人员的素质，对外发扬群众办报的光荣传统，精心躬耕，把大量的心血用在培养和提高通讯员的素质上。

1951年，叶克由《沈阳日报》社调任东北局政策研究室研究员，1年后调任中共抚顺市市委宣传部副部长、部长；1955年，调外交部任中国驻德意志民主共和国大使馆文化参赞，后因车祸致脑震荡回国。1957年年底，调浙江省文化局任党组副书记、第一副局长。1959年，调杭州大学任党委常委、中文系主任；1962年，调任浙江省文联党组书记、副主席。

“文化大革命”开始后，林彪、江青反革命集团炮制的“文艺黑线专政”论，对从事文教工作的干部强加莫须有的罪名进行诬陷，病中的叶克也未能幸免，于1967年6月27日在北京逝世，终年55岁。

1978年9月，中共浙江省委在杭州举行叶克骨灰安放仪式时，推倒强加给叶克的一切诬陷之词，为其恢复名誉。

彭柏山　乳名丙生，学名炳盛，笔名冰山，化名陈友生，茶陵县秩堂乡彭家祠人。清宣统二年（1910）三月生。他7岁开始读私塾，13岁考入茶陵县立四区高等小学。民国15年（1926）秋，彭考入长沙楚怡工业学校。“马日事变”后，潜回故里。7月，考入国民党湖南省党部在长沙开办的“党校”。民国17年（1928）春，省党部将“党校”第一届毕业生分配到各县搞党务工作，他不满国民党的反动政策，以谋求深造为由，拒绝“分配”工作，转入省立一中高中部师范科就读。民国18年（1929）夏，省立一中掀起“学潮”，开展驱逐反动校长吴剑真的斗争。彭柏山是领头人之一，被学校开除学籍。8月，赴上海考入半工半读的国立江湾劳动大学经济系。民国20年（1931）5月，彭柏山加入中国共产主义青年团。国民党上海市党部对学校的法西斯统治，激起师生们义愤。彭柏山带头组织罢课，被戴上“图谋不轨”的罪名，再一次被开除学籍。

民国20年（1931）8月，彭柏山经人介绍，在上海加入中国左翼作家联盟，任文艺研究会总务兼书记。随后，由共青团员转为中共党员。“一·二八”事变后，他响应党的号召，奔赴湘鄂西苏区，任湘鄂西苏区《工人日报》编辑、红三军政治部宣传科长。后受贺龙派遣，任省委驻荆门、当阳、远安3县特派员，领导3县人民坚持1年多的游击斗争。

民国22年（1933）10月，彭柏山回到上海“左联”工作。创作短篇小说《崖边》，经鲁迅、胡风推荐，以“冰山”的笔名刊载于《作品》中的首篇位置，茅盾撰写评论，给予很高评价。《崖边》是中国现代文学史上最早反映苏区人民斗争生活的作品之一。接着，他又创作《皮背心》《忤逆》《夜渡》《枪》等小说。不久，他任上海“左联”大众教育委员会书记。

民国23年（1934）11月，在国民党对左翼文化人的大“围剿”中，彭柏山突遭国民党特务抓捕，被判处5年徒刑，关押在苏州陆军监狱。他始终坚贞不屈，严守党的秘密，并以陈友生的化名，与鲁迅、胡风保持联系，得到他俩在钱物、书籍的援助和精神上的鞭策鼓励。民国25年（1936）6月，胡风将彭柏山写的5个短篇小说，交给巴金主办的文化生活出版社，以《崖边》为书名结集出版。

胡风考虑彭柏山尚在狱中，故将作者冰山改为柏山。恰逢日本《改造》社社长山本实彦来华访问，进行文学创作交流，鲁迅便将《崖边》推荐给山本实彦在日本刊物上发表，并嘱胡风代写彭柏山小传，连文刊载。

"七七"事变后，国民党迫于国内外的政治、军事压力，接受中共关于释放一切爱国的革命的政治犯的主张，彭柏山于这年8月中旬得以出狱。被安排在上海群众工作委员会工作，不久调任中共江苏省委职员工作委员会书记。民国27年（1938）秋，投笔从戎，赴皖南参加新四军，历任新四军政治部民运科长，无锡、宜兴、武进游击区军政委员会书记，东台县第一任民主县长，新四军第四纵队政治部主任，苏北联合抗日军政治部主任等职。

解放战争中，彭柏山历任第三野战军四十八团政委，十六师政治部主任、副政委，二十四军政治部主任、副政委等职，参加苏中、莱芜、孟良崮、淮海、渡江等战役或战斗。

中华人民共和国成立后，彭柏山先后任华东军政委员会文化部副部长，中共上海市委委员、市委宣传部部长。1955年，在文化界揭发批判"胡风反革命集团"运动中，彭柏山受到错误处理，被撤销党内外一切职务，开除党籍，逮捕入狱关押19个月。出狱后，他先后在兰州大学、上海七宝公社、青海师范学院、厦门大学、河南农学院工作。于1968年2月终于写完30余万字的长篇小说《战争与人民》。是年4月3日，在"文化大革命"中，含冤逝世。

1980年6月，中共上海市委为彭柏山公开平反昭雪，恢复党籍和名誉。其遗著《战争与人民》于1982年5月由人民文学出版社出版发行。

程　潜　字颂云，醴陵官庄乡人。清光绪八年（1882）生，16岁考取秀才。光绪二十六年（1900），入长沙城南书院。次年考取岳麓书院正课生。见国事日非，外患益亟，遂弃文习武，于光绪二十九年（1903）入湖南武备学堂。次年8月，赴日本振武学校，旋考入陆军士官学校第六期，在学校加入同盟会。光绪三十四年（1908）十二月毕业，由同盟会委派赴四川训练新军，任十七镇正参谋官和永平秋操观操员。武昌起义后，参加武昌保卫战，任汉阳龟山炮兵阵地指挥。

民国2年（1913），任湖南都督府军事厅长等职，训练军队，积极筹划讨伐袁世凯。"二次革命"失败后，再赴日本早稻田大学政治经济系学习。民国4年（1915）12月归国。次年1月，任护国军湖南招抚使。率军一营进入湖南，攻克靖县。被推举为护国军湖南总司令，宣布湖南独立，誓师"讨袁驱汤"，大败汤芗铭部于宁乡县道林，逐走袁在湘党羽汤芗铭。民国6年（1917）8月，孙中山在广州组织护法军政府，程任护法军湖南总司令，率部与北洋军阀激战于衡阳、岳阳等地。从民国9年（1920）起，相继任广东大元帅府陆军次长、非常大总统府陆军总长、攻鄂军总司令、广东大本营军政部部长兼陆军讲武学校校长。民国11年（1922）5月，与内政总长居正同陈炯明谈判，劝陈停止与北洋军阀勾结未果。6月16日，陈炯明围攻总统府。程随孙中山登舰应变。后任讨逆军总司令，指挥粤、滇、湘、桂各军，将陈炯明逐出广州。民国14年（1925）2月，出师东征，打垮陈炯明主力，占领潮汕。6月回师广州，平定杨希闵、刘震寰叛乱。10月1日，国民革命军第二次东征，任第三纵队长，与第一、第二纵队共同进击，消灭陈炯明叛军，巩固广东革命根据地。

民国15年（1926），任国民革命军第六军军长，林伯渠任党代表。程执行孙中山的三大政策，同共产党人合作。同年，当选为国民党中央执行委员会委员，并任国民政府委员、军事委员会委员。7月，率部北伐，支援第四军攻克武汉；再转战江西，与孙传芳作战，攻下九江、南昌。民国16年（1927）1月，任江右军总指挥，进军安徽、江苏。3月，首克南京后任第二方面军总司令。4月，蒋介石发动“四一二”政变，程保护了一批共产党员。民国17年（1928）1月，任第四路军总指挥兼湘鄂临时政务委员会主席。2月，任湖南省政府主席。4月，兼任湖南清乡督办署督办。5月，因与蒋介石、李宗仁之间矛盾加剧，被软禁在武汉3年，军、政实权被削。“九一八”事变后恢复自由。寓居上海时，创办《南缄》半月刊，用笔名发表文章宣传抗日救亡，赞扬十九路军淞沪抗日英勇事迹。民国21年（1932）2月，任国民政府委员。民国23年（1934），任中国国民党中央执行委员。民国24年（1935），任国民政府参谋总长。授陆军一级上将衔。民国25年（1936），蒋介石与桂系矛盾激化，两广发生“六一”事变，战争一触即发，程往广西调停，达成协议。推动全国团结抗日。

“七七”事变后，任第一战区司令长官兼河南省政府主席，率部在平汉沿线抗击日军。在河北漳河作战时，预立遗嘱，坚守阵地，阻击日军。民国27年（1938）6月，奉令派部队炸开花园口黄河大提，企图阻止日军进攻，结果淹没河南、安徽、江苏等省44县，形成连年灾荒的黄泛区。民国28年（1939），任军委会西安行营主任、天水行营主任。掩护中共党员、进步人士从事抗日活动。民国29年（1940），任战地党政委员会副主任、军委会副参谋总长。抗日战争胜利后，毛泽东一行赴重庆参加国共谈判，程潜在山城热情迎接，并专程前往桂圆拜访。毛泽东也曾往上清寺程宅回访、畅谈。民国34年（1945），任军委会武汉行营主任。次年9月，任国民政府主席武汉行辕主任，曾率部在大别山与中国人民解放军作战。民国36年（1947），竞选副总统失败后，离开武汉。民国37年（1948），任长沙绥靖公署主任兼湖南省政府主席。目睹国民党军政腐败，人民厌战、反战，要求民主和平，遂萌发弃暗投明之心，在湖南执行一些开明政策。辽沈、平津、淮海三大战役结束，大局已定。程潜通过各种渠道，与中共湖南地下组织取得联系，表示起义决心。民国38年（1949）4月书写备忘录，由中共湖南省工委转呈中共中央和毛泽东主席。报告湖南和平起义的意图和部署。8月4日，中国人民解放军逼近长沙，程潜和国民党第一兵团司令员陈明仁等通电起义。毛泽东、朱德向程潜、陈明仁将军及全体起义将士发出贺电：“接读8月5日通电，义正词严，极为佩慰”，“诸公率三湘健儿，脱离反动阵营，参加人民革命，义声昭著，全国欢迎，南望湘云，谨致祝贺”，并期望“力求进步，为消灭残匪、解放全国人民而奋斗”。湖南和平解放，对加速国民党反动统治的全面崩溃，起了一定的推动作用。8月下旬，程抵京参加中国人民政治协商会议，毛泽东、朱德、周恩来、林伯渠等到车站迎接。

中华人民共和国成立后，程历任中央人民政府委员、湖南省军政委员会主席、湖南省人民政府主席、中南军政委员会副主席、国防委员会副主席、全国政协常务委员会委员、全国人大常务委员会副委员长、民革中央常委和副主席等职。

1957年年初，任全国人民代表大会代表团副团长，出访苏、罗、捷、保4国。1968年4月，在北京逝世。

1982年，在程潜诞辰100周年纪念大会上，全国人大常委会副委员长彭冲讲话时指出，程潜是“对中国人民革命事业做出过重要贡献的著名爱国人士，是中国共产党的忠诚朋友”。

程潜擅书工诗。书宗魏碑，笔力雄浑豪迈，古朴苍劲。诗以五古独步一时，借诗叙史，气魄宏大。著有《养复园诗集》。毛泽东70寿辰时，程潜穷一年之功，推敲琢磨，成七律十二首，有“我本多年邀默契，喜从中夜挹明光”之句。1967年所作《丁未85岁咏怀》中有“历世悠长阅世深，婆娑尘宇度光阴，志不要名勇拂绩，坦怀报国表真忱。”等佳句。1984年，黑龙江省人民出版社出版《程潜诗集》，共收不同历史时期诗作179首。

刘培善 茶陵县七地乡枧田村人。民国1年（1912）9月生。上过1年多私塾。民国16年（1927），刘参加农民协会，担任儿童团团长，参与打土豪。民国18年（1929）1月，参加中国工农红军，同年6月加入中国共产党，相继任过班长、连政治指导员、独立营政委、团政委等职，曾被选派到湘赣红军学校学习，为开辟和保卫湘赣苏区，参加过上百次战斗。

民国23年（1934）8月，红六军团西征后，刘培善率独立红三团奉令随湘赣省党政军机关及其他4个独立团，留在湘赣边界坚持游击战争。国民党军队攻占苏区后，对留下的红军和游击队实行疯狂的军事“围剿”和经济封锁。在白色恐怖下，湘赣省军区司令员彭辉明等一大批指战员壮烈牺牲，省委书记陈洪时、省保卫局局长刘发云等党政军主要领导相继叛变投敌，游击区域日益缩小，原来3000多人的武装锐减到不足1000人。刘培善几次收到湖南何键、江西熊式辉等的劝降信。刘培善对之嗤之以鼻。他曾对威逼他一同下山投敌的原省委书记陈洪时说：“我刘培善活着是革命的人，死了是革命的鬼，叫我去投敌、做反革命，绝对办不到！”民国24年（1935）7月，他极力拥戴省苏维埃政府主席谭余保在棋盘山召开会议，成立中共湘赣省临时省委、省军政委员会游击司令部，刘被选为临时省委常委、游击司令部政治部主任兼第一大队政委。民国25年（1936），担任整编后的湘赣红色独立团政委。他坚决执行省委的决议和指示，运用毛泽东在井冈山斗争时期制订的游击战方针，转战于湘赣边界的莲花、茶陵、安福、吉安等地，机动灵活地打击国民党反动武装，发动群众打土豪，发展党组织。民国26年（1937）10月，他最先接待来九陇山传达党中央指示、改编湘赣游击队的陈毅，派人护送陈毅与谭余保接头，于翌年初将这支坚持3年游击斗争的革命武装改编为新四军的一部分。

抗日战争中，刘培善先后任新四军副团长、团政委、旅政委，率部在苏皖抗日前线，参加开辟茅山抗日根据地和攻夺姜埝、黄桥决战等大小数百次战斗，消灭大量日军。他担任团政委的新四军第一支队第二团屡建战功，威震宁沪杭，被誉为“老虎团”。民国34年（1945），刘培善与新四军其他十几名旅以上干部，奉令突破日军的重重封锁，辗转到达延安，先后参加中共七大、中央党校学习及整风运动，系统地学习马克思列宁主义，深刻地总结参加革命以来的经历及经验教训。受到毛泽东等中央领导的接见，在整风运动中被党组织鉴定为“有发展前途的优秀青年干部”。解放战争中，先后担任华中野战军第七纵队司令员兼政委、华东野战军第十纵队政委、第三野战军第十兵团副政委兼政治部主任等职，参加苏中七战、孟良崮战役、济南战役、淮海战役、横渡长江以及攻占上海、福州、厦门等战役，为解放山东省和华东地区作出杰出贡献。

中华人民共和国成立后，刘培善先后任福建省军区副政委、政委，福州军区副政委、政委等职，当选为第二、第三届全国人大代表及国防委员会委员，1955年9月，被授予中将军衔及一级“八一”勋章、一级独立自由勋章、一级解放勋章。先后率部赴闽西、闽北清剿国民党残匪，指挥部队与地方武装密切配合，发动群众，将残匪全部消灭，受到毛泽东主席通电嘉奖。1958年，他撰写的《我们是社会主义事业的保卫者，又是社会主义事业的建设者》一文，由解放军总政治部印发全军。他每年几次深入到福建前线最前沿的海岛——青屿岛，将驻守在这个“光长石头不长草，鸟不歇脚船不靠”的荒凉小岛上的四连建设成“海上钢铁堡垒”和“海岛红旗”。其典型经验在全军推介。

在参与领导地方工作中，他注重调查研究，善于体察民情。敢于实事求是。在1958年大炼钢铁、大办“公共食堂”，瞎指挥风、浮夸风盛行时，他直言：“这样大炼钢铁浪费太大，得不偿失……办公共食堂还不是时候，‘大锅饭’怎么包得了啊！”多次向基层的干部提出：“我们执行上级指示要动脑筋，既要有原则性，又要有灵活性，不能主观主义瞎指挥。”在1959年的“反右倾”运动中，他因此受到批判，但仍表示：“个人受点委屈算不了什么，党提倡讲真话的原则没有错！”1960年冬，国民经济严重困难，他以中共福建省委常委、福州军区政委身份，到福建龙岩、江西瑞金等革命老区检查战备。当时群众生活十分困难，水肿病患者甚多。他一个县一个县地走访、调查。当听到有的县的领导汇报说“死人是传染病引起的”时，他声色俱厉地告诫说：“我们共产党人不能说假话。什么传染病？明明是我们工作上的失误，缺粮饿肚子造成的。我们要对人民负责，如实反映情况。”回到福州，他立即打电话给福建省委主要领导，要求研究和解决农村工作中的具体问题。在省委常委会上，他如实反映农村的情况，着重报“忧”，要求省委及时派工作组下去，采取措施改善农村工作。省委采纳他的意见，在一定程度上减少了损失。

1967年，刘培善受周恩来指令，先后到江西和福州处理“文化大革命”中群众组织之间的尖锐冲突，他不顾个人安危、荣辱，排除派性干扰，耐心做两派的工作，使局势得以缓和。同年10月，他坚决执行周恩来的电话指示，抵制林彪一伙搞所谓“北兵南调”，肆意搞乱军队的企图。随后，厦门一群众组织写材料揭露陈伯达的丑恶历史，陈伯达恼羞成怒，责令刘培善将其打成反革命组织，刘培善没有遵命。他因此受到林彪、陈伯达一伙的忌恨。1968年5月，林、陈的追随者趁刘培善在京参加“学习班”之机，煽动一伙人诬蔑刘培善“三年游击战争期间成了叛徒”，是“党内军内的走资派”“贺龙的黑爪牙”“阴谋组织反革命集团”“企图乱党夺权”等罪名，唆使一批暴徒和打手轮番批斗，肆无忌惮地进行人身攻击，并切断其与周恩来的电话联系，进行精神摧残。面对邪恶和非人的折磨，刘培善没说一句丧失原则的话，没写一个低头讨饶的字。5月8日深夜，刘培善猝然去世。

刘培善去世后，周恩来组织专人进行调查，严厉指责某些负责人，并对刘培善的一生作了高度评价，宣布定为革命烈士，骨灰安放八宝山革命公墓（后按家属要求，安葬在南京雨花台烈士陵园）。毛泽东随后接见了刘培善的夫人左英，一起照相留念。1978年，经中共中央、中央军委批准，福州军区为他举行隆重的悼念仪式。

胡庶华 号春藻，攸县城关镇人。清光绪十二年（1886）生。原为前清秀才，后相继入湖南私立明德学校、湖南游学预备科法文班、京师译学馆德文班学习。民国2年（1913），公费留学德国，初入柏林矿科大学，后转入柏林工科大学，专习铁冶金工程。民国9年（1920）夏，获铁冶金博士学位，后在克虏伯制铁厂任见习工程师1年，赴英、法等国参观钢铁厂半年，民国11年（1922）回国。

民国12—38年（1923—1949），先后任湖南公立工业专门学校教授、武昌大学代理校长、江苏省教育厅厅长、上海钢铁厂厂长，汉阳兵工厂厂长、农矿部技监兼农民司司长、国营烈山煤矿局局长，同济大学、湖南大学、重庆大学、西北大学校长，三民主义青年团中央团部副书记长。在湖南大学工作期间，广延名流教授，扩充校舍，添置设备，整顿校风，成绩显著。他爱护学生，常为学生谋事。民国37年（1948），湖南大学学生举行反饥饿反迫害大游行，反动政府预谋制造血腥事件，他毅然带领学生上街游行，步行五六十里，没有发生流血事件。民国38年（1949）6月，赴香港，8月30日参与在港44人起义，并发表宣言。10月初，到达北京。尔后任全国政协第二、三、四届委员和北京钢铁学院教授兼图书馆馆长。在“文化大革命”中，屡遭迫害，积愤成疾，于1968年6月17日逝世。粉碎江青反革命集团以后，北京钢铁学院党委确认“解放后胡庶华教授热爱祖国，拥护中国共产党的领导，积极为社会主义服务，为人耿直正派，平易近人，一直受到同志们的尊敬”。

胡庶华著有《铁冶金学》《冶金工程》《中国战时物资问题》《钢铁工业》，还拟就《株洲钢铁计划》。

傅正模 字镜磨，醴陵枫林市乡斑冲人。清光绪三十年（1904）生。民国13年（1924）6月，入黄埔军官学校第一期学习。同年加入中国国民党。次年3月毕业，任黄埔学生军队长、排长。4月，2次参加东征。民国15年（1926）参加北伐，在贺胜桥、汀泗桥、攻克武昌等重要战役中，作战英勇，屡立战功，提升为中校营长、上校团长。后参加“围剿”工农红军。

民国27年（1938），任七十五军预备第四师师长期间，与日本侵略军正面作战，转战于河南、湖北，参加武汉保卫战、忻口保卫战、随枣会战和襄樊、沙宜等战役，晋升为五十四军中将副军长。后转战云南。入印度兰姆伽美国陆军战术学校学习后，任军政部部附。

从民国38年（1949）1月起，任陆军编练司令部副司令、湘鄂赣边区绥靖司令、第一兵团副司令。1949年8月，参加湖南和平起义，任中国人民解放军第一兵团副司令兼第二军军长。

中华人民共和国成立后，先后任中南军区高级参议、中南军政委员会参事室参事、中南行政委员会参事室参事、武汉市人民政府参事室参事、第二届全国政协委员、第二届民革中央委员。

1957年，傅正模被错划为右派。1968年9月22日，病逝于武汉。1978年错划右派得以改正。

吴树基 醴陵南桥镇潼塘人。清光绪二十五年（1899）生。民国10年（1921），毕业于湖南高等工业学校冶金科，留校任教6年。民国27—33年（1938—1944），先后任湖南大学讲师、副教授、教授。民国33年（1944）9月，赴美国普林斯顿大学讲学，次年3月入美国科罗拉多矿冶学院地球物理系进修。民国35年（1946）归国，任湖南大学数学系主任、教授。

1953年，吴树基任中南矿冶学院地质系主任、教授。他自编教材，为地质专业讲授普通地球物理勘探课，还经常与青年教师去地质勘探队了解野外物探工作情况，指导学生实习。1959年，组织筹建中南矿冶学院地质系地球物理勘探专业，并招收研究生。吴在花甲之年，培养师资，以满足新兴专业的急需；先后为物探专业师生讲授过场论、特殊函数、重力勘探、地球物理等课程，编写物探专门问题讲义。

1957年，吴树基加入“九三学社”。1960年，任“九三学社”长沙分社主任委员，并当选为第三届全国人大代表。1964年9月，当选为湖南省政协副主席。1968年11月5日，因脑溢血病逝。

马良骥　原名大良，别名仲谋。株洲县王十万乡梅冲村人。清光绪十九年（1893）生。民国4年（1915）冬，毕业于湖南省立第一师范丙班，任城乡小学教师5年。民国11年（1922）冬，赴广东参加孙中山领导的国民革命，先后任大本营驻江门办事处上尉副官、粤军第一师师部上尉副官。是年冬，入广东西江陆海军讲武堂学习军事。次年冬结业后，任第一师师部上尉参谋、第一师补充团连长。随第一师第一旅东征，参加广东东江平定陈炯明战役。复调广东南路高州、雷州和海南岛，平定邓本殷等战役。后调第二旅，参加广西贺县八步战役。民国15年（1926）5月，任第十师三十团少校团副，随军北伐，经醴陵、浏阳、平江及湖北通城，参加汀泗桥、贺胜桥、围攻武昌诸战役。民国16年（1927）4月，随二十六师继续北伐，参加河南汝南、上蔡、临颖和开封等战役。6月，回师武汉。9月，任第十一军军部参谋处中校科长，随军赴福州。民国17年（1928）3月，任第十一军十师二十九团中校参谋长，部队开赴广东汕头，参加五华、铁岭、老隆、从化和花县诸战役。民国18年（1929），任国民革命军广东编遣区第三师九旅一十八团中校团副兼代团长，在衡阳四塘战役中手部负伤，后随部队转战山东，参加济南战役，击败韩复榘部。10月，奉命行军南下，与蔡廷锴六十师在江西兴国县城会师。民国20年（1931）10月，任十九路军六十一师中校军械处长，在兴国县城南十里铺与红军激战数日。闻红军北上抗日，他将部队停战整训转移。民国21年（1932）1月28日，日本侵略军向淞沪第十九路军驻地进攻，他随十九路军抗敌月余。后任六十一师副官处中校处长、上校参谋处长、国民革命军第七路军总指挥部参谋处第一科上校科长等职。民国24年（1935）1月，升任国民革命军第二路总指挥部副官处少将处长。同年12月，入陆军大学学习2年半。民国27年（1938）8月后，先后任军事委员军令部少将高参、广西桂林行营参谋处少将副处长、军事委员会办公厅第一处少将处长。民国33年（1944），先后任第九战区司令长官部少将高级参谋、军务处少将处长等职。民国34年（1945），先后任国民党军事委员会少将高级参谋、国民党中央训练团人事组少将副组长、国防部少将部员。民国37年（1948）5月，任湖南省保安司令部少将高级参谋。民国38年（1949）6月，任湘潭县县长。8月，参加湖南和平起义。

1950年1月，入中国人民解放军中南军政大学湖南分校学习。1953年，任湖南省人民委员会参事室参事。1969年7月，在长沙病逝。

刘岳厚　字子奇，株洲县姚家坝乡桐木冲人。清光绪十八年（1892）生。清宣统二年（1910），毕业于湖南高等工业学堂土木工程专业，任长郡联立中学教师。后转湖南营产清理处任科长，经管拆除长沙城墙工程。

民国5年（1916），任湖南省公路局工程师、总工程师。民国18年（1929），任湖南省公路局局长。其时，政治黑暗，民不聊生，他倚仗何键的力量，卷入湖南国民党政府内部派系斗争。民国23年（1934）秋，任湖南省党部执行委员会常委，向何键建议采用“以党统政”方针，何不纳，他大失所望。民国25年（1936）年初，与何键分道扬镳。民国26年（1937）年初，为救国救民，寻求马克思列宁主义，主动和湖南中共地下党员吕振羽、翦伯赞等人接触，参与抗日救亡活动。11月，成立湖南文化界抗敌后援会，他和吕振羽、陈润泉等6人为常务理事。尔后，中苏文化协会湖南分会相继成立，他为理事之一。民国28年（1939）8月，掩护地下党员黎澍、骆何民、廖沫沙等人在茶陵创办《开明日报》，和中共党员、革命青年朝夕相处，采用《国新社》从广西桂林发到解放区和沦陷区的通讯，揭露和抨击国民党当局。民国30年（1941）1月16日深夜，骆何民等12人被捕。他向湖南省主席薛岳提出口头建议，为营救被捕人员，赴重庆请刘斐（时任国民党军令部次长）说情，旋返回湖南，将被捕人员营救出狱。民国31年（1942）秋，刘建绪主闽，他被聘任福建省政府委员兼民政厅厅长。

民国37年（1948）7月，刘任长沙绥靖公署秘书长，奉劝省政府主席程潜投向中共，自己设法和地下党员余志宏取得联系，邀余到家里密谈，关心湖南人民的发展前途和命运。随着解放战争迅速发展，他家成为余志宏、马子谷、程星龄定期开会之所，研究湖南各阶层人士动向，参与筹划湖南和平起义。民国38年（1949）4月，国共和谈破裂。6月，受程潜派遣，和程星龄一道赴香港与刘斐商谈湖南和平起义有关重大问题，为湖南和平起义做出了贡献。

中华人民共和国成立后，刘历任中南军政委员会参事、民革中央团结委员、民革湖南省委员会常委和监察委员、湖南省第一、二届人民代表大会代表、省政协第一届委员会常委等职。1970年4月逝世。1980年3月召开追悼会。追悼会期间，曾在《开明日报》工作的黎澍、廖沫沙、傅伯芦等老同志联名发来唁电。

沈芝生　字达人，芦淞区学堂冲人。清光绪三十二年（1906）生。民国14年（1925），经郭亮、梁典训介绍参加国民党，同年进广州黄埔军校第四期学习。民国15年（1926），随北伐军东进闽、浙，先后任国民革命军第一军十四师排、连、营长。民国21年（1932），调八十八师五二八团任营、团长。民国26年（1937）8月，率部在上海高桥、闸北一线带伤指挥，英勇对日作战，立下战功，民国27年（1938）升任少将旅长、副师长。民国29年（1940），移驻西南、西北，任三十四集团军总部高参、黄埔军校七分校第五总队副总队长、三十四集团军突击兵团副司令等职，参与中国远征军的抗日行动。民国32年（1943），调任十一集团军高参。民国33年（1944），任黄埔军校九分校高级教官。民国35年（1946），任迪化警备副司令。民国37年（1948），任九十一军二四六师师长。

1949年9月24日，沈芝生率师部及5300余人在甘肃酒泉起义，加入人民解放军。1951—1953年，先后在人民解放军第一、第二、第八步兵学校任教。1954年12月，转业回株洲市。

1955年年初，沈被选为建宁农业社副社长。将800元转业费，除安排家里300元外，全部向社里投资；1957年，任省政协委员后，按月补助生活费100元，他又将这笔钱除安排家人的生活外，按月将40 ~ 50元存在社里，迄至成立公社为止，共存800元。除取出其中130元买了一部缝纫机给他妻子外，其余又主动投资公社，并将自己房屋交给公社办食堂。1958年任株洲市中心农场副场长。1957—1970年，任第一届、第二届、第三届湖南省政协专职委员。1970年8月病故。

刘　昆　湖南湘阴县人。清光绪三十一年（1905）生。1954年，从广西苏桥铁路工厂调入株洲机车车辆修理工厂（株洲电力机车厂）。1959年6月加入中国共产党。在工厂期间，他肯动脑子，尤其是善于搞技术革新。1960—1963年，他带领全班工人，共实现革新项目495项，其中他一个人就完成89项。1963年5月初，株洲机车车辆修理工厂政治部发出通知，号召全厂职工向刘昆学习；5月中旬，中共湖南省委第一书记张平化专程到工厂看望他；7月24日，根据中共湖南省委的指示，省总工会、团省委联合发出通知，要求在全省职工群众中广泛深入开展学习刘昆的活动；7月29日，省总工会、团省委、省妇联联合举办学习刘昆的广播大会；湖南人民出版社分别出版《刘昆》和连环画册《工人阶级的好战士刘昆》，在全国公开发行。他曾荣获过省、市和全国先进生产者称号，并当选为第三届全国人民代表大会代表。1964年10月，作为工业战线上的模范人物，应邀去北京参加国庆观礼，并受到毛泽东主席等党和国家领导人的接见。1971年1月30日因病逝世。

宋新怀　醴陵市枫林市乡人。清光绪三十二年（1906）生。民国14年（1925），加入社会主义青年团，旋转为中国共产党党员（因转党手续不合规定，民国21年（1932），重新办理入党手续）。

民国16年（1927），参加秋收起义，编入工农革命军第二团，攻克醴陵城。会师浏阳。后被冲散，随营长等20余人回醴陵，组织武装斗争。次年春转井冈山，任共青团井冈山特委书记，后任共青团湘赣省委书记和中央苏区全国总工会执行局青工部部长。

民国23年（1934）7月，任福建省宁化、清流、归化工会办事处主任。10月，奉调参加长征，到达瑞金时，红军已出发。遂任大雷、宁化军分区政治部主任。遭国民党军合围，被捕。次年11，机智脱逃回醴，以挖煤做零工等为生。

民国27年（1938）春，宋找到八路军驻湘通讯处，恢复党组织关系后去延安。先后在马列学院、党校二部学习7年。民国35年（1946）秋，任中共辽南地委委员兼游击队政委，率领400多人的游击队同国民党军队周旋4个多月。在夜行军时，寻找掉队战士被摔断肋骨。民国36年（1947）春，率部从冰上走过鸭绿江，在朝鲜新义州休整2星期后乘船到大连苏军防区登陆。7月，游击队配合人民解放军解放辽阳，宋出任辽阳市市长、辽南地委城工部部长；揭露国民党反动派强迫东北各大学迁往北平阴谋，动员学生反对迁校。民国37年（1948）春，任中共辽南省委城工部部长。

民国38年（1949）5月，宋新怀随中国人民解放军第四野战军南下，参与筹建湖南省总工会。1951年，宋新怀赴莫斯科参加“五一”红场观礼。1952年，随中国人民赴朝慰问团到朝鲜慰问。1950—1956年，先后任中共湖南省委委员、湖南省人民政府委员、湖南省总工会主席、省政协常委。

因肋骨旧病复发引起血胸症，先后去北京手术 4 次。1956 年离休，1971 年 7 月病逝。

张经武 原名仁山，炎陵县沔渡镇夏馆村人。清光绪三十二年（1906）七月生。民国 14 年（1925）毕业于湖南省立三师，民国 17 年（1928）毕业于河南沪案后援建国军军官学校。历任学兵队排长、师部参谋、湖北警备军连长、副营长等职。

民国 19 年（1930）4 月，在许昌军官学校任中校大队长时加入中国共产党。任地下党组织校委委员兼干部党支部负责人。民国 21 年（1932）1 月，到达中央苏区瑞金，历任红军学校第三队队长、红军学校政治营营长、红军军事教导团团长、军委直辖第三师师长、广昌基地司令员、军委第五局副局长等职。民国 23 年（1934）9 月，红军长征，张任军委直辖教导师师长，肩负着保卫中央军委机关的重任。12 月，任军委第二野战纵队参谋长。民国 24 年（1935）10 月红军到达陕北后，中央为扩大陕甘宁根据地，组织“北上先遣支队”，张任支队第三纵队参谋长，与叶剑英司令员、邓发政委率军东征。

民国 25 年（1936）8 月，张经武受毛泽东、周恩来派遣，以红军代表身份在河北、山东、山西、绥远等省秘密开展民族统一战线工作。在河北，张会晤国民党冀察政务委员会委员长兼河北省政府主席宋哲元，宣传中共联合抗日主张，宋终于奋起抗日。抗日战争全面爆发后，张又受中央派遣，再次以红军代表身份前往济南，会晤第三集团军总司令韩复榘，针对韩畏蒋恐日情绪和两面受夹的处境，直言阐明中共联合抗日主张。韩从自身安危着想，同意与中共签订协议联合抗日。使 60 余名中共党员和进步人士得以出狱，其中包括前山东省委负责人张华、李林和赵健民等人。张还协助韩复榘开办第三集团军政工人员训练班，选调中共党员担任政治教官，训练、培养 1500 多名军事、政工、民运干部，使山东省的抗日领导力量得以壮大。民国 26 年（1937）6 月，张任八路军驻汉口办事处高级参谋，协同开展河南、湖北两省抗日统一战线工作。

民国 27 年（1938）4 月，中央再次派遣张经武返回山东。张先在聊城会晤山东省第六区行政专员兼保安司令范筑先将军，转交毛泽东给范的亲笔信，争取范和共产党的联合抗日。又将从延安带来的抗日军政干部派往各地，使山东省的中共组织相继得到恢复发展，党员人数发展到 5.1 万人。当年 12 月，张将各路游击队改编为“八路军山东纵队”，亲任纵队司令员。民国 28 年（1939）3 月，山东省政府驻鲁南办事处主任兼别动总队第三纵队司令秦启荣密令部属王尚志伏击渤海地区派往延安学习的干部及护送官兵共 200 余人，制造了震惊全国的“太河惨案”。张经武和山东纵队政委黎玉一方面通电全国，揭露国民党顽固派破坏抗日民族统一战线真相；另一方面又亲自指挥“山纵”第三、第四 2 个支队一举收复太河镇，全歼王尚志警卫大队，有力地回击国民党顽固派的挑衅。10 月下旬，又和王彬指挥五井歼灭战，数百名偷袭五井镇的日军全部被歼被俘，日军中队长木莫、小队长岩井和石日被击毙，国民党鲁南警备副司令王德平被击成重伤。《大众日报》称赞此役是“山东抗战两年来最模范的胜利战斗”。11 月，张经武在山东被选为中共党的第七次全国代表大会代表。民国 31 年（1942）5 月，出任陕、甘、宁、晋、绥联防司令部参谋长，9 月任留守兵团副司令员。民国 35 年（1946）2 月，调北平执行部任参谋长。民国 36 年（1947）

8 月成立西北军区，张继续担任参谋长。5 月，西安市解放，张被任命为西安市军管会委员兼警备司令员。下半年，又任西南军区副参谋长。1950 年 7 月，任中华人民共和国主席办公厅主任，9 月任中央军委办公厅主任。

1951 年 4 月，中央人民政府派李维汉为首席代表，张经武、张国华、孙志远为代表，与西藏地方政府代表进行协商谈判，达成《关于和平解放西藏办法的协议》（以下简称《协议》），中央人民政府主席毛泽东亲自设宴祝贺《协议》的签订。当时帝国主义分子和西藏上层亲帝国主义势力企图制造西藏和祖国的分裂。将达赖喇嘛挟持到靠近印度的亚东，并阴谋带至国外，以此扰乱西藏局势，对中央政府施加压力。在此关键时刻，中央授命张经武出任中央人民政府驻西藏代表。张经武根据毛泽东关于一定要说服达赖回拉萨的指示，绕道印度，日夜兼程，经月余辗转跋涉，终在 7 月到达亚东。张向达赖转交毛泽东的亲笔信，解释《协议》内容，反复阐述中共关于民族统一战线和宗教方面的政策。经耐心争取，达赖终在 8 月返回拉萨。10 月，中国人民解放军十八军到达拉萨，为西藏的稳定奠定基础。1952 年 1 月 10 日，中共西藏工作委员会成立，张经武任工委书记。其时，帝国主义分子和西藏上层亲帝国主义的势力分裂祖国活动十分猖獗。4 月 1 日，一伙所谓“人民会议”成员来到张经武住处，递交一份以反对《协议》为中心内容的“请愿书”。当晚，1000 余藏军和武装喇嘛在 2 名司曹率领下突然包围西藏工委。当时，张经武身边只有 1 个警卫班，事态一触即发。张严令警卫人员不准开第一枪。一面用电话与十八军领导联系，布置警戒；一面请来所有的噶伦，严正指出“请愿”和武装包围的真正企图是分裂祖国。面对严峻局势，张经武决定面见达赖。工委和军区人员均为其安全担心。张坚持前往。19 日，张带 1 名翻译和 2 名保卫干部直入布达拉宫面见达赖，阐明中央人民政府对这一事态的严正立场，要求解散伪“人民会议”，撤销 2 名带头闹事的司曹的职务。经过一番说理斗争，达赖终于接受张提出的全部条件，骚乱得以平息。在以张经武为首的中共西藏工委领导下，《协议》得以全面实施。1955 年，张经武被授予中国人民解放军中将军衔。

1959 年 3 月 19 日，西藏地方政府和上层反动集团在拉萨发动武装叛乱。20 日，人民解放军驻藏部队奉命对叛乱武装进行讨伐。至 11 月，武装叛乱基本平息。张经武领导的西藏工委坚决贯彻中共中央关于结合平叛斗争进行民主改革的方针，使百万农奴获得解放。张经武在西藏卓有成效的工作赢得西藏人民的拥护，也得到中共中央的充分肯定。1960 年 1 月，张经武兼任西藏军区第一政治委员，9 月任西南局书记处书记。1962 年 8 月任中共西藏工委第一书记。

1965 年，西藏自治区成立，张经武奉调回京任中共中央统战部副部长。张经武曾任中共第八届中央委员会候补委员、委员，第一、二、三届全国人民代表大会代表，第三届全国人民代表大会常务委员，第一、二届中国人民政治协商会议常务委员。“文化大革命”中受到迫害，1971 年 10 月 27 日含冤去世。1976 年 10 月，冤案得到平反昭雪。1979 年 9 月，中共中央和中央军委为其举行追悼会，对他的一生作出高度评价。

余志宏　醴陵王坊镇泮川人，民国 5 年（1916）出生。民国 24 年（1935），毕业于湖南省第一中学，回醴陵任第二高级小学教师。民国25年（1936）秋，入安徽省立大学。次年，入中山大学经济系。民国27年（1938）春，赴桂阳任区训导员。5月，加入中国共产党。不久回醴陵，以小学教师身份为掩护，开展地下活动。民国28年（1939）春，在中共醴陵中心县委领导下，利用其伯父存放在家里的30条步枪，组织醴陵县荷里乡人民抗日自卫队，自任队长。冬，因中共醴陵中心县委遭破坏而解散，去中山大学复学。民国32年（1943）毕业后，任醴陵简易乡村师范教师。时桂林《大公报》发表余志宏所撰写的《法西斯兴亡论》一文，引起国民党县党部注意，寒假时被辞退。遂去福建省社会科学研究所任助理研究员。民国35年（1946）冬，经中共福州地下党组织批准，于民国36年（1947）年初回长沙，任省政府专员。筹办《展望》杂志。停刊后，任湖南省政府主席王东原私人秘书。民国37年（1948）冬，与中共湖南省工委接上组织关系。

民国37年（1948），任湖南大学讲师。时程潜回湖南任省政府主席，中共湖南省工委书记周里任余志宏为统战策反组长。通过程潜顾问方叔章等对程做了大量工作。民国38年（1949）年初，余代表中共湖南省工委同程潜的代表程星龄商谈和平起义事宜。中国人民解放军渡江南下，余志宏转告程星龄，嘱请程潜书写备忘录。程潜要求面见中共湖南地下党组织负责人。余志宏代表地下党组织会见程潜，提出：释放一切政治犯；负责保护国家财产、机关、档案、工厂、交通、桥梁；不捕杀共产党人和革命群众。三点要求，程潜基本做到。余志宏还以中共湖南省地下党负责人身份会见陈明仁。

湖南和平解放后，余任接管湖南大学军代表、校秘书长。1951年，到中央马列学院学习。1954年，余志宏调任武汉大学临时党委副书记兼副教务长。后任哲学系党总支书记。

“文化大革命”中，受林彪、江青反革命集团种种迫害，曾写下“唯有忠心存大节，却无罪史辱畸躬”和“丹心夜夜照明月，未记生前死后名”等诗句。1972年10月，因受折磨致病逝世。1980年10月，中共武汉大学党委召开追悼会，平反余志宏冤案。湖南省副省长程星龄等参加追悼会。

唐 拔 号恢夷，石峰区龙头铺镇人。清光绪十六年（1890）一月生。清宣统一年（1909）当谱局编辑，后教小学。民国5年（1916），在湘军程潜部一师一团，后参加护法战争，升为警卫连准尉司务长，曾在萱州河、耒阳、宝庆等处对北洋军阀部队作战有功，升为中尉排长。民国10年（1921）到广州，奉程潜委派，去广东临兴军阀洪兆麟部做兵运工作，又投该部当兵。适逢邓演达当时为粤军第一部工兵营长，率部回广州，唐拔乃又投效到该部，第3次当兵。因作战英勇，得邓演达赏识，2年间连升为上士、排长、连长。随军改编为国民革命军第四军十一师三十一团第一营营长，后请调军部少校副官。北伐到武汉，任汉阳兵工厂庶务课长，后由总政治部主任邓演达介绍为中央军事政治学校武汉分校庶务课长。后任武汉特别区保安大队大队长。不到2个月，形势变化，汪蒋合流，邓演达离开武汉，保安大队被解散。唐拔仍回广东粤军陈济棠部十一师任副官，参加铁场歧岭战斗指挥有功，调任特务营营长。

民国19年（1930），蒋、冯、阎中原大战前夕，陈诚任十一师师长，托人找唐去河南，委任为三十三旅主任参谋，大战后调师部任军械处长。不久辞职回家。

民国21年（1932），唐再次去广东，先后任粤军陈济棠部中校参议、独四师二团上校团长。在粤赣边境曾与红军罗汉章等部对峙。由于唐拔在北伐时期受邓演达和所接触的共产党人的影响，不愿与红军为敌，没有发生大的战斗，并曾释放被捕的共产党人。随后调驻潮汕地区，当地恶霸欺压百姓，无恶不作，红军北上后，更为凶狠，屡戒不改，唐拔十分愤恨，枪毙了郭姓李姓2个恶霸，另对大恶霸周振德、周友士搜齐证据准备惩处，2人见机逃到广州找其靠山林中翼，林为陈济棠心腹，从中作祟，唐拔被免职。

民国25—30年（1936—1941），唐又先后调陈部任团长、旅长、副师长。蒋介石为收买旁系部队将领，调唐拔参加庐山暑期军官训练团第二期、珞珈山将官班第一期受训；接着又入中央军校高教班十期。唐在此期间看到军中许多腐败现象，感到极为不满和失望。受训期间，调任第七战区长官部参议。毕业后，任海陆丰地区守备指挥官，抗敌守土。

民国34年（1945）日军投降，指挥部结束，唐被委为广州行营参议，民国35年（1946）退役。

民国36年（1947），参加江南地下第四军的活动。他奔走宣传联络，筹划武装斗争，并介绍好友及自己的亲人参加。

民国37年（1948）秋，唐与其他几人聚合当时湖南各路反蒋力量负责人在长沙开会，组成湖南人民革命行动委员会，共推周士仪为主任委员、唐拔为副主任委员。派员前往解放军江汉军区工作。从此，唐更积极扩大反蒋宣传，策反和组织部队，培训干部，加紧准备武装起义。民国38年（1949）春，奉中共中原局社会部三一三〇组织（江汉军区为地区性部队组织，三一三〇为社会部敌后地下工作组织，同属中共中原局领导）指示，改组湖南人民革命行动委员会为三一三〇长沙第七总部和华中军区江南地下第四军，任命唐拔为军长，下辖第十至十二师及2个暂编师，共1万余人，分别在浏阳、湘阴、邵阳、长沙、湘潭、湘乡等地区活动。军部建于长沙、湘潭、浏阳山区。

第四军的活动，受到当地群众和地方基层政权欢迎拥护，主动供应其柴蔬给养，还经常有鱼、鸡、猪之类，部队生活丰富，人人皆大欢喜。唐拔断然提出，部队生活不得高于当地群众，要警惕坏人借此麻痹战士斗志。军部作出严格规定：非一定节假日不得接受猪鱼荤食。除公库粮可借用、各乡供应柴蔬应记数外，对群众送来物资都婉言辞谢。万一不得辞脱时，必须按价付款。并通报附近各乡，传达所辖各师知照执行。

地下四军活动地区紧靠株洲，又接近省会长沙，对敌人威胁很大。7月中旬，白崇禧派其八十七、八十八2师各一部，纠合长沙县长黄光焘，突然4路围攻。唐拔得到情报后，一面布置迎击，一面将部队分散，化整为零，避免部队损失。四军留驻株洲四乡湘江两岸，继续策动指挥各地师团，配合三一三〇及各处党的地下组织，执行护厂护桥护路阻挠敌人破坏拆迁及维护城乡治安，等待和平解放完整接收的任务。

湖南解放后，四军由省军区接收整编。唐拔调任湖南省军政委员会参议，后转任湖南省人民政府参事。先后被选为省人大代表、省政协委员。1972年在长沙逝世。

袁昌英 女，字兰子、兰紫，原居醴陵八步桥乡耿境坝，后迁转步乡枫树塘。清光绪二十年（1894）

生。幼年在家读私塾，后入上海教会学校中西女塾学英语。民国5年（1916），自费入英国爱丁堡大学研习英国文学。民国10年（1921）毕业，获文学硕士学位。同年回国，与经济学家杨端六结婚。后在北平女子高等师范学院教授英国文学史。袁昌英博览西欧、北欧戏剧名著，吸取西方戏剧创作的长处，写出三幕剧《孔雀东南飞》，用西方戏剧形式表现中国古老题材作品，受到广大读者欢迎。后又写出《活诗人》《究竟谁是扫帚星》《人之道》《结婚前的一吻》《饮马长城窟》等10多个剧本，后编辑出版2本剧作集。

民国15年（1926），袁昌英入法国巴黎大学深造，2年后学成归国，任上海中国公学教授。民国21年（1932），任武汉大学外文系教授。袁昌英执教英、法文学史、戏剧史和名著选读25年。所著《法国文学史》出版后，被国内各大学选为教材，15年中重印4次。还出版发行所撰写《法国文学》《西洋音乐史》《玛亭》《痛苦的灵魂》等著作，成为散文家和小说家。从民国18年（1929）开始，其作品发表在《现代评论》《现代文艺》杂志上，后分别编入《山居散墨》《行年四十》2本散文集中。代表作《游新都后的感想》《再感想》被选入高中语文教材。抗日战争期间，储安平教授和端木露西女士为袁昌英编辑出版散文精选本《友谊》。民国29年（1940），出版小说集《牛》。袁昌英还用英文写作和出版《中国的爱国文学》，向西方读者介绍爱国诗人屈原、杜甫、辛弃疾、岳飞、陆游、文天祥及作品。

民国37年（1948）3月，袁昌英当选为第一届国民代表大会代表。民国38年（1949）5月，武汉解放后，袁昌英将毛泽东部分诗词译成英文，传播国外。袁昌英60岁高龄还攻读俄语，并翻译不少资料。后加入中国民主同盟会，任武汉市政协委员；3次参加武汉市文代会，当选武汉市文联执行委员。1956年，加入中国作家协会。1957年，被错划为右派。“文化大革命”中，屡遭批斗，身心受到摧残，后被遣送回乡。1973年4月病逝。1978年，改正其右派。1985年，湖南人民出版社出版《袁昌英作品选》。

李振声　茶陵县秩堂乡彭家祠李家屋村人，民国8年（1919）生。民国19年（1930）冬参加革命，民国21年（1932）加入中国共产主义青年团。民国22年（1933），参加中国工农红军。同年，由共青团员转为中国共产党党员。曾任少共区委委员兼区儿童局书记、红六军团第十七师五十一团干事、连政治指导员，红六军团第十六师四十六团干事、侦察部主任、连政治指导员、团俱乐部主任，参加湘赣革命根据地和湘鄂川黔革命根据地反“围剿”战斗及长征。抗日战争爆发，任晋察冀军区第四军分区七团政治处主任。民国28年（1939）12月在八路军总部干部队学习后，任第三军分区三支队政委兼主任、第二十团政委兼中共徐水县委书记、冀东军区第十八军分区副政委兼政治部主任等职。解放战争时期，任晋察冀军区独立第十三旅政委、第九纵队二十六师政委、第四野战军四十六军一三七师政委、衡阳警备司令部政委。参加辽沈、平津、衡宝三战役，参与领导湖南零陵、邵阳等地区的剿匪斗争。

中华人民共和国成立后，李任中国人民解放军空军十九师政委、十八师政委、中南军区空军干部部第二部长、广州军区空军政治部干部部部长、空军第六军副政委、济南军区空军副政委。1955年，被授予少将军衔，1974 年 3 月病逝。

陈明仁　字子良，醴陵南桥镇洪源人。清光绪二十九年（1903）生。民国 13 年（1924）春，入广州大本营陆军讲武学校。11 月，转黄埔军校第一期。毕业后任黄埔军校教导第一团第四营三连见习排长。2 次参加东征讨伐陈炯明战斗。次年 10 月，第二次东征惠州之役，陈明仁腰缠手榴弹、手持驳壳枪，攀上云梯，一跃登城，将青天白日旗插上惠州城楼。战后第 3 天，蒋介石召集全体官兵开庆功大会，陈由连长擢升营长。民国 16 — 18 年（1927 — 1929），先后任上校队长、大队长、五十六团团长、二十八旅旅长、第三独立旅旅长等职。

民国 22 年（1933），任八十师中将师长，率部"进剿"鄂豫皖革命根据地工农红军。继在福建参加对闽赣工农红军作战。后调庐山国民政府军委会军官训练团学习，任第一大队大队长，继调军委会参议。民国 24 年（1935）毕业于陆军大学 13 期。9 月，任军事参议院参议。后任驻赣第四绥靖区司令部参议等职。抗日战争爆发，任预备二师师长，率部参加抗击日军的九江会战、桂南会战。民国 33 年（1944），任七十一军中将军长，赴中缅边界作战。指挥所部相继攻克松山、龙陵，并统一指挥协同作战的炮兵和盟国航空兵，苦战 1 天，攻克久攻不下的回龙山，打通滇缅公路。几个美国军官将陈抬了起来，连声称赞："中国名将，名不虚传。"不久，率七十一军与中国驻印度远征军在中国畹町和缅甸芒龙胜利会师。后回师贵阳，进军广西，收复柳州、桂林等地。

抗日战争胜利后，七十一军驻防京沪线。民国 35 年（1946）开赴东北，同中国人民解放军作战，攻沈阳，进驻辽北省政府所在地四平，陈任国民党东北第五绥靖区司令官。七十一军八十七师在公主岭被歼灭，陈明仁只身逃回四平。民国 36 年（1947）5 月，七十一军九十一师在昌图被歼灭。30 日，蒋介石亲临沈阳，改"重点进攻"为"重点防御"。陈明仁任四平"保卫战"指挥，集中七十一军八十师，补充的八十七师和第十三军五十四师、辽宁省地方保安一团、二团，铁路交警大队和辽北团管区 3 个大队约 3.4 万余兵力，日夜赶筑工事，以期死守。东北人民解放军开展夏季攻势，集中兵力，由西、南、北三面包围四平。13 日向四平发动攻坚战，双方展开巷战、白刃战。人民解放军占据四平五分之三地区。陈明仁的胞弟、特务团团长陈明信被活捉。陈明仁以少数兵力守四平 40 多天，巷战 19 昼夜。6 月底，国民党军五十三军、九十三军、新六军、五十二军等部齐向四平包抄前进。30 日，解放军战略撤退。陈明仁升任第七兵团司令官，获青天白日勋章。因国民党内部倾轧，旋被撤职，调任南京总统府中将参军。

民国 37 年（1948），白崇禧利用陈明仁与陈诚的矛盾，保举陈明仁为华中"剿总"副总司令兼武汉警备司令和二十九军军长。陈明仁受命前，约集同乡、同学和僚属温汰沫、张严佛、陈粹劳、吴相和、汤如炎等 7 人，在南京明孝陵密谈。分析形势，权衡利弊，决定暂时就白，争取掌握一部分实力，进而与湖南程潜联络。谋划已定，陈于同年 11 月赴武汉就任华中"剿总"副总司令兼武汉警备司令和二十九军军长。年底，恢复七十一军，成立第一兵团，陈任司令员。民国 38 年（1949）2 — 7 月，先后任华中军政长官公署副长官兼第一兵团司令官、湖南省政府主席、湖南保安司令部司令和长沙绥靖公署副主任等职，率第一兵团来湖南长沙编练。一方面与程潜接触，一方面派员赴溪口向蒋介石“表忠”，并全力应付白崇禧。陈明仁表面与程潜对立，公开场合表示“要戡乱到底”，以蒋介石反共闯将面目出现。北平和平解放，对陈明仁影响很大。不久，接到章士钊亲笔信，转告毛泽东对陈明仁的表态：“当日，陈明仁是坐在他们的船上，各划各的船，都想划赢，这是理所当然，我们会谅解。只要他站过来就行了，我们还要重用他。”陈明仁怕泄密、怕算旧账、怕戴投降帽子的顾虑消失后，立即要求会见中共地下党负责人，表明决心起义。8 月 4 日，程潜、陈明仁领衔发出起义通电，宣布长沙和平解放。毛泽东、朱德回电嘉勉，任陈明仁为湖南省临时人民政府主席兼中国国民党人民解放军第一兵团司令员。9 月 10 日，陈赴北平出席全国政协第一次会议，受到毛泽东、朱德、周恩来等接见。

中国国民党人民解放军第一兵团经过整训，改编为中国人民解放军二十一兵团，陈明仁任司令员，率部赴广西剿匪。1952 年秋，兵团建置撤销，任五十五军军长，率部开赴广东湛江市，肩负海防重任。

1955 年 9 月 27 日，被授予上将军衔和一级解放勋章。后相继任湖南省军政委员会委员、湖南省军区副司令员、中南军政委员会委员，第一、二、三届全国人民代表大会代表，第一、二、三届国防委员会委员，中国人民政治协商会议第一届委员会委员，三届、四届常务委员等职。1974 年 5 月 21 日在北京病逝。

吴寿祺　又名官输。醴陵八步桥乡人。清光绪十五年（1889）生。清光绪三十二年（1906）毕业于湖南瓷业学堂。曾先后在湖南瓷业公司长沙经销处、醴陵模范窑业工场等单位当彩绘技工。民国 17 — 25 年（1928 — 1936），受聘赴南京中央陶画试验场从事釉下彩绘。后因时局动乱，返家务农。

1954 年 6 月，醴陵艺术工作者联合会和工商业联合会聘请吴为陶瓷业余美术训练班专职教师。次年 9 月，调入醴陵陶瓷研究所，晋升为陶画技师，时已年近古稀。吴将所学专长毫无保留地传授给青年一代，先后培训釉下彩技艺人员 300 多名。在吴参与研究、试验下，陶瓷研究所于 1955 年 10 月烧制出已失传 20 多年的釉下彩瓷。随后，同艺术瓷厂（群力瓷厂前身）配合，为人民大会堂、中国人民革命军事博物馆等单位承制餐具、茶具、烟具等釉下彩高档瓷。1961 年送广州交易会展览的 15 个釉下彩产品，被与会者誉为“真、纯、美”佳品。所创制的万花瓶、六角回、古罗钱、铁线描折等技术别具特色，备受称赞。

1956 年，吴被评为县甲等劳动模范、湖南省劳动模范，并出席北京全国老艺人会议，受到朱德等党和国家领导人接见。曾任醴陵县第二、三、四届政协委员，当选为醴陵县第四、五届人民代表大会代表。湖南省第二、三届人民代表大会代表。1963 年 2 月，任湖南省文联委员，被吸收为中国美术家协会会员。1965 年 10 月退休。1975 年病故。

邓光晋　醴陵白兔潭镇罗家冲人。清光绪十七年（1891）生。邓 13 岁开始做长工。1951 年，在土地改革中分得水田 0.33 公顷，但阳光不足，又有冷浸水和滂眼。便采取填滂眼、开沟排浸、种植绿肥、改良耕作层、选用良种、双季稻间作改连作、合理密植、合理施肥、合理灌溉等措施，改低产田为高产田。1952 年，其耕作的 0.33 公顷水稻，早稻亩产 292.5 千克，晚稻亩产 293 千克，其中丰产田 0.09 公顷，早晚稻亩产 825 千克，获农业部嘉奖。

邓光晋在长期农业生产实践中，摸索出一套用煤灰催芽的方法，能保温、保湿、透气，升温快，破胸发芽整齐，发芽率高，谷芽粗壮，且技术易于掌握，便于管理。煤灰催芽经验推广后，对发展粮食生产起了积极作用。

1952 年后，邓光晋相继被评为县、地、省和全国农业劳动模范。农业部授予“爱国丰产新纪录奖状”“爱国丰产”奖章和奖金。先后当选为县人民代表大会代表、湖南省贫下中农协会代表。1963 年 9 月，年逾古稀，加入中国共产党。1976 年 2 月病逝。

马松生　茶陵县腰陂镇马加村人。清光绪三十四年（1908）生。民国 18 年（1929）10 月参加工农红军。民国 20 年（1931）8 月，加入中国共产党。先后任班长、排长、连指导员、营教导员等职。在反“围剿”和长征中，参加大小战斗数百次，3 次轻伤不下火线，曾被评为优秀党员、模范连指导员，多次受到上级表扬。

民国 27 年（1938）8 月，马松生在河北平山县井径煤矿对日军作战中身负重伤，被送入晋察冀后方医院。经白求恩大夫 3 次手术，才取出部分弹片。后右腿残废。住院 4 年，带病坚持工作，先后任医院伤兵营长、健康大队长和军医院院长等职。民国 37 年（1948），党组织决定以团级干部待遇将他安排在张家口长期休养。

茶陵和平解放的消息，使他兴奋得彻夜难眠。1951 年 1 月，他请了 1 个月假，回到离别 20 多年的家乡，他见到当年共患难的乡亲、战友。返回到张家口后，毅然请求回家当农民。组织上被他的诚挚态度所感动，批准他的请求。

1952 年 6 月，他和妻子一起回到家乡。起早摸黑，拄着拐杖拾粪、铲草皮，坐在凳子上除杂草，样样农活都干。回家时，组织上发给他的安家费，从不乱用，吃的粗茶淡饭，穿的旧军装。把 3000 千克粮食借给缺粮户，把节省下来的钱周济困难户，并捐给乡里筹建学校。当年，马加乡尚无共产党员。为此，他受区委委托，经常拄着拐杖，风雨无阻，往来于附近 4 个乡开展党建工作。培养一批积极分子，发展一批党员。马加乡党支部建立后，他被选为支部书记。乡党支部被评为先进支部，受到区、县多次表扬。

1956 年，马松生被评为省荣誉军人先进工作者。在二至五届县人民代表大会上，均当选为副县长，并选为省第三届人民代表大会代表和第三届全国人民代表大会代表。

在担任副县长期间，马松生不顾身体虚弱、伤口疼痛，每天工作长达 10 多个小时。1957 年 3 月 15 日，《湖南日报》以《赤胆忠心为人民》的醒目标题，登载了他的事迹。湖南人民出版社出版了《赤胆忠心为人民》的连环年画。1959 年，马松生被评为省农业社会主义建设先进工作者，并出席全国烈军属、残废复员退伍军人积极分子代表大会。1965 年 5 月，毛泽东主席重上井冈山莅临茶陵时，他参加合影留念。

“文化大革命”中，马松生被当作“走资派”“叛徒”“假党员”揪斗，受尽摧残。妻子受株连，含冤去世。1968年，马松生下放茶场劳动。1970年9月，冤屈澄清，恢复名誉。1976年3月13日病逝。

龙开富 茶陵县火田镇（红色农场）人。清光绪三十四年（1908）九月生。民国15年（1926）秋，投入农民运动，任白腊村农协委员。民国16年（1927）11月加入工农革命军。民国17年（1928）1月，任毛泽东的警卫员，为毛泽东挑书箱，收集书籍、报纸。同年4月，加入中国共产党。后任红军总政治部通讯排排长、中央军委警卫团连长、红一军团炮兵营政委、军团司令部第四科科长、中央军委直属政治处主任等职，参加了长征。

抗日战争时期，龙任中央军委警卫营营长、商业管理处处长、后勤生产指挥部主任。解放战争时期，龙先后任辽西军区后勤部部长、东北民主联军七纵队后勤部部长、第四野战军四十四军后勤部部长、东北军区卫生部副部长等职，参加辽沈战役和平津战役。

中华人民共和国成立后，历任东北军区后勤部副部长、沈阳军区后勤部副部长、后勤部第二政委。1955年9月，被授予少将军衔。是中共七大候补代表、九大代表。1977年2月3日病逝于沈阳。

郭　鹏 原名光前，醴陵黄獭嘴镇人。清光绪三十二年（1906）生。民国16年（1927）参加秋收起义。民国18年（1929）6月加入共青团，同年参加中国工农红军，次年加入中国共产党。随红十六军九师转战于湘鄂赣苏区的平江、浏阳、宜春、万载、铜鼓、修水等地，在反"围剿"作战中屡立战功，由排长晋升为营长。

民国22年（1933）6月，任红军六军团十七师五十团团长，参加湘赣革命根据地反"围剿"和沙市等战斗。后率部参加西征。民国24年（1935）1月，任红二军团第六师师长，参加创建湘鄂川黔革命根据地的斗争和龙家寨、浯溪河、板栗园等战斗。

民国24年（1935）11月，红二军团、六军团从湘鄂川黔突围长征，进入滇边镇雄县境奎乡，前有金沙江天险阻隔，三面有敌军重兵包围，从湖南一直追踪红军的敌军樊松甫纵队，相距不过百里。郭鹏奉命率第六师返程25千米，赶到六甲阻击，敌以四团兵力集团冲锋。待敌迫近阵地前沿，才令红军还击，多次打退敌军反扑。获悉全军主力已安全转移，率部撤出战斗，追上主力。红二、六军团总指挥贺龙慰勉六师指战员："你们这一仗打得苦，打得好！没有你们这一场苦战，全军就没有今天。"民国25年（1936）7月，红二、六军团在西康甘孜合编为红二方面军。一次，郭带骑兵12人执行任务，遭敌袭击，身受7处伤。贺龙用自己的针药为他医治，才得随军行动。红二方面军胜利完成长征，郭任红三十二军参谋长。

抗日战争爆发后，郭入延安抗日军政大学学习。此后相继任八路军三五九旅参谋长、副旅长，雁北五军分区司令员，塞北军分区副司令员等职，投入抗日游击战争。民国33年（1944）冬，郭任八路军南下支队第七大队大队长。次年1月底，在鄂豫边大悟县与新四军第五师会合，任南下支队副司令员、湖南人民抗日救国军副司令员。部队在湘、鄂、赣边境转战半年，开辟鄂南、湘北抗日根据地。

日本投降后，主力回师北上，郭任中原军区第三五九旅旅长，率部参加中原突围。民国36年（1947）3月，胡宗南集中23万精锐部队，向陕甘宁边区进攻。郭鹏率三五九旅参加青化砭、羊马河、新岔河、蟠龙、陇东、三边、沙家店、石堡与宜川等战役。协同兄弟部队粉碎敌人重点进攻。次年2月，任西北野战军第二纵队副司令员，率部参加西府、陇东、澄合、荔北和冬季攻势等战役。迫使胡宗南部撤出延安、洛川。民国38年（1949）2月，二纵队整编为第一野战军第一兵团第二军后，改任第一副军长，率部参加春季攻势和陕中战役，解放西安。7月，任军长，率部参加陕中、扶眉等战役，直捣宁夏。9月5日，与第一军同克西宁。10月，率先头部队进驻新疆，沿途战胜千里流沙、处理起义部队中的叛乱事件，正确执行党的民族政策，于1950年4月完成进军新疆任务。

中华人民共和国成立后，率部长期驻军新疆，先后任南疆军区司令员，新疆军区副司令员。1955年，授中将军衔和一级“八一”勋章、一级独立自由勋章、一级解放勋章。1969年6月后，任兰州军区副司令员、顾问。先后当选为第三、四届全国人民代表大会代表。1977年7月16日，在上海病逝。

刘先胜　天元区雷打石镇人。清光绪二十七年（1901）六月生。民国11年（1922）参加安源路矿工人大罢工，被选为工人代表。民国13年（1924）加入中国共产党，协助中共党组织做争取和改造矿警队的工作。

民国16年（1927）9月，随矿警队参加了湘赣边界秋收起义，任工农革命军第一军第一师第二团排长。起义失利后，率部分武装在渌口一带坚持游击战。民国17年（1928），刘先胜被编入湘东南游击队。民国19年（1930）后，历任湘赣红军独立师第一师连长、营长、师部副官主任，参加了湘赣根据地反“围剿”斗争。民国22年（1933），入瑞金马克思主义学校学习。民国23年（1934）春起，先后任红九军团直属队总支书记、团政委、军团卫生部政委、红六军团五十二团政委。参加了中央苏区反“围剿”战斗和红军长征。

抗日战争爆发后，奔赴江南抗日前线，参加新四军，开展了艰苦卓绝的抗日游击战争。先后任新四军教导队总支书记兼政治三队政治指导员、教导大队组织科科长、江南人民抗日救国军政治部主任、新四军苏北指挥部第三纵队政治委员。参与指挥了著名的黄桥决战，取得了反磨擦斗争的重大胜利，保卫了抗日根据地。民国30年（1941）皖南事变发生后，刘先胜任重建后的新四军第一师第三旅政治委员兼苏中军区第四军分区政治委员、副司令员、第三旅旅长、第十八旅旅长兼苏中军区第一军分区司令员。指挥部队参加粉碎日军“清乡”的战斗，为巩固和发展苏中抗日根据地作出了贡献。民国33年（1944），任新四军第一师参谋长，同年12月协助师长粟裕指挥新四军南下苏浙皖边、扩大江南抗日根据地的重要战略进攻行动，并任新成立的苏浙军区参谋长，为开辟新区、坚持敌后游击战争，建立了功勋。

解放战争开始后，任华中军区参谋长。民国34年（1945）11月，任华中野战军参谋长。民国35年（1946）7—8月，协助粟裕，运用灵活的战略战术，指挥了宣（家堡）泰（兴）等战斗，歼敌6个旅5.3万人，取得苏中七战七捷的胜利，受到党中央、毛泽东主席的高度评价。同年12月，参与指挥了宿北战役。民国 36 年（1947）1 月，刘先胜任华东野战军副参谋长。在孟良崮战役中，组织参谋人员深入前沿阵地，亲临前线指挥作战。此役全歼国民党王牌军整编第七十四师，击毙师长张灵甫，粉碎了国民党军队企图南北夹击华东野战军的阴谋。民国 37 后，任苏北军区副司令员、苏南军区副司令员，参与指挥了渡江战役，为解放华东地区作出了贡献。

中华人民共和国成立后，刘先胜先后任苏南军区司令员、苏南行政公署副主任、江苏省军区司令员、江苏军区司令员、南京军区副司令员兼军区军事工厂领导小组组长，为人民军队建设做了大量的工作。1955 年，被授予中将军衔，获二级“八一”勋章、一级独立自由勋章、一级解放勋章。是第四届全国政协委员。1977 年 10 月 12 日在南京病逝。同月，被中国人民解放军总政治部追认为革命烈士。

杨梅生 原名勋梅，株洲县淦田镇人。清光绪三十一年（1905）生。民国 5 年（1916），赴长沙叔叔家做帮工。民国 8 年（1919），到长沙鄢复兴药店学徒，民国 11 年（1922）出师，先后在长沙、华容、安化、淦田等地帮老板经商，空余时间常去学校听课，善于书法。

民国 16 年（1927）春，杨入国民革命军武汉警卫团当战士，8 月随部起义，参加中国工农红军，9 月参加秋收起义，随毛泽东率领的部队上井冈山。尔后，参加攻打茶陵、遂川、宁冈的战斗。民国 17 年（1928）3 月，在团部任通讯员。同年 8 月，经张风鸣介绍在井冈山茅坪加入中国共产党。是年冬。赴闽赣边区参加游击战。民国 18 年（1929）6 — 11 月，先后任中国工农红军三十一团司务长、排长、副队长等职。民国 19 年（1930）2 月，任红十二军军部副官，随部攻打长沙，后经株洲、攸县、茶陵转入湘赣边界流动作战。4 月，任十二军特务大队大队长。11 月，任红军三十六师一〇六团团长。民国 21 年（1932）9 月，任红军第三师师长，参加第四次反“围剿”战斗。民国 22 年（1933）8 月，任红军第八团团长。民国 23 年（1934）10 月，参加长征。民国 25 年（1936）2 月，任四川军区参谋长，3 月南下失败，部队转回草地。5 月，任红四方面军总部纵队参谋长，抵制张国焘的错误路线，坚持北上抗日。11 月，任红四方面军抗日指挥部参谋长，部队到达陕北与中共中央会合后入陕北红军大学学习。

民国 26 年（1937），调入山西八路军总部警备科任科长。民国 27 年（1938）2 月，去苏联疗养，他途经新疆，被新疆办事处邓发挽留在新疆休养。7 月，转新疆学院任军事教员。民国 28 年（1939）1 月，回新疆办事处，3 月回延安转竹沟留守处任参谋长，负责掩护地方党组织、开展统一战线工作，指挥信阳、罗山一带的敌后游击战争。9 月，随刘少奇赴华中江北指挥部任副参谋长。民国 29 年（1940）2 月，任淮南路东八县联防司令部司令员，发动群众巩固敌后根据地，扩充 2 个团兵力，淮南各县均建立大队，配合主力反扫荡，受到淮南党政军委员会表彰。民国 32 年（1943）3 月，调回延安。民国 33 年（1944）7 月，入延安中央党校学习。

民国 34 年（1945），任承德热河纵队副司令员。民国 35 年（1946）1 月，国民党军 4 个师侵犯古北口，他带 1 名参谋、2 名警卫和陈子军、赵尔陆等人指挥 3 个旅，浴血奋战 3 昼夜，击溃敌人进攻。同年 8 月，任承德热河军区代司令员，率部退出承德，进行游击战争，取得节节胜利。民国37年（1948）4月，任哈尔滨牡丹江军区司令员。7月，任佳木斯合江军区司令员，奉命率领合江、龙江2个军区的9个团兵力，配合主力围攻长春。民国38年（1949）1月，任九纵队副司令员（南下时，部队改编为四十六军，任副军长）。

中华人民共和国成立后，杨梅生任二十兵团四十六军军长。后任湖南军区副司令员、司令员、广州军区副司令员。1955年9月，被授予中将军衔。1975年8月，离职休养。是第四届全国人民代表大会代表，中国人民政治协商会议一、二、三、四届委员会委员。1978年1月9日在广州病逝。

刘建绪　字恢先，醴陵仙霞镇清安铺人。清光绪十六年（1890）生。民国初，入陆军第二预备学校和保定军官学校第三期炮兵科。毕业后回湖南，入唐生智、程潜等所部湘军，与北洋军作战，由排长递升团长。

民国15年（1926），任国民革命军第八军第二师第四旅旅长。第二师在武汉扩编为三十五军，升任副军长兼师长。“马日事变”后，追随何键反共。民国18年（1929）1月，三十五军扩编为第四路军，任二十八军军长，配合蒋介石嫡系部队“围剿”红军，屠杀工农群众。民国24年（1935）9月，任第四路军总指挥。11月，当选为国民党第五届中央候补执行委员，后递补执行委员。次年晋升为陆军上将。

抗日战争爆发后，第四路军改编为第十集团军，任总司令，率部参加“八一三”淞沪战役，旋兼任第三战区副司令。在四路军任职期间，克扣军费，聚敛财富，在长沙创办复兴银行，自任董事长。抗战胜利后，先后在上海、广州、武汉、香港、醴陵等地设分行。刘建绪从复兴银行拨款资助湘东、兰谊2所中学，被推举为2校董事长。

民国30年（1941）8月，任福建省政府主席，免去第十集团军总司令，保留第三战区副司令长官空衔。主闽时，已是抗日战争中、后期，政治、经济状况更趋恶化，刘建绪既非蒋介石嫡系，又与福建各派地方势力毫无渊源，面对现实，遂在政治上力求安定，注意搞好与地方绅士、海外华侨关系，继则逐步倾向开明，将几个反共骨干分子调出省政府，暗中掩护中共地下党员和民主人士；聘请著名经济学家王亚南为社会科学研究所所长，中共地下党员、国际问题评论家杨潮为研究员。中共地下党员余志宏和进步人士陈公培、马子谷先后到永安，刘建绪皆以礼相待。民国37年春，福建发生学潮，刘建绪暗中通知协和大学学生领袖及时转移，免遭特务迫害。由于人民解放军在各个战场节节胜利，蒋介石政权即将垮台，再加上福建省地方势力要求“闽人治闽”，刘遂辞职回湘。适逢程潜等酝酿起义，刘建绪暗表赞同。

民国38年（1949）春，刘携家眷赴香港。8月13日，在香港与刘斐、龙云、黄绍竑、李默庵等国民党中央委员、立法委员44人，发表《我们对现阶段中国革命的认识与主张》的联合宣言，表示与国民党划清界线，拥护中国共产党建设新中国。不久，托刘运升携亲笔信回湘找程星龄，商讨日后行止。程转达周恩来的意见：“欢迎刘建绪和李默庵到北京定居。”刘建绪犹豫不决，在香港观望1年之久。1950年6月，美国发动侵朝战争。刘建绪于1951年年初在报纸上发表反共启事，随后去巴西定居。1978年3月，在巴西病故。

杨东莼 名岂匏，又号人杞。醴陵渌江乡人。清光绪二十六年（1900）生。“五四”运动时期，开始接受马克思主义。民国10年（1921），在北京大学读书时参加马克思学说研究会，在中国劳动组合书记部领导下，从事铁路工人运动。民国12年（1923），在长沙加入中国共产党。

民国16年（1927），大革命失败后赴日本，与党组织失去联系。在东京研读辩证唯物主义和历史唯物主义，从事著译工作。民国19年（1930）回国，和党组织接上关系，投入上海文化界抗日救亡宣传工作。自民国20年（1931）起，先后任广西师范专科学校校长、香港达德学院代理院长、广西大学校长、华中师范学院院长，并在中山大学、武汉大学、四川大学、鸣圣学院、华西大学、厦门大学执教。主要著有《中国学术史讲话》《本国文化史大纲》《高中中国史教科书》《何物自由主义》，译著有《费尔巴哈论》《古代社会》《狄慈根哲学选集》。

杨东莼长期从事统一战线工作。民国25年（1936），作为救国会负责人沈钧儒的代表，去广西南宁说服桂系实力派团结一致，共同抗日。民国26年（1937），任湖南省政府高级参议，团结省会国民党党、政、军和文化界人士，坚持抗日。民国28年（1939），任广西桂林地方行政干部学校教育长，吸收大批进步学者授课，培训数以千计的地方干部。民国38年（1949），任香港《大公报》顾问，团结广大党外人士与国民党反动派作斗争。

中华人民共和国成立后回北京，受到周恩来接见。先后任中南军政委员会委员，中南行政委员会委员，中国民主促进会秘书长、常务副主席，全国政协文史资料委员会副主任委员，第一、二、三、四届全国人民代表大会代表，第四届全国人大常委会委员，国务院副秘书长、中央文史馆馆长等职。还参与全国政协主持的《文史资料选辑》和《辛亥革命回忆录》的组稿、撰写和编辑工作。

“文化大革命”期间，在林彪、江青反革命集团大批“唯生产力论”时，杨东莼在全国政协组织各民主党派联组座谈会上，引经据典，联系实际，针锋相对地驳斥谬论。1979年9月，病逝于北京。

朱传千 曾用名朱锡万，江苏省吴县人，生于民国16年（1927）2月。民国37年（1948）7月，朱传千毕业于上海交通大学化工系。1949年8月至1950年11月，进入华东人民革命大学学习，并在大连俄语专科学校学习俄语。1950年12月至1951年10月，在中国人民解放军空军105、108、205部队任俄语翻译。1951年11月，转业到株洲331厂（中国南方航空动力机械公司）。1955年1月加入中国共产党。在331厂先后任技术员、总工程师秘书、总检验师、50科科长、分厂副厂长、生产指挥部技术组副组长等职。1978年5月，调任湖南航空局科技处处长。同年12月，调回331厂任总工程师。

1959年，朱传千任导弹总设计师，创建了中国第一条导弹生产线。朱传千刻苦自学、虚心求教，率先研究原文资料，经常连续20多小时消化阅读图纸资料，钻研电子、光学、控制论。在办公室总挂着一块讨论业务和讲课用的黑板，每星期至少要举行2 ~ 3次业务讲座。朱传千带领试制人员联系实际，学无线电、自动控制、火工知识，制造大量工艺装备和非标准设备，攻克22项关键技术，培养各类专业技术人才。在导弹试制时，他日夜与工程技术人员、工人奋战在一起，有一次5天5夜没有离开试验车间。在总装阶段，正逢他妻子分娩，他却坚持在总装线上3天3夜，直到第 4 天傍晚才回家。1960 年，试制出第一枚导弹。1963 年，进行全弹的飞行试验，试验结果达到设计要求。1964 年，该型导弹通过国家鉴定，被批准定型，随即转入小批量生产，并在生产过程中逐步完善生产手段。当年，该产品被选送参加全国工业新产品展览会，并获得工业新产品一等奖。

此后，朱传千又组织了地面测试设备火箭弹、尾旋火箭及靶弹的研制，并对导弹开展改进改型工作。并完成了延长导弹储存期的试验。经过各种努力，使该型产品质量不仅达到而且超过了国际同类产品水平，成为装备数量最大，装备部队使用时间最长的一种导弹。

他还积极筹划军转民和建立民品生产线，支持创办摩托车分厂，扶植集体企业。1979 年 10 月，朱传千因病去世。

谭余保　曾用名吉华、于宝，茶陵县舲舫乡洮水村人。清光绪二十五年（1899）十二月生。民国 15 年（1926）10 月，中共党员李炳荣、杨绍震来到洮水，以谭余保的狮子班成员为骨干，开展农民运动。谭余保被推为农民协会筹委会主任。农会第一个打击对象是财主周大德的老婆，也是他的姑母周谭氏。将周谭氏处决后，农民们一致选他为洮水乡农民协会委员兼财委主任。民国 16 年（1927）2 月，谭余保加入中国共产党。

“马日事变”后，他成了国民党通缉的“暴徒”，遂转移到酃县山区隐蔽。民国 16 年（1927）11 月，得悉工农革命军占领茶陵县城，回县与党组织接上头。12 月底，跟随毛泽东率领的革命军上井冈山。民国 17 年（1928），受党组织派遣，回乡开展秘密工作。民国 18 年（1929）由秘密转为公开，先后担任茶陵三、六、七区区委书记、区苏维埃政府主席、茶安酃特区区委书记和茶陵县苏维埃政府主席。民国 21 年（1932）8 月，当选为湘赣省苏维埃政府副主席兼财政部长。民国 22 年（1933）4 月，任湘赣省苏维埃政府主席。民国 23 年（1934）1 月，任湘赣省工农兵代表团团长，率团参加在瑞金召开的第二次全国工农兵代表大会，当选为中华苏维埃共和国中央执行委员。

谭余保在湘赣省苏维埃政府工作期间，父亲、妻子、儿子和小女儿先后被反动派杀害，更坚定了他革命到底的决心。在苏区肃反严重扩大化时，他挽救了被诬陷为“AB 团”分子的省儿童局局长胡耀邦和王恩茂、谭启龙 3 名“红小鬼”。

民国 23 年（1934）8 月，工农红军第六军团奉令从湘赣边界突围西征，由陈洪时、谭余保、彭辉明等组成新的湘赣省委，继续领导湘赣边界的革命斗争。他们组织队伍，转入武功山区。这时“围剿”湘赣边区的敌人有 3 个正规师，加上各县反动团、队，共 6 万多人，10 倍于红军和游击队的数量。敌人长驱直人，分进合击，红军和游击队的钱粮、医药、弹药、被服及伤病员安置极感困难。几个月时间，省军区司令员彭辉明等大批指战员牺牲，省委书记陈洪时、政治保卫局局长刘发荣、红四团团长李宗保、政委旷珠权等相继叛变，整个湘赣革命根据地濒临崩溃的边缘。其间，谭余保曾两次脱险。

在湘赣边界革命红旗将要倒下的危急关头，谭余保于民国 24 年（1935）7 月果断地通知四散的同志，到茶陵、攸县、莲花 3 县交界的棋盘山集中，召开有 40 多人参加的会议。他在会上分析敌强我弱的形势，宣布陈洪时、刘发荣等人叛变的罪行，指明革命的前途。在与上级断绝联系的情况下，会议根据他的倡议，撤销原有机构，成立中共湘赣临时省委、省军政委员会和游击支队司令部。他被推举为临时省委书记兼军政委员会主席、游击支队政委，主持制定“保存力量，稳步发展，以待时期”的战略方针，成立中共茶攸莲中心县委，起草《告群众书》。这次会议成为湘赣边界革命从失败走向艰难发展的新起点。

棋盘山会议后，散落在湘赣边界各地的红军和游击队编成3个大队，继承和发扬工农红军打仗、筹款、做群众工作的优良传统。谭余保随茶攸莲中心县委进入攸县东部漕泊山区，开展工作。他们打垮敌人的催粮队，设立3个秘密联络点，处决5个叛徒，建立“白皮红心”两面政权，变没收地主土地为允许地主收租收息，组织群众抵抗移民并村，还里应外合捣毁敌人的碉堡。谭余保将漕泊的经验及时推广到其他地方，先后恢复和发展了莲安萍（莲花、安源、萍乡）中心县委、萍宜安（萍乡、宜春、安源）中心县委及九陇山、铁镜山、七古山等地的中共组织，取得多次战斗的胜利，巩固了湘赣边界游击根据地。

民国26年（1937）10月2日，国共两党为合作抗日达成协议，将南方8省13个地区的红军和游击队改编为新四军。10月下旬，陈毅奉命到湘赣边界传达中央的指示，开展改编工作，几经曲折，谭余保完成了游击队改编。

遵照中共中央东南分局的指示，散驻在各地的湘赣游击队于当年11月下旬集中到莲花县陇上进行整训。谭余保先后到莲花、茶陵、攸县，与3个县的县长协商解决游击队整训时的有关事宜和释放政治犯的问题。民国27年（1938）1月，游击队400多名战斗人员编为新四军一支队二团一营，开赴华东抗日前线。谭率80余名地方工作人员继续留在湘赣边界，准备建立抗日根据地。他被任命为中共湘赣边界特委书记。9月，谭余保奉命赴延安，参加中共六届六中全会。会后因身体不好，接受陈毅的劝告和中央组织部的安排，留在延安，一边在马列主义学院学习，一边治病。其间，结识著名历史学家范文澜，并成了莫逆之交。

民国34年（1945）6月，谭余保随刘转连等率领的南下第二支队向华南挺进。至河南新安时，日本宣布无条件投降，他奉命折赴冀察热辽边区，任中共热河省委副书记。次年因病转到晋察冀边区，一面休养，一面协助中央组织部做甄别平反工作，直到1949年南下。

1949年11月，谭余保抵达长沙。1950—1963年，先后任湖南省人民政府副主席、副省长、监察委员会主任、省纪检会副书记、书记、省委副书记、书记兼党校校长等职，主要精力用在党的纪律检查工作方面。他铁面无私，敢抓敢管。

其间，谭余保曾多次到茶陵。土地改革运动中，他3次回乡指导工作。他在长期工作实践中坚持实事求是，加强调查研究，曾严肃处理虚报浮夸和瞎指挥及浪费问题。

1963年12月，谭余保调离湖南到广州，任中南局常委、监察组组长。“文化大革命”中，他受到冲击，但始终坚持党性原则。造反派勒令监察组交出结案材料等档案时，他指示管档案的人员：“档案材料坚决不能动！”造反派要他证明王首道的所谓罪行时，他的回答是“不知道”，“没有听说过”。1970年林彪发出“一号命令”后，他被“疏散”到长沙。1977年11月，谭余保当选为湖南省人大常委会副主任和全国第五届人大代表。1978 年 3 月，当选为全国人大常委会委员。1979 年病重，送北京治疗。1980 年 1 月 10 日病逝。

李明灏　字仲坚，醴陵新阳乡横田人。清光绪二十三年（1897）生。民国 3 年（1914）入渌江中学学习。民国 11 年（1922）7 月，毕业于日本东京士官学校。归国后，相继任长沙陆军讲武堂少校队副、广州大本营军政部铨叙科科长。同年，加入中国国民党。民国 12 年（1923），先后任广州陆军讲武学校教育长，攻鄂军司令部参谋、参谋处处长，2 次参加东征讨伐陈炯明的战斗。

民国 15 年（1926）6 月，任国民革命军第六军第十七师五十四团团长。民国 16 年（1927）4 月，升任第十七师师长。5 月，率第十七师在长沙招兵，恰逢“马日事变”。李明灏命第二团团长李隆光将在长沙的 70 多名共产党员和革命人士乔装本师官兵，以军事演习为名，分别送出险境。民国 17 年（1928）4 月，任第六军军长，旋被解职。民国 18 年（1929）1 月，任南京训练总监部监员。民国 21 年（1932）12 月，任武汉“剿匪”总司令部少将参议。民国 22 年（1933）6 月，在任南京中央军校教育处长兼庐山军训团和四川峨嵋山军训团兵器官期间，通过在上海的中共党员曾希圣、黄龙等，先后给中共地下组织提供有关国民党军队进攻红军的重要情报、文件和地图，并要求去中央革命根据地。中共中央先后派聂荣臻、刘仁霖等劝李明灏留在国统区。民国 24 年（1935）9 月，任中央军校成都分校主任，时政训处长任觉伍准备密捕共产党员和进步人士 400 多人，李明灏设法保护了这批革命力量。

“七七”事变后，李任中央军校武汉分校主任。5 年多时间，为抗日战争培训大批中层军官，被誉为军事教育家。

民国 32 年（1943）3 月，任第九十七军中将军长兼重庆警备司令，与八路军办事处周恩来等联系密切。因特务告密，被撤销军长和警备司令职务。民国 35 年（1946）7 月，任中央训练团庐山分团主任。10 月，因不满时政而辞职，蒋介石批“永不录用”。遂闲居香港、上海、沈阳等地。民国 36 年（1947），李明灏秘密会见陈明仁，劝其早日弃暗投明。民国 37 年（1948），毅然向白崇禧递交脱离国民党声明。11 月，只身秘密从天津泊镇进入华北解放区。2 次到河北省西柏坡，受到毛泽东、周恩来、朱德等人接见。随后即参加和平解放北平的工作，转任华北军政大学第三总队总队长，负责培训、改造蒋军军官。

民国 38 年（1949）6 月，李明灏以中国人民解放军和谈代表团先遣代表身份到达长沙，会晤程潜、陈明仁，商谈起义大计，促成湖南和平解放。

中华人民共和国成立后，李明灏先后任湖南省军政委员会委员兼秘书长、中华人民共和国国防委员会委员、中南军政委员会委员、中南行政委员会副主任、湖北省副省长等职；相继当选为全国第一、二、三届人民代表大会代表，全国政协第一、二、三、四、五届委员；湖北省第一、二、三届人民代表大会代表，湖北省政协第一、二、三、四届委员会委员和湖北省第五届政协副主席。1955 年 9 月，获中华人民共和国一级解放勋章。李明灏是国民党军政人员中少数没有购置产业的高级将领之一。1980 年 8 月 25 日在武昌病逝。

张子意 曾用名刘平，醴陵石亭镇塘山口人。清光绪三十年（1904）生。民国6年（1917），入长沙长郡中学。毕业后，先后在北二区高小和北联高小任教。民国14年（1925），加入中国共产党。后当选为北二区农民协会委员长。民国16年（1927）1月，参加毛泽东在醴陵召开的农民运动调查会。

“马日事变”后，10万工农武装进攻长沙时，张任醴陵农军第一路指挥。秋收起义前夕，回醴陵恢复共产党和农协组织，任中共醴陵县委委员兼北二区区委书记，组织游击营在家乡坚持游击战争。民国17年（1928）1月，率部截获国民党第八军第一师张国威部溃军，缴步枪200多枝，子弹数十担，并打退县清乡队进攻。2、3月间，任醴陵工农革命军第一团副团长。率部2次参加“醴陵年关暴动”，被悬赏缉拿。后任中共益阳县委书记。民国19年（1930），任中共湘西特委特派员。

民国20年（1931）10月，先后任中共湘赣省委常委、组织部部长、宣传部部长、白区工作部部长和湘赣军区政治部主任兼红八军政治部主任。参加创建和保卫湘赣革命根据地的斗争。

民国23年（1934）8月，任红六军团政治部主任，参加西征。红二、六军团会师后，任红二军团政治部主任，参加开辟湘鄂川黔革命根据地的战斗。11月，任中共湘鄂川黔省委副书记、中央军委分会委员。民国24年（1935）11月，红二、六军团从湘鄂川黔根据地突围长征，进入藏民区。张子意率领政工人员宣传民族政策和红军北上意义。民国25年（1936）7月，红二、六军团在西康甘孜合编为红二方面军后，任政治部主任，曾拒绝散发张国焘反对党中央、反对毛泽东和周恩来的小册子。民国26年（1937）年初，任军委步兵学校步兵团政委。5月，出席延安中共苏区代表会议。

民国27年（1938）年初，去苏联休养，后入莫斯科东方大学学习，并任中国部副主任。民国30年（1941）1月，张子意等一行20多人回国，途经新疆，受军阀盛世才阻挠，滞留乌鲁木齐。民国31年（1942）9月被捕，张子意是狱中中共组织总负责人，与敌人进行针锋相对的斗争。经中共中央营救，张子意带领130多人于民国35年（1946）7月回到延安。11月，任中共中央晋绥分局副书记兼宣传部部长，主管《晋绥日报》工作。后代理晋绥分局书记。民国37年（1948）3月，任晋绥军区政委兼政治部主任。后改任副政委。

中华人民共和国成立后，张子意率晋绥边区南下工作团入川，先后任西南军区政治部副主任，中共中央西南局委员、常委、宣传部部长、农村工作部部长，西南行政委员会文教委员会主任。从1955年起，相继任中共中央西南地区工作部副部长、中共中央书记处第二办公室副主任、中央宣传部副部长、中央监察委员会委员、中央纪律检查委员会常委和第三至五届全国政协常委等职。

“文化大革命”期间，被戴上“阎罗殿的活阎王”“新疆监狱叛徒集团头子”等帽子，被关押8年。1975年4月，中共中央为其彻底平反。1977年8月，张子意当选为中共第十一届全国代表大会代表。1981年5月初，在生命垂危之际将补发的2万余元工资作党费上缴。5月31日病逝。追悼大会上，中央政治局委员王震在悼词中称：“张子意是一个具有坚定的无产阶级立场，高尚的共产主义道德情操，崇高的革命气节和富有斗争经验的军政领导人。”

刘 型 祖籍醴陵，后迁江西萍乡。清光绪三十二年（1906）生。民国14年（1925），入萍乡县立中学读书，在校组织进步团体互助社。民国15年（1926）5月，加入共青团。北伐军攻克萍乡后，参加农民运动，组织区乡农民协会。后入武汉中央军事政治学校学习。民国16年（1927）5月，参加讨伐夏斗寅部。6月，加入中国共产党。

大革命失败后奉命回萍乡，在小西区恢复中共组织，发展党员，建立农民武装。9月，参加湘赣边界秋收起义。起义部队主力上井冈山后，率领萍乡小西区游击营与醴陵南二区、南三区游击营合编为萍醴游击营，并任党代表。民国17年（1928）2月，何键派兵清乡，刘型率游击营转战湘赣边界。5月上井冈山，任红四军第三十一团一营一连党代表。8月，刘型率部参加黄洋界战斗，据险扼守，布设疑阵，取得黄洋界保卫战的胜利。民国18年（1929），任红四军第三纵队政治部民运股股长、七支队十三大队党代表。

民国19年（1930）至民国23年（1932）9月，先后任红十二军第一纵队第一支队政委、第三十四师一〇二团政委、红四军第十二师政治部主任、红五军团第十三军三十八师政委、红十五军政治部主任。部队缩编后，任红五军团第十三师三十七团政治处主任、军团政治部地方工作部部长兼军事裁判所所长。在红四军第九次代表大会后，参加清算流寇主义和单纯的军事观点。注重调查研究和总结实践经验。曾率部参加一至五次反“围剿”作战，屡立战功。民国23年（1934）10月，参加长征，先后任红一方面军红五军团后方部政委、军团政治部秘书长、军团随营学校政委、红四方面军政治部敌工部部长、红二方面军政治部组织部部长等职。

民国26年（1937）1月，入红军大学第二期学习。抗日战争时期，相继任八路军总政治部宣传科长、军政学院政治部主任、中共中央党校第一部秘书科科长、八路军南下第一支队政治部主任等职。

解放战争期间，先后任中原军区政治部副主任、代理主任和东北军政大学政治部主任、东北野战军第十纵队副政委兼政治部主任、中共嫩江省委常委兼齐齐哈尔市委书记等职。

中华人民共和国成立后，刘型任中共湖南省委常委、秘书长，湖南省人民检察院检察长。1952年，任北京地质学院党委书记兼院长。1958年，任农垦部副部长。在中共十一届三中全会上当选为中央纪律检查委员会常务委员，并被选为全国政协第五届常务委员。1981年8月7日，在北京病逝。

翁徐文　醴陵贺家桥镇人。清光绪二十七年（1901）生。民国15年（1926），参加农民运动。民国16年（1927）3月，加入中国共产党。9月，参加湘赣边界秋收起义，留醴陵坚持土地革命，参加反“清乡”斗争。民国17年（1928）3月，参加莲花县游击队，后编入红六军三纵队五大队。红六军改编为红三军后，任第九师军需处政委，参加中央苏区历次反“围剿”斗争。民国23年（1934），任红一军团一师管理科长，参加长征。

抗日战争期间，翁先后任八路军一一五师军械科科长、营长，苏皖南进支队副队长，苏皖纵队二团团长，苏北三支队八团团长，新四军三师二十六团团长等职。解放战争时期，先后任新四军三师供给部副部长、东北西满军区西线后勤部供给部长、东北总后勤部四办事处主任、东北军需部三局局长、湖南支前司令部副司令。

中华人民共和国成立后，任中南有色金属管理局副局长，中共湖南锡矿山矿务局党委书记、局长。自1955年起，任湖南省工业厅厅长、中共湖南省委工业交通部副部长、湖南省工业办公室副主任等职。

先后当选为中共湖南省委委员、中共八大代表。1959年，在“反右倾”运动中受株连。翁徐文非常关心家乡建设，每次回醴陵，必深人工厂、农村视察指导，并尽力帮助潘昭公路、大障煤矿建设。

1978年，任中共湖南省纪律检查委员会副书记，为端正党风、维护党纪、平反冤假错案，做了大量工作。1979年4月，任湖南省政协副主席，1981年8月病逝。

唐　纵　字乃建，号国帧。炎陵县鹿原镇河光村人。清光绪三十年（1904）生。少时曾先后就读于本村族学、县立第一高小、湖南典狱学校。民国15年（1926）秋，考入黄埔陆军军官学校第六期，编入步兵科。

唐嗜书如命，军校理论课程门门名列前茅，但步兵实际操练却无一过关。当时，校长蒋介石图谋发起“清党”运动，排挤迫害中共党员和进步青年。唐与戴笠等人经常向蒋的心腹密告教官和学员言行，引起蒋对他的注意。民国18年（1929）5月，唐黄埔毕业，不久即派在蒋身边做情报工作。

民国21年（1932），蒋介石为巩固自身地位，成立秘密组织复兴社。复兴社下设特务处（处长戴笠），以南京鸡鹅巷53号为据点，用来收集中共情报、产除内部异己。特务处下又设侦察科、执行科和书记室，唐纵任书记室书记，负责审批经费、抄送情报等文牍工作，深得蒋介石、戴笠赏识，特务处的人亦称他为“智多星”。

民国26年（1937）8月，为适应战时军事情报工作需要，戴笠将唐纵推荐到“随节办事处”，紧随蒋介石行动，特务处各地军事情报直接发往“随节处”，由唐纵审校后再送蒋介石。民国28年（1939），唐调蒋介石侍从室，先后任上校参谋、第六组少将组长，仍主管情报。民国32年（1943），任军统局帮办，次年选为国民党中央执行委员。民国34年（1945），选为国民党第六届中央委员。民国35年（1946），任国民政府参军处中将参军、内政部政务次长。当年，戴笠因飞机失事丧命，蒋任命唐纵为军统局代理局长。唐和军统局另2名副手郑介民、毛人凤之间立即展开一场拉帮结派、争权夺利的斗争。蒋介石按戴笠生前意愿，委任唐为内政部警察总署署长。其时，国共和谈破裂，蒋下令遣送中共人员回延安。唐一面命令各地警察局监视中共人员撤离，一面又密令对来不及撤离的人进行秘密逮捕，强迫自首。

民国36年（1947）冬，唐纵到东北视察警务，发现美国特务准备将一批东北工业、矿产资料空运到美国去，当即指示机场警务人员截留。民国37年（1948）冬，国民党内战失利，唐向蒋建议统一全国警察和保安部队，以遏制中共地方武装。次年初，国防部下设保安事务局，唐兼任局长，操纵全国警察、保安大权。

民国38年（1949），唐在逃往台湾前夕，将一批亲信骨干派回安仁、酃县一带，建立“反共救国军”，以阻挠人民解放军进军。去台后，唐继续得到蒋氏父子宠信，先后任国民党中央委员、常委、秘书长、驻韩国“大使”、“总统府”国策顾问等职。1981年10月在台北去世。

周则盛　茶陵县舲舫乡河坞村人。民国20年（1931）参加中国工农红军。民国21年（1932）加入中国共产党。土地革命战争时期，任湘赣红军独立第一师政治部宣传队大队长，红六军团第十七师五十团连政治指导员，第五十一团副政治委员，红六军团供给部出纳科科长。参加了长征。抗日战争时期，任八路军一二〇师供给部出纳科科长。自民国 28 年（1939）起，任供给部政治委员，兼任晋绥军区后勤部政治处主任，晋绥军区后勤办事处政治委员，军区后勤部政治处主任。解放战争时期，任西北野战军第一纵队供给部政治委员。民国 36 年（1947），任西北野战军后勤部政治委员。民国 38 年（1949），任第一野战军第一军后勤部政委。参加了延安保卫战及蟠龙、兰州等战役。

中华人民共和国成立后，任第一军后勤部政治委员，从 1952 年起任中国人民解放军海军后勤部副政治委员兼后勤部政治部主任，后任东海舰队后勤部政治委员。1961 年，晋升为少将军衔。1981 年 10 月 3 日，在上海逝世。

唐子安　株洲县古岳峰镇坝塘村人。民国 1 年（1912）生。大革命时期参加农民运动。民国 19 年（1930）5 月，入国民党第十九路军特务营第二连当兵。12 月，从江西南昌护送武器至弋阳途中，参加中国工农红军，被编入赣东北红军训练队，学习 6 个月，后任班长。民国 20 年（1931）6 月，加入中国共产党。民国 21 年（1932），赣东北红军主力经黄丝渡过江与中央红军会师，被编入红十二军任班长。民国 22 年（1933）年初，参加中央苏区反帝拥苏大同盟。4 月，任红十九师司令部见习参谋，参加福建连城、顺昌、蒋乐、沙县等 7 次战斗，升任排长。在福建沙县、尤溪战斗中任参谋，后任五十七团副连长、连长等职。民国 23 年（1934）年初，回师江南，参加第五次反“围剿”，在广昌保卫战斗中负伤。9 月，编入红三军团任连长，参加二万五千里长征。民国 24 年（1935）8 月，任红五军团十三师三十七团三营政治教导员、营长。民国 25 年（1936）4 月，在大金川地区与四川军阀邓锡侯部激战中，脚部受伤。至 6 月，忍受伤痛，越过草地，负责军团伤病员收容工作，将落伍战士全部收回五军团，被升任军团侦察科副科长。8 月，五军团从甘肃途经渭水掩护四方面军渡黄河西进，遭国民党三十七军毛炳文部堵击，他率侦察连掩护撤退时，受伤被俘，囚于兰州北大庙集中营。在审讯中，与敌人周旋斗争，始终未暴露自己身份而被释放。西安事变后，转入红一军团。民国 26 年（1937）3 月，任红一军团教导营队长。12 月，任抗日军政大学第 7 分校教育长。民国 27 年（1938）秋，任晋察冀军区第三军分区第十一大队大队长。民国 28 年（1939）冬，任晋察冀军区三分区二团团长。参加庞家凹、雁宿岩、黄土岭歼灭日寇三十六旅团之战斗，机智勇敢地带领部队同敌人进行了长期的艰苦斗争。民国 30 年（1941）12 月，任晋察冀军区三分区参谋长，后任三分区游击司令员。民国 31 年（1942）3 月，任抗日军政大学二分校训练部部长。6 月，任抗日军政大学二分区陆军中学总队长。民国 32 年（1943）9 月，任晋察冀军区第三分区骑兵团团长。民国 33 年（1944）10 月，任晋察冀军区参谋长。民国 34 年（1945）8 月，冀晋军区部队组建为第一野战军晋纵队，他任纵队参谋长。

解放战争中，唐任中国人民解放军第四纵队参谋长。随部出击察南，转战冀北，进军西北。解放清风店战役中，集中 7 个团的兵力，配合六十四军，鏖战数日，一举消灭敌人 19 个团，全歼国民党军第三军军部、第七师第六十六团。民国 37 年（1948）冬，参加攻克石家庄、新保安战役，部队打到新保安整训，改编为六十四军，被升为副军长。民国 38 年（1949）5 月，参加攻克太原、宁夏等地战斗中，战功卓著。

中华人民共和国成立后，1951年1月，入军委军事学院学习，1952年7月结业，升任六十四军军长。赴朝鲜参战，与朝鲜军密切配合，运用灵活机动的战略战术，取得攻打马良山等战斗的胜利，为保卫朝鲜的领土完整做出了贡献。1955年3月后，先后任沈阳军区副参谋长、参谋长、副司令员、顾问等职。1955年9月，被授予少将军衔。

他任沈阳军区参谋长、副司令员期间，先后8次回乡视察，关心支援家乡建设。1981年4月，离职休养。1982年6月11日，在沈阳逝世。

叶镜吾 名荫球，石峰区龙头铺镇井坳村人。清光绪二十四年（1898）生。民国16年（1927），任长沙县32乡农民协会秘书。“马日事变”后在南京工作，结识中国共产党地下党员吴之江（浙江义乌人）、李木庵（湖南桂阳人）。抗日战争爆发后，邀吴之江回到龙头铺老家，在文家祠堂创办现代农村补习学校，为农民补习文化及进行爱国主义教育，曾响应十八集团军征募购买防毒面具捐款，为特务获悉，被湘潭县政府授命东一区区长赵东野查封了学校。长沙“文夕大火”后，受李木庵之聘赴桂阳战时中学教历史。一次在何家赴宴时，席间得知湖南省政府已密令桂阳警察局逮捕李木庵，乃派人急告李出走，使党的地下组织未受破坏。

抗日战争胜利后，叶任教于株洲私立建宁中学。民国38年（1949）年初，为中共湘潭城市工委在株洲开展工作，提供了较好的条件。

中华人民共和国成立后，叶任建宁中学校长，同时被选为湘潭县第一次人民代表会议代表。年末，应中央司法部副部长李木庵之召赴京，任司法部专员，并参加中国民主同盟会。1959年8月，改任中央文史馆馆员。

叶镜吾爱诗文，长期将风土人情、异闻轶事录入日记。1981年5月，株洲市政协文史资料研究委员会派专人赴京清理其旧作，当时他患心肌梗塞卧病在床，仍坚持将其某些重要史料回忆口述，并将其旧作的一部分赠与市政协。1982年，《株洲文史资料》第二辑曾择要发表。1983年1月23日，叶镜吾在北京逝世，遗骨葬八宝山革命公墓。

王海清 攸县坪阳庙乡人，清光绪三十一年（1905）生。幼时父母双亡，寄养于叔父家。成长后，给地主做长工。1949年5月，加入中国共产党，参加革命斗争。

1952年，王被选为坪阳庙台上互助组长，领导大家修山塘14口，将单季稻改为双季稻。1953年，互助组耕地的粮食产量比解放前翻了一番，他被评为劳动模范并出席湘潭地区劳模代表会。接着又将间作双季稻改为连作，连年获得水稻丰收，群众选他为初级农业社社长。1955年，被选为湖南省农业劳动模范，担任坪台大队党支部书记和坪阳庙公社党委副书记。1959年，他选育的水稻晚籼品种“坪台1号”，经农业部门鉴定，有耐肥、抗倒伏、抽穗齐等特点，比当时一般晚籼品种可增产1成以上，在全县推广，增产效果显著。1964年，在他自己的试验田里试种早稻“矮脚南特号”，亩产578千克，晚稻试种农垦“5·8”，亩产435千克，开攸县水稻由高秆改矮秆之端。

为改变早稻烂种烂秧的状况，1971年他创造“三干（秧田干耕、干整、干播）、二盖（泥浆落谷后，用细沙掩种，绿肥草子盖）”通气秧田育秧法。通过1972年大寒潮和1973年冰雹的检验，“三干二盖”秧田没有烂秧，此法很快为省内外采用。1973年以后，又用4年时间，研究试验改革稻田耕作制度，总结出稻、稻、麦粮食高产栽培“三熟制”。1976年，他的试验田的3季粮食产量每亩平均达1500千克，所领导的坪台生产队亩产粮食超过1吨。此后，将晚稻水田育秧改为旱土育秧，全部采用杂交品种，栽培技术采用大苗移栽、小蔸密植、按比例用肥、间隙灌溉以及防治病虫害等措施，连年获得高产。1980年，被评为全国劳动模范。1983年1月25日病逝。

谭云山　字启秀，茶陵县下东乡长乐村人。清光绪二十四年（1898）生。自幼丧父母。少年时代在祖父及私塾教师的启蒙下打下一定的国学基础。民国9年（1920），入湖南第一师范求学，在校积极参加新民学会组织的进步活动。民国11年（1922），担任长沙《大公报》副刊《文学周刊》编辑。参加毛泽东创建的“新民学会”和“新文化书社”，创办新文化团体——中兴学社。民国13年（1924），赴新加坡和马来西亚任教。在新加坡结识印度诗圣泰戈尔。民国17年（1928），应泰戈尔邀请到印度国际大学任教。民国20年（1931），携妻陈乃蔚及长子回国筹办中印学会，执教于上海立达学院。民国22年（1933），分别在上海和印度寂乡创建中印学会与印中学会。民国23年（1934），再次回国，为印度国际大学建立中国学院筹集资金。民国26年（1937），首任印度国际大学中国学院院长，成为在印度传播中国文化的著名学者。20世纪40年代后期，又一次回国，向国民党当局提出和平建国方案10条，未予采纳。

中华人民共和国成立后，谭云山热烈欢迎人民政府并致信中国领导人，提出三点建议：中印友好；和平解决台湾；外交方针上不要一边倒。第一项建议被毛泽东主席采纳。他于1956年、1959年2次回国观光，与毛主席、周总理等领导人畅谈国际问题，并与陈毅元帅和诗。2次回国所写的诗文，后编成《观光祖国诗及其他》一书出版。1956年周恩来总理访印时，特别访问了国际大学及谭云山教授，并接受该校名誉博士学位，成为中印交往史上的佳话。1968年，谭云山退休后，仍为国际大学终身名誉教授。1980年，印度国际大学授予谭云山最高荣誉学位，是继周恩来总理后又一个接受此一殊荣的华人。1983年2月12日病逝于印度菩蒂伽耶。印度总理英·甘地夫人称谭云山是“一位伟大的学者，一位真正有文化修养的人。师尊和我的父亲都喜欢他和尊敬他。他献身于寂乡，并为印中两国文化更好的交流做出了巨大的贡献”。谭云山著作还有《印度周游记》《印度丛谈》和《云山集》《海畔》诗集等。

张际泰　又名张震西，醴陵人，清光绪三十四年（1908）生。民国12年（1923），考入长沙妙高峰中学。民国13年（1924），考入程潜主办的军政部陆军讲武学校第一期，受训10个月毕业，集体加入国民党，分到广州建国攻鄂军卫队营当排长。民国15年（1926），部队改编为国民革命军第六军，张际泰升为连长，随军北伐，参加了攻克南昌、南京战役，升任五十五团营长。民国17年（1928），奉命驻湖南醴陵“清乡”，攻打农民自卫队。同年5月，程潜在汉口被李宗仁拘禁，第六军解体，张际泰亦被解职。民国22年（1933），由李明灏介绍去国民党第八十三师当连长、营长，曾参加古北口对日军作战，因作战有功，带职保送入中央军校高等教育班第二期学习。毕业后，又重新加入国民党，同时加入“励志社”，留中央军校军官总队。民国24年（1935），调成都军分校，任第一、二、三期队长。民国25年（1936），加入“复兴社”，化名弓长。民国27年（1938），调重庆补训处汉口一八五师及二十七补训处任团长，经补训处长潘佑强介绍，由复兴社转军统。民国28年（1939），调任甘肃天水行营补训处处长。民国29年（1940），任新三十七师副师长。民国34年（1945），代理该师师长，部队驻陕西黄陵县，担任封锁陕甘宁边区任务。

抗日战争胜利后，张际泰调任国防部部员，入陆军大学将官班学习。民国36年（1947）4月毕业，调任武汉行辕“剿匪”第一纵队指挥官兼湖南保安第一旅旅长，后任第二纵队指挥官，仍兼保安第一旅旅长，驻湖北荆门、沙市一带，担任长江防务。不久，湖南保安一旅各团改编为二九八师，张任一一八军副军长兼二九八师师长，率部阻击人民解放军从荆门、沙市南下的部队。民国37年（1948）9月，二九八师划归十四兵团宋希濂指挥。不久，宋希濂令二九八师开赴宜都，张际泰按兵未动。民国38年（1949）3月，张际泰把部队开到湖北公安闸口，引起宋希濂注意，并派部队随后监视，张际泰感到情势不妙，电告程潜，把部队丢掉，只身跑回湖南。民国38年（1949）5月，程潜委任张际泰为湖南保安三旅旅长。此时淮海战役结束，湖南解放在即。程潜将自己和平起义的打算告张际泰，张际泰决心跟随程潜，实现程的意愿。5月20日，张际泰将保安三旅集中湘潭整编。7月19日，程潜令张际泰（此时保三旅已改为保安三师）担任山枣至邵阳公路沿线的警戒。7月27日，程又令张际泰担负湘潭至邵阳公路沿线安全，加强湘潭至邵阳公路线警戒，他往来于邵阳、湘潭、长沙之间，保护程潜秘密从邵阳返回长沙。8月4日，程潜、陈明仁两将军领衔，张际泰等联名通电和平起义，起义后，张际泰率部加强警戒，阻止叛军逃跑，对稳定局势起了一定的作用。

1949年8月下旬，保安三师整编为中国国民党人民解放军第一兵团第九师，张际泰任师长。1949年11月，改任中国人民解放军第二十一兵团五十三军副军长兼二十九师师长。1950年，张调湖南军政大学学习，同年8月任湖南军政委员会参议。1955年，任湖南省人民委员会参事，并先后担任第一、二、三、四届湖南省政协常委，第五届湖南省政协委员。1962年参加民革，后任民革中央团结委员会委员、民革湖南省委委员。

1983年4月28日，张际泰因病在长沙逝世。

刘 斐 字为章，株洲县姚家坝乡桐木冲人。清光绪二十四年（1898）生。早年投入桂军任文书。民国9年（1920），进入广西南宁讲武堂受训，后入广东西江讲武堂深造，受孙中山“三大政策”影响投身革命。民国13年（1924），任广州大本营军政部中校副官，拥护国共合作。民国15年（1926）随军北伐，任国民革命军总司令部主任作战参谋。民国16年（1927）大革命失败后，东渡日本学习军事，先后毕业于日本陆军步兵专门学校和日本陆军大学。民国23年（1934）回国，任广西民团干部学校教育长，主持干部训练工作。

抗战军兴，刘被调任国民党国防专门委员会委员，后任第五战区参谋处处长，对日作战大本营

第一部作战组中将组长、军令部第一厅中将厅长、中将次长等职。他主张团结抗日，是国民党中比较坚决的抗日派之一。抗战初期，他从敌强我弱的客观实际出发，在战略上主张打持久战，不为一池一城的得失而争夺；坚持团结抗日，先后参加淞沪战役、台儿庄战役、徐州突围、武汉会战，获陆海空军甲种一等奖章。民国35年（1946）夏，任国民党国防部参谋次长，后任最高战略顾问委员会委员、军事委员会委员、国民党候补中央执行委员。民国36年（1947），当选为国大代表，他因不满国民党政府内战独裁政策而辞职。民国38年（1949）3月，和张治中将军一道，代表李宗仁、白崇禧赴北平，参加国共和平谈判。他赞成中国共产党提出的国内和平协定《最后修正案》，希望国民党政府予以接受，结束战争，实现和平。当这个协定被国民党当局拒绝后，深为愤慨，决心不回南京，为了尽最后努力，他曾向李宗仁上万言书主张接受和平协定。6月，从北平抵达香港。尔后，只身潜入广州，苦口婆心地劝李宗仁、白崇禧回心转意，共商和平。在此期间，还先后多次与程潜的代表商讨湖南和平起义问题，并亲笔复信叮嘱程潜说："你不要辞职，一面要与白（崇禧）周旋，一面要相机起义。"为促成湖南和平解放做出了贡献。同年8月，在香港联合黄绍竑、贺耀祖、龙云等44位国民党知名人士发表《我们对于现阶段中国革命的认识与主张》，拥护中共领导的新民主主义革命，宣布起义，同国民党政府公开决裂。同月，被应邀赴京出席中国人民政治协商会议第一次全体会议。

中华人民共和国成立后，刘斐历任革命军事委员会委员、国防委员会委员，中南军政委员会委员兼水利部部长，体育运动委员会委员、文教委员会副主任，政协全国委员会第二、三、四届常务委员会委员、第五届副主席，第一、二、三届全国人大代表，第四、五届全国人大常务委员会委员，第五届全国人大常务委员会法制委员会委员，民革中央常务委员、副主席等职。

1983年4月，在北京逝世。其著作有《现代工兵论》《现代国防概论》《现代国防知识》《论突击战与闪电战》等十余部。

谭震林　乳名喜仔，学名喜起，曾用林俊、梅城、卓林等笔名。攸县城关镇人。清光绪二十八年（1902）生。民国3年（1914），到"大成堂"书纸店当学徒，后到茶陵县城"徐文元"书纸店当学徒。民国13年（1924），到攸县"徐博文"书纸店当印刷工人。民国15年（1926）12月，加入中国共产党。旋以个人名义加入国民党。之后担任攸县总工会宣传干事、工人纠察队队长。

"四一二"政变发生，他带领工人愤怒声讨蒋介石的罪行。"马日事变"后，他前往长沙、武汉寻中共组织未果，又到茶陵"徐文元"书店重操旧业，进行地下革命活动。

民国16年（1927）11月，工农革命军攻克茶陵县城之后，谭震林任总工会主席。随后，他又被推选担任茶陵县工农兵政府主席。12月下旬，谭震林随工农革命军主动撤离，在毛泽东的领导下投入创建井冈山革命根据地的斗争。

民国17年（1928）5月，谭震林被选为湘赣边界特委委员，随后担任湘赣边界特委副书记和工农兵政府土地部部长。11月，特委改组，谭震林当选为特委书记。

民国18年（1929）1月，毛泽东、朱德率领工农红军第四军离开井冈山，转战赣南闽西。谭震林被任命为红四军第二纵队政治委员。6月，他同蔡协民、胡少海一道，在闽西从事部队建设，新组建红四军第四纵队，由谭震林担任第四纵队党委书记兼政治部主任。12月，在古田会议上，他当选为红四军前委委员。民国19年（1930）6月中旬，以原红四军第三纵队为基础扩编成立红十二军，谭震林被任命为该军政治委员，并担任中国革命军事委员会委员。

民国21年（1932）2月，成立福建军区，罗炳辉任司令员，谭震林任政治委员。随即率部一举直下武平、上杭2县城。为此，周恩来特意撰文，称赞红十二军是“铁一般的坚固，火一般的声威”的英雄部队，充分肯定谭震林为红军建设所做出的贡献。5月，谭震林担任福建军区司令员兼政委期间，指挥部队先后取得水西渡、上杭马伏等战斗的胜利，保卫和发展闽西苏区。民国22年（1933）2月，“左”倾教条主义者在福建开展反所谓“罗明路线”的斗争，叫谭震林检查自己所犯的“罗明路线”错误。谭震林在《申明书》中仍然坚持自己的意见。于是在同年10月，他被撤销福建军区司令员兼政委等职务，被送到中央红军学校学习。

主力红军长征之后，谭震林在闽西领导和坚持了3年艰苦卓绝的游击战争。

民国27年（1938）1月，新四军军部成立，谭震林赴南昌接受命令，将闽西南2000多名红军游击战士编为新四军第二支队，由张鼎丞任司令员，谭震林任副司令员，于3月1日率部开赴抗日前线。

民国27年（1938）3月，谭震林率领第二支队到达皖南集中之后，奉命调任三支队副司令员。因三支队司令员是由新四军参谋长张云逸兼任的，实际上谭震林是支队的主要领导人，而且一直担负着繁重而艰巨的战斗任务。9月，他奉新四军军部命令，率部西进，接替友军防御阵地，先后打败日寇向清水潭、马家园的进攻，打死打伤日军300余名，开创新四军阵地战胜利的先例。同年冬，谭震林率三支队进入有“皖南门户”之称的繁昌，跟国民党第五十二师、一四四师一起担任繁昌、铜陵、南陵境内长江沿岸的防御作战任务。在保卫繁、铜江防1年多的时间里，谭震林指挥部队同日军进行大小战斗200多次，其中尤以繁昌保卫战最为突出，先后7次指挥部队击败日军的进攻。仅塘口坝一战，日军投入的总兵力达2200多人。战斗从11月13日凌晨3时打响，一直持续到黄昏，共打死打伤日军400多人，我方仅伤亡80余人，以较小的代价换取保卫繁昌的胜利。对此，国民党第三战区司令长官顾祝同等给谭震林发来“指挥得力，将士同心，殊堪嘉尚”的贺电。

民国29年（1940）春夏之交，谭震林奉命从皖南进入江苏省南部东路地区主持工作，创建东路抗日游击根据地。

“皖南事变”之后，谭震林创建的江南抗日义勇军被编为第六师，由谭震林任师长兼政委，并担任苏南区党委书记。同年夏天，谭震林率部主动出击80余次，粉碎日寇的疯狂进犯，使东路抗日根据地得到新的发展。

民国31年（1942）10月，他调任新四军第二师政委兼中共淮南区党委书记。民国34年（1945）9月，谭震林任中共华中分局副书记、华中军区副政委兼政治部主任、华中野战军政委。

民国35年（1946）6月，蒋介石悍然发动全面内战，国民党军以4倍于华中野战军的兵力于7月进攻苏中解放区。谭震林同粟裕指挥华中野战军进行40多天的英勇战斗，在泰兴、如皋、海安、邵伯等地取得7战7捷的胜利，歼灭国民党军汤恩伯部6个旅、5个交通警察大队，合计5万余人。

民国37年（1948）年初，山东兵团在许世友、谭震林的指挥下，先后发起胶济线西段战役、潍县战役和兖洲战役，共计歼敌10.5万人，解放了除济南、青岛、临沂等少数城市以外的山东省广大地区。9月，谭震林、许世友率领山东兵团与兄弟部队一起，共同发起济南战役，歼敌10万余人，活捉第二绥靖区司令长官王耀武等国民党高级将领23名。

济南战役结束后，中央军委决定由刘伯承、邓小平、陈毅、谭震林、粟裕组成总前委，组织指挥淮海战役。战役打响后，谭震林亲率山东兵团3个纵队，从临城枣庄一线向南攻击前进，突破运河，猛插陇海铁路，以强大的政治攻势，胁迫国民党军冯治安部起义，接着又乘胜前进，同兄弟部队一起，全歼黄伯韬兵团。

淮海战役结束后，谭震林列席了在河北省平山县西柏坡召开的中共七届二中全会。在此期间，中央军委对全军实施统一整编。华东野战军改称为中国人民解放军第三野战军，陈毅任司令员兼政委，谭震林任第一副政委。

民国38年（1949）春天，总前委根据中央军委的指示，拟制了《京沪杭战役实施纲要》，决定以第二野战军组成西作战集团，以第三野战军组成中、东、南3个作战集团。其中，中作战集团由第七、第九兵团共7个军计30万人组成，由谭震林负责指挥。4月20日晚，谭震林指挥中作战集团首先在裕溪口至棕阳镇地段展开渡江，23日进至繁昌。遵照中央军委关于“七兵团进杭州，接管整个浙江”的命令，5月3日，谭震林率部进驻杭州市后，先后在浙江省和华东局主持工作，担任过浙江省委书记、省人民政府主席、省军事管制委员会主任、中共华东局第三书记、华东军政委员会副主席、华东军政委员会土地改革委员会主任兼中央书记处第二办公室主任等职。

1956年，谭震林在中共八届一中全会上，当选为中央书记处书记；1958年，在中共八届五中全会上，增选为中央政治局委员；1959年，任国务院副总理；1962年，兼任农林办公室主任；1974、1978年，当选第四、第五届全国人民代表大会常务委员会副委员长；在中共第十二次全国代表大会上，当选为中央顾问委员会委员，并在中顾委第一次全体会议上当选中顾委副主任。他是中国共产党第八届、十届、十一届中央委员。

谭在中央主持农村工作期间，为完成全国农业社会主义改造和探索农业发展道路付出了心血。他经常主持召开各界人士和基层干部座谈会，听取各方面的意见。尽力抵制严重的“左”倾危害。谭震林光明磊落，对1958年在农业指导上的缺点和失误，主动承担责任，及时纠正，并作自我批评。

1966年“文化大革命”开始，他跟林彪、江青反革命集团进行毫不妥协的斗争。

1967年2月14日，在周恩来主持的政治局碰头会上，他同陈毅、叶剑英、李富春、李先念、徐向前、聂荣臻、余秋里和谷牧等政治局和军委领导人，对中央文革小组的种种错误行为提出激烈的批评。在16日政治局碰头会上，他当面质问张春桥，指出“江青手段的毒辣，是党内没有见过的”。他心情十分沉痛，穿衣服拿文件，离开了座位，边走边说：“照这样让你们这些人干吧，我不干了。砍脑袋，坐监牢，开除党籍，也要斗争到底。”由于周恩来总理叫他不要走，陈毅副总理劝他“不要走，要留在这里面斗争”，谭震林才回来继续开会。从2月25日至3月18日，中央政治局前后开了7次政治生活会，他被诬为“二月逆流黑干将”，受到残酷的迫害。林彪事件后，毛泽东亲自讲话为“二月逆流”的错案平反。

1983年9月30日，谭震林在北京逝世。10月5日下午，党和国家领导人及首都各界3000多人，在人民大会堂为谭震林举行了隆重的追悼大会。追悼会由中共中央政治局常委、中央顾问委员会主任邓小平主持，中共中央总书记胡耀邦致悼词。

晏福生 原名国金，株洲县仙井乡陈家山村人。清光绪三十年（1904）生。15岁到安源做工，民国12年（1923）参加安源路矿工人运动，任俱乐部代表。民国14年（1925），安源“九月惨案”后，回醴陵从事农民运动。民国15年（1926）7月加入中国共产党。不久，复去安源路矿工作，任工人纠察队队长，配合北伐军作战。“马日事变”后，参加农军攻打长沙的战斗。民国17年（1928）1月，参加醴陵暴动，任赤卫团排长。5月加入中国工农红军，负责湘东特委和井冈山根据地之间的联络。民国19年（1930），参加湘赣根据地历次反“围剿”战斗，任湘东南独立师第三团副官，红八军第二十二师四十九团特派员、团政委，红六军团十八师政委，第十六师政委，西路军总部教导团政治委员。

民国23年（1934）3月，率四十九团随红六军团先遣队长征，10月进入贵州，与红二军团会师。11月，率四十九团作红六军主力军在永顺十万坪击溃陈渠珍2个旅的战斗，俘2000余人，缴枪2000多支，活捉旅参谋长，为创建湘、鄂、川、黔革命根据地打开局面。民国24年（1935）2月。任红十八师政委，11月任红十六师政委，抢渡澧水，突破沅水封锁线。民国25年（1936）6月，与四方面军在四川甘孜会师。同年10月，在甘南天水罗家堡战斗中右臂负伤，只身滚到山坡下，躲在小窑洞里，强忍疼痛。几天后，爬出窑洞，装成乞丐，夜行晓宿，躲过巡逻哨兵，在通渭县找到部队。被送往医院治疗，因伤口感染被截肢。11月，任三十一军警卫团政委。

抗日战争开始后，入抗大学习。民国27年（1938）5月，任三五九旅七一七团政委，率部在晋西北和晋察冀对日寇作战，在陕北参加反击敌军、保卫延安的战斗。民国30年（1941），南泥湾大生产运动中，用一只手带头参加劳动，成绩显著，被授予“生产英雄”称号。民国31年（1942）11月，任陕甘宁晋绥联防军第一旅副政委。民国33年（1944）11月，任三五九旅副政委。民国34年（1945），任八路军第二南下支队政委，率部挺进河南新安地区，开辟新的抗日根据地。

解放战争时期，先后任东北民主联军三五九旅政委、东北中国人民解放军独立一师政委、东北野战军第四十七军一三九师政委。先后参加开辟北满根据地、东北剿匪、保卫四平、三下江南、四保临江的战斗和辽沈战役。民国37年（1948）9月，在黑山阻击战中，他指挥部队坚守阵地3昼夜，出色完成阻击任务。随后，率部参加平津战役。民国38年（1949）6月，任四十七军副军长，率部指挥宜章、沙市战役和解放湘西的战斗。

中华人民共和国成立后，任湘西行署主任、湘西军区司令员。在湘西剿匪中，他精心组织部队，依靠各族人民，消灭10万余土匪。1952年8月，任湖南省民政厅厅长。1953年11月，任湖南省军区副政委。1955年9月，被授予中将军衔、一级解放勋章。1957年7月，被授予一级独立勋章、

“八一”勋章。1961 年 5 月，任广州军区副政委、军区党委监委书记。

“文化大革命”开始，晏福生被广州军区司令员黄永胜内定为贺龙“死党”，将他囚禁，实行车轮式逼供，捏造伪证。生活上的折磨，使他的身体一天天消瘦，视力一天天下降，最后，走路也力不从心。不管怎样逼他、斗他，他始终坚信党，坚信共产主义事业，坚信马克思列宁主义、毛泽东思想，不说一句违心的话，不做一件违心的事。

1971 年“九一三”事件后，他重返工作岗位，出席中共十二次全国代表大会，被选为中央纪律检查委员会委员。是中共七大、八大和十二大代表，第四、第五届全国政协委员，1984 年 4 月在广州病逝。

陈外欧　乳名外苟，茶陵县桃坑乡马溪村人。清宣统二年（1910）十二月生。民国 15 年（1926）参加农民运动，民国 18 年（1929）5 月加入共青团，11 月参加游击队，任班长。民国 20 年（1931）1 月，调八区警卫连任排长、连长。同年 12 月，转为中国共产党党员。民国 21 — 22 年（1932 — 1933），先后入红军学校第四分校和中央红军大学第一期参谋科学习。

民国 23 年（1934）8 月，编入红六军团随军西征，先后任红六军团司令部作战参谋、营长、团参谋等职。在创建和巩固湘鄂川黔革命根据地过程中，参加和指挥过多次战斗。以后任红军学校第六分校第一大队长、教导团团长等职。民国 25 年（1936）6 月，张国焘散发反对党中央的《干部必读》小册子。时任红十六师参谋长的陈外欧气愤地说：“共产党员决不能干反对党中央的事。”他立即通知师部封存“小册子”。同年 9 月，他任红军大学教育长，11 月任十七师四十九团团长。

民国 26 年（1937）8 月，工农红军改编为国民革命军第八路军。他先后任营长、团长等职。民国 28 年（1939）春，在五台山台怀镇取得细腰涧战斗胜利。民国 29 年（1940）8 月，他任七一七团团长，担负保卫延安的重任。

民国 33 年（1944）11 月，他任南下支队第一大队长。率部下广东，重返陕北，历时 2 年，行程 1 万余千米，作战上百次，粉碎日军、国民党顽军一次又一次拦截和包围，胜利完成南征北返的任务。民国 35 年（1946）4 月，再次回到延安。

解放战争期间，历任晋、绥军区独立第三旅副旅长、第十分区司令员、西北野战军第一纵队参谋长、第一野战军第一军参谋长，参加了瓦子街、西府、澄部、荔北、陕中等战役，多次受到野战军司令部嘉奖。

1950 年，先后任西北军官学校教育长和人民解放军第一通讯学校校长兼党委书记。1953 年 3 月，任军委测绘局局长。1955 年，被授予少将军衔，获一级“八一勋章”、二级“独立自由勋章”、一级“解放勋章”。

1956 年，他任国家测绘总局局长兼党委书记，曾率领中国测绘代表团出席在布拉格举行的 11 国测绘工作会议和在北京召开的 5 国测绘科学技术会议。1958 年，全国测绘学会成立，他被选为理事长。

1959 年，被戴上“右倾机会主义分子”的帽子，受到撤职和留党察看 2 年的处分，下放到云南省农垦局任副局长兼景洪农场场长。1962年5月平反，再次担任国家测绘总局局长兼党组书记。“文化大革命”中，又遭受残酷迫害，被诬陷入狱，长达5年之久。1975年6月，再次平反。平反后他被任命为解放军总参测绘局正兵团级顾问，并任第五届全国政协委员。1984年9月1日，在京逝世。

颜德明 原名累绵，攸县黄丰桥镇人，民国6年（1917）生。民国19年（1930）9月，红十二军攻克攸县，开辟攸县东乡苏区，13岁的颜德明加入中国共产主义青年团。民国20年（1931）3月，参加县红军游击队，在县委主办的青年干部训练班学习过。结业后，颜德明在苏区从事儿童工作，先后在攸县和湘赣省担任过儿童局书记。民国22年（1933）10月，颜德明主动要求回部队参加反“围剿”战斗，在红十七师四十九团任青年干事，并参加五里山、梅花山、松山、里田和北上湘鄂赣等一系列战斗。民国23年（1934），转为中国共产党党员。

民国24年（1935）11月，颜德明随红军长征，到达陕北后，他担任青年队队长。后在三五九旅任侦察科长。民国30年（1941），任七一九团一营营长，率部进驻南泥湾南端的史家岔，投入轰轰烈烈的大生产运动。

抗日战争胜利后，颜德明被派往东北三省组建东北民主联军。民国34年（1945）9月，在吉林省永洁地区进行扩军，新成立一个团，颜德明任团长，带领部队开展大规模的北满剿匪斗争。

民国36年（1947）春，颜德明出色地组织金勾子、占大房子、老营盘、一面街、柳家河子等一系列战斗，为东北民主联军胜利南下扫除障碍。他升任为东北人民解放军十纵队第二十八师副师长。在随后发动的夏季、秋季和冬季攻势中，他率部接连解放德惠和新开源等城市。

民国37年（1948）10月，颜率部参加辽沈战役。负责阻击廖耀湘增援锦州之敌，锦州胜利攻克后，又奉令率部在黑山、大虎山一线阻击敌军逃回沈阳。在阻击战中，颜德明负责该阻击战敌我争夺焦点101高地的指挥，敌军对101高地发动数十次冲锋，用重炮轮番轰击，几乎把高地削矮了2米。高地曾一度被敌军占领，他组织力量将高地夺回，经过2昼夜的激烈战斗，胜利地完成阻击任务。11月2日，辽沈战役结束后，颜德明又率部入关，胜利完成平津战役的战斗任务。

民国38年（1949）7月，颜德明任第十三兵团四十七军一三九师代理师长、师长，率部进入江南作战。10月，奉命追歼逃窜湖南大庸的宋希廉部第一二二军，消灭了敌军部，俘敌一二二军军长张绍勋等5875人，缴获轻重机枪52挺，炮33门，各式枪械2098支。11月初，率部入川，与第二野战军第三兵团陈锡联部紧密配合，解放重庆市。

1951年1月，颜德明进入中国人民解放军军事学院学习。3月28日率一三九师到朝鲜参战，在临津江率部与敌展开激烈的战斗，在165天的防御和反击战中，与敌军打了50多场硬仗，歼敌4000余人。朝鲜人民政府曾授予他二级独立自由勋章，二级国旗勋章。1953年6月，晋升为四十七军副军长。同年10月1日，他作为中国人民志愿军代表，光荣地登上天安门城楼观礼台。

1954年，颜德明奉命从朝鲜归国，先后进入中南军区高干文化学校和南京军事学院学习。1955年9月，被授予少将军衔。其后历任四十七军军长、广州军区装甲兵政委、广州军区副参谋长、副司令员等职。

1985 年 8 月 4 日，因病去世。

幸元林　醴陵阳三街道泉湖人。民国 3 年（1914）生。年少入安源煤矿学徒。民国 19 年（1930）4 月，在安源加入中国工农红军，5 月加入中国共产党。

土地革命战争时期，相继任班长、排长、连指导员、连长、团政委、团长等职。参加中央苏区一至五次反“围剿”作战，5 次负伤。民国 23 年（1934）4 月，在江西会昌战斗中负重伤。10 月参加长征，任军委总政治部宣传队长、军委无线电台第一分队指导员。中央红军与红四方面军会师后，任红四方面军政治部统计科长、总务处处长。西征时被俘，在狱中秘密参与组建党支部，组织越狱成功，带领 86 名干部归队，受到组织奖励。

抗日军政大学毕业后，留校任学员队指导员、协理员、教员。民国 28 年（1939）3 月，参加军委战地工作考察团，赴华北敌后抗日根据地调查，并帮助工作。同年 9 月，任冀中军区教导团政委，率部参加反“扫荡”战斗。民国 31 年（1942），参加中共中央党校整风学习期间，坚持实事求是原则，反对审干清特扩大化。民国 33 年（1944）11 月，任八路军南下支队第三支队副队长。随王震、王首道、王恩茂等向豫、鄂、湘、粤敌后挺进。

解放战争时期，历任新四军五师十五旅参谋长、陕西五分区参谋长、第二野战军十二纵队三十五旅参谋长、三十五旅一〇四团政委、江汉军区司令部参谋处长等职。曾参加中原大突围、洛河之战、鲁西南大战等战役。

湖南和平解放后，先后任湖南省益阳军分区副司令员、邵阳军分区司令员，指挥洞庭湖和大龙山剿匪战斗。1951 年 9 月，任空军二十二师首任师长，参与人民空军创建工作。1954 年 9 月至 1959 年上半年，先后任中国人民解放军后勤学院队列部长和系主任。1959 年 6 月后，任新疆乌鲁木齐军区司令部参谋长、副司令员兼北疆军区司令员、乌鲁木齐军区顾问。1962 年，为北疆千里边界线边防站勘察定点，曾 2 次登上喀喇昆仑山，深入边防哨所，为中印边境自卫反击战做了必要的准备工作。10 月，参与指挥中印自卫反击作战。“文化大革命”期间，遭残酷迫害，1975 年恢复工作。

1955 年 9 月，幸元林被授予少将军衔。获二级“八一勋章”、二级“独立自由勋章”和二级“解放勋章”。1978 年，当选第五届全国人民代表大会代表。1983 年，任政协第六届全国委员会委员。1985 年 11 月 8 日，在乌鲁木齐逝世。

凌兆尧　别号奎庵，炎陵县垄溪乡西坑村人。清光绪十八年（1892）十一月生。10 岁启蒙家读。其父喜讲战史，幼时便神往习武。16 岁县立高小毕业，投考湖南陆军小学。后就学于武昌南湖陆军第二预备学校和河南保定陆军军官学校，民国 5 年（1916）毕业。曾任广东郑仲元部教官、教育连长、师部参谋。第一次国共合作时，投入唐生智部，任国民革命军八军一师四团上校团长，和中共党员、团政治指导员黄克诚密切合作，在北伐战争中屡建战功。蒋介石发动“四一二”反革命政变后，在北伐军中“清党”，凌冒着风险，发给黄克诚路费和通行证，掩护其脱离险境。在此前后，还掩护过一批酃县籍共产党员。此后，曾 2 次参加唐生智领导的反蒋运动。

抗日战争爆发后，任三十六军二师少将师长，并率部参加上海抗战，配合友军抵抗日军。民国 26 年（1937），调任国民军第八预备师师长，开赴河南前线抗日，因聘共产党人作高参，仿效红军办法治军，率部向八路军抗日根据地桐柏山靠拢，民国 27 年（1938）被蒋介石撤职。民国 28 年（1939），任第六战区司令长官部中将参议，民国 29 年（1940）任挺进军中将总指挥，组织游击战争，在湖北一带抗击日本侵略者。民国 33 年（1944），参加民联组织，从事民主革命活动，因而又遭监视和撤职，赋闲回乡。

民国 36 年（1947），被选为湖南省参议员。12 月 15 日，他在省参议会一届四次大会第六次会议上发言，痛陈酃县自明以来田赋之苛，请予减轻以解民困。民国 37 年（1948），他又针对省政府社会处不给湘南农民发放贷款之事，在大会上公开提出尖锐批评。

湖南和平解放前夕，他积极拥护程潜的和平主张，反对内战，并与中共地下党组织取得联系，参加签名通电起义，为湖南和平解放做出积极贡献。

中华人民共和国成立后，凌曾任湖南省政府委员、省农林厅副厅长、省军政委员会参议、省参事室参事、省政协委员、民革中央团结委员、民革湖南省委顾问等职。1986 年 2 月 16 日，因病在长沙逝世。

胡仲紫　攸县城关镇人，清宣统二年（1910）生。民国 20 年（1931）从南京中央大学农学系毕业后，在湖南农事试验场长沙稻场从事稻作研究工作。培育出“胜利”“茶粘号”“泸晚稻”等良种，并予推广。民国 27 年（1938），收集国内水稻品种 1000 余份，育成中粘“选粘 1 号”“2 号”“硬脚谷米 1 号”、晚稻“泸晚 213 号”“冬粘 1 号”，引进早“南特号”等良种。民国 28 — 30 年（1939 — 1941），在四川成都中央农业试验所四川站工作期间，育成“中农 4 号”良种，在川东和湖北等地推广。民国 30 年（1941），回湘主持衡、郴、零农林场工作。

民国 36 年（1947），受聘为武汉大学农学院教授并主持该校农事试验工作。到任后，在湖北推广水稻良种“胜利籼”，至 1956 年种植面积达 107 万公顷。20 世纪 50 年代初，开始早稻早播冷床育苗研究，历时 10 年，研究成果为后来采用薄膜育秧提供科学依据。1952 年华中农学院成立，他主持该院“耕作学”教研工作。

20 世纪 50 年代中期，湖北开始水稻单季改双季的耕作制度，他先后到孝感、江陵等 10 多个县考察，确认湖北的耕作制度改革，必须采用早籼、晚粳搭配，以提高晚稻的耐寒性和不落粒性。60 年代初期，育成矮秆早熟品种“华矮 4 号”“华矮 15 号”，在湖北推广种植面积数百万亩，并撰写论文数十篇。

在大学执教 40 年，编写教材和讲稿数百万字。在实验室和田间工作时，事必躬亲。在学习和进行调查时都做笔记，至今保存笔记数十本。

他是中国民主同盟盟员、全国第三届人民代表大会代表、第六届全国政协委员、中国作物协会理事长、中国农学会理事、湖北省农学会理事长、湖北省遗传学会副理事长。1986 年 4 月 5 日，在华中农业大学病逝。

谭家述 原名寿生，乳名云英，曾化名杨平。茶陵县舲舫乡中洲村人。清宣统元年（1909）生。

民国15年（1926），茶陵农民运动蓬勃兴起，他积极投入。同年加入中国共产主义青年团，任中洲农民协会秘书。

民国16年（1927）1月，他受中共茶陵特别支部派遣，赴武昌国民革命军第二十四师军事教导大队学习。半年后结业，任该师七十二团团部通讯班副班长，参加“八一”南昌起义。撤离南昌后，在揭阳战斗中身负重伤，随部经海陆丰转到香港，后被英方发现，遣返广州，入李济深部当兵。当年12月，潜回茶陵。时值工农革命军退出茶陵城，在湖口由毛泽东主持召开大会，谭家述加入工农革命军，担任第一师一团第二营营长。

民国17年（1928）1月，他由共青团员转为共产党员。2月，奉毛泽东指示，带回5支枪，重建茶陵游击队，任队长。率领游击队配合红军主力开辟革命根据地。

民国19年（1930）9月，茶陵游击队编为湘赣游击第二纵队，他任纵队长。10月，纵队编入湘东独立师（后为湘东南独立师），任师参谋长兼第三团团长。配合红七军五十八团，取得茶陵将军山战斗的胜利。民国20年（1931）4月，在永阳战斗中，率2个团击溃敌军1个师。全歼其中1个团。

湘赣红八军组成后，他任第二十二师师长。在此期间，配合中央革命根据地第四次反“围剿”，先后在九渡冲、棠市战斗中重创敌军六十三、十五、十九等3个师，荣获中共中央革命军事委员会颁发的红星奖章。民国23年（1934），任红六军团参谋长等职。

撤离湘赣革命根据地后，他参加创建湘鄂川黔革命根据地的工作，成功地指挥了永顺、龙家寨、中堡等数次战斗，受到贺龙、任弼时、关向应、萧克等领导的赞扬。长征中，爬雪山、过草地、抢渡金沙江……均出色地完成任务。入红军大学学习结业后，任抗日军政大学大队长、教员。

民国28年（1939），他由陈伯钧推荐、毛泽东批准赴苏联伏龙芝军事学院学习。民国34年（1945）回国，曾任晋察冀军政干校和华北军政大学教育长、副校长。

中华人民共和国成立后，谭先后担任防空部队副司令员兼参谋长、高炮指挥部司令员，空军副司令员兼空军军校部长。1955年，被授予中国人民解放军中将军衔，荣获一级“八一勋章”、二级“独立自由勋章”、一级“解放勋章”。系第四届全国人大代表、第五届全国政协委员。

“文化大革命”中，他受到诬陷迫害，1969年10月被遣送到湖南。1972年5月，经周恩来总理批准，转入北京空军总医院治病疗养。1987年8月11日逝世。王震赞扬：“家述同志一生英勇奋斗……爱国主义和共产主义的高风亮节是永垂不朽的。”

谭文邦 曾用名谭正官，茶陵县小田乡寨下坪村人。清宣统三年（1911）生。民国18年（1929）参加革命，同年12月加入中国共产主义青年团。民国20年（1931）春，入中共湘东南特委训练班学习，结业后分派到茶陵县苏维埃政府工作。民国21年（1932），参加中国工农红军，并由共青团员转为中共党员。先后任湘赣军区独立师政治部组织干事，红十七师政治部组织干事，红六军团政治部组织部干事、部长，四十九团副政委，四十八团政委，模范师营教导员。参加湘赣、湘鄂川黔根据地的反“围剿”斗争及长征。

抗日战争时期，任河北省平山县游击队司令员，八路军一二〇师三五九旅政治部组织科科长，教导队政委，七一七团政治处主任、政委，雁北支队政委、特务团政委等职。参加了“百团大战”和南泥湾大生产运动。

解放战争时期，任牡丹江军区副政委，合江军区第二军分区政委、司令员，合江军区政治部主任，东北独立第九师副政委兼政治部主任，第四野战军第四十二军一五五师副政委、一二五师政委。参加东北剿匪和“四保临江”“三下江南”及辽沈战役、平津战役。

抗美援朝中，谭任中国人民志愿军某军政治部副主任，参加抗美援朝第一至第四次战役，获朝鲜民主主义人民共和国二级“国旗勋章”、二级“自由独立勋章”。1953 年回国后，任广州军区炮兵政委、湖南省军区政委、顾问，中共湖南省委常委。1955 年，被授予少将军衔。是中共七大代表。1987 年 8 月病逝。

程星龄　醴陵官庄乡长连冲人。清光绪二十六年（1900）生。民国 5 年（1916），入湖南第一师范学习。民国 10 年（1921），入北京大学，参加中国国民党。

民国 16 年（1927），任国民革命军第八军第一师政治部宣传科长，参加北伐。“四一二”政变后，愤然离职，先后在上海劳动大学、安徽宿县烈山煤矿、北平故宫博物院任职。民国 25 年（1936）后，相继任福建安溪、福安、莆田等县县长和福建省行政干部训练团教育长。因对蒋介石“攘外必先安内”的反共政策和对日本的不抵抗主义不满，遭军统特务监视，被迫离开福建。民国 28 年（1939）至次年 6 月，任天水行营参事，曾赴太行山抗日根据地考察，受到八路军总司令朱德和彭德怀、刘伯承、左权等高级将领热情接待。后向国民党高级军政长官陈仪、刘建绪如实介绍八路军抗日根据地情况。

民国 30 年（1941），任广西省政府顾问。次年 2 月，任福建省政府顾问和秘书长，因与福建省政府主席刘建绪私交甚厚，帮助刘建绪在福建采取一些较为开明的措施。程星龄与中共地下党员、著名国际新闻评论家杨潮，中共党员余志宏，著名经济学家王亚南，民主进步人士陈公培、马子谷、张知非等关系甚密，常会晤长谈。民国 34 年（1945）8 月，程星龄因“杨潮”案受株连，以共产党嫌疑分子罪名拘捕，关押重庆、台湾 1 年多。民国 36 年（1947）1 月，经程潜、刘斐等保释。

民国 37 年（1948）8 月，应中共湖南省工委邀请回湘，参加策动和平解放湖南的工作。10 月至次年初，以湖南省物资调节委员会主任和党政军联合办公室副主任职务为掩护进行活动，多次向程潜进言并密商湖南和平起义事宜。程潜委托程星龄为全权代表，与中共湖南省工委周里、余志宏等具体联系。曾多次陪同余志宏会见程潜、陈明仁，商谈湖南和平起义具体事宜。5 月，代程潜起草备忘录，由中共湖南省工委转交毛泽东主席，表明起义态度。此后，为防止白崇禧对湖南起义的破坏，减少程潜、陈明仁的接触，由程星龄代表程潜，与陈明仁的代表温汰沫、李君九等共同筹划起义工作。促成8月4日程、陈二将军通电起义。

1949年，应邀参加开国大典，受到毛泽东等领导人的亲切接见。后相继任湖南省人民政府副主席兼文教委员会主任，副省长兼体育运动委员会主任，第一、二届全国政协委员，第五、六届全国政协常委，第一届政协湖南省委员会常委，第二、三届政协湖南省委员会委员，湖南省第六届人大代表，第四、五届政协湖南省委员会常委、副主席、主席，中国国民党革命委员会中央委员、常委，中国国民党革命委员会中央监察委员会副主席，中国国民党革命委员会湖南省委员会主席、顾问等职。1983年，任政协湖南省委员会主席。在协助落实统战政策、知识分子政策和促进祖国统一大业中，作了大量的工作。1986年1月，到香港介绍内地改革和建设的大好形势，为发展湖南经济而联络港澳实业家。

程星龄是与中国共产党长期合作共事的老朋友，著名的爱国人士和社会活动家。1987年10月22日病逝，终年88岁。根据程星龄生前多次申请加入中国共产党的遗愿，被追认为中国共产党正式党员。

陈健民　原名梅生、梅村，攸县城关镇人。清光绪三十年（1904）生。与谭震林家是邻居。陈健民早年就读于长沙省立第一师范学校。其时同乡好友余来在长沙公益职工学校师范部学习，与陈健民过从甚密，两人经常参加由毛泽东、何叔衡等传播马克思主义的演讲会。民国13年（1924）5月，陈健民前往广州黄埔军校学习军事，并参加北伐。民国17年（1928）冬，被捕入狱，后由陈氏春塘家族300人联名具保，得以出狱。

大革命的失败，余来、欧阳益等的牺牲，使陈健民极为悲痛、苦闷，徘徊、徬徨在人生的十字路口，最后把这一切归结为命运。认为只有佛门才可济世安民，因而决心皈依佛门。出狱之后，他名义上以教书为业，时时准备出家修行。民国18年（1929）4月，陈健民与攸县东乡陈相攸女士结为伉俪。民国19年（1930），在长沙省教育会工作期间，西康诺那活佛来湘，陈健民即拜诺那活佛为师，灌顶修行，步入佛门。此后，陈健民精求西藏密宗深义，又涉显、净、禅诸宗理论。民国20年（1931），应聘为四川世界佛学院语文教授，随后赴四川东山嘉裕电气公司闭关。民国28年（1939）暑假，陈健民辞去教职，到西康德格、炉霍、甘孜等地专心访师修炼，直至民国33年（1944）4月返回攸县。不久攸县沦陷，日寇横行，陈健民携妻挈子逃难，为避日寇蹂躏，先后在攸县东乡岳父家附近的天龙岩、献花岩闭关1年有余。民国35年（1946）夏，陈健民立志去印度朝拜释迦牟尼道场，原想携夫人同行，后因护照批不下来，到民国36年（1947）9月时局发生变化，只好单独一人前往。

在印度，陈健民主要是闭关修行，精研佛学。1962年，英国著名佛教团体“西方佛教教团之友”的主持人史他昆拉法师到印度参观访问时，在噶伦堡发现精通显、密、禅、净诸宗的华人教徒陈健民，他在此地闭关修行已有15年。倾谈之后，史他昆拉法师对陈健民在佛学理论方面的造诣和修行的毅力表示钦佩，决定把他的修行经验及佛学思想介绍给西方。于是邀集佛学同仁开始作定期录音访问。经过几年时间的采访和整理，1967年《佛教禅法》一书问世。这是陈健民根据史氏的录音记录整理而成的一部英文佛学著作。在这部著作里，陈健民对佛教的各种修行方法，尤其是对密宗作了从未有过的系统总结。此书一出，在西方世界和日本、东南亚等地影响很大。西方佛学界人士公认："这是继日本佛学家铃木大拙的英文禅宗著作之后，又一部出自东方人之手的划时代的英文佛学著作。"

1972年，陈健民应美国加利福尼亚大学邀请出关离印，赴美弘法。而后，在美国各大城市和加拿大、菲律宾及中国的香港、台湾等地作佛学演讲，受到佛学界人士的热烈欢迎。陈健民讲《净土五经会通》13章，既能从第1章讲到第13章，也能从第13章讲到第1章，还可以从中间讲起。能旁征博引，详细解说，听众无不为他的演讲所感动。1980年12月，陈健民在台湾一连讲经5天，场场爆满，盛况空前。台湾佛教界《慧炬》杂志第198期报道："每晚净庐地藏室均座无虚席，连楼梯上都坐满了闻法的听众。"

陈健民步入佛门的50多年，先后拜师37位，灌顶500多次，闭关近40年，经历种种艰难曲折。其中2年生活在洞穴中，1年生活在坟场里，6年在西康高原苦修，25年在印度噶伦堡山城度过。陈健民步入佛门后，他在修行之余，经常写诗著述。其作品印行于世的有20余种，总名称叫《曲肱斋丛书》，全是他自己修行心得、佛学理论著作和诗。清华大学图书馆收藏有他的大宗著作。陈健民的《佛教禅法》《净土五经会通》等佛学理论著作曾轰动西方佛教界和日本及中国香港、台湾等地区。1987年11月，陈健民在美国圆寂。遗体焚烧后取舍利子189粒。

黄树群 天元区马家河镇人，民国8年（1919）生。系黄海珊之孙，继承祖技，博览群书，造诣较深。擅长临床，尤擅内科、妇科、儿科杂症。风华茂龄即声誉株洲、湘潭一带。临床经验丰富，曾积累惊风、卒中、癃闭等百种病验案，及古方新用等资料。

黄树群常言："医者所负重大使命，不得考虑个人得失，才是岐黄子孙。"临诊严肃认真，不分贫富之家，视同一体。不论远近之路，心无二端。赤贫送诊，尽力济人。咳痰吐浊，小溲大便，必躬身验视，从不草率。自备"三黄散"，作发热患儿外敷，概不收费。对危急病人，不分昼夜，一心扑救。仁术仁心，寿世寿人。

20世纪50年代，黄树群热忱培养中医人才，积极带徒，创建马家河联合诊所。1956年，为湘潭县中医药班讲课，在湘潭县中医进修班任教中，紧密结合临床，深受学员欢迎。带徒之时，谆谆教诲，细心辅导，为人谦虚谨慎，虚心好学，不耻下问，常倡东坡之言："然知之则可。若强不知以为知，不如无知。"获得同道者美誉。行医50余载，列为省名老中医。为湘潭县中医院创始人之一，先后任该院院务委员、门诊、住院部主任和省中医学会会员、湘潭县政协委员。卒于1987年。

彭国栋 字澹园，号郁文，茶陵县秩堂乡彭家祠村人。清光绪二十八年（1902）生。民国12年（1923），湖南省立第一中学毕业，应同学之邀，赴太原以第一名的成绩考入国立山西大学。民国18年（1929）大学毕业后，由同学推荐任北平警备司令部政治部上尉科员，旋调北平市政府社会局秘书，后转任古物陈列所秘书。民国19年（1930）冬，任江西省政府清剿股长，参与"围剿"人民革命力量。民国21年（1932）夏，任豫鄂皖三省剿共总司令部党政委员会党务处中校干事，不久调国民党中央组织部任干事。民国25年（1936），升为普通训练科科长，负责全国国民党员的训练。民国26年（1937），当选为制宪国民大会湖南省第二区代表，次年春任军事委员会政治部秘书处少将副处长，旋调第二厅第三处少将处长。民国28年（1939）至民国35年（1946）4月，先后任第九战区政治部少将副主任，代理主任兼湖南省慰劳团长，干部训练团政治部少将主任兼政治总教官，第五区行政督察专员兼保安司令等职。民国35年（1946）5月，任徐州绥靖公署政务处中将处长兼社会部鲁西南急赈大队长。是年冬，出席国民大会，旋为山东省政府委员兼鲁西南办事处主任及徐州绥靖公署中将参议。民国36年（1947）年初，任鲁西南行署主任兼鲁西南保安指挥官。民国37年（1948）5月，任平津晋考察团长。是年冬，任震华文学院教授兼中文系主任，后任广东省政府顾问、海南防卫总司令部政工处长。民国38年（1949）到台湾后，任凤山图书馆馆长5年，后调任国民党中央党部秘书。公余之暇，著《中韩诗史》一书。1958年春，应韩国成均馆大学邀请，赴韩讲学。又赴青州大学、新兴大学讲演，开诗会数次于汉城（首尔），倡组亚洲诗坛社，被推为社长。1959年冬，任“国防研究院”讲座兼清史编纂委员会总编纂，主编《清史》，成文出版社列为二十六史之一。1962年秋，任香港珠海大学教授兼文史系主任，重修《清史艺文志》。回台湾后，任东海大学、中国文化大学教授及“考试院”电信特考典试委员，师范大学博士论文考试委员，中山学术文化基金会评审委员等职。1988年5月病逝。一生著述较多，较著名的有《岳飞评传》《澹园文存》《澹园随笔》等，被称为史学家。

黎　澍　醴陵茶山岭镇人，民国1年（1912）生。民国24年（1935），在北平大学法商学院读书时参加“一二·九”爱国学生运动。民国25年（1936），加入中国共产党。“七七”事变后，投身抗日救亡运动。民国28年（1939），创办《火线下》刊物，宣传抗日。后在长沙筹办中共湖南省委机关报《观察日报》，并任总编辑。民国29年（1940），受中共党组织委派，先后在桂林、香港任国新通讯社经理。民国32年（1943），任成都《华西晚报》主笔，积极宣传共产党的抗日民族统一战线政策，反对国民党的专制独裁，唤起民众一致抗日。黎澍撰写抨击、抵制国民党新闻检查的社论，发起组织成都新闻界“拒检运动”，一度迫使国民党撤销新闻检查。民国34年（1945）11月，在上海创办并主编《文萃》周刊，参与领导“反饥饿、反迫害、反内战”学生运动，团结一批文化界人士投入民主运动，培养一批青年记者。民国36年（1947），任香港新华通讯社总编辑和《华商报》编辑，并着手研究中国历史，撰写《辛亥革命与袁世凯》一书，剖析袁氏的反动本质。

中华人民共和国成立后，黎先后任中共中央宣传部秘书室主任、报纸处处长、出版处处长、党史资料室主任等职。1955年后，相继任中共中央政治研究室历史组组长、《历史研究》杂志主编，中国科学院近代史研究所副所长，《中国社会科学》总编辑，中国社会科学院研究员、学术委员会委员，国务院学位委员会委员，中国史学会理事、常务理事，中国现代史学会会长、监事长，全国第六届政协委员等职。

在社会科学研究和编辑工作中，黎澍坚持实事求是，维护科学研究中的科学性原则，不唯上、不唯书。主要著作有《辛亥革命前后的中国政治》《辛亥革命与袁世凯》《马克思主义与中国革命》

《再思集》《早岁》《论历史的创造及其他》等书，对中国近代历史、中国近代文化以及如何用马克思主义观点研究历史问题，都有精辟的论述和独特的见解。

“文化大革命”中，黎被诬指为资产阶级学术权威，遭点名批判。所主编的《历史研究》被诬指为资产阶级霸占的史学阵地。1988 年 12 月 9 日，在北京病逝。

傅道伸　字翰飞，醴陵长岭乡人。清光绪二十三年（1897）生。14 岁小学毕业，在上海恒丰纺织厂学徒，后任技术助理员。继选送江苏南通工学院学纺织。民国 6 年（1917）毕业，升为副技师。民国 8 年（1919），同徐特立、李立三赴法国勤工俭学，在巴黎近郊美兰学校学习。民国 9 年（1920）冬，入英国孟城纺织机器制造厂实习，夜间就读英国皇家工学院，攻读工艺学，对纺织机械制造颇有所获。民国 11 年（1922），考入美国北卡罗来纳州立大学纺织化学专科，获学士学位。旋应聘纽约坎百货公司染料试验员。民国 12 年（1923）回国，相继任上海恒丰纺织厂技师兼纺织专门学校教员、湖南省建设厅技正兼湖南第一纺织厂工务主任、湖南第一高级工科职业学校纺织科教员、全国经济委员会棉业统制委员会专门委员兼华东地区纱厂调查团团长、中央研究院棉纺织染实验馆研究员、上海及西安中国银行总管处技术专员、西安雍兴实业公司总工程师、咸阳纺织厂总工程师、厂长和西北工学院纺织系主任、教授等职。

民国 38 年（1949），西安解放前夕，任雍兴实业公司西安办事处主任，积极保护所属各厂财产免遭破坏，受到进驻的中国人民解放军某部首长的赞扬。西安解放后，历任西北军政委员会工业部副部长，西北人民纺织建设公司经理兼总工程师，陕西省纺织工业局局长，中国纺织工程学会理事、副理事长，陕西省科协副主席，陕西省政协副主席。第三、四、五、六届全国政协委员，民建中央委员、顾问等职。

傅道伸精心研究纺织工业技术和管理工作，撰写有《近代纱厂设计之特点》《实用机织学》《实用浆纺学》《浆纱理论与实验》《纺物分析术》《纱厂管理法》《棉纺织机械之适当速度》《关于棉纺织工程技术和新工艺》等论著。

傅道伸是著名的纺织专家、教育家。1984 年，年近九旬，应聘为《中国大百科全书纺织卷》编委。1988 年 12 月逝世。

李君九　字序族，醴陵东富镇毛江桥人。清光绪二十四年（1898）生。民国 14 年（1925）北京师范大学毕业后，回乡从事教育工作。同年加入中国国民党。次年任县立中学教务主任，参加组织县立中学师生开展反帝、反封建宣传，声援北伐战争。

从民国 16 年（1927）起，先后任北伐军东路先遣军政治部组织科长，江苏省外沙行政公署行政委员，国民党浙江省党部秘书，江苏省崇明县和福建省永安县、连城县县长。

抗日战争时期，任预备第二师桂林留守处主任，是师长陈明仁最信任的僚属和挚友。抗战胜利后，任台湾长官公署专员。民国 36 年（1947）秋，得知陈明仁因守四平“有功”而受奖，继又受陈诚排挤而遭撤职查办，便致信劝慰陈明仁：“一纸撤职命令，倒成了你脱祸得福的护身符，否则，继续与共军作战，负的血债更重，自己也可能不是阵亡，就是被俘。留得青山在，前途尚有可为，应该为你庆幸。”

民国 38 年（1949）4 月中旬，中共湖南省工委为争取程潜、陈明仁在湖南和平起义，中共地下党员李石静和第一兵团司令部经理处长温汰沫急电催李君九返湘。4 月 20 日，李君九抵长当天，会见温汰沫和中共湖南省工委代表余志宏，余向李君九说明争取陈明仁在湖南和平起义的重要性后，叮嘱李君九掌握好陈明仁的思想动态，相机做好工作。陈明仁任李君九为第一兵团高参兼第一处处长，私章交李君九掌握。5 月，协商成立由余志宏代表中共省工委负责人、李君九代表陈明仁、程星龄代表程潜的 3 人小组，商谈和平起义事宜。李君九向余志宏反映陈明仁对和平起义思想疑虑有三：“一怕泄密，二怕共产党算旧账，三怕戴投降帽子，把他的部属看成俘虏。”中共湖南省工委及时报告中共中央。不久，陈明仁接到香港章士钊来信，转达毛泽东主席的几句话：“当日，陈明仁是坐在他们的船上，各划各的船，都想划赢，这是理所当然的，我们会谅解，只要他站过来就行了。我们还要重用他。”陈激动不已。李君九陪同余志宏会见陈明仁，陈表示决心与程潜共举义旗。7 月 28 日，李君九、程星龄由中共省工委的欧阳方陪同赴平江，受到金明、唐天际、李明灏等接见，会谈中李君九代表陈、程，请求中国人民解放军于 8 月 1 日进入长沙。8 月 4 日，程潜、陈明仁通电起义。

中华人民共和国成立后，李君九先后任中国人民解放军第二十一兵团办公室主任，湖南省商业厅副厅长，湖南省人民政府一、二、三届委员会委员和湖南省第五届人大常委，第四届政协常委，中国国民党革命委员会中央团结委员，民革湖南省顾问。1989 年 3 月病逝。

刘柔远　字刚正，原名刘刚，乳名柏林，别号燦藜。茶陵县平水镇三门村刘家坳人。清光绪三十一年（1905）十月生。民国 13 年（1924），考入武昌大学。民国 15 年（1926）夏，受该校进步教授之命，为北伐军攻克武昌之内应，出生入死，以致被困城内 43 天，协助北伐军取得攻城胜利。是年冬，考入黄埔军校第六期，在校加入国民党。民国 18 年（1929），被委任为黄埔军校同学会湖南特派员，参加北伐军西征之役。后任排、连、营、团长之职。进入国民党陆军大学深造，民国 26 年（1937）秋毕业，奉派至江阴江防总司令部任少将参谋处长。南京危急之时，任南京卫戍司令部少将团长，指挥官兵守城。奉命烧毁军用物资及地图文件后，率部打游击 71 日。伤亡日酋伶木山本多人。民国 27 年（1938），绕道香港回武汉，得上级嘉奖，并任五十四军十八师五十四旅少将旅长、代理师长、南岳游击干部训练班少将大队长、陆军总司令部第二补充兵总队长等职。

抗战胜利后，任军政部第七军官总队总队长、济南第十九军军官总队总队长、重庆师管区司令、湘南师管区司令等职。民国 36 年（1947），当选为国民大会代表。民国 37 年（1948），奉派为联勤总司令部第十二兵站中将总监，得到程潜器重，负责第一兵团陈明仁部及桂系在湘部队的给养。民国 38 年（1949）湖南解放前夕，程潜、陈明仁决定和平起义。7 月，程潜召集高级将领应变会议，此时，刘柔远为程潜的左右手，打算跟程一起行动。然而起义之时，刘柔远身在邵阳，遭国民党驻邵之十四军军长成刚的反对。成率部围城，刘率部星夜欲开赴长沙，行抵湘江，又遭白崇禧的桂军截阻，被追返回邵阳被软禁。不久胁迫去台湾，得黄埔军校在台湾的学友及谭延闿之女、陈诚夫人谭祥等人的周旋，才免一死。1989 年 6 月 13 日，因心脏病突发去世。

陈小平 茶陵县腰陂镇石联村人，1959 年生。1978 年 12 月参军。1982 年，加入中国共产党，先后任中国人民武装警察部队交通指挥部第二总队第六支队的班、排、连长等职。入伍 11 年，有 8 年多时间在天山深处气候严寒、空气稀薄的冰达坂上，为开凿独库公路中段玉希莫勒盖隧道奋力拼搏。

陈小平入伍 4 个月，即 2 次受嘉奖。当班长时，先后 7 次扑进正在塌方的隧道，舍生忘死救战友，带出 2 个荣立三等功的班；当排长时，全排荣立集体三等功。1983 年，一次他带头在隧道顶部作业，被塌方的石块砸伤，昏迷不醒，由战士们抬进卫生队。他一醒来就要上工地。第二天，硬逼着战士们用手推车把他推进隧道，拄着拐杖指挥施工。临下班时，作业面上突然出现 2 处盆口大的窟窿，喷出 1 米多高的地下水，眼看就要引起大塌方。他大喊一声："堵住它！"边说边扔掉拐杖，连滚带爬地扑过去，带头脱下棉衣、棉裤填住窟窿，终于堵住了地下水，保住了隧道。从此，他得了个"拼命三郎"的雅号。

1984 年，他参与施工的隧道先后发生 461 次塌方。他领导的排哪里最艰苦、最危险，就出现在哪里。他规定自己"进洞在先，出洞在后……凡有危险、困难的地方必有自己在场"。一次大塌方，已安装好的钢拱支撑被扭成"麻花"，严重影响整个工程施工。他带领全排战士苦战 22 天，终于制服了塌方，恢复钢拱支撑，出色地完成了任务。

1987 年，陈小平任八连连长，这是个后进连队，他仅 1 年时间就改变连队面貌，使八连成为"基层建设达标连"和"能打硬仗"的英雄连队。

陈小平结婚头 7 年，妻子在家乡农村，相聚不过 10 个月。妻子随军后 1 年多时间，他在家也只住了 12 天。1988 年起，他身体差了，时常胃痛，但仍带病坚持上工地，带头苦干。妻子马根娇说他是个"工作不要命的人"。1989 年 8 月，他被确诊为晚期胃癌。在生命垂危、说话也非常困难的弥留之际，还让妻子将自己对工作的改进意见记录下来，转交部队领导。10 月 28 日与世长辞，年仅 30 岁。

陈小平逝世后，武警部队交通指挥部给他追记一等功，交通部党组授予他"优秀基层干部"称号。全国政协副主席王恩茂、交通部部长钱永昌和新疆自治区党委书记、自治区主席等分别题词，称赞他是"雷锋式的英雄"。自治区党委、政府把陈小平列为新疆 20 世纪 90 年代第一个雷锋式的先进典型，号召全区各族人民向他学习。新华社、中央人民广播电台、《人民日报》《解放军报》等 10 多家新闻单位，纷纷发表消息、评论、社论、长篇通讯和报告文学（《月圆，意味着什么》），赞誉陈小平是"再现雷锋精神的楷模，各族人民学习的典范""保尔·柯察金式的钢铁战士""军人的楷模，时代的典范""优秀共产党员""人民的好儿子"。

曾敬凡 原名长久，茶陵县湖口镇厂江村人。民国 4 年（1915）12 月生。民国 16 年（1927），参加中国工农革命军，民国 18 年（1929）加入中国共产主义青年团，民国 22 年（1933）转入中国共产党。土地革命战争时期，历任红军学校第六分校排长、政治指导员、湘赣省军区特务连副连长、红二军团六师十八团总支书记、十七团副政委、红二军团独立三团政委、二军团政治部巡视团主任、红二方面军富平第三师第九团政委，参加了井冈山、湘赣革命根据地和湘鄂川黔根据地的反“围剿”以及长征。抗日战争时期，任八路军一二〇师三五八旅政治部敌工科科长、冀中第五支队副政委、绥蒙军区第九团政委。解放战争时期，任辽宁军区第二军分区副政委、新立屯警备区司令员、辽北军区第五军分区副政委、郑家屯警备区司令员、蒙汉联军临时指挥部司令员、辽南挺进支队司令员兼政委、辽北军区第一军分区司令员、东北独立第十二师师长、第四野战军四十四军一五七师师长。参加辽沈战役、平津战役。中华人民共和国成立后，任江西省军区吉安军分区司令员、上饶军分区司令员、中南军区四十一军副军长兼参谋长、湖南省军区副司令员。参与领导江西剿匪工作。1955 年，被授予少将军衔。1989 年 10 月病逝。

林汉藩　醴陵西山街道碧山村人。民国 1 年（1912）生。民国 22 年（1933）毕业于湖南省第一师范学校。民国 26 年（1937），武汉大学机械系毕业后，相继任武汉大学、国立中央工校讲师，江北机械厂厂长。民国 33 年（1944）赴美留学，民国 35 年（1946）回国。相继任武汉大学副教授、湖南大学教授兼机械工程系主任等职。自 1951 年起，任华北工学院教授、机械系副主任兼工艺教研室主任。自 1960 年起，先后任北京工业学院工艺研究所副所长、机械工程系主任、院学术委员会委员及北京市高教学术评审委员会委员兼机制专业评审组副组长。1981 年加入中国共产党。1986 年 10 月离职休养。

林汉藩长期从事兵工机械工程学的教学和科研工作。自 20 世纪 30 年代起，先后讲授过机械学、兵工制造工艺学等 10 余门课程。40 年代初，新开《机械制造》课程。

林汉藩早年受革命思想熏陶，在解放战争时期经常接近进步知识分子，并与中共地下组织有联系。曾积极参与共产党地下组织策反国民党 1 个连队弃暗投明的工作。长沙解放前夕，在中共地下党员余志宏、涂西畴指导下，冒生命危险，动员爱国力量，积极保护长江航运船只。湖南和平解放后，是湖南大学接管委员会成员之一。自 1951 年起，担负建设新中国兵工专业教学任务，常下工厂实习，以增进感性知识，并编写专业讲义，讲授专业课程，指导课程设计，为中国火炮制造工艺和武器液压随动系统专业做出了重大贡献。1960 年，在担负北京工业学院工艺研究所副所长期间，主持 265- Ⅲ科研项目的工艺研究和审查工作。主要著作有《铸造工学》《齿轮制造》《中国机械工程教育史》等，并翻译《苏联机器制造百科全书》的有关部分。

林汉藩是著名的教育家、兵工机械学家，是中国火炮制造工艺学科和武器液压系统专业创始人。1990 年 3 月病逝于北京。

陈　逵　原名庆余，字弼猷，攸县柏市镇人。清光绪二十八年（1902）生。民国 4 年（1915）进入长沙明德中学学习。民国 9 年（1920），赴美国勤工俭学，先后在加州大学、耐不拉斯加大学、威斯康辛大学研习文学和哲学，并苦修英语。这一时期，他不仅用英语著文，而且用英语写诗。民国 14 年（1925），陈逵即开始在美国的《诗刊》《世纪》《书人》等著名刊物上发表英文诗。其中《诗刊》在美国芝加哥出版，该刊每期限发 25 首诗，审稿非常严格，而陈逵几乎每稿必中。他是当时唯一一位为《诗刊》撰稿的中国人。他终于成了美国最活跃的东方诗人。民国 15 年（1926），在耐不拉斯加大学毕业典礼上，获“桂冠诗人”称号。民国 16 — 17 年（1927 — 1928），陈逵的英文诗创作达到高潮。在美国最有影响的诗刊《日晷》上 5 次发表他的作品。其时，《日晷》扉页上曾介绍过 5 位诗人，第一位就是陈逵。美国纽约的几个出版商也纷纷给陈逵来信约定出版事宜。民国 19 年（1930）11 月，美国《舞台艺术》刊载了陈逵与其友人李景汉教授共撰的《中国民间秧歌》译文。这个秧歌剧是陈逵和李教授在河北定县共同搜集的。该剧在定县一带流传了 800 年之久，据说歌词为北宋大诗人苏东坡所撰。这是介绍中国秧歌剧于国外的最早作品。

陈逵不仅仅是个学者，还是一个热爱祖国、热爱人民，富有强烈民族自尊心的热血青年。民国 14 年 5 月，“五卅惨案”发生，他得知后彻夜难眠，满怀悲愤写了短篇小说《屈辱》在纽约《民族周刊》上发表，引起了有正义感的美国人士的义愤和关注，收到读者的同情信百余封，20 世纪 30 年代上海商务印书馆的英语周刊曾分期转载并附译文。民国 16 年（1927）8 月，陈逵被选为中国留美学生会刊《中国留美学生英文月报》的主编。

民国 17 年（1928）秋，陈逵回到祖国，先后在北京大学、南开大学、中山大学、暨南大学、复旦大学、湖南大学等 10 余所大学任教。

1949 年 8 月，应中国人民解放军某部之聘，任顾问和教授。在军委外语培训班任教。1951 年，陈逵被任命为《毛泽东选集》英译委员会委员。1957 年，陈逵在印度出版的《亚非评论》上发表英译文《沁园春・雪》《水调歌头・游泳》《长征》《西江月・井冈山》《清平乐・会昌》等 8 首毛泽东诗词。

1990 年，陈逵病逝于北京。

吴运铎　祖籍湖北武汉，民国 6 年（1917）生于江西萍乡安源。早年曾在安源煤矿当矿工。全国抗战爆发后，吴运铎不远千里，奔向皖南云岭，民国 27 年（1938）参加新四军，民国 28 年（1939）加入中国共产党。历任新四军司令部修械所车间主任，淮南根据地子弹厂厂长、军工部副部长，华中军工处炮弹厂厂长，大连联合兵工企业引信厂厂长，株洲兵工厂厂长，中南兵工局第二副局长，机械科学研究院副总工程师，五机部科学研究院副院长、顾问等职。是全国总工会第八、九、十届执行委员，第三届共青团中央委员。他心系兵工事业，为人民兵工事业无私奉献。在淮南根据地时因陋就简，带领职工自制土设备，扩大了枪弹生产。还主持设计研制成功枪榴筒，参与设计制造 37 毫米平射炮以及定时、踏火等各种地雷，为提高部队火力做出了贡献。在生产与研制武器弹药中多次负伤，失去了左眼，左手、右腿致残，经过 20 余次手术，身上还留有几十处弹片没有取出，仍以顽强毅力战胜伤残，坚持战斗在生产第一线。他说：“只要我活着一天，我一定为党为人民工作一天。”1951 年 10 月，中央人民政府政务院和全国总工会授予他特邀全国劳动模范称号，并将他誉为中国的“保尔·柯察金”。

吴运铎是中国兵工事业的开拓者，是中国抗日战争时期革命根据地兵工事业的开拓者、新中国第一代工人作家。他撰写的自传《把一切献给党》，曾教育了整整一代人。苏联人民在莫斯科高尔基大街14号建立了“中国保尔纪念馆”。被评为100位为新中国成立做出突出贡献的英雄模范之一！

吴运铎是一名真正把一切献给党的人。离休之后，他应邀担任京、津、沪好几所工读学校的名誉校长，许多中小学的校外辅导员和一些刊物、群众团体的顾问，是《劳动的开端》一文的作者。

中华人民共和国成立后，吴运铎先后担任中南军政委员会工业部兵工局副局长、第一机械工业部第一研究所所长、第五机械工业部第二十院副总工程师、机械科学院副院长和顾问等职务。并经常应邀到各地做报告。1991年5月，在北京去世。

谭善和　中国人民解放军将领。又名毅峰。茶陵县舲舫乡中洲村人。民国4年（1915）生。民国18年（1929）参加乡赤卫队和县游击队。民国19年（1930）8月，编入中国工农红军湘东独立师。次年1月加入中国共产党。曾任团特派员，师政治部宣传干事。参加湘赣革命根据地反“围剿”。民国23年（1934）8月随军西征，任特务营教导员。红二、六军团会师后，任红六军团保卫局侦察科长，红十六师特派员。参加创建湘鄂川黔革命根据地的斗争和长征。民国25年（1936）冬，入抗日红军大学学习。抗日战争时期，任八路军总部特务团政治处股长，野战政治部锄奸部科长，总部巡视团保卫组组长，冀鲁豫军区政治部保卫部部长，军区后勤部政治委员。参加晋东南反“九路围攻”等战役。解放战争时期，任晋冀鲁豫野战军司令部军械处处长，鄂豫军区独立旅副政治委员，第三军分区政治委员，第二野战军特种兵纵队副政治委员。参加邯郸、进军大别山和淮海、渡江等战役。

中华人民共和国成立后，任西南军区工兵司令部司令员兼政治委员，东北军区工兵司令部司令员。1952年参加抗美援朝任中国人民志愿军工兵指挥所司令员，曾获朝鲜民主主义人民共和国二级“独立自由勋章”和二级“国旗勋章”。1954年回国，任解放军高级工兵学校校长。1957年入高等军事学院学习。毕业后，任解放军工程兵副参谋长、参谋长、副司令员，新疆军区副司令员，乌鲁木齐军区政治委员。1955年授少将军衔。荣获二级“八一勋章”、二级“独立自由勋章”、一级“解放勋章”、一级“红星功勋荣誉章”。是中共第十一届中央候补委员，第十二届中央委员、中央军委委员，1985年、1987年被选为中共中央顾问委员会委员。1991年6月22日在北京病逝。

宋时轮　原名方友、际尧，化名宋之光，醴陵枫林市乡井湾村人，清光绪三十三年（1907）九月生。民国11年（1922）入醴陵县立中学读书，与陈觉、蔡申熙、左权等进步同学发起组织社会问题研究社，创办《前进》周刊，投入爱国学生运动。民国15年（1926）春，入黄埔军校，加入中国共产主义青年团。民国16年（1927）转为中国共产党党员，民国18年（1929）奉派到浏（阳）醴（陵）萍（乡）等县组建游击队，任萍醴边区游击队队长。后编入中国工农红军第六军。历任中国工农红军湘东南第二纵队政治委员、红军学校第四分校校长、第三十五军参谋长、独立第三师师长、第二十军参谋长兼第六十一师师长、中央苏区西方军参谋长以及红军大学教员、二大队大队长、军委干部团教员等职。参加了中央苏区第二至第五次反“围剿”作战和举世闻名的红军二万五千里长征。到达陕北后，任第十一军团司令部作战科长。民国25年（1936），任第三十军、第二十八军军长，参加了东征和西征战役。

抗日战争爆发后，任八路军第一二〇师七一六团团长、雁北支队支队长兼政治委员，赴雁门关以北地区创建抗日根据地。民国27年（1938）5月，任八路军第四纵队司令员兼第十二支队司令员。6月，率部挺进冀东，配合李运昌、胡锡奎等组织领导冀东抗日武装暴动。民国29年（1940）到延安马列学院学习。民国30年（1941），在军事政治学院任教员，次年在中共中央党校学习。

民国34年（1945）9月，随陈毅到山东革命根据地工作，任津浦前线指挥部参谋长，山东野战军参谋长。次年1月，任北平军事调停处执行部中共方面执行处处长。6月，国民党发动全面内战，宋返回山东野战军，继续担任参谋长。10月，任渤海军区副司令员兼第七师师长。民国36年（1947）1月，任华北野战军第十纵队司令员，曾指挥泰（安）蒙（阴）战役和率部参加莱芜、孟良崮、济南、淮海等许多重要战役。民国38年（1949）2月，任第三野战军第九兵团司令员。4月，在渡江战役中，指挥第九兵团与第七兵团一起，自裕溪口至枞阳镇一段率先突破国民党军队的长江防线，歼灭守敌，为夺取战役全面胜利做出重要贡献。随后，率部与第十兵团协同作战，解放上海，兼任淞沪警备区司令员。

中华人民共和国成立后，任华东军政委员会委员、第九兵团司令员。1950年11月，参加抗美援朝，任中国人民志愿军第九兵团司令员兼政治委员，后任中国人民志愿军副司令员兼第九兵团司令员和政治委员。参加指挥了第二、第五次战役和上甘岭等战役。1955年，被授予上将军衔。1957年11月，任军事科学院第一副院长，并先后兼任计划指导部、外国军事研究部部长。

“文化大革命”期间，遭受林彪、江青反革命集团迫害。1972年10月，重新出来工作，任军事科学院院长、院党委第二书记、书记。领导全体研究人员认真研究和总结我军丰富的建设和作战经验，吸取中国历代军事理论之精华，借鉴外军有益的战争和建军经验，探讨现代条件下建设人民军队、进行人民战争的指导规律和方法，对军队和国防现代化建设，对新时期的军事战略，提出了重要的建议和意见。撰写发表了《毛泽东军事思想是我军胜利的指南》《毛泽东军事思想初稿》等重要论文、论著。

1977 — 1980年，任中央军委教育训练委员会主任，为恢复和发展军事院校，改进教学和训练工作，提高教育训练质量，发挥了重要作用。1980年以后，担任中国大百科全书编辑委员会副主任、中国大百科全书军事卷编辑委员会主任，中国军事百科全书编审委员会主任，组织领导《中国大百科全书·军事卷》《中国军事百科全书》的编纂工作，付出了辛勤的劳动。1984年2月，任中央军委战史、军史编审委员会副主任委员，为编写人民军队的战史、军史作了大量的工作。

宋时轮是一名战功卓著的优秀指挥员，曾当选为第四届、第五届全国人大代表，中华人民共和国第一、二、三届国防委员会委员，中共第八届、十届候补中央委员，第十一届中央委员和中央军委委员，并在中共第十二大、十三大全会上选为中央顾问委员会委员、常务委员。荣获一级“八一勋章”、一级“独立自由勋章”、一级“解放勋章”、一级“红星功勋荣誉章”等。

1991年9月17日，因病逝世于上海。

刘转连　又名昌发、转莲，茶陵腰陂镇石陂村人，民国1年（1912）生。民国15年（1926）参加农民运动。民国19年（1930）5月加入中国共产主义青年团，9月转入中国共产党。同年10月，参加中国工农红军。曾任湘东南独立师排长，红八军第二十二师连长，红六军团十七师四十九团营长、团长，参加湘赣、湘鄂川黔革命根据地反“围剿”。民国24年（1935）11月，率部突破国民党军澧水封锁线，抢占沅江渡口，为红二、六军团主力突围打开通路。长征中任第十七师参谋长、师长，模范师师长，参与指挥扎佐、将军山等战斗。到达延安后，入抗日军政大学学习。抗日战争爆发后，任八路军第三五九旅七一七团团长，参加收复晋西北七城、石家庄、上下细腰涧等战斗。民国31年（1942），任第三五九旅参谋长，率部回陕甘宁边区担负保卫延安的任务，参加南泥湾大生产运动。民国34年（1945）5月，任八路军南下第二支队司令员，在南下途中得悉日本投降即转赴东北，任北满军区独立第二旅旅长，参加北满剿匪。民国35年（1946）4月，率部攻占哈尔滨，兼任哈尔滨警备司令部副司令员。同年夏赴勃利剿匪。后任东北民联军独立第一师、第十纵队二十九师、第一四〇师师长，参加四保临江、三下江南、辽沈、平津等战役。民国38年（1949）2月，任第四十八军副军长，参加渡江战役和广州战役。

中华人民共和国成立后，任第四十八军军长兼赣西南军区司令员，第四十一军军长兼粤东军区司令员。1954年，入南京军事学院学习。毕业后任东北旅大警备区司令员，沈阳军区副司令员、顾问等职。1955年，授中将军衔。荣获一级“八一勋章”、一级“独立自由勋章”、一级“解放勋章”和一级“红星功勋荣誉章”。1982年、1987年被选为中共中央顾问委员会委员。1992年10月28日，在广州逝世。

廖海光　炎陵县垄溪乡秋田村人，民国4年（1915）生。早年投身革命，在本县警卫队当战士，被选为县苏维埃政府执行委员。民国19年（1930）11月，参加中国工农红军。民国20年（1931）3月，加入中国共产主义青年团，12月转入中国共产党。民国22年（1933）秋，入红军第四分校学习。结业后留校任第二连指导员。参加湘赣苏区反“围剿”作战。民国23年（1934）8月，随红六军团西征。后任红二军团直属队中共总支书记，第十七团政治委员。参加湘鄂黔革命根据地反“围剿”和长征。

抗日战争爆发后，任抗日军政大学支队协理员、抗大第一分校大队政治委员、胶东分校政治委员。自民国32年（1943）起，任胶东军区第十六团政治委员，南海军分区政治委员。解放战争时期，任胶东军区新编第五师政治委员，华东野战军第十三纵队政治委员，第二十四军政治委员。参加莱阳保卫战，津浦路夏季攻势和济南、淮海、渡江等战役。

中华人民共和国成立后，任福建军区政治部主任、副政治委员。1955年，授少将军衔。荣获二级“八一勋章”、二级“独立自由勋章”、一级“解放勋章”、一级“红星功勋荣誉章”是第六届全国人大常务委员会委员。1993年2月20日，在福州逝世。

袁福生 曾用名福胜，茶陵县七地乡巨田村人。民国5年（1916）生。民国15年（1926）参加农民运动。民国19年（1930）加入中国共产主义青年团。同年8月参加中国工农红军。民国21年（1932）1月转入中国共产党。土地革命战争时期，任红军团政治处青年干事，红六军团保卫局内勤检查员、侦察组组长、团特派员。参加湘赣、湘鄂川黔革命根据地反“围剿”和长征。

抗日战争时期，任八路军第三五九旅七一七团营特派员，团政治处锄奸股股长，师政治部保训队队长，旅政治部锄奸科副科长、科长兼军法处副处长。参加忻口、阳明堡、上下细腰涧、灵邱等战役战斗和百团大战。解放战争时期，任东满军区政治部保卫部部长，第一三九师政治委员。参加法库、辽沈、平津、宜昌、大庸等战役战斗和入川作战。

中华人民共和国成立后，任湖南省沅陵军分区政治委员，中国人民志愿军第四师政治委员干部部部长，志愿军司令部军法处副处长。回国后任武汉军区炮兵政治委员，军区后勤部副政治委员，人民解放军工程兵特种工程指挥部后勤部政治委员等职。1955年9月，授大校军衔。1961年，晋升少将军衔。荣获二级“八一勋章”、二级“独立自由勋章”、一级“解放勋章”、一级“红星功勋荣誉章”。1993年3月5日，在长沙病逝。

段苏权 茶陵尧水乡高径村人，民国5年（1916）生。民国15年（1926）参加农民运动。民国30年（1941）5月加入中国共产主义青年团，同年转入中国共产党，曾任茶陵县游击大队代政治委员，少共湘赣省委宣传部部长。民国21年（1932）11月，参加中国工农红军，担任红八军政治部青年科科长，湘赣军区、红六军团政治部宣传部部长，中共黔东特委书记兼独立师政治委员。参加了湘赣、湘鄂川黔革命根据地反“围剿”和长征。

抗战爆发后，入抗日军政大学学习，后任中央军委总政治部教育科科长。自民国29年（1940）起，任晋察冀军区北平军分区政治部主任、政治委员。参与创建北平抗日根据地的斗争和指挥收复张家口之战。抗日战争胜利后，任热河军区司令员兼北平军事调停处执行部驻热河、承德第十一小组中共代表，冀热察军区司令员兼政治委员，东北野战军第八纵队司令员，东北军区副参谋长。参加崇礼麟、丰宁、东北冬季攻势和辽沈等战役战斗。

中华人民共和国成立后，任东北军区空军司令员。1950年，入航空学校学习。后任中朝空军联合司令部副司令员，参加抗美援朝，曾获朝鲜民主主义人民共和国一级“国旗勋章”。1952年，回国后任华北军区空军司令员，兼任军事学院空军系主任。1960年，任高等军事学院副教育长兼战略研究室主任。同年，任驻老挝桑怒工作组组长，参加援老抗美斗争。自1969年起，任福州军区副司令员，军政大学副校长，军事学院政治委员等职。1955年，授少将军衔。荣获二级“八一勋章”、一级“独立自由勋章”、一级“解放勋章”和一级“红星功勋荣誉章”。是第六、七届全国人大常务委员、法律委员会委员。1993年9月在北京逝世。

颜金生 茶陵县腰陂镇龙陂村人，民国7年（1918）生。民国19年（1930）加入中国共产主义青年团。民国21年（1932）参加中国工农红军，同年6月转入中国共产党。土地革命战争时期，任茶陵独立团宣传员，连副指导员、指导员，红二方面军政治部青年科科长、青年部副部长。参加湘赣、湘鄂川黔苏区反“围剿”和长征。

抗日战争时期，任八路军第一二〇师政治部组织部科长，第三五八旅七一六团政治处主任、副政治委员、政治委员。参加冀中、晋西北地区反“围攻”、反“扫荡”和百团大战。解放战争时期，任西北野战军独立第一旅副政治委员、政治委员，第一军第二师政治委员。

中华人民共和国成立后，任西北军区炮兵司令员兼政治委员，中国人民志愿军军政治委员，武汉军区政治部主任，文化部副部长，陕西军区政治委员、新疆军区副政治委员、人民解放军总政治部副主任，中央军委纪委副书记，第五、六、七届全国代表，七届全国人大教科文卫委员会委员，第六、七届全国大常委会委员等职。1955 年，被授予少将军衔，荣获二级“八一勋章”、二级“独立自由勋章”、一级“解放勋章”。1994 年 3 月在北京逝世。

王于化　安徽萧县人，1940 年 1 月生。1959 年，毕业于安徽合肥三中，同年加入共青团并考入上海交通大学电力机车专业。1964 年 9 月，毕业后分配至株洲电力机车研究所测试仪表室工作，任研究所技术员。1964 — 1973 年，主要承担各种仪器设备的维修及配合车间、各科进行示波照相的环境试验等。收集整理了丰富的电子仪器线路、维修、调试资料，了解并掌握了进口四线、八线、九线等光线示波器的原理操作及维修。1973 年后，在总体线路室工作，主要学习韶山Ⅱ型电力机车的设计、试制和试运行，负责电控用的全部 7 种变压器、2 种脑冲变压器、2 种互感器等的设计，性能较好。对进口 6G 电力机车电控稳压电源进行国产代用设计，指标接近进口组件水平。1979 年 2 月晋升为工程师。1980 — 1987 年，先后进行了高 — 直 — 交小功率（20 千瓦）闭环试验，完成了模拟试验室设计、调试和 DF8 电阻制动控制装置设计、试运行等技术工作任务。因业绩突出，于 1987 年 11 月经铁道部机车车辆总公司批准任职高级工程师。此后，他继续积极工作，于 1991 年任总体线路室副主任，1992 年任主任。科研方面，先后进行了 DF4 电阻制动控制箱设计；试运、推广；08–32 捣固车电器系统国产化设计；大型养路机械及内燃机车电气控制系统技术引进和国产化等重大项目的研制均取得了重大成功。

丰硕的科技成果，产生了巨大的经济效益和社会效益。他参与研制的韶山Ⅱ型电力机车，荣获全国科技大会奖；他主持设计的国产内燃机车电阻控制装置，荣获铁道部科技一等奖，国家科技进步三等奖，至 1996 年已推广应用 2000 多台套，为铁路工业系统创效益 5 亿多元，京广线、郑武干线的机车通过能力每天就提高 14 对，年创效益 8 亿元以上。国产捣固车在世行贷款招标中多次中标，至 1996 年已生产 35 台，仅电气系统就创产值 440 万美元，为国家节约外汇 125 万美元。

由于王于化德才兼备，业绩突出，贡献大，曾获得许多荣誉称号。其中省、部级以上的有铁道部工业系统劳动模范，国务院颁发的政府特殊津贴，全国铁路优秀知识分子，湖南省劳动模范等。1996 年，其先进事迹得到广泛宣传，新华社发了通稿，《人民日报》、中央电视台等国家级媒体均进行了专题报道。湖南省委、株洲市委分别号召全省、全市人民向王于化学习，时任省委书记王茂林来株洲视察时题词：“学习王于化同志无私奉献的革命精神”。

1992年，他不幸身患肝癌住院治疗，出院后，他仍坚持工作，继续为课题工作劳累奔波。1996年2月1日，因病医治无效去世。

周吉太 湖南省祁东县人，1938年7月生。1964年7月，从华南工学院毕业分配到株洲化工厂工作。先后在该厂聚氯乙烯车间、多晶硅车间担任技术工作，并负责多晶硅车间的重建。1972年，加入中国共产党。此后，先后担任株洲化工厂生产科科长、机动科科长，1980年任副厂长。1985年5月至1990年7月，任中共株洲市委副书记、人民政府市长；1990年7月至1994年1月，任中共株洲市委书记。

周吉太在担任中共株洲市委副书记、市长期间，协助市委对株洲市的改革与发展作出了许多重大决策，并积极贯彻、落实市委的决策和决定。1988年，他与市委书记一起带队，率领考察团南下广东、海南学习，考察改革开放的具体做法和经验。返株后，市委、市政府制定了“以开放对开放、以开放促发展”的具体措施和32条新政策，相继出台了10多个改革举措。

1990年6月，周吉太担任市委书记后，倡导全市人民抓住难得的机遇，通过“一个转变”带动“三个转变”，即只有通过由计划经济向市场经济这个总体转变，才能带动从交通枢纽型城市向辐射型中心城市、从内陆封闭型城市向外向开放型城市、从传统体制下单一的工业主导型城市向多功能的综合型繁华都市转变。1992年，根据周吉太的提议，市委在作出机关干部“下海”者停薪留职，可去可回决定的同时，鼓励机关干部在工作之余学习、熟悉商贸知识，积极参加经商实践活动，产生了良好的经济效益和社会效益。他通过实地调研，建议拥有良好地域资源的株洲宾馆不要满足于摆摊设点，应开发利用，以地生财。市委接待处和株洲宾馆负责人顿开茅塞，立马拆除围墙，沿线建设49个商铺、门面全部出租，年租金收入达100余万元。门面每年创净收入达300余万元，原来冷清的沿江路成了热闹非凡的“小外滩”。

1995年7月，周吉太担任湖南省信托投资公司党委书记、董事长。同年11月28日，因病去世。

杨得志 原名敬堂，醴陵西乡南阳桥乡三望冲（属株洲县）人，清宣统三年（1911）生。早年在安源煤矿当工人。民国17年（1928）1月，参加湘南起义组建的工农军第七师，加入工农革命军，后随部队到井冈山。同年10月，加入中国共产党。自民国19年（1930）起，任中国工农红军第一军团排长、连长、团长，参加中央革命根据地历次反“围剿”斗争，曾获三等“红星奖章”。民国23年（1934）10月，参加长征，任第一师一团团长，率部担负前卫和先遣任务，强行突破乌江天险，为后续部队打开通路；曾组织“十七勇士”为突击队，乘着唯一的小船，强渡大渡河，为红军主力胜利渡河创造了条件，粉碎了国民党妄图变红军为“石达开第二”的梦想。到陕北后，任红一军团第一师副师长、第二师师长。参加了直罗镇、东征、西征和山城堡等战役。民国26年（1937）春，入抗日军政大学学习。

抗日战争爆发后，任八路军第一一五师六八五团团长，率部参加平型关战斗。民国27年（1938）夏，任第三四四旅副旅长、代旅长，率部越过平汉路封锁线，深入敌后，建立安阳、汤阴、内黄等县的抗日政权。民国 28 年（1939）2 月，任冀鲁豫支队司令员，在边区建立抗日民主政权，开展游击战争。民国 29 年（1940），任八路军第二纵队司令员兼冀鲁豫军区司令员，组织指挥“四一二”反扫荡作战，歼敌 700 余人。尔后又指挥军民粉事了日军两次“铁壁合围”，巩固和发展了冀鲁豫抗日根据地。民国 33 年（1944），率部返回延安，任陕甘宁晋绥联防军教导第一旅旅长。

解放战争初期，任晋冀鲁豫野战军第一纵队司令员，晋察冀军区第一、第二纵队司令员，率部参加邯郸、正太等战役。民国 36 年（1947）7 月，任晋察冀野战军司令员，指挥清沧、清风店等战役。同年 11 月，在朱德、聂荣臻领导下，指挥石家庄战役，全歼守敌 2.4 万余人，被朱德总司令誉为“创夺取大城市之先例”。民国 37 年（1948），任华北军区第二兵团司令员，率部参加平津战役、太原战役。民国 38 年（1949），进军大西北，解放兰州和银川。

中华人民共和国成立后，任十九兵团司令员兼任陕西军区司令员。1951 年 2 月，参加抗美援朝，任中国人民志愿军兵团司令员，在第五次战役中，连续奋战 50 天，迫使美军接受停战谈判。1952 年 7 月，任中国人民志愿军第二副司令员，组织指挥对美军的反击作战。在上甘岭战斗中，历时 43 天，毙俘敌 2.5 万多人，创造了志愿军依靠坚固阵地进行防御战的范例。1953 年 5 月，组织指挥夏季反击战。后任志愿军司令员，组织帮助朝鲜人民重建家园。曾荣获朝鲜民主主义人民共和国一级“国旗勋章”和一级“独立自由勋章”。1954 年回国后，入南京军事学院学习，并兼任战役系主任。1955 年，任济南军区司令员（1957 年到任）。自 1969 年起，任中共中央军委委员，中共山东省委第一书记，武汉军区、昆明军区司令员。自 1980 年起，任国防部副部长，人民解放军总参谋长，中共中央军委常委、副秘书长，中华人民共和国中央军委委员，参与领导人民解放军革命化、现代化、正规化建设。1955 年，授上将军衔。获一级“八一勋章”、一级“独立自由勋章”、一级“解放勋章”。是中共第八届中央候补委员、中央委员，第九至第十二届中央委员，第十一届中央书记处书记，第十二届中央政治局委员。1987 年，被选为中共中央顾问委员会常务委员。是第一至第三届国防委员会委员。1994 年 10 月 25 日，在北京病逝。

刘文学　原名刘忠元，醴陵沈潭镇美田桥人，清宣统元年（1909）生。民国 19 年（1930）5 月，参加中国工农红军。同年 8 月，加入中国共产主义青年团。民国 20 年（1931）转入中国共产党。土地革命战争时期，曾任指导员、连长、营政治委员、团政治处主任、团长，中共光泽、资溪、邵武中心县委军事部部长、县委书记，闽浙赣第三分区司令员兼政治委员等职，参加中央革命根据地第一次至第五次反“围剿”作战。红军主力长征后，率部在极其艰苦的南方坚持 3 年游击战争。

抗日战争时期，任新四军第三支队五团政治处主任，挺进纵队政治部组织科长，第四团政治委员，第一师政治部组织部长，苏中二分区、一分区政治部主任，教导第一旅政治部主任，参加著名的黄桥决战。解放战争时期，任华中野战军第六纵队政治部主任，第六师十八旅政治委员，华东野战军第四纵队政治部主任，第二十三军副政治委员，参加孟良崮、莱芜、淮海、开封、渡江、淞沪等战役战斗。

中华人民共和国成立后，任华东军区防空部队政治委员，浙江军区政治部主任、副政治委员。1962 年 9 月，任上海警备区政治委员。1955 年，授少将军衔。荣获一级“八一勋章”、二级“独立自由勋章”、一级“解放勋章”、一级“功勋荣誉章”、一级“红星功勋荣誉章”。1994年11月30日，在上海逝世。

刘道生 学名志敏，茶陵县尧水乡山寺人，民国4年（1915）生。民国19年（1930）1月，加入中国共产主义青年团，同年3月参加茶陵县游击队，9月转入中国共产党。民国21年（1932）2月，任红八军政治部青年部部长。民国22年（1933）8月，入瑞金红军大学政治科学习。次年任粤赣军区第二十二师政治部主任，参加中央革命根据地第五次反“围剿”和长征，曾在大庚岭率1个团阻击国民党军6个团，掩护红军主力转移。到陕北后，任中央军委干部团营政治委员，红三军团政治部组织部部长，共青团中央局组织部部长，红六军团政治部主任。

抗日战争爆发后，任八路军第三五九旅七一七团政治委员，晋察冀军区第四分区政治委员，参加晋察冀边区反“八路围攻”和民国27年（1938）秋季反“围攻”。在“百团大战”中，率部攻克天险娘子关，随后沿同浦路破袭日军运输线。后任晋察冀军区第十一分区政治委员，平西分区政治委员，领导平西军民恢复和发展抗日根据地。民国33年（1944）9月，任冀察军区政委兼中共冀察区委书记，参加晋察边大反攻。解放战争时期，任察哈尔区政治委员兼中共察哈尔省委书记，冀热察军区政治委员。民国36年（1947）7月，任东北民主联军第八纵队政治委员，参与指挥梨树沟门、杨杖子等战斗。民国37年（1948）春，任冀察热辽军区政治部主任，参与指挥冀东、辽沈、平津等战役。民国38年（1949），任第十三兵团政治部主任，参与指挥安新、宜沙和衡宝战役。

中华人民共和国成立后，任第十二兵团副政治委员兼湖南军区副政治委员。1950年2月，任人民解放军海军副政治委员兼政治部主任。1953年9月，赴苏联伏罗希洛夫海军学院学习。1957年，毕业回国，任海军副司令员兼海军军事学院院长、海军航空兵司令员。1977年后任海军第一副司令员、海军党委书记。1955年，授中将军衔。获一级“八一勋章”、一级“独立自由勋章”、一级“解放勋章”和一级“红星功勋荣誉章”。是中共第十一届中央候补委员，第十二届、第十三届中央顾问委员会委员。1995年5月16日，在北京病逝。

颜珍珠 又名中柱，茶陵县平水镇二仙村人，民国6年（1917）生。茶攸安酃联立简易乡村师范学校毕业后，任教于纲云乡中心小学。1926年3月投笔从戎，考入黄埔军校第五期步兵科学习。又先后在陆军大学参谋班第六期进修。民国29—34年（1940—1945），任国民党军连长、营长，参加抗日，在湖南新晃、武冈一带打击日本侵略者。民国34—38年（1945—1949），任团长、军参谋等职。大陆解放前夕去台湾，一直在国民党军队任职。先后任师长、“陆军作战司令部”副参谋长，第二军少将副军长、“陆军特种作战司令部”参谋长和第二军中将军长、副司令，“总统府”中将参军等职。

1980年旅居加拿大，后居美国。他不甘寂寞，依据自己的兴趣爱好，选择学习绘画。经过6年努力，在美国堪萨斯劳来斯举办第一次画展，得到当地人士欣赏，受到莫大鼓舞。经过继续努力，先后在台湾地区和几个国家展出6次，成为旅美著名的将军画家。1995年10月，颜珍珠夫妇因车祸在美国去世。

邓东哲　曾用名冬仔，茶陵县腰陂镇人，民国 5 年（1916）生。民国 19 年（1930）7 月，加入中国共产主义青年团，次年 2 月参加中国工农红军。民国 22 年（1933）6 月转入中国共产党。土地革命战争时期，任红十七师第五十团连指导员、教导员。参加湘赣、湘鄂川黔革命根据地反“围剿”作战和长征。

抗日战争时期，任八路军第三五九旅七一七团营教导员，团政治处副主任、主任，晋中人民自卫军第三团、晋绥军区第三十二团政治委员，参加忻口战役、冀中反“扫荡”和百团大战。解放战争时期，任辽西军区保安第一旅政治委员，第四军分区政治委员，东北民主联军第七纵队十九师政治委员，第四十四军一三〇师师长，参加四平、辽沈、平津、渡江及解放华中、华南等战役。在战斗中 5 次负伤。

中华人民共和国成立后，任第四十九军副军长，中国人民志愿军空军副军长，参加抗美援朝战争。回国后任空军第三军政治委员，福州军区空军副政治委员，国家计划委员会副主任，人民解放军工程兵副政治委员。1955 年 9 月，授少将军衔。荣获二级“八一勋章”、二级“独立自由勋章”、一级“解放勋章”、一级“红星功勋荣誉章”。1983 年离职休养，1995 年 8 月逝世。

苏本善　曾用名德隆，株洲县三门镇人，清光绪三十五年（1909）生。民国 17 年（1928）夏，毕业于南京中央军校，曾任国民党军连长、营长，交通研究院少校队长，训练总监部副大队长，第四路军教导团中校参谋等。

抗日战争时期，任国民党第十集团军总司令部上校参议兼宣传科长，浙江定海县、象山县县长，绍兴地区专员公署专员兼少将保安司令，浙江保安部队第三纵队中将司令。抗日战争结束后，任武汉华中长官公署专员、湖南督察专员兼保安司令部高参。1949 年 8 月，参加湖南和平起义。

中华人民共和国成立后，任湖南省军政委员会顾问，湖南省人民政府参事。湖南黄埔同学会副会长，第四、五、六届湖南省政协委员、常委，民革中央团结委员会委员。1996 年 7 月 5 日去世。

李俭珠　曾用名成功。茶陵舲舫乡洮水村人。清光绪三十二（1906）生。民国 16 年（1927）参加革命，任乡苏维埃政府主席。次年加入中国共产党。民国 18 年（1929）参加中国工农红军，任茶陵游击队中队长，独立营政治委员，红军学校、红十七师五十一团、第四师特派员。参加湘赣、湘鄂川黔革命根据地反“围剿”和长征。

抗日战争爆发后，入抗日军政大学学习。毕业后任八路军第一二〇师锄奸部副部长、部长，晋绥调查局局长。参加晋察冀绥地区的反“扫荡”战斗。解放战争时期，任长春市公安总局副局长，吉林军区政治部主任，东北民主联军独立第三师副政治委员兼政治部主任，第四十九军政治部组织部部长，炮兵第五师政治委员。参加三下江南、四保临江、辽沈、平津、衡宝、广西等战役战斗。

中华人民共和国成立后，参加抗美授朝，任中国人民志愿军特种兵政治部副主任，参与朝鲜第

一、二、三次战役，战斗中负重伤，被评为三等乙级残废军人。回国后任中南军区公安军政治部主任，广西军区副政治委员。1964年7月，正兵团职离职休养。1955年，授少将军衔。获二级“八一勋章”、二级“独立自由勋章”、一级“解放勋章”、一级“红星功勋荣誉章”。1997年2月14日，在长沙逝世。

贺东生 幼名冬生，攸县莲塘坳镇山背村人。清宣统三年（1911）生。民国19年（1930）7月，参加中国工农红军。民国20年（1931）加入中国共产主义青年团。次年7月转入中国共产党。土地革命战争时期，任红十二军通信排长，红一军团司令部通信队长、通信连指导员。参加中央革命根据地历次反“围剿”和长征。

抗日战争时期，任八路军第一一五师教导大队大队长，团参谋长、团长，山东军区第二师参谋长。参加平型关战斗和山东滨海地区反“扫荡”反“蚕食”斗争。解放战争时期，任东北民主联军第二十二旅副旅长兼参谋长，第一纵队第二师副师长、师长，第三十八军一一三师师长、副军长、代军长。参加三下江南、四战四平和辽沈、平津、衡宝、广西等战役。

中华人民共和国成立后，任中南军政大学副校长，第二十一步兵学校校长，广州军区公安军副司令员兼广东省军区副司令员，广东省军区司令员。1955年，授少将军衔。获三级“八一勋章”、二级“独立自由勋章”、一级“解放勋章”、一级“红星功勋荣誉章”。正兵团职离职休养。1998年8月27日，在长沙病逝。

段焕竞 茶陵尧水乡高径村人，清宣统三年（1911）生。民国18年（1929）加入中国共产主义青年团。民国19年（1930）参加茶陵游击队。民国21年（1932）5月转入中国共产党。土地革命战争时期，任茶陵游击队排长，红八军通讯员，红十八师第五十二团副连长、连长，红六军团随营学校政治大队长，湘赣军区第五团营长、团参谋长，湘赣游击司令部参谋第一支队支队长，红五团代团长。红军主力长征后，留在湘赣边区坚持3年的游击战争，先后参加虎头岭遭遇战、龙门突围战、洲湖镇袭击战等。

抗日战争时期，任新四军第二团营长、团参谋长，苏北指挥部第二纵队六团团长，新四军第一师二旅副旅长。参与指挥丹阳新丰、句容城、扬中、上党等战斗和著名的黄桥决战。解放战争时期，任华中野战军第六纵队副司令员，苏中军区第一分区司令员，华东野战军第十一纵队三十一旅旅长，纵队参谋长、副司令员，第二十九军副军长。参加莱芜、孟良崮、淮海、渡江、上海、福州等战役。

中华人民共和国成立后，任第二十九军、第二十八军军长，江苏省军区副司令员、司令员，南京军区副参谋长、副司令员等职。1955年，授少将军衔。获二级“八一勋章”、二级“独立自由勋章”、一级“解放勋章”、一级“红星功勋荣誉章”。1998年10月19日，在南京病逝。

谭天哲 原名天仔，茶陵严塘镇梅田村人，民国1年（1912）生。民国19年（1930）投身革命，同年4月加入中国共产主义青年团。民国21年(1932)5月，参加中国工农红军，11月转入中国共产党。

土地革命战争时期，任湘赣军区政治部青年干事，红十七师机要员，红六军团司令部译电员、机要科长，参加湘赣革命根据地历次反“围剿”和长征。抗日战争时期，任抗日军政大学学员队指导员，八路军第三五九旅教导营政治委员，雁北支队和八路军第一游击支队四大队政治处主任。参加百团大战和新州、崞县、宁武等地游击战及南泥湾大生产运动。解放战争时期，任鄂北军分区第二团政治委员，东北民主联军十纵队三十师九十团政治委员，第四十七军卫生部政治委员。参加公主屯战斗和平津、渡江战役。

中华人民共和国成立后，任人民解放军海军联合学校第三分校政治委员，东海舰队政治部组织部长，厦门水警区政治委员，海军福建基地政治委员，海军学院政治部主任、学院顾问等职。参加炮击金门。1955 年，授大校军衔。1964 年，晋升少将军衔。获二级“八一勋章”、二级“独立自由勋章”、二级“解放勋章”、一级“红星功勋荣誉章”。1998 年 12 月，在南京病逝。

文于一　原名溥钦，又名亮云、其昌，醴陵人，清光绪三十三年（1907）生。黄埔军校第四期经理科、陆军大学特别班第六期毕业。曾任国民革命军第一师排、连、营长、参谋处处长，参加过北伐战争。

抗日战争时期，任国民党第七十八师四六四团团长，中央军校第七分校军官大队上校大队长、军官副总队长，第九十一军、第三十六集团军少将参谋长。解放战争时期，任第三十七集团军及整编第二十九军参谋长，整编第一三五旅旅长，第一三五师师长，第六十九军副军长，第一兵团参谋长，第一〇〇军副军长。1949 年 8 月 4 日，参加湖南和平起义。

中华人民共和国成立后，任中南军政委员会参事，省人民政府参事室副主任。是湖南省政协常委，第六、七届全国人大代表，民革湖南省副主委、民革中央委员。1998 年逝世。

李　改　原名湘源，茶陵下东乡小车村人，民国 7 年（1918）生。民国 27 年（1938）参加八路军，入延安抗日军政大学学习。同年加入中国共产党。抗日战争时期，任八路军第一一五师教导旅组织科长、师干部教育科长、巡视团主任、团政治处副主任，山东军区团政治委员。解放战争时期，任辽东军区第七旅政治部主任，东北民主联军第七师政治部主任，第九师政治委员，第四十五军政治部副主任、代主任。参加四保临江、辽沈、衡宝、广西等战役。

中华人民共和国成立后，任第四十五军政治部主任，第四高级步兵学校政治部主任，第四十一军副政治委员兼政治部主任，政治学院训练部副部长、部长兼教育长，福州军区、武汉军区政治部副主任，军政大学政治系主任，海军学院政治委员。1955 年，授大校军衔。1964 年，晋升少将。获二级“独立自由勋章”、一级“解放勋章”、一级“独立功勋荣誉章”。1999 年 1 月 6 日，在北京病逝。

陈继昌　民国 11 年（1922）8 月，出生于河北省盐山县。民国 27 年（1938）3 月，参加革命。同年 11 月在河北抗战学院加入中国共产党。1951 年，中南行政委员会任命陈继昌为株洲市委书记兼市长。1953 年 4 月，调离株洲。1983 年离休，1999 年 9 月 26 日，因病在北京逝世。

陈志彬　茶陵县腰陂镇布庄村人，民国 6 年（1917）生。民国 19 年（1930）11 月，加入中国共产主义青年团。民国 23 年（1934）8 月，参加中国工农红军。民国 24 年（1935）11 月，加入中国共产党。土地革命战争时期，任茶陵县儿童局书记，湘赣省保卫局、红六军团政治部保卫局秘书，红军前敌政治部保卫局秘书兼政治指导员。民国 23 年（1934）8 月，随军突围西征，参与开辟湘赣革命根据地的斗争和长征。抗日战争时期，任八路军野战政治部保卫局第一科副科长，总务处处长，八路军前方指挥部警卫团政治委员，警卫第一旅二团政治委员。解放战争时期，任热河军区第二十二旅政治委员，热辽军分区副政治委员，独立第八师政治委员，第十四兵团政治部秘书处长，参加辽沈战役。

中华人民共和国成立后，任湖南省长沙军分区政治委员，湖南军区政治部组织部长，湖南军区政治部副主任、主任、副政治委员兼政治部主任。1961 年 4 月后，任湖南省军区政治委员，中共湖南省委常委，广州军区政治部副主任，人民解放军纪律检查委员会正军职专职委员，中央军委纪委专职委员。1955 年，授少将军衔，荣获三级“八一勋章”、二级“独立自由勋章”、一级“解放勋章”、一级“红星功勋荣誉章”。2000 年 2 月 7 日，在广州逝世。

耿　飚　醴陵黄獭嘴镇龙形坳村严家冲人，清宣统元年（1909）生。青少年时期随母亲居住过龙形坳村。早年在常宁县水户当童工，13 岁到水口山铅锌矿当童工，在中共地下组织教育引导下，参加工人罢工斗争。民国 14 年（1925）2 月，加入中国共产主义青年团。次年回醴陵开展农民运动。曾参加醴陵暴动和 10 万农军攻打长沙。民国 16 年（1927），任浏（阳）醴（陵）游击队队长。民国 17 年（1928）转入中国共产党。民国 19 年（1930）9 月，率领游击队参加工农红军，任红第三军九师参谋，师干部教导队队长，作战教育科科长。民国 22 年（1933）春，任红一军团第二师四团团长。参加中央革命根据地历次反“围剿”和漳州等战役。长征中，率部担任第二师前卫，攻克古陂，激战九峰山，夜渡潇水河，奇袭道州城，血战湘江边，沿途斩关夺隘，掩护中央纵队等部突破国民党军 4 道封锁线。红军进入贵州后，在江界渡口强渡乌江，为后续部队顺利过江创造了条件。民国 24 年（1935）1 月，任红一师参谋长，参加四渡赤水，再克遵义城，抢渡大渡河和配合兄弟部队夺占泸定桥等战斗。到达陕北后，参加直罗镇和东征战役。民国 25 年（1936）年初，入抗日军政大学学习。同年 12 月任红四方面军第四军参谋长。

抗日战争和解放战争时期，历任抗日红军前敌总指挥部第四军参谋长，八路军第三八五旅参谋长、副旅长兼副政治委员，北平军事调停处执行部中共代表团副参谋长，晋察冀军区副参谋长，察冀野战军（即杨罗耿兵团）参谋长等职。参与组织指挥正太、清沧、保北、清风店、石家庄等战役。民国 36 年（1947）10 月，得知国民党第三军军长率军部和第七师加 1 个团的兵力，离开石家庄，北进增援保定守军的情报后，率部在石家庄以北的清风店地区设伏，经 3 昼夜激战，全歼该敌，活捉军长罗历戎、副军长和第七师师长。创造了解放战争时期著名的清风店歼灭战。民国 37 年（1948），任华北军区第二兵团（后改称第十九兵团）副司令员兼参谋长，率部参加平津、太原、兰州、宁夏等战役。

中华人民共和国成立后，调外交部工作，先后任中国驻瑞典、丹麦、芬兰、巴基斯坦、缅甸、阿尔巴尼亚等国大使和外交部副部长，成为闻名中外的将军外交家。1970 年年底，任中共中央对外联络部部长。为开创和发展新中国的外交事业做了大量的工作。1978 年 3 月，任国务院副总理。1979 年 1 月，任中央军委常委，秘书长。1981 年 3 月，兼任国防部部长，1982 年 5 月任国务委员。是中共第九届、十届、十一届中央委员，第十一届中央政治局委员，第六届全国人大常委会副委员长兼全国人大外交委员会主任委员。1982 年、1987 年被选为中央顾问委员会常务委员。1988 年 7 月，获一级“红星功勋荣誉章”。2000 年 6 月 23 日，在北京逝世。

周　里　原名策海、又名周礼，炎陵县策源乡人，清光绪二十九年（1903）生。民国 16 年（1927）7 月，加入中国共产党。民国 17 年（1928）2 月，任中共酃县特别区委宣传委员。民国 18 年（1929）4 月，任中共酃县县委书记，5 月当选中共湘赣边特委委员。民国 22 年（1933）7 月，任中共酃（县）遂（川）中心县委书记兼新九营政治委员。红军主力长征后，留在苏区坚持游击战争，任湘粤特委组织部长兼湘粤赣游击支队政治部主任，后任特委书记。民国 25 年（1936），任中共湘南特委。民国 27 年（1938）2 月，湘南特委领导的 3 支游击队编入新四军，开赴抗日前线后，周里继续留在当地坚持斗争，任重建的中共湘南特委组织部长。民国 30 年（1941），复任湘南特委书记。民国 34 年（1945）7 月，八路军南下支队进入湘潭后，与省工委召开联席会议，成立中共湘中地委，任书记兼第四支队政治委员。解放战争时期，领导地下党发动工人学生开展民主运动，组织群众开展武装斗争和统一战线工作。

中华人民共和国成立后，任中共湖南省委常委、副书记，湖南省副省长、省政协主席、中共中央顾问委员会委员。2000 年 5 月 22 日，在长沙逝世。

刘　克　原名相尧、克鲁，攸县市上坪镇市坪村人，民国 4 年（1915）生。民国 25 年（1936），毕业于武汉大学土木工程系，参加抗日救亡活动。民国 27 年（1938）8 月，从西南公路工程处奔赴延安，入抗日军政大学学习，10 月加入中国共产党。后任八路军野战政治部干事，总政治部宣传干事，留守兵团警备第一旅二团政治处副主任，冀热辽军区宣传部副部长。参加晋东南关家脑、陇海铁路和济源、沁阳等战斗。解放战争时期，任热辽纵队宣传部副部长，冀热辽军区政治宣传部部长，骑兵师政治部主任，东北野战军铁道纵队工程部部长，铁道纵队第一支队支队长。参加热河左山、锦州北于家屯、察北多伦、义县和辽沈、平津、张家口等战役战斗。

中华人民共和国成立后，任铁道兵第一师师长，中朝前方铁道运输司令部抢修指挥所代司令员，参加抗美援朝，为创建一条打不烂、炸不断的钢铁运输线立下战功。回国后，任铁道兵团副司令员兼工程部部长，铁道兵副司令员兼科学研究部部长。参与指挥修建黎湛、鹰厦、外福、包兰等多条铁路干、支线，为新中国的铁路建设做出了重大贡献。1961 年，晋升少将军衔。获三级“独立自由勋章”、二级“解放勋章”。2000 年 11 月 3 日，在北京逝世。

二 人物名录

（一）革命烈士名录

株洲市区

汪先宗	汪兴堂	汪春华	汪起凤	袁松林	黄常福	袁春生	袁红专	宋若林
郭启高	唐长庚	杨　秀	冯厚兴	康海民	郭绍奇	袁春华	罗学礼	董显成
刘利生	戴正华	沈明士	易万泉	袁发南	彭光明	杨向东	刘　建	曾国光
易建勋	贺　政	郭建平	王明伟	程满林	漆兰泉	吴琴书	易胜乾	易云生
汪宗汉	马子廉	易科伟	熊大强	王　伟	丁福强	陈铁军	许念初	郭国荃
沈家兴	易泽泉	王万鹏	陈阳春	张　骞	董　映	罗　哲	张藻庭	罗春忠
罗福生	罗学忠	罗学兵	罗先国	郭建平	殷顺存	包光耻	刘新美	陈葵生
李德其	谭普臣	包光怀	刘成海	包光凯	王显成	黄逸夫		

株 洲 县

黄龙镇

肖平山	肖日升	刘锡国	邹仕生	尹周香	肖家兴	李铁桥	刘芳启	刘玉生
刘诗琴	姜　前	谭海道	胡刚强	易新生				

龙凤乡

谢有财	何禄堂	彭观荣	胡文秀	肖伏庭	何禹明	肖文燕	刘梅开	齐金生
齐观生	何初明	徐东程						

龙潭乡

谭学武	侯凤祥	丁桂云	丁炳杨	肖振秧	董光伏	邹春邪

砖桥乡

齐连桂	莫祖生	谢符保	谭明山	刘建富	谢其生	肖志峰

淦田镇

曾凤生	殷修业	张秋生	马家昌	张祖发	吴祥生	唐振湘	唐子成	张梅成
曾祖生	唐建勇	宋乔生	吴世连	周洪玉				

平山乡

周荫堂	刘柏生	谢开发	谢鹤鸣	柳国瑞	陈葵生

太湖乡

谭海晏	徐蔚德	唐招生	郭正太

八斗乡

唐润福	吴世忠	赵富生

长冲乡

刘章明	黄香生	唐席凤	齐炳元	赖善庭	彭香生

洲坪乡

朱金台	田兰庭	田新春	丁世清	田育才	林碧臣	田纯庭	刘发钦	田秋如
罗坤庚	罗乾雪	陈竹生	杨建南	杨立梅	刘伯志	吴安定	宋　凯	金永生
田礼成								

南阳桥乡

胡晋德	刘玉和	欧忠连	胡维新	杨海堂	胡晋高	陈钦楼	胡　攸	邱培国
胡周生	朱树堂	贺华祥	陈汉明	黄光华	刘恩兴	张茂翠	郑金龙	许科良
许念初	朱昌炎	胡才林						

白关镇

杨迪桂	旷家喜	赵腾芳	刘春溪	刘梅生	易子贤	周维雄	何宗喜	张芳林
张太球	唐金楚	刘雨明	袁德映	聂德兴	宾华清	刘海清	易志文	何德礼
刘海东	胡群峰	袁清云	杨碧先	张姚贞（女）	周袁氏（女）			

姚家坝乡

张　彪	易南洲	肖里谦	张训海	何明金	张结阶	罗星禄	罗仁阶	黎再生

黄帮水	陈巨钦	张俊阀	张绪永	张　勇	张顺正	程益明	唐德秋	旷　达
蒋先成	张福根	张洪友	张发秀	程昭山	邱长根	陈太阳	宋明德	陈学春
陈学梅	陈开益	张绪庭	陈帮冬	钟卫淑	沈正凡	黄帮昌	余益元	唐胜军
钟　奇	黄友来	宋立功	张绪贵	袁模范	张克昭	林建安	黄金生	刘　平
文加丙	黄德如	罗国华	罗四通	左新楼	陈果猷	张阳生	游祖成	程德忠
钟宇全	张家如	蒋甫南	张玉葵(女)					

仙井乡

喻大汉	刘昌炎	唐文山	唐文申	唐金斗	李仁桃	颜有桂	易位炳	周如瑞
何水忠	何业钦	傅月秋	张发清	陈克美	张庆楼	李文波	张传科	张传巫
唐文滔	唐文海	易端运	唐德桃	易发桂	晏子桂	张品槐	何加典	罗世桂
唐文早	张桂祥	唐器凡	易杨辉	杨子凤	袁冬生	张传如	胡作育	何宗太
唐仁思	易端富	唐器良	唐文富	陈海涛	晏长二	周克连	袁守雨	姚武如
张香云	张明科	唐文桂	周福喜	袁世环	周法元	张祥玉	周家元	周如阜
何德科	肖明初	唐文喜	陈友山	刘绪文	周道生	周蒲生	李福胜	袁守云
刘代新	周家祥	袁汉秋	熊　德	何德彪	唐国渊	张治中	张大云	周念泉
袁法友	何明盛	袁春田	李文学	李美四	周景立	唐际云	袁春香	易升开
陈国生	朱继国	徐山一	陈发科	易　迪	张晓春	刘正卿	陈赞红	匡国富
张芳禄	张华山	易元胜	喻绍伏	张子溪	袁发树	何　泗	易升翠	张帮成
张太贵	刘奉年	唐金如	姚祖法	苏运成	朱芳东	朱芳怡	唐器国	易步云
易育文	苏发祥	喻太高	朱德春	傅如毛	易竹生	易位香	喻志秋	匡国桂
姚绳升	易位武	张太德	张芳顺	朱德立	张子溪	张寿林	傅立生	傅曾喜
易足三	姚楚石	姚南加	易永生	朱德武	朱德佑	朱隆昌	易升桂	黄庆秋
胡桂生	李桂生	张启林						

雷打石镇

谭桂林	谭明德	钱子勤	钟亮玉	潘淑平	冯仕威	王夏南	罗青山	袁宪存
潘寿松	易冬生	王　平	旷仁俊	彭福泉	杨克忠	姜伯奎	罗茂纯	郭国良
郭建国	杨正明							

三门镇

廖国栋	范金生	曹伯钧	聂运兴	李兆民	刘意成	王树芝	王石泉	白长庚
唐海涛	李建安	吴海清	李道德	王梅初	张跃进	李德敬	曹铁星	曹伯君
余建安	易大明	刘竞蒲	杨振东					

堂市乡

廖逢运 文美生 王明雄 曾和生 吴友金 彭才生 胡社增 吉辉祥 吴安治
胡昌尧 龙启云 宋扬满

古岳峰镇

马文成 肖崇云 何子荣 唐升德 李月明 唐声盛 马少连 傅运芝 康华作
汪春华

王十万乡

肖光海 傅岳祥 文菊初 唐明开 罗少炎 刘加升 谭道立 李敬成 文礼秋 马子廉

渌口镇

胡毅然 赵桂庭 倪行山 胡梅生 巫南国 杨昭植 彭文辉 张启茂 何子文
彭维贤 汤思永 袁德喜 张祖新 张先甲 何育民 喻志泉 袁建发 何绍佑
简光庭 何培基 何业东

醴 陵 市

南桥镇

易显任 吴章言 刘家隆 刘宗监 曾令珍 易升福 黄美林 李和祥 李和燕
邱凤山 邱振才 李达钦 黄先发 吴国福 杨运清 吴同万 吴兵程 吴同发
黄忠才 杨耀卿 陈宏福 曾招洋 周致桃 江晃圣 陈祖梦 詹世如 石作昭
李海陆 吴章藻 杨瑞林 朱家厚 吴德平 吴自仁 周开喜 李良模 龙克成
陈传本 李海丰 叶卿桃 彭光华 古光才 张清义 朱志寿 杨耀祖 陈传其
江家国 谢岳峰 陈宏甲 朱家华 黎先辉 梁贤德 陈传喜 彭光华 周致虎
刘自昌 周家权 邹光旺 黄申宝 易维楼 朱宏桥 詹世友 周家发 詹世余
陈宏其 谢德启 陈宏福 吴从雪 吴从圣 谢振庆 刘法友 龙 云 翟生梅
陈章兴 朱兴煌

富里镇

吴开绥 王兴财 潘培河 黄恢虎 蒋国智 李喜生 冯献龙 李觉非 李发顺
黄宏启 郑金堂 谢发丙 黎昌建 谢世竹 王清蒲 谢世本 黎家才 江绍新
林顺和 吴云茂 李昌文 潘培晓 谢昌生 卢德福 林瑞偕 姚若忠 陈可兴

李秀本 潘绍谦 潘先发 易书虎 林天崇 晏国其 吴彦荣 陈立漠 杨传定
陈立贵 游思海 潘 恺 陈立洪 江金桂 潘先育 李秀泉 李昌明 黄永彬

白兔潭镇

李家珍 廖起才 肖训炎 钟仁克 王云富 陈茂德 吴开树 丁复生 陈上中
黎道德 欧阳琦 邓雨财 张庭祥 刘东元 彭云成 梁新佑 李维享 胡德兵

浦口镇

黄圣和 杨以梅 石作东 李柬秀 巫昌节 梁贤和 汤友昌 邓从高 曾显中
曾庆富 杨星元 汤正明 李作章 叶秀富 李 南 姚海清 李成寿 黄升金
陈明竟 叶永庆 郑甫芝 傅长仪 陈首稻 周忠泉 黄甫元

王仙镇

肖选清 丁冬海 柳发招 邱华桂 邓光云 邓崇良 易康全 刘文道 何永发
曾益陆 陈茂荣 徐茂全 曾世宏 曾世家 张树根 张锡仪 曾世告 林善云
黄庆南 丁敦明 幸显德 刘善正 曾长生 刘自梅 邓光奎 叶友俊 黄玉福
傅长丰 傅长合 张锡友 刘成喜 傅长节 丁南台 林升全 黄子田 曾世庆
巫怡茂 巫怡香 叶绍香 幸显生 丁帮世 丁雄远 傅宗计 邓培炎 张振秋

王坊镇

曾为朝 陈忠发 李发云 李保成 杨大泉 袁见山 余发明 邓文亮 赖洪生
余镜泉 徐新定 徐慎林 徐慎富 邓明干 陈茂双 夏甫宏 谢德禄 黄美全
谢德炎 陈茂友 徐依万 朱隆章 黄远根 张大连 邓元福 郑普芝

黄沙乡

刘发年 张大福 杨世发 王扬海 蔡申熙 彭明秋 汤正碧 邓文清 邓文广
巫连生 李舒才 张迪浦 汤友忠 李华湘 邓 迪 李华浦 丁冬伏

东堡乡

丁筱秋 瞿维新 刘锡云 戴竹明 张本道 王万元 郑洪林 刘福陵 凌远礼
李福沅 吴方石 李怀德 宋培根 邓达贵 彭承模 陈明喜 易大冬 张再生
彭承序 冯道高 柳昌发 喻志春

大林乡

袁纯仁 陈明友 张洪华 沈顺文 林庆亮 潘桥纪 易康友 柳发望 易大茂

舒兰波	潘乔芳	乔树全	邹海藩	邓文碧	邹建军	杨大炎		

东富镇

易桂才	王大文	李金华	文海棠	文模阶	张善宗	张清泰	陈正怡	王虎成
李美怡	文海香	文俊瑞	谢传福	符开定	张善崇	李全昌	易锡乾	易志衡
黄洪义	尹锡云	王桂甲	王兰夫	江盛瑞	王瑞启	李其昌	丁洪生	李德祥
张清楼	田送枫	胡连福	王恕安	谭培根	丁绍忠	刘春开	丁绍永	肖桂龙
王松瑞	朱万章	易菊生	张星寿	朱文章	刘世乾	张连启	张佑启	曹丙凡
张国照	饶开万	文星福	易湘善	文启财	许杜军	文开竹	王圣村	宁春发
温美廷	张有言	唐建昌	周光武	朱菊连	何振泉	许忠顺	王帮建	

孙家湾乡

刘汉臣	朱成谋	周伏昭	邬命先	夏仁瑞	龚　臣	赖坤远	刘冬望	谢腾华
李金华	龚永吉	杨介畦	刘石初	黎崇七	刘宗邦	刘泽洪	易克传	孙有发
张连生	张大茹	李桂龙	夏开益	黄世明	夏云中	谢文安	周木岳	肖洪开
曾荣蒲	丁扬生	刘笑庭	何松城	邬异炎	周木洪	张大美	张其姣	周鸿斌
夏万云	骆希斌	张楚光	刘云海	张合玉	刘关生	刘云蒲	傅显云	刘冬才
蓝家新	易全友	刘道生	张良秋	黄兴国	李运先	姚伯勋	邹龙篪	贺育才
朱运明	温燕南	凌邦连	张方佳	朱泽谋	王清连	孙许根	易大海	邬佳山
阳治平	丁利民							

渌江乡

李秋生	柳发旺	黄全广	吴仲明	易特明	曾隆初	朱华国	邬恒启	周光亮
邓富仁	吴存仁	蓝国明						

枧头洲乡

李华询	邓文甫	李华培	邓元春	彭增南	汪泽静	胡明义	文洪生	丁春生

泗汾镇

周洪儒	叶连泉	杨桂翻	刘清香	陈才汉	陈　恭	陈　觉	左发明	刘吉年
邹纪庚	易青台	易兰田	李发桂	易继云	巫德禄	瞿连希	周瑞开	刘福汉
何传甲	胡光明	廖光发	巫南国	郭桂兰	刘定祥	王光全	刘云和	曾运如
郭桂方	郭佑全	王龙文	谢桂全	瞿春庭	郭虞轩	郭连中	郭泰生	陈石岩
何云桂	李清吉	杨万德	易日村	钟接瑞	易学武	巫绍仁	易作甫	刘镜明
赖申益	郭知和	谢金秀	刘乾里	易万里	易洪尤	易仁南	易瑞之	黄云蒲

易德生	刘云庆	易启祥	瞿圣霞	黄英华	王忠和	黄春华	周　国	周香照
谢南国	易光生	易桥林	郭绍山	赵云霄	郭均洪	丁龙英	刘金花	何新全
郑元普	刘乾花	刘　志	钟全美	巫开海	巫春泉	刘香林	郭兰桂	易燕清
刘香岩	刘家才	刘少炎	张本元	易根前	易应南	郭新均	欧阳丙善	

欧阳云南　欧阳光林

沈潭镇

易大本	易兆乾	刘群生	丁纪生	丁本田	温建修	易湘辉	刘秀南	林生发
林生富	章禄明	曾隆德	刘夫山	丁开全	汪石生	易绍成	丁开阳	汪恩锡
瞿福存	罗圣生	何砚岚	丁申瑞	刘之恒	丁神佑	许德清	漆益三	黎寿春
丁作林	袁次安	刘少龙	丁开云	陈华堂	刘开怡	漆开盛	丁瑞近	丁纪方
杨建昌	易湘如	易湘元	温起全	易葵连	易汉恢	许鸿如	易金华	黎生才
易维成	刘觉人	刘大盛	刘义生	张康全	刘祖佳	刘群林	易湘栋	漆青生
罗运山	曾隆光	瞿乔先	刘湘成	丁文烈	徐云清	彭包生	谭仕昭	刘永文
邓绍华	朱清洲	李彬山	丁海全	丁光清	刘佳寿	丁本花	刘仕奇	黄开清
王开扬	刘佳桂	漆秀云	尹新朝	谢世特	丁纪祖	刘兵发	丁异春	丁贵生
丁际庭	荣佳才	李开生	丁付初	易兆仁	邓光明	易仁善	刘石仁	陈芝生
黄先南	丁守和	朱关生	李笃生	丰新华	丁　建	易接发	刘佳仁	易兆云
易继恩	易作圣	易龙光	丁勋成	谭开庚	叶海如	罗鹏山	丁和仁	丁庚云
丁正开	丁瑞清	丁云科	刘佳普	刘佳才	丁纪高	袁荣怀	刘克绳	刘佳贵
彭树云	朱秋生	漆浣生	丁首和	易明生	刘和生	刘宗彩	易湘梅	易林祥
易兆龙	易春生	易隆祥	易湘全	易作球	丁敦全	文俊春	易清美	易保元
周木祥	易湘俊	丁照湘	吴福光	刘国昌	易道凯	刘炳全	易道传	刘祖移
易道运	易道仲	叶维泉	刘石生	刘嘉诞	丁本绍	李笃生	杨雪梅	王盛元
李泽岩	袁小环	刘佳清	刘常中	曾一新	易树德	郭元甲	张桃林	丁发云
丁近林	杨福雪	杨仁伟	朱清江	刘泽生	易克成	王泰山	漆中湘	陈石生
罗运甫	易湘文	张其夫	易云清	刘传生	杨绍奇	丁纪盛	漆光荣	丁本肇
曾道益	曾毅之	漆开中	谭美贤	彭贤隆	刘家春	彭琪全	周木友	瞿明科
丁传福	易全衡	易湘杰	李洋益	李纪清	易大启	周克恒	丁登科	刘光荣
霍清原	刘增华	丁佳芳						

船湾镇

张疑喜	谭石生	王晓塘	欧阳泰	胡培钦	谢垂华	谭扬照	肖方庆	易天照
陈章连	巫纪生	凌启善	李雨德	刘正和	易大云	谢朝佑	陈天福	易恢启

刘志林　言子斌　易攸才　谢星寿　王玉正　谢生安　谢步肖　谢枚方　谢方一
谢日升　谢凤生　谢擒虎　瞿秋龙　胡国生　肖国云　谢元钦　谢茂根　谢光普
谢耀南　谢锡凤　谢庆章　欧阳烈　谭国清　叶国启　吴有根　凌仕炳　易晴昉
李正生　易根盛　林启善　谢冬桂　刘　球　张海山　李宗其　江开和　张纪和
吴明厚　胡元阳　刘祖新　江基安　方贵德　刘佑国

清水江乡

刘立贤　刘德生　荣瑞峰　黄国良　潘疆爪　张德芳　刘生云　丁性初　刘存冬
刘正福　黄正初　黄锦兴　彭选清　荣盛发　荣恒立　袁明楼　黄秀堂　丁许生
丁接夫　刘宽裕　胡全清　郭连美　胡自然　彭寿同　张启佑　卢泽启　刘虎生
荣夫友　荣丙兰　谢石生　刘耳金　卢关清　谢世昌　陈湘桃　张福桂　张继贤
胡启元　傅显番　荣达先　张竹元　彭近来　刘兰清　刘善端　荣寿喜　丁传清
林郁民　胡锡纯　黄传宗　胡启才　潘桂生　胡冬元　刘芳桂　张学礼　荣瑞生
苏明兰　丁芳全　郭祖培　张文成　张开美　彭纪春　张吉星　荣孟桃　荣顺生
易夫圣　王夫龙　张照发　刘德先　刘埠上　郭登品　张先全　张德美　郭启发
郭建汉　郭建元　朱元哲　何招全　丁泽员　黄怀寿　刘德来　荣福盛　刘开林
苏挽兰　丁夫元　丁岁余　张启光　丁冬初　苏纪宗　刘洋生　潘清云　丁秋生
彭寿松　刘金文　荣元贞　张光然　陈竹岩　彭治云　荣国明　彭蒲寿　丁炳元
郭祖明　刘清黎　刘耳先　荣德先　杨桂兴　巫传发　潘彦香　胡啸怀　彭茂宗
徐光雪　张树生　黄开春　荣接胜　胡启连　黄云益　张　兴　张仁记　刘春湘
刘知高　刘师爱　邓启中　易芝启　刘寿元　刘发文　何明冬　傅端海　丁开秋
张友和　胡道平　彭天来　黄发明　张庚生

大障镇

周纪圣　钟生抚　左新科　董再德　瞿洛顺　易纪生　董爱连　杨传寿　钟章国
石梯秋　石祖德　石文开　谢先甲　唐龙昌　石召春　王明德　谢凤岗　李龙才
贺先庚　杨运丰　谢光仕　董天佑　杨子凤　杨金元　杨子方　杨开榜　谢冬全
杨清连　杨新茹　贺攸阶　唐发科　颜新恩　谢树明　汤佑堂　贺绍业　杨从龙
杨宗元　邓国承　李寿秋　罗甫秋　杨开富　谢生凤　石南生　李永昌　谢秋开
谢开寿　叶月桂　石庆华　谭福元　谢桂开　杨锡畴　张应兴　谢廷树　杨光林
周佳禄　杨资文　颜林祥　姚彭林　李斐章　张善久　唐革辉　罗光祥　黄少中
杨全掌　杨香国　周雪桂　杨明庭　颜裕峰　刘万才　刘锡爵　杨蔼春　董培源
颜启云　颜家祥　汪祖佑　石继昌　杨新茂　杨益云　姚茂清　石菊华　文魁楚
杨春玉　文连桂　杨苏才　杨树香　杨绍甘　黄祖生　李爱文　李用桂　李丰瑞

姚先培	贺树任	姚怡生	黄兰蔼	颜兰高	杨长元	刘克俊	颜鸿羽	杨光南
黄春华	杨超南	杨香林	黄一平	颜佑启	石文相	孙文定	董全开	杨界仁
杨斗清	贺新瑞	杨仪廷	杨明山	刘燕家	汪台春	翁明象	邓玉奇	谭连山
刘继光	刘绍美	冯兰田	巫桂生	叶德生	杨天战	刘宗贵	杨新菊	贺兰山
黄国强	杨梅春	邓寿凡	陈锡均					

贺家桥镇

潘香酒	周枣寿	杨福中	李世昌	潘寿山	凌寿山	邱仁乐	贺兰风	贺少定
潘金文	谢冬生	贺贞秀	颜植廷	杨天才	李福呈	余竹明	贺星万	潘连章
彭菊云	周苏若	彭万才	贺桃仁	贺介招	张本大	颜少广	彭梅云	李光庚
李新甫	杨凤廷	刘纪善	杨连成	李绍全	贺宗泽	贺纪传	胡秋庆	汤桂发
李承清	颜仁远	杨绳球	杨承光	刘明星	潘辉羽	潘　杰	杨花开	刘义仙
贺方枚	贺运方	李绍兰	刘菊发	贺爱竹	杨海波	贺泽棉	杨绵长	杨阜如
潘　芳	彭国初	彭中烈	温玉连	杨思明	周正先	朱家联	周桂恩	杨孝伦
李寅曦	颜金枚	颜月庭	贺渔秋	贺绍定	贺春魁	翁美林	杨作朋	熊眠生
翁树春	杨蒲秋	杨竹林	贺春富	周中英	周多文	周培元	周芝南	杨德阶
杨爱明	贺风生	贺章豹	贺复兴	周步高	贺文才	潘泽佑	邱锡良	贺榧清
杨迪先	李增富	李绍竹	贺志庆	贺贵恶	贺泉生	贺友梅	贺长益	贺盛奇
贺孝连	贺祖恩	李增云	周云南	汤志哲	杨迪先	刘菊发	杨夫三	杨吉仁
杨纪昌	翁在中	张石恩	杨吉普	杨思其	贺作生	周礼门	播映贵	播枚初
颜怡云	周德芬	周长松	旷永寿	贺雪阳	贺生阳	李长云	李有才	贺少南
潘国文	贺孝兰	刘祖根	贺怡绵	贺新根	贺西兵			

马恋镇

翁明高	潘梓柏	颜启寿	汪富名	杨金华	陈竟先	李则全	李则全	杨宗贤
杨仁昌	胡宏中	李茂全	杨金山	黄金阶	曾永华	黄绍南	杨金科	张瑞夫
陈禄泉	杨运才	刘魁梅	汪枚魁	汪德寿	汪中全	李福全	汪开生	汪生桂
汪申元	吴雪禄	刘黄民	黄春芳	江仁阶	贺桂岳	汪泰新	颜凤生	杨计夫
杨模臣	汪海仁	贺长寿	周凤恒	潘秋富	汪夫文	陈孝忠	李树初	宋佑桂
陈质滨	陈全云	肖轩林	杨先阶	刘尉贤	杨泽朋	杨其祥	颜光恒	黄日新
陈光榜	胡雪枚	汪亮生	黄　龙	张建才	潘　冈	左应竹	左应培	汤正申
周文生	邓泽如	张福梅	丁友新	黄启后	邓傅甲	汪启生	胡贞祥	黄如甲
宋佑珍	陈庚发	杨思其	汪恩光	李定玉	杨万圣	彭作藩	周不论	翁月芬
左福兴	陈益茂	曾凤林	杨端发	周桂三	刘魁贤	汪福旦	谢道生	谢夫山

陈　意	江包生	邓仕球	黄品明	范梓香	周任荣	汪先春	刘俊兵	颜树炎
张万生	汪湘泯	潘宗福	易　品	汪锡元	张其驹	黄泽俊		

嘉树镇

卢泽富	卢泽启	张文桂	姚兆宾	姚爱生	钟芳友	黄亮庭	刘绍基	郭登连
姚茂贤	姚启财	汤迪泉	黄雪万	黄德先	姚仁丰	缪　忠	周子仁	郭纪生
姚之申	荣谷树	江国平	何家中	姚富炎	龙　彪	易运习	黄启先	黄榜如
朱伏山	荣如万	邓美春	周春兰	何泽高	姚爱玲	姚伏龙	周穆庆	姚文甫
姚兆先	黄照庭	黄圣发	刘启生	何允佳	李光玉	谭瑞宜	陈冬明	欧阳明生

欧阳福生　欧阳花楼　欧阳玉林　欧阳光庆　谢桂连（女）　刘梁民（女）

茶山岭镇

张作善	邹锡福	李良忠	左万光	邹光溪	丁运桐	丁其柱	邹幸如	黎振发
汤锡光	荣甲德	方花钦	张仕瑞	方绍钦	周作中	汤育恒	汤香仁	荣印秋
刘家球	曾德佑	丁盛谋	周序政	邹开华	曹初积	丁连生	邹南春	邹品清
林顺祥	谢瑞友	黄正云	颜钦安	丁登高	杨运思	丁盛光	田纯耀	黎裕山
周桂芳	苏启安	黎从典	丁近冬	陈辉龙	何梅亭	邹国华	胡康泉	邹应奎
丁开山	文启利	邱星运	翁芳升	何元和	荣乾春	赖和顺	叶石生	周香垣
梁近贤	邹业登	邱开桂	杨传志	周穆文	陶秋菊	汤家广	阳锡如	李春贤
李隆甫	张正年	荣龙修	邱庆梅	丁光秋	荣召启	李春绍	黎开春	张佑美
汪存雪	刘春洋	杨运幸	刘春阶	丁存友	汤翰屏	荣伊端	左万清	丁首乾
周穆轩	黎树善	邱开佑	唐发祥	肖文昌	李发庭	文庭翠	邱庆初	文家树

谢桂南　傅自汉　傅立英（女）　邹年冬（女）　赖月秋（女）

神福港镇

周兴葵	谢任泉	周秀瑞	汤申优	汤立畲	汤沛生	汤增羽	刘俊兵	龙启桃
刘上元	刘运庚	刘周盛	刘国初	张清山	汤恢先	刘阳生	古开花	胡日华
李名生	文一成	李国辉	汤孟云	鲁珍昌	邱达惠	林柱春	汤大恒	文玉香
杨德高	文玉友	刘近梅	李光成	刘运来	凌运祥	李隆甫	汤冬炎	李　清
汤声文	周春梅	汤久秋	黎明生	汤玲英（女）				

栗山坝镇

刘海南	汪干先	周瑞生	丁尧生	姚台友	唐家云	唐红开	黄美祥	何振春
颜介凡	欧清友	朱明星	汪超伦	汪早生	汪泽嘉	汪先开	汪夫吟	汪敏球
汪石先	潘国联	周松年	周普生	周申廷	周家全	汪主先	侯开暑	邱迪安

邱怡谋　邱克孝　汪先勋　吴云禄　朱永甲　刘先启　周家春　郭登友　潘子琴
蓝桂和　洪彩华　侯惟隆　侯花科　汪瑞其　汪长发　文启汉　文燕山　何祖华
何光忠　周近枚　何连桂　朱寿堂　侯光科　邹蔼春　黄如甲　邱怡汉　朱德怀
朱务义　朱广义　潘云清　汪元全　洪功菊　邱绍攸　易华桂　谭裕盛　姚台照
侯云科　王邦秋　洪旺申　洪初述　文赴交　文才元　文元国　王德隆　潘必正
潘作仙　杨伯良　王傅生　李胜坭　汪雪生　龙德传　王绍和　邱迪延　王建国
唐光明　凌　云（女）　黄　兴（女）

转步乡

刘仕德　关普德　李雪明　李仁连　何连科　曾新八　廖时肇　曾新矩　郭春山
张传寿　关家全　刘俊光　左万相　廖玉福　张发炎　彭贤开　肖花楼　陈　洁
刘爱佳

均楚镇

杨世林　周家喜　汤启香　龙廷生　邱迪余　彭本池　李召清　汪为善　郭花美
朱道生　廖申华　杨光登　王正恩　殷近福　卢任秋　唐家和　邱祖香　马祖盛
唐正旺　殷增秀　邱春启　侯洪全　罗传菊　何枚庭　殷德友　王佐才　龙金申
龙国钦　殷增辉　马香桂　彭迪正　殷德文　龙起初　罗永秋　龙生皆　易恢元
殷德运　彭昌瑞　罗雪堂　龙启桃　黄彩庭　范长术　邱兰芳　邱科清　唐东山
钟善和　钟祖恩　殷增青　钟永清　钟兄生　王德新　李良忠　罗永席　郭定志
殷德友　唐升洋　汪兆庭　殷德峰　邱迪仁　龙广生　范长花　曹起早　殷德瑞
邱迪瑞　邱迪放　刘大国　龙德恩　谭中明　田和桂　廖金仁　殷德奎　罗与交
罗启厚　王克文　乐招花　唐德皇　殷德中　龙子建　曾定夏　唐家宾
莫竹红（女）　卢东华（女）

石亭镇

易南喜　方俗先　唐升鸣　张芳域　朱方八　张方竹　张大文　廖祖彬　廖启佩
朱新田　张近冬　张开其　易端志　李景国　朱昌寿　邹荣华　张大英　张雨全
方华美　廖德连　张方如　黄冬生　廖新梅　易南玉　黎文良　张子溪　杨立生
廖先访　张大苏　易福堂　张大谋　张丁生　张育生　张开榜　胡华照　张　纯
廖先春　何宝其　朱楚才　程福生　张友义　杨伟才

长岭乡

黄文香　刘梅生　易理哉　易腾福　易京魁　宋扬铭　朱长锦　易恢才　田云章

易少安　张选达　易恢凤　易理兵　易理智　易理富　朱芳生　朱集成　肖梓木
张开沅　朱介藩　王茂运　刘升再

军山乡

龙庭科　马培广　龙显才　乐祖昌　马桂芝　唐升远　赵新长　黄菊训　罗恢绪
易南山　王名运　马　戈　钟图登　黄有雪　余水生　欧阳金匀

高桥乡

马家昌　龙广生　龙思九　苏　益　钟瑞其　黄文全　刘祖桃　彭志扬　马德兵
王先春　马芝来　朱觉先　张挹兰（女）

板杉乡

王大生　肖福生　肖传图　陈正师　李树森　陈樊益　朱谓贞　朱克靖　郭显扬
陈扬春　陈显明　陈扬铭　肖传非　王未冰　陈显运　刘德恩　郭宪仪　陈昌发
肖端仁　刘梅生　帅万贵　张云富　李玉生　王保生　徐紫辉　王明桃　李光凤
郭春生　张继寿　陈扬和　刘善兵　江　平

仙霞镇

苏文飘　苏东桥　张云圣　余眉溪　荣占奎　苏松堂　苏俊德　苏际广　苏文开
苏文魁　苏梅生　夏家桂　文有明　江锡生　文长庚　江国来　文花楼　余星河
余明志　朱运加　余玉后　刘星田　廖德正　苏文祥　苏与仁　苏文清　文从阿
苏春满　苏文花　苏文榜　文洪池　刘永祥　苏祝钦　苏德益　余荣柯　文再清
凌华山　余文新　凌家祥　晏晓春　苏文昔　李升清　谭文福　李　斌　苏仁裕
苏运石　李仁富　苏子溪　唐桂华　苏学梅　黄其连　黄金生　李幼林　刘俊德
黄俊生　苏雪梅　张训银　江文增　晏龙驹

新阳乡

李万坚　左如成　文庭尧　李铎吾　匡道新　李光绍　文庭雪　刘义禾　文元富
张克怡　张凤洪　黎绍成　左秋德　匡甲龙　左　权　李万扬　李纪云　文甫云
文子晋　文木春　胡冬生　文万全　陈义贵　杨冬购　袁华星

八步桥乡

陈喜如　罗骥云　肖昭生　唐家喻　傅先礼　邹培中　张友明　胡家凡　黄长珍
王　贵　骆锡伍　谭道生　胡幸连　宋常怀　杨学全　陈显加　吴鲁庚　王志忠
罗正平　王淑良　李光传　吴美田　邹培发

黄獭嘴镇

黄再新　李玉家　余祖德　朱方典　江益云　程依法　蒋其周　朱明成　易扬春
朱芳田　傅绍伊　傅　友　蒋本凡　余福秋　耿俊强　王昌荣　耿守梅　漆东南
傅肇云　张能立　谭益许　彭　进　孙月希　唐顺泉　李玉光　刘建明　傅许生
张应南　黄升候

枫林市乡

邹培长　宋华焕　刘扬升　程昔如　宋际魁　李良泉　宋升阶　宋誉美　邱名骥
肖家汉　肖昌宗　何与爱　钟逢裕　黄正常　宋方铨　宋方典　王华堂　肖昌涤
朱宗青　宋方华　宋道田　晏可成　宋高发　潘绍武　黄国霞　宋先成　黄国翥
肖春泉　易祥云　王华玉　宋志远　宋方根　何禹寿　宋子招　周三祥　钟武连
程道广　刘开庆　吴建勋　张茂圣　宋家云　黄迪谋　周开云　宋文普　潘连成
刘德光　宋玉春　李新科　宋有余　程国兵　黄爱连（女）

官庄乡

钟继连　程衣发　周大怀　朱启云　钟锡如　沈秀才　何光裕　钟武强　钟伟扬
胡名富　钟武东　钟汉卿　程邦秋　程炳秋　易理富　程高利　宋家忠　程邦秀
李玉泉　赖善主　唐日新　宋逢甲　朱后泰　钟武南　温新扬　钟云香　王帮元
刘运连　杨隆美　张升至　温培仁　曾培佳　叶桂香　刘连生　文德录　朱兴富
杨祖榦　张良生　杨耀魁　杨耀庆　杨耀珍　黄星楼　杨伏生　聂春楼　张英喜
黄光节　钟良漠　钟昌生　杨先梅　黄家泉　杨正如　刘添桂　张祖皆　钟云香
文家必　钟武龙　沈　满　钟武梅　杨春来　蒋其贵　谢运钦　谢德钦　钟伏皆
钟成细　钟经和　黄汉其　林远成　陈安南　易庆仁　卢建成　卢庆秋　肖华新
宋明连　李和林　钟伟德　江益林　钟经伟　肖有存　黄振云　郭孟冬　赖春富
钟经国　李春生　娄介吾　钟文则　钟庆云　张昌禄　李光宝　阳立清　钟卫宗
肖荣富　钟伟进　黄　成　罗启胜　石朝阳　傅道昭　吴方理　李学皆　阳立梓
吴生福　康大文　吴桂秋　彭万丰　黄应余　梁清吉　梁孝勇　刘瑞敖　钟雨宜
冯正和　钟良瑞　钟玉明　刘金星　傅正才　张宗科　卢施南　宋增明　曾广和
卢施华　钟瑞春　郑美全　钟福山　何自珍　钟锡如　钟佐朝　黄扎正　胡碧炎
钟纬尧　钟桂香　钟武功　钟经鹏　钟武尚　宋菊香　游克常　李春华　李松林
钟文绳　黄开林　邓长清　林远钦　钟碧能　宋先兵　钟纬兴　赖友交　娄　佑
刘瑞钦　陈　益　钟竹庭　孙昌后　钟冬衡　孙昌瑞　钟习珍　钟永年　钟石其
张宗云　钟少基　钟维春　钟习权　娄　三　钟文村　傅正成　钟文意　冯孝庭

钟保初　张宗保　钟经喜　钟经凤　赖细胡　谢泰常　钟文霞　钟经福　赖先禄
赖运钦　洪炳吴　钟文加　罗天德　娄德门　易茂南　黄昌台　黎德昭　钟文清
钟经凡　廖谦益　唐　贵　谢崇桂　易细文　郑余生　傅昌信　钟经桂　钟文甲
钟经书　李桂香　黄太山　苏启瑞　钟文爱　唐清如　易细隆　江友武　钟文资
袁益武　钟定发　赖先成　钟金卫　罗名节　张谦山　钟保云　李星仙　谢　福
谢义云　钟纬增　谢甲山　黄玉林　阳自敏　钟武宗　钟保文　钟伟仁　钟卫松
刘秀桃（女）　欧阳佑连（女）　欧阳南庭　欧阳中吉　欧阳周益

城　区

黎道浓　漆丙元　易金华　张佐卿　殷子霞　杨焕元　周振汉　孙筱山　孙少朴
何永才　许盛炳　曾家裕　邹富友　易佑福　阳之开　黄长庚　殷德礼　周瑞泉
凌汉良　易其发　王长运　何学如　李隆光　阳元儒　罗俊珍　阳普洪　刘宏深
肖传辉　廖　湘　王克初　文荫明　谢孝财　史有胜　张大荣　李忠泉　邓永福
廖海波　李文定　彭瑞生　汤家芝　林洪良　谭子福　周全甲　廖振扬　张署生
陈自谋　曾明新　张仕林　巫汉国　王春生　易建国　肖建军　易康立　陈正明
何淑娟（女）

住址不明

汤正伦　刘子冀　周成材　周文生　唐子生　陈起泉　冯正早　王作瑞　邓化文
李英繁　杨友田　邓仲潘　谭走东　黄金干　马保忠　刘海清　吴坤明

攸　县

鸾山镇

尹成顺　皮章生　谭莫四　刘祖仔　刘跃仔　尹发元　刘康四　谭麻苟　刘兰芳
江宗才　陈祖章　李神仔　刘谷林　谭金林　刘松生　张才一　左运仔　石正福
陈松三　王宜珍　陈石林　陈章仔　陈满仔　何成一　邹全生　皮承仔　曾青仔
刘保元　刘德清　肖炳林　李大乃　刘石林　刘丁开　刘用生　谭顺四　贺回生
邹善章　尹吉乔　谭保仔　左耀一　刘龙益　邓世恩　王顶清　刘贻生　谭春生
杜癸七　刘寿林　张　定　刘奇林　刘亚三　何　定　刘　龙　刘德生　刘金生
刘杨生　刘高尚　钟石仔　余绕林　魏祖益　刘受琮　左光胜　刘戍宗　刘福田
阮新材　雷有忠　刘龙昌　黄龙彪　古傅生　赵云祥　娄彩民　赵新奇　李吉光
李春堂　谭哲文　周瑞奇　邱寿仔　刘明魁　江冬四　王月生　颜少伍　尹金安
洪马仔　李永祥　陈菊荣　王仁八　曾新仔　曾荀七　杨里仔　曾金兰　皮祖林

皮秋仔	皮肖林	皮佑林	皮柏仔	兰发林	尹彩文	王瑞生	王喜生	王观生
钟绍基	胡香林	雷德生	陈松林	刘春元	江新其	刘龙昌	刘冬仔	曾咸生
刘光明	刘流三	刘相仔	刘海林	宁可子	王冬连	王桂生	尹秀元	钟友胜
胡依蓬	邹生云	刘秋仔	王用生	刘贻昌	曾运昌	黄仔乃	曾宪章	刘和仔
尹马仔	刘相生	刘新和	刘湘彦	刘训期	刘天如	余长生	尹龙林	李杨胜

刘康四娘（女）　张四秀（女）

黄丰桥镇

陈文柁	杨安磅	颜偶五	贺云秋	龙　一	胡石林	文天生	石仁牙	谭苟仔
贺咸五	刘咸六	刘官乃	邹大乃	汤青山	刘茂乃	陈毛仔	邓花子	彭　四
吴苟九	张少二	王象生	文东山	谭春八	洪回春	何枚秀	王福仔	刘德生
王其昌	颜尊福	张松三	陈石六	陈画四	陈偶九	洪大乃	王桂生	黄秀回
陈祖发	李秋一	颜黑皮	陈开元	陈新仔	邓月五	洪冬林	邱仰保	陈干根
颜基二	贺乱谈	彭苟八	陈乔乃	王长仔	郭思林	刘基五	谭包六	彭义牙
仁　真	周开仔	谭开元	廖锡福	文良生	文普志	黄咸八	黄志衡	贺俊章
贺蒲林	叶石生	江运仔	贺祖春	吴长七	黄洋益	邹德其	谢境兴	王咸仔
颜咸恩	王寿连	陈月松	荣八斤	邱秋靓	刘喜一	谢应全	钟贴仔	张石八
洪苟林	温咸三	陈石一	黄苟五	张石二	胡云清	陈开伍	刘金生	贺伏仔
叶余二	邹有益	曾春五	洪杨生	郑德四	贺少五	谢桂芬	张清和	贺德胜
董德胜	王贞元	刘石恩	洪咸八	陈春功	谢黑三	谢秋芳	张咸七	洪大乃
贺德福	张积材	刘万昌	刘原兴	贺长林	李仔三	洪石一	曾长八	吴向心
黄春六	颜马五	刘石一	邱州四	郑猫二	颜德肋	戴彭七	谭欠二	周织匠
钟桂生	邓梅才	陈亮树	陈金生	洪　连	李兰桂	郑苟四	邹皮匠	张环二
邓桂秋	张用雪	温咸八	张春益	叶宗祥	刘凤林	余大乃	刘清元	周培松
邹仔乃	谭桂林	温龙三	刘石新	郭吉林	谢荣斋	刘新二	谢永连	颜水安
曾乐元	赵靓乃	贺长五	贺松柏	颜家龙	谢秀欲	陈德豪	曾松泉	戴季毛
丁泉元	李　飞	陈绍华	钟全生	刘家才	对诗云	贺唐先	贺桂安	陈万兴

洪元十三　李曾少二　谢奀十六　欧阳德林　余礼十四　黄牟仔二三

颜满秀（女）　刘唐秀（女）　贺全英（女）　陈月英（女）　颜明姑（女）

朱鹿妹（女）　黎慈妹（女）　张黄民（女）　肖桂英（女）　贺玉英（女）

陈用秀（女）　兰元秀（女）　黄仔妹（女）　王十八嫂（女）

柏市镇

宁绍基	曹苟古	谭毛一	曾观生	郭肖乃	肖三乃	肖牛古	张观生	刘高基

刘三乃	赖金生	朱庆章	曾礼生	曹春古	张庆为	丁冬乃	王新发	谭官七
谭开一	谭五乃	刘优生	刘庆祥	龙响仔	刘码四	何码仔	朱玉梅	朱仔三
李声古	李根生	刘保元	肖姜三	李发一	章神生	刘成志	易老四	黄春二
卢成乃	刘鸡六	王开福	曾兰古	陈耀才	黄高明	李青山	刘来五	洪锡华
龙生仔	袁桂六	钟观风	巫启如	张谷仔	张庆环	邱奀妹	吕显良	刘大生
洪霞仔	胡绩成	宁二十	朱基乃	张庆云	何桂仔	林德华	肖起生	严冬苟
李菊生	张当生	兰成一	李苟益	朱开益	陈猫一	谭初仔	廖雪其	张方清
陈齐亮	谭振生	张谷五	张方瑞	谭运彪	张毛仔	刘春生	李德生	张龙彪
谭继宗	刘其二	邹连生	肖岩生	陈德益	陈石生	余茂田	陈开二	何金义
黎天松	何礼一	陈降八	赖开荣	陈开泰	江包生	李树芳	李正昌	林福元
陈毛六	彭德和	钟建立	郭肖乃	刘冬生	陈春花	李汝功	朱甘三	陈寿菊
胡瑞恒	钟应四	谭寿曾	张连生	肖启生	何海春	黄奀三	陈章伍	陈苗菊
曾连古	张宫连	张青为	朱元益	黄春生	严秋生	谭忠虎	胡丙生	严虎生
邱姜仔	易神伍	张神生	张麦生	谭转松	刘耀九	陈礼祥	张松云	钟国其
肖石五	谭鲁生	苏木林	刘鸡仔	苏德桂	蔡燕花	王有财	周皇召	张礼魁
彭毛益	陈兰芳	陈包惠	陈裁程	李正岳	何运生	谭猫二	谭欠十	张松二
何起全	陈运恩	王昌其	陈满生	谭宗生	陈兰章	胡怡生	刘万隆	谭忠荣
张方美	李其升	何元三	陈万成	谭礼安	陈永生	李包生	朱文乃	黄菊二
谭观生	朱运新	陈启才	丁英才	张景贡	谭永禄	谭秋生	刘十一老大	

刘贤十一　谭岩十二　李三牙子　何天十三　徐府十三　胡氏积余二十娘（女）

陈清秀（女）　张四姬（女）　肖桂英（女）　张连秀（女）　陈香姑（女）

胡庚秀（女）　李菊秀（女）　陈春姑（女）　文莲英（女）　张移秀（女）

朱四妹（女）　张秋英（女）　黄观三娘（女）　李氏六嫂（女）

网岭镇

尹苟八	吴宗林	张苟三	刘炎生	王德和	谭菊生	黄命六	陈立生	文泰生
文麦生	罗德升	张春和	谭春阳	谢雪光	谢仁玉	刘新云	易同生	罗谷生
朱辰生	胡桂生	谭道生	刘谷生	文学敏	王荣光	刘元彬	杨秋元	李泰山
彭道明	刘乐文	李瑞生	占曼十五					

皇图岭镇

王冬生	王承华	张正南	王开华	谭石生	王树德	谭迪希	王耀宗	刘坚成
刘迪生	贺博文	邓德胜	谭福如	刘水胜	谭德生	王谷生	叶冬五	王苟一
王赵龙	王林生	谢菊光	谢启真	杨开龙	聂升生	文彩二	刘猫三	刘芬芳

李马四	张光全	陈生二	贺延年	张吉星	左欲五	刘香如	文青山	林帮福
刘贻略	易庚胜	赖寿生	赖柏生	贺丙元	旷龙策	刘耀四	刘绍基	张德二
王林生	刘　赋	贺德生	贺长生	陈洪福	王申山	邱冬生	肖冬生	谢枚生
尹石生	贺永生	刘欢乐	曾福生	陈全康	陈丙生	刘扶汉	贺春生	谢秋生
黄友生	谢元生	贺刘彬（女）						

湖南坳乡

张恩三	邓遗宇	陈先荣	邓松才	刘杨芬	赖运生	陈苟四	胡长生	马启贤
王石生	肖国文	谭奎文	陈再生	刘德云	唐启洋	李德林	杨明德	罗昌成
谭呐八	赖苟四	刘龙生	刘德元	谭瑞生	刘政生	谭瑞开	谭福元	谭子云
谭国球	周庆生	张冬生	谭克明	谭振昌	胡开关	汤新生	邓冠宗	张道生
彭局华	廖石恩	李汉清	谭少群	汤国华	谭江民	邓永康	朱梅先	邓灿育

坪阳庙乡

皮真八	李兵生	皮耀生	李花萼	黄仔六	王茂财	罗会肇	王和清	蔡兰劳
廖桂阶	谢金希	曾永富	刘昌顺	王寿林	刘生一	廖新阶	王明德	王炳元
谢德生	王早隆	兰虎五	谭英云	谢玉光	王长生	杨绍华	黄蒲四	皮珍奇
谢友生	颜汝梅	刘回春	唐兰芳	刘迪生	樊玉年	邱泰贻	杨琼林	刘连生
刘奇珍	王春生	唐建昌	王龙愿	谢秋云	吴启瑞	文继元	李德祥	

丫江桥镇

彭四一	刘年生	易毛八	杨克仪	胡青山	王观生	易运生	刘雪生	谢富宝
徐冬阳	王长生	陈菊生	易新林	阳步高	胡建国	易志勇	欧阳祥林	
欧阳张六	欧阳才清							

槚山乡

陈伟贤	唐毛四	文忠清	胡齐昌	吴文斐	刘　凤	陈祖瑞	吴成祥	宁祖林
谢首红	彭易斌							

大桥乡

易长六	刘年九	孟宗益	谭毛古	谭服十	易回珠	易岳生	张富八	胡元康
周署生	刘傅林	谭连生	刘曼生	王曼七	刘巾国	赖雪岩	刘成二	易洪生
贺筱凤	彭苟益	杨凤生	杨开福	王运二	易春元	易仔二	易凤五	苏文笔
周石六	王瓦乃	王成宗	易桂二	贺冬生	杨凤楼	宁仔苟	胡天生	陈岳三

陈昌五	卢春七	潘外春	黄德才	王光庆	易柳二	王清华	易华钦	刘兰山
易祖昌	宁仲池	王章荣						

谭成十九　易苟十五　易麦十三　陈华十三　易秋乃二七

新市镇

王长五	吴春华	易桂林	易德龙	周子丰	唐连二	赵大阶	朱禾仔	陈光初
江万顺	傅菊生	周华山	吕乐仔	吕连仔	刘正清	董玉田	罗大曼	刘正芳
刘秉然	刘远华	刘桂生	谭雨生	谭春雨	陈玉明	张德升	田　华	

大同桥镇

杨石保	陈春生	谭志道	谭爱本	文菊生	王石仔	王天古	彭开先	丁泰华
丁月明	谭进德	文子财	王仔乃	陈富生	林炳秋	段强贵	文忠新	袁鹏飞
孙双林	王桂仔	何绍文	胡华贵	胡景祥	何光林	尹润斌	苏运华	罗万卷
彭全元	苏恒二六							

沙陵陂乡

文恭央	文回阶	文恭浪	肖十二	欧阳一	旷马仔	曾石仔	肖十二	文回街
曾连源	刘月亮							

上云桥镇

冯耀云	周洋二	彭欠乃	黄弼教	周德豪	刘金元	陈丹桂	陈芽仔	陈永乃
颜家权	陈　政	吴琴书	宁冬生	夏光贵	尹开生			

菜花坪镇

刘谭豪	谭阳隆	尹桂林	龙迪生	李年仔	傅佐中	谭春生	易显文	苏民生
王幼莲	易观生	尹年生	易茂林	陈耀先	谭　龙	武隆仔	谭汉生	刘谭魁

高和乡

徐元青	徐少民	徐春文	陈羊仔	陈红乃	陈曼林

渌田镇

颜冬洋	周珠仔	蔡晚成	蔡雪仔	蔡文仔

石羊塘镇

夏子才	王春生	田秋成	谢新民	夏益华	武雪仔	夏开仔	郭黑仔	唐回仔

郭苟乃 周惠珠 罗禾乃 张寿仔 刘金林 刘经恒 皮仔乃 欧阳卓 唐庚仔
王亦乐 江树元 张 威 朱德福

桃水镇

刘凤庭 周墨清 刘秋君 周远祥 刘年九 邓仔乃 刘建彬 周德林
谭观十一 刘 逵（女） 褚建英（女）

城关镇

余 来 朱菊林 周腊根 陈艾淑 张洋仔 庞书香 卢笃生 吴光松 肖祖仔
欧阳伟 余克敏 邓润生 吴兴德 吴保牙 廖全帝 王秀炎 张贺明 彭发祥
黄桂林 单道生 夏德隆 王新元 过祖林 刘武生 谭孝如 陈润开 谭砚耕
谢金荣 单志平 刘锡云 莫运钧 李仁财 程一治 王 鹏

酒埠江镇

刘善才 邓云美 吴刘昇 李宗八 周冬一 艾书葵 王生芽 刘大生 刘转龙
文福桂 谢子松 李俊林 陈梅生 王毛七 张子德 李曼生 黄启明 李文甫
张祖生 谢石生 邓文生 谢云生 刘冬乃 刘福田 刘赵群 刘仔乃 文石生
贺定安 陈再生 李禾尚 张祖生 苏达礼 谢磨其 李福三 谢泽朝 刘桂生
李春四 刘乃仔 艾桂林 李春云 贺海仔 李仁昌 张仔乃 刘继成 刘继松
刘继昭 张和尚 蔡华芳 虞南璠 虞桂庄 邹凤生 虞甫瑞 齐鲜明 李长生
吴刘桂林 吴刘海一 谭福七吴 吴刘长锦 吴刘苟三 吴刘仔八

银坑乡

王墨乃 黄荣庭 刘开榜 王落芝 刘毛乃 刘观二 王祖乃 陈运乃 朱桂乃
刘林仔 朱祖乃 刘石生 周发乃 甘德林 陈菊乃 周回二 李巴子 杨林二
杨运成 吴欠乃 刘文榜 刘杨初 邹东三 王德胜 肖庆生 李一芽 肖德芳
王石仔 王石乃 黄启益 李发茂 李春乃 余冬仔 葛长仔 刘春生 邓官生
段其乃 邓开元 汤二益 朱成美 余曼五 王茂仔 刘清生 李玉堂 刘矮子
段仔八 陈祖德 周长仔 刘连生 张庚林 刘菊生 周冬仔 张石二 王点堂
郭竹五 王 者 朱成甲 刘恩乃 刘新龙 王国正 李金仔 刘德乃 陈新仔
黄福如 陈落巴 黄曼仔 张苟仔 刘福茂 谭子林 刘祖仔 陈二六 刘宝生
甘柏林 刘庚仔 刘春乃 吴冬山 曾码仔 周长仔 刘才乃 肖菊芳 刘牛仔
邓祖生 吴刘见初 吴刘金庭 吴刘各仔 吴刘福田 吴刘凤毛 吴刘祖生
吴刘石其 吴刘清林 吴刘桂林 吴刘开生 吴刘瑞章 刘五芽里 陈奀十八
丁李运生 欧阳仔乃 温祖秀（女） 段一嫂（女） 陈焦一娘（女）

漕泊乡

钟泰康	龙秋七	尹长青	魏包三	黄紫林	陈聚义	陶冬生	黄鸡仔	洪传宗
彭佑生	李瑞林	陈琐一	刘傅仔	朱福仔	洪炳荣	张桂八	骆其仔	谢正国
陈运仔	廖运仔	洪葡成	叶友生	洪华九	易皮四	刘石珠	谢连四	李石五
洪运瑞	洪地云	刘立堂	洪元青	李马仔	李雪仔	洪立生	赖德兴	洪月发
陈文仔	陈花苟	余用仔	黄谭一	李德胜	邱瑞祥	张国中	洪雄一	魏伏生
洪怡生	龙生林	张树田	张三四	洪振岩	沈国宾	黄牛八	洪里珠	谢梅七
高苟七	朱贵林	洪湘源	邱光玉	洪清仔	李海文	李志明	李文齐	陈祥茂
黄春才	易万和	洪咸林	程智道	廖寿三	洪兰彪	唐庚熊	杜石一	邱久二
李寿成	曾友田	黄庚五	吴苟仔	洪常发	洪　一	张呈仔	谢用仔	易万美
张成仔	彭初开	陈基一	杜富林	吴金生	李庚生	洪德胜	李灰一	温田四
黄连生	邱广泽	谢贵仔	洪坑仔	温冬仔	黄新仔	洪转仔	黄菊林	刘官一

温包十六　赵连十一　左大妹（女）　骆丁秀（女）　王菊英（女）　杨猫三娘（女）

兰村乡

黄启九	熊蒲田	黄秋二	谢金玉	高德才	黄石山	谢一青	洪福元	谢大麻
谢大乃	谢永林	李一乃	胡春元	彭根仔	彭培仔	刘基生	黄狗仔	钟德其
谢星仔	曾仔四	刘马四	刘三乃	黄彩庭	曾成发	洪长仔	龙真二	谭发盛
谭谷贻	邱咸仔	贺祖仔	谢福厚	李长根	朱长益	刘泉元	刘福仔	刘继生
钟章林	谢罗仔	刘曼乃	刘春堂	刘大生	洪石珠	谢菊仔	洪兰生	李富生
黄德祥	洪德传	谢式林	谢梅先	彭海来	吴善生	洪卫十一	刘谭扁咀	

钟佳桥镇

刘连仔	罗美庭	罗忠魁	吴传海	刘罗乃	蔡冬仔	谭书林	廖菊生	占毛仔
陈曼阶	廖庆峰	廖传喜	廖传福	刘寿九	苏桂林	罗德林	刘兴龙	傅连保
陈江鸭仔								

市上坪镇

刘观云	冯雪山	颜喜七	汤喜洋	管关五	钟云泉	张友生	丁治平	颜升开
谭海清	刘石荣	易年生	刘凤生					

高枧镇

苏传四	谭兆祥	丁连九	巫连一	刘吉林	刘贻六	贺蒲一	袁雪二	袁靓三

刘和四 江妈五 刘开九 曾春一 邓芝芳 刘继三 陈三九 朱长林 丁梅生
罗桂生 段苟一 李梅华 刘龙五 黄德刚 谭新文 刘毛一 罗明初 罗花子
丁春四 何南庭 丁 辉 高溪成 黄利胜 周当元 蔡开一 谭马八 陈松山
高雪洪 廖福荣 黄富生 邓芝瑞 罗年生 贺祥安 谭茂生 谭桂一 丁雪林
谢连三 黄升阶 丁得云 丁继昌 刘章成 乐开生 丁其伯 甄连甲 丁治民
贺冬生 黄年新 刘落仔乃 周癸十一 谭清十三

凉江乡

张正十 刘苟乃 刘基根 廖继青 陈仔乃 颜毛仔 王秋仔 蔡会文 蔡兰阶
易欠仔 钟秋仔 廖祝如 易子南 文孟乃 廖欠仔 邱连仔 廖宗保 文冬初

莲塘坳乡

贺后生 廖同元 尹祖仔 易仔古 李章高 陈黑苟 陈东洋 张章生 游启明
肖炳莲 尹仔毛 陈秀生 陈建龙 李秋生 谢毛仔 刘志华 陈 贵 刘根元
张成贵

鸭塘铺乡

张禄元 陈长庚 李东才

茶 陵

城关镇

谭刘文 罗迪仔 陈外宗 肖保荣 单石苟 陈子瑛 曾朱仔 王玉红 陈琪盛
陈习礼 刘玉珍 郭三仔 陈启盛 周元生 刘桂生 李如林 许泽生 志 发
胡香美 谭端治 龙 斌 谭郭生 陈伯年 肖有为 颜官秀（女） 贺珍英（女）
陈玉莲（女） 刘瑞珍（女）

思聪乡

刘朱苟 谭思聪 陈乃吾 谭晋益 谭富生 周郭臣 周三仔 刘樊仔 刘四仔
张生龙 谭寿连 胡恩庭 胡何发 郭开生 谭三仔 陈桂生 郭海生 吴转仔
谭林朱 谭趋新 谭正亚 谭明义 唐毛仔 谭绍兴 谭克福 张初仔 张兴隆
刘秋连 刘三俫 颜春苟 刘邓仔 彭官仔 邓运俫 邓成禄 刘九俫 邓这俫
肖英仔 唐春苟 刘恩仔 刘官仔 邓同初 邓毛仔 邓三俫 唐苟子 刘苟子
杨永保 刘珍朱 陈四仔 谭福生 谭昌华 张吉良 陈腊仔 周礼庭 刘鸡仔

周景仔	陈隆生	刘迪仔	邓孝仔	刘其朱	邓朱仔	刘晚苟	肖安仔	邓珍仔
刘香苟	刘新法	邓朱苟	段春仔	周伍仔	高清源	谭梦生	邓喜苟	刘乜仔
刘朱仔	刘晚咀	谭善元	谭冷子	谭珍仔	谭细俫	谭光荣	张贤政	

欧阳米仔　颜青姑（女）　彭运姑（女）　龙凤英（女）　阮桂英（女）　欧阳龙秋英（女）

腰陂镇

颜克元	刘召林	刘金仔	陈明仔	王光泽	颜年生	颜四连	贺细仔	颜秋朱
宁尚元	贺民朱	颜外仔	颜洋生	颜牛仔	颜克建	颜喜生	颜晚朱	颜应生
颜丁生	颜犁仔	颜祥生	颜清生	颜桐生	颜克俊	颜明朱	袁永安	颜acute禾
颜炎生	颜四仔	颜康生	陈九珠	颜头生	林自荣	颜克敏	万娥仔	周成喜
万年仔	颜市仔	颜回春	刘晚仔	颜冬连	颜长生	贺洋仔	刘珍连	谭禾仔
谭其生	颜祥生	颜林生	颜向仔	颜其斗	陈里牛	王长苟	谭广朱	周习仔
龙天仔	尹腊仔	刘马仔	陈元朱	刘连奴	宁件苟	陈春连	李苟朱	谭桂仔
谭明朱	谭桂转	谭水仔	谭苟仔	谭长仔	刘成功	刘开仔	陈宗朱	陈连生
陈其仔	陈义仔	陈毛咀	陈金仔	陈菊保	陈元罗	陈恩生	陈回生	陈长生
陈道林	陈晚庚	张苟保	刘玉苟	陈清仔	陈恩朱	谭朱苟	李朱仔	钟躔仔
尹珍仔	尹牛生	奥永仔	奥头生	袁运五	袁大晚	谭爱郎	谭运仔	谭才林
谭香仔	刘科仔	刘安仔	刘秧仔	刘拾仔	谭爱秀	刘秋仔	刘汉庭	刘观仔
刘习保	刘苟连	刘送仔	刘瓜仔	刘大苟	刘春连	刘观连	刘爱仔	刘五保
刘躔苟	刘永仔	刘回生	刘华庭	刘运润	刘珠仔	李桂兰	谭禾仔	周三仔
刘年仔	谭六记	李苟生	肖苟仔	曾甲仔	曾年仔	刘谷生	刘苟生	刘连云
李云保	李官连	谭三连	谭秋生	谭苟芽	谭珍仔	谭四仔	谭白芽	谭文仔
谭福生	谭九保	谭苟生	谭发仔	谭合朱	谭长生	谭物仔	夏朱仔	龙外仔
陈有朱	刘吉仔	吴苟仔	李新仔	李珠保	王四林	周三仔	谭晚保	谭四保
刘晚苟	周发信	肖冉仔	肖凯苟	肖昌兴	肖光妹	肖苟仔	肖件苟	龙业青
龙天飞	龙根朱	龙雪仔	龙洪安	龙五仔	龙马仔	龙朱仔	刘牛仔	龙春仔
贺茂兰	贺顺仔	贺普仔	贺桃生	刘云仔	刘维政	刘冬仔	刘朱仔	龙兰生
刘保仔	刘三仔	杨年保	陈苟生	吴秋仔	周桂保	刘清保	谭晚苟	谭福仔
谭汉仔	谭桃仔	王和朱	王喜仔	刘物生	刘苟仔	谭寿苟	谭珍仔	谭物仔
谭吉明	谭凤朱	谭三保	谭青仔	谭万仔	谭朱仔	谭躔仔	谭苟妹	谭乜仔
颜明回	唐马仔	张犁仔	周石杨	肖秋连	肖晚苟	曾允全	曾晚仔	尹善晚
尹冬仔	谭宋仔	谭三仔	谭夏仔	谭苟苟	谭五朱	谭桃仔	谭荣生	谭头朱
谭春哲	谭成仔	陈世仔	陈林朱	陈贱仔	陈留保	陈贱仔	刘夏连	刘同苟
刘富仔	刘铁苟	刘信仔	刘铁仔	刘琪朱	刘珍苟	刘acute俫	刘苟仔	刘相尧

颜黄生	颜田仔	颜瞟苟	颜四仔	颜桃仔	颜年仔	颜九仔	颜桂生	颜青连
颜留保	颜晚苟	颜四珠	颜苟俫	颜黑苟	颜天福	颜六苟	颜锡连	段保庭
刘德保	刘田仔	曾吉受	田苟仔	张牛仔	谭忠连	周青仔	周选回	周兰仔
周石仔	薛文其	薛文礼	薛六保	薛五保	薛凤仔	陈善仔	陈五仔	陈端林
陈恩仔	陈头生	陈林仔	陈克顺	刘苟仔	潭井四	杨　福	刘菊生	周声杨
颜保生	罗苟保	袁长仔	花九珠	谭桃仔	周桂生	龙回仔	邓二仔	邓信仔
谭同仔	花四珠	谭憨仔	胡良发	胡清发	周细妹	周元朱	段吉明	袁立年
胡志道	周文成	胡喜仔	周闹仔	奥桃仔	陈官仔	刘这服	尹命仔	刘桃仔
刘庆官	段晚连	刘乜苟	刘生朱	刘乙仔	刘九生	刘炳仔	周炳仔	颜牛生
刘元园	刘法仔	刘罗朱	段冬仔	刘黄仔	刘金尧	刘碗朱	刘明朱	刘杨仔
刘发仔	刘甲仔	刘件仔	温寿术	陈送仔	罗福林	万路仔	谭运仔	刘益仔
刘德仔	刘昌大	刘苟仔	刘丁发	刘仁元	刘运生	刘雪珠	刘黄生	刘秋生
刘初开	刘长斋	刘月斋	刘书生	刘端仔	刘鸿陵	刘佑仔	刘国才	刘悔余
刘益连	刘首仔	刘春洪	刘朱仔	刘孟生	刘杨仔	刘龙生	万三咀	谭回连
贺保生	肖伯连	刘宋仔	刘雪仔	刘逵生	袁兰仔	刘牛仔	谭奴苟	谭秋芽
谭守礼	谭寅苟	谭普生	郑后里	王凤仔	胡贱仔	颜助保	颜毛连	马广仔
刘冬春	刘恩回	袁福林	袁玉连	袁秋生	袁迪生	袁牛仔	袁生福	袁恩连
陈长连	陈青仔	陈回云	陈南云	陈二仔	胡九生	肖冬苟	尹官仔	谭桂秋
谭黄生	奥四仔	杨福同	周佑仔	龙三仔	龙习仔	刘伯仔	刘物和	马兵仔
马银朱	马石连	颜庚连	颜美景	颜煌生	胡正连	颜石保	尹德和	尹相和
尹春和	尹秋妹	谭牛仔	谭富武	谭菊仔	谭宗保	谭开妹	谭头仔	谭长连
肖生亮	肖罗仔	肖永生	肖纯辉	肖瓷仔	肖春仔	肖草仔	肖正苟	肖六朱
肖铁朱	陈牛仔	陈进忠	陈苟保	陈冬黄	陈同生	陈秋苟	陈孝保	陈回朱
陈铁仔	陈忠仔	陈召仔	陈先苟	陈晚苟	陈有才	陈福和	陈晚生	陈珠夭
颜段连	谭幼朱	刘成苟	刘富勤	谭樊仔	谭转仔	肖运奴	周回仔	刘头生
颜次妹	谭普仔	谭桂连	谭冬恩	刘康保	刘回仔	刘毛朱	刘五苟	陈安成
陈六仔	陈普仔	陈普苟	陈顺生	陈苟俫	陈苗仔	陈甲禾	陈完仔	陈恩仔
陈小仔	陈晚仔	陈二苟	陈吉仔	刘兴龙	陈冬苟	陈晚仔	刘秋朱	刘生仔
陈福凤	刘铁牛	谭禾仔	邓祖友	谭秋生	邓回仔	钟运仔	邓送仔	邓牛生
邓牛仔	谭文朱	曾武连	邓观仔	谭桂保	陈牛仔	邓迪仔	钟物生	邓青仔
钟奴苟	邓井仔	罗九珠	邓金朱	邓晚咀	邓马仔	邓乙仔	邓炳仔	谭外仔
周水保	周孝保	周孝仔	周恩生	周晚咀	周头妹	颜三仔	邓头仔	邓庙清
邓世华	邓龙仔	邓运连	邓乜苟	邓四仔	邓宋仔	邓友禹	邓富生	刘喜仔

谭攀仔　谭志斌　谭春苟　谭二仔　谭物仔　温武连　邓观连　颜件珠　刘其生
刘乜仔　刘自爱　刘冬珠　刘龙斋　刘如仔　刘国年　陈春连　谭罗保　贺乜生
颜件仔　颜可仔　贺福清　颜平仔　陈焕文　谭德仔　谭郭新　尹运仔　刘珍财
刘康生　邓左武　陈蠢朱　胡恩连　张官生　陈　财　陈莳仔　邓炳元　刘二生
陈元仔　袁冬保　谭年生　谭珠生　谭瑞仔　连苟连　刘蹼仔　刘珍苟　刘桂仔
肖夏连　刘回仔　谭回仔　邓兰生　周苟保　薛文祥　刘马仔　陈　葵　刘鱼妹
陈益发　谭石仔　陈元仔　陈桂妹　陈谱仔　陈禄仔　奥头仔　陈蹼苟　谭锦洪
刘迪朱　谭六仔　刘明会　周石保　陈道喜　颜晚苟　颜件苟　刘二朱　邓四仔
邓迪朱　刘水生　谭苟生　王勇济　刘渐仔　陈文斌　邓永耀　刘士竹　刘冬武
刘牛仔　刘建连　刘二生　谭茂仔　颜三仔　龙洋仔　陈头珠　陈福祥
陈记秀（女）　谭九秀（女）　刘年嫂（女）　袁保姑（女）　尹冬姑（女）
陈秋仔（女）　陈富英（女）　陈香妹（女）　陈回仔（女）　奥屯婆（女）
谭四婆（女）　刘秀英（女）　谭六英（女）　谭蠢婆（女）　周蹼妹（女）
刘焕姑（女）　罗桃姑（女）　陈桂花（女）　罗苟妹（女）　谭晚英（女）
胡拾妹（女）　刘回秀（女）　肖运奴（女）　刘黑皮（女）　谭这妹（女）
彭玉英（女）　颜龙英（女）　刘钊秀（女）　尹天英（女）　刘元秀（女）
谭桂娥（女）　刘贱英（女）　谭青姑（女）　彭冬秀（女）　马二姑（女）
尹回英（女）　颜回秀（女）　谭四婆（女）　肖件妹（女）　肖秋英（女）
陈桃英（女）　陈梅英（女）　谭回英（女）　陈冬姑（女）　彭清秀（女）
颜秀英（女）　陈春秀（女）

潞水镇

谭民觉　刘青云　谭　震　谭莳保　王墨来　刘艾连　刘庚连　刘晚连　谭运连
龙三仔　刘头苟　谭苟仔　谭四仔　谭喜连　陈恢前　刘珍仔　周香仔　谭苟仔
谭祥生　谭二连　尹香仔　谭允仝　刘保连　刘回生　谭莳仔　谭朝万　刘物仔
谭月仔　谭谈朱　龙铁脑　罗晚生　罗冬生　谭春连　谭攀仔　谭桃仔　刘根仔
谭中仔　段恩仔　段春寿　段梦仔　段龙祥　段玉连　段开明　段清明　段姜仔
颜报生　颜秀桃　颜明朱　颜周富　谭细朱　谭吉仔　谭乜仔　尹明华　谭春连
刘　兵　龙在海　龙黄仔　龙茂连　龙颜生　龙段仔　刘道元　尹寅仔　谭申生
段运仔　颜万飞　谭恩连　陈石姑　刘孝生　颜桂生　谭回苟　谭顺苟　谭冬仔
谭桂云　谭武生　刘世苟　刘龙山　刘秋仔　刘会开　刘国珍　刘文其　刘珠苟
龙普仔　刘亥仔　刘冬仔　刘运生　刘二生　刘福仔　刘思忠　邓香苟　刘铁凡
龙富茂　刘春仔　刘光辉　邓石仔　谭四苟　谭五苟　谭苟来　邓珍生　谭晚连
谭腊根　邓晚仔　谭聪生　邓连仔　陈明德　谭招连　谭清生　刘恩生　邓聪生

谭恩德 邓有才 刘晚苟 谭喜仔 邓祠生 颜善仔 颜谷仔 刘四仔 刘这俫
谭全贵 徐二苟 徐彭苟 尹合美 谭大仔 谭福龙 谭这苟 谭官苟 谭落仔
刘苟连 颜克玉 谭保苟 郭年仔 谭单仔 郭世仔 谭转仔 郭回生 唐故秋
谭云琴 谭冬仔 尹玉兰 谭世仔 谭头仔 刘美玉 谭雪黎 谭长连 谭三元
刘德元 刘顺苟 谭运仔 刘运珠 尹黄苟 尹炳寿 颜锡连 尹端生 刘奴苟
尹普苟 尹才仔 尹世苟 尹珠仔 尹普生 邓能笃 邓颜妹 谭蒙仔 邓马仔
邓九兴 谭黑皮 谭物朱 谭明义 谭富连 谭文苟 谭珍仔 谭送苟 周运仔
谭于金 刘瓜仔 尹攀仔 谭广来 谭恩保 谭九仔 邓石仔 颜磁苟 刘冬生
刘晚朱 刘苏仔 刘苟仔 刘恩厚 谭苦仔 刘慢仔 陈招仔 谭雪苟 颜回仔
谭切苟 谭秋菊 龙禾仔 谭禾尚 龙苟仔 谭苟俫 谭牛仔 杨朱仔 刘吉仔
胡忠连 邓毛毛 谭头仔 邓连生 颜守武 刘苟仔 颜婸仔 袁晚仔 刘小生
罗珍仔 刘修全 颜寿仔 贺喜仔 刘朱仔 吴元仔 陈真仔 刘长善 刘兴春
颜幼珠 郭子谋 李永禄 刘头仔 刘先明 刘三仔 谭冬仔 刘普朱 谷书生
刘锡林 谭文凤 周牛仔 杨茶仔 刘谷仔 奥道德 陈全仔 颜牛仔 陈忠连
胡苟仔 尹固生 谭云仔 尹松生 谭言仔 刘绪仔 刘玉丰 彭大苟 彭使民
汪这俫 陈田仔 刘物名 张洋仔 谷杨仔 胡德生 谭雨雪 彭善恩 陈定仔
胡长恩 胡回仔 段全林 刘梅开 尹晚喜 刘头生 刘取生 邓九保 刘苟俫
唐晚根 谭晚云 彭聪生 尹佳仲 彭秋保 罗冬仔 谭文保 段文运 段有云
段兰生 段发连 颜招仔 颜四苟 谭桂仔 刘恩顺 刘奴仔 谭禾尚 谭晚朱
邓转仔 刘老三 谭苟仔 陈定隆 段大生 谭毛仔 谭钊生 谭运奴 刘漫苟
段年仔 邓佑仔 谭年生 龙奴仔 刘运仔 刘禾尚 刘朱仔 邓寿苟 邓物仔
郭昌仔 谭这来 尹春苟 谭结生 谭造仔 尹普苟 邓这俫 邓运苟 谭乜苟
谭冬远 邓运苟 谭慢仔 刘炳仔 刘德仔 颜冬连 罗梅仔 谭普仔 杨自俭
谭召仔 谭这俫 彭念和 刘世仔 谭桂生 颜春桃 陈庚庚 谭文合 谭善忠
谭桃仔 邓运运 刘十首 谭件仔 胡春俫 谭石仔 龙神苟 刘禾仔 谭中生
刘桂生 刘马仔 彭林仔 颜子华 谷池仔 陈雪仔 刘年英（女） 谭六秀（女）
刘禾秀（女） 刘金姑（女） 谭晚英（女） 龙青面（女） 陈珍媛（女）
谭冬英（女） 刘兰英（女） 段孝秀（女） 颜晚姣（女）

七地乡

林桃仔 刘秋生 段杨仔 傅长皮 刘甲仔 陈苟生 段富元 刘香回 谭夏珠
尹秋喜 贺三保 周云仔 周寒生 龙香生 林洪生 彭源生 尹记生 林纪仔
林石苟 段拾肆 林连根 林禄生 林龙生 刘位仔 林 瑞 林发生 唐晚连
陈外生 林桃仔 林福生 林同苟 林朱仔 彭文仔 彭春生 陈年仔 龙普生

傅秋生　彭元生　段秋连　段冬生　林富生　周德明　刘永回　陈甲生　段新生
林孝生　廖万荣　陈昌恒　黄俭明　肖件苟　赖石恩　刘安生　谭仁其　刘年喜
邱四仔　袁桃生　刘南生　吴炳生　刘禄脚　陈开仔　刘苟珠　龙命生　袁铁仔
龙忠仔　宁三妹　周乜仔　颜梦仔　周西仔　谭俭仔　曾新春　刘石仔　肖德朱
谭元生　刘钊生　刘朱仔　曾德仔　谭五妹　谭政福　朱永林　龙月生　刘耕元
刘年朱　刘仁元　刘东生　刘乜苟　宁老彭　周炎喜　宁羊仔　刘年仔　刘金元
刘棠岳　刘乜仔　汤水仔　刘运生　赵春仔　刘芹仔　刘全仔　刘王苟　刘迪吉
汤同仔　宁朱林　周月仔　刘同仔　段件仔　周善朱　刘伯仔　肖祖仔　周初生
尹石朱　朱秋仔　尹初林　尹顺朱　朱明成　肖炳仔　余牛仔　邱光万　龙二仔
陈禄志　刘连喜　肖武仔　李炳五　尹晚晚　张回喜　谭普仔　林秋朱　谭仁仔
周元仔　朱端仔　肖连连　刘晚仔　朱谷生　尹仁朱　雷如山　彭连生　谭连生
贺新仔　谭贻生　贺九仔　刘德生　尹珠连　肖冬苟　邹普成　刘其珠　罗端生
袁官仔　袁冬生　袁冬朱　罗文生　谢禾仔　刘朝纪　段世朱　周光莌　刘晚仔
陈兴仔　谢星仔　袁乜苟　陈顺仔　贺仁元　刘牛仔　刘石仔　盛焕发　李则足
周桂生　刘三元　宁双元　刘孝仔　张六仔　宁秋朱　陈清仔　吴铁朱　肖怡曾
张真苟　周菊仔　刘连珠　段回生　刘迪仔　林晚吉　刘雪朱　黄求仔　袁回生
王原生　刘件苟　刘牛仔　刘球明　尹德保　尹三春　胡苏六　罗水仔　周顺生
肖石仔　贺四保　宁茶仔　刘彭生　林君恒　潘方清　胡正喜　刘新发　刘运保
张三仔　袁运生　陈南生　段牛生　傅秋连　周继美　刘二朱　刘乐朱　段正仔
叶启华　尹玉生　刘得生　周如记　段连仔　段连珠　刘梅仔　周桥仔　刘新仔
段周仁　彭罗苟　陈梁寄　谭怡春　王普文　谭梅瑞　刘水生　肖惜芹　刘培善
宁福连　谢宗环　朱段老馆　谭黄石连　刘桂花（女）　谭龙嫂（女）　李正妹（女）
尹黄英（女）　林晚晚（女）

八团乡

陈和发　罗桃仔　张长仔　叶天生　李福生　周其山　彭梅香　刘桂昌　尹求仔
尹文锦　尹社仔　雷全仔　谢英藻　谢英费　贺长明　谢元仔　刘官林　张水祥
刘园仔　周春鱼　何丁仔　周外生　吴辰森　谢龙朱　周端朱　周贵文　刘定珠
谢仲绍　周春生　刘功成　周欠仔　周贞生　谢福祥　朱祥林　周汝葵　刘开朱
唐凤汗　唐考生　叶森林　彭楚兴　彭德凤　颜景福　彭龙仔　颜冬珠　刘旦仔
刘汉仔　杨甲生　文添喜　杨德为　彭德虞　马南香　马春清　杨寿仔　刘许源
文寿生　李林生　李良生　李皇生　李晚仔　李元生　杨杏香　杨恩光　罗长毛
谭茶仔　谭国寿　谭连生　杨来仔　谭俭朱　洪培兴　刘呈祥　刘福生　刘炳生
邹谷贻　贺雪毯　邹万喜　文祖连　刘午仔　陈超其　彭苟仔　杨回生　雷五仔

周普仔 邱洪年 李元喜 杨老龙 周成恩 尹闹美 陈小仔 贺成生 谢益清

谭元喜 陈鸡仔 曾家仔 彭二仔 尹长发 王新定 杨根仔 文景明 尹真生

李其祥 刘保仔 朱祥寿 刘同仔 朱祖如 周贱生 谭新良 谭角仔 谭英兰

谭六仔 谭晋元 李专仔 谭图生 刘炳武 李发生 谭受喜 谭谷仔 刘崇光

尹炳炎 李禾生 罗和生 刘牛仔 刘回仔 谢祖元 谢承贤 刘三保 刘回元

周薄仔 李麦仔 杨焕生 李恩朱 刘水生 邹梅开 谢大马 邹俭仔 杨元仔

周回宜 杨润生 杨桂生 钟九文 刘曹仔 杨洛仔 陈志阳 周咸昌 周纪生

陈谷珠 刘天生 刘牛仔 陈凡淑 李纪历 杨海仔 谭冬喜 刘回来 周洋仔

周麦仔 李巴子 李松仔 刘寿珠 李昌喜 邹冬喜 刘新喜 周德广 胡苟仔

刘文仔 周成英 刘守志 刘牛仔 尹德生 周全仔 周文德 周年仔 谢德喜

杨秀芳 周牛仔 黎桂仔 尹 斌 刘苟仔 欧阳甲生 谢伏英（女） 文龙宜（女）

刘凤宜（女） 贺圣秀（女） 贺解嫂（女） 曾贞妹（女） 李晚嫂（女）

文胜嫂（女） 李顾嫂（女） 谢杨秀（女） 刘功嫂（女） 胡谭娥妹（女）

火田镇

余定生 罗杞生 余阳仔 刘义芳 刘当保 余晚仔 余竹连 田黑仔 田杨耘

田寿保 田三仔 余迪保 刘陆生 田苟妹 贺凤仔 余纪仔 段德章 段梦仔

段春仔 周金顺 余下仔 贺洪桂 尹笃庆 杨作良 彭牛仔 彭水仔 杨万洪

谭目仔 谭南姑 谭牛仔 谭秀仔 颜秋生 陈新仔 谭冬珠 罗最生 胡友朋

贺光招 王碧绿 尹桂生 段辉长 龙其仔 陈俭生 陈洪仔 尹斋生 尹禄惟

尹回福 周福生 谭田仔 谭作仁 李秋喜 刘奀乃 肖燕飞 刘四苟 李甲生

刘洪圣 肖冬生 彭连生 肖怡仔 谭冬仔 虞贻元 段克勤 陈春冬 陈伏喜

虞桃仔 陈冬阳 谭秋生 谭根元 段明理 罗义生 谭福茂 陈富元 谭香香

谭下苟 虞回元 谭回仔 刘春祥 谭留仔 周晚苟 谭保忠 尹积德 彭运生

尹回仔 张树德 尹回生 尹仁仔 尹清仔 尹富春 李九仔 彭天生 尹春仔

尹初仔 汤田朱 汤黑仔 胡夏传 尹元福 彭成生 尹红章 刘课嘉 刘老陈

谭文财 尹招仔 尹既成 尹常生 段黄生 段桃春 田六姑 陈附凤 谭邦仔

易凤仔 刘相生 段得尧 毛祖仔 陈二仔 周则光 尹史仔 曾苟仔 陈喜同

尹牛牛 陈回生 周新仔 周米仔 周仔朱 毛牛仔 周角仔 陈蒲仔 谭蒲生

陈元朱 谭薯仔 尹保连 陈进仔 陈吽里 毛晚仔 周凤生 毛朱仔 易二苟

陈福仔 陈大汉 谭年朱 廖回生 刘件仔 谭玉生 谭炳仔 刘兵洪 谭万九

谭根生 尹九苟 谭星阳 谭忠元 周贯益 谭菊仔 尹普朱 尹树暑 尹香仔

谭黑仔 刘铁仔 陈禾珠 尹洪连 孔保朱 杨伏仔 刘道立 肖继志 肖招喜

肖相仔 刘记仔 肖雪苟 机耐仔 刘考朱 肖元生 杨焕生 谭端阳 谭星常

杨海仔　尹舜生　陈冬仔　陈回苟　刘石仔　刘春发　尹　松　李牛仔　尹锦如
尹六仔　李冬保　周和生　颜富生　毛隆斌　田扬善　田罗妹　尹冬生　刘初同
刘罗仔　胡外苟　罗九元　林洪仔　陈昌盛　周铁仔　李桃仔　罗桂元　陈端仔
谭恩生　余瓜田　刘晚苟　李新桃　尹秋喜　尹秋仔　谭俭仔　陈六仔　罗牛仔
周哑里　周冬生　陈梅生　肖乐生　颜元仔　谭朱仔　郭振哑　潘朱仔　罗春林
周明阳　谭寿仔　周吽仔　肖仁同　肖怡生　龙顺禄　尹顺乐　杨崇福　谭黑牯
谭田仔　陈合善　尹有和　尹载书　尹福崽　贺云生　尹季朱　谭祥仔　陈苟仔
尹云清　李雪端　孔正文　谭敏元　尹德光　陈连嫂（女）　尹菊英（女）
王晚英（女）　刘运英（女）　刘官妹（女）　赖桂秀（女）　尹这妹（女）
段常娥（女）　汤媛秀（女）　文晚妹（女）　汤月英（女）　谭汝嫂（女）
刘连英（女）　谭梅秀（女）　谭菊香（女）　刘秀英（女）

高陇镇

雷科荣　欧阳柱　谭后仔　段德仔　谭明吉　刘早生　谭德仔　李春华　刘善仔
李秋仔　谭全洪　谭全玉　李正仔　汤文仔　刘兴仔　曾秋同　谭培文　谭回生
贺黑仔　谭金武　谭次仔　曾伍仔　刘石仔　王国民　雷喜生　谭合纯　谭连胜
李天华　刘凤崽　谭祖谋　谭凤禄　刘寿志　谭芝兰　谭牛仔　颜年喜　林锦祥
谭培康　谭回仔　谭黄喜　贺连生　谭罗仔　谭斗崽　谭斌忠　傅牛仔　刘伴喜
周朱仔　傅才苟　李发生　李恩朱　李炳其　傅寿珠　陈复兴　谭念和　谭开恒
潭鸣凤　谭季生　谭文喜　谭鸣玖　李定仔　李晚生　谭黎仔　谭桂武　谭纪文
周九生　江秋林　汤薯仔　谭回仔　江冬生　谭冬生　陈谷仔　谭水仔　李福喜
颜禾仔　龙传喜　李会喜　张元仔　龙回喜　李菊仔　彭年仔　彭发元　谭福朱
谭黄仔　谭细元　颜九仔　胡友明　谭喜苟　王宜仔　彭牛仔　谭牛仔　刘元喜
颜送仔　谭元喜　谭文凤　颜武仔　易丰仔　易二苟　谭秋仔　谭文常　陈福仔
梁金广　陈福乃　贺冬仔　李秋仔　龙运香　张吉大　谷雪仔　周寿域　张成喜
张元喜　李顺仔　龙苟仔　谭光生　龙老黄　周实仔　谭长生　谭启黄　李松仔
刘谁仔　刘忝乃　刘富运　曾新仔　尹桂良　胡益民　刘次有　兰合义　曾长仔
谭年生　谭四苟　沈山春　曾福寿　谭清仔　李初喜　谭牛喜　陈才仔　谭纪生
彭冠光　陈苟仔　傅回保　刘欠生　李桂仔　李仁达　谭友铭　李牛仔　张顺生
颜徐姑　周妹仔　刘德保　李则足　谢如生　李映田　谢三苟　刘福良　张朱仔
周天仔　龙黄喜　谭冬生　雷合理　谭新六　龙松古　刘福朱　刘谷珠　刘香生
龙　武　龙满仔　谭纪仔　肖道周　陈庚仔　陈福乃　肖朱古　李初喜　谭吉其
谭鸣和　赵朱棵　曾正元　谭天仔　谭贵富
欧阳黑仔　欧阳德喜　欧阳黑仔　欧阳开生　欧阳三仔　欧阳黄喜　欧阳冻仔

欧阳运仔　欧阳文喜　欧阳辉苟　欧阳祥喜　欧阳恩生　欧阳甲元
谭梅搜（女）　谭春秀（女）　龙冬嫂（女）　谭桃花（女）　罗福秀（女）
谭仔妹（女）　谭仁嫂（女）　陈禾秀（女）　欧阳金仔（女）

湘东乡

刘桂文　谭桃仔　张福生　龙良仔　王初喜　颜牛仔　郁洛仔　陈黑皮　谭年仔
邹菊生　谭全美　颜崽茂　李梦喜　李天喜　谭新寿　马犹妹　马桂仔　马桂生
黄三连　张晚生　左双仔　王官生　温仁生　林召年　曾年寿　刘年喜　李花白
杨官生　左忠才　江汉仔　江明山　潭文仔　尹天喜　谭　希　谭贺普　谭福喜
刘晚仔　谭仕发　李裕厚　谭官明　黄年发　谭吉生　谭乾望　谭明仔　谭兰新
陈天元　朱邦先　邓桂才　刘件仔　谭元里　谭德朱　谭转生　谭相开　颜明德
谭秋林　贺苟皮　谭裕仔　冯元仔　冯恩哲　尹许生　贺桂香　周　翻　马友成
马长元　王明德　王奇贤　王桃仔　刘这俫　陈合容　王俭仔　江初发　温欢官
左同善　刘头生　左牛仔　朱满仔　尹夏仔　刘炳生　马回生　王朱仔　李寿仔
王乐喜　谭伏官　朱宝兰　尹春同　刘书云　宋方樟　宋方栋　谭仔苟　朱　梁
周绍和　谭细妹（女）　谭月姑（女）　朱当秀（女）　尹福嫂（女）　谭仁秀（女）
周桂英（女）　谭元英（女）　谭子足（女）

秩堂乡

彭回珠　彭和仔　彭春喜　彭林喜　彭辉仔　刘云喜　彭达邦　刘新喜　罗才喜
龙雪苟　谭毛毛　谭发喜　谭丙荣　刘云喜　谭福崽　谭牛妹　李天成　李天生
彭在辉　谭福喜　谭伏朱　彭崽乃　谭　武　谭罗妹　谭忠生　谭　诚　龙秋会
李二苟　谭要仔　李槽仔　罗欠里　谭世球　谭祖仔　谭求里　彭文同　谭九仔
刘雨斌　谭康生　谭云同　谭全喜　谭长喜　谭文恶　谭桂喜　谭珠仔　谭运祖
谭搬朱　谭秋朱　谭仁寿　谭九仔　彭俫仔　肖保喜　彭发里　刘元喜　李娥仔
彭明才　彭胜俚　彭裕喜　彭日仔　彭昌喜　彭昔喜　龙长毛　刘欠仔　彭光生
龙善禄　龙苏胜　颜秋香　颜禾仔　刘回喜　朱生同　彭判喜　刘忠仔　谭福喜
谭子月　刘吉喜　谭牛仔　龙牛仔　陈冬至　陈元祖　陈三朱　陈爱春　谭积贤
谭云生　谭件珠　谭禾生　谭猪仔　谭官喜　谭思叔　谭茶生　谭富生　郭初喜
彭振祥　彭祖光　谭思珍　谭立春　谭长春　谭德彦　谭运元　谭正和　谭文喜
谭近生　谭洪祥　谭竹香　谭恩生　谭桂喜　黄善连　刘冬生　刘禄仔　刘训生
龙寿官　谭财宝　龙梦生　刘源同　龙香文　龙乐喜　刘普仔　李五苟　龙林生
龙凤元　龙从元　龙仁同　龙新开　龙年仔　龙梅仔　龙　福　龙付功　龙相五
龙相林　谭锦祥　段牛仔　谭春仔　彭神喜　刘还珠　谭宝相　龙林朱　谭春喜

颜南桂　龙桂仔　谭文胜　刘求喜　谭黑仔　谭头生　龙报仔　龙秋喜　谭和元
谭焕喜　陈长喜　陈掌珠　陈　鸿　陈桂喜　陈专古　陈桂珠　陈开喜　陈阳仔
陈官生　陈　福　陈力生　陈顺生　陈凤珠　陈发喜　陈汝兴　陈龙朱　陈光荣
陈梦朱　陈寿喜　陈牛仔　陈梦喜　陈高生　陈次生　陈竹生　陈新仔　肖猪仔
贺　时　王忠里　贺福喜　陈　祥　陈次古　陈冬仔　陈　寿　陈足生　陈富朱
陈春仔　陈凤古　陈光降　陈清喜　陈元春　彭华山　陈习珠　彭夏仔　彭景仁
彭秋武　彭兴仔　彭永达　彭相喜　彭神保　彭祥恒　彭东连　彭中农　刘春朱
彭志武　彭二仔　彭桂仔　彭春苟　彭真正　彭忙生　彭湘南　彭秋喜　彭安国
彭定珠　彭苟苟　谭春仔　彭清九　刘的的　陈春珠　谭新仔　李石仔　李寿喜
傅开喜　谭振飞　龙连珠　龙菊仔　龙长庚　郭苟妹　郭正和　陈定仔　谭牛仔
谭件苟　罗黑妹　吴才生　谭田仔　陈锦云　陈秋生　刘圣里　陈桂喜　刘友芹
刘开官　刘年春　龙天养　刘件苟　谭高官　陈端珠　刘菊珠　刘象喜　陈林生
陈二喜　陈瑞昌　陈运生　吴桂生　谭年仔　陈新正　刘五妹　廖长生　龙斗生
刘冬喜　龙国斌　刘运生　刘初仔　刘香仔　廖树仔　龙件仔　彭杨宋　刘寅乃
刘雪仔　刘厚仔　刘冬成　刘寿生　刘外生　龙东保　刘秋喜　刘禾仔　刘秋珠
刘年生　刘初同　刘光照　刘命山　刘全喜　刘朱仔　廖喜珠　彭振彪　彭桂喜
谭海喜　刘金喜　彭品昌　谭德明　谭振全　龙炳喜　胡神官　谭锡璋　谭苟仔
龙禾喜　陈三珠　陈福喜　王保仔　刘桂生　龙计生　廖观仔　刘真崽　刘用才
刘桂元　颜祖德　朱军同　谭炳林　陈霞清　刘石喜　廖苟里　谭红生　谭寿喜
刘元喜　龙台生　苏民德　龙运仔　谢冬朱　颜元仔　谢发喜　刘年仔　刘正才
刘雪喜　刘菊乃　朱开喜　刘吉仔　朱明辉　谭秋生　谢回仔　刘桃仔　刘发钻
田元生　刘良喜　陈运祖　颜洪发　谭长生　陈宗贵　李　权　李炳云　谭连春
朱友明　童金娥　谭全官　谭六仔　谭发生　龙发仔　谭桐仔　谭黄生　陈六仔
陈禄喜　陈伴珠　陈为政　陈国顺　彭金金　彭喜仔　彭雪珠　彭二苟　彭雄雄
贺连发　曾顺仔　龙召生　谭全生　陈安生　刘长毛　龙月朱　陈年喜　陈松苟
廖习生　廖头仔　刘春珠　龙祖恩　刘田仔　龙苟仔　龙保仔　彭永祥　龙伏朱
刘冬生　刘新朱　刘秧仔　刘管仔　龙湘志　谭黄生　陈洪顺　刘梅仔　陈为德
彭晚生　谭年仔　谭木仔　刘福喜　谭田本　谭五俚　彭秀章　彭晚生　刘它毛
陈黄生　龙英发　刘洪仔　谭友德　朱启元　刘玉祥　廖昔仔　彭求生　彭前喜
彭通仔　龙直清　彭欠生　刘　战　谭开生　彭相喜　龙玖里　陈瑞喜　陈淼珠
彭新朱　陈振财　陈松寿　龙徐仔　陈米仔　颜祥花　刘源远　陈家官　龙全元
李振声　谭锦文　谭自生　吴秋平　龙旦英（女）　钟晚妹（女）　谭真嫂（女）
刘奀姑（女）　谭开英（女）　朱二英（女）　彭冬英（女）　谭娟嫂（女）

小田乡

蓝友胜 谭福保 刘昌寿 龙毛苟 龙件喜 龙天喜 龙贞仔 肖余富 龙云童
刘全喜 彭施昌 吴珠仔 彭保珠 赖铁石 黄卯仔 刘苟仔 刘田朱 尹同香
刘康珠 刘春喜 贺顺年 陈冬仔 廖福喜 刘珠仔 刘官生 廖仁喜 罗秋喜
刘洪仔 刘秋喜 罗春里 刘珠仔 尹福珠 陈国玉 彭生官 刘牛仔 刘欠苟
刘芝生 刘石珠 谭吉珠 黄晚俫 刘顺朱 彭月仔 肖良玉 谭云生 彭禄喜
刘徐珠 吴庚喜 刘谷新 何承官 刘喜仔 刘新保 刘招生 谭苟妹 谭全生
刘伏仔 谭雨喜 陈寸仔 张炳炎 刘文喜 龙同仔 吴福保 谭春仔 谭忙喜
刘宜生 谭招朱 刘顺喜 谭苟仔 彭福寿 彭成寿 龙寿生 龙仁云 龙禄同
谭康生 陈桂生 曾兴发 刘发祥 陈运生 陈年生 陈冬明 周石仔 周开妹
吴自年 吴官祥 赖决祥 刘桂祥 刘林苟 谭裕祥 肖林仔 周晚苟 肖善仔
黎春连 肖运昌 肖正山 刘杨仔 肖二仔 刘阳古 叶炳生 罗新耐 罗桂福
谭裕里 谭毛妹 谭清生 刘昌财 谭长生 巫桂林 谭相其 谭蒲仔 廖合志
刘新喜 刘雅信 肖正南 蓝多本 贺秋仔 贺香妹 蓝黄仔 刘朱仔 吴年同
刘玖仔 刘永仔 廖文喜 彭金仔 刘黄生 陈新田 刘桂阳 谭二仔 肖天生
刘黄喜 谭保连 龙新喜 肖东冬 刘佑喜 刘凤朱 石成开 刘梦兰 龙顺珠
蓝菊仔 肖苟仔 谭头生 吴华珠 刘兵仔 张火官 龙元同 贺春喜 曾国泰
刘福喜 刘全喜 龙秀堂 谭腰仔 曾宪文 蓝月仔 龙寿华 龙镇田 龙全喜
赖桥保 谭云喜 陈秋林 刘天喜 刘卷嫂（女） 谭融嫂（女）

严塘镇

谭汉仔 段兴寿 陈运连 周玉珠 刘　日 凌　霄 向件妹 谭苟珠 谭菊姑
谭件仔 潭汉生 颜文明 谭苟仔 谭人才 郭艾生 谭外生 谭晚咀 谭件苟
陈高仔 谭春朱 李元苟 尹马生 胡寅生 尹顺仔 谭迪仔 谭昌明 陈冬明
谭文朱 谭树根 陈运仔 谭三光 李朱仔 李爱连 陈香苟 谭头生 谭全生
彭宜生 凌然仔 尹运连 吴桂林 段新仔 罗夏连 尹官仔 谭法连 李马仔
陈这毛 谭苟保 陈回春 陈枚生 陈婆生 陈左才 陈永仁 陈头连 陈永尧
陈件林 谭冬连 陈新仔 陈年生 向　云 谭苟连 陈物全 刘顺喜 谭喜连
段伢生 谭头连 陈转仔 陈奴仔 陈头朱 陈乾元 陈根连 谭秋连 肖奴苟
刘秀汉 陈冬苟 谭二生 谭西义 谭玉连 谭回生 谭明仔 谭树生 谭头连
王凤莲 谭世苟 谭奇连 谭牛珠 谭头生 谭才生 谭爱义 谭香苟 王二朱
陈件朱 谭岳仔 谭栋仔 谭三保 谭五苟 谭物发 谭兰生 谭法生 谭健奴
谭年生 谭春连 谭和龙 陈乜珠 向生云 向发连 谭长连 段云仔 谭苟保

谭三仔	段九苟	陈朱仔	谭元珠	谭务信	王三田	杨邦华	杨发朱	谭普仔
谭友仔	杨良功	谭佳善	谭启祥	谭细奴	谭回仔	谭子连	谭天生	刘青生
谭春保	谭连山	谭晚苟	王香仔	谭苟生	王外仔	王世仔	陈和连	谭乜苟
彭奴苟	刘炳仔	王兴中	王猴子	王香仔	陈普苟	陈草连	谭细朱	龙玉元
谭苟朱	谭金鉴	谭官仔	谭吉哲	彭四朱	谭朱生	谭玉保	谭西跃	谭奴婆
王三苟	王连苟	谭苟仔	王公略	罗发香	王石晚	王吉恩	王根仔	谭五仔
谭世仔	谭合桂	刘普竹	刘慈姑	刘清发	刘年仔	罗连朱	刘毛俫	刘乜朱
刘厚保	刘祥仔	罗次珠	黄晚连	刘晚咀	刘相尧	向炳初	刘长朱	刘福保
刘牛仔	刘矮里	刘朱保	刘禾保	刘尾保	刘五仔	刘朱仔	刘冬姑	杨吉仔
谭才仔	刘六彪	晏普仔	陈马仔	段康连	陈顺连	陈朱光	尹史保	刘六苟
李件朱	陈丙林	谭运苟	段子章	陈牛仔	谭初连	谭忠苟	陈乜苟	谭功仔
陈二珠	郭玉连	刘年生	陈庚年	郭奴连	陈长连	李祥生	杨秋成	杨子才
陈乜仔	陈山东	刘乜苟	刘冬仔	陈文仔	郭苟连	陈俭苟	张福来	杨吉连
陈运连	陈庚仔	陈永少	彭出根	陈石连	陈这保	陈运仔	陈外生	颜奴苟
颜六保	谭玉珠	谭元珠	谭苟珠	颜鲁桂	谭三朱	谭乜保	谭九仔	陈珠仔
谭遗保	谭长连	彭运生	谭桂生	谭秋保	颜乜保	黄福寿	尹召古	彭苟俫
颜桃仔	宋继贤	尹樊仔	黄传海	陈初开	陈普元	谭学哲	谭顺连	尹石苟
尹礼仔	谭发生	谭三来	张福来	谭清仔	李发仔	李全仔	刘普云	张玉廷
晏年生	晏禾连	晏晚朱	雷苟仔	刘顺连	吴年生	谭马仔	谭孝保	晏晚咀
尹娥仔	晏运朱	晏大珠	刘发仔	段明新	晏永连	晏四苟	晏文仔	晏梅仔
颜晚苟	李细仔	向奴仔	向正儿	向万仔	向六仔	颜梦生	颜里仔	颜克平
向春朱	向官仔	向蒲仔	向细苟	谭三保	向笃会	尹普生	张端仔	谭毛球
段普仔	刘运保	李四仔	向云朱	谭奴仔	向元仔	刘一晚	向田生	向月宝
陈龙仔	王康仔	谭禄生	刘头生	尹禾咀	龙善余	刘细元	王成铭	龙三苟
谭瑞芳	刘珍连	谭吉生	谭奴仔	谭吉山	谭件苟	李薯仔	谭运保	谭三仔
刘朱仔	刘物仔	贺钊名	王三连	刘二连	谭恩连	刘运保	王水生	尹年仔
谭二仔	尹禾仔	王苟生	谭禄生	谭运苟	谭普苟	谭桂仔	谭普明	段连生
谭二苟	段仲生	王福保	段万仔	段芽仔	段友龙	谭端生	段国云	谭艮连
段秋月	段连生	唐官生	谭梦仔	谭长仔	谭运连	段荣贤	谭福仔	谭挂庆
谭次生	谭应根	谭应仔	谭保林	谭会生	谭细苟	谭头生	肖管保	肖年保
段吉开	谭先荣	肖伏贞	陈毛仔	陈玉保	段物贤	刘民仔	陈捞仔	刘年保
刘年仔	刘吉仔	吴昌寿	颜云榜	吴玉仔	刘神朱	彭长生	刘乜仔	陈次仔
雷年仔	陈秀裕	谭竹连	陈官仔	陈自仔	向召仔	陈造仔	陈物苟	陈头苟

陈夏苟　谭回春　谭益连　陈甲仔　陈正兴　陈宜和　谭光海　陈邦忠　陈秀尧
陈华山　陈仲连　陈秀林　谭成连　陈牛姑　谭串连　杨头连　杨乜珠　陈年仔
陈赵群　谢明山　陈位生　陈发仔　郭晚吉　陈清仔　陈正新　谭贵生　陈象苟
陈苟生　尹夏连　刘件苟　凌九来　陈健仔　陈下连　陈宗保　陈倩仔　陈珠苟
杨梦咀　谭启香　陈冬仔　谭石保　杨九朱　罗物仔　罗从周　刘二仔　谭朱仔
谭官仔　王头生　谭发秋　陈禾仔　谭晚姑　彭九仔　谭春朱　陈掌生　陈年苟
谭石保　谭下根　龙一连　谭顺连　周田苟　谭件奴　陈相亲　陈佑生　陈玉生
谭件朱　刘件奴　谭元生　刘珍保　陈珍生　陈右生　陈乜朱　谭发连　谭乜朱
谭武生　黄和尚　谭桂英　黄圣桂　薛神贵　尹乜保　刘元仔　段当生　谭乜朱
陈连仔　段晚苟　肖九仔　刘九仔　刘六仔　陈五仔　陈福仔　陈头连　陈这保
陈福连　陈苟连　谭冬连　陈仲生　陈国治　刘子元　谭仁康　段物仔　向牛生
陈起芳　谭桂荣　刘苟珠　刘子清　谭乜朱　尹六仔　谭毛仔　谭恶仔　颜桃仔
谭明吉　谭三珠　谭正仔　颜六保　颜礼顺　谭召珠　陈仲连　王淼仔　王善仔
刘二连　陈苟生　刘炳仔　向造仔　谭珍生　刘头连　谭禾生　刘物朱　林官生
刘鲁珠　刘运美　刘仁祥　向六仔　刘玉梅　刘古连　谭春保　刘福保　陈永清
陈次连　王用予　陈恩仔　陈七仔　陈物义　陈孝仔　陈灵仔　谭寿仔　陈保仔
陈佑连　陈根连　陈冬仔　晏新文　谭佑朱　谭朱仔　晏才仔　陈头苟　陈石连
陈次仔　谭成连　陈普仔　陈仲生　谭毛珠　陈水生　陈仲生　陈炳林　陈普仔
谭根成　谭世妹　谭云林　刘乜朱　周受朱　谭回春　尹疟朱　陈爱仔　段毛仔
陈冬苟　谭祥连　陈冬仔　陈元林　陈件朱　陈天元　刘三仔　谭三保　陈苟仔
陈冬尧　刘立仔　陈宜圣　李兵连　刘成生　谭志林　罗朱连　谭乜苟
谭云英（女）　尹冬英（女）　谭连姑（女）　谭晚英（女）　谭运英（女）
张晚妹（女）　刘牛妹（女）　陈奴婆（女）　陈年妹（女）　郭头姑（女）
尹珍莲（女）　刘乜妹（女）　晏桂秀（女）　段晚姑（女）　段冬英（女）
谭苟妹（女）　陈六姑（女）　谭聪妹（女）　陈夏姑（女）　刘英仔（女）
谭淑贞（女）　谭小阳（女）　周石英（女）　谭三英（女）　谭云英（女）
刘桂香（女）　谭运英（女）　陈头姑（女）　晏晚姑（女）　颜根英（女）
段体嫂（女）　陈夏姑（女）　陈朱婆（女）　陈文英（女）

尧水乡

段乜苟　晏三仔　陈毛球　刘永上　杨苟仔　刘冬苟　刘田苟　刘定祥　刘绪苟
段冬仔　尹万苟　刘二朱　尹奴仔　颜奴苟　段吉湘　刘永长　曾元度　尹长年
段　文　杨聪仔　陈日营　谭诗苟　杨乜苟　廖生仔　刘观连　徐林仔　曾石连
杨苟连　刘元高　刘冬苟　何乜妹　刘冬春　段福连　段莲花　陈运仔　段留苟

段寿连	段长苟	段志龙	龙细保	周平生	刘祖德	曾成仔	陈庙生	周发生
肖招仔	刘件朱	刘宝连	刘庚仔	周松年	周昌水	刘仲仔	刘乜苟	谭爱义
颜秋元	颜外仔	颜恩连	刘冬仔	刘龙生	李成仔	刘永生	刘爱仔	刘青仔
刘三苟	李物连	刘炳文	刘水仔	周功生	刘柱生	李才仔	刘龙苟	刘禾仔
刘遗生	颜福英	颜福春	颜恩连	杨金兰	曾保仔	龙头生	曾普仔	谭努苟
曾石连	曾苟苟	曾竹文	曾仁仔	何件朱	何春芽	何晓苟	杨善仔	曾瓜仔
何年仔	谭观照	杨苟朱	杨九林	吴日发	曾兰仔	曾永志	杨善仔	曾回连
陈牛仔	曾宗生	杨毛仔	曾忠仔	曾珍苟	曾长保	曾铁珠	谭吉珍	杨晚连
曾件毛	杨善恩	曾朱财	曾其仔	曾天四	何乜珠	杨安仔	何晚苟	杨连仔
龙晚连	段春连	杨桂生	杨其仁	曾桂连	尹子斌	尹乜苟	段运仔	段苟仔
杨祠朱	曾人寿	曾保仔	段洋仔	段大晚	段春生	杨志祥	段梦仔	段细晚
陈晚仔	段普朱	段广朱	段秋朱	段文生	段马仔	段长明	段玉生	段回苟
段乜珠	段夏苟	陈三朱	段凤桐	段庭合	段四苟	段俭连	吴东珠	段二连
段乜仔	段云仔	陈王苟	谭回苟	彭新仔	彭连妹	刘春九	谭赵新	段庚保
陈友名	谭次洋	罗新仔	谭香仔	谭森湘	谭永仔	罗花苟	谭水仔	周黄生
刘位云	陈三仔	颜火苟	陈禾仔	谭用云	刘佐生	尹春和	陈回苟	陈吉苟
谭冬苟	刘大儒	曹晚生	晏苟姑	谭段仔	龙牛妹	谭　勇	刘牛生	曾福良
刘凤苟	刘乜苟	晏朱苟	刘发连	贺连生	张物连	刘凤仔	刘晚苟	刘宋仔
刘下连	段苟妹	段嘉龙	刘仁发	刘花仔	张全喜	贺珍保	刘保生	罗外连
刘物苟	刘长仔	刘招仔	刘万仔	刘连生	段习仔	刘永立	刘永和	罗牛晚
刘永聪	刘仲生	贺恩连	贺武连	段梦苟	贺苟连	刘晚吉	段运生	刘康生
王生财	刘康仔	刘喜妹	刘送仔	刘大昌	刘端仔	刘米苟	刘回苟	段普苟
刘团生	张明权	刘运连	刘牛仔	刘物连	段头仔	贺禾尚	廖物苟	刘庚仔
罗忠生	刘九连	刘永苟	罗禾生	刘乜苟	刘发根	贺晚连	陈头仔	贺庭旦
韩国林	段寿兴	李三梨	郭二哲	郭定哲	杨二仔	刘幼仔	王牛生	陈福寿
刘心保	陈花苟	陈相苟	刘二仔	杨福连	郭奴苟	郭物生	尹永仔	徐造仔
王转苟	刘鼎仔	陈珍朱	尹水姑	段德章	王忠仔	刘运连	郭三苟	刘三仔
肖虎仔	贺四苟	陈福元	王吉祥	肖福赐	刘物苟	郭冬苟	郭运仔	王寿仔
刘运仔	刘文富	刘冬喜	郭晚生	王其仔	刘富苟	王武云	刘转仔	刘毛仔
肖朱新	段朱仔	虞恢苟	曾牛生	李件仔	周件保	谭广朱	谭留仔	陈回苟
曾保珍	段晚保	徐长毛	刘吉妹	刘初开	刘　保	曾晚仔	谭吉苟	刘三苟
段东洋	刘兰芳	刘仲生	刘梦连	江福连	刘招求	刘王苟	曾攀仔	段国寿
杨致祥	陈水生	刘众生	刘苟生	刘晚未	刘三苟	刘首先	刘官保	贺黑苟
徐回生	刘福良	刘吉生	刘回仔	曾三连	段晚珠	陈云仔	潭花武	周神绪

杨在田	段乜苟	段运苟	段兵仔	刘五苟	刘德福	刘根新	段祥仔	段自苟
尹义仔	段牛苟	陈正陆	刘牛仔	廖四仔	刘件珠	杨吉贤	张生毛	杨苟仔
颜件连	彭文仔	刘曲生	刘这苟	陈外生	刘承礼	刘政荣	尹运仔	尹林仔
贺晚苟	刘福连	段晚生	贺会仔	刘光仔	刘冻生	周克新	周件保	王普苟
曾春仔	曾云久	刘年苟	谭建忠	刘禾保	刘发连	尹运苟	晏茶苟	张名生
周　南	尹牧连	周雪连	龙顺朱	谭祥保	罗水云	刘永黄	刘年珠	

刘苟英（女）	刘年英（女）	颜头英（女）	周汉婆（女）	何晚姑（女）
周发莲（女）	曹乜英（女）	刘国英（女）	颜六嫂（女）	汤头姑（女）
彭田姑（女）	段金秀（女）	颜召英（女）	刘焕苟（女）	刘十秀（女）
陈珠英（女）	刘梦婆（女）	陈桂英（女）	周九秀（女）	段小洋（女）
陈一姑（女）	罗风苟（女）			

舲舫乡

罗寿成	周智珍	谭保连	谭长仔	郭冬苟	谭物苟	彭头仔	谭物仔	彭寿仔
罗件仔	陈物仔	陈　易	陈普朱	陈新保	雷俊保	刘根保	江努仔	陈送仔
陈件朱	刘娥生	何年崽	张贱生	谷祖保	吴石仔	谷运生	刘纯堂	周回仔
罗龙未	罗楚成	周下保	周牛仔	刘谱生	刘九朱	刘细奴	陈招德	谭冬仔
何官仔	何　发	谭石连	谭苟仔	谭青仔	谭头仔	何苟仔	何花苟	黄端仔
王雷仔	黄剑生	黄志励	谭益文	谭吉林	何年仔	何福生	何苟仔	李庚生
陈何法	王瑞朱	王普朱	彭官生	谭考仔	王件仔	王友德	谭物连	谭二仔
陈苟妹	曾招苟	王东生	谭玖姑	谭益发	谭冬仔	谭牛仔	谭牛保	彭端仔
谭群苟	谭运生	尹年仔	彭杨华	谭成仔	谭吉福	谭金生	周会仔	谭林仔
周甲旺	周外仔	尹运苟	尹保生	周年保	周忠妹	周四仔	谭苟姑	周冬梅
周哑子	周大苟	周富保	周攀仔	周良斌	周则银	周冬根	周谷苟	周良会
周毛咀	谭冬生	谭件仔	周益保	李回生	谭芳连	周件苟	李元生	李教仔
李名寿	李回仔	李裕仔	李朱古	郭成保	谭俊祥	李物仔	李细牛	侯运生
谭雪保	何奴仔	谭官仔	谭咀妹	谭宝恩	李晚俫	彭天仔	谭光仔	谭运生
谭朱古	谭梦生	谭成苟	谭官仔	谭家旺	谭功生	谭恩仔	谭春仔	刘迪脑
刘苟仔	谭春仔	王下仔	彭连仔	尹金业	罗忠传	谭晚连	李九仔	周冬姑
李二仔	谭长苟	谭孝连	李晚苟	谭夏仔	谭善仔	谭金莲	陈乜姑	谭苟仔
肖外仔	周菊生	陈晚姑	李梦林	龙四仔	李桂仔	龙仲苟	谭运发	尹孝仔
尹禾仔	杨谈苟	陈天申	尹年仔	张次仔	尹桂芳	尹晚咀	龙端仔	张运发
尹小二	尹世仔	尹疟仔	龙福仔	尹三奴	尹端仔	尹夯仔	陈回仔	陈疟珠
谭龙苟	杨夏仔	陈奴仔	张五仔	张三仔	杨初英	龙苟朱	谭三苟	谭年苟

张龙仔	谭石朱	刘梦仔	张元仔	周雷发	李独仔	陈石林	李洞苟	周晚这
刘牛仔	张次朱	李牛始	刘周仔	陈忍姑	张朱仔	周桃龙	陈晚咀	陈珍仔
陈毛仔	李瞟苟	李黑礼	陈连连	尹宁万	尹晚云	尹龙保	黄朱姑	周三仔
尹普仔	尹蒲仔	谭作武	谭芳连	谭爱连	吴根妹	郭猫姑	谭物仔	于凤生
陈凤仔	彭会英	周外朱	谭同姑	龙五仔	龙华仔	张苟仔	郭六仔	陈菊苟
陈冬兰	陈高仁	尹奴保	刘思智	谭毛仔	尹长保	陈明仔	谭发珠	谭晚保
谭聪连	谭成朱	陈年保	谭玉苟	张运苟	李次朱	刘物仔	谭苟保	王六朱
王友义	李洪仔	谭石苟	谭石保	谭则忠	李晚俫	谭保仔	李孝连	谭香保
陈回生	谭下仔	王头苟	何九仔	谭戊苟	周件廉	刘长生	叶春仔	谭孝仔
刘寅姑	谭奴苟	周禄生	谭明旺	刘细连	于福保	周苟仔	谭艳哲	谭其明
谭桂仔	刘大寿	周引生	尹助元	谭珠仔	李毛苟	谭名瑞	何云仔	谭明生
谭受连	谭　忠	彭　凯	谭盛姑	谭昌林	谭小朱仔			

谭七妹（女）	谭爱英（女）	谭保嫂（女）	周桃英（女）	谭奴婆（女）
谭春英（女）	谭头英（女）	谭顺英（女）	李乜英（女）	周件英（女）
谭娥仔（女）	周董婆（女）	尹件英（女）	陈端英（女）	张这妹（女）
李运姑（女）	周晚姑（女）	谭苟秀（女）	谭福莲（女）	谭和妹（女）
彭秀英（女）	罗寅秀（女）	黄淑英（女）	周才英（女）	吴运姑（女）
谭年英（女）	龙顺英（女）	段珍英（女）		

桃坑乡

范桂荣	罗仪伦	周苟古	周汉仔	谭桂仔	吴玉古	吴　勇	吴永德	王金生
段兆生	邹进福	李锡良	彭祖裕	曹运发	尹二朱	谭怡发	周良兰	尹年苟
周连寿	谭件仔	曹毛仔	周贞连	谭秋杨	尹春才	罗道同	高文盛	钟牛俫
吴凤珠	黄传海	李景新	袁仁生	谭亚开	邱永顺	廖福仁	肖义和	尹樊仔
尹清仔	吴永吉	刘秀和	徐功兴	张春华	周金仔	周奴苟	尹纪成	曹老炎
罗金俫	谭付仔	李生泉	邝振全	张雷发	张整维	龙润德	雷谭云仔	

温吉娣（女）	李恩香（女）

江口乡

黄渭涛	黄渭波	刘子玉	黄生庭	罗子炎	黄道宏	梁镇湘	黄书文	凌郭沃
钟辉汉	黄梅楼							

湖口镇

谭德兰	谭运仔	周樊这	谭定桂	陈美连	段烧仔	陈炳春	陈二生	陈开生

谭竹生　陈文仔　谭朱古　谭　荣　谭物苟　陈合初　陈晚这　陈吉保　陈兆仔
陈海仔　陈其云　刘春法　陈富云　贺石春　彭小牛　廖礼仔　陈回仔　谭回仔
刘头朱　陈晚古　王苟仔　谭土贯　周朱古　张冬仔　罗本立　肖庚福　周二姑
谭欠朱　彭迪全　彭幼咀　陈六生　谭冷仔　单成苟　贺凤仔　贺铁仔　张件仔
王发喜　周回朱　张文吉　彭菊连　谭毛仔　陈秀黄　陈奴苟　段龙朱　陈梦元
谭顺仔　谭则公　彭晚吉　谭石仔　谭迪生　颜奴仔　陈瑞湖　陈良云　彭桃花
谭毛连　陈右宝　谭真生　乔毛立　乔四仔　陈菊保　唐花苟　陈外仔　乔虎生
乔乜苟　乔官生　颜友光　颜德法　唐吉保　颜攀仔　刘观保　唐香生　谭毛仔
谭物朱　周明南　周石苟　周朱保　周连保　周申妹　周头苟　周珍苟　周香日
段圣树　陈雨仔　段吉新　段回仔　段田朱　谭保珠　谭运珠　谭成对　谭发生
段普仔　陈攀古　廖永仔　谭炳云　段件仔　周外生　刘腊保　罗件仔　段生运
彭头仔　曹仕成　谭六朱　谭麻苟　肖文虎　谭冬生　罗丫牛　谭喜仔　谭明朱
谭新元　谭秀古　谭梦洪　谭秋洪　谭晚连　谭恩福　谭绪仔　谭吉俭　周道朱
谭文晚　谭容仔　谭健云　谭康生　谭晚苟　谭观寿　谭九姑　谭吉苟　谭铁古
谭石古　谭考生　谭大富　谭应寿　罗石朱　曹龙珠　谭招连　谭鸡生　郭遗然
苏六仔　彭发连　朱珍古　谭石保　周福苟　刘铁脑　周秋国　谭康富　周奴仔
谭兰仔　谭自牛　周道怡　陈奴仔　周玉成　乔官生　周建保　周物苟　周物生
周桃仔　周福田　周晚连　周桂朱　彭春生　叶台生　谭苟仔　张兰生　罗招仔
陈顺生　周香仔　周杨斗　周朱仔　谭兴苟　刘普生　段普生　周珍古　段吉苟
谭件朱　谭景康　郭物朱　周桃生　陈桂仔　刘发珠　陈道元　谭贞祥　陈菊花
刘连仔　罗忠贵　蓝成林　谭三姑　谭明生　江福生　谭冬吉　陈径全　谭田仔
刘肇顶　谭五仔　谭大兴　谭长生　段邦龙　刘其生　彭桃仔　谭回仔　颜石仔
谭运连　谭福星　江兵奴　谭大咀　谭余咀　陈少生　谭茹仔　张桂林　张三仔
谭水仔　廖永仔　谭才仔　胡金仔　陈石苟　谭保古　欧阳雪　乔六生　彭志勇
谭学元　唐桂中　欧阳福连　段祥英（女）　陈珍姑（女）　谭宝山（女）
周晚英（女）　谭爱英（女）　彭苟英（女）　谭娥仔（女）　刘四妹（女）
谭桂英（女）　罗科秀（女）　王晚秀（女）

浣溪镇

张承先　胡攀仔　颜寿仔　颜善仔　段继绪　段东明　刘马仔　刘牛兰　刘谈妹
吕发古　刘茂生　郭家恒　刘路朱　吕春开　张冬成　吕桂芳　刘迪苟　吕青云
陈九仔　江芳兰　谭兆贞　谭秋古　郭湘仔　廖玉连　陈湘仔　谭有古　陈胡秀
江天朱　周珠古　廖昌禄　刘石林　谭石妹　谭兆麟　廖件朱　江延俫　谭甲仔

袁保善　谭贺苟　周明生　刘石苟　吴苟仔　余年旺　郭其吉　段桂云　陈重吉
段九生　潘晚吉　段必林　刘石仔　段朱仔　段运妹　段振德　段石朱　段自生
谢件仔　段金朱　邱结发　段牛妹　罗朱古　刘苟仔　刘珠仔　张容俫　陈丙尧
张段俫　刘苟仔　彭隆仔　钟飞虎　周物仔　谭茂仔　彭林仔　周石元　钟国良
颜世文　颜珠仔　谢石仔　段牛仔　段攀仔　段法朱　谭全德　陈六仔　段马仔
吴娥仔　谭福连　段圣立　段坤仔　段家培　段保仔　谢吾仔　段延绪　谢晚咀
段谷生　陈云仔　段回生　郭房生　冯桂林　段振起　曾纪忠　林登雨　冯石仔
段振拔　谭苟妹　段吉云　段回仔　段圣葵　段益娥　段毛吉　刘桂苟　段运仔
段凤仔　罗毛仔　祠贱苟　段相仔　段长苟　段头仔　段牛仔　段茶生　刘桃仔
林石古　谢羊仔　谢全保　段众益　段正意　段子权　段盛委　林二连　邹黄生
刘保生　段成意　段吉华　谭春牛　廖路仔　段吉生　谢甲仔　段炎生　段桃仔
谭外苟　段发苟　段兰吉　段辉保　段攀仔　颜铁姑　段茂姑　颜运朱　黄谱生
颜件朱　颜雪仔　周则金　陈丙桂　陈芳龙　段奴吉　段铁全　廖兰芳　谭银生
陈二发　王年古　张朱仔　廖成生　陈后生　颜毛苟　陈年生　段秋仔　尹春林
江仁启　彭芽仔　段凤鸡　谭牛仔　陈接庆　段朱古　谭善保　颜云仔　颜苟仔
颜石元　周物华　池件苟　陈保生　段金珠　段年仔　谢雨仔　谭牛自　颜件珠
王晚吉　颜迪珠　陈仁炳　吴娥仔　刘长寿　段晓仔　谭辉苟　陈茶古　段盛生
刘永森　刘兵生　段长生　钟牛仔　吕石保　段中仔　段毛仔　段道仔　段炳生
段卷仔　段次生　段朱古　段朱仔　段凤仔　段有仔　段云英　段马仔　段牛仔
段春仔　段同仔　段新仔　段观来　段猫子　段善吉　段冷子　王晚吉　谭六仔
颜楚仔　颜芳连　颜世妹　颜寿永　颜夏仔　段金保　陈艾仔　段晚猛　陈秋仔
段赞仔　段根姑　段顺新　段美仔　段文致　段顺仔　段善新　段竹连　段发仔
段龙生　王毛球　段秀仔　段细生　段次已　段秋善　张三仔　池双林　池双财
史年苟　段振委　段秉莹　刘件妹　刘溅苟　段展精　潘志及　谭永古　段圣衡
刘秋妹（女）　吕观秀（女）　刘书贞（女）　刘官秀（女）　颜龙益（女）
刘秋凤（女）　李冬圭（女）　曾冬秀（女）　王九连（女）　黄九英（女）
颜桂英（女）　段安嫂（女）　刘吉凤（女）　谭件姑（女）　肖金莲（女）
陈雪莲（女）　彭黄妹（女）　曾冬秀（女）　谭家荣（女）

马江镇

陈善仔　匡妙俫　陈　为　郭桂化　郭桂秋　陈德发　陈位文　张善诚　雷同吉
周物苟　雷同春　雷罗仔　雷枝荣　雷合文　雷回朱　雷寒仔　雷珠仔　雷运喜
雷顺成　雷会仔　雷俊保　周芳花　王六仔　雷喜仔　雷发云　雷苟仔　郭昌生
郭晚苟　郭桂文　郭先进　郭应时　郭头苟　郭德保　郭宏德　朱初生　曾石仔

陈回仔	何佑仔	匡国碧	黄如保	费奴妹	段苟妹	尹商俫	刘外苟	曾龙仔
黄志聪	黄九生	黄绍香	黄紫德	郭良红	陈凤仔	陈全仔	陈秋回	陈发运
陈迪仔	彭回仔	彭朱仔	陈应麟	曾晚妹	曾招荣	曾六妹	彭桂荣	谭德胜
谭瞟仔	谭牛俫	颜成苟	张忠和	陈珠仔	雷件妹	朱善仔	朱细奴	罗尚德
罗吉生	陈应文	陈和楠	张成仔	张志超	郭益仔	张吉甫	王冬仔	陈马仔
张害朱	颜苟仔	王宝仁	陈珠妹	唐冬笋	雷凤仔	陈龙仔	刘文详	曾牛仔
陈奴仔	曾苟妹	郭日华	陈牛古	陈头朱	龙才仔	陈金苟	何合仔	雷相仔
周花苟	刘官保	郭牛仔	龙高化	陈德裕	匡春俫	彭晚咀	陈明元	唐继保
唐香生	陈发仔	毛祖发	费林生	郭国元	费回生	费成几	王春仔	张奴生
陈金苟	陈官仔	陈运禄	陈连仔	毛友福	刘官保	彭瑞芳	谭会生	陈头朱
龙次仔	朱长仔	郭良恕	刘伟章	费国祥	唐桂忠	黄九生	罗桂荣	

王普妹（女） 雷令贞（女） 谭四英（女） 郭容秀（女） 段回英（女）

界首镇

谭永时	侯松生	尹夏珠	谭早俫	谭玉发	李外妹	彭清生	李春南	李运生
陈代俫	谭猛子	陈朱妹	袁跃南	谭牛俫	谭春苟	谭苟吉	谭寅妹	谭奴苟
谭由仔	谭　金	谭天训	陈小年	谭银仔	谭南梅	谭路生	谭永保	谭回苟
谭永福	谭回妹	谭代智	谭朱仔	尹恩吉	尹罗妹	尹元来	尹朱俫	谭杓乃
谭　醒	谭劲琛	尹善朱	尹佐汤	侯小阳	侯宗生	郭英桃	尹珠妹	谭忠道

谭永明 尹运仔 段仁保 钟完考 李运牙嘴 尹回吉（女）

枣市镇

唐世英	陈五仔	曹吉祥	唐世珍	李马仔	龙年苟	谭石朱	谭秋仔	苏喜仔
苏让保	苏相仔	苏康咀	苏炳仔	苏清仔	陈毛俫	苏吉朱	苏托有	苏运妹
苏托槐	戴回仔	李回苟	张吉连	周芳和	周虎仔	谭课仔	吕本仔	苏中仔
周珍林	陈长连	周迪朱	谢化名	李天佑	肖富苟	陈俭仔	周珠仔	苏富仔
李安生	陈牛俫	李件吉	颜秉法	苏绍安	彭新荣	谢回昌	匡志孝	苏申苟

下东乡

刘次仔	罗秋寅	李苟保	谭石连	谭元仔	谭珍仔	谭普仔	李头苟	李物生
谭乜仔	彭乜珠	彭玉林	谭家武	彭含仔	刘毛仔	谭苟仔	张苟仔	刘花苟
杨雄云	杨绍震	肖全福	肖高彪	肖龙仔	李楚贤	李　芬	肖国福	李炳荣
姜新仔	谭全仔	刘珠仔	谭茂松	彭四朱	彭珍仔	谭运仔	彭开仔	彭奀仔
彭顺清	彭远照	彭合仔	彭运仔	彭苟仔	刘大高	龙覃妹	龙晚这	陈自新

李次仔　蒋头仔　蒋运仔　蒋应仔　贺招仔　蒋晚生　蒋石朱　谷年朱　谭福仔
谭日群　彭道善　刘苟仔　彭世脑　彭　述　陈冬生　李福顺　罗雪仔　罗外仔
刘冬仔　肖物仔　肖三仔　肖招英　肖友仔　谭玉林　李子财　谭头姑　贺炳清
彭奴仔　陈保朱　罗春云　陈运苟　刘清顺　谭新生　陈金保　陈学道
刘兰英（女）　谭道瑛（女）

洣江乡

陈晚苟　陈正哲　陈洋哲　陈端仔　陈冬生　陈运仔　陈九仔　陈苟仔　陈友松
陈回生　周掌珠　彭世苟　周新仔　陈头仔　陈九宋　陈四仔　陈红仔　雷毛仔
雷牛保　雷美崇　周文仔　雷洋保　雷物仔　雷运仔　雷富佑　雷为政　雷外仔
雷文立　雷这保　雷晚咀　雷震仔　周观林　周香仔　周聪生　周头朱　彭万保
周佑生　胡次仔　吴四仔　吴元进　吴田仔　吴冬苟　吴荣仔　陈禾仔　吴立明
刘发仔　吴四苟　吴乜珠　吴顺生　吴秋朱　吴朱仔　吴苟仔　吴习保　吴乜朱
刘位仔　周晚苟　刘蹪仔　刘大成　刘文仔　刘年生　段送苟　刘水生　刘玉保
刘遗送　刘皮仔　杨头仔　杨晚林　黄苟仔　龙　璜　刘头生　刘九仔　刘牛仔
刘冻仔　刘益朱　郭法生　左正明　刘苟保　刘洋生　郭观珠　刘玉华　刘玉珍
李桂仙　刘法生　刘物仔　刘这运　刘大运　刘恩仔　刘连生　刘连仔　刘奴苟
刘文保　邓曾仔　刘件苟　陈招生　陈攻仔　吴秋仔　吴招仔　雷凤仔　吴回连
吴乜仔　吴文仔　刘十仔　刘回仔　陈铁仔　吴运奴　刘苟仔　刘云仔　雷稿连
吴苟仔　陈　韶　周寿喜　刘毛仔　吴文仔　刘善英　刘晚珠　刘寅生　刘桂荣
刘五朱　刘性仁　雷梦苟　吴物英（女）　曾运仔（女）　吴吉秀（女）
陈美光（女）　何下云（女）　雷年姑（女）　刘孝姑（女）　吴回妹（女）

平水镇

李石林　沙夏连　罗仲伯　周发珠　周春朱　包汉仔　汤奥保　罗古圣　陈启华
朱金瑞　吴桂珍　吴凤章　段冬连　吴冬朱　谭应朱　何秋仔　周秋生　唐老张
汤春林　谭留仔　胡晚仔　雷中苟　傅喜生　张腊根　罗仲谋　陈仔倈　段连仔
陈普生　陈振才　彭裕厚　段林妹　段连苟　罗忠斛　陈泽远　陈召祥　张基仔
陈全喜　刘春生　彭富仔　尹文仔　刘位东　黄源远　刘尚仔　罗梅开　汤富苟
单新元　王伍倈　颜王瓜　包文度　罗苟仔　陈德生　陈渐逵　颜玉华　陈桂连
罗梦仔　夏功仔　谭应益　陈桂如　何开林　罗运仔　刘保仔　陈秋仔　罗景春
张雨仔　周成保　莫朱明　刘普仔　张德仔　谭友仁　杨黄中　罗石仔　罗回仔
罗春生　裘桂朱　邓松仔　罗国典　罗中达　罗石佑　王国达　段运保　吴元珠
过桂生　刘神佑　刘运仔　罗仲德　王恩林　何招仔　何志生　谢长春　刘二仔

包春珠　刘桐保　张吉生　谢龙苟　陈银仔　江益苟　王件仔　谢超仔　莫云清
刘皮匠　罗发生　方苟仔　周桂朱　汤石生　罗龙生　罗保朱　刘云仔　陈香苟
包常春　刘龙妹　汤富仔　汤石恩　张广德　罗冬保　李杨富　范明亮　龙自光
何长仔　欧阳新仔　欧阳喜保　欧阳回仔　罗德癞子　欧阳九仔
陈孝英（女）　罗腊姑（女）

虎踞镇

谭木乃　李六之　李呀子　陈连仔　谭王毛　谭曼仔　龙物古　谭杨生　王观乃
蔡石龙　邓冬元　谭梦古　谭毛俫　胡金生　罗黑苟　曾冬苟　邓毛苟　邓金仔
刘朱仔　陈四六　邓物苟　刘黑皮　胡兴福　刘给子　谭咸生　谭石仔　龙神乃
刘铁脑　龙癞子　陈和乃　张则老　张华之　陈残疾　陈招乃　陈炳仔　陈奀乃
邓矮里　龙运仔　谭绍生　龙毛仔　尹　藩　龙将文　刘冬生　刘金元

红色农场

邹成朱　周福香　周秋元　周大苟　周兰香　周晚林　周善仔　钟社泉　周王苟
周铁朱　周朱仔　周梦生　周则明　周秋仔　周双喜　周冬仔　周普年　谭苟仔
刘天生　彭双喜　宋秋保　胡吉生　肖春朱　周牛仔　周福喜　尹丁仔　邹冬喜
刘水仔　尹麦生　杨月明　刘桂生　彭广仔　周祖文　周黑仔　刘秋生　周吉生
谭顺元　周黄苟　周子娇（女）

炎陵县

霞阳镇

刘牧逸　谭　文　陈留生　罗保成　谭炳焕　尹志发　罗桂发　肖善坤　刘帮权
林书顶　罗子凤　李四福　邱　笛　肖福鳖　张观同　谭兰庭　刁帮福　凌谅奕
邓同金　邓同成　邓庆兰　杨定文　尹相颜　邓同宝　杨书鉴　邓福荣　邓汉发
邓同乾　杨书利　邓同炽　邓同本　邓庆余　邓同礼　杨书发　邓亚贺　黄世庭
谭瑞山　杨书贵　廖国华　黄明发　邓庆南　陈秀禄　谭奇明　谭福元
伍冬莲（女）　涂莲英（女）

水口镇

郭垂芳　首观发　李绍伦　郭俊春　赖肇源　朱才亮　郭垂风　孟清华　李海房
李学贤　邱可禄　李芳高　郭名榜　郑天喜　席子珍　崔正锦　江英富　叶庆光
曹德玉　周明海　饶宗佑　李宗南　张贤发　郭天禄　孟湘鉴　李却非　叶庆成

余德生	余长久	孟端名	饶宗鸿	李振开	崔茂棠	张蔚书	郭建章	兰玉成
陈序元	叶家湘	孟振山	刘伸传	余溪远	崔玉山	张年贵	彭寿莲（女）	

鹿原镇

段龙发	段文生	罗　芝	罗老潘	段圣喜	霍洪生	段源圣	潘桐芳	段春寿
段晚寿	段子良	段晚际	段炳仔	潘家球	段汉清	潘骨巴	周石生	段奎志
段凤仔	段新寿	段云仔	罗英乾	刘叶于	罗芳芝	段　楠	叶甘生	刘兴发
张华照	段珍录	陈运来	段发仔	刘荣楼	颜新喜	张礼发	段胜光	曾自香
谭金龙	房朝献	刘沛荣	唐科柱	唐秋发	李彦芝	唐　瑛	唐克文	

沔渡镇

邱发冈	张绍海	谢求万	李祖成	何彩荣	邱梅成	陈荣清	陈国才	陈永贵
何荣元	谭金龙	陈永伟	陈永清	包朝福	黄生荣	曾英来	黄章德	翁荣裕
杨远兴	杨相成	朱海洪	何锦成	尹年丰	尹长发	尹政伟	谢德才	吴声才
尹热妹	陈维有	吴华典	何彬三	曾宪林	石开林	黄纯礼	谢周珍	钟辉汉
梁　清	胡云芳	廖如莲（女）						

船形乡

卜声主	杨汉章	钟珠古	叶冬元

东风乡

李一德	唐学文	张德楚	陈长林	金观仔	罗老刘	霍发仔	张汉新	霍秋仔
廖成发	廖成生	唐德发	张一平	谭本园				

三河镇

曾善际	谭端云	霍周周	唐良相	霍开园	潘冬发	潘观仔	潘宗仁	潘发春
潘世寿	傅超仁	潘满际	罗五苟	霍鸿生	霍万隆	潘寿昌	潘龙林	潘洪章
潘如仔	霍匡汉	欧接发	潘申榜	罗谭谭	潘海庭	罗隆仔	霍桃芬	霍远茂
谭随福	霍妈来	霍芳聪	霍连发	霍振汉	霍秀玉	张楚良	谭老岩	段子云
潘玉明	罗子明	霍文华	周石山	霍崇德	唐学荣	段　瑞	潘冬园	潘榨保
潘召喜	张寿昌	潘德山	潘玉献	潘立喜	唐华荣	邬家贵	霍金川	霍季芳
唐英荣	霍长福	周大椿	潘宗传	潘武钦	张承前	刘冬际	傅召云	潘西臣
张发喜	霍文郁	罗天仔	潘纪生	潘茂才	潘龙山	潘明山	潘双元	潘寿际
潘茂发	谭楚才	潘寿生	潘归生	唐志鹄	刘冉古	唐益云	罗英乾	谭初崽

潘云崽 段平圣 吕石兰 陈厚生 潘德绍 段来发 雷长发 潘牛古 潘五寿
潘祖浩 罗秋发 潘祖敏 潘炎寿 潘路仔 潘则脑 潘开一 刘八仔 潘春发
潘首发 潘海案 谭炳恒 刘开仔 林亚生 罗誉昌 霍远庭 黄秀顶 张 贵
张相自 肖志义 唐祖尧 张德舜 段华文

十都镇

李炳荣 黎世坤 邓代连 宋贤能 姚祯文 谢盛祥 黄镇乾 何杨标 廖香山
张明光 陈相彩 谭维明 陈忠林 贾鸿猷 梁步云 陈兴水 刘炳黎 万达才
黄升荣 黄日照 李永腾 李金龙 郭秀斌 朱猷章 黄联鉴 苏达爵 钟月康
石辉清 陈昉轩 张运如 陈世政 张洪兴 宋贤能 李则乾 吴永宗 叶昌富
凌慎厚 李达发 龙明山 杨秀盛 杨成生 罗德文 李开皇 杨成志 徐能让
余荣富 翁明达 罗德福 罗德和 林云昌 林云平 兰纪帮 张远如 郭德发
曹春友 张槐昌 邹耀兴 雷杨春 唐伊焕 黄启林 陈兴芳 李庭胜 余庆林
林善庭 刘庆开 曹春贵 赖佳成 雷绍开 林振庭 陈家瑞 李庭誌 龚有澄
曾广元 姚华德 林振冠 扶显高 谢永福 林云焕 姚清观 叶生昌 曾纪来
林起朗 余庆育 巫海兰 叶治盛 余少屏 袁日万 曾纪明 杨成信 李树槐
兰纪松 尹年丰 魏龙远 姚贞文 李梓荣 兰继于 陈国榜 翁明坤 曹春茂
贾纡青 赵雪仁 杨常槐 余庆通 陈昌茂 王友仁 贾宪荣 刘声达 张绍元
钟荣勋 陈朝有 赖振松 江德发 张进邱 宋贤成 黄家岳 唐伊标 尹亚牛
叶隆茂 兰昭铖 余大洲 刘泽林 郭振煌 兰英发 李锦舒 吴春昌 贾治业
林元凤 陈日龙 曾纪全 张贤炳 何爵华 曾才源 李世麟 张光汉 万扬申
陈应岳 兰炳森 黄学金 周锡寿 李乙生 张森炎 谭丰年 陈盛达 刘达帮
徐能海 贾策荣 潘昌福 姚贞来 傅洪亮 黄化周 石荣福 曾福生 刘福全
肖忠庭 杨蔚华 杨建忠 张清汉
李玉秀（女） 苏丙莲（女） 余冬英（女） 魏登娇（女） 尹侦妹（女）
吴桂春（女） 兰冬秀（女） 龚叫妹（女） 林辛莲（女） 黎娥英（女）
黄茂秀（女） 万康妹（女） 李声秀（女）

石洲乡

谢良玉 张春榜 张新维 凌谅元 肖永寿 黄帮岳 魏紫贵 李祖荣 戴寿尧
邓炳荣 郑荣沅 李声辉 凌昌华 何洪儒 刘绍远 李秀圣 唐伊龙 肖冠权
黄家燮 张奎向 龚碧璋 刘大发 钟传进 郑荣炳 凌慎厚 吴鹏飞 古朝仁
罗惇汉 邹少梅 方明志 陈德鹏 谢忠根 麦振有 刘帮有 曾昭全 唐伊富
邹瑞怀 方传修 方传金 李德渊 曾声梅 曾纪行 邱元华 谢忠举 戴寿凯

邹金彪	古朝鉴	何生荣	张彩照	陈英福	黄盛贵	钟定跃	邹宗举	谢良友
廖起林	古清兰	古光义	刘昌贵	何代发	曾新焕	李积田	张汉维	邹家馨
刘竹莲	戴光彩	廖国有	凌慎裕	麦宗寿	张自兴	刘建凤	黄帮焕	黄云安
管世仪	杨俊斌	曾承清	唐其湘	曾宪荣	黄立光	陈家兰	麦振昌	黄帮英
曾声华	张升朝	唐祁万	唐伊庭	肖万寿	刘大朋	曾纪光	郑隆兴	尹可成
钟传福	王昌伍	周大兴	潘世炳	郑祖全	邹远凤	肖万荣	邹家坤	邓声仁
陈应林	戴朝鑫	曾纪章	黄大洪	黄帮秀	李裕盛	钟传扬	钟传友	李新盛
黄安厂	邹家沅	刘清远	谢达炳	李维成	黄少屏	邹秀福	邬任春	黄大发
麦开海	肖永远	杨祥海	陈世双	何贤财	邹家词	黄可成	李清华	李森盛
潘承福	肖世华	肖万善	肖世贵	刘昌基	万选友	李宗岳	邹耀棠	梁奕传
黄振海	王纲织	唐松寿	李其昌	曾纪凤	肖万锦	邹家则	李声达	曾广福
刘大和	李行太	陈应受	谢忠林	谢玉多	李维性	黄家茂	邓英金	谢忠炎
邓荣勋	张见财	黄仕裕	涂　剑	邹安福	张俊卿	田秀洪	黄邦鉴	魏智炳
胡志发	黄大兴	廖国沅	邹虎榜	曾纪羽	潘承岳	陈昭明	张自坤	黄帮华
黄大维	黄帮浩	赖庆祥	凌慎兰	邹安泰	李德兴	郑通海	廖永友	黄振福
郑龙光	吴必燕	曾纪兰	黄邦钦	廖国成	张旭初	方孝先	黄安汉	黄成秀
张兰轩	史家赵	李维贵	刘盛福	郑龙海	黄声福	黄大福	曾宪厚	刘纪棠
肖世楼	曾纪贵	黄家万	何展辉	张振松	李先兴	邓梅凤	黄作凤	李福盛
黄作如	戴朝标	曾亚秋（女）	邓吉秀（女）					

大院农场

邓世标	郭洪亮	徐金鉴	邓世开	吴义新	龚祥桂	石奕开	徐玉山	徐顶燕
刘纪坤	曾传鉴	石世成	徐昌焕	谢书洪	何洪海	杨干生	石玉峰	陈玉明
龚光禄	卢喜生	雷桂茂	王　三	李洪发	周久林	曾纪仁	石奕祯	李惠云
何扬标	雷季岸	龚祥海	刘天焕	杨凤美	王礼盛	李荣珠	李亚丁	邓贤鉴
王礼福	李均祥	黄太和	凌荣湘	张清泉	徐顶洪	杨昭奎	石世英	李焕章
叶森林	曾昭林	韩志恩	刘清贵	龚光海	周亚水（女）	雷石莲（女）		

奎溪乡

黄明德	钟永祥	罗先昌	钟永亮	刘仰芳	刘朝四	刘屏章	陈茂俊	廖国藩
罗洪万	罗洪进	刘联兴	王维新	林祖兴	林家炳	罗学湖	刘朝用	钟吉帮
殷寿华	刘朝登	刘朝仁	廖国化	江先有	刘朝安	吴兰亭	邓汉明	张贤发
刘显猷	曾声山	曾家兴	刘仰顺	王维权	罗寿享	袁通福	陈祖光	王孟成
罗光福	黄　云	陈俊彩	李良芝	罗俊杰	黄明发	邓世镇	曾贵山	张龙顺

肖兴盛	涂祖鹏	邓汉海	邝先荣	罗道冠	陈英秀	钟汉芳	罗英彪	刘达儒
陈光先	陈世生	陈世才	钟长祥	陈连榜	谭长发	谭长庚	曾信都	钟自成
曾纪福	钟坤贵	钟河远	曾传道	袁通堂	周绍忠	刘帮先	刘朝升	刘仰腾
曾坤祥	陈英龙	王福海	陈忠有	林希岳	陈子儒	陈英雄	何鸿飞	何春才
李尚贤	张万禄	张万河	黄常兴	谭丰兴	廖日光	廖汉飘	李春庭	欧桂芳
罗俊寿	黄国安	罗俊际	邓世松	陈国恩	吴章凤	张万福	凌显友	邓汉鑫
陈登文	谢登炳	陈序太	邱岳成	凌谅河	周勋忠	张星炳	江礼孔	曾纪维
袁忠福	李维典	钟乾保	陈基尚	何洪儒	黄万发	陈国友	周孝忠	陈忠信
陈登明	严石珠	曾有余	张秀玉	罗福寿	罗英德	黄春棠	罗洪绪	罗俊明
张德祥	朱贤礼	黄克才	邓汉裘	张万龙	罗崇发	江礼茂	唐起伟	黄日洪
罗先儒	陈序煌	张良才	陈序彰	龚德新	陈序全	姚祯海	陈福泰	林家海
谭长林	江大龙	练学诗	陈长辉	袁通荣	邱冠元	杨家树	陈序均	陈序福
邱兴亮	刘昌伯	李裕秉	谭德旺	刘成章	兰福华	贺尊斌	黄世福	曾纪年
吴碧煌	吴碧祯	曾纪芳	廖国银	廖大鹏	潘世成	周远勋	练学成	罗英其
孟振全	陈德厚	唐祥富	江理清	钟潘祥	张贤忠	周帮尊	曾荣高	殷荣才
刘绍矩	罗道煌	林立玉	钟河勋	唐起海	成代金	廖洪洲	潘庆成	谭永联
罗业成	黄国锦	肖福海	张贤达	刘承章	黄可发	刘建光	邝振燕	彭俊成
刘正兴	史义常	周信忠	黄万福	黄万全	李良伟	凌春贵	刘朝三	李振迪
吴绪业	黄由贵	谭世阳	曾成恩	史桃秀	吴怀浩	陈序胜	王澄径	陈序达
罗道台	江达富	陈长发	扶贤旺	陈长达	刘家源	杨维虚	廖国义	周言忠
周品忠	练虎榜	陈紫云	陈序海	彭振桂	唐起昌	林家河	曾傅义	周金忠
钟国庆	邱光荣	周传札	曾成绪	曾纪鸿	唐自荣	李后才	谭世祥	刘占胜
何鸿来	曾坤振	谭随裕	廖国承	李正荣	张锦芳	谭观兴	吴必祥	陈德炎
李春贤	李相顺	廖春光	廖德兴	陈英凤	谭丰厚	谭丰林	黄国银	李相福
李良吉	罗木源	欧化明	张万祥	唐祥文	尹锡臣	邹正南	曾坤佐	曾乾照
陈英万	王维宾	凌德生	林声执	刘绍祉	袁通礼	何寿才	潘世煌	唐起传
黄世庭	张德成	罗隆彰	雷弟盛	周沈忠	廖国仁	陈起凤	陈联应	魏秀林
邱兴昌	孟安龙	曾纪铭	林尧远	陈英鳌	黄世享	邓秉煌	史家明	谢守兴
廖国凤	廖国和	谭即发	廖国郁	谭丰祥	贺尊富	廖德安	卫高照	李维贵
陈大财	李振山	周元忠	张贤高	廖刚绍	谭　敏	何海泉	周良盛	

罗杨莲（女）	钟喜凤（女）	叶辛秀（女）	杨秀凤（女）	成发娥（女）
廖发莺（女）	叶桃英（女）	唐新凤（女）	凌甲莲（女）	申喜英（女）
邓辛妹（女）				

中村乡

周介甫	周传义	谢同庆	谢吉庆	陈秋荣	郭俊荣	兰国有	黄启文	邓益三
刘达德	罗光林	张朱生	巫茂盛	张杨发	沈岳云	邓澍林	陈星才	张德林
李定藩	李显翔	黄旺财	何孟雄	黄有来	叶光宝	邓国泰	黄有才	钟毅芝
唐尊福	郭福才	袁冬生						

龙渣瑶族乡

盘华龙	盘华坤	盘水生	盘园珠	余成保

平乐乡

邝春程	卢成寿	吉发祥	邝开文	黄传义	熊连顺	黄仁善	黄仁礼	黄丁仔
张绍古	廖有祥	邱春芳	黄存海	黄寿喜	赵雷古	郭光辉	郭垂茂	黄三云

下村乡

邝炳朝	肖炳春	邱耀敬	肖水保	熊竹发	朱万应	肖昌美	范应海	黎青成
阳以达	江成谦	黎开福	黎开通	黎开美	曾广明	朱昌焕	邝光武	范应黄
黄居福	邱庆远	黄由文	刘庭献	黄义亨	黎开盛	邱庭煌	黎开腾	黎昌秀
黄仕儒	邱传栋	邱廷和	曾传茂	黎开亮	黎开有	黎昌汉	黎昌楷	黎显朝
黎育教	黎开钜	邝耀学	黄义云	黄由龙	戴荀生	朱石生	黎坫槐	邱凤科
邝生利	肖显桂	张福启	张祯先	何本茂	肖庚凤	徐由兰	周大有	邱廷明
李品茂	黄由稻	黄由海	刘福沅	黎昌生	周大桂	朱昌沅	朱昌荣	黎焕章
朱万莲	邱家泳	邱楚才	黎昌祯	黎开日	黎昌仁	邝光前	黄仕意	周国春
邱楚良	邱楚祯	邱庭伟	江龙生	肖冬生	刘汉碧	黄　忠	黄立功	项魁生
朱永沅	刘和源	廖桂英（女）	孟开连（女）					

策源乡

廖钦鉴	曾纪迁	蔡辉煌	邱进忠	刘寅生	刘传辉	刘传鉴	黄世迁	赖桂祥
陈主生	周锦桂	谢书纯	周策长	高正禄	江东盛	李永香	何昌信	余德寿
余溪澄	黄贵禄	黄捷连	邓汉昌	邓贤荣	兰玉祥	田衍庆	兰秀亮	陈依道
李芳明	刘明前	刘兴华	高正炎	余荣发	余光福	刘兴彩	张水生	范品名
刘名伍	刘传富	廖德兴	陈主鉴	谢书玉	谷武林	郭名星	高正有	曹丁生
余摩红	刘传高	黄贵安	霍茂林	谢祥福	郭仁言	欧自成	张汉稻	罗国厚
刘家有	谢贞员	龚光华	陈乾启	谢书纯	何月新	吴志茂	杨圣友	吕显明
谢书远	朱才镜	朱邦政	赖桂荣	范品兰	刘家政	殷其桂	郭政芹	曹春尧

罗绕华	曾纪燕	朱才坤	陈良贵	罗忠贵	邓汉秀	兰毓盛	刘茂启	李章提
殷其兰	余渥元	李芳英	廖忠保	李海盛	罗英由	江向前	范品亮	谢祥喜
张树华	张汉科	郭元中	邓发联	曾照明	孟振见	周策贵	余溪明	李雁海
范品让	罗发理	罗英龙	刘兴丰	张柱华	黄由梯	刘兴林	谭观盛	刘兴海
杨圣兴	廖忠禄	徐立兴	谭丰楹	刘海斌	谭观朋	刘家禄	刘家仁	阳权振
周楹早	范品和	何曾福	范立忠	范品腾	陈国柱	肖曾福	廖焕南	邱昌云
南正海	江成达	曹乾祥	陈良凤	崔国民	张春华	朱贤镜	朱才富	张汉全
张祯祥	高正龙	周策基	欧自通	孟寿春	邝振荣	郑祖芳	朱才榜	薛能祥
何孔华	肖荣贵	李成喜	叶荣辉	黄桂禄	邹长发	周国信	廖厚芳	叶家甫
林启生	刘兴殿	刘茂喜	郭苏洪	陈世明	周日明	刘传福	刘积万	刘传英
周作贵	李品金	邓大成	罗以庭	何昌凤	赖桂芳	黄大伟	江成玉	陈国清
李品先	邓世新	李品堂	李国泰	尹忠奎	周福英	邓永汉	陈章柱	刘传玉
孟振才	李芳良	谭丰成	唐章贤	周策芳	陈明盛	陈世光	江东春	谢塘兴
陈明福	陈长荣	尹迁春	黄连发	杨佐辉	黎隆标	陈有富	曾广仁	郭垂盛
杨圣友	高正昌	范立海	邓桂生	谢详庆	谢祥友	孟齐名	黄显干	周作松
罗忠正	杨学海	刘明虎	黄家顶	朱才章	郭　飞	陈新有	余溪亮	李品祥
刘传瑞	张能照	朱才龙	杨圣发	张绍先	周甫明	曾广成	李芳玉	江　滔
王发贵	余渥秀	邓英虎	张发友	曾祥新	曾大生	曹桂祥	范品贤	谢书汉
周锦雍	曾纪成	陈明环	邓贤焕	陈房圣	张观发	李雁忠	周策辅	谷武成
刘兴根	李国文	曾昭玉	江东岳	兰毓成	谭观如	何隆远		

欧富英（女）	江成莲（女）	唐满凤（女）	周晓春（女）	周作凤（女）
李起娥（女）	阳已娥（女）	兰　凤（女）	麦干妹（女）	肖三妹（女）

（二）抗日阵亡将士名录

株洲县

马桂林	鲁　斌	胡　坤	李德标	何福荣	何福林	刘伯仪	陈桂生	吴霞芳
马福秋	易庆浦	侯泽钦	莫秋生	贺桥生	谭培生	杨少泉	程　智	刘友荣
殷少泉	张海山	张春庭	旷明波	苏文国	张梓番	晏维纲	程国兴	周团智
陈中和	易　忠	程增典	黄启能	张祖佑	易位连	张拔元	易瑞仙	刘仲元
何宗梅	晏桂生	杨凤祥	旷　达	钟仁初	刘炳生	周泉福	余玉春	吴　杰
文述斌	周　杰	张子林	唐　伟	廖华生	胡丙希	邹声涛	尹晋文	晏海兵
朱　晃	田运谷	何俊明	尹东海	尹志海	李云卿	刘友忠	谢嗣榜	刘友成

齐　旦	唐友连	黄得章	齐计庭	刘仲仍	陈玉成	宋华清	张绪桃	唐世文
田　鹏	侯树生	马建伯	侯泽和	马润生	何石生	谭　忠	王维卿	谭　泽
吴兴国	唐荣贵	巫洲国	刘仲明	何茂生	张开昭	袁法竞	宾林春	张洪彪
张　春	晏国甫	张德奎	晏国山	张金生	张绪庚	张开楚	何桐如	吴　钧
晏国秋	江文森	张　贵	廖金洲	罗秋生	朱雪岩	李万梅	邹早锻	张选斌
叶怀德	王志明	许业田	傅业桂	尹敬高	唐文良	胡晋育	刘昌顺	朱德胜
胡晋才	张清波	刘越凡	王秋生	彭倖仁	唐文友	刘锡书	袁炳溪	

醴陵市

刘宏扬	杨德彰	程邦钰	张海山	张俊才	汤升秀	张春庭	刘春生	李传谋
张梓蕃	李光环	钟明生	易花奎	张绩熙	刘代成	方光照	林　立	刘云生
刘　琪	刘宏深	文广贤	宋帅熙	王正明	易光晶	罗祖良	傅忠胜	黄启秀
王保清	晏海清	廖桂生	黄胜魁	唐发修	汤树槐	吴树屏	旷明波	丁　烈
晏桂生	谢　钧	荣伊洪	唐万良	邹雪梅	许雪轩	陈南迪	谭桂发	苏文国
张空逸	谢康全	黄克欧	汪国强	刘仲刚	刘建猷	张宗振	阙恩桂	肖训道
张国强	石泽志	刘育兴	张　彪	程含蕴	谢振寰	谢俞成	彭本嘉	陶明庚
彭斐然	傅溪云	左　瑶	叶运立	欧阳华	阳芝炳	邹　芳	晏维纲	袁德生
邹兆先	周昌焕	程　智	王荣涤	刘　骏	周团智	汤万裕	肖仁阶	程国兴
汪锡良	张治辅	刘福庆	贺心林	何　成	郑　雄	贾越青	李华灼	陈中和
徐连生	张桂云	丁汉卿	周荣华	李明喜	宋锡应	潘　义	袁　隆	邱　杰
胡修逵	张作辉	李云台	易　忠	黄忠林	刘葆光	吴建庆	彭升明	吴令如
钱　林	程增典	万晋唐	巫桂泉	邓邦杰	杨义丰	刘仁初	刘志生	刘锡桂
罗德胜	潘贵忠	谢正清	孙开放	陈海涛	何凤宜	肖建鹏	江　祝	江云清
吴树生	吴树岩	侯泽钦	陈林泉	陈　文	唐甫清	钟家树	龙紫文	肖炳南
唐敬民	黄启能	姚德胜	唐军岳	曾岳申	张云龙	梁涤凡	易恒南	陈林泉
文永叨	江华爵	张祖佑	颜　梁	黄桂卿	熊成祥	文家武	张先胜	傅美生
易位连	刘桂生	唐家树	陈运生	陈春山	傅桂胜	彭友生	李文明	李光隆
邹　坤	刘明海	田本初	欧　斌	张拔元	王　恩	胡丙希	傅桂香	卢裴胜
何　英	易瑞仙	张建中	彭阳发	胡进云	刘仲元	万春生	幸显成	何宗梅
杨凤祥	钟仁初	唐贵生	汤　斌	刘国斌	丁秋元	罗　凯	唐赞成	陈得胜
凌春生	张迪威	黎绍康	漆万斌	唐载生	郭迪生	钱桂华	余焕臣	张新民
朱全阶	李寿泉	胡炳生	冉玉阶	唐盛生	张德志	张德胜	黎南庭	黄万生
匡金发	杨学林	李志斌	李碧文	郑国家	陈显汉	吴士宝	李万桂	刘　斌

杨大发	李光明	傅仁凯	汪福云	李桂乔	张代玉	张季怀	龙雪岩	张菊生
晏贤昭	傅道风	向云武	张国华	周光尧	杨国钧	杨　贵	唐家香	旷　达
张　协	傅道吾	刘　斌	邓光普	傅得昌	邹绍海	邹培尉	张迪清	匡桂泉
甘得标	易曰忠	张星耀	刘富春	巫树生	刘际高	唐光秋	曾仲达	陈海清
刘宗耀	李　春	梁国民	朱惠生	陈雪里	周俊千	陈金传	张春枚	张先盛
林腾初	汤励勋	张旭旦	欧生福	吴明初	李开科	旷生胜	黄启昭	李昭能
杨发贵	陈冬生	赖光前	晏金生	丁化龙	肖德武	王春尧	李得全	易大元
黄春生	彭盛祥	匡　富	吴　彪	袁德斌	汤立勋	张启贵	何兴鹏	朱　晃
耿笈腴	潘桂龙	耿振纯	傅楚鸿	钟华卿	张国兆	陶桂清	黄换良	汪亚夫
陈增粿	汪克焕	王仁亮	李访宾	唐　伟	苏明杰	刘汉藩	廖华生	丁大连
赖方来	李仲明	邹声涛	朱云生	何水清	荣肇连	谢世庆	吴汝镇	龙光仁
邹名瑛	唐国卿	黄俊钦	汪敷培	汤真诚	陈增辙	陈扬训	宋羽翔	傅道校
宋名开	田仁先	刘声达	邹德和	邱祖贵	尹晋文	谭　辉	黎汉皋	李明东
晏海兵	傅泰清	曾汉卿	唐升仁	刘　贞	刘运生	陈扬江	陈扬修	何忠华
刘新桃	姚桂秋	李仁福	温成祥	邱公道	黄普生	李正乔	朱昌泰	李　智
龙健露	文碧华	田运谷	文庭再	喻　生	杨秋生	荣　杰	陈子卿	刘　礼
朱迪海	李庆喜	丁亦兴	李召全	陈　涤	刘得全	刘仲坤	邓再鑫	邓梅香
刘仲伋	潘　岳	邵名秀	罗纪生	汪汝秋	丁俊彬	吴有全	廖大得	钟月秋
汤仁作	李　云	尹本初	卜茂仁	崔伦武	丁正云	周　明	傅宗儒	谭　荣
李兴国	彭杨善	曾贻义	吴仁彬	廖华山	廖作云	钟振球	张典寿	林薛来
易大觉	李干高	梁炳华	余直云	简光春	宋方春	曹尚海	袁质斌	杨德隆
旷暑洋	沈品登	李声家	刘菊轩	王子成	钟桂林	赖益福	帅万福	张达人
陈玉成	李熙春	沈春昭	王生云	樊修汉	李月华	瞿斌清	李　标	万晋乔
张绪桃	杨运生	刘建林	唐士伟	杨逢春	龙汉端	李德胜	江家礼	张炳茂
丁伯怀	钟真武	吴明亮	万晋魁	黎祖龙	彭　飞	王玉强	邓　云	文万喜
宋志科	宋华清	彭述作	杨兆其	龙克云	林孟卿	罗春生	唐世文	朱玉堂
杨　凡	田　鹏	黄介中	李桂初	易和祥	周文臣	文广璜	陈明意	易大佐
钟海清	张孝善	巫洲国	李光华	李隆芳	易振明	张志成	江锦标	王锡斌
张铭振	易醉陶	刘仲明	何茂生	傅德龙	郭忠义	黄绍钦	李文兆	蓝发云
李光嘉	黄明元	易秀白	李万庠	杨梁田	凌春生	王友明	李　标	潘世俊
张福盛	谢琳秀	李周林	谭振凯	蒋本华	宋志乾	匡　虎	杨孝忠	张仁全
张开昭	谢桂生	肖雪忠	张良生	匡爱秋	凌秘宇	黄飞炎	刘任谋	陈早连
郭邦俊	帅保蒲	刘屏飞	肖裕和	杨大雪	汪家升	李光发	邓元富	杨光明
彭玉成	王大海	王协卿	漆普春	陈先顺	殷金林	阳翼鹏	晏贤闿	王星乔

史友泉	李连生	欧世贤	苏怀杰	袁法竟	郭子兴	傅日枝	吴同已	石明香
刘吉林	周训华	张祖华	王万合	江裕明	周胜斌	曾藩东	易春生	陈泽升
李人佼	刘喜扬	黄升佑	刘朝柱	彭锡海	何钦吾	匡涤斌	宾林春	贾湘云
廖开林	余庆靖	曾富隆	黄生元	易锡梓	姚乐生	张正清	刘清华	易祥茂
易文欣	易春桂	易近生	李万佑	邱和瑞	汤湘典	黄达生	帅万昌	帅万正
陈中和	颜　斌	李万家	周胜斌	黎道敏	杨德隆	余西炎	张洪彪	何裕武
陈　璋	谭家才	唐永清	周绍卿	唐友才	李昌仁	易笃生	张　春	傅锡霖
邓光正	傅春台	江文森	易青太	罗树林	刘德钦	傅道雨	张宗伦	傅克明
陈仕竹	汪文林	贺魁禄	李明生	文云连	范汉卿	石俊开	张维政	周泽香
何永友	蒋汉云	汤升彬	李初基	邹竹青	周　戚	彭　文	张保能	刘师如
程玉泉	刘恩中	左世雄	邹培树	张　贵	钟华清	汪方理	廖逢早	黎炳生
邹树春	黄生桃	李星照	陈贤甫	黄明汉	肖海云	谢运杨	刘湘桂	邓宗训
熊桂秋	傅桂南	杨发盛	刘　雄	王满九	晏国甫	谢　文	彭国勋	张庆庄
钟湘琳	张德奎	胡　兴	骆恒辅	李杨枫	易　源	黄族良	叶金荣	江文光
吴祖勋	郭连胜	林楚材	张力行	陈鹏飞	吴　钧	叶自强	廖学鸣	曾　标
廖干化	邹树全	汪积元	杨国平	何桐如	谢运谋	雷代璋	林瑞丰	姚顺卿
汤　澄	文庭潙	殷玉堂	肖传文	张福其	邓元吉	陈福全	彭乾忠	张道南
宋作陔	傅克明	董振湘	晏国秋	晏国山	黄国枚	林枝华	邹再发	张金生
刘炎生	林枝怀	张绪庚	张智仁	赖开富	张凤祥	姚桂秋	游安生	张开楚
李子明	谭一禧	肖忠良	陈寿谟	刘春台	郭瑞生	邹冰炎	唐利邦	傅身和
程先畴	温伯坤	傅桂南	朱雪岩	王　祥	潘　林	李根云	彭扬庭	刘书卷
程载清	胡新贻	李明祥	钟年升	杨　雄	吴秋生	朱新生	周云泉	罗秋生
钟桂生	杨世仁	何恒生	赖维廉	殷增高	丁光辉	胡玉明	江战仁	唐光辉
胡纪光	苏家连	文家振	瞿金生	龚治政	潘培虎	陈忠盈	肖光仁	翁清华
傅郁文	谢树威	黄吉生	易绍亭	陈仲炎	聂舞林	袁德生	李石安	彭纪云
喻　觉	周泽湘	陈希绍	郭志远	王泰棉	李桂清	张梦京	宋克勋	文嘉谟
晏国级	宋海溪	文国良	汤盛典	陈家仁	陈春生	傅春台	李人济	谢钧贵
杨此宜	颜广文	蓝春福	文盛桂	傅德钧	徐德标	吴洪得	余振龙	许盛槐
刘纪中	李定昌	廖金洲	宋海泉	许伦申	李开连	刘金胜	李海标	丁郁廉
文家福	刘石生	周兴文	易培其	罗纯清	邱　斌	罗福新	喻丑元	易盛祥
何元运	李桂成	吴　斌	李玉书	张长贵	许忠谦	郭守德	黄　斌	凌必华
宋春生	何益胜	宋仲连	沈耕山	王昌礼	刘仲美	杨金山	黄明桂	王邦桂
汪维林	刘良佐	张盛文	何学主	易康良	张福来	林　启	刘传溪	易亚洁
丁　雄	卜茂斌	张碧藩	张泰生	丁桂生	黄　教	陈显宋	袁连生	伊金生

周炳均	吴同荣	熊中华	文星湘	彭凤楼	黄怀圭	汤光庆	甘锦运	宋 琪
张祖福	雷汉云	刘 斌	傅如就	傅佐发	周维雄	杨 昆	邹泥像	钟文英
曹明山	邹芝兰	张万镒	李 珍	邱斌山	朱明庚	黄起清	邹海藩	贺炎煌
邹汉环	邹贵叙	易并藩	易美胜	黄协和	傅德交	帅伟荣	苏学宏	胡佑生
戴裕麟	邱国开	黄文钦	丁晖山	左重光	彭学时	宋光烈	邹早锻	宋方秀
刘大丰	盛克武	李先祥	钟位训	易怀德	蒋 巍	孙金生	曹春和	贺锡福
陈德生	蒋贵生	张雪云	黄云海	晏贤才	骆同海	谭九初	黄章才	杨启良
张选斌	张万成	谢树其	李子贤	汤增云	郭华良	胡健荣	黄裕春	余汉良
贺 元	周良富	叶怀德	王炳喜	何汉武	徐培常	颜希渊	邓国恩	吴连清
张见元	谢昌生	李建谋	胡明亮	黄中生	杨友生	陈福田	徐登场	唐 章
周良山	肖光贵	刘玉泉	王永生	张美田	林友生	左纪华	陈世奇	戴细九
喻桂田	易来富	刘得文	王清云	刘悦来	唐士羌	贺玉斌	柳洪耀	曾年有
李万梅	王志明	鄢增金	许业田	吴润生	余永年	余成德	汪太山	易廷生
曾永才	何永家	周希生	姜明杰	刘国振	蓝永声	李慷如	王智敏	刘汇明
张开仁	刘钦文	曹 钧	黄振献	刘民仁	唐胜祥	钟振家	张星良	肖 鄘
黄世春	欧阳菜	林可成	田少犹	颜瑞生	蔡日豫	张恒义	唐明卿	余寿山
黄子成	刘国振	傅业桂	刘茂云	陈福生	吴定来	杨星直	丁新云	杨耀喜
何秀才	翁棠云	张如其	尹敬高	黄振嘉	邓君毅	周斌生	蔡升满	王桂卿
彭云根	胡燮岚	吴洪得	江海金	曹 鋆	张贵福	胡毓峰	蔡升满	何德秋
朱汉春	周国云	钟图春	邹 飞	王 杰	钟武德	荣中华	邓发端	李金全
傅文先	卢浑兰	张德明	张国兵	刘松生	陶洪庚	唐文良	胡晋育	左梅林
蓝世照	傅友才	傅杨彬	刘龙尧	张 斌	黄洪春	曾文生	易大佐	易宏耿
傅笃才	荣德林	唐家文	杨升保	宋绍凯	黄复苏	何祖望	赵池生	段三保
陈长贵	邓济南	黄 先	张清泉	黎福林	陈家美	周 雄	汪德庆	刘尚之
刘补玑	曹 希	胡文忠	文锡庆	刘昌国	周穆林	龙运都	张凡香	李家梅
张清波	张汉泉	陈文枚	凌庆龙	易英连	江文清	徐正华	张卿云	史昌杰
史方来	刘萍卿	赖学青	汤有九	汤有智	张宗儒	皮镇国	易定钰	文汉南
唐作良	黄焕若	刘昌顺	王大贵	朱德胜	卢培权	胡晋才	邓玉炎	邱支秋
康世彬	胡玉彪	蓝新田	何桂生	彭玉平	王连元	龙国辉	王星福	黄彰铭
李辉玉	王泰钦	文 斌	黄国忠	胡正香	叶瑞东	张全胜	姚越凡	潘斌武
谢德华	汪建南	杨成渺	何宗环	岳得泉	王晏明	黄章明	王秋生	张德荣
吴维新	何宗佑	晏国甫	李汉文	王甲福	赖洪咸	张宗生	张百千	陈华炳
张维明	杨启良	钟大衍	王俊良	邓泉香	彭俸仁	姚楚满	彭福生	黄道德

杨大仪	左盛桂	杨益雨	郑大鹏	江增新	贺家祥	张金榜	罗辅连	万晋俄
罗佑生	万学清	谢德成	张庆云	丁近仁	吴龙生	陈芳锷	唐文友	李世龙
谢月恒	钟明波	易桂斌	袁炳溪	刘　唐	周纯生	黄德胜	戴振立	邓文炳
林　彪	刘文清	黄国忠	文保远	黄德忠	方　辉	何德礼	陈缵禹	陈　斌
张远元	丁正云	周又新	黄炳春	宋鸣才	刘　标	曾群生	陈清和	李德清
何茂斌	贺国昌	李　牧	王鹏树	李光明	喻　斌	朱仁初	刘树庭	张连生
陈中召	柳桂生	傅宗齐	易　斌	何学月	陈昌佑	袁法典	王绍南	李德生
金心炳	贺家福	张振武	胡炳生	刘海南	王东田	潘丰生	刘昌振	左万国
孙　玉	陈光斗	王冬生	廖维魁	袁有福	江国根	廖　义	黄洪友	张祥春
刘宗福	丁占明	郭求铎	何可仁	匡学叨	黄桂如	刘　忠	陈楚云	殷世雄
唐承斌	袁炳溪	杨　华	何立勋	文绍基	曾申生	肖传藻	黎良法	傅文琪
唐文斌	汤家容	曾凡海	杨辉昌	黎光芬	曾弘毅	胡魁文	朱志宝	匡友生
李秀鑫	伍桂林	刘启政	杨家光	黎琼木	王德藻	余桂秋	邓竞成	张崇九
马玉堂	潘之广	罗明再	张克绳	熊玉清	丁荣璇	罗雪楼	张梅生	郭久和
田和林	杨大申	黄显连	罗道科	张祖星	胡经纶	李发楷	杨大忠	黄振来
易振海	刘年富	苏云龙	杨干国	傅　琪	谭永桂	黄洪云	何允谋	江世明
李蕃品	易嘉谟	胡显东	陈思其	胡　峰	谢铭才	王月心	傅长州	张子贤
汪生甲	邓仁德	黄民扬	袁法贵	胡邦宣	周和清	王启春	王世云	李桂荣
陈日林	梁金龙	洪子林	潘凤予	钟雷斌	赖和长	傅子仪	匡咏风	汤升彬
胡济美	周泽春	陈和霭	龙得云	贺扬生	胡显桂	张凤祥	胡廷均	易雄坤
凌生台	邓文庆	叶瑞香	田友生	易少益	张　祺	宋庆生	晏才姜	黎道敏
钟开东	杨世仁	李庆喜	张静安	尹显成	李大有	傅道华	李云波	袁章友
黎升初	陈　杰	陈孝凤	陈增才	余先斌	丁生福	刘夏传	李桂生	刘明雪
陈世昌	杨美霖	陶举祈	黄正兴	王德礼	何克复	徐侦一	邓明盛	罗忠汉
易德初	李育祥	凌　琪	丁光福	晏海超	贺林祥	张学仁	郭昌启	游德寿
刘振武	黄玉田	凌家西	卜茂徐	丁桂秋	刘代智	黄介中	李成根	谭瑞清
黄洪友	童应发	贺华生	肖由云	易秀生	李昌益	张洪元	刘学林	刘得银
张春生	李振基	许月华	巫雪云	万启民	张国华	史湘江	刘华良	王伯恒
邹琳然	縻伯学	黄常富	朱万国	黄　琪	潘培兰	陈中华	易思理	杨梓元
曾藩富	张青云	张国成	旷启富	吴同黄	沈春昭	李海春	荣德财	刘　新
唐湘云	刘维先	刘铭铨	肖干群	唐有庭	胡名信	巫阳福	周彩云	谢华民
张友云	刘师仁	刘仲善	文俊斌	肖长雨	汪锡吟	黄海泉	蒋福灵	陈茂才
范汉清	贾　真	张振福	宋　林	邹训政	钟再生	李振文	王俊明	李自全

刘海田 匡保元 阳禹卿 邱庆文 陈瑞芬 陈清和 易竹青 邹花有 谭忠林
张泰炎 江玉洪 李海国 胡明方 胡龙辉 谢初春 蔡建勋 张得高 刘振春
易声先 彭玉昆 王家培 凌家明 丁家明 张林生 何芳德 廖花存 匡俊德
汤正发 张友达 余恒永 张佐生 余龙虎 钟芳瑞 汤吉初 张正生 傅宗林
郭俊谋 晏才细 胡域藩 傅健平 郑洪太 匡新祺 傅碧人 谢德恩 凌益谋
刘联邦 廖声名 胡建勋 邓云清 王大梓 宋子花 汤正熹 陈显南 宋良吾
廖达道 朱启再 刘新顺 刘锡书 丁元吉 晏国耕 何乔生 何励存 罗道竹
王扬远 罗庆圃 刘建龙 彭承阜 文心鹄 魏新木 丁家富 余迪维 左 权
张亮基 欧阳金白 欧阳光伯 欧阳国钧 欧阳生福

攸 县

吕春元 谭大乃 陈明生 丁如生 陈爱林 刘镇藩 贺德泰 黄子金 刘以德
袁福星 陈端午 张宝赓 王润生 陈长荣 王润生 邹华甫 蔡福生 李丙南
谭泽文 周成生 刘爱林 郑喜林 胡湘桂 张 坚 黄定义 陈甲生 刘玉华
周一人 吴生魁 张双全 刘世声 刘开仔 刘光明 刘洋乃 郭毛二 杨官生
王桂生 杨姑生 黄其仔 易桂生 陈楚玉 李保林 钟文斌 何 标 刘伯生
陈玉忠 杨庆得 王福生 刘保成 刘载平 廖祖德 陈来扬 贺章福 陈传业
王福林 李铁云 黄柱哉 刘洋生 李下仔 杨毛仔 彭祖德 谭自生 皮光中
周建国 王永来 刘仁仔 余新思 王黑南 夏土金 董春生 谭 顺 尹赖子
易 平 夏百盛 付林生 王福元 刘桐梓 谢春帆 丁恒匡 肖礼元 兰义卿
彭伟龙 马滕芳 贺国璜 夏金春 谢满生 林云集 颜泽乃 朱缨生 田佐卿
方 彬 陈汉光 尹阳青 李东俫 董端甫 刘 政 王建新 黄桂林 刘 琪
罗德林 熊 岳 周锡贵 夏日长 谭 年 彭德义 王长生 鲁立民 邱长元
陈 云 袁国忠 汤 金 王福林 夏林生 单禄文 肖方桂 刘金祥 陈翰章
刘美生 刘东生 杨宾敬 周松平 董 标 齐清和 陈 标 刘宗林 黄汉金
李文生 廖爱仔 李云瑞 蔡福生 刘秋明 洪冬仔 刘炳云 周鹤仙 谢瑞庭
李 标 谭 岳 陈世昌 张瑞林 易光利 曾祖生 王继维 肖连元 过秋子
余云生 曾桂成 王运隆 彭菊芬 吴石生 刘三和 吴梅生 欧松荣 侯桂生
尹 为 李瑞仁 夏慢乃 田福生 曾天生 李桂生 胡广昌 蒋昌容 刘吉林
谭马骏 彭福云 旷岳云 陈明道 吴冬生 何起乾 黄兆生 刘鹊生 陈谷生
胡开生 陈 森 欧阳庭 包竹林 刘仁贵 刘厚雅 刘会川 谭桂生 易秋生
尹元之 苏桂生 丁得祥 刘连生 刘潭球 艾得帆 王水仔 徐继斌 林福元
丁鸟生 欧阳道生

茶陵县

毛子斌	谭卓著	陈英美	谭严堃	陈邦权	谭子林	汪洲林	罗　岳	吴新生
段　宽	谭又新	旷文卿	刘　诚	谭谦生	谭　鹏	龙锦云	李炳文	龙象桂
郭　治	何毛仔	陈世清	彭许生	龙远猷	罗　明	谭超前	谭先明	谭汉星
艾训明	汤　为	刘凤生	李大国	雷玉高	吴清海	陈冬生	刘美中	杨长生
谭云生	陈牛仔	刘桂华	王玉清	陈起云	吴友德	陈三崽	姜松波	谭元湘
刘毛来	龙全善	刘源来	谭　广	陈三乃	罗少卿	周子英	胡青云	陈彭乃
蔡恒慎	杨香仔	谭克东	刘这保	彭康仔	谭桂峨	何友林	段孝连	李冠生
谭牛仔	江直仁	欧阳桂	霍峙中	黄炳荣	陈夏生	罗登科	谭佳国	谭佑国
文玉祥	谭秀兴	彭回祝	韩复华	凌春凯	陈更新	刘冬武	谭　俊	尹　恩
曾广时	谭云发	刘城桂	龙振发	陶国权	刘士竹	刘　恺	吴栋林	刘禄仔
胡端和	雷运珠	段运福	李　发	陈德胜	曾亚石	龙牛仔	贺　堃	龙二珠
刘永发	李　云	罗建城	肖龙仔	张金玉	颜桂林	曾广山	陈鸿兴	尹昭得
陈　雄	郭　峻	尹克勇	杨松宰	陈吉斋	刘烈生	刘大功	张勉珍	谢焕英
董金生	谭唯咀	彭三仔	李　印	何国标	刘　俊	尹　培	张整维	刘长元
刘溅苟	肖海荣	曾宪光	陈师洛	陈阜东	谭　礼	彭继和	彭金元	谭再生
刘忠卿	王菊林	雷开元	颜正克	曾　云	李荣华	谭寒苟	曾明生	颜佑苟
谭三立	刘三连	陈子龙	彭长庚	陈承盛	毛毕生	谭普仔	尹初喜	

酃　县

霍文志	胡枚生	兰文清	林秀兰	刘有发	刘九珠	唐隆发	潘洪发	陈海良
王道成	罗英雄	兰玉田	李兆华	段　剑	廖天民	古兴旺	谭忠良	黄金来
卢合卿	刘显云	高　文	陈　彦	曾承瑞	邝书明	林子茂	林子云	罗竹生
罗以光	郭金才	谭干鼎	罗山记	李昆云	唐祖际	兰　斌	谭随美	龙世煜
邹升祠	龙　尚	罗英训	杨　光	兰有盛	罗英勋	孟子成	陈长生	张超然
廖　云	杨　平	朱镇武	罗益明	陈　环	刘福焕	黄政生	邓海清	陈佳由
赵炳元	赵炳焜	姚冠群	陈　壤	贾昌文	霍金林	潘满德	邹显风	欧伯璜
王友谅	蔡开仔	刘扬伟	唐湘训	罗继昌	黄家训	孟国柱	尹福生	林有根
李民云	陈石梅	黄家胜	罗九万	罗康生	罗春元	盛文士	罗姚谱	刘朝贵
陈生发	罗柱梁	罗光耀	黄家卓	张益禄	罗　伟	刘章训	陈长议	郭名教
郭金才	刘　诚	谭　岳	黄　莹					

三 株洲市获得全国劳动模范和先进工作者名录

（按获得时间先后排序）

姓 名	性别	荣誉类别	荣获时间	工作单位
陈秉忠	男	全国劳动模范	1956年5月	株洲硬质合金厂
朱友珍	女	全国劳动模范	1956年5月	株洲市饮食服务公司
王盛开	男	全国劳动模范	1956年5月	醴陵瓷业总公司
谢福森	男	全国劳动模范	1956年5月	国营三三一厂
彭鸣高	男	全国劳动模范	1956年5月	醴陵建设瓷厂
龙喜元	男	全国劳动模范	1956年5月	醴陵泗汾肉店
李弼元	男	全国劳动模范	1956年5月	醴陵电瓷厂
马佑清	男	全国劳动模范	1956年5月	国营三三一厂
谢和安	男	全国劳动模范	1956年5月	湘东钨矿
唐仲骐	男	全国劳动模范	1956年5月	株洲市林产品公司
刘刚来	男	全国劳动模范	1956年5月	株洲市电子研究所
吴南根	男	全国劳动模范	1956年5月	湖南省建五公司
王永信	男	全国劳动模范	1956年5月	株洲选矿药剂厂
易钦华	男	全国劳动模范	1956年5月	株洲市公路局
刘代再	男	全国劳动模范	1956年5月	醴陵全胜瓷厂
朱竹轩	男	全国劳动模范	1956年5月	茶陵利民铁厂
陈文能	男	全国劳动模范	1956年5月	株洲机务段
李湘淮	男	全国劳动模范	1959年5月	株洲钢厂
童明利	女	全国劳动模范	1959年5月	株洲麻纺厂
欧阳俊明	男	全国劳动模范	1959年5月	湖南省建五公司
廖子荣	男	全国劳动模范	1959年5月	株洲冶炼厂
邓顺秋	男	全国劳动模范	1959年5月	醴陵电瓷厂

续表

姓　名	性别	荣誉类别	荣获时间	工作单位
彭印清	男	全国劳动模范	1959年5月	株洲电力机车厂
周序炎	男	全国劳动模范	1959年5月	醴陵石成金煤矿
钟卜瑞	男	全国劳动模范	1959年5月	株洲市公路局
肖福云	男	全国劳动模范	1959年5月	株洲市起重机厂
马仙林	男	全国劳动模范	1959年5月	株洲市东方工具厂
陈再富	男	全国劳动模范	1959年5月	醴陵星火陶瓷厂
宋保忠	男	全国劳动模范	1959年5月	株洲洗煤厂
黄常鍪	男	全国劳动模范	1959年5月	株洲工务段
迟忠厚	男	全国劳动模范	1959年5月	株洲铁路公安段
唐家局	男	全国先进工作者	1960年5月	株洲县五中
魏楚金	男	全国先进工作者	1960年5月	株洲县教师进修学校
曾文心	男	全国劳动模范	1960年5月	茶陵洣渡公社
陈祖德	男	全国先进工作者	1960年5月	株洲市一医院
刘铁纯	女	全国先进工作者	1960年5月	株洲市何家坳小学
刘庆瑞	男	全国先进工作者	1960年5月	攸县皇图岭芳春中学
贺振嵩	男	全国先进工作者	1960年5月	攸县酒埠江教育办
陈致祥	男	全国先进工作者	1960年5月	株洲县洲坪乡教育办
肖锡斌	男	全国劳动模范	1960年5月	株洲电力机车厂
李临庄	男	全国劳动模范	1977年5月	湘江机器厂
余道良	男	全国劳动模范	1978年5月	国营三三一厂计量所
马安健	男	全国先进工作者	1979年5月	酃县塘田乡小学
瞿永寿	男	全国先进工作者	1980年5月	醴陵沈潭镇
杨水根	男	全国劳动模范	1989年5月	醴陵电瓷厂
易铁鑫	男	全国劳动模范	1989年5月	株洲冶炼厂

续表

姓 名	性别	荣誉类别	荣获时间	工作单位
罗王苟	男	全国劳动模范	1989年5月	酃县公路局
钱小平	女	全国劳动模范	1989年5月	株洲电力机车厂
徐国良	男	全国劳动模范	1989年5月	湘火炬投资公司
吴同南	男	全国劳动模范	1989年5月	醴陵浦口花炮厂
吴沈铎	男	全国劳动模范	1989年5月	南方公司
张俊峰	男	全国劳动模范	1989年5月	醴陵电力电瓷电器厂
包光良	女	全国劳动模范	1995年5月	天元区群丰镇
彭三元	男	全国劳动模范	1995年5月	株洲市经委
王爱国	女	全国劳动模范	1995年5月	株洲水泥机械厂
廖秀秋	男	全国劳动模范	1995年5月	株洲化工集团
路克难	男	全国劳动模范	1995年5月	株洲电力机车厂
唐德尧	男	全国先进工作者	1995年5月	六O八研究所
刘方华	男	全国先进工作者	1995年5月	攸县高枧镇政府
孙明道	男	全国劳动模范	1995年5月	株洲车辆厂
何宗鉴	男	全国劳动模范	1995年5月	株洲齿轮股份公司
曾维伦	男	全国劳动模范	1995年5月	株洲冶炼厂
尹新辉	男	全国先进工作者	2000年5月	株洲市公安局
闵 敏	女	全国劳动模范	2000年5月	湖南省火电建设公司
顾家虎	男	全国劳动模范	2000年5月	醴陵特种陶瓷电器厂
唐建强	男	全国劳动模范	2000年5月	株洲兴隆化工实业公司
钟书援	男	全国劳动模范	2000年5月	株洲冶炼集团有限公司
彭泽全	男	全国劳动模范	2000年5月	株洲硬质合金厂
杨期翔	男	全国劳动模范	2000年5月	株洲电力机车研究所
刘友梅	男	全国劳动模范	2000年5月	株洲电力机车厂

附　录

历代诗文

题醴陵屏山寺吴楚古刹碑

［唐］房玄龄

岩岩平山，积石峨峨。
远瞻昆仑，近缀衡庐。
南通闽广，北达荆吴。
惟山之高，壁立千仞。
创建古寺，尉迟敬德。
鄜州都督，威振山河。
密金不受，公心如山。
百战瘢痍，实忠于王。
功臣图像，凌阁争光。
名胜古迹，风景悠扬。
名垂不朽，万古流芳。

注：房玄龄，唐太宗时为相多年。屏山寺位于醴陵市王坊镇屏山村，传为唐大将尉迟恭（字敬德）巡案出检到此，见地势险峻，风景优美，即在此建寺，名“吴楚古刹”。“吴楚古刹碑”是在1986年维修古寺时发现，碑额篆“吴楚古刹碑”，碑文阴刻楷书。不但此诗可称名人咏株洲“第一诗”，此碑亦可称现存株洲古碑“第一碑”。

漫成一首

［唐］骆宾王

阿溪世业空，小家各西东。
玉盘圆八月，雁落荒野中。
从容效范蠡，路漫思屈公。
孤篷从此去，叶飘随秋风。

注：骆宾王，字观光，浙江义乌人，幼有“神童”之称，为“初唐四杰”之一。据清同治版《酃

县志》载：徐敬业兵败后，骆宾王避武氏之难，流落江南。于685年到了酃县十都瓜寮村的婆婆仙，登山有感，赋诗其上，就是这首《漫成》。后人将其刻于婆婆仙山顶的峭壁上。今石刻尚存，但因年久日远，风雨侵蚀，大多文字已经剥落，依稀可辨“小、八、荒”三字。骆宾王自此也不知所终。

宿凿石浦

[唐] **杜甫**

早宿宾从劳，仲春江山丽。

飘风过无时，舟楫敢不系。

回塘澹暮色，日没众星嘒。

阙月殊未生，青灯死分翳。

穷途多俊异，乱世少恩惠。

鄙夫亦放荡，草草频卒岁。

斯文忧患余，圣哲垂彖系。

注：杜甫，字子美，原籍襄阳（湖北）人，迁居巩县（河南）。盛唐现实主义诗人。晚年漂泊湖南，病死在湘江舟中。凿石浦，又名凿石埠，位于株洲市区南5千米之湘江西岸。据《凿石浦志》载：唐大历四年（769），“子美由蜀南征，爱庆霞寺山水清雅，因宿于寺，题有诗，后建草堂。”宋书法家米芾，曾书“怀杜崖”三字，后人勒石江岸石壁。现庆霞寺与怀杜崖石刻均不存。

早　行

[唐] **杜甫**

歌哭俱在晓，行迈有期程。

孤舟似昨日，闻见同一声。

飞鸟数求食，潜鱼亦独惊。

前王作网罟，设法害生成。

碧藻非不茂，高帆终日征。

干戈未揖让，崩迫开其情。

注：此诗为第二天早上，诗人离开凿石浦时所写。

过津口

[唐] **杜甫**

南岳自兹近，湘流东逝深。

和风引桂揖，春日涨云岑。

回首过津口，而多枫树林。

白鱼困密网，黄鸟喧嘉音。
物微限通塞，恻隐仁者心。
瓮馀不尽酒，膝有无声琴。
圣贤两寂寞，眇眇独开襟。

注：津口，即今渌口。

次空灵岸

［唐］杜甫

沄沄逆素浪，落落展清眺。
幸有舟楫迟，得尽所历妙。
空灵霞石峻，枫栝隐奔峭。
青春犹无私，白日亦偏照。
可使营吾居，终焉托长啸。
毒瘴未足忧，兵戈满边徼。
向者留遗恨，耻为达人诮。
回帆觊赏延，佳处领其要。

注：空灵岸在株洲县城南5千米的湘江西岸，为湘江河畔的一处峭壁巉岩。其岩有石伸出江面如一狮头，中部有一洞窟，有僧人修小庙于其间，奉观音大士像，故又名观音岩。

早　发

［唐］杜甫

有求常百虑，斯文亦吾病。
以兹朋故多，穷老驱驰并。
早行篙师怠，席挂风不正。
昔人戒垂堂，今则奚奔命。
涛翻黑蛟跃，日出黄雾映。
烦促瘴岂侵，颓倚睡未醒。
仆夫问盥栉，暮颜腼青镜。
随意簪葛巾，仰惭林花盛。
侧闻夜来寇，幸喜囊中净。
艰难作远客，干请伤直性。
薇蕨饿首阳，粟马资历聘。
贱子欲适从，疑误此二柄。

注：此诗为次日早诗人离开花石戍所写。

遣 遇

[唐] 杜甫

磐折辞主人，开帆驾洪涛。
春水满南国，朱崖云日高。
舟子废寝食，飘风争所操。
我行匪利涉，谢尔从者劳。
石间采蕨女，鬻市输官曹。
丈夫死百役，暮返空村号。
闻见事略同，刻剥及锥刀。
贵人岂不仁，视汝如莠蒿。
索钱多门户，丧乱纷嗷嗷。
奈何黠吏徒，渔夺成逋逃。
自喜遂生理，花时甘缊袍。

注：据有人考察，认为此诗系杜甫过株洲县王十万乡赤石村所作，这里有一道200米长的朱色岩石，壁立江岸，有如城墙，故名“城墙石”。诗中头一句即辞别晚洲，“朱崖云日高”即指此。

宿花石戍

[唐] 杜甫

午辞空灵岑，夕得花石戍。
岸疏开辟水，木杂今古树。
地蒸南风盛，春热西日暮。
四序本平分，气候何回互？
茫茫天造间，理乱岂恒数。
系舟盘藤轮，策杖古樵路。
罢人不在村，野圃泉自注。
柴扉虽芜没，农器尚牢固。
山东残逆气，吴楚守王度。
谁能叩君门，下令减征赋。

注：花石戍，今名小花石，株洲县王十万乡政府所在地。唐代长沙郡设花石、渌口二戍，以驻兵扼守昭陵险滩之上下游。

次晚洲

［唐］杜甫

参错云石稠，坡陀风涛壮。
晚洲适知名，秀色固异状。
棹经垂猿把，身在度鸟上。
摆浪散帙妨，危沙折花当。
羁离暂愉悦，羸老反惆怅。
中原未解兵，吾得终疏放。

注：晚洲，亦写作挽洲，在株洲县王十万乡境内之湘江中，面积1平方多千米。洲上有古樟一株，传为杜甫过晚洲时系舟之树，大半已枯，仅留一枝尚秀。

解　忧

［唐］杜甫

减米散同舟，路难思共济。
向来云涛盘，众力亦不细。
呀坑瞥眼过，飞橹本无蒂。
得失瞬息间，致远宜恐泥。
百虑视安危，分明曩贤计。
兹理庶可广，拳拳期勿替。

注：据有人分析，此诗为过昭陵滩之作。昭陵滩在株洲县县城南15千米之湘水中，礁石参差，水势汹涌，原名灵滩。传汉伏波将军马援征交趾时过此。滩上原有马援祠，即以号滩，南宋末乐雷发题诗写为“昭陵滩”，传袭至今。

花石潭

［唐］刘长卿

江枫日摇落，转爱寒潭静。
水色淡如空，山光复相映。
人闲流更慢，鱼戏波难定。
楚客往来多，偏知白鸥性。

注：刘长卿，字文房，宣城（今安徽）人。天宝年间进士，至德中，官鄂岳观察使，曾贬潘州南巴尉（南巴县在今广东茂名县）。终随州刺史。长于五言诗，自称“五言长城”，有《刘随州集》，此诗可能系贬南巴过株洲境所作。

霁后登唐兴寺水阁

[唐] 杜荀鹤

一雨三秋色，萧条古刹间。
无端登水阁，有处似家山。
白日生新事，何人得暂闲。
将知老僧意，未必恋松关。

注：杜荀鹤，字彦之，号九华山人，池州石埭（安徽省石埭县）人。大顺二年（891）擢第，其后五代朱温授以翰林学士，有《唐风集》，是晚唐著名的诗人。唐兴寺，疑即靖兴寺。

株洲资福寺题壁

[宋] 刘锜

迅扫妖氛六合清，匣中宝剑气犹横。
夜观星斗鬼神泣，昼会风云龙虎惊。
重整山河归北地，两扶圣主到南京。
山僧不识英雄汉，只管滔滔问姓名。

注：刘锜，字信叔，德顺军（甘肃静宁县）人，与岳飞、韩世忠、张俊同为南宋四大名将。授淮北宣抚判官，后因得罪秦桧而贬荆南府。绍兴二十五年（1155）任潭州知府，加太尉，复帅荆南府。刘锜知潭州期间曾到资福寺，寺中和尚见他气度非凡，问其姓名，刘锜挥笔在墙壁上写下了这首诗。后人将诗镌刻于石碑，镶嵌在正殿内壁，呼为“太尉碣”。资福寺在株洲市南湖街79号，据传为梁武帝时建造。1918年南北战争时部分被毁。20世纪50年代后期改建作居民住房，现已难辨昔日面目了。

云阳山寺

[宋] 黄庭坚

空余叔子两青碑，无复山翁白接篱。
卧对江流思往事，行穿云岭扣柴扉。
松风半入烹茶鼎，夜鸟常啼挂月枝。
见说北归应有日，道人先作鹿门期。

注：黄庭坚，字鲁直，号山谷道人，又号涪翁，分宁（江西修水）人。治平四年（1067）进士。以校书郎为《神宗实录》检讨官，迁著作佐郎。其诗在宋代影响很大，开创了江西诗派。有《山谷词》。云阳山在茶陵县城西5千米的洣水河畔，丹崖翠壁，飞瀑流泉，秀峰迭起，幽洞纷呈，谓称集秀、幽、险、奇之美于一身，素有“小南岳”“亚衡山”之誉。

游灵岩

[宋] 黄庭坚

大厦高堂未足论，凿时功力借乾坤。
广长可坐三千客，今古惟留十八尊。
谷口白莲生玉沼，壁间青蔓挂云门。
开山萧老今何在，六股鸣环锡杖存。

注：灵岩，又名月到岩，在茶陵县严塘镇沙溪村。岩座西朝东，岩内有红石自然形成的石窟，深约70余米，高约10～20米，宽约50余米。每当月夜，月光倾泻岩内，撒下一片银辉，这就是有名的"灵岩夜月"，乃茶陵八景之一。唐代建有寺庙，传开山名僧叫肖禅和。

初入湖南醴陵界

[宋] 范成大

岩树阴阴夹暝途，出山欢喜见平芜。
一春客梦饱风雨，行尽江南闻鹧鸪。

注：范成大，字至能，一字幼元，号石湖居士，又称范石湖。南宋名臣、文学家、诗人。吴郡（江苏苏州）人。绍兴进士，历官知府，安抚使，参知政事等职，曾使金，坚强不屈。晚年退居石湖，有《石湖居士诗集》《石湖词》等。

题醴陵驿

[宋] 范成大

渌水桥边县，门前柳已黄。
人稀山木寿，土瘦水泉香。
乍脱泥中滑，还嗟堠子长。
槠洲何日到，鼓枻上沧浪。

槠洲道中

[宋] 范成大

烟凝山如影，云褰日射豪。
桃间红树迥，麦里绿丛高。
客子叹游倦，田家甘作劳。
乘除吾尚可，未拟赋离骚。

注：《槠洲道中》与《题醴陵驿》皆为范成大出任广西静江知府，赴任时途经株洲境内所作。

浮湘行

[宋] 范成大

湘山中间湘水横，绿苹叶齐春涨生。
盘涡沄沄去无声。吾乘桂舟泝中濡。
扬波击汰双橹狞，辘轳引筰如牛鸣。
篙师绝叫叠鼓轰，潜鱼跳奔乳猿惊。
暖烟浮空书梦腾，山长水远天无情。
吹箫拊瑟吊湘灵，水妃风御缤来迎。
问客良苦远征行。昨者斧钺下青冥。
命我尽护安南兵，岭海一视如王庭。
布荡阳春濯腐腥，王事靡监来有程。
匪躬之故惟尔甿，芳洲杜若空青青。
九歌凄悲不可听，愿赓楚调归和平。

湘江洲尾快风挂帆

[宋] 范成大

船头雪浪吼奔雷，十丈高帆满意开。
我自只凭忠信力，风应不为世情来。
儿童屡惜峰峦过，将士犹教鼓笛催。
明日祝融天柱去，更烦先卷乱云堆。

诗送元晦尊兄

[宋] 张栻

君侯起南服，豪气盖九州。
顷登文石陛，忠言动宸旒。
坐令声利场，缩颈仍包羞。
却来卧衡门，无愧知日休。
尽收湖海气，仰希洙泗游。
不远关山阻，为我再月留。
遗经得紬绎，心事雨绸缪。
超然会太极，眼底无全牛。
惟兹断金友，出处宁殊谋。
南山对床语，匪为林壑幽。

白云政在望，归袂风飕飗。
朝来出别语，已抱离索忧。
妙质贵强矫，精微更穷搜。
毫厘有弗察，体用岂周流。
驱车万里道，中途可停辀。
勉哉共无斁，邈矣追前修。

注：张栻，字敬夫，号南轩，汉州绵竹（四川绵竹市）人。其父系抗金名将、丞相张浚。以荫补官，累官至吏部侍郎、右文殿修撰。主持岳麓书院，开创著名的湖湘学派。著作有《经世编年》《南轩集》等。乾道三年（1167）秋，著名理学家，大学者朱熹（字元晦）到岳麓书院访张栻，冬，二人同登南岳。十一月二十三日自南岳到株洲，两人作诗酬唱。

二诗奉酬敬夫赠言并以为别

[宋] 朱熹

（一）

我行二千里，访子南山阴。
不忧天风寒，况惮湘水深。
辞家仲秋旦，税驾九月初。
问此为何时？严冬岁云徂。
劳君步玉趾，送我登南山。
南山高不极，雪深路漫漫。
泥行复几程，今夕宿槠洲。
明当分背去，惆怅不得留。
诵君赠我诗，三叹增绸缪。
厚意不敢忘，为君商声讴。

（二）

昔我抱冰炭，从君识乾坤。
始知太极蕴，要眇难名论。
谓有宁有迹，谓无复何存？
惟应酬酢处，特达见本根。
万化自此流，千圣同兹源。
旷然远莫御，惕若初不烦。
云何学力微，未胜物欲昏。
涓涓始欲达，已被黄河吞。
岂知一寸胶，救此千丈浑。
勉哉共无斁，此语期相敦。

注：朱熹，南宋理学家，婺源（江西）人，绍兴十八年（1148）进士，官至宝文阁待制，1193年以荆湖南路转运使知潭州。学术著作很多，有《四书集注》《楚辞集注》《周易本义》《太极图说解》等。

槠洲别友

［宋］文天祥

咸淳甲戌第二朔，予道槠洲里，徐畋方谏自长沙来为别，问客几何？曰：半年矣。临别为赋。

君为湘水燕，我作衡阳雁。
雁去燕方留，白云迷草岸。

与友人载酒游湘江

［宋］文天祥

故人满江海，游子下潇湘。
梦载月千里，意行云一方。
橹声人语小，岸影客心长。
总是浮萍迹，飞花莫近墙。

注：文天祥，吉州庐陵（江西吉安）人，中国历史上杰出的民族英雄。元军陷襄阳后，咸淳九年（1273）被南宋朝廷起用为湖南提刑，在潭州（长沙）就职，掌管全路司法，兼理监察，居官清正，使当时荆湖南路“无留狱”。

用一代不数人百年能几见为韵诗赋十章呈陈君举

［宋］赵蕃

人言会合难，会合端有数。
公不绝槠洲，我政长沙住。

赵蕃，字昌父，号章泉，原籍郑州。赵蕃是南宋中期著名诗人，他和当时居住在上饶的韩淲（号涧泉）齐名，号称“上饶二泉”，同为江西诗派的殿军人物。

过槠洲行散

［宋］史弥宁

羊肠归路若为程，财过槠洲掌样平。
客舍笼烟炊早顿，田家带月喝春耕。
青林绿水画千尺，白鹭乌鸢棋一枰。

坐倦笋舆呼稺子，野花迳里说诗行。

注：史弥宁，字安卿，鄞县（今浙江省宁波市鄞州区）人，生卒年均不详，约宋宁宗庆元末前后在世。著有诗集友林乙稿一卷。

凿石怀古（四首）

［清］张九镒

（一）

风流雅韵拂琴床，选胜公余到佛堂。
自为诗人谋卜筑，非耽景色满林塘。
杜陵北望歌吟在，湘水东流一夕忙。
若仿浣花作图画，丰碑端不卧荒凉。

（二）

爱国心情谢在阿，当时人事叹嗟跎。
飘零一叶维舟小，怅望千秋寄恨多。
石浦尘踪徒彷佛，草堂诗句共编摩。
贤侯提唱真能事，残月西风足啸歌。

（三）

龙战阴氛象变坤，南浮烟水与谁论。
数声清磬留深寺，几树丹枫映旧村。
岳岫层云胸自荡，洞庭遥浪气全吞。
偶探胜地消吟赏，肯信归依不二门。

（四）

半岭山风逸籁传，峨峨遗像面湘天。
寻踪尚剔荒苔石，布地空存古刹田。
万丈光芒宗不雅，百年心迹接名贤。
会看重构危亭景，欸乃春流稳放船。

注：张九镒，字权万，号桔洲，湘潭人。乾隆五十二年（1787）进士。授编修历少詹士，出为南汝光道，再补川东道。归里掌教岳麓书院，有《桂花园》《退谷诗钞》。

昭陵滩竹枝词

［清］张九钺

昭山孤秀彻昭潭，南上昭陵水石参。
石似樗蒲水金碧，澄明五色冠湖南。

十里山门水浅深，棹歌款乃短长吟。
人生不作湘中客，谁识云山韶濩音。
昭陵滩上建宁乡，城廓荒芜伴夕阳。
只有桃花自开落，更无茅屋祭昭王。

注：张九钺，字度西，号紫岘，又号岘亭，湘潭人。乾隆二十七年（1762）顺天乡试中举，次年会试，得中通明榜。历任江西南丰、峡江、南昌及广东始兴、保昌、海阳知县等职，晚年致仕回湘。嘉庆初年主讲渌江书院。著有《紫岘山人诗集》等多部诗文集及纂修多部志书。

鹧鸪矶竹枝词

[清] 吴登鸿

鹧鸪矶头山雨晴，淘沙湾里暮潮生。
吴娘鸭嘴船初放，一带寒流恹笛声。

注：吴登鸿，湘潭人。鹧鸪矶在昭陵滩下，三门之上五里处。

题梅花供空灵岸

[清] 彭玉麟

神工劈出空灵岸，稳坐菩提自在身。
写树梅花作清供，琼瑶一色静无藏。

注：彭玉麟，字雪琴，衡阳人。清末湘军将领，随曾国藩创办湘军水师。光绪九年（1883）任兵部尚书，并受命赴广东办防务。后以病回籍。彭玉麟所画梅花供空灵岸，后人刻之于石，即空灵岸所藏著名的“梅花石”。此诗由王闿运书写嵌于杜公草堂柱上。今皆不存。

空灵峡

[清] 王闿运

屈上沅舲杜入湘，炎炎夏日旅情长。
渌波枉渚迷津阔，素浪空灵乱石荒。
迁客偶来留啸咏，野鸥何事亦栖遑。
南风烈日牵船去，犹有长年较我忙。

注：王闿运，字壬秋，号湘绮。湘潭人。咸丰举人，历任成都尊经书院、长沙思贤讲舍、衡州船山书院、南昌高等学堂主讲。晚年授翰林院检讨，加侍读衔。辛亥革命后，任清史馆馆长。著有《湘军志》《湘绮楼诗集》，主编了《湘潭县志》。

登空灵岩和杜工部

［清］释敬安

舍舟运神游，登栈眩奇眺。
洲渚屡旋复，岩石咤危峭。
云窦滴余润，洞隙纳微耀。
凿险若神工，履阴巉鬼啸。
造物奏玄功，观空得要妙。
既惬青霞心，岂顾白衣诮。
黄屋罗英灵，沧州隐鱼钓。
取舍各有宜，殊音自同调。

注：释敬安，本姓黄，字寄禅，湘潭人。少以孤贫出家，致力诗文，得王闿运指授，才思日进，入“碧湘诗社”。曾于宁波阿育王寺剜臂肉燃灯供佛，并烧二指使骈，自号八指头陀，曾任浙江天童寺方丈。辛亥革命后，当选为中华佛教总会会长，为当时著名的爱国诗僧。有《八指头陀诗文集》。

咏怀株洲古迹

［清］易慎谷

大　营　坪

功名不数勒燕然，绿满平畴万顷田。
孤鸟望中微没影，数峰江上远含烟。
磷销白月寒星夜，樵唱秋风落照边。
欲问向来烽火事，百年遗老已无传。

注：大营坪在株洲市北。

明朝江西移民和他们的后代

农耕时代，百姓多聚族而居。明朝株洲移民全景情况已经不可考证。从今天株洲民间零星见到的家谱中可以看到，今株洲城区一带，1949 年前族居的老姓有易、罗、郭、王、杨、言、宾、毛等（不完全统计），他们大多是元末明初从江西来到株洲的，约 600 年左右，移民株洲的江西人以丰城县居第一，吉水县次之。这些移民对株洲的开发、文明的传承起到了重大作用。

【罗氏】 按影响力来说，马家河罗氏在株洲老姓中要排第一。1388 年，20 岁的罗政斋从江西吉水来到株洲，定居于马家河湘江边鹧鸪坪。罗家从清乾隆后期开始，人才辈出，出过两个进士——罗典、罗修源，近代还出过革命家罗学瓒、罗哲等。

【易氏】 按本土人口数量，易姓是 1949 年前株洲第一大姓。易氏祖籍属湖南，属于迁出又迁回。1369 年，易衡宇从江西丰城迁入株洲，长子易大贵一支居住在今大京白关一带，次子易大富一支居住今河西莲花一带。易大贵之子易朝用于明朝永乐年间在南京担任虎贲（宫廷禁卫军将领），回家后捐献自家私地重建株洲资福寺。易氏在明朝还出了一个湘潭地方的道德楷模易奎，晚晴还出了一个诗人易慎谷。莲花易氏 20 世纪出了一个革命家易灭非，30 年代初任株洲第七任区委书记，1934 年秋随任弼时、萧克、王震参加长征，1935 年在飞夺泸定桥的战斗中牺牲。

【袁氏】 袁氏在株洲有两支：株洲“霞湾袁氏”是明洪武初自江西南昌丰城迁入。“百井袁氏”是 1354 年元末乱世本省内迁徙而来，百井袁氏十分重视家族文化传承，清代后期出了大名鼎鼎的进士袁名曜。他任过岳麓书院山长，“惟楚有才，于斯为盛”的岳麓门联出自他和弟子之手，他还培养出了魏源。

【言氏】 主要居住在龙头铺、田心等一带，祖籍江苏常熟虞山，系孔门弟子言子后裔。明洪武年间，言信因被贬，自江苏迁茶陵，部分人再迁入株洲。光绪年间的《湘潭县志》，里面记载：“在三都，洪武言信以直谏编管，因家焉为屯户，信死立子游庙。”

【杨氏】 原居住株洲老街大胜岭一带，祖籍江西，先祖在宋代任过太守，元末迁湖南，一部分迁株洲芦林冲，明代曾兴建大胜岭街店铺。今渌口杨丙光收藏的《杨氏家谱》对此记载详细。

【郭氏】 郭氏在株洲有三支：一支在原湖南工学院附近，称“泉田郭氏”，祖籍江西丰城，因在湖南为官，明朝洪武年间定居株洲。这一支郭氏于清代同治年间在自己屋基附近发现了古城基和六朝时期的砖瓦，清代人因此认定那里应是古建宁城址。另一支为“金霞山郭氏”，祖籍江西庐陵，先在湖南做官，后定居湖南，此支郭氏清代出了一个很有名气的人——郭松林，官至提督。郭松林家族财大势大，是晚晴株洲第一豪族。第三支为“龙头铺郭氏”，1389 年迁龙头铺，1948 年传 20 代 3000 人，民国当地有总祠。

【王氏】 天元区王姓很多，集中在凿石、王家坪、三门等地带，宋代从江西泰和圳迁衡山，明永乐年间从衡山迁至株洲。

【游氏】 主要居住姚家坝一带，明洪武初年从江西丰城迁入。游氏家谱记载，游家第二代老大、老二先后迁往长沙、湘阴等地，只有老三仍居原地，替明朝政府管理醴陵境内的双牌驿站。势力最大的时候管理着湘赣驿道上40多个驿铺。

【漆氏】 明洪武二十年（1387）从江西大塘迁往醴陵，其中一支随即迁今荷塘区，后代散居荷塘区的荷塘铺、金钩山、太阳村等地。

【宾氏】 明洪武二年（1369）从江西吉安搬来，最初的落脚地是现荷塘区金钩山一带。

【毛氏】 株洲荷塘区仙庾岭一带毛姓很多，是洪武年间从江西迁入的。

【帅氏】 原居江西，明初移居湖北枣阳，1393年，帅登辅带族人迁居今株洲龙头铺帅家湾。

【唐氏】 有两支。龙头铺唐氏，原居江西丰城县七里州螺头塘，1370年移居株洲，后代散居今株洲云龙示范区、荷塘区一带。不过，株洲淦田唐氏与他们没有瓜葛，淦田唐氏出身显赫，其先祖唐承裕唐末时为永州刺史，被马殷打败，死后葬淦田，后代居淦田。

【刘氏】 刘氏是个大姓，支系繁多，其中株洲白石港、田心刘氏的第一代叫刘起凤，明洪武二年由江西吉安府吉水县鹅丘中村迁居。今天白石港老街半边街最开始的主人就是他们。

【殷氏】 明洪武二年从江西丰城拖船埠迁醴陵西乡，第三代开始迁湘潭、株洲等地，株洲芦淞区有殷家坳。

【凌氏】 明洪武四年（1371），凌氏祖先从浙江乌程县转江西建昌县，迁醴陵城北，子孙后播迁醴陵、渌口、株洲一带。凌氏1949年前在株洲广有产业，凌树臣曾捐资修建株洲城隍庙、扩建分袂亭。

【叶氏】 明成化七年（1471），叶氏一支由江西丰城迁湘潭县姜畲乡炭山坝，族人分布于株洲等处，民国在株洲修有宗祠。

【晏氏】 晏氏是明洪武年间迁株洲，今株洲有晏家湾。

（佘意明）

株洲市非物质遗产名录

炎帝陵祭典

炎帝神农氏是中华民族的始祖。炎帝陵坐落在湖南省株洲市炎陵县鹿原陂。炎帝陵是全国重点文物保护单位、全国首批百个爱国主义教育示范基地之一、全国侨联爱国主义教育基地。

炎帝陵祭典是千百年来炎黄子孙缅怀炎帝丰功伟德所形成的一整套祭祀活动，《路史》曰："有唐尝奉祀焉"，而民间祭祀炎帝陵则历史更为久远。

炎帝陵祭典分为官方祭祀和民间祭祀两种类型。

官方祭祀古称之为御祭。最早有记载的炎帝陵官方祭祀活动在宋乾德五年（967），太祖诏命"建庙陵前，肖像而祀，随之遣官诣陵致祭"，之后"三岁一举，率以为常"。此后，元、明、清各代对炎帝陵的祭祀从未间断。有史记载，明代有15次，清代达38次。历朝历代炎帝陵祭祀以告即位为主，此外还有告禳灾除患、靖边军功、亲政复储、万寿晋徽、先人后事等。祭祀程序一般为：迎神；行初献礼，读祝（祭文）；行亚献礼；行终献礼；受胙；撤馔；辞神等。每道程序，主祭人行三跪九叩首礼。

炎帝陵官方祭祀活动演变至今，主要有公祭大典、告祭典礼。公祭大典采用传统祭祀仪式的基本程序，融入现代文化内容与形式，祭祀程序一般为主祭、陪祭人员就位；击鼓鸣金；鸣炮奏乐；歌《祭炎帝》；敬献花篮；主祭人敬献高香；向中华民族始祖炎帝神农氏行三鞠躬礼；主祭人恭读祭文、焚帛书；鸣炮、奏乐、礼成。仪式结束后，主祭、陪祭人员依次进入神农大殿，瞻仰炎帝神农氏雕像，之后谒陵。

民间祭祀以告祭为主。祭祀时间多选在每月的初一、十五以及各种节令、节庆。此外，每逢炎帝生辰日（农历四月二十六日），方圆几百里的民众都会汇集于炎帝陵，祭祀炎帝，祈福求平安。

炎帝陵祭典历史悠久、参与性强、影响广泛，有极高的文化价值、历史价值和政治价值。经过不断建设，炎帝陵在海内外的知名度日渐提高，炎帝陵祭典活动影响也日益广泛，目前已成为传播炎帝文化的重要载体。改革开放以来，来自全国社会各界和海外华人华侨在炎帝陵先后举行了告祭、公祭活动1000余次，其中党和国家级领导人祭祀炎帝活动已有100余人次。胡耀邦、尉建行、李铁映、耿飚、严济慈、赵朴初、周谷城、周培源、杨静仁、张爱萍、钱伟长、江华、王首道、屈武、王任重、杨汝岱、王恩茂、雷洁琼、王汉斌、彭佩云、毛致用、乌云其木格等党和国家领导人先后到炎帝陵拜谒始祖，并为炎帝陵题词。炎帝陵祭典已使炎帝陵成为"中华民族的人文圣地，全球华人的精神家园"，炎帝陵祭典所蕴含的血缘认同、民族认同、文化认同以及奋发向上、自强不息的民族精神，将永远成为维系中华民族团结、国家统一、反对分裂的牢固精神纽带。

炎帝陵祭典已列入首批国家级非物质文化遗产名录。

醴陵釉下五彩瓷烧制技艺

釉下五彩瓷是醴陵独创的一个陶瓷品牌，制瓷填料、釉料和颜料均选用本地优质原料，经手工练制而成。从原料制作到产品烧成要经过近100道工序，全部靠手工完成。

首先是制坯。成型之坯件须经800℃素烧，以提高生坯的强度。

之后是彩绘，即在成型的坯件上彩绘或贴花。其图画采用自制釉下色料，运用国画双勾分水填色，将画面溶于釉下，画面平滑光亮，具有饱满的水分感。

然后是覆釉。坯件彩绘完毕后，须经喷釉覆盖其画面。覆盖在纹饰上的釉，经高温烧成后，变成一种玻璃质落层，更显得莹润、光洁，体现出五彩缤纷、栩栩如生的艺术效果。所用颜料，以用金属氧化物为着色剂，其熔剂中不含铅镉等有毒物质，并能耐酸碱。

最后是烧成。将已覆釉的彩绘坯件，再经过1350℃～1410℃高温烧成，从而使五颜六色的画面从釉层中显现出来。

醴陵釉下五彩瓷器以其独特的工艺和优良的品质，在国际国内屡屡获奖。1909年，在“武汉劝业奖进会”上获得一等金质奖；1910年，出赛南洋会获得一等金奖；1912年，在“意大利都朗博览会”上获得最优奖；1915年，在美国旧金山举行的“巴拿马太平洋万国博览会”上获得金牌奖。被誉为“东方陶瓷艺术的高峰”。

中华人民共和国成立以来，醴陵釉下五彩瓷曾多次获得金质奖和银质奖。从1958年起，醴陵釉下五彩瓷被选为毛泽东主席用瓷，即所谓“毛瓷”，并成为中南海、人民大会堂、天安门、钓鱼台、联合国大厦等重要场所的专用瓷。赠送日本天皇裕仁的瓷器文具，赠送英国女王的釉下彩瓷挂盘，赠送法国总统希拉克的挂盘，赠送美国总统克林顿的咖啡具都是在醴陵设计、通过釉下五彩瓷手工技艺制作烧成。

醴陵釉下五彩瓷是中国民间手工技艺大花园中的一朵奇葩，醴陵也因此享有“瓷城”的美誉。

醴陵釉下五彩瓷烧制技艺已列入第二批国家级非物质文化遗产名录。

炎帝传说

历史的进程不但载录于史籍，同时树口碑于民间。千百年来三湘四水民间代代相传的许多炎帝传说，印证了炎帝神农氏最早的活动地域在湖湘大地，印证了炎帝最后的归宿是炎陵县鹿原陂。以湖南酃县（炎陵县）炎帝陵为中心的炎帝神农传说圈，至今仍有百余篇炎帝传说故事活在群众口头上，这些民间传说故事，简直就是一部“炎帝史”。

炎帝传说记述了炎帝的诞生和所处的时代。《炎帝的三个母亲》讲述了炎帝三个母亲的故事，炎帝的母亲女登，梦见太阳落在自己的怀里，就生下了炎帝，取名石年。因为要上山采野果充饥，她把石年放在山窝里，石年一个人躺在山窝里，上头有太阳晒，肚子饿得咕咕叫。这时，山鹰飞来了，给他遮荫，白鹿跑来了，给他喂奶。每当女登外出时，鹰、鹿就来护养石年。这样，石年就有了三个母亲：女登是他的生母，山鹿是他的乳母，岩鹰是他的养母。这个故事生动地告诉我们，炎帝神农氏初期，“民知其母，不知其父”“与麋鹿共处”。炎帝神农氏的时代，正是从母系氏族向父系氏族社会过渡，并最终确立了父系氏族社会秩序的时代。

炎帝传说记述了炎帝神农氏葬于炎陵、安寝龙宫。在今炎陵县一带，流传着许多关于炎帝神农氏的丧葬传说。《王药断肠草》说的是炎帝神农遍尝百草，误尝断肠草不幸身亡；《炎帝下葬》说的是金龙发笑迎神农，将神农灵柩葬在炎陵山下洣水河中的龙宫之中；《倒挂金钩》则记叙了一个渔夫进入龙宫亲眼目睹炎帝灵柩安放在龙宫的情景；茶陵县的“铁甲山”“砍脑山”，炎陵县的“响鼓坳”、资兴市的“石人排”等许多地名，都是因炎帝丧葬而得名。

炎帝传说记述了炎帝神农氏的丰功伟绩，与史料互为辉映。有反映炎帝“首创农耕、教民耕种”的（《神农盗谷》《谷是怎样来到人间的》等）；有反映炎帝 “遍尝百草、发明医药”的（《神农学蛇药》《生姜的故事》《茶叶的故事》等）；有反映炎帝 “治麻为布、制作衣裳”的（《麻与布的故事》《人类最早的衣服》等）；有反映炎帝“日中为市、首辟市场”的（《太阳当顶的时候》）；有反映炎帝“削桐为琴、练丝为弦”的（《神农琴》）；有反映炎帝“弦木为弧、剡木为矢”的（《神农箭》《神农太子》等）。这些民间传说故事所描述的炎帝神农氏开创的远古文明，非常生动感人、光芒四射。

炎帝传说已列入湖南省非物质文化遗产名录。

炎陵“三人龙”

炎陵“三人龙”源于一个古老的传说。相传，农历六月，稻花飘香，丰收在即，也是虫灾为患的时节。这天晚上，一位老者梦见炎帝化作一条火龙在田间飞舞，第二天起来一看，只见害虫死了一地。人们议论纷纷，这是炎帝告诉大家用火龙灭虫。于是，人们用稻草扎成长束，草束上插满香火，或用稻草、艾叶扎成火把，三三五五，夜间行走在田边地头，载歌载舞，飞虫逐火即灭。这种火把长队不断游动，形如一条婉转的火龙。这就是“三人龙”的由来。

为便于携带和表演，炎陵火星龙由龙头、龙身、龙尾三节组成，三人表演，这样，腾跳挪闪，运用自如。

随着民间艺术活动的广泛开展，炎陵“三人龙”的表现形式有了很大的发展，派生出了香火龙（用线香插满龙身）、竹节龙（用青竹做龙身）、蓼叶龙（用蓼叶和青藤扎成龙身）、草药龙（用各种鲜草药扎制龙身，有纪念炎帝尝百草，为民疗疾，救难于苍生之意）等。在舞动过程中，配以当地民间最古老的鼓乐，极大地丰富了炎陵“三人龙”的艺术效果。

炎陵“三人龙”已列入湖南省第一批非物质文化遗产名录。

炎陵客家山歌

炎陵客家山歌，是炎陵客家人用其特有的方言编唱的一种民间歌谣，是中国民歌中少有的艺术品类。极富特色的客家语言，极为细腻的感情色彩，婉转柔和的抒情，高亢奔放的音韵在客家山歌中交相辉映。炎陵客家山歌继承了《诗经》国风的优良传统风格，受到唐诗律绝和竹枝词的重大影响，同时又吸取了南方各地民歌的优秀成分，千百年来，广泛流传，久唱不衰。在炎陵县的广阔山乡，至今传唱着2000余首客家山歌。

炎陵客家山歌的种类很多，根据内容可分为劳动歌、劝世歌、行业歌、情歌、耍歌、逞歌、虚玄歌、拉翻歌、谜语歌等，其中最为常见的是劳动歌和情歌。根据曲调的区别，客家山歌大致可分为号子山歌、正板山歌、四句八节山歌、快板山歌、叠板山歌、五句板山歌等。按风格分有高腔、平腔、低腔等。“比兴”和“双关”是炎陵客家山歌的基本表现手段，“叠声、叠句、绝气、驳尾、问答式”是炎陵客家山歌的艺术表现形态。

炎陵客家山歌属于客家文化的特有部分，与客家人的生产、生活有着密切的联系，内容多以表现爱情生活、倡善劝恶为主，用问答、即兴对唱、树叶伴奏的表现形式，抒发自己的真实感情，真实地反映了客家人热情奔放、机智风趣、积极向上的乐观主义精神。

炎陵客家山歌已列入湖南省非物质文化遗产名录。

炎陵苏区歌谣

在炎陵这块红色的沃土上，曾发生了朱毛第一次握手、第一次连队建党、第一次插牌分田等重要革命历史事件。苏区歌谣就是为适应当时的革命需要而创作出来的一种新的艺术表现形式。

根据地军民用当地的山歌，民谣填上新词来歌颂红军，拥护工农兵政府，诉说被土豪劣绅欺压的痛苦，鼓动穷苦百姓起来革命，踊跃送子送夫当红军，劝说白军兄弟投奔红军等。歌中多用比兴手法，语言通俗生动，感情强烈朴实。至今，这些苏区歌谣还在炎陵农村传唱。如1928年在中村乡土改试点中流传的《插牌分田歌》：“打倒土豪，分田地，农民要种田呀，穷人要吃饭呀，快快来插牌呀……”

炎陵苏区歌谣源于军民的火热战斗生活，在宣传真理，发动群众，团结人民瓦解敌人，丰富人民群众的文化生活方面，发挥了极其重要的作用。

炎陵苏区歌谣已列入湖南省第一批非物质文化遗产名录。

龙渣瑶拳

瑶族山寨多处在森林环抱、林海茫茫之中，千百年来在和自然界的抗争中，瑶族的先民们，为寻求生存，在采集、狩猎、觅食、抵抗毒蛇猛兽以及同社会阶级压迫的斗争中创造了独具特色的瑶族武术文化——瑶拳。清康熙元年（1662），郴州瑶官赵成隆带领一批会使瑶拳、武功过人的部下平定炎陵县兵乱后，被朝廷封为酃县瑶总。部下于炎陵县龙渣一带开垦荒地，繁衍生息，至今已有300余年历史。瑶拳在当地瑶族村民中得以很好的继承和发扬。龙渣瑶拳便在这片土地上流传下来。

瑶族的武术活动形式多种多样，而流行于炎陵县的瑶拳是广义上的瑶拳，包括拳、棍、刀、叉、凳等各方面的总称，按其形式可分为基本功和套路运动。

瑶拳的武术基本功包括肩臂功、腰功、桩功、鼎功、腿功、滚躺功等各种拳种和器械的单势动作。这些动作是瑶族武术套路和对抗性运动的基础，也是瑶族武术的重要组成部分。

瑶拳的套路运动是瑶族武术的主要形式，内容极其丰富，可分为拳术套路、器械套路、对练套路、集体演练套路等。瑶族的拳术套路共三十六式，主要包括哈尼拳、滚躺拳、象形拳等。瑶族的武术器械主要来源于生活及生产劳动工具。它是在瑶族拳术的基础上结合各种器械的特点组成的套路。

瑶拳的特点一是实战性，二是仿生物性即象形拳法，三是讲究精、气、神，动作原始古朴，招式明快。

"瑶拳"参加湖南省第七届少数民族传统体育运动会获团体表演赛金奖，参加全国第九届少数民族传统体育运动会获团体表演赛铜奖。

龙渣瑶拳已列入湖南省非物质文化遗产名录。

茶陵客家火龙

茶陵客家人舞火龙的习俗源于一个传说：在很早很早以前，有条火龙飞过这里，它喷火烧过的地方，庄稼长得特别茂盛，五谷丰登；它一路飞过的村庄，家家日子过得红红火火。于是，老百姓就用稻草和竹蔑扎成火龙，用纸、绸糊上，照着火龙的模样，用彩笔描画把火龙绘得活灵活现，十分威武雄壮。到了正月十五，家家户户张灯结彩，敲锣打鼓，扛着火龙游街串巷，男男女女、老老少少，欢欣鼓舞。

舞火龙前，舞龙者把香火插满龙头、龙身、龙尾，扎上花硝引。舞火龙大多在晚上进行，队伍庞大，有火把队、灯笼队。舞时事先点燃龙身上的线香头，由3人各执一节默契配合，"火龙"在夜里舞动起来只见香火闪烁，花硝四射，香火越舞越旺，象征主人的日子越过越红火。

舞火龙有四个程序：游龙、舞龙、送龙、化龙。

游龙即龙灯在乡间游走，到一个点后就开始舞龙。

舞龙的套路主要有五式，五式之中可以自由变化。首先是"龙拜四方"，祝愿福到四方，四季平安；随即是"雪花盖顶"；接着是"团龙献花""黄龙缠柱""龙跳五门"。表演选择在一个宽敞的场地上进行，翻飞的火龙踩着鼓点、音乐的节拍，时而像潜龙腾空，追星赶月；时而像飞龙在天，喷珠吐玉。集体舞龙的队形组合，变化层出不穷。单条火龙的特技表演，令人叹为观止。鞭炮轰鸣，锣鼓喧天，在火爆的气氛中，舞龙高潮迭起，人们掌声如雷，吹呼雀跃。

舞龙结束后，接着是化龙、送龙。把火龙送到河边沙滩上，设上香案，摆上三牲祭拜，叩谢龙神，然后焚烧火龙，恭送火龙回龙宫。

舞火龙是桃坑乡客家人独特的民间艺术，是一种集娱乐、观赏、体育为一体的综合性文化活动。舞火龙一般在喜庆节日、乔迁或久旱求雨时，尤以春节、元宵为盛。

茶陵客家火龙已列为湖南省第一批非物质文化遗产名录。

云阳山南岳宫庙会

茶陵云阳山古南岳宫始建于唐永徽二年（651），主祀南岳圣帝。相传唐初，云阳山曾封为南岳，因洣水河不通大船，不便朝拜，所以后来改封衡山。但南岳圣帝仍眷恋云阳山，就在这里建造了行宫，称“古南岳”。他每年的农历六月和七月来这里度过。这时，四面八方的香客纷至沓来，祈祥纳福。从而形成了“六月、七月朝云阳，八月朝衡山”的习俗。

因此，每年农历五月三十日、七月三十日，云阳山都要举行盛大的迎、送驾庙会。

农历五月三十日举行迎驾法会。白天举行祈丰舞。祈求风调雨顺，五谷丰登。祈丰舞分三个程序进行。一是请神，请南岳圣帝和各路神灵降临。二是祈神，向圣帝祈求五谷丰登，国泰民安。三是安神，祈求各路神灵各司其职，消灾弭祸，保佑风调雨顺，清吉平安。晚上，由有名望的道士主持迎驾法会。首先是“步斗”，派值日星君请南岳圣帝起驾；接着是“踏七星罡”，迎接圣驾；再就是“踏八卦罡”，安神定位，替一方黎民祈福；最后由信士代表请南岳圣帝神位，大开南岳宫大门，让香客朝拜。法会场面很大。香客们点燃手中蜡烛，千万支烛光映照夜空，蔚为壮观。

法会结束后是舞火龙。首先由一名德高望重的老者点燃香纸、蜡烛，带领舞龙人拜四方，祭拜完毕由老者高喊“五谷丰登”“风调雨顺”“岁岁平安”等吉祥话语，后宣布舞龙开始。在鼓点、音乐、鞭炮声中，“火龙”腾飞。

迎驾活动结束后，仍有不少虔诚的香客留宿在道观内外，好在六月初一清早争上第一柱香。两个月里，来自四面八方的香客络绎不绝，上山敬香，向南岳圣帝祈福。其中烧拜香最为感人，是先贫后富的人家举行的特殊的朝拜敬香的活动，他们的先辈去世时，因贫穷，丧事办得草率，后来富了，请道士或是和尚在家做道场、法事，叫“报本”，然后在农历六、七月里，全家大小各捧三根香，小板凳上南岳宫敬香，从云阳山脚下便燃香叩拜，一直拜到云阳山南岳宫，为的是表达自己的心愿，感谢父母的养育恩德，为亡者超度灵魂。

两个月后，农历七月三十日，举行“送驾”法会。白天举行“草龙游山”，请南岳圣帝上紫云峰祈丰台，草龙游到祈丰台，绕四周一圈，每到一方，龙要“三点头”，祈祷来年四方人寿年丰。晚上，由道观做“送驾”法会，送南岳圣帝回衡山。

云阳山南岳宫庙会自唐初永徽年间至今，已有1300多年的历史。代代流传，相因成俗，每到农历六、七月，来自本县和湖南安仁、攸县、炎陵以及江西省莲花、永新、宁冈的香客云集，到云阳山敬香朝拜。两个月香火期，朝拜的香客高达10余万人次。

云阳山南岳宫庙会已列入湖南省非物质文化遗产目录。

茶陵湘剧

茶陵地处湘东，与江西接壤，是早期湘剧最活跃的地区，清同治年间至民国时期，湘剧仁和班、庆和班、福春班、长沙流亡湘剧团先后在茶陵演出，其中不少演员延留茶陵，组班或搭班献艺，逐步形成一支行当齐全、阵容可观的湘剧艺人队伍。解放后，1950 年茶陵县人民政府接管仁和班，取名“茶陵仁和湘剧团”，使茶陵的湘剧事业进入一个崭新的时期。1954 年奉省政府关于支援革命老区文化事业建设的指示，省军区洞庭湘剧团又抽调了陈福芳、凌野等 12 人到茶，在仁和湘剧团的基础上正式命名为“茶陵湘剧团”。

湘剧有高、低、昆、弹四大声腔，并吸收了青阳腔、四平调、吹腔等杂曲小调，在长期的演变过程中，高腔和弹腔已成为今天湘剧艺术的主要声腔。湘剧的表演艺术重功架与特技，且融“百戏”“杂技”“武术”等于其中。湘剧的表演艺术既有丰富的程式，又能突破程式，既有角色分行（生、旦、净、丑），又不受行当局限，而是从生活出发，塑造不同的人物形象。在湘剧的传承和发展中，茶陵湘剧吸收、融汇了湘东地方音乐和民间表演技艺，角色行当增加到 12 个。使湘剧的音乐、表演程式更加丰富多彩。

茶陵湘剧剧目十分丰富，自茶陵县湘剧团成立以来，挖掘、整理、改编、演出的湘剧传统剧目就有 230 多出。茶陵县湘剧团演出的《白兔记》《生死牌》《拜月记》《十五贯》《杨门女将》等一大批湘剧代表性剧目，充分展示了湘剧的艺术魅力。整理改编和创作演出的《孙膑与庞涓》《乌纱梦》《兰钏记》等剧目获得省、地（市）奖励，其中《兰钏记》和《乌纱梦》还在省广播电台全剧播放。现代湘剧《洣水魂》更使茶陵湘剧再放异彩。

茶陵湘剧虽属地方大戏，但与民众结合很紧，能登大雅之堂，行高台教化，又能深入大街小巷、穷乡僻壤，参予婚丧寿筵，围鼓座唱和两三人茶座清唱，与民众的关系密不可分。

茶陵湘剧已列入湖南省非物质文化遗产名录。

攸县打铁水

攸县打铁水，又名“打铁花”，是一种火的文化，火的艺术。

明末清初，茶陵补锅匠来攸县谋生，带徒传艺。补锅匠们在补锅后将剩下的铁水用来打铁花，于是补锅匠打铁花的习俗悄然形成，并被运用在人们生活与娱乐中：店面开张，逢年过节，人们常常请补锅匠表演，场面十分热烈、壮观。

攸县打铁水有两种形式：徒手打铁水和木板打铁水。

徒手打铁水只需一个人即可以完成表演，补锅匠一手舀铁水抛出，另一只手徒手快速接住将铁水抛上天空，一般高度有 4 ~ 6 米，铁水顷刻绽开火花，万紫千红，异彩缤纷。

木板打铁水是借助有造型的木板，一般不少于二人一组，一人从炉子里舀出铁水抛出，一人拿木板迅速接过铁水向天空抛撒，一般高度达 8 ~ 10 米左右。二人配合协调，动作娴熟，铁水抛上空中就像天女散花，撒在地上就像泼金撒银。

攸县打铁水彰显了民间艺术的无穷魅力，中央电视台《走遍中国》栏目，曾展示了这一“绝活”。

攸县打铁水已列入湖南省非物质文化遗产名录。

槚山皮影戏

槚山乡地处攸县西南部。清代末期，槚山乡黄泥塘冲的民间艺人曾秋和、曾冬和兄弟俩，他们只身去湘潭拜师学习皮影戏。两年后回到家乡，组织皮影戏剧团，在攸县、醴陵、茶陵、衡东和江西边境演出，人们称为“槚山皮影”。

槚山皮影戏注重工艺制作，其人物影像制作、道具制作、布景制作等，使用的工具特别，做工考究，造型生动，流程繁多。其中“皮影”即人物影像制作最为重要。传统工艺制作方法有制皮、制纸垫、描样、雕镂、上色、压平、订缀和安插签杆七个步骤。关键在于做好“头茬”即头部形象。

槚山皮影戏的剧本是师傅口口传授。剧本内容由中国古典神话、民间故事为题材，如传承人宁曾伟雄授传剧目有《薛平贵回窑》《四郎探母》《劈山救母》《正德皇帝游江南》《狸猫换太子》《刘伯温访主》等共 88 个剧目。大型的古代神话故事，分段分节演唱，可以连续演出许多场。

槚山皮影戏表演时，通过人工操作，让“皮影”上台做舞台动作，并配以唱、白，而台前设有一层薄纱，观众看到的是皮影的影子，故称“皮影戏”。槚山皮影戏唱腔以湘剧为主，在同一台戏中会同时运用到湘剧南路、北路、高腔，花鼓调、渔鼓调等。对白主要是攸县方言，有时夹杂一些长沙话、衡阳话。一人演唱同台戏的多个角色，操作多个影子。

槚山皮影戏 1956 年曾获湖南省皮影汇演金奖，20 世纪 90 年代上了中央电视台《走进中国》栏目、湖南卫视台《越策越开心》栏目。常年在各个乡镇及邻近县、市演出。人们在庆典活动、庙会活动、逢年过节、红白喜事，都会请皮影戏班子热闹助兴。

槚山皮影戏已列入湖南省第一批非物质文化遗产名录。

星子灯

星子灯起源于湖南醴陵白兔潭镇田心村及东乡一带，以后传入浏阳县、株洲县、攸县和江西萍乡等地。民间传说，明洪武年间（1368 — 1398 年），醴陵东乡痢疾流行，给人民带来病苦，严重影响生产生活，善懂医术的军师刘伯温发明治愈方法，即：将硝磺和树皮混杂在一起，用火点燃，拿到最脏的地方，洒进猪栏、厕所、厨房和墙角落来回跑圈，每逢中秋就进行一次消毒处理。后来，人们举着硝磺和树皮制成的物品，点燃后，绽放出星花和火，几个人一边跑一边随心所欲地变化队形，久而久之，由驱鬼、祛瘟、消魔逐渐演变成为星子灯。

星子灯的道具叫“捻子”（醴陵话叫“枚子”），其制作过程是：用荷树皮、杉树皮烧成炭末，加上杉树木炭一起磨成粉，用细筛过滤后，再用土硝掺和均匀，剪一张 9 厘米宽、30 厘米长的土纸，把 2 根粗香压在粉上卷成 1.5 厘米大小，用浆糊封口晒干，一个“捻子”就制成了。准备舞灯时使用。

星子灯有 8 个“头灯”：清吉灯、康泰灯、日灯、月灯、金灯、木灯、水灯、土灯。头灯后面是6个节子灯，共是7个灯，所以又称“七星灯”。星子灯演员7人，全为男性。舞灯时在每节灯上插上“捻子”，舞动起来火花四溅，星光灿烂。舞灯时间在中秋节前后各一周，所谓“前七后八”，历时半个月。

星子灯的主要特征是：1. 观赏性：星子灯在舞蹈过程中，星光灿烂，气势浩大，气氛热烈，十分可观。2. 艺术性：集舞蹈与音乐于一体，舞蹈动作队形丰富，各种舞蹈造型美观。3. 群众性：参与人员广泛，几乎家家户户人人都可参与。

醴陵东乡地处中国最大的花炮产地萍浏醴地区，拥有硝磺的原材料，白兔潭镇拥有丰富的松树资源，烧制木炭是他们重要的生产。从而为制作、流行星子灯提供了雄厚的先天物质保证。于是，星子灯以其观赏性、艺术性、群众性在醴陵东乡流传至今。

星子灯已列入湖南省非物质文化遗产名录。

花炮制作技艺

鞭炮、爆竹、烟花统称为花炮。醴陵花炮起源于唐朝太宗年间，相传花炮祖师李畋在他的家乡——醴陵富里镇麻石村用竹筒装填火药燃放，利用爆炸时产生的气浪和硝烟驱散瘴气，控制病疫扩散传播，从而发明了爆竹。后人将炮竹加以改进，用纸筒代替竹筒，变单发为连发，就有了鞭炮。后来以黑火药和亮珠为基础又研制出了绚丽多彩的烟花。随着技术的发展，醴陵花炮生产工艺愈加繁复，选材也愈加考究。

醴陵花炮制作的传统工艺有12道流程：1. 造纸（伐竹成纸）；2. 引纸；3. 裁纸（按规格裁切）；4. 扯筒（将裁好的纸手工扯滚成筒，按1027个为一饼）；5. 褙筒（将红色纸或绿色纸褙于筒外）；6. 腰筒（将六角形饼横切为二）；7. 装药（先将白泥灌入纸筒之一端，再从另一端装上黑药或白药，后用黄泥或石膏封底）；8. 钻引孔（上盘后将筒晒干，在上端钻一小孔以便插引）；9. 插引（将引线按规定标准切断，一孔一根插入装药筒孔中）；10. 轧引头（将插引线的筒子，逐个用轧刀将引头轧紧）；11. 结鞭（用麻线和引线，将装好的药物的单个炮竹编结成不同花型和不同响数的鞭炮）；12. 封装（成封、成箱）。

醴陵花炮制品多用于婚丧喜庆、重要集会、开业庆典，以及祭祖拜神、迎宾送客等，使用范围极为广泛。现在，醴陵全市有花炮生产、经营企业500余家，从业人员30多万人，年产花炮近1000万箱，产品达13大类，4000多个品种，是名副其实的“花炮之乡”。

醴陵花炮制作技艺已列入湖南省非物质文化遗产名录。

长沙花鼓戏湘东路子

长沙花鼓戏湘东路子源远流长。早在光绪末年，长沙花鼓戏著名艺人王洪章（影子乔路）、张桂生（黑牡丹）率仁义班多活跃在湘东境内，剧目多演风流小调戏。因属官府禁戏不能登大雅之堂，只能“窜乡”或持鼓操琴于茶楼庙会演唱，即所谓“地花鼓”。20世纪20—30年代，“地花鼓”逐渐“进化”形成“花鼓戏”，且各地有各自的演唱特色，按旧时戏班行话叫“路子”。解放前夕，在湘潭、醴陵、株洲一带“窜乡”的花鼓戏班子演唱的也有自已特色和风格。这特色和风格就是长沙花鼓戏中的湘东路子。

长沙花鼓戏湘东路子生于湘东、长于湘东，合湘东人口味，它的戏路有着独特风格。在声腔音乐上：正剧、悲剧多用打锣腔，情戏、喜戏、闹戏则多用川调、民间小调。在表演风格上：富有野趣和淳朴的本土气息，尤其是“三小”戏，插科打诨，十分风趣。部分剧目还“武戏文唱，文戏武唱”。在戏曲道白上：除了使用少数能获得舞台效果的俏皮俚语方言外，皆用长沙官话。在表现形式上清新活泼，载歌载舞。尤为可贵的是，湘东路子在表演上突破了原花鼓戏“三小”的表演样式。文戏武唱，武戏文唱；揉进规范的戏曲程式和“四功五法”。所以，湘东路子的长沙花鼓戏更加丰富了湖南花鼓戏的内涵与外延，成为广大民众喜闻乐见的一种优秀的地方戏剧种。

长沙花鼓戏湘东路子演出剧目众多，成绩斐然。1957年7月，《三女抢板》崭露头角。毛主席、朱德、彭德怀等党和国家领导人在长沙分别观看了此剧，大加赞扬。1958年12月至1959年1月，《三女枪板》晋京演出。周恩来、贺龙、周扬等领导及京剧艺术大师梅兰芳等观看了《三女枪板》，赞赏备至。20世纪80年代，株洲市花鼓戏剧团携《杀嫂》《拦车》《小砍樵》三个小戏晋京献演，大获成功。1997年，株洲市花鼓戏剧团创作大型花鼓戏《红藤草》再次晋京演出，获得中宣部“五个一工程”奖。

长沙花鼓戏湘东路子已列入湖南省非物质文化遗产目录。

（根据肖文范、凌新桥、肖艳、刘巧燕、刘海剑、李晓敏、修敏华资料，曹敬庄整理）

株洲略考

株洲，为湖湘要津，江南重镇，历有“江南要冲”“南北通衢”之称。古代这一带，岗峦起伏、溪谷纵横、河流遍布，气候温润，森林茂密，依山傍水，可渔可猎可采可耕，适宜人类居住。

株洲之名源于槠洲 槠洲，今株洲古名。槠，即青椆，俗称苦槠树。《山海经·中山纪》《集韵·鱼韵》《本草纲目·果部槠子》《现代汉语词典》皆有详载。槠树及其果实，在战国时，是人们识别并利用的植物。

洲，《诗经·周南·关雎》：“关关雎鸠，在河之洲。”毛传：“水中可居者曰洲。”《尔雅·释水》亦云“水中可居曰洲。”《字汇·水部》：“洲，本作州，后人加水以别州县之字也。”今释义为：一块大陆和附近岛屿的总称，亦指河流中泥沙淤积成的陆地。

槠洲，何时得名，史无记载。株洲境域，远古时期，先民在这里繁衍生息。20世纪80年代之后，株洲境内陆续发现旧石器点，表明距今约20万年前这里就有人类的活动；发现3处新石器时代大溪文化遗址，证明6000多年前，境域内有人类居住。芦淞区白关商代银子园村落遗址：株洲市区江南商城一带，发掘10座战国墓，出土不少珍贵文物。这充分说明，其时今株洲市区中心地带，战国前有较大越、楚人聚落或村邑（参见：《株洲文物名胜志》中国文史出版社，1991年）。

境域远古属祝融部落及南蛮部落辖地，后又属三苗国辖地。夏代属荆州（非政区）南方地域；商代属荆楚（非政区）南境古越人势力范围；春秋中期之前，属古扬越势力范围；春秋中期后至战国时，属楚洞庭郡，后属黔中郡；秦“分黔中为长沙郡”。

根据地名命名的规律，约在《尔雅》成书之后的东汉永康至建宁年间（167 — 172年），因境内濒湘江盛产槠树，江中多沙洲，亦或以江边有上、下大沙洲，遍生槠树，便形成以地形地物命名的古村落 —— 槠洲。古文中洲通州，亦或在东汉之前，早已称名槠州。槠洲得名于何时，仍可探讨！

槠洲何时依谐音简称株洲 槠洲，最早见诸文字记载的，为南宋著名理学家、教育家朱熹。陈先枢编纂《长沙历史文化名人录》等有关史料记：南宋乾道三年（1167），朱熹与岳麓书院主持张栻，在岳麓书院进行著名的“朱张会讲”后，偕游南岳衡山，一路以诗酒酬答应和。朱熹事后在《南岳游山后记略》中有“丙戌至槠洲”的记载。

槠洲，何时依谐音简称株洲。目前至少有五说：一说南宋建炎元年（1127），槠洲已名株洲；二说1992年《中华人民共和国地名辞典·湖南省》称：南宋乾道年间已名槠洲，后简作株洲。1993年《湖南古今地名辞典·株洲市》亦持此说；三说2006年《株洲市南区区志大事记》称：南宋乾道九年（1173），已由槠洲改称株洲；四说2009年《湖南省地名志·株洲市》称：“自南宋绍熙元年（1190）定名株洲。株洲之名沿用至今。”五说北宋政和三年（1113），已偶称朱洲。五说中，何者为准，仍有争议，难以结论。

南宋建炎元年（1127），由槠洲谐音简写成株洲，有其历史依据。有关史料记：今株洲市境内唐代设有“传舍”（即驿站），至北宋普设驿站时，其时槠洲渐以槠田铺，聚集为市，至南宋初时，已成一方名镇。至南宋建炎元年（1127），由于境内酿酒业兴旺，株田铺（槠田铺）一带，已酒肆林立，商贾穿梭于市，文人、骚客、宦者、游者，多栖居游历于此。

南宋隆兴元年（1163），奏斩秦桧的名臣胡铨谪贬衡州（衡阳），回朝复职，途经株洲（已由槠洲改名），在赠胡氏湘西园歌妓黎倩诗中，可以想见当年株洲繁华之景了。尔后戴复古的诗中，更是确证南宋初时株洲繁华之状。戴复古诗中虽仍称“槠洲”，但民间及商贾之间，已由槠洲简作株洲了。

南宋建炎元年（1127），朝廷任雍端为“槠洲”酒场官。《宋史·卷一百六十七》记：酒场官实为“监当官，掌茶、盐、酒税场务征输及冶铸之事。”至此，每年征酒税20万缗钱，俨然一县级都市酒税。直到南宋绍熙元年（1190），湖南转运判官陈傅良到株洲核减酒税。减负后，商业更趋繁兴。自南宋建炎元年（1127）始，槠洲改名株洲后，历71年繁兴发展，至南宋嘉定元年（1208），官方地图册上，仍标为“槠洲市”。

槠洲，偶名朱洲，也佐证槠洲，在这一时期改名为株洲或朱洲。北宋政和三年（1113），诗人张舜民贬为郴州酒税官（酒场官），乘船溯湘江途经今株洲县王十万乡，写有《次晚洲》（挽洲）诗，其笔记中记有：“朱洲”。文中“朱洲”，应指今槠洲无疑。诗人可能依槠洲或“株洲”谐音，写成“朱洲”。因缺文化依源，仅为偶记，后自然消失。直至明崇祯《长沙府志》又偶作朱洲。自此后，不见文史诸籍。

槠洲改名，有个过程。可能是槠洲酒税业务繁忙，交往日多，经管人员少，忙不过来，为图书写方便，故以谐音简写成株洲。起初，多民间口传、书写，后多出现在地方官方文书中，久而久之，约定俗成，渐渐为人们所接受。

自此后，官方文书多录古名，民间多录今名。有时古、今地名，无论官方、民间，皆交替使用。但以后使用今名者日多。不过，清光绪《湘潭县志》有时仍录为古名。直至清宣统二年（1910），粤汉铁路株洲至长沙建成通车，才改称“株洲车站”。至此后，无论官方或民间，皆以株洲称名。槠洲古名，渐成历史记忆。

镌刻在株洲人心中的古城——建宁　《湖南古今地名辞典·株洲》记：三国吴主孙权析临湘（长沙县）、湘南县，始置建宁县，取“建安宁边境”之意；亦或取东汉建宁纪年号为名，故名。县治初步考证，首驻今株洲市东湖公园一带（古称旱草坪）。辖境相当于今株洲湘江东岸市区、株洲县湘江东岸及今醴陵市与攸县部分地域。与阴山县、攸县、醴陵县，俱属长沙郡。

建宁置县，《三国志》少有县名记载，建宁县名无载。《晋书·地理志》《宋书》《南齐书》《隋书·地理志》《新唐书·地理志》中，皆载有建宁县名。这足证三国初，建宁县已设置。

何时置建宁县，至今有三说。一说《株洲文物名胜志》记：设置于东汉建安十九年（214）；二说《株洲县志·杂录》记：设置于东汉建安二十年（215）至二十四年（219）；三说（清）《嘉庆一统志》记：设置于三国吴太平二年（257）；三说之中，何者为准，今仍有争议。

东汉建安十九年（214）至建安二十年（215）七月间，始置建宁县，县治首驻槠洲旱草坪（株洲市东湖公园一带）。《三国志·吴书吴主传》有详载。北宋《资治通鉴·六十七》中，亦有类似记载。不过，《三国志·魏书·武帝纪第一》记：建安二十年（215）秋七月，“公军入南郑，尽得鲁府珍宝。巴、汉皆降。”这说明曹操领军攻占汉中，是公元215年7月。

由此判识，建安十九年（214），吴置建宁县，可能性不大。但吴、蜀双方应在商讨争夺之中。至建安二十年（215）秋七月后，因曹操占领汉中、虎视巴蜀，才迫使刘备与孙权罢争求和，同意划湘江而治。今株洲市区湘江之东属吴，湘江之西属蜀。吴于此置建宁县，属长沙郡。

清光绪《湘潭县志》：“吴废帝太平二年，分长沙西部都尉，立衡阳郡，治湘南，又置建宁县。”“淦田亦为建宁故城，盖吴置湘西后移治令。”三国吴太平二年（257），析湘南县置湘西县，县治据考设今株洲县堂市乡土城村（亦说在株洲县王十万乡荷包洲村）。吴为扼守空灵峡（空洲），防蜀渡湘东进，只好将重心南移，建宁县治从槠洲，迁入淦田（株洲县淦田镇淦田村）。

晋泰始二年即吴宝鼎元年（266），建宁县治又复迁槠洲。因魏咸熙二年（265）十二月，魏元帝禅位，晋司马炎取曹魏立晋国，吴元兴元年（264），吴景帝病死，四子皆幼弱。其时，东吴北有强晋压境，南有交趾叛乱，为防司马炎南侵，吴宝鼎元年（266）建宁县治，又复迁槠洲旱草坪。唐初，建宁县治，又沿槠洲水（株洲水）下游，迁至近湘江口今资福寺附近。（参见：佘意明《株洲文明史略·寻找建宁故址》岳麓书社，2015年；彭雪开《建宁县治略考》湘东文化，2016年第2期）即今株洲市芦淞区建宁街道办事处南湖塘一带。

晋一统中国，建宁县治仍驻槠洲。南朝齐以后区划累更，境域废、置交替，直至唐贞观元年（627），建宁县并入攸县，后重置。唐天宝八年（749），原建宁县域，始入湘潭县。其中湘江之东小部分地域，划入醴陵县。此后，槠洲及今株洲县域大部分属湘潭县地。清乾隆九年（1744），设株洲塘汛于此。清光绪三十四年（1908），置株洲抚民府，清末称为株洲厅。境域随区划属之。

中华人民共和国《湘潭县志·卷三·建置》记：民国立，今株洲市区，又划归湘潭县。1949年10月，设株洲区，所辖株洲集镇面积约0.5平方千米，人口约7264人。1950年6月，株洲区设为区级镇，辖一至四街居委会、田心塅、董家塅、石子头3乡。

1951年6月，株洲镇升为株洲市（县级），1956年4月，株洲市升为地级市。1965年4月，株洲市设辖株洲县；1966年1月，设辖市郊区；1969年，又设辖东、南、北三区；1983年，株洲市转辖醴陵、攸县、茶陵、酃县（1983年地、市合并，以上诸县由湘潭地区，划属株洲市）。1997年5月撤东、南、北、郊四区，改设为荷塘、芦淞、石峰、天元四区。改革开放后，景况大变，不可复识，渐成江南重镇。又因境内有国家级文物保护单位——炎帝陵，更使其名扬海内外。

（彭雪开）

索　引

A

B

C

D

E

F

G

H

J

K

l

R

S

T

W

X

Y

Z

后 记

《株洲市志》第二轮编修工作，自2000年启动。至2017年付梓出版，历时17年。这是新世纪之初株洲市一项浩大的文化工程。涉及面广，篇幅容量大，参与人员多，质量要求高，耗时比较长，为境域内有史以来文化编纂工作之最。新编纂的《株洲市志》是各级相关领导和广大编纂人员的心血与智慧的结晶。十余年来，省志委领导给予热情的关心支持，历届市委、市政府高度重视，加强指导，确保市志编修工作顺利推进。全市200多家承编单位、500多名编撰人员殚精竭虑，勤奋笔耕，使这一系统工程得以圆满完成。

本部《株洲市志》的编修工作，总体上分三个阶段进行：

第一阶段（2000年1月至2001年12月）：动员培训，明确任务。继1999年12月市委、市政府联合下发《关于续修市、县（市）区两级志书的通知》以后，2000年1月，又召开了全市续修市、县两级志书动员大会。至此，全市第二轮修志工作全面铺开。随后，多次举办撰稿人员培训班，开展修志业务培训。同时，向各县市区和市直各部门等承编单位印发《株洲市志》续志篇目及实施方案，印发《株洲市志》凡例、行文通则、编写质量标准等规范性文件。在这期间，将国务院、省委、省政府和省志委一系列有关修志工作的文件资料与市有关文件资料汇编成册，印发给各承编单位。2000年年底，市志承编单位有80%启动了编撰工作。2001年3月，重新调整了株洲市地方志编纂委员会组成人员，并召开全市地方志工作会议，对续修工作再次进行动员部署。至2001年年底，95%以上单位启动了修志工作，并开始进入资料收集和初稿撰写。

第二阶段（2002年1月至2006年12月）：调整结构，完成初稿。按照省市第二轮修志工作的总体部署，启动的第二轮志书续修年限为1978年至2000年23年的改革开放志。但在编修过程中，我市的许多领导和修志专家一致认为，23年并不是改革开放的一个完整阶段，同时也会造成17年内容的重复记述，经研究并报省、市两级地方志编纂委员会同意，将第二轮《株洲市志》的续修工作方案重新作了重大调整，重新修订第一轮的《株洲市志》（下限时间为1990年），并将内容下限时间延伸至2000年，补充10年的内容，编修一部完整的《株洲市志》。并重新拟定《株洲市志》篇目，调整了框架结构，细化了类目，由原来的24篇增加到30篇。各承编单位按照市里统一部署进行相应调整，使整个修志工作按照既定思路有序推进。至2006年，全市有78家单位完成初稿。

其间，因机构改革，部分承编单位负责人或修志人员发生变动，特别是23个撤并单位资料缺失严重。针对这些新情况、新问题，我们加强协调，调整承编任务分配，组织专家深入重点、难点单位加强指导，及时帮助他们解决问题。至2007年，全市98%的承编单位完成了初稿撰写任务。

第三阶段（2007年1月至2017年10月）：精心编纂，确保质量。从2007年开始，我们集中力量对各承编单位报送的志稿进行初审、修改、对接、合编。并根据初稿任务基本完成的情况，制定了新的工作实施方案，提出后阶段工作目标任务与要求。至2009年年底，大事记和30个大篇初稿的修改、对接、合编工作基本完成。2010年完成第二次编辑。同时将合编好的志稿返回到承编单位进行修订、资料确认和补充工作，以确保全书内容真实、准确、全面。从2012年开始，我们组织专人对各单位返回的审定稿件进行全面统稿，着手开始总编纂，力求体例、格式、语言表述一致，妥善处理交叉重复的问题，确保质量上不出现重大疏漏。并于2015年年底形成《株洲市志》评审稿。

2015年12月，《株洲市志》（评审稿）经过省市县三级评审会议审定，原则上予以通过。省志委领导专家、全省各兄弟市州志办，以及本市各县市区地方志机构经过认真审阅，对《株洲市志》（评审稿）提出了许多宝贵意见。与此同时，我们还通过内审方式，向市志各承修单位，向部分老领导、老专家发出征求意见函，得到了积极的回应。我们及时将评审会议及各方面的意见进行收集整理，编印成册，认真消化。

2016年，我们根据评审会议及各方面的意见，组织专业人员再一次进行全面的修改、调整、补充、完善，全面认真进行审定，并反复校核，力求精益求精。最后经过省志委终审，于2017年12月出版发行。

新的《株洲市志》是全面展示株洲地域实情的窗口，时间跨度大，信息量丰富，编纂工作非常繁杂。在市志的编纂过程中，由于历届市委、市政府的高度重视和强有力的支持，省志委给予极大的帮助和关注，全市社会各界、市直各部门的积极支持配合，才有此弘篇。这也是全市广大修志工作者不计名利、报酬，甘于奉献的成果。尽管我们长期坚持不懈努力，追求完善，但仍然难免存在纰漏与错讹，敬请社会各界人士批评指正。

编　者

2017年9月